अश्क रचनावली
४
समग्र उपन्यास

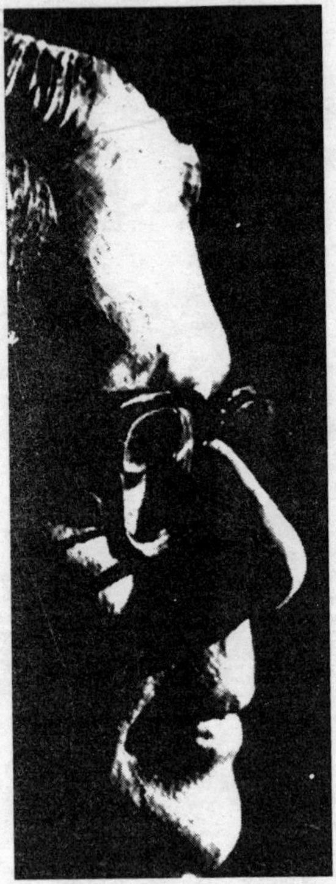

अश्क रचनावली

४

समग्र उपन्यास

बाँधो न नाव इस ठाँव पहला घाट : तकलीफ़ और तनाव...

सम्पादक :

नीलाभ

अश्क रचनावली : समग्र रूप में

खण्ड : १ - ८
उपन्यास

खण्ड : ९ - ११
कहानियाँ

खण्ड : १२ - १४
नाटक-एकांकी

खण्ड : १५ - १६
काव्य

खण्ड : १७ - १९
संस्मरण तथा आत्मकथ्य

खण्ड : २० - २१
आलोचना

खण्ड : २२ - २३
वैचारिक गद्य

खण्ड : २४ - २५
ललित गद्य

वाणी प्रकाशन

वाणी प्रकाशन

4695, 21-ए, दरियागंज, नयी दिल्ली 110 002

शाखा

अशोक राजपथ, पटना 800 004

फ़ोन: +91 11 23273167 फ़ैक्स: +91 11 23275710

www.vaniprakashan.in

vaniprakashan@gmail.com

Ashk Rachnawali : Samagra Upanyas-4

Edited by Neelabh

ISBN: 978-93-5000-940-6

Rachnawali

प्रथम संस्करण

मूल्य : ₹ 850 (अश्क रचनावली प्रत्येक खण्ड)

न्यू कृष्णा ऑफ़सेट, दिल्ली 110 093 में मुद्रित

वाणी प्रकाशन का लोगो मक़बूल फ़िदा हुसेन की कूची से

सम्पादक की ओर से

'अश्क रचनावली : समग्र उपन्यास' के इस चौथे खण्ड में अश्क जी के वृहद उपन्यास 'गिरती दीवारें' के अगले हिस्से 'बाँधो न नाव इस ठाँव' का पहला भाग 'तकलीफ़ और तनाव' और उपन्यास के क्षेत्र में अश्क जी से पहले प्रयास के फलस्वरूप लिखा गया लघु उपन्यास 'एक रात का नरक' दिया जा रहा है।

'बाँधो न नाव इस ठाँव', जो दिसम्बर १९७४ में प्रकाशित हुआ, उपन्यास के नायक चेतन की कथा को आगे बढ़ाते हुए, विभाजन-पूर्व लाहौर में मध्यवर्गीय लोगों की ज़िन्दगी और चेतन के जीवन-संघर्ष का चित्रण करता है। इस मुक़ाम तक आते-आते यह उपन्यास साहित्य-प्रेमियों, आलोचकों और अध्येताओं की दिलचस्पी के दायरे से बाहर आ गया था और एक बड़े पैमाने पर देश-विदेश के समाज-शास्त्रियों का ध्यान आकर्षित करने लगा था। बाल्ज़ाक के उपन्यासों की चर्चा करते हुए एक बार एंगेल्स ने लिखा था कि फ्रांसीसी इतिहास के बारे में जितनी जानकारी उन्हें बाल्ज़ाक के उपन्यासों से मिली, उतनी बड़े-बड़े इतिहासकारों के ग्रन्थों से नहीं मिली। इसीलिए यह अकारण और आश्चर्यजनक नहीं है कि आम पाठकों के साथ साथ 'गिरती दीवारें' के अगले खण्डों ने धीरे-धीरे उन लोगों का ध्यान आकर्षित किया जो इतिहास के स्रोतों को साहित्यिक कृतियों में भी खोजते थे।

नरेन्द्र नाथ ने न्यू यॉर्क से लिखा :

"पिछले हफ़्ते 'बाँधो न नाव इस ठाँव' के दोनों हिस्से ख़त्म किये। मैं राजनीति और समाज-शास्त्र का विद्यार्थी हूँ। मैंने हमेशा यह महसूस किया है कि पंजाबी ज़िन्दगी के जिस हिस्से पर आपने लिखा है, वो साहित्यिक दृष्टि से तो दिलचस्प है ही, पर कला वग़ैरह के अलावा समाज-शास्त्रीय दृष्टिकोण से और भी महत्वपूर्ण है। मैं १९४२ में पैदा हुआ था। लिहाज़ा आपके माध्यम से जो दुनिया मेरी पीढ़ी के सामने आयी, वो आपकी किताबों के बिना बहुत क़रीब, मगर क़तई अनजान रह जाती। ऐसा हो जाने का मलाल अन्धे-बहरे रह जाने के अफ़सोस से कम न होता। हमारे जैसे पाठकों के लिए लिखना उस कहानी का पहला हिस्सा बुनना है, जो हम तक आ कर गुम हो जाती है और जिसे जाने बिना हम अधूरे हैं।"

ज़ाहिर है, अश्क जी ने अपना उपन्यास इसलिए नहीं लिखा था कि वे इतिहासकारों और समाजशास्त्रियों के लिए 'स्रोत' जुटा रहे थे। उनका उद्देश्य तो अपने कुछ अनुभवों और अनुभूतियों को व्यक्त करना था और चूँकि वे उन लेखकों में से थे जो अपनी कृतियों की सामग्री अपने इर्द-गिर्द की ज़िन्दगी से लेते हैं, इसलिए अजाने ही उनके उपन्यासों में आत्मकथा का पुट आ गया। हालाँकि यह भी सच है कि वे ख़ुद इसे स्वीकार करते हुए इस बात पर ज़ोर देते थे कि चेतन में उन्हें देखना या उपन्यास के विभिन्न प्रसंगों को हू-ब-हू उनकी जीवनी मान लेना भ्रामक होगा। अश्क जी ने बार-बार कहा था कि लेखक अक्सर जीवन से उठाये प्रसंगों को यानी 'जीवन के सच' को 'कहानी या उपन्यास का सच' बना कर पेश करते हैं। कुशल कथाकार वही है जो यह पता न लगने दे कि कौन-सा प्रसंग जीवन से लिया गया है और कौन-सा कल्पना-प्रसूत है।

'बाँधो न नाव इस ठाँव' में भी चेतन की कथा के साथ लाहौर के पत्रकार और हिन्दी-उर्दू साहित्यिक जगत का विशद चित्रण है। चूँकि अश्क जी ने 'गिरती दीवारें' ही से एक ऐसी शैली अपनायी जिसमें स्मृति-प्रवाह की एक बड़ी भूमिका थी, इसलिए चेतन की कथा को आगे बढ़ाते हुए भी अश्क जी निरन्तर अतीत से वर्तमान और वर्तमान से अतीत में एक आवाजाही करते रहते हैं। 'गिरती दीवारें' के विभिन्न भाग स्वतन्त्र उपन्यासों के रूप में पढ़े जाने योग्य होते हुए भी इस शिल्प के कारण आपस में जुड़े हुए हैं।

०

'एक रात का नरक' छोटा-सा लघु उपन्यास है जो अश्क जी ने शायद 'सितारों का खेल' के पहले लिखना शुरू किया था। इसकी अधिकांश सामग्री अब 'गिरती दीवारें' का हिस्सा बन चुकी है, लेकिन जब अचानक १९६७-६८ में इसकी पाण्डुलिपि अश्क जी के काग़ज़ों में बरामद हुई और इसे पढ़ा गया तो सभी को लगा कि यह एक मुकम्मल प्रारम्भिक उपन्यास है। भले ही यह प्रारम्भिक प्रयासों के कच्चेपन से मुक्त नहीं है, लेकिन बीज-रूप में इसके भीतर कुछ ऐसे तत्व मौजूद हैं जो आगे चल कर 'गिरती दीवारें' और उसके विभिन्न खण्डों की शैली और शिल्प का अंग बने। इसीलिए यह फ़ैसला किया गया कि इसे एक स्वतन्त्र लघु उपन्यास के रूप में भी छापना चाहिए। तब तक अश्क जी 'एक नन्हीं किन्दील' को शुरू कर चुके थे। इसलिए यह तय पाया गया कि इसे पहले पॉकिट बुक के रूप में छपाया जाये। उन्हीं दिनों श्री ओम प्रकाश शर्मा जो सुबोध पॉकिट बुक्स से जुड़े हुए थे, अश्क जी से मिले और उन्होंने इसे छापना स्वीकार किया। 'एक रात का नरक' १९६७ में सुबोध पॉकिट बुक्स से छपा और १९६८ में इसका सजिल्द संस्करण प्रकाशित हुआ।

– नीलाभ

बाँधो न नाव इस ठाँव

पहला घाट

आशंसाएँ

अश्क की यथार्थवादी शैली की यह विशेषता है कि उन्होंने वातावरण या परिवेश का चित्रण इतना विशद और सूक्ष्म किया है, जितना हिन्दी के किसी लेखक ने नहीं किया।

–शमशेर बहादुर सिंह

पिछले हफ़्ते बाँधो न नाव इस ठाँव के दोनों हिस्से ख़त्म किये। मैं राजनीति और समाज-शास्त्र का विद्यार्थी हूँ। मैंने हमेशा यह महसूस किया है कि पंजाबी ज़िन्दगी के जिस हिस्से पर आपने लिखा है, वो साहित्यिक दृष्टि से तो दिलचस्प है ही, पर कला वग़ैरह के अलावा समाज-शास्त्रीय दृष्टिकोण से और भी महत्वपूर्ण है। मैं १९४२ में पैदा हुआ था। लिहाज़ा आपके माध्यम से जो दुनिया मेरी पीढ़ी के सामने आयी, वो आपकी किताबों के बिना बहुत क़रीब, मगर क़तई अनजान रह जाती। ऐसा हो जाने का मलाल अन्धे-बहरे रह जाने के अफ़सोस से कम न होता। हमारे जैसे पाठकों के लिए लिखना उस कहानी का पहला हिस्सा बुनना है, जो हम तक आ कर गुम हो जाती है और जिसे जाने बिना हम अधूरे हैं।

–नरेन्द्र नाथ, न्यूयॉर्क

अश्क जी का यह विशाल उपन्यास महत्वाकांक्षी युवक चेतन के माध्यम से एक महत्वाकांक्षी मध्यवर्गीय युवक के संघर्षों की महागाथा बन जाता है तथा स्वतन्त्रता-पूर्व लाहौर तथा पंजाब के अंचल का दस्तावेज़ बन कर उभरता है।

– संचेतना, दिल्ली

इस उपन्यास का फलक बहुत विशाल है, घटनाओं की अधिकता है, अनेक प्रकार के चरित्रों का हुजूम है तथा ज़िन्दगी की अनेक छवियों की छटाएँ हैं। इस तरह की कृति के लेखन में ख़तरा यह हो सकता है कि घटनाओं, चरित्रों तथा रंग छवियाँ के चित्रण में बिखराव आ जाये। और कृति कमज़ोर पड़ जाये। पर इतने बड़े उपन्यास में अश्क जी की पकड़ कहीं ढीली नहीं पड़ती। उपन्यास कसा हुआ है, घटनाओं में एकान्विति है, पात्रों में पूर्णता है। अनेक घाटों का स्पर्श करती तथा विविध मोड़ों से गुज़रती इस कथा-धारा को लेखक ने ठीक घाट पर जा कर रोका है। भाषा-शिल्प की दृष्टि से भी यह उपन्यास महत्वपूर्ण है। अश्क जी द्वारा प्रयुक्त पूर्वाभास शैली या स्मृति शिल्प ने कथा को और अधिक प्रभावशाली तथा सशक्त बना दिया। इसी शिल्प का परिणाम है कि चेतन के संघर्ष और उसके चारों ओर की ज़िन्दगी की परतें

पाठकों के सामने एक-एक कर खुलती चली जाती हैं और पाठक एक-एक परत में स्वतन्त्र संसार का साक्षात्कार करता चला जाता है। इस शिल्प ने इतने बड़े उपन्यास की पठनीयता को और बढ़ा दिया है।

–हेतु भारद्वाज, जयपुर

मैंने जितने भी उपन्यास पढ़े हैं उन सबमें एक चीज़ का अभाव नज़र आया है जो कि इस उपन्यास में नहीं है। किसी भी उपन्यासकार ने अपने विचारों को – विशेषतः धर्म के मामले में – खुल कर, साधारण शब्दों द्वारा व्यक्त नहीं किया। 'अश्क जी' ने भिन्न-भिन्न स्थलों पर अपने विचारों की अभिव्यक्ति बड़े ही साधारण शब्दों में निर्भीकतापूर्वक की है। अब उन विचारों को हम 'धार्मिक विचार' कह कर स्पष्ट कर लें तो बुरी बात नहीं। इन विचारों की स्पष्ट अभिव्यक्ति मुझे अन्य किसी उपन्यास में नज़र नहीं आयी। हम जीते क्यों हैं ? यह सृष्टि कैसे चल रही है ? हम क्यों दुख उठाते हैं ? इन सवालों का जवाब कभी मिल भी जाये तो उसमें दार्शनिकता-भरे शब्दों की भरमार रहेगी और हम समझ कर भी नासमझ-से रह जाते हैं। अश्क जी ने जिन सीधे-साधे शब्दों में, कुछ गिने-चुने शब्दों में सारे सवालों का जवाब दे दिया उसे पढ़ कर कुछ वैसा ही बरबस मुख से निकल जाता है जैसा मैंने ऊपर लिखा है।

– राजेन्द्र कुमार साहिल, आलोचना, दिल्ली

सिद्ध कथाकार अश्क जी ने 'बाँधो न नाव इस ठाँव' नामक नया उपन्यास दिया है, मूल्य-दृष्टि से बहुत भारी, विशाल और बेजोड़। उन्होंने कोई कहानी नहीं, ज़िन्दगी का दरिया पेश किया है और 'ज़िन्दगी के रंगों से चेतन की कहानी' लिखी है।

–कल्पना, हैदराबाद

उपन्यास खोलते ही सब-जज बनने का सपना सँजोये निम्न-मध्यवर्गीय बुद्धिजीवी युवक चेतन से साक्षात्कार होता है जो 'वन्दे मातरम' और 'भूचाल' की उपसम्पादकी छोड़ फ़िलहाल बेकार है और कर्तव्यपरायण पत्नी चन्दा के स्नेह-सहारे जीवित है। वह नीलामकार उठाईगीरों को झेलता, साहित्यकारों-पत्रकारों के जंगल में भटकता है। कहीं बैठ नहीं पाता तो लाहौर की अनारकली में फेरी लगा कर रूमाल बेचता है। नाव किसी घाट बँध नहीं पाती है, यही मध्यवर्गीय नियति है। इस वर्ग का व्यक्ति ऊँचे-ऊँचे घाटों के सपने भर देख सकता है। अपनी जीवन-नौका को ऐसी किसी जगह बाँध नहीं सकता है। अश्क जी ने 'स्मृति शिल्प' में सघन नगरांचलिकता का सूक्ष्म प्रयोग करते हुए विभाजन-पूर्व लाहौर नगर की, एक समय की आकांक्षाओं और साहित्यिक गहमागहमी को रेखांकित किया है। इस प्रकार अश्क जी ने प्रस्तुत उपन्यास में चेतन का प्रस्तुतिकरण एक ख़ास अन्दाज़ में किया है। यह अन्दाज़ शिल्प की दृष्टि से जितना स्वच्छन्द है, वस्तु दृष्टि से उतना ही बिखरा-बिखरा हो कर भी मूल्यवान है।

– विवेकी राय, कल्पना, हैदराबाद

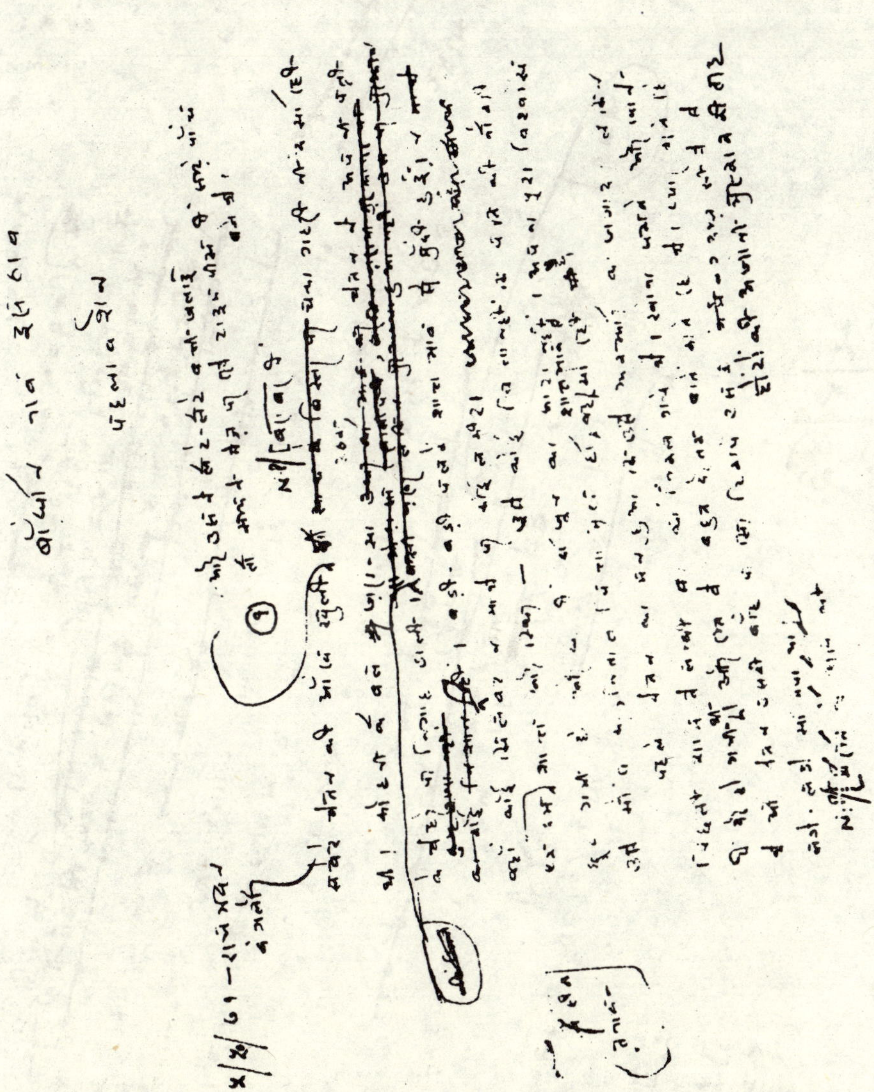

पाण्डुलिपि का पहला पृष्ठ

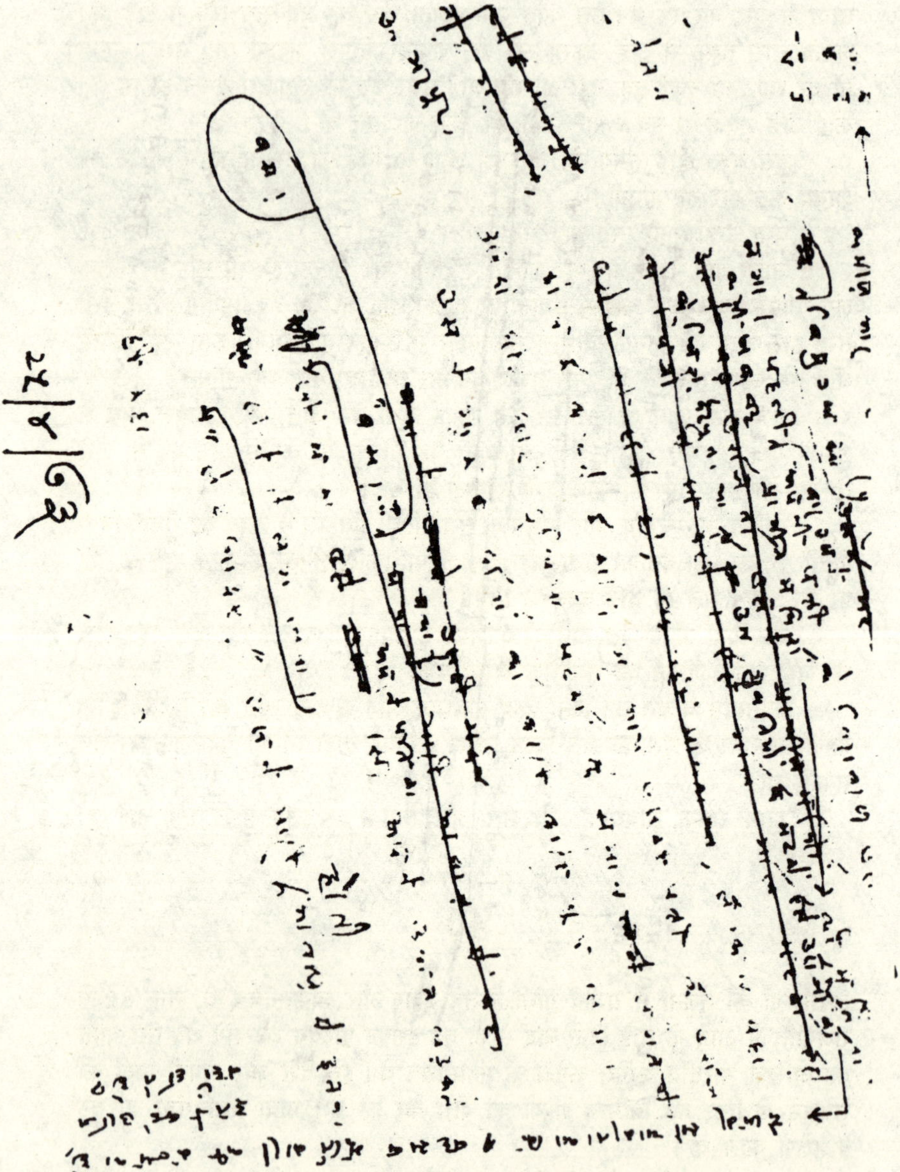

पाण्डुलिपि का अन्तिम पृष्ठ

भाई धर्मवीर जी के लिए

बैंगलोर प्रवास की याद में

अपने पाठकों और मित्रों से

बड़े-से-बड़ा लेखक भी शून्य में नहीं लिख सकता और न मैं ही ऐसा करता हूँ। अन्तःप्रेरणा और ऑब्सेशन की बात अपनी जगह पर है, लेकिन बिना किसी प्रेरणा, प्रोत्साहन अथवा चुनौती के, एक चौथाई सदी तक, वर्ष-दर-वर्ष इतना वृहद उपन्यास लिखते चले जाना, लगभग असम्भव है। मेरे कुछ साथी-लेखक और आलोचक, जिन्होंने शुरू ही से मेरे उपन्यास को सनद नहीं दी, कभी-कभी बड़े हैरान होते हैं कि उनकी सनद के बिना, मैं कैसे इस थका देने वाले काम में वर्षों से व्यस्त हूँ। उपन्यास की बात चलने पर अपनी हैरत और नापसन्दगी कई बार वे बड़े दिलचस्प ढंग से प्रकट करते हैं :

• मोमना-सा मुँह बना कर, मेरी 'हितचिन्ता' ही से, से पूछते हैं : "अश्क जी, 'बड़ी-बड़ी आँखें' आपका एक-मात्र सफल उपन्यास है। लम्बे उपन्यास लिखने की बजाय, आप चार-छै वैसे उपन्यास और क्यों नहीं लिखते ?"...."अश्क जी, आप जैसे सफल एकांकी हिन्दी में किसी दूसरे ने नहीं लिखे, आपने एकांकी लिखना क्यों छोड़ दिया ?"...."इस वक्त, जब रंगमंच को नाटकों की सख़्त ज़रूरत है, आप यह किस बेकार के काम में लगे हैं।".... "अश्क जी, आपने सिर्फ़ नाटक लिखे होते तो आज हिन्दी साहित्य में आपका स्थान शीर्षस्थ होता।"...."अश्क जी, आप मूलतः संस्मरणकार हैं। 'मंटो : मेरा दुश्मन' हमारे निकट हिन्दी की दस उत्कृष्ट पुस्तकों में से एक है। एन०बी०टी० की सूची में हिन्दी की दस श्रेष्ठ पुस्तकों में उसी को स्थान मिला है। आपको वैसे दो-चार संस्मरण और लिखने चाहिएँ!"

• या फिर वे सीधे हमला करते हैं...."आप यह क्या चेतन के पीछे पड़े हुए हैं ? कोई नया जीवन्त पात्र रचिए!"...."आप आज भी तीस साल पहले की ज़िन्दगी के बारे में क्यों उपन्यास लिखते हैं ? स्वातन्त्र्योत्तर भारत में क्या आपको कुछ भी ऐसा नहीं लगता, जिसे आप कलम की नोक पर रखें ?"...."आप नहीं समझते कि आपके अनुभव अतीत हो गये हैं और आज के युग में उनकी कोई प्रासंगिकता नहीं है।"...."अश्क जी, आपके पास नया कहने को कुछ नहीं। वही चेतन और वही उसकी उबाऊ गाथा। आपको महादेवी वर्मा की तरह लिखना बन्द कर देना चाहिए...."

• कई बार उनकी प्रतिक्रिया और भी दिलचस्प ढंग से प्रकट होती है और लुत्फ़ भी दे जाती है —

पिछले दिनों में नरेश मेहता के यहाँ बैठा था कि सर्वेश्वर (जो बीस वर्ष पहले 'सोया

हुआ जल' लिख कर, उसके साथ जो सोये तो आज तक नहीं जगे) साही (श्री वी०डी०एन०) के साथ आ गये। बात-बात में नरेश ने कहा —"अश्क जी का तो एक मोटा उपन्यास हर चौथे-पाँचवें साल आ जाता है।"....

"आ जाता है ? कहिए, फट पड़ता है।"....और जिस तरह सर्वेश्वर, दोनों हाथों की मुट्ठियाँ बाँध कर, उन्हें हवा में झटकते हुए फट पड़े, मुझे लुत्फ़ आ गया। उस लेखक की खिजलाहट पर मन-ही-मन दया भी आयी, जिसे अपने ही पत्र के अपने ही स्तम्भ में, अपने ही हाथों (बिना अपना नाम दिये) लगातार अपनी प्रशंसा करनी पड़ती है।

• नये युवा साथियों की प्रतिक्रिया और भी तीखे और आक्रामक रूप में व्यक्त होती है —

मैं 'एक नन्हीं किन्दील' लिख रहा था। एक दिन मैंने उसका मसौदा अपने एक पड़ोसी युवा-कथाकार-मित्र को दिया कि ज़रा पढ़ कर राय दो। कुछ दिन बाद वे नीलाभ प्रकाशन के दफ़्तर में फ़ाइल देने आये तो कॉफ़ी हाउस में अपने युवा-मित्रों में बैठ गये। एक दूसरे साथी ने फ़ाइल की ओर संकेत कर पूछा कि इसमें क्या है ? उन्होंने बताया कि अश्क जी का नया उपन्यास है। उसने पूछा —"कैसा लगा ?" तब उन्होंने मुँह से तो कुछ नहीं कहा, तीली जलायी और फाइल की ओर संकेत करके, ज़मीन पर फेंक दी।....उपन्यास छप गया तो एक दूसरे युवा-कथाकार-मित्र अपने दोस्तों में बैठे, दिल्ली के कुछ कुछ युवा-मित्रों को एण्टरटेन कर रहे थे; शराब का दौर चल रहा था कि 'एक नन्हीं किन्दील' की बात चली। मित्र ने कहा —"अश्क जी ने आठ सौ पृष्ठों में सिर्फ़ घास भर दिया है।"....

o

इलाहाबाद हिन्दी लेखकों और साधकों का गढ़ है और मेरी 'हितचिन्ता' में परेशान, मेरे ऐसे मित्रों की कोई कमी यहाँ नहीं। यहाँ की कठिन ज़िन्दगी की ताब न ला कर, पुरानी, बीच की और नयी पीढ़ी के कई लेखक, सुख-सुविधा की तलाश में, दिल्ली और बम्बई चले गये हैं और मेरे बारे में अपनी शुभचिन्ताएँ भी साथ ही ले गये हैं।

मैं यदि अपने इन हितचिन्तक और आलोचक-मित्रों की बातों का असर लेता तो कभी अपने इस उपन्यास को यूँ जारी न रख सकता, क्योंकि कटु आलोचना बड़े-से-बड़े दिग्गज की कमर तोड़ देती है; लेकिन साथी-लेखकों और आलोचकों के इस वर्ग के अलावा एक दूसरा वर्ग भी है — प्रबुद्ध पाठकों का —जो सृजन-रत लेखक के लिए कहीं ज़्यादा महत्व रखता है और अन्ततः किसी लेखक के भविष्य का निर्णय करता है। इसे मैं अपना सौभाग्य समझता हूँ कि उस वर्ग ने मुझे निराश नहीं किया। गत तीस वर्षों में मुझे मेरे पाठकों ने सतत प्रोत्साहन दिया है। जब-जब उन्होंने मेरे उपन्यास के विभिन्न खण्डों को सराहा, उनके मर्म को पकड़ा, मैं दूसरी विधाओं को छोड़, फिर उपन्यास को आगे बढ़ाने में निरत हो गया।

o

किसी भी उपन्यासकार के लिए, अपने उपन्यास की रचना-प्रक्रिया, उसकी बारीकियों और उसके गुणों को पूरी तरह बता पाना (अपनी रचना से पुरी तरह सन्तुष्ट होने के बावजूद)

लगभग असम्भव है। वह जो भी बतायेगा, चेतन मन से अपने लिखे हुए के बारे में सोच कर ही बतायेगा (जो कई बार सही नहीं भी होगा) जबकि उपन्यास की रचना-प्रक्रिया उसके अचेतन अथवा अर्ध-चेतन में चलती रहती है। अपने भोगे या झेले यथार्थ को, जब उसका अर्ध-चेतन, कल्पना के समावेश से, कला का यथार्थ बना कर, उसके चेतन मन को सौंपता है — दूसरे शब्दों में कहूँ कि जब यथार्थ दुनिया के प्रत्यक्ष अनुभव उसकी कल्पना के रसायन में से गुज़र कर, वास्तविक अनुभव के रूप में नहीं, बल्कि कलात्मक अनुभूति के रूप में व्यक्त होते हैं और लेखक को सन्तुष्ट कर जाते हैं तो वह सब कैसे हुआ, यह बता पाना, कई बार लेखक के लिए सम्भव नहीं होता। वह रचना से क्यों सन्तुष्ट है, यह तक बता पाना उसके लिए कठिन होता है, लेकिन यह भी सच है कि यदि लेखक का अन्तर्मन जो कहना चाहता है, उसकी रचना अपने अन्तिम रूप में वह कह देती है तो प्रायः प्रबुद्ध पाठक उसके मर्म पर उँगली रख देते हैं।

• 'गिरती दीवारें' जब छपा था तो उसकी प्रशंसा और निन्दा में काफ़ी लिखा गया था, लेकिन शमशेर बहादुर सिंह ने 'प्रतीक' के एक लेख में उसके मर्म पर उँगली रख दी थी। उन्होंने मुख्यतः दो बातें लिखी थीं :

(१) "चेतन असल में 'गिरती दीवारें' का हीरो नहीं। इस का असली हीरो, एक-के-पीछे-एक लगा, कड़ियों का (भरे-पूरे सजीव व्यक्तियों का) वह सिलसिला है, जिनके बिना चेतन महज़ हवा में हाथ-पाँव मारने वाली एक छाया-सा रह जाता है।"

(२) "इन सब लोगों का पूरा फ़िल्म जिस पर्दे पर चलता है, चेतन वह पर्दा है।....'गिरती दीवारें' इस कैनवस पर हर उस घटना-दुर्घटना, आशा-आकांक्षा, सफलता-असफलता, प्यार और चोट का —उनकी ऊहा-पोह का उपन्यास है....अश्क ने ख़ुद उसे (चेतन को) एक कैनवस का स्थान और दर्जा दिया है।"

हालाँकि शिवदान सिंह चौहान ने अपनी समीक्षा में 'गिरती दीवारें' को यथार्थवादी परम्परा का सर्वश्रेष्ठ उपन्यास घोषित किया था, पर सन्तोष मुझे शमशेर के लेख ही को पढ़ कर हुआ था, क्योंकि उन्होंने मेरे मन की बात कह दी।

(अब इस तथ्य की रोशनी में, यह शिकायत कि मैं क्यों चेतन के पीछे पड़ा हूँ, उस बे-समझ दर्शक की शिकायत के समान है, जो किसी कलाकार की चित्र-प्रदर्शनी में जाये और रंगा-रंग चित्रों और उनके पूरे प्रभाव को न देख कर, इस बात की शिकायत करे कि कलाकार ने क्यों एक ही तरह के कैनवस पर अपने सारे चित्र उतारे हैं ? सच्ची बात यही है कि मैंने चेतन को ऐसे कैनवस-सा ही बना दिया है, जिस पर मैं अपने मन के मुताबिक उस ज़िन्दगी और युग के चित्र उतार सकूँ, जिसे मैंने अपने उपन्यास का विषय बनाया है, साथ ही उस ज़िन्दगी के रंगों से चेतन की कहानी भी कह सकूँ और इस प्रक्रिया में ज़िन्दगी के बुनियादी और गहरे जज़्बों के बारे में जो कुछ मैं व्यक्त करना चाहता हूँ, कर सकूँ!)

• उपन्यास का दूसरा खण्ड —'शहर में घूमता आईना'—जब १९६३ में छपा तो उसकी प्रशंसा और आलोचना में ढेरों लिखा गया, लेकिन उस सब के मुकाबिले में मेरे निकट उस एक पत्र का महत्व कहीं ज़्यादा है, जो श्री जगदीशचन्द्र माथुर ने मुझे लिखा :

"आपका भटकता हुआ नायक, दो तरह की दृष्टियाँ फेंकता है। एक में तो वह समेट

लेता है —मुखड़ों और मुखौटों को, गलियों और भवनों को, रंगीनियों और संघर्षों को — और दूसरी, अँधेरे में खोये उस धागे को थामती चलती है, जो व्यक्ति की अनुभूतियों में अकुलाहट, उदासी और चुनौती को जोड़े हुए है, पर जिसके जोड़ने वाले रेशों का आसानी से पता नहीं चलता।"

मित्रों ने उस उपन्यास को कई तरह व्याख्यायित किया है। उनकी व्याख्याएँ ग़लत हैं, यह मैं नहीं कहता; लेकिन मैं समझता हूँ कि माथुर साहब ने उपन्यास के मर्म पर उँगली रख दी और जैसे मेरे अर्धचेतन में चलने वाली रचना-प्रक्रिया को मेरे लिए भी व्याख्यायित कर दिया।

उस उपन्यास के सन्दर्भ में अपनी ओर से मैं इतना और कहना चाहूँगा कि 'गिरती दीवारें' के कैनवेस (चेतन) ने यहाँ एक ऐसे आईने का रूप ले लिया है, जिस पर शहर और उसके वासियों के विभिन्न चित्र उभरते हैं, लेकिन शहर (और उसके वासी) भी अलग-अलग आईने हैं, जो चेतन को प्रतिबिम्बित करते चलते हैं।

• 'एक नन्हीं किन्दील' १९६९ में छपा। 'शहर में घूमता आईना' को काफ़ी आलोचना भी मिली थी। 'विवेचना' (इलाहाबाद) की गोष्ठी में मित्रों ने उसकी काफ़ी धुनायी की थी। लेकिन उपन्यास के इस तीसरे खण्ड तक पहुँचते-न-पहुँचते, आलोचक प्रायः मौन हो गये। क्योंकि पहले दोनों उपन्यास-खण्डों के बारे में उन्होंने जो कहा —जो स्थापनाएँ रखीं या फ़तवे दिये —'एक नन्हीं किन्दील' ने उस सबको ग़लत साबित कर दिया। तब उन्होंने यही उचित समझा कि उपन्यास के तमाम खण्ड छप जायें तभी वे उसके बारे में कुछ कहें। लोग ऐसे मौन साध गये, जैसे मेरा उपन्यास छपा ही न हो।

लेकिन दिल्ली-वासी मेरे कुछ 'शुभचिन्तकों' ने एक दूसरे स्तर पर आक्रमण किया, उन्होंने इसे अश्लील घोषित करवा के, 'दिल्ली पब्लिक लायब्रेरी' की सभी शाखाओं में निषिद्ध करार दे दिया। तब दिल्ली के एक अजाने युवा-पाठक (डॉक्टर नागपाल) ने, न सिर्फ़ वहाँ विरोध किया, वरन मुझे भी लिखा कि मैं चुप न रहूँ और उन्हें बता दूँ कि 'बुढ़ापे के कारण मैंने अपनी जिम्मेदारी भुलायी नहीं है, बल्कि यह जनता की नैतिकता के उन स्व-नियुक्त विशेषज्ञों की ज़्यादती है और इसे बर्दाश्त नहीं किया जा सकता।' मैं अपने इलाहाबादी दोस्तों का एहसानमन्द हूँ कि दो-तीन लेखकों को छोड़ कर, इलाहाबाद के सभी मित्रों ने (उपन्यास के बारे में भिन्न मत रखने के बावजूद) 'दिल्ली पब्लिक लायब्रेरी' के उस कुकृत्य का विरोध किया और फिर तो वह बवण्डर मचा कि ख़ुदा की पनाह और यूँ, एक पाठक ही के प्रयास से 'एक नन्हीं किन्दील' ध्यानाकर्षण का केन्द्र बन गया।

पिछले खण्डों के मुकाबिले में, मुझे 'एक नन्हीं किन्दील' पर, पाठकों के सर्वाधिक पत्र आये हैं। पाठकों ने अपनी-अपनी दृष्टि और रुचि से उसे सराहा, लेकिन एक पत्र ऐसा भी आया, जिसने उपन्यास के मर्म पर उँगली रख दी और माथुर साहब के पत्र ही की तरह, चन्द पंक्तियों में उपन्यास को व्याख्यायित कर दिया।

ख़ुर्रम शहर (ईरान) से श्रीराम विद्यार्थी ने लिखा :

"किन्दील —जन सामान्य के स्व का संघर्ष —सृष्टि के पटल पर अपने 'स्व' को मान्यता दिलवाने, उसे एक एण्टिटी (entity) के रूप में स्थापित करने की, जन-सामान्य

की चेष्टाओं का सम्वेदनशील चित्रण है! प्रेरक भी और मोहक भी। क्योंकि यह सारी कृति, आईनों की मीनाकारी से तैयार किया गया, एक ऐसा गुम्बद लगती है, जिसके आईनों में भटकते हुए बिम्ब, हम सबके अपने ही बिखरे हुए बिम्ब हैं; छितरी हुई संज्ञाएँ हैं। हम सब इनमें से कुछ को चुन कर अपनी मनमानी तस्वीर खड़ी कर सकते हैं और अपने आपको महत्वपूर्ण महसूस कर सकते हैं —क्योंकि हम इन टुकड़ों को पढ़ कर महसूस करते हैं कि जो कुछ हम रोज़ाना भोगते हैं, उसके कुछ अर्थ होते हैं।"

मैं पाठकों के पत्र उद्धरित करता चला जा सकता हूँ और इस भूमिका का कलेवर, पुस्तक-जितना बड़ा हो सकता है, लेकिन इस प्रसंग को ख़त्म करने से पहले, अब तक छपे तीनों खण्डों के सम्मिलित प्रभाव के बारे में तीन पाठकों की प्रतिक्रया देना चाहूँगा —

• कुछ वर्ष पहले चण्डीगढ़ से एक पाठिका, शान्ता राय ने कुछ ऐसी बात लिखी — "आप कहते हैं कि आप इस उपन्यास को पाँच खण्डों में समाप्त कर देंगे। मुझे लगता है कि 'गिरती दीवारें' कभी ख़त्म नहीं होगा, क्योंकि ज़िन्दगी कभी ख़त्म नहीं होती।"

(जब मैं पाँच या सात खण्डों में उपन्यास ख़त्म करूँगा तो निश्चित रूप से पाठकों को महसूस होगा कि उपन्यास ख़त्म हो गया है, लेकिन शान्ता की बात तथ्य से बहुत दूर नहीं। मुझे एक उम्र और मिले तो ज़िन्दगी का मेरा अनुभव इतना विस्तृत है और अभिव्यक्ति की ऐसी शक्ति मेरे पास है कि पाँच खण्डों की ऐसी ही उपन्यास-माला मैं और लिख सकता हूँ।)

• मैं श्री धर्मवीर (मैसूर के भूतपूर्व गवर्नर) के साथ खाने की मेज़ पर बैठा था कि मैंने पूछा : "भाई साहब, आपने तीनों उपन्यास एक साथ पढ़े हैं, आपको इनमें कौन सबसे अच्छा लगा ?"

"एक नन्हीं किन्दील।"

"क्यों ?"

"वह सब से मेच्योर है।"

"उसके बाद ?"

"....आईना, फिर....दीवारें!"

"लोग कहते हैं कि 'गिरती दीवारें' के बाद मुझे लिखना ही नहीं चाहिए था।

"ग़लत हैं, जो ऐसा कहते हैं।"

"लोग शिकायत करते हैं कि इसमें कोई कहानी नहीं...."

"जो कहानी ढूँढते हैं, मूर्ख हैं —यह तो ज़िन्दगी का दरिया है, बहे जा रहा है।"

• हिन्दी उपन्यासों पर शोध करने वाले एक अध्यापक ने विदेश से लिखा : "आपने कहीं चण्डीगढ़ की किसी छात्रा का उल्लेख किया है, जिसने कहा कि 'गिरती दिवारें' कभी ख़त्म नहीं होगा, ज़िन्दगी कभी ख़त्म नहीं होगी। मैं भी कमो-बेश यही महसूस करता हूँ। लेकिन कभी-कभी जो रूपक मेरे दिमाग़ में आता है, वह किसी अजगर का है, जो धीरे-धीरे अपनी कुण्डली खोल रहा है, समय के किसी बिन्दु पर आ कर वह पूरी तरह अपनी कुण्डली खोल देगा और बस सीधा पसर जायेगा —आक्षितिज पसरा हुआ, विराट

और भयोत्पादक, शक्तिशाली और चमकीला! न वह और बढ़ेगा, न रहस्यपूर्ण रहेगा! — यह रूपक ज़िन्दगी की मेरी अवधारणा से मेल तो नहीं खाता, लेकिन मैं समझता हूँ — ऐसा साहित्य में सम्भव है।"

और मुझे लगता है कि प्रोफ़ेसर फ़य्याज़ महमूद की बात से प्रेरणा ले कर (मैंने इस घटना का उल्लेख 'गिरती दीवारें' के दूसरे संस्करण की भूमिका में किया है) यदि मैंने पहले से गढ़ा-गढ़ाया उपन्यास नहीं लिखा और 'गिरती दीवारें' को ज़िन्दगी ही की तरह बढ़ने और फैलने दिया तो ग़लत नहीं किया और यदि मैं पाँचवें खण्ड में इसे ख़त्म कर दूँगा — याने अगर मैं और दस बरस जिया — तो भी ग़लत नहीं करूँगा।

इस सब के बाद, यह कहने की ज़रूरत नहीं कि मेरे स्वतन्त्र, फक्कड़ और मुँह-फट स्वभाव की ताब न लाने वाले, हिन्दी के गुट-बन्द लेखकों और आलोचकों ने अगर मेरे उपन्यासों को उनका जायज़ हक नहीं दिया और इनके मुकाबिले में, इस या उस उपन्यास को उछालते रहे या मेरे उपन्यास के अस्तित्व को सिरे से ही नकारते रहे और उपन्यासों की चर्चा करते हुए, इसे एकदम नज़र-अन्दाज़ कर देते रहे तो मुझे बुरा नहीं लगा, उल्टे उन पर दया ही आयी।

(मेरे इस वक्तव्य को कि मैं इस उपन्यास को नौ भागों में लिखना चाहता था, जिन लोगों ने अज्ञेय की नकल में, उनसे कुछ बढ़ कर किया गया दावा समझा और जिनका यह ख़याल था कि अज्ञेय ने तो दो खण्ड लिखे भी, मैं एक ही खण्ड लिख कर चुपा जाऊँगा, उन्होंने हम दोनों की प्रेरणा के स्त्रोतों पर ध्यान नहीं दिया। अज्ञेय अपनी प्रारम्भिक योजना के अनुसार, अपने उपन्यास के शेष भाग क्यों नहीं लिख पाये और दस वर्ष बाद भी मैं क्यों 'गिरती दीवारें' को आगे बढ़ाने में जुट गया ? अज्ञेय क्यों अपना मौलिक लेखन छोड़, बार-बार सम्पादन अथवा पत्रकारिता में अपनी शक्तियाँ लगाते रहे और मैं क्यों, पत्रकारिता में कुछ वर्ष गुज़ारने के बावजूद, अपने मौलिक लेखन की ओर पलट आया ? उसका कारण शायद यही है कि अज्ञेय की मूल प्रवृत्ति पत्रकार की है और मेरी, मौलिक लेखक की। यही कारण है कि मैं पत्रकारिता को छोड़ कर, मौलिक लेखन की ओर पलटा तो मैंने फिर उधर झाँक कर नहीं देखा, जबकि अज्ञेय अपना मौलिक लेखन छोड़ कर बार-बार पत्रकारिता की ओर पलटते रहे हैं। हम दोनों के लेखन में मूल-प्रवृत्तियों का यही अन्तर हमें अन्ततः दो विभिन्न रास्तों पर ले गया।)

लेकिन किसी रचना की सराहना लेखक को प्रोत्साहित तो कर सकती है, निरन्तर रचना-रत उसे उसकी अन्तःप्रेरणा ही रख सकती है। यदि मूल प्रेरणा में दोष होता है या वह चुक जाती है, तो लेखक भी, सड़क पर रपट जाने वाले कमज़ोर घोड़े की तरह, पसर जाता है और साथियों की लाख 'हलाशेरी' के बावजूद नहीं उठता। बाह्य प्रोत्साहन ही सब कुछ होता तो अज्ञेय 'शेखर' को लगातार लिखते रहते और उसे ख़त्म करके ही दम लेते। या किसी कारण अवरोध आ गया था तो उसे फिर उठाते। लेकिन शायद अन्तःप्रेरणा और अनुभूतियों के अभाव में, वे ऐसा नहीं कर पाये।

o

अज्ञेय की तरह रोमाँ रोलाँ के उपन्यास — ज्याँ क्रिस्तोफ़ी — से मैंने भी प्रेरणा ली —

लेकिन सिर्फ़ अपनी अनुभूतियों को व्यक्त करने के पैटर्न की ख़ातिर! मेरी मूल प्रेरणा तो १९३४ से '३६ की बीच की ज़िन्दगी के वे अनुभव थे, जिन्हें कलम की नोक पर रखे बिना, मैं आज तक चैन नहीं पा सका। 'गिरती दीवारें' माला के उपन्यास जिस काल-खण्ड की अनुभूतियों को चित्रित करते हैं, उसके बाद मैंने ज़िन्दगी को उसकी तमाम रंगा-रंगी में देखा है और मैं चाहूँ तो आठ-दस अत्यन्त दिलचस्प उपन्यास लिख सकता हूँ, लेकिन मैं यह समझता हूँ कि अपने तमाम अनुभवों में लेखक को उन्हीं पर लिखना चाहिए, जिन्हें वह बेशकीमत समझता हो। १९३४ से '३६ तक —इन दो वर्षों में ज़िन्दगी को मैंने पहली बार ऐसे नंगे रूप में देखा कि मेरी सारी रोमानियत उड़नछू हो गयी और मुझे वे आँखें मिल गयीं, जो प्रकट दिखायी देने वाली चीज़ों के पीछे छिपी यथार्थता को देख सकें। मैंने मौत को देखा और नियति का स्पर्श भी पाया और अपने उस घनघोर संघर्ष की नितान्त व्यर्थता भी मेरे सामने उजागर हो गयी, जो मैं सब-जज बनने के लिए कर रहा था। मैंने दुख-तकलीफ़; ग़रीबी; लोगों —विशेषकर नेताओं —की द्वैध-वृति और शोषण; और अपने माहौल की विवशता को देखा और मुझे वह दृष्टि मिल गयी, जो पहले मेरे पास नहीं थी। इस संघर्ष में मुझे अपने पिता की व्यावहारिक शिक्षा को यथार्थ की कसौटी पर परखने और उसकी व्यर्थता जानने और प्रकारान्तर से अपनी माँ के आदर्शों की सचाई को समझने का अवसर मिला। मुझे अपनी माँ के इस उपदेश की माहीयत पहली बार समझ में आयी कि —पेट तो कुत्ते और गधे भी भरते हैं और धन-वैभव वेश्याओं के पास भी होता है। —याने ज़िन्दगी का तमाम संघर्ष अगर खाने-पीने और सुख-सुविधा से रहने के लिए ही है (और उसके साथ कोई महत आदर्श या मूल्य नहीं जुड़ता) तो वह महज़ पशु अथवा वेश्या का संघर्ष है। यही वजह है कि तमामतर सफलता के बावजूद, मैं बड़ी-से-बड़ी नौकरियाँ पलक झपकते छोड़ आया और मौत के सन्दर्भ में ज़िन्दगी की घोर व्यर्थता जान कर, मैंने उसके बावजूद जीने का जो उद्देश्य बनाया, उसमें तमाम बाधाओं के चलते, मैं रंच-मात्र नहीं भटका।

जिन अनुभवों के बल पर मैं बड़े-से-बड़ा प्रलोभन छोड़ कर, अपनी तरह से (भले ही संघर्ष-भरी और कठिन) ज़िन्दगी जी सका, उन्हें कलम की नोक पर न रखना, न केवल कायरता, वरन बददयानती भी होती। यही कारण है कि जब-जब मैंने कोई दूसरा उपन्यास लिखने की सोची, वे अनुभव मेरे रास्ते की दीवार बन गये और बिना उन्हें पूरी तरह अभिव्यक्त किये, मेरे लिए आगे बढ़ना कठिन हो गया और मैं बार-बार दूसरी विधाओं में भटक कर, फिर उन्हीं अनुभवों और उन्हें व्यक्त करने वाली सक्षम विधा —उपन्यास —पर वापस आ गया।

विदेश में रह कर शोध करने वाले एक विद्वान ने मुझे पिछले वर्ष, इस उपन्यास-माला को ले कर लगभग सौ प्रश्न भेजे। मैं प्रस्तुत उपन्यास लिखने में व्यस्त था, इसलिए उत्तर देने से घबराता था, लेकिन प्रश्न इतने सूझ-बूझ-भरे, बुनियादी और गहरे थे कि मैं धीरे-धीरे उनके उत्तर देने लगा; इस उपन्यास-माला के सम्बन्ध में शायद ही कोई ऐसी बात हो, जो मैंने उन प्रश्नों के उत्तर में न कही हो। वह सब मैं यहाँ नहीं दोहराऊँगा। सिर्फ़ यही कहूँगा कि मैं 'गिरती दीवारें' के मुकम्मल पाँच खण्डों में उन बुनियादी जज़्बों

को, उनकी तमाम पेचीदगियों और ग्रन्थियों के साथ, उकेरना चाहता हूँ, जो आदमी के कार्य-व्यापार के पीछे प्रचालन-शक्तियों का काम करते हैं —अर्थ, काम और अहं; मौत और नियति; ज़िन्दगी के संघर्षों की घोर व्यर्थता और उसके बावजूद आदमी की प्रबल जिजीविषा; ज़िन्दगी की व्यावहारिकता के लिए दिये गये सूत्र और उनका सत्य; सौन्दर्य का आकर्षण और वासना और प्रेम —इन सब के बारे में शास्त्रों के सूत्रों और दार्शनिकों के विचारों की रोशनी में नहीं, मैं अपनी अनुभूतियों के प्रकाश में अपनी बात कहना चाहता हूँ।

यहाँ मैं इतना और कहना चाहूँगा कि उपन्यास के नायक को भले ही मैंने अपनी ज़िन्दगी की घटनाएँ और संघर्ष दिये हैं, लेकिन, जैसा कि मैं पहले भी कह चुका हूँ, चेतन मैं नहीं हूँ। क्योंकि उपन्यास मेरी जीवनी नहीं है। मैंने चेतन को अपना व्यक्तित्व नहीं दिया। मैंने उसे अपनी बात कहने का सिर्फ़ एक माध्यम बनाया है और इसी उद्देश्य से बहुत कुछ अपना और कुछ दूसरों का दे कर, उसे इस तरह गढ़ा कि जो बात मैं कहना चाहता हूँ, वह कह सकूँ अथवा जो ज़िन्दगी मैं चित्रित करना चाहता हूँ, वह उसके माध्यम से चित्रित हो सके। चेतन को ही नहीं, मैंने दूसरे पात्रों को भी अपना बहुत कुछ दिया है। ज़िन्दगी के यथार्थ को कला के यथार्थ में परिणत करने के लिए यह ज़रूरी था।

o

मुझे स्वयं भी कई बार ख़याल आया है कि इस उपन्यास को दो-चार वर्षों के लिए अलग हटा कर, क्यों न मैं चार-छै लघु उपन्यास लिख डालूँ, जिनके विचार मेरे दिमाग़ में पक चुके हैं। जब कभी मैंने इनमें से किसी की थीम अपने युवा-साथियों को सुनायी है, उन्होंने कहा कि मुझे 'गिरती दीवारें' छोड़ कर पहले उन्हें लिखना चाहिए, क्योंकि वे न सिर्फ़ 'गिरती दीवारें' पर भारी पड़ेंगे, वरन आधुनिक भाव-बोध के भी करीब होंगे। मुझे कई बार मोह भी हुआ है, क्योंकि कोई थीम जब दिमाग़ में पक जाती है तो अभिव्यक्ति के लिए परेशान करती है। हो सकता है, मैं रास्ते से भटक ही जाता और यह उपन्यास-खण्ड पूरा करने के बाद मैं दो-तीन छोटे उपन्यास लिखता, लेकिन एक पाठक ने फिर मुझे भटकने से बचा लिया। मेरे एक पत्र के उत्तर में उन्होंने लिखा :

> "२४ तारीख़ के पत्र की अन्तिम पंक्तियों में आपने अपने आप पर कुछ खीझ-सी प्रकट की है कि क्यों आपने यह वृहद उपन्यास लिखने की योजना बना ली ? मुझे इनकार नहीं कि आप इस अरसे में बहुत-से छोटे-छोटे उपन्यास लिख ले जाते....प्रश्न पृष्ठ-संख्या का नहीं, प्रश्न उपन्यास में अंकित segment of humanity की cumulative heartbeats का है। पिछले तीस वर्षों से उन धड़कनों को आपके पाठक सुनते आ रहे हैं। आप अपनी ओर से चुक भी जायेंगे तो वे धड़कनें सुनायी देती रहेंगी —पिटे हुए बच्चे के हृदय की धड़कनें; पागल बाप और ग़मजदा माँ की ग़मखोर बेटी चन्दा के हृदय की धड़कनें; अपने प्रति उपेक्षा का बदला, तिल-तिल आत्म-हत्या करके लेने वाली हठीली चम्पा के हृदय की धड़कनें; हफ़्तों बाद घर आये हुए शराबी पति के हाथों, घर भर की

खैर मनाती हुई लाजवती के हृदय की धड़कनें — ऐसे बीसियों हृदय आपके उपन्यास के पन्नों में धड़क रहे हैं और आप अन्तिम उपन्यास का अन्तिम पृष्ठ लिख कर कलम रख भी देंगे तो आपके मनस-सृजित जीव गालियाँ बकते रहेंगे; प्यार करते रहेंगे; झूठ बोलते रहेंगे, लानतें भेजते रहेंगे; अपने समाज के प्रति अपना देय चुकाते रहेंगे और उसके मुँह पर थूकते रहेंगे; एक-दूसरे को लूटते रहेंगे, खीझते रहेंगे, कुढ़ते रहेंगे....कहना मैं इतना ही चाहता हूँ कि छोटे-छोटे दिलचस्प उपन्यास आप नहीं भी लिख पायेंगे तो वैसी हानि नहीं होगी। काश, ऐसे दो-चार और अभिशप्त लेखक आपकी पीढ़ी में होते। आपके लिए जो अभिशाप है, वही पाठक के लिए वरदान है, जो उसकी अभिशप्त ज़िन्दगी को कुछ राहत बख़्शता है।"....

और मैं अपने इस पाठक का ही नहीं, अपने तमाम पाठकों का आभारी हूँ, जिनकी सराहना, आलोचना और सुझावों ने सदा मेरा पथ प्रशस्त किया है, मुझे बल दिया है कि मैं इतना वृहद उपन्यास लिख सकूँ। उनकी दुआएँ मेरे साथ रहीं तो मैं निश्चित ही अब इधर-उधर ज़्यादा नहीं भटकूँगा और यदि आठ-दस वर्ष भी मुझे और मिल गये तो उपन्यास का अन्तिम खण्ड लिख कर ही कलम रखूँगा। यह बात मैं अच्छी तरह जानता हूँ कि यदि मैं अपनी रचना से सन्तुष्ट हो गया तो पाठक भी सन्तुष्ट हो जायेंगे और देर-सवेर आलोचक भी।

०

इधर मेरे कुछ पाठकों को पिछले तीनों उपन्यास पढ़ कर, टॉल्स्टॉय के उपन्यास, 'वॉर एण्ड पीस' की याद आयी है। मैंने जब वह उपन्यास पढ़ा था, मैं न केवल मन में अपने उपन्यास की पूरी रूप-रेखा बना चुका था, वरन 'गिरती दीवारें' लिख भी चुका था। मैं नहीं जानता, मैंने वह उपन्यास पहले पढ़ा होता तो मुझ पर क्या प्रतिक्रया होती ? सम्भव है, मैं आतंकित हो जाता और अपना उपन्यास न लिख पाता। ऐन मुमकिन है कि इसका पैटर्न यह न रहता। लेकिन आज, जब मैं इस उपन्यास-माला के चार खण्ड लिख चुका हूँ, मैं यही कह सकता हूँ कि टॉल्त्टॉय मेरी स्थिति में होते तो शायद ऐसा ही उपन्यास लिखते।

०

प्रस्तुत खण्ड — बाँधो न नाव इस ठाँव — दो हिस्सों में है। यह अजीब बात है कि इन मैं दूसरा भाग मैंने पहले लिखा — या ठीक कहूँ कि उसका तीन-चौथाई पहले लिखा। हुआ यूँ कि मैं १९६३ में कुछ आर्थिक कठिनाई में फँस गया। दिसम्बर '६२ में दिल्ली गया हुआ था, जब मैंने 'राजकमल प्रकाशन' के तात्कालिक मैंनेजिंग-डायरेक्टर, श्री ओंप्रकाश और 'नयी कहानियाँ, के यशस्वी सम्पादक, श्री भैरवप्रसाद गुप्त से कहा (तब उन से मेरे बहुत अच्छे सम्बन्ध थे) कि चाहे मुझ से एक उपन्यास धारावाहिक ले लें या मुझ से 'मेरी प्रिय कहानी' या ऐसे ही किसी शीर्षक के अन्तर्गत लेख-माला लिखवा लें और मुझे १००० रुपये पेशगी दिलवा दें। भैरव लेख-माला पसन्द करते थे। वे 'नयी कहानियाँ' में रहते तो शायद मैं १९६३ के वर्ष, विभिन्न कथाकारों की दस-बारह प्रिय कहानियों पर लेख ही लिखता और उपन्यास न जाने फिर कब आगे बढ़ता। लेकिन उन्हीं दिनों भैरव 'नयी

कहानियाँ' छोड़ गये और ओंप्रकाश ने धारावाहिक उपन्यास ही छापना पसन्द किया। मैंने ओंप्रकाश से कहा कि यूँ तो मैं उन्हें छोटे उपन्यासों के चार-पाँच कथानक सुना सकता हूँ और जो वे पसन्द करें, लिख दे सकता हूँ; लेकिन यदि वे छाप सकें तो मैं उन्हें 'गिरती दीवारें' के अगले खण्डों से एक ऐसा प्रसंग लिख देता हूँ, जो बहुत मनोरंजक है और किसी पत्रिका में मज़े से धारावाहिक छप सकता है। मैंने प्रस्तुत उपन्यास के दूसरे भाग की कथा सुनायी। उन्हें पसन्द आ गयी।

जहाँ तक मुझे याद पड़ता है, मार्च या अप्रैल, '६३ से उपन्यास 'नयी कहानियाँ' में छपना शुरू हुआ। नायक का नाम उन्होंने 'रोशन' कर दिया, जो प्रूफ़-रीडर की बेपरवाही से एक-दो किस्तों में 'चेतन' भी छप गया। दो-एक किस्तें मैंने इलाहाबाद से भेजीं, फिर मैं कसौली चला गया और शेष उपन्यास मैंने वहीं से भेजा।

बहरहाल, ओंप्रकाश का मैं बहुत आभारी हूँ कि उन्होंने मुझे अपने उपन्यास को आगे बढ़ाने का अवसर दिया। उस वक्त मुझे रुपये की बहुत ज़रूरत थी। वे ज़ोर देते तो शायद मैं कोई लघु-उपन्यास ही लिख देता और यह उपन्यास लिख लेने पर शेष को पूरा करने की जो प्रबल उत्कण्ठा जगी, वह न होती। कौन जाने, उपन्यास कभी लिखा भी जाता या नहीं।

जब 'नयी कहानियाँ' के बहाने बीच का एक खण्ड लिख गया तो मेरे मन में उससे पहले के अंश को पूरा करने की इच्छा जगी। 'नयी कहानियाँ' में जो खण्ड छपा, उसमें 'शहर में घूमता आईना' के बाद चेतन के संघर्ष की कहानी मैंने संक्षेप में पहली किस्त में दे दी थी। १९६४ का साल मैं बीमार रहा। '६५ में फिर कसौली गया तो मैंने '....आईना' के बाद के खण्ड — 'एक नन्हीं किन्दील' को हाथ लगा दिया और लगातार लिखता रहा। १९६९ में वह उपन्यास छप गया।

१९७० में फिर मैं मुसीबत में फँस गया। मेरे लड़कों ने दो अन्य प्रकाशकों के साथ मिल कर 'पुस्तक केन्द्र' की एक योजना बनायी। वह असफल रही और वे लगभग चालीस हज़ार का घाटा खा गये। तभी १९७१ में मैसूर के भूतपूर्व गवर्नर, श्री धर्मवीर ने नये साल की शुभकामनाएँ भेजीं। वे मेरे पुराने मेहरबान हैं। तब मैंने उन्हें उत्तर में लम्बा पत्र लिखा। उन्होंने कहा, आप और कौशल्या कुछ दिनों के लिए बंगलौर क्यों नहीं आ जाते ? मैंने लिखा कि मैं उपन्यास का चौथा खण्ड लिखना चाहता हूँ, यहाँ एकाग्रता मयस्सर नहीं! हफ़्ते-पन्द्रह दिन के लिए इतनी दूर नहीं आ सकता। तीन महीने के लिए बुलायें तो आ जाऊँ। उन्होंने कहा कि आप छै महीने के लिए आ जाइए!....धर्मवीर जी से पत्र-व्यवहार तो था, लेकिन घनिष्टता नहीं थी। वर्षों पहले की एक दो-मिनटी मुलाकात थी। लेकिन वे मेरे नाटक पसन्द करते हैं, यह मैं जानता था। लिख तो दिया, उन्होंने बुला भी लिया, पर मन में संकोच हो आया। बहुत सेंसिटिव आदमी हूँ। बड़े आदमी के यहाँ रहने से जाने कब कहाँ अहं आहत हो जाये और ज़िन्दगी भर तकलीफ़ देता रहे, इसी का भय था। कौशल्या को साथ ले गया कि मन न लगा तो उसी के साथ वापस आ जाऊँगा।

मैं तीन महीने का प्रोग्राम बना कर बंगलौर गया था, लेकिन धर्मवीर जी ने इतने आदर, सम्मान, आत्मीयता और स्नेह से मुझे वहाँ रखा कि मैं पूरे पाँच महीने बंगलौर में

उनके यहाँ रह आया। मैं नहीं जानता, मेरे किसी सम्बन्धी या मित्र ने मुझे कभी इतना आदर-सम्मान, स्नेह और अण्डरस्टैण्डिंग दी है। मैंने वहाँ अपना नाटक **'लौटता हुआ दिन'** पूरा किया, फिर प्रस्तुत उपन्यास का पहला भाग शुरू कर दिया। दस परिच्छेद मैंने वहाँ लिखे। जब उपन्यास अटक गया ता मैं चला आया। लेकिन अंग्रेज़ी कहावत है — 'वेल बिगन इज़ हाफ़ डन'। नया उपन्यास शुरू करने ही में दिक्कत होती है। बंगलौर में उपन्यास शुरू हो गया तो मैं तब से इसे लगातार लिखता आ रहा हूँ। १९७२ में मुझे 'सोवियत लैण्ड नेहरू पुरस्कार' मिला था और मई '७३ में रूस जाने का निमन्त्रण भी आया। मैंने पासपोर्ट भी बनवा लिये, लेकिन उपन्यास ऐसे नाज़ुक मरहले पर था कि यदि मैं छोड़ कर चला जाता तो फिर कौन जाने कब लिख पाता। सो उस लोभ का सम्वरण कर, उन से क्षमा माँग, मैं इसी पर जुटा रहा और अन्ततः जुलाई '७३ में मैंने इसका पहला भाग समाप्त कर दिया।

जब उपन्यास की कथा 'गिरती दीवारें' से ले कर 'नयी कहानियाँ' में छपे खण्ड तक पहुँच गयी, तो मैंने उसी खण्ड का उठाया। उसे रिवाइज़ किया और अन्त के परिच्छेद लिख कर उसे पूरा कर दिया। वही प्रस्तुत उपन्यास का दूसरा भाग है।

अब इस उपन्यास-माला का सिर्फ़ पाँचवाँ और अन्तिम खण्ड लिखना शेष है। वह सर्वाधिक कठिन भी है। मेरी उम्र बढ़ गयी है, शक्ति घट गयी है और यह अजीब बात है कि जब-जब मैंने इस उपन्यास माला का कोई खण्ड समाप्त किया है, मेरा पुराना रोग सक्रिय हो आया है —'गिरती दीवारें' ख़त्म कर, मैं दो वर्ष सैनेटोरियम में पड़ा रहा था; '....आईना' की समाप्ति पर साल भर बीमार रहा; 'एक नन्हीं किन्दील' लिख कर दिल्ली गया और तीन महीने वहाँ पड़ा रहा और ये पंक्तियाँ लिखने से पहले एक्स-रे करवा कर आया हूँ और मालूम हुआ है कि इस बार बायें फेफड़े में फिर फ़्लेयर-अप हो गया है — शरीर मेरा चाहे थक गया हो, लेकिन न मेरा दिमाग़ थका है, न अन्तर की आग बुझी है। ज़िन्दगी ने मोहलत दी और मेरे पाठकों, मित्रों और स्नेहियों की दुआएँ साथ रहीं तो ज़िन्दगी को ख़ैरबाद कहने से पहले मैं इसे ज़रूर पूरा कर दूँगा।

०

प्रस्तुत उपन्यास के बारे में अपनी ओर से मैं कुछ नहीं कहूँगा। वह सहृदय पाठकों के हाथों में है। मैं उनकी प्रतिक्रिया और सुझावों की बाट देखूँगा। यहाँ सिर्फ़ इतना ही कि प्रस्तुत उपन्यास के दोनों खण्ड अपने में पूरे हैं। पाठक ध्यान से पढ़ेंगे तो पायेंगे कि एक सूत्र में बँधे होने के बावजूद इस माला के पहले तीनों उपन्यासों की तरह, ये भी अपने में मुकम्मल उपन्यास हैं। इन दोनों खण्डों के लेखन-काल में दस वर्षों का अन्तराल है और इनकी विषय-वस्तु ही नहीं—शैली, शिल्प और भाषा भी थोड़ी भिन्न है। मैंने उपन्यास को बीच से न लिखा होता और ये क्रमशः छपते तो अलग-अलग नामों से छपते, लेकिन अब ये एक ही नाम से छप रहे हैं —इसलिए भी वस्तु और परिवेश भिन्न होने के बावजूद, वे एक ही थीम से जुड़े हैं और उपन्यास का नाम दोनों पर पूर्णतः उपयुक्त उतरता है।

०

इन पंक्तियों को लिखते हुए मुझे अपने दिवंगत साथी, सुरेन्द्रपाल सिंह की बेहद याद आयी है। क्योंकि उपन्यास का नाम उन्हीं का दिया हुआ है। वे मेरे मित्र भी थे, सहयोगी भी और

कड़े आलोचक भी। 'शहर में घूमता आईना' हम दोनों ने इकट्ठे मिल कर रिवाइज़ किया था, काटा-छाँटा था और उसके एक-एक शब्द और वाक्यांश पर बहस की थी। यह ठीक है कि अब मेरे पास मेरा योग्य बेटा है, जो यह काम उतने ही सुचारु रूप से करता है, लेकिन वह तो मेरा ही अंग है। सुरेन्द्रपाल मुझसे निकट हो कर भी दूर थे और अपनी बात कहने में निर्मम हो सकते थे। मैंने सारा-का-सारा उपन्यास, न जाने कितनी बार उन्हें सुनाया होगा। वे लगातार मुझे कोंचते थे कि मैं नाटक-वाटक लिखना छोड़ कर इसे ख़त्म करूँ। कभी यदि आठ-दस वर्ष बाद मैं इसका पाँचवाँ और अन्तिम खण्ड लिख कर उपन्यास ख़त्म कर पाया तो मैं मानूँगा कि उसके पीछे इस उपन्यास में उनकी आस्था और इसे ख़त्म करने में उनके अनुरोध का भी हाथ होगा। अपने तमाम पाठकों और मित्रों के साथ मैं अपने उस दिवंगत साथी का अत्यन्त आभारी हूँ।

१५/१२/७३ —उपेन्द्रनाथ अश्क

पहला खण्ड

एक

सवेरे चेतन की आँख खुली और उसने लेटे-लेटे बत्ती जलायी तो सामने मेज़ पर रखे टाइम-पीस में छै बजे थे।

उसके बराबर ही चन्दा गहरी नींद में सो रही थी। कोहनी के बल ज़रा-सा उठ कर चेतन ने अपनी पत्नी के चेहरे पर निगाह डाली — किंचित बासी, लेकिन मुरझाया या कुम्हलाया ज़रा नहीं। बड़ी-बड़ी आँखें शान्त भाव से मुँदी हुईं। न पलकों पर कोई सिलवट, न माथे पर कोई लकीर। एकदम तनावहीन, शान्त और स्थिर! — उसे कोई फ़िक्र नहीं कि पति की नौकरी छूट गयी है और घर में दो जून का आटा नहीं। अपना पूरा विश्वास उसे सौंप कर, नितान्त चिन्ता-मुक्त हो, वह सो रही थी।

०

पिछली शाम क्रोध के आवेग में 'भूँचाल' की सम्पादकी महाशय जीवनलाल कपूर के मुँह पर मार कर, जब चेतन दफ़्तर की सीढ़ियाँ उतरा था तो घर की ओर चलते वक्त चन्दा की प्रतिक्रिया के भय से उसके पैर मन-मन भर के हो आये थे; लेकिन उसकी पत्नी ने पल भर में उसे आश्वस्त कर दिया था। 'फिर क्या हुआ! और दस नौकरियाँ मिल जायेंगी।' — चन्दा के इस एक वाक्य ने चिन्ता और निराशा के बदले चेतन के मन में अदम्य उत्साह भर दिया था।....

चाय पी कर जब वे घूमने निकले थे तो चन्दा ने फिर उससे कहा था, "चलिए, जमुना के चलते हैं; आपका मन बहल जायेगा।"

चेतन ने रुक कर क्षण भर को उसकी ओर देखा था — अपार भोलापन और अपने पति को प्रसन्न करने की इच्छा से उत्फुल्ल चेहरा — आँखें मिलते ही चन्दा ने अपनी बत्तीसी खिला दी थी और हल्के-से आँखें नचाते हुए कहा था : "सच, चलिए ग्वाल मण्डी चलते हैं।"

उस भंगिमा में कुछ ऐसा चोंचला था कि चेतन का जी हुआ, वहीं सरे-बाज़ार उसे बाँह में भर कर चूम ले। ठहाका मार कर हँसते और उसके कन्धों को बायीं बाँह में ले कर ज़ोर से आगे ठेलते हुए उसने कहा था, "मेरी जान, क्यों घी को आग के पास ले जाती हो! चलो, अनारकली में घूमते हुए गोल बाग़ तक चलते हैं।"

चन्दा ने बड़े प्यार से उसकी ओर देखा था और दोनों हस्पताल रोड पर हो लिये थे।

शाम का वक्त। अनारकली पूरी जवानी पर थी। साज़ो-सामान से भरी, जगमगाती दुकानें और ख़रीदारों और तमाशाइयों की बेपनाह भीड़। चेतन की जेबें ख़ाली थी। दो पैसे की गज़क या मूँगफली या खजूरें तक लेने को भी उसके पास पैसे नहीं थे, लेकिन अनारकली में घूमते हुए चेतन को कुछ अजीब-सी पूर्णता का एहसास हुआ था। उसे लगा

था, जैसे सारी दुनिया की दौलत उसके पास है और कोई ग़म या फ़िक्र उसे नहीं है।

अपनी पत्नी के साथ-साथ, उसे बाँह के घेरे में लिये हुए, भीड़ में रास्ता बनाता, औरतों को चिकोटी काट कर या कोहनी मार कर मज़ा लेने वाले गुण्डों से उसे बचाता और दुनिया-जहान की बातें करता हुआ चेतन अनारकली पार कर, कचहरी रोड वाले चौरस्ते पर पहुँच गया था। बाँह उसने हटा ली थी और वे टहलते हुए भाई साहब की दुकान पर पहुँच गये थे।

सर्दी ज़ोरों पर थी। पेशावरी चप्पल और तहमद में चेतन के पाँव और टाँगें ठण्डी-यख़ हुई जा रही थीं, लेकिन ओवरकोट को उसने सीने पर कस लिया था और बातों की गर्मी ने उसके पैरों की सर्दी भुला दी थी। चन्दा ने साड़ी पर पूरी बाँह का वही धारीदार, लाल कार्डीगन पहन रखा था, जो चेतन ने पार साल आठ रुपये में उसे ख़रीद कर दिया था और जिसके कारण चेतन की भाभी ने ईर्ष्या से मुँह फुला लिया था। पत्नी को वहीं सड़क पर रुकने का संकेत कर, चेतन लपकता हुआ भाई साहब की दुकान के अन्दर गया था। वे डेण्टल इंजिन पर पैर रखे, किसी पेशेण्ट के डेंचर पर पालिश कर रहे थे। पार्टीशन के दरवाज़े ही में खड़े-खड़े चेतन ने उन्हें बताया था कि वह महाशय जीवनलाल कपूर (सम्पादक और मालिक, साप्ताहिक 'गुरु घण्टाल' और 'भूँचाल') की नौकरी छोड़ आया है। संक्षेप में उसने महाशय जी से होने वाली झोड़ का भी ज़िक्र किया था; दो-चार शुद्ध पंजाबी 'मधुर वचन' महाशय जीवनलाल की भेंट किये थे और भाई साहब से कहा था कि वे फ़िक्र न करें, वह पाँच-सात दिन में कोई-न-कोई काम ढूँढ लेगा।

भाई साहब ने किसी तरह की चिन्ता प्रकट न की थी। वे निर्विकार भाव से डेंचर पर पालिश करते रहे थे। चेतन कोई-न-कोई काम ढूँढ लेगा, इस बात का उन्हें पक्का विश्वास था। हाँ, जब उसने उन्हें बताया कि वह चन्दा को साथ ले कर ज़रा लाला लाजपत राय की मूर्ति तक जा रहा है तो उन्होंने कहा था कि वे तो शाम को एक मित्र के साथ निस्बत रोड के नये खुले रेस्तराँ — 'नाज' — में खाना खायेंगे, फिर 'निशात' में सिनेमा देख कर घर आयेंगे, वह चन्दा से कह दे कि उनकी प्रतीक्षा न करे।

चन्दा सड़क पर खड़ी-खड़ी ऊब कर चुपचाप बाहर वेटिंग-रूप में काउच पर आ बैठी थी। चेतन अपनी बातों में भूल ही गया था कि वह पत्नी को सड़क पर प्रतीक्षा करते छोड़ आया है। भाई साहब की बात सुन कर उसे सहसा चन्दा की याद आयी। वह पलटा और उसे काउच पर बैठे देख कर खिसियानेपन से हँसता हुआ बोला, "अच्छा हुआ तुम अन्दर आ गयीं!"

चन्दा उठी। दोनों बाहर निकले। दुकान की सीढ़ियाँ उतरते हुए चेतन ने उसे बताया कि भाई साहब रात का शो देखने जा रहे हैं और खाना बाहर खायेंगे और दोनों इत्मीनान से ख़रामा-ख़रामा चलते हुए लाजपत राय की मूर्ति तक गये थे। गर्मियों में तो उस वक्त वहाँ बड़ी भीड़ होती थी, लेकिन सर्दी उतर आयी थी, कोहरा पड़ने लगा था। बेंच और घास उन्हें ज़रा भीगी मालूम हुई। चेतन ने तहमद के छोर से बेंच को पोंछा। दोनों थोड़ी देर बैठे। लेकिन सर्दी बढ़ रही थी और सड़क पर सन्नाटा था। वे उठे थे और नीला गुम्बद की ओर से मेयो हस्पताल रोड की चढ़ाई पार कर, घर वापस आ गये थे....

०

अपनी पत्नी के मुख से निगाहें हटा कर चेतन ने रोशनदान की ओर देखा। बाहर मटमैला-सा उजेला हो आया था। पहले उसने चाहा कि झकझोर कर चन्दा को जगा दे। लेकिन पिछली शाम की लम्बी सैर के बाद वे थक गये थे। खाना पकाने और खाने में देर हो गयी थी। वे भाई साब के आने का इन्तज़ार करते रहे थे, बातें करते रहे थे, प्यार करते रहे थे और डेढ़-दो बजे के बाद चेतन अपनी पत्नी की बाँह पर सिर टिकाये, उसके गर्म-गुदाज़ सीने से लगा-लगा, सो गया था।

रात के सुख की मीठी याद, होंटों पर उदय हो कर शरीर की नस-नस में फैल जाने वाली मुस्कान की तरह, चेतन के रोम-रोम में बस गयी। अपनी उस भोली-भाली, गोल-गुलगोथनी पत्नी के लिए उसका मन कुछ अजीब-से दया-भरे प्यार से उमड़ आया। उसने झुक कर उसकी बन्द पलकों से बारी-बारी अपने होंट छुला दिये। ज़रा-सा सिर हिला कर चन्दा ने करवट बदल ली। चेतन का जी हुआ, उसे बरबस अपनी ओर करके बाँहों में भर ले और चूम-चूम कर उसे पूरी तरह जगा दे....लेकिन उसने कुछ नहीं किया। क्षण भर प्यार से उसके बालों पर हाथ फेरता रहा। फिर वह सँभल कर लिहाफ़ से बाहर आ गया और लिहाफ़ को उसने अपनी पत्नी के गिर्द अच्छी तरह कस दिया।

'सो ले बेचारी अभी एकाध घण्टा और!' उसने ज़ोर की अँगड़ाई लेते हुए मन-ही-मन कहा, 'जाने ज़िन्दगी में कितनी मुसीबतें झेलना और रातें जागना इसके भाग्य में बदा है! सो ले, जब तक गहरी नींद आती है और मेरी तरह परेशानियाँ इसकी नींद हराम नहीं करतीं।' —पलट कर उसने फिर एक नज़र अपनी सोयी हुई पत्नी पर डाली और कुर्सी से लोई[१] उठा कर, अच्छी तरह उसकी बुक्कल मारते हुए कमरे से बाहर निकल गया।

०

यह अजीब बात है कि शादी के इन दो वर्षों में अपनी पत्नी के लिए ऐसा प्यार और स्नेह चेतन के मन में पहले कभी नहीं उमगा। उसे याद आया —शुरू-शुरू में तो दिन के उजेले में उसके साथ बाहर कहीं जाते हुए उसे झिझक होती थी। एक शाम वह चन्दा के साथ जा रहा था कि सामने से उसके सम्पादक (वह उन दिनों दैनिक 'बन्दे मातरम' में काम करता था), महाशय धनपत राय, बी०ए० (नेशनल) अपनी परी-सी सुन्दर पत्नी के साथ आते मिल गये थे....वह कितना सकपका गया था, उस कैसी शर्म आयी थी....वह पतला-छरहरा, नफ़ासत-पसन्द, शायर-मिज़ाज लड़का और चन्दा मोटी-मुटल्ली, गोल-गुलगोथनी युवती! हालाँकि वह उमर में चेतन से एक वर्ष ही कम थी —चेतन तब इक्कीस का होने जा रहा था तो वह बीस ही होगी —लेकिन उसे देख कर लड़की कहना चेतन से किसी तरह न होता था। वह लड़की नहीं, भरी-पूरी युवती थी। चेतन को वह अपने से बड़ी लगती थी, बड़ी और मेच्योर! अपने जोड़ की तो उसे कुन्ती लगती थी — पतला-छरहरा, चलने में कई-कई बल खाता शरीर, सुलोचना[२]-सा नुकीला, गोरा मुख, बड़ी-बड़ी कँटीली आँखें और चौड़े माथे पर आधे चाँद-सा किसी चोट का निशान....नीला

१. करघे की बुनी, पतली, ऊनी चादर
२. ख़ामोश फ़िल्मों की प्रसिद्ध नायिका

लगती थी —गोरी-गुटकनी, चंचल-चपल और चुलबुली! और इसीलिए उन दोनों को ले कर अब तक वह इतना परेशान रहा था। लेकिन कब उसके मन से उन दोनों को परे हटा कर चन्दा ने अपने लिए इतनी जगह बना ली, चेतन जान नहीं पाया।...

०

रसोई-घर का दरवाज़ा खोल, उसने एक गिलास बासी पानी पिया। फिर गुसलख़ाने से लोटा भर कर नित्य-कर्म से निबटने तिमंज़िले पर चला गया।

पिछले वर्षों की स्मृतियों में उलझा, कब वह निबट-निबटा कर वापस आ गया, उसे पता नहीं चला। गुसलख़ाने को जाते हुए उसने एक नज़र भाई साहब के दरवाज़े पर डाली। वे प्रायः तड़के उठ जाते थे, लेकिन रात देर में सोने के कारण उनके कमरे का दरवाज़ा बन्द था। गुसलख़ाने में अच्छी तरह हाथ और लोटा माँज-धो कर चेतन रसोई-घर में गया। पानी के एक गिलास में फुलाही[१] की पतली, टेढ़ी-मेढ़ी दातुनें भीग रही थीं। चेतन ने एक दातुन उठायी। उसकी खाल ज़रा लसीली हो आयी थी। पानी का भरा लोटा ले कर वह दहलीज़ पर बैठ गया और रसोई-घर के बाहर बहने वाली नाली में दातुन करने लगा। फुलाही की दातुन का स्वाद पहले किंचित कसैला होता है, फिर वह मज़ा देने लगती है। बबूल या नीम की अपेक्षा फुलाही की दातुन की कूची भी बेहतर बनती है। दातुन के सिरे को अच्छी तरह चबा कर उसकी कूची से चेतन ने दाँत साफ़ किये। फिर उसे चीर कर उसने जीभ साफ़ की और उसे बाहर गली में फेंक आया। वापस आ कर उसने मिट्टी के कूज़े में रात भर के भीगे आमलों के पानी को शीशे के गिलास में छाना। खट्टा, यख़ पानी। दायें हाथ में भर कर उसने आँखों पर छींटा मारा तो उसका सारा शरीर झनझना आया। लेकिन उस तीखे, खट्टे पानी से होने वाले कष्ट की परवाह न करके, आँखें खोल, पै-दर-पै वह छींटे मारता गया। आँखें उसकी ऐसे साफ़ हो गयीं, जैसे उनमें ज़रा भी थकान न हो। एकदम सुबह-सी ताज़ी।

छींटे मार कर और कूज़े को शाम के लिए दोबारा भर कर वह रसोई-घर को बन्द करने जा रहा था कि भाई साहब के कमरे का दरवाज़ा खुला। चेतन ने उन्हें 'नमस्ते' की और रसोई-घर की कुण्डी लगाये बिना अपने कमरे में आ गया। दराज़ से उसने मैडम रिक्की वाला लेख और अपना एक पेज का वह अनुवाद निकाला, जो उसने पिछले दिन नौकरी छोड़ने से पहले 'भूँचाल' के लिए किया था। सहसा उसके साथ लगा एक कटिंग फ़र्श पर जा गिरा। उसने जब सारे कटिंग उठा कर महाशय जीवनलाल के सामने पटक दिये थे तो यह शायद मैडम रिक्की वाले लेख के साथ चिपका रह गया था और उसके साथ ही चला आया था।

चेतन ने झुक कर उसे उठाया और पढ़ने लगा :

ऐन अनएम्लॉयड, हू हेल्प्ड मिलियन्ज़

चेतन ने शीर्षक पढ़ा —एक बेकार, जिसने लाखों की मदद की! —मैडम रिक्की वाला लेख छोड़ कर, वह उसे पढ़ने लगा।

लेख अमरीका के एक प्रसिद्ध लेखक के बारे में था, जिसने ग़रीब घर में जन्म लिया,

१. बबूल की जाति का एक पेड़।

घोर संघर्ष किया और फिर अपने अनुभव के बल पर एक किताब लिखी —'हाउ टु विन फ्रेण्ड्स ऐण्ड इन्फ़्लुएन्स पीपल।' लेखक का नाम डेल कार्नेगी था और लेख में उसके सिद्धान्तों का सार दिया गया था।

डेल कार्नेगी का कहना था कि बुरे-से-बुरे व्यक्ति में भी कुछ ऐसा होता है, जिसकी प्रशंसा आप मन से कर सकते हैं। जब आप किसी से मिलने जाते हैं तो देखिए कि आप किस चीज़ की तारीफ़ कर सकते हैं और अपनी बात करने से पहले, पूरे मन के साथ उसकी तारीफ़ कीजिए।

अपने अनुभवों से कार्नेगी ने पाया था कि हर आदमी को अपना नाम पसन्द होता है; हर आदमी की कोई-न-कोई कमज़ोरी होती है; हर आदमी की कोई-न-कोई सनक या शौक होता है; हर आदमी अपने बारे में बात करना चाहता है —किसी को अपना पहरावा या नफ़ासत पसन्द होती है या कमरे की बनावट-सजावट; उसमें लगे किसी चित्र पर गर्व होता है या अपने सजे-सँवरे बाग़ीचे पर; वह अपने नये मकान की बात करना चाहता है, या अपने किसी अन्य प्रिय शौक की।

डेल कार्नेगी का सुझाव था : अगर आप चाहते हैं, कोई आदमी आप में दिलचस्पी ले तो पहले आप उसमें दिलचस्पी लीजिए। बातों-बातों में जानिए कि उसका क्या शौक है, उसे क्या पसन्द है, उसे किस बात पर गर्व है। यह जान कर आप मन से उसकी प्रशंसा कीजिए। कठोर-से-कठोर आदमी पिघल जायेगा, आप में दिलचस्पी लेने लगेगा और आप जो चाहते हैं, हो जायेगा।

'स्साला, जो चाहते हैं, हो जायेगा का,' चेतन ने कटिंग को हाथ में मसलते और मुट्ठी में उसका गोला बनाते हुए मन-ही-मन कहा, 'इस साले कार्नेगी का पाला लाला जीवनलाल कपूर जैसे किसी आदमी से नहीं पड़ा, वरना दूसरों के शौक जानने का सारा जोश उसका ठण्डा हो जाता —गन्दे लतीफ़े और छत-फाड़ ठहाके सुनते-सुनते उसके कान फट जाते और निहायत रद्दी फ़िल्मों की तारीफ़ करते-करते ज़बान सीठी हो जाती। हाउ टु विन फ्रेण्ड्स ऐण्ड इन्फ़्लुएन्स पीपल! चेतन ने व्यंग्य और वितृष्णा से जैसे दाँतों में किताब का नाम दोहराया। क्या छल-कपट ही से लोगों को प्रभावित किया जाता है और उनकी दोस्ती जीती जाती है ? 'तेल तमा जिसको मिले, तुरत नरम हो जाय' तो यहाँ का हर आदमी जानता है। लोगों को तेल लगा कर तो मूर्ख-से-मूर्ख भी सफलता पा सकता है। समस्या तो यह है कि आदमी अपनी ख़ुदी को बरकरार रखते हुए गधों को तेल लगा कर नहीं, अपनी शक्ति और योग्यता के बल पर आगे बढ़े।

और उसने मुट्ठी में मुड़ा-तुड़ा काग़ज़ कोने में फेंक दिया, तख़्ती आगे खिसकायी और मैडम रिक्की के लेख का अनुवाद करने लगा।

लेकिन उसका पहला शब्द लिख कर वह उठा। वह कटिंग तो उसका नहीं है, उसने सोचा, उसे नष्ट करने का उसे क्या अधिकार है ? वह लाला जीवनलाल कपूर का है और वह उन्हीं को दे आयेगा।....उसने जा कर कोने से कटिंग का गोला उठाया और मेज़ पर फैला कर, उस पर हाथ फेर, उसकी सिलवटें निकालीं; फिर उस पर फ़ाइल रख कर अलमारी से किताबें उठा लाया और फ़ाइल को उनसे दबा दिया ताकि मुड़ा-तुड़ा काग़ज़

सीधा हो जाय। फिर वह इत्मीनान से अनुवाद करने लगा।

अभी उसने मुश्किल से एक पैरा लिखा होगा कि चन्दा अपने आप उठ बैठी। साड़ी के पल्लू से सिर और सीने को ढँकते हुए उसने कहा, "आपने मुझे जगाया क्यों नहीं।" लेकिन चेतन ने कोई जवाब नहीं दिया। शायद उसने सुना भी नहीं। उसका सारा ध्यान अनुवाद में लगा था।

०

चन्दा धीरे-धीरे उठी और बिना शोर किये, बाहर निकल गयी। साढ़े नौ बजने वाले थे। भाई साहब कब के तैयार हो कर दुकान चले गये थे। सर्दियों की धूप खिड़की के बाहर खिल आयी थी, जिसका एक सुनहरा चकत्ता अतीत की किसी मीठी स्मृति-सा डेवढ़ी में बढ़ आया था। तभी चन्दा खाना-वाना पका कर और खा कर विद्यालय जाने के लिए तैयार हो कर आ गयी।

"अब उठिए। लस्सी तो पी आइए! साढ़े नौ बज गये हैं।"

चेतन ने बिना उत्तर दिये, अनुवाद की अन्तिम पंक्ति लिखी और कलम रख कर थकी उँगलियाँ चटख़ाता हुआ उठा। लोई उसने वहीं कुर्सी पर रख दी और बढ़ कर खूँटी से अपना ओवरकोट उतार कर बोला, "चलो, मैं हलवाई की दुकान तक तुम्हारे साथ चलता हूँ। मैं वहाँ लस्सी पिऊँगा, तुम उधर से स्कूल चली जाना।"

ओवरकोट पहन और बैठक को ताला लगा कर वह चन्दा के आगे-आगे गली में निकल गया।

"मैं तुम्हें विद्यालय पहुँचा कर वापसी पर लस्सी पीता, पर मुझे भूख लग आयी है।" चेतन ने कहा।

"आप तो आठ बजे ही लस्सी पी आते हैं। आज तो साढ़े नौ बज गये। चलिए, आपको दुकान पर छोड़ कर मैं उधर ही से चली जाऊँगी।"

दोनों कृष्णा गली से निकल कर रेलवे रोड पर बायें हाथ को बाज़ार के किनारे-किनारे चल दिये।

वे अभी चन्द ही कदम चले होंगे कि बाज़ार की दूसरी ओर बिजली के मिस्त्री की दुकान पर बैठे किसी दिलफेंक माझे ने चन्दा को देख कर ज़ोर से सीटी मारी और अपने साथी को सुना कर आवाज़ा कसा :

"ओए गामे, कोई जवानी ऐ भाप्पे,[१] समन्दर दी तुग़्यानी[२] ऐ तुग़्यानी।'

चन्दा का रंग लाल हो आया। चेतन ने एक उड़ती नज़र उधर डाली। —सख़्त सर्दी के बावजूद खुले तहमद और मैली कमीज़ें पहने, दो मज़दूर-मिस्त्री, प्रकट अपने काम में मगन, पर दरअसल राह चलती औरतों को देख और आवाज़ें कस कर गर्मी पा रहे थे। लाहौर के गली-बाज़ारों की यह आम घटना थी। उनके मुँह लगना अपनी हेठी कराना था। आवाज़ा वे लड़की या औरत पर कसते थे, पर सम्बोधन अपने साथी से करते थे कि कोई पकड़ न सके। अनपढ़ मिस्त्री-मज़दूर ही नहीं, कॉलेज के पढ़े-लिखे लौंडों का भी यही

---

१. भाई
२. तूफ़ान

वतीरा[1] था।

वे चुपचाप आगे बढ़ गये कि तभी उन दिनों की एक लोकप्रिय ग़ज़ल का शे'र मस्त और सोज़-भरी आवाज़ में लहराता हुआ उनका पीछा करने लगा :

जवानी है जवानी लाख दोहराओ दुपट्टे को
यह तुग़्यानी समन्दर की भला यूँ रुकने वाली है

ख़ुद चेतन को वह ग़ज़ल बहुत पसन्द थी उसके अगले दो शे'र तो वह अपनी तन्हा सैरों में प्रायः गुनगुनाया करता था :

यही हैं तफ़रक़े[2] दैर-ो-हरम[3] में डालने वाले
ज़रा सूरत तो इनकी देखना क्या भोली-भाली है
ज़रा देखो तो दरवाज़े पे दस्तक कौन देता है
झिझकते क्यों हो, यह 'हसरत' नहीं कोई सवाली है

लेकिन उस वक्त उस गामे या माझे के मुँह से यह शे'र सुन कर उसे बेहद ग़ुस्सा आया। 'साले आती-जाती औरतों को परेशान करते हैं, इन्हें कोई पूछने वाला नहीं!' उसने मन-ही-मन कहा। लेकिन दूसरे क्षण उसे अच्छा भी लगा। उसने साथ चलती हुई पत्नी पर एक निगाह डाली। उसका रंग निखर आया था। विद्यालय जाने के लिए बदन पर साफ़-सुथरी साड़ी, बीच से निकली माँग, दोनों कान बालों से ढँके हुए — उसका गोल-गुलगोथना मुख सुन्दर लगता था और वह ख़ुद चाहे उसे कुछ न गिनता हो, पर उसकी जवानी की सनद वह बाज़ार में लहराता हुआ शे'र दे रहा था। सहसा उसने कहा :

"सुनो चन्दो, तुम जवान हो, सुन्दर हो। अकेली विद्यालय जाती-आती हो। मैं तुम्हें ताले में तो रख नहीं सकता, न ज़ंजीरों में बाँध सकता हूँ। फिर शरीर को तो आदमी बाँध सकता है, मन को तो नहीं बाँध सकता।...."

वह चुप हो गया। मन की बात किन शब्दों में पत्नी से कहे — चलते-चलते वह लगातार यही सोचने लगा।

वह क्या कहना चाहता है, यह जानने को उत्सुक, चन्दा अपने पति की ओर सि. झुकाये चुपचाप चलती रही।

"मैं तुम्हें एक तजरुबे की बात बताता हूँ," सहसा चेतन ने उसकी ओर मुड़ कर कहा, "किसी से किसी की आँख लगी हो तो बात दूसरी है, लेकिन बिना इसके अगर कोई सरे-बाज़ार किसी लड़की को छेड़ता है और वह उतार कर दो जूते उसे जमा देती है तो पठान का बच्चा भी क्यों न हो, उसके पाँव पड़ जायेगा।"

चन्दा चुप सुनती रही। कुछ क्षण रुक कर चेतन फिर बोला, "आवाज़ों, या फब्तियों पर कान देना बेवकूफ़ी है। लेकिन कोई बढ़ कर छेड़े या चुटकी काटे तो पकड़ कर दो जूते उसके लगा दो। बड़े-से-बड़े जवाँमर्द का पित्ता पानी हो जायेगा और ऊपर से बाज़ार के राह चलते उसकी मरम्मत कर देंगे। चुपचाप सह जाओगी तो दूसरी बार वह और भी

---

१. दस्तूर, ढंग
२. वैमनस्य
३. मन्दिर-मस्जिद

बदतमीज़ी करेगा।"

हलवाई की दुकान आ गयी थी। पत्नी का कन्धा थपथपाते हुए उसने कहा, "अच्छा, तुम जाओ। मैं मज़मून ले जा कर देखूँगा, महाशय जीवनलाल कुछ देते हैं या नहीं ? अब तो जाने कब तक दिन-दिन भर काम की तलाश करनी होगी। अव्वल तो तुम्हारे आने तक मैं लौट आऊँगा, देर भी हो गयी तो तुम नाश्ता वग़ैरा कर लेना। चाबी मैं ऊपर मालकिन-मकान को देता जाऊँगा।"

"जी अच्छा!" कहती हुई चन्दा मन्थर गति से बढ़ गयी। चेतन क्षण भर वहीं खड़ा उसे जाते हुए देखता रहा, फिर उसने बढ़ कर हलवाई को पाव भर दही की लस्सी बनाने के लिए कहा।

दो

हलवाई की दुकान से लस्सी पी कर चेतन जब लौटा तो अपने ध्यान में मगन वह डेवढ़ी के अन्दर पैर रखने ही जा रहा था, जब बैठक के सामने बाँसों के टाल के बराबर खुली जगह में उसे कुछ सरगर्मी दिखायी दी। उसका ध्यान उधर चला गया —मैले तहमद या पायजामे और धारीदार बोस्की या गबरून की वैसी ही मैली कमीज़ें और उन पर गर्म वास्केटें अथवा स्वेटर पहने हुए उठाईगीर किस्म के कुछ लोग वहाँ एक अस्थायी स्टॉल बना रहे थे। वे न मज़दूर लगते थे, न मालिक। शक्ल उनकी दल्लालों जैसी थी। जाने कहाँ से वे कुछ बड़े-बड़े खोखे, तख़्ते, लोहे की तीन कुर्सियाँ, एक स्टूल और काली-सी सन्दूकची ले आये थे। चेतन के देखते-देखते सड़क से ज़रा हट कर उन्होंने खोखे और उन पर तख़्ते जमा दिये, फिर उन पर बड़ा-सा कपड़ा बिछा दिया, जिसने खोखों को बिलकुल ढँक दिया। तब लोहे की तीनों कुर्सियाँ उन्होंने स्टॉल के तीनों ओर लगा दीं और सड़क की ओर उसे खुला रहने दिया। दायीं कुर्सी के निकट स्टूल रख कर उस पर लोहे की काली सन्दूकची रख दी। तभी अपेक्षाकृत सभ्य दीखने वाला एक आदमी मैली-सी गर्म अचकन और चूड़ीदार पायजामा पहने, शाहआलमी दरवाज़े की ओर से नमूदार हुआ —गले में गुलूबन्द लपेटे और सिर पर गर्म कश्मीरी टोपी सजाये! —उसके पीछे-पीछे एक पतला-दुबला मदकूक-सा[१] अधेड़ शख़्स सिर पर बड़ी-सी गठड़ी उठाये आ रहा था।

एक कुर्सी पर गठड़ी टिका कर, उसमें से कुछ गर्म कम्बल, टाइमपीस, घड़ियाँ, पत्थरों के बड़े-बड़े मनकों की मालाएँ और ऐसा ही फुटकर सामान उन्होंने स्टॉल पर सजा दिया। वह मरियल-सा अधेड़ व्यक्ति दायीं ओर लाल बही ले कर बैठ गया। बड़ी-बड़ी मूँछों वाला पहलवान-सिफ़्त एक गुण्डा बायीं ओर बैठ गया। और वह अचकनपोश हाथ में लकड़ी का हथौड़ा लिये, स्टॉल के पीछे चेतन के मकान की ओर पीठ करके खड़ा हो गया। वे लोग, जो खोखे और सामान लाये थे, स्टॉल के आगे भीड़ लगा कर खड़े हो गये।

---

१. दिक का मारा

उनमें से दो व्यक्ति रत्नचन्द रोड पर दायें-बायें (कदाचित शिकार की तलाश में) चले गये।....तब अचकनपोश ने एक टाइमपीस बायें हाथ में उठाया और ज़ोर से नारा लगाते हुए बोला :

"आइए-आइए! बढ़िया टाइमपीस सस्ते में जाता है। दस रुपये का टाइमपीस सस्ते में जाता है। आइए! जो ऊँची बोली देगा, टाइमपीस पायेगा, जो न पायेगा, इनाम पायेगा।"

और उसने लकड़ी के हथौड़े से दो बार तख़्ते पर ठक-ठक की, "बोलिए भाई, पहली बोली —पाँच रुपये।"

"चार आने।" सामने वालों में से एक ने कहा।

चेतन सीढ़ियों से उतर कर गली में ज़रा इधर को जा खड़ा हुआ। उसका ख़याल था —नीलामकार हँसेगा या मज़ाक करेगा। लेकिन उस पर कोई वैसी प्रतिक्रिया नहीं हुई। सहज भाव से हथौड़े से हवा को ठकोरे देता हुआ अचकनपोश अपने कण्ठ की पूरी आवाज़ से बोली दोहराने लगा —

"चार आने....दस रुपये के टाइमपीस की पहली बोली चार आने....चार आने....चार आने एक....चार आने....

"छै आने।" सामने वालों में से एक दूसरा बोला।

"आठ आने।" पहला चिल्लाया।

दो-एक राह चलते तमाशा देखने को आ खड़े हुए। चेतन समझ गया कि उठाईगीर नीलामकार हैं। सरक्युलर रोड पर उनका अड्डा था। लम्बी काली दाढ़ी वाले एक मौलवी-नुमा बुज़ुर्ग उसके मालिक थे और स्टेशन से आने वाले, भोले-भाले, अनजान परदेसियों को लूटा करते थे।....

चेतन ने सोचा था कि नहा-धो कर 'गुरु घण्टाल' का दफ़्तर खुलते ही वह अनूदित लेख महाशय जीवनलाल कपूर को दे कर उसका पारिश्रमिक और अपने वेतन के शेष रुपये ले आयेगा, लेकिन अन्दर जाने के बदले, वह अपनी डेवढ़ी की चौखट से कन्धा लगा कर खड़ा हो गया और तमाशा देखने लगा।

बोली इस बीच एक रुपये तक जा पहुँची थी। चेतन ने देखा कि उन लोगों का साथी, जो मेयो हस्पताल की ओर गया था, उधर से आने वाले एक गोरखा फ़ौजी के कानों में कुछ खुसफुसाता हुआ चला आ रहा है। स्टॉल के करीब पहुँच कर उसने गोरखे की कमर में बाँह दे कर पुराने यार की तरह उसे भीड़ में ठेल दिया और ख़ुद उसके साथ लगा-लगा, जैसे तमाशा देखने लगा। गोरखा कुछ न समझ पाने वाला भाव चेहरे पर लिये, उजबक-सा खड़ा हो गया।

"एक रुपया।"....अचकनपोश उसे देख कर अतिरिक्त उत्साह से चिल्लाया, "दस रुपये के टाइमपीस की बोली एक रुपया! बोलो भाई, कोई बोली बढ़ाता है....एक रुपया एक....एक रुपया...एक रुपया....एक रुपया एक....हमको बोली जँचेगी तो टाइमपीस देंगे, नहीं तो चार आना इनाम देंगे...."

"सवा रुपया....हमारी बोली सवा रुपया।" उस शख़्स ने अपने सीने पर हाथ मारते हुए और फिर उसी हाथ को गोरखे के सीने पर रखते हुए कहा।

"एक रुपया छै आने।" उसी व्यक्ति ने कहा।

अचकनपोश ने बोली रोक दी। हथौड़ा तख़्त पर रख दिया और दोनों हाथों में टाइमपीस ले कर उसके अलारम की चाबी घुमाता हुआ बोला, "ग़ज़ब ख़ुदा का यारो, दस रुपये का विलायती टाइमपीस और तुम दो-दो आने बोली बढ़ाते हो!"

अलारम की पूरी चाबी घुमा कर उसने अलारम की सुई घुमायी तो वह टनटनाने लगा। अब अलारम बज चुका तो उसने फिर उसे बायें हाथ में उठा लिया और हथौड़े से हवा को ठकोरते हुए बोला, "एक रुपया छै आने...बढ़िया विलायती टाइमपीस की बोली — एक रुपया छै आने....हमारे दाम मिलेंगे तो टाइमपीस देंगे, वरना बोली देने वाले को चार आने इनाम देंगे....एक रुपया छै आना...एक रुपया छै आना एक...एक रुपया...."

तब गोरखे को घेर कर लाने वाला उसके कान में फुसफुसाया, फिर अपने सीने पर हाथ मारते और इशारा गोरखे की ओर करते हुए बोला, "हमारी बोली एक रुपया आठ आना।"

लेकिन अचकन वाला कितनी ही देर चिल्लाता रहा, किसी ने बोली नहीं बढ़ायी। तब उसने पास बैठे मुन्शी को आदेश दिया — "दीजिए मुन्शी जी इसे चार आने।"

मुन्शी ने सन्दूकची खोल कर उसमें से चवन्नी निकाल कर उस आदमी की ओर फेंक दी। लपक कर उसे लोकते हुए उसने चवन्नी गोरखे को देनी चाही, पर गोरखे ने लेने से इनकार कर दिया। तब उसने चवन्नी अपनी जेब में रख ली!

इस बीच नीलामकार ने बड़े-बड़े पत्थरों का हार उठाया।

"बेशकीमत पत्थरों का निहायत ख़ूबसूरत हार — रूठी हुई बीवी के हाथ में दीजिए तो वह सारा ग़ुस्सा भूल कर आपकी बग़ल में आ बैठे, माशूका को दीजिए तो आप पर सौ जान से निछावर हो जाय। बोलिए, बेशकीमत हार के लिए पहली बोली — दस रुपये।"

"चार आने," सामने वाले उसी के गुट के आदमी ने फिर कहा।

"चार आने," अचकनपोश हथौड़े को तख़्त पर मार कर चिल्लाया, "इतने कीमती हार की पहली बोली चार आने....चार आने एक....चार आने दो....अगर हमको परता नहीं खायेगा तो जिसकी बोली सबसे ज़्यादा होगी, उसे आठ आने इनाम देंगे। हमारा दाम मिलेगा तो हार देंगे। बोलिए दोस्तो, बढ़ के बोलिए। चार आने....पहली बोली चार आने....चार आने एक....चार आने...."

"छै आने," एक दूसरा बोला।

"शाबाश!" अचकनपोश चिल्लाया, "बोलिए! बढ़-बढ़ कर बोलिए। इतना बेशकीमत हार दस रुपये में भी समझिए मुफ़्त जायेगा। छै आने....एक....छै आने...."

तब चेतन ने देखा कि वह व्यक्ति, जो गोरखे के साथ चिपका खड़ा था, उसके कान में कुछ खुसफ़ुसाया और बोला, "इनकी बोली — आठ आने!"

और इस बार बोली बढ़ कर ढाई रुपये तक चली गयी। ढाई रुपये की बोली भी गोरखे फ़ौजी की रही और उसकी ओर से उसी शख़्स ने दी। चेतन को वह हार छै-आठ आने से ज़्यादा का न लगता था और उसका ख़याल था कि उन्होंने उस ग़रीब को ठग लिया है और वे बोली ढाई रुपये पर तोड़ कर फौरन वह हार उसे जड़ देंगे।

लेकिन नीलामकार ने वैसा नहीं किया। उसने व्यंग्य से कहा, "पास में रुपये भी हैं, या बढ़-बढ़ कर बोली दिये जा रहे हो।"

तब वह ठग, जो गोरखे को घेर कर लाया था, चिल्लाया, "क्या कहते हो, हमारे कैप्टन साहब के पास रुपये नहीं है ? दिखाइए कैप्टन साहब इसे एक सब्ज़ा!" (और उसने हाथ से इशारा किया कि दिखाइए जेब से निकाल कर इसे नोट।)

गोरखे ने, जो प्रकट ही मामूली सिपाही था, लेकिन अपने लिए कैप्टन की उपाधि पा कर ख़ुश हो गया था जेब से पाँच का एक नोट निकाल कर उसे दे दिया कि लो, दिखा दो।

"ठीक है। इस कीमती हार के हमें ढाई रुपये लेना मंज़ूर नहीं," अचकनपोश ने कहा, "नोट को अपने पास रखिए।" और उसने मुन्शी से कहा, "मुन्शी जी, दीजिए कैप्टन साहब को आठ आने!"

मुन्शी ने आठ आने निकाल कर बढ़ा दिये और उसके उस ठग साथी ने लपक कर उससे आठ आने ले लिये और नोट के साथ गोरखे को वापस कर दिये।

गोरखा प्रकट ही आठ आने मुफ़्त पा कर प्रसन्न हो गया।

तब अचकनपोश ने एक भूरे रंग का कम्बल उठाया और पहलवान की तरफ बढ़ा दिया। उसने खोल कर एक सिरा मुन्शी की ओर फेंका और दोनों ने उसे पूरा खोल कर सबको दिखाया और अपनी-अपनी ओर का कोना पकड़ कर स्टॉल के आगे खड़े हो गये। तब नीलामकार ने हथौड़े को दो बार तख़्त पर मार कर ठक-ठक करते हुए कहा :

"बोलिए मेहरबान, कद्रदान, असली ऊनी कम्बल के लिए बोली। सर्दियों का मौसम है और यह कम्बल रज़ाई से हल्का और उससे कहीं ज़्यादा गर्म है। सफ़र पर निकलिए तो भारी बिस्तर के बदले एक कम्बल साथ रख लीजिए — देखिए, कितना चौड़ा है। आधा ऊपर और आधा नीचे बिछाइए और मज़े से सारे हिन्दुस्तान की सैर करते घूमिए। बोलिए, इस कम्बल के लिए पहली बोली — दस रुपये!"

"आठ आने।" सामने वाली उनकी टोली से एक आदमी ने कहा।

"आठ आने।" नीलामकार ने लकड़ी के हथौड़े से मेज़ को बजाते हुए आवाज़ लगायी, "इस असली ऊनी कम्बल की पहली बोली आठ आने। हमें दाम पुसायेगा तो बेचेंगे, नहीं सब से ज़्यादा बोली देने वाले को एक रुपया इनाम देंगे।"

इस बार गोरखे ने जोश से एक रुपया बोली दे दी।

चेतन को वे तमाम कम्बल मिलिट्री के नीलाम में थोक भाव से एक-एक रुपये में ख़रीदे और धो कर तहाये गये लग रहे थे, लेकिन गोरखे ने कम्बल लेने के ख़याल से नहीं, उसके इनाम के लालच में बोली दी थी और इस बार उन ठगों ने बोली पाँच रुपये तक बढ़ा दी। पाँच रुपये की बोली भी गोरखे को घेर कर उधर लाने वाले उसके साथी ही ने उसे उकसा कर दिलवायी थी। चेतन उस ठग की हरकतें बड़े ध्यान से देख रहा था। वह कुछ इस तेज़ी से हाथ और आँखें चला रहा था और खुसफुसाता हुआ, गोरखे को बढ़ावा दे रहा था, जैसे उसका पुराना यार हो। सोचने का मौका वह उसे ज़रा भी न दे रहा था।

"पाँच रुपये एक, पाँच रुपये दो...." अचकनपोश चिल्लाया — "बोली हमें पुसाये तो इतना बढ़िया असली ऊनी कम्बल, वरन एक रुपया इनाम....पाँच रुपये....ऐसे बढ़िया कम्बल की बोली। सिर्फ़ पाँच रुपये....जो बोली दे, रुपये हाथ में दिखाये, तभी इनाम पाये....पाँच रुपये...."

तब गोरखे ने इनाम पाने के लालच में पाँच का नोट निकाल, मध्यमा और अँगूठे की चोंच में पकड़ कर आगे कर दिया और ऐन उसी वक्त अचकनपोश ने "पाँच रुपया एक....पाँच दो....पाँच रुपया तीन!" कहते हुए आगे बढ़ कर हथौड़े वाले हाथ से नोट झटक लिया और बायें से कम्बल गोरखे पर फेंक दिया।

उस वक्त, जब कम्बल ने गोरखे सिपाही का चेहरा ढँक लिया था, उसका वह साथी किसी नये शिकारी की तलाश में खिसक गया और गोरखा, जो रुपया इनाम पाने के बदले, वह पुराना कम्बल पा गया था, कुछ अजीब-सा खिसियानापन चेहरे पर लिये, उसका निरीक्षण करने लगा। अचानक क्या घटित हो गया, वह समझ न पा रहा था। कम्बल की तह लगाता हुआ, अजीब-से आश्चर्य, क्रोध, बेबसी और दयनीयता से वह नीलामकार की ओर क्षण भर देखता रहा, जिसने फिर वही टाइमपीस उठा लिया था और उसका नीलाम करने लगा था।

गोरखा कुछ क्षण उसी तरह किंकर्तव्यविमूढ़ खड़ा रहा, फिर उसने एक निगाह उन सब पर डाली। क्षण भर उसकी निगाह मूँछों वाले पहलवान पर टिकी रही, फिर उसने सिर को झटका दिया, कम्बल को बग़ल में दबाया और चुपचाप रत्नचन्द रोड की ओर सरक गया।

०

चेतन जानता था कि गोरखा ज़रा भी चीं-पीं करता तो पहलवान गुण्डा उसे गर्दनी दे कर आगे ठेल देता। वहीं खड़े-खड़े चेतन के सामने वह घटना घूम गयी, जब बिलकुल इसी तरह सरक्युलर रोड के उस लम्बी दाढ़ी वाले मौलवी-नुमा नीलामकार ने अनन्त से पाँच रुपये झटक लिये थे।

०

वे दोनों कांग्रेस अधिवेशन में शामिल होने लाहौर आये थे। शीतला माता के मन्दिर के आगे, जहाँ सरक्युलर रोड की दुकानें एक तिकोन-सा बनाती हुई शुरू होती हैं, टीन की चादरों से घिरे और छाये, ख़ासे चौड़े अहाते में कबाड़ी के गोदाम-सी उस नीलामकार की दुकान थी। अनन्त और चेतन मच्छीहट्टा की ओर से लाहौर की सैर करते हुए पैदल घूमते-घामते उधर से गुज़र रहे थे कि वहाँ भीड़-सी जमा देख कर फ़ुटपाथ से नीचे उतर आये। इससे पहले कि अनन्त कुछ समझ पाता, इसी तरह के एक ठग ने बाँह से उसके कन्धे को घेर कर उसे आगे ठेल दिया था, उसकी ओर से बोली दे दी थी और दूसरे क्षण इनाम की चवन्नी अनन्त को पकड़ा दी थी। फिर एक टाइमपीस की नीलामी होने लगी थी। पाँच रुपये तक बोली चढ़ गयी थी और वही ठग, जो अनन्त को घेरे हुए था, उसकी ओर से बोली चढ़ाये जा रहा था। तब उस मौलवी ने ताना दिया था कि यूँ ही बोली दिये जा रहे हो या रुपये भी जेब में हैं। अनन्त को बाँह से घेरे उसी दलाल ने कहा था कि नोट दिखा दो,

रुपया इनाम ले लो। अनन्त ने कुछ समझे बिना जेब से नोट निकाला ही था कि उसने नोट उससे ले कर मौलवी को दे दिया था और टाइमपीस उसकी ओर बढ़ा दिया था।

चेतन का ध्यान दूसरी ओर था। उसने सिर्फ़ यह देखा कि दो-एक गुण्डे अनन्त को धकिया रहे हैं और वह प्रतिरोध कर रहा है।

अनन्त लम्बा-तगड़ा युवक था। शातिर और चालाक। चेतन को तो वह चुग़द और कायर समझता था। इसलिए उसके सामने यूँ मूर्ख बनना उसे स्वीकार न था। फिर उसके पास वही पाँच रुपये का नोट था और उन्हें वापस जालन्धर भी जाना था। धकियाये जाने के बावजूद अनन्त वहीं जमा, चिल्लाये जा रहा था — "बोली वह दे रहा था, मैंने नहीं दी। मुझे टाइमपीस नहीं चाहिए, मेरा नोट मुझे वापस दो!"

तभी दो पहलवान-से दीखने वाले गुण्डे आगे बढ़े और उन्होंने शुद्ध पंजाबी गालियाँ देते हुए उन दोनों को सड़क की ओर धकेल दिया था।

दोनों नये-नये स्कूल से कॉलेज गये थे। कांग्रेस के अधिवेशन में आये थे। अपने आप को इस तरह लुटते हुए देख कर उन्हें बड़ा क्रोध आया था। लेकिन परदेस का मामला था। वे सोच न पा रह थे कि क्या करें ? तभी चेतन ने उन सब को सुनाते हुए अंग्रेज़ी में कहा था : "डोण्ट टेक द टाइमपीस, लेट अस गो टु द पुलिस स्टेशन, वी'ल सेट देम राइट।"

और तैश खा कर वे दोनों उनके चंगुल से निकल, फ़ुटपाथ पर आ गये थे।

उनका ख़याल था कि पुलिस के नाम से शायद वे डर कर नोट वापस दे देंगे। लेकिन उनके अलावा पुलिस वालों की माँ-बहन से भी निकटतम सम्बन्ध स्थापित करते हुए उन गुण्डों ने उनको दसियों गालियाँ सुना दी थीं।

चेतन और अनन्त के पास वाफ़र रुपये होते तो शायद वे ग़म खा जाते, पर उनके पास रुपये नहीं थे और शाम की गाड़ी उन्हें पकड़नी थी, फिर कांग्रेस में आने के कारण उनमें अन्याय का प्रतिरोध करने का अतिरिक्त जोश था। चेतन के पिता जिस स्टेशन पर जाते थे, थानेदारों से उनकी ख़ूब छनती थी, इसलिए थाने से उसे भय नहीं था। पता पूछ कर वे दोनों अनारकली के थाने पहुँचे थे।

अनन्त बिलकुल घबरा गया था। लेकिन चेतन ने उसे तसल्ली दी थी। "तुम फ़िक्र नहीं करो। किसी-न-किसी तरह रुपये इनसे निकालेंगे," उसने कहा था। "तुम यह कभी न मानना कि तुम ने बोली दी थी। कहना कि हम तो यूँ ही चीज़ें देखने के ख़याल से खड़े थे। इन्होंने कहा कि वैसे ही भीड़ लगा रखी है या जेब में कुछ टके भी हैं। मैंने नोट दिखाया तो लड़का समझ कर उन्होंने छीन लिया। ज़बरदस्ती हमको टाइमपीस जड़ने लगे। हमारे घर में तो दो-दो टाइमपीस हैं। हम सेकण्ड-हैण्ड टामपीस क्या करते ?" लेकिन जब वे थाने पहुँचे तो मेज़ पर बैठे हेड कॉन्स्टेबल ने कहा कि दीवान साहब नहीं है। वे आयेंगे तो रिपोर्ट लिखेंगे।

वहाँ न कुर्सी थी, न बेंच। वे घण्टा भर वहाँ फ़र्श पर उकड़ूँ बैठे रहे, लेकिन दीवान साहब नहीं आये। तब चेतन ने अनन्त से अंग्रेज़ी में कहा कि तुम तहसीलदार के बेटे हो (हालाँकि वह कानूनगो का बेटा था, वह भी रिटायर्ड कानूनगो का।) चलो डिप्टी कमिश्नर

के चलते हैं। ये लोग उनसे मिले हुए हैं, रिपोर्ट नहीं लिखेंगे।

और वह तमक कर उठा था। अनन्त भी उठा था। तब मेज़ पर बैठे हेड कॉन्स्टेबल ने कहा था कि मुझे बताओ कहाँ का वाकया है। दीवान साहब शायद देर से आयें, मैं तुम्हें रुपये दिलवाता हूँ।

अनन्त के तो होश-हवास गुम हो गये थे, उसके मुँह से बात न निकलती थी। तब चेतन ने वही किस्सा फिर से बताया, जिसे सुन कर भी हेड कान्स्टेबल ने नहीं सुना था।

"इनाम दे लालच च तुसाँ बोली दित्ती होवेगी।[१]" उसने मुस्कराते हुए कहा।

"बोली तो इसने दी ही नहीं। वही लोग कुछ बोली दे रहे थे। हम तो अपनी पसन्द की कोई चीज़ लेना चाहते थे। उस दाढ़ी वाले मौलवी ने कहा —पैसे भी पास हैं या यूँ ही भीड़ लगा रहे हो — इसने नोट दिखाया तो उसने छीन लिया। हिज़ फादर इज़ अ तहसीलदार ऐट जालन्धर," चेतन ने अंग्रेज़ी में कहा, "ऐण्ड वी हैव टु कैच द ईवनिंग ट्रेन।"

हेड कॉन्स्टेबल को प्रकट ही उन ठगों के कार्य-कलाप का इल्म था। उसने मंसाराम नाम के एक सिपाही को बुला कर कहा, "जा, ज़रा ओस मुलण्टे नूँ बुला लेया। साले बच्चेयाँ नूँ ठगदे ने। आदमी-कु-आदमी वी नईं वेखदे[२]।"

वे आधा घण्टा फिर उसी तरह बैठे रहे थे। तब वही मौलाना दाढ़ी पर हाथ फेरते हुए नमूदार हुए थे और चौखट ही से उन्होंने सलाम किया था।

"मौलाना साहब, आप आदमी-आदमी को तो देख लिया कीजिए!" कुर्सी पर बैठे हेड कॉन्स्टेबल ने कहा था, "तहसीलदार के साहबज़ादे हैं, इन्हें पाँच रुपये लौटा दीजिए।"

मौलाना ने चुपचाप अचकन की जेब से पाँच रुपये का नोट निकाल कर अनन्त को दे दिया था। उन लोगों को रुपये मिलने कतअन उम्मीद नहीं थी और रास्ते में ही उन्होंने मन पक्का कर लिया था कि रुपये न मिले तो बे-टिकट ही सफ़र करेंगे। पकड़े भी जायेंगे तो अपने शहर और स्टेशन पहुँच कर। वहाँ घर सँदेसा भेजने में मुश्किल नहीं होगी। यह भी उन्होंने सोच लिया था कि लाइन-लाइन रेलवे फाटक तक चले जायेंगे और वहाँ अड्डा होशियारपुर से ताँगा ले कर घर जा पहुँचेंगे।....उन्हें रुपये मिल गये तो अपने सौभाग्य पर उन्हें विश्वास न हुआ था और अनन्त इतना ख़ुश हुआ था कि उसने अनारकली के चौरस्ते पर न केवल चेतन को अपने पैसों से बढ़िया खाना खिलाया था, बल्कि जब उसने अपने रुपयों की बाँसुरी ली थी तो उसके टिकट के पैसे भी अनन्त ही ने ख़र्च किये थे।

०

पाँच-छै वर्ष पहले की वह घटना पलक झपकते चेतन के दिमाग़ में कौंध गयी। उन ठगों पर उसे बेहद ग़ुस्सा आया। अन्दर जाने का ख़याल छोड़, वह उनके पास गया और उसने कड़क कर कहा कि किससे पूछ कर उन्होंने वहाँ अड्डा जमाया है। बहू-बेटियों वाली गली है और उन लोगों ने वहाँ भीड़ जमा कर रखी है। उठायें वे अपनी सब झुल-तपड़ी[३]।

---

१. इनाम के लालच में तुम लोगों ने बोली दी होगी

२. ज़रा उस मुल्ले को बुला ला। साले बच्चों को ठगते हैं। आदमी-आदमी भी नहीं देखते

३. बोरिया-बिस्तर

तब उस अचकनपोश ने निहायत मिस्कीन सूरत बना कर कहा था, "ठीक है बाबू जी, आज तो स्टॉल लगा लिया है। अब इतना सामान ले आये हैं। कल नहीं लगायेंगे।"

अब चेतन क्या कहे, उसकी समझ में नहीं आया। वे छँटे हुए बदमाश थे उनके मुँह लगना उसे मुनासिब नहीं लगा। "ठीक है। आज लगा लिया सो लगा लिया। कल अपना स्टॉल किसी दूसरी जगह लगाइएगा।"

और यह कह कर वह वापस आ गया। अन्दर जा कर उसने दरवाज़ा खोला। तौलिया-साबुन ले कर नहाने गया। आ कर कपड़े बदल, वह अपना लेख दोबारा देखने के ख़याल से कुर्सी पर बैठने जा रहा था कि उसका ध्यान फिर उधर चला गया। उसके देखते-देखते उन्होंने फिर एक फ़ौजी को ठग लिया था। असल में वह जगह स्टेशन और हस्पताल के रास्ते में थी, अपने साथी अथवा सम्बन्धी मरीज़ों को देखने के लिए परदेसी सिपाही उधर से गुज़रते थे। उन लोगों की नज़र फ़ौरन अपने शिकार को ताड़ लेती थी और वे मिनटों में उसकी जेब हल्की कर देते थे।

चेतन चुपचाप कुर्सी पर बैठ गया और अपना लेख दोबारा देखने लगा। पूरा देख कर और उसमें ज़रूरी संशोधन करके उसने अंग्रेज़ी लेखों की कतरनें और अपना अनुवाद जेब में डाला और 'गुरु घण्टाल' के दफ़्तर को चल दिया।

०

महाशय जीवनलाल कपूर मेज़ पर टाँगे पसारे, कुर्सी पर पीछे को लेटे, कोई अंग्रेज़ी अख़बार पढ़ रहे थे। वह जा कर होंटों-ही-होंटों में 'नमस्ते जी' करके चुपचाप खड़ा हो गया।

महाशय जी ने उसे देख कर भी नहीं देखा और लेख पढ़ते रहे। चेतन उनके व्यवहार से उनकी मन्शा समझ गया था। लेकिन बड़े धैर्य के साथ वह चुपचाप खड़ा रहा। काफ़ी देर बाद लेख पढ़ कर उन्होंने टाँगें नीचे कीं, सीधे हो कर बैठ गये और चेतन की ओर देख कर उन्होंने पूछा, "कहिए!"

उसे कुर्सी पर बैठने के लिए उन्होंने नहीं कहा। चेतन ने जेब से दोनों लेखों की कतरनें और मैडम रिक्की वाले लेख का अनुवाद निकाला और उनकी ओर बढ़ाते हुए कहा, "मैं कल जो लेख ले गया था, उसका तरजुमा कर लाया हूँ। ग़लती से एक और कतरन साथ चली गयी थी, उसे भी ले आया हूँ।"

लाला जी ने लेख उससे नहीं लिया। बिना उससे आँखें मिलाये बोले :

"मैं इसका क्या करूँगा। 'भूँचाल' को मैंने बन्द करने का फैसला कर लिया है। आपके लिए मैंने उसे निकाला था। आपको नहीं मंज़ूर तो मैं कहाँ यह चर्ख़ा चलाऊँगा! 'गुरु घण्टाल' ही मेरा बहुत वक्त ले जाता है।"

"इसे 'गुरु घण्टाल' में दे दीजिएगा।"

" 'गुरु घण्टाल' के लिए अगले कई हफ़्तों का मसाला मेरे पास तैयार पड़ा है।"

"आपने इस लेख की बड़ी तारीफ की थी। मैं कर लाया हूँ। कभी आपके काम आ जायेगा।" उसने लेख और तराशे मेज़ पर रख दिये और कुछ रुक कर बोला, "मुमकिन हो तो मुझे इसका एक रुपया दिलवा दीजिए और मेरा हिसाब करा दीजिए।"

"हिसाब काहे का!" लाला जी ने बिना उससे आँखें मिलाये, बायीं ओर खिड़की में

देखते हुए कहा, "पेशगी जो रुपया आपको दिया गया, वह भी आपको वापस करना चाहिए। जिस काम के लिए आपको दिया गया था, उसे आपने बिना किसी नोटिस के छोड़ दिया। मेरा जो इतना नुकसान हुआ, उसे कौन भरेगा।"

"ठीक है," चेतन ने तमक कर कहा, "इस लेख को छाप लीजिएगा, कुछ तो घाटा आपका पूरा हो ही जायेगा। अभी तो मेरे पास दो दिन के गुज़ारे लायक भी पैसे नहीं, लेकिन कभी हुए तो आपका यह घाटा भी पूरा कर जाऊँगा। नमस्ते!"

और चेतन पलटा।

"तुम काम करना चाहो तो...."

लेकिन तो क्या....यह सुनने को चेतन नहीं रुका। खट-खट दफ़्तर पार कर वह सीढ़ियाँ उतर गया।

तीन

चेतन को महाशय जीवनलाल कपूर से कुछ ज़्यादा उम्मीद नहीं थी, पर वे ऐसा कमीनापन करेंगे और थोड़े-से रुपये यूँ दबा जायेंगे, यह भी उसने नहीं सोचा था। कुछ क्षण तक वह असमंजस में वहीं गली में खड़ा रहा। इतनी जल्दी घर जाने को उसका मन नहीं था। वह अपनी आदत जानता था। घर जायेगा तो लिखना-पढ़ना दूर, किसी चीज़ में उसका मन नहीं लगेगा। वह लगातार महाशय कपूर की उस क्षुद्रता के बारे में सोच-सोच कर भुनभुनाता रहेगा। क्यों न वह अभी से किसी और काम की तलाश करे।

वहीं खड़े-खड़े उसकी नज़र गली में ज़रा आगे, दोमंज़िले पर लगे 'वीर भारत' के बोर्ड पर गयी। कितना अच्छा होता जो वह 'वीर भारत' की नौकरी छोड़ कर केवल दस रुपये की ख़ातिर 'भूँचाल' का सम्पादक न बना होता। ठीक है, वहाँ रात का काम था और तीस रुपये उसे मिलते थे, लेकिन उसका सारा दिन तो अपना था। फिर 'ज़ख़्मी' बहुत भला आदमी था। महाशय कपूर जितना फूहड़ और कमीना नहीं था। क्षण भर के लिए उसके मन में आया कि बढ़ कर 'वीर भारत' के दफ़्तर की सीढियाँ चढ़ जाये और 'ज़ख़्मी' से कहे कि वे उसे फिर अपनी छत्र-छाया में ले लें। लेकिन वह अच्छी तरह जानता था कि महाशय जीवनलाल कपूर को नाराज़ करना न 'ज़ख़्मी' के बस की बात थी, न अख़बार के मालिक, पण्डित गणेशलाल के बस की। ....तब उसने सोचा, क्यों न पण्डित 'रत्न' के यहाँ जाय ? लेकिन जाने क्यों उसे 'भूँचाल' की नौकरी छोड़ने के बाद पण्डित 'रत्न' के यहाँ जाना स्वीकार नहीं था। उन्हें मालूम था कि वह महाशय जीवनलाल को पसन्द नहीं करता, यह भी मालूम था कि वह 'वीर भारत' में ख़ुश है, फिर भी उन्होंने उसे महाशय जी के यहाँ नौकरी करने पर एक तरह से विवश कर दिया था। वह यह भी जानता था कि इस तरह 'भूँचाल' की नौकरी छोड़ देना उन्हें उसी की ग़लती लगेगी। वे कभी महाशय जी को दोष नहीं देंगे।....नहीं, वह पण्डित 'रत्न' से नहीं मिलेगा....कविराज रामदास....क्यों न वह उन्हीं

को खटखटाये.... ?

और बिना कुछ ज़्यादा सोचे-विचारे, वह पलट कर उधर को चल दिया। चल तो दिया, लेकिन उसकी चाल में उत्साह नहीं था। और कुछ न सूझ पाने के कारण वह उधर को चल पड़ा था। लेकिन कविराज को इस अर्से में वह अच्छी तरह जान गया था। ग़रज़ पड़ने पर वे गधे को भी बाप बना सकते थे और काम निकल जाने पर पहचानने तक से इनकार कर सकते थे या पहचानने के बावजूद मीठी-मीठी, प्यारी-प्यारी बातें करके साफ़ टाल दे सकते थे....पुट्ठे पर हाथ वे नहीं रखने देंगे, चेतन जानता था, लेकिन फिर भी वह उनके औषधालय की ओर जा रहा था।

उन दिनों चेतन के मन में एक और ग्रन्थि भी जड़ पकड़ रही थी। उसे लगता था कि यह उसका महज़ वहम है, लेकिन इस वहम को दूर कर पाना उसके बस में नहीं था।....कहीं किसी दिन सुबह चेतन का का पहला काम न बनता तो लाख टक्करें मारने पर भी उसका दिन बेकार चला जाता और उस दिन उसका कोई काम सिरे न चढ़ता। अगर वह घर से चार-पाँच आदमियों को मिलने के विचार से निकलता और पहले ही से मुलाकात न होती तो (उसने अक्सर देखा था) फिर उसे कोई भी न मिलता और वह थक-थका कर, खीझा और चिढ़ा वापस आ जाता। महाशय जीवनलाल कपूर उसे कुछ रुपये दे देते तो उसे पूरा विश्वास था कि वह कहीं-न-कहीं और काम पा जाता, लेकिन 'गुरु घण्टाल' के दफ़्तर से निराश लौटने पर, उसे लगता था कि आज उसका कोई काम न सधेगा। लेकिन यह भी सच है कि जब कभी ऐसा होता था, अपना शेष समय नष्ट न करके वह उसे किसी दूसरे उपयोगी काम में कभी न लगा पाता, बल्कि अपने हठी स्वभाव के कारण वह बाकी लोगों से मिलने अथवा शेष काम निबटाने के ख़याल से दिन-दिन भर टक्करें मारता घूमा करता। कभी-कभी वह सोचता, वह इस ग्रन्थि को निकाल फेंकेगा — वह एक दिन घर से चार-पाँच लोगों से मिलने निकलेगा, और अगर पहला न मिलेगा और शेष भी न मिलेंगे तो वह फिर पहले से मिलने चल देगा। फिर भी न मिलेगा तो तीसरी बार जायेगा और चाहे रात ही को क्यों न सही, वह मिल कर ही दम लेगा और यूँ इस दुश्चक्र को तोड़ देगा। लेकिन अभी तक वह ऐसा नहीं कर सका था। उसकी ग्रन्थि बदस्तूर बनी हुई थी और उसकी ज़िद भी बरकरार थी। उसे शंका थी कि कविराज के यहाँ भी उसका काम न बनेगा, तो भी वह उनसे मिलने की ठाने हुए था।

०

कविराज हमेशा की तरह जालीदार पर्दे के पीछे बैठे थे और बाहर बेंचों पर रोगी अपनी बारी का इन्तज़ार कर रहे थे। चेतन चुपचाप जा कर बैठ गया। उसके बाद भी कुछ रोगी आ कर बैठ गये थे। जैसा कि कविराज जी का नियम था, एक रोगी के निबट जाने पर वे घण्टी पर हाथ मारते और हाथ से आने का इशारा करते हुए कहते, 'हाँ भई —' जिसका मतलब था कि अगला रोगी अन्दर आये। उसे किसी रोग का निदान तो कराना नहीं था, न कोई औषधि ही लेनी थी। वह चाहता तो यही था कि सब रोगी निबट जायें, तभी अन्दर जाये ताकि विस्तार से अपनी बात कह सके, लेकिन जब उसकी बारी आयी तो बिना यह तय किये कि वह उनसे क्या कहेगा, चेतन उठा और अन्दर चला गया।

"आओ अज़ीज़, बैठो!" कविराज जी मूँछों में मुस्कराये, "कहो ख़ुश तो हो ?"

चेतन कुछ उत्तर दे, इससे पहले, नख-से-शिख तक एक नज़र उस पर डाल कर, वे बोले, "सेहत तो तुम्हारी पहले से अच्छी लग रही है। मैंने सुना था कि तुमने 'वीर भारत' की नौकरी छोड़ कर 'भूँचाल' की एडिटरी सँभाल ली है। यह तुमने बहुत अच्छा किया। रात सोने के लिए है और दिन काम करने के लिए। मजबूरी की बात दूसरी है, पर जहाँ तक हो सके, आदमी को ऐसा काम अपनाना चाहिए, जिसमें वह चाहे पूरा-पूरा दिन काम करे, पर रात को समय से सो सके। वो किसी ने जो कहा है कि अर्ली टू बेड ऐण्ड अर्ली टू राइज़ मेक्स अ मैन हेल्दी, वेल्दी ऐण्ड वाइज़ —बिलकुल ठीक कहा है। मैं सुबह चार बजे उठता हूँ और नौ बजे के बाद कभी काम नहीं करता....और देख लो...."

कविराज बिना उसे कुछ कहने का अवसर दिये, प्रवचन दिये जा रहे थे कि चेतन ज़रा हँसा : "मैंने तो दिन की नौकरी भी छोड़ दी है वैद जी, और अब मैं बिलकुल बेकार हूँ।"

और बिना कुर्सी पर बैठे इस एक ही वाक्य से उसने उनका प्रवचन-प्रवाह भंग कर दिया।

कविराज जी की मुस्कान विलुप्त हो गयी, प्रवचन रुक गया, उनके माथे पर सोच और नामालूम-से क्रोध की एक क्षीण-सी रेखा भ्रू-भंग की सूरत में उभर आयी, लेकिन दूसरे क्षण सायास उसे मिटा कर उन्होंने मुस्कराने का प्रयास-सा करते हुए कहा, "लेकिन क्यों छोड़ दी अज़ीज़ ?"

"अब यह लम्बा किस्सा है। आपके मरीज़ बैठे हैं। मेरी ही ज़ूदहिसी[१] समझ लीजिए।"

"हाँ, तुम बहुत हस्सास हो, लेकिन मेरे अज़ीज़, ज़ूदहिसी से काम नहीं चलता...."

वे फिर कोई प्रवचन देने जा रहे थे कि चेतन ने कहा, "कोई काम मेरे लायक हो तो देखिएगा। मैं ऐसे में आऊँगा, जब आपको थोड़ी फ़ुर्सत हो।"

"हाँ-हाँ, ज़रा फ़ुर्सत से आना। इस बीच मैं सोचूँगा। मैं नौजवानों के लिए एक माहनामा 'फ़िक्र-ो-अमल' निकालने की सोच रहा हूँ। अगर उसके लिए छोटी-छोटी, नसीहत-भरी कहानियाँ लिख सको —यहीं कोई दो-दो सफ़ों की —तो बहुत अच्छा हो। दो-तीन रुपये एक कहानी के मैं दे दूँगा। और तो कोई काम इस वक्त मेरे ज़ेहन में नहीं।"

"कोई सूझ गयी तो ज़रूर लिखूँगा। बल्कि ख़ुद ले कर हाज़िर हूँगा।"

चेतन 'नमस्कार' करके मुड़ा और कविराज जी ने अगले मरीज़ के लिए घण्टी पर हाथ मारा और ज़रा सिर उठा कर हाथ का इशारा करते हुए कहा, "हाँ भई।"

o

चेतन नीचे उतरा तो उसका मन विक्षुब्ध नहीं था। वह कविराज के सामने कुर्सी पर बैठता, गिड़गिड़ाता, कविराज टालते तो उसे बुरा लगता और उसका मन विक्षुब्ध होता। पर उसने अपनी बात भी कह दी और वे क्या कर सकते हैं, यह भी जान लिया। कविराज जी फ़ौरन कुछ नहीं कर सकते थे और उसे तत्काल कोई काम चाहिए था। वह कोई छोटी-सी कहानी लिखेगा, कविराज जी पर्चा निकालेंगे, उसमें वह छपेगी, तब वे पैसा देंगे। लेकिन उसे तो

---

१. भावप्रवणता

'इस हाथ ले उस हाथ दे' के अनुसार काम के पैसे दरकार थे। चेतन वापस मुड़ा और कहाँ जाय, यह तय न कर पाने के कारण, अचानक चातक जी के दफ़्तर की ओर चल पड़ा।

o

चातक जी अपने दफ़्तर में दूध-धुली खादी के कुर्ते-धोती में सुशोभित, मेज़ पर बैठे, किसी मसौदे को देख रहे थे। उनके बालों की लट माथे पर आ गयी थी। सीढ़ियों ही से चेतन ने उन्हें 'नमस्कार' किया। तब दायें हाथ से बालों की लट को पीछे हटाते हुए, थकी-सी मुस्कान के साथ उन्होंने कहा, "आओ....आओ।"

चेतन उनके सामने कुर्सी पर जा बैठा तो मसौदा अलग हटा कर उन्होंने कहा, "कहो, कैसे समाचार हैं !"

"अच्छे नहीं हैं," चेतन ने कहा, "कल ग़ुस्से में 'भूँचाल' की नौकरी छोड़ आया हूँ। महाशय जीवनलाल कपूर से कुछ रुपये मैंने पेशगी ले रखे थे, आज बाकी तनख़्वाह लेने गया तो उन्होंने देने से इनकार कर दिया। अब ख़ासी तंगी का सामना है।"

उसके घर दो जून का आटा भी नहीं — चेतन यह बात उनसे न कह सका। हो सकता है, वह यह कहता तो चातक जी जेब से दो-चार रुपये निकाल कर उसे दे देते। ऐसे में वह ज़मीन में गड़ जाता।....वह रुपये ज़रूर चाहता था, पर उधार नहीं। किसी काम के सिलसिले में! लेकिन चातक जी उसकी कहानी छापने से इनकार कर ही चुके थे। वे कहानी छापने को तैयार होते तो चेतन कहता कि इसके जो भी थोड़े-बहुत पैसे हों, मुझे पेशगी दे दीजिए। लेकिन उन्हें अपनी पत्रिका जमानी थी और चेतन हिन्दी के लिए नया-नया ही था। इसलिए उसने सिर्फ़ तंगी का ज़िक्र किया। कवि उससे नौकरी छोड़ने की बाबत पूछने वाले थे कि चेतन ने कहा,"कहिए, कोई नयी कविता लिखी ?"

"एक नहीं, दो-दो!" चातक जी के चेहरे से थकान विलुप्त हो गयी, दराज़ से उन्होंने स्लिपें निकालीं और बोले, "निम्मो ने मेरे यहाँ कुछ दिन गुज़ार कर मेरे काव्य की मन्थर गति से बहने वाली नदी को तूफ़ानी बना दिया है।" वे हँसे और बालों की लट उन्होंने हाथ से पीछे की, "पहली कविता का शीर्षक है —सहोदरा!" उन्होंने कहा और कविता पढ़ने लगे :

"लिया नहीं है जन्म कोख से इक माता की हमने बाले
ख़ूब पिये पर बहिन-भ्रात की गहन प्रीति के हमने प्याले
तुम मेरे जीवन में आयीं, चली गयी तब रात अचानक
तिमिर-भरे मेरे अम्बर में, उदय हुआ नव-प्रात अचानक

तुम हो स्नेहमयी, ममता से
भरा हुआ है हृदय तुम्हारा
अंक तुम्हारे आन लगा हूँ
शिशु-सा, निष्ठुर जग का मारा।"

कविता चातक जी एक ही छन्द में लिखते थे। उनका हिन्दी का ज्ञान भी, उनके अंग्रेज़ी-ज्ञान की तरह, ज़्यादा नहीं था, पिंगल-विंगल और छन्द-अलंकार उन्होंने पढ़ा नहीं था, लेकिन

हिन्दी उनकी मातृ-भाषा थी, लिखने की प्रेरणा जन्मजात थी और एक छन्द को उन्होंने साध लिया था। उसी में वे अपनी तमाम कविताएँ लिखते थे। चेतन को उनकी कविता उर्दू मुसद्दस[1] की याद दिलाती थी। यूँ तो उनकी कविता के प्रत्येक बन्द में बत्तीस-बत्तीस मात्राओं की छै पंक्तियाँ होती थीं और वह मुसद्दस के बन्द-सा लगता था, पर पाँचवी और छठी पंक्ति की दो-दो पंक्तियाँ बना कर वे पहली चार के नीचे लिखा करते थे। चेतन को उनकी कविताएँ शुरू में बहुत अच्छी लगती थीं। 'बेचैनी के बीज' तो उसे कण्ठस्थ भी हो गयी थी, लेकिन अब वे उसे नितान्त भावुक, बचकानी, रोमानी, अयथार्थ और समरस प्रतीत होने लगी थीं।....

अपनी पत्नी की कुरूपता और फूहड़ता, लेकिन उसके बावजूद हर दूसरे-तीसरे वर्ष चले आने वाले बच्चों की 'रीं-रीं,' 'पीं-पीं' से भाग कर, जिस-तिस के प्रति आकृष्ट हो, वे काल्पनिक प्रेम के संसार बसाते थे। चूँकि परिवार, परम्परा, कर्तव्य और धर्म के बन्धनों में जकड़े निम्न-मध्यवर्ग के दम-घोंटू वातावरण से उन्हीं की तरह भागने वाली लड़कियों की कमी न थी, जो न खुल कर प्रेम कर सकती थीं, न प्रेम का शारीरिक प्रतिदान दे सकती थीं, इसलिए कवि चातक का प्रेम और उनकी कविताएँ हाड़-माँस की न हो कर नितान्त वायवी और कोरी काल्पनिक हो जाती थीं।....'सहोदरा' में भी उन्होंने अपने जाने एक ही माँ के पेट से जन्म न लेने के बावजूद, अपने मुँह-बोले भैया को बहन का अगाध प्रेम देने वाली युवती की लम्बी, उबाऊ गाथा कही थी। भाई उसके स्नेह-भरे अंक से लग-लग जाता है; उसकी प्यार-भरी आँखों में डूब-डूब जाता है; जग को उनके प्रेम पर सन्देह भी हैं; वह उन दोनों पर लांछनों की वर्षा भी करता है, पर कवि सन्तुष्ट है कि उसकी स्नेहमयी, ममतामयी सहोदरा उसे निष्ठुर जग के प्रहारों से बचाये, अपने ममतामय अंक से लगाये और उसके अँधेरे संसार को अपने पवित्र प्रेम से आलोकित किये, नये प्रभात-सी जगमगा रही है।

कविता सुनते हुए चेतन के सामने बार-बार वे दृश्य आते रहे, जो निम्मो और कवि चातक के साहचर्य में उसने देखे थे, जिनमें एक ओर वयप्राप्त उदमाती लड़की थी और दूसरी ओर अपनी कर्कशा, कुरूपा पत्नी से दबा-डरा, लेकिन बँधा एक कवि, जो बड़े प्यार से अपनी मुँह-बोली 'सहोदरा' का हाथ अपने बे-हड्डी के-से हाथों में लिये, उसकी आँखों में डूबने की कोशिश में उसे प्यार से घण्टों सहलाता था, 'बहिन-बहिन' कहते हुए उसे गोद में भर कर उसका प्यार ले लेता था और वह उदमाती 'भैया-भैया' कहती हुई उससे चिमट-चिमट जाती थी।

कवि बड़े तन्मय भाव से कविता सुनाते रहे। चेतन कविता से उभरने वाले दृश्यों के साथ-साथ कवि के घर देखे गये दृश्य कल्पना में दोहराता रहा। कई पंक्तियों को सुन कर उसने मन-ही-मन कहा, 'अरे मियाँ, प्यार करना है तो सीधी तरह करो, यह क्या 'बहन-बहन' की रट लगाये हो।'....चातक जी की जगह उसका कोई बेतकल्लुफ़ दोस्त होता और उसने ऐसी मूर्खतापूर्ण कविता सुनायी होती, तो वह यही कहता, बल्कि 'मियाँ' के बदले 'चुग़द' शब्द का इस्तेमाल करता।....लेकिन चातक जी से उसकी ऐसी

---

१. छै-छै पंक्तियों के बन्दों वाली कविता

बेतकल्लुफ़ी नहीं थी। उन्हें वह गुरु के समान मानता था। फिर वह यह भी जानता था कि यह कवि चातक ही का नहीं, पूरे-के-पूरे निम्न-मध्यवर्ग का सत्य था। गली-मुहल्ले में वय-प्राप्त युवतियाँ अपने पड़ोसी युवकों को ओर आकृष्ट होती थीं, उनकी बहनों को सहेलियाँ बना लेती थीं, जहाँ बहनें न होती, वहाँ उनकी माताओं को मौसियाँ, चाचियाँ या फूफियाँ कहने लगतीं। (जहाँ लड़कियाँ पहल न करतीं, वहाँ लड़के यही करते) और दबी-छिपी दृष्टियों का विनिमय धीरे-धीरे उन्हें निकट ले आता, लेकिन जब प्यार मन की हदों से बढ़ कर शरीर की हदों को छूने लगता, वे झट उनकी कलाइयों में राखियाँ बाँध देतीं और लड़के सहर्ष और विवश बँधवा लेते और निम्न-मध्यवर्ग का यह 'पवित्र,' लिजलिजा, लिसलिसा प्रेम उस वक्त तक चलता रहता, जब तक लड़कियाँ अपने माता-पिता द्वारा चुने हुए वरों के पल्ले बँध कर दूसरे ठौर न जा लगतीं और लड़के, विवाह में मिलने वाले दहेज की तुला पर तुल कर, किसी और के न हो जाते। फिर पति रूपवान और कमाऊ होता तो लड़की अपने पहले प्यार को भूल कर घर-गिरस्ती में रम जाती और यदि पत्नी अच्छी धनी-मानी परिवार की होने के साथ-साथ रूपवती भी होती तो लड़का अपनी प्रेयसी को भुला देता। कुछ देर राखियाँ आती रहतीं। फिर उनका सिलसिला बन्द हो जाता। ऐसा न होता तो बहन-भाई का यह आत्मिक, आध्यात्मिक, पवित्र प्रेम सुलगता रहता। पत्नियाँ भाई बनाती रहतीं और पति, बहनें।

०

कविता सुना कर चातक जी ने कहा, "क्यों! है हिन्दी में इस विषय पर ऐसी भावनामयी और प्रवहमान कविता!"

चेतन कहना तो वही चाहता था, जो मन-ही-मन कविता के दौरान वह कई बार दोहरा चुका था, लेकिन जब कवि ने दाद चाहने वाली निगाहों से उसकी ओर देखा तो चेतन ने कहा, "आपने अपने स्तर को ख़ूब बनाये रखा है।" और हालाँकि उसका यह कथन 'मेरी हाँ को हाँ न समझो, मेरी ना को ना न समझो' जैसा ही था, पर कवि प्रसन्न हो गये।

"हम अपने स्तर को गिरने देते हैं!" उन्होंने सोत्साह कहा और दूसरी कविता सुनाने लगे।

चेतन एक ही कविता से ध्वस्त हो चुका था। वह अपनी बात कहना चाहता था, लेकिन कवि अपनी कहने लगे थे और बात चूँकि कविता में थी, इसलिए शबे-फ़िराक की तरह लम्बी हो गयी थी। वह चाहता था, उनसे छुट्टी ले और घर जाय। उसका काम आज बनेगा नहीं, वह बेकार चला आया है —बोर होने। लेकिन उन्होंने उसे मौका ही नहीं दिया।

हालाँकि उतने जोश से उतनी लम्बी कविता सुनाने पर उनके होंट सूख गये थे और उनके कोनों पर फिचकू आ गया था, लेकिन उसकी परवाह न कर, वे दुगने जोश से सुनाये जा रहे थे। कविता का शीर्षक था 'भावना का मोल।' शब्द चाहे दूसरे हों, पर भाव वही थे। वही लिजलिजा प्रेम उसकी हर पंक्ति से टपकता था। चेतन मन मार कर बैठा अपने मन-मस्तिष्क पर यह अत्याचार सहता रहा। कई बार उसका ध्यान भटक गया, लेकिन जब-जब बन्द समाप्ति पर आये, उसने 'वाह-वाह' कर दी।

०

वह नीलामकारों को भोले-भाले गोरखा सिपाहियों को ठगते हुए छोड़ आया था। जाने कितनों की जेबें उन्होंने हल्की कर दी होंगी। चातक जी कविता सुनाते रहे और उसके सामने कम्बलों का नीलाम होता रहा। फिर उसने मन-ही-मन किसी नये काम के सिलसिले में महाशय धनपत राय, बी०ए० नेशनल और महाशय देवदर्शन से मिलने की सोची। कल्पना-ही-कल्पना में उनसे मुलाकात भी कर ली, लेकिन उन काल्पनिक मुलाकातों का अन्त अपनी शंकाओं के अनुरूप पा कर वहाँ जाने का विचार तज भी दिया।....वह कोई और रास्ता सोच रहा था, जब कवि चातक ने कविता ख़त्म कर दी और पूछा, "कैसी रही ?"

उसने कविता सुनी नहीं, उन पर यह प्रकट न हो जाय, इसलिए उसने अतिरिक्त उत्साह से कहा, "आप जज़्बात के बादशाह हैं।"

कवि का चेहरा खिल उठा। लेकिन इससे पहले कि वे दून की लेते और हिन्दी के समस्त कवियों के मुकाबिले में अपनी महानता का उल्लेख करते, चेतन ने कहा, "नौकरी तो मैंने छोड़ दी है और काम कोई हाथ में है नहीं चातक जी। कुछ मेरे बारे में भी सोचिए। कोई अस्थायी काम ही मिल जाये तो चन्द दिन गुज़ारा चले। मैं इतने में कोई दूसरी नौकरी ढूँढ लूँगा।"

कवि ने बालों की लट को पीछे हटाया, पैर कुर्सी पर कर लिये, कुछ देर सोचते रहे, फिर बोलें, "तुमने वह कहानी हिन्दी में की थी, उसे कहीं भेजा ?"

"मुन्शी चन्द्रशेखर को भेजी थी। लेकिन वह उनकी पत्रिका के अनुकूल नहीं।"

"वहाँ छपती भी तो पैसे नहीं मिलते। इधर सुना है कि कलकत्ते के 'विशाल-भारत' में कुछ पारिश्रमिक मिलने लगा है। तीन-चार रुपये वे कहानी के देने लगे हैं। वहाँ क्यों नहीं भेजते ? सम्पादक कुछ अक्खड़ हैं, मन के मौजी! पर रचना उन्हें पसन्द आ जाये तो प्रचार भी ख़ूब करते हैं। एक भी कहानी वहाँ छप गयी तो रास्ता खुल जायेगा। फिर तो मैं बिना-झिझक छाप सकूँगा।"

चेतन ने बिना उत्साह के कहा, "भेज दूँगा। लेकिन वह तो बाद की बात है। काम तो मुझे आज चाहिए।"

"मैं इन लोगों से (कवि का संकेत 'मंजरी' के मालिकान, नागपाल बन्धुओं की ओर था) एक सहयोगी के लिए कह रहा हूँ, जो प्रूफ़ पढ़ने और प्रेस के काम में भी मेरी मदद करे। मान जाते तो तुम्हें रख लेता और प्रूफ़ पढ़ना सिखा देता। लेकिन पत्रिका घाटे पर चल रही है, इसलिए तीन-तीन प्रूफ़ स्वयं पढ़ता हूँ और ज़ोर नहीं देता।"

और वे कोहनी घुटने पर टिका, हाथ पर ठोड़ी रख कर सोचने की मुद्रा कर बैठ गये।

चेतन चुपचाप उनके मुँह की तरफ़ तकता रहा। कुछ देर सोच कर उन्होंने कहा, "तुम एक ड्रामा क्यों नहीं लिखते ?"

"ड्रामा!" चेतन की समझ में कुछ नहीं आया।

"दो वर्ष बाद यहाँ 'रत्न,' 'भूषण' और 'प्रभाकर' की परीक्षाओं का पाठ्यक्रम बदलने वाला है। तुम्हारी लघु-गल्प तो मैंने काव्य-संकलन के माध्यम से इण्ट्रोड्यूस कर ही दी

है। नाटक लिखोगे तो आगे के लिए मैदान बन जायेगा। 'प्रभाकर' में तो नीरव जी का ही नाटक लगेगा, लेकिन 'रत्न' अथवा 'भूषण' के लिए मुझसे नाटक लिखने को कहा जा रहा है। मुझे 'मंजरी' के काम से इतना अवकाश नहीं मिलता कि एकाग्रता से नाटक लिख सकूँ। हिन्दी में अभी तुम्हारा नाम नहीं है, इसलिए तुम्हारे नाम से तो नाटक नहीं लग सकता। पर तुम नाटक लिखो तो मैं उसे देख लूँगा। उस पर अपना नाम दे दूँगा। भूमिका लिख दूँगा, उसमें उल्लेख कर दूँगा कि उसे लिखने में तुमने मेरी मदद की है। रॉयल्टी मिलेगी, वह आधी-आधी बाँट लेंगे।"

चेतन चुपचाप उनकी ओर देखता रहा। वह कभी सपने में भी न सोच सकता था कि चातक जी उससे ऐसा प्रस्ताव कर सकते हैं। कविराज रामदास कर सकते थे कि वे भारी ठग थे, लेकिन यह सरल-हृदय, भावुक कवि उससे ऐसे प्रेत-लेखन के लिए कह सकता है, उसे अपने कानों पर विश्वास न आया। लेकिन कवि उसके सामने बैठे थे और उसकी प्रतिक्रिया की बाट देख रहे थे। चेतन के मन में आया कि उन्हें ज़ोर की एक गाली दे और उठ कर चला जाये और फिर कभी उनका मुँह न देखे। लेकिन अपना क्रोध वह मन में ही दबा गया। उसने सिर्फ़ इतना कहा : "मैंने तो कभी नाटक नहीं लिखा।"

"अरे, इसमें क्या है, द्विजेन्द्रलाल राय और जयशंकर प्रसाद के दो-एक नाटक पढ़ लो। मैं तुम्हें टॉड का 'राजस्थान' दे दूँगा। उसमें दो-तीन घटनाएँ ऐसी हैं, जिनको अभी किसी ने नहीं छुआ। जो तुम्हें पसन्द आये, उसे नाटक का विषय बनाओ और लिख डालो। थोड़ा-बहुत दोष होगा तो मैं देख लूँगा। हिन्दी में तुम्हारा नाम हो जायेगा।"

"पर नाम तो आप कहते हैं, उस पर मेरा जायेगा नहीं।"

"न सही, भूमिका में तो उल्लेख होगा। फिर तुम्हारा हाथ खुल जायेगा। तुम में आत्म-विश्वास पैदा हो जायेगा। अगला नाटक अपने नाम से लिखना।"

"देखूँगा।" चेतन ने उसी उदासीन भाव से कहा, "एकाध महीने के काम का कुछ जुगाड़ हो जाये तो इसकी भी सोचूँगा।"

और वह उठ खड़ा हुआ।

"तुम दो-चार दिन में आना। मैं इस बीच शुक्ला जी से बात करके कोई सूरत निकालूँगा।"

और उठ कर वे चेतन को सीढ़ियों तक छोड़ने आये। उसे विदा करते और उसके कन्धे को थपथपाते हुए उन्होंने कहा, "मेरे प्रस्ताव पर विचार करना। एक बार हाथ में ले लोगे तो कुछ भी मुश्किल नहीं लगेगा।"

"देखूँगा।" चेतन ने फिर वही शब्द दोहरा दिया और सीढ़ियाँ उतर आया।

अपने क्रोध में उसने उन्हें 'नमस्कार' भी नहीं किया।

चार

जब रत्न चन्द रोड के ऊपर से हो कर, बाँसों के टाल के साथ वाली खुली जगह से वह अपने घर की ओर बढ़ा तो नीलामकार पूर्ववत भीड़ लगाये, नीलामी कर रहे थे। चेतन ने एक तेज़ निगाह उन पर डाली। उसकी क्रोध-भरी आँखें अचकनपोश से चार भी हुईं। उस एक ही निगाह में उसने यह भी देखा कि स्टॉल पर कम्बलों का ढेर छोटा हो गया है। काफ़ी खोज-बीन के बाद लगता है, उन ठगों ने अपने लिए यह जगह चुनी थी। दो बजने को आ गये थे। चेतन ने बैठक की कुण्डी खोली। ओवरकोट उतार कर लोई का फेंटा मारा। प्रायः क्रोध और विक्षोभ में उसकी भूख सूख जाया करती थी, लेकिन इतना पैदल घूमने के कारण उसे भूख लग आयी थी। रसोई-घर में जा कर उसने अँगीठी जलायी। सालन गर्म किया। खाना खाया और आ कर कमरे में लेट गया। उसका मन कुछ भी करने को नहीं था। गर्मियों में यथासम्भव वह एक-दो घण्टे सो जाता था, लेकिन सर्दियों में दोपहर को उसे कभी नींद न आती। अगर वह कभी सो जाता तो उसका जी भारी हो जाता और उसे लगता, जैसे सारा खाया-पिया उसके सीने में उकड़ूँ बैठा है। चेतन ने टाँगों पर लिहाफ़ नहीं लिया कि गर्म होने पर कहीं उसे नींद न आ जाय। उसने ओवरकोट उठा कर टाँगों पर डाल लिया और दीवार से पीठ लगा कर अधलेटा-सा बैठ गया।

उसका दिमाग़ बेहद परेशान था। वह चातक जी को भोला, भावुक और किंचित मूर्ख समझता था, लेकिन वे तो कविराज के भी चचा निकले। दुनिया में यह कैसी आपा-धापी मची है, एक-दूसरे को समूचा निगल जाने के लिए सभी कितने व्यग्र हैं! आदमी ही नहीं, निरीह-से दीखने वाले पशु-पक्षी अपने से कमज़ोरों को निगल जाते हैं। जब 'अनन्त के पथ पर' जैसा खण्ड काव्य और प्रेम-भरी कविताएँ लिखने वाला सहृदय कवि निःसंकोच अपने ही जैसे दूसरे कवि का यूँ शोषण करने के लिए तैयार हो सकता है, तो फिर शक्तिशालियों और जन्मजात ठगों की तो बात ही दूर रही। दुनिया में क्या छोटी मछली के लिए कोई जगह नहीं ? क्या आख़िरकार बड़ी के पेट में समाना ही उसकी नियति है, भगवान का यह कैसा न्याय है ? उसने यह कैसी दुनिया बनायी है ? चेतन कुछ भी न समझ पाता। चातक जी के प्रस्ताव में छिपे स्वार्थ और शोषण और प्रकृति में रोज़ होने वाले ज़ुल्म की बात सोचते-सोचते, वह इतिहास के पन्नों में खो गया। उसने महान लोगों की जीवनियों में जो पढ़ा था, वही साकार हो कर उसके सामने आने लगा।....सिकन्दर मैसेडोनिया से उठा और लाखों निर्दोष लोगों को मौत के घाट उतारता हुआ, कत्ल और ग़ारतगरी मचाता, गाँव और शहर जलाता, भारत की सीमा तक आ पहुँचा। अपनी विजय-यात्रा में उसने न जाने कितने लाखों निरीह लोगों की हत्याएँ कीं, कितने गाँव-कस्बे-शहर वीरान कर डाले, तो भी वह महान कहलाया और उसकी विजय-गाथा इतिहास के पन्नों पर स्वर्णाक्षरों में लिखी गयी।.... ज़ार पीटर ने रूस को आधुनिक बनाने के अपने स्वप्न को साकार करने के लिए लक्खोखा नागरिकों को ग़ुलामों की तरह अपनी महत्वाकांक्षा की गाड़ी में जोत दिया — केवल सेण्ट पीटर्ज़बर्ग बनाने में बीस लाख मज़दूर काम करते-करते ख़त्म हो गये। उसने सेण्ट पीटर्ज़बर्ग बसाया। रूस को शक्तिशाली बनाया। अपनी पागल आकांक्षाओं के मार्ग में लाखों विरोधियों ही को नहीं, अपने इकलौते बेटे और अपनी प्रेमिका तक को अगणित

यातनाएँ दे कर मौत के गर्त में सुला दिया। दुनिया आज उसे महान मानती है।....चंगेज़ ख़ाँ और नेपोलियन भी महान कहलाते हैं।....और चेतन का दिमाग़ उन महान लोगों के साथ-साथ, उन निरीह, ग़रीब, भोले-भोले लोगों के बारे में सोचने लगता, जो उनकी जय-यात्रा के मार्ग में चींटियों की तरह पिस गये। भगवान का अंश सब में है। तब वे क्यों महान हैं, जिन्होंने इतने अत्याचार किये और वे क्यों महान नहीं हैं, जो चुपचाप मौत के मुँह में चले गये ? उनकी बात कोई क्यों नहीं सोचता ? इतिहास उनके बारे में दो शब्द भी क्यों नहीं कहता ?....संसार में न्याय कहाँ है, धर्म कहाँ है, प्रेम कहाँ है ? उसे तो कहीं नज़र नहीं आता। एक भयानक आपा-धापी है, जिसमें कुछ लोग पीस रहे है, शेष पिस रहे हैं। जो पिस रहे हैं, उनके लिए धर्म, प्रेम, न्याय, शक्ति, श्रद्धा, आस्था, भक्ति, कर्तव्य और न जाने कौन-कौन मीठे, भुलावे-भरे शब्द ईजाद कर दिये जाते हैं। जिसे दो जून पेट भरने का जुगाड़ करने के लिए इस स्वार्थी दुनिया से लोहा लेना पड़ता है, वह अपने शोषकों से प्रेम कैसे करे ? और यह सब भगवान ने रचाया है तो वह ऐसे भगवान में कैसे आस्था रखे ? कैसे शान्ति पाये, सुख पाये, आनन्द पाये ? इस दुनिया की जद्दो-जेहद से — इसके काम, क्रोध, लोभ, मोह, अंहकार से — दूर भाग कर किसी शान्त जगह में बैठ, भगवान की आराधना करते हुए, कुण्डलिनी जगा कर आत्मा को परमात्मा में मिला, परमानन्द की प्राप्ति शायद हो सकती हो, पर सभी यह करने लगें तो इस दुनिया का काम कैसे चले ? मोक्ष....मोक्ष....मोक्ष....सारे धर्म-शास्त्र उसी की प्राप्ति की दुहाई देते हैं। पर यदि भगवान ने मोक्ष की प्राप्ति ही व्यक्ति का चरम ध्येय बनाया है तो उसने यह दुनिया बनायी ही क्यों, आवागमन का चक्कर चलाया ही क्यों ?....दुनिया के दुखों और मुसीबतों से भाग कर आदमी ने ही कहीं मुक्ति की कल्पना तो नहीं की है और उसे भगवान के मुँह में रख दिया है ?....उसे उत्तर न मिलता....

चेतन के लिए बैठे रहना कठिन हो गया। वह उठ कर कमरे में घूमने लगा। उसके विचारों ने पलटा खाया। संसार ने सिकन्दर, पीटर, चंगेज़ ख़ाँ और नेपोलियन को ही तो महान नहीं माना, बुद्ध और ईसा को भी तो महान माना है। बुद्ध और ईसा को संसार ने भगवान का पद दे दिया है और ये दोनों तो न्याय, दया, प्रेम और क्षमा के अवतार हैं।....गहराई से सोचने पर चेतन को लगता कि भगवान को क्रूर और दयामय दोनों माना गया है। एक ओर शिव हैं, जिनका रौद्र रूप ताण्डव नृत्य कर उठता है और संसार भस्मीभूत हो जाता है, दूसरी ओर विष्णु हैं, जो संसार का पालन-पोषण करते हैं। मानव भी यदि भगवान का अंश है तो जब वह क्रूरता की सीमा पर पहुँच कर सिकन्दर और पीटर बन जाता है तो उसे महान मान लिया जाता है और यदि क्षमाशीलता और दया की सीमा पर पहुँच कर, वह बुद्ध और ईसा बन जाता है तो भी उसे महान मान लिया जाता है....तब वे लक्खोखा लोग, जो सीमाओं पर नहीं पहुँच पाते, वे भगवान के कौन-से अंश हैं ? उनमें भगवान का कौन-सा रूप है — वे जो पिसते-पिसते चुपचाप मर जाते हैं, या जो लोभ, मोह, क्रोध, अहंकार में लिपटे, अपनी छोटी-छोटी ज़रूरतें पूरी किये जाते हैं और उनसे ऊपर नहीं उठ पाते, वे क्या हैं ? न महान, न नगण्य....ये बीच के करोड़ों-करोड़ों लोग। जिनमें से वह भी एक है।

चेतन को लगा, उसमें कभी इतनी क्रूरता और निर्ममता नहीं आ सकती कि वह परम

शक्तिशाली बन कर महान कहलाये, न इतनी दया, क्षमाशीलता और आध्यात्मिकता कि वह बुद्ध और ईसा की तरह महान बने — तब क्या उसके सामने कोई रास्ता नहीं, क्या वह इतने लाखों-करोड़ों लोगों की तरह बिना कोई महत्वपूर्ण काम किये, मौत के मुँह में समा जायेगा ? अगर उसकी यही नियति है तो उसे यह स्वीकार नहीं है। कोई तीसरा मार्ग ज़रूर होगा, जिस पर चल कर वह संसार के उन दैनन्दिन कर्मों की हेयता से ऊपर उठ सके। अपनी इस अपार व्यग्रता और जलन और कुढ़न को किसी ठीक रास्ते लगा सके।

वही घूमते-घूमते चेतन का ध्यान अपने माता-पिता की ओर चला गया। तमाम मुसीबतों, तकलीफ़ों, यन्त्रणाओं के बावजूद उसने माँ को कभी बेचैन और व्यग्र नहीं पाया। अजीब बात है कि उसने कभी उसकी आँखों में आँसू नहीं देखे। भगवान में अपनी गहरी आस्था के कारण अपने सब भले-बुरे को उसके अर्पण कर, सुबह-शाम छोटे-से आले में जोत जगा, 'जय जगदीश हरे' गा कर और भगवान के चरणों में माथा टेक कर वह स्वस्थ और आश्वस्त हो जाती। दया, धर्म, न्याय और कर्तव्य-परायणता में उसका अडिग विश्वास था और अपने बेटों को उसने यही सिखाया था।

और उसके पिता, जो शक्ति के उपासक थे, बुद्धि के उपासक थे, 'जिसकी लाठी उसकी भैंस' में जिनका परम विश्वास था; जो आये दिन लड़ाइयाँ करते थे, फ़ौजदारियाँ और मुकदमेबाज़ियाँ करते थे और अपने बुद्धि-कौशल से सदा जीत जाते थे; जो अपने अफ़सरों को, डिवीज़नल हेड-क्वार्टर के क्लर्कों को पटाये रखते थे; 'तेल तमा जिसको मिले तुरत नरम हो जाय' में जिनका अटूट विश्वास था; जो नेपोलियन की तरह 'असम्भव' को मूर्खों और कमज़ोरों की डिक्शनरी का शब्द मानते थे; खाते-पीते मौज उड़ाते और क्षण में जीते थे और जिन्होंने अपने बेटों को शक्ति की उपासना करना सिखाया था; जो उन्हें शारीरिक शक्ति प्राप्त करने के गुर बताते ये और चेतन को (जो शरीर से कमज़ोर था) चाणक्य के उदाहरण से दिमाग़ी शक्ति प्राप्त करने की सीख देते थे और जो सख़्त-से-सख़्त मुसीबत में कभी न घबराते थे, ज़रा दिमाग़ लड़ा कर सदा उससे पार पा जाते थे और मौज-मस्ती, मलंगई और फक्कड़ई में निर्द्वन्द्व भाव से जीते थे; मज़े की बात यह है कि कभी-कभी दो-एक पेग चढ़ा कर और मौज में आ कर वे गा उठते थे :

शामा, मेरे अवगुण चित्त न धरो।

और आश्वस्त हो जाते थे कि श्याम ने उनके सब गुनाह माफ़ कर दिये हैं।

लेकिन वह — उन दोनों का बेटा — न माँ की तरह सारे सत्कर्म करता हुआ अपने आप को मूर्ख और खल मान कर भगवान से अपने अनकिये कुकर्मों की माफ़ी माँग सकता था। न पिता की तरह सारे गुनाह करते हुए उन्हें बख़्शवा सकता था। उसके मन में माँ की बेबसी के प्रति भी अपार क्रोध था और पिता की बेराहरवी के प्रति भी। वह न उतना नीतिवान हो सकता था, न उतना अनैतिक — उसका व्यक्तित्व बुरी तरह से खण्डित हो कर दो सीमाओं के मध्य टामकटोये मार रहा था। तब उसके लिए कोई राह नहीं क्या ?....लाख सोचने पर भी कोई रास्ता न पा कर वह घूमता हुआ खिड़की में जा खड़ा हुआ।....

नीलामकारों ने इस बार टाइमपीस किसी को जड़ दिया था और उसे वहाँ से खदेड़ रहे थे। चेतन जानता था कि उनमें जो मुसलमान हैं, वे शाम को नमाज़ पढ़ कर अल्लाह

से अपने गुनाह बख़्शवा लेंगे। हिन्दू कृष्ण की मूर्ति के आगे 'ओं जय जगदीश हरे' का पाठ कर, अपने सारे कर्म भगवान को अर्पित कर, इत्मीनान से सो जायेंगे और कोई ईसाई हुआ तो वह पादरी के सामने कन्फ़ेशन कर, सन्तुष्ट हो जायेगा।....वे, जो इन ठगों का शिकार हुए, वे भी अपनी हानि को अपने कर्मों का फल मान कर सन्तोष कर लेंगे। और ये सब-के-सब दूसरे दिन फिर यही कुकर्म करने के लिए ताज़ा-दम हो जायेंगे। जब भगवान उनके सब पाप अपने ऊपर लेने को तैयार है तो वे क्यों चिन्ता करें....चेतन को उन सब से ईर्ष्या हो आयी। काश, उसे भी ऐसी आस्था प्राप्त होती! काश, वह भी बुद्धि और तर्क का साथ छोड़ सकता!! काश, वह अपने अहं को मार कर भगवान की शरण जा सकता!!! इकबाल का एक शेर उसके दिमाग़ में घूम गया :

अच्छा है दिल के साथ रहे पासबाने-अक़्ल
लेकिन कभी-कभी इसे तन्हा भी छोड़ दे

लेकिन वह अपने दिल को कभी तन्हा न छोड़ पाता था। वह प्रायः गीता पढ़ता था। उसमें समस्या का समाधान था, पर हर समाधान को ले कर दसियों प्रश्न उसके दिमाग़ में उठ आते थे। कभी उसके मन में भक्ति नहीं जगती थी, क्योंकि भक्ति की पहली शर्त है — तर्क को छोड़ कर, बुद्धि को छोड़ कर, अहं को छोड़ कर, परम आस्था से भगवान की शरण जाना। और वह इनमें से किसी को भी छोड़ न पाता था। जब भगवान ने उसे दिमाग़ दिया है, और वह कुन्द नहीं है, निरन्तर सोचता है, प्रश्न उठाता है, तो वह क्यों उससे काम न ले! क्यों उसका साथ छोड़े!....चेतन ने अलमारी से गीता उठायी और फिर ओवरकोट टाँगों पर ले कर चारपाई पर जा बैठा। कितनी ही देर तक वह दूसरा अध्याय पढ़ता रहा। चेतन को लगता था कि इस अध्याय में कुछ ऐसे सूत्र हैं, जिन्हें वह अपना सकता है। अपनी न्याय-बुद्धि से अपने कर्तव्य को जान कर कर्म करना, उसमें अपनी पूरी इच्छा-शक्ति लगाना और फलाफल की चिन्ता न करना — यह उसे ठीक लगता था। दुख-सुख से ऊपर उठ जाना — कितना भी मुश्किल क्यों न हो, उसे रुचता और संसार के समस्त शुभ-अशुभ में स्थित-प्रज्ञ हो कर जीना उसे आकर्षित करता।....उसे अपने माता-पिता, दोनों से प्रबल इच्छा-शक्ति मिली है। भगवान को जानने से पहले वह अपने आप को जानेगा, अपनी शक्ति और सीमा को जानेगा, अपना कर्म और धर्म निश्चित करेगा और न्याय-अन्याय का विचार करेगा। अपना उद्देश्य उसने निश्चित कर लिया है — वह लॉ कॉलेज में दाख़िल होगा, सब-जजी के कम्पीटीशन में बैठेगा और अपनी पूरी शक्ति अपने उद्देश्य के लिए लगा देगा। इस सब के बावजूद असफल रहा तो दुख नहीं मनायेगा। उसे विश्वास था, वह असफल नहीं होगा। वह माता-पिता के रास्ते से अलग एक तीसरा रास्ता अपनायेगा। देखेगा कि उस रास्ते पर चल कर वह कोई बड़ा काम कर सकता है या नहीं।

उसने गीता को बन्द करके अलमारी में रख दिया। लॉ कॉलेज में दाख़िल होना दूर की बात है, अभी उसके सामने घर में आटा-दाल लाने की समस्या है। उसकी पत्नी ने ऊपर वालों से कुछ आटा उधार ले लिया था, पर कै दिन ऐसे चलेगा ? क्यों न वह भाई साहब से कहे कि उसे कुछ रुपये अभी दे दें। फिर वह उन्हें दे देगा।...'यथेव विधाता वधीयति तथेव शुभाय।' उसने सोचा। चातक जी ने उससे जो प्रस्ताव किया और उससे जो बवण्डर उसके हृदय में मचा, कौन जाने इससे कुछ शुभ ही निकले; कभी वह नाटक लिख

ही डाले और अपने नाम ही से छपाये। बीज तो उन्होंने उसके मन में डाल ही दिया है — कौन जाने वह कभी अंकुरित हो कर पेड़ बन जाये!

चेतन ने बैठक बन्द की और तेज़-तेज़ भाई साहब की दुकान की तरफ़ चल दिया।

o

लेकिन आध घण्टे बाद ही वह निराश वापस लौट आया था। उसने पाँच रुपये उधार माँगे थे, लेकिन उन्होंने एक रुपया तक देने से इनकार कर दिया था। भाई साहब ने जितने रुपये महीने में बचाये थे, वे सब दुकान के किराये में दे दिये थे और अब उनके पास दुकान का सामान लाने के लिए पैसे नहीं थे। (सच्ची बात उसे मालूम नहीं थी, पर उन्होंने कहा यही था।) जब चेतन ने अपनी स्थिति बतायी थी तो भाई साहब ने यह प्रस्ताव किया था कि वे पुरानी अनारकली के ढाबे में खाना खा लेंगे कि वहाँ उधार चलता है और चेतन तथा उसकी पत्नी अपने लिए कोई प्रबन्ध कर लें। चाहें तो (जब तक चेतन को कोई काम नहीं मिलता) वे भी वहीं आ कर खा लें। चेतन बिना कुछ कहे, झल्लाया हुआ वापस आ गया था और हताश-सा आ कर चारपाई पर लेट गया था।

तभी चन्दा विद्यालय से आ गयी। "क्यों, ऐसे क्यों लेटे हुए हैं ?" उसने कमरे में दाख़िल होते ही कद्रे चिन्ता-भरे स्वर में कहा।

"सुबह से काम की तलाश में घूमता रहा हूँ। लेकिन काम नहीं मिला। भाई साहब ने दो रुपये तक देने से इनकार कर दिया और तुम आटा ऊपर वालों से लायी थीं।"

"कोई बात नहीं," चन्दा ने मुस्करा कर कहा, "आज नहीं मिला तो कल मिल जायेगा। आप घबराते क्यों हैं ? आटे की आप चिन्ता न कीजिए। आप कहिए तो मैं दस दिन का प्रबन्ध कर दूँगी। आप थक गये होंगे। रज़ाई ले लीजिए। मैं चाय लाती हूँ।"

और किताबें मेज़ पर रख कर वह तेज़-तेज़ चली गयी। चेतन को हैरत हुई कि उसकी पत्नी तेज़ भी चलने लगी है। लेकिन वह नहीं उठा। न उसने रज़ाई ही ली, वैसे ही निःस्पन्द लेटा रहा। तभी उसने देखा कि बैठक के दरवाज़े के सामने अचकनपोश नीलामकार खड़ा है।

चेतन उचक कर उठ बैठा, "क्या बात है भई ?" उसने रुखाई से कहा। उसे लगा, जैसे वह चन्दा के पीछे ही अन्दर आ गया है।

अचकनपोश ने जेब से रुपये-रुपये के दो नोट निकाल कर दहलीज़ के अन्दर रख दिये — "बाबू साहब यह आपका हिस्सा है।"

"नहीं-नहीं, ये मुझे नहीं चाहिएँ," चेतन ने कहा, "तुम इन्हें ले जाओ!"

"अरे बाबू साहब, दिन भर की खिट-खिट से, बिके हुए सामान के पैसे और कुली-मज़दूरों का ख़र्च चुका कर, हमें दस रुपये कमीशन के बचे हैं। हम आठ आदमी हैं। एक-एक रुपया हम बाँट लेंगे। दो रुपये आपको दे दिये हैं। आपके तुफ़ैल हमारे बाल-बच्चे भी दो रोटी खा लेंगे।"

और बिना रुपये उठाये, सलाम करके वह चला गया। चेतन उचक कर चारपाई से उठा। उसने रुपये उठाये और भाग कर डेवढ़ी में आया। लेकिन वह चौखट के बाहर नहीं जा सका। नीलामकार अपने साथियों में जा मिला था। वे सब अपने तख़्ते-खोखे और दूसरा

सामान उठा रहे थे।

पहले उसने सोचा, जा कर उसे रुपये दे दे और डाँटे कि उसने यह जुर्रत कैसे की। लेकिन वे सब-के-सब छँटे हुए गुण्डे थे। उनसे दुश्मनी मोल लेना उसे दानाई नहीं लगी। निश्चय ही वे फिर दूसरे दिन वहाँ स्टॉल लगायेंगे। उसे अपने कुकर्म का भागीदार जो बना गये हैं। 'इनसे किसी दूसरी तरह सुलटना होगा,' उसने सोचा। वह उनको वहाँ रोज़ स्टॉल नहीं लगाने देगा। न उनसे रुपये लेगा। न ये रुपये अपने पास रखेगा। उनको देने से क्या लाभ है ? हस्पताल के जिन रोगियों के रिश्तेदारों से उन्होंने ये छीने हैं, उन्हीं में से किसी ज़रूरतमन्द को दे देगा।

वह अन्दर आया। रुपये उसने मेज़ की दराज़ में रख दिये। चन्दा चाय ले आयी थी। वह चुपचाप चाय पीने लगा।

०

बाहर जल्दी ही सर्दियों की शाम उतर आयी। चेतन वहीं बैठा रहा। चन्दा नाश्ता करके रसोई में चली गयी। दिये जल गये। ऊपर मालिक-मकान का परिवार परम भक्ति-भाव से भगवान की आरती उतारने लगा :

ओम् जय जगदीश हरे
स्वामी जय जगदीश हरे
भक्त जनन के संकट छिन में दूर करे

जो ध्यावे फल पावे, दुख विनसे मन का
स्वामी दुख विनसे मन का
सुख-सम्पति घर आवे कष्ट मिटे तन का
ओम् जय जगदीश हरे

तुम करुणा के सागर, तुम पालन कर्ता
स्वामी तुम पालन कर्ता
मैं मूरख, खल-कामी, कृपा करो भर्ता
ओम् जय जगदीश हरे

और चेतन के सामने गीता के बारहवें अध्याय में भक्ति-योग के कुछ श्लोक घूम गये :

—मुझ में मन को लगा और मुझी में बुद्धि को लगा और तू मुझी में निवास करेगा, इसमें कुछ संशय नहीं।

—यदि तू मन को मुझ में स्थिर रखने में असमर्थ है तो अभ्यास-योग द्वारा मुझे पाने की इच्छा कर।

—यदि तू अभ्यास भी नहीं कर सकता तो सारे कर्म मेरे निमित्त ही कर, तू मुझे पा लेगा।

चेतन ने लम्बी साँस ली — काश, उसके पास ऐसी आस्था होती कि वह अपने कर्म

भगवान को अर्पित कर सकता। गीताकार ने ये सारे श्लोक इसलिए लिखे हैं कि आदमी किसी तरह शान्ति पाये —मन-बुद्धि भगवान में लगा कर, अभ्यास द्वारा भगवान में ध्यान लगा कर, कुछ नहीं तो अपने सारे कर्म उसको अर्पित करके।....पहले दो के लिए चेतन के पास समय नहीं था और तीसरे के लिए आस्था नहीं थी। उसे शान्ति कैसे मिलती!

स्कूल के दिनों में हितोपदेश का एक श्लोक पढ़ कर उसने यह तो मान लिया था कि भगवान जो करता है, उसी के लाभ हेतु करता हैं और बुरी-से-बुरी स्थिति में भी वह विधाता का अच्छा मन्तव्य ढूँढ लेता था, लेकिन वह अपने सारे कर्म भगवान के निमित्त करे, यह उससे कभी नहीं हुआ।

ऊपर आरती के अन्तिम चरण गूँज रहे थे :

विषय-विकार मिटाओ, पाप हरो देवा
स्वामी पाप हरो देवा
श्रद्धा-भक्ति बढ़ाओ सन्तन की सेवा
ओम् जय जगदीश हरे

काश, उसके पास ऐसी आस्था होती, श्रद्धा होती, वह भी शान्ति पा सकता।

☒☒☒

दूसरा खण्ड

पाँच

दूसरे दिन शाम को चेतन अनारकली में बेपरवाही से घूमता हुआ ज़ोर-ज़ोर से आवाज़ लगा कर रूमाल बेच रहा था।

ओवरकोट के नीचे उसने वही ठण्डा सूट पहन रखा था, जो उसने पागलख़ाने में अपने ससुर को देखने के लिए जाते वक्त (डॉक्टर पर रोब जमाने की ग़रज़ से) सिलवाया था। उसके सिर पर भाई साहब का फ़ेल्ट हैट ज़रा तिरछा टिका था। जूते नये पॉलिश से चमचमा रहे थे। गले में टूटल टाई और पैरों में मोज़े थे। बायीं बाँह को मोड़ कर उसने दो डिब्बों में दो दर्जन मर्दाने और दो दर्जन ज़नाने —चार दर्जन रूमाल सँभाल रखे थे और दायें हाथ की उँगलियों में एक ज़नाना और एक मर्दाना रूमाल पकड़े, वह ऐसी बेपरवाही से आवाज़ लगा रहा था, जैसे यह उसका पुराना पेशा हो :

अ हैंकी फ़ॉर यो'र हब्बी
(ऐण्ड) अ हैंकी फ़ॉर यो'र वाइफ़
इट गिव्ज़ —ओ माई फ्रेण्ड्ज़
अ पेप टु यो'र लाइफ़

अनारकली पूरी बहार पर थी। सर्दी और धुएँ के बावजूद भीड़ थी कि उमड़ी पड़ती थी। बढ़िया सूट और बढ़िया साड़ियाँ पहने, मर्द-औरतें, युवक-युवतियाँ, कॉलेजों के लड़के और लड़कियाँ और इस सब रौनक का तमाशा देखने वाले और 'दीदारबाज़ी ते रब राज़ी' में विश्वास करने वाले मस्त-मलंग, सख़्त सर्दी के बावजूद तहमदों और कमीज़ों पर स्वेटर, या गर्म वास्केटें पहने, नंगे सिर बाल लहराते, ग़रीब तबके के मनमौजी नौजवान; फिर ताँगे और हथगाड़ियाँ —रेवड़ियों और खजूरों और मूँगफलियों से लदी, और उन्हें बेचने वालों की (कण्ठ या पेट के न जाने किन कोनों से निकलने वाली) आवाज़ें —'कड़ा-कड़ बोलदियाँ ओ कि मुखड़े खोलदियाँ!' (रेवड़ियाँ)....'आने पा (पाव) लवौ (लो) छोहारे बसरे दे!'....(खजूरें)....'ख़स्ता मूँगफली —पिस्ते बादाम से भली!'....एक बेपनाह शोर, जो कानों को खाता भी था और दिल को भरमाता भी था। और इस सब शोर में एक तीखी, तेज़ और खनखनाती आवाज़ :

अ हैंकी फ़ॉर यो'र हब्बी
एण्ड अ हैंकी फ़ॉर यो'र वाइफ़

०

रात चेतन को बहुत देर तक नींद न आयी थी। उसकी पत्नी ने उसे तसल्ली दी थी, उसके सिर में तेल लगाया था, उसकी कनपटियाँ सहलायीं और पपोटे भी दबाये थे और उसे बाँह में ले कर अपने गर्म-गुदाज़ सीने से लगाया था, लेकिन थकी-हारी चन्दा गहरी नींद सो

गयी थी और चेतन दिन भर की थकान के बावजूद जागता रहा था। —उसके सामने तीन प्रश्न थे, जिनका वह कोई समाधान खोज न पा रहा था :

- वह उन गुण्डे-उठाईगीर नीलामकारों को कैसे अपने घर के सामने से हटाये, जिन्होंने वहाँ अड्डा जमा लिया था और अपने कुकृत्यों में उसे भी साझीदार बनाना चाहते थे।

- उन दो रुपयों का क्या करे, जो वे चुप रहने के लिए बतौर-रिश्वत उसकी दहलीज़ पर रख गये थे।

- फिर सबसे टेढ़ा प्रश्न — वह अपनी बेकारी का क्या करे ? कैसे तत्काल काम पाये ?

और इन्हीं तीनों प्रश्नों का हल सोचते हुए उसकी नींद उड़ गयी थी।....

चेतन के दादा चण्डी के उपासक थे। माँ हर देवी-देवता में विश्वास रखती थी। उनकी मिट्टी की मूर्तियाँ घर में सजी रहती थीं और हर त्योहार पर उनके यहाँ पूजा-पाठ, जप-तप होता रहता था। लेकिन चाहे उन तमाम अनुष्ठानों का कोई स्पष्ट सुफल न देख पाने के कारण, अथवा प्राइमरी से ले कर कॉलेज तक आर्य समाजी संस्था से शिक्षा पाने के कारण, भगवान के सगुण रूपों में चेतन का विश्वास नहीं था....। राम हों या कृष्ण, उन्हें वह इन्सान — भले ही ऊँचे दर्जे के इन्सान — मानता था, भगवान नहीं। जन्म-मरण की सीमाओं में बँधे, अपने स्वभाव, प्रकृति और संस्कारों से घिरे किसी इन्सान को उस शक्ति का प्रतीक मान लेना चेतन को कभी स्वीकार नहीं हुआ —जिसे उपनिषदकार शब्द, स्पर्श, रूप, रस, गन्ध से व्यक्त नहीं कर सके। जिसे समझने के लिए 'नेति-नेति' कहते हुए उन्होंने यही बताया कि सीमाओं से घिरा इन्सान सीमाहीन को नहीं पा सकता। उसका अन्त:करण और इन्द्रियाँ उसे नहीं जान सकतीं। इसलिए किसी मन्दिर की चौखट पर अपनी माँ या दादा की तरह चेतन ने कभी माथा नहीं टेका। लेकिन इसके बावजूद संसार की अनेकरूपता में ऐसी एकरूपता थी, तमाम विशृंखलताओं में ऐसा विशृंखलाबद्धता थी कि उसे नहीं लगता था, इस संसार का संचालन करने वाली कोई शक्ति नहीं है और यह ऐसे ही अकारण, अनर्गल रूप पा गया है और निष्प्रयोजन चला जा रहा है। भले ही वह प्रयोजन उसकी सीमित बुद्धि की समझ में न आता हो। 'यथेव विधाता वधीयति तथेव शुभाय,' वह हर मुसीबत के वक्त सोच लेता था।....

....करकराती आँखें और भारी सिर लिये हुए, अपनी पत्नी के वक्ष के साथ लगे, उसने उस श्लोक की यही पंक्ति दोहरायी। और स्वभाववश उसमें 'मह्यम्' —मेरे लिए — भी जोड़ लिया; फिर वह सोचने लगा कि इस स्थिति में क्या शुभ है, यह कैसे जाने ?....क्या ऐसे में, जब उसे कहीं काम नहीं मिला, जो दो रुपये यों उसकी दहलीज़ पर नीलामकार ने फेंक दिये, इसमें विधाता ने उसे कोई संकेत दिया है। वह ये रुपये न अपने पास रख सकता है, न इन्हें ख़ुद इस्तेमाल कर सकता है। फिर वह इनका क्या करे ?

सोच-सोच कर उसने यही तय किया कि वह पहले सुबह उठ कर अपने मालिक-मकान से मिलेगा और उसे समझा कर पड़ोसी मालिक-मकान के यहाँ ले आयेगा और उन दोनों से कहेगा कि वे मिल कर, सम्भव हो तो अन्य एकाध पड़ोसी को साथ ले

कर उन नीलामकारों का अड्डा वहाँ से उठवायें। जवान लड़कियों और बहुओं को आने-जाने में दिक्कत होगी और उन्होंने वहाँ अड्डा जमा लिया तो हमेशा के लिए एक मुसीबत खड़ी हो जायेगी और आख़िरकार इससे बुराई ही निकलेगी। वह मालिक-मकान को यह भी समझायेगा कि वह किरायेदार है, उसकी बात का उतना महत्व नहीं। उसने टोका था, लेकिन उन्होंने परवाह नहीं की। वे सब मिल कर कार्रवाई करेंगे तो उनका अड्डा उठ जायेगा।

फिर उसने उन दो रुपयों की समस्या पर ग़ौर करना शुरू किया। वह रुपये उन्हें लौटा सकता है, लेकिन उन्हें लौटाना उसे श्रेयस्कर न लगता था। वह उन्हें किसी ग़रीब को दे कर फ़ौरन उस बोझ से छुट्टी पा सकता था। लेकिन ऐसे में, जब उसके घर दो जून का आटा नहीं था और उसके हाथ में कोई काम नहीं था, क्या कोई ऐसी सूरत नहीं निकल सकती कि वह इन दो रुपयों का ऐसा उपयोग करे, जिससे उसका काम भी चल जाये और रुपये वह किसी ग़रीब को वापस भी कर दे। सोचते-सोचते उसकी आँखें भारी होने लगीं और आदत के मुताबिक उसे प्यास लग आयी। वह उठा। उसने बिजली जलायी, सिरहाने रखे लोटे से पानी का गिलास पिया फिर वह लघुशंका के लिए बाहर जा रहा था कि उसकी निगाह खूँटी पर टँगे बन्द छाते पर चली गयी और अचानक उसके दिमाग में पण्डित 'रत्न' के उस इंजीनियर मित्र की घटना घूम गयी, जिसने अनारकली में एक सुन्दर मुसलमान लड़के को छाते की तीलियों से रूमाल टाँगे, बेचते हुए देखा था और न केवल उसके सारे रूमाल ले लिये थे, वरन उस लड़के को भी उसके पिता से माँग लिया था। उसे पढ़ाया-लिखाया और विलायत भेज दिया था।....बिजली की कौंध-सा यह ख़याल उसके दिमाग़ में आया, क्यों न वह इन दो रुपयों के रूमाल थोक में ख़रीद कर अनारकली में बेचे और छै-आठ आने बचा ले। हफ़्ता भर यदि वह शाम को यही काम करेगा तो न केवल घर के राशन की समस्या हल कर लेगा, बल्कि इन दो रुपयों के चार करके इन्हें किसी ग़रीब को दे आयेगा। न केवल इससे उस पाप का प्रायश्चित भी हो जायेगा, जो पाप की कमाई हाथ में ले कर उससे अनजाने हो गया है, वरन वह इस समस्या को भी हल कर लेगा, जो अचानक नौकरी छूटने और तत्काल कोई काम न मिलने से उसके सम्मुख आ खड़ी हुई है। सुबह से दोपहर तक वह काम की तलाश करेगा और शाम को अनारकली में रूमाल बेचेगा। उसे पूरा विश्वास था कि वह हफ़्ते भर में कोई-न-कोई काम ढूँढ लेगा और हठात उसे यकीन हो गया, विधाता ने ये रुपये इसीलिए उसके रास्ते में डाल दिये हैं और उसकी यही इच्छा है।

गुसलख़ाने से वापस आ, बत्ती बुझा कर वह लेटा तो गर्म होते ही उसकी पलकें भारी हो गयीं और वह गहरी नींद सो गया था।

सुबह उठ कर वह दोनों मकान-मालिकों से मिला था। अपनी व्यस्तता में उनका ध्यान तो उधर न गया था, लेकिन जब चेतन ने उनसे बहू-बेटियों की बात की तो वे अचानक चिन्तित हो उठे। दोनों जा कर अन्य पड़ोसियों से मिले थे और धूप चढ़ते ही जब नीलामकार स्टॉल लगाने आये तो पूरी गली वहाँ इकट्ठी हो गयी। चेतन नहीं गया। खिड़की में खड़ा तमाशा देखता रहा। थोड़ी देर खिट-खिट हुई, लेकिन ज़मीन के उस टुकड़े का मालिक भी उन्हीं में था, जिससे बिना पूछे उन्होंने स्टॉल लगा लिया था, इसलिए वे भुनभुनाते-बड़बड़ाते और उन्हें गालियाँ देते हुए चले गये।

तब नाश्ता करके और नहा-धो कर चेतन अनारकली गया। जीवनदास ऐण्ड सन्ज़, थोक-फ़रोश की दुकान से वह आठ आने दर्जन के हिसाब से दो दर्जन मर्दाने और दो दर्जन ज़नाने बढ़िया विलायती रूमाल ख़रीद लाया। आ कर उसने खाना खाया, डायरी लिखी। रूमाल बेचने के सिलसिले में पहले अंग्रेज़ी में और फिर उर्दू में तुकबन्द नारे बनाये और सन्तुष्ट हो कर हार्मोनियम निकाल, पैरों से बेलो में हवा देता हुआ दोनों हाथों से बजाने लगा :

स ग म प ध स नी ध प म ग
बैयाँ न पकड़ मोरी नरम कलाई रे

मध्याह्न का सन्नाटा उसकी कर्कश, लेकिन हार्मोनियम के सुरों के साथ मिल कर किंचित सुरीली हो जाने वाली आवाज़ से गूँज उठा। चेतन को अपनी आवाज़ की कर्कशता का आभास था। इस बात का दुख भी उसे था कि उसके पिता का लोच और सोज़-भरा सुरीला कण्ठ छहों भाइयों में से किसी को भी नहीं मिला, लेकिन चेतन अपने लिए न गाता था, वह तो गाने का अभ्यास केवल इसलिए करता था कि अपनी पत्नी को सिखा सके। चन्दा ने बड़ा सुरीला कण्ठ पाया था। अभी उसके पास समय नहीं था। अभी ज़िन्दगी का संघर्ष उनका बहुत कठिन और दुर्वार था, लेकिन उस तमाम संघर्ष में चेतन उन दिनों के सपने लेता था, जब वह कानून पास कर लेगा; कहीं सब-जज हो जायेगा; चन्दा बी०ए० कर लेगी; हार्मोनियम और सितार और दिलरुबा (जो शिमले से आने के बाद उसी तरह बन्द पड़ा था) सीख जायेगी। वह पार्टियाँ देगा, जिनमें कभी-कभी वह गाया करेगी। अवकाश के समय में वह साहित्य की साधना करेगा।....इन सुख-सपनों में रमा, वह अपने वर्तमान का तमाम दुख-दर्द और संघर्ष भूल जाता था। ये सपने ही थे, जो उसके अंगों में अद्भुत स्फूर्ति भर देते थे कि उसे कुछ भी कठिन, कुछ भी असम्भव न लगता था।

बड़ी देर तक वह बाजे पर अभ्यास करता रहा। जितने गीत उसे आते थे, न केवल उन्हें उसने हार्मोनियम पर गाया, बल्कि 'संगीत-शिक्षक' की सहायता से एक-दो नयी धुनें भी निकालीं। तीन बजने को आ गये। चन्दा के आने का समय हो गया था। चेतन ने ट्रंक से नया ठण्डा सूट निकाला। जूते पॉलिश किये। भाई साहब के कमरे से उनका पुराना फ़ेल्ट हैट निकाल कर उसे ब्रश किया। फिर हाथ-मुँह धो कर अपने लम्बे-घुँघराले बालों पर पानी का हाथ फेर कर उन्हें सँवारा, कपड़े बदले —ओवरकोट पहना, हैट लगाया, रूमालों के डिब्बे उठाये और बैठक को ताला लगा, चाबी ऊपर दे कर वह घर से बाहर निकल गया।

कुछ महीने पहले इस तरह रूमाल बेचने की बात क्या वह सोच भी सकता था! —अनारकली को जाते हुए उसे हठात ख़याल आया। सेठ वीरभान के यहाँ खाना पकाने वाली के रूप में अपनी सास का नौकरी करना, चौका-बर्तन साफ़ करना उसे कितना बुरा लगा था। वह अपनी मान-प्रतिष्ठा की बात को ले कर कितना परेशान हो उठा था। लेकिन उसकी सास ने अपनी कर्मठता और स्वाभिमान की रक्षा के लिए वह छोटा काम करने की तत्परता से उसके मिथ्या अहं को झकझोर दिया था। चेतन को अपनी माँ का कथन फिर याद आ गया —'अपने पैर धोती कोई बाँदी नहीं कहाती' —उसकी सास द्वारा सेठ वीरभान के बर्तन मलना या ख़ुद उसका रूमाल बेचना, अपने ही पैर धोने के बराबर है। दयानतदारी

से किये गये श्रम में उसे क्यों शर्म आये! वह झूठ नहीं बोलता, चोरी नहीं करता, डाका नहीं डालता, वह दयानतदारी से मेहनत करता है और तब तक करेगा, जब तक वह अपने उद्देश्य में सफल नहीं हो जाता।....इसी बात का डर है न उसे कि कोई उसका परिचित अनारकली में उसे रूमाल बेचते देख लेगा। देख लेगा तो क्या होगा, वह उसी के हाथ रूमाल बेचेगा।....

यही सब सोचते हुए वह हस्पताल रोड से अनारकली में दाख़िल हुआ। एक ज़नाना और एक मर्दाना रूमाल उँगलियों में पकड़ कर उसने हवा में लहराया और ज़ोर से नारा लगाया था :

अ हैंकी फ़ॉर यो'र हब्बी
एण्ड अ हैंकी फ़ॉर यो'र वाइफ़

०

अनारकली में इस सिरे से उस सिरे तक और उस सिरे से इस सिरे तक, कभी अंग्रेज़ी में और कभी उर्दू में आवाज़ लगा कर घूमते हुए छै बजते-न-बजते उसने चारों दर्जन रूमाल बेच दिये। सूट-बूट और बढ़िया साड़ी-जम्पर या कमीज़-शलवार पहने किसी अकेले पुरुष या स्त्री या जोड़े को वह देखता तो अंग्रेज़ी नारा लगाता। देशी कपड़े पहले किसी सम्भ्रान्त व्यक्ति को देखता तो हाथ और सिर हिलाता हुआ हाव-भाव के साथ हाँक लगाता :

शौहर को ख़ुश करना चाहो
बीवी को ख़ुश करना चाहो
दोस्त को ख़ुश करना चाहो
दुश्मन को ख़ुश करना चाहो
बढ़िया उसे रूमाल दो
सभी बलायें टाल दो।

और यह गा कर दायाँ जबड़ा नीचे को बढ़ा, मुँह टेढ़ा करके कण्ठ के दायें भाग से आवाज़ निकालता हुआ चिल्लाता :

"लीजिए, ख़रीदिए, बढ़िया और सस्ते विलायती रूमाल, आने में एक दस आने . बारह।"

उसे रूमाल बेचते हुए मुश्किल से एक-डेढ़ घण्टा हुआ था और उसने अभी दो दर्जन ही रूमाल बेचे थे, जब उसने देखा — बढ़िया सूट-बूट पहने एक नवयुवक अपनी नव-परिणीता पत्नी के साथ आ रहा है। तब चेतन ने अंग्रेज़ी में आवाज़ लगायी थी और टोपी को ज़रा-सा उठा कर आदाब करते हुए सिर झुका कर उसने रूमाल उनके आगे कर दिये थे — वह रूमाल बेचते-बेचते ऐसा तन्मय हो गया था कि भूल गया था, वह डेढ़ वर्ष तक लाहौर ही के प्रसिद्ध दैनिक में काम करता रहा है, कवि और कथाकार है। अपने पूरे व्यक्तित्व के साथ वह फेरी लगा कर रूमाल बेचने वाला बन गया था और अपनी इस भूमिका में उसे रस भी आने लगा था — जैसे अनारकली विशाल मंच था और वह एक कुशल अभिनेता, जिसे रूमाल बेचने वाले की भूमिका निभानी थी और वह जी-जान से उसे सफलतापूर्वक निभाने में तल्लीन था।

जाने उसके पहरावे में कुछ ऐसा था अथवा उसकी आवाज़ में अथवा भंगिमा में या फिर वह जोड़ा ही अपने नव-परिणय के कारण अतिरिक्त प्रसन्न था कि वह चेतन के रूमाल देखने लगा और उसके शेष रूमाल उन्होंने ख़रीद लिये। यही नहीं, युवक ने उसे अपना कार्ड दिया और कहा कि कभी वह उनकी कोठी पर आये तो वे उसके द्वारा ज़रूरत की चीज़ें ख़रीद सकते हैं। और 'थैंक्स' कह वह आगे बढ़ गया।

चेतन ने कार्ड देखा :

आकाश लाल खन्ना, पी०सी०एस०

सब-जज

दयाल सिंह मैन्शन्ज़, द माल, लाहौर

चेतन क्षण भर उस कार्ड को देखता रह गया। वह आते वर्ष ज़रूर लॉ कॉलेज में प्रवेश लेगा और तीसरे साल पी०सी०एस० की प्रतियोगिता में बैठ कर सब-जज हो जायेगा। तभी वह आकाश लाल के यहाँ जायेगा। हो सकता है, कचहरी में जजों के कमरे में ही उनसे मुलाकात हो जाये और वे उसे पहचान न पायें। तब वह उन्हें बतायेगा कि ख़ाकसार वही रूमाल बेचने वाला है, जिससे तीन साल पहले एक शाम आपने दो दर्जन रूमाल ख़रीदे थे —और चेतन का मुख उस काल्पनिक मुलाकात से उद्‌भासित हो आया। गर्व से उसका सिर ऊँचा हो गया। उसने वह कार्ड सँभाल कर ओवरकोट की अन्दर की जेब में रख लिया और जीवनदास ऐण्ड सन्ज़, थोक-फ़रोश की दुकान की तरफ़ चल दिया।

इस बार अपने लाभांश को साथ मिला कर उसने पाँच दर्जन रूमाल ख़रीद लिये और दुगुने जोश से आवाज़ लगा कर रूमाल बेचने लगा।

०

उस ज़माने में आज-कल की तरह दुकानें आठ बजे शाम बन्द नहीं होती थीं और अनारकली में तो रात के दस-दस बजे तक चकाचौंध रहती थी। चेतन अनारकली के कई फेरे लगा चुका था, वह नये-ख़रीदे रूमालों में से भी तीन दर्जन बेच चुका था और अनारकली के चौरस्ते की ओर को जा रहा था, जब उसे सूट-बूट में लैस पण्डित धर्मदेव वेदालंकार सामने से तेज़-तेज़ आते दिखायी दिये। चेतन ने परम दबंगई से अंग्रेज़ी में आवाज़ लगायी :

अ हैंकी फ़ॉर यो'र हब्बी

एण्ड अ हैंकी फ़ॉर यो'र वाइफ़

और 'वाइफ़' कहते हुए उसने ज़रा-सा टोपी उठा कर सिर झुका कर रूमाल वाला हाथ उनके आगे कर दिया।

सूट-बूट पहने और हैट लगाये वेदालंकार जी अपने ध्यान में मग्न चले जा रहे थे। सहसा उनकी दृष्टि उस पर पड़ी और वे ऐसे चौंक गये, जैसे उन्होंने कोई भूत देख लिया हो।

"अरे आप!" उनके मुँह से सिर्फ़ इतना निकला।

"दो-एक रूमाल ख़रीदिए। देवीचाँद्स के हैं —विलायती!"

"रूमाल तो मैं कमर्शियल बिल्डिंग्ज़, माल से लेता हूँ," उन्होंने किंचित गर्व-भरे

स्वर में बेपरवाही से कहा, "इनसे ज़रा बढ़िया किस्म के।"

"अपने नौकर के लिए ही ले लीजिए।" चेतन ने हँसते हुए सव्यंग्य कहा, "ख़ुश हो जायेगा।"

वेदालंकार जी ने उसके व्यंग्य की ओर ध्यान नहीं दिया, "यह आप क्या करने लगे हैं ?"उन्होंने साश्चर्य पूछा।

चेतन उनके साथ-साथ चलने लगा और उसने संक्षेप में उनको अपनी स्थिति का परिचय दे दिया।

"आप मुझे क्यों नहीं मिले ? मैं 'विश्व साहित्य कथा-माला' के लिए आपको ट्रांसलेशन दे देता। कल-वल में मुझसे मिलिए।"

"आपकी बड़ी मेहरबानी," चेतन ने कहा, "हफ़्ते-पखवाड़े का जुगाड़ कर लूँ तो हाज़िर हूँगा। ये दो दर्जन रूमाल रह गये हैं। इन्हें ज़रा बेच डालूँ।" और उसने दायें हाथ से हैट को ज़रा-सा उठाया।

"लेकिन आप....मेरा मतलब है, आप साहित्यकार हैं, यह आप क्या करने लगे हैं ?"

"साहित्यकार के पेट नहीं होता क्या ?" चेतन ने ज़रा तीखे स्वर में कहा, "और छोटी ही क्यों न हो, उसकी भी गिरस्ती है। फिर यह कोई बुरा काम नहीं है, ऑनेस्ट लेबर है; आप काम दिला देंगे तो छोड़ दूँगा।"

वेदालंकार जी चलते-चलते रुक गये थे। चेतन के उत्तर के बावजूद, वैसे ही चकित, बाज़ार में खड़े थे, जैसे उन्हें अपनी आँखों पर विश्वास न आ रहा हो। लेकिन चेतन ने उनका सम्भ्रम तोड़ते हुए, हैट ज़रा-सा उठा कर और सिर झुका कर विदा ली और मुड़ कर और भी ज़ोर से आवाज़ लगायी:

अ हैंकी फ़ॉर यो'र हब्बी

०

चेतन रूमाल बेचता हुआ अनारकली के चौरस्ते पर पहुँच गया था, जब सहसा उसने दूर से पण्डित रत्न को आते देखा। बजाय शर्माने या लजाने के, उसने उसी फक्कड़ई से उर्दू में हाँक लगायी :

शौहर को ख़ुश करना चाहो
बीवी को ख़ुश करना चाहो
दोस्त को ख़ुश करना चाहो
दुश्मन को ख़ुश करना चाहो
नौकर को ख़ुश करना चाहो
अफ़सर को ख़ुश करना चाहो
बढ़िया उसे रूमाल दो
आयी मुसीबत टाल दो

उन्होंने उसे देख लिया। चेतन ने रूमाल उनके आगे कर दिये। बाँह उसकी कमर में डाल

कर उसे साथ ही लेते हुए, बदस्तूर चलते-चलते उन्होंने पूछा, "यह क्या स्वाँग बनाया है ?"

"स्वाँग नहीं, रूमाल बेच रहा हूँ।"

"लेकिन क्यों ?"

चेतन ने संक्षेप में उन्हें 'भूँचाल' की नौकरी छोड़ने का किस्सा सुना दिया।

"तुम मेरे पास क्यों नहीं आये ?"

चेतन कोई जवाब नहीं दे सका।

"चलो मेरे साथ।" और वे शीशमहल रोड की तरफ़ बढ़े।

"मुझे अभी ये दो दर्जन रूमाल बेचने हैं।"

"कितने के हैं ?"

"आने-आने बेचता हूँ, पर कोई दर्जन लेगा तो दस आने के दे दूँगा।" उन्होंने जेब से डेढ़ रुपया निकाल कर उसे दिया। "लाओ, दोनों दर्जन मुझे दे दो।"

चेतन ने उन्हें चार आने वापस करने चाहे।

"रखो-रखो।" उन्होंने कहा, "जाने कब से घूम रह हो। चार आने भी तुम्हें मुनाफ़े के न मिलें तो बात ही क्या हुई।"

"अब आप से क्या मुनाफ़ा लूँगा।"

"ठीक है, रखो इन्हें।" उन्होंने किंचित तीखेपन से कहा। फिर बजाय घर को जाने के, उन्होंने अनारकली की तरफ़ को मुँह मोड़ लिया, "तुम्हें काम चाहिए न, चलो तुम्हें आज ही काम दिला देता हूँ।"

और वे उसे ले कर 'झण्डू फ़ार्मेसी' आये। एक पतला-छरहरा, तीखी नाक वाला गुजराती, आँखों पर चश्मा लगाये, छोटी-सी मेज़ के पीछे कुर्सी पर बैठा था।

"केम छे चुन्नी भाई," पण्डित जी ने दुकान पर चढ़ कर उससे हाथ मिलाते हुए कहा।

"सारो छे।" दाँत निकोसते हुए और पण्डित जी के हाथ को दोनों हाथों में दबोचते हुए चूनी भाई ने कहा, "तुम बोलो रतन सेठ, केम छे ?"

"हम भी सारो छे।" पण्डित जी हँसे। फिर उन्होंने कहा, "चुन्नी भाई, तुम मुझसे ज़ैण्डो फ़ार्मेसी की लिस्ट का उर्दू में ट्रांसलेशन करने को कहते थे। ये मेरे दोस्त हैं — चेतन। डेढ़ बरस 'बन्दे मातरम' में एडिटर रहे हैं। बी०ए० हैं। बहुत अच्छे ट्रांसलेटर हैं। इन्हें अंग्रेज़ी या हिन्दी की लिस्ट दे दो, ये उसे उर्दू में कर देंगे। एक ही शर्त है, इन्हें अभी पाँच रुपये पेशगी दे दो। तीन-चार दिन में तुम्हें उर्दू में फ़ेहरिस्त बना देंगे।"

यह सुन कर चूनी भाई कुछ झिझकते हुए-से खड़े हाथ मसोसने लगे तो पण्डित जी ने ज़रा ज़ोर से कहा, "झिझको मत सेठ! ये फ़ौरन काम कर देंगे, यह गारण्टी मेरी है। इन्हें ज़रूरत है, रुपये अभी दे दो। काम ये वादे के मुताबिक बहुत बढ़िया कर देंगे। और जो इश्तहार तुम मुझे बनाने को कहते थे, वह भी बना देंगे।"

पण्डित जी ने कुछ ऐसे अधिकारपूर्ण स्वर में यह बात कही कि चूनी भाई ने, 'जइसा हुकुम तुम देंगा रतन सेठ, वइसा हम करेंगा' कहते हुए, अंग्रेज़ी का एक मोटा-सा सूचीपत्र

चेतन को थमा दिया और जेब से पाँच का एक नोट निकाल कर उसके सामने कर दिया।

"पाँच रुपये का एक रसीद हमको माँगता है, हिसाब रखने को!" उन्होंने कहा।

चेतन ने रसीद बना दी। फिर क्षण भर वहीं खड़े-खड़े 'ज़ैण्डो फ़ार्मेसी' का सूची-पत्र देखने लगा। उसके मुख-पृष्ठ पर तो अंग्रेज़ी में 'ज़ैण्डो फ़ार्मेसी' ही लिखा था लेकिन दुकान के बाहर उर्दू में जो बोर्ड लगा था, उसमें 'झण्डू फ़ार्मेसी' लिखा था। 'यह शब्द शायद सैण्डो का ज़ैण्डो और ज़ैण्डो का गुजराती में झण्डू बन गया है,' उसने मन-ही-मन कहा और चूनी भाई से बोला, "कोई हिन्दी की लिस्ट नहीं चुन्नी भाई ?"

"यहाँ तो हिन्दी नहीं चलता। बनारस ब्रांच का मैनेजर आया था, पर लिस्ट छोड़ गया है, बेसो, लाता है।"

और वे दुकान के भीतरी भाग में चले गये।

वे दोनों बैठे नहीं। चेतन ने बताया कि वह लेख का अनुवाद ले कर लाला जीवन लाल कपूर के गया था। अनुवाद के तो पैसे उन्होंने नहीं ही दिये। उसकी तनख़्वाह भी मार ली।

पण्डित जी कुछ क्षण चुप रहे। फिर उन्होंने कहा, "नौकरी छोड़ने से पहले तुमने मुझसे पूछ तो लिया होता।"

"पण्डित जी, मैं उस क्रूड आदमी की ग़ुलामी नहीं कर सकता।"

"ख़ैर, तुम्हारा चार-छै दिन का काम तो इससे चल जायेगा। कल इतवार है, सुबह आओ तो तुम्हें सूफ़ी हनुमान परशाद, एडिटर, 'मस्ताना जोगी' के यहाँ ले जाऊँगा। वो मुझसे जड़ी-बूटियों पर दो-तीन मज़मून माँग रहे हैं। मसाला वो देंगे, उसके बल पर मज़मून तैयार करने होंगे। कर लोगे न ?"

"ज़रूर कर लूँगा।"

"इतना कर लो। तब तक कोई दूसरी सूरत निकल आयेगी।"

तभी चूनी भाई अन्दर से हिन्दी का सूची-पत्र ले आये। चेतन ने उसे एक नज़र देखा। बहुत अच्छा नहीं छपा था। 'ज़ैण्डो फ़ार्मेसी' को उस पर भी 'झण्डू फ़ार्मेसी' लिखा था। बहरहाल, उसका तो केवल यही उपयोग उसके निकट था कि उसकी मदद से वह औषधियों का उच्चारण जान ले। उसने दोनों सूची-पत्र ओवरकोट की बाहरी जेबों में ठूँसे, पाँच रुपये का नोट अन्दर की जेब के हवाले किया और पण्डित जी के पीछे-पीछे 'झण्डू फ़ार्मेसी' की सीढ़ियाँ उतरा।

पण्डित रत्न को घर छोड़ कर वह लौटा तो उसे बहुत देर हो गयी थी। उसने सोचा था कि वापसी पर यदि मेयो हस्पताल का दरवाज़ा खुला होगा और कोई ग़रीब रोगी उसे दिखायी देगा तो वह न सिर्फ़ वे दो रुपये उसे दे देगा, जो नीलामकारों ने उसे दिये थे, बल्कि उस शाम की मेहनत से उसने जितना कमाया था, वह भी दे आयेगा। अब, जब विधाता ने उसे रुपये और काम दिला दिया है, वह पाप की कमाई न रखेगा। लेकिन हस्पताल बन्द हो गया था। घर जा कर खाना-वाना खा कर उसने चन्दा को पाँच रुपये देते हुए नीलामकारों के रुपयों और उनके उपयोग की सारी घटना सुना दी और अपनी इच्छा भी बता दी।

"यह ठीक है कि बाज़ार में घूमते-घूमते मेरे पैर थक गये हैं," उसने कहा, "और आवाज़ लगाते-लगाते मेरा गला दुखने लगा है, और यह कमाई बड़ी मेहनत की है, पर जो पूँजी मैंने उसमें लगायी, वह तो पाप की है और उसके बल पर मैंने जो पैसे कमाये हैं, वे दाग़ी हैं, उन्हें पास रख लूँगा तो ज़िन्दगी भर मुझे उलझन रहेगी।"

"आप ठीक कहते हैं," चन्दा ने कहा, "इन्हें किसी ज़रूरतमन्द को दे दीजिए!"

दूसरे दिन सुबह पण्डित रत्न के घर जाने से पहले उसने यह किया कि वह मेयो हस्पताल के जनरल वॉर्ड में गया, वे रुपये और उनका मुनाफ़ा —सब वहाँ के एक ग़रीब गोरखे रोगी को दे आया।

जब वह पण्डित जी के घर की तरफ़ जा रहा था तो अपने आप को इतना हल्का महसूस कर रहा था, जैसे उसके कन्धों से भारी बोझ उतर गया हो।

छै

जब पण्डित रत्न ने चेतन को सूफ़ी हनुमान प्रसाद से मिलाने के लिए कहा था तो सिर पर बड़ा-सा पगड़ बाँधे, खादी का लम्बा अचकन और चूड़ीदार पायजामा पहने, फ़र्श पर जाजम और गाव तकिया लगाये, अधबैठे या अधलेटे किसी बुज़ुर्ग की कल्पना चेतन ने की थी।

वह सूफ़ी साहब से कभी मिला न था। उनकी ऐसी कल्पना उसने इसलिए की थी कि उनके सम्पादन में निकलने वाले रिसाले (पत्रिका) 'मस्ताना जोगी' को उसने अनारकली के चौरस्ते में 'फ़ज़ल बुक डिपो' के स्टॉल पर प्रायः देखा था। उसे देख कर चेतन को कई बार हैरत होती थी कि कोई पाठक उसे ख़रीदता भी है। लेकिन एक नहीं, बहुत-से ख़रीदते होंगे, क्योंकि हर महीने उसका थब्बे-का-थब्बा स्टॉल पर जाता था और महीने के अन्त में चन्द प्रतियाँ ही रह जाती थीं। मामूली ३० पाउण्ड का डबल डिमाई काग़ज़, हरे रंग के साधारण पोस्टर पेपर का मुख-पृष्ठ, टेप सिलाई और फ़्लैश कटिंग। आर्ट पेपर का स्पर्श तक पत्रिका को न मिला था। न मुख-पृष्ठ को, न अन्दर किसी चित्र को। किताबत भी साधारण थी। मटियाले-से हरे कवर पर उर्दू में 'मस्ताना जोगी' लिखा रहता था, पृष्ठ के बीचों-बीच मालिक और एडिटर —राय साहब सूफ़ी हनुमान परशाद —और पृष्ठ के नीचे हीरा मण्डी के दफ़तर का पता। चेतन ने दो-एक बार पत्रिका को उठा कर वहीं खड़े-खड़े उलट-पलट कर देखा भी था। प्रकट ही सूफ़ी साहब उसके सम्पादन में कैंची और गोंद का काफ़ी इस्तेमाल करते थे। उसने कभी उसमें कोई मौलिक कहानी न देखी थी। जो कहानियाँ लोकप्रिय होतीं और ज़रा चटख़ारेदार भी होतीं, उनमें से कोई-न-कोई वे उसमें छाप देते। कभी उस पत्रिका का नाम दे देते, जहाँ से उन्होंने उसे लिया होता, कभी वह भी गोल कर जाते और 'मस्ताना जोगी' के पाठक यही समझते कि कहानी उसी पत्रिका के लिए लिखी गयी है। कहानी के अलावा स्वास्थ्य पर कुछ लेख होते। एक-आध लेख विभिन्न सब्ज़ियों

या फलों के गुणों पर, लेकिन अधिकांशतः उसमें 'मस्ताना जोगी कार्यालय' से मिलने वाली औषधियों का प्रचार अथवा विज्ञापन रहता। उस परचे को देख कर चेतन की आँखों के सामने किसी सड़क के किनारे बड़ा-सा गेरुआ छाता लगाये, उसके नीचे विभिन्न जड़ी-बूटियाँ फैलाये, बड़ी-बड़ी जटाओं वाले किसी उठाईगीर जोगी का चित्र खिंच जाता।

चेतन मेयो हस्पताल के गोरखे रोगी को पैसे दे कर पैदल ही शीश महल रोड, पण्डित रत्न के घर पहुँचा था। छुट्टी का दिन था और छुट्टी के दिन वे प्रायः स्वयं गोश्त पकाया करते थे — कभी रोग़न जोश, कभी कोफ़्ते, कभी गोश्त वाला पुलाव और कभी कीमा। चूँकि उनकी पत्नी न गोश्त को छूती थीं, न उसे चौके में आने देती थीं, इसलिए पण्डित जी निपट-निपटा कर आँगन में अँगीठी जला कर, बड़ी तन्मयता से मसाला भूनते; फिर गोश्त डाल कर पकाते। जब तक गोश्त पक न जाता, वे पीढ़ा डाले वहीं बैठे रहते, करछुल हिलाते या देखते कि पक गया है या नहीं। जब पक जाता तो वे कटोरी में एक बोटी निकाल कर चखते। ठीक पका होता तो उनका चेहरा खिल उठता। फिर वे पतीला उतार कर नहाने जाते।....नहा कर खाना खाते। कुछ देर आराम करते और मित्रों से मिलने-मिलाने निकल जाते।....चेतन का ख़याल था कि पण्डित जी आँगन की सुहानी धूप में रंगीन पीढ़े पर बैठे हुए गोश्त पका रहे होंगे। लेकिन जब उसने जा कर डेवढ़ी का दरवाज़ा खटखटाया और उन्होंने खोला तो उसने देखा कि वे शलवार-कमीज़ पहने, सिर पर कुल्लेदार मुसद्दी पठानी साफ़ा बाँधे और चमचम करते पम्प शू पैरों में डाले, बाहर जाने को तैयार हैं।

"तुमने ख़ासी देर कर दी," उन्होंने बाहर निकल कर उसे बग़ल में ले कर चलते हुए कहा, "सूफ़ी साहब सवेरे ही मिलते हैं। बाहर निकल जायें तो फिर उनसे मिलने का कोई इमकान नहीं रहता।"

चेतन ने मिनमिन करते हुए नीलामकारों का किस्सा सुनाया — कैसे वे दो रुपये दे गये थे, कैसे उसने दो रुपयों के रूमाल ख़रीद कर, लगातार घूम-घूम कर उन्हें बेचा और साढ़े तीन रुपये बनाये और जब उन्होंने चूनी भाई से पाँच रुपये दिला दिये तो कैसे वह सुबह उनकी तरफ़ आते वक्त सारी रकम एक गोरखे रोगी को दे आया।

पण्डित जी कद्रे तेज़-तेज़ चलते हुए चुपचाप उसकी बात सुनते रहे। फिर वे अपनी विशेष हँसी हँसे, जो दाँतों और तालू के बीच शुरू हो कर तालू से होती हुई कण्ठ तक पहुँच कर खुलती थी और ठहाके का रूप ले लेती थी और उन्हों फ़तवा दिया कि वह निहायत चुग़द ओर कमज़ोर आदमी है। उसके घर कौन-सा हुन[१] बरसता है और वह किधर का धन्ना सेठ है कि उसने इतनी मेहनत से कमाये अपने पैसे भी जा कर गोरखे को दे दिये। गोरखों को उसने तो ठगा नहीं था। नीलामकारों ने ठगा था। उसने तो उस ठगाई में हिस्सा नहीं लिया। उसके घर के आगे उन्होंने स्टॉल लगाया था और वे पैसे उस असुविधा की एवज़ उन्होंने उसे दिये थे, जो उनके स्टॉल के कारण उसे हुई थी। उन्हें लेने में उसने कौन-सा अपराध किया ? रही ठगी की बात तो सारी दुनिया इसी ठगी पर चलती है — यह सारा कारबार, यह सारा निज़ामे-हुकूमत[२] यह सब ठगी पर ही तो टिका है और ग़रीब

---

१. सोना
२. सरकारी व्यवस्था

और हक़ीर[1] और सीधा-सादा कहाँ नहीं ठगा जाता। अपनी मेहनत की कमाई जो वह दे आया तो क्या उससे वह सारे निज़ाम को बदल देगा!

चेतन चुपचाप उनकी बातें सुनता रहा। उसने उनकी किसी बात का प्रतिवाद नहीं किया। वह जानता था कि वह अपने मन की बात उन्हें किसी तरह समझा नहीं सकता। पण्डित जी जगह उसके पिता होते तो शायद वे भी उसे कमज़ोर और मूर्ख ही कहते, लेकिन वह जानता था कि उसकी माँ उसके काम से बहुत ख़ुश होती। चेतन के व्यक्तित्व का एक हिस्सा उसके पिता का था और दूसरा माँ का। पिता से उसने बड़े-बड़े सपने देखना, अपने उद्देश्य के लिए एकनिष्ठ हो कर श्रम करना और असम्भव को मूर्खों की डिक्शनरी का शब्द समझना सीखा था; और माँ से सीखा था —किसी का दिल न दुखाना; दूसरों की बुराई देख कर ख़ुद बुरा न बनना; किसी ग़रीब की आह न लेना और दूसरे क्या करते हैं, इसकी चिन्ता छोड़ कर अपनी तोड़ निभाना। वह जानता था कि वे दो रुपये अगर वह रख लेता तो कभी अपने आप को क्षमा न कर पाता और उसकी अन्तरात्मा उसे हमेशा कोसती रहती। पिता की शहज़ोरी और माँ की कमज़ोरी (यदि उसे कमज़ोरी कहा जाय) उसके स्वभाव का अंग थी और वह उनके हाथों मजबूर था। उसने पण्डित जी के फ़तवे को चुपचाप मान लिया और चुग़द-सा बना उनके साथ चलता रहा, लेकिन दिल-ही-दिल में उनकी इस फ़िलॉसोफ़ी पर उसे क्रोध भी आया और दया भी। चूँकि दुनिया में बेहद ठगी है, इसलिए दिल-दिमाग़ रखने वाला और इन्सान कहाने वाला व्यक्ति स्वयं भी ठग बन जाय —यह कहाँ की दलील है! आदमी पशु से इन्सान बना है तो किन्हीं मूल्यों के कारण ही। चूँकि दुनिया में भ्रष्टाचार और मूल्यहीनता है, इसलिए आदमी स्वयं भी भ्रष्ट और मूल्यहीन हो जाये या आपद्धर्म में अगर उसे कुछ करना पड़े, जिसे उसकी आत्मा गवारा न करती हो, तो उसे ग़लत न माने और बार-बार वही करे, यह कहाँ का तर्क है!....

कुछ ऐसी ही बात उसके मन में आयी, लेकिन उसने पण्डित जी से बहस नहीं की। वे बातें करते हुए रावी रोड पर आ गये थे। दूसरा वक्त होता तो पण्डित जी भाटी में से हो कर बाज़ार-दर-बाज़ार और गली-दर-गली हीरा मण्डी पहुँचते, क्योंकि उन्हें पैदल चलना और रास्ते में अपने यार-दोस्तों से सलाम-दुआ करते जाना पसन्द था। ताँगा उन्होंने कभी लिया न था और रोज़ जब वे घर से निकलते तो मीलों टहलते थे। फिर अपनी-अपनी रुचि की बात है। वेदालंकार जी थे कि मोहनलाल रोड जैसे खुले बाज़ार से हो कर ब्रैडला हॉल जाने की बजाय, माल से घूम कर जाना पसन्द करते थे, क्योंकि उन्हें गलियों-बाज़ारों की भीड़-भब्भड़, गन्दगी-ग़लाज़त से नफ़रत थी; पण्डित जी रावी रोड की खुली सड़क के बदले तंग बाज़ारों-गलियों में यार-दोस्तों से मिलते हुए जाना पसन्द करते थे। उन्हें बाज़ारों की गहमा-गहमी, रंगारंगी और भीड़ का शोर-शराबा अच्छा लगता था और वे उससे लुत्फ़ हासिल करते थे।

लेकिन उस वक्त देर हो चुकी थी, उन्होंने भाटी गेट की ओर से आते हुए एक ताँगे को रोका और चेतन के साथ हीरा मण्डी के अड्डे पर आ उतरे।

ताँगा वहीं अड्डे पर छोड़ कर, ज़रा आगे बढ़, वे रणजीत सिंह के किले को जाने

---

१. नगण्य

वाली सड़क पर हो लिये। फ़सील के बड़े गेट से इधर ही वे बायीं ओर को एक गली में मुड़े। सामने बड़े-से चौक के चारों तरफ़ नये मकान बने थे। चेतन पहले कभी इधर न आया था। शायद यहाँ ख़ाली जगह रही होगी और नगरपालिका ने वहाँ प्लाट बना कर नयी आबादी बसा दी थी। चौक के सामने की पंक्ति के मकान पर उर्दू में 'मस्ताना जोगी' का बोर्ड लगा था और दरवाज़े की दायीं तरफ़ अंग्रेज़ी में छोटी-सी नेम-प्लेट थी —राय साहब सूफ़ी हनुमान परशाद।

पण्डित जी ने दस्तक दी तो एक नौकर ने दरवाज़ा खोला और उन्हें बैठने का संकेत किया। दरवाज़े के अन्दर प्रवेश करते ही चेतन ने देखा कि एक दरम्याने आकार का कमरा है और उसमें एक बहुत बड़ी मेज़ लगी है। चेतन देर तक तय न कर पाया कि उस कमरे में इतनी बड़ी मेज़ लायी कैसे गयी है और यदि उसे कभी कमरे के बाहर निकालना पड़ा तो निकाली कैसे जायेगी। मेज़ और दीवारों के बीच सिर्फ़ कुर्सियों के लिए ही जगह थी। सामने एक गद्देदार कुर्सी पड़ी थी, जो शायद सूफ़ी साहब की थी। इधर की तरफ़ चार कुर्सियाँ रखी थीं। और अजीब बात है कि मेज़ पर न कोई किताब थी, न फ़ाइल, न काग़ज़-पत्रों की ट्रे, न पत्र रखने का पिजन-होल।

वे दोनों बड़ी मुश्किल से उन चारों में से दो कुर्सियों पर बैठे गये तो कितनी ही देर तक चेतन सोचता रहा कि इतनी लम्बी-चौड़ी मेज़ का उपयोग सूफ़ी साहब क्या करते होंगे ? उस वक्त तो नहीं, लेकिन बाद में, जब वह राय साहब सूफ़ी हनुमान प्रसाद को कुछ जान गया तो उसे मालूम हुआ कि दिन को वह दफ़्तर के काम आती है और रात को अफ़सरों की दावतों या उनके पीने-पिलाने और खाने-खिलाने के।

बहरहाल, उस वक्त तो वे चुपचाप मेज़ के इधर की कुर्सियों पर बैठ गये। दीवार और मेज़ के बीच ज़्यादा जगह न होने के कारण उन्हें तंग हो कर बैठना पड़ा। कुछ देर बाद सामने, शायद आँगन को जाने वाले, दरवाज़े का पर्दा उठा और पचास-पचपन के एक सज्जन, बढ़िया सूट पहने नमूदार हुए। पण्डित जी ने उठ कर 'आदाब अर्ज़ सूफ़ी साहब' कहा। चेतन ने 'आदाब अर्ज़' कहा और सूफ़ी साहब अपनी कुर्सी पर बैठ गये और पण्डित जी से बातें करते हुए जेब से चिलग़ोजे निकाल, छील-छील कर खाने लगे।

चेतन चुपचाप उन्हें देखता रह गया। उसकी कल्पना से वे कितने भिन्न थे। बहुत बढ़िया सूट और टाई और सिल्क की कमीज़ पहने हुए, वे न सूफ़ी लगते थे, न 'मस्ताना जोगी' जैसे रिसाले के मालिक-सम्पादक और न हनुमान प्रसाद (जो उर्दू में परशाद हो जाता है)। मँझला कद; न पतला, न मोटा शरीर; चौड़ा मुख, आँखों के नीचे मोटी थिगलियाँ; बाल, जो कभी बहुत घने रहे होंगे, अब छिदरे हो रहे थे; कन्धे ज़रा झुक गये थे। सूफ़ी साहब सरकारी दफ़्तर के कोई बहुत ऊँचे अफ़सर लगते थे। सिर्फ़ एक बात थी की वे लगातार चिलग़ोज़े खाते थे और उनकी चाल-ढाल में किंचित ढीलापन था।

पण्डित जी ने चेतन का परिचय दिया और अपने आने का मन्तव्य प्रकट किया। सूफ़ी साहब ने एक नज़र चेतन पर डाली। उसने महसूस किया कि उन मोटी-मोटी थिगलियों वाली आँखों की निगाह तेज़ है। जैसे ये आँखें उसे आर-पार देख रही हैं। क्षण भर वे उसे अपलक देखते रहे, फिर वे उठे। अलमारी से उन्होंने तीन अंग्रेज़ी पत्रिकाएँ निकालीं और चेतन के सामने फेंक दीं।

"इन तीनों रिसालों में हिन्दुस्तानी जड़ी-बूटियों और उनके फ़ायदों पर एक-एक मज़मून है," उन्होंने कहा, "देख लो, अगर तुम इनका तरजुमा उर्दू में कर सकते हो।"

और उसकी ओर से ध्यान हटा कर वे पण्डित जी से राय बहादुर छोटूराम, दीवान महेन्द्रनाथ, सर सिकन्दर हयात ख़ाँ और सर गोकुलचन्द नारंग, आदि लाट की कौंसिल के मेम्बरों की बातें करने लगे।

चेतन ने वहीं बैठे-बैठे एक नज़र उन लेखों पर डाली। फिर उसने कहा कि जड़ी-बूटियों के नाम अंग्रेज़ी में दिये हैं, इन्हें हिन्दी या उर्दू में क्या कहते हैं, इसका पता उसे चल जाये तो वह तरजुमा कर देगा।

"पब्लिक लाइब्रेरी में हर तरह की डिक्शनरियाँ हैं," सूफ़ी साहब ने कहा, "इन मज़मूनों को पढ़ कर, जिन अलफ़ाज़ के मतलब तुम्हें समझ में नहीं आते, काग़ज़ पर लिख कर वहाँ ले जाना और मतलब लिख लाना। फिर तुम्हें कोई दिक्कत पेश न आयेगी।"

"तो भी, दो-तीन बार पब्लिक लाइब्रेरी ज़रूर जाना पड़ेगा।"

"मैं तो आम तौर पर एक रुपया एक मज़मून का देता हूँ।" उन्होंने कहा, "पर ठीक कर लाओगे तो तीन रुपया फ़ी मज़मून दे दूँगा। और मिलते रहोगे तो आगे की भी कोई-न-कोई सबील कर दूँगा, ताकि तुम्हें हर महीने कुछ-न-कुछ आमदनी होती रहे।"

"आप तीनों मज़मूनों के इसे दस रुपये दे दीजिएगा," पण्डित रत्न ने उठते हुए कहा काम यह मेहनत से करेगा। पसन्द न आये तो दोबारा कर देगा। न होगा तो मैं कर दूँगा, लेकिन अगर इसे कुछ पेशगी दे दें तो इसे तसल्ली हो जायेगी।"

"क्या मुझ पर एतबार नहीं ?" और उन्होंने गहरी आँखों से पण्डित जी की ओर देखा।

"इसे ज़रा ज़रूरत है।" पण्डित जी ने कुछ झेंप-भरे स्वर में कहा, "वरना आपका कह देना ही काफ़ी है।"

सूफ़ी साहब ने बटुआ निकाल कर तीन रुपये चेतन के हाथ में रख दिये।

"ये एक मज़मून के पैसे पेशगी रहे।" उन्होंने कहा, "एक कर लाये तो दूसरे के पैसे ले जाय।"

पण्डित जी ने शुक्रिया अदा करते हुए हाथ बढ़ाया। चेतन ने 'आदाब' किया और दोनों सूफ़ी साहब से विदा ले कर बाहर निकले।

o

"पण्डित जी, सूफ़ी साहब न सूफ़ी लगते हैं, न वैद। उनकी हस्ती मुझे तो बड़ी भेद-भरी लगती है।" वापसी पर चेतन ने सहसा पण्डित रत्न से कहा।

चूँकि अब कोई ज़ल्दी नहीं थी। सूफ़ी साहब से वे मिल ही लिये थे, इसलिए वापसी पर पण्डित जी ने ताँगा नहीं लिया और हीरा मण्डी से बाहर निकल कर रावी रोड से वापस आने के बदले, वे दोनों शहर-पनाह के बाहर, सर्दियों की प्यारी धूप का आनन्द लेते हुए, गोल बाग़ के बीचों-बीच बनी रविश पर ख़रामा-ख़रामा चले आ रहे थे। पण्डित रत्न ने चेतन की बात का कोई जवाब नहीं दिया। कुछ क्षण वे चुपचाप चलते रहे, फिर बोले, "तुम्हें उनके सूफ़ीपन या वैदकी से क्या लेना है! उनका काम करके दे दो। पैसे देने में वे

कंजूसी नहीं करेंगे। बड़े-बड़े अफ़सरों तक उनकी पहुँच है। चाहें तो दस तरह फ़ायदा पहुँचा सकते हैं।"

चेतन कहना चाहता था, 'फिर भी....' लेकिन वह चुपचाप पण्डित जी के साथ चलता गया।

थोड़ी देर बाद पण्डित जी ख़ुद ही बोले, "मैं भी उन्हें ज़्यादा नहीं जानता। उनके पिता सूफ़ी हर परशाद, सूफ़ी भी थे और वैद भी। उन्होंने 'मस्ताना जोगी' शुरू किया था और वे दवाओं के साथ-साथ उसमें सूफ़ीइज़्म पर मज़मून भी देते थे, मशहूर वैद होने के साथ-साथ वे फ़िलॉसफ़र भी थे और ज़िन्दगी का उनका अपना फ़लसफ़ा था। बहुत ही भले और सीधे-सादे आदमी थे, उनकी बड़ी इज़्ज़त भी थी। उनके हाथ में शफ़ा थी, हुक्काम तक पहुँच थी। रुपया भी उन्होंने ख़ूब कमाया और यह मकान भी बनवाया। हनुमान परशाद कॉलेज में बी०ए० तक पढ़े और वहीं से अफ़सरों के लड़कों के साथ उठने-बैठने लगे। कहाँ तक सच है, मैं नहीं कह सकता, लेकिन लोग कहते हैं कि उनका ताल्लुक ख़ुफ़िया पुलिस से है, सरकार के ख़ैरख़्वाह हैं। 'मस्ताना जोगी' अब सिर्फ़ एक आड़ है, जिसके पीछे बैठे वे सरकार के बहुत-से काम सँवारते हैं। बदले में उन्हें राय साहबी मिली है। पर तुम्हें इस सब से क्या लेना है! उनका काम करके उन्हें दो, पैसे लो और मौज करो। तुम्हें आम खाने से मतलब है, पेड़ गिनने के पीछे क्यों पड़ते हो!"

चेतन चुपचाप उनकी बात सुनता रहा। उसने फिर कोई सवाल नहीं किया। पण्डित जी भी चुपचाप चलते रहे, फिर उन्होंने कहा, "कुछ दिन का गुज़ारा तो तुम्हारा चुन्नी भाई और सूफ़ी साहब के काम से चल जायेगा, अख़बार-नवीसी तुम करना नहीं चाहते, कोई ऐसा काम क्यों नहीं करते, जिससे कुछ मुस्तक़िल[१] गुज़ारे की सबील हो जाये ?"

"मैं तो ख़ुद सोच-सोच कर थक गया हूँ पण्डित जी," चेतन ने कहा, "लेकिन मुझे कुछ सुझायी नहीं देता।"

"तुम 'लिट्रेरी लीग' की तरह की कोई सोसाइटी क्यों नहीं चलाते ?" सहसा उन्होंने उसकी ओर पलट कर कहा।

०

'लिट्रेरी लीग' लाहौर के ऊँचे तबके के लोगों की एक संस्था थी। दीनदयाल नाम के एक ख़ासे बदसूरत साहब, जो लाहौर में 'डी०डी०' या 'चौधरी' के नाम से मशहूर थे, संस्था के सेक्रेट्री थे। माल पर उसका दफ़्तर था, जिसमें एक बड़ा-सा हॉल-नुमा कमरा था। दोनों ओर छते बरामदे थे। सामने मंच बना था। दरवाज़े से मंच तक बीचों-बीच रंगीन टाट बिछा रहता था, जिसके दोनों ओर पचास-पचास कुर्सियाँ रखी रहती थीं। मंच के पीछे बरामदे में पिंग-पाँग टेबल रखी रहती थी। हर हफ़्ते-पखवाड़े 'लीग' की बैठकें वहाँ होती थीं। शहर में कोई बड़ा लेखक, कवि, गायक, दार्शनिक अथवा प्रोफ़ेसर आता तो उसके स्वागत में वहाँ सभा होती। यूँ कहा जाये कि बिना शहर के मध्यवर्गीय लोगों के बीच गये, 'लीग' के उच्चवर्गीय मेम्बर चौधरी साहब के प्रयत्नों से अपनी संस्था के हॉल में, अपने वातावरण में, उन नामवर हस्तियों से मिल-मिला लेते थे। कभी 'लीग' के सदस्य किसी विषय पर

---

१. स्थायी

कोई लेख आदि पढ़ते। गिने-चुने मेम्बर थे। सब ऊँचे तबके से —लाट साहब की कौंसिल के मेम्बर, हाई कोर्ट के जज, बैरिस्टर, प्रसिद्ध ऐडवोकेट, आर्मी के अफ़सर आदि।....बीस रुपये मासिक उसका चन्दा था। हॉल का किराया, पत्र-व्यवहार और दूसरे ख़र्च निकाल कर इतना बच जाता था, जिससे संस्था, सेक्रेट्री और उनके परिवार का ख़र्च बख़ूबी चल सके।

चेतन दो-तीन बार 'लिट्रेरी लीग' की मीटिंगों में शामिल हुआ था। वहाँ के एक मुशायरे में वह एक ग़ज़ल भी पढ़ आया था। एक बार उसने अपनी कहानी भी पढ़ी थी, लेकिन उसे कभी मज़ा न आया था। क्योंकि लीग के सदस्य निहायत गम्भीर, मतीन और सम्भ्रान्त चेहरा बनाये बैठे रहते, जैसे किसी शोक-सभा में बैठे हों और कभी किसी बात पर हँसते भी थे तो यूँ, जैसे दूसरे पर ही नहीं, अपने आप पर भी एहसान कर रहे हों। कितना भी बोगस लेख या कविता या प्रोग्राम क्यों न हो, वे चुपचाप सुनते थे और फ़रमायशी[१] दाद भी देते थे।

'लीग' के कुछ सम्भ्रानत सदस्य साहित्य-वाहित्य का भी शौक रखते थे और शौकिया शे'र-ो-शायरी भी करते थे। एक राय बहादुर मेम्बर को पंजाबी लोकगीत इकट्ठे करने का शौक था। एक रिटायर्ड कर्नल डाक के टिकट इकट्ठे करते थे। एक तीसरे, पुरानी छड़ियाँ....! अपने-अपने शौक पर उन्होंने लेख भी लिखे थे और 'लीग' के सदस्यों ने उसी तन्मयता से सुने थे। खाने की मेज़ों पर बैठे, वे लोग जैसे बिना आवाज़ किये, छुरी-काँटे से खाना खाते थे; रोटी खाते समय मुँह न खोलते थे; पानी पीते वक्त आवाज़ न करते थे; कभी हड्डी न चूसते, न सालन गिराते थे; इसी तरह बिना किसी तीव्र प्रतिक्रिया के, भाषण या कविता या कहानी या लेख भी सुनते थे। उन्हें हर वक्त अपनी पोज़ीशन, प्रोटोकोल, आभिजात्य और शिष्टाचार का ख़याल रहता था। चेतन के निम्न-मध्यवर्गीय संस्कारों को वे सभाएँ, ज़िन्दा लोगों की सभाएँ न लगती थी। चौधरी साहब ने उन सब के लिए एक मंच जुटा रखा था। जब लीग का कोई जज, बैरिस्टर, ऐडवोकेट अथवा लाट साहब की कौंसिल का मेम्बर सदस्य कुछ सुनाना चाहता तो चौधरी साहब विशेष मीटिंग रख देते। उस मीटिंग में वे लाहौर के कुछ चुने हुए बौद्धिकों को ज़रूर आमन्त्रित करते। बार-बार उनके घर जा कर इस बात को पक्का कर लेते कि वे ज़रूर मीटिंग में भाग लें। लाहौर के दोनों अंग्रेज़ी दैनिकों — 'ट्रिब्यून' और 'सिविल' एण्ड मिलिट्री गज़ेट' के प्रतिनिधियों को भी उसी मनुहार-अधिकार से बुलाते और दूसरों की रचनाओं के बाद लीग के सदस्य की रचना का विशेष उल्लेख करते हुए उसे सुनवाते और अंग्रेज़ी समाचार-पत्रों में उसका विशेष ज़िक्र करवा देते।....सो इस तरह लीग के सदस्यों का शौक भी पूरा हो जाता, हफ़्ते-पखवाड़े उनकी बँधी-टकी ज़िन्दगी में एक परिवर्तित शाम थोड़ी दिलचस्पी पैदा कर देती, थोड़ा सम्पर्क उपस्थित कर देती और इस खाते चौधरी साहब की रोज़ी-रोटी चलती रहती।

लेकिन 'लिट्रेरी लीग' के उस अभिजात वातावरण में चेतन को सबसे ज़्यादा खलने वाली चीज़ चौधरी का व्यक्तित्व ही लगता था —उस उल्टी हाँडी-सा, जिस पर चुड़ैल की शक्ल बनी रहती है जो सुन्दर नये मकान को कुदीठि से बचाने के लिए उस पर लटकी

१. औपचारिक

रहती है — और सबसे पहले ध्यान खींचती है। चौधरी लिट्रेरी लीग के उस सुन्दर, सुसंस्कृत, सुसभ्य और सम्भ्रान्त वातावरण में अपनी कुरूपता से चेतन का ध्यान खींचते थे और उसे बड़ी कोफ़्त होती थी — मँझला कद, ज़रा-सा बढ़ा पेट, निहायत काला रंग, बन्दर की तरह का जबड़ा और बाहर को बढ़ी ठोड़ी — चेतन ने उन्हें कभी ज़ोर से बोलते नहीं सुना था, चुपचाप वे अपना काम करते थे और साइकिल लिये, लाहौर की लम्बाई-चौड़ाई नापा करते थे।

चेतन कभी-कभी सोचा करता था कि उनमें कौन-सा गुण है, जिससे वे इतने ऊँचे दर्जे के लोगों को प्रभावित किये रहते हैं। 'ट्रिब्यून' में उसने उनके दो-एक लेख भी पढ़े थे, जिनका लिखने वाला साधारण बुद्धि और मेधा का व्यक्ति लगता था। प्रतिभा उसे उन लेखों में नहीं लगी थी। लेकिन कोई तो गुण उस व्यक्ति में था ही, जिसके चलते वह लगातार इतने बड़े-बड़े लोगों से, उनकी व्यस्तताओं के बावजूद, इतना समय ले लेता था। हफ़्ते-पखवाड़े प्रोग्राम भी रखता था, जिसमें उतनी कुर्सियाँ ज़रूर भर जाती थीं, दोनों अंग्रेज़ी अख़बारों में उनकी चर्चा हो जाती थी और लाहौर के उच्च-मध्यवर्गीय सांस्कृतिक जीवन में उसने 'लिट्रेरी लीग' का एक स्थान बना दिया था।

o

जब पण्डित रत्न ने चेतन को 'लिट्रेरी लीग' जैसी कोई संस्था चलाने के लिए और उसके बल पर अपनी रोज़ी का स्थायी प्रबन्ध करने के लिए कहा तो चेतन के सामने 'लिट्रेरी लीग' का सारा वातावरण और उसके मंत्री, डी०डी० चौधरी की सूरत घूम गयी। उसने कहा :

"जब 'लिट्रेरी लीग' एक जमी-जमायी सोसाइटी शहर में मौजूद है, तो वैसी ही दूसरी अंजुमन कायम करने की क्या ज़रूरत है ?"

"मैंने कई बार सोचा है," पण्डित जी ने कहा, "कि चाहे हम लोग 'लिट्रेरी लीग' में चले जाते हैं, लेकिन वह हमारी अंजुमन नहीं है। लाहौर में एक ऐसी सोसाइटी की यकीनन ज़रूरत है, जिसमें औसत दर्जे के लोग आ सकें। 'लीग' के मेम्बर हज़ारों कमाने वाले लोग हैं। उसका माहौल ऊँचे दर्जे का माहौल है। तुम एक ऐसी सोसाइटी शुरू कर सकते हो, जिसका चन्दा पाँच रुपये महीना हो। शहर में उसका दफ़्तर ले सकते हो। लाजपत राय हॉल या किसी ऐसी जगह उसकी बैठकें हो सकती हैं, जिनमें हमारे जैसे लोग हिस्सा ले सकें।"

"लेकिन पण्डित जी आख़िर सोसाइटी खुलेगी तो उसके कोई कायदे-कानून होंगे, उन्हें छापना और बाँटना पड़ेगा। उसका चन्दा होगा तो रसीद बुकें भी होंगी और हिसाब-किताब के लिए रजिस्टर लेना पड़ेगा और मेरे पास तो इस सब के लिए एक पैसा भी नहीं।"

"यार, तुम कमाल के आदमी हो।" पण्डित जी हँसे, "जब चन्दा इकट्ठा करोगे तो उसमें से रसीदें और ब्रोशर ही न छपेंगे!"

"बिना रसीदों के चन्दा कैसे इकट्ठा होगा ?"

"हो जायेगा। मैं बिना रसीद के चन्दा दे दूँगा। तुम उससे रसीदें और ब्रोशर छपवा लेना।"

चेतन आश्वस्त हो गया। कुछ क्षण चुप चलते रह कर उसने पूछा, "उर्दू में या अंग्रेज़ी में ?"

"ब्रोशर तो अंग्रेज़ी में ही तैयार करना पड़ेगा। तुम पक्का सोच लो, मैं लिख दूँगा।"

"यह हाथ का काम ख़त्म कर लूँ, तो सोचूँगा।"

०

पण्डित जी को शीश महल रोड पर छोड़ कर, उनके ज़ोर देने पर उनके साथ दोपहर का खाना खा कर, जब चेतन वापस, कृष्ण गली की ओर चला तो उसका मन बड़ा प्रसन्न था। दो दिन पहले 'भूँचाल' की नौकरी छोड़ देने पर उसे कुछ भी सुझाई न दे रहा था और अब न सिर्फ़ उसे काम मिल गया था, उसके हाथ में महीने भर के राशन के पैसे आ गये थे, वरन उसके सामने सम्भावनाएँ खुल गयी थीं। शायद 'भूँचाल' की नौकरी के यूँ छूटने में उसकी कोई भलाई ही निहित हो। विधाता इस माध्यम से उसकी बेहतरी चाहता हो। उसने वही हितोपदेश का श्लोक मन-ही-मन दोहराया और तेज़-तेज़ चलने लगा।

सात

चेतन 'झण्डू फ़ार्मेसी' का सूची-पत्र बना कर दे आया था। सूफ़ी हनुमान प्रसाद को दो लेख दे आया था। उनसे एक और लेख के रुपये भी ले आया था और अब, अन्तिम लेख तैयार कर रहा था। इतवार था। भाई साहब उस दिन आधी छुट्टी मनाते थे। 'पटियाला हाउस' में 'ऑल इण्डिया एग्ज़िबिशन' लगी थी। मकान-मालिक का परिवार जा रहा था और भाई साहब ने वहाँ चलने का प्रस्ताव किया था। चन्दा का मन भी नुमायश देखने को था, लेकिन चेतन लेख ख़त्म करके दे आना चाहता था। उसने भाई साहब से अनुरोध किया था कि वे उन्हीं के साथ चले जायें और चन्दा को भी प्रदर्शनी दिखा लायें। वह किसी और दिन उसे फिर ले जायेगा। वे लोग चले गये थे तो चेतन अपने कमरे में बैठा, एकाग्र भाव से अंग्रेज़ी लेख का अनुवाद करने लगा था।

वह लाहौर की पब्लिक लाइब्रेरी में जा कर शब्दकोशों की सहायता से कठिन शब्दों के अर्थ लिख लाया था। फिर उसने यूनीवर्सिटी के बॉटनी विभाग में जा कर सम्बन्धित अध्यापक से सम्पर्क स्थापित किया था और उनसे पूछा था कि जो अर्थ उसने ढूँढे हैं, वे ठीक और प्रचलित हैं या नहीं ? उनकी राय से उसने कोश के शब्दों के स्थान पर कई प्रचलित शब्द रख लिये थे और अब वह फ़र्राटे से अनुवाद किये जा रहा था।

सिनेमा, सैर-तमाशे, सिगरेट-शराब — चेतन को किसी बात का चस्का नहीं था। कभी-कभी उसके मित्र मज़ाक उड़ाते थे कि तुम कैसे कथाकार या कवि हो, जो न शराब पीते हो, न सिगरेट (चातक जी की मण्डली शराब की जगह विजया देवी का उल्लेख करती थी।) चेतन यही कहता कि वह कविता या कहानी अपने दिल-दिमाग़ से लिखता है, सिगरेट, शराब या भाँग से तो नहीं लिखता, फिर उनकी ज़रूरत उसे क्यों हो। दिल उसका

हस्सास और दिमाग़ बेहद क्रियाशील था। अपने काम के आगे उसे सारे मज़े फीके लगते थे। जो काम सामने हो, उसे पहले निबटाना चेतन को सैर-तमाशे से कहीं ज़्यादा महत्वपूर्ण लगता था, इसलिए जब भाई साहब ने प्रदर्शनी देखने की बात की थी तो उसने पहले हाथ का काम निबटाना ज़रूरी समझा था। जब चन्दा मुँह-हाथ धो कर कपड़े बदलने लगी थी तो वह उसे दिलचस्पी से देखता रहा था —धुला-निखरा मुँह, रंगली दातुन से साफ़ किये, चमचमाते दाँत और गहरे लाल होंट! उसे यह जान कर सन्तोष हुआ था कि वह अपने शरीर और कपड़ों की सफ़ाई पर ज़्यादा ध्यान देने लगी थी। भले ही घर का धुला और इस्त्री किया हुआ, लेकिन साफ़ ब्रेज़ियर, ब्लाउज़, अण्डरवेयर, साया और साड़ी उसने निकाली थी। वह दिनों-दिन सभ्य और सुसंस्कृत हो रही थी। चेतन के सामने कुछ दिन पहले की एक घटना घूम गयी....

० ०

....सूफ़ी हनुमान प्रसाद से बात करने के बाद चेतन पण्डित जी को घर छोड़ कर, अंग्रेज़ी पत्रिकाएँ बग़ल में दबाये डेवढ़ी में दाख़िल हुआ था कि सामने आँगन की नाली पर उसने अपनी पत्नी को गर्म पानी की बाल्टी और लोटा रखे, झाँवे से मल-मल कर पैरों की मैल छुड़ाते देखा।

वह चकित-सा वहीं खड़ा रह गया था, क्योंकि लगातार कहने के बावजूद चन्दा ने एक बार भी इस तरह अपने पैर साफ़ किये हों, उसे याद न था। कुछ आश्चर्य और कुछ मज़ाक में उसने पूछा था :

"यह क्या हो रहा है मेरी जान ?"

चन्दा सरलता से हँसी थी। "कमला ने बड़े सुन्दर मोज़े पहन रखे थे। मैंने पूछा, 'कहाँ से लिये हैं, एक जोड़ा मुझे भी ले दो।' कहने लगी, 'तुम्हें मोज़ों की क्या ज़रूरत है, तुमने तो ये कुदरती मोज़े पहन रखे हैं।" और यह कहते हुए चन्दा का मुख लाल हो आया और वह ज़ोर-ज़ोर से अपने पैरों की मैल छुड़ाने लगी।

चेतन मुड़ कर हाथ की पत्रिकाएँ अपनी मेज़ पर रख आया था और अपनी पत्नी के सामने रसोई-घर की चौखट पर आ बैठा था और कैसे हाथ-पैरों की मैल साफ़ की जाती है, सोत्साह उसे बताने लगा था।

"गर्म पानी अपने आप मैल साफ़ नहीं करता। न झाँवा ही करता है," उसने कहा था, "पहले गर्म पानी पैरों पर डाल कर मैल को, जो जिल्द का अंग बन चुकी है, नर्म पड़ने दो, फिर झाँवे से मलो।" और उसका पैर खींच कर वह उसके टख़नों से मैल छुड़ाने जा रहा था कि चन्दा ने कहा :

"हाय-हाय! आप मुझ पर पाप क्यों चढ़ाते हैं ?"

यह कहते और पीछे को खींचते हुए उसके चेहरे पर कुछ ऐसा भयभीत भोलापन आ गया कि चेतन का शरीर गर्म हो आया। उसने उसका पैर छोड़ कर, बिना इस बात का ख़याल किये कि वे आँगन की नाली पर बैठे हैं और ऊपर से कोई देख लेगा, दोनों हाथों में चन्दा का मुख ले कर उसे चूम लिया।

वह बुरी तरह लजा गयी। "क्या करते हैं! वक्त-कु-वक्त भी नहीं देखते।" उसने

कहा और पीछे को हट कर उसकी गिरफ़्त से आज़ाद हो गयी।

लेकिन प्रकट ही उसे अच्छा भी लगा, क्योंकि उसका चेहरा स्नेह-सिक्त हो आया था।

चेतन ने फिर उसका पैर खींच लिया। "तुम मेरी बीवी हो। मेरे पैर धो सकती हो। मैं क्यों नहीं धो सकता।" उसने कहा और वह अँगूठे के ज़ोर से उसके पैर की मैल छुड़ाने लगा। "तुमने कभी पैर धोये हों तो तुम्हें इनकी मैल छुड़ानी आये।" उसने हँसते हुए ताना दिया, "देखो मैं कैसे मिनटों में सारी मैल छुड़ा कर इन्हें तुम्हारे चेहरे-सा गोरा बना देता हूँ।"

चन्दा ने प्रतिरोध छोड़ दिया था। अपने दोनों हाथ पीछे टिका कर वह ढीली हो कर बैठ गयी थी। चेतन के अँगूठे के ज़ोर से कभी उसके होटों से 'सी' की आवाज़ निकल आती, वह कसमसा कर पैर खींच लेती, लेकिन चेतन के हाथ उसके साथ ही खिंच जाते। वह फिर पैर अपनी ओर खींच लेता और धीरे-धीरे उनको मलता।

काफ़ी देर तक वह बड़े स्नेह से अपनी पत्नी के पैरों की मैल छुड़ाता रहा। गर्म पानी और झाँवे और चेतन के अँगूठे की रगड़ से (चाहे उसकी मैल पूरी तरह न छूटी थी) चन्दा के पैर लाल हो आये थे।

o

कभी जब वह बच्चा था और उसके पिता हिसार के करीब, बुगाना स्टेशन पर काम करते थे, चेतन को याद था कि उसकी माँ सर्दियों में इसी तरह उसके मैल-सने रूखे हाथ-पैर धो कर उन पर वैज़लीन मल दिया करती थी। लेकिन जब वह जालन्धर आ कर स्कूल में पढ़ने लगा था, उसे याद नहीं, कभी उसकी माँ ने अथवा स्वयं उसने अपने हाथ-पैर यूँ धोये हों। उसके हाथ-पैरों पर मैल की एक मोटी परत जम गयी थी, जो खाल का हिस्सा बन गयी थी। सख़्त सर्दी में भी सभी भाई रोज़ ठण्डे पाने से नहाते थे। लेकिन ठण्डे पानी से मैल तो नहीं छूटती। चेतन को तो कभी इसका एहसास भी न होता, यदि वह एक दिन अपने सहपाठी रोशन के साथ उसकी बेंच पर न बैठा होता।

रोशन उसके साथ आठवीं में पढ़ता था। रंग उसका, चेतन की अपेक्षा किंचित साँवला था, लेकिन पतला-छरहरा नाज़ुक शरीर, मँझला कद और तीखे नैन-नक्श। चेतन को वह बहुत भला लगता था और उसे देखते ही उसका दिल बेतरह धड़कने लगता था। रोशन किले मुहल्ले में रहता था। अमीर पिता का बेटा था, पढ़ने-लिखने में तेज़ और नितान्त चुपीता। वह बहुत धीरे बोलता था और अपने मुहल्ले के दो-एक सम्भ्रान्त सहपाठियों के साथ ही उठता-बैठता था। चेतन उन दिनों ग़ज़लें लिखने लगा था और मन-ही-मन रोशन को चाहने लगा था। धीरे-धीरे उसने रोशन से सम्पर्क बढ़ा लिया था। पहले वह उसके एक पड़ोसी के साथ उठने-बैठने लगा। फिर दो-एक बार उसके साथ रोशन के घर भी हो आया। रोशन क्लास में हमेशा अगली बेंचों पर बैठता था और चेतन गणित के अध्यापक 'भूतना' के डर से पिछली बेंचों पर। लेकिन इतिहास के पीरियड में चेतन अगली बेंचों पर जा बैठता था। एक दिन रोशन का साथी ग़ैरहाज़िर था। चेतन जैसे अजाने उसके साथ जा बैठा। इतिहास का पीरियड था। अध्यापक प्लासी के युद्ध के का वर्णन कर रहे थे और वे दोनों

अपने हाथ डेस्क पर टिकाये, एकाग्र-चित्त सुन रहे थे। तभी अध्यापक का कण्ठ ज़रा खरखराया। खँखार कर खिड़की के बाहर उसने बलग़म थूकी और रूमाल से नाक-मुँह साफ़ किया। चेतन का ध्यान बँट गया। उसने कनखियों से रोशन के चेहरे को देखा। उसे बड़ा प्यारा लगा। फिर उसकी निगाहें उसके नाज़ुक हाथों पर चली गयी। श्याम रंग के बावजूद कोमल और लम्बी उँगलियाँ और चेतन की दृष्टि अपने हाथों पर गयी। उसके हाथों की जिल्द रोशन के हाथों की अपेक्षा कहीं काली थी। मैल की परत ने उसका मुश्की रंग, रोशन के श्याम हाथों की अपेक्षा कहीं काला कर दिया था —काला और खुरदरा।....चेतन ने उसी वक्त तय कर लिया था कि वह अपने हाथ रोशन के हाथों जैसे ख़ूबसूरत और नर्म बना डालेगा।

घर आ कर सबसे पहले उसने पानी गर्म कराया था और खुली बैठक की नाली पर बैठ कर देर तक हाथों और पैरों की मैल उतारता रहा था। उसने हाथों को उल्टा करके फ़र्श की ईंटों पर रगड़ा था। मैल तो उतर गयी थी, साथ ही माँस भी छिल गया था। लेकिन उसने वैज़लीन लगा ली थी। स्कूल से आ कर रोज़ वह अपने हाथ गर्म पानी से धोता था और उसने तब तक चैन नहीं लिया था, जब तक उसके हाथ रोशन के हाथों की अपेक्षा गोरे नहीं हो गये थे। वैसे सुकोमल वे नहीं हो पाये थे, क्योंकि चेतन को अपने भाइयों के साथ मिल कर घर का काम करना पड़ता था, लेकिन साफ़ वे रोशन के हाथों की तरह हो गये थे और चूँकि उसका रंग रोशन की अपेक्षा खिलता हुआ था, इसलिए वे रोशन के हाथों से ज़्यादा साफ़ लगते थे।

o

कल्पना ही में वह रोशन के साथ बैठा हुआ, उसके और अपने हाथों की तुलना कर रहा था और बेध्यानी में चन्दा का पैर मले जा रहा था कि सहसा चन्दा सीधी हो कर बैठ गयी और उसके हाथ परे हटाती हुई बोली :

"हटिए, अब मैं अपने आप कर लूँगी।"

चेतन चौंका था। हालाँकि उसे अपनी बीवी के पैरों को यूँ धोना, जैसे कभी माँ ने लड़कपन में उसके पैर धोये थे, अच्छा लग रहा था, लेकिन देर तक जोश से मैल उतारने के कारण उसके हाथ दुखने लगे थे। इसलिए वह उठ खड़ा हुआ। अन्दर जा कर वह वैज़लीन पोमेड की शीशी उठा लाया था। "पैर धो कर और कपड़े से साफ़ करके वैज़लीन मल लेना। नर्म हो जायेंगे," उसने कहा था और अन्दर कमरे में जा कर काम करने लगा था।

o

दिन भर वह 'झण्डू फ़ार्मेसी' का सूची-पत्र बनाता रहा था। फ़ार्मेसी का काम पहले ख़त्म करके सूफ़ी साहब के काम को हाथ लगायेगा, यही उसने तय किया था। उबाऊ काम था, लेकिन वह ऐसी तन्मयता से उसे करता रहा था, जैसे वह कोई कहानी लिख रहा हो। अपने पिता की शिक्षा के मुताबिक उसने बहुत पहले तय कर लिया था कि वह जो भी काम हाथ में लेगा, उसे पूरे मन से करेगा। कितना भी उबाऊ काम क्यों न हो, पारिश्रमिक उससे मिले या न मिले, वह स्वीकार करेगा तो अपना पूरा श्रम उसे देगा। द्वितीय कोटि के काम को

भी वह प्रथम कोटि के काम की तरह पूरे श्रम और निष्ठा से करेगा। वह न दोपहर के खाने के बाद सोया था, न सैर ही को गया था। रात का खाना खा कर वह फिर मेज़ पर बैठ गया था। चन्दा रसोई-घर का काम निबटाती रही थी और वह सूची-पत्र बनाता रहा था। रसोई का काम ख़त्म करके वह कमरे में आ गयी थी और बिस्तर पर बैठ कर उसने स्कूल का काम ख़त्म किया। चेतन थक गया था, इसलिए दस बजे के करीब वह उठा और उसने कहा था, "अब बस करो, कल तुम्हें स्कूल जाना है। सुबह उठना होगा। अब सो जाओ, मैं भी थक गया हूँ।"

होम-वर्क ख़त्म करके चन्दा बिस्तर पर बैठी पढ़ रही थी। उसने किताबें-कापियाँ उठा कर अलमारी में रखीं। पलँगपोश तहा कर कुर्सी की पीठ पर रख दिया। चेतन ओवरकोट उतार कर बिस्तर में आ गया और इन्तज़ार करने लगा कि उसकी पत्नी भी आ जाय।

"आप लेटिए।" चन्दा ने तत्परता से कहा, "मैं अँगीठी पर पानी गर्म होने को रख आयी हूँ। उबल रहा होगा। पैर धो कर आती हूँ।"

और वह चली गयी थी। चेतन ने लिहाफ़ सीने तक खींच लिया था और जैसी कि उसकी आदत थी —भविष्य के सुख-सपनों में खो गया था।....चन्दा पढ़ने में जी लगाती थी, संगीत में जी लगाती थी और अब अपने कपड़ों और शरीर की सफ़ाई पर ध्यान देने लगी थी। वह लॉ करके सब-जज हो जायेगा तो वह किसी भी अफ़सर की बीवी के मुकाबले में कम सभ्य और सुसंस्कृत नहीं होगी। वह पढ़ जाय, बी०ए० कर ले, बाकी सब उसे आ जायेगा। वह धीरे-धीरे उसे सब कुछ सिखा देगा। उस जैसा सरल और बड़ा दिल तो सभी औरतों के नहीं होता। —छोटा और टुच्चा दिल बड़ा नहीं किया जा सकता, न सरलता और भोलापन कोशिश से मिलता है। ये गुण भगवान की देन हैं। उसकी पत्नी सरल, भोली और उदार है। वह सुशिक्षित और सुसंस्कृत भी हो जायेगी, तब उसे और क्या चाहिए! वह लाखों में एक होगी।

बिस्तर पर बैठते और दोनों पैर उठा कर ऊपर रखते हुए सहसा चन्दा ने पूछा, "देखिए, अब तो एकदम साफ़ हो गये हैं न!"

चेतन चौंक कर उठ बैठा था। वे पैर, जिन पर सचमुच कुदरती मोज़े चढ़े रहते थे, एकदम साफ़-शफ़्फ़ाक़ हो गये थे। कहीं-कहीं झाँवे की रगड़ से जिल्द छिल गयी थी। चेतन ने बड़े प्यार से उन पर हाथ फेरा —छोटे छोटे, गुबले-गुबले नर्म —दो सुन्दर कबूतरों जैसे!

"हाँ, अब बिलकुल साफ़ और मुलायम हो गये हैं," उसने कहा और तब जाने उसके मन में क्या आया था कि उसने बारी-बारी उन्हें चूम लिया था — जहाँ-जहाँ माँस छिल गया था, वहाँ-वहाँ। —और फिर अपनी पत्नी को खींच कर बाँहों में भर लिया था।

० ०

उस रात की सुखद याद में चेतन ने कब लिखना छोड़ दिया, उसे मालूम नहीं हुआ। जब वह चौंका तो कलम हाथ में लिये, दोनों कोहनियाँ मेज़ पर टिकाये, वह अपने में गुम बैठा था। सिर के एक झटके से उन स्मृतियों को परे हटा कर, वह मेज़ पर झुक गया और तेज़ी

से अनुवाद करने लगा।

देर तक वह बिना रुके अनुवाद करता रहा। आधे से ज़्यादा हो गया तो क्षण भर आँखों और हाथों को आराम देने के लिए वह होल्डर मेज़ पर रख कर कुर्सी पर पीछे को झुक गया और पैर उठा कर उसने लाला जीवन लाल कपूर की तरह मेज़ पर टिका लिये।

उसने तय किया था कि इस लेख के बाद वह सूफ़ी साहब के लिए कोई काम नहीं करेगा और पण्डित रत्न की सलाह के मुताबिक निम्नमध्यवर्गीय बौद्धिकों के लिए सोसाइटी कायम करेगा और अपनी तमाम सरगर्मियाँ उसे संगठित करने में लगा देगा। जिस दिन वे सूफ़ी साहब से मिल कर आये थे, उसके तीसरे दिन, जब वह शाम को पण्डित रत्न से मिला था तो उन्होंने सोसाइटी की बात फिर चलायी थी। चेतन ने कहा था कि जैसा उन्होंने कहा है, वह करेगा; वे सोसाइटी के कायदे-कानून बना दें, वह उसका ब्रोशर और रसीद बुकें छपवायेगा और काम शुरू कर देगा।

"किसी इतवार को आ जाना, मैं बना दूँगा।" उन्होंने कहा था।

"मैं सूफ़ी साहब को उनके मज़मून करके दे दूँ, फिर आऊँगा और पूरे मन से सोसाइटी का काम करूँगा।"

लेकिन उस वक्त, जब न सोसाइटी का नामकरण ही हुआ था, न उसका विधान बना था, सूफ़ी साहब अप्रत्याशित तौर पर उसके पहले सरपरस्त बन गये थे।

०

जब वह पहला लेख तैयार करके ले गया था तो कुछ क्षण सूफ़ी साहब उसे पढ़ते रहे थे। फिर उन्होंने उठ कर मैगज़ीन-समेत उसे अलमारी में रख दिया था। चेतन उनके वादे के मुताबिक तीन रुपये और माँगना चाहता था, लेकिन उसे साहस न हो रहा था। सूफ़ी साहब ने कोट में हाथ डाल कर मुट्ठी भर चिलग़ोज़े निकाले और हाथ बढ़ा कर उसके सामने मेज़ पर रख दिये और नौकर को आवाज़ दे कर चाय के दो प्याले बनाने के लिए कहा।

"मैं तो चाय ज़्यादा पीता नहीं। आप तकलीफ़ न कीजिए।" चेतन मिनमिनाया था।

लेकिन सूफ़ी साहब ने उसकी बात नहीं सुनी थी। वह कहाँ का रहने वाला है, कहाँ तक पढ़ा है, किस कॉलेज में पढ़ा है, लाहौर कब आया और किस-किस जगह काम करता रहा है —चिलग़ोज़े छीलते और खाते हुए वे यही सब पूछते रहे थे और चेतन उन्हीं की तरह चिलग़ोज़े कुटकते हुए वह सब बताता रहा था। इसी बीच चाय आ गयी थी। गर्म और ख़ुशबूदार। चेतन चाय का शौकीन नहीं था —उसे यह वहम था कि जिस शाम वह चाय पी लेता है, दिमाग़ में ख़ुश्की चढ़ जाने से उसे नींद नहीं आती —तो भी सर्दी बढ़ गयी थी, जब उसने पहला घूँट भरा तो उसे अच्छा लगा।

यूँ अपने संघर्ष की बात बताना उसकी कमज़ोरी थी और जब वह अपने बारे में बताने लगता तो कुछ भी न छिपाता था, लेकिन [illegible] गद्देदार कुर्सी पर बढ़िया सूट-बूट पहने उस व्यक्ति की आँखें में, मोटी थिगलियों के बावजूद, कुछ ऐसी बात थी कि चेतन 'भीष्म,' 'वन्दे मातरम' 'वीर भारत' और 'भूँचाल' की अपनी नौकरियों के बारे में बताते हुए, वहाँ के वातावरण और मालिकों की आलोचना गोल कर गया था। वह महज़ तथ्य बताता रहा था। हाँ, अपने घरेलू जीवन, उसकी पेचीदगियों और संघर्ष के बारे में उसने

कुछ भी नहीं छिपाया था। दिये जल गये थे, शाम गहरा आयी, जब उसने इजाज़त चाही थी। सूफ़ी साहब ने जेब से तीन रुपये निकाल कर उसके सामने रख दिये और जब वह उन्हें 'आदाब अर्ज़' करके चलने लगा तो वे अपनी कुर्सी से उठ आये थे और उसके कन्धे को थपथपाते हुए उन्होंने उससे मिलने पर ख़ुशी प्रकट की थी और उसे आश्वासन दिया था कि वह आता रहेगा तो वे उसके लिए ऐसा काम तय कर देंगे, जिससे उसे हमेशा कुछ आय होती रहे।

०

चेतन मेज़ पर पैर पसारे, कुर्सी पर पीछे को लेटा, मन-ही-मन हँसा। जिस स्थायी काम का उन्होंने आश्वासन दिया था, उसकी याद आते ही क्रोध से तिलमिला कर उसने एक कुफ्र-तोड़ गाली उनकी ओर बहा दी और वह मुलाकात अपने नन्हे-से-नन्हे ब्योरे के साथ उसके सामने आ गयी।

०

जब वह दूसरा लेख तैयार करके उनके पास ले गया था तो उन्होंने उसे पढ़ना भी ज़रूरी नहीं समझा था, उठा कर दायीं ओर को रख दिया था और बातें करने लगे थे। जेब से निकाल कर तीन रुपये उसे अगले लेख के लिए पेशगी दे दिये थे और इससे पहले कि चेतन उन्हें 'आदाब अर्ज़' करके छुट्टी लेता, उन्होंने कहा था :

"मैं तुम्हारे बारे में लगातार सोचता रहा हूँ, अगर तुम थोड़ी मदद कर दो तो मैं पचास रुपये महीना तुम्हें देता रहूँगा।"

वे क्षण भर के लिए चुप हो गये थे। चेतन का हृदय इस अप्रत्याशित सूचना से धड़क उठा था। उसकी आँखें प्रश्न में खुली रह गयी थीं।

"तुम दो बरस से लाहौर के जर्नलिस्टों की सोहबत में रहते हो। बहुतों को इण्टीमेटली[१] भी जानते होगे। अगर तुम मुझे रोज उनकी सियासी[२] सरगर्मियों के बारे में आ कर बता जाया करो — वो लिखते क्या हैं और सोचते क्या है, तो मैं तुम्हें पचास रुपये महीना दे दिया करूँगा।"

वे फिर चुप हो गये थे। चेतन ने 'हाँ' या 'ना' में कोई जवाब न दिया था। उसके चेहरे की ख़ुशी अपने आप बुझ गयी थी और वह उनकी ओर तेज़ निगाहों से देखने लगा था।

उसकी निगाहों में जो शंका-भरा प्रश्न था अथवा उसके व्यवहार में जो संकोच था, उसे लक्ष्य कर, सूफ़ी साहब ने कहा था, "मैं लाहौर की गुज़श्ता[३] तीस बरस की सियासी ज़िन्दगी पर एक किताब लिख रहा हूँ — यहाँ के जर्नलिस्टों की ज़िन्दगी, उनके सोशल और पोलिटिकल ख़यालात के बारे में! — अगर तुम मेरी मुश्किल कुछ आसान कर दो तो बहुत अच्छा हो।"

'स्साला!' चेतन ने मन-ही-मन क्रोध से कहा था, 'मुझे एकदम घामड़ समझता है।

---

१. अन्तरंगता से
२. राजनीतिक
३. पिछली

मुझसे साथियों की जासूसी कराना चाहता है। क्या इसने मुझे इतना ही गया-गुज़रा समझ लिया है.... ?'

और उसने एक और बड़ी-सी गाली मन-ही-मन सूफ़ी साहब की ख़िदमत में पेश कर दी थी।

लेकिन जब उसने होंट खोले थे तो उसकी वाणी में झल्लाहट थी न आक्रोश; उन्हें और भी गहरे में उतारने के ख़याल से उसने बड़े भोलेपन से पूछा था : "लाहौर के जर्नलिस्टों के बारे में आप क्या लिख रहे हैं ?"

"लिखना तो मैं उस वक्त शुरू करूँगा, जब मेरे पास काफ़ी मसाला इकट्ठा हो जायेगा। मैं चाहता हूँ कि जिन्हें तुम जानते हो, उनके बारे में मुझे जानकारी दो। उनकी तनख़्वाह कितनी है, शादीशुदा हैं या ग़ैर-शादीशुदा, बच्चे कितने हैं, माली हालत[१] कैसी है, कांग्रेसी हैं या ग़ैर-कांग्रेसी, भगवान में यकीन रखते हैं या दहरिए[२] हैं। किसी मज़हबी अंजुमन[३] से मंसलिक[४] हैं या नहीं, सियासी ख़यालात उनके कैसे हैं —सब इन्फ़र्मेशन मुझे चाहिए।"

"साले, तुम यही आख़िरी बात जानना चाहते हो," चेतन ने मन में कहा, "मैं ख़ूब समझता हूँ।" लेकिन वह बोला तो उसके स्वर में वही भोलापन था।

"पर मैं तो बहुत कम लोगों को जानता हूँ।" उसने कहा।

"नहीं जानते तो जान लोगे। तुम्हारा महीने का ख़र्च मैं दूँगा, दिन भर घूमो-फिरो, लोगों से मेल-मुलाकात कर, धीरे-धीरे इन्फ़र्मेशन इकट्ठी करो।"

"लेकिन एक बार मिलने से लोग थोड़ी सब बता देते हैं ?"

"नहीं बताते," उन्होंने आश्वस्त हँसी के साथ कहा, "लेकिन जल्दी नहीं, धीरे-धीरे उनसे दोस्ती करके, इन्फ़र्मेशन इकट्ठी करो। यह बताने की ज़रूरत नहीं कि तुम यह सब क्यों पूछ रहे हो। बस मेल-मुलाकात में इधर-उधर की बातें करते हुए यह सब दिमाग़ में नोट करो और घर जा कर रिपोर्ट तैयार कर लो। रोज़ एक बार आ कर मुझे दिन भर की रिपोर्ट दे जाया करना।"

तभी चेतन के दिमाग़ में कौंधे-सा एक ख़याल आया। क्यों न इसी के हथियार से मैं इसी को चित कर दूँ। उसने हितोपदेश अथवा पंचतन्त्र में पढ़ा था — शठे शाठ्यम समाचरेत। —ठग के साथ ठगी करो! और उसने कहा :

"रोज़ आ कर रिपोर्ट देना तो मेरे लिए मुश्किल है, लेकिन मैं आपके लिए मसाला इकट्ठा कर दूँगा। बिना किसी काम के अगर मैं जर्नलिस्टों से मिलूँगा और यह सब पूछ-ताछ करूँगा तो उन्हें शक हो जायेगा। जर्नलिस्ट कम घाघ नहीं होते। मैं सब से सवाल करता घूमता हूँ, उन्हें पता चलने में देर नहीं लगेगी।"....और उसने सूफ़ी साहब को बताया था कि पण्डित रत्न ने उसे एक सोसाइटी चलाने को कहा है —'लिट्रेरी लीग' की तरह। दस

---

१. आर्थिक स्थिति

२. नास्तिक

३. धार्मिक संस्था

४. सम्बन्धित

रुपये सरपरस्तों के लिए और पाँच रुपये आम मेम्बरों का चन्दा होगा। हर महीने उसकी मीटिंगें होंगी। 'लिट्रेरी लीग' बड़े लोगों की संस्था है। पण्डित जी चाहते हैं कि औसत दर्जे के अदीबों, जर्नलिस्टों और इण्टलेक्चुअलों की एक सोसाइटी रहे। वह सेक्रेट्री के तौर पर उसका काम करे और उसी के चन्दे से अपनी रोज़ी-रोटी का भी इन्तज़ाम करे।

"आप राय दें तो मैं काम शुरू कर दूँ। सभी जर्नलिस्टों को उसका मेम्बर बनाऊँगा। इसी बहाने उनसे मिलता भी रहूँगा और आपका काम भी कर दूँगा।" उसने कहा था।

सूफ़ी साहब का चेहरा खिल उठा। उनकी आँखों में एक चमक कौंध गयी, जैसे कह रहे हों, 'लड़का तेज़ है और काम का है।' लेकिन मन की छिपा कर उन्होंने यह पूछा :

"क्या नाम रखा है उस सोसाइटी का ?"

"नाम तो अभी तय नहीं किया। पिछली बार जब यहाँ से वापस गये थे तो पण्डित जी ने उसकी स्कीम बतायी थी। वे ही उसका ब्रोशर तैयार करेंगे और अच्छा-सा अट्रैक्टिव नाम रखेंगे।"

"स्कीम बहुत अच्छी है, ज़रूर शुरू करो।" उन्होंने कहा और जेब से दस रूपये का नोट निकाल कर उसे देते हुए बोले, "पहला सरपरस्त मुझे बना लो। पण्डित रत्न का यह आइडिया बहुत अच्छा है, औसत दर्जे से ही इण्टलेक्चुअल निकलते हैं और लाहौर में ऐसी कोई सोसाइटी नहीं, जहाँ वे इकट्ठे हो सकें।"

प्रकट ही उसने जो चारा फेंका था, वे निगल गये थे। चेतन ने नोट उठा कर जेब में रखा और कहा —"अभी ब्रोशर और रसीदें नहीं छपीं, ज्योंही छप गयी, आपको रसीद दे जाऊँगा।" और वह उठा।

"उसकी तुम फ़िक्र न करो।" उन्होंने कहा और वे उसे दरवाज़े तक छोड़ने आये और उसके कन्धे पर हाथ रखते हुए उन्होंने फिर याद दिलाया, "लेकिन मेरा काम न भूलना। रोज़ नहीं, लेकिन हफ़्ते में दो बार मुझसे मिलते रहोगे और मुझे कुछ जानकारी देते रहोगे तो मैं तुम्हें तुम्हारा मुआवज़ा[१] देता रहूँगा।"

चेतन ने कोई जवाब नहीं दिया और 'आदाब' कह कर चला आया था। उसकी ख़ामोशी को नीम-रज़ा समझ कर और आश्वस्त हो कर उसके कन्धे को थपथपाते हुए, वे मुड़ गये थे।

०

कुर्सी पर पीछे को लेटा हुआ चेतन, सारी घटना की याद कर, फिर मन-ही-मन ज़ोर से हँसा। झटके से उसने अपने पाँव नीचे किये। कुर्सी आगे खिसकायी और एकाग्र भाव से लेख का अनुवाद करने लगा।

हँसी उसे अभी नहीं, उस वक्त भी आयी थी, जब वह सूफ़ी साहब का मुहल्ला पार कर बाज़ार में आया था। तब वहीं रुक कर उसने ज़ोर का ठहाका लगाया था —ख़ामोश ठहाका —जिसमें आवाज़ नहीं होती, पर जो नस-नस को झकझोर जाता है।

"साला अपने आप को बहुत चालाक लगाता है, लेकिन मेरे मन की ज़रा नहीं भाँप सका और मूर्ख बन गया।" चेतन ने मन-ही-मन कहा था और वहीं उसने तय कर लिया

---

१. पारिश्रमिक

था कि तीसरा लेख करने के बाद वह फिर कभी उधर नहीं जायेगा। वह पण्डित जी से सोसाइटी के नियम-कानून बनवायेगा। ब्रोशर और रसीदें छपवायेगा। एक रसीद सूफ़ी साहब को भी दे आयेगा और फिर कभी उनकी सूरत नहीं देखेगा। उसे पैसे की ज़रूरत सही, वह ग़रीब भी सही, पर क्या वह अपने साथियों की मुख़बरी करेगा ? 'आदमी को भूख लगेगी तो क्या वह मैला खायेगा!' उसने माँ से कई बार सुनी हुई कहावत मन-ही-मन दोहरायी, 'छि:।'

उसने ज़ोर से नाली में थूक दिया था और तेज़-तेज़ घर की ओर चल पड़ा था।

चेतन कहीं बहुत भोला था और कहीं अतिशय चतुर। जहाँ तक उसके परिवार का सम्बन्ध था, वह एक बच्चे की तरह उससे जुड़ा था। घर में होने वाली हर बात उसे बेतरह आन्दोलित कर जाती थी, लेकिन गत दो वर्षों के संघर्ष ने बाहरी दुनिया के प्रति उसे बेतरह सतर्क बना दिया था। —'हरेक को चोर समझो, जब तक कि वह शाह साबित न हो' — पंजाबी की यह कहावत दुनिया के साथ जूझने के लिए उसने अपना ली थी और उसे धोखा देना कठिन था। कविराज जी के साथ तीन महीनों के प्रवास ने उसकी तमाम अल्हड़ता छीन ली थी और दुनिया से उसी के स्तर पर निबटना सिखा दिया था। स्नेह से, उसका विश्वास जीत कर, उससे कुछ भी कराया जा सकता था, लेकिन चालाकी से तिनका भी उससे तुड़वाना मुश्किल था। वह सामने वाले की आँख में देख कर उसके दिल की बात पढ़ लेना और सतर्क हो जाना सीख गया था। झूठ बोलना उसके लिए कठिन था, लेकिन जहाँ सच्ची बात कहने से हानि होने की आशंका हो, वह चुप लगाना भी सीख गया था और जहाँ उसके व्यक्तित्व का एक भाग नितान्त कोमल, भावप्रवण और सदय था, दूसरा ईस्पात-सा कठोर और पत्थर-सा सख़्त हो गया था।

वह लगातार मेज़ पर झुका, लेख का अनुवाद करता चला गया। कब शाम घिर आयी और बाहर दिये जल गये, उसे होश नहीं रहा। जब खिड़की की रोशनी बेहद कम हो गयी और उसे लेख पढ़ने में कठिनाई होने लगी तो उसने उठ कर बत्ती जला दी और फिर आ कर बैठ गया।

वह अन्तिम पंक्तियाँ लिख रहा था, जब चन्दा स्वभाव के विपरीत तेज़ी से कमरे दाख़िल हुई। उसका चेहरा लाल हो रहा था।

"मैं अब कभी नुमायश देखने नहीं जाऊँगी।" उसने कहा और चारपाई में धँस गयी।

चेतन ने क्षण भर कोई उत्तर नहीं दिया। लेख की अन्तिम पंक्तियाँ ख़त्म कीं और बोला, "क्यों मेरी जान ?"

"भाई साहब ज़रा आगे थे।" चन्दा ने फूली हुई साँस के बावजूद कहा, "वे आप ही की तरह तेज़ चलते हैं, मैं ज़रा पीछे थी कि भीड़ में किसी ने मेरे चुटकी काट ली। मैंने उसका हाथ पकड़ लिया और दो थप्पड़ जड़ दिये। भाई साहब शोर सुन कर मुड़े और उसकी बाँह मेरे हाथ से छुड़ा कर उन्होंने दो उसे और लगा दीं और फिर भीड़ उस पर पिल पड़ी।"

चन्दा आँखें फ़र्श में गाड़े, लज्जा से लाल होती हुई, बात सुनाये जा रही थी, उसने अपने पति के चेहरे पर होने वाली प्रतिक्रिया नहीं देखी। वह तब चौंकी, जब ख़ुशी से उछल

कर चेतन अपनी कुर्सी से उठा और भारी बदन के बावजूद उसने अपनी पत्नी को बाँहों में भर, धरती से उठा कर एक चक्कर दे दिया।

"वाह मेरी जान, ख़ुश कर दिया तुमने। यह कोई लजाने की बात है। बहुत अच्छा किया। मैं अभी तुम्हारे लिए गर्म-गर्म दूध का गिलास लाता हूँ।"

और उसे चारपाई पर बैठा कर वह बाहर को भागने ही वाला था कि चन्दा ने कहा, "सुनिए।"

चेतन रुका।

"आपको हर वक्त मज़ाक सूझता है। मेरी तो जान निकल गयी।"

"इसमें जान निकलने की क्या बात है!" चेतन बोला, "ऐसे हरामज़ादों का यही इलाज है। मैंने तुम्हें एक दिन कहा था न....भाई साहब कहाँ हैं ?"

"आते होंगे, गली में किसी पड़ोसी से बात करने लगे थे।"

लेकिन चेतन को उनका इन्तज़ार करने की ताब कहाँ। सारी कैफ़ियत उनसे जानने के लिए वह बगूले-सा निकल गया।

वह डेवढ़ी में ही था कि उसे सामने से भाई साहब रणवीर के साथ आते दिखायी दिये।

"जीजा जी, पैरी पौना।"

और रणवीर बढ़ कर चेतन को प्रणाम करने के लिए झुका।

चेतन ने उसे दोनों बाँहों से पकड़ कर बग़लगीर कर लिया।

"तुम किधर ?"

"दुकान पर गया था। बन्द मिली। बड़ी मुश्किल से पता चला। ढूँढता हुआ आया हूँ। भाई साहब गली के सिरे पर किसी से बातें करते न मिल जाते तो जाने और कितनी देर भटकना पड़ता।"

"कैसे आये हो लाहौर ?"

रणवीर के पान-सने होंटों और लम्बूतरे चेहरे पर कुछ अजीब-सी लज्जा-मिली ख़ुशी दौड़ गयी, जिससे उसका कुरूप चेहरा भी चेतन को भला लगा।

"मेरी शादी है इसी महीने," उसने शर्माते हुए कहा, "आप सब को बुलाने आया हूँ।"

⊠⊠⊠

तीसरा खण्ड

आठ

चिट्ठिए दर्द फ़िराक वालिए
नी, लै जा, लै जा सन्योड़ा सोहने यार दा[1]

नीचे बैलगाड़ी चरख़-चूँ चली जा रही थी; ऊपर नीला, निरभ्र आसमान, सड़क की दोनों ओर लगे शीशम के घने पेड़ों पर शामियाने-सा तना था। बसन्त का त्योहार आ कर जा चुका था, लेकिन सर्दी वैसी ही तीखी थी, बल्कि हवा में गलन बढ़ गयी थी और धूप सुहानी लग रही थी। कहीं-कहीं किसी घने पेड़ की नीची डाल चेतन के ऊपर से लहराती निकल जाती और सहसा उसका मन उसे पकड़ने के लिए ललक उठता था।

बैलगाड़ी पर आगे को बरातियों के ट्रंक और पीछे की ओर को शीरीनी तथा नमकीन सेव और शकरपारों के कनस्तर थे (कि रास्ते में उन्हें निकालना पड़े तो कठिनाई न हो)। उनके ऊपर गोल किये हुए और रस्सियों से बँधे बिस्तर तह-दर-तह जमा कर रखे गये थे और सब के ऊपर मोटी फ़र्शी दरी तहा कर डाल दी गयी थी और यूँ बैलगाड़ी के ऊपर पेड़ों को छूता हुआ-सा बहुत ऊँचा, चौड़ा मंच-सा बन गया था। चेतन बायीं ओर चित लेटा हुआ आसमान को ताक रहा था। उसके बराबर हुनर साहब और निश्तर कोहनी के बल लेटे थे। ज़रा परे भाई साहब दोनों घुटनों को बाँहों में बाँधे पीछे को झुके हुए थे। उनके पास ही रणवीर बैठा था। चूँकि बैलगाड़ी पर सब-के-सब एक साथ खुली तरह नहीं बैठ सकते थे, इसलिए बैठे-बैठे उकता कर कुछ युवक बैलगाड़ी के साथ-साथ जर्नैली सड़क पर चल रहे थे और रणवीर की गली का सुनार युवक रतना दायीं ओर नीचे को पैर लटकाये बैठा, दिशाओं को गुँजाती हुई अपनी लोच और सोज़-भरी आवाज़ में 'चिट्ठिए दर्द फ़िराक वालिए' गा रहा था।

लेटे-लेटे करवट बदल कर चेतन ने अपने भाई की ओर देखा। — अगर उन्हें लाहौर ही मैं पता चल जाता कि रणवीर की शादी लालड़ाँ नाम के जिस गाँव में होने जा रही है, वहाँ रेलगाड़ी और ताँगे-इक्के नहीं जाते (बसों का तो उन दिनों रिवाज ही नहीं था) बैलगाड़ियाँ ही जाती हैं और बरात उन्हीं में जायेगी तो चेतन को विश्वास था, रणवीर के तमाम अनुरोध और अनुनय के बावजूद, भाई साहब कभी न आते। अपनी प्रैक्टिस के कारण यूँ भी किसी शादी-ब्याह में शामिल होना उनके लिए मुश्किल था। एक मरीज़ प्रसन्न हो जाये तो दो मरीज़ों से सिफ़ारिश करता था, ज़रूरत पड़ने पर देर-सवेर वे उनके क्लिनिक में आते थे और एक मरीज़ असन्तुष्ट हो जाये तो चार को बहका देता था। प्रैक्टिस उनकी अभी इतनी चली न थी कि मरीज़ों की तरफ़ से वे एकदम निश्चिन्त हो जाते और रोगियों को दिनों पहले उनसे समय लेना पड़ता। उनकी ज़िन्दगी में तो हर मरीज़ की आमद एक

---

१. ऐ विरह-वेदना से भरी हुई चिट्ठी, मेरे सुन्दर प्यारे यार के लिए सँदेसा ले जा।

विशेष घटना थी। लेकिन रणवीर ने उन्हें ऐसा भर्रा दिया था कि वे अनिच्छापूर्वक गुप्ता पर दुकान छोड़ कर बरात में शमिल होने चले आये थे।

० ०

रणवीर उनको शादी का निमन्त्रण देने गया था तो दो-तीन दिन वहीं रहा था। जब उसे मालूम हुआ कि भाई साहब ने एक शागिर्द रखा है, जिसे वे दन्दानसाज़ी सिखा रहे हैं तो उसने उन पर ज़ोर दिया था कि वे उसे भी शागिर्द बना लें। शादी के बाद ही वह आ जायेगा और जितने रुपये उन्होंने गुप्ता से लिये हैं, उतने उन्हें पेशगी दे देगा। फिर बातों-बातों में उसने डेण्टल कॉलेज का सपना उनके सामने लहरा दिया था।

"भाई साहब, आप डॉ० सत्यपाल की तरह एक डेण्टल कॉलेज क्यों नहीं खोल लेते," उसने हठात कहा था।

भाई साहब का ध्यान दूसरी तरफ़ था। "डेण्टल कॉलेज!" उन्होंने चौंक कर वही शब्द दोहरा दिये। फिर क्षण भर रुक कर बोले, "मैं डेण्टल कॉलेज कैसे खोल सकता हूँ।"

"क्यों, इसमें क्या मुश्किल है!" रणवीर ने कहा, "जहाँ आप एक शागिर्द रखते हैं, वहाँ दस रखिए।"

"एक शागिर्द को तो मैं दुकान में सिखा सकता हूँ। दस को कैसे सिखाऊँगा।" भाई साहब ने पूछा था।

"अलग बिल्डिंग ले कर कॉलेज खोलिए।"

"दुकान कौन देखेगा ? कॉलेज चलाना कोई एक आदमी का काम थोड़े ही है!"

तब रणवीर ने मन की बात कही थी :

"आप भाई साहब मुझे डेण्टिस्ट बना दें और आपको मंज़ूर हो तो हम मिल कर यहाँ डेण्टल कॉलेज खोल लें। प्रॉस्पेक्टस छपवा लेंगे और अख़बारों में इश्तहार देंगे तो शागिर्दों की कमी न रहेगी। जो मुनाफ़ा होगा, वह हम आधा-आधा बाँट लेंगे।"

लाहौर में उन दिनों एक ही डेण्टल कॉलेज था —डॉ० सत्यपाल का। दूसरे कॉलेज की गुंजाइश थी। लेकिन इससे पहले कि भाई साहब कुछ कहते, चेतन ने कहा था, "मुनाफ़ा तो आधा-आधा बाँट लोगे, लेकिन डेण्टल कॉलेज क्या सिर्फ़ तुम्हारे डेण्टिस्ट्री पास करने से खुल जायेगा ? कम-से-कम दो डेण्टल चेयर्स, डेण्टल इंजन, मकान और दूसरा साज़-सामान चाहिए। इतना पैसा कहाँ से आयेगा ?"

"मेरे पास तो लगाने को एक पैसा भी नहीं।" भाई साहब ने तुरन्त चेतन का समर्थन किया था।

"आपको पैसा लगाने की ज़रूरत नहीं," रणवीर ने माथे पर आये बालों की लट को पीछे हटाते और पान से काले दाँत दिखाते हुए कहा था, "आप बस मुझे काम सिखा दीजिए, रुपये मैं लगाऊँगा।" फिर क्षण भर रुक कर उसने पूछा था : "कालेज शुरू करने के लिए कितना रुपया दरकार होगा ?"

भाई साहब ने कुछ रफ़ हिसाब करके बताया था कि शुरू में आठ सौ-हज़ार से काम चल जायेगा।

"अगर इतने से हो जाये तो शादी के बाद ही मैं पिता जी को इतने रुपये देने के

लिए मना लूँगा।"

"क्या दन्दानसाज़ी सीखते ही तुम शागिर्दों को सिखाने भी लगोगे ?" चेतन ने सव्यंग्य कहा था।

लेकिन भाई साहब उत्साहित हो उठे थे और उन्होंने यह सूरत निकाली थी कि गुप्ता को साथ ले लेंगे और वे दो घण्टे कॉलेज को देंगे। उसमें जो कुछ वे सिखायें, गुप्ता और रणवीर उसी को शागिर्दों के सामने दोहरा देंगे। इस तरह उनकी अपनी शिक्षा भी पक्की होगी और शागिर्दों को सिखाना भी उन्हें आ जायेगा। डेण्टल कॉलेज में ग़रीब रोगियों का इलाज मुफ़्त किया जायेगा। रणवीर और गुप्ता की प्रैक्टिस भी होगी और कॉलेज के शागिर्द भी सीखेंगे।

"और फिर जो कॉम्प्लिकेटेड केस होंगे," रणवीर ने अपनी कुमारी अन्तरीप-सी ठोड़ी ऊपर कर कहा था, "उन्हें भाई साहब कॉलेज के हस्पताल से अपने क्लिनिक में ट्रांसफ़र कर सकते हैं। इनकी प्रैक्टिस भी चलेगी और कॉलेज का काम भी चलेगा।"

चेतन क्षण भर अपने उस मूर्ख साले की तरफ़ देखता रह गया था। ऐसी बुद्धिमत्ता की बात वह कर सकेगा, इसकी अपेक्षा तो उसे रणवीर से नहीं थी। वह क्या कहे और कैसे उसकी बात काटे, उस क्षण चेतन सोच न पाया था। वह अचानक उठा था। उसे याद आया कि उसे तो शाह आलमी दरवाज़े के अन्दर लाला मानिकचन्द, सम्पादक 'गृहस्थी' से मिलना है। मन-ही-मन उसने तय किया कि उस वक्त भले ही वे जितनी स्कीमें चाहे बनायें, बाद में वह भाई साहब को समझा देगा कि वे रणवीर के चक्कर में न पड़ें।

"मैं ज़रा 'गृहस्थी' के दफ़्तर जा रहा हूँ।" उसने सिर्फ़ इतना कहा, "बिना सोचे-समझे आप कोई फ़ैसला न कीजिएगा। रणवीर से कहिए, पूरी स्कीम बनाये, फिर उसके सभी पहलुओं पर विचार करके हम फ़ैसला करेंगे।"

और यह कहता हुआ वह बाहर की तरफ़ चल दिया था।

"जीजा जी ज़रा रुकिए।" सहसा रणवीर भी उठा था। स्कीम बनाने में सिर खपाना उसके बस की बात नहीं थी। वह काम उसने भाई साहब पर छोड़ दिया। "भाई साहब, आप पक्की स्कीम बना लीजिए," उसने कहा, "कहीं जगह-वगह देख रखिए। शादी के बाद ही मैं पिता जी से रुपया ला दूँगा।"

और बढ़ कर दाँत निकोसते हुए उसने चेतन से कहा था, "जीजा जी, मुझे भी ज़रा 'गृहस्थी' के एडिटर से मिला दीजिएगा।"

और यह कहते हुए वह चेतन के साथ ही दुकान से बाहर निकल आया था।

०

चेतन दिन भर घूमता रहा था और जहाँ-जहाँ वह गया था, रणवीर उसके साथ चिपका रहा था। यही नहीं, बाकी दो दिन भी डेण्टल कॉलेज को भूल, वह लाहौर के शायरों, अदीबों और एडिटरों से सम्पर्क बनाता रहा था। चेतन का ख़याल था कि वह डेण्टल कॉलेज की बात भूल गया है, लेकिन जाती बेर वह भाई साहब से पक्का कर गया कि शादी पर वे ज़रूर पहुँचें और अगर उसके पिता डेण्टल कॉलेज के बारे में पूछें तो हामी भर दें। चेतन से उसने कहा था — "जीजा जी, आपसे पूछे बिना पिता जी कुछ करेंगे नहीं। आप सेटल

होने में मेरी मदद कीजिए। बस्ती या जालन्धर में मेरे लिए कोई स्कोप नहीं है। आप मुझे लाहौर बुला लीजिए। जो ख़िदमत आप मुझे से लेंगे, मैं दूँगा।"

'लाहौर में तू कौन-सा रणजीत सिंह का किला सर करेगा,' चेतन ने मन-ही-मन कहा था। प्रकट उसने न 'हाँ' की, न 'ना,' सिर्फ़ उसका कन्धा थपथपा दिया था और इतने ही से ख़ुश हो कर रणवीर चला आया था।

उसके जाने के दस दिन बाद चेतन को उस ख़िदमत का आभास मिला था, जो रणवीर अपने इस परम आदरणीय जीजा जी को लाहौर में देने वाला था। 'गृहस्थी' का ताज़ा अंक देखते ही चेतन का ख़ून खौल उठा था। उस की एक पुरानी कहानी, हज़रत रणवीर 'नाशाद' के नाम से वहाँ छपी थी। जाने कब वह उस कहानी की प्रतिलिपि चेतन की फ़ाइल से उड़ा ले गया था।

कहानी वह निहायत मामूली थी। चेतन की शुरू की कहानियों में से थी। लेकिन चेतन उन दिनों अपनी तमाम कहानियों को मास्टरपीस समझा करता था और उसे लगा था कि जैसे उसके उस मुँह-लगे साले ने उसकी यादगार कहानी पर डाका डाल लिया था। ग़नीमत यही था कि वह कहानी दो वर्ष पहले मुंशी गिरिजा शंकर के मासिक 'गिरिजा' में छप चुकी थी। (यह बात याद आते ही चेतन ने उसी वक्त तराशों की फ़ाइल देख कर तसल्ली कर ली थी कि दो वर्ष पहले छपी उस कहानी की कतरन तो फ़ाइल में सुरक्षित है।) उसे यह जान कर हैरत हुई थी कि 'गृहस्थी' के सम्पादक को यह मालूम ही नहीं हुआ — रणवीर उन्हें अपने नाम से जो कहानी दे रहा है, वह पहले चेतन के नाम से 'गिरिजा' में छप चुकी है।

'शायद ये लोग दूसरी पत्रिकाओं को नहीं पढ़ते।' तब उसने सोचा था; जब एक मासिक में दो वर्ष पहले छपी कहानी दूसरे मासिक में छप सकती है तो किसी दैनिक के सण्डे एडिशनों में छपी कहानियाँ निश्चय ही मासिकों में छप सकती हैं और चेतन ने तय किया कि वह अपनी तमाम पुरानी कहानियाँ दोबारा छपवा डालेगा। इस घटना का यह लाभप्रद पहलू निकल आने पर, हालाँकि, अन्दर-ही-अन्दर उसका क्रोध किंचित शान्त हो गया था, लेकिन चन्दा स्कूल से आयी तो सारी घटना उसे बताते हुए चेतन ने घोषणा की थी कि अगर रणवीर लाहौर आया और उसने भाई साहब के साथ मिल कर डेण्टल कॉलेज खोला तो उसे रहने के दूसरा प्रबन्ध करना पड़ेगा।

"यह कैसे हो सकता है ?" चन्दा ने भोलेपन से कहा था, "मैं उसे समझा दूँगी कि वह आपकी फ़ाइलों को न छुए। मैं उन्हें ट्रंक में बन्द कर दूँगी।" फिर क्षण भर रुक कर उसने कहा था, "उसे शुरू से ही छपने का बड़ा शौक है। आप इतना लिखते हैं, छोटी-मोटी कोई रचना उसे दे दिया कीजिए। वह चोरी नहीं करेगा।"

चेतन चुपचाप अपनी पत्नी की ओर देखता रह गया था। उसे बेहद गुस्सा था, पर नितान्त भोलेपन से भरा हुआ चन्दा का यह उत्तर सुन, जैसे परास्त हो कर, वह हँस दिया था। चन्दा को यह समझाना असम्भव था कि किसी लेखक के लिए अपनी रचना किसी को देना ऐसा ही है, जैसे माँ के लिए अपने बच्चे को किसी दूसरे के हवाले करना। वह जानता था कि उसकी पत्नी अपने ताऊ के लड़के-लड़कियों को (अपने सगे भाई-बहनों

के अभाव में) बहुत चाहती है। उसने चन्दा से बहस नहीं की थी, पर जब भाई साहब दुकान से आये थे तो उसने उन्हें सारा किस्सा सुनाया था। "अब तो शुक्र है, कहानी पहले 'गिरिजा' में छप चुकी है, लेकिन वह छपी हुई न होती तो...." और वह ज़ोर-ज़ोर से बमकने लगा था और उसने भाई साहब को चेतावनी दी थी कि वह रुपये अपने पिता से चाहे झटक लाये, लेकिन न वह ढंग से काम सीखेगा, न कॉलेज में मन लगायेगा; वह लाहौर के टुटपूँजिए शायरों के साथ घूमेगा और रिसालों के दफ़्तरों की ख़ाक छानेगा।

लेकिन भाई साहब मन-ही-मन डेण्टल कॉलेज की स्कीम बना चुके थे। उन्होंने दार्शनिक भाव से कहा था, "अभी तक उसके मन में किसी काम-धाम का पक्का ख़याल नहीं, इसलिए भटक रहा है।" और उन्होंने अपनी मिसाल दी थी, "मैं क्या कम भटका हूँ। मैं तो चित्रकार बनना चाहता था। लेकिन अब मुझे वह सब बेवकूफ़ी लगती है। ज्योंही काम पर उसका हाथ जमा, वह सब शायरी-वायरी भूल जायेगा।"

चेतन चुप हो गया था। उसने अपने भाई से भी बहस नहीं की थी, लेकिन मन-ही-मन उसने तय कर लिया था कि रणवीर के पिता, पण्डित वेणीप्रसाद उससे पूछेंगे तो वह उन्हें हरगिज़ डेण्टल कॉलेज में रुपया लगाने की सलाह नहीं देगा।

० ०

चन्न चढ़्या कुल आलम वेक्खे
मैं वी वेक्खाँ मुख यार दा
ओ मेरेआ चन्ना
मैं वी वेक्खाँ मुख यार दा[1]

रतना अपनी सोज़-भरी आवाज़ में गा रहा था। और अन्तरा ख़त्म होते ही बैलगाड़ी के साथ-साथ चलने वाले रणवीर के दोस्तों ने समवेत स्वर में टीप का बन्द उठा लिया था :

चिट्ठिए दर्द फ़िराक वालिए
नी, लै जा, लै जा सन्योड़ा सोहने यार दा।

चेतन कुछ क्षण चुपचाप वह गीत सुनता रहा था। कितना प्यारा सोज़-भरा गीत था! चेतन के सामने कुछ वर्ष पहले के वे दिन घूम गये, जब वह कुन्ती की गली के नीचे से सिर्फ़ उसकी एक झलक पाने को गुज़रा करता था। उसे याद था, ईद की एक शाम, जब लोग छतों पर चढ़े चाँद को देख रहे थे, सहसा बारीक-सा चाँद नज़र आ गया था और बराबर के मुसलमान मुहल्लों से ख़ुशी के नारे बुलन्द हो गये थे और दूर इमाम नासरुद्दीन में दमामे बज उठे थे, अपनी छत की रौंस पर बैठा हुआ देर तक वह 'चिट्ठिए दर्द फ़िराक वालिए' गाता रहा था :

चन्ना चढ़्या कुल आलम वेक्खे
चन्न चढ़्या कुल आलम वेक्खे
मैं वी वेक्खाँ मुख यार दा

और सुध-बुल भुला कर वह बार-बार यही पंक्तियाँ गाता रहा था।

भाई साहब को गाने का वैसा शौक नहीं था। लेकिन चेतन ने देखा —घुटनों को

---

१. चाँद चढ़ा। कुल दुनिया देख रही है। काश मैं अपने प्यारे का मुँह देखूँ।

बाँहों में बाँधे, वे धीरे-धीरे झूम रहे थे। वह मन-ही-मन हँसा —'आख़िर भाई साहब ने बैलगाड़ी की सवारी से समझौता कर लिया है।'

और उसके सामने सुबह की घटना घूम गयी....

० ०

बरात को सुबह छै बजे बस्ती ग़ज़ाँ से चल देना था। बैल हृष्ट-पुष्ट और नागौरी सींगों वाले थे और गाड़ीवानों ने उन्हें विश्वास दिलाया था कि यदि बरात सुबह वक्त पर चल देगी तो शाम होते-होते वे यकीनन लालड़ाँ पहुँच जायेंगे। पण्डित वेणीप्रसाद ने तय किया था कि छै बजे के बदले वे साढ़े पाँच बजे ही चल देंगे। सभी बरातियों का सामान रात ही को आ गया, लेकिन भाई साहब शाम तक न पहुँचे थे। चेतन ने रणवीर को लाख समझाया था कि भाई साहब रात एक बजे वाली गाड़ी से ही आयेंगे —आठ बजे दुकान बन्द करके, खाना-वाना खा कर दस बजे लाहौर से गाड़ी पर बैठेंगे और रात को जालन्धर पहुँचेंगे —उन्होंने आख़िरी गाड़ी से चलने की बात कही थी। —लेकिन रणवीर को बेसब्री थी। उसने दो बार अपने छोटे भाई रिपुदमन को स्टेशन भेजा था और जब वह नाकाम वापस आ गया था तो रणवीर ने चेतन से अनुरोध किया था, "जीजा जी, आप रिपु के साथ जायें और भाई साहब को लिवा लायें।"

"लेकिन भाई साहब सीधे इधर (उसका मतलब बस्ती ग़ज़ाँ से था) नहीं आयेंगे। पहले वे कल्लोवानी ही जायेंगे।" चेतन ने कहा था।

"तब आप इतनी मेहरबानी कीजिएगा कि उनका सामान रिपु के हाथ भिजवा दीजिएगा। ताकि वह लद जाये! और आप तड़के ही उन्हें ले आइएगा।"

"उसकी तुम फ़िक्र न करो," चेतन ने उसे आश्वासन दिया था, "भाई साहब रात को दो बजे सोयें तो भी सुबह पाँच बजे उठ जाते हैं।"

०

लेकिन इस बात के बावजूद कि स्टेशन ही से भाई साहब का सामान चेतन ने रिपु के हाथ बस्ती भिजवा दिया था और रात को दो बजे सो कर भाई साहब सुबह पाँच बजे उठ भी गये थे, वे लोग समय से बस्ती पहुँच न पाये थे।

०

हुआ यह क़ि जब डेढ़ बजे के करीब चौरस्ती अटारी में ताँगे से उतर, वे घर पहुँचे थे और माँ ने दरवाज़ा खोला था तो ऊपर आँगन में ही बैठ कर वे माँ के साथ बतियाने लगे थे।....बैलगाड़ी के उस गुदगुदे मंच पर लेटे सुबह की घटना की याद करते हुए चेतन और भी कई वर्ष पीछे चला गया।....वह जब भी कभी एक बजे वाली रात की गाड़ी से जालन्धर पहुँचा था, रात को कभी न सो पाया था। स्टेशन से ताँगा ले कर 'चौरस्ती अटारी' या 'कादेशाह के चौक' उतर कर या (सामान न हो और ताँगे वाला बहुत पैसे माँगे तो) पैदल ही डेढ़-दो मील की मंज़िल मार कर, जब-जब वह मुहल्ले में पहुँचा था, कभी चौधरी रूपलाल की हवेली के कोने पर लगा कमेटी का लैम्प टिमटिमा रहा होता (जिसकी रोशनी कुएँ के इधर पहुँचते-पहुँचते दम तोड़ देती) और कभी घुप्प अँधेरा पूरे चौक को ग्रसे होता। अभ्यस्त होने के बावजूद, चेतन अन्दाज़ ही से सँभल कर अपने मकान की डेवढ़ी के सामने

जा खड़ा होता और पहले ज़रा परे ही से परसराम अथवा शिवशंकर का नाम ले कर आवाज़ देता। जब ऊपर कोई सुन-गुन न मिलती और इस बीच आँखें अँधेरे की अभ्यस्त हो जातीं तो वह आगे बढ़ कर शीशम की पुरानी लकड़ी के मज़बूत किवाड़ों पर दस्तक देता और फिर ज़ोर से मोटी साँकल खटखटाता। उस कर्कश ध्वनि से पूरे मुहल्ले पर छाया मौन बेतहर घायल हो जाता। रायज़ादा ख़ुशवन्तराय की हवेली के छज्जे की कोटरों में बसेरा लेने वाले कबूतर डर कर पंख फटफटाते और भयातुर गुटर-गूँ, गुटर-गूँ कर उठते। कई बार ऊपर बैठक की खिड़की खुलती और रायज़ादा ख़ुशवन्तराय की दूसरी पत्नी बीरो, अपनी डरी, लेकिन चिढ़ी आवाज़ में पूछती — "कौन एँ-एँ-एँ!"

चेतन जवाब में बढ़ कर अपने मकान की कुण्डी फिर खटखटा देता। बीरो ज़ोर से खिड़की बन्द कर लेती।

तभी अन्दर सीढ़ियों से माँ के उतरने की पदचाप आती। दूसरे क्षण माँ दरवाज़ा खोलती। हरीकेन लालटेन के मद्धम प्रकाश में चेतन उसके झुर्रियों-भरे चेहरे पर हठात आ जाने वाले वात्सल्य की चमक देखता और बढ़ कर पाँव छूता। माँ आशीर्वाद देती। तब कई बार चेतन वहीं डेवढ़ी की चौखट में बैठ जाता। उसके पास सामान होता तो ऊपर आँगन में पहुँच कर, बिस्तर या ट्रंक या दालान की चौखट या आँगन के मोघे (लोहे के जँगले) पर बैठ कर माँ से बतियाते हुए, सुबह कर देता। माँ अपने सुख-दुख की बातें करती। छोटे भाइयों की पढ़ाई या भविष्य के बारे में चिन्ता प्रकट करती, मुहल्ले की ख़बरें देती। चेतन लाहौर के अपने संघर्ष की, अपने सपनों और महत्वाकांक्षाओं की बातें करता और कब सुबह हो जाती और मुहल्ले के कुएँ पर सुबह नहाने या पानी भरने वाले आ जाते, उन्हें पता न चलता।....

भाई साहब के साथ जब वह ऊपर आँगन में पहुँचा था तो स्वभावानुसार वह दालान की चौखट में बैठ गया था। भाई साहब आँगन में बिछे पीढ़े पर जा बैठे थे, माँ जँगले की चौखट पर बैठ गयी थी और वे अनायास बातें करने लगे थे। चेतन अपनी माँ को बता रहा था कि उसने कानून पढ़ने का फ़ैसला किया है। किसी तरह पैसे जुटा कर वह उसी वर्ष लॉ कॉलेज मँ दाख़िल हो जायेगा। दो साल कानून पढ़ेगा ओर पास हो कर सब-जजी के कम्पीटीशन में बैठेगा और सब-जज बन कर दम लेगा।

माँ बड़ी ख़ुश हुई थी। "मैं ताँ पहले ई कैहन्दी सी कि तूँ जाने की कागद काले करदा रेहन्दा ऐं।" उसने कहा था, "चार पैसेयाँ दी आमदनी नईं। अक्खाँ उपरों ख़राब हुन्दियाँ ऐं[१]।" और उसने बताया था कि वह तो कई बार सोचती है कि चेतन की अपेक्षा तो परसराम ही अच्छा है, जो मैट्रिक पास करते ही इन्स्पेक्टर के दफ़्तर में क्लर्क हो गया है और पूरे चालीस रुपये महीना घर लाता है।

माँ जब लाहौर आयी थी, तब भी उसने परसराम की नौकरी की ख़बर दे कर यही कहा था कि चेतन बी०ए० पास करके भी कुछ नहीं कमा पाता, जबकि उसका छोटा भाई मैट्रिक करके चालीस रुपये पाने लगा है। चेतन को बुरा तो बहुत लगा था, पर उसने माँ

---

१. मैं तो पहले ही कहती थी कि तू न जाने क्या काग़ज़ काले करता रहता है। चार पैसे की आय नहीं और आँखें ऊपर से ख़राब होती हैं।

को समझाया था कि इन्हीं काले काग़ज़ों से वह किसी दिन धन और यश, दोनों कमायेगा....और माँ ने अब फिर वही बात कही थी। लेकिन अबके उसने बुरा नहीं माना। लाड से वह माँ के पास जा बैठा और उसके कन्धे को बाँह में लेते हुए उसने कहा था, "माँ, मैं तेरे सारे उलाम्भे लाह देने ऐं[1]!" और वह ज़ोर से ठहाका मार कर हँसा था।

लेकिन तभी उसकी नज़र भाई साहब पर गयी थी। वे शायद वहीं पीढ़े पर बैठे-बैठे सो गये थे और उसके ठहाके से अचानक चौंक उठे थे।

भाई साहब की यह पुरानी आदत थी। वे बातें करते या सुनते हुए अचानक सो जाते थे और बात करने वाले को पता भी न चलता था कि वे सो गये हैं। तब चेतन ने कहा था, "भाई साहब, ज़रा क़मर सीधी कर लीजिए। अब तो दो-ढाई बजने को होंगे। मैं आपको पाँच बजे जगा दूँगा।"

"हाँ, तुम ठीक कहते हो," भाई साहब ख़ामोशी से उठे थे। नाइट सूट, जो उन्होंने स्टेशन पर सूटकेस से निकाल लिया था, अभी तक उनकी बाँह में लटक रहा था। दालान में जा कर उन्होंने सूट और टाई उतार, कपड़े खूँटियों पर टाँग दिये। चेतन ने माँ की मदद से अन्दर कमरे में रखे, बड़े ट्रंक से नयी रज़ाई-दुलाई निकाल, दालान में बिछे पलँग पर बिस्तर बिछा दिया और 'मुझे पाँच बजे ज़रूर जगा देना,' कहते हुए, भाई साहब लेट गये थे और दूसरे क्षण सो गये थे।

चेतन लालटेन ले कर बाहर आ गया था और फिर वहीं आँगन में बैठा, माँ से बतियाने लगा था। लाहौर के, दिल और कमर तोड़ देने वाले, संघर्ष से दूर, अपने घर के इस आँगन में, किसी कुर्सी के बिना, मूढ़े या दहलीज़ या पीढ़े पर बैठे, माँ से बातें करते हुए उसे पलों-घड़ियों का कोई ध्यान न रहता था।....सर्दी काफ़ी थी, आँगन ऊपर से थोड़ा खुला था, पर वह अपना वही पुराना ओवरकोट पहने बैठा था। माँ को उसने पीढ़े पर बैठा दिया और स्वयं उसके घुटने से लगा, मोघे की चौखट पर बैठा, लगातार बातें करता रहा था। कब शेष रात बीत गयी, उसे होश नहीं रहा। कुएँ में पहली गागर के डूबने की आवाज़ से वह चौंका। "मैं भाई साहब को जगा दूँ माँ।" उसने हठात उठते हुए कहा था, "बरात साढ़े पाँच बजे बस्ती से रवाना हो जायेगी।"

"हाँ, तू ओहनूँ जगा दे।" माँ ने कहा था, "मैं अग्ग बाल के चाह बना देन्नी आँ, इक-इक गिलास पी लैणाँ[2]!"

"चाय तो अभी लाहौर में हमने पीना नहीं सीखा माँ, लस्सी ही पीते हैं।"

"सर्दी ऐ। रात भर दे थक्के ओ। जाण तों पहलाँ दो-दो मठरियाँ नाल चाह पी लैणाँ। तुलसी दे दो-तिन्न पत्ते ते इन्नी-कु-जेही दालचीनी मैं चाह च उबाल देआँगी[3]।"

"अरे माँ, नहाना पड़ेगा और हमें जल्दी जाना है।"

"लै, न्हाये बिना किद्दाँ मुँह जूट्ठा करोगे ? खूह ते जाके दो गड़वियाँ पानी दियाँ पा

---

१. माँ, मैं तुम्हारे सब उलाहने दूर कर दूँगा।
२. हाँ, तू उसे जगा दे। मैं आग जला कर चाय बना देती हूँ, एक-एक गिलास पी लेना।
३. सर्दी है। रात भर के थके हो। जाने से पहले दो-दो मठिरयों के साथ चाय पी लेना। तुलसी के दो-तीन पत्ते और ज़रा-सी दालचीनी मैं चाय में उबाल दूँगी।

लओ। घर तों निराहार निकलना नईं चाहीदा[१]!"

और माँ ने पंजाबी कहावत कही थी, "घरों जाइए खा के, अग्गों मिलन पका के; घरों जाइए भुक्खे, अग्गे कोई न पुच्छे।"

"तुम्हारी मर्ज़ी।" कहता हुआ चेतन दालान की बढ़ा था।

०

चन्न चढ़्या कुल आलम वेक्खे
चन्न चढ़्या कुल आलम वेक्खे
मैं वी वेक्खाँ मुख यार दा
ओ मेरेआ चन्नाँ
मैं वी वेक्खाँ मुख यार दा

रतना उसी बन्द को दोहरा कर गा रहा था। भाई साहब बाँहें घुटनों में लिये हुए झूम रहे थे। लगता यही था कि वे गाने पर झूम रहे हैं, पर उनकी आँखें बन्द थीं और वे दरअसल ऊँघ गये थे।

चेतन को अपने भाई पर दया हो आयी। वे मुश्किल से दो-ढाई घण्टे सोये होंगे कि चेतन ने उन्हें जगा दिया था। उसने ज़ोर से आवाज़ नहीं दी थी, न उन्हें झकझोरा था। बस उनका कन्धा ज़रा-सा हिलाया था और धीरे से एक बार कहा था —"भाई साहब!" और वे रज़ाई उलट, ऐसे उछल कर उठे थे, जैसे वे सो नहीं, जाग रहे हों। छोटे भाइयों द्वारा ताक में रखी दातुनों में से एक-एक दोनों भाइयों ने मुँह में डाली थी और निबट कर कुएँ पर नहाने चले गये थे।

चेतन ने पीतल का घड़ा कुएँ से भर कर पहले भाई साहब की बाल्टी में पलट दिया था। वे नहा चुके तो उसने अपने लिए बाल्टी भर ली थी। ठण्ड बहुत ज़्यादा थी। लेकिन लाहौर के नलकों की अपेक्षा कुएँ का पानी गुनगुना था। पहला लोटा शरीर पर पड़ते ही नस-नस झनझना उठी थी, लेकिन फिर शरीर गर्म हो आया था —कुएँ की जगत पर नहाते-नहाते चेतन के सामने दुसुआ के दिन घूम गये थे, जब वह अपने पिता के पास चला गया था। क्वार्टर के बाहर बिना चर्ख़ी का कुआँ था। पिता के आदेश से पानी वाला कुएँ से पानी भर देता था और वहीं खड़ा-खड़ा चेतन लोटे-पर-लोटा पानी डालता और ठिठुरता हुआ जल्दी-जल्दी नहाता। खुले में ठण्डी हवा आरी-सी शरीर चीरती चली जाती थी और उसे अपने पिता पर बड़ा क्रोध आता था....उसके सामने शिमले के दिन घूम गये, जब वह रूल्दू भट्टे के बाहर नल पर बाल्टी रखे, नहाया करता था और कविराज उसकी हिम्मत को सराहते हुए पास से निकल जाते थे। उन दोनों अवसरों पर उसका मन कड़वा जाता था — क्योंकि उस नहाने के पीछे उसकी विवशता थी। लेकिन अपने मुहल्ले के कुएँ की जगत पर बैठ कर नहाना —जाने कितने दिनों बाद उसे वह सुख मयस्सर हुआ था। यह अजीब बात है कि जब-जब वह इस कुएँ की जगत पर बैठ कर नहाता था —उसके कानों में कभी बचपन में नाइन द्वारा सुनी किसी 'घोड़ी' के दो असम्बद्ध बोल गूँज उठते थे। शरीर

---

१. लो, नहाये बिना कैसे मुँह जूठा करोगे! कुएँ पर जा कर दो लोटे पानी के डाल लो। घर से निराहार नहीं निकलना चाहिए।

पर पानी डाल कर, जल्दी-जल्दी बदन मलता हुआ, वह उन्हें मन-ही-मन दोहराये जाता था :

कुएँ पर मल-दल न्हावेगा
बन्ना मिरदंग बजावेगा

बैलगाड़ी पर लेटे-लेटे, उन बोलों की याद आने पर चेतन हँसा —मन की यह कैसी गति है — कहाँ-से-कहाँ जा पहुँचता है। कमरे में बाल्टी भर कर या गुसलख़ाने में नल पर नहाते हुए वे बोल उसे कभी याद नहीं आये। लेकिन अपने कुएँ की जगत पर जब-जब वह नहाया, उसके होंटों में ये बोल गुनगुना उठे....

बजते दाँतों और काँपती आवाज़ से कुएँ पर बन्ने के मल-दल कर नहाने के बोल गाते हुए, चेतन पानी का लोटा डाल, जल्दी-जल्दी बदन को मलते हुए नहाया था। फिर सूखा साफ़ा कमर में लपेट, गीले साफ़े को धो-निचोड़, उसी से बदन पोंछ कर उसने पानी का घड़ा झटके से कन्धे पर रखा था और दायें हाथ में ख़ाली बाल्टी-लोटा ले कर चला आया था।....

पन्द्रह-बीस मिनट में तैयार हो कर वे दो-दो मठरियाँ चाय के साथ ले कर घर से बाहर निकले थे तो मुहल्ले में हल्का-सा उजेला फैल गया था।

अगर चौरस्ती अटारी में ताँगों अथवा इक्कों का कोई अड्डा होता तो शायद वे ठीक वक्त से बस्ती ग़ज़ाँ पहुँच जाते। लेकिन कल्लोवानी मुहल्ले के चारों ओर, तंग गलियों-बाज़ारों का एक जाल बिछा था; वहाँ से मील-आध मील चल कर ही कहीं ताँगा-इक्का मिल सकता था। इसलिए प्रातःकालीन झुटपुटे के नीम-अँधेरे में दोनों भाई जैसे उन सूने, वीरान बाज़ारों को चीरते हुए चले आये थे। दिन के वक्त भीड़-भब्भड़ और खुली दुकानों और उनमें रंगारंग चीज़ें निगाहों को यूँ उलझा लेती थीं कि आदमी कभी ऊपर निगाह उठा कर न देखता था, लेकिन सुबह चेतन की आँखें बार-बार दुकानों के सिरों पर उठ जाती थीं —आकाश की नीली-काली पट्टी में धीरे-धीरे सफ़ेदी मिल रही थी, दुकानों की छतें आसमान से अलग दिखायी देने लगी थीं और उजाला बाज़ारों को कुछ अजीब-सा खुलापन प्रदान कर रहा था।....जौड़ा बाज़ार, चौक सूदाँ, छत्ती गली, लाल बाज़ार और बाँस वाला बाज़ार से होते हुए, वे बस्ती के अड्डे पहुँच, ताँगे पर आ बैठे थे। साढ़े छै का वक्त होगा, जब उनका ताँगा बस्ती पहुँचा था। वे अभी अड्डे से कुछ दूर ही थे, जब चेतन के कानों में रणवीर की आवाज़ आयी — "जीजा जी आ गये।"

दोनों भाइयों ने निगाहें उधर घुमायीं तो देखा कि रणवीर, हुनर साहब और निश्तर, पान की दुकान पर खड़े हैं। वहीं एक ओर सामान से लदी बैलगाड़ी ओट के सहारे खड़ी थी। पास ही बैल बैठे पगुरा रहे थे। वहीं उसने रिपु, रतने और बस्ती के दो-तीन और लड़कों को भी घूमते पाया।

इससे पहले कि ताँगा अड्डे पर रुकता, रणवीर भाग कर उनकी ओर आया था। भाई साहब को उसने नमस्ते की और बोला, "मैं तो उम्मीद ही छोड़ चुका था, कल दो-दो गाड़ियाँ देख कर रिपु नाकाम लौटा, पर जीजा जी ने कहा, आप रात की गाड़ी से आयेंगे। बहुत ही अच्छा किया जो आप आ गये।"

और एक अकथनीय ख़ुशी उसके कुरूप चेहरे को उद्‌भासित कर गयी थी। उस वक्त, जब हुनर साहब भाई साहब का हाथ अपने दोनों हाथों में ले कर बड़ी गर्मजोशी से दबा रहे थे, रणवीर गाड़ीवान को बैल जोतने का आदेश दे रहा था।

लेकिन जब वे सड़क पार कर बैलगाड़ी के नज़दीक आये तो भाई साहब ऐसे रुक गये, जैसे आगे बैलगाड़ी नहीं, कोई गगनचुम्बी पहाड़ खड़ा हो, जिस पर चढ़ने के ख़याल से ही रूह काँप जाती हो।

गाड़ीवान ने पलक-झपकते बैल जोत दिये और बरातियों से कहा कि वे बैठ जायें, देर हो रही है।

तब हुनर साहब पीछे से निकल कर सब को बढ़ावा देते हुए, बिलकुल छोटे बच्चों की तरह बैलगाड़ी पर जा चढ़े थे। रतना, हरनामा, रणवीर और रिपु के दूसरे मित्र भी सवार हो गये थे। सिर्फ़ रिपु और रणवीर अपने जीजा और उनके बड़े भाई की अर्दल में खड़े रहे कि वे बैलगाड़ी पर सवार हों तो वे भी चढ़ें।

सभी बरातियों ने रास्ते के कपड़े पहन रखे थे —हुनर साहब खादी के धोती-कुर्ते पर पट्टी की जैकेट पहने हुए थे। ऊपर उन्होंने गर्म चदरा डाल रखा था। निश्तर कमीज़-धोती और गर्म कोट में था। रिपु और निश्तर लट्ठे के पायजामे-कमीज़ें और बन्द गले के कोट पहने थे। रतने ने बोस्की की कमीज़ और लट्ठे के तहमद पर घर का बुना, डिज़ाइनदार पुलोवर पहन रखा था। हरनामे ने तहमद-कमीज़ पर काली जैकेट पहन रखी थी। चेतन स्वयं कुर्ते-पायजामे पर ओवरकोट पहने और गले में गुलूबन्द डाले था —सिर्फ़ भाई साहब अपने एक-मात्र बढ़िया गर्म सूट में सजे थे।....चेतन को ख़याल आया कि रात ही को जब भाई साहब ट्रंक से नाइट सूट निकाल रहे थे, उसे उन्हें बता देना चाहिए था कि सुबह बैलगाड़ी पर सफ़र करना है, कोई पुराना कोट और पायजामा निकाल लें। वे ताँगे से उतर कर, जहाँ खड़े थे, वहीं जड़ हो गये थे। —बरात को बैलगाड़ी पर जाना है, यह जान कर उनका सारा उत्साह मन्द पड़ गया था।

तब हुनर साहब ने बैलगाड़ी की छत से पुकारा था कि चलिए, पहले ही बड़ी देर हो गयी है।

लेकिन भाई साहब टस-से-मस न हुए थे। "बैलगाड़ी किधर को जायेगी ?" सहसा उन्होंने प्रश्न किया था।

"लालड़ाँ!" हुनर साहब ने वहीं बैलगाड़ी के ऊपर बैठे-बैठे उत्तर दिया था।

"लालड़ाँ! —किधर से जायेंगे लालड़ाँ को ?" भाई साहब ने फिर सवाल किया था।

तब गाड़ीवान ने बताया कि बस्ती के अड्डे से जर्नैली सड़क पकड़, सिविल हस्पताल के सामने से होते हुए अड्डा नकोदर पहुँचेंगे, फिर कम्पनी बाग़ के सामने से होते हुए जालन्धर छावनी! चहेड़ू की बेयीं[१] पर पहला पड़ाव होगा। वहीं पण्डित वेणीप्रसाद रुक कर उनकी प्रतीक्षा करेंगे। बेयीं के एक मील आगे रास्ता लालड़ाँ को उतरता है। और वह बोला, "हुण बादशाहो, तुसीं बहस छड्डो ते चढ़ बहवो। पहलाँ ई बड़ी देर हो गयी ए। दूज्जी बैल

१. छोटी नदी

गड्डी ताँ कम्पनी बाग़ तक पहुँच गयी होएगी। रस्ते च रात हो गयी ते फ़ेर सान्नूँ उलाम्भा न देणाँ।"[१]

"पण्डित वेणीप्रसाद तो रात ही से ज़ोर दे रहे थे," हुनर साहब ने रद्दा जमाया, "कि साढ़े पाँच बजे बैलगाड़ियों को चल देना चाहिए। वो तो रात पूरी तरह सोये भी नहीं, बीस मिनट आधा घण्टा उन्होंने आपकी राह देखी, फिर वो यह कह कर चल दिये कि हम देर न लगायें और आप दोनों के आते ही चल दें।....अब आप सोच क्या रहे हैं ? यहाँ से नहीं चढ़ना चाहते तो अड्डे के बाहर से चढ़ जाइएगा। लेकिन देर हो गयी है...."

तब भाई साहब ने चेतन के कान में जो कहा, उसका यह मतलब था कि रास्ते में हस्पताल के सामने डॉ० सत्यप्रकाश का क्लिनिक पड़ता है। वे बरस-डेढ़ बरस वहाँ काम सीखते रहे हैं। हस्पताल के सभी डॉक्टर और इर्द-गिर्द के लोग उनके परिचित हैं। रास्ते में कोई मित्र-परिचित ही मिल जाता है। वहाँ से बैलगाड़ी पर बैठना उनके लिए असम्भव है।

चेतन भाई साहब की कठिनाई समझ गया था (मन-ही-मन उसे फिर इस बात पर ग़ुस्सा आया कि उसने पहले ही क्यों इस स्थिति की कल्पना नहीं की।) उसने रणवीर और हुनर साहब को सुनाते हुए कहा कि भाई साहब रास्ते में ज़रा डॉ० सत्यप्रकाश से मिलना चाहते हैं। वह उन्हें ताँगे में ले जाता है, वे लोग कम्पनी बाग़ पर उनकी प्रतीक्षा करें।

"अव्वल तो हमीं पहले पहुँच जायेंगे," उसने कहा, "दस-पाँच मिनट की देर हो तो आप कम्पनी बाग़ के मेन गेट पर हमारा इन्तज़ार करें।"

तब रणवीर मिनमिनाया — "वहाँ देर न लगाइएगा जीजा जी, पहले ही चलने में...."

चेतन ने उसे बात नहीं ख़त्म करने दी, उसकी पीठ थपथपाते हुए उसने कहा कि वह जा कर बैलगाड़ी पर बैठे और चिन्ता न करे। वे उन लोगों से पहले ही पहुँच जायेंगे।

और उसने एक ताँगेवाले को आवाज़ दी और भाई साहब के बैठ जाने पर स्वयं भी उनके साथ पिछली सीट पर बैठ गया।

तभी हुनर साहब अचानक बन्दर की तरह उछल कर बैलगाड़ी से उतरे और लपक कर उनके ताँगे की अगली सीट पर बैठ गये और पिछली सीट की ओर मुड़ कर उन्होंने कहा :

"डॉक्टर साहब बात क्या है, जा आप बरात में रहे हैं और सूरत आपने मुहर्रमी बना रखी है!"

भाई साहब ने तत्काल कोई जवाब नहीं दिया।

चेतन ने देखा — रणवीर वहीं सड़क पर खड़ा, किंचित उदास भाव से उन्हें देख रहा था। बरात उसकी न होती तो वह भी निश्चय ही भाग कर हुनर साहब के साथ आ बैठता। कुछ क्षण वह सड़क पर खड़ा, उन्हें जाते देखता रहा। फिर जब ताँगा बस्ती के अड्डे से मुड़ा तो वह पलट कर अपने छोटे भाई के साथ बैलगाड़ी पर जा चढ़ा।

०

१. अब बादशाहो, आप बहस छोड़ें और बैलगाड़ी पर चढ़ बैठें। पहले ही देर हो गयी है। दूसरी बैलगाड़ी तो कम्पनी बाग़ तक पहुँच गयी होगी। रास्ते में रात पड़ गयी तो फिर हमें दोष न देना।

"मुझे मालूम होता कि बरात बैलागाड़ी पर सफ़र करेगी तो मैं कभी न आता," अड्डे से बाहर सड़क पर आते ही भाई साहब सहसा फट पड़े थे।

हुनर साहब ठहाका मार कर हँसे थे और ढीले हो जाने वाले गर्म चदरे को खोल कर ठीक से फेंटा मारते हुए उन्होंने कहा था :

"तुम तो सचमुच डॉक्टर हो गये हो रामानन्द, वरना ऐसी बैलगाड़ी की सवारी के मुकाबिले में, जिसके नीचे गुदगुदे बिस्तर हों और जिसकी छत आसमान को छूती हो और जिस पर चार दोस्तों के साथ आराम से बैठा या लेटा जा सके, रेलगाड़ी के फ़र्स्ट क्लास का सफ़र भी हेच है।"

और उन्होंने उसी वक्त 'मीर' के हवाले से एक शे'र चुस्त करके सुना दिया :

बैलगाड़ी का सफ़र हो, साथ हों दो-चार यार
'मीर' जी को और क्या फिर इस जहाँ में चाहिए

चेतन ज़ोर से ठहाका मार कर हँसा था। "अरे हुनर साहब, जो शायर बाग़ीचे की तरफ़ खुलने वाले दरवाज़े और खिड़कियाँ बन्द रखता था, वह बैलगाड़ी पर क्या सवार होता। क्यों 'मीर' की रूह को तकलीफ़ पहुँचा रहे हैं —ऐसे भौंडे शे'र उसके नाम से सुना कर ?"

लेकिन हुनर साहब चेतन की इस फटकार से ज़रा भी हतप्रभ न हुए थे।

"जिसने भी यह लिखा है कि 'मीर' बाग़ीचे की तरफ़ खुलने वाली खिड़कियाँ बन्द रखते थे," हुनर साहब ने ज़ोर दे कर कहा, "ग़लत लिखा है। मीर के शे'र ज़बाने-हाल से पुकार कर कहते हैं कि वो न सिर्फ़ खिड़कियाँ खुली रखते थे, बल्कि बाकायदा बाग़ीचे की सैर करते थे, वरना वो ऐसे शे'र कैसे कहते ?" और हुनर साहब ने एक-के-बाद-एक कई शे'र सुना दिये :

"बूटा-बूटा पत्ता-पत्ता हाल हमारा जाने है
जाने-न-जाने गुल ही न जाने बाग़ तो सारा जाने है।

"कहा मैंने कितना है गुल का सबात[1]
कली ने यह सुन कर तबस्सुम किया[2]

"चमन में गुल ने जो कल दावा-ए-जमाल किया[3]
जमाले-यार[4] ने मुँह उसका, ख़ूब लाल किया

---

१. स्थायित्व
२. मुस्करायी
३. सौन्दर्य की बड़ हाँकी
४. प्रिय के सौन्दर्य

"दी आग रंगे-गुल ने बादे-सबा[1] चमन को
यों हम जले कफ़स[2] में सुन हाल आशियाँ का

"बिना बाग़ीचे का हर रंग देखे, कोई गुलो-बुलबुलो-चमन के बारे में क्या ऐसे दिलनशीं शे'र कह सकता है ?" हुनर साहब ने कहा और अपने उस्ताद के उस्ताद के उस्ताद के हवाले से (जो हुनर साहब के कथनानुसार 'मीर' के हम-असर और हम-सुख़न[3] थे) बताया कि 'मीर' को बैलगाड़ी का सफ़र बहुत पसन्द था और उन्होंने 'मीर' के नाम से दो शे'र और सुना दिये थे :

"बैलगाड़ी का सफ़र है ज़िन्दगी
चरख़-चूँ जाने न कितने दिन चले

"बैलगाड़ी का सफ़र है, रात पूरे चाँद की
याद ने तेरी अँधेरा पाख लेकिन कर दिया।"

और उन्होंने बताया कि 'मीर' ही पर क्या बस है, 'ग़ालिब,' 'ज़ौक,' 'मोमिन' और 'सौदा' तक ने अपने अशआर में बैलगाड़ी की यात्रा के गुण गाये हैं और वे एक किस्सा सुनाने लगे, जब 'मीर' ने दिल्ली से लखनऊ तक का सफ़र बैलगाड़ी में किया था और रास्ते में पूरा दीवान लिख डाला था। हुनर साहब तो अपनी रौ में 'मीर' का पूरा दीवान ही सुना देते, लेकिन तभी वे लोग डॉक्टर सत्यप्रकाश के क्लिनिक पर पहुँच गये।

०

डूँगी-डूँगी नदी-आ, तला वे पुराना
मैं अनतारू, तरन न जाना
नज़र न आवे कण्डा पार दा
ओ मेरेआ यारा —
नज़र न आवे कण्डा पार दा[4]

रतना सहसा बैलगाड़ी पर खड़ा हो गया था। दायाँ हाथ कान पर रख कर, बायें को हवा में लहराते हुए उसने अन्तरा गया। चेतन की विचार-शृखंला अचानक टूट गयी —कितना रसीला गला पाया है रतने ने ? हठात उसने सोचा और उसकी आँखों के सामने शिमले के चैडविक प्रपात के नीचे उस तन्हाई को सोज़ और लोच-भरी अपनी आवाज़ से गुँजाते कविराज जी की सूरत घूम गयी और सोहनी का वह गीत उसे याद आ गया :

लंघ आ जा पत्तन झनाँ दा
ओ यार

---

१. हवा
२. पिंजरा, कैद
३. समकालीन और उनके साथ कविता करने वाले
४. (पुराने घड़े के बल पर महीवाल से मिलने को जाती हुई, नदी पार करती सोहनी कहती है :) गहरी-गहरी नदी है। घड़े का तला पुराना है, मैं तैरना नहीं जानती और नदी का दूसरा किनारा दिखायी नहीं देता। ओ मेरे प्यारे, नदी का किनारा दिखायी नहीं देता।

लंघ आ जा पत्तन झनाँ दा
सान्नूँ आसरा ए तेरे नाँ दा
ओ यार
लंघ आ जा पत्तन झनाँ दा[1]

इर्द-गिर्द की सारी फ़िज़ा को गुँजाता हुआ, रतने का गीत जाने किस प्रक्रिया से चेतन की श्रवण-शक्ति से परे चला गया था और उसकी जगह दो वर्ष पहले चैडविक प्राप्त के पार्श्व संगीत पर उठती सोहनी की पुकार कविराज के स्वर में चेतन के कानों में गूँजने लगी थी :

मेरे काग बनेरे उत्ते बोल्लेया
मेरा तत्तड़ी दा जिउड़ा डोल्लेया
मैं ते मंदड़ा बोल न बोल्लेया
ओ यार
लंघ आ जा पत्तन झनाँ दा[2]
लंघ आ जा पत्तन झनाँ दा
दूरों दिस्सदा ऐ माही आउन्दा
हत्थ कंगन ते बाँही लटकाउन्दा
मैंन्नूँ रमज़ाँ नाल बुलाउन्दा[3]
ओ यार....

और वहीं बैलगाड़ी पर लेटे-लेटे, चेतन पुरानी यादों में खो गया। शिमला के चैडविक प्रपात से उड़ कर उसका मन दुसुआ स्टेशन की सूनी, अकेली रातों में भटक गया, जिन्हें एक ही रात में बैठ कर मन्थली (महीने का पूरा हिसाब) बनाने के प्रयास में उसके पिता मील-मील तक फ़िज़ाओं को गुँजाने वाली अपनी आवाज़ से खनखना देते थे —और राँझे का वह दर्द-भरा गीत :

इश्क तेरे ने कमलिए हीरे
जग विच्च मैंन्नूँ ख़्वार कीत्ता ई!

चेतन कितना चाहता था कि उसके कण्ठ में भी वैसा ही लोच और सोज़ हो, लेकिन उसकी बात तो दूर रही, छै भाइयों में एक के यहाँ भी पिता के स्वर की मिठास न थी। चेतन को इस बात का भी अफ़सोस था कि न उसके पिता ने अपने स्वर का कोई लाभ उठाया था, न कविराज रामदास ने। कविराज तो फिर भी दूसरों को रिझाने के लिए कभी-कभार गाते थे, लेकिन उसके पिता तो वीरानों में सुगन्ध लुटाने वाले फूल की तरह, मन्थलियाँ बनाते हुए, सोज़ और लोच से भरी अपनी मीठी, रसीली आवाज़ से वीरान रातों के सन्नाटों को गुँजाया करते थे। इससे ज़्यादा उस विभूति का उनके निकट कोई उपयोग नहीं था।....

रतना बैठ गया था और उसके स्वर को नीचे सड़क पर चलने वालों ने उठा लिया

---

१. चनाब का घाट पार कर आ जा, हमें तेरे ही नाम का आसरा है।
२. मेरी मुँडेर पर कौवा बोला। (प्रिय के आने की आशा से) मुझ बेचारी का दिल डोल उठा। मैंने तो कभी कोई बुरा बोल नहीं बोला (मेरा प्रिय क्यों नहीं आयेगा ?)
३. प्रिय दूर से आता दिखायी देता है —हाथ में कंगन और बाँह को लटकाये हुए —मुझे इशारों से बुलाता हुआ।

था। —'इसके पास भी इस विभूति का बस यही उपयोग है,' —चेतन ने सोचा —'कि वह अपने स्वर से मित्रों की महफ़िलों को गुलज़ार बना दे।' ....और चेतन को अपना पुराना अभाव सालने लगा। ....काश उसके पास ऐसा कण्ठ-स्वर होता। वह किसी गुरु के चरणों में बैठ कर उसे साधता और देश-विदेश में अपने नाम का डंका बजा देता।

रतना बदस्तूर 'चिट्ठिए दर्द फ़िराक वालिए' गा रहा था :

माही! कदीं तूँ सान्नूँ पास बुला, वे
नईं ताँ कदीं तूँ ढोल, कोल साड्डे आ, वे
कुझ ताँ मज़ा आवे
कुझ ताँ मज़ा आवे
कुझ ताँ मज़ा आवे प्यार दा[१]
ओ यार दा
चिट्ठिए दर्द फ़िराक वालिए....

भाई साहब आँखें बन्द किये, नीम-ग़नूदगी में झूम रहे थे कि हुनर साहब ने हठात उठ कर दाद देते हुए जोश से कहा, "वाह-वा! क्या हस्बे-हाल बात कही है! —हमें बुला, या ख़ुद आ! वाह-वा, वाह-वा!"

हुनर साहब की इस पुरशोर दाद ने सहसा भाई साहब को उनकी ग़नूदगी से जगा दिया। झटके से चौंक कर उन्होंने आँखें खोलीं और सीधे हो कर बैठ गये। हुनर साहब ने रतने पर ज़ोर दिया कि एक बार वह उन पंक्तियों को फिर गाये।

रतना दुगुने उत्साह से गाने लगा :

माही, कदीं तूँ सान्नूँ पास बुला, वे।

चेतन भी कोहनी के बल अधलेटा हो गया।....सुबह से अब तक हुनर साहब का व्यवहार उसकी आँखों के आगे घूम गया। —बस्ती के अड्डे से ताँगे में बैठते ही हुनर साहब बोलने लगे थे। जब वे डॉक्टर सत्यप्रकाश के क्लिनिक पहुँचे थे तो चेतन का ख़याल था कि वे ताँगे में ही बैठेंगे और वे दोनों भाई डॉक्टर सत्यप्रकाश से मिल आयेंगे। इससे पहले कि वे हुनर साहब को ताँगे में ही रुकने के लिए कहते, हुनर साहब कूद कर उतर गये थे और क्लिनिक की ओर दो कदम बढ़ गये थे।

सिविल हस्पताल के सामने, सड़क के किनारे दो-मंज़िली बिल्डिंग में डॉक्टर सत्यप्रकाश का बोर्ड लगा था। नीचे उनका क्लिनिक था। ऊपर वे रहते थे। अभी आठ नहीं बजे थे, इसलिए वे ऊपर की मंज़िल पर ही थे। चेतन और हुनर साहब को नीचे ड्राइंग-रूम में बैठा कर भाई साहब दायीं ओर सीढ़ियों में गये और उन्होंने कॉल-बेल का बटन दबाया। दूसरे क्षण नौकर आया तो उन्होंने कहा, "डॉक्टर साहब से कहो, लाहौर से रामानन्द आये हैं।"

डॉक्टर सत्यप्रकाश नाश्ता कर रहे थे। कुछ मिनट बाद ही वे नीचे आ गये। उन्होंने भाई साहब और चेतन से हाथ मिलाया। तभी उनकी निगाह हुनर साहब पर गयी। भाई

१. ओ प्रिय, कभी तू हमें अपने पास बुला; नहीं तो ओ प्रिय, कभी तू हमारे पास आ; कुछ तो मज़ा आये प्यार का!

साहब ने हुनर साहब का परिचय दिया। उनकी ओर हाथ बढ़ाते हुए प्रकाश हँसे थे, "अब आप से तआरुफ़[1] हुआ है तो कुछ शे'र-ओ-शायरी सुनने का मौका मिलेगा।"

तब चेतन ने अपना कर्तव्य समझते हुए हुनर साहब को बताया था कि डॉक्टर साहब बड़े ख़ुश-ज़ौक[2] और सुख़न-फ़हम[3] हैं।

बस, हुनर साहब के लिए इतना ही काफ़ी था। उन्होंने एक नज़र डॉक्टर सत्यप्रकाश पर डाली थी —तीस-बत्तीस वर्ष की उम्र; मँझला कद; पतला न मोटा शरीर; गोरा-चिट्टा रंग; गोल-मटोल चेहरा; छोटी-छोटी, दोनों ओर से छँटी मूँछें। हँसते तो मोतियों-से सफ़ेद दाँत चमकते। मुसकराते तो उनकी दायीं आँख ज़रा-सी दबती, जो उनके मुख को और भी सुन्दर बना देती।....चेतन ने देखा —हुनर साहब को वे बहुत अच्छे लगे हैं —इस सुन्दर सूरत के साथ वे सुरुचि-सम्पन्न और रसज्ञ भी हैं, यह जान कर हुनर साहब बहुत ख़ुश हुए थे। डॉक्टर साहब के बढ़े हुए हाथ को निहायत गर्मजोशी से अपने दोनों हाथों में ले कर उन्होंने दबाया, उनसे मुलाकात होने पर ख़ुशी ज़ाहिर की फिर रणवीर की शादी और बैलगाड़ियों पर बरात के जाने का ज़िक्र करते हुए कुछ गम्भीर और कुछ अगम्भीर स्वर में बैलगाड़ी के सफ़र से भाई साहब की वितृष्णा के उल्लेख से बात शुरू कर दी। पहले 'मीर' के वही शे'र सुनाये, जो उन्होंने ताँगे में सुनाये थे (डॉक्टर सत्यप्रकाश ने दाद दी) फिर अल्ला दे और बन्दा ले के अनुसार शे'र-पर-शे'र और किस्से-पर-किस्सा वे सुनाते चले गये। चेतन अथवा भाई साहब को डॉक्टर सत्यप्रकाश से मिनट भर को अन्तरंग बात करने का अवसर उन्होंने नहीं दिया। चेतन न जाने कितनी बार वे किस्से और शे'र सुन चुका था, वह बेहद बोर हुआ था। लेकिन कोई चारा नहीं था, हुनर साहब की गाड़ी एक बार चल देती तो उसे रोकना आसान नहीं था। डॉ० प्रकाश के ड्राइंग-रूम में बैठा, वह चुपचाप एक डेण्टल मैगज़ीन के पन्ने उलटने लगा था।

तभी उसकी निगाह सड़क की ओर गयी थी और उसने देखा था कि बैलगाड़ी पर लदे हुए रणवीर, निश्तर और दूसरे युवक बराती क्लिनिक के आगे से निकल जा रहे हैं और उसने हुनर साहब को टोक दिया था।

लेकिन हुनर साहब नहीं रुके थे। "उन्हें कम्पनी बाग़ पहुँचने में अभी पन्द्रह-बीस मिनट लगेंगे," उन्होंने कहा था, "अभी चलते हैं।"

और अपनी बात ख़त्म करके ही वे उठे थे। डॉ० सत्यप्रकाश उनकी बातों से इतने प्रभावित हुए कि हाथ बढ़ाते हुए उन्होंने आशा प्रकट की थी कि वे आगे भी दर्शन देते रहेंगे। हुनर साहब ने उनके हाथ को अपने दोनों हाथों में ले कर, उसे बग़ल की ओर ज़रा-सा खींचते और स्वयं आगे झुकते और दाँत निकोसते हुए, उनसे मुलाकात होने पर पुनः 'मसर्रत'[4] प्रकट की थी और उन्हें विश्वास दिलाया था कि वे शादी में शामिल हो आयें तो ज़रूर उनकी ख़िदमत में हाज़िर होंगे और इधर उन्होंने आसान उर्दू ज़बान में गीता और उपनिषदों का जो भावानुवाद किया है, उन्हें सुनायेंगे। (चेतन ने समझ लिया था कि

---

१. परिचय
२. सुरुचि-सम्पन्न
३. रसज्ञ, मर्मज्ञ
४. ख़ुशी

मन-ही-मन हुनर साहब ने डॉक्टर सत्यप्रकाश का नाम भी अपने 'सरपरस्तों' में —याने उन मूर्खों में —लिख लिया है, जिन्हें वे चूना लगाते रहते थे।)

हुनर साहब से हाथ मिला कर डॉक्टर सत्यप्रकाश ने चेतन और उसके भाई से हाथ मिलाया था और दोनों भाइयों से वादा लिया था कि वापसी पर वे बिना उनसे मिले न जायें —ऐसी दो मिनट की मुलाकात में उनसे दिल की बात ही न हो सकी।

डॉक्टर सत्यप्रकाश के क्लिनिक से बाहर निकल कर वे तीनों ताँगे में बैठे तो हुनर साहब इतने प्रसन्न थे कि जब उनका ताँगा बरात वाली बैलगाड़ी के पास से गुज़रा तो बाहर को मुँह निकाल और हवा में बाँह हिला कर, बिलकुल बच्चों की तरह रणवीर और उसके मित्रों को चिढ़ाते हुए, हुनर साहब ने ज़ोर की 'ओय-ओय' की। जब ताँगा आगे निकल आया तो बच्चों ही की तरह उन्होंने नारा लगाया था :

याराने-तेज़गाम ने महमिल को जा लिया[१]

और इस तरह ताँगे की सीट से पीठ लगा ली थी, जैसे सचमुच उन्होंने भाग कर महमिल में बैठी लैला को जा पकड़ा हो और इस प्रयास में बेहद थक गये हों।

लेकिन दूसरे ही पल वे उछल कर उठे थे और चेतन और उसके बड़े भाई की ओर पलट कर, डॉक्टर सत्यप्रकाश की तारीफ़ों के पुल बाँधने लगे थे।....वे डॉक्टर सत्यप्रकाश का ज़िक्र करते हुए न जाने अपने किस सरपरस्त की तारीफ़ शुरू कर देते कि तभी कम्पनी बाग़ आ गया।

चेतन ने ताँगा वहीं छोड़ दिया और वे लोग बरात वाली गाड़ी की प्रतीक्षा में कम्पनी बाग़ की बहार लेने लगे। हुनर साहब ने गीता का सरल पद्यानुवाद करने के बाद ईशावास्य उपनिषद के कुछ श्लोकों को उर्दू का जामा पहनाया था। इस दौरान भाई साहब को वे लगातार वही सुनाते रहे थे। अनुवाद सुना कर हुनर साहब यह बताना नहीं भूले थे कि किस बन्द या शे'र या पंक्ति की तारीफ़ किस-किस ने की थी।

तभी बैलगाड़ी कम्पनी बाग़ के दरवाज़े पर आ कर रुक गयी। रणवीर और उसके साथी उतर आये, लेकिन उनके ज़ोर देने के बावजूद, न भाई साहब ने वहाँ अपना सूट बदला, न वे गाड़ी पर बैठने को तैयार हुए। उन्होंने यही कहा कि अव्वल तो छावनी के फाटक तक, नहीं नीली कोठी तक वे पैदल ही जायेंगे, वहीं जा कर कपड़े बदलेंगे और बैलगाड़ी पर बैठेंगे।

चेतन के कानों में हुनर साहब की फब्ती गूँज गयी थी, जो उन्होंने बस्ती के अड्डे से बाहर निकलते ही उन पर कसी थी कि वे सचमुच डॉक्टर हो गये हैं।....अगर भाई साहब साथ न होते, चेतन ने मन-ही-मन सोचा था, तो कम्पनी बाग़ दूर, वह तो बस्ती के अड्डे से ही बैलगाड़ी पर बैठ जाता। डॉ० सत्यप्रकाश भाई साहब के ही नहीं, उसके भी मित्र थे, बल्कि पहले उसी के मित्र थे और उसी ने ज़ोर दे कर भाई साहब को वहाँ शागिर्द रखवाया था। फिर शहर का प्रसिद्ध शायर होने के नाते उसका भी सभी लोगों से परिचय था। लेकिन चेतन उन सब की ज़रा भी परवाह न करता और बैलगाड़ी की छत पर, अन्य बरातियों के

---

१. तेज़ चलने वालों ने महमिल (ऊँट पर बना हुआ पर्देदार पलान, जिसमें बड़े घरों की औरतें यात्रा करती थीं) को जा पकड़ा।

साथ बैठे, चला आता। चेतन को तब लगा था कि भाई साहब कुछ वैसी ही ग्रन्थि का शिकार हैं, जो उसे परेशान किये हुए थी, जिसकी वजह से सेठ वीरभान के यहाँ अपनी सास का काम करना उसे खलता था और वह दूसरों से ही नहीं, अपने आप से भी छिपता फिरता था।...

"ज़रा जल्दी पैर पुट्टो महाराज, पहलाँ ई देर हो गयी ए।" गाड़ीवान ने बेताबी से कहा था।

तब रणवीर ने गाड़ीवान से कहा कि वह चले, नीली कोठी तक वे पैदल ही चलेंगे।

चेतन रात का जगा था, वह बैलगाड़ी पर जा बैठना चाहता था, लेकिन उसके बड़े भाई पैदल चलें और वह गाड़ी पर जा बैठे, यह उससे न हो सकता था। वह भी उनके साथ पैदल चल पड़ा था। रणवीर और हुनर साहब को पैदल चलते देख कर निश्तर भी उतर आया था और वे सब गाड़ी के पीछे-पीछे जर्नैली सड़क पर चलने लगे थे। हुनर साहब ने अपनी बातों का तार पकड़ लिया था और चेतन ने अपने विचारों का।

....भाई साहब को इस बात का डर था कि उनका कोई पुराना परिचित कम्पनी बाग़ के सामने उन्हें सूट उतार कर कपड़े बदलते अथवा बैलगाड़ी पर चढ़ते न देख ले, इसलिए वे आबादी से मील-आध मील दूर जा कर ही बैलगाड़ी पर बैठना चाहते थे। चेतन को भाई साहब की इस झिझक पर हँसी आयी थी।....लेकिन दूसरे ही क्षण उसे उनका संकोच ठीक लगा था....भाई साहब डॉक्टर हैं....उसने सोचा था....उनकी पोज़ीशन है। वह अपने से बेकार उनकी तुलना करता है। वह डॉक्टर नहीं है —फक्कड़, मनमौजी कवि है और कवि आधे पागल समझे जाते हैं और उनकी हर सनक क्षमा कर दी जाती है। वह बैलगाड़ी की छत पर चढ़ा-चढ़ा शहर के बीचों-बीच जर्नैली सड़क से गुज़र सकता है। भाई साहब नहीं गुज़र सकते। वह तो कॉलेज के दिनों में लंगोट लगाये, नंगे बदन, चौरस्ती अटारी तक निकल जाता था और लाहौर में जब-जब उन्हें मकान बदलना पड़ा है, वह रहीम चंगड़ की बैलगाड़ी पर सामान ढोता रहा है ओर कई बार बैलगाड़ी के साथ-साथ चलता हुआ और कई बार मेज़ और चारपाइयाँ थामे, बैलगाड़ी पर सवार, भरी अनारकली से गुज़रा है और मित्र-परिचितों से मिलने पर उनसे आँखें चुराने की बजाय, 'आदाब अर्ज़' अथवा 'नमस्ते' करते हुए उनका ध्यान खींचता रहा है। लेकिन भाई साहब, न जालन्धर में कभी ऐसा कर सके हैं, न लाहौर में।

तभी फिर चेतन के विचारों ने पलटा खाया — अगर भाई साहब बस्ती से ही बैलगाड़ी पर सवार हो जाते और हस्पताल के सामने डॉ० सत्यप्रकाश उन्हें मिल ही जाते तो कौन-सा कहर टूट जाता। यह सारी झिझक, यह समस्त संकोच, ये तमाम ग्रन्थियाँ मन ही की तो हैं। उसने ज़रूरत पड़ने पर अगर अनारकली में रूमाल बेच कर रोज़ी कमा ली तो कौन कयामत टूट गयी ? क्या पण्डित रत्न या किसी भी दूसरे की नज़र में उसकी वकअत ज़रा भी कम हुई ? भाई साहब अगर अपने फ़न में माहिर हो जाते हैं तो वे पैदल चलें अथवा बैलगाड़ी में, कोई फ़र्क नहीं पड़ता। लोग झख मार कर उनसे दाँत बनवाने अथवा उखड़वाने आयेंगे....कसब-ए-कमाल कुन कि अज़ीज़े जहाँ शबीह।[१]

---

१. किसी व्यवसाय में कमाल हासिल कर, तू अपने आप दुनिया में लोकप्रिय हो जायेगा।

...चेतन के मन में अपने पिता की उक्ति घूम गयी। उसने अपने अनुभव से यह जान लिया था कि इस तरह की ग्रन्थि केवल हीन-भाव अथवा आत्म-विश्वास की कमी के कारण उपजती है। मध्य वित्त का युवक अपनी पतलून की क्रीज़ का इसीलिए ख़याल रखता है कि वह थोड़ा सभ्य, विशिष्ट अथवा सम्भ्रान्त समझा जाय, जबकि किसी करोड़पति को अगर बेक्रीज़ की ढीली पतलून में आराम महसूस होता हो तो वह मज़े से उसी में घूम सकता है। आदमी अपने फ़न में इतनी सिद्धि पा ले कि ज़माने की आलोचना-प्रत्यालोचना से ऊपर उठ जाय।....महात्मा गाँधी सिर्फ़ लंगोट लगाये हुए, ब्रिटेन के सम्राट जॉर्ज पंचम से मिलने गये और भाई साहब बैलागाड़ी पर चढ़ने से हिचकिचाते हैं....चेतन मन-ही-मन हँसा और उसने वहीं भाई साहब के साथ बैलगाड़ी के पीछे-पीछे पैदल जाते हुए तय किया था कि वह अपने फ़न में इतनी सिद्धि पा लेगा कि दुनिया जब उसे देखे तो उसके रहन-सहन और खान-पान पर उसका ध्यान न जाय।....'कितनी अजीब बात है' —उसने सोचा —'कि हम अपने आप को ज़िन्दगी की छोटी-छोटी फ़िज़ूल की बातों पर लगा देते हैं और जो तत्व की बातें हैं, वे हमारी नज़रों से ओझल हो जाती हैं और ज़िन्दगी बीत जाती है और हम कुछ भी महत्वपूर्ण नहीं कर पाते।'....

नीली कोठी तक हुनर साहब शे'रो, नज़्मों, चुटकुलों से सब का मनोरंजन करते रहे थे और नीली कोठी के चौरस्ते पर जब गाड़ी रुकवा कर भाई साहब ने कपड़े बदल लिये थे और गाड़ी पर आ बैठे थे और उन्होंने ताश निकाल ली थी तो हुनर साहब थक कर ऐसे चुप लेट गये थे, जैसे अब सारा रास्ता वे न बोलेंगे। जालन्धर छावनी से पहले सड़क के किनारे लगे एक गन्ने के बेलने पर जब भाई साहब ने रस पीने की इच्छा प्रकट की थी, रणवीर ने तत्काल गाड़ी रुकवा कर सब को रस पिलाया था तो भी हुनर साहब (हालाँकि चेतन को विश्वास था कि वे रस की बाटियों को ले कर दो-एक शे'र चुस्त करेंगे) चुप रहे थे। लेकिन हठात रतने का गाना सुनते हुए उनका मौन टूट गया था ओर वे फिर उठ बैठे थे और बढ़-बढ़ कर दाद देने लगे थे।

नौ

रतना गीत का अन्तिम बन्द गा रहा था :

माही मेरे दी एहो निशानी
लक्क पतला ते गल विच गानी[१]
रंग सूहे[२] कचनार दा
ओ यार दा

"हाय...हाय!...." हुनर साहब ने झूम कर कहा, "रंग सूहे कचनार दा! क्या

१. काला धागा, जिसमें तावीज़ बँधा रहता है
२. लाल

तशबीह[1] दी है, जियो और एक बार फिर यही बन्द सुनाओ!"

चेतन चुपचाप हुनर साहब की ओर देखने लगा। कभी उनके बारे में उसने सोचा था कि वे उस पतली, चपटी ठीकरी-से हैं, जिसे कोई चंचल युवक ज़ोर से झील की सतह पर फेंक देता है और जो फिसलती-फुदकती चली जाती है और ज़ोर ख़त्म होने पर चुप से, झील में ज़रा भी लहर पैदा किये बिना, डूब जाती है। ज़िन्दगी की झील में गिरती हुई चट्टान की तरह तूफ़ान उठा कर तल में पैठना उनके भाग्य में नहीं।....वह जब भी उनसे मिला था, उसने उन्हें ज़िन्दगी की विशाल झील में उसी ठीकरी की तरह, बिना कोई लहर उठाये, फिसलते-फुदकते पाया था — किसी ऐसे अध-रीते बादल-सा, जो आकाश के विस्तारों में हवा के झकोरों से उड़ा फिरता है, जहाँ जाता है, दो-चार बूँदें टपका देता है, जिनसे न मन भीगता है, न तन; न खेतियाँ हरी होती हैं, न नदियाँ भरती-उफनती हैं....लेकिन उस वक्त बैलगाड़ी के उस गुदगुदे मंच पर लेटे हुए उन्हें देखते-देखते चेतन को पहली बार लगा कि शायद उनकी यह वाचालता और लगातार शे'र, किस्से, लतीफ़े, गप्पें और लनतरानियाँ सुनाना अकारण नहीं है। अपने अन्दर के शून्य को, भय को, असुरक्षा को भरने का प्रयास भर है। शायद चुप होते अथवा अकेले होते ही उनकी चिन्ताएँ उन्हें घेर लेती हैं, असुरक्षा उनका गला घोंटने लगती है, उनका भूत और भविष्य उन्हें डराने लगता है और वे कभी अकेले या ख़ामोश नहीं रहते। इसी कारण उनकी सारी नास्तिकता ख़त्म हो गयी है और अध्यात्म में, साधु-सन्तों, पीरों-फ़कीरों और योगियों में, उनकी आस्था बढ़ गयी है।

अपने दो वर्ष के सम्पर्क में चेतन उन्हें अच्छी तरह जान गया था — इतना कि वह उनके साथ जा रहा हो और रास्ते में कोई मिल जाये तो नवागन्तुक को देख कर ही वह जान लेता था कि हुनर साहब उससे क्या बात करेंगे अथवा कौन-से शे'र अथवा कविता अथवा किस्सा या चुटकुला सुनायेंगे। कॉलेज के ज़माने में (उसने स्वयं उनसे सुन रखा था और भाई साहब ने इसका समर्थन किया था) वे बड़े फक्कड़, मनमौजी और मस्तमौला युवक थे; बढ़िया सूट-बूट में लैस रहते थे और घर से जो रुपये लाते थे, यार-दोस्तों में उड़ा देते थे; ऐसी ठगी और चिरकुटई उनके यहाँ नहीं थी और उन दिनों वे अपने आप को नास्तिक कहलाने में एक गर्व अनुभव करते थे। उन दिनों इकबाल का यह शे'र उन्हें बड़ा पसन्द था :

मस्जिद तो बना दी शब भर में, ईमाँ की हरारत वालों ने
मन अपना पुराना पापी है, बरसों में नमाज़ी बन न सका।

इस शे'र की अन्तिम पंक्ति वे बराबर गाया करते थे।

लेकिन उनके छोटे भाई की शादी ने न सिर्फ़ उनकी आर्थिक हालत ख़स्ता कर दी थी, उन्हें आस्तिक भी बना दिया था। चेतन जानता था कि अपने छोटे भाई गोपाल की शादी पर न केवल उन्होंने तीन नये सेट बनवाये थे, वरन अपनी पत्नी तथा भाभी के ज़ेवर भी दिखावे में रख दिये थे। मुहल्ला महेन्द्रुआँ, जालन्धर की लड़की थी। एक दिन ससुराल रह कर चली आयी थी और उसने घोषणा कर दी थी कि उसका पति नपुसंक है और लाख

१. उपमा

सिर पटकने पर भी, न महेन्द्रुओं ने लड़की भेजी, न गहने लौटाये और इस घटना के वर्ष भर बाद ही लड़की के छोटे भाई ने लाल बाज़ार में जनरल-मर्चेण्डाइज़ की शानदार दुकान खोल ली थी। हुनर साहब वापस लाहौर न जा सके थे। समधियों के विरुद्ध उन्होंने मुकदमा दायर कर दिया था। सूट-बूट को तिलांजलि दे कर खादी का धोती-कुर्ता पहन लिया था और कचहरियों की ख़ाक छानने लगे थे। तभी साधु-सन्तों और योगियों में उनका विश्वास भी बढ़ गया था। उन्हें जब किसी योगी का पता चलता तो वे उसके दर पर माथा टेकने लगते थे और अब वे इकबाल के दो शे'र प्रायः गुनगुनाया करते थे :

अगर कज-रौ हैं अंजुम आसमाँ तेरा है या मेरा[१]
मुझे फ़िक्रे-जहाँ क्यों हो, जहाँ तेरा है या मेरा
इसी कौकब[२] की ताबानी[३] से है तेरा जहाँ रोशन
ज़वाल-ए-आदम-ए-ख़ाकी[४] ज़याँ[५] तेरा है या मेरा

और आदम-ए-ख़ाकी के रूप में (चेतन को विश्वास था) वे अपने आप को ही वह चमकता सितारा मानते थे, जिसका अवसान भगवान का नुकसान था। ऐसे में उनकी आस्तिकता ज़ोर मारती थी तो भगवान को सम्बोधित कर, वे इकबाल ही की रूबाई गाया करते थे।

तेरे शीशे में मय बाकी नहीं है
बता क्या तू मेरा साकी नहीं है
समन्दर से मिले प्यासे को शबनम
बख़ीली[६] है यह रज़्ज़ाकी[७] नहीं है

तभी से गीता-उपनिषद में भी उनकी आस्था बढ़ गयी थी। पहले-पहले तो केवल अपने मनस्ताप को हरने के लिए उन्होंने गीता के अध्यायों का अनुवाद सरल उर्दू में किया था, पर जब उन्हें बार-बार जालन्धर आना पड़ा तो उन्होंने अपने उस प्रयास को साधु-सन्तों से परिचय बढ़ाने और उनके आशीर्वाद जुटाने में लगा दिया। चेतन ने देखा था कि हुनर साहब जब भी किसी योगी का नाम सुनते तो लगातार उसके दर पर हाज़िरी देने लगते। दुनिया भर में उसका प्रचार करते घूमते। दूर-दूर से घेर-घार कर भक्तों को उसके हुज़ूर में लाते और साथ-साथ यह भी सोचते, कौन जाने योगी उनकी निष्ठा से प्रसन्न हो कर उन्हें आशीर्वाद दे दे और वे मुकदमा जीत जायें, लाहौर वापस जा कर अपनी खोयी प्रतिष्ठा पुनः पा लें। इसी परेशानी की वजह से उन्होंने सूट-बूट छोड़ा और देश-भक्त बने कि लोगों की सहानुभूति जीत सकें। लेकिन वह किसी ने कहा है कि चोर चोरी से जाय, हेरा-फेरी से नहीं जाता। वे जब किसी नये योगी या महन्त के दर पर जाने लगते तो उसे अथवा उसके

---

१. यदि नक्षत्र टेढ़े हैं तो (ऐ ख़ुदा) आसमाँ तेरा है या मेरा है ?
२. तेज़ चमकता सितारा
३. चमक
४. इस धरती के आदमी की अवनति
५. नुकसान
६. कंजूसी
७. उदार-दिली

धनी भक्तों को गीता और उपनिषदों के पद्यानुवाद सुना कर अपने चाय-पानी और जालन्धर के अपने ख़र्चे की व्यवस्था कर लेते। लेकिन इसके बावजूद, उनकी ये तमाम सरगर्मियाँ अपने अन्दर की रिक्तता को भरने का साधन मात्र थीं। —अपने साथ उनके सम्पर्क पर मन-ही-मन सोचते हुए चेतन को यही लगा और सहसा उनके लिए उसके मन में दया हो आयी।

o

रतना वही बन्द दोबारा गा रहा था :

माही मेरे दी एहो निशानी
लक्क पतला ते गल विच गानी
रंग सूहे कचनार दा
ओ यार दा
चिट्ठिए दर्द फ़िराक वालिए....

सभी युवक समवेत स्वर में टीप का बन्द गा रहे थे, लेकिन चेतन न देखता हुआ देख रहा था, न सुनता हुआ सुन रहा था। उसकी निगाहें हुनर साहब पर टिकी हुई थीं और उसकी आँखों में पिछले दिनों की घटनाएँ घूम रही थीं।....

वह शादी से तीन दिन पहले ही बस्ती ग़ज़ाँ आ गया था और उसने पाया था कि जिस चौबारे में वह प्रायः ठहरा करता था, वहाँ हुनर साहब ने डेरा जमा रखा है। तब अगरचे हुनर साहब तत्काल पलँग उसके लिए छोड़ देने को तैयार थे, लेकिन चेतन न माना और उसके कहने पर फ़र्श पर बड़ी मोटी दरी और गद्दे बिछा दिये गये थे, दोनों के बिस्तर ज़मीन पर लगा दिये गये थे और तब चेतन को मालूम हुआ था कि हुनर साहब सात दिनों से आये हुए हैं और उन्होंने रणवीर की शादी के लिए बीस शे'रों का (कि रणवीर की उम्र बीस वर्ष की थी) एक मुरस्सा[१] सेहरा लिखा है। हालाँकि हुनर साहब ने तो यही कहा था कि उसके एक-एक शे'र पर उन्होंने बड़ी फ़िक्र-ो-काविश[२] की है और रणवीर ने ही नहीं जिस-जिस ने सेहरा सुना है, उसकी दाद दी है, लेकिन एक बार सुन कर ही चेतन ने जान लिया था कि हुनर साहब ने उस वक्त तक जितने सेहरे लिखे थे, उन्हीं को उलट-पुलट कर रणवीर का सेहरा तैयार कर दिया है। लेकिन उसने कुछ कहा नहीं था। उन दिनों जो भी रिश्तेदार आया, हुनर साहब ने उसे सेहरा सुनाया। न जाने रणवीर ने कितनी बार अपना वह सेहरा सुना था और उस खाते में उसने हुनर साहब की कितनी आव-भगत की थी। हुनर साहब ने चेतन के साथ जा कर एक अच्छे कातिब से सुनहरी रोशनाई में उस लिखवाया और सुनहरे फ़्रेम में मढ़वाया था। वे न सिर्फ़ उसकी दाद जालन्धर के अपने सभी मिलने वालों से ले आये थे, बल्कि 'विधवा सहायक' में उसके छपने का भी प्रबन्ध कर आये थे। वह सेहरा सुना कर योगी जालन्धरी मल से न सिर्फ़ उन्होंने प्रशंसा पायी थी, वरन उन्हें वचन दे आये थे कि उनके सुपुत्र की शादी पर वे उससे बेहतर सेहरा लिख कर देंगे। (चेतन ने जितनी बार वह सेहरा सुना था, उसे हँसी आयी थी, क्योंकि रणवीर की

---

१. नगीने जड़ा

२. सोच-विचार और श्रम

सूरत-शक्ल और सरापे का, सेहरे में वर्णित दूल्हे की सूरत-शक्ल और सरापे से, दूर का भी ताल्लुक न था और उसे कुछ वैसी ही कोफ़्त हुई थी, जैसी नीला के अधेड़ पति की प्रशंसा में हुनर साहब का सेहरा सुन कर हुई थी।)

लेकिन उन दिनों उसने यह भी जाना कि इतने दिन पहले आ कर बस्ती में उनके अड्डा जमाने का एक दूसरा कारण भी है। रणवीर की शादी जिस गाँव में होने जा रही थी, वहाँ के सन्त की उन दिनों बड़ी चर्चा थी। —वे सिद्ध पुरुष हैं, भूत-भविष्यत के ज्ञाता हैं, अशरीर और सशरीर जहाँ चाहें पहुँच सकते हैं, बिगड़े काम बना सकते हैं, असाध्य रोग हाथ के स्पर्श मात्र से ठीक कर सकते हैं और रुपये-पैसे, सोना-रूपा, फल-मेवे, जो चाहें, इच्छा मात्र से उनके हाथों में चले आते हैं —ऐसी बहुत-सी बातें उस चमत्कारी सन्त के बारे में दोआबे भर में प्रसिद्ध थीं। हुनर साहब ने चेतन को लालड़ाँ के साईं के चमत्कारों की बात बतायी थी और कहा था, "मैं चाहता हूँ कि रणवीर की शादी के दिनों में साईं बाबा के दर्शन हो जायें, उनसे कुछ पल अकेले में मुलाकात हो जाय तो उनसे पूछूँ कि हमारे टेढ़े सितारे कब ठीक होंगे ? कौन जाने बाबा के मन में दया आ जाये और उनके आशीर्वाद से सारे काम सिद्ध हो जायें।"

चेतन की आस्था सन्तों-वन्तों में ज़रा भा न थी, लेकिन वह हुनर साहब की तकलीफ़ जानता था, उसने उनकी बात नहीं काटी थी और कहा था, "इसमें क्या मुश्किल है। लालड़ाँ में बरात दो दिन तो रहेगी। कोई शहर तो है नहीं लालड़ाँ, गाँव है। मिल लीजिएगा साईं बाबा से।"

"नहीं, मुश्किल है," हुनर साहब ने बताया था, "मैंने सुना है कि बाबा मूडी आदमी हैं। देवी के भक्त हैं। किसी से मिलना-न-मिलना उनके मूड पर निर्भर करता है।"

हुनर साहब का ख़याल था कि रणवीर के ससुर लालड़ाँ के व्यापारी हैं, वे साईं बाबा के यहाँ आते-जाते होंगे और उनके माध्यम से साईं बाबा तक उनकी रसाई हो सकेगी, लेकिन जब उन्होंने पण्डित वेणीप्रसाद से पूछा था तो उन्हें मालूम हुआ था कि वहाँ तो चिराग़ तले अँधेरा वाली बात है। पण्डित वेणीप्रसाद के समधी भी उन्हीं की तरह आर्य समाजी विचारों के हैं और सन्तों-वन्तों में उनकी कोई आस्था नहीं। वे कर्मयोग में विश्वास रखते हैं और भूत-भविष्यत जानने के चक्कर में नहीं पड़ते।

पण्डित वेणीप्रसाद की बात सुन कर हुनर साहब थोड़े निराश हुए थे, लेकिन वे इतनी जल्दी हतोत्साहित होने वाले जीव नहीं थे, "साईं बाबा के दर्शन तो वहाँ ज़रूर करने हैं," उन्होंने चेतन से कहा, "दर्शन ही नहीं करने, उनसे वक्त लेना है, उन्हें गीता का तरजुमा सुनाना और आशीर्वाद पाना है। अब यह कैसे मुमकिन होगा, कहा नहीं जा सकता। बाबा की मर्ज़ी हमको दर्शन देने की होगी तो कोई सबब[१] वे बना ही देंगे।"

०

चन्न चढ्या कुल आलम वेक्खे

गीत के ख़ात्मे पर रतना पहला बन्द दोहरा रहा था और बाकी युवक भी उसके साथ गाने लगे थे। नीली कोठी पर जब हुनर साहब थक कर लेट गये थे और गन्ने के बेलन पर भी

---

१. कारण, ज़रिया

नहीं चहके थे तो चेतन ने यही अनुमान लगाया था कि वे मन-ही-मन लालड़ाँ के सन्त से भेंट करने का गुन्ताड़ा भिड़ा रहे हैं और जब उन्होंने हठात उठ कर गीत के तीसरे बन्द की पुरज़ोर प्रशंसा की तो चेतन को यही लगा था कि उन्होंने मन-ही-मन कोई स्कीम बना ली है, या इतनी देर चुप रहने से उनका मन घुटने लगा है, उन्होंने कुछ और शे'र और किस्से याद कर लिये हैं और वे अब किसी को बात नहीं करने देंगे।

चेतन फिर सीधा लेट गया। रतना गीत ख़त्म कर चुप हो गया था कि सड़क पर चलने वाले युवकों में से रिपु के मित्र, हरनामे ने तान लगायी :

ओ, पिण्डाँ विच्चों पिण्ड सुनींदा
पिण्ड सुनींदा मोगा
ओय, ओत्थे दा इक साधु सुनींदा
जिह्दी जग विच्च शोभा
ओय, आन्दी जान्दी नूँ घड़ा चुकाउन्दा
लक्क विच्च मारे गोड्डा[१]

और सभी एक साथ गाने और नाचने लगे:

ते लक्क तेरा पतला जेहा
भार सहन ना जोग्गा
नी लक्क तेरा पतला जेहा
भार सहन ना जोग्गा[२]

और बार-बार इसी बन्द को दोहराते हुए वे भँगड़ा डालने लगे।

तभी हुनर साहब और रतना बैलगाड़ी से नीचे उतर गये। भाई साहब फिर ऊँघने लगे थे। रणवीर ने हुनर साहब के चदरे को तहा कर उसका तकिया बनाया और भाई साहब से कहा कि वे लेट जायें। निश्तर फिर अध-लेटा हो गया। सड़क पर हरनामे ने दूसरा बन्द गाया :

ओय, पिण्डाँ विच्चों पिण्ड सुनींदा
पिण्ड सुनींदा माड़ी
ओत्थे दिआँ दो नाराँ सुनींदियाँ।
इक पतली इक भारी
पतली दा जद ब्याह जो होया
भारी रही कुँआरी।

गाने लगे :

ते आप्पे लै जाणगे
जिन्हाँ नूँ लग्गे प्यारी

---

१. गाँवों में से गाँव सुना है, गाँव सुना है मोगा। वहाँ का एक साधु सुना है, जिसकी जग में शोभा। आती-जाती को घड़ा उठवाये, मारे कमर में गोड्डा (घुटना)।

२. री, तेरी कमर पतली-सी है, भार सहने के योग्य नहीं है।

ते आप्पे....[१]

हरनामा और रिपु बहुत देर से पैदल चल रहे थे। जब रतना और हुनर साहब उतर गये तो वे दो बन्द गा कर बैलगाड़ी पर आ बैठे। हरनामा की जगह रतना गाने लगा और काफ़ी देर तक यह लोकगीत चलता रहा। तभी सहसा निश्तर अपने छोटे-से कद को ले कर उठा और खड़े हो कर उसने अपनी सुरीली आवाज़ में 'छई'[२] गाना शुरू किया :

ओ छई
ओ छई, रण्ण गयी बसरे नूँ गयी
(ते) रोकीं भाई कच्छ वालेया सरदारा
ओ तेरियाँ भुआवाँ गुड्डियाँ[३]
छई!

रतने ने बोल उठाया :

लाली मेरियाँ अक्खाँ विच्च रड़के
(ते) अक्ख मेरे यार दी दुखे[४]

निश्तर बैठ गया था। बैठे-बैठे हुमक कर उसने दूसरा बोल उठाया :

केहड़े यार दा
ओ केहड़े यार दा तता दुद्ध पीत्ता
(ते) सड़ गइयाँ लाल बुल्हियाँ[५]

हरनामे ने तीसरा बोल भरा :

ओ केहड़े यार दा,
ओ केहड़े यार दा गुतावा कीत्ता
(ते) अक्ख विच्च कक्ख पै गया[६]

नीचे सड़क पर से फिर चौथा बोल उभरा :

---

१. गाँवों में से गाँव सुना है, गाँव सुना है माड़ी
वहाँ की दो नार सुनी हैं, इक पतली इक भारी
पतली का जब ब्याह हुआ तो भारी रही कुँआरी
वो ख़ुद ही ले जायेंगे, जिनको लगेगी प्यारी।

२. (यह गाना बहुत मस्ती से गाया जाता है। बायाँ हाथ दायीं बग़ल में हल्के से रख कर दायीं बाँह के ज़ोर से बग़ल बजाते हुए, गाने वाले मुँह से 'छई' कहते हैं।)

३. औरत बसरे को भाग रही है; ओ कच्छे वाले सरदार, तुझ से बन पड़े तो रोक! ('गुड्डियाँ भुआवाँ' का मतलब है पकड़ कर चकफेरियाँ देना और तौर-बतौर घुमा देना। चकरा देना। शायद सरदार अपनी भागने वाली औरत से कहता है कि तुझे चोटी से पकड़ कर घुमा दूँगा।)

४. आँखें तो मेरे प्रिय की आयी है, लेकिन लाली मेरी आँखों में रड़कने लगी है।

५. किस यार ने गर्म दूध पिला दिया कि लाल होंट जल गये।

६. किस यार के यहाँ सानी-पानी किया है कि आँख में तिनका पड़ गया (इस बोली का यह भी अर्थ हो सकता है कि यार को भूसे की तरह सानी-पानी कर दिया है जिससे आँख में तिनका पड़ गया है।)

मैं यार दा
(हाय वे) मैं यार दा उलाम्भा लाहुणा
(ते) छुप जा चन्न बैरिया[1]

सहसा हरनामा बैलगाड़ी पर खड़ा हो गया और बोल ख़त्म होते ही, दायीं बग़ल बजाता हुआ बोला :

छई,
ओ छई, रण्ण गयी बसरे नूँ गयी
ओ रोकीं भाई कच्छ वालेया सरदारा
(ते) तेरिया भुआवाँ गुड्डियाँ, छई

नीचे बकरे बुलाये जाने लगे। हरनामा बैठ गया तो निश्तर अपनी जगह खड़ा हो गया और दायाँ हाथ कान पर रख कर, बायाँ हवा में लहराते हुए उसने एक बहुत लम्बी, दिशाओं को गुँजाती हुई, 'ओये —ए-ए-ए' की तान भर कर बोली कही :

मै डरदी ना सुरमाँ पावाँ
(ते) अक्खियाँ च यार वस्सदा[2]
छई!

और सभी समवेत स्वर में गाने लगे :

ओ छई, रण्ण गयी बसरे नूँ गयी
ओ रोकीं भाई कच्छ वालेया सरदारा
ओ तेरियाँ भुआवाँ गुड्डियाँ
छई!

और सभी मस्त हो कर नाचने और गाने लगे। तभी किसी ने बन्द के अन्त में 'छई' कहते हुए उल्टा हाथ होंटों पर रख कर 'ब-ब-ब-ब-' करते हुए बकरा बुला दिया और बोल-पर-बोल होने लगे। कभी-कभी एक ही बोल दो-दो, तीन-तीन जने मिल कर गाने, छई के बोल अलापने और बकरा बुलाने लगे। गाड़ीवान ने बैलों को साँटा दिया और वे भागने लगे। तब नीचे वाले चलती गाड़ी पर चढ़ गये। कुछ ऊपर आ गये, कुछ अगल-बग़ल खड़े हो गये —बदस्तूर गाते हुए!

लेकिन चेतन की आँखें करकराने लगी थीं। वह रात भर का जगा था। धूप मीठी और प्यारी लग रही थी। लोकगीत के बोलों और भागती हुई बैलगाड़ी के हिचकोलों से उसे नींद आ गयी!

---

१. मुझे तो यार का उलाहना दूर करना है, ओ बैरी चाँद छिप जा।
२. मैं डरती हुई सुरमा नहीं डालती आँखों में यार बसता है (उसे चोट न लग जाये!)

दस

चेतन जब नींद से जगा तो बैलगाड़ी रुकी हुई थी और उसके साथी बैलगाड़ी से कूद रहे थे। इससे पहले कि वह आँखें मलता हुआ उठ कर बैठता, सब जा चुके थे। उसने गाड़ीवान से पूछा कि वे कहाँ रुके हैं। मालूम हुआ कि जालन्धर छावनी कब की पीछे छूट गयी है और बैलगाड़ी चहेड़ू की बेयीं के पास रुकी है।

ओवरकोट पहने हुए ही धूप में सोने के कारण, सर्दी के बावजूद, चेतन के शरीर पर हल्का-सा पसीना आ गया था। बैलगाड़ी से उतर कर उसने ओवरकोट उतार कर बाँह पर डाला और ज़रा आगे, पुल की रेलिंग के सहारे कुछ क्षण को खड़ा, सामने का नज़ारा करने लगा। बहुत नीचे सर्दियों में सूखी-सिमटी बेयीं, दोनों ओर की हरियाली के बीच झिलमिलाती, बह रही थी। सामने रेलगाड़ी का पुल था। न जाने बचपन से ले कर अब तक कितनी बार चेतन गाड़ी में बैठा हुआ वहाँ से गुज़रा था। वह छोटी-सी नदी न जाने किस पहाड़ से उतरती थी, लेकिन चेतन ने उसे कभी सूखे हुए नहीं देखा था। वह बारहों महीने बहती थी। सख़्त सर्दियों में भी उसमें पानी की लकीर गाड़ी से दिखायी दे जाती थी। बरसात में बेयीं बड़ी नदी का रूप धर लेती थी और किनारे तोड़ कर दूर तक फैल जाती थी। फिर धीरे-धीरे सिमटती हुई, सर्दियों में वह पानी की बारीक-सी लकीर बन जाती थी। लेकिन इस प्रक्रिया में, दोनों ओर की धरती को हरियाली प्रदान कर जाती थी। चेतन ने देखा — आगे-आगे हुनर साहब, पीछे-पीछे भाई साहब (हाँ, भाई साहब भी, अपना सब डॉक्टरपन भूल कर), फिर रणवीर, निश्तर, रतना, रिपुदमन और अन्य युवक, बच्चों की तरह किलकारियाँ मारते, भागे जा रहे थे। ज़रा दूर, शेष सारे बराती नहा-धो कर, धरती पर दरी बिछाये बैठे थे और दोपहर के खाने की व्यवस्था हो रही थी। सहसा उसके मन में न जाने क्या आया कि वह भी उधर को भागा और मुँह का गोला बना कर, उसमें ज़बान हिलाता और 'ओ-लो-लो' की आवाज़ करता हुआ, पुल के नीचे वाली पगडण्डी पर भागता हुआ उतर गया।

ऊपर से बेयीं चाहे पानी की पतली लकीर ही लगती थी, लेकिन नीचे किनारे पर पहुँच कर चेतन ने देखा कि सिकुड़ने के बावजूद दस-बारह गज़ चौड़ा पाट था। किनारे की झाड़ियाँ और सरकण्डे बहुत दूर तक बढ़ गये थे, इसलिए ऊपर पुल से पानी की लकीर ही झिलमिलाती थी।

चेतन के देखते-देखते उसके साथियों ने कपड़े उतार कर, नदी में छलाँगें लगा दीं। भाई साहब हिचकिचाये। वे तो सुबह नहा कर चले थे, लेकिन हुनर साहब के ज़ोर देने पर वे भी कपड़े उतार कर नदी में कूद गये।

हालाँकि हवा तेज़ थी, लेकिन सूरज की धूप सीधी पड़ रही थी, चेतन सुबह नहा कर चला था, लेकिन दूसरों को नहाते देख कर उसका भी मन हुआ कि वह डुबकी लगा ले। कई बरातियों ने नहा कर अपने लाल साफ़े धो-निचोड़ कर वहीं किनारे की धूप में फैला दिये थे। चेतन ने कपड़े उतारे, वहीं से एक साफ़ा उठा कर बाँधा और छप्प से पानी में कूद गया।

ठण्ड, बर्फ़ीला पानी, जो लगता था कि टख़नों तक ही गहरा होगा, कमर तक और

कहीं-कहीं सीने तक गहरा था। पहले स्पर्श से चेतन का शरीर बेतरह सिहर उठा और ठण्ड से दाँत बजने लगे। लेकिन उसने ठण्ड की परवा नहीं की और दो-एक डुबकियाँ लगायीं और ज़ोर-ज़ोर से बदन मला तो उसे मज़ा आने लगा। निश्तर और हुनर साहब रणवीर पर पानी के छींटे मार रहे थे और उन्हें रोकने के प्रयास में हँसता हुआ उसका लम्बोतरा चेहरा अजीब बेवक़ूफ़ी-भरा लगता था। पहले तो चेतन ने कहा कि क्यों इस ग़रीब को तंग कर रहे हो, लेकिन फिर वह भी उनके साथ उस कौतुक में शामिल हो गया। मजबूर हो कर रणवीर पलट कर अन्धाधुन्ध पानी उछालने लगा। फिर सब एक-दूसरे पर पानी फेंकने लगे। और-तो-और, भाई साहब भी इस बचकाने खेल में शामिल हो गये....

चेतन को वह सब बहुत अच्छा लग रहा था। लेकिन सहसा वह डरा कि उसे ठण्ड न लग जाय, इसलिए दूसरों को नहाते और ख़रमस्ती करते छोड़, वह बाहर निकल आया। वहीं सूखते हुए एक साफ़े को उठा कर उसने बदन पोंछा। कपड़े पहने। ओवरकोट भी डाल लिया और फिर उसने दोनों साफ़े गेंद की तरह गोल-मोल करके रिपुदमन की ओर फेंक दिये कि वह पछाड़ कर सूखने के लिए डाल दे।....हालाँकि उसे भूख लग आयी थी, लेकिन वह क्षण भर वहीं तट पर खड़ा, नहाने वालों को देखता रहा — दीन-दुनिया की चिन्ता छोड़, वे नहाने और पानी उछालने में मस्त थे।

ज़िन्दगी का संघर्ष आदमी को धीरे-धीरे कैसे मशीन बना देता है — चेतन ने सोचा — उसकी बातचीत, चाल-ढाल, यहाँ तक कि सोच तक मशीनी हो जाती है — सबेरे समय से उठना, जल्दी-जल्दी नित्य-कर्म से निबट, नाश्ता करके या खाना खा कर दुकान, दफ़्तर, कचहरी या क्लिनिक या कारख़ाने जाना — ख़ाली हैं तो काम की तलाश करना, काम पर लगे हैं तो उसे निबटाना — इस तमाम दौड़-धूप और जद्दो-जेहद में आदमी भूल जाता है कि वह पशु नहीं है, जिसका एकमात्र काम दिन भर चुगना या चरना अपनी नस्ल की वृद्धि करना है, कि उसके पहलू में एक दिल भी है, जिसे उसने ज़िन्दगी की कशमकश, ज़रूरतों और मसलहतों के बड़े-बड़े पत्थरों के नीचे दबा रखा है — काश, आदमी कभी-कभी सब काम-काज, चिन्ता-फ़िक्र, पद और प्रतिष्ठा का विचार छोड़ कर एकदम स्वतन्त्र और स्वच्छन्द, बच्चों की सरलता के साथ खेल-कूद सके! इकबाल का वह शे'र उसे फिर याद आ गया :

अच्छा है दिल के साथ रहे पासबाने-अक्ल
लेकिन कभी-कभी इसे तन्हा भी छोड़ दे

इसी बीच दूसरे सभी लोग बेयीं से बाहर आ गये थे। भूख सभी को तेज़ लग आयी थी। कपड़े पहन कर सब दरी पर आ बैठे। आधी रात तक घर की औरतों ने शुद्ध घी का मोयन डाल कर जो पराँठे पकाये थे, आम के पुराने अचार और आलू की सूखी तरकारी के साथ वे सब के हाथों पर रख दिये गये। पण्डित वेणीप्रसाद ने ख़ास तौर पर डॉक्टर साहब, चेतन और हुनर साहब को सुनाते हुए कहा, "भाई, आप लोग शायद पसन्द न करें, लेकिन रसे वाली तरकारियाँ लाना मुश्किल था...."

हुनर साहब ने उन्हें बात नहीं ख़त्म करने दी। वे पराँठे का निवाला अचार से छुला कर आलू के साथ मुँह में रखने वाले थे कि रुक कर बोले, "पण्डित जी, आप क्या बात करते हैं! शुद्ध घी में रचे हुए लज़ीज़ पराँठे और आम का पुराना अचार तो बादशाहों को

भी नसीब नहीं होता और इस वक्त तो इतनी भूख लगी है कि सूखी रोटी भी अचार के साथ मिल जाती तो दावते-समरकन्द[1] का मज़ा आ जाता। आपने शे'र नहीं सुना :

भूख हो तेज़ तो लेटी भी मज़ा देती है
हलक के नीचे उतर जाती है हलवा हो कर।''

और यह कहते हुए उन्होंने निवाला मुँह में रख लिया।

शे'र निहायत घटिया था और उन बीसियों शे'रों में से था, जो हुनर साहब को ज़बानी याद थे और जिनमें से कोई-न-कोई, वे हर मौके पर फ़िट कर दिया करते थे। लेकिन चेतन ने सोचा तो लगा कि अपने तमाम भौंडेपन के बावजूद उस शे'र में एक सचाई है। बिना घी के, आटे को भून कर पानी और चीनी की मदद से बनी हुई लप्सी, जिसमें चीनी न हो तो किताबें जोड़ने के काम आये — पंजाबी में उसे लेटी कहते हैं। उसकी याद से ही चेतन की तबियत मतलाती थी, लेकिन, भूख हो तेज़ तो....यह सच था कि 'लेटी भी मज़ा देती है।' और इसमें भी शक नहीं था कि गले से हलवा बन कर उतर जाती है। उसने देखा, सब उन पराँठों पर ऐसे टूट पड़े थे, जैसे उन्होंने यह नियामत कभी न चक्खी हो।

चेतन चुपचाप मज़ा ले कर अचार के साथ पराँठे खाता रहा। सहसा उसकी याद में एक घटना कौंध गयी। वे दादा के साथ छोटे भाई शिव शंकर के मुण्डनों पर चिन्तपुरनी गये थे; वापसी पर, बहुत तड़के, तारों की छाया में गग्रेट से चल दिये थे। होशियारपुर के चो[2] के किनारे एक पुरानी बावड़ी के समीप उन्हें बेहद भूख लग आयी थी। माँ ने डिब्बे से बासी पराँठे और आम का अचार निकाल कर उन्हें एक-एक पराँठा दिया था। गर्मियों के दिन, पराँठे सूख गये थे। लेकिन अचार के साथ उस सूखे पराँठे को खाने और बावड़ी का पानी पीने में चेतन को जो मज़ा आया था, उसे याद नहीं कि फिर कभी मयस्सर हुआ....

चेतन की आदत थी कि वह गिन कर चार फुल्के खाया करता था। पराँठे फुल्कों से वज़नी थे, इस पर घी-सने, चेतन पाँच-साढ़े पाँच खा गया। और उसका ही नहीं, सारे बरातियों का यही हाल था।....

खाने के दौरान चेतन ने देखा, हालाँकि रणवीर उनके साथ ही पाँत में बैठा खाना खा रहा है, लेकिन उसका सारा ध्यान इस पर लगा है कि भाई साहब ठीक से खाते हैं कि नहीं। उसे न हुनर साहब का ख़याल था, न अपने प्यारे जीजा का, न किसी अन्य मित्र का, लेकिन भाई साहब के मुँह में जाने वाले हर निवाले की जैसे उसे फ़िक्र थी। सब्ज़ी या पराँठे ले कर जो भी आता, रणवीर उस पर ज़ोर देता कि भाई साहब को दे।

भाई साहब तो गिना-मिथा खाने वाले थे, लेकिन रणवीर के अनुरोध से उन्होंने भी ज़्यादा खा लिया था। — चेतन के सामने सुबह से उस वक्त तक रणवीर का सारा व्यवहार घूम गया....पहले जब-जब चेतन बस्ती गया था, रणवीर उसके आगे-पीछे घूमता था, लेकिन इस बार उसने रणवीर के व्यवहार में थोड़ा-सा अन्तर पाया था। वह चन्दा को ले कर जब बस्ती पहुँचा था तो उसकी कुशल-क्षेम पूछने के बदले रणवीर ने सबसे पहला प्रश्न यही किया था कि भाई साहब नहीं आये क्या ? और जब चेतन ने कहा था कि वे

---

१. शानोशौकत-भरी पुर-तक़ल्लुफ़ दावत
२. पहाड़ी नाला

रात को आयेंगे और सुबह बरात में शामिल हो जायेंगे तो रणवीर ने फिर पूछा था, "वे आयेंगे तो ज़रूर न ?" और जब चेतन ने उसे आश्वासन दिया था कि हाँ, वे ज़रूर पहुँच जायेंगे तो यद्यपि वह उस वक्त सन्तुष्ट हो गया था तो भी दिन में दो-तीन बार चेतन से भाई साहब के बारे में पूछ लेता था।....'इसने लाहौर आ कर डेण्टल कॉलेज खोलने का फ़ैसला कर लिया है,' सहसा चेतन ने मन-ही-मन सोचा, 'और भाई साहब ने फ़ैसला न कर लिया होता तो वे कभी न आते।'....खाना वह ख़त्म कर चुका था। वह चुपचाप उठा और बेयीं की तरफ़ चल दिया।

खाना खा कर सब ने बेयीं से पानी पिया। धूप में पड़े साफ़े सूख गये थे। उन्हें समेट कर, बर्तन-भाण्डे और दरी ले कर सब ऊपर सड़क पर चढ़ गये।

गाड़ीवान भी इस बीच तृप्त हो कर खाना खा चुके थे। बैल जोड़ दिये गये और दोनों बैलगाड़ियाँ आगे-पीछे चल दीं। उन लोगों ने सोचा था कि मील-आध मील पैदल चलेंगे, लेकिन बैल सुस्ता कर ताज़ा-दम हो चुके थे। बहुत तेज़ चल रहे थे। सब के पेट भरे थे। चलना उनके लिए कठिन हो गया। वे सब-के-सब ऊपर चढ़ गये। भाई साहब ने फिर ताश निकाल ली। इस बार रमी की बजाय कोट-पीस होने लगी।

o

चेतन को ताश का शौक नहीं था। वह कुछ देर बैठा, खेल में रस पाने की कोशिश करता रहा। फिर जब उसे बोरियत महसूस हुई तो वह सुबह की तरह एक तरफ़ लेट गया और चुपचाप पेड़ों के ऊपर नीले आकाश को देखने लगा। सड़क के दोनों ओर लगे शीशम के पेड़ों की डालियाँ कहीं-कहीं आपस में मिल कर पूरी सड़क को आच्छादित कर देती थीं। बीच-बीच में झाँकता नीला आकाश बहुत भला लगता था। ताश खेलना ही नहीं, खेलते हुए लोगों को देखना भी चेतन को समय गँवाने के बराबर लगता था। उसके पास करने को कुछ न हो तो वह उस समय को पढ़ने में, चुपचाप बैठे या लेटे हुए सोचने में अथवा सपने बुनने में बिताना, ताश खेलने से कहीं बेहतर समझता था।....दूर कहीं, बहुत ऊपर आकाश में एक बड़ा-सा पक्षी उड़ रहा था, जिसका पेट चमकीला भूरा था। शायद कोई मुर्ग़ाबी थी अथवा उकाब। उड़ते-उड़ते वह तिरछा होता तो सूरज की किरणों से उसका पेट और पंख सुनहले हो कर चमक उठते। चेतन की निगाहें उसी का पीछा करती रहीं। पेड़ों की शाखाओं के कारण कभी वह ओझल हो जाता, कभी फिर दिखायी देने लगता। चेतन को खुली धूप में, खुली सड़क पर, बैलगाड़ी की छत पर लेटे-लेटे, पेड़ों के हरियाले गुम्बदों के नीचे से गुज़रना बहुत अच्छा लग रहा था....काश, ज़िन्दगी आसान होती, कोई चिन्ता-फ़िक्र, इच्छा-कांक्षा न होती और ऐसे ही खुले आकाश के नीचे, पेड़ों की झिलमिल धूप-छाया में, बैलगाड़ी पर लेटे-लेटे दिन-पर-दिन बहे चले जाते। और उसे किसानों से ईर्ष्या हो आयी, जिन्हें जाने रोज़ कितनी बार यह सुख मिलता है....लेकिन क्या उन ग़रीब किसानों के पास उस अपरम्पार सौन्दर्य को देखने वाली आँखें भी हैं ? क्या हाड़-तोड़ मेहनत उनके पास इस सौन्दर्य का रस पाने के लिए समय या शक्ति भी रहने देती है ? कौन जाने शहरों की ज़िन्दगी और नज़्ज़ारों और सुख-सुविधाओं के लिए वे इसी तरह न तरसते होंगे, जैसे उसका मन गाँवों के विस्तार और शान्ति और प्राकृतिक सौन्दर्य के लिए तरसता है।....पर देखने वाली आँख और महसूस करने वाला दिल तो आदिम मानव के पास भी था। उसकी गुफाओं

में भित्ति-चित्र इस बात के साक्षी हैं और आज का किसान तो उस आदिम अवस्था से बहुत आगे निकल आया है। तभी चेतन की स्मृति में कई टप्पे और बोल कौंध गये, जिन्हें पंजाब के किसानों ने अनायास सृज दिया था जिनकी सूक्ष्मता बड़े कवियों के यहाँ भी दुर्लभ थी :

सज्जन पक्कियाँ नाक्खाँ[१]
मैं तैन्नूँ की आक्खाँ[२] ?

मेरा यार चम्बे[३] दी माला
दिल विच्च रए महकदा

फुल्ल तोड़ के कदीं न खान्दे
भौर भुक्खे वासना[४] दे

दिन चढ़दे दी लाली, रूप कुआरी दा[५]

मींह फ़ज्जराँ दे वस्सदे ने
कलियाँ दे घुण्ड खुल्ल गये
फुल्ल ठाह ठाह हस्सदे[६] ने

नज़र और ख़याल की यह बारीकी तो बेहद हस्सास और भाव-प्रवण हृदय की चुग़ली खाती है। ज़रूर ही चारों तरफ़ फैले देहात में ऐसे भाव-प्रवण हृदय और ऐसी बारीक निगाहों वाले लोग होते होंगे, जिनके होंटों से अनायास ऐसे बोल फूट पड़े हैं।

चेतन ने आकाश की गहराइयों में देखा। जाने वह सुनहरा-भूरा पक्षी किधर चला गया था ? चेतन को कमर के नीचे कुछ असुविधा हो रही थी। शायद दरी के नीचे कोई बिस्तर खिसक गया था। चेतन उठ कर बैठ गया।

ताश पूरे ज़ोरों पर चल रही थी। भाई साहब व्यूह-रचना में तल्लीन किसी सेनानायक की तरह पत्ते लगा रहे थे। चेतन को उन दिनों की याद हो आयी, जब अपनी आवारगी के दिनों में भाई साहब पण्डित बनारसी दास की दुकान पर ताश खेलते वक्त इसी तरह पत्ते लगाया करते थे।

लेकिन दूसरे ही क्षण बैलगाड़ियाँ जर्नैली सड़क से लालड़ाँ को जाने वाले कच्चे रास्ते पर उतर गयीं। हिचकोले इतने ज़ोर से लगे कि उनकी सारी व्यूह-रचना धरी-की-धरी रह गयी।

कहने को तो उस रास्ते को भी सड़क ही कहा जाता था; कभी उस पर कंकड़-पत्थर भी कूटे गये होंगे और इंजिन भी चला होगा, लेकिन उस वक्त वहाँ किसी कंकड़-पत्थर का नाम-निशान नहीं रह गया था और सड़क बलुही मिट्टी की एक छोटी-सी नदी बन गयी थी —दोनों ओर के खेतों से ज़रा नीची। बैलगाड़ियों के निरन्तर चलने से उसमें बड़ी-बड़ी

---

१. साजन नाशपातियाँ पक गयीं।
२. अब मैं तुझे क्या कहूँ।
३. चम्पा
४. सुगन्ध
५. रूप कुआँरी का, चढ़ते दिन की लाली-सा है।
६. पानी सुबह से पड़ रहा है, कलियों के घूघट खुल गये हैं और फूल ठठा कर हँस रहे हैं।

लीकें पड़ गयी थीं और चूँकि वर्षा शायद इस तरफ़ नहीं हुई थी, इसलिए मिट्टी सूख गयी थी और पैदल चलने से भी उड़ती थी। बैलगाड़ी पर बैठे-बैठे उन्हें बेतरह झटके लग रहे थे। गहरी लीकों के कारण गाड़ी कभी एक ओर झुक जाती, कभी दूसरी ओर को। ताश खेल पाना एकदम असम्भव हो गया। भाई साहब जीत रहे थे, लेकिन कोई चारा न देख कर, आख़िर उन्होंने खेल बन्द कर दिया। सभी बैलगाड़ी से उतर गये और सड़क के किनारे मेंड़-मेंड़ चलने लगे। भाई साहब झल्लाये हुए बड़बड़ाये —"अच्छी बरात में जा रहे हैं। इस धूल-मिट्टी में चलते-चलते, न जाने शाम तक कैसी दुर्गत हो जाय।"

चेतन उनकी बड़बड़ाहट सुन कर चौंका। कहीं रणवीर या उसके छोटे भाई ने उनकी बड़बड़ाहट न सुन ली हो। लेकिन दूसरे लोग ज़रा परे थे। वह हँसा, "अब आ गये हैं भाई साहब तो यह मज़ा भी ले लीजिए!" उसने कहा, "झल्लाने से कोई फ़ायदा नहीं, सिवा उन लोगों का मन ख़राब करने के। याद तो रहेगा कि रणवीर की बरात में शामिल हुए थे।"

भाई साहब कोई कटु बात कहने जा रहे थे कि तभी रतने ने बायाँ हाथ कान पर रख कर तान लगायी :

ओए, नदी किनारे हाथी चुगदा
ओए हाथी चुगदा
हाथी चुगदा
मैं समझेआ मुर्ग़ाबी
ओए, मैं समझेआ मुर्ग़ाबी
पूँछ जु चुक के वेक्खन लग्गा
अट्ठाँ दिनाँ नूँ मस्सेया[१]।

और उसके साथी ज़ोर से ठहाका मार कर हँस उठे।

भाई साहब चौंके। चेतन का ध्यान भी भटक गया। हुनर साहब की समझ में कुछ नहीं आया। उन्होंने कहा, "क्या मतलब है भई, इस गीत का ? ज़रा फिर से सुनाओ।"

बजाय मतलब बताने के रतने ने कहा, "आप बूझिए!" और फिर वही बन्द दोहरा दिया।

इससे पहले कि हुनर साहब या चेतन भाई साहब ही कोई अर्थ लगाते, हरनाम सिंह ने और भी ऊँची आवाज़ में वैसी ही दूसरी कविता सुनायी :

इश्क जज पहाड़ी चढ़्या
लम्बे-लम्बे बाँस
ओए, लम्बे-लम्बे बाँस
हत्थ जो पा के वेक्खन लग्गा
चप्पा भर दिन चढ़्या[२]

---

१. नदी किनारे हाथी दाना-दुनका चुग रहा था। मैंने समझा कि मुर्ग़ाबी है, दुम उठा कर देखने लगा तो आठवें दिन अमावस।

२. इश्क जज पहाड़ी चढ़ा, वहाँ लम्बे-लम्बे बाँस थे, हाथ डाल कर देखने लगा तो एक चप्पा भर दिन चढ़ा था।

हुनर साहब पूरे ज़ोर से ठहाका मार कर हँसे, "अरे भई, इसका कोई मतलब भी है ?"

"जिसके बोल का कुछ मतलब निकल आये।" रतने ने कहा, "उससे हम दवन्नी[१] धरा लेंगे।"

और उसने बताया कि इस बार देवी तालाब के पोने में बैतबाज़ी के मुकाबिले के साथ-साथ ऐसे बैतों के भी मुकाबिले हुए, जो लगें तो बढ़िया, लेकिन हों एकदम अललटप्प और जिनका कोई मतलब न हो। उसने यह भी बताया कि ख़ुद उसने और उसके मित्रों ने ऐसे कई बैत तैयार किये और उसने बैत सुनाये।

तब सब को कुछ ऐसा जोश आया कि सभी बढ़-बढ़ कर अललटप्प बैत बनाने और सुनाने लगे।

चेतन को वह सब ऊलजलूल बैतबाज़ी निरी बेवकूफ़ी लगती थी, लेकिन जब हुनर साहब ने उससे कुछ सुनाने को कहा तो बिना कुछ कहे, वहीं बना कर उसने भी एक बैत सुना दिया :

ओए, दिल बनियानी दा भर-भर आया
बर्फ़ पई कश्मीर
ओए बर्फ़ पई कश्मीर
नत्था सिंह दी भैंस रँभाई
चलो नदी दे तीर

बैत सुनाते ही उसे लगा कि इसका तो मतलब निकलता है, लेकिन किसी ने इस पर ग़ौर नहीं किया और सब 'हा-हा' करने और दाद देने लगे।

तभी रिपुदमन ने बढ़ कर खेत से चने का एक पौधा उखाड़ लिया और हरे चने निकाल-निकाल कर खाने लगा। तब कविता-अविता भूल कर सब खेतों में घुस गये।

o

सड़क दोनों ओर के खेतों से काफ़ी नीची थी। किनारे-किनारे खेतों की मेड़ों पर काँस उगा था। दोनों ओर जहाँ तक नज़र जाती थी, गेहूँ के हरे-भरे खेत थे, जिनमें चना भी बोया, हुआ था। मेंड़ों पर सरसों लगी थी। बीच में कोई पूरा-का-पूरा खेत सरसों का था। पीले फूल उस हरियाली की यकरंगी को मिटा रहे थे। हवा तेज़ थी और खेतों में दूर-दूर तक लहरें-सी बनती चली जाती थीं। कहीं-कहीं गन्ने के खेत खड़े थे और जहाँ रहट थे, वहाँ आम-जामुन के झुण्डों में छिपे रहट 'रुँ रूँ,' 'रीं रीं' कर रहे थे। तेज़ पछुआ चल रही थी और बैलों के खुरों और बैलगाड़ियों के पहियों से सड़क की मिट्टी आँधी-ऐसी उड़ कर खेतों पर बिछ रही थी। सब लोग चने छीलते और खाते-बतियाते बढ़े जा रहे थे। काफ़ी दूर चलने पर सड़क के निकट ही गन्ने का एक खेत मिला। रिपु और रतना उसमें घुस गये और आठ-दस गन्ने तोड़ लाये। तब जिन बरातियों के हाथों में चने थे, उन्होंने भी उन्हें फेंक कर एक-एक गन्ना ले लिया।

गन्ने पतले, सख़्त और रसीले थे। न जाने चेतन ने कितने वर्षों बाद ये पतले, सख़्त गन्ने चूसे थे। उसे अच्छा लगा। कुछ और चलने पर फिर गन्ने का एक खेत आया। किसान

---

१. दुअन्नी, दो आने

खेत पर ही था, इसलिए उन्होंने गन्ने का एक पूरा पूला ख़रीद कर बैलगाड़ी पर रख लिया। सड़क अब कुछ बेहतर हो गयी थी और वे थक भी गये थे। सब-के-सब बैलगाड़ी पर चढ़ गये और गन्ने चूसने लगे।

०

चार-साढ़े चार बजे होंगे, जब बैलगाड़ियाँ सड़क के निकट ही चलने वाले एक रहट के पास रुकीं। शाम उतर आयी थी। हालाँकि वे रास्ते में चने टूँगते और गन्ने चूसते आये थे उनके होंटों के कोने फट गये थे, लेकिन मीलों उस ऊबड़-खाबड़ रास्ते पर चलने और बैलगाड़ी के धक्के खाने के कारण उन्हें भूख लग आयी थी। हवा रुक गयी थी, लेकिन सूरज ढल जाने के कारण ठण्ड बढ़ गयी थी। पेड़ों के घने झुण्ड में अकेला रहट बड़ा सूना-सूना लग रहा था —सूना और जैसे सदियों पुराना। यद्यपि इधर बहुत-से रहटों पर मिट्टी की बड़ी-बड़ी टिण्डों के बदले टीन के डिब्बे लग गये थे, लेकिन इस रहट पर वही पुरानी टिण्डें लगी थी, जिन पर निरन्तर पानी में रहने की वजह से, काई जम गयी थी और जो हरी-हरी लग रही थीं।

रहट के करीब ही एक छप्पर था, जिसके बाहर एक मुसलमान किसान बैठा हुआ हुक्का पी रहा था। चेतन ने आदत के मुताबिक कुएँ में झाँक कर देखा —पानी बहुत नीचे था। वह कुछ क्षण टिण्डों को भर कर ऊपर आते और अपना पानी नीचे कुएँ पर लगी टीन की चौड़ी नाली में उँडेलते देखता रहा। फिर उसने जा कर धार के नीचे हाथ-पैर और मुँह धोया। पानी यख़ था, तो भी उसे हाथ-मुँह धोना अच्छा लगा। इस बीच रहट के पास एक दरी बिछ गयी थी। उस पर शीरीनी, शकरपारों और बेसनी सेव के कनस्तर रख दिये गये थे और एक-एक मुट्ठी शीरीनी, शकरपारे और बेसनी सेव सब को दे दिये गये।

शीरीनी और शकरपारे ख़स्ता थे। चेतन को भूख भी लग आयी थी। उसे वे जालन्धर के बोहड़ वाला बाजार की 'आर्यां दी हट्टी'[१] की मिठाई से भी ज़्यादा स्वादिष्ट लगे। सेव वह नहीं खा सका। ख़स्ता तो थे, पर उनमें लाल मिर्चें थीं। यूँ भी उसे सेव पसन्द नहीं थे, सिर्फ़ उनकी कांजी अच्छी लगती थी और उसका ख़याल था कि गाजर की कांजी की अपेक्षा बेसनी सेव की कांजी कहीं ज़्यादा स्वादिष्ट होती है।

दिन भर मस्ती करते हुए वे लोग थक गये थे। आगे पैदल चलना हुनर साहब या भाई साहब या चेतन के लिए कठिन था। नाश्ता करके और रहट से पानी पी कर वे बैलगाड़ी पर जा बैठे।

०

सूरज काफ़ी ढल गया था। खेतों और गाँवों के कच्चे मकानों पर लम्बे-लम्बे साये उतर आये थे। सूरज की पीली-सुनहली धूप केवल पेड़ों की फुनगियों पर दिखायी देती थी और दायें-बायें, दृष्टि की सीमा तक फैली हुई हरियाली पर सन्नाटा उतर आया। हवा नहीं थी, लेकिन ठण्ड जैसे अदृश्य झर रही थी। दिन भर हरियाली को देखते-देखते चेतन की आँखें थक गयी थीं। उसे बेहद ऊब हो रही थी और वह चाहता था कि वे सब जल्द-से-जल्द लालड़ाँ पहुँच जायें।

---

१. आर्यों की हट्टी

लेकिन लालड़ाँ का कहीं नाम-निशान न था। एक के बाद एक —तीन गाँव रास्ते में आये। दूर ही से पेड़ों के झुण्ड और उनमें से उठता धुआँ गाँव के होने की गवाही देता। निकट आने पर कच्चे मकानों के सिलहूत उभरते, जौहड़ के सड़ते पानी की दुर्गन्ध नथुनों में भर जाती। बकरियों और भेड़ों की 'मैं मैं,' 'भैं भैं' सुनायी देने लगती और गाँव के बाहर ही से कुत्ते भूँकने लगते और बैलगाड़ियों के अलग-बगल भूँकते हुए, उन्हें गाँव के काफ़ी बाहर तक छोड़ आते।

चेतन को बताया गया था कि लालड़ाँ अब दूर नहीं है। सूरज डूबते-न-डूबते वहाँ पहुँच जायेंगे। लालड़ाँ से दो मील इधर गोविन्दपुर में बाजे-गाजे और गैस-हण्डों के साथ लोग बरात की अगवानी को आयेंगे। हर बार जब वे अगले गाँव के पास पहुँचे थे, चेतन को आशा बँधी थी कि गोविन्दपुर आ गया; कि गाँव के बाहर ही उन्हें कोई रोक लेगा; फिर आगे-आगे सिरों पर गैस के हण्डे उठाये, गाँव के मजूर और 'दिलदार कमन्दाँ वाले दा' अथवा 'तूम्बा वज्जदा ना' या किसी ऐसे ही लोकप्रिय गीत की धुन बजाते हुए बैण्ड वाले और उनके पीछे-पीछे बराती और फिर सामान से भरी हुई बैलगाड़ियाँ — यूँ वे लोग लालड़ाँ में दाख़िल होंगे। लेकिन तीसरा गाँव भी पीछे छूट गया। जब कुत्ते भूँक-भूँक कर लौट गये तो चेतन ने ओवरकोट को शरीर के साथ कसते हुए चारों ओर निगाह दौड़ायी। बेकिनार सन्नाटा और उदासी। पश्चिम में सूरज डूब गया था और उसकी जगह दहकता हुआ लावा आकाश की ओर बढ़ रहा था। दायें-बायें घने बादल थे, जो नामालूम तौर पर बढ़ते हुए, धीरे-धीरे उसे ग्रस रहे थे, आकाश में हल्की-हल्की लाली फैल रही थी देहात में उठने वाला धुआँ और कोहरा, वातावरण पर छाने लगा था।

चेतन अपनी सुध-बुध खो कर पश्चिमी क्षितिज पर आँखें जमाये था। सहसा हवा तेज़ चलने लगी। वे घने बादल, जिन्होंने उस लावे को निगल लिया था, हवा के कन्धों पर चढ़े, बड़े भयानक देवों की तरह बढ़ने लगे।

देखते-देखते उन्होंने आकाश को ढँक लिया। गाड़ीवानों ने बैलों की पीठ पर साँटे जमाये। थके होते के बावजूद बैल दौड़ने लगे।

सब एकदम चुप थे। ताश खेल कर, पैदल चल कर, बातें करके और गीत गा कर वे थक गये थे। सब के मन में एक ही बात थी —वे लालड़ाँ कब पहुँचेंगे ? सहसा चेतन ने अपने गाड़ीवान से पूछा, "क्यों, बई, किन्नी दूर ए लालड़ाँ?"

"बस जी, एही कोई कोस-दो-कोस[१]।"

"यार, हर बार कोस-दो-कोस कह देन्ना ऐं। तेरे एह कोस-दो-कोस कदीं ख़तम वी होणगे[२]।" और उसने हुनर साहब से कहा :

"तीन गाँव गुज़र गये हैं। हर बार पूछने पर इसने यही जवाब दिया हैं। साले कोस न हुए, योजन हो गये।"

हुनर साहब ने लम्बी साँस ली और गुनगुनाये :

---

१. यही कोई कोस-दो-कोस।

२. यार, हर बार कोस-दो-कोस कह देते हो। तुम्हारे ये कोस-दो-कोस कभी ख़त्म भी होंगे।

"इसी उम्मीद पर मीलों चले जाते हैं दीवाने
वो उट्ठा पर्दा-ए-महमिल, वो निकला हाथ महमिल से।"

हुनर साहब शायद मूड में आ रहे थे। लेकिन खादी के कुर्ते-धोती, पट्टी की ऊनी वास्केट और गर्म चदरे के बावजूद उनके दाँत बजने लगे थे। "मौसम तो ऐसा है कि पास में ह्विस्की की बोतल हो, दो-चार दोस्त हों और ढाल कर देने वाला साकी हो, तब न इस सर्दी की फ़िक्र हो, न जल्दी लालड़ाँ पहुँचने की। क़यामत तक हम इसी तरह बैलगाड़ी पर बैठे हुए चले जा सकते हैं।" हुनर साहब ने कहा।

वे ताबड़तोड़ कई गर्म-गर्म शे'र पढ़ने वाले थे कि उनकी नाक पर एक मोटी बूँद गिरी। शे'र उनके दिमाग़ से हवा हो गया, "पानी बरसने ही वाला है," उन्होंने हठात कहा। उनके स्वर में कुछ अजीब-सा भय था।

सामने किसी गाँव के सिलहूत दिखायी दे रहे थे। बुज़ुर्गों वाली बैलगाड़ी उसके करीब पहुँच रही थी। उन्होंने बैलों को ज़रा तेज़ चलाने का आदेश दिया। बैल थक गये थे। कुछ क्षण भाग कर फिर पहले की तरह सोये-सोये चलने लगे, लेकिन गाड़ीवान ने उनकी माँ-बहन के साथ निकट का सम्पर्क स्थापित करते हुए, दो-चार साँटे उनकी पीठ पर रसीद किये, बैलों ने हुमक कर कन्धों से ज़ोर लगाया और भागने लगे।

लेकिन बादल शायद इसी संकेत की प्रतीक्षा कर रहे थे। ऐन उस वक्त टपाटप बड़ी-बड़ी बूँदें पड़ने लगीं।

सब ने अपने-अपने कोट और चदरे और ओवरकोट सिरों पर ले लिये। गाँव दो-एक फ़र्लांग पर सामने दिखायी दे रहा था। जब बाकायदा पानी बरसने लगा तो लड़के बैलगाड़ियों से उतर कर सरपट गाँव की तरफ़ भागे, लेकिन भाई साहब और हुनर साहब को यह लौण्डियाई पसन्द नहीं आयी। विवश चेतन भी उनके साथ ही रह गया और दूल्हा ने नाते रणवीर भी। हुनर साहब ने सुझाव दिया कि दरी बहुत मोटी है। वे लोग उसके नीचे हो जायें और उसे ढालुवीं करके तान लें। पानी बह जायेगा और वे सुरक्षित गाँव तक पहुँच जायेंगे।

वे चारों दरी के नीचे बिस्तरों पर जा बैठे और दरी को उन्होंने ऐसे तान लिया कि पानी नीचे की ओर बह जाय।

घुप्प अँधेरा और दरी की पोर-पोर में बसी, धूल और मिठाई-नमकीन तथा बिस्तरों और कपड़ों की मिली-जुली गन्ध! चेतन कुछ क्षण साँस रोके, दोनों हाथों से दरी थामे पड़ा रहा। फिर उसका दम घुटने लगा। उसका जी हुआ दरी हटा कर बाहर निकल आये। लेकिन पानी ज़ोरों से पड़ रहा था और दरी के नीचे गर्मी थी। वह चुपचाप गाड़ी के पहियों और बरसते पानी और गाड़ीवान की गालियों और टिटकारियों की आवाज़ सुनता बैठा रहा।

तभी हुनर साहब ऐसे चिल्लाये, जैसे उनके गले से साँप लिपट गया हो — "अरे यह पानी मेरी गर्दन पर चूने लगा है!"

दूसरे ही क्षण भाई साहब को भी यही शिकायत हुई। शायद हुनर साहब ने हाथ से दरी को ऊँचा कर दिया था और पानी की धार भाई साहब के सिर पर चूने लगी थी। दरी भीग कर भारी हो आयी थी। कुछ क्षण तक यही तमाशा होता रहा। जिस पर पानी गिरता,

वह दरी को ज़रा उठा देता और वह दूसरों पर गिरने लगता अथवा शरीर के दूसरे हिस्से पर बहने लगता। थोड़ी देर बाद लगा कि यदि तत्काल बाहर निकल कर किसी पनाह की तलाश नहीं करेंगे तो न सिर्फ़ दरी के नीचे बैठे-बैठे भीग जायेंगे, बल्कि बिस्तर और उनके साथ कपड़े भी ग़च हो जायेंगे।

तब चारों एक साथ दरी के बाहर निकले। वे गाँव के बिलकुल नज़दीक पहुँच गये थे। दायीं ओर ज़रा ऊँचाई पर एक बहुत बड़ा और घना बरगद का पेड़ था। उसकी लम्बी-मोटी डालियाँ सड़क को छाये हुए थीं। हुनर साहब ने गाड़ीवान से ज़रा-सा आगे बढ़ कर उसके नीचे गाड़ी रोकने को कहा। चेतन और रणवीर ने गाड़ीवान की मदद से दरी को ऐसे ढालुवीं बिछा दिया कि पानी बह जाये और नीचे का सामान न भीगे। फिर वे भाग कर बरगद के नीचे खड़े हो गये।

कुछ देर बरगद के नीचे उन्हें राहत मिली। सब जगह पानी-ही-पानी था; सिर्फ़ बरगद के नीचे जगह अभी सूखी थी, लेकिन दस-एक मिनट बाद वहाँ भी पानी की धारें गिरने लगीं और बरगद के तने के साथ पानी ऐसे बहने लगा, जैसे ऊपर किसी ने कोई अदृश्य ट्यूब-वेल चालू कर दिया हो। "यार, अगर कहीं बरसात इसी तरह जम गयी और झड़ी लग गयी और लालड़ाँ ही में तीन-चार दिन रुकना पड़ गया...." भाई साहब ने चिन्तित स्वर में हुनर साहब से कहा, "तो मेरा बड़ा नुकसान हो जायेगा। मुझे तो अपने दो पेशेण्ट्स को सेट तैयार करके देने हैं।" और जैसे अपने आप से बोले, "अच्छा हुआ, मैंने अपना सूट और टाई ट्रंक में रख दी, वरना लाहौर पहुँच कर सबसे पहले सूट धुलवाने या उसे इस्त्री करवाने की ज़रूरत होती।"

हुनर साहब ने जैसे उनकी बात नहीं सुनी।

"जी तो चाहता है," उन्होंने ठिठुरते हुए कहा, "कि बसन्त के मौसम की इस घिरी हुई घटा और बरसते पानी, हड्डियों में पैबस्त होती हुई सर्दी और बरगद के नीचे की इस पनाह को ले कर कुछ शे'र चुस्त किये जायें, लेकिन दाँत बजने लगे हैं और लगता है, दिमाग़ भी साला गुड़ी-मुड़ी हो कर बैठ गया है।"

"कुछ ही दिन पहले पंजाब और कश्मीर के पहाड़ों में ज़बरदस्त बर्फ़ गिरी है," चेतन ने कहा, "आपने मार्क नहीं किया, दिन भर कड़ी धूप के बावजूद हवा में गलन थी।"

"इस वक्त तो सबसे बड़ी तमन्ना यही है," हुनर साहब ने अपनी ही रौ में कहा, "किसी तरह गाँव पहुँच जायें, किसी किसान के यहाँ ज़रा-सा आसरा मिल जाये, फिर उसे पटाना और रात भर आराम से काटने का डौल बिठाना, हमारे बायें हाथ का खेल है।"

और वे लोग गाँव की ओर नज़रें जमाये, भीगते-काँपते चुप हो गये।

चेतन का सारा रुमान इस बरसात और सर्दी में जम गया था। उसने क्षण भर अपने तीनों साथियों की ओर देखा, जो मौन और बेबस खड़े भीग रहे थे। उसका अपना दिमाग़ कुछ भी नहीं सोच रहा था। उसकी कल्पना में बड़ी-सी अँगीठी थी। उसमें दहकते उपले थे। उनकी गर्मी से स्निग्ध एक दालान, गर्म-गर्म बिस्तर और लिहाफ़ था और (उस अजीब चिन्तन प्रक्रिया से, जो सपनों को जन्म देती है) पास में लेटी अपनी पत्नी का गर्म-गुदाज़ सीना था और बरगद के नीचे उस काल्पनिक सुख में वह इस मुसीबत को भुलाये हुए था।

तभी, जैसे युगों बाद (वास्तव में केवल पन्द्रह-एक मिनट बीतने पर) दूर से एक बत्ती उनकी ओर आती दिखायी दी। फिर एक और बत्ती और उन दोनों के पीछे एक तीसरी। तीन आदमी छाते और लालटेनें लिये, उनको ढूँढते आ रहे थे।

जब वे बहुत पास आ गये तो मालूम हुआ कि रिपुदमन दो अपरिचितों के साथ लालटेनें और छाते लिये, उन्हें लेने आ रहा है। गाँव का नाम गोविन्दपुर ही था। वहाँ बरात की अगवानी का पूरा प्रबन्ध था। गैस वाले भी थे और बैण्ड-बाजा भी था। लेकिन जब उन लोगों को पहुँचने में देर हो गयी और पानी ज़ोर से पड़ने लगा तो गाँव के मुहाने से हट कर वे सब अन्दर चले गये।

वर्षा कुछ थम गयी थी। एक लालटेन बैलगाड़ी के जुए के नीचे बाँध दी गयी और एक छाता गाड़ीवान को दे दिया गया। शेष दोनों छातों के नीचे पाँच आदमी बैलगाड़ी के आगे चलते और कच्चे रस्ते के गढ़ों और कीचड़ से बचते हुए एक-एक कदम गाँव की ओर बढ़ चले।

o

डेढ़-एक घण्टे बाद एक कच्चे दालान में, जिसे दहकते उपलों की सिगड़ी ने गर्म कर रखा था, ज़मीन पर बिछे खादी के गदेले पर, खादी के लिहाफ़ में लिपटा हुआ चेतन एक अनिवर्चनीय सुख से अभिभूत लेटा था। मकान-मालिक सरदार सुजान सिंह गोविन्दपुर का सिक्ख ज़मींदार था। रणवीर के ससुर से उसका लेन-देन था। जब उसे इस बात का पता चला कि बरात के लिए उसी शाम लालड़ाँ पहुँचना असम्भव है तो उसने न सिर्फ़ अपना मकान उनके लिए पेश कर दिया, बल्कि अपने पट्टीदारों के मकानों से भी एक-एक कमरा ले लिया था। चेतन और भाई साहब ने अपने ट्रंक खोल कर कपड़े बदले थे और गीले कपड़े वहीं सूखने को डाल दिये। हुनर साहब ने सरदार सुजान सिंह को गुरु गोविन्दसिंह पर लिखी अपनी कविता सुनायी थी और वादा किया था कि ज़रा वे कपड़े बदल लें और पेट की भूख मिटा लें तो उन्हें कुछ और नज़्में सुनायेंगे। इस तरह सरदार साहब का दिल जीत, उन्हीं से तहमद, कुर्ता और कम्बल ले कर उन्होंने कपड़े बदले थे और कम्बल ओढ़ लिया था। घर में सरसों का साग बना था। —दिन भर पकता रहा था और मकई का आटा डाल कर अच्छी तरह घोटा गया था। मक्खन-चुपड़ी गर्मा-गर्म मकई की रोटी और साग में एक-एक बड़ा डला मक्खन का, साथ में पुराना आम का अचार — उन लोगों की तबियत ख़ुश हो गयी थी। सरदार सुजान सिंह ने उनके लिए धरती पर दरियाँ बिछा कर बिस्तर बिछा दिये थे। भाई साहब और चेतन एक में हो गये थे; हुनर साहब और निश्तर दूसरे में।

बाहर पानी शायद एकदम थम गया था। कभी-कभी छत से अथवा पास के किसी पेड़ से किसी मोटी-सी बूँद के गिरने की 'टप्प' सुनायी दे जाती। कमरे में अँगीठी के कारण सूखते हुए कपड़ों की बू बस गयी थी। चेतन के हाथ-पैर यख़ हो गये थे। भाई साहब पड़ते ही सो गये थे! चेतन ने शेष रज़ाई अच्छी तरह अपनी पसलियों और टाँगों के नीचे कस ली और सिर को क्षण भर के लिए ढँक लिया। रज़ाई यद्यपि साफ़ और धुली हुई थी, पर उसमें घी और आदमी के शरीर अथवा पुरानी रुई और न जाने किस-किस चीज़ की गन्ध बसी थी। अजीब बात यह है कि चेतन को वह गन्ध बुरी नहीं लगी। तो भी उसने करवट

ले कर, नाक और मुँह रज़ाई से ज़रा-सा बाहर निकाल लिया।

हुनर साहब घुटनों के बल बैठे हुए, आगे झुक कर सरदार सुजान सिंह को गुरु नानक के बारे में अपनी एक नज़्म सुनाने जा रहे थे। सरदार साहब को नज़्म की बारीकी समझने में दिक्कत न हो, इसलिए उन्होंने नज़्म सुनाने से पहले उसकी व्याख्या कर दी।

चेतन को लगा, उसने यह नज़्म पहले कहीं पढ़ी है, पर उसे याद न आ रहा था। तभी हुनर साहब ने सस्वर नज़्म का पहला शे'र पढ़ा :

कौम ने पैग़ामे-गौतम की ज़रा परवा न की
कद्र पहचानी न अपने गौहर-ए-यकदाना की

चेतन समझ गया कि वही नज़्म है, जो उसने अल्लामा इकबाल के काव्य-संग्रह 'बाँगे दरा' में 'नानक' शीर्षक से पढ़ी थी।

आह बदकिस्मत रहे आवाज़-ए-हक़ से बेख़बर
ग़ाफ़िल[1] अपने फल की शीरीनी[2] से होता है शजर[3]
आशकार[4] उसने किया जो ज़िन्दगी का राज़ था
हिन्द को लेकिन ख़याली फ़लसफ़े पर नाज़ था
शम'ए-हक से जो मुनव्वर[5] हो, य' वो महफ़िल न थी
बारिश-ए-रहमत[6] हुई लेकिन ज़मीं काबिल न थी
आह, शूदर के लिए हिन्दोस्ताँ ग़म-ख़ाना है
दर्द-ए-इन्सानी से इस बस्ती का दिल वीराना है।
बरहमन सरशार है अब तक मय-ए-पिन्दार[7] में
शम'-ए-गौतम[8] जल रही है महफ़िल-ए-अग़यार[9] में
फिर उठी आख़िर सदा[10] तौहीद[11] की पंजाब से
हिन्द को इक मर्द-ए-कामिल ने जगाया ख़्वाब से

लेकिन चेतन ने इस नज़्म के आख़िरी शे'र नहीं सुने। उसके पपोटे धीरे-धीरे भारी हो रहे थे और जब एक मर्दे-कामिल हिन्द को ख़्वाब से जगा रहा था, चेतन गहरी नींद सो गया था।

---

१. बेख़बर, अनभिज्ञ
२. मिठास
३. पेड़
४. प्रकट
५. ज्योतिर्मय
६. कृपा-दृष्टि
७. बुद्धि की मदिरा
८. गौतम की ज्योति
९. दूसरों की महफ़िल में
१०. पुकार
११. भगवान के एक होने की कल्पना। एकता

चौथा खण्ड

ग्यारह

प्रकट अन्यमनस्क, लेकिन मन में अपार उत्सुकता लिये हुए, चेतन हुनर साहब के साथ लालड़ाँ के चमत्कारी बाबा के दर्शनों को जा रहा था। बरात में से केवल निश्तर, भाई साहब और रणवीर के बड़े जीजा, मिस्टर गणेशीलाल वत्स (इंजीनियर) उनके साथ थे। लेकिन हुनर साहब ने उस चाबुकदस्ती से, जो उन्हीं का हिस्सा था, लालड़ाँ के प्रसिद्ध गायक, चिरंजी लाल और उसके तबलची पिता को (जिन पर साईं बाबा की विशेष कृपा थी) अपने साथ जाने के लिए तैयार कर लिया था।

०

वे लोग अभी गाँव के पोखर पर नहीं पहुँचे थे, जब उसके पास ऊँचाई पर बने बाबा के आश्रम से कीर्तन में बजने वाले चिमटों, छैनों और खड़तालों का मद्धिम स्वर चेतन के कानों में आने लगा।

ज्यों-ज्यों वे पोखर के किनारे-किनारे आश्रम की ओर बढ़ते गये, वह आवाज़ स्पष्ट-से-स्पष्टतर होती गयी। चेतन ने अपने कानों पर ज़ोर दे कर चिमटों, खड़तालों और छैनों के भयंकर शोर में लगभग घुल-मिल जाने और समवेत स्वर में गाये जाने वाले भजन के शब्दों और वाक्यों को अलग-अलग करने की कोशिश की। तनमयता की स्थिति में भजन की पंक्तियाँ, खिंच कर हाथ से अचानक छूट जाने वाले रबड़ की तरह, द्रुतगति से छोटी होती हुई, कुछ यूँ चेतन के कानों में आ रही थीं :

ओ लै लै नाम जोगिया
ओ भज लै राम बन्देआ
ओ जप लै नाम प्यारेआ

पहले 'राम' और 'नाम' में चेतन अन्तर नहीं कर पाया, न 'जोगिया,' 'बन्देआ' और 'प्यारेआ' में। लेकिन लगातार कोशिश से उसने इन सभी शब्दों का अलग कर लिया और जब वे आश्रम के पास पहुँचे तो वाद्ययन्त्रों के प्रबल नाद के बावजूद गाने वालों के बोल साफ़-साफ़ सुनायी देने लगे। वे एक पंक्ति को तोड़ते-मोड़ते, दोहराते-तिहराते, अपार तन्मयता से गा रहे थे। क्षण भर बाद उन्होंने विलम्बित गति से भजन की पंक्ति गायी — चेतन को लगा जैसे सिमटा हुआ रबड़ फिर फैलने लगा है :

ऐ त्थे बै ठ कि से न ईं र ह् ना
भ ज लै ना म ब न्दे आ

तभी शोर एकदम बन्द हो गया और एक खनखनाता स्वर गूँजा, जिसके पीछे पाँच-छै स्वर वही पंक्तियाँ दोहराने लगे :

तेरे महल ते माल ख़ज़ाना
(ओ) तेरे महल ते माल ख़जाना
रिश्ता, नाता संग सुहाना
(ओ) तेरे नाल[1] नईं कुछ जाना
जेहड़ा[2] कम्म तेरे है आना
ओह[3] है नाम बन्देआ

और समवेत स्वर गूँजा :

ऐत्थे बैठ किसे नईं रहना
जप लै नाम बन्देआ

तब संकीर्तन करने वाले भजनीक, चिमटे और खड़तालें और छैने बजाते, उसी तन्मयता से गाने लगे :

ओहियो[4] राम प्यारेआ
ओहियो नाम प्यारेआ
ओ जप लै....
ओ भज लै....
ओ भज लै नाम बन्देआ

चेतन के कदम अपने साथियों के साथ आश्रम की ओर बढ़े जा रहे थे, उसके कानों में भजन के स्वर गूँज रहे थे, लेकिन साथ-ही-साथ बाबा का वह चित्र भी उसकी आँखों के सामने था, जो उसने सुबह सुजान सिंह के दालान में देखा था और उनके चमत्कार की जो बातें उसने सुबह सुनी थीं, वे (तमाम नास्तिकता के बावजूद) उसे उत्सुक बनाये हुए थीं।

o

रात जाने कब तक सरदार सुजान सिंह को नज़्में सुना कर हुनर साहब सोये थे। लेकिन जब चेतन और उसके बड़े भाई सुबह-सुबह उठे तो उन्होंने हुनर साहब को एकदम चाक-चौबन्द पाया था। पहली बात जो हुनर साहब ने चेतन (और उसके बड़े भाई) से की, वह लालड़ाँ के साईं की प्रशंसा में थी।

हुनर साहब ने दोनों भाइयों का ध्यान सामने दीवार पर गुरु नानक और गुरु गोविन्द सिंह की तस्वीरों की बीच लगे एक छोटे-से फ़ोटो की ओर दिलाया, जो सर्दियों की सुबह के नीम-अँधेरे में काला-सा धब्बा लग रहा था और चेतन से बोले, "यही लालड़ाँ के साईं बाबा हैं, जिनकी बात मैंने बस्ती में तुम्हें बतायी थी। रात सुजान सिंह से देर तक उनके बारे में बातें होती रहीं। बाबा की शोहरत लालड़ाँ से निकल कर पंजाब ही नहीं, हिन्दुस्तान में दूर-दूर तक फैल रही है।"

---

१. साथ
२. जो
३. वह
४. वही

और सरदार सुजान सिंह के हवाले से उन्होंने बताया कि सुदूर कलकत्ता और बम्बई से लोग उनके दर्शनों को आते हैं और उनके आशीर्वाद से मन की मुरादें पाते हैं...."और-तो-और, ज़िले का डिप्टी कमिश्नर तक उनका मुरीद[१] हो गया है।" उन्होंने सोत्साह कहा।

और वे बिस्तर पर फसकड़ा मार कर किस्सा सुनाने लगे कि कुछ वर्ष पहले जब डिप्टी कमिश्नर अमले-फ़ैले[२] के साथ इधर के दौरे पर आया तो न जाने किस ग़ैबी कशिश[३] से बाबा के दर्शनों को पहुँचा। उसे देखते ही बाबा बोले, "साईं, तूँ एत्थे पया की कर र्या ऐं, तेरे बीवी-बच्चे ताँ टमटम उलट जाण नाल ज़ख़्मी हो गये ने।"

(हुनर साहब ऐसे किस्सा सुना रहे थे, जैसे वह सब उनका सुना हुआ नहीं, आँखों देखा हो।)

"डिप्टी कमिश्नर अंग्रेज़ था। थोड़ी-बहुत पंजाबी समझ लेता था। लेकिन बाबा की बात उसकी समझ में नहीं आयी। उसने अपने सेक्रेट्री से अंग्रेज़ी में पूछा, 'व्हॉट डज़ दी ओल्ड मैन से[४] ?'

"सेक्रेट्री ने घबराहट और संकोच से उसे बाबा की बात समझायी तो साहब ने बेज़ारी से सिर हिलाया; होंटों-ही-होंटों में बड़बड़ाया — 'ही'ज़ मैड'[५]!' और उल्टे पाँव वापस मुड़ गया। न उसने अपना दौरा रद्द किया, न वापस घर की तरफ़ पलटा, बल्कि अपने अमले को उसने ख़ेमे और छोलदारियाँ उखाड़ कर अगले पड़ाव की ओर कूच करने का आदेश दिया।

"लेकिन बाबा की बात सोलहों आने सच निकली। दूसरे ही दिन जालन्धर से एक हरकारा मोटर साइकिल पर लालड़ाँ पहुँचा और जब उसे मालूम हुआ कि साहब का डेरा आगे चला गया तो वह बिना रुके बढ़ गया। उसी से मालूम हुआ कि साहब की फ़ैमिली एक्सीडेण्ट की ज़द में आ गयी है।—ऐन उस वक्त, जब डिप्टी कमिश्नर बाबा के दर्शनों को आया था, उसकी मेम अपने बच्चों के साथ टमटम पर जा रही थी कि सामने ट्रक को आते देख, घोड़ा बिदक गया और ज़बरदस्त टक्कर हो गयी। टमटम उलट गयी, घोड़ा और साईस ख़त्म हो गये, बच्चे ज़ख़्मी हो गये और मेम की बाँह और हँसली की हड्डी टूट गयी।

डिप्टी कमिश्नर उसी दिन वापस फिरा। वापसी पर लालड़ाँ से गुज़रते हुए, वह दो मिनट को फिर बाबा के हुज़ूर में पहुँचा और घुटनों के बल झुक कर उसने बाबा से अपना गुनाह बख़्शवाया और दुआ चाही।

"बाबा ने कहा, 'साईं, घबरा नईं। सब ठीक हो जायेगा। थोड़ी देर लगेगी ते तैन्नूँ वतन जाना पवेगा[६]।'

"और सच ही हस्पताल में उसकी मेम का ऑपरेशन कामयाब नहीं हुआ। साहब

---

१. भक्त
२. कर्मचारी-गण
३. दैवी आकर्षण
४. बूढ़ा क्या कहता है।
५. पागल है।
६. साईं, घबरा नहीं। सब ठीक हो जायेगा। थोड़ी देर लगेगी और तुझे वतन जाना पड़ेगा।

तीन महीने की छुट्टी ले कर इंग्लिस्तान गया। उसकी मेम ठीक हो गयी। जब वह वापस आया तो अपनी मेम और बच्चों को ले कर फिर बाबा के यहाँ पहुँचा। उसने न सिर्फ़ बाबा के आश्रम के लिए ग्राण्ट दी, बल्कि गाँव का स्कूल खोलने, दुर्गा का मन्दिर बनवाने और आते-जाते साधु-सन्तों की रिहाइश के लिए कमरे बनाने का रुपया भी दिया और हमेशा-हमेशा के लिए बाबा का मुरीद हो गया।"

०

तभी चेतन अपनी पार्टी के साथ बाबा के आश्रम में दाख़िल हुआ। उसने देखा —मिट्टी की चारदीवारी के अन्दर, बड़े खुले अहाते के बीचों-बीच, आम का एक घना पेड़ है। उसके नीचे गोल पक्का चबूतरा बना है। उस पर पाँच साधु बैठे हैं। बीच में एक लम्बा-तगड़ा साधु चिमटा लिये हुए है और इर्द-गिर्द दो-दो साधु छैने और खड़तालें लिये बैठे हैं और सब-के-सब भजन गा रहे हैं। चबूतरे के नीचे गेट तक नज़दीक के कस्बे और गाँवों से आ कर बैठे भक्त लोग, उनके पीछे-पीछे स्वर अलाप रहे हैं।

चेतन की नज़र चबूतरे पर बैठे साधुओं पर गयी —विशेषकर उस पर, जो बीच में चिमटा लिये बैठा था। चेतन के देखते-देखते, वह गाते-गाते खड़ा हो गया —लगभग छै फ़ुट लम्बा, गोरा, चौड़े सीने, पुष्ट कन्धों और लम्बी बाँहों वाला —गले में उसने टख़नों तक लम्बा जोगिया चोला पहन रखा था। उसके सिर पर जटाओं का बहुत बड़ा जूड़ा था। वह चिमटा बजाते हुए झूम-झूम कर गा रहा था। वे लोग चिरंजीलाल और उसके पिता के पीछे-पीछे बायीं ओर से धीरे-धीरे बढ़ कर उस छै फ़ुटे साधु के पार्श्व में जा खड़े हुए। तब उस साधु ने चिमटा क्षण भर को रोक कर अपनी ऊँची खनखनाती आवाज़ में अन्तरा उठाया :

दुनिया चार दिनाँ दा मेला
इह सब छिन दा[१] रेला-पेला
ऐवें[२] पाया[३] गले झमेला
एत्थों[४] जासैं सन्त अकेला
(ओ) संग लै नाम[५] बन्देआ

और चिमटा पूरे ज़ोर से बज उठा। खड़तालें झमक उठीं और छैने झन-झना उठे और सारे भक्त समवेत स्वर से गाने लगे :

एत्थे बैठ किसे नईं रहन्

और पूरे जोश और मस्ती से इसी एक पंक्ति को थोड़े फेर-बदल के साथ वह जूड़े वाला साधु गाने लगा। चिमटा बजाते और आत्म-विभोर हो कर गाते और झूमते और बार-बार पंक्ति के अन्त में सिर झटकते हुए उसका जूड़ा ढीला हो कर खुल गया। चेतन ने देखा —उसकी जटाएँ टख़नों तक लम्बी हैं —वह हैरत से उन लम्बी जटाओं की ओर देखता रह

---

१. क्षण भर का
२. बेकार में
३. डाला
४. यहाँ से
५. साथ ले-ले

गया। गाने और चिमटा बजाने के जोश में सर्दी के बावजूद उसके चौड़े माथे पर पसीने की बूँदें झलकने लगी थीं और आम के पत्तों से छनती हुई धूप से उसकी दाढ़ी-मूँछों के बालों के पसीना सिम आया था। उसका गोरा मुख लाल हो आया था और भजन गाने के जोश, मस्ती और तन्मयता से उसका रूप एकदम दिव्य लग रहा था।

लेकिन वह लम्बा-तगड़ा शरीर और वह दिव्य रूप उस फ़ोटो से मेल नहीं खाता था, जो सुबह चेतन ने सरदार सुजान सिंह के दालान में लगा देखा था।....और चेतन फिर कीर्तन सुनते-सुनते बाबा के फ़ोटो और चमत्कारों में खो गया।

o

जब हुनर साहब बाबा के चमत्कार और डिप्टी कमिश्नर का किस्सा सुना चुके थे तो चेतन ने ज़रा उठ कर निकट से उस फ़ोटो को देखा था। गुरु नानक और गुरु गोविन्द सिंह के चित्र कैलेण्डरों से फाड़ कर फ्रेम कराये थे। बाबा का फ़ोटो कस्बे ही के किसी फ़ोटोग्राफर द्वारा खींचा गया लगता था। —उस फ़ोटो में एक अधेड़ उम्र का पतला-दुबला व्यक्ति किसी सीढ़ी अथवा चबूतरे पर बैठा था। वह न साधुओं की तरह धूनी रमाये था, न योगियों की तरह पद्मासन लगाये। न उसका सिर घुटा था, न उस पर जटाएँ थीं और न उसके मुख पर दाढ़ी-मूँछें ही थीं। किसी आम देहाती किसान की तरह उसके बाल मोटी मशीन से कटे थे, चेहरे पर दाढ़ी कई दिन की बढ़ी थी —सिर के बालों की तरह मोटी मशीन से कटी लगती थी और सिर और चेहरे के बालों में सफ़ेदी जगह-जगह झलक रही थी। उसका सरापा भी किसी अधेड़ देहाती का-सा ही था —एक लम्बा चोला और तहमद पहने हुए, वह थका-सा, टाँग-पर-टाँग रखे बैठा था। उसके गले में रुद्राक्ष की एक माला थी। और अजीब बात थी कि वह माला ही उसे आम देहाती से अलग कर, साधुओं और फ़कीरों की कोटी में रख देती थी। उसके चेहरे पर एक थकी-थकी-सी, करुणा-भरी मुस्कान थी। वह मुस्कान मन में न जाने कैसे, कुछ अजीब-सी दया उपजाती थी। उस व्यक्ति के लिए उतनी नहीं, जो थका-सा टाँग-पर-टाँग रखे मुस्करा रहा था; वरन उन तमाम अदृश्य लोगों के लिए, जिन्हें देख कर वह यूँ मुस्करा रहा था।

उस बड़े जूड़े वाले साधू और उसके साथियों को देखते हुए चेतन ने मन-ही-मन उस फ़ोटो को दोहरा लिया —'यह लम्बा-तड़ंगा, गोरा साधु तो लालड़ाँ का बाबा नहीं है।' उसने सोचा।

और भजन सुनते-सुनते चेतन के दिमाग़ में बाबा के बारे में सुनी सारी बातें पुनः घूमने लगीं। चेतन और उसका भाई अभी बाबा की तस्वीर देख ही रहे थे कि सुजान सिंह के साथ रिपुदमन और समधियाने से एक व्यक्ति आया था। उसने कहा था कि बरात सुबह ही चल देगी। बाजे वाले तैयार हो गये हैं। आप जल्दी से निबट-निबटा कर तैयार हो जाइए। लालड़ाँ तक पैदल जाना होगा और सेहराबन्दी की रस्म वहीं होनी है इसलिए जल्दी कीजिए।

तब सुजान सिंह उन्हें दिशा-फ़राग़त के लिए खेतों में ले गया था। रास्ते में हुनर साहब ने सरदार से पूछा था कि बाबा क्या लालड़ाँ के रहने वाले हैं या कहीं बाहर से आये हैं ?

सुजान सिंह ने बताया था कि बाबा कहाँ के रहने वाले हैं, किस परिवार के हैं, कहाँ

से आये हैं, इसे वह तो क्या, कोई भी नहीं जानता। वर्षों पहले वे लालड़ाँ से गुज़र रहे थे कि नम्बरदार नानक सिंह के चौपाल में कुछ क्षण को रुके थे। नानक सिंह की जवान लड़की को दौरा पड़ा हुआ था। बाबा जब पहुँचे तो एक ओझा झाड़-फूँक कर रहा था और लड़की के मुँह पर तमाचे मार कर उसका भूत भगा रहा था।

वह सब देख कर बाबा के चेहरे पर बड़ी ही दया-भरी मुस्कान फैल गयी थी। उन्होंने नम्बरदार से कहा था कि इसे मारो नहीं, ज़रा-सी मिश्री अथवा शक्कर ले आओ, मैं इसे अभी ठीक कर देता हूँ।

और बाबा ने ओझा को परे हटा कर लड़की के सिर पर प्यार से हाथ रखा था। उस स्पर्श में जैसे कोई करेण्ट हो, लड़की एक बार काँपी थी और फिर थिर हो गयी थी। नानक सिंह मिश्री ले आया। बाबा ने झोले से एक पुड़िया निकाली। उसमें से राख-ऐसे चूरन की एक चुटकी ले कर मिश्री में मिला कर लड़की को चटा दी। ओझा-समेत सारे लोग हैरान रह गये, जब लड़की ने बाबा को हर बात सुन ली और आदेश मान लिया। दस-पन्द्रह मिनट में वह एकदम शान्त हो गयी थी।

तब बाबा ने पुड़िया नम्बरदार को दे दी थी कि साईं, इसमें से चुटकी भर दवा रोज़ मिश्री में घोल कर महीना भर बच्ची को चटाते रहिए। फिर कभी तकलीफ़ नहीं होगी।

तब नम्बरदार ने बाबा से पूछा था कि वे किधर से आये हैं और किधर को जा रहे हैं।

बाबा एक भोली-सी हँसी हँसे थे। 'तूँ इस पुच्छ के की लैणा ऐ साईं ? घर-बार साड्डा कोई नई। इह सारा संसार साड्डा घर ऐ और सारे परानी साड्डे कुटुम्बी ने[१]।'

बाबा के स्वर में कुछ ऐसी निरीहता, कुछ ऐसा भोलापन, लेकिन इसके बावजूद कुछ ऐसी सख़्ती थी कि सामने वालों को ज़्यादा प्रश्न करने का साहस नहीं होता था।

नम्बरदार ने आगे प्रश्न नहीं किया। उसने अर्ज़ की कि बाबा जाने से पहले उनके घर मुँह तो जूठा कर लें।

बाबा ने कहा कि वे अन्न ज़्यादा नहीं लेते। गाय का दूध ले सकते हैं।

नम्बरदार ने दूसरे क्षण भड़ोली में पका हुआ गया का दूध, जिस पर हल्की पीली मलाई की मोटी तह थी, छटाँक भर गाय का शुद्ध घी डाल कर, बाबा को पेश किया।

दूध पी कर जब बाबा चलने को तैयार हो गये तो नम्बरदार उनके पाँव पड़ गया कि बाबा एकाध महीना लालड़ाँ में रह जायें और लड़की को अपने हाथों दवा खिला जायें।....

बाबा आनाकानी करते, लेकिन इस बीच यह ख़बर सारे गाँव में फैल गयी थी कि लालड़ाँ में एक चमत्कारी पुरुष आये हैं, जिन्होंने केवल हाथ के स्पर्श से और चुटकी भर राख से नम्बरदार की जवान लड़की की पुरानी बीमारी दूर कर दी है। सारा गाँव उनके दर्शनों को उमड़ पड़ा और जब नम्बरदार ने बाबा के चरण छू कर प्रार्थना की और सारे गाँव वालों ने उस अनुरोध में अपना स्वर मिला दिया, तब बाबा के होंटों पर वही करुणा-भरी मुस्कान फैल गयी थी।

---

१. तुम्हें यह पूछ कर क्या लेना है साईं। घर-द्वार हमारा कोई नहीं। यह सारा संसार हमारा घर है और सारे प्राणी हमारे कुटुम्बी हैं।

"ठीक ए," उन्होंने कहा, "मैं बच्ची दे ठीक हो जाण तक एत्थे ई रहाँगा। पर मैं गिरस्ताश्रम छड्ड दित्ता ऐ। मैं घर च नईं, किसे पेड़ थल्ले पै रहाँगा[१]।"

शुरू गर्मियों के दिन थे। उस रात को बाबा खुले में चटाई बिछा कर सो रहे। दूसरे दिन गाँव वालों ने जौहड़ के किनारे दिन भर में एक झोंपड़ा छा दिया और बाबा वहीं चले गये।

और फिर डिप्टी कमिश्नर ने उनके चमत्कार से प्रभावित हो कर वह ज़मीन उनके आश्रम के लिए दे दी। अब वहाँ बच्चों का स्कूल है, माता का मन्दिर है। और बाबा के भक्तों में हिन्दू ही नहीं, मुस्लमान, सिक्ख और ईसाई भी हैं।

०

चेतन के दिमाग़ में सुजान सिंह से सुनी सारी बातें घूम गयीं। दिशा-फ़राग़त से निबट कर और सुजान सिंह के रहट की धार पर हाथ-मुँह धो कर वे लोग डेरे पर वापस आ गये थे और सामान बाँधने लगे थे। चेतन इस बीच लालड़ाँ के बाबा की बात निरन्तर सोचता रहा था। उसे बाबा के चमत्कारों में कोई विश्वास नहीं था। इस धर्मपरायण, अन्ध-विश्वासी देश में, जहाँ निपट पागल सिद्ध मान लिये जाते हैं, किसी रमते बाबा द्वारा गाँव के निरक्षर देहातियों का मन जीत लेना कोई बड़ी बात न थी। हो सकता है, बाबा के पास कोई भस्म अथवा जड़ी-बूटी का चूर्ण हो और बाबा ने उससे लड़की का उन्माद दूर कर दिया हो....लेकिन डिप्टी कमिश्नर वाली बात ?....जाने उसमें कितनी सचाई है ? लोग राई का पहाड़ बना देते हैं....और चेतन को अपने शहर के रुलिये शाह की याद आ गयी, ज़ो गाली देता था और लोग उसी से सट्टे का नम्बर निकाल लेते थे।

तभी सुजान सिंह का मज़दूर — रहमता — लालड़ाँ के गाड़ीवान के साथ सामान उठाने आया था तो सहसा चेतन ने फ़ोटो की ओर संकेत करते हुए पूछा था, "क्यों बई रहमते, लालड़ाँ दे साईं बारे तेरा की ख़याल ऐ ?'

"अल्लाह वाले लोग ने साब।" रहमते ने कहा था, "पहुँचे होए फ़कीर ने। ओह्ना दे हत्थ विच्च ई शफ़ा नईं, ओह्ना दी बोली विच्च वी दवा दा असर ऐ। अद्धी तकलीफ़ ते बाबा दे बोल सुन के ई दूर हो जान्दी ऐ[२]।"

और रहमते ने भी नम्बरदार की लड़की का किस्सा सुनाया था। उसने न दवा का ज़िक्र किया था, न मिश्री और शक्कर का। उसके कथनानुसार तो बाबा ने केवल हाथ के स्पर्श से, राख की एक चुटकी से लड़की को ठीक कर दिया था।

"नम्बरदार दी काकी दी की गल्ल करदे ओ," रहमते ने कहा था, "ना जाने इर्द-गिर्द दे किन्ने ला-इलाज मरीजाँ नूँ बाबा ने सिर्फ़ हत्थ फेर के, दो मिट्ठे बोलाँ नाल भला-चंगा कर दित्ता ऐ[३] !"

---

१. ठीक है, मैं बच्ची के ठीक होने तक यहीं रहूँगा, लेकिन मैंने गृहस्थाश्रम छोड़ दिया है। मैं घर में नहीं, किसी पेड़-तले पड़ा रहूँगा।

२. अल्लाह वाले लोग हैं, पहुँचे हुए फ़कीर हैं, उनके हाथ ही में शफ़ा नहीं, उनकी वाणी में भी दवा का असर है। आधी तकलीफ़ तो बाबा के बोल सुनकर ही दूर हो जाती है।

३. नम्बरदार की लड़की ही की क्या बात है, न जाने इर्द-गिर्द के कितने ला-इलाज मरीजों को बाबा ने सिर्फ़ हाथ के स्पर्श और दो मीठे बोलों से भला-चंगा कर दिया है।

और उसने बताया कि डिप्टी कमिश्नर साहब ने साधुओं के लिए कुछ कमरे बनवा दिये थे, लेकिन दूर-दराज़ से आने वाले लोगों के लिए रहने का इन्तज़ाम न था। तब इर्द-गिर्द के गाँव वालों ने बाबा की झोंपड़ी के पास कच्चे-पक्के कमरे डाल दिये और अब बाबा लोगों के तन-मन का ही इलाज नहीं करते, उनके घरेलू मसले भी सुलझा देते हैं। उनकी नसीहतों से लोगों ने शराब पीना, गोश्त खाना और कइयों ने तो डाके डालना तक छोड़ दिया है। पीढ़ियों से दुश्मनी निभाने वाले कुनबे उनके कारन दोस्त बन गये हैं। बाबा जात-पात को भी बिलकुल नहीं मानते और उनके दरबार में सब अल्लाह के बन्दे बराबर हैं।

"कुझ लोग ताँ इह कहन्दे ने कि बाबा तान्त्रिक ने," लालड़ाँ के हिन्दू गाड़ीवान ने कहा, "लेकिन किसे दूज्जे धरम वाले नूँ टेड्ढी नज़र वेखदेयाँ बाबे नूँ नईं वेक्खया गया। ना ईं किसे अछूत नाल छू जान दा ओन्हाँ कदीं बुरा मन्नेया! ओह ताँ अछूताँ हत्थों पानी वी पी लैन्दे ने[१]।"

और जैसे बाबा के दर्शन को समझाते हुए गाड़ीवान ने कहा था कि बाबा सच ही तो कहते हैं — भगवान सब का है और सब जगह है। उसे एक मूर्ति में देखें जा दूसरी में, मन्दिर में देखें या मस्जिद में या गुरुद्वारे में, अपने घर के अन्दर या मन के आँगन में — सब जगह बराबर है। मतलब तो भगवान की मानने और उसके बन्दों से प्रेम करने से है और सभी धर्मों और जातियों के लोग साईं बाबा के द्वारे आते हैं और मन की शान्ति पाते हैं।

एक-दूसरे के मज़हब को निरन्तर नकारने और धर्म के नाम पर एक दूसरे के ख़ून से हाथ रँगने से गुरेज़ न करने वाले, इस देश के धर्मावलम्बियों के बीच कोई ऐसा सन्त भी है, जो मानवता के नाते सब को प्यार करता है, चेतन को यह कुछ अजीब-सा लगा था और चाहते हुए भी लालड़ाँ के बाबा को, जिसे कोई सन्त कहता था, कोई साईं, एक नज़र देखने की इच्छा उसके मन में हुनर साहब से कहीं ज़्यादा हो आयी थी।

०

चेतन ने चिरंजीलाल की ओर देखा कि उससे पूछे — बाबा तो यहाँ दिखायी नहीं देते।

लेकिन चिरंजीलाल सुध-बुध भला कर, साधुओं के स्वर-में-स्वर मिला कर गा रहा था :

एहियो[२] नाम तेरे नाल जाना
तेरी अक्ल दा ताना - बाना
तेरे कम्म न कुझ वी आना
गहरी नदी ते घड़ा पुराना
हत्थ फड़ नाम बन्देआ[३]

---

१. लेकिन किसी विधर्मी को टेढ़ी नज़र से देखते हुए बाबा को नहीं देखा गया। न ही किसी अछूत से छू जाने का उन्होंने बुरा माना है। वे तो अछूतों के हाथ से पानी भी पी लेते हैं।

२. यही

३. हाथ में राम का नाम थाम ले।

और भक्तों की भीड़ एक स्वर में राम-नाम भजने लगी थी। चेतन ने चबूतरे की ऊँचाई से भक्तों पर निगाह दौड़ायी। तमाम सभाओं की तरह भक्त-मण्डली दो हिस्सों में बँटी थी। सामने दायीं ओर मर्द थे और बायीं ओर औरतें। चेतन ने पहले दायीं ओर नज़र डाली। मंच के निकट सभा के आगे गाँव के बच्चे, फटी-मैली कमीज़ें पहने, नंगे-अधनंगे बैठे, पूरे ज़ोर से गा (याने चिल्ला) रहे थे। फिर कुछ सम्भ्रान्त किसान और दुकानदार, गबरून अथवा बोस्की की कमीज़ें और लट्ठे के तहमद, शलवारें या पायजामे पहने, उन पर वास्केट, कोट या गर्म चादरें ओढ़े, बैठे थे। उनके पीछे गेट तक साधारण मज़दूरों-किसानों की भीड़ थी, जिनमें कुछ ग़रीब, फटे-पुराने तहमद कमर में बाँधे थे। लेकिन सर्दी के बावजूद उनके नंगे, काले बदन चमक रहे थे। वहीं कुछ सिक्ख और मुसलमान भी खड़े थे।

तब चेतन ने बायीं ओर निगाह दौड़ायी। वही क्रम था। पहले बच्चियाँ बैठी थीं; फिर साड़ियाँ और जम्पर, या जम्पर और घाघरे अथवा शलवारें-कमीज़ें पहने अपेक्षाकृत सम्भ्रान्त घरों की महिलाएँ और सबसे आख़िर में मज़दूर-औरतें बैठी थीं, जो अपने गोद के बच्चों तक को ले आयी थीं। —कपड़ों से वे तमाम औरतें ज़रूर एक-दूसरी से भिन्न दिखायीं देती थीं, लेकिन भक्ति-भाव में एक-जैसी थीं और सब प्रेम-भाव से संकीर्तन में हिस्सा ले रही थीं।

क्षण भर के लिए चेतन को ख़याल आया कि शायद बाबा देहातियों में बैठते हों। उसने भीड़ में काफ़ी देर तक नज़रें फिरा कर देखा — बाबा वहाँ कहीं नहीं थे। वह चिरंजीलाल से फिर पूछना चाहता था कि बाबा क्या संकीर्तन में नहीं आते। लेकिन वे दोनों पिता-पुत्र तन्मय भाव से गा रहे थे। आँखें बन्द और शरीर झूमते हुए।

चेतन का मन लेकिन कीर्तन में नहीं था। उसने ज़रा-सा मुड़ कर आम के पिछली ओर देखा —आते वक्त भीड़ में आँखें टिकी होने के कारण वह उधर ध्यान न दे सका था। बीच में एक लिपी-पुती झोंपड़ी थी, जिसकी दीवारें कच्ची मिट्टी की थीं और उस पर छत भी फूस की थी। उसके दायें-बायें, आगे-पीछे मकानों की दो पंक्तियाँ थीं — बाबा इसी बीच वाली झोंपड़ी में होंगे —चेतन ने सोचा और चाहा कि कीर्तन समाप्त हो जाये और वह उनके दर्शन करे। उसका अध्यात्म एकदम जग आया था या साधु-सन्तों में उसे आस्था हो आयी थी, ऐसी कोई बात न थी। उसे सुजान सिंह के घर में टँगा वह फ़ोटो, सन्तों का-सा न लग कर भी, किसी करुणामय व्यक्ति का-सा लगा था। बाबा के बारे में सुने चमत्कारों की वह व्याख्या कर सकता था, क्योंकि वह देश के धर्मपरायण लोगों के मनोविज्ञान को जानता था, लेकिन चेतन के मन में, उस व्यक्ति को देखने का एक सहज औत्सुक्य, एक स्वाभाविक जिज्ञासा थी, जो एक निहायत ही सीधा-सादा किसान लगता था तो भी जिसके मुख पर मुस्कान के कारण कुछ अजीब-सा आकर्षण पैदा हो गया था और जिसे इस दूरस्थ कस्बे में देखने के लिए दूर-दूर से लोग आते थे।

०

जब बस्ती ग़ज़ाँ में हुनर साहब ने लालड़ाँ के साईं की बात की थी तो चेतन ने विशेष ध्यान

१. वही।

नहीं दिया था, लेकिन सबेरे, जब उसने उनका फ़ोटो देखा, डिप्टी कमिश्नर की कहानी सुनी तो उसने सोचा था, हो सकता है, उस सन्त के पास जन्मजात साइकिक-पावर[१] हो, जिससे भविष्य की घटनाएँ उसके मस्तिष्क में आ जाती हों।

और वहीं संकीर्तन सुनते-सुनते, चेतन की कल्पना फिर सुबह की घटनाओं में खो गयी।

०

सुबह यद्यपि अन्य बराती हाथ-मुँह धो कर चलने को तैयार हो गये थे (लालड़ाँ वहाँ डेढ़-दो मील दूर ही तो था और नाश्ता लेने की व्यवस्था वहीं थी) लेकिन सरदार सुजान सिंह ने अपने चारों मेहमानों को बिना कुछ पेट में डाले नहीं जाने दिया था। इतनी सुबह कुछ पकाने की व्यवस्था क्या होती। सरदारनी दही बिलो चुकी थी और आध सेर, तीन-पाव मक्खन का गोला थपक कर कटोरे में जमा चुकी थी। सुजान सिंह ने एक-एक बासी रोटी और उस पर बड़ा-सा मक्खन का डला रख कर उनको दिया और एक-एक छन्ना[२] ताज़ी लस्सी का उनके सामने रख दिया था।

हाथ पर बासी रोटी और मक्खन आते ही, दोनों की मिली-जुली गन्ध चेतन की नाक में बस गयी थी, उसके मुँह में पानी भर आया था और गोविन्दपुर में सुजान सिंह के घर बैठा-बैठा वह दूर-दराज़ अपने बचपन में चला गया था। वह बहुत छोटा था, जब सैला-ख़ुर्द के स्टेशन पर उसे बासी रोटी के टुकड़े पर मक्खन की डली और कटोरी में दही देती हुई उसकी माँ मीठे स्वर में गाया करती थी :

बासी रोटी सज्जरा मक्खन
नाल देन्नी आँ दहीं
जागिए गोपाल लाल
जागदा क्यों नईं

चेतन ने निवाला तोड़ कर मुँह में रख लिया था। बासी रोटी और मक्खन का भूला-बिसरा स्वाद फिर उसकी ज़बान पर लौट आया था। उसे होशियारपुर के दिनों की याद हो आयी थी, जब पिता की मार के डर से माँ ने दोनों भाइयों को अपने मायके भेज दिया था और उनकी लम्बी-मोटी नाक वाली, लम्ब-तड़ंग सौतेली नानी उन्हें बासी रोटी पर ताज़ा मक्खन रख देती थी और चेतन की आँखें में अपनी माँ का चेहरा — गाल और ठोड़ी पर गोदने की दो नीली-नीली बिन्दियाँ घूम जाती थीं और उस नानी की रुखाई को देख कर, जो माँ से दो-चार साल ही बड़ी होंगी, उसे अपनी माँ के उस मीठे गीत की याद आ जाती थी।

जल्दी के कारण सुजान सिंह ने शायद दही की कटोरी नहीं दी थी, लेकिन मक्खन का डला इतना बड़ा था कि बड़ी-सी रोटी आराम से आयी गयी। रोटी खा कर और कटोरा भर लस्सी पी कर वे उठे थे। हुनर साहब तो चाहते थे कि सुजान सिंह उनके साथ लालड़ाँ जा कर साईं बाबा के दर्शन करा लायें, लेकिन सुजान सिंह को ज़रूरी काम से शहर जाना

---

१. पराचेतना
२. काँसे का बड़ा कटोरा

था।

"तुसीं बाश्शाहो, फ़िकर न करो। सिद्धे आशरम चले जाना। रोज़ शाम नूँ ओत्थे कीर्तन हुन्दा ए ते बाबा घड़ो-पल आ के भगताँ नूँ दर्शन दिन्दे ने! ऐत तैं मंगल नूँ छड्डु, बाबा मन दे भरमाँ नूँ दूर दे ने, ते प्रश्नाँ दे उत्तर वी दिन्दे ने। तुसीं सिद्धे चले जाओगे ते तुहान्नूँ कोई मुश्किल नईं होवेगी। हाँ, बाबा दी इच्छा-बे-इच्छा दी गल्ल होर ए। इच्छा न होए ताँ ओह किसे नूँ नईं मिलदे[1]।"

हुनर साहब ने अपने साथियों की तरफ़ से, रात आश्रय देने और उतनी ख़ातिरदारी करने के लिए, सुजान सिंह को धन्यवाद दिया था। तभी बाजे बजने लगे थे। सुजान सिंह उन्हें गाँव के बाहर तक छोड़ने आया था और उसने उन्हें —विशेषकर हुनर साहब को — फिर आने और कुछ दिन उनके यहाँ की 'रुक्खी-मिस्सी' खाने का निमन्त्रण दिया था। हुनर साहब ने स्वभावानुसार उस सिक्ख जाट के फ़ौलादी हाथ को अपने दोनों नाज़ुक हाथों में ले कर उसे ज़रा बग़ल की ओर खींचते हुए और आगे झुकते हुए, बड़े स्नेह से दबाया था और दाँत निकोसते हुए फिर कभी उस दावत का मज़ा पाने का वादा किया था। वापस मुड़ते हुए, सुजान सिंह ने 'सत श्री अकाल' कहते हुए, दोनों हाथ जोड़ कर ऊपर उठाये थे और मुड़ गया था और वे चारों बरात के साथ चलने लगे थे।

वर्षा अपना पूरा ज़ोर दिखा कर रात ही में ख़त्म हो गयी थी, लेकिन सुबह आकाश पर हल्के-हल्के बादल और धुन्ध छायी थी। गोविन्दपुर से लालड़ाँ को जाने वाली सड़क पर पानी-ही-पानी था और बैलगाड़ियों पर इतने सारे लोग नहीं जा सकते थे। यूँ भी प्रोग्राम यही था कि गोविन्दपुर से बरात बाजे के पीछे-पीछे लालड़ाँ तक जायेगी। सड़क पर तो पानी भरा था, बाजे वाले दो पंक्तियों में सड़क की दोनों ओर, मेड़ों पर हो लिये थे। बराती भी उसी तरह एक-दूसरे के आगे-पीछे दोनों ओर, मेड़ों पर चलने लगे थे। बैलगाड़ियाँ बीच सड़क हो ली थीं और यूँ रणवीर की बरात गोविन्दपुर से लालड़ाँ के लिए चली थी।

चेतन को वह दृश्य बेहद दिलचस्प और हास्यास्पद लगा था। बस्ती वालों की बात वह नहीं जानता था, शायद वे ऐसी बरातों के आदी थे; लेकिन चेतन तथा उसके भाई के लिए वह अनुभव एकदम नया था।

वे लोग बातें करते हुए सबसे पीछे चल रहे थे। हुनर साहब बड़े जोश-ख़रोश से रणवीर और उसके साथियों को बाबा के चमत्कारों की कहानियाँ सुना रहे थे, तभी रास्ते में जाने कैसे रणवीर के जीजा, मिस्टर वत्स उनके साथ हो लिये थे। शायद वे लरज़े के मारे अपने ससुर और उनके बुज़ुर्ग दोस्तों की संगति में बस्ती ग़ज़ाँ से गोविन्दपुर तक आते-आते उकता चुके थे। या हो सकता है कि उन्हें हुनर साहब और उनके साथियों के बारे में उत्सुकता हो। एक जगह, जहाँ सड़क पर पानी नहीं था और बाजे वाले तथा बराती बीच सड़क हो गये थे, वे उन लोगों के साथ आ मिले।

---

१. बादशाहो, आप फ़िक्र न करें। सीधे आश्रम चले जायें। रोज़ शाम को वहाँ संकीर्तन होता है और बाबा घड़ी-पल आ कर भक्तों को दर्शन देते हैं। इतवार और मंगल को छोड़ कर बाबा मन के सन्देहों को भी दूर करते हैं और प्रश्नों के उत्तर भी देते हैं। आप सीधे चले जायेंगे तो आपको कोई मुश्किल पेश नहीं आयेगी —हाँ, बाबा की इच्छा-अनिच्छा की बात दूसरी है। इच्छा न हो तो वे किसी से नहीं मिलते।

"ऐन उस वक्त, जब डिप्टी कमिश्नर बाबा की कुटिया के दरवाज़े में झुक कर दाख़िल हुआ," हुनर साहब अपनी आदत के मुताबिक बाबा के चमत्कार का किस्सा सुनाते हुए उसमें रंग भर रहे थे, "तो बाबा की 'दिव्य-दृष्टी' के सीमीं-पर्दे[1] पर उसका और उसके अहल-ो-अयाल[2] का माज़ी, हाल और मुस्तकबिल[3] नक्श हो आया और बाबा ने कहा — अरे मूरख, तू यहाँ क्या कर रहा है, तेरे बीवी-बच्चे तो ऐक्सीडेण्ट में घायल पड़े हैं।"

तभी मिस्टर गणेशीलाल वत्स ने व्यंग्य से हँस कर कहा, "अंग्रेज़ डिप्टी कमिश्नर न हुआ, भंगी हो गया, जिसे बाबा ने मूरख कह कर पुकारा!"

हुनर साहब धाराप्रवाह बोल रहे थे। उनकी वक्तृता के प्रवाह में बाधा पड़ी। उन्होंने निहायत ही उपेक्षा और दया-भरी नज़र से उस दम्भी इंजीनियर को देखा।

"डिप्टी कमिश्नर तो बहुत छोटी हस्ती है," उन्होंने व्यंग्य से मुस्करा कर कहा, "पहुँचे हुए लोगों के सामने तो बड़े-से-बड़ा शाहनशाह भी बेवक़ूफ़ से ज़्यादा अहमियत नहीं रखता। आपको फ़ातहे-आलम[4] सिकन्दरे-आ'ज़म का वह किस्सा मालूम नहीं, जब वह यूनान के एक फ़िलासफ़र, सन्त डायोजिनीज़ के हुज़ूर में पहुँचा था। सन्त एक टोकरी में ही बैठता-सोता था। उस वक्त वह धूप ले रहा था। सिकन्दर ने कहा था, 'बाबा मैं अपकी क्या ख़िदमत कर सकता हूँ।' "

" 'तू मेरे लिए क्या करेगा,' सन्त ने कहा था, 'बस ज़रा यह धूप छोड़ दे!' "

और जैसे उस किस्से से मिस्टर वत्स को ध्वस्त करके, हुनर साहब सुजान सिंह से सुनी हुई बातों को बढ़ा-चढ़ा कर बयान करने लगे थे।

लालड़ाँ तक यही सिलसिला रहा था। श्री वत्स ने, अपने आप को परम नास्तिक दिखाते हुए, साधु-सन्तों और उनकी प्रशंसा में किस्से गढ़ने वाले, अपढ़, अन्ध-विश्वासी हिन्दुस्तानियों का ख़ूब मज़ाक उड़ाया था और हुनर साहब उनसे उलझे रहे थे। जब बरात लालड़ाँ पहुँची और धर्मशाला में ठहरायी गयी, तब सामान वग़ैरा रख कर हुनर साहब ने घोषणा की कि वे नाश्ता नहीं लेंगे और किसी आदमी की तलाश करेंगे, जो उन्हें बाबा के दर्शन करा लाये। तभी मिस्टर वत्स उनके साथ लग लिये थे।

"आप किधर जा रहे हैं ?" सहसा हुनर साहब ने पूछा था।

"हम भी ज़रा देखेंगे आपके सन्त को।" उन्होंने जैसे बेपरवाही से कहा था।

हुनर साहब ने उन्हें वापस ले जा कर, दोनों कन्धों को सानुरोध दबाते हुए, बैठा दिया था कि वे फ़िक्र न करें, ज्यों ही सम्पर्क स्थापित हुआ, उन्हें साथ ले लिया जायेगा। और उन्हें यह विश्वास दिला कर हुनर साहब धर्मशाला के बाहर निकले थे।

०

संकीर्तन पूरे ज़ोरों से चल रहा था। चेतन खड़ा-खड़ा थक गया था। उसने अपने साथियों की ओर देखा। चिरंजीलाल और उसके पिता पूर्ववत आँखें बन्द किये, तन्मय भाव से गा

---

१. रजत पट

२. बीवी-बच्चे

३. भूत, वर्तमान, भविष्य

४. विश्व-विजेता

रहे थे। हुनर साहब और निश्तर उन बोलों को भक्तों के साथ दोहरा रहे थे। चेतन को यह देख कर हैरत हुई कि और-तो-और, सब मामलों में निरपेक्ष रहने वाले भाई साहब और वे परम नास्तिक मिस्टर वत्स भी होंटों-ही-होंटों में बोल दोहरा रहे हैं :

बिरथा सारी उमर गँवावें
काम क्रोध दे कोड़े खावें
लोभ मोह विच्च फस्सदा जावें
मूरख प्रभ नूँ नाहिं ध्यावें
(जो) कट्टे दाम[1] प्यारेआ

और सारी भीड़ एक स्वर से गा उठी :

एत्थे बैठ किसे नईं रहना

चेतन चाहता था कि बैठ जाये, लेकिन उसके तमाम साथी खड़े थे। चिरंजीलाल और उसके पिता ने अपने आगे खड़े साधुओं से खड़तालें और छैने ले लिये थे और आत्म-विभोर हो, झूमते हुए, बजाने और गाने लगे थे। चेतन देर तक चिरंजीलाल को देखता रहा और सुबह उसकी छोटी-सी कोठरी में जो कुछ भी हुआ था, वह जैसे हल्के पसीने से चमकते उसके चेहरे पर चित्रित हो आया था।

o

लालड़ाँ सड़क के ऊपर ही बसा था और धर्मशाला, जहाँ बरात टिकी थी, गाँव के बाहर ही थी। वहाँ से निकल कर, जब वे गाँव के अन्दर दाख़िल हुए तो चेतन के नथुनों में बासी रोटी और मक्खन की ख़ुशबू की तरह कई पुरानी गन्धें भर गयी थीं। उसे सैला-ख़ुर्द और पद्दी पोसी के गाँवों की याद हो आयी थी। वही चन्द-एक दुकानों वाला वीरान-सा बाज़ार और वही सूनी गलियाँ और वही मिट्टी-सने नंग-धड़ंग बच्चे।

वे बाज़ार में जा रहे थे, जहाँ आगे रणवीर के ससुर की बैठक और दुकान थी। तभी उन्हें दायीं गली में, बड़ी ही सुरीली आवाज़ में, 'दाग़' का शे'र सुनायी दिया :

शमशीर खिंच के पंजा-ए-कातिल में रह गयी
बिस्मिल की आरज़ू-ए-बिस्मिल में रह गयी

"गाने वाले ने गला बहुत सुरीला पाया है, लेकिन वह ग़लत गा रहा है," सहसा हुनर साहब धोती उठा कर कीचड़ को फलाँगते और गली की ओर बढ़ते हुए बोले, "लफ़्ज़ 'दिल' खा ही गया है।"

शे'र सुनते ही चेतन का दिल ज़ोर से धड़क उठा था। उसे देवी तालाब (जालन्धर) पर हर वर्ष लगने वाले हरबल्लभ के मेले की याद हो आयी थी, जहाँ चार-पाँच वर्ष पहले उसने यही ग़लत शे'र सुना था। उन दिनों हरबल्लभ के आकाश पर एक नये सितारे का उदय हुआ था और सारे नगर में उसकी चर्चा थी...कैसा सुरीला कण्ठ पाया है....कितना अच्छा गाता है...इतनी उम्र में लय और तान का कितना ज्ञान है और हालाँकि उन दिनों चेतन को पोने के पंजाबी कवियों के बैत सुनने में ज़्यादा रस मिलता था, लेकिन जब उसने सुना था कि वह नया संगीतज्ञ ग़ज़लें भी बहुत अच्छी गाता है तो वह उसे सुनने गया था।

---

१. जाल

उसने देखा था कि तेरह-चौदह वर्ष का तीखा-सा, साँवला-सलोना लड़का, चूड़ीदार पायजामा और सितारेदार नीला मख़मली अचकन पहने, सिर पर रागियों-सी पगड़ी बाँधे, अपने प्रशंसकों में घिरा बैठा है। गाने से पहले गुनगुनाते हुए उसने जो तान खींची तो चेतन का दिल इसी तरह धड़क उठा था — 'कितना सुन्दर गला पाया है इस लड़के ने!' उसने मन-ही-मन कहा था, लेकिन जब उसने यही शे'र पढ़ा था तो यह जान कर कि वह एक शब्द ही खा गया है, उसका दिल बैठ गया था और जब वह :

बिस्मिल की आरज़ू दिल-ए-बिस्मिल में रह गयी

की बजाय बार-बार

बिस्मिल की आरज़ू-ए-बिस्मिल में रह गयी

दोहराने लगा था तो बिना दूसरा शे'र सुने, चेतन उठ आया था।

इतने वर्ष गुज़र जाने पर भी चेतन वह आवाज़ पहचान गया था, फिर शे'र की वह ग़लती इस बात की चुग़ली खाती थी कि निश्चय ही गाने वाला वही लड़का है।

"कण्ठ इसका ज़रूर सुरीला है," चेतन ने हुनर साहब की बात के जवाब में उनके साथ ही कीचड़ पार कर गली में आते हुए कहा था, "लेकिन उसे ग़ज़ल-वज़ल का कोई ज्ञान नहीं है। अगर मेरा अन्दाज़ा ग़लत नहीं तो यह वही लड़का है, जिसे मैंने कॉलेज के ज़माने में हरबल्लभ के मेले में सुना था।"

वे लोग उस मकान की तरफ़ बढ़े, जिसकी बैठक से गाने की आवाज़ आ रही थी। 'जाने किसने उसे यह ग़ज़ल सिखायी है,' चेतन सोचने लगा, 'और बिना उसका मतलब समझे, वह इतने वर्षों से उसे ग़लत ही गाये जा रहा है। वह शहर में रहता तो अब तक कोई-न-कोई उसे उसकी ग़लती समझा देता, लेकिन जालन्धर नहीं, चहेड़ू ऐसे कस्बे से भी कोसों दूर इस गाँव में कौन उसे उसकी ग़लती सुझाये। वह कभी-कभार दूर-पार शहरों के संगीत-सम्मेलनों में जाता होगा, तब उसके कण्ठ का अमृत लोगों को इतना विसुध कर देता होगा कि वे उस फ़ाश ग़लती[१] को नज़र-अन्दाज़ कर जाते होंगे।

जब वे चारों, गली की उस छोटी-सी बैठक के सामने पहुँचे तो हुनर साहब ने एक क्षण अन्दर झाँक कर देखा और अन्दर चले गये। चेतन, निश्तर और भाई साहब भी उनके पीछे बढ़ गये।

बैठक में दरवाज़े के सामने ही एक छोटा-सा तख़्त पड़ा था, जिस पर एक मैली-सी दरी बिछी थी, लेकिन वह गायक-लड़का, नीचे चटाई पर एक हार्मोनियम रखे, गा रहा था और उसके साथ एक अधेड़ व्यक्ति तबले पर संगत कर रहा था।

उन लोगों के अन्दर दाख़िल होते ही हार्मोनियम छोड़ कर वह लड़का और तबला छोड़ कर वह अधेड़ उठ खड़ा हुआ था। चेतन उसे तत्काल पहचान गया। वही था, जिसे उसने हरबल्लभ में देखा था। यद्यपि उसके मुख पर अब वह लुनाई नहीं थी — इन चार-पाँच वर्षों में वह चेहरा थोड़ा रूखा आया था — पर मुश्की रंग और तीखे नक्श वही थे। हाँ, हरबल्लभ के मंच पर हज़ारों प्रशंसकों में बैठे उस लड़के के चेहरे पर जो आभा चेतन को दिखायी दी थी, उसका स्थान लालड़ाँ की उस कोठरी-नुमा बैठक में कुछ

---

१. साफ़ दिखायी देने वाली ग़लती। खुली ग़लती।

अजीब-सी निरीहता ने ले लिया था। तबला-वादक का नाक-नक्श भी उस लड़के ऐसा ही था। शायद वह उसका पिता अथवा चाचा था।

हुनर साहब ने उसी अधेड़ को सम्बोधित कर कहा कि वे अपने एक मित्र की बरात में आये हैं। गली से गुज़र रहे थे कि लड़के का सुरीला कण्ठ और नाख़ुदा-ए-सुख़न,[१] उस्ताद 'दाग़' की ग़ज़ल के बोल उनके कानों में पड़े। वे भी कुछ शे'र-वे'र कहते हैं।

इस मरहले पर चेतन ने ज़रा आगे बढ़ कर उनका सविस्तार परिचय दिया। निश्तर ने हुनर साहब की तारीफ़ में कुछ और पत्ते लगाये।

हुनर साहब के होंटों पर बड़ी प्यारी मुस्कान आ गयी। उन्होंने चेतन का परिचय देते हुए, उसे उर्दू साहित्य की नयी पीढ़ी का मुमताज़[२] शायर और अफ़सानानिगार, भाई साहब को लाहौर के प्रमुख डेण्टिस्ट और निश्तर को जालन्धर का नाम रोशन करने वाला बताया। फिर अपनी बात जारी रखते हुए उन्होंने कहा कि ग़ज़ल के पहले ही शे'र में उन्हें कुछ ग़लती लगी, इसलिए वे अन्दर आ गये।

तबला-वादक ने खीसें निकोसते हुए उन्हें बताया कि चिरंजीलाल (चेतन को यह नाम निहायत ग़ैर-रूमानी और किसी कलाकार के लिए नितान्त अनुपयुक्त लगा) उसी का बेटा है। वह स्वयं संगीत-सम्राट कृष्णराय के साथ रहा है और उसी ने स्वयं चिरंजी को संगीत की शिक्षा दी है। लालड़ाँ, शहर और जर्नैली सड़क से दूर है, इसलिए पढ़े-लिखों की संगत उसे उपलब्ध नहीं। हुनर साहब अगर बच्चे की ग़लती सुधार देंगे तो वह बहुत कृतज्ञ होगा।

तब चेतन, निश्तर और भाई साहब के साथ हुनर साहब तख़्त पर बैठ गये और उन्होंने वह पूरी ग़ज़ल सुनने की फ़रमायश की थी।

लड़का फिर हार्मोनियम के आगे चटाई पर बैठ गया था। उसके पिता ने तबला सँभाला था। लड़के ने अभी पहला शे'र ही गाया था कि हुनर साहब ने उसकी ग़लती बतायी थी।

लेकिन चिरंजीलाल पिछले पाँच वर्षों से न जाने कितनी बार वह शे'र उसी ग़लती के साथ गाता आ रहा था, हुनर साहब के बताने के बावजूद, दूसरी बार भी वह उसी ग़लती को दोहरा गया।

हुनर साहब ने उसे नहीं टोका, लेकिन जब वह ग़ज़ल गा चुका तो उन्होंने बड़े धैर्य से उसे वह शे'र ठीक रूप में गाना सिखाया। फिर उसे यह सलाह दी कि उसे इतनी मुश्किल ग़ज़लें नहीं गानी चाहिएँ। उसे 'सादा और पुरकार'[३] चीज़ें गानी चाहिएँ, जो सुनने वालों के कानों से हो कर सीधे उनके दिलों में घर कर लें; जिन्हें श्रोता आसानी से समझ लें और जिन्हें सुन कर वे सिर धुनते हुए, झूमने लगें।

चेतन ने हुनर साहब का संकेत समझ कर, उस तबला-वादक पिता को समझाया कि उन्हें लालड़ाँ में हुनर साहब की आमद का पूरा फ़ायदा उठाना चाहिए।

---

१. काव्य की नैया के खेवनहार

२. प्रमुख

३. सरल, लेकिन इस पर भी गहरी

निश्तर ने चेतन का समर्थन किया और हुनर साहब की ग़ज़लों की प्रशंसा में ज़मीन-आसमान के कुलाबे मिला दिये थे।

हुनर साहब प्रसन्न हो गये थे। उन्होंने इस ख़ुशी में चेतन से फ़रमायश की कि वह अपनी वही मशहूर ग़ज़ल सुनाये, जिस पर मुशायरा-ए-गिरामी में बेहद दाद मिली थी और उसे चिरंजीलाल को लिखा दे।

इतने में वे कोई आसान, लेकिन इसके बावजूद गहरी ग़ज़ल सोचते हैं।

और यह कहने के बाद उन्होंने उन बाप-बेटे की ओर मुख़ातिब हो कर कहा था, "चेतनानन्द बहुत अच्छे शायर हैं और अपने मरहूम दोस्त कश्मीरीलाल 'दाग़' की याद में इन्होंने 'दाग़' तख़ल्लुस अपना लिया है। आप ज़रा इनकी एक ग़ज़ल लिखिए, मैं इतने कोई मौज़ूँ चीज़ सोचता हूँ।"

चेतन कब का ग़ज़लें लिखना छोड़ चुका था। अब हुनर साहब ने जिस ग़ज़ल का ज़िक्र किया था, वह उसकी पहली ग़ज़ल थी। उस्ताद ने उसमें इतना फेर-बदल कर दिया था कि वह उसकी ग़ज़ल न हो कर, उनकी हो गयी थी। उसका मन वह ग़ज़ल सुनाने को नहीं था, लेकिन चेतन जानता था कि हुनर साहब मानेंगे नहीं। वह उनका ढंग जानता था। पहले वे अपने साथियों को सुनाने के लिए कहते थे और उनको दाद देते हुए उपयुक्त वातावरण तैयार कर लेते थे, फिर वे जम कर सुनाते थे। चेतन चुपचाप ग़ज़ल सुनाने लगा था :

बस इसी बात पे दा'वा था मसीहाई का

और हुनर साहब उछले थे और —'बस' और 'इसी' —दो शब्दों पर ज़ोर दे कर ज़रा रुकते हुए, उन्होंने मिसरा उठाया था :

बअ्स, इसी-ी-ी बा:त पे दा'वा था मसीहाई का

और चेतन ने उसी तरह वह मिसरा दोहरा कर पूरा शे'र कहा था :

बस इसी बात पे दा'वा था मसीहाई का
दम तेरे सामने निकला तेरे शैदाई का

और हुनर साहब ने 'वाह-वा,' 'क्या कहने हैं' के साथ दाद देते हुए उन देहातियों को शे'र की नज़ाकत समझायी थी :

"ईसा मसीह के बारे में मशहूर है कि उनके छू देने भर से मुर्दे जी उठते थे। महबूब को भी मसीहा कहते हैं, कि उसके देखने से ही मुर्दे जी उठते हैं, लेकिन यहाँ मुआमला बरअक्स है, महबूब के सामने ही आशिक की जान निकल जाती है, इसलिए शायर तंज़[१] करता है :

बस इसी बात पे दा'वा था मसीहाई का"

और उन्होंने फिर शे'र पढ़वाया और दाद दी। तब चेतन ने दूसरा शे'र पढ़ा :

सब मुझे जान गये, सब मुझे पहचान गये
फ़ायदा कुछ तो हुआ इश्क में रुस्वाई का

इससे पहले कि चेतन तीसरा शे'र पढ़ता, हुनर साहब ने भूमिका बाँधी :

---

१. व्यंग्य

"मुशायरा-ए-गिरामी में बस्ती ग़ज़ाँ के मशहूर उस्ताद 'रसा' ने अपने शागिर्द को एक ग़ज़ल लिख कर दी थी, जिसमें शे'र था :

देखी दीवार जहाँ दौड़ के सर फोड़ लिया
लोग मुँह देखते रह जाते हैं सौदाई का

"शे'र बेसाख़्ता कहा गया है और ख़ूब है, लेकिन जब चेतन ने शे'र पढ़ा तो ऐसा जमा कि 'रसा' साहब के शागिर्द को शे'र पढ़ने का हौसला ही नहीं हुआ।"

और उन्होंने चेतन की तरफ़ देख कर कहा, "हाँ भाई!" और चेतन ने शे'र पढ़ा :

कब इसे होश है, दीवार से सर फोड़ मरे
हाल है रहम के काबिल तेरे सौदाई का

और हुनर साहब ने दाद दी, "वाह वा, क्या बात पैदा है। वह सौदाई ही क्या हुआ, जिसे इस बात की समझ रह गयी कि यह दीवार है, इससे सर फोड़ लें," और उन्होंने सिर धुनते हुए कहा : "हाय-हाय!

हाल है रहम के काबिल तेरे सौदाई का।"

और यूँ दाद दे कर और रंग बाँध कर फिर हुनर साहब ने उसे नहीं टोका और चेतन बिना किसी हादसे के, ग़ज़ल के बाकी शे'र पढ़ गया।

तब हुनर साहब ने बड़ी उदासीनता और अनपेक्षता का प्रदर्शन करते हुए कहा कि उन्हें उस वक्त कोई मौज़ूँ ग़ज़ल याद नहीं आ रही, लेकिन वे कुछ शे'र सुना देते हैं। चिरंजीलाल से कहिए, लिख ले :

और वे सुनाते और लिखाते गये —एक के बाद दूसरी, दूसरी के बाद तीसरी। वे दस ग़ज़लें लिखा चुके थे। जब चेतन ने उन्हें याद दिलाया कि उन्हें बाबा के भी दर्शन करने हैं।

हुनर साहब का बस चलता तो वे चिरंजीलाल संगीत-विशारद को न केवल अपना पूरे-का-पूरा दीवान लिखवा देते, वरन शब्दों का ठीक उच्चारण और ठीक लहजा भी सिखा देते, लेकिन चेतन की बात सुन कर वे फ़ौरन उठे और बाहर निकल आये।

चिरंजीलाल और उसके पिता भी बाहर गली में आ गये और यह जान कर कि वे सब बाबा से मिलना चाहते हैं, उन्होंने कहा कि चिरंजी पर बाबा की बड़ी कृपा है। यूँ तो आज कीर्तन है और कीर्तन के रोज़ बाबा सभी को अनायास दर्शन देते हैं, लेकिन चूँकि वे लोग महज़ दर्शन नहीं, उनसे मुलाकात भी करना चाहते हैं, इसलिए चिरंजी अभी जाता है और समय ले आता है। वक्त काफ़ी हो गया है। वे लोग डेरे जायें। खाना खा कर तैयार रहें, वे दोनों बाप-बेटे स्वयं उन्हें बाबा के दर्शनों को ले जायेंगे।

उनको धन्यवाद दे कर वे लोग वापस डेरे पर आ गये थे। इस बीच रणवीर के सेहरा बँध चुका था। दोपहर का खाना वहीं डेरे पर आ गया था। सब खाने के लिए तैयार थे। वे भी पाँत में जा बैठे।

वे खाना खा कर उठे ही थे कि चिरंजी और उसके पिता उन्हें लेने आ गये। वे लोग चलने लगे तो पण्डित वेणीप्रसाद ने कहा कि लग्न छै बजे शाम का है, वे समय से पहुँच जायें।

हुनर साहब ने कहा कि बाबा के दर्शनों को जा रहे हैं। हो सकता है, थोड़ी देर हो जाय। भाँवरों पर देर भी हो गयी तो वे बरात के खाने पर पहुँचे जायेंगे, पण्डित जी चिन्ता न करें।

और जब वे चारों, धर्मशाला से बाहर निकले तो चेतन ने देखा कि पण्डित गणेशी लाल वत्स, माइनिंग इंजीनियर लपक कर उनके साथ हो लिये —यह निहोरा देते हुए — "क्यों साहब, आप तो हमें भूल ही गये।"

०

(ओ) पूरण प्रभ जी ताईं ध्या लै
गुरुआँ चरणाँ डेरा ला लै
मारग मुक्ती दा अपना लै
ऐत्थेई[1] स्वर्गां-दा सुख पा लै
(ते) गा लै नाम बन्देआ

भजन में कवि का नाम आ गया था और चेतन ने समझ लिया था कि बस अब संकीर्तन समाप्त होने वाला है। गाने वालों के पूरे जोश-ख़रोश और स्वरों के पूरे कसाव के बावजूद, एक अदृश्य ढिलाई फ़िज़ा में आ गयी थी और सच ही सारे भक्तों द्वारा टीप के बन्द गाये जाने के बाद एकदम चिमटा, खड़तालें और छैने बन्द हो गये। क्षण भर के लिए उनकी गूँज वातावरण में फैली रही, फिर कुछ अजीब-सा सन्नाटा सारे वातावरण पर उतर आया।

तभी किसी ने ज़ोर से नारा लगाया, "साईं बाबा दी...."

और दिशाओं में गूँजता हुआ जयकारा आकाश में गूँज उठा और सारी भक्त-मण्डली एकदम उठ खड़ी हुई।

चेतन बैठ गया था। उसने उठ कर पीछे की ओर मुड़ के देखा —बीच वाली कुटिया से एक पतला-छरहरा व्यक्ति, लम्बा ऊनी चोला पहने, गर्दन ज़रा-सी झुकाये, जैसे अपने विचारों में गुम, चला आ रहा था।

जब वह थोड़ा निकट आया तो चेतन ने पहचान लिया — वही फ़ोटो वाला बाबा है — सिर और दाढ़ी के वैसे ही छोटे-छोटे, अधपके बाल; चेहरे पर वही हल्की-सी थकान; होंटों पर वही करुणा-भरी मुस्कान।

तभी चिरंजीलाल के पिता अपने बेटे को लिये हुए चबूतरे से उतर कर आगे बढ़े और उन्होंने एकदम ज़मीन पर लेट कर बाबा को साष्टांग प्रणाम किया।

बाबा हाथ उठा कर उन्हें आशीर्वाद दे रहे थे, जब आश्रम के खुले गेट के सामने एक जीप आ कर रुकी। धूल का बादल उठ कर गेट पर छा गया। कुछ क्षण बाद चेतन ने देखा कि एक लम्बी, छरहरी अंग्रेज़ महिला, एक सूट-बूटधारी तथा कुछ बावर्दी लोगों की अर्दल में आश्रम में दाख़िल हो रही है। गेट पर उसने दोनों हाथ जोड़ कर हल्का-सा सिर झुकाया, और आगे बढ़ी।

---

१. यहीं

बारह

बाबा की झोंपड़ी में जाते हुए, चौखट में क्षण भर रुक कर, चेतन ने चारों ओर देखा — गाय के गोबर से लिपा-पुता दालान; लकड़ी का एक तख़्त; कच्चे फ़र्श पर पेरी हुई ईख की खोइयों के आसन —जिन्हें पंजाबी लोग मूढ़े ही कहते हैं —और बाहर से आने वाले दरवाज़े के ऐन सामने, अन्दर के कमरे को जाने वाला, किसी देहाती बढ़ई के हाथों बना, वैसा ही अनगढ़-सा दरवाज़ा....बाबा की झोंपड़ी में पैर रखते ही उसे कुछ अजीब-सी सादगी, स्वच्छता और पवित्रता का एहसास हुआ।

दालान में न कोई चित्र था, न सजावट का कोई दूसरा सामान। तख़्त पर किसी देहाती स्त्री के हाथों बनी, कद्रे खुरदरी, लेकिन रंगीन धारियों वाली दरी बिछी थी और तख़्त के पास ही फ़र्श पर मिट्टी के एक ख़ूबसूरत प्याले में लोबान जल रहा था।

लिपे हुए कच्चे दालान और लोबान की मिली-जुली गन्ध चेतन के नथुनों में भर गयी। क्षण भर के लिए उसके मस्तिष्क में उनका पुराना खँडहर मकान और उसका नीम-अँधेरा रसोई-घर घूम गया, जिसे उसकी माँ रोज़ चिकनी मिट्टी से पोतती थी; हर हफ़्ते गाय के गोबर से लीपती थी और वहाँ कभी-कभार — विशेषकर त्योहारों के अवसर पर चप्पनी[१] में लोबान जलाती थी....वही पुरानी स्मृति और वही पुरानी गन्ध — स्वच्छता, सादगी और पवित्रता का वही एहसास....

उन लोगों के बाद वह अंग्रेज़ी महिला अपने दो साथियों को अर्दल में लिये आयी। जूते उसने बाहर उतारे और क्षण भर वहीं चौखट में खड़ी, कच्चे फ़र्श पर बिछे खोइयों के मूढ़ों को देखती रही। फिर उसकी नज़र अपनी स्कर्ट पर गयी —वह उसके साथ कैसे फ़र्श पर बैठेगी!

"डोण्ट दे सिट ऑन चेयर्ज़ हियर[२] ?" उसने अपने साथ खड़े, सूट-बूटधारी, देसी कलेक्टर से कहा।

डिप्टी ने अंग्रेज़ी ही में उसे समझाया कि साईं बाबा आध्यात्मिक गुरु हैं और भारतीय परम्परा के अनुसार गुरु के सामने नीचे ही बैठते हैं। फिर यह देहात है, यहाँ कुर्सी-वुर्सी होगी, इसका भरोसा नहीं, तो भी वह पता करता है....

और उसने पलट कर बावर्दी सिपाही को धीरे-से कुछ आदेश दिया। वह सलाम ठोंक कर मुड़ा और लगभग भागता हुआ चला गया।

इसी बीच चेतन और उसके साथी जा कर तख़्त के उस ओर बिछे आसनों पर बैठ गये थे। तब उनकी देखा-देखी उस अंग्रेज़ महिला ने तख़्त के इस ओर बिछे, खोई के आसन पर फसकड़ा मार कर बैठने की कोशिश की, लेकिन इस प्रयास में उसकी स्कर्ट बहुत ऊपर उठ गयी, उसकी जाँघें नंगी हो गयीं और उसका अण्डरवेयर तक दिखायी देने लगा। चेतन की ही नहीं, हुनर साहब, भाई साहब, निश्तर और वत्स, सभी की निगाहें उन गोरी-गोरी जाँघों और उनमें झाँकते रेशमी अण्डरवेयर पर केन्द्रित हो गयीं। चेतन ने चोर

---

१. किसी घड़े अथवा चाटी का ढक्कन

२. क्या लोग यहाँ कुर्सियों पर नहीं बैठते ?

आँख से देखा, डिप्टी साहब का चेहरा लाल हो आया था, जैसे उनके घर की कोई जवान औरत नंगी हो गयी हो, मगर निगाहें उनकी भी वहीं थीं।

लेकिन उस अंग्रेज़ महिला के चेहरे पर न अस्वस्ति-बोध था, न लज्जा, न लाली। उधर उसका ध्यान ही नहीं गया था। उस तरह बैठने में उसे जो कष्ट हुआ, उसी के कारण वह चुपचाप दोबारा उठी और घुटने मोड़ कर फिर मूढ़े पर बैठ गयी।

भले ही उसके मन में कोई वैसी बात न हो, लेकिन चेतन को लगा कि उस गोरी मेम ने उनका नोटिस न ले कर, उन सब का अपमान किया है; उसके निकट उस कमरे में बैठे सभी हिन्दुस्तानी ग़ुलाम हैं —महज़ गाय-बैल या मिट्टी के लौंदे —तभी तो वह नंगी हो जाने के बावजूद, ज़रा नहीं लजायी। और यह सोच कर चेतन का मन क्रोध से भर आया।

तभी चेतन की नज़र डिप्टी पर गयी। मेम के ठीक से **बैठे** जाने पर उसका चेहरा भी नॉर्मल हो गया था। मेम से इजाज़त ले कर वह भी उसके निकट ही मूढ़े पर बैठने लगा — पतलून पहने हुए आलथी-पालथी मार कर बैठने में उसे भी कष्ट हुआ। तब उसने पायँचे ज़रा ऊपर चढ़ा लिये और बैठ गया। क्षण भर मेम आराम से बैठी रही, उसके माथे पर जिस प्रकार नीली-नीली रगें उभर आयीं, उसका चेहरा जैसे विकुंचित हो आया, उससे चेतन ने जान लिया कि खोइयों का वह खुरदरा मूढ़ा, उस मेम की नंगी पिंडलियों पर चुभ रहा है। चेतन ने देखा कि उसके कष्ट से परेशान, डिप्टी के माथे पर भी नसें उभर आयी हैं।

चेतन ने निगाह भर कर उस गोरी मेम को देखा। उसका रंग गेहुआँ अथवा दूधिया गोरा नहीं था, जैसे कुछ पंजाबियों अथवा पठानों का होता है, वरन चमकती चाँदी-ऐसा फुलबहरी[१] के मारे रोगी-सा सफ़ेद था और उसके चेहरे पर लाल-लाल चकत्ते थे। वह गोरापन आँखों में चुभता था। गर्मी के कारण उसकी गोरी बाँहों में लाल-लाल दाने-से उभर आये थे और लगता था, जैसे किसी ने लाल रंग से गोदने कर दिये हों। वह लगभग छै फ़ुट लम्बी, पतली-छरहरी युवती थी; उसकी उम्र का अन्दाज़ा करना कठिन था, पर तीस-बत्तीस से ज़्यादा नहीं थी। तीखे नाक-नक्शे वाली, स्वस्थ और सुन्दर! एक ही दोष था, जाने किस आन्तरिक तनाव के कारण वह अपनी लम्बी नाक को अजाने ही रह-रह कर कभी दायीं और कभी बायीं ओर चढ़ाती थी और तब ख़ासी बेतुकी और असुन्दर लगती थी।

चेतन की दृष्टि से बिंध कर मेम ने हठात किंचित क्रोध से उसकी ओर देखा। चेतन ने आँखें नहीं झुकायीं, केवल अपनी दृष्टि का केन्द्र उस गोरी मेम के दायें कन्धे के ऊपर दीवार को बना दिया। क्षण भर बाद मेम ने ज़रा-सा सिर घुमा कर उत्सुकता से अपनी गर्दन के पीछे दीवार में देखा कि चेतन वहाँ क्या देख रहा है, लेकिन वहाँ कुछ नहीं था। इस बीच चेतन दालान के दरवाज़े के बाहर देखने लगा था। उसकी चोर आँख ने उस अहंकारी मेम की उत्सुकता को देख लिया था। और उसके होंटों पर मुस्कान की एक क्षीण-सी रेखा खेल गयी थी।

---

१. सफ़ेद दाग़

बाहर आम के पेड़ के नीचे साईं बाबा भक्तों की भीड़ में घिरे थे। इतनी दूर से उनके वचनों को सुनना तो कठिन था, चेतन इतना ही देख पाया कि भक्त बारी-बारी उनके चरणों पर झुकते और आशीष पाते हैं।

[संकीर्तन ख़त्म होने के साथ ही, जब बाबा झोंपड़ी से बाहर आये थे और उन गायक बाप-बेटे ने उन्हें साष्टांग प्रणाम किया था तो आशीर्वाद देते हुए बाबा ने चिरंजीलाल के कन्धे को ज़रा-सा थपथपाते हुए कहा था कि वह अतिथियों को ले जा कर झोंपड़ी में बैठाये, वे आते हैं।

तब उस अंग्रेज़ महिला के साथ आने वाले सूट-बूटधारी देसी अफ़सर ने किंचित झुक कर बाबा को प्रणाम किया था और बताया था कि वह ज़िले का डिप्टी कलेक्टर है, डिप्टी कमिश्नर साहब की साली इंग्लिस्तान से आयी हैं, बाबा से भेंट करना चाहती हैं और साहब बहादुर ने बाबा को प्रणाम भेजा है और विनती की है कि उन्हें दर्शन दें।

बाबा ने उनको भी अन्दर जा कर बैठने के लिए कहा था।]

चेतन चाहता था कि उस महिला से बात करे, यह जाने कि वह बाबा से क्या पूछना चाहती है ? भारतीय पीरों-फ़क़ीरों, साधु-सन्तों के बारे में उसके कैसे विचार हैं ? लेकिन ज़िले के डिप्टी कमिश्नर की उस साली के चेहरे पर कुछ ऐसी निरपेक्षता, अहंकार और दूरी थी कि उसे साहस नहीं हुआ। कोई अमरीकन महिला होती तो शायद चेतन पहल करता। उसने कहीं पढ़ा था कि अमरीकियों में पंजाबियों का-सा खुलापन होता है और उनसे बातचीत करना कठिन नहीं होता, लेकिन अंग्रेज़ किसी दूसरे से तो क्या, अपनी जाति वालों से भी, बिना परिचय के, बात नहीं करते और लन्दन की सबर्बन गाड़ियों में अंग्रेज़ मुसाफ़िर अपने-अपने अख़बार आँखों के आगे खोले, बिना किसी साथी से बातचीत किये, बैठे रहते हैं। फिर यहाँ तो अंग्रेज़ सहयात्री नहीं, शासक थे। वह मेम ज़िले के शासक की साली थी। ग़ुलाम हिन्दुस्तानियों की ओर देखना भी उसे गवारा नहीं था।

लेकिन शासक वर्ग की उस गोरी महिला को उस गोबर-पुते कच्चे दालान में खोइयों के खुर्रे मूढ़े पर बैठे देख कर चेतन को अजीब-सा सन्तोष हुआ। वह अंग्रेज़ों को किसी ख़ास मिट्टी के बने हुए इन्सान समझता आया था। किसी साधु-फ़क़ीर के दर पर वे जा सकते हैं, इसकी तो वह कल्पना ही न कर सकता था। प्रकट ही अपने बहनोई, डिप्टी कमिश्नर से बाबा के चमत्कारों की बात सुन कर वह गोरी मेम कच्ची सड़कों पर हिचकोले खाती, इस गाँव में आ पहुँची थी। चेतन को यह जान कर ख़ुशी हुई कि आख़िर अंग्रेज़ उन्हीं-जैसे माया-मोह में फँसे और अन्ध-विश्वासों में ग्रसे, इन्सान हैं।

तभी बावर्दी सिपाही कहीं से एक रुपये वाली, मैली, ज़ंग-खायी लोहे की कुर्सी, एक दरी और साफ़ चादर लिये हुए आया। डिप्टी कलेक्टर ने उठ कर उससे तत्काल दोनों चीज़ें ले लीं। कुर्सी उसने तख़्त के निकट रख कर उस पर दरी तहा कर बिछा दी, फिर चादर को तहा कर उस पर बिछा दिया और उसने बड़े ख़ुशामद-भरे लहजे में उस महिला से कहा, "प्लीज़ कम ओवर हियर[१] !"

महिला बड़ी कठिनाई से उठी, उसने उड़ती-सी एक नज़र फ़र्श पर बैठे हुए उन लोगों

---

१. कृपया इधर आ जाइए!

पर डाली, फिर उसने डिप्टी कलेक्टर से कहा कि वह कुर्सी पर नहीं बैठेगी, वह दरी और चादर फ़र्श पर बिछा दे।

डिप्टी कलेक्टर ने तत्काल उसी तरह तहाई हुई दरी और चादर मूढ़े पर बिछा दी और कुर्सी ले जा कर बाहर पहरे पर खड़े सिपाही को दे दी।

मेम फिर घुटने मोड़ कर बैठ गयी, लेकिन मूढ़ा छोटा था और दरी के बावजूद चुभता था। दूसरे क्षण वह फिर उठी और उसने खोई के मूढ़े की ओर संकेत कर, अंग्रेज़ी में कहा, "दिस थिंग हर्टस[१]" और चाहा कि मूढ़ा नीचे से हटा दिया जाय।

डिप्टी कलकटर ने उसी तत्परता से मूढ़ा अलग कर दिया और फ़र्श पर तहायी हुई दरी और उस पर चादर बिछा दी। तब मेम फिर उसी तरह घुटने मोड़ कर बैठ गयी और उसने स्कर्ट से अपने घुटने ढँक लिये और उसके चेहरे का तनाव दूर हो गया, लेकिन तभी बाबा उन्हीं पाँचों साधुओं के साथ अन्दर आये। सभी एक साथ उठ खड़े हुए।

बाबा ने आशीर्वाद में हाथ उठाया और सब को बैठने का संकेत किया। वे पाँचों साधु बाबा को झोंपड़ी में छोड़ कर, पलट गये। बाबा तख़्त पर आ कर, टाँग-पर-टाँग रखे, बैठ गये।

उस मेम ने दूसरों की तरह दोनों हाथ जोड़ कर और ज़रा-सा झुक कर बाबा को प्रणाम किया, फिर वह उसी तरह टाँगें मोड़ कर, स्कर्ट से उन्हें ढँकती हुई, बैठ गयी।

तब बाबा उसकी ओर ज़रा-सा झुके, डिप्टी कलेक्टर को सम्बोधित कर, उन्होंने बड़े मीठे स्वर में पूछा कि देवी क्या पूछना चाहती है ?

चेतन चुपचाप बाबा की ओर देखता रहा। वे बिलकुल उसी तरह टाँग-पर-टाँग रखे, तख़्त पर बैठे थे, जैसे उसने सुजान सिंह के घर रखे हुए फ़ोटो में उन्हें देखा था, वही करुणामयी मुस्कान उनके चेहरे पर आ गयी थी। चूँकि वह फ़ोटो शायद देहात ही के किसी फ़ोटोग्राफ़र द्वारा खींचा गया था, इसलिए न उसमें टचिंग थी, न ग्लेज़िंग और बाबा बिलकुल वैसे ही अनगढ़ देहाती लग रहे थे, इस पर भी कुछ ऐसी विशिष्टता उनके व्यक्तित्व में थी, जो चेतन को अव्यक्त रूप से प्रभावित कर रही थी।

तभी उस अंग्रेज़ महिला से बात करके डिप्टी कलेक्टर ने पुनः उसका परिचय बाबा को देते हुए कहा, "बाबा, ये इंग्लिस्तान से आयी हैं, हमारे बड़े साहब बहादुर की साली हैं, ये पूरब में रह कर कुछ काम करना चाहती हैं, पूछती हैं कि अगर ये हिन्दुस्तान में रह कर काम करें तो क्या सफल हो पायेंगी ?"

"हिन्दुस्तान च इह की करेगी[२] ?" बाबा के होंटों पर हल्की-सी वही करुणामयी मुस्कान आ गयी।

"जापान ?"

बाबा क्षण भर उनके ऊपर दीवार, के शून्य में देखते रहे। लगा ही नहीं की उन्होंने डिप्टी कलेक्टर की बात सुनी है, फिर उन्होंने इनकार में सिर हिलाया, "नईं, जापान नईं!"

"सिंगापुर ?"

---

१. यह चीज़ चुभती है।

२. हिन्दुस्तान में यह क्या करेगी ?

वहीं शून्य में देखते हुए बाबा ने 'स्वीकार' में सिर हिलाया, "हाँ सिंगापुर च देवी नूँ सफलता मिलेगी, इहदा मन रमेगा, इहने जो ज़मीन ओत्थे लीत्ती दी ए, ओहदे ते इह मकान बनायेगी, वस्सेगी ते फले-फुल्लेगी[१]।"

बाबा चुप हो गये। डिप्टी ने बाबा की बात उस महिला को बतायी तो उसकी आँखें आश्चर्य से खुली रह गयीं। उसने अंग्रेज़ी में डिप्टी से कहा, "इस गाँव में बैठा यह फ़कीर कैसे जान गया कि मैंने वहाँ ज़मीन ख़रीदी है ?"

लेकिन उसने यह बात जैसे अपने आप से ही कही, इसलिए डिप्टी ने बाबा से नहीं पूछा। चेतन चुपचाप बाबा को देखता रहा। उसे लगा, नितान्त साधारण, देहाती-से दीखने पर भी बाबा के चेहरे पर एक अव्यक्त नूर है, वे ऐसी सजग चेतना के स्वामी हैं, जो भूत-भविष्य के भेद जान लेती है। शून्य देखते हुए वे उसी करुणा से क्षण भर मुस्कराते रहे, फिर उन्होंने उस महिला की ओर देखा और धीरे-धीरे, बड़े ही मीठे, स्नेह-भरे स्वर में कहा कि देवी का अतीत सुखी नहीं रहा, विवाह से इसे दुख मिला है, इसलिए यह अपना देश छोड़ आयी है, अब यह जिस व्यक्ति का संग चाहती है, वह उसे आजीवन सुख देगा। अभी कुछ देर है। छै-आठ महीने। सब ठीक हो जायेगा। देवी बहुत चिन्ता करती है, इसे नींद नहीं आती, पेट में भी वायु-विकार रहता है, लेकिन सब ठीक हो जायेगा....

और बाबा ने हवा में उल्टा हाथ फैला कर, उसे ज़रा इधर-उधर हिलाना शुरू किया। उनकी दृष्टि हाथ की पिछली ओर केन्द्रित हो गयी। उसमें एकाग्रता आ गयी। फिर दूसरे क्षण उनके हाथ में जैसे कुछ आ गया हो, उन्होंने उँगलियाँ और अँगूठा मिला लिया और उसी स्थिति में हाथ आगे बढ़ा कर उस महिला से कहा कि वह चुटकी भर भभूत ले ले!

डिप्टी के कहने पर महिला ने दायें हाथ की हथेली आगे कर दी। बाबा ने उसमें चुटकी भर भभूत रख दी और बोले कि देवी से कहो, इसे शहद के साथ मिला कर चाट ले, इसका मन शान्त हो जायेगा, इसे नींद भी आने लगेगी और वायु-विकार भी दूर हो जायेगा।

डिप्टी ने महिला को बात समझा दी तो महिला ने बैग से एक छोटा-सा काग़ज़ का टुकड़ा ले कर उसमे भभूत सँजो ली और कहा कि वह ज़रूर उसे इस्तेमाल करेगी।

तब डिप्टी ने दायाँ हाथ आगे बढ़ा दिया।

उसके हाथ पर भभूत रखते हुए बाबा क्षण भर उसके चेहरे पर नज़रें जमाये रहे, फिर उन्होंने कहा, "साईं, तूँ बड़ी तरक्की करेंगा ते रिटायर होण तो पहलाँ तूँ सूबे दा सब तों वड्डा हाकिम बनेंगा[२]।"

डिप्टी का हाथ वहीं-का-वहीं रह गया। वह अविश्वास से बाबा की ओर देखता रहा। फिर उसने कहा, "बाबा, सूबे दा सब तों वड्डा हाकिम ते गवर्नर हुन्दा ए। अंग्रेज़ी राज च कोई देसी अफ़सर डिप्टी कमिश्नर हो जाय, ताँ वड्डी गल्ल ए, गवर्नर बनना देसियाँ दी

---

१. हाँ, सिंगापुर में देवी को सफलता मिलेगी। इसका मन रमेगा। इसने जो ज़मीन वहाँ ली हुई है, उस पर यह मकान बनायेगी, बसेगी और फले-फूलेगी।

२. साईं, तू बड़ी उन्नति करेगा और रिटायर होने से पहले, तू सूबे का सबसे बड़ा हाकिम बनेगा।

किस्मत च नईं[1]।"

"तूँ किस्मत नूँ की जाणदा ऐं, साँई! जा मेहनत ते समझदारी नाल अपना फ़र्ज निभा, तूँ बड़ी तरक्की करेंगा[2]।"

चेतन विश्वास नहीं करना चाहता था, पर उसे लगा कि मोटा ऊनी चोला पहने, गले में केवल रुद्राक्ष की माला डाले, यह देहाती-सा लगने वाला बाबा जैसे कोई पहुँचा हुआ सन्त है और उसके अनास्थावादी मन में प्रश्न उठा —क्या आज से हज़ारों वर्ष पहले, जब विज्ञान का ऐसा विकास न हुआ था, न ऐसे सूक्ष्म यन्त्र थे, ऋषियों ने इसी आत्मिक शक्ति द्वारा ब्रह्माण्ड का पता न लगाया होगा, सूरज, चाँद और सितारों की गति नहीं जानी होगी और दो हज़ार वर्ष बाद पैदा होने वाले व्यक्तियों की जन्म-कुण्डलियाँ न बना डाली होंगी ? हालाँकि बाबा न पद्मासन में बैठा था, न उसके चेहरे पर सफ़ेद दाढ़ी-मूँछें थीं, लेकिन इस पर भी, उस छोटे-से गाँव में तख़्त पर बैठा, वह उसे किसी ऋषि-ऐसा ही लगा।

उस वक्त दोनों बावर्दी सिपाही जूते उतार कर अन्दर बढ़ गये और उन्होंने झुक कर प्रणाम करते हुए भभूत चाही थी।

बाबा ने शेष भस्म चुटकी-चुटकी भर उनकी हथेलियों पर डाल दी और हाथ झाड़ लिये।

पुलिस वाले फिर दरवाज़े के बाहर जा खड़े हुए। तब वह अंग्रेज़ महिला उठी, लेकिन उठते-उठते कद्रे झुक कर उसने डिप्टी के कान में प्रश्न किया। डिप्टी ने पंजाबी ही में कहा :

"बाबा, मेम साहब पुच्छदे ने कि इह लोग —याने अंग्रेज़ —हमेशा हिन्दुस्तान ते राज करणगे, जाँ कि इन्हानूँ एत्थों जाणा पवेगा[3]।"

बाबा के होंटों पर वही करुणामयी मुस्कान खेल गयी, "साईं, संसार च सदीवी कोई होर चीज़ रही ए, जो अंग्रेज़ हमेशा एत्थे रहणगे। हर कमाले रा ज़वाले। दस-पन्दराँ बरसाँ तों ज़्यादा एत्थे टिकना इहणा दे भाग विच्च नईं। जाणगे, पर देश दे वितकरे कर जाणगे[4]!"

बाबा क्षण भर फिर जैसे अपने में गुम हो गये —शून्य में देखते रहे। फिर उन्होंने धीरे-धीरे कहा —"साईं दुनिया च जगह-जगह अग्ग दे शोले लपकदे ते ख़ून दियाँ नदियाँ बहन्दियाँ ते लोकाँ दे अंग कट-कट के हवा च उछलदे दिस्सदे ने। अट्ठ-दस सालाँ बाद बड़ी उथल-पुथल होवेगी, इस देवी नूँ वी अपना घर-दर छड्डुना पवेगा, पर फेर सब ठीक

---

१. बाबा, सूबे का बड़ा हाकिम तो गवर्नर होता है। अंग्रेज़ी राज में कोई देसी अफ़सर डिप्टी कमिश्नर हो जाये तो बड़ी बात है, गवर्नर बनना देसी लोगों की किस्मत में नहीं।

२. तू किस्मत को क्या जानता है साईं! जा मेहनत से अपना फ़र्ज निभा, तू बहुत तरक्की करेगा।

३. बाबा, मेम साहब पूछती है कि अंग्रेज़ क्या हमेशा हिन्दुस्तान में रहेंगे, या इन्हें यहाँ से जाना पड़ेगा ?

४. संसार में हमेशा कोई और चीज़ रही है, जो अंग्रेज़ रहेंगे, हर कमाल के बाद ज़वाल (ह्रास) होता है। दस-पन्द्रह वर्ष से ज़्यादा हिन्दुस्तान में टिकना अंग्रेज़ों के भाग्य में नहीं। ये यहाँ से जायेंगे, लेकिन देश के टुकड़े कर जायेंगे।

हो जायेगा, तदोंई तेरी तरक्की होवेगी। जा, रब सब भला करेगा[१]।"

कमरे में एकदम सन्नाटा छा गया। बाबा ने आशीर्वाद में बायाँ हाथ उठा दिया। महिला और डिप्टी कलेक्टर उन्हें प्रणाम करके निकल गये। तब बाबा उन लोगों की ओर मुड़े।

०

चिरंजीलाल के पिता ने अपना मूढ़ा आगे सरकाया और संक्षेप में उन लोगों का परिचय दिया और कहा कि साईं बाबा, हुनर साहब बहुत अच्छे शायर हैं। इन्होंने गीता के दूसरे अध्याय का अनुवाद सरल उर्दू भाषा में किया हैं और ये आपके हुज़ूर में उसे सुनाना चाहते हैं।

साई बाबा मौन रूप से हुनर साहब की ओर देखते रहे। उनके भाव से न यह लगा कि वे सुनने को उत्सुक है और न यह कि सुनना नहीं चाहते। वे चुपचाप टाँग-पर-टाँग रखे, दोनों हाथ, तख़्त पर टिकाये, हुनर साहब को देख रहे थे —उन्हें देख रहे थे अथवा उनके परे —चेतन कुछ तय नहीं कर पाया।

हुनर साहब क्षण भर चुप रहे। बाबा की बेधक दृष्टि के नीचे उनका चेहरा, जो प्रायः ऐसे में उत्साह से खिल जाता था, फ़क पड़ गया। उनसे कोई भूमिका नहीं बँधी। बाबा के मौन को अर्ध-स्वीकृति समझ कर वे चुपचाप गीता के दूसरे अध्याय का पद्यानुवाद सुनाने लगे :

न पाबन्दे-औकात है जन्म इसका
न ख़टका इसे मौत का है किसी दिन
न हो कर यह होती, बदलती नहीं यह
अजन्मा, मुसलसल, सनातन, पुरातन

बाबा चुपचाप सुनते रहे। जाने उस सीधी-सादी झोंपड़ी और साधारण से तख़्त पर बैठे, उस सीधे-सरल सन्त के व्यक्तित्व में क्या बात थी कि न निश्तर को झूठी दाद देने का साहस हुआ और न चेतन को मिसरा उठाने का और वह नज़्म (जिसके हर बन्द को सुनाने से पहले, भूमिका बाँध कर और अपने अनुवाद को दोबारा-सहबारा दोहरा कर, हुनर साहब समाँ बाँध देते थे) चेतन को अजीब सपाट लगी। जब हुनर साहब जीवात्मा के बारे में श्लोक के अनुवाद पर पहुँचे तो उन्होंने दाद-तलब निगाहों से चेतन और निश्तर की ओर देखा। दोनों कसमसाये कि कुछ कहें, लेकिन उनसे एक शब्द भी न कहा गया। लगता था कि बाबा के उस कक्ष में किसी तरह का झूठ या धोखा नहीं चल सकता। वे रंग जमाने के लिए दाद दे रहे हैं, बाबा से यह छिपा नहीं रह सकता और दोनों चुप बने रहे। हुनर साहब सुनाते गये :

---

१. साईं, दुनियाँ में जगह-जगह आग के शोले लपकते और ख़ून की नदियाँ बहती और इन्सानों के अंग कट-कट कर हवा में उछलते दीखते हैं। आठ-दस वर्षों में बड़ी उथल-पुथल होगी। इस देवी को भी अपना घर-दर छोड़ना पड़ेगा; लेकिन फिर सब ठीक हो जायेगा। तभी तुम्हारी तरक्की होगी। जा, रब सब भला करेगा।

यह फ़ानी नहीं जिस्मे-ख़ाकी की मानिन्द
यह मरती नहीं ख़्वाह मर जाय यह तन

चेतन को पहली बार लगा कि अनुवाद बहुत साधारण है; इसमें न ओज़ है, न सूक्ष्मता; सिर्फ़ शब्दों के ढोके हैं, जिन्हें बड़ी अनगढ़ता से जोड़ दिया गया है। 'अजन्मा' और 'पुरातन-सनातन' के साथ उसे 'मुसलसल' खटका। अगला बन्द सुनाने से पहले हुनर साहब ने बेबसी से फिर अपने चेलों की ओर देखा। दोनों कसमसाये। लेकिन किसी के मुँह से बोल नहीं फूटा। वे अगला बन्द सुनाने लगे :

पृथा-पुत्र अर्जुन यह सुन बात मेरी
जो इन्साँ इसे जानता ग़ैर-फ़ानी
जो कायल है इसकी मुसलसल बक़ा का
अमिटता का जिसकी नहीं कोई सानी
वो मरवायेगा किसको, मारेगा किसको
कि जब तत्व इसके हैं सब जाविदानी

सहसा चेतन को लगा कि हुनर साहब ने 'मरवायेगा' शब्द फूहड़ और भौंडा रखा दिया है। उस में ज़म का पहलू[1] है।....और उसकी आँखों में एक मुशायरा आ गया। हुनर साहब मसनद पर घुटनों के बल बैठे यही बन्द पढ़ रहे हैं और जब वे यह पंक्ति पढ़ते हैं तो 'वो मरवायेगा' के बाद तत्काल कोई पीछे से चिल्लाता है : 'वो मरवायेगा, क्या बात कही है, सुभान-अल्लाह! ज़रा फिर पढ़िए —वो मरवायेगा।' और एक बेपनाह ठहाका गूँजता है।

सहसा चेतन चौंका। कहीं बाबा ने उसके मन की बात तो नहीं जान ली। उसने आँखें उठायीं। बाबा उसी की ओर देख रहे थे। चेतन उन निगाहों की ताब नहीं ला पाया। उसने आँखें झुका लीं। उसका दिल धड़कने लगा। हुनर साहब अगला बन्द सुना रहे थे :

कि जैसे पुराने फटे पैरहन को
नये के लिए आदमी छोड़ देता
यह जीवात्मा भी इसी तरह नाता
पुराने थके जिस्म से तोड़ लेता
न असिलह में ताकत इसे काट दे
आग में है नहीं दम कि इसको जलाये
गला पाये आब इसको मुमकिन नहीं यह
हवा में न हिम्मत कि इसको सुखाये

शायद हुनर साहब कुछ अगले बन्द भी सुनाते, लेकिन दाद के अभाव में (जिसके वे अभ्यस्त थे) उनका धैर्य छूट गया और वे एकाएकी चुप हो गये।

बाबा क्षण भर वही करुणमयी मुस्कान होंटों पर लिये, उनकी ओर देखते रहे। फिर उन्होंने बड़े मीठे, ममता-भरे स्वर में कहा, "साँई, तूँ एस्से लई संस्क्रत दे श्लोक्काँ नूँ उर्दू च कीत्ता ए ना कि ओन्हानाँ नूँ आम लोक्की समझन[2] ?"

---

१. आपत्तिजनक पहलू
२. साईं, तुमने इसीलिए संस्कृत के श्लोकों को उर्दू में किया है न कि उन्हें आम लोग समझें ?

हुनर साहब ने उत्साह से सिर हिलाते हुए कहा, "जी बाबा!"

"तो फ़ेर तूँ ओन्हाँनूँ पंजाबी विच्च करना सी, जेहड़ी आम लोक्काँ दी बोली ए। इह पाबन्दे-औकात, ग़ैर-फ़ानी, मुसलसल, असिलह, जाविदानी वग़ैरा लफ़्ज़ कौन समझेगा? संस्क्रत ना होई, फ़ारसी होई; फ़र्क की होया[१] ?"

अब हुनर साहब क्या उत्तर दें, वे समझ न पाये। सभ्य समाज से बहुत दूर, गाँव में बैठे, इस अनपढ़ फ़कीर को वे कैसे समझायें कि उर्दू पढ़े-लिखों की भाषा है, और किसी पढ़े-लिखे को पंजाबी में कविता करना गवारा नहीं। पंजाबी में तो निचले तबके के रंगरेज़, नेचेबन्द, सब्ज़ी-फ़रोश, ड्राइवर, क्लीनर आदि लोग कविता करते हैं....पर शायद बाबा यही तो कह रहे थे कि आम लोगों को गीता के अर्थ समझाने हों तो उन्हीं की भाषा में कविता करनी चाहिए और वे इस तर्क से चकरा गये और मुटर-मुटर बैठे, साईं बाबा का मुँह तकते रहे।

बाबा फिर उसी मीठी वाणी में धीरे-धीरे बोले :

"साईं, मौत नूँ कोरे शब्दाँ, सूत्राँ ते शलोक्काँ नाल नईं जित्तेया जा सक्कदा। मौत नूँ जित्तेया जान्दा ए ज़िन्दगी नाल। जे असीं प्यार ते दया-भरी ज़िन्दगी जीणे हाँ, ते अगलियाँ पीढ़ियाँ नूँ वैसी ज़िन्दगी जीना सिखान्ने हाँ, तद ज़िन्दगी जित्तदी ऐ ते मौत हारदी ए, वरना बार-बार जनम लै के माया-मोह, क्रोध ते नफ़रत, वैर ते विरोध भरी ज़िन्दगी जीना, मौत च ई जीना ए। तूँ गीता ते उपनिषदाँ दा तरजुमा करण दे बदले अपनी ते अपनी इर्द-गिर्द दी ज़िन्दगी बारे क्यों नईं लिक्खदा ? तूँ सच-सच लिक्खेंगा ते तेरी ओह लिखत वी गीता ई बन जायेगी[२]।"

क्षण भर के लिए चेतन को लगा कि सामने जो बाबा बैठा है, उसका ज्ञान शास्त्र-गत नहीं है, उसकी चेतना ज़िन्दगी से हो कर विकसित हुई है। उसे ईश्वर-प्रदत्त दृष्टि मिली है, जो आदमी और ज़िन्दगी के आर-पार ही नहीं, शास्त्रों के आर-पार भी देखती है। चेतन को लगा कि वह किसी आम साधु-सन्त के सामने नहीं, लाखों-करोड़ों में विरल किसी हस्ती के सामने बैठा है। लेकिन तभी मन में शंका उठी —कौन जाने, बाबा जादूगरी से हवा में भभूत पैदा कर देते हैं, या फिर उन्हें हिप्नोटिज़्म में सिद्धि प्राप्त है। चेतन ने आँखें उठा कर देखा —उस सीधे-सादे चेहरे से नहीं लगता था कि वह जादूगर है। तब चेतन ने तय किया कि उस चमत्कार को देख कर उसके मन में जो शंकाएँ उठ रही हैं, गीता को पढ़ते हुए उसके मन में जो प्रश्न उठा करते हैं, वह उनका समाधान बाबा से चाहेगा, यदि बाबा ने उसे सन्तुष्ट कर दिया तो मानेगा, वरना हिन्दुस्तान में जादूगरों की क्या कमी है....और वह

---

१. तो फिर तुझे उनको पंजाबी में करना था, जो आम लोगों की भाषा है। यह पाबन्दे-औकात वग़ैरा शब्द कौन समझेगा ? संस्कृत न हुई फ़ारसी हुई; फ़र्क क्या हुआ ?

२. साईं, मौत को कोरे शब्दों, सूत्रों और श्लोकों से नहीं जीता जा सकता। मौत को जीता जाता है ज़िन्दगी से। अगर हम प्यार और दया-भरी ज़िन्दगी जीते हैं और आने वाली पीढ़ियों को वैसी ज़िन्दगी जीना सिखाते हैं तो ज़िन्दगी जीतती है और मौत हारती है, वरना बार-बार जन्म ले कर माया-मोह, क्रोध ओर घृणा, वैर और विरोध-भरी ज़िन्दगी जीना, मौत में ही जीना है। तू गीता और उपनिषदों का अनुवाद करने के बदले अपने इर्द-गिर्द की ज़िन्दगी के बारे में क्यों नहीं लिखता ? तू सच-सच लिखेगा तो वह भी गीता ही बन जायेगी।

मन-ही-मन प्रश्न तैयार करने लगा।

जब हुनर साहब खोइयों के उस मूढ़े पर बैठे थे तो उन्होंने तय किया था कि गीता के दूसरे अध्याय का अनुवाद सुना कर, वे ईशावास्य के कुछ श्लोकों का अनुवाद सुनायेंगे, लेकिन बाबा की बात सुन कर, वे क्या कहें, यह तय न कर पाये और —'बजा फ़रमाया आपने साईं बाबा!' —इतना कह कर और दाँत निकोस कर वे चुप हो गये।

तब बाबा ने उसी करुणा और ममता-भरी दृष्टि से हुनर साहब को शराबोर करते हुए कहा :

"साईं, तू चाए गीता दा तरजुमा कीत्ता होवे, चाए उपनिषदाँ दा, पर तैन्नूँ शान्ती किते नईं मिली। तू बेकार दे म.लले-मुकदमेयाँ च फस्सेया होया एँ। ओहनाँ तो जान छुड़ा ते रब दा भजन कर, तैन्नूँ शान्ती मिल्लेगी[१]।"

हुनर साहब अभिभूत हो गये। उन्होंने संक्षेप में अपने भाई के विवाह की ट्रैजिडी का उल्लेख किया और कहा कि वे बड़ी मुसीबत में फँसे हैं और उन्हें कोई रास्ता दिखायी नहीं देता।

बाबा ने कहा कि उस सब से हुनर साहब को कुछ हासिल न होगा। वे अपने भाई की दूसरी शादी कर दें, उसके घर दो-दो पुत्र जन्मेंगे और उसका कलंक धुल जायेगा।

हुनर साहब ने उठ कर उनके चरण छुए और फिर अपनी जगह आ बैठे। तब बाबा ने उसी तरह हाथ फैला कर ज़रा इधर-उधर हिलाना शुरू किया। चेतन के मन में आया कि बाबा जादूगरी करते हैं, उनके चोले की आस्तीन में से राख झर कर उनकी हथेली में आ जाती है। तभी बाबा ने (जैसे उसके मन की बात भाँप कर) बाँयें हाथ से दायीं बाँह की आस्तीन ऊपर कर ली और हथेली के उल्टी ओर निगाहें जमा दीं। उनकी पतली, कृश कलाई दिखाई देने लगी। क्षण भर ऐसे ही हाथ हिलाते रहने के बाद उन्होंने सहसा उँगलियाँ और अँगूठा, मिला लिया और हुनर साहब से कहा कि वे थोड़ी भभूत स्वयं चाट लें और थोड़ी अपने भाई को चटायें, उनका कल्याण होगा।

हुनर साहब ने भभूत ले ली तो चिरंजीलाल और उसके पिता ने हाथ आगे बढ़ाया, लेकिन तभी अपना मूढ़ा आगे खिसका कर, अपने कथनानुसार उस परम नास्तिक इंजीनियर श्री गणेशीलाल वत्स ने अपना हाथ आगे बढ़ा दिया। चेतन के भाई ज़रा-सा असमंजस में रहे, फिर उन्होंने भी हाथ फैला दिया।

चेतन अपनी जगह बैठा रहा, उसने न मूढ़ा खिसकाया, न हाथ बढ़ाया। सब की हथेली पर चुटकी-चुटकी भभूत रखते हुए बाबा ने उससे कहा, "साईं, माता दा परशाद लैण तों इनकार नहीं करीदा[२]।"

चेतन ने चुपचाप हाथ आगे बढ़ा दिया।

चेतन भभूत उसकी हथेली पर रखते हाथ झाड़ते हुए बाबा ने कहा, "साई, तैन्नूँ धरम च आस्था नईं, भगवान दी हस्ती विच्च वी तैन्नूँ कदीं-कदीं शक हुन्दा ए ते तेरा दिल ते

---

१. साईं, तूने चाहे गीता का अनुवाद किया हो, चाहे उपनिषदों का, पर तुझे शान्ति कहीं नहीं मिली। तू बेकार के झगड़े-टण्टों में पड़ा है, इनसे जान छूा, रब का भजन कर, तुझे शान्ति मिलेगी।

२. साईं, माता का प्रसाद लेने से इनकार नहीं करते।

दिमाग़ आपस च लड़दे विचाराँ दा मैदान-कारज़ार बनेया रेहन्दा ए, लेकिन तूँ ध्यान लगायेंगा ते तेरे मन विच्च आस्था जाग्गेगी ते तैन्नूँ शान्ती मिल्लेगी[१]।"

चेतन प्रसन्न हुआ कि बाबा ने उसे अपने आप बात करने का अवसर दिया है। उसने कहा, "बाबा, अगर आप इजाज़त दें तो मैं दो-एक सवाल पूछूँ।"

बाबा फिर वैसे ही दोनों हाथ तख़्त पर टिका कर, किंचित ढीले हो कर बैठ गये और उन्होंने कहा, "साईं, जो चाए पुच्छ!"

चेतन ने मूढ़ा काफ़ी आगे सरका लिया और बोला :

"आपने अभी दो बार हमारे सामने हवा में हाथ हिला कर भभूत पैदा कर दी। यह सब तो एक अच्छा मदारी या जादूगर भी कर सकता है। इस जादूगरी का धर्म से क्या सम्बन्ध हैं ?"

"हाँ साईं, तूँ ठीक कहन्ना एँ, इह जादूगरी ई ए," बाबा ने मुस्कराते हुए कहा, "ते सच्चे धरम नाल वी इहदा कोई वैसा ताल्लुक नईं! फ़र्क एही ए कि मदारी ओस सिद्धी दा इस्तेमाल अपने पेट दी ख़ातिर करदा ए ते साधू-सन्त लोक्का नूँ शान्ति देण नई, धर्म वल ओहाना नूँ खिच्चन लई[२]।"

"इस देश में कई साधु अच्छे खाते-पीते घरों में सुख-आराम पाने के लिए ये सब चमत्कार दिखाते फिरते हैं।" चेतन ने कटुता से कहा।

"ते फ़ेर ओहना ते मदारियाँ विच्च कोई फ़र्क नईं[३]!" बाबा ने सिर्फ़ इतना कहा। तब चेतन ने मन में देर से कुलबुलाता हुआ एक और सवाल पूछा :

"बाबा, हुनर साहब कहते हैं और दूसरे लोगों से भी सुना है कि आप चाहें तो रुपये-पैसे, गहने-पत्ते ऐसे ही हवा से पैदा कर सकते हैं। जब आपको ऐसी सिद्धि प्राप्त है तो आप क्यों नहीं इतना सोना पैदा कर देते कि इस देश की सारी ग़रीबी दूर हो जाय।"

बाबा उसकी बात बड़े ध्यान से सुनते रहे। जब उसने अपनी बात ख़त्म की तो बाबा मुस्कराये और उन्होंने कहा कि साईं अगर मैं इतना सोना पैदा कर दूँ कि सब के घर भर जायें तो क्या तुम समझते हो कि सब प्रसन्न और सन्तुष्ट हो जायेंगे, चिन्ता और दुख-क्लेश सब मिट जायेंगे ?

चेतन से सहसा कोई उत्तर न बन पड़ा।

"तूँ विश्वास रख कि इह नईं होएगा। मैं बड़ी ज़िन्दगी, बड़ा परिवार ते धन-धान्न देख्या ए। लोक्की सोने-रूपे च खेलदे होए दुखी हैण! कोठियाँ च रेहन्दे ते टमटमाँ च घुम्मदे होए दुखी हैण! धरम दा मकसद लोक्काँ नूँ दुख ते अशान्ती तों मुक्त करना ए, ओह्ना नूँ होर दुखी ते अशान्त करना नईं। गीता जिस वी लिक्खी ए, ओह्ने ठीक ही सिट्टा

---

१. साईं, तुझे धर्म में आस्था नहीं, भगवान की हस्ती में भी तुझे कभी-कभी सन्देह होता है और तेरा दिल-दिमाग़ आपस में एक-दूसरे से लड़ते हुए विचारों का रणस्थल बना रहता है, लेकिन यदि तू ध्यान लगायेगा तो तो तेरे मन में आस्था उपजेगी ओर तुझे शान्ति मिलेगी।

२. हाँ साईं, तू ठीक कहता है, यह जादूगरी ही है और सच्चे धर्म से भी इसका कोई वैसा सम्बनध हीं। फ़र्क यही है कि मदारी उस सिद्धि का प्रयोग अपने पेट की ख़ातिर करता है और साधु-सन्त लोगों को शान्ति देने के लिए — धर्म की ओर उन्हें खींचने के लिए।

३. तो फिर उनमें और मदारियों में कोई अन्तर नहीं।

कड्ढेया ए कि सच्चा अनन्द सुख-दुख दोन्नाँ तों उप्पर उठ जाण विच्च ऐ, माया-मोह तज के, निरपेक्ख ज़िन्दगी जीण विच्च ते फ़ायदे-नुकसान दी चिन्ता कीत्ते बिना, जो वी कर्म रब ने सान्नूँ दित्ता ए, ओस नूँ पूरा करन विच्च ऐ। सुख-सन्तोष सोने-रुपये नाल नईं, मन नूँ जित्तेयाँ मिलदा ऐ। मैं कदीं-कदीं लोक्का नूँ भभूत दे देन्ना हाँ कि धर्म च ओह्ना दी आस्था जगे, ते ओह धर्म राहीं, प्रेम ते भक्ती राहीं, सुख-दुख — दोनाँ विच्च मन शान्त रक्खना सिक्खन ते सच्चा अनन्द पाण! एस इन्नी-कु-जेही भसम नाल किसे दे सारे कम्म सौर जाणगे या ओह धर्मात्मा बन जायेगा, इह गल्ल नईं। ओह सब ताँ ओह्दे अपने कर्मां ते रब्ब दी मेहरबानी नाल ही होएगा[1]।"

चेतन के अनास्था-भरे मन में कई शंकाएँ उठीं, लेकिन वह चुप रहा। उसने पहले से सोचा हुआ दूसरा सवाल किया :

"बाबा, शास्त्रों में बार-बार कहा जाता है कि पिछले जनम के कर्मों का फल इस जन्म में मिलता है और इस जन्म के कर्मों का फल अगले जन्म में, लेकिन हमारी माँ कहती थी कि दूसरा जन्म क्या, आदमी अच्छे-बुरे कर्मों का फल इसी जन्म में भोग लेता है। इन दोनों में कौन ठीक है ?"

"दोनों ई ठीक हैण!" बाबा ने कहा और एक मिसाल दी कि एक वर्ष ख़ूब वर्षा होती है और समय पर होती है, एक किसान अपने खेत में गेहूँ बोता है और दूसरा बाजरा। दोनों की खत्तियाँ गेहूँ और बाजरे से भर जाती हैं। दूसरे वर्ष सूखा पड़ जाता है। अनाज नहीं होता। अब जिसने पिछले साल गेहूँ बोया है, वह गेहूँ खायेगा और जिसने बाजरा बोया, वह बाजरा खाने की विवश होगा। यही हाल पिछले जन्म के कर्मों का हैं, जिसने अच्छे कर्म किये हैं, वह सुख पाता है; जिसने बुरे, वह दुख भोगता है।

और बाबा ने एक दूसरी मिसाल दी :

एक आदमी रिश्वत लेता है और सभी तरह के कुकर्म करता है, उसके बेटे बिगड़ जाते हैं और वह धन-धान्य के बावजूद बुढ़ापे में दुख पाता है। अब उसके कुकर्मों का फल इसी जन्म में मिल जाता है। शराबियों, जुआरियों और चोरों को इसी जन्म में उनके कर्मों का फल मिलता है।

"लेकिन बाबा," चेतन ने कहा, "यह तो समझ में आता है कि पुराने जन्म के कर्मों

---

१. तू विश्वास रख कि यह नहीं होगा। मैंने बड़ी ज़िन्दगी, बड़ा परिवार और धन-धान्य देखा है। लोग सोने-चाँदी में खेलते हुए दुखी हैं, कोठियों में रहते और घोड़ा-गाड़ियों में धूमते हुए दुखी हैं। धर्म का उद्देश्य लोगों को दुख और अशान्ति से मुक्त करना है, उनको और दुखी और अशान्त करना नहीं। गीता जिसने भी लिखी है, उसने ठीक ही यह नतीजा निकाला है कि सच्चा आनन्द सुख-दुख, दोनों से उपर उठ जो में है, माया-मोह तज कर निरपेक्ष जीवन जीने में है और फलाफल की चिन्ता किये बिना, जो कर्म भगवान ने हमको दिया है, उसको पूरा करने में है। सुख-सन्तोष सोने-रुपये से नहीं, मन को जीतने से मिलता है। मैं कभी-कभी लोगों को भभूत दे देता हूँ कि धर्म में उनकी आस्था जगे और वे धर्म के रास्ते, प्रेम ओर भक्ति के रास्ते, सुख-दुख — दोनों में मन को शान्त रखना सीखें और सच्चा आनन्द पायें। इस ज़रा-सी भस्म से किसी के सारे काम सिद्ध हो जायेंगे या वह धर्मात्मा बन जायेगा, ऐसी बात नहीं। वह सब तो उसके अपने कर्मों और ईश्वर की कृपा ही से होगा।

का फल मिलता है, पर कौन फल पुराने जन्म के कर्मों का है और कौन नये का, हमारा कौन कर्म पुराने कर्मों का फल है और कौन इसी जन्म का, यह आदमी कैसे जाने ?"

"इह ताँ आतम-ज्ञान नाल ही जाणेया जा सक्कदा ए[१]।" —बाबा ने समझाया —और एक मोटी मिसाल दी —एक व्यक्ति इस जन्म में कोई पाप नहीं करता, धर्म और सदाचार-भरी ज़िन्दगी जीता है, किसी का दिल नहीं दुखाता, लेकिन वह असाध्य रोग में ग्रसित हो जाता है और बड़ा दुख पा कर बुरी मौत मरता है। अब इस जन्म में तो उसने कोई बुरा काम नहीं किया कि उसे यह दण्ड मिले, प्रकट ही यह फल उसे पिछले जन्म के किसी कुकर्म का मिलता है। इसके विपरीत दूसरा व्यक्ति दुनिया-जहान के कुकर्म करता हुआ, क्षण भर में बिना दुख झेले, मर जाता है। उसकी वह सुखद मृत्यु प्रकट ही किसी पिछले जन्म के पुण्य के प्रताप से हुई है, ऐसा ही माना जायेगा। तब इस जन्म के कुकर्मों का फल उसे अगले जन्म में भोगना होगा।

बाबा क्षण भर के लिए चुप हो गये और गहरी नज़रों से चेतन को देखते रहे, फिर उन्होंने कहा :

"साई, तूँ एस गल्ल दी क्यों चिन्ता करदा एँ कि केहड़ा फल पिछले जन्म दे कर्मा दा ए अते केहड़ा एस जन्म दे कर्मां दा। तूँ ते साईं अच्छे कम्म करदा जा। ते जे इह जाने बिना तेरा कम्म नईं चलदा ते फ़ेर पहलाँ आतम-ज्ञान हासिल कर[२]!"

"आत्म-ज्ञान के लिए तो साधना ज़रूरी है बाबा, पर मुझसे साधना नहीं होती।"

"मश्क कर, हो जाएगी।"

"मैं ध्यान लगाने की कोशिश करता हूँ, तो कहानियों के ख़याल और प्लाट मेरे दिमाग़ में आने लगते हैं।"

"ते फ़ेर तूँ कहानियाँ लिक्ख! कम्म वी भगवान दा ई रूप ए। तैन्नूँ तेरे कम्म दे ज़रिए ई भगवान मिल्लेगा।"[३]

क्षण भर के लिए झोंपड़ी में ख़ामोशी छा गयी। श्री गणेशीलाल वत्स कुछ कहने के लिए कसमसा रहे थे कि चेतन ने एक और प्रश्न पूछ लिया :

"बाबा, मैं सोच रहा हूँ, कानून पढ़ कर सब-जज बनूँ, क्या मैं सफल हो सकता हूँ ?"

"तूँ जिस कम्म च ई ध्यान लगायेंगा, मेहनत करेंगा, ओस विच्च सफल हो जायेंगा, पर कर सक्कें ताँ ओई कम्म करीं, जिस नूँ तूँ पूरा मन दे सक्कें, जोहड़ा किसे दी होड़ विच्च नईं, अपने मन दे सुख लई करें[४]!"

---

१. यह तो आत्म-ज्ञान से ही जाना जा सकता है।

२. साईं, तू इस बात की क्यों चिन्ता करता है कि कौन-सा फल पिछले जन्म के कर्मों का है और कौन इस जन्म के कर्मों का ? तू तो साईं अच्छे काम करता जा और यदि यह जाने बिना तेरा काम नहीं चलता तो फिर पहले आत्म-ज्ञान प्राप्त कर!

३. तो फिर तू कहानियाँ लिख, काम भी भगवान ही का रूप है, तुझे तेरे काम द्वारा ही भगवान मिलेंगे।

४. तू जिस काम में ध्यान लगायेगा, मेहनत करेगा, उसी में सफल हो जायेगा, पर यदि तू कर सके तो वही काम करना, जिसे तू पूरा मन दे सके; जो तू किसी की प्रतिस्पर्धा में नहीं, अपने मन के

निमिष भर के लिए चेतन को लगा, बाबा ने अपनी चेतना-शक्ति से अमींचन्द की स्पर्धा वाली बात जान ली है, पर तभी उसे कुतर्क सूझा। उसने कहा :

"बाबा, आप कहते हैं आदमी वही काम करे, जो उसके मन को सुख दे, लेकिन अगर किसी को शराब पीने या जुआ खेलने में सुख मिले तो क्या उसे वही करना चाहिए ?"

कुछ अजीब-सी दया और करुणा-भरी मुस्कान बाबा के चेहरे पर आ गयी और उन्होंने कहा कि अगर किसी का जिगर या आँतें शराब पी कर बर्बाद हो जायें या जुए में कोई पैसे-पैसे को मोहताज हो जाये और तब वह न रोये, न चिल्लाये, न दुख मनाये और उसी दबंगई से जी सके तो वह शराब भी पी सकता है और जुआ खेल सकता है, लेकिन ऐसे लोग विरल होतें हैं, क्योंकि नशों का एक तर्क होता है, आदमी को उसकी लत पड़ जाती है और लत किसी चीज़ की हो, दुख, क्लेश और असन्तोष का कारण बनती है।

चेतन कुछ कहना चाहता था कि बाबा ने उसकी ओर गहरी नज़रों से देखते और जैसे उसके मन की बात पढ़ते हुए कहा, "तूँ शायद अपने पिता वल्लों सोचदा एँ, पर तेरा पिता जिस दबंगई नाल जी रेया ए, ओस्से दबंगई नाल इह संसार छड्डु वी दएगा। इह होर गल्ल ए कि मरन तो पहलाँ ओह अपने सारे ऐबाँ दा प्राश्चित कर जाएगा। तूँ अपने पिता नूँ नफ़रत न कर, तूँ जो कुछ ऐं या बनेंगा, ओहदे ई कारण, कदीं बहुत बाद तैन्नूँ एस गल्ल दा पता लग्गेगा।"[१]

और बाबा हठात सामने शून्य में देखने लगे और बड़े धीमे स्वर में उनके मुँह से अपने आप बोल फूटने लगे :

"साई, तेरी ज़िन्दगी विच्च बड़ा संघर्ष ए, तूँ बड़े धक्के खायेंगा, प्यार दे बदले दुख पायेंगा, तैन्नूँ बड़ा कष्ट झेलना पएगा, पर ओही दुख तैन्नूँ आदमी बनायेगा ते तेरे हत्थों वड्डे कम्म वी करायेगा। तर्क-कुतर्क छड्डु के तूँ सिर्फ़ अपनी आतमा दी आवाज़ सुनीं, तेरा सह्ज ज्ञान जो कहे, ओही करीं, तूँ सफल हो जायेंगा।[२]।"

और बाबा उठ खड़े हुए। पण्डित गणेशीलाल वत्स से और कुछ न हुआ तो वे तत्काल उठ कर बाबा के चरणों पर साष्टांग प्रणाम में लेट गये। बाबा ने आशीर्वाद में हाथ ऊँचा किया और होंटों में कहा, "रब सब दा भला करे," और श्री वत्स के सिर को बचाते हुए दायीं ओर से निकल, मन्थर गति से चलते हुए अन्दर कमरे में अन्तर्धान हो गये।

०

चेतन एक सम्मोहन में बैठा रह गया। जब वह उठा तो बाबा जा चुके थे। तभी उसकी

सुख के लिए करे।

१. तू शायद अपने पिता की बात सोचता है, पर तेरा पिता जिस दबंगई के साथ जी रहा है, उसी दबंगई से यह संसार छोड़ देगा। यह और बात है कि मरने से पहले वह अपने सारे ऐबों का प्रायश्चित कर जायेगा। तू अपने पिता से नफ़रत न कर। तू जो कुछ है, या बनेगा, उसी के कारण, कभी बहुत बाद तुझे इस बात का पता लगेगा।

२. साईं, तेरी ज़िन्दगी में बड़ा संघर्ष है, तू बहुत धक्के खायेगा, प्यार के बदले दुख पायेगा, तुझे बहुत कष्ट झेलना पड़ेगा, पर वही दुख तुझे आदमी बनायेगा और तुझ से बड़े काम करायेगा। तर्क-कुतर्क छोड़ कर तू सिर्फ़ अपनी आत्मा की आवाज़ सुन! तेरा सहज ज्ञान जो कहे, तू वही करना, तू सफल होगा।

निगाह बाहर की ओर गयी और उसने देखा कि गिल्ली पण्डित रिपुदमन के साथ भागम-भाग आ रहे हैं और दोनों के चेहरों पर हवाइयाँ उड़ रही हैं।

"क्या बात है ?" जल्दी से बाहर निकल कर चेतन ने पूछा।

"चल कर देखिए, आपके चेले ने क्या गुल खिलाया है," गिल्ली ने परेशानी के बावजूद हँसते हुए कहा, "लड़की वाले शादी करने के लिए तैयार नहीं, कहते हैं कि ऐसे पागल को लड़की नहीं देंगे।"

"लेकिन बात क्या हुई ?" चेतन ने बेसब्री से कहा।

"चलिए, बताता हूँ।"

वे चिरंजीलाल और उसके पिता को धन्यवाद तक देना भूल गये और भागम-भाग चल पड़े।

☒☒☒

पाँचवाँ खण्ड

तेरह

जब वे गिल्ली पण्डित के साथ तेज़-तेज़ चलते समधियाने पहुँचे तो वहाँ सन्नाटा छाया था। ऊपर से अर्द्ध-चन्द्राकार बड़े-से दरवाज़े वाली एक बन्द गली को पार करके (जिसकी दोनों ओर छतों पर बैठी औरतें ब्याह के गीत गाने के बदले, खुसुर-फुसर कर रही थीं) जब वे समधियाने की बैठक में दाख़िल हुए तो पण्डित वेणीप्रसाद, समधी और उसके रिश्तेदारों में घिरे बैठे थे। बराबर में लट्ठे का पायजामा, कमीज़ और उस पर कोट पहने और कोरी मलमल की सफ़ेद पगड़ी पर (जो कोरी होने के कारण निहायत दबी-दबी लगती थी) सेहरा बाँधे, अजब कार्टून-सा बना, रणवीर 'नाशाद' खड़ा था। पण्डित वेणीप्रसाद लरज़े के मारे अपने काँपते हाथों में पगड़ी थामे, हकलाती आवाज़ में समधी की मिन्नत-समाजत कर रहे थे कि उनकी इ़ज़्ज़त-आबरू अब उन्हीं के हाथ में है। लड़का पागल नहीं, थोड़ा मूर्ख भले ही हो और वे लड़की के बिना बरात ले कर लौटेंगे तो कुएँ में छलाँग लगा कर मर जाने के सिवा, उनके सामने कोई चारा नहीं रहेगा।

०

गिल्ली पण्डित ने रास्ते ही में चेतन और भाई साहब को ज़रा अलग ले जा कर उन्हें सारी बात बता दी थी। बावजूद उस दुखद और ट्रैजिक स्थिति के रणवीर की मूर्खता पर चेतन को अनायास हँसी आ गयी थी। भाई साहब जैसे अपने ही से बड़बड़ाये थे, "और मैं उसके बल पर डेण्टल कॉलेज खोलने की स्कीम बना रहा था!"

चेतन कुछ तीखी बात कहा चाहता था, लेकिन वह चुप रहा और समस्या का हल सोचता हुआ, उन सभी के साथ तेज़-तेज़ चल दिया था।

जब दो-ढाई वर्ष चेतन अपनी शादी में बस्ती ग़ज़ाँ गया था तो बरात के खाना खाने के बाद उसकी साली नीला ने उसे रोक लिया था। बरामदे में बैठा कर नीला ने और उसकी सहेलियों ने उससे छन्द सुनाने का अनुरोध किया था। उस वक्त रणवीर अपने जीजा के पीछे खड़ा था। नीला के ज़ोर देने पर क्षण भर सोच कर चेतन ने छन्द सुनाया था। :

छन्द परागे आइए-जाइए छन्द परागे तीला
छन्द गया मैं भुल्ल सभे जद सामने आयी नीला

तब रणवीर ने देखा था कि उसकी चंचल, चपल और मुँह-ज़ोर बहन एकदम निरुत्तर हो गयी है। उसकी सखियाँ ठहाका मार कर हँस दी थीं तो नीला भी खिसियानेपन से उनके साथ हँस दी थी।

ऐन उस वक्त उसकी बहन की सहेली मोहिनी, जिसकी शादी कुछ ही दिन पहले हुई थी, जैसे उल्लास के ताल पर नाचती आयी थी। उसकी कलाइयों पर लाल चूड़ा और तन पर टेसू के रंग की साड़ी और शरीर पर कीमती ज़ेवर झमझमा रहे थे। आँगन की

चौखट में पैर रखते ही चेतन की चंचलता को लक्ष्य कर, उसने सिट्ठनी[1] दी थी :

आया नी पुत्त नटनी दा[2]

चेतन खिसियाना-सा हो आया था। लेकिन उसी पल, सिट्ठनी की दूसरी पंक्ति :

नटनी कोट्ठे टप्पनी दा[3]

कहने का अवसर मोहिनी को दिये बिना, उसकी आँखों-में-आँखें डालते हुए, चेतन ने उसी की तरह मटक कर, आँखें नचाते और ऐन-मैन वही शब्द दोहराते हुए, मोहिनी की ऐसे नकल उतार दी कि वह शरमा कर, उल्टे पैरों भाग गयी थी।

तब रणवीर को लगा था, जैसे वह वाक्य कोई रामबाण हो, जो चंचल युवतियों को ध्वस्त करने का शक्ति रखता हो और उसके ठस दिमाग़ ने इस तीर को, अपनी शादी के समय अपनी सालियों पर चलाने के लिए अपनी स्मृति के तूणीर में सुरक्षित रख लिया था। भाँवरों के लिए जाते समय, जब वह बरात के साथ लड़की के घर की गली में दाख़िल हुआ और दोनों ओर बैठी हुई औरतों ने ब्याह के गानों में बे-भाव सिट्ठनियाँ देनी शुरू की तो रणवीर ने हाथ से सेहरा ज़रा-सा हटा कर अपना उजबक-सा मुँह ऊपर को करके पहले एक ओर और फिर दूसरी ओर वह तीर चला दिया —"आया नी पुत्त नटनी दा —आया नी पुत्त नटनी दा।"

छत की औरतों में उसकी सास भी बैठी थी। उसे लड़का अजब पागल-सा लगा। वह भागी-भागी नीचे गयी। उसने जा कर अपन पति से कहा कि लड़का तो पागल है, मैं अपनी बेटी उससे नहीं ब्याहूँगी। आप जा कर पहले पक्का पता कीजिए।

जाने कैसे यह ख़बर सारे समधियाने में फैल गयी। ब्याह के गाने बन्द हो गये। छतों पर मनहूस सन्नाटा छा गया। समधी ने पण्डित वेणीप्रसाद से यह बात कही तो उनके हाथों के तोते उड़ गये। गिल्ली पण्डित ने रणवीर से पूछा तो रणवीर ने बता दिया कि जब चन्दा की शादी हुई थी तो जीजा जी ने भी ऐसा किया था। बेशक जा कर उनसे पूछ लो!

पुरोहित ने उसके ससुर को समझाया, पर किसी को विश्वास नहीं हुआ। तब पुरोहित चेतन को ढूँढता हुआ बाबा के आश्रम पहुँचा।

गिल्ली पण्डित, चेतन का समवयस्क और मित्र था। मुश्किल से मैट्रिक तक पढ़ा था। कल तक वह मुहल्ला पंजपीर में लण्ठई करता घूमता था, लेकिन अपने पिता के देहान्त पर उसने आवारागर्दी छोड़, गम्भीरता से पुरोहिताई का काम सँभाल लिया था। जब उसने चेतन को रणवीर का कारनामा सुनाया तो, हालाँकि गिल्ली पण्डित को रणवीर की हरकत पर आश्चर्य हुआ था, चेतन को सिर्फ़ हँसी आयी थी। उसने सभी लोगों को, रणवीर की इस बेवकूफ़ी के पीछे जो किस्सा था, उसकी हकीकत बतायी और उस प्रसंग के दुखद परिणाम को भूल कर उसकी हास्यास्पदता पर, गाँव की गली के बीचों-बीच रुक कर, सभी

---

१. ब्याह के अवसर पर दी जाने वाली मीठी गाली।

२. नटनी का बेटा आया है।

३. कोठे से कूद कर (यारों से मिलने वाली) नटनी का। (जालन्धर के निम्न-मध्यवर्गीय मुहल्लों में मकानों की छतें एक-दूसरी से लगी होती हैं और उनके पर्दों को कूद कर दूसरे मकानों में जाया जा सकता है। यह मीठी गाली दूल्हे की माँ को लक्ष्य कर दी जाती है।)

इतने ज़ोर से ठहाका मार कर हँसे कि कई घरों के दरवाज़े खुल गये और देहाती चकित हो, उनको देखते रह गये।....तब चेतन ने अपने साथियों से कहा था कि जैसे भी हो, इस स्थिति को सँभालना है और रणवीर के उस भोलेपन का उल्लेख कर, उसकी मूर्खता की हँसी उड़ाते हुए, उसके ससुर को राह पर ले आना है। बरात बिना दुल्हन के वापस जाय, यह तो डूब मरने की बात है और पूरी योजना बना कर, वे सब गिल्ली पण्डित के पीछे-पीछे भागम-भाग समधियाने पहुँचे थे।

०

कमरे में दाख़िल होते ही पण्डित वेणीप्रसाद को पगड़ी हाथ में लिये, गिड़गिड़ाते देख कर चेतन को अफ़सोस हुआ। उसे अपनी शादी का किस्सा याद हो आया। पण्डित वेणीप्रसाद न होते तो वह कभी चन्दा के लिए 'हाँ' न करता। सगाई के बाद भी, जब उसके पिता ने एक दिन पहले शराब पी कर भयंकर उत्पात मचाया था और वह आधी रात को घर से भाग गया था और स्टेशन से अनन्त उसे पकड़ लाया था तो दूसरी सुबह पण्डित वेणीप्रसाद ही ने उसे समझा कर शान्त किया था। अपने ससुर के बड़े भाई के लिए एक अव्यक्त-सा आदर चेतन के मन में शुरू ही से था और हालाँकि उसकी सास ने उसे लाख उनके ख़िलाफ़ भरने की कोशिश की थी, पर उसे विश्वास न आया था कि उन्होंने महज़ स्वार्थ और दुश्मनी की वजह से अपनी सही-दिमाग़ भाई को पागलख़ाने में डाल दिया है। अपने घोर पागल ससुर को देख कर चेतन को यकीन हो गया था कि पण्डित वेणीप्रसाद के सामने दूसरा चारा न रहा होगा। रणवीर उन्हें अपनी शादी का निमन्त्रण देने पहुँचा था तो गोविन्द गली से वापस आ कर उसने बताया था कि चाची शादी में शामिल होने को तैयार नहीं और अगर वह उसके कहने से शादी में शामिल नहीं होगी तो उसके पिता अपने लरज़ते शरीर के बावजूद उसे मनाने लाहौर आयेंगे, तब चेतन अपनी पत्नी को साथ ले कर स्वयं अपनी सास से मिला था। उसने दस तरह ऊँच-नीच उसे समझायी थी और कहा था कि चाहे उसे कितना भी ग़ुस्सा क्यों न हो, अपने बीमार और लगभग अपाहिज जेठ को लाहौर आने की यातना नहीं देनी चाहिए। और चेतन के समझाने पर वह तैयार हो गयी थी।....रणवीर ने ज़रूर ही लाहौर से वापस आ कर अपने पिता को वह सब बताया होगा। क्योंकि जब चेतन अपनी पत्नी के साथ बस्ती ग़ज़ाँ पहुँचा था और उसने बढ़ कर पण्डित वेणीप्रसाद के पाँव छुए थे तो उन्होंने उसे आशीर्वाद दिया। फिर अपना लरज़ता हाथ उसके कन्धे पर रखते हुए, चन्दा की माँ को मना कर शादी पर ले आने के लिए उसकी बहुत प्रशंसा की थी और उसे ढेरों दुआएँ दी थीं।

उस देवता-तुल्य बुज़ुर्ग को, पगड़ी हाथों में लिये हुए, अपने समधी के सामने गिड़गिड़ाते देख कर, न जाने चेतन को क्या हुआ कि उसने जो यह सोचा था कि सारे किस्से को मज़ाक में उड़ाते, रणवीर पर फब्तियाँ कसते और उसकी मूर्खता पर ठहाके लगाते हुए, वे उसके सास-ससुर को राह पर ले आयेंगे, वह सब योजना उसके दिमाग़ से क्षण भर के लिए हवा हो गयी और पण्डित वेणीप्रसाद की बात सुनते ही, बढ़ कर उनके हाथों से पगड़ी ले कर उनके सिर पर रखते हुए, चेतन ने सक्रोध कहा :

"आप क्या करते हैं ताया जी!" (चेतन ने कभी पण्डित वेणीप्रसाद को 'ताया जी' कह कर न पुकारा था, पर उस समय उसे लगा कि जैसे वे चन्दा के नहीं, उसी के ताऊ

हैं और उनका अपमान, उन्हीं का नहीं, उसका और चन्दा का भी है) "उठिए! हम रणवीर की शादी यहाँ नहीं करेंगे। जो लोग इसके ज़रा-से बचपने पर इसे पागल करार दे सकते हैं, कल शादी हो जाने के बाद न जाने क्या गुल न खिलायेंगे! उठिए! हुनर साहब तो कब से अपनी भतीजी के लिए कह रहे हैं (यहाँ चेतन ने हुनर साहब की ओर पलट कर ज़रा-सी आँख दबायी) लेकिन आप यहाँ हामी भर चुके थे। वह रिश्ता अब भी हो सकता है। हुनर साहब यहीं हैं, आप उठिए! दस दिन के अन्दर-अन्दर हम वहाँ रणवीर की शादी कर देंगे। रणवीर तो पागल है नहीं, हम लोग और हुनर साहब और निश्तर साहब ही नहीं, (चेतन न अपने जोश में उस ऐंचाताने ठिगने शायर के साथ भी 'साहब' लगा दिया) सारा जालन्धर शहर जानता है। हाँ, ख़र्च और परेशानी आपको होगी, पर उसके लिए हम इन पर हर्जाने का दावा दायर करेंगे और सारा नुकसान इनसे वसूल कर लेंगे, इसकी ज़िम्मेदारी मैं लेता हूँ। चलिए, उठिए!"

चेतन ने कुछ ऐसे क्रोध और आवेश में; कुछ ऐसी नाटकीयता के साथ यह सब कहा कि कमरे में एकदम सन्नाटा छा गया। तब हल्की-सी आँख दबाते हुए उसने हुनर साहब को इशारा किया तो अजीब मोमनी-सी सूरत बनाये हुए वे आगे बढ़े। उन्होंने हाथ जोड़ कर पण्डित वेणीप्रसाद से कहा, "आप इन लोगों के यहाँ बरात ले कर आये हैं, मैं नहीं चाहता कि इस काज में अकाज हो। चाहिए तो यही कि जिस तरह बाजे-गाजे के साथ आप लालड़ाँ आये हैं, उसी मसर्रत और शादमानी[१] से आप बहू ले कर जायें, लेकिन अगर इन्हें मंज़ूर न हो तो चेतन जी ने जो कहा है, आप वह मान जाइए। दस दिन नहीं, आप सिर्फ़ 'हाँ' कर दीजिए और सात दिन के अन्दर-अन्दर बस्सी कलाँ बरात ले चलिए। हम तो आप को पा कर फ़ख़्र,[२] से फूले नहीं समायेंगे। मेरे साथ रह कर मेरी भतीजी भी तुकबन्दी कर लेती है। रणवीर तो माशा अल्लाह बहुत अच्छे शायर हैं ख़ूब गुज़रेगी जो मिल बैठेंगे दीवाने दो।"

पण्डित वेणीप्रसाद क्या कहें, उनकी समझ में कुछ न आ रहा था। यह बात वे भली-भाँति जान गये थे कि यह सब नाटक है। हुनर साहब खत्री हैं और वे ब्राह्मण और उनकी भतीजी के रिश्ते की कभी बात नहीं हुई, पर बिना कुछ भी कहे, वे लम्बी साँस भर कर उठे और वैसे ही असमंजस में खड़े हो गये।

तब वैसी ही मोमनी सूरत बनाये हुए हुनर साहब ने लड़की के बाप से कहा, "पण्डित जी, आख़िर आपने यह कैसे फ़तवा दे दिया कि रणवीर पागल हैं। हम भी इन्हें बरसों से जानते हैं, मेरे तो ख़ैर ये शागिर्द हैं। शायर हैं और अगर आपके नज़दीक शायर पागल होते हैं तो फिर चेतन जी, मैं, निश्तर साहब और आधा जालन्धर शहर पागल है। कौन-सी ऐसी बात इनमें देखी आपने कि ऐन भाँवरों से पहले यह फ़तवा दे दिया ?"

इससे पहले कि लड़की के पिता कुछ कहते, चेतन ने कहा, "कुछ नहीं, मुझे अभी गिल्ली पण्डित से मालूम हुआ है, सरासर रणवीर का भोलापन है।" और उसने विस्तार से अपनी शादी का किस्सा सुनाते हुए, 'आया नी पुत्त नटनी दा' वाला प्रसंग सुनाया और कहा,

---

१. हर्ष और उल्लास
२. गर्व

"इसने यह समझा कि यह वाक्य शायद रामबाण है, जिससे इसकी सालियाँ और उनकी सहेलियाँ शरमा कर चुप हो जायेंगी।" यहाँ चेतन ने एक खोखला ठहाका लगाया, "इसने आते ही वह रामबाण चला दिया और नतीजा आपके सामने है।"

और वह फिर खोखली हँसी हँसा।

हुनर साहब और उनके बहाने उपस्थित मण्डली को यह सब बता कर चेतन लड़की के पिता की ओर मुड़ा और बड़ी गम्भीरता से उसने कहा, "रणवीर ही नहीं, आपका अपना बेटा भी भोलेपन में ऐसी ग़लती कर सकता है। आप इसे बेवकूफ़ी तो कह सकते हैं, पागलपन नहीं कह सकते। हम लोग लाहौर से बरात में शामिल हो के लिए आये हैं। मैं आपको बरात लौटाने की सलाह तो नहीं देता। लड़का तो भला-चंगा है। उसकी शादी तो हम दस दिन में कर ही देंगे, लेकिन आप नतीजे का भी सोच लीजिएगा। चार लोग आप ही की लड़की में दोष निकालेंगे और कचहरियों की ख़ाक आपको अलग छाननी पड़ेगी।" —फिर उसने अपने साथियों की ओर संकेत करते और उनका महत्व जताते हुए हरेक का परिचय दिया। अपने बड़े भाई की ओर संकेत कर उसने कहा, "डॉक्टर शर्मा लाहौर के मशहूर डेण्टिस्ट हैं। ख़ास अनारकली में इनकी दुकान है, सिर्फ़ रणवीर की ख़ातिर अपने मरीज़ों को छोड़ कर, ये लालड़ाँ आये हैं; हुनर साहब की शोहरत पंजाब ही नहीं, हिन्दुस्तान तक में फैली हुई है, इन्होंने रणवीर का सेहरा लिखा है, जो ये आज बरात के खाने पर सुनायेंगे; श्री गणेशीलाल वत्स काबिल इंजीनियर हैं, हज़ार रुपया महीना पाते हैं और दूर बिहार से इस शादी में शामिल होने आये हैं; निश्तर साहब मशहूर हफ़्तावार 'सदाकत' के एडिटर हैं —इतने मुअज़्ज़िज़[१] लोगों की बेइज़्ज़ती करके, आप इज़्ज़त और चैन से रह लेंगे, ऐसा नहीं होगा। हम लोगों को अपने दरवाज़े से लौटाने से पहले आप दो पल सोच लीजिए। लालड़ाँ में कोई डॉक्टर-हकीम तो होगा ही, उसी को बुला कर लड़के का मुआइना करा लीजिएगा कि पागल है या होशमन्द। क्यों बेकार में अपनी और इनकी खिल्ली उड़वाते हैं।"

असल में उन लोगों के अन्दर आते ही कुछ ऐसा रोब उन देहातियों पर तारी हुआ था कि वे असमंजस में पड़ गये थे। जब चेतन ने सारी बात समझा कर कही और ऊपर से मामले-मुकदमे की धमकी भी दी तो उनके होश ठिकाने आ गये।

"हमें तो कोई एतराज़ नहीं, पर लड़की की माँ को शक हुआ था," लड़की के पिता ने सफ़ाई देते हुए कहा, "अब सारी बात समझ में आ गयी है।" और सिर को झटका देते और हँसते हुए वे उठे, "मैं अभी जा कर उसे समझाता हूँ।"

और जाते-जाते, वे बड़े सत्कार से पण्डित वेणीप्रसाद को बैठाते गये।

०

उन्हें ज़्यादा समझाने-बुझाने की ज़रूरत नहीं पड़ी। क्योंकि रणवीर की सास और दूसरी रिश्तेदार औरतें दरवाज़े की ओट में खड़ी, सारी बातें सुन रही थीं। उन्हें गये अभी पाँच-सात ही मिनट हुए होंगे कि गिल्ली पण्डित ने, जिसे इस किस्से में सब से ज़्यादा रस मिल रहा था, ज़ोर से सब को सुनाते हुए कहा, "पण्डित जी, जो भी तय करना है, जल्दी कीजिए।

---

१. प्रतिष्ठित

मुहूर्त का समय निकला जा रहा है।"

लेकिन तभी रणवीर के ससुर वापस आ गये और रणवीर के कन्धे पर हाथ रखते हुए उन्होंने कहा, "चलो बेटा।"

वे सब लोग विवाह-मण्डप की ओर जा रहे थे, जब छतों पर ब्याह के गाने फिर शुरू हो गये।

☒☒☒

ਛਠਾ ਖਣ੍ਡ

चौदह

रणवीर की शादी में शामिल होने के बाद लाहौर पहुँचते ही चेतन ने सबसे पहले जो काम करने की सोची, वह था पण्डित रत्न से प्रस्तावित सोसाइटी के नियम-कानून और उद्देश्य बनवाना, उन्हें छपवाना और उसके सदस्य बनाने की मुहिम जारी करना।

०

पण्डित जी ने उसे तीन-चार दिन में नियमावली तैयार कर देने का वचन दिया था। दूसरी ही शाम वे उसे साथ ले कर, माल रोड पर, 'पंजाब लिट्रेरी लीग' के दफ़्तर गये थे और वहाँ से लीग का ब्रोशर ले आये थे।

पण्डित जी प्रेस इन्फ़र्मेशन ब्यूरो में प्रमुख अनुवादक थे। अंग्रेज़ी और उर्दू —दोनों पर उनका समान अधिकार था। चेतन का ध्यान उन्होंने 'पंजाब लिट्रेरी लीग' के परिपत्र की अनगढ़ अंग्रेज़ी और दूसरी भाषागत ग़लतियों की ओर दिलाया था और निहायत मुहावरेदार और रवाँ भाषा में परिपत्र तैयार कर दिया था। सोसाइटी का नाम चुनने में उन्हें काफ़ी देर लगी थी —'मॉडर्न लिट्रेरी लीग,' 'कल्चरल लीग ऑफ़ लाहौर,' 'मॉडर्न सोसाइटी ऑफ़ कल्चर,' 'फ़ोरम फ़ॉर मिडल क्लास इण्टलेक्चुअल्ज़,' आदि कितने ही नाम पण्डित जी ने सोचे और रद्द किर दिये थे। कुछ उन्हें, 'पंजाब लिट्रेरी लीग' की नकल लगते थे और दूसरे, अहम्मन्यतापूर्ण और बनावट-भरे....तभी सहसा एक नाम सूझने पर उन्होंने चेतन की पीठ पर हाथ जामाते हुए, सोल्लास कहा, "लो, ऐसा बढ़िया नाम सूझा है कि तुम ख़ुश हो जाओगे। एकदम नया और अनोखा, सादा और पुरकार —एस-एफ़-वाई-ए-ऐम!"

चेतन मुँह-बाये, उनकी ओर देखता रह गया था। उसकी समझ में कुछ भी न आया था।

"एस-एफ़-वाई-ए-ऐम —सोसाइटी फ़ॉर यू एण्ड मी —तुम्हारी मेरी सोसाइटी —याने हम सबकी सोसाइटी —वाह वा! एकदम नादिर और अनोखा! शायद ही दुनिया में किसी सोसाइटी का इतना सीधा और सटीक नाम हो।"

"हाँ, नाम तो यकीनन नया और अनोखा है," चेतन ने भी दाद दी, "किसी सोसाइटी का यह नाम तो पढ़ा या सुना नहीं।"

तब ख़ुश हो कर पण्डित जी ने काग़ज़-कलम सँभाला और बड़े उत्साह से सोसाइटी के उद्देश्य लिखने लगे। जितनी सांस्कृतिक और साहित्यिक सरगर्मियाँ सम्भव हो सकती थीं, सभी उन्होंने सोसाइटी के उद्देश्यों में समो लीं। लिखना ख़त्म करके उन्होंने कलम रख दिया और चेतन को मज़मून सुनाया।

चेतन ने सुन कर हैरानी प्रकट की, "सोसाइटी यह सब कर सकेगी ?"

पण्डित जी हँसे। "कोई ज़रूरी नहीं," उन्होंने कहा, "लेकिन सोसाइटी के एम्ज़[1] का अट्रैक्टिव[2] होना बेहद ज़रूरी है, ताकि हर मिज़ाज और हर पसन्द के मेम्बरों को उसमें दिलचस्पी हो। जिस तरह सरकार अवाम[3] के नाम की ओट में अपने असली इरादे छुपा लेती है, वैसे ही सोसाइटियों के असली इरादे उनके आदर्शों के पीछे छुपे रहते हैं।"

और उन्होंने एक किस्सा सुनाया :

"एक बार हमारे डिपार्टमेण्ट के सेक्रेट्री एक बहुत ज़रूरी काम से अंग्रेज़ गवर्नर से मिलने गये। वो नाश्ते पर बैठे थे। वहीं उन्होंने सेकेट्री साहब को बुला लिया। मेज़ पर उनके दायें फ़ाइनेंस काउन्सलर और बायें एक बड़े सरमायेदार ख़ान बहादुर बैठे थे, जो रेसों के घोड़े दौड़ाते थे। उन्होंने एक स्टड फ़ार्म[4] खोला था। वह मेन रोड से एक-दो मील परे था और ख़ान बहादुर चाहते थे कि सरकार वहाँ तक सड़क बना दे। उसके लिए वो बीस हज़ार तक ख़र्च करने को तैयार थे। चूँकि ख़ान बहादुर सरकार के ख़ैरख़्वाह थे और लाखों रुपये से सरकार की मदद कर चुके थे, इसलिए गर्वनर चाहते थे कि उनका काम कर दिया जाय। फ़ाइनेंस काउन्सलर ने ख़ान बहादुर से कहा कि वे अर्ज़ी दे दें और उसमें ख़ास तौर से लिख दें कि ऐसी सड़क बनने से अवाम को बहुत फ़ायदा पहुँचेगा और वो अवाम के आराम के लिए बीस हज़ार रुपया तक देने को तैयार हैं। अपने स्टड फ़ार्म का वो ज़िक्र न करें। उनका काम हो जायेगा।

"और गवर्नर ने ज़रा-सा आँख दबा कर कहा था, 'डोण्ट फ़ॉरगेट —वी हैव टु सर्व द पब्लिक ऑलवेज़ —ईवेन ह्वेन वी किल इट'!"[5]

और पण्डित जी ज़ोर से हँसे।

"सो अज़ीज़े-मन[6] सोसाइटी के एम्ज़ अगर बड़े-बड़े न रखे जायेंगे," उन्होंने किस्सा सुना कर कहा, "तो कोई चन्दा न देगा।"

संस्था के उद्देश्य काग़ज़ पर उकेर कर, पण्डित जी ने उसकी नियमावली तैयार कर दी। वह लगभग वही थी, जो 'लिट्रेरी लीग' की — वर्ष में एक बार जनरल बॉडी की मीटिंग, कार्यकारिणी और पदाधिकारियों का चुनाव। इस बात की व्यवस्था उन्होंने कर दी कि जब संस्था के पास काफ़ी रकम हो जाये तो वह स्थायी और वैतनिक कार्यकारी सचिव रखे।

जहाँ तक सदस्यता का सम्बन्ध है, पण्डित जी ने दो तरह के सदस्य रखे थे — साधारण और विशिष्ट!

साधारण सदस्यों के लिए हर महीने पाँच रुपये चन्दा देना ज़रूरी था। विशिष्ट सदस्य सौ रुपये शुरू में दे कर दस वर्ष के लिए और पाँच सौ रुपये एकमुश्त दे कर जीवन भर

---

१. उद्देश्य
२. आकर्षक
३. जनता
४. घोड़े पालने का फ़ार्म
५. मत भूलो कि हमें सदा जनता की सेवा करनी है —उस वक्त भी, जब हम उसकी हत्या कर रहे हों।
६. मेरे प्यारे

के लिए सदस्य बन सकते थे।

सरपरस्तों की भी तीन श्रेणियाँ थीं। साधारण सरपरस्त दस रु० महीना, वार्षिक सरपरस्त सौ रु० और आजीवन सरपरस्त एक हज़ार रु० एकमुश्त।

नियमावली देख कर चेतन ने कहा, "पण्डित जी आपने पाँच सौ, हज़ार चन्दा रखा है, इतना चन्दा कौन देगा ?"

"कोई नहीं देगा ?"

"फिर ?"

"फिर क्या! जैसे सोसाइटियों के बहुत-से आदर्श दिखावटी होते हैं, वैसे ही चन्दे भी। बड़े चन्दों से ज़ाहिर होता है कि सोसाइटी ज़रा ऊँचे किस्म के लोगों की है, चपड़कनातियों की नहीं। हज़ार-पाँच सौ की बात तो दूर; तुम सौ रुपये वाले भी दस मेम्बर बना लोगे तो समझना कामयाब हो गये।"

०

चेतन पण्डित जी से सोसाइटी का ब्रोशर ले कर चला था तो उनकी चेतावनी के बावजूद, वह सपने लेने लगा था कि उसने दस आजीवन सदस्य और दस आजीवन सरपरस्त बना लिये हैं, 'एस०एफ़०वाई०ए०एम०' का अपना दफ़्तर अनारकली में ले लिया है और छोटी-सी पत्रिका निकालनी शुरू कर दी है, जिसका वह स्वयं सम्पादक है और सोसाइटी के जलसों और प्रोग्रामों की धूम प्रान्त भर में मच गयी है।

और दूसरे दिन से उसने संस्था का परिपत्र, रसीद-बुकें और स्टेशनरी छपवाने की व्यवस्था शुरू कर दी थी। (सूफ़ी हनुमान प्रसाद के दस रु० उसके पास थे, पाँच रु० उसने सदस्यता के खाते पेशगी पण्डित रत्न से ले लिये थे।) सबसे पहले उसने संस्था का प्रतीक चिह्न (एमब्लम) बनवाया था। एक बड़ा-सा अंग्रेज़ी का अक्षर (S), उसके ऊपर के हिस्से में छोटे-छोटे अक्षर एफ़०वाई० तथा नीचे के हिस्से में ए०एम०! इस एम्बलम का ब्लॉक बनवा कर उसने परिपत्र के मुखपृष्ठ पर बायीं ओर ऊपर सेट किया था, उसके मध्य से एक लकीर पृष्ठ के आर-पार खींची थी, जिसके ऊपर मोटे टाइप में सोसाइटी के प्रथमाक्षर (एस०एफ़०वाई०ए०एम०) लिख दिये थे और नीचे पूरा नाम —'सोसाइटी फ़ॉर यू एण्ड मी!"

मैटर कम्पोज़ हो कर प्रूफ़ उठा तो वह ख़ुश-ख़ुश पण्डित जी के पास ले गया। पण्डित जी ने एमब्लम की प्रशंसा की, लेकिन इस बात के बावजूद कि चेतन ने प्रूफ़ पढ़ दिये थे, उन्होंने पंक्चुएशन तथा हिज्जों की दो-एक ग़लतियाँ निकाल दीं।

चेतन उसे प्रिण्ट ऑर्डर के लिए तैयार करने को प्रेस में दे कर हल्के ज़हरमोहरा रंग का, बढ़िया लेजर पेपर ख़रीद लाया और ब्रोशर और रसीदें उसने स्वयं प्रेस में बैठ कर छपवा डालीं।

विज्ञप्ति के नीचे संयोजक के रूप में अपना नाम देख कर, वह ख़ुशी से फूला न समाया।

०

परिपत्र और रसीदें छपवा कर उसने सबसे पहले रसीद काट कर पण्डित रत्न को दी; फिर

वह सूफ़ी हनुमान प्रसाद के यहाँ गया और उसने उन्हें परिपत्र की एक प्रति और रसीद दी।

सूफ़ी साहब ने बड़े ध्यान से ब्रोशर पढ़ा; सराहा और चेतन से कहा कि उसे ले कर सब पत्रकारों और लेखकों से मिले और सेसाइटी के ज़्यादा-से-ज़्यादा सदस्य बनाये और उन्होंने जो काम उसे करने को कहा था, उसका ख़याल रखे।

"तुम अगर लगन और दयानतदारी से मेरा काम कर दोगे," उन्होंने कहा, "तो पचास रुपया महीना तुम्हें देने के अलावा, मैं कोशिश करूँगा कि सरकारी हलकों से भी तुम्हारी सोसाइटी की कुछ मदद हो जाये! बड़ी बात नहीं, जो कोई अच्छी-सी सरकारी नौकरी ही तुम्हें मिल जाय।"

"मैं तो सूफ़ी साहब, इस साल लॉ कॉलेज में दाख़िल होना चाहता हूँ," चेतन ने कहा, "नौकरी करने की मेरी ख़्वाहिश नहीं।"

"ठीक है, ठीक है," उन्हों जल्दी से पैंतरा बदला, "तुम ज़रूर लॉ करो। मेरी दुआएँ तुम्हारे साथ हैं। मेरी किताब के सिलसिले में तुम मेरी थोड़ी-सी मदद कर दोगे तो मैं तुम्हारा बड़ा मशकूर हूँगा।"....और क्षण भर रुक कर उन्होंने कहा, "कचहरी में प्रैक्टिस जमाने में मैजिस्ट्रेटों और जजों से राब्ता[१] बढ़ाना पड़ता है। इस सिलसिले में मुझसे जो भी तुम्हारी मदद होगी, करूँगा। कोई ऐसा मैजिस्ट्रेट या जज नहीं, जो मुझे न जानता हो।"

"प्रैक्टिस करने का तो मेरा कोई इरादा नहीं सूफ़ी साहब," चेतन ने कहा था, "इम्तहान में डिस्टिंक्शन मिल गयी तो सब-जजी के कम्पीटीशन में बैठूँगा।"

"ख़ुदा करे, तुम्हें डिस्टिंक्शन मिले और तुम कम्पीटीशन में आ जाओ। वाइवा[२] में सिफ़ारिश की ज़रूरत पड़ेगी तो मैं तुम्हें सूबे के गवर्नर तक की सिफ़ारिश दिला दूँगा। वादा करता हूँ।"

"जी, बहुत-बहुत शुक्रिया," चेतन ने मन की बात को मन ही में छिपाते हुए कहा, "अगर सचमुच मैं लॉ कॉलेज में दाख़िला ले सका और डिस्टिंक्शन से पास हो गया तो ज़रूर आपको तकलीफ़ दूँगा।"

और वह उठा।

सूफ़ी साहब उसे चौक के पार तक छोड़ने आये और हाथ मिलाते हुए उन्होंने फिर अपने काम की याद दिला दी।

"अब ब्रोशर और रसीदें छप गयी हैं," चेतन ने कहा, "मैं सभी पत्रकारों औरा लेखकों से मिलूँगा और देखूँगा, कितने मेम्बर बनते हैं और कितनों से मैं इतना खुल सकता हूँ कि उनसे वैसी पर्सनल बातें पूछ सकूँ। किसी से ज़ाती रिश्ता कायम हो जाये तो भी दो-चार दिन में यह सब नहीं जाना जा सकता। साल-छै महीने का अर्सा तो एक-दूसरे के इतने नज़दीक आने के लिए दरकार होगा ही।"

चेतन ने तो प्रकट ही टालने के लिए यह बात कही थी, लेकिन शायद सूफ़ी साहब ने यही समझा कि लड़का तेज़ है और साल-छै महीने के वेतन का जुगाड़ कर रहा है। कम-से-कम चेतन को उनके लहजे से यही लगा। उन्होंने तीखे स्वर में कहा :

---

१. सम्पर्क

२. मौखिक परीक्षा

"उसकी तुम फ़िक्र न करो। साल-छै महीने तुम यूँ ही तनख़्वाह ले लोगे तो भी कोई फ़र्क नहीं पड़ेगा। बस, मुझे दूसरे-तीसरे रिपोर्ट देते रहा करो, तुम्हें हर महीने पचास मिलते रहेंगे।"

"नहीं, उसकी आप तकलीफ़ न कीजिए। मैं कुछ काम करके दिखाऊँगा तो ख़ुद आपसे रुपये माँग लूँगा।"

और बिना उन्हें उत्तर का अवसर दिये, 'आदाब' में सिर झुका कर, वह चला आया था।

०

सूफ़ी हनुमान प्रसाद से विदा ले कर चेतन हीरा मण्डी के अड्डे की ओर चला तो उसका मन सहसा उदास हो आया। तिराहे पर आ कर वह क्षण भर को रुका — बायीं ओर बढ़ कर सैद मिट्ठा बाज़ार से सीधा लोहारी गेट निकल जाये अथवा दायीं ओर हीरा मण्डी के अड्डे से ताँगे पर बैठ कर लोहारी गेट के बाहर, स्टेशन के अड्डे पर जा उतरे, चेतन तय नहीं कर पाया। वह सुबह-सुबह कृष्णा गली से शीश महल रोड, पण्डित जी से मिलने गया था और उनको दफ़्तर रवाना करके, वहाँ से पैदल सूफ़ी साहब के घर हीरा मण्डी पहुँचा था। वह थक गया था। फिर न जाने क्यों, सूफ़ी साहब से मिल कर उसका उत्साह किंचित मन्द हो गया था। उसे कुछ अस्पष्ट-सा एहसास हो रहा था कि उसने ब्रोशर और रसीदें तो छपवा ली हैं और वह बड़े-बड़े सपने भी ले रहा है, पर यह काम उसके बस का है नहीं और इस एहसास ने उसे थका दिया था। वह दायीं ओर मुड़ा और हीरा मण्डी के अड्डे पर, चलने को तैयार, एक ताँगे की अगली सीट पर जा बैठा।

ताँगे में एक ही सवारी की कमी थी। उसके बैठते ही ताँगा चल पड़ा। पहले ऐसे में वह ताँगे में बैठा, हीरा मण्डी की भीड़ का लुत्फ़ उठाता; वेश्याओं और टकियाइयों की इस विशेष दुनिया में घूमने वाले चेहरों को देखता; दुकानों पर निगाह डालता, इसलिए वह ताँगे की अगली सीट पर बैठता था।....बैठा तो वह अब भी ताँगे की अगली सीट पर ही था और उसकी आँखें भी प्रकट रूप से बाज़ार ही की ओर थीं, लेकिन सूफ़ी साहब की बातें सुन कर वह हठात आशंकित हो उठा था और उसी सिलसिले में सोच रहा था और सब कुछ देखता हुआ भी, किसी चीज़ को न देख रहा था।

यद्यपि उसने मन में तय कर लिया था कि न तो वह सूफ़ी हनुमान प्रसाद से कोई और काम लेगा, न उनके लिए अपने मित्र-परिचितों की जासूसी करेगा (वह तो केवल दयानतदारी के तकाज़े से, दस रुपयों की रसीद देने, चला गया था) लेकिन सूफ़ी साहब की बातों से उसे लगता था, जैसे उन्होंने उस पर आँख रख ली है और वे उसे अपने जाल में फँसा कर ही छोड़ेंगे। वह लालच से न मानेगा तो दूसरे दबाव उस पर डालेंगे। हो सकता है कि वे उसे किसी चक्कर ही में फँसा दें और फिर उसकी बेबसी का लाभ उठा कर उसे जासूसी करने के लिए विवश कर दें। उसने 'गुरु घण्टाल' में जर्मन जासूसों के बारे में एक लेख में ऐसे विवरण पढ़े थे। चेतन दरअसल घबरा गया था। मूर्ख भी समझ लेता कि चेतन टाल रहा है, लेकिन साफ़ नज़र आने वाली बात भी सूफ़ी साहब को, अपने स्वार्थ में, दिखायी नहीं दे रही थी और उन्होंने उसकी बात का उल्टा ही मतलब लगाया था। 'ग़रज़मन्द

वाकई बावला होता,' चेतन ने मन-ही-मन कहा। 'उन्हें यह किसी तरह समझ में नहीं आ सकता कि यह आदमी, जो मामूली तरजुमे का काम लेने के लिए इतनी दूर आता है, पचास रुपये का लालच छोड़ सकता है।'

तब चेतन के दिमाग़ में एक दूसरी ही बात आयी, 'क्या पण्डित रत्न ने जान-बूझ कर उसे उनके चंगुल में फँसाया है ?....'पण्डित जी का क्या है,' उसने सोचा, 'पहले उन्होंने मुझे महाशय जीवनलाल कपूर के चक्कर में फँसा दिया था, कहीं अब वे मुझे सूफ़ी साहब के चक्कर में न फँसा दें ?....लेकिन वे तो मुझे अपने लड़के के बराबर समझते हैं।' उसने अपनी शंका पर अपने आप को कोसा, 'वे मेरे साथ ऐसी ठगी नहीं कर सकते।'

....लेकिन अपने आपको धिक्कारने के बावजूद, वह अपनी शंकाओं से छुट्टी नहीं पा सका। उसका भयभीत मन नये-नये तर्क सोचने लगा : पण्डित जी तो सरकार के ख़ैरख़्वाह हैं। हो सकता है, चेतन के मुख़बरी करने में उन्हें कोई बुराई न दिखायी देती हो....जाने वे स्वयं भी मुख़बरी करते हों, वरना उस व्यवस्था में, जहाँ उनका डायरेक्टर साम्प्रदायिक वृत्ति का कट्टर मुसलमान है, वे कैसे इतनी इज़्ज़त और सम्मान पाते हैं — सभी तो उन्हें मानते हैं। क्या इसी जासूसी की बदौलत वे इतनी साख बनाये हुए हैं ? 'ग़ैर मा'रूफ़ जर्नलिस्ट' के नाम से उनकी रचनाएँ बड़े-से-बड़े रिसाले में छपती हैं। कहाँ तो यह कि मुंशी चन्द्रशेखर की कहानी (जो हिन्दी-उर्दू में उपन्यास-सम्राट समझे जाते हैं) एम० असलम जैसे दुकड़िया कथाकार के बाद छपे और कहाँ 'कारवाँ,' 'अदबी दुनियाँ,' 'हुमायूँ' — सभी सम्मानित पत्रिकाओं में न सिर्फ़ पण्डित रत्न की कहानी रहे, वरन उन्हें रुपये भी मिलें। जितने रुपये उर्दू अख़बारों के सम्पादकों को महीने में वेतन के मिलते हैं, उतने तो वे कई बार अपनी कहानियों से बना लेते हैं।

....चेतन के मन में सहसा उबाल-सा उठा कि वह सोसाइटी के ब्रोशर वग़ैरा ले जा कर पण्डित रत्न को सौंप दे और कहे कि वह सोसाइटी नहीं चला सकता।....'मैं इन सभी लोगों के चक्कर से ज़रूर निकल जाऊँगा।' वह मन-ही-मन बड़बड़ाया, 'चाहे मुझे फिर रूमाल ही क्यों न बेचने पड़ें। मैं दाख़िले भर के रुपये इकट्ठे करूँगा और बिना इन लोगों की मदद के, लॉ पास करूँगा। वरना कौन जाने मैं डिस्टिंक्शन ले लूँ और कम्पीटीशन में भी आ जाऊँ और सूफ़ी साहब अगर मुझसे नाराज़ हो जायें तो मुझे वाइवा में फ़ेल करा दें। इन लोगों की पहुँच और दबावों का कोई अन्त नहीं!'....

सूफ़ी साहब ने चलते वक्त चेतन पर जैसे ज़ोर दिया था और जैसे सरकारी हलकों में अपनी पहुँच की बात कही थी, उससे वह सचमुच घबरा गया था।....लेकिन दूसरे ही क्षण उसने अपने आप को धिक्कारा....नहीं, यह सब उसकी अत्यधिक भावप्रवणता और अतिशय कल्पनाशीलता का करिश्मा है। जो नहीं है, शायद वह उसकी कल्पना कर रहा है।....वह तत्काल कोई वैसी मूर्खता नहीं करेगा।....अगर पण्डित जी ने सोसाइटी के सिलसिले में उसके अचानक यूँ हतोत्साह होने की वजह पूछी तो वह क्या कहेगा ?....नहीं, वह अभी चुप रहेगा। सोसाइटी के सदस्य और सरपरस्त बनाने की मुहिम जारी रखेगा और इस बीच कोई दूसरा काम भी सोचता रहेगा। वह ऐसी सफ़ाई से इस चक्कर से निकल जायेगा कि किसी को शक न गुज़रे....फिर वह पूरे दिलो-जान से लॉ की तैयारी करेगा....

ताँगा लोहारी गेट के अड्डे पर (जो स्टेशन का अड्डा भी कहलाता था) आ कर रुका।

चेतन ने ताँगे वाले को पैसे दिये और हाथ में सोसाइटी के ब्रोशर और रसीद-बुक लिये हुए उतरा। —तभी सामने सड़क की दूसरी ओर दो-मंज़िले पर 'कविराज राम दास बी०ए०' के जहाज़ी बोर्ड पर उसकी नज़र गयी, जो सरक्युलर रोड पर, हर आने-जाने वाले का ध्यान अपनी ओर आकर्षित कर लेता था।

चेतन क्षण भर खड़ा, उस बोर्ड को देखता रहा। कविराज के उठने का समय है, भीड़ नहीं होगी —उसने सोचा —क्यों न वह सोसाइटी के बहाने उनसे मिल ले। पिछले वर्ष शिमले में उन्होंने उससे अपने लिए एक और किताब लिख देने की फ़रमायश की थी; क्यों न वह उनकी बात मान ले। ठीक है, वह प्रेत-लेखन है, पर उसका पाप कविराज के मत्थे, जो दूसरे की रचना अपने नाम से छपवाते हैं; उसकी तो सच्ची मेहनत है। किसी मित्र की जासूसी करने की अपेक्षा, किसी के लिए पुस्तक लिख देना क्या बुरा है! फिर इस तरह आसानी से वह लॉ कॉलेज में दाख़िला ले लेगा और उसकी सारी समस्या हल हो जायेगी।....लेकिन वह मुँह खोल कर यह बात नहीं कहेगा। इशारा करेगा और उनका दिल टटोलेगा। बात बन गयी तो ठीक, न बनी तो भी ठीक!....

और वह चुपचाप सड़क पार कर, औषधालय की सीढ़ियाँ चढ़ गया था।

o

उस वक्त सिर्फ़ एक मरीज़ उस अर्ध-पारदर्शी कसीदा-कढ़े पर्दे के पीछे कविराज के कक्ष में उनके सामने बैठा था और दो, बाहर बेंच पर बैठे प्रतीक्षा कर रहे थे। चेतन ख़ुश हुआ कि उसे ज़्यादा समय प्रतीक्षा नहीं करनी होगी। वह बैठा ही था कि दो मरीज़ और आ गये। चेतन को हल्की-सी भूख लग आयी, लेकिन उसने तय किया कि वह अन्त ही में जायेगा।

सौभाग्य से उससे पहले प्रतीक्षा करने वालों में एक अपनी बारी का नहीं, नुस्ख़े के बन जाने का इन्तज़ार कर रहा था और बाद में आने वाले दोनों, दवा लेने आये थे। जल्दी ही चेतन की बारी आ गयी।

कविराज को अपनी कुर्सी पर बैठे हुए, उस अर्ध-पारदर्शी पर्दे से बाहर प्रतीक्षारत बैठने वालों की झलक मिल जाती थी और अन्दर आने तक वे अपने मरीज़ अथवा मुलाकाती के अनुसार अपना पोज़ तथा स्वर बना लेते थे। चेतन को भी उन्होंने पहले देख लिया था। वह पर्दा हटा कर अन्दर दाख़िल हुआ तो सामने मेज़ के दूसरी ओर पड़ी कुर्सी की तरफ़ संकेत करते हुए उन्होंने कहा, "आओ अज़ीज, बैठो!"

चेतन बैठ गया, लेकिन दूसरे ही क्षण उठ कर उसने बड़े तपाक से संस्था का परिपत्र उनकी ख़िदमत में पेश किया।

कविराज ने परिपत्र पर सरसरी दृष्टि डाली तो पण्डित रत्न के हवाले से चेतन ने संस्था की जरूरत बतायी और कहा कि कविराज जी ने सदा सभा-सोसाइटियों की मदद की है, नगर के सांस्कृतिक प्रोग्रामों में योग दिया है और उसकी बड़ी इच्छा है कि वे सोसाइटी के सरपरस्त बन जायें। आजीवन सरपरस्त बन जायें तो क्या कहने हैं, वरना साधारण सरपरस्त तो बनें ही।

"लाइफ़ पेट्रन का कितना चन्दा है ?" कविराज ने सहसा गम्भीरता से पूछा।

चेतन का दिल धड़का। क्या कविराज आजीवन सरपरस्त बन सकते हैं! पर उसने

अपने उत्साह पर नियन्त्रण रख कर कहा :

"जी, तीसरे सफ़े पर मेम्बरशिप के नियम हैं। लाइफ़ पेट्रन नहीं, पर पेट्रन तो सूफ़ी हनुमान प्रसाद भी बने हैं।"

कविराज जी कुछ क्षण चुपचाप परिपत्र पढ़ते रहे, फिर उन्होंने उसे बायीं ओर पड़े पेपरवेट के नीचे रख दिया ओर जेब से बटुआ निकाल कर पाँच रुपये का एक नोट चेतन की ओर बढ़ाया।

सौ रुपये की तो नहीं, पर चेतन दस रुपये की आशा ज़रूर रखता था। क्षण भर वह विमूढ़-सा नोट को देखता रहा।

कविराज जी ने नोट हाथ में लिये-लिये, ज़रा-सा झुक कर उसकी आँखों में देखा; फिर वे बोले :

"देखो अज़ीज, हज़ार की तो मेरी बिसात नहीं, पर सौ मैं अभी दे कर साल भर के लिए पेट्रन बन सकता हूँ, लेकिन मैं बनूँगा नहीं। मैं ख़ास मेम्बर भी नहीं बनूँगा, मैं सिर्फ़ आम मेम्बर बनूँगा।"

और उन्होंने फिर नोट आगे बढ़ाया। चेतन ने बड़ी बेदिली से नोट ले लिया। उसकी आँखों में झलक आने वाली निराशा को लक्ष्य कर, कविराज जी बोले :

"अगर तुम इतने ही से निराश होते हो अज़ीज़, तो मेरी राय है कि तुम इस सोसाइटी वग़ैरा के चक्कर में न पड़ो। यह काम बहुत मुश्किल है — बीमा एजेण्टी जैसा! बीमा एजेण्ट बीस बार बीस प्रॉस्पेक्टिव क्लायण्टों[१] के पास जाता है और हर बार निराश लौटता है। इक्कीसवीं बार उनमें से एक का बीमा करने में वह सफल हो जाता है। इसी एक के लिए वह बीस बार बीस लोगों के इनकार सुनता है। जिसमें इतना धीरज और सहनशीलता हो, कामयाब बीमा एजेण्ट हो सकता है। यही हाल सभा-सोसाइटी चलाने वालों का है। मैं जानता हूँ, क्योंकि मैं दसियों सोसाइटियों के साथ जुड़ा हूँ। जिस शख़्स में बेइन्तहा धीरज और अपरम्पार लगन हो, उसे ही किसी सोसाइटी का काम अपने कन्धों पर लेना चाहिए। किसी को कैसे यकीन हो कि चन्दे की रकम ख़ुर्द-बुर्द नहीं हो जायेगी, जब तक दो-चार बैठकें न हो जायें, सदर और दूसरे ओहदेदारों का चुनाव न हो जाय, लोगों का विश्वास नहीं जमता...."

चेतन ने कुछ प्रतिवाद करने को होंट खोले ही थे कि कविराज जी ने ज़रा-सा हाथ उठा कर उसे रोक दिया, "अपनी बात मत करो अज़ीज! मुझे तुम पर पूरा भरोसा है। जहाँ तक मेरा ताल्लुक है, मैं दूसरी ही वजह से तुम्हारी बात नहीं मान रहा। मैं नहीं चाहता कि हज़ार या सौ रुपया दे कर, मैं तुम्हारा काम आसान कर दूँ...."

चेतन की समझ में कुछ भी नहीं आया। ज़रा-सा मुँह-बाये वह चकित-सा पूर्ववत बैठा रहा।

कविराज ने अपनी बात जारी रखी — "इसलिए कि मैं तुम्हें अपना अज़ीज़ समझता हूँ और नहीं चाहता कि तुम नाकामयाब हो जाओ!"

चेतन की आँखें प्रश्न में और भी फैल गयीं। कविराज जी की उलट-बाँसी उसके

---

१. सम्भावित ग्राहकों

सिर पर से गुज़र गयी। तब उन्होंने अपने कथन की व्याख्या की :

"बात यह है अज़ीज़, कि सच्ची और दायमी कामयाबी[1] और इसीलिए सच्चा सुख उसी को मिलता है, जो अपनी मंज़िल पर पहुँचने के लिए मुश्किल रास्ता चुनता है। पगडण्डियों से मंज़िल पर पहुँचने वाले कई बार मंज़िल को खो देते हैं। मैं चाहता हूँ कि तुम मुश्किल रास्ते से ही आगे बढ़ो; अपने धीरज और लगन और साबितकदमी[2] से रास्ते की सब मुश्किलें दूर करते हुए कामयाबी हासिल करो — ऐसी कामयाबी, जो आरज़ी[3] न हो, दायमी हो।....तुम छै महीना सोसाइटी चला ले जाओगे तो मेरे पास आना, मैं सरपरस्त बन जाऊँगा।"

'स्साला!' चेतन ने मन-ही मन कहा, 'मुझे एकदम घामड़ समझता है।' लेकिन अपनी निराशा को कहीं गहरे में दबा कर, प्रकृतिस्थ होते हुए, उसने नोट ले कर जेब में डाला, रसीद बुक खोली और बोला :

"हमारा यह इरादा है कि हर तीसरे महीने सोसाइटी का एक स्पेशल प्रोग्राम रखें — किसी बार मुशायरा या कवि-सम्मेलन और किसी बार संगीत सम्मेलन, कभी लोकल आर्टिस्टों के चित्रों की नुमाइश और कभी शामे-अफ़साना! सोचता था कि आप सरपस्त बन जाते तो दो-एक ख़ास मौकों पर आप का नाम प्रधान के रूप में पेश करता। सौ-हज़ार न सही, आप दस रुपया महीना तो दे ही सकते हैं।"

मूँछों के नीचे बड़ी प्यारी-सी मुस्कान बिखेरते हुए कविराज ने कहा :

"दूँगा अज़ीज़, दूँगा! जिस दिन तुमने पचास मेम्बर बना लिये, मेरे पास आना, मैं सरपरस्त बन जाऊँगा। प्रधान चाहोगे, प्रधान की कुर्सी पर जा बैठूँगा; दरबान चाहोगे, दरबान की जगह जा खड़ा हूँगा।"

और मूँछों की मुस्कान को और फैलाते हुए, उन्होंने ग़ालिब का शे'र पढ़ा :

"मेहरबाँ होके बुला लो मुझे चाहे जिस वक्त
मैं गया वक्त नहीं हूँ कि फिर आ भी न सकूँ"

और दाद के लिए उसकी ओर देखते हुए उन्होंने कहा, "क्यों अज़ीज़।"

'हरामज़ादा!' चेतन ने कुढ़ते हुए मन-ही-मन कहा; लेकिन चेहरे पर उसने मन का भाव प्रकट नहीं होने दिया; चुपचाप रसीद काट कर दे दी और बोला, "दुआ कीजिए, मुझे कामयाबी हासिल हो और मैं आपको सरपरस्त बनाने के लिए जल्द ही हाज़िर होऊँ।"

"ज़रूर-ज़रूर," उन्होंने रसीद को तहा कर जेब में रखते हुए कहा।

चेतन उठा और हालाँकि कविराज के व्यवहार से शिमले वाली बात पूछने को उसका उत्साह नहीं रह गया था, तो भी चूँकि औषधालय की सीढ़ियाँ चढ़ने से पहले उसने तय किया था, इसलिए जब वह रसीद दे कर उठा तो क्षण भर को रुक कर उसने पूछा :

"इस बार आप किस पहाड़ पर जाने की सोच रहे हैं ?"

कविराज चौंके, उन्होंने उस पर एक गहरी नज़र डाली और निमिष भर रुक कर

---

१. स्थायी सफलता
२. अपने निश्चय पर अटल भाव से लगे रहना
३. अस्थायी

बोले :

"तय तो नहीं किया, गया तो शिमला ही जाऊँगा। वहाँ लोअर माल की दुकान और रुल्दू भट्टे के मकान —दोनों का, पूरे सीज़न का किराया दे रखा है।"

चेतन कुर्सी के हत्थे से टेक लगा कर रुक गया।

"मैं सोच रहा हूँ, वैद जी," उसने कहा, "मैं इस साल लॉ कॉलेज में दाख़िला ले लूँ।"

"पर तुम तो सोसाइटी चलाने जा रहे हो ?" कविराज ने प्रश्न किया।

"मुझे पता चला है," चेतन बोला, "इस साल से लॉ कॉलेज में सुबह-शाम, दोनों वक्त क्लासें ला करेंगी। मैं सुबह की क्लासें अटेण्ड करूँगा और बाकी दिन भर सोसाइटी का काम देखूँगा। काफ़ी मेम्बर बन गये तो फिर ज़्यादा काम नहीं रहेगा। लॉ कॉलेज का दाख़िला तो सितम्बर में होगा। इतने महीनों में तो मैं सोसाइटी की बुनियादों में कंकरीट भर दूँगा!"

"कानून पास करना तो मुश्किल नहीं," कविराज ने राय दी, "लेकिन प्रैक्टिस जमाना मुश्किल है।"

"प्रैक्टिस जमाने का मेरा कोई इरादा नहीं।"

"फिर दो कीमती बरस लॉ कॉलेज में बरबाद करने का मतलब ? इतने में तो तुम कहानियों के दो मजमुए तैयार कर सकते हो!"

"मैं सब-जजी के कम्पीटीशन में बैठने की सोचता हूँ।"

"तब ज़रूर करो," कविराज जी ने कहा, "लेकिन राय मेरी यही है कि कदम उठाने से पहले अपने मन की इच्छा और अपने बाज़ुओं की ताकत का अन्दाज़ा कर लो। ऐसा न हो कि दो बरस लॉ कॉलेज में रगड़-पट्टी के बाद तुम्हें लगे कि तुमने ग़लती की। ऊँची छलाँग भरो और मुँह के बल आ गिरो, यह कोई अक्लमन्दी नहीं।"

"ऊँची छलाँग लगाने का तय करूँगा तो पहले ताकत हासिल करूँगा।" चेतन ने ठण्डेपन से कहा, "मेरे पिता कहा करते हैं कि ज़िन्दगी में कुछ भी मुश्किल नहीं — एक माँ का बेटा जो काम कर सकता है, दूसरी माँ का बेटा भी उसे सरअंजाम दे सकता है। मैं पूरी कोशिश करूँगा और डिस्टिंक्शन लूँगा।....और डिस्टिंक्शन लूँगा तो मुझे कम्पीटीशन में आने से दुनिया की कोई ताकत नहीं रोक सकती।" पल भर को वह रुका फिर उसने कहा, "गीता में तो लिखा है कि कर्म करो और फल की चिन्ता न करो।"

"तब ठीक है," कविराज जी ने कहा, "ज़रूर करो, भगवान तुम्हें ज़रूर कामयाबी देगा।"

उन्होंने घड़ी देखी और वे उठने के लिए कसमसाये!

"एक ही मुश्किल है," चेतन ने कद्रे उदास हो कर उठते हुए कहा, "लॉ कॉलेज का दाख़िला कुछ ज़्यादा है — लगभग अस्सी रुपये। फ़ीस वग़ैरह का इन्तज़ाम तो मैं ट्यूटशन-ऊशन से कर लूँगा, लेकिन दाख़िले का इन्तज़ाम कैसे करूँ, यह मेरी समझ में नहीं आता।"

और वह चुप हो गया। लेकिन कविराज भी चुप बैठे रहे।

चेतन चाहता था, उनसे कहे, आप एक और किताब लिखाना चाहते थे, मैं लिख दूँगा, लेकिन उससे कहा नहीं जा सका।

लेकिन कविराज जी कैसे उसके मन की बात भाँप गये। "मैं तुम्हें इस बार भी शिमला ले जाता," उन्होंने कहा, "पर मेरा जाना तय नहीं। तुमने जो किताब लिखी है, अभी तो उसे ही रिवाइज़ करना है। सोचता हूँ, यहाँ रह कर भी वह काम किया जा सकता है।"

"हाँ, अगर वहाँ औषधालय चलाने या गर्मियाँ काटने की बात न हो तो इतना ख़र्च और परेशानी मोल लेना बेकार है," चेतन ने दार्शनिकों के से अन्दाज़ में कहा, "आप फ़िक्र न कीजिए, मैं कुछ-न-कुछ बन्दोबस्त कर ही लूँगा।"

और उसने 'नमस्कार' के लिए हाथ उठाये।

"यह बात कही तुमने कुछ कर गुज़रने वाले नौजवानों वाली," सहसा कविराज उत्साहित हो उठे, "हिम्मते मरदाँ मददे ख़ुदा। गॉड हेल्प्स दोज़ हू हेल्प देमसेल्व्ज़। मैं तुम्हें क्या बताऊँ, जब मैंने 'कविराज' की परीक्षा देने का तय किया था तो न मेरे पास रहने की जगह थी, न किताबों के पैसे...."

और कविराज अपने प्रिय विषय, 'मैं और मेरा संघर्ष' पर बोलने लगे।

चेतन फिर बैठ गया। उसने वह सारा किस्सा कई बार सुन रखा था और यह भी जान लिया था कि कविराज जितनी बार सुनाते हैं, उसमें नये पत्ते लगा देते हैं, पर वह चुपचाप ऐसे सुनता रहा, जैसे उनके होंटों से निकलने वाला हर शब्द, वेद-वाक्य की तरह उसके मन पर नक्श हो रहा है।

लेकिन भूख से कुलबुलाती आँतों को भूल, आध घण्टे तक कविराज के उपदेश-भरे संस्मरण सुनने का कोई लाभ नहीं हुआ, क्योंकि उन्होंने ज़रा भी सहायता का वचन नहीं दिया।....वे उसे इतना 'अज़ीज़' समझते थे, कि नहीं चाहते थे, उसकी राह किसी तरह भी आसान करें।

जब उन्होंने अपनी वक्तृता बन्द की तो वे हठात उठे, उन्होंने मिलाने को हाथ बढ़ाया और बोले, "अच्छा अज़ीज़, मिलते रहना और अपनी सरगर्मियों का पता देते रहना।"

चेतन भी उठा, उसने हाथ मिलाया। कविराज अन्दर के कमरे में चले गये और चेतन परिपत्र और रसीद-बुक बग़ल में दबाये, दिल-ही-दिल में मन-मन भर की गालियाँ उन्हें देता हुआ नीचे उतर आया।

पन्द्रह

....वह कविराज से मिल कर आया था तो यद्यपि उन्होंने उसकी आशा पर पानी फेर दिया था, लेकिन बीमा-एजेण्टों की मिसाल दे कर, सब्र-सन्तोष और धीरज से अपने काम पर लगे रहने के सिलसिले में उन्होंने जो उपदेश दिया था, उससे वह बहुत प्रभावित हुआ था। वह सुबह से घूमता हुआ थक गया था, इसलिए खाना खा कर सो गया। चन्दा ने विद्यालय

से आ कर और चाय तैयार करके उसे उठाया था। वह सो गया था, लेकिन उसका अर्ध-चेतन शायद नींद में भी निरन्तर उसी समस्या पर विचार करता रहा था। चाय पी कर वह मेज़ पर बैठा तो हठात एक अफ़सांचे[1] की थीम उसके दिमाग़ में आ गयी। 'भूँचाल' की नौकरी छोड़ने के बाद, जब वह कविराज से मिलने गया था तो उन्होंने उससे अपने नये मासिक 'फ़िक्रो-अमल' के लिए छोटी-छोटी, नीतिपरक कहानियाँ लिखने के लिए कहा था। अपना अभियान शुरू करने से पहले, जैसे अपने आप को बल देने के लिए, चेतन ने एक छोटा-सा अफ़सांचा लिख डाला :

> "स्रष्टा ने संसार रचा। लेकिन वह उसे सच्ची ख़ुशी न दे सका। उसके सामने दुनिया को सुखी देखने की समस्या थी। तब उसने घोषणा की कि जो देवी या देवता संसार में जा कर उसे सच्चा सुख प्रदान कर सकता है, वह सामने आये।
>
> प्रेम की देवी आगे आयी। स्रष्टा ने उसे मर्त्य-लोक में भेज दिया। लेकिन प्रेम ने ईर्ष्या को जन्म दिया और संसार पहले से भी ज़्यादा दुखी हो गया।
>
> भगवान ने फिर दरबार लगाया। अबकी धन-वैभव की देवी आगे आयी। लेकिन संसार को सुख देने में वह और भी असफल रही।
>
> तब भगवान ने स्वयं चुनाव किया और इस बार उसने एक सुन्दर, गम्भीर देवकुमार को चुना और उसे दुनिया में भेज दिया। जहाँ-जहाँ उस फ़रिश्ते-बालक के पाँव पड़े, सुख-शान्ति का साम्राज्य फैलता चला गया।
>
> उस फ़रिश्ते का नाम सन्तोष था।"

...चेतन उन दिनों जो भी अफ़साना लिखता था, उसे महान लगता था। इस लघु-कथा को पढ़ कर भी उसने स्वयं ही अपनी पीठ ठोंक ली कि क्या हकीकी नुक्ता उसने अफ़सांचे में रख दिया है और उसने तय किया कि रोज़ वह एक-न-एक ऐसा 'मास्टर पीस' अफ़सांचा लिखेगा और उसमें ऐसे ही हकीकी नुक्ते पेश करेगा।

लेकिन यद्यपि उसने उस फ़रिश्ते के इतने गुण गाये थे, वह चेतन की कोई मदद न कर सका था और सोसाइटी रूपी देवी उसका सारा चैन-आराम छीन ले गयी थी।

चेतन सचमुच अपनी हकीकत समझता तो जान लेता कि सब्र-सन्तोष उसमें है नहीं और जो काम उसने अपनाया था, उसके लिए उस फ़रिश्ते की मदद पहली शर्त है। चूँकि वह मदद उसे प्राप्त नहीं, इसलिए उस काम को उसे हाथ में नहीं लेना चाहिए। लेकिन अपनी अत्यधिक भावप्रवणता को न जानने की वजह से, अपने पिता की इस नसीहत को सामने रखते हुए कि : कोई ऐसा काम नहीं, जिसे आदमी न कर सके, चेतन ने सोसाइटी के मेम्बर बनाने का अभियान शुरू करने का फ़ैसला कर लिया था। उसने अपने सब मित्र-परिचितों की एक सूची काग़ज़ पर बना ली और दूसरे दिन दैनिक 'समाज' के दफ़्तर पहुँचा।

अख़बार के प्रोप्राइटर, श्री प्रभुदयाल 'मस्त' से उसे कोई उम्मीद नहीं थी। शिमला से आने के बाद अपनी नौकरी के सम्बन्ध में वह पण्डित जी के साथ जा कर उनसे मुलाकात

---

१. लघु-कथा

कर चुका था, लेकिन उनके बड़े पुत्र, प्रसिद्ध क्रान्तिकारी कथाकार, श्री शत्रुघ्न लाल 'तीर' से उसे उम्मीद थी और उसने तय किया था कि पहले उनसे मिलेगा, फिर चौधरी ईशरदास से और उसे सफलता मिली तो दो-एक जगह और जायेगा।

०

गनपत रोड पार कर जब चेतन एस०पी०एस०के० हॉल के सामने दैनिक 'समाज' के दफ़्तर की सीढ़ियाँ चढ़ा तो ऊपर पहुँच कर क्षण भर के लिए रुक गया। सीढ़ियों के ऐन सामने पार्टीशन के पीछे सम्पादकीय विभाग था और दायीं ओर 'तीर' जी का कमरा। वह उनसे कैसे बात करेगा, चेतन ने मन-ही-मन दोहराया, फिर वह पर्दा उठा कर अन्दर चला गया।

'तीर' जी अपने काले भुजंग शरीर, दोनों कोनों से कटी घनी, काली मूँछों के साथ मेज़ पर झुके, कुछ लिख रहे थे। चेतन क्षण भर वहीं खड़ा उन्हें देखता रहा और उसके मन में वही ख़याल आया, जो उन्हें (उनके जेल से रिहा होने के बाद) पहली बार देख कर आया था कि वह घुँघराले बालों, वाली, साँवली-सलोनी, प्रतिभा-सम्पन्न लड़की, कैसे उस काले-कलूटे भैंसे पर फ़िदा हो गयी थी और उसके फ़िराक में उसने यक्ष्मा मोल लिया था ?

शायद उसकी दृष्टि के पैनेपन से बिंध कर, अथवा वाक्य या पैरा पूरा होने पर 'तीर' जी ने सिर ऊपर उठाया। चेतन ने उन्हें 'नमस्कार' किया। 'तीर' जी ने एक थकी-सी निगाह उस पर डालते और उसके 'नमस्कार' का जवाब देते हुए, कुर्सी की ओर संकेत कर दिया।

बैठने से पहले मेज़ पर ज़रा-सा झुक कर चेतन ने उन्हें संस्था का परिचय दिया, ज़बानी उसके उद्देश्यों का ब्योरा दिया और बोला, " 'तीर' जी मैं आपके पास बड़ी उम्मीद ले कर आया हूँ। आप मेरे प्रिय कथाकार रहे हैं और मेरी बड़ी इच्छा है कि आप हमारी सोसाइटी के लाइफ़ मेम्बर बनें।"

'तीर' जी के पिता —श्री प्रभुदयाल 'मस्त' तो अपने कमरे के दूधिया चादर से ढँके तख़्त पर बैठे-बैठे ही 'वानप्रस्थी' हो गये थे, लेकिन चेतन के अनुरोध के उत्तर में 'तीर' जी ने जो कहा, उससे लगा कि वे अपने पिता से एक कदम बढ़ कर अपनी कुर्सी पर बैठे-बैठे 'संन्यस्त' हो गये हैं। बड़ी बेज़ारी से, जैसे दुनिया की क्षण-भंगुरता का भेद उन पर पूरी तरह उजागर हो गया हो, उन्होंने कहा :

"भाई, मैं तो कहीं जाता-आता नहीं। किसी सभा-सोसाइटी में तुमने कभी मुझे देखा है ? जब से पिता जी ने वानप्रस्थ लिया है, मेरा वक्त और भी कम हो गया है। रोज़ लीडिंग आर्टिकल लिखना, हर हफ़्ते अफ़साने की किस्त देना....मुझे किसी से बात करने का भी टाइम नहीं मिलता। मैं तो घूमने तक नहीं निकलता। थक जाता हूँ तो ऊपर छत पर जा कर टहल लेता हूँ। लिखना तो यूँ भी तप करना है भाई। जैसे संन्यासी दुनिया-जहान को भुला कर भगवान को पाने के लिए तपस्या करता है, लेखक भी अदब[१] के लिए रियाज़त[२] करता है। शोहरत या इज़्ज़त की मुझे आरज़ू नहीं। छोटी-सी ज़िन्दगी में शोहरत और इज़्ज़त की ख़्वाहिश फ़िज़ूल है। मैं तो बस अपने मन की ख़ुशी के लिए लिखता हूँ, अख़बार है

१. साहित्य
२. तप

तो छप जाता है, पढ़ने वालों का मन बहलता है और उनमें देश-प्रेम का जज़्बा बेदार[1] होता है। इससे ज़्यादा मुझे कुछ नहीं चाहिए। अख़बार न होता तो मैं लिख-लिख कर मेज़ के दराज़ और अलमारी के ख़ाने भर देता। न किसी को सुनाने जाता, न कहीं छपवाता।"

क्षण भर वे रुके। चेतन की आँखों में नासमझी के भाव को लक्ष्य कर उन्होंने कहा :

"पिछले दिनों साज़िश केस के सिलसिले में इतना शोर-शराबा देखा और झेला है कि अब तो इस कमरे से निकलने को मन नहीं होता। यही जी होता है, कुछ ऐसा लिखें, कुछ ऐसा....(कैसा, यह 'तीर' जी ने नहीं बताया, दोनों हाथ हवा में फैला कर रह गये; चेतन की आँखें, खुरदरे ब्रश-सी उनकी मूँछों और मोटे होंटों पर अटकी रहीं और क्षण भर रुक कर उन्होंने जैसे अपनी बात पूरी करते हुए कहा :)....और वह किसी सभा सोसाइटी में जा कर वक्त ज़ाया करने से नहीं, इसी मेज़ पर बैठ कर तप करने से होगा।"

और उन्होंने बिना पढ़े, ब्रोशर चेतन की ओर बढ़ा दिया।

तब चेतन ने पैंतरा बदला :

"मैंने तो आपकी कहानियाँ 'समाज' के हफ़्तावार एडिशनों में पढ़ कर लिखना सीखा है, 'तीर' जी! शोहरत की आपको क्या ख़्वाहिश होगी, बड़ी शोहरत पायी है आपने। यह तो हमारी इच्छा है कि सोसाइटी का कथा-सम्मेलन हो तो आप उसके सभापति बनें।"

अनजाने ही 'तीर' जी ने फिर ब्रोशर उठा लिया और पढ़ने लगे। कुछ क्षण उन्हें पढ़ने का अवसर दे कर चेतन ने रद्दा जमाया :

"मैं जानता हूँ, सच्चे कलाकार कभी शोहरत के पीछे नहीं भागते, शोहरत ख़ुद उनके कदम चूमती है। आप सोसाइटी के सरपरस्त बनें, इससे आपको कोई फ़ायदा नहीं, हाँ सोसाइटी की ज़रूर इज़्ज़त बढ़ेगी और सूबे के सबसे बड़े बाग़ी अफ़साना-निगार को अपने दरमियान पा कर हम सब फ़ख़्र[2] से सिर उठायेंगे।"

न जाने चेतन के स्वर में कृत्रिमता थी अथवा अविश्वसनीयता या फिर 'तीर' जी कुछ महीने पहले की उस घटना को नहीं भूले थे, जब चेतन उनके सम्पादक को बहुत तीखी बात सुना कर चला गया था....जो भी हो, उन्होंने जेब से पाँच का एक नोट निकाल कर उसकी ओर बढ़ाते हुए कहा, "छोड़िए, इन बातों में कुछ नहीं रखा, सोसाइटी-वोसाइटी से मुझे कुछ नहीं लेना। आप आये हैं, मैं मेम्बर बन जाता हूँ। जाऊँगा-वाउँगा मैं कहीं नहीं। मेरे पास समय बिलकुल नहीं है।"

और चूँकि चेतन ने नोट को तत्काल नहीं थामा, 'तीर' जी ने उसे मेज़ पर रख दिया और अपने काम में व्यस्त हो गये थे।

'तीर' जी के स्वर में कुछ ऐसी उपेक्षा थी कि चेतन को लगा, जैसे उन्होंने उसके मुँह पर तमाचा दे मारा हो। उसने तो उनसे आजीवन सरपरस्त बनने की बात कही थी, लेकिन उसे उम्मीद थी कि वे वर्ष भर के लिए तो सरपरस्त बन ही जायेंगे। उसने कल्पना की थी कि वे सौ रुपये देंगे तो वह उन पर आजीवन सरपरस्त बनने के लिए ज़ोर देगा और यहाँ वे साधारण सरपरस्त भी बनने को नहीं हुए और पाँच रुपये का नोट उन्होंने इस

---

१. जागृत
२. गर्व

अपमानजनक ढंग से उसके सामने फेंक दिया था, जैसे वे चन्दा नहीं, उसे ख़ैरात दे रहे हों।

चेतन को क्रोध तो ऐसा आया कि उसका जी हुआ, पाँच का नोट उठा कर उस क्रान्तिकारी, देशभक्त, कथाकार, आदि....के मुँह पर दे मारे, लेकिन तभी कविराज का उपदेश उसके कानों में गूँज गया कि जिसमें अपार धैर्य और सहनशीलता नहीं, उसे किसी सोसाइटी का काम अपने हाथ में नहीं लेना चाहिए। उसने चुपचाप पाँच का नोट उठा लिया, होंटों में उन्हें 'शुक्रिया' अदा किया और रसीद काटने लगा।

"नहीं, रसीद-वसीद की ज़रूरत नहीं।" 'तीर' जी ने बदस्तूर लिखते अथवा लिखने का अभिनय करते हुए कहा।

चेतन रुका नहीं। उसने रसीद काटी। उठा और निहायत ठण्डेपन से बोला, "मैं आपसे कोई ख़ैरात नहीं ले रहा। सोसाइटी का चन्दा है, पाई-पाई का हिसाब रखा जाता है। (चेतन क्रोध में यह भूल गया कि कुल जमा पन्द्रह रुपये उसे तब तक चन्दे में मिले थे, जिस रकम से उसने संस्था की स्टेशनरी छपवा ली थी। वह तो ऐसे बात कर रहा था, जैसे सोसाइटी को हज़ारों रुपये का चन्दा आता है, जिसका बाकायदा हिसाब रखा जाता है) आपने मेरे कहने की लाज रखी, शुक्रिया। इफ़्तिताही मीटिंग[१] की ख़बर दूँगा। आइएगा।"

और रसीद उनके सामने मेज़ पर फेंक, तमाचे के जवाब में जैसे तमाचा मार कर वह उठ आया था।

०

हालाँकि मालिक से मिल कर फिर मुलाज़िम से मिलने की कोई तुक न थी, लेकिन 'तीर' जी के कमरे से बाहर निकल कर, जब वह सीढ़ियों और सम्पादन विभाग के बीच की पार्टीशन में आया तो अपने पूर्व-निश्चित प्रोग्राम के अनुसार उसने 'समाज' के कार्यकारी सम्पादक, चौधरी ईशरदास से भी मिलते जाने का फ़ैसला किया। लेकिन पार्टीशन के अन्दर कदम रखने से पहले वह कुछ क्षण वहीं खड़ा रहा। 'तीर' जी के व्यवहार से वह इतना झल्ला गया था कि तत्काल चौधरी साहब के पास जाना उसे ठीक नहीं लगा। पूरी तरह संयत और प्रकृतिस्थ हो कर उसने पार्टीशन के अन्दर कदम रखा।

उप-सम्पादकों में से तब तक कोई नहीं आया था। सिर्फ़ चौधरी ईशरदास, छत को छूते हुए अपने लम्बे शरीर और अपनी चिर-उनींदी आँखें लिये हुए, काम में तल्लीन थे।

चेतन ने 'नमस्कार' करते हुए उन्हें ब्रोशर दिया था, पण्डित रत्न के हवाले से सोसाइटी को शुरू करने की बात की थी और उन्हें वे लाभ बताये थे, जो मध्यवर्गीय इण्टेलेक्चुअल्ज़ को उससे होने वाले थे।

चौधरी साहब ने ब्रोशर पढ़ा भी नहीं। उसकी बात भर सुन कर, ब्रोशर उसे लौटाते और अपनी निद्रालस आँखें उसकी ओर उठाते हुए उन्होंने कहा :

"मेरे पास सभा-सोसाइटियों में जाने का वक्त होता तो मैं एक गेम क्रिकेट की न खेलता! कभी ख़्वाब लिया करते थे कि कब्र भी बनेगी तो क्रिकेट के मैदान में, लेकिन अब लगता है कि 'समाज' के इसी दफ़्तर में बनेगी। (वे कुछ अजीब दर्द से हँसे) बनेगी

१. उद्घाटन सभा। इफ़्तिताह = उद्घाटन

क्या, बन गयी है।"

चेतन ने फिर एक शब्द भी नहीं कहा। परिपत्र उनके हाथों से वापस ले कर वह पलटा और तेज़-तेज़ सीढ़ियाँ उतर गया।

उसकी सूची पर अगला नाम 'ज़ख़्मी' का था और उसे विश्वास था कि 'ज़ख़्मी' साहब ज़रूर उसकी मदद करेंगे और वह 'वीर भारत' के दफ़्तर की ओर चल दिया।

o

चेतन के सामने 'ज़ख़्मी' का पतला-छरहरा शरीर, सुन्दर मुख, मुस्कराती आँखें और हँसते समय दाँये गाल में बन जाने वाला गढ़ा आ गया। वह सीढ़ियाँ चढ़ कर ऊपर पहुँचा तो वे अपनी मेज़ पर झुके काम कर रहे थे। उसने जा कर उन्हें 'आदाब' कहा और ब्रोशर दिया।

'ज़ख़्मी' साहब ने ब्रोशर ले कर उसे कुर्सी पेश की और बोले, "सुना, तुमने 'भूँचाल' छोड़ दिया। कपूर साहब ने उसे तुम्हारे ही लिए शुरू किया था।"

और 'ज़ख़्मी' साहब हँसे। उनके गाल पर गढ़ा बन गया। चेतन चुपचाप उन्हें देखता रहा। उसने कोई जवाब नहीं दिया।

"महाशय जी का काफ़ी नुकसान हो गया। वो बहुत अफ़सोस कर रहे थे।"

"मैं तो 'ज़ख़्मी' साहब आपके ज़ेरे-साया ख़ुश था," चेतन ने कहा, "आपने मुझे उधर ठेल दिया। मेरी उनसे नहीं पट सकती। जो आदमी मेरी दयानत में शक करे, उसके साथ मैं एक मिनट काम नहीं कर सकता। उन्होंने मेरी तनख़्वाह के पैसे मार लिये...." चेतन कोई तीखी बात कहने जा रहा था कि अपने आप को बरबस रोक कर उसने कहा, "छोड़िए इस किस्से को, पण्डित रत्न की सलाह के मुताबिक यह सोसाइटी खोली है। आप इसके अग़राज़-ो-मकासिद[१] ध्यान से देखिए। कर सकें तो इस सिलसिले में मेरी कुछ मदद कीजिए।"

'ज़ख़्मी' चुपचाप ब्रोशर पढ़ने लगे। आद्योपान्त उसे पढ़ कर उन्होंने लम्बी साँस ली और ब्रोशर उसकी ओर बढ़ाते हुए, 'ग़ालिब' का एक शे'र दोहरा दिया :

"अर्ज़-ए-नियाज़-ए-इश्क के क़ाबिल नहीं रहा
जिस दिल पे नाज़ था मुझे, वो दिल नहीं रहा।"

और वे अजीब दर्द से हँसे। उनके दायें गाल में हल्का-सा डिम्पल[२] बन गया और उनकी हँसी चेतन को शिशिर के सूरज की-सी फीकी और बुझी-बुझी लगी।

चेतन चुपचाप उठा। "अच्छा तो फिर हाज़िर हूँगा।" उसने कहा, 'आदाब' किया और मुड़ा। वह सीढ़ियों के पास पहुँच गया था, जब उन्होंने उसे फिर आवाज़ दी।

वह पलट कर उनकी मेज़ पर गया तो ब्रोशर उन्होंने उससे ले लिया था और वादा किया कि सोसाइटी के बारे में वे स्वयं 'वीर भारत' में एक नोट लिख देंगे।

o

'वीर भारत' के दफ़्तर से नीचे उतर कर पहले उसने सोचा था कि बराबर ही में 'देश' के दफ़्तर जा कर पण्डित 'शाहीं' से भी मिल आये, लेकिन एक बजने को आ गया था। उसने

---

१. उद्देश्य और ध्येय
२. हँसने पर गाल में बन जाने वाला छोटा सा गढ़ा

तय किया था कि 'शाहीं' पण्डित से वह उनके घर पर मिलेगा।....'गुरु घण्टाल' के दफ़्तर के नीचे से गुज़रते हुए, उसे पण्डित जीवनलाल कपूर से मिलने का भी ख़याल आया था, लेकिन वह साहस नहीं कर सका। हाँ, जाते-जाते, रास्ते में वह 'आज़ाद लाला' के दफ़्तर गया था।

वे सूट-बूट और टाई में सुशोभित, पगड़ी बाँधे, आँखों पर आधे शीशों वाला चश्मा लगाये, बिना क्लास अथवा स्टाफ़ के हेडमास्टर की तरह बैठे थे। चेतन ने ब्रोशर उनके सामने रखते और मिनमिनाते हुए पण्डित रत्न के हवाले से अपनी बात कही थी।

चश्मा नाक के बाँसे पर ज़रा आगे सरका कर, 'आज़ाद लाला' चुपचाप ब्रोशर पढ़ते रहे थे, फिर उन्होंने उसे पेपरवेट के नीच रख दिया था और कहा कि वे उस सिलसिले में पण्डित रत्न से बात करेंगे।

अब चेतन क्या कहे, उसे कुछ भी न सूझ पाया था। वह 'नमस्कार' कर चुपचाप सीढ़ियाँ उतर आया था।

o

घर पहुँचते-न-पहुँचते चेतन का मन बेहद उदास हो आया था। कभी 'तीर' जी के और कभी चौधरी साहब के वाक्य उसके कानों में गूँजते रहे थे और कभी 'ज़ख़्मी' की बेबसी और 'आज़ाद लाला' की बेरुख़ी उसकी आँखों में घूमती रही थी। —'इन लोगों को किसी ऐसी सोसाइटी की ज़रूरत नहीं,' उसने मन-ही-मन कहा। वह बेकार ही अपने जूते घिसा रहा है और अपना कीमती समय बर्बाद कर रहा है। उसे चुपचाप अपनी कहानियाँ लिखनी चाहिएँ।

और वह दो दिन घर से बाहर नहीं निकला और अपने मास्टरपीस अफ़सांचे लिखता रहा। उसने दो और वैसे ही छोटे-छोटे अफ़सांचे लिखे —'जन्नत और जहन्नुम,' 'बुलन्दी और पस्ती।' तीसरे दिन सुबह वह कविराज जी के औषधालय गया। उसने उन्हें वे लघु-कथाएँ सुनायीं तो उन्हें बेहद पसन्द आयीं और जेब से तीन रुपये फ़ौरन निकाल कर उन्होंने उसे 'नक्द नज़र'[१] किये।

चेतन की सारी उदासी जाती रही। वह चलने लगा तो वैद्य जी ने सोसाइटी की प्रगति के बारे में पूछा। चेतन यह कहना चाहता था कि वह सब चक्कर उसके बस का नहीं, लेकिन वह कविराज से पाँच रुपये चन्दे के ले गया था, इतनी जल्दी उनके संशय को यकीन में बदलना और अपनी हार मानना उसे स्वीकार नहीं हुआ। उसने अतिरिक्त जोश से कहा : "समाज के सम्पादक श्री शत्रुघ्नलाल 'तीर' हमारे मेम्बर बन गये हैं, आज मैं मशहूर अफ़साना-निगार, श्री देवदर्शन के यहाँ जा रहा हूँ। सोसाइटी का काम ज़ोर-शोर से चल रहा है।"

कविराज जी ने उसकी सफलता के लिए दुआ दी और वह उनका शुक्रिया अदा करके और वैसे ही कुछ और अफ़सांचे उनके लिए लिखने का वादा करके चला आया।

उन छोटे-छोटे अफ़सानों के लिए, जो उसने सर्र से लिख डाले थे, एक-एक रुपया मिल जाने के कारण बढ़े हुए उत्साह से हो, या कविराज जी के सामने कही हुई बात के

१. नकद भेंट

कारण, जब वह मेयो हस्पताल के चौरस्ते पर पहुँचा तो रेलवे रोड पर अपने घर की तरफ़ कृष्णा गली में मुड़ने की बजाय, वह कुछ और कदम आगे बढ़ कर, अस्तंगत 'भीष्म' के पुराने कार्यालय के सामने दो-मंज़िले पर, मासिक 'मन्दिर' के दफ़्तर की सीढ़ियाँ चढ़ गया, जिनके बाहर 'अदीबे फ़ितरत निगार'[१] महाशय देवदर्शन की नेम-प्लेट भी लगी थी।

सोलह

सीढ़ियाँ, महाशय जी की स्टडी ही में खुलती थीं। पर्दा उठा कर चेतन ने अन्दर पाँव रखा तो महाशय देवदर्शन रेलवे रोड पर खुलने वाली खिड़कियों की तरफ़ पीठ किये, अपनी मेज़ पर बैठे कुछ लिख रहे थे। घुटी हुई आर्य-समाजी पगड़ी, बन्द गले का कोट और आँखों पर सुनहरे फ़्रेम का चश्मा। चेतन ज़रा-सा पर्दा उठाये, एक पैर सीढ़ियों पर और दूसरा कमरे में रखे, चुपचाप प्रतीक्षा करने लगा कि वे ज़रा नज़र उठायें तो वह 'नमस्कार' करके आगे बढ़े।

चेतन शुरू-शुरू में महाशय देवदर्शन के यहाँ प्रायः आता था। उन्होंने उसकी दो-तीन कहानियाँ भी 'मन्दिर' में छापी थीं, लेकिन उसकी एक कहानी में उन्होंने बिना उससे पूछे कुछ परिवर्तन कर दिया था और उसे बुरा लग गया था। फिर चेतन ने एक दिन उन्हें एक दूसरे कवि-कथाकार अब्दुल कुद्दूस 'वकार' अम्बालवी से एक अंग्रेज़ी कहानी की थीम के लिए झगड़ते देखा था। देवदर्शन कहते थे कि वे उस पर कहानी लिखेंगे, 'वकार' कहते थे कि वे लिखेंगे। और महाशय जी के प्रति चेतन के हृदय में जितनी श्रद्धा थी, वह उड़न-छू हो गयी थी। किसी दूसरे की थीम पर कोई कैसे कहानी लिख सकता है और ऊपर से ख़ुश भी हो सकता है, यह चेतन की समझ से बाहर की बात थी। बाद में उसे यह भी मालूम हुआ था कि वे तो बंगाली और हिन्दी कहानियों से विचार और प्लॉट चुरा कर उन्हें पंजाबी वातावरण में रख देते हैं और चेतन ने उनके यहाँ जाना लगभग छोड़ दिया था। कभी वह उधर से गुज़रता तो यूँ ही ऊपर चला जाता और इधर-उधर की बातें करके चला आता, पर कहानी उसने फिर 'मन्दिर' में नहीं दी थी। कुछ दिन पहले उसने सुना था कि वे कलकत्ते चले गये हैं और फ़िल्मों के लिए कहानियाँ लिखेंगे और 'मन्दिर' को बेच देंगे। चेतन के मन में यह जानने की उत्सुकता भी थी कि फ़िल्मी दुनिया में वे क्या कर आये हैं और यह भी कि 'मन्दिर' वे किसे देने जा रहे हैं।

तभी महाशय देवदर्शन ने कलम मेज़ पर रख दिया और कुर्सी पर ज़रा-सा पीछे को हो गये। चेतन ने 'नमस्कार' करते हुए दूसरा पैर भी अन्दर रखा।

"आओ आओ! ख़ूब मौके से आये!" महाशय जी ने कहा और उनका चेहरा खिल आया।

"मैं तो कई दिन से आने की सोच रहा था," चेतन बोला, "लेकिन आप कलकत्ता

१. प्रकृति का सच्चा ख़ाका खींचने वाला साहित्यकार

गये हुए थे। पण्डित रत्न ने बताया था कि आपको 'न्यू थियेटर्ज़' से बुलावा आया है; 'वकार' साहब कह रहे थे कि बुलाया तो किसी दूसरी कम्पनी ने है, लेकिन मिलेंगे आप 'न्यू थियेटर्ज़' के सरकार साहब से भी....परसों ही मालूम हुआ कि आप आ गये हैं, सो मैंने सोचा, दर्शन करता चलूँ।"

"हाँ, मैं गया तो 'नेपच्यून सिनेटोन' के बुलावे पर था, पर जगदीश सेठी मुझे सरकार साहब से मिलाने ले गया। दो-एक कहानियाँ उन्होंने सुनीं और जब मैं चलने लगा तो सरकार साहब ने कहा — 'आप ऐसी मीठी प्यारी भाषा लिखते हैं कि आपके रास्ते में अशरफ़ियाँ भी बिछा दी जायें तो कम है।' "

भाषा महाशय देवदर्शन सचमुच बड़ी प्यारी लिखते थे, लेकिन सरकार साहब के हवाले से उन्होंने जो बात कही, चेतन को लगा कि उन्होंने गप हाँक दी है, जगदीश सेठी यह बात कह सकते थे, पर सरकार साहब नहीं। वे बंगाली थे और बंगाली अपनी भाषा की मिठास के सामने किसी दूसरी भाषा की उतनी तारीफ़ नहीं कर सकता। फिर वह वाक्य तो प्रकट ही महाशय देवदर्शन का था, किसी बंगाली का नहीं।

महाशय जी निमिष भर के लिए सरकार साहब के उस कथन का प्रभाव चेतन पर जानने के लिए रुके। जब वह चुप रहा तो उन्होंने कहा :

"सरकार साहब ने मुझे 'न्यू थियेटर्ज़ के लिए एक कहानी लिखने को कहा है। तुम्हारे आने से मिनट भर पहले उसकी आख़िरी सतर मैंने ख़त्म की है। लो, ज़रा सुनो और राय दो।"

और बिना यह पूछे कि वह किसी काम से तो नहीं आया, महाशय देवदर्शन कहानी सुनाने लगे।

कुछ ही पंक्तियों के बाद चेतन ने जान लिया कि उसने वह कहानी 'चन्द्र पचीसी' में पढ़ रखी है। मुंशी चन्द्रशेखर ने उसे देहाती वातावरण में रखा था। महाशय देवदर्शन ने उसी प्लॉट को शहरी वातावरण में रख कर, फ़िल्मी ज़रूरतों के कारण उसमें एक भावुकतापूर्ण प्रेम-प्रसंग जड़ दिया था। चेतन चुपचाप कहानी सुनता रहा और बोर होता रहा। जब वे सुना चुके तो उसने रस्मी तारीफ़ कर दी।

"बहुत अच्छी कहानी लिखी है आपने," उसने कहा, "सीमीं पर्दे"[१] पर यह बड़ी कामयाब होगी।"

महाशय जी प्रसन्न हो गये। "कहानी अगर सरकार साहब को जँच गयी तो मुझे ही इसके डायलॉग लिखने पड़ेंगे और कलकत्ता जाना पड़ेगा," उन्होंने परम गदगद भाव से कहा।

" 'मन्दिर' को आपकी ग़ैर-हाज़िरी में कौन देखेगा ?" सहसा चेतन ने मन की बात पूछी।

" 'मन्दिर' अगर मुनाफ़ा देता तो मैं क्यों जाता फ़िल्मों में!" महाशय देवदर्शन ने कहा, "दो साल हो गये घाटा खाते; अब मुमकिन नहीं। 'वकार' कह रहे हैं। उन्हीं को दे दूँगा।"

---

१. रजत पट पर

'वह 'मन्दिर' का नाम 'मस्जिद' रखेगा, तभी चला पायेगा,' चेतन ने मन-ही-मन कहा, 'आपने दो साल खींच लिये, वह दो महीने भी नहीं खींच पायेगा।' लेकिन चेतन ने यह बात उनसे नहीं कही।

"परचा आपने निहायत ख़ूबसूरत निकाला था," उसने प्रकारान्तर से उनकी तारीफ़ करते हुए कहा, "यह उर्दू वालों की बदकिस्मती है कि फ़ायदे पर नहीं चल पाया।" वह क्षण भर रुका। सहसा उसे अपने मन्तव्य का ख़याल आ गया और उसने जोड़ दिया, "लेकिन दो बरस में 'मन्दिर' के जो अंक आपने निकाल दिये हैं, वे उर्दू अदब की तारीख़ में हमेशा ज़िन्दा रहेंगे।"

महाशय जी का चेहरा खिल गया। "कहो, तुम आजकल क्या कर रहे हो ?" वे चहके, "मैंने सुना था कि 'भूँचाल' भी तुमने छोड़ दिया।"

तब चेतन ने उठ कर उनको सोसाइटी का ब्रोशर दिया और तनिक विस्तार से अपनी बात कही और उनसे अनुरोध किया कि वे उसके सरपरस्त बन जायें।

महाशय देवदर्शन हँसे। "तुम बड़े भोले हो," उन्होंने कहा, "कभी शायर और अदीब भी सोसाइटियों के मेम्बर बना करते हैं। वे पैसे देते नहीं, लेते हैं। मैं तो जैसे बिना मुआवज़े[१] के कहानी नहीं देता, वैसे ही बिना कुछ लिये, किसी अदबी मीटिंग में नहीं जाता।"

"लेकिन 'एस०एफ़०वाई०ए०एम०' तो अदीबों और शायरों की अपनी अंजुमन[२] है।" चेतन ने कहा, "इसके मंच पर वो एक-दूसरे को सुने-सुनायेंगे। अब यही कहानी, जो आपने मुझे सुनायी है, मैं प्रोपोज़[३] करता हूँ कि सोसाइटी की पहली मीटिंग में आप सुनायें।"

"मीटिंगों में कहानियाँ कोई नहीं सुनता," देवदर्शन हँसे, "और मैं तो यह भी दावे के साथ कह सकता हूँ कि शायर के गले में रस न हो तो अच्छी-से-अच्छी ग़ज़ल या नज़्म भी कोई नहीं सुनता। अच्छी कहानी या अच्छी नज़्म भीड़ में नहीं, दो-चार सुख़न-शनास[४] लोगों में सुनाने की चीज़ होती है, इसलिए भीड़ को सुनाने का मुआवज़ा लिया जाता है।"

अब चेतन क्या कहे, उसे कुछ भी सूझ न पाया।

महाशय जी क्षण भर चुप रहे। फिर उन्होंने कहा, "मेरा कोई ठिकाना भी नहीं। मैंने किसी से कहा नहीं, लेकिन मैंने 'नेपच्यून' वालों से एक साल के लिए कॉण्ट्रैक्ट कर लिया है। मैं तो यहाँ 'मन्दिर' का कुछ इन्तज़ाम करने और यहाँ के फैलाव को समेटने आया हूँ। सरकार साहब को मेरी कहानी पसन्द आ गयी तो मैं शायद कलकत्ता ही शिफ़्ट कर जाऊँ और 'नेपच्यून' के बाद 'न्यू थियेटर्ज़' में चला जाऊँ।"

और वे उठे।

"माफ़ करना, मुझे सरदार डिंगा सिंह के बड़े साहबज़ादे से मिलने जाना है," उन्होंने कहा, "तुम तो जानते हो, वो मेरे भक्त ही नहीं, मेहरबान भी हैं। 'मन्दिर' को शुरू करने

---

१. पारिश्रमिक
२. सभा
३. प्रस्ताव करता हूँ
४. मर्मज्ञ

में उन्होंने मेरी बड़ी माली मदद की थी। दो सँदेसे उनके आ चुके हैं। मैं कहानी लिख रहा था, जा नहीं सका।"

चेतन भी उठा। वह उन्हें 'नमस्कार' कर, तेज़ी से चला जाना चाहता था, पर महाशय जी हाथ बढ़ाये हुए थे। उसने भी हाथ बढ़ा दिया और अपने क्रोध पर बरबस काबू पा कर हँसते हुए बोला, "भगवान करे, आप फ़िल्मों में कामयाब हों, उनके लिए बढ़िया कहानियाँ दें और पंजाब का नाम रोशन करें।"

महाशय देवदर्शन क्षण भर उसे देखते रहे, फिर उसके हाथ को गर्मजोशी से हिलाते हुए और उसे धन्यवाद देते हुए सहसा उन्होंने कहा, "देखो भाई, उसूलन तो मैं किसी आर्टिस्ट और शायर का किसी ऐसी अंजुमन का पेड मेम्बर बनना ग़लत मानता हूँ। फिर मैं एक भी मीटिंग अटेण्ड कर पाऊँगा, इसमें मुझे शक है, लेकिन तुम ख़ुद आये हो, मेरे साथी अफ़साना-निगार हो, तुमने ख़ुद सोसाइटी शुरू की है, तुम्हारा दिल तोड़ना मुझे ग़लत लगता है।"

और उन्होंने उसका हाथ छोड़ कर मेज़ की दराज़ में रखे बटुए से पाँच का एक नोट निकाल कर, चेतन की ओर बढ़ा दिया।

"मुझे स्लीपिंग मेम्बर ही समझना।" उन्होंने अजीब-से पटाऊ अन्दाज़ में कहा, "और किसी मीटिंग में शामिल होने के लिए परेशान न करना।"

चेतन को सहसा अपनी आँखों और कानों पर विश्वास न आया। उसने नोट ले लिया और फिर बैठ कर रसीद काटते हुए बोला :

"मैं आपका बहुत शुक्रगुज़ार हूँ, लेकिन यह शर्त लगा कर आपने मेरी ख़ुशी आधी कर दी है। (और उसने वही पुराना पत्ता लगाया :) मैं तो सोचता था, मैं आपसे सोसाइटी की शामे-अफ़साना की सदारत[१] करने को कहूँगा। आप सूबे के सबसे बड़े अफ़साना-निगार हैं, आप ही नहीं आयेंगे तो...."

"न आने की मैंने कसम तो नहीं खायी है," महाशय जी हँसे, "लेकिन पचहत्तर फ़ीसदी मैं यहाँ से जल्दी ही चला जाऊँगा।" फिर पल भर रुक कर उन्होंने कहा, "तुम अगर एक काम मेरी ख़ातिर कर दो तो बहुत अच्छा हो।"

चेतन चौंका। "हुक्म कीजिए!" उसने कहा।"

"तुमने मेरी सभी कहानियाँ पढ़ रखी हैं।" वे स्वर को और भी अनौपचारिक और दोस्ताना बनाते हुए बोले, "मेरा नाटक, 'बन्दर की बला' भी पढ़ रखा है। अगर तुम लाहौर के किसी रोज़नामे, हफ़्तावार या माहनामे में उनके बारे में एक आर्टिकल लिख दो — उनकी ज़बान की सादगी और मिठास और उनके डायलॉग्ज़ की चुस्ती और बरजस्तगी[२] के बारे में, तो मैं बहुत मशकूर हूँगा। किसी अंग्रेज़ी अख़बार में लिख दो तो क्या बात है। यूँ तो मेरे दोस्तों ने सरकार साहब पर मेरे अफ़सानों की सादगी और ज़बान की मिठास का बड़ा रंग जमा रखा है, लेकिन छपी हुई बात का असर ही दूसरा होता है।"

'तो यह बात है,' चेतन ने मन-ही-मन हँसते हुए कहा, 'जिसकी वजह से कारूँ की

---

१. सभापतित्व

२. सम्वादों की चुस्ती और अनायासता

कब्र पर लात मारते हुए, महाशय जी ने पाँच रुपये का नोट ढीला कर दिया है और यह भूल गये हैं कि भाषा की उसी मिठास के लिए, उनके पैरों के नीचे सरकार साहब अशरफ़ियाँ बिछाने की बात कह रहे थे और यह बात वे ख़ुद कुछ ही मिनट पहले बता चुके हैं।'

तब पाँच का नोट उन्हें वापस करते हुए चेतन ने कहा, "आप फ़िक्र न कीजिए, उसके लिए आपको मुझे रिश्वत देने की ज़रूरत नहीं। मैं तो आपका पुराना मद्दाह[1] हूँ, मैं बहुत अच्छा मज़मून लिख दूँगा आपने मुझे 'बन्दे मातरम' में जगह दिलायी थी; 'मन्दिर' के ज़रिये आला अदबी हलकों में इण्ट्रोड्यूस किया है, मैं आपके लिए क्या एक मज़मून भी नहीं लिख सकता।"

रँगे हाथों पकड़ जाने वाले चोर की तरह, महाशय देवदर्शन का चेहरा लाल हो आया।...."नहीं-नहीं, रुपये तुम रखो," उन्होंने कहा, "मैंने तो अपने उसूल की बात कही थी, लेकिन दोस्तों में उसूल कहाँ चलते हैं।" वे खोखली-सी हँसी हँसे और बोले : "मैं चला न गया और यहाँ रहा तो मीटिंग में भी आने की कोशिश करूँगा।"

चेतन ने नोट जेब में रख लिया और रसीद काट कर उन्हें देते हुए उठा, "आप निश्चिन्त रहिए, मैं मज़मून ज़रूर लिख दूँगा। दरअसल हमारी फ़िल्मों को अच्छी कहानियों की अशद[2] ज़रूरत है, जो उनका मेयार[3] बुलन्द कर सके। फ़िल्मी दुनिया में आपके जाने से यह कमी पूरी हो जायेगी।" (मन में उसने सोचा —आपके सामने दूसरा चारा भी नहीं। पंजाबी पाठक हिन्दी कहानियाँ और हिन्दी के माध्यम से बंगला कहानियाँ पढ़ने लगे हैं। आपकी चोरी का राज़ उन पर खुलने लगा है। फ़िल्मी दुनिया में मौलिक प्रतिभा की ज़रूरत नहीं, सफ़ाई से चोरी कर सकने की प्रतिभा ही दरकार है। निश्चय ही आप वहाँ ख़ूब कामयाब होंगे।)

और उसने उन्हें 'नमस्कार' किया। इस बार महाशय देवदर्शन उसके कन्धे पर हाथ रखे-रखे, सीढ़ियों तक आये। उसकी पीठ को थपथपा कर उन्होंने उसकी कामयाबी के लिए दुआ दी। चेतन सीढ़ियाँ उतरा तो उसे पीठ-पीछे महाशय जी की आवाज़ सुनायी दी :

"अगर मज़मून लिखो तो कटिंग भेजना न भूलना।"

चेतन ने रुक कर ओर मुड़ कर कहा, "निशाख़ातिर रहिए! लिखूँगा तो ज़रूर भेजूँगा।"

०

नीचे रेलवे रोड पर पहुँच कर चेतन कुछ क्षण वहीं खड़ा रहा। उसके मन में क्रोध भी था और उसे हँसी भी आ रही थी। वह उत्साहित भी था और उदास भी। उसे पूरा यकीन था कि महाशय देवदर्शन कलकत्ता ज़रूर जायेंगे और जिस गुण से उन्होंने लाहौर के मशहूर उद्योगपति, सरदार डिंगा सिंह के सुपुत्र को पटा लिया था, उसी से वे सरकार साहब को भी पटा लेंगे। चेतन को उम्मीद नहीं थी कि अब वे वापस आयेंगे। वापस आने की ज़रा

---

१. प्रशंसक
२. बेहद
३. स्तर

भी सम्भावना होती तो वे 'मन्दिर' को बेचने और यहाँ से बिसात उठाने की न सोचते। वे अब अपनी 'फ़ितरत निगारी' कायम रख पायेंगे और कहानियाँ लिखेंगे, चेतन को इसमें सन्देह था। 'तो क्या साहित्य उनके लिए सिर्फ़ फ़िल्मी कैरियर तक पहुँचने की सीढ़ी भर था ?' चेतन ने सोचा, 'साध्य नहीं, केवल साधन था ?'....और उसने तय किया कि ज़िन्दगी में वह कुछ भी करे, साहित्य का दामन नहीं छोड़ेगा। वह सब-जज बनेगा; जज बनेगा; हो सकता है, कभी हाईकोर्ट का जज भी बन जाय, लेकिन जैसे भी हो, रोज़ दो-एक घण्टे लिखता भी रहेगा। उसने 'बंगाल केमिकल,' कलकत्ता के मैनेजर की बात सुनी थी, जो साल में चार कहानियाँ लिखते थे और बंगला के प्रसिद्ध हास्यकार बन गये थे। तब जज होते हुए, वह क्यों महान कथाकार नहीं बन सकता ? 'अ मैन कैन डू, व्हॉट अ मैन हैज़ डन!' अपने पिता के शब्द उसके कानों में गूँज गये। महाशय देवदर्शन इसीलिए साहित्य का दामन छोड़ रहे हैं कि वे चुरा कर लिखते थे। चेतन ने तय किया, वह कभी दूसरे के ख़ज़ाने पर डाका नहीं डालेगा। भला-बुरा, अपना ही लिखेगा।

और वह चल पड़ा।

लेकिन दो ही कदम चल कर वह फिर रुक गया। हालाँकि महाशय देवदर्शन के यहाँ उसे काफ़ी समय लग गया था, लेकिन दायीं ओर की दुकान पर उसकी नज़र गयी तो उसने देखा कि अभी साढ़े ग्यारह ही बजे थे। पण्डित टेकराम 'शाहीं,' 'भीष्म' कार्यालय से दो-तीन फ़र्लांग आगे, 'अमृतधारा बिल्डिंग' के सामने, गली में रहते थे। वे एक बजे दफ़्तर जाते थे। 'अभी वे घर ही पर होंगे,' चेतन ने सोचा, 'क्यों न मैं उनसे भी मिलता चलूँ।' ....दफ़्तर में उप-सम्पादकों की मौजूदगी में उनसे बात करना कठिन था। उनके घर ही पर उनसे बात करना उसे बेहतर लगता था। वह मुड़ा और 'अमृतधारा बिल्डिंग' की ओर चल पड़ा।

०

पण्डित टेकराम 'शाहीं' शायद अपनी छोटी-सी मेज़ पर बैठे हुए कुछ लिख रहे थे, जब चेतन ने उनका दरवाज़ा खटखटाया। वे किवाड़ खोलने आये तो होल्डर उनके हाथों में था। महज़ आँख के इशारे से उसे अन्दर आने के लिए कह कर वे अपनी मेज़ पर जा बैठे और लिखने में तल्लीन हो गये।

चेतन जब पहली बार पण्डित रत्न के साथ उनसे मिलने आया था तो वे अपना व्यंग्य-कॉलम, 'परवाज़े शाहीं'[१] लिख रहे थे। 'शायद पण्डित 'शाहीं' अपना वही कॉलम लिख रहे हैं,' उसने सोचा, 'मुझे किसी दूसरे वक्त आना चाहिए था।' लेकिन उसने कुछ कहा नहीं। बैठने के लिए पलँग के सिवा, उस छोटे-से कमरे में, कोई जगह नहीं थी। वह चुपचाप उनकी मेज़ के पास जा कर खड़ा हो गया। वे बदस्तूर लिखते रहे।

चेतन को पहली बार एहसास हुआ कि वे कद के बेहद ठिगने हैं। मेज़ उनके सीने तक आती थी और वे कुर्सी में एकदम धँसे हुए लगते थे। पाँच-सात मिनट बाद (चेतन को लगा कि एक मुद्दत बाद, जिस बीच कि उसने 'नमस्कार' कर, लौट जाने की बात भी सोची) उन्होंने सिर उठाया, लेकिन उसे बैठने के लिए उन्होंने फिर भी नहीं कहा।

चेतन ने उन्हें ब्रोशर दिया और ज़बानी अपनी बात कही। वे कुछ क्षण सरसरी नज़र

---

१. बाज़ की उड़ान

से ब्रोशर पढ़ते रहे, फिर उनकी मक्खी-ऐसी मूँछों के नीचे, पतले-पतले होंटों पर एक व्यंग्य-भरी मुस्कान फैल गयी —ऐसे कि उनके बड़े-बड़े कान और भी बड़े दिखायी देने लगे।

"ये सभा-सोसाइटियाँ और मुशायरे वग़ैरह बेकार लोगों के मशग़ले हैं," उन्होंने तीखे स्वर में कहा, "यहाँ दिन-रात दोनों शिफ़्टों में तेरह-चौदह घण्टे काम करते हैं। हमारे पास इस सब चकल्लस के लिए कहाँ वक्त है ?"

वे क्षण भर रुके और फिर ब्रोशर पढ़ने लगे। उनकी मुस्कान ज़रा मुखर हो गयी और उसमें थोड़ा ज़हर भर गया।

"यह पाँच रुपये महीना आपने मेम्बरशिप का चन्दा रखा है, स्टेट्समैन का नामानिगार[1] तो पाँच रुपया महीना चन्दा दे सकता है, किसी उर्दू रोज़नामे[2] में काम करने वाला कोई जर्नलिस्ट नहीं दे सकता!"

"मैंने नाहक आपका वक्त ज़ाया किया, माफ़ कीजिएगा," उदास भाव से क्षमा माँगते हुए चेतन मुड़ने लगा कि उन्होंने उसे रोक लिया और बैठने की और कोई जगह न होने के कारण, पलँग पर बैठने के लिए कहा।

"नहीं, मैं ठीक हूँ," उसने कहा, "आप फ़िक्र न कीजिए।" और वह पूर्ववत खड़ा रहा।

'शाहीं' पण्डित नर्म हो गये। उन्होंने स्नेह-भरे स्वर में कहा : "तुम अदीब हो, अफ़साना-निगार और शायर हो, तुम यह किस चक्कर में पड़ गये ?" उन्होंने ज़रा-सा सिर उठा कर उसकी ओर देखा, "यह तो उन लोगों का काम है, जिनके पेट और जेबें भरी हों, या फिर जिनके पास करने को कुछ न हो।"

वे पल भर रुके। चेतन चुपचाप उनकी बात सुनता रहा। अपनी बात को जारी रखते हुए, वे बोले :

"तुम कहानियाँ लिखा करते थे, मुझे भेजते थे। तुम्हारे अन्दर अदब के जौहर को देख कर मैं छापता था। तुमने एक बार लिखा था कि तुम मशहूर अफ़साना-निगार बनना चाहते हो। सोसाइटी के इस चक्कर में, जानते हो, तुम्हारा कितना वक्त बर्बाद होगा ?"

वे चुप हो गये। चेतन भी चुप रहा। फिर उसने कहा :

"पण्डित रत्न की सलाह से मैंने सोसाइटी शुरू की है। अब इसे किसी सिरे पर चढ़ा कर ही पीछे हट सकता हूँ। आपकी बात मैं उन तक पहुँचा दूँगा। वे कहेंगे तो कल छोड़ दूँगा।"

"वे कहें या न कहें," 'शाही' पण्डित ने कद्रे तल्ख़ी से कहा, "तुम्हें अपना भला-बुरा ख़ुद देखना चाहिए। पण्डित रत्न तमाशाई आदमी हैं। उनका क्या जाता है, तुम्हारी तो ज़िन्दगी बर्बाद हो जायेगी।"

चेतन क्या जवाब दे, उसकी समझ में कुछ भी न आया। कुछ क्षण वह असमंजस में चुपचाप खड़ा रहा। फिर उसने कहा, "आपकी हमदर्दी के लिए मैं बेहद मशकूर हूँ। मैं

१. पत्र-प्रतिनिधि

२. दैनिक पत्र

आपकी बात पर ग़ौर करूँगा। आप मसरूफ़ थे, आपका कीमती वक्त ज़ाया किया, माफ़ कीजिएगा।"

और उन्हें 'आदाब अर्ज़' कह कर वह चला आया।

सत्रह

महाशय देवदर्शन और पण्डित 'शाहीं' से मिल कर चेतन फिर तीन दिन अपने घर में बैठा, अपने 'मास्टर पीस' अफ़साने लिखने की कोशिश करता रहा। लेकिन किसी अफ़साने का ख़याल चूँकि उसके दिमाग़ में पका नहीं था, इसलिए बार-बार कोशिश करने के बावजूद, उससे एक भी अफ़साना मुकम्मल नहीं हुआ....

कहानी लिखने की कोशिश में नाकाम हो कर, वह उसे लिखना छोड़, हार्मोनियम पर जा बैठता और अपनी कनसुरी आवाज़ में कोई शास्त्रीय गीत या भजन गाने लगता। कुछ देर बाद फिर कहानी पर आ जुटता। लिखता, काटता, फिर लिखता और खीझ कर फिर बाजे पर जा बैठता....इस प्रकिया में, यद्यपि उस दौरान वह कोई कहानी तो दूर, उसका एक ऐसा पृष्ठ भी नहीं लिख सका, जिससे वह पूर्णतः सन्तुष्ट हो, लेकिन यह ज़रूर हुआ कि उसके दिल-दिमाग़ पर जो बोझ था, वह कम हो गया....

सोसाइटी की मेम्बरशिप के सिलसिले में अपने अभियान से वापस आ कर उसका दिमाग़ ख़ासा परेशान रहा था —एक तरफ़ पण्डित 'शाहीं' की बातें उसके दिमाग़ में आतीं और उसे लगता कि वह बेकार अपना कीमती समय बर्बाद कर रहा है और उसे सोसाइटी के झंझट से मुक्ति पा लेनी चाहिए, दूसरी तरफ़ कविराज के उपदेश उसके कानों में गूँजने लगते और उसे महसूस होता कि उसे यूँ हथियार नहीं डालने चाहिएँ। उसने एक काम का बीड़ा उठाया है तो भरसक उसे पूरा करना चाहिए। ज़रा-सी रुकावट अथवा आलोचना से हतोत्साह हो कर अगर वह यूँ उसे छोड़ देगा तो वह किसी काम को सिरे न चढ़ा पायेगा।

आख़िर उसने कविराज की ही बात मानी और चौथे दिन काग़ज़-कलम-दवात और हार्मोनियम को उनके हाल पर छोड़ कर, उसने सोसाइटी की रसीद-बुक और परिपत्र उठाये और घर से निकल पड़ा....

०

इस बार चेतन ने अपने हमले का रुख़ हिन्दू अख़बारों के पत्रकारों की बजाय, मुस्लिम अख़बारों की ओर मोड़ा — दैनिक 'सियासत,' 'ज़मींदार,' 'इन्कलाब' के सम्पादकों और पत्रकारों से वह मिला, मासिक 'आलमगीर' और 'नैरंगे-ख़याल' के दफ़्तरों में वह गया और सरक्युलर रोड से ले कर अकबरी मण्डी और दिल्ली दरवाज़े तथा बीडन रोड से ले कर फ़्लेमिंग रोड तक — मुसलमान बस्तियों, गली-बाज़ारों, मुहल्लों और अहातों की ख़ाक उसने छान डाली। लेकिन इस सब कूचा-गर्दी के बावजूद, वह एक भी मेम्बर नहीं बना पाया।

तभी, जब हताश और निराश, वह एक दोपहर फ़्लेमिंग रोड से गुज़र रहा था, सरक्युलर रोड से दो-तीन फ़र्लांग इधर ही, दायीं ओर एक अहाते के बड़े-से मेहराबदार गेट पर लगे छोटे-से चौकोर बोर्ड पर उसकी नज़र गयी। बड़े-बड़े अक्षरों में लिखा था — 'रोमान!'

अचानक चेतन के दिमाग़ में एक नाम गूँजा —अख़्तर शीरानी! —उर्दू का बदनाम रोमानी शायर —युवकों की श्रद्धा और बुज़ुर्गों की उपेक्षा का मरकज़[१] !....

उसने देखा —मेहराबदार गेट के साथ ही एक बेकरी थी। ज़रा-सा आगे बढ़ कर चेतन ने उसके मालिक से पूछा, "क्या अख़्तर शीरानी यहीं रहते हैं ?"

"अन्दर चले जाइए। अहाते के दायीं ओर दायें कोने वाले मकान की सीढ़ियों पर दस्तक दीजिए।"

चेतन का मन हुआ, उसी वक्त वह अहाते में चला जाय। लेकिन वह सवेरे से निकला हुआ था, डेढ़ बजने को आ गया था और उसका घर वहाँ से डेढ़-एक मील दूर था। वह अहाते के अन्दर जा कर, वहीं से मकान देख आया और उसने तय किया कि सुबह उनसे मिलेगा।....

०

....और सुबह आठ बजते-न-बजते चेतन तैयार हो गया। अपनी कहानियों के तराशों की फ़ाइल उसने बग़ल में दबायी, सोसाइटी के ब्रोशर, रसीद-बुक तथा 'चमन बुक डिपो' से छपे, अपने कथा-संग्रह की एक प्रति हाथ में ली और एक नये उत्साह से अपने महबूब शायर से मिलने चल पड़ा।

०

फ़्लेमिंग रोड को जाते-जाते उसके सामने कॉलेज के दिन घूम गये, जब पत्र-पत्रिकाओं से अटे और सिगरेट के धुएँ से भरे हमीद के कमरे में वे मासिक 'ख़यालिस्तान' में अख़्तर शीरानी की नज़्में पढ़ कर सिर धुना करते थे। अख़्तर के कलम से जितनी भी नज़्में 'ख़यालिस्तान' में छपी थीं, चेतन को सब कण्ठस्थ थीं, लेकिन 'ख़यालिस्तान' एक-डेढ़ साल बाद ही बन्द हो गया था और लाहौर आ कर चेतन अपनी रोज़ी-रोटी के संघर्ष में इतना उलझ गया था कि उसे अख़्तर शीरानी का पता ढूँढने और उनसे मिलने का ख़याल भी नहीं रहा था। कभी भूले-बिसरे, किसी सुखद सपने-ऐसे, हमीद के साथ गुज़ारे दिनों और अख़्तर शीरानी की नज़्मों का ख़याल उसे जरूर आता, लेकिन दैनन्दिन ज़िन्दगी की उलझनों में खो जाता। एक-डेढ़ महीना पहले अनारकली के चौरस्ते में 'फ़ज़ल बुक डिपो' के स्टॉल पर पत्र-पत्रिकाएँ देखते हुए, यदि चेतन की नज़र अचानक 'रोमान' के पहले अंक और उस पर सम्पादक के नाते अख़्तर शीरानी के नाम पर न पड़ती तो शायद वह फ़्लेमिंग रोड के उस बोर्ड को देख कर यूँ न चौंकता और न अपने महबूब शायर से मिलने की उत्कण्ठा उसके दिल में यूँ बलवती हो उठती।

उन लोगों के मन में, जो भले-बुरे, गत-आगत की चिन्ता छोड़ कर इश्क नहीं कर सकते, उस तरह के प्रेमियों के प्रति जो ईर्ष्या-भरा भाव होता है, कुछ वैसा ही चेतन के

१. केन्द्र

मन में अख़्तर शीरानी के प्रति था। वह कैसा शायर है, जो किसी प्रशंसिका का पहला पत्र पा कर ही भावना भरी, लम्बी कविता लिखता है। उस पत्र पर पता न होने की शिकायत करता हुआ एक और कविता लिख डालता है। फिर जब इसी बेचैनी में (कि उसे उस अनजान चाहने वाली का पता मालूम नहीं) वह दसियों रोमान-भरी कविताएँ काग़ज़ पर उतार देता है तो उसकी उस अज्ञात प्रेयसी का दिल पसीज उठता है और वह उसे पते-समेत एक सुगन्धित पत्र भेजती है, तब उसे पा कर वह एक और ज़ोरदार कविता लिख देता है और अपनी कविता में उससे मिलने की उत्कण्ठा व्यक्त करता है। आख़िर जब उस अनजान चाहने वाली का पैग़ाम पहुँचता है कि वह आधी रात को उसका इन्तज़ार करेगी और अपने कमरे की खिड़की से संकेत देगी तो इसी सुखद आशा को वह एक और भावना-भरी कविता में पिरो देता है। भेंट करके आता है तो फिर कविता लिख डालता है। एक बार देख कर फिर देखने की हसरत (कविता ही में) व्यक्त करता है और जब वह पत्र लिखती है (क्योंकि वह लाहौर के अच्छे घर की पढ़ी-लिखी लड़की है) कि उसे बदनामी का डर है तो उसके उस ख़त को शायरी का लिबास पहना देता है।....जिस कवि की हर साँस में मुहब्बत है, रोमान है और दिलों में हलचल मचा देने वाली ऐसी भावनाएँ हैं, जो अनायास पंक्तियों का रूप ले लेती हैं, वह शायर देखने में, मिलने में, बात करने में कैसा होगा ?....चेतन जानता था कि वह स्वयं वैसा नहीं कर सकता। उन दिनों, जब वह कुन्ती से प्यार करता था और सिर्फ़ उसकी खिड़की के नीचे से गुज़र जाने अथवा उसकी एक झलक पा लेने पर उसकी रातें अख़्तर ही की तरह सपनों से आबाद हो जाती थीं, एक दिन उसके मित्र अनन्त ने कहा था कि वह चाहे तो उसकी शादी वहाँ हो सकती है, तब चेतन के तर्क ने उसका रास्ता रोक लिया था —कौन जाने वह लड़की, जो देखने में इतनी सुन्दर लगती है, पत्नी बन जाने के बाद भी उतनी अच्छी लगेगी ? —पत्नी के साथ ज़िन्दगी भर का निबाह करना होता है, सूरत से ज़्यादा सीरत चाहिए और उसने अनन्त को रोक दिया था....

लेकिन ऐसा शायर, जो विवाहित होते हुए भी किसी से वैसा तर्कहीन प्यार कर सकता है; जिसकी नज़्में दिल की धड़कनों को तेज़ कर देती हैं, चेतन उसे देखना चाहता था, उससे बात करना चाहता था। (और चूँकि वह शुरू से एक पन्थ दो काज में विश्वास रखता था, इसलिए उसने अपनी छपी हुई कहानियों के तराशों की फ़ाइल साथ ले ली थी कि यदि सम्भव हुआ तो वह 'रोमान' में लिखने का डौल बैठायेगा। सोसाइटी का बहाना उसके पास था। कितना अच्छा हो, अगर अख़्तर उससे प्रभावित हो जायें और उसकी रचनाएँ 'रोमान' में छपने लगें।)

फ़्लेमिंग रोड को जाते हुए चेतन के दिमाग़ में अख़्तर शीरानी की कई नज़्में घूम गयीं....

....उस युवती का पहला ख़त पा कर लिखी हुई नज़्म के शे'र, जिसे अख़्तर ने 'सलमा' के नाम से मशहूर कर दिया था :

उस शोख़ ने लिखा है हमें पहली बार ख़त
जिस पर फ़िदा हज़ार नहीं, सौ हज़ार ख़त

हैरान हूँ कि इन में करूँ किस पे मैं यक़ीं
य' बे-हिजाब तर्ज़,[1] ये बेगानावार[2] ख़त

सलमा के मकान का पता न होने से और (ख़त की मुहर से यह जान लेने पर कि वह लाहौर ही की है) गली-कूचों में उसका घर ढूँढते-फिरने की कोशिश में लिखी गयी ग़ज़ल :

दिल-ए-महजूर[3] को तस्कीन[4] का सामाँ न मिला
शहर-ए-जानाँ में हमें मस्कन-ए-जानाँ[5] न मिला
कूचा-गर्दी[6] में कटी शौक की कितनी रातें
फिर भी उस शम'ए-तमन्ना[7] का शबिस्ताँ[8] न मिला
यूँ तो हर राहगुज़र[9] पर थे सितारे रक्साँ[10]
जिसकी हसरत थी मगर वो मह-ए-ताबाँ[11] न मिला,

.... ख़ुशबू में बसा हुआ सलमा का ख़त पा कर लिखी हुई ग़ज़ल :

फिर वही नक्हत-ए-मस्ताना[12] किधर से आयी
महरम-ए-गेसू-ए-जानाना[13] किधर से आयी
एक दिन जिस से महकता था हरीम-ए-सलमा[14]
वही ख़ुशबू दिल-ए-दीवाना किधर से आयी
एक भूला हुआ ख़्वाब एक भुलाई हुई याद
ले के ऐ मूनिस-ए-जानाना[15] किधर से आयी

....सलमा का यह पैग़ाम पा कर कि वह आधी रात को अख़्तर का इन्तज़ार करेगी, मसर्रत के जोश में लिखी हुई लम्बी नज़्म, जिस पर चेतन और हमीद ने न जाने कितना सिर धुना था :

कितनी शादाब है दुनिया की फ़ज़ा आज की रात
कितनी सरशार है गुलशन की हवा आज की रात

---

१. संकोचहीन शैली
२. बेगानों की तरह
३. विरह के मारे
४. शान्ति
५. प्रिय के नगर में प्रिय का निवासस्थान
६. गलियों की ख़ाक छानना
७. आकांक्षा की शमअ याने प्रेयसी
८. जहाँ आदमी रात गुज़ारे —घर
९. रास्ता
१०. नृत्य-मग्न
११. चमकता हुआ चाँद
१२. मद-भरी सुगन्ध
१३. प्रिय के कुन्तलों से परिचित
१४. सलमा का घर
१५. प्रिय की साथिन

कितनी फ़य्याज़[1] है रहमत की घटा आज की रात
किस कदर ख़ुश है ख़ुदाई से ख़ुदा आज की रात
कि नज़र आयेगी वो माहलिका[2] आज की रात
दास्तान-ए-दिल-ए-बेताब सुनायेंगे उन्हें
आप रोयेंगे, गले मिल के रुलायेंगे उन्हें
ख़ुद ही फिर रोने में हँस देंगे हँसायेंगे उन्हें
और जुर्रत की तो सीने से लगायेंगे उन्हें
नित-नये जज़्बों की है नश्व-ो-नुमा[3] आज की रात
लेकिन इज़हार-ए-ख़यालात[4] करेंगे क्योंकर
शर्म आती है, मुलाकात करेंगे क्योंकर
बात करनी है, मगर बात करेंगे क्योंकर
ख़त्म यह ख़्वाब-की-सी रात करेंगे क्योंकर
आह! यह आज की, यह ख़्वाब-नुमा आज की रात

....और फिर वो मशहूर नज़्म, जिसमें अख़्तर ने सलमा से दोबारा मिलने, उसे एक बार और देखने की ख़्वाहिश ज़ाहिर की थी :

तुम्हें सितारों ने बे-इख़्तियार[5] देखा है
शरीर[6] चाँद ने भी बार-बार देखा है
सुनहरी धूप की किरनों ने बाम[7] पर तुमको
बखेरे गेसू-ए-मुश्कीं-बहार[8] देखा है
कभी जो उट्ठी हो गेसू सँवारने के लिए
तो आईने ने तुम्हें हमकनार देखा है
मगर मेरी निगह-ए-शौक को शिकायत है
कि उसने तुमको फ़कत एक बार देखा है
दिखा दो एक झलक और बस निगाहों को
दोबारा देखने की है हवस निगाहों को

और इसके जवाब में सलमा की वह नज़्म :

किसी की चश्म-ए-हवस-आशकार क्यों देखे[9]
किसी को यूँ कोई गुस्ताख़वार[10] क्यों देंखे

---

१. उदार
२. चाँद-सी तन्वंगी
३. पैदा होना और बढ़ा।
४. विचारों की अभिव्यक्ति
५. अनायास
६. उद्दण्ड, शरारती
७. छत
८. सुगन्धित कुन्तल
९. किसी की वासना की दृष्टि हमें खुले में क्यों देखे
१०. उद्दण्डता से

'दोबारा देखने की है हवस निगाहों को'
कोई यह सुर्ख़ी-ए-अफ़सानाकार[१] क्यों देखे
यह जुर्म कम है कि इक बार हम को देख लिया
कोई शरीर[२] हमें बार-बार क्यों देखें

लगाओ यूँ न कहीं बे-सबब निगाहों को
कलम को सब्र सिखाओ, अदब निगाहों को

....और यह देख कर कि उसे चाहने वाला शायर अपनी नज़्मों में कुछ ख़ास किस्म के इशारे करने लगा है, जब सलमा ने संकेत में सिर्फ़ एक पंक्ति लिखी :

ज़ब्त ऐ इश्क इस अफ़साने को यूँ आम न कर

तो अख़्तर ने इसे यूँ किताः[३] में बाँध दिया :

शे'र में ज़िक्र किसी का दिल-ए-नाकाम न कर
उसने लिक्खा है कि यूँ हमें बदनाम न कर
ग़ैरत-ए-हुस्न[४] को मंज़ूर नहीं रुस्वाई[५]
ज़ब्त-ऐ-इश्क इस अफ़साने को यूँ आम न कर'

एक के बाद एक नज़्म, एक के बाद एक ग़ज़ल चेतन के दिमाग़ में घूम रही थी। और वह सोचता था कि उसका प्रिय शायर कैसा होगा ? उससे मिलेगा भी या नहीं ? बात भी करेगा या नहीं। 'ख़यालिस्तान' में उसने हैट लगाये हुए अख़्तर का जो फ़ोटो देखा था —उससे वह कुछ अन्दाज़ा न लगा पाया था, सिवा इसके कि अख़्तर हृष्ट-पुष्ट शायर है और उसकी मूँछें रॉनल्ड कोलमैन स्टाइल में, थोड़ी कम लम्बी हैं। वह चेतन को मिलने का अवसर देगा तो वह उसे प्रभावित कर लेगा, इसका चेतन को पूरा विश्वास था।

उसे अख़्तर के यहाँ जो सबसे अच्छी बात लगती थी, वो यह थी कि अख़्तर हिन्दुस्तान का शायर लगाता था, फ़ारस या अरब का नहीं। उसकी नज़्मों में चेतन को रावी और चनाब; गायों और बकरियों; चिड़ियों और कोयलों; बेला और गुलाब —हिन्दुस्तान के गाँवों, बाग़ों, दरियाओं, टीलों-टेकरियों, पशु-पक्षियों और यहाँ के लोगों की भावनाओं का ज़िक्र मिलता था और उस वक्त, जब वह लाहौर के मशहूर शिक्षाविद, हाफ़िज़ महमूद अहमद शीरानी का बेटा था; ख़ुद 'अदीब फ़ाज़िल' था; न सिर्फ़ फ़ारसी का पण्डित था, उसमें शे'र भी कहता था —अपनी रोमानी ग़ज़लों और नज़्मों में वह ऐसी आसान ज़बान इस्तेमाल करता था था कि वे सीधे दिल में घर करती चली जाती थीं। फिर प्रायः उर्दू शायरों का महबूब कोई कमसिन लड़का होता था, जब कि अख़्तर ने पहली बार अपनी तमाम नज़्में एक युवती को सम्बोधित करते हुए लिखी थीं।

अख़्तर से मुलाकात करने में एक ही झिझक चेतन को थी; उसने सुना भी था और

---

१. ऐसा शीर्षक जिसमें कहानी छिपी है।
२. उद्दण्ड
३. ग़ज़ल की चार ऐसी पंक्तियाँ, जिनमें पूरा एक भाव व्यक्त किया गया हो
४. प्रेयसी की लज्जा
५. बदनामी

पढ़ा भी कि अख़्तर ख़ूब पीते हैं और सलमा के इश्क में अपने आप को बर्बाद कर रहे हैं। पण्डित रत्न ने उसे बताया कि जब उनके वालिद को इस बात का पता चला और उन्होंने उस मुहब्बत पर (जो वास्तव में एक अदीबा से लम्बे-लम्बे पत्र-व्यवहार, और केवल दो प्लेटॉनिक मुलाकातों तक सीमित थी) उन्हें डाँटा तो अख़्तर ने अपनी वह मशहूर नज़्म 'ऐ इश्क कहीं ले चल' लिखी। तब चेतन नहीं जानता था कि जिस नज़्म को वह और हमीद पागलों की तरह गाया करते थे, उनके महबूब शायर ने अपने घरवालों के परेशान करने पर इन्तिहाई मानसिक कष्ट में लिखी थी....

फ़्लेमिंग रोड को जाते-जाते अख़्तर की उस बदनाम, लेकिन रहस्यमय ज़िन्दगी और उनकी रोमानी नज़्मों के भँवरों में डूबता-उतराता, चेतन कब उनके अहाते में पहुँच गया, उसे ध्यान नहीं रहा। वह तब चेता, जब वह अहाते से दायीं ओर वाले उस मकान के नीचे — चौड़ी, बन्द गली में खड़ा था। दायीं ओर वही मकान था, जिसकी सीढ़ियों पर दस्तक देने की बात पिछले दिन बेकरी वाले ने कही थी; उसके ऐन सामने गली की बायीं ओर, सिर्फ़ एक कमरा बना था, जिसका दरवाज़ा खुला था और जिस पर 'रोमान' का बोर्ड लटका था। सीढ़ियों पर दस्तक देने की बजाय चेतन उधर को बढ़ा। मँझले कद का एक पहलवान-सा दीखने वाला आदमी, तहमद-कमीज़ पहने, फ़र्श पर झड़ू दे रहा था।

"क्यों साहब, अख़्तर शीरानी कहाँ रहते हैं ?" चेतन ने पूछा।

झाड़ू लिये-लिये वह व्यक्ति उठा। अपने मोटे होंट ज़रा-सा विकुंचित करते हुए उसने पूछा, "कहिए।"

चेतन क्षण भर उसे देखता रहा गया। चौकोर, लेकिन तंग माथे पर पीछे को सँवारे हुए बाल, चौड़ाई लिये हुए गोल चेहरा, रॉनल्ड कोलमैन-नुमा बारीक, लेकिन कद्रे छोटी मूँछें, भरे-भरे गाल, बड़ी-बड़ी बाहर को निकलती आँखें, गठा हुआ कसरती शरीर, मैली-सी कमीज़ और तहमद — 'ख़यालिस्तान' में देखे हुए अख़्तर के चित्र में और उस चेहरे में चेतन को थोड़ी समानता लगी, लेकिन उसे यकीन नहीं आया कि इस पहलवान-सिफ़त व्यक्ति के पहलू में वैसा नर्म-हस्सास और मुहब्बत-भरा दिल है और यही वह मशहूर शायर है, जिसकी नज़्में नौजवानों के दिलों में हलचल मचा देती हैं। एक निहायत बेतुका ख़याल चेतन के दिल में आया — इस आदमी के हाथ में अगर छुरा हो और सामने छत से बकरे का गोश्त टँगा हो तो यह बिलकुल कसाई लगे। लेकिन उसने इस ख़याल को बरबस अपने दिमाग़ से भगा दिया।

उस शख़्स ने 'कहिए!' कुछ इस अन्दाज़ में कहा था कि चेतन को यकीन हो गया हो-न-हो, वह अख़्तर शीरानी के सामने खड़ा है। क्षण भर चेतन चकित-सा खड़ा रहा। हालाँकि उसने अख़्तर शीरानी का बस्ट 'ख़यालिस्तान' में देखा था, लेकिन उसने सपने में भी इस सरापे की कल्पना न की थी। उसका ख़याल था, हैट के नीचे अख़्तर के बाल घुँघराले होंगे, आँखों में मस्ती होगी; हृष्ट-पुष्ट ही सही, पर लम्बा-छरहरा शरीर होगा....और यहाँ तहमद-कमीज़ पहने उसके सामने जो व्यक्ति खड़ा था, वह....लेकिन दूसरे ही क्षण चेतन सँभल गया। उसने 'आदाब अर्ज़' करते हुए अपना परिचय दिया, ('बन्दे मातरम' के सम्पादन-विभाग में काम करने, 'मन्दिर' में कहानियाँ छपने और महाशय देवदर्शन तथा मुंशी चन्द्रशेखर से प्रशंसा पाने का उसने विशेष उल्लेख किया) फिर उसने बताया कि कैसे

कॉलेज में वह और उसका मित्र हमीद, दोनों 'ख़यालिस्तान' पढ़ा करते थे और उनकी नज़्मों के शैदाई थे और कैसे उनकी अधिकांश नज़्में चेतन को उस वक्त भी याद थीं।

"यूँ तो मुझे यहाँ आये दो बरस से ऊपर हो चुके हैं," चेतन ने कहा, "लेकिन मैं ज़िन्दगी की गर्दिश में ऐसा फँसा रहा कि दम लेने की फ़ुर्सत नहीं मिली और मैं पहले आप से मुलाकात नहीं कर सका। आपका पता भी मेरे पास नहीं था। पिछले महीने अचानक 'रोमान' पर नज़र पड़ी। बड़ी ख़ुशी हुई कि आपने फिर परचा निकाला है। इधर से गुज़र रहा था कि बोर्ड दिख गया, सो आप की ज़यारत को चला आया।"

अख़्तर प्रकट ख़ुश हुए थे। लेकिन उन्होंने कहा कुछ नहीं।

चेतन की समझ में नहीं आया कि अब वह क्या कहे ओर सोसाइटी की बात कैसे चलाये। जो व्यक्ति तीन-चार रुपये महीने का छोकरा अपने दफ़्तर की सफ़ाई के लिए नहीं रख सकता, वह पाँच रुपये महीने चन्दा कैसे देगा! चेतन अपनी छपी हुई कहानियों के तराशे दिखा कर 'रोमान' में एकाध कहानी के छपने की बात भी चलाना चाहता था। लेकिन जिस स्थिति में वह अपने महबूब शायर से मिला था, उसमें बातचीत के रास्ते बन्द-से लगते थे। तो भी उसने कहा :

"आप ख़ुद क्यों झाड़ू-बुहारी कर रहे हैं। कोई छोकरा वग़ैरा क्यों नहीं रख लेते ?"

"छोकरा है, बीमार हो गया है।" अख़्तर ने कहा, " 'रोमान' के लिए एक आदमी रखा है, जो आज से आयेगा। मेरा कमरा तो ऊपर है," उन्होंने पहली मंज़िल की खिड़कियों की तरफ़ इशारा किया, "वहाँ क्लर्क वग़ैरह के बैठने की सहूलत नहीं। यह कमरा बरसों से बन्द पड़ा था। अब्बा ऊपर क्लर्क का बैठना पसन्द नहीं करते, उन्होंने यही कमरा दिया है। सोचा ख़ुद ही साफ़-वाफ़ कर दूँ, वरना जिस आदमी को रखा है, वो कहाँ बैठता ? यह तो अपना ही काम है, इसमें शर्म कैसी ?"

इतने में चेतन ने तय कर लिया था कि वह कैसे बात करे। उसने कहा :

"मेरे अफ़सानों की एक किताब छपी है, वह आप की नज़र करनी थी, आपको अपनी कुछ कहानियाँ दिखानी थीं और 'ग़ैर मारूफ़ जर्नलिस्ट' साहब की सलाह से मैंने एक सोसाइटी शुरू की है, उसके सिलसिले में भी आपकी कुछ मदद दरकार थी...."

"आप ज़रा यहीं रुकिए, मैं सफ़ाई ख़त्म कर लूँ, फिर ऊपर चल कर बैठते हैं।"

चेतन धूल से बचने के लिए गली में ज़रा पीछे को हो कर खड़ा हो गया था और नौजवानों का वह महबूब शायर, पूर्ववत, कमरे में झाड़ू देने लगा था।

०

अहाते से निकली उस संक्षिप्त, चौड़ी-सी बन्द गली में, एक तरफ़ दफ़्तर 'रोमान' और दूसरी तरफ़ हाफ़िज़ महमूद अहमद शीरानी के मकान के बीचों-बीच हैरान-सा खड़ा चेतन यही सोचता रहा कि अख़्तर उसकी कल्पना से कितने भिन्न हैं ? उसने सूट-बूट में मलबूस, घुँघराले बालों वाले एक ख़ुशपोश शायर की कल्पना की थी, लेकिन बराबर के कमरे में झाड़ू हाथ में लिये, जो शख़्स सफ़ाई कर रहा था, वह और चाहे जो लगता हो, शायर नहीं लगता था। तस्वीरें कितना धोखा देती हैं —वह मन-ही-मन उदासी से हँसा। अख़्तर को देख कर उसे थोड़ी निराशा हुई थी और इस शख़्स पर लाहौर के ही एक अच्छे घराने की

पढ़ी-लिखी, ख़ुद भी अच्छे शे'र कह लेने वाली, युवती मरती थी!....सचमुच हकीकत अफ़सानों से कितनी ज़्यादा दिलचस्प होती है!

तभी अख़्तर सफ़ाई ख़त्म करके, झाड़ू को कोने में टिका, कमरा बन्द कर, बाहर निकले — "आइए," उन्होंने चेतन से कहा और वे सामने के मकान की सीढ़ियाँ चढ़ गये।

सीढ़ियाँ चढ़ते ही, दायें-बायें, दोनों ओर दरवाज़े थे। अख़्तर दायीं ओर के कमरे में चेतन को ले गये। वह एक छोटा-सा कमरा था। उसमें सीढ़ियों से आने वाले दरवाज़े के बिलकुल सामने, एक दूसरे कमरे का दरवाज़ा था, जिस पर पर्दा पड़ा था। दरवाज़े की दायीं ओर, बाहर खुलने वाली खिड़की के साथ, एक मेज़ लगी थी। एक कुर्सी अख़्तर साहब के लिए और दो कुर्सियाँ मेज़ की दूसरी ओर आने वालों के लिए रखी थीं। फ़र्श पर एक मैली-सी फ़र्शी दरी बिछी थी। बस, इससे ज़्यादा फर्नीचर की गुंजाइश कमरे में नहीं थी।

"बैठिए। मैं आया।"

चेतन मेज़ के साथ लगी दोनों कुर्सियों में से एक पर बैठ गया। मेज़ एकदम साफ़ थी, उस पर किताबें और फ़ाइलें बड़ी करीने से सजी थीं। मेज़ के पीछे दीवार में बनी एक बे-किवाड़ों वाली अलमारी में किताबें और काग़ज़ बड़े सुरुचिपूर्ण ढंग से रखे हुए थे। कमरे में कहीं बेतरतीबी या अव्यवस्था नहीं थी। — 'यह शख़्स चाहे कितना भी मस्त-अलस्त हो, पर है नफ़ासत-पसन्द,' चेतन ने मन-ही-मन कहा और अपनी कहानियों का संग्रह निकाला। उस पर बहुत ख़ूबसूरत अक्षरों में :

शायर-ए-रोमान
जनाब 'अख़्तर' शीरानी के लिए
उनके एक पुराने अकीदतमन्द[१] की तरफ़ से
मुहब्बत ओर ख़ुलूस[२] के साथ

समर्पण लिखा और हस्ताक्षर किये। फिर वह फ़ाइल में कहानियाँ देखने लगा कि किन कहानियों की तरफ़ उनका ध्यान दिलायेगा, इतने में साबुन से हाथ-मुँह धो, दूसरी कमीज़-तहमद बदल कर और शायद एकाध पेग चढ़ा कर, अख़्तर साहब आ गये, क्योंकि जब वे उसके सामने आ कर अपनी मेज़ पर बैठे तो साबुन की हल्की-सी ख़ुशबू में मिली हुई शराब की बू चेतन के नथुनों को छू गयी।

"मेरे अफ़सानों का नया मजमूआ," चेतन ने कुर्सी से उठते हुए कहा और उसने दोनों हाथों से किताब उन्हें भेंट की।

अख़्तर साहब ने किताब खोल कर समर्पण देखा। कुछ पृष्ठ उलटे, मुंशी चन्द्रशेखर की भूमिका देखी। फिर उसका शुक्रिया अदा करते हुए किताब को दायीं ओर रख दिया और वादा किया कि 'रोमान' में ख़ुद उस पर लिखेंगे।

तब चेतन ने अपनी कहानियों की फ़ाइल दिखायी और बताया कि वह अब तक रोज़ाना अख़बारों के सण्डे एडिशनों में ही लिखता रहा है, लेकिन उसकी बड़ी आरज़ू है कि माहवार निकलने वाले अदबी परचों में भी उसकी कुछ चीज़ें छपें। 'मन्दिर' में उसकी

---

१. श्रद्धालु
२. सौहार्द

कहानियाँ छपी थीं, पर महाशय जी 'मन्दिर' छोड़, फ़िल्मी दुनिया में जा रहे हैं....

"तुम 'रोमान' के लिए लिखो, हम छापेंगे," सहसा अख़्तर साहब ने कहा।

"लेकिन मेरी रोज़ी का कोई सहारा नहीं, मैं चाहता हूँ, मुझे थोड़ा-बहुत कहानियों से मिलने लगे।"

"हम 'रोमान' में हर महीने एक बेहतरीन कहानी का ऐलान करते हैं और उस पर पाँच रुपये इनाम देते हैं," उन्होंने कहा, "तुम कहानी लिखो —जिस महीने तुम्हारी कहानी छपेगी, इनाम तुम्हीं को मिलेगा।"

"मैं ज़रूर लिखूँगा," चेतन ने कहा, "लेकिन अभी मैं दिमाग़ी तौर पर कुछ परेशान हूँ। किसी कहानी का ख़याल दिमाग़ में पका नहीं, और बिना पकाये कहानी लिखना ग़लत है। 'रोमान' के लिए मैं ऐसी कहानी लिखना चाहूँगा कि आप इनाम का ऐलान करें तो कोई उँगली न उठा सके।"

"किसी के उँगली उठाने की हम परवाह नहीं करते," अख़्तर ने निचला होंट ज़रा-सा बिदोरते हुए कहा।

चेतन को उनकी यह अदा बहुत भायी। वह मन्त्र-मुग्ध-सा उनकी ओर देखता रहा।

उसकी कहानियों की तराशों की फ़ाइल पलटते हुए उन्होंने अचानक पूछा, "इनमें कोई बढ़िया कहानी नहीं।"

"दो-तीन हैं।"

"जिसे तुम बढ़िया समझते हो, 'रोमान' के लिए दे दो। हम छाप देंगे। उस पर इनाम भी देंगे।"

"लेकिन ये तो छपी हुई हैं!" चेतन ने हैरत से कहा।

"माहनामे पढ़ने वाले रोज़नामों की कहानियाँ नहीं पढ़ते!" और उनके चेहरे पर कुछ ऐसी उदारता-भरी नर्म मुस्कराहट आ गयी —बेपरवाही और मस्ती-भरी —कि चेतन को लगा, जैसे वह चेहरा, जो पहली नज़र में उसे किसी कसाई का चेहरा लगा था, किसी जादू के असर से बड़ा प्यारा, भोला और दर्दमन्द बन गया है। चेतन अब सोसाइटी का ज़िक्र करना चाहता था, पर जाने उसके मन में क्या आयी कि कहानी छापने का वादा करने के लिए उनका शुक्रिया अदा करते हुए, उसने अचानक कहा, "मेरी बड़ी आरज़ू है कि आप मुझे अपनी कोई मन-पसन्द ग़ज़ल या नज़्म अपने दस्तख़तों के साथ लिख दें, ताकि मैं इस मुलाकात की याद के तौर पर उसे अपने पास रख सकूँ।"

अख़्तर क्षण भर गहरी नज़र से उसकी ओर देखते रहे। फिर वे उठे। कुर्सी के पीछे दीवार में बनी अलमारी के एक ख़ाने से उन्होंने आर्ट पेपर का एक टुकड़ा उठाया (शायद 'रोमान' के कवर का बचा हुआ तराशा था) और वे फिर मेज़ पर आ बैठे। दराज़ से उन्होंने कलम उठाया; दायीं ओर करीने से रखी चुटकी-लगी तख़्ती उठायी, उसमें काग़ज़ लगाया और चुपचाप लिखने लगे।

चेतने ने देखा उनके लिखने में त्वरा का दख़ल नहीं था। वे जैसे बड़े प्यार से धीरे-धीरे लिख रहे थे। तभी जैसे उसने पहली बार मेज़ और उनकी पीठ के पीछे बे-किवाड़ों की अलमारी में करीने से लगे सामान को देखा। चेतन ने अख़्तर की शराबनोशी

और बेराहरवी के दसियों किस्से सुने थे, लेकिन मेज़ पर करीने से रखे काग़ज़-पत्रों और पीठ-पीछे अलमारी में सजी किताबों को देख कर उसे लगा था कि यह शख़्स चाहे जितनी पीता हो (और वह उस वक्त भी —सुबह होने के बावजूद —थोड़ी पिये था) कहीं बहुत ही नफ़ासतपसन्द है। —जिसको अपने नये क्लर्क का इतना ख़याल है, नौकर की बीमारी में ख़ुद उसका कमरा झाड़-बुहार आये, वह अपना कमरा कैसे बेतरतीब रख सकता है! चेतन चुपचाप उन्हें लिखते देखता रहा। नज़्म ख़त्म कर, नीचे दस्तख़त करके और तारीख़ दे कर उन्होंने आर्ट पेपर का वह टुकड़ा तख़्ती से उतारा और उसकी ओर बढ़ा दिया।

चेतन ने देखा और कुछ क्षण वह देखता ही रह गया। लिखावट क्या थी —मोती पिरोये हुए थे। कातिब की लिखी दिखायी देती थी। अख़्तर ने एक बड़ी प्यारी-सी नज़्म लिख दी थी। वह चुपचाप पढ़ने लगा :

उन्हें जी से मैं कैसे भुला दूँ सखी, मेरे जी को जो आ के लुभा ही गये
मेरे मन में जो प्रेम बसा ही गये, मुझे प्रीत का रोग लगा ही गये
किये मैंने हज़ार-हज़ार जतन, कि बचा रहे प्रीत की आग से मन
मेरे मन में उभार के अपनी लगन, वो लगाव की आग लगा ही गये रहे
रात की रात सिधार गये, मुझे सपना समझ के बिसार गये
मैं थी हार, गले से उतार गये, मैं दिया थी, जिसे वो बुझा ही गये
सखी, कोयलें सावनी गायेंगी फिर, नयी कलियाँ भी छावनी छायेंगी फिर
मेरे चैन की रातें न आयेंगी फिर, जिन्हें नैन के नीर मिटा ही गये
मेरे जी में थी बात छिपाये रखूँ, सखि, चाह को मन में दबाये रखूँ
उन्हें देख के आँसू जो आ ही गये, मेरी चाह का भेद बता ही गये

और नज़्म की बायीं ओर उन्होंने शिकस्ता ख़त में नहीं, बल्कि ख़ुशख़त में अपने हस्ताक्षर किये थे और नीचे तारीख़ लिख दी थी —२६ मार्च, १९३४।

नज़्म पढ़ कर चेतन बड़ा ख़ुश हुआ। उसने शुक्रिया अदा करते हुए कहा —"आपकी लिखावट तो ऐसी ख़ूबसूरत है कि कातिब को भी मात करती है।"

"अब्बा जान ने हमें बचपन से दो ही चीज़ें सिखायीं —पहलवानी और ख़ुशख़ती। रिन्दी और इश्क हमने ख़ुद सीखा और इन्हीं दो का उन्हें मलाल है।" अख़्तर की आँखों में एक शरारत-भरी चमक पैदा हुई। "तुम नहीं जानते," उन्होंने कहा :

"अब्र की तरह गँवायी है जवानी मैंने।"

सहसा चेतन भूल गया कि वह उन्हें सोसाइटी का मेम्बर बनाने के लिए आया है। उनके अपने हाथों लिखी हुई नज़्म उसने बड़ी सावधानी से फ़ाइल में रखी और उठ खड़ा हुआ। तभी उसकी नज़र सोसाइटी के परिपत्रों पर गयी, जो उसने मेज़ पर रख दिये थे। तब सहसा उसने बड़े संकोच से कहा :

"जिस काम के बहाने आया था, वह तो भूल ही जा रहा हूँ।" और ब्रोशर उनके हाथ में देते हुए उसने सोसाइटी की बात कही और डरते-डरते उनसे (आजीवन परस्त नहीं) सिर्फ़ मेम्बर बनने का अनुरोध किया।

अख़्तर ने ब्रोशर लिया। उसे सामने रखे हुए भी न जाने कहाँ देखते रहे। फिर उन्होंने

कहा :

"हम ख़राब-हाल रिन्द हैं, सोसाइटियों वग़ैरा में नहीं जाते। और फिर चन्दा जिस जिन्स से दिया जाता है, उसकी हमारे यहाँ कमी है, अब्बा मुझसे बेहद नाराज़ हैं। वो चाहते थे, ओरिएण्टल कॉलेज में लड़कों को पढ़ाऊँ। वह सब मेरे बस का नहीं। यह 'रोमान' और उसका सारा ख़र्च मेरे एक मद्दाह ओर मेहरबान दोस्त उठाते हैं।" क्षण भर वे सोचते रहे, फिर बेपरवाही से बोले, "पर आइए, आपको चन्दा दिलवाते हैं।"

यह कह कर वे अचानक उठे, अन्दर कमरे में गये और कुछ क्षण बाद दायें हाथ की पिछली तरफ़ से होंट पोंछते बाहर आये। "चलिए," उन्होंने चेतन से कहा और सीढ़ियों की ओर बढ़े।

चेतन भी उनके पीछे उतरा। अपने ही ख़याल में मस्त, वे तहमद-कमीज़ पहने हुए ही तेज़-तेज़ चलते रहे। सरक्युलर रोड पर आ कर वे एक ख़ाली ताँगे पर जा बैठे।

"चलो भई, मोची दरवाज़े के अन्दर।"

चेतन हमेशा ताँगे की अगली सीट पर बैठता था, पर अख़्तर साहब उचक कर ख़ुद अगली सीट पर बैठ गये थे, इसलिए वह अनिच्छापूर्वक पिछली सीट पर बैठ गया। ताँगे का घोड़ा सरक्युलर रोड पर दुल्की चलने लगा तो चेतन की दृष्टि अगली सीट पर दीन-दुनिया से बेपरवाह, महज़ तहमद-कमीज़ पहने, अपने में मस्त बैठे, उस तीस-एक वर्ष के पहलवान-सिफ़त शायर पर गयी। सहसा उसे ख़याल आया —क्या सचमुच किसी शरीफ़ घराने की मुसलमान पढ़ी-लिखी अदीब लड़की उन पर मर सकती है ? कहीं इतनी सारी नज़्में उन्होंने किसी काल्पनिक हसीना के लिए तो नहीं लिखीं, ओर बिना सोचे-समझे, अगली सीट पर ज़रा-सा झुक कर उसने कहा :

"अख़्तर साहब, गुस्ताख़ी माफ़ हो तो एक बात पूछूँ।"

अख़्तर को हल्का-सा नशा हो आया था। हाथ को हवा में उठाते हुए उन्होंने ज़रूरत से ज़्यादा ऊँची आवाज़ में कहा, "शौक से!"

"आपने इतनी नज़्में सलमा को ले कर लिखी हैं, क्या सचमुच सलमा नाम की कोई हसीना है, या यह सब आपके तसव्वुर[१] का कमाल है ?"

अचानक अख़्तर ने दायीं बाँह पीछे की ओर डाल कर, बैठे-बैठे करवट ली। उनका चेहरा चेतन के इतना पास आ गया कि शराब की हल्की-सी बू उसके नथुनों में घुस गयी।

"तुम क्या सोचते हो ?"

"अगर सलमा सचमुच कोई हसीना है तब तो ठीक है और अगर यह आपके तख़ईल[२] का कमाल है तो आप एक अज़ीम[३] शायर हैं।"

फिर मुड़ कर पीछे बैठते और हाथ से हवा को चीरते हुए अख़्तर शीरानी ने अपनी भारी बुलन्द आवाज़ में कहा, "मैं बहुत अज़ीम शायर हूँ।"

और सीट में धँस कर उन्होंने टाँगें फैला लीं।

---

१. कल्पना

२. कल्पनाशीलता

३. महान

ताँगा मोची दरवाज़े में कब का दाख़िल हो चुका था। दो-एक बार अपनी मोटी नशीली आवाज़ में अख़्तर ने वही वाक्य दोहराया, "मैं अज़ीम शायर हूँ।"

चेतन को अस्वस्ति-बोध हुआ, क्योंकि हर बार दुकानदार और बाज़ार के दूसरे लोग ताँगे की तरफ़ देखने लगते। सौभाग्य से एक बहुत बड़े गोल दरवाज़े के पास पहुँच कर, जिस पर बहुत बड़ा बोर्ड लगा था — 'दारू शिफ़ा'[१] — अख़्तर साहब अचानक उठ बैठे और उन्होंने ताँगे वाले को उस बड़े मेहराबदार दरवाज़े के अन्दर ले जाने का हुक्म दिया।

चेतन ने देखा कि एक बहुत बड़ी हवेली का कुशादा अहाता है — सामने एक खुला बरामदा है, जिसमें एक तख़्त पर मसनद और गाव-तकिया लगाये, काली दाढ़ी वाले एक पतले-छरहरे नौजवान-हकीम, मरीज़ों में घिरे बैठे हैं। उस वक्त वे एक मरीज़ की नब्ज़ देख रहे थे कि सामने से आते ताँगे की अगली सीट पर बैठे 'अख़्तर' साहब पर उनकी नज़र पड़ गयी। मरीज़ की नब्ज़ छोड़, वे उठे और दोनों हाथ फैलाये, "अरे अख़्तर साहब, आज सुबह-सुबह कैसे ?" कहते हुए दालान की सीढ़ियाँ उतर आये और दोनों हाथों से अख़्तर का हाथ थाम, उन्हें ताँगे से उतारते हुए बड़े प्यार और सत्कार के साथ, वे उन्हें ले गये और अपने साथ तख़्त पर बैठाया।

चेतन उनके पीछे-पीछे गया और दालान की सीढ़ियों पर ही खड़ा रहा।

"अरे भाई नैयर, पाँच रुपये का एक नोट इन साहब को दे दो।" उन्होंने चेतन की ओर संकेत किया, "ये बड़े ज़बरदस्त अफ़साना-निगार हैं। हम 'रोमान' में इनके अफ़साने छापेंगे। लाहौर के इण्टलेक्चुअल्ज़ के लिए इन्होंने एक सोसाइटी खोली है और मेम्बर ये मुझ जैसे कम-अक्ल को बनाना चाहते हैं।" और वे नशीली-सी हँसी हँसे, "और एक रुपया ताँगे वाले को दीजिए, हम इसी में चले जायेंगे।"

और वे उठे।

हकीम साहब ने दोनों कन्धे थाम कर उन्हें बड़े अदब से फिर बैठा लिया।

"इतनी सुबह आप आये हैं, नाश्ता किये बिना आप नहीं जा सकते।" और उन्होंने चेतन की तरफ़ देख कर कहा, "आ जाइए साहब, आप भी इधर आ जाइए।" और 'भुल्लन मियाँ' नाम के किसी व्यक्ति को दो बार आवाज़ दी।

चेतन भी अन्दर चला गया और तख़्त के कोने पर ज़रा-सा बैठ गया।

तभी एक बुड्ढा नौकर आया। हकीम साहब ने उससे कहा कि बेगम साहब से उनका बटुआ ले आये और दो मेहमानों का नाश्ता तैयार करने लिए कहे।

अख़्तर साहब ने फिर कुछ नशीली-सी बड़बड़ाहट की कि : "नाश्ता छोड़ो, तुम्हारे मरीज़ बैठे हैं, हम शाम को आयेंगे।"

हकीम साहब जिस मरीज़ की नब्ज़ देख रहे थे, उसकी कलाई उन्होंने थाम ली थी। नब्ज़ देख कर उन्होंने नुस्ख़ा लिखा और अख़्तर साहब की ओर मुड़ कर बोले, "शाम को भी आइएगा।"

भुल्लन बटुआ ले आया। हकीम साहब ने पाँच रुपये चेतन को दिये। चेतन ने रसीद काटी और उठा। "बहुत-बहुत शुक्रिया," उसने हकीम साहब से कहा और फिर अख़्तर

---

१. आरोग्यशाला

साहब की तरफ़ मुड़ कर बोला, "मैं फिर हाज़िर हूँगा और अफ़साना भी लाऊँगा। आज बेवक्त आपको परेशान किया, माफ़ कीजिएगा।"

हालाँकि हकीम साहब ने कहा भी कि वह भी नाश्ता करके जाय, पर उसने क्षमा माँग ली।

तब अख़्तर ने हकीम साहब से कहा, "ताँगे वाले से कह दो, इनको इनके मकान पर छोड़ कर वापस आ जाय, हम इसी में घर जायेंगे। 'रोमान' के लिए एक क्लर्क को आज ही आने के लिए कहा है। बेचारा परेशान होगा।"

हकीम साहब ने भुल्लन को ताँगे वाले के सिलसिले में आदेश दिया और चेतन दोनों को 'आदाब' कह कर दालान के नीचे उतर आया।

अख़्तर साहब ने विदा के अन्दाज़ में सिर्फ़ हाथ हवा में उठा दिया।

o

ताँगे में बैठा चेतन सोच रहा था — यह तो बहुत ही भोला शायर है। अख़्तर को 'रोमान' के दफ़्तर में झाड़ू देते देख कर उसे निराशा हुई थी और 'ख़यालिस्तान' में उनके चित्र की याद आने पर उसने सोचा था कि तस्वीरें कितना धोखा देती हैं। 'लेकिन तस्वीरें ही नहीं, सूरतें भी धोखा देती हैं,' चेतन ने मन-ही-मन कहा, 'ख़ूब पढ़ा-लिखा और सभ्य दीखने वाला आदमी अन्दर से निहायत फूहड़ और असभ्य हो सकता है और इसका उलट भी सही है, अख़्तर के सन्दर्भ में तो सौ फ़ीसदी सही है।'....चेतन स्वयं कवि था और वह अपने आप कमरों को झाड़ता-बुहारता था, लेकिन वह अपनी आँखों में हीरो नहीं था। उसने कुन्ती से इश्क किया था, या नीला या प्रकाशो से, लेकिन वे तो अनपढ़ लड़कियाँ थीं, उनमें कोई भी सलमा-ऐसी, पढ़े-लिखे घर की, ख़ुद शे'र कहने वाली लड़की न थी। अख़्तर के बारे में उसने जो सुना और पढ़ा था, उसने उसकी आँखों में ऐसे शायर की तस्वीर बना दी थी, जो आम लोगों से भिन्न था। इसीलिए पहले साक्षात्कार में उसे निराशा हुई थी — लेकिन उन्हें देख लेने के बाद, उस रिन्दे-बलानोश[१] के लिए उसके मन में कुछ अजीब-सी दया उमड़ आयी थी। सलमा भले ही कोई सचमुच की युवती हो या अख़्तर के तसव्वुर की उपज, पर शायर ने जो रोमानी नज़्में उसे ले कर लिखी थीं, वे उर्दू शायरी में अद्वितीय थीं — ऐसा शायर, जिसे भगवान ने अत्यन्त भाव-प्रवण और हस्सास दिल दिया है; जो आठों पहर शे'रो-शायरी की दुनिया में डूबा रहता है और जिसका हर एहसास शब्दों और पंक्तियों का रूप धर कर उसके कलम की नोक पर आ जाता है; अपनी परम्पराओं और लीकों पर आदि काल से चली आने वाली दुनिया जिसे समझने में नितान्त अक्षम है, ऐसा शायर दुनिया की क्यों परवाह करे — सहसा अपार ममता और श्रद्धा से चेतन का मन उमड़ आया और उसने तय किया कि जैसे भी होगा, वह अख़्तर को अपनी सोसाइटी के मंच पर खींच ले जायेगा। दुनिया के बहरे कानों तक उनकी आवाज़ पहुँचायेगा और दुनिया की अन्धी आँखों को उनकी महानता देखने पर मजबूर करेगा।

चेतन अपने इन्हीं ख़यालों में मगन, सरक्युलर रोड पर बढ़ा जा रहा था कि सहसा बायीं ओर साप्ताहिक 'बहार' के दफ़्तर पर उसकी नज़र गयी और उसने ताँगे वाले को ताँगा

१. बला का पीने वाला मस्त व्यक्ति

रोकने के लिए कहा।

ताँगा रुक गया तो वह एक नये उत्साह से उतरा, "तुम वापस जाओ, अख़्तर साहब इन्तज़ार करते होंगे," उसने कहा और इससे पहले कि ताँगा मुड़ता, वह दफ़्तर 'बहार' की सीढ़ियाँ चढ़ने लगा।

अट्ठारह

उसी शाम को 'सोसाइटी फ़ॉर यू एण्ड मी' के सारे ब्रोशर और रसीद-बुकें बग़ल में दबाये, पण्डित रत्न के दरवाज़े पर खड़ा, चेतन ज़ोर-ज़ोर से किवाड़ खटखटा रहा था।

द्रवाज़ा खुला। चेतन के सामने दफ़्तर के लिबास में पण्डित जी खड़े थे — वे शायद तभी दफ़्तर से आये थे। उनके चमचमाते पम्प शू पर हल्की-सी गर्द पड़ी थी ; शलवार-कमीज़, जो सुबह लिश-लिश किया करती थी, थोड़ी मुचड़ गयी थीं, माथे पर मुसद्दी साफ़े का कोना पसीने से ज़रा-सा भीगा हुआ था और उनके चेहरे पर दिन भर के बाद काम की थकन थी। — कद्रे हैरत और खीझ से उन्होंने चेतन को देखा कि वह उतनी उतावली में क्यों किवाड़ खटखटा रहा था।

लेकिन चेतन ने उस ओर ध्यान नहीं दिया। बिना 'नमस्ते' या 'आदाब' कहे, ब्रोशर ओर रसीदें और उनकी ओर बढ़ाते हुए, वह बड़बड़ाने लगा :

"आपके और सूफ़ी साहब के पैसों से यह सब छपा है पण्डित जी, सो इस सबको आप ही रखिए। पिछले दस दिनों में कुल पन्द्रह रुपये चन्दा मैंने इकट्ठा किया है और सुबह से शाम तक घूमते-घूमते मेरे जूते घिस गये हैं। मुझे इस दौरान कुछ ज़्यादा ख़ुशगवार तजरुबे नहीं हुए, लेकिन आज सुबह लाला जीवनलाल कपूर ओर महाशय धर्मचन्द ने मेरे साथ जो सलूक किया और मुझे जो ताने दिये, उनसे तो मेरा हौसला बिलकुल पस्त हो गया है और मुझे लगा है कि यह रोग मेरे बस का नहीं। मैं चन्दे के रुपये भी ले आया हूँ। वो भी आप अपने पास ही रखिए। मैं...."

वहीं डेवढ़ी में खड़ा, वह धाराप्रवाह बोले चला जा रहा था कि दरवाज़ा बन्द करके और कुण्डी लगा कर पण्डित जी ने उसे दायीं बाँह के घेरे में ले लिया और अपने साथ ही आँगन में ले आये। "तुम यहाँ पीढ़े पर बैठो। मैं ज़रा निबट-निबटा कर आता हूँ, फिर बातें करते हैं।" उन्होंने बड़े स्नेह से कहा और उसे बरबस पीढ़े पर बैठा कर, कपड़े बदलने के लिए अन्दर चले गये।

मन-ही-मन खौलता हुआ चेतन, गुम-सुम बैठा रह गया। उसने यह भी नहीं देखा कि बायीं और खुले रसोई-घर में बैठी बीबी जी सालन पका रही हैं।

"कहो चेतन, कैसे हो ?" क्षण भर उसकी ओर चुपचाप देख कर, उन्होंने मुस्कराते हुए कहा।

चौंक कर चेतन न उन्हें 'नमस्ते' की। "अच्छा हूँ बीबी जी," उसने कहा और फिर

चुप हो गया।

तभी पण्डित जी कमीज़-तहमद पहने, बग़ल में कोई मैगज़ीन दबाये अन्दर से निकले। नल से उन्होंने लोटा भरा और ऊपर चले गये।

चेतन के लिए पीढ़े पर बैठे रहना कठिन हो गया। वह उठा और आँगन में घूमने लगा।

हालाँकि कविराज रामदास, महाशय देवदर्शन और 'तीर' जी के यहाँ भी उसे ख़ासी कोफ़्त हुई थी, लेकिन आँसू पोंछने भर को उसे चन्दा तो मिल गया था और यह सोच कर कि बीमा-एजेण्टों से उसकी स्थिति बहरहाल अच्छी है, चेतन कचोके खाने के बावजूद, उस अभियान पर साबित-कदमी से डटा रहा था। लेकिन चन्दा देना तो दूर रहा, उन दोनों महाशयों ने, जो हफ़्तावार अख़बारों के मालिक और एडिटर तथा छोटे-मोटे अदबी और सोशल लीडर थे, उसके साथ कुछ ऐसा व्यवहार किया कि चेतन का ख़ून उबल उठा था। उसने तय किया था कि रूमाल या बनियान-मोज़े बेच कर गुज़र कर लेना, सोसाइटी चलाने से कहीं बेहतर और स्वाभिमान-भरा है।

सबेरे से ले कर तब तक उस घटना के बारे में न जाने वह कितनी बार सोच चुका था, लेकिन पण्डित जी की प्रतीक्षा में आँगन के चक्कर लगाते हुए, वह सारी-की-सारी घटना फिर उसकी आँखों में घूम गयी।

o

अख़्तर शीरानी से अपनी कामयाब मुलाकात की ख़ुशी में ताँगा छोड़ कर, जब वह 'बहार' के कार्यालय की सीढ़ियों पर चढ़ा तो बरामदे में कदम रखते ही अचानक चेतन के सामने क्षण भर के लिए 'गेटी थियेटर,' शिमला की घटना कौंध गयी, जब महाशय धर्मचन्द और महाशय जीवनलाल कपूर उससे महज़ यह सूचना पा कर कि वह शाम को इम्तियाज़ अली 'ताज' के नाटक 'अनारकली' में पार्ट कर रहा है, 'गेटी थियेटर' पहुँच गये थे। उन्होंने उसे ग्रीन रूम से बरबस बुला लिया था और उसे बाँदी का लिबास पहने और नकली छातियाँ लगाये देख कर ठहाके मारने लगे थे। चेतन, महाशय धर्मचन्द को महाशय कपूर से किसी तरह बेहतर न समझता था। फ़र्क यही था कि महाशय कपूर ठहाके लगाते थे और महाशय धर्मचन्द भद्दे-से-भद्दा मज़ाक करते हुए, केवल अपनी कानी आँख से मुस्कराते थे।

उस घटना की याद आते ही चेतन का मन हुआ, वापस मुड़ जाय। लेकिन अख़्तर साहब के सद्व्यवहार से वह इतना उत्साहित हो आया था कि उसने उनकी फूहड़ता के लिए अपने अर्ध-चेतन में उन्हें क्षमा कर दिया था और तय किया था कि उन्हें 'सोसाइटी फ़ॉर यू एण्ड मी' का सदस्य बनने का अवसर देगा। वे सच ही सोसाइटी के सदस्य बन जायेंगे, शायद उसको विश्वास नहीं था; वह तो अपने उत्साह में अपनी कारगुज़ारी दिखाने के ख़याल ही से सीढ़ियाँ चढ़ गया और जिस जोश में सीढियाँ चढ़ गया था, उसी जोश में उस घटना की याद आ जाने के बावजूद, वह लौट नहीं सका और बढ़ता गया।

लम्बा बरामदा पार कर, उसके परले कोने में मेज़ पर ही दोनों बाँहें फैलाये, एक युवक (ग़ालिबन 'बहार' का नया उप-सम्पादक) ऊँघ रहा था। जब वह महाशय धर्मचन्द के कमरे में दाख़िल हुआ तो उसका दिल धक् से रह गया। महाशय धर्मचन्द तख़्त पर

तकिये के सहारे पसरे हुए, हुक्के की नय मुँह में लगाये थे और उनके पास ही एक आरामकुर्सी पर 'गुरु घण्टाल' के मालिक-सम्पादक, महाशय जीवनलाल कपूर बैठे अपने ही किसी मज़ाक अथवा लतीफ़े पर छत-फाड़ ठहाका लगा रहे थे।

अगर उनका ठहाका निमिष भर पहले उसने बरामदे में सुन लिया होता तो अपने उत्साह के बावजूद चेतन वहीं से पलट जाता, लेकिन उसने पैर चौखट के अन्दर रख दिया था, दोनों महाशयों उसे देख लिया था और वापस मुड़ जाना जब उसके लिए असम्भव हो गया था।

चेतन ने एक सम्मिलित 'नमस्कार' दोनों की ओर फेंका और महाशय धर्मचन्द ने कद्रे उठ कर 'मुण्डू' को आवाज़ दी कि वह एक कुर्सी लाये।

दोबारा आवाज़ देने पर भी 'मुण्डू' नहीं आया। वही लड़का, जो बाहर मेज़ पर बाँहों में सिर किये, ऊँघ रहा था एक कुर्सी ला कर रख गया। गोरा-चिट्टा और वैसा, जिसे पंजाबी भाषा में 'लैरा' कहते हैं और उर्दू में 'नमकीन!'

'शायद यही मुण्डू है,' चेतन ने सोचा, 'या हो सकता है कि यह मुण्डू और सब-एडिटर के बीच की चीज़ हो — 'गूँगा,' जिसे 'महात्मा' बनने से पहले महाशय धर्मचन्द धता बता देंगे।'

उसने एक निगाह महाशय जी के उस दफ़्तर-नुमा कमरे पर डाली। चेतन पहले भी दो-तीन बार पण्डित रत्न के साथ वहाँ आ चुका था। उसे हमेशा वह साहित्यिक साप्ताहिक के बदले किसी पुराने होटल-नुमा ढाबे का ही दफ़्तर लगा था — सामने तख़्त था, जिस पर दरी, गद्दा, एक मैला-सा खेस बिछा था और एक पिचका हुआ गाव-तकिया रखा था। उस पर बन्द गले का कोट, घुटी हुई पगड़ी और घुटन्ना पायजामा पहने, महाशय धर्मचन्द बैठे हुक्का गुड़गुड़ा रहे थे। यदि उनके कन्धों पर रज़ाई भी होती तो तस्वीर एकदम मुकम्मल हो जाती। यूँ कमरे में दरवाज़े के दायीं तरफ़ मेज़-कुर्सी भी लगी थी, लेकिन महाशय धर्मचन्द जिस तरह तख़्त पर बैठ कर कभी ढाबा चलाते थे, वैसे ही 'बहार' का सम्पादन करते थे।

चेतन अभी कुर्सी पर बैठा भी नहीं था कि महाशय धर्मचन्द ने चहक कर कहा, "कहो भई, आज अकेले कैसे ? पण्डित रत्न ने क्या तुम्हें अकेले घूमने की इजाज़त दे दी है ?"

वे अपनी कानी आँख से मुस्कराये और उन्होंने ज़ोर से हुक्के का कश खींचा। महाशय जीवनलाल ने भी दाँत चियार दिये।

चेतन ने उनके मज़ाक का कोई उत्तर नहीं दिया। उसने एक-एक ब्रोशर दोनों महाशयों को दे दिया और मिनमिनाते हुए उसके बारे में कुछ भूमिका भी बाँधी — यह बताते हुए कि सूफ़ी हनुमान प्रसाद, कविराज रामदास, श्री शत्रुघ्नलाल 'तीर' और जनाब अख़्तर शीरानी सोसाइटी के सदस्य बन गये हैं।

तभी ब्रोशर में छपे सदस्यता-शुल्क पर नज़र पड़ते ही महाशय जीवनलाल कपूर ने सिर पीछे को फेंक कर एक छत-फाड़ ठहाका लगाया, "हम लोग रुपये दे कर मेम्बर नहीं बनते," ठहाका ख़त्म करके उसकी ओर मुड़ कर उन्होंने कहा, "रुपये ले कर मेम्बर बनते

हैं।"

और वे फिर ज़ोर से हँसे।

"अरे यार तुम्हें चन्दे-चन्दे वसूलते फिरने की क्या ज़रूरत है ?" महाशय धर्मचन्द जैसे अपनी आँख से हँसे, "पण्डित रत्न क्या तुम्हारी ख़ातिर सोसाइटी का सारा ख़र्च उठा नहीं सकते, तुम यहाँ आ जाओ तो एक क्या, हम दस सोसाइटियाँ खोल दें।"

"पण्डित की तबियत लगता है, अपने इस यार से ऊब गयी है," महाशय जीवनलाल कपूर ने, शरारत-भरी मुस्कान को (जो उनकी आँखों से निकल कर उनके होंटों पर फैलने को व्यग्र थी) बरबस दबा कर, यथाशक्य गम्भीरता से कहा, "तभी उन्होंने इसे यह चकला खुलवा दिया है।"

"चकला ?" महाशय धर्मचन्द को हठात उनकी बात समझ में नहीं आयी।

"अरे, यह सोसाइटी चकला नहीं तो और क्या है!" महाशय कपूर के होंट विकुंचित हो गये और उनके स्वर में एक अजानी तिक्तता आ गयी, "चकले में बेस्वाएँ अपना हुस्न दिखाती हैं, नाच-गाने से शौकीनों को लुभाती हैं और सोसाइटियों की स्टेजों पर शायर या मुग़नी[१] अपने-अपने जौहर दिखाते हैं और पैसा पाते हैं।" और जैसे उन्होंने कोई बारीक नुक्ता पेश किया हो, कुर्सी पर महाशय धर्मचन्द की ओर आगे को झुक कर, उन्होंने आँखें फैलाते पूछा — "क्यों ?" और वे फिर पीछे को पसरते हुए ज़ोर से हँसे, "पण्डित रत्न अपने जिस यार को दो घण्टे के लिए नहीं छोड़ते थे, अब उसे...."

चेतन ने आगे नहीं सुना। वह झटके से उठा। उसका जी हुआ, ज़ोर का उल्टा हाथ लाला के गाल पर जड़ दे, लेकिन वैसा न कर, उसने तमक कर, ज़हर-बुझे, तीखे स्वर में कहा :

"और आप जो अख़बार चलाते हैं, वह किस चकले से कम है! लोगों के सिफ़ले[२] और सूकियाना[३] जज़्बात की तस्कीन के लिए भड़कीले, सनसनीख़ेज़ और नंगे मज़मून छापते हैं! आप किस दल्लाल से कम हैं!"

तमंचे की गोली-ऐसा यह वाक्य उनके मुँह पर मार, बिना यह देखे कि उसके इस अप्रत्याशित विस्फोट ने उन दोनों को कैसा चकित और हतप्रभ कर दिया है, वह पलटा और तेज़-तेज़ बाहर निकल गया।

तभी महाशय धर्मचन्द हुक्के की नली छोड़ कर, तख़्त से उछले और लपक कर बाहर बरामदे में उन्होंने चेतन को जा पकड़ा :

"अरे यार, तुम मज़ाक का भी बुरा मान गये...."

"जाइए, आप जा कर अपना वही ज़लील ढाबा चलाइए, किस हरामज़ादे ने आपको अदबी परचा निकालने की सलाह दी है," यह कहते हुए चेतन ने ज़ोर से अपनी बाँह छुड़ा ली थी और भाग कर सीढ़ियाँ उतर आया था। नीचे सड़क पर पहुँचा तो उसकी साँस फूली हुई थी, क्रोध से उसका चेहरा तमतमा रहा था ओर वह अन्धों की तरह तेज़-तेज़ चला जा

---

१. संगीत [सही उच्चारण 'मुग़न्नी' है।]

२. निकृष्ट

३. बाज़ारू, अश्लील

रहा था।

o

हाथ में लोटा लिये और बग़ल में 'कॉलियर्ज़ वीकली' का (ग़ालिबन) ताज़ा अंक दबाये, पण्डित जी ऊपर से उतरे। जब वे मैगज़ीन को पीढ़े पर फेंक कर हैण्ड-पम्प की ओर बढ़े (पण्डित जी का मकान नयी आबादी में था और वहाँ अभी म्युनिसिपल कमेटी के नल न लगे थे) तो चेतन लपक कर पहुँचा और हैण्ड-पम्प चला कर उसने वहीं रखी छोटी बाल्टी भरी। पण्डित जी नल के चबूतरे पर आ बैठे। बाल्टी से लोटा भर कर उनके हाथ धुलाता हुआ, चेतन उन्हें अपने पिछले दस दिनों के अनुभव सुनाने लगा। अन्त में महाशय जीवनलाल कपूर और महाशय धर्मचन्द वाली घटना सुना कर उसने कहा :

"ये लोग इतने फूहड़, बद-अख़लाक[१] और गँवार हैं कि उन्हें इण्टलेक्चुअल कहना उस लफ़्ज की तौहीन[२] करना है। इन लोगों के लिए आप शे'र-ो-शायरी की मजलिसें जमायेंगे।...."

चेतन धाराप्रवाह बोले जा रहा था। पण्डित जी ने एक भी बात का जवाब नहीं दिया। पहले हाथ और फिर लोटा माँज-धो कर, मुँह पर छींटे मार, वे अपने कमरे में गये और खूँटी से तौलिया उतार कर मुँह पोंछने लगे। चेतन उसी तरह बड़बड़ाता, उनके पीछे चला गया।

दरवाज़े के सामने ही कमरे में पण्डित जी की बड़ी लड़की दुलारी रीढ़ की हड्डी के नासूर से लाचार पलँग पर चित लेटी थी और उसके टख़नों से ईंटें बँधी थीं। दोनों हाथ उठा कर क्षीण-सा 'नमस्कार' दुलारी ने चेतन को दिया।

"कहो दुलारी, कैसी हो," पल भर रुक कर चेतन ने बरबस हल्की-सी मुस्कान होंटों पर लाते हुए कहा।

दुलारी ने कोई जवाब नहीं दिया था। वह कैसी है, यह सवाल बेमानी था। यह तो उसे देख कर ही जाना जा सकता था।

लेकिन चेतन ने यह जानने के लिए प्रश्न नहीं किया था। बस यह प्रश्न करके, बिना दुलारी का उत्तर सुने, वह बदस्तूर बड़बड़ाता हुआ पण्डित जी की ओर बढ़ गया।

हाथ-मुँह पोंछ कर पण्डित जी ने शीशा-कंघी उठा कर बाल बनाये और फिर चेतन के दोनों कन्धों को बायें हाथ से घेरे, वे उसे बाहर ले आये।

और जब चेतन का ख़याल था कि वे उससे कुछ कहेंगे, पण्डित रत्न ने उसे दोनों बाँहों से थाम कर पीढ़े पर बैठा दिया और बोले :

"बैठो, मैं आज आलू-बुख़ारे डाल कर कीमे के कोफ़्ते बनाने जा रहा हूँ। खाना खा कर चलेंगे और बात करेंगे।"

---

१. अशिष्ट

२. अपमान

उन्नीस

पण्डित रत्न से मिल कर आने के बाद, दूसरी सुबह चेतन ने सबसे पहला काम यह किया कि अन्दर के कमरे से अपनी पुरानी खड़खड़िया साइकिल निकाली। ट्यूबें पिचकी हुईं और टायर ज़ख़्मी थे। चढ़ना उस पर सम्भव नहीं था। उसकी मरम्मत और ओवरहालिंग कराने के ख़याल से, वह उसे लगभग उठाये हुए इब्राहीम मिस्त्री की 'वर्कशॉप' पर पहुँचा।

चेतन की साइकिल हरक्युलीज़ थी। काफ़ी मज़बूत, लेकिन चेतन ने उसे एफ़०ए० में ख़रीदा था और तब से निरन्तर उसे चलाता आ रहा था। न केवल उसके कल-पुर्ज़े ढीले पड़ कर जवाब दे गये थे, चेन-कवर चेन से लड़ता हुआ बड़ी भद्दी, कर्कश आवाज़ करता था; फ़्री ह्वील और हैण्डल की गोलियाँ घिस गयी थीं, बल्कि उसके टायर और ट्यूबें भी जवाब दे गयी थीं और गद्दी सूख-पिचक कर लोहा बन गयी थी और उसके चूतड़ों में गड़ती थी। यही वजह थी कि पिछले अभियान पर वह पैदल ही लाहौर की सड़कें नापता फिरा था और बेतरह थक गया था पण्डित जी ने उसे सलाह दी थी कि वह सबसे पहले अपनी साइकिल बनवाये। रात भर उनकी बातों पर विचार करने के बाद अन्ततः उसने उनका परामर्श मानने का फ़ैसला कर लिया था।

मिस्त्री इब्राहीम, 'काने मिस्त्री' के नाम से प्रसिद्ध था। कारण यह कि उसकी बायीं आँख में बड़ा-सा फूला था। 'वर्कशॉप' उसकी, एक कोठरी भर थी, लेकिन कब्ज़ा उसने सड़क के आर-पार पूरी धरती पर कर रखा था। चेतन जब भी रत्नचन्द रोड से गुज़रता था, एक नज़र उधर ज़रूर डालता —दुकान के अन्दर तो इतना मैला-कुचैला सामान था कि दुकान और भी अँधेरी लगती थी और चेतन उधर देख कर भी, न देखता था। हाँ, दुकान के बाहर एक मैली-सी बेंच पर, अपनी कानी आँख, चेचक-मारे चेहरे और मोटी-सी तोंद लिये हुए, सिर्फ़ मैले तहमद और बनियान में बैठा इब्राहीम उसका ध्यान खींच लेता था। बदसूरती में जो विकर्षण-भरा आकर्षण होता है, वही उस काने मिस्त्री को देखते हुए चेतन को बाँध लेता।

लेकिन इब्राहीम मिस्त्री का भाईवाल, 'सींकिया उस्ताद' भी कम दर्शनीय नहीं था। बहुत लम्बा और पतला-दुबला, उसकी कमीज़ के गिरेबान से उसके सीने की हड्डियाँ दिखायी देती थीं। तिस पर उसने मूँछें बढ़ा रखी थीं। नाम तो उसका उस्मान था, पर सब उसे 'सींकिया उस्ताद' कहते थे। कभी जब तोंदियल इब्राहीम की जगह वह उस बेंच पर बैठा होता, तब भी चेतन उस तरफ़ देखे बिना न रहता। कभी जब दुकान पर वे दोनों होते तो चेतन मन-ही-मन बचपन में माँ से सुनी हुई कहावत दोहरा लेता :

रब रलाई जोड़ी
इक अन्हा, इक कोढ़ी

इब्राहीम मिस्त्री दुकान पर नहीं थे। न 'सींकिया उस्ताद' ही अभी आये थे। दो लौंडे सड़क के किनारे, किसी साइकिल के अंजर-पंजर ढीले किये, उससे जूझ रहे थे। पूछने पर मालूम हुआ कि इब्राहीम थोड़ी देर में आ जायेंगे। वहीं दुकान के तख़्ते से साइकिल टिकाये, चेतन उनकी प्रतीक्षा करने लगा। उसके दिमाग़ में पिछली शाम पण्डित जी से होने वाली

बातचीत फिर घूमने लगी और वह मन-ही-मन उनकी सलाह पर ग़ौर करता हुआ, अपना कार्यक्रम पक्का करने लगा।

०

पण्डित रत्न सिल-बट्टे पर कीमा पीस कर, एक-एक आलू बुख़ारा डाल, बूँदी के लड्डुओं-ऐसे कोफ़्ते बनाते और उन्हें घी में तलते रहे थे। चेतन इस बीच लगातार सोसाइटी के सदस्यता-अभियान-सम्बन्धी अपने कटु अनुभव बताता और कविराज, 'तीर' जी, महाशय देवदर्शन, लाला जीवनलाल और महाशय धर्मचन्द को मल्लाहियाँ सुनाता रहा था; लेकिन जब तक पण्डित जी घर पर रहे, उस सिलसिले में उन्होंने एक बात भी नहीं की। चेतन को अपने साथ खाना खिला कर, कपड़े बदल, दो घण्टे बाद जब वे घर से बाहर निकले थे तो सड़कों पर बत्तियाँ जल चुकी थीं।

अपनी आदत के अनुसार पण्डित रत्न चुपचाप चलते हुए, पूरी शीशमहल रोड पार कर आये थे। हो सकता है, वे मन-ही-मन चेतन की समस्या का समाधान भी सोच रहे हों, लेकिन बात उस सिलसिले में उन्होंने कोई नहीं की। रावी रोड पार करते ही वे चेतन की ओर मुड़े थे और उन्होंने कहा था : "देखो चेतन, तुमने पूछा नहीं और मैंने बताया नहीं, लेकिन पण्डित 'शाहीं' ने तुमसे ठीक ही कहा है —वर्नेक्युलयर प्रेस में काम करने वालों को मिलता ही क्या है, जो उसमें से पाँच रुपया महीना वो अपनी कल्चरल भूख मिटाने के लिए दे दें। अपने और अपने बीवी-बच्चों के पेट की भूख मिटाना उनके मुकद्दम[१] है, लेकिन इसमें भी कोई शक नहीं कि लोगों की कल्चरल भूख मिटाने का आर्ट भी उनके पास है। उन्हीं में शायर हैं, उन्हीं में अफ़सानानिगार और मुग़न्नी[२]। सो, तुम चन्दा तो उन लोगों से लो, जिनकी जेबें भरी हैं और सोसाइटी के जलसों में बुलाओ उन लोगों को, जिनकी जेबें ख़ाली हैं और दिल-दिमाग़ भरे हैं।"

"लेकिन पण्डित जी, फिर 'पंजाब लिट्रेरी लीग' और हमारी सोसाइटी में फ़र्क ही क्या रहा ?" चेतन ने आपत्ति की थी।

"फ़र्क यह रहा," पण्डित रत्न ने बड़े धैर्य से समझाया, "कि 'लिट्रेरी लीग' ऊँचे तबके वालों की अंजुमन है और उन्हीं लोगों के पैसे से, उन्हीं लोगों की दिलचस्पी का सामान जुटाती है, जबकि हमारी सोसाइटी चन्दा तो लेगी धनी-मानी लोगों से, लेकिन मन बहलायेगी हम-जैसे लोगों का, हम-जैसे लोगों के ज़रिये। —मेम्बरशिप-फ़ीस लिये बिना, यार-दोस्तों को बुलाया जायेगा और उनका कलाम सुना-सुनाया जायेगा।"

और चेतन सोचने लगा कि यह बात उसे पहले क्यों नहीं सूझी ? वह दो-ढाई बरसों से लाहौर के पत्रकारों में काम कर रहा था, वह उनकी माली हालत से वाकिफ़ नहीं था ? फिर क्यों वह अपनी मूर्खता में उनके पास चन्दा लेने गया ?....शायद 'तीर' जी के यहाँ सफलता पाने पर वह इस बात को भूल ही गया था कि वे महज़ पत्रकार नहीं हैं, पत्र के मालिक हैं और शेष पत्रकारों के यहाँ उन जैसी आर्थिक क्षमता नहीं।....सोचने पर उसने यह पाया कि महाशय देवदर्शन और अख़्तर शीरानी भी पत्रिकाओं के मालिक ही थे,

---

१. पहली शर्त, अनिवार्य
२. संगीतज्ञ

मुलाज़िम नहीं। और मन-ही-मन अपने इस भोलेपन पर वह हँसा था।

तब उसने पण्डित जी से कहा कि बड़े लोगों की कोठियाँ तो लॉरेन्स बाग़ से परे, मज़ंग या टेम्पल रोड पर, नहर के किनारे या मॉडल टाउन में हैं, वह उन सब से कैसे सम्पर्क कायम कर सकेगा, उसकी साइकिल ठीक होती तो कोई मुश्किल न थी, लेकिन अब....

"तुम अपनी साइकिल ठीक क्यों नहीं कराते ?" उन्होंने पूछा था।

"साइकिल बहुत ख़राब हो गयी है पण्डित जी," चेतन ने कहा था, "पूरी तरह ठीक कराने में आठ-दस रुपये उठ जायेंगे।"

"तो चन्दे के जो पन्द्रह रुपये तुम्हारे पास हैं, उनमें से पहले अपनी साइकिल ठीक करवाओ, फिर इस मुहिम पर निकलो। पैदल तो तुम दिन भर में एक कोठी का भी चक्कर नहीं लगा पाओगे। ताँगे का इस्तेमाल करोगे तो पूरा चन्दा ताँगे वालों ही की नज़र हो जायेगा। सोसाइटी के पैसों में से पहले अपनी साइकिल बनवाओ, फिर लिस्ट बना कर रोज़ एक तरफ़ निकलो और चार-पाँच लोगों से मिलो; तुम्हें यकीनन कामयाबी हासिल होगी!"

लेकिन सोसाइटी के चन्दे को अपने ऊपर ख़र्च करने में चेतन को कुछ झिझक थी।

पण्डित जी उसके संकोच पर हँसे थे। "तुम यार अजीब आदमी हो," उन्होंने कहा था, "तुम कोई सरमायेदार नहीं हो कि शौक या वक्तकटी के लिए सोसाइटियाँ चलाते फिरो। दिन भर सोसाइटी का काम करोगे और पाँच-दस रुपये अपने ऊपर ख़र्च कर लोगे तो कौन-सी कयामत टूट जायेगी। मैंने तो यह सोसाइटी खोलने की तजवीज़ ही इसलिए रखी है कि तुम्हारी रोज़ी-रोटी की सबील हो जाये और एक नेक काम भी हो सके। मैंने तो बल्कि यह कहा था कि जब सोसाइटी चलने लगे तो तुम सेक्रेट्री के तौर पर बाकायदा तनख़्वाह ड्रॉ करो।"

"सोसाइटी चलने लगती और इतना रुपया आ जाता कि उसका ख़र्च निकाल कर मेरे लिए कुछ बच जाता तो मुझे तनख़्वाह लेने में भी कोई एतराज़ न होता, लेकिन अब...." चेतन ने अपने संकोच का कारण बताना चाहा था।

"तो अब तुम भूखे रह कर, पैदल सारे लाहौर की गर्दिश करोगे!" पण्डित जी अपनी वही बारीक और विशिष्ट हँसी हँसे थे। और उन्होंने उसकी बात काट दी थी, "तब चल चुकी सोसाइटी! मियाँ, अपनी साइकिल बनवाओ, सोसाइटी के लिए चन्दा इकट्ठा करो और अगर दो-चार रुपये इस सिलसिले में अपने ऊपर ख़र्च करने पड़ें तो मत झिझको। तुम्हें कोई कुछ न कहेगा, इसका मैं ज़िम्मा लेता हूँ।"

चेतन आश्वस्त हो गया था और पण्डित जी को वापस घर छोड़ कर, जब वह लौटने लगा तो उसने चुपचाप सोसाइटी के ब्रोशर और रसीद-बुकें उठा लीं, जो उसने क्रोध मे पण्डित जी के घर पटक दी थीं।

रास्ते भर वह अपना कार्यक्रम बनाता आया था। उसने तय किया था कि वह सभी कवि-कथाकारों के पास जायेगा, सोसाइटी की सभाओं में शामिल होने और उसके कार्यक्रमों में योग देने का वचन उनसे लेगा, पर तब तक किसी को सदस्य नहीं बनायेगा, जब तक कि कोई ख़ुद ही इस बात की इच्छा प्रकट न करे। रही चन्दे की बात, तो चन्दा वह उन्हीं

से माँगेगा, जिन्हें पाँच रुपये देना ज़रा भी न अखरे।

रात जब वह घर पहुँचा था तो सोने से पहले उसने दो सूचियाँ बनायी थीं —एक उर्दू-हिन्दी के अदीबों और साहित्यकारों की और दूसरी उन लोगों की, जिन तक वह पहुँच सकता था और उम्मीद कर सकता था कि वे सोसाइटी के सदस्य अथवा सरपरस्त बन जायेंगे — इस दूसरी सूची में सबसे ऊपर उसने अपने पुराने मालिक-मकान, सरदार जगदीश सिंह (लैण्ड लॉर्ड एण्ड हाउस प्रोप्राइटर) का नाम रखा था।

०

दो दिन मिस्त्री के सिर पर खड़े हो कर चेतन ने अपनी साइकिल की पूरी मरम्मत करा ली थी और तीसरे दिन, सुबह नाश्ते के वक्त ही खाना खा कर, सोसाइटी की रसीद-बुक और परिपत्र उसने साइकिल की टोकरी में रखे और नये उत्साह से अपने पुराने मकान-मालिक से मिलने, चंगड़ मुहल्ले चल दिया।

नौकर बाज़ार गया हुआ था। सरदारनी ने सीढ़ियों का दरवाज़ा खोला। चेतन ने 'सतश्री अकाल' बुलाया तो सरदारनी उसके आगे-आगे चलती, सरदार साहब के कमरे तक गयी और बरामदे ही से उसने सूचना दी कि चेतन जी आये हैं।

सरदार जगदीश सिंह (लैण्ड लॉर्ड ऐण्ड हाउस प्रोप्राइटर) सूट-बूट पहने, टाई लगाये और दस्तार सजाये, दोनों हाथ सिर के नीचे रखे हुए, काउच पर दराज़ थे। लगाता तो यही था कि वे किसी गहरी सोच में ग़र्क हैं, लेकिन चेतन जानता था कि वे घण्टों कुछ भी सोचे बिना, इसी तरह पसरे रह सकते हैं। उनके मुख पर वही घनी, काली दाढ़ी थी, जिसमें आँखों के सिवा कुछ दिखायी न देता था। उसे डोरी या ठाठे से बाँधने की तकलीफ़ सरदार साहब ने कभी न उठायी थी। उतना तरद्दुद उनके बस का न था। शुक्र था कि उनकी दाढ़ी लम्बी नहीं थी और एक घनी झाड़ी की तरह उनके चेहरे पर फैली हुई थी। अजीब बात यह है कि उस वक्त, जब उनके पूरे चेहरे पर उस झाड़ी के सिवा कुछ भी दिखायी न देता था, उस पर कुछ अजीब-सी मूर्खता स्वतः विद्यमान थी।

सरदारनी ने जब उन्हें चेतन के आने की सूचना दी और चेतन ने बरामदे ही से 'सतश्री अकाल' कहा तो 'आइए....आइए!' कहते हुए, सरदार जगदीश सिंह उचक कर उठे और सीधे हो बैठे।

चेतन उनके सामने काउच पर जा बैठा और उसने उनका हाल-चाल पूछा।

उन्होंने बताया कि वाहे गुरु की कृपा से उनके हाल-चाल 'चौ-चक' हैं। उनके मित्रों की कृतघ्नता से जितनी जायदाद उनके हाथ से निकल गयी थी, उनके लावारिस चाचा के देहान्त पर, उससे कहीं ज़्यादा उन्हें विरसे में मिल गयी है :

"सान्नूँ बई, वाहे गुरु दा हुक्म है कि असीं डक्का न तोड़िए ते ऐश लइए! ताँ असीं ओहदा हुक्म दिल-ो-जान नाल वजा छड्डुना ए[१]।"

और यह कह कर सरदार जगदीश सिंह (लैण्ड लॉर्ड ऐण्ड हाउस प्रोप्राइटर) अपनी घनी, काली छाढ़ी में पूरी बत्तीसी दिखाते हुए, निहायत बेतुकेपन से हँसे।

---

१. हमें भाई, वाहे गुरु का आदेश है कि हम तिनका न तोड़ें और ऐश करें और हमें दिलोजान से उसका हुक्म बजा देना है।

क्षण भर के लिए चेतन को उनकी बात सुन कर बेहद ग़ुस्सा आया और एक बड़ी-सी गाली मन-ही-मन उन्हें देते हुए उसने सोचा — 'ओए टोडी दे बच्चे, शुकर कर कि तूँ अंग्रेज़ दे राज विच्च मौजाँ मान रिआ ऐं। किते जनता दा सच्चा राज हुन्दा ते तेरे जहे बदकाराँ, बेकाराँ ते हरामख़ोराँ नूँ सुअर पालन ते खेत जोतन उत्ते लगा दित्ता जान्दा। तेरी सारी चर्बी पिघल जान्दी अते तेरा वाहे गुरु तेरी ज़रा भी मदद न कर सकदा[१]।"

और उस क्षण उसे अपने ऊपर भी ग्लानि हुई कि वह किस कुचक्र में पड़ गिया है, जो उस मूर्ख के आगे हाथ पसारने आया है। लेकिन दूसरे ही क्षण उसने अपने आपको सँभाल लिया और 'सोसाइटी फ़ॉर यू ऐण्ड मी' का ब्रोशर उनके हाथ में देते हुए, उसकी योजना और उद्देश्य बताये और अपने आने का मन्तव्य प्रकट किया।

सरदार जगदीश सिंह (लैण्ड लॉर्ड ऐण्ड हाउस प्रोप्राइटर) ने बड़े ध्यान से ब्रोशर पढ़ने की कोशिश की, फिर उस प्रयत्न में असफल रह कर, उसे एक ओर रख दिया और पूछा कि कौन-कौन मेम्बर और सरपरस्त बने हैं ?

चेतन ने सोत्साह बताया कि साहित्यकारों में, मशहूर रोमानी शायर अख़्तर शीरानी और प्रसिद्ध कथाकार श्री देवदर्शन और पण्डित रत्न मेम्बर बन गये हैं; 'मस्ताना जोगी' के एडिटर सूफ़ी हनुमान प्रसाद सरपरस्त तथा प्रसिद्ध वैद्य, कविराज रामदास मेम्बर बने हैं। (श्री शत्रुघ्नलाल 'तीर' का नाम वह जान-बूझ कर गोल कर गया, क्योंकि वे क्रान्तिकारी कहे जाते थे और राजनीति में भाग लेने वालों के प्रति सरदार जगदीश सिंह के भय से वह परिचित था।) हाँ, उसने इस बात का ज़रूर ज़िक्र किया कि वह राजा महेन्द्रनाथ तथा प्रसिद्ध उद्योगपति लाला हरिकिशन लाल इत्यादि के यहाँ जायेगा। बड़े लोगों में तो वह सबसे पहले उन्हीं के पास आया है।

प्रकट ही चेतन की अन्तिम बात से सरदार जगदीश सिंह बहुत प्रसन्न हुए, लेकिन सहसा कुछ गम्भीर होने का प्रयास कर, उन्होंने कहा कि उनके चाचा की वसीयत तो पढ़ ली गयी है, लेकिन अभी उसके मुताबिक जायदाद का बँटवारा नहीं हुआ और रुपया उनके हाथ में नहीं आया, इसलिए वार्षिक या आजीवन सरपरस्त तो नहीं, फ़िलहाल वे साधारण सरपरस्त बन जाते हैं, बाद में वार्षिक और आजीवन सरपरस्त भी बन जायेंगे। और उन्होंने जेब से दस-दस के दो नोट निकाल कर चेतन की ओर बढ़ाये कि अभी तो वह उन दोनों पति-पत्नी को सोसाइटी का साधारण सरपरस्त बना ले।

चेतन ने रुपये उनसे ले कर जेब के हवाले किये और उन्हें धन्यवाद देते हुए ख़ुश-ख़ुश रसीदें काटने लगे।

तब सरदार जगदीश सिंह (लैण्ड लॉर्ड ऐण्ड हाउस प्रोप्राइटर) ने हठात कहा कि भई, यह शायरी-वायरी तो ठीक है, पर आप सोसाइटी की तरफ़ से कभी-कभार सोशल गैदरिंग भी रखा करो; हल्की चाय-काफ़ी पर दोस्तों से मेल-मुलाकात हो जाय, इसका इन्तज़ाम

---

१. अरे सरकार के ख़ुशामदी (टोडी-बच्चे) शुक्र कर, तू अंग्रेज़ के राज्य में मौज मना रहा है। यदि कहीं जनता का सच्चा राज्य होता तो तेरे जैसे बदकारों, बेकारों और हरामख़ोरों को सुअर पालने और खेत जोतने पर लगा दिया जाता। तेरी सारी चर्बी पिघल जाती और तेरा वाहे गुरु तेरी ज़रा भी मदद न कर सकता।

ज़रूर करो। हम जैसे लोगों को रखोगे तो हमारी दिलचस्पी का भी प्रोग्राम आपको रखना होगा। इधर तो कुछ लड़कियाँ बहुत अच्छा गाने-नाचने लगी हैं। उनमें से कुछ को सोशल गैदरिंग में बुलाओ।....

सहसा चेतन को वह घटना याद आ गयी, जब उसके इस भूतपूर्व लैण्ड लॉर्ड ने मेहमानों की एक पार्टी पर उससे अपनी पत्नी को गाने के लिए भेजने की फ़रमायश की थी और चेतन उन पर बहुत बिगड़ा था....उस बात की याद आते ही चेतन का जी हुआ कि ये बीस रुपये उस 'लैण्ड लॉर्ड ऐण्ड हाउस प्रोप्राइटर' के मुँह पर दे मारे और कहे कि वह एक कल्चरल सोसाइटी खोलने जा रहा है, कोई चकला नहीं।....लेकिन कहा उसने कुछ नहीं। निमिष भर वह, काली झाड़ी में चमकती हुई उन आँखों में झलकती, अपार मूर्खता और हवस को देखता रहा, फिर उसने सिर्फ़ इतना कहा, "आप सोसाइटी में दिलचस्पी लेते रहेंगे तो मैं बड़ी-से-बड़ी सोशल गैदरिंग का इन्तज़ाम कर दूँगा।"

उसने रसीदें काट कर सरदार साहब की ओर बढ़ा दीं और एक बार धन्यवाद देता हुआ उठ खड़ा हुआ।

तभी सरदार जी ने, आँखें में मुस्कराते और तनिक झिझकते हुए, सरगोशी में पूछा कि क्या वह श्रीमती राधारानी को भी सदस्य बनायेगा ?

चेतन क्षण भर के लिए उन्हें देखता रह गया था। उनकी आँखों में वह मूर्खता-भरी लोलुपता और भी उभर आयी थी और उस क्षण चेतन के सामने वह सारी घटना घूम गयी थी, जब उनके मित्रों ने श्रीमती राधारानी को उनकी ओर से कीमती उपहार देने के बहाने, उनकी कोठियाँ बिकवा दी थीं....और चेतन की आँखों में शरारत की चमक कौंध गयी :

"आप कहें तो मैं जाऊँ उनके यहाँ," उसने कहा, "और उन्हें मेम्बर बनाने की कोशिश करूँ।"

"आप उसे मेम्बर बना लाओ तो मैं वादा करता हूँ कि मैं चार सरपरस्त आपको और दूँगा।" सरदार जगदीश सिंह ने अपने-जाने लुकमा दिया।

"मैं जाऊँगा," चेतन ने कहा और कुछ सोचने का अभिनय-सा करते हुए बोला, "लेकिन मैं उन्हें जानता हूँ, चन्दा देने के मामले में...."

"चन्दे-वन्दे की आप परवाह न करो," उन्होंने जेब से पाँच रुपये का एक नोट निकाल कर उसकी ओर बढ़ाते हुए कहा, "उसका चन्दा मैं देता हूँ। आप उसे मेम्बर बना लो। हाँ, वह आपकी मीटिंगों में आ जाय, इसके लिए आप कोशिश करो।"

"इस तरफ़ से आप निशाख़ातिर रहें," चेतन ने नोट ले कर जेब के हवाले करते और रसीद काटते हुए कहा, "मैं इन्वीटेशन कार्ड ही उनको नहीं भेजूँगा, ख़ुद जा कर बुला भी आऊँगा।"

सरदार जगदीश सिंह (लैण्ड लॉर्ड ऐण्ड हाउस प्रोप्राइटर) ख़ुश हो गये और उनकी आँखों में कुछ अजीब-सी चमक आ गयी। जोश और ख़ुशी से हाथ मलते और कमरे में चक्कर लगाते हुए, वे चेतन के अस्तित्व को एकदम भूल गये और उतने भर से, कल्पना-ही-कल्पना में राधारानी के साहचर्य का सुख पाने लगे।

चेतन पूर्ववत चुपचाप खड़ा उन्हें देखता रहा, फिर उसने उनकी तल्लीनता भंग करते

हुए कहा, "अच्छा सरदार जी, सतश्री अकाल! आपका बहुत-बहुत शुक्रिया, अब मुझे इजाज़त दीजिए।"

सरदार जगदीश सिंह चौंके। पलटे। उन्होंने बड़ी गर्मजोशी से उससे हाथ मिलाया और उसे सीढ़ियों तक छोड़ने आये।

०

जब सीढ़ियाँ उतर और नीचे का अपेक्षाकृत अँधेरा बरामदा पार कर, चेतन बाहर आया तो कुछ क्षण साइकिल थामे, वहीं चकित-सा खड़ा रहा। वह पन्द्रह दिन लाहौर के तूल-अर्ज़[१] में जरीबकशी[२] करता रहा था और उसे कुल पन्द्रह रुपये चन्दा प्राप्त हुआ था। यहाँ पन्द्रह-बीस मिनट में उसने पच्चीस रुपये हथिया लिये थे। उसे जैसे अपनी सफलता पर विश्वास न हो रहा था। लेकिन पच्चीस रुपये उसकी जेब में थे और रसीद-बुक उसके हाथ में थी। चेतन ने उसे परिपत्रों के साथ साइकिल की टोकरी में डाल दिया और कुछ अजीब हल्केपन के एहसास से, दायें हाथ में साइकिल का बायाँ हैण्डल थामे, पैदल ही चलने लगा। धीरे-धीरे आश्चर्य की जगह, एक व्यंग्य-भरी मुस्कान उसके होंटों पर फैल गयी — 'हरामज़ादा,' उसने मन-ही-मन अपने उस पुराने लैण्डलॉर्ड और हाउस प्रोप्राइटर को गाली दी, 'समझता है कि मैं कल्चरल सोसाइटी नहीं, क्लब खोलने जा रहा हूँ। कभी-कभार सोशल गैदरिंग भी रखा करो,' उसने मन-ही-मन सरदार जगदीश सिंह की नकल उतारी। 'साला सोशल गैदरिंग का!' वह मन-ही-मन बमका, 'तेरे जैसों को तो सोसाइटी के अहाते में पाँव नहीं रखने देना चाहिए। सोशल गैदरिंग के लिए 'लिट्रेरी लीग' ही क्या कम है। मैं क्या दलाल हूँ, जो तेरे जैसे निठल्ले मूर्खों की दिलचस्पी का सामान जुटाता फिरूँगा!'....और उसने तय किया कि वह न राधारानी से मिलने जायेगा, न उन्हें पत्र लिखेगा। वह सोसाइटी चलायेगा तो ऊँचे दर्जे की, नहीं तो किनारा कर लेगा।....और झटके से उसने साइकिल को अपनी ओर खींचा, उस पर सवार हुआ और फ़र्राटे से उड़ चला।

लेकिन लॉ कॉलेज की कच्ची, धूल-भरी ढलान उतरते-न-उतरते उसकी चाल धीमी हो गयी। उसकी सारी ख़ुशी और उत्साह तिरोहित हो गया। 'पण्डित रत्न की सलाह मान कर किस चक्कर में फँस गया हूँ ?' उसने हठात सोचा, 'क्या इस तरह रोज़ी-रोटी का जुगाड़ करने की बनिस्बत अनारकली में रूमाल बेच कर, मेहनत और दयानत से ज़रूरत भर के लिए चन्द टके कमा लेना बेहतर नहीं!'....

वास्तव में, कविराज के साथ शिमले में गुज़ारे गये तीन महीनों ने चेतन का सारा भोलापन उससे छीन लिया था। वह पहले की अपेक्षा सतर्क हो गया था। सामने वाले के प्रकट रूप के पीछे छिपे परोक्ष रूप को भी वह देखने लगा था और कविराज ही से नहीं, उसने ज़िन्दगी से भी समझौता करना सीख लिया था — इस सिलसिले में पिता की नसीहतों का ख़ज़ाना उसके पास था। अपने भावों को छिपाना और मुँह-देखी बात करना वह सीख रहा था, लेकिन दुनिया के साथ चलने की इस कोशिश में, हर कदम पर, माँ से पायी

१. लम्बाई-चौड़ाई
२. पैदल घूमता रहा था। पुराने ज़माने में पटवारी, खेतों को मापने के लिए जरीब (लोहे की पतली ज़ंजीर) लिये, पैदल घूमा करते थे।

नैतिकता उसके मार्ग की बाधा बन जाती थी और उसकी सजग आत्मा का काँटा उसे बेतरह चुभने लगता था।....इसमें कोई सन्देह नहीं कि दो वर्ष पहले वह इस तरह सरदार जगदीश सिंह के यहाँ चन्दा लेने गया होता और उन्होंने राधारानी वाला फूहड़ प्रस्ताव उससे किया होता तो वह बीस रुपये उनके मुँह पर मार कर उठ आता और फिर कभी उनके यहाँ न जाता....लेकिन अब वह पुराना भोला-भाला चेतन नहीं था। उनकी फूहड़ता और लोलुपता को जानने के बावजूद, वह उनके यहाँ गया था और अपने अर्ध-चेतन में शायद इसीलिए उसने उनका नाम अपनी सूची में सबसे पहले रखा था। पच्चीस रुपये की तो नहीं, पर दस रुपये मिलने की आशा उसे ज़रूर थी।

लेकिन उस वक्त, धीरे-धीरे कचहरी रोड पर साइकिल चलाते हुए, यह प्रश्न उसे बेतरह कचोट रहा था कि इस तरह लोगों से रुपया ऐंठना, नीलामकारों से कमीशन लेने से कैसे भिन्न है ?....वह सरदार जगदीश सिंह जैसे मूर्खों से रुपया लेगा, लोगों का मनोरंजन जुटायेगा और इस सब से लिए ख़ुद भी कुछ पायेगा! —फ़र्क बस यही था कि नीलामकार ग़रीब मूर्खों की जेबें काटते थे, वह अमीर मूर्खों की जेबें काटेगा।

अपनी सोच में ग़र्क चेतन, एक दूसरे साइकिल वाले से भिड़ कर गिरता-गिरता बचा। वह साइकिल से उतर गया और उसने वैसे ही उसका हैण्डल दायें हाथ से थाम लिया और कचहरी रोड के किनारे-किनारे चलता हुआ, फिर अपने विचारों में ग़र्क हो गया। एक बगूला-सा उसके मन में उठता कि एक ही झटके से वह क्यों न इस कुचक्र से निकल जाये और रोज़ी-रोटी और लॉ कॉलेज का दाख़िला जुटाने का कोई दूसरा उपाय सोचे, लेकिन फिर उसका अहं, बरसात की बड़ी-बड़ी बूँदों की तरह, अपने तर्कों से, उसके मन में उठने वाले इस बगूले को बैठा देता — वह इस अभियान से किनारा कर लेगा तो कविराज को क्या जवाब देगा, पण्डित 'रत्न' को कैसे मुँह दिखायेगा! मूर्ख और असफल कहलाना उसके अहं को स्वीकार नहीं था....सोच-सोच कर उसने एक राह निकाल ली। उसने तय किया कि सरदार जगदीश सिंह अथवा इसी तरह के लोगों से पाये हुए रुपयों का एक पैसा भी वह अपने ऊपर ख़र्च न करेगा और उसे सोसाइटी के काम में लगायेगा। जो लोग सोसाइटी के उद्देश्यों को जान-समझ कर चन्दा देंगे, उनके रुपयों ही से वह अपने लिए कुछ स्वीकारेगा। उसने यह भी तय किया कि उसके अनुभव कितने भी कटु क्यों न हों, उसने जिन लोगों की सूचियाँ बनायी हैं, उन सभी से वह मिलेगा। इस तमाम भाग-दौड़ में उसे कुछ भी हासिल न हुआ तो बेशकीमती अनुभव ही प्राप्त होंगे। इतने लोगों के मनोविज्ञान से वह परिचित हो जायेगा। वह कथाकार है। अपनी कहानियो के लिए उसे अपरिमित सामग्री मिलेगी।

और जैसे दुगुने उत्साह से चेतन ने साइकिल को अपनी ओर खींचा और झटके से उस पर सवार हो कर, तेज़-तेज़ भाई साहब के क्लिनिक की ओर बढ़ गया।

आत्म-वंचना आदमी को कैसे-कैसे भुलावे दे कर ठगती है, तब चेतन यह नहीं जानता था। निर्द्वन्द्व हो कर, वह सीटी बजाता हुआ साइकिल उड़ाये जा रहा था। क्लिनिक पर पहुँच कर, उसने दुकान की सीढ़ियों से साइकिल टिकायी और परम उत्साह से खट-खट सीढ़ियाँ चढ़ गया।

भाई साहब पार्टीशन के पिछले हिस्से में हाउस-कोट पहने हुए, स्टूल पर बैठे, सेट

बना रहे थे। वहीं खड़े-खड़े चेतन ने उन्हें अपनी कारगुज़ारी सुनायी और कहा था कि अब सोसाइटी के कायम होने और चलने में कोई सन्देह नहीं। सरदार जगदीश सिंह से मिल कर अब वह टेम्पल रोड पर लाला हरकिशन लाल और राजा महेन्द्रनाथ से मिलेगा और वहाँ से मियाँ बशीर अहमद, एडिटर 'हुमायूँ' के जायेगा और भगवान ने चाहा तो उन सब को सरपरस्त बना कर ही लौटेगा।

"भाई साहब अगर आपके दो-चार ऐसे पेशेण्ट्स हों," अपनी बात ख़त्म कर चेतन ने कहा, "जिनके पास सोसाइटी के सिलसिले में आप मुझे जाने की सलाह दे सकें, तो ज़रूर बतायें! मैं उनसे मिलूँगा।"

"तुमने पहले नहीं कहा," भाई साहब ने हाथ का काम रोक, सिर उठा कर, उसकी ओर देखते हुए कहा, "अभी दस मिनट पहले नहर डिपार्टमेण्ट के सुपरिण्टेडेण्ट, लाला हाकिमचन्द आये थे। वो अच्छी तनख़्वाह पाते हैं और तुम कोशिश करो तो शायद वो मेम्बर बन जायें।"

"ज़रा उनका पता लिखाइए!" चेतन ने जेब से छोटी-सी डायरी निकाली, जिसमें पतली-सी सुबक पेन्सिल लगी थी।

लेकिन भाई साहब के पास उनका पता नहीं था। उन्होंने कहा कि हाकिमचन्द फिर अपनी माँ के दाँतों का सेट बनवाने आयेंगे, तब वे उनका पता नोट कर लेंगे।

"अगर आप कर सकें तो बातों-बातों में मेरा ज़िक्र कर रखिएगा," चेतन ने अनुरोध किया, "सोसाइटी का ज़िक्र आप भले न कीजिएगा, पर यह जता दीजिएगा कि आपका छोटा भाई मशहूर जर्नलिस्ट और शायर है, नज़्में लिखता है, कहानियाँ लिखता है, वग़ैरा-वग़ैरा....इतना आप कर देंगे और पता दे देंगे तो परी को शीशे में उतारना मेरा काम है...."

और वह हँसता हुआ पलट कर दुकान से निकल आया था। साइकिल उसने उठायी थी और सीटी बजाता हुआ, लाला हरकिशन लाल और राजा महेन्द्रनाथ से मिलने, मज़ंग की ओर चल दिया था।

बीस

राजा महेन्द्रनाथ और लाला हरकिशन लाल की कोठियाँ एक ही सड़क पर थीं। पहले लाला की और फिर राजा की। लाला पंजाब के प्रसिद्ध उद्योगपति थे और राजा सरकार से ख़िताब-याफ़्ता रईस। दोनों पढ़े-लिखे थे, विलायत घूमे हुए थे और दोनों थोड़ा-बहुत राजनीति में दख़ल रखते थे अथवा यूँ कहा जाये कि लाहौर के ऊँचे हलकों में विशेष स्थिति रखने के कारण, हर महत्वपूर्ण राजनीतिक विषय पर, लाहौर के (विशेषकर हिन्दू) दैनिक उनकी राय जानना और अपने विशेषांकों में छापना ज़रूरी समझते थे। वे न कांग्रेस के विरोधी थे, न सरकार के। यह भी कहा जा सकता है कि वे कभी-कभार सरकार का विरोध

भी करते थे और कांग्रेस का भी। विचारों से वे लिबरल थे और सप्रू-जयकार गुट से सम्बन्ध रखते थे। इस नाते कांग्रेस के लिए भी उपयोगी थे और सरकार के लिए भी।

०

दो वर्ष पहले (जब चेतन 'बन्दे मातरम' में नया-नया गया था और अनुवाद करने में पारंगत न होने के कारण, रिपोर्टरी करता था) एक शाम वह राजा महेन्द्रनाथ से इण्टरव्यू लेने इधर आया था। उसके सम्पादक, महाशय धनपत राय, बी०ए० (नेशनल) ने उनसे टाइम लिया था और चिट पर उनका पता लिख कर उसे भेज दिया था। वह राजा साहब से पहले कभी नहीं मिला था; न उसने उनका चित्र ही देखा था और न वह उनकी कोठी पहचानता था। उसने तो उस सड़क पर भी उससे पहले कदम न रखा था। हुनर साहब मज़ंग रोड पर रहते थे और 'बन्दे मातरम' के अपने शुरू के दिनों में, उनके यहाँ कुछ दिन रहने के कारण वह मजंग़ तक कई बार आया था, लेकिन लाहौर तो उससे भी मीलों आगे तक फैला हुआ था और बड़े लोगों की कोठियाँ, शहर की भीड़-भाड़ से दूर, शान्त और एकान्त जगहों में बनी थीं।....सर्दियों की शाम थी और ख़ूब धुन्ध छायी थी। सड़क की रोशनी, खम्भों पर लगे बल्बों के गिर्द, छोटे-छोटे वृत्तों में सिमट कर रह गयी थी। चार गज़ आगे कुछ दिखायी न देता था। चेतन साइकिल से उतर गया था और सड़क के किनारे-किनारे कोठियों की नेम-प्लेटें पढ़ने की कोशिश करता, चला जा रहा था। तभी एक लम्बी चारदीवारी के बाद (जो एकदम अँधेरे का अंग बन चुकी थी) दो ऊँचे, गोल स्तम्भ उसे धुन्ध में से सहसा उभरते दिखायी दिये थे। —बहुत ऊँचे, मोटे, गोल स्तम्भ! 'ज़रूर ही राजा साहब की कोठी है,' चेतन ने मन-ही-मन सोचा (वह राजा महेन्द्रनाथ को किसी रियासत का राजा समझता था)। बिना किसी दुविधा के, वह अन्दर चला गया। काफ़ी दूर चलने पर उसे कोठी का सिर्फ़ लम्बा-सा बरामदा दिखायी दिया था, जिसमें मद्धिम रोशनी छन रही थी। उसके परे, बन्द दरवाज़ों के शीशों से (अन्दर लगे पर्दों के कारण) और भी मद्धिम रोशनी झिलमिला रही थी। अचानक बरामदे में बँधे दो कुत्ते ज़ोर से भूँक उठे थे। चेतन जहाँ-का-तहाँ खड़ा रह गया था। उसका दिल ज़ोर-ज़ोर से धड़क उठा था। तभी एक साया-सा बरामदे की तरफ़ से उसे अपनी ओर आता दिखायी दिया। निकट आने पर मालूम हुआ कि चौकीदार है।

"राजा साहब ने मुझे टाइम दिया है, मैं 'बन्दे मातरम' के दफ़्तर से आया हूँ। उनसे इण्टरव्यू लेना है।" चेतन ने एक ही साँस में कहा था।

चौकीदार विमूढ़-सा खड़ा रहा था। फिर उसने कहा था — "राजा साहब— कौन राजा साहब ?"

"राजा महेन्द्रनाथ।"

"यह लाला हरकिशन लाल की कोठी है।" और वह मुड़ चला था। चेतन ने एक कदम बढ़ कर उससे कहा था कि वह पहले कभी उधर नहीं आया और चौकीदार मेहरबानी करके उसे ज़रा राजा महेन्द्रनाथ की कोठी बता दे।

तब चौकीदार ने मुड़ कर यूँ ही अँधेरे में हाथ बढ़ा दिया था कि राजा साहब की कोठी आगे है, बायीं ओर पाँचवीं!

चेतन उसका बहुत-बहुत शुक्रिया अदा करते हुए मुड़ा था।

०

और लाला हरकिशन लाल से अपने परिचय के बल पर नहीं, उनकी कोठी के इसी परिचय के बल पर ही चेतन ने उनका नाम अपनी लिस्ट में शामिल कर लिया था और बड़े इत्मीनान से सोसाइटी के सिलसिले में उनसे मुलाकात करने चला आया था।

सर्दियों की धुन्ध-भरी शाम के अँधेरे में जिस कोठी की सिलहूत भी चेतन को ठीक से दिखायी न दी थी, दिन की रोशनी में उसकी भव्यता से चेतन अभिभूत रह गया। गेट के स्तम्भ बहुत ऊँचे और गोल तो थे ही, लेकिन उन पर बड़ी ख़ूबसूरत उभारदार धारियाँ बनी थीं। चेतन कुछ क्षण वहीं खड़ा, उन ऊँचे स्तम्भों और उनके परे उस भव्य, दोमंज़िली कोठी को देखता रहा। फिर वह आगे बढ़ा। वह बरामदा, जो उस शाम के अँधेरे में उसे ठीक से दिखायी न दिया था, दिन की रोशनी में संगमरमरी स्तम्भों और काले-सफ़ेद संगमरमर के चौकोर टुकड़ों वाले फ़र्श के साथ आँखों को चौंधिया रहा था। फ़र्श के सफ़ेद ही नहीं, काले टुकड़े भी धूप में लिश्कते और आँखों में चकाचौंध पैदा करते थे। बरामदे में अन्दर के कमरों को जो दरवाज़े खुलते थे, उन पर आप-से-आप बेआवाज़ बन्द हो जाने वाले, जालीदार किवाड़ लगे थे। सामने दीवार के साथ बीचों-बीच एक ख़ूबसूरत हैट-स्टैण्ड पड़ा था, जिसमें चौकोर शीशा लगा था कि आगन्तुक हैट या छड़ी टाँगें तो शीशे में नज़र डाल कर बाल या टाई सँवार लें। स्तम्भों के मध्य, छत से, जालीदार गमले लटक रहे थे, जिनमें रंग-बिरंगे फूल खिले थे। हैट-स्टैण्ड के पास स्टूल पर एक बावर्दी चपरासी बैठा था।

साइकिल को बरामदे से काफ़ी इधर खड़ा करके चेतन ने बढ़ कर उससे कहा कि वह डेली 'बन्दे मातरम' का एक्स-सब-एडिटर है और लाला हरकिशन लाल से मिलना चाहता है।

हैट-स्टैण्ड की खूँटी से एक रेशमी डोरी के सहारे कुछ स्लिपें टँगी थीं। बिना उठे, हाथ बढ़ा कर चपरासी ने एक स्लिप नोची और चेतन से कहा कि उस पर नाम और काम लिख दे।

चेतन क्षण भर सोचता रहा, फिर उसने अपना नाम लिखा। उसके नीचे 'जर्नलिस्ट ऐण्ड स्टोरी राइटर' लिख दिया। काम उसने नहीं लिखा। वह चपरासी को चिट देने ही वाला था कि फिर कुछ सोच कर उसने तीसरी पंक्ति में लिखा —'एक्स-सब-एडिटर डेली बन्दे मातरम ऐण्ड एडिटर वीकली भूँचाल[१]।'

यद्यपि चेतन की दृष्टि में सर्जक-कवि-कथाकार, किसी पत्रकार की अपेक्षा कहीं ऊँचा था, पर वह जानता था कि आम लोगों में उसकी कोई वकअत नहीं। रहे पूँजीपति, तो वे कवियों और कथाकारों के बदले पत्रकारों को ज़्यादा महत्व देते हैं। काम का चेतन ने उल्लेख नहीं किया। 'चन्दा माँगना भी कोई काम है कि उसका ज़िक्र किया जा सके,' वह मन-ही-मन हँसा और स्लिप उसने चपरासी को दे दी।

चपरासी अनिच्छापूर्वक उठ कर (कि वह लिफ़ाफ़ा देख कर मज़मून भाँपने वाले

१. भूतपूर्व उप-सम्पादक दैनिक 'बन्दे मातरम' तथा सम्पादक साप्ताहिक 'भूँचाल'।

अनुभवी लोगों में से था), स्लिप लिये हुए, बायें कमरे में चला गया और चेतन बरामदे के स्तम्भ से पीठ लगाये, चपरासी की बेरुख़ी पर उसे मन-ही-मन गरियाता हुआ, वह बातचीत दोहराने लगा, जो वह लाला हरकिशन लाल से करने जा रहा था। चेतन कभी लाला जी से मिला न था, लेकिन उसने दो-तीन बार उनका फ़ोटो अख़बार में देखा था — मँझला कद; दोहरा गठा बदन, गोल चेहरा; छोटी, लेकिन गहरी आँखें; बड़ी-बड़ी, रोबदार, नुकीली मूँछें; बड़े गोल सिर पर सफ़ाई से सँवरे बाल; शरीर पर अचकन और चूड़ीदार पायजामा — उस चित्र से आत्म-विश्वास और शक्ति जैसे फूट रही थी। चेतन को भय था कि वह उनके सामने अपनी बात कह भी पायेगा या नहीं। वह उनसे अंग्रेज़ी में बात करेगा या पंजाबी में ? कमरे में दाख़िल होते ही 'गुड मॉर्निंग सर' कहेगा या 'नमस्ते लाला जी।'....पहले उसने तय किया कि वह 'गुड मॉर्निंग' कहेगा और चूँकि अंग्रेज़ी में बात करने का ज़्यादा रोब पड़ता है, इसलिए अंग्रेज़ी ही में बात करेगा। अगर वे अंग्रेज़ी में उत्तर देंगे तो वह अंग्रेज़ी में बात करता चला जायेगा; वे एक वाक्य भी पंजाबी में बोलेंगे तो वह फ़ौरन पंजाबी में बात करना शुरू कर देगा....लेकिन फिर उसने सोचा कि लाला जी कोई सरकारी अफ़सर नहीं हैं, स्वतन्त्र उद्योगपति हैं और अपने लिबरल राजनैतिक दृष्टिकोण के बावजूद, दबंग और प्रसिद्ध हैं, पंजाबी हैं और वह ख़ुद भी किसी दफ़्तर में क्लर्क नहीं, राष्ट्रीय दैनिक के सम्पादन-विभाग में काम करता रहा है और स्वतन्त्र पत्रकार है; वह क्यों अंग्रेज़ी में बात करे ? वह सीधे पंजाबी में बात करेगा। उसे अपनी बात कहने में आसानी भी होगी। लाख वह बी०ए० पढ़ा हो, फ़र्राटे से अंग्रेज़ी बोल सकता हो, लेकिन जो भाव वह पंजाबी में व्यक्त कर सकता है, अंग्रेज़ी में तो नहीं कर सकता....वह इसी उधेड़-बुन में था कि चपरासी ने आ कर उसे संकेत किया कि अन्दर जाय।

धड़कते हुए दिल के साथ, ब्रोशर और रसीद-बुक हाथ में लिये, दरवाज़ा खोल कर और यह देख कर कि वह बन्द हो गया, चेतन अन्दर गया। लाला हरकिशन लाल के कमरे की बजाय चपरासी ने उसे उनके मैनेजर अथवा सचिव के कमरे में भेज दिया था, क्योंकि दायीं ओर मेज़ पर जो व्यक्ति, सूट-बूट में लैस, बैठा था, वह लाला हरकिशन लाल नहीं था। उस व्यक्ति की मेज़ के सामने दो छोटी मेज़ों पर टाइपिस्ट और क्लर्क बैठे थे और बायीं ओर दीवार के साथ (कदाचित आगन्तुकों के लिए) काउच का सेट लगा था। 'मुझे यहीं बैठ कर लाला जी से मिलने की प्रतीक्षा करनी होगी,' चेतन ने मन-ही-मन कहा और एक चोर-दृष्टि काउच पर डाली।

"कहिए!' मैनेजर-नुमा उस व्यक्ति ने किंचित रूखे, आदेशात्मक लहजे में कहा।

चेतन ने फिर अपनी सब-एडिटरी और एडिटरी का हवाला दिया और कहा, "मैं ज़रा दो मिनट के लिए लाला जी से मिलना चाहता हूँ।"

"काम बता दें तो मैं जा कर आपके लिए वक्त ले दूँ। लाला जी बिज़ी हैं।"

तब चेतन ने अपने आने का मन्तव्य बताया और सोसाइटी का ब्रोशर उसे दिया।

सेक्रेट्री या मैनेजर—जो भी वह था—बिना उसे काउच पर बैठने का संकेत दिये—अन्दर चला गया। कुछ मिनट बाद, वह तेज़-तेज़ वापस आया और मेज़ के साथ लगी, स्टील-कैबिनेट का एक दराज़ खोल, उसमें से एक फ़ाइल ले कर, तेज़-तेज़ अन्दर चला

गया। पाँच मिनट गुज़रे, दस मिनट गुज़रे, पन्द्रह मिनट गुज़रे। चेतन खड़े-खड़े थक गया। उसका जी हुआ, चुपचाप काउच पर बैठ जाय, लेकिन उसे साहस नहीं हुआ। हालाँकि उसने वही सूट पहन रखा था, जो उसने गत वर्ष सिलवाया था, लेकिन बराबर पहनने के कारण उसकी सूरत बिगड़ गयी थी। वह चुपचाप खड़ा रहा।

तभी मैनेजर वापस आया। बिना चेतन की ओर देखे, अपनी कुर्सी पर बैठ गया। और दराज़ से दस रुपये का नोट निकाल कर उसने चेतन की तरफ़ बढ़ा दिया।

"लाला जी ने आपकी सोसाइटी के लिए गुड-विशेज़ भेजी हैं!" उसने अंग्रेज़ी में कहा।

क्षण भर के लिए चेतन को लगा, लाला जी ने उसे अन्दर न बुला कर और वहीं से चन्दा भिजवा कर, उसका अपमान किया है; कि उसका अपमान एक कवि और कथाकार का अपमान है और उसे कुछ ऐसा करना चाहिए, जिससे उन्हें अपनी ग़लती महसूस हो....लेकिन फिर उसे ख़याल आया कि उसने जो चिट भेजी थी, वह तो मैनेजर के पास ही रह गयी; लाला जी को क्या मालूम कि शहर का एक नामी युवा-शायर और अफ़साना-निगार उनसे मिलने आया है!....यह ख़याल आते ही चेतन ने एक कहर-भरी नज़र मैनेजर पर डाली, जो उसे नोट दे कर अपने काम में लग गया था।

चेतन को पहले तो ग़ुस्सा आया कि क्यों उसकी चिट उस नामाकूल ने लाला जी को नहीं दी। फिर यह सोचने पर कि उस मुलाकात की अग्नि-परीक्षा से गुज़रे बिना, वह चन्दा पा गया है, उसे ख़ुशी भी हुई। उसने नोट उठा कर जेब में रख लिया और मैनेजर के झुके हुए सिर को 'थैंक्स' कहा।

"रसीद आप देंगे ?" सहसा मैनेजर ने फ़ाइल से सिर उठा कर कहा।

"स्साला!' चेतन ने मन-ही-मन कहा, 'कैसे बिज़ी होने की ऐक्टिंग कर रहा था, समझता है कि मैं कोई उठाईगीर हूँ, जो चन्दा ले कर सरक जाऊँगा।' वह जल्दी से बोला, "हाँ-हाँ, रसीद-बुक मैं साथ लाया हूँ।"

और उसने रसीद काट कर मैनेजर की ओर बढ़ायी और कहा कि वे उसकी ओर से लाला जी का शुक्रिया अदा करें और उनसे अनुरोध करें कि अपने अत्यधिक व्यस्त समय से वक्त निकाल कर, वे सोसाइटी की किसी-न-किसी मीटिंग में ज़रूर आयें।

और तभी न जाने मन में क्या आयी कि उसने कहा : "चूँकि सोसाइटी के जलसों पर काफ़ी ख़र्च होगा, इसलिए बिना धनी-मानी लोगों की सरपरस्ती के, काम नहीं चल सकता, लेकिन दरअसल सोसाइटी मिडल-क्लास इण्टलेक्चुअल्ज़ के लिए है, इसका नाम—'सोसाइटी फ़ॉर यू एण्ड मी'—ही बताता है कि सोसाइटी हमीं लोगों के लिए है, आपके और मेरे लिए। लाला जी कृपा कर इसके सरपरस्त बन गये हैं, मैं आपसे रिक्वेस्ट करूँगा कि आप कम-से-कम इसके मेम्बर ज़रूर बनिए।"

मैनेजर ने रसीद चेतन से ले ली, उसे फ़ाइल करते हुए वह एकटक चेतन की ओर देखता रहा; उसके होंटों पर एक अत्यन्त व्यंग्य-भरी, क्षीण मुस्कान खेल गयी। फिर उसने फ़ाइल बन्द करते हुए कहा, "जाइए, मेरा और अपना वक्त न बर्बाद कीजिए!"

०

चेतन को लगा, यह व्यक्ति सरासर उसका अपमान कर रहा है। उसके जी में आयी, उससे कहे कि साले, दिन भर जी-हुज़ूरी करने के सिवा तुझे और काम ही क्या है! दिन भर किसी उद्योगपति की जूतियाँ सीधी करने को तू बड़ा भारी काम समझता है ? लेकिन क्रोध को दबा कर खिसियानी-सी हँसी के साथ उसने कहा, "आप चन्दा नहीं देना चाहते तो कोई बात नहीं है, लेकिन आप सोसाइटी की मीटिंग्ज़ में ज़रूर आइएगा, मैं आपको इन्वीटेशन भेजूँगा!"

और हाथ को माथे की ओर ले जाते हुए, बिना होंटों से एक शब्द भी कहे, वह मुड़ा और दरवाज़ा खोल कर स्टूल पर बैठे चपरासी की ओर 'अच्छा भई नमस्ते' फेंक कर, बरामदे के बाहर आ गया। उसने साइकिल उठायी, झटके से उस पर बैठ गया और दूसरे क्षण गोली की तरह ऐसे उड़ चला, जैसे उसे कोई पकड़ने आ रहा हो।

o

जब उसकी साइकिल की चाल ज़रा धीमी हुई तो उसके कानों में अपना वाक्य गूँज गया : 'आप सोसाइटी की मीटिंग्ज़ में ज़रूर आइएगा, मैं आपको इन्वीटेशन भेजूँगा।' प्रकट ही अपनी झेंप को कम करने के लिए बिना सोचे-समझे, उसने वह बात कही थी, वरना जिस व्यक्ति का नाम और काम उसे मालूम नहीं, उसे वह इन्वीटेशन कैसे भेजता! वह अपनी मूर्खता पर हँसा, लेकिन उस कठिन स्थिति से यूँ निकल आने पर, मन-ही-मन उसने अपनी पीठ ठोंकी।....फिर उसका क्रोध उस मैनेजर पर उतरा— 'मैं बेकार ही उसके सूट से रोब खा गया,' वह सोचने लगा, 'मैनेजर नहीं, वह ज़रूर ही लाला जी का सेक्रेट्री होगा, वरना क्या पाँच रुपये भी न देता—जाइए, मेरा और अपना वक्त न बर्बाद कीजिए' —उसके शब्द तीर की तरह चेतन की स्मृति को भेद गये— 'स्साला, वक्त न बर्बाद कीजिए का,' दाँत पीसते हुए, वह भुनभुनाया, 'जैसे लाला जी के सारे कारख़ाने तेरे जैसे चपड़कनाती के बल पर ही तो चल रहे हैं....'

लेकिन तभी वह राजा महेन्द्रनाथ के बँगले पर पहुँच गया और लाला हरकिशन लाल के उस घटिया मुलाज़िम को मल्लहियाँ सुनाने में दिमाग़ ख़राब करने की बजाय, उसने राजा साहब से अपनी मुलाकात पर ध्यान केन्द्रित करने का प्रयास किया।

o

चेतन राजा महेन्द्राथ से दो बार पहले भी मिल चुका था। एक बार गोल-मेज़ कॉन्फ़्रेन्स के सिलसिले में उनका मत जानने के लिए और दूसरी बार हरिजन आन्दोलन के बारे में होने वाले पैक्ट पर उनका वक्तव्य लेने के लिए। चेतन जब नया-नया लाहौर आया था, उसने दो-तीन बार उनके वक्तव्य अख़बारों में पढ़े थे और उसे वे काफ़ी सन्तुलित लगे थे। उनका चित्र कहीं भी उसकी नज़र से न गुज़रा था और जब दो-चार बार वह नाम उसके सामने आया तो राजसी वेश-भूषा में सुसज्जित, दोहरे बदन का कोई पैंतालिस-पचास का व्यक्ति उसकी कल्पना में उभरा— बड़ी-सी पगड़ी पर कलग़ी लगाये, रेशमी कुर्ते और चूड़ीदार पायजामे पर ज़री का चोग़ा सजाये, कमर में पेटी से सुनहरी मूठ वाली तलवार लटकाये और कीमती रेशमी मोज़े और ज़री के कामदार जूते पहने—अपने सिंहासन पर विराजमान! फिर वह सोचता कि सिंहासन पर बैठा राजा, पॉलिटिकल वक्तव्य नहीं देता

और वह चूड़ीदार पायजामे, अचकन और कलग़ीदार पगड़ी में या आधुनिक सूट-बूट पहने, राजनीति में दख़ल रखने वाले किसी राजा की कल्पना करता।....इसीलिए जब वह पहली बार उनसे मिला था तो अपनी कल्पना के विपरीत, घुटन्ने पायजामे, कुर्ते-जैकेट और नफ़ीस टोपी में मलबूस, पतले-छरहरे, गोरे-चिट्टे, पचपन-साठ बरस के एक नाज़ुक बुज़ुर्ग को देख कर चकित रह गया था। उसके सम्पादक, लाला धनपत राय (बी०ए० नेशनल) ने उसे आठ-साढ़े आठ बजे उनसे मिलने को कहा था और उस धुन्ध-भरी शाम में लाला हरकिशन लाल की कोठी में भटक कर और वहाँ के चौकीदार से पता ले कर, जब वह उनकी छोटी-सी कोठी में पहुँचा था तो कोठी और उसके मालिक, दोनों को देख कर उसे निराशा हुई थी।

छोटे-से बरामदे में जाकर, जब उसने कॉल-बेल का बटन दबाया तो अन्दर गैलरी से एक युवक आया था और उसे ड्राइंग-रूम में ले गया था और चेतन ने राजा महेन्द्रनाथ को एक आराम-कुर्सी पर, पशमीने का धुस्सा अपने घुटनों पर लिये, अपनी प्रतीक्षा करते हुए पाया था। तब उसे वे राजा नहीं, राजा का ख़िताब पाये हुए कोई रईस लगे थे।

लेकिन जब उन्होंने वक्तव्य दिया था। (चेतन जल्दी-जल्दी लिखता गया था) तो उनके स्वर का ठहराव और माधुर्य उसे अच्छा लगा था— वह वक्तव्य किसी रियासती राजा का वक्तव्य नहीं था; एक सुलझे हुए, बौद्धिक व्यक्ति का वक्तव्य था। उनका नफ़ीस पहरावा और सन्तुलित विचार, दोनों बार चेतन को अच्छे लगे थे। दोनों ही बार कुल-मिला कर, उन्होंने महात्मा गाँधी का पक्ष लिया था। चेतन को पूरा विश्वास था कि वे उसकी सोसाइटी में दिलचस्पी लेंगे और सोसाइटी के सरपरस्त बन जायेंगे। वे शहर में कई सभा-सोसाइटियों से सम्बन्धित थे और चेतन की इच्छा थी कि वे उसकी सोसाइटी की बैठकों को भी सुशोभित करें। मन में कहीं उसने यह भी सोच रखा था कि वह उन्हें अपनी सोसाइटी का सभापति बनायेगा।

०

आसमान बिलकुल साफ़ था। राजा साहब की कोठी सड़क के किनारे, ज़रा नीची जगह बनी थी। गेट के बाद सीमेण्ट का एक पक्का रास्ता, छोटे-से चौकोर लॉन के ऊपर से हो कर, बरामदे को जाता था। दायीं ओर लगे, यूकलिप्टस के पेड़ की परछाईं सीमेण्ट के उस मार्ग को पार करती हुई, बायीं ओर के कटे-छँटे लॉन पड़ रही थी। लॉन के किनारे लगी हुई छोटी मेंहदी बढ़ आयी थी, और उसमें कहीं-कहीं ऊदे फूल झलक रहे थे।

चेतन ने साइकिल को सीमेंण्ट के रास्ते पर खड़ा किया और गेट को बन्द करके, साइकिल थामे, बरामदे की ओर बढ़ा। गेट से बरामदे तक जाते-जाते, उसने मन में दोहरा लिया कि वह पिछली दोनों बार की तरह 'वन्दे राजा साहब' कह कर उनका अभिवादन करेगा और बिना टाइम लिये चले आने पर क्षमा-याचना करता हुआ, सोसाइटी की बात उनके सामने रखेगा और इच्छा व्यक्त करेगा कि यदि वे उसके सभापति होना स्वीकार करें तो उसे ख़ुशी होगी। (उसे पूरा विश्वास था कि पण्डित रत्न को इसमें कोई आपत्ति नहीं होगी।)....और साइकिल बरामदे के पास टिका कर उसने परम उत्साह से कॉल-बेल का बटन दबाया। अन्दर की गैलरी से वही युवक आया, जिससे चेतन परिचित था, क्योंकि पहले दोनों अवसरों पर वही उसे ड्राइंग-रूम में ले गया था। चेतन ने बड़े उत्साह से,

परिचितों की-सी भंगिमा में, उसे 'नमस्ते' की।

पहले दोनों अवसरों पर जब वह आया था, उसने उस युवक को न 'नमस्ते' की थी, न उसका कोई नोटिस ही लिया था। दोनों बार उसके सम्पादक ने उसे समय ले दिया था, राजा साहब उसकी प्रतीक्षा में बैठे मिले थे और सिर्फ़ यह बता देने पर कि वह 'बन्दे मातरम' से आया है, युवक उसे अन्दर ले गया था। फिर वह पत्र-प्रतिनिधि की हैसियत से वहाँ आया था और यद्यपि राजा साहब का वक्तव्य उसे अपने पत्र के लिए चाहिए था, लेकिन उसके छपने से जितना लाभ पत्र को पहुँचता, उससे कम उनकी पब्लिसिटी न होती और दोंनों बार चेतन ने व्यवहार में आत्म-विश्वास और कद्रे ज़ोम था। लेकिन इस बार स्थिति में थोड़ा अन्तर था। पहली बात तो यह थी कि वह लगभग ड़ेढ़ वर्ष बाद उधर आया था, फिर वह 'बन्दे मातरम' को छोड़ चुका था और अपने काम से आया था, इसलिए युवक उसे पहचान जाय, अचेतन में यही सोचते हुए, उसने उसे 'नमस्ते' की थी।

लेकिन उस युवक ने, न उसके उत्साह की ओर ध्यान दिया, न उसकी 'नमस्ते' की ओर, और पूछा कि उसे क्या काम है ?

'इस अर्से में शायद यह मुझे भूल गया है,' चेतन ने मन में ख़ुद को तसल्ली दी, 'इसे अपनी याद दिलानी पड़ेगी।' लेकिन उसने कहा इतना ही, "मुझे राजा साहब से सिर्फ़ पाँच मिनट के लिए मिलना है।"

"राजा साहब बारह बजे के बाद नहीं मिलते। ठीक एक बजे खाने पर बैठ जाते हैं। क्या आपने उनसे टाइम लिया है ?"

अपनी आवाज़ को यथाशक्य सहज बनाते हुए चेतन ने कहा, "मुझे सिर्फ़ पाँच ही मिनट उनसे बात करनी है, एक बजने में तो अभी वक्त है। मैं जल्दी में टाइम नहीं ले सका।" वह क्षण भर रुका, फिर उसने कहा, "शायद आप भूल गये हैं। मैं पहले भी दो बार उनसे इण्टरव्यू लेने आ चुका हूँ। आज जा कर उनसे इतना कह दो कि डेली 'बन्दे मातरम' वाले चेतन जी आये हैं। सिर्फ़ दो मिनट चाहते हैं। राजा साहब वक्त देंगे, मिल लूँगा; न वक्त देंगे, चला जाऊँगा।"

युवक ने एक तेज, उपेक्षा-भरी दृष्टि उस पर डाली और वापस गैलरी में ग़ायब हो गया।

चेतन को उसकी वह दृष्टि अच्छी नहीं लगी। उसे हैरत हुई कि पहली दो बार उस युवक ने वैसा बेरुख़ी का व्यवहार क्यों नहीं किया। चेतन के सामने आईना होता तो उसे इसका कारण मालूम हो जाता। वह ऊपरी उत्साह, जिससे उसने कॉल-बेल का बटन दबाया था और युवक को 'नमस्ते' की थी, उसके बिना जाने, उसके चेहरे से तिरोहित हो गया था और उसकी जगह कुछ अजीब-सी दयनीयता ने ले ली थी।....उसका दिल धड़कने लगा....वह युवक उसे राजा साहब से मिलायेगा या नहीं ?....उससे ग़लती हो गयी, उसे पत्र लिख कर अथवा बँगले पर पहले आ कर टाइम ले लेना चाहिए था। लेकिन हो सकता है, वे पत्र का उत्तर न देते और सिर्फ़ टाइम लेने के लिए तीन मील की मंज़िल मारना उसके बस में नहीं था। चेतन ने मन-ही-मन तय किया कि अगर राजा साहब ने वक्त न दिया तो वह युवक से यही कहेगा, उसे फिर किसी दिन के लिए पाँच मिनट ले दे। वह टाइम

ले लेगा, लेकिन फिर कभी उनसे मिलने नहीं आयेगा....

हालाँकि युवक को गये मुश्किल से दो मिनट हुए होंगे, लेकिन चेतन को लगा, जैसे बहुत देर हो गयी है। वह बेचैनी से बरामदे में घूमने लगा।....वहीं चक्कर लगाते हुए उसने यह भी तय किया कि अगर राजा साहब ने उसे न पहचाना अथवा ज़रा भी रुखाई का व्यवहार किया तो वह सोसाइटी की बात नहीं चलायेगा। यही कहेगा कि वह उधर से गुज़रा था, उसने सोचा कि राजा साहब के दर्शन करता चले....

लेकिन तभी ड्रॉइंग-रूम का दरवाज़ा खुला और उस युवक ने कहा कि वह अन्दर आ कर बैठे, राजा साहब आ रहे हैं।

चेतन ड्रॉइंग-रूम में जा कर बिलकुल उसी कुर्सी पर बैठ गया, जिस पर वह पिछली दो बार बैठा था। लेकिन पहले अवसरों पर उसे इर्द-गिर्द देखने का समय न मिला था, बैठते ही वह इण्टरव्यू लेने लगा था और उसके बाद तत्काल उठ आया था। इस बार ड्रॉइंग-रूम ख़ाली था और चेतन अनचाहे भी उसे देखने लगा।....उसके उस्ताद किसी अच्छे शे'र की बहुत प्रशंसा करते तो कहते थे कि वह सादा और पुरकार है —चेतन को वह ड्रॉइंग-रूम भी किसी सादा और अर्थ-भरे शे'र ही-सा लगा। —सामने रेशमी कवर और उस पर लगे रेशमी तकियों में; उसके इर्द-गिर्द रखी आराम-कुर्सियों और उनकी रेशमी गद्दियों में; कोनों में छोटी कश्मीरी मेज़ों पर सजी, महात्मा गाँधी और महात्मा बुद्ध की मूर्तियों में या दरवाज़ों के कीमती पर्दों में—कहीं भी ऐसा कुछ न था, जो देखने वाले को आतंकित करता अथवा खटकता हो—हालाँकि वह जानता था कि कमरे की हर चीज़ कीमती है। तभी उसने सोचा, कभी उसके पास पैसा आया तो वह अपना ड्रॉइंग-रूम ऐसे ही सादा और पुरकार तरीके से सजायेगा....

एक नज़र ड्रॉइंग-रूम पर डाल कर, अन्दर से आने वाले दरवाज़े की ओर निगाहें जमाये, चेतन चुपचाप राजा साहब के आने की प्रतीक्षा करने लगा। वह चाहता था कि राजा साहब आ जायें, वह अपनी बात कह दे और चाहे वे सरपरस्त बनें या न बनें, उसके दिमाग़ का तनाव मिट जाय।—वास्तव में उस युवक ने अपने रूखे व्यवहार से उसे कुछ अजीब सी मनःस्थिति में डाल दिया था—वह उत्साह और आत्म-विश्वास, जो कोठी में प्रवेश करते ही उसके मन में था, एक शंका-भरी उत्सुकता में बदल गया था। बैठे-बैठे उसे घबराहट होने लगी थी और उसका जी हो रहा था कि उठे और कमरे ही में दो-एक चक्कर लगाये....

लेकिन तभी राजा साहब अन्दर के दरवाज़े का पर्दा उठा कर आ गये। उन्होंने नफ़ीस कुर्ता, तंग घुटन्ना पायजामा और जैकेट पहन रखी थी और उन सब पर एक रेशमी ड्रेसिंग-गाउन पहने थे।

चेतन कुर्सी से उठा और उसने उन्हें 'आदाब अर्ज़' कहा ('वन्दे' कह कर उनका अभिवादन करने की बात वह यक्सर भूल गया।

राजा साहब बैठे नहीं। दरवाज़े के पास ही खड़े-खड़े, उन्होंने कुछ ऐसी निगाहों से उसकी ओर देखा, जैसे पहचान तो रहे हों, लेकिन यह न जान पा रहे हों कि उसे कहाँ देखा है ?

चेतन ने ज़रा आगे बढ़ कर अपना परिचय दिया और कहा कि वह दो बार पहले भी उनसे मिल चुका है और 'बन्दे मातरम' के लिए इण्टरव्यू ले चुका है।

राजा साहब की आँखों में पहचान की निश्चयात्मकता और होंटों पर मुस्कान आ गयी। वैसे ही खड़े-खड़े उन्होंने पूछा :

"कहिए, कैसे हाल-चाल हैं आपके अख़बार के ? कैसा चल रहा है आजकल ?"

"जैसा कि नेशनल अख़बार चल सकता है," चेतन ने स्वर को यथासम्भव सहज बनाते हुए कहा, "इश्तहार तो मिलते नहीं। घाटे पर चलता है, फिर मालूम नहीं कब सरकार ज़मानत माँग ले या बन्द कर दे।"

वह क्षण भर रुका। फिर उसने कहा, "लेकिन मैंने तो 'बन्दे मातरम' छोड़ दिया है।'

राजा साहब ने आँख उठा कर एक प्रश्न-भरी दृष्टि पर डाली।

"दिन-रात काम करने से मेरी सेहत ख़राब हो गयी थी," चेतन ने सफ़ाई दी, "लाहौर के मशहूर वैद्य, कविराज रामदास मुझे शिमला ले गये थे। उनके लिए एक पुस्तक लिखी, 'वीर भारत' और 'भूँचाल' में कुछ दिन काम किया, सोचता हूँ, इस सितम्बर में लॉ कॉलेज में दाख़िला ले लूँ...."

राजा साहब चुप रहे। चेतन भी तत्काल कुछ न कह सका। कमरे में एकदम ख़ामोशी छायी रही।

राजा साहब न स्वयं कुर्सी पर बैठे, न उन्होंने चेतन को बैठने के लिए कहा। शायद वे अन्दाज़ा लगाने की कोशिश कर रहे थे कि लड़का क्या चाहता है। हालाँकि चेतन ने यह सोचा था कि यदि उसके साथ अच्छा व्यवहार न किया गया तो सिर्फ़ दर्शन करने की बात कह कर लौट आयेगा, लेकिन वह उस क्षण की अचकचाहट में यह भी भूल गया और उसी तरह खड़े-खड़े, उसने सोसाइटी का ब्रोशर उन्हें देते हुए, अपनी बात कहनी शुरू की।

राजा साहब का सुन्दर मुख हल्का-सा तन गया; उनके माथे पर तेवर पड़ गये; सहसा उसकी बात काट कर उन्होंने कहा, "आपको किसी ने कहा नहीं कि मैं बारह बजे के बाद नहीं मिलता!"

"कहा था," चेतन के स्वर में उसके अजाने ही कुछ अजीब-सी गिड़गिड़ाहट आ गयी, "लेकिन मैं बहुत दूर से आया हूँ, लाला हरकिशन लाल हमारे सरपरस्त बन गये हैं, मैंने सोचा, आपकी ख़िदमत में भी हाज़िर होता चलूँ।"

राजा साहब ने कोई उत्तर नहीं दिया। खड़े-खड़े, उन्होंने एक सरसरी नज़र ब्रोशर पर डाली और फिर बिना कुछ कहे, मुड़ कर जैसे आये थे, वैसे चले गये।

चेतन विस्तार से सोसाइटी के उद्देश्यों और उन उद्देश्यों के कारण बौद्धिक वर्ग को जो 'लाभ' होने वाला था, उसकी चर्चा करना चाहता था, लेकिन उन्होंने अवसर ही नहीं दिया। वह उसी तरह खड़ा था उसे यही लगा कि अचानक कुछ याद आने पर राजा साहब अन्दर चले गये हैं और वह इस प्रतीक्षा में था कि वे वापस आ जायें तो वह अपनी बात आगे बढ़ाये।

लेकिन राजा साहब वापस नहीं आये। वही युवक आया। उसने पाँच रुपये का एक नोट उसकी ओर बढ़ाते हुए कहा कि राजा साहब को ख़िज़िर हयात ख़ाँ टिवाना से मिलने

जाना है, वे खाने पर बैठ गये हैं। आपकी सोसाइटी के लिए उहोंने चन्दा भेजा है। फिर कभी वक्त से आइएगा।

चेतन का चेहरा और भी उतर गया। राजा साहब स्वयं अपनी व्यस्तता की बात कहते हुए, पाँच रुपये ही उसे देते तो उसे बुरा न लगता, लेकिन अब उसे लगा कि उन्होंने उसे पीछे लगने से हटाया है और एक लुक्मा फेंक दिया है।

लेकिन उसने कुछ कहा नहीं। रुपये ले कर रसीद काटी और चुपचाप बाहर निकल आया; साइकिल उठायी और तेज़-तेज़ चलता हुआ, गेट पार कर, सड़क पर आ गया; पैडल पर पाँव रखा और घर की ओर चल पड़ा— क्रोध में वह ऐसे साइकिल चला रहा था, जैसे पलक झपकते, वह उन बड़े लोगों की कोठियों से दूर निकल जायेगा....

o

चेतन के दिमाग़ में कुछ अजीब-सी खलबली मची थी — 'स्साले, लिबरलिज़्म के,' वह मन-ही-मन भुनभुना रहा था, 'ये सब लाला और राजा चोर-चोर मौसेरे भाई हैं। सब-के-सब टोडी बच्चे हैं! इनका सारा लिबरलिज़्म 'स्टेटस को' बनाये रखने का ही दूसरा नाम है। हलवे-माँडे पर आँच भी न आये और देश-भक्त भी कहलाते रहें! सरकार ज़ुल्म करेगी तो इन्कलाब होगा, इसलिए सरकार को ज़ुल्म करने से रोको। कांग्रेस रैडिकल पॉलिसी अपनायेगी तो इन्कलाब पैदा होगा, सो कांग्रेस को नर्म बनाये रखो!— बातें चाहे इन्कलाब की साले कितनी भी करें, लेकिन हैं, सब दरअसल सरकार के पिट्ठू!'

और अपनी उस मनःस्थिति में चेतन को उन तमाम बड़े आदमियों पर बेहद गुस्सा आया था, जो बड़े वतन-परस्त और देश-भक्त बनते थे, लेकिन जिनके पास किसी ग़रीब लेखक और कवि से मिलने तक का समय नहीं था। उसे याद आया कि राजा साहब ने उसे कुर्सी तक पेश नहीं की और लगातार खड़े-खड़े बातें करते रहे।

'साले, अगर मैं कहीं तुझ से इण्टरव्यू लेने की बात करता तो कितना भी बिजी क्यों होता, तू मुझे वक्त भी देता और कुर्सी भी पेश करता,' वह मन-ही-मन बमका, 'और अगर मैं कहीं तुझ पर एक मज़मून लिखने की बात करता तो तू मुझे अपने साथ बैठा कर खाना खिलाता।...कैसे सहज ढंग से बातें कर रहा था, लेकिन सोसाइटी का ब्रोशर हाथ में लेते ही तुझे वक्त ले कर न आने का ख़याल आ गया....साला वक्त की पाबन्दी का....।'

और चेतन ने तय किया कि बेवक्त मिलने की बात तो दूर रही, वह कभी बावक्त भी उस राजा से नहीं मिलेगा!....वह उन लोगों के पास जायेगा, जो उससे सभ्यता और सम्मान के साथ पेश आयें।....वह मियाँ बशीर अहमद के यहाँ भी नहीं जायेगा। उसने एक दिन में चालीस रुपये चन्दा इकट्ठा कर लिया है। वह कुछ दिन आराम करेगा। कोई कहानी या अफ़सांचा लिखेगा और तनिक स्वस्थ हो कर और पूछ-ताछ कर, फिर नयी सूची बनायेगा....वह बहुत साइकिलिंग कर चुका है, घर जा कर सोयेगा, पढ़ेगा, लिखेगा....और वह पागलों की तरह पूरे ज़ोर से साइकिल चलाने लगा।

लेकिन टेम्पल रोड पार करते-न-करते उसकी सोच ने दूसरी धारा पकड़ ली और उसकी चाल आप-से-आप धीमी हो गयी। वह बेकार ही में तिनक रहा था— उसने सोचा— वह कवि और कथाकार ही नहीं, एक सोसाइटी का संचालक भी है, जिसे अकेले

दम, अपनी मेधा और प्रतिभा के बल पर नहीं, लोगों के सहयोग से चलना है। कवि-कथाकार भावप्रवण हो सकता है, ज़रा-ज़रा-से अपमान पर तिनक सकता है, लेकिन संस्था चलाने वाला, यह ऐयाशी नहीं पाल सकता। उसके पास तो बीमा-एजेण्ट की-सी आशावादिता, धैर्य और बेहिसाब सहनशीलता होनी चाहिए। क्या 'पंजाब लिट्रेरी लीग' के चौधरी को इन स्थिति से दो-चार न होना पड़ता होगा। व्यस्त लोगों से डील करने में आये दिन ऐसी स्थितियाँ खड़ी होती होंगी। तिनकने से काम नहीं चलेगा। वह सोसाइटी की दो-एक सभाएँ करेगा। उनकी सूचनाएँ राजा साहब को देगा। खींच-खाँच कर उनको किसी सभा का प्रमुख अतिथि या सभापति बनायेगा। तब वे आप-से-आप उसके मेम्बर ही नहीं, सरपरस्त बनना चाहेंगे।....ऐसे में अगर उन्होंने मेम्बरशिप का चन्दा दे दिया तो बड़ा एहसान किया....वे ज़रूर खाने पर बैठने वाले होंगे। क्या वह उम्मीद करता था कि वे उसे खाने की मेज़ पर साथ ले जा बैठाते....और लाला हरकिशन लाल....जिन्होंने बिना देखे, बिना मिले, सरपरस्ती का चन्दा भेज दिया, मिलने पर और यह जानने पर कि सोसाइटी सफलता से काम कर रही है, क्या आजीवन सरपरस्त न बन जायेंगे। वह घर जा कर उन सब को, जिनसे उसने चन्दा लिया है, शुक्रिया-भरे प्यारे पत्र लिखेगा और अनुरोध करेगा कि वे सोसाइटी के उद्घाटनोत्सव में ज़रूर शामिल हों और अपने सद्-परामर्श से उसका पथ-निर्देश करें....

इसी उधेड़-बुन में वह माल पर आ गया। तभी उसने तय किया कि वह घर नहीं जायेगा। प्रोग्राम के मुताबिक, मियाँ बशीर अहमद, मालिक-सम्पादक 'हुमायूँ' से भी मिलेगा। और उसने साइकिल को 'लॉरेन्स' को ओर मोड़ दिया, जिसके पार कि उनका बँगला था।

क्षण भर के लिए उसने सोचा—वे भी तो लंच टाइम का ख़याल रखते होंगे। लेकिन मज़ंग पार करते-करते एक बज गया था। जब तक वह उनके यहाँ पहुँचेगा, लंच टाइम ख़त्म हो चुका होगा। उसके पहुँचने पर वे लंच से वापस न आये होंगे तो वह 'हुमायूँ' के कार्यकारी सम्पादक मौला हामिद अली ख़ाँ के पास बैठेगा और मियाँ साहब की बाट देखेगा। उनसे मुलाकात हो या न हो, लेकिन वह दिन भर का अपना प्रोग्राम पूरा करके ही घर को लौटेगा।

और वह मज़े-मज़े सीटी बजाता हुआ साइकिल चलाने लगा।

इक्कीस

उर्दू की प्रसिद्ध मासिक पत्रिका, 'हुमायूँ' के मालिक-सम्पादक, मियाँ बशीर अहमद (जिन्हें इधर पंजाब के मुस्लिम-लीगी अदबी हलकों में 'मौलाना' के नाम से पुकारा जाने लगा था), जस्टिस हुमायूँ के सुपुत्र थे। चेतन न कभी उनसे मिला था, न उसने उनका चित्र ही देखा था, लेकिन 'हुमायूँ' के वरक पलटते हुए, उसने दो-एक बार उनकी नज़्में पढ़ी थीं

और उनमें से एक, अपने अत्यधिक छोटे छन्द के कारण, चेतन को कण्ठस्थ हो गयी थी। जब सीटी बजाते-बजाते उसके होंट थक गये तो वह मन-ही-मन मियाँ जी की वही नज़्म गुनगुनाने लगा :

सँगतरे रँगतरे, ख़ुशनुमा रस भरे
पाँच-छै लीजिए, उनका रस पीजिए
ज़िन्दगी आगही[१], आर[२] है बार[३] है
जब तलक रस न हो, जब तलक बस न हो
काम सब छोड़ के, बाग़ में शाख़ से
सँगतरे तोड़ के, उनका रस पीजिए
ऐश यूँ कीजिए

कविता पढ़ कर और यह सुन कर कि मियाँ बशीर अहमद विलायत से बैरिस्टरी पास करके आने के बावजूद, पक्के दीनदार और नमाज़ी हैं और 'मौलाना' कहाते हैं, चेतन के सामने शेरवानी और घुटन्ना पायजामा पहने और सिर पर तुर्की टोपी सजाये, दोहरे बदन के ख़ूबसूरत अधेड़ व्यक्ति की सूरत आ जाती थी....बड़े खुले और कुशादा कमरे में, फ़र्श पर जाजम और ग़ालीचे बिछे हैं, कश्मीरी सिल्क के कसीदा-कढ़े गाव-तकिये लगे हैं और मुसाहिबों अथवा धनी-मानी मुवक्किलों में घिरे बैठे मियाँ साहब, ख़ूबसूरत नक्काशीदार हुक्के की लम्बी नली मुँह से लगाये, अपनी यह नज़्म सुना रहे हैं और सन्तरों के रस की ख़ूबियाँ बयान कर रहे हैं....

चेतन ने शराब कभी चखी न थी। बचपन ही से उसकी बू से उसकी तबियत घबराती थी और वह जानता था कि वह दवा-सी कड़वी है। उसके पिता जब बोतल से कटोरी में पेग उँडेल कर एक ही घूँट में पी जाते (सोडा वग़ैरा वे कभी न मिलाते) तो बुरी तरह मुँह बनाते थे और आम के अचार की फाँक चूसते थे। शराब में कैसा सरूर होता है, चेतन नहीं जानता था। उसे पी कर पिता उत्पात ही मचाते थे। लेकिन सन्तरे उसने कई बार चूसे थे और देशी सन्तरों की हल्की-सी, तुर्शी-भरी मिठास उसे बहुत प्रिय थी।

जिन दिनों उसके पिता दुसूआ के स्टेशन पर नियुक्त थे, बड़े दिन को वे अपने अंग्रेज़ अफ़सर के बँगले पर डाली पहुँचाते थे। डी०टी०एस० का बँगला जालन्धर स्टेशन की रेलवे वर्कशॉप के पीछे था। दो-तीन वर्षों तक, बड़े दिन के अवसर पर, चेतन दुसूआ से सन्तरों का टोकरा लाता रहा था। स्टेशन के पानी वाले को पिता उसके साथ भेज देते थे और चेतन टोकरे को उसके सिर पर लदवा कर साहब के बँगले पर ले जाता था। वह डी०टी०एस० को कैसे 'गुडमॉर्निंग' और 'हैपी क्रिसमस' कहेगा, इसकी रिहर्सल पिता ने उसे अच्छी तरह करा दी थी। चेतन को याद आया कि डी०टी०एस० से एक बार भी उसका सामना नहीं हुआ था। पहली बार, जब वह डाली ले कर गया तो डी०टी०एस० का बुलडॉग उन्हें देख कर बरामदे ही से गरजा था और चेतन बुरी तरह डर गया था। तब एक अंग्रेज़ महिला अन्दर से आयी थी और कुत्ते को डाँट-पुचकार कर उसने चुप करा दिया था। तब, सहमे

१. पहचान। परिचय —याने ज़िन्दगी क्या है
२. नफ़रत-भरी
३. बोझ, भार

हुए स्वर में, उसने उसी महिला को 'गुडमॉर्निंग' और 'हैपी क्रिसमस' कहा था और यह सूचना दी थी कि वह पण्डित शादीराम स्टेशन मास्टर का बेटा है और क्रिसमस का उपहार लाया है। महिला ने बैरे को बुला कर टोकरा अन्दर ले जाने को कहा था और जब बैरा सन्तरों का टोकरा ले जाने लगा था तो उस महिला ने एक बड़ा सन्तरा उठा कर उसको देते हुए कहा था कि वह अपने पिता को उनका सलाम और धन्यवाद दे।

बँगले से निकल कर चेतन सन्तरा छीलता और एक-एक फाँक को मज़ा ले कर चूसता आया था। वह तब छठी कक्षा में पढ़ता था। उसने पहले कभी सन्तरा न चखा था। उसे बड़ा अच्छा लगा —हल्की-सी खटास लिये हुए, मीठा और ठण्डा।

'इतने सारे सन्तरे साहब को पहुँचा दिये और घर के लिए चार-छै भी नहीं भेजे,' उसे पिता पर क्रोध आया था। लेकिन बँधा-बँधाया टोकरा बाग़ से आया था और पिता ने वैसे ही भेज दिया था। उसने माँ से शिकायत की थी। माँ ने ज़रूर उनसे कहा होगा, क्योंकि दूसरे वर्ष पिता ने स्वयं सन्तरे मँगा कर, बड़े-बड़े सन्तरे टोकरे में सजाये थे और जो बाकी बच गये थे, उनमें से कुछ नौकरों में बाँट दिये थे और बाकी झोले में, घर के लिए भेज दिये थे। तब सन्तरे ले कर गाड़ी में सवार होने से पहले चेतन ने पानी वाले से (जो माँ की अनुपस्थिति में स्टेशन पर पिता का खाना पकाता था) एक पुड़िया में नमक और काली मिर्च पिसवा कर रख ली थी। बड़े-बड़े सन्तरे टोकरे में ऐसे सजा दिये गये थे कि एक कोणाकार स्तूप-सा बन गया था। टोकरा चेतन के साथ इण्टर के डिब्बे में रख दिया गया था और पानी वाला थर्ड में बैठा था। तब चेतन ने झोले से दो-एक सन्तरे निकाल कर एक-एक फाँक को छील कर, उसकी तुरियों में नमक-मिर्च लगा कर, उन्हें चूसा था। चेतन को लगा था कि उसे बड़े सन्तरे की अपेक्षा, जो साहब की मेम ने दिया था, वे कम मीठे थे। तब उसने टोकरे से एक-दो बड़े सन्तरे ले कर उन्हें चूसा और झोले से दो सन्तरे वहाँ रख दिये और पूर्ववत लाल बुर्जी काग़ज़ लगा दिया था। उन बड़े-बड़े सन्तरों का वह हल्का-सा तुर्श, मीठा रस उस वक्त भी चेतन की ज़बान पर था और वह मस्त हो कर गुनगुना रहा था :

बाग़ में शाख़ से, सँगतरे तोड़ के
उनका रस पीजिए, ऐश यूँ कीजिए

और चेतन को लगा कि मियाँ साहब ने ठीक ही लिखा है। शराब पी कर तो लोग अपने होश-हवास खो देते हैं, लेकिन सन्तरों का रस पी कर कोई उत्पात नहीं मचाता और वह मियाँ साहब से सहमत था कि सन्तरों का रस लेना ही, सही तौर पर ऐश करना है। फिर मियाँ साहब ने अपनी नज़्म में ज़िन्दगी के बारे में जो यह बात कही थी :

ज़िन्दगी आगही, आ'र है बार है
जब तलक रस न हो, जब तलक बस न हो

चेतन उससे भी पूरी तरह सहमत था। ज़िन्दगी एक नफ़रत-भरा बोझ है, अगर उसे झेलने के लिए कोई रस न हो या जब तक वह बस न हो, ख़त्म न हो!

और चेतन साइकिल चलाते हुए, झूम-झूम कर गुनगुनाये जा रहा था :

ज़िन्दगी आगही, आ'र है बार है,
जब तलक रस न हो, जब तलक बस न हो

उसने किसी से सुना था कि मियाँ बशीर अहमद, विलायत हो आने के बावजूद, शराब से परहेज़ करते हैं और पक्के नमाज़ी और दीनदार हैं, लेकिन इस नफ़रत-भरी ज़िन्दगी के भार को ढोने के लिए पक्के परहेज़गार को भी रस चाहिए और चेतन गुनगुना उठा :

बाग़ में शाख़ से....

गाते-गाते उसे कुछ ऐसा जोश आया कि कविता के एक-एक टुकड़े के साथ, वह गद्दी से ज़रा उठ कर, पैडल पर ज़ोर दे कर, साइकिल चलाने लगा। साइकिल की रफ़्तार बेहद तेज़ हो गयी वह उछलता हुआ, साइकिल चलाये और गाये जा रहा था :

बाग़ में
शाख़ से
सँगतरे
तोड़ के
उनका रस
पीजिए
ऐश यूँ
कीजिए

बार-बार यही बन्द। यहाँ तक कि साइकिल हवा की तरह उड़ने लगी और मियाँ साहब का बँगला आ गया।

चेतन गेट के बाहर साइकिल से उतरा। तेज़ साइकिल चलाते हुए, उसे हल्का पसीना आ गया था। कुछ पल साँस दुरुस्त करते हुए उसने सोचा कि वह पहले 'हुमायूँ' के कार्यकारी-सम्पादक, मौलाना हामिद अली ख़ाँ से मिलेगा; फिर उन्हीं की मदद से मियाँ बशीर अहमद से मुलाकात करेगा। पहले वह 'हुमायूँ' की सादगी, उसकी रचनाओं की गम्भीरता और सोद्देश्यता का उल्लेख करेगा, उनकी नज़्म, 'सँगतरे रँगतरे' की सादगी और पुरकारी की प्रशंसा करेगा और बात-बात में अपनी सोसाइटी की बात चलायेगा, उन्हें उसके उद्देश्यों की माहीयत समझायेगा और भगवान ने चाहा तो उन्हें सोसाइटी का सरपरस्त बनायेगा।

थोड़ा साँस से ले कर और कपड़े ठीक करके, वह परम उत्साह से बँगले का गेट खोल कर अन्दर चला गया।

o

मियाँ बशीर अहमद का बँगला दो-ढाई एकड़ धरती पर फैला हुआ था। बँगले के चारों तरफ़ बाग़ था —घास के ख़ूबसूरत लॉन, फूलों की क्यारियाँ और कटी-छँटी रविशें। बँगला उनके पिता, जस्टिस हुमायूँ ने बनवाया था। मियाँ साहब ने तो गेट के दायीं ओर चारदीवारी से सटी हुई, दो कमरों की एक अनेक्सी ही बनवायी थी, जहाँ 'हुमायूँ' का दफ़्तर था। चेतन पहले भी दो-तीन बार वहाँ आ चुका था। कभी उसके मन में इच्छा जगी थी कि उसकी भी दो-एक कहानियाँ 'हुमायूँ' में छपें और वह मौलाना हामिद अली ख़ाँ से मिला था।

उन्होंने कहानियाँ पसन्द भी की थीं, भाषा-सम्बन्धी कुछ सुझाव भी दिये थे और संशोधन के बाद छापने का आश्वासन भी दिया था। पर जब उसे मालूम हुआ था कि पारिश्रमिक के खाते 'हुमायूँ' से कानी-कौड़ी भी नहीं मिलती तो चेतन स्वयं ही ढीला पड़ गया था और संशोधन करने के बहाने कहानियाँ ले आया था। उसने मौलाना हामिद अली ख़ाँ के भाषा-सम्बन्धी सुझावों से लाभ उठाया था, लेकिन कहानियों को 'हुमायूँ' के बदले, मासिक 'गृहस्थी' में देना बेहतर समझा था। (जो किसी बड़े बँगले से नहीं, सूत्र मण्डी की एक गली से निकलता था और जिसके सम्पादक ने पारिश्रमिक के बदले उसके डेण्टिस्ट भाई की प्रशंसा में पूरे पृष्ठ का विज्ञापन अपनी पत्रिका में छापना स्वीकार कर लिया था।)

उन तीन-चार मुलाकातों में, वह हामिद साहब को अच्छी तरह जान गया था। हालाँकि वे मौलाना कहाते थे, पर न उनके चेहरे पर शर'अी मूँछें थीं, न दाढ़ी। कपड़े भी उनके एकदम आधुनिक थे। वे तीस-बत्तीस वर्ष के लम्बे-ऊँचे, गोरे-चिट्टे व्यक्ति थे। बहुत कम बोलते थे और बहुत धीरे बोलते थे। वे हमेशा सूफ़ियाने रंग के सूट पहनते थे और उनकी आवाज़ में कुछ अजीब-सी रुखाई-भरी मुलायमियत थी। चेतन ने उन्हें हमेशा नंगे सिर देखा था—न तुर्की टोपी, न रूमी, न कश्मीरी! वे उर्दू के प्रसिद्ध नक्काद[१] थे, लेकिन उनकी आलोचनाओं में तेज़ी और तुन्दी का सर्वथा अभाव था —उनके व्यक्तित्व की तरह, उनके लेखों में कुछ अजीब-सा ठहराव और कठोर-सी कोमलता थी, जो तमाम आधुनिक मुहावरों और शब्दावली के बावजूद, उनको ठोस, गरिमामय, लेकिन अन्ततः पुराना, उबाऊ और ठस बना देती थी। शायद उनकी इन्हीं ठोस और ठस आलोचनाओं के कारण उन्हें 'मौलाना' का ख़िताब दिया गया था — वैसे ही, जैसे महाशय धर्मदेव को, अरोड़ा खत्री होने के बावजूद, पण्डित का।

चेतन जब अनेक्सी में पहुँचा तो मौलाना हामिद अली अपनी मेज़ पर सीधे तने बैठे काम कर रहे थे। चेतन ने साइकिल बाहर रखी और जा कर उन्हें 'आदाब अर्ज़' किया। हामिद साहब ने सिर उठाया। उनक चेहरे पर बे-मालूम-सी मुस्कान फैल गयी।

"आइए-आइए, चेतन साहब!" कहते हुए उन्होंने कुर्सी पेश की और बोले, "कहिए कैसे तकलीफ़ की ?"

चेतन ने सोचा था कि वह कुछ देर इधर-उधर की बातें करेगा, थोड़ा सुस्तायेगा, फिर सोसाइटी की बात चलायेगा और मियाँ बशीर अहमद से मिला देने के ।लए कहेगा, लेकिन हामिद साहब के इस प्रश्न ने उसकी सारी योजना ही बेकार कर दी। उसने चाहा कहे, 'यूँ ही इधर से निकला था, आपकी 'ज़ियारत'[२] को चला आया।' लेकिन उससे यह कहा नहीं गया। उसने उन्हें सोसाइटी का ब्रोशर दिया, पण्डित रत्न और सूफ़ी हनुमान प्रसाद के हवाले से 'सोसाइटी फ़ॉर यू एण्ड मी' कायम करने की बात की, उसके उद्देश्य बताये और मियाँ बशीर अहमद से मिलने की इच्छा प्रकट की।

"हमने तय किया है," चेतन ने कहा, "कि हम अदीबों से कोई चन्दा नहीं लेंगे,

---

१. आलोचक
२. दर्शन

आप हमारे मशहूर नक्काद हैं, इस नाते आप हमारे मोहतरिम[1] मेम्बर हुए, लेकिन सोसाइटी की सरगर्मियों पर और उन सरगर्मियों की ख़बर सभी मेम्बरों और सरपरस्तों तक पहुँचाने पर, काफ़ी ख़र्च आयेगा। उसके लिए रुपये की ज़रूरत पड़ेगी। पण्डित रत्न और सूफ़ी हनुमान परशाद ने तय किया कि ऐसे अदब-नवाज़ लोगों को अंजुमन का मेम्बर या सरपरस्त बनाया जाय, जिनके लिए पाँच-दस रुपया इस नेक काम की मद में ख़र्च करना मुश्किल न हो। मैं इसी सिलसिले में मियाँ साहब से मिलने आया हूँ। आप उनसे पाँच मिनट को मुलाकात करा दें तो बहुत मशकूर हूँगा।"

"आप ज़रा तशरीफ़ रखिए," हामिद साहब ने कहा, "मैं देख आता हूँ, मियाँ साहब लंच से आ गये हैं कि नहीं।" वे उठे और ब्रोशर उठा कर जाने लगे।

सहसा चेतन की आँखों में लाला हरकिशन लाल के बँगले का अनुभव कौंध गया। उसने कहा :

"आप बुरा न माने तो ब्रोशर आप उन्हें न दिखायें। यह मैं उनकी ख़िदमत में ख़ुद पेश करूँगा और इसी बहाने उनसे दो बातें भी कर लूँगा। वे लंच से आ गये हों तो दो मिनट का टाइम आप मुझें ले दें।"

और वह खिसियानी-सी हँसी हँसा।

हामिद साहब पल भर के लिए असमंजस में खड़े रहे। फिर उन्होंने ब्रोशर मेज़ पर रहने दिया और दफ़्तर से निकल गये। चेतन कुर्सी पर पसर गया और मियाँ साहब से होने वाली बातचीत मन-ही-मन दोहराने लगा। दस मिनट बाद हामिद साहब ने आ कर सूचना दी कि मियाँ साहब दफ़्तर में आ गये हैं और वह जा सकता है।

चेतन ने मियाँ साहब के कमरे का पता पूछा तो हामिद साहब ने बाहर निकल कर संकेत से बता दिया कि पोर्च से बरामदे को चढ़ो तो बिलकुल सामने वाला कमरा है।

उनका शुक्रिया अदा करते और यह कहते हुए कि वह मियाँ साहब से मिल कर अभी आता है, चेतन साइकिल लिये हुए, उधर को चल पड़ा।

o

लेकिन जब साइकिल बँगले के पोर्च की एक ओर खड़ी करके, स्तम्भों की भव्यता और बँगले की सीढ़ियों और बरामदे के फ़र्श की चमक पर चकित होता हुआ, वह सीढ़ियाँ चढ़ा; उसने चिक उठा कर अंग्रेज़ी में 'मे आई कम इन सर' कहा और संकेत मिलने पर अन्दर कदम रखा तो इस मुलाकात के सिलसिले में उसने जो कुछ सोचा था, वह सब उसके दिमाग़ से यक्सर निकल गया।

चिक उठा कर उसने जिस कमरे को देखा, वह न केवल बहुत बड़ा हॉल-कमरा था, वरन आधुनिक ढंग से सजा भी था —फ़र्श पर मोटी, एकदम नयी लगती-सी, दरी और उस पर कीमती ग़ालीचे बिछे थे। दायीं ओर की बड़ी खिड़की और दरवाज़ों पर बहुत कीमती, भारी पर्दे लटक रहे थे। दायीं-बायीं ओर, सामने की दीवार के कोनों में शीशों के दरवाज़ों वाली, ऊँची अलमारियाँ रखी थीं, जिनमें मोटी-मोटी जिल्दों वाली किताबें करीने से सजी थीं। (उनकी पुश्तों पर सुनहरे अक्षरों में उनके नाम खुदे थे।) सामने की दीवार के

---

१. सम्मानित

बीचों-बीच छत से ले कर तीन-चौथाई भाग पर बढ़िया सूट-बूट में लैस, जॉर्ज पंचम की-सी छँटी दाढ़ी-मूँछों वाले, एक व्यक्ति का तैल-चित्र था, जो हाथ में छड़ी लिये खड़ा, जैसे अपनी गम्भीर, पैनी दृष्टि से सारे कमरे को आतंकित कर रहा था। इसी चित्र के नीचे, पॉलिश से चमचमाती, एक बहुत बड़ी मेज़ लगी थी, जिस पर करीने से फ़ाइलें और किताबें रखी थीं। उसके पीछे जजों की-सी ऊँची पीठ वाली, गद्देदार कुर्सी पर, बढ़िया सूफ़ियाना सूट पहने, मियाँ बशीर अहमद बैठे, किसी फ़ाइल में डूबे हुए थे — मँझला कद; पतला-छरहरा, धान-पान शरीर; गोरा रंग; चौड़ा चेहरा; किंचित धँसे कल्लों में दो-एक झुर्रियों की लकीरें; असमय गंजे होने के कारण लगभग आधी खोपड़ी को अपने अधिकार में लेता हुआ बहुत चौड़ा माथा!

चेतन ने चिक उठा कर अन्दर आने की इजाज़त चाही थी, तो किसी शायर-मिज़ाज व्यक्ति ने कवि-सुलभ गर्मजोशी से नहीं, बल्कि एक बैरिस्टर ने बिना फ़ाइल से नज़र उठाये, सिर की हल्की-सी जुम्बिश से उसे अन्दर बुलाया था। और सच्ची बात यह है कि जहाँ उस भंगिमा ने उसका सारा उत्साह भंग कर दिया था, वहाँ कमरे की भव्यता को देख कर, हठात उसका ध्यान अपने कपड़ों पर चला गया था — वह सूट, जिसे उसने पागलख़ाने के डॉक्टर पर रोब डालने के लिए सिलाया था, इस माहौल में उसे निहायत घटिया और वाहियात लगा था और जब उसने पायदान पर अच्छी तरह जूते पोंछ कर, दरी पर कदम रखा तो उसे इस बात का एहसास हुआ था कि उसके जूते बेहद धूल-भरे हैं।....जूतों से निगाह उठा कर, आगे बढ़ते हुए, उसने 'आदाब अर्ज़' किया था तो बिना होंट हिलाये, सिर के इशारे से उन्होंने उसे कबूल कर लिया था और कुर्सी की ओर संकेत किया था।

चेतन जा कर कुर्सी पर बैठ गया तो क्षण भर विमूढ़-सा बैठा रहा। उसके अन्दर में जो हीन-भाव आ गया था, उसने अचानक उसके मन-मस्तिष्क को जकड़ लिया। वह चुपचाप उजबकों की तरह कमरे की भव्यता को देखता रहा। फिर उसने अपने आप को व्यवस्थित कर, बात चलाने के लिए सामने लगे चित्र की प्रशंसा की और पूछा —"मियाँ साहब यह किनकी तस्वीर है ?"

मियाँ साहब उसके प्रश्न का जवाब दे देते तो शायद वह उनकी पत्रिका 'हुमायूँ,' उसमें छपने वाली रचनाओं और ख़ुद उनकी नज़्म, 'सँगतरे रँगतरे' का ज़िक्र करते हुए, उनकी प्रशंसा करता और सहज भाव से अपनी बात कहता। लेकिन उनहोंने जैसे उसकी बात नहीं सुनी और चुपचाप उसी फ़ाइल को पढ़ते रहे, जिसे वे उसके आने से पहले पढ़ रहे थे। चेतन का सारा हौसला पस्त हो गया।

तभी चेतन की दृष्टि सामने के चित्र पर सफ़ेद रंग में लिखे उर्दू अलफ़ाज़ —जस्टिस हुमायूँ —और उसके आगे लिखी डिग्रियों पर गयी। तब अपने प्रश्न की व्यर्थता उस पर सुस्पष्ट हो गयी, उसका हीन-भाव और भी बढ़ गया और जब क्षण भर बाद उन्होंने नज़र उठायी और पहली बार जैसे उसकी तरफ़ देखा तो हड़बड़ा कर वह उठा। अतिरिक्त अदब से उसने सोसाइटी का ब्रोशर उन्हें पेश किया और मिनमिनाते हुए, 'पण्डित रत्न और सूफ़ी हनुमान परशाद के हवाले से सोसाइटी की स्थापना के बारे में जो कुछ कहा, वह उसे स्वयं भी सुनायी नहीं दिया।

मियाँ साहब ने एक सरसरी नज़र ब्रोशर पर डाली और बिना एक शब्द कहे, बटुए से पाँच रुपये का नोट निकाल कर, ख़ैरात देने के अन्दाज़ में, बिलकुल 'तीर' जी की तरह उसकी ओर बढ़ा दिया। फ़र्क यही था कि (चेतन 'तीर' जी की जो प्रशंसा करने जा रहा था, उसकी उपेक्षा कर) उस पर एहसान का बोझ लादते हुए, 'तीर' जी ने (भले ही भीख देने की तरह) वह पाँच का नोट उसकी ओर बढ़ाया था, लेकिन कम-से-कम उसका मन रखने को यह तो कहा था कि वह आया है, इसलिए वे चन्दा दे रहे हैं, वरना वे सभा-सोसाइटियों में नहीं जाते। मियाँ साहब ने तो मुँह से एक शब्द भी नहीं कहा और चेतन को उनका यूँ ख़ामोशी-भरी उपेक्षा से नोट बढ़ाना, और भी ज़्यादा अपमानजनक लगा।

लेकिन जैसे चेतन इससे ज़्यादा की उम्मीद ही न करता हो, उसने नोट ले कर ठण्डा-सा शुक्रिया अदा किया, रसीद काट कर वहीं मेज़ पर रखी, एक 'आदाब' उनकी ओर फेंका और कमरे से बाहर निकल आया।

o

उसने हामिद साहब से कहा था कि मियाँ साहब से मिल कर वह उनकी तरफ़ आयेगा। क्षण भर के लिए उसने यह भी सोचा था कि पारिश्रमिक न मिले तो भी वह दो-एक कहानियाँ उन्हें देगा, सोसाइटी की ख़ातिर उनसे राह-रस्म बढ़ायेगा और 'हुमायूँ' के हलके मं शामिल होने की कोशिश करेगा; लेकिन अनेक्सी की तरफ़ जाने के बदले, वह सीधा गेट की ओर बढ़ता चला गया। उसने तय किया कि वह 'हुमायूँ' में कभी अपनी रचना नहीं देगा और न 'सँगतरों' का रस पी कर ऐश करने वाले उन 'मौलानाओं' के हलके में शामिल होने की कोशिश करेगा। तभी वह नज़्म, जिसे वह बड़ी जोश से गाता आया था, उसे निहायत वाहियात और बेतुकी लगी। ऐसी नज़्म वही लिख सकता है— उसने सोचा — जिसके बाग़ में सन्तरों के पेड़ हों और जिसे रोज़ पाँच-छै सन्तरों का रस पीने की सुविधा हो। उसने तो एक साथ पाँच-छै सन्तरों का रस एक बार भी नहीं पिया था....बड़े दिन को छोड़ कर घर में कभी इतने सन्तरे नहीं आये थे कि सब को एक-एक मिल सके। कुछ फाँकें ही हरेक के हिस्से में आती थीं और एक-एक फाँक को वे, मज़ा ले कर, देर तक चूसा करते थे। तभी उसने सोचा कि इतनी भव्यता में रहता हुआ जो शख़्स सन्तरों का रस पी कर ही ऐश करता है, वह निश्चय ही निहायत कंजूस है, इसलिए पत्रिका में लिखने वालों को पारिश्रमिक नहीं देता। यह ठीक है कि शराब नशे में होश भुला देती है, लेकिन वह शायद दिल को उदार भी बनाती है। उसके पिता शराब पी कर भयंकर उत्पात मचाते थे, लेकिन यार-दोस्तों में ख़ूब पैसा उड़ाते थे। उनके पास पैसा हो और किसी ने माँगा हो और उन्होंने इनकार कर दिया हो, चेतन को याद न था। एक बार बाज़ार शेख़ाँ से आते हुए रास्ते में उन्हें एक साधु मिल गये थे, जो तीर्थ-यात्रा को जा रहे थे तो उन्होंने दो सौ रुपये उधार ले कर उन्हें दे दिये थे— 'साले, ऐश के....' वह मन-ही-मन बमका, 'सन्तरे पी कर ऐश करते हैं, माईं-याह्वे! सन्तरों का रस पी कर इन ऐश करने वालों के हलके में वह कभी शामिल नहीं होगा —हरगिज़-हरगिज़ शामिल नहीं होगा!'

और गेट के बाहर निकल कर उसने पैडल पाँव रखा और प्रबल आक्रोश में साइकिल उड़ाता हुआ, वापस घर को चल पड़ा।

बाईस

मियाँ बशीर अहमद के यहाँ से लौटने के पाँचवें दिन, चेतन अपने मित्र अनन्त को पत्र लिख रहा था :

> *'यह ख़त मैं तुम्हें अपने नये पते से लिख रहा हूँ। परसों हमने फिर मकान बदल लिया। कृष्णा गली वाला घर था तो अच्छा और हवादार, लेकिन उसमें गर्मियों के मौसम में सोने की सहूलत नहीं था। हम लोग —याने मैं और भाई साहब — मई-जून में मकान के बाहर खुली जगह में सोते थे। वहाँ भी कुछ दिनों से बाँसों का टाल खुल गया है; आसमान को छूते हुए, लम्बे-लम्बे बाँसों ने सामने का सारा आकाश ढँक लिया है। सोने की जगह तो छिन ही गयी, इन बाँसों की वजह से मेरी बैठक भी (जो मेरे लिखने का कमरा भी थी) कृष्णा गली की दूसरी बैठकों की तरह एकदम अँधेरी हो गयी। गर्मियाँ अपनी आमद की धमकी दे रही हैं, सो उनके डर से हम पहले ही यहाँ आ गये....'*

पत्र लिखते-लिखते अचानक चेतन को इस ख़याल से बड़ी तकलीफ़ हुई कि इन दो-ढाई वर्षों में एक बार भी वे ऐसा मकान नहीं ले सके, जिसमें दोनों भाई आराम से रह सकें। चंगड़ मुहल्ले में थे तो बिना किसी खिड़की, झरोखे या रोशनदान के, दो सीली, अँधेरी कोठरियाँ थीं; रात को बाहर सोते थे; ऊपर से गन्दी नाली गिरती थी; कोई पर्दा और प्राइवेसी नहीं थी। फिर दोनों भाइयों में से एक ही की बीवी वहाँ रह सकती थी।....

सरदार जगदीश सिंह के मकान में गये तो कमरा रोशन और हवादार था और खिड़कियाँ-दरवाज़े रोग़न से चमकते थे, लेकिन दोनों भाई अपने परिवारों के साथ वहाँ भी आराम से न रह सकते थे। एक कमरे में आदमकद पार्टीशन करके, जो एक छोटा-सा कमरा रसोई के बराबर निकाला गया था, उसमें चारपाई न आ सकती थी और जब भाभी आ गयी थी तो चेतन ने अपनी पत्नी को जालन्धर भेज दिया था, फिर जब चन्दा बिना सूचना दिये चली आयी तो वह उसके साथ रसोई-घर में सोता था!....कृष्णा गली के मकान में दो कमरे तो थे (एक वहाँ भी बेहद अँधेरा था) लेकिन गर्मियों में सोने की जगह न थी। दोनों भाई गर्मियों में भले ही सड़क के किनारे की खुली जगह में सो जाते थे, लेकिन चन्दा और उसकी बीमार जेठानी तो अन्दर आँगन की उमस और बेपनाह गर्मी में भुनती थीं और अब अमृतधारा मुहल्ले के इस घर में आये हैं तो यद्यपि गर्मियों में सोने के लिए छत थी, पर कमरा यहाँ भी एक ही था।

अनन्त को पत्र लिखते-लिखते चेतन यही सोचने लगा था, क्या कभी ऐसा दिन न आयेगा, जब दोनों भाइयों के पास ऐसा मकान हो, जिसमें दो कमरे हों एक बैठक हो और वे आराम और इज़्ज़त के साथ, अपनी-अपनी प्राइवेसी में रह सकें।....'प्राइवेसी'....वह दूसरे क्षण मन-ही-मन हँसा —'यह प्राइवेसी, इस पुण्य-भूमि में, ऊँचे दर्जे के लोगों की ऐयाशी है। ग़रीब लोग दो जून पेट भर लें और जी ही लें तो बड़ी बात है....ये इतने हजारों-हज़ार लोग, जो फ़ुटपाथों पर सोते हैं और वहीं ज़िन्दगी की तमाम ज़रूरतें पूरी करते हैं, सिर के ऊपर सिर्फ़ छत चाहते हैं, प्राइवेसी नहीं....'

पिछले तीन-चार दिनों से वह दिन-रात इसी मकान को ले कर परेशान रहा था। भाई साहब दुकान जाते थे और चन्दा विद्यालय, इसलिए मकान बदलने का सारा भार चेतन के कन्धों पर आ पड़ा था। एक तरह से अच्छा ही हुआ, क्योंकि राजा महेन्द्रनाथ और मियाँ बशीर अहमद के यहाँ से आने के बाद वह इतना परेशान था कि अपने दिमाग़ को किधर लगाये, उसकी समझ में न आ रहा था....

०

मियाँ बशीर अहमद से मिल कर, वह उनके बँगले से निकला था तो बेहद ग़ुस्से में था। उनके यहाँ जाने का फ़ैसला करने से पहले चेतन ने अपनी तुनुक-मिज़ाजी के लिए अपने आप को बहुत कोसा था। बीमा-एजेण्टों की साबित-कदमी और 'अ मैन कैन डू, ह्वॉट ए मैन हैज़ डन' का सहारा ले कर, सब बाधाओं को पार कर, अपने उद्देश्य पर पहुँचने के लाख संकल्प किये थे, लेकिन मियाँ साहब के रूखे व्यवहार ने उसे बुरी तरह उद्वेलित कर दिया था और उसका सारा क्रोध तेज़ साइकिल चलाने पर ही निकला था।

लेकिन वह सुबह से साइकिल चला रहा था। तेज़ साइकिल चलाते हुए वह जल्दी ही थक गया था। माल रोड के फ़ुटपाथों पर घने, छतनार पेड़ लगे थे। बायीं ओर के फ़ुटपाथ के साथ-साथ सड़क पर बिछी, पेड़ों की धूपछाहीं झिलमिलियों में उसकी साइकिल अपने आप धीमी हो गयी। और वह निरन्तर उसी समस्या पर सोचता चला गया।.... नेपोलियन के हवाले से उसके पिता कहा करते थे : 'असम्भव मूर्खों की डिक्शनरी का शब्द है।' लेकिन माँ की नसीहत थी : 'जो पत्थर उठ न सके, उसे छोड़ देना चाहिए।' और अपने उस मूड में चेतन को लगता था कि माँ ही की बात ठीक है। असम्भव को सम्भव बनाने के लिए प्राण देना और जो काम उसके बस का नहीं, उसे करते रहना ख़ालिस मूर्खता है।....'लिट्रेरी लीग' के चौधरी की खाल यकीनन मोटी होगी; बड़े लोगों के ऐसे व्यवहार को वह 'पार्ट ऑफ़ द गेम' समझता होगा, बुरा न मानता होगा और अपने आप को उनके मुताबिक ढाल कर, अपना उल्लू सीधा किये जाता होगा। लेकिन चेतन की अपनी खाल तो इतनी पतली थी कि प्रकट अपमान की बात तो दूर, अपमान का हल्का-सा आभास भी उसे बुरी तरह आन्दोलित कर जाता था।....ऐसा काम, जिसमें हर कदम पर उसका अहं आहत हो, उसके बस का नहीं था....

चेतन ने पहले सोचा था कि वह सौ रुपया चन्दा इकट्ठा कर लेगा तो अनारकली के इर्द-गिर्द, किसी केन्द्रीय जगह में सोसाइटी का दफ़्तर लेगा; पण्डित रत्न की सलाह से शहर के किसी बड़े आदमी से उसका उद्घाटन करायेगा; सोसाइटी के मेम्बरों को ही नहीं, शहर के प्रमुख पत्रकारों और लेखकों को बुलायेगा; कोई बहुत ही दिलचस्प प्रोग्राम रखेगा और धड़ल्ले से संस्था चलायेगा।....लेकिन अपने उन पन्द्रह-बीस दिनों के अनुभवों से उसे लगा था कि यह काम आसान हो कर भी, उस जैसे भाव-प्रवण के लिए बहुत मुश्किल है....

और तब एक दूसरी समस्या उसके सामने आ गयी— दिन-दिन भर चन्दा उगाहते घूमना और अपमानित होना तो वह छोड़ देगा, लेकिन ये जो पचास-पचपन रुपये उसने इकट्ठे कर लिये हैं, उनका क्या करेगा ?— पहले उसने सोचा कि वह सब ले जा कर पण्डित रत्न को सौंप देगा; वे उसका जो चाहें करें, उससे कोई मतलब नहीं।....लेकिन सोचने पर उसे लगा कि वह ऐसा नहीं कर पायेगा। पण्डित रत्न के आगे वह अपने आप

को बेहद अशक्त पाता था। वही नाटक फिर-फिर करना तो बचकानापन होगा।....तब उसने सोचा था, क्यों न वह डब्बी बाज़ार से जा कर, अनारकली के थोक-फ़रोशों की अपेक्षा और भी सस्ते में, पचास रुपये के रूमाल इकट्ठे ख़रीद ले और अनारकली तथा सिनेमा-घरों के सामने उन्हें बेच कर दुगुने पैसे कमा ले; जो रुपया उसने दूसरों से वसूल किया है, वह 'पंजाब लिट्रेरी लीग' के सेक्रेट्री को ही दे दे (कि वे एक वैसी ही संस्था चला रह थे) और अपने मेम्बरों और सरपरस्तों को इसकी सूचना दे दे....

समस्या के इस समाधान पर वह बहुत प्रसन्न हुआ था। — इस तरह वह अपनी मेहनत की एवज़ी भी पा लेगा, आगे के लिए रोज़ी और लॉ कॉलेज के दाख़िले की व्यवस्था भी कर लेगा और कोई यह भी नहीं कह पायेगा कि उसने सोसाइटी का रुपया मार लिया है।....फिर उसे ख़याल आया कि चौधरी क्या उसका भांजा या भतीजा लगता है कि वह उसको रुपये देगा। क्यों न वह सदस्यों और सरपरस्तों को ही जा कर उनका रुपया लौटा दे — वह भी, जो उसने अपनी साइकिल पर ख़र्च किया है।....

सोचने पर उसे लगा था कि यही ठीक है। इस दुश्चक्र से मुक्ति पाने का यही बेहतर और बाइज़्ज़त रास्ता है....

o

...वह कृष्णा गली वाले घर पहुँचा तो चन्दा स्कूल से आ चुकी थी और रसोई-घर में व्यस्त थी। बिना उससे कोई बात किये, साइकिल पिछले कमरे में रख कर, वह अपनी स्टडी में आया था और कटे हुए पेड़ की तरह, जूतों-समेत, चारपाई पर ढह गया था।

थोड़ी देर बाद ही चन्दा आयी थी। क्षण भर चौखट में खड़ी, उसे देखती रही थी — चेतन आँखें बन्द किये, चुपचाप लेटा था। दीवार के साथ लगी आराम-कुर्सी उठा कर, उसे बेआवाज़ खोलते हुए, चन्दा ने बड़े धीरे से उसे चारपाई के पास बिछाया था। क्षण भर वह चुपचाप बैठी, अपने पति के थके-सुते चेहरे को देखती रही थी। फिर उसने पायँते की ओर कुर्सी खिसका कर, चेतन के जूतों के तस्मे खोले थे; जूते और मोज़े उतार कर चारपाई के नीचे रखे थे और अपने हाथों में उसके पैरों की पाँचों उँगलियाँ ले कर दबाने लगी थी।

चेतन निस्पन्द लेटा रहा था। सुबह से साइकिल चलाते हुए, उसके पैर सचमुच दुखने लगे थे। चन्दा के भरे-भरे, नर्म हाथों के दबाव से उसे बड़ी राहत मिली थी। कुछ देर पाँव दबा कर, चन्दा ने कुर्सी सिरहाने की ओर ख़िसका ली थी और उसके सिर पर हाथ फेरने लगी थी। चेतन वैसे ही आँखें बन्द किये, अपने ध्यान में डूबा, लेटा रहा था। फिर सहसा वह उछल कर उठा था :

"चन्दा, मैंने तय किया है कि मैं यह सोसाइटी-वोसाइटी का चक्कर छोड़ दूँगा। यह पत्थर मेरे बस का नहीं और माँ कहा करती है कि जो पत्थर न उठे, उसे छोड़ देना चाहिए!"

चन्दा कुछ नहीं बोली। सिर्फ़ उसकी बात सुनती रही।

"मैंने ख़ूब सोच लिया है," चेतन ने पल भर रुक कर कहा, "यह पत्थर मुझसे नहीं उठ सकता।" और वह फिर लेट गया। दोनों हाथ बाँध कर उसने सिर के नीचे रख लिये थे और आन्तरिक बेचैनी से घुटने हिलाने लगा था।

"मैं तो आपसे पहले ही कहने वाली थी," चन्दा ने अपनी मीठी और धीमी आवाज़ में कहा था, "यह सोसाइटी का काम आप छोड़ दीजिए। न खाने-पीने का ठिकाना, न आराम-चैन की सुध! साइकिल लिये, दिन-दिन भर मारे-मारे फिरते हैं। देखिए तो इन थोड़े दिनों में आपका मुँह कैसा निकल आया है।" और प्यार से उसके चेहरे पर हाथ फेरते हुए, वह उसके बाल सहलाने लगी थी।

चेतन की आँखें अचानक डबडबा आयीं और उसने करवट बदल ली।

चन्दा उठी थी : "आप लेटिए, मैं तुलसी के पत्ते और दाल-चीनी डाल कर, चाय बनाती हूँ, आपकी थकावट दूर हो जायेगी।" और वह कमरे से निकल गयी थी।

चन्दा उसी तरह बैठी, उसके बाल सहलाती रहती तो शायद चेतन रो पड़ता। चन्दा के शब्दों ने जहाँ उसे अपनी परेशान-हाली के प्रति सचेत कर, आत्म-करुणा से भर दिया था, वहीं उसके अव्यक्त स्नेह ने उसे अभिभूत भी कर दिया था।....लेकिन उसकी यह कमज़ोरी ज़्यादा देर नहीं रही। उसकी पत्नी उसका विरोध करती और कहती कि उसने जिस काम का बीड़ा उठाया है, उसे पूरा करना चाहिए, तो चेतन सोसाइटी का चक्कर छोड़ देने के पक्ष में दस दलीलें देता; यह भी हो सकता था कि वह उसी वक्त सोसाइटी के परिपत्र वग़ैरा उठा कर खिड़की के बाहर फेंक देता; लेकिन उसकी परम विश्वासी पत्नी ने तो सब कुछ उसी पर छोड़ दिया था....और उसकी सोच ने हठात दूसरी धारा पकड़ ली।

....यह उसकी आँखों में पानी कैसे आ गया— उसने अपने-आप को धिक्कारा— क्या वह एकदम कमज़ोर शख़्स है। बाऊ जी (पिता जी) ठीक ही तो कहते थे— यह दुनिया कमज़ोरों की नहीं। बैठे-बिठाये यह किसी को कुछ नहीं देती। जिसकी बाँहों में ज़ोर न हो, वह दिमाग़ में ज़ोर पैदा करे और इससे जो चाहे, ले ले— और चेतन ने मन-ही-मन जोड़ा— 'कमज़ोर और असफल अपनी दीनता पर लाख टिसवे बहाये, कोई पूछने वाला नहीं। शहज़ोर जो चाहेगा, दुनिया से ले लेगा।'

सोचते-सोचते उसका ध्यान अपने से बाहर राजनीतिक क्षेत्र की ओर चला गया।

'महात्मा गाँधी ने इस राज़ को समझा है,' उसने सोचा, ' उस पतले-दुबले शख़्स ने दिमाग़ का ही तो ज़ोर पैदा किया है।'....लोग कहते हैं कि महात्मा गाँधी अहिंसा-अहिंसा चिल्लाते हैं, अंग्रेज़ क्या अपना राज-पाट उन्हें दे कर चला जायेगा! आन्दोलन उठता है, हज़ारों-हज़ार लोग अहिंसापूर्वक लाठियाँ खाते हुए, स्वराज्य-मन्दिर जा बसते हैं। सरकार भयानक ज़ुल्म तोड़ती है। सारा आन्दोलन ठप्प पड़ जाता है....लेकिन महात्मा गाँधी यह सब न समझते हों, ऐसी बात नहीं। उनके पास तोप-तलवार की शक्ति नहीं, दिमाग़ की शक्ति है, सूत के गोले से उन्होंने मैनचेस्टर की नाक में दम कर दिया है। विदेशी कपड़े के बाइकाट, शराब की दुकानों पर पिकेटिंग और खादी ने अंग्रेज़ों का हुलिया टाइट कर दिया है।....अंग्रेज़ आख़िर हुकूमत तो हिन्दुस्तानियों के बल पर ही चलाते हैं। सिविल नाफ़रमानी के नतीजे कहाँ-कहाँ नहीं पहुँच सकते हैं ? कल अगर क्लर्क दफ़्तरों में काम करना बन्द कर दें, फ़ौज में बग़ावत हो जाय, तो मुट्ठी भर अंग्रेज़ कर ही क्या सकते हैं ? झख मार कर उन्हें समझौता करना पड़ेगा। गाँधी तन से चाहे धान-पान हों, पर मन तो उनका ईस्पाती है। दिमाग़ उनका भयंकर तेज़ है....एक आन्दोलन बुझने लगता है तो नया

शोशा छोड़ कर वे उसे फिर जगा देते हैं....अबकी उन्होंने कैसा पैंतरा बदला है ? असहयोग के बदले सहयोग — कांग्रेस असेम्बलियों में जायेगी और हुकूमत के काम को अन्दर से ठप्प करेगी....अगर वे स्थिति को असम्भव मान कर छोड़ देते तो....और वह ज़रा-सी मुश्किल सामने पा कर हथियार छोड़ बैठा....चेतन उठा और बेचैनी से कमरे में घूमने लगा।

....नहीं, वह जल्दी में कोई फ़ैसला नहीं करेगा— उसने मन-ही-मन कहा— वह अभी अपना दिल दो-एक अच्छे अफ़सांचे लिखने में लगायेगा। इस बीच वह इस समस्या पर हर पहलू से विचार करके कोई और रास्ता निकालेगा—उसके पास धन की लाठी न सही, दिमाग़ की लाठी तो है, वह उसी से काम लेगा। चाणक्य ने उसके बल पर मौर्य-साम्राज्य खड़ा कर दिया, वह साली एक निकम्मी सोसाइटी भी खड़ी न कर सकेगा...

चन्दा एक थाली में अजवाइन के दो छोटे-छोटे पराँठे और तुलसी-मिली चाय का गिलास ले आयी। चेतन जा कर चारपाई पर बैठ गया। तिपाई तो कोई थी नहीं। चन्दा ईज़ी-चेयर पर बैठ गयी और उसने थाली अपनी गोद में रख ली। पराँठे देख कर चेतन को पहली बार एहसास हुआ कि उसे भूख लगी है। वह चुपचाप पराँठे खाने लगा। चाय के गिलास की ओर देख कर उसने कहा, "चाय तुम बेकार लायी हो। मुझे ख़ुश्की करती है।"

हालाँकि चन्दा जाते वक्त कह गयी थी, पर शायद चेतन का ध्यान उधर नहीं था, चन्दा ने फिर वही बात दोहरा दी, "इसमें तुलसी के पत्ते और दाल-चीनी पड़ी है। आपकी सारी थकान दूर हो जायेगी।"

पराँठे खा कर चेतन ने चुपचाप चाय की दो-एक चुस्कियाँ लीं और बोला :

"चन्दा, मैं सोचता हूँ कि हफ़ में कोई फ़ैसला नहीं करना चाहिए।"

"हफ़ में ?" —चन्दा कुछ नहीं समझी, हैरान-सी उसकी ओर देखती रह गयी।

चेतन हँसा, "हफ़ — अंग्रेज़ी का शब्द है, अगर तुमने अंग्रेज़ी पढ़ी होती तो ऐसे मुँह-बाये न बैठी रहतीं।....अंग्रेज़ी आज के सभ्य समाज की भाषा है और सारी दुनिया का ज्ञान अंग्रेज़ी के ज़रिये हम तक पहुँचता है।"....

चेतन ने अंग्रेज़ी भाषा के गुणों और ज्ञान-प्राप्ति के महत्व पर एक छोटा-सा भाषण अपनी पत्नी को दे डाला। फिर बोला :

"हफ़ का मतलब है : खीझ-भरी जल्दी, चिड़चिड़ाहट-भरी जल्दी, क्रोध-भरी जल्दी। और मैं समझता हूँ कि ऐसे में आदमी को कोई फ़ैसला नहीं करना चाहिए। जल्दी में फ़ैसला करके फ़ुर्सत में पछताना, मूर्खों का काम है। मैं ऐसा नहीं करूँगा। दो-चार दिन कुछ लिखूँ-पढ़ूँगा और गहराई से सोचूँगा; फिर तुम जो सलाह देगी, वही करूँगा। छोड़ना तो एक मिनट का काम है; जब चाहे, छोड़ दूँगा। लेकिन बिना सोचे-समझे नहीं।" और वह चुपचाप चाय पीने लगा।

"हाँ, यह आप ठीक कहते हैं," चन्दा ने कहा, "सोच-समझ कर ही कोई फ़ैसला करना चाहिए। लेकिन जो भी कीजिए, अपनी सेहत का ख़याल रख कर कीजिए।"

चेतन ने चाय ख़त्म की। चन्दा थाली और गिलास उठा कर चली गयी। ताज़ा-दम

हो कर चेतन उठा। उसने सोसाइटी के ब्रोशर और रसीदें अलमारी में रखीं और मूड बनाने के लिए अपनी पुरानी कहानियों की फ़ाइल ले बैठा।

पुरानी लिखी कहानियाँ पढ़ते; उनके छपे तराशे फ़ाइल में लगाते, बीच-बीच में कोई पत्रिका देखते, चेतन के दिमाग़ में एक अफ़सांचे का अस्पष्ट-सा ख़याल आया —ख़ुशामद एक कार-आमद हथियार है, जिससे तेज़ लोग बड़े-बड़े बुद्धिमानों को मूर्ख बना कर अपना उल्लू सीधा करत हैं—और चेतन ने फ़ट तख़्ती उठा कर आगे रखी, उसमें काग़ज़ लगाये और होल्डर से उस पर शीर्षक दिया —'हथियार'।

लेकिन बहुत सोचने पर भी, वह शीर्षक के नीचे एक पंक्ति न लिख सका। अफ़सांचे के नायक की बात सोचते-सोचते, वह सोसाइटी के नायक की—याने ख़ुद अपनी—बात सोचने लगता....कैसे वह इसी हथियार से काम ले कर, बड़े-बड़े लोगों को सोसाइटी का सरपरस्त बना लेता है और उसकी सोसाइटी बड़ी शान से चलने लगती है और लाहौर के सारे अदीब उसके सदस्य बन जाते हैं....

तभी भाई साहब दुकान बन्द करके आ गये। सीधे अपने कमरे में जाने के बदले, वे चेतन की स्टडी में चले आये। चेतन तब चौंका, जब वे उसकी मेज़ के पास आ कर खड़े हो गये। उसने सिर उठाया, एक थकी-सी मुस्कान उसके होंटों पर फैल गयी।

"कहिए भाई साहब, कैसे हाल-चाल हैं?"

"तुम अपने हाल सुनाओ, कैसी रही तुम्हारी मुहिम ?"

"चन्दा तो मैं एक दिन में पैंतालिस रुपया इकट्ठा कर लाया हूँ," चेतन ने कहा, "लेकिन हौसला मेरा ख़ासा पस्त है।" और चेतन ने अपने दिन भर के अनुभव सुनाये।

"भाई, तुम यह मत भूलो," भाई साहब ने कहा, "कि बड़े आदमियों के पास रोज़ तुम्हारे जैसा कोई-न-कोई शख़्स चन्दा लेने पहुँचता रहता है —शहर में आये दिन सोशल और धार्मिक सोसाइटियाँ खुलती रहती हैं और उनके चलाने वाले, बड़े लोगों का आसरा देखते हैं। तुम्हें ख़ुश होना चाहिए कि तुम नाकाम नहीं लौटे, कुछ-न-कुछ ले आये, वरना चन्दा लेने वालों को लोग बाहर ही से हरी झण्डी दिखा देते हैं।"

हालाँकि हर आये दिन संस्थाएँ खोलने और चन्दा वसूलते फिरने वालों के साथ ब्रेकेट किया जाना, चेतन को अच्छा नहीं लगा, पर भाई साहब की बात में जो तथ्य और सच्चाई थी, वह उससे छिपी नहीं रही। 'भाई साहब ठीक कह रहे हैं,' उसने सोचा, 'मैं बेकार परेशान हूँ। मुझे तो बल्कि शुक्रगुज़ार होना चाहिए कि मैं कहीं से भी ख़ाली हाथ नहीं आया।'

"जो लोग बड़े लोगों से ख़ूब चन्दा लेते हैं," भाई साहब ने कहा, "वो पहले उनसे ज़ाती ताल्लुक पैदा करते हैं, उनकी मुसाहिबी करते हैं, उनके ख़ाली वक्त में उनकी दरबारदारी करते हैं। तुम गये और रुपये ले आये। और क्या चाहते हो ? धीरे-धीरे तुम्हारा ताल्लुक बढ़ेगा तो ज़्यादा ले लोगे। जो आज मेम्बर बने हैं, कल सरपरस्त बनेंगे।"

भाई साहब पल भर चुप रहे। फिर उन्होंने कहा : "अभी आते हुए रास्ते में डॉ० सत्यप्रकाश की बहन, कान्ता और उसका पति जिन्दल मिल गये। उन्होंने अपने मकान के साथ एक ख़ाली पोर्शन का पता दिया है। मैं पिछली बार उनके यहाँ गया था तो कह आया

था कि उस लोकैलिटी में कोई ऐसा पोर्शन मिल जाय, जिसमें गर्मियों में सोने के लिए छत हो तो बतायें। इस मकान के सामने तो खुली जगह में भी टाल खुल गया है, मकान तो बदलना ही पड़ेगा। कान्ता कहती थी कि छत वाली एक जगह तो उसके पड़ोस में ख़ाली हुई है। बाथरूम, रसोई, गोदाम — सब कुछ है, पर कमरा एक ही है। तुम जा कर देख आओ। गर्मियाँ तो आ गयी हैं, चन्दा तो महीने बाद जालन्धर चली जायेगी। हम दोनों उसमें गुज़ारा कर लेंगे। सर्दियों में ज़रूरत होगी तो कोई दूसरा इन्तज़ाम हो जायेगा।"

चेतन सोत्साह उठा और उसने कहा :

"कहिए तो अभी देख आऊँ। चन्दा तो मई में परीक्षा देते ही जालन्धर चली जायेगी। जून में उसकी डिलिवरी होनी है। बच्चे के जन्म बाद मैं उस वक्त तक उसे लाहौर लाने की नहीं सोचता, जब तक कि मैं लॉ पास न कर लूँ और कम्पीटीशन न दे लूँ। अगर कमरा अच्छा हो और छत पर खुली जगह हो तो ठीक है।"

"अब तो देर हो गयी है। सुबह जा कर देख आना।" भाई साहब ने अपने कमरे को जाने के लिए मुड़ते हुए कहा था।

"आप भी चलिएगा। वहीं-का-वहीं तय हो जायेगा तो हम कल ही, वरना परसों मकान बदल लेंगे।"

भाई साहब चले गये तो चेतन ने फिर अफ़सांचा लिखने की कोशिश की और इस बार शीर्षक के नीचे उसने दो पंक्तियाँ भी लिख दीं :

> 'वह एक निहायत कमज़ोर नौजवान था। भूख, ग़रीबी, बेकारी और बेरोज़गारी से लड़ने के लिए उसके पास कोई हथियार नहीं था....'

लेकिन उस नौजवान का क्या हुआ अथवा उस नौजवान ने क्या किया, यह लाख सोचने पर भी चेतन की समझ में न आया। उसने तख़्ती को उठा कर एक तरफ़ रख दिया और तय किया था कि अब मकान बदल कर ही वह इस अफ़सांचे को हाथ लगायेगा। इस बीच वह मन-ही-मन इस थीम को पका लेगा।

o

अपने नये मकान में बैठा चेतन फिर पत्र लिखने लगा था :

> *"तुमने पिछले ख़त में लिखा था कि शायद तुम दो-एक दिन के लिए लाहौर, अपने चाचा के यहाँ आओगे और मुझे भी दर्शन दोगे!*
>
> *तुम्हारी बात का कोई विश्वास नहीं। पिछले साल तुमने कितनी बार नहीं लिखा कि तुम आओगे, पर वह जगह हमने छोड़ भी दी और तुम नहीं आये। किसी शायर ने कहा है :*
>
> ***'वह वादा ही क्या जो वफ़ा हो गया'***
>
> *तुम भी शायद इसी मिसरे में यकीन रखते हो। लेकिन इस उम्मीद में कि तुम कभी अचानक आ धमकोगे, मैं अपने इस नये मकान का जुगराफ़िया देता हूँ, ताकि तुम बिना परेशानी यहाँ पहुँच जाओ।*
>
> *रेलवे रोड पर 'अमृतधारा बिल्डिंग' मशहूर है और तुम्हारी देखी हुई है। अब तो मण्डी के बाद वह सड़क भी 'अमृतधारा रोड' कहलाती है। बहरहाल,*

उस सड़क पर तुम सब्ज़ी मण्डी की तरफ़ से आओ तो जहाँ 'अमृतधारा बिल्डिंग' ख़त्म होती है, (और रेलवे स्टेशन की तरफ़ से आओ तो जहाँ से शुरू होती है) वहीं बिल्डिंग के साथ-साथ, पिछवाड़े को एक गली मुड़ती है। थोड़ी दूर चल कर वह बायें को हो लेती है। यहीं नया मुहल्ला बसा है। कोई नाम न होने से 'अमृतधारा मुहल्ला' कहलाता है। पहली ही गली में जालन्धर के डॉक्टर सत्यप्रकाश डेण्टिस्ट के बहनोई, विनोद जिन्दल ने अपना छोटा-सा मकान बनवाया है। हमारा मकान इनसे पहले है, इनके साथ ही लगा है। मकान क्या है — एक कमरा, एक रसोई, छोटा-सा गोदाम और छत है। नीचे मकान-मालिक रहता है, ऊपर की मंज़िल का पोर्शन हमारे पास है। मैंने अपना लेटर-बक्स बाहर सीढ़ियों पर टाँग दिया है। तुम्हें दिक्कत नहीं होगी।

तुमने पूछा है कि मैं आजकल किस अख़बार में काम कर रहा हूँ। अब मैं तुम्हें क्या बताऊँ! मैं किसी अख़बार में काम नहीं करता और वो पंजाबी में जिसे 'चूतिया-चक्कर' कहते हैं, उसमें फँसा हुआ हूँ। शिमला से आ कर 'बन्दे मातरम' तो छोड़ दिया था। फिर 'भूँचाल' की एडिटरी की, तो उसके मालिक, महाशय जीवनलाल कपूर से झगड़ा हो गया। निहायत ही टुच्चा और बद आदमी है। उसके बाद एक दोस्त के कहने पर एक सोसाइटी खोली है — 'सोसाइटी फ़ॉर यू एण्ड मी'। सपने यही लेता हूँ कि सोसाइटी चल जायेगी तो इसमें से तीस-चालीस रुपये महीना मेरी तनख़्वाह के निकल आयेंगे। लेकिन मन उसमें है नहीं। मैं इसे चला पाऊँगा, इसमें मुझे भारी शक है। पिछले महीने में, तीन बार इसे छोड़ कर कोई दूसरा काम करने की सोच चुका हूँ। चचा ग़ालिब ने कहा है :

रौ में है रख़्श-ए-उम्र कहाँ देखिए थमे
ने हाथ बाग़ पे है, न पा है रकाब में

मेरी हालत भी ज़िन्दगी के घोड़े पर सवार उसी शख़्स जैसी है, जिसके हाथों में लगाम और पैरों में रकाब नहीं और जो यह भी नहीं जानता कि वह मुँह-ज़ोर घोड़ा उसे किधर ले जायेगा।

लेकिन अनन्त, वक्त आयेगा, जब मैं इस घोड़े पर ऐसे सवार हूँगा कि मेरे हाथ में लगाम भी होगी और मेरे पैर रकाब में होंगे और मैं इस मुँह-ज़ोर घोड़े को अपनी मर्ज़ी से चला भी सकूँगा।

शायद मैंने तुम्हें नहीं बताया— मैंने तय किया है कि इसी साल मैं लॉ कॉलेज में दाख़िल हो जाऊँगा और फ़र्स्ट डिवीजन में पास हो कर, सब-जजी के कम्पीटीशन में बैठूँगा।

हालाँकि तुम्हारी बद-दुआ, दुआ से बेहतर लगती है, पर कभी भगवान को याद करो तो मेरे हक में दुआ करना— लेकिन दिल से, क्योंकि शायर ने कहा है :

'दुआ वही है, जो दिल से कभी निकलती है!'

पत्र के अन्त में चेतन ने अनन्त को ताकीद की कि वह अपनी माँ —चाची लालदेई — के स्वास्थ्य की ख़बर दे और मित्रों को उसकी याद दिलाये और पत्र बन्द करके वह उसे अमृतधारा डाकख़ाने छोड़ने चला गया।

०

मकान बदलने का फ़ैसला करने के दूसरे दिन, सुबह ही, दोनों भाई इस मुहल्ले में आये थे। डॉ० सत्यप्रकाश की बहन और बहनोई उनसे बड़े स्नेह से मिले, उन्होंने मकान दिखाया। मकान चेतन को पसन्द आया। एक कमरे का है, यह तो उसे पहले ही मालूम था, लेकिन दो महीने भाई साहब कहाँ सोयेंगे —यही समस्या थी।

जब दोनों भाई मकान देख कर जिन्दल साहब की बैठक में आये तो कान्ता एक ट्रे में बर्फ़ी और लस्सी के गिलास ले आयी। उसने पूछा कि मकान कैसा लगा तो भाई साहब ने अपनी समस्या बतायी :

"दो कमरे होते कान्ता," भाई साहब ने कहा था, 'तो हम फ़ौरन ले लेते। लेकिन कमरा एक है, पसन्द भी है, ले भी लें। यही सोचता हूँ कि दो महीने तक मुझे दुकान पर सोना पड़ेगा और गर्मी तो अगले महीने पड़ने लगेगी। मई में इम्तहान दे कर चन्दा जालन्धर चली जायेगी, तब कोई दिक्कत नहीं होगी, लेकिन अब...."

"अब आप दो महीने हमारे पास रह जाइए। हमारे मकान की दो छतें हैं, इधर आप सो जाया कीजिए, उधर हम सोया करेंगे।"

किराया तो मकान का उतना ही था— ग्यारह रुपये। कान्ता ने समस्या का यह हल निकाल दिया तो उन्होंने भी 'हाँ' कर दी। तब कान्ता ने चाबी ला कर चेतन को दे दी थी। मकान-मालिक किराया पेशगी माँगता था, पर कान्ता ने अपनी गारण्टी दे कर, उसे किराया महीने के अन्त में लेने पर राज़ी कर लिया था। तब चेतन ने तय किया था दूसरे ही दिन मकान बदल लेंगे।

जिन्दल दम्पति से छुट्टी ले कर दोनों भाई हस्पताल तक इकट्ठे आये; फिर भाई साहब अपने क्लिनिक जाने के लिए नीला गुम्बद की ओर मुड़ गये थे और चेतन चंगड़ मुहल्ला जाने के लिए हस्पताल रोड पर हो लिया था। अनारकली पार कर, पैसा अख़बार स्ट्रीट की ओर से वह सीधा चंगड़ मुहल्ले, रहीम चंगड़ के यहाँ पहुँचा और उसे पक्का कर आया कि वह दूसरे दिन बैलगाड़ी तैयार रखे, वह स्वयं लेने आयेगा। घर आ कर उसने अपना सामान सहेजना शुरू कर दिया था।

चूँकि कुछ सामान दुकान पहुँचाया गया, इसलिए पूरा सामान अमृतधारा मुहल्ले पहुँचाने और ऊपर चढ़ाने में शाम हो गयी। चेतन की यह आदत थी कि जब वह एक घर से दूसरे घर सामान बदलता था तो उसी दिन —चाहे कितनी भी रात क्यों न बीत गयी हो —नये घर में सारा सामान यथा-स्थान सजा देता था। रात ही सब कुछ करीने से सजा, और दीवारों पर तस्वीरें लगाने का सबसे महत्वपूर्ण काम सरअंजाम दे कर, जब चेतन सोया तो एक बज गया था। उसकी कमर दुखने लगी थी और घुटनों तथा पिंडलियों में दर्द होने लगा था, लेकिन इस एहसास के साथ कि सुबह इस नये घर में वह ऐसे ही काम शुरू कर देगा, जैसे पुराने में, वह लेटते ही सो गया।

नयी जगह में चन्दा को असुविधा न हो, इसलिए वह उसकी मदद करता रहा था और जब भाई साहब दुकान और चन्दा विद्यालय चली गयी थी तो वह नहा-धो कर नीचे कमरे में आया और सबसे पहले उसने अनन्त को पत्र लिखा था।

तेईस

अमृतधारा पोस्ट ऑफ़िस में चिट्ठी डाल और ज़रा आगे, सब्ज़ी मण्डी के चौरस्ते पर हलवाई की दुकान से लस्सी का बड़ा-सा गिलास पी कर, चेतन अपने कमरे में वापस आया तो उसने जैसे पहली बार उस कमरे को ध्यान से देखा....

कमरा, कृष्णा गली के कमरे की तरह लम्बा नहीं था, चौड़ा था। उसमें दो खिड़कियाँ थीं और पहली मंज़िल पर होने के कारण, वे कमरे को रोशनी से भर देती थीं। पहले चेतन ने सोचा था कि खिड़कियों के नीचे अपनी और चन्दा की चारपाइयाँ बिछाये और सीढ़ियों के दरवाज़े के सामने मेज़-कुर्सी रखे, लेकिन मेज़ अपेक्षाकृत अँधेरे में हो जाती, इसलिए उसने मेज़-कुर्सी एक कोने में और चारपाई दूसरे कोने में सजा दी थी। कुछ ही दिन बाद उन्हें ऊपर सोना था, इसलिए फ़ालतू चारपाइयाँ उसने ऊपर छत पर डलवा दी थीं।

चेतन ने चौखट में खड़े-खड़े, इत्मीनान से देखा कि यह व्यवस्था बहुत अच्छी है — उसकी मेज़ पर बायीं खिड़की से भी रोशनी पड़ती थी और पीछे की खिड़की से भी। चारपाई पर लेटा, वह मज़े से किताब पढ़ सकता था। चूँकि सामान ज़्यादा था, इसलिए चेतन ने पायों के नीचे दो-दो ईंटें रख कर, अपने और भाई साहब के ट्रंक चारपाई के नीचे रख दिये थे। चेतन ने देखा कि कमरे में आते ही उन पर नज़र तो नहीं पड़ती और यह जान कर उसे परम सन्तोष हुआ कि पलँगपोश उसने जिस तरह बिछाया है, चारपाई के नीचे पड़े ट्रंक दिखायी नहीं देते।

दीवारों में अलमारियाँ बनी थीं। लेकिन उनमें किवाड़ नहीं लगे थे। चेतन ने एक में चन्दा की किताबें और ज़रूरी सामान सजा दिया था; दूसरी में अपनी किताबें, कापियाँ, फ़ाइलें और काग़ज़ रख दिये थे; तीसरी में शेव का सामान रख दिया था, जिसमें चन्दा के शृङ्गार का सामान भी था और चौथी में, जो सीढ़ियों के दरवाज़े की ओर थी — साइकिल की टोकरी, सोसाइटी के ब्रोशर और रसीदे-बुकें लगा दी थीं। ईज़ी-चेयर उसने सीढ़ियों की चौखट के सामने दीवार के साथ बिछा दी, ताकि वह जगह भरी-भरी लगे।

चारपाई, मेज़-कुर्सी, ईज़ी-चेयर और किताबों से बिछलती हुई चेतन की दृष्टि, ऊपर लगी तस्वीरों पर चली गयी। यह देख कर वह ख़ुश हुआ कि यद्यपि तस्वीरें उसने रात को टाँगी थीं— वह और चन्दा, दोनों थक भी गये थे— लेकिन चारों-की-चारों बिलकुल ठीक लगी थीं— न ज़्यादा ऊँची, न नीची; न ज़्यादा एक तरफ़, न दूसरी तरफ़ और एक सीध में! एक तस्वीर ज़मीन से जितनी ऊँची थी, बाक़ी सब भी उतनी ही ऊँची थीं। जिन्दल के घर से सीढ़ी ले, सब तरफ़ से माप कर चेतन ने निशान लगाये थे। चन्दा सीढ़ी पकड़े रहती

और वह कीलें ठोंक कर चित्र टाँगता— कितना आगे झुका रहे, चन्दा पीछे हट कर राय देती और वह उसके अनुसार ठीक करता। बारह बजे तक चन्दा उसके साथ जागती रही थी।....उसे सफ़ाई का शौक हो रहा था; पहनने-ओढ़ने का, पढ़ने-लिखने का और अपनी तमाम सीमाओं के बावजूद, सुरुचि से रहने का शौक हो रहा था....चेतन ने उसके फ़ोटो की ओर देखा—(जिसे उसने ऐसे लगाया था कि वह मेज़ पर बैठा हो तो वह सामने पड़े) पूरी बाँहों का स्वेटर और बुन्दे पहने हुए और (चूँकि चेतन ने ऐन वक्त पर हँसा दिया था, इसलिए) होंटों के दरीचे से मोतियों की बत्तीसी खिलाये हुए!

जिन दिनों (भाभी के पहन चुकने के बाद) चन्दा वह पूरी बाँहों का स्वेटर पहनने लगी थी, चेतन एक सुबह उसे और भाई साहब को अनारकली के एक फ़ोटोग्राफ़र मित्र के पास ले गया था, जिसने अपने स्टूडियो की बाल्कनी में उन्हें बैठा कर नैचुरल लाइट में उनके फ़ोटो लिये थे। एक उन दोनों का अलग-अलग, एक चेतन और उसकी पत्नी का इकट्ठा, एक उन दोनों का भाई साहब के साथ। चेतन को अपनी पत्नी का यह हँसता हुआ फ़ोटो बहुत अच्छा लगता था —और यही भोलापन और यही हँसी उसे दिन-ब-दिन चन्दा से बाँधे जा रही थी। कहीं वह पढ़-लिख कर, सुशिक्षित और सुसंस्कृत हो जाये तो....तो....वह अपने आपको कितना सुखी और भाग्यशाली समझे....

अपनी पत्नी के फ़ोटो से उसकी निगाह अपने फ़ोटो पर चली गयी, जो उसने दूसरी दीवार पर, ऐन उस चित्र के सामने टाँगा था। फ़ोटो में चेतन अपना वही पुराना ओवरकोट पहने, उसके कॉलर चढ़ाये, घुँघराले काकुल माथे पर बिखेरे खड़ा था, लेकिन फ़ोटोग्राफ़र ने प्रकाश-छाया का कुछ ऐसा संयोजन किया था कि वह कोई बेपरवाह फ़िल्मी हीरो लगता था। चेतन मन्त्र-मुग्ध-सा अपने इस चित्र को देर तक देखता रहा। तभी उसके कानों में अपनी पत्नी की मुँहफट सहेली, पम्मो का व्यंग्य गूँज गया....

....कृष्णा गली के घर की बैठक में (जिसे चेतन ने अपनी स्टडी और सोने का कमरा बना रखा था) यह फ़ोटो डेवढ़ी की ओर खुलने वाले दरवाज़े के ऐन सामने, दीवार पर टँगा रहता था और डेवढ़ी से आने-जाने वालों को अनायास दिखायी दे जाता था। चन्दा के साथ मँझले कद की एक पतली-दुबली, चौकोर शरीर वाली लड़की पढ़ती थी — प्रमिला! — सब उसको 'पम्मो,' 'पम्मो' कह कह कर ही पुकारते थे। वह ख़ासी बदसूरत थी— मोटे-मोटे होंट, चौड़ी नाक, छोटी आँखें, बहुत चौड़ा माथा और चेहरे पर शीतला के हल्के दाग़। वह बड़ी चंचल, चपल और मुँहफट थी। कई बार चन्दा के साथ विद्यालय से आती थी तो किचन में उसके साथ बैठी बतियाती थी। वह आते-जाते चेतन को ज़रूर छेड़ती— 'महाराज तो आज बहुत बिज़ी हैं,'....'महाराज तो आज संन्यासी बने बैठे हैं,'....'महाराज ने तो मौन-वर्त (व्रत) धार रखा है।'— वह चेतन से सीधे बात न करती थी। चन्दा से बात करती हुई उसके दरवाज़े के आगे से गुज़र जाती थी। एक दिन चेतन की अनुपस्थिति में वह उसके कमरे में आ गयी थी और चेतन का फ़ोटो देख कर उसने कहा था— 'यूँ तो महाराज घोसी बने रहते हैं, लेकिन फ़ोटो में एकदम हीरो लगते हैं।'

चेतन घर में प्रायः कमीज़-तहमद के सिवा कुछ न पहनता था। बहुत सर्दी हो तो करघे पर बुनी हुई, घर ही की तूमी-कती, ऊन की लोई का फेंटा मार लेता था। उस फ़ोटो में और उसके साधारण सरापे में बहुत अन्तर था। चन्दा ने अपने भोलेपन में अपनी सहेली

का रिमार्क उसे सुना दिया तो पहले उसे बहुत बुरा लगा था और वह कोई भद्दी-सी गाली पम्मो को देने जा रहा था, लेकिन दूसरे क्षण वह ज़ोर से हँस दिया था।

"मुझे तुम्हारी उस हूर-परी के साथ तो रहना नहीं," चेतन ने हँसते और अपनी तकलीफ़ को मज़ाक में छिपाते हुए कहा था, "हाँ, तुम्हें एतराज़ हो तो घर में भी हीरो बना रहूँ, लेकिन तब तुम्हें भी हरदम हीरोइन बनी रहना होगा।"

और ज़ोर से हँसते हुए उसने चन्दा को बाँहों में भर लिया था।

चन्दा ने लजा कर अपना सिर उसके सीने में छिपा लिया था, "मुझे तो आप, जो भी पहनें, अच्छे लगते हैं।"

....पम्मो की बात याद आते ही चेतन के होंटों पर मुस्कराहट आ गयी—'घोसी! स्साली! कभी शीशे में अपनी शक्ल भी देखी है तूने! तुझसे कोई घोसी भी इश्क नहीं कर सकता....'

अजीब बात है कि चेतन जब भी अपने उस चित्र पर निगाह डालता, उसको पम्मो का वह रिमार्क याद आ जाता। उसे बुरा भी लगता और हँसी भी आती। उसका वह फक्कड़ सरापा फ़ोटो में ऐसे ग़ायब हो गया था, जैसे उसका कोई अस्तित्व ही न हो। और उसे पम्मो के व्यंग्य में सच्चाई लगती थी।

चेतन ने सिर को झटका दिया और चित्रों हटा कर, वह मेज़ पर जा बैठा और उसने तख़्ती सामने रख ली, जिस पर उसने चित्रमय अक्षरों में अपनी नयी कहानी का शीर्षक—'हथियार'—दे रखा था और नीचे दो सतरें लिखी थी।

o

लेकिन दिन भर 'हथियार' के साथ ज़ोर-आज़माई करने के बावजूद, चेतन चार सतरें भी ऐसी न लिख सका, जो उसे पसन्द हों। शाम को जब चन्दा विद्यालय से आयी तो उसकी मेज़ पर कटी-छँटी स्लिपों का ढेर लगा था और वह कुर्सी पर पीछे को झुका, 'कारवाँ' की वरक-गरदानी[१] कर रहा था।

"आज तो लगता है, आपने ख़ूब लिखा है!" चन्दा ने विद्यालय से आ कर किताबें अपनी अलमारी में रखते हुए कहा।

चेतन ने 'कारवाँ' का रिसाला मेज़ पर उल्टा रख दिया और पैर मेज़ के नीचे करते और व्यंग्य से हँसते हुए बोला, "ख़ाक लिखा है! इसी को कहते हैं—नौ दिन चले अढ़ाई कोस। स्लिपें देखो तो लगता है कि छोटा-मोटा नावल ही लिख डाला है, लेकिन हकीकत यह है, जो छोटा-सा अफ़साना मैं लिखना चाहता था, मन के मुताबिक शुरू नहीं हो पाया।"

चन्दा ज़रा साँस दुरुस्त करने को ईज़ी-चेयर पर बैठ गयी। चेतन उठा और कमरे में घूमने लगा।

o

दरअसल सामान ढोते हुए लगातार सोचने के बावजूद, चेतन के दिमाग़ में कहानी पकी न थी और वह बिना किसी तैयारी के, कहानी (भले ही बहुत छोटी) लिखने बैठ गया था। कविराज के लिए जो तीन अफ़सांचे उसने लिखे थे, उसके आधारभूत विचार उसके मन में

---

१. पृष्ठ पलट रहा था

पक चुके थे, इसलिए वे उसने झपाके से लिख डाले थे, लेकिन अब वैसी बात नहीं थी। और उसका मन चारों तरफ़ भागता था। वह उसे बरबस कहानी पर ला कर दो-चार पंक्तियाँ लिखता; वह फिर किसी दूसरी ओर जा भटकता।

पहले उसका ध्यान साज़-सामान की सजावट ने भटका दिया था। वह मेज़ पर बैठा था और उसने कहानी की दो-चार पंक्तियाँ और लिखी थीं कि उसकी नज़र ईज़ी-चेयर पर गयी— 'यह साली यहाँ ठीक नहीं,' उसने मन-ही-मन कहा, 'इसे सामने होना चाहिए।' उसने उठ कर उसे सामने की दीवार के साथ लगा दिया था और वहाँ पड़ा छोटा-सा रैक, कुर्सी की जगह रख दिया था। आ कर उसने स्लिप पर लिखी पंक्तियाँ पढ़ी ठीक नहीं लगीं। उन्हें काट कर उसने दूसरी स्लिप पर कहानी का नाम लिखा और कहानी दूसरी तरह शुरू की :

'समाज का मैदान हो या जंग का, बिना मुनासिब हथियारों के आदमी उसमें फ़तह नहीं पा सकता....'

तभी उसकी दृष्टि फिर ईज़ी-चेयर पर चली गयी। 'नहीं, यह इधर ही ठीक थी,' उसने मन-ही-मन सोचा, 'वहाँ दीवार के साथ लगी हुई, बेकार लगती है। इधर बिछी होगी तो उस पर बैठे आदमी से मैं यहीं मेज़ पर बैठा बात कर सकता हूँ।' उसने उठ कर फिर अदला-बदली की और उधर से निश्चिन्त हो, फिर कहानी का आरम्भ पढ़ा, काटा, नयी स्लिप पर फिर शीर्षक लिखा।....लेकिन अब के उसका ध्यान शीशे-कंघी आदि की ओर चला किया कि वे ठीक अलमारी में नहीं हैं....

ऐसा बराबर होता रहा। कई तरह की अदला-बदली उसने की और स्लिपें लिख-लिख कर काटता रहा। जब अन्ततोगत्वा वह कमरे की तरफ़ से सन्तुष्ट हो गया तो उसके दिमाग़ से कहानी यक्सर काफ़ूर हो चुकी थी और वह सोसाइटी के सिलसिले में नया अभियान शुरू करने की सोचने लगा था।

कहानी लिखते-लिखते अटक जाने पर, बीच में कोई पत्र-पत्रिका देखने की आदत के मुताबिक, वह 'कारवाँ' देखने लगा था। पत्रिका वार्षिकी थी; रॉयल साइज़ के ४०० पृष्ठों की; बहुत अच्छी किताब; प्रथम कोटि की छपाई और प्रसिद्ध आर्टिस्ट, अब्दुल रहमान चग़ताई के चित्र और उन्हीं का बनाया हुआ सादा और पुरकार मुख-पृष्ठ। चेतन ने इतनी ख़ूबसूरत उर्दू पत्रिका पहले नहीं देखी थी। पण्डित रत्न की कहानी 'ग़ैर मा'रूफ़ जर्नलिस्ट' के नाम से उसमें छपी थी —'लोमड़' —किसी विदेशी कहानी का रूपान्तर। चेतन को कहानी अच्छी भी लगी थी। लेकिन उसे हल्का-सा यह एहसास भी हुआ था कि यह कहानी, भारतीय नामों के बावजूद, यहाँ की नहीं बन पायी। पत्रिका वह पण्डित रत्न से ले आया था और एक बार सरसरी नज़र से पढ़ भी गया था। चेतन को कभी-कभी लगता था कि लाहौर में उसके अधिकांश पूर्ववर्ती मौलिक नहीं लिखते और अपनी रचनाओं के लिए पश्चिमी साहित्य का अनुवाद करते हैं या रूपान्तर करते हैं अथवा सीधा असर लेते हैं। उसकी समझ में यह बात न आती थी कि उन्हें उसमें क्या लज़्ज़त मिलती है। सिर्फ़ उर्दू काव्य इस दोष से मुक्त था।

'कारवाँ,' प्रसिद्ध ऐतिहासिक नाटक, 'अनारकली' के प्रणेता, इम्तियाज़ अली 'ताज'

ने अपने प्रकाशन गृह, 'दारुल अशाअत' से छापा था और उसमें उन्हीं के गुट का प्रचुर प्रभुत्व था। 'ताज' का एक एकांकी था—'बर्फ़ गिरती है'—जिस पर कहीं लिखा नहीं था, पर जो प्रकट ही किसी पश्चिमी नाटक का अनुवाद था। 'पतरस' का हास्य-व्यंग्य-भरा लेख—'लाहौर का जुगराफ़िया' था, जिसे पढ़ कर आदमी मन-ही-मन हँसता जाता। लेकिन चेतन को 'कारवाँ' में जो रचनाएँ सबसे अच्छी लगीं, वे मजीद मलिक, 'तासीर' और हफ़ीज़ जालन्धरी की कविताएँ थीं। उन्हीं को पढ़ते हुए, उसे ख़याल आया था कि वह क्यों न इन तीनों कवियों से सम्पर्क बनाये और उनके द्वारा—उनसे चिट्ठियाँ ले कर—बड़े लोगों से मिले और उन्हें सोसाइटी का मेम्बर अथवा सरपरस्त बनाये।....इसी सोच-विचार में कहानी लिखने का प्रयास करते हुए, उसकी मेज़ पर स्लिपों का अम्बार लगता चला गया था।

"क्या बताऊँ," अपनी पत्नी के सामने आ कर उसने कहा, "दिन भर बैठा रहा लेकिन ध्यान टिका ही नहीं। उसूल यही है कि ऐसे में आदमी लिखना छोड़ दे, लेकिन मैं छोड़ नहीं पाया—नतीजा तुम्हारे सामने है।"

और चेतन ने मेज़ पर रखी हुई स्लिपों के ढेर की ओर इशारा किया। फिर बोला, "देर तक कमरा ही सजाता रहा; चीज़ें इधर-उधर करता रहा अब इधर से इत्मीनान हुआ और अफ़सांचे में मन लगाने का जतन किया तो 'कारवाँ' को पढ़ते-पढ़ते, सोसाइटी की मुहिम को एक नया रूप देने का ख़याल आ गया।"

चन्दा चुपचाप उसकी बात सुनती रही। चेतन क्षण भर वहीं चक्कर लगाता रहा। फिर बोला : "मैं सोचता हूँ, जब तक मैं इस सोसाइटी के मामले को इधर या उधर नहीं कर देता; मैं कोई कहानी नहीं लिख सकता।"

"हाँ, दो-चित्ते होने से कुछ भी नहीं हो सकता।" चन्दा ने अपने पति का समर्थन किया।

"मैंने फ़ैसला किया है," चारपाई के पायँते से कमर टिकाये हुए, चेतन ने कहा, "सोसाइटी के लिए एक कोशिश और कर देखूँ। जैसे मैं आज तक करता आया हूँ, वैसे नहीं। यह एप्रोच क्रूड है।—किसी बड़े आदमी से मिलने गये, जाते ही उसके हाथ में ब्रोशर थमा दिया और चन्दा माँगने लगे....भाई साहब ठीक ही कहते हैं। ऐसे में किसी ने गर्दनी दे कर बँगले से बाहर नहीं कर दिया तो बहुत एहसान किया।"

"हाँ, यह तो ठीक है," चन्दा मुस्करायी, "आपको तो कुछ ऐसा करना चाहिए कि लोग अपने आप चन्दा दे दें।"

चेतन प्रसन्न हुआ कि उसकी पत्नी अब उसके मामलों में दिलचस्पी लेने लगी है और उसका सुझाव मूर्खतापूर्ण नहीं है।

"तुमने मेरे मुँह की बात छीन ली, चन्दी," चेतन ने प्रसन्न हो कर कहा, "मैंने इस सिलसिले में दो तरीके सोचे हैं।"

दोनों हाथों की मदद से वह पीछे को उचक कर चारपाई बैठ गया और बोला : "एक तो यह कि अपनी एप्रोच बदल लूँ। जैसा कि मैंने कहा, जाते ही सोसाइटी की बात न करूँ। किसी ऐसी बात की चर्चा चलाऊँ, जिसमें सामने वाले की दिलचस्पी हो; फिर उसे सोसाइटी की बात पर ऐसे लाऊँ कि उसे झटका न लगे। मुझे भी पता चला जायेगा कि

सोसाइटी में उसकी दिलचस्पी है या नहीं। अगर लगे कि है, तब उसे सोसाइटी का ब्रोशर दूँ, उसका महत्व समझाऊँ। वह क्या मदद करेगा, यह उस पर छोड़ दूँ। मेम्बर या सरपस्त बन जाये तो भला; न बने, तो भी बुरा न मानूँ और कभी फिर उसे मेम्बर बनाने की आशा से, उसका शुक्रिया अदा करके वापस चला आऊँ!"

अपनी बात ख़त्म करके, चेतन जिस तरह चारपाई पर चढ़ा था, उसी तरह हाथों के बल उचक कर उतरा और कमरे में घूमने लगा। वह बात तो अपनी पत्नी से कर रहा था, लेकिन उसकी आँखें अपनी पत्नी पर नहीं थी। एक दीवार से दूसरी दीवार तक चक्कर लगाता हुआ, वह जैसे अपने आप ही बात कर रहा था।

"और इस एप्रोच पर मैं अमल कर सकूँ, इस गरज़ से मैंने सोचा है कि मैं उर्दू और हिन्दी के ऐसे लेखकों और कवियों से मिलूँ, जिनकी पहुँच बड़े आदमियों तक है — आज 'कारवाँ' को पढ़ते हुए मुझे अचानक इसका ख़याल आया है —मजीद मलिक हैं, डॉ० तासीर हैं, हफ़ीज़ जालन्धरी हैं। बड़े-बड़े ख़ान साहबों, ख़ान बहादुरों और नवाबों में उनका उठना-बैठना है। हो सकता है, वो ख़ुद चन्दा न दें, लेकिन उनकी मदद से मैं बड़े-बड़े लोगों से मिल सकता हूँ। कुछ भी लाभ न होगा तो इन शायरों से मिलने की ख़ुशी ही हासिल होगी। मैं उन लोगों को जानता नहीं। उस हलके में मेरा गुज़र नहीं। ऊँचे लोगों का हलका है। मैंने सोचा है, पण्डित 'अख़्तर' से मिलूँ और उनकी मदद से इन लोगों से ताल्लुक पैदा करूँ। 'कारवाँ' में मजीद मलिक की दो, और डॉ० तासीर की तीन नज़्में छपी हैं। देखो तो कितनी अच्छी हैं—सीधी-सादी और गहरी!" चेतन जा कर अपनी कुर्सी पर बैठ गया और उसने 'कारवाँ की प्रति उठा ली।

लेकिन चन्दा उठ खड़ी हुई, "आप सिर्फ़ पाँच मिनट रुकिए। मुझे भूख लगी है, मैं दो फुल्के थाली में रख लाऊँ। यहीं आ कर खाऊँगी और सुनूँगी। आप क्या चाय का प्याला लेंगे ?"

"तुम अपने लिए ले आओ और मेरी चिन्ता न को," चेतन ने ज़रा तीखे स्वर में कहा, "और जहाँ तक चाय का ताल्लुक है, जब तक मैं ख़ुद न कहूँ, कभी चाय न बनाओ। चाय ख़ुश्की करती है, और जिस शाम मैंने पी है, मुझे नींद नहीं आयी। बहुत ठण्ड हो, थकावट हो, बुख़ार हो, तो चाय ले लें, वरना आँतें जलाने से क्या फ़ायदा। हम लस्सी पीने वाले लोग हैं, हमें चाय सूट नहीं करती।" और वह 'कारवाँ' देखने लगा।

प्रकट ही वह नाराज़ हो गया था। चन्दा क्षण भर उसे देखती रही। फिर उसने धीरे से कहा : "आप नाराज़ न हों, मैं कुछ नहीं खाऊँगी तो मैं ठीक से सुन न सकूँगी।"

"ठीक है, तुम जाओ और खाओ।"

चन्दा चली गयी। चेतन ने 'कारवाँ' उलट कर मेज़ पर रख दिया और जैसे झुँझलाया हुआ, अपनी कहानी की स्लिपें पढ़ने लगा। लेकिन एक बार स्लिपें पढ़ कर, आगे कहानी बढ़ाने के लिए वह बैठा सोचता रहा और एक भी पंक्ति उसके ज़ेहन में नहीं आयी तो उसने फिर 'कारवाँ' उठा लिया और उसके वरक पलटने लगा।

०

अपनी कहानी को पूरा करने के प्रयास में चेतन ने कई बार पत्रिका उठायी थी। उसने दूसरी

रचानाएँ भी देखी थीं, लेकिन मजीद मलिक और डॉक्टर तासीर की नज़्मों पर हर बार नज़र डाली थी।—उसे ये दोनों शायर, हफ़ीज़ जालन्धरी और अख़्तर शीरानी से भिन्न लगे थे—उतने ही सरल, बोधगम्य और प्रभावी, लेकिन बात कहने का उनका अपना ढंग था। 'कारवाँ' में मजीद मलिक की दो कविताएँ छपी थीं। उनमें 'आग़ाज़'[१] उसे बहुत पसन्द आयी थी :

मुझे तुझ से इश्क, नहीं-नहीं!
मगर ऐ हसीना-ऐ-नाज़नीं,[२]
तू हो मुझ से दूर अगर कभी
तुझे ढूँढती है नज़र कभी
तो जिगर में उठता है दर्द-सा
मेरा रंग रहता है ज़र्द-सा
मगर ऐ हसीना-ए-नाज़नीं,
मुझे तुझ से इश्क, नहीं-नहीं!

मुझे तुझ से इश्क, नहीं-नहीं!
मगर ऐ हसीना-ए-नाज़नीं,
तू अगर हो मजमा-ए-आम[३] में,
किसी खेल में, किसी काम में,
तो मैं छुप के दूर-ही-दूर से
तुझे देखता हूँ ग़ुरूर[४] से।
मगर ऐ हसीना-ए-नाज़नीं,
मुझे तुझ से इश्क, नहीं-नहीं!

मुझे तुझ से इश्क, नहीं-नहीं!
मगर ऐ हसीना-ए-नाज़नीं,
तू कहे य' मुझसे अगर कभी,
मुझे ला दो लाल-ो-गुहर कभी,
तो मैं दूर-दूर की सोच लूँ,
मैं फ़लक के तारे भी नोच लूँ,
यह सबूत-ए-शौक-ए-कमाल दूँ,
तेरे पाँवों पर उन्हें डाल दूँ!
मगर ऐ हसीना-ए-नाज़नीं,
मुझे तुझ से इश्क, नहीं-नहीं!

चेतन इस कविता को पढ़ कर झूमता था। कवि इश्क करता है —बहुत गहरा, लेकिन

---

१. आरम्भ
२. सुन्दर तन्वंगी
३. आम लोगों की भीड़
४. गर्व

कहता यही है कि मैं नहीं करता। अख़्तर शीरानी की सीधी-सादी, भावुकता-भरी, इश्क़िया नज़्मों की अपेक्षा, जहाँ कवि धाराप्रवाह अपने जज़्बात को बयान करता चला जाता है, चेतन को इश्क के बयान का यह अन्दाज़ पसन्द आया था। मजीद मलिक के बारे में चेतन ने पण्डित रत्न से पूछा था तो उसे मालूम हुआ था कि एक अमीर घराने के चश्म-ो-चराग़[१] हैं, और एक दूसरे घराने की पढ़ी-लिखी, हसीन लड़की, आमना बट्ट से प्यार करते हैं। मजीद ख़ूबसूरत शायर हैं, चेतन का इस बात का पता चल गया था। —मजीद मालिक और आमना बट्ट, दोनों ही प्यारे नाम थे और तभी उसने तय किया था —वह उस शायर से ज़रूर मिलेगा।

जहाँ तक डॉ० तासीर का ताल्लुक है, उनकी चार नज़्में, 'कारवाँ' में छपी थीं। वह उन्हें गीत कहे या नज़्में, चेतन यह तय नहीं कर पाया था। लेकिन जो भी थीं, वे चेतन को अच्छी लगती थीं —विशेषकर उनमें पहली :

तुम भी प्रीत करो तो जानो
हम दुखियों की फ़रियादों को
दिल से टीस उठे तो दिल से
तुम भूलो सब बेदादों को
प्रीत करो तो जानो!

प्रीत करो अपने जैसे से
सुन्दर सूरत, पत्थर-दिल से
दर-दर सर टकराओ जैसे
दीवानी मौजें साहिल[२] से
प्रीत करो तो जानो!

प्रीत के शोले ऐसे लपकें
जल बुझ जायें सब गुन-औगुन
ना कोई अपना, ना कोई दूजा
ना कोई बैरी, ना कोई साजन
प्रीत करो तो जानो!
तुम भी प्रीत करो तो जानो!

उसके प्रिय कवि, अख़्तर शीरानी के मुकाबले में इन दोनों कवियों में क्या भिन्न था, चेतन उस पर उँगली न रख सकता था; लेकिन कुछ भिन्न है, यह बात वह शिद्दत से महसूस करता था और जिस तरह अख़्तर शीरानी को एक नज़र देखने की तमन्ना उसके मन में उमगी थी, वैसे ही इन दोनों को देखने की उत्कण्ठा उसके मन में तीव्रतर हो गयी थी।

उन कविताओं को पढ़ते हुए, चेतन के मन में आया था कि क्यों न वह उन दोनों से मिले; उनकी नज़्मों की तारीफ़ करे और लह जाये तो बात-बात में सोसाइटी का ज़िक्र करे। उनकी दिलचस्पी देखे तो उनसे कहे कि सोसाइटी का दायरा बढ़ाने में उसकी मदद

१. आँख और दीपक —याने बेटे
२. किनारा

करें और अपने जान-पहचान वालों में जो सुख़न-शनास और सुख़न-फ़हन लोग हों, उनसे सोसाइटी की सिफ़ारिश करें।

लेकिन दूसरे ही क्षण उसके मन में फिर संशय ने सिर उठाया — 'यह बहुत अमीर लोगों का तबका है,' उसने मन-ही-मन कहा, 'मैं पण्डित अख़्तर से सिफ़ारिशी चिट्ठियाँ तो ले लूँगा, पर क्या मिल कर ठीक से बात भी कर पाऊँगा ?'

और वह उठ कर कमरे में चक्कर लगाने लगा। उसने तय किया कि वह जायेगा ज़रूर। कुछ नहीं होगा तो उन्हें एक नज़र देख ही लेगा।

०

चन्दा, एक थाली में दो रोटियाँ और तरकारी रख कर आ गयी थी और ईज़ी-चेयर पर बैठ कर, थाली उसने अपनी गोद में रख ली थी। लेकिन चेतन ने उधर नहीं देखा। वह चुपचाप कमरे में घूमता रहा और फिर उसने अपनी सारी स्लिपें उठा कर फ़ाइल में रखीं और सोसाइटी के ब्रोशर उठा कर बाहर जाने का तैयार हो गया।

चन्दा नज़्में सुनने को उत्सुक बैठी थी। उसे जाने को तैयार देख कर उसने कुछ ऐसी निगाहों से चेतन की ओर देखा, जिनमें प्रश्न भी था, खेद भी और पश्चाताप भी।

"मैं सोचता हूँ कि पण्डित हरिचन्द 'अख़्तर' से उनके घर पर मिलूँ और उनसे मजीद मलिक और डॉ० तासीर के लिए सिफ़ारिशी चिट्ठियाँ ले लूँ।" चेतन ने अपनी पत्नी को सूचना दी।

चन्दा कहना चाहती थी, 'आप तो मुझे नज़्म सुनाने वाले थे।' लेकिन उसने कहा कुछ नहीं। केवल उसके मुस्कराते मुख की आभा न जाने कहाँ चली गयी और उसका चेहरा लटक आया।

चन्दा के चेहरे की कुछ अजीब बनावट थी। मुसकराने में वह बहुत आकर्षक लगता था और उदास होने पर कुरूप हो जाता था। उसका चेहरा यूँ तो गोल था, लेकिन जब गम्भीर या उदास होता तो उसका बायाँ जबड़ा ज़रा-सा लटक आता। हँसने पर उसके होंट फैलते तो वह ढीला माँस, चेहरे में न जाने कहाँ घुल-मिल जाता और हँसी उसके सारे चेहरे को जैसे उद्‌भासित कर जाती।

चेतन ने अपनी पत्नी का उदास मुख देखा। उसके मन में कचोका-सा लगा। वह उससे कैसे कहता कि जो व्यक्ति पाँच-सात मिनट भूख को नहीं भूल सकता, उसे कविता सुनाना बेकार है। और, सुनाने की उमंग, इच्छा पर नहीं आती। वह उसी वक्त सुन लेती तो पूरे जोश से सुनाता, पर अब....लेकिन उसे उदास छोड़ कर चले जाने में उसे उलझन हुई। वह यूँ चला जायेगा तो रास्ते भर वही सूरत उसकी आँखों के सामने घूमती रहेगी। उसका जी हुआ, उसे किसी तरह हँसा दे। वह लौट पड़ा। सोसाइटी के ब्रोशर मेज़ पर रख कर उसने 'कारवाँ' उठाया। मेज़ से पीठ लगाते और पत्रिका का वह पृष्ठ ढूँढते हुए, जिस पर मजीद मालिक की नज़्म थी, उसने कहा :

"मैं नहीं जानता कि तुम कविता समझ या पसन्द कर सकोगी ? जिसे कविता के नाम पर भूख की याद आ जाये और जो पाँच-सात मिनट उसे रोक न सके, उसे कविता सुनने का कोई अधिकार नहीं। पर तुम कहती हो तो सुनाता हूँ।"

चन्दा के चेहरे पर एक प्यारी-सी मुस्कान खेल गयी। बड़े भोलेपन से उसने अपने बढ़े हुए पेट की ओर संकेत करते हुए कहा, "ऐसे में लोगों की भूख सूख जाती है, तबियत मिचलाती है, पर जाने क्यों मुझे बहुत भूख लगने लगी है।"

उसकी मुस्कान और भी फैल गयी। चेतन क्षण भर विमुग्ध, अपनी पत्नी को देखता रहा, फिर बायें हाथ में खुली पत्रिका ले कर, नज़्म सुनाने लगा :

मुझे तुझ से इश्क, नहीं नहीं।

चौबीस

आख़िर काफ़ी सोच-विचार और ऊहा-पोह के बाद चेतन, अपनी अनिच्छा पर अधिकार पा कर, चातक जी के यहाँ जाने के लिए तैयार हो गया।

पण्डित 'अख़्तर' की मदद से चेतन पिछले दिनों डॉक्टर तासीर से मिला था, मजीद मलिक से मिला था, हफ़ीज़ जालन्धरी से भी मिला था और यद्यपि वह ज़रा भी अपमानित न हुआ था और कुल-मिला कर उसे वह सब अच्छा ही लगा था, पर सोसाइटी के लिए चन्दा वह एक पैसा भी प्राप्त न कर पाया था। जो एप्रोच उसने अख़्तियार की थी, वह फल देने में समय की अपेक्षा रखती थी, इसलिए उन लोगों से दोबारा मिलने और उनके माध्यम से अन्य धनी-मानी साहित्य-प्रेमी लोगों तक अपनी रसाई[१] करने के दौरान, उसने सोचा, वह हिन्दी-साहित्यकारों से भी मिले।

लाहौर के हिन्दी साहित्यकारों में केवल दो ही थे, जो उस सिलसिले में उसकी कुछ सहायता कर सकते थे —श्री चातक और श्री धर्मदेव वेदालंकार! शेष में, नीरव जी एक सनातनी स्कूल में अध्यापक थे और शुक्ला जी, एक साधारण साप्ताहिक के सम्पादक। उनकी पहुँच पैसे वालों तक नहीं थी। चातक जी और वेदालंकार जी की थी।—चातक जी का हर काव्य-संग्रह किसी-न-किसी सेठिए को समर्पित था और वेदालंकार जब मिलते थे, कोई-न-कोई बड़ा नाम अपने मित्रों पर लाद देते थे, जिससे वे उस दिन मिले थे या जिसके साथ उन्होंने लंच या डिनर लिया था या चाय पी थी।—लेकिन दुर्भाग्य से दोनों के प्रति चेतन के मन में घोर वितृष्णा थी। वेदालंकार जी से उनकी स्नॉबरी के कारण और चातक जी से इसलिए कि उन्होंने उसकी ग़रीबी और ज़रूरत का अनुचित लाभ उठाना और उससे प्रेत-लेखन कराना चाहा था। चेतन ने मन में तय किया था कि वह उनसे कभी नहीं मिलेगा। वह इतने दिन से सोसाइटी के लिए दौड़-धूप कर रहा था, सदस्यता अथवा सरपरस्ती के लिए उनसे कहना तो दूर रहा, उसने उन्हें सूचना तक न दी थी। लेकिन इतने लोगों से मिल कर आने और उस सिलसिले में कई तरह के अनुभव प्राप्त करने के बाद, उसने सोचा कि अगर उसे सोसाइटी ढंग से चलानी है तो अपने निजी राग-द्वेष से ऊपर उठ कर उसे काम करना होगा। सोसाइटी उसकी तो है नहीं। वह तो एक सार्वजनिक संस्था है और जो लोग

---

१. पहुँच सकने

सार्वजनिक संस्थाओं के लिए काम करते हैं, उन्हें अपनी व्यक्तिगत भावनाओं की चिन्ता नहीं करनी चाहिए! —यही सोच कर, वह चातक जी से मिलने को तैयार हो गया था।

लेकिन चलने से पहले उसने यह सोच लिया था कि वह अपने चेहरे पर अपनी आन्तरिक वितृष्णा का ज़रा भी आभास नहीं आने देगा। जैसे वह पहले उनसे मिलता था; उनकी कविताएँ सुनता था; उनके घर खाना खाता था, वैसे ही वह अब भी करेगा। कोशिश करेगा कि सोसाइटी की सरगर्मियों में चातक जी पूरा योग दें। सम्भव होगा तो उन्हें साथ ले कर वह श्री धर्मदेव वेदालंकार के यहाँ जायेगा और उन्हें सोसाइटी का सदस्य बनाने का प्रयत्न करेगा। चूँकि उसने पूरा दिन चातक जी के साथ गुज़ारने का फ़ैसला किया था, इसलिए साइकिल का बोझ उठाना उसे कष्टकर लगा था —ख़ास तौर पर इसलिए कि पिछले कई दिन से वह लगातार साइकिलिंग करता आ रहा था और बेतरह उबिया गया था।

ब्रोशर और रसीद-बुक बग़ल में दबा कर, कमरा बन्द करते हुए उसकी नज़र अपनी साइकिल पर गयी —पहली और दूसरी मंज़िल की सीढ़ियों के बीच की जगह, उड़सी रखी थी। चूँकि जगह वहाँ इतनी नहीं थीं कि साइकिल सीधी रखी जा सके, सो वह दीवार के साथ ऐसे फँसा कर रखी जाती थी कि उसका पिछला पहिया ऊपर की दूसरी सीढ़ी पर टिका रहता था और अगला, चेतन के कमरे की चौखट के साथ, कोने में!—चेतन को इस बात का तकलीफ़देह एहसास हुआ कि इस नये घर में साइकिल रखने की कोई जगह नहीं और हर बार उसे साइकिल को आधी सीढ़ियाँ चढ़ाना और उतारना पड़ता है और उसका पिछला पहिया काफ़ी ऊँचा उठा कर ऊपर को मुड़ने वाली सीढ़ी पर टेढ़ा करके रखना पड़ता है। उतारने और चढ़ाने में ख़ासा कष्ट होता है—'आज तुम यहीं आराम करो' की-सी दृष्टि साइकिल पर डाल कर, चेतन बड़े हल्के मूड में सीढ़ियाँ उतर गया। चाबियों का गुच्छा उसने कान्ता बहन को दिया और मज़े से चल दिया।

वह 'अमृतधारा बिल्डिंग' के मोड़ पर पहुँचा होगा कि उसे ख़याल आया, यह रसीद-बुक और इतने ब्रोशर वह बेकार ही साथ लाया है। इनकी क्या ज़रूरत है। आज तो वह चातक जी के साथ गप-सड़ाके में समय गुज़ारेगा। और वह मुड़ा। कान्ता से चाबी ले कर वह फिर ऊपर कमरे में गया। अलमारी के ख़ाने में उसने रसीद-बुक और ब्रोशर रख दिये। क्षण भरी वहीं खड़ा, सोचता रहा। फिर उसने एक ब्रोशर तहा कर जेब में रख लिया और कमरे को ताला लगा कर मज़े से सीढ़ियाँ उतर गया।

वह कान्ता को चाबी देने जा रहा था कि उसके मन में पाया —यदि चातक जी उसके संग वेदालंकार के यहाँ जाने को तैयार हो गये तो.... ? उसे कुछ और ब्रोशर साथ ले लेने चाहिएँ। वह फिर ऊपर गया। उसने ब्रोशर उठाये। फिर यह सोच कर कि कारीगर को अपने हथियार हमेशा साथ रखने चाहिएँ, कहाँ कब कैसी ज़रूरत पड़ जाय, इसका भरोसा नहीं, उसने रसीद-बुक भी उठा ली और फिर इसी दलील के अन्तर्गत उसने अलमारी के ख़ाने से साइकिल की टोकरी उठायी, उसमें काग़ज़-पत्र रखे और उसे नीचे रख आया। फिर कमरे को ताला लगा कर उसने साइकिल नीचे उतारी। उसमें टोकरी लगायी, चाबी फिर जा कर कान्ता बहन को दी। साइकिल उसने ले तो ली, लेकिन वह उस पर सवार नहीं हुआ। उसने तय किया कि 'मंजरी' कार्यालय कोई दूर तो है नहीं, मज़े-मज़े टहलता हुआ जायेगा और साइकिल हाथ में लिये हुए, ख़रामा-ख़रामा चल दिया।

मुहल्ले का मोड़ पार करने के बाद, 'अमृतधारा बिल्डिंग' के पास, सड़क पर आते ही उसकी नज़र बायीं ओर, अमृतधारा की लम्बी-चौड़ी, तिमंज़िली बिल्डिंग के परले विंग पर लगे हुए बोर्ड पर चली गयी। (चेतन अमृतधारा रोड से बीसियों बार गुज़रा था, पर वह हमेशा बिना इधर-उधर देखे, अपने ध्यान में मस्त चला गया था और उसने उस लम्बी-चौड़ी इमारत की ओर कभी ध्यान नहीं दिया; लेकिन उस मूड में, जब वह धीरे-धीरे बाज़ार की रौनक देखता हुआ जाना चाहता था, उस बोर्ड ने उसका ध्यान अनायास आकर्षित कर लिया। उसे कोई जल्दी नहीं था। दस बजे के क़रीब उसे 'मंजरी' के दफ़्तर पहुँचना था। चातक जी कभी दस बजे से पहले दफ़्तर नहीं आते थे, यह बात वह अच्छी तरह जानता था।) उसने थोड़ा निकट जा कर, बोर्ड को ग़ौर से देखा और उस पर क्या लिखा है, यह भी पढ़ा। ऊपर लाला रोशनाई में बड़े-बड़े उर्दू अक्षरों में 'अमृतधारा' लिखा था। बायीं ओर दवा की शीशी बनी थी और दायीं ओर, बन्द गले का कोट और बड़ी-सी पँडिताऊ पगड़ी पहने, अपने गोल चेहरे पर दोनों होंटों, बल्कि चेहरे का अग्र भाग ढँकती हुई मूँछें धारण किये, एक अधेड़ व्यक्ति का चित्र था। नीचे, सफ़ेदे से, ख़ूबसूरत उर्दू अक्षरों में लिखा था— वैद्यराज पण्डित ठाकुरदत्त, मूजिद अमृतधारा! (याने अमृतधारा के आविष्कारक!) चेतन ने मुड़ कर पीछे की ओर देखा—उधर के विंग पर भी ऐन-मैन वैसा ही बोर्ड लगा था। अमृतधारा और उसके आविष्कारक के चित्र का एक जहाज़ी बोर्ड बिल्डिंग के दोमंज़िले पर भी टँगा था।

पण्डित ठाकुरदत्त का नाम आँखों के आगे आते ही चेतन के सामने दो दूसरे नाम आ गये—सरदार बधावा सिंह और कविराज रामदास। ये तीनों व्यक्ति धुआँधार प्रचार से, केवल एक-एक चीज़ के बल पर लखपति हो गये थे— बधावा सिंह अपने 'अचार शलजम,' कविराज रामदास अपनी पुस्तक 'विवाहित आनन्द' और पण्डित ठाकुरदत्त वैद्य अपनी 'अमृतधारा' के कारण!

चेतन ने पत्र-पत्रिकाओं में 'अमृतधारा' का, पूरे-पूरे पृष्ठ का विज्ञापन देखा था। उसके आविष्कारक का दावा था कि वह कसीरुल-अमराज़ दवा[१] है। कोई ऐसी बीमारी नहीं, जिसका इलाज वे 'अमृतधारा' से न कर सकें।....चेतन ने सामने बोर्ड पर निगाहें दौड़ायीं। वहाँ भी शीशी की एक ओर, उर्दू में 'कमीरुल-अमराज़ दवा' लिखा था। दूसरी ओर हिन्दी में लिखे शब्दों पर चेतन ने निगाहें गाड़ीं, उसने पढ़ा—'बहु-रोग-भेषज।' भेषज ?—उसे भेषज के अर्थ नहीं आते थे, पर उसे लगा, यह 'दवा' का हिन्दी अनुवाद है। 'औषधि क्यों नहीं, भेषज क्यों ?' उसने मन-ही-मन कहा, 'बहरोग भेषज....साले बहुरोग भेषज के!' उसने मोटी-सी गाली मन-ही-मन दे डाली और चल पड़ा। उसके दिमाग़ में लड़कपन की एक घटना घूम गयी....

....एक बार बचपन में चेतन को पेट में सख़्त दर्द हुआ था। माँ ने किसी को भेजा था और वह चाचा हरलाल पंसारी से एक बताशे पर दो बूँदें 'अमृतधारा' डलवा लाया था। चेतन ने बताया मुँह में रख लिया था। उसका मुँह कड़वा गया था। हाँ, साँस लेने में उस ख़ासी ठण्डक लगी थी। उसे एक-दो डकार आये थे और उसके पेट-दर्द को थोड़ा लाभ

---

१. बहुत-सी बीमारियों की एक दवा

हुआ था। माँ ने तब चार आने की शीशी मँगा कर रख ली थी कि बच्चों वाला घर है, ऐसी दवा घर में होनी चाहिए। एक बूँद बताशे पर डाल कर, माँ ने उसे और दी थी। फिर शीशी सँभाल कर रख दी। जब फिर कुछ महीने बात चेतन के छोटे भाई का भी मिचलाने लगा तो माँ ने झट अन्दर से आधी छिंगुली के बराबर 'अमृतधारा' की वह छोटी-सी शीशी निकाली थी। लेकिन लाख कोशिश करने पर भी, उसमें से एक बूँद दवा न निकली थी। सारी दवा उड़ गयी थी।....दूसरे लोगों के साथ उससे भिन्न होता होगा, चेतन को सन्देह था, पर अपरम्पार विज्ञापन के बल पर, वह दवा (शायद कार्क ज़रा-सा ढीला रह जाने की वजह से उड़ जाने के बावजूद) घर-घर में ख़रीद कर रखी जाती थी— लाहौर में शायद ही कोई गली-मुहल्ला ऐसा होगा, जहाँ कहीं-न-कहीं बधावा सिंह के 'अचार शलजम,' कविराज के 'विवाहित आनन्द' तथा पण्डित ठाकुरदत्त की 'अमृतधारा' का बोर्ड न लगा हो; कोई ही ऐसा घर होगा, जिसमें इन तीनों चीज़ों में से कोई एक, न आयी होगी।....'इन तीनों ने बहुत ही मामूली हैसियत से ज़िन्दगी शुरू की है,' चेतन ने सोचा, 'लेकिन अपनी मेहनत, सूझ-बूझ और शक्ति के बल पर सारे देश से अपना सिक्का मनवा लिया है।' तब उसे कौन आगे बढ़ने से रोक सकता है। उसने एप्रोच बदल दी है, थोड़ी देर भले ही लग जाय, पर वह पक्के पैरों पर सोसाइटी खड़ी कर देगा।....यही सब सोचता और साइकिल का हैण्डल थामे धीरे-धीरे चलता हुआ, चेतन सब्ज़ी मण्डी के चौरस्ते पर जा पहुँचा।

हलवाई की दुकान पर बहुत भीड़ थी। चेतन ने दो पेड़े डाल कर पाव भर दही की लस्सी बनाने का आदेश उसे दिया; मलाई को अच्छी तरह मार ले, तब पानी डाले, इस बात की हिदायत हलवाई को देना वह नहीं भूला और साइकिल से पीठ लगा कर, पैर ज़रा पसार कर, अपनी बारी का इन्तज़ार करने लगा। उसकी आँखें हलवाई के लोटे और मथनी पर थीं और दिमाग़ में उर्दू शायरों से अपनी मुलाकातें उभर रही थीं....

०

जब चेतन नें उर्दू शायरों से मिलने का फ़ैसला किया था तो सम्पर्क-सूत्र के रूप में पहले उसके ज़ेहन में पण्डित रत्न का नाम आया था, लेकिन थोड़ा सोचने पर इस सिलसिले में उसने पण्डित 'अख़्तर' से ही मिलने का फ़ैसला किया था। पण्डित रत्न भी तमाम उर्दू अदीबों को जानते थे, पर चेतन को मालूम था कि अधिकांश से उनके सम्बन्ध औपचारिक थे। उन लोगों से पण्डित 'रत्न' की उतनी घनिष्टता नहीं थी, जितनी पण्डित अख़्तर की। वे हफ़ीज़ जालन्धरी के दाहिने हाथ समझे जाते थे। अपनी हाज़िर-जवाबी, लतीफ़ागोई और काव्य की समझ के कारण वे उस गुट के एक सम्मानित सदस्य थे और मुसलमान अदीबों से उनकी इसी मैत्री के कारण 'देश' के सम्पादक, पण्डित 'शाहीं' उन्हें 'पण्डित अख़्तर' के बदले 'मौलाना अख़्तर' पुकारते थे। दो वर्ष पहले, चेतन ने हफ़ीज़ जालन्धरी का दूसरा काव्य-संग्रह, 'सोज़-ो-साज़ देखा था। उस पर पण्डित 'अख़्तर' की एक लम्बी भूमिका थी। हफ़ीज़ चेतन के भी प्रिय कवि थे। उसने वह भूमिका पढ़ी थी। वह उन की कविताओं को एक नये कोण से पढ़ने की प्रेरणा देती थी। उसी भूमिका से चेतन को मालूम हुआ था कि 'तासीर' भी पण्डित 'अख़्तर' के घनिष्ट मित्र हैं।

वास्तव में उन लोगों का गुट सात-आठ वर्ष पहले, महाशय धर्मचन्द के ढाबे पर इकट्ठा हुआ करता था। उन्हीं की प्रेरणा से महाशय धर्मचन्द ने साप्ताहिक 'बहार' निकाला

था। हफ़ीज़ और 'अख़्तर' में तभी से गहरी दोस्ती थी और इन वर्षों ने उसमें ज़रा भी अन्तर नहीं आने दिया था। पिछले वर्ष, चेतन ने अपना पहला कहानी-संग्रह — 'औरत : एक पहेली' — संकलित किया था और मुंशी चन्द्रशेखर ने उसकी भूमिका लिखी थी, जिसमें उन्हीं कहानियों की आलोचना उन्होंने की थी, जिनकी वे प्रशंसा कर चुके थे, तब अपना पक्ष देने के लिए चेतन को एक और लेख की आवश्यकता हुई थी और 'सोज़-ो-साज़' की इसी भूमिका को पढ़ कर, उसने तय किया था कि वह पण्डित 'अख़्तर' से अपनी भूमिका लिखवायेगा। उसने वह भूमिका लिखवा ली थी और वह उनके थोड़ा निकट हो गया था। सोसाइटी के सिलसिले में भी वह पण्डित 'अख़्तर' से मिला था। उन्होंने चेतन की सारी योजना ध्यान से सुनी थी, उसका हौसला बढ़ाया था और अपने तीनों शायर-मित्रों के नाम चिट्ठियाँ दे दी थीं। मजीद मलिक से उनके घर, डॉ० तासीर से इस्लामिया कॉलेज में और हफ़ीज़ जालन्धरी से अनारकली के दफ़्तर में मिलने की राय उन्होंने दी थी।

(जालन्धर के तो और भी शायर थे, हफ़ीज़ अपने नाम के साथ जालन्धरी विशेष रूप से लिखते थे। चेतन भी कुछ दिन उनकी नकल में 'चेतन जालन्धरी' और फिर जब उसने कश्मीरीलाल 'दाग़' के देहान्त पर उनका उपनाम ले लिया तो 'दाग़ जालन्धरी' लिखता रहा था। लेकिन वह कहानियाँ लिखने लगा और सिर्फ़ चेतनानन्द हो कर रह गया। हफ़ीज़ शायर रहे और जालन्धरी ही रहे)

चेतन ने जालन्धर ही में सुना था कि हफ़ीज़ लड़कपन में अपने पिता के साथ बाज़ार शेख़ाँ में टोपियाँ बनाया करते थे, लेकिन आवाज़ में बला का सोज़ो-गुदाज़ था; गुनगुनाने और शे'र कहने लगे तो उन्होंने फ़ौरन रसज्ञों का ध्यान अपनी ओर खींचा। चेतन ने उनके पहले काव्य-संग्रह, 'नग़माज़ार' में देखा था— चौदह-पन्द्रह बरस की उम्र में हफ़ीज़ ऐसे शे'र कहने लगे थे :

टूटे तो मौत ही से यह टूटेगा सिलसिला
वरना शबे-फ़िराक़ की रस्सी दराज़[1] है
ये भी कमाल-ए-इश्क की हैं बे-नियाज़ियाँ[2]
जो था नियाज़मन्द वही बे-नियाज़[3] है

फ़लक से आज शोर-ए-ना'रा-ए-मस्ताना आता है
कोई मयनोश बादल जानिब-ए-मयख़ाना[4] आता है
लिहाज़-ए-ख़ातिर-ए-अहबाब-ए-देरीना[5] है ऐ ज़ाहिद[6]
चलूँ क्या सू-ए-मस्जिद राह में मयख़ाना आता है।

जालन्धर में तब कहा जाता था कि ईंट उठाओ तो नीचे से शायर निकलता है, सो दूसरे शायरों के साथ हफ़ीज़, मुशायरों में पढ़ने और प्रशंसा पाने लगे। उन दिनों जालन्धर में

---

१. लम्बी
२. निरपेक्षताएँ
३. नियाज़मन्द = इच्छुक, दर्शनाभिलाषी। बेनियाज़ = उदासीन, बेपरवाह।
४. मदिरालय की ओर
५. पुराने दोस्तों की इच्छा का लिहाज़
६. ऐसा व्यक्ति, जो कोई नशा नहीं करता।

उस्ताद 'गिरामी' का बहुत नाम था। हफ़ीज़ उनके शागिर्द हो गये। 'गिरामी' के दर पर लाहौर के बड़े-बड़े साहिबे-ज़ौक[1] आते थे, सो हफ़ीज़ लाहौर के मुशायरों में जाने लगे। महाशय धर्मचन्द के ढाबे पर इकट्ठे होने वाले शायरों और अदीबों में शामिल हुए। उनकी ग़ज़लों में गहराई और गीराई[2] आयी। वहीं पर अब्दुल कादिर की नज़र में चढ़ गये। 'मख़ज़न' के सम्पादक बने और उनकी प्रगति को पंख लग गये। उनके दूसरे काव्य-संग्रह, 'सोज़-ो-साज़' की ग़ज़लें, 'नग़माज़ार' की 'ग़ज़लों' से कहीं ज़्यादा गहरी थीं। चेतन को उस संग्रह की पहली ही ग़ज़ल बहुत अच्छी लगी थी। थोड़ी कठिन, लेकिन अर्थ-भरी और वह अपनी कनसुरी आवाज़ में प्राय: उसे गाया करता था :

वो सरख़ुशी[3] दे कि ज़िन्दगी को शबाब से बहरायाब[4] कर दे
मेरे ख़यालों में रंग भर दे, मेरे लहू को शराब कर दे
हकीकतें आश्कार[5] कर दे, सदाकतें बे-हिजाब[6] कर दे
हर एक ज़र्रा यह कह रहा है कि आ, मुझे आफ़ताब[7] कर दे
य' ख़ूब क्या है, य' ज़िश्त[8] क्या है, जहाँ की असली सरिश्त[9] क्या
है बड़ा मज़ा हो तमाम चेहरे अगर कोई बे-नकाब कर दे
कहो तो राज़-ए-हयात[10] कह दूँ, हकीकत-ए-कायनात[11] कह दूँ
वो बात कह दूँ पत्थरों के जिगर को भी आब-आब[12] कर दे
ख़िलाफ़-ए-तक़दीर कर रहा हूँ, फिर एक तकसीर[13] कर रहा हूँ
फिर एक तदबीर कर रहा हूँ, ख़ुदा अगर कामयाब कर दे
तेरे करम[14] के मुआमले को तेरे करम ही पे छोड़ता हूँ
मेरी ख़ताएँ शुमार कर ले,[15] मेरी सज़ा का हिसाब कर दे

इस ग़ज़ल की बन्दिश, इसके शब्दों का चुनाव और इसके अर्थों की गहराई पर चेतन फ़िदा था, लेकिन एक दूसरी ग़ज़ल अपनी सादगी और पुरकारी के लिए लिए उसे पसन्द थी और इसलिए कण्ठस्थ भी थी और कभी-कभी अपनी बेइन्तहा कठिनाइयों और उदासियों में,

---

१. रसज्ञ।
२. व्यापकता
३. मस्ती
४. भर दे
५. प्रकट
६. बे-पर्दा, बेबाक सच्चाइयों से पर्दा हटा दे
७. सूरज
८. निकृष्ट
९. प्रकृति
१०. ज़िन्दगी की यथार्थता
११. संसार की वास्तविकता
१२. पानी-पानी कर दे
१३. ग़लती, अपराध
१४. कृपा
१५. मेरे दोष गिन ले

वह उसे पागलों को तरह गाया और सिर धुना करता था :

वफ़ादारियाँ सख़्त नादानियाँ है
कि उनके नतीजे पशेमानियाँ[१] हैं
पशेमानियाँ हैं गुनाहों पे लेकिन
बड़े ही मज़े की पशेमानियाँ है
मुहब्बत करो और निबाहो तो पूछूँ
ये दुश्वारियाँ[२] हैं कि आसानियाँ हैं
मेरा तजरुबा है कि इस ज़िन्दगी में
परेशानियाँ ही परेशानियाँ हैं

लेकिन हफ़ीज़ जालन्धरी, ग़ज़लों के लिए प्रसिद्ध नहीं थे। ग़ज़लें उनसे कहीं अच्छी, 'सौदा,' 'मीर' और 'ग़ालिब' लिख गये थे और 'इकबाल' लिख रहे थे। वे मशहूर थे, उन नज़्मों के लिए, जिनके बारे में स्वयं उन्होंने लिखा था :

किया पाबन्द-ए-नय नाले को मैंने
यह तर्ज़-ए-ख़ास है ईजाद मेरी[३]

चेतन नवीं-दसवीं में पढ़ता था, जब जन्माष्टमी पर, साप्ताहिक 'बहार' का एक शानदार 'कृशन-नम्बर'[४] निकला था। उसने देखा—पत्र के पूरे पन्ने पर भगवान कृष्ण की बहुत ही सुन्दर तस्वीर बढ़िया आर्ट पेपर पर छपी थी। (यह तस्वीर साप्ताहिक में इसलिए अलग से रखी गयी थी कि पाठक उसे फ़्रेम करा सकें) चित्र में, केवल धोती, पीताम्बर और मुकुट पहने, मोर-पंख लगाये, बाँहों में बाज़ूबन्द और गले में हार सजाये, पतले-छरहरे भगवान कृष्ण, टाँग-पर-टाँग रखे चट्टान पर बैठे बंसरी बजा रहे थे। तस्वीर के नीचे बहुत ही सुन्दर लिखावट में हफ़ीज़ की नज़्म छपी थी :

बंसरी बजाये जा।
काहन, मुरलीवाले, नन्द के लाले,
बंसरी बजाये जा

प्रीत में बसी हुई अदाओं से,
गीत में बसी हुई सदाओं से,
ब्रजबासियों के झोंपड़े बसाये जा,
सुनाये जा, सुनाये जा।
काहन, मुरलीवाले, नन्द के लाले,
बंसरी बजाये जा।

बंसरी की लय[५] नहीं है आग है,

---

१. पछतावे
२. मुश्किलें
३. मैंने फ़रियाद को स्वर में बाँध दिया है, यह विशेष शैली मेरी अपनी आविष्कृत है।
४. कृष्णांक
५. सुर

और कोई शय[1] नहीं है आग है,
प्रेम की यह आग चार सू[2] लगाये जा।
सुनाये जा, सुनाये जा
काहन, मुरलीवाले, नन्द के लाले,
बंसरी बजाये जा।

स्वतन्त्रता आन्दोलन का ज़माना था। हिन्दू-मुस्लिम एकता के गीत लिखे जाते थे। इकबाल ने अपना प्रसिद्ध राष्ट्रीय गीत—'तराना-ए-हिन्दी' :

सारे जहाँ से अच्छा हिन्दोस्ताँ हमारा

और हिन्दुस्तानी बच्चों का कौमी गीत :

मेरा वतन वही है, मेरा वतन वही है

लिखा था। ये दोनों नज़्में छपते ही पंजाब के बच्चे-बच्चे की ज़बान पर चढ़ गयी थीं। हफ़ीज़ जालन्धरी ने भी अपने इसी रंग में 'प्रीत का गीत' लिखा था और अपनी सादगी के कारण वह चेतन को बेहद पसन्द था :

अपने मन में प्रीत बसा ले
अपने मन में प्रीत
मन मन्दिर में प्रीत बसा ले, ओ मूरख ओ भोले-भाले
दिल की दुनिया कर ले रोशन, अपने घर में जोत जगा ले
प्रीत है तेरी रीत पुरानी, भूल गया ओ भारत वाले
भूल गया ओ भारत वाले
प्रीत है तेरी रीत
बसा ले अपने मन में प्रीत

भारत माता है दुखियारी, दुखियारे हैं सब नर-नारी
तू ही उठा ले सुन्दर मुरली, तू ही बन जा श्याम मुरारी
तू जागे तो दुनिया जागे, जाग उठें सब प्रेम-पुजारी
जाग उठें सब प्रेम पुजारी
गायें तेरे गीत
बसा ले अपने मन में प्रीत

अख़्तर शीरानी ही की तरह, हफ़ीज़ जालन्धरी की सब से बड़ी ख़ूबी उनकी नज़्मों का स्थानीय रंग था। वे अपने पूर्ववर्ती शायरों की तरह, ईरानी बाग़ों और मर्ग़ज़ारों[3] में खिलने वाले फूलों और चहचहाने वाले पक्षियों का ज़िक्र नहीं करते थे। उनके यहाँ, न नर्गिस-ए-शहला[4] थी, न गुल-ए-लाला, न बुलबुल-ए-हज़ार दास्ताँ, न कुमरी[5] न तूती!

---

१. चीज़
२. चारों ओर
३. दूब-भरे मैदानों — चरागाहों
४. नर्गिस का वह फूल, जिसके भीतर पीलेपन के बदले कालापन होता है
५. एक प्रसिद्ध सफ़ेद पक्षी

हफ़ीज़ के यहाँ तो बसन्त में सरसों फूलती थी; बाग़ों में, खेतों में हिन्दुस्तानी बहार आती थी; औरतें फूलों के गहने पहनती थीं और लड़के डोर और पतंग के लिए आपस में लड़ते थे। यही नहीं, हफ़ीज़ ने अपनी कई नज़्मों के छन्द और तर्ज़ें तक पंजाबी लोक-गीतों से उठायी थीं। चेतन कॉलेज में पढ़ता था, जब हफ़ीज़ की एक नज़्म हमीद और उसके साथी समवेत स्वर में गाते थे :

जी निढाल है फ़ुर्क़त-ए-यार[1] में, जी निढाल है फ़ुर्क़त-ए-यार में
जी निढाल है, ऐ मेरे दोस्तो
मुझे ले चलो, हाँ मुझे ले चलो
या निशात में या शालामार में, जी निढाल है फ़ुर्क़त-ए-यार में

कॉलेज ही के दिनों में, उन लोगों ने बसन्त पर हफ़ीज़ का एक गीत साप्ताहिक 'बहार' में पढ़ा था और लड़के उसे गाते हुए, ताल देते और नाचा करते थे :

लो फिर बसन्त आयी, फूलों पे रंग लायी
चलो बे-दरंग[2]
लब-ए-आब-ए-गंग[3]
बजे जल तरंग
मन पर उमंग छायी, फूलों पे रंग लायी
लो फिर बसन्त आयी
फूली हुई है सरसों, भूली है सरसों
नहीं कुछ भी याद
यूँही बा-मुराद[4]
यूँही शाद-शाद[5]
गोया रहेगी बरसों, भूली हुई है सरसों
फूली हुई है सरसों
लड़कों की जंग देखो, डोर और पतंग देखो
कोई मार खाये
कोई खिलखिलाये
कोई मुस्कराये
तिफ़ली[6] के रंग देखो, डोर और पतंग देखो
लड़कों की जंग देखो

---

१. प्रिय के विरह
२. बे रोक-टोक
३. गंगा के किनारे
४. सफल मनोरथ
५. ख़ुश-ख़ुश
६. बचपना

एक नाज़नीं[1] ने पहने, फूलों के ज़र्द गहने
है मगर उदास
नहीं पी के पास
ग़म-ो-रंज-ो-यास
दिल को पड़े हैं सहने, फूलों के ज़र्द गहने
इक नाज़नीं ने पहने

नीला की शादी के बाद, जालन्धर में, 'विधवा सहायक' के दफ़्तर को जाते हुए, चेतन ने हुनर साहब से हफ़ीज़ का मशहूर गीत, 'दिल है पराये बस में' सुना था और 'सोज़-ो-साज़ में उनकी इसी विशेष तर्ज़ में कई नज़्में पढ़ी थीं। हम-वतन होने के नाते, चेतन हफ़ीज़ जालन्धरी से पहले ही मिलता, लेकिन लाहौर का हफ़ीज़, बाज़ार शेख़ाँ का टोपी-फ़रोश हफ़ीज़ नहीं रहा था। सर अब्दुल कादिर ने उसे अपनी सरपरस्ती में ले कर बड़े-बड़े नवाबों के दरबारों तक पहुँचा दिया था, जाने कितनी रियासतों से हर महीने उन्हें वज़ीफ़ा मिलता था। लाहौर की सर्वाधिक पॉश नयी बस्ती— मॉडल टाउन— में उनका बँगला था; 'प्रीत के गीत' लिखने के बदले वे 'शाहनामा-ए-इस्लाम' लिखने में तल्लीन थे; सम्मिलित हिन्दू-मुस्लिम मुशायरों में अपना कलाम सुनाने के बदले, अब वे मस्जिदों में 'शाहनामा-ए-इस्लाम' सुनाते थे और 'अबुल-असर'[2] के बदले, 'फ़िरदौसी-ए-इस्लाम'[3] कहाने में सुख पाते थे। उनका आर्थिक और सामाजिक स्तर बहुत ऊँचा हो गया था। वे ख़ान साहबों, ख़ान बहादुरों और ऊँचे तबके के शायरों और अदीबों में उठते-बैठते थे, इसलिए चेतन इच्छा रहने के बावजूद, उनसे मिलने का हौसला न कर सका था। लेकिन सोसाइटी के सिलसिले में उसे उन्हीं बड़े आदमियों से सम्पर्क बनाने की ज़रूरत थी और इसीलिए उसने पण्डित 'अख़्तर' से उनके नाम चिट्ठी ली थी।

०

हलवाई के लोटे और मथनी पर ध्यान जमाने चेतन, न जाने कहाँ खो गया था, कि अचानक आँखों के सामने बड़ा-सा लस्सी का गिलास देख कर चौंका। हलवाई ने दूसरों को निबटा दिया था और लस्सी बना कर, गिलास चेतन की ओर बढ़ा दिया था।

अचकचा कर चेतन ने गिलास ले लिया। लबालब भरा था और उसके ऊपर झाग का गुम्बद-सा बना था। चेतन ने पहला घूँट भरा। बहुत ही हल्की-सी खटास लिये हुए, बेहद ठण्डी, मीठी लस्सी —चेतन को लगा, स्वर्ग में जिस अमृत का उल्लेख धर्म-ग्रन्थों में मिलता है, वह ऐसा ही मीठा और ठण्डा होगा। वह एक ही साँस में लस्सी पी जाना चाहता था, पर वह बहुत ही ठण्डी थी। उसकी बायीं कनपटी दुखने लगी। चेतन पल भर रुका। होंटों पर लगी मलाई को उसने ज़बान से चाटा। फिर लस्सी को ख़त्म किया। हलवाई को पैसे दिये और परम सन्तुष्ट भाव से साइकिल का हैण्डल हाथ में थामे, चल पड़ा। लस्सी के मज़े की तरह ही वह कल्पना में उन तीनों शायरों से अपनी मुलाकातों का रस लेने लगा।

---

१. तन्वंगी
२. असर का जन्मदाता
३. इस्लाम का फ़िरदौसी

o

हफ़ीज़, मॉडल टाउन में अपनी नयी बनी कोठी में रहते थे। जब से वे 'शाहनामा-ए-इस्लाम' लिखने लगे थे, उन्होंने अपना प्रकाशन-ग्रह, 'कुतब-ख़ाना-ए-शाहनामा-ए-इस्लाम' अपने बँगले पर ही खोल दिया था। चूँकि मॉडल टाउन शहर से आठ मील दूर था, वहाँ से पुस्तकों की बिक्री की व्यवस्था करना कठिन था, इसलिए उन्होंने एक दफ़्तर अनारकली के एक चौबारे में भी कायम कर दिया था। वे दोपहर के बाद दो घण्टों के लिए दफ़्तर में आते थे। पण्डित 'अख़्तर' की चिट्ठी और अपने कथा-संग्रह की एक प्रति ले कर चेतन उनके दफ़्तर में उनसे मिला। उसने उन्हें अपना परिचय दिया। उनकी कविताओं के प्रति अपने प्रेम का उल्लेख किया। अपना कथा-संग्रह पूरे अदब, मुहब्बत और ख़ुलूस[१] के साथ उनकी ख़िदमत में पेश किया। तब, यद्यपि वे अत्यधिक व्यस्त थे, उन्होंने उसे अपने पास बैठाया; उसकी पीठ थपथपायी; जालन्धर में वह किस मुहल्ले का रहने वाला है, यह जाना और जब चेतन ने उन्हें सोसाइटी का ब्रोशर दिया तो उन्होंने उसे दो दिन बाद, इतवार की शाम मॉडल-टाउन आ कर मिलने और वहीं खाना खाने की दावत दी।

चेतन 'कुतुबख़ाना-ए-शाहनामा-ए-इस्लाम' से उतरा था तो बड़ा प्रसन्न था। उसी जोश में वह इस्लामिया कॉलेज पहुँचा था। उसकी ख़ुशकिस्मती से 'तासीर' साहब का पीरियड ख़ाली था और वे उसे मिल गये थे।

तासीर साहब, इस्लामिया कॉलेज में अंग्रेज़ी के अध्यापक थे — 'पतरस,' 'तासीर,' 'ताज,' 'हफ़ीज़,' मजीद मलिक, 'सालिक,' 'मेहर' और 'तबस्सुम' — इन लोगों का एक बहुत ही मज़बूत गुट लाहौर के अदबी हलके पर छाया हुआ था। 'तासीर' ही की तरह 'पतरस' गवर्नमेण्ट कॉलेज में अंग्रेज़ी के अध्यापक थे और हास्य-व्यंग्य की रचनाओं में उनका कोई सानी न था; 'तबस्सुम' भी फ़ारसी के अध्यापक थे। बाकियों में हफ़ीज़ और 'ताज' अपने प्रकाशन-गृह चलाते थे और 'सालिक' और 'मेहर' दैनिक 'इन्कलाब' में सम्पादक थे। मजीद मलिक अभी विलायत से पढ़ कर आये थे, अमीर घराने से सम्बन्ध रखते थे और शे'र-ो-शायरी से दिल बहलाते थे।

तासीर साहब तीस-एक वर्ष के युवक थे। दोहरा बदन और ढीले ढाले, अपनी उम्र से पाँच-दस वर्ष बड़े लगते थे। अभी तक उन्होंने शादी नहीं की थी और उनका पेट हल्का-सा निकल आया था। सूरत से भी वे चेतन को अतिरिक्त गम्भीर लगे। उन्हें देख कर उसे हल्की-सी निराशा भी हुई। शायरों के बारे में उसकी जो कल्पना थी, वे उससे बहुत भिन्न थे। लेकिन जब चेतन ने पण्डित हरिचन्द 'अख़्तर' की चिट्ठी दी और उन्होंने मुहब्बत से उसे अपने पास कुर्सी पर बैठाया तो उसे उनके व्यवहार में किसी तरह का अहंकार नहीं, वरन कुछ ऐसी गरिमा दिखायी दी, जो उनके ज्ञान ही की द्योतक थी और जो उसे बहुत अच्छी लगी।

सोसाइटी की बात करने से पहले चेतन ने 'कारवाँ' में छपी उनकी नज़्मों की तारीफ़ की थी। यहीं नहीं, उसने उनकी पूरी नज़्म (कि उसे वह कण्ठस्थ थी) उन्हें सुनाते हुए,

---

१. सौहार्द

एक-एक बन्द की सादगी और उसमें छिपे अव्यक्त दर्द को सराहा था। तासीर ख़ुश हो गये थे और उन्होंने कहा था कि वे कॉलेज में अंग्रेज़ी पढ़ाते हैं और शिक्षण-सम्बन्धी उनकी ज़िम्मेदारियाँ उन्हें इतना वक्त नहीं देतीं कि वे दिन-रात शायरी कर सकें, तो भी उन्होंने कुछ नयी तर्ज़ की कविताएँ लिखी हैं, वह उनके घर आयेगा तो वे ज़रूर उसे दिखायेंगे।

तब चेतन ने बड़े सरसरी ढंग से सोसाइटी की बात की थी कि पण्डित रत्न ने उससे ऐसी सोसाइटी खोलने के लिए कहा है, कि जो मध्यवर्गीय बौद्धिकों की अपनी सोसाइटी हो, उन्होंने ब्रोशर वग़ैरा छपवा लिये हैं और वह सोच रहा है कि अपनी तमाम सरगर्मियाँ ऐसी सोसाइटी को कामयाब बनाने में लगा दे।

तासीर साहब ने उसकी पीठ ठोंकी थी, पूरे सहयोग का वचन दिया था और कहा था कि वह सोसाइटी की मीटिंग रखेगा तो वे ज़रूर उसमें शामिल होंगे।

चेतन उनके सद्व्यवहार और उनके बेतकल्लुफ़ाना ढंग से इतना प्रभावित और प्रसन्न था कि न उन्हें ब्रोशर दिखा सका था, न उनसे चन्दे के लिए ही कह सका था। वह उनसे घर पर मिलने की बात कह कर उठ आया था।

o

ऊपर के तबके के अदीबों का यह हलका चेतन के लिए हमेशा देवताओं की पाँत सरीखा रहा था। कल तक वह उन्हें दूर ही से सराहता था। अपनी सीमाओं के कारण उसने कभी उस पंक्ति में शामिल होने की बात नहीं सोची थी और आज अचानक वह उस हलके के एक नहीं, दो-दो सरगर्म सदस्यों से मिला था, जिन्होंने न सिर्फ़ उससे बराबर का-सा बर्ताव किया था, वरन उसे घर पर भी बुलाया था। हालाँकि चेतन अच्छी तरह जानता था, वह सब पण्डित 'अख़्तर' की चिट्ठियों के प्रताप से हुआ है, उसकी ख़ुशी का वार-पार नहीं था और अपनी आदत के अनुसार, वह सपने लेने लगा था....वह हफ़ीज़ और तासीर से उनके घर पर बैठा कविताएँ सुन रहा है....उन्हें अपनी रचनाएँ सुना रहा है और उनसे दाद पा रहा है....अन्ततोगत्वा वह उन्हें सोसाइटी का मेम्बर बना लेता है....उन्हें अपनी सोसाइटी के मंच पर ले जाता है....उनके द्वारा बड़े-बड़े लोगों से मिलता है....सभी लोग उसकी सोसाइटी के सदस्य बन जाते है....और वह शहर भर में मशहूर हो जाता है....

चेतन हवा के पंखों पर उड़ते हुए घर पहुँचा था। उसकी पत्नी विद्यालय से आ गयी थी और नाश्ता कर रही थी। वह रसोई-घर में उसके पास जा बैठा था। हफ़ीज़ और तासीर से अपनी मुलाकात का सविस्तार ब्योरा देता रहा था। उसने वहीं बैठे-बैठे, चन्दा को हफ़ीज़ जालन्धरी के कई गीत सुना डाले थे। उसकी पत्नी ने उससे वादा किया था कि वह किसी म्यूज़िक टीचर से हार्मोनियम पर उनकी तर्ज़ें निकलवा देगा तो वह उन्हें गा कर सुनाया करेगी।

"तुम अपने संगीत गुरु से क्यों नहीं दो-चार गीतों की धुनें सीखतीं ?" चेतन ने सहसा कहा था।

"वे तो मद्रासी हैं। पक्के गाने में ही उनकी दिलचस्पी है। लाइट म्यूज़िक से वे नफ़रत करते हैं।"

तब चेतन ने उससे वादा किया था कि वह पुराने म्यूज़िक टीचर से हफ़ीज़ के गीतों

की तर्ज़ें सीख आयेगा और उसे सिखाएगा।

चन्दा नाश्ता कर चुकी तो उसने बड़ी उदारता से उसे तुलसी के पत्ते और दाल-चीनी की चाय बनाने के लिए कहा था और जब वह चाय बना लायी थी तो उसे घुमा लाने के लिए तैयार भी हो गया था।

०

चन्दा तैयार हो गयी थी। कमरे का ताला बन्द कर, वे नीचे आये थे। क्षण भर सोच कर चेतन ने तय किया था कि अनारकली जाने के बदले, वे ज़रा खुली हवा में जायेंगे और मुहल्ले के पिछली ओर के गन्दे नाले पर से होते हुए, वे सीधे 'गुलाम नबी बिल्डिंग' के पास मैक्लोड रोड पर जा निकले थे। अपने उस आह्लाद में, चेतन अपनी पत्नी को अपने सपने सुनाता गया था।....उसने उसे बताया था कि सोसाइटी चलाने के लिए जो वह इतनी दौड़-धूप कर रहा है तो महज़ सोसाइटी चलाना उसका ध्येय नहीं है। सोसाइटी वह ज़रूर चलायेगा; उसे सफल भी बनायेगा; लाहौर के सारे अदीबों और साहित्यिकों को वह उसमें घेर लायेगा; लेकिन 'पंजाब लिट्रेरी लीग' के चौधरी की तरह सोसाइटी चला कर और उसमें से अपनी रोज़ी-रोटी की व्यवस्था करके, किसी पशु को उदरस्थ कर, धूप में फैल जाने वाले अजगर की तरह वह पसर नहीं जायेगा — एक पल के लिए भी वह इस बात को नहीं भूलेगा कि उसका उद्देश्य लॉ कॉलेज में दाख़िला लेना है, इतना ही नहीं, उसमें फ़र्स्ट डिवीज़न में पास होना है और सब-जजी के कम्पीटीशन में बैठना है। वे लोग, जो अपने उद्देश्यों पर नज़र नहीं रखते, ज़िन्दगी के छोटे-मोटे प्रलोभनों में भटक जाते हैं।

"आज तक मैं लगातार लुढ़कता रहा हूँ," उसने कहा, "कभी एक काम करता रहा हूँ, कभी दूसरा; किसी जगह मैं जम नहीं पाया। लेकिन अब मैंने तय किया है कि मैं अब और नहीं भटकूँगा।" फिर बिलकुल अपने पिता की तरह, लगभग उन्हीं के शब्द दोहराते हुए, वह भाषण देने लगा, "अ रोलिंग स्टोन गैदर्ज़ नो मॉस! इस कहावत का अनुवाद तो यह होगा कि जो पत्थर लुढ़कता रहता है, उस पर ज़रा भी काई नहीं जमती — याने, लुढ़कता रहने वाला पत्थर जम नहीं पाता। हमारे-तुम्हारे लिए यह कहावत यही बताती है कि आदमी किसी उद्देश्यों के पीछे पड़े तो उसे सिरे चढ़ा कर दम ले....वह साला अमीचन्द अपने को बहुत लगाता है। ऐसी ऊँचाई से देखता है, जैसे वह कुतुब-मीनार पर खड़ा हो और हम बेचारे, नीचे धरती पर रेंगने वाले, निहायत ज़लील कीड़े-मकोड़े हों! लेकिन तुम देख लेना, मैं यह सोसाइटी चलाऊँगा; इसी के बल पर लॉ कॉलेज में दाख़िल हूँगा; डिस्टिंक्शन लूँगा; सब-जज बनूँगा और यकीन जानो, अगर मैं अपने बाप का बेटा हूँ तो इसी पर दम नहीं लूँगा, जितने इम्तहान आगे आयेंगे — सभी दूँगा और भगवान ने चाहा तो सेशन जज या हाईकोर्ट का जज बन कर ही रिटायर हूँगा। तुम महाराजिन की बेटी के नाते नहीं, एक सब-जज की पत्नी के नाते कृष्णा के ब्याह में शामिल होगी। इसे तुम अटल समझो।"

गन्दे नाले पर उसकी नाक में बदबू का तेज़ भभका आया था। चन्दा ने साड़ी का पल्लू नाक पर रख लिया था, पर चेतन अपनी बातों में इतना मगन था कि उसे और किसी बात का होश नहीं था।

मैक्लोड रोड पर पहुँच कर चेतन ने अपनी पत्नी से पूछा कि वह 'लक्ष्मी बिल्डिंग' के ऊपर से हो कर, निस्बत रोड की तरफ़ से घर जाना चाहेगी या किला गुज्जरसिंह तक जा कर वापस आना चाहेगी।

"किला गुज्जरसिंह में कौन है ?" सहसा चन्दा ने पूछा था।

"वहाँ मजीद मलिक रहते हैं," चेतन ने कहा था,"मुझे कल उनसे मिलने जाना है, मैं सोचता हूँ, इतने पास आ गये हैं तो उनका घर देखते चलें, कल आने में आसानी होगी।"

"जैसी आपकी मर्ज़ी," चन्दा ने ज़रा-सा सिर झुकाते हुए कहा था और पाँव किला गुज्जरसिंह की ओर बढ़ा दिये थे।

कॉलेज के दिनों में चेतन जैसे कुन्ती की खिड़की के नीचे से गुज़र जाता था (चाहे उसे कुन्ती की शक्ल भी दिखायी न देती और खिड़की बन्द मिलती) और इतने भर से वह सन्तुष्ट और आह्लादित हो जाता था, इसी तरह वह मजीद मलिक की हवेली के सामने से गुज़र आया और इतने ही से प्रसन्न और सन्तुष्ट हो गया था। शाम को, जब भाई साहब घर आये थे तो कान्ता बहन के ड्राइंग-रूम में बैठे चेतन ने उन्हें मजीद मलिक की कविता सुनाते हुए, आमना बट्ट से उनके रोमांस का ज़िक्र किया था और यह भी बताया था कि वह सुबह ही उनसे मिलने जा रहा है।

o

लेकिन जब दूसरी सुबह पण्डित हरिचन्द 'अख़्तर' की चिट्ठी और सोसाइटी के ब्रोशर लिये हुए, चेतन उस हवेली पर पहुँचा था तो मजीद मलिक की खिड़की नहीं खुली थी। नौकर ने यह बताया कि मलिक साहब देर में सोते हैं, इसलिए इतनी सुबह नहीं उठते। चेतन नाकाम वापस फिरा था, लेकिन वह फिर दोबारा गया था। अबके उसे मालूम हुआ था कि दस मिनट पहले ही निकल गये हैं। तब यह सोच कर कि चाय पर वे ज़रूर मिल जायेंगे, वह चार बजे फिर उनकी हवेली पहुँचा था। काफ़ी प्रतीक्षा के बाद मलिक साहब आये थे — छब्बीस-सत्ताइस की उम्र; लम्बा कद; पतला-छरहरा, सुगठित शरीर; खुले-खुले हाथ-पाँव; सुन्दर गोरा मुख; चौड़े माथे पर घुँघराले बाल; लम्बी तीखी नाक; तेज़ आँखें और न पतले, न मोटे होंट — उन्होंने तंज़ेब का कुर्ता पहन रखा था, उस पर सिल्क की वास्केट थी, कमर में अलीगढ़ी पायजामा और सिर पर सिल्क ही की टोपी थी — चेतन को न केवल वे बहुत ख़ूबसूरत लगे, वरन उनका पहरावा भी शायराना लगा।

उसे उठ कर उन्हें 'आदाब' किया और 'कारवाँ' में उनकी नज़्म, 'आग़ाज़' की प्रशंसा करते हुए उनसे मिलने की अपनी पुरानी आरज़ू का ज़िक्र किया और उन्हें पण्डित 'अख़्तर' की चिट्ठी दी।

मजीद मलिक बहुत जल्दी में थे। उन्होंने हँसते हुए कहा कि नज़्म में जिस 'आग़ाज़' का ज़िक्र है, वह अब अंजाम की तरफ़ बढ़ रहा है, और उन्हें उसी वक्त आमना के यहाँ चाय पर जाना है। (चेतन उन्हें पहली बार मिला है और उनके और आमना के बारे में जानता है या नहीं, उन्होंने इस बात की भी चिन्ता नहीं की।) 'अख़्तर' साहब की चिट्ठी उन्होंने तह करके जेब में रख ली, उसके कन्धे को थपथपाते हुए, उसे दस-पन्द्रह दिन बाद

आने को कहा और इशारों से बताया कि तब तक वह आग़ाज़ अपने मुकम्मल अंजाम तक पहुँच चुका होगा और उनके पास कुछ फ़ुर्सत होगी।

प्रकट ही ऐसी जल्दी में सोसाइटी की बात उनसे नहीं की जा सकती थी। चेतन ने अपनी शुभकामाएँ उन्हें दीं कि उनकी सभी मुरादें बर आयें और वह उन्हें जल्द ही मुबारक देने आये।

वह 'आदाब' करके वहीं से रुख़सत होना चाहता था, लेकिन गर्म जोशी से हाथ मिलाते हुए, वे उसे डेवढ़ी तक छोड़ने आये।

०

मजीद मलिक वास्तव में ऐसी सरख़ुशी के आलम में थे, जब नौजवान प्रेमी दर-ो-दीवार से अपनी कामयाबी की बात कहता फिरता है। चेतन उस वक्त पहुँचा था, जब आमना के घर वाले मान गये थे और उनकी सगाई होने जा रही थी और वे अपनी ख़ुशबख़्ती के नशे में सरशार थे। मजीद यह भी जानते थे कि उनके प्रेम की बात दोस्तों तक ही नहीं, लाहौर के तमाम अदबी हलकों तक फैल गयी है और शायद उन्होंने समझा था कि चेतन उसे जानता होगा, इसलिए उन्होंने उससे वैसी बात कह दी थी। लेकिन चेतन को लगा कि पहली ही मुलाकात में उस अपने राज़ का भागीदार बना कर, उन्होंने उसे बड़ी इज़्ज़त बख्शी है और वह नशा, जो मजीद मलिक पर छाया हुआ था, अनायास चेतन के दिमाग़ पर भी छा गया। उसे इस बात की ज़रा भी चिन्ता न थी कि वह सोसाइटी के सिलसिले में बात नहीं कर सका। वह तो कुछ अजीब-सी ख़ुशी के आलम में, किला गुज्जरसिंह से घर लौटा।

चन्दा विद्यालय से आ चुकी थी और चारपाई पर कापियाँ और किताबें फैलाये, स्कूल का काम कर रही थी।

"मेरी जान उठो," चेतन साइकिल सीढ़ी में ठीक से टिका कर अन्दर आते और ब्रोशर और रसीद-बुक मेज़ पर फेंकते हुए कहा, "चलो, तुम्हें अनारकली तक घुमा लायें और तुम्हारा मन हो तो पलटू की दुकान से गोल-गप्पे और चाट खिला लायें।"

"मैं स्कूल का काम कर रही...."

"अरे, उठो मेरी जान, स्कूल का काम तो तुम रोज़ ही करती हो।" और बिना उसे बात ख़त्म करने का अवसर दिये, चेतन ने एक बाँह उसक घुटने के नीचे और एक पीठ के पीछे दे कर उसे उठा लिया था और दूसरे ही क्षण फ़र्श पर उतार दिया था।

तभी चेतन को लगा था, उसकी पत्नी बहुत भारी हो गयी है; उसका पेट काफ़ी बढ़ आया था। यूँ तो वह पहले ही उसकी अपेक्षा कहीं भारी थी, पर कभी वह जब जोश में होता तो उसे बाँहों में उठा कर कर दो-एक चक्कर दे दिया करता था। उस वक्त, यद्यपि उसने उसे उठा कर चारपाई से उतार दिया था, पर इस प्रयास में वह ज़रा हाँफ गया और उसकी बाँहें दुखने लगी थीं। लेकिन अपनी मस्ती में चेतन ने यह सब महसूस नहीं किया। वह उसकी वक्त चन्दा के साथ अनारकली की सैर को निकल गया।

चाट खा कर अनारकली में घूमते हुए वे भाईं साहब की दुकान पर पहुँचे तो भाई साहब वेटिंग-रूम में अपनी मेज़ पर बैठे थे। चन्दा ने भाई साहब को 'नमस्ते' की और दायीं ओर, दीवार के साथ लगे काउचों में से एक पर बैठ गयी। चेतन उनकी मेज़ के सामने

जा बैठा और उसने कहा, "भाई साब, मैं मजीद मलिक के पास गया था। वे बड़े तपाक से मिले। ख़ूब बातें करते रहे। बड़े ख़ुश थे। आमना ने उनकी बात मान ली है। शायद आज-कल में दोनों की सगाई हो जायेगी।"

उसने यह बात ऐसे कही, जैसे आमना और मजीद मलिक उसके ही नहीं, भाई साहब के भी हमजोली हों और उनसे रोज़ का उठना-बैठना हो। बिना भाई साहब को कुछ भी कहने का अवसर दिये, वह सविस्तार उन्हें अपनी मुलाकात का किस्सा सुनाने लगा।

लेकिन भाई साहब को इसमें कोई ऐसी बात नहीं लगी, जिस पर उतना जोश प्रकट किया जाय। वे चुपचाप उसकी बात सुनते रहे थे। मजीद मलिक और अपना बट्ट के इश्क पर उन्होंने एक शब्द नहीं कहा और चेतन के बात ख़त्म कर चुकने पर जब उन्होंने मुँह खोला तो सिर्फ़ इतना ही पूछा था, "मजीद मलिक सोसाइटी के सरपरस्त बने या नहीं ?"

चेतन को हमेशा की तरह अपने भाई की इस कौर-ज़ौकी[1] पर बड़ा तरस आया था। क्षण भर वह दया-भाव से उनकी ओर देखता रहा, फिर उसने किंचित आक्रोश से कहा था, "क्या मैं बेवकूफ़ हूँ, जो ऐसे में सोसाइटी या चन्दे जैसी बात उनसे कहता ?"

भाई साहब चुप हो गये थे। उन्होंने फिर एक शब्द नहीं कहा। चेतन कुछ क्षण तक अपने में गुम, बैठा घुटने हिलाता रहा। फिर उसने अपनी पत्नी की ओर देखा, जो काउच में पसर कर बैठ गयी थी। अचानक वह उठा कर और कद्रे खीझ-भरे स्वर में उसने कहा, "चलो भई चन्दा, काफ़ी देर हो गयी है। पर पहुँचने में ही एक घण्टा लग जायेगा और तुम्हें तो अभी खाना भी पकाना है।"

चन्दा थोड़ा थक गयी थी, शायद कुछ देर और बैठना चाहती थी, लेकिन वह चुपचाप उठी। चेतन दुकान से निकल गया था। भाई साहब से विदा ले कर, वह उसके पीछे चल दी थी।

०

मजीद मलिक और आमना बट्ट के रोमांस में उलझा, चेतन तब चौंका, जब वह 'मंजरी' का दफ़्तर पीछे छोड़, 'हिन्दी पुस्तक भवन' पहुँच गया था। अचकचा कर वह पीछे मुड़ा, साइकिल उठा कर उसने प्रेस के चौतरे पर रखी और 'मंजरी' दफ़्तर की सीढ़ियाँ चढ़ गया।

पच्चीस

हालाँकि चेतन अपने घर से पैदल आया था, बीच में उसने हलवाई की दुकान पर भी दस-पन्द्रह मिनट लगाये थे और दस कब के बज चुके थे, पर कवि चातक अभी दफ़्तर नहीं पहुँचे थे।

चेतन उलटे पाँव वापस मुड़ा और नीचे प्रेस में जा कर उसने चातक जी का पता किया कि प्रेस आयेंगे या नहीं और आयेंगे तो कब आयेंगे ? (मन में उसने सोचा था कि

---

१. अरसिकता

उनका आने का प्रोग्राम न हुआ तो वह उनके घर जायेगा।) लेकिन प्रेस से उसे पता नहीं चला। तब वह बढ़ कर 'हिन्दी पुस्तक भवन' में गया। नागपाल ब्रदर्ज़ में से मँझले— श्री कर्मचन्द नागपाल—अपना सींकिया शरीर और रौद्र, गम्भीर रूप लिये, मेज़ के पीछे शहीदी भाव से बैठे थे। चातक जी के बारे में पूछने पर, उन्होंने सिर्फ़ इतना कहा कि उन्हें अब तक आ जाना चाहिए था, 'मंजरी' के इतने प्रूफ़ पड़े हैं।

और बिना काग़ज़ों से आँख उठाये, उन्होंने मेज़ की बायीं ओर रखे, प्रूफ़ों के थब्बे की ओर संकेत कर दिया।

चेतन का मन था कि वहीं दुकान पर बैठ कर हिन्दी की कोई नयी पुस्तक देखे, लेकिन महाशय कर्मचन्द नागपाल की मुहर्रमी सूरत ने उसका सारा उत्साह हर लिया। वह चुपचाप जा कर 'मंजरी' के दफ़्तर में बैठ गया और चातक जी की प्रतीक्षा करने लगा। कुछ क्षण बाद वह उठा। उसने चातक जी की मेज़ से 'मंजरी' का पिछला अंक उठा लिया। लेकिन उसके दो-चार वरक पलटने के बाद ही उसका ध्यान हफ़ीज़ जालन्धरी के साथ अपनी मुलाकात में जा उलझा।

०

यद्यपि भाई साहब ने अनजाने ही, चेतन के जोश पर यथार्थता के दो-एक छींटे मार कर, उसे नॉर्मल करने की कोशिश की थी, पर जब वह दूसरे दिन शाम को हफ़ीज़ जालन्धरी के यहाँ, मॉडल टाउन जाने के लिए बस पर चढ़ा तो उस पर बदस्तूर हल्का-सा नशा तारी था। यदि उसे लाला हरकिशन लाला या राजा महेन्द्रनाथ खाने पर बुलाते तो शायद उसे उतनी ख़ुशी न होती, जितनी अपने हम-वतन और प्रान्त के उस प्रख्यात, लोकप्रिय शायर के यहाँ जाने पर हो रही थी।

अड्डे से हफ़ीज़ साहब का घर दूर नहीं था, मुश्किल से दो-एक फ़र्लांग होगा। यूँ भी अपने उत्साह में चेतन को फ़ासले का कोई ज्ञान नहीं था। दो-एक जगह पूछ कर वह उनकी कोठी पर पहुँच गया।

शाम का वक्त था। पतलून-कमीज़ पहने, हफ़ीज़ किसी अंग्रेज़ महिला के साथ बैडमिण्टन खेल रहे थे। चेतन 'आदाब' करके वहीं कोर्ट के किनारे खड़ा हो गया।

उन्होंने रैकेट ज़रा-सा माथे की ओर ले जाते, मुस्कराते और इस प्रक्रिया में नाक और बायाँ गाल ज़रा-सा ऊपर चढ़ाते हुए, उसके सलाम का जवाब दिया और फिर आती हुई चिड़िया की ओर लपके।

चेतन चुपचाप खड़ा, उन्हें खेलते देखता रहा। हफ़ीज़ बहुत ही पतले-दुबले आदमी थे। उनकी नाक लम्बी, चेहरा लम्बोतरा और माथा चौड़ा था। चेतन ने उन्हें हमेशा अचकन और किश्ती टोपी में देखा था और उस लिबास में वे कबूल-सूरत लगते थे। पतलून-कमीज़ में नंगे सिर उन्हें देखने का यह उसका पहला अवसर था। सच्ची बात यह है कि उन्हें उस रूप में देख कर उसे बड़ी कोफ़्त हुई थी। वे बहुत ही पतले लगते थे —एकदम सींकिया। उनका गंजा होता हुआ सिर (जो प्राय: टोपी से ढँका रहता था) साफ़ नज़र आ रहा था और पंजाबी मुहावरे के अनुसार, चेतन को वे अजीब 'चिड़े-से' लग रहे थे। उसने सुना था कि हफ़ीज़, सर अब्दुल कादिर के साथ इंग्लिस्तान गये थे तो वहाँ से एक मेम ले आये

हैं, जिससे वे शादी करने जा रहे हैं। कुछ लोग तो यह भी कहते कि वह सर अब्दुल की रखैल थी, उन्होंने हफ़ीज़ के गले मढ़ दी है। उनके इस रूप को देख कर चेतन को लगा कि शायद उस बात में कुछ सचाई हो, वरना इस चिड़े-ऐसे शख़्स पर कोई अंग्रेज़ औरत कैसे मर सकती है....

लेकिन वह अंग्रेज़ औरत तो उनके साथ बैडमिण्टन खेल रही थी....चेतन ने चोर नज़र से उधर देखा — तीस-बत्तीस वर्ष की तगड़ी-सी मेम, स्कर्ट और आधी बाँह का ब्लाउज़ पहने, हाथ में रैकेट लिये, काफ़ी फुर्ती से इधर-उधर उछल-कूद रही थी। यह अजीब बात थी कि जब इश्क-ो-आशिकी की बात हो तो चेतन हमेशा मा'शूक को सुन्दर ही देखना चाहता था। जब उसने यह सुना था कि हफ़ीज़ एक मेम से शादी करने वाले हैं, तो उसने किसी सुन्दर तन्वी की कल्पना की थी। इस मेम को देख कर उसे एक साथ ही निराशा भी हुई और हफ़ीज़ के उस कार्टून-नुमा रूप को देख कर सन्तोष भी, कि वे आख़िर किसी हूर-परी को ब्याहने नहीं जा रहे। चतन को वह आदम-मार औरत लगी और वह मन-ही-मन सोचने लगा कि पतले-दुबले हफ़ीज़ उससे कैसे निपटेंगे....

चेतन इन्हीं विचारों में गुम था कि बाज़ी ख़त्म हो गयी। वह मेम चुपचाप कोठी की पिछली तरफ़ को चली गयी और हफ़ज़ बायें हाथ में रैकेट लिये, दायाँ उसकी ओर बढ़ाते हुए, उसकी तरफ़ आये। चेतन ने उनसे हाथ मिलाया तो उसका हाथ अपने हाथ में ले कर, यह पूछते हुए कि बस में या मकान का पता पूछते हुए उसे दिक्कत तो नहीं हुई, वे उसे अपने साथ ड्राइंग-रूम में ले गये।

"तुम बैठो, मैं अभी दो मिनट में आता हूँ," उन्होंने कहा, "इस पतलून-वतलून में मुझे वहशत होती है। यह कम्बख़्त अंग्रेज़ों का पहरावा हम हिन्दुस्तानियों के लिए निहायत ग़ैर-मौज़ूँ[१] है।"

वे ज़रा व्यंग्य से हँसे और उन्होंने नाक और बायाँ गाल ऊपर चढ़ा लिया, जिससे उनके माथे तक झुर्रियाँ बनती चली गयीं। चेतन को उन्होंने काउच पर बैठाया। फिर जेब से एक गोल-सी डिबिया निकाल कर, उसमें से ज़रा-सी दवा चाटते हुए चले गये।

'शायद कोई मुक़व्वी मा'जून[२] है,' चेतन ने मन-ही-मन कहा, 'इसके बल पर शायद ये इस अधेड़-उम्री में उस आदम-मार औरत से पार पायेंगे!'

और वह मन-ही-मन हँसा। चेतन दरअसल सौन्दर्य-प्रेमी व्यक्ति था और मजीद मलिक के सुन्दर व्यक्तित्व को देख कर और उनके रोमांस की बात सुन कर, उस पर जो नशा तारी हुआ था, वह हफ़ीज़ को अचकन और टोपी के बिना देख कर हिरन हो गया था। बात करते हुए, व्यंग्य या मज़ाक में, उनकी नाक के साथ ही जो चेहरे का बायाँ हिस्सा ऊपर चढ़ जाता और गाल और नाक पर ही नहीं, माथे पर भी लकीरें बन जातीं, उससे चेतन को कुछ अजीब-सी वहशत होती थी।

हफ़ीज़ साहब अन्दर चले गये तो चेतन ने एक नज़र ड्राइंग-रूम पर डाली — बड़ा-सा आयाताकार कमरा; राजा महेन्द्रनाथ अथवा मियाँ बशीर अहमद के कमरों जैसी

१. अनुपयुक्त
२. शक्तिवर्धक अवलेह

सजावट उसमें नहीं थी; एक तरफ़ सोफ़ा रखा था, दूसरी तरफ़ डाइनिंग टेबल पड़ी थी; दरवाज़ों पर भारी पर्दे नहीं थे, न फ़र्श पर सुन्दर तिपाइयाँ, न दीवारों पर तस्वीरें। 'हफ़ीज़ साहब ने किसी तरह जोड़-तोड़ कर, कोठी बनवा ली है,' चेतन ने सोचा, 'लेकिन उसे शानदार ढंग से सजाने के लिए शायद उनके पास अभी पैसे नहीं। या हो सकता है पैसे हों, पर वह कल्चर ही न हो। आख़िर टोपियाँ बनाते-बनाते ऊपर उठ गये हैं, नफ़ासत और नज़ाकत कहाँ से आये!'

हफ़ीज़ साहब अन्दर से कपड़े बदल कर आ गये तो चेतन ने देखा, ड्रेसिंग गाउन के नीचे, पतलून की जगह वे पायजामा पहने हुए हैं। आ कर वे काउच पर पसर गये, पैर उन्होंने ऊपर उठा लिये और चेतन से यह जानना चाहा (यद्यपि वह अनारकली के दफ़्तर में उन्हें यह सब बता चुका था) कि जालन्धर में उसका घर कहाँ है और उसने कहाँ तक शिक्षा पायी है और वह लाहौर कब आया, आदि....आदि....

चेतन ने उनके सवालों के जवाब में अपने घर-द्वार की, शिक्षा-दीक्षा की, लाहौर में अपनी नौकरियों और संघर्ष की बात संक्षेप में कही। अपने लिखे दो-एक पंजाबी बैत और एक-दो आरम्भिक ग़ज़लें भी सुनायीं और बताया, कैसे वह गद्य की ओर झुका और पण्डित रत्न तथा मुन्शी चन्द्रशेखर ने उसे प्रोत्साहन दिया।

तब उन्होंने जानना चाहा कि उनकी कौन-सी रचनाएँ उसे पसन्द हैं।

और जैसे चेतन इसी प्रश्न की प्रतीक्षा कर रहा था। उसने सोत्साह उन्हें बताया कि वह नवीं-दसवीं में पढ़ता था, जब उसने 'बहार' के 'कृशन नम्बर' में उनकी नज़्म 'काहन मुरली वाले' पढ़ी थी। उसी क्षण वह उनका भक्त हो गया था। उसके बाद जहाँ कहीं उनकी नज़्म नज़र आयी, उसने कण्ठस्थ कर ली। उनके दोनों संग्रहों — 'नग़माज़ार' और सोज़-ो-साज़' — के अधिकांश गीत और नज़्में और ग़ज़ले उसे ज़बानी याद हैं। उर्दू में जिन शायरों ने बिलकुल हिन्दुस्तानी ज़िन्दगी और हिन्दुस्तानी फ़िज़ा को अपनी शायरी का विषय बनाया है, उनमें वे सबसे आगे हैं। उनकी ज़बान में सरल और रवाँ उर्दू के साथ, हिन्दी, यहाँ तक कि पंजाबी शब्दों की दिलफ़रेब मिलावट है और हिन्दी और पंजाबी की मिठास से रची-बसी उनकी भाषा, हिन्दू-मुसलमान, दोनों पाठकों के दिलों में स्थान बना चुकी है। चेतन ने वे तमाम दलीलें भी अपनी बना कर दोहरा दीं, जो उसने 'सोज़-ो-साज़' की भूमिका में पण्डित हरिचन्द 'अख़्तर' के कलम से पढ़ी थीं।....

हफ़ीज़ साहब बड़े प्रसन्न हुए थे। उन्होंने कहा था कि मुश्किल ज़बान में शे'र कहना दुश्वार[१] नहीं है; दुश्वार, आसान ज़बान में शे'र कहना है और उन्होंने यह इस्ते'दाद[२] बड़ी मेहनत और काविश[३] के बाद हासिल की है।

एक बात चेतन के मन में देर से खल रही थी। वह जानता था कि जब से हफ़ीज़ मुस्लिम शाहों के कारनामे नज़्म करने लगे और 'फ़िरदौसी-ए-इस्लाम' कहाने लगे हैं, वे ऐसी मजलिसों से बचते हैं, जहाँ हिन्दू-मुस्लिम, दोनों जातियों के श्रोता हों और प्रायः

---

१. मुश्किल

२. क्षमता

३. सोच-विचार

मुस्लिम त्योहारों पर मस्जिदों में इकट्ठी होने वाली भीड़ के सामने 'शाहनामा-ए-इस्लाम' गा कर पढ़ते हैं। चेतन उनसे पूछना चाहता था कि देश-प्रेम और मानव मात्र के दुर्ख-दर्द को अपनी नज़्मों का विषय बनाने अथवा उन्हें इतिहास ही लिखना था तो अपने देश के वीरों का इतिहास लिखने के बदले, वे ऐसी नज़्में क्यों लिखने लगे हैं, जो केवल मुसलमानों के लिए ही हों ? इससे क्या वे देशवासियों की अकसरियत[1] से अपने आपको काट न लेंगे ? वह उनसे कहना चाहता था कि इकबाल के 'तराना-ए-हिन्दी' या देश-प्रेम की अन्य कविताओं को जो लोकप्रियता मिली, वह उनकी किसी भी दूसरी नज़्म को हासिल नहीं हुई। अंग्रेज़ों ने उन्हें 'सर' की उपाधि दे दी और उन्होंने अपनी रविश बदल दी और मानवता के कवि होने के बदले, वे केवल एक कौम के शायर हो कर रह गये हैं। हफ़ीज़ भी क्यों उस राज-मार्ग को छोड़ कर, यह तंग पगडण्डी अपना रहे हैं ? जैसे उन्होंने उर्दू शायरी की दूसरी परम्पराओं को तोड़ा और नरगिस-ए-शहला या सुम्बुल-ो-रेहाँ[2] का ज़िक्र करने के बदले, सरसों के गीत गाये हैं, वैसे ही उनको महाकाव्य लिखना था तो ऐसा विषय चुनना था, जो देश की साझी संस्कृति को अभिव्यक्ति देता....

लेकिन तभी अन्दर से नौकर ने कहा कि खाना तैयार है और हफ़ीज़ ने उसे खाना मेज़ पर रखने का हुक्म दिया।

नौकर उस वक्त न आ जाता तो चेतन अपने मन की बात ज़रूर उनसे पूछ लेता, लेकिन नौकर ने उसकी विचार-श्रृंखला तोड़ दी। दूसरे क्षण उसे ख़याल आया कि यह बहुत ही नाज़ुक विषय है; हफ़ीज़ ने पुरानी परम्परा तोड़ कर, हिन्दुस्तानी परिवेश को अपनी कविताओं में अभिव्यक्ति दी है, यही बहुत है, वरना हिन्दुस्तान का पढ़ा-लिखा मुसलमान सिर्फ़ तन से हिन्दुस्तान में रहता है, मन उसका हमेशा अरब और ईरान की उन्हीं फ़िज़ाओं में भटकता है, जो उसने कभी नहीं देखीं ओर शायद जन्म भर न देखे। 'मेरे मौला बुला लो मदीने मुझे' —पंजाब का हर मुसलमान पुकारता है। वह मुसलमान यह पुकारे, जिसके पुरखे बाहर से यहाँ आये थे तो कोई बात भी हो, लेकिन हिन्दुस्तान में रह कर अपने देश को कोसने वालों में से अक्सर के पुरखे कुछ पीढ़ियों पहले तक हिन्दू थे; पर चूँकि हिन्दुस्तान पर अंग्रेज़ों का शासन होने से पहले मुसलमानों का शासन था, इसलिए वे अपने आपको हुक्मराँ कौम के समझते थे और गुलामी में रहते हुए भी, उन्हें अरब की आज़ाद फ़िज़ाएँ और वे मुजाहिद याद आते थे, जिन्होंने दुनिया के एक बहुत बड़े हिस्से पर विजय पायी और इस्लाम का झण्डा फहराया....कोई मुसलमान अदीब ऐसा महसूस करता और हफ़ीज़ साहब से पूछता तो दूसरी बात होती। चेतन को लगा कि उसके लिए यह सब पूछना ठीक नहीं....और उसने मन की बात मन ही में दबा ली।

डाइनिंग टेबल पर खाना लग गया था, नौकर आ कर खड़ा हो गया। कहा उसने कुछ नहीं, पर उसका रोआँ-रोआँ जैसे पुकार कर कह रहा था कि खाना मेज़ पर रख दिया गया है। हफ़ीज़ साहब काउच पर अध-लेटे हो गये थे। चेतन ने एक चोर आँख से उनकी ओर देखा। उस क्षण उसे लगा, जैसे बँगले और काउच आदि के बावजूद, वे बाज़ार शेख़ाँ के वही टोपी-फ़रोश हैं। नौकर को देख कर वे उछल कर उठे और चेतन से पंजाबी लहजे

---

१. बहुसंख्या

२. सुगन्धित घासें

में बोले :

"उट्ठो भई, खाना तनावल फ़रमाओ।"

'तनावुल फ़रमाओ।' चेतन मन-ही-मन हँसा, 'सीधा-सादा 'खाओ' नहीं! यह उर्दू पचास-सौ साल तक यहाँ के आम लोगों की ज़बान नहीं बनेगी; यह अभी तक हुक्मरानों, जागीरदारों और ज़मींदारों की ज़बान है। मुश्किल और तकल्लुफ़-भरी। हिन्दुस्तान में बोली जा कर भी, लगता है कि यह अरब और फ़ारस की बोली है।'....वह उठा और जा कर हफ़ीज़ साहब के सामने खाने की मेज़ पर बैठ गया।

मुसलमानों में पर्दा होता है; हफ़ीज़ साहब के घर की कोई औरत खाने की मेज़ पर आयेगी, इसकी उम्मीद तो चेतन को नहीं थी, लेकिन वह अंग्रेज़ मेम ज़रूर होगी, इसका उसे हल्का-सा विश्वास था। लेकिन कुछ क्षण प्रतीक्षा करने पर भी कोई आया और हफ़ीज़ साहब ने रोटी का ग्रास तोड़ते हुए, उसे शुरू करने को कहा तो उसने समझ लिया कि जिस औरत को एक मुसलमान की बीवी बनना है, वह पर्दा भले ही न करे, पर ग़ैर मर्द के सामने खाने की मेज़ पर तो नहीं बैठ सकती।....वह चुपचाप खाने लगा। छोटे-छोटे चीनी के लकीरदार कटोरों में दो-तीन तरह के सालन थे — दाल थी, भुर्ता था, रायता था, खड़े आलू-प्याज़ थे और एक बड़े कटोरे में शोरबेदार सालन था। बायीं ओर एक बड़ी चंगेर में कपड़ा बिछा कर, उस पर रोटियाँ चौहरी करके रखी थीं। चेतन ने एक रोटी उठा कर प्लेट में रखी तो वह चकित रह गया — इतनी बड़ी और काग़ज़-सी पतली और हल्की रोटी उसने पहले कभी नहीं देखी थी। एक ग्रास तोड़ कर चेतन ने शोरबेदार तरकारी का कटोरा पास खींचा तो उसकी तबियत मिचला गयी। शोरबे में मछलियों के सिर तैर रहे थे। — केवल सिर — छोटी-छोटी आँखें और ज़रा-से खुले मुँह।....चेतन शोरबे में ग्रास डुबाने जा रहा था। अचानक हाथ रोक कर शोरबे को छुलाने का अभिनय करके उसने ग्रास रायते में डुबो लिया और उधर से आँखें हटा लीं। हालाँकि वह गोश्त खाने लगा था और मछली से भी उसे परहेज़ न था, लेकिन मछली के सिर भी खाये जाते हैं और उनका शोरबेदार सालन पकाया जाता है, चेतन को मालूम नहीं था। उसने सुना था कि लोग, बकरों के सिर, पैर, यहाँ तक कि आँतें भी पका कर खा जाते हैं....कल्पना मात्र से चेतन ने एक झुरझुरी ली और उसके मन की बात हफ़ीज़ ताड़ न जायें, इसलिए उसने उनसे पूछा कि जालन्धर से लाहौर आने पर तो उन्हें काफ़ी संघर्ष करना पड़ा होगा और हफ़ीज़ अपने संघर्ष के किस्से सुनाने लगे। अन्त में बोले, "मैं ख़ुशबख़्त हूँ कि मुझे सर अब्दुल कादिर जैसे कद्रदान सरपरस्त मिले गये, जिनकी बदौलत बड़े-बड़े दरबारों में मेरी रसाई[१] हो गयी, लेकिन फ़ारसी-ज़दा उर्दू के मुकाबले में जो आसान ज़बान मैं लिखता हूँ, उसे मनवाने के लिए तो अभी तक मुझे लड़ाइयाँ लड़नी पड़ती हैं।"

चेतन ज़्यादा नहीं खाता था, लेकिन हफ़ीज़ उससे भी कम खाते थे। बहुत जल्दी ही वे उठ गये। हाथ धोते हुए उन्होंने पूछा कि उसे मछली का सालन क्या अच्छा नहीं लगा ? तब चेतन ने बहाना कर दिया कि उसमें ज़रा मिर्च ज़्यादा थी और वह मिर्च बिलकुल नहीं खाता।

---

१. पहुँच

जब चेतन हाथ धो चुका तो वे उसे डाइनिंग-रूम के साथ ही एक छोटे-से कमरे में ले गये, जो उनकी स्टडी थी — कीमती सामान से सजी और बड़ी आरामदेह! उसमें एक पलँग भी था, जिस पर रेशमी बिस्तर बिछा था और रंग-बिरंगी रेशमी दुलाई रखी थी। इस पलँग के साथ एक छोटी-सी ढक्कनदार राइटिंग टेबल थी। उसका ढक्कन उठा हुआ था और उसके ख़ानों में काग़ज़-पत्र पड़े थे। पलँग के सिरहाने एक रैक में किताबें करीने से लगी थी। पायँते की ओर दीवार में ख़ूबसूरत दीवार-घड़ी लगी थी। हफ़ीज़ जूते उतार, पलँग पर जा बैठे, दुलाई उन्होंने घुटनों पर ले ली और चेतन को बताने लगे कि अपनी तमाम रचनाएँ उन्होंने उसी पलँग पर बैठ कर या लेट कर की हैं। मेज़ उन्होंने ऐसी बनवायी है, कि पलँग पर बैठे-बैठे, वे उससे काम ले सकें।

चेतन ने एक नज़र स्टडी पर डाली! यह ड्रॉइंग-रूम की अपेक्षा ज़्यादा शानदार ढंग से सजी हुई थी। 'शायद हफ़ीज़ साहब अपने मित्र-परिचितों को यहीं बुला लेते हैं,' चेतन ने सोचा। उस क्षण वे फिर उसे बाज़ार शेख़ाँ के ऐसे टोपी-फ़रोश लगे, जिसके पास पैसा आ गया हो, लेकिन जिसे कुर्सी-मेज़ पर बैठने में उलझन होती हो....लेकिन चेतन को यह छोटी-सी कोज़ी स्टडी पसन्द आयी। साथ ही, उड़ता हुआ-सा यह ख़याल भी उसके मन में आया कि हफ़ीज़ वैसे ही गीत लिखते रहते तो इतना बड़ा बँगला और ऐसी आरामदेह स्टडी उन्हें कैसे मयस्सर होती....'शाहनामा-ए-इस्लाम' और मुसलमान नवाबों के अनुदान ही उन्हें यह सब दिलवा सकते थे।

तभी हफ़ीज़ साहब ने दुलाई घुटनों पर ओढ़ ली, बग़ल के नीचे तकिया ले कर अध-लेटे हो गये और उन्होंने चेतन को भी बैठने के लिए कहा।

चेतन पाँयते पर बैठ गया। वह सोसाइटी के बारे में बात करना चाहता था, पर सोसाइटी की बात करने के बदले उसने कहा — "हफ़ीज़ साहब, अगर आप इसे मेरी गुस्ताख़ी न समझें तो मैं एक छोटी-सी अर्ज़ करना चाहता हूँ।"

उन्होंने प्रश्न में आँखें उठा दीं।

"मेरी बड़ी आरज़ू है," चेतन ने कहा, "कि आपके मुँह से आपका कलाम सुनूँ। कोई छोटा-सा गीत भी आप सुना देंगे तो मैं बेहद मशकूर हूँगा।"

हफ़ीज़ साहब ने कुछ कहा नहीं। वे अपनी उसी विशिष्टता से मुस्कराये, जिससे उनकी नाक, बायें गाल और माथे पर झुर्रियाँ बन गयीं; मेज़ पर से उन्होंने एक कापी उठायी और बोले : "एक छोटा-सा गीत सुनो और समझने की कोशिश करो! यह हफ़ीज़ का ख़ास रंग है, जिसे उसने बरसों की काविश के बाद इख़्तियार किया है :

"बस
दर्शन दर्शन मेरा
माली लाख करे रखवाली
भँवरा गूँजे डाली-डाली
फूल-फूल पर डेरा
बस
दर्शन दर्शन मेरा

हर कोई है कैद क़फ़स[1] में
बुलबुल रंग में, मक्खी रस में
अपना मन है अपने बस में
जोगी वाला फेरा
बस
दर्शन दर्शन मेरा
जिस हिरदे में श्याम बिराजे
जिस गोकुल में मुरली बाजे
साधू करे बसेरा
बस
दर्शन दर्शन मेरा''

हफ़ीज़ की आवाज़ में जादू था, गीत की ज़बान निहायत आसान थी। लेकिन गीत गाते हुए वे अपने विशिष ढंग से मुस्कराये, जिससे चेतन को ख़ासी कोफ़्त हुई, उसका ध्यान भटक गया और उसके पल्ले कुछ नहीं पड़ा। इसके बावजूद उनकी आवाज़ के जादू ने उसको अपने से बाँध लिया और वह अभिभूत सुनता रहा। उन्होंने गीत ख़त्म कर दिया तो पहले उसके जी में आयी कि गीत का मतलब पूछे, लेकिन वे उसे कमफ़हम या कोर-ज़ौक न समझें, इस डर से वह चुप रहा। उसने गीत की सादगी और पुरकारी, प्रवाह और गहराई की प्रशंसा की। उनसे दोबारा सुन कर अपनी डायरी में गीत लिखा और उस 'देरीना आरज़ू'[2] को पूरा करने के लिए उसका बहुत-बहुत शुक्रिया अदा किया।

और तब पण्डित रत्न, सूफ़ी हनुमान प्रसाद और पण्डित 'अख़्तर' के हवाले से (चेतन ने उनका नाम भी अपने सरपरस्तों में शामिल कर लिया था) बातों का रुख़ सोसाइटी की ओर मोड़ कर, उसने चाहा कि इस सिलसिले में वे उसकी मदद करें।

"मेरी मदद तो यही है," हफ़ीज़ साहब ने कहा, "कि तुम जब कोई मुशायरा करो तो हमवतन होने के नाते, मैं तुमसे बिना एक भी पैसा लिये, तुम्हारे मुशायरे में अपनी नज़्म पढ़ दूँ। किसी भी लोकल मुशायरे में बिना सौ रुपये पेशगी धराये, मैं नहीं जाता, लेकिन तुम मेरे वतन के हो, मेरे अज़ीज दोस्त और मेहरबान, पण्डित अख़्तर की चिट्ठी लाये हो, जब भी तुम कोई मजलिस रखोगे और मुझे, पहले से इत्तला दे दोगे, मैं आ जाऊँगा। — और क्या मदद चाहते हो ?"

"आपका बहुत-बहुत शुक्रिया," चेतन ने कहा, "आप पर मेरा हक भी है और आप से मुझे इसकी उम्मीद भी थी, लेकिन इतने ख़ान साहब, ख़ान बहादुर, राजा और नवाब आपके दोस्त हैं, दो-चार से भी अगर आप सोसाइटी का ज़िक्र कर देंगे और वे सोसाइटी को अपनी सरपरस्ती में ले लेंगे तो यह सोसाइटी चल निकलेगी।"

हफ़ीज़ फिर अपने विशिष्ट ढंग से मुस्कराये और बोले, "यह भी हो जायेगा, तुम आते रहो, मिलते-मिलाते रहो, सबसे तुम्हारी मुलाकात करा देंगे।"

---

१. पिंजरा, जेल
२. पुरानी इच्छा

सहसा चेतन का ध्यान दीवार-घड़ी की ओर चला गया। बहुत देर हो गयी थी। अन्तिम बस जाने में दस-एक मिनट रह गये थे। उसने उस पुरलुत्फ़ मुलाकात के लिए उनका बहुत-बहुत शुक्रिया अदा किया और उनसे रुख़सत ले कर, लगभग भागता हुआ बस के अड्डे पर पहुँच था।

o

"अरे चेतन! कब से बैठे हो यहाँ ?"

'मंजरी' का अंक उसकी गोद में खुला पड़ा था और चेतन अपने उस वतनी — 'फ़िरदौसी-ए-इस्लाम' — के साथ होने वाली अपनी मुलाकात में खो गया था।

जब हफ़ीज़ साहब ने उसे खाने पर बुलाया था तो चेतन सोचता था कि वे उसकी सोसाइटी के मेम्बर तो बन जायेंगे, लेकिन (जिस तरह वे अपने काव्य के बारे में बात करने को उत्सुक थे) चेतन को लगा था कि वे अपने फ़न की तारीफ़ में उसे कुछ लिखने को भी कहेंगे। हफ़ीज़ उसकी सोसाइटी के मेम्बर नहीं बने थे और न उन्होंने उससे कोई लेख-वेख लिखने को ही कहा था। प्रकट ही वे अनुभवी खिलाड़ी थे और ओछा निशाना नहीं लगाना चाहते थे कि गोली भी नष्ट हो और पंछी भी उड़ जाय। वे उससे काम लेंगे ज़रूर (चेतन को विश्वास था) और उसकी मदद भी करेंगे, पर इसके लिए उसे पाँच-सात बार मॉडल टाउन जाना पड़ेगा।

वह यही सब सोच रहा था, जब चातक जी की आवाज़ उसे सुनायी दी। वह चौंका, उठा और उसने उन्हें 'नमस्कार' किया।

"नमस्कार नमस्कार!" कहते हुए चातक जी उसके पास आ गये और उन्होंने उसे बाँह में ले कर फिर वही सवाल दोहराया कि उसे प्रतीक्षा करते देर तो नहीं हुई।

"पन्द्रह-बीस मिनट ही हुए हैं।" चेतन ने हँस कर कहा, "मेरी ग़लती है, मुझे रास्ते में आपके घर होते आना चाहिए था।"

"जाने भाई, तुम हमसे क्यों इतने नाराज़ हो," उन्होंने उसे कुर्सी पर बैठाते और घूम कर मेज़ के पीछे अपनी कुर्सी पर बैठते हुए कहा, "एक युग बीत गया तुम्हारी सूरत देखे। दो-तीन बार तुम्हारी तरफ़ गये भी, लेकिन हर बार दरवाज़ा बन्द मिला। कहाँ रहते हो इन दिनों, कहीं नया काम लग गया क्या ?"

"मकान हमने बदल लिया है," चेतन ने कहा,"और काम तो ऐसा लगा है कि फ़ुर्सत एक पल की नहीं और आमदनी एक पाई की नहीं।"

"क्या मतलब ?" चातक जी ने प्रश्न में आँखें उठायीं।

"अब आपको क्या बताऊँ," चेतन ने फिर कुछ हँस कर कहा, "एक सोसाइटी खोली है — सोसाइटी फ़ॉर यू एण्ड मी — लेकिन जिन लोगों के लिए खोली है, उनके पास पैसा नहीं और जिनके पास पैसा है, उन्हें सोसाइटी की ज़रूरत नहीं।"

और चेतन ने संस्था के बारे में शुरू से ले कर सारी बातें चातक जी को बतायीं और उन्हें संस्था का परिपत्र दिया।

चातक जी कुछ क्षण उसे ध्यान से पढ़ने का उपक्रम-सा करते रहे, लेकिन वे मैट्रिक के आगे पढ़े नहीं थे और पण्डित रत्न ने, पढ़ने वालों पर रोब डालने के लिए, ख़ासी क्लिष्ट

अंग्रेज़ी में सोसाइटी का ब्रोशर लिखा था।

प्रकट ही चातक जी के पल्ले कुछ ज़्यादा नहीं पड़ा। बायें हाथ से ब्रोशर को मेज़ पर रखते और दायें से बालों की लट को पीछे हटाते हुए उन्होंने कहा, "बहुत अच्छे उद्देश्य हैं; हमसे जो हो सकेगा; तुम्हारी मदद करेंगे!" वे क्षण भर रुके। फिर उन्होंने कहा, "लेकिन यह तुमने अंग्रेज़ी में परिपत्र क्यों छापा ? अब तुम हिन्दी में आ गये हो, तुम्हें हिन्दी में छापना चाहिए था।"

"लेकिन लाहौर हिन्दी वालों का नगर नहीं है।" चेतन हँसा, "यहाँ अंग्रेज़ी और उर्दू का बोल-बाला है। हिन्दी में छापते, तो बहुत कम लोगों तक पहुँच पाते। मेरे दोस्तों में ज़्यादातर उर्दू वाले हैं, मैं चाहता हूँ कि जो संस्था मैं कायम करूँ, उसमें हिन्दी-उर्दू, दोनों के साहित्यकार और पत्रकार आयें!"

"तब तुम उर्दू और हिन्दी —दोनों में छाप देते!" चातक जी ने कहा।

"लेकिन जो धन से सोसाइटी की मदद कर सकते हैं, उन पर अंग्रेज़ी ही का रोब पड़ता है। अब महात्मा गाँधी हिन्दी-हिन्दुस्तानी को सारे देश की भाषा कहते हैं। ख़ुद भी उसी भाषा में भाषण देते हैं, लेकिन ज़रूरत पड़ने पर अंग्रेज़ी में लिखते हैं, अंग्रेज़ी भाषा में पत्र-व्यवहार भी करते हैं।"

चेतन क्षण भर रुका। फिर बोला, "हमें तो दरअसल सब काम पंजाबी में करना चाहिए। लेकिन पंजाबी को यहाँ कोई पूछता नहीं। एक भी काम की पत्रिका पंजाबी में नहीं निकलती। यहाँ मुसलमान बोलते पंजाबी हैं, लिखते उर्दू में हैं। हिन्दू भी पंजाबी बोलते हैं; कॉलेज में पढ़े हों तो ज़्यादातर अंग्रेज़ी में लिखते हैं, बाकी अक्सर उर्दू में और बहुत कम हिन्दी में। इसलिए यहाँ ज़्यादातर काम अंग्रेज़ी में होता है।" वह क्षण भर रुका, फिर बोला, "मैं आपको ब्रोशर की सब बातें हिन्दी में समझा देता हूँ।"

और मेज़ में ब्रोशर उठा कर चेतन पढ़ने लगा।

चातक जी ने हाथ बढ़ा कर उसे रोक दिया, "मैं समझ गया हूँ।" उन्होंने कहा, "मैं तुम्हारी सोसाइटी का सदस्य बन जाता हूँ।" और उन्होंने जेब से बटुआ निकल कर, पाँच रुपये का नोट उसकी ओर बढ़ा दिया।

चेतन ने धन्यवाद देते हुए रसीद काटी। वह जानता था कि चातक जी ने सोसाइटी के उद्देश्य वग़ैरह नहीं पढ़े। सिर्फ़ सदस्यता वाला पृष्ठ पढ़ा है और चन्दा दे दिया है। इसलिए बात-बात में चेतन ने उन्हें सोसाइटी के उद्देश्य विस्तार से बताये और उनसे कहा कि जब वह मुशायरा रखेगा; उन्हें आना पड़ेगा।

"भई, हमसे मुशायरे में तो न पढ़वाओ," चातक जी ने कहा, "हाँ, कभी किसी गोष्ठी-ओष्ठी मे बुलवाओ तो हम एक नहीं, दस कविताएँ सुना देंगे।"

"क्यों, मुशायरों से आप क्यों घबराते हैं ?" चेतन हँसा, "लाहौर के मुशायरों में तो इतनी भीड़ रहती है कि तिल धरने को जगह नहीं मिलती। जो शायर लाहौर के मुशायरों में चमक जाय, धन और यश के दरवाज़े उस पर खुल जाते हैं। हफ़ीज़ जालन्धरी को देखिए, मुशायरों ने उन्हें कहाँ-से-कहाँ पहुँचा दिया। आप शायद नहीं जानते, मेरे तो वतन के हैं, बचपन में ख़ुद अपने पिता के साथ टोपियाँ बनाया और बेचा करते थे। अब देखिए, मॉडल

टाउन में कोठी है, अपना प्रकाशन है, बड़े ठाठ से रहते हैं। उनकी छोटी-सी स्टडी कितनी सुन्दर और आरामदेह है, आप कल्पना नहीं कर सकते! मेरे मन में कई बार आया कि कभी मेरे पास पैसा आया तो मैं भी ऐसी ही स्टडी बनवाऊँगा। मैं अभी कल ही उनसे मिल कर आया हूँ।"

जैसे-जैसे चेतन हफ़ीज़ जालन्धरी के ठाठ का ज़िक्र करता गया, चातक जी की आँखें फैलती गयीं (उनके दिल में क्या उस तरह रहने की हसरत न होगी।) लेकिन जब चेतन ने बात ख़त्म की तो पल भर के लिए उन्होंने कोई उत्तर नहीं दिया। चुपचाप बैठे, होंटों पर जबान फेरते रहे। फिर माथे की सरकश लट को हाथ से हटाते हुए उदार भाव से कहा, "हाँ, हफ़ीज़ सुन्दर पढ़ते हैं।" फिर कुछ रुक कर बोले, "बुरा न मानो तो हमारे निकट, वे कवि नहीं, गलेबाज़ हैं।" वे फिर चुप हो गये। चेतन उनसे किसी उर्दू शायर पर किसी तरह के कमेण्ट की आशा नहीं रखता था। उसने हल्की-सी खीझ से कहा, "आपने उन्हें सुना है ?"

"हाँ, एक बार शुक्ला जी हमें एस०पी०एस०के० हॉल के एक मुशायरे में पकड़ कर ले गये थे," चातक जी बोले, "वहाँ हमने हफ़ीज़ को भी सुना। वास्तव में सराहना उन्हें काव्य के सौन्दर्य की नहीं, कण्ठ के माधुर्य की मिलती है। और मुशायरा हो या कवि सम्मेलन, श्रोताओं की भीड़ काव्य को नहीं, गाने को सुनने जाती है। हिन्दी में आजकल बच्चन का ज़ोर है। उसके काव्य में गहराई नहीं, बस गले का रस है, जो श्रोताओं को अपने साथ बहा ले जाता है। हमको भगवान के कण्ठ नहीं दिया, दिल की कविताएँ लिखते हैं और उन्हीं लोगों को सुनाते हैं, जिनके पास मात्र कान नहीं, दिल भी हो।"

और जैसे इस दलील से उन्होंने चेतन को निरुत्तर कर दिया हो, चातक जी के चेहरे पर एक दर्द-भरी आभा चमक आयी। चेतन चुपचाप उनकी ओर देखता रहा। उसने बच्चन को सुना नहीं था। चातक जी और शुक्ला जी, दोनों कहते थे कि बच्चन के कण्ठ में अपूर्व रस है। उसने बच्चन की कुछ रचनाएँ ज़रूर पढ़ी थीं। कम-से-कम चातक जी की कविताओं से उसे वे अच्छी लगी थीं। लेकिन चातक जी की इस बात में सच्चाई थी और वह अपने अनुभव से उसे जानता था कि मुशायरों में दाद गले ही की मिलती है और लाहौर के मुशायरों की भीड़ को झेलना, चातक जी जैसे 'सुकोमल' कवि के बस की बात न थी। पर उन्होंने बिना माँगे, उसे संस्था की सदस्यता के पाँच रुपये दे दिये थे; वह उन्हें नाराज़ नहीं करना चाहता था। कुछ सोच कर उसने कहा, "आप ठीक कहते हैं। मुशायरों में कण्ठ के सुरीलेपन ही की दाद मिलती है। पर यह भी सच है कि जहाँ कण्ठ के साथ काव्य में भी रस हो, वहाँ सोने में सुगन्ध मिल जाती है। हफ़ीज़ के बारे में यही सच है। जाने आपने एस०पी०एस०के० हॉल में हफ़ीज़ की कौन-सी ग़ज़ल सुनी और कितनी समझी। आपने पढ़ा होता तो आप जानते। मेरे पास गला नहीं है, वैसे ही आपको हफ़ीज़ के दो गीत सुनाता हूँ। देखिए, उनके काव्य में रस है या नहीं।"

और चेतन ने वहीं बैठे-बैठे, 'दिल है पराये बस में, और 'प्रीत का गीत' —हफ़ीज़ की दो नज़्में चातक जी को सुनायीं। वे लगातार कसमसाते रहे। कोई उर्दू कवि, हिन्दी कवि से बेहतर लिख सकता है, चातक जी को यह स्वीकार नहीं था। चाहते तो वे यही थे कि अपनी नयी कविता चेतन को सुना कर, न केवल उससे प्रशंसा पायें, वरन यह सिद्ध करें

कि वह हफ़ीज़ के गीतों की अपेक्षा कितनी उत्कृष्ट है, लेकिन चेतन ने इतने उत्साह से हफ़ीज़ की नज़्में सुनायी थीं, कि उनकी निन्दा करके वे उसे नाराज़ नहीं करना चाहते थे, इसलिए उन्होंने दबी ज़बान से माना है कि हाँ, हफ़ीज़ के गीतों में रस है, लेकिन इतना उन्होंने और जोड़ दिया कि यह रस हिन्दी ही का है। हिन्दी शब्दों के माधुर्य ने उर्दू शब्दों की रुक्षता में रस भर दिया है....

वे क्षण भर चुप रहे, लेकिन इतना कह कर वे सन्तुष्ट नहीं हुए। फिर बोले, "तुम्हें गीतों का रस देखना हो तो महादेवी के गीत पढ़ो। देखो, उनमें कितना माधुर्य, कितना संगीत और कितनी गहराई है।"

चेतन ने जैसे उनकी बात नहीं सुनी। वह अपनी हो रौ में बोलता गया, "मुझे हफ़ीज़ से एक ही शिकायत है," उसने इस तरह कहा, जैसे हफ़ीज़ उसके साथी और समवयस्क शायर हों और उनके साथ उसका रोज़ का उठना-बैठना हो, "वे बिक गये हैं और जो रास्ता और रहन-सहन उन्होंने अपनाया है, वह बिकते चले जाने का रास्ता है। उर्दू शायरों में तीन ही शायर हैं, जो इस देश में रह कर इस देश की बात करते है —इकबाल, हफ़ीज़ और अख़्तर शीरानी —इकबाल और हफ़ीज़ को सरकार और उसके नमकख़्वार नवाबों और ख़ान-बहादुरों और जजों ने अपने चंगुल में फाँस लिया है। अब इकबाल सारे देशवासियों को मुख़ातिब करने के बदले, सिर्फ़ मुसलमानों को मुख़ातिब करने लगे हैं और हफ़ीज़ 'शाहनामा-ए-इस्लाम' लिखने लगे हैं। रह गये अख़्तर शीरानी, सो उन्होंने अपने आप को शराब में डुबो दिया है।"

चेतन कुछ क्षण चुप रहा। उसके सामने अख़्तर शीरानी से अपनी मुलाकात घूम गयी। उसे लगा कि तासीर, मजीद मलिक और हफ़ीज़ —उन तीनों शायरों से मिल कर उसे वह सुख नहीं मिला, जो अकेले उस फक्कड़, लाउबाली, मस्त-अलस्त शायर से मिल कर हासिल हुआ था। यह ठीक है कि उन तीनों ने उसके साथ अच्छा व्यवहार किया था, पर चेतन को लगा, उस व्यवहार में फिर भी औपचारिकता थी, वह स्निग्ध अपनापा नहीं था, जो उस रिन्द के थोड़े-से साहचर्य में उसे मिला था। उसके सामने शराब के नशे में चूर, अख़्तर शीरानी की सूरत घूम गयी। उदास भाव से उसने कहा, "ग़ालिब ने ठीक कहा है :

दाम-ए-हर मौज में है, हल्क:ए-सद काम-ए-निहंग
देखें क्या गुज़रे है कतरे पे, गुहर होने छतक।"[१]

कुछ क्षण वह फिर चुप रहा। फिर धीरे-धीरे कहने लगा, "मैं हफ़ीज़ का रहन-सहन देख आया हूँ। हमारे देश में उस तरह का रहन-सहन महज़ अच्छी शायरी से सम्भव नहीं। हफ़ीज़ अगर 'शाहनामा-ए-इस्लाम' लिखने लगे हैं और मस्जिदों में जा कर पढ़ते हैं, तो इसलिए कि उस तरह रहने वाले के लिए दूसरा चारा नहीं।"

चातक जी को हफ़ीज़ से कोई ग़रज़ नहीं थी और चेतन ऐसे बात कर रहा था, जैसे चातक जी भी हफ़ीज़ की शायरी के प्रेमी हों। ज्योंही उसे इस बात का ख़याल आया, उसने कहा :

---

१. हर लहर के जाल में शत-शत मगरमच्छों के जबड़े खुले हैं; एक बूँद पर मोती होने तक न जाने क्या बीत जाय।

"मैंने महादेवी का कोई गीत नहीं पढ़ा। शुक्ला जी कह रहे थे कि वे बहुत मुश्किल लिखती हैं। आप सुनायेंगे या पढ़वायेंगे तो आभारी हूँगा।"

फिर बात का रुख़ बदल कर बोला, "मैं आपको बेकार बोर कर रहा हूँ। असल में, कल मैं हफ़ीज़ के यहाँ गया था। वहीं खाना खाया। वे मेरे वतन के हैं। मैं उनके काव्य का शैदाई हूँ, उन्हें बिकते-भटकते देख कर मुझे दुख हुआ। एक ग़रीब टोपी-फ़रोश इतना ऊँचा उठ गया, हफ़ीज़ इसी पर ख़ुश होंगे, लेकिन वे नहीं जानते कि वे कितना ऊँचा उठ सकते थे! पर छोड़िए इस किस्से को! आप हमारी संस्था के मेम्बर बन गये और आपने मुझे पूरे सहयोग का वचन दिया है, इसके लिए मैं आपका एहसानमन्द हूँ। मैं निश्चय ही सोसाइटी की एक स्पेशल गोष्ठी आपकी कविता सुनाने के लिए रखूँगा और उसमें हिन्दी-उर्दू, दोनों भाषाओं के पढ़े-लिखे लोगों को बुलावाऊँगा, लेकिन इस सिलसिले में आप मेरी थोड़ी-सी मदद कीजिए!"

चातक जी ने आँखें फैला दीं।

"बात यह है," चेतन ने कहा, "कि सोसाइटी का ख़र्च चलाने के लिए रुपये की ज़रूरत है। अदीब और साहित्यिक तो आम तौर पर खुक्ख होते हैं। आपने पाँच रुपये दिये, लेकिन नीरव जी, शुक्ला जी, करुण जी, कण्टक जी और दूसरे मित्रों में कोई इतना भी नहीं दे सकता। सोसाइटी को सफलता से चलाना है तो पाँच-दस ऐसे नाम चाहिएँ, जो कम-से-कम दस रुपये महीना दे कर सोसाइटी के सरपरस्त बन जायें।"

और चेतन ने बताया कि वह अब तक पचास रुपये इकट्ठे कर चुका है। तीन-चार सरपरस्त भी बना चुका है, लेकिन इतने से काम नहीं चलेगा। सोसाइटी को अच्छी चलाना है तो कम-से-कम सौ रुपये महीना आना चाहिए।

"मैंने यह तय किया है," उसने कहा, "कि जिस दिन सौ रुपया चन्दा हो गया, मैं उद्घाटन-समारोह करूँगा, सोसाइटी का दफ़्तर किराये पर ले लूँगा और काम चालू कर दूँगा। अब इसी सिलसिले में आप मेरी कुछ सहायता करें।"

चातक जी कुछ सोचते रहे। फिर बोले, "भाई, मैं इस शहर में नया-नया आया हूँ। बहुत लोगों को नहीं जानता। नागपाल बन्धु हैं, लेकिन यदि तुम्हारी संस्था ऐसी होती, जिसमें हिन्दी पाठ्यक्रम समिति के सदस्य होते तो पाँच-दस नहीं, बीस-बीस रुपया महीना वे परम उत्साह से देते, लेकिन केवल साहित्य-संगीत सम्बन्धी सांस्कृतिक आयोजनों के लिए वे कानी-कौड़ी नहीं देंगे। तो भी मैं शिव जी से बात करूँगा। कोशिश करूँगा कि वे सरपरस्त नहीं तो सदस्य अवश्य बन जायें।"

चातक जी कुछ क्षण चुप रहे और सोच की मुद्रा में, बायें हाथ की अनामिका से माथे पर लकीरें खींचते रहे। फिर सहसा बोले, "तुम वेदालंकार जी से क्यों नहीं मिलते। वे तो शहर से सभी बड़े लोगों में उठते-बैठते हैं। वे चाहें तो आसानी से दस सरपरस्त बनवा सकते हैं।"

"उनका नाम मेरे ज़ेहन में तो है," चेतन ने कहा, "लेकिन उनसे कुछ भी कहना मेरे बस का नहीं। वे बड़ी दून की लेते हैं और बड़ी ऊँचाई से बात करते हैं। आप साथ चलें और उनहें सहायता पर राज़ी पर दें तो मैं आपका आभार मानूँगा।"

"ठीक है, चलेंगे!" चातक जी ने कहा, "आजकल वे नीला गुम्बद वाले दफ़्तर के बदले, हमारे बराबर ही अपने 'विश्व साहित्य प्रकाशन' में बैठने लगे हैं। आ गये होंगे। चाहो तो अभी चल सकते हैं।"

"चलिए!" चेतन उठा।

चातक जी भी उठे। लेकिन कदम बढ़ाने से पहले, वहीं खड़े-खड़े उन्होंने स्वर को धीमा कर लगभग सरगोशी में कहा, "एक बात समझ लो! उनसे काम लेना हो तो उनको कोई ऊँचा पद देना होगा। कोई ऐसा पद, जिसका वे अपने मित्रों में बड़े गर्व से उल्लेख कर सकें। यह उनकी बहुत भारी कमज़ोरी है।"

"और उनकी इसी कमज़ोरी से मुझे चिढ़ होती है।" चेतन ने कहा।

"हाँ, चिढ़ तो होती है," चातक जी बोले, "पर उनसे काम लेना होगा तो उनकी इस उत्कण्ठा को आँच देनी होगी। उन्हें संस्था का प्रधान बना दो तो तुम्हें साथ लिये दस जगह घूमेंगे।"

"नहीं, मैं उन्हें प्रधान तो नहीं बना सकता।" चेतन ने कहा। कुछ क्षण दोनों मौन रहे। चातक जी फिर कुर्सी पर बैठ गये। चेतन भी बैठ गया। कुछ देर सोचता रहा। फिर बोला, "चलिए उठिए, मैंने सोच लिया है। हमारी संस्था के तीन विंग होंगे —एक साहित्य का, दूसरा संगीत का, तीसरा कला का। वेदालंकार जी को सोसाइटी के लिट्रेरी विंग का सभापति बनाया जा सकता है।"

"हाँ, यह ठीक है।" चातक जी भी उठे। लेकिन इससे पहले कि वे कदम बढ़ाते, सीढ़ियों पर किसी के तेज़-तेज़ चढ़ने की आवाज़ सुनायी दी। दूसरे क्षण उन्होंने देखा कि सूट-बूट पहने और हाथ में हैट लिये, श्री धर्मदेव वेदालंकार, सीढ़ियों की चौखट में खड़े हैं।

"नमस्कार वेदालंकार जी।" चातक जी ने कहा। चेतन भी ख़ामोशी से दोनों हाथ मस्तक पर ले गया।

"आपकी बड़ी उम्र है," चातक जी ने कहा, "हम आप ही की ओर आ रहे थे।"

"मेरे दाँत में दर्द है; घर जा रहा था कि बाज़ार से आपकी झलक मिली, ऊपर आ गया," वेदालंकार जी ने उनके 'नमस्कार' का जवाब दे कर अन्दर आते हुए कहा। फिर उन्होंने चेतन को पीठ पर तपाक से हाथ मारा, 'कहिए चेतन जी, क्या ख़बर है ?"

"इन्होंने तो भाई एक संस्था खोली है और ये आपसे कुछ मदद चाहते हैं," चातक जी ने वैसे ही खड़े-खड़े कहा।

"संस्था की बात फिर करेंगे," बेदालंकार जी बेसब्री से बोले, "इस वक्त तो आप मुझे कोई डेण्टिस्ट बताइए। मेरी ऊपर की दायीं दाढ़ में बेहद दर्द है। आज तो मुझसे काम भी नहीं हो सका। मैं थोड़ी देर पहले दफ़्तर आया था, और अब लौटा जा रहा हूँ। सोचा, घर जाने से पहले किसी डेण्टिस्ट को दिखा दूँ, दर्द बढ़ गया तो वहाँ टैप रोड पर तो इर्द-गिर्द कोई डॉक्टर नहीं।"

"हाँ, दाँत का दर्द बेहद कष्ट देता है," चातक जी ने कहा, "एक बार मेरे एक भाई के दाँत में दर्द हुआ। रात उन्होंने जैसे तड़पते काटी, मैं ही जानता हूँ। लेकिन किस डेण्टिस्ट

का आपको पता दूँ, मैं इस शहर में नया आया हूँ। आप तो...."

"मुझे इस वक्त कुछ भी नहीं सूझता," उन्हें जैसे बोलने से दर्द उठा और उन्होंने हाथ जबड़े पर रख लिया।

चेतन सोसाइटी की बात एकदम भूल गया। आगे बढ़ कर उसने कहा, "आप परेशान क्यों होते हैं। मेरे भाई बहुत अच्छे डेण्टिस्ट हैं। आप तो जानते हैं, बाइबल सोसाइटी के सामने उनका क्लिनिक है। मैं आपको वहाँ ले चलता हूँ। वे आपका बढ़िया इलाज कर देंगे। खोड़-वोड़ होगी, भर देंगे —सीमेण्ट या चाँदी, जिससे आप चाहें —निकालने की ज़रूरत होगी तो इंजेक्शन दे कर निकाल देंगे।"

"मैं माल रोड के किसी डेण्टिस्ट के यहाँ जाना चाहता था," वेदालंकार जी ने ऊँचाई से कहा।

लेकिन चेतन इतनी आसानी से उन्हें छोड़ने वाला नहीं था। कैसे माल रोड के डेण्टिस्टों के मारे हुए मरीज़ उसके भाई के पास आते और शफ़ा पाते हैं; कैसे वे बारीक-से-बारीक किरचें, किसी तकलीफ़ के बिना, निकाल देते हैं; कैसे उनके लगाये हुए सेट यूँ फ़िट बैठते हैं कि नकली-असली का फ़र्क पता नहीं चलता....

वह दस-पन्द्रह मिनट तक धाराप्रवाह अपने अपने भाई के कौशल की प्रशंसा करता रहा, यहाँ तक कि वेदालंकार जी ने हथियार डाल दिये।

☒☒☒

सातवाँ खण्ड

छब्बीस

"भाई साहब, ये हमारे मित्र हैं, श्री धर्मदेव वेदालंकार।" चेतन ने वेदालंकार जी के साथ दुकान में दाख़िल होते हुए कहा।

चेतन के बड़े भाई, डॉ० रामानन्द, बाहर वेटिंग-रूम में, पार्टीशन के साथ कोने में लगी मेज़ पर बैठे, एक जासूसी उपन्यास पढ़ रहे थे। सामने लगी चिक में से उन्होंने चेतन को वेदालंकार के साथ आते हुए देखा था तो उपन्यास एक ओर रख कर एक डेण्टल मैगज़ीन उठा ली थी और जब चेतन वेदालंकार जी के साथ दुकान में दाख़िल हुआ था तो भाई साहब, जैसे दुनिया की सुध-बुध भुला कर, उसके पारायण में तल्लीन थे। चेतन की आवाज़ सुनते ही वे जैसे चौंके, अपनी जगह उठे और वेदालंकार जी की ओर हाथ बढ़ाते हुए अस्फुट स्वर में उन्होंने डॉक्टरों वाली अदा से अंग्रेज़ी में कहा, "ग्लैड टू मीट यू।"

"वेदालंकार जी हिन्दी के प्रसिद्ध कथाकार हैं," चेतन ने सोत्साह आगे बढ़ कर कहा, "आपने तो इनकी कहानियाँ 'विशाल भारत' में पढ़ रखी हैं," और वेदालंकार जी की ओर मुड़ कर बोला, "भाई साहब को साहित्य का बहुत शौक है, कोई उपन्यास-कहानी बस हाथ लग भर जाय, ख़त्म किये बिना नहीं छोड़ते।" फिर भाई साहब की ओर मुड़ कर उसने बताया, "आप शायद नहीं जानते, वेदालंकार जी की कई पुस्तकें कोर्स में पढ़ायी जाती हैं। अभी इन्होंने विश्व-साहित्य के प्रकाशन की योजना बनायी है और ये प्रसिद्ध पश्चिमी कथाकारों की कहानियों का ख़ुद अनुवाद करके, प्रकाशित करने जा रहे हैं...."

भाई साहब ने तपाक से वेदालंकार जी से हाथ मिलाया और अंग्रेज़ी में बोले, "वेल, ह्वॉट कैन आई डू फ़ॉर यू ?"

चेतन मन-ही-मन भाई साहब की इस अदा पर बहुत प्रसन्न हुआ। उसने नये आने वाले सभ्य ओर सुशिक्षित रोगियों से इस तरह बात करना, उन्हें लगातार प्रैक्टिस से सिखाया था। इससे पहले कि वेदालंकार कुछ कहते, चेतन बोला "इनकी दाढ़ में दो-तीन से बहुत दर्द है। आप ज़रा चल कर देखिए, कोई खोड़-वोड़ हो तो सीमेण्ट या चाँदी से, जैसे भी ये कहें, भर दीजिए और निकालनी हो तो निकाल दीजिए।"

भाई साहब उनका हाथ छोड़ कर अन्दर की ओर बढ़े — "आइए!" उन्होंने कहा और उन्हें अपने पीछे आने का इशारा किया।

०

वेदालंकार जी को ले कर, चेतन पार्टीशन के पीछे गया। दुकान के इस हिस्से में, बीचों-बीच एक नये डिज़ाइन की, घूमने और ऊपर-नीचे होने वाली विलायती डेण्टल चेयर[१] रखी थी।

---

१. दाँत के मरीज़ों की कुर्सी

उसी में स्पिटून[1] लगा था, जिसके अन्दर दो पतली नालियों से हर वक्त पानी बहता रहता था कि थूक एक सेकेण्ड के लिए स्पिटून में न रहे और बह जाय। इसके साथ, ज़रा ऊपर को, गिलास-स्टैण्ड बना था, जिसके ऊपर पतली-सी गोल ऊँची नली लगी थी। गिलास ख़ाली हो तो एक छोटा-सा सुन्दर गोल स्क्रू घुमाने पर पतली, तेज़ धार गिलास को पलक झपकते भर देती थी — यह वही कुर्सी थी, जो चन्दा के गहने बेच कर, पुरानी की जगह ख़रीदी गयी थी। उसके साथ ही डेण्टल इंजिन पड़ा था (यह भी चन्दा के गहनों की बदौलत आया था।) बायीं दीवार में रैक-नुमा ऊँची मेज़ थी, जिस पर मोटा शीशा लगा था। रैक के ख़ानों में विभिन्न औज़ार पड़े थे। दोनों दराज़ों में तरह-तरह के जम्बूर थे। मेज़ की बायीं ओर, पार्टीशन के साथ, आगे-पीछे होने वाली कमानीदार फ़िटिंग में सौ पावर का सफ़ेद बल्ब लगा था। ज़रा-सा खींचने पर मरीज़ के मुँह के पास लाया जा सकता था और ज़रा-सा पीछे धकेलने पर अपने आप सिमट जाता था।

"बैठिए!" भाई साहब ने कुर्सी की ओर इशारा किया।

वेदालंकार जी कुर्सी पर बैठ गये। हालाँकि उन्हें ज़रूरत नहीं थी, लेकिन चेतन ने सहारा दे कर उन्हें कुर्सी पर बैठाया और ख़ुद किसी बुज़ुर्ग, ख़ुशामदी क्लर्क की तरह सामने खड़ा हो गया, जो अपने बॉस के लड़के का इलाज कराने आया हो।

भाई साहब ने बड़ी तत्परता से कुर्सी के नीचे लगे खटके को एक पैर से दबाया और कुर्सी को ऊँचा-नीचा करके, वेदालंकार जी के क़द के मुताबिक उसे ऐसी स्थिति में फ़िक्स किया, जिससे कि वे आसानी से उनके दाँतों का निरीक्षण कर सकें। फिर उन्होंने कुर्सी की पीठ पर लगे गद्दीदार हेड-रेस्ट को ऊँचा-नीचा, इधर-उधर करके ऐसी स्थिति में सेट किया, जिसमें वेदालंकार जी के सिर को आराम मिल सके। तब उन्होंने स्पिटून पर रखे गिलास में थोड़ी-सी लाल दवा छोड़ी और स्क्रू घुमा कर गिलास भर दिया — सब तरफ़ से निश्चिन्त हो कर, उन्होंने वेदालंकार जी से कहा कि सिर पीछे टिका लें और मुँह खोलें। वेदालंकार जी ने मुँह खोला तो भाई साहब ने मेज़ पर से माउथ-मिरर उठाया, उसे दायें हाथ में लिये हुए ही, बिजली के बल्ब को खींच कर आगे किया और उस छोटे-से शीशे को दर्द वाली दाढ़ के नीचे कर उसे ध्यान से देखा। फिर बायें हाथ में मिरर का हैण्डल थाम, दायें हाथ से डेण्टल प्रोब ले कर, खोड़ वाली दाढ़ का निरीक्षण किया। प्रोब की छोटी-सी, टेढ़ी नोक के छूते ही वेदालंकार जी सहसा बिलबिला उठे।

"भाई साहब, धीरे," चेतन ने कहा।

भाई साहब ने उसकी ओर ध्यान नहीं दिया और वेदालंकार जी को कुल्ला करने की हिदायत दी। वेदालंकार जी ने कुल्ला किया तो भाई साहब ने उनका सिर पीछे टिका दिया। माउथ-मिरर की मदद से उन्होंने डैण्टल प्रोब फिर खोड़ में डाला। औज़ार की नोक खोड़ के अन्दर पूरी गयी भी न होगी कि वेदालंकार जी फिर बिलबिला उठे।

"भाई साहब, ज़रा धीरे," अबके चेतन ने किंचित सख़्ती से कहा।

खीझ कर भाई साहब ने अपने छोटे भाई की ओर देखा और हाथ खींच लिया, बल्ब पीछे कर दिया और सीधे हो कर फ़तवा दिया कि दाढ़ निकालनी पड़ेगी; खोड़ इतनी गहरी

१. थूकदानी

हो गयी है कि भरी नहीं जा सकती।

"पहला ज़माना होता," उन्होंने कहा, "तो ईथल क्लोराइड की स्प्रे से मसूढ़े को सुला कर दाढ़ निकाल देता, लेकिन स्प्रे का असर ज़्यादा देर नहीं रहता और दाढ़ टूट जाये तो किरचें निकालने में बहुत देर लगती है और पेशेण्ट को बहुत तकलीफ़ होती है। अब तो एक-दो इंजेक्शनों से पूरा मसूढ़ा सुला दिया जाता है और दर्द नहीं होता। हाँ, डॉक्टर अनाड़ी हो, दाढ़ टूट जाये तो दूसरी बात है।" भाई साहब ने बायें पैर पर दायाँ पैर ज़रा टेढ़ा करके टिका लिया ओर ऐसे मरीज़ का किस्सा सुनाने लगे, जिसकी दाढ़, माल रोड के डॉक्टर रामनाथ ने निकाली थी। एक छोटी-सी किरच वहाँ रह गयी; दाढ़ में पस पड़ गयी और मुँह सूज गया। सब तरफ़ से निराश हो कर वह उनके पास आया और उन्होंने जब वह किरच निकाल कर उसे दिखायी तो बड़ा हैरान और कृतज्ञ हुआ था।

"आप कल्पना नहीं कर सकते, कैसी बुरी हालत थी उसकी," चेतन ने रद्दा जमाया, "यह मुँह सूजा हुआ, (दोनों हाथों से बड़ा-सा गोला बनाते हुए चेतन ने बताया कि कितना सूजा हुआ था) बात उसके मुँह से निकलती नहीं थी। लेकिन भाई साहब ने बड़े आराम से उसकी किरच निकाल दी तो दो दिन में हँसता हुआ इनका शुक्रिया अदा करने आया!"

"ठीक है, आप इसे निकाल दीजिए!" वेदालंकार जी ने कहा।

भाई साहब इंजेक्शन की तैयारी करने लगे। वहीं कुर्सी के पास खड़ा-खड़ा चेतन सोचने लगा, भाई साहब आराम से उनकी दाढ़ निकाल दें तो वह उन्हें टैप रोड उनके घर छोड़ने जायेगा और वापसी पर चलते वक्त सोसाइटी की बात चलायेगा।

o

'मंजरी, कार्यालय से अपने भाई की दुकान तक, पूरी अनारकली पार करते हुए चेतन ने एक बार भी सोसाइटी की बात न की थी। दन्दानसाज़ी के क्षेत्र में अपने भाई की दक्षता के किस्से वह उन्हें लगातार सुनाता आया था। दुकान के बाहर लगे जहाज़ी बोर्ड पर 'डॉ॰ रामानन्द' के आगे लिखी हुई डिग्रियों — एल॰डी॰एस॰सी॰ (कराची), एम॰जी॰ओ॰ डब्लू॰एफ़॰, एडिनबरा (स्कॉटलैण्ट) — पर वेदालंकार जी की दृष्टि गयी तो उन्होंने हठात पूछा था कि डॉ॰ रामानन्द स्कॉटलैण्ड हो आये हैं ? चेतन उन्हें कैसे बताता कि वे लाहौर के बाद मियाँमीर तक नहीं गये और वे सब डिग्रियाँ नितान्त नकली हैं। कराची-वराची के नहीं, भाई साहब तो डॉ॰ सो सत्यप्रकाश डेण्टिस्ट, एल॰डी॰एस॰सी॰ के कॉलेज, ब-मुकाम जालन्धर शहर के डिग्री-याफ़्ता हैं और एम॰जी॰ओ॰डब्ल्यू॰एफ़॰ एडिनबरा (स्कॉटलैण्ड) कोई डिग्री नहीं, इसका मतलब इतना ही है कि वे एडिनबरा (स्कॉटलैण्ड) की उस सोसाइटी के मेम्बर हैं। लेकिन वह झूठ बोले, इसकी अपेक्षा चेतन ने ऐसे जताया, जैसे उसने उनकी बात न सुनी हो। तेज़-तेज़ दुकान की सीढ़ियाँ चढ़ कर उसने चिक उठा दी थी ओर किंचित बेसब्री से कहा था — "आइए, वेदालंकार जी!"....

o

भाई साहब ने स्पिरिट लैम्प पर सिरिंज ओर सुइयाँ उबाल ली थीं। एक सुई सिरिंज में लगा कर उसे मेज़ पर एक ओर रख लिया था और 'नोवोकेन' के एम्प्यूल की गर्दन काट रहे थे। अचानक एम्प्यूल की नोक कट कर सीमेण्ट के फ़र्श पर गिरी, उसकी आवाज़ से वह

चौंका :

"भाई साहब, वेदालंकार जी की दाढ़ ऐसे आराम से निकालिए कि इन्हें पता न चले।" उसने कहा।

"कोशिश तो यही करूँगा। आगे जो भगवान को मंज़ूर हो।" भाई साहब ने जवाब दिया; सिरिंज उठा कर उसमें दवा भरी; उसे एक ओर रख, मेज़ की दराज़ से तीन-चार तरह के जम्बूर निकाले, फिर उन्होंने वेदालंकार जी के ऊपर के होंट और दाँतों के बीच रुई के दो-एक मोटे फाहे रखे, सिरिंज उठायी। देखा कि सुई में हवा तो नहीं, इस प्रक्रिया में दवा की एक बहुत बारीक धार हवा में उड़ी। तब, जब वे वेदालंकार जी की दाढ़ के उपर तालू में इन्जेक्शन देने जा रहे थे, भाई साहब की नज़र चेतन पर गयी, जो दोनों टाँगें ज़रा-सी फैलाये, आलोचक की दृष्टि से उनकी हर गतिविधि का निरीक्षण कर रहा था। भाई साहब ने सुई वाला हाथ खींच लिया और सीधे खड़े होते हुए कहा :

"चेतन, तुम ज़रा बाहर बैठो!"

o

चेतन कुछ कहना चाहता था, लेकिन बिना एक भी शब्द कहे, वह बाहर आ कर काउच पर बैठ गया। तिपाई पर 'इलस्ट्रेटेड वीकली' का ताज़ा अंक पड़ा था। उसे उठा कर, अधलेटा हो, वह 'वीकली' के पन्ने पलटने लगा।

दो महीने पहले बिहार में ज़बरदस्त भूकम्प आया था। 'वीकली' में उसके बारे में एक सचित्र लेख छपा था। भूकम्प का प्रभाव, तीस हज़ार वर्ग मील में, लगभग डेढ़ करोड़ जनता पर पड़ा था। बीस हज़ार लोगों के प्राण गये थे, दस लाख के करीब घर नष्ट हो गये थे, या टूट-फूट गये थे और लगभग दस लाख बीघा खेती पर रेत छा गयी थी। इन ब्योरों के साथ जो चित्रावली छपी थी, उसके एक फ़ोटो में धरती बेतरह तड़क कर दो हिस्सों में बँट गयी दिखायी देती थी। चेतन हैरान-सा उस चित्र को देख लगा।

पिछले दो-ढाई महीनों से लाहौर में बेगिनती संस्थाएँ 'बिहार रिलीफ़ फ़ण्ड' के लिए चन्दा इकट्ठा कर रही थीं। इस बहाने लाहौर की सांस्कृतिक संस्थाओं ने नाटक किये थे, कंसर्ट किये थे, मुशायरे और संगीत-सम्मेलनों का आयोजन किया था और इस तरह, मनोरंजन के साथ-साथ, भूकम्प-पीड़ितों को यत्किंचित सहायता भी दी थी। भूचाल से बिहार भले ही तबाह हो गया हो और कांग्रेस, हिन्दू महासभा तथा अन्य संस्थाएँ भूकम्प-पीड़ितों की सहायता के लिए दिन-रात प्रयत्न कर रही हों, लेकिन चेतन ने देखा था कि लाहौर की कल्चरल सोसाइटियों के लिए यह भूकम्प, वरदान-सरीखा आया था और पिछले दो महीनों से इस सिलसिले में सांस्कृतिक सरगर्मियों की बाढ़-सी आ गयी थी।

....'वीकली' का लेख पढ़ कर, उन चित्रों को देखते हुए, इस बात का तकलीफ़देह एहसास चेतन को हुआ कि इकट्ठे किये जाने वाले धन का ज़्यादा हिस्सा लोगों की जेबों से निकल कर कंसर्टों में भाग लेने वाले कवियों, कलाकारों, संगीतज्ञों तथा संयोजकों द्वारा ख़र्च होगा और बहुत कम 'रिलीफ़ फ़ण्ड' में आयेगा....और चेतन के सामने 'पंजाब लिट्रेरी लीग' का फ़ंक्शन घूम गया, जिसमें चौधरी ने एक मुशायरे का आयोजन किया था और अपने धनी-मानी सदस्यों और सरपरस्तों को भी टिकट लेने पर बाध्य किया था। चेतन को भी

उन्होंने एक नज़्म पढ़ने के लिए आमन्त्रित किया था और आश्वासन दिया था कि ताँगे का किराया वे देंगे। उसके पास भूकम्प पर कोई कविता नहीं थी। उसने छोटे-से छन्द में — 'अफ़सोस ऐ ग़रीबी' —शीर्षक अपनी पुरानी नज़्म पढ़ दी थी। तीन घण्टे के प्रोग्राम में सिर्फ़ एक शायर ने 'बिहार का ज़लज़ला' शीर्षक से नज़्म पढ़ी थी, शेष सब ने वही इश्किया ग़ज़लें और नज़्में पढ़ी थीं —बल्कि गायी थीं और सभा में उपस्थित, उच्चवर्गीय श्रोताओं ने नितान्त भावनाहीन चेहरों से, फ़रमायशी दाद दी थी।....चेतन को वह फ़ंक्शन और उसमें तरन्नुम से पढ़ी जाने वाली ग़ज़लें और नज़्में, बे-वक्त की रागिनी जैसी हास्यास्पद लगी थीं।

'वीकली' का लेख पढ़ते हुए, चेतन को लगा कि उस विपत्ति का, जिससे पूरे देश को हिल जाना चाहिए था, ऊपर तथा नीचे के वर्गों पर कोई असर नहीं पड़ा। उनको उसकी भयावहता का एहसास भी नहीं। ऊँचे वर्ग की बात चेतन नहीं जानता था; शायद वैसी विपत्ति उनके लिए मनोरंजन का एक और बहाना भर जुटाती थी, लेकिन जहाँ तक निचले वर्ग की बात है, अपनी रोज़ी-रोटी और दैनन्दिन जीवन की समस्याओं से इतर, किसी समस्या के बारे में सोचने का, उसके पास न समय था, न एहसास....वहीं बैठे-बैठे चेतन ने तय किया कि वह कभी अपनी संस्था का कोई ऐसा फ़ंक्शन रखेगा तो 'लिट्रेरी लीग' की तरह किसी छोटे-से हॉल में नहीं, अव्वल तो ब्रैडलॉ हॉल, नहीं तो लाजपत राय हॉल जैसी खुली जगह करेगा; कवियों से अनुरोध करके समयानुकूल कविताएँ लिखवायेगा और चन्दा उस फ़ंक्शन के लिए चाहे वह बड़े लोगों से वसूल करे, लेकिन पढ़ने और सुनने वाले ऐसे बुलायेगा, जिनके पहलू में दिल धड़कता हो और जिनकी सम्वेदना मर न गयी हो....और वहीं काउच पर बैठा-बैठा, चेतन उस फंक्शन का सपना लेने लगा....लेकिन उसका सपना अभी पंख भी खोल नहीं पाया था कि अन्दर से एक अमानुषिक-सी चीख़ सुनायी दी।

चेतन लपक कर अन्दर गया। उसने देखा, भाई जम्बूर हाथ में लिये खड़े हैं, उनके माथे पर पसीना आ गया है और वेदालंकार जी स्पिटून में ख़ून थूक रहे हैं।

"क्या हुआ ?" चेतन ने कद्रे सख़्ती से पूछा।

"मैं कहता हूँ चेतन जी, मुझे आप माल...."

"आप तो बच्चों की तरह बीहेव कर रहे हैं," चेतन ने वेदालंकार जी को निहोरा देते हुए कहा। "दाढ़ की जड़ें आख़िर खोपड़ी तक गयी रहती हैं, कुछ तो दर्द होगा ही," और वह भाई साहब की ओर मुड़ा, "क्या बात है भाई साहब ?"

भाई साहब का मुँह लम्बा-सा निकल आया था। हाउस कोट की बाँह से माथे का पसीना पोंछते और कलाई का पिछला हिस्सा नाक की कोठी पर रगड़ते हुए, उन्होंने कहा, "कुछ बात नहीं, एक इंजेक्शन और देना पड़ेगा। मोलर की जड़ें काफ़ी ऊपर तक गयी हुई हैं, जवान दाढ़ है न...."

और अपनी बात अधूरी छोड़ कर, भाई साहब ने जम्बूर मेज़ पर रखा और दूसरे एम्प्यूल का सिरा काटने लगे। चेतन फिर बाहर आ कर काउच पर बैठ गया।

लेकिन उसका सपना फिर नहीं लौटा, क्योंकि सहसा उसके मन में संशय ने सिर उठाया और उसका मस्तिष्क दलदल-सरीखा हो गया : 'आज भाई साहब को क्या हो गया

है,' वह सोचने लगा, 'इन दो-ढाई वर्षों में न जाने उन्होंने कितने दाँत निकाले हैं, कभी किसी मरीज़ को तकलीफ़ नहीं हुई। हमेशा बड़े आराम से उन्होंने दाँत निकाल दिये हैं। आज क्यों उनसे एक दाढ़ नहीं निकल पायी ?' चेतन ने वेदालंकार जी से झूठ नहीं कहा था। सच ही भाई साहब ने माल रोड के डॉ० रामनाथ का एक बिगड़ा हुआ केस ठीक कर दिया था। जब अपना बेतरह सूजा हुआ मुँह लिये, मरीज़ आया था, चेतन दुकान पर ही था; लेकिन आज एक मामूली दाढ़ उन्हें परेशान कर रही थी। वह उठ कर अन्दर जाने की सोच ही रहा था कि फिर एक बेपनाह चीख़ सारे क्लिनिक में गूँज गयी — 'यह तो बाहर सड़क पर भी सुनायी दी होगी,' चेतन सशंकित हो कर उठा और लपक कर अन्दर गया।

भाई साहब बायें हाथ से वेदालंकार जी का माथा कुर्सी से दबाये, दायें से जम्बूर को खींचते हुए लटक गये थे और वेदालंकार जी कुर्सी की दोनों बाँहों को पकड़े, कण्ठ के न जाने किस भाग से चीख़ रहे थे। तभी उनके बायें हाथ से कुर्सी छूट गयी और दायाँ झटके से नीचे आ गया। उस झटके से जम्बूर दाढ़ से फिसल कर, निचले मसूढ़े में लग गया और वेदालंकार जी का मुँह ख़ून से भर गया। चेतन ने लपक कर लाल दवाई का गिलास फिर से भरा और उठा कर उनके हाथ में देते हुए कहा, "कुल्ला कर लीजिए और कुर्सी के बाज़ू मज़बूती से थामिए!"

भाई साहब ने वह जम्बूर रख कर दूसरा उठाया और फिर दाढ़ से लटक गये। दाढ़ निकली तो नहीं, थोड़ी-सी टूट कर जम्बूर में आ गयी। भाई साहब गिरते-गिरते बचे और वेदालंदार जी बेतरह बिलबिला उठे। वे इतने ज़ोर से चीख़ें की उनकी चीख़ बाइबल सोसाइटी तक सुनायी दी होगी। चेतन घबरा गया। कहीं बाज़ार वाले इकट्ठे न हो जायें, इस डर से वह जा कर बाहर का दरवाज़ा बन्द कर आया। वापस आया तो भाई साहब फिर दाढ़ से जूझ रहे थे। वेदालंकार जी का ही नहीं, उनका चेहरा भी विकृत हो आया था। उनके हाउस कोट की दोनों बाँहें चढ़ी हुई थीं। और वे जैसे उस बेशर्म दाढ़ को नेस्त-नाबूद करने के लिए कृत-संकल्प थे।

इसके बाद क्या हुआ, चेतन को याद नहीं। उसने यही देखा कि भाई साहब कभी एक जम्बूर उठाते हैं, कभी दूसरा। वेदालंकार बड़े थके-हारे भाव से कुल्ला करते हैं और उनको रोकने का कमज़ोर-सा प्रयास करते हैं। भाई साहब उनका हाथ परे करके बरबस दाढ़ खींचते हैं। कभी माउथ-मिरर को अन्दर डाल कर दाढ़ का निरीक्षण करते हैं; कभी फ़ोर्सेप्स में रुई का फाहा ले कर वह ज़गह साफ़ करते हैं; कभी ऊपर के होंट में नयी रुई भरते हैं....और उनके माथे से ही नहीं, पूरे बदन से पसीना चू रहा है।

"आख़िर बात क्या है भाई साहब ?" चेतन चिल्लाया।

भाई साहब ने अस्फुट स्वर में जो सफ़ाई दी, उसका यह मतलब था कि शायद वेदालंकार जी की दोनों दाढ़ों की जड़ें अन्दर से जुड़ी हुई हैं — लाखों में किसी एक के यहाँ ऐसा होता है — और जब तक दूसरी दाढ़ नहीं निकाली जायेगी, वह भी नहीं निकलेगी....और भाई साहब जम्बूर ले कर दूसरी दाढ़ पर पिल पड़े।

लेकिन पाँच-सात मिनट बाद उसका भी वही हश्र हुआ। एक-दो किरचों के सिवा भाई साहब के हाथ कुछ नहीं आया और इस प्रयास में वेदालंकार जी मुँह की ऐसी दुर्दशा

हो गयी कि वे चीख़ना-कराहना छोड़ कर, फफक-फफक कर रो पड़े।

उस सूट-बूट धारी स्नॉब को इस तरह रोते देख कर, चेतन को कुछ अजीब-सी दया आयी। भाई साहब जम्बूर ले कर फिर पिल पड़ने वाले थे कि चेतन ने बढ़ कर उनकी बाँह थाम ली और लगभग झिड़क कर कहा, "छोड़िए, आपसे नहीं होगा!" और उसने पानी का गिलास वेदालंकार जी को दिया कि वे कुल्ला करें और थोड़ी देर ऊपर परछत्ती पर चल कर आराम करें। वह उन्हें लाया है तो वही दूसरे डॉक्टर का प्रबन्ध भी करेगा।

वेदालंकार जी एकदम अशक्त हो गये थे। किसी तरह की प्रतिरोध शक्ति उनमें नहीं रही थी। जब चेतन ने उनका हाथ पकड़ा तो उसी तरह रोते और ख़ून से भरा रूमाल मुँह पर रखे, वे उसके साथ चल दिये। पार्टीशन के पीछे दुकान का जो छोटा-सा हिस्सा था, उसमें दायीं ओर लकड़ी का एक तंग ज़ीना, ऊपर परछत्ती को जाता था; बायीं ओर, पिछली दीवार के साथ, एक मेज़ लगी थी, जिस पर न जाने कितना प्लास्टर जमा था कि उसकी असली सूरत पहचान में न आती थी। मेज़ के पास एक स्टूल पड़ा था, जिसकी हालत मेज़ से भी गयी-बीती थी। उस पर एक समाचार-पत्र तहा कर रखा हुआ था। भाई साहब उसी पर बैठ कर प्लास्टर-मॉडल वग़ैरह तैयार करते थे और वह जगह ख़ासी गन्दी और अँधेरी थी।

वेदालंकार जी उस जगह से गुज़रे तो सख़्त तकलीफ़ के बावजूद उन्होंने बड़ी उपेक्षा से अंग्रेज़ी में चेतन से कहा —"आप मुझे कैसी गन्दी जगह ले आये हैं!"

चेतन ने तत्काल उनकी बात का जवाब नहीं दिया। "सीढ़ी ज़रा तंग है," उसने कहा, "ध्यान से चढ़िए।" और जब वेदालंकार जी चढ़ने लगे तो उन्हें सहारा देते और उनके पीछे चढ़ते हुए चेतन ने कहा, "दुकान की पिछली जगह में भाई साहब दाँतों के सेट वग़ैरह बनाते हैं —प्लास्टर का काम है, इसलिए जगह थोड़ी गन्दी हो जाती है।"

ऊपर परछत्ती पर पिछली दीवार के साथ पलँग बिछा था। गत दो-ढाई वर्षों में कई बार ऐसा हुआ कि रिहायश के लिए एक ही कमरा होने के कारण भाई साहब अथवा चेतन दुकान पर सोये —विशेषकर सर्दियों में। एक-दो बार ऐसा भी हुआ कि उन्होंने किराये का मकान छोड़ दिया और दुकान पर आ गये —पलँग पर भाई साहब सोते, चेतन नीचे लकड़ी के फ़र्श पर बिछे टाट पर बिस्तर लगा लेता। बाज़ार से एक चौकी ख़रीद कर उसने वहाँ रख ली थी, जिस पर वह लिखता-पढ़ता था। भाई साहब ने एक पड़ोसी दुकानदार से प्रबन्ध कर रखा था। पीछे गली में उसका गोदाम था, जहाँ एक ग़ुसलख़ाना और फ़्लश-लैट्रिन भी थी। वहीं दोनों भाई निबट-नहा लेते थे। सुबह हलवाई की दुकान से गिलास भर लस्सी पी कर, दोपहर को ढाबे से खाना खा लेते थे। इधर, जबसे वे कृष्णा गली में रहने लगे थे, भाई साहब कभी दोपहर को, लंच के बाद पाँच-दस मिनट को परछत्ती पर पीठ सीधी कर लेते। नीचे क्लिनिक की तरह ऊपर परछत्ती को भी रोज़ साफ़ किया जाता था और पलँग-पोश झाड़ कर पुनः बिछा दिया जाता था। चेतन ने वेदालंकार जी को इस तरह ले जा कर पलँग पर लिटा दिया, जैसे दूध-पीते बच्चे हों। तभी चेतन की नज़र भाई साहब पर गयी। वे उसके पीछे-पीछे ऊपर आ गये थे; चेहरा उनका फ़क हो गया था और परछत्ती के जँगले के पास सिर झुकाये, वे किं-कर्तव्य-विमूढ़-से खड़े थे।

वेदालंकार जी को सिर के नीचे कुछ असुविधा हो रही थी। चेतन ने पलँग-पोश के नीचे से तकिया निकाल कर ठीक से उनके सिर के नीचे रख दिया। उनके माथे पर पसीना बुरी तरह चुहचुहा आया था। वह अपने रूमाल से उनका माथा पोंछने लगा तो उस अशक्तावस्था में भी उन्होंने रूमाल वाला हाथ बरबस झटक दिया — "इतने गन्दे रूमाल से मेरा मुँह न पोंछिए!"

खिसिया कर चेतन ने रूमाल अपनी जेब में रख लिया और भाई साहब से कहा कि वे भाग कर नीचे से साफ़ नैपकिन लायें। भाई साहब बिजली की तेज़ी से नीचे गये। वे उन बड़े नैपकिनों में से एक ले आये, जो उन्होंने विशेष रूप से अपने रोगियों के लिए बनवाये थे। नैपकिन चेतन को देते हुए, (प्रकट ही वेदालंकार जी को सुनाने की ग़रज़ से) भाई साहब ने सफ़ाई दी कि नैपकिन बिलकुल धोबी-धुला है। यूँ भी वे एक पेशेण्ट का नैपकिन दूसरे पेशेण्ट को कभी नहीं देते।

भाई साहब की इस सफ़ाई पर, उस कठिन और दुखद परिस्थिति में भी, चेतन को मन-ही-मन हँसी आ गयी (जैसे इस सफ़ाई की अब कोई ज़रूरत रह गयी थी!) लेकिन उसने कुछ प्रकट नहीं होने दिया। चुपचाप भाई साहब से नैपकिन ले कर उसने वेदालंकार जी का माथा और मुँह पोंछा। तब वेदालंकार जी ने तड़फड़ा कर दो-तीन बार सिर पटका और शिकायत की कि वह तकिया तो एकदम पत्थर-ऐसा सख़्त है, उनकी गर्दन दुखने लगी है।

चेतन को उनकी तुनुक-मिज़ाजी पर बेहद ग़ुस्सा आया, लेकिन उसने सिर्फ़ इतना ही कहा कि अभी-अभी भरवाया है, रूई ज़रा ज़्यादा पड़ गयी है, सख़्त हो गया है, वे किसी तरह पाँच मिनट लेटें, फिर उन्हें दूसरे डॉक्टर के ले चलेंगे।....और चेतन भाई साहब को फिर ज़रा परे, जँगले के पास ले गया और उसने उनसे सरगोशी में पूछा कि अब क्या किया जाये ?

भाई साहब के हाथ-पाँव फूल गये। उनकी समझ में कुछ भी न आ रहा था। तब चेतन ने उन्हें समझाया कि माल के किसी डॉक्टर के जायेंगे तो पैसे भी ज़्यादा ख़र्च होंगे और बदनामी बहुत ज़्यादा होगी। बेहतर यही है कि वे लोग वेदालंकार जी को रेलवे रोड पर डॉक्टर लखनपाल के ले जायें। जालन्धर से अपने के बाद भाई साहब कुछ महीने उनके यहाँ काम भी सीख चुके हैं और एक तरह से डॉ० सत्यप्रकाश के बाद वे ही उनके गुरु हैं। "आप जा कर ताँगा ले आइए," उसने कहा, "वहाँ पहुँचने पर आप ताँगे से उतर कर पहले डॉक्टर लखनपाल से मिल लीजिएगा। उन्हें कॉन्फ़ीडेन्स में ले लीजिएगा। फिर मैं वेदालंकार जी को ले कर पहुँच जाऊँगा।"

भाई साहब चले गये तो चेतन वेदालंकार जी के सिरहाने आ कर बैठ गया। रोना तो उनका बन्द हो गया था, लेकिन उन्हें शायद बहुत दर्द था, तकिया उनकी गुद्दी में चुभता था। चेतन ने उन्हें समझाया कि उसने भाई साहब को ताँगा लाने भेजा है। पाँच-दस मिनट में वह उनको दूसरे डॉक्टर के ले जायेगा और सब कुछ ठीक हो जायेगा। वे घबरायें नहीं। और चेतन बड़ी तत्परता से उनका सिर दबाने लगा। तभी भाई साहब ने नीचे से आवाज़ दी कि ताँगा आ गया है। चेतन सहारा दे कर वेदालंकार जी को नीचे लाया — इस बात का उसने ख़ास ख़याल रखा कि उतरते समय ज़ीने से उनका पाँव न फिसल जाय। (दाढ़ें

तो उनकी ज़ख़्मी हो ही गयी हैं, कहीं अगले दाँत भी न टूट जायें) सहारा दिये-दिये, वह उन्हें दुकान के बाहर लाया। चलते-चलते भाई साहब के कान में उसने कहा कि वे कुछ रुपये साथ रख लें और लखनपाल को फ़ीस स्वयं दें।

भाई साहब ने आश्वासन दिया कि रुपये हैं। उन्होंने फ़ौरन दुकान बन्द की और बग़ल के दुकानदार से कहा कि वे घण्टे-आध घण्टे में आते हैं, कोई पेशेण्ट आये तो उसे बता दे। चेतन वेदालंकर जी के साथ पिछली सीट पर बैठ गया। भाई साहब लपक कर अगली सीट पर जा बैठे।

जब ताँगा अनारकली में बढ़ने लगा तो चेतन ने रोक दिया। वह डरा कि अनारकली में कोई परिचित मिल जायेगा और उन्हें सफ़ाई देनी पड़ेगी। यह भी हो सकता है कि वह वेदालंकार जी को किसी दूसरे डॉक्टर के ले जाय। उसने लगभग डाँटते हुए भाई साहब से कहा : "ताँगे वाले से कहिए, नीला गुम्बद की तरफ़ से, हस्पताल का राउण्ड ले कर चले। शाह आलमी से बायें मुड़ ले, वहीं तो डॉ॰ लखनपाल का क्लिनिक है। अनारकली में इस वक्त बहुत भीड़ होती है। ताँगा चींटी की चाल से चलेगा। कहीं ट्रैफ़िक जैम हो गया तो देर लग जायेगी। अब थोड़ा चक्कर तो पड़ेगा, लेकिन जल्दी पहुँचेंगे।"

ताँगा दायीं ओर को मुड़ा और नीला गुम्बद का पँचरस्ता पार कर, सरपट भागने लगा।

सत्ताइस

सौभाग्य से धर्मदेव जी की पत्नी अपने मायके गयी हुई थी। वेरामन की गोली चाय के साथ वेदालंकार जी को दे कर, उनके हल्के सूज आये दायें गाल पर ईंट का सेंक दे, उन्हें सूजी की पतली खीर खिला कर और आराम से सुला कर, जब चेतन उनके शयन-कक्ष से ड्रॉइंग-रूम में आया तो दीवार-घड़ी में साढ़े तीन बजे थे।

उसने किचन में जा कर नौकर को वेरामन की एक और गोली दी थी कि जागने पर वेदालंकार जी दर्द की शिकायत करें तो चाय या गर्म पानी के साथ उन्हें दे दे। फिर जैसा कि स्वयं उसने उन्हें सेंक दिया था, ईंट के टुकड़े को ख़ूब गर्म करके, पानी में डुबा कर तत्काल निकाल ले और साफ़ कपड़े में लपेट कर, उनके गाल और जबड़ों पर सेंक कर दे। यह सब समझा कर चेतन ने उसे भाई साहब की दुकान और अमृतधारा मुहल्ले वाले अपने नये मकान का पता दिया कि कोई पेचीदगी हो या तकलीफ़ बढ़ जाये तो फ़ौरन ख़बर करे।

यह कह कर वह सीढ़ियों की ओर बढ़ा था, लेकिन फिर रुक कर वहीं से उसने इतना और कहा कि वह सीधा दुकान जा रहा है, वहाँ से घर जायेगा, आज कहीं और नहीं निकलेगा, आधी रात हो तो भी वह घर पहुँच कर उसे जगा ले, वह आ जायेगा।

और यू वेदालंकार जी के नौकर को आश्वासन दे कर और बदले में स्वयं आश्वस्त

हो कर, चेतन सीढ़ियाँ उतरा था। मन-ही-मन उसने यही माना था कि वेदालंकार जी की दोनों दाढ़ें निकालने के बाद, डॉक्टर लखनपाल ने जो यकीन दिलाया था कि अब कोई किरच बाकी नहीं रह गयी है, वह सच हो और आगे कोई कॉम्प्लीकेशन न पैदा हो....चेतन यही सोचता हुआ अपने ध्यान में मग्न, सीढ़ियाँ उतर रहा था कि सहसा अन्तिम सीढ़ी से नीचे पैर रखते ही, कीचड़ और गोबर में लिथड़ी हुई चाबुक-सी उसकी कनपटी और माथे को छीलती चली गयी। वह चौंका और उछला। —वह भूल ही गया था कि नीचे, सीढ़ियों के पास ही, अधछते आँगन में मालिक-मकान, प्रोफ़ेसर दिलबहार सिंह की मरकही भैंस बँधी रहती है। उसके मरकहेपन के कारण ही उसके गले का रस्सा बहुत छोटा रखा गया था, लेकिन इस पर भी, जब वह दुम घुमाती थी तो वेदालंकार जी के फ़्लैट को जाने वाली सीढ़ियों तक मार करती थी। चेतन भैंस की ज़द से बाहर हो गया तो उसने माथे पर हाथ फेरा। उसका हाथ कीचड़ से लिथड़ गया। तब भैंस के पितरों के पितरों की माँ के साथ निकटतम सम्बन्ध स्थापित करते हुए, चेतन ने वही रूमाल निकाला, जिसकी गन्ध पर वेदालंकार जी ने नाक-भौं चढ़ायी थी और उससे माथे और कनपटी पर लगा कीचड़ पोंछने लगा।

वह अभी पूरी तरह चेहरा साफ़ न कर पाया था कि एक ज़ोर की 'ब-र्र-र्र-र्र' की आवाज़ आयी। वह फिर उछला। प्रोफ़ेसर दिलबहार सिंह के 'दुर्गे मोटे' की घोड़ी थी, जो तंग आँगन के एक ओर बँधी रहती थी और जब कोई पास से गुज़रता तो मुँह को ढीला छोड़ कर, अन्दर से कुछ ऐसे साँस छोड़ती थी कि उसके लटके होंटों से कुछ अजीब-सी 'ब-र्र-र्र-र्र' की आवाज़ निकलती थी, घोड़ी की दुम अथवा दुलत्ती की ज़द से दूर जाने के प्रयास में चेतन एकदम सतर्क हो गया था। और जब उस आँगन की तीसरी बाधा सामने आयी —याने प्रोफ़ेसर साहब के उस क्रैक सुपुत्र की प्यारी-दुलारी, छोटी-सी कुतिया (जो आँगन की ओर को खुलने वाले डेवढ़ी के दरवाज़े की इस ओर, बायें कोने में बँधी रहती थी) चेतन पर लपकी और ज़ंजीर से बँधी होने के कारण, बेतहाशा भूँकती हुई, पिछले पैरों पर तन गयी —तो वह न चौंका, न घबराया, बल्कि कन्नी काट कर उछलता हुआ डेवढ़ी में आ गया।

(कुछ समय पहले आज़ाद लाला के 'नौजवान प्रेस' का बेइन्तहा मोटा मशीन-कुली —दुर्गा मोटा —जो अपने तेल और मैल-सने नंगे बदन पर, सिर्फ़ एक लकीरदार मैला कच्छा पहने, प्रेस के बाहर कभी सड़क के किनारे पेशाब करता हुआ और कभी हाथी की तरह झूमता हुआ ढाबे पर जा कर चाय पीता दिखायी दे जाता था —एक फ़िल्म डायरेक्टर की नज़र में चढ़ जाने के कारण फ़िल्मों में चला गया था और दो फ़िल्मों में ही हीरो के नौकर की हास्य-भरी भूमिका निभाने के कारण उसका नाम पंजाब के बच्चे-बच्चे की ज़बान पर चढ़ गया था। चेतन जब चातक जी के साथ प्रोफ़ेसर दिलबहार सिंह के फ़्लैट पर गया था (मकान की पहली मंज़िल पर अगले हिस्से में वे रहते थे और पिछले में वेदालंकार। उनके फ़्लैट की सीढ़ियाँ डेवढ़ी से चढ़ती थीं। वेदालंकार जी की, आँगन की पिछले हिस्से से) तब चेतन ने पहली बार प्रोफ़ेसर साहब के उस गोरे-चिट्टे, हाथी-से बेटे को देखा था। वह एक बड़ी-सी —विशेषकर उसके लिए बनवायी गयी —आराम-कुर्सी पर (बैठा नहीं, क्योंकि बैठना अब उसके लिए दुष्कर हो गया था) बैठने की

स्थिति में लेटा हुआ था और उसके पैरों के नीचे एक चौकी पड़ी थी। तभी से चेतन उसे प्रोफ़ेसर दिलबहार सिंह का 'दुर्गा मोटा' कहने लगा था।)

डेवढ़ी पार कर, टैप रोड पर आते ही चेतन ने सबसे पहले कमेटी के नल पर अपना रूमाल अच्छी तरह धोया, निचोड़ा, फटका और उसे अपने कन्धे पर फैला लिया। इस दौरान उसका ध्यान आँगन के उस छोटे-से चिड़िया-घर के मोटे स्वामी की ओर चला गया और उसके पिता प्रोफ़ेसर दिलबहार सिंह के भाग्य पर उसे अफ़सोस हो आया।....ज्योतिष वग़ैरा में चेतन की उतनी आस्था नहीं थी। सेठ वीरभान की पत्री जब उसने भाई साहब को दिखायी थी तो उन्होंने कहा था — 'इस आदमी के भाग्य में सन्तान का सुख नहीं। यह किसी को गोद लेगा तो वह भी नहीं रहेगा।' चेतन को पूरा विश्वास था कि अगर वह प्रोफ़ेसर दिलबहार सिंह की पत्री भाई साहब को दिखाता तो वे कुछ ऐसी ही भविष्यदवाणी करते।....प्रोफ़ेसर साहब के कोई सन्तान न थी। उन्होंने अपने छोटे भाई के तीसरे बेटे को, पैदा होने के दूसरे ही महीने, गोद ले लिया था। बचपन में वह बेहद प्यारा, गोरा-चिट्टा, हँसमुख और चंचल बालक था। लेकिन ज्यों-ज्यों वह बड़ा होता गया, बेइख़्तियार मोटा होता गया। यहाँ तक कि चलने-फिरने से लाचार हो गया। प्रोफ़ेसर साहब ने उसके लिए घोड़ी ख़रीदी, पर अब वह घोड़ी पर भी न चढ़ पाता था और पैरों के नीचे ऊँची चौकी रखे, आरामकुर्सी पर बैठा — याने लेटा — रहता था। दिमाग़ से कमज़ोर और शरीर की बेपनाह मोटाई से बेबस, प्रोफ़ेसर दिलबहार सिंह का यह बेटा उन्हें क्या सुख देगा — चेतन ने सोचा और उसका मन उदास हो आया।

वह चुपचाप सिर झुकाये भाई साहब के क्लिनिक की ओर चल पड़ा।

०

प्रोफ़ेसर दिलबहार सिंह की बेचारगी से उसका ध्यान अपनी बेचारगी पर चला गया — आज वह किसका मुँह देख कर उठा था कि पंजाबी कहावत के अनुसार, जिनका मुँह देखना उसे पसन्द न था, उनके चूतड़ देखने पड़े।....उसका मतलब डॉ० लखनपाल और वेदालंकार जी से था। वह दोनों से सख़्त नफ़रत करता था; उसे एक की बेतुकी डींगें सुननी पड़ी थीं और, प्रकटतः परम भक्ति-भाव से, दूसरे की सेवा-शुश्रूषा करनी पड़ी थी।

उसकी आँखों में डॉक्टर लखनपाल की सूरत घूम गयी। — पैंतीस-चालीस की उम्र; मँझला कद; चौड़ा शरीर, चौड़ा मस्तक; ढीला-ढाला, कई दिन पहले का इस्त्री किया हुआ, गहरे भूरे रंग का सूट; नंगा सिर; रूखे खड़े-खड़े बाल और चेहरे पर एक स्थायी बेज़ारी का भाव।....जब उनका ताँगा डॉ० लखनपाल की दुकान के सामने रुका था तो चेतन ने देखा — डॉक्टर एस०एम० (सौभाग्य मल) लखनपाल अपने क्लिनिक के सड़क वाले चौड़े दरवाज़े के बीचों-बीच, ऊपर की पट्टी को दोनों हाथों से थामे, अँगड़ाई के पोज़ में तने, पेट बाहर निकाले, खड़े हैं। शायद वे थक गये थे अथवा यूँ ही अँगड़ाई ले रहे थे, लेकिन चेतन को उनका सरे-बाज़ार अपने क्लिनिक की चौखट में, यूँ हास्यास्पद ढंग से खड़े होना निहायत बुरा लगा था। उसने कनखियों से वेदालंकार जी की ओर देखा था — कहीं उनकी नज़र उस उजबक पर पड़ गयी तो वे बिदक न जायें! रास्ते भर वे अनुरोध करते आये थे कि वह उन्हें माल के किसी डॉक्टर के यहाँ ले जाये और चेतन उन्हें अपनी दोस्ती का वास्ता दिलाता हुआ, आश्वासन देता आया था कि वह उन्हें डेण्टल कॉलेज,

कराची के डिग्री-याफ़्ता डेण्टिस्ट के ले जायेगा और वे घबरायें नहीं। सौभाग्य से वेदालंकार दायें जबड़े पर हाथ रखे, सिर झुकाये बैठे थे। तब चेतन ने इत्मीनान से अगली सीट पर बैठे, अपने भाई को कोहनी से ठहोका दे कर चेताया था कि वे जा कर डॉ० लखनपाल से बात करें। भाई साहब चौंक कर उठे और बायें हाथ से ताँगे की छत के बाँस को पकड़ कर और दायाँ हाथ बम पर रखते हुए नीचे कूद गये थे।

पहले चेतन ने सोचा था कि वेदालंकार जी को ले कर क्लिनिक के वेटिंग-रूम में बैठाये, लेकिन वहाँ रखे काउच और कुर्सियाँ, देहाती रोगियों के कारण मैल-सनी थीं और वेदालंकार जी को वहाँ ले जा कर बैठाना उनके मन में शक-संशय पैदा करना था; इसलिए उन्हें उतार, कर चेतन ताँगे वाले से पैसों की बात करने के बहाने, वहीं फ़ुटपाथ पर खड़ा रहा। इतने में भाई साहब डॉ० लखनपाल से बात करके आ गये और उन्होंने चेतन को हल्का-सा इशारा किया कि वह वेदाशंकार जी को अन्दर ले आये।

"भाई साहब, आप ताँगे वाले को निपटाइए," चेतन ने कहा, "मैं वेदालंकार जी को डॉ० लखनपाल से मिलवाता हूँ।"

डॉक्टर लखनपाल इस बीच वेटिंग-रूम के काउच पर जा बैठे थे। चेतन ने जा कर उन्हें 'नमस्कार' किया और वेदालंकार जी का परिचय देने लगा कि वे उसके मेहरबान दोस्त हैं; कि वे और उनकी पत्नी लाहौर की कल्चरल सरगर्मियों के रूहे-रवाँ[१] हैं; कि वे स्वयं प्रसिद्ध कथाकार और नाटककार हैं....लेकिन इससे पहले कि वह वेदालंकार की प्रशंसा में पूरा क़सीदा कहता, डॉक्टर लखनपाल ने उसे उनको अन्दर ले जा कर डेण्टल चेयर पर बैठाने के लिए कहा था और स्वयं वहीं खूँटी पर टँगा सफ़ेद हाउस कोट पहनने लगे थे।

चेतन हतप्रभ तो हुआ था और मन-ही-मन यह सोचते हुए कि साला नक्शा ले रहा है, हँसा भी था, लेकिन कुछ भी प्रतिक्रिया प्रकट किये बग़ैर, वह वेदालंकार जी को अन्दर ले गया था। उसने उन्हें डेण्टल चेयर पर बैठा दिया था और स्वयं इस बात के लिए मुस्तैद खड़ा हो गया था कि उसकी मदद की ज़रूरत पड़े तो वह तैयार रहे। भाई साहब भी ताँगे वाले को पैसे दे कर डॉ० लखनपाल के साथ अन्दर आ गये थे और मुँह लटकाये हुए, डेण्टल चेयर की एक ओर खड़े हो गये थे।

जब डॉ० लखनपाल ने साइड-टेबल से माउथ-मिरर उठा कर और लाइट नीचे खींच कर (उनके क्लिनिक के कुर्सी के ऐन ऊपर, इच्छानुसार नीचे-ऊपर हो सकने वाला बल्ब टँगा था) वेदालंकार जी को मुँह खोलने के लिए कहा तो दर्द के बावजूद, वे अपनी दाढ़ की दुर्गति का किस्सा बताने लगे। लेकिन अभी उन्होंने पहला वाक्य ही मुँह से निकाला था कि चेतन ने आगे बढ़ कर उनकी बात काट दी, "भाई साहब ने डॉ० लखनपाल को सारी स्थिति बता दी है। आप ज़रा भी न घबरायें, डॉक्टर साहब सब ठीक कर देंगे।"

"हाँ-हाँ, आप घबरायें नहीं," डॉक्टर लखनपाल ने चेतन का समर्थन करते हुए कहा था, "कभी-कभी बड़े डॉक्टरों के हाथों भी पेचीदगी पैदा हो जाती है (वे चेतन और भाई साहब की ओर देख कर हँसे थे) आप घबराइए नहीं, मुँह खोलिए!"

वेदालंकार जी ने अनिच्छापूर्वक मुँह खोल दिया था। डॉ० लखनपाल ने दाढ़ का

---

१. प्राण

निरीक्षण किया था और बोले थे, "मोलर में बड़ी खोड़ होने की वजह से शायद जम्बूर से दाढ़ टूट गयी है। अभी निकल जायेगी।" और इंजेक्शन के लिए सिरिंज तैयार करने लगे थे। चेतन ने आगे बढ़ कर सिरिंज उबालने में उनकी पूरी मदद की थी, लेकिन जब डॉक्टर लखनपाल इंजेक्शन देने लगे तो वेदालंकार जी ने रोक दिया कि पहले ही काफ़ी दर्द है, अब और सुइयाँ मत चुभोइए।

"आप कतअन ख़ौफ़ न खाइए!" डॉक्टर लखनपाल ने कहा था —वेदालंकार से, और देखा था उन दोनों भाइयों की तरफ़, "मैं ऐसे इंजेक्शन दूँगा कि आपको पता भी नहीं चलेगा और मसूढ़ा सो जायेगा।"

चेतन ने देखा था कि सच ही, निहायत चुग़द-से नज़र आने के बावजूद, डॉ० लखनपाल ने बड़ी दक्षता से इंजेक्शन दिया और वेदालंकार जी से पूछा, "कहिए दर्द हुआ ?" तो वेदालंकार ने हैरत से कहा था, "क्या आपने इंजेक्शन दे दिया ?"

"मैंने इतनी सुई खुबो दी और आपको पता नहीं चला।"

डॉक्टर लखनपाल ने अँगूठा तर्जनी की जड़ में रख कर बताया कि कितनी सुई खुबो दी और चारों ओर देख कर हँसे। भाई साहब ने बड़ी कमज़ोर आवाज़ में कहना चाहा था कि मैंने जो इंजेक्शन दिये थे, अभी उनका असर बाकी है, पर चेतन ने उनकी ओर ऐसे कहर से देखा था कि वे बुदबुदा कर चुप हो गये थे।

तब डॉ० लखनपाल ने गर्व से भाई साहब की आर देखते और जैसे उन्हीं को सुनाते हुए, वेदालंकार जी से कहा था, "असल में अनाड़ी डॉक्टर ठीक से इंजेक्शन नहीं देते, इसीलिए मसूढ़ा ठीक से सोता नहीं और दाढ़ निकालने में दर्द होता है। उसूल यह है कि ज़रा-सी सुई चुभो कर, थोड़ी-सी दवा इंजेक्ट की जाय; जैसे-जैसे मसूढ़ा सोता जाय, सुई आगे बढ़ायी जाय। मैंने तो आधी से ज़्यादा सुई अन्दर चुभो दी और इनको पता भी नहीं चला।"

भाई साहब को बुरा लगा था। चेतन को उनसे भी ज़्यादा लगा था, लेकिन मसलहत का तकाज़ा था कि वे चुप रहें और डॉ० लखनपाल को हवा लेने दें और वे दोनों, मुँह लटकाये हुए, चुपचाप उसकी लनतरानियाँ सुनते रहे थे। तब डॉक्टर लखनपाल ने मसूढ़े और गाल के बीच रुई के फाहे रखे थे। डेण्टल प्रोब की दूसरी ओर से घायल दाढ़ को ज़रा-सा ठकोरा था। जब वेदालंकार जी ने कोई प्रतिक्रिया व्यक्त नहीं की तो वे जम्बूर ले कर दाढ़ निकालने लगे—उन्होंने पहली किरच निकाली उसे वेदालंकार जी को दिखाते हुए प्लेट में रख दिया। दूसरी निकाली; उसे भी उन्हें दिखाया और प्लेट में रख दिया। तब दाढ़ भी निकाल दी। चेतन ने हैरत से देखा कि वेदालंकार जी न चीख़े, न चिल्लाये। चुपचाप बैठे रहे। हर बार किरच निकालने के बाद वे वेदालंकार जी से पूछ लेते कि दर्द तो नहीं हुआ और वेदालंकार जी सन्तोष से सिर हिला देते।

जब पहली दाढ़ निकल गयी और डॉक्टर लखनपाल ने फिर धर्म जी से पूछा कि दर्द तो नहीं हुआ, तब कुल्ला कर, (जिसके लिए चेतन ने तत्परता से लाल दवाई वाला गिलास उन्हें दिया था) उन्होंने डॉक्टर लखनपाल की दक्षता की तारीफ़ की और कहा था कि डॉ० रामानन्द के हाथों जितनी तकलीफ़ हुई थी, उसका सौवाँ हिस्सा भी नहीं हुई।

अपनी सफलता के नशे में डॉक्टर लखनपाल भूल गये कि रामानन्द ही वेदालंकार को वहाँ लाये है और डींगे मारने लगे थे : 'मैं तो रोज़ ही पाँच-सात दाढ़ें निकालता हूँ, कितनी दूर-दूर से पेशेण्ट मेरे यहाँ आते हैं, रामानन्द तो देख ही चुका है।" और उन्होंने चारों तरफ़ देखते और हँसते हुए कहा था, "रामानन्द मेरा भी शागिर्द रहा है। काम तो इसने मेरे दोस्त, डॉक्टर सत्यप्रकाश से सीखा है, लेकिन अपनी प्रैक्टिस जमाने से पहले यह मेरे यहाँ भी कुछ दिन आता रहा है। जब एक दिन इसने मुझे बताया था कि अब यह अपनी इण्डीपेण्डेण्ट प्रैक्टिस शुरू करेगा तो मैंने इसे रोका था कि कुछ दिन और तजरुबा हासिल कर लो, फिर शुरू करना। लेकिन इसने नहीं सुना और देखिए, ज़रा-सी पेचीदगी में घबरा गया।" वे उसी बेतुकेपन से हँसे और फिर दूसरी दाढ़ निकालने लगे।

चेतन ने भाई साहब की ओर देखा था कि यही आपके उस्ताद हैं, जिन्हें इतनी समझ नहीं कि ऐसी बातें मरीज़ के सामने नहीं करनी चाहिएँ, लेकिन भाई साहब, जैसे आँखों-ही-आँखों में, उस पर अभियोग लगा रहे थे कि वही वेदालंकार जी को वहाँ ले आया है!

दूसरी दाढ़ भी डॉक्टर लखनपाल ने उसी सुगमता से निकाल दी थी और उसे प्लेट में रखते हुए बोले थे, "रामानन्द घबरा ही गया होगा। वरना कोई मुश्किल नहीं थी।" फिर चेतन से उन्हें कुल्ला कराने के लिए कह कर, कद्रे सरगोशी में उन्होंने कहा था, "अब तो आप अपने आदमी हैं, चेतन के दोस्त हैं, अगर किसी दूसरे पेशेण्ट के साथ यही हुआ होता, तो ख़ाह-म-ख़ाह बदनामी होती," और जैसे चेतन और उसके भाई को बात समझाते हुए, सोत्साह बोले थे, "यह ऐलोपैथी नहीं कि डॉक्टर की ग़लती कब्र में जा सोये; यह डेण्टिस्ट्री है, जहाँ डॉक्टर की ग़लती दूसरे दिन मुँह-बाये सामने आ खड़ी होती है।" और जैसे पूरे क्लिनिक से अपना समर्थन चाहते हुए, डॉ० लेखनपाल फिर हँसे थे।

यह अजीब बात है कि स्थायी बेज़ारी का वह भाव, जो उनके चेहरे पर बना रहता था, उस बेतुकेपन से हँसने पर भी दूर न हुआ था। वेदालंकार जी ने कुल्ला कर लिया तो उनकी दाढ़ में रखने के लिए रुई के फाहे को फिटकरी के पानी में डुबोते हुए डॉक्टर लखनपाल ने कहा था, "रामानन्द ने यह बहुत अच्छा किया कि आपको सीधे मेरे पास ले आया और आपने भी अक्लमन्दी की कि ग़ुस्से में किसी दूसरी जगह नहीं गये, वरना माल रोड के डॉक्टरों के मारे हुए पेशेण्ट भी काफ़ी परेशान हो कर, सूजे हुए मुँह और घायल मसूढ़े लिये, मेरे यहाँ आते हैं —ज़रा-सी किरच भी अन्दर रह जाये तो पूरा जबड़ा सूज आता है।"

डॉ० लखनपाल डींग मार रहे थे चेतन मन-ही-मन कुढ़ रहा था। (वह यह भूल गया था कि यही चारा उसने स्वयं वेदालंकार जी को डाला था और माल के अलावा शहर के दूसरे बाज़ारों में प्रैक्टिस करने वाले दन्दानसाज़, अपने रोगियों के सामने इसी तरह प्रायः डींग मारते थे। 'माल पर जाने वाले पेशेण्टों को उधर कोई डॉक्टर नहीं मिलता,' चेतन मन-ही-मन चिढ़ कर सोच रहा था, 'जो इतनी दूर चल कर इस घटिया सड़क पर तेरे इस सड़ियल क्लिनिक में आयेंगे। हमारे पास ही अगर सोचने का वक्त होता तो कभी न आते।'

दवा का फाहा मसूढ़े में उस जगह रख कर, जहाँ से दाढ़ें निकली थीं, डॉक्टर लखनपाल ने वेदालंकार जी को कुछ क्षण दाँत दबाये रखने के लिए कहा था और हाथ

धोने के लिए वॉश-बेसिन की ओर बढ़े थे। तब चेतन ने पूछा, "अन्दर कोई किरच-विरच तो नहीं रह गयी?,"

"यकिन तो यही है कि अन्दर अब कोई किरच नहीं," उन्होंने वॉश-बेसिन में हाथ धोते हुए कहा था, "लेकिन ज़रा-भी तकलीफ़ हो तो इन्हें फ़ौरन ले आइए।"

तब चेतन ने भाई साहब को ठहोका दिया कि डॉक्टर की फ़ीस आप दीजिए! भाई साहब आगे बढ़े थे और उनके पास जा कर जेब में हाथ डालते हुए, उन्होंने धीरे से कुछ कहा था। तब, तौलिये से हाथ पोंछते और वापस आते और उसका जवाब जैसे सारे क्लिनिक को सुनाते हुए डॉक्टर लखनपाल ने कहा था — "नहीं, फ़ीस तुम क्यों दोगे ? फ़ीस इन्हीं को देनी चाहिए। काम तो इनका हो गया — तुमने किया या मैंने, बराबर है।"

चेतन यूँ तो मन-ही-मन प्रसन्न हुआ था, लेकिन एक कदम आगे बढ़ कर उसने कहा था, "नहीं डॉक्टर साहब, आप भाई साहब से फ़ीस ले लीजिए। वेदालंकार जी मेरे मित्र हैं। मैं ही भाई साहब की दुकान पर ले गया था...."

तभी धर्मदेव वेदालंकार ने कोट के अन्दर की जेब से बटुआ निकालने हुए कहा था, "नहीं-नहीं, फ़ीस मैं दूँगा!" और उन्होंने डॉक्टर लखनपाल से पूछा था कि वे कितने रुपये उनकी सेवा में भेंट करें ?

"मैं दाँत उखाड़ने के दो और दाढ़ उखाड़ने के तीन रुपये लेता हूँ," डॉक्टर लखनपाल ने बड़ी ऊँचाई और बेपरवाही से कहा, "दो दाढ़ों की किरचें निकालनी पड़ी हैं, काफ़ी मुश्किल और पेचीदा काम है। होते तो आठ रुपये हैं, पर आप छै ही दीजिए, आप रामानन्द के पेशेण्ट हैं।"

चेतन के बड़े भाई आम तौर पर दाँत उखाड़े का एक रुपया और दाढ़ का डेढ़ रुपया लेते थे। चेतन जानता था, डॉ० लखनपाल की भी यही फ़ीस है, बल्कि देहातियों की तो दाढ़ भी वे एक रुपये में निकाल देते थे। फ़ीस के बारे में उनकी बात सुन कर, चेतन ने मन-ही-मन कुढ़ कर कहा, 'हरामज़ादा! अभी ज़्यादा ही नहीं ले रहा! दस मिनट में हम अनारकली से सरक्युलर रोड पर पहुँच गये होंगे। असर तो भाई साहब वाले इंजेक्शन का भी होगा। वे घबरा न जाते और वेदालंकार रोने न लगते तो यहाँ आने की ज़रूरत ही न पड़ती।'....लेकिन वह चुपचाप खड़ा, आग्नेय नेत्रों से डॉ० लखनपाल की ओर देखता रहा।

वेदालंकार जी ने बटुए से आठ रुपये निकाल कर डॉक्टर साहब के हाथ पर रख दिये और अंग्रेज़ी में बोले, "नो नो, प्लीज़ एक्सेप्ट दीज़ एट रूपीज़, यू माइटिली डिज़र्व देम[१]!' और फिर मुक्ति की लम्बी साँस ले कर वे उठे थे।

डॉक्टर लखनपाल ने उन्हें 'थैंक्स' देते हुए, रुपये जेब के हवाले किये; बदले में उनको वेरामन की दो गोलियाँ दीं कि एक अभी घर जाते ही गर्म चाय या कुनकुने पानी के साथ ले लें और दर्द कम न हो तो घण्टे बाद दूसरी ले लें। (चेतन ने गोलियाँ थाम ली थीं कि वह वेदालंकार जी को घर छोड़ने जायेगा और स्वयं दवा देगा।) एक छोटी-सी शीशी में डॉक्टर ने गम-पेण्ट भी दिया था और गर्म ईंट से सेंक देने का तरीका भी बताया था। चेतन ने उन्हें आश्वासन दिया था कि वह जानता है और ठीक से सेंक दे देगा।

---

१. नहीं, नहीं, आप ये आठ रुपये स्वीकार कीजिए, आप निश्चय ही इनके पात्र हैं।

वेदालंकार जी डॉक्टर लखनपाल को धन्यवाद दे कर बाहर को चले थे तो चेतन ने भाई साहब को आदेश दिया था कि बढ़ कर कोई ताँगा रोकें डॉक्टर लखनपाल को धन्यवाद दे कर, वह बाहर निकल आया था।

भाई साहब ने बढ़ कर ताँगा रोक लिया था और यद्यपि अब धर्मा जी को वैसे सहारे की ज़रूरत नहीं थी, लेकिन चेतन ने उन्हें सहारा दे कर ताँगे में बैठाया और स्वयं उनके साथ जा बैठा था। भाई साहब से उसने कहा कि वे भी अनारकली के चौरस्ते तक साथ चलें। वहाँ से उतर कर सीधे क्लिनिक चले जायें। उनके मरीज़ इन्तज़ार करते होंगे।

ताँगा चल पड़ा। वेदालंकार जी इतने निढाल हो गये थे अथवा इतने विक्षुब्ध थे कि दायें जबड़े को हाथ से दबाये, चुप बैठे थे। चेतन ने निगाह उठा कर देखा — डॉक्टर लखनपाल उसी तरह बाहर के दावाज़े की चौखट को दोनों हाथों से थामे, अँगड़ाई के पोज़ में तन गये थे — अपनी तमाम परेशानी के बावजूद, वह मन-ही-मन हँस दिया था।

०

अपने ध्यान में मग्न चेतन, टैप रोड और ब्रैडलॉ हॉल रोड को पार कर, डी०ए०वी० कॉलेज रोड पर आ गया था। हालाँकि बड़े इत्मीनान से वह सेंक दे कर, वेदालंकार जी को आराम पहुँचा आया था और उसे पूरी उम्मीद थी कि अगर कोई पेचीदगी पैदा न हुई तो वे उसके भाई की अथवा उसकी किसी तरह बदनामी न करेंगे। लेकिन अन्दर-ही-अन्दर, वह बेहद विक्षुब्ध और क्रुद्ध था। उसे कभी भाई साहब पर ग़ुस्सा आता था, कभी डॉ० लखनपाल पर, कभी वेदालंकार जी पर और कभी उस सोसाइटी पर, जिसके कारण वह अनायास इस मुसीबत में फँस गया था। बार-बार वही-वही बातें सोचता हुआ, सिर लटकाये, मन-ही-मन जलता-भुनता, वह सड़क के एक किनारे ठण्डी-सड़क की ओर बढ़ा जा रहा था।

उसे भाई साहब की अक्षमता पर हैरत थी....ढाई साल होने को आये थे उन्हें अनारकली में प्रैक्टिस करते हुए; कुशल डेण्टिस्ट के नाते उनकी ख्याति दूर-नज़दीक फैल रही था; पूरे छै महीने उनसे दन्दानसाज़ी की शिक्षा ले कर एक शागिर्द ने कुछ ही दिन पहले फ़ीरोज़पुर में जा कर अपनी प्रैक्टिस शुरू कर दी थी; और यहाँ एक मामूली दाढ़ निकालने में उनके हाथ-पाँव फूल गये....डॉ० लखनपाल ने जिस आसानी से उसे निकाल दिया था, चेतन को पूरा विश्वास हो गया था कि दाढ़ में किसी तरह की पेचीदगी न थी; दाढ़ें अन्दर से हरगिज़-हरगिज़ नहीं जुड़ी थीं। जुड़ी होतीं तो डॉ० लखनपाल ही इस तथ्य की ओर संकेत न करते! भाई साहब ने यूँ ही अपनी अक्षमता को छिपाने के लिए झूठा बहाना गढ़ दिया! उसने उनकी प्रैक्टिस चलाने में कितना श्रम किया था — वे ढाई साल की प्रैक्टिस के बाद भी इस तरह घबरा सकते हैं तो चल चुकी प्रैक्टिस....उनकी इस कमज़ोरी के कारण उस साले लखनपाल से कितनी बेतुकी बातें सुननी पड़ीं। उसे अपना आदमी समझ कर, वे अपना पेशेण्ट उसके पास ले गये थे और वह हरामज़ादा लगा उनकी ही बुराई करने, जैसे वह मामूली डेण्टिस्ट न हो कर, सर्जन खेड़ा का भी बाप हो।

....अगर भाई साहब ने ऐसी ग़लती न की होती तो क्या वह वेदालंकार जैसे स्नॉब की इतनी ख़ुशामद और सेवा-शुश्रूषा करता! उसे लगा कि उनकी स्नॉबरी ने भाई साहब

को नर्वस कर दिया होगा —चेतन के दिमाग़ में वेदालंकार जी के वे रिमार्क गूँज गये, जो उन्होंने क्लिनिक के पिछले हिस्से की गन्दगी और उसके मैले रूमाल के बारे में दिये थे और उसका ख़ून फिर खौल उठा....उसके जी में ऐसा बवण्डर उठा कि वह एक ही फुफकार से वेदालंकार ही को नहीं, उनके-ऐसे सारे सुविधा-सम्पन्नों को जला कर ख़ाक कर दे....उसके सामने परछत्ती पर लगा हुआ भाई साहब का पलँग और नीचे फ़र्श पर बिछा अपना बिस्तर घूम गया और फिर वेदालंकार जी का शयन-कक्ष —शानदार मसहरी-लगा पलँग, आरामदेह स्प्रिंगदार गद्दा और सेमल की रूई के तकिये....वह उनकी शादी से पहले (जब उनकी कमर की नस चढ़ गयी थी) उस कमरे में जा चुका था, लेकिन तब उसके मन में उस साज़-सामान को देख कर, ज़रा भी ईर्ष्या न जगी थी, न उसे क्रोध ही आया था। लेकिन अब वेदालंकार ने उसके भाई के क्लिनिक की गन्दगी, उनके नये-भरे तकिये की सख़्ती और उसके रूमाल की दुर्गन्ध पर जो नाक-भौं चढ़ायी तो पहली बार चेतन को उनकी और अपनी स्थिति के अन्तर का बेहद तकलीफ़देह एहसास हुआ....'हज़ार में एकाध ही घर इस देश में ऐसा होगा,' उसने सोचा, 'जहाँ इतनी सफ़ाई और इतना आरामदेह साज़-सामान हो।....साले अपने ज़मींदार पिता की कमाई पर गुलछर्रे उड़ाते हैं और हम लोगों की ग़रीबी पर नाक-भौं चढ़ाते हैं....'

....उनके पास भी उतना पैसा और उतनी सुविधा होती तो क्या उन्हें यह सब सुनना ओर सहना पड़ता....उस स्नॉब की इतनी ख़ुशामद करनी पड़ती! उसके भाई ने बाकायदा कराची से डिग्री ली होती; माल पर किसी दुकान अथवा कोठी में उनका क्लिनिक होता; मरीज़ों के बैठने, दाँत उखाड़ने, लगाने, प्लास्टर अथवा मोम के सेट वग़ैरा तैयार करने के लिए अलग-अलग कमरे होते और नौकर सुबह-शाम सफ़ाई करता; तब किसी को क्लिनिक की गन्दगी की शिकायत न होती। तब अगर कोई ऐसी पेचीदगी आ भी जाती तो इतना भय न होता। अब झूठी डिग्री के कारण वह इतना डर गया कि उसे उस फूहड़ डॉक्टर और उस स्नॉब लेखक की चिरौरी करनी पड़ी।

चेतन के कन्धे पर रखा हुआ रूमाल सहसा सूख कर हवा के झोंके से उसके आगे सड़क पर जा पड़ा। चेतन ने उसे उठाया; पल भर, दोनों हाथों में फैलाये, देखता रहा — धोने के बावजूद मैला था। चेतन को उसमें किसी तरह की दुर्गन्ध नहीं आयी। हो सकता है, हमेशा गन्दी, गुंजान जगहों में रहने के कारण उसकी सूँघने की शक्ति वेदालंकार जी-ऐसी नाज़ुक न रही हो। चेतन ने रूमाल को तहा कर जेब में रख लिया। उसे अपनी विपन्नावस्था पर अफ़सोस हुआ, जिसमें वह रोज़ एक साफ़ रूमाल न बदल सकता था या उसे रोज़ धोने का समय न पा सकता था....

तभी उसके क्रोध की धारा सोसाइटी की तरफ़ मुड़ गयी। वह सोसाइटी के चक्कर में न फँसा होता तो चातक जी के ही यहाँ क्यों जाता! उसने कसम खायी थी कि वह कभी उनके यहाँ नहीं जायेगा....और वह चातक जी के न जाता तो वेदालंकार न मिलते और वेदालंकार न मिलते तो वह कभी उन्हें यूँ अनुरोध कर, भाई साहब के न लाता और भाई साहब की उस ग़लती की ख़ातिर उसे इतना न सहना पड़ता....

०

सिर झुकाये, मन-ही-मन कुढ़ता-कोसता चेतन चला जा रहा था कि सहसा किसी ने पीछे

से आ कर उसके कन्धे पर हाथ रख दिया।

उसने सिर उठाया तो आश्चर्य-भरे स्वर में उसके होंटों से निकला : "अरे, हुनर साहब!" और उसने मुड़ कर हाथ बढ़ा दिया।

उसके हाथ को अपने दोनों हाथों में ले कर, गर्मजोशी से हिलाते हुए, उन्होंने उसे दबाया और बोले, "कैसे आँख-कान मूँदे और सिर झुकाये चले जा रहे हो ?"

चेतन को उस वक्त उनका मिलना बहुत बुरा लगा। वह उनके चिपकू स्वभाव को जानता था और नहीं चाहता था कि वैसी मनोदशा में वे उसके साथ दस कदम भी चलें, इसलिए उनके सवाल का जवाब देने के बदले, वहीं रुक कर उसने पूछा, "कब आये ?"

"आज ही आया हूँ," हुनर साहब ने कहा, "यहीं डी०ए०वी० कॉलेज में अपने शागिर्द के यहाँ ठहरा हूँ। हम लोग वहाँ होस्टल के सामने खड़े बातें कर रहे थे कि तुम्हें जाते देखा। आवाज़ दी, तुमने सुनी नहीं! भाग कर आया, लेकिन न जाने तुम किस ख़याल में ग़र्क थे कि मेरे पैरों की आहट तक तुम्हें नहीं आयी।"

"हाँ, मैं कुछ ऐसे ही परेशान हूँ," चेतन ने कहा और फिर बात बदल कर बोला, "कैसे आये हैं और कितने दिन रहेंगे ?"

हुनर साहब हँसे, "अब तो आ गये हैं और इन्शा-अल्लाह[१] यहीं रहेंगे।"

चेतन उनसे अगले प्रोग्राम के बारे में बहुत-कुछ पूछना चाहता था, लेकिन उसे वापस दुकान पर पहुँचने की जल्दी थी, इसलिए उसने सिर्फ़ इतना पूछा, "मुकदमे का क्या हुआ ?"

"साईं बाबा की बात मान ली!" हुनर साहब हँसे, "छोड़ दिया। लिखना-पढ़ना सारा चौपट हो गया था। अब यहाँ बैठ कर अपने मन का कुछ लिखे-पढ़ेंगे। काफ़ी ग़ज़लें भी हो गयी हैं। सोच रहा हूँ, डौल लग जाये तो एक दीवान छपवा डालूँ।"

साईं बाबा का ज़िक्र आते ही चेतन के मन में कई प्रश्न कौंधे, लेकिन बरबस अपने आप पर संयम रख कर, उसने फिर हाथ बढ़ाया, "अच्छा, तो मैं फिर मिलूँगा। तीन-चार दिन में यहीं हाज़िर हूँगा। इस वक्त ज़रा जल्दी में हूँ और परेशान हूँ। क्या नाम है आपके शागिर्द का ? कितने नम्बर के कमरे में रहता है ?"

"नाम तो मेरे शागिर्द का बनवारीलाल 'शातिर' है और रहता है, कमरा नम्बर पैंतीस में," हुनर साहब ने कहा, "लेकिन तुम ऐसे नहीं जा सकते। अरे भाई, दोस्तों से परेशानी नहीं कहोगे तो क्या दुश्मनों के कहोगे! ग़ालिब के उस जुनूनी-सी तो तुम्हारी कैफ़ियत नहीं हो गयी, जिसने कहा था :

"दोस्त ग़मख़्वारी[२] में मेरी स'अी फ़रमायेंगे[३] क्या
ज़ख़्म के भरने तलक नाख़ुन न बढ़ आयेंगे क्या ?"

और उसके कन्धे पर हाथ मारते हुए, उन्होंने फ़रमायशी ठहाका लगाया और चूँकि चेतन चल पड़ा था, इसलिए उसका हाथ बिना छोड़े, उन्होंने भी कदम बढ़ा दिये।

---

१. ख़ुदा ने चाहा तो

२. दुख बँटाने में

३. मदद करेंगे

'जो होना था सो हो चुका,' चेतन ने मन-ही-मन सोचा, 'हुनर साहब मित्र हैं — मुझसे ज़्यादा भाई साहब के — उनसे क्या पर्दा ? फिर वे नम्बरी प्रोपेगैण्डिस्ट हैं। अगर वेदालंकार जी भाई साहब की बदनामी करने की कोशिश करेंगे तो हुनर साहब की मदद से उसका ज़ोर कम किया जा सकता है।' चेतन के मन में एक अस्पष्ट-सा यह विचार भी कौंधा कि सोसाइटी के सिलसले में भी वे बड़े काम आ सकते हैं....और चन्द कदम चल कर वह रुक गया। बड़े ही धीमे, खेद और भेद-भरे स्वर में उसने कहा "क्या बताऊँ हुनर साहब, भाई साहब से एक बहुत बड़ी ग़लती हो गयी है। मेरे एक दोस्त हैं — धर्मदेव वेदालंकार। हिन्दी के मशहूर अफ़साना-निगार हैं, लाहौर के बड़े ऊँचे हलकों में मूव करते हैं। मैंने एक सोसाइटी खोली है, जिसका मैं उन्हें मेम्बर बनाना चाहता हूँ। उनकी दाढ़ में दर्द था, मैं उन्हें भाई साहब के ले गया कि खोड़ भर दें। खोड़ तो ख़ैर गहरी थी, भरी न जाती, भाई साहब ने कहा कि दाढ़ निकालनी पड़ेगी। वेदालंकार तैयार हो गये और भाई साहब ने न सिर्फ़ वह दाढ़, बल्कि साथ की भी तोड़ दी। सरक्युलर रोड के एक दूसरे डॉक्टर-दोस्त की मदद से किरचें निकलवानी पड़ीं। वेदालंकार जी को बेहद तकलीफ़ हुई। सारा दिन इसी चक्कर में बीत गया। दोपहर का खाना तक गोल हो गया। अभी वेदालंकार जी को घर छोड़ कर आ रहा हूँ। दुकान जा रहा था कि भाई साहब को समझाऊँ — इस तरह कैसे प्रैक्टिस चलेगी ? दोस्त हाथ से गया, सो अलग; बदनामी होगी, सो घाते में...."

"लेकिन यार, हिन्दी वालों के दाढ़ें भी होती हैं ?" हुनर साहब ने उसकी बात काटी। चेतन मुँह-बाये उनकी ओर देखने लगा कि वे क्या कह रहे हैं।

"मैंने तो सुना है कि हिन्दी वालों के दाँत ही नहीं होते," हुनर साहब ने प्रकट गम्भीरता से कहा, "तुम्हारे वेदालंकार के आ गये थे तो अच्छा हुआ रामानन्द ने तोड़ दिये।"

एक शरारत-भरी मुस्कान हुनर साहब की आँखों से निकल कर उनके सारे चेहरे पर फैल गयी। चेतन झुँझला गया, "आपको मज़ाक की पड़ी है, यहाँ जान पर बन आयी है। इतनी मुश्किल से मैंने भाई साहब की प्रैक्टिस जमायी थी कि...."

"तो समझ लो, अब उनकी प्रैक्टिस और भी जमेगी," हुनर साहब ने कहा, "बिना दो-चार को शमशान पहुँचाये, कभी कोई बड़ा डॉक्टर हुआ है। तजरुबा ऐसे ही होता है। जो ग़लती रामानन्द से अब हुई है, फिर नहीं होगी। बजाय झींखने के, चल कर उसे तसल्ली दो। ठहरो, मैं भी तुम्हारे साथ चलता हूँ।" और थोड़ा पीछे भाग कर, डी०ए०वी० कॉलेज होस्टल को जाने वाली सड़क के सामने रुक कर उन्होंने ज़ोर से आवाज़ दी — "शातिर....शातिर....सुनो ज़रा!"

कुछ क्षण बाद, मोड़ पर दो लड़के नमूदार हुए। एक तंग माथे और चूहे की-सी शक्ल का ठिगना-सा लड़का था, दूसरा बाँस की तरह पतला और लम्बा। ठिगने लड़के ने काकुलों के कुण्डल बना कर, अपने पहले ही से छोटे माथे को ढँक रखा था; दूसरे लड़के के बाल लम्बे थे, पीछे को सँवरे हुए थे और गर्दन के पिछली ओर उनका समवेत कुण्डल बना हुआ था। चेतन ने मन में सोचा कि वही हुनर साहब का शागिर्द, बनवारी लाल 'शातिर' है। लेकिन जब वे पास आ गये तो वह ठिगने कद का लड़का 'शातिर' निकला।

"आओ शातिर, तुम्हें एक बड़े शायर और अफ़साना-निगार से मिलायें," उन्होंने ठिगने लड़के से कहा। मुड़ कर शातिर की प्रशंसा में उन्होंने जो ब्योरा दिया, उसका मतलब यही था कि वह अद्‌भुत मेधा का स्वामी है, और पालने ही से गुनगुनाने और तुक मिलाने लगा था।

"मैं अगर रणवीर की शादी में न गया होता," हुनर साहब ने बताया, "तो शातिर का जौहर बियाबान में फूल की तरह अजाना ही रह जाता। वहीं लालड़ाँ में साई बाबा के यहाँ, इनके पिता, सेठ परमानन्द से मुलाकात हो गयी। कैसा सीधा-सादा मिज़ाज पाया है परमानन्दजी ने! लखपति सेठ हैं, ग़ुरूर नाम को भी छू नहीं गया। चिरंजीलाल बाबा के हुज़ूर में गा रहा था। मैंने उसके अमृत-भरे गले की तारीफ़ की तो सेठ जी ने बताया कि उनका लड़का भी कुछ गुनगुनाता है। दूसरी बार मैं लालड़ाँ गया तो इन्हीं के यहाँ ठहरा। इसका कलाम सुना। शातिर के शे'र क्या हैं, तीर-ो-निश्तर हैं। मैंने चिरंजीलाल को इसकी दो ग़ज़लें दी हैं। शातिर की ग़ज़ल और चिरंजी की आवाज़ —सोने पर सुहागा समझ लो!"

चेतन ने देखा अपनी प्रशंसा से शातिर के चेहरे पर रौनक आ गयी है, उसके नथुने फूल गये हैं और वह अपने माथे के कुण्डल में उँगली घुमा रहा है। हुनर साहब ने कैसे, साईं बाबा की संगत में बैठे, लाला परमानन्द को आँका होगा; कैसे उनके शील-स्वभाव की प्रशंसा कर, उनके घर 'चरण-रज डालने' का निमन्त्रण लिया होगा; कैसे उन्हें उर्दू में गीता और उपनिषदों के सरल पद्यानुवाद सुनाये होंगे; कैसे उन्हें सेठ के सुपुत्र के छिपे जौहर का पता चला होगा और कैसे उन्होंने उसे चंग पर चढ़ाया होगा और उसी के बल पर लाहौर चले आये होंगे —चेतन की कल्पना में एक-के-बाद-एक, सारे दृश्य घूम गये। उसे लगा कि 'हुनर' नाम का यह व्यक्ति अपने में एक संस्था है —अडिग, अडोल, अटल! महाशय जीवनलाल कपूर इंस्टीट्यूशन हों या न हों, पर हुनर साहब हैं। शातिर-जैसे कई चेले आयेंगे, चले जायेंगे, पर यह संस्था कायम रहेगी और हमेशा फूलती, फलती, फैलती रहेगी....और सख़्त परेशानी के बावजूद, उसके होंटों पर एक व्यंग्य-भरी मुस्कान खेल गयी....

इस बीच हुनर साहब उस लम्बे सींकिया नौजवान का परिचय देने लगे थे : "ये हैं मिस्टर कन्हैयालाल — लेकिन कन्हैयालाल मुन्शी से इनका कोई ताल्लुक नहीं।" और उन्होंने एक खोखला ठहाका लगाया, "सुख़नवर नहीं, सुख़नफ़हम हैं, लेकिन इनकी आवाज़ में कुछ अजीब लोच और सोज़ है। हमारी संगत में रहेंगे तो यकीनन शे'र भी कहेंगे। फ़िलहाल इन्हें 'फ़िगार'[१] तख़ल्लुस दे दिया है। ख़ुदा ने चाहा तो लाहौर के मुशायरे इनके कलाम से गूँजेंगे और एक बार इनकी पतंग चढ़ी तो हफ़ीज़ जालन्धरी की तुक्कल[२] कन्नी मार कर ज़मीन पर जा गिरेगी या कट कर, ख़ला[३] में बेमुहार डोलेगी।"

और यह अछूती उपमा देते हुए, हुनर साहब ने अपने उस लम्बे शागिर्द की पीठ थपथपा दी। फिर चेतन की ओर मुड़ कर, उन दोनों को उसका परिचय दिया, "और ये हैं जनाब चेतनानन्द 'दाग़'!' मेरे शागिर्द रहे हैं, लेकिन अब मैं इनका शागिर्द हूँ। बहुत अच्छे

---

१. ज़ख़्मी

२. पतंग की एक किस्म

३. शून्य

शे'र कहते हैं ओर अफ़साने तो ऐसे लिखते हैं कि महाशय देवदर्शन और मुंशी चन्द्रशेखर ने उनकी दाद दी है। इनकी कहानियों का मजमूआ[१] —'औरत : एक पहेली' —हाल ही में शाया[२] हुआ है और मुंशी चन्द्रशेखर ने उसका दीबाच:[३] लिखा है। इनको शिकायत है कि मैं सीधा इनके यहाँ जाने की बजाय तुम्हारे यहाँ क्यों ठहर गया हूँ और ये मुझे साथ ले चलने पर ज़ोर दे रहे हैं।" (चेतन चौंका। उसने तो उन्हें कोई वैसा निमन्त्रण नहीं दिया था। बल्कि उसे तो उनका साथ चिपकना तक बुरा लगा था। लेकिन उसने कुछ नहीं कहा। वह हुनर साहब के स्वभाव और पैंतरों से परिचित हो गया था। हुनर साहब बोलते गये :) "लेकिन इनको मैंने समझाया है कि शातिर मेरे मेहरबान, मद्दाह,[४] और साईं बाबा के भक्त, सेठ परमानन्द के साहबज़ादे हैं, उसका दर छोड़ कर तो मैं ख़ुदा के घर भी भी नहीं जा सकता।"

हुनर साहब ने शातिर के कन्धे को थपथपाया, "मैं ज़रा चेतन जी के साथ जा रहा हूँ, दो-तीन घण्टे में पलट आऊँगा। हो सका तो इनको भी साथ लेता आऊँगा।" और बायें हाथ से चेतन का हाथ थाम, हवा में हिलाते हुए, हुनर साहब चल दिये।

o

"तुमको साईं बाबा कैसे लगे ?"

चेतन हुनर साहब के हाथ-में-हाथ दिये, चुपचाप चला जा रहा था। जब वे ठण्डी सड़क पर पहुँच गये तो हठात उसकी एकाकी सोच को भंग करते हुए हुनर साहब ने पूछा।

"मेरी तो उनसे वही, रणवीर की शादी वाली, चन्द-मिनटी मुलाकात है," चेतन ने उत्तर दिया, "दो-चार बार जाता, बैठता, देखता तो कुछ कह सकने की पोज़ीशन में होता।"

"लेकिन फिर भी हम वहाँ आध-पौन घण्टा बैठे थे। मैं तो जब-जब बाबा के हुज़ूर में गया हूँ, मुझे अजब रूहानी तस्कीन[५] मिली है। उनके वुजूद[६] में कुछ ऐसी मिकनातीसी कशिश[७] है कि लोग लोह-चून के ज़र्रों की तरह खिंचे चले आते हैं। आख़िर बुरा-भला, कुछ तो असर तुम पर भी हुआ होगा ?"

"अब हुनर साहब, सच्ची बात यह है कि मुझे उनकी शो'ब्देबाज़ी[८] पसन्द नहीं आयी। मैं नहीं समझता, किसी पहुँचे हुए शख़्स को लोगों का ध्यान अपनी ओर खींचने के लिए ऐसे हथकण्डों की ज़रूरत है। यह बात मैंने साईं बाबा से कह भी दी थी। लेकिन उनकी अपनी दलील है, अगरचे मैं उससे मुत्तफ़िक[९] नहीं। इस पर भी गोविन्दपुर के रहमते की बात में कुछ सच्चाई ज़रूर है —साईं बाबा अल्लाह वाले लोग हैं और कुछ सिद्धि उन्होंने

---

१. संग्रह
२. प्रकाशित
३. भूमिका
४. प्रशंसक
५. आत्मिक शान्ति
६. अस्तित्व
७. चुम्बकीय आकर्षण
८. जादूगरी
९. सहमत

ज़रूर पायी है।"

दोनों मित्र कुछ देर चुपचाप चलते हुए ठण्डी सड़क पार कर गोलबाग़ को हो लिये थे कि फिर अचानक हुनर साहब ने पूछा, "क्यों चेतन, क्या तुम किस्मत को भी नहीं मानते ?"

चेतन कुछ क्षण चुपचाप चलता रहा, फिर उसने कहा, "नहीं मानता —कहना शायद ग़लत होगा। मैं दरअसल मानना नहीं चाहता। किस्मत को मानना मुझे अपने आपको नकारने के बराबर लगता है। अगर किस्मत ही सब कुछ है तो मैं क्या हूँ ? गीता में लिखा है कि हम कर्मों के लिए आज़ाद हैं। लेकिन किस्मत को मानें और मानें कि हमारा हर पल और हर साँस नक्षत्रों की चाल से बँधा है तो हमारे कर्मों में आज़ादी कैसी ?"

"लेकिन एक बार तुमने किसी संस्कृत की किताब का हवाला देते हुए कहा था कि जो भी विधाता करता है, अच्छे के लिए करता है।"

'मेरे अच्छे के लिए —!" चेतन ने कहा, "मेरे शुभ के लिए! मैं हमेशा यह सोचता हूँ। 'यथेव विधाता वधीयति तथेव मह्यम शुभाय।' यह मह्यम —याने मेरे लिए—शब्द मैंने जोड़ लिया है। दरअसल यह 'मीर' ही का ढंग है, जिससे कि अपनी नाकामियों से काम लिया जाता है। जब कोई मुसीबत पड़ती है तो मैं सोचता हूँ कि इसमें विधाता मेरी कौन-सी बेहतरी चाहता है ओर कैसी भी बुराई की सूरत क्यों न हो, मैं कुछ-न-कुछ भलाई की सूरत निकाल लेता हूँ।"

"क्या तुम ज्योतिष को भी नहीं मानते ?"

"ज्योतिष को देख कर काम करने वाले असल में काम करना छोड़ देते हैं।"

"तुम तो पहेलियाँ बुझाने लगे।"

"नहीं, पहेली नहीं बुझवाता," चेतन ने कहा, "तजरुबे की बात कहता हूँ। भाभी बीमार हुईं तो भाई साहब ने पत्री देखी थी और जब उन्हें मालूम हुआ कि उनके भाग्य में दूसरी पत्नी लिखी है तो उन्होंने उसमें दिलचस्पी लेना छोड़ दिया! मैं जोखिम उठा कर भी उसका इलाज करता रहा, लेकिन भाई साहब ने ज़रा भी परवाह नहीं की।"

चेतन कुछ देर चुपचाप चलता रहा, फिर उसने कहा, "मैं एक बार किसी दोस्त के साथ एक होम्योपैथ के गया। बड़े मशहूर होम्योपैथ थे। उनके करीब ही एक बूढ़ा ज्योतिषी रहता था। कोई सीरियस केस उनके पास आता तो वे बहाने से मरीज़ की पत्री मँगा कर, ज्योतिषी को दिखा लेते। कहीं उस पर मारकेश की दशा होती तो वे उसका इलाज करने से इनकार कर देते। मैंने अपने दोस्त से कहा कि ऐसे मूर्ख डॉक्टर से इलाज कराना बेवकूफ़ी है। डॉक्टर का काम है आख़िर तक, इमकान भर, इलाज करना —न कि पत्री देख कर इलाज से हाथ खींच लेना! कौन जाने पत्री कितनी ठीक है या ग़लत! मैं यही मानता हूँ कि आदमी ज्योतिष-व्योतिष का चक्कर छोड़, किस्मत जो भी पेश करती है, सिर-माथे ले ले, बेहतरी की कोशिश करे और हाथ के काम में अपनी पूरी ताकत लगाये।"

"लेकिन भाई, ज्योतिष शास्त्र है तो सच्चा," हुनर साहब ने कहा, "मुझ पर शनि की दशा थी, देखो कितना भुगतना पड़ा। अब ग्रह कुछ नर्म पड़ा है तो मुझे भी नजात मिली है। अच्छा ही ग्रह आया होगा कि साईं बाबा से मुलाकात हो गयी और उनके उपदेशों से

मैं इस चक्कर से निकला।"

"ज्योतिष कभी ठीक नहीं होता, मैं यह कब कहता हूँ," चेतन ने कहा "मैं सिर्फ़ यह जानता हूँ कि आगे की चिन्ता करना और नक्षत्रों के पीछे पड़ कर अपना प्रोग्राम बनाना न सिर्फ़ ग़लत है, बल्कि निहायत नुकसानदेह भी है।"

वह पल भर चुप रहा फिर उसने कहा, "मैं उन्हीं होम्योपैथ की मिसाल दूँ —एक दिन उनकी अपनो तबियत कुछ ख़राब हो गयी। उन्होंने पत्री दिखायी, मालूम हुआ कि मारकेश की भयंकर दशा है। दो महीने निकल गये तो पच्चासी साल तक जी सकते हैं, वरना ग्रह की पूजा करनी चाहिए, कौन जाने शान्त हो जाय। वे डॉक्टर तो ज्योतिष में अन्ध-विश्वास रखते थे। उन्हें पूरा यकीन हो गया कि उनका अन्त समय आ पहुँचा है। यूँ वे अच्छे-भले थे, ज़रा-सी तबियत ख़राब हुई थी, लेकिन उन्होंने दूसरे लोगों का इलाज-विलाज करना छोड़ दिया और सिर मुँड़ा लिया। अच्छे-ख़ासे, हँसमुख और बातूनी आदमी थे। उनकी सारी हँसी-ख़ुशी और बातूनीपन जाता रहा। बसन्त के मेले में उन्हें मैंने देखा था। सारी भीड़ और शोर-शराबे में हो कर भी उससे दूर, न जाने कहाँ गुम थे। दो महीने बाद सुना कि दिल के दौरे से उनकी मौत हो गयी।"

"तो," हुनर साहब ने सोत्साह कहा, "ज्योतिष तो ठीक उतरा।"

"मैं कब कहता हूँ ग़लत उतरा!" चेतन ने खीझ कर कहा, "लेकिन इस किस्से का एक दूसरा पहलू है। अगर वे डॉक्टर पत्री न देखते तो मौत से दो महीने पहले उन्होंने जो दिली और दिमाग़ी तकलीफ़ पायी, उससे तो बचे रहते। मज़े से खाते-पीते, हँसते-बोलते, मरीज़ों का इलाज-उपचार करते और एक दिन (अगर उन्हें जाना ही था) चले जाते। फिर फ़र्ज़ कीजिए कि पत्री ग़लत होती या ज्योतिषी का हिसाब ही ग़लत होता (ज़्यादातर यही होता है) तो जो ज़ेहनी तकलीफ़ उन्होंने दो महीने पायी, उसकी याद से उन्हें कितनी कोफ़्त होती...." कुछ क्षण चेतन चुपचाप चलता रहा, फिर बोला, "एक दूसरी मिसाल लीजिए! किसी आदमी को ज्योतिषी बताता है कि उसे अगले दो बरसों में लाखों रुपया मिलेगा। वह कारोबारी नहीं कि बिज़नेस में उसे लाखों मिल जायें। बीच के दर्जे का मामूली नौकरी-पेशा आदमी है। वह डर्बी की लाटरी ख़रीदता है और लाखों के सपने लेता है। ज्योतिषी की बात में उसे इतना यकीन है कि लाटरी की उम्मीद में, उसके घर वाले उस रकम के ख़र्च की दसियों स्कीमें बना डालते हैं। वह अपना काम-काज लगभग छोड़ देता है। ख़ासी मुसीबत के दिन गुज़रने लगते हैं। लाटरी निकलने के दो-तीन दिन बाद तक तार के इन्तज़ार में घर भर जागता रहता है। आख़िर अख़बार में छपता है कि लाटरी होनोलूलू के किसी शख़्स के नाम निकल गयी है....और इस घपले में उस आदमी का काम ही चौपट हो जाता है।....लेकिन मान लीजिए कि ज्योतिषी की पेशीनगोई के मुताबिक, उसे लाखों मिल जाते हैं। तब क्या आप नहीं मानते कि इस सूरत में वे लोग उस बेइन्तहा ख़ुशी से महरूम रह जाते हैं, जो अचानक इतना धन मिलने से उन्हें होती...."

चेतन फिर चुप हो गया। कुछ क्षण बाद बोला, "मैंने जब-जब इस मसले पर ग़ौर किया है, मैं इसी नतीजे पर पहुँचा हूँ कि आदमी को भविष्य में झाँकने की बजाय अपनी आँखें हाल पर रखनी चाहिएँ। और मैं ऐसा ही करता हूँ।'....

वे लोग बातें करते हुए, पुरानी अनारकली के चौरस्ते पर पहुँच गये थे। सहसा क्लिनिक की ओर मुड़ते हुए चेतन ने कहा, "अब आप कह सकते हैं कि आज भाई साहब की किस्मत का कोई सितारा ज़रूर टेढ़ा होगा। बात करने में आदतन मैं भी यही कह सकता हूँ, लेकिन सोचिए तो यह महज़ उनकी नाकाबलियत है। जाने कैसे उनके औसान ख़ता हो गये। ऐसे दो-चार केस और ख़राब कर दें तो उनकी प्रैक्टिस ही चौपट हो जायेगी।"

"तुम यार फिर वहीं आ गये।" हुनर साहब हँसे, "तुम्हारा ध्यान दूसरी तरफ़ बँटाने की मेरी तमाम कोशिशें बेकार हो गयीं। तुम यह क्यों नहीं सोचते कि यह सब तुम्हारे भाई के बुरे नक्षत्र के कारन नहीं, वेदालंकार जी के बुरे नक्षत्र के सबब हुआ है। ज़रूर ही उनकी दाढ़ों पर राहू या केतू की बुरी नज़र होगी। यह भी हो सकता है कि पिछले जनम में उन्होंने रामानन्द की एक दाढ़ तोड़ दी हो, जो इस जनम में रामानन्द के हाथों उनकी दो दाढ़ें टूटी हैं।"

प्रकट ही यह बात हुनर साहब ने उसे हँसाने के लिए कही थी, लेकिन चेतन नहीं हँसा, उसी गम्भीरता से उसने कहा : "इस दलील से हर चोर, गिरहकट, डाकू और कातिल अपने आप को हक-बजानब[१] समझेगा। यह सब कमज़ोर लोगों की दलीलें हैं, शहज़ोरों की नहीं। यह भाई साहब की ऐन कमज़ोरी थी, जो उनसे ऐसी ग़लती हुई। उन्हें ज़रा भी शक था तो मुझे अलग ले जा कर कह देना चाहिए था कि चेतन, मुझसे तुम्हारे दोस्त का इलाज नहीं होगा। अब...."

वे भाई साहब की दुकान के पास पहुँचने ही वाले थे कि सहसा हुनर साहब ने उसे बाँह में भर लिया। "देखो चेतन," उन्होंने कहा, "अपने भाई से कुछ न कहना। रामानन्द ख़ुद परेशान होगा। तुभ बल्कि उसे तसल्ली देना।"

"ठीक है," चेतन ने कहा, "मैं कुछ नहीं कहूँगा, लेकिन आप उन्हें समझाइएगा कि इस तरह काम करने से बदनामी होगी और उन्हें ज़रा अक्ल और हिम्मत से काम करना चाहिए। अब तो मैं था। किसी-न-किसी तरह वेदालंकार जी को शान्त करके ले गया, वरना वो जैसे चीख रह थे, सारा बाज़ार इकट्ठा हो जाता।"

वे दुकान पर वहुँच गये थे। चेतन हुनर साहब के आगे-आगे खट-खट सीढ़ियाँ चढ़ गया।

०

भाई साहब लम्बे काउच पर ऐसे बैठे थे कि सिर उनका पीछे, काउच की पीठ से, लगा था; दायाँ हाथ कनपटी, आँख और आधे माथे को ढँके था और टाँगें फ़र्श पर पसरी थीं। चेतन ने एक नज़र उन पर डाली और दायीं दीवार के साथ लगे छोटे काउचों में से एक पर बैठ गया। भाई साहब ने आँख से ज़रा-सा हाथ हटा कर, उसे और हुनर साहब को आते देख लिया और वैसे ही लेटे रहे।

"कहिए १००८ स्वामी शिरी रामानन्द जी सरस्वती, ऐसे क्यों लेटे हैं," हुनर साहब ने उनके पैरों के पास खड़े-खड़े किंचित हँस कर पूछा, "शत्रुओं का जी कुछ निढाल है[२] ?"

---

१. ठीक

२. दुश्मनों की तबियत कुछ नासाज़ है।

और चेतन की ओर मुड़ कर कहा, "उर्दू मुहावरे का हिन्दी तरजुमा!" और आँख दबा दी!

भाई साहब ने कोई जवाब नहीं दिया, वैसे ही लेटे रहे; चेतन भी पूर्ववत, सुता हुआ मुँह लिये, बैठा रहा। तब हुनर साहब काउच पर, भाई साहब के पास ही बैठ गये और उनके कन्धों को ज़रा-सा थपथपा कर उन्होंने बेतकल्लुफ़ी से कहा : "उठिए साहब! शायर ने तो कहा है :

"ऐ 'ज़ौक' किसी दोस्त-ए-देरीना[१] का मिलना
बेहतर है मुलाकात-ए-मसीहा-ो-ख़िज़िर[२] से।

और हम आपके हम-वतन और दोस्त आपके घर पर आये हैं और आप है कि सनद ही नहीं दे रहे।"

भाई साहब को निश्चय ही ऐसे में उनका आना खला था। लेकिन कहा धीरे से उन्होंने इतना ही, "मेरी तबियत बेहद मतला रही है, सिर में सख़्त दर्द है।" और वे पूर्ववत हाथ से सिर-आँख ढँके, टाँगें पसारे, लेटे रहे।

"उठ यार!" हुनर साहब ने स्वयं उछल कर उठते और सारे अदब-आदाब छोड़ कर, भाई साहब की बाँह खींचते हुए, उस बेतकल्लुफ़ी से कहा, जिससे शायद वे कॉलेज के दिनों में काम लेते होंगे, "तेरी तबियत की ख़राबी का सबब मैं जान गया हूँ। तूने उस वेदालंकार की दाढ़ ही तोड़ी है ना, उसका कत्ल तो नहीं किया। अब के आये तो उसकी बाकी दाढ़ें भी तोड़ देना।" और हुनर साहब ने अपना ख़ास फ़रमायशी ठहाका लगाया।

भाई साहब उठ कर ऐसे बैठ गये, जैसे वर्षों के बीमार हों। उनका लम्बोतरा चेहरा और भी लम्बा लगता था, कल्ले पिचक गये थे, आँखें यूँ धँसी हुई थी, मानो रो कर उठे हों। उन्होंने जैसे कुएँ में से कहा :

"जाने हुनर साहब मुझे क्या हो गया। पिछले ढाई बरसों में न जाने कितनी दाढ़ें मैंने निकाली हैं। सख़्त सीरियस केस ट्रीट किये हैं। कभी गड़बड़ नहीं हुई। वेदालंकार की एक दाढ़ टूट गयी, वो तो ख़ैर कोई बात नहीं, खोड़ वाली थी। टूटती ही। लेकिन दूसरी कैसे टूट गयी....मैं तभी से यह सोच रहा हूँ....!"

हालाँकि चेतन ने हुनर साहब को वचन दिया था कि बिलकुल नहीं बोलेगा, लेकिन भाई साहब की बात सुनते ही वह तमक कर उठा और बमका, "सोच आप क्या रहे हैं! यह सरासर आपकी इनएबिलिटी[३] है, कन्सेंट्रेशन[४] की कमी है और क्या है।....आप तो कहते थे कि दोनों दाढ़ें अन्दर से जुड़ी हुई हैं। लेकिन कोई साली जुड़ी नहीं निकली और डॉक्टर लखनपाल ने दस मिनट में न सिर्फ़ किरचें, बल्कि दाढ़ों की जड़ें भी निकाल दी। आप तो ऐसे खींच रहे थे, जैसे दाढ़ नहीं, मसूढ़े में घुसा शहतीर खींच रहे हों!"

भाई साहब ने कोई जवाब नहीं दिया। सिर्फ़ एक कहर-भरी नज़र अपने उस छोटे भाई पर डाली, जो अपने सामने सारी दुनिया को मूर्ख समझता था और वे उसी तरह माथे

---

१. पुराना मित्र
२. भूले-भटकों को रास्ता दिखाने वाला फ़रिश्ता
३. अयोग्यता
४. एकाग्रता

पर हाथ रख कर, पीछे को ढलक गये। चेतन फिर बमका : "आप नहीं जानते, आपने मेरा कितना नुकसान कर दिया है। वेदालंकार जी मामूली आदमी नहीं हैं। बड़े ऊँचे लोगों से उनका मेल-जोल है। अगर आप ठीक से उनका काम कर देते तो सिकन्दर हयात ख़ाँ[1] आपके क्लिनिक में आ सकते थे और अब...."

भाई साहब व्यंग्य करना चाहते थे —'हाँ, सिकन्दर हयात ख़ाँ नहीं, उसका बाप मेरे यहाँ आ सकता था!' —वे उठे भी, लेकिन फिर वैसे ही पसर गये।

चेतन अपनी बात पूरी किये बिना, वहीं वेटिंग-रूम में चक्कर काटने लगा।

"तुमसे मैंने रास्ते में क्या कहा था!" हुनर साहब ने कहना चाहा।

चेतन पलटा, "आप नहीं समझते हुनर साहब, मैं वेदालंकार जी को अपनी सोसाइटी का सरपरस्त और उसके लिट्रेरी विंग का सदर बनाना चाहता था और...."

"अरे भाई, तुमने एक बार पहले भी सोसाइटी का ज़िक्र किया है। यह कौन-सी सोसाइटी है, जो तुम्हारे वेदालंकार के बिना जहन्नुम-ब-रसीद हो जायेगी[2]।"

चेतन ने वहीं खड़े-खड़े हुनर साहब को सोसाइटी की स्थापना और अपने अभियान की बात बतायी और बोला, "भाई साहब वेदालंकार जी की दाढ़ का ठीक से इलाज कर देते तो मैं उन्हें यकीनन अपनी सोसाइटी का सरपरस्त बना लेता। वे सरपरस्त बन जाते तो उनकी मदद से दस-बीस नहीं तो चार-छै सरपरस्त मैं और बना लेता। इन्होंने मेरी सारी स्कीम ही चौपट कर दी।"

"अरे यार, तुम्हारे वेदालंकार का मुर्ग़ा न बोलेगा तो क्या सुबह ही न होगी!" हुनर साहब ने उस कटु और दुखद बहस को सहज बनाते और फिर काउच पर बैठते हुए कहा, "तुम चार-छै की बात करते हो, तुम हमें ज़रा सोसाइटी की पूरी स्कीम समझा दो। हम सौ मेम्बर न बना दें तो हुनर नाम नहीं। अब रामानन्द से ग़लती हो गयी, तो क्या इसकी जान ले लोगे ?"

"यह मुझे बेकार ही परेशान कर रहा है," हुनर साहब की शह पा कर भाई साहब ने उठ कर जोश से कहा, "यह आ कर मेरे सिर पर खड़ा न हो जाता तो मेरी कन्सेंट्रेशन हरगिज़ कम न होती, न मैं नर्वस होता।"

"नाच न जाने आँगन टेढ़ा!" चेतन ने व्यंग्य से हाथ चमकाते हुए और अंग्रेज़ी मुहावरे में थोड़ा-सा परिवर्तन करते हुए कहा, "अ बैड वर्क मैन ऑलवेज़ ब्लेम्ज़ हिज़ टूल्स[3]।"

"ज़रुर ही रामानन्द को तुमने नर्वस कर दिया होगा।" हुनर साहब ने भाई साहब का पक्ष ले कर उसे डाँटा।

"इसने अपनी ग़लती कभी मानी है, जो आज मानेगा ?" भाई साहब ने हुनर साहब को सुनाते हुए ज़रा ऊँचे स्वर में कहा, "तुम जानते हो, डॉक्टर कभी अपना और अपने परिवार का इलाज नहीं करता और न कोई सर्जन अपने सगे-सम्बन्धी का ऑपरेशन ही

---

१. पंजाब के पहले भारतीय गवर्नर

२. नरक में चली जायेगी

३. अक्षम कारीगर हमेशा अपने औज़ारों को दोष देता है।

करता है। इसने यह कह कर कि वेदालंकार इसका दोस्त है और फिर वहीं मेर सिर पर खड़े रह कर, मुझे नर्वस कर दिया।"

"लेकिन मैं तो बाहर जा कर बैठ गया था।"

"बाद में! मेरे कहने पर! लेकिन मुझे हर मिनट तुम्हारा और तुम्हारे उस सिकन्दर हयात ख़ाँ के बाप का ख़याल बना रहा।"

"रामानन्द बिलकुल ठीक कहता है," हुनर साहब ने रद्दा जमाते हुए कहा, "तुमने उस मशहूर सर्जन की बात नहीं सुनी, जो अपने इकलौते लड़के के अपेण्डिक्स का ऑपरेशन कर रहा था कि नर्वस हो गया और उसका इकलौता जवान लड़का उसके अपने हाथों जान से जाता रहा। रामानन्द किस बाग़ की मूली है, बड़े-बड़े डॉक्टर ऐसे में नर्वस हो जाते हैं।"

चेतन चुप हो गया और जा कर फिर काउच पर बैठ गया।

भाई साहब का तनाव कम हो गया था। उनका चेहरा लगभग अपनी असली हालत पर आ गया। "यह डॉक्टर लखनपाल की बात करता है," वे हुनर साहब की ओर मुड़ कर बोले, "और वो ख़ुद भी ऐसे डींगे मार रहा था, जैसे दुनिया में उससे बड़ा डेण्टिस्ट कोई दूसरा न हो, लेकिन जिन दिनों मैं वहाँ काम करता था, उसने एक पेशेण्ट को मार दिया था।"

"मार दिया — जान से!" हुनर साहब ने हैरत से कहा।

"हाँ, जान से!" भाई साहब ज़ोर दे कर बोले। "एक दिन उसके यहाँ शेख़ूपुरे का एक मरीज़ आया। तीस-पैंतीस बरस का होगा। अच्छा तगड़ा-तन्दुरुस्त था। उसे सख़्त पायरिया था और वहाँ के डॉक्टर ने उसे सारे दाँत निकलवाने की सलाह दी थी। वह लाहौर में अपने दाँत दिखाने आया था कि सभी निकलवा डाले या नहीं ? डॉक्टर लखनपाल ने उसे सलाह दी कि एक मिनट की देर किये बिना, उसे सारे दाँत निकलवा देने चाहिएँ। और आव देखा न ताव, एक साथ उसके चार दाँत निकाल दिये। अब ख़ून जो बहने लगा, सो थमा ही नहीं। उसे थी डायबिटीज़, लेकिन लखनपाल ने ख़ून का मुआयना तो किया नहीं था। दाँत निकाले और घर भेज दिया कि जाओ गीली ईंट का सेंक करो! जब ख़ून बन्द नहीं हुआ तो रात को उसके रिश्तेदार उसे मेयो हस्पताल छोड़ आये। वे भी कुछ नहीं कर सके और दूसरे दिन ज़्यादा ख़ून बह जाने से हस्पताल में उसकी मौत हो गयी। ज़ाहिर है कि उसके घर वालों को तार गया। कुछ दिन बाद उसके माँ-बाप छाती पीटते डॉ॰ लखनपाल के आ बैठे और आज तो वह इतनी बातें बना रहा था, उस दिन आप देखते तो जानते — उसकी सारी बोलती बन्द हो गयी थी। हाथों के तोते उड़ गये थे उसके! मैं न होता तो जाने उसकी क्या हालत होती ?"

"तुमने क्या कहा उन लोगों से ?"

"किन लोगों से ?"

"मरहूम[१] के माँ-बाप से ?"

"मैंने उनको समझाया कि इसमें डॉक्टर लखनपाल का नहीं, पहले उन लोगों का कसूर है, जिन्होंने आपके बेटे को हस्पताल भेजा, फिर हस्पताल वालों का है, जो ख़ून न

---

१. दिवंगत

बन्द कर सके। उसका ख़ून नहीं थमा था तो उसे यहीं लाना चाहिए था। ये इस काम के माहिर हैं, फ़ौरन ख़ून बन्द कर देते। हस्पताल वाले डॉक्टर क्या जानें ?"

"अगर वो लोग उसे लखनपाल के ले जाते तो क्या ख़ून बन्द कर देता ?" हुनर साहब पूछा।

"ख़ाक बन्द कर देता!" भाई साहब ने कटुता से कहा, "उसकी तो ख़ुद 'उस' से ख़ून जाने लगता।....वो तो मैंने किसी तरह उन देहातियों को समझा-बुझा कर भेजा और लखनपाल की जान-में-जान आयी। —मैं उसकी सारी हकीकत जानता हूँ।" और जैसे अपनी इस ज़ोरदार दलील से उन्होंने अपने छोटे भाई को परास्त कर दिया हो और इस प्रयास में ख़ुद भी निढाल हो गये हों, भाई साहब ने उसी तरह टाँगें फैला लीं और सिर पीछे काउच की पीठ से टेक कर, वैसे ही दायाँ हाथ माथे पर रख कर लेट गये।

चेतन लखनपाल का वह किस्सा पहले ही उनसे सुन चुका। वह सचमुच निरुत्तर हो गया था। कुछ क्षण वह चुप बैठा रहा। फिर उसने कहा, "अच्छा उठिए, इस चक्कर में दोपहर का खाना भी नहीं खाया; चलिए, सिन्धी होटल में खाना खा आयें।"

"हाँ....हाँ...." हुनर साहब ने कहा, "अब गिरे हुए दूध पर टिसवे बहाने से कुछ हासिल नहीं।"

"मुझे भूख नहीं!" भाई साहब ने वैसे ही लेटे-लेटे कहा और जेब से एक रुपये का नोट निकाल कर चेतन की तरफ़ फेंक दिया और बोले, "जाओ तुम हुनर साहब को ले जाओ और खाना खा आओ!"

लेकिन चेतन नहीं हिला। दोनों हाथों पर ठुड्डी टिकाये अपनी जगह बैठा रहा। न जाने वे कब तक ऐसे ही बैठे रहते, अगर उसी वक्त भाई साहब के एक पेशेण्ट न आ जाते।....बाहर सीढ़ियों पर कदमों की चाप सुन कर चेतन चौंका। उसने रुपया उठा लिया। लेकिन भाई साहब वैसे ही बैठे रहे। दूसरे क्षण एक मँझले कद के, गोरे-चिट्टे साहब, बढ़िया सूट-बूट पहने और सिर पर क्रिस्टी टोपी लगाये, अन्दर आये और बोले, "डॉक्टर साहब, माता जी मुलतान से आ गयी हैं, कल इतवार हे, कहिए ले आऊँ ?"

भाई साहब बड़े थके भाव से उठे। "मेरी तबियत ठीक नहीं लाला जी," उन्होंने मरी-सी आवाज़ में कहा, "दो-तीन दिन मैं कोई पेचीदा काम हाथ में नहीं ले सकता। आपकी माता जी के दाँतों का इम्प्रेशन लेना है, ज़रा भी हाथ हिल गया तो सेट ख़राब हो जायेगा।"

"मैं तो सेक्रेटेरिएट ही से इधर चला आया था। ठीक है, परसों शाम फिर पता करूँगा।" और वे साहब जैसे आये थे, वैसे ही निकल गये।

"कौन थे ?" चेतन ने पूछा।

"हाकिमचन्द!"

"आपने मेरा ज़िक्र क्यों नहीं किया, आपसे कहा था कि वे आयें तो ज़रा...."

"लोक्काँ नूँ लोक्काँ दी, गिगड़ी नूँ जोंक्काँ दी[१]।" भाई साहब ने एक कहर-भरी नज़र पर डालते हुए, व्यंग्य और चिड़चिड़ाहट से कहा।....

---

१. लोगों को लोगों की (चिन्ता), जोंक वाली को जोंकों की (चिन्ता)।

लेकिन चेतन ने, तो अपनी बात पूरी की, न उनकी सुनी। वह उठा और दुकान से निकल कर, लाला हाकिमचन्द के पीछे भागा।

अट्ठाईस

दूसरी सुबह, जब दस बजने से दस मिनट पहले, चेतन मुलतान रोड के सरकारी क्वार्टरों में १८-बी के आगे खड़ा था तो साँस दुरुस्त करता हुआ, वह यही मना रहा था कि लाला हाकिमचन्द अपने वचन के अनुसार मिल जायें और उसका आना व्यर्थ न जाय। पिछली शाम लाला हाकिमचन्द अभी पुरानी अनारकली के चौरस्ते तक भी न पहुँचे थे कि चेतन ने भाग कर उन्हें जा लिया था और डॉ० रामानन्द के छोटे भाई तथा पत्रकार और कथाकार ने नाते अपना परिचय दे कर, उनसे घर पर मिलने का समय और घर का पता ले लिया था। सुबह वह जल्दी तैयार हो कर, साइकिल उड़ाता हुआ, अमृतधारा रोड से पूरे ढाई मील की मंज़िल मार कर, मुलतान रोड पहुँचा था और सरकारी क्वार्टरों में १८-बी का पता पूछता हुआ, लाला हाकिमचन्द के दरवाज़े पर आ गया था।

उस सरकारी कॉलोनी में तीन तरह के क्वार्टर थे — ए, बी, सी! ए-सेक्टर के क्वार्टर तो नाम मात्र के क्वाटर थे; वास्तव में, वे छोटे-छोटे बँगले थे। उनके आगे-पीछे घास के लॉन और फूलों की क्यारियाँ थीं, दोनों ओर सड़कें थीं और उनमें ऊँचे दर्जे के अफ़सर रहते थे। बी-सेक्टर के क्वार्टर भी छोटे-मोटे मकान ही थे —कम-से-कम दो-दो सोने के कमरे, एक ड्राइंग-रूम और दो तरफ़ बरामदे और आँगन, गोदाम, रसोई-घर, गुसलख़ाना वग़ैरा! इनमें हेड क्लर्क और सुपरिण्टेण्डेण्ट आदि, बीच के अफ़सर रहते थे। सी-सेक्टर के क्वार्टर, सच्चे अर्थों में क्वार्टर थे। उनमें सिर्फ़ एक कमरा, छोटी-सी रसोई, छोटा-सा आँगन, स्नान-घर और शौचालय था। ये क्वार्टर, क्लर्कों के क्वार्टर थे। चपरासियों और मेहतरों आदि के लिए कालोनी से ज़रा दूर, बैरकें बनी थीं, जिनमें एक-एक कोठरी थी और छोटे-छोटे बरामदे, जिनमें वे लोग खाना पकाते थे। सबके लिए इकट्ठे शौचालय बने थे और प्रकट ही उन ग़रीबों के लिए किसी तरह की प्राइवेसी अथवा पर्दा ज़रूरी नहीं समझा गया था। —यह सरकारी कॉलोनी शासन और समाज के विभिन्न वर्गों का आईना थी। लाला हाकिमचन्द अपने विभाग के सुपरिण्टेण्डेण्ट थे। इसलिए बी-सेक्टर में रहते थे। चेतन क्षण भर उनके दरवाज़े के आगे रुका, साँस दुरुस्त करता रहा। फिर उसने साइकिल को एक ओर खड़ा करके दरवाज़े पर दस्तक दी।

किवाड़ एक पतले-दुबले, साँवले मुण्डू ने खोले। चेतन क्षण भर उस नौकर-छोकरे को देखता रह गया। आम मध्यवर्गीय घरों के मुण्डू, जैसे मैले-कुचैले कपड़े (कोई पुरानी कमीज़ या फटी, पैबन्द-लगी निक्कर) पहने रहते हैं, वैसे उसके तन पर नहीं थे। घर का धुला, साफ़ कमीज़-पायजामा उसने पहन रखा था और बाल सफ़ाई से सँवार रखे थे। 'लड़का शौकीन लगता है,' चेतन ने मन-ही-मन कहा। लाला हाकिमचन्द की सुरुचि-सम्पनता का भी वह कायल हुआ, जिन्होंने अपने नौकर को इतने साफ़-सुथरे कपड़े

दे रखे थे।

"किससे मिलना है ?" मुण्डू ने पूछा।

"लाला हाकिमचन्द जी ने मुझे वक्त दे रखा है।" चेतन कहा।

"आप कहाँ से आये हैं ?"

चेतन ने जवाब न दे कर, एक चिट पर अपना नाम लिखा और मुण्डू को देते हुए कहा, " यह उन्हें दे दो।"

मुण्डू चिट ले कर अन्दर चला गया तो चेतन ने झट से अपनी साइकिल को ताला लगा कर, उसे दीवार से टिका दिया। इतने में छोकरा वापस आ गया। चेतन को साथ ले जा कर, उसने ड्रॉइंग-रूम में बैठा दिया।

कैसे वह सोसाइटी की सदयस्ता के अभियान-सम्बन्धी अपने पुराने अनुभवों से लाभ उठाये और लाला हाकिमचन्द के किले को सफलता से सर कर दे —चेतन रास्ते भर यही सोचता आया था। अपनी रणनीति उसने बड़े सोच-विचार के बाद तय की थी। इस सिलसिले में उसे डेल कार्नेगी के उस लेख की याद आयी थी जिसे उसने कभी उपेक्षा से फेंक दिया था हालाँकि उस वक्त तो 'हाउ टू विन फ़्रेण्ड्स ऐण्ड इन्फ़्लुएन्स पीपल' के लेखक को मन-ही-मन उसने बेभाव की सुनायी थी, लेकिन अजाने ही डेल कार्नेगी के सूत्र उसके दिमाग़ और ग्रहणशील मन पर अंकित हो गये थे। यह बात उसे भाई साहब से मालूम हो चुकी थी कि लाला हाकिमचन्द मामूली जूनियर क्लर्क से उन्नति करके, विभाग के इनचार्ज बन गये हैं और डेल कार्नेगी के उन्हीं सूत्रों की रोशनी में चेतन ने तय किया था कि वह उनकी इसी कार्यपटुता, फुर्ती और प्रशासकीय योग्यता की प्रशंसा करके अपने में उनकी दिलचस्पी पैदा करेगा।

उसे बैठे चन्द ही मिनट हुए होंगे कि लाला जी, पायजामा-कमीज़ और उस पर रेशमी ड्रेसिंग गाउन पहने हुए, बिलकुल इतवारी मूड में अन्दर से आये। चेतन ने कुर्सी से उठ कर उन्हें 'नमस्कार' किया और बोला, "मैं तो पहली बार इधर आया हूँ। यह कॉलोनी तो काफ़ी दूर है।"

"हाँ, दूर तो है!" लाला जी ने स्वयं आराम-कुर्सी पर बैठते और उसे भी बैठने का संकेत करते हुए कहा, "लेकिन इतनी साफ़ और खुली जगह शहर में नहीं मिल सकती।"

"हाँ यह तो है।" चेतन ने समर्थन किया। "हार्डी का एक रोमानी उपन्यास है — फ़ार फ़्रॉम द मैडिंग क्राउड — इस कॉलोनी को देख कर मुझे उसी की याद आ गयी।" और वह बड़े तकल्लुफ़ से हँसा।

चेतन ने फ़ौरन सोसाइटी का ज़िक्र नहीं किया; न उसने उनकी प्रशासकीय क्षमता की ही तारीफ़ की, बल्कि उसने एक दूसरी ही तरफ़ से सेंघ लगाने का प्रयास किया : "आपके मुण्डू को देख कर बड़ी ख़ुशी हुई," चेतन ने कहा, "मैं जर्नलिस्ट हूँ, न जाने कितने लोगों से मेरा वास्ता पड़ता है, इतना साफ़ नौकर तो मैंने बड़े-बड़ों के नहीं देखा।" वह क्षण भर को रुका। लाला जी चुप रहे। चेतन ने रद्दा जमाया, "हमारे यहाँ कहावत है कि घर के भाग्य का पता देहरी से चलता है और मालिक के भाग्य का, नौकर से; लेकिन मैं हमेशा भाग्य की जगह कल्चर रखता हूँ, क्योंकि धनी-मानी सेठों में भी नौकर मैले-कुचैले,

तार-तार कपड़ों में दिखायी दे जाते हैं। मालिक कल्चर्ड होगा तो नौकर को साफ़ कपड़े पहने देखना चाहेगा।"

"मुझे गन्दे नौकर पसन्द नहीं।" लाला जी ने सिर्फ़ इतना कहा।

तब चेतन ने तीसरा तीर छोड़ा।

"आपसे मिलने का बहुत मन था," उसने कहा,"भाई साहब आपको बहुत मानते हैं। कई बार उन्होंने इस बात का ज़िक्र किया है कि उनके यहाँ बड़े-बड़े अफ़सर आते हैं — लेकिन पहरावे और चाल-ढाल से आप जैसे एफ़िशियेण्ट ऐडमिनिस्ट्रेटर,[१] कम ही दिखायी देते हैं। अफ़सरी आम तौर पर लोगों को ढीला कर देती है, लेकिन भाई साहब कहा करते हैं कि लाला हाकिमचद अफ़सर हो कर और भी ज़्यादा एफ़िशियेण्ट हो गये हैं।"

चेतन क्षण भर रुका। लाला हाकिमचन्द ने इस प्रशंसा की भी कोई सनद नहीं दी। वे चुपचाप चेतन को गहरी नज़र से देखते रहे, जैसे इस बात का अन्दाज़ा कर रहे हों कि लड़का आख़िर चाहता क्या हैं ?

उनकी तेज़ निगाहों से चेतन विचलित नहीं हुआ। उसने कहा, "भाई साहब एक दिन कह रहे थे," चेतन ने बात जारी रखी, "कि लाला हाकिमचन्द में कुछ ऐसी ख़ूबियाँ हैं, जो ज़रूर ही उन्हें संस्कारों से मिली होंगी। बड़े-बड़े अफ़सर काम करा लेते हैं, लेकिन फ़ीस देते वक्त खिट-खिट करते हैं। लाला हाकिमचन्द कभी ऐसा नहीं करते; शुरू में चाहे वे कितनी भी बहस करें, पर तय हो जाने पर कभी परेशान नहीं करते।" निमिष भर को वह रुका, फिर बोला, "भाई साहब तो आपकी मिसाल हमेशा अपने दूसरे मरीज़ों को देते हैं।"

लाला हाकिमचन्द पिघले। "नहीं, बचपन के संस्कारों से तो मुझे कुछ नहीं मिला।" वे बोले, "मेरे भी वैसे ही संस्कार हैं, जैसे आम लोगों के। पिता मेरे प्राइमरी स्कूल के टीचर हैं। हाँ, रियाज़ी[२] के उस्ताद मेरे बहुत अच्छे थे। उनसे मैंने ज़रूर कुछ सीखा है। वे काबिल उस्ताद ही नहीं, ज़बरदस्त डिसिप्लिनेरियन[३] भी थे। उनसे सीखा या फिर ज़िन्दगी से — उसे खुली आँखों देख कर।"

लाला हाकिमचन्द पल भर चुप रहे, फिर जैसे कुछ याद करते हुए बोले, "या फिर कुछ सीखा अपने डायरेक्टर डॉब्सन से! अब तो वो विलायत चले गये, पर कुछ साल पहले वो हमार डिपार्टमेण्ट के हाकिम थे — चुस्त और चाक-चौबन्द ही नहीं, होशियार और काबिल भी थे। टालमटोल और हैंकी-पैंकी[४] उन्हें पसन्द नहीं थी। मैंने जो पाया, अपने उस्ताद और मिस्टर डॉब्सन से! दफ़्तर हो या बाहर, मुझे चालबाज़ी पसन्द नहीं। एक बार जो बात कर दी, एक बार जो वादा कर लिया, जो काम ज़िम्मे ले लिया, वह पूरा होना ही चाहिए। हिन्दुस्तानी अफ़सर तो इन ख़ूबियों की कद्र नहीं करते, लेकिन अंग्रेज़ों के यहाँ इन की बड़ी कद्र है। मैं पन्द्रह बरस पहले इसी डिपार्टमेण्ट में चालीस रुपये माहवार पर एक

---

१. कुशल प्रशासक

२. गणित

३. अनुशासन-प्रिय

४. चालबाज़ी, गड़बड़-घोटाला

मामूली क्लर्क की हैसियत से आया था, लेकिन इस अर्से में चार बार मैं सीनियरों को फलाँग कर आगे चला गया और आज मैं उस कुर्सी पर बैठा हूँ, जहाँ मेरे हेडक्लर्क को होना चाहिए, जो मुझसे दस-बारह साल बड़ा है और एक-डेढ़ साल में रिटायर हो जायेगा। हमारे उस्ताद कहते थे : कोई काम लेने या वादा करने से पहले सोच लो, लेकिन वादा करके या काम हाथ में ले कर, पीछे न हटो। मैंने भी अगर कभी कोई मुश्किल काम हाथ में लिया है तो उसे जी-जान से पूरा किया और वक्त पर पूरा किया।...."

"और यह छोटी ख़ूबी नहीं है," चेतन ने लुक्मा दिया, "भाई साहब कहते थे, मैंने लाला हाकिमचन्द के मातहत काम तो नहीं किया, लेकिन जैसे वो चलते या बात करते हैं, उससे लगता है कि वो यकीनन निहायत काबिल ऐडमिनिस्ट्रेटर होंगे!"

(उसके बड़े भाई ने कभी लाला हाकिमचन्द की तारीफ़ में एकाध बात कही थी, चेतन ने उसी की नींव पर प्रशंसा का किला उठा दिया।)

लाला हाकिमचन्द उसकी बातों से निश्चय ही बहुत प्रसन्न हुए। वे थोड़ा और पसर कर बैठ गये और उन्होंने परम उदारता से पूछा : "कहिए, आपने कैसे तकलीफ़ की ?"

चेतन अपने बारे में संक्षिप्त रूप से पिछले ही दिन बता चुका था। अब उसने किंचित विस्तार से अपने हिन्दी-उर्दू अदीब दोस्तों की बात की और कहा कि दोनों एक ऐसी सोसाइटी की ज़रूरत महसूस करते हैं, जिसके स्टेज से दोनों भाषाओं के लेखक और कवि लाहौर के आम पढ़े-लिखों तक पहुँच सकें।

दिलचस्पी लेते हुए लाला जी ने कहा, "हाँ, अभी तक तो आम तौर पर लाहौर की मजलिसों में उर्दू वालों का ही ज़ोर रहा है, अगर आपकी सोसाइटी के ज़रिये हिन्दी वाले भी आगे आयेंगे और भारती भावनाओं को अपनी नज़्मों में रखेंगे तो बहुत अच्छा होगा।"

चेतन मन-ही-मन प्रसन्न हुआ। उसे लगा कि यह तो लाला जी का प्रिय विषय है। वह ऐसे अपनी आँखें उनके चेहरे पर जमाये बैठ गया, जैसे उनके 'मुखारविन्द' से निकलने वाला हर शब्द उसके मन पर अंकित हो रहा हो। लाला जी सोत्साह कहने लगे : "पण्डित देशबन्धु कहते हैं कि उर्दू भाषा में हिन्दू कल्चर और, सच्ची बात कहें तो, भारती कल्चर की तरजुमानी हो ही नहीं सकती। हिन्दुओं के जज़्बात की बात तो दूर रही, हिन्दू देवी-देवताओं, तीर्थों और दरियाओं के नाम तक उर्दू में ठीक से नहीं लिखे जा सकते। इसलिए आपकी संस्था के स्टेज पर अगर उर्दू वालों के साथ हिन्दी वाले भी आयेंगे तो यह अच्छा ही होगा।"

लाला जी ने उसकी बात को जो मोड़ दिया था, उससे चेतन चौंका — "लाला आर्य समाजी है,' उसने मन-ही-मन कहा, लेकिन उसने टोका नहीं, चुपचाप बैठा सुनता रहा। लाला जी कहने लगे : "आप तो जानते होंगे, मुग़लों के आने से पहले हिन्दी का ही दौर-दौरा था और मुसलमान उर्दू शायरों ने भी हिन्दी में ही कविताएँ लिखीं, लेकिन फिर उन्होंने अरबी लिपी को ही राजलिपी बना दिया और धीरे-धीरे उर्दू ज़बान में सब काम होने लगा। जब अंग्रेज़ आये तो राजकाज चलाने के लिए उन्होंने भी उर्दू को आगे रखा और हिन्दी को कहीं भी जगह नहीं दी।"

लाला जी क्षण भर रुके, फिर बोले, "यहाँ उर्दू तो पहली जमात से पढ़ायी जाती है,

लेकिन हिन्दी छठी से शुरू की जाती है। ज़ाहिर है कि बहुत-से लोग, जो उर्दू सीखे होते हैं, हिन्दी-संस्क्रत में कोई दिलचस्पी नहीं लेते। इसलिए हम लोगों ने (लाला जी का मतलब आर्य समाजी स्कूल-कॉलेजों से था) हिन्दी को अहमीयत दी है। हिन्दी 'रतन,' 'भूषन,' और 'प्रभाकर' की परीक्षाएँ महकमा-ए-तालीम से मंज़ूर करायी हैं और उनके ज़रिये बहुत-से लोग हिन्दी सीख और पढ़ रहे हैं। हम लोगों ने सरकारी एड[१] की परवाह नहीं की और अपनी संस्थाओं में हिन्दी की तालीम शुरू की।" और लाला हाकिमचन्द ने बताया कि उनकी अपनी लड़की उस वर्ष हिन्दी 'रत्न' की परीक्षा देगी और इस कॉलोनी में 'रत्न,' 'भूषण' या 'प्रभाकर' की परीक्षाओं के लिए तैयारी करने वाली बीस-पच्चीस लड़कियाँ ज़रूर होंगी।

चेतन उनकी बातें ऐसे ध्यान से सुन रहा था, जैसे लाला हाकिमचन्द उपनिषदों के किसी गहन सूत्र का भाष्य कर रहे हों और उसने वह सब ज्ञान पहले न पाया हो। मन-ही-मन उसने यह भी तय किया कि उनसे दूसरी ही तरह बात करनी होगी और जब लाला हाकिमचन्द काफ़ी देर तक हिन्दी के बारे में आचार्य देशबन्धु के हवाले से अपने बहुमूल्य विचार, काफ़ी मुश्किल उर्दू में (जिसके बीच वे कभी-कभी धाराप्रवाह अंग्रेज़ी भी बोलने लगते थे) व्यक्त कर चुके तो चेतन ने उनका भरपूर समर्थन किया :

"आपने बिलकुल बजा फ़रमाया है," चेतन ने कहा, "मैं ख़ुद बड़ी शिद्दत से यही बात महसूस करता रहा हूँ। कई बरसों से मैं उर्दू में कहानियाँ, ग़ज़लें और नज़्में लिखता आ रहा हूँ, लेकिन इधर मैंने अपनी नज़्मों में हिन्दी शब्दों का इस्तेमाल करना शुरू कर दिया है। "और चेतन ने इस भूमिका के साथ कि हिन्दी-उर्दू-मिली गंगा-जमुनी भाषा में लिखी उसकी एक नज़्म बहुत मक़बूल हुई है, 'बन्दे मातरम' के 'बसन्त एडिशन' के लिए लिखी गयी अपनी रचना :

पतझड़ बीता, बदला मौसम सब ओर है शोर बसन्त आया
मन पगले देखने लायक है, यह छटा निराली सरसों की
पीताम्बर ओढ़ खड़ा जग है, पट आँखों के अब खोल ज़रा
तू देख ज़रा सूरत कैसी मनहर, मतवाली सरसों की

सारी-की-सारी सुना डाली। बीच-बीच में उसने हिन्दी शब्दों की तरफ़ लाला जी का ध्यान विशेष रूप से आकर्षित किया और यह बताया कि उर्दू के सोने में कैसे उसने हीरे-मोतियों की तरह हिन्दी शब्दों के नगीने जड़ दिये हैं।

लाला जी ने नज़्म की दाद दी। बोले, "अब पीताम्बर हमारे कल्चर में एक ख़ास मा'नी रखता है। 'पीले कपड़े' या 'ज़र्द कपड़े' कहने से वह बात नहीं बनती। पीताम्बर की जो कॉनोटेशन[२] हिन्दी में है, उर्दू में हो ही नहीं सकती। यहाँ के अदीबों और शायरों को अगर अपने देश और उसके कल्चर क बारे में कुछ लिखना है तो हिन्दी में ही पूरी तरह से लिखा जा सकता है।"

"आपने बड़ी बारीक बात कही लाला जी," चेतन ने जैसे उनकी बात लोकते हुए

---

१. अनुदान
२. अर्थ-ध्वनि, अभिप्राय

कहा, "उर्दू स्क्रिप्ट में तो बहुत-से हिन्दू नाम लिखे ही नहीं जा सकते। जब हरेन्द्र-सा सीधा-सादा नाम हरिन्दर, हरन्दर, हरून्दर या हरन्दुर पढ़ा जा सकता है तो मृत्युंजय उपाध्याय या मृणाल कान्ति घोष की तो बात ही जाने दीजिए। शक्ति और शान्ति जैसे सरल शब्द उस लिपि में शक्ती और शान्ती बन जाते हैं, कृष्णा और ब्रह्मपुत्र, क्रिशन और बरहमपुत्तर!"

चेतन हल्के से हँसा। लेकिन बात उसने जारी रखी : "फिर धर्म-ग्रन्थों का तरज़ुमा तो उर्दू में हो ही नहीं सकता। मैंने तय किया है कि अपनी सोसाइटी में हिन्दी के सारे साहित्यकारों को ले आऊँगा। मैं अगर एक जलसे में उर्दू अदीबों को बुलाऊँगा तो दूसरा, हिन्दी साहित्यकारों के लिए रखूँगा।" इस मरहले पर चेतन ने अपनी तमाम हिन्दी मित्रों के नाम लिये और उनके कारनामे गिनाये और यह भी कहा कि उन सब ने सोसाइटी का स्वागत, दिल से किया है।

"क्या नाम रखा है आपने सोसाइटी का ?" सहसा लाला जी ने पूछा।

चेतन का दिल बल्लियों उछल गया। लाला जी सोसाइटी में दिलचस्पी ले रहे हैं। उसकी लाइन ऑफ़ ऐक्शन एकदम ठीक उतर रही थी। उसने धड़कते दिल के साथ नाम बताया —"सोसाइटी फ़ॉर यू एण्ड मी।"

"नाम तो अच्छा है —तेरी-मेरी सोसाइटी!" और वे हँसे।

तब चेतन ने इतनी देर बार उन्हें सोसाइटी का परिपत्र दिया।

लाला जी ने बड़े ध्यान से उस की एक-एक पंक्ति पढ़ी। फिर सहसा उन्होंने पूछा, "इसका प्रेज़िडेण्ट कौन है ?"

"प्रेज़िडेण्ट जनरल बॉडी की मीटिंग में चुना जायेगा।" चेतन ने कहा, "कुछ और मेम्बर और सरपरस्त बन जायें, फिर मैं जनरल बॉडी की मीटिंग बुलाऊँगा (यहाँ चेतन ने बताया कि तब तक कितने मेम्बर और सरपरस्त बन चुके हैं) सोचता हूँ, राजा महेन्द्रनाथ या लाला हरकिशन लाल से प्रेज़िडेण्ट बनने को कहूँ। आपकी क्या राय हैं ?"

"लाला हरकिशन लाल मान जायें तो क्या बात है।" लाला जी ने कहा।

"दो-एक बार जाना पड़ेगा," चेतन ने कहा, "मान तो वे जायेंगे ही।"

"क्या वाइस-प्रेज़िडेण्ट भी रखेंगे ?" लाला जी ने पूछा।

लाला जी की बढ़ती हुई दिलचस्पी देख कर चेतन ने मन-ही-मन तय किया कि लाला हाकिमचन्द कुशल प्रशासक हैं, यदि वे सोसाइटी के सदस्य या सरपरस्त बन जायें तो उन्हें वह उप-प्रधान बना देगा। प्रधान तो कभी-कभी आया करेंगे, सब काम तो उप-प्रधान ही करेंगे और उसी वक्त सोच कर उसने कहा, "हाँ, सोसाइटी का एक वाइस-प्रेज़िडेण्ट भी होगा। आप तो जानते हैं, लाला हरकिशन लाल हों या राजा महेन्द्रनाथ, वे बहुत मसरूफ़ लोग हैं, सोसाइटी की हर मीटिंग में आना उनके लिए मुश्किल होगा। सब काम वाइस-प्रेज़िडेण्ट ही करेगा। प्रेज़िडेण्ट और वाइस-प्रेज़िडेण्ट के अलावा, संगीत, आर्ट, कहानी और कविता —सोसाइटी के चार विंग होंगे और इनके अलग-अलग प्रधान और उप-प्रधान होंगे।"

"और एग्ज़िक्यूटिव ?"

"चार से दस तक एग्ज़िक्यूटिव के मेम्बर होंगे," चेतन ने सोत्साह बताया, "मेम्बरों और सरपरस्तों की तादाद के मुताबिक! उनका चुनाव भी जनरल बॉडी की मीटिंग में होगा।"

"सेक्रेट्री तो आप ही होंगे।"

"फ़िलहाल तो मैं ही हूँ, लेकन आख़िरी फ़ैसला जनरल बॉडी की मीटिंग में होगा!"

"दो सुझाव मेरे भी हैं।" लाला जी ने कहा।

"ज़ी फ़रमाइए!" चेतन जैसे बिछ-बिछ गया।,

"एक तो यह," लाला जी बोले, "कि आप सोसाइटी के स्टेज से कभी-कभार स्वामी शुद्धदेव या स्वामी सत्यदेव जैसे विद्वानों की कथा कराइए और कभी आचार्य देशबन्धु जैसे ज्ञानियों के भाषण रखिए, ताकि सोसाइटी के सदस्यों का अध्यात्म-ज्ञान बढ़े।"

"आप ठीक कहते हैं," चेतन ने कहा "मैं ज़रूर इसका प्रबन्ध करूँगा।"

"दूसरे यह कि आप आचार्य-देशबन्धु को सोसाइटी का प्रधान या उप प्रधान बनाइए।"

चेनत को उनके दोनों सुझाव हास्यास्पद लगे थे —विशेषकर अपनी सोसाइटी के सन्दर्भ में —लेकिन तत्काल सोच कर उसने कहा, " सोचता हूँ, हम सोसाइटी का एक धार्मिक विंग भी रखें, उसका प्रधान आचार्य जी को बना दें।"

"हाँ, यह ठीक है!" लाला जी ने सन्तोष से कहा।

तब चेतन को लगा कि जिस काम के लिए वह आया है, अब उसकी चर्चा का वक्त आ गया है।

"मैंने यह सोचा है कि आप सोसाइटी के सरपरस्त भी बनें और वाइस-प्रेज़िडेण्ट भी।" चेतन ने ऐसे कहा, जैसे उनका सरपरस्त बनना तो मानी हुई बात है, उप-प्रधान के पद का लालच उसने और दे दिया। "प्रेज़िडेण्ट तो कभी-कभार आयेगा, वाइस-प्रेज़िडेण्ट को ही सब ज़िम्मेदारी निभानी होगी।"

"नहीं, मैं तो किसी संस्था में कोई ज़िम्मेदारी का ओहदा नहीं ले सकता।" लाला जी ने कहा, "दफ़्तर में मेरा काम बहुत जिम्मेदारी का है; ये फ़ाइलों का थब्बा (उन्होंने ज़मीन से कुर्सी के बराबर ऊँचा हाथ रख कर बताया) घर लाना पड़ता है।"

और जैसे उनके रास्ते में यही बाधा हो, चेतन ने कहा, "आप सरपरस्त बन जाइए और वाइस-प्रेज़िडेण्ट बनने के लिए 'हाँ' भर कर दीजिए, आपका सारा काम तो मैं ही कर दूँगा। आपसे समय ले कर ज़रूरी काग़ज़ात पर आपके दस्तख़त करा जाया करूँगा।"

"नहीं, मैं सरपरस्त नहीं बन सकता।"

चेतन का दिल बैठ गया। उसका चेहरा भी ज़रा-सा उतर गया। उसे लगा कि शायद दस रुपया महीना देना, लाला हाकिमचन्द के लिए कठिन है। ऐसे व्यक्ति को, जिसने सोसाइटी में इतनी दिलचस्पी दिखायी हो, सिर्फ़ इसी बिना पर छोड़ देना, चेतन को स्वीकार नहीं हुआ। उसने कहा : "आप आम मेम्बर भी बन जायेंगे तो मुझे ख़ुशी होगी। मैंने इतने सरपरस्त और मेम्बर बनाये हैं, किसी ने मुझे इतने कारआमद सुझाव नहीं दिये। आप...."

"नहीं, मैं मेम्बर भी नहीं बन सकता।" लाला जी ने उसकी बात काटते हुए कद्रे

रुखाई से कहा।

चेतन एकदम हतप्रभ हो गया। उसने आँख उठा कर देखा — लाला हाकिमचन्द, परम सन्तुष्ट भाव से आराम-कुर्सी पर पसरे थे। उसके मन में क्रोध का भयंकर तूफ़ान उठा। उसके जी में आयी, कहे, 'साले, अगर तू मामूली मेम्बर भी नहीं बन सकता था तो घण्टे भर से सोसाइटी के कायदे-कानून के बारे में इतनी मीन-मेख़ निकाल कर क्यों मेरा दिमाग़ चाट रहा था ? तू इतना बड़ा अफ़सर है, क्या यह भी नहीं जान सका कि यह जो कमबख़्त इतनी लम्बी मंज़िल मार कर, सोसाइटी के ब्रोशर उठाये, तेरे घर आया है, सिर्फ़ तेरी सूरत तो नहीं देखने आया। साला, मैं मेम्बर भी नहीं बन सकता का....' लेकिन मन के भावों का सहस्रांश भी उसने चेहरे पर नहीं आने दिया। पहले उसने सोचा, उठे, लाला जी को 'नमस्कार' करे और चल दे; लेकिन यूँ असफल हो कर उठ जाना उसे स्वीकार नहीं हुआ। उसने नये सिरे से सोसाइटी के महत्व का ज़िक्र करना शुरू किया और वे दलीलें पेश कीं, जो प्रायः वह दूसरी जगहों में बात शुरू करने से पहले देता आया था कि लाहौर में सिर्फ़ एक ही वैसी संस्था है — 'पंजाब लिट्रेरी लीग'! लेकिन वह तो लाहौर के जजों, बैरिस्टरों, कौंसिल के मेम्बरों और प्रसिद्ध और सफल ऐडवोकेटों की संस्था है, आदि....आदि....और अन्त में उसने कहा कि वह तो आशा ले कर आया था कि लाला जी ही सदस्य नहीं बनेंगे, अपनी लोकैलिटी के अन्य मित्रों को भी संस्था के सदस्य बनायेंगे।

लेकिन लाला हाकिमचन्द टस-से-मस नहीं हुए : "बात आप ठीक कहते हैं," उन्होंने कहा, "आपकी सोसाइटी कारआमद भी है, मेरी सारी शुभकामनाएँ आपके साथ हैं, लेकिन मैं इस सिलसिले में आपकी कोई मदद नहीं कर सकता, क्योंकि मेरा दफ़्तर और मेरे सारे कलीग्ज़ पहली मई को पाँच महीनों के लिए शिमला जा रहे हैं। मैं तो दो दिन पहले ही चल दूँगा। जिस सोसाइटी के किसी जलसे में चार-पाँच महीने तक मैं कोई हिस्सा नहीं ले सकता, उसका मेम्बर बनने और मुफ़्त चन्दा देने के लिए तो आप मुझे नहीं कह सकते।" (बिना रुके दूसरी ही साँस में उन्होंने कहा :) "आप कहें तो भी ऐसा करना मेरे उसूल के ख़िलाफ़ है, और मैं मेम्बर नहीं बन सकता।"

लाला हाकिमचन्द के स्वर में कुछ ऐसी निश्चयात्कता और सख़्ती थी कि चेतन को लगा, अब आगे इस सिलसिले में एक भी शब्द कहना बेकार है। वह एकदम हतोत्साह और विक्षुब्ध हो कर उठा कि उन्हें 'नमस्कार' करे और चल दे कि तभी लाला हाकिमचन्द ने एक ऐसी बात कही कि वह रुक गया।

"मैं जानता हूँ, आपको बुरा लग रहा है," उन्होंने कहा, "लेकिन आप ज़रा अपने आपको मेरी पोज़ीशन में रख कर देखिए, आप मुझसे मुत्तफ़िक हो जायेंगे," वे क्षण भर को रुके। फिर उन्होंने कद्रे हँस कर कहा, "मैं तो आपकी कोई मदद नहीं कर सका, लेकिन आप चाहें तो मेरी थोड़ी मदद कर सकते हैं।"

अपने तमाम क्रोध और निराशा को दबा कर, हल्का-सा सिर को झुकाते और मुस्कराते हुए चेतन ने कहा, "हुक्म कीजिए, मैं आपकी क्या ख़िदमत कर सकता हूँ ?"

"मैंने आपसे ज़िक्र किया था न, कि मेरी लड़की चन्द्रा 'हिन्दी रतन' में पढ़ती है। पिछले साल वह मैट्रिक में फ़ेल हो गयी थी। मैं ख़ुद तो पढ़ा नहीं सकता। ट्यूटर रखा था,

लेकिन वह पास नहीं हुई। आप तो इतने हिन्दी वालों को जानते हैं, अगर किसी पण्डित का पता दें, जो उसकी ट्यूशन ले सके और उसे यकीनन पास करा सके, तो मैं बेहद मशकूर हूँगा।"

चेतन चौंका। उसका दिमाग़ बड़ी तेज़ी से काम करने लगा। अगर यह ट्यूशन उसे मिल जाये तो वह अगले चार महीनों में ही लॉ-कालेज के लिए प्रवेश-शुल्क के रुपये जोड़ लेगा!....दोबारा बैठते हुए उसने पूछा, "आपकी लड़की कहाँ तक पढ़ी है ?"

सीधा जवाब देने के बदले लाला जी ने घुमा कर बात की, "मेरे पास तो ज़्यादा वक्त नहीं रहता," उन्होंने कहा, "जैसा कि मैंने आपको बताया है, सारे डिपार्टमेण्ट की ज़िम्मेदारी मेरे सिर है। फ़ाइलें मेरे साथ ही घर आती हैं और गयी-गयी रात तक मुझे दफ़्तर का काम करना पड़ता है।" फिर ज़रा-सा हँसते हुए बोले, "जहाँ तक दिमाग़ का ताल्लुक है, वो मुझ पर नहीं, शायद अपनी माँ पर पड़ी है। दो बार मैट्रिक में फ़ेल हो चुकी है, लेकिन मेरी बहुत ख़्वाहिश है कि वो किसी-न-किसी तरह बी०ए० कर ले। डिग्री तो वे शायद ले नहीं सकती, पर मैं चाहता हूँ कि तीन बरसों में 'रतन,' 'भूषन' ओर 'प्रभाकर' का इम्तहान दे कर, सिर्फ़ अंग्रेज़ी में मैट्रिक, एफ़०ए० और बी०ए० कर ले और यूँ डिग्री न सही, बी०ए० का डिप्लोमा तो ले ही ले!"

एकदम बात को संस्था के चन्दे से ट्यूशन की ओर मोड़ने में चेतन को कुछ अटपटा-सा तो लगा, पर उसने फ़ौरन कहा, "आप चाहें और मुझे मौका दें तो मैं ही उसे हिन्दी 'रतन' करा दूँगा।"

"आप तो सोसाइटी चला रहे हैं और मैं ऐसा ट्यूटर चाहता हूँ, जो मेरे साथ शिमला जा सके," लाला जी ने कद्रे बेसब्री से कहा।

चेतन ने सोचा कि यह तो और भी अच्छा है, वह दिल से चाहता था कि कविराज उसे इस वर्ष भी अपने साथ शिमला ले जायें और वह सोसाइटी के चक्कर में न पड़े, लेकिन वे साफ़ टाल गये थे। वह जानता था, कविराज इस वर्ष भी ज़रूर शिमला जायेंगे, अगर लाला जी उसे अपने साथ ले जाते हैं तो किसी-न-किसी दिन माल पर उनसे आमना-सामना हो जायेगा। कितना मज़ा आयेगा! और वह उत्साहित हो आया, लेकिन तभी दूसरे पल उसे ख़याल आया कि उसे तो उतनी हिन्दी नहीं आती। लाहौर में तो दिन भर वह चातक जी अथवा नीरव जी की मदद से पाठ पढ़ कर चन्दा को पढ़ा सकता है, लेकिन शिमले में उसे कठिनाई होगी। तब उसने सोच लिया कि चलने से पहले वह मोहनलाल रोड से किताबों के नोट्स ले आयेगा। शिमले में वह चन्द्रा को गद्य, पद्य इतिहास और निबन्ध पढ़ा देगा। रही ग्रामर और छन्द-अलंकार वग़ैरा की बात, तो वह सब लाहौर आ कर पहले चन्दा से पढ़ लेगा, फिर चन्द्रा को पढ़ा देगा।....दो-चार क्षण वह सोच की मुद्रा में, माथे पर उँगली फेरता रहा, फिर उसने ऐसे पूछा, जैसे वह किसी और ट्यूटर के सिलसिले में जानकारी चाह रहा हो।

"कितने महीने आपके ट्यूटर को शिमला रहना होगा ?"

"पाँच महीने — मई से तीस सितम्बर तक।"

चेतन के दिमाग़ में गत वर्ष के शिमला-प्रवास का अपना अनुभव घूम गया। उसने

कहा, "वहाँ खाने-रहने का क्या इन्तज़ाम होगा ?"

"जो भी जायेगा, खाना हमारे साथ खायेगा," लाला जी ने कहा और समझाया, "याने जो हम खायेंगे, वही वो खायेगा और जहाँ हम रहेंगे, वहीं वो रहेगा।"

"ट्यूटर को आप कितने रूपये महीना देंगे ?"

"मैं सोचता हूँ, मैं चालीस रुपये महीना दे सकूँगा।" उन्होंने अंग्रेज़ी में कहा।

चेतन ने जल्दी-जल्दी मन में हिसाब लगाया —कविराज उसे सूखे पचास रुपये देते थे। खाना उसे मील-डेढ़ मील चल कर खाना पड़ता था। ढाबे के खाने से लाला जी के घर का खाना हर हाल में अच्छा होगा। रोटी और रिहायश के साथ चालीस रुपये बुरे नहीं, लेकिन उसने इस तरह कहा, जैसे वह किसी दूसरे की सिफ़ारिश कर रहा हो : "देने तो आपको पचास रुपये चाहिएँ..."

"नहीं, चालीस से एक पाई ज़्यादा नहीं दूँगा," लाला जी ने उसकी बात काट कर कहा, "मैं सोच चुका हूँ।"

तब चेतन ने थोड़ा झिझकते हुए कहा, "आप मंज़ूर करें तो मैं चला चलूँगा।"

"लेकिन आपकी सोसाइटी का क्या होगा ?"

चेतन ने आँख उठा कर उनकी ओर देखा कि उन आँखों में व्यंग्य है अथवा महज़ जिज्ञासा। फिर उस ओर से आश्वस्त हो कर उसने कहा, "सोसाइटी को उतने दिन जनरल सेक्रेट्री या असिस्टेण्ट सेक्रेट्री देख लेंगे। प्रेज़िडेण्ट की मदद से वो सोसाइटी का काम चलायेंगे। वापस आ कर मैं सँभाल लूँगा।"

(हालाँकि चेतन के दिमाग़ में पहले किसी जनरल सेक्रेट्री या असिस्टेण्ट सेक्रेट्री की बात नहीं थी। वह स्वयं सोसाइटी का सेक्रेट्री होगा, यही उसने तय किया था, लेकिन लाला हाकिमचन्द से यह बात कहते ही उसने तय किया कि अगर उसे यह ट्यूशन मिल जाती है तो जाने से पहले वह सोसाइटी का उद्घाटन करके, उसी जलसे में हुनर साहब को जनरल सेक्रेट्री और शातिर को असिस्टेण्ट सेक्रेट्री बनवा देगा। जितने पैसे इकट्ठे हो गये हैं, उनकी एक शानदार पार्टी, मेम्बरों और सरपरस्तों को देगा और सोसाइटी की मुसीबत हुनर साहब के गले डाल, शिमला चला जायेगा।

"आपको कुछ पढ़ने-पढ़ाने का तजरुबा भी है ?" सहसा लाला हाकिमचन्द ने प्रश्न किया।

(प्रकट ही लाला जी उससे पिण्ड छुड़ाना चाहते थे, लेकिन चेतन ने उनके इस प्रश्न को वरदान समझ कर, इसके सहारे अपनी बात आगे बढ़ा दी।) लाला हाकिमचन्द के आर्य समाजी रुझान को जान कर उसने सबसे पहले जालन्धर के साईंदास ऐंग्लो-संस्कृत हाई स्कूल और डी०ए०वी० कॉलेज का उल्लेख किया और इशारे से यह बताया कि वह प्राइमरी से बी०ए० तक, आर्य समाजी संस्थाओं में पढ़ा है। फिर उसने कहा : मैं तो बी०ए० का इम्तहान दे कर ही, अपने स्कूल में आठवीं से दसवीं तक के लड़कों को पढ़ाने लगा था। हेड मास्टर ने, पढ़ाने में मेरी दिलचस्पी देख कर, मुझे दो ट्यूशनें भी ले दी थीं।"

वह क्षण भर को रुका। फिर बोला, "यूँ नौकरी की मुझे कमी नहीं है। लगभग दो बरस मुझे अख़बारों में काम करते हो गये हैं। लेकिन वहाँ रात की ड्यूटी देनी पड़ती है

और सेहत मेरी गिर गयी है। इसीलिए मैंने अख़बारों की नौकरी छोड़ दी है और आते सितम्बर में लॉ कॉलेज में दाख़िला ले लूँगा। आप मुझे मौका देंगे तो आपको शिकायत न होगी। आपकी लड़की को मैं यकीनन पास करा दूँगा।"

लाला जी चुपचाप उसकी बातें सुनते रहे। तब उत्साह पा कर चेतन ने उन्हें बताया कि ग्रैजुएट ट्यूटर, किसी शास्त्री-वास्त्री से किस तरह अच्छा होता है; कि हिन्दी 'रत्न' में एक पेपर इतिहास का रहता है। उसका स्तर मिडल अथवा मैट्रिक में पढ़ाये जाने वाले इतिहास से ऊँचा नहीं होता। पण्डित तो उतना ही पढ़ायेगा, जितना पुस्तक में लिखा होगा। पर ऐसा ट्यूटर, जिसने बी०ए० तक इतिहास पढ़ रखा हो, छात्र को निश्चय ही ऐसे संकेत दे सकता है, जिससे कि वह ज़्यादा-से-ज़्यादा नम्बर पा जाये!

'मिसाल के लिए बादशाह बलबन ही को लीजिए।" चेतन ने कहा, "छोटे दर्जों के इतिहास में यह कहीं भी नहीं पढ़ाया जाता कि बलबन ने अपने उन चालीस दोस्तों को मरवा डाला था, जो जवानी में उसके साथी थे और जिनके बल पर वह आगे बढ़ा और बादशाह बना था। अब अगर स्टूडेण्ट को इस बात की जानकारी हो और वो बलबन पर नोट लिखते समय एक पंक्ति में यह बात लिख दें तो उसे चार में से चार नम्बर मिल जायेंगे।"

और चेतन ने राणा साँगा, अलतमश, रज़िया सुल्तान, शेरशाह सूरी, आदि, इतिहास के उन प्रसिद्ध व्यक्तियों के बारे में, जिन पर प्रायः चार-चार अंकों के प्रश्न पूछे जाते थे, लाला हाकिमचन्द को कई ऐसी जानने योग्य बातें बतायीं। फिर उसने कहा "छठा पेपर एस्से (निबन्ध) का होता है। मैं ख़ुद कहानियाँ और नज़्में लिखता हूँ। आठवीं जमात में जो एस्से मैंने लिखा था, वह हमारे पण्डित ने मैट्रिक के छात्रों को सुनाया था और मुझे पन्द्रह में से पन्द्रह नम्बर दिये थे। मैं आपकी लड़की को इतना सुन्दर एस्से लिखना सिखा दूँगा कि अगर वह ग्रामर में कुछ कमज़ोर भी हुई तो एस्से के पेपर में सौ में से अस्सी नम्बर ले कर पास हो जायेगी।"

लाला हाकिमचन्द काफ़ी प्रभावित हुए। लेकिन उन्होंने 'हाँ' की, न 'ना' और कहा कि वे ट्यूटर तो आचार्य देशबन्धु की राय ही से रखेंगे।

"एक हफ़्ते बाद आप मुझसे मिलियेगा," उन्होंने कहा, "इस बीच मैं आचार्य जी से राय ले लूँगा।"

"आचार्य देशबन्धु मुझे अच्छी तरह जानते हैं।" चतन ने कहा, "आप ज़रूर उनसे पूछ लीजिए।"

और उस मुलाकात के लिए उन्हें धन्यवाद दे कर और लाला हाकिमचन्द को 'नमस्कार' करके, वह बाहर निकला। हालाँकि बारह बज गये थे और उसे हल्की-सी भूख लग आयी थी, पर उसने तय किया कि वह सीधा आचार्य देशबन्धु के जायेगा और इस ट्यूशन की बात को पक्का करके ही फिर कुछ और करेगा।

उनतीस

"कहने को मैं तुम्हारी तारीफ़ में दस बातें कह दूँगा।" भाई साहब ने कहा, "लेकिन मैं तुम्हें यह ट्यूशन लेने की सलाह नहीं देता।"

०

भाई साहब दुकान के पिछले हिस्से में स्टूल पर बैठ कर, छत से लटकने वाले एक मद्धम बल्ब की रोशनी में प्लास्टर के सेट से फ़ालतू प्लास्टर छील रहे थे कि चेतन, दोनों पार्टीशन पार करता हुआ, आँधी की तरह दुकान में दाख़िल हुआ था और अन्तिम पार्टीशन का पर्दा उठा कर सोत्साह चिल्लाया था : "लीजिए भाईं साहब! इस साली सोसाइटी के चक्कर से तो मुझे नजात मिल गयी और सौ नहीं तो पचहत्तर फ़ीसदी मैं अगले महीने शिमला जा रहा हूँ।"

भाई साहब उधर पीठ किये बैठे थे। चेतन की बात सुनते ही, उनका चाकू वाला हाथ जहाँ-का-तहाँ थम गया। वे ज़रा मुड़े और मुँह-बाये, उसकी ओर देखने लगे थे।

"लेकिन तुम तो लाला हाकिमचन्द से मिलने गये थे," क्षण भर बाद उन्होंने कहा।

"वहीं से आ रहा हूँ!" चेतन ने उत्तर दिया।

"मैंने सोचा, शायद कविराज की तरफ़ निकल गये और पिछले साल की तरह वे ही तुम्हें शिमला ले जा रहे हैं।" भाई साहब ने कहा।

"वह साला क्या मुझे शिमला ले जायेगा," चेतन व्यंग्य और ऊचाई से हँसा था, "उसे किताब लिखवानी थी, सो लिखवा ली! अब उसे मेरी क्या ज़रूरत है ? सोसाइटी शुरू करते ही मैं उसके पास गया था कि अगर वह इस बार भी शिमला जा रहा हो तो उसके लिए एक और किताब लिख दूँ, लॉ कॉलेज के लिए दाख़िला जुटा लूँ और सोसाइटी के चक्कर में न पड़ूँ, लेकिन साले ने 'हिम्मते-मर्दा-मददे-ख़ुदा'[१] पर आध घण्टा भाषण पिला दिया और मतलब की बात साफ़ गोल कर गया। पर भगवान ने चाहा तो मैं शिमला जाऊँगा और उन शर्तों से बेहतर पर जाऊँगा, जिन पर वह मुझे ले गया था।"

"तो फिर किसके साथ जा रहे हो ?"

"बात बन गयी तो लाला हाकिमचन्द के साथ!"

"तुम तो उन्हें सोसाइटी का मेम्बर बनाने गये थे!" भाई साहब ने किंचित आश्चर्य के साथ पूछा।

"सोसाइटी आज से ख़त्म समझिए! — याने जहाँ तक उसका मुझसे ताल्लुफ है।" चेतन ने फ़ैसला-कुन अन्दाज़ में कहा और फिर अपने में गुम हो गया।

भाई साहब झुँझला उठे थे : "बताना है तो सीधी तरह सारी बात बताओ! यह क्या कि चिड़िया के बच्चे को चोगा दे रहे हो," और पलट कर वे फिर चाकू से प्लास्टर खुरचने लगे।

तब चेतन ने बढ़ कर दूसरा स्टूल खींच लिया था। वहाँ से एक अख़बार उठा कर

---

१. मर्द हिम्मत करे तो भगवान उसकी मदद करता है।

उस पर रख लिया था और भाई साहब के बराबर बैठ कर उसने चन्द्रा की ट्यूशन के सिलसिले में लाला हाकिमचन्द के साथ होने वाली बातचीत का पूरा ब्योरा दिया।

"वैसे तो लाला जी आचार्य देशबन्धु से राय लेंगे," सारी बात सुना कर चेतन ने कहा था, "लेकिन आपके पास आयें और मेरे बारे में पूछें तो उनकी तसल्ली कर दीजिएगा —यही कि उनकी लड़की को हिन्दी 'रतन' पास कराने में मुझे ज़रा भी मुश्किल पेश न आयेगी।" वह क्षण भर रुका, फिर उसने कहा था, "कह दीजिएगा कि चेतन की बीवी 'हिन्दी रतन' पास कर चुकी है और इस साल 'प्रभाकर' की परीक्षा दे रही है और चेतन ख़ुद उसे पढ़ाया करता है। वह आपकी लड़की की पढ़ायेगा तो वह बहुत अच्छे नम्बरों से पास हो जायेगी।"

सेट का फ़ालतू धीरे-धीरे खुरचते हुए भाई साहब चुपचाप उसकी बात सुनते रहे थे। फिर हठात उन्होंने सिर उठा कर पूछा, "तो क्या तुमने सोसाइटी की बात ही उनसे नहीं की ?"

"की क्यों नहीं," चेतन हँसा, "मैं तो पहले घण्टा भर उन्हें सोसाइटी के बारे में ही बताता रहा। लाला जी भी ऐसे सवाल पूछते रहे, जैसे सारी लोकैलिटी को 'सोसाइटी फ़ॉर यू एण्ड मी' का मेम्बर बना देंगे। लेकिन जब मैंने मेम्बर बनने के लिए कहा तो साफ़ टाल गये। असल में उनका दफ़्तर मई में शिमला जा रहा है और पाँच महीने मुफ़्त में चन्दा देना उन्हें मंज़ूर नहीं। फिर मैं नहीं समझता, उन्हें कल्चर-वल्चर से कुछ लेना है। मुझे सलाह देने लगे कि मैं सोसाइटी के स्टेज से स्वामी सत्यदेव और शुद्धदेव की कथा कराऊँ।" चेतन ने ज़ोर का ठहाका लगाया। "वक्त तो मेरा लाला जी ने बहुत बरबाद किया, लेकिन ट्यूशन की बात करके उन्होंने सारी कसर निकाल दी।" और चेतन उठा था। जगह होती तो वह स्वभाव के मुताबिक वहीं टहलता, लेकिन उस वक्त सीढ़ी के पाये से दायाँ कन्धा लगा कर खड़ा हो गया।

लेकिन भाई साहब उसकी ख़ुशी में शरीक नहीं हुए। वे अभी सोसाइटी में ही उलझे थे। जब वे बाले तो उनके स्वर में हल्की-सी खीझ थी : "और ये इतने मेम्बर और सरपरस्त जो तुमने बना लिये है, वे किसकी जान को रोयेंगे ?"

"उस सिलसिले में मैंने सोच लिया है," चेतन ने आश्वस्त भाव से कहा था, "अगर मेरा शिमला जाना पक्का हो गया —लाला जी ने एक हफ़्ते बाद मुझसे मिलने को कहा है —तो जितना रुपया मैंने चन्दा में इकट्ठा किया है, उससे मेम्बरों और सरपरस्तों को एक शानदार पार्टी दूँगा, वहीं एग्ज़ियूटिव का चुनाव करा दूँगा और हुनर साहब को जनरल सेक्रेट्री बनाकर, सोसाइटी का भार उन्हें सौंप दूँगा। वे आजकल बेकार हैं। उन्हें भी काम मिल जायेगा और मुझे भी सोसाइटी के चक्कर से मुक्ति मिलेगी। हुनर साहब ऐसे काम के लिए पूरी तरह फ़िट हैं। मेरे बस का यह रोग नहीं। इस काम के लिए गैण्डे की खाल वाला आदमी चाहिए —ऐसा, जो बेझिझक मुँह-देखी बात कर सके और बाद में दुखी न हो। देख लीजिएगा —हुनर साहब सोसाइटी के समन्दर में मछली की तरह तैरेंगे।" वह क्षण भर रुका फिर उसने कहा :

"बस, आप लाला हाकिमचन्द से मेरी सिफ़ारिश में दो बातें कह दीजिएगा। शायरों

को लोग आम तौर पर ग़ैर-ज़िम्मेदार समझते हैं। आप इस तरफ़ से ज़रा उनकी तसल्ली कर दीजिएगा कि...."

लेकिन उसे बात पूरी करने का अवसर दिये बिना, उन्होंने जो बेशकीमत सलाह उसे दी थी, उससे चेतन ध्वस्त हो गया था।

०

"जी.... ?" उसके होंटों से अस्फुट-सी ध्वनि निकली।

"हाँ-हाँ," भाई साहब ने अपनी बात दोहरायी, "मैं तुम्हें यह ट्यूशन लेने की सलाह नहीं देता!"

वह क्या कहे, चेतन हठात तय न कर पाया। उसका ख़याल था कि भाई साहब उसकी इस कारगुज़ारी पर ख़ुश होंगे और जिस तरह वह लाला हाकिमचन्द को ढर्रे पर ले आया, उसकी दाद देते हुए, अपने उस पेशण्ट की सनकों का ज़िक्र करेंगे और उसकी भरपूर सिफ़ारिश करने का आश्वसान देंगे। लेकिन वो तो ट्यूशन की बात सुन कर ही भड़क गये।....'शायद कभी भाई साहब पर कल की घटना का असर बाकी है,' चेतन ने सोचा, 'इसीलिए उनका सेंस आफ़ ह्यूमर एकदम जवाब दे गया है और मैं लाला हाकिमचन्द की मुलाकात के सिलसिले में जो बात कहना चाहता हूँ, उसे वे सही रूप में ले नहीं पा रहे।'....वह चुप खड़ा उनकी ओर देखता रहा कि शायद भाई साहब अपनी नेक सलाह का कोई कारण बतायें। जब इससे ज़्यादा उन्होंने कुछ न कहा तो वह स्टूल पर उनके सामने बैठ गया और उसने पूछा : "क्यों भाई साहब ?"

"तुमने लड़की देखी है ?" भाई साहब ने जैसे गोली दाग़ी।

"नहीं!"

"बहुत सुन्दर है।"

चेतन चुप रहा।

"और कई ट्यूटरों को पिटवा चुकी है।"

वे क्षण भर रुके। फिर प्लास्टर के सेट को गोद में रख कर, अपने उस 'मूर्ख' छोटे भाई को समझाते हुए उन्होंने कहा, "चन्द्रा मेरे यहाँ कई बार आ चुकी है। लाड में पली हुई, सुन्दर और बेदिमाग़ लड़की है। दो बार मैट्रिक में फ़ेल हो चुकी है। लाला जी को उसकी शादी कर देनी चाहिए। पर वे उसे बच्ची समझते हैं और उसे बी०ए० कराने के पीछे पड़े हैं!" भाई साहब पल भर को रुके। फिर बोले, "लाला जी ने मुझसे भी किसी ट्यूटर का ध्यान रखने की बात की थी, लेकिन मुलतान रोड के सरकारी क्वार्टरों के कई लोग मेरे पेशेण्ट हैं, उनसे मुझे जो मालूम हुआ है, मैंने तुम्हें बता दिया है, अब तुम जानो।"

और जैसे अपने कर्तव्य से छुट्टी पा कर, परम निर्लिप्त भाव से भाई साहब फिर चाकू की नोक से, सेट का फ़ालतू प्लास्टर सुरचने लगे।

चेतन के सामने वह सारा तरद्दुद घूम गया, जो लाला हाकिमचन्द ही को नहीं, आचार्य देशबन्धु को भी अपने ढब पर लाने के लिए उसे करना पड़ा था।

०

....वह लाला हाकिमचन्द से मिल कर सरकारी क्वार्टरों से निकला था तो उसकी तमाम

वृत्तियाँ केवल इस एक बिन्दु पर केन्द्रित हो गयी थीं कि वह क्या करे, जिससे आचार्य देशबन्धु लाला हाकिमचन्द से उसकी सिफ़ारिश कर दें।

सरकारी क्वार्टरों से ले कर ठण्डी सड़क तक मुलतान रोड एकदम सूनी और उजाड़ थी। न कोई पेड़, न कोई दुकान, न मकान। सिर्फ़ क्वार्टरों के पार सड़क के नीचे, शहर के किसी रईस का बाग़ था, जिसमें एक सफ़ेद इमारत खड़ी थी। एक उड़ती-सी नज़र उस पर डाल कर चेतन सिर का थोड़ा झुकाये, गर्दन आगे बढ़ाये, पैडलों पर ज़ोर से पैर मारता हुआ बढ़ा आया था। सड़क पर दोनों ओर छतनार पेड़, दुकानें या इमारतें होती और खवे-से-खवा छिलता, तो भी शायद वह अपने ध्यान में मग्न, रास्ता बनाता, साइकिल दौड़ाये चला आता।

अपनी अनुभवहीनता, कमज़ोरी और झूठे अहं के कारण, वह सोसाइटी के चक्कर में तो फँस गया था, लेकिन चाहने पर भी ख़ुश-असलूबी से, बाइज़्ज़त तौर पर उससे निकलने का कोई रास्ता उसे नज़र न आ रहा था। लाला हाकिमचन्द की बात सुन कर अचानक उसे रास्ता सूझ गया था। — यह ट्यूशन, घुप्प अँधेरे में दूर टिमटिमाती हुई रोशनी-ऐसी ही थी, पर चेतन को लगता था कि वही उसे सोसाइटी के जंगल से निकाल देगी, जिसकी भूल-भुलैंया में वह हर नये दिन फँसता जा रहा था। उसे तो तभी इस बात का एहसास हुआ था, जब वह सूफ़ी हनुमान प्रसाद से मिल कर आया था। कविराज उसकी बाँह पकड़ लेते तो वह इस दलदल में धँसने से बच जाता, लेकिन उन्होंने पाँच रुपये और धैर्य का उपदेश उसे थमा कर, अपना दामन बचा लिया था और उसे दलदल में धकेल दिया था।

तब उसने अपने पिता के उपदेश का सहारा लिया था —एक माई का लाल जो कर सकता है, दूसरी माँ का बेटा भी यकीनन वह सरअंजाम दे सकता है। इसी सूत्र को ध्रुव सत्य मान कर, उसने पल्ले बाँध लिया था; लेकिन वह नहीं जानता था कि सभी सूत्र और सत्य —समय, स्थिति, स्थान और व्यक्ति-सापेक्ष्य होते हैं। नेपोलियन की तरह जो दुनिया पर विजय पाना चाहे, उसमें नेपोलियन के गुण होने चाहिएँ और फ़्रांस की-सी स्थिति। - - चौधरी जिस काम को बड़ी आसानी से कर रहा था, वह भी उसे कर सकता था, यदि वह चौधरी जैसा होता; लेकिन वह चौधरी जैसा नहीं था, न किसी बीमा-एजेण्ट जैसा ही था! वह उस तरह अपने आप को ढाल तो सकता था, पर किसलिए —दूसरों के मनोरंजन की ख़ातिर सोसाइटी चला कर, घाते में अपनी रोज़ी-रोटी का जुगाड़ करने के लिए! चेतन को लगा था कि लाला जीवनलाल कपूर ने कितनी तल्ख़ बात क्यों न कही हो और वह उसे सुन कर कितना भी क्यों न तिलमिलाया हो, पर थी वह सच। 'यह प्रॉस्टिट्यूशन[१] नहीं तो और क्या है,' उसने सोचा, 'बल्कि प्रॉस्टिट्यूशन से भी गयी-गुज़री, ख़ालिस दलाली!' —वह शायर, कथाकार, संगीतज्ञ, भाषणकर्ता इकट्ठे करेगा, उन्हें सोसाइटी के मंच पर लायेगा, उससे लोगों की कल्चरल भूख मिटायेगा (दूसरे शब्दों में उनके ऊब-भरे क्षणों में उनका मनोरंजन करेगा) और उस खाते में अपनी रोज़ी-रोटी की डौल बैठायेगा —यह दलाली नहीं तो और क्या है ?....हाँ, उसके पास ख़ूब धन होता, ख़ूब वक्त होता और वह मन के

१. वेश्यावृत्ति

सुख की ख़ातिर अपने और दूसरों के सुख का सामान जुटाता; न दर-दर चन्दा माँगता, न हर बार अपमानित होता, तब बात दूसरी थी; लेकिन अब....अब....और चेतन को अपने आप पर क्रोध आया कि उसने स्थिति पर इस पहलू से पहले क्यों विचार नहीं किया। क्यों जानता हुआ भी, वह इस चक्कर में फँसता गया। इसके बदले अनारकली में आवाज़ लगा कर रूमाल बेचना, क्या हज़ार-हज़ार दर्जे बेहतर नहीं था ?....लेकिन वह क्या करता, एक बार इस चक्कर में फँस कर उसे निकलने का मार्ग दिखायी न देता था; वह हर बार सोचता, हर बार कसम खाता, तड़फड़ाता; लेकिन पण्डित 'रत्न' क्या कहेंगे, कविराज क्या कहेंगे ? —यही प्रश्न उसके रास्ते की दीवार बन जाते....अब अगर यह ट्यूशन मिल जाये तो बड़ी ख़ुश-असलूबी से वह इस चक्कर से निकल जायेगा —जितना पैसा उसने लिया है, वह सोसाइटी के सदस्यों पर ख़र्च कर देगा और शिमला चला जायेगा। न पण्डित 'रत्न' कुछ कह सकेंगे, न कविराज....अगर ट्यूशन उसे मिल जाये तो शिमला जाने से पहले, वह सोसाइटी के उद्घाटनोत्सव के कार्ड छपवायेगा। सब को जा कर स्वयं दे आयेगा। उसी मीटिंग में एग्ज़िक्यूटिव का चुनाव करायेगा और हुनर साहब का नाम जनरल सेक्रेट्री के लिए प्रोपोज़ करेगा। वह उनकी ऐसी हवा बाँधेगा कि वे निर्विरोध चुन लिये जायें....और विरोध भी कौन करेगा ? कौन सौ-पचास मेम्बर हैं ? जो लोग सरपरस्त बने हैं, जाने उनमें से कोई आता भी है या नहीं और जो अदीब और पत्रकार आयेंगे, उनकी तरफ़ से काला चोर सेक्रेट्री बन जाये! उन्हें चाय-पेस्ट्री, केक और नमकीन से ग़रज़ होगी।....भगवान ने कैसे आड़े वक्त हुनर साहब को भेजा है!....'यथेव विधाता वधीयति तथेव शुभाय' चेतन ने मन-ही-मन दोहराया। 'मह्यम शुभाय!' उसने जोड़ा....'ज़रूर ही विधाता ने ऐसे वक्त हुनर साहब को भेजा है, जब मैं इस चक्कर में फँसता जा रहा था।'....यकीनन विधाता ने लाला हाकिमचन्द को इस बात की प्रेरणा दी है कि वे उसी से ट्यूटर की बात पूछें। यदि वह इस सुअवसर का लाभ नहीं उठाता तो उस जैसा मूर्ख कोई दूसरा नहीं होगा और भगवान मूर्खों की सहायता करते हैं, इसमें चेतन को भारी सन्देह था....

सब तरफ़ से बेख़बर, मुलतान रोड पर साइकिल चलाते हुए, वह यही सब सोचता, बढ़ा आया था और उसकी चाल अपने आप धीमी हो गयी थी....वह भी अजब दिवास्वप्नी है —उसने बेज़ारी से सिर को झटका दिया था —अंग्रेज़ी कहावत के अनुसार वह अण्डे तिड़कने से पहले ही चूज़े गिनने लगता है। जब तक आचार्य देशबन्धु हामी न भरें, उसे भविष्य की कोई स्कीम न बनानी चाहिए। अपनी तमाम वृत्तियाँ उसे इस एक समस्या पर केन्द्रित करनी चाहिएँ कि वह कैसे आचार्य जी को अपनी सहायता के लिए तैयार कर दे....और फिर सिर को झुका कर, गर्दन आगे बढ़ा कर, वह पैडलों पर ज़ोर-ज़ोर से पैर मारने लगा।

....वह आचार्य देशबन्धु से परिचित था। वे 'आर्य समाज कॉलेज सेक्शन' के आजीवन सदस्य थे, अविवाहित थे और उन्होंने अपना जीवन वेदों के अध्ययन-मनन और शोध के लिए अर्पित कर दिया था। वेदों का उन-जैसा पण्डित, सारे प्रान्त में दूसरा नहीं था। कुछ वर्ष पहले आर्य समाज के वार्षिक अधिवेशन पर उन्होंने घोषणा की थी कि वेद देववाणी नहीं हैं, वरन मानव-वाणी ही हैं; कि आर्य ऋषियों ने वेदों में आर्यों का इतिहास, उनकी प्रार्थनाएँ, उनके गीत और ज्ञान भर दिया है। इस पर कट्टर आर्य समाजियों में भयंकर

बवण्डर मचा था, लेकिन आचार्य देशबन्धु के अकाट्य तर्कों ने सब को निरुत्तर कर दिया था। चेतन के सामने उनका सरापा घूम गया — ठिगना-सा कद, पतला-छरहरा शरीर, श्याम वर्ण, मुँह पर शीतला के दाग़, घुटन्ना पायजामा, कमीज़, बन्द गले का कोट और घुटी हुई आर्य समाजी पगड़ी। बहुत ही धीमा और मीठा स्वर! चातक जी और वेदालंकार जी के कारण वह उनसे दो-तीन बार मिल चुका था। वे डी०ए०वी० कॉलेज होस्टल में रहते थे और वहीं उनका शोध-कार्य चलता था। चेतन को पूरा विश्वास था कि वह ठीक ढंग से अपनी बात उनके सामने रखेगा तो उन्हें अपनी मदद पर आमादा कर लेगा।....

इन्हीं विचारों में गुम, वह कब मुलतान रोड और ठण्डी सड़क पार कर डी०ए०वी० कॉलेज होस्टल पहुँच गया, उसे पता नहीं चला। वह साइकिल से उतर कर होस्टल के बड़े मेहराबदार गेट के अन्दर जाने लगा था कि उसे ख़याल आया, वह उनसे घनिष्ट नहीं है। कभी पहले अकारण उनसे मिला नहीं। ऐसे ही चले आने सीधे अपनी बात कहने पर, हो सकता है, वे हामी न भरें। क्यों न वह अपनी कहानियों का संग्रह भेंट करने के बहाने उनके पास जाये और बात-बात में अपनी समस्या भी उनके सामने रखे....

और यह ख़याल आते ही वह पलटा। पहले उसने सोचा कि वह घर जाये और संग्रह की एक प्रति ले आये, लेकिन घर उसका दूर था। उसने तय किया कि वह लोहारी दरवाज़े के बाहर 'चमन बुक स्टॉल' से जा कर, संग्रह की एक प्रति लायेगा और उसने साइकिल मोड़ ली। भूख उसे लग-लग कर ख़त्म हो चुकी थी। तेज़-तेज़ साइकिल दौड़ाता, वह 'चमन बुक स्टॉल' पहुँचा। विधाता उसके अनुकूल लगता था। सौभाग्य से लाला चमनलाल बैठे थे। उन्हें 'नमस्कार' कर, उनके पास बैठ, बिना इधर-उधर की ज़्यादा बात किये, उसने कहा कि वह उसी वक्त आचार्य देशबन्धु से मिलने जा रहा है और यदि चमनलाल सलाह दें तो अपने कहानी-संग्रह की एक प्रति उन्हें भेंट कर आये!

"बात यह है," चेतन ने सरगोशी में कहा, "उनके यहाँ पंजाब के सभी शहरों के प्रिन्सिपल और टीचर आते हैं। आचार्य जी ज़रा-सा भी ज़िक्र कर देंगे तो किताब का नाम हो जायेगा। सभी डी०ए०वी० कॉलेज एक-एक किताब ख़रीदें तो सारा एडिशन बिक सकता है।"

लाल चमनलाल ने फ़ौरन एक प्रति, प्रकाशन के खाते में, उसे दे दी थी। हालाँकि चेतन ने कहा कि वे चाहे तो एक प्रति स्वयं अपनी ओर से आचार्य जी को भेंट कर दें, लेकिन लाला चमनलाल ने ज़ोर दिया कि नहीं, चेतन उन्हें अपनी पुस्तक की प्रति ख़ुद भेंट करे, वे अपना काव्य-संग्रह 'चमनिस्तान' हस्ताक्षर करके उसे देते हैं, वह उसे अपनी पुस्तक के साथ देशबन्धु जी को उनकी ओर से दे दे। जब से पुस्तक छपी है, बहुत कम बिकी है। इस तरह कुछ प्रतियाँ बिक जायें तो वे उसके बेहद मशकूर होंगे।

चेतन ने उन्हें विश्वास दिलाया था कि उनकी पुस्तक आचार्य जी को देते हुए, वह भरपूर प्रशंसा करेगा और कोशिश करेगा कि उसकी प्रतियाँ निकल जायें। परम उत्साह से उसने उनकी पुस्तक ले ली थी और तीर की तरह उड़ता हुआ वापस आया था। डी०ए०वी० कॉलेज होस्टल पहुँचा तो उसकी साँस चढ़ी थी और माथे पर पसीना आ गया था।

०

वह क्षण भर तक, होस्टल के बड़े मेहराबदार गेट में खड़ा, साँस दुरुस्त करता रहा था। फिर अन्दर बढ़ गया था। आचार्य देशबन्धु वाले विंग में पहुँचा तो उसका दिल धड़क रहा था और वह सोच रहा था आचार्य जी कहीं गये न हों; दूसरों के साथ व्यस्त न हों; उसे मिल जायें और बात कर लें।

सौभाग्य से आचार्य जी उसे सामने ही मिल गये। वे अपने कार्यालय के बाहर बरामदे में ही चटाइयाँ बिछाये, अपने शोध-छात्रों के साथ बैठे थे — उनके आगे एक डेस्क था और उनके शोध-छात्रों के सामने छोटी-छोटी चौकियाँ, जिन पर किताबें अथवा काग़ज़ रखे, वे कार्य-रत थे। होस्टल के चौड़े आँगन में साइकिल खड़ी कर, उन्हें 'नमस्कार' करता हुआ, चेतन उनके पास गया। उन्होंने आशीर्वाद दिया और उसे पास ही चटाई पर बैठा लिया।

"बहुत दिनों से आपके दर्शनों को आना चाहता था," चेतन ने धीरे-धीरे कहना शुरू किया, "मेरी कहानियों का एक संग्रह छपा है, मुंशी चन्द्रशेखर ने उसकी भूमिका लिखी है, वही मैं आपको भेंट करना चाहता था, लेकिन मेरा संघर्ष इधर कुछ ऐसा भयंकर हो गया है कि मैं पहले नहीं आ सका।"

और चेतन न अपनी अस्वस्थता; कविराज के साथ शिमला जाने; उन्हें पुस्तक लिखने में सहयोग देने; वापस आ कर नौकरी छूट जाने और दूसरी कोई स्थायी नौकरी न पा सकने का सविस्तार उल्लेख किया। (पुस्तक तो सारी-की-सारी उसी ने लिखी थी, लेकिन वह कविराज के नाम से छप रही थी और अपनी भूमिका में कविराज उसके 'सहयोग' की बात लिखने जा रहे थे, चूँकि वे भी आर्य समाज से सम्बन्धित थे, इसलिए चेतन ने सच्ची बात कहने से गुरेज़ किया।)

"पत्नी मेरी बच्चे से है," उसने अन्त में कहा, "और इसी साल 'प्रभाकर' की परीक्षा दे रही है। मैं लॉ कॉलेज में दाख़िल होना चाहता हूँ। आज तो इसी सिलसिले में आपकी सेवा में आया हूँ।"

आचार्य देशबन्धु ने बड़े स्नेह से उसकी पीठ पर हाथ रखते हुए पूछा था कि वे उसके लिए क्या कर सकते हैं।

"मेरे रास्ते में सबसे बड़ी मुश्किल, एकमुश्त दाख़िले का इन्तज़ाम करने की है। मैं आज सुबह, एक काम के सिलसिले में, लाला हाकिमचन्द से मिला था। बातों-बातों में अपनी लड़की के लिए उन्होंने ऐसे ट्यूटर की इच्छा प्रकट की, जो उनके साथ शिमला जा सके। मैंने उनसे कहा कि मैं उनकी लड़की को अच्छे नम्बरों से पास करा दूँगा — मेरी अपनी पत्नी ने 'रतन' कर रखा है और मैं ही उसकी मदद करता रहा हूँ। लेकिन वे जो भी फ़ैसला करेंगे, आपकी राय से करेंगे। आप मेरी सिफ़ारिश कर दें तो आपका बड़ा एहसान होगा। न सिर्फ़ दाख़िले का प्रबन्ध हो जायेगा, बल्कि और कुछ नहीं तो एफ़०ई०एल० के ख़र्च की समस्या हल हो जायेगी। ज़िन्दगी भर आपका आभार मानूँगा। मैं बेहद कमर-तोड़ जद्दो-जेहद से गुज़र रहा हूँ और आपकी सहायता और आशीर्वाद मुझे चाहिए।" जैसे एक ही साँस में यह सब कह कर, चेतन चुप हो गया और धड़कते दिल से आचार्य जी के उत्तर की प्रतीक्षा करने लगा।

आचार्य देशबन्धु के होंटों पर बड़ी प्यारी-सी मुस्कान आ गयी थी और उन्होंने उसकी पीठ थपथपाते हुए कहा था कि वह चिन्ता न करे, हाकिमचन्द उनसे पूछेंगे तो वे ज़रूर उसकी सिफ़ारिश कर देंगे।

तब चेतन ने लम्बी साँस ली थी और हिन्दी में उनका नाम लिख कर और हिन्दी में ही हस्ताक्षर करके बड़े आदर और श्रद्धा से अपना संग्रह उन्हें भेंट दिया था। पहले उसका जी हुआ था कि लाला चमनलाल का संग्रह गोल कर जाय, लेकिन उसका काम हो गया था, इसलिए परम उदारता से अपने प्रकाशक की कविताओं का संग्रह भी उसने आचार्य जी को भेंट कर दिया था।

o

भाई साहब चुपचाप चाकू से प्लास्टर ख़ुरच रहे थे और चेतन सोच रहा था, उसे पहले मालूम होता कि ट्यूशन में कोई घपला है तो वह क्यों उसके लिए इतना परेशान होता। आचार्य जी के आश्वासन के बाद उसे लगा था, जैसे ट्यूशन उसकी जेब में आ गयी है, इसलिए वह भागा-भागा सीधा भाई साहब की दुकान पर उन्हें यह ख़ुशख़बरी देने आया था और उन्होंने उसके उत्साह पर पानी के छींटे मार दिये। अफ़सोस के लहजे में उसने कहा : "मैं तो आचार्य देशबन्धु से भी मिल आया हूँ और उन्होंने यकीन दिलाया है कि लाला हाकिमचन्द से मेरी सिफ़ारिश कर देंगे।"

"वो सिफ़ारिश कर देंगे तो लाला हाकिमचन्द तुम्हें ज़रूर शिमले ले जायेंगे," भाई साहब ने कहा, "लाला जी एक बरस से मेरे पेशेण्ट हैं —मैं उनके पिता का सेट लगा चुका है, बुआ का सेट लगा चुका हूँ, ख़ुद उनका, उनकी बीवी और लड़की का इलाज कर चुका हूँ। मैं उन्हें ख़ूब जानता हूँ। लाला हाकिमचन्द और आचार्य देशबन्धु, न सिर्फ़ वतनी हैं, बल्कि इकट्ठे पढ़ते रहे हैं। लाला जी पर उन का बहुत असर है। वो उनको बहुत मानते हैं। लेकिन मैं तुम्हें राय नहीं देता कि तुम कुएँ से निकल कर खाई में गिरो। सोसाइटी के चक्कर से जी घबरा गया हो तो उसे छोड़ दो और कोई दूसरा काम अपना लो, लेकिन लाला हाकिमचन्द के साथ शिमला मत जाओ।"

कुछ क्षण भाई साहब फिर चुपचाप प्लास्टर खुरचते रहे और चेतन सोचता रहा कि अगर वह ऐसी ख़तरनाक लड़की होती तो आचार्य देशबन्धु ही उसे ख़बरदार न कर देते। इतना तरद्दुद करने के बाद वह अब यह ट्यूशन कैसे छोड़ सकता है ? —ख़ास तौर पर उस वक्त, जब उस ट्यूशन से लॉ कॉलेज में उसके पहले वर्ष का ख़र्च सुनिश्चित हो जाता है।....

तभी भाई साहब, उसी तरह काम करते हुए, बिना उसकी तरफ़ देखे, जैसे अपने आप को सुनाते हुए, बड़बड़ाये...."कहीं ऐसी-वैसी बात हो जाय....चन्द्रा लाड में पली, ख़ुदसर और ख़ूबसूरत लड़की है....तुम भी जवान हो....हाकिमचन्द बड़े ज़ालिम आदमी हैं....सख़्त डिसिप्लिनेरियन....मेरे मोतबर पेशेण्ट हैं और उनके ज़रिये उस कॉलोनी के बहुत-से लोग मेरे यहाँ आने लगे हैं...."

'तो यह बात है!' चेतन ने मन-ही-मन कहा, 'भाई साहब को मेरी नहीं, अपनी चिन्ता है।' वह तमक कर उठा और ख़ासे व्यंग्य और आक्रोश से बोला, "ठीक है, तब

आप मेरी सिफ़ारिश न कीजिएगा! मैं नहीं चाहता कोई बात आप पर आये और मेरी ख़ातिर आप झूठे पड़ें। हाकिमचन्द अगर मेरे बारे में आपसे कुछ पूछें तो कोई नॉन-कमिटल-सी[1] बात कह दीजिएगा कि मेरा भाई है, ग्रैजुएट है, उर्दू-हिन्दी दोनों में लिखता है, पर मैं इस मामले में आपको कोई सलाह नहीं दे सकता।"

वह चलने के लिए मुड़ा, लेकिन फिर रुक कर उसने इतना और कहा, "मैं तो शिमला ज़रूर जाऊँगा भाई साहब —याने अगर देशबन्धु मेरी सिफ़ारिश कर दें, आप भैंगी न मारें और लाला हाकिमचन्द मुझे ले जाने को तैयार हों!....उन्होंने मुझसे एक हफ़्ते बाद मिलने को कहा है....लड़की सुन्दर है तो क्या मुझे खा जायेगी!....मैं अपनी तरफ़ से कोई मौका न दूँगा तो मुझे कैसे पिटवा देगी ?....और फिर वो कोई चुटियाधारी पण्डित होंगे, जो लाला हाकिमचन्द से पिट गये; मेरी तरफ़ वे टेढ़ी नज़र से भी न देख सकेंगे, इसका मैं आपको यकीन दिलाता हूँ।"

भाई साहब का मुँह लटक आया था। चेतन ने उनकी ओर देखा तो इतना और जोड़ दिया, "मुझे आपकी पोज़ीशन का पूरा एहसास है भाई साहब, मैं इस बात का ख़याल रखूँगा कि अपने छोटे भाई की वजह से आपको निगाहें नीची न करनी पड़ें।"

वह पलटा और खट-खट करता हुआ, दोनों पार्टीशन पार कर, चिक उठा कर बाहर निकल आया।

तीस

आम तौर से जब चेतन दुकान से उतरता और घर के लिए साइकिल पर सवार होता तो सर्राता हुआ, महीलाल स्ट्रीट से निकल कर, नीला गुम्बद के पँचरस्ते पर, आगे-पीछे दाये-बायें से आने वाली कारों, ताँगों और साइकिल से बचता हुआ, ज़ोरों से पैर भरता, फ़र्राटे से मेयो हस्पताल रोड की चढ़ाई चढ़ जाता और 'ट्रिब्यून ऑफ़िस रोड' पर ही जा कर दम लेता; लेकिन उस वक्त, जब वह भन्नाया हुआ, भाई साहब के क्लिनिक की सीढ़ियाँ उतरा और साइकिल पर सवार हुआ तो उसका दिमाग़ बेहद तना था, उसकी आँखें सामने देख कर भी न देख रही थीं। महीलाल स्ट्रीट पार करते ही, वह साइकिल से उतर गया। उसने ध्यान से लम्बा पँचरस्ता पार किया और मेयो हस्पताल की चारदीवारी के साथ-साथ अपने ध्यान में मग्न, सड़क की चढ़ाई चढ़ने लगा।

वह तो अपने बड़े भाई की परेशानी और मुसीबत से एकदम विचलित हो जाता है और उसे दूर करने के लिए जी-जान लगा देता है और ये उसके बड़े भाई हैं कि अपने स्वार्थ के आगे दो कदम भी नहीं जाते! —यही ख़याल उसके दिमाग़ को धुँधला रहा था और वह कुढ़ता-भुनता, दायें हाथ से साइकिल का हैण्डल पकड़े, सड़क के किनारे-किनारे पैदल चढ़ाई पार कर रहा था। घण्टे भर तक वह लाला हाकिमचन्द पर अपनी योग्यता का

---

१. अनिश्चयात्मक

सिक्का जमाता रहा था; बिना खाने की परवाह किये, वह मुलतान रोड से लोहारी दरवाज़े पहुँचा था; फिर वहाँ से अपना कहानी-संग्रह ले कर आचार्य देशबन्धु से मिला था और उन्हें अपनी परिस्थिति बता कर उसने उनसे सिफ़ारिश करने का वचन लिया था और यहाँ भाई साहब ने उसे ट्यूशन लेने से ही मना कर दिया....उन्हें उसकी नहीं, अपनी चिन्ता थी और चेतन के सामने पिछले दिन की घटना घूम गयी, जब भाई साहब एकदम चकरा गये थे और उन्हें नहीं सूझ पा रहा था कि वे क्या करें, तब उसी ने डॉ० लखनपाल के यहाँ जाने की सलाह दी थी, ख़ुद भी साथ गया था और लखनपाल से वेदालंकार जी की दाढ़ें निकलवा कर, उन्हें घर छोड़ कर, अपने खाने-पीने की चिन्ता न करके, उन्हें सेंक दे कर और उन्हें आराम से सुला कर आया था।....यह ठीक है, वापस आने पर वह हुनर साहब की मौजूदगी में, उन पर बमकने लगा था, लेकिन वह उनकी ख़ातिर कितना परेशान हुआ था!....और फिर जब उसने देखा था कि वे बेहद उदास और हतोत्साह हो आये हैं और लाला हाकिमचन्द को उन्होंने लौटा दिया तो उनका साहस बढ़ाने और उनका मूड ठीक करने के लिए उसने हुनर साहब के साथ मिल कर, कितना तरद्दुद न किया था।....चेतन के सामने पिछली शाम की सारी घटना घूम गयी....

०

लाला हाकिमचन्द को रास्ते में रोक, उनसे मिलने का समय ले कर, जब वह वापस लौटा था तो भाई साहब, वैसे ही काउच के कोने में, हाथ माथे पर रखे, पसरे हुए थे और हुनर साहब अपनी तमाम चौकड़ियाँ भूल कर, अपने स्वभाव के एकदम विपरीत, दूसरे कोने में चुप बैठे थे। चेतन ख़ामोशी से क्षण भर उन्हें देखता रहा था, फिर उसने कहा था, "भाई साहब देखिए, सुबह जो लस्सी का गिलास पिया है सो पिया है, उसके बाद मुँह में दाना भी नहीं गया और वेदालंकार जी के यहाँ से पैदल आया हूँ। भूख लग कर मर चुकी है। सिर में हल्का-सा दर्द होने लगा है, आपने भी कुछ नहीं खाया। जो हो गया, सो हो गया। चलिए, उठिए, सिन्धी होटल...."

"अब तो शाम हो गयी," भाई साहब ने वैसे ही पसरे हुए, उसकी बात काट कर बेदिली से कहा, "अब कुछ खा लेंगे तो रात का खाना बरबाद हो जायेगा।"

"मैं खाना खाने को थोड़ी कहता हूँ।" चेतन ने कहा, "चलिए, आलू-छोले की एक-एक प्लेट के साथ, दो-दो कुलचे खा आयें।"

"हाँ-हाँ उठो।" हुनर साहब ने स्वयं उठते और भाई साहब का हाथ पकड़ कर उन्हें उठाते हुए कहा, "तुम्हारा मूड बदल जायेगा। अब एक ठोकर लग गयी तो ज़मीन पर चारों खाने चित थोड़ी पड़े रहोगे। फ़रसूदा शे'र है, लेकिन सच्चा है :

"गिरते हैं शहसवार ही मैदान-ए-जंग में
वह तिफ़्ल क्या करेगा जो घुटनों के बल चले!"

भाई साहब उठे। बड़े उदास भाव से उन्होंने कहा, "मैं सोचता हूँ, अच्छा हुआ गुप्ता सीख कर कुछ दिन पहले चला गया। नहीं तो उस पर क्या असर पड़ता...."

"असर क्या पड़ता, उसे भी तजरुबा हो जाता।" और हुनर साहब ने एक खोखला ठहाका लगाया था।

भाई साहब चुपचाप उनके साथ चल पड़े थे। रास्ते भर चेतन, हुनर साहब की मदद से, उनका ध्यान बटाये रहा था और जब वे आध-पौन घण्टे बाद 'सिन्धी होटल' से (जा उनके क्लिनिक के निकट ही, अनारकली में था) वापस आये थे तो चेतन ने देखा था कि भाई साहब श्री वेदालंकार और उनकी क्षत-विक्षत दाढ़ों को यकसर भूल चुके थे।

रात वह हुनर साहब को साथ ही लेता आया था और जब वे तीनों रसोई-घर में, चन्दा के सामने, खाने पर बैठे थे तो फिर वही किस्सा शुरू हो गया था। भाई साहब डॉक्टर लखनपाल को गालियाँ देने लगे थे, कि साला उनका पक्ष लेने के बदले उन पर व्यंग्य कस रहा था, लेकिन चेतन को वेदालंकार के आभिजात्य पर हँसी आ रही थी, जिन्हें अत्यन्त शारीरिक कष्ट में भी क्लिनिक के पिछले हिस्से की गन्दगी, तकिये की सख़्ती और चेतन के रूमाल के मैले होने का ध्यान रहा था।

तब भाई साहब ने चेतन को याद दिलाया था, "तुम्हीं तो कहते थे कि अपने घर को जाते हुए, वे मोहनलाल रोड के छोटे, लेकिन भीड़-भरे गन्दे रास्ते के बदले, माल और गोलबाग़ की तरफ़ से घूम कर जाते हैं।"

"सच ?" हुनर साहब ने पूछा था।

"हाँ, यह ठीक है।" चेतन ने कहा था।

"तब ऐसे नाज़ुक-मिज़ाज से तुम इसकी तो उम्मीद रख ही सकते हो," हुनर साहब ने कहा था, "यकीन रखो, मरने के बाद उन्हें चिता पर लिटाया जायेगा तो लकड़ियों की सख़्ती की शिकायत करते हुए, वे उठ कर बैठ जायेंगे।"

इस पर दोनों भाइयों ने ठहाका लगाया था

"ऐसे ही नाज़ुक-मिज़ाजों के बारे में किसी ने कहा है," हुनर साहब ने कहा और एक शे'र सुनाया :

"शायर का बाँकपन न गया बाद-ए-मर्ग[१] भी
तख़्ते पर आपको जो लिटाया, अकड़ गये।"

शे'र सुनाते हुए, 'अकड़ गये पर उन्होंने ऐसी भंगिमा से हाथ अकड़ाया कि रोटियाँ पकाते हुए, चन्दा ने अपनी मोती बिखेर दिये थे और दोनों भाइयों ने ठहाके लगाते हुए, उनसे कई बार यह शे'र सुना था।

चेतन ने वेदालंकार जी के साथ व्यंग्य-भरी हमदर्दी प्रकट की, "बेचारे वेदालंकार जी को इस गन्दे, मैले, ग़रीब और फटे-हाल हिन्दुस्तान में रहना पड़ रहा है," उसने कहा था और दिन को जो वह सोचता रहा था, मुखर हो कर उसके होंटों पर आ गया था, "उन्हें चाहिए कि अपने पिता के आँखें बन्द करते ही, उनकी ज़मींदारी बेच कर, विलायत चले जायें ताकि उन्हें फिर ज़िन्दगी भर इस गन्दगी और ग़लाज़त का सामना न करना पड़े।"

और जाने रसोई-घर में बैठे, वे तीनों कब तक उस दुखद स्थिति पर हँसते, अगर चन्दा को स्वयं भोजन करना और रसोई का बाकी काम निबटाना न होता और वह चेतन को ज़रा-सा अलग बुला कर यह बात समझा न देती।

खाना खाने के बाद चेतन, भाई साहब, के साथ हुनर साहब को मेयो हस्पताल तक

---

१. करने के बाद

छोड़ने गया था। सोसाइटी के बारे में विस्तार से उन्हें बताते हुए, उसने कहा था, "मैंने यह तय किया है हुनर साहब कि सोसाइटी का इफ़्तिताही जलसा हो जाये तो फिर मैं एक ख़ास मजलिस आपके लिए रखूँगा, जिसमें सिर्फ़ आप ही का कलाम सुना जायेगा।" और हँसते हुए उसने कहा था, "आप कम-से-कम इतनी ग़ज़लें और नज़्में जमा कर लें कि डेढ़-दो घण्टे तक सुनने वालों को हिलने न दें।"

"इसकी तुम फ़िक्र न करो," हुनर साहब ने सोत्साह कहा था, "मैंने इतना लिखा है कि दो घण्टे क्या, मैं दस घण्टे तक लगातार सुनाता रहूँ तो लोग जिस करवट बैठे हों, उसी करवट बैठे रहें।"

हुनर साहब तो वहीं मेयो हस्पताल के चौरस्ते पर उन्हें रोक कर, अपना सारा कलाम सुना देते, लेकिन चेतन ने देखा था कि उसके भाई की आँखें खड़े-खड़े झपी जा रही हैं, इसलिए उसने हुनर साहब को विदा दी थी और वादा किया था कि वह दो-एक दिन में आयेगा, उनका कलाम सुनेगा और वे मिल कर तय करेंगे कि कौन-कौन-सी ग़ज़लें और नज़्में, उस ख़ास मजलिस में सुनायी जायें। हुनर साहब को छोड़ कर, वे लोग लौटे थे तो दिन की असफलता का ग़म भाई साहब के दिल और दिमाग़ से एकदम मिट गया था।

०

हस्पताल की चारदीवारी के साथ-साथ, दायें हाथ में साइकिल पकड़े, सड़क की चढ़ाई धीर-धीरे चढ़ते हुए, चेतन को यह सोच कर बेहद तकलीफ़ हुई कि अपने जिस भाई के लिए उसने दिन का चैन और रात की नींद हराम कर रखी है, उन्हें उसकी उतनी भी चिन्ता नहीं कि ज़बान से दो लफ़्ज़ कह कर, उसके संघर्ष को कुछ आसान बना सकें।....चेतन की समझ में यह बात न आती थी कि अगर भाई साहब उसकी सिफ़ारिश कर देते हैं, उसे ट्यूशन मिल जाती है और मान लो कोई घपला भी हो जाता है तो उससे उनकी प्रैक्टिस में क्या धक्का पहुँचेगा ?....'लेकिन नहीं, उन्हें अपनी इज़्ज़त की फ़िक्र है; लाला हाकिमचन्द की फ़िक्र है; उनकी लोकैलिटी के दूसरे लोगों की फ़िक्र है, अपने छोटे भाई की फ़िक्र नहीं है,' चेतन ने सोचा, 'पूछे कोई, आपका छोटा भाई कुछ गड़बड़ करता है तो उससे आपके पेशेण्ट कैसे आपके यहाँ आना छोड़ देंगे ? वे छोड़ेंगे, अगर आप वेदालंकार की तरह के दो-चार केस और ख़राब कर लें।'

वह मन-ही-मन इसी तरह खदबदाता, खौलता चला जा रहा था कि सहसा उसके कानों में भाई साहब का वाक्य घूम गया —'वो ख़ुदसर और ख़ूबसूरत है और कई ट्यूटरों को पिटवा चुकी है।'....और चेतन की विचारधारा दूसरी ओर बह चली।

'....हो सकता है, भाई साहब ने मेरी ही चिन्ता से यह बात कही हो —परदेस में जा कर मैं किसी मुसीबत में न फँस जाऊँ, इस ख़याल से —लेकिन अगर मैं अपनी तरफ़ से कोई मौका ही न दूँगा तो वह कैसे मुझे पिटवा देगी ?....मैंने इस ट्यूशन के लिए इतना तरद्दुद किया है, अब अगर यह मिलती है तो मैं इनकार तो नहीं करूँगा!....मैं शिमला तो ज़रूर जाऊँगा, चाहे जो भी हो; लेकिन मैं इस बात का ख़याल रखूँगा कि लाला हाकिमचन्द मुझे कुछ कह न सकें। मुझे पूरी इज़्ज़त दें और ऐरा-ग़ैरा टुटपूँजिया ट्यूटर न समझें!....'

और चेतन ने तय किया कि वह जालन्धर से अपनी वह रेशमी रज़ाई-दुलाई ले

आयेगा, जो उसे दहेज में मिली थी और गत वर्ष शिमले से आ कर जिसे उसने जालन्धर ही में फिर ट्रंक में बन्द कर दिया था। वह माँ से कहेगा कि जैसे भी हो, उस पर मलमल का एक झालरदार ग़िलाफ़ चढ़ा दे....ओवरकोट तो वह नया नहीं सिला सकता, लेकिन पच्चीस-तीस रुपये का जुगाड़ करके, एक नया गर्म सूट ज़रूर सिलवायेगा और एक नयी फ़ेल्ट हैट लेगा! टाई तो उसके पास है ही। वह यूँ टिप-टॉप और अपने को लिये-दिये रहेगा कि ट्यूटरों को पिटवाने वाली वह लड़की और उसका बाप, उससे किसी तरह की आज़ादी न ले सकें; जब बात करें, आदर से करें....

चेतन मन-ही-मन हँसा —'मैं भाई साहब को दिखा दूँगा कि मैं शिमला हो आया हूँ, दाख़िले का प्रबन्ध भी कर लाया हूँ और पिटा भी नहीं'....वह सड़क पर चलते-चलते होंटों में बुदबुदाया....लेकिन दूसरे क्षण वह उदास हो आया; वह इतने रुपये कहाँ से पायेगा ?....क्षण भर के लिए उसे ख़याल आया कि जो चन्दा उसने इकट्ठा किया है, उसमें से एक सूट सिलवा ले!....लेकिन उसके मन ने उसे धिक्कारा!....नहीं, वह ऐसा नहीं करेगा, सोसाइटी के चन्दे की एक पाई अपने ऊपर ख़र्च नहीं करेगा....तीन महीने वह शिमला रहेगा, चालीस के हिसाब से उसे एक सौ बीस रुपये मिलेंगे, वह पहले महीने की तनख़्वाह इस मद में ख़र्च कर सकता है ? क्या वह लाला हाकिमचन्द से कुछ पेशगी माँगे ?....सोचने पर उसे लगा कि यह ठीक नहीं होगा....

मेयो हस्पताल रोड की चढ़ाई ख़त्म हो गयी थी। उसके पिता कहा करते थे —'ह्वेयर देयर इज़ अ विल, देयर इज़ अ वे' —याने जहाँ चाह है, वहाँ राह है। उसकी ट्यूशन पक्की हो जाय, लाला हाकिमचन्द हामी भर लें....वह कोई-न-कोई रास्ता निकाल लेगा। न होगा, माँ से कुछ रुपये माँग लेगा और जाते ही पहले महीने के वेतन से उसे रुपये भेज देगा....

और यह सोच कर उसने साइकिल पर पाँव रखा और उड़ चला।

०

चेतन घर पहुँचा तो उसने देखा, उसकी पत्नी किताबें बग़ल में दबाये, सीढ़ियाँ चढ़ रही है। शायद वह तभी विद्यालय से आयी थी। बढ़ कर उसने साइकिल चौंतरे से टिकायी और उसे आवाज़ दी।

चन्दा ऊपर के कमरे की कुण्डी खोल रही थी कि उसकी आवाज़ सुन कर पलट आयी। चेतन ने देखा, उसको बत्तीसी खिली हुई है और चेहरा दगदग कर रहा है। उसका सातवाँ महीना था; हालाँकि उसका पेट काफ़ी बढ़ आया था, पर उसका गेहुँआ रंग गोरा हो आया था और वह सुन्दर लग रही थी। "चन्दा, तुम सीढ़ियाँ चढ़ते-उतरते ध्यान रखा करो, कहीं फिसल गयीं तो...."

"मैं ध्यान रखती हूँ, आप चिन्ता न करें।"

"नहीं, तुम अभी तेज़-तेज़ उतरी थीं," चेतन ने प्यार से डाँटा, "तुम्हारा शरीर भारी है, तुम्हें और भी ध्यान रखना चाहिए।" फिर कुछ रुक कर, साइकिल ऊपर चढ़ाते हुए, उसने कहा, "तुम तो अभी आयी हो और मुझे बेहद भूख लगी है!"

"आप ज़रा अपने कमरे में पाँच-दस मिनट लेटिए! मैं अभी खाना तैयार कर देती

हूँ। घर में कोयले नहीं हैं, लेकिन आप चलिए, मैं अभी सब प्रबन्ध कर दूँगी।"

चेतन झल्लाया, "तुमने मुझसे सुबह कोयलों की बात क्यों नहीं कही। लाओ पैसे दो, मैं पहले कोयले ला दूँ।"

"आप तो सुबह आठ बजे ही निकल गये थे। मुझे बाद में पता चला। लेकिन आप चिन्ता न कीजिए, सब हो जायेगा....दोपहर में आपने खाना नहीं खाया ?"

"नहीं। तब का गया, अभी आया हूँ।" चेतन ने कहा।

"खाना ठण्डा हो गया होगा। बस आप जा कर दस मिनट आराम कीजिए, मैं अभी आती हूँ।" और वह कान्ता बहन के घर चली गयी।

चेतन ने साइकिल ऊपर चढ़ायी, उसे यथास्थान दीवार के साथ सटा कर रख दिया, फिर वह कमरे में जा कर, वैसे ही बिस्तर पर लेट गया। 'यह साली कैसी ज़िन्दगी है,' वह मन-ही-मन झींखा, 'जब से लाहौर आये हैं, ढंग का मकान मयस्सर नहीं हुआ। चंगड़ मुहल्ले और कृष्णा गली में गर्मियों में सोने की जगह नहीं थी, भले ही दो-दो कमरे थे; और यहाँ सोने के लिए छत है तो रिहाइश के लिए एक ही कमरा।'....यही सब सोचते हुए, वह ऊँघ गया। चन्दा ने खाना तैयार करके, उसे आवाज़ दी तो हड़बड़ा कर उठा और रसोई-घर में गया। — चन्दा ने अँगीठी में कोयले दहका दिये, तरकारी गर्म कर दी थी और वह रोटियाँ सेंक रही थी।

चेतन मूढ़े पर बैठ गया तो उसने देखा कि थाली में दो सब्ज़ियाँ हैं; वह आश्चर्य से बोला, "ये दो सालन कहाँ से आ गये ? आलू-बैंगन तो तुम्हें पकाने ही नहीं आते।"

"कान्ता बहन ने ज़बरदस्ती आपके लिए कटोरी में दे दिये।" चन्दा ने कहा, "खट्टेदार हैं। वो बहुत अच्छा पकाती हैं।"

खाना खाते हुए चेतन अपनी पत्नी की ओर देखने लगा। यह अजीब बात थी कि वह ख़ुद ही दिन भर न हँसती रहती थी, जिस मुहल्ले में जाती थी, वहाँ भी हँसी बिखेर देती थी; इर्द-गिर्द के घरों में पड़ोसिनों से ऐसा अपनापा कायम कर लेती थी कि घर में चार-छै दिन की तंगी का पता न चलता था....वह चुपचाप खाने लगा।

"आपने बड़ी देर कर दी," चन्दा ने मोती बिखेरते हुए कहा, "कहाँ-कहाँ घूम आये ?"

"लाला हाकिमचन्द के गया था, वहीं से आचार्य देशबन्धु के गया, फिर दुकान से होता हुआ, घर आया हूँ।....कुछ ऐसा डौल बन रहा है कि शायद मैं अगले महीने शिमला चला जाऊँ।"

"शिमला!"

खाना खाते-खाते चेतन ने अपनी पत्नी को सारी कारगुज़ारी सुना डाली। फिर गर्व से बोला — "मौके को आगे बढ़ कर पकड़ो — मैं इसी में विश्वास करता हूँ। मौके ज़िन्दगी में सब को मिलते हैं — कुछ लोग ऐसे होते हैं, जो उन्हें देख कर भी पहचान नहीं पाते। कुछ तत्काल उन्हें पहचान कर थाम लेते हैं। पर तीसरी तरह के आदमी ऐसे भी होते हैं, जो अपने लिए अवसर पैदा करते हैं। मौका मेरा रास्ता काटे और मैं पहचान न पाऊँ, यह हो नहीं सकता।....तुम देख लेना, यह ट्यूशन मैं ले कर रहूँगा। मैं रोज़ आचार्य जी

के जाऊँगा और उस वक्त तक चैन न लूँगा, जब तक वे मेरी सिफ़ारिश न कर दें।"

"आपको ज़रूर ट्यूशन मिल जायेगी," चन्दा ने कहा, "मुझे पूरा विश्वास है।"

"लेकिन भाई साहब इस ट्यूशन के हक में नहीं हैं," सहसा चेतन ने कहा।

"क्यों ?"

"लड़की सुन्दर है, ख़ुदसर है, लाड में पली है और ट्यूटरों को पिटवा देती है।"

चन्दा हँसी।

"मज़ाक नहीं करता, भाई साहब ने मना कर दिया है।"

"ऐसी बात है तो न कीजिए!"

"नहीं, ट्यूशन तो मैं ज़रूर करूँगा," चेतन ने निवाला तोड़ कर, सालन से छुला कर, मुँह में रखते हुए कहा, "मुझे इस साल लॉ कॉलेज में दाख़िल होना है और मुझे दाख़िले के लिए रुपये चाहिएँ। जब मैं कोई मौका ही नहीं दूँगा तो वो मुझे कैसे पिटवा देगी ?"

"यही मैं सोचती हूँ!" चन्दा ने कहा, "आप अपनी तरफ़ से कोई ऐसी-वैसी बात न करेंगे तो क्या वे पागल हैं, जो पीट देंगे।"

वह सरल भाव से उसकी ओर देख रही थी, जब अपनी पत्नी का मन जानने को उत्सुक, चेतन की निगाहें उससे मिलीं — कोई शंका नहीं, सन्देह नहीं, ईर्ष्या नहीं एक अपार, अगाध, अथाह निश्वास!....चेतन अभिभूत, अपनी पत्नी की ओर देखता रह गया।

☒☒☒

आठवाँ खण्ड

इकतीस

हफ़्ता भर चेतन लगातार डी०ए०वी० कॉलेज के फेरे लगाता रहा था। आख़िरकार आचार्य देशबन्धु ने लाला हाकिमचन्द से उसकी सिफ़ारिश कर दी और लाला जी ने खाने-रहने की सुविधा के साथ, चालीस रुपये महीने पर उसे अपने साथ शिमला ले जाना स्वीकार कर लिया था।

जब चेतन की ट्यूशन पक्की हो गयी तो उसके सामने पहाड़ जाने के सिलसिले में, मुनासिब कपड़ों और बिस्तर की समस्या आ खड़ी हुई। पिछले वर्ष, जब वह कविराज के साथ शिमला गया था और खादी के पायजामे-कुर्ते पर ओवरकोट पहने, शिमले की सड़कें नापता फिरा था, न उसने बारिश की चिन्ता की थी, न सर्दी की; लेकिन लाला हाकिमचन्द की सुन्दर और उद्दण्ड (तेज़-तर्रार तो वह होगी ही, ऐसा उसने सोच लिया था) लड़की की ट्यूशन स्वीकार कर, उनके साथ फटे-हाली में रहना उसे मंज़ूर न था। इसलिए दूसरा कोई काम करने से पहले, वह जालन्धर के लिए रवाना हो गया।

उसने माँ को बताया कि लॉ कॉलेज की फ़ीस और दाख़िला जुटाने के लिए, उसने शिमला में चार महीने की एक ट्यूशन स्वीकार कर ली हैं और वह बिस्तर लेने आया है। दहेज में आयी रेशमी रज़ाई-दुलाई उसने सन्दूक से निकलवायी, उसे धूप दिखवायी और माँ कहा कि वह एक बड़े आदमी के साथ जा रहा है, अगर वह किसी तरह रज़ाई पर ग़िलाफ़ चढ़ा दे तो बहुत अच्छा हो।

चेतन के पिता को वर्दी के साथ मिलने वाली (और सहेज कर रखी हुई) मलमल की दो सात-गज़ी पगड़ियों को जोड़ कर माँ ने रज़ाई का ग़िलाफ़ तैयार कर दिया और उसी कपड़े में से झालर निकाल दी। दरियाँ, खेस, चादरें और तकिये, दहेज में दो-दो आये थे। चेतन एक सेट लाहौर ले गया था। एक, सन्दूक में बन्द पड़ा था। रज़ाई-दुलाई के साथ, उसने नयी दरी, नया तकिया, चादरों का जोड़ा और नया खेस भी ले लिया; तब उसने माँ से कहा कि अगर वह किसी तरह पच्चीस-तीस रुपये का जुगाड़ कर दे तो उसकी बड़ी चिन्ता दूर हो जाय। उसके पास कोई गर्म सूट नहीं है और बिना गर्म सूट के, उसे जाना मुश्किल लगता है।

"तू पिछले साल भी तो तीन महीने शिमला रहा था।" माँ ने कहा, "ओवरकोट जो है तेरे पास!"

अब चेतन माँ से कैसे कहता कि वह एक बड़े आदमी की सुन्दर लड़की की ट्यूशन ले कर शिमला जा रहा है और नहीं चाहता कि उनके सामने किसी तरह दयनीय और हेय दिखायी दे और असली बात कहने के बदले, उसने शिमला की घनघोर ठण्डक का ज़िक्र किया, "मई में तो बिना स्वेटर या कोट के, चल सकता है माँ," उसने कहा, "लेकिन जहाँ

पानी पड़ा कि सर्दी बेहद बढ़ जाती है। पिछले साल भी मुझे तकलीफ़ हुई थी। ओवरकोट हर वक्त तो नहीं पहना जा सकता।"

लेकिन माँ अपना रोना ले बैठी कि बाऊ जी पूरी तनख़्वाह नहीं भेजते। उसके भाइयों की फ़ीसों और कपड़ों-किताबों का प्रबन्ध करने के लिए उसे बड़ी मुश्किल पेश आती है।

"परसराम क्या कुछ नहीं देता ?" चेतन ने सहसा पूछा, "उसकी तो नौकरी लग गयी है। चालीस रुपये महीना वो पाता है। उतनी रकम तो ला कर तुम्हारे हाथ में रखता होगा।"

माँ के चेहरे पर दर्द और व्यंग्य की बहुत ही क्षीण मुस्कान खेल गयी। "तूँ अपने भ्रा नूँ ताँ नईं जानदा नाँ!"[१] उसने सिर्फ़ इतना कहा।

चेतन के होंटों से लम्बी साँस निकल गयी। उसने फिर माँ से एक शब्द नहीं कहा और बिस्तर बाँध कर चला आया।

लाहौर पहुँच कर उसने रज़ाई के ग़िलाफ़ को धोबी से धुलवा लिया और जब उसने उसे अपनी रेशमी रज़ाई पर चढ़ाया तो प्रसन्नता से उसे रोमांच हो आया। तब उसने नयी दरी, खेस, रज़ाई-दुलाई, चादर और नया तकिया, बिस्तरबन्द में बाँध कर, उसे तैयार कर दिया।

o

बिस्तर की समस्या से सुलटने के बाद चेतन दूसरी सुबह, साइकिल उठा कर, रास्ते में सब्ज़ी मण्डी के चौरस्ते पर लस्सी का गिलास पीता हुआ, डी०ए०वी० कॉलेज होस्टल में हुनर साहब से मिलने चल दिया कि उन्हें अपने शिमला जाने का सुसमाचार दे और बताये कि सोसाइटी का कार्य-भार अब उन्हें अपने कन्धों पर लेना होगा। शातिर के कमरे पर पहुँच कर, अपने उत्साह में उसने ज़ोर से दस्तक दी।

यद्यपि डी०ए०वी० कॉलेज और गवर्नमेण्ट कॉलेज, दोनों के छात्रों, उनके कमरों की साज-सज्जा और उनके रहन सहन में महान अन्तर था, लेकिन शातिर के कमरे का दरवाज़ा खुलने पर चेतन ने जो देखा, उसकी तो उसे कल्पना तक न थी। —-कमरे में से चारपाई निकाल दी गयी थी। छोटी-सी मेज़-कुर्सी दरवाज़े के दायीं ओर एक दीवार के साथ लगा दी गयी थी, क्योंकि जब शातिर ने दरवाज़ा खोला तो वह चेतन को कहीं दिखायी नहीं दी) दरवाज़े के पास थोड़ी-सी जगह जूतों के लिए छोड़ कर, सारे कमरे में बिस्तर बिछे थे, जिनकी चादरें उतनी ही मैली थीं, जितनी लालड़ाँ के लालाओं की गद्दियाँ! सामने खिड़की के नीचे, बिस्तरों के मैले तकिये अपनी गोरी नंगी कोहनी के नीचे रखे, शरीर पर सिर्फ़ खादी की बण्डी और धोती पहने, हुनर साहब पसरे हुए थे। उनके सामने सिर्फ़ तहमदें या निक्करें और बनियानें या कमीज़ें पहने, शातिर और फ़िगार के अलावा, चार-पाँच और युवक बैठे थे। हुनर साहब धाराप्रवाह बोल रहे थे और वे लोग दत्त-चित्त हो कर उनके मुँह से निकलने वाला हर शब्द, जैसे पी रहे थे। चेतन के अन्दर आ जाने पर शातिर ने दरवाज़ा लगा दिया तो क्षण भर को अपना भाषण-प्रवाह रोक, हुनर साहब ने कहा, "आइए 'दाग़' साहब।" उन्होंने पहली बार चेतन को उसके उपनाम से (शायद अपने चेलों पर रोब

---

१. तू अपने भाई को तो नहीं जानता न ?

डालने की ग़रज़ से) पुकारा, "आप की बड़ी उम्र है। मैं सोच ही रहा था कि आप होते तो मज़ा आ जाता। आइए, इधर आ जाइए।"

वे उठ कर बैठ गये और अपने पास ही उन्होंने चेतन के लिए जगह बना दी और बोले, "मैं ज़रा इन लोगों को उर्दू शायरी में मय[१] की माहीयत[२] समझा रहा था। बैठिए! अभी ख़त्म करता हूँ।"

चेतन पैण्ट-कमीज़ पहने था। उसे बैठने में थोड़ी दिक्कत हुई; अफ़सोस हुआ कि वह क्यों निक्कर-कमीज़ पहन कर नहीं आया। (जब से उसने सोसाइटी का काम शुरू किया था, वह अपने कपड़ों की ओर ख़ास ध्यान देने लगा था। उसे हमेशा इस बात का ख़दशा[३] लगा रहता था कि सोसाइटी का कोई मेम्बर या सरपरस्त रास्ते में न मिल जाये! और जबसे चन्द्रा की ट्यूशन की बात चली थी, उसकी यह सावधानी और भी बढ़ गयी थी। वह नहीं चाहता था कि लाला हाकिमचन्द कहीं सामने पड़ जायें तो उसे लोफ़रों की तरह घूमते देख कर, बिदक जायें!)

चेतन घुटनों के बल बैठ गया तो हुनर साहब ने अपनी बातों का तार, जहाँ से छोड़ा था, वहीं से पकड़ लिया। चेतन की निगाह मेज़ के नीचे तारों के गिलासदान में पड़े, चाय के गिलासों, काली-सी केतली और उन पर भिनभिनाती मक्खियों की ओर चला गया। — शातिर को अभी शहर की हवा नहीं लगी थी। वह कमरा लाहौर के किसी कॉलेज का कमरा नहीं, देहात के किसी घर का ही कमरा लगता था — मैला-कुचैला, गन्दा और अस्त-व्यस्त। उसमें जमा होने वाले लड़के भी, एक को छोड़ कर, सारे देहाती ही लगते थे। शातिर और फ़िगार से तो चेतन पहले ही मिल चुका था। उनके अलावा, चार लड़के और बैठे थे। मुगदर की तरह मोटा-ठिगना एक लड़का, तहमद और बनियान पहने, गले में काले धागे से तावीज़ बाँधे, ऐसे बैठा था, जैसे अखाड़े में बैठा हो। एक यतीम-सूरत लड़का, निक्कर-कमीज़ पहने था, जिसका टेटुआँ बहुत नुमायाँ दिखायी दे रहा था; लेकिन उसने बाल बढ़ा रखे थे, सँवार भी रखे थे; अपने आप को ज़रूर ही यूसुफ़ समझता होगा। उसके साथ ही नंगे बदन पर निक्कर पहने हुए, एक हृष्ट-पुष्ट लड़का था — चौड़ा-सा चेहरा, उभरे कल्ले; कॉलेज के होस्टल में बैठा था, इसलिए छात्र लगता था, वरना कहीं सड़क पर मिल जाता तो सम्भ्रान्त घर का मुण्डू लगता। उन दोनों के पीछे, मुँह ज़रा-सा खोले और निचला होंट लटकाये — अध-पगला सा दीखने वाला एक युवक बैठा था; इतनी ही ग़नीमत थी कि उसके चेहरे पर मक्खियाँ नहीं भिनभिना रही थीं और वह साफ़ कमीज़-पायजामा पहने था। उससे ज़रा हट कर, लट्ठे की तहमद और बण्डी पहने, एक अपेक्षाकृत गोरा युवक, दीवार से पीठ लगाये, अलग-थलग दीखता था; उसकी कलाई पर रिस्टवॉच थी; लम्बे बाल सुरुचि से कढ़े थे और चेहरे पर कुछ अजीब-सा मूर्खता-भरा गर्व था, जैसे वह कमरे में बैठे सभी दूसरों को मूर्ख समझता हो। 'किसी बड़े बाप का बिगड़ा बेटा है,' चेतन ने मन-ही-मन कहा, 'हुनर साहब ने अपना रंग जमा लिया है, ये ही सोसाइटी चलाने के काबिल हैं, मैं बेकार ही उस चक्कर में फँस गया।'

---

१. शराब

२. हकीकत, महत्व

३. आशंका, डर

लेकिन वह ज़्यादा देर डी०ए०वी० कॉलेज होस्टल के उस कमरे और उसमें जमा उन नये शायरों का जायज़ा नहीं ले सका। सहसा हुनर साहब की तेज़, मीठी आवाज़ ने उसका ध्यान खींच लिया —अपने गोरे रंग, सुन्दर नुकीले चेहरे और पतले होंटों के साथ, अपनी प्रवहमान भाषा से, वे अपने श्रोताओं को बाँधे थे। चेतन ने सुना, वे कह रहे थे : "शराब से मतलब उस अंगूर की बेटी से ही नहीं, जिसके बारे में उस्ताद 'ज़ौक' ने कहा है :

"ऐ 'ज़ौक' देख दुख़्तर-ए-रज़ को न मुँह लगा
छुटती नहीं है मुँह से यह काफ़िर लगी हुई।

"शे'र में मुहावरे की ख़ूबी है।" हुनर साहब ने अदा से शे'र पढ़ कर व्याख्या की, " 'मुँह लगाना' का मतलब 'होंटों से लगाना' भी है और 'ढील देना' या 'प्यार करना' भी। और यहाँ उस्ताद 'ज़ौक' ने दोनों ही मा'नी भर दिये हैं। लेकिन दुख़्तरे-रज़ —यानी अंगूर की बेटी —से मुराद यहाँ किसी और चीज़ से नहीं। यहाँ उसका मतलब अंगूर के खिंचे हुए अर्क ही से है, जो बाद में सरूर चाहे जितना देता हो, लेकिन ज़बान से लगते ही, मुँह को कड़वाता और जिगर को चीरता चला जाता है। 'अमीर' ने क्या ख़ूब कहा है :

"अंगूर में थी यह मय पानी की चार बूँदें
पर जब से खिंच गयी है तलवार हो गयी है।"

और हुनर साहब ने ख़ुद ही दूसरा मिसरा दोहराया —"पर जब से खिंच गयी है तलवार हो गयी है —क्या हकीकत बयान की है।" और अपनी बात जारी रखते हुए बोले, "और जिसके बारे में 'ग़ालिब' ने लिखा है :

"ग़ालिब छुटी शराब, पे अब भी कभी कभी
पीता हूँ रोज़-ए-अब्र-ो-शब-ए-माहताब[1] में

"या :

"पिला दे ओक से साक़ी जो हम से नफ़रत है
पियाला गर नहीं देता, न दे, शराब तो दे

"या फिर वो मशहूर शे'र :

"कर्ज़ की पीते थे हम, लेकिन समझते थे कि हाँ
रंग लायेगी हमारी फ़ाकामस्ती एक दिन

"यह मय, यह दुख़्तरे-रज़, यह बाद:;, यह सहबा —ये सब उसी शराब के नाम हैं, जिसे आज ह्विस्की कह लीजिए या ब्राण्डी या ठर्रा। है वो शराब ही। और इसी शराब पर उर्दू शायरों ने हज़ारों शे'र कहे हैं।"

हुनर साहब पल भर को रुके। फिर बड़ी प्यारी-सी जानकारी-भरी मुस्कान होंटों पर ला कर, उन्होंने कहना शुरू किया : "लेकिन उर्दू शायरी में शराब सिर्फ़ यही शराब नहीं, वह नश्शा[2] भी है, जो महबूब की अँखड़ियों में है; साकी की अदाओं में है; बरखा की

---

१. बादल भरे दिन और चाँदनी रात

२. शुद्ध शब्द नश्श: है। उर्दू काव्य में 'नशा' और 'नश्शा' दोनों इस्तेमाल हात हैं। जहाँ शब्द पर ज़ोर देना हो, वहाँ 'नश्शा' इस्तेमाल होता है।

घटाओं में है, महबूब के प्यार में है या ख़ुदा की मुहब्बत में है। जैसे शायरों ने इश्क को हज़ार मा'नी में इस्तेमाल किया है, वैसे ही शराब को! यह ज़रूरी नहीं कि शराब के शे'र कहने वाला शायर, पीता ही हो। 'रियाज़' ख़ैराबादी जैसे भी शायर हैं, जिसने अपने बारे में लिखा :

"है रियाज़ इक जवान-ए-मस्त-ख़िराम[१]
न पिये और झूमता जाये।

"जिसने ज़िन्दगी भर शराब को मुँह नहीं लगाया, लेकिन इस मज़मून पर अपने जौहर के करिश्मे दिखा दिये। इस मज़मून में ज़रा उस पारसा[२] की नाज़ुक-ख़याालियाँ देखिए :

"जाम है तौबः-शिकन, तौबः मेरी जाम-शिकन[३]
सामने ढेर है टूटे हुए पैमानों का।"

चेतन प्रकट हुनर साहब का धाराप्रवाह भाषण सुन रहा था और उसकी आँखें शातिर के कमरे में उपस्थित उन नौजवान शायरों की ओर लगी थीं, जो मुँह-बाये मूर्खों की तरह, हुनर साहब की तकरीर सुन रहे थे, लेकिन वास्तव में उसका दिमाग़ लगातार इस समस्या को सुलझाने में लगा था कि वह कैसे पच्चीस-तीस रुपये जुटाये और शिमला जाने के लिए एक नया सूट सिलवाये। चेतन का दिमाग़ हाज़िर होता तो वह 'ग़ालिब,' 'ज़ौक' और 'अमीर' के शे'रों की दाद देता और हुनर साहब शायद उस्तादों ही के शे'र सुनाते। लेकिन चेतन चुप सुनता रहा था और 'ग़ालिब' तथा 'ज़ौक' के शे'र उन आर्य समाजी और सनातनी शायरों के सिर पर से गुज़र गये थे। हुनर साहब का माँझा ढीला हो रहा था। उन्हें ख़ुद ही 'अमीर' का शे'र दोहराना पड़ा था और सुनने वालों की समझ के मुताबिक, वे 'रियाज़' ख़ैराबादी के शे'र सुनाने लगे थे। जब उन्होंने रियाज़' ख़ैराबादी का नाम लिया था तो चेतन पहली बार चौंका था। 'यह किस मरदूद[४] को हुनर साहब कब्र से निकाल लाये हैं,' उसने मन में कहा था और वह ध्यान से सुनने लगा था। जब हुनर साहब ने 'रियाज़' का परिचय उसी के शे'र में दिया था तो यद्यपि चेतन ने सोचा था कि जो साला कभी शराब पीता नहीं, वह उसके सरूर को क्या जानेगा, पर वह चुप रहा। फिर जब हुनर साहब ने दूसरा 'शे'र पढ़ा तो चेतन ने खुल कर दाद दी :

"वाह-वा! 'सामने ढेर है टूटे हुए पैमानों का!' क्या बात कही है। तौबः और फिर जाम-शिकन तौबः! वाह-वा, वाह-वा!"

हुनर साहब ख़ुश हो गये और उसकी ओर देख कर बोले — "एक शे'र और सुनिए :

"इतनी पी ली है बाद तौबः भी
बे-पिये बेख़ुदी-सी रहती है।"

---

१. मस्त चाल वाला

२. नेक

३. शराब का प्याला मेरी तौबा (न पीने की प्रतिज्ञा) को तोड़ने वाला है और मेरी प्रतिज्ञा प्याले को तोड़ने वाली है।

४. बहिष्कृत, तिरस्कृत

'अब ये रियाज़ का सारा दीवान ही सुना देंगे,' चेतन ने मन में कहा, लेकिन प्रकट उसने फिर दाद दी। हुनर साहब ने तीसरा शे'र पढ़ा :

''बातें मा'शूक[१] की कानों में, नज़र में शक्लें
नश्शा-ए-बादः-ए-गुलनार[२] तेरा क्या कहना।''

निहायत हल्का-फुल्का शे'र! चेतन की देखा-देखी मुगदर ने बढ़ कर इस शे'र की दाद दी। लेकिन 'वाह-वा' और 'ख़ूब-ख़ूब' के अलावा, वह और कुछ न कह सका। हुनर साहब जोश में बोलने लगे : "लेकिन उर्दू शायरों के यहाँ सदहा[३] ऐसे शे'र मिल जायेंगे, जहाँ शराब, मयख़ाना, वाइज़[४] और मुहतसिब[५] सब के मा'नी बदल जाते हैं। 'जिगर' मुरादाबादी का ही यह शे'र देखिए :

''यूँ तो साकी, हर तरह की तेरे मयख़ाने[६] में है
वह भी थोड़ी-सी, जो इन आँखों के पैमाने[७] में है।''

चेतन ने मिसरा दोहराया, "वह भी थोड़ी-सी जो इन आँखों के पैमाने में है," और दाद दी —"वाह-वा! क्या बात कही है!"

हुनर साहब ने अपनी बात जारी रखी, "और 'असग़र के यहाँ, घटा ही मयख़ाना बन गयी है। शे'र सुनिए :

''हाथ से किसने साग़र[८] पटका मौसम की बेकैफ़ी[९] पर
इतना बरसा टूट के बादल डूब गया मयख़ाना भी।''

आसान शे'र। सभी ने झूम कर एक साथ 'वाह-वा' की। हुनर साहब ने ऐसे हाथ माथे पर ले जा कर 'आदाब' किया, जैसे उन्हीं के शे'र पर दाद मिल रही हो। फिर बोले, "लेकिन रियाज़ तो अपने शे'रों में और गहरे मा'नी भर देता है। ज़रा देखिए उसका यह शे'र :

''बाद तौबः के भी फेंका नहीं जाता मुझसे
मैं लिये बैठा हूँ टूटे हुए पैमाने को

"बज़ाहर शे'र आम शराब और उससे तौबः, इस पर भी उसकी चाहत के मा'नी देता है, लेकिन ज़रा शराब के बदले इस ज़िन्दगी को रख लीजिए और पैमाना इस जिस्म को समझिए और देखिए, कैसे गहरे और दर्द-भरे मा'नी पैदा हो जाते हैं। आदमी ज़िन्दगी की लज़्ज़तें उठा चुका है, और जीने से तौबा कर चुका है, लेकिन मर नहीं सकता। उसी टूटे हुए पैमाने (याने जिस्म) को लिये बैठा है।"

---

१. प्रेयसी
२. अनार के फूल के रंग की शराब
३. शत-शत
४. उपदेशक
५. पूछ-ताछ करने वाला
६. मदिरालय
७. प्याले
८. प्याला
९. नीरसता

चेतन जानता था कि हुनर साहब को दूसरे शायरों के दीवान-के-दीवान याद हैं, लेकिन वे शे'रों की ऐसी व्याख्या कर सकते हैं, यह उसके लिए नयी बात थी। वह सचमुच प्रभावित हुआ और उसने बेइख़्तियार दाद दी —"वाह-वा। क्या तफ़सीर[1] की है! ज़िन्दगी से तौबा भी है और जिस्म छोड़ा भी नहीं जाता। ज़िन्दगी के नशे को शराब की लत से मिला दिया है : 'मैं लिये बैठा हूँ टूटे हुए पैमाने को!' वाह-वा, वाह-वा!"

हुनर साहब ने उसकी तरफ़ विनम्रता-भरे गर्व से देखा, बड़ी प्यारी-सी मुस्कान होंटों पर ला कर और सिर झुका कर 'आदाब' किया और फिर अपनी बात जारी रखी : "ग़ालिब का एक मशहूर शे'र है जिसमें ज़िन्दगी के इसी प्यार को, और भी गहरे अल्फ़ाज़ में अदा किया गया है :

"गो हाथ को जुम्बिश नहीं आँखों में तो दम है
रहने दो अभी साग़र-ो-मीना[2] मेरे आगे।"

चेतन ने पहले भी कई बार यह शे'र पढ़ा था। लेकिन उसने बिस्तरे-मर्ग पर पड़े हुए शराबी को और उसके सामने रखे हुए प्याले और सुराही को ही देखा था, लेकिन हुनर साहब की उस व्याख्या के बाद, शे'र सुनते ही उसने जाना कि साग़र-ो-मीना से मुराद, ज़िन्दगी की लज़्ज़तों से है और आदमी की बे-किनार जिजीविषा के सन्दर्भ में यह शे'र उसे दोहरा मज़ा दे गया और उसने जी भर कर दाद दी। उसकी देखा-देखी, कॉलेज के वे नये शायर भी दाद देने लगे।

हुनर साहब बड़ी अदा से 'आदाब-अर्ज़,''आदाब-अर्ज़' करते हुए दुगुने जोश से शे'र सुनाने लगे और उस क्षण चेतन उस कमरे की गन्दी-मैली फ़िज़ा, वे मैले बिस्तर और दरवाज़े के पास ढेर-से जूते और चाय के ख़ाली गिलासों पर भिनभिनाती मक्खियाँ —सब भूल गया। हुनर साहब की आवाज़ के जादू ने उसे बाँध लिया। उन्होंने दूसरा शे'र पढ़ा।

" 'अमीर' का एक शे'र है" उन्होंने कहा :

"तेरा मयकदा सलामत, तेरे ख़ुम[3] की ख़ैर साकी
मेरा नश्शा क्यों उतरता, मुझे क्यों ख़ुमार होता

"मैं जब इस शे'र को पढ़ता हूँ," हुनर साहब बोले, "मुझे हमेशा लगता है कि शायर ने, न आम साकी से ख़िताब[4] किया है, न आम मयकदे की बात की है —उसका साकी ख़ुदा है और मयकदा यह सारा जहान है, जहाँ घटाओं के भी ख़ुम हैं और हवाओं के भी ख़ुम हैं, जहाँ सारी कायनात[5] एक, कभी-न-ख़त्म होने-वाला ख़ुम लुँढा रही है। शे'र का दूसरा मिसरा — मेरा नश्शा क्यों उतरता मुझे क्यों ख़ुमार होता — आम मयकदे के सिलसिले में पूरा नहीं उतरता। कुदरत के कारख़ाने की ही बात है कि उसके देखने वाले का, न नशा उतरे, न ख़ुमार चढ़े।"

और हुनर साहब ने ख़ुद ही दाद दी थी —"वाह-वा, वाह-वा!" और फिर बोले :

---

१. व्याख्या
२. प्याला और सुराही
३. शराब का मटका
४. सम्बोधन
५. ब्रह्माण्ड, दुनिया, प्रकृति

"रियाज़ ही का एक और शे'र सुनिए :

"सद-साला[1] दौर-ए-चर्ख़[2] था साग़र का एक दौर
निकले जो मयकदे से तो दुनिया बदल गयी

"यूँ पहली नज़र में तो यहाँ आम मयकदे और आम साग़र की बात है।" हुनर साहब ने व्याख्या की, "मैं भी पहले इसके यही मा'नी लगाता था, लेकिन पिछले दिनों मैं लालड़ाँ के साईं के हुज़ूर में गया और मैंने देखा कि ज्ञान की शराब के दो घूँट लोगों की दुनिया बदल देते हैं और इस शे'र के गहरे मा'नी मेरी पकड़ में आ गये। अब यहाँ शराब के बदले मा'रिफ़त[3] के दो घूँट रख दीजिए और मयकदे की जगह किसी ज्ञानी का आश्रम या किसी पहुँचे हुए फ़कीर का तकिया, और शे'र पढ़िए! देखिए, पूरी तरह मौज़ूँ उतरता है या नहीं! आसमान की सौ साल की गर्दिश के बराबर है ज्ञान की शराब का एक दौर और :

"निकले जो मयकदे से तो दुनिया बदल गयी।"

और उन्होंने एक और शे'र पढ़ते हुए कहा, : "अंजाम' का एक शे'र है, जिसका कोई दूसरा कलाम मैंने नहीं पढ़ा, लेकिन यह शे'र इसीलिए ज़बाँ-ज़द-आम[4] है कि इसमें भी मयकदा किसी एक मा'नी में इस्तेमाल नहीं हुआ :

"दूर से आये थे साकी सुन के मयख़ाने को हम
पर तरसते ही चले हैं एक पैमाने को हम

"अब इस में साकी की जगह, फिर किसी सन्त को रख लो, मयख़ाने की जगह, उसके आश्रम को और शराब चाहने वाले की जगह, ज्ञान की इच्छा करने वाले ऐसे भक्त को, जिसे उस सन्त-महात्मा के उपदेश से शान्ति नहीं मिलती और वह तरसता चला जाता है तो शे'र उस सूरते-हाल पर पूरा उतरता है; लेकिन अगर साकी की जगह, ख़ुदा कर दो और मयख़ाने के बदले, दुनिया और तरसते जाने वाले शराबी की जगह, कोई नाकाम इन्सान, तो शे'र उस ग़रीब के दर्द की तस्वीर बन जाता है, जो ख़ुशी के एक जाम को तरसता हुआ, इस दुनिया से चला जाता है।"

चेतन ने शे'र की भरपूर दाद दी।

"रियाज़ ही का एक और प्यारा शे'र है," हुनर साहब बोले : "जिसमें अगर साकी की जगह ख़ुदा को रख दें तो मतलब और भी गहरा उतरता है :

"ले जाम लबालब भर देना, फिर साकी को कुछ ध्यान नहीं
यह साग़र पहुँचे दोस्त तलक या हाथ लपक ले दुश्मन का

"भगवान अपनी बरकतों के साग़र भर-भर कर देता है और नहीं देखता कि आस्तिक उनसे लुत्फ़ उठाते हैं या नास्तिक!"

हुनर साहब रुके। चेतन तथा कमरे में बैठे, दूसरे नौजवान शायरों ने इस शे'र की बहुत दाद दी। चेतन ने देखा कि लगातार बोलने से हुनर साहब थक गये हैं और उनके

---

१. सौ साल का

२. आसमान का दौर

३. अध्यात्म-ज्ञान

४. लोगों की ज़बान पर चढ़ने वाला, लोकप्रिय

होंट सूख गये हैं। उसे जाने की जल्दी थी, इसलिए उसने उनके कान में कहा, "मैं चलना चाहूँगा। आपसे ज़रूरी बात कहनी थी। फिर आ जाऊँगा।"

"नहीं, बैठो!" उन्होंने कहा, "अभी ख़त्म करते हैं।" और उन्होंने अपनी बात जारी रखी :

"अलफ़ाज़ अपने में बेजान होते हैं। शायर अपनी तबियत की जौलानी[१] से उनमें नये मा'नी भर देते हैं। मैं आपको एक शे'र सुना कर इस मज़मून को ख़त्म करता हूँ। यह शे'र इसी ख़ाकसार का है। मैंने उस वक्त कहा था, जब मैंने सूट-बूट को तिलांजली दी थी, खादी को अपनाया था और तहरीके-आज़ादी[२] में शामिल हुआ। शे'र में न कहीं तहरीके आज़ादी है, न खादी है, लेकिन ग़ौर से देखिए तो सब कुछ है :

"चलने लगा बिल्लौर का साग़र[३] किनार-ए-जू[४]
पत्थर में जान फूँक दी फ़सल-ए-बहार[५] ने।"

चेतन ने दाद दी, "वाह क्या बात पैदा की है, 'पत्थर में जान फूँक दी'...."

हुनर साहब ने 'आदाब' किया और बोले : "किनारे-जू को अगर हिन्दुस्तान समझ लीजिए और फ़सले-बहार को तहरीके-आज़ादी, जिसने पत्थर-सिफ़त हिन्दुस्तानियों में जान फूँक दी, तो देखिए शे'र कैसे जदीद मा'नी का हामिल[६] हो जाता है।"

और वे चुप हो गये। फिर क्षण भर रुक कर बोले : "अब शराब-अराब तो हम छूते नहीं, सिर्फ़ मा'रिफ़त की पीते हैं, लेकिन गला सूख गया है, इसलिए चाय का एक दौर हो जाय।" और उन्होंने उस मुगदर की ओर देखा, "क्यों 'शैदा' साहब, क्या आपके मयकदे से हम तश्ना[७] ही जायेंगे।"

मुगदर उठा और केतली की तरफ़ बढ़ा।

"ये शिरी पूरनचन्दर शर्मा 'शैदा' कपूर्थलवी, सनातन धर्म कॉलेज के स्टूडेण्ट हैं," हुनर साहब ने उस युवक का परिचय दिया, "आजकल रोज़ सवेरे आ जाते हैं, और हम प्यासों को चाय के जाम पिलाते हैं। कल तक अखाड़े में अपने जौहर दिखाते थे, अब शे'र के अखाड़े में उतरे हैं तो पहली ही ग़ज़ल से इन्होंने अपनी शायरी के झण्डे गाड़ दिये हैं।"

अपनी तारीफ़ सुन कर उस मुगदर ने, तार का गिलासदान और केतली उठाते हुए, कनखियों से चेतन की ओर देखा। कुछ अजीब-सी प्रसन्नता और लाज-भरी मूर्खता उसके चेहरे पर झलक गयी। हुनर साहब ने दूसरे युवकों से चेतन का परिचय कराया। उभरे टेंटुए वाला पतला-दुबला युवक, रामप्रसाद 'नसीम' था; नौकर नज़र आने वाला, दीवानचन्द 'गौहर' था और रिस्टवॉच वाला, अनारकली की मशहूर दवाइयों की दुकान, मेसर्ज़ दौलतराम एण्ड सन्ज़, केमिस्ट्स एण्ड ड्रगिस्ट्स के मालिक, लाला दौलतराम 'साग़र' का

---

१. तेज़ी, दौड़
२. स्वातन्त्रता-आन्दोलन
३. शीशे का प्याला
४. नदी-किनारे
५. वसन्त का मौसम
६. आधुनिक अर्थों को वहन करने वाला
७. प्यासे

सुपुत्र, कैलाशनाथ 'फ़रहत' था। हुनर साहब ने उसका परिचय देते हुए, ख़ासे दाँत निपोरे और उसकी ही नहीं, उसके पुरखों की भी कलाकारिता बखान डाली।

"वो पीछे कौन साहब बैठे हैं ?" चेतन ने उस मुँह-खोले, होंट-लटकाये, बे-चेहरे के-से युवक की ओर संकेत कर, पूछा।

"वो बहुत पहुँचे हुए शायर हैं —ए०एम० दीवाना! नाम तो अमृतसरिया मल्ल है, इसी नाम से पहले पंजाबी में बैत कहते थे, उर्दू में आये हैं तो इनका मुख़फ़्फ़फ़[१] नाम मैंने ए०एम० कर दिया है। 'दीवाना' तख़ल्लुस रखते हैं।"

अपने शागिर्दों का परिचय देने के बाद हुनर साहब ने बढ़ा-चढ़ा कर चेतन का परिचय दिया : "और जनाब चेतनानन्द 'दाग़,' " वे बोले, "रोज़नामा 'भीषम,' 'बन्दे मातरम,' और 'वीर भारत' के रुक्ने-अदारः[२] रहे हैं। ज़बरदस्त अफ़साना-निगार और शायर हैं। (और यह कहते हुए उन्होंने पुराना वाक्य दोहराया :) कभी ये मेरे शागिर्द थे, लेकिन अब मैं इनका शागिर्द हूँ।" वे हँसे और चेतन की ओर झुक कर बोले, "चाय का दौर ख़त्म हो जाये तो आपको इन नौवारिदान-ए-मैदान-ए-इश्क[३] के कारनामे सुनवाता हूँ — शे'र-ो-शायरी का मैदान, इश्क के मैदान ही का दूसरा नाम है," उन्होंने पत्ता लगाया और बोले, 'आप की सोसाइटी की मजलिसें, इनके बल पर देखिए, कैसी कामयाब होती हैं!"

चेतन को अपनी बात कहने का मौका मिला। "मैं तो इसीलिए आपके पास आया था," उसने कहा, "मैं चार महीने के लिए शिमला जा रहा हूँ और चाहता हूँ कि सोसाइटी का इफ़्तिताही जलसा कर दूँ, ताकि आप जनरल सेक्रेट्री चुन लिये जायें और सोसाइटी को अपने हाथ में ले लें।" और उसने उनके काम में बहुत धीरे से कहा, "मुझे अभी गर्म कपड़ों का इन्तज़ाम करना है, ओवरकोट तो है, पर मुझे एक सूट दरकार है, पच्चीस-तीस का जुगाड़ करना होगा, इसलिए...."

"क्यों, डॉक्टर रामानन्द से...." हुनर साहब ने कहना चाहा।

"नहीं, वो इतने रुपयों का इन्तज़ाम नहीं कर सकते!" चेतन ने उनकी बात काट दी, "इसलिए अभी मैं चलूँगा। कहीं रुपयों का इन्तज़ाम करूँगा। या तो आज शाम आप मेरे यहाँ आ जाइए, या कल सुबह मैं आपके पास सोसाइटी के ब्रोशर वग़ैरह ले कर चला आऊँ; जिनको बुलाना हो, उनकी फ़ेहरिस्त और इन्वीटेशन कार्ड का मज़मून बना लें और जलसे की जगह वग़ैरह —सब तय कर लें।"

हुनर साहब उठे और उसे साथ ले कर पिछली खिड़की में जा खड़े हुए। "कितने में तुम्हारा सूट बन जायेगा ?" उन्होंने धीरे से बाहर की तरफ़ को मुँह करके पूछा।

"सूट क्या, ट्वीड का एक कोट और वर्स्टेड की पैण्ट सिलवा लूँगा, टाई तो ख़ैर भाई साहब की ले जाऊँगा, लेकिन एक नयी फ़ेल्ट हैट ज़रूर चाहिए! तीस रुपये तो उठ ही जायेंगे। सिलवाई अलग!"

"सिलवाई तो ख़ैर यूनीवर्सिटी टेलर्ज़ से उधार हो सकती है," उन्होंने कहा,

---

१. संक्षिप्त
२. सम्पादन विभाग के सदस्य
३. इश्क के मैदान क नवागन्तुक

"हरगोविन्द शे'र-ो-शायरी का दिलदादा[१] है। मेरा वाकिफ़ है। तुम्हें भी जानता होगा। रामानन्द की दुकान के पास ही तो कचहरी रोड पर उसकी दुकान है। हाँ, गर्म कपड़ा ख़रीदने का मसला है।" वे कुछ क्षण सोचते रहे, फिर बोले, "सोसाइटी का कितना चन्दा तुम्हारे पास है ?"

"गिना तो नहीं, पाँच-दस ख़र्च भी किये हैं, तो भी साठ-पैंसठ तो होंगे ही!"

"तीस में तुम सूट सिलवा लो! और पैंतीस मुझे दे दो। सोसाइटी चलाने की ज़िम्मेदारी मेरी रही।"

लेकिन चेतन को सोसाइटी का एक पैसा भी अपने ऊपर ख़र्च करना स्वीकार न था। उसने निश्चयात्मक स्वर में उनसे कहा, "चन्दे का तो एक पैसा भी मैं अपने ऊपर ख़र्च नहीं कर सकता। उससे तो मैं सोसाइटी के मेम्बरों और सरपरस्तों को पार्टी दूँगा। वहीं एग्ज़िक्यूटिव वग़ैरह का चुनाव हो जायेगा," वह क्षण भर रुका था, फिर उसने लगभग सरगोशी में उन्हें समझाया, "बात यह है कि पण्डित 'रत्न,' सूफ़ी हनुमान परशाद, कविराज रामदास, शत्रुघ्नलाल 'तीर' और दूसरे कई लोगों से मैं ख़ुद रुपये लाया हूँ और मैं नहीं चाहता, गुप-चुप सोसाइटी का भार आपको सौंप कर शिमला चला जाऊँ। इसमें मेरी भी बदनामी है, आपको भी आगे काम करने में दिक्कत होगी। सब के सामने आपका नाम जनरल सेक्रेट्री के तौर पर प्रोपोज़ करूँगा। आपके शागिर्द रहेंगे, दूसरे दोस्त रहेंगे। आप ब-यक-ज़बान[२] चुन लिये जायेंगे, इसका मुझे यकीन है। वहीं आपको सब मेम्बरों और सरपरस्तों से — याने जिन्हें आप नहीं जानते — मिलवा दूँगा। आगे हर महीने आपको चन्दा इकट्ठा करने में आसानी रहेगी।....मैं तो चार-पाँच महीने शिमला रहूँगा। आप चाहेंगे शागिर्दों की मदद से काम करेंगे तो काफ़ी पैसा आता रहेगा। आप बड़ी आसानी से लाहौर का अपना ख़र्च निकाल सकेंगे, सोसाइटी के जलसे अपने मन के मुताबिक रख सकेंगे और लाहौर की कल्चरल लाइफ़ में भी इज़ाफ़ा कर सकेंगे।"

हुनर साहब कुछ क्षण सोचते रहे। वे सोसाइटी को अपने शागिर्दों की मदद से बख़ूबी चला सकते थे और उन बड़े आदमियों की उन्हें कुछ वैसी ज़रूरत न थी। लेकिन चेतन की बातों में उन्हें काफ़ी वज़न लगा। उन्हें किसी दैनिक अख़बार के दफ़्तर में जगह भी देखनी थी, इस अवसर पर वे कुछ पत्रकारों को बुला लेंगे। फिर वे चेतन को बिदकाना भी नहीं चाहते थे। थोड़ी देर सोच कर उन्होंने कहा, "मैं अपने शागिर्दों से बात करके, तुम्हारे सूट के रुपयों का इन्तज़ाम करूँगा। बाकी तो सब खुक्ख हैं, लेकिन शातिर और फ़रहत से मुझे उम्मीद है। ज़रा सोसाइटी में उनकी दिलचस्पी पैदा करनी होगी।"

"मैं उनके रुपये शिमला जाते ही लौटा दूँगा।" चेतन ने कहा।

"उसकी तुम फ़िक्र न करो।" हुनर साहब ने उसकी पीठ थपथपायी, "अभी तुम ठहरो, बैठो। कुछ सुनो-सुनाओ और मुझे सिर्फ़ आज का दिन दो। कल मैं सुबह तुमसे घर पर मिलूँगा।"

इस बीच 'शैदा' चाय ले आया था। हुनर साहब पलट कर अपनी जगह जा बैठे।

---

१. प्रेमी

२. एक स्वर से

बत्तीस

हुनर साहब से बात करके, बिना एक भी मिनट और गँवाये, चेतन वहाँ से चला आना चाहता था। लेकिन जब हुनर साहब अपनी जगह जा बैठे और उसने कहा, "अच्छा तो हुनर साहब, मुझे इजाज़त दीजिए, मैं चलूँगा, मुझे तैयारी करनी है," तो वे उछल कर उठे। उसका हाथ थाम, उन्होंने उसे खींच कर अपने पास बैठा लिया। "तुम से कहा न," उन्होंने उसके कान में कहा, "अभी कुछ देर रुको, ज़रा इन लोगों की एक-एक चीज़ सुन लो। मुझे इनसे बात करने में आसानी होगी।"

चेतन चुपचाप उनके पास बैठ गया। शैदा ने अब के आगे चाय का एक-एक गिलास रख दिया। चेतन तो चाय पीता नहीं था। हुनर साहब ने अपना गिलास ख़त्म किया और जब उन्हें मालूम हुआ कि वह चाय नहीं पियेगा, तो वे उसका गिलास भी पी गये।

चाय ख़त्म हो गयी और गिलास और केतली अपनी जगह चले गये तो हुनर साहब ने आसन बदला। दोनों घुटनों को ज़रा मोड़ कर, उन्हें बायीं ओर फैलाते हुए, तकियों को बग़ल के नीचे ले कर, वे बैठ गये और चेतन की ओर देख कर, उन्होंने मुस्कराते हुए कहा, "लीजिए 'दाग़' साहब, अब आपको इन नौवारिदान-ए-इश्क के कारनामे सुनवाते हैं।" फिर कमरे में उपस्थित युवकों की ओर मुख़ातिब हो कर बोले : "क्यों भाई, पहले कौन पढ़ेगा ? —फ़रहत साहब, आप पढ़ेंगे या शैदा साहब को तकलीफ़ दी जाये ?"

इससे पहले कि फ़रहत कोई जवाब देता, हुनर साहब ख़ुद ही बोले : "यूँ तो मुशायरों में अच्छे शायर सबसे पहले पढ़ते हैं या सब के बाद! लेकिन दोनों हालतों में थोड़ा ख़तरा है। —कई बार मुशायरे में ख़ास लोग देर से पहुँचते हैं। अगर अच्छे शायर से शुरू में पढ़ने को कह दिया गया तो न सिर्फ़ वे लोग उसे सुनने से महरूम रह जाते हैं, शायर भी उनको अपना कलाम नहीं सुना पाता है। यही ख़तरा दूसरी सूरत में भी है। मुशायरे देर तक चलते हैं। इस दौरान कई बार इतने बेकार के शायर, यके-बाद-दीगरे[१] पढ़ते चले जाते हैं कि ख़ुश-ज़ौक लोग, बोर हो कर उठ जाते हैं और जब आख़िर में ख़ास शायर पढ़ता है तो कोई सुख़न-फ़हम उसके शे'रों की दाद देने वाला नहीं होता।"

अपनी बात का असर अपने शागिर्दों पर देखने के लिए हुनर साहब पल भर रुके, फिर बड़ी प्यारी-सी हँसी के साथ बोले, "लेकिन यहाँ उस तरह का कोई ख़तरा नहीं। न यहाँ कोई देर से आयेगा, न पहले जायेगा इसलिए मेरा ख़याल है कि फ़रहत साहब, आप ही पहले कुछ गुल-अफ़शानी कीजिए[२]!"

फ़रहत ने एक सेकेण्ड तक असमंजस में हुनर साहब की तरफ़ देखा। फिर वह अपनी जगह उठा; सिर के ऊपर खूँटी से उसने बोस्की की कमीज़ उतारी, पहनी, हाथ से देखा कि उसके कालर ठीक हैं और दीवार से ज़रा-सी टेक लगा कर, खड़ा हो गया। (चेतन को आश्चर्य हुआ कि उसकी नज़र उस कमीज़ पर पहले क्यों नहीं गयी। यह बात भी उसकी समझ में नहीं आयी कि ग़ज़ल सुनाने के लिए फ़रहत ने कमीज़ पहनना क्यों ज़रूरी

---

१. एक के बाद दूसरा

२. फूल बरसाइए

समझा ?)

"मतला[1] अर्ज है।" फ़रहत ने हाथ बढ़ा कर ऐसे कहा कि चेतन को लगा, जैसे वह किसी ग्राहक को दवा की शीशी या गोलियों का पैकेट देता हुआ, कह रहा हो —'दवा हाज़िर है।'

"इरशाद इरशाद[2]!" हुनर साहब फिर फसकड़ा मार कर, ऐसे बैठे गये, जैसे फ़रहत के मुँह से झरने वाला हर फूल, वे दोनों हाथों में लोक लेंगे।

फ़रहत ने मिसरा पढ़ा :

"जो तुझ को बुरा समझे, जो तुझ को बुरा जाने।"

हुनर साहब ने मिसरा उठाया —"वाह! जो तुझ को बुरा समझे, जो तुझ को...."

फ़रहत ने फिर वही मिसरा पढ़ते हुए शे'र पूरा किया :

"जो तुझ को बुरा समझे, जो तुझ को बुरा जाने
वो हुस्न को क्या समझे, वो इश्क को क्या जाने।"

हुनर साहब ने दाद दी —"क्या मतला कहा है, वाह-वा...."

फ़रहत ने हाथ बढ़ा कर सब तरफ़ घुमाते हुए कहा —"शे'र अर्ज़ है :"

"इरशाद....इरशाद!" हुनर साहब ने कहा। फ़रहत ने शे'र पढ़ा :

"हम-सा भी कोई नादाँ अब तक न हुआ होगा
ज़ालिम की जफ़ाओं को अन्दाज़-ए-वफ़ा जाने।"

(जब हुनर सहाब झूमते हुए दाद दे रहे थे और कह रहे, थे 'वाह, क्या हकीकत बयान की है —ज़ालिम की जफ़ाओं को अन्दाज़-ए-वफ़ा जाने!' चेतन मन-ही-मन शायर को गाली दे रहा था कि क्या फ़रसूदा शे'र कहा है, हज़ार बार का रौंदा हुआ!) तभी फ़रहत ने तीसरे शे'र का मिसरा पढ़ा :

"जो अपना पता खो दे, जो अपना निशाँ खो दे"

"हाय-हाय क्या मिसरा कहा है,"हुनर साहब ने कहा —"जो अपना पता खो दे, जो अपनी निशाँ...."

फ़रहत न दूसरा मिसरा कहा :

"वो तेरा निशाँ जाने, वो तेरा पता जाने।"

और हुनर साहब झूमने लगे —"वाह-वा, क्या लाजवाब शे'र कहा है।"

चेतन को शे'र निहायत मामूली लगा था। वह चुप बैठा था कि हुनर साहब उसकी ओर झुके, " 'दाग़' साहब दाद दीजिए, क्या मा'रिफ़त का शे'र कहा है फ़रहत साहब ने ?" और मुड़ कर झूमते और 'वाह-वा' करते हुए फ़रहत से कहा, "एक बार फिर पढ़िए हुज़ूर फ़रहत साहब!"

फ़रहत ने फिर शे'र पढ़ा। चेतन ने भी फ़रमाइशी दाद दी। तब फ़रहत ने मक़्ता अर्ज़ किया :

---

१. ग़ज़ल का पहला शे'र
२. फ़रमाइए

"इस इश्क-ो-मुहब्बत को जो ऐब समझता है
'फ़रहत' को वो क्या समझे, 'फ़रहत' को वो क्या जाने।"

'फ़रहत को अपनी माँ का यार जाने,' चेतन ने और भी चिढ़ कर मन में कहा, लेकिन प्रकट उसने हुनर साहब के साथ मिल कर दाद दी 'मुकर्रर इरशाद,' 'मुकर्रर इरशाद,' की गर्दान पढ़ दी। दूसरी बार मक्त'ा पढ़ कर फ़रहत बैठने लगा था कि हुनर साहब ने कहा, "कुछ और सुनाइए फ़रहत साहब, आपने तो तश्नगी बढ़ा दी है।"

और फ़रहत ने, विभिन्न ग्राहकों के लिए काउण्टर पर अलग-अलग पैकेट फेंकने की तरह, तीन शे'र कह दिये :

सामने मेरे रकीबों से मुलाकातें हैं
ख़ाक में मुझको मिलाने की यही बातें हैं
आपने आँख जो बदली तो ज़माना बदला
अब न वो दिन ही रहे और न वो रातें हैं
बात करता है कभी हँस के जो 'फ़रहत' से वो
हमको मालूम है दिल लेने की ये घाते हैं

शे'र पढ़ कर कैलाशनाथ 'फ़रहत' ने फिर कमीज़ उतार कर खूँटी पर टाँग दी और अपनी जगह उसी तरह —सबसे अलग-थलग —लेकिन ज़रा पसर कर, बैठ गया।

'साला बनिये का बेटा है न,' चेतन ने मन में कहा, 'डरता है कि उसकी इस्त्री की हुई कमीज़ मुचड़ जायेगी। और बैठा ऐसे है, जैसे लाट साहब का बाप हो।'

हुनर साहब ने तब तक उस बे-चेहरे के पहुँचे हुए शायर, ए०एम० 'दीवाना' से अपना कलाम सुनाने की फ़रमाइश कर दी थी।

'दीवाना' अपनी जगह खड़ा हो गया। चेतन को वह सचमुच दीवाना लगा —पूरा नहीं तो आधा। मुँह उसका खुला था, निचला होंट लटका था, यदि उसकी नाक से रेंट भी बह रही होती तो वह सचमुच 'पहुँचा हुआ' भी लगता। उसने शे'र पढ़ा :

"हम न बोलें तो बुलाये न कोई क्या मा'नी
हम जो रूठें तो मनाये न कोई क्या मा'नी।"

और शे'र पढ़ कर वह मुँह खोल, निचला होंट लटका, ज़रा सिर झुका कर प्रशंसा पाने की इच्छुक निगाहों से सबकी ओर देखने लगा।

"वाह दीवाना साहब! क्या शे'र पढ़ा है, फिर पढ़िए, मुकर्रर इरशाद, मुकर्रर इरशाद!"....कमरे में बैठे सभी लोग उस दीवाने को बनाने लगे और वह दीवाना फिर शे'र पढ़ने लगा। चेतन को उस पर दया हो आयी। 'इसे पहले अपनी नाक का ऑपरेशन कराना चाहिए कि इसका मुँह खुला और होंट लटका न रहे, फिर शे'र कहने चाहिएँ,' चेतन ने मन-ही-मन कहा, 'वरना यह अच्छे शे'र भी कहने लगेगा और ऐसे ही पढ़ेगा तो लोग इसे मज़ाक का निशाना बनाते रहेंगे।'

'दीवाना' के बाद हुनर साहब ने बारी-बारी रामप्रसाद 'नसीम,' दीवान चन्द 'गौहर,' बनवारी लाल 'शातिर' और कन्हैया लाल 'फ़िगार' की ग़ज़लें सुनवायीं। जब 'नसीम' ने ग़ज़ल पढ़ी तो चेतन का ध्यान उसके हद से बढ़े हुए टेंटुए पर लगा रहा, जो उसके स्वर

की घबराहट के साथ ऊपर-नीचे होता रहा था। 'गौहर' जब तक पढ़ता रहा, उसका बाँया घुटना काँपता रहा ओर उसके चहरे पर हवाइयाँ उड़ती रहीं। हालाँकि शातिर को हुनर साहब ने ख़ूब बढ़ावा दिया, लेकिन उस देहाती से एक शे'र भी ठीक से नहीं पढ़ा गया। पहला ही शे'र था :

आशिक-ए-रू-ए-यार[1] है शातिर
कुश्तः-ए-सद-बहार[2] है शातिर

लेकिन जब शातिर ने पढ़ा :

आशिके रो-ए-यार है शातिर
किश्ता-ए-सद बहार है शातिर

तो चेतन का जी हुआ ज़ोर से ठहाका मारे। लेकिन तभी उसके दिमाग़ में कुछ बरस पहले की घटना घूम गयी, जब उसने भी ऐसी ही हास्यास्पद ग़लती की थी और वह चुप रह गया। उस वक्त, जब हुनर साहब ठीक उच्चारण से मिसरा उठाते हुए, शातिर को दोबारा शे'र पढ़ने के लिए कह रहे थे, चेतन के सामने अपने उस्ताद का चेहरा घूम गया जिन्होंने इसी तरह उसकी ग़लती को सुधार दिया था।

०

चेतन ने उर्दू केवल छठी तक पढ़ी थी और पंजाबी काव्य का दामन छोड़ने के बाद, हुनर साहब की मुलाकात से पहले उसने जालन्धर के उस्ताद 'आज़र' की शागिर्दी की थी। उनकी मदद से उसने कुछ ग़ज़लें लिखी थीं और 'मुशायरा-ए-गिरामी' में सुनायी थीं। उर्दू शब्दों का ठीक उच्चारण न जानने की वजह से उसे एक बार मुशायरे में उपहास का शिकार बनना पड़ा था। तब पहली बार उसने सोचा था कि जिस भाषा का उसे ज्ञान नहीं और लाख कोशिश करने पर भी जिसका शुद्ध उच्चारण वह नहीं कर सकता, उसमें वह क्यों कविता करता है ? करता है तो पढ़ता क्यों है ?....ओर मुशायरों में ग़ज़ल पढ़ने से उसे अरुचि-सी हो गयी थी।

उन दिनों वह एफ़०ए० में पढ़ता था, कुन्ती से प्रेम करता था और दिन-रात ग़ज़लें लिखता था। वह कॉलेज से आ कर, घर में किताबें वग़ैरा पटक कर, माई हीराँ गेट जा खड़ा होता। उसके उस्ताद 'दोआबा हाई स्कूल' से (जहाँ वे पढ़ाते थे) बस्ती ग़ज़ाँ के अड्डे को जाते हुए, वहाँ से गुज़रते। चेतन उनके रास्ते में जा खड़ा होता। उन्हें अपनी ग़ज़ल देता या लेता और बस्ती के अड्डे तक उन्हें छोड़ आता। एक दिन उसने एक ग़ज़ल लिखी और उस्ताद को दे आया। उसमें एक शे'र था :

जौर-ो-जबर करो हज़ार मुझ पे महजबीं
इस इश्क की सज़ा मुझे क्या-क्या न चाहिए

प्रकट ही उसने ये शे'र कुन्ती को ध्यान में रख कर लिखा था, लेकिन चूँकि वह पंजाबी में बैत कहता था, इसलिए नहीं जानता था कि पंजाबी भाषा में जो शब्द —'जबर' —ठीक है, वह उर्दू में ग़लत है। ठीक शब्द 'जब्र' है और उसने शे'र में 'जबर' बाँध दिया था। जब

१. प्रिय के चेहरे को देखने वाला
२. सौ बहारों का जला हुआ

दूसरे दिन वह उस्ताद से मिला तो बिना कुछ कहे, उन्होंने उसे संशोधित ग़ज़ल वापस कर दी। उसने वैसे ही तह किया हुआ काग़ज़ जेब में रख लिया। उन्हें बस्ती के अड्डे पर छोड़ कर, जब वह घर पहुँचा तो उसने देखा, शे'र का पहला मिसरा काट कर उस्ताद ने उसके ऊपर नया मिसरा लिख दिया है :

जौर-ो-जफ़ा[१] करो सितम-ए-नारवा[२] करो
इस इश्क की सज़ा मुझे क्या-क्या न चाहिए

प्रकट ही उस्ताद ने शे'र के हकीकी[३] इश्क को इश्के-मजाज़ी[४] में बदल दिया था, अब उसका सम्बोधन किसी युवती से उतना नहीं, जितना ख़ुदा से था। लेकिन चेतन को उसे पढ़ने में कठिनाई हुई। पंजाबी में उर्दू का का शब्द 'सितम,' 'सित्म' हो जाता है (उर्दू लिपि में 'सितम,' 'सित्म' भी पढ़ा जा सकता है।) और चेतन 'सितम' का ठीक उच्चारण न जानता था, उसने सोचा जल्दी में उस्ताद 'या' लिखना भूल गये हैं। उस्ताद से पूछने का वक्त नहीं था। उसने उसमें 'सितम' से पहले 'या' जोड़ दिया। जब उसने मुशायरा-ए-गिरामी में, जो सिविल लाइन्ज़ में एक ऐडवोकेट की कोठी पर जमता था, यह शे'र पढ़ा :

जौर-ो-जफ़ा करो या सितम-ए-नारवा करो

तो आगे बैठे हुए लोगों ने व्यंग्य से 'सित्म' पर ज़ोर दे कर अतिरिक्त दाद देते हुए कहा : 'वाह वा क्या मिसरा कहा है —जौरो-जफ़ा करो या सित्मे-नारवा करो।' मंच पर बैठे हुए चेतन को एहसास हुआ कि वह ग़लत पढ़ रहा है। उसके उस्ताद भी मंच के पास ही बैठे थे। वे बहुत अच्छा पढ़ते थे। उन्होंने बुलन्द आवाज़ में दाद देते हुए मिसरा उठाया —'फिर से पढ़िए —जौरो-जफ़ा करो, सितम-ए-नारवा करो!'

चेतन को अपनी ग़लती मालूम हो गयी थी। उसने दूसरी बार उस्ताद की नकल में ठीक मिसरा पढ़ा, लेकिन अपनी ग़लती पर वह इतना शर्मिन्दा हुआ था कि उसने मुशायरे में जाना छोड़ दिया था। उसे लगा था —सब को इस बात का पता चल गया होगा कि उसका यह शे'र उसके उस्ताद का लिखा हुआ है और उसके अहं को यह स्वीकार नहीं था।

०

चेतन के सामने सारी-की-सारी घटना घूम गयी। 'उस्तादों को पूरे शे'र अपने शागिर्दों को लिख कर नहीं देने चाहिएँ,' उसने सोचा, 'अगर वे उनके शे'रों को ठीक करें तो ग़लतियाँ उन्हें समझाते हुए, उन्हें शब्दों का ठीक उच्चारण ज़रूर सिखाना चाहिए।' अपने अनुभव से चेतन ने यह भी जाना था कि जिन लोगों को उर्दू बाकायदा नहीं आती और जिन्हें उस लिपि के ज़ेर-ज़बर का ज्ञान नहीं, उन्हें उर्दू में शायरी नहीं करनी चाहिए। सनातन धर्म और आर्य समाजी कॉलेजों के छात्रों को तो, जो बाकायदा उर्दू न पढ़े हों, बिलकुल ही नहीं करनी चाहिए; इस भेड़-चाल में सिवा शर्मिन्दगी के कुछ हासिल नहीं। 'मैंने शायरी छोड़ कर नस्र[५]

---

१. अत्याचार
२. अनुचित ज़ुल्म
३. लौकिक प्रेम
४. अलौकिक प्रेम
५. गद्य

का दामन पकड़ा तो ठीक ही किया,' चेतन ने मन-ही-मन कहा। 'नस्र को पढ़ना नहीं पड़ता।....लेकिन मैं उर्दू छोड़ कर हिन्दी में लिखूँगा। हिन्दी मेरे लिए उर्दू से आसान है और उसके रस्मुलख़त में ज़ेर-ज़बर की भद्दी ग़लतियाँ होने का इमकान नहीं।'

वह इन्हीं विचारों में गुम था जब फ़िगार की पुर-सोज़, सुरीली आवाज़ कमरे में गूँज उठी। अपने बालों पर हाथ फेरता हुआ, वह गा रहा था :

तू ही बता ऐ दिलरुबा
तू ही बता ऐ बे-वफ़ा
दिल को सँभालूँ किस तरह
अरमाँ निकालूँ किस तरह
अब ज़ब्त की ताक़त नहीं
आहें हुई हैं आतशीं[१]
अश्कों का अब तूफ़ान है
चश्म-ए-वफ़ा हैरान है

नज़्म के शे'र तो निहायत सतही थे, लेकिन फ़िगार कुछ ऐसे सोज़-ो-गुदाज़[२]-भरे लहजे में पढ़ रहा था। कि चेतन मन्त्र-मुग्ध-सा सुनने लगा —और जब :

सीना फ़िगार अपना करूँ
दर पे मैं तेरे मर मिटूँ

कह कर फ़िगार बैठ गया तो कमरा तालियों से गूँज उठा; 'एक और, एक और' का शोर मच गया। लेकिन शायद हुनर साहब ने एक ही नज़्म उसे लिख कर दी थी, इसलिए न फ़िगार ने दूसरी नज़्म पढ़ी, न हुनर साहब ने उस पर ज़ोर दिया। 'यह अगर अच्छा कहने लगे,' चेतन ने सोचा, 'तो यह सचमुच लाहौर के मुशायरों पर हफ़ीज़ की तरह छा जायेगा....लेकिन अच्छा कहने लगे....यही मुश्किल है। अच्छा लिखने के लिए अच्छे उस्ताद की शागिर्दी और अच्छे शायरों की सोहबत ज़रूरी है और वह सब इस फ़िज़ा में फ़िगार कहाँ से पायेगा।'

हुनर साहब जैसे मिसरा उठाते थे और जैसे दाद देते हुए, दूसरा मिसरा और तुक शायद से पहले ही धीरे से बोल देते थे, उससे चेतन समझ गया था कि उन सभी नौजवान शायरों को हुनर साहब ने ख़ुद ग़ज़लें लिख कर दी हैं। मौलिक ही लिख कर दी हों, यह ज़रूरी नहीं। वह हुनर साहब का तरीका जान गया था। किसी पुराने गुमनाम शायर की ग़ज़ल में फेर-बदल करके और उसी ज़मीन में दो-एक वैसे ही शे'र चुस्त करके, वे पाँच मिनट में ग़ज़ल तैयार कर देते थे और शायर का उपनाम बदल कर अपने शागिर्द का तख़ल्लुस फ़िट कर देते थे। इस बात का वे पूरा ख़याल रखते थे कि किसी जाने-माने, मशहूर शायर की ग़ज़ल न चुरायें। उनसे ग़ज़लें लिखवा कर, अपनी आवाज़ के तमाम सोज़-ो-गुदाज़ के बावजूद, फ़िगार कुछ कर सकेगा, इसमें चेतन को सन्देह था।

०

१. आग-भरी
२. दर्द-भरे, दिल को पिघला देने वाले

अब हुनर साहब के शागिर्दों में सिर्फ़ एक रह गया था, सो उन्होंने उन मुगदर-सिफ़त नौजवान से कहा, "हाँ भई शर्मा, अब आओ मैदान में और अपने जौहर दिखाओ। वही ग़ज़ल पढ़ो —'मिल गये ख़ाक में हम ख़ाक से पैदा हो कर'!"

शैदा बाकियों की तरह उठ कर खड़ा नहीं हुआ; वह सिर्फ़ घुटने जोड़ कर बैठ गया और ऐसे पढ़ने लगा, जैसे बाकी सबको पकड़ के लिए ललकार रहा हो :

कुछ मिला तो ये मिला बन्दा-ए-दुनिया हो कर
मिल गये ख़ाक में हम ख़ाक से पैदा हो कर

"वाह-वा," हुनर साहब ने दाद दी, "क्या शे'र कहा है, मुकर्रर इरशाद!" लेकिन सनातन धर्म कॉलेज के उस पहलवान ने शायद हुनर साहब का मतलब नहीं समझा। बिना शे'र को दोहराये, वह आगे बढ़ गया।

'अरे मियाँ, तू जा कर अखाड़े में डण्ड पेल, यह कहाँ शायरी के मैदान में घुस आया है,' चेतन ने मन-ही-मन कहा। लेकिन वह चुप बैठा, उस मुगदर की हरकतें देखता रहा, जो शे'र पढ़ते हुए ऐसे हाथ और सिर हिलाता था, जैसे मुगदर भाँज रहा हो। हुनर साहब हर शे'र पर मिसरा उठाते और दाद देते रहे। चेतन को उस ग़ज़ल का एक और शे'र अच्छा लगा :

तूर[१] कुछ दूर न था, हम कोई मजबूर न थे
गर हमें देखना होता तुझे मूसा[२] हो कर

हुनर साहब ने इस शे'र की ख़ूब दाद दी। चेतन ने भी दाद दी थी और यह समझ कर कि 'मुकर्रर इरशाद' का मतलब वह पहलवान नहीं समझता, दाद देते हुए उसने कहा था, "फिर पढ़िए शैदा साहब, क्या शे'र कहा है : 'तूर कुछ दूर न था, हम कोई मजबूर न थे' — वाह-वा वाह-वा!"

उस मुगदर के चेहरे से लगता था कि वह न 'तूर' को समझता है, न 'मूसा' को, लेकिन जब चेतन ने दोबारा पढ़ने को कहा तो उसने दुगुने जोश से शे'र पढ़ा और हुनर साहब ने (कि जिन्होंने वह ग़ज़ल अपने उस नये शागिर्द को लिख कर दी थी) जैसे अपने आपको दाद देते हुए झूम कर कहा, "वाह-वा, कयामत तक पढ़ते जाइए!"

शैदा ने बड़े बेढंगे तरीके से 'आदाब' किया। दो-एक और शे'र पढ़ कर उसने मक्त'। पढ़ा था :

क्या क़यामत है कि महरूम-ए-तमाशा[३] हूँ मैं
तेरा आशिक, तेरा 'शैदा,' तेरा शर्मा हो कर

चेतन का जी हुआ था, ज़ोर से ठहाका मार दे, लेकिन हुनर साहब ने परम गम्भीरता से दाद दी थी : "वाह-वा, क्या बात पैदा की है, एक ही मिसरे में अपने तख़ल्लुस और ज़ात को बाँध दिया है और 'शर्मा' को शैदा के मा'नी अता कर दिये हैं।"

तभी फ़रहत अपनी जगह हिला। उसकी आँखों में शरारत की चमक झलकी,

---

१. वह पहाड़ जिस पर मूसा को ख़ुदा के दर्शन हुए
२. एक पैग़म्बर
३. दर्शनों से वंचित

"सनातन धर्म कॉलेज के एक मुशायरे में 'शैदा' साहब ने यह ग़ज़ल पढ़ी," उसने कहा, "तो जो बेपनाह दाद मिली सो मिली, उसी दिन से कॉलेज के लड़के लफ़्ज़ 'आशिक' की बजाय 'शर्मा' इस्तेमाल करने लगे हैं।"

चेतन हालाँकि प्रकट रूप से नहीं हँसा था, लेकिन शे'र की दाद सुन कर उस मुगदर के चेहरे पर, मूर्खता-भरे सुख का जो भाव आया, वह चेतन को लुत्फ़ दे गया। फ़रहत की प्रशंसा के साथ अपनी प्रशंसा मिलाते हुए, मन-ही-मन हँसते, लेकिन ब-ज़ाहिर पूरी संजीदगी से उसने कहा : "अगर शर्मा साहब ने और दो-चार ग़ज़लों में 'शैदा' के साथ 'शर्मा' बाँध दिया तो वह दिन दूर नहीं, जब लुग़त[१] में 'शैदा' का मतलब आशिक के साथ-साथ 'शर्मा भी लिखा जायेगा!"

हुनर साहब ने मज़ा लेते और झूमते हुए कहा था, "क्यों नहीं! क्यों नहीं।"

इस पर उस मुगदर के चेहरे पर कुछ अजीब-सी झेंप-भरी ख़ुशी झलक उठी। गदगद भाव से उसने हुनर साहब की ओर संकेत करके कहा : "हम तो कई बार गुरु जी से अर्ज़ कर चुके कि कुछ हमारे होस्टल में भी चरन रखिए। इनके चरनों में बैठ कर हम एक क्या, दस ऐसी ग़ज़लें लिख लेंगे।"

हुनर साहब हँसे। चेतन की ओर देख कर बोले, "शैदा साहब मेरे पीछे पड़े हैं कि इस होस्टल में रहते हुए मुझे काफ़ी दिन हो गये हैं, अब कुछ दिन इनके होस्टल में रहूँ। रोज़ सुबह आ जाते हैं। इधर फ़रहत साहब ज़ोर दे रहे हैं कि कुछ दिन इनकी सोहबत में बसर करूँ। इनके वालिद बड़े आर्ट-प्रेमी हैं, शे'र-ो-शायरी से उन्हें बहुत लगाव है...."

चेतन ने उनके शागिर्दों की नज़र में उनकी साख और बढ़ाते हुए, रद्दा जमाया, "तब हमारी बारी तो अगले जनम में आयेगी।"

हुनर साहब ख़ुश हो गये, "अरे भाई, तुम्हारा घर तो अपना ही घर है, अभी तुम शिमला जा रहे हो...."

"मैं शिमला जा रहा हूँ, लेकिन भाई साहब...."

बात काटते हुए, हुनर साहब ने कहा, "अभी तो शातिर ही नहीं छोड़ते। यहाँ से शर्मा जी के यहाँ जाऊँगा, फिर कुछ दिन फ़रहत के साथ गुज़ारूँगा, फिर कहीं और ठिकाना न मिला तो अपना घर तो है ही; जब चाहूँगा तुम्हारे यहाँ चला आऊँगा।"

"आप कयामत तक हमारे साथ रहें तो आपको न छोड़ेंगे," गद्गद भाव से शर्मा ने कहा।

'यकीनन हुनर साहब यहाँ वालों को पूरी तरह चूस कर ही 'शैदा' के होस्टल में डेरा जमायेंगे,' चेतन ने मन में कहा, 'उसे ग़ज़लें लिख कर देंगे, उसके नाम का डिड्डम पीटेंगे, और बदले में बड़ी सफ़ाई से उसकी और उसके दोस्तों की जेबें हल्की करेंगे।' और उसने उस मुगदर की तरफ़ बड़े दया-भाव से देखा। तभी हुनर साहब ने हज़रते 'दाग़' —याने चेतन —के शे'रों की अतिशयोक्तिपूर्ण प्रशंसा करके, उससे अपना ताज़ा कलाम सुनाने की फ़रमायश की।

०

---

१. शब्द-कोश

हालाँकि चेतन को जाने से रोकते हुए हुनर साहब ने कहा था कि बैठो, चाय के बाद कुछ सुनें-सुनायेंगे, लेकिन उसे भी सुनाना पड़ेगा, इसका चेतन को ज़रा भी गुमान नहीं था।

"मैंने तो इधर बरसों से कोई ग़ज़ल नहीं लिखी," उसने क्षमा चाही।

लेकिन हुनर साहब ऐसे नहीं छोड़ने वाले थे। "अरे भाई, जब हम पहली बार मिले थे तो तुमने एक ग़ज़ल सुनायी थी" उन्होंने कहा, "हर वक्त जिनको जल्वा-ए-जानाना चाहिए! वही सुना दो। या वही, जो चिरंजीलाल के घर, लालड़ाँ में सुनायी थी।"

चेतन उनकी याददाश्त पर हैरान हुआ। वह भूल गया था, लेकिन उन्हें उस पहली मुलाकात पर सुना शे'र भी याद था। हालाँकि तब उसने इब्तिदाई कोशिश[1] के तौर पर उन्हें वह ग़ज़ल सुनायी थी। उसके साथ ही 'सितम' और सित्म वाला वह दुखद प्रसंग भी जुड़ा था। चेतन ग़ज़ल पढ़ना नहीं चाहता था, पर वह यह भी जानता था कि हुनर साहब अपना कलाम तभी पढ़ेंगे, जब वह पढ़ देगा। उसे पूरी ग़ज़ल याद भी नहीं था। बिना कुछ ज़्यादा नख़रा-वख़रा किये, उसने कहा, "मुझे पूरी ग़ज़ल तो याद नहीं, चन्द शे'र याद हैं, उनमें भी उस्ताद साहब की तरमीम[2] है, लेकिन आपके हुक्म की ता'मील[3] में पढ़ देता हूँ।"....

लेकिन शे'र चेतन ने बेदिली से नहीं पढ़े। चूँकि वह एक ही आसन में बैठे हुए थक गया था, इसलिए जब वह शे'र पढ़ने लगा तो वह फिर घुटनों के बल बैठ गया और पूरे हाव-भाव के साथ उसने ग़ज़ल सुनायी :

हर वक्त जिनको जल्वा-ए-जानाना[4] चाहिए
हर घर नज़र में उनकी सनमख़ाना[5] चाहिए
जौर-ो-जफ़ा करो सितम-ए-नारवा करो
इस इश्क की सज़ा मुझे क्या-क्या ना चाहिए
वहशी हूँ मैं अगर तो बला से यूँ ही सही
वहशी मुझे कहो, तुम्हें ऐसा ना चाहिए
ये तुर्फ़ा माजरा[6] है हर इक होशियार से
कहते हैं वो कि इक दिल-ए-दीवाना चाहिए
रोता है तू तो हँसते हैं अग़्यार[7] देख कर
ऐ 'दाग़' इनके सामने रोना ना चाहिए।

'हुनर' साहब ने हर मिसरा उठाया और हर शे'र दोबारा सुना। उनकी देखा-देखी, बाकी लड़कों ने भी ख़ूब दाद दी। चेतन ने ग़ज़ल को बिलकुल अपने उस्ताद की तरह, एक-एक लफ़्ज़ का अलग उच्चारण करते हुए पढ़ा था। जब उसने ग़ज़ल ख़त्म की तो उसे ख़ुद भी लुत्फ़ आ गया और उसने सोचा, अगर 'हुनर' साहब उससे अनुरोध करेंगे तो वह अपनी

---

१. प्रारम्भिक प्रयास
२. संशोधन
३. आदेश का पालन
४. प्रिय के दर्शन
५. मन्दिर
६. अजीब बात
७. शत्रु

पहली ग़ज़ल सुनायेगा, जिस पर 'मुशायरा-ए-गिरामी' में उसे ख़ूब दाद मिली थी और जो हुनर साहब ने उससे लालड़ाँ में चिरंजीलाल के घर सुनी थी।

ग़ज़ल की समाप्ति पर हुनर साहब ने उसे ख़ूब दाद दी कि : 'एकदम मुरस्स'।[१] ग़ज़ल पढ़ी है,' 'क्या उस्तादाना रंग है,' वग़ैरा-वग़ैरा....और उन्होंने चेतन से एक और ग़ज़ल पढ़ने को कहा। इस उम्मीद में कि वे फिर उससे अनुरोध करेंगे, जब चेतन ने आधे दिल से कहा कि, 'नहीं, अब आप पढ़िए,' तो हुनर साहब फिर तकाज़ा नहीं किया; वे फसकड़ा मार कर बैठ गये और उन्होंने कहा, "दाग़ साहब मेरे शागिर्द ही नहीं, मेरे उस्ताद भी हैं और इनका हुक्म मैं टाल नहीं सकता, मैं आपको पहले एक ताज़ा चीज़ सुनाता हूँ, जो मैंने कल रात ही लिखी है। उनवान[२] है 'फिर न कहना हमें ख़बर न हुई'!"

चेतन थोड़ा हतोत्साह और उदास हो गया था, लेकिन उनकी बात सुन कर वह मन में हँस दिया। जब वह उनसे पहली बार मिला था, तब भी उन्होंने इसी भूमिका के साथ यही नज़्म सुनायी थी। चेतन को यह नज़्म तब इतनी अच्छी लगी थी कि जब वह उन्हें स्टेशन पर छोड़ने गया था तो उसे लिख लाया था ओर महीनों गाता फिरा था। यह और बात है कि अपनी ग़ज़लों की तरह, वह भी उसके मन से उतर गयी थी। लेकिन हुनर साहब उसे अपनी मास्टरपीस नज़्म समझते थे। नज़्म पढ़ने से पहले, उन्होंने जो दो-एक शब्द भूमिका-स्वरूप कहे, उनमें यह शक ज़ाहिर किया कि चाहे उन्होंने सर्र से नज़्म लिख दी है, लेकिन उन्हें लगता है कि शाहकार[३] चीज़ बनी है; उनका शक कहाँ तक सही है, इसका फ़ैसला तो सुख़न-फ़हम ही करेंगे और डी०ए० कॉलेज होस्टल के उन 'सुख़न-फ़हमों' के आगे, जिनमें सनातन धर्म कॉलेज का एक चैम्पियन पहलवान भी था, हुनर साहब बड़ी अदा से नज़्म सुनाने लगे :

तेरे दिल में जगह बना लेते
तेरे कूचे की गर्द पा लेते
हम भी डेरा वहीं जमा लेते
ज़िन्दगी अपनी यूँ बसर न हुई

वलवले सब मिटा दिये दिल के
जोश जिसने दबा दिये दिल के
जिसने पुर्ज़े उड़ा दिये दिल के
फिर वो बरछी हुई नज़र न हुई

तेरे घर पर नज़र हुई अपनी
तेरे दर पर नज़र हुई अपनी
ज़िन्दगी क्या बसर हुई अपनी
तेरे दर पे अगर बसर न हुई

---

१. जड़ाऊ, रत्नों से जड़ी
२. शीर्षक
३. मास्टरपीस

अबके ख़ंजर सँभाल कर रहना
अबके हसरत निकाल कर रहना
आज से देख भाल कर रहना

फिर न कहना हमें ख़बर न हुई

उन शायरों के मुकाबले में, जिनके इतने शे'र उन्होंने शुरू में सुनाये थे, यह रचना चेतन को निहायत बोगस लगी, लेकिन उसने जी खोल कर दाद दी। 'ज़िन्दगी क्या बसर हुई अपनी, तेरे दर पर अगर बसर न हुई' की तारीफ़ में, यह कहते हुए कि 'क्या ज़बान का शे'र है,' उसने बार-बार उसे सुना और उसकी देखा-देखी, दूसरों ने भी ख़ूब 'वाह-वा' की। हुनर साहब रंग में आ गये। लेकिन इससे पहले कि वे कोई दूसरी चीज़ शुरू करते, चेतन उठ खड़ा हुआ। "मुझे इजाज़त दीजिए!" उसने बड़ी विनम्रता से कहा था, "चार महीने के लिए शिमला जा रहा हूँ। कई तरह की तैयारी करनी है!"

दूसरा मौका होता तो हुनर साहब, न सिर्फ़ उसके साथ होस्टल के दरवाज़े तक आते, बल्कि उसे ठण्डी सड़क तक छोड़ आते। लेकिन तब उन्होंने इतना ही कहा, "ठीक है, आप चलिए, बहुत देर तक आपकी समा'ख़राशी[१] की। मैं कल सुबह आऊँगा।"

चेतन ने उन्हें 'आदाब' कहा और हाथ माथे के पास रखे, सिर घुमाते हुए, उसने उन सब नये शायरों से विदा ली और कमरे के बाहर आ गया।

बरामदे में आ कर चेतन ने सुख की लम्बी साँस ली। 'लम्पट कहीं के!' उसने हुनर साहब को लक्ष्य कर, निहायत उपेक्षा से मन-ही-मन कहा 'न कभी सुराही देखी, न साग़र न मीना, न सहबा! घासी राम के ढाबे की कड़वी-कसैली चाय पी कर, ख़याल ही में ख़ुम-के-ख़ुम लुँढा रहे हैं और सर-ता-सर झूठी शायरी करके, कॉलेज के लौंडों को ठग रहे हैं। स्साले! उन चार लौंडों में बैठ, जज़्बात से यकसर ख़ाली नज़्में पढ़ कर समझते होंगे कि 'ग़ालिब' और 'ज़ौक' की कब्र पर लात मार रहे हैं। और ये चूतिए!' चेतन के सामने एकदम अभिभूत बैठे, आर्य समाजी कॉलेज के उन लौडों की सूरत घूम गयी, 'ये समझते हैं कि न जाने कौन शेक्सपियर ख़ुशकिस्मती से उनके बीच आ गया है, कमबख़्तों को तब मालूम होगा, जब उनकी जेबें एकदम ख़ाली करके वे अगले ठिकाने चले जायेंगे!'

और सिर के एक झटके से उस सारे दृश्य को दिमाग़ से निकाल कर वह तेज़-तेज़ होस्टल के बाहर आ गया।

तैंतीस

डी०ए०वी० कॉलेज होस्टल की गोष्ठी के दूसरे ही दिन, हुनर साहब, ठिगने और लम्बू — अपने दोनों शागिर्दों को साथ ले कर, सुबह-सुबह अमृतधारा मुहल्ले, चेतन के घर पहुँचे और उन्होंने नीचे गली से उसे आवाज़ दी।

१. श्रवणों को कष्ट पहुँचाया।

चन्दा विद्यालय का चुकी थी और वह मन लगाने को 'कारवाँ' के पन्ने पलट रहा था। उसने खिड़की से झाँका, 'आदाब' किया और कहा कि सीढ़ियाँ चढ़ आइए। हुनर साहब के पीछे उनके दोनों चेले सीढ़ियाँ चढ़ आये। चेतन ने ईज़ी-चेयर अपनी मेज़ के पास खींच कर, हुनर साहब को तशरीफ़ रखने और फ़िगार को चारपाई पर बैठने के लिए कहा।

हुनर साहब बैठे नहीं। उसे ज़रा अलग सीढ़ियों पर ले गये। एक बन्द लिफ़ाफ़ा उसकी ओर बढ़ाते हुए, उन्होंने सरगोशी में कहा : "शातिर शाह-ख़र्च लड़का है; उसके वालिद पहली को रुपये भेजते हैं और वह पन्द्रह-बीस तक बराबर कर देता है। महीने का आख़ीर है, वह सिर्फ़ दस रुपये का ही इतन्ज़ाम कर सका। दस का, फ़िगार ने किया है। पन्द्रह मैंने फ़रहत से लिये हैं। ये पैंतिस रुपये हैं। मेरा ख़याल है, इतने में तुम्हारे कोट-पैंट और फ़ेल्ट हैट का इन्तज़ाम हो जायेगा। मैंने उन तीनों से कह दिया है कि उन्हें सोसाइटी में अहम ओहदों पर चुना जायेगा और वे मेरे साथ काम करेंगे।"

चेतन की भारी चिन्ता दूर हो गयी। लिफ़ाफ़ा लेते हुए, उसने परम उदारता से यह वचन दे दिया कि न सिर्फ़ उन तीनों को सोसाइटी की एग्ज़िक्यूटिव में चुन लिया जायेगा, वरन हुनर साहब की मदद के लिए, उन्हें ज़िम्मेदार ओहदे भी दे दिये जायेंगे। तब हुनर साहब चेतन के साथ कमरे में लौट आये। शातिर और फ़िगार वहाँ चारपाई के साथ टेक लगाये खड़े थे। चेतन ने उन्हें चारपाई पर आराम से बैठने के लिए कहा। हुनर साहब आराम-कुर्सी पर बैठ गये और वह स्वयं मेज़ के पीछे अपनी कुर्सी पर जा बैठा। "भाई, मैं आप दोनों का बहुत मशकूर हूँ," उसने हुनर साहब के दोनों शागिर्दों से कहा, "आपने मेरी एक बड़ी मुश्किल आसान कर दी। मैं अपनी पहली तनख़्वाह से आपके पैसे लौटा दूँगा।"

"उसकी आप फ़िक्र न करें।" शातिर ने शरमाते ओर मुस्कराते हुए कहा, "हमें अफ़सोस है, हम ज़्यादा नहीं कर सके....महीने का आख़िर था....लौटाने की आप बात न कीजिए।"

"नहीं-नहीं, भाई यह तो...."

"वो सब हिसाब आप उस्ताद साहब से कर लीजिएगा," फ़िगार बोला, "आप लौटायेंगे तो हमें बुरा लगेगा।"

"ठीक है 'दाग़' साहब!" अपने स्वर में अतिरिक्त सत्कार भर कर हुनर साहब ने कहा, "उसकी फ़िक्र छोड़िए; आपका दिल न माने तो जब आपको सहूलत हो, मुझे दे दीजिएगा।" इतना कह कर बात का रुख़ पलटते हुए, वे शातिर और फ़िगार की तरफ़ मुड़े, "मैंने 'दाग़' साहब से कह दिया है," वे साधिकार बोले, "कि आप लोगों को न सिर्फ़ सोसाइटी की एग्ज़िक्यूटिव में ले लें, बल्कि ज़िम्मेदार ओहदे भी आपको दें। अब यह ज़िम्मेदारी आपकी है। सोसाइटी को आप लोग ऐसे चलायें कि जब 'दाग़' साहब शिमला से वापस आयें तो अश-अश कर उठें।"

"बस, आप ज़रा हमें गाइड करते रहिएगा, मेहनत से हम कन्नी नहीं काटेंगे।" दोनों ने लगभग एक ही साथ कहा।

दोनों लड़के चारपाई पर टाँगे लटकाये, बैठ गये तो चेतन ने अलमारी से सोसाइटी

के ब्रोशर और रसीद-बुकें उठायीं। चालू रसीद-बुक और कुछ ब्रोशर उसने वहाँ रहने दिये, "ये रसीद-बुकें और ब्रोशर आप सँभालिए।" चेतन ने वह सब उन्हें सौंपते हुए कहा, "मैंने अपने साथ सिर्फ़ चालू रसीद-बुक और कुछ ब्रोशर रख लिये हैं। शिमले में पंजाब के बड़े-बड़े अफ़सरों से मिलने का मौका मिलेगा। मुमकिन हुआ तो वहाँ कुछ मेम्बर बनाऊँगा।"

"यह तो बहुत ही अच्छा होगा।" हुनर साहब ने किसी बेशकीमत ख़ज़ाने की तरह रसीद-बुकें और ब्रोशर अपनी गोद में सँजोते हुए कहा, "ज़रूरत समझना तो शिमले में सोसाइटी की एक ब्रांच खोल देना। उसके इफ़्तिताह पर हमें बुलाना। हम सब आयेंगे। मज़ा रहेगा। वहाँ तो बड़े-बड़े लोग जाते हैं, 'डेविको' या 'गेटी थियेटर" में उस ब्रांच की ओपनिंग सेरेमनी रखेंगे।"

चेतन मन-ही-मन हँसा। यहीं से नजात पाने में उसे दाँतों पसीना आ गया और वे शिमले में सोसाइटी की ब्रांच खोलने की फ़रमायश कर रहे थे, लेकिन प्रकट उसने यही कहा : "यहाँ ख़ुश-असलूबी से इफ़्तिताह हो जाय, आप मुझे यहाँ की सरगर्मी के बारे में लिखिएगा, मैं वहाँ काम चालू कर दूँगा। शिमला एमेचर ड्रमेटिक क्लब के मेम्बरों से मिलूँगा। भगवान ने चाहा तो 'डेविको' बॉल-रूम में एक मुशायरा रखेंगे।"

हुनर साहब ख़ुश हो गये। "यहाँ इफ़्तिताह में क्या देर है ?" उन्होंने कहा, "लाओ, जिनको मेम्बर या सरपरस्त बनाया है, उनके नाम दो; जिन्हें पार्टी पर बुलाना है, उनकी लिस्ट बनाओ, कुछ को डाक से दावतनामे भेज देंगे, बाकियों को शातिर, फ़िगार और दूसरे दोस्त दे आयेंगे।"

"पहले जगह का तो तय कीजिए!" चेतन ने कहा, "फिर इन्वीटेशन कार्ड छपवाइए। लिस्ट बनने में क्या देर लगती है। मैं सोचता हूँ, माल के किसी होटल में पार्टी दूँ। मुमकिन हो तो 'लोरेंग्ज़' में, नहीं तो किसी और जगह। अभी माल पर एक नया होटल खुला है, जनरल पोस्ट ऑफ़िस से उधर, दयाल सिंह मैन्शंज़ से इधर, बड़ी मरकज़ी[1] जगह है, लेकिन जाने वहाँ कोई इतना बड़ा हॉल है या नहीं, जिस में पचास-साठ लोगों को चाय पिलायी जा सके।"

"आप 'एलफ़िन्स्टन' की बात करते हैं," सहसा शातिर ने कहा, "वहाँ बहुत बड़ा हॉल है, हम दो-एक बार वहाँ गये हैं। मालिक हर ग्राहक का ख़याल रखता है और सफ़ाई-पसन्द है। बादशाही असा[2] की तरह उसके हाथ में मक्खी-मार रहता है।"

" तो चलो, पहले होटल देख आयें!" हुनर साहब ने उठने का उपक्रम किया।

"हाँ, जगह तय हो जाय, इन्वीटेशन कार्ड छप जायें तो फिर जिन्हें दावनामे जाने हैं, उनकी फ़ेहरिस्त बनायें।" चेतन उठा। फिर वहीं खड़े-खड़े उसने कहा, "लेकिन इससे पहले कि हम माल की तरफ़ जायें, मेरा एक काम कर दीजिए। रुपये का इन्तज़ाम तो आपने कर दिया, बस आप लोग ज़रा चल कर अनारकली से मुझे कोट-पैंट का कपड़ा ख़रीद दीजिए! हरगोविन्द से सिफ़ारिश कर दीजिए कि वह जल्दी सिल दे। उसका रुपया मैं जाते ही भेज

१. केन्द्रीय
२. राज-दण्ड

दूँगा।"

"ज़रूर-ज़रूर!" हुनर साहब उठते हुए बोले, "सरे-तस्लीम ख़म है, जो मिज़ाजे यार में आये!" और उन्होंने अपने चेलों से कहा, "चलो भाई, ज़रा चेतन जी को अनारकली से कपड़ा ख़रिदवा दें। हमने तो छोड़ दिया चन्दन का लगाना! खादी का कुर्ता-धोती पहनते हैं और महात्मा गाँधी को दुआएँ देते हैं, जिन्होंने सादा जीवन और उच्च विचार का उपदेश दिया और कपड़े चुनने और बढ़िया दर्ज़ी ढूँढते फिरने की परेशानी से नजात दिला दी। लेकिन तुम लोग नये ज़माने के हो, ज़रा 'दाग़' साहब को ऐसा कपड़ा ख़रिदवा दो, जो उनके तन पर फबे और जब ये सूट-बूट पहन कर और टूटल टाई लगा कर, टेढ़ा फ़ेल्ट हैट सर पर सजाये, शिमले की माल पर निकलें वहाँ कुश्तों के पुश्ते लग जायें[१]।"

और फिर अपने इस मज़ाक की ख़ुद ही दाद लेते हुए, मुस्कराते और चेतन की ओर झुके हुए उन्होंने कहा, "आदाब-अर्ज़ है!"

यह कह कर, अपने चेलों को इशारा करते हुए, वे सीढ़ियों की तरफ़ बढ़े।

o

हुनर साहब ने फ़िगार की सलाह से चेतन को, बारीक चारख़ाने की ट्वीड का कपड़ा कोट के लिए और गहरी ग्रे वर्स्टेड का, पैंट के लिए ख़रीद दिया। चार रुपये का एक फ़ेल्ट हैट और डेढ़ रुपये की एक टूटल टाई भी ले दी। हुनर साहब ने उसे सलाह दी थी कि वह पाँच रुपये का नया जूता भी ले ले, लेकिन चेतन ने पिछले बरस जो जूता ख़रीदा था, वह ज़रा भी ख़राब नहीं हुआ था, क्योंकि वह प्रायः नंगे पाँव रहता था या पुरानी पेशावरी चप्पल फटफटाता घूमता था। हाँ, आठ आने में उसने पालिश का किट ले लिया — नया ब्रश, किवी की छोटी पालिश की डिबिया और पीली फ़लालेन का टुकड़ा। पैंतिस में से पाँच रुपये उसके पास फिर भी बच गये थे। उधर से निबट कर, वे चारों कचहरी रोड पर 'यूनीवर्सिटी टेलर्ज़' पहुँचे। हुनर साहब ने चेतन का परिचय मास्टर हरगोविन्द, प्रोप्राइटर, यूनीवर्सिटी टेलर्ज़ से कराया, उसकी शायरी और अफ़सानों की तारीफ़ की। — लम्बा कद; गठा, कसरती शरीर; चौड़ा, हमेशा हँसता चेहरा और कुशल कारीगर की-सी तेज़ी — चेतन को मास्टर हरगोविन्द अच्छा लगा था। सौभाग्य से उसने चेतन की एक कहानी 'भीष्म' के सण्डे एडिशन में पढ़ रखी थी। हुनर साहब इस बात का उल्लेख करना भी नहीं भूले कि निकट ही बाइबल सोसाइटी के सामने, उसके भाई का डेण्टल क्लिनिक है। "ये तो लोहारी दरवाज़े के अन्दर अहमद जान टेलर मास्टर के जा रहे थे," हुनर साहब ने कहा, "मैंने इन्हें समझाया कि मास्टर हरगोविनद जैसा कटर तो सारे लाहौर में नहीं है, तुम किस अहमद जान को लिये फिरते हो ?"

"यह आपकी ज़र्रानवाज़ी है।" मास्टर ख़ुश हो गया और नाप लेने के लिए उसने कन्धों पर लटकता फीता खींचा।

उस ज़माने में कमर के ज़रा नीचे, चूतड़ों का ज़रा-सा हिस्सा ढँकते, छोटे कोट और चौड़ी मोहरी की, पायँचों पर झूलती पैंटों का फ़ैशन था! चेतन चुपचाप नाप देने लगा। हुनर साहब दो क्षण को रुके। मास्टर हरगोविन्द नाप ले चुका तो बोले, " असल में अहमद जान

---

१. लाशों के ढेर लग जायें।

से इनका पुराना हिसाब है, वो वक्त पर इनका काम कर देता है और ये तनख़्वाह मिलने पर उसे पैसे दे देते हैं! चूँकि इसी हफ़्ते ये शिमला जा रहे हैं, इसलिए सूट इन्हें तीन दिन में चाहिए।"

"मिल जायेगा!"

"पैसे ये आपको महीने बाद तनख़्वाह मिलते ही भेज देंगे।"

रंग जमाने के लिए चेतन ने जेब से पैंतीस में से अन्तिम पाँच का नोट निकाला था, "नहीं, पाँच रुपये आप रखिए!" उसने कहा, "बाकी पाँच में आपको वहाँ से भेज दूँगा या आप चाहें तो डॉक्टर साहब से मँगा लीजिएगा, मैं कहता जाऊँगा।"

"अरे भाई, मास्टर साहब हरगोविन्द बड़े सुख़न-फ़हम आदमी हैं।" हुनर साहब ने रद्दा जमाया, "ये तो ख़ुद भी कभी शे'र कहा करते थे। तुम शहर के मशहूर शायर और अफ़साना निगार हो, अब ऐसी भी क्या बे-यकीनी है कि डॉक्टर साहब को तकलीफ़ दो। वहाँ से भेज देना या आ कर दे देना।"

"शायरों का कौन एतबार करता है ?" चेतन हँसा, "हमारे आम शायर मस्त-मौला और मुफ़लिस होते हैं। भाई साहब डेण्टिस्ट हैं; इनके चार कदम पर उनकी दुकान है, इसलिए मैंने उनकी बात की थी।"

मास्टर हरगोविन्द न शे'र कहता था, न समझता था और सच ही शायरों पर विश्वास करना उसके लिए मुश्किल था। (यह हुनर साहब का एक ढंग था कि दूसरे में अदेखे गुणों का उल्लेख कर देते थे — ऐसे कि दूसरा लुक्मा निगल ले और इनकार न कर सके) लेकिन एक तो कॉलेजों के छात्र अभी परीक्षाओं की तैयारी में रत थे और कपड़े सिलाने का उन्हें होश न था और हरगोविन्द अपेक्षाकृत ख़ाली था; दूसरे, न सिर्फ़ उसने चेतन की कहानी पढ़ रखी थी और उसे याद रह गयी थी, बल्कि उसने चेतन को उसके बड़े भाई की दुकान के बाहर, लकड़ी के चौड़े तख़्ते पर खड़े, कई बार देखा था। फिर उसके मसूढ़ों में हल्का-सा ख़ून आता था। उसने उस तकलीफ़ का ज़िक्र किया तो चेतन ने तत्काल उसे अपने भाई से मिलाने का वादा कर लिया और कहा कि वह सस्ते-से-सस्ते में उसका इलाज करा देगा। तब मास्टर हरगोविन्द ने तीन दिन में सूट तैयार करके देना स्वीकार कर लिया, और यह भी आश्वासन दे दिया कि बाकी पैसे वह सहूलत से भेज दे। चेतन तो उसी वक्त मास्टर को साथ ले जा कर भाई साहब से मिलाने के लिए तैयार था, लेकिन हरगोविन्द ने कहा कि चेतन डॉक्टर साहब से उसकी सिफ़ारिश कर दे, वह फ़ुर्सत मिलते ही उन्हें जा कर दिखा आयेगा।

भला चेतन को इसमें क्या एतराज़ हो सकता था। मास्टर हरगोविन्द का शुक्रिया अदा कर, वे लोग बाहर निकले तो उन्होंने तय किया कि माल का एक चक्कर लगा कर सोसाइटी के उद्‌घाटनोत्सव के लिए मुनासिब जगह भी तय कर दें। जब वे बाइबल सोसाइटी के सामने पहुँचे तो उनसे एक मिनट के लिए छुट्टी ले कर, चेतन भागा-भागा भाई साहब के क्लिनिक में गया। वे अन्दर किसी मरीज़ के साथ व्यस्त थे। उसने क्षण भर के लिए उन्हें बुलाया और सूट की सिलाई की सूचना देते हुए कहा कि मास्टर हरगोविन्द आदमी भला है। उसके मसूढ़ों में कुछ तकलीफ़ है। वह उससे वादा कर आया है कि भाई साहब उसका

सस्ते-से-सस्ता इलाज कर देंगे और ख़ून आना बन्द हो जायेगा। इस मरहले पर चेतन ने अपनी आवाज़ सरगोशी की हद तक धीमी कर ली, "अगर उसके मसूढ़ों में ज़्यादा तकलीफ़ न हो," उसने कहा, "तो आप उसे बारीक नमक-मिले सरसों के तेल की मालिश करने का अपना अचूक नुस्ख़ा बता दीजिएगा। कहिएगा कि आप अपने आदमी हैं, इसलिए आपको घरेलू नुस्ख़ा बताता हूँ, जो मैं ख़ुद इस्तेमाल करता हूँ और घर वालों को कराता हूँ, वरना कोई दूसरा पेशेण्ट होता तो बड़ी आसानी से सात-दस रुपये झटक लेता। नमक-मिले तेल की मालिश से मसूढ़े लोहे-जैसे सख़्त हो जाते हैं।"

यह कह कर उसने हैट और टाई भाई साहब को दी कि अन्दर रख दें और उन्हें यह बता कर कि सोसाइटी की इनॉगरल मीटिंग[१] के लिए जगह देखने जा रहा है, वह जैसे भागा गया था, वैसे ही लौट आया।

चौंतीस

चूँकि लिट्रेरी लीग की ख़ास पार्टियाँ 'लोरेंग्ज़' में होती थीं, जो माल पर काफ़ी दूर, क्वीन विक्टोरिया की मूर्ति के इधर था, इसलिए पहले वे लोग 'लोरेंग्ज़' गये थे।

बाहर से 'लोरेंग्ज़' कोई ख़ास भव्य नहीं लगता था। आधी सदी पहले उसे किसी अंग्रेज़ ने शुरू किया था और हालाँकि इस बीच उसमें किसी तरह का परिवर्तन-परिवर्द्धन न हुआ था लेकिन उसकी सम्भ्रान्तता और गारिमा समय के साथ बढ़ी ही थी। कोई ही दिन ऐसा जाता था, जब वहाँ कोई बड़ी पार्टी न हो। उसकी छत और दीवारों पर भित्ति-चित्र बने थे — पुराने प्रसिद्ध चित्रकारों की अनुकृतियाँ! सामने की दीवार में, जहाँ मैनेजर की मेज़ थी, एडवर्ड सप्तम का एक विशाल चित्र था; दायें-बायें क्वीन विक्टोरिया और जॉर्ज पंचम के चित्र टँगे थे (जॉर्ज पंचम का चित्र अपेक्षाकृत नया था।) बाहर से आने वाले दरवाज़े के आगे, बर्मा टीक की नक्काशीदार लकड़ी का फ़ोल्डिंग पर्दा था जिसमें दरियाई का धूप-छाहीं रेशमी कपड़ा लगा था। हॉल में आबनूस की मेज़-कुर्सियाँ थीं। छत से बिल्लौरी फ़ानूस लटक रहे थे और फ़र्श पर भारी ग़ालीचे बिछे थे। आधुनिक वहाँ कुछ नहीं था, लेकिन उसमें भव्यता, सम्भ्रान्तता और प्राचीनता का एक अनोखा आतंक था।

हॉल-कमरे में कदम रखते ही चेतन के मन में आकांक्षा जगी — काश, वह सोसाइटी की मीटिंगें वहाँ कर पाता! लेकिन तभी उसे इस बात का भी एहसास हुआ कि वह रेस्तराँ उनकी बिसात से परे है।....अजीब बात थी कि वह उस सोसाइटी की मीटिंग 'लोरेंग्ज़' में करना चाहता था, जो मध्यवर्गीय बौद्धिकों के हितार्थ उसने स्थापित की थी और जिससे वह किनारा करने जा रहा था....चेतन ने एक बार कहा भी कि 'लोरेंग्ज़' उनके कद से बड़ा है, उन्हें वापस हो जाना चाहिए, लेकिन इतनी दूर आ कर 'लोरेंग्ज़' के मैनेजर से मिले बिना, हुनर साहब को लौटना स्वीकार न था। वे निःसंकोच भाव से अपने चेलों को

१. उद्‌घाटन-सभा

लिये, इस तरह हॉल में दाख़िल हुए, जैसे वे प्रायः बड़े रेस्तराँओं में जाने के आदी थे। जाते ही उन्होंने काफ़ी दूर से मैनेजर को बड़े तपाक से 'गुड मॉर्निंग मिस्टर मैनेजर' कहा। मैनेजर क्षण भर उनकी ओर देखता रहा। फिर वह कुछ अनिश्चयात्मकता के साथ अपनी जगह खड़ा हो गया और उसने मुस्कराते हुए उनका अभिवादन किया। हुनर साहब के दोनों चेले उनके दायें-बायें और चेतन सबसे पीछे जा खड़ा हुआ।

सहसा चेतन की दृष्टि उस मैनेजर पर जा टिकी — गंजा सिर; अण्डाकार चेहरा; बाहर को निकलती हुई और ग़िलाफ़ी पलकों से ढँकी, बड़ी-बड़ी आँखें; गोरे रंग पर लाल-लाल चकत्ते — बढ़िया सूट और टाई में सुसज्जित, अपने दोहरे बदन के साथ, जाने चेहरे के किस भाव से वह चेतन को किसी बड़े होटल का हेड-बटलर लगा, जो तरक्की करके मैनेजर हो गया हो।

हुनर साहब ने बड़ी ऊँचाई से अंग्रेज़ी में कहा कि उन्होंने एक कल्चरल सोसाइटी स्थापित की है — सोसाइटी फ़ॉर यू एण्ड मी — वे उसकी इनॉगरल सेरेमनी करना चाहते हैं, पचास-साठ मेम्बरों और सरपरस्तों को चाय पर बुलायेंगे। कुछ मेम्बरों ने इच्छा प्रकट की है कि इनॉगरल मीटिंग 'लोरेंग़ज़ में हो, इसलिए वे रेट पूछने आये हैं।

ग्रे रंग के बहुत बढ़िया सूट और गर्मी के बावजूद मोज़ों और पम्प शू से सुशोभित, गंजे मैनेजर ने क्षण भर तक उन चारों का जायज़ा लिया, फिर उसने अंग्रेज़ी ही में पूछा था कि कब पार्टी देना चाहते हैं।

"चार-पाँच दिन बाद; बीस-बाईस अप्रैल को!" हठात पीछे खड़े चेतन ने कहा।

एक चतुराई-भरी, विवश मुस्कान मैनेजर के होंटों पर खेल गयी। उसने अपनी बड़ी-बड़ी आँखें उनकी ओर उठायीं और बेबसी से दोनों हाथ उलट कर सीधे करते हुए कहा कि उनका हॉल तो मई के पहले हफ़्ते तक बुक्ड है, वे क्षमा चाहते हैं।

चेतन को आश्चर्य नहीं हुआ। उसने तो हॉल देख कर ही कहा था कि 'लोरेंग़ज़' उनकी बिसात के बाहर है। मैनेजर की बात सुन कर वह मुड़ने लगा था और हुनर साहब ने कहा, "हम मई के पहले हफ़्ते के बाद किसी दिन रख लेंगे। आप हमें अपने रेट और दो-तीन ऐसी तारीख़ें बता दीजिए, जब हॉल हमें मिल सकता है।" और उन्होंने बड़ी बेपरवाही से बताया कि लाला हरकिशन लाल उनके प्रेज़िडेण्ट हैं और वे उनसे पूछ कर कन्फ़र्म कर जायेंगे।

हुनर साहब के पहले वाक्य से चेतन चौंका था। वह तो मई की पहली तारीख़ को शिमला में बैठा होगा! उसने प्रतिवाद करने को होंट खोले ही थे कि हुनर साहब के अगले वाक्य से वह समझ गया कि वे यूँ ही मैनेजर को बना रहे हैं। लेकिन मैनेजर ने जो रेट बताये, उनसे वह चकरा गया। पचास रुपये तो उसने एक शाम के लिए हॉल की बुकिंग के माँग लिये; बाकी जितने लोग आयें और जो मीनू हो, उसका हिसाब अलग!

चेतन को लगा — उल्टा मैनेजर उन्हें बना रहा है। फिर उसने सोचा, 'लोरेंग़ज़' बड़े लोगों — जजों, बैरिस्टरों, काउन्सिलरों — का रेस्तराँ है; हो सकता है, उसके यही रेट हों। उसकी जेब में तो इस खाते सिर्फ़ पैंसठ रुपये थे। वह चलने को हुआ। लेकिन हुनर साहब वहीं जमे थे — उनके चेहरे पर ज़रा भी असन्तोष अथवा निराशा का भाव नहीं था। रेट

सुन कर जैसे वे बहुत सन्तुष्ट हुए हों, उन्होंने कहा : "रेट तो आपने निहायत वाजिबी बताये हैं। मैं आज ही प्रेज़िडेण्ट से मिलूँगा और मई के दूसरे हफ़्ते की कोई डेट फ़िक्स करके, दो-एक दिन में आऊँगा।"....उन्होंने विदा लेने के लिए मैनेजर की तरफ़ हाथ बढ़ाया और अपनी पुरानी भंगिमा में, मैंनेजर के हाथ को हाथों में ले कर, उसे ज़रा अपनी ओर खींचते और दाँत निपोर कर मुस्कराते हुए, उन्होंने मैनेजर को 'वेरी मैनी थैंक्स' दिये और फिर आ कर डेट फ़िक्स करने का वादा करते हुए, मुड़े।

लेकिन मैनेजर ने उन्हें किसी रियासत का कांग्रेसी ज़मींदार समझा या किसी धनी कांग्रेसी नेता का सुपुत्र अथवा किसी बड़े आदमी का बिगड़ा बेटा — उसने उनका हाथ नहीं छोड़ा और वह हुनर साहब के साथ-साथ हॉल के दरवाज़े तक उन्हें छोड़ने आया।

बाहर निकल कर कहीं और जाने की अपेक्षा, पहले 'एलफ़िन्स्टन' को देखने के ख़याल से वे लोग वापस घूमे। हुनर साहब 'लोरेंग्ज' के मैनेजर की नकल उतारने लगे — कैसे उन लोगों को देख कर उसने आँखें मिचमिचायी थीं; कैसे उसने उपेक्षा से उनकी 'गुड मॉर्निंग' का उत्तर दिया; कैसे दुविधा में उठा; कैसे उसने टाला कि मई के पहले हफ़्ते तक होटल बुक्ड है और कैसे लाला हरकिशन लाल का नाम सुन कर, उन्हें दरवाज़े तक छोड़ने आया और जब उन्होंने उससे विदा ली तो किस विनम्रता से उसने 'थैंक यू सर! ऐट योर सर्विस सर!' कहते हुए सिर झुकाया। — हुनर साहब ने उसके स्वर की, उसकी एक-एक भंगिमा की, ऐसी नकल उतारी कि चेतन और उन के दोनों चेले, हँसते हुए लोट-पोट हो गये।

"क्या वह मैनेजर आप को हेड बटलर ऐसा नहीं लगता था ?" हँसी रोक कर चेतन ने कहा।

"लगता था नहीं," हुनर साहब ने कहा, "ज़रूर हेड बटलर से तरक्की करके मैनेजर बना होगा। लेकिन हमने न जाने कितने बड़े-बड़े लोगों को उल्लू बनाया है और वह साला हमीं पर रोब गाँठता था।"

धूप तेज़ हो गयी थी, लेकिन हुनर साहब किस्से सुनाने लगे थे, कैसे उन्होंने बड़े-बड़े ठगों को मूर्ख बनाया। उन्होंने उस साधु का किस्सा भी सुनाया, जिसे उन्होंने जालन्धर स्टेशन के पास रोक लिया था और उसे भोजन कराने होटल में ले गये थे और सभी पकवानों और स्पेशल डिशों से भरा थाल उसके आगे रख कर, रबड़ी लाने के बहाने, होटल की कटोरियाँ ले कर चम्पत हो गये थे।

चेतन उनसे ये तमाम किस्से पहले भी सुन चुका था। वह यह भी जानता था कि जितनी बार वे किस्सा सुनाते हैं, नये पत्ते लगा देते हैं। लेकिन हर किस्से के ख़ात्मे पर हुनर साहब के नये चेले, हँसते-हँसते लोट-पोट हो जाते। हुनर साहब के चेहरे पर रौनक आ जाती और वे दुगुने जोश से दूसरा किस्सा शुरू कर देते।

o

माल रोड पर सैर करते हुए, दो-चार बार चेतन की नज़र 'एलफ़िन्स्टन होटल' के बोर्ड पर गयी थी। कई महीनों से वहाँ दो-मंज़िली इमारत बन रही थी। जब वह मुकम्मल हो गयी तो उस पर 'होटल एलफ़िन्स्टन' का बड़ा जहाज़ी बोर्ड लग गया। चूँकि माल रोड पर दुकानें

सड़क से काफ़ी अन्तर पर थीं —सड़क के साथ पेड़ थे, फिर घोड़ों के जाने का रास्ता, जिस पर लकड़ी का बुरादा बिछा रहता, फिर फ़ुटपाथ, फिर फूलों के पेड़-पौधे —इसलिए आते-जाते, चेतन उस बोर्ड पर उचटती-सी नज़र डाल लेता था। बिसात उसकी इतनी नहीं थी कि वह कभी उस होटल के अन्दर जाने का साहस करता। यह ठीक है कि इन दो-ढाई वर्षों के दौरान उस चेतन में, जिसे लाहौर आने पर एक आने की गज़क ख़रीदने का साहस न हुआ था, काफ़ी अन्तर आ गया था, पर इतना नहीं कि वह पुरानी अनारकली के ढाबे या अनारकली के 'सिन्धी होटल' से उठ कर, माल के होटलों और रेस्तराओं में जाता। शायद इसीलिए, जब उसकी जेब में पैंसठ-सत्तर रुपये आये और उसने उन्हें सोसाइटी के उद्घाटन की पार्टी पर ख़र्च करने का फ़ैसला किया तो उसके मन में माल के किसी होटल पर पार्टी देने की इच्छा हुई। यह भी हो सकता है कि अगर उसने निम्न-मध्यवर्गीय बौद्धिकों के यहाँ असफल हो कर बड़े लोगों को मेम्बर और सरपरस्त न बनाया होता तो उसके मन में माल के किसी होटल में पार्टी देने का ख़याल ही न आता। हालाँकि हुनर साहब ने कहा था कि लाला हरकिशन लाल और राजा महेन्द्रनाथ वग़ैरा बड़े लोग चन्दा देने के बावजूद, पार्टी में नहीं आयेंगे तो भी चेतन सोचता था कि एक प्रतिशत भी उनके आने की सम्भावना हो तो उसे माल के किसी होटल ही में चाय-पार्टी देनी चाहिए। अगर चेतन को शत-प्रतिशत विश्वास होता कि बड़े लोगों में से कोई नहीं आयेगा तो वह लाजपत राय हॉल में उद्घाटन की मीटिंग रखता और किसी केटरर से तय करके, वहीं चाय का प्रबन्ध कर देता। लेकिन लाला हरकिशन लाल या राजा महेन्द्रनाथ चाहे न आयें, वह सोचता था, हफ़ीज़ जालन्धरी, तासीर साहब या मजीद मलिक में से कोई ज़रूर आयेगा, इसीलिए इस बात के बावजूद कि चेतन सोसाइटी से किनाराकशी कर रहा था, वह चाहता था कि उसके कार्यकाल में सोसाइटी का उद्घाटन, माल के किसी होटल या रेस्तराँ में हो जाये!

'एलफ़िन्स्टन' पहुँच कर शातिर आगे हो गया, क्योंकि वह उस होटल में दो-एक बार चाय और डिनर ले चुका था। हुनर साहब ने उससे मालिक का नाम पूछा तो उसने कहा कि वह दो-एक बार ही आया है; एक आदमी बढ़िया सूट पहने, हाथ में मक्खी-मार लिये, हॉल की निगरानी करता है; वह मैनेजर है या मालिक उसे मालूम नहीं। तब हुनर साहब ने दरवाज़े पर खड़े, बावर्दी बैरे से होटल के मालिक का नाम पूछा। बैरे ने बताया कि लाला कर्मचन्द होटल के मालिक हैं और दरवाज़ा खोल कर उसने संकेत से बता दिया था कि वो खड़े हैं।

चेतन ने देखा, एक बहुत बड़ा हॉल है —'लोरेंग्ज़' के हॉल से लगभग दुगुना — कुशादा, हवादार और एकदम चम-चम करता हुआ। न उसकी दीवारों और छतों पर भित्ति-चित्र हैं, न फ़र्श पर ग़ालीचे, लेकिन मोज़ेक का फ़र्श शीशे की तरह साफ़ है और छोटी-छोटी मेज़ें और उनके गिर्द लगी चार-चार कुर्सियाँ —लगता था, जैसे अभी फ़र्नीचर मार्ट से आयी हैं।

होटल को खुले अभी ज़्यादा दिन नहीं हुए थे, इसलिए भीड़ नहीं थी। मेज़ों पर सफ़ेद मेज़पोश बिछे थे, उन पर चम-चम करती प्लेटें, चमचे-काँटे और गिलास सजे थे, जिनमें दूध-धुले नैपकिनों के फूल बने हुए थे। दो-तीन मेज़ों पर बैठे लोग, लंच ले रहे थे। शेष मेज़े ख़ाली थीं। एक अधेड़ उम्र का ख़ुशपोश शख़्स दायें हाथ में राजदण्ड की तरह

मक्खी-मार लिये, एक ओर खड़ा था। उसी की तरफ़ बैरे ने संकेत किया था। वे लोग उसकी ओर जा रहे थे कि मुड़ कर वह तेज़-तेज़ एक मेज़ की तरफ गया और पट से उसने एक मक्खी को यमलोक पहुँचा दिया। यह कारनामा सरअंजाम दे कर, वह उनकी तरफ़ आया और उसने पूछा कि क्या हुक्म है।

हुनर साहब ने अपनी ज़रूरत बतायी।

"कितने लोग आयेंगे पार्टी में ?" लाला कर्मचन्द ने पूछा।

"पक्का तो कुछ नहीं कह सकते। हम चालिस-पचास को तो इन्वाइट करेंगे ही। आप यह बताइए कि इतने लोगों की चाय का इन्तज़ाम यहाँ हो सकेगा ?"

"इस हॉल में तो सौ-सवा सौ लोगों की पार्टी हो चुकी है। हम तो केटरर भी हैं, आप चाहें तो तीन सौ मेहमानों को चाय पिला दें।"

"आप की बहुत तारीफ़ सुनी है, तभी तो हम आपको तकलीफ़ देने पहुँचे हैं...."

हुनर साहब की बात अभी पूरी भी न हुई थी कि लाला कर्मचन्द ने पलट कर, पास की एक मेज़ पर आ बैठने वाली मक्खी का सफ़ाया कर दिया। फिर हँस कर बोले, "किसने आपसे हमारा ज़िक्र किया ?"

हुनर साहब ने तो यूँ ही तारीफ़ कर दी थी, अब वे किसका नाम बताते, लेकिन बिना क्षण भर रुके, उन्होंने हँस कर कहा, "फूल जब खिलता है तो उसकी महक सारे बाग़ में फैल जाती है। हमने जब सोसाइटी की ओपनिंग सेरेमनी के लिए जगह की पूछ-ताछ की तो दोस्तों ने 'एलफ़िन्स्टन' का नाम लिया और बताया कि लाला कर्मचन्द बड़े ही एफ़िशिएण्ट और सफ़ाई-पसन्द होटेलियर हैं। आप रेट बताइए कि फ़ी कस[१] आप क्या लेंगे, तो हम तय करें कि कितने लोगों को बुलायें।"

"आप मीनू तय करें तो मैं बता सकता हूँ," लाला कर्मचन्द ने कहा,

"फ़ी कस एक रुपया भी हो सकता है, बारह आने भी!"

"हमारी सोसाइटी यूँ तो मिडल क्लास के अदीबों और अख़बार-नवीसों की सोसाइटी है," हुनर साहब ने कहा, "लेकिन इसके सरपरस्तों में बड़े-बड़े लोग भी हैं। आप क्या राय देते हैं, क्या मीनू होना चाहिए, जो न ज़्यादा लगे, न कम!"

"एक केक पीस, पेस्ट्री, थोड़ी नमकीन दाल, एक समोसा — इतना तो होना ही चाहिए।"

"इसका कितना होगा।"

"चाय समेत बारह आना पर-हेड[२]।"

"और एक रुपये में।"

"एक पेस्ट्री का टुकड़ा और रख लीजिए और केक पीस, क्रीम वाला कर दीजिए।"

"निहायत मुनासिब है," हुनर साहब ने स्वीकार में सिर हिलाते हुए कहा, "हम आपको पाँच-दस मिनट में बताते हैं।" और वे चेतन को ज़रा एक तरफ़ ले गये। "दो-चार रुपये में जेब हैं ?" उन्होंने पूछा।

---

१. प्रति व्यक्ति

२. प्रत व्यक्ति

"हाँ!"

"ज़रा देख लें, केक-पेस्ट्री कैसी है। एक-एक पीस मँगा लें और एक-एक प्याला चाय पी लें। खाने का वक्त हो गया है, थोड़ी भूख लग आयी है, लेकिन इस काम को निबटाते चलें। यहीं बैठ कर तय कर लेंगे कि किस-किस को इनवाइट करना है।"

चेतन ने हामी भर दी तो हुनर साहब पलटे। लाला कर्मचन्द हाथ में मक्खी-मार लिये, हॉल के दूसरे सिरे पर खड़े थे। हुनर साहब उनके पास गये। "आप ऐसा कीजिए लाला जी," उन्होंने कहा, "क्रीम वाला और बिना क्रीम का एक-एक पीस, एक पेस्ट्री, एक क्रीम रोल, एक समोसा और थोड़ी-सी दाल और चार प्याले चाय भिजवा दीजिए। हम ज़रा चख भी लेते हैं और मेहमानों की फ़ेहरिस्त भी बना लेते हैं। मैं चाहता हूँ, अभी सब कुछ तय कर जायें और आप को पेशगी दे जायें ताकि इस काम के लिए दोबारा न आना पड़े। अभी हम को इन्वीटेशन कार्ड भी छपवाने हैं और मेम्बरों और सरपरस्तों को भिजवाने भी हैं।"

लाला कर्मचद, मक्खी-मार की जाली से अपनी पिंडली को धीरे-धीरे ठकोरते हुए, सोचते रहे, फिर उन्होंने कहा, "अब तो लंच का टाइम हो गया है; चाय तो हम चार से छै तक देते हैं," वे पल भर रुके, फिर बोले, "ख़ैर, आइए, मैं आपके लिए स्पेशल इन्तज़ाम कर देता हूँ।"

वे उन्हें ले कर दरवाज़े के पास, कोने की एक ख़ाली मेज़ पर आये; दुर्भाग्य की मारी एक मक्खी वहाँ आ बैठी। टप से उन्होंने मक्खी-मार की जाली उस पर जमा दी; बैरे को बुला कर मेज़ साफ़ करने को कहा और क्रीम केक, साधारण केक, पेस्ट्री, क्रीम रोल, नमकीन और चाय लाने का आदेश दिया और उन्हें वहाँ बैठा कर, पूर्ववत अपना राजदण्ड हिलाते हुए, हॉल में घूमने लगे।

o

चेतन को 'एलफ़िन्स्टन' पसन्द आया। उसे लाला कर्मचन्द कुशल और सफ़ाई-पसन्द लगे। सबसे बड़ी बात यह थी कि अपनी तमाम चमचमाहट और स्वच्छता के बावजूद, वह होटल उसे मनोवृत्ति से निम्न-मध्यवर्गीय ही लगा था। चेतन को पूरा विश्वास था कि अगर वे उस वक्त 'लोरेंग्ज़' के मैनेजर से कहते कि उन्हें चाय दी जाये तो वह पहले उनकी ओर आँखें मिचमिचाते हुए देखता कि क्या देहातियों की-सी बात कर रहे हो, यह 'लोरेंग्ज़' है या कोई ढाबा — और फिर उपेक्षा-भरी विनम्रता से इनकार कर देता; लेकिन लाला कर्मचन्द ने उनके लिए बेवक्त भी विशेष प्रबन्ध कर दिया था।

पहले चाय की प्रतीक्षा करते और फिर केक-पेस्ट्रियाँ उड़ाते और चाय पीते-पिलाते, उन्होंने मेहमानों की एक अस्थायी सूची बना ली। चन्दा तो चेतन ने दस-बारह लोगों ही से वसूल किया था, उन्हें तो बुलाना अनिवार्य था, पर वह चाहता था कि जिन पत्रकारों अथवा साहित्यकारों से वह उस सिलसिले में मिला था, उन सब को भी बुलाया जाय। अपने बड़े भाई के अलावा एक कार्ड वह लाला हाकिमन्द को भी देना चाहता था। फिर उसका ख़याल था कि चातक जी के साथ कम-से-कम नीरव जी, धर्म जी, शुक्ला जी, करुण जी, वग़ैरा, कुछ हिन्दी साहित्यकारों को बुलाये। हुनर साहब अपने सभी चेलों को बुलाना चाहते थे;

कुछ पत्रकारों के नाम भी उन्होंने बढ़ाये थे; फ़रहत के पिता को बुलाना उन्होंने निहायत ज़रूरी समझा। सनातन धर्म और डी०ए०वी० कॉलेज के दो-एक छात्रों के नाम उन्होंने जोड़ दिये कि बड़े अच्छे शायर हैं, सोसाइटी के बहुत काम आयेंगे।

जब सूची बन गयी तो नाम कुछ ज़्यादा हो गये। तब हुनर साहब ने चेतन को जैसे समझाते हुए कहा, "ये जो बड़े-बड़े लोग हैं, उन्हें इन्वीटेशन भेजना एक रस्म की अदायगी भर है। वो लोग आयेंगे थोड़ी। मेरी राय है कि उतने आदमी तुम बिला-झिझक ज़्यादा इन्वाइट कर सकते हो।"

लेकिन उस तरह की रियाकारी में चेतन का विश्वास नहीं था। उसका कहना था, अगर किसी को दावतनामा भेजा जाता है तो उसकी चाय का इन्तज़ाम रहना चाहिए।

"ठीक है," हुनर साहब ने कहा, "मैं लाला कर्मचन्द से बात करता हूँ कि हम पचास-साठ इन्वीटेशन इशू करेंगे, जितने लोग आयें, उतने रुपये हम आपको दे देंगे।"

पर लाला कर्मचन्द को यह मंज़ूर नहीं हुआ। "हम पचास मेहमानों के लिए मेज़ें लगायें और आपके सिर्फ़ बीस आदमी आयें तो, गर्मियों का मौसम है, तीस लोगों के लिए जो सामान आ चुका होगा, वह कहाँ जायेगा ? हमारी कोई बेकरी तो है नहीं, आप अपना अन्दाज़ा कर लीजिए। कम-से-कम जितने मेहमानों के आने का पक्का हो, उतनी मेज़ें लगवाइए। न हमारा नुकसान हो, न आपका। दो-चार बढ़ जायें तो हम इन्तज़ाम कर देंगे, लेकिन बीस घट जायें तो हमें बहुत नुकसान हो जायेगा।"

हुनर साहब फिर दो मिनट के लिए क्षमा माँग कर चेतन से सलाह करने आये। चेतन ने जल्दी-जल्दी हिसाब लगाया। रसीदें-बुकें और ब्रोशर छपवाने, साइकिल बनवाने वग़ैरा के बाद, उसके पास पैंसठ रुपये बच गये थे। तीन रुपये हुनर साहब ने चाय पर ख़र्च करवा दिये, क्रीम केक उन्हें बहुत अच्छे लगे, एक-एक उन्होंने सब के लिए मँगवा दिया था। जब उन्हें उदरस्थ कर चुके तो बोले, "मुँह बहुत मीठा हो गया है, एक-एक समोसा और मँगा लो।" चेतन तो चाय पीता नहीं था, उसके लिए (उसके लाख रोकने के बावजूद) उन्होंने ताज़ा नींबू का शर्बत मँगा दिया था। "अब होटल का तय हो जाये तो जा कर कार्ड छपवा देते हैं," उन्होंने कहा, "खाना गोल कर देते हैं, एक बार झंझट ख़त्म हो।...."

चेतन जानता था कि उनसे पार पाना कठिन है। जैसे वे कहते गये, वह करता गया। उसके पास बाकी बासठ रुपये बचे थे। उसने यही रकम हुनर साहब को बता दी।

"मुझे इन्वाइट करना होता तो साठ लोगों को इन्वीटेशन भेजता और चालीस का इन्तज़ाम करता, लेकिन तुम किसी तरह का रिस्क नहीं लेना चाहते...."

"नहीं यह बात नहीं," चेतन ने कहा था, "मुझे झूठ और तकल्लुफ़ से नफ़रत है। दिखावा मेरे बस का नहीं। अगर मैं किसी को इन्वाइट करता हूँ तो यह सोच कर इन्वाइट करता हूँ कि वह आयेगा। लाहौरियों जैसी — 'रोटी वी तयार ए ते गड्डी वी तयार ए' वाली बात मुझे पसन्द नहीं। मैं जानता हूँ, बड़े लोग शायद नहीं आयेंगे, लेकिन लोगों को दावत देना और उनकी चाय का प्रबन्ध न करना, मेरे मज़हब में गुनाह है।"

"ठीक है," हुनर साहब ने बिना उसकी बात काटे कहा, "अगर हम पचास आदमियों को बुला लें तो तुम्हारे पास दस-बारह रुपये इन्वीटेशन कार्ड छपवाने और डाक से भेजने

के लिए रह जाते हैं। सो काफ़ी है। क्या ख़याल है ? दो-चार बच ही जायेंगे।"

"हाँ, आप पचास आदिमियों के लिए कह दीजिए। लिस्ट को हम दोबारा देख लेते हैं, ग़ैर-ज़रूरी नाम काट देते हैं। अगर दस-बारह लोग बुलाने पर नहीं आते तो आठ-दस, बिन-बुलाये भी आ सकते हैं, यहाँ के अदीबों और अख़बार-नवीसों को तो आप जानते ही हैं।"

हुनर साहब फिर लाला कर्मचन्द के पास गये थे और उन्होंने पचास मेहमानों के लिए चाय का ऑर्डर दे दिया।

चेतन का सुझाव था कि बीस-बाइस अप्रैल को पार्टी रख दी जाय। २८ को लाला हाकिमचन्द शिमला जा रहे थे। पहली मई को उन्हें दफ़्तर में हाज़िरी देनी थी और वह चाहता था कि कुछ दिन तैयारी करने और दोस्तों से मिलने-मिलाने के लिए बच जायें। लेकिन लाला कर्मचन्द ने कहा कि २६ तक उनकी शामें बुक्ड हैं। सिर्फ़ २७ अप्रैल को वे ख़ाली हैं। विवश, २७ तारीख़ को उसने पार्टी रखने का फ़ैसला कर दिया। एक तरह से उसे वह तारीख़ ठीक भी लगी थी। २७ को सोसाइटी का उद्घाटन करके एक एग्ज़िक्यूटिव का चुनाव करा देगा और २८ को गाड़ी में बैठ कर शिमला चला जायेगा। न पण्डित रत्न कुछ कर पायेंगे, न सूफ़ी साहब; न कविराज और न कोई दूसरा। उसकी ग़ैर-हाज़िरी में हुनर साहब सोसाइटी चलाते हैं तो वह उनका सिर-दर्द होगी, नहीं चलाते तो वह असफलता उनके मत्थे जायेगी। तीन महीने बाद लोग, सोसाइटी और उससे चेतन का सम्बन्ध —सब भूल चुके होंगे, उसे इस बात का पूरा विश्वास था।

लाला कर्मचन्द ने पचास रूपये पेशगी माँगे। हुनर साहब सिर्फ़ दस रुपये पेशगी देना चाहते थे। आख़िर चेतन ने पच्चीस रुपये निकाल कर उनके सामने रखे और कहा कि बाकी, पार्टी की शाम उन्हें मिल जायेंगे; वे निशाख़ातिर रहें। उसने अपने डेण्टिस्ट भाई का हवाला दिया, हुनर साहब ने राजा महेन्द्रनाथ और मियाँ बशीर अहमद के नाम उछाल दिये और लाला कर्मचन्द मान गये।

"आप इस बात का ख़याल रखिएगा," उन्होंने रुपये लेते हुए कहा था,"साढ़े सात बजे शाम से हम रात के डिनर का इन्तज़ाम शुरू कर देते हैं। कुछ रोज़ाना ग्राहक भी चाय के लिए आते हैं। आप पाँच से सात बजे तक पार्टी रख लीजिए!"

"इनॉगरल सेरेमनी है," हुनर साहब ने चाटुकारी-भरी मुस्कान के साथ कहा, "आप आध-एक घण्टे का मार्जिन ज़रूर दीजिए! हम आपके बहुत मशकूर होंगे। अगर मेम्बरों को आप का इन्तज़ाम पसन्द आ गया तो हम सभी पार्टियाँ आपके यहाँ करेंगे।"

लाला कर्मचन्द तैयार हो गये और उन्होंने रसीद काट दी। हुनर साहब ने उनके हाथ को दोनों हाथों में ले कर, बग़ल में दबाते हुए, उनका बहुत-बहुत शुक्रिया अदा किया और उस वक्त, जब लाला कर्मचन्द उनसे छुट्टी पा कर मेज़ों पर बैठने वाली मक्खियों के फ़िराक में गश्त करने लगे थे, वे लोग एलफ़िन्स्टन से बाहर आ गये।

पैंतीस

चेतन ने मन-ही-मन, उद्घाटनोत्सव के इन्वीटेशन कार्ड का मज़मून अंग्रेज़ी में तैयार कर रखा था जब वे लोग एलफ़िन्स्टन होटल से गनपत रोड पर, 'खुराना प्रिण्टिंग प्रेस' पहुँचे और हुनर साहब ने कार्ड-लिफ़ाफ़े पसन्द कर लिये तो चेतन ने निमन्त्रण-पत्र के दो नमूने बना कर, हुनर साहब को दिखाये। एक सीधा-सादा था :

डियर मिसेज़/मिस्टर————————————————

द अण्डर-साइन्ड रिक्वेस्ट्स द प्लेज़र ऑफ़ योर कम्पनी ऐट द इनॉगरल सेरेमनी ऑफ़ 'द सोसाइटी फ़ॉर यू एण्ड मी,' टु बी हेल्ड ऐट 'होटल एलफ़िन्स्टन,' द माल, ऑन ट्वेण्टी सेवन्थ एप्रिल, ऐट फ़ाइव पी०एम० शार्प

चेतनानन्द
कन्वीनर

दूसरा ज़रा बेहतर था :

रिसपेक्टड मिसेज़/मिस्टर————————————————

द इनॉगरल सेरेमनी ऑफ़ 'द सोसाइटी फ़ॉर यू एण्ड मी' विल टेक प्लेस ऐट 'होटेल एलफ़िन्स्टन,' द माल, ऑन ट्वेण्टी सेवन्थ एप्रिल, ऐट फ़ाइव पी०एम०। मेनी सेलिब्रेटेड उर्दू-हिन्दी लिट्रेच्योर्ज़ आर एक्स्पेक्टेड टु अटेण्ड द फ़ंक्शन, योर पार्टिसीपेशन इज़ कॉर्डियली सॉलिसिटेड।

चेतनानन्द
कन्वीनर

हुनर साहब कुछ क्षण दोनों को पढ़ते रहे, फिर उन्होंने राय दी, 'पहला ठीक नहीं है, वह शादी-ब्याह में शामिल होने वाले रिश्तेदारों के लिए मुनासिब है, जिनसे करीबी ताल्लुक हों। इस मौके के लिए दूसरा ही ठीक है। उसमें थोड़ी दूरी और फ़ॉर्मेलिटी है...." फिर कुछ क्षण सोचने के बाद वे बोले, "लेकिन तुम अंग्रेज़ी में दावतनामा छपावाने पर क्यों ज़ोर देते हो ? महात्मा गाँधी अंग्रेज़ों और अंग्रेज़ी को हिन्दुस्तान से बाहर निकालना चाहते हैं और तुम अंग्रेज़ी के पीछे पड़े हो। दावतनामा तुम उर्दू में क्यों नहीं भेजते ?"

"बात यह है," चेतन ने उन्हें समझाते हुए कहा, "सोसाइटी, उर्दू-हिन्दी — दोनों ज़बानों के अदीबों के लिए है। लेकिन न उर्दू अदीब हिन्दी जानते हैं, न हिन्दी वाले उर्दू! टूटी-फूटी अंग्रेज़ी दोनों ही जानते हैं। ब्रोशर छपवाते वक्त इस बात पर ग़ौर किया था, इसीलिए उसे अंग्रेज़ी में छपवाया। यूँ भी, यहाँ के पढ़े-लिखों की ज़बान अंग्रेज़ी है। यहाँ लोग बोलते पंजाबी हैं और लिखते अंग्रेज़ी में हैं। मादरी-ज़बान तो यहाँ की पंजाबी है — न उर्दू, न हिन्दी! और काम-चलाऊ ज़बान अंग्रेज़ी है।"

"क्या मज़हका-खेज़[१] बात कहते हो," हुनर साहब ज़रा गर्म हो कर बोले, "पंजाबी सूबे की भाषा है, लेकिन उर्दू या हिन्दुस्तानी तो सारे देश की ज़बान है। महात्मा गाँधी कहते

---

१. हास्यास्पद

हैं कि इस देश की कौमी-ज़बान हिन्दुस्तानी है, जिसे उर्दू-हिन्दी, दोनों रस्मुलख़तूत[१] में लिखा जाता है। यह तो निहायत शर्मनाक बात है कि उर्दू-हिन्दी अदीबों का जलसा हो और दावतनामे अंग्रेज़ी में जायें।"

"लेकिन सोसाइटी में संगीत-सम्मेलन भी होंगे।" चेतन ने कमज़ोर-सा प्रतिवाद किया। "पंजाब तक में क्लासिक संगीत के पण्डित, दक्षिन के हैं। मेरी बीवी जिस विद्यालय में जाती है, उसे दक्षिन-भारती चलाते हैं, वो तो उर्दू बहुत कम समझ पाते हैं।"

"ऐसे जो दो-चार ख़ुरासानी बोली वाले[२] होंगे, उन्हें जा कर अंग्रेज़ी में समझा देंगे, लेकिन उनकी ख़ातिर सभी को अंग्रेज़ी में दावतनामे जायें, यह सही नहीं।"

चेतन को सोसाइटी चलानी होती तो वह इस झगड़े में नहीं पड़ता और जिस ज़बान को ज़्यादा लोग पसन्द करते, उसमें इन्वीटेशन छपवा कर काम चलाता, लेकिन सोसाइटी तो हुनर साहब को चलानी थी, इसलिए उसने इस बात पर माथा-पच्ची करना व्यर्थ समझा।

"आप उर्दू में मुनासिब समझते हैं, तो उर्दू में छपवा लीजिए," उसने कहा, "सोसाइटी तो आप ही लोगों को चलानी है। चातक जी ज़ोर दे रहे थे कि हिन्दी में ब्रोशर छपवाने चाहिएँ। उनको उर्दू में दावतनामा जायेगा तो वे बुरा मानेंगे, इसीलिए मैंने ब्रोशर अंग्रेज़ी में छपवाये हैं।"

"उस सूरत में दावतनामा एक तरफ़ उर्दू में और दूसरी तरफ़ हिन्दी में छपवाया जा सकता है। महात्मा गाँधी का हुक्म भी पूरा हो जायेगा।" हुनर साहब ने इस समस्या का हल निकाल दिया।

"ठीक है," चेतन ने कहा, "आप हिन्दुस्तानी में दावतनामा तैयार कीजिए। प्रेस से रेट-वेट तय कर लीजिए। मुझे तो हिन्दी इतनी आती नहीं; यहीं बराबर में हस्पताल रोड पर चातक जी का दफ़्तर है। वो हिन्दी माहनामा मंजरी' के एडिटर हैं, वहाँ चलते हैं। आपसे तआरुफ़[३] भी हो जायेगा और उनकी मदद से इन्वीटेशन कार्ड का हिन्दी मज़मून भी बन जायेगा।"

तब हुनर साहब ने वहीं प्रेस में बैठ कर, उर्दू में (जिसे वो हिन्दुस्तानी कहते थे) दावतनामा लिखा :

> मोहतरिमा/मोहतरिम————————————
>
> आपको यह जान कर मसर्रत[४] होगी कि लाहौर के उर्दू-हिन्दी अदीबों[५] की अंजुमन[६] 'सोसाइटी फ़ॉर यू एण्ड मी' (कलम रोक कर हुनर साहब ने कहा : 'इसका नाम भी हिन्दुस्तानी ज़बान में होना चाहिए था!' —लेकिन चूँकि उस सिलसिले में अब कुछ हो नहीं सकता था,

---

१. लिपियों
२. पंजाब में उन देसी लोगों के लिए, जो मुग़लों के ज़माने में, अरबी-फ़ारसी बोलते थे, एक बहुत तीखा मुहावरा है —हुनर साहब का संकेत उसी की ओर था।
३. परिचय
४. ख़ुशी
५. साहित्यकारों
६. संस्था

इसलिए वे फिर लिखने लगे थे) का इफ़्तिताही जलसा 'होटल एलफ़िन्स्टन,' माल, लाहौर में २७ अप्रैल को पाँच बजे मुनअक़्द[१] होगा। शहर के मशहूर हिन्दी-उर्दू अदीब इसमें शिरकत करेंगे[२] आपकी शमूलियत[३] हमारे लिए बायस-ए-इंबिसात-ो-इफ़्तिख़ार[४] होगी।

नियाज़मन्द[५]

चेतनानन्द 'दाग़'

दावतनामे का मज़मून लिख कर हुनर साहब ने चेतन को सुनाया। फिर क्षण भर रुक कर बोले,"इसमें एक ख़ामी है, इफ़्तिताही तक़रीब[६] किसके हाथों सरअंजाम होगी, इसका कोई ज़िक्र नहीं। आम तौर पर, ऐसे जलसों का इफ़्तिताह, सोसाइटी के किसी मुअज़्ज़िज़ सरपरस्त के हाथों सरअंजाम होता है।"

"हाँ, इस सिलसिले में मैंने नहीं सोचा।" चेतन ने कहा, "वक्त नहीं है, वरना मैं राजा महेन्द्रनाथ के यहाँ जाता।"

"अरे, इन राजा-नवाबों के चक्कर में मत पड़ो," हुनर साहब ने कहा, "साइकिल दौड़ाते-दौड़ाते तुम्हारी हालत ख़स्ता हो जायेगी। फिर बड़े लोगों को बुलाओगे तो दरवाज़े बड़े करने पड़ेंगे। हमारी सोसाइटी अभी उनका बोझ नहीं सँभाल सकती।"

चेतन ने तो कोई दूसरा नाम याद न आने से राजा महेन्द्रनाथ का नाम ले दिया था, वरना उनके यहाँ का अनुभव बहुत अच्छा नहीं था। वह कहना चाहता था कि वे रिवायती[७] राजा नहीं हैं, स्वभाव से बनिया हैं और शायद अंग्रेज़ों ने उन्हें राजा का ख़िताब दे दिया है। लेकिन उसने यह नहीं कहा और हफ़ीज़ जालन्धरी का नाम सुझाया।

"तुम हफ़ीज़ को नहीं जानते," हुनर साहब ने प्रतिवाद किया, "वो तुम्हें ख़ुश करने को 'हाँ' कर देंगे, लेकिन कभी नहीं आयेंगे। रंग गाँठने का उनका यह पुराना ढंग है। मैं उनके साथ रह चुका हूँ और उन्हें ख़ूब जानता हूँ।"

तभी अचानक चेतन को अख़्तर शीरानी का ख़याल आ गया और उसने ललक कर उनका नाम लिया और कहा कि वह ख़ुद जा कर उन्हें ले आयेगा, इसका हुनर साहब विश्वास रखें। हुनर साहब इतने ज़ोर से हँसे कि प्रेस के प्रोप्राइटर तक चौंक गये। "कभी शाम को तुमने अख़्तर शीरानी को देखा है ? वो इतनी पिये होते हैं कि अगर तुम उन्हें ले भी आओ तो कोई भरोसा नहीं कि सोसाइटी का इफ़्तिताही जलसा, मैदान-ए-कारज़ार बन जाये और एलफ़िन्स्टन होटल के पिर्च-प्याले माल पर उड़ते दिखायी दें।"

चेतन चुप हो गया था। वह समझ नहीं पा रहा था कि किसका नाम उद्घाटनकर्ता के रूप में सुझाये। तभी फ़िगार ने कहा, "चेतन जी, आप उस्ताद साहब से क्यों नहीं

---

१. संयोजित होगा
२. सम्मिलित होंगे
३. उपस्थिति
४. प्रसन्नता और गौरव का विषय होगी
५. दर्शनाभिलाषी
६. उद्घाटनोत्सव
७. परम्परागत।

सोसाइटी का इफ़्तिताह करने को कहते ?"

चेतन ने आँख उठा कर, उस लम्बू की ओर देखा। एक निमिष को यह ख़याल उसके दिमाग़ में आया कि क्या ये पहले से मता पका कर तो नहीं आये! हुनर साहब ने उसके सूट का प्रबन्ध कर दिया था, उसे कपड़ा ख़रीदवा दिया था, सुबह से वे उसके साथ तपती धूप में घूम रहे थे। वह क्या उत्तर दे, वह हठात समझ न पाया। मन में उसने यह भी सोचा कि जब वह सोसाइटी से किनाराकशी कर रहा है, तो कौन उसका उद्‌घाटन करता है, कौन सभापतित्व, वह क्यों इसके चक्कर में पड़े! और लड़कपन में 'ऐलफ्रेड थियेटर कम्पनी' के स्टेज पर सुना हुआ शे'र उसके दिमाग़ में घूम गया :

बुलबुल ने आशियाना चमन से उठा लिया
उसकी तरफ़ से बूम[१] बसे या हुमा[२] रहे!

वे तीनों उसके उत्तर की प्रतीक्षा में चुप थे। "हुनर साहब सोसाइटी का इफ़्तिताह भी करें और फिर जनरल सेक्रेट्री चुने जायें," चेतन ने कहा, "यह कुछ वाजिब नहीं लगेगा। यूँ, जो आप लोग ठीक समझें! सोसाइटी तो आप ही को चलानी है।"

"दाग़ साहब बिलकुल बजा फ़रमाते हैं," हुनर साहब ने पुनः अपने स्वर में औपचारिक सत्कार भरते हुए, अपने चेले को टोका, "जनरल सेक्रेट्री बनने वाले को, सोसाइटी का इफ़्तिताह नहीं करना चाहिए।" और फिर जैसे अचानक उन्हें एक लाजवाब नाम सूझा हो, उन्होंने अतिरिक्त जोश से कहा, "मैं समझता हूँ, हमें इस काम के लिए फ़रहत साहब के वालिद, जनाब लाला दौलतराम 'साग़र' को तकलीफ़ देनी चाहिए। वो ख़ुद भी शायर और सुख़न-फहम हैं और वक्त पड़ने पर सोसाइटी की माली इमदाद[३] भी कर सकते हैं।"

क्षण भर के लिए चेतन को ऐसे लगा, जैसे वह पहाड़ की चोटी से अचानक खड्ड में आ गिरा हो। लेकिन सिर्फ़ क्षण भर को ही। दूसरे पल, कुछ अजीब-सी अनासक्ति उसके मन पर छा गयी। जब उसे सोसाइटी चलानी ही नहीं तो उसे क्यों बुरा लगे — 'उसकी बला से बूम बसे या हुमा रहे!' — उसने मन-ही-मन दोहराया। दौलतराम सोसाइटी का उद्‌घाटन करते हैं या ग़रीबदास — उसे क्यों चिन्ता हो ? 'चूह्ड़े दी धी चमार लै जाण, तूँ की लैणा ऐं[४]।' उसने मन में पंजाबी कहावत दोहरायी और परम निरपेक्ष भाव से कहा, "मैं तो उन्हें जानता नहीं, आप ही को उनके पास जाना होगा।"

"इसकी तुम फ़िक्र न करो!" हुनर साहब बेहद उत्साहित हो उठे। "तुम्हें इस बात की फ़िक्र थी कि सोसाइटी का सदर कौन हो, अगर तुम मुनासिब समझो तो मैं इस सिलसिले में भी उनसे बात करूँ।"

"सदर तो मेम्बरों या सरपरस्तों में से चुना जायेगा," अपनी निरपेक्षता के बावजूद चेतन ने कहा।

---

१. उल्लू
२. एक कल्पित पक्षी, जिसकी छाया पड़ने से आदमी राजा हो जाता है
३. आर्थिक सहायता
४. भंगी की लड़की चमार ले जायें, तुम्हें क्या लेना है।

"मैं उन्हें कल ही सरपरस्त बना लूँगा।"

"जैसा आप मुनासिब समझें।"

"तो ठीक है, मैं दावतनामे में यह सतर बढ़ा देता हूँ कि 'मशहूर शायर और अदब-नवाज़, जनाब दौलतराम साहब 'साग़र,' प्रोप्राइटर, 'दौलतराम एण्ड सन्स, केमिस्ट्स एण्ड ड्रगिस्ट्स,' सोसाइटी की इफ़्तिताही रस्म अदा करेंगे।" और उन्होंने तत्काल दावतनामे में यह संशोधन कर दिया।

"एक ही बात है," अपनी अनासक्ति के बावजूद चेतन ने कहा, "हिन्दी वालों को बुरा ज़रूर लगेगा। कुछ ऐसा कीजिए कि दोनों ज़बानों के अदीब, सोसाइटी की सरगर्मियों में पूरा हिस्सा ले सकें।"

हुनर साहब क्षण भर सोचते रहे। फिर उन्होंने कहा, "ऐसा क्यों न करें कि सोसाइटी के हिन्दी-उर्दू शो'बों[१] का इफ़्तिताह एक ही जलसे में करा दें। आप तो सोसाइटी के दो विंग खोलना चाहते थे ना...."

"मैं तो ख़ैर तीन विंग खोलना चाहता था, एक संगीत का...."

"वो बाद में होता रहेगा। अभी हिन्दी-उर्दू, दोनों विंग्ज़ का इफ़्तिताह हो जायेगा। उर्दू विंग का, लाला दौलतराम 'साग़र' कर दें; हिन्दी के बारे में आपके दोस्त, हज़रत 'चातक' से मशविरा कर लेते हैं।"

और प्रेस के मालिक, खुराना से यह कह कर कि वे थोड़ी देर में आते हैं, ज़रा दावतनामे का हिन्दी मज़मून बनवा लायें, हुनर साहब प्रेस से बाहर निकल आये।

चातक जी सफ़ेद-बुर्राक खादी का कुर्ता-धोती पहने, बालों की गुस्ताख़ लट माथे पर छिटकाये, पत्रिका के लिए एक किसी लेख की प्रेस-कॉपी तैयार कर रहे थे, जब चेतन, हुनर साहब और उनके चेलों के आगे-आगे, कमरे में दाख़िल हुआ। सीढ़ियों से ही उसने कहा, "चातक जी नमस्कार! देखिए, मैं किसे आपसे मिलवाने लाया हूँ।"

कलम छोड़ कर चातक जी अपनी जगह खड़े हो गये और माथे की लट को उन्होंने दायें हाथ से पीछे किया। तभी हुनर साहब ललक कर आगे बढ़े और चातक जी के हाथ को गर्मजोशी से अपने दोनों हाथों में ले कर, बड़े स्नेह और सत्कार से बग़ल में दबाते और मिस्कीन मुस्कराहट होंटों पर बिखेरते हुए, उन्होंने कहा, "ख़ाकसार को राम प्रकाश 'हुनर' कहते हैं। 'दाग़' साहब आप का बराबर ज़िक्र किया करते थे, आज नियाज़ हासिल हुआ।"

"दाग़ साहब ?" चातक जी विस्मय से बुदबुदाये।

चेतन हँसा। "उर्दू में मेरा उपनाम 'दाग़' है," उसने कहा, "अब तो अर्से से मैंने ग़ज़ल कहना छोड़ दिया है, लेकिन कभी, जब कहता था तो 'दाग़' तख़ल्लुस रखता था।"

"आप हिन्दी वालों ने साहब, हमारा एक बहुत अच्छा शायर हमसे छीन लिया," हुनर साहब ने शिकायत की।

"हिन्दी भी इसी देश की भाषा है," चातक जी हँसे, "कहीं बाहर की नहीं।"

और उन्होंने कुर्सी की ओर संकेत किया, "बैठिए, बैठिए।" चेतन को उन्होंने दायीं ओर और हुनर साहब के चेलों को बायीं ओर बैठने के लिए कहा।

---

१. विभागों

जब सब बैठ-बैठा गये तो चेतन ने अतिशयोक्तिपूर्ण शब्दों में हुनर साहब का परिचय दिया कि वे उर्दू के बहुत बड़े शायर हैं; ज़बान और बयान पर उन्हें वैसा ही कमाल हासिल है, जैसा चातक जी को हिन्दी में। चाहें तो अभी बैठ कर, एक ही ज़मीन में, दो-ग़ज़ले और सह-ग़ज़ले चुस्त कर दें! कुछ वर्ष पहले बाकायदा लाहौर में गरजते रहे हैं, घरेलू परेशानियों के कारण अपने घर चले गये थे, इसी महीने वापस आये हैं। चातक जी ने उनसे मिलने पर 'हार्दिक प्रसन्नता' प्रकट की। तब चेतन ने उनके चेलों का परिचय दिया और अपने आने का मन्तव्य बताया : "हुनर साहब और इन दोस्तों ने सोसाइटी के सिलसिले में मेरी बड़ी मदद की है चातक जी," उसने कहा, "मैं तो सात-दस दिन बाद, तीन-चार महीने के लिए, शिमला जा रहा हूँ। जाने से पहले सोसाइटी की ओपनिंग सेरेमनी कर जाना चाहता हूँ। इस सिलसिले में माल रोड के एलफ़िन्स्टन होटल में इसी २७ की शाम को पाँच बजे एक चाय-पार्टी रखी है। उसी में एग्ज़िक्यूटिव का चुनाव भी हो जायेगा। हुनर साहब ने संस्था के उर्दू-विंग को सँभालने का वादा किया है, आप हिन्दी-विंग की ज़िम्मेदारी ले लें तो मैं इत्मीनान से शिमले जा सकूँ।"

"शिमला किस सिलसिले में जा रहे हो ?" चातक जी ने पूछा था। चेतन ने संक्षेप में उन्हें ट्यूशन की बात बता दी।

"मुझसे क्या मदद चाहते हो ?" उन्होंने पूछा। तब हुनर साहब ने कुर्सी ज़रा आगे ख़िसकायी थी, "बात यह है हुज़ूर चातक साहब, कि इफ़्तिताह की तारीख़ तो मुकर्रर हो गयी है...."

"इफ़्तिताह ?" चातक जी ने आँखें झपकायीं!

"उर्दू में उद्घाटन को इफ़्तिताह कहते हैं," चेतन हँसा।

"दाग़ साहब ने दावतनामा अंग्रेज़ी में लिखा था," हुनर साहब ने अपनी बात जारी रखते हुए कहा, "लेकिन मैं समझता हूँ कि उन लोगों को, जो उर्दू-हिन्दी पढ़ सकते हैं, अंग्रेज़ी में दावतनामे भेजना, अपनी और उनकी तौहीन करना है। महात्मा गाँधी अंग्रेज़ी के साथ ही अंग्रेज़ी को भी सात समन्दर पार भेज देना चाहते हैं और हम अपनी गुलामी की याद दिलाने वाली इस ज़बान को गले का तौक बनाये हुए हैं।"

"तौक का मतलब हँसली होता है," चेतन ने चातक जी को बताया, "हुनर साहब का मतलब उस लोहे की हँसली से है, जो कैदियों के गले में डाली जाती है।"

"यही बात मैंने संस्था का परिपत्र देख कर कही थी," चातक जी ने कहा।

"ख़ैर, दाग़ साहब मान गये हैं," अपनी बात जारी रखते हुए हुनर साहब ने कहा, "मैंने एक दावतनामा लिखा है। आप सुन लें और उसका तरजुमा हिन्दी में कर दें। इन्वीटेशन-कार्ड के एक तरफ़ उर्दू में छप जायेगा, दूसरी तरफ़ हिन्दी में!"

"यह अत्युत्तम विचार है," चातक जी ने दाद दी। हुनर साहब ने दावतनामा सुनाया तो वे बोले, "यह बहुत ही कठिन भाषा में है। हमारे पल्ले तो कुछ नहीं पड़ा। मैं सरल हिन्दी में एक निमन्त्रण-पत्र लिख देता हूँ, लेकिन इसमें एक त्रुटि है...."

"तरुटी," हुनर साहब बुदबुदाये।

"ख़ामी!" चेतन ने समझाया।

"और वह यह कि आपने उद्‌घाटनकर्ता का नाम तो दिया है, लेकिन सभापतित्व कौन करेगा, यह इसमें नहीं लिखा।" चातक जी ने कहा।

हुनर साहब अपनी कुर्सी से उछले, "वाह चातक साहब, आपने तो हमारा मसला ही हल कर दिया। हम सोच रहे थे कि उर्दू का अदीब सोसाइटी का इफ़्तिताह करेगा तो हिन्दी दोस्तों को बुरा न लगे। अब उर्दू का अदीब सदारत कर देगा और हिन्दी का — वो क्या लफ़्ज आपने बोला.... ?"

"उद्‌घाटन!" चेतन ने लुक्मा दिया।

"या इसका उलट भी हो सकता है।" हुनर साहब ने कहा, "मैं समझता हूँ, दौलतराम साहब को सदर बना देते हैं। अमीर आदमी हैं। सुख़नफ़हम हैं," और आवाज़ को सरगोशी की हद तक धीमा करते हुए बोले, "अकेले दम सोसाइटी चला सकते हैं। इफ़्तिताह करने के लिए हिन्दी के किसी मुअज़्ज़िज़ अदीब का नाम तजवीज़ कीजिए। मैं दावतनामे में उनका नाम शामिल कर लेता हूँ। वही दोनों नाम आप हिन्दी वर्शन में शामिल कर लीजिए।"

"नीरव जी कैसे रहेंगे ?" चेतन ने हठात कहा।

चातक जी चुप रहे।

"श्री वेदालंकार!" चेतन ने दूसरा नाम सुझाया।

"नहीं," चातक जी ने कुछ सोते हुए कहा, "वे दोनों तो हमारे साथी हैं, कार्यकारिणी में रखे जा सकते हैं; उद्‌घाटनकर्ता तो कोई विद्वान और वयोवृद्ध व्यक्ति होना चाहिए!" वे कुछ क्षण चुप रहे। फिर उन्होंने उद्‌घाटनकर्ता के रूप में प्रोफ़ेसर दिलबहार सिंह का नाम लिया।

चेतन मन-ही-मन हँसा। प्रोफ़ेसर साहब को साहित्य-वाहित्य से कुछ लेना नहीं था। हाँ, वे पंजाब विश्वविद्यालय के पाठ्‌यक्रम बोर्ड के कन्वीनर थे। 'चातक जी अपनी पुस्तकों के लिए मैदान बनाना चाहते हैं,' उसने सोचा, 'लेकिन लाला दौलतराम 'साग़र' ही कौन तोप अदीब हैं ? अगर हुनर साहब, लाला दौलतराम को सभापति बना कर, अपने दाल-दलिये का जुगाड़ करना चाहते हैं तो चातक जी शौक से प्रोफ़ेसर साहब को ख़ुश करके अपनी पुस्तकों के लिए रास्ता बना लें, मुझे क्या लेना है ?" लेकिन प्रकट उसने यही कहा था, "नाम तो आपने बढ़िया सुझाया है, लेकिन मेरा उनसे वैसा परिचय नहीं। नाम देने से पहले आप उनसे पूछ लीजिएगा।"

"इसकी तुम चिन्ता न करो," चातक जी ने सोत्साह कहा, "उन्हें लाना मेरा ज़िम्मा है। मैं ज़रा हिन्दी में निमन्त्रण-पत्र लिख लूँ। उसे प्रेस में दे देते हैं, जितने में वह कम्पोज़ होगा, मैं जा कर उनसे अनुमति ले आऊँगा। तुम उधर से निश्चिन्त रहो। जब मैं संस्था के हिन्दी-पक्ष का कार्य-भार अपने ऊपर ले रहा हूँ तो उसे ठीक से चलाने का उत्तरदायित्व भी मेरा है।" और यह कह कर, उन्होंने निमन्त्रण-पत्र बनाना शुरू किया :

मान्य श्रीमती/श्री

आपको यह जानकर प्रसन्नता होगी कि आपकी और हमारी संस्था (सोसाइटी फ़ॉर यू एण्ड मी) का उद्‌घाटनोत्सव २७ अप्रैल १९३४ को सायं पाँच बजे 'एलफ़िन्स्टन होटल,' माल, लाहौर में आयोजित होगा।

गोष्ठी का सभापतित्व नगर के गण्य-मान्य नागरिक एवं प्रसिद्ध उर्दू कवि, श्री दौलतराम 'साग़र' (प्रोप्राइटर, 'दौलतराम एण्ड सन्स केमिस्ट्स एण्ड ड्रगिस्ट्स') करेंगे एवं संस्था का उद्घाटन, मूर्धन्य नृत्तत्वशास्त्री, प्रोफ़ेसर दिलबहार सिंह (अध्यक्ष, पुरातत्व एवं इतिहास विभाग, पंजाब विश्वविद्यालय) के कर-कमलों द्वारा सम्पन्न होगा। नगर के प्रमुख साहित्यकार एवं कवि, गोष्ठी में भाग लेंगे। आशा है, आप सभा में सम्मिलित हो कर, हमें गौरवान्वित करेंगे और आभार का अवसर देंगे।

स्नेहाधीन

चेतनानन्द 'दाग़'

निमन्त्रण-पत्र लिख कर उन्होंने कहा, " 'दाग़' का हिन्दी तो 'कलंक' होता है, कहो तो इसका भी अनुवाद कर दूँ।" और वे हँसे!

"आप उर्दू दावतनामे में भी तख़ल्लुस हटा दीजिए हुनर साहब।" चेतन ने खीझ कर कहा, "सिर्फ़ चेतनानन्द रहने दीजिए!"

"हमारी समझ में तो आपकी यह आसान भाषा नहीं आयी चातक साहब," हुनर साहब बोले, "लेकिन ठीक है, हिन्दी-उर्दू, दोनों में छप रहा है। किसी को दिक्कत नहीं होगी।"

"क्या आप ऐसी ज़बान में निमन्त्रण-पत्र नहीं लिख सकते, जो उर्दू-हिन्दी, दोनों में चल जाये ? सिर्फ़ लिपि ही बदलनी पड़े!" चेतन ने पूछा, "महात्मा गाँधी तो हिन्दुस्तानी को देश की भाषा मानते हैं। उनके ख़याल में भाषा का नहीं, सिर्फ़ लिपि का भेद है।"

"महात्मा गाँधी ठीक कहते हैं," चातक जी ने कहा, "लेकिन वे आम बोल-चाल की भाषा की बात करते हैं! साहित्यिक भाषा की नहीं।"

"आपने बजा फ़रमाया हुज़ूर चातक साहब," हुनर साहब उनके समर्थन में चहके, "हिन्दुस्तानी में अदब की तख़लीक[1] नहीं हो सकती।" क्षण भर रुक कर हुनर साहब बोले, "क्या नाम बताया प्रोफ़ेसर साहब का, मैं उनका नाम उर्दू दावतनामे में जोड़ दूँ।" फिर चेतन की ओर पलट कर बोले, "तख़ल्लुस रहने दो, उसमें तुम्हें क्या एतराज़ है ?"

"नहीं," चेतन ने कहा, दोनों दावतनामों में नाम एक-सा रहना चाहिए! उर्दू में तो ठीक है, लेकिन हिन्दी में यह तख़ल्लुस अटपटा लगता है। मैं तो अब ग़ज़ल-वज़ल लिखता नहीं। क्या ज़रूरत है तख़ल्लुस की ? सीधा नाम रहने दीजिए।"

हुनर साहब ने तख़ल्लुस काट दिया। चातक जी ने प्रोफ़ेसर दिलबहार सिंह का नाम बता दिया तो हुनर साहब ने दोबारा दावतनामा लिखा, पढ़ कर सुनाया और फिर बोले, " 'दाग़' साहब तो शिमला जा रहे हैं, सोसाइटी को चलाना अब आपके-हमारे ज़िम्मे है।"

"मुझ से जो सहयोग बनेगा, दूँगा।" चातक जी ने कहा।

"देखिए, सोसाइटी का सदर लाला जी को रहने दें, आपको उनसे मिला दूँगा, बेनज़ीर आदमी हैं, आप बहुत ख़ुश होंगे। शे'र-ो-शायरी के दिलदादा हैं, आपको सुनेंगे और आप उनकी सोहबत पसन्द करेंगे। 'दाग़' साहब मुझे जनरल सेकेट्री बनाना चाहते हैं। दौड़-धूप

---

१. सर्जना

का काम है। आप चाहें, आप हिन्दी विंग के सेक्रेट्री बन जाइए! आप जनरल सेक्रेट्री बनना चाहते हों तो मैं उर्दू-विंग का सेक्रेट्री बन जाता हूँ। दो-दो जॉयण्ट सेक्रेट्री रहेंगे। आप अपने मतलब के साथी चुन लीजिए। नाम मुझे दे दीजिएगा, ताकि कसरत-राय[1] से इन्तख़ाब हो जाये!"

चातक जी क्षण भर सोचते रहे। फिर बोले, "ठीक है, आप जैसे कहेंगे, कर लेंगे। ज़रा सोचने और मित्रों से बात करने का अवसर दीजिए।" और उन्होंने हुनर साहब के निवास का पता पूछा, लेकिन हुनर साहब ने कहा कि वे दो दिन बाद उनसे 'मंजरी' के दफ़्तर ही में मिल लेंगे।

"अवश्य पधारिए! मुझे बड़ी प्रसन्नता होगी।" चातक जी ने कहा। जब मतलब की बात तय हो गयी तो हुनर साहब कुछ खुल कर बैठ गये थे

" 'दाग़' साहब आपकी शायरी की बहुत तारीफ़ करते हैं," उन्होंने चातक जी से कहा, "एक-आध चीज़ सुनायें तो हमें भी मालूम हो, हिन्दी में कैसी आ'ला शायरी होती है।"

चेतन भी पसर कर बैठ गया। वह जानता था कि हुनर साहब बिना सुने-सुनाये, अब नहीं उठेंगे। उसने चातक जी से 'बेचैनी के बीज' सुनाने को कहा। चातक जी ने एक-आध बार नख़रा करके, दराज़ से स्लिपें निकाली और 'बेचैनी के बीज' ही नहीं 'बेचैनी के प्याले' तक पिला डाले। बीच-बीच में वे हुनर साहब को समझाते भी गये। दो कविताएँ सुना कर, उन्होंने हुनर साहब से अपनी कोई रचना सुनाने को कहा। हुनर साहब तो इसका इन्तज़ार ही कर रहे थे। ग़ज़ल-पर-ग़ज़ल और नज़्म-पर-नज़्म —वे सुनाते चले गये। जब दो घण्टे बीत गये तो चेतन ने कहा कि प्रेस बन्द हो जायेगा, अब दो दिन बाद फिर मजलिस रखी जाय। तब हुनर साहब उठे। चातक जी ने भी काम समेट दिया कि चल कर प्रेस वाले को टाइप-आइप का समझा दें और प्रोफ़ेसर दिलबहार सिंह की अनुमति ले आयें!

o

और जब 'मंजरी' के दफ़्तर से उतर कर वे लोग गनपत रोड की ओर को चलने लगे तो ख़ादी के कुर्ते-धोती पहने, हुनर साहब और चातक जी, जुड़वाँ भाइयों की तरह आगे-आगे थे, उनके पीछे शातिर और फ़िगार थे और चेतन सब के पीछे घिसटता जा रहा था।

छत्तीस

यद्यपि चेतन का मन बुझा हुआ था और वह 'एलफ़िन्स्टन होटल' में होने वाले, 'सोसाइटी फ़ॉर यू एण्ड मी' के उद्घाटनोत्सव में जाने को ज़रा भी उत्सुक न था, लेकिन उसने लाला हाकिमचन्द को बुला रखा था, उसका ख़याल था कि शायद पण्डित रत्न और कविराज भी आ जायें, इसलिए दोपहर को, कुछ आराम करने के बाद, तीन बजे के करीब वह उठा और

---

१. बहुमत

'एलफ़िन्स्टन' चलने की तैयारी करने लगा। —जब तक सोसाइटी का उद्घाटनोत्सव नहीं हो जाता और दूसरे लोग उसके स्थान पर नहीं आ जाते, तब तक सब काम सँभालना, उसकी ज़िम्मेदारी थी और कारण कुछ भी क्यों न हो, इस जिम्मेदारी से कन्नी काटना उसे ग़लत लगता था। अपना एकमात्र सूती सूट, जो लगातार पहनने से एक साल ही में घिस गया था और जिसे उसने धोबी से धुलवा लिया था, ट्रंक से निकाल कर उसने चारपाई पर फैला दिया। कमीज़ और टाई निकाल कर रख ली। तब नहाने और कपड़े बदलने से पहले, उसने अपने जूते निकाले और बड़े मनोयोग से उन पर पालिश करने लगा।

००

हालाँकि चेतन, सोसाइटी का उद्घाटन और कार्यकारिणी का चुनाव स्वयं करा के, अपनी ज़िम्मेदारी बाकायदा हुनर साहब को सौंपना चाहता था, लेकिन जिस दिन उसने हुनर साहब से सूट के पैसे (भले ही उधार) ले लिये थे और उन्हें चातक जी से मिलाने ले गया था, सोसाइटी पर से जैसे उसका अधिकार उठ गया था और उसकी ज़िम्मेदारी को बड़ी सफ़ाई से, उर्दू और हिन्दी के उन दोनों 'महारथियों' अपने कन्धों पर ले लिया था। यूँ, हर बात में उसकी सलाह ली गयी थी, लेकिन उसकी स्थिति रण-क्षेत्र में अनिच्छापूर्वक डटे हुए किसी ऐसे सेना-नायक की-सी थी, जिसके हाथ से युद्ध का संचालन निकल गया हो। नीचे से फ़ौजी अफ़सर आते हों, उसे अपनी योजनाएँ बताते हों और इसकी परवाह किये बिना कि वे योजनाएँ एक-दूसरी को काट तो नहीं रहीं, रण-नीति के अनुकूल हैं या प्रतिकूल, वह एक अवश स्वीकार में सिर हिला देता हो।

उसे लाभ इतना ही हुआ था कि शातिर और फ़िगार के रूप में, दो फोकट के मुसाहिब उसे मिल गये थे, जो रोज़ सबेरे उसके घर आ जाते थे, लेकिन काम वे सब हुनर साहब की हिदायत से करते थे। उन्होंने हुनर साहब के साथ मिल कर निमन्त्रण-पत्र छपवाये थे (हालाँकि हर स्टेज पर चेतन को दिखाये थे) और जिस दिन वे छप गये थे, हुनर साहब भी उनके साथ उसके यहाँ आये थे, उसे अपने साथ गनपत रोड पर 'खुराना प्रिंटिंग प्रेस' ले गये थे। बिल के पैसे चेतन ने हुनर साहब को दे दिये थे, जो उन्होंने ख़ासी खिट-खिट के बाद खुराना को दिये और जो एक रुपया बच गया था, वह सोसाइटी के लिए दिन भर दौड़-धूप करने की एवज़ शर्बत-पानी के लिए रख लिया था।

प्रेस से निमन्त्रण-पत्र और लिफ़ाफ़े ले कर, वे लोग 'मंजरी' के दफ़्तर की ओर चल दिये थे कि वहाँ चातक जी की सलाह से हिन्दी-उर्दू के साहित्यिकों और पत्रकारों को निमन्त्रण-पत्र भेजे जायें। लेकिन वहाँ पहुँचने से पहले हुनर साहब अनारकली में केसरी की सोडावाटर फ़ैक्ट्री में रुक गये थे और उन्होंने एक-एक लेमोनेड का आर्डर दिया था। चेतन को लेमोनेड ज़रा भी पसन्द नहीं था। उसमें सोडा मिला हो और उसकी मिठास कम हो जाये तो पी लेता था, लेकिन उस वक्त उसका मन इतना खिन्न था कि वह अपनी उस इच्छा को भी दबा गया था और अपने लिए उसने सिर्फ़ एक गिलास पानी मँगाया था। तब हुनर साहब ने उसके लिए मँगाया हुआ लेमोनेड, शातिर, फ़िगार और अपने गिलासों में उलट लिया था। और यूँ तृप्त और ताज़ा-दम हो कर, वे अगली मुहिम पर चल दिये थे। चातक जी से उनका (जैसा कि शातिर और फ़िगार की बातों से चेतन को आभास मिला था) सब कुछ पहले से तय था। वे इस बीच बराबर उनसे मिलते रहे थे और काफ़ी घनिष्ट

हो गये थे। चातक जी ने अस्पष्ट-सा वचन भी हुनर साहब को दे दिया था कि यदि कोई मित्र उनकी ग़ज़लों और नज़्मों पर एक बढ़िया-सा लेख हिन्दी में तैयार कर दे तो चातक जी उसे सहर्ष 'मंजरी' में छाप देंगे। और दोनों में ख़ूब घुटने लगी थी।

हुनर साहब के परामर्श से यह तय हुआ कि चेतन ने जो सदस्य और सरपरस्त बनाये हैं और जिन लेखकों, कवियों और पत्रकारों से मिला है और उनमें से जिनको वह निमन्त्रण-पत्र भेजना चाहता है, उनकी सूची बना ले। निमन्त्रण-पत्रों और लिफ़ाफ़ों पर उनके नाम-पते लिखने, उन्हें डाक से भेजने अथवा स्वयं जा कर देने में शातिर और फ़िगार उसकी सहायता करेंगे। चातक जी ने हिन्दी के कुछ नाम और सुझाये थे, जिनमें से अधिकांश हिन्दी पाठ्य-क्रम समिति के सदस्य थे और यह सुझाव दिया था कि यदि चेतन आ जाये तो दोनों जा कर स्वयं उन लोगों से मिल भी आयें और निमन्त्रण-पत्र भी दे आयें।

चूँकि यह पहले से तय था कि पचास से ज़्यादा निमन्त्रण नहीं बाँटे जायेंगे और यदि किसी ने आने में स्पष्ट रूप से असमर्थता प्रकट की, तभी उसके बदले में किसी और को निमन्त्रित किया जायेगा, इसलिए जब चेतन और चातक जी की सूचियों को मिला कर गिना गया तो अड़तीस के करीब नाम हुए। हुनर साहब ने बाकी निमन्त्रण-पत्र और लिफ़ाफ़े बग़ल में दबाये थे तथा शातिर और फ़िगार को चेतन की सहायता करने और अगर किसी ने पार्टी में आने से इनकार किया तो फ़ौरन उन्हें ख़बर देने का आदेश दिया था। चातक जी और चेतन, दोनों से उन्होंने कहा था कि उन्हें कम-से-कम पन्द्रह निमन्त्रण-पत्र दरकार थे, अगर कुछ लोग पार्टी में न आयें तो इत्तला मिलने पर वे और दो-चार को इन्वाइट कर लेंगे! और यह कह कर, अपने चेलों को चेतन की मदद के लिए छोड़ कर, वे चले गये थे।

०

चेतन ने जूतों को अच्छी तरह साफ़ करके, मलमल के बारीक कपड़े को दो उँगलियों पर लपेट कर, उनसे जूतों पर बड़ी सफ़ाई से पालिश लगाया था। एक जूता उठा कर, वह उस पर ज़ोर-ज़ोर से ब्रश कर रहा था और उसके दिमाग़ में पिछले हफ़्ते की घटनाएँ घूम रही थीं....

....वह सब कुछ जैसे हुआ और मेम्बरों और सरपरस्तों को एक शानदार पार्टी देने के सिलसिले में, आसमान पर उड़ता हुआ उसका सपना, हुनर साहब से मिलने के बाद जैसे पर-कटे पक्षी की तरह ज़मीन पर आ गिरा, उससे चेतन का मन बेहद उदासीन हो उठा था। पहले उसे तय किया था कि जिन लोगों से उसने रुपया लिया है, उन्हें स्वयं जा कर, न सिर्फ़ निमन्त्रण-पत्र दे आयेगा, बल्कि यह सूचना भी देगा कि वह चार-पाँच महीनों के लिए शिमला जा रहा है और उसके पीछे सोसाइटी का काम बदस्तूर चलेगा और वे सोसाइटी के उद्घाटनोत्सव में ज़रूर शरीक हों। उसके मन में यह भी ख़याल था कि हो सकता है, उनमें से किसी से उसकी फिर मुलाकात हो जाय। वह उनसे मिल लेगा तो किसी के सामने उसे आँखें नीची न करनी पड़ेंगी। पार्टी देने में उसका उद्देश्य भी यही था, वरना यदि वह सारा चन्दा हड़प जाता तो कोई उससे पूछने न आता।....लेकिन हुनर साहब ने जिस सफ़ाई और चाबुकदस्ती से, वह सब ज़िम्मेदारी अपने ऊपर ले ली थी और सात-दस दिन की प्रतीक्षा भी नहीं की थी कि वह कार्यकारिणी का चुनाव करके, कार्य-भार उन्हें सौंप देता, उससे चेतन को लगा था कि अब मेम्बरों और सरपरस्तों के यहाँ जा कर, उन्हें

स्वयं निमन्त्रण-पत्र देने का कोई तुक नहीं। उसने चन्दे के रुपये खा-उड़ा नहीं दिये और सोसाइटी पर ही ख़र्च किये हैं — इस बात का पता तो उन लोगों को निमन्त्रण-पत्रों से चल ही जायेगा।....सच्ची बात यह है कि निमन्त्रण पत्र में सभापति के नाम ने उसका सारा जोश ठण्डा कर दिया था। लाला हरकिशन लाल और राजा महेन्द्रनाथ की बात तो दूर रही, लाला दौलतराम, केमिस्ट एण्ड ड्रगिस्ट की अपेक्षा तो कविराज रामदास और शत्रुघ्नलाल 'तीर' ही बेहतर सदर होते। ऐसे अनाम व्यक्ति की अध्यक्षता में, वे लोग क्या अपमानित महसूस न करेंगे ? — चेतन बार-बार यही सोचता था। पहले उसने तय किया था कि लाला हरकिशन लाल, राजा महेन्द्रनाथ, मियाँ बशीर अहमद, वग़ैरह के निमन्त्रण-पत्र वह भले ही डाक से भिजवा देगा, लेकिन शेष सब से स्वयं जा कर मिलेगा। लेकिन अपनी उस उदासीनता में, उसने बड़े लोगों को निमन्त्रण-पत्र डाक से भिजवा दिये, बाकी सब शातिर और फ़िगार को सौंप दिये कि वे जा कर दस्ती उन्हें दे आयें! इसलिए भी कि हफ़ीज़ ज़ालन्धरी, अख़्तर शीरानी, मजीद मलिक, वग़ैरा शायरों और महाशय देवदर्शन, 'तीर' जी, पण्डित 'शाहीं' तथा चौधरी साहब, आदि पत्रकारों से वे दोनों स्वयं मिलना चाहते थे। उसने सिर्फ़ यह सावधानी बरती थी कि जिन लोगों के लिफ़ाफ़े उन्हें सौंपे, उनके नाम एक फुलस्केप क़ाग़ज़ पर लिख दिये थे और उन्हें हिदायत दे दी थी कि वे जिसे निमन्त्रण-पत्र दें, उसके हस्ताक्षर सूची पर कराते लायें।

सरदार जगदीश सिंह (लैण्ड-लॉर्ड ऐण्ड हाउस प्रोप्राइटर) को चेतन स्वयं जा कर, उनका और सरदारनी का कार्ड दे आया। उन्होंने श्रीमती राधारानी को कार्ड भेजे जाने के बारे में ख़ास तौर पर पूछा था और चेतन ने कह दिया था कि उसके साथी स्वयं इन्वीटेशन कार्ड ले कर उनके यहाँ जायेंगे। उनसे छुट्टी पा कर, वह एक कार्ड लाला हाकिमचन्द के घर देने गया। मुण्डू ने बताया था कि लाला जी दफ़्तर चले गये हैं, तब चेतन ने लिफ़ाफ़े के साथ एक चिट लगा दी थी कि यदि कुछ मिनट भी वक्त निकाल सकें तो वे सपरिवार २७ की शाम को 'एलफ़िन्स्टन होटल' में तशरीफ़ लायें। एक निमन्त्रण-पत्र और लिफ़ाफ़े पर बाकायदा अपने बड़े भाई का नाम लिख कर, उसने ख़ुद उन्हें पेश किया।

अन्य उर्दू वालों में से उसने केवल तीन पत्र स्वयं जा कर देने के लिए चुने थे — 'ज़ख़्मी' साहब का, कविराज का और पण्डित रत्न का! 'ज़ख़्मी' को वह उनके दफ़्तर में जा कर कार्ड दे आया था और उनसे वादा भी ले आया था कि वे 'एलफ़िन्स्टन' की पार्टी में ज़रूर आयेंगे। लेकिन कविराज रामदास और पण्डित रत्न का सामना करने का साहस उसे नहीं हुआ था। कविराज के यहाँ वह दोपहर को गया था, जब वे औषधालय से चले जाते थे और उनकी जगह वैद्य रामलाल बैठते थे। उसने कविराज के नाम पर चिट लिखी कि वह सोसाइटी के उद्घाटनोत्सव की तैयारियों में लगा रहा है और पहले उनके दर्शन नहीं कर सका। जैसे भी हो, अपने व्यस्त समय से कुछ पल निकल कर, वे ज़रूर आयें, वह शुक्रगुज़ार होगा। चिट को निमन्त्रण-पत्र के साथ पिन से टाँक कर वह उसे उनकी मेज़ पर पेपरवेट के नीचे रख आया था।

पण्डित रत्न के यहाँ भी वह जान-बूझ कर सुबह साढ़े दस बजे के करीब पहुँचा था, जबकि वे दफ़्तर को जा चुके थे। उनके नाम भी उसने एक चिट्टी लिखी थी कि उसे एक ट्यूशन मिल गयी है और वह चार महीने के लिए शिमला जा रहा है। चूँकि उसे तैयारी

करनी थी, इसलिए उनके यहाँ पहले नहीं आ सका। सोसाइटी के चन्दे के पैंसठ-सत्तर रुपये इकट्ठे हुए थे, सो उन रुपयों से वह एक चाय-पार्टी २७ अप्रैल को, माल पर 'एलफ़िन्स्टन' में दे रहा है। उसे बहुत-सा काम निबटाना है, शायद वह फिर न आ सके, इसीलिए वह स्वयं निमन्त्रण-पत्र देने आया था, लेकिन अमृतधारा रोड से शीश महल रोड पैदल पहुँचने में उसे थोड़ी देर हो गयी। अन्त में उसने आशा प्रकट की थी कि वे इसे ख़ातिर में न लायेंगे और सोसाइटी के इफ़्तिताही इजलास में ज़रूर शरीक होंगे। पत्र के नीचे पी०एस०[१] लिख कर, उसने दो पंक्तियों में उन्हें यह सूचना भी दे दी थी कि सोसाइटी चलाने का भार वह उर्दू के मशहूर शायर और दैनिक 'समाज' के पुराने उप-सम्पादक, जनाब रामप्रकाश 'हुनर' के कन्धों पर रखे जा रहा है। क्योंकि वह तो चार महीने लाहौर से बाहर रहेगा, इसलिए वह नहीं चाहता कि इस बीच सोसाइटी का काम ठप्प हो जाये (मन में उसने कहा कि ठप्प होना तो उसके भाग्य में लिखा है) और उसने उम्मीद प्रकट की थी कि पण्डित जी हुनर साहब को अपना पूरा सहयोग देंगे।

लाला दौलत राम 'साग़र,' केमिस्ट एण्ड ड्रगिस्ट की अध्यक्षता के सिलसिले में जो धर्म-संकट चेतन के सामने उर्दू अदीबों को ले कर था, वह उद्घाटनकर्ता के सम्बन्ध में हिन्दी साहित्यकारों के सिलसिले में नहीं था। चातक जी ने प्रोफ़ेसर दिलबहार सिंह का नाम सुझाया था; चूँकि वे हिन्दी बोर्ड के कन्वीनर थे, इसलिए चेतन जानता था कि शुक्ला जी और करुण जी की बात तो दूर रही, नीरव जी और वेदालंकार तक को उनके नाम में आपत्ति न होगी। इसीलिए जब चातक जी ने चाहा कि वह हिन्दी साहित्यकारों को निमन्त्रण-पत्र देने उनके साथ चले तो वह मान गया था। चार-छै निमत्रण-पत्र, जो उसने अपने लिए रखे थे, बाँट कर और शेष को हुनर साहब के चेलों द्वारा भिजवाने की व्यवस्था कर, वह 'मंजरी' के दफ़्तर जा पहुँचा था और वे दोनों सभी हिन्दी साहित्यकारों से मिले थे। यद्यपि संयोजक के स्थान पर उसका नाम छपा था, लेकिन वह ख़ुद पीछे रहा था और उसने चातक जी को ही सब से बात करने दी थी।

०

वही सब सोचते हुए, चेतन ने एक जूता चमका कर, दूसरा उठा लिया और उस पर ज़ोर-ज़ोर से पालिश करने लगा। चातक जी के साथ गुज़ारे गये उस दिन की एक-एक घटना उसके दिमाग़ में आने लगी....

....सबसे पहले चातक जी उसे प्रोफ़ेसर दिलबहार सिंह के ले गये थे। —सीढ़ियाँ एक बड़े खुले, हवादार बरामदे में खुलती थीं, जो प्रोफ़ेसर साहब के ड्राइंग-रूम का काम भी देता था। जब वे पहुँचे तो प्रोफ़ेसर साहब नहीं थे। उन के महा-मोटे सुपुत्र, (जो डील-डौल में हास्य-रस की अंग्रेज़ी फ़िल्मों के अभिनेता हार्डी — लॉरेल एण्ड हार्डी वाले — के भी चाचा दीखते थे) अपना स्थूल उदर छत की ओर उठाये, एक स्पेशल आराम-कुर्सी पर पसरे हुए थे और उनके पैरों के नीचे एक चौकी पड़ी थी। चातक जी ने बरामदे में दाख़िल होते ही उसे 'नमस्कार' किया था और वह भयानक मोटा युवक उत्तर में जिस तरह हँसा था, चेतन को लगा कि उसके दिमाग़ का कोई पुर्जा ख़ासा ढीला है। वह

---

१. पोस्ट स्क्रिप्ट, पुनश्च

एक बार पहले भी यहाँ आ चुका था, लेकिन तब चूँकि प्रोफ़ेसर साहब अपने मुसाहिबों में घिरे बैठे थे, इसलिए उसका ध्यान उधर ज़्यादा न गया था। उस अकेले बरामदे में, उस महा-मोटे, पागल युवक की उपस्थिति में चेतन को अजीब-सी घबराहट हुई और उसका जी चाहा था, प्रोफ़ेसर साहब आ जायें तो उनसे मिल कर वह जल्दी वहाँ से खिसक जाय। सौभाग्य से तभी नौकर आ गया था। चातक जी ने उसके हाथ चिट भेजी तो प्रोफ़ेसर साहब आ गये। चातक जी ने (उनकी देखा-देखी चेतन ने भी) उठ कर उन्हें 'नमस्कार' किया।

बरामदे में एक और आराम-कुर्सी पड़ी थी। उनके 'नमस्कार' का जवाब देते हुए, प्रोफ़ेसर साहब उस पर जा बैठे थे। उन्होंने धोती और कमीज़ के ऊपर बन्द गले का कोट पहन रखा था। विश्वविद्यालय जाते वक्त वे धोती की जगह पतलून पहन लेते थे। कभी वे काफ़ी लम्बे-तगड़े, गोरे और हृष्ट-पुष्ट रहे होंगे, लेकिन अत्यधिक अध्ययन अथवा चिन्ता-फ़िक्र ने उनका शरीर सुखा दिया था; लम्बे तो वे अब भी वैसे ही थे, पर रंग उनका बेहद पीलापन लिये हुए था। लगता था, जैसे कोई शव कुर्सी पर आ बैठा हो।

चातक जी दोनों हाथों से, बड़े सत्कार के साथ, उन्हें निमन्त्रण-पत्र दिया। प्रोफ़ेसर साहब ने लिफ़ाफ़ा ले कर खोला, ध्यान से पढ़ा फिर बोले कि उस दिन शाम को एक मीटिंग है, वे सारा समय जलसे में नहीं रह सकेंगे। संस्था का उद्घाटन करके चले आयेंगे।

"आप बस आ भर जाइएगा। उतने से हम कृतार्थ हो जायेंगे," चातक जी ने माथे की लट को पीछे हटाते और दाँत निपोरते हुए कहा था।

"आप समय से लेने आ जाइएगा। चले चलेंगे। ताँगा तैयार रहेगा।"

"मैं आ जाऊँगा," चातक जी ने कहा था, "सम्भव हुआ तो नीरव जी को भी लेता आऊँगा।"

"और कहिए, क्या लिख-लिखा रहे हैं ?" प्रोफ़ेसर साहब ने पूछा था।

चेतन का ख़याल था, अब चातक जी दो-एक कविताएँ सुनाये बिना, न उठेंगे। लेकिन उन्होंने किसी कविता का ज़िक्र तक न किया था। वे अपने नाटक की बात करते रहे थे कि उन्होंने हिन्दू-मुस्लिम एकता पर एक नाटक उठाया है, लिखा जाये तो वे सुनाने आयेंगे। यदि प्रोफ़ेसर साहब भूमिका-स्वरूप दो शब्द उस पर लिख देंगे तो बड़ा आभार होगा। और प्रोफ़ेसर साहब को धन्यवाद दे कर वे उठे थे।

....डेवढ़ी में आ कर उन्होंने कहा था कि धर्म जी हों तो उनको भी मिलते चलें और वे आँगन में बँधी कुतिया, घोड़ी और भैंस से बचते हुए ऊपर चढ़ गये थे। वेदालंकार जी चाय पर बैठे थे। चेतन तो चाय पीता नहीं था। उसके लिए उन्होंने केवड़े का शर्बत मँगाया था। चातक जी के लिए उन्होंने चाय का प्याला बना दिया। चातक जी ने नीलिमा भाभी (श्रीमती वेदालंकार) का हाल-चाल पूछा था कि वे दिखायी नहीं देतीं तो मालूम हुआ था कि रात क्लब में बहुत देर तक संगीत और नृत्य का कार्यक्रम रहा, थक गयीं, सोई हुई हैं।

तब चातक जी ने उन्हें सोसाइटी के उद्घाटनोत्सव का निमन्त्रण-पत्र दिया और संस्था के उद्देश्यों की चर्चा करते हुए कहा, "चेतन जी ने संस्था शुरू की थी, पर ये तो शिमला जा रहे हैं; अब इसका भार मेरे दुर्बल कन्धों पर आ पड़ा है। हिन्दी की कोई संस्था हो और आपका सहयोग न रहे, यह कैसे सम्भव है ? सो आपकी सेवा में उपस्थित हुए

हैं। आपको उद्‌घाटनोत्सव पर अवश्य पधारना है।"

वेदालंकार जी ने बड़े ध्यान से निमन्त्रण-पत्र का पारायण किया था। इस बात पर प्रसन्नता प्रकट की थी कि प्रोफ़ेसर दिलबहार सिंह संस्था का उद्‌घाटन कर रहे हैं। फिर बड़ी ऊँचाई से बात करते हुए, उन्होंने सूचना दी थी कि उसी शाम लॉरेन्स बाग़ में 'लायन क्लब' की मीटिंग है; वे सपत्नीक उसके सदस्य हैं; उनकी पत्नी को वहाँ संगीत और नृत्य का कार्यक्रम देना है और उन लोगों का वहाँ जाना बहुत ज़रूरी है।

"एलफ़िन्स्टन तो लॉरेन्स के रास्ते में है," चातक जी ने कहा था, "आप पाँच मिनट को भी आ जायेंगे तो हम आभार मानेंगे।"

और उन पर एहसान का बोझ लादते हुए, धर्म जी मान गये थे कि नीलिमा जी (धर्म जी की पत्नी) को ताँगे में ही बैठा छोड़ कर, वे कुछ क्षण के लिए ज़रूर आयेंगे। तब चेतन को अपने कर्तव्य का ध्यान आया था और उसने उनकी दाढ़ का हाल पूछा था। धर्म जी ने डॉक्टर लखनपाल की प्रशंसा की थी और बताया था कि फिर उन्हें कोई तकलीफ़ नहीं हुई और चेतन ने उस सिलसिले में जितना कष्ट किया, उसके लिए वे आभारी हैं।

"भाई साहब असल में मेरी वजह से नर्वस हो गये थे," चेतन ने वही बात दोहरायी थी, "वरना नहर-डिपार्टमेण्ट के सुरिण्टेण्डेण्ट, लाला हाकिमचन्द, जो मुझे अपने साथ शिमला ले जा रहे हैं, भाई साहब के भक्त हैं। न सिर्फ़ उनके माता-पिता और बुआ के दाँत भाई साहब ने निकाले हैं, बल्कि पूरे सेट भी लगाये हैं।"

वेदालंकार जी ने कोई उत्तर न दिया था। तब चेतन ने चातक जी को सुझाया था कि उन्हें अभी और भी निमन्त्रण-पत्र देने हैं; अब उन्हें वेदालंकार जी से विदा लेनी चाहिए। और चातक जी प्याले का आख़िरी घूँट ख़त्म करके, उठ खड़े हुए थे।

....टैप रोड से वे दोनों ऋषि नगर और सन्त नगर से होते हुए 'शुक्ल साहित्य सदन' और 'करुण काव्य कुटीर' पहुँचे थे। वहाँ विजया देवी के सेवन की तैयारियाँ हो रही थीं और किसलय, कण्टक, करुण, तरुण, विकल तथा नीरव जी जमे हुए थे। चातक जी का काम आसान हो गया था। हालाँकि चेतन उन सब से पहले मिल चुका था और संस्था के उद्देश्य भी समझा चुका था, लेकिन चातक जी ने अपनी ओर से संस्था के उद्देश्यों पर प्रकाश डाला था और उसके हिन्दी-पक्ष को उर्दू-पक्ष की अपेक्षा मज़बूत और सुदृढ़ बनाने पर ज़ोर दिया था। भाँग का एक गिलास चढ़ाने के बाद, यह बताते हुए कि उन्होंने संस्था के हिन्दी-पक्ष की अध्यक्षता के लिए भी प्रोफ़ेसर दिलबहार सिंह का नाम सोचा है, परम उदारता से अपने प्रतिद्वन्द्वी, श्री नीरव को संस्था का उपाध्यक्ष पद देना मान लिया था।

चेतन तो भाँग का 'सेवन' करता नहीं था। उसने सादी ठण्डाई का गिलास पी लिया था और चातक जी की लनतरानियाँ सुना रहा था। जब वे काफ़ी शाम गये उठे थे तो सब ने शिमला के ठण्डे स्वास्थ्यवर्धक वातावरण में गर्मियाँ काटने का अवसर पाने के लिए चेतन को बधाई दी थी और शुक्ला जी ने खैनी फटक कर निचले होंट में भरते हुए, बड़ी प्यारी-सी मुस्कान होंटों पर ला कर, आँख दबाते हुए कहा था, "भाई, चेतन जी के मज़े हैं, लाहौर की भयानक गर्मी से दूर, शिमले की शीतल हवाएँ और काव्य का स्रोत, एक सुन्दर लड़की का संग! काश हमारे भाग्य में भी ऐसी ट्यूशन लिखी होती!"

और इस पर सारी मण्डली में एक नशीली हँसी गूँज गयी थी। चेतन को शुक्ला जी की वह भंगिमा और मज़ाक, दोनों फूहड़ लगे थे, लेकिन उसने कुछ भी नहीं कहा था और 'नमस्कार' कर, 'शुक्ल साहित्य सदन' से बाहर आ गया था।

००

पालिश करके और कपड़े से चमका कर, चेतन ने जूतों को चारपाई के पास रखा। बूट-पालिश का सामान उसने डिब्बे में सँभाल कर, ट्रंक में बन्द किया और तौलिया-बनियान उठा कर, ग़ुसलख़ाने में नहाने चला गया। सोसाइटी के सम्बन्ध में चातक जी का सपना अचानक उसके सामने आ गया और उसके होंटों पर एक व्यंग्य-भरी मुस्कान खेल गयी....

....वापसी पर चातक जी शॉर्ट-कट से 'शुक्ल साहित्य सदन' के सामने खेतों में से निकल कर, सन्त नगर के पोस्ट ऑफ़िस से होते हुए, घोड़ा हस्पताल के पास आ निकले थे। डी०ए०वी० कॉलेज रोड पर एक बार उन्होंने सोचा था कि हुनर साहब से मिलते चलें। लेकिन चेतन बेहद थक गया था, इसलिए उसने अपनी पत्नी का बहाना कर दिया था कि वह बच्चे से है और वह नहीं चाहता कि बहुत देर से घर पहुँचे। चातक जी चल पड़े थे। ठण्डी सड़क पर पहुँच कर हठात उन्होंने इस बात पर आश्चर्य प्रकट किया था कि चेतन ने सोसाइटी के उद्घाटनोत्सव में अधिक महिलाओं को नहीं बुलाया।

"आज महिलाएँ महात्मा गाँधी की कृपा से घर की चारदीवारी से बाहर निकल आयी हैं," चातक जी ने कहा था, "और स्वतन्त्रता आन्दोलन में बढ़-चढ़ कर योग दे रही हैं। सांस्कृतिक पुनर्जागरण भी उनके योग के बिना अधूरा है।"

चेतन ने उन्हें समझाया था कि लाहौर के उर्दू-समाज में बहुमत मुस्लिम अदीबों का है और मुसलमानों के यहाँ सख़्त पर्दा है, इसलिए किसी अदबी अंजुमन में किसी उर्दू कवयित्री अथवा कहानी-लेखिका का आना असम्भव है। ऊँचे वर्ग की दो-एक हिन्दू-मुस्लिम महिलाएँ, ज़रूर सभा-सोसाइटियों में आती-जाती हैं, लेकित मध्यवर्ग की किसी शायरा या अफ़साना-निगार को उसने किसी अदबी अंजुमन में नहीं देखा।

"संस्था के उर्दू-विंग में चाहे कोई महिला साहित्यकार न आये," चातक जी ने मोहनलाल रोड की ओर मुड़ते हुए घोषणा की थी, "लेकिन हम हिन्दी विंग के मन्त्री बनेंगे तो लाहौर की हिन्दी लेखिकाओं और कवयित्रियों को संस्था की हिन्दी गोष्ठियों में ज़रूर आमन्त्रित करेंगे।"

चेतन क्या कहता। वह चुपचाप उनकी बातें सुनता रहा था।

"उर्दू-काव्य का आलम्बन नारी नहीं है," चातक जी ने कहा था, "उर्दू कवि अपनी प्रेरणा सुन्दर और कमसिन लड़कों से लेते हैं, इसलिए अपनी गोष्ठियों में महिलाओं की अनुस्थिति उन्हें नहीं खटकती, लेकिन हम हिन्दी वाले, न तो वैसा अस्वाभाविक प्रेम कर सकते हैं, न वैसा काव्य ही रच सकते हैं। बिना नारी के, काव्य कैसे सम्भव है ? हिन्दी काव्य का आलम्बन ईश्वर है (और ईश्वर अर्ध-नारीश्वर है) या प्रकृति, (जो नारी ही का रूप है) या हाड़-माँस की जीती-जागती, पग-पग प्रलय मचाती, सहस्र रूपिणी नारी...."

चेतन कहना चाहता था, कविता तो हर चीज़ पर लिखी जा सकती है —सारा समाज

और हर आदमी उसका विषय है! जो कवि कल्पना में नहीं रहता, जिसके पाँव ठोस धरती पर टिके हैं और जिसमें अपनी अनुभूतियों को कलम की नोक पर रखने की शक्ति है, वह अपनी प्रेरणा के लिए नारियाँ नहीं ढूँढता-फिरता।....लेकिन उसका मन खिन्न और उदासीन था; वह चुपचाप चातक जी का भाषण और युवतियों के सम्बन्ध में (जो उनकी कविताएँ सुन कर उनके प्रेम-पाश में बँध जाती थीं) उनकी लनतरानियाँ तथा सोसाइटी के हिन्दी-पक्ष को नारियों के सहयोग से जीवन्त बनाने के सम्बन्ध में उनके सपने सुनता रहा था। जब वह उनके घर के पास उनसे अलग हुआ था तो उसने सिर्फ़ इतना कहा था :

"मैं तो शिमला जा रहा हूँ। सोसाइटी को अब हुनर साहब और आप ही चलायेंगे। वो उर्दू-विंग को देखेंगे, आप हिन्दी-विंग को! जैसे आप चाहें, इसे चलायें और अगर आपकी कोशिश से लाहौर के हिन्दी-क्षेत्र में लेखिकाएँ और कवयित्रियाँ पैदा हो जायें तो संस्था की सफलता का इससे बड़ा और क्या सबूत होगा ?"

०

चेतन नहा कर अपने कमरे में वापस आया तो कपड़े पहनते हुए, उसके सामने हुनर साहब और चातक जी —दोनों की आकृतियाँ घूम गयीं। उसने पहले कभी इस बात पर ध्यान न दिया था, मगर इसके बावजूद कि एक उर्दू का शायर था और दूसरा हिन्दी का कवि, उन दोनों में कुछ अजीब-सा साम्य था। उनके काव्य में भी और व्यक्तित्व में भी। दोनों के काव्य में लफ़्फ़ाज़ी थी, शब्द-जाल था, सस्ती और थोथी भावुकता थी। दोनों की रचनाएँ, न मन को छूती थीं, न दिमाग़ को कोंचती थीं और वे दोनों ज़िन्दगी की नदी में बिन बूड़े, बिन भीगे, चिकने पत्ते के समान बहे चले जाते थे। हुनर साहब ज़रा ठिगने और दोहरे बदन के होते या चातक जी ज़रा लम्बे और पतले, तो दोनों जुड़वाँ भाई लगते।....चेतन मुस्कराया —'अजीब बात है,' उसने सोचा, 'दोनों की शक्ल मोमनी है और दोनों अन्दर से कहीं निहायत काइयाँ और चालू हैं। बस इतना ही फ़र्क है कि हुनर साहब थोड़े दबंग हैं और चातक जी दब्बू, वरना बाकी सब गुण उनमें एक-समान हैं।"

कमीज़-पैंट पहन कर, चेतन ने अपने लम्बे घुँघराले बाल सँवारे तो आईने में कमीज़ के खुले कॉलरों के साथ उसे अपना रूप बहुत सुन्दर लगा। उसने कोट पहन लिया। लेकिन तभी उसे ख़याल आया कि वह लाला हाकिमचन्द को बुला आया है और हो सकता है, वे आ जायें। यह सोच कर उसने कोट उतार दिया; टाई लगायी; आईने में देख कर उसकी गिरह बाँधी; दोबारा कोट पहना; मैले कपड़े यथास्थान रखे; सोसाइटी के खाते में जो शेष पच्चीस-छब्बीस रुपये उसके पास थे, उन्हें निकाल कर, कोट की अन्दरूनी जेब के हवाले किया और ट्रंक को चारपाई के नीचे ठेल दिया। यूँ सज-सँवर कर चेतन ने आईने में एक बार फिर अपनी शक्ल देखी। दोबारा कोट पहनते वक्त बाल ज़रा बिख़र गये थे; उन्हें ठीक किया और कमरे को ताला लगा कर नीचे उतरा। चाबी कान्ता बहन को दे कर, वह सीधा भाई साहब के क्लिनिक पहुँचा।

भाई साहब ने पहले तय किया था कि दुकान दो घण्टों के लिए बन्द कर देंगे, लेकिन सौभाग्य से उनका शागिर्द, गुप्ता, सामान लेने लाहौर आया हुआ था। भाई साहब ने दो-तीन घण्टे के लिए दुकान उस पर छोड़ दी थी और दोनों भाई ख़रामाँ-ख़रामाँ 'एलफ़िन्स्टन' को चल दिये।

सैंतीस

फ़िगार और शातिर, होटल के बाहर खड़े थे। चेतन को उनसे मालूम हुआ कि हुनर साहब चन्द मिनटों के लिए आये थे, लाला कर्मचन्द को कुर्सियों की तरतीब समझा गये हैं और उनकी हिदायत के मुताबिक 'शैदा' साहब अन्य साथियों के साथ साहबे-सदर,[१] मेहमाने-ख़ुसूसी[२] और दूसरों के लिए मेज़-कुर्सियाँ लगवा रहे हैं।

'एलफ़िन्स्टन होटल' के अन्दर जाने वाला दरवाज़ा बायें कोने में था। चेतन उसमें दाख़िल हुआ तो बायीं ओर काउण्टर पर लाला कर्मचन्द खड़े थे और काउण्टर के साथ दौड़ती चली गयी पैण्ट्री पर बैरे मिठाई और नमकीन की प्लेटें सजा रहे थे। दायीं ओर, काउण्टर के सामने, पूरा हॉल था, जिसमें 'शैदा' साहब अद्धी का कुर्ता और लट्ठे का चौड़ा पायजामा पहने, बड़ी निष्ठा से, व्यवस्था में संलग्न थे। काउण्टर के बिलकुल सामने, हॉल की परली दीवार के साथ, चार मेज़ें इकट्ठी जोड़ दी गयी थीं। चार कुर्सियाँ पीछे की तरफ़ और दो अगल-बग़ल रखवा कर, शैदा ने वहाँ सभापति और उद्घाटनकर्ता, आदि के बैठने का प्रबन्ध कर दिया था। उन मेज़ों के दायें-बायें, (हॉल के बीचों-बीच आने-जाने का रास्ता छोड़ कर) काउण्टर तक, दोनों ओर, मेज़-कुर्सियों की दो कतारें लगवा दी गयीं) देखते-देखते, शैदा ने सब व्यवस्था कर दी। तभी उसकी नज़र चेतन पर पड़ी। पास आ कर उसने 'आदाब' किया और बताया कि हुनर साहब अभी साहबे-सदर को ले आते हैं — वे बैठें।

"हमको उस्ताद साहब हिदायत दे गये हैं," शैदा ने कहा, "कि जैसे-जैसे लोग आते जायें, उन्हें आगे बैठाया जाय; देर से आने या न आने वालों की मेज़ें पीछे रहेंगी। इस तरह यह जानने में आसानी रहेगी कि कौन आया और कौन नहीं आया और कुल कितने लोग आये।"

"हम अभी बैठ जायेंगे," चेतन ने कहा, "ज़रा देर को बाहर खड़े होते हैं।"

"बाहर शातिर और फ़िगार खड़े हैं, आप फ़िक्र न करें।"

चेतन का जी हुआ, एक ऐसा मुक्का कस कर उस मुगदर की कनपटी पर दे कि एक बार तो वह पहलवान भी चकरा जाय। (कल्पना-ही-कल्पना में उसने ऐसा किया भी) लेकिन बड़े धैर्य से उसने सिर्फ़ इतना कहा, "मेरा नाम इन्वीटेशन कार्ड पर मेज़बान के तौर पर छपा है, मेहमानों के स्वागत के लिए तो मुझे ही बाहर रहना चाहिए!"

और उसने मुगदर को भाई साहब का परिचय दिया और भाई साहब को बताया कि ये पूरन चन्द्र साहब 'शैदा' हैं — सनातन धर्म कॉलेज के चैम्पियन पहलवान और बहुत अच्छे शायर! दोनों ने हाथ मिलाये। भाई साहब को शैदा के पास छोड़ कर, चेतन बाहर जा खड़ा हुआ। धीरे-धीरे लोग आने लगे। शुक्ला जी की पूरी पार्टी आ गयी। उस पार्टी में लगभग वे सारे लोग थे, जो पिछले वर्ष 'करुण काव्य कुटीर' में करुण जी की सतसई सुनने के लिए इकट्ठे हुए थे। सब खादी के धोती-कुर्ते अथवा कुर्ते-पायजामे में सुशोभित

---

१. सभापति

२. मुख्य अतिथि

थे, सिर्फ़ श्री करुण (जो नये-नये कम्यूनिस्ट हुए थे) पतलून-कमीज़ पहने थे। शुक्ला जी बदस्तूर निचले होंट में सुरती दबाये थे! चेतन ने सब का स्वागत किया, शातिर और फ़िगार से उनका परिचय कराया और सब को अन्दर ले जा कर शैदा को सौंप आया।

तभी पण्डित 'शाहीं' और 'ज़ख़्मी' और चौधरी साहब, अपने एक-एक उप-सम्पादक के साथ आये। उन्हीं में गोरखा और प्रीतम बारबटनी — गूँगे और महात्मा — भी थे, जिनके साथ लाहौर में अपने शुरू के दिनों में चेतन काम कर चुका था। चेतन ने सब का स्वागत किया। वह अभी उनसे बातें कर ही रहा था कि सहसा उसने माल पर एक ताँगे में सरदार जगदीश सिंह और उनकी सरदारनी को बैठे देखा। पत्रकारों को फ़िगार और शातिर के हवाले कर, चेतन उधर भागा।

बढ़िया सूट पहने और दस्तार सजाये, रूमाल से माथे का पसीना पोंछते हुए, सरदार जगदीश सिंह (लैण्ड लॉर्ड ऐण्ड हाउस प्रोप्राइटर) ताँगे से उतर कर, उसकी ओर लपके आ रहे थे। चेतन ने दूर ही से 'सत श्री अकाल' बुलाया, लेकिन सरदार साहब को 'सत श्री अकाल' का उत्तर देने का होश नहीं था। ज़रा-सा सिर हिला कर, चेतन से हाथ मिलाते हुए उन्होंने सरगोशी में पूछा कि श्रीमती राधारानी को इन्वीटेशन गया था या नहीं। गया था तो उन्होंने क्या जवाब दिया ? वे आ रही हैं या नहीं ?

"मेरे दो साथी, ख़ुद इन्वीटेशन कार्ड ले कर उनके यहाँ गये थे," चेतन ने सफ़ाई दी, "श्रीमती जी से तो मुलाकात नहीं हुई। इन्वीटेशन कार्ड के साथ एक चिट्ठी वहाँ छोड़ आये थे कि चाहे पाँच मिनट के लिए ही क्यों न हो, वो पार्टी में तशरीफ़ ज़रूर लायें। अब वो आती हैं कि नहीं, मैं कह नहीं सकता।"

तब सरदार जगदीश सिंह ने चेतन से हाथ मिलाया और जल्दी-जल्दी कहा कि लॉरेन्स में 'लायन क्लब' की पार्टी है। श्रीमती राधारानी वहाँ ज़रूर होंगी। मुमकिन हुआ और ज़रा पहले छुट्टी मिल गयी तो वे थोड़ी देर को आयेंगे और राधारानी को भी साथ लायेंगे। राधारानी के नाम और उनसे मिलने के ख़याल ही से सरदार जगदीश सिंह की आँखों में चमक और पैरों में गति आ गयी। घनी दाढ़ी में छिपी अपनी चमकती आँखों को लिये हुए, वे तेज़-तेज़ चले गये।

उनके जाने के कुछ देर बाद हुनर साहब, लाला दौलतराम 'साग़र' तथा उनके सुपुत्र के साथ, उनके ताँगे पर आये। चेतन उनके स्वागत को आगे बढ़ा और सत्कार-पूर्वक उन्हें दरवाज़े के अन्दर छोड़ आया। उनकी आमद के कुछ ही देर बाद चातक जी, प्रोफ़ेसर दिलबहार सिंह के ताँगे में, उनके साथ पधारे। नीरव जी भी ताँगे पर बैठे थे। उनको भी अन्दर पहुँचा कर चेतन फिर बाहर आ गया।

होटल के दायें-बायें, ज़रा परे को ख़ड़े, दोनों ताँगे अपने मालिकों की प्रतीक्षा करने लगे। साईसों ने घोड़ों के गलों में तोबड़े बाँध दिये; घोड़े मज़े से दाना चरने लगे; दोनों साईस एक पेड़ के नीचे बैठ गये। लाला के साईस ने जैब से लैम्प की डिबिया निकाल ली, दोनों ने सिगरेट सुलगाये और बतियाने लगे। चेतन काफ़ी देर तक उनको देखता रहा। हुनर साहब और चातक जी ने जिन लोगों को निमन्त्रण दिया था, वे सब आ गये थे; लेकिन उन लोगों में से, जिनके आने की प्रतीक्षा चेतन को थी, एक भी न था। लाला हरकिशन

लाल, राजा साहब या मियाँ बशीर बहमद तो क्या आते; बहुत बड़े लोग थे; उन्हें लाने के लिए कई बार जाना पड़ता; लेकिन न उर्दू के बड़े शायरों में से कोई आया था, न सूफ़ी साहब, कविराज, 'तीर' जी या देवदर्शन आदि में से कोई आया। और-तो-और, पण्डित रत्न तक न आये। चेतन को उन के आने की बहुत उम्मीद थी। शातिर और फ़िगार अन्दर चले गये। आगत लोगों को चाय दी जाने लगी। हुनर साहब ने कह दिया था कि मिठाई और नमकीन की प्लेटें पचास मेहमानों के लिए लगा दी जायें; जो आ गये हैं, उनको चाय दे दी जाय; जो लोग नहीं आये, उनकी जगह दरवाज़े की तरफ़ वाली मेज़ों पर ख़ाली छोड़ दी जाये ताकि लोग आयें तो वहीं बैठते जायें और कार्रवाई में ख़लल न पड़े।

चेतन अकेला बाहर खड़ा, बाकी लोगों के आने की प्रतीक्षा करता रहा।

तभी वेदालंकार जी का ताँगा, होटल के सामने माल पर आ कर रुका। उनके साथ सजी-सँवरी उनकी पत्नी बैठी थी। जाने कितनी सुर्ख़ी और पाउडर उन्होंने चेहरे पर पोत रखा था। रंग तो उनका पहले ही से गोरा था, पाउडर और ग़ाज़े से लाल-भभूका हो गया था। बाल अजन्ता की सुन्दरियों-ऐसे बने थे और अप्सरा-सी वे ताँगे में बैठी थीं। लेकिन जाने उनके होंटों की बनावट में क्या बात थी कि जब भी वे उन्हें खोलती थीं (और वे प्रायः औपचारिक मुस्कान में दाँत चियार देती थीं) तो चेतन को बहुत वितृष्णा होती थी। उस वक्त भी आगे बढ़ कर उसने उन्हें 'नमस्कार' किया तो हाथ जोड़ कर उन्होंने केवल दाँत चियार दिये थे।

चेतन को वेदालंकार जी पर दया हो आयी, जिन्हें दिन में न जाने कितने बार उस तकल्लुफ़-भरी मुस्कान का सामना करना पड़ता होगा। वह दन्तुल मुस्कान कहीं उसकी सौन्दर्य-प्रियता को बुरी तरह घायल करती थी। चेतन के 'नमस्कार' का जवाब देते हुए श्री वेदालंकार, उछल कर ताँगे से उतरे और यह कहते हुए कि उन्हें घर से चलने में देर हो गयी है और नीलिमा जी को लॉरेन्स में संगीत का कार्यक्रम देना है और वे लोग वादे के मुताबिक दो मिनट को 'एलफ़िन्स्टन' रुक गये हैं, लेकिन ज़्यादा देर नहीं ठहर सकते, वे चेतन के आगे-आगे तेज़-तेज़ 'एलफ़िन्स्टन' में दाख़िल हुए। काउण्टर के बाहर, हाथ में मक्खी-मार लिये, लाला कर्मचन्द उनके सामने पड़ गये। वे शायद उनसे परिचित थे। उन्होंने वेदालंकार जी का स्वागत किया तो उनसे हाथ मिलाते हुए वेदालंकार जी ने बड़ी ऊँचाई से वही बात दोहरा दी कि वे सिर्फ़ हाज़िरी देने आये हैं, रुकेंगे नहीं; नीलिमा जी को लॉरेन्स की पार्टी में संगीत का प्रोग्राम देना हैं और चलने में देर हो गयी है, आदि....आदि... और सगर्व यह सूंचना दे कर, लाला कर्मचन्द से हाथ मिलाते और क्षमा माँगते हुए, मोज़ेक के फ़र्श पर 'खट-खट' करते, वेदालंकार जी सीधे वहाँ गये, जहाँ उनके मालिक-मकान और हिन्दी बोर्ड के कन्वीनर और सभा के मुख्य अतिथि, प्रोफ़ेसर दिलबहार सिंह बैठे थे। खड़े-खड़े, काफ़ी झुक कर और दोनों हाथ जोड़ कर उन्हें 'नमस्कार' करते हुए, वेदालंकार जी ने इस बात पर प्रसन्नता प्रकट की कि संस्था का उद्घाटन, उन जैसे इतिहासज्ञ और पुरातत्ववेत्ता करने जा रहे हैं, फिर उन्होंने लॉरेन्स में 'लायन क्लब' की पार्टी और उसमें नीलिमा जी के संगीत प्रोग्राम का उल्लेख किया और कहा कि उन्हें वहाँ जाना है, वे जल्दी प्रोग्राम निबटा कर आने की कोशिश करेंगे, न आ सके तो उन्हें क्षमा कर दिया जाये और दोनों जुड़े हाथों को चातक जी, हुनर साहब, लाला दौलत राम और दूसरों की

ओर घुमाते हुए, वे पलटे और जैसे 'खट-खट' आवाज़ करते आये थे, वैसे ही चले गये।

चेतन उन्हें ताँगे पर छोड़ कर और चाहे दो मिनट ही के लिए सही, मीटिंग में आने के लिए उनको धन्यवाद दे कर फिर वापस 'एलफ़िन्स्टन' के दरवाज़े के बाहर आ खड़ा हुआ। अन्दर चाय ख़त्म होने को थी। वह सोच ही रहा था कि अब वह भी अन्दर चला जाये कि उसे लाला हाकिमचन्द अपने दो साथियों के साथ उधर ही को आते दिखायी दिये अगले दिन उन्हें सपरिवार शिमला जाना था और चेतन को उनके आने की ज़रा भी आशा न थी। बढ़ कर उसने उनका स्वागत किया। लाला जी ने अपने साथियों से उसका परिचय कराया अधेड़ उम्र के व्यक्ति, उनके हेड-क्लर्क थे और पगड़ी बाँधे हुए, छै फ़ुट लम्बे, हृष्ट-पुष्ट युवक, उनके मुँह-लगे क्लर्क (चेतन को उनको व्यवहार से ऐसा ही लगा) तेजभान थे। लाला जी के दोनों साथियों के हाथों में लिफ़ाफ़े थे।

"हम कुछ ज़रूरी सामान ख़रीदने अनारकली आये थे।" लाला हाकिमचन्द ने कहा, "ये मेरे दोनों साथी आज शाम की गाड़ी से शिमला जा रहे हैं। मैं इन्हें स्टेशन पर छोड़ कर घर जाऊँगा। गाड़ी चलने में अभी दो-ढाई घण्टे का समय है, अनारकली तक आये तो सोचा, आप से भी दो मिनट को मिलते चलें।"

"लेकिन ये लोग क्या अकेले जा रहे हैं ?" चेतन ने पूछा।

"नहीं, इनके घर वाले सामान वग़ैरा ले कर स्टेशन पहुँच जायेंगे। हम इधर से ये चन्द ज़रूरी चीज़ें लेते हुए स्टेशन जायेंगे," लाला जी ने कहा, फिर चेतन से पूछा, "आपने कल चलने की तैयारी कर ली है न ?"

चेतन ने स्वीकार में सिर हिलाते हुए 'जी हाँ' कहा।

"तो कल सुबह चन्द मिनट के लिए उधर आइएगा।" लाला हाकिमचन्द बोले, "आपको मेरे परिवार के साथ सफ़र करना है, बीबी जी से मिलवा दूँगा। एक-दो ज़रूरी बातें भी करनी हैं।"

"मैं सुबह हाज़िर हो जाऊँगा।" चेतन ने विनम्रता से कहा।

लाला जी वापस चलने को मुड़े, लेकिन चेतन ने उन्हें जाने नहीं दिया। बरबस वह उन तीनों को अन्दर ले गया। शैदा साहब ने बैरे से कह कर दो मेज़ें इकट्ठी करवा दीं और बड़े सत्कार से उन्हें बैठाया। बैरे से कहा कि उनके लिए चाय लाये। चेतन इस बीच हुनर साहब को बुला लाया और उन्हें उनसे मिलाया। उनका परिचय देते हुए उसने लाला हाकिमन्द को बताया कि वे ही उसकी ग़ैर-हाज़िरी में सोसाइटी का काम देखेंगे।

हुनर साहब ने सोसाइटी के इफ़्तिताही जल्से में आने के लिए लाला जी का शुक्रिया अदा किया और चूँकि जलसे की कार्रवाई शुरू होने वाली थी, इसलिए लाला जी से क्षमा माँगते हुए, वे पलटे। तब चेतन ने बढ़ कर उनके कान में कहा कि अपने भाषण में वे लाला हाकिमचन्द सुरिण्टेण्डेण्ट इर्रीगेशन डिपार्टमेण्ट का ज़रूर शुक्रिया अदा करें, जो अपने बेहद मसरूफ़[१] औकात[२] में से वक्त निकाल कर, जलसे की रौनक बढ़ाने आये हैं।

०

१. व्यस्त
२. घड़ियों

वहीं खड़े-खड़े चेतन ने हॉल पर एक नज़र डाली। आँखों-ही-आँखों में उसने मेहमानों को गिना। लाला हाकिमचन्द और उनके साथियों-समेत, लगभग अड़तीस मेहमान आये थे। शैदा शर्मा और उसके साथियों ने सब को ऐसे बैठाया था कि एक किनारे छै मेज़ें ख़ाली रह गयी थीं।

बैरा चाय ले आया तो लाला जी के कहने पर चेतन उन्हीं के साथ बैठ गया। पहले उसने सोचा था कि स्वयं जलसे के सभापति का नाम प्रस्तावित करेगा, फिर उनके चुनाव के बाद, उनकी आज्ञा से, संस्था की स्थापना का संक्षिप्त इतिहास देते और उसके उद्देश्यों की चर्चा करते हुए, संस्थापक सदस्यों और सरपरस्तों के नामों का विशेष उल्लेख करेगा। वह मुख्य अतिथि का परिचय देगा और उनसे सोसाइटी का उद्घाटन करने को कहेगा। उद्घाटन की कार्रवाई सम्पन्न हो जायेगी तो वह सोसाइटी की कार्यकारिणी का चुनाव करायेगा। उसके बाद वह आगत मेहमानों को यह सूचना देगा कि चार महीने के लिए वह शिमला जा रहा है अब हुनर साहब संस्था को चलायेंगे और वे सब उन्हें सहयोग दें। लेकिन यह तो तब की बात है, जब लाला दौलतराम 'साग़र' की जगह राजा महेन्द्रनाथ या कविराज रामदास सभापति होते और उद्घाटन हफ़ीज़ जालन्धरी या अख़्तर शीरानी के हाथों सम्पन्न होता। लेकिन अब उसका मन इतना खिन्न था कि सभापति का नाम प्रस्तावित करना तो दूर, वह आगे जा कर भी न बैठा था। यथासम्भव सफ़ाई के साथ चम्मच से क्रीम केक खाता हुआ चेतन, लाला जी को उपस्थित लोगों का परिचय दे रहा था कि हुनर साहब तेज़-तेज़ आये। उन्होंने कहा था कि देर हो रही है, प्रोफ़ेसर साहब चलने की जल्दी मचा रहे हैं, वह चले कि जलसे की कार्रवाई शुरू की जाय।

"आप और चातक जी सब कर लें," चेतन ने उदासीनता से कहा, "मुझे क्या करना है। मैं यहाँ लाला जी के पास बैठा हूँ।"

उसके स्वर में हल्का-सा आहत भाव था, लेकिन हुनर साहब के पास सूक्ष्म भावों को समझने का न समय था, न क्षमता! वे आश्वस्त हो कर चले गये और अपनी जगह जा कर उन्होंने सभा की सदारत के लिए लाला दौलतराम 'साग़र' (प्रोप्राइटर दौलतराम एण्ड सन्स, केमिस्ट्स एण्ड ड्रगिस्ट्स, अनारकली, लाहौर) का नाम पेश कर दिया। लाला जी की शायरी और अदब-नवाज़ी की सराहना करते हुए, उन्होंने घोषणा की कि लाला जी ने सोसाइटी का लाइफ़ पेट्रन (आजीवन सरपरस्त) बनने का वादा किया है। चातक जी ने फ़ौरन उठ कर हुनर साहब के प्रस्ताव का समर्थन किया।

तालियों के शोर में (जो अधिकांशतः हुनर साहब के चेलों ने बजायीं) लाला दौलत राम 'साग़र' ने उठ कर सब को 'नमस्कार' किया और उसी कुर्सी पर सदारत करने की ग़रज़ से बैठ गये, जिस पर वे इतनी देर से विराजमान थे। तब हुनर साहब ने काग़ज़ का एक पुर्जा उनके आगे सरका दिया।

"अब हुनर साहब सोसाइटी के अग़राज़-ो-मकासद[१] के बारे में कुछ कहेंगे," काग़ज़ का पुर्ज़ा अटक-अटक कर पढ़ते हुए, लाला दौलतराम 'साग़र' ने घोषणा की।

हुनर साहब अपनी जगह खड़े हुए और गम्भीरता से बोलने लगे : "साहबे-सदर,

---

१. उद्देश्य

मेहमाने-ख़ुसूसी, हिन्दी और उर्दू के अदब-नवाज़ दोस्तो और अदीब साथियो! आज आप जिस सोसाइटी के इफ़्तिताह के लिए इस हॉल में तशरीफ़ लाये हैं, मुझे हुक्म हुआ है कि मैं उसके अग़राज़-ो-मकासद के बारे में दो लफ़्ज़ कहूँ। इस सोसाइटी के क़याम[१] का ख़याल मेरे पुराने शागिर्द और अब उस्ताद से भी बढ़ जाने वाले साथी और दोस्त, जनाब चेतनानन्द साहब 'दाग़' के दिमाग़ में आया था। शहर में बहुत-सी सोसाइटियाँ हैं, लेकिन वो सब ऊँचे तबके के लोगों के लिए हैं। हम आप जैसे मुतवस्सत[२] तबके के इंशापरदाज़ों,[३] अदीबों और अख़बार-नवीसों की कोई भी अंजुमन नहीं। हालाँकि आप में से अक्सर दोस्त सोसाइटी के अग़राज़-ो-मकासद से रूशनास[४] हो चुके हैं, लेकिन फिर भी रस्मन मैं इन्हें आप सब के सामने पढ़ देता हूँ।"

(यहाँ हुनर साहब ने ब्रोशर से सोसाइटी के उद्देश्य पढ़ कर सुनाये फिर उन्हें मेज़ पर रखते हुए उन्होंने अपनी तकरीर जारी रखी :)

" 'दाग़' साहब सोसाइटी के लिए लाहौर के तूल-अर्ज़ में घूमे; उन्होंने बड़े-बड़े लोगों से ताल्लुक कायम किया और इमदाद का वादा लिया है। वे ख़ुद एक ज़बरदस्त शायर और हर-दिल-अज़ीज़[५] अफ़साना-निगार, एक कामयाब अख़बार-नवीस और एक मेहनती टीचर रहे हैं। (यह आख़िरी बात उन्होंने लाला हाकिमचन्द पर चेतन का रोब डालने की ग़रज़ से कही।) उनकी इसी काबलियत से मुतास्सिर[६] हो कर इर्रीगेशन डिपार्टमेण्ट के सुरिण्टेण्डेण्ट लाला हाकिमन्द, जो सुख़न-फ़हम ही नहीं, सुख़न-परवर भी हैं, और अपने मसरूफ़ औकात से वक्त निकाल कर जलसे की रौनक बढ़ाने आये हैं, जनाबे-दाग़ को चार-पाँच महीने के लिए अपने साथ शिमला ले जा रहे हैं। चेतन जी ने अपनी ग़ैर-मौजूदगी में, इस सोसाइटी को चलाने की तमामतर ज़िम्मेदारी मेरे कमज़ोर कन्धों पर डाल दी है। वो तो हिन्दी-उर्दू के अदीब हैं। दोनों ज़बानों में उन्हें दस्तरस[७] हासिल है और उनके अफ़साने हिन्दी-उर्दू के मशहूर माहनामों में छपते हैं। वो रहते तो सोसाइटी के दोनों शो'बों का काम सँभालते। अब मैं उनकी ग़ैर-मौजूदगी में, आरज़ी तौर पर उर्दू-विंग का काम देखूँगा। हिन्दी-विंग के लिए जनाब चेतनानन्द के दोस्त और साथी, माहाना 'मंजरी' के एडिटर और हिन्दी के मशहूर शायर, शिरी 'चातक' ने अपनी ख़िदमात पेश की हैं, जिसके लिए हम उनके बेहद मशकूर हैं। हज़रत चातक मशहूर शायर ही नहीं, काबिल जर्नलिस्ट और देश-भक्त भी हैं। हमें पूरी उम्मीद है कि आप हज़रात इस नेक काम में हमें पूरी मदद देंगे और हमारे हौसले बढ़ायेंगे।"

सब ने तालियाँ बजायीं। क्षण भर रुक कर और सभापति से बात कर, हुनर साहब ने घोषणा की : "अब मैं शिरी 'चातक' से दरख़्वास्त करूँगा कि वो मेहमाने-ख़ुसूसी, जनाब

---

१. स्थापना
२. मध्यवर्ग
३. गद्य-लेखकों
४. परिचित
५. लोकप्रिय
६. प्रभावित
७. पैठ

प्रोफ़ेसर दिलबहार सिंह का तआरुफ़ करायें और उनसे सोसाइटी की इफ़्तिताही रस्म पूरी करने के लिए कहें।"

तब चातक जी अपनी जगह खड़े हुए। लेकिन इससे पहले कि वे कुछ कहते, लाला हाकिमचन्द अपने साथियों के साथ उठे। "हम चलेंगे। गाड़ी के स्टेशन पर लगने से पन्द्रह-बीस मिनट पहले हमें स्टेशन पर पहुँच जाना चाहिए।" उन्होंने सरगोशी में चेतन से कहा, "कल आप से मुलाकात होगी।" और वे चल दिये। हालाँकि उन्होंने चेतन को वहीं बैठे रहने के लिए कहा, पर वह उन्हें दरवाज़े तक छोड़ आया और वापस आ कर वहीं पीछे अपनी जगह बैठ गया।

चातक जी तब इस बात पर प्रसन्नता प्रकट कर रहे थे कि उर्दू के साथ-साथ, श्री चेतनानन्द हिन्दी में भी लिखने लगे हैं, और यह उन्हीं के कारण है कि लाहौर में पहली बार हिन्दी-उर्दू अदीब एक ही मंच पर इकट्ठे हो रहे हैं और पूरी आशा है कि आगे इसी तरह मिल कर साहित्य की समस्याएँ सुलझाते रहेंगे। क्षण भर रुक कर, उन्होंने होंटों पर ज़बान फेरी, दायें हाथ से बालों की लट को पीछे किया और बायें पैर से दायें टख़ने की खुजली मिटाते हुए, कहना शुरू किया : "हमें इस बात की अपार प्रसन्नता है कि आज हमारे बीच, नगर के प्रमुख नागरिक, इतिहास और पुरातत्व के महान वेत्ता, नृत्तत्वशास्त्री, प्रोफ़ेसर दिलबहार सिंह उपस्थित हैं। हमारे निवेदन को मान कर, अपने अति व्यस्त समय में उन्होंने थोड़े क्षण हमारी संस्था के उद्घाटनार्थ निकाले हैं। प्रोफ़ेसर दिलबहार सिंह का परिचय देना, सूरज को दीपक दिखाने के बराबर है, ('बिलकुल आप ही की तरह,' चेतन ने मन-ही-मन कहा) वे महान पुरातत्व वेत्ता और विद्वान ही नहीं, महान शिक्षक भी हैं, उनसे शिक्षा पा कर देश-विदेश में न जाने कितने छात्र प्राचीन इतिहास में नये अर्थ खोज रहे हैं।"

चातक जी इस मरहले पर रुके। 'ओ बस वी करो बाश्शाहो,' चेतन कहना चाहता था, 'बथेरा तेल लगा छड्डेया ई प्रोफ़ेसर साब नूँ। लग जायेगी तुहाड्डी किताब कोर्स विच्च[१]। फ़िकर न करो।' लेकिन मन-ही-मन यह कह कर वह मुस्कराता रहा। चातक जी ने फिर होंटों पर ज़बान फेरी, बालों की सरकश लट को दायें हाथ से पीछे सँवारा और भाषण जारी रखते हुए बोले : "आदि मानव से ले कर आधुनिक मानव तक, संसृति की एक अटूट कड़ी है; हम क्या हैं, कैसे प्रगति कर आज इस आधुनिक युग तक पहुँचे हैं, इसका पता हमें प्राचीन साहित्य और पुरातत्व से ही चलता है। प्राचीन नगरों के ध्वंसावशेषों में हमारी संस्कृति और हमारे कला-शिल्प के सूत्र छिपे पड़े हैं और इतिहास हमें राजाओं, महाराजाओं और सम्राटों की विजय-गाथा का ही पता नहीं देता, हमारी संस्कृति और हमारे कला-कौशल, हमारे काव्य और संगीत की विजय-यात्रा के भी सूत्र प्रदान करता है। महाराज विक्रमादित्य के राज्य में कला अपने किस उच्च शिखर पर पहुँच गयी थी, महाकवि कालिदास के ग्रन्थ इसकी साक्षी देते हैं। सम्राट समुद्रगुप्त ने संगीत को किस पराकाष्ठा तक पहुँचाया; राजा भोज एक-एक दोहे पर लाख-लाख स्वर्ण मुद्राएँ देते थे;

---

१. अब बस भी करो बादशाहो, प्रोफ़ेसर साहब को बहुतेरा तेल लगा दिया है। आपकी किताब लग जायेगी कोर्स में।

महाकवि बिहारी और वीर-रस शिरोमणि भूषण, राजा जय सिंह और महाराज शिवाजी द्वारा पोषित थे —इतिहास हमें यह सब भी बताता है और इसीलिए इतिहास और पुरातत्व के ऐसे महान विद्वान के हाथों हमारी इस सांस्कृतिक संस्था का उद्‌घाटन सम्पन्न होना, उसके भविष्य के लिए शुभ लक्षण हैं।"

"हियर! हियर!" चेतन ने कहा। वह रह नहीं सका, एकदम बोर हो गया था वह! कुछ लोगों ने पलट कर उसकी ओर देखा। चातक जी क्षण भर को रुके, होंटों पर ज़बान फेर कर उन्होंने फिर कहना शुरू किया : "इतिहास और पुरातत्व के अतिरिक्त, शिक्षा के क्षेत्र में प्रोफ़ेसर साहब ने जो योगदान किया है, वह भी कम महत्व का नहीं। आप विश्वविद्यालय के हिन्दी बोर्ड के कन्वीनर हैं और जब से आपने यह कार्य-भार सँभाला है, हिन्दी परीक्षाओं के जड़ पाठ्य-क्रम में नये प्राण फूँक दिये हैं। अभी तक केवल संस्कृत नाटकों के हिन्दी अनुवाद ही पढ़ाये जाते थे, आपके कार्य-काल में नये लेखकों की रचनाओं को पाठ्य-क्रम में स्थान मिला है। अपने इस साहसपूर्ण क्रान्तिकारी कदम से प्रोफ़ेसर साहब ने बता दिया है कि प्राचीन इतिहास और पुरातत्व-वेत्ता होने के बावजूद, मन-मस्तिष्क से आप कितने आधुनिक हैं।"

"हियर! हियर!" चेतन की देखा-देखी दो-तीन आवाज़ें आयी।

चातक जी इसी शैली में न जाने कब तक बोलते रहते और सुनने वालों को कितना बोर करते, पर तभी हुनर साहब ने (यह देख कर कि लोग पीछे से उठे जा रहे हैं) चातक जी की आस्तीन खींच कर उन्हें समय का ध्यान दिलाया। तब होंटों पर ज़बान फेर कर और उस क्रान्ति का उल्लेख कर, जो प्रोफ़ेसर साहब की कन्वीनरशिप के दौरान पाठ्य-क्रमों के क्षेत्र में आने वाली थी, उन्होंने अपना भाषण समाप्त किया।

इस बार हिन्दी वालों ने ख़ूब तालियाँ पीटीं। चेतन की ताली सबसे ज़ोरदार थी। चातक जी प्रोफ़ेसर साहब से संस्था का उद्‌घाटन करने के लिए कहने जा रहे थे कि नीरव जी उठे और उन्होंने 'सभापति महोदय' से 'दो शब्द' कहने की आज्ञा चाही।

('जगह ते कोई बची नईं, तुसीं कित्थे तेल लगाओगे बाश्शाहो।'[१] चेतन ने मन-ही-मन कहा)

इस भाषणबाज़ी में उपस्थित लोग उठ कर ही न चले जायें, इस भय से हुनर साहब ने घोषणा की कि सोसाइटी के इफ़्तिताह के बाद एक छोटा-सा मुशायरा होगा और आप हाज़िरीन अपनी जगह बैठे रहें।

तब नीरव जी ने उद्‌घाटनकर्ता के रूप में प्रोफ़ेसर दिलबहार सिंह के नाम का हार्दिक स्वागत और समर्थन किया और इस बात का उल्लेख करते हुए कि बन्धुवर चातक जी उनके कृतित्व पर काफ़ी प्रकाश डाल चुके हैं और वे केवल उनके व्यक्तित्व के बारे में 'दो शब्द' कहेंगे, प्रोफ़ेसर दिलबहार सिंह के व्यक्तित्व की प्रशंसा में पूरा कसीदा पढ़ दिया। अन्त में नीरव जी ने कहा : "प्रोफ़ेसर साहब के व्यक्तित्व में सरलता, सहृदयता, सहिष्णुता और सदाशयता का अपूर्व सम्मिश्रण है। ऐसे उदार और सहृदय व्यक्ति के हाथों संस्था का उद्‌घाटन होने जा रहा है, यह हमारी संस्था के लिए बड़े सौभाग्य और गौरव की बात है

१. जगह तो कोई बची नहीं, कहाँ तेल लगायेंगे आप!

और इस बात का शुभ लक्षण है कि संस्था दिन-दूनी रात-चौगुनी प्रगति करेगी।"

('क्यों नहीं, क्यों नहीं!' चेतन ने मन-ही-मन कहा और हँस दिया!)

अपना भाषण दे कर नीरव जी बैठ गये; जेब से पनबट्टी निकाल कर उन्होंने पान की एक गिलौरी मुँह में रखी; फिर गोल-सी डिबिया से थोड़ा-सा ज़र्दा मुँह में रखा और उँगली में ज़रा-सा चूना लगा कर उसे चाटते हुए, परम प्रसन्न और सन्तुष्ट भाव से पान चबाने लगे। तब चातक जी ने प्रोफ़ेसर साहब से संस्था का विधिवत उद्घाटन करने के लिए कहा।

सदियों से जैसे बर्फ़ के नीचे दबे रह कर निकले हुए, एकदम पीले मुख के साथ प्रोफ़ेसर दिलबहार सिंह उठे। लगता था, जैसे किसी वैज्ञानिक ने डीप फ़्रीज़ से निकाल कर, अभी-अभी उस शरीर में प्राण फूँक दिये हों। किसी पुरातन खण्डहर के शिखर पर बैठे हुए निरपेक्ष संन्यासी की तरह उन्होंने आगत अतिथियों की ओर देखा और उद्घाटनकर्ता का गौरव प्रदान करने पर चातक जी तथा संस्था के अन्य कार्यकर्ताओं को धन्यवाद दिया। फिर घड़ी देखते हुए उन्होंने कहा : "मेरे पास समय बहुत कम है, मेरा समय तो मेरा नाम प्रस्तावित करने वाले मेरे हितचिन्तकों ने ले लिया। (इस पर कुछ लोग हँसे) मुझे अभी एक मीटिंग में जाना है और मुझे पहले ही देर हो गयी है। मैं कोई लम्बा भाषण नहीं दूँगा। आपकी संस्था के उद्देश्य मैंने सुने हैं और उन्हें सुन कर मुझे बड़ी प्रसन्नता हुई है। यदि आप लोगों ने लगन के साथ काम किया तो आपकी संस्था अपनी सरगर्मियों से निम्न-मध्यवर्ग के ठहरे, रुके, बँधे जीवन में नयी हलचल पैदा कर देगी, इसका मुझे पूरा विश्वास है।"

प्रोफ़ेसर साहब क्षण भर रुके, उन्होंने घड़ी पर एक दृष्टि डाली, फिर चातक जी के कान में कुछ कहा। चातक जी धोती फटकाते हुए, तेज़-तेज़ बाहर की ओर को लपके। चेतन अपनी सीट से उठ कर उनके साथ हो लिया। बाहर निकल कर उन्होंने साईस से कहा कि वह ताँगा तैयार रखे, प्रोफ़ेसर साहब दो मिनट में आते हैं।

जब वे दोनों वापस हॉल में पहुँचे तो दिलबहार सिंह कह रहे थे : "कला की भूख मानव की बहुत पुरानी भूख है। कल्चरल हंगर इज़ ऐज़ ओल्ड ऐज़ द हिल्ज़। संसार में जहाँ-जहाँ भी गुहा-मानव के अवशेष मिले हैं, गुफाओं की भित्तियों पर पशुओं के चित्र प्राप्त हुए हैं। तब से ले कर बराबर उन्नति करता हुआ मानव, आज जहाँ आ पहुँचा है, वहाँ उसकी शक्ल भी नहीं पहचानी जाती...." (चेतन का जी हुआ, ज़ोर से चिल्ला दे — 'लेकिन आपकी पहचानी जाती है। आप उसी गुहा मानव के भाई-बन्द लगते हैं।' किन्तु बरबस अपने आप पर संयम रखे, वह बैठा रहा। प्रोफ़ेसर साहब बदस्तूर भाषण देते रहे :)...."आदि मानव की सीधी-सादी कला और संस्कृति भी आज पेचीदा और बहुरूपिणी हो गयी है। वह कई दिशाओं में बढ़ रही है...."

चेतन का ख़याल था कि अब प्रोफ़ेसर साहब मानव-संस्कृति और उसकी कला के विभिन्न रूपों का निरूपण करेंगे, लेकिन एक नज़र कलाई की घड़ी पर डाल कर, उन्होंने दो वाक्यों में अपना भाषण समाप्त कर दिया : "आपकी संस्था ने आज के मानव की, भिन्न दिशाओं में बढ़ती हुई, इस सांस्कृतिक भूख का ध्यान रखा है और अपने मंच से कवि-सम्मेलन, संगीत-सम्मेलन, चित्र-प्रदर्शनियाँ करने की योजना बनायी है। यह शुभ भी

है, शिव भी है और संस्था के उज्जवल भविष्य की साक्षी भी देता है। इन चन्द शब्दों के साथ मैं संस्था का उद्‌घाटन करता हूँ।"

और तालियों की गड़गड़ाहट में वे बैठ गये। बैठते ही उन्होंने चातक जी के कान में कुछ कहा। चातक जी उठे और उन्होंने बताया कि प्रोफ़ेसर साहब को बहुत जल्दी है। हम उनसे प्रार्थना करते हैं कि वे केवल दो मिनट और दें और उन्होंने हुनर साहब से कहा कि वे प्रधान जी से आज्ञा ले कर कार्यकारिणी की घोषणा कर दें।

हुनर साहब उठे। झुक कर उन्होंने लाला दौलतराम के कान में कुछ कहा और फिर जेब से काग़ज़ निकाल कर, हाज़िरीन-ए-जलसा[१] को बताया कि जब तक सोसाइटी के परमानेण्ट जनरल सेक्रेट्री, श्री चेतनानन्द 'दाग़' शिमला रहेंगे, सोसाइटी का काम एक टेम्प्रेरी एग्ज़िक्यूटिव चलायेगी। फ़िलहाल उसके सिर्फ़ दो विंग होंगे —एक उर्दू का, दूसरा हिन्दी का। उर्दू के सदर, लाला दौलतराम 'साग़र' होंगे और हिन्दी के सभापति, प्रोफ़ेसर दिलबहार सिंह! (इन नामों पर तालियाँ पीटी गयीं) उर्दू के नायब-सदर श्री कैलाशनाथ 'फ़रहत' होंगे और हिन्दी के नीरव जी। उर्दू का सेक्रेट्री ख़ाकसार होगा (उन्होंने अपनी ओर संकेत किया) और हिन्दी के 'शिरी चातक'! उर्दू और हिन्दी के सेक्रेट्री अपनी मदद के लिए दो-दो जॉयण्ट सेक्रेट्री रखेंगे। उर्दू में जनाब फ़िगार और हज़रत शातिर मदद देंगे और हिन्दी में 'शिरी शुक्ल' और 'शिरी करुण'! ये नाम एनाउन्स करके, उन्होंने उम्मीद ज़ाहिर की कि इस टेम्प्रेरी एग्ज़िक्यूटिव को सब मंज़ूर करेंगे।

सभी ने तालियाँ पीट कर अपनी सहमति प्रकट की थी तो प्रोफ़ेसर दिलबहार सिंह उठे थे और चातक जी, नीरव जी, शुक्ल जी, करुण जी और लगभग सारे हिन्दी वाले उन्हें ताँगे तक छोड़ने गये थे।

इस बीच हुनर साहब ने मुशायरा शुरू करा दिया और साहबे-सदर के कहने पर सबसे पहले श्री पूरन चन्दर शर्मा 'शैदा' को अपनी मशहूर ग़ज़ल — 'तेरा आशिक तेरा शैदा, तेरा शर्मा हो कर' सुनाने के लिए कहा।

शैदा साहब, जो पीछे खड़े, ख़ाली मेज़ों पर रखी हुई मिठाई और नमकीन की तश्तरियों की निगरानी कर रहे थे, कुर्ते की बाँहें चढ़ाते हुए, सभापति की कुर्सी के पास पहुँचे और जैसे प्रतिद्वन्द्वी को अखाड़े में ललकार रहे हों, उन्होंने ग़ज़ल का पहला शेर पढ़ा :

कुछ मिला तो यह मिला बन्दा-ए-दुनिया हो कर
मिल गये ख़ाक में हम ख़ाक से पैदा हो कर

शैदा साहब अपनी ग़ज़ल का मक्त'। पढ़ रहे थे, जब चातक जी अपनी पार्टी के साथ वापस आये, लेकिन इस बीच उर्दू के सारे जर्नलिस्ट, जिन्हें शाम को अख़बार में ड्यूटी देनी थी, खिसक गये और सुनने वालों में ज़्यादातर हुनर साहब के चेले और चातक जी की पार्टी के हिन्दी वाले ही रह गये।

हुनर साहब ने एक के बाद एक, अपने चेलों की वही ग़ज़लें पढ़वायीं, जिनमें से चेतन अधिकांश डी०ए०वी० कॉलेज होस्टल में शातिर के यहाँ सुन चुका था। सब के बाद ख़ुद भी अपनी 'ताज़ा नज़्म' —'फिर न कहना हमें ख़बर न हुई' —पढ़ी और नज़्म ख़त्म

१. सभा में उपस्थित लोग।

होने पर कहा : "हाज़रीन में से कई दोस्त ज़ोर दे रहे हैं कि मैं एक और ग़ज़ल पढ़ूँ, लेकिन काफ़ी देर हो गयी है। सदर साहब को एक और मीटिंग में जाना है। इससे पहले कि हमारे हिन्दी शायर अपनी नज़्में पढ़ें, मैं साहबे-सदर से दरख़्वास्त करूँगा कि वे तबर्रकन[१] दो अलफ़ाज़ कहें।"

तब लाला दौलतराम 'साग़र' —अपने तोंदियल शरीर को लिये हुए उठे। किसी मजलिस में तकरीर करने का शायद उनका पहला मौका था। वे दो-तीन बार खाँसे। फिर यह भूल कर कि वे ही सभापति हैं, उन्होंने कहना शुरू किया : "साहबेसदर और हाज़िरीने-जलसा"....

वे क्षण भर रुके ओर दो बार 'मैं....मैं....' करने के बाद, उन्होंने रुक-रुक कर तीन बार 'आप....आप....आप....' की गर्दान पढ़ी और तब पहला वाक्य पूरा किया : 'आप लोगों ने मुझे जो यह इज़्ज़त और फ़ख्र बख़्शा है, उसके लिए मैं आप सब का दिल से, तहे-दिल से मशकूर हूँ।"

वे फिर चुप हो गये। कुछ क्षण खाँसते रहे और फिर अटक-अटक कर उन्होंने जो दो-मिनटी तकरीर की, वह कुछ यूँ थी : "स्कूल के दिनों में मुझे भी शायरी का शौक था और मेरा तख़ल्लुस मेरे इस शौक का शाहिद[२] है, लेकिन मैं अपनी ता'लीम पूरी नहीं कर पाया और मुझे दुकान पर बैठना पड़ा और मेरी तमाम शे'र-ो-शायरी गुलदस्ता-ए-ताक-ए-निसियाँ[३] बन कर रह गयी। अब हुनर साहब लाहौर आये हैं और आपने मुझे अपनी अंजुमन की सदारत बख़्शी है तो मैं भी अपना यह पुराना शौक आप लोगों की सोहबत में कुछ पूरा करूँगा। मैं तो केमिस्ट हूँ और आर्ट को ज़्यादा नहीं समझता। बस इतना जानता हूँ कि जैसे दो-तीन ज़हरीली दवाइयाँ, दूसरी दवाओं के साथ मिल कर एक ज़िन्दगी-बख़्श दवा में बदल जाती हैं, इसी तरह ज़िन्दगी के तल्ख़ और ज़हरीले तजरुबात, शायर के तख़ईल[४] के साथ तहलील[५] हो कर ज़िन्दगी-बख़्श और रूह-परवर शे'र की सूरत में रू-नुमा[६] होते हैं। शायर के अन्दर का केमिस्ट कैसे वह सब करता है, इसे कोई नहीं जानता!"

'वाह ओये केमिस्ट देआ पुत्तरा! किन्नी लाजवाब सिमिली दित्ती ऐ[७]।' चेतन चिल्लाना चाहता था। लेकिन वह चुप रहा और जब हुनर साहब दोनों हाथ प्रशंसा में उठाये, यह कहते हुए अपनी जगह उछले कि : "वाह वा हुज़ूर साग़र साहब! क्या पते की बात कही है! शायरी की उस कीमियागिरी[८] की क्या हकीकी तफ़सीर[९] पेश की है!" —तो चेतन

---

१. प्रसाद-स्वरूप
२. साक्षी
३. विस्मृति के आले का गुलदस्ता
४. कल्पना
५. घुल-मिल कर
६. प्रकट
७. वाह बे केमिस्ट के बेटे, कैसी लाजवाब उपमा दी है।
८. रसायन-कला
९. यथार्थ व्याख्या

समझ गया कि यह तकरीर भी हुनर साहब ही का कारनामा है।

हुनर साहब की दाद के साथ ही उनके शागिर्द बेतहाशा तालियाँ पीटने लगे। लेकिन इस सराहना से 'हुज़ूर साग़र साहब' के ख़यालात का प्याला कुछ ऐसा छलका कि उसमें तलछट तक न बची। वे क्षण भर स्तम्भित-से खड़े रहे, फिर उन्होंने हाथ जोड़ कर सब से विदा ली और बाहर की तरफ़ चल दिये। कैलाशनाथ 'फ़रहत,' नायब-सदर भी अपने पिता के साथ हो लिये। तब हुनर साहब ने चातक जी के कान में कहा कि वे नीरव जी को सदारत करने के लिए कहें। वक्त बहुत थोड़ा बचा है, अगला प्रोग्राम जारी रखें। वे सदर साहब को छोड़ कर अभी आते हैं।

और वे लपक कर लाला दौलतराम 'साग़र' के पीछे हो लिये।

o

किसलय और कण्टक जी मिनमिनाते हुए अपने दो प्रेम-गीत पढ़ गये थे, जब लाला दौलतराम 'साग़र' को छोड़ कर हुनर साहब अपने दल-बल सहित अन्दर आये। 'शैदा' शर्मा तो वहीं पीछे चेतन के साथ ड्यूटी पर खड़े हो गये कि इस मरहले पर भी कोई अतिथि आ जाये तो उसे उपयुक्त जगह बैठायें और चाय वग़ैरा पिलायें। हुनर साहब, शातिर और फ़िगार वग़ैरा आगे जा बैठे। शेष दो-तीन लड़के, जिन्हें चेतन नहीं जानता था, शैदा के साथ खड़े रहे। उस वक्त चातक जी ने करुण जी का नाम लिया और उन्हें — 'छद्म सम्भ्रान्तता और पूँजीवाद का पर्दाफ़ाश करने वाले अपने ओज-भरे दोहों से जनता को चकित और प्रभावित करने' के लिए कहा।

करुण जी, विद्रोही की मुद्रा में खड़े हुए और उन्होंने पहला दोहा, हॉल को अपनी आवाज़ से गुँजाते हुए, सुनाया :

इक शतरंजन में रमै मन-रंजन के हेत
एकहिं घोर कठोर श्रम, साँसहु लेन न देत

(अभी उन्होंने मुश्किल से दोहा पूरा किया था कि हुनर साहब कुर्सी से उछले और उन्होंने 'वाह, कैसी तल्ख़ हकीकत बयान की है, मुकर्रर इरशाद!' का नारा लगाया।) करुण जी 'मुकर्रर इरशाद' का मतलब नहीं समझे और चुप हो गये तो हुनर साहब बोले, "ख़ूब कहा है, फिर पढ़िए।"

करुण जी ने और भी जोश से दोहा पढ़ा। वैसी दाद तो उन्हें कभी हिन्दी में मिली न थी। फिर तो यह हुआ कि करुण जी दोहा पढ़ते, हुनर साहब शे'र की तरह दोहे की पहली पंक्ति उठाते और वे ही नहीं, उनके साथी भी दाद देते। हुनर साहब की देखा-देखी, चातक जी भी पहली पंक्ति दोहराने और 'पुनः पढ़िए' की रट लगाने लगे।

चेतन को पूरा विश्वास था, करुण जी की भाषा का एक शब्द भी हुनर साहब के पल्ले न पड़ता होगा। दोहे की पंक्ति दोहराते वक्त वे ख़ासे ग़लत उच्चारण से पंक्ति बोलते थे, लेकिन या तो वे बोर हो गये थे या अपने हिन्दी साथियों को बढ़ावा देने के ख़याल से, बढ़ कर दाद दे रहे थे। उनके चेले, प्रकट ही मज़ाक में, 'मुकर्रर इरशाद, वाह वा' का शोर मचाये थे; लेकिन करुण जी बेहद उत्साहित हो आये और चेतन को लगा कि वे पूरी सतसई सुना कर ही बैठेंगे। पर ऐन उस वक्त लाला कर्मचन्द, जो हॉल में होने वाली समस्त

गतिविधि की निगरानी रखते हुए, काउण्टर और कुर्सियों के बीच ख़ाली जगह में घूम रहे थे, चुपचाप चेतन के पास आये और उसे ज़रा परे ले गये। उसके कन्धे पर आ बैठने वाली मक्खी को टप से जहन्नुम रसीद करते हुए, उन्होंने कहा, "साढ़े सात बजने वाले हैं, जो टाइम तय हुआ था, उससे आध घण्टा ज़्यादा हो गया है, आप अपनी मीटिंग बरख़ास्त कीजिए, मैं दस मिनट में हॉल ले लूँगा।"

चेतन ने जा कर हुनर साहब के कान में यह बात कही। हुनर साहब ने चातक जी के कान में कही, चातक जी ने नीरव जी के और नीरव जी ने, दायें होंट में मुस्कराते हुए, करुण जी से कहा कि भाई समय बहुत हो गया है, अब चातक जी को एक कविता पढ़ लेने दो।

करुण जी ने लगभग गरजते हुए दोहे की पंक्ति पढ़ी थी :

एक महा बाम्हन बनो, माल हरामी खाय

और हुनर साहब को मिसरा उठाने का मौका देने के लिए वे रुके थे। हुनर साहब यह पंक्ति दोहरा रहे थे कि नीरव जी ने श्री करुण से वह बात कही। कवि बिफर गये और बिना दूसरी पंक्ति पढ़े, बैठ गये।

तब चातक जी अपनी जगह उठे। रंग उनका एकदम पीला पड़ गया। बालों की लट को उन्होंने पीछे हटाया और 'मान्य सभापति और सज्जनों' को यह बताया कि चूँकि समय बहुत हो गया है, इसलिए वे लम्बी भूमिका नहीं बाँधेंगे और सभापति जी के आदेशानुसार एक नितान्त नयी कविता 'देवि तुम्हारी चुप कहती है' सुधी श्रोताओं को सुनायेंगे। और इस भूमिका के बाद, वे कविता पढ़ने लगे :

देवि तुम्हारी चुप कहती है — तुम अब मुझको भूल गयी हो
पता नहीं किस स्वर्ग-लोक का फूल प्राप्त कर फूल गयी हो
फूलों के बदले तुम मेरे मग में बो कर शूल गयी हो
मेरी अभिलाषाओं को अनजान बना कर धूल गयी हो

दिया जलाया था मैंने जो
तव उस में करने उजियाला
मेरे जीवन में सुलगा दी
उसने एक भयानक ज्वाला

०

उस वक्त, जब कवि भाव-भीने स्वर में कविता का तीसरा बन्द पढ़े रहे थे और उन्होंने वह बन्द मुश्किल से पूरा किया था, (और उनकी कविताओं में प्रायः नौ से ग्यारह बन्द रहते थे) तभी काउण्टर के पास ज़बरदस्त हंगामा हो गया। बात यह हुई कि ज्योंही कवि चातक कविता पढ़ने लगे, हुनर साहब ने आ कर चेतन ने कहा कि वह लाला कर्मचन्द का हिसाब निबटा दे और उनसे रसीद ले कर, बाकी पच्चीस रुपये दे दे।

चेतन लाला कर्मचन्द से रसीद ले रहा था कि मुगदर और उसके साथियों ने (हुनर साहब के संकेत पर ही) अपनी जेबों से, बड़ी सफ़ाई से तह किये हुए, ख़ाकी काग़ज़ के बड़े-बड़े लिफ़ाफ़े निकाले और पलक-झपकते, पाँच-छै मेज़ों पर शेष दस-बारह मेहमानों

के लिए रखी प्लेटों से केक-पेस्ट्रियाँ और नमकीन उठा कर, अलग-अलग लिफ़ाफ़ों में भर लिया। लाला कर्मचन्द चेतन को रसीद दे कर रुपये गिन रहे थे कि उनकी नज़र उन लोगों पर गयी। रुपये जेब में ठूँसते हुए, वे उधर को लपके।

"यह क्या बदतमीज़ी है ?" अपने राज-दण्ड को हवा में हिलाते हुए वे चिल्लाये।

मुगदर ने अपने हाथ का लिफ़ाफ़ा शातिर को दिया और आँख का हल्का-सा इशारा किया कि वे सब गोल हो जायें। फिर बाँहें चढ़ा कर और सीना फुला कर, वह बमका — "ओए वड्डे होटेलियर देया पुत्तरा, ज़रा ज़बान सँभाल के गल्ल कर[१] !"

मुगदर ने यह बात इतने ज़ोर से कही कि चातक जी की कविता उनकी ज़बान पर जम गयी और सभापति-समेत सभी, कुर्सियाँ छोड़, उधर को भागे। लाला कर्मचन्द शातिर के हाथ से लिफ़ाफ़े छीनने के लिए बढ़े थे कि शैदा ने उनका रास्ता रोक लिया।

"बदतमीज़ किस पेऊ नूँ आक्खिया ई[२]!" वह गरजा।

'क्या बात है, क्या बात है,' कहते हुए नीरव जी, चातक जी और शुक्ला जी आ गये, हुनर साहब ने एक हाथ से शैदा को परे धकेला और दूसरा, लाला कर्मचन्द के कन्धे पर रखते हुए पूछा कि क्या मामला है!

होटल के बैरे भी अपने मालिक की मदद को आ गये थे।

"ये सब मिठाई और केक और नमकीन उठा कर लिये जा रहे हैं।" लाला कर्मचन्द ने मक्खी-मार वाली बाँह फ़रियाद में उठाते हुए कहा।

शैदा पीछे से गर्दन आगे को बढ़ा कर गरजा, "ते मुफ़्त लई जा रहे हाँ, लुट्ट के लई जा रहे हाँ! पैसे नहीं दित्ते पजाहाँ मेहमानाँ दे! ओहना दे हिस्से दा समान ही ताँ लीत्ता ई[३] !"

शातिर और फ़िगार अपने साथियों के साथ दरवाज़े के बाहर जा रहे थे कि एक बैरा उन्हें रोकने को बढ़ा। हुनर साहब की बाँह झटक कर शैदा उधर लपका और उसने बैरे की बाँह पकड़, उसे ज़ोर से घुमा कर छोड़ दिया; बैरा काउण्टर के साथ जा लगा और गिरता-गिरता बचा।

"अपने आदमियाँ नूँ सँभाल लओ वड्डे होटेलियर साब, जे किसे ने हत्थ उठाया, जाँ साड्डे किसे साथी नूँ रोक्केया ते इह सारे पिर्च-प्याले उठा के माल ते सुट्ट देयाँगे[४] !" शैदा ने धमकी दी।

"सुट्ट ताँ ज़रा इक प्याला[५] !" लाला कर्मचन्द, जो क्रोध में उर्दू के बदले पंजाबी बोलने लगे थे, उधर को लपके।

हुनर साहब ने फिर एक हाथ से शैदा को परे किया और दूसरे से कर्मचन्द के कन्धे

---

१. ओ बड़े होटलियर के बच्चे, ज़बान सँभाल कर बात कर

२. बदतमीज़ किस बाप को कहा है ?

३. तो क्या मुफ़्त लिये जा रहे हैं, लूट कर ले जा रहे हैं ? पैसे नहीं दिये क्या पचास मेहमानों के ? उनके हिस्से का सामान ही तो लिया है!

४. अपने आदमियों को सँभालो, बड़े होटलियर साहब! अगर किसी ने हाथ उठाया, या हमारे किसी साथी को रोका तो ये सब पिरच-प्याले उठा कर माल पर फेंक देंगे।

५. फेंक तो ज़रा एक भी प्याला।

को थपथपाते हुए बोले, " लाला जी, आप लड़कों के मुँह न लगिए, हमसे बात कीजिए। क्या दाग़ साहब ने आपको पूरे पैसे नहीं दिये ?"

अपनी तमाम खिन्नता और उदासीनता के बावजूद चेतन को मज़ा आ रहा था। उसने कहा, "मैंने पूरे पचास आदमियों के पैसे दे दिये हैं।"

"तो फिर आपको किस बात की शिकायत है ?" हुनर साहब ने मोमनी-सी सूरत बना कर लाला कर्मचन्द से पूछा।

"लेकिन...." लेकिन क्या ? लाला कर्मचन्द कुछ न कह पाये।

तब हुनर साहब ने कहा, "असल में बात यह है लाला जी कि हमारे दस-बारह मेम्बर पुराने ख़यालों के हैं। प्याले-पिरचों में नहीं खाते। उनका ख़याल था कि किसी घर में या खुले में पार्टी की जाय, होटल में न की जाय। आपका होटल बहुत अच्छा है, आप जब मक्खी नहीं बैठने देते तो हाइजीन[१] का भी पूरा ख़याल रखते होंगे, लेकिन आम तौर पर, होटलों में बर्तन ठीक से नहीं धोये जाते।"

"आप बिलकुल ठीक कहते हैं," शुक्ला जी ने, सुर्ती को गिरने से बचाने के लिए निचले होंट का प्याला-सा बनाते हुए, मुँह को ज़रा ऊपर उठा कर कहा, "एक ही बाल्टी के पानी में बैरे बर्तन डाल देते हैं और उसी गन्दे पानी से धोये जाते हैं।"

"मैं उबले पानी से बरतन धुलवाता हूँ।" लाता कर्मचन्द गरजे।

"मैंने तो पहले ही कहा कि आप बहुत सफ़ाई-पसन्द हैं, लेकिन यह मिडल-क्लास के लोगों की अंजुमन है," हुनर साहब उन्हें समझाते हुए बोले, "हम में कुछ पुराने ख़याल के लोग भी हैं। अब उनसे चन्दा लिया है। उनका मुँह तो मीठा कराना ही होगा। आप को पूरे पैसे दे दिये। पचास-के-पचास मेम्बर आ जाते तो मिठाई-नमकीन के अलावा आप को चाय भी देनी पड़ती। चार-पाँच रुपये तो आपको बच ही गये। उनमें से आधे आप हमारी तरफ़ से बैरों को बख़्शीश दे दीजिएगा!" यह कह कर और बिना उन्हें कुछ भी आगे कहने का मौका दिये, हुनर साहब चातक जी की ओर मुड़े, "आप की नज़्म अधूरी रह गयी, इसका अफ़सोस है, असल में होटल वग़ैरा ऐसी मजलिसों के लिए मौज़ूँ नहीं। लेकिन दाग़ साहब होटल ही में जलसा करना चाहते थे। ख़ैर, चलिए, कहीं खुले में मजलिस जमाते हैं और जम कर सुनते-सुनवाते हैं।"

और लाला कर्मचन्द को, हाथ में मक्खी-मार लिये, हतप्रभ खड़े छोड़ कर, हुनर साहब सब के साथ माल पर आ गये।

अड़तीस

"चन्दा, मैं खाना नहीं खाऊँगा, न भाई साहब ही खायेंगे! तरकारी-वरकारी तो तुमने पका ली होगी, पर रोटियाँ अपने ही लिए बेलना।" चन्दा रसोई-घर में बैठी रोटियाँ बना रही थी,

---

१. सफ़ाई वग़ैरह, स्वास्थ्य के सिद्धान्त

जब साइकिल को सीढ़ियों में यथास्थान टिका कर, चेतन सीधा किचन में गया और चौखट में खड़े-खड़े उसने अपनी पत्नी को यह सूचना दी।

चन्दा ने रोटी बेलना छोड़ कर आँखें उठायीं। इससे पहले कि वह कुछ पूछती, चेतन हँसा, "हमने इतने केक-पेस्ट्रियाँ और समोसे उड़ाये हैं कि पेट में तिल धरने को जगह नहीं। तुम खा-पका कर ऊपर आ जाना। मैं जा रहा हूँ। थक गया हूँ; लेटूँगा।"

और बिना उसका उत्तर सुने, वह कमरे में आया और कपड़े बदलने लगा।

०

'एलफ़िन्स्टन होटल' के बाहर निकल कर उन्होंने तय किया था कि वे लोग, गोल बाग़ में मजलिस जमायेंगे। लाला कर्मचन्द को चकमा दे कर, पेस्ट्रियाँ और केक उड़ाने पर, वे लोग इतने प्रसन्न थे और उस मक्खी-मार होटलियार पर इतनी फब्तियाँ उन्होंने कसी थीं कि पुरानी आरकली के चौरस्ते तक पहुँचते-न-पहुँचते, उनके पेट में बल पड़ गये थे और आँखों में पानी आ गया था। सोसाइटी की स्थापना के सिलसिले में महीनों की दौड़-धूप का अन्त ऐसे हास्यास्पद ढंग से हुआ था कि चेतन के मन में क्रोध भी था और खिन्नता भी; लेकिन उस सामूहिक उल्लास में, वह अपनी तमाम खिन्नता भूल गया था और उस क्षण, वह अपने साथियों की बातचीत में योग देने और रस लेने लगा था।

चौरस्ते पर पहुँच कर भाई साहब ने प्रस्ताव किया था कि इतनी दूर, गोल बाग़ पर जा कर मजलिस जमाने में क्या तुक है। बाइबल सोसाइटी के इधर, सड़क के किनारे, मख़मली घास का लॉन है। पानी का नल भी है। एकान्त है। क्यों न वे लोग वहीं बैठें। उन्हें भी दुकान बन्द करके उनके साथ बैठने में आसानी होगी।

हुनर साहब और चातक जी फ़ौरन तैयार हो गये थे, लेकिन नीरव जी ने उनसे छुट्टी ले ली थी। उनकी प्रौढ़, अध्यापकीय गम्भीरता को, यूँ लौंडों की तरह, बर-लबे-सड़क बैठ कर गोष्ठी जमाना पसन्द नहीं थी। करुण जी अभी तक बिफरे हुए थे। फिर, वे अपने काव्य का सिक्का जमा चुके थे और जानते थे कि अब चातक जी अपनी लम्बी, लिजलिजी कविताएँ पढ़ कर बोर करेंगे, इसलिए 'करुण काव्य कुटीर' और 'शुक्ल साहित्य सदन' की कृष्ण नगरी पार्टी को ले कर, वे चौरस्ते से अलग हो गये थे। शातिर, फ़िगार और मुग र के अलावा हुनर साहब के चेलों ने भी चौरस्ते से छुट्टी ले ली थी। बाकी लोग लॉन पर आ बैठे थे। मिठाई और नमकीन के लिफ़ाफ़े खोले गये थे और हालाँकि सबने 'एलफ़िस्टन' में अपने हिस्से की चीज़ें खायी थीं, लेकिन माले-ग़नीमत[१] को उड़ाने में दूसरा ही लुत्फ़ था। ठहाके लगाते और लाला कर्मचन्द को दुआएँ देते हुए, सब ने बढ़-बढ़ कर हाथ मारे थे। जब तक सामग्री पूरी तरह ख़त्म नहीं हो गयी, भाई साहब भी बैठे रहे थे। फिर उन्हें सहसा गुप्ता का ख़याल आ गया था और वे उनसे छुट्टी ले कर, दुकान बन्द करने चले गये थे और हुनर साहब के ज़ोर देने पर चातक जी ने फिर अपनी वही कविता शुरू कर दी थी :

देवि तुम्हारी चुप कहती है....

०

---

१. लूट का माल

सूट को तहा कर चेतन ट्रंक में रखने जा रहा था कि उसे ख़याल आया सुबह उसे फिर लाला हाकिमचन्द से मिलने जाना है। उसने कोट को खूँटी पर टाँग दिया और पतलून को तहा कर चारपाई के सिरहाने रख दिया। कमीज़ और टाई उतार कर उसने दूसरी खूँटी पर टाँगी फिर कुर्ता और तहमद पहनने लगा। सड़क के किनारे होने वाली उस गोष्ठी की याद आने पर वह सहसा मुस्करा दिया।....

०

चातक जी, एक लम्बी कविता सुना कर, दूसरी की भूमिका बाँध रहे थे, जब भाई साहब दुकान बन्द करके आ गये थे। चेतन तत्काल उठा था।

"आप लोग जारी रखिए," उसे कहा था, "लेकिन मैं इजाज़त चाहूँगा, मुझे लाला-हाकिमचन्द ने कल सुबह अपने घर बुलाया है और शाम को मुझे गाड़ी चढ़ना है।" तब चातक जी को 'नमस्कार' करके, हुनर साहब से उसने कहा था, "इन्शा अल्लाह चार महीने बाद मिलेंगे हुनर साहब! तब तक उम्मीद है, लाहौर के बाकी कॉलेजों के शायर भी सोसाइटी के मेम्बर बन जायेंगे।" उसके स्वर में हल्का-सा व्यंग्य था। लेकिन हुनर साहब ने उस पर ध्यान नहीं दिया।

"इन्शा अल्लाह!" उन्होंने बाँछें खिलाते हुए कहा, "लेकिन उससे पहले तो तुम हमें शिमला बुलाओगे —सोसाइटी की शिमला ब्राँच के इफ़्तिताह पर!"

"इन्शा अल्लाह!" चेतन हँसा था और 'आदाब' करते हुए, भाई साहब के साथ चला आया था।

घर के बाहर भाई साहब ने उसे बताया कि वे खाना नहीं खायेंगे और वह चन्दा से कह दे। वे कान्ता बहन के घर चले गये थे और चेतन साइकिल लिये, सीढ़ियाँ चढ़ आया था।

०

कपड़े बदल कर चेतन ने सीढ़ियों को दरवाज़ा बन्द किया और सीटी बजाता हुआ ऊपर को चला। वह किचन के सामने से जा रहा था, जब चन्दा ने उसे आवाज़ दी —"ज़रा सुनिए!"

वह किचन की चौखट में जा खड़ा हुआ।

"मैंने छत पर दोनों बिस्तर बिछा दिये हैं!" चन्दा ने मुस्कराते हुए कहा, "बस आप यह कीजिए कि पानी की सुराही और गिलास लेते जाइए।"

चेतन ने तहमद को ज़रा-सा उठा कर कमर में खोंस लिया कि सीढ़ियाँ चढ़ते वक्त पैरों में न फँसे और सुराही-गिलास उठा कर चल दिया। ऊपर पहुँच कर, सुराही उसने शहनशीन पर टिका दी, गिलास उसकी लम्बी गर्दन में फँसा दिया और जा कर धम से चारपाई पर बैठ गया।

अप्रैल की अन्तिम रातें थीं; दिन चाहे काफ़ी गर्म हो गये थे, लेकिन रात को छत पर बड़ी प्यारी ठण्डक होती और पिछले पहर तो कम्बल की ज़रूरत पड़ जाती। चेतन का बिस्तर ठण्डा था। हल्केपन के कुछ अजीब से एहसास के साथ उसने उचक कर पैर ऊपर कर लिये और पसर कर चित लेट गया —एक सुखद सरसराहट उसके सारे बदन में दौड़

गयी।

छत पर अपूर्व एकान्त था। अमृतधारा मुहल्ले के इस मकान का आकर्षण यही छत थी। अव्वल तो मुहल्ले में अधिकांश मकान अभी एक-मंज़िले थे। पूरी पंक्ति में वही मकान दो-मंज़िला था, जिसमें उसने एक कमरा और किचन किराये पर लिया था; फिर छत पर दो तरफ़, ऊँचा पर्दा था, तीसरी तरफ़ सीढ़ियों की दीवार थी और चौथी तरफ़ ऊँची शहनशीन!....बिस्तर पर आराम से पसर कर, चेतन ने दोनों हाथ सिर के नीचे रख लिये और चुपचाप आकाश की ओर देखने लगा। मई-जून में प्राय: गर्द-गुबार नीचे से उठ कर, लाहौर के आकाश को बेतरह छा लेता है और रात को चाँद की बात तो दूर, दिन को सूरज भी उसकी निहायत मोटी तह को भेद कर अपनी चमक नहीं फैला पाता और बे-आब, लेकिन दहकती थाली-सा, आसमान में लटका रहता है। वह गर्द-गुबार अप्रैल के इन अन्तिम दिनों में अभी धरती की गोद में सोया हुआ था और चाँद, निर्द्वन्द्व अपनी आभा लुटा रहा था।

सुकून-भरी सुखद चाँदनी में, अपने ठण्डे बिस्तर पर बड़े आराम से लेटे हुए, चेतन को सहसा पुरानी अनारकली और माल के चौरस्ते पर, सड़क के किनारे लॉन में बैठे, काव्य-गोष्ठी जमाये हुए कवियों का ख़याल आ गया —वे लोग अभी तक वहीं गोष्ठी जमाये होंगे। चातक जी अपनी कविताएँ सुना चुके होंगे, अब हुनर साहब उन्हें अपनी ग़जलें और नज़्में या किस्से-कहानियाँ सुना रहे होंगे और चातक जी अपने बीवी-बच्चों को भूल कर, दत्तचित्त, उनकी बातें सुन रहे होंगे।....हो सकता है, स्वयं कोई चीज़ सुनाने की बजाय हुनर साहब अपने चेलों की रचनाएँ चातक जी को सुना कर, उन पर रोब ग़ालिब कर रहे हों। और चेतन के सामने एक-एक कर उनके सभी चेलों की सूरतें घूम गयीं —उसकी आँखों में अमृतसरिया मल 'दीवाना' का खुला मुख और लटका, निचला होंट उभरा....('उसे क्या तकलीफ़ है कि वह शायरी के पीछे यूँ दीवाना है और यह भी नहीं जानता कि जब वह शे'र पढ़ता है तो बेहद दयनीय लगता है।' उसने सोचा....) फिर राम प्रसाद 'नसीम' का, ऊपर-नीचे होता टैंटुआ उभरा; दीवान चन्द 'गौहर' का काँपता घुटना; और अपने शे'रों की प्रशंसा सुन कर, लाज-भरी प्रसन्नता से दमक उठने वाला, उस मुगदर 'शैदा' का उल्लसित मुख; फिर अन्त में, रणवीर ही की तरह हुनर साहब को प्रसन्न करने के लिए 'शातिर' की तत्परता उसके सामने आ गयी....तभी उसे ख़याल आया, वह ख़ुद भी तो रणवीर और शातिर की तरह हुनर साहब से प्रभावित हुआ था। अगर वह शुरू के दिनों में कुछ वक्त उनके साथ मज़ंग में न रहा होता तो कभी उनकी लम्पटता को न जान पाता, जिसे वे अपनी प्यारी मुस्कान और लच्छेदार बातों में छिपाये रहते थे।....('शायद ये लोग भी जान लेंगे,' चेतन ने मन-ही-मन हँसते हुए कहा, 'लेकिन तब तक हुनर साहब दूसरे चेले अपने गिर्द इकट्ठे कर चुके होंगे....')

और उसे हुनर साहब के बीवी-बच्चों का ख़याल आया। चातक जी के बारे में तो उसे मालूम था कि वे अपनी पत्नी की कुरूपता और अक्खड़ता से भाग कर, काव्य में आश्रय ढूँढते थे, लेकिन क्या हुनर साहब की यही स्थिति न थी। वह जब मज़ंग में उनके यहाँ कुछ दिन रहा था तो उसे उनकी पत्नी के दर्शन हुए थे। उसका रंग तो गोरा था, लेकिन नाक चौड़ी और भद्दी और चेहरा दबा-दबा था — पतली-दुबली, सूखी-सड़ी और

चिड़चिड़े स्वभाव की —अपने गोरे रंग के बावजूद वह चेतन को बदसूरत लगी थी। हुनर साहब भी प्रकट ही अपनी पत्नी से डरते थे, इसलिए वे अपने कस्बे और दुकान और घर से भाग कर जालन्धर और लाहौर के नये-नये शायरों की संगत में, महीनों काट देते थे....('लेकिन हुनर साहब एकदम प्रतिभाहीन तो नहीं हैं,' चेतन ने मन-ही-मन कहा, 'वे क्यों अपने वक्त को ऊँचे दर्जे की रचनाओं में नहीं लगाते —क्या वे आज से बीस साल बाद भी यही सब करते रहेंगे ? क्या वे कभी अपने आपको न पहचानेंगे ? चातक जी तो सिर्फ़ मैट्रिक पास हैं। पर हुनर साहब तो बी०ए० हैं....लेकिन न तो वे जर्नलिज़्म के मैदान में कुछ कर सके, न शायरी के....')

चेतन को उन पर दया हो आयी। फिर वह मन-ही-मन हँसा —अगर वे ऐसे न होते तो क्या वह इतनी आसानी से अपनी बला उनके गले मढ़ कर, इस चक्कर से आज़ाद हो जाता!....अब वह कभी ऐसे चक्कर में नहीं फँसेगा, उसने मन में प्रतिज्ञा की —सोच-समझ कर अपना प्रोग्राम बनायेगा और पूरी निष्ठा से उस पर चलेगा। हुनर साहब की तब तक की ज़िन्दगी, उनकी तमाम लम्पटता, उसके सामने घूम गयी। महज़ खाने-पीने के लिए वह सब दन्द-फन्द करना और कुछ भी महत्वपूर्ण काम सरअंजाम न देना, उसे केवल पशुओं की तरह जीना लगता था और वचपन में पिता द्वारा कण्ठस्थ कराया गया, संस्कृत का एक श्लोक उसके कानों में गूँज गया, जिसे वर्षों बाद उसने मैट्रिक में अपने संस्कृत के पाठ्य-क्रम में पढ़ा था। वह धीरे-धीरे उसे गुनगुनाने लगा :

आहार, निद्रा, भय मैथुनं च सामान्यमेतद् पशुभिर्नराणाम्
धर्मो हि तेषामधिकोविशेषः धर्मेणहीना पशुभिः समानाः

चेतन कितनी ही देर यह श्लोक गुनगुनाता रहा और मन-ही-मन प्रतिज्ञा करता रहा है कि वह पशुवत नहीं जियेगा। इस वक्त उसका धर्म, लाला हाकिमचन्द की लड़की को हिन्दी 'रत्न' में पास कराना है; आगे शिक्षा प्रात करना है; कानून की परीक्षा में डिस्टिंक्शन लेना है और साथ-साथ साहित्य-सेवा करना है। वह पूरी तरह अपना धर्म निबाहेगा और अपने ध्येय तक पहुँच कर ही दम लेगा....

०

वह धीरे-धीरे श्लोक गुनगुना रहा था, जब उसने सीढ़ियों में अपनी पत्नी के आने की पदचाप सुनी। उसने करवट बदल कर देखा —दायें हाथ में थाली उठाये, बायें से साड़ी सँभाले, चन्दा सीढ़ियों से आ रही थी।

"यह क्या लायी हो!"

चाँदनी में चन्दा की बत्तीसी खिल गयी। उस क्षण चेतन को वह दुनिया की सुन्दरतम औरत लगी! वह उसके पास आ कर खड़ी हो गयी।

"आज मैंने चने की दानेदार दाल पकायी है," उसने झिझकते हुए कहा, "एक-एक दाना अलग है। कान्ता बहन ने आम का अचार भेजा है। मैं दो फुल्के लायी हूँ।"

"अरे, मैं सुबह खा लेता। अभी ऐसी गर्मी थोड़े ही पड़ने लगी है कि सुबह तक ख़राब हो जाय। वहाँ शहनशीन पर रख कर ढँक दो।"

"केक-पेस्ट्री से कोई पेट भरता है," चन्दा उसके सामने, अपनी चारपाई की पट्टी

पर बैठ गयी और थाली उसने गोद में रख ली, "आधी रात को आप फिर भूख की शिकायत करेंगे। दो ही फुल्के लायी हूँ, खा लीजिए। केक-पेस्ट्री क्या सबके हिस्से ही आप ही खा गये ?" और वह फिर हँसी।

"बात तो कुछ ऐसी ही है।" चेतन उछल कर उठा। नीचे पैर रख कर उसने चारपाई ज़रा परे सरका दी और टाँगें लटका कर, चन्दा के सामने बैठते हुए, उससे थाली ले कर अपनी गोद में रख ली।

"ठहरिए, मैं पानी ला कर आपके हाथ धुलवा दूँ।" वह उठी और सुराही से गिलास भर लायी। थाली गोद में रखे-रखे, सिरहाने की ओर बाँहें बढ़ा कर चेतन ने हाथ धोये। चन्दा ने साड़ी का आँचल बढ़ा दिया। उसी से चेतन ने हाथ पोंछ लिये और रोटी का ग्रास तोड़ कर आम के अचार को छुलाते हुए, दाल से भर कर मुँह में रखा।

चन्दा पाक-शास्त्र में निपुण नहीं थी। उसे ज़्यादा सालन-वालन पकाने नहीं आते थे, लेकिन गोश्त वह बहुत अच्छा पकाती थी और चने की दानेदार दाल तो उसकी अपनी विशेषता थी। हालाँकि चेतन को भूख नहीं थी, लेकिन पहला कौर मुँह में रखते ही उसे हल्की-सी भूख लग आयी।

"बहुत अच्छी दाल पकायी है," उसने खाना खाते हुए कहा।

मना करने के बावजूद, चन्दा का यूँ खाना ले आना चेतन को अन्दर-ही-अन्दर कहीं बेतरह छू गया। खाना शुरू करने से पहले हाथ धोने के लिए उसका ज़ोर देना भी उसे अच्छा लगा। पहले कभी वह इन बातों का ध्यान न रखती थी....चेतन के सामने चंगड़ मुहल्ले के दिन घूम गये, जब चन्दा की सबसे बड़ी ख़ूबी, उसकी गहरी नींद थी। वह जब आधी रात को समाचार-पत्र के दफ़्तर से आता तो उसे जगाने के प्रयास में सारी गली को जगा देता था....प्रकट ही उसकी पत्नी अब बहुत बदल गयी थी। चन्दा फिर सुराही से गिलास भर लायी, उसके सामने बैठ गयी और पायँते से ज़रा-सा बिस्तर हटा कर, उसने गिलास को चारपाई की पट्टी पर टिका दिया।

"कैसी रही पार्टी ?" उसने मुस्कराते हुए पूछा।

"अच्छी रही!" चेतन हँसा, "अपनी सारी बला मैंने हुनर साहब के सिर डाल दी — सब के सामने सबकी मर्ज़ी से! और ज़ितना पैसा इकट्ठा किया था, वह मेम्बरों, सरपरस्तों और लेखकों की चाय-पार्टी में ख़र्च कर दिया।....हुनर साहब ने मुझसे कहा था," सहसा चेतन ने गिलास उठा कर पानी का घूँट भरा, "कि मैं बेकार की पार्टी दे रहा हूँ। मुझे चाहिए कि पच्चीस-तीस में अपना सूट बनवाऊँ और बाकी पैसे उनके हवाले कर दूँ।...."

"हाँ, आपने बताया था!" चन्दा बोली।

"जो बात नहीं बतायी," गिलास को यथास्थान रखते हुए चेतन बोला, "वो यह है कि एक बार मेरा मन भी डोला था। भाई साहब ने कहा था कि लड़की सुन्दर है और पिटवा देती है। तब मैंने सोचा था कि यह ट्यूशन न लूँ और सोसाइटी के लिए इकट्ठे किये गये रुपयों से दाख़िला दे दूँ! लेकिन मुझसे हुआ नहीं।"

"वह रुपया आप अपने ख़र्च कर लेते तो आपको हमेशा अफ़सोस रहता," चन्दा ने अपने पति का समर्थन किया, "किसी दूसरे काम के लिए लिया गया रुपया अपने ऊपर

थोड़ी ख़र्च किया जा सकता है!"

"बिलकुल!" चेतन ने कहा, "यह सरासर अमानत में ख़यानत होती।"

वह चुपचाप खाना खाता रहा। फिर बोला, "माँ कहीं यहाँ होती और मैं अपने मन में आने वाली बात का ज़िक्र भर करता तो वह सिर्फ़ इतने से बुरा मान जाती।" और वह चुप हो गया। कुछ देर बाद फिर बोला, "सोचता हूँ, सोना तो सोना है, वह कब कूड़ा दीखने लगता है और आदमी चाहने पर भी उसे छू नहीं पाता, इसका जवाब उसके अपने अन्दर, उसकी सोच ही में है। इर्द-गिर्द देखता हूँ तो पाता हूँ कि लोग आये दिन धोखा-धड़ी करते हैं —उनमें लेखक भी हैं, कवि भी और पत्रकार भी, जो कि देश की मॉरैलिटी के रखवाले हैं। अभी 'बिहार रिलीफ़ फ़ण्ड' में लोगों ने कितना रुपया नहीं ऐण्टी किया!.....ग़रीबों की मदद के लिए इकट्ठा किया गया रुपया...."

चाँदनी रात में चन्दा की बत्तीसी चमक उठी, "लोग तो चोरी करते हैं, डाके डालते हैं और दस तरह से लोगों का रुपया हज़म कर जाते हैं, लेकिन...."

"यही मैं कहता हूँ," चेतन ने जोश से कहा, "मन में लालच ज़रूर आया, लेकिन उसे दुत्कार कर भगा दिया। इसलिए हुनर साहब की बात मैंने नहीं मानी। सोसाइटी की एक पाई अपने पास नहीं रखी। जितना चन्दा इकट्ठा किया था, उतना पार्टी में ख़र्च कर दिया। इतना बोझ मेरे सिर से उतर गया कि बता नहीं सकता...." और वह चुपचाप खाना खाने लगा।

क्षण भर बाद चन्दा ने कहा, "क्या सरदार ज़गदीश सिंह आये थे ?"

चेतन हँसा, "आये थे। लेकिन होटल के बाहर ही से जब उन्हें मालूम हुआ कि राधारानी नहीं आयी तो उलटे पाँव चले गये। लॉरेन्स बाग़ में भी आज पार्टी थी। उन्होंने सोचा कि राधारानी ज़रूर वहाँ होगी। सो वे रुके नहीं। सच पूछो तो बड़े लोगों में से कोई भी नहीं आया, न लाला हरकिशन लाल, न राजा महेन्द्रनाथ, न मियाँ बशीर अहमद। और-तो-और, पण्डित रत्न, कविराज और सूफ़ी हनुमानप्रसाद भी नहीं आये और उनके न आने का फ़ायदा हुनर साहब और उनकी पार्टी ने उठाया। हमें भी घाते में भर-पेट केक-पेस्ट्रियाँ और समोसे मिल गये।" चेतन ज़ोर से हँसा, "सोसाइटी का उद्घाटन क्या हुआ, उसकी पैरोडी हुई।"

"पैरोडी!" चन्दा समझ नहीं पायी।

"पैरोडी अंग्रेज़ी का शब्द है," चेतन कहा, "तुम 'प्रभाकर' पास करके, जब अंग्रेज़ी पढ़ोगी और बी०ए० करोगी तब तुम इस शब्द के ठीक अर्थ जान लोगी। अभी इतना समझ लो कि किसी चीज़ की भौंडी नकल को पैरोड़ी कहते हैं। और एलफ़िन्स्टन में जैसे सोसाइटी का जलसा हुआ है, उसे उद्घाटन की पैरोडी के सिवा कुछ नहीं कहा जा सकता। कहाँ तो सोचता था कि मैं लाला हरकिशन लाल को प्रेज़िडेण्ट बनाऊँगा और राजा महेन्द्रनाथ से उद्घाटन कराऊँगा। वो न आयेंगे तो हफ़ीज़ जालन्धरी और अख़्तर शीरानी को तकलीफ़ दूँगा और कहाँ पार्टी की सदारत एक मोटे, ठिगने, तोंदियल केमिस्ट ने की, जिसे हुनर साहब सुख़न-फ़हम कहते थे, लेकिन जो इन शब्दों का मतलब तक न जानता था और सोसाइटी का उद्घाटन प्रोफ़ेसर दिलबहार सिंह ने किया, जो कैंची से महीन कटे बालों और

लम्बी चोटी वाले सिर, एकदम पीले ज़र्द चेहरे और कानों की लवों के बाहर को निकले बालों की वजह से सदियों पुराने किसी खँडहर को खोद कर निकाले गये इन्सान दिखायी देते। उद्घाटन करते वक्त वे काम के चार शब्द भी नहीं कह पाये। जो कसर रह गयी थी, वह हुनर साहब के चेलों ने पूरी कर दी — जो लोग नहीं आये, उनके हिस्से की मिठाई और नमकीन ज़बरदस्ती उठा लाये। और होटल के मालिक से लड़ाई होते-होते बची।"

चन्दा हँसी, "वही माल आपने उड़ाया ?"

"इतने महीनों की दौड़-धूप का यही इनाम मिला!" वह हँसा। खाना ख़त्म करके, थाली उसने अपनी पत्नी को दी और गिलास उठा कर नाली पर कुल्ला किया। सुराही से फिर उसे भर कर उसने हाथ धोये और तहमद के छोर से पोंछता हुआ वापस आया और बोला, "जो कुछ आज एलफ़िन्स्टन में हुआ, पैरोडी से भी कहीं ज़्यादा बेतुका था। तुम वहाँ होतीं तो जानतीं।" और वह फिर चारपाई पर लेट गया।

चन्दा थाली लिये हुए उठी। "मैं अभी दस मिनट में काम समेट कर आती हूँ," उसने कहा और सीढ़ियों में ग़ायब हो गयी।

०

चेतन ने अपनी पत्नी को संक्षेप में उद्घाटनोत्सव की हास्यास्पदता बता दी थी, लेकिन चन्दा के वापस आने की प्रतीक्षा करते हुए, 'एलफ़िन्स्टन' की मीटिंग का एक-एक ब्योरा और उसमें हिस्सा लेने वालों के चेहरों की एक-एक भंगिमा चेतन के सामने आने लगी।

अब, जब सब कुछ ख़त्म हो गया था और उसे सोसाइटी के चक्कर से नजात मिल गयी थी, बार-बार सोचने पर उसे यही लगता था कि अपनी शक्ति और सामर्थ्य की सीमा जाने बिना, उसे पण्डित रत्न का सुझाव नहीं मानना चाहिए था। उसके सहज ज्ञान ने सोसाइटी के सन्दर्भ में जो संशय उसके मन में पैदा किया था, उसी को अपना पथ-प्रदर्शक मान कर, उस चक्कर से उसे निकल आना चाहिए था। वह उलझ भी गया था तो भले ही वह सोसाइटी के पैसों से सूट सिलवा लेता और वापस आ कर शिमला के अपने वेतन से वह रुपया चुका देता, लेकिन उसे हुनर साहब से रुपये नहीं लेने चाहिएँ थे और यदि सोसाइटी का उद्घाटनोत्सव करना था तो स्वयं, अपने मन के मुताबिक, अपनी प्रतिष्ठा को बरकरार रखते हुए, करना चाहिए था। अब उसने चाहे वे रुपये उधार लिये हों, पर हुनर साहब ने तो अपने जाने उसे रिश्वत दी थी और उससे सोसाइटी को ख़रीद लिया था। चेतन को सहसा इस कटु सत्य का एहसास हुआ कि एक समझौता, दूसरे को जन्म देता है, दूसरा तीसरे को, और आदमी समझौतों का ग़ुलाम बनता चला जाता है और उसकी अपनी सत्ता समाप्त हो जाती है। आख़िर इस सब का नतीजा क्या निकला ? हुनर साहब ने लाला दौलतराम 'साग़र' और उनके सुपुत्र कैलाशनाथ 'फ़रहत' को सिद्ध कर लिया और चातक जी ने प्रोफ़ेसर दिलबहार सिंह को; और ख़ुद उसने (उन्हीं के माध्यम से) लाला हाकिमचन्द को! (क्या यह काम उन्हीं की तरह का नहीं था, भले ही वह उसने स्वयं नहीं किया। उस कीचड़ के छींटों से कपड़े तो वह अपने भी नहीं बचा पाया। हुनर साहब ने अपने सहयोग की कीमत ली तो उसने भी अपनी ख़ामोशी की कीमत वसूल कर ली) और सोसाइटी अपने उद्घाटन के दिन ही ठप्प हो गयी।....जब पण्डित रत्न ने उससे सोसाइटी शुरू करने के

लिए कहा था तो उसने कैसी शानदार योजनाएँ नहीं बना डाली थीं। — कहानी, कविता, संगीत और चित्र-कला — वह संस्था के चार विंग खोलेगा। चारों के अलग-अलग अध्यक्ष, मन्त्री, और उप-मन्त्री होंगे और उसकी संस्था लाहौर ही में नहीं, सारे प्रान्त — बल्कि सारे देश में प्रसिद्ध हो जायेगी....चेतन ने सामने लाला दौलतराम 'साग़र' और प्रोफ़ेसर दिलबहार सिंह के भाषण घूम गये और फिर मक्खी-मार हाथों में हुए लाला कर्मचन्द की फ़रियादी सूरत....

'फ्रॉम द सब्लाइम टु द रिडिक्युलस'[१] उसने मन-ही-मन कहा ओर छत के सन्नाटे में अपने आप ठहाका मार कर हँस उठा।

"किस बात पर हँस रहे हैं, अकेले-अकेले!"

चेतन ने करवट बदली। चन्दा सीढ़ियों पर आ रही थी। एक पाँव सीढ़ी पर और दूसरा छत पर रखे, वह साँस दुरुस्त कर रही थी।

"हँस रहा हूँ अपने सपनों और उनके बेतुके अंजाम पर!" चेतन ने कहा और फिर अपनी सोच में ग़र्क हो गया। चन्दा उसके पास पायँते की पट्टी पर आ बैठी। वह ज़रा परे को खिसक गया कि चन्दा आराम से बैठ जाय।....

"मेरा दोस्त अनन्त मुझे कहा करता है कि मैं हमेशा का चुग़द हूँ," सहसा वह धीरे-धीरे, आत्म-भर्त्सना के मूड में बोलने लगा, "मुझे उसका यह रिमार्क बुरा भी लगता रहा है। लेकिन कभी-कभी मैं सोचता हूँ कि बात उसकी असलियत से दूर नहीं। मेरे स्वभाव में ख़ासी बेवकूफ़ी है।" वह चुप हो गया। चन्दा अपने पति के इन मूड्स को समझने लगी थी। वह मौन बनी, प्यार से उसके बाल सहलाती रही।

अपनी सोच को मुखर करते हुए, चेतन फिर कहने लगा, "मैं एलफ़िन्स्टन की पार्टी के उस दिलचस्प पहलू में यह भूल ही गया कि वह सब मेरी बेवकूफ़ी और नाकामी ही का पर्दाफ़ाश करता है। उस घटना पर मैं भाई साहब और हुनर साहब के साथ इतना हँसा कि मेरी आँखों में आँसू आ गये। लाला कर्मचन्द की ऐन नाक के नीचे, जब लड़के केक-पेस्ट्रियाँ उड़ा ले गये तो मुझे भी बहुत मज़ा आया और सड़क के किनारे लॉन में बैठ कर मैंने भी ख़ूब केक-पेस्ट्रियाँ उड़ायीं। लेकिन अब सोचता हूँ तो मुझे लगता है कि मैं किसी दूसरे पर नहीं, अपनी नाकामी पर हँस रहा था, अपनी ही असफलता को भकोस रहा था। क्या वे कॉलेज के लौंडे और वे सब टुटपूँजिये शायर एलफ़िन्स्टन में पार्टी खाने के काबिल थे ? लाला कर्मचन्द होटल चलाते हैं, केक-पेस्ट्रियों की दुकान तो नहीं करते। कॉन्ट्रैक्ट सिर्फ़ केक-पेस्ट्रियों का नहीं हुआ था, हॉल में पार्टी के बन्दोबस्त का था, यह तो ऐसी ही बात हुई कि मेहमान किसी बड़े होटल में नाश्ता करने जायें और जो न खा सकें, वह जेबों में भर लायँ! मैं तो कभी कर्मचन्द से आँख नहीं मिला सकता!"

वह चुप हो गया। चन्दा ने कोई उत्तर नहीं दिया। वह धीरे से चारपाई पर उसके साथ लेट गयी। चेतन ज़रा और परे हो गया। चन्दा ने हमेशा की तरह अपनी बाँह उसके सिर के नीचे दे दी और उसे हल्के-से अपने गर्म-गुदाज़, और कोख के बच्चे के कारण भर आये, सीने से लगा लिया — बिलकुल ऐसे, जैसे कोई माँ अपने दुखी और उदास और

---

१. आकाश की ऊँचाइयों से बेतुकेपन तक

हतोत्साह बच्चे को अपनी छाती से लगा ले। चन्दा का सातवाँ महीना चल रहा था। उसका पेट काफ़ी बढ़ आया था। चारपाई थोड़ी कम चौड़ी पड़ रही थी। चेतन कुछ क्षण उसी तरह उसके सीने से सिर लगाये पड़ा रहा। फिर उसकी बाँह पर सिर रखे-रखे, वह चित लेट गया। क्षण भर वह चुपचाप आकाश की ओर देखता रहा, फिर जैसे अपने आपसे बात कर रहा हो, बोला :

"मैं इतने दिन से बाऊ जी के जिस उपदेश को रटता रहा हूँ, मैं जान गया हूँ कि वह सच नहीं है।"

"कौन-सा उपदेश!" चन्दा ने धीरे-से पूछा।

"यही कि हम सब कुछ कर सकते है; कि जो कारनामा एक माई का लाल सर-अंजाम दे सकता है, उसे कोई दूसरा भी कर सकता है —अ मैन कैन डू ह्वाट अ मैन हैज़ डन! मैं जान गया हूँ, ज़रूरी नहीं कि वह दूसरा वही काम कर ले जाय। हम सब कुछ नहीं कर सकते। हम अपनी आदतों, संस्कारों, कमज़ोरियों और शहज़ोरियों से बँधे हैं। पण्डित रत्न ने जब मुझे सोसाइटी चलाने के लिए कहा था और चौधरी की मिसाल दी थी तो मुझे लगा था कि यह तो कुछ भी मुश्किल नहीं है; चौधरी जो कर सकता है, मैं क्यों नहीं कर सकता ? लेकिन महीनों की सिर-तोड़ कोशिश और दौड़-धूप के बाद, मैं इस नतीजे पर पहुँचा हूँ कि मैं नहीं कर सकता।....यह ठीक है कि मैं दिन-दिन भर साइकलिंग कर सकता हूँ। मेम्बरों और सरपरस्तों के यहाँ दस चक्कर भी लगा सकता हूँ। एक-आध बार, ज़रूरत पड़ने पर, मैं दूसरे को पटा भी सकता हूँ, थोड़ी ख़ुशामद और मुँह-देखी बात भी कर सकता हूँ —याने यह सब कैसे किया जाता है, मैं जानता हूँ। लेकिन मैं लगातार यह सब नहीं कर सकता। झूठ और ख़ुशामद, छल और कपट से मुझे सख़्त नफ़रत है। मुझे आता सब है, मुझसे होता नहीं। मैं बहुत पिनकी हूँ और मेरे स्वभाव के इस दोष ने मुझे सोसाइटी के सिलसिले में असफल बना दिया। हुनर साहब इस काम के लिए फ़िट हैं। मैं नहीं।"

"आपको ज़रूरत भी क्या है," चन्दा ने फिर बाँह के ज़ोर से उसे सीने से लगा लिया, "आप तो शुरू ही से नहीं चाहते थे। कई बार आपने इस झंझट से निकलने की सोची। अच्छा हुआ आप छुट्टी पा गये।"

"छुट्टी तो पा गया हूँ, लेकिन सोचता हूँ कि यही जो दूसरा काम मैंने अपनाया है — यह ट्यूशन, जो मैंने ले ली है —क्या मैं इसे निभा पाऊँगा ?"

"क्यों, इसमें क्या दिक्कत है ?" चन्दा ने पूछा, "जब आप किताबों और कुंजियों की सहायता से मेरी तमाम कठिनाइयाँ दूर कर देते हैं, तो क्या 'रतन' में पढ़ने वाली लड़की ही को नहीं पढ़ा सकेंगे ?"

"नहीं, उस तरफ़ से मुझे कोई मुश्किल नहीं दिखायी देती, पर मुझे यह आदमी — हाकिमचन्द —कुछ डिफ़िकल्ट लगता है। अफ़सर हो जाने के बावजूद, वह है बुनियादी तौर पर क्लर्क ही!"

चन्दा चुप उसकी बात सुनती रही। चेतन फिर सीधा लेट गया और धीरे-धीरे उसने अपने मन की शंका अपनी पत्नी के सामने रख दी : "एलफ़िन्स्टन की पार्टी में लाला जी

आये थे। देने को तो उन्होंने एक पैसा चन्दा नहीं दिया, लेकिन अपने साथ दो साथियों को ले आये।"

"आपने उन्हें बुलाया नहीं था ?"

"मैं तो तकल्लुफ़न उनके घर इन्वीटेशन-कार्ड छोड़ आया था कि आप सपरिवार आयें, यह सोच कर कि उन्हें पार्टी के दूसरे दिन ही शिमला जाना है, उनके पास कहाँ टाइम होगा, एलफ़िन्स्टन में आने का ? लेकिन वे आ गये और डट कर खा गये। मैं उनकी जगह होता तो जब चन्दा मैंने नहीं दिया था, लाख ज़ोर दिये जाने के बावजूद, मैं पार्टी में नहीं बैठता। ख़ास तौर पर उस वक्त, जब मेरे साथ दो और साथी होते।" चेतन कुछ क्षण चुप रहा, फिर उसने कहा, "जाने क्यों चन्दा, मेरा मन इस ट्यूशन से ख़ुश नहीं है। मैंने हफ़्ता-डेढ़ हफ़्ता इसे पाने के लिए बर्बाद किया है, लेकिन अब, जब मैं इसे पा गया हूँ, मेरे मन में हज़ारों शक-शुबहे उठते हैं। भाई साहब भी इस ट्यूशन के हक में नहीं हैं। वे कहते हैं कि लड़की सुन्दर है, लाड में पली है और ट्यूटरों को पिटवा देती है, लेकिन जिस वजह से वे डरते हैं, मैं नहीं डरता। मुझे डर उसके पिता से है। वहाँ परदेस का मामला है। परेशान न करे। कल उसने फिर बुलाया है।"

"क्यों ?"

"कहता है, मेरे परिवार के साथ आपको सफ़र करना है, ज़रा आ जाइएगा, बीवी-बच्चों से मिला दूँगा। शायद कुछ और बातें भी करना चाहता हो।"

"आप यूँ ही घबराते हैं," चन्दा ने तसल्ली दी, "भगवान सब ठीक करेगा।"

करवट ले कर चेतन ने अपनी पत्नी को बाँह में भर लिया। फिर उसके सिर और चेहरे पर प्यार से हाथ फेरते हुए बोला, "मुझे तुम्हारा भी ख़याल है। मेरी ग़ैर-हाज़िरी में तुम इम्तहान दोगी, तुम्हारी डिलिवरी होगी। सब कुछ ठीक हो जाये!"

चन्दा हँसी, "आप बिलकुल न घबराइए! सब ठीक हो जायेगा। आप ही तो कहा करते हैं कि भगवान जो करता है...."

छत पर एकदम सन्नाटा था। मुहल्ले में अभी कोई इतना ऊँचा मकान न बना था। चारों ओर ऊँचा पर्दा था। चाँदनी में अपनी पत्नी का गोल-मटोल मुख चेतन को बहुत भोला और प्यारा लगा। उसने कुछ कहा नहीं, ज़रा-सा उठ कर प्यार से उसे चूम लिया। फिर वह बोला : "यूँ तो मैं बहन दयाल देवी से कह दूँगा कि वे तुम्हारा ख़याल रखें। माँ का ख़त आ ही गया है, वह कल आ जायेगी। भाई साहब हैं, कान्ता बहन हैं, पर सबसे ज़्यादा तुम्हें ख़ुद अपना ख़याल रखना है। इस मकान की सीढ़ियाँ मुझे पसन्द नहीं हैं, तुम बहुत ध्यान से चढ़ा-उतरा करो।"

"आप बिलकुल फ़िक्र न कीजिए, मैं ख़ूब ध्यान रखूँगी।"

"तुम ख़त लिखने में बड़ी चोर हो," चेतन ने ज़रा हँस कर कहा, "पहले तो तुम्हें चिट्ठी लिखने में कठिनाई होती थी, अब तो कोई ऐसी बात नहीं। मैं तुम्हें बाकायदा ख़त लिखता रहूँगा। तुम जवाब देने में ढील न करना।"

"नहीं, मैं बराबर उत्तर दूँगी।" चन्दा हँसी, "आप भी अपना ख़याल रखिएगा। मेरी तरफ़ से देर भी हो, लेकिन आप ख़त लिखने में देर न कीजिएगा।"

चेतन फिर सीधा लेट गया। चुपचाप आकाश में ताकता रहा। फिर बोला, "कभी-कभी मैं सोचता हूँ, मैं यह ट्यूशन न लेता तो अच्छा था। लेकिन मुझे कोई दूसरा रास्ता नज़र नहीं आता। लॉ कॉलेज में मुझे ज़रूर दाख़िल होना है और अच्छे नम्बरों से पास हो कर कम्पीटीशन में बैठना है और सब-जज बनना है....तुम्हारी माँ अगर सेठ वीरभान के यहाँ खाना पकाने और बर्तन-अर्तन मलने की नौकरी न करती या अमीचन्द की सगाई सेठ की लड़की कृष्णा से न हुई होती तो मैं कभी लॉ करने की न सोचता और बड़ा लेखक ही बनता। बड़ा लेखक मैं अब भी बनूँगा, लेकिन पहले सब-जजी करूँगा। मैं नहीं चाहता, कृष्णा के सामने तुम्हारी हेठी हो।'

"आप बेकार परेशान होते हैं," चन्दा ने उसे फिर अपने सीने से लगा लिया, "अमीचन्द कलेक्टर हो या कमिश्नर, हमें क्या लेना है ? आप लॉ कॉलेज का चक्कर छोड़िए। अपना लिखिए-पढ़िए! आप ही तो कहा करते हैं कि किसी महान लेखक के सामने कलेक्टर- कमिश्नर की कोई हस्ती नहीं। कलेक्टर-कमिश्नर ज़िले के हाकिम होते हैं और लेखक हज़ारों-लाखों के दिलों पर राज करता है। आने वाली पीढ़ियाँ उसे याद रखती है। मुंशी चन्द्रशेख़र अगर नौकरी न छोड़ते तो ज़्यादा-से-ज़्यादा स्कूल इन्स्पेक्टर या डायरेक्टर हो कर रिटायर होते और आज सारे देश में उनका नाम है। घर-घर उनकी कहानियाँ पढ़ी जाती हैं।"

चेतन ज़ोर से हँसा। उसे अपनी पत्नी को हल्के-से भींच कर चूम लिया और फिर सीधा लेट गया, "तुम बहुत भोली और प्यारी हो," उसने कहा, "आज की दुनिया में ग़रीब लेखक की कोई कद्र नहीं। मुंशी चन्द्रशेखर ने, नाम चाहे जितना पाया हो, माली हालत उनकी ख़स्ता ही है, प्रेस और पत्रिका का पेट भरते-भरते, उनकी कमर टूटी जा रही है। लेकिन यह भी ठीक है कि सफल लेखक बनना, कलेक्टर-कमिश्नर बनने से कहीं बेहतर है, मैं भी लेखक ही बनता, लेकिन यह अमीचन्द साला मेरे रास्ते में आ गया। अमीचन्द 'कोई' कलेक्टर नहीं, मेरे साथ पढ़ने वाला, मेरे लड़कपन का साथी और मेरे मुहल्ले का पड़ोसी है; फिर वह उस घर में शादी करने जा रहा है, जहाँ मेरी सास खाना पकाती है। नहीं चन्दा, अमीचन्द को तो मुझे बताना ही होगा कि डिप्टी-कलेक्टर बनना कोई बड़ा तीर मारना नहीं। सब-जज तो मैं ज़रूर बनूँगा।" और करवट ले कर प्यार से अपनी पत्नी के बालों को सहलाते हुए उसने कहा, "और तुम बेकार लेखक की नहीं, बाकार सब-जज की बीवी होगी।"

सहसा चन्दा सीधी हो गयी और बाँह उसने चेतन की गर्दन के नीचे से निकाल ली।

"क्या बात है," चेतन ने सहसा उठ कर पूछा।

चन्दा हँसी, "यह हिलता है ?"

"कौन....बच्चा ?"

"हाँ!"

चेतन ने उसकी कमीज़ ऊपर उठा दी। चाँदनी रात में चन्दा का गोरा, उभरा पेट चमक उठा। वह कुछ क्षण बड़े स्नेह से अपनी पत्नी के उभरे हुए गोरे, मुलायम पेट पर हाथ फेरता रहा। फिर उसने उसके पेट पर जगह-जगह कान रख कर, उसकी कोख में सोते

बच्चे के दिल की धड़कन सुनने की कोशिश की। कई जगह कान लगाने के बावजूद, उसे वह धड़कन सुनायी न दी। फिर उस गोरे पेट पर प्यार से हाथ फेरते हुए वह उसे चूमता चला गया। शलवार ज़रा नीचे करके उसने नाभि के नीचे चूमा।

"न," चन्दा ने बरजा, "बच्चे को तकलीफ़ होगी।"

"नहीं होगी।" चेतन ने सिर उठाया और बायें हाथ से उसकी कमीज़ और ऊपर कर दी। दो बड़े-बड़े गोल चाँद उस सीने पर चमक उठे।

चेतन विमुग्ध-सा उन भरपूर, उभरे उरोजों को देखने लगा। पहली बार उसने अपनी पत्नी के निरावरण उरोज रोशनी में देखे थे। कभी जब वह प्राचीन मन्दिरों की मूर्तियों के चित्र देखता था, तो वह उन युवतियों के मटकों-ऐसे उरोजों को देख कर सोचा करता था कि वह सब मूर्तिकारों की कल्पना है, इतने बड़े उरोज कहाँ होते हैं ? लेकिन यहाँ कोख के बच्चे के कारण भर आये, उसकी अपनी पत्नी के उरोज, उसे दो, छोटे-छोटे दूधिया मटकों के समान लगे। उसने झुक कर दोनों को बारी-बारी चूम लिया।

"बस!....बस!" चन्दा ने खींच कर अपने पति का सिर अपने उन्नत, धड़कते सीने से लगा लिया।

"लेट जाइए!" उसने भारी हो आयी आवाज़ में इतना ही कहा।

५-५-७१ से ५-५-७३
संशोधन ३०-११-७३

⊠⊠⊠

अश्क रचनावली

८

समग्र उपन्यास

अश्क रचनावली : समग्र रूप में

खण्ड : १ - ८
उपन्यास

खण्ड : ९ - ११
कहानियाँ

खण्ड : १२ - १४
नाटक-एकांकी

खण्ड : १५ - १६
काव्य

खण्ड : १७ - १९
संस्मरण तथा आत्मकथ्य

खण्ड : २० - २१
आलोचना

खण्ड : २२ - २३
वैचारिक गद्य

खण्ड : २४ - २५
ललित गद्य

वाणी प्रकाशन

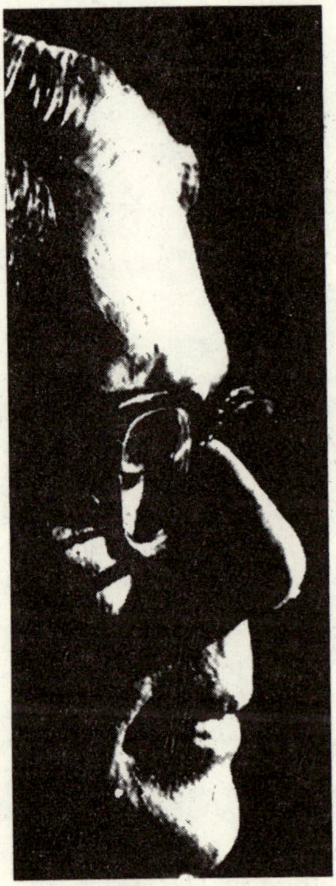

अश्क रचनावली

८

समग्र उपन्यास

गर्म राख / एक रात का नरक / अधूरे उपन्यास

सम्पादक :

नीलाभ

वाणी प्रकाशन
4695, 21-ए, दरियागंज, नयी दिल्ली 110 002

शाखा
अशोक राजपथ, पटना 800 004

फ़ोन: +91 11 23273167 फ़ैक्स: +91 11 23275710
www.vaniprakashan.in
vaniprakashan@gmail.com

Ashk Rachnawali : Samagra Upanyas-8
Edited by Neelabh

ISBN: 978-93-5000-940-6
Rachnawali

प्रथम संस्करण

मूल्य : ₹ 850 (अश्क रचनावली प्रत्येक खण्ड)

न्यू कृष्णा ऑफ़सेट, दिल्ली 110 093 में मुद्रित

वाणी प्रकाशन का लोगो मक़बूल फ़िदा हुसेन की कूची से

सम्पादक की ओर से

'अश्क रचनावली' के इस आठवें खण्ड में अश्क जी का चर्चित उपन्यास 'गर्म राख' और उनके तीन अधूरे उपन्यास दिये जा रहे हैं।

'गर्म राख' पहली बार १९५१ में छपा था। इस उपन्यास में बहुत कुछ ऐसा है जो 'गिरती दीवारें' से मेल खाता है। नायक जगमोहन भी 'गिरती दीवारें' के नायक चेतन जैसा ही एक युवक है। अलबत्ता 'गिरती दीवारें' के विपरीत (जिसमें घटनाएँ विभाजनपूर्व पंजाब के तीन महत्त्वपूर्ण शहरों – जालन्धर, लाहौर और शिमला – में घटती हैं) 'गर्म राख' पूरी तरह लाहौर-केन्द्रित है। घटनाएँ भी उस काल-खण्ड में घटित होती हैं जो बँटवारे से पहले का होते हुए भी 'गिरती दीवारें' के बाद का है। अश्क जी ने 'गर्म राख' की भूमिका में विस्तार से इसे लिखे जाने की कहानी बयान की है, इसलिए उसे यहाँ दोहराने की ज़रूरत नहीं है। यहाँ बस इतना ही कि 'गर्म राख' पर बड़ी मिश्रित प्रतिक्रियाएँ हुईं। जिन लोगों ने 'गिरती दीवारें' की भरपूर प्रशंसा की थी उन्होंने 'गर्म राख' की कड़ी आलोचना की और इसका उलट भी देखने में आया। साथ ही अश्क जी के इस उपन्यास ने पहली बार लोगों को यह एहसास कराया कि लेखक अपने पात्र अपने आस-पास की ज़िन्दगी ही से लेता है। वह निर्वैयक्तिकता, जो पहले के उपन्यासों में थी, जहाँ लेखक भरसक यह प्रयास करते थे कि उनके पात्र पूरी तरह कल्पित जान पड़ें, यहाँ एक नितान्त निजीपन में बदल गयी थी। नतीजे के तौर पर बहुत-से लोगों को उपन्यास के पात्रों में लाहौर के हिन्दी-उर्दू जगत के कुछ नामी-गिरामी लोगों के चेहरे पहचान में आने लगे थे। इस पर भी काफ़ी शोर मचा।

'गर्म राख' को प्रकाशित हुए आधी सदी के अधिक अर्सा बीत चुका है और अब अश्क जी के अपने वाङ्मय के अलावा हिन्दी के उपन्यासों में भी इसका एक अपना स्थान है। ख़ास तौर पर 'गर्म राख' उन उपन्यासों की परम्परा का अग्रदूत है जिनमें कोई शहर अपनी तमाम विशेषताओं के साथ मूर्त हो उठता है। मिसाल के लिए, मोहन राकेश का उपन्यास 'अँधेरे बन्द कमरे,' शिवप्रसाद सिंह का 'गली आगे मुड़ती है,' धर्मवीर भारती का 'सूरज का सातवाँ घोड़ा,' रुद्र काशिकेय का 'बहती गंगा।'

०

जहाँ तक अश्क जी के अधूरे उपन्यासों का सवाल है, ऐसे बहुत-से उपन्यास नहीं हैं जो अधूरे छूट गये हैं। अश्क जी आम तौर पर योजना बना कर काम करते थे और हाथ में लिये गये काम को पूरा करके ही कोई नयी रचना शुरू करते थे। अपवाद केवल कविताओं के सिलसिले में था जिन्हें वे उपन्यास, कहानी, नाटक, संस्मरण या लेख पूरा करते हुए भी बीच-बीच में लिखते रहते थे। तो भी इस खण्ड में हम उनके तीन ऐसे अधूरे उपन्यास दे रहे हैं जो उन्होंने शुरू किये, लेकिन फिर दो-एक अध्याय लिख कर छोड़ दिये।

इन में से पहला – 'वह सब जो मैंने देखा' – एक लम्बा स्केच है। जिस जगह का इसमें वर्णन है, वह पंजाब-राजस्थान का सीमावर्ती इलाका है, जिसे अश्क जी ने बचपन में देखा था और जिसके वीरानों की सुन्दरता हमेशा के लिए उनकी स्मृति में दर्ज हो गयी थी। लेकिन इसे हद-से-हद तक लम्बा स्केच कहा जा सकता है या किसी बड़े उपन्यास की प्रारम्भिक रूप-रेखा।

'ग्लेसियर' दरअसल अश्क जी के दूसरे कश्मीर प्रवास की एक घटना पर आधारित है, जब वे १९५५ में कमलेश्वर को अपने साथ ले गये थे, मोहन राकेश वहाँ उनसे आ मिले थे और तीनों कोलोहाई ग्लेसियर की ट्रेकिंग पर गये थे। यह प्रसंग बड़े विस्तार से अश्क जी ने कई बार घर में और कुछ मित्रों के बीच सुनाया था और वे इस पर 'पत्थर-अलपत्थर' जैसा ही एक छोटा उपन्यास लिखना चाहते थे। 'गिरती दीवारें' के तीसरे खण्ड 'एक नन्हीं किन्दील' को पूरा करने के बाद जब १९७० में अश्क जी कर्नाटक के राज्यपाल धर्मवीर जी के यहाँ राजभवन में पाँच महीने रहे तो उन्होंने इसे शुरू किया था, लेकिन इसे भी कुछ पृष्ठ लिख कर उन्होंने रख दिया था और फिर चूँकि 'गिरती दीवारें' का अगला खण्ड शुरू हो गया तो शायद इसे पूरा करने की प्रेरणा उतनी बलवती न रही कि वे इसे दोबारा उठाते।

'फ़ोल्डिंग बेड' और 'सुलोचना के नगर में' दरअसल अश्क जी के उस उपन्यास के पहले दो अध्याय हैं जिसे वे बम्बई के अपने फ़िल्मी अनुभवों को ले कर लिखने के इच्छुक थे। प्रकट ही सरवर अश्क जी के मित्र सआदत हसन मण्टो हैं जिनके बुलावे पर वे 'फ़िल्मिस्तान' में बहैसियत कहानी, सम्वाद और पटकथा लेखक काम करने गये थे और जिनके यहाँ केडल कोर्ट, केडल रोड में वे शुरू के कुछ दिन ठहरे थे।

उन्हीं दिनों जब अश्क जी 'फ़िल्मिस्तान' में थे, उन्होंने इस उपन्यास को लिखने की योजना बनायी थी और दो अध्याय लिख भी लिये थे। 'गिरती दीवारें' तब तक प्रकाशित होने चला गया था और अश्क जी का ख़याल था कि वे इस बीच फ़िल्मी

दुनिया के अपने अनुभवों को (जिन्हें उन्होंने द्वागे चल कर अपनी कुछ कहानियों, नाटक 'पैंतरे' और एकांकी 'मस्केबाज़ों का स्वर्ग' और साहित्यिक जीवनी 'चेहरे अनेक' में दर्ज किया) उपन्यास की शक्ल में पेश करेंगे। लेकिन फिर परिस्थितियाँ कुछ इस तरह बदलीं कि पहले यक्ष्मा और फिर देश के बँटवारे ने अश्क जी को इसे पूरा करने की मोहलत नहीं दी। ये दो अध्याय ऐसे-के-ऐसे रखे रह गये। फिर जब अश्क जी का रुका हुआ उपन्यास 'गिरती दिवारें' चल पड़ा तो अश्क जी के लिए इसे हाथ में लेना और भी मुश्किल हो गया, क्योंकि अश्क जी के लिए 'गिरती दीवारें' का अगला भाग ज़्यादा महत्वपूर्ण था। १९७८ में जब अश्क जी की पुस्तक 'फ़िल्मी दुनिया की झलकियाँ' छपी तो इन दो अध्यायों को फिर निकाल कर उसमें संकलित किया गया। लेकिन इन्हें पूरा करने की इच्छा अश्क जी को नहीं हुई।

–नीलाभ

गर्म राख

आशंसाएँ

'गर्म राख' में अपनी एक मौलिकता है और यह हिन्दी की वर्तमान उपन्यास-परम्परा से इतनी अधिक अलग है (बचाव के लिए चाहे आगे उसे फ़िलहाल न कहें) कि सहसा ध्यान आकर्षित किये बिना नहीं रहती। जब हम इस मौलिकता का गम्भीरतापूर्वक विश्लेषण करेंगे तब कह सकते हैं कि 'गर्म राख' चाहे हिन्दी की नयी उपन्यास-परम्परा का एकदम निर्दोष सर्वश्रेष्ठ उदाहरण नहीं, वह उपन्यास के एक नये मोड़ का सशक्त प्रतीक अवश्य है।

–अवन्तिका, पटना

अश्क हिन्दी का पहला उपन्यासकार है जो कभी अपने उपन्यासों की कहानी को वर्ग-समाज और तत्कालीन परिस्थितियों से एकदम काट कर अपने पात्रों में उनके ड्रॉइंग रूमों, कमरों या रेल के डिब्बों में होते हुए भी केवल उन तक सीमित नहीं रखना जानता।...वह हर समय आपको अनुभव कराता रहेगा कि ये ऐसे लोगों की कहानी है जो आदमियों के बीच में रहते हैं जिनके कुछ सामाजिक सम्बन्ध और सम्पर्क हैं, स्तर हैं और स्थितियाँ हैं और उनका जीवन 'नदी के द्वीप' का जीवन नहीं है, जहाँ क्रूसो और गुड फ्राइडे के अलावा और कोई हो ही न।

–राजेन्द्र यादव

'गर्म राख' सामाजिक प्रेरणा से लिखी कृति है, यद्यपि समाज की विषमताएँ उसमें खुल कर नहीं आतीं। हाँ, समाज का निम्न-मध्यवर्ग, अपनी संकीर्ण-घिनौनी प्रवृत्तियों के साथ, निश्चय ही, स्पष्ट खुल पड़ा है। उपन्यास के स्थल, उसके पात्रादि जाने-पहचाने-से हैं। उनका चित्रण इतना सजीव, इतना निकट का है कि लगता है, हम उन्हें जानते हैं और उपन्यास के अनेक मांसल 'मोटिफ़' जीवन में पहचाने-से, आँखों के सामने उठ आते हैं, इतने कि यदि उन मांसल पर्यायों की कोई भंगिमा उपन्यास के चरित्र-विशेष में नहीं घटती, तो उपन्यासकार पर जैसे जी खीझ उठता है। उपन्यास-दर्पण में समाज को प्रतिबिम्बित करने में 'अश्क' बहुत-कुछ बाल्ज़ाक और ज़ोला की भाँति सफल हुए हैं।

–कल्पना, हैदराबाद

वस्तुतः 'अश्क' का यह उपन्यास शास्त्रीय आलोचनाओं को चुनौती देता है। 'गर्म राख' चूँकि समाज की अनेक भूमियों का समाहित क्षेत्र प्रस्तुत करता है, उसके पात्रों की संख्या भी बड़ी है, असामान्य। पात्रों का चित्रण 'अश्क' ने ग़ज़ब की ख़ूबी से किया है। अपने पात्रों को जीवन में जैसे वह नंगा जानता है, जिससे उनके बाह्यान्तर स्पष्ट झलक जाते हैं। उसके गम्भीर परुष

हास्यास्पद पात्र अपने सहज आधार से उठते और अपने वृत्त व्यास में सहजाकार होते हैं। इतना मांसल, इतना स्वाभाविक, जहाँ-तहाँ इतना प्लैस्टिक मूर्तन उनका होता है कि कम-से-कम हँसी के प्रसंग में हँसी रुकती नहीं। भाव और भाषा के सान्निध्य से प्रसंग चमक उठते हैं और इस उपन्यासकार के आभास जगत से अलग, जीवित संस्मरण में उतर पड़ते हैं।

–भगवत शरण उपाध्याय

'गर्म राख' के सभी पात्र, एक माला के मोती-से हैं जिनका अलग अस्तित्व है और संयुक्त भी। वे कहानी की श्रृंखला में बँधे हुए हैं। चूँकि कहानी गुज़रते जीवन का चित्रण है, कोई पात्र एक समय में बहुत मुख्य है, फिर गौण हो, गुप्त हो गया है। वे उस लम्बी दौड़ के प्रतिस्पर्धी-से हैं जिनकी संख्या प्रारम्भ में अधिक हो, फिर क्रमशः घटती चली गयी हो। मेरे ख़याल में उपन्यास की सबसे बड़ी विशेषता इसकी स्वाभाविकता है, इसमें ऐसी कोई घटना नहीं जो निरी काल्पनिक हो। वे कई बार तो इतनी वास्तविक लगती हैं कि मानो लेखक आँखों-देखी का वर्णन कर रहा हो। इधर-उधर की बातों से इसे रोचक बनाने की कोशिश नहीं की – पाण्डित्य प्रदर्शन करने के लिए कहानी इधर-उधर भटकती भी नहीं। पात्र बारीकी से बनाई हुई मूर्ति-से लगते हैं – जिनको लेखक ने ग़ौर से, मेहनत से घड़ कर असलियत दी है। 'गर्म राख' अश्क की स्थायी साहित्यिक देन है। यह 'अश्क' के बाद भी जीवित रहेगी – प्रेमचन्द के 'गोदान' की तरह। जब आलोचना और प्रत्यालोचना का मन्थन ख़तम हो जायगा, तब गर्म राख हमारा विश्वास है, नवनीत के रूप में निखर उठेगा।

–ए० रमेश चौधरी आरिगपूड़ि

उपन्यास वातावरण-प्रधान है। यों कहने को तो एक नायक और नायिका की कहानी एक सूत्र के रूप में इस साढ़े पाँच सौ पृष्ठ के उपन्यास में अवश्य पिरोयी गयी है, पर वास्तव में इस उपन्यास का नायक एक वर्ग है। कवि, समाज-सुधारक, अध्यापक, सम्पादक, ऊँचे दर्जे के विद्यार्थी – आर्थिक और नैतिक दृष्टि से लड़खड़ाते हुए मध्यवर्गीय समाज का यह तबका इस उपन्यास में बड़ी मार्मिकता के साथ अंकित किया गया है।

–अमृत लाल नागर

'गर्म राख' में अश्क ने अपने सम्पूर्ण कला-शिल्प को कायम रखते हुए अधिक समृद्ध दृष्टि अपनायी है। इस उपन्यास में हम सामाजिक कुरीतियाँ और कुरूपताएँ तो उनकी समस्त विषमता और भीषणता में देखने ही हैं, अनेक उठते और उफनते हुए समाजिक आन्दोलन और हलचलें भी देखते हैं, जो नये जन-जीवन की सृष्टि के लिए आतुर हैं। 'अश्क' केवल राख को ही नहीं देखते वरन उसके अन्दर छिपी जीवित चिनगारी को भी। 'गर्म राख' इस प्रकार जीवन के व्यापक और गतिवान स्वरूप का अधिक सच्चा और समर्थ चित्र है।

–प्रकाशचन्द्र गुप्त

१

बात आज की नहीं उस ज़माने की है जब पाकिस्तान को अस्तित्व में आने के लिए अभी नौ-दस वर्ष दरकार थे, लाहौर की एकमात्र मुख्य मासिक-पत्रिका 'मालती' के सम्पादक महाशय गोपाल दास और अस्तंगत 'मंजरी' के सम्पादक कवि 'चातक' आमने सामने बैठे थे। तभी महाशय जी ने मालती का ताज़ा अंक बीच में से खोल कर श्री चातक की ओर बढ़ाया

"हमारी नयी लेखिका !" उन्हों ने कहा।

श्री चातक ने ललक कर 'मालती' का वह अंक उन से ले लिया। इस प्रयास में वे अपनी कुर्सी से तनिक उठ भी गये और बड़ी उत्सुकता से मालती की उस नयी लेखिका का चित्र देखने लगे।

"हर महीने मालती एक न दो नयी लेखिकाएँ हिन्दी संसार को देती है," महाशय गोपाल दास ने गर्व-स्फीत-स्वर में कहा, "पंजाब में हिन्दी का प्रचार केवल लड़कियों में है और लड़कियों में जो पत्रिका सब से अधिक जाती है, उसका नाम है—'मालती' मालती के पाठकों ही में नहीं, लेखकों में भी लड़कियों की संख्या अधिक है। आपके लिए उचित क्षेत्र यही है।" यह कहते और आँख को तनिक सा दबाते हुए महाशय जी मुस्कराये।

उनकी वेश-भूषा के साथ उनकी यह भंगिमा मेल न खाती थी।

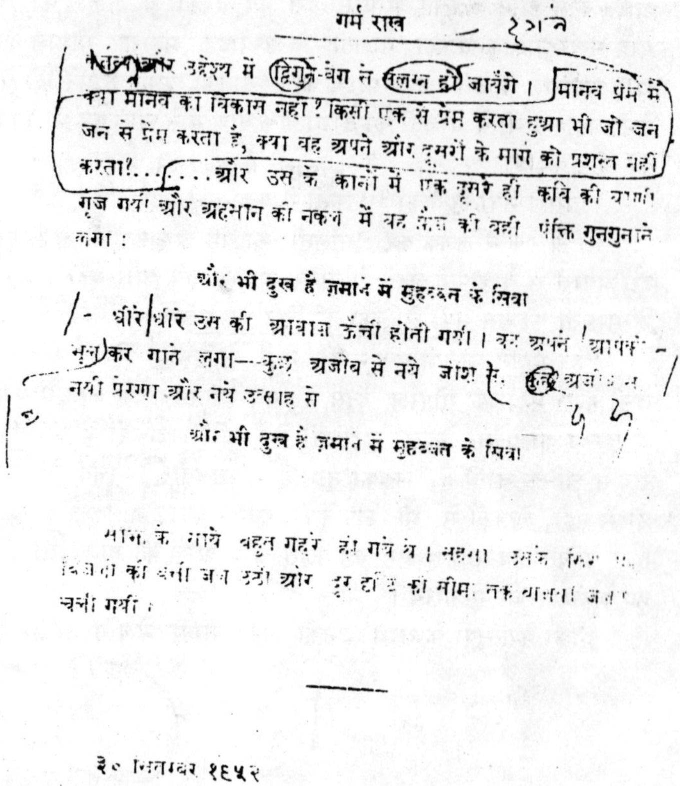

गर्म राख

नेता और उद्देश्य में द्विगुणित-वेग से संलग्न हो जावेंगे। मानव प्रेम में क्या मानव का विकास नहीं? किसी एक से प्रेम करता हुआ भी जो जन जन से प्रेम करता है, क्या वह अपने और दूसरों के मार्ग को प्रशस्त नहीं करता?... ...और उस के कानों में एक दूसरे ही कवि की वाणी गूंज गयी और अहसान की नकल में वह 'फ़ैज़' की वही पंक्ति गुनगुनाने लगा :

और भी दुख हैं ज़माने में मुहब्बत के सिवा

धीरे धीरे उस की आवाज़ ऊंची होती गयी। वह अपने आपको भूल कर गाने लगा—कुछ अजीब से नये जोश से, अदम्य नयी प्रेरणा और नये उत्साह से

और भी दुख हैं ज़माने में मुहब्बत के सिवा

आग के गोले बहुत गहरे हो गये थे। सहसा उनके सिर पर बिजली की बत्ती जल उठी और दूर दौड़ की सीमा तक चली गयी।

३० सितम्बर १९५२

'गर्म राख' की टंकित पाण्डुलिपि का अन्तिम पृष्ठ

कुछ कड़वे-मीठे संस्मरण

'गर्म राख' मेरा तीसरा उपन्यास है, जिसका कलेवर मेरे पिछले वृहद उपन्यास —'गिरती दीवारें' —से कुछ ही पृष्ठ कम है।

'गर्म राख' बड़ा उपन्यास बन गया है, पर मैं इतना बड़ा उपन्यास लिखना न चाहता था। 'गिरती दीवारें' की बात दूसरी है। उसे ९ भागों में लिखने की योजना थी। 'गर्म राख' के सिलसिले में कोई ऐसी आकांक्षा मन में न थी। कैनवस भी 'गिरती दीवारें' की अपेक्षा कहीं छोटा सामने था और ढाई-तीन सौ पृष्ठों में उपन्यास की कहानी चुक जाये, ऐसी इच्छा थी। इसी कारण उसे धारावाहिक रूप से 'माया' में देना भी शुरू किया था। लेकिन जब साल भर तक वह उपन्यास चला तो लगा कि जो आधारभूत समस्याएँ उसमें अपने आप उठ गयीं, उनके साथ न्याय करने के लिए ढाई-तीन सौ पृष्ठ की परिधि पर्याप्त नहीं।

यों तो 'गर्म राख' में उठायी गयी समस्याओं से कहीं बड़ी समस्याएँ और उसमें निहित कहानी से कहीं बड़ी कहानी डेढ़-दो सौ पृष्ठों में समोयी जा सकती है, किन्तु हर लेखक की अपनी शैली, अपनी रुचि और अपनी सीमाएँ होती हैं। उपन्यास को मैं उपन्यास ही देखना चाहता हूँ, कहानी नहीं। कहानी में जहाँ मैं कथानक को महत्व देता हूँ, वहाँ उपन्यास में मुझे कथानक के बदले पात्रों का चरित्र-चित्रण, उनके मन में क्षण-क्षण उठते-बदलते विचार, दैनन्दिन घटनाओं का घात-प्रतिघात और ज़िन्दगी के असंख्य छोटे-छोटे ब्योरों का चित्रण भाता है। कहानी जहाँ मेरे निकट जीवन के नद से काटा गया छोटा-सा बरहा है, वहाँ उपन्यास जीवन की पूरी गहमा-गहमी को अपने अंक में सँजोये, ठाठें मारता हुआ महानद है। बरहे को हम जैसे चाहें मोड़ सकते हैं, फूलों के छोटे-छोटे पौधे उसके किनारे-किनारे लगा सकते हैं, रंगी मछलियाँ उसके पानी में छोड़ सकते हैं और उसे किसी कमल के तालाब में ले जा कर ख़त्म कर सकते हैं। महानद हमारे ऐसे नियन्त्रण को स्वीकार नहीं करता। उसकी लहरें बरहे की नन्ही-नन्ही लहरों-जैसी यकसाँ नहीं होतीं, उसकी गति अपनी ही गति होती है और उसकी लहरों की विभिन्नता और उसकी ऊर्मियों के आकर्षक नर्तन में ही उसकी दर्शनीयता रहती है। मैं उपन्यास में वैसी ही विभिन्नता और प्रवाह चाहता हूँ। उपन्यास पर मैं नियन्त्रण का कायल हूँ, पर वैसे ही नियन्त्रण का, जो महानद को नद चाहे बना दे, पर बहे अथवा बरहे में परिवर्तित न कर दे।

'गर्म राख' को नौ भागों में 'गिरती दीवारें' जैसा महानद बनाने की मेरी इच्छा नहीं थी, तो भी उसमें उस नद की कुछ-न-कुछ विभिन्नता, प्रवाह और विस्तार का आ जाना स्वाभाविक था। बढ़ते-बढ़ते पाँच सौ से ऊपर पृष्ठों की भूमि को उसने घेर लिया। यदि मैं

उसके प्रसार से घबरा न जाता, अपने पाठकों और मित्रों की यह जिज्ञासा कि वह कब ख़त्म हो रहा है, मुझे परेशान न कर देती और मुझे अपने प्रकाशक का डर न होता, जिसने दो बार इसके लिए काग़ज़ ले कर बरबस दूसरी पुस्तकों में लगाया और वह प्रकाशक मेरी अपनी पत्नी ही न होती (जिसका आतंक साधारण प्रकाशक से कहीं ज़्यादा है) तो जाने यह उपन्यास और कितनी भूमि घेर लेता और न जाने चार के बदले आठ ही वर्षों में ख़त्म होता!

०

'गर्म राख' मैंने १९४८ में आरम्भ किया। उस वर्ष मैं लम्बी बीमारी से मुक्ति पा कर पंचगनी से इलाहाबाद आया था। जगह की तंगी थी। मेरे साथ मेरी पत्नी और बच्चा भी था। काफ़ी परेशानी के बाद, सितम्बर में साहित्यकार संसद-भवन, रसूलाबाद में रहने की व्यवस्था हो गयी। श्रीमती महादेवी वर्मा का अनुरोध था कि मैं वहाँ कम-से-कम साल भर ठहरूँ। रहने की व्यवस्था वहाँ हो गयी और खाने-पीने का ख़र्च यू० पी० सरकार के अनुदान से चल जाता था। साल भर तक दो सौ रुपया मासिक मुझे मिलने को था। तब मैंने सोचा कि इस बीच मैं एक उपन्यास लिख डालूँ और मैंने 'गर्म राख' आरम्भ कर दिया।

पहले-पहल मैं उपन्यास का ठीक पैटर्न नहीं बना पाया। यह मैंने तय कर लिया था कि उपन्यास छोटा लिखूँगा, इसलिए 'गिरती दीवारें' की बुनावट से काम न चल सकता था। कोई दूसरी बुनावट मैं चाहता था। मेरे मन में एक ही पत्र के रूप में एक लम्बी कहानी अथवा लघु-उपन्यास लिखने की साध बड़े दिनों से थी। इसलिए अपना यह उपन्यास मैंने एक पत्र ही के रूप में कुछ इस तरह आरम्भ किया :

प्रिय सित्तो,

आठ वर्ष बाद तुम्हारा पत्र मिला, मैं इसका उत्तर भी दे चुका हूँ —संक्षिप्त और शिष्ट। तुम्हारे इस पत्र को पढ़ कर मुझे जो झुँझलाहट हुई है, उससे विवश हो कर मैं तुम्हें यह लम्बा पत्र लिख रहा हूँ। मैं इसमें संक्षेप और संकोच से काम न ले सकूँगा, क्योंकि मुझे तुमसे कुछ ऐसी बात कहनी है, जो मैं शायद तुमसे कभी न कहता, यदि आठ वर्ष बाद तुम सहसा यह पत्र लिख कर श्रद्धा की उस भावना को चकनाचूर न कर देतीं जो इस आठ वर्ष के अर्से में, अज्ञात रूप से प्रेम की एक सूक्ष्म-सी, प्रच्छन्न, मीठी-मीठी, पर दर्द-भरी-सी भावना में परिणत हो रही थी।

सित्तो, तुम नहीं जानतीं (जान भी कैसे सकती हो, जब इन आठ वर्षों में हमारे बीच एक पत्र का भी आदान-प्रदान नहीं हुआ) कि तुम्हारे चले जाने के बाद एक दिन मैं अचानक कवि बन गया। उस तरुण की तरह, जिसके अन्तर में, रात के धुँधलकों में से उगती हुई सुबह की तरह, प्रेम का आलोक अंकुरित हो रहा हो, मैं भी कुछ विचित्र-सी, अर्द्धनिद्रित-सी, स्वप्निल-सी, नशीली, सरूर-भरी-सी दुनिया में रहने लगा। मेरी यह बात सुन कर तुम्हें बिलकुल विश्वास न आयेगा। इन पंक्तियों को पढ़ते समय तुम्हारे होंटों पर अनायास फैल उठने वाली विद्रूप की रेखा को मैं प्रत्यक्ष देख रहा हूँ। लेकिन यह सच है कि

तुम्हारी याद को ले कर मैंने कई कविताएँ लिखीं। मैं जानता हूँ, मैं कवि नहीं हूँ —कल्पना के संसार में रहने के बदले यथार्थ की दुनिया का वासी हूँ। पत्रकारिता, राजनीति और फिर फ़िल्म के इस कूड़े और कल्पना के संसार की स्वच्छता में आकाश-पाताल का अन्तर है, लेकिन इन आठ वर्षों में ऐसा समय भी आया, जब मेरी सुधि समुद्र-पार के उन अनजाने रास्तों में तुम्हारा पीछा करती रही, जहाँ तुम अपनी निराशा के क्षणों में परिणीता बन कर चली गयीं। इन आठ वर्षों में सित्तो, मैं अपने हृदय के एकान्त में किसी तरुण कलाकार की निष्ठा से प्रेम के प्रासाद बना रहा था, जो तुम्हारे इस पत्र ने चीनी के खिलौनों की तरह चूर-चूर कर दिये....

०

लेकिन जब मैं इसी रंग में एक परिच्छेद लिख चुका तो मुझे लगा कि यह तो कुछ 'गिरती दीवारें' ही का-सा पैटर्न बन रहा है। 'गिरती दीवारें' का नायक चेतन अन्य पुरुष का रूप धरता है और इस उपन्यास का नायक प्रथम पुरुष का, पर उपन्यास को तो इस सूरत में भी एक ही पुरुष की अनुभूतियों के माध्यम से आगे बढ़ना था और यह बात मुझे पसन्द न थी। शिल्प की कठिनाई के अतिरिक्त, इस सीमा में बँध कर उपन्यास के प्रवाह और उसकी ऊर्मियों के वैविध्य को कायम रखना बड़ी ही साधना चाहता है। 'गिरती दीवारें' के सात वर्ष के लम्बे लेखन-काल में इस कठिनाई से मैं गुज़र चुका था और जैसे एक ही आसन से तंग आ कर योगी दूसरा आसन बदल लेते हैं, मैं भी कुछ परिवर्तन चाहता था। तब मैंने फिर उपन्यास को नये सिरे से कुछ यों शुरू किया :

> 'बात आज की नहीं, उस ज़माने की है, जब पाकिस्तान को अस्तित्व में आने के लिए अभी नौ-दस वर्ष दरकार थे, लाहौर की एकमात्र मुख्य मासिक-पत्रिका 'मालती' के सम्पादक, महाशय गोपालदास और अस्तंगत 'मंजरी' के सम्पादक, कवि चातक आमने-सामने बैठे थे। तभी महाशय जी मालती का ताज़ा अंक बीच में से खोल कर श्री चातक की ओर बढ़ाया :
>
> "हमारी नयी लेखिका!" उन्होंने कहा।
>
> चातक जी ने ललक कर 'मालती' का वह अंक उनसे ले लिया। इस प्रयास में वे अपनी कुर्सी से ज़रा उठ भी गये और बड़ी उत्सुकता से 'मालती' की उस नयी लेखिका का चित्र देखने लगे.
>
> प्रत्येक युवती, जिससे कवि चातक का परिचय होता, अथवा होने की सम्भावना होती, अनायास ही उनकी प्रेयसी हो जाती। वे हिन्दी के 'बायरन' हैं और लड़कियाँ अनायास उन पर मोहित हो जाती हैं, कवि चातक का यह अटल विश्वास था....'

इस व्यंग्य, विद्रूप और हास्य से भरी शैली में जब मैंने एक परिच्छेद समाप्त किया तो यह मुझे बहुत अच्छा लगा। तब उसी रौ में पाँच परिच्छेद मैं लिख गया।

किन्तु तभी चिरगाँव-वासी गुप्त-बन्धुओं के एक क्रूर मज़ाक का बहाना ले कर श्री गंगा प्रसाद पाण्डेय के ज़ोर देने पर महादेवी जी ने उसी स्नेह और सौहार्द से, जिससे कि

वे मुझे वहाँ ले गयी थीं, संसद-भवन छोड़ने का संकेत किया। मेरे वहाँ और दिन रहने का उनके लिए कुछ उपयोग भी शायद नहीं था, क्योंकि मुझे संसद-भवन में आश्रय देने का प्रचार केन्द्रीय मन्त्रालय तक कर, जो वाहवाही अथवा धन मिल सकता था, वे लूट चुकी थीं। इससे ज़्यादा शायद उन्हें कुछ अभीष्ट भी नहीं था। संकेत उन्होंने सूक्ष्म ही किया, पर मेरे लिए वह काफ़ी था: मैंने पत्नी से मकान देखने का आग्रह किया। दिसम्बर का महीना था, मैं बीमारी से उठा था, मेरी पत्नी नन्हे-से बच्चे के साथ प्रातः सात बजे इक्के पर बैठती और चार-पाँच मील का मार्ग तय कर शहर आती। दि भर मकान खोजती, फ़िर शाम को रसूलाबाद पहुँचती। इलाहाबाद में उन दिनों सब कुछ मिल सकता था, पर मकान नहीं। और महादेवी का सौहार्द-भरा अनुरोध था कि हम एक निश्चित तिथि तक भवन ख़ाली कर दें। अपने इस अनुरोध को बल देने के लिए, उन्होंने 'कृपापूर्वक' साठ रुपये किराये पर एक ऐसा मकान भी खोज दिया, जिसमें रहने का एक छोटा कमरा था, दो शौचालय थे, पर रसोई-घर नदारद था। हमने वचन दे दिया कि मकान न मिला तो हम उसी महँगे दरबे में चले जायेंगे। लेकिन मेरी पत्नी ने अनवरत लगन से उस तिथि से एक दिन पहले मकान खोज लिया।

पत्नी इस प्रयास में बीमार हो गयी, दूसरी कई उलझनें पैदा हो गयीं और उपन्यास लिखना छोड़ कर, घर का ख़र्च चलाने के लिए कुछ व्यवस्था करने की फ़िक्र पड़ी और यह उपन्यास पाँच ही परिच्छेदों तक रह गया। इसके बाद स्वाभिमान से जीवन-यापन के हेतु किये गये उस घोर संघर्ष में, जिसका अभी तक भी कोई अन्त दिखायी नहीं देता, चार वर्षों में सात-साढ़े सात महीने से अधिक समय इस उपन्यास के लिए मुझे नहीं मिला। एक महीना १९४८ में, एक महीना १९५० में, डेढ़ महीना '५१ में और चार महीने १९५२ में। इस तरह लगभग सात-आठ महीनों में उपन्यास लिखा गया।

संघर्ष के अतिरिक्त लिखने के क्रम का यों टूट जाना एक दूसरे कारण से भी हुआ। मेरी यह आदत है कि यदि किसी जगह उपन्यास रुक जाये, कोई परिच्छेद ठीक से न बन पड़े, तो मैं लिखना छोड़ देता हूँ और जब तक वह परिच्छेद वांछित प्रभाव नहीं उत्पन्न करता, उसे ही बार-बार लिखता हूँ। उपन्यास के कुछ परिच्छेद महीनों में लिखे गये और यों उन दिनों, जब मैं प्रकट उपन्यास लिखना छोड़, कुछ दूसरा काम करता रहा, मन-ही-मन उन्हीं के बारे में सोचता रहा।

इस बीच मैं काफ़ी बीमार भी रहा। कुछ स्नेही मित्रों ने डिक्टेशन ले कर इसका पहला मसौदा तैयार करने में मेरी बड़ी सहायता की, जिनमें अलमोड़ा के श्री त्रिलोचन पाण्डेय और चण्डीगढ़ के भाई मेंहदीरत्ता मेरे विशेष आभार के अधिकारी हैं। उपन्यास कैसा बन पड़ा, यह कहना मुश्किल है। सिर्फ़ इतना कह सकता हूँ कि कठिन परिस्थितियों के बावजूद मैंने श्रम में कमी नहीं आने दी और जो समय इस बीच मुझे मिला, उसमें दिन-रात पूरी एकाग्रता से काम किया।

०

जब उपन्यास समाप्त हो गया तो मैंने पाया कि वह भावुकता-भरी रोमानी शैली, जिसमें कि वह पत्र शुरू किया गया था, हास्य-व्यंग्य-भरी शैली में परिणत हो गयी। जहाँ से उपन्यास शुरू हुआ था, वहाँ ख़त्म हुआ और उस पत्र की सित्तो उपन्यास में गहर-गम्भीर सत्या जी

बन गयी और पत्र का 'मैं' जगमोहन बन कर सामने आया। पर वह जगमोहन उस पत्र का प्रेमी जगमोहन नहीं, निम्न-मध्यवर्ग का, अपने वातावरण के आक्रान्त, भीरु युवक है....और फिर हिन्दी के 'बायरन' कवि चातक; दूसरों की कलंक-कहानियों में सुख पाने वाले चतुर पत्रकार शुक्ला जी; धार्मिक संस्था में पल, पढ़ और बढ़ कर नास्तिक बनने वाले धर्म जी; वर्तमान व्यवस्था को बदल देने की फ़िक्र में ग़लतान, अपने पिता के कुकर्मों की प्रतिक्रिया के फलस्वरूप सच्चा जन-सेवक बन जाने वाला हरीश; और वह उससे प्रेम करने वाली निर्भीक दुरो —ये सब अपने-अपने निश्चित व्यक्तित्व लिये हुए जगमोहन और सत्या जी के साथ अपने-आप 'गर्म राख' में चले आये।

रहा उस पत्र का प्रेम, तो वह इस पाँच सौ साठ पृष्ठों के उपन्यास में एकदम ग़ायब हो गया, ऐसी बात नहीं। प्रेम की भूख और पेट की भूख यही दो महान धुरियाँ हैं, जिनके गिर्द अधिकांश लोगों के जीवन का चक्कर घूमता है। लेकिन प्रेम प्रेम में अन्तर है। प्रेम मारता भी है, जिलाता भी है; निष्क्रिय भी कर देता है और कर्म-रत भी; मौन भी होता है और मुखर भी। 'गर्म राख' में उसके कई रंग हैं। एक जगह जगमोहन गा उठता है :

यह प्रेम कुसुम सखि मेरे
सूने उर की डाली पर
चुप, चुप, धीरे-धीरे सखि
मुरझा ऊजायेगा खिल कर।

और दूसरी जगह मन-ही-मन चिल्ला कर कहता है :

छिपकली-सी यह मुहब्बत
आज के युग की लजीली
भीरु
अपने नाम ही के सहम से जो सिमट जाये
तिमिर से आच्छन्न कोनों
और अँतरों से सरक कर
झाँकती है।

कवि चातक एक मासिक-पत्रिका में छपा किसी युवती का चित्र देख कर ही प्रेम के सपने देखने लगते हैं और पत्रिका के दफ़्तर की सीढ़ियाँ उतरते हुए गुनगुनाने लगते हैं :

चित्र तुम्हारा देखा सुन्दर
देखा नहीं तुम्हें अनजानी।
पर लगता है जैसे तुम हो
युग-युग की मेरी पहचानी!

और उनका तृषित प्रेम किसी दूसरे के प्रति वफ़ा के बन्धन में बँधी तरुणी को देख कर लपलपाता हुआ कह उठता है :

प्रेम तुम्हारे घर आया है
तोड़ो जग की सब सीमाएँ!
आओ नग्न प्रकृति-से नाचें

छोड़ जगत की मर्यादाएँ!

जग ने तुमको दूर किया, मैं पास बुलाने को आया हूँ।

पी कर तुमको चिर-दिन की मैं प्यास बुझाने को आया हूँ।

लेकिन फ़ैज़ की मशहूर नज़्म की गूँज भी दूर की ललकार-सरीखी उपन्यास के पन्नों में सुनायी देती है :

और भी दुख हैं ज़माने में मुहब्बत के सिवा।

राहतें और भी हैं वस्ल की राहत के सिवा।

और प्रेम की निराशा में कर्म से मुँह मोड़, संन्यास ले लेने वाले राजा भर्तृहरि की धिक्कार भी गूँज उठती है :

धिक् तां चे तं च मदनं च इमां च मां च

लेकिन क्या भर्तृहरि की धिक्कार ही ठीक है अथवा फ़ैज़ की ललकार ? चातक जी की लपलपाहट ही सही है, या जगमोहन की मौन सुलगन ? 'गर्म राख' के पन्नों में इसका समाधान देने का प्रयास मैंने किया है। किसी को क्या पसन्द है, इससे ग़रज़ नहीं; मैंने बीस वर्षों के अनुभव और चिन्तन से जो मार्ग उस वक्त ठीक समझा, उसकी ओर निर्देश कर दिया। मुझे अपने मत की सचाई का दावा नहीं, उसकी अभिव्यक्ति की दयानतदारी का सन्तोष है।

o

लेकिन 'गर्म राख' के पाँच-साढ़े-पाँच सौ पन्नों में केवल प्रेम ही की समस्या या उसका समाधान रहा, ऐसी बात नहीं।

और भी दुख हैं ज़माने में मुहब्बत के सिवा

राहतें और भी हैं वस्ल की राहत के सिवा।

प्रेम के अतिरिक्त दूसरे दुख-सुख और उनका चित्रण भी 'गर्म राख' के पाठकों को मिलेगा।

o

उपन्यास को समाप्त करने पर 'गिरती दीवारें' की याद आयी तो लगा कि दोनों में कई तरह की समानता और विभिन्नता है।

साम्य को लें, तो 'गर्म राख' का नायक 'गिरती दीवारें' के नायक से अधिक भिन्न नहीं। चेतन का किंचित प्रौढ़ रूप वह है; पर वही ऐसी कड़ी है, जो 'गर्म राख' को 'गिरती दीवारें' के निकट ले आती है। लेकिन 'गर्म राख' की नायिका —वह मौन, गम्भीर, रूखी, रसीली, रहस्यमयी युवती —उसका 'गिरती दीवारें' में कहीं निशान नहीं। 'गर्म राख' जगमोहन की नहीं, सत्या की कुण्ठा और उस कुण्ठा से जनित निराशा के आवेग में कर्मक्षेत्र को छोड़, आत्महत्या-सरीखे पलायन की दर्द-भरी कहानी है। लेखक पर उसके साथ अन्याय करने का दोष लगाया गया है। लेखक उसके दर्द से दुखी न होता तो इतने पृष्ठ काले न करता।

'गर्म राख' को छपे छै वर्ष होने को आये हैं। इसकी लोकप्रियता इधर दो वर्षों में काफ़ी बढ़ गयी है। जहाँ इसकी एक हज़ार प्रतियों के बिकने में लगभग चार वर्ष लग गये

(जब कि बिहार सरकार ने शुरू ही में इसकी कुछ प्रतियाँ ख़रीदी भी थीं) वहाँ पिछले दो वर्षों में इसकी दो हज़ार प्रतियाँ अनायास बिक गयीं और इसकी माँग दिनों-दिन बढ़ रही है। कारण जान पाना मेरे लिए कठिन है, सिवा इसके कि जहाँ आलोचकों ने इसे उतना अच्छा नहीं समझा, पाठकों ने अपना लिया। अपने एक लम्बे लेख में श्री राजेन्द्र यादव ने 'गर्म राख' के प्रति आलोचकों की इस उपेक्षा का उल्लेख करते हुए लिखा :

> "कहना पड़ता है कि 'गर्म राख' के प्रति आवश्यकता से अधिक उपेक्षा दिखायी गयी, हालाँकि यह निःसन्देह कहा जा सकता है कि 'गर्म राख' में अपनी एक मौलिकता है और यह हिन्दी की वर्तमान उपन्यास-परम्परा से इतनी अधिक अलग है कि सहसा ध्यान आकर्षित किये बिना नहीं रहती...."

लेकिन 'गर्म राख' ने निश्चित रूप में पाठकों को आकर्षित किया, और चूँकि आलोचकों की सहायता के बिना पाठकों का ध्यान खींचने के लिए रचना को कुछ समय लग जाता है, इसलिए 'गिरती दीवारें' की अपेक्षा इसे लोकप्रिय होने में कुछ ज़्यादा समय लग गया।

'गिरती दीवारें' इसकी अपेक्षा अधिक भाग्यवान रहा। उसकी ख़ूब आलोचना-प्रत्यालोचना हुई। उन दिनों प्रगतिशील लेखकों में श्री शिवदान सिंह चौहान की तूती बोलती थी और मुझ पर वे बड़े कृपालु थे। मेरी जो भी पुस्तक निकलती थी, उसे पसन्द करते थे; उसकी प्रशंसा करते थे और यदि उन्हें कुछ नापसन्द भी होता तो बड़ी हमदर्द आलोचना करते थे। 'गिरती दीवारें' दिल्ली रेडियो से उनके पास समालोचनार्थ पहुँचा तो उन्होंने उसे प्रेमचन्द के 'गोदान' की यथार्थवादी परम्परा में सर्वश्रेष्ठ उपन्यास घोषित कर दिया और मुझे गोर्की के समकक्ष ला बैठाया। श्री नलिन विलोचन शर्मा को उसमें कुछ भी दिखायी नहीं दिया। डॉक्टर राम विलास शर्मा को शिवदान द्वारा 'गिरती दीवारें' के लेखक को प्रेमचन्द और गोर्की की परम्परा में रखना उन महान लेखकों का अपमान लगा और उन्होंने 'जनयुग' के एक लेख में शिवदान सिंह को प्रतिक्रियावादी घोषित करते हुए, बिना उपन्यास को पढ़े, **'गिरती दीवारें'** की उस समालोचना की घोर आलोचना की। लेकिन अधिकांश आलोचकों ने उसे सराहा और उपन्यास ने तत्काल पाठकों का ध्यान आकर्षित किया। आज तो ख़ैर उसके संक्षिप्त संस्करण कई विश्वविद्यालयों के पाठ्यक्रमों में पढ़ाये जाते हैं और वह उपन्यास दिनों-दिन अधिकाधिक लोकप्रिय हो रहा है, लेकिन उन दिनों सर्वश्री शिवदान, शमशेर, माचवे की प्रशंसा और नलिन जी, देवराज जी, आदि की घोर आलोचना ने उपन्यास को लोकप्रिय बनाने में बड़ा काम किया।

लेकिन दुर्भाग्य से १९५२ में श्री शिवदान मुझसे बेहद नाराज़ हो गये। कुछ तो घरेलू कारण थे, लेकिन दो कारण ऐसे भी हुए, जिनका साहित्य से भी सम्बन्ध था :

पहली बात तो यह हुई कि मेरे खण्ड काव्य 'चाँदनी रात और अजगर' की भूमिका लिखते हुए उन्होंने शुरू के चार-पाँच पृष्ठों में डॉक्टर रामविलास शर्मा की बड़ी कड़ी आलोचना की। पुस्तक को प्रेस में देते हुए, जब मैंने उसे दोबारा पढ़ा तो मुझे वह न केवल पैवन्द-सरीखी लगी, जिसका पुस्तक की वस्तु से कोई सम्बन्ध न था, बल्कि मुझे महसूस हुआ कि शिवदान ने उस भूमिका में अपना बदला चुकाने का अवसर निकाला है। अब सोचता हूँ तो पाता हूँ कि मुझे, यद्यपि वह भूमिका मैंने अनुरोध से लिखवायी थी, उसे न

छापना चाहिए था; पर शिवदान मित्र थे, इसलिए वे चार-पाँच पृष्ठ मैंने नहीं छापे और बाद में जब उन्होंने शिकायत की तो मैंने उनसे कहा कि वह सब उन्हें किसी लेख में लिखना चाहिए था, भूमिका में नहीं। पर यह बात उन्हें खल गयी।

दूसरी बात यह हुई कि उन्हीं दिनों 'गिरती दीवारें' का दूसरा संस्करण छपा और मैंने उसमें परिशिष्ट स्वरूप श्री शिवदान और शमशेर के लेख दिये और अपनी ओर से श्री शमशेर के प्रति विशेष आभार प्रकट किया। शिवदान को बुरा लगा कि जब उन्होंने मेरे उपन्यास को यथार्थवादी परम्परा का सर्वश्रेष्ठ उपन्यास घोषित किया तो क्यों मैंने उनका आभार विशेष रूप से प्रकट नहीं किया। तब तो मैंने यही कहा कि भाई, तुम्हारा आभार प्रकट करना तो अपना ही आभार प्रकट करना है; पर अब सोचता हूँ तो पाता हूँ कि बावजूद इस बात के कि उन्होंने मेरे उपन्यास को सर्वश्रेष्ठ यथार्थवादी उपन्यास घोषित कर दिया, मुझे शिवदान के फ़तवों-भरे लेख की अपेक्षा शमशेर की आलोचना ज़्यादा अच्छी लगी। 'गिरती दीवारें' के सम्बन्ध में बहुत-से लेख लिखे गये हैं, पर मेरे ख़याल में, यद्यपि शमशेर ने न 'गिरती दीवारें' की श्रेष्ठता गिनायी है, न महानता, पर बड़े अन्वेषणात्मक ढंग से उसके गुण-दोषों का विवेचन किया है और मैं समझता हूँ, बिना दो-तीन बार किसी उपन्यास को पढ़े, कोई आलोचक वैसी गम्भीर आलोचना नहीं लिख सकता।

शिवदान चूँकि अपने लिखे को वेद-वाक्य समझते हैं, इसलिए पुस्तक को ध्यान से पढ़ना ज़रूरी नहीं समझते। उनकी आलोचना का अधिकांश भाग कहानी ले लेती है और उसके बाद वे अपने फ़तवे दे देते हैं। दोनों आलोचना-पद्धतियों में क्या अन्तर है, इसे उन दोनों आलोचनाओं को एक साथ पढ़ कर बख़ूबी जाना जा सकता है।

लेकिन शिवदान ने मन में गाँठ बाँध ली। दो-एक और बातें भी हो गयीं। एक-दो बड़े ही तेज़ पत्र उनके आये, कुछ वैसे ही जवाब भी गये। तभी 'गर्म राख' निकला और पूर्ववत रेडियो की ओर से उनके पास समालोचना के लिए गया। तब उन्होंने अपने एक चेले को आलोचना लिखवायी। (जैनेन्द्र जी के सम्पर्क में जीनियस कहलाने का यह आसान नुस्ख़ा उन्होंने अपना लिया है और अब वे लिखते नहीं, लिखवाते हैं।) उसे ख़त्म कर, बड़ी अहम्मन्यता के स्वर में उन्होंने कहा, "लो, अश्क को मैंने ख़त्म कर दिया।" जब मैं दिल्ली गया तो उनके उस चेले ने बड़े गर्व-भरे स्वर में यह बात मुझे बतायी और कहा कि शिवदान जी ने ही ('गिरती दीवारें' को 'गोदान' की यथार्थवादी परम्परा का सर्वश्रेष्ठ उपन्यास घोषित कर) आपको बनाया था और वही ('गर्म राख' को निकृष्ट प्रकृतवादी उपन्यास बता कर) आपको ख़त्म किये दे रहे हैं।

कोई आलोचक किसी लेखक को ख़त्म कर सकता है या नहीं, यह तो मैं नहीं कह सकता, लेकिन विश्व-साहित्य का इतिहास ऐसी बीसियों मिसालों से भरा पड़ा है, जब अहंकारी आलोचकों ने किसी कृती लेखक की उत्कृष्ट रचना को निकृष्ट घोषित कर, अपने जाने उसे ख़त्म कर दिया, मगर रचना अमर हो गयी और आलोचक विस्मृति के गर्त में जा पड़े, या ज़िन्दा रहे तो उसी रचना के तुफ़ैल कि उन्होंने अपनी अहम्मन्यता में उसे निकृष्ट घोषित किया था।

'गर्म राख' महान रचना है और शिवदान जी को मुक्त कण्ठ से उसकी प्रशंसा करनी चाहिए थी, मेरा यह अभिप्राय कदापि नहीं। मुझे शिवदान की समालोचना की टोन (tone)

पर आपत्ति है। उनके व्यक्तिगत आक्रोशपूर्ण पत्र और उनकी समालोचना की टोन (tone) में कोई अन्तर नहीं। मैं कहना केवल यह चाहता हूँ कि यदि कोई आलोचक किसी रचना को उत्कृष्ट घोषित करता है और कालान्तर में वह लोकप्रिय भी होती है, तो आलोचक की प्रशंसा के कारण नहीं, बल्कि अपने गुणों ही के कारण! आलोचक को इस बात का श्रेय मिलता है कि उसने सबसे पहले पाठकों के सामने उसके गुण उजागर किये, और यदि वह किसी रचना को निकृष्ट बताता है और लेखक और प्रकाशक अथवा लेखक के गुट के शोर मचाने के बावजूद, वह फ़्लॉप हो जाती है तो अपनी ही त्रुटियों के कारण —आलोचक केवल इस बात का श्रेय पा सकता है कि उसने उसकी त्रुटियों को समय से जान लिया और जना दिया। बड़े-से-बड़े आलोचक के बस की यह बात नहीं कि वह महज़ अपनी आलोचना-शक्ति से किसी कमज़ोर रचना को उत्कृष्ट बना दे अथवा उत्कृष्ट को ख़त्म कर दे। समय बड़ा ही निर्मम निर्णायक है और यदि रचना में शक्ति नहीं तो आलोचकों की वकालत किसी काम नहीं आती और न लेखक और प्रकाशक के दावे।

मैं आलोचकों की महत्ता से भी इनकार नहीं करता, उनके सहयोग के अभाव में कई बार लेखक अथवा रचना को अपना उचित स्थान पाने में समय लग जाता है, लेकिन मेरा दुर्भाग्य है कि जीवन के घोर संघर्ष ने मुझे वह समय नहीं दिया, जो आलोचकों को साधने के लिए ज़रूरी है। उल्टे मेरी साफ़गोई ने अकसर को नाराज़ ही किया! कभी, जब मैं युवा था मेरे पास समय था, आलोचकों ने मेरी कच्ची रचनाओं को भी ख़ूब सराहा। लेकिन बाद में तो अधिकांश मुझसे नाराज़ रहे। डॉक्टर राम विलास शर्मा ने, कभी जब मैं रेडियो स्टेशन में था और मैंने उन्हें एक वार्ता के लिए बुलाया था, मेरे एकांकियों की प्रशंसा की थी, उसके बाद आज तक मैंने जो कुछ भी लिखा, उन्हें कुछ भी पसन्द नहीं आया, यहाँ तक कि पिछले दिनों झल्ला कर उन्होंने अपने लेख में घोषणा की —'हिन्दी साहित्य की छीछालेदर का नाम अश्क है,' और उनके पट्ट शिष्य डॉक्टर भटनागर ने उनकी इस सूक्ति को अपने एक लेख में उद्धरित कर, गुरु-दक्षिणा चुकायी।

शिवदान तो १९५२ में जो नाराज़ हुए तो आज तक नाराज़ हैं। १९५२ से पहले जब भी उन्होंने कलम उठाया और मेरा ज़िक्र किया तो हमेशा तारीफ़ की, लेकिन १९५२ के बाद मेरी कोई कृति उन्हें पसन्द नहीं आयी और औलिआओं के-से अन्दाज़ में एक दिन उन्होंने मुझे बताया कि 'गर्म राख' के बाद मेरा पतन शुरू हो गया है और श्रीमती विजय चौहान ने (जो इतने महान आलोचक की संगिनी होने के नाते स्वभावत: आलोचक हो गयी हैं) मुझसे कहा —'आप कुशवाहा कान्त की तरह लिखने लगे हैं।' इन आलोचक-दम्पति की झल्लाहट एक वक्त इस हद तक पहुँच गयी कि जब रेडियो दिल्ली से शिवदान जी के पास एक वार्ता गयी —अश्क का लाहौर —तो यह बताने की कृपा करने के बदले कि अश्क ने लाहौर का चित्रण कैसा किया है, हिन्दी आलोचना की इस विभूति ने पूरे डेढ़ पृष्ठ में इस बात पर क्रोध प्रकट किया कि वार्ता का विषय क्यों ऐसा ग़लत चुना गया —अश्क कोई महान लेखक नहीं कि 'अश्क का लाहौर' नाम से कुछ कहा जाय —और फिर उसी आक्रोशपूर्ण वाणी में उन्होंने बिना पुस्तकें पढ़े (कि उस वार्ता के लिए न केवल 'गिरती दीवारें' और 'गर्म राख' बल्कि मेरी उन कहानियों और नाटकों को भी पढ़ना ज़रूरी था, जिनमें लाहौर का चित्रण है) यह फ़तवा दे दिया कि **अश्क ने लाहौर के साथ इन्साफ़ नहीं**

किया। विद्वेष अच्छे-भले आदमी के विवेक को कैसा धुँधला देता है, इस बात को जानने के लिए श्री शिवदान के उस लेख को पढ़ना बड़ा ही ज़रूरी है।

असल में रेडियो वाले जब वर्तमान साहित्य पर सीरीज़ बनाते हैं तो अपनी प्रेरणा सामयिक साहित्य ही से लेते हैं। उन दिनों जिन लोगों ने 'गर्म राख की काफ़ी कमज़ोरियाँ दिखायीं, उन्होंने भी माना कि 'गर्म राख' में लाहौर का बड़ा सजीव चित्रण हुआ है। राजेन्द्र यादव ने 'अवन्तिका' में लिखा :

> "अपने बहुत-से मित्रों की तरह मेरा भी यह दावा है कि एक शहर अपनी अधिकतम विशेषताओं के साथ किसी भी उपन्यास में शायद ही इतना मुखर हुआ हो, जितना लाहौर 'गर्म राख' में हुआ है। यह इसलिए नहीं कि अश्क ने लाहौर की पूरी टॉपोग्राफ़ी या नक्शा बयान कर दिया है। नहीं, वहाँ की भीड़, वहाँ की धूल-धक्कड़, कहकहे, गन्दगी, भैंसों की पूँछों से उछलती हुई कीचड़, ताँगे, फ़ैशन, सुबह-शाम, स्त्री-पुरुष, पंजाबी गालियाँ और सम्बोधन —सब कुछ इतने और उभर कर सामने आये हैं कि आप उपन्यास समाप्त करते हैं तो लगता है, जैसे लाहौर के उसी वातावरण में रह कर आ रहे हैं।"

मेरे ख़याल में शिवदान को चाहिए था, वो यह कह कर वार्ता देना अस्वीकार कर देते कि यह शीर्षक ग़लत है; अश्क ऐसा महान लेखक नहीं कि 'अश्क का लाहौर' नाम की वार्ता रेडियो से ब्रॉडकास्ट हो! लेकिन बिना श्रम किये यदि रुपये भी मिल जायें और विद्वेष की अभिव्यक्ति का अवसर भी प्राप्त हो, तो वो क्यों छोड़ें। इसे सामान्य भाषा में साहित्यिक बददयानती कहते हैं। बददयानती शायद कड़ा शब्द है। यह बचपना है, बददयानती नहीं। शिवदान में यह बचपना प्रचुर मात्रा में मौजूद है। सन्तुलन और साफ़-दिमाग़ी का अभाव उनके यहाँ सदा रहा है। भावनाएँ उन्हें बहा ले जाती हैं। वे प्रसन्न होते हैं तो रचना को विश्व साहित्य की श्रेणी में ले जा बैठाते हैं, और नाराज़ होते हैं तो....उसे जानने के लिए पाठकों को 'गर्म राख' पर लिखी उनकी आलोचना ही पढ़नी चाहिए, उनका बड़ा मनोरंजन होगा, क्योंकि उस आलोचना में भी उन्होंने एक उपन्यास को विश्व-साहित्य की श्रेणी में ला रखा है।

लेकिन सभी ने 'गर्म राख' की निन्दा की हो, ऐसी बात नहीं। श्री प्रकाश चन्द्र गुप्त को 'गिरती दीवारें' उतना पसन्द नहीं था और श्री नलिन विलोचन शर्मा ने तो उसकी कटुतम आलोचना की थी, लेकिन 'गर्म राख' की दोनों ने प्रशंसा की है। श्री भगवत शरण उपाध्याय और श्री अमृतलाल नागर ने भी उसे सराहा है, और पाठकों ने तो उसे सिर पर उठाया ही है। मेरी फ़ाइल में बीसियों पत्र पड़े हैं। जी होता है, सभी का उल्लेख करूँ, क्योंकि पाठकों की प्रशंसा में जो अनायासता और आलोचना में विद्वेष का जो अभाव होता है, वह लेखक की बड़ी प्रेरणा है, किन्तु यह लोभ सम्वरण कर, मैं केवल कुछ-एक पत्रों के संक्षिप्त उद्धरण साभार देता हूँ :

> "....गर्म राख अभी अभी समाप्त हुआ है। यह तो आपने सुना ही होगा : तेरी सूरत से नहीं मिलती किसी की सूरत

उपन्यास ख़त्म कर यही कहने को विवश हूँ।

कवि चातक का चित्रण आपने बड़ा ही सुन्दर किया है; जगह-जगह हास्य-व्यंग्य का पुट ख़ूब दिया है। पण्डित धर्मदेव के बारे में यह ख़ूब लिखा है —'वेदालंकारी के ज़माने की कोई बात यदि उनमें प्रकट दिखायी देती थी तो वह था उनका साइकिल पर पिछले पहिए की खूँटी से फुदक-फुदक कर चढ़ना।'

ऐसी कई पंक्तियाँ हैं जो पात्र का पूरा-पूरा चित्र खींच देती हैं।

नर्मदेश्वर प्रसाद सिन्हा
पटना

"....मैं 'गर्म राख' को दो बार पढ़ गया और इस बीच बहुत-से मित्रों और साथियों से उसको ले कर बात-चीत करने का अवसर मिला। अपने बारे में इतना ही कह सकता हूँ कि प्रत्येक पात्र का अध्ययन करने में बड़ा ही आनन्द आया।

मुझे सब से अच्छा चित्रण नूरे का लगा। इस चित्र को उपस्थित करने में आपको ख़ूब सफलता मिली है और उपन्यास का चह चरित्र अन्य चरित्रों से कम नहीं। इसी सिलसिले में आपने हीरामण्डी में ऊपर कोठों पर बैठने वाली वेश्याओं के जीवन का दर्शन ही नहीं कराया, बल्कि उनके साये में पलने वाले, अधम नरक में गलने-सड़ने वाली चकलेवालियों का सजीव वर्णन किया है, जो तन बेच कर भी पेट नहीं भर पातीं। उन्हें यदि अवसर दिया जाये और यदि उनकी परिस्थिति सुधार दी जाये तो वे कैसे सभ्य समाज के योग्य नहीं हैं ?"....

मदनमोहन शाण्डिल्य
जबलपुर

"....आपकी 'गर्म राख' को उँगली से छुआ ही नहीं, उसकी ऊष्णता को भी महसूस किया है। वह अंगारे की तरह जला तो सकती ही न थी, लेकिन मीठी-मीठी तपन अवश्य महसूस करा गयी।"

शशिधर
आष्टा (भोपाल)

"....गर्म ट्रैजिडी की अपेक्षा मैं ठण्डी ट्रैजिडी का कायल हूँ, अतः इधर जो उपन्यास मैंने पढ़े, उन सब में 'गर्म राख' सबसे अच्छा लगा।"

नन्दकिशोर जोशी
रतलाम

"....मैं और सुषी जब भी उदास होती हैं, 'गर्म राख' ले बैठती हैं। —बार-बार के पढ़े स्थल सुनाती हैं और हर बार हमें उन्हीं स्थलों पर हँसी आती है; जिन पर पहले आयी थी। हालाँकि हास्य-व्यंग्य सारे उपन्यास में बिखरा है, पर न जाने क्यों, हमें उनतालिसवाँ परिच्छेद बहुत अच्छा लगता है।...."

कृष्णा सोबती
दिल्ली

"....इस समय रात के ग्यारह बजे हैं। अभी-अभी मैंने आपका उपन्यास 'गर्म राख' पढ़ कर समाप्त किया है। इस समय जब कि घर के अधिकांश व्यक्ति सो चुके हैं, या सोने की तैयारी कर रहे हैं, मैंने एक हल्की साँस खींच कर, इसका अन्तिम पृष्ठ समाप्त किया है। एक अजीब उदासी, एक अव्यक्त विषाद-सा दिल और दिमाग़ में भर गया-सा लग रहा है। जाने क्यों, लगता है, ऐसा न होता तो अच्छा था....

'गर्म राख' में मुझे बहुत कुछ 'वह' मिला, जिसकी एक धुँधली-सी तसवीर मेरे मस्तिष्क में कभी-कभी उभरती थी। मैंने हिन्दी के कई दूसरे कलाकारों को पढ़ा है — प्रेमचन्द की रचनाएँ मैंने पढ़ीं —बहुत-से आदर्श चरित्र मिले; सत्य-धर्म की विजय होती दिखायी दी; बेनीपुरी जी की पुस्तकें पढ़ीं —ख़ूब जँचीं, आँखों में आँसू आये, क्षोभ हुआ, परिताप, क्रोध —बहुत-से भाव आये-गये; शरत बाबू की किताबें पढ़ीं —भारतीय नारी की विशालता पर गर्व हुआ; उन निरीह पुरुष-पात्रों से —जिन्हें अपने हित-अहित का ध्यान नहीं, सहानुभूति हुई; मूक प्रेम की अभिव्यक्ति पर एक कसक, धीमा उच्छ्वास....कहाँ तक गिनाऊँ! फिर भी इतना कहने की धृष्टता करता हूँ कि पूर्ण तुष्टि न मिली। कहीं किसी कोने में एक कमी कसकती रही, जैसे कुछ और, कुछ और होता।

आपकी सत्या जी बहुत दूर तक शरत बाबू की पात्री जैसी लगती हैं —अस्पष्ट-सी! मानवोचित कमज़ोरियों ने उन्हें सत्य साबित कर दिया और सच कहता हूँ, यहीं मैं अपने उस 'कुछ' को पा गया हूँ।....

दुर्गाप्रसाद मुकुर
जमालपुर

०

दूसरे संस्करण को प्रेस में देते समय मैंने योंही इसे पढ़ना शुरू किया तो इसका आरम्भ ही मुझे खटका। मैंने कुछ पंक्तियाँ ऊपर-नीचे करके पढ़ा तो बेहतर लगा। उसी झोंक में मैं उपन्यास पढ़ने लगा। तब महसूस हुआ कि सारे-के-सारे उपन्यास को एक नज़र देखना ज़रूरी है। मेरी इस सनक को बल देने वाले एक मित्र भी मिल गये। श्री सुरेन्द्रपाल सिंह को मेरी पत्नी मज़ाक से 'भाषा-विज्ञानी' कहती है — भाषा सम्बन्धी इतनी मीन-मेख निकालते हैं — लेकिन सच्ची बात यह है कि भाषा के मामले में उनकी दृष्टि बड़ी बारीक-बीन है और ऐसी त्रुटियाँ भी देखती है, जिसे सामान्य पाठक या आलोचक नहीं देख पाते! और कई बार उनके सुझाव बड़े कीमती होते हैं। इधर कुछ वर्षों से मेरे निकट सम्पर्क में रहने के कारण उन्हें मेरी रुचि-अभिरुचि का भी पता चल गया है। सो हम दोनों बैठ कर उपन्यास का संशोधन करने लगे और जिस काम को हम समझते थे कि एक महीने में ख़त्म कर देंगे, उसे तीन महीने लग गये।

अपनी रचनाओं का संशोधन-परिवर्द्धन मेरी पुरानी आदत है। कई बार चौथे-पाँचवें संस्करण तक में मैंने रद्दो-बदल कर दिया है। पिछले वर्ष मेरी सत्तर चुनी हुई कहानियों का वृहद संग्रह प्रेस में जाने को हुआ तो उन्हें एक जगह संकलित करने से पहले मैंने एक नज़र देख लेना ज़रूरी समझा और महीनों इस काम में लगा रहा। इसी बात को लक्ष्य कर, श्री बालकृष्ण राव ने, जो इधर परिस्थिति-वश (पद से मजबूरन त्याग-पत्र देने के बाद)

कॉलमनिस्ट बन गये हैं और हिन्दी साहित्य की आलोचना अंग्रेज़ी पत्र-पत्रिकाओं में करते रहते हैं (पुरानी शान कायम रखने का उन्होंने यही आसान ढंग निकाला है। कुछ लेखक, जो हिन्दी पाठकों से अपने आपको नहीं मनवा पाये, उनके दरबार में नित्य हाज़िरी दिया करते हैं और इस दरबारदारी का हक भी वो उन्हें अपने कॉलमों द्वारा चुकाते रहते हैं) मेरे उस वृहद संग्रह की कहानियों के गुण-दोषों का विवेचन करने की बजाये, अथवा संग्रह की लम्बी भूमिका में कहानी-सम्बन्धी मैंने जो विचार व्यक्त किये, उनके पक्ष या विपक्ष में लिखने के बदले, मज़ाक से मुझे संशोधनवादी (रिविज़निस्ट) का नाम दिया। मतलब उनका यह था कि उस समय जब लोग नयी-नयी रचनाओं की सर्जना में रत हैं, यह व्यक्ति पुरानी कृतियों के संशोधन ही में सुख पाता है। बत्तीस वर्षों के लम्बे अर्से में लिखी गयी मेरी उन कहानियों को पढ़ने और पुस्तक की गम्भीर आलोचना करने का कष्ट उठाने के बदले, हिन्दी साहित्य की यथार्थ गतिविधि से अनभिज्ञ अंग्रेज़ी पाठकों को चौंकाने का यह नुस़्खा उन्हें आसान लगा। शायद ऊँचे अफ़सरों के जीवन की यह विडम्बना रही है कि अभिरुचि होने पर भी पढ़ने-पढ़ाने का अवकाश उन्हें नहीं मिलता। विरले ही ऐसे होते हैं, जो अपने पद की ज़िम्मेदारियाँ निभाते हुए, अपने अवकाश को पूरी तरह क्लब अथवा पार्टियों की भेंट होने से बचा लेते हैं। मालूम नहीं, उन्होंने फ़्लाबेयर, बाल्ज़ाक, तॉलस्तॉय और शॉ की जीवनियाँ पढ़ी हैं या नहीं। पढ़ी होतीं, तो ऐसा मज़ाक वे नहीं करते। मेरे ख़याल में जो लेखक अपनी रचनाओं को त्रुटिविहीन समझता है और परिमार्जन में विश्वास नहीं रखता, वह या जीनियस है, या मूर्ख! अपने आपको मूर्ख कौन माने ? इसलिए हिन्दी-लेखक प्रायः ख़ुद को जीनियस ही समझते हैं और अपनी प्रतिभा से आक्रान्त, वे लिखी हुई रचना से एक शब्द भी काटना गुनाह मानते हैं। इस परम्परा की शुरुआत जैनेन्द्र ने की, जो इस बात का उल्लेख बड़े गर्व से करते रहे कि लिखायी हुई चीज़ को उन्होंने कभी दोबारा नहीं देखा। जैनेन्द्र के जीनियस होने में कोई सन्देह नहीं, पर जैनेन्द्र के निकट सम्पर्क में रहने के बावजूद मैं उनसे कभी सहमत नहीं हो पाया। मैं उर्दू की परम्परा में पला हूँ। उर्दू उस्ताद भाषा के परिमार्जन पर बड़ा ज़ोर देते थे। अपने शागिर्दों को वे सबसे पहले 'आतिश' का एक शे'र सुनाते थे :

बजाये मय दिया पानी का इक गिलास मुझे
समझ लिया मेरे साक़ी ने बदहवास मुझे

रवायत है कि हज़रत आतिश मरणासन्न थे। हकीमों ने शराब की मनाही कर रखी थी। उन्होंने शराब माँगी तो यह समझ कर कि उन्हें होश नहीं, तीमारदारों ने शराब के बदले पानी का गिलास दे दिया। तब आतिश ने यह शे'र कहा। उर्दू उस्ताद नये शागिर्दों को यह शेर सुना कर पूछा करते थे (मेरे उस्ताद ने भी यह शे'र सुनाया था और यही प्रश्न पूछा था) कि इसमें क्या ख़ामी है ?

प्रायः शागिर्द नहीं बता पाते, क्योंकि शे'र एकदम चुस्त और त्रुटिविहीन लगता है। तब उस्ताद बताते हैं कि इसमें शब्द 'इक' भरती का है। शे'र में वह नहीं होना चाहिए। गिलास का मतलब ही है एक गिलास। जिस शब्द के बिना काम चल जाये, उसे लिखना ठीक नहीं।

परिमार्जन की यही प्रवृत्ति है, जिसने उर्दू को ऐसी मँजी-धुली, निखरी भाषा बना

दिया। मैं अपनी भाषा में वह सफ़ाई, लचक, चुस्ती और निखार पैदा कर सका हूँ और 'गर्म राख' एकदम निर्दोष बन गया है, यह कहना तो कठिन है, पर मेरा उद्देश्य अवश्य यह रहा है कि जो त्रुटि मेरी नज़र में आ जाये, उसे ज़रूर दूर कर दूँ। इसीलिए श्री बालकृष्ण राव और उनके मुसाहिबों के व्यंग्य के बावजूद मैंने 'गर्म राख' के इस संस्करण को यथा-सम्भव और यथा-शक्ति सँवारा है। पुराने उपन्यास में कुछ दोष ऐसे होते हैं, जो दूर नहीं किये जा सकते। उन्हें दूर करने के लिए सारे-के-सारे उपन्यास को फिर से लिखना ज़रूरी होता है, लेकिन कुछ ऐसे अवश्य होते हैं, जिन्हें निश्चय ही दूर किया जा सकता है। 'गर्म राख' के इन दोषों को मैंने निकाल दिया है। हो सकता है, अब भी कुछ त्रुटियाँ रह गयी हों, पर यह संस्करण पहले संस्करण की अपेक्षा निश्चित रूप से बेहतर हो गया है, इतना मैं ज़रूर कह सकता हूँ।

उन सभी मित्रों, स्नेहियों, आलोचकों और पाठकों का मैं आभारी हूँ, जिन्होंने मुझे उपन्यास के लिखने की प्रेरणा दी, इसकी त्रुटियाँ दिखायीं, सुझाव दिये अथवा प्रशंसा कर मेरा साहस बढ़ाया।

दीपावली, अक्टूबर १९५९ —उपेन्द्रनाथ अश्क

तीसरे संस्करण पर दो शब्द

'गर्म राख' का तीसरा संस्करण प्रेस में देते हुए मुझे पहले ख़याल आया था कि दूसरे संस्करण की भूमिकास्वरूप मैंने जो कड़वे-मीठे संस्मरण दिये हैं, उन्हें काट दूँ। अब पढ़ने पर उस संस्मरणों में मुझे बेकार के आक्रोश और तकलीफ़ की एक रेखा लगातार दिखायी देती है। शिवदान और डॉक्टर राम विलास वर्षों हुए चुपा गये और आलोचना-वालोचना छोड़, दूसरे धन्धों में लग गये। स्व० बालकृष्ण राव अफ़सर थे और कुछ दिन तक कॉलम वग़ैरह लिखने के बाद फिर अफ़सर हो गये और साहित्यिक के रूप में नहीं, एक अफ़सर के तौर पर ही दिवंगत हुए और यद्यपि 'गिरती दीवारें' ने अपने अन्य खण्डों के प्रकाशन के बाद मेरे शेष उपन्यासों को किंचित दबा दिया, लेकिन 'बड़ी बड़ी आँखें' और 'पत्थर अल पत्थर' के साथ 'गर्म राख' भी धीरे-धीरे पाठकों में अपनी जगह बनाता रहा। और यह तीसरा संस्करण प्रेस में देते हुए मैंने सोचा था कि अब उन संस्मरणों को देने की कोई ज़रूरत नहीं। लेकिन जब मित्रों से राय ली तो उन्होंने कहा कि उस प्रतिक्रिया का एक ऐतिहासिक महत्व है और उसे रहना चाहिए। मैंने उसे रहने दिया है और जिन पाठकों अथवा आलोचकों के नाम नहीं दिये थे, वे दे दिये हैं ताकि संस्मरण की ऑथेण्टिसिटी कायम रहे।

उपन्यास के बारे में मुझे कुछ नहीं कहना। पाठकों के प्रति मैं आभारी हूँ। नये पाठकों से निवेदन है कि वे उपन्यास पढ़ें तो अपनी प्रतिक्रिया अवश्य दें।

८ अप्रैल, १९७८ —उपेन्द्रनाथ अश्क

१

"हमारी नयी लेखिका!" महाशय गोपालदास ने किंचित गर्व से कहा।

श्री चातक ने ललक कर 'मालती' का वह अंक उन से ले लिया। इस प्रयास में वे अपनी कुर्सी से तनिक उठ भी गये और बड़ी उत्सुकता से 'मालती' की उस नयी लेखिका का चित्र देखने लगे।

०

बात आज की नहीं, उस ज़माने की है जब पाकिस्तान को अस्तित्व में आने के लिए अभी नौ-दस वर्ष दरकार थे, लाहौर की एकमात्र मुख्य मासिक-पत्रिका 'मालती' के सम्पादक, महाशय गोपालदास और अस्तंगत 'मंजरी' के सम्पादक, कवि 'चातक' आमने-सामने बैठे थे। तभी महाशय जी ने 'मालती' का ताज़ा अंक बीच में से खोल कर श्री चातक की ओर बढ़ाया।

"हर महीने मालती एक-न-दो नयी लेखिकाएँ हिन्दी-संसार को देती है," महाशय गोपालदास ने उसी गर्व-स्फीत में कहा, "पंजाब में हिन्दी का प्रचार केवल लड़कियों में है और लड़कियों में जो पत्रिका सब से अधिक जाती है, उसका नाम है —'मालती!' मालती के पाठकों ही में नहीं, लेखकों में भी लड़कियों की संख्या अधिक है। आपके लिए उचित क्षेत्र यही है!"

और आँख को तनिक-सा दबाते हुए महाशय जी मुस्कराये।

उनकी वेश-भूषा के साथ उनकी यह भंगिमा मेल न खाती थी। पर वेश-भूषा के साथ, त्रुटियों से भरे इस संसार में, कितने लोगों की भंगिमाएँ अथवा कृत्य मेल खाते हैं ?

महाशय गोपालदास ने क्या कहा, कवि चातक ने इस ओर ध्यान नहीं दिया। वे तल्लीनता से उस 'नयी लेखिका' का वह चित्र देखने लगे। उन्होंने देखा —एक लड़की खड़ी है; साड़ी का पूरा पल्लू सिर पर है; होंट बन्द हैं और आँखों में गम्भीरता है। रंग गोरा है अथवा काला, यह बात फ़ोटो को देख कर कह सकना कठिन था, क्योंकि फ़ोटोग्राफ़र तवे-से काले को दूध-सा उजला बना दिखाते हैं। पर रंग से कवि चातक को उतनी दिलचस्पी भी न थी। वे जिस समय किसी युवती को देखते, सदा पहले अपनी अत्यन्त कुरूप और अनपढ़ पत्नी से उसकी तुलना कर लेते। इसलिए 'मालती' की यह नयी लेखिका, कुल-मिला कर, उन्हें बड़ी सुन्दर लगी और उन्होंने मन-ही-मन अपनी इस भावी प्रेयसी को सम्बोधित कर —'तुम्हारा प्रथम चित्र देख कर' नाम से कविता लिखने का भी निश्चय कर लिया।

प्रत्येक युवती, जिससे कवि चातक का परिचय होता, अथवा होने की सम्भावना होती, अजाने ही उनकी प्रेयसी बन जाती —वे हिन्दी के 'बायरन' हैं और लड़कियाँ

अनायास उन पर मोहित हो जाती हैं —कवि चातक का यह अटल विश्वास था। पर जैसा कि हर बार लाटरी का टिकट ख़रीदने वाले एक महानुभाव का कथन है कि लक्ष्मी को भी उतरने के लिए सीढ़ी दरकार है —कवि चातक भी अपनी होने वाली प्रेयसियों का अता-पता पूछ कर, उनके लिए सब सुविधाएँ उपस्थित कर देते कि यदि वे उन पर मोहित होना चाहें तो उन्हें कठिनाई न हो। और 'मालती' की इस नयी लेखिका के सम्बन्ध में पूरी-पूरी जानकारी प्राप्त कर लेना भी इसी कारण उन्होंने ज़रूरी समझा।

"कितनी कहानियाँ छपी हैं इनकी ?" उन्होंने पूछा।

"यही पहली है," मालती-सम्पादक बोले, "परन्तु मैं इनसे और कहानियाँ लिखने का अनुरोध कर रहा हूँ। बल्कि मैंने इन से यह भी कहा है कि अपनी छात्राओं से भी लिखवा कर भेजें।"

"तो क्या ये कहीं स्कूल में पढ़ाती हैं ?"

"यहीं गोपालनगर में इन्होंने अपना स्कूल खोला है!"

"कहाँ ?" कवि चातक की आँखें एकदम चमक उठीं।

"बन्दा बैरागी स्ट्रीट में!"

"क्या नाम है ?"

"सत्या विद्यालय!"

"हूँ....!" और कवि सोचने लगे।

"हमारी 'मालती' न केवल इनके विद्यालय में जाने लगी है," महाशय जी ने जोश से कहा, "बल्कि इन्होंने वचन दिया है कि वे गोपालनगर में घर-घर 'मालती' पहुँचा देंगी। आप 'मंजरी' न चला सके, पर देखिए हमारी 'मालती' किस प्रकार दिन-दूनी रात-चौगुनी उन्नति कर रही है। पत्रिका को सफल बनाने के लिए सुन्दर कविताएँ, कहानियाँ और लेख ही दरकार नहीं, ग्राहकों से व्यक्तिगत सम्पर्क बनाना भी ज़रूरी है।"

और महाशय जी सन्तोष से हँसे। —वे नाटे कद, मोटापे की ओर को उन्मुख शरीर के, लम्बी-सी नाक और छोटी-छोटी आँखों वाले टिपिकल 'महाशय' थे और खादी के दूध ऐसे सफ़ेद लिबास में किसी महात्मा से कम दिखायी न देते थे।

खादी की भूषा को सदा के लिए छोड़ते हुए, एक पुराने देश-भक्त ने अपने मित्रों के प्रश्नों से तंग आ कर कहा, 'मुझे महात्मा गाँधी से यही शिकायत है कि उन्होंने खादी को राष्ट्रीय भूषा बना कर जहाँ किसी समय मैंचेस्टर और लंकाशायर को भारी धक्का पहुँचाया, वहाँ देश के लम्पटों का काम सदा के लिए आसान कर दिया। नख से शिख तक खादी में सुसज्जित किसी व्यक्ति को देख कर आदमी पहले उसे भलामानुस समझता है, फिर कुछ और, परन्तु अब मैंने इस सिद्धान्त को उलट दिया है और इसीलिए भूषा को भी!' —'मालती' के सम्पादक उन खादीधारियों में से थे, जो इस सिद्धान्त को उलटने में भले लोगों की सहायता करते हैं। 'मालती' पर सम्पादक के स्थान पर उनकी पत्नी का नाम जाता था, जो न केवल एकदम अनपढ़ थी, बल्कि पढ़े-लिखों को मूर्ख भी समझती थी। पंजाब में उर्दू के सरकारी और ग़ैर-सरकारी प्रचार की प्रतिक्रिया के फलस्वरूप हिन्दी का जो प्रचार हो रहा था और 'रत्न,' 'भूषण,' 'प्रभाकर' की परीक्षाओं में प्रति वर्ष जो सहस्त्रों

लड़कियाँ बैठती थीं, प्रकट उनके लाभ हेतु, परन्तु वास्तव में उनकी अधकचरी शिक्षा का लाभ उठाने के लिए, महाशय गोपालदास ने यह पत्रिका निकाल रखी थी। उसमें शायद ही कभी कोई ऐसा लेख छपता था, जिसमें स्त्रियों की समस्याओं का यथार्थ विश्लेषण अथवा समाधान उपस्थित किया जाता हो। चटपटी कहानियाँ, रूमानी कविताएँ, शृंगार के नुस्ख़े, स्त्रियों की समस्याओं पर 'मालती' की ग्राहक लड़कियों के भावुकतामय लेख, 'मालती-परिवार' के नये विवाहित जोड़ों अथवा नवजात शिशुओं के फ़ोटो और फिर स्त्रियों के गुप्त-रोगों की औषधियों के विज्ञापन (जो महाशय जी दूसरे नाम से अपनी ही एक जाली फ़ार्मेसी की ओर से देते थे) यह सब 'मालती' को, 'मालती' बनाते थे —पंजाब में स्त्रियों की एकमात्र हिन्दी-पत्रिका! और महाशय जी जहाँ खादी पहन कर गाँधी-भक्त बने हुए थे, वहाँ 'मालती' के कारण उत्कट हिन्दी-भक्त भी।

'मंजरी' की बात चला कर उन्होंने चातक जी को असफलता पर जो व्यंग्य किया था, वह उन्हें बुरा न लगे, इस विचार से महाशय गोपालदास ने तत्काल अपनी बात रद्द कर दी। "परन्तु इसमें आपका भी क्या दोष ?" हिं-हिं कर हँसते हुए उन्होंने कहा, "आपने अपनी रसीली कविताओं और अपनी ओजपूर्ण वाणी के कारण पाठकों से जो सीधा सम्बन्ध स्थापित किया, वह हम कहाँ कर सकते हैं! हिं-हिं....हिं-हिं....लड़कियाँ तो अब भी आपकी 'मंजरी' का दम भरती हैं। हमारे पास प्राय: पत्र आते हैं कि 'मालती' को 'मंजरी' जैसी बनाइए। पर यह बात आपके सहयोग बिना कैसे सम्भव हो सकती है ? इसके लिए कवि चातक चाहिएँ, महाशय गोपालदास नहीं....हिं-हिं....हिं-हिं।"

वे क्षण भर को रुके, पर जब कवि मौन ही रहे तो महाशय जो फिर बोले, "मंजरी की असफलता का असली कारण तो महाशय चन्द्रभान की लम्पटता है। मैनेजिंग डायरेक्टरी का वेतन वे अलग पाते रहे और अपने प्रेस में महँगे दामों पत्रिका छाप कर और दफ़्तर में सभी अपने आदमी भर कर लिमिटेड कम्पनी की सारी पूँजी वे अलग हड़प कर गये। आप रहे सम्पादक, आप क्या कर लेते। हिं-हिं...हिं-हिं...हिं-हिं!"

कवि चातक ने कदाचित उनका यह वक्तव्य नहीं सुना। जब महाशय जी की 'हिं-हिं' बन्द हुई तो कुछ क्षण सोच कर कवि चातक जो बोले तो वह 'मालती' के संग किसी प्रकार के सहयोग की बात न थी।

"मैं सोचता हूँ," कवि ने कहा, "आपकी इन सत्या जी ने हमारी एक भारी मुश्किल आसान कर दी।"

महाशय गोपालदास ने उत्तर में केवल मुँह बा दिया।

"मेरी बड़ी पुरानी साध है," कवि चातक ने कहा, "कि 'पंजाब लिट्रेरी लीग' की तरह हम भी एक 'संस्कृति समाज' की स्थापना करें। मन्त्री ज़रा दौड़-धूप करने वाला चाहिए सो उसके लिए मेरा ख़याल था कि जगमोहन से कह दूँगा। महिला-मन्त्री की आवश्यकता थी, उसके लिए सत्या जी मान जायें तो बात बन जाये।"

और यह कहते हुए कवि चातक उठे।

"क्यों नहीं, क्यों नहीं!" महाशय गोपालदास ने खीसें निपोरीं, "मैं शान्ता बहन जी से कहूँगा।"

"शान्ता बहन! कौन शान्ता बहन ?" और कवि फिर बैठ गये।

"शान्ता विद्यालय, गोपालनगर की प्रिन्सिपल! आप उन्हें नहीं जानते ?"

"अरे शान्ता!" और कवि हँसे, "तो उससे सत्या जी का क्या सम्बन्ध ?"

"सत्या जी उनकी पुरानी शिष्या हैं। उन्हीं के यहाँ सत्या जी से हमारा परिचय हुआ था। उन्हींने सत्या जी से चार ग्राहकों के पैसे और कहानी तथा यह चित्र ला कर दिया था। आप शान्ता जी को निमन्त्रित करेंगे तो सत्या जी अपने आप आ जायेंगी।"

लेकिन चातक जी ने कुछ उत्तर नहीं दिया। "अच्छा, तो चल दिये!" कहते हुए वे उठे, "कविता अब जो भी पहली हम लिखेंगे, आपको भेजेंगे। मूड तो बन गया है, हो सकता है आज ही एक हो जाये! वही आपको भेज देंगे।"

महाशय गोपालदास साथ ही उठे, "चित्र साथ में भेजना आप न भूलिएगा।" उन्होंने कहा, "मैं पहले पृष्ठ पर उसे दूँगा। 'मालती' को आप अपनी ही पत्रिका समझिए —'मंजरी' की भाँति! उससे कम प्रचार यह आपका न करेगी!"

परन्तु कवि चातक मन-ही-मन अपनी नयी कविता की पहली पंक्ति गुनगुनाने लगे थे। उन्होंने उत्तर नहीं दिया। दोनों हाथ मस्तक पर रखे और 'नमस्कार' करते और मुस्कराते हुए वे सीढ़ियाँ उतर गये।

महाशय गोपालदास को पदचाप के साथ सीढ़ियों से कवि की गुनगुनाहट सुनायी दी :

"चित्र तुम्हारा देखा सुन्दर, देखा नहीं तुम्हें अनजानी।
चित्र तुम्हारा........

२

पण्डित धर्मदेव वेदालंकार (जिन्हें उनके मित्र बेतकल्लुफ़ी-मिले आदर से 'पण्डित जी,' 'धर्म जी' या केवल 'वेदालंकार जी' कह कर पुकारते थे) रूप, रंग और भूषा से न पण्डित लगते थे, न धर्मदेव, न वेदालंकार —कीमती सिल्क का सूट, जिसकी क्रीज़ आठों पहर ऐंठी रहती, सूट के साथ मैच करती हुई रेशमी टाई, पैरों में फ़्लेक्स के चमचमाते शू और सिर पर बढ़िया सोला हैट —वे हाल ही में स्वदेश लौटे कोई इंग्लिस्तान-पलट युवा अफ़सर दिखायी देते थे, पण्डित अथवा वेदालंकार कदापि नहीं। वेदालंकारी के ज़माने की यदि कोई बात उनमें शेष रह गयी थी तो वह था उनका साइकिल पर पिछले पहिये की खूँटी से चढ़ना। उस समय जब सभी साइकिल सवार बायाँ पाँव पैडल पर रख, दायाँ कैरियर के ऊपर से घुमा, काठी पर जम जाते, पण्डित धर्मदेव वेदालंकार साइकिल के पिछले पहिये की खूँटी से कई कदम फुदक-फुदक कर साइकिल पर चढ़ते।

वे ब्राह्मण न थे, पर आर्यसमाज का सिद्धान्त है कि वर्ण जन्म से नहीं, कर्म से होता है और इसी सिद्धान्त के अनुसार गुरुकुल के सभी स्नातक, ब्राह्मण हों अथवा अब्राह्मण, अपने आपको पण्डित लिखते थे। श्री धर्मदेव अरोड़ा थे, कुलीन खत्री जिन्हें अपने से नीचा

समझते हैं। गुरुकुल से निकलते ही उन्होंने अपने आपको पण्डित लिखना आरम्भ कर दिया था, परन्तु इस बात को वर्षों बीत चुके थे —अब न उनके वे पण्डिताऊ कपड़े थे, न यज्ञोपवीत, न चुटिया; न वे रूखे-खड़े, तेल और कंघी की कृतज्ञता से मुक्त केश और न वह आस्तिकता। उन्होंने, जैसा कि पंजाबी में कहते हैं, ज़बरदस्त कलाबाज़ी खायी थी। रहा आर्यसमाज, तो उसके वार्षिक चुनाव के अतिरिक्त वे उसकी किसी बैठक में भाग न लेते। वार्षिक चुनाव में भी इसलिए कि लाहौर आर्यसमाज के प्रधानमन्त्री गुरुकुल के एक पुराने स्नातक और उनके सहपाठी-मित्र पण्डित बकुलसेन विद्यालंकार थे। उनके प्रेस से पण्डित धर्मदेव की पुस्तकें छपती थीं, टेक्स्ट-बुक कमेटी के वे सदस्य थे और उनके कारण श्री धर्मदेव को अपनी पुस्तकें लगवाने में सुविधा रहती थीं। दूसरी बीस बातें थी, जिनके कारण श्री धर्मदेव चाहते थे कि वे ही आर्यसमाज के मन्त्री बने रहें। इस अवसर पर न केवल वे स्वयं चुनाव में भाग लेते थे, बल्कि अपने ही जैसे दूसरे स्नातकों को भी पकड़ लाते थे, आर्यसमाज से जिनका नाता गुरुकुल से ली गयी डिग्री के अतिरिक्त और किसी प्रकार का न था। ऐसे अवसरों पर पण्डित धर्मदेव वेदालंकार सदैव आगे बढ़ कर बैठते थे। तर्क-वितर्क और वाद-विवाद में, धोती-कुर्ता पहने अपने सहपाठियों और नये स्नातकों को उसी उपेक्षा से देखते, जैसे भेड़िये की नसल का अंग्रेज़ी ढंग से पला हुआ कुत्ता सूखे के मारे अपने देशी भाई को देखता है। वाद-विवाद में वे प्रायः सन्तोष और संयम खो देते। परन्तु पण्डित बकुलसेन धर्म जी के स्वभाव की इस कमज़ोरी से परिचित थे। उनकी अपार विद्वत्ता और संस्कृति का वास्ता दे कर वे उन्हें चुप करा देते। और जहाँ धर्मदेव उन्हें मन्त्री बने रहने में सहायता देते, वे उनको, किसी प्रकार के कार्य से सम्बन्ध न रखने पर भी, कार्यकारिणी का सदस्य चुन लेते।

बिना कोई विशेष काम किये सभा-सोसाइटियों की कार्यकारिणियों का सदस्य बनना, उनके विशेष अधिवेशनों में अपनी सुशिक्षित, सुसंस्कृत, सुसज्जित पत्नी के साथ जाना और उनके विशिष्ट सदस्यों को अपने घर बुला कर चाय पिलाना और उन पर अपनी विद्वत्ता और पत्नी की सुन्दरता का रोब गाँठना पण्डित धर्मदेव वेदालंकार का प्रिय शग़ल था। यही कारण था कि जब श्री चातक ने अपने 'संस्कृति समाज' की कार्यकारिणी की बात सोची तो वेदालंकार जी का नाम उन्होंने सब से पहले रख लिया। यह भी सोच लिया कि समाज की पहली अनौपचारिक बैठक उन्हीं के फ़्लैट पर हो। चाय भी पी जाये और उनकी सुन्दर पत्नी से मधुरालाप करने का स्वर्ण-अवसर भी प्राप्त किया जाये।

०

'मालती-कार्यालय' से नीचे उतर कर अभी कवि चातक कुछ ही कदम चल पाये थे और उनकी कविता की दूसरी पंक्ति अभी उनके होंटों पर न आ पायी थी कि उन्हें सामने से पण्डित धर्मदेव आते दिखायी दिये। कविता की पहली पंक्ति भी कवि के होंटों में विलीन हो गयी। वेदालंकार जी के घर से कवि की जिस मधुर-कल्पना का सम्बन्ध था, उसका ध्यान आ जाने से उनके होंटों पर एक मन्द मुस्कान आ गयी और उनकी गति मन्दङ-से-मन्दतर हो गयी।

"कहिए धर्म जी, किधर से ?" कवि चातक ने पण्डित धर्मदेव के पास आते ही पूछा।

धर्म जी साइकिल से उतरे। "सर सिकन्दर हयात ख़ाँ के यहाँ गया था।" उन्होंने ऐसी बेपरवाही से कहा, जैसे पंजाब के मुख्यमन्त्री उनके नाई अथवा धोबी हों।

"सर सिकन्दर के यहाँ ?" श्री चातक ने भरसक आश्चर्य प्रकट करते हुए पूछा।

"हाँ, वो 'कलाकार संघ' वाले एक शो देने जा रहे हैं न; निम्मो जी (धर्म जी की पत्नी) उसमें भाग ले रही हैं; उन सबका अनुरोध था कि मैं सर सिकन्दर से उसका उद्घाटन करने को कहूँ। कहिए, आप किधर ?"

"घर जा रहा था। मालती-सम्पादक बरबस पकड़ कर ऊपर ले गये।"

"कई दिनों से आप हमारी ओर नहीं आये!"

"आज ही कल में आ कर आपको कष्ट देने की सोच रहा था। आप से जिस संस्कृति समाज की बात हुई थी, सोचता हूँ, उसकी एक इन्फ़ॉर्मल मीटिंग करके उसे आरम्भ कर दिया जाये। महीने में दो-चार बार इकट्ठे मिल बैठने का अवसर मिले। कुछ काम भी हो, कुछ मनोरंजन भी।"

"अवश्य-अवश्य, मेरा पूरा सहयोग आपके साथ रहेगा, चाहे जब बुलाइए।"

और उन्होंने साइकिल की पिछली खूँटी पर पाँव रखा।

"मैं चाहता था, आप और हम इकट्ठे मिल कर उसकी कुछ रूप-रेखा बना लें। किन-किन लेखकों और कलाकारों को उसकी पहली बैठक में बुलाया जाय ? प्रधानमन्त्री तो आप ही रहेंगे, दौड़-धूप करने वाला एक सहायक मन्त्री आपको दे दिया जायेगा।"

पण्डित धर्मदेव ने खूँटी पर रखा हुआ पाँव फिर नीचे कर लिया। उनकी आकृति पर त्वरा की जो भंगिमा थी, वह एक अवकाश की-सी मुद्रा में बदल गयी। मुस्करा कर उन्होंने कहा, "चलिए, अभी बना लेते हैं।"

और वहीं श्री चातक के साथ चलते-चलते उन्होंने विभिन्न नाम गिनाने शुरू किये, जिन्हें इन्फ़ॉर्मल मीटिंग में बुलाना ज़रूरी था। श्री चातक को किसी नाम में आपत्ति न हो, इस विचार से वे प्रत्येक व्यक्ति की सांस्कृतिक योग्यता, संस्कृति के प्रसार में उसकी लगन आदि का सविस्तार ब्योरा देते गये —ओंकारनाथ, संचालक 'भारत न्यूज़ एजेन्सी' के सम्बन्ध में उन्होंने कहा, "इस पर न जाइए कि उनका साहित्यिक या सांस्कृतिक काम नहीं के बराबर है। आज की संस्कृति में वही लोग महत्व नहीं रखते, जो साहित्य का सृजन करते हैं अथवा कलाकार हैं। कला और साहित्य का प्रचार और प्रसार करने वालों का महत्व भी कम नहीं। ओंकारनाथ हमारी हर बैठक का विवरण प्रान्त के सभी मुख्य-मुख्य हिन्दी-उर्दू पत्रों में देंगे। उनकी यह सांस्कृतिक सेवा कम नहीं"....श्यामलाल 'आर्किटेक्ट' के सम्बन्ध में उन्होंने कहा —"श्यामलाल श्री रामानन्द इंजीनियर के सुपुत्र ही नहीं, स्वयं भी बड़े अच्छे आर्किटेक्ट हैं। आर्किटेक्ट को हमारे यहाँ विशेष महत्व नहीं देते। हम उसे इंजीनियर से छोटा, उसका सहायक समझते हैं, परन्तु आर्किटेक्ट का दर्जा इंजीनियर से किसी तरह कम नहीं। वह निरा सौध-शिल्पी नहीं, जो किसी भवन का, नींव से ले कर शिखर तक, निर्माण कर सकता है। उसे उतनी ही ट्रेनिंग दरकार है, जितनी डॉक्टर को अथवा किसी ऊँचे दर्जे के कलाकार को। वह कलाकार है, कलाकार से बढ़ कर है। क्योंकि कलाकार गणित से घबराता है और आर्किटेक्ट इंच-इंच का हिसाब रखता है।" और पण्डित

धर्मदेव ने श्री चातक को यह बता कर कि इंग्लिस्तान में कितने ट्रेण्ड आर्किटेक्ट हैं और कितने छात्र आर्किटेक्ट और वे कैसे निपुण हैं —यह बताया कि यदि उनको कभी 'संस्कृति समाज' का भवन निर्माण करने की ज़रूरत पड़ी तो निश्चय ही श्री श्यामलाल की आवश्यकता पड़ेगी। इसलिए उन को इस मीटिंग में बुलाना ज़रूरी है।

वेदालंकार जी अपने सभी मित्रों के गुण, और उन गुणों से 'संस्कृति समाज' को जो लाभ होने जा रहा था, वह सब सविस्तार बता रहे थे और श्री चातक उनके ज्ञान और उनके मित्रों और परिचितों के विशाल सर्कल से प्रभावित थे कि कवि ने देखा —पण्डित धर्मदेव भाटी गेट की ओर जाने के बदले अनारकली की ओर मुड़े जा रहे हैं....

"आप घर को नहीं जा रहे ?" श्री चातक ने, जो मन-ही-मन पण्डित धर्मदेव के सुसज्जित ड्राइंग-रूम में चाय का गर्म-गर्म प्याला पीने और उनकी श्रीमती से मीठी-मीठी बातें करने की सोच रहे थे, सहसा रुक कर पूछा :

"घर ही जा रहा हूँ।" वेदालंकार जी निरन्तर चलते हुए बोले।

"पर इधर से! आपने घर क्या बदल लिया ?" श्री चातक ने फिर कदम बढ़ा कर कहा।

"नहीं, मैं यथा-सम्भव भाटी गेट की ओर से नहीं जाता," श्री धर्मदेव ने नाक-भौं चढ़ा कर बड़ी उपेक्षा से कहा, "वह रास्ता बड़ा गन्दा है। मैं तो माल ही से जाता हूँ।"

"पर उधर से जाने में तो बड़ा चक्कर पड़ेगा।"

"मैं खुली हवा और खुला मार्ग पसन्द करता हूँ।"

लेकिन डेढ़-दो मील पैदल चलने के विचार ही से कवि का उत्साह भंग हो गया। बोले, "मैं मीटिंग के लिए एक परिपत्र छपवाता हूँ, आप मित्रों की एक सूची बना लीजिए। उनको वह सरक्युलर भिजवा दीजिएगा। बैठक आप ही के यहाँ होगी। चाय भी आप ही को पिलानी पड़ेगी।"

"हाँ-हाँ, मेरे ही यहाँ रखिए, चाय भी पीजिए!"

"तो मैं कल शाम आऊँगा।"

"बहुत अच्छा, नमस्कार!"

और पण्डित धर्मदेव वेदालंकार, अनारकली के बीचों-बीच, पिछले पहिये की खूँटी पर पाँव रख कर फुदकने लगे।

कवि चातक कुछ क्षण तक उन्हें फुदकते हुए देखते रहे, फिर वे घर की ओर मुड़े। पर कुछ ही कदम चल कर फिर रुके और कुछ सोच कर गनपत रोड की ओर को हो लिये।

अपनी कविता का तार उन्होंने पुनः पकड़ लिया :

चित्र तुम्हारा देखा सुन्दर......

३

पण्डित धर्मदेव वेदालंकार का साथ छोड़ कर पहले कवि चातक ने सोचा था कि घर चलें, पर घर की सुध आते ही घर का नक्शा उनकी आँखों के सामने घूम गया और अपने उस रूमानी मूड में उन्होंने गोपालनगर चलने का निर्णय किया। कविता गुनगुनाते-गुनगुनाते, गनपत रोड पर से होते हुए वे मोहनलाल रोड के नाके पर आ खड़े हुए और गोपालनगर के लिए तैयार एक ताँगे पर बैठ गये।

मोहनलाल रोड यद्यपि यथेष्ट खुली सड़क थी —सड़क की अपेक्षा उसे बाज़ार कहना अधिक युक्ति-संगत होगा, क्योंकि दोनों ओर दुकानें बनी थीं और रौनक भी काफ़ी रहती थी —इस पर भी आँख और मन को आकर्षित करने के लिए वहाँ कोई चीज़ न थी। दोनों ओर पुस्तकों —अधिकतर पुरानी पुस्तकों —की दुकानें होने के कारण यद्यपि स्कूल तथा कॉलेज (स्कूल के अधिक और कॉलेज के कम) छात्रों की ख़ासी भीड़ रहती, पर स्कूल के लड़के और पुरानी पुस्तकों की दुकानें कोई ऐसा आकर्षक दृश्य प्रस्तुत नहीं करतीं कि अपने ध्यान में मग्न कवि सहसा चौंक कर उधर देखने लगे। इसके अतिरिक्त जहाँ तक धूल और गन्दगी का सम्बन्ध है, मोहनलाल रोड अपने साथ पैंतालिस का कोण बनाने वाली चंगड़ मुहल्ला रोड से किसी तरह पीछे न थी। प्रकट है कि कवि चातक ने दोनों ओर लगी पुस्तक-विक्रेताओं की दुकानों, उनके मद्धिम पड़ते साइनबोर्डों और उन दुकानों पर लगी हुई स्कूल के छात्रों की रौनक को आँख भर कर नहीं देखा। देखा भी तो उनकी दृष्टि प्रकट वह सब देखते हुए भी कहीं और लगी रही और वे मन-ही-मन अपनी उस अनजान प्रेयसी की प्रशंसा में कविता लिखते रहे।

उन्होंने कविता की दूसरी पंक्ति सोच ली थी और वे गुनगुना रहे थे :

चित्र तुम्हारा देखा सुन्दर, देखा नहीं तुम्हें अनजानी।
पर लगता है जैसे तुम हो, युग-युग की मेरी पहचानी।।

कि उनका ताँगा मोहनलाल रोड की समाप्ति पर लोअर-माल की ओर मुड़ा और उन्होंने देखा कि भाटी की ओर से शुक्ला जी बायें हाथ की हथेली पर चूना और तमाखू रखे, दायें हाथ के अँगूठे से उसे मलते चले आ रहे हैं। कवि ने शुक्ला जी को आवाज़ दी और ताँगेवाले को रुकने के लिए कहा।

शुक्ला जी ने (जिनका पूरा नाम एम० डी० —मातादीन —शुक्ल था, पर जिन्हें उनके मित्र केवल शुक्ला जी कह कर पुकारते थे।) कवि चातक को देखा और ज़ोर से ताली बजाने के अन्दाज़ में बायें हाथ पर पड़ी खैनी को फटका और हाथ को निचले होंट के पास ले जा कर उसे दाँतों की निचली पंक्ति और निचले होंट के मध्य भर लिया — इस प्रकार कि वह भाग ऐसे उभर आया जैसे वहाँ बर्र ने काट खाया हो। तब दायें हाथ से बायीं बगल में दबे काग़ज़ों का पुलिन्दा निकाल और बायें से धोती को सँभाल कर वे ताँगे पर कवि चातक के साथ आ बैठे और यह सोच कर कि पैदल गोपालनगर जाने के कष्ट से बच गये, उन्होंने सन्तोष की एक लम्बी साँस ली और प्रेम से खैनी का आनन्द लेने लगे।

शुक्ला जी पाँच-सवा पाँच फुट के छरहरे, अधेड़ व्यक्ति थे। 'साप्ताहिक वीर विक्रमादित्य' के सम्पादक थे। शुद्ध खादी का कुर्ता-धोती पहनते थे। सर्दियों में उस पर एक पट्टी की जाकेट अथवा बन्द गले का कोट भी पहन लेते। छोटी-छोटी होंटों के बराबर कटी, मूँछें और अन्दर को कुछ धँसे हुए कल्ले। खैनी खाना और दूसरों की कलंक-कहानियों की चर्चा करना —फिर चाहे वे कहानियाँ राजनीतिक हों, सामाजिक हों, धार्मिक हों अथवा मात्र वैयक्तिक —उन्हें बड़ा प्रिय था। उनका सबसे बड़ा गुण उनकी मुस्कान थी, जो सदा उनके होंटों पर बनी रहती थी। कोई उनकी प्रशंसा करे अथवा गाली दे, वह मुस्कान उनके होंटों का साथ न छोड़ती थी। बुज़ुर्गों का कथन है कि गाली सुन कर भी जो व्यक्ति मुस्कराये, उससे डरना चाहिए; न डरें तो बचें अवश्य (व्यर्थ में आग से खेलना कौन-सी बुद्धिमत्ता है ?) पर यदि बचना सम्भव न हो तो फिर अपने आपको पूर्णतया उस संकट के लिए तैयार कर लेना चाहिए, जिसका सामना उसके 'सत्संग' के कारण आपको करना पड़ेगा। उस संकट का प्रकट कोई चिह्न शुक्ला जी की आकृति पर दिखायी न देता था। देखने में तो वे बड़े निरीह लगते थे। मृदु-भाषी और हँसमुख!

पास में आ कर उनके बैठते ही कवि चातक ने 'संस्कृति समाज' की बात छेड़ी। खैनी का रस बात करने में बाहर न उछल पड़े, इसलिए मुँह इस तरह ऊँचा करके कि उनकी ठोड़ी बाहर को निकली पड़ती थी, शुक्ला जी दत्तचित्त हो कर श्री चातक की स्कीम को सुनने लगे। बीच-बीच में वे बड़ी प्रसन्नता में 'हूँ, हूँ' अथवा एक-आध शब्द में अपनी सम्मति भी प्रकट करते जाते थे। जब श्री चातक ने कहा कि वे प्रधानमन्त्री के लिए पण्डित धर्मदेव वेदालंकार का नाम उपयुक्त समझते हैं, उनके यहाँ संस्कृति समाज की बैठकें करने के लिए पर्याप्त स्थान भी है और चाय-पानी की व्यवस्था भी हो सकती है और मन्त्री जगमोहन हो जायेगा....तो उनकी बात काट कर, उसी प्रकार खैनी का रस बाहर गिरने से बचाते हुए, शुक्ला जी ने पूछा "कोषाध्यक्ष कौन होगा ?"

कवि चातक ने निमिष-भर के लिए सोचा। यह पद उन्होंने अपने लिए तय कर रखा था, पर अपनी स्कीम को सफल बनाने के लिए इस छोटे लाभ का त्याग करना उचित समझ, उन्होंने कहा, "आपसे अच्छा कोषाध्यक्ष हमें कहाँ मिलेगा, कोषाध्यक्ष आप ही बनिए!"

यह सुन कर शुक्ला जी के होंटों पर बड़ी प्यारी मुस्कान आ गयी। उनका दायाँ नासापुट तनिक काँपा और इस विश्वास के लिए श्री चातक को धन्यवाद देते हुए अपनी तथा अपने गुट की समस्त सेवाएँ उन्होंने 'संस्कृति समाज' के लिए सहर्ष प्रस्तुत कर दीं।

शुक्ला जी सदा अपने साथ एक गुट बनाये रखते थे। अर्जुन रोड, गोपालनगर में जो मकान उनके पास था, उसका मासिक किराया १५ रुपया था। उसका सर्वोत्तम लाभ उठाने के विचार से उन्होंने ऊपर का चौबारा ओरिएण्टल कॉलेज में पढ़ने वाले एक छात्र को दे रखा था, जिसका पाँच रुपया मासिक किराया वह उन्हें देता था और कभी-कभी 'वीर विक्रमादित्य' में लेख भी लिखा करता था। मध्य का भाग एक कुटुम्ब के पास था, जिसमें चचा, चची और भतीजा रहते थे। चचा-भतीजे कवि थे —'किसलय' और 'कण्टक'! चची एक स्कूल में पढ़ाती थीं और वही घर का ख़र्च चलाती थीं। चचा तो केवल कविता करते, पर भतीजे पढ़ने के साथ ट्यूशन भी करते। शास्त्री करके बी० ए० कर चुके थे और अंग्रेज़ी

में एम० ए० करने का जतन कर रहे थे। ढाई कमरे उनके पास थे। ५ रुपये उनका किराया वे देते थे। निचले भाग में एक कमरा और रसोईघर शुक्ला जी ने अपने पास रख छोड़ा था और शेष दो कमरे पाँच-पाँच रुपये मासिक में अपने पत्र के दो उप-सम्पादकों को दे रखे थे। इनमें से एक उनके अपने गाँव का था और वक्त-बेवक्त (जब उनकी पत्नी बीमार होतीं अथवा पीहर चली जातीं तो) चार रोटियाँ भी सेंक देता था।

इस मकान के सब निवासी उनके गुट में शामिल थे। शुक्ला जी इस बात का भरसक प्रयास करते कि उनमें से कोई मकान छोड़ कर न जाये, अर्थात किसी का हाथ इतना तंग न हो कि उनका मकान छोड़ कर उसे किसी धर्मशाला में आश्रय लेना पड़े। एक बार ऊपर के चौबारे में रहने वाले लड़के के घर से दो महीने तक रुपये न आये और उसने आशंका प्रकट की कि उसे कदाचित चौबारा छोड़ना पड़े। झट शुक्ला जी ने उसे एक हिन्दी दैनिक में पार्ट-टाइम ट्रांसलेटर लगवा दिया। फिर एक बार 'किसलय' जी की पत्नी को नौकरी से जवाब मिल गया और इस बात की सम्भावना हुई कि शायद उन्हें मकान छोड़ कर कहीं और जाना पड़े। सात-दस दिन में शुक्ला जी ने उन को फिर किसी दूसरी पाठशाला में नौकरी दिला दी।

एक को ट्यूशन ले कर दे, दूसरे को नौकरी; इस के लिए प्रवेश-शुल्क का प्रबन्ध कर, उसके लिए थोड़े-से ऋण का —इस प्रकार वे सदा अपनी टोली को बनाये रखते थे। इतने पर भी यदि कोई व्यक्ति उनका मकान छोड़ने को विवश होता तो वे तत्काल, बल्कि उसके मकान छोड़ने से पहले ही, दूसरा आदमी ले आते। सनातन धर्म प्रतिनिधि सभा, महावीर दल सेवा समिति, हिन्दी साहित्य सम्मेलन, राष्ट्रभाषा प्रचारक संघ और ऐसी ही दूसरी संस्थाओं से अपना सम्पर्क बनाये रखते ताकि यदि उनकी टोली के किसी आदमी को आवश्यकता हो तो उसे कहीं-न-कहीं लगा दें और यदि उतने पर भी आवश्यकता पड़ जाये तो अपनी टोली के रिक्त-स्थान की पूर्ति भी कर सकें।

चन्द रुपयों के लिए कोई इतने पापड़ बेल सकता है, शायद यह बात कुछ लोगों को अत्युक्तिपूर्ण लगे, पर निम्न-मध्यवर्ग में, जहाँ वेतन की दर चालीस से सत्तर रुपये के बीच थी (और आज की महँगाई में भी सौ-डेढ़ सौ से आगे नहीं बढ़ी) जीवन का साथ निबाहने के लिए लोग जो पापड़ बेलने को विवश हैं, यदि उस का ब्योरा दिया जाये तो ऐसी बातें प्रकाश में आयें, जिन्हें पढ़ना अथवा सुनना भी लोगों को स्वीकार न हो। फिर जहाँ तक शुक्ला जी का प्रश्न है, सवाल चन्द रुपयों का न था। इस टोली को बनाये रखने से न केवल उन्हें मुफ़्त रहने को मिलता, कुछ रुपये ऊपर से लाभ रहता और उनके घर में आश्रय पाने वाला एक-आध शरणार्थी रोटी पकाने से सफ़ाई करने तक, उन के सभी काम कर देता, बल्कि इस टोली द्वारा उन्हें कुछ-न-कुछ शक्ति भी प्राप्त थी। वे अपनी इस टोली को प्रत्येक संस्था में ले जाते और इस के द्वारा उन्हें अपनी बात मनवाने में काफ़ी सुविधा रहती।

अपने उस किराये के मकान का नाम उन्होंने 'शुक्ल साहित्य सदन' रख छोड़ा था। साहित्य से उस मकान का कितना नाता था, यह प्रश्न विवादग्रस्त भी हो सकता है, परन्तु यह नाम रखने के लिए उन के मकान में एक-डेढ़ कवि का होना ही पर्याप्त था।

०

गोपालनगर आ गया था। श्री चातक अपनी स्कीम बता चुके थे। पदाधिकारियों का भी चुनाव हो गया था। अन्त में कवि ने बताया कि उस समय तक संस्कृति से सम्बन्ध रखने वाली कोई संस्था पनप नहीं सकती, जब तक महिलाएँ उस में भाग न लें और पुरुषों के कन्धे-से-कन्धा मिला कर काम न करें, कि 'संस्कृति समाज' के लिए एक महिला-मन्त्री का होना परम आवश्यक है। तब शुक्ला जी ने झट कहा कि आप 'विनोदिनी जी' (शुक्ला जी के मकान में रहने वाले कवि विनोद जी 'किसलय' की पत्नी) को रख लीजिए। उनके....लेकिन चातक जी ने तत्काल उनकी बात काट कर कहा, "यदि संस्कृति समाज को सफलता से चलाना हो तो उसके लिए किसी अधेड़ स्त्री के बदले ऐसी युवा लड़की को रखना पड़ेगा, जो भाग-दौड़ कर सके और समाज को महिलाओं में प्रिय बना सके।"

"तो प्रकाशवती को बनाइए!" शुक्ला जी ने कहा।

"प्रकाशवती ? यह नाम तो कभी नहीं सुना!"

"विशारद में पढ़ती है, कण्टक जी की छात्रा है।"

पर कवि चातक तो अपने लिए क्षेत्र बना रहे थे। जिस क्षेत्र पर किसी दूसरे का अधिकार हो, उसे ले कर वे क्या करते! बड़ी बेपरवाही से उन्होंने कहा कि उनकी एक परिचिता हैं, बहुत अच्छी लेखिका और कवयित्री हैं, वे उन से कहेंगे, आ जायें तो संस्था का बेड़ा पार हो जाये। नहीं फिर प्रकाशवती जी को ही कष्ट दिया जायेगा।

शुक्ला उन कवयित्री जी का नाम पूछने वाले थे, पर तभी अर्जुन स्ट्रीट आ गयी और शुक्ला जी ने ताँगेवाले से रुकने को कहा। ताँगे से उतरते हुए उन्होंने कवि चातक से कुछ क्षण चल कर 'शुक्ल साहित्य सदन' को पवित्र करने की प्रार्थना की। चातक जी ने उत्तर दिया कि वे ज़रा आगे जा रहे हैं, वापसी पर रुकेंगे।

ताँगा चल पड़ा और शुक्ला जी दूर चले गये तो श्री चातक ने ताँगेवाले को 'शान्ता विद्यालय' भीष्म पितामह रोड चलने के लिए कहा और मन-ही-मन सोचने लगे कि वे किस प्रकार शान्ता जी से सत्या जी की बात चलायेंगे, क्योंकि पुरानी परिचिता और गोपालनगर में सब से अच्छे विद्यालय की संचालिका होने के नाते श्री चातक द्वारा संचालित किसी चीज़ पर वे अनायास ही अपना अधिकार समझेंगी और जब उन्हें पता चलेगा कि चातक जी सत्या को चाहते हैं तो उन्हें बुरा लगेगा। सोच-सोच कर उन्होंने तय किया कि वे यह बात चलायेंगे ही नहीं। केवल उन्हें निमन्त्रण देंगे और 'मालती' का वह अंक बेपरवाही से खोलते हुए सत्या जी का पता पूछेंगे।

ताँगेवाले ने पूछा, "क्यों जी, कित्थे रोकिए ? भीषम रोड ते खतम होण नूँ आयी ए।"

"अरे, रोको रोको!" कवि चातक चौंक कर बोले। उन्होंने देखा कि वे 'शान्ता विद्यालय' के सामने से गुज़रे जा रहे हैं और वे चिल्लाये, "मुझे यहीं उतरना है।"

४

'शान्ता विद्यालय' पीले रंग की दोमंज़िली इमारत में था। पहली कक्षा से ले कर मिडल तक लड़कियाँ उस में पढ़ती थीं, पर यह कोई महत्व की बात नहीं और न इस का मान शान्ता बहन को था। महत्व की बात यह थी कि विद्यालय में 'रत्न,' 'भूषण' और 'प्रभाकर' की कक्षाएँ भी थीं और 'रत्न'-पास लड़कियों को अंग्रेज़ी में मैट्रिक कराने का भी प्रबन्ध था और इस बात की पूरी आशा थी कि कुछ ही वर्षों में विद्यालय 'भूषण'-पास लड़कियों को अंग्रेज़ी में एफ़० ए० और 'प्रभाकर'-पास छात्राओं को अंग्रेज़ी में बी० ए० करा दिया करेगा।

सरसरी नज़र से देखने पर (विशेषकर पंजाब के बाहर वाले लोगों को) इस में कोई महत्व की बात दिखायी न देगी, पर उस समय जब निम्न-मध्यवर्गीय समाज में लड़कियों की शिक्षा का उद्देश्य केवल विवाह की मण्डी में उनका मूल्य बढ़ाना हो, शिक्षा का यह ढंग महत्व प्राप्त कर लेता है। साधारणतः जो लड़की पन्द्रह-सोलह वर्ष की आयु में मैट्रिक करती, वह इस ढंग से उस उम्र तक बी० ए० (केवल अंग्रेज़ी में) कर लेती। साधारण लड़कियाँ चौथी अथवा पाँचवीं के बाद (और कई बार साथ ही) 'रत्न' पास कर लेतीं, फिर केवल दो वर्ष में अंग्रेज़ी में मैट्रिक कर लेतीं। जो माता-पिता अपनी लड़कियों को बी० ए० देखने के इच्छुक होते, वे उन्हें साथ-साथ 'भूषण' और 'प्रभाकर' करा देते। लड़कियाँ हिन्दी तथा अंग्रेज़ी साथ-साथ पढ़तीं और साथ-साथ हिन्दी-अंग्रेज़ी की परीक्षाएँ देतीं। माता-पिता इस तरह कम समय और कम फ़ीस में अपनी लड़कियों को मैट्रिक, एफ़० ए० और बी० ए० का (डिग्री न सही) डिप्लोमा दिलाने में और उन के लिए उपयुक्त वर ढूँढने में सफल हो जाते। कॉलेज में पढ़ी बी० ए०-पास लड़कियों से क्योंकि साधारण मध्यवर्गीय युवक डरता, इसलिए घर में अथवा प्राइवेट विद्यालयों में पढ़ी इन लड़कियों की माँग अधिक रहती। 'शान्ता विद्यालय' के खुलने से पहले गोपालनगर की लड़कियों को निस्बत रोड आदि के विद्यालयों में जाना पड़ता था। शान्ता बहन ने गोपालनगर में विद्यालय खोल कर गोपालनगर वालों पर बड़ा एहसान किया था और इस बात का उन्हें गर्व था।

०

श्रीमती शान्ता भगतराम सहगल —जिन्हें गोपालनगर वासी 'शान्ता बहन' और कवि चातक बेतकल्लुफ़ी से 'शान्ता जी' अथवा केवल 'शान्ता' या केवल 'तुम' कह कर पुकारते थे — साधारणतः सन्ध्या के समय ऊपर की मंज़िल में होती थीं। निचली मंज़िल में क्लासें लगती थीं और ऊपर की मंज़िल में वे अपने पति श्री भगतराम सहगल और बच्चों के साथ रहती थीं। कभी-कभी जब परीक्षाएँ समीप होतीं अथवा स्कूल के समय में वे अपना काम निबटा न पातीं, तो शान्ता बहन निचली मंज़िल में, बरामदे के दायीं ओर छोटे-से कमरे में (जिसकी चौखट पर अंग्रेज़ी में 'प्रिन्सिपल' लिखा रहता) काम कर रही होतीं। यद्यपि ऊपर जाने में कवि चातक को किसी प्रकार की मनाही न थी, पर वे शान्ता जी से सदैव इस कमरे के एकान्त में ही मिलना पसन्द करते थे।

ताँगे से उतर कर कवि ने देखा कि सामने के कमरे में कोई क्लास लगी हुई है। सोचा, शान्ता जी अपने कमरे में होंगी। झट बरामदे की सीढ़ियाँ चढ़ कर प्रिन्सिपल के कमरे

की ओर बढ़े, लेकिन कमरा बन्द था। चपरासी का काम करने वाली 'माई' से मालूम हुआ कि 'बहन जी' ऊपर हैं। विवश हो, कवि वापस फिरे और बराबर की गली में से हो कर मकान के पिछवाड़े सीढ़ियों में पहुँचे। सीढ़ी चढ़ते हुए मन-ही-मन उन्होंने सोचा कि शान्ता मिल जाये, कहीं इतनी दूर आना विफल न हो!

उनका आना विफल नहीं हुआ। सीढ़ियों ही से उन्हें एक बच्चे के रोने और शान्ता बहन के चीख़ने की आवाज़ सुनायी दी और जब वे सीढ़ियाँ चढ़ गये तो आँगन का दृश्य देख कर कुछ क्षण स्तम्भित-से वहीं चौखट में खड़े रहे। सामने 'शान्ता विद्यालय' की विदुषी प्रिन्सिपल, श्रीमती शान्ता देवी 'प्रभाकर,' 'साहित्यरत्न' अपने काले-कलूटे बच्चे को गर्दन से पकड़े धड़ाधड़ पीट रही थीं; ज़ोर-ज़ोर से चिल्ला रही थीं; बच्चा उन से भी ऊँची आवाज़ में चिंघाड़ रहा था और उस की नाक से लेसदार-सी चीज़ अपने ही तार से लटकने वाली मकड़ी की भाँति नीचे फ़र्श की ओर चली जा रही थी। शान्ता बहन शायद बर्तन मलते-मलते बच्चे को पीटने आ गयी थीं, क्योंकि राख से लिथड़े हुए उन के हाथ बच्चे के मुँह और शरीर पर जहाँ-जहाँ पड़े थे, पाँचों उँगलियों के कीचड़-सने निशान बन गये थे।

कवि चातक के सौन्दर्य-प्रिय कवि-हृदय को यह सब देख कर प्रबल आघात लगा। वे उलटे पाँव लौट जाते, पर तभी शान्ता बहन की दृष्टि उन पर जा पड़ी और अपनी आकृति को यथा-सम्भव मृदुल बना, बरबस खींच-खाँच कर एक मुस्कान होंटों पर ला कर, लिथड़े हुए हाथ मस्तक तक ले जाने का उपक्रम-सा करते हुए, उन्होंने कवि का अभिवादन किया और कहा कि वे अन्दर जा कर 'उन' के पास बैठें, वे दो-तीन बर्तन मल कर आती हैं।

शान्ता जी मँझले कद की अट्ठाईस-एक वर्ष की महिला थीं, परन्तु अट्ठाइस के बदले वे अड़तीस वर्ष की लगती थीं। कवि चातक अन्दर कमरे में उनके पति श्री भगतराम के पास जा बैठे तो वे रोते हुए बच्चे को छोड़, फिर जा कर बर्तन मलने में संलग्न हो गयीं।

यौवन के उन गुलाबी जाड़ों के-से मधुर-मदिर दिनों में, जिनका सम्बन्ध पन्द्रह से अट्ठारह वर्ष तक की वयस से है (क्योंकि कहने को तो अट्ठाईस वर्ष की स्त्री भी युवती कहलाती है) जब हर लड़की सुन्दर लगती है और उड़ने को आतुर चिड़िया की भाँति पंख फड़फड़ाने लगती है, एक कांग्रेसी युवक ने शान्ता जी का मन मोह लिया था।

वह युवक सनातन धर्म कॉलेज में पढ़ता था। कांग्रेस की सरगर्मियों में अपने कई दूसरे साथियों के साथ, पढ़ाई ऐसी नीरस चीज़ को कुछ सरस बनाने के विचार से, ख़ूब बढ़-चढ़ कर भाग लेता था। गाँधी-सप्ताह था और वह खादी बेचने के पुण्य के साथ, लाहौर की गलियों में दबे-छिपे सौन्दर्य को खोज निकालने के फल की आशा में, एक बाँह पर खादी का थान और दूसरे हाथ में गज़ थामे, उनकी गली में चला गया था। बातें करने में पटु और मुस्कराने में दक्ष! वह शान्ता जी को बहुत अच्छा लगा था। उस दिन के बाद, लिखाई-पढ़ाई का ध्यान छोड़, वे स्वयं कांग्रेस के आन्दोलन में बड़े ज़ोरों से भाग लेने लगीं, परी-महल लाहौर में होने वाली चर्ख़ा-प्रतियोगिता में वे सर्वप्रथम रहीं और उस समय जब वे उस युवक के अधिकाधिक निकट हो गयी थीं, वह किसी और के निकट सरक गया। माता-पिता के धन के बल पर कई-कई वर्ष लाहौर के जीवन का रस लूटने वाले भ्रमर-वृत्ति युवकों में से वह भी एक था। उसके साथ इस सन्निकटता के कारण शान्ता जी

ने अपने आपको कुछ विचित्र-सी स्थिति में पाया। माँ ने भी उस स्थिति को देखा और सिर पीट लिया। आजकल की पढ़ाई को, ज़माने की निर्लज्जता को और 'घर-उजाड़ कांग्रेस' को दबी ज़बान से बीसों गालियाँ दीं। माँ-बेटी में कुछ रोना-रुलाना हुआ; बाप-बेटी में कुछ डाँट-फटकार हुई; पति-पत्नी में कुछ खुसर-फुसर हुई और तत्काल एक ज़रूरतमन्द वर खोज निकाला गया और सप्ताह भर में कुमारी शान्ता तुल्ली श्रीमती शान्ता भगतराम सहगल बन कर गोपालनगर के एक लकड़ी के टाल की स्वामिनी बन गयीं।

पहला लड़का उनके सात ही महीने बाद पैदा हो गया। प्रसव के समय में वे मायके आ गयी थीं। आठवें महीने पैदा होता तो मर जाता, परन्तु 'सतमाहे' तो बच जाते हैं। बच्चा हृष्ट-पुष्ट था। गोरा-चिट्टा। न अपने पिता पर, न माँ पर। परन्तु नानी ने उसके पिता को विश्वास दिला दिया कि वह अपने स्वर्गीय परनाना पर है। उसके पिता ने भी स्वयं माना कि नाक और होंट तो नाना के हैं, पर घुँघराले बाल सिवा परनाना के, कुटुम्ब भर में और किसी के नहीं हुए। बच्चा यद्यपि आठ पाउण्ड का होगा, पर नानी सदा उसे पाँच पाउण्ड का ही बताती। प्यार से उसका नाम उसने 'चूहा' रख दिया और भगवान से प्रार्थना करने लगी कि अपने परनाना की निशानी वह चूहा किसी-न-किसी प्रकार बचा रहे।

बच्चे की मुसीबत से छुटकारा मिला और उनके पति ने बच्चे को अपना भी लिया तो श्रीमती शान्ता देवी ने, मानो पहली बार, अपने इर्द-गिर्द आँख भर कर देखा और जैसे पहली बार अनुभव किया कि वे तो एकदम गन्दगी में आ पड़ी हैं। उनकी दशा पहाड़ों पर भ्रमण करने वाले उस यात्री की-सी थी, जो आँधी-पानी और बर्फ़ के तूफ़ान से बच कर किसी पहाड़िये के गन्दे, सीले, अँधेरे झोपड़े में आश्रय ले; उसकी काँगड़ी में बिजली के हीटर का-सा सुख, उसके गन्दे, मैले लिहाफ़ में रेशमी रज़ाई की-सी नर्मी तथा गर्मी पाये और जब तूफ़ान गुज़र जाये और बाहर सूरज की धूप और भी निखर कर शिखरों और गहरी घाटियों को अपने स्निग्ध, गर्म, विशाल आलिंगन में बाँध ले तो उसे अपने वातावरण की संकीर्णता, ठण्डक, अन्धकार और गन्दगी का पहली बार आभास मिले; वह सहसा उठे और उस झोंपड़े को तज कर अपनी सुखद यात्रा पर चल पड़े।

शान्ता जी को श्री भगतराम, उनका घर, उनका लकड़ी और कोयले का टाल, 'कोयलों की दलाली में हाथ और मुँह काला' —सब अखरने लगा। उनका पति युवक था। वंश में कदाचित कुछ दाग़ होने से अथवा माता-पिता की छाया सिर से उठ जाने के कारण वह उस समय तक कुँवारा बना हुआ था। यों ख़ूब हृष्ट-पुष्ट था। चौड़ा-चकला वक्ष, खुले अंग, बलिष्ठ हाथ-पैर —पर न जाने क्यों, उसके आलिंगन में शान्ता जी को बड़ा मानसिक कष्ट होता। उसके ऊपर की दन्त-पंक्ति में दोनों ओर दो परदाँत थे और उन में प्रतिदिन दातुन करने पर भी पीला-पीला-सा कुछ फँसा रहता था। फिर यद्यपि उसने अपनी पत्नी के अनुरोध पर टाल से आ कर नहाना और कपड़े बदलना आरम्भ कर दिया था, पर न जाने क्यों, शान्ता जी को अपने पति के शरीर से बराबर लकड़ियों और कोयलों की बू आती थी। और फिर टाल वाले की पत्नी कहलाना भी उनके अहम को स्वीकार न था। फल यह हुआ कि उन्होंने पढ़ाई का तार जहाँ से छोड़ा था, वहीं से फिर पकड़ लिया।

वे हिन्दी-रत्न की परीक्षा अपने विवाह से पहले दे चुकी थीं। नवशिशु अभी चन्द महीने का था कि उन्होंने हिन्दी-भूषण की पढ़ाई आरम्भ कर दी। घर का सब काम करना,

बच्चे की देख-भाल करना, दूसरे बच्चे के आगमन की तैयारी करना और पढ़ना —ये सब काम वे साथ-साथ करती रहीं। वे सातवें महीने से थीं जब 'भूषण' की परीक्षा में बैठीं। इधर 'भूषण' की परीक्षा का परिणाम निकला, उधर उनके घरेलू जीवन की परीक्षा का। उनके फिर लड़का हुआ। वह पूर्ण रूप से अपने पिता पर था। काला-कलूटा और भारी-भरकम! 'भूषण' की परीक्षा में वे उन्हीं दिनों पास हुई थीं, इसलिए उनका नाम 'भूषण' रखा गया।

शान्ता जी ने 'भूषण' के बाद 'प्रभाकर' और 'प्रभाकर के बाद 'साहित्य-रत्न' किया। उनके दो और लड़के हुए। उन कमबख़्तों में से एक भी अपने नाना, परनाना पर न गया और न ही वे उन में से किसी को उतना प्यार कर पायीं। अपने पति का टाल बिकवा कर उन्होंने 'शान्ता विद्यालय' की नींव डाली और उनका पति 'टाल-वाला' कहलाने के बदले 'विद्यालय-वाला' कहाने लगा और कोयलों की दलाली के बदले शिक्षा की दलाली करने लगा —अधिक-से-अधिक संख्या में लड़कियाँ 'शान्ता विद्यालय' में आयें, इस उद्देश्य से गोपालनगर के घरों में जाना; किसी-न-किसी बड़े आदमी द्वारा विद्यालय में किसी-न-किसी चीज़ का उद्घाटन कराते रहना; किसी-न-किसी लेखक, कवि अथवा प्राध्यापक को विद्यालय में निमन्त्रित करते रहना और इस प्रकार शिक्षा-प्रसार के शुभ काम में अपनी-सी कर देने का भार उसने अपने वृषभ-कन्धों पर ले लिया। शान्ता जी विद्यालय की प्रिन्सिपल बन गयीं और उनके काम का बोझ भी कम न रहा। इस व्यस्तता के बावजूद बच्चे भी पैदा होते रहे, पर दूसरों के बच्चों को देख-रेख में अपने बच्चों की देख-रेख पति-पत्नी दोनों के लिए कठिन हो गयी। विद्यालय से इतनी आये न थी कि प्रत्येक बच्चे के लिए एक-एक आया रखी जाये। इतने बड़े मकान का किराया, उसमें काम करने वाले अध्यापक-अध्यापिकाओं के वेतन आदि को निकाल कर कठिनाई से घर के ख़र्च भर को पैसे बचते। इसलिए जब घर में नौकर न होता या महरी बीमार पड़ जाती, शान्ता जी को स्वयं सब काम करना पड़ता और इस व्यस्तता में उन्हें जो खीझ होती उसका फल उन बच्चों को भुगतना पड़ता, जो अपने रंग-रूप से शान्ता जी को प्रतिक्षण कोयलों के टाल की याद दिलाते। उनका पति जब उन्हें इस प्रकार खीझते-झल्लाते देखता तो सदा ताना देता कि यदि वह उनके अनवरत अनुरोध से इस 'पचड़े' में न पड़ता तो उस समय तक गोपालनगर में चार लकड़ी के टाल उसके होते और वह चार मकान ख़रीद लेता। न उसे इस तरह भाग-दौड़ करनी पड़ती, न उनको यों क्लर्कों की भाँति खटना पड़ता। चार नौकर वह घर में रख देता और वे रानी बनी बैठतीं।

शान्ता जी प्रसन्न होतीं तो सदैव उस समय का चित्र खींचतीं, जब उनके विद्यालय में मिडल की पढ़ाई के बदले बी० ए० तक की शिक्षा होगी और वे 'शान्ता विद्यालय' का स्तर 'लाहौर कॉलेज फ़ॉर विमेन' जितना ऊँचा कर देंगी और उनकी आये पचास गुना बढ़ जायेगी और....और जब वे झल्लायी हुई होतीं तो चुप रहतीं, पर अपने इस या उस बच्चे को दो-चार थप्पड़ रसीद करके पति के तानों का उत्तर दे देतीं।

०

शान्ता जी के पति श्री भगतराम उस समय ख़ासे झल्लाये हुए बैठे थे। प्रकट था कि कुछ ही क्षण पहले पति-पत्नी में 'विचार-विनिमय' हो चुका है, जिसके फलस्वरूप एक बच्चा उनके हाथ से प्रसाद भी पा चुका है। परन्तु जब शान्ता जी के कहने पर कवि चातक ने

अन्दर प्रवेश किया तो श्री भगतराम ने खीसें निपोर दीं, जिस से उन के परदाँत पूर्ण रूप से शोभायमान हो उठे।

"आइए, आइए!" उन्होंने 'हिं-हिं....हिं-हिं करते हुए कहा, "आपके तो दर्शन ही दुर्लभ हो गये।" और पुनः 'हिं-हिं' करते हुए उन्होंने अपना हाथ चातक जी के हाथ पर (मिलाने के अन्दाज़ में) ज़ोर से मारा।

यदि कवि समय पर अपना हाथ न खींच लेते तो रात भर उनको नमक और हल्दी का सेंक देना पड़ता। उनके हाथ की दो उँगलियाँ ही श्री भगतराम के हाथ को छू पायीं, पर इतने ही से उनकी पोरें दुखने लगीं।

इस भूतपूर्व टालवाले और उसके परदाँतों के देख और उसकी निरर्थक 'हिं-हिं' सुन कर कवि चातक को बड़ी कोफ़्त होती थी। अपने परिचितों में भगतराम का व्यक्तित्व उन्हें मक्खन में रेत के कण-ऐसा चुभता था। यथासम्भव वे सदैव उससे कन्नी काट जाते। दूसरा अवसर होता तो वे तत्काल बहाना बना कर चले जाते, पर उन्हें सत्या जी के सम्बन्ध में जानकारी प्राप्त करनी थी और वे शान्ता जी पर भी यह बात प्रकट न करना चाहते थे, इसलिए अपनी उँगलियों की पोरों को मलते हुए, बिना कुर्सी पर बैठे, उन्होंने स्वयं ही अपना बेजान मांस-पिण्ड-सा लिजलिजा हाथ भगतराम के अनगढ़ पत्थर जैसे खुरदरे हाथ में देते हुए पूछा, "कहिए, विद्यालय की कैसी गतिविधि है ? एफ़० ए०, बी० ए० की क्लासें आरम्भ की हैं या नहीं ? सुनते हैं गोपालनगर में कोई दूसरा भी विद्यालय खुल गया है।"

"विद्यालय!" भगतराम ने बेतुका ठहाका मारा, "विद्याली कहिए, विद्याली! बन्दा बैरागी स्ट्रीट में एक छोटा-सा कमरा है, जिसमें यह विद्यालय लगता है। दो घण्टे सुबह और दो घण्टे शाम!"

"किसने खोला है ?"

"अरे, वह एक लड़की है सत्या। हमारे ही विद्यालय से उसने 'प्रभाकर' पास किया है। जो लड़कियाँ हमने अपने विद्यालय में नहीं लीं, उन्हीं को पढ़ा रही है। चार तो मैंने तोड़ ली हैं। बाकी भी दस-बीस दिनों में आ जायेंगी।"

और इस ब्योरे के विरोधाभास को जाने बिना अपनी प्रसन्नता में श्री भगतराम ने परदाँत दिखा दिये। उनके दाँतों में न जाने पीला-पीला-सा क्या फँसा था, जो न चाहने पर भी कवि चातक के ध्यान को अपनी ओर खींचता था, पर साथ ही उनके सौन्दर्योपासक कवि-हृदय को गहरा आघात भी पहुँचाता था।

"बन्दा बैरागी स्ट्रीट कहाँ है ?" चलने को उद्यत होते हुए कवि ने लापरवाही से कहा।

"अजी वहीं, जहाँ गवर्नमेंट कॉलेज के प्रोफ़ेसर श्री जटाशंकर का घर है।" और वही निरर्थक 'हिं-हिं।'

"अच्छा तो चल दिये!" कवि ने दोनों हाथ मस्तक पर ले जाते हुए कहा। उन को अब क्षण भर भी वहाँ ठहरना दुष्कर लग रहा था, विशेषकर सत्या जी के सम्बन्ध में आवश्यक जानकारी प्राप्त कर लेने के बाद।

तभी शान्ता जी हाथ-वाथ धोकर, शायद मुँह पर भी हाथ फेर कर कमरे में आयीं।

पर चातक जी का मन बैठने को न हुआ, क्योंकि यद्यपि शान्ता जी की आकृति पर मुस्कान झलक आयी थी, पर वहाँ कोई ऐसी चीज़ न थी, जिस पर कवि का मन टिके।

"बैठिए बैठिए, चल क्यों दिये ?" शान्ता जी ने आते-आते कहा।

"इधर शुक्ल जी की ओर आया था," कवि बोले, "सोचा आपके भी दर्शन करता चलूँ। देर हो गयी है, श्रीमती जी बैठी मेरी जान को दुआएँ दे रही होंगी।"

"क्या करूँ," शान्ता जी उन के साथ चलते हुए बोलीं, 'महरी दो दिन से बीमार है और यह सब काम भी मुझी को करना पड़ता है।"

"फिर हाज़िर हूँगा।"

और 'नमस्कार' कर कवि चातक सीढ़ियाँ उतर गये। नीचे खुले में पहुँच कर उन्होंने सुख की एक बहुत लम्बी साँस ली।

५

शुक्ल पक्ष का चाँद साँझ ही से आकाश में खिल आया था। वसन्त के आरम्भ की साँझ थी। सोने में जैसे सुगन्ध। अनायास ही वायु का परस रोमावलि को पुलकित कर रहा था। 'शान्ता विद्यालय' से निकल कर कवि चातक पैदल ही घर की ओर चल दिये। मेन रोड पर, मोरी दरवाज़े की ओर जाते हुए, एक ताँगेवाले ने हाँक लगायी, पर कवि ने उधर ध्यान न दिया। मौन रूप से चलते हुए वे लोअर-माल तक आ गये। वहाँ क्षण भर रुक कर जैसे स्वच्छ, निर्मल समीर को अपने अणु-अणु में भरते रहे; बड़े-से चाँद को तकते रहे; चाँदनी-भीगी सड़क और उसके पेड़-पौधों को निरखते रहे और जब उनके तन-मन का वह कलुष पूर्णतः धुल गया, जिसने 'शान्ता विद्यालय' में उन्हें जकड़ लिया था, तो वे मस्ती से झूमते हुए चल पड़े। अनायास ही, किसी एकाकी भौंरे की गुंजार-सा उनका स्वर साँझ के सन्नाटे में लहरा उठा :

चित्र तुम्हारा देखा सुन्दर, देखा नहीं तुम्हें अनजानी।
पर लगता है जैसे तुम हो, युग-युग की मेरी पहचानी।।

धीरे-धीरे, मानो अनजाने, मानो किसी प्रत्यक्ष प्रयास के बिना, समीर बह रहा था। कवि चातक की भाव-धारा भी कुछ उसी प्रकार अज्ञात रूप से, अनायास, अप्रयास प्रवहमान थी। भावनाएँ शब्दों, पंक्तियों का रूप धारण कर चली आ रही थीं। उन्हें मालूम भी न हुआ कि कब वे गोपालनगर से पैदल चलते हुए अमृतधारा फ़ार्मेसी के निकट अपने मकान के पास पहुँच गये। तंग ज़ीना चढ़ते और गुनगुनाते हुए जब वे ऊपर पहुँचे तो उनके कानों में उनकी संगिनी का कर्कश और सानुनासिक स्वर पहुँचा —"किंस मँरे कें यँहाँ चँले गँये थें जों इतनीं देंर में लौंटें। खाँनाँ कँब काँ पँड़ाँ ठंडाँ हों रँहाँ है।"

कवि चातक की सारी मस्ती भंग हो गयी और उनकी कविता सहसा उनके मस्तिष्क से उड़ कर विस्मृति के गर्त्त में जा छिपी।

उस पुराने मकान के उस हिस्से में, जो कवि चातक के पास था, चार कमरे थे। तीन दूसरी मंज़िल में और एक तीसरी पर! दूसरी मंज़िल के ये तीन कमरे इस प्रकार बने थे कि तीसरे को जाना होता तो पहले और दूसरे से गुज़रना पड़ता। तीसरा कमरा क्योंकि कमरा न हो कर केवल कोठरी थी और यह कोठरी रसोई के काम आती थी, इसलिए वह धुएँ का कुछ प्रसाद उन दोनों संगियों को भी दे देती थी।

कमरे मैले, गन्दे और जैसे वर्षों से सफ़ेदी को तरसे हुए थे। पुस्तकों से ले कर खिलौनों तक, न जाने किस-किस चीज़ से ऐसे अटे पड़े थे कि उन चीज़ों के बाहुल्य, अव्यवस्था और अस्त-व्यस्तता में उनका विस्तार खो गया था और वे कोठरियों-ऐसे दिखायी देते थे। एक ओर कवि चातक की पाँच वर्ष की दूध-सी गोरी लड़की, कीचड़-सा मैला एक फ़्राक पहने, अधनंगी बैठी थी। कमरे के बीचों-बीच उनका ढाई वर्ष का काला-कलूटा बच्चा (जो प्रकट ही माँ पर था) चौड़ा मुख, मोटे-मोटे होंट और गदबदे नितम्ब लिये बैठा हुआ एक फटी पुस्तक से खेल रहा था। पुस्तक उसके पिता की कविताओं का नवीन संग्रह थी और वह अभी से उसका परिचय पा लेना चाहता था। नाक उसकी निरन्तर बह रही थी और वह बार-बार उसे सुड़क रहा था। एक ओर फ़र्श पर कवि का एक-वर्षीय बच्चा पड़ा रिरिया रहा था।

कवि चातक का सौन्दर्य-प्रिय मन इस समस्त अपरूपता को देख कर अपार ग्लानि से भर उठा। अपनी पत्नी की किसी बात का उत्तर दिये बिना उन्होंने उससे खाना परसने को कहा और भोजन की थाली और पानी का गिलास ले कर ऊपर चौबारे की ओर भागे — जहाँ अव्यवस्था चाहे हो, पर वह अपरूपता न थी। बाहर छत पर दूधिया चाँदनी खिली हुई थी, जिसकी किरणें चौबारे को भासमान कर रही थीं। वहाँ पत्नी की कुरूपता और कर्कशता से दूर, वे बड़े मज़े से अपनी नयी प्रेयसी की कल्पना कर सकते थे, सपनों के संसार बसा कर उनमें विचर सकते थे, गुनगुना सकते थे, गा सकते थे।

घाम में तपता व्यक्ति जैसे छाया की ओर लपकता है, वैसे ही कवि चातक छत की ओर लपके। चौबारे में प्रवेश करते ही उन्होंने देखा —चारपाई पर औंधा लेटा जगमोहन कोई पुस्तक पढ़ रहा है। उन्हें आते देख कर वह उठा। बोला, "कहाँ गये थे आप ? मैं दो घण्टे से आप की राह देख रहा हूँ। भाभी बहुत नाराज़ हो रही थीं।"

कवि चातक ने उसकी बात का उत्तर नहीं दिया। बोले, "मैं आज साँझ ही से तुम्हारी बात सोच रहा था। मैंने तुम से एक बार जो संस्कृति समाज का ज़िक्र किया था, अब उसे मूर्त-रूप देने का समय आ गया है। आज मैंने सारी योजना बना ली है। तुम्हें उसका सहायक मन्त्री बनना होगा।"

"लेकिन मैं...."

"तुम्हें यहाँ के साहित्य-जगत में अपना स्थान बनाना है और इससे अच्छा अवसर तुम्हें कभी न मिलेगा।"

"पर साहित्य-जगत में मुझे जानता कौन है ?"

"जो नहीं जानता, अब जान जाएगा!" कवि चातक ने कहा, "तुम में प्रतिभा है, उत्साह है, आकांक्षा और लगन है। संस्कृति समाज इन सब के लिए उपयुक्त क्षेत्र रहेगा।

मैं यहाँ के हिन्दी साहित्यिकों को तुम्हारा परिचय दूँगा और चन्द दिनों में सभी तुमसे परिचित हो जायेंगे।"

और उन्होंने जगमोहन को पूरा ब्योरा दिया कि कौन प्रधानमन्त्री होगा, कौन प्रधान, कौन कोषाध्यक्ष, कौन-कौन कार्यकारिणी के सदस्य; समाज कहाँ और कैसे काम करेगा, आदि, आदि! अन्त में उन्होंने कहा, "फिर समाज एकांगी न होगा, महिलाओं का पूरा सहयोग उसे प्राप्त होगा। हमारा सामाजिक जीवन जितना संकीर्ण और कुण्ठित है, इसका कारण वे झूठी वर्जनाएँ हैं, जो यहाँ स्त्री-पुरुष के मध्य खड़ी हैं। हमें उनको ढाना होगा। तभी हमारे देश की नारी अपनी प्रतिभा और व्यक्तित्व का पूर्ण विकास कर, अपनी शक्ति देश के उद्धार हेतु लगा सकेगी और सच्चे अर्थों में हमारी संस्कृति का पुनरुत्थान होगा।"

कवि चातक महिलाओं द्वारा देश की संस्कृति के पुनरुत्थान की बात अभी इतनी ही कह पाये थे कि नीचे से उनकी पत्नी नकनकायीं :

"खाँनाँ खाँ लिंयाँ हों तों बँर्तन दें जाँओं। बँहँस फिर कँर लेंनाँ।"

चौंक कर कवि ने एक बड़ा-सा कौर मुँह में भर लिया। कुछ क्षण वे चुपचाप भोजन करते रहे, फिर बोले, "मैंने फ़ैसला किया है कि हमारे संस्कृति समाज में महिलाएँ बराबर का भाग लेंगी। एक पुरुष मन्त्री के साथ एक महिला मन्त्री भी होगी। हम केवल पुरुषों ही में नहीं, स्त्रियों में भी साहित्यिक अभिरुचि उत्पन्न करेंगे।" और स्वर को तनिक धीमा कर उन्होंने कहा —"मैं चाहता हूँ कि महिला मन्त्री का भार किसी ऐसी स्त्री को दिया जाये जो स्वयं भी लेखिका हो। 'मालती' में आज मैंने कुमारी सत्या सलूजा की कहानी देखी है। लड़की में प्रतिभा की चिनगारी और सेवा की लगन है। मैंने उसका पता लगा लिया है। संस्कृति समाज के निमन्त्रण-पत्र छप जायें तो उसके यहाँ तुम जाना। यदि कुमारी सत्या महिला मन्त्री का भार अपने कन्धों पर ले लें, तो हमारा संस्कृति समाज महिलाओं में भी लोकप्रिय हो जायेगा।"

कवि चातक संस्कृति समाज के भविष्य में इतना उलझ गये कि खाना खाना भूल गये। वे अभी यहाँ तक ही पहुँचे थे कि सीढ़ियों पर उनकी पत्नी की सानुनासिक फटकार सुनायी दी, "किंस मँरे सँमाँज कें चँक्कँर में पँड़ें हों। खाँनाँ खँतँम कँरों किं मैं बँर्तन मँलूँ। बँच्चें सोंने कों चिंल्लाँ रँहें हैं।"

अपना भाषण एकदम बन्द कर श्री चातक ने फिर एक बड़ा-सा कौर मुँह में रखा और चुप हो, जल्दी-जल्दी खाना खाने गले। वे अभी मुश्किल से भोजन समाप्त कर पाये थे कि उनकी पत्नी दनदनाती ऊपर आ पहुँची। यद्यपि कवि को एक-आध रोटी और खानी थी, पर उन्होंने उसका मोह छोड़, थाली उसकी ओर बढ़ा दी। दो घूँट पानी पीकर कुल्ले के लिए मुँह में भर लिया और गिलास थाली पर टिका दिया।

"तुँम्हें औंर कोंईं काँम नहीं जँगमोंहन ?" श्रीमती चातक ने जाते-जाते जगमोहन की ओर देख कर कहा, जो फिर चारपाई पर पसर गया था।

कवि-पत्नी की उस दृष्टि में जैसे बिजली का करेण्ट हो, जगमोहन उठ कर बैठ गया।

"अभी जाता हूँ भाभी!" उसने उठने का उपक्रम-सा करते हुए धीरे-से कहा।

कवि चातक भीगी बिल्ली बने बैठे रहे। जब उनकी पत्नी बड़बड़ाती चली गयी तो

बोले, "यहीं सो जाओ जी, इस समय कहाँ जाओगे।"

"सोने को तो सो जाता, पर कह कर नहीं आया।"

और यह कहते हुए वह उठा।

"कल बारह बजे मालती-कार्यालय में मिलना," कवि चातक ने उसके साथ सीढ़ियों तक आते हुए कहा, "मैं इस बीच में परिपत्र आदि तैयार करवा रखूँगा।"

६

'संस्कृति समाज' के निमन्त्रण-पत्र बाँटता-बाँटता जगमोहन जब गोपालनगर पहुँचा तो साढ़े दस बजने वाले थे। वह दस ही बजे वहाँ पहुँच जाना चाहता था, पर उसे कवि चातक से निमन्त्रण-पत्र लेने में देर हो गयी थी। बात यह हुई कि जब उन्होंने सारे परिपत्र आदि उसे दे दिये तो सत्या जी का पता देते हुए कहा कि उनको निमन्त्रण-पत्र अवश्य पहुँचाये। वे विद्यालय में न हों तो उनके घर पर दे आये। धीमे स्वर में उन्होंने यह भी बताया कि वे सत्या जी ही को समाज की महिला मन्त्री बनाना चाहते हैं। जब वह चलने लगा तो जाने कवि चातक को क्या सूझा कि उन्होंने सत्या जी का निमन्त्रण-पत्र ले कर उस पर — 'अवश्य पधारिएगा' —लिख, नीचे अपने हस्ताक्षर कर दिये। फिर, जगमोहन कुछ अन्यथा न सोचे, इस विचार से, सारे निमन्त्रण-पत्रों पर हस्ताक्षर समेत वे ही दो शब्द लिख दिये।

वह सीढ़ियाँ उतरने लगा तो उन्होंने फिर टोका, "तुम गोपालनगर कब तक पहुँचोगे ?"

"ये सब बाँटते-बँटाते दो-एक घण्टे तो लग ही जायेंगे!" उसने उत्तर दिया, "दस-साढ़े दस तक पहुँच जाऊँगा।"

"मैं भी उधर शुक्ला जी की ओर जाने वाला हूँ," चातक जी बोले, "जब सत्या जी की ओर जाओ तो मुझे वहाँ से ले लेना। हो सकता है, वे आने से इनकार कर दें। मैं रहूँगा तो वे ऐसा न कर सकेंगी।"

और इस सब हस्ताक्षरबाज़ी और बातचीत में उसे पौन-एक घण्टा लग गया था।

०

१९२१ के भयानक साम्प्रदायिक दंगे के बाद (जो मोपला-आन्दोलन के कारण लाहौर में अचानक फूट पड़ा था और जिसमें हिन्दुओं की भारी क्षति हुई थी) जो विशुद्ध हिन्दू बस्तियाँ लाहौर में उभर आयी थीं, उनमें गोपालनगर सबसे बड़ी थी।

घोड़ा हस्पताल से ले कर मुलतान रोड के सरकारी क्वार्टरों तक, मीलों के फैलाव में जो चार-छै बस्तियाँ बसी थीं, उनमें भी गोपालनगर ही सबसे बड़ी और विस्तृत थी। ऋषिनगर, सन्तनगर, रामनगर और फिर गोपालनगर! कहाँ ऋषिनगर समाप्त होता है और सन्तनगर आरम्भ होता है, कहाँ सन्तनगर ख़त्म होता है और रामनगर आरम्भ होता है, किसी अपरिचित के लिए यह जानना कठिन था। परन्तु (यद्यपि रामनगर और गोपालनगर की

सीमाएँ भी मिली हुइ थीं) गोपालनगर में पहुँचते ही मालूम हो जाता था कि हम गोपालनगर में पहुँच गये हैं। यह इसलिए नहीं कि वहाँ बाल-गोपाल भगवान कृष्ण की मूर्ति स्थापित थी अथवा गलियाँ वृन्दावन की कुंज-गलियों-सी थीं या फिर वहाँ रासलीला का आयोजन रहता था —ऐसी कोई बात न थी! ये चारों बस्तियाँ निम्न और मध्यवर्ग के कारोबारी लोगों की मितव्ययिता का सुपरिणाम थीं, जिनमें अधिकतर रूढ़िवादी हिन्दू थे। गोपालनगर की विशेषता यह थी कि उस में शेष बस्तियों की तुलना में सड़कें, बाज़ार और गलियाँ बड़ी खुली थीं, मकान दोमंज़िले-तिमंज़िले थे और यह बस्ती मीलों के घेरे में फैली हुई थी। अपनी संस्कृति पर गर्व करने वाले हिन्दुओं ने महाभारत के सभी बड़े-बड़े नाम इसकी सड़कों, बाज़ारों और गलियों पर चस्पाँ कर रखे थे। बड़ा बाज़ार तो ख़ैर गोपाल रोड था ही, पाँचों पाँडवों के नाम से पाँच बाज़ार भी थे। फिर भीष्म पितामह, द्रोणाचार्य, अश्वत्थामा, कर्ण और धृतराष्ट्र के नाम से भी सड़कें थीं। बस्ती में सिक्खों के भी मकान थे। यों भी हिन्दू लोग सिक्ख गुरुओं में श्रद्धा रखते हैं, इसलिए गुरु नानक, गुरु तेग़बहादुर, गुरु गोविन्दसिंह तथा बन्दा बैरागी के नाम से भी सड़कें थीं। आर्यसमाजी रामायण-महाभारत में उतनी आस्था नहीं रखते। उन्होंने दयानन्द, लेखराम, मुंशीराम तथा 'जात-पात-तोड़क' गलियाँ बना रखी थीं और इस प्रकार 'गोपालनगर' महाभारत के बाद की हिन्दू-संस्कृति का इण्डेक्स था। उसकी गलियों के नाम देख कर ही सारे इतिहास की याद ताज़ा हो जाती थी। इस बस्ती पर हिन्दुओं को मान था, और बस्ती के विस्तार के साथ उस मान में भी उत्तरोत्तर वृद्धि हो रही थी।

o

जगमोहन गोपाल रोड पर धीरे-धीरे चला जा रहा था। वह दो-तीन घण्टे से निरन्तर साइकिल चला रहा था। हरकुलीज़ साइकिल और वर्षों पुरानी सूखी-सिकुड़ी गद्दी! उसके पुट्ठों की हड्डियाँ और जंघा-पिण्ड दुखने लगे थे और वह कुछ क्षण के लिए पैदल चलने लगा था।

यद्यपि गोपालनगर की नींव रखे वर्षों बीत गये थे और उसका विस्तार दिन-प्रति-दिन बढ़ता जा रहा था तो भी उसकी सड़कों को अभी कोलतार नसीब न हुआ था। लोअर-माल से गोपाल रोड तक आने वाला रास्ता ताँगों, बैल गाड़ियों, छकड़ों आदि के आने-जाने से बहुत ऊबड़-खाबड़ हो गया था। गोपाल रोड अपेक्षाकृत पक्की थी, पर क्योंकि बस्ती में अभी नालियाँ न बनी थीं, इसलिए पानी हौदियों में पड़ा सड़ता रहता था और प्राय: सड़क पर फैल जाता था। गोपाल रोड बड़ी चौड़ी थी, क्रय-विक्रय का भी यही केन्द्र थी, पर दुकानें और भीड़ यहाँ इतनी कम थी कि यह यथार्थ से कहीं ज़्यादा खुली लगती थी। न जाने क्यों, जगमोहन जब भी यहाँ पहुँचता था, साइकिल से उतर जाता। लाहौर की उस निविड़ता, चहल-पहल, भीड़-भाड़ से गोपालनगर पहुँच कर उसे कुछ विचित्र-सी विश्रान्ति का आभास मिलता था। गोपाल रोड की विशालता के मुकाबले में दोनों ओर मकानों की मंज़िलें छोटी दिखायी देती थीं। सड़क की चौड़ाई वहाँ जैसे आकाश के विस्तार से होड़ ले रही थी।

ताँगों के अड्डे तक पैदल चल कर, जैसे इतना चलने से नव-स्फूर्ति पा, जगमोहन ने उचक कर पैडल पर पाँव रखा और 'शुक्ल साहित्य सदन' जा उतरा। बाहर ही से उसने

पूछा, "चातक जी आये हैं ?"

अन्दर से शुक्ला जी ने, कदाचित खैनी का रस पपोलते हुए, उत्तर दिया कि अभी नहीं आये। कल्पना ही में जगमोहन ने उनकी ठोड़ी को आगे उभरे और निचले होंट को खैनी के रस से भरे देखा।

"आयें तो उन्हें रोकिएगा," उसने कहा, "मैं इतने में एक-दो जगह और हो आता हूँ।"

और वह मुड़ा। तभी सामने से कवि चातक आते दिखायी दिये।

वे अपने नाटे-से कद पर दूध-सी सफ़ेद खादी का कुर्ता-धोती पहने थे। कुर्ते पर उन्होंने रेशमी चादर ओढ़ रखी थी। पाँवों में नये चप्पल थे। दाढ़ी उन्होंने सयत्न साफ़ की थी और बाल बड़े ढंग से सँवार रखे थे। आँखों में काजल की हल्की-सी लकीर थी और उनके गोल-गोल गोरे मुख में पान-रँगे होंट ऐसे लग रहे थे जैसे किसी ने छोटे से-सफ़ेद तरबूज़ में से एक लाल फाँक काट रखी हो।

"मैं तो जा रहा था," जगमोहन ने कहा, "और तो सब निमन्त्रण बाँट आया हूँ, केवल गोपालनगर के रह गये हैं। सोचा विद्यालय बन्द न हो जाये, इसलिए पहले इधर आया।"

"ठीक ही किया," कवि चातक आत्म-तुष्टि से मुस्कराये, "मुझे कपड़े बदलते ज़रा देर हो गयी। चलो, सत्या जी की ओर हो आते हैं, फिर तुम शेष निमन्त्रण-पत्र बाँट आना।"

जगमोहन फिर मुड़ा। चौड़ी-चौड़ी गलियों में से होते हुए दोनों 'बन्दा बैरागी स्ट्रीट' में पहुँचे। अभी गलियाँ पूरी न बनी थीं और कहीं-कहीं मकानों की जगहें सुरसा-सी मुँह बाये थीं। पास-पड़ोस के लोग सारा कूड़ा-कर्कट वहीं फेंक देते थे। ऐसी जगहों में रेशमी चादर का कोना अचानक कवि चातक की नाक पर चला जाता था। 'बन्दा बैरागी स्ट्रीट' की भी यही दशा थी और कवि चातक कूड़े के ऐसे गोदामों और लबालब भरी हौदियों के बिखरे पानी पर नाक-भौं सिकोड़ते, सतर्क हो बचते, चले जा रहे थे।

जब आधी गली समाप्त हो गयी और कहीं 'सत्या विद्यालय' का बोर्ड दिखायी न दिया तो कवि चातक ने जगमोहन से कहा, "तुम ज़रा किसी से पूछ देखो!"

जगमोहन ने सामने से आते हुए एक व्यक्ति से पूछा। मालूम हुआ कि आगे है। दोनों फिर चल पड़े, लेकिन पूरी गली का चक्कर लगा डालने पर भी कहीं 'सत्या विद्यालय' का बोर्ड न दिखायी दिया।

दोनों फिर मुड़े। गली में बायीं ओर को एक और छोटी-सी बन्द गली थी, जिसमें दो गायें और एक भैंस बँधी थी और पास ही एक बुढ़िया बैठी चर्ख़ा कात रही थी। गली के सिरे पर एक कमरा था, जिसकी खिड़कियाँ 'बन्दा बैरागी स्ट्रीट' में थीं और दरवाज़ा बन्द गली में!....

जगमोहन से कहा, "इसमें कुछ लड़कियाँ पढ़ रही हैं, शायद यही 'सत्या विद्यालय' है।"

उसने यह बात कुछ इतने ऊँचे स्वर में कही कि बुढ़िया ने कदाचित सुन लिया। चर्ख़ा चलाते-चलाते कुछ ऐसी टेढ़ी दृष्टि से उसने उनकी ओर देखा, जैसे उसकी आँख बचते ही वे उसके सूत की टोकरी उठा ले जायेंगे। कवि चातक का माथा ठनका। तभी उस

भैंस ने मक्खियों को हटाने के लिये गोबर से लिथड़ी दुम जो घुमायी तो कवि उसकी लपेट में आते-आते बचे।

उछल कर वे चार-छै कदम पीछे हट गये। वहीं से उन्होंने जगमोहन से कहा, "तुम ज़रा जा कर पता करो।"

जगमोहन ने आगे बढ़ कर पंजाबी भाषा में उस बुढ़िया से पूछा, "क्यों दादी, सत्या विद्यालय कित्थे ऐ ?"

"केहड़ा विद्यालय ?"

"सत्या विद्यालय!"

"की जान्नाँ ?" बुढ़िया ने कहा, 'इह इक कुड़ियाँ दा स्कूल ए। पर तूँ की लैणाँ ऐं कुड़ियाँ दे स्कूल तों ?"[१]

"ज़रा प्रिन्सिपल नू मिलना ऐं!"

"भरिन्सीपल!"

पर जगमोहन ने बुढ़िया के साथ माथा-पच्ची करना व्यर्थ समझ, भैंस की दुम से दामन बचाते हुए, आगे बढ़ कर, कमरे के अन्दर बैठी हुई एक लड़की से पूछा, "क्यों भैण, सत्या विद्यालय एही ए ?"

"जी!"

"ज़रा सत्या जी से मिलना है।"

"तब वह लड़की उठ कर कमरे में कुछ परे खड़ी एक और लड़की को बुला लायी। उस लड़की ने छपी हुई खादी की मोटी साड़ी पहन रखी थी। उसके आँचल को अपने सिर के गिर्द और भी अच्छी तरह लपेटते हुए, माथे पर कई तेवर डाले, वह कमरे की सीढ़ी उतर आयी और उसने पूछा।

"कहिए!"

"जी, मैं सत्या जी से मिलना चाहता हूँ।"

"कहिए!"

उसका स्वर इतना रूखा था और वह 'कहिए' उसने कुछ इस प्रकार उसकी ओर फेंका कि जगमोहन को लगा, जैसे उसने तेज़ छुरा उठा कर उसकी ओर फेंक दिया है। वह उसकी आकृति पर एक गवेषणात्मक दृष्टि डालना चाहता था, पर लड़की की आँखें फ़र्श पर गड़ी थीं और साड़ी में लिपटे हुए उसके मुख पर केवल मस्तक के तेवर ही उसे दिखायी दे रहे थे। फिर वह बुढ़िया चर्ख़ा कातना छोड़ कर उसे बेतरह घूर रही थी और भैंस उन ज़िद्दी मक्खियों को अपने पुट्ठे पर से हटाने के लिए बार-बार दुम घुमाने की धमकी दे रही थी। जगमोहन ने संक्षिप्ततम शब्दों में 'संस्कृति समाज' के संस्थापन की बात कही। बताया कि कल शाम साढ़े चार बजे शीशमहल रोड पर श्री धर्मदेव वेदालंकार के यहाँ उसकी प्रथम अनौपचारिक बैठक होगी; कि श्रीमती शान्ता जी —प्रिंसिपल शान्ता विद्यालय —भी पधारने की कृपा कर रही हैं; कि कवि चातक ने सत्या जी से पधारने का विशेष अनुरोध किया है; कि वे स्वयं भी आये हैं....यहाँ निमिष-भर को रुक कर जगमोहन ने चातक जी

---

१. क्या मालूम। यह एक लड़कियों का स्कूल है, पर तुझे क्या लेना है लड़कियों के स्कूल से ?

की ओर संकेत किया। पर जब लड़की ने उस ओर दृष्टि उठा कर भी न देखा तो उसने निमन्त्रण-पत्र उसके हाथ में देते हुए इतना और कहा कि इस निमन्त्रण-पत्र में समाज के उद्देश्यों का सविस्तार ब्योरा है; शान्ता बहन आ रही हैं; आप भी पधारने की कृपा कीजिए। आप जगह न जानती हों तो मैं लेने आ जाऊँ, नहीं शान्ता बहन के साथ आ जाइएगा।

उसे ठीक से यह मालूम न था कि यह लड़की सत्या जी है, उसकी बहन है अथवा कोई अध्यापिका, पर निमन्त्रण-पत्र देने में उसे कोई बुराई न दिखायी दी। सत्या हुई तो अच्छा, कोई दूसरी हुई तो भी कोई हानि नहीं; सत्या जी से कह देगी।

"जी, बहुत अच्छा!" लड़की ने निमन्त्रण-पत्र ले कर वैसे ही फ़र्श पर दृष्टि जमाये हुए कहा।

अब जगमोहन क्या कहे ? नमस्कार करने का उपक्रम-सा करता हुआ वह लौटा। तभी भैंस ने दुम घुमा कर अपने पुट्ठे पर मारी। जगमोहन उछल कर दूर न जा खड़ा होता तो उसके कान से कण्ठ तक भैंस सहर्ष उस भेंट की स्मृति का चिन्ह अंकित कर देती।

०

कवि चातक इस प्रतीक्षा में खड़े थे कि अभी उन्हें बुलाया जायेगा, जगमोहन के संकेत की बाट वे बड़ी व्यग्रता से जोह रहे थे। बार-बार बालों पर हाथ फेर रहे थे और होंटों के कोने पर उभर आने वाली लाली को रूमाल से पोंछ रहे थे। उसे उछल कर लौटते देख, उन्होंने बेसब्री से पूछा।

"क्यों, भेंट हुई ?"

"एक लड़की दरवाज़े तक आयी," जगमोहन ने बेज़ारी से कहा, "जाने वह सत्या है या कोई और। मैंने उसे सब कुछ समझा दिया है। समझ कर उसने 'जी बहुत अच्छा' भी कहा है। अब आना-न आना उसकी इच्छा पर है।"

"तुमने हमारा नाम नहीं लिया ?"

"लिया था।"

"फिर ?"

"उसने कोई उत्तर नहीं दिया।"

यह लड़की सत्या नहीं हो सकती, कवि ने मन-ही-मन सोचा। अवश्य ही यह कोई अध्यापिका होगी। फिर वे जगमोहन से बोले, "तुम को पक्का पता करके केवल सत्या जी से बात करनी थी। ख़ैर आओ, मैं अभी शान्ता के यहाँ जाता हूँ। उससे कहूँगा कि वह अपने साथ सत्या जी को भी लेती आये। शान्ता वाला निमन्त्रण-पत्र तुम मुझे दे दो। शेष सब शीघ्रातिशीघ्र बाँट कर घर जाओ। मुझे खाने के समय पहुँचने में देर हो जाये तो अपनी भाभी को समझा देना।"

७

जगमोहन निमन्त्रण-पत्र बाँटता हुआ चातक जी के यहाँ पहुँचा तो एक बजा था। यद्यपि अभी कुछ लिफ़ाफ़े बाकी रह गये थे, पर खाने का समय हो चुका था और यह सोच कर कि भाभी प्रतीक्षा में बैठी होंगी, शेष को सन्ध्या के लिए उठा कर वह घर की ओर मुड़ा था।

जब भी वह चातक जी के यहाँ सोता अथवा खाना खाता, उसे हमेशा इस बात का ध्यान रहता कि उसके कारण भाभी को किसी प्रकार की असुविधा न हो। यद्यपि वह पंजाबी था और भाभी यू० पी० की रहने वाली थीं, पर न केवल वे उससे पर्दा न करती थीं, बल्कि उसे देवर-समान समझती थीं। कदाचित इसलिए कि उनके अपने कोई देवर न था अथवा इसलिए कि जगमोहन उनकी सुविधा-असुविधा का इतना ध्यान रखता था कि उनका अपना देवर भी न रखता।

'बँड़ी देंर कँर दीं ?" भाभी ने उसे आते देख कर कहा।

जगमोहन ने लिफ़ाफ़े एक ताक में रखे। पानी का गिलास ले कर मुँह पर छींटे मारे। बताया कि लाहौर के तूल-अर्ज में लिफ़ाफ़े बाँटता फिरा है; थक भी गया है; अभी कुछ लिफ़ाफ़े बाकी रह गये हैं; पर भाभी की असुविधा के ख़याल से चला आया है।

"काँहें धूँप में इँतनाँ हैरान होंतें हों," भाभी ने स्नेह से कहा, जिससे उनके स्वर की सानुनासिकता बढ़ गयी, थाली परोस कर उसके आगे रख दी और पूछा, "वें नँहीं आँयें ?"

"गोपालनगर में थे, संस्कृति समाज के काम में लगे हुए हैं, शायद उन्हें आने में कुछ देर हो जाये।"

"कोंई नँ कोंईं मँरीं सँभाँ सोंसाँइँटी इँनकें पींछें लँगी हीं रँहँती हैं।" भाभी ने खीझ कर कहा, 'खाँनाँ बँखँत पँर खाँयँ लें, फिर मेंरी ओंर सें चाँहें जँहाँ जायें!"

जगमोहन ने कौर मुँह में रखते हुए भाभी की ओर देखा —लम्बा कद; सीधा-सादा, रेखा-विहीन, चतुर्भुजाकार-सा शरीर; चौड़ा-सा मुख; मोटे-मोटे होंट; रूखे बाल और सानुनासिक स्वर —भाभी सुन्दर न थीं। चातक जी से उनका कोई मेल न था। पर अपनी समस्त कर्कशता, सानुनासिकता अपरूपता के होते हुए भी जगमोहन को वे अच्छी लगती थीं और वह उनका बड़ा आदर करता था।

कवि चातक को मित्रों की आव-भगत करने का, उनको खिलाने-पिलाने का बड़ा शौक था। 'मंजरी' के सम्पादक थे तो उन्होंने एक छोटी-सी रकम इस खाते में भी लगा रखी थी। साहित्यिकों को चाय पिला कर, चाय के साथ गर्मागर्म पकौड़े अथवा चाट खिला कर वे उनसे लेख लिया करते थे। 'मंजरी' बन्द हो गयी तो पत्नी के गहने बेच और अपने साले से साढ़े-छै हज़ार रुपया कर्ज ले कर उन्होंने एक प्रेस लगा लिया। काफ़ी दिन तक प्रेस के खाते में मित्रों की आव-भगत करते रहे। लेकिन प्रेस चलाना उनके बस का रोग न था। उसमें ख़सारा पड़ गया। हाल भी पतला हो गया, पर मित्रों को तो चाट पड़ गयी थी, इसलिए न्यूनाधिक मात्रा में वह प्रथा चली आ रही थी। भाभी को चातक जी के ये मित्र फूटी आँख न भाते। "मँरें खाँनें कें लिंएँ आँ जाँते हैं।" पकौड़े हों अथवा पूरियाँ, भाभी

पकाती भी जातीं और कोसती भी जातीं। लेकिन जगमोहन को खिलाते समय (और कभी जब वह अचानक चला जाता या देर से जाता, उसके लिए विशेष रूप से खाना तैयार करते समय) भाभी को तनिक भी असुविधा न होती और वक्त पर खाना न खाने के लिए उसे स्नेह-भरे उलाहने देती हुई, वे सदा खाना गर्म कर देतीं।

जगमोहन को भी भाभी में वे सब गुण दिखायी देते, जो उसकी अपनी भाभी में न थे। उसके भाई लाहौर ही में बीमा-एजेण्ट थे। ऋषिनगर में एक मकान का छोटा-सा हिस्सा उन्होंने किराये पर ले रखा था। एक कमरा ऊपर की मंज़िल में था और एक कोठरी-सी दो मंज़िलों के बीच थी। पंजाबियों ने बड़ा अजीब-सा नाम एक कोठरी को दे रखा था — 'म्यानी।' ऋषिनगर के सभी मकानों में एक-न-एक म्यानी अवश्य थी। सीढ़ियों के घेरे में जो छोटी-सी जगह बच जाती, उसमें यह म्यानी बना दी जाती। इसी छोटी-सी म्यानी में, जिसकी छत छै-साढ़े छै फ़ुट से ऊँची न थी, जगमोहन ने एक पुरानी-सी मेज़, तिपाई और कुर्सी लगा रखी थी। जब वह घर में होता तो इसी में पढ़ता और सोता और इसके छोटे-से बारजे पर आराम-कुर्सी डाल कर बैठा नीचे गली में ताका करता। गली प्रायः सूनी रहती थी, पर कभी-कभार कोई खोंचे वाला कण्ठ के किसी-न-किसी नये कोण से सर्वथा मौलिक आवाज़ निकालता हुआ गुज़र जाता; कभी-कुछ नयी साड़ियाँ लहरा जातीं या फिर कभी-कभी गली के मोड़ पर, निकट की मुसलमान बस्ती का बसैया, कोई गधों का जोड़ा भटक कर आ निकलता और अपनी प्रणय-जनित 'ढींचू-ढींचू' से गली की निस्तब्धता को गुँजा देता।

सर्दियों में जगमोहन म्यानी ही में सो जाता था, लेकिन गर्मियों में बाहर गली में चारपाई लगानी पड़ती, क्योंकि ऊपर कमरे के सामने जो जगह थी, उसमें उसके भाई, भाभी और उनके बच्चे सोते थे। यही कारण था कि चातक जी से परिचय होने के बाद वह प्रायः रात को उन्हीं के यहाँ पड़ रहता था और पहले-पहल श्री चातक तथा भाभी के अनुरोध से और फिर स्वभावतः वह खाना भी वहीं खा लेता था। कभी जब कई दिन तक निरन्तर खाना खाने के बाद उसे ख़याल आता कि कहीं वह उन पर भार-स्वरूप तो नहीं तो वह हठ करके घर वापस आ जाता, लेकिन तीन-चार दिन से अधिक अपने घर में रह पाना उसके लिए कठिन हो जाता।

रात वह गली में सोता। हवा बन्द होती। नालियों और हौदियों की सड़ाँध निरन्तर उठ कर दिमाग़ को परेशान करती। मच्छरों की भिनभिनाहट क्षण भर को भी न रुकती। जब प्रातः कुछ ठण्डक होने से, उसकी थकी हुई नसें निश्चल हो, सो जातीं, तो पड़ोस की मुसलमान बस्ती के मुर्ग़ों में गलेबाज़ी का मुकाबला होने लगता या उसके मालिक-मकान अपने सामने दूध दुहाने गूजरों के बाड़े की ओर चल देते अथवा पड़ोस का कोई गधा, जिसे कदाचित उसका प्रतिद्वन्द्वी उसके बाड़े से खदेड़ देता, गली में निकल आता और रात्रि की निस्तब्धता को अचानक भंग करती हुई उसकी 'ढींचू-ढींचू' जगमोहन की नींद को भगा देती। कुछ और न होता तो सुबह-सबेरे ऊपर की छत से लगातार आवाज़ें दे कर भाभी उसे जगा देती कि ज़रा बाज़ार से जा कर दूध या तरकारी या अपने भाई के लिए दो पूरियाँ और लस्सी का गिलास या अपनी भतीजियों के लिए थोड़ा-सा हलवा ले आये।

उसकी भाभी की फ़रमाइशों का कोई अन्त न था। वह जब घर में होता तो वह उसे

चैन न लेने देती। ज़रा-ज़रा काम के लिए उसे बाज़ार दौड़ाती। दोपहर को वह पढ़ने बैठता तो दोनों बच्चियों को उसके पास भेज देती कि अपने चाचा से पढ़ना सीखें। या फिर स्वयं मेज़पोश या पेटीकोट का कपड़ा ले कर आ बैठती कि उन पर बेल-बूटे बना दिये जायें।

वह सुन्दर थी, किन्तु जहाँ तक जगमोहन का सम्बन्ध है, अपनी भाभी की यह सुन्दरता गुण के बदले उसे अवगुण ही लगती। एक तो यह कि उसे अपने सौन्दर्य का भान, यों कहिए कि मान था, फिर वह चाहती थी, उसका देवर कमाये तो अपनी सुन्दर भाभी के लिए कुछ-न-कुछ उपहार लाये, उसे सिनेमा दिखाये, और कुछ नहीं तो एक-आध दिन रसोईघर के चक्कर से उसे मुक्ति दिला कर कहीं पिकनिक पर ले जाये अथवा 'क्रिस्टल' या 'सागर' में उसे और अपनी भतीजियों को सोडा ही पिलाये और जगमोहन बेचारा इतना कमाने की स्थिति में न था। 'प्रभाकर' पास करके पहले अंग्रेज़ी और फिर शेष दो विषय ले कर उसने बी० ए० पास किया था। पर केवल बी० ए० की डिग्री तो नौकरी के बराबर नहीं। वह कवि चातक की सिफ़ारिश से एक पत्रिका में आधे वक्त काम करता था। कभी-कभार अनुवाद के लिए कुछ मिल जाता। पर इतने से क्या होता ? उस मन्दी के ज़माने में भी बड़ी कठिनाई से उसका अपना ख़र्च चलता।

रहीं ये भाभी —तो इनके यहाँ उसे स्नेह-ही-स्नेह मिलता। बच्चों को वह यहाँ भी पढ़ा देता। ज़रूरत पड़ने पर नहला देता, कपड़े पहना देता, खाना खिला देता। फिर भाभी जब किसी तरह की मुश्किल में पड़ती तो भाग कर बाज़ार से ज़रूरी चीज़ें भी ला देता। परन्तु यह सब वह अपने मन से करता। भाभी तो बल्कि, सदा उससे आराम करने के लिए अनुरोध किया करतीं। उससे कहतीं कि वह कहीं अच्छी नौकरी करे, सुन्दर-सी-बहू लाये और ढंग से रहे।

लेकिन इतने पर भी चातक जी के घर में कभी-कभी उसकी स्थिति बड़ी संकटमय हो जाती। जब-जब कवि समय पर घर न आते अथवा 'बायरन' बने घूमते और भाभी झींखतीं तो यद्यपि उसकी सहानुभूति भाभी के साथ होती, पर वह चातक जी के विरुद्ध भी कुछ न कह पाता। दो विरोधियों के मित्र की भाँति वह या चुप हो जाता या एक को दूसरे का पक्ष समझाने का प्रयास करता। और कभी जब दोनों उसके सामने ही किसी बात पर झगड़ पड़ते तो वह सदैव दोनों का मन रखने का प्रयास करता। लेकिन कभी-कभी वह इस प्रयास में नितान्त असफल रहता और समझ न पाता कि वह क्या करे। खिजलाहट के मारे वह कई-कई दिन चातक जी के यहाँ न जाता, पर वे सदा उसे आ पकड़ते और अपने यहाँ ले जाते। भाभी भी बड़े स्नेह से उसका स्वागत करतीं।

०

खाना खाते-खाते उसका मन भाभी के दुख से द्रवित-सा हो गया।

०

जैसे अतीत की गहराई में झाँकते हुए, और भी सानुनासिक स्वर में भाभी ने बताया कि उन्होंने गहने बेचे थे कि प्रेस चल जायेगा और बच्चों के भविष्य की चिन्ता मिटेगी, पर ये लच्छन प्रेस चलने के नहीं। "कँल कँह रहें थें," भाभी ने विक्षुब्ध हो कर कहा, "किं दों हँज्जाँर का प्रँबन्ध हों जाँय तों बँचतें है, नँहीं कुँर्की हों जाँयगीं। ऐंसे हीं डँराँ-डँराँ कँर तों

इतँना रुँपयाँ लें लिंया। बेंचाँरे जँगन्नाँथ काँ भीं साँढ़ें छैं हँज्जाँर डुँबों दियाँ (जगन्नाथ उनका भाई था) अँब मैं कँहाँ सें लाँऊँ ? मैंने कँहा, हों जाँय कुँर्की! जों हँमें मिंलेंगा वँह किंसी औंर कों दें कँर लें लों। लोंहे कीं मँशींन से गँहने बनें कि कँपड़े ?"

जगमोहन चुप सुनता रहा और खाना खाता रहा। तब भाभी ने बताया कि भैय्ये, छै हज़ार जगन्नाथ का, पाँच हज़ार अपना, चार हज़ार दीपक जी का —पन्द्रह हज़ार रुपया तो इस 'मुए' प्रेस को खिला दिया। रुपये किसी पेड़ में लगते हैं कि हिलायें और गिर पड़ें। वे तो तब भी कहती थीं कि यह प्रेस-व्रेस इनके बस का रोग नहीं, पर इन्होंने देखा महाशय चन्द्रभान को।....और भाभी ने जगमोहन से पूछा कि वही बताये, महाशय चन्द्रभान की-सी ठगी इनसे हो सकती है। न ये उतने चालाक, न मेहनती। चार लौंडे-लौंडियों को इकट्ठा करके कविताएँ पढ़ देने से तो प्रेस नहीं चलते। वे दूसरों की जेबें काट कर घर में डाल लें, ये अपनी काट कर दूसरों के घर डाल आयें!

अब जगमोहन को कुछ कहने के लिए शब्द मिले, "भाभी, वास्तव में वे कवि हैं," उसने कहा, "उनको प्रेस खोलना न चाहिए था। मैंने तो एक बार तब भी कहा था। पर नयी-नयी मित्रता थी, ज़ोर न दे सकता था।"

"मैं भीं तों कँहतीं थीं," भाभी बोलीं, "उँस सँमय तों इन्हें बँड़े सँब्ज बाँग दिंखाँयीं दें रँहे थें। माँडल टाँउन में कोंठीं बँनाने कें सँपने देंखा कँरें थें। अँब नौंबत इँस मँकाँन में रँहने कीं आँ गँयी हैं। यँह भीं जाँनें रँहताँ हैं किं नँहीं!"

और यह कहते-कहते भाभी की आँखें भर आयीं। आँसू की एक बूँद को उन्होंने धोती के छोर से पोंछ लिया और बताने लगीं कि उनके बाप का इतना बड़ा घर था। पाँच-छै हज़ार का गहना दहेज में 'उनने' दिया था। दो हज़ार का गौने पर दिया। हर बच्चे के जनम पर पाँच सौ से कम नहीं दिया। अब वे रहे नहीं, भाई का रुपया चातक जी ने प्रेस में डुबो दिया। वे तो कहीं की भी न रहीं और चातक जी के लच्छन तो जगमोहन देख ही रहा है।

जगमोहन ने खाना ख़त्म करके पानी पिया तो भाभी चौंकीं, "अँरें तुँम उँठ गँयें। जँरा चाँवल औंर लों नाँ।"

"नहीं भाभी।"

"नँहीं एँक रोंटी लों!"

और उसके 'न,' 'न' करने पर भी उन्होंने रोटी और थोड़ा साग थाली में डाल दिया। तब न जाने जगमोहन के मन में क्या आयी, सहसा उसने पूछा, "भाभी, कब हुई थी आपकी शादी ? क्या करते थे चातक जी उन दिनों ?"

भाभी ने बताया कि तब चातक जी पढ़ते थे और वे केवल तेरह बरस की थीं। चातक जी के पिता कहते थे, बेटे को विलायत भेजेंगे। पर ये विलायत जाते-जाते इक्कीस के आन्दोलन में जेल चले गये। पढ़ाई चौपट हो गयी। पिता इसी दुख में मर गये। उनके 'भाग' से जेल से ये कबिता-फबिता सीख आये। सो और भी किसी काम के न रहे। भाभी के आगे चार बच्चे, उनका सोचती हैं तो दुखी होती हैं।

और भाभी ने फिर अपनी आँखों को पोंछ लिया, तभी सीढ़ियों में चातक जी की चप्पलों की फटफटाहट और कविता की गुनगुनाहट सुनायी दी।

८

खाने के चार कौर किसी तरह कण्ठ के नीचे उतार कर श्री चातक ने जगमोहन को चौबारे में जा पकड़ा। "सुनो, आज एक कविता हुई है," कह कर उन्होंने सावधानी से मोड़ा हुआ काग़ज़ जेब से निकाला और चारपाई पर बैठ गये। जगमोहन पाँयते की ओर हो लिया।

"शीर्षक है —'अनजानी' —कवि ने परिचय दिया और कविता सुनाने लगे। वही थी, जिसे वे उसी दिन से गुनगुना रहे थे, जिस दिन उन्होंने सत्या जी का चित्र देखा था :

चित्र तुम्हारा देखा सुन्दर, देखा नहीं तुम्हें अनजानी,
पर लगता है जैसे तुम हो, युग-युग की मेरी पहचानी!
कोई भूली-बिसरी मेरे गत जीवन की कथा पुरानी
मेरी आँखों में बन आयी जैसे हो कर नयी कहानी!

प्राण, तुम्हारी इन आँखों में
झाँक रहा है जीवन मेरा।
था अतीत में लुटा कभी जो
मुझे मिलेगा क्या धन मेरा ?

और उस चित्र को देख कर कवि चातक के भावुक, अतृप्त मन ने आगत के जो प्रणय-स्वप्न देखे थे, वे सब उन्होंने उस कविता में चित्रित कर दिये थे। कविता सुना कर कवि ने पूछा, "क्यों ?"

"बहुत सुन्दर है," जगमोहन ने कहा। और फिर कुछ रुक कर तनिक संकोच से उसने पूछा, "पर चातक जी, चित्र देख कर ही कैसे प्रेम की भावना मन में उत्पन्न हो जाती है ? फिर अनजाना चित्र! मेरे तो मन में साक्षात चित्र वाली को देख कर भी प्रेम उत्पन्न न हो।"

"क्या मतलब है तुम्हारा ?"

"अब यही देखिए न, जैसे मेरे कई मित्र हैं —उमा शशि, देविका रानी, कज्जन, दुर्गा खोटे आदि अभिनेत्रियों के चित्र देख कर दिल पर हाथ रख लेते हैं। राह चलते-चलते किसी सुन्दर सूरत को देख कर उनके पाँव अनायास वहीं रुक जाते हैं। सीने से आहें निकलने लगती हैं। मुझे तो कभी ऐसा नहीं होता —विशेषकर अब! कभी जब नवीं-दसवीं में पढ़ते थे तो सुलोचना और ज़ुबैदा की तस्वीरें अच्छी लगा करती थीं, अब उधर आँख भी नहीं जाती। जब सामने किसी सुन्दरी को देख कर मन निर्विकार रहता है तो केवल चित्र देख कर क्या होगा ?"

कवि चातक कुछ क्षण चुप रहे, फिर बोले, "सौन्दर्य की सराहना के लिए अनुभूति-प्रवण और सौन्दर्य-प्रेमी हृदय चाहिए। तुम्हारे हृदय में या तो अनुभूतिशीलता की कमी है, अथवा तुम्हारे वर्तमान संघर्ष में वह अपनी सौन्दर्योपासक-वृत्ति खो बैठा है। गर्म राख में सोयी हुई चिनगारी की तरह वह अचानक चमक उठेगा।" कुछ क्षण कवि मौन रहे, फिर बोले, "हो सकता है, तुम्हारा हृदय कवि की अपेक्षा आलोचक का हृदय है। सौन्दर्य तुम्हें प्रेरणा नहीं देता, मुझे यह जान कर आश्चर्य हुआ। सौन्दर्य तो जैसा किसी ने कहा

है —सत्य है, चिर-आनन्द की वस्तु है....''

''सौन्दर्य सत्य नहीं, अथवा चिर-आनन्द की वस्तु नहीं, यह मैं नहीं कहता। मैं तो अपनी बात कहता हूँ,'' जगमोहन ने आलोचक की बात सुनी-अनसुनी कर कहा, ''मुझे सौन्दर्य अच्छा लगता है, लेकिन हर सुन्दर वस्तु से मुझे प्रेम हो जाये, ऐसी बात नहीं। इतनी सुन्दर युवतियाँ प्रतिदिन चिर-चंचल लाहौर के इन बाज़ारों में मिलती हैं, पत्रों में उनके सुन्दर चित्र प्रकाशित होते हैं, सभी से प्रेम कैसे हो सकता है ?''

कवि चातक कुछ खिन्न-से हुए, कुछ हँसे, उनसे कुछ उत्तर न बन पड़ा। कुछ रुक कर उन्होंने कहा, ''साधारण मानव की अपेक्षा कवि का हृदय अधिक अनुभूति-प्रवण, सचेत और भावुक होता है। प्रेम करने की उसकी शक्ति भी साधारण मानव से अधिक होती है, वह प्राणी-मात्र से प्रेम कर सकता है।''

''परन्तु प्रेम और आसक्ति में तो आप अन्तर मानते हैं न ?''

''क्यों नहीं!''

''और कविता के लिए क्या मस्तिष्क की आवश्यकता नहीं ?''

''है, पर वहीं तक, जहाँ उसके शिल्प का सम्बन्ध है। प्रेरणा और भावनाएँ तो हृदय की वस्तु हैं, मुझ से पूछो तो मैं कविता को हृदय ही की चीज़ मानता हूँ। जिसके जीवन में अनुभूति ने कभी चोट नहीं पहुँचायी जिसने कभी प्यार नहीं किया, वह कविता नहीं कर सकता।''

जगमोहन चुप हो गया और मन-ही-मन सोचने लगा।

कवि चातक ने तब बात का रुख़ बदल दिया। बोले, ''मैं चाहता हूँ, 'संस्कृति समाज' की पहली बैठक में यह कविता पढ़ूँ।''

''अवश्य पढ़िए।''

''पर बात यह है,'' कवि चातक ने कुछ भेद-भरे स्वर में कहा, ''मैं ऐसे ही तो नहीं पढ़ सकता। उस बैठक में कविताएँ तो होंगी नहीं। समाज के उद्देश्य आदि के सम्बन्ध में कुछ विचार-विनिमय होगा। मैं चाहता हूँ कि जब वह सब समाप्त हो जाये तो तुम कुछ कविता-पाठ की बात चलाओ। मेरी इस कविता का ही ज़िक्र कर दो कि चातक जी ने बहुत सुन्दर कविता लिखी है, उसे सुना जाये!'' और कुछ क्षण चुप रह कर उन्होंने कहा, ''एक-दूसरे के लिए स्थान तो हमें बनाना ही चाहिए। 'संस्कृति समाज' का यही तो लाभ है।''

''जी अच्छा!'' अपने ही विचारों में मग्न जगमोहन ने कहा।

''पर देखो, यह बात कुछ सूक्ष्म ढंग से तुमको कहनी चाहिए, नहीं 'नीरव' जी नाराज़ हो जायेंगे। उन्हें यह मालूम न होने पाये कि तुम हमारे कहने ही से ऐसा प्रस्ताव कर रहे हो, या हम-तुम में कोई साँठ-गाँठ है....तुम यों करना कि पहले 'नीरव' जी ही से कविता सुनाने का अनुरोध करना। वे तो 'ना,' 'ना' करेंगे ही, फिर तुम हमसे कहना।''

''जी अच्छा।'' और वह उठा।

''क्या करने जा रहे हो ?''

''कल क्या पहनूँगा, इसकी व्यवस्था करनी है। यह नेकर-कमीज़ तो मैली हो गयी।''

"तो क्या इसी नेकर-कमीज़ को धोओगे ? अपनी भाभी से धोती-कुर्ता क्यों नहीं माँग लेते। नेकर-कमीज़ तो यों भी अच्छी नहीं लगती।"

जगमोहन चुप खड़ा रहा।

"तुम्हें संकोच हो तो मैं कहूँ।"

"नहीं, नहीं," कुछ व्यस्त हो कर जगमोहन ने कहा, "मैं प्रबन्ध कर लूँगा। मेरे पास एक सिल्क का कुर्ता और धोती है। धुली नहीं, पर मैं अभी जा कर धो डालूँगा।"

"पर तुम नीचे से कुर्ता-धोती क्यों नहीं ले लेते ?"

"आप से तो मैं कुछ अधिक लम्बा हूँ...." जगमोहन ने कहना चाहा।

"तुम पहन कर तो देखो!"

कुछ क्षण जगमोहन दुविधा में खड़ा रहा। फिर अचानक उसने कहा, "नहीं-नहीं, आप कष्ट न करें! मेरे पास एक बहुत अच्छा कुर्ता-धोती है। मैं अभी घर जा, उसे धो कर लोहा करा लूँगा।" और बिना उत्तर सुने वह सीढ़ियों की ओर चल दिया।

अमृतधारा रोड पर उसे एक चंचल-चपल लड़की आती दिखायी दी। जगमोहन ने साधारण-सी दृष्टि से उसकी ओर देखा। लड़की सुन्दर थी, पर उसे देख कर जगमोहन को वह कुछ भी न हुआ, जिसका ज़िक्र उसने चातक जी की कविता में सुना था। उसे ख़याल आया कि लड़की की आँखें नीची हैं। आँख से आँख मिलने पर कदाचित कुछ हो, पर तभी लड़की ने एक उड़ती-सी दृष्टि उस पर डाली। कुछ भी तो नहीं हुआ। वह अपनी राह चली गयी और जगमोहन अपनी।

वह साधारणतः बाज़ार-चलती लड़कियों को कम ही देखता था। 'दीदारबाज़ी ते रब्ब राज़ी,' लोफ़रों की इस पंजाबी लोकोक्ति में उसका विश्वास न था। कदाचित इस कहावत की अपेक्षा बचपन से युवावस्था तक निरन्तर घर में सुनी जाने वाली कहावत 'जिस पिण्ड नहीं जाना, ओहदी राह काहनूँ पुच्छना' का उस पर अधिक प्रभाव था। उसके पास किसी राह-चलती युवती के पीछे जाने का, उसे अपनी ओर आकर्षित करने का, उस आकर्षण को स्थायी बनाने का न समय था, न साधन। तो फिर वह नाहक क्यों आँखें और फल-स्वरूप दिल जलाता ? कई बार ऐसा होता कि सामने दूर जाती हुई किसी युवती की पीठ पर लहराती वेणी, उसकी कमर का लोच, उसके कूल्हों की मटक अथवा उस की गति के चांचल्य को देख कर वह उसके मुख का सौन्दर्य देखने को लालायित हो उठता। तेज़-तेज़ चलता, पर उसके आगे निकल, पीछे मुड़ कर उसे देखना उसके लिए असम्भव हो जाता। उस लड़की को यह जताना कि वह आगे बढ़ कर उसे ही देखने आया है, उसे कुछ बड़ा ओछा-सा लगता। फिर उसका मस्तिष्क, उसके तेज़-तेज़ चलने के बावजूद, उसे सुझाता कि आकृति मात्र देखने से लाभ ? उसे इस गाँव जाना ही नहीं....और उसकी चाल कई बार धीमी हो जाती और वह बिना उस लड़की को देखे उसे आगे निकल जाने देता या फिर जिस तरह तेज़-तेज़ चलता आया था, उसी तरह चलता हुआ बहुत आगे निकल जाता।

मैट्रिक के बाद ही से संघर्ष ने उसके जीवन में सपनों के लिए, विशेषकर प्रेम-भरे सपनों के लिए कुछ वैसा अवकाश न रहने दिया था। मन में आगे शिक्षा प्राप्त करने की

आकांक्षा थी और माता-पिता की मृत्यु के कारण साधनों का सर्वथा अभाव! उसके भाई लाहौर में बीमा-एजण्ट न होते तो शायद वह लुधियाने की किसी दुकान में दस-पन्द्रह रुपये का नौकर या किसी प्राइमरी स्कूल का टीचर होता। उसके कई सहपाठी तो अब भी लुधियाने में आलू-छोले अथवा सोडा-वाटर आदि बेच कर जीवन-निर्वाह करते थे।

भाई से उसे कुछ अधिक सहायता मिलती हो, यह बात नहीं, पर लाहौर में रहने का एक सहारा तो था। फ़ीस जुटाने, पुस्तकों, कापियों और प्राय: अपने खाने आदि की व्यवस्था करने और परीक्षाओं में सफलता पाने के लिए उसे इतना श्रम करना पड़ता था कि प्रेम के सपने देखने का उसके पास कोई समय न रहता था। जाने सचमुच उसका दिल ही मर गया था या जीवन के प्रतिक्षण प्रबल होते संघर्ष ने मस्तिष्क नाम की चीज़ को ऐसा सजग कर दिया था कि वह उसके हृदय पर अंकुश लगाये रखती थी! जो हो, उसके सपने जीवन की दैनन्दिन समस्याओं से उलझे रहते। किसी तन्वी का चित्र या सुन्दर मुखड़ा या सुगठित देह देख कर सपनों की दुनिया बसा लेना और कविता की निर्झरिणी को काग़ज़ पर बहा देना उसके बस की बात न थी। इसीलिए कभी-कभी उसे चातक जी की प्रतिभा से बड़ी ईर्ष्या होती।

चातक जी से उसकी भेंट 'मंजरी' के दफ़्तर में हुई थी। 'मंजरी' नयी-नयी निकली थी। जगमोहन ने बी० ए० की डिग्री ले ली थी और वह चाहता था, कहीं नौकरी मिल जाये तो एम० ए० करने का डौल हो। नौकरी तो वहाँ थी नहीं, जितने भी पद थे, उन पर महाशय चन्द्रभान के भानजे-भतीजे आसीन थे, पर कवि चातक ने उसमें एक ऐसा व्यक्ति देखा, जिसके द्वारा वे उस अहिन्दी प्रान्त में अपना प्रचार कर सकते थे। उन्होंने उसे आश्वासन दिया कि उसके बस में जो कुछ होगा, वे करेंगे और उसे अपने घर पर बुलाया, उसे लिखने को उकसाया और उसमें वह प्रतिभा देखी, जिससे वह स्वयं अनभिज्ञ था।

एक और लड़की गुज़री। जगमोहन ने उसे देखा। पर वह गुज़र गयी, उसने जगमोहन की ओर दृष्टि उठा कर भी नहीं देखा।

तभी वह अनारकली पहुँच गया। 'भल्ला' की दुकान से उसे एक लम्बे कद की अत्यन्त सुन्दर युवती उतरती दिखायी दी। जगमोहन क्षण भर रुक कर उसे देखता रहा। सीढ़ी पर रुक कर वह अपने साथ आने वाली सहेली से बात करने लगी —इतनी सुन्दर लड़की जगमोहन ने कभी न देखी थी। लम्बा कद; तीखी नाक; नुकीला चेहरा; छोटे पतले गुलाबी होंट; सुनहरे बाल, जिन पर शान्त नदी की ऊर्मियों-सी लहरें —परियाँ उससे क्या सुन्दर होंगी! महीन टिश्शू की साड़ी और ऑर्गण्डी का ब्लाउज़ अपने साँचे में ढले हुए शरीर पर पहने, हाथ में छोटा-सा पैरासोल लिये, लगता था जैसे वह उसी छाते के सहारे आकाश से उतर आयी है जगमोहन वहीं रुका रहा। लड़की चली गयी। जगमोहन ने उसकी चाल भी देखी। उसके हृदय की गहराई से एक लम्बी साँस निकल गयी —इतने राशि-राशि सौन्दर्य को देखने की सुखानुभूति के कारण या अपनी विपन्नता के कारण अथवा इतनी देर अपनी दृष्टि सुन्दरता की उस प्रतिमा पर केन्द्रित रखे रहने के कारण! पर फिर दूसरे क्षण वह मुस्कराया। उसने सिर को झटका दिया और वह चल पड़ा।

सिर के उस झटके ही से वह चित्र जैसे उसकी आँखों से निकल गया और वह सोचने लगा कि कैसे एम० ए० में दाख़िल हो पाये। कवि चातक से रुपया माँगना अथवा

लेना उसके बस की बात न थी। उनकी स्थिति से वह भली-भाँति परिचित था। और यद्यपि उन्होंने उसे हर तरह से आश्वासन दे रखा था, पर वे कैसे सब आयोजन करेंगे, यह बात उसकी समझ में न आती थी। और अपनी इस समस्या को सुलझाता-उलझाता, बाज़ार की रौनक को देखते हुए भी जैसे न देखता हुआ, वह कचहरी रोड से होता अपने घर पहुँच गया।

०

उस छोटी म्यानी में, जो उसके लिए सुरक्षित थी, उसने बड़ी सँभाल से एक सिल्क का कुर्ता और एक बारीक किनारे की महीन धोती रख छोड़ी थी। एक बार पैसे जोड़, तेरह आने गज़ जापानी सिल्क ले कर उसने वह कुर्ता बनवा लिया था। वह उसे विशेष अवसरों पर पहनता था और फिर सँभाल कर रख देता था। पाँच आने का एक लक्स का डिब्बा भी उसने ले रखा था, जिसमें से आठ-दस बार धोने के बाद भी साबुन के छिलके बच रहे थे। जगमोहन ने तीनों चीज़ें उठायीं और नल के नीचे चला गया।

तब उसकी भाभी ने अपना ब्लाउज़, जॉर्जेट का दुपट्टा और बच्चियों के दो फ़्रॉक भी उसके आगे ला रखे कि इनको भी ज़रा लक्स के पानी में डुबकी दे दे।

९

दूसरे दिन दाढ़ी बना, नहा-धो, जब उसने धोती-कुर्ता पहन कर अपने लम्बे-लम्बे बालों को सँवारते हुए, आईने में अपनी सूरत देखी तो उसे बड़ी अच्छी लगी। अपनी भाभी से ज़रा-सी वैनिशिंग क्रीम ले कर उसने अपने मुँह पर मली तो उसका गेहुँआ रंग गोरा-गोरा लगने लगा और उसके होंट आत्म-तुष्टि से मुस्करा उठे।

वह अभी डी० ए० वी० कॉलेज होस्टल के पास पहुँचा था कि उसे सम्भवतः गोपालनगर की ओर से आती हुई शान्ता बहन और सत्या जी मिलीं। शिष्टाचारवश उसने दोनों को 'नमस्कार' किया।

"आप मीटिंग ही में जा रहे हैं न ?" सहसा सत्या जी ने पूछा।

"जी!" जगमोहन ने उत्तर दिया।

"कहाँ हो रही है मीटिंग ? कितनी दूर है यहाँ से ?"

"जी, शीशमहल रोड पर है। ब्रैडला हॉल वाली सड़क सीधी वहाँ जाती है। चलिए, मैं आपको ले चलता हूँ।"

जगमोहन ने आँख भर कर सत्या जी की ओर देखा। मँझला क़द, छरहरा शरीर, खादी की मोटी, छपी साड़ी को बड़े यत्न से अपने शरीर के गिर्द लपेटे हुए, वे मौन रूप से चली जा रही थीं। यद्यपि उन्होंने स्वयं जगमोहन से बात चलायी थी, पर उनकी आकृति पर जो कर्कशता उसने पहले दिन देखी थी, उसमें तनिक भी कमी न आयी थी। आँखें थीं कि जैसे म्यान से निकली दो तलवारें! रंग उनका गोरा था और नक्श तीखे थे, पर कुछ

ऐसी रुखाई, कड़ाई, मृदुलता का कुछ ऐसा अभाव उसे वहाँ दिखायी दिया कि फिर लगभग आध-मील चलने पर भी उसने स्वयं बात न चलायी। न वे ही बोलीं। शान्ता बहन ने जब धीरे-से पूछा कि ये कौन हैं तो उन्होंने बता दिया कि यही निमन्त्रण-पत्र लाये थे। इससे अधिक वे नहीं जानतीं। और यह कह कर वही सुता हुआ मुँह लिये, वे सड़क पर गड़ी दृष्टि से निरन्तर ७५ का कोण बनाती हुई चलने लगीं।

लेकिन शान्ता बहन चहक उठीं —'संस्कृति समाज' क्या है ? किसने आरम्भ किया है ? क्या उद्देश्य हैं ? कहाँ उसकी बैठकें होंगी ? कौन-कौन लोग उसमें दिलचस्पी ले रहे हैं ?....आदि प्रश्न बड़ी उत्सुकता से उन्होंने पूछे। फिर क्योंकि जगमोहन से उनका अधिक परिचय न था, इसलिए वे अपने विद्यालय के सम्बन्ध में बताने लगीं और उसके गुण तथा महत्व उन्होंने गिना डाले।

जगमोहन बड़ी सौम्यता के साथ, बिना अधिक उत्सुकता अथवा चंचलता प्रकट किये, बिना उन दोनों की ओर देखे, चुपचाप उनके साथ चलता उनकी बातों का उत्तर देता गया। युवतियों का सामीप्य साधारण युवकों में जो चपलता, वाचालता अथवा उद्दण्डता भर देता है, उसका लेश भी जगमोहन के यहाँ न था। एक बार उसने दृष्टि भर, उन दोनों को देखा और फिर जैसे अपने ही उस सिल्क के कुर्ते और बारीक किनारे की महीने धोती में मस्त वह चलता गया।

कवि चातक से उसे मालूम हो गया था कि सत्या जी कुछ लेख अथवा कहानी-वहानी लिखती हैं। एक बार उसके मन में आयी भी कि उनसे पूछे, पर फिर यह देख कर कि वे चुप अपनी दृष्टि सड़क पर गड़ाये चली जा रही हैं, उसने मौन रहना ही उचित समझा। उसे स्वयं समाज के सम्बन्ध में जो ज्ञात था, वह उसने शान्ता जी को बता दिया और जब शान्ता बहन ने पूछा, 'कोई स्त्री भी कार्यकारिणी में होगी या नहीं ?' तो उसने बताया कि उसे कुछ ज़्यादा मालूम नहीं, शायद एक महिला मन्त्री भी होगी, पर इसका चुनाव तो साधारण बैठक में होगा। सम्भवतः आज हो जाये।

यह सुन कर शान्ता बहन ने अपनी सामाजिक-सरगर्मियों का उल्लेख करना आरम्भ किया। वे अभी पूरे तौर पर जगमोहन को संस्कृति के सम्बन्ध में अपनी 'महान सेवाओं' से परिचित न कर पायी थीं कि श्री धर्मदेव वेदालंकार का मकान आ गया। नीचे ही उन्हें शुक्ला जी कवि चातक से बातें करते हुए मिले। एक दृष्टि उन्होंने सत्या जी पर और एक जगमोहन के रेशमी कुर्ते, धोती और सँवरे हुए बालों पर डाली और मूँछों में मुस्कराते हुए एक अर्थ-भरा 'नमस्कार' किया और बोले, "क्या कहने हैं!"

जगमोहन चुप रहा। न जाने क्यों उसे शुक्ला जी की मूँछें और उनकी वह मुस्कराहट अत्यन्त खलती थी। वह शान्ता बहन और सत्या जी को मार्ग दिखाता हुआ अन्दर ले चला।

श्री धर्मदेव के फ़्लैट तक पहुँचने के लिए मार्ग दिखाने की ज़रूरत थी भी और यदि कोई अपरिचित महिला हो तो उसके साथ एक पुरुष का होना भी आवश्यक था। उनके फ़्लैट को जाने वाली सीढ़ियों तक पहुँचने के लिए आँगन को पार करना पड़ता था और आँगन में पैर रखते ही मालिक-मकान की कुतिया बड़े ज़ोरों से आगन्तुक का अभिवादन करती थी और फिर उसी जोश से उसकी कुशल-क्षेम पूछती थी। वह सदैव एक ज़ंजीर से

बँधी रहती। खुली होती तो वह गले मिलने से न हिचकिचाती। परन्तु बँधी रह कर भी वह नवागन्तुक के स्वागतार्थ कुछ ऐसी आतुरता प्रकट करती कि लगता, अभी जंज़ीर तोड़ कर गले आ मिलेगी। उसके तनिक आगे, दायीं ओर के बरामदे में, एक घोड़ी बँधी रहती थी, जो किसी के पास से गुज़रने पर ढीला-सा मुँह छोड़ कर ज़ोर से एक बर्रर्र-सी कर देती — ऐसे अचानक कि आगन्तुक अपनी जगह से उछल पड़ता। कुछ और आगे आँगन के अन्त में, जहाँ से वेदालंकार जी के फ़्लैट को सीढ़ियाँ चढ़ती थीं, मालिक-मकान की भैंस बँधी रहती थी। मरखनी थी, पर रस्सा छोटा होने से केवल धरती में सींग गड़ा कर रह जाती। डर उसकी दुम से रहता और उसकी मार से बच कर सीढ़ियों में जा चढ़ना काफ़ी फुर्ती और सूझ-बूझ की अपेक्षा रखता था।

जगमोहन एक-दो बार चातक जी के साथ वहाँ पहले भी आ चुका था, इसलिए उसने एक हाथ से धोती की कोर थामी, दूसरे में छड़ी उठा ली और अपने साथ आने वाली दोनों देवियों को उन विपत्तियों से बचाता हुआ फ़्लैट पर ले गया।

o

श्री धर्मदेव वेदालंकार का ड्रॉइंग-रूम, जो साधारणतः फ़र्नीचर से भरा रहता था, उस समय ख़ाली था। दरी तो उसमें सदा बिछी ही रहती थी, पर इस समय उस पर एक मोटा ग़ालीचा भी बिछा था। आतिशदान पर श्री धर्मदेव वेदालंकार द्वारा खींचे और एनलार्ज किये हुए फ़ोटो लगे थे। एक में वे अपने साथियों के साथ बर्फ़ पर मार्ग बनाते हुए चले जा रहे थे। दूसरे में दो युवतियाँ गाल-से-गाल मिलाये बैठी थीं। तीसरे में एक और युवती का क्लोज़-अप था, जिसकी सुराहीदार गर्दन और बड़ी-बड़ी आँखें अनायास देखने वाले को मन्त्र-मुग्ध कर देती थीं। दीवारों में तीन-चार अलमारियाँ थीं, जिनके शीशों में करीने से लगी हुई किताबें झाँक रही थीं। जगमोहन के आने से पहले काफ़ी लोग आ चुके थे। शान्ता बहन और सत्या जी को उसने यथास्थान बैठा दिया। यद्यपि पुरुष काफ़ी संख्या में आये थे, लेकिन स्त्रियाँ अधिक न थीं। श्री धर्मदेव वेदालंकार ने अपने परिचितों की जो लम्बी लिस्ट बनायी थी, उसमें महिलाओं की संख्या कम न थी, पर कवि चातक ने उनकी पत्नी को छोड़ और किसी को आमन्त्रित न किया था। उन्हें भय था —यदि अधिक महिलाओं को आमन्त्रित करेंगे तो या मीटिंग में कोई दूसरी महिला मन्त्री चुनी जायेगी या कोई उनकी परिचिता सत्या जी के चुने जाने पर नाराज़ हो जायेगी। वे तो शान्ता जी को भी न बुलाते, यदि उन्हें सत्या जी के आने का निश्चय होता।

जगमोहन ने एक उड़ती-सी दृष्टि दीवार के साथ आराम से बैठे हुए सज्जनों पर डाली। कुछ से वह परिचित था, उन को 'नमस्कार' किया। कुछ अपरिचित थे, उन का परिचय प्राप्त किया। श्री धर्मदेव सिल्क का बढ़िया सूट पहने इधर-उधर व्यस्त घूम रहे थे। उन को उसने आँगन में जा पकड़ा, 'नमस्कार' किया और पूछा कि भाभी नहीं दिखायी देतीं ?

"वे 'पंजाब-आर्टिस्ट्स' की मीटिंग में गयी हुई हैं।" धर्म जी ने कहा, "वे शो दे रहे हैं, निम्मो जी का वहाँ जाना बड़ा ज़रूरी था।"

जगमोहन ने पूछा कि वह उनकी क्या सहायता कर सकता है ?

"बस जो लोग आ रहे हैं, उन को बैठाइए। बाकी सब काम तो नौकर स्वयं कर लेंगे।"

जगमोहन कमरे की ओर मुड़ा। तभी उसकी दृष्टि 'नीरव' जी की ओर गयी। चालीस-पैंतालीस की उम्र, न बहुत लम्बा न नाटा क़द, गोरा रंग, चौड़ा माथा, पतले होंटों में पान, बायाँ कोना एक स्थायी मुस्कान में खुला हुआ —जगमोहन को देख कर उनकी मुस्कान फैल कर दायें कोने तक आ गयी। जगमोहन ने बढ़ कर उन को 'प्रणाम' किया और उन का स्वास्थ्य-समाचार पूछ, उन्हें अन्दर ले गया।

'नीरव' जी यू० पी० के निवासी थे। बीस वर्ष से पंजाब में रहने पर भी वे यू० पी० वाले ही बने हुए थे। सदा धोती-कुर्ता पहनते, दिन भर पान चबाते और शुद्ध संस्कृत-निष्ठ हिन्दी बोलते। मॉडर्न स्कूल में हिन्दी-संस्कृत के अध्यापक थे; कवि थे; नाटककार थे और अब उपन्यास लिखने को प्रस्तुत थे। चातक जी और उन में कुछ ऐसा नाता था, जिसे न मित्रता कह सकते हैं, न शत्रुता। हिन्दी भाषा-भाषी होने के नाते उन में मैत्री थी, पर कवि होने के नाते स्पर्द्धा। शुक्ला जी प्राय: दोनों के इस सम्बन्ध से लाभ उठाया करते थे। चातक जी के मित्र और 'संस्कृति समाज' के भावी मन्त्री के नाते जगमोहन के सामने एक विकट समस्या यह थी कि 'संस्कृति समाज' में जहाँ चातक जी को यथेष्ठ महत्व दिया जाये, वहाँ नीरव जी को भी रुष्ट होने का अवसर न दिया जाये। टेक्स्टबुक-कमेटी और लाहौर के हिन्दी-संस्कृत अध्यापकों में उन का बड़ा मान था। हिन्दी-बोर्ड के अध्यक्ष डॉक्टर घनानन्द 'नीरव' जी को बहुत मानते थे और चातक जी उन्हें नाराज़ न करना चाहते थे, इसलिए उन्होंने जगमोहन को समझा दिया था कि उनका यथाशक्ति ध्यान रखे। जगमोहन उन के पास ही बैठ गया और उसने पूछा, "कहिए, आजकल आप क्या लिख रहे हैं ?"

"गीति नाटिका लिख रहा हूँ!"

"जयशंकर प्रसाद के बाद तो बस आप ही का दम है," जगमोहन ने कहा।

नीरव जी की मुस्कान इतनी फैली कि उन्हें ठोड़ी आगे करके पान की पीक को निकल पड़ने से बचाना पड़ा। तभी श्री चातक, शुक्ला जी और चन्द दूसरे मित्रों को लिये हुए ऊपर आ गये। धर्म जी भी आ बैठे और उन्होंने नौकर को चाय लाने का आदेश दिया। काग़ज़ की बनी ऐसी विलायती प्लेटों में, जो मोटाई तथा रंग-रूप में साधारण प्लेटों-जैसी होने पर भी उन से सुन्दर तथा हल्की थीं, एक-एक रसगुल्ला, बर्फ़ी, दो-तीन पकौड़े सब के आगे रखे गये और नाज़ुक विलायती चायदानियों में चाय आ गयी। मिठाई खा चुकने पर सब ने प्लेटों को उठा-उठा कर आगे-पीछे से देखा। श्री धर्मदेव ने बताया कि वे काफ़ी सस्ती हैं और पत्तलों अथवा दौनों की अपेक्षा वे उन्हें अधिक पसन्द करते हैं, क्योंकि जहाँ उनमें तश्तरियों की तरह नाश्ता किया जा सकता है, वहाँ उन्हें पत्तलों की तरह बाहर भी फेंका जा सकता है।

"तो क्या आप इन्हें फेंक देंगे ?" शुक्ला जी ने पूछा।

"और क्या!"

आप इन्हें फेंकते क्यों हैं, हमीं ले जायेंगे —उनके होंटों पर आया, पर उस बात को होंटों के बाहर निकलने से उन्होंने बचा लिया। शुक्ला जी ही की बात नहीं, यह भाव

संस्कृति के उद्धार हेतु वहाँ एकत्र होने वाले सज्जनों में बहुतों के मन में उठा, पर मन के भाव को वे होंटों पर नहीं ला सके और उन हल्की-फुल्की, सात-सात लकीरों वाली, इन्द्रधनुषी प्लेटों को घुमा-फिरा, उलट-पलट कर देखते-देखते उन्होंने अनिच्छापूर्वक उन्हें नौकर के हाथ में दे दिया, जो चाय ख़त्म होने के बाद सामान बटोर रहा था।

०

चाय के बाद कार्य आरम्भ हुआ। सब से पहले श्री धर्मदेव वेदालंकार ने 'संस्कृति समाज' की परम आवश्यकता पर अपने अनमोल विचार प्रकट किये। इंग्लिस्तान, अमरीका, फ़्रांस आदि की 'कल्चरल-सरगर्मियों' का विशद वर्णन करने के पश्चात उन्होंने लाहौर में 'लिट्रेरी लीग' के अपने काम की सराहना की।

"लाहौर में लिट्रेरी लीग ने जितना 'कल्चरल' काम किया है, उस की प्रशंसा नहीं की जा सकती," धर्म जी ने कहा, "हम ने (यहाँ उन्होंने सफ़ाई दी कि वे उसकी कार्यकारिणी के सदस्य हैं) लिट्रेरी लीग के प्लैटफ़ॉर्म पर हिन्दू, मुस्लिम, सिक्ख, ईसाई — उन सभी लोगों को एकत्र किया है, जो साहित्य और संस्कृति में दिलचस्पी रखते हैं।" और उन्होंने उन्हीं दिनों होने वाले एक कंसर्ट का उल्लेख किया, जिस में निम्मो जी ने बड़ी सफलता से कथाकली और मनीपुर के कुछ ऐसे नृत्य दिखाये थे, जो प्रायः विलुप्त हो चुके थे। 'लिट्रेरी लीग' की अन्य सरगर्मियों का उल्लेख करते हुए उन्होंने ज़ोर दिया कि हिन्दी साहित्य और संस्कृति की अभिवृद्धि के लिए भी एक ऐसी ही बॉडी की आवश्यकता है, इसीलिए यह इन्फ़ॉर्मल मीटिंग बुलायी गयी है कि उस की रूप-रेखा बना ली जाये।

धर्म जी के बाद कवि चातक ने अपने बालों की लटों को, जो बड़ी उद्दण्डता से उनकी दायीं आँख पर खेलने लगी थीं, एक हाथ से पीछे हटाते और दूसरे से कुर्ते-धोती को ठीक करते हुए, 'संस्कृति समाज' के सम्बन्ध में अपने विचार प्रकट किये। उन्होंने धर्म जी के विचारों का समर्थन किया, पर अपनी ओर से इतना और कहा कि 'लिट्रेरी लीग' का उद्देश्य साहित्य और संस्कृति-मात्र की अभिवृद्धि करना है, चाहे वह साहित्य तथा संस्कृति देशी हो या विदेशी; उर्दू हो अथवा हिन्दी। 'संस्कृति समाज' केवल हिन्दी-साहित्य और देशीय संस्कृति की अभिवृद्धि को अपना उद्देश्य बनायेगा। इस के बाद उन्होंने अपने प्रिय विषय 'देश की संस्कृति में महिलाओं का योग' पर एक छोटा-सा भाषण दिया और कहा कि 'संस्कृति समाज' में पुरुष-स्त्री कन्धे-से-कन्धा मिला कर काम करेंगे। और बताया कि 'संस्कृति समाज' में पुरुष मन्त्री के साथ एक महिला मन्त्री भी होगी।

चातक जी के बाद शुक्ला ने अपने स्थान पर बैठे-बैठे अपने विचार प्रकट किये। उन के होंटों की सहज मुस्कान कुछ क्षण के लिए विलुप्त हो गयी; आँखें ग़ालीचे को चीरती हुई दरी में धँस गयीं; आकृति पर रुद्र गम्भीरता छा गयी और वाणी किसी छोटे अथवा बड़े स्टेशन पर रुके बिना बढ़ी चले जाने वाली रन-थ्रू गाड़ी की तरह निरन्तर भागती रही। उन्होंने देश की तीन सौ वर्ष से चली आने वाली भयंकर दासता तथा उसके फलस्वरूप देश के साहित्य तथा संस्कृति के ह्रास का बड़ा करुण चित्र खींचते हुए, श्रोताओं को उनके कर्त्तव्य से परिचित कराया और कहा कि राजनीतिक जागृति के साथ-साथ यदि सांस्कृतिक जागृति न हुई तो दासता की बेड़ियाँ कटने के बदले और भी दृढ़ हो जायेंगी। उन्होंने बंग-साहित्य के उत्थान का विशद वर्णन किया। महाकवि टैगोर की एक कविता शुद्ध बंगाली

उच्चारण के साथ पढ़ी :

पूर्णिमा निशीथे जबे दश दिके परिपूर्ण हांसि
दूरस्मृति कोथा होते बाजाये ब्याकुल करा वाँशि
झरे अश्रु राशि

और कहा कि राजनीतिक पुनरुत्थान की पूर्णमासी में सांस्कृतिक अतीत की बाँसुरी का स्वर यदि हमारी आँखों में आँसू नहीं लाता और हम पुनः अपने सांस्कृतिक वैभव को पाने के लिए लालायित नहीं होते तो हमारी यह राजनीतिक चेतना वृथा है।

यह कहने के बाद उन्होंने 'संस्कृति समाज' के संस्थापन का समर्थन करते हुए अपनी तथा अपने गुट (उन्होंने शब्द 'सहयोगी मित्रों' प्रयोग किया) की सेवाएँ समाज के हितार्थ प्रस्तुत कर दीं और इतना सब मानो एक ही साँस में कहने के बाद, हाथ की मुट्ठी में बन्द खैनी को, जिसे फटक कर मुँह में रखने के पहले ही वे बोलने लगे थे, एक बार फिर मल, फटक कर अपने निचले होंट में रख लिया।

इसके बाद पाँच-दस मिनट तक उपस्थित सज्जनों को ये तीनों भाषण पचाने का अवसर दिया गया। कुछ खुसर-फुसर होती रही और डकार के रूप में एक-आध रिमार्क भी कसा गया, तत्पश्चात श्री धर्मदेव ने कहा कि अभी एक अस्थायी कार्यकारिणी का चुनाव हो जाना चाहिए। इस बात का सभी ने समर्थन किया। तब शुक्ला जी ने, जो इस बीच खैनी के रस का समुचित उपभोग कर चुके थे, धर्म जी की साहित्यिक और सांस्कृतिक सरगर्मियों का संक्षिप्त वर्णन करते हुए प्रधान मन्त्री के लिए उनका नाम प्रस्तावित किया। श्री चातक ने इसका समर्थन किया और हँस कर कहा कि अन्य बातों के अतिरिक्त कार्यकारिणी को अपनी हर बैठक में चाय-पान की ओर से भी निश्चिन्त हो जाना चाहिए!

इस पर उपस्थित सज्जनों ने सर्व-सम्मति से इस चुनाव का समर्थन किया और चाय-पान की सम्भावित दावतों पर प्रसन्नता प्रकट की। तब श्री चातक फिर खड़े हुए, उन्होंने जगमोहन का विस्तृत परिचय दिया —किस प्रकार वह उदीयमान कवि है, पत्रकार है, साहित्य और संस्कृति की सेवा के लिए उसके हृदय में कैसी लगन है, आदि....आदि.... और सहमन्त्री के लिए उसका नाम प्रस्तुत किया। शुक्ला जी ने इसका समर्थन करते हुए कहा कि उन्हें ऐसे ही मन्त्री की आवश्यकता है, जिसमें सांस्कृतिक व साहित्यिक अभिरुचि के साथ-साथ अपूर्व सेवा-भाव हो और जो मन्त्री से ले कर चपरासी तक —सब काम निस्संकोच कर सके।

तब श्री चातक ने महिला मन्त्री चुनने की बात कही और जगमोहन ने सत्या जी का नाम पेश किया और कहा कि वे 'मालती' की प्रमुख लेखिका हैं, गोपालनगर में उनका विद्यालय है और यदि वे इस काम को सँभालेंगी तो 'संस्कृति समाज' को महिलाओं में यथेष्ट लोकप्रियता प्राप्त हो जायेगी।

यद्यपि शान्ता बहन को इस चुनाव का समर्थन करना चाहिए था, पर वे तो स्वयं इस पद की आकांक्षा रखती थीं, इसलिए चाहने पर भी उनके मुँह से एक शब्द तक न निकला। परन्तु इस चुनाव का समर्थन सारी उपस्थित मण्डली ने प्रसन्नता से किया।

सत्या जी इस बीच चुप बनी रहीं। न उन्होंने उस पद को स्वीकार किया, न

अस्वीकार। तब पूर्व-निश्चय के अनुसार कोषाध्यक्ष के पद पर शुक्ला जी और अध्यक्ष के पद पर नीरव जी का चुनाव हुआ। जगमोहन यह देख कर चकित रह गया कि चातक जी ने स्वयं अध्यक्ष बनने के बदले नीरव जी को चुना। इसके बाद अस्थायी कार्यकारिणी के सदस्य चुने गये, जिनमें शान्ता बहन ही नहीं, लगभग सभी-के-सभी शेष सज्जनों को ले लिया गया और चुनाव समाप्त हुआ।

o

इस सब भाषणबाज़ी में जगमोहन कविता वाली बात भूल ही गया था कि श्री चातक खाँसे। जगमोहन से उनकी आँखें चार हुईं तो उसे कविता वाली बात याद हो आयी और उसने कहा कि यदि एक-आध कविता भी इस अवसर पर हो जाये तो क्या हर्ज है और उसने 'नीरव' जी से प्रार्थना की कि वे अपनी कोई नयी कविता सुनायें। जगमोहन को विश्वास था कि 'नीरव' जी तैयार न होंगे, परन्तु अध्यक्ष चुने जाने की प्रसन्नता में उन्होंने जगमोहन को निराश करना उचित न समझा और जेब से एक तह किया हुआ लम्बा काग़ज़ निकाल कर अपनी नवीन रचना 'महाप्रस्थान' पढ़नी शुरू कर दी।

चातक जी ने कविता की बात सुन कर अपनी रचना निकाली थी, पर उन्हें विवश हो, 'महाप्रस्थान' सुनना पड़ा। और जब वह कविता समाप्त हुई तो यद्यपि उपस्थित सज्जनों पर 'काल-कराल' का कुछ ऐसा आतंक छा गया था कि उस वातावरण में कवि चातक की रुचि कविता सुनाने की न रही थी, पर जगमोहन को तो अपना कर्त्तव्य पूरा करना था, इसलिए उसने उनसे प्रार्थना की और अनिच्छापूर्वक उन्हें कविता सुनानी पड़ी। लेकिन पहला चरण समाप्त करते-करते वे अपने मूड में आ गये। और जब उन्होंने उसकी पुनरावृत्ति की तो एक अर्थ-भरी दृष्टि सत्या जी पर डाली। पर सत्या जी चुपचाप आँखें ग़ालीचे में गड़ाये बैठी रहीं। चातक जी ने कविता पढ़ते हुए कई पंक्तियाँ दो बार पढ़ीं; कई पंक्तियों पर उपस्थित सज्जनों का ध्यान विशेष रूप से आकर्षित किया; जब-जब 'चित्र तुम्हारा देखा सुन्दर' की पुनरावृत्ति की, सत्या जी की ओर विशेष रूप से देखा; पर सत्या जी मौन बैठी रहीं। एक बार जब जगमोहन अलमारी में रखी पुस्तकों के नाम पढ़ने का प्रयास कर रहा था और वे एक घुटने पर टिके हुए सिर को दूसरे घुटने पर रखने के लिए पहलू बदल रही थीं तो उनकी निगाहें उससे चार हुईं। उन्होंने दूसरे घुटने पर सिर रख लिया और जगमोहन निरन्तर पुस्तकों के नाम पढ़ता रहा।

कवि चातक ने कविता समाप्त की; मीटिंग भी ख़त्म हुई और लोग उठ खड़े हुए। तब श्री चातक बायें हाथ से बालों की लटों को हटाते हुए मुस्कराते और अदा से चलते, शान्ता बहन के पास आये और सत्या जी को सुना कर उन्होंने कहा कि अब 'संस्कृति समाज' को लोकप्रिय बनाना आप ही का काम है। इस बात पर उन्होंने प्रसन्नता प्रकट की कि गोपाल नगर में 'समाज' को विशेष लोकप्रियता प्राप्त होगी। सत्या जी मन्त्री हैं और शान्ता जी कार्यकारिणी में और दोनों न केवल गोपालनगर की रहने वाली है, वरन सहेलियाँ भी हैं। इसके बाद उन्होंने सत्या जी से कहा कि वे जगमोहन को उनके घर भेजेंगे। प्रत्येक मीटिंग का कार्यक्रम वे अपने प्रेस में छाप कर जगमोहन के हाथ उनके पास भिजवा दिया करेंगे। यदि सम्भव हो तो वे उसको घर दिखा दें, ताकि विद्यालय में उनको परेशान न किया जाये। "आज मुझसे अधिक प्रसन्नता किसे होगी," अन्त में उन्होंने कहा, "आज मेरा

चिर-दिन का स्वप्न पूरा हुआ है।" और यह कहते हुए उन्होंने यह जता दिया कि 'संस्कृति समाज' उन्हीं के मस्तिष्क की उपज है और यद्यपि वे उसके पदाधिकारी नहीं, पर वे ही उसके कर्ता-धर्ता होंगे।

कवि चातक उन दोनों को वहीं कुछ और समय तक रोक कर संस्कृति के प्रचार तथा उसकी अभिवृद्धि के सम्बन्ध में अपने विचार प्रकट करते, पर कमरा लगभग ख़ाली हो गया था, सत्या जी ने कहा, "आप जगमोहन जी को हमारे साथ भेज दीजिए। रास्ते में मुसलमानों की बस्ती है, हमें ज़रा उसके पार भी कर देंगे और मैं उन्हें अपना पता भी बता दूँगी।"

"चलिए, मैं भी चलता हूँ," चातक जी ने कहना चाहा।

"नहीं, आप क्यों कष्ट करेंगे, आप को बड़ा चक्कर पड़ जायेगा। उन्हीं को भेज दीजिए। उनका घर तो शायद उधर ही है।"

और यह कह कर वे बढ़ीं। उनकी आकृति पर कुछ ऐसी कड़ाई थी कि कवि को और कुछ कहने का साहस न हुआ। उन्होंने आँगन में खड़े जगमोहन को बुलाया और अलग ले जा कर उसके कान में इतना कहा कि उन्होंने श्री धर्मदेव और शुक्ला जी, दोनों से उसके सम्बन्ध में बातचीत की है और दोनों ने एम० ए० करने में उसकी सहायता करने का वचन दिया है। धर्म जी तो शीघ्र ही उसे कुछ काम भी देंगे। यह कहते हुए वे फिर उसे वापस वहीं ले आये, जहाँ दोनों देवियाँ खड़ी थीं और उनकी ओर संकेत करके कवि ने कहा, "अब तुम ज़रा इनको घर तक पहुँचा आओ। सत्या जी का घर देख आना, ताकि 'समाज' की बैठकों की विज्ञप्ति आदि पहुँचाने में तुम्हें कठिनाई न हो।"

"जी चलिए!" जगमोहन ने हाथ के इशारे से सत्या और शान्ता जी को आगे बढ़ने का संकेत करते हुए कहा।

जब वह उनके साथ नीचे उतरा तो सीढ़ियों के पास श्री धर्मदेव के साथ खड़े शुक्ला जी ने उसे देख कर मुस्कराते हुए आँख मारी और बोले, "मज़े हैं ना!"

उनकी यह कुत्सित भंगिमा जगमोहन को बड़ी बुरी लगी और क्रोध तथा संकोच से उसका मुँह लाल हो गया।

१०

"जगमोहन, जगमोहन!"

जगमोहन सीढ़ियाँ उतर कर, भैंस की झूलती हुई दुम के आगे छड़ी करके शान्ता और सत्या जी को तत्काल निकल जाने के लिए कह रहा था कि अपना नाम सुन कर उसने सिर उठाया।

पिछले कमरे में पण्डित दाताराम अपने गंजे सिर पर हाथ फेरते हुए उसे बुला रहे थे। 'अभी तो ये ऊपर थे,' जगमोहन ने मन-ही-मन सोचा, 'अब यहाँ काम पर ऐसी मुस्तैदी

से जमे हुए हैं कि जैसे यहाँ से कभी उठे ही न थे।' उसने शान्ता और सत्या जी से क्षमा माँगी और छड़ी को भैंस की दुम की दूसरी ओर करके पण्डित जी की ओर बढ़ा। वे दोनों दो सीढ़ियाँ पीछे हो कर भैंस की दुम की प्रहार-सीमा से परे चली गयीं।

"कहिए, क्या आज्ञा है ?" जगमोहन ने पण्डित जी के समीप पहुँच कर कहा।

लेकिन पण्डित जी अपने सिर पर हाथ फेरते हुए अपनी जगह से उठ आये थे।

"वह जो सत्या है," पण्डित जी ने सीढ़ियों की ओर संकेत करते हुए कहा, "उसने शायद नौकरी के लिए हमारे कॉलेज में आवेदन-पत्र दिया, है, ज़रा मैं उससे बात कर लूँ। लड़की तो गम्भीर और समझदार मालूम होती है। ठीक हो तो उसे ही रख लें।"

"मैं उनसे पूछ कर बताता हूँ।"

और जगमोहन वापस पलटा। सत्या जी को उसने दो सीढ़ी नीचे बुला कर पूछा, "आपने देवचन्द कॉलेज में नौकरी के लिए आवेदन-पत्र दिया है ?"

"क्यों," उन्होंने सिर उठा कर सीधी दृष्टि से जगमोहन को देखते हुए पूछा।

"पण्डित दाताराम उसके प्रिन्सिपल हैं। लुधियाने के गवर्नमेंट कॉलेज में पढ़ाते थे। मैं उन्हें जानता हूँ। उन्होंने कहा है कि यदि आप उनसे भेंट कर लें तो नौकरी मिल सकती है।"

"वेतन क्या देंगे ?"

"यह तो मैंने पूछा नहीं। आप चाहें तो मैं पूछ आता हूँ या टाइम ले आता हूँ, आप मिलना चाहें तो मेरे साथ आ जाइएगा।"

"बहुत अच्छा!"

जगमोहन वापस मुड़ा। पण्डित जी फिर जा कर काम में रत हो गये थे। जगमोहन की बात के उत्तर में उन्होंने कहा कि वे अभी वेतन के सम्बन्ध में तो नहीं कह सकते। एक बार मिल कर बात कर लें तो फिर कह सकेंगे और उन्होंने दूसरे दिन सुबह का समय दिया। "आवेदन-पत्र तो कई दूसरी लड़कियों के भी आये हैं," वे बोले, "पर यह लड़की योग्य और गम्भीर है, चंचल और उच्छृंखल नहीं, जैसा कि आजकल लाहौर में अधिकांश पढ़ी-लिखी लड़कियाँ होती हैं।"

"तो ठीक है, मैं सत्या जी से कल आने के लिए कहूँगा।" और जगमोहन उन्हें लम्बा 'नमस्कार' करके वापस फिरा।

भैंस इस बीच में बैठ गयी थी और सत्या जी सीढ़ियाँ उतर आयी थीं। जगमोहन उनके पास से निकला तो सत्या जी ने केवल आँखें तनिक उठा कर, बिना बोले पूछा कि क्या कहा पण्डित जी ने ?

"चलिए, बताता हूँ।"

और वे घोड़ी के पास से हो कर निकल चले। क्षण भर के लिए चलते-चलते जगमोहन की आँखें पाण्डत जी की आँखों से चार हुईं। वे सत्या की ओर देख रहे थे और उनकी आँखों में कुछ विचित्र-सी लालसा थी।

कुतिया ने फिर ज़ोर से एक 'बफ़फ़' की कि 'नमस्ते,' और फिर किसी दिन आने के लिए अनुरोध करने लगी। कहीं जाते-जाते धोती का छोर पकड़ कर रोक ही न ले, इस

विचार से धोती को सँभाले, जगमोहन सत्या और शान्ता जी को छड़ी की ओट में बचाता बाहर निकला।

"पण्डित जी ने कल सुबह का समय दिया है।" बाहर निकल कर उन्हें तनिक एक ओर ले जा कर उसने कहा। "यदि आप कल उनसे मिल लें तो वे वेतन आदि के सम्बन्ध में बता देंगे!"

"आप पण्डित जी को अच्छी तरह जानते हैं ?"

"मैं उनसे पढ़ा तो नहीं," जगमोहन ने कहा, "पर हमारे ही नगर में गवर्नमेंट स्कूल में वे अध्यापक थे और हमारे मुहल्ले में एक लड़के को पढ़ाने आते थे, इसलिए जानता हूँ। मेरे दादा जी से इनकी अच्छी घुटती थी। यों तो आप के आवेदन-पत्र के सम्बन्ध में अन्तिम निर्णय देवचन्द कॉलेज के डायरेक्टर ही करेंगे; पर पण्डित जी जिसे चुनेंगे, वही रहेगा, ऐसा मेरा विचार है। मैं यहीं ऋषिनगर में रहता हूँ। आप चाहें तो मैं भी साथ आ जाऊँगा।"

सत्या जी ने 'ना' की न 'हाँ' की। चुपचाप वे चल पड़ीं। शान्ता बहन ने पूछा, "क्या बात थी ?"

"एक काम था उनसे, सो उन्होंने बुलाया है।" इसके अतिरिक्त कुछ भी सफ़ाई सत्या जी ने नहीं दी।"

उधर मार्ग न पा कर शान्ता बहन जगमोहन की ओर मुड़ीं और 'संस्कृति समाज' की स्थापना पर सन्तोष तथा प्रसन्नता प्रकट करते हुए उन्होंने जगमोहन को विश्वास दिलाया कि कार्यकारिणी की सदस्या होने के नाते वे सदा उसकी सहायता करेंगी। वह जब भी चाहे, उन के विद्यालय में आ सकता है। भीष्म पितामह रोड पर उनका विद्यालय है। बारह-एक बजे दिन तक तो वे नीचे अपने कमरे में ही होती हैं। बाद को ऊपर चली जाती हैं। उन्होंने जगमोहन को विश्वास दिलाया कि उनके घर में उसका सदा स्वागत होगा। और 'वे' — शान्ता बहन का मतलब श्री भगतराम से था —उससे मिल कर बड़े प्रसन्न होंगे। "हमारे 'उन' को शिक्षा और साहित्य से बड़ा प्रेम है," शान्ता बहन ने कहा, "आज वे एक ज़रूरी काम से वच्छोवाली गये हुए हैं, नहीं वे स्वयं 'संस्कृति समाज' में आते। समाज के काम में तो वे आप की पूरी-पूरी सहायता करेंगे और जहाँ तक गोपालनगर का सम्बन्ध है, सारा काम ऐसे सँभाल लेंगे कि आप इस ओर से बिलकुल निश्चिन्त हो जायें।"

और यह कह कर शान्ता बहन ने जगमोहन से उस का विस्तृत परिचय चाहा।

जगमोहन कुछ कहना चाहता था कि 'दाता गंजबख़्श' को जाने वाली सड़क के इधर ही गन्दे नाले की पुलिया आ गयी और वहाँ एक मोटे नल से 'भर्र-भर्र' बहने वाले गन्दे पानी की दुर्गन्ध से उसका दिमाग़ भन्ना गया। रूमाल तो उसके पास कोई था नहीं, धोती का छोर, जिसे हाथ में लिये वह झूमता-झामता चला जा रहा था, उसने सहसा नाक में खोंस लिया। शान्ता बहन और सत्या जी ने भी अपनी-अपनी साड़ी के पल्लू नाक पर रख लिये।

'दाता गंजबख़्श' और 'बलाल गंज' का चौराहा बहुत पीछे रह गया था जब जगमोहन ने नाक से कपड़ा हटाया और स्वच्छ हवा फेफड़ों में भरी। 'दाता गंजबख़्श' के पीछे मुहल्ला

मोहयालाँ तक मुसलमानों की बस्ती बस गयी थी। उससे परे शीशमहल पार्क था, जिसमें ख़ालिस हिन्दू आबादी बसाने के लिए प्लाट बन रहे थे और उसके परे मोहिनी रोड का इलाका था, जहाँ गुरुकुल आर्यसमाज के पीछे-पीछे रावी रोड तक, हिन्दू आबादी चली गयी थी। 'लाहौर में शत-प्रति-शत हिन्दुओं और शत-प्रति-शत मुसलमानों की आबादियों का बसना और लाहौर की आबादी का धीरे-धीरे हिन्दू-मुस्लिम मुहल्लों, पार्कों, आबादियों में बँटना एक दिन ज़रूर रंग लायेगा' —जगमोहन ने सोचा। तभी शान्ता जी ने उसके निकट हो कर फिर उसका परिचय जानना चाहा।

"आप क्या करते हैं लाहौर में ?" उन्होंने पूछा।

जगमोहन ने संक्षेप में अपना परिचय दिया और अन्त में कहा कि वह एम० ए० करने के फ़िराक में है। 'संस्कृति समाज' के मन्त्रित्व का भार तो उसने श्री चातक के अनुरोध पर ले लिया है, नहीं उसे पढ़ने-पढ़ाने से ही अवकाश नहीं मिलता। लेकिन अब, जब उसके सिर यह भार आ ही पड़ा है, तो वह उसे भली-भाँति निबाहने का प्रयत्न करेगा। किसी काम को हाथ में ले कर छोड़ देना उसने नहीं सीखा।

वे 'ब्रैडला हॉल' के सामने पहुँच गये थे और जगमोहन का ख़याल था कि उन्हें ट्रेनिंग कॉलेज के इस किनारे छोड़ कर वह चातक जी की ओर चला जायेगा, पर तभी सत्या जी ने सहसा पूछा, "आप तो ऋषिनगर में रहते हैं न ?"

"जी हाँ!"

"तो फिर इधर टैप रोड की ओर से क्यों नहीं चलते ?"

"घर तो मेरा यहीं हैं, पर मैं अधिकतर चातक जी के यहाँ सोता हूँ।"

"तो कल सुबह आप यहाँ मिलेंगे या वहीं ?"

"जैसे आपको सुविधा हो। आप चाहें तो मैं आप को घर से भी ले सकता हूँ, यदि आप मुझे अपना पता दे दें।"

"नहीं, आप इतना कष्ट क्यों करें! मेरा घर बड़ी दूर है —गोपालनगर में तेग़बहादुर रोड से भी परे। आप को फिर चातक जी के यहाँ भी जाना होगा। आप मुझे अपना घर दिखा दीजिए। वहीं से मैं आप को ले लूँगी।"

और तीनों टैप रोड की ओर हो लिये। सत्या जी फिर घोंघे की तरह अपने ख़ोल में समा गयीं और शान्ता जी फिर चहकने लगीं।

होतूसिंह रोड पर हलवाई के बराबर की गली में से होता हुआ जगमोहन उन्हें अपने घर की बालकनी के नीचे ले गया। "यहाँ मेरे भाई रहते हैं," उसने अपने मकान की ओर संकेत करके कहा, "मैं यहीं सुबह आठ बजे आपकी प्रतीक्षा करूँगा।"

वह उन्हें 'नमस्कार' कह कर, घर के अन्दर जाने लगा था कि सहसा मुड़ कर उसने कहा, "चलिए, मैं आप को अपने मुहल्ले की हद तो पार करा आऊँ।"

"कि हम कहीं फिर न आ जायें!" सत्या जी ने सहसा मुस्करा कर कहा, "लेकिन मैं तो कल ही आ रही हूँ।"

"नहीं नहीं, ऐसी बात नहीं।" और झेंप-भरी मुस्कान उसके होंटों पर फैल गयी।

सत्या जी की वह मुस्कान जगमोहन को बड़ी विचित्र लगी। उनके चेहरे की रुखाई

निमिष-भर के लिए पिघल कर मृदुल बन गयी, परन्तु दूसरे ही क्षण फिर अपने वास्तविक रूप में आ गयी। वह उन्हें सन्तनगर के बाज़ार तक पहुँचा कर लौटा तो उनकी वह, घनी घटाओं में से झाँकने वाले चौथ के चाँद की-सी मुस्कान जैसे उसके अपने अन्तर से निकल कर उसके सामने आ गयी।

११

रात जगमोहन चातक जी के यहाँ ही सोया था। उनके मकान में चौबारे के दोनों ओर काफ़ी जगह थी। एक ओर वह सो जाया करता था, दूसरी ओर वे तथा उनके बीवी-बच्चे। सत्या जी और शान्ता बहन को ऋषिनगर की हद के पार छोड़ कर वह वापस घर आया था। कुर्ते-धोती को उतार, उसने सयत्न उनकी तह लगायी और उन्हें ट्रंक में रख दिया कि फिर पहने जा सकें। इसके बाद वह चातक जी के यहाँ चला गया था। दो दिन की दौड़-धूप से वह काफ़ी थक गया था। रात गर्मी भी थी और बहुत देर तक बातें भी होती रहीं थीं। चातक जी अगली मीटिंग का कार्यक्रम बनाते रहे थे। अन्त को जब बारह-एक बजे वह सोया तो बहुत देर तक उसकी आँख न लगी थी। सवेरे उसकी आँख खुली तो वह अकेला छत पर सोया पड़ा था और धूप उसके मुँह तक आ गयी थी। हड़बड़ा कर वह उठा था और अमृतधारा रोड से ऋषि-नगर तक लगभग दो मील भागता हुआ चला आया था।

"भाभी, कोई मुझे पूछने तो नहीं आया ?" आते ही उसने पूछा था।

"नहीं, कोई भी तो नहीं!"

जगमोहन की साँस फूल रही थी। पसीने से कमीज़ ग़च्च थी। पंखे से हवा करते हुए उसने पूछा। "टाइम क्या होगा ?"

"साढ़े छः बजे हैं!" उसके भाई ने कहा।

"कितनी धूप चढ़ आती है आजकल सुबह-सुबह!" वह बोला और कुछ आश्वस्त हो कर शेव करके, नहाने चला गया।

बाथ-रूम से निकल कर अभी उसने बाल भी न सँवारे थे कि भाभी का आदेश मिला, "जगमोहन, ज़रा बाज़ार से एक पाव दही तो ला दो।"

जगमोहन चाहता था कि नहा-धो, वही सिल्क का कुर्ता और धोती पहन, सत्या जी के आने से पहले-पहले तैयार हो जाये, लेकिन भाभी के आदेश की पूर्ति के लिए वह तहमद और बनियान पहने ही, पैसे ले कर बाज़ार की ओर चल दिया। वह चाहता तो धोती-कुर्ता पहन सकता था। लेकिन धोती बाँधना, वह भी यू० पी० वालों की तरह, उसके लिए कठिन था। उसने उन्हीं दिनों चातक जी से धोती बाँधना सीखा था। जल्दी में उससे ठीक न बँधती और उसे ऐसी बँधी धोती नापसन्द थी, जिससे चलते समय आधी टाँगें नंगी हो जायें। वह चाहता था, धोती बाँधे तो कोर उसके पाँवों पर बड़ी नफ़ासत से लटकती रहे और यह काम उससे जल्दी में न हो सकता था। फिर न ऋषिनगर में नालियाँ बनी थीं, न

सन्तनगर में। हौदियों के गन्दे पानी से गलियाँ भरी रहती थीं, पाँवों पर लटकती हुई धोती को रास्ते के कीचड़ से बचाना दुष्कर था और वह तहमद पहने ही चल पड़ा था।

ऋषिनगर में तो गलियाँ ही गलियाँ थीं। बाज़ार अभी पूरी तरह से न बना था। दही लेने के लिए उसे सन्तनगर के बाज़ार अथवा होतूसिंह रोड पर जाना पड़ता था। वह डाकख़ाने के पास पहुँचा था कि आगे से उसे सत्या जी आती हुई मिल गयीं। जगमोहन को अपनी इस भूषा पर तनिक झेंप हुई, लेकिन उसे छिपाते हुए, बेपरवाही से उसने कहा, "मैं तो आप ही की राह देख रहा था। आप चल कर बैठिए, मैं भाभी से कह आया हूँ, अभी दो मिनट में दही ले कर लौटता हूँ।"

बिना कुछ उत्तर दिये सत्या जी चल पड़ीं और जगमोहन दही लेने को भागा।

०

वापस आया तो उसने देखा कि सत्या जी म्यानी के बदले किचन में उसकी भाभी के साथ बैठी हैं और मटर निकाल रही हैं और दोनों इस प्रकार घुल-मिल कर बातें कर रही हैं, जैसे आदि काल से एक-दूसरी को जानती हों। क्षण भर के लिए वह चकित-सा खड़ा रहा। पाव के बदले वह आध सेर दही लाया था। पाव भर भाभी के लिए और पाव भर अपने लिए। उसका ख़याल था कि सत्या जी म्यानी में बैठी होंगी, वह ऊपर जायेगा और भाभी से कह कर उनके और अपने लिए एक-एक गिलास लस्सी बनवा लायेगा। लेकिन उन्हें रसोईघर ही में बैठे देख, वह कुछ दुविधा में पड़ गया। अपनी उसी बेपरवाही से आगे बढ़ कर उसने कहा, "भाभी मैं आध सेर दही लाया हूँ। दो गिलास हम लोगों के लिए भी बना देना।"

"लस्सी हम आ कर पी लेंगे।" सत्या जी ने सहसा कहा, "आप जल्दी तैयार हो जाइए, पण्डित जी चले न जायें।" और वे उठ खड़ी हुईं।

उनके स्वर में कुछ ऐसा अपनापा था कि अचानक उसकी निगाहें उनकी ओर उठ गयीं। परन्तु सत्या जी पूर्ववत धरती की ओर देख रही थीं और उनकी आकृति की रुखाई में कोई विशेष परिवर्तन न आया था।

कुछ व्यस्त-सा हो कर जगमोहन कपड़े बदलने के लिए म्यानी की ओर लपका।

भाभी ने दही लोटे में डालते हुए कहा, "बैठिए, अब लस्सी पी कर ही जाइए।"

"हमारे हिस्से का दही सँभाल रखिए! अभी लौट कर पीते हैं।" सत्या जी ने कहा, "यह पण्डित का झगड़ा नबटा आयें। चला जायेगा तो फिर गुमटी बाज़ार जाना पड़ेगा।" और यह कह, 'नमस्कार' कर वे सीढ़ियाँ उतरीं। म्यानी के बाहर से जगमोहन को सुना कर उन्होंने कहा, "मैं नीचे खड़ी हूँ, आप जल्दी आइए!"

जगमोहन इस बीच दूसरी बार धोती बाँध रहा था और यद्यपि धोती उसकी इच्छानुसार न बँध रही थी तो भी उसने कहा, "चलिए, मैं अभी आता हूँ।" और जैसे-तैसे धोती लपेट, एक हिस्सा पीछे और एक आगे खोंस, उड़ती हुई दृष्टि दर्पण में डाल, बालों को एक बार फिर सँवार कर वह नीचे की ओर लपका। उसने सोचा था कि भाभी से एक रूमाल ले लेगा। पर समय न होने से उसने यह मोह छोड़ दिया।

"क्षमा कीजिए, देर हो गयी।" उसने नीचे पहुँचते ही कहा।

सत्या जी कुछ न बोलीं। चुपचाप चल पड़ीं। जगमोहन धोती के छोर से मुँह पोंछता उनके पीछे चला।

१२

गवर्नमेंट हाई स्कूल लुधियाना के अवकाश-प्राप्त अध्यापक पण्डित दाताराम शास्त्री उन बुज़ुर्गों में से थे, जो 'कर्मठ' कहलाते हैं। कुछ लोग ऐसे महात्माओं को कंजूस, मक्खीचूस, कृपण, 'चमड़ी जाये पर दमड़ी न जाये' आदि नामों से पुकारते हैं। ये सब साधारण जन निश्चय ही ईर्ष्यावश ऐसा करते हैं। वे इन महान आत्माओं के निष्काम कर्म करने वाले उस स्वभाव को नहीं जानते, जिसके लिए यह जीवन कर्मस्थली के सिवा कुछ नहीं, अकर्मण्यता जिसके निकट मृत्यु ही का दूसरा नाम है। इस कर्म-क्षेत्र में यदि धन अथवा सन्तति नाम की चीज़ इन महानुभावों के पास आ जाती है तो उसका महत्व उस राज-पाट से अधिक नहीं, जो निष्काम लड़ते-लड़ते पाण्डवों के अधिकार में आ गया था।

पण्डित दाताराम शास्त्री ने अपना जीवन गत शताब्दी के अन्तिम चरण में आठ रुपये मासिक के एक प्राइमरी पण्डित की हैसियत से आरम्भ किया था। तब वे मात्र 'प्राज्ञ' थे। फिर अध्यापन के साथ-साथ उन्होंने 'विशारद' और 'शास्त्री' की परीक्षाएँ पास कीं। १९२९ में जब जगमोहन मैट्रिक में बैठा तो पण्डित दाताराम भी तीसरी बार मैट्रिक की परीक्षा में बैठे थे। उस समय महामना मालवीय जैसी उनकी वेश-भूषा को देख कर लड़के बड़े आवाज़ें कसते थे, लेकिन पण्डित दाताराम किसी की बात का बुरा न मानते थे। धुन के वे पक्के थे। उस साल परीक्षा में पास हो गये थे। फिर जगमोहन कॉलेज में चला गया और पण्डित जी की गतिविधि का उसे ज्ञान न रहा। इतना उसे मालूम था कि प्राइमरी स्कूल की अध्यापकी से उन्नति कर वे गवर्नमेंट इण्टरमीडिएट कॉलेज के अध्यापक हो गये थे। कामना-रहित हो कर, फलाफल की इच्छा से मुक्त रह कर क्योंकि उन्होंने कर्म-रत रहना सीखा था, इसलिए यदि पद और धन के साथ-साथ उन्हें सन्तति भी पर्याप्त संख्या में मिली तो उसे भी उन्होंने निरपेक्ष भाव से स्वीकार किया। कलम घिसते-घिसते, ट्यूशन पढ़ाते-पढ़ाते, गयी-रात तक परीक्षाओं के पेपर बनाते तथा देखते और फिर इस सबके ऊपर अपने समृद्ध यजमानों के यहाँ सेवा करते-करते उन्हें कभी पल भर का अवकाश न मिला था और उनका ललाट जैसे बढ़ कर उनके सारे सिर पर छा गया था। परन्तु पण्डित जी ने कभी अपने उस गंजे होते सिर की चिन्ता न की थी।

कुछ ऐसी निष्ठा उनमें थी, जिसका बुद्धि से कोई सम्बन्ध नहीं। एक बार अपने काम में असफल होने पर वे फिर उसी निष्ठा व तत्परता से उसमें रत हो जाते थे —उस चींटी की तरह, जो अपने से कहीं बड़ी मरी मक्खी को दीवार के ऊपर चढ़ा ले जाना चाहती है, बार-बार असफल होती है, पर अपना श्रम नहीं छोड़ती। पण्डित जी के घर पै-दर-पै तीन लड़कियाँ हुईं तो उनके मित्रों ने समझाया कि भाई, अब इस लाटरी डालने से हाथ खींचो, परन्तु कर्मशील पण्डित दाताराम को लाटरी डालने से मतलब था, उसके फलाफल से नहीं।

आख़िर उनके इस कर्म-रत उहने का सुफल भी उन्हें मिला। सात लड़कियों के बाद अन्ततोगत्वा उन्होंने पुत्र-रत्न का मुँह भी देखा। इतने बड़े कुटुम्ब का पेट पालने के लिए वे सतत प्रयत्नशील रहते थे। तमिल भाषा के ऋषि व्यास (तिरुवल्लुवर) के इस उपदेश को अनजाने ही उन्होंने अपना लिया था कि अपने कुटुम्ब की उन्नति के लिए जो सतत प्रयत्नशील रहता है, भगवान भी उसकी सहायता के लिए कटिबद्ध हो जाते हैं; कि अपने कुटुम्ब के लिए अनवरत प्रयास करने से बड़ा और कोई सत्कर्म नहीं!

पण्डित जी में एक और गुण था, जो उनकी कर्मठता, निष्ठा और आत्म-निर्भरता के साथ निरन्तर उनकी सहायता करता आया था। वह थी उनकी चाटुकारिता। उत्कोच-देवता, जो धन-धान्य से भी अधिक मिष्ठ-भाषण और प्रशंसा से प्रसन्न होता है, उनसे सदैव ख़ुश रहता था। उसी का यह फल था कि ज्योंही उन्होंने अपनी सरकारी नौकरी से अवकाश ग्रहण किया, उन्हें देवचन्द कॉलेज की सिटी-ब्रांच की अध्यक्षता मिल गयी। कॉलेज की वह शाखा उन्हीं को काम देने के लिए खोली गयी थी और उसकी स्थापना, व्यवस्था और उसे डिग्री कॉलेज तक ले जाने का गुरु भार उन्हीं को सौंपा गया था।

पिछली शाम पण्डित जी की आँखों में उसने विचित्र-सी लालसा की जो झलक देखी थी, उसे देख कर जगमोहन को पूरा विश्वास हो गया था कि वे सत्या जी को अपने कॉलेज में ले लेंगे।

जगमोहन ने पहले भी कुछ बुज़ुर्गों की आँखों में वासना-जनित लालसा की यह झलक देखी थी। उसका एक मित्र था कुलवन्त, उसके पिता अवकाश-प्राप्त कानूनगो थे, पचपन-साठ वर्ष की उनकी उम्र थी, पर खाते-पीते अच्छा थे, इसलिए ख़ूब मोटे-ताज़े थे। बच्चे जब खेलते-खेलते उनके निकट से गुज़रते तो एकाध को पकड़ कर वे अपनी बग़ल में भींच लेते। उसके गालों को चूम लेते और तब उनके अपने गाल सुर्ख़ हो जाते। उनकी आँखों में कुछ वैसी ही वासना-जनित लालसा तमतमा उठती —'सत्या इस बुड्ढे को ख़ूब उल्लू बनायेगी।' उसने मन-ही-मन सोचा, और अपने साथ चली जाने वाली, लड़की से एकदम अध्यापिका बन कर 'सत्या जी' कहलाने वाली, उस युवती की ओर देखा।

सत्या जी की निगाहें उस समय सड़क पर ७५ का कोण न बना रही थीं, बल्कि सीधी पड़ रही थीं।

दोनों मौन रूप से चलते हुए 'घोड़ा हस्पताल' तक आ पहुँचे थे। न जगमोहन ने कोई बात की थी, न सत्या ने। दोनों के मध्य अन्तर भी काफ़ी था। ऐसा लगता था, जैसे दोनों एक ही काम पर साथ-साथ नहीं, बल्कि भिन्न कामों पर अलग-अलग चले जा रहे हैं ? जगमोहन एक-आध बार उनके निकट हुआ भी, परन्तु वे बिना उस पर प्रकट किये, जैसे अनजाने ही में, कुछ दूर हो गयी थीं।

घोड़ा हस्पताल के पास से गुज़र कर जब वे बायीं ओर की अपेक्षाकृत सूनी सड़क पर हुए तो जैसे आप-से-आप दोनों के बीच फ़ासला कम हो गया। अनजाने ही में चलती हुई जैसे सत्या जी उसके निकट आ गयीं। जगमोहन फिर भी कुछ नहीं बोला। वह अपने विचारों में मग्न था, जो पण्डित दाताराम के गत जीवन से ले कर उसके अपने आगत तक नवजात मृगछौने की भाँति अनायास कुलाँचें भर रहे थे। तभी सहसा सत्या जी ने कहा,

"पण्डित जी ने आप से कुछ और बात भी कही थी ?"

लेकिन यह कहते हुए उन्होंने उस की ओर देखा नहीं, केवल उनके निकट आने से जगमोहन ने जाना कि प्रश्न उससे किया गया है।

"क्या ?" जगमोहन ने अपने विचारों का क्रम टूट जाने से पूछा।

"आपने पण्डित जी से और कुछ नहीं पूछा ?" सत्या जी ने प्रश्न दोहराया।

"किस बारे में ?" जगमोहन बोला।

"यही वेतन-ऊतन के बारे में! क्या कहते थे ?"

"मैंने आपसे कहा था न, मुझसे तो उन्होंने बात नहीं की," जगमोहन ने उत्तर दिया, "पर अभी चल कर बात किये लेते हैं।" फिर कुछ क्षण बाद वह बोला, "आपको इस नौकरी का पता कैसे चला था ? आपने समाचार-पत्र में विज्ञापन देखा होगा, वहाँ वेतन दर्ज न था ?"

"नहीं, मैंने समाचार-पत्र में तो नहीं देखा।" सत्या जी ने कहा, "देवचन्द कॉलेज के एक ट्रस्टी मेरे पिता जी के मित्र हैं। उनके यहाँ इस कॉलेज के खुलने की कुछ बात हुई थी, उन्हीं के कहने पर मैंने अर्ज़ी दे दी थी।"

और धीरे-धीरे सत्या जी ने जगमोहन को बताया कि वे लोग अमृतसर के रहने वाले हैं, उनके पिता वहाँ वैद्य हैं। 'बोरियों वाली गली' में उनका एक मकान भी है। उनके पिता का स्वभाव बड़ा विचित्र है। जम कर किसी जगह बैठना उन्होंने नहीं सीखा। वे क्लर्क भी रहे हैं और बीमा-एजेण्ट भी। १९२१ और '३१ के कांग्रेस-आन्दोलनों में जेल भी हो आये हैं और अब वैद्यक भी करते हैं। अमृतसर में उनका (सत्या जी का) मन न लगता था, इसलिए वे अपने पिता के चचेरे भाई के पास गोपालनगर आ गयी हैं। यहीं उन्होंने शिक्षा प्राप्त की है और यहीं गोपालनगर में अपना विद्यालय खोल दिया है।

कुछ दूर तक दोनों फिर चुपचाप चलते रहे। फिर सत्या जी ने जैसे अपने ही से बातें करते हुए बताया कि उनका विद्यालय कुछ चल नहीं रहा। शान्ता बहन को उनका वहाँ विद्यालय खोलना एक आँख नहीं भाया। जब से उन्होंने 'बन्दा बैरागी स्ट्रीट' में वह कमरा किराये पर ले कर लड़कियों को पढ़ाना आरम्भ किया है, श्री भगतराम जले पैर की बिल्ली बने हुए हैं। यदि यह नौकरी न मिली तो वे वापस अमृतसर चली जायेंगी।

दोनों साथ-साथ चले जा रहे थे। यद्यपि ये बातें करते हुए उन्होंने एक बार भी जगमोहन की ओर न देखा था तो भी जगमोहन को ऐसा लगा, जैसे अपने भेद का साझीदार बना कर वे उसके निकट आ गयी हैं और उसे उनकी तसल्ली के लिए अवश्य कुछ-न-कुछ कहना चाहिए; उनके अमृतसर जाने के निश्चय को बदलने के लिए अपनी ओर से भी कुछ प्रयास करना चाहिए। शान्ता बहन के पति भगतराम को वह जानता न था। जानता तो एक बार जा कर उससे पूछता कि वे क्यों ख़्वाह-म-ख़्वाह एक भली लड़की को तंग कर रहा है। कल्पना-ही-कल्पना में उसने भगतराम नाम के उस व्यक्ति की कनपटी पर बायें हाथ से घूँसा भी दे मारा।

तभी सत्या जी ने पूछा, "आप पण्डित जी को जानते हैं ?"

जगमोहन तो भगतराम से द्वन्द्व में रत था। "किन पण्डित जी को ?" चौंक कर उसने

पूछा!

"इन्हीं पण्डित दाताराम को!"

"जी हाँ, मैंने आप से कहा था न, मेरे मुहल्ले में एक लड़के को पढ़ाते थे और मेरे दादा से इनकी बड़ी घुटती थी।"

"तब तो वे आपको अच्छी तरह जानते होंगे।"

"जी हाँ, जी हाँ....!"

और उसने अपनी ओर से इतना और कहा, "आप चिन्ता न कीजिए, अव्वल तो मेरा ख़याल है कि पण्डित जी आपके व्यक्तित्व से बड़े प्रभावित हुए हैं। यह नौकरी आपको अवश्य मिल जायेगी। कुछ रुकावट भी हुई तो मैं दूर करने का प्रयास करूँगा।"

"आपकी बड़ी कृपा होगी।"

जगमोहन को उनके स्वर में अनायास कुछ ऐसी मृदुलता, करुणा और स्निग्धता का आभास मिला कि उसने सहसा मुड़ कर उनकी ओर देखा। उनकी निगाह सामने न थी। सड़क पर झुकी थी। वहीं से उन्होंने भी कनखियों से उसकी ओर देखा।

"नहीं, इसमें कृपा की क्या बात है," जगमोहन ने कहा।

सत्या जी ने कोई उत्तर न दिया। वे उसी प्रकार उसे देखती रहीं। उनकी समस्त कर्कशता जाने कैसे विलुप्त हो गयी थी। चट्टान की रुक्षता के बदले बहते पानी का तारल्य उनकी आकृति पर आ गया था। उस क्षण जगमोहन को वे बड़ी सुन्दर लगीं।

o

"आप लोगों ने बड़ी देर कर दी!"

जगमोहन ने चौंक कर देखा — सामने, अपने घर के बाहर, पण्डित दाताराम नख-से-शिख तक पण्डित मदनमोहन मालवीय बने खड़े थे। अन्तर केवल इतना था कि उनके सिर पर पगड़ी मालवीय जी से तनिक बड़ी थी और रंग एकदम काला था। कपड़े उनके गत दिन की अपेक्षा साफ़ और धुले हुए थे। निकट जाने पर जगमोहन ने देखा कि उनकी आँखों में काजल की एक हल्की-सी लकीर भी है।

"मैं कॉलेज जाने के लिए कब से तैयार बैठा हूँ।" उन्होंने कहा।

"ये तो समय पर ही आ गयी थीं, मुझी को देर हो गयी।" जगमोहन ने सफ़ाई दी "दो-तीन दिन से 'संस्कृति समाज' के चक्कर में दिन-रात घूमता रहा हूँ। थक गया था, समय पर जग नहीं सका।"

"यहाँ तो बैठने के लिए भी कोई जगह नहीं।" पण्डित जी ने पहले अपने दायें और फिर बायें कन्धे पर दृष्टि डालते हुए कहा, "ख़ैर, आओ!"

और पण्डित जी के पीछे-पीछे दोनों वही आँगन पार कर, उनके कमरे में गये। कमरा काफ़ी खुला था, परन्तु किसी ओर कोई खिड़की या रौशनदान न होने के कारण काफ़ी अन्धकारमय था। कमरे का कुल-जमा सामान एक ट्रंक और चारपाई थी। बैठने के लिए एक चटाई फ़र्श पर बिछी थी।

पण्डित जी ने सत्या जी को चारपाई पर बैठने के लिए कहा, पर उनके कहने से पहले ही वे चटाई पर बैठ गयी थीं। उनकी आकृति पर वह विचित्र-सी रुक्षता-मिली

गम्भीरता पूर्ववत आ गयी थी। "आप इधर बैठ जाइए," चटाई के कोने की ओर संकेत करते हुए तनिक सिमट कर उन्होंने जगमोहन से कहा। लेकिन जगमोहन पहले ही ट्रंक पर बैठ गया था।

"यह रौशनदान और खिड़कियों के पीछे दीवार क्यों है ?" सहसा जगमोहन ने पूछा।

"पीछे जिनका तबेला है," पण्डित जी ने कहा, "उन्होंने उधर खिड़कियाँ खोलने पर आपत्ति की थी, इसलिए दीवार उठवा दी गयी है।"

"मकान की कीमत आधी हो गयी।" जगमोहन ने कहा।

पण्डित जी ने इस बात का कोई उत्तर नहीं दिया।

सत्या जी पर एक स्निग्ध दृष्टि डालते और अपने कृत्रिम दाँत निपोरते हुए, जो उनके श्याम-रंग के कारण मोतियों-से चमकते थे, पण्डित जी ने कहा, "मैंने आप का आवेदन-पत्र पढ़ा है। अध्यापन सम्बन्धी आपको क्या अनुभव है ?"

"गोपालनगर में इनका अपना विद्यालय है, अभी उसे खुले छै महीने भी नहीं हुए, पर गोपालनगर में उसकी धाक जम गयी है।" उत्तर जगमोहन ने दिया।

"तो फिर नौकरी से शायद इन्हें उतना लाभ न हो।" पण्डित जी ने उसी प्रकार बेमतलब दाँत निकोस दिये।

"बात यह है कि सत्या जी 'शान्ता विद्यालय' की पढ़ी हैं; इनमें उनमें बहुत अच्छे सम्बन्ध भी हैं; इन्होंने विद्यालय खोला है तो उनकी बहुत-सी लड़कियाँ इधर आ रही हैं और व्यर्थ का मनमुटाव हो रहा है। ये नहीं चाहतीं कि इनके कारण शान्ता जी को क्लेश हो।" जगमोहन ने सफ़ाई दी।

"हूँ!" पण्डित जी ने कुछ सोचते हुए कहा, "आवेदन-पत्र तो मेरे पास बहुत-से आये हैं, पर मैं ऐसी अध्यापिका चाहता हूँ, जिसे न केवल पठन-पाठन का अनुभव हो, बल्कि जो 'कॉलेज' को अपना ही समझे। अभी हमने 'रत्न' और 'भूषण' की पढ़ाई शुरू की है, पर आगामी वर्ष हम 'प्रभाकर' और मैट्रिक की क्लासें भी आरम्भ करने की सोचते हैं। मैं ऐसी अध्यापिका चाहता हूँ, जो न केवल अपनी छात्राओं को पढ़ाये, बल्कि आस-पास के गली-मुहल्ले से छात्राएँ भी लाये।"

"इस काम में," जगमोहन ने पण्डित जी से कहा, "सत्या जी आप की बड़ी सहायता करेंगी। इनके विद्यालय की छात्राएँ तो आप के यहाँ आ ही जायेंगी, लेकिन 'सूत्रमण्डी' से 'वच्छोवाली' तक की छात्राएँ भी ये आप के यहाँ ले आयेंगी।"

"बस, तो आप अपने-आपको नियुक्त ही समझिए।" पण्डित जी ने कहा। "मैं आज ट्रस्ट के प्रधान से मिलूँगा। एक-दो आवेदन-पत्र ऐसे हैं, ट्रस्टी जिनके पक्ष में हैं, पर मैं वह सब देख लूँगा।"

"वेतन कितना होगा ?" जगमोहन ने पूछा।

"प्रभाकर पास के लिए ट्रस्ट ने तीस रुपये वेतन रखा है। पर ये मैट्रिक भी हैं, इसलिए मैं पैंतीस दिलाने का प्रयास करूँगा।"

"पर ये तो शास्त्री भी हैं।"

"हमारे कॉलेज में संस्कृत की पढ़ायी नहीं होती!"

"लेकिन यह क्वालीफ़िकेशन तो है!" जगमोहन बोला, "सत्या जी को पढ़ाने का बड़ा शौक है। कॉलेज की व्यवस्था में आप को तनिक भी कष्ट न होगा।"

"अच्छा, मैं भरसक प्रयन्त करूँगा," उन्होंने उठते हुए कहा, "तुम लोग दो-तीन दिन में मुझे वहीं कॉलेज में मिलना। ट्रस्टियों से तो मैं आज ही मिलूँगा, पर इस बात का निर्णय होने में कुछ दिन लग सकते हैं।"

सत्या जी भी उठीं। पण्डित जी ने उनके कन्धे को तनिक छू कर उनकी ओर देखते हुए कहा, "तुम अपनी नियुक्ति पक्की ही समझो। बस ऐसा चला कर दिखाओ कॉलेज कि शहर भर की लड़कियाँ वहीं आने लगें। शहर के अन्दर कई स्कूल हैं, जिनमें 'रत्न,' 'भूषण' आदि की पढ़ाई होती है, लेकिन निस्बत रोड पर जैसा कॉलेज है, वैसा एक भी वहाँ नहीं। मैं चाहता हूँ कि देवचन्द कॉलेज की यह शाखा सबको पीछे छोड़ जाये।"

बातें करते हुए वे सब बाहर आ गये थे। दोनों ने पण्डित जी को 'नमस्कार' किया, दो दिन बाद पता करने की बात कही और वापस लौटे।

कुछ दूर चलने पर जगमोहन ने मुड़ कर देखा —पण्डित जी अभी उधर ही देख रहे थे। उससे आँखें मिलते ही वे अचकचा कर मुड़े और मोहिनी रोड की ओर चल दिये।

१३

घोड़ा हस्पताल के पास दोराहे पर पहुँच कर जगमोहन ने कहा, "कौन-सा रास्ता आपको निकट पड़ेगा। इधर से जायेंगी या इधर से ?"

पहले 'इधर से' का मतलब था —बायें हाथ से हो कर डी० ए० वी० कॉलेज की ओर से और दूसरे 'इधर से' का मतलब था —ऋषिनगर, सन्तनगर और रामनगर को पार करते हुए।

"मैं तो तेग़बहादुर रोड पर रहती हूँ।" सत्या जी ने कहा, "इधर से मुझे निकट पड़ता है।"

"तो आइए!"

और दोनों ऋषिनगर की ओर चले। हेतूसिंह रोड के कोने पर पहुँच कर जगमोहन ने कहा, "अच्छा, मैं तो इधर से चला जाता हूँ —इन धोबियों के घरों के पास से हो कर! परसों आप चाहेंगी तो मैं आप के साथ चला जाऊँगा!"

"चलिए, मैं भी इधर से चलती हूँ। डाकख़ाने के सामने से निकल जाऊँगी।"

"हाँ, आप तो आ भी उधर ही से रही थीं, पर उधर से गोपालनगर को कौन-सा रास्ता जाता है ?"

"डाकख़ाने के सामने जो गली है, उसमें से हो कर दायें हाथ की नयी आबादी में से चलें तो आगे खेत हैं, उनके पार शिवाजी रोड है, वहाँ से हमारे घर को सीधी सड़क जाती है! आप कभी उधर से नहीं गये ?" सत्या जी ने पगडण्डी पर होते हुए कहा।

"नहीं, हम तो नये-नये ऋषिनगर में आये हैं। पहले रेलवे रोड पर कृष्ण गली में रहते थे।"

०

होतूसिंह रोड के इस कोने से हो कर गोविन्द गली तक दो-तीन बीघे तिकोनी धरती अभी ख़ाली पड़ी थी, उसके ऊपर की तिकोनों में अभी तक खेती होती थी और इधर की तिकोन में धोबियों ने छप्पर डाल लिये थे। इस सिरे से उस सिरे तक बाँसों के सहारे रस्सियाँ टँगी रहती रहती थीं, जिन पर दिन-रात कपड़े लटका करते थे। यद्यपि होतूसिंह रोड पर ज़रा आगे जा कर, हलवाई की दुकान के पास से जगमोहन के घर को सीधा रास्ता जाता था, पर जगमोहन को धोबियों की इस पगडण्डी से जाना बड़ा भाता था। पके हुए गेहूँ की पृष्ठभूमि में दूर तक रस्सियों से बँधे, उलटे-लटके, फरफराते अथवा हवा से फूले हुए गुब्बारों-ऐसे पाजामे, शलवारें कमीज़ें दुपट्टे उसे बहुत अच्छे लगते थे। पगडण्डी से जाओ तो इन रस्सियों के नीचे से गुज़रता पड़ता था। कभी कोई फरफराता हुअ दुपट्टा उनके सिर से लिपट जाता। कभी किसी उड़ती कमीज़ के नीचे से निकलना पड़ता। यह आँख-मिचौनी जगमोहन को बड़ी भली लगती। उन दिनों तो बालियाँ पक गयी थीं, लेकिन जब कच्ची थीं तो एक-आध बाली तोड़ कर कच्चे दूधिया दानों को चबाने में उसे बड़ा मज़ा आता था। कभी-कभी कोई बाली तोड़ कर वह चुपके से उसके बाल भाभी की गर्दन के पीछे छुआ देता और जब वे चिहुँक उठतीं तो घण्टों ठहाके लगाता। परन्तु सत्या जी को साथ देख कर उसे झिझक हुई। "आप को तो इधर से कष्ट होगा," उसने रुक कर कहा, "चलिए सड़क पर से चलते हैं।"

"नहीं-नहीं, कोई कष्ट नहीं," सत्या जी बढ़ते हुए बोलीं और कपड़ों के उस सागर में डूबती-उतराती चल दीं। पगडण्डी जगमोहन घर के नीचे जा निकलती थी। वहाँ पहुँच कर उसने स्वाभावानुसार कहा, "चलिए, आप को अपनी हद पार करा आऊँ।"

"पर मैं तो परसों फिर आ रही हूँ," सत्या जी ने जैसे गली के फ़र्श को सुना कर कहा। "लस्सी आप मेरी सुरक्षित रखिएगा, परसों आ कर पियेंगे!"

जगमोहन खिसियाना-सा होकर हँसा, "माफ़ कीजिए, मैं तो भूल ही गया, इतनी गर्मी पड़ रही है, लस्सी पी कर जाइए! आप चलिए, मैं भाग कर बर्फ़ ले आऊँ।"

बिना कोई उत्तर दिये सत्या जी मकान की सीढ़ियाँ चढ़ गयीं।

जगमोहन बर्फ़ लेने भागा।

०

वापस आया तो वह पसीना-पसीना हो रहा था। उसने देखा सत्या जी भाभी के पास बैठी हुई हैं। भाई साहब भी आ गये हैं और बीमा कराने के लाभ पर अपने अमूल्य विचार सविस्तार उन्हें बता रहे हैं। जगमोहन के आने पर उन्होंने कहा, "मैं सत्या जी से कह रहा था कि इन को बीमे का काम हाथ में लेना चाहिए। कांग्रेस-सेवा से यह सेवा किसी प्रकार कम नहीं। एक व्यक्ति को बीमे के लिए तैयार करना एक बार 'स्वराज्य मन्दिर' (जेल) जाने के बराबर है।"

और अपनी इस बात पर वे स्वयं हँसे। जगमोहन ने कोई उत्तर नहीं दिया। उसका

गला सूख रहा था। धोती के छोर से मुँह का पसीना पोंछते और हवा करते हुए उसने कहा, "भाभी, लस्सी बनाओ, गला सूख रहा है।"

"एजेण्टी-वेजेण्टी नहीं," जगमोहन के बदले सत्या जी भाई साहब की बात का उत्तर देते हुए बोलीं, "पर बीमा कराने वाले मैं आप को कई दे दूँगी।"

"लस्सी क्या पीते हो, "भाई साहब ने कहा, "अब तो खाने का समय है, खाना खा कर ही लस्सी पियो!" और उन्होंने सत्या जी से कहा, "आप भी यहीं खाना खाइए। एक-डेढ़ का वक्त तो होने को आया है।"

"नहीं, अब मैं चलूँगी। परसों फिर आ रही हूँ। आज घर पर कहा नहीं।"

"भाभी, तुम लस्सी बनाओ, ज़रा ये कपड़े बदल आऊँ, यह सिल्क का कुर्ता तो जान निकाले दे रहा है।" वह नीचे म्यानी की ओर भागा। धोती-कुर्ता बड़ी सावधानी से उसने सूखने को खूँटी पर टाँग दिया और तहमद लगा कर ऊपर आया। भाभी ने लस्सी के गिलास बना कर एक सत्या जी को और एक उसे दिया। "मैं तो कहती थी, खाना यहीं खा लेतीं," भाभी ने कहा, "इस धूप में कहाँ जायेंगी। पर ये मानती नहीं।"

"परसों जो आ रही हूँ!" सत्या जी ने लस्सी का गिलास मुँह से लगाते हुए कहा।

गिलास को एक ही साँस में ख़त्म करके जगमोहन ने पंखा उठाया और ज़ोर से झलने लगा।

"आप इतनी मोटी खद्दर की धोती कैसे पहन लेती हैं ? मेरा तो इस डोरिये के जम्पर में दम निकला जा रहा है!" भाभी बोलीं।

"खादी का यही तो लाभ है," सत्या जी ने उठते हुए कहा, "पसीना सोख लेती है। नहीं इस गर्मी के मौसम में चलना-फिरना कठिन हो जाये!" और ख़ाली गिलास रसोईघर में रख कर वे सीढ़ियाँ उतरीं।

"परसों खाना फिर इधर ही खाइयेगा," भाभी ने सीढ़ियों पर खड़े-खड़े कहा।

"देखिए, परसों आने तो दीजिए!" सत्या जी मुड़ कर बोलीं। उन्होंने भाई साहब तथा भाभी को 'नमस्कार' किया और खट-खट सीढ़ियाँ उतर गयीं। जगमोहन पीछे-पीछे उतरा। म्यानी के पास रुक कर सत्या जी ने अन्दर झाँका, "यहाँ आप रहते हैं ?" उन्होंने कहा और अन्दर कदम रखा।

"काम-काज यहीं करता हूँ, सोने को चातक जी के यहाँ चला जाता हूँ।"

"क्यों ?"

"इस घर में गर्मियों में सोने की जगह कम है।"

"आप की भाभी कहती थीं, दूसरा कमरा ख़ाली है, उसके सामने सोने की भी जगह है, वह आप क्यों नहीं ले लेते ?"

"अभी उतने पैसे नहीं हैं।"

"यह म्यानी तो बहुत छोटी है।"

जगमोहन ने कोई उत्तर नहीं दिया।

"पर आपने बहुत अच्छी सजा रखी है।" और वे बालकनी में चली गयीं।

जगमोहन उनके पीछे-पीछे गया।

"यह बालकनी न हो तो इस में रहना मुश्किल हो जाये।" उसने कहा, "मुझे कुछ काम करना होता है तो यहीं कुर्सी-मेज़ लगा लेता हूँ।"

सत्या जी चुपचाप बालकनी से गली का नज़ारा करने लगीं।

जगमोहन को सहसा लगा कि उसे भूख लगी है।

"मैं तो यही चाहता था कि आप यहीं दोपहरी काट कर जातीं," उसने कहा, "पर चलना है तो चलिए, देर हो रही है।"

सत्या जी जाने क्या सोच रही थीं, चौंक कर मुड़ीं और जल्दी-जल्दी सीढ़ियाँ उतरने लगीं। पाँच-सात सीढ़ी उतर कर उन्होंने जगमोहन को 'नमस्कार' किया। पर जगमोहन तो उनके पीछे ही उतर रहा था।

"आप कहाँ चले ?"

"चलिए, आपको अपनी हद पार करा आऊँ!"

"बैठिए-बैठिए, इस धूप में कहाँ जायेंगे!" उन्होंने फिर 'नमस्कार' किया और सीढ़ियाँ उतर गयीं।

"तो परसों मैं आप की प्रतीक्षा करूँ ?" जगमोहन ने वहीं खड़े-खड़े पूछा।

"हाँ, परसों मैं आऊँगी। देर न कर दीजिएगा।" और फिर एक बार 'नमस्कार' कर, वे नीचे सीढ़ियों में ओझल हो गयीं।

१४

"आज तो जान ही निकल गयी!" सत्या जी ने म्यानी में प्रवेश करते हुए, जैसे अपार थकन और बेबसी से दरी पर बैठते और फिर दीवार का सहारा ले कर लेटते हुए कहा।

"चलिए, काम तो हो गया।" जगमोहन बोला, "आप बैठिए, मैं खाने-वाने का प्रबन्ध करता हूँ।"

"पानी का एक गिलास पिलायें तो....ठहरिए मैं ख़ुद ले लेती हूँ!" और उन्होंने स्वयं उठने का उपक्रम किया।

"नहीं, नहीं, आप बैठिए!" और जगमोहन ऊपर को भाग गया।

बर्फ़ के लिए वह भाभी को पैसे दे गया था और इतने दे गया था कि वह अपने लिए भी मँगा ले, इसलिए भाभी ने बर्फ़ मँगा रखी थी। भाई साहब खाना खा गये थे और भाभी स्वयं भी खा चुकी थी। जगमोहन पहुँचा तो भाभी ने कहा, "बड़ी देर कर दी! तुम्हारे भाई साहब तो कब का खाना खा चुके। मैं समझी, तुम लोग चातक जी के यहाँ चले गये।"

"ऐसा कैसे हो सकता था भाभी! वहीं बड़ी देर हो गयी। पहले मोहिनी रोड और फिर वहाँ से गुमटी बाज़ार जाना पड़ा। वहाँ देवचन्द कॉलेज की एक हिन्दी शाखा खुली है, उसी में सत्या जी अध्यापिका नियुक्त हुई हैं। मैं तो चाहता था कि वे कल से वहाँ जायें, पर पण्डित दाताराम अपने उस कॉलेज को, जो क़ैदख़ाना मालूम होता है और इसीलिए

शायद लड़कियों के लिए चुना भी गया है, दिखाने पर तुले हुए थे। कहाँ शीशमहल रोड और कहाँ सूत्रमण्डी और गुमटी बाज़ार! ख़ैर, सत्या जी का काम हो गया। ज़रा पानी का एक-एक गिलास पियें, फिर खाना खाते हैं। भूख तो सारी सूख गयी इस धूप में।"

भाभी ने गिलासों में थोड़ी बर्फ़ डाली और खाना परसने का आयोजन करने लगीं।

जगमोहन ने एक गिलास तो वहीं पी कर ख़ाली कर दिया, दूसरा ले कर वह नीचे गया। सत्या जी वैसे ही दीवार के सहारे बैठी थीं। पानी का गिलास उसने उन्हें दिया और स्वयं कुर्सी पर बैठ गया।

म्यानी में उसने एक छोटी-सी मेज़-कुर्सी लगा रखी थी और एक ओर फ़र्श पर दरी बिछा कर धरती पर बैठने अथवा लेटने की व्यवस्था कर रखी थी। पुस्तकें एक ओर रैक में रखी थीं और एक छोटी-सी तिपाई पर किसी फटे हुए पलँगपोश का एक टुकड़ा बिछा कर उसे एक कोने में लगा रखा था। शाम को जब वह बालकनी में बैठता तो यही तिपाई और कुर्सी बालकनी में रख लेता। मेज़, कुर्सी, रैक, किताबें, तिपाई, दरी — सब साफ़-सुथरी, झड़ी-पुँछी थीं और बीच की मंज़िल पर होने से म्यानी ऊपर की अपेक्षा ठण्डी थी।

पानी पी कर सत्या जी ने गिलास एक ओर रख दिया और फिर दीवार से पीठ लगा कर बैठ गयीं। जगमोहन ने अपनी तहमद ली और सीढ़ियों में जा कर कपड़े बदल डाले। सिल्क के कुर्ते और धोती को उसने खूँटी पर टाँग दिया और स्वयं भोजन का प्रबन्ध करने चला गया।

जब वह खाने की थाली ले कर आया तो उसने देखा —सत्या जी वहीं आधी लेटी ऊँघ गयी थीं। ऊँघ गयी थीं, पर ऊँघने में भी उनका शरीर उस मोटी खादी की साड़ी में बेतरह लिपटा था। माथे पर पसीने की बूँदें आ गयी थीं और आकृति पर थकान। उनके चेहरे की नसें, जो उसे कर्कश बना देती थीं, उस समय ढीली हो गयी थीं और उस मोटी खादी की साड़ी में उनका छोटा-सा गोरा-गोरा मुख उस फूल-सा लगता था, जो हरे-हरे पत्तों के बदले मरु की रूखी-सूखी धरती पर पड़ा हो। जगमोहन के हृदय में हल्की-सी करुणा जगी। उसने उन्हें जगाना उचित न समझा। बहुत धीरे से, किसी प्रकार की आवाज़ किये बिना, उसने दोनों थालियाँ तिपाई पर रख दीं और उसी तरह पंजों के बल चलता बाहर निकल आया। उसने सोचा इस बीच लस्सी बना ले। उसकी इच्छा के अनुसार उसकी भाभी ने डेढ़ पाव दही भी मँगा रखा था। यद्यपि उसने कहा था कि पाव भर दही उनके लिए रख लिया जाये और कमीशन के रूप में आध पाव दही की लस्सी उसने भाभी से बच्चों के लिए बनाने को कह दिया था, पर भाभी अपना कमीशन लेना भी न भूली थीं। दही उसे पाव से चौथाई कम लगा, पर बिना कुछ कहे उसने दही को बड़ी अच्छी तरह मथा। फिर जब बालाई मर गयी तो उसने बर्फ़ छोड़ी और पतली लस्सी के दो बड़े गिलास बनाये। बर्फ़ उसने उनमें और भी छोड़ दी ताकि यदि सत्या जी को उठने में कुछ बिलम्ब हो तो लस्सी ठण्डी रहे।

नीचे पहुँचा तो सत्या जी पूर्ववत सो रही थीं। केवल उनका दायाँ हाथ, जो साड़ी के छोर को पकड़े सीने पर था, फिसल कर नीचे आ गया था, जिससे साड़ी का छोर भी ढलक

गया था और कण्ठ का दायाँ भाग ब्लाउज़ के कोण तक उघड़ आया था। दायीं कनपटी से कण्ठ तक का गोरा-गोरा भाग, साड़ी के हट जाने से खादी के मोटे ब्लाउज़ में दबी-घुटी, दायें उरोज की गोलाई और दायें घुटने के किंचित पसर जाने से कमर का दायाँ ख़म उनके साधारणतः दबे-घुटे अंगों को तनिक स्वतन्त्रता दे रहा था। रेखाओं को उनके शरीर की यह भंगिमा कुछ ऐसे उभार रही थी कि उसमें वे अपेक्षाकृत सुन्दर लग रही थीं। क्षण भर जगमोहन उन्हें सोये देखता रहा। उसकी दृष्टि कण्ठ और वक्ष से होती हुई कमर के ख़म पर रुकी। फिर उसने चुपचाप बिना आवाज़ किये गिलास रख दिये। वह चाहता था कि उनसे कह दे, खुल कर सो जायें, पर ऐसा करने से उनका जग जाना निश्चित था। वह चुपचाप कुर्सी पर एक ओर बैठ गया।

बाहर जून की गर्म दुपहर आग बरसा रही थी। सामने के मकान की दीवार पर आँखें न टिकती थीं। गली में धूप की तीव्रता लहरिये-से बना रही थी। जगमोहन ने बाहर से आँखें हटा लीं। अन्दर उसे अँधेरा-अँधेरा-सा लगा। कुछ क्षण बाद उस अँधेरे में सोयी युवती का कण्ठ, वक्ष तथा कटि भाग उभर आया, फिर उसके माथे पर झलकी हुई बूँदें....उसके मन में आया, वह पंखा ले आये, उनके पास बैठ जाये, उन्हें धीरे-धीरे हवा कर दे....फिर उसकी दृष्टि कण्ठ-भाग से फिसलती हुई, साँस की गति से, समुद्र की लहरों में धीरे-धीरे डूबते-उतराते, माहीगीर के जाल-ऐसे वक्ष पर जा टिकी। उसका गला सूखने-सा लगा, म्यानी में उसे अपना दम घुटता हुआ महसूस हुआ....सहसा उसके मन ने कहा —'जिस गाँव जाना नहीं, उसकी राह काहे पूछना!" वह जल्दी से उठा और तेज़ी से बाहर निकल गया। जल्दी में उसका पाँव तिपाई से छू गया। थालियाँ एक-दूसरे से टकरा कर धीरे-से खनक गयीं। युवती जैसे अचकचा कर उठ बैठी। साड़ी का छोर उसके हाथ में आ गया। उससे माथे का पसीना पोंछते हुए उसने पुनः वक्ष को ढँक लिया। होंटों में शायद यह कहा, "मैं कितनी थक गयी हूँ!"

जगमोहन मुड़ा, "आप हाथ धोयेंगी ?" उसने पूछा और फिर बिना उनका उत्तर सुने ऊपर रसोईघर से जा कर पानी का लोटा और खादी का एक अँगोछा, जो तौलिये का काम देता था, ले आया। बालकनी के बाहर उसने उनके हाथ धुलाये, मुँह पर भी उन्होंने दो-एक छींटे मारे। उसने अँगोछा पेश किया, पर उससे पहले ही उन्होंने धोती के छोर से हाथ और मुँह पोंछ लिया। उनकी आकृति की रुखाई फिर वहाँ आ गयी और प्रकृतिस्थ हो कर वे कुर्सी पर आ बैठीं।

"कुर्सी तो एक ही है," जगमोहन ने कहा, "यहीं दरी पर बैठ कर खा लें।" और सत्या जी बिना कुछ उत्तर दिये दरी पर जा बैठीं।

जगमोहन ने दोनों थालियाँ रख दीं और वे भोजन करने लगे।

"मैं आपको जगाना न चाहता था," जगमोहन ने कहा, "मैं तो जा रहा था कि आप कुछ देर और सो लें।"

"नहीं, आप को जगा देना चाहिए था।" सत्या जी तनिक लजा कर बोलीं, "पहले ही खाने को बड़ी देर हो गयी है।"

"मैं देर-सवेर से खाने का आदी हूँ," जगमोहन ने कहा, "कई बार जब भूख लगती

है, मित्रों में बड़े ज़ोरों की बहस चल रही होती है; जब बहस ख़त्म होती है तो खाने का टाइम बीते दो घण्टे हो चुके होते हैं। फिर कई बार घूमते-फिरते और कभी पढ़ते-पढ़ाते खाने की सुधि ही नहीं रहती। आप सो रहीं थी, ये कमबख़्त थालियाँ न खनक उठतीं तो मैं आप को जी भर सो लेने देता।"

"भूख तो मुझे भी लगी थी।"

"पर थकन ज़्यादा थी। यदि आपको आपत्ति न हो तो खाना खा कर यहीं कुछ देर आराम कर लें। धूप भी कड़ी है। दिन ढल जाने पर चली जाइएगा।"

सत्या जी ने इसका उत्तर नहीं दिया। पूर्ववत दृष्टि झुकाये वे अपनी बात सुनाने लगीं कि स्वयं उनको कभी ही समय पर खाना नसीब होता है। कांग्रेस के काम में दिलचस्पी होने के कारण कई बार घूमते-घूमते खाने का टाइम गुज़र जाता है। और उन्होंने १९३१ के आन्दोलन का एक किस्सा सुनाया, जब एक दिन महिलाओं ने बीच अनारकली धरना दे दिया था और शाम होने पर भी वे न उठी थीं, तब पहले दिन की और फिर रात की रोटियाँ उनके लिए पकाते और पहुँचाते उन्हें न दिन को खाने का समय मिला, न रात को। बारह बजे रात तक महिलाएँ अनारकली में धरना दिये बैठी रहीं, फिर उनको पुलिस बन्द गाड़ियों में ले जा कर शहर से दस मील दूर छोड़ आयी। सत्याजी ने नेताओं के साथ दूसरी मोटर पर उनका पीछा किया और शेष रात उन्हें वापस लाने में गुज़ार दी।

और सत्या जी राजनैतिक आन्दोलन की दिलचस्प कहानियाँ सुनाती गयीं। खाना ख़त्म हो गया तो जगमोहन ने बालकनी में उनके हाथ धुलाये। बर्तन, वे चाहती थीं कि उसके साथ ऊपर ले जायें, पर जगमोहन स्वयं उन्हें ऊपर रखने गया। फिर वह भाभी से तकिया माँग लाया, वह उसने दरी पर रख दिया। सत्या जी से कहा कि वे डेढ़-दो घण्टे आराम कर लें, फिर जायें! उस जलती दोपहरी में जाने से क्या लाभ ? और उनका उत्तर सुने बिना वह म्यानी के किवाड़ भेड़ कर ऊपर चला गया।

०

सत्या जी चुपचाप दरी पर लेट गयीं, पर उन्हें नींद न आयी। वे निरन्तर करवटें बदलती रहीं। छत की ओर देखती रहीं। एक-दो बार उन्होंने लम्बी साँस भी ली। पर जब एक घण्टे बाद ऊपर की सीढ़ियों में जगमोहन के पैरों की चाप सुनायी दी तो उनकी आँखें बन्द हो गयीं।

जगमोहन ने धीरे-से किवाड़ खोल कर उन्हें सोते देखा। फिर उसी तरह किवाड़ बन्द करके चला गया।

उसके चले जाने के बाद सत्या जी ने फिर आँखें खोल लीं और बड़ी देर तक निश्चेष्ट पड़ी छत की ओर ताकती रहीं।

१५

साँझ ढल गयी थी। बाहर, जहाँ दिन भर आग बरसती रही थी, कुछ हल्की-हल्की गर्मी लिये हुए ठण्डी बयार चलने लगी थी। कमरे, जो धूप की तीव्रता में ठण्डे लग रहे थे, अब दम घोंटने लगे थे। जगमोहन ने म्यानी में आ कर फिर कपड़े बदले, बाल सँवारे, कान के ऊपर सीधी चली जाने वाली लट को मरोड़ दिया और म्यानी बन्द करके ऊपर गया।

भाभी ने इस बीच दूध की लस्सी बना दी थी। सत्या जी उसके पास ही बैठी थीं। जगमोहन के पहुँचते ही भाभी ने कहा, "तुम सत्या जी का घर देख आना; इन्होंने मुझे मिठाई खाने की दावत दी है —अपनी नौकरी लगने की ख़ुशी में! एक दिन ले चलना।"

"क्यों सत्या जी।"

जगमोहन ने वह इतना बड़ा गिलास लगभग एक ही साँस में समाप्त करते हुए पूछा।

सत्या जी ने लस्सी पीते हुए रुक कर ज़रा-सा सिर हिला दिया।

"तो अकेले भाभी को दावत दी है!"

सत्या जी ने गिलास ख़त्म करके उसे फ़र्श पर रखा और तनिक सिर उठा कर एक बार ऐसी दृष्टि उस पर डाली, जिसमें बाहर धीरे-धीरे बढ़ी आने वाली साँझ की-सी ही गर्मी और ठण्डक मिली थी, और कहा, "आप यदि भाभी को ले आयेंगे तो एक-दो लड्डू आप को भी मिल जायेंगे।" और यह कहते हुए वे मुस्करायीं। यह अजीब बात थी कि भाभी के सामने उनके चेहरे की नसें एकदम ढीली हो जाती थीं और उनकी मुस्कान भी जैसे मुक्त हो कर खुल पड़ती थी। वहाँ से हटीं कि आप-से-आप उनकी आकृति पर वही कर्कशता आ जाती थी। जगमोहन भी उस मुस्कान के उत्तर में मुस्करा दिया। सत्या जी उठीं। "बड़ी देर हो गयी है," उन्होंने कहा, "ऐसी सोयी कि होश न रहा। अब चलूँ!"

और 'नमस्कार' करके वे मुड़ीं।

जगमोहन उनके पीछे-पीछे सीढ़ियाँ उतर गया।

"किधर से चलेंगे ?" बाहर निकल कर उसने पूछा।

"हरिनिवास के आगे से।"

"हरिनिवास कहाँ है ?"

"आप नहीं जानते ?"

"रास्ते तो सब देखे हैं, पर नाम मालूम नहीं। हम तो कृष्ण गली, रेलवे रोड पर रहते थे ना।"

"बस इसी रामलाल स्ट्रीट से चल कर होतूसिंह रोड को पार करते हुए सीधे चले जायें, वहीं से गोपालनगर को रास्ता जाता है।"

"रामनगर और गोपालनगर की सीमा पर वह जो बड़ी-सी कोठी है, वही हरिनिवास है क्या ?"

"जी!"

और दोनों चुपचाप चलने लगे।

o

जगमोहन जिस मकान में रहता था, वह गली के सिरे पर था। गली के सिरे पर कहने के बदले उसे गली के चौरस्ते पर कहना ठीक होगा। क्योंकि उनकी गली, जो पूरी-की-पूरी बनी हुई थी, एक दूसरी गली के कारण कट जाती थी, हालाँकि इस दूसरी गली का अस्तित्व भी न था। इस सिरे पर, अर्थात जगमोहन के घर के बायें कोने पर, एक इंजीनियर का बड़ा मकान था और आगे मैदान, जो यदि बिक जाता तो यह गली पूरी तरह अस्तित्व पाती, पर मैदान किसी मुसलमान गूजर का था, जो इस बात की प्रतीक्षा कर रहा था कि दाम और भी चढ़ जायें तो बेचे। इस मैदान के परे एक और मकान बना हुआ था, जिस पर 'रामलाल स्ट्रीट' लिखा था। बस यही दो मकान इस बात के प्रमाण थे कि यह गली है। नहीं वह मैदान मुँह फाड़े खड़ा था और लगता था, जैसे इन दोनों मकानों को निगल कर अपने उदर को और बढ़ा लेगा। इस मैदान के बीचों-बीच एक बड़ा चहबच्चा बना हुआ था। रामलाल स्ट्रीट के सामने बने मकानों की एक कतार का पानी अस्थायी नालियों के द्वारा इसमें आता था। जब शाम को चहबच्चे का मुँह खुल जाता था और म्यूनिसिपैलिटी की मोटर पाइप द्वारा गलियों की तमाम ग़लाज़त चूसने लगती, तब वायुमण्डल में एक दुर्गन्ध-भरी घुटन फैल जाती थी। मोटर इस समय भी फटफटा रही थी। दोनों, धोती के छोर नाक पर रखे, उसकी बग़ल से निकल गये। गली के सिरे पर बाज़ार था। उसके इधर ऋषिगर ख़त्म और उधर सन्तनगर आरम्भ हो जाता था। सन्तनगर के मकान और गलियाँ आपस में सिमटे हुए थे। शायद ही कहीं किसी मकान की जगह ख़ाली दिखायी देती थी। मकान, दुकानें, गलियाँ, बाज़ार यद्यपि बने हुए थे, पर नालियाँ न होने और चहबच्चों के भर जाने के कारण कहीं-कहीं कीचड़ हो रहा था। चप्पल की फटर-फटर से कीचड़ के छींटे धोतियों को कहीं अपना स्मृति-चिन्ह न दे दें, इस विचार से धोती के छोर को बचाते हुए, दोनों धीरे-धीरे वहाँ से गुज़रते गये।

सत्या जी सिर नीचा किये चली जा रही थीं। उनकी आकृति की कर्कशता, जो भाभी की उपस्थिति में पिघल गयी थी, फिर आ कर वहीं जम गयी थी। गम्भीर बनीं, चेहरे को लगभग धोती के आँचल से छिपाये, वे तेज़-तेज़ चली जा रही थीं। जाने वे क्या सोच रही थीं ? जाने कुछ सोच भी रही थीं या नहीं! पर जगमोहन का दिमाग़ अनवरत कुछ-न-कुछ सोच रहा था। जब वह घर से निकला तो म्यानी को ताला लगाते हुए उसे ध्यान आया था कि यह छोटी-सी जगह भी कोई रहने की जगह है। यह अजीब बात है कि पहले उसे कभी इस बात का ध्यान न आया था, पर आज जब उसे सत्या जी को उस दड़बे में सुलाना और स्वयं ऊपर जा कर नंगे फ़र्श पर लेटना पड़ा तो पहली बार उसे म्यानी की तंगी का एहसास हुआ। म्यानी की बात सोचते-सोचते उसके सामने अपने वर्तमान और भविष्य की समस्या आ गयी। एक समय था जब बी० ए० होते ही नौकरियों के दरवाज़े छात्रों के स्वागत में खुल जाते थे, एक यह समय है कि बी० ए० की वकअत मैट्रिक जितनी भी नहीं रह गयी। जगमोहन निम्न-मध्यवर्ग के उन लाखों युवकों में से एक था, जो बचपन में 'बच्चे' और जवानी में 'युवक' नहीं होते, बचपन ही से जिन पर प्रौढ़ता का रंग चढ़ जाता है। जो एक कदम आगे रखते हैं तो दो बार सोचते हैं, फिर पीछे रख लेते हैं और कई बार इसी आगे-पीछे में ज़िन्दगी के दिन पूरे कर देते हैं। जिनके बचपन में खिलन्दरापन नहीं होता,

न जवानी में अल्हड़ता। बचपन में सब कुछ भूल कर खेलना और जवानी में सब कुछ भूल कर प्रेम करना जो नहीं जान पाते।

जगमोहन चला जा रहा था और सोच रहा था कि यदि किसी तरह एम० ए० कर ले तो कहीं-न-कहीं लेक्चरर हो सकता है; बी० टी० कर ले तो मास्टर हो सकता है। लेकिन स्कूल के छोकरों को पढ़ाने से उसे कॉलेज के लड़कों को पढ़ाना अच्छा लगता था और उसकी साध थी कि वह एम० ए० ही करे! पर कैसे ? अभी इस सिलसिले में वह कुछ भी तय न कर पाया था।

"क्यों जगमोहन, किधर ?"

अपने ध्यान में मग्न जगमोहन सत्या जी के साथ चला आ रहा था। सन्तनगर कब का पीछे रह गया था। हरिनिवास के निकट ही गली में श्री चातक और शुक्ला जी ने उसका मार्ग रोक लिया।

सत्या जी तनिक आगे बढ़ कर दूसरी ओर मुँह करके खड़ी हो गयीं।

"क्यों भई, बड़े रंग हैं!" शुक्ला जी ने मूँछों में मुस्करा कर आँख दबायी।

"किधर जा रहे हो ?" चातक जी ने पूछा।

"पण्डित दाताराम से मिलने गये थे। इन को कुछ काम था। इन्हें यहीं गोपालनगर तक छोड़ने जा रहा हूँ।"

"इनका घर जानते हो ?"

"नहीं।"

"तो आज इनका घर देख आओ। इस इतवार को मीटिंग है। कार्यक्रम बन गया है। कल छप जायेगा। एक प्रति इन को दे देना। पहली मीटिंग है, कुछ रौनक होनी चाहिए।"

"आप इन से कह दीजिए, मैं दे आऊँगा।"

तब चातक जी अपने बालों की लट को पीछे की ओर करते हुए सत्या जी के पास गये। उन्होंने एक बार खाँस कर उन्हें 'नमस्कार' किया।

बिना सिर उठाये 'नमस्कार' कह, सत्या जी वैसे ही खड़ी रहीं।

"हम तो आज आप की ओर गये थे।"

सत्या जी चुप खड़ी रहीं।

चातक जी फिर खाँसे और बालों की लट को उन्होंने फिर पीछे किया।

"इतवार को 'संस्कृति समाज' की पहली बैठक रख रहे हैं। कार्यक्रम बनाने में आप की सहायता लेना चाहते थे, पर मालूम हुआ कि आप आज विद्यालय नहीं आयीं।"

सत्या जी वैसे ही चुप खड़ी रहीं।

चातक जी ने लट को एक बार फिर पीछे किया। एक बार फिर खाँसे; एक पैर से दूसरे पैर के टख़ने पर होने वाली खुजली को शान्त किया और बोले, "हम चाहते थे कि पहली मीटिंग में आप भी कोई लेख अथवा कहानी पढ़ें।"

इस बार सत्या जी बोलीं, "मेरे पास कोई नयी चीज़ नहीं और फिर मुझे पढ़ने का अभ्यास भी नहीं।"

"मालती में आपकी रचना छपी है, वही पढ़ दीजिए।"

"इस बार यदि मुझे क्षमा कर देते तो...." सत्या जी ने कहना चाहा।

"आप महिला मन्त्री हैं," चातक जी बात काट कर बोले, "आप न पढ़ेंगी तो कैसे चलेगा। इस बार आप पढ़ दीजिए, फिर दूसरी लड़कियाँ तैयार हो जायेंगी।"

सत्या जी चुप रहीं।

"मेरी ख़ातिर इस बार इतना कष्ट ज़रूर कीजिए।"

"बहुत अच्छा!"

"मैं जगमोहन के हाथ कार्यक्रम की प्रति भेज दूँगा, आप आइएगा, अपनी सहेलियों को भी साथ लाइएगा।"

"जी, बहुत अच्छा!"

अब चातक जी क्या कहें ? 'नमस्कार' करके वे मुड़े। जगमोहन से उन्होंने कहा कि वह भी कुछ पढ़े। वे उसका नाम लिख रहे हैं। चलते-चलते रुक कर उन्होंने इतना और कहा, "फिर एक काम भी है तुम्हारे लिए। सौ-दो सौ तुम्हें मिल जायेंगे। शाम को आना तो बात करेंगे।"

और वे शुक्ला जी को ले कर चल दिये। शुक्ला जी ने चलते-चलते जगमोहन के कन्धे पर हाथ मारा।

"भई, हमारा हिस्सा भी रखना।" और सत्या जी की ओर देख कर उन्हों आँख दबा दी।

जगमोहन का मुँह लाल हो गया। उसे क्रोध भी आया और उस व्यक्ति के प्रति घृणा भी हुई, पर बिना कुछ कहे वह चल दिया।

०

गोपाल रोड के अन्तिम सिरे पर गुरु तेग़बहादुर रोड थी। और तेग़बहादुर रोड के लगभग अन्तिम सिरे पर सत्या जी के चाचा जी का मकान था। सड़क के बायें हाथ को कुछ जगह ख़ाली थी, उससे परे जो मकान थे, उनमें पहला उनके चाचा का था। दरवाज़े की एक ओर 'बावा सुन्दरलाल बेदी' की प्लेट लगी थी, जिस पर गाय की गोबर-सनी दुम का निशान था। गाय कदाचित अभी बाहर से चर के न आयी थी और नाँद ख़ाली पड़ी थी।

सत्या जी ने दरवाज़ा खटखटाया।

दरवाज़ा खुला तो जगमोहन का दिल धक् से रह गया। किवाड़ों को खोलते हुए, पूरे दरवाज़े पर दोनों हाथ फैलाये, जैसे अन्दर जाती हुई सत्या जी को रोकती हुई-सी, जो लड़की खड़ी थी, वह यद्यपि वैसी सुन्दर तो न थी, लेकिन उसकी छवि ने जगमोहन के हृदय की गति को तीव्र कर दिया। —मँझला कद, छरहरा बदन, कमर और वक्ष की रेखाएँ सुनिश्चित, रंग गोरा और दायीं बाँह पर छाये, लम्बे, सुकोमल केश —पहली नज़र में उसे सत्या जी और उस लड़की में कुछ ज़्यादा अन्तर दिखायी न दिया, लेकिन हरे किनारे की महीन धोती और पॉपलिन के ब्लाउज़ में वह इतनी भली मालूम हुई —पंख फैलाये उड़ने को प्रस्तुत सफ़ेद कबूतरी सी —कि जगमोहन उसे देखता रह गया।

"कहिए, क्या कर आयीं ?" उसने सत्या जी से पूछा।

दूसरे क्षण उस लड़की ने जगमोहन को देखा और यद्यपि उसके हाथ आप-से-आप नीचे आ गये, पर बालों को पीछे हटा कर साड़ी सिर पर करने में उसने किसी तरह की घबराहट से काम नहीं लिया। आँचल को इतमीनान से सिर पर करते हुए उसने उन दोनों को गुज़रने की जगह दे दी।

जगमोहन सोचता आया था कि वह बाहर से मकान देख कर ही चला आयेगा, लेकिन जब 'सब ठीक हो गया; चलो, बताती हूँ,' कहती हुई सत्या जी ड्योढ़ी में बढ़ीं तो वह चुपचाप उनके पीछे हो लिया। लड़की उनको जगह देने के लिए दीवार से सट गयी थी। जगमोहन के कुर्ते की बाँह उसके वक्ष को छूती हुई चली गयी। अनायास वह सिकुड़ गया। उसके माथे पर इस कल्पित अर्द्ध-स्पर्श ही से पसीना आ गया और चेहरे पर हल्की-सी लाली दौड़ गयी।

ऊपर जा कर सत्या जी ने जगमोहन के लिए आराम-कुर्सी बिछा दी और उस लड़की से कहा, "दुरो, ज़रा लस्सी का गिलास तो बना!"

"मैं तो अब चलूँगा जी।"

और वह उठा।

"ज़रा बैठिए, लस्सी का एक गिलास पीते जाइए!" और वे बिना उत्तर सुने, अन्दर चली गयीं।

जगमोहन फिर बैठ गया।

यह कमरा निम्न-मध्यवर्ग के घर का ऐसा कमरा था, जिसमें पलँग भी बिछा रहता है और कुर्सियाँ भी। एक ओर बैठने के लिए एक-दो मूढ़े और पटरे पड़े थे। इधर-उधर बच्चों के सस्ते खिलौने बिखरे थे। दीवारों पर भड़कीली धार्मिक तस्वीरें लगी थीं —कमल पर खड़ी लक्ष्मी जी, शेषनाग पर सोये विष्णु भगवान, शंकर-पार्वती, पहाड़ उठाये हनुमान, आदि....ऐसी ही तस्वीरें! जगमोहन के पीछे एक सिंगर मशीन पड़ी थी। अँगीठी पर पुराने चौखटों में जड़े हुए दो चित्र थे। इनमें से एक में बड़ी-बड़ी मूँछों वाला एक व्यक्ति बेतरह अकड़ा बैठा था। घुटनों पर उसके एक पिल्ले-ऐसे बच्चा था। साथ उसके बड़े बेढंगे तरीके पर साड़ी पहने एक औरत बैठी थी, जिसकी गोद में एक और बड़ा पिल्ला था। जगमोहन वह फ़ोटो देख ही रहा था कि सत्या जी चित्र की उस महिला को ले कर आ गयीं। "ये मेरी चाची जी हैं," उन्होंने परिचय दिया।

जगमोहन ने नमस्ते की। चित्र की अपेक्षा यद्यपि उम्र में वे बड़ी थीं, पर रंग गोरा था और वे सुन्दर लगती थीं।

वे उसके सामने आ कर बैठ गयीं। जगमोहन क्या बात करे, उसकी समझ में न आया। पर सत्या जी ने उसकी मुश्किल आसान कर दी और वे उन्हें अपनी नौकरी लगने का किस्सा सुनाने लगीं।

तभी वह लड़की लस्सी का गिलास ले आयी।

"लस्सी तो मैं पी कर चला था।" जगमोहन ने कहा, पर उसने गिलास थाम लिया।

गिलास लेते समय एक बार उसकी दृष्टि फिर लड़की से मिली और फिर उसका दिल धड़क उठा।

"दुरो चाची जी की भानजी है, देवचन्द कॉलेज में पढ़ती है।" सत्या जी ने परिचय दिया।

जगमोहन ने गिलास हाथ में लिये हुए ही 'नमस्कार' के लिए सिर झुका दिया।

"दुरो नाम प्यारा है," उसने कहा, "पर पूरा नाम क्या है ?"

"द्रौपदी!"

"किस क्लास में पढ़ती हैं ?" उसने पूछा। जिस गाँव जाना नहीं, उसकी राह काहे पूछना, यह बात वह भूल गया।

"बी० ए० में!" दुरो ने कुर्सी पर बैठते हुए उत्तर दिया। जगमोहन की निगाहें फिर उससे चार हुईं। उसे लगा कि उन निगाहों में असाधारण निर्भीकता है और जैसे वे उसे भेद कर उसके अणु-अणु की जानकारी पा रही हैं। उसका मुँह लाल हो गया और उसकी निगाहें झुक गयीं। लस्सी का गिलास आधा पी कर उसने रख दिया और उठा।

"अच्छा जी, मैं अब चलता हूँ।"

तीनों उठ खड़ी हुईं। जगमोहन ने बिना किसी एक ओर देखे तीनों को 'नमस्कार' किया और चल दिया। सत्या जी उसके पीछे-पीछे आयीं। वह अन्तिम सीढ़ी पर पहुँचा तो आगे से ज़ोरों की 'शूँ' सुनायी दी। गाय इस बीच में आ गयी थी और रास्ता रोके खड़ी थी।

"ठहरिए, मैं हटाती हूँ।"

जल्दी में उतरती हुई सत्या जी जैसे उसकी पीठ के साथ सट गयीं। उनके वक्ष का भार उसे अपनी पीठ पर लगा। वह सिकुड़ कर एक ओर हो गया। सीढ़ी तंग थी, सत्या जी उसके कन्धे से छिछलती हुई नीचे उतरीं, गाय के कान पकड़, उन्होंने उसका मुँह दूसरी ओर किया और जगमोहन से कहा कि गुज़र जाये।

जगमोहन गुज़र गया तो दरवाज़े में आ कर उन्होंने उसे 'नमस्कार' किया और कहा कि चातक जी से मीटिंग की विज्ञप्ति मिले तो वह दे जाये, वे कोशिश करेंगी कि कुछ छात्राएँ भी समाज की बैठक में आ जायें।

"जी, बहुत अच्छा!" कह कर वह चल दिया। उसकी गर्दन के पीछे पीठ पर जो भाग सत्या जी के वक्ष से छू गया था, जैसे अभी तक जल-सा रहा था और उसकी आँखों में दुरो की वह सुन्दर छवि घूम रही थी।

१६

तड़का था। साढ़े चार बजे थे। रात बहुत गर्म और अँधेरी थी। उस तिमिर को जैसे दोनों हाथों से पीछे हटा कर ठण्डा-ठण्डा उजला-उजला कुहासा (जिस में गत-दिवस की धूल अभी तक मिली थी) प्राची के प्रांगण में उभर आया था। हल्की-हल्की बयार बहने लगी थी। दूर कहीं मुर्ग़ ने सुबह की अज़ान दी। दुरो की नींद उचटी। उसने एक बार अध-खुली आँखों से उस शीतल कुहासे को देखा और नींद ने जैसे दुगने भार से उसकी पलकों को

बन्द कर दिया। चादर को पाँवों की उलझन से निकाल, उसने सिर तक ले लिया। करवट बदली और सो गयी।

रात बहुत गर्मी पड़ी थी। सोने में अपने आप को नितान्त असफल पा, गयी रात तक वह फ़्रांस की राज्य-क्रान्ति का इतिहास पढ़ती रही थी और जब एक-डेढ़ बजे सोयी थी तो उसकी नींद बड़ी गड़बड़ रही थी। बेस्तील पर पैरिस की जनता का आक्रमण, बन्दियों की निष्कृति और मेरी आन्त्वानेत की हत्या के दृश्य उसके मस्तिष्क में घूमते रहे थे। प्रातः की ठण्डी हवा ने जैसे उसके दिमाग़ के तूफ़ान को शान्त कर, उसे गहरी नींद सुला दिया था।

इतवार था और घर के सब लोग बड़ी बेफ़िक्री से सो रहे थे। न बावा जी[1] को दफ़्तर जाना था, न सत्या जी और बच्चों को स्कूल। गृहिणी भी निश्चिन्त थी, नन्हा बच्चा तड़के उठा था तो स्तन उसके मुँह में दे कर उसने उसे चुप करा दिया था। दो-तीन बार जल्दी-जल्दी चुबला कर बच्चा स्तन मुँह ही में लिये सो गया था। गृहिणी अपने तन-बदन की सुध खो कर सोयी हुई थी। पर गर्मियों की सुबह थी। चार बजे ही से गली जग उठी थी। सुबह-सबेरे उठ कर चार मील नियमित रूप से सैर करने वाले महाशयगण अपने-अपने स्नेहियों को जगाने लगे थे। बराबर के घर में दही मथा जाने लगा था। सामने के घर से पम्प के चलने और कदाचित उसके नीचे रखी बाल्टी के भरने की ध्वनि आ रही थी। तभी उनकी अपनी गाय ज़ोर से रँभा उठी। गृहिणी ने करवट ली। स्तन बच्चे के मुँह से निकल गया, पर वह रोया नहीं। उसकी नींद पूरी हो चुकी थी। बिना रोये उसने आँखें खोल दीं और जैसे चकित-सा वह उस उजियाले को मुटर-मुटर तकने लगा। फिर आप-से-आप उसने किलकारी भरी। पहली रात की गर्मी में जब लोग-बाग चारपाइयों पर तड़प रहे थे, उसकी माँ उसे पंखा करती रही थी और वह बेसुध सोया रहा था। शायद पूरी नींद ले चुकने से प्राची की सेज पर जग उठने वाले बालारुण की भाँति, उसने आँखें खोल दी थीं। लगता था, जैसे वह कभी सोया ही न था।

कुछ क्षण वह चारपाई के आधे भाग में खेलता रहा। फिर धीरे-धीरे वह अपनी माँ की छाती पर चढ़ने लगा। गृहिणी ने स्वप्न ही में देखा कि एक बिल्ली धीरे-धीरे उसकी छाती पर चढ़ी आ रही है। स्वप्न ही में एक चीख़ मार कर उसने करवट बदली। उसके कपड़ों से उलझा बच्चा करवट के साथ ही उसके ऊपर से होता हुआ फ़र्श पर जा गिरा और सुबह के सुखद सन्नाटे को अपने रुदन से मुखरित करने लगा।

गृहिणी की वह चीख़ जागृतावस्था की चीख़ से एकदम भिन्न थी। नींद के उस अपेक्षाकृत बढ़े हुए डर ने उसे कुछ विचित्र सानुनासिक तीखापन प्रदान कर दिया था। वह तीखापन नींद में भी, पास ही लेटी दुरो के कानों द्वारा प्रवेश कर, उसके सोये मस्तिष्क को झकझोर गया। फिर बच्चे का वह अनवरत रुदन....गृहिणी ही उछल कर न उठी, बल्कि दुरो भी उछली और धीरे-धीरे पूरा घर जाग उठा। गृहिणी ने बच्चे को छाती से लगा कर झुलाते हुए, अपने स्वप्न की बात बतायी तो बावा सुन्दर लाल अपनी दरियाई घोड़े की-सी मूँछों पर हाथ फेरते हुए ज़ोर-ज़ोर से हँसने लगे। उनकी हिचकियों-जैसी हँसी रुक-रुक

१. बावा पंजाब की एक जाति, जिसके पूर्वज शायद किसी मठ या मन्दिर से सम्बन्धित रहे होंगे।

कर आती थी, ठीक वैसे ही, जैसे कनस्तर के छोटे गोल छेद से पिघला घी रुक-रुक कर बाहर उछलता है। ऊपर के दो दाँत उनके टूटे हुए थे। एक हिचकी के बाद जब वे दूसरी हिचकी लेते हुए मुँह खोलते तो उनका वह हँसना और भी हास्यास्पद लगता।

परन्तु द्रौपदी के पास इस समय अपनी मौसा की हास्यास्पद हँसी को देखने का समय न था। रात सोते वक्त उसने सोचा था कि वह प्रातः चार बजे उठेगी, गाय की सानी-पानी और घर की सफ़ाई आदि ख़त्म कर, छै बजे घर से निकल जायेगी और बारह बजते-बजते महिला महाविद्यालय, देवचन्द कॉलेज और 'लाहौर कॉलेज फ़ॉर विमेन' के होस्टलों तक हो आयेगी। हरीश ने उसके ज़िम्मे पचास रुपये की पुस्तकें लगायी थीं और वह अभी तक एक भी पुस्तक न बेच पायी थी।

वह बारह वर्ष की थी जब उसके माता-पिता की मृत्यु हो गयी थी। उसकी मौसी ने अपनी मरणासन्न बहन के हाथ से दुरो को यह कह कर ले लिया था कि उसे वह अपनी बच्ची की तरह पालेगी। लेकिन अपनी बहन की बच्ची को अपनी बच्ची कहना और बात है और समझना और! फिर दूसरे बच्चों के प्रति सन्तति विहीन माँ की ममता में सन्तति पाते ही जो अन्तर आ जाता है, उसे वह न जानती थी। उसकी मौसी द्रौपदी से उस समय तक बड़ा प्यार करती रही, जब तक उसके अपना बच्चा नहीं हुआ। फिर धीरे-धीरे दुरो की स्थिति घर में क्रीत दासी की-सी हो गयी। बच्चों को बहलाना, झाड़ू-बुहारी करना, बर्तन मलना, और जब गाय आ गयी तो उसकी सानी-पानी का प्रबन्ध करना —सब उसी के ज़िम्मे हो गया। पिता बीमे के रूप में ५००० रुपये छोड़ गये थे, जो दुरो के वयस्क होने पर उसे मिलने वाले थे। मरते समय उसकी माँ अपनी बहन से यह कह गयी थी कि वह उसे कम-से-कम बी० ए० तक पढ़ा दे, पाँच हज़ार में से ३००० इस मद में ख़र्च कर दे और दो हज़ार उसकी शादी पर दे दे! उसकी मौसी ने उसकी माँ से कहा था कि वह उसे अपनी बेटी की तरह पढ़ायेगी, पर जब उसके अपने बेटे-बेटियाँ हो गये तो दुरो की पढ़ाई उसे खटकने लगी। दुरो मिडल में छात्र वृत्ति पा गयी। फिर मैट्रिक में भी। तब मौसी से उसने कह दिया कि बीमे का रुपया मिलेगा तो सब-का-सब वह उसके हाथ में रख देगी। इस प्रकार अपनी पढ़ाई के सम्बन्ध में उसने मौसी की सहानुभूति प्राप्त कर ली, पर जो आश्रय उस 'अबला' को इस घर में प्राप्त था, उसका बदला उसे मौसी के बच्चों की देख-भाल और घर का काम काज करके अदा करना पड़ता था।

इस सारे वातावरण में उसके मौसा का स्नेह उसका एकमात्र सम्बल था। अपनी ऊबड़-खाबड़-सी आकृति और दरियाई घोड़े की-सी मूँछों के बावजूद हृदय बावा जी ने बड़ा सरल, सदय और स्नेहशील पाया था। उनके अपने बच्चे पढ़ने-लिखने के मामले में एकदम कोरे थे। अनाथ दुरो जब अपनी कक्षा में सर्वप्रथम रहती तो बावा जी उसकी पीठ ठोंकते और अपने बच्चों को फटकारते हुए उसकी प्रशंसा करते। दुरो की प्रगति पर उन्हें बड़ा गर्व होता। समय निकाल कर वे उसे पढ़ाते और मित्रों और पड़ोसियों में उसकी प्रशंसा करते न थकते। पर इधर जबसे दुरो सयानी हो गयी थी, बावा जी की यह सरल प्रशंसा भी उसके हक़ में बुरी साबित हो रही थी। मौसी को अपने पति पर सन्देह होने लगा था। जब कभी मौसा अपनी पत्नी की उपस्थिति में दुरो की प्रशंसा करते, मौसी, ईर्ष्यावश चार जली-कटी सुना कर उसके अवगुण गिनाने बैठ जातीं। दुरो का मन बड़ा खिन्न होता। उसका

जी चाहता कि बस चले तो मौसी के इस एहसान के बोझ से सदा के लिए निष्कृति पा ले। पर वह कुछ न कर पाती। अपनी बिसात से भी अधिक काम कर, मौसी को प्रसन्न करने का प्रयास करती और यथासम्भव अकेले मौसा के सामने पड़ने से बचती।

सत्या जी अमृतसर से लाहौर आ गयीं तो उसकी मुश्किल कुछ आसान हो गयी थी। उनसे दुरो का सहेलपना-सा हो गया था और उनके कारण वह घर के बाहर की सरगर्मियों में भाग ले कर अपने मन के बोझ को हल्का करने लगी थी। घर के झगड़ों से उसे सत्या जी के पास त्राण भी मिलता था और नैतिक बल भी। किन्तु उनके आने के बाद भी घर का काम वह पूर्ववत करती थी और मौसी को प्रसन्न रखने में कोई कोर-कसर न उठा रखती थी।

छै बजते-बजते उसने घर की झाड़ू-बुहारी, गाय की सानी-पानी निबटा कर दही मथ डाला और स्नानादि से निवृत्त हो कर, बासी रोटी के साथ छाछ का एक कटोरा पी, पुस्तकों का बण्डल बग़ल में दबाया और चल दी।

बड़े कमरे की खिड़की में सत्या जी अन्यमनस्क-सी खड़ी बाहर ताक रही थीं। दुरो को इतनी सुबह तैयार हो कर जाते देख, उन्होंने मुड़ कर पूछा, "किधर ?"

"ज़रा महिला महाविद्यालय तक जा रही हूँ।"

"कैसे ?"

"कुछ पुस्तकें वहाँ मिसेज़ भाटिया को दिखानी हैं, अन्य भी एक-दो जगह जाना है।"

"जल्दी आना, 'संस्कृति समाज' के सम्बन्ध में भी दो-चार जगह चलना है। वे दस बजे तक कार्यक्रम और निमन्त्रण-पत्र देने को कह गये हैं। शाम को मीटिंग है, लाजपत राय हॉल में। तुम्हारी सहेलियों से भी मिलना है।"

"मैं उन्हें अपनी ओर से निमन्त्रण दे आऊँगी। सब न सही, कुछ तो अवश्य आ जायेंगी।"

"नहीं, तुम आ जाना दस बजे तक! गोपालनगर ही में दो-एक जगह हो आयेंगे।"

"दस तो नहीं, बारह-एक तक आ सकूँगी।"

और यह कह कर वह सीढ़ियाँ उतर गयी।

१७

ग्यारह बज चुके थे, जब दुरो 'कॉलेज फ़ॉर विमेन' के होस्टल से निकली। वह महिला महाविद्यालय और देवचन्द कॉलेज के होस्टलों से होती आयी थी, थक भी गयी थी, पर बहुत प्रसन्न थी। धूप की तीव्रता से उसका रंग लाल हो गया था। बाल, जो सुबह उसने सँवारे थे, जूड़े से खुल कर इधर-उधर उड़ रहे थे, पसीना कनपटियों से चू रहा था, होंट सूख रहे थे, लेकिन उसके पैरों में थकन न थी। वह इन चार घण्टों के अन्दर तीस रुपये

की पुस्तकें बेच आयी थी। सबसे बड़ी बात यह थी कि पच्चीस रुपये वह नकद ले आयी थी और फिर उसको आशा थी कि जहाँ-जहाँ वह हो आयी है, वहाँ धीरे-धीरे मैदान बनता जायेगा।

यद्यपि देर हो रही थी और उसने सत्या जी को जल्दी पहुँचने का वचन दिया था, पर अपनी इस सफलता की बात कॉमरेड हरीश तक पहुँचाने का मोह वह छोड़ न सकी थी और काम निबटा कर वापस गोपालनगर चलने के बदले ग्वाल मण्डी की ओर चल दी थी, जहाँ श्याम गली के एक मकान में कांग्रेस सोशलिस्ट पार्टी का दफ़्तर था। दफ़्तर क्या, कॉमरेड हरीश का डेरा! विचारों से वे साम्यवादी थे, पर उस समय सोशलिस्ट क्या और कम्युनिस्ट क्या, सभी पार्टियाँ कांग्रेस के अन्तर्गत ही काम करती थीं। कॉमरेड हरीश का घर, घर क्या कमरा ही, पार्टी का दफ़्तर था। चौबारे में वे रहते थे और नीचे कमरे में पार्टी का सारा काम होता था। स्टडी सरकल था, पुस्तकालय था और पार्टी की बैठकें होती थीं। उनकी अपनी इस सफलता की बात बता कर और फिर आगे के लिए आदेश ले कर ही वह वापस जाना चाहती थी। 'संस्कृति समाज' के सम्बन्ध में उन्हें भी बुलाना चाहती थी। कम-से-कम 'समाज' के संस्थापन की बात वह उनके कानों में डाल देना चाहती थी। इस संस्था के सदस्यों में पार्टी का प्रचार कैसे किया जाये, यह वह उनसे पूछना चाहती थी।

हॉल रोड को पार कर वह मेक्लोड रोड पर आ गयी। उसे पार कर सीधी ट्रिब्यून ऑफ़िस की ओर जाना चाहती थी कि उसके मन में आयी, नाहक वह हरीश को परेशान करने जा रही है। इस समय उन्हें यह सब ब्योरा देना क्या ज़रूरी है, "स्टडी सरकल' की बैठक में वह सब बता देगी। मन ने उसे धिक्कारा कि वह केवल हरीश से मिलने का बहाना ढूँढ रही है, और इस धिक्कार से जैसे प्रताड़ित हो, वह सीधी जाने के बदले माल रोड की ओर वापस फिरी कि वहाँ से सीधी गोपालनगर चली जाये।

लेकिन चन्द ही कदम चलने पर उसे अपनी इस भावुकता पर फिर हँसी आयी। स्टडी सरकल वह आज कैसे जायेगी ? शाम को तो 'संस्कृति समाज' की मीटिंग है। कब तक चलेगी, क्या कहा जा सकता है। अभी उनसे मिल लेना ठीक होगा। दो मिनट में सब कह और पूछ कर वह चली आयेगी। दूरो फिर मुड़ी! अपने कर्त्तव्य की पूर्ति के आगे उसे यह भावुकता निरर्थक लगी।

लेकिन ज्यों ही श्याम गली की ओर जाने के विचार से वह पटियाला हाउसके उस गेट से मुड़ी, जो कभी वहाँ प्रदर्शनी के सिलसिले में बनाया गया था और अब कई वर्षों से वैसे ही खड़ा था कि कर्तव्य की बात सहसा उसके मस्तिष्क से उतर गयी और वहाँ चाय, काम और अध्ययन के आधिक्य से क्लान्त साथी हरीश का, पीला-दुबला मुख आ गया।

o

हरीश कौन थे, उनका अतीत कैसा था, यह सब दुरो कुछ भी न जानती थी। एक दिन सत्या जी और अपनी सहेली चम्पा के साथ वह स्टूडेण्ट फ़ेडेरेशन की सभा में गयी थी और उसने पहली बार उन्हें वहाँ देखा था। फ़ॉर्मेन क्रिश्चियन कॉलेज के एक प्रोफ़ेसर को उनकी राजनैतिक अभिरुचि के कारण अलग कर दिया गया था। लड़कों ने हड़ताल कर दी थी और विरोध-स्वरूप फ़ेडेरेशन ने सभा की थी। राजनीति में छात्रों और अध्यापकों के भाग

कुछ युवक नेताओं के भाषण भड़भड़ा कर जल उठने वाली पतली-पतली सूखी शाखाओं की आग-सरीखे थे। उनकी ज्वालाओं में ताव कम था, भड़भड़ाहट और चमक ज़्यादा थी — क्षण भर मन की आँखों को चौंधिया कर बुझ जाने वाले। दूसरों के भाषण देवदार की ज्वाला थे — मशाल की तरह जलने, पर आँच कम देने वाले; कुछ के गीली लकड़ी-ऐसे तिमक-तिमक जलने वाले थे — धुँधुआने और ऊबा देने वाले। लेकिन हरीश की वक्तृता निरन्तर जलने वाली इमली की आग थी — आँखों को रौशन करने और हृदय को गर्मा देने वाली! न वे हाथ से हवा को चीरते थे, न मेज़ पर मुक्के मारते थे। उनके भाषण की ज्वाला बिना लपलपाये, अनवरत जल रही थी। दुरो उस दिन स्वप्न में चलती हुई-सी घर आयी थी और उस आग की ऊष्णता और प्रकाश अपने साथ लायी थी। रात सोयी तो हरीश का भाषण, उनका गम्भीर स्वर और उनकी पीली-पीली आकृति उसकी आँखों में घूमती रही थी।

चम्पा के साथ वह पार्टी के स्टडी सरकल में गयी थी और जब नयी किताबें आयीं और हरीश ने सरकल के सदस्यों को अधिक-से-अधिक कीमत की पुस्तकें बेचने और इस प्रकार पार्टी के हमदर्द बनाने के लिए कहा, तो जहाँ किसी ने दस और किसी ने बीस रुपये की पुस्तकें बेचने का ज़िम्मा लिया, वह पचास की पुस्तकें ले आयी थी।

०

पटियाला हाउस की लम्बी फ़सील दुरो को आकर्षित किये बिना पीछे रह गयी। फ़सील के चौकोर वर्गों में सफ़ेदी और स्याही की सहायता से दुनिया-जहान के विज्ञापन अंकित थे — बाल-घुट्टी से ले कर उपदंश, प्रमेह और मधुमेह तक के; हीर-राँझा और देवदास से ले कर सती-सावित्री और सीता आदि प्रसिद्ध फ़िल्मों के; फिर पानी के हैण्ड-पम्पों; बिजली के पंखों; कामिल हकीम चिश्ती; वैद्यराज इन्द्रजीत तथा बिजली से गुप्त रोगों का इलाज करने वाले डॉक्टर महिन्दर सिंह की योग्यता के! इन विज्ञापनों में, विशेषकर जो नयी आने वाली फ़िल्मों से सम्बन्ध रखते थे, बड़े सुन्दर और चित्ताकर्षक चित्र भी थे, जो अनायास ही दृष्टि को अपनी ओर खींच लेते थे। उनके कारण वह सूना-सा रास्ता, जिसके एक ओर मेडिकल कॉलेज होस्टल की दीवार थी और दूसरी ओर यह सूनी चारदीवारी, दिल बहलाने का सामान जुटा देता था। पर दुरो का ध्यान एक भी विज्ञापन की ओर न गया। बग़ल में शेष पुस्तकों का बण्डल लिये, धरती में निगाहें गाड़े वह चुपचाप चलती गयी। उसने तब तक आँख ऊपर न उठायी, जब तक वह मैक्लेगन और निस्बत रोड को पार कर श्याम गली में पार्टी के दफ़्तर नहीं पहुँच गयी।

कॉमरेड हरीश उस समय अपने एक साथी श्यामलाल तथा तीन-चार अन्य अनगढ़ किस्म के व्यक्तियों के साथ ज़ोर-ज़ोर से बातों में तल्लीन थे। दुरो को आया जान, हरीश ने हाथ का पंखा उसकी ओर बढ़ा कर कोने की ओर संकेत कर दिया। बिना कुछ कहे दुरो कोने में ढेर हो गयी। उसने अपने पैर पसार लिये; दीवार से पीठ लगायी और ज़ोर-ज़ोर से पंखा करने लगी। फिर कुछ क्षण बाद उसने टाँगें समेट लीं। पैरों को अपनी साड़ी के छोर से ढँक लिया। आँचल से मुँह का पसीना पोंछा, और उसके पंखे की गति भी धीमी हो गयी।

"सवाल यह नहीं कि नूरा शराबी है," हरीश कह रहे थे, "सवाल यह है कि उसको सस्पेण्ड[१] करना कहाँ तक उचित है। मालिकों को उसे सस्पेण्ड करने का, या इंस्पेक्टर के बदले उसको कण्डक्टर बनाने का क्या अधिकार है ?"

"हाँ जी, वो माई....कौन होते हैं मेरे निजी मामलों में दख़ल देने वाले ?" नूरदीन ने बिना इस बात का ख़याल किये कि कमरे में एक सम्भ्रान्त लड़की बैठी है, एक बड़ी-सी वज़नी पंजाबी गाली हवा में उछाल दी और बोला कि उसकी बीवी तो साली छिनाल है और वह एक दिन उस माई....का गला काट देगा।

दुरो ने देखा —वह छोटे कद का पतला-दुबला व्यक्ति है; बड़ी-बड़ी उसकी मूँछें हैं; कल्ले धँसे और दाढ़ी बढ़ी है और लगता है, जैसे उसने पी रखी है। उसका साथी किंचित थलथल-पिलपिल व्यक्ति था। दोनों ने तहमद और कुर्ते पहन रखे थे।

"लेकिन तुम्हारी बीवी ने जा कर मालिक से कहा तभी तो उसने तुम्हें हटाया!" थलथल-पिलपिल व्यक्ति ने ताना दिया।

"यह किसी दूसरी औरत के साथ रहता है, यह बात अच्छी नहीं," हरीश बोले, "बुरी है, लेकिन इस बात से इसकी नौकरी का कोई सम्बन्ध नहीं। क्या उस औरत के कारण इसने नौकरी से ग़फ़लत की ? क्या यह ड्यूटी पर हाज़िर नहीं हुआ ? क्या यह ड्यूटी छोड़ कर चला गया ? अगर नहीं, तो सिर्फ़ इसलिए कि यह शराब पीता है या बीवी को तंग करता है, या इसकी बीवी ने इसके मालिक से जा कर शिकायत की है, इसको डिमोट[२] नहीं किया जा सकता।"

"हाँ जी," नूरदीन ने हाथ से हवा को चीरते हुए कहा, "वो कौन होते हैं भैणी....मेरे मामलों में दख़ल देने वाले।"

"आज इसकी बीवी ने कहा, कल मेरा भाई कह देगा, परसों किसी की अम्माँ जा शिकायत करेगी —मालिक को नौकरी से मतलब है कि हमारे घर वालों से।" तीसरे आदमी ने कहा।

"मैंने आप लोगों से पहले भी कहा है," हरीश बड़े सब्र से बोले, "कि सबका इलाज यूनियन है। यह बात उचित भी हो सकती है। मालिक कह सकता है कि हमने तो तुम्हारे फ़ायदे के लिए ही यह सब किया है, सारा रुपया उस औरत को खिला देते हो।"

"तो उस माई....का खिलाते हैं ? जान मारते हैं ? बारह-बारह घण्टे ड्यूटी देते हैं, चाहे किसी को खिलायें...."

"हाँ हाँ, यही मैं कह रहा हूँ," हरीश ने बड़े धीरज से कहा, "मालिक रोज़ कितनी अनुचित बातों पर नौकरों को तंग नहीं करते ? सवाल ज़ोर और बेज़ोर का है। अकेला नूरदीन मालिक के सामने तिनके से ज़्यादा हैसियत नहीं रखता। वह इसको निकाल देगा तो यह चूँ नहीं कर सकता पर यदि आप सब मिल जायें तो मालिक की हैसियत तिनके से ज़्यादा नहीं रहती। सच जानिए, यह मुबालिग़ा[३] नहीं।"

---

१. सस्पेण्ड करना = निलम्बित करना

२. डिमोट करना = पद घटाना

३. मुबालिग़ा = अत्युक्ति

"हाँ जी," नूरदीन ने हवा में घूँसा जमाते हुए कहा, "इन सालों का दिमाग़ दुरुस्त करने के लिए यूनियन ज़रूरी है। आप आज से हमें मेम्बर समझिए। प्रताप रोड में 'लायन प्रेस' के पीछे जो तबेला है, वहीं मेरे पास एक कोठरी है। उस पर हम यूनियन का बोर्ड लगा देते हैं। आज शाम को अगर आप आ जायें तो मैं आदमी बुला रखूँगा।"

"मुझे ज़रा जगह दिखा दीजिए," हरीश ने कहा।

"अभी चलिए।"

और वे सब उठे। बातों की रौ में हरीश दुरो के आगमन की बात बिलकुल भूल गये थे। उन्हें उठते देख, दुरो चौंक कर उठी।

श्यामलाल ने हरीश का ध्यान उधर आकर्षित किया। हरीश उसके पास आये, "मैं अरसे से यहाँ ट्रांसपोर्ट यूनियन खोलने के फ़िराक़ में हूँ।" उन्होंने से दुरो से कहा, "आज मौका मिला है, मैं ज़रा जल्दी में हूँ। कहिए ?"

दुरो का मुँह लाल हो गया। आवाज़ उसे गले में अटकती-सी लगी। किसी तरह सचेत हो कर, पूर्ववत फ़र्श में निगाहें गाड़े उसने कहा, "मैं तीस रुपये की किताबें बेच आयी हूँ।" और ब्लाउज़ के अन्दर से रूमाल में बँधे रुपये निकाल कर उसने हरीश के हाथ में रख दिये।

"दैट इज़ एक्सलेण्ट कॉमरेड," हरीश ने उसकी पीठ को थपथपा दिया।" चार-छै ऐसे उत्साही साथी मिल जायें तो क्या बात है।"

"आज संस्कृति समाज की मीटिंग है।"

"संस्कृति समाज!"

"यहाँ के लेखकों और कवियों ने एक समाज स्थापित किया है। आज उसकी बैठक है। मैं आप को निमन्त्रण देने आयी थी।"

"मैं तो इधर व्यस्त हूँ!"

"तो मैं आज वहाँ जाऊँ ? वहाँ कॉण्टेक्ट बनाना चाहती हूँ। स्टडी सरकल की मीटिंग में न आ सकूँगी।"

"गुड!" और हरीश उसकी पीठ को थपथपा कर उन लोगों के पीछे उतर गये।

दुरो क्षण भर मुग्धा-सी खड़ी रही, फिर तेज़-तेज़ निकल गयी।

१८

"यह तुम बारह बजे आयी हो ? प्रतीक्षा करते-करते आँखें पक गयीं!" घर में प्रवेश करते ही दुरो को सत्या जी के शब्द और हँसी सुनायी दी।

साड़ी के छोर से मुँह का पसीना पोंछते और पुस्तकों का बण्डल एक ओर रखते हुए दुरो चारपाई की पट्टी पर थकी-सी बैठ गयी। "चार-छै जगह गयी बहन जी, देर हो गयी। मोहनलाल रोड से ताँगे पर आयी हूँ, नहीं डेढ़ बज जाता।"

"मोहन जी दो घण्टे से आये बैठे हैं। तुम्हारी ख़ातिर मैंने इन्हें रोक रखा है। चार बार उठ चुके हैं, पाँचवीं बार उठा चाहते हैं।" और सत्या जी फिर हँसीं।

"आज समाज की पहली बैठक है, मुझे वहाँ कुछ तो पहले पहुँचना ही चाहिए।" जगमोहन कुछ खिन्नता से हँस कर बोला।

"अभी तो एक बजा है!" दुरो ने कहा।

जगमोहन ने दृष्टि उठा कर देखा। पर दुरो की निगाह उसकी ओर नहीं थी। अँगीठी पर पड़ा पंखा उठा कर वह हवा करने लगी। जगमोहन ने फिर हँसने का उपक्रम किया, "जी, एक तो बजा है, पर मैंने तो अभी खाना भी नहीं खाया और मुझे नीरव जी को सूचित करना है। उनके घर गया तो वे मिले नहीं। प्रोग्राम तो छोड़ आया हूँ, पर पहली बैठक है, मैं चाहता हूँ सब आ जायें!"

"तभी तो मैंने कहा था कि आप खाना यहीं खा लीजिए। कब घर जायेंगे, कब खाना खायेंगे, कब नीरव जी से मिलेंगे ? यहाँ खाना खा लीजिए, दस-बीस मिनट आराम कीजिए, फिर सीधे नीरव जी के घर चले जाइए!"

जगमोहन चुप रहा। एक-दो बार सत्या जी ने पहले भी खाना वहीं खाने के लिए कहा था, पर उसने इनकार कर दिया था, इस बार वह चुप रह गया। दुरो के आ जाने से उसका मन वहाँ कुछ देर और बैठने को हो रहा था। उसके मौन को सम्मति का लक्षण समझ कर सत्या जी उठीं और उन्होंने दुरो से कहा, "तुम ज़रा पानी ला कर मोहन जी के हाथ धुलाओ, मैं खाना लाती हूँ।"

"अभी लायी!" और यह कहते हुए पुस्तकें उठा कर दुरो कमरे से निकल गयी।

o

जगमोहन ग्यारह बजे के लगभग सत्या जी के घर पहुँचा था। चातक जी से छपे हुए प्रोग्राम लेते और बाँटते-बँटाते उसे देर हो गयी थी। सब ओर से निश्चिन्त हो कर वह सत्या जी के घर की ओर मुड़ा था। सोच कर आया था कि यदि कुछ देर बैठने का अवसर मिला तो बैठ भी जायेगा। लेकिन जब सत्या जी ने डेवढ़ी का दरवाज़ा खोला, उसे ऊपर ले जा कर बड़े कमरे में बैठाया और बातों-बातों में उसे मालूम हुआ कि दुरो तो सुबह छै बजे ही घर से निकल गयी है, तो उसका सारा उत्साह ठण्डा हो गया था। उसने शाम की बैठक का प्रोग्राम जेब से निकाल कर सत्या जी की ओर बढ़ा दिया। लिफ़ाफ़ा खोल, सत्या जी ने देखा, नीचे चातक जी के हाथ से लिखा हुआ था —"अवश्य पधारिएगा; अपनी रचना साथ लाइएगा; कुछ ख़ाली लिफ़ाफ़े भेज रहा हूँ, नाम स्वयं लिख कर अपनी ओर से सहेलियों को आमन्त्रित कर लीजिएगा।"

"कुछ ख़ाली लिफ़ाफ़े भी लाये हैं आप ?"

"जी!"

और उसने लिफ़ाफ़े उनकी ओर बढ़ा दिये। सत्या जी ने उन्हें ले कर एक ओर रख दिया। तब जगमोहन उठा। "अच्छा, तो मैं चलता हूँ, आप दुरो जी तथा अपनी सहेलियों को ले कर अवश्य पहुँचिएगा। अपनी रचना लाना न भूलिएगा!"

सत्या जी ने इसका कुछ उत्तर नहीं दिया। "आप भी कुछ पढ़ रहे हैं कि नहीं ?"

उन्होंने पूछा।

जगमोहन रुका। "जी हाँ, मैं भी एक कविता पढ़ूँगा," उसने कहा, "नाम तो मेरा आप ने प्रोग्राम में देखा ही होगा।"

"जभी तो पूछा है। आप कविता भी लिखते हैं, आज मालूम हुआ।"

"जी, योंही कुछ लिख लेता हूँ। कवि तो चातक जी हैं, नीरव जी हैं, मैं तो...."

"यह नीरव और चातक जी में कुछ चलती है ?"

"आप से किसने कहा ?" और जगमोहन स्वयं ही बैठ गया।

"पण्डित दाताराम कह रहे थे। वे जिन प्रोफ़ेसर साहब के मकान में रहते हैं, वे हिन्दी बोर्ड के सदस्य हैं। दोनों को अच्छी तरह जानते हैं, उन्हीं ने पण्डित जी को बताया होगा।"

"दोनों कवि हैं," जगमोहन ने कहा, "दोनों बाहर से आये हैं। एक यू० पी० से दूसरे सी० पी० से। पंजाब में आर्यसमाज ने भजनीक चाहे जितने पैदा किये हों, कवि ढंग का एक भी पैदा नहीं किया। सो अन्धों में काने राजा। एक होता तो चल जाता। यहाँ दो हैं और पंजाब का एकमात्र कवि कहलाने का मोह दोनों को है।"

"आप ने भजनीकों की बात चलायी तो मुझे एक भजनीक की याद आ गयी।" सत्या जी ने कहा, "हमारे पिताजी कांग्रेसी भी हैं और आर्यसमाजी भी। मैं भी आर्यसमाज के लेक्चर सुनने जाया करती थी। एक बार गये तो एक भजनीक महोदय गा रहे थे :

ईश नाम बिन जीवन अपना सारे भाई खोते हैं
हाँ, सारे भाई खोते हैं
हाँ हाँ, सब बहनें खोती हैं"

'खोते' का मतलब पंजाबी भाषा में होता है 'गधे' और 'खोती' का 'गधी।' जब सत्या जी ने भजनीक की नकल उतारते हुए, हाथों से हारमोनियम-सा बजाते हुए 'हाँ-हाँ, सब भाई खोते हैं....हाँ-हाँ, सब बहनें....'कहते हुए शब्द 'खोते' और 'खोती' पर ज़ोर दिया तो जगमोहन अनायास ठहाका मार कर हँस दिया।

इसके बाद सत्या जी आर्यसमाजी भजनीकों और सुधारकों के क़िस्से सुनाती गयीं। यह अजीब बात है कि उन्होंने एक बार भी जगमोहन की ओर नहीं देखा। फ़र्श में, दीवार में, खिड़की के बाहर देखते हुए वे बात-पर-बात सुनाती चली गयीं। तभी जगमोहन के सिर के ऊपर दीवार में टँगे क्लॉक ने बारह की टन-टन आरम्भ की और वह हड़बड़ा कर उठा।

"अच्छा, अब मैं चलता हूँ।" उसने कहा।

"मैंने अपनी तीन सहेलियों को 'संस्कृति समाज' का सदस्य बनाया है। उनका चन्दा लेते जाइए।"

और उठ कर सत्या जी अन्दर गयीं। कुछ क्षण बाद आ कर उन्होंने कहा, "चाबियाँ नहीं मिल रहीं।" और अँगीठी पर, पलँग पर, तकिये के नीचे और इधर-उधर देखती हुई वे फिर अन्दर चली गयीं। फिर कुछ क्षण बाद आ कर पलँग पर बैठते हुए उन्होंने कहा, "शायद दुरो ले गयी हो। आप ज़रा बैठिए, सुबह छै बजे की गयी हुई है, अब आती ही होगी।"

जगमोहन फिर बैठ गया। और उन्होंने अपने कॉलेज की बात चला दी कि पण्डित

दाताराम ने सब काम उन्हीं को सौंप दिया है और वे अपनी सहायता के लिए पण्डित रघुनाथ को ले आयी हैं। पण्डित रघुनाथ उनके पुराने परिचित हैं। अमृतसर में पढ़ाते थे, अब यहाँ आ गये हैं। बेकार थे, जब उन्हें पता चला कि सत्या जी देवचन्द कॉलेज की गुमटी बाज़ार वाली शाखा में आ गयी हैं तो उनके पास पहुँचे। एक जगह ख़ाली थी, पण्डित दाताराम से कह कर सत्या जी ने पण्डित रघुनाथ को वहाँ रखवा दिया। और सत्या जी ने बताया कि इन तीन दिनों के अन्दर-अन्दर दस नयी लड़कियाँ केवल उनकी अपनी कोशिश से कॉलेज में दाख़िल हुई हैं। फिर वे पण्डित दाताराम की बातें करने लगीं कि कैसे वे सभी कुछ उन पर छोड़े हुए हैं और उन्हें बेटी कह कर पुकारते हैं और कैसे जब वे पगड़ी उतार कर अपने गंजे सिर पर हाथ फेरते हैं तो अपनी समस्त गम्भीरता के बावजूद उनका जी उनकी चाँद पर एक चपत जड़ देने को होता है।

और घण्टे भर तक सत्या जी लगातार कॉलेज की, लड़कियों की, अध्यापक-अध्यापिकाओं और गली-मुहल्ले की बातें सुनाती चली गयीं। जगमोहन एक-दो बार फिर उठा, पर बातों के बहाव में उन्होंने उसे फिर बैठा दिया। आख़िर एक बजे के लगभग दुरो पुस्तकें बग़ल में दबाये, पसीने से नहायी हुई आ पहुँची।

०

"आइए, हाथ धो लीजिए!" दुरो पानी का लोटा और तौलिया ले आयी।

जगमोहन उठा। दुरो के पीछे-पीछे वह सीढ़ी की दूसरी ओर छत पर गया, जहाँ इधर कोने में एक नाली और छोटा-सा खुरा बना था और उधर चारपाइयाँ अपने मैले-कुचैले बिस्तरों के साथ पंक्ति-बद्ध पड़ी सूख रही थीं। गृहिणी के बिस्तर की चादर पर बड़े-बड़े गोल दाग़ पड़े थे जो दूध-पीते बच्चे के चमत्कार थे। सब बिस्तरों के तकिये तेल से सने थे, परन्तु इस तीक्ष्ण धूप में सूखने के बाद उन में बीमारी के कीटाणु रह जाते होंगे, इसकी सम्भावना नहीं थी। हाँ, आँखों को अच्छे न लगें, यह और बात है। पर निम्न-मध्यवर्ग की आँखें इतनी नाज़ुक नहीं कि ये गन्दी चादरें या तकिये उन्हें खटकें। उनकी 'खटक' का स्तर भिन्न है। धुली-धुलायी चादरें बिस्तरों पर बिछी हों और घर में कोई बच्चा न हो तो उनको वह सब सफ़ाई बड़ी कष्टप्रद लगेगी और यदि घर में अधनंगे, नंगे, दुखती आँखें और बहती नाक लिये हुए बच्चे रिरिया और किलबिला रहे हों तो फिर चादरों के गोल दाग़ और तकियों की मैल भी उन्हें भली मालूम होगी।

जगमोहन की दृष्टि उस ओर नहीं गयी। वह सफ़ेद पैण्ट और धारीदार कमीज़ पहने था, जिसके कॉलर और कफ़ में कलफ़ लगा था। उसे इस बात का डर था कि पानी के छींटे छत के गन्दे फ़र्श से उछलें तो उस की पैण्ट ख़राब न हो जाये, इसलिए वह नाली पर उकड़ूँ बैठ गया। दुरो उसके हाथ धुलाने को झुकी तो उसकी एक चोटी कन्धे से फिसल कर, जगमोहन को अंजुलि पर आ गिरी। दुरो ने तत्काल बायें हाथ से फिर उसे पीछे फेंक दिया। लेकिन उन नर्म-नर्म बालों के उस क्षणिक स्पर्श से जगमोहन को रोमांच हो आया। उस तपती धूप में भी जैसे निमिष-भर को हवा का ठण्डा झोंका उसे सिहरा गया। उसने दुरो की ओर देखा —केशों की इस उद्दण्डता से उसके मुख पर लाली दौड़ गयी, पर वह लाली लज्जा के कारण थी अथवा घाम के, इसे जगमोहन न जान सका, क्योंकि दुरो की आँखें उसकी ओर न थी। हाँ, उसका अपना मुख लज्जारुण हो उठा, क्योंकि उसने अनजाने

ही में उन बालों को उँगली और अँगूठे से छू लिया था। हाथ धो कर वह कमरे में वापस आया तो सत्या जी ने खाना ला कर छोटी-सी तिपाई पर रख दिया।

"आप ने खाना नहीं खाया ?" जगमोहन ने पूछा।

"आप खाइए, हम भी खाते हैं।"

"बड़ी देर हो गयी है, आप भी खा लीजिए!"

"नहीं, आप खाइए!" सत्या जी ने कहा। फिर उन्होंने दुरो को आवाज़ दी कि वह खाना खा ले। छै बजे की गयी हुई है, भूख लग आयी होगी उसे।

"आप खाइए तो खायें!" दुरो ने रसोई-घर से आवाज़ दी।

"नहीं-नहीं, तुम खा लो।"

थाली में उड़द की दाल और चावल थे। जगमोहन को चावल पसन्द थे, न उड़द। उड़द की दाल यदि काफ़ी घी और प्याज़ से छौंकी गयी होती और सत्या जी के साथ दुरो भी यदि उसके सामने कुर्सी पर आ कर बैठ जाती तो जगमोहन को न उड़द की दाल अखरती, न चावल, लेकिन अब....पर थाली में आम के अचार की एक फाँक और भुने हुए पापड़ का एक टुकड़ा भी रखा था और फिर किसी ने कहा है न कि :

'भूख हो तेज़ तो लेटी[१] भी मज़ा देती है
हलक़ से नीचे उतर जाती है हलवा हो कर।'

इसलिए जगमोहन ने भात में दाल मिला कर ज़रा-सा अचार और पापड़ ले, पहला कौर मुँह में डाला तो उसे बड़ा स्वादिष्ट लगा।

सत्या जी ने उस समय अपनी चाची के व्रत-नियम की बात छेड़ दी कि एकादशी होने से चाची व्रत से हैं और घर में चावल और उड़द पके हैं, और किस प्रकार चाची ने ग्यारह एकादशियों के व्रत का प्रण ले रखा है, और किस प्रकार ग्यारह एकादशियों का व्रत पूरा करने के बाद, वे ग्यारह पूर्णमासियों का व्रत लेंगी, आदि, आदि....।

पर जगमोहन वह सब न सुन रहा था। उसके श्रवण उसकी कल्पना में थे और उसकी कल्पना में वह क्षण मूर्तिमान हो रहा था जब वह हाथ धोने के लिए नाली पर उकड़ूँ बैठा था और जल की शीतल धार-सी दुरो की चोटी उसकी अँजुरी में आ गिरी थी। वह परस, उस परस का वह पुलक खाना खाते समय कल्पना-ही-कल्पना में उसके अणु-अणु में भर गया। तब सत्या जी बता रही थीं कि किस प्रकार जन्माष्टमी के दिन उनके घर उड़द, चावल और हलवा पकता है और कंजका (कुमारी कन्याएँ) जीमने को आती हैं और दक्षिणा के साथ उन्हें एक-एक बसन्ती दुपट्टा भी दिया जाता है।

उसने खाना खा लिया तो इस बार सत्या जी ने उसके हाथ धुलवाये।

"आप स्वयं ही पहुँच जायेंगी न ?" जगमोहन ने पूछा, "लाजपत राय हॉल का कमेटी-रूम तो आप ने देखा ही होगा, वहीं मीटिंग होगी।"

"जी हाँ, हम पहुँच जायेंगे, आप चिन्ता न कीजिए। अभी खाना-वाना खा कर हम दोनों अपनी सहेलियों के यहाँ जायेंगी और उनको लेते हुए समय पर लाजपत राय हॉल पहुँच जायेंगी।"

---

१. शीरे का पतला हलवा-सा

हाथ धो कर जगमोहन वापस कमरे में आया, उसने अपना हैट उठाया और बोला, "लीजिए, आप सब खाना खाइए, बड़ी देर हो गयी है।"

"एक मिनट बैठिए!" सत्या जी ने कहा। उन्हें जैसे एकाएक अपनी तीन सहेलियों की चन्दे की बात याद आ गयी थी। "मैं दुरो से चाबी ले कर आप को चन्दा दे दूँ।"

"साथ लेती आइएगा, अब काहे कष्ट करती हैं।"

"नहीं, कष्ट क्या, अभी लाती हूँ।"

और वे चली गयीं। जगमोहन का ख़याल था, शायद दुरो आये! वह सोच रहा था कि कैसे वह उसे 'नमस्कार' करेगा और कैसे वह उत्तर देगी। पर दुरो का खाना ही शायद ख़त्म न हुआ था। वह नहीं आयी। सत्या जी चाबी ले कर आयीं और चाबी अलमारी के ताले में घुमाते-घुमाते उन्होंने चाबियों के गुम होने का क़िस्सा सुनाना आरम्भ कर दिया। — उनकी एक सहेली को ताले लगाने की आदत न थी। वह हर चीज़ खुली रखती थी। एक बार उनके पड़ोस में एक ऐसी स्त्री आ बसी, जो हर ट्रंक, अलमारी और हर चीज़ को ताला लगाती थी। नौकर को कोयले देते समय गिन लेती थी और लकड़ी नाप कर देती थी। कुछ उसकी देखा-देखी और कुछ उसके शुभ परामर्श से सत्या जी की सहेली ने भी एक दिन अपने पति पर ज़ोर दे कर ताले मँगाये और हर अलमारी और ट्रंक को लगा दिये। छुट्टी का दिन था। दोनों कहीं बाहर गये। थक-हार के आये तो पति ने कहा कि गर्म-गर्म चाय बनाओ! नौकर ने भण्डारे की चाबी माँगी तो मालूम हुआ कि चाबी कहीं रखी गयी है। ख़ैर, पति ने कहा कि पड़ोस से थोड़े कोयले ला कर आग जला दो। नौकर ने वैसा ही किया। पानी उबलने लगा। लेकिन देवी जी ने चाय, चीनी, दूध —सब-कुछ ताले में रख दिया था। पति-पत्नी इतने झुँझलाये कि एक-एक पत्थर दोनों ने उठाया और जितने उत्साह से सुबह ताले लगाये थे, उसी जोश से उन्हें तोड़ने लगे। वह दिन और आज का दिन जो फिर कभी किसी चीज़ को उन्होंने ताला लगाया हो।

यह कहानी सुनाते तथा उसे चन्दे के रुपये देते-देते और बीस मिनट सत्या जी ने लगा दिये। दुरो अब भी नहीं आयी। आख़िर जगमोहन ने लम्बी साँस ली और सत्या जी को 'नमस्कार' किया।

"चलिए, मैं आप को नीचे तक छोड़ आती हूँ।" और वे उसके पीछे-पीछे उतरीं।

चलते-चलते उसने कहा, "अपनी बहन और अपनी सहेलियों को अवश्य लाइएगा।"

"निशाख़ातिर रहिए!"सत्या जी ने उत्तर दिया और जब तक वह नज़रों से ओझल न हो गया, वे चौखट में खड़ी रहीं और फिर लम्बी साँस ले कर ऊपर चली गयीं।

१९

लाजपत राय हॉल के दो गेट थे। एक सनातन धर्म हाई स्कूल के सामने का, जो सीधा हॉल के बरामदे में खुलता था और दूसरा डी० ए० वी० कॉलेज होस्टल के सामने का, जो

उस अहाते में से हो कर हॉल को जाता था, जहाँ 'पीपल्ज़ सोसाइटी' के सदस्य रहते थे। सत्या जी और दूसरी सहेलियों के साथ दुरो इसी अहाते की ओर से आयी। ऊपर होस्टल की दूसरी मंज़िल के कमरे में इतनी सारी लड़कियों को देख कर कोई दिलजला अलाप उठा :

या इलाही मिट न जाये दर्दे-दिल
मिटने वालों को मिटाये दर्दे-दिल

लड़कियों ने उस दिलजले को नहीं देखा, लेकिन उनकी निगाहें और भी नीचे झुक गयीं। केवल दुरो ने एक क्रोध-भरी दृष्टि उस बदतमीज़ की ओर डाली, पर वे महाशय टट्टी की ओट से शिकार खेलने वालों में से थे। खिड़की पर जाली लगी थी। उसके पीछे खड़े वे आने-जाने वालों (वालियों) को अपने दर्दे-दिल का हाल सुना रहे थे। दुरो की उस क्रोध-भरी दृष्टि से जैसे बिंध कर उन्होंने सीने पर हाथ रखा और ज़ोर से एक 'हाय' की। पर दुरो तब तक अहाते में दाख़िल हो चुकी थी।

अहाते को पार कर, वे लाजपत राय हॉल के बरामदे में दाख़िल हुईं और कोने में लाइब्रेरी को जाने वाले ज़ीने की ओर बढ़ीं, क्योंकि उधर ही से ऊपर कमेटी-रूम को रास्ता जाता था।

"आप लोग आ गयीं!" सहसा उनके कानों में आवाज़ पड़ी। दुरो ने देखा, हॉल के सामने वाले दरवाज़े की ओर सिल्क का कुर्ता और पतली महीन धोती पहने जगमोहन उनकी ओर आ रहा है।

"आइए, आइए, मैं आप ही लोगों की प्रतीक्षा कर रहा था।" यह कहते हुए वह उनके आगे-आगे सीढ़ियों पर हो लिया, "आप लोग शायद देव समाज की ओर से आयी हैं!"

सत्या जी ने पूछा कि वे लोग देर से तो नहीं पहुँचीं।

"नहीं-नहीं, आप बिलकुल समय पर आयी हैं। कार्यक्रम आरम्भ होने में अभी देर है।"

कमेटी-रूम के बाहर बरामदे में बहुत-से जूते पड़े थे। उन सब ने भी एक ओर जूते उतारे और जगमोहन के पीछे-पीछे जा कर दरी पर बैठ गयीं।

लाजपत राय हॉल का कमेटी-रूम काफ़ी बड़ा कमरा था। छत किंचित नीची थी, पर खुला यथेष्ट था। छत में पंखा घरघरा रहा था, नीचे दरी बिछी हुई थी। काफ़ी लोग आ गये थे। शान्ता बहन वहाँ अपने विद्यालय की छात्राओं के साथ पहले से बैठी थीं। उनके पति श्री भगतराम दूसरी ओर पुरुषों में विराजमान थे। जगमोहन के साथ सत्या जी को आते देख कर वे तनिक खाँसे और उन्होंने अपने पर-दाँत दिखा दिये। तभी सत्या जी की दृष्टि दरी के एक सिरे पर महामना मालवीय जी बने बैठे पण्डित दाताराम की ओर गयी और उन्होंने दोनों हाथ माथे पर ले जा कर 'नमस्कार' किया।

जगमोहन उनको बैठा कर अन्य लोगों के स्वागतार्थ वापस चला गया। तब कवि चातक अपनी जगह से उठ कर, दायें हाथ से बालों की लट को माथे से पीछे हटाते हुए, उनकी ओर आये। हाथ में उनके एक काग़ज़ था। "कहिए, आप लोग आ गये ?" उन्होंने हँसते हुए कहा।

दुरो के जी में आयी, कहे —आप देख तो रहे हैं —पर वह चुप रही। प्रकट है कि सत्या जी ने भी इसका उत्तर देना ज़रूरी नहीं समझा। तब स्वयं ही कवि ने कहा, "हम तो डर रहे थे कि आप धोखा दे गयीं!"

सत्या जी अब भी चुप रहीं।

"कहिए, कुछ लायीं ?"

"मालती वाली रचना लायी हूँ।" उन्होंने वैसे ही दरी की ओर देखते हुए कहा, "नया कुछ लिखने का समय तो नहीं पा सकी। और फिर सभा में पढ़ने-पढ़ाने का मुझे अभ्यास नहीं।"

"ठीक है, ठीक है," चातक जी ने कहा, "पढ़ती रहोगी तो अभ्यास भी हो जायेगा। इसीलिए तो समाज की स्थापना की है।" और काग़ज़ पर उनका नाम लिखते हुए बोले, "आपकी सहेलियों में से कोई कुछ पढ़ेगी ?" और उन्होंने एक दृष्टि उन सब की ओर डाली। लड़कियों की निगाहें दरी पर जम गयीं। केवल दुरो ने दृष्टि भर कर कवि की ओर देखा। उस दृष्टि की तेज़ी और निस्संकोचता से कवि कुछ सकपका गये। उनका हाथ अनायास अपने बालों पर चला गया। और वे दायें पैर से बायें टख़ने की खुजली मिटाने लगे। फिर कुछ सँभल कर, तनिक मुस्कराते हुए उन्होंने दुरो से कहा, "कहिए, आप कुछ सुनायेंगी।"

"यदि हम सब सुनाने लगीं तो आप लोगों को कौन सुनेगा ?" सहसा दुरो ने कहा।

चम्पा ने उसे ठहोका दिया और दोनों अपनी-अपनी साड़ी के छोर में मुँह दे कर हँस पड़ीं। कवि इस परिहास का उत्तर न दे पाये। पर उन का मन हरा हो गया और उन्होंने अपनी नयी कविता इसी मृगनयनी पर लिखने का संकल्प कर लिया।

तभी नीरव जी अपने चदरे को सँभालते, पान चबाते और होंटों के बायें कोने से मुस्कराते हुए आ गये और कमरे में 'नमस्कार,' 'नमस्कार' का शोर मच गया। नीरव जी मुस्कराते और सब के अभिवादन का उत्तर देते हुए दरी पर आगे आ कर बैठ गये। दरी के उस सिरे पर बीचोंबीच एक मेज़ और दो कुर्सियाँ भी रखी थीं। कुछ लोगों ने नीरव जी से समाज के स्थायी प्रधान की हैसियत से कुर्सी पर बैठने को कहा। उन्होंने एक-दो बार, 'नहीं, नहीं, मैं यहीं अच्छा हूँ,' कहते हुए कनखियों से कुर्सी की ओर देखा और तब मित्रों के विवश करने पर जा कर बैठ गये। तभी यूनिवर्सिटी हिन्दी-बोर्ड के अध्यक्ष डॉक्टर घनानन्द की अर्दल में प्रोफ़ेसर ज्योतिस्वरूप आये। जगमोहन उनके आगे-आगे था।

सारे हॉल में फिर अभिवादन का शोर मच गया। श्री धर्मदेव वेदालंकार अपनी जगह से उठ कर लपके; श्री नीरव कुर्सी से उठ कर उनकी ओर बढ़े; श्री चातक बालों पर हाथ फेरते हुए उधर को मुड़े। और-तो-और शुक्ला जी ने भी अपनी जगह पर खड़े हो कर खीसें निपोर दीं। जब सब लोग बैठ गये तो धर्म जी ने प्रोफ़ेसर स्वरूप के कान में कुछ मन्त्र फूँका। उन्होंने उठ कर डॉक्टर घनानन्द का नाम प्रधान के रूप में प्रस्तावित किया। नीरव जी ने इस प्रस्ताव का सोल्लास अनुमोदन किया और डॉक्टर घनानन्द, जिनके अगले तीन दाँत टूटे हुए थे, नीरव जी के साथ कुर्सी पर आ विराजे।

दुरो को यह सब-कुछ बड़ा हास्यास्पद लग रहा था। सारे वातावरण पर उसे एक बड़ा तकल्लुफ़-सा छाया दिखायी दे रहा था। उसे अपने स्टडी सरकल की याद हो आयी।

वहाँ कुछ अजीब अपनापा-सा रहता था। कोई बड़ा-छोटा न था। बड़े खुले ढंग से वाद-विवाद, तर्क-वितर्क होता था। उसके मन में आयी, यदि समाज की बैठक जल्दी ख़त्म हो जाये तो वह कुछ समय को स्टडी सरकल में हो गये।

तभी उसे ध्यान आया कि कॉमरेड हरीश तो शायद ट्रांसपोर्ट वालों के झमेले में उलझे होंगे। फिर सोचा कि नहीं स्टडी सरकल अवश्य आयेंगे और उसने चम्पा से पूछा, "चम्पा, यह ख़त्म हो जाये तो क्या स्टडी सरकल भी चलोगी ?"

"समय रहा तो चले चलेंगे।"

तभी बैठक का कार्यक्रम आरम्भ हो गया।

०

सबसे पहले श्री धर्मदेव वेदालंकार ने 'संस्कृति समाज' को स्थापना के सम्बन्ध में अपने विचार 'उपस्थित महानुभावों के समक्ष' रखे और इस बात पर प्रसन्नता प्रकट की कि उसका समारम्भ डॉक्टर घनानन्द जैसे प्रकाण्ड विद्वान के हाथों हो रहा है। अपने भाषण में उन्होंने सभापति की बहुत प्रशंसा की और बोर्ड के दूसरे उपस्थित सदस्यों के आगमन पर उल्लास प्रकट करते और बड़ी कुशलता से उनका नाम गिनाते हुए, उनके गुणों का बखान किया।

श्री धर्मदेव के बाद कवि चातक ने अपने 'उद्गार' व्यक्त किये कि किस प्रकार वे 'संस्कृति समाज' की स्थापना का स्वप्न देखा करते थे और आज उस स्वप्न के सत्य होने से जितनी प्रसन्नता उन्हें है, उतनी शायद अन्य किसी को न होगी। समाज की पहली बैठक में यथेष्ठ संख्या में कोमल-वर्ग की उपस्थिति निश्चय ही समाज के उज्ज्वल भविष्य की परिचायक है। भारतीय संस्कृति में आदि काल से स्त्रियाँ पुरुषों के साथ योग देती आ रही हैं। उन्होंने गार्गी की मिसाल दी जो वैदिक युग की प्रख्यात ब्रह्मवादिनी थी; लीलावती का उदाहरण दिया जो बड़ी भारी गणितज्ञ थी; दुर्गाबाई तथा लक्ष्मीबाई का उल्लेख किया, जिनकी वीरता की चर्चा आज भी घर-घर है और कहा कि बाद में भारत की नारी ने जो पुरुष का साथ देना छोड़ दिया —कई कारणों से जिसे छोड़ने पर वह विवश हुई —उससे भारत को कम क्षति नहीं उठानी पड़ी। अब नारी घर की चारदीवारी से निकल कर राजनैतिक और सांस्कृतिक मोरचों पर पुरुषों के कन्धे-से-कन्धा मिला कर योग दे रही है, यह भारत की उन्नति का बड़ा शुभ लक्षण है और इसे देख कर कवि चातक का हृदय हर्ष से ओत-प्रोत हुआ जा रहा है।

कवि चातक के बाद शुक्ला जी समाज को अपनी 'शुभाकांक्षाएँ प्रदान' करने के लिए खड़े हुए। पर वे क्या कह गये, दुरो ने वह सब नहीं सुना। वह सत्या जी के पीछे बैठी 'यूरोप की स्वतन्त्र नारी' पढ़ने में व्यस्त रही। कल्पना-ही-कल्पना में वे दिन वह देखती रही, जब भारत में स्त्री को सचमुच पुरुष के बराबर का अधिकार प्राप्त होगा। कवि चातक 'संस्कृति समाज' में कोमल वर्ग की उपस्थिति पर हर्षातिरेक से मरे जा रहे थे, किन्तु दुरो जानती थी कि उनकी पत्नी घर के कुएँ में बन्द, सब तरह से विवश पड़ी है। चातक जी ही क्या, दुरो जानती थी कि शुक्ला जी, नीरव जी, डॉक्टर घनानन्द, प्रोफ़ेसर स्वरूप और अन्य लगभग सभी महानुभावों की पत्नियाँ घर की चक्की में पिसी जा रही हैं और वह उन दिनों के स्वप्न देख रही थी, जब जीवन के हर क्षेत्र में नारी पुरुष के कन्धे-से-कन्धा और

पग-से-पग मिला कर चलेगी और पुरुष सीता-सावित्री के आदर्श से काम ले कर उसे बहकायेंगे नहीं, सचमुच जीवन-संगिनी, सहचरी और मन्त्रिणी बनायेंगे।

तभी शुक्ला जी बैठ गये। श्री धर्मदेव ने चातक जी से लिखा हुआ प्रोग्राम ले कर नीरव जी के सामने बढ़ाया। नीरव जी ने एक नज़र देख कर सभापति की ओर सरका दिया और सभापति ने श्री कण्टक से अपनी कविता पढ़ने की प्रार्थना की।

०

उन दिनों हिन्दी कविता के युवक प्रेमियों के हृदयों पर श्री 'बच्चन' का राज्य था। कण्टक जी युवक भी थे और उनके हृदय का काँटा गोपालनगर ही के एक सुन्दर फूल से बिंध चुका था, इसलिए 'बच्चन' ही की तर्ज़ पर उन्होंने एक गीत सुनाना आरम्भ किया। आवाज़ तो 'बच्चन' की-सी वे कहाँ से लाते, पर भावनाओं की नक़ल करने का भरसक प्रयास उन्होंने किया :

तुम सोती हो मैं जगता हूँ
गिनता हूँ नभ के तारों को
गिनता हूँ अपनी हारों को
करके निद्रा का आवाहन मैं फिर-फिर उसको ठगता हूँ
तुम सोती हो मैं जगता हूँ

कण्टक जी के बाद एक दूसरे स्थानीय कवि श्री अवसाद जी ने श्रीमती महादेवी की शैली में एक व्यथा-गान पढ़ा :

देव, इस अवसाद का सुख कौन जाने!

इन दो कविताओं के बाद सभापति ने श्री धर्मदेव वेदालंकार से अपनी कहानी पढ़ने की प्रार्थना की। टाई की गिरह और पतलून की क्रीज़ को दुरुस्त करते हुए, धर्म जी अपनी कहानी सुनाने लगे।

श्री धर्मदेव वेदालंकार ने बहुत ज़्यादा न लिखा था। उनकी कुछ कहानियाँ पत्र-पत्रिकाओं में प्रकाशित भी हुई थीं, जिनमें से अधिकांश उन्होंने कोर्स की पुस्तकों में शामिल कर ली थीं। उनका बड़ा कारनामा यह था कि उन्होंने हिन्दी में विदेशी कहानियों के अनुवाद किये थे, अथवा यों कहा जाये कि दूसरों से करा के छपवाये थे। उनका दावा था कि कहानी की, कहानी ही क्यों, उपन्यास, नाटक और कविता की कला को जितना वे समझते हैं उतना कोई नहीं समझता। लिखा उन्होंने चाहे अधिक न था, पर लिखने की योजनाएँ उन्होंने बहुत बना रखी थीं और शायद इसी कारण वे अपने आप को हिन्दी का सर्वश्रेष्ठ कथाकार समझते थे।

कहानी उनकी रूमानी थी। एक निर्धन कवि और सम्पन्न वर्ग की एक लड़की में प्रेम है। परन्तु वर्ग-विषमता के कारण दोनों में विवाह नहीं हो पाता। प्रेयसी किसी धनाधीश की पत्नी बनती है और कवि अपनी अतृप्ति को काव्य-साधना में भुलाने का प्रयास करता है। कालान्तर में उसकी प्रेयसी एक लड़की की माँ बन जाती है और कवि भारत भर में प्रसिद्ध हो, उसी के नगर में आता है। वहाँ उसका भव्य स्वागत होता है। उसकी प्रेयसी भी अपनी बच्ची के साथ उसके स्वागत-समारोह में शामिल होती है। बच्ची को वह कवि का

परिचय देती है और कहती है —'जा कर कवि को प्रणाम करो और आर्शीर्वाद लो!' जब बच्ची प्रणाम को झुकती है तो कवि की आँखें अपनी भूतपूर्व प्रेयसी से चार होती हैं। बच्ची को आशीर्वाद देता हुआ वह उसे चूम लेता है। उसकी प्रेयसी के अणु-अणु में एक पुलक दौड़ जाता है और उसके गाल गुलाब बन जाते हैं।

इस कहानी की कला पर धर्म जी को बेहद नाज़ था। यद्यपि हिन्दी के किसी कवि का वैसा सम्मान उस ज़माने में असम्भव-सा ही लगता था (आज भी सम्भव नहीं लगता) और भारत में थियेटर की अनुपस्थिति के बावजूद प्रत्येक भारतीय फ़िल्म में थियेटर के जो दृश्य दिखाये जाते हैं, कुछ वैसा ही अयथार्थ दिखायी देता था, पर हिन्दी कहानी के तत्कालीन स्तर को देखते हुए कहानी सुन्दर थी। लेकिन कहानी कविता तो है नहीं। जब कविता को श्रोताओं में प्रिय बनाने के लिए कण्ठ में लोच की आवश्यकता है तो फिर बेचारी कहानी की बात तो दूर रही। धर्म जी बड़े ज़ोरों से कहानी पड़ते रहे और श्रोतागण अपने विचरों में मस्त सुनते रहे। इसी बीच चातक जी ने जगमोहन से प्रोफ़ेसर स्वरूप का परिचय कराया और प्रोफ़ेसर स्वरूप ने उससे वादा किया कि वे शीघ्र ही उसे काम देंगे। दुरो ने अपने पास बैठी हुई कुछ महिलाओं को पुस्तकें दिखायीं और उनके घरों के पते नोट किये। शुक्ला जी ने बायें हाथ की हथेली पर तम्बाकू और चूना मिला कर खैनी बनायी, बिना आवाज़ किये फटकी और निचले होंट और दाँतों के मध्य रख कर बड़े इतमीनान से उसका रस पपोलने लगे। कवि चातक ने दो-एक बार दुरो से आँख मिलाने का प्रयास किया और अपनी नयी कविता की पहली पंक्ति बना डाली। नीरव जी ने वहीं अपने प्रधानासन पर बैठे-बैठे अपनी कविता की रिहर्सल कर ली। शेष श्रोताओं में भी शायद ही किसी ने ध्यान से पूरी कहानी सुनी, लेकिन जब धर्म जी अपनी कहानी समाप्त कर के बैठे, तो सब ने बड़े ज़ोरों से ताली बजायी।

धर्म जी के बाद सभापति ने नाम पुकारा, ''जीवनलाल 'वसन्त'!''

एक अनगढ़-सा युवक, जिसके कपड़े अपेक्षाकृत मैले थे, दाढ़ी बढ़ी थी और आकृति पर वसन्त के बदले पतझड़ की छाया थी, कविता पढ़ने खड़ा हुआ। उसके 'बड़े' नाम के मुक़ाबले में उसके 'छोटे' दर्शन करके श्रोताओं में एक दबी-सी हँसी फूटी, पर उस हँसी की अवहेलना कर, वह युवक कविता पढ़ने लगा :

प्रेम से इनकार कब है ?

जगमोहन ने देखा कि बढ़ी दाढ़ी, रूखे बालों और कृश देह के बावजूद वसन्त की बड़ी-बड़ी आँखों में कुछ अजीब-सी चमक थी। वह गा कर कविता न पढ़ रहा था, पर उसकी आवाज़ में लोच के बिना भी आकर्षण था और होंटों पर एक दर्द-भरी विषाक्त मुस्कान थी।

कविता प्रकट ही प्रेम के सम्बन्ध में थी। कवि को प्रेम से इनकार न था, वह अपनी प्रेयसी को विश्वास दिलाना चाहता था कि उसकी उदासीनता का कारण प्रेम की गहराई का अभाव नहीं। उसके सुन्दर शशि-मुख और उसके लहराते घन-कुन्तलों को देख कर उसका हृदय भी हिलोर लेता है, पर वह हिलोर धरती से उसके पाँव नहीं उखेड़ती। अपनी निजी ग़रीबी ही नहीं, बल्कि अपने सारे वातावरण की निर्धनता, संकुलता, अपरूपता उसके पाँव

पकड़े रहती है। प्रेम से उसे इनकार नहीं, लेकिन वह प्रेयसी से कहता है कि प्यार का विलास इस निर्धनता में सुखद नहीं। प्रेम यदि कुछ क्षणों के लिए उन्हें अपने वातावरण की अपरूपता भुला देगा तो उसकी परिणति के पश्चात उस वातावरण की भयंकरता और भी द्विगुणित हो कर उनकी समस्त सुन्दर भावनाओं का गला घोंट देगी।

और कवि बैठ गया। जगमोहन दत्त-चित्त हो कर कविता सुनता रहा था। कई श्रोता जो धर्म जी की कहानी से ऊब कर बातें करने लगे थे, वसन्त की वाणी के जादू से तन्मय हो गये। यद्यपि जगमोहन ने धर्मदेव जी, चातक जी और नीरव जी के चेहरों पर वितृष्णा की झलक भी देखी, डॉक्टर घनानन्द ने कविता के मध्य अपने टूटे दाँत दिखाते हुए एक जम्हाई भी ली, एक-आध उपेक्षापूर्ण रिमार्क भी उसने सुना, पर जगमोहन को उस कविता में अपनी ही भावनाओं की प्रतिध्वनि मिली। कविता के अन्त पर सहसा उसकी दृष्टि दुरो की ओर गयी —वह एकाग्र-चित्त हो कर कविता सुन रही थी।

तभी डॉक्टर घनानन्द ने उसका नाम लिया।

जगमोहन ने कविता लिखी थी। कवि चातक ही के अनुकरण में उसने दुरो के प्रति अपना प्रेम प्रकट किया था। कविता उसने चातक जी को दिखा भी ली थी। उन्होंने उसे पसन्द भी किया था और एक-दो जगह संशोधन भी कर दिया था। उसकी कविता कुछ यों थी :

ऐ प्रिय, तुम्हारे प्रेम का कुसुम
मेरे सूने उर की डाली पर खिल उठा है।
खिल उठा है और मुरझा भी जायेगा —
धीरे-धीरे, चुपचाप!
निष्ठुर समय की घड़ियाँ, पल
इसके दल कुम्हला देंगे
और स्नेह-हीन हिम-आतप
इसके दल मुरझा देंगे।
किसी के उर की डाल पर
तुम्हारे प्रेम का कुसुम खिला है,
तुम यह न जान पाओगी।
पर प्रेम का यह कुसुम मिट कर भी
मेरे सूने हृदय को महकाता रहेगा।

किन्तु वसन्त के उस 'इनकार' के बाद उसे अपना यह 'इक़रार' पढ़ना स्वीकार न हुआ और उसने कह दिया कि कविता लिखी तो थी, पर जल्दी में वह लाना भूल गया है। कवि चातक ने, जो उसकी कविता की प्रशंसा कर स्वयं दाद पाना चाहते थे, उसे बहुतेरा कहा, पर जगमोहन टस-से-मस न हुआ। तब डॉक्टर घनानन्द के कहने पर वे स्वयं उठे।

कवि चातक की कविता वही थी, जो उन्होंने समाज की अनौपचारिक बैठक में पढ़ी थी। अन्तर केवल यह था कि उन्होंने इस बार सत्या जी की ओर न देख कर दुरो की ओर देखा। (सत्या जी ने उन्हें ज़रा भी प्रोत्साहन न दिया था और कवि की कल्पना ने उनमें जो

गुण देखे थे, वे अब उन्हें दुरो में दिखायी दे रहे थे।) दुरो से ही एक बार उनकी दृष्टि चार भी हुई और इसलिए उन्होंने कविता काफ़ी जोश से पढ़ी। यहाँ तक कि कविता के अन्त में उनका गला तक भर आया। किन्तु जगमोहन को वह एकदम निरर्थक लगी —निरर्थक, भावुक और नितान्त अत्युक्तिपूर्ण! वह वसन्त की कविता के बारे में ही लगातार सोचता रहा —ठीक तो है, प्रेम के लिए कहाँ सुविधा है इस वातावरण में ? अव्वल तो वर्गों और जाति-पाँति के बन्धनों में प्रेम प्रायः एकांगी ही रहता है, दिल की जलन केवल एक ओर ही होती है, दूसरे को पता भी नहीं चलता। फिर यदि 'दोनों तरफ़ है आग बराबर लगी हुई' की-सी स्थिति हो भी, तो विवाह के मार्ग में बीस अड़चनें! बीस अड़चनें पार हों, प्रेम की उस परिणति के फलस्वरूप विवाह हो भी जाये तो बच्चों का होना आवश्यक —बस, अपनी सब योजनाएँ, आकांक्षाएँ, अरमान ग़रीब गृहस्थी के कोल्हू को चलाने में स्वाहा कर दो! जहाँ अपना पेट पालना कठिन हो, वहाँ बीवी-बच्चों का बोझ लादने से लाभ ? जिस समाज में काम के लिए उपयुक्त अवसर नहीं, जीवन-यापन के लिए सुविधा नहीं, वहाँ प्रेम और विवाह विलासिता नहीं तो क्या है ? और उस अनगढ़ कवि के लिए जगमोहन के हृदय में सहानुभूति, सम्वेदना और प्यार-सा उमड़ आया। कवि चातक की कविता को बिना सुने जगमोहन यह सब सोचता रहा और जब वह चौंका तो सत्या जी हाथ में कुछ काग़ज़ लिये खड़ी थीं और कवि चातक उनका परिचय दे रहे थे।

सत्या जी ने अपनी कहानी ऐसे पढ़ी, जैसे वह उनकी नहीं, किसी दूसरे की लिखी हुई थी। जिस प्रकार मशीन घास काटती चली जाती है, उस प्रकार सत्या जी कहानी पढ़ कर अपनी जगह जा बैठीं और डॉक्टर घनानन्द ने नीरव जी को अपनी मधुर कविता सुनाने का 'कष्ट' दिया। उन्होंने भी कदाचित कवि चातक के अनुकरण में अथवा इसलिए कि वह कविता उन्होंने नयी-नयी लिखी थी, समाज की अनौपचारिक बैठक वाली अपनी कविता 'महाप्रस्थान' ही पढ़ी।

सत्या जी के सम्बन्ध में कुछ भी कहना कठिन है, क्योंकि उनकी दृष्टि निरन्तर दरी पर जमी रही, पर जगमोहन अथवा दुरो ने कविता बिलकुल नहीं सुनी। दूसरे श्रोताओं का हाल भी कुछ वैसा ही था। हाँ, जब उन्होंने कविता समाप्त की तो तालियाँ कुछ अधिक समय तक पीटी गयीं। और ऐसे सिर हिलाये गये, जैसे श्रीमद्भागवत की कथा सुन, भक्त जन हिलाया करते हैं।

नीरव जी के 'महाप्रस्थान' के बाद डॉक्टर घनानन्द ने प्रधानमन्त्री के रूप में श्री धर्मदेव वेदालंकार को बधाई दी। फिर उन्हें पास बैठे हुए नीरव जी का ध्यान आया। हकला कर उन्होंने उन्हें भी बधाई दी। तब उनकी निगाहें श्री चातक से चार हुईं और उन्हें याद आया कि समाज तो चातक जी का स्वप्न है। यह ध्यान आते ही उनकी जीभ उनके तीनों टूटे हुए दाँतों में आ गयी और उन्होंने चातक जी का नाम लेते हुए, उन सबको बधाई दे डाली, जिन्होंने इतने 'सुन्दर' समाज का आयोजन किया था।

और सभापति के इस भाषण के उपरान्त सभा विसर्जित हुई।

२०

दूर किसी घड़ियाल ने बारह बजाये। दुरो ने करवट बदली। यद्यपि वह दिन में एक पल को भी न लेटी थी और सारी दोपहर उसने घूम कर गुज़ार दी थी तो भी उसकी आँखों में नींद का नाम न था।

घर के सभी लोग सो गये थे। उसकी मौसी, जो देर तक बच्चे को पंखा करती रहती थीं और प्राय: सब के बाद सोती थीं, पंखे को हाथ ही में लिये हुए अधलेटी-अधबैठी सो गयी थीं। सिर उनका सोये बच्चे के साथ जा लगा था और पंखे वाला हाथ चारपाई के नीचे ढलक आया था। पंखा फिसलता-फिसलता धरती से छू कर वहीं रुका रह गया था। ऊपर कृष्ण-पक्ष का चाँद चमक रहा था। उसकी मद्धिम ज्योत्सना में अपनी मौसी की यह भंगिमा दुरो को किसी कलाकार के तैल-चित्र-सी लगी —अस्पष्ट होते हुए भी स्पष्ट, रूखी-रूखी और ऐसी टेढ़ी-बैंगी, जो जगते में सम्भव नहीं। कितनी ही देर तक वह एकटक अपनी मौसी की वह भंगिमा देखती रही। तभी दूर कोने में लेटे उसके मौसा अपनी दरियाई घोड़े की-सी मूँछों में उलझती हुई साँस से ख़र्राटे लेने लगे। दुरो ने लम्बी साँस ले कर करवट बदली।

उसकी यह लम्बी साँस दुख से नहीं, सुख से जनित थी। जब से दुरो ने हरीश को देखा था, उनका भाषण सुना था, उनसे बातें की थीं, वह कुछ अ़जीब-से उल्लास का एहसास अपने अणु-अणु में पाती थी। दिन का श्रम, मौसी की खीझ, अपनी स्थिति की कटुता —कुछ भी उसे न खलता था। हल्की-फुल्की नौका-सी वह दैनन्दिन-जीवन की ऊँची-नीची लहरों पर तिरती चली जाती थी। उसके इस विचित्र पुलक का पारस उसके वैयक्तिक जीवन की समस्त कटुताओं को जैसे छू कर सुखद और सह्य बना देता था।

दुरो ने फिर एक लम्बी साँस ली। फिर करवट बदली। मौसी ने ऊँघते-ऊँघते फिर पंखा घुमाया। इस बार वह उनके हाथ से छूट कर दूर जा गिरा और वे स्वयं चारपाई पर एक ओर लुढ़क गयीं।

दुरो सीधी लेट गयी। ऊपर चाँद चमक रहा था। आकाश एकदम निर्मल था। नगर के ऊपर उन गर्म रातों में जो धुआँ और धूल छायी रहती थी, उसका लेश-मात्र भी आसमान में कहीं न था। दूर दिशाओं में कभी-कभी बादल की गरज सुनायी दे जाती थी। दुरो को चाँद बड़ा भला लग रहा था। गर्म रात की उमस में उसकी ठण्डक कोई विशेष लाभ न पहुँचा रही थी। रात के बारह बज जाने पर भी उष्णता दम घोंट रही थी और पसीने के मारे बुरा हाल था, पर इस नील-निर्मल आकाश में चाँदी की वह फाँक शरीर को न सही, दिन भर की थकी-तपी आँखों को अवश्य ठण्डक पहुँचा रही थी। 'धरती ही की तरह शायद एक बेजान नक्षत्र'....दुरो सोच रही थी....'पर इस धरती के वासियों के दुख-सुख, आशा-निराशा में सब का कैसा साथी!'

०

'संस्कृति समाज' में जितने लोगों को उसने देखा था, उनमनें उसे केवल वसन्त ऐसा दिखायी दिया था जो कुछ जागरूक था। इसलिए जब समाज की बैठक ख़त्म हुई और अधिकांश

लोग डॉक्टर घनानन्द को और शेष बोर्ड के इस अथवा उस सदस्य को घेरे बाहर निकले और 'देवियाँ' इस बात की बाट जोहने लगीं कि 'देवतागण' जूते पहन कर बाहर निकलें तो वे भी हिलें, तब दुरो बढ़ कर वसन्त के पास पहुँची और उसकी कविता की प्रशंसा करते हुए उसने उसे अपनी स्टडी सरकल में चलने का निमन्त्रण दिया।

"जी कविता तो क्या थी, कवियों-सा छन्द और अलंकार-ज्ञान या कल्पना की उड़ान हमारे पास कहाँ!" वसन्त ने उसी विषाक्त मुस्कान के साथ कहा था, "योंही दिल में जो उल्टी-सीधी आती है, लिख देते हैं।"

"दिल में नहीं दिमाग़ में।" कवि चातक की आवाज़ आयी।

दुरो कहने वाली थी, 'कल्पना की उड़ान के बदले आज इसी उल्टी-सीधी-सच्ची की आवश्यकता है'....पर कवि चातक की आवाज़ सुनते ही उसने पलट कर देखा —धोती सँभालते और बालों की लट माथे से हटाते हुए कवि उधर ही आ रहे थे।

वास्तव में डॉक्टर घनानन्द और बोर्ड के दूसरे सदस्यों के साथ कवि चातक सीढ़ियों से आगे नहीं गये। सीढ़ियों के पास रुक कर उन्होंने सब को विदा किया और महिलाओं की ओर पलटे। तभी उन्होंने दुरो को वसन्त की ओर जाते देखा। तब अपनी बाग भी उन्होंने इधर ही को मोड़ दी।

कवि चातक के उत्तर में वसन्त क्षण भर चुप रहा, फिर उसने कहा, "आप दिमाग़ कह लीजिए, मेरे निकट तो दिल-दिमाग़ एक ही चीज़ है।"

"एक ही चीज़ नहीं," कवि चातक ने मुस्कराते हुए कहा, "दिल महसूस करता है और दिमाग़ सोचता है, "खोपड़ी में अनुभूति है, ऐसा कोई नहीं कहता। अनुभूति हृदय की चीज़ है!" कवि आत्म-तुष्टि से हँसे, एक दृष्टि उन्होंने सत्या और शान्ता जी पर डाली जो कुछ दूर खड़ी थीं, और बालों की लट को उन्होंने फिर पीछे हटाया।

श्री भगतराम सहगल न जाने कब, उनके पास आ खड़े हुए थे। 'हिं-हिं' कर कवि के समर्थन में उन्होंने अपने पर-दाँत दिखा दिये और बोले "क्या बात कही है, वाह-वा!"

दुरो उस ज़नाने-से कवि को कभी पसन्द न कर पायी थी। भगतराम तो उसे एकदम वज्र-मूर्ख दिखायी देता था। उत्तर में चिढ़ कर वह कुछ कहने ही वाली थी कि कवि बोले, "ख़ैर, दिल-दिमाग़ की बात छोड़ो। तुम लिखते ख़ूब हो। ज़रा गति-भंग और यति-भंग का ध्यान रखा करो। मात्राएँ भी एक-आध जगह बढ़ गयी हैं। पढ़ने से पहले हमें दिखा लिया करो। दिनों ही में चमक जाओगे!"

"जी, आपकी बड़ी कृपा है।' उसी विषाक्त मुस्कान के साथ वसन्त ने कहा। कवि ने उस मुस्कान के विष को नहीं देखा। वे उसी आत्म-तुष्टि से हँसे। अपनी उस दिन की कविता को ले कर कला में अनुभूति के विषय पर वे कुछ विचार प्रकट करने जा रहे थे कि सत्या जी ने आगे बढ़ कर दुरो से कहा :

"अगर तुम्हें ग्वाल मण्डी चलना है तो चलो। यहीं साढ़े-छै बज गये हैं, क्या बारह बजे घर पहुँचोगी!"

"हाँ-हाँ, चलो!" दुरो ने कहा, "चलिए वसन्त जी!"

"चलिए!"

"चलिए मोहन जी, आप भी चलेंगे ?" सत्या जी ने जैसे दरी से कहा।

जगमोहन स्वयं वसन्त की प्रशंसा करने आया था और चुपचाप खड़ा यह सब सुन रहा था। सहसा चौंक कर बोला, "कहाँ ?"

"यह दुरो किसी स्टडी सरकल में ले जाना चाहती है। चलिए इसका भी स्टडी सरकल ज़रा देख लें ?" उनकी निगाहें दरी से नहीं उठीं।

"चलिए!"

"चलो, हम भी चलते हैं, 'संस्कृति समाज' के ही कुछ सदस्य बना आयेंगे।" हँसते और कदम बढ़ाते हुए कवि चातक ने कहा, बालों की लट को उन्होंने फिर पीछे हटाया और सत्या जी की ओर मुड़ कर बोले, "आपकी कहानी ख़ूब थी। पहले पढ़ चुका था, पर आप के मुँह से सुन कर और भी आनन्द आया।"

सत्या जी ने इसका कुछ उत्तर नहीं दिया। चुपचाप वे बढ़ चलीं। तब श्री भगतराम सहगल ने एक कदम बढ़ कर अपने पर-दाँत दिखाते हुए पूछा, "किधर की तैयारी हो रही है ?"

"ये स्टडी सरकल में जा रही हैं।" चातक जी ने कहा।

"कामरेडों-फामरेडों का होगा!" भगतराम बड़े बेतुकेपन से हँसे। "हम भाई किसी राजनैतिक संस्था से मतलब नहीं रखते। आप समाज के मेम्बरशिप-फ़ार्म भिजवा दीजिएगा, हम गोपालनगर में ज़्यादा-से-ज़्यादा सदस्य बना देंगे।"

और वे अपनी पत्नी और विद्यालय की छात्राओं को ले कर चले।

कवि चातक ने शान्ता जी को बहुत-बहुत धन्यवाद दिया। सब लोग इकट्ठे नीचे उतरे। भगतराम और उनकी पार्टी अहाते की ओर चली गयी और दुरो सब को ले कर सनातन धर्म स्कूल वाले गेट से बाहर निकली।

०

वे तो शायद जल्दी ग्वाल मण्डी पहुँच जाते, पर कवि चातक अटकते-मटकते हुए चींटी की चाल चलते रहे, इसलिए उन्हें काफ़ी देर लग गयी। यह तो शुक्र है कि मज़दूरों की यूनियन के सम्बन्ध में उलझे रहने के कारण हरीश सरकल में देर से आये और मीटिंग अभी चल रही थी, नहीं उस समय तक तो वह कब की समाप्त हो चुकी होती।

दुरो ने हरीश से सब का परिचय कराया और वसन्त से वही कविता पढ़ने का अनुरोध किया।

उस छोटे-से कमरे में लगभग एक-दूसरे से सटे बैठे दस-पन्द्रह युवक-युवतियों की आकृतियों में न जाने क्या बात थी कि वसन्त को बड़ा अपनत्व का एहसास हुआ। 'संस्कृति समाज' में वह अपने आपको मक्खन के कटोरे में एक नन्हे-से उपल खण्ड-सा महसूस करता था। यहाँ तो उसे लगा, जैसे वह उन्हीं में से एक हो, इसलिए जब उसने कविता पढ़ी तो उसके स्वर में पहले की अपेक्षा अधिक आत्म-विश्वास था। दाद भी उसे यहाँ 'संस्कृति समाज' की अपेक्षा कहीं ज़्यादा मिली। लगभग सभी ने मुक्त-कण्ठ से उसकी प्रशंसा की।

जब वसन्त कविता पढ़ रहा था, पार्टी के साथी उसकी प्रशंसा कर रहे थे तो दुरो ने देखा कि कवि चातक के चेहरे पर एक रंग आता है और एक जाता है। कभी वे दायीं

करवट बैठते हैं, कभी बायीं। कभी दायें हाथ से बालों की लट को पीछे हटाते हैं, कभी बायें हाथ से। और उसने देखा कि जब वसन्त ने कविता समाप्त की तो कवि चातक स्वयं कविता सुनाने को आतुर हो उठे।

तभी हरीश जी ने पूछा, "कोई इस कविता के बारे में कुछ कहना चाहता है ?"

इससे पहले कि कोई कुछ कहता, दुरो ने कहा, "अभी यह कविता 'संस्कृति समाज' की बैठक में पढ़ी गयी थी। चातक जी ने इसके सम्बन्ध में कहा कि यह दिल की नहीं, दिमाग़ की कविता है। कविता दिल से लिखी जाती है या दिमाग़ से ? अनुभूति दिल की चीज़ है या दिमाग़ की ? यदि आप इस विषय पर कुछ प्रकाश डालें तो बहुत अच्छा हो।"

दुरो ने देखा कि कवि का रंग उतर गया है। उसके होंट विद्रूप से तनिक फैल गये। कवि दस जमात भी नहीं पढ़े थे। कविता के लिए वे पढ़ाई को उतना आवश्यक न समझते थे। 'यदि कविता केवल पढ़ाई ही से होती,' वे हँस कर कहा करते थे, 'तो ये जो इतने बी० ए०, एम० ए० मारे-मारे फिर रहे हैं, सब कवि होते। कविता के लिए अनुभूति की आवश्यकता है। अनुभूति-प्रवण हृदय की आवश्यकता है।' लेकिन वहाँ काम और अध्ययन के आधिक्य से पीले और नुकीले चेहरों में उन्हें कुछ ऐसी चीज़ दिखाई देती थी, जिसका उनके पास सर्वथा अभाव था और उन्हें लगता था कि जो सिक्का वे दूसरी जगह चलाते थे, वहाँ नहीं चल सकता।

"इससे पहले कि कोई कुछ कहे," उन्होंने सहसा होंटों पर ज़बान फेरते हुए कहा, "मैं अपनी स्थिति साफ़ कर देना चाहता हूँ। मैं यह नहीं कहता कि कविता के लिए मस्तिष्क की कोई आवश्यकता नहीं। जहाँ तक काव्य-कला का सम्बन्ध है, कला के परिष्कार और परिमार्जन का सम्बन्ध है, निश्चय ही मस्तिष्क की आवश्यकता है, किन्तु कविता में करुणा, सम्वेदना, मर्म पर चोट करने वाली, हृदय को हिला देने वाली चीज़ तो कवि के अनुभूतिशील, अत्यधिक भावुक हृदय ही की देन है।"

इस पर कई साथियों ने कुछ कहना चाहा, पर हाथ के संकेत से हरीश ने सब को रोक दिया। घड़ी देखते हुए उन्होंने कहा, "इस समय वक्त काफ़ी हो गया है। यह विषय काफ़ी महत्व का है। मैं समझता हूँ, इस पर पूरे एक दिन बहस रखी जाये!" फिर मुस्करा कर उन्होंने कहा, "इस समय मैं केवल इतना ही कहना चाहता हूँ कि यह दिल और दिमाग़ का बँटवारा भी कवियों ने अपने आप कर लिया है। शरीर-विज्ञान से इसका कोई सम्बन्ध नहीं। शरीर में तो हृदय केवल एक मांस-पिण्ड है, जिसका काम नसों में रक्त के प्रवाह को जारी रखना है। वह न सोच सकता है, न समझ सकता है, न महसूस कर सकता है। यह सब काम तो दिमाग़ ही करता है। एक छोटा-सा दिल तो कछुवे के पहलू में भी धड़कता है, किन्तु वह अनुभूति से वंचित है। क्योंकि उसके अविकसित मस्तिष्क में न सोचने की शक्ति है, न अनुभूति की क्षमता। पागल आदमी का दिल तो क़ायम रहता है, फिर वह अनुभव क्यों नहीं कर सकता ? सौन्दर्य का बोध उसका क्यों मारा जाता है ? इसीलिए ना, कि उसका दिमाग़ ख़राब हो जाता है।"

"पर खोपड़ी महसूस करती है, यह तो कभी कोई नहीं कहता।" जगमोहन ने कवि की सहायता में कवि ही के शब्द दोहराये।

दुरो के होंट विद्रूप से वकुंचित हो गये। जगमोहन ने उस मुस्कान को देखा। हृदय में कसक हुई। पर कवि को परास्त होते देख, उनके मुख की श्रीहीनता से अभिभूति हो, मन-ही-मन हरीश से सहमत होते हुए भी, वह कवि की सहायता को आतुर हो उठा था।

हरीश हँसे, "कोई नहीं कहता, इससे वह बात सच तो नहीं हो जाती।" उन्होंने कहा, "उर्दू शायरों ने कई जगह जिगर को दिल के अर्थ में प्रयोग किया है। 'जिगर' ही क़ा शे'र है :

"क्या चीज़ थी, क्या चीज़ थी ज़ालिम की नज़र भी
उफ़ करके वहीं बैठ गया दर्दे-जिगर भी।

"दर्दे-जिगर से कवि का मतलब दर्दे-दिल ही से है, तो क्या इससे दिल और जिगर एक हो जायेंगे ? हमने काव्य और कल्पना का जादू जगाने के लिए दिल और दिमाग़ के विभाजन का सुन्दर झूठ अपना लिया है। सोचने का काम मस्तिष्क को दे दिया है और अनुभूति का हृदय को। काव्य के सृजन और रसास्वादन के लिए इसकी आवश्यकता भी है, पर इस विभाजन को काव्य की नींव बना कर हम काव्य और कला की कसौटी तो तैयार नहीं कर सकते। आँख देखती है, दिमाग़ पर उसी समय उसका प्रभाव पड़ता है और दिल धड़कने लगता है। निमिष-मात्र में यह सब हो जाता है। दिमाग़ की अत्यधिक अनुभूति-प्रवण, सूक्ष्म नसों के कारण सब क्रियाएँ एक साथ हो जाती हैं। दिल धड़क रहा हो और दिमाग़ मज़े से सोया हुआ हो, ऐसा तो नहीं होता। सोचने, समझने, अनुभव करने और उस अनुभूत को काव्य का आवरण पहनाने का काम दिमाग़ ही करता है, दिल नहीं।"

इतना कह कर हरीश क्षण भर के लिए रुके। कवि चातक से कोई उत्तर न बन पड़ा। दुरो ने देखा कि उनका मुँह कुछ और उतर गया है और कद एकदम छोटा-सा हो गया है। दुरो के होंटों पर विद्रूप की मात्रा बढ़ गयी। उसे कवि चातक उसकेकड़े-से लगे, जिसकी रंगीन कलग़ी कट गयी हो और जो विवश-सा रेत में दुबका पड़ा हो।

तब हरीश ने कहा, "यह विषय बड़ा अहम है और इस पर विस्तार से विचार करने की ज़रूरत है। इस पर फिर किसी दिन बहस रखेंगे। आप लोगों को दूर-दूर जाना है, इसलिए आप लोग अब चलिए।"

और वे उठे।

चलते समय उन्हों ने दुरो के कन्धे को थपथपा कर वसन्त आदि को लाने के लिए उसकी प्रशंसा की और कहा, "यदि चन्द ऐसे ही उत्साही कार्यकर्ता हमें मिल जायें तो हम बहुत काम कर ले जायें!"

और वे उन्हें गली तक छोड़ने आये।

०

हरीश के हाथ का वह स्पर्श, उस हल्की-सी प्रशंसा-भरी थपथपाहट का वह पुलक दुरो को उस समय भी अपने अणु-अणु में महसूस हो रहा था। उसने जैसे उसे धरती से ऊपर उठा दिया था। वह स्वप्न की-सी दशा में घर आयी थी। श्याम गली से बहुत दूर आ कर कवि मुखर हुए थे। तब जगमोहन और सत्या जी पर अपनी बुद्धि का प्रभाव डालने के लिए उन्होंने क्या कहा और वसन्त तथा चम्पा से उनकी क्या बहस हुई, यह सब दुरो ने नहीं

सुना। वह तो चुपचाप, जैसे अन्तर के रस में शराबोर चली आयी। मोहनलाल रोड से वे लोग ताँगे पर बैठीं और घर के दरवाज़े पर आ कर उतर गयीं। सत्या जी साथ न होतीं तो मौसी अवश्य डाँटतीं! चुपचाप उसने खाना खाया, बर्तन मले और आ कर लेट गयी। फिर एक-एक करके सब सो गये और वह निरन्तर जागती रही। हरीश की बातें, उनकी मुस्कान, उनकी प्रशंसा-भरी थपथपाहट बार-बार उसकी कल्पना में आ कर उसके शरीर में पुलक भरती रही। कवि चातक की खिन्नता पर वह कई बार मन-ही-मन हँसी। अपने और हरीश के सम्वाद उसके कानों में कई बार गूँजे। चाँद को देखते-देखते दिन की सारी घटनाएँ कई बार उसके सम्मुख घूम गयीं और वह सो गयी।

सो गयी, पर सुषुप्ति में भी उसके विचारों ने उस का साथ न छोड़ा। नींद में 'संस्कृति समाज' और स्टडी सरकल कुछ विचित्र मनोवैज्ञानिक क्रिया से एक-दूसरे में गडमड हो गये। उसने देखा कि वह किसी दूर के कस्बे में हेडमिस्ट्रेस है। उसी के घर गोष्ठी है। ख़ूब वाद-विवाद चलता है। वह जाने कहाँ से आती है। गर्मी के मारे उसका बुरा हाल है। वह सीधी स्नान-गृह में चली जाती है। कपड़े उतार कर बाहर चारपाई पर फेंक देती है और पानी का नल खोल, उसके नीचे बैठ जाती है। और जैसे शान्ति की एक सुखद लहर उसकी नस-नस में दौड़ती चली जाती है। वह ख़ूब जी भर कर नहाती है। जब वह नहा चुकती है तो उसे ध्यान आता है कि तौलिया तो वह बाहर ही छोड़ आयी है। बाहर चारपाई पर हरीश बैठे हैं। वह वाद-विवाद वाला दृश्य न जाने इसमें कैसे गडमड हो जाता है। वह बस इतना जानती है कि वह बाथरूम में नहा रही है और हरीश बाहर चारपाई पर आराम कर रहे हैं। वह स्नानगृह में बैठी-बैठी पुकारती है कि ज़रा तौलिया फेंक दो। बाथरूम का किवाड़ ज़रा-सा खुला है। हरीश तौलिया फेंक देते हैं, जो एकदम उसके सारे शरीर को ढक लेता है।

सहसा उसकी नींद खुल गयी। लज्जा के मारे वह पानी-पानी हो गयी। उसने देखा कि पसीने से उसके कपड़े तर-ब-तर हो रहे हैं। आँखें मल कर उसने अपने इर्द-गिर्द निगाह दौड़ायी। उसके हृदय से सुख, पुलक और अरमान की एक लम्बी साँस निकल गयी। मौसी के हाथ से गिरा पंखा उसने उठा लिया और बैठ कर पसीना सुखाने लगी। दूर घड़ियाल ने दो का घण्टा बजाया....क्या उसने हरीश को पति के रूप में देखा ?....क्या ऐसा कभी हो सकता है ? कैसी लज्जा की बात है! क्या उसने हरीश को पति के रूप में देखा ?....क्या ऐसा कभी हो सकता है ?....ओह!

वह ज़ोर-ज़ोर से पंखा करती है।

२१

सत्या जी, दुरो और उनकी सहेली चम्पा को मोहनलाल रोड पर छोड़ कर वे लोग मुड़े तो कवि चातक ने प्रस्ताव किया कि जगमोहन और वसन्त उनके घर चलें, खाना वहीं खायें

और कुछ कविता-अविता सुनें-सुनायें! पर न वसन्त की इच्छा हुई, न जगमोहन की। अनजाने ही दोनों एक-दूसरे के परिचय को घनिष्ठ बना लेना चाहते थे। हस्पताल रोड के सिरे पर दोनों ने कवि से छुट्टी ली। जगमोहन के पास कुछ पैसे थे, केसरी की दुकान में वे चले गये और जगमोहन ने एक-एक लेमोनेड का आर्डर दिया। पहले लेमोनेड की प्रतीक्षा में और फिर केसरी का 'अपना भरा हुआ,' तीखा-मीठा सोडा नली के सहारे धीरे-धीरे चुसकते हुए, दोनों ने एक-दूसरे को अपना परिचय दिया।

०

वसन्त का संघर्ष जगमोहन की अपेक्षा और भी भीषण था। बचपन में उसकी माँ मर गयी थी, पिता क्लर्क थे, बड़े स्नेह से उन्होंने उसे पाला। पचपन रुपये मासिक वे पाते थे। उतने ही से किसी-न-किसी प्रकार उन्होंने उसे शिक्षा दिलायी। मैट्रिक में वह स्कॉलरशिप पा गया। एफ़० ए० में दाख़िल हुआ तो उसके पिता रिटायर हो गये। उनकी इच्छा थी कि उनका लड़का बी० ए०, एल-एल० बी० करे, पी० सी० एस० अथवा आई० सी० एस० के कम्पीटीशन में बैठे। यद्यपि उसकी रुचि नौकरी की ओर न थी तो भी पिता की प्रसन्नता के लिए उसे कम्पीटीशन में बैठना स्वीकार कर लिया। लेकिन वह अभी थर्ड-ईयर ही में था कि उसके पिता का देहान्त हो गया और वह संसार में बे-सहारा रह गया। बी० ए० उसने किसी-न-किसी तरह कर लिया, पर पोज़ीशन न पा सका और उसकी पढ़ाई की प्रगति रुक गयी। पिता ने एक जगह उसी सगाई कर रखी थी। उसके ससुर उसकी सहायता भी करना चाहते थे —इस शर्त पर कि वह कम्पीटीशन में बैठे और वादा करे कि कम्पीटीशन में आने पर वह कहीं और शादी न करेगा।)

"लड़की मुझे पसन्द थी," वसन्त ने कहा, "लेकिन जाने क्यों मुझे यह स्थिति पसन्द न आयी। पिता जी जीवित रहते तो पी० सी० एस० छोड़, आई० सी० एस० भी क्यों न बन जाता, मैं उसी लड़की से शादी करता। पर तब मुझे लगा कि यह तो मैं अपने आपको बेच रहा हूँ, और यह अपने साथ ही नहीं, उस लड़की के साथ भी अन्याय है, और मैंने इनकार कर दिया।"

"और अब ?" जगमोहन ने एक लम्बी चुस्की ले कर पूछा।

"अब सर्दियों की बरसाती रात-सी दुनिया है और भीगे कम्बल-सा यह जीवन!" वसन्त एक विचित्र पीली-सी हँसी हँसा। "न इस भीगे कम्बल को छोड़ते बनता है, न रखते!"

"तुम ने मेरे दिल की बात कह दी।" जगमोहन बोला।

"लेकिन आशा यही है कि सुबह होगी, सूरज निकलेगा और यह कम्बल सूखेगा!"

जगमोहन ने कहा, "मैं स्वयं कभी-कभी बड़ा निराश हो जाता हूँ, पर कोई चीज़ ऐसी है, जो बरबस आगे बढ़ाये जाती है :

"इसी उम्मीद पर मीलों चले जाते हैं दीवाने,
वो उट्ठा पर्दा-ए-महमिल, वो निकला हाथ महमिल[१] से।"

और दोनों ने एक ठहाका लगाया, जिसमें क्षण-भर के लिए उनकी सारी चिन्ताएँ डूब

१. महमिल —ऊँट की पालकी

गयीं। दोनों मित्र हाथ-में-हाथ दिये केसरी की दुकान से निकले। बाहर बाज़ार में कुछ दुकानें बन्द होने लगी थीं। पर भीड़ में कमी न हुई थी। सात मिनट के ज़रा-से समय में एक सिरे से दूसरे सिरे तक पार किये जाने वाले उस बाज़ार में (जिसे जाने शहज़ादा सलीम ने अपनी बर्बाद मुहब्बत की स्मृति में 'अनारकली' का नाम दे दिया था अथवा शाही कोप का भाजन बन कर दीवार में जीवित चुनी जानेवाली उस तन्वी की याद में जनता उसे अनारकली कहने लगी थी) ख़ूब रौनक थी। बिसातियों की दुकानों पर एक-दूसरे के पीछे ग्राहक खड़े थे। दोनों सिक्ख हलवाई धड़ाधड़ लस्सी के गिलास बना रहे थे। हथ-गाड़ियों में बर्फ़ की सिलों पर लगी गँडेरियों के ढेर अथवा तरबूज़ की फाँकें बिक रही थीं। मोटरें, ताँगे और साइकिलें; साड़ियाँ, सूट, पायजामे और तहमदें; हँसी-कहकहे, आवाज़े और फब्तियाँ —दोनों मित्र हाथ-में-हाथ दिये इस भीड़ और कोलाहल से अनभिज्ञ, बातों में मस्त चले आये।

वसन्त लोहारी दरवाज़े के अन्दर एक मन्दिर में कमरा ले कर रहता था। चौक अनारकली से आगे, फूलों की दुकानों के पास, म्युनिसिपल गार्डन्ज़ को जाने वाले मार्ग के मुहाने पर दोनों रुक गये। वहीं खड़े-खड़े बातें करते रहे। जगमोहन ने उससे कहा कि वह 'संस्कृति समाज' की बैठकों में अवश्य आया करे। और तो कोई लाभ शायद इस 'संस्कृति समाज' से न हो, पर पन्द्रह दिन में एक बार मिल-बैठने का अवसर मिल जायेगा। उसने वसन्त को बताया कि वह एम० ए० में दाख़िल होने का प्रयास कर रहा है। और उसने वसन्त को भी परामर्श दिया कि वह एम० ए० में दाख़िल होने की कोशिश करे।

"इच्छा तो मेरी भी यही है," वसन्त ने कहा, "पर साधन मेरे पास नहीं। फिर कभी-कभी यह भी ख़याल आता है कि थर्ड-क्लास एम० ए० करके क्लर्की करने की अपेक्षा, बिना एम० ए० किये भी क्लर्की की जा सकती है।"

"क्लर्की ?"

"और क्या!" तिक्त-सी मुस्कान वसन्त के होंटों पर फैल गयी। फ़र्स्ट-क्लास एम० ए० हो, फिर बी० टी० हो, साथ में कोई सिफ़ारिश हो, तब कहीं जा कर किसी अच्छे कॉलेज में लेक्चररशिप मिल सकती है। बिना उसके यदि कहीं किसी प्राइवेट कॉलेज में नौकरी मिली भी तो वह क्लर्की से भी गयी-गुज़री होती है।"

"लेकिन एम० ए० में फ़र्स्ट-डिवीज़न...."

"उसके लिए साधन चाहिए, समय चाहिए!" वसन्त ने बात काट कर कहा।

जगमोहन चुप रहा।

"बिना इस समाज का ढाँचा बदले हम-जैसों के लिए कुछ नहीं हो सकता।"

दोनों मित्र क्षण-भर चुप रहे, फिर जगमोहन बोला, "कभी-कभी मैं भी ऐसे ही निराश हो जाता हूँ। पर चुप बैठने से भी तो काम नहीं चलता। इसलिए मैं चलते रहना चाहता हूँ। सोच रहा हूँ, कहीं से एक-मुश्त अस्सी-सौ रुपये आ जायें तो दाख़िल हो जाऊँ। आज प्रोफ़ेसर स्वरूप कुछ काम देने को कह रहे थे। वे कुछ काम दे दें और मैं इतना पा जाऊँ कि प्रवेश-शुल्क दे सकूँ तो फिर चिन्ता नहीं। बाकी सब प्रबन्ध मैं किसी-न-किसी तरह कर लूँगा।

"प्रोफ़ेसर स्वरूप....प्रोफ़ेसर ज्योतिस्वरूप ?"

"हाँ! क्यों ?"

"काम तो उन से मिल जायेगा, पर पैसे शायद ही मिलें।

"क्यों ?"

"पैसे वे कभी ही किसी को देते हैं। मेरे कई परिचितों को इसका कटु अनुभव है। पैसों का तय कर लेना।"

जगमोहन का दिल टूट-सा गया। पर उसने बेपरवाही से कहा "मैं पेशगी ले लूँगा। यदि पारिश्रमिक ही न मिला तो फिर काम करने से लाभ ?"

"मैंने तुम्हें चेतावनी दे दी है। अच्छा तो मैं चलूँ।"

और हाथ मिला कर वसन्त लोहारी दरवाज़े की ओर बढ़ा और जगमोहन आशा-निराशा में हिचकोले खाता, इतनी भीड़ में नितान्त अकेला, शोर से बेखबर, धीरे-धीरे अपने घर की ओर सरकने लगा।

२२

जगमोहन का स्वभाव था कि प्रातः पाँच-साढ़े पाँच बजे उठता। ऋषिनगर में होता तो आर्यसमाज सन्तनगर की ग्राउण्ड में जा कर ठण्डी-ठण्डी घास पर नंगे-पाँव दो-चार चक्कर लगाता, कुछ देर कसरत करता, कुछ क्षण लेटता और फिर वहीं किनारे के नल पर दातुन करता और आते-आते हलवाई की दुकान से लस्सी का बड़ा गिलास पीता। चातक जी के यहाँ होता तो लॉरेंस तक चक्कर लगाता हुआ ऋषिनगर वापस आता। हलवाई की दुकान से दही की लस्सी पीने का उसका नित्य का नियम था। आज पाव भर दही का जो गिलास आठ-नौ आने को आता है, तब केवल पाँच पैसे में आता था। कभी उसके पास पाँच से अधिक पैसे होते तो वह दही में दो पेड़े डलवा लेता। गिलास के ऊपर झाग पर मक्खन आ जाता। केवड़े में बसा हुआ वह मक्खन और वह लस्सी जगमोहन की सबसे बड़ी ऐय्याशी थी। लेकिन इतनी लम्बी सैर के बाद लस्सी का गिलास आँखों में गनूदगी-सी भर देता और फिर लाहौर की गर्मी और उमस! वह प्रायः सैर से आ कर तहमद लगाये, नंगे-बदन फ़र्श पर चटाई बिछा कर लेट जाता और आधे घण्टे के लिए सो जाता। अभी न कॉलेज का दाख़िला शुरू हुआ था, न वह दाख़िले का प्रबन्ध कर सका था। नौकरी उसकी स्थायी कहीं लगी न थी, एक दैनिक में पार्ट-टाइम काम करता था। कभी उसे कुछ अनुवाद भी मिल जाता था, नहीं दिन-भर कुछ विचित्र प्रकार का आलस्य उस पर छाया रहता था।

०

सोमवार का दिन था। रात जगमोहन बहुत देर में सोया था। सत्या जी, दुरो, 'संस्कृति समाज,' स्टडी सरकल, कॉमरेड हरीश और वसन्त —इन सब के सम्बन्ध में सोचते-सोचते

उसकी नींद उड़ गयी थी। लेकिन स्वभाव के अनुसार प्रातः उठ कर वह सैर और कसरत कर आया था। इसलिए जब वह लस्सी का बड़ा गिलास पी, बालकनी में जा कर सोया तो उसे पड़ते ही नींद आ गयी।

नींद में भी दुरो और सत्या जी की स्मृति ने उसका पीछा न छोड़ा। उसने एक बड़ा विचित्र स्वप्न देखा....वह लुधियाने से लाहौर के लिए गाड़ी में सवार होता है। दुरो-सी कोई लड़की उसके साथ है। गाड़ी के डिब्बे में बड़ी भीड़ है। किसी-न-किसी तरह सामान रख कर, वह दुरो के लिए जगह निकाल लेता है और स्वयं यात्रियों में भिंच कर खड़ा हो जाता है। उमस, घुटन, धुएँ और धूल के मारे उनकी बुरी हालत हो जाती है। एक स्टेशन पर, शायद वह कोई जंक्शन है, दुरो पानी माँगती है। उनके पास न गिलास है, न सुराही। वह बैठे-बैठे थक कर, उकता कर कुछ क्षण प्लेटफ़ॉर्म पर टहलने और किसी नल आदि से पानी पीने के लिए व्यग्र हो जाती है। वह अपने साथी-मुसाफ़िर से जगह और सामान का ध्यान रखने को कह कर, दुरो को साथ ले, प्लेटफ़ॉर्म पर उतर जाता है। गाड़ी का इंजन पानी लेने के लिए कट कर चला जाता है। वे दोनों स्टेशन पर टहलने लगते हैं। एक हथगाड़ी वाला अपनी गाड़ी पर दही के कूँडे सजाये बड़ा-सा लोटा, मथनी और गिलास लिये लस्सी बेचता हुआ आता है। दोनों उस से मठे का एक-एक गिलास बनाने को कहते हैं। उस गर्मी में केवड़े में बसी बर्फ़ से ठण्डी वह लस्सी मन का ताप हर लेती है। तभी जब वह लस्सी पी रहे होते हैं, उन्हें इंजन की सीटी सुनायी देती है। जगमोहन मुड़ कर देखता है —गाड़ी प्लेटफ़ार्म के साथ की लाइन के बदले दूसरी लाइन पर काफ़ी पीछे को खड़ी है। गार्ड दूर, अपने डिब्बे से बाहर को सर निकाले, झण्डी हिला रहा है और उनके अतिरिक्त प्लेटफ़ॉर्म पर एक भी यात्री नहीं। लस्सी का गिलास रख कर वह दुरो का हाथ पकड़, घसीटते हुए पीछे को मुड़ता है, पर उसके सामने गाड़ी चल पड़ती है। उसके जी में आता है, कूद कर इंजन के आगे जा खड़ा हो, फिर ध्यान आता है, शायद उसका साथी-मुसाफ़िर गाड़ी की ज़ंजीर खींच दे। पर कुछ नहीं होता। गाड़ी उसके सामने से निकलती और तनिक आगे मुड़ कर प्लेटफ़ॉर्म के साथ होती हुई चली जाती है।....

....उसे अपने सामान का ध्यान आता है। भाग कर वह स्टेशन मास्टर के कमरे में जाता है। उसे तार देने को कहता है कि दूसरे स्टेशन पर सामान रोक लिया जाये। उनके पास न बिस्तर है, न कपड़े, और शाम का समय है। रात सिर पर है और उसे बच्ची की चिन्ता है, जो उसके कन्धे से लगी है।....जाने कैसे कुछ क्षण पहले की दुरो तीन-साढ़े तीन बरस की नन्ही बच्ची बन जाती है। वह स्टेशन मास्टर से अनुनय करता है कि उनको रात बसर करने के लिए जगह दे दी जाये (जाने कैसे वह जंक्शन-स्टेशन वेटिंगरूम-विहीन छोटा स्टेशन बन जाता है।) स्टेशन-मास्टर ज़ोर से मेज़ पर मुक्के मारता हुआ उसे बताता है कि उसका घर धर्मशाला नहीं। बच्ची नींद से जग न जाये, इसलिए जगमोहन उसे थपथपाता है और स्टेशन-मास्टर के सामने गिड़गिड़ाता है। तभी एक पुलिस इंस्पेक्टर, जिसकी शक्ल कॉमरेड हरीश से मिलती है, उसे बालों से पकड़ लेता है और डाँटता है कि तुम इस लड़की को कहाँ से भगा कर लाये हो। बच्ची फिर युवती बन जाती है। वह गिड़गिड़ाता है कि यह तो मेरी बहन है। हम गाड़ी से रह गये हैं। हमारा सामान उसी गाड़ी में चला गया है। पुलिस इंस्पेक्टर दुरो को बाज़ू से पकड़ कर अलग कर देता है और सिपाही

से कहता है कि इस आदमी को थाने ले चलो। वह गिड़गिड़ाता है, लेकिन सिपाही गर्दन पकड़ कर उसे झकझोरता है।

०

"उठो भी! कैसे घोड़े बेच कर सोये हो ?"

जगमोहन की नींद खुल जाती है। वह देखता है कि भाभी उसे बेतरह झकझोर रही है। उसका सारा शरीर पसीने से तर है और दिल ज़ोर-ज़ोर से धड़क रहा है।

"तुम हो कि उठने ही को नहीं आते और नीचे दो भलेमानुस तुमसे मिलने को खड़े हैं।"

जगमोहन ने जल्दी से तहमद के छोर से पसीना पोंछा, मेज़ पर पड़ा कुर्ता पहना और भाग कर नीचे गया। ड्योढ़ी में श्री धर्मदेव वेदालंकार और प्रोफ़ेसर स्वरूप खड़े थे और दरवाज़े से बाहर उनकी कार चमचमा रही थी।

"आइए आइए!" और वह उन्हें ले कर म्यानी में आया।"

"जगह तो यहाँ आप लोगों के बैठने योग्य नहीं है," उसने कुर्सी प्रोफ़ेसर साहब की ओर बढ़ाते हुए कहा, "पर आँखों में और दिल में जगह बहुत है।" और वह खिसियानी-सी हँसी हँसा।

प्रोफ़ेसर साहब कुर्सी पर बैठे और श्री धर्मदेव मेज़ के कोने पर, और जगमोहन दीवार के साथ पीठ लगाये पंखा झलने लगा।

"चातक जी ने कहा था कि आपको आजकल कुछ अवकाश है, आप कुछ काम चाहते हैं और उर्दू आप अच्छी तरह जानते हैं।"

"जी हाँ।"

"बात यह है," श्री धर्मदेव ने कहा, "प्रोफ़ेसर साहब ने एक इतिहास लिख रखा है, जो मैट्रिक में लगा हुआ है। उसका एक अनुवाद ये हिन्दी में कराना चाहते हैं।" और उन्होंने बग़ल से एक पुस्तक निकाल कर जगमोहन के हाथ में दी। प्रोफ़ेसर ज्योतिस्वरूप का लिखा प्रसिद्ध इतिहास था। जगमोहन उसे स्वयं उर्दू में पढ़ चुका था। एक नज़र देख कर और एक-दो पृष्ठ उलट कर उसने कहा, "हाँ, कर दूँगा!"

"आठ-दस पृष्ठ आप करके दिखा दीजिएगा। यदि प्रोफ़ेसर साहब को पसन्द आया तो फिर काम आरम्भ कर दीजिएगा।"

"जी मैं आज-ही-कल में आप को कुछ पृष्ठ करके दिखा दूँगा।"

"आप क्या चाहेंगे ?"

"जी, मैं काम अच्छा करूँगा और परिश्रम से करूँगा।"

"एक बात है, हम को यह सब पन्द्रह दिन में चाहिए।"

"पन्द्रह दिन में"....जगमोहन ने क्षण-भर सोचा...."जी, मैं दे दूँगा। चाहे मुझे रात-दिन न काम करना पड़े....पर एक बात है....।"

"कहिए ?"

"आपको मुझे कुछ रुपया पेशगी देना होगा।"

"ज्योंही आप अनुवाद देंगे, आप को मिल जायेगा।"

"जी नहीं, मुझे रुपये की आजकल ज़रूरत है, मैं एम० ए० में दाख़िल होना चाहता हूँ।"

"तो आप ज्योंही खत्म करेंगे, आपको रुपया मिल जायेगा।"

"जी, मैं आपको एक परिच्छेद करके दिखा दूँगा। आपको पसन्द आ गया तो मुझे कम-से-कम आधा पेशगी दे दीजिएगा।"

"कितना आप चाहेंगे ?"

"साढ़े छै आना पृष्ठ अनुवाद का रेट है।"

"साढ़े छै आने तो बहुत हैं।"

"जी मैंने झण्डू-फार्मेसी का सूचीपत्र उर्दू से हिन्दी में किया था। आठ आने पृष्ठ लिया था। आपसे तो मैंने साढ़े छै आने कहा है। सूची-पत्र से तो अधिक परिश्रम करना पड़ेगा इसके लिए। फिर आप पन्द्रह दिन में चाहते हैं।

"साढ़े पाँच आने लगाइए।" प्रोफ़ेसर साहब ने कहा, "साढ़े चार सौ पृष्ठ भी तो हैं। आपको एक साथ डेढ़ सौ रुपये का काम मिल जायेगा।"

"जी, बहुत अच्छा!"

और दोनों महाशय उठे। जगमोहन को तब उनकी आव-भगत की याद आयी।

"कुछ नींबू का शरबत आदि पीजिए।"

"अब यह तकल्लुफ़ रहने दीजिए।"

"आप ने बड़ा कष्ट किया यहाँ आने में," जगमोहन ने उनके साथ-साथ सीढ़ियाँ उतरते हुए कहा, "मुझे वहीं बुलवा लिया होता।"

"हम इधर से जा रहे थे, धर्म जी ने बताया कि आप यहीं रहते हैं। यह पुस्तक हमें तत्काल चाहिए, चातक जी ने आपकी सिफ़ारिश की थी, सो हम चले आये।"

मोटर में सवार होते हुए प्रोफ़ेसर साहब ने उसे एक बार फिर जल्दी करने के लिए कहा। जगमोहन ने वचन दिया कि वह उसी समय जा कर काम आरम्भ कर देगा। उसने प्रोफ़ेसर साहब के घर का पता और उनका मिलने का वक्त पूछा। उन्हें नमस्कार किया और कार के चले जाने पर वापस मुड़ा।

डेढ़ सौ रुपये का काम एक ही साथ मिल जाने से उसके पाँव को जैसे पंख लग गये। दो-दो सीढ़ियाँ एक साथ चढ़ता वह अपनी म्यानी में आया, कुर्ता उतार कर चटाई पर फेंक, तहमद की कोर कमर में खोंस, घुटनों तक टाँगों को कपड़े की क़ैद से आज़ाद कर और कुर्सी को मेज़ के पास घसीट, जम कर बैठ गया। तब उसने प्रोफ़ेसर स्वरूप का इतिहास खोला और अनुवाद करने लगा।

२३

प्रोफ़ेसर ज्योतिस्वरूप यद्यपि उन दिनों इन्श्योरेंस में काम करते थे तो भी उनके नाम के साथ प्रोफ़ेसर लगा हुआ था। दस-बारह वर्ष पहले, जब वे संस्कृत ले कर एम० ए० में सर्वप्रथम रहे थे तो उन्हें ओरियेण्टल कॉलेज ही में लेक्चररशिप मिल गयी थी। प्रिन्सिपल वूलनर उन पर प्रसन्न थे और उन्होंने प्रोफ़ेसर स्वरूप को आश्वासन दिया था कि यदि वे वहीं रहेंगे तो एक दिन उनकी गद्दी पर जा बैठेंगे। परन्तु उन्हीं दिनों प्रोफ़ेसर साहब की शादी लाहौर हाईकोर्ट के एक बड़े पदाधिकारी की पुत्री से हो गयी और हाईकोर्ट की निकटता के कारण, प्रोफ़ेसरी के टिम-टिम करके जलने वाले जीवन से उन्हें वकालत का, चिनगारी से ज्वाला-सा बन जगमगा उठने वाला, जीवन कहीं अधिक अच्छा लगा और उन्होंने ओरियेण्टेल कॉलेज की नौकरी के साथ-साथ कानून की पढ़ाई भी शुरू कर दी। उस में भी वे सर्वप्रथम रहे। तब उन को (यह कहने की आवश्यकता नहीं कि अपने ससुर के प्रभाव से) लॉ कॉलेज ही में पार्ट-टाइम लेक्चरर की जगह मिल गयी। लेकिन प्रोफ़ेसरी के डेढ़-दो सौ रुपये और वकालत के आरम्भिक दिनों के सौ-पचास रुपये प्रोफ़ेसर स्वरूप की-सी प्रतिभा, मेधा, बुद्धि और महत्वाकांक्षा वाले व्यक्ति के लिए नितान्त अपर्याप्त थे। उन्होंने एक प्रेस खोला, 'लॉ रिपोर्टर' नामक एक पत्रिका निकाली और क्योंकि संस्कृतज्ञ थे, साहित्य में भी अभिरुचि थी, इसलिए उन्होंने साथ में 'विश्व साहित्यमाला' के प्रकाशन की भी एक योजना बनायी। यहीं धर्मदेव वेदालंकार से उनकी साझीदारी हुई।

वेदालंकार जी गुरुकुल से नये-नये स्नातक हो कर आये थे। आर्यसमाज के साप्ताहिक सम्मेलनों में उनका परिचय प्रोफ़ेसर स्वरूप से हुआ। उनके पिता कोट मौदू, ज़िला लायलपुर के एक ज़मींदार थे। पाँच हज़ार उनसे ले कर वे इस योजना में प्रोफ़ेसर स्वरूप के साझीदार हो गये। लेकिन एम० ए० अथवा लॉ की परीक्षा में सर्वप्रथम रहना और बात है और किसी व्यापारिक योजना को सफल बनाना और! प्रोफ़ेसर साहब बुरी तरह असफल रहे। 'लॉ रिपोर्टर' एक वर्ष ही में मौन हो गया और उन के सिर पर साठ-सत्तर हज़ार का ऋण छोड़ गया। उस समय उनके सम्बन्धियों ने समझाया कि दीवाले की दरख़्वास्त दे दो, लेकिन प्रोफ़ेसर साहब के अहं को यह स्वीकार न हुआ। उन्होंने अपने ऋणदाताओं की मीटिंग बुलायी। उनको सारी परिस्थिति समझा दी। कहा कि यदि मैं दीवाले की दरख़्वास्त दे दूँगा तो आप लोगों के पल्ले दस प्रतिशत से अधिक न पड़ेगा। यदि आप कुछ कम लेना पसन्द करें तो मैं वचन देता हूँ कि जो भी तय होगा, उसकी पाई-पाई चुका दूँगा। उस समय उन्हें साठ हज़ार रुपया देना था। प्रेस आदि बेच कर उन्होंने बीस हज़ार चुका दिया। बीस हज़ार उन के कर्जदारों ने छोड़ दिया और बीस हज़ार की पाई-पाई चुकाने का वचन उन्होंने ऋणदाताओं को दे दिया।

'लॉ रिपोर्टर' और प्रेस के बन्द हो जाने से 'विश्व साहित्यमाला' की योजना भी संकट में पड़ गयी। फ्रांस, रूस, इंगलिस्तान, जर्मनी तथा इटली की सर्वश्रेष्ठ कहानियाँ ही अभी तक छप पायी थीं और बिक्री तो दस प्रतिशत भी न हुई थी। श्री धर्मदेव वेदालंकार को इस बीच लाहौर की हवा लग चुकी थी। एक बड़ी प्रकाशन-संस्था के डायरेक्टर बनने का गर्व वे अनुभव कर चुके थे। फिर प्रोफ़ेसर स्वरूप तो वकील थे, अपने ससुर की सहायता से

वे एक बड़ी प्रसिद्ध बीमा कम्पनी के वैतनिक परामर्शदाता बन गये। उनकी मोटर भी वही रही और रहन-सहन भी, पर श्री धर्मदेव के लिए ऐसा करना कठिन हो गया। प्रोफ़ेसर स्वरूप की देखा-देखी उन्होंने भी अपना आर्यसमाजी स्वरूप बदल कर विदेशी रूप निखार लिया था। शीशमहल रोड पर बड़ा अच्छा फ़्लैट ले कर अप-टू-डेट फ़र्नीचर से उसे सजा लिया था। और प्रोफ़ेसर स्वरूप की भाँति बड़ी शान से रहने लगे थे। इस बीच दस हज़ार रुपया वे अपने पिता से और ले चुके थे। और अपने इस सपूत को सफल बनाने के प्रयास में उनकी छोटी-सी ज़मींदारी का दीवाला पिटने को हो गया था। जब प्रोफ़ेसर साहब ने प्रेस बन्द किया तो श्री धर्मदेव के सामने समस्या उपस्थित हुई कि क्या करें। पहले सोचा, अध्यापन-कार्य करें, पर गोसाईं तुलसीदास ने जो कहा है कि जिन्होंने राम-नाम का रस चखा है, उन्हें सभी रस फीके लगते हैं, सो धर्म जी को भी शान-शौकत से रहने की आदत हो गयी थी और शान-शौकत से रहने का मज़ा भी राम-नाम के मज़े से कम नहीं। उसके बाद अध्यापन में उन्हें क्या रस मिलता ? अपने उस स्तर को नीचे लाना और पिता से और रुपया हथियाना दोनों बातें कठिन थीं। तब आर्यसमाज के मन्त्री श्री नकुलसेन ने उन्हें सुझाया कि वे 'विश्व साहित्यमाला' के पीछे लट्ठ ले कर क्यों पड़े हैं, भारत के साहित्य की ओर क्यों नहीं देखते। उन्होंने वेदालंकार जी को सुझाया कि पंजाब के स्कूलों और कॉलेजों के पाठ्यक्रम के लिए उन्हें पुस्तकें तैयार करके अथवा करवा के छपवानी चाहिएँ। मैट्रिक, एफ़० ए०, रत्न, भूषण या प्रभाकर में यदि एक पुस्तक भी लग जाये तो हज़ारों का वारा-न्यारा हो जाता है।

"लेकिन प्रेस तो हमने बेच दिया।" श्री धर्मदेव ने विवशता से कहा था।

"प्रेस मेरा जो है! आप जो चाहें, छाप दूँ! अरे भाई, पहला संस्करण दो सौ का छपवाओ। पुस्तक लग गयी तो पाँच-दस हज़ार छपवा लो। बेचने का झंझट न पालना चाहो तो मैं चालीस प्रतिशत कमीशन पर सारा अधिकार ले लूँगा। आप को नकद दे दूँगा। आप मौज उड़ाइए।"

श्री धर्मदेव को यह अन्तिम बात बहुत भायी। पुस्तकें तैयार करना मुश्किल न था। वे स्वयं भी लिख सकते थे, मित्रों से भी लिखवा सकते थे। 'विश्व साहित्यमाला' से जितनी पुस्तकें छपी थीं, वे सब उन्हीं द्वारा अनूदित थीं। लेकिन पुस्तक छापना एक बात है और उसे कोर्स में लगवाना दूसरी। उसके लिए प्रभाव भी चाहिए और तिकड़मबाज़ी भी। बोर्ड के सात-आठ मेम्बर थे। लगभग सब की साँठ-गाँठ किसी-न-किसी प्रकाशक से थी — किसी की पुस्तकें प्रकाशक मुफ़्त छापता था; किसी को पाँच से ले कर बीस प्रतिशत तक रॉयल्टी देता था; किसी की अपनी पुस्तक दूसरे नाम से बोर्ड को भेजी जाती थी — यह सब वेदालंकार जी के बूते से बाहर था। लेकिन स्कीम बहुत अच्छी थी। 'हींग लगे न फिटकरी, रंग चोखा आये' की-सी बात थी! धर्म जी प्रोफ़ेसर स्वरूप के पास गये। उनसे कहा कि वे चाहे 'लॉ रिपोर्टर' को ख़त्म कर दें, परन्तु 'विश्व साहित्यमाला' को, नाम-मात्र ही के लिए सही, जारी रखें। पुस्तकें लिखने-लिखाने, छापने-छपाने का प्रबन्ध वे स्वयं कर लेंगे। प्रोफ़ेसर साहब केवल उन्हें स्वीकृत कराने में मदद करें। बोर्ड की मीटिंग के दिनों में उनके दो-चार दिन ख़राब होंगे। पर इतने ही से हज़ारों का काम हो जायेगा। उनके पास कार है; बोर्ड के सदस्य उन्हें जानते हैं; समाचार-पत्रों में उनका रुसूख़ है, पुस्तकें लगवाने

में किसी प्रकार की कठिनाई न होगी! लाभ जो भी होगा, आधा-आधा बाँट लेंगे।

प्रो़फ़ेसर स्वरूप को यह स्कीम पसन्द आयी। इन्श्योरेंस कम्पनी से उन्हें ढाई सौ रुपया वेतन मिलता था। सस्ती का ज़माना ही सही, उतने से घर का खर्च भी कठिनाई से चलता था। कर्ज़ का रुपया उतारने के सम्बन्ध में वे चिन्तित रहते थे। यह स्कीम उन्हें मुक्ति-मार्ग-सी लगी और उन्होंने अपनी अनुमति दे दी।

जब तक 'विश्व साहित्यमाला' की पुस्तकें रहीं और धर्म जी कुँवारे रहे, उन्होंने पुस्तकें छापने और वितरित करने का काम भी अपने ही ज़िम्मे रखा। लाभ भी काफ़ी हुआ। प्रोफ़ेसर साहब के प्रभाव से उनकी आठ-आठ पुस्तकें पाठ्यक्रम में लग जाती थीं। पर इधर उन्होंने शादी कर ली थी और उनका ख़र्च, व्यस्तता और जीवन-स्तर कुछ और बढ़ गया था। गर्मियों में पहाड़ जाना उन्हें अनिवार्य लगता था। पुस्तकें तो किसी-न-किसी प्रकार तैयार कर देते थे, पर दुकान और वितरण का काम उन्हें जंजाल मालूम होता था। जो किताब आज लगती, तीसरे वर्ष बिकनी शुरू होती और तीन-चार वर्षों में उसका संस्करण समाप्त होता। थोड़ी-थोड़ी रकम आने से प्रोफ़ेसर साहब का भी कुछ न बनता। वह सब रुपया उनके घरेलू ख़र्च की भेंट चढ़ जाता। कर्ज़दारों को वे कुछ न दे पाते। तब दोनों ने परामर्श करके श्री नकुलसेन प्रधान मन्त्री आर्यसमाज ही की बात मानना श्रेयस्कर समझा। श्री धर्मदेव पुस्तकें लिखवाते (और सदा इस बात का प्रयास करते कि लेखकों की अधिक-से-अधिक रॉयल्टी उन्हीं की जेब में जाये।) प्रोफ़ेसर साहब उन्हें लगवाते और श्री नकुलसेन वितरित करते। जो पुस्तकें श्री धर्मदेव बोर्ड के विचारार्थ तैयार करते, उनकी सौ-सौ प्रतियाँ श्री नकुलसेन उधार-खाते छाप कर उन्हें दे देते। प्रोफ़ेसर स्वरूप कोशिश करके उनमें से अधिकांश लगवा लेते। तब उन्हें छापने और वितरित करने का ज़िम्मा श्री नकुलसेन अपने सिर से लेते। सम्भावित संस्करण की आये जोड़ कर वे पुस्तक लिखने अथवा लिखवाने के लिए २० प्रतिशत धर्म जी के नाम लिख लेते (यह कहने की ज़रूरत नहीं कि श्री धर्मदेव किसी दूसरे लेखक को कभी कुछ ज़्यादा न देते) २० प्रतिशत पुस्तक लगवाने के लिए प्रोफ़ेसर साहब के खाते लिख लिया जाता। रुपया लगाने और वितरण करने के लिए श्री नकुलसेन ६० प्रतिशत स्वयं लेते, जिसमें से पुस्तकें छापने का ख़र्च (जो उन्हीं के प्रेस में छपतीं) और विक्रेताओं का दस-पन्द्रह प्रतिशत निकाल कर पचीस-तीस प्रतिशत स्वयं बचा लेते।

धर्म जी तथा प्रोफ़ेसर साहब को वे उनकी आधी रॉयल्टी सीज़न शुरू होते ही पेशगी दे देते। श्री धर्मदेव पैसा पाते ही पहाड़ चले जाते। प्रोफ़ेसर साहब आधा अपने ऋणदाताओं को दे देते और आधा अपने लिए रख लेते और श्री नकुलसेन (जब पुस्तकें बिकने पर रुपया आता) उसे बैंक भेज देते। उनकी आकृति दिन-ब-दिन और भी विनम्र होती जाती और वेश-भूषा की सादगी और भी बढ़ती जाती।

२४

जगमोहन ने जब प्रोफ़ेसर स्वरूप के इतिहास का पहला परिच्छेद समाप्त किया तो उस समय रात का एक बजा था। उस का तन ही नहीं, मन भी थक चुका था, पर इस थकन के बावजूद उसे नींद न आयी। गली में अपनी चारपाई पर जा कर वह लेटा तो पिछले दो-तीन दिनों की घटनाएँ और उनके सम्बन्ध में बीसियों बातें उसके मस्तिष्क में चक्कर काटने लगीं।

०

प्रोफ़ेसर स्वरूप के और उसके स्तर में इतना अन्तर था कि जब वे कार ले कर उसके यहाँ आये थे तो वह जैसे कृतज्ञता से अभिभूत हो गया था। वे उसे बुला भेजते तो वह भागा-भागा दस बार जाता, विशेषकर उस स्थिति में, जब उसे प्रवेश-शुल्क के लिए रुपये की बेहद ज़रूरत थी। पर वे स्वयं कार में उसके यहाँ पहुँचे। उन का यह व्यवहार उसे बड़ा सौजन्यपूर्ण लगा। उसने गर्व भी अनुभव किया और अपनी हीनावस्था पर उसे दुख भी हुआ। उस दिन भी, जब सत्या जी उसी म्यानी में चटाई पर सो गयी थीं, उसे खेद हुआ था। उसने सोचा था कि क्यों उसके पास ढंग का एक कमरा भी नहीं, जहाँ वह उन्हें सुला सकता। लेकिन वे उसी के स्तर की थीं, इसलिए न उन्हें वहाँ सोने के लिए कहने में उसे संकोच हुआ था और न वह किसी हीन-भाव ही से आक्रान्त हुआ था। प्रोफ़ेसर साहब और श्री धर्मदेव की बात दूसरी थी। उनका स्तर उससे कहीं ऊँचा था। 'यदि उसे प्रोफ़ेसर साहब पचास रुपये पेशगी दे दें तो वह अवश्य अपने भाई से कह कर मालिक-मकान से वह कमरा ले ले, जो ऊपर की छत पर ख़ाली पड़ा रहता है'....उसने सोचा....और उसके सामने प्रोफ़ेसर साहब से सम्भावित भेंट का चित्र घूम गया।

उसने देखा कि प्रोफ़ेसर साहब को उसका अनुवाद बहुत पसन्द आया है। देर तक वह अपने कानों से उनके साथ होने वाले अपने सम्वाद को सुनता रहा। बार-बार वे ही सम्वाद! फिर उसने देखा कि प्रोफ़ेसर साहब ने उसे पचास रुपये पेशगी दे दिये हैं। वह भागा-भागा आया और उसने कमरा ले लिया है। सामान ख़रीद कर उसे सजा लिया है। तब वह पार्टी के दफ़्तर से आते समय दुरो को अपने साथ ले आया है। वह उसे चाय पिला रहा होता है कि सत्या जी आ जाती हैं। वह ऐसे झेंप जाता है, जैसे उन्होंने उसे चोरी करते देख लिया हो....

जगमोहन ने आँखें खोल दीं। उसके माथे पर पसीना आ गया था। पास खड़े हुए कुर्ते के दामन से पसीना पोंछ कर उसने करवट बदली। वह सोया न था, केवल आँखें बन्द किये हुए अर्द्ध-जागृतावस्था में यह सब देख रहा था। पर खुली आँखों भी वही दृश्य उसके सामने आने लगा, उसने फिर करवट बदल ली।

गर्मी भयानक थी। छत के ऊपर शायद कहीं हवा चलती होगी। गली में तो भट्ठी तप रही थी। मच्छर निरन्तर भनभना रहे थे। जगमोहन की खोपड़ी जैसे विशाल रेगिस्तान थी। उसमें कभी इधर और कभी उधर उड़ने वाले वातचक्रों-से विचार चले आ रहे थे — उच्छृंखल, विशृंखल, और क्रम-रहित! सत्या जी से उस की पहली भेंट....सीढ़ियों पर

अपने कन्धे पर उन के वक्ष का दबाव....म्यानी में उनकी वह सुषुप्तावस्था की भंगिमा....उसके स्नायु तन गये। सिर को झटका दे कर उसने फिर करवट बदली....सामने दुरो आ गयी....वह स्फूर्तिमयी, चपल, पर गम्भीर लड़की! उसके हृदय में एक टीस-सी उठी। 'आख़िर उस लड़की में क्या है ?' वह सोचने लगा, 'बीसियों उससे कहीं ज़्यादा सुन्दर होंगी!' पर जाने क्यों, वह उसे अच्छी लगती है। जाने क्यों, उसी का प्रेम वह पाना चाहता है। क्या वह उससे प्रेम कर सकती है ? उसकी आँखों में तो उसे इसका आभास नहीं मिला। फिर वह क्यों बार-बार उसकी आँखों में आती है ? वह उससे प्यार भी करने लगे तो क्या ? वह क्या उससे विवाह कर सकता है ? उसके पास तो अपना पेट भरने की भी सुविधा नहीं और वह प्रेम के पीछे लट्ठ लिये फिरता है....और वह अचानक हँस दिया। रात के उस सन्नाटे में अपनी वह हँसी उसे बड़ी अजीब लगी।....वह पागल तो नहीं हो गया ?....सहसा वह उठ कर बैठ गया।

उसका एक मित्र समाचार-पत्र में उप-सम्पादक था। उप-सम्पादक क्या, अनुवादक था। पर दैनिक-पत्रों के अनुवादक क्योंकि अपने-आपको उप-सम्पादक लिखते हैं, सो वह भी उप-सम्पादक कहलाता था। उसके भाग्य ने ज़ोर मारा तो वह सूचना-विभाग में ले लिया गया। समाचार-पत्र के दफ़्तर में था तो पतला-दुबला था। सरकारी दफ़्तर में जाते ही वह मुटाने लगा। एक दिन जगमोहन उससे मिलने गया। वह काउच के एक कोने पर पीछे को लेटा हुआ था। "क्या सोच रहे हो ?" जगमोहन ने पूछा। "कुछ भी न सोचने का प्रयास कर रहा हूँ!" उसने कहा। "क्या मतलब ?" चकित हो जगमोहन बोला। "तुम देख नहीं रहे हो, मैं पहले से कितना स्वस्थ हूँ।" मित्र ने उत्तर दिया। "स्वस्थ! तुम ग़ुब्बारे की तरह फूले जा रहे हो!" जगमोहन बोला। "वह इसी न सोचने का परिणाम है," मित्र हँसा, "मैंने रोज़ इसी तरह दिमाग़ को ख़ाली रख कर बैठने का अभ्यास कर लिया है। मैं घण्टों बिना कुछ सोचे बैठ सकता हूँ। और मेरा स्वास्थ्य सुधरता जा रहा है।"....और अपनी रौ में उसने जगमोहन को 'चिन्ता छोड़ कर स्वस्थ रहने' पर एक छोटा-मोटा भाषण दे डाला था।

गली के उस अँधेरे में, अपनी चारपाई पर बैठे, जगमोहन ने भी 'कुछ न सोचने' का प्रयास किया। क्षण-भर आँखें माथे में टिका, उसने प्रत्येक घटना को अपने मस्तिष्क के दरवाज़ों से दूर भगा दिया। विचार आते, उसके मस्तिष्क के बन्द किवाड़ों से टकराते, पर उसका माथा सिकुड़ जाता, उसके सारे शरीर की नसें तन जातीं और उसकी अपनी ही छाया मस्तिष्क के दरवाज़े पर बैठी, उन्हें परे ख़देड़ देती। फिर न जाने किस दिशा से वसन्त अन्दर घुस आया। पतझड़-से पीले नागफनी के पत्ते सरीखा उसका मुख, काँटों-सी दाढ़ी, और बड़ी-बड़ी आँखें! वसन्त कम प्रतिभाशाली न था। उसकी कविता में आग थी। बातों में हकीकत। दुरो ने उसकी प्रशंसा भी कम न की थी, पर क्यों उसे उससे ईर्ष्या नहीं हुई ?....वसन्त आया तो फिर दुरो, सत्या जी और हरीश भी फ़सील टूट जाने पर धावा करते हुए सैनिकों-से उसके मस्तिष्क में आ घुसे। परास्त हो कर वह लेट गया। उसने फिर कुर्ते के दामन से मुँह और छाती का पसीना पोंछा और एक-दो बार पंखा किया। दिमाग़ को स्वतन्त्र छोड़ दिया कि जा जो इच्छा हो सोच! लेकिन यह ढील देते ही कुछ देर बाद उसे नींद आ गयी।

०

सुबह अभी गली में उजियाला भी न हुआ था कि जगमोहन हड़बड़ा कर उठ बैठा।

उसके मालिक-मकान बाबू मुकुन्द लाल सुबह उठ कर नियमित रूप से सैर करने वालों में से थे। घर के पास ही मैदान में बकरवाल अपनी दो-चार गायों और दस-बीस बकरियों को ले कर आ जाते थे। बकरवालों के बाड़े तो ऋषिनगर में दायें हाथ को उस जगह थे, जो अभी तक मुसलमान गूजरों के पास थी, पर क्योंकि ऋषिनगर के बाबू लोग और महाशयगण उनका विश्वास न करते थे और अपने सामने, अपने बर्तनों में दूध दुहाना पसन्द करते थे, इसलिए वे अपना रेवड़ लिये इस मध्यवर्ती मैदान में आ इकट्ठे होते। बाबू मुकुन्द लाल का यह नियम था कि सैर को जाने से पूर्व दूसरे बाबुओं के आने और भीड़ लगने से पहले, वे दूध दुहा कर घर रख जाते थे। इन बकरवालों के कुत्ते को न जाने उनकी सूरत से क्या चिढ़ थी, वह उनको देखते ही भूँकने लगता। जब तक वे खड़े दूध दुहाते, वह निरन्तर भूँकता रहता। भेड़िये-सा बड़ा कुत्ता था, बकरवाल बड़ी मुश्किल से उसे रोक पाते। एक-दो बार बाबू जी ने ईंट भी दिखायी, तब से वह और भी उनसे चिढ़ गया। वे घर से निकलते कि उनकी गन्ध पा कर वह भूँकने लगता। उस दिन बाबू मुकुन्द लाल के सिर में दर्द था। रात नींद न आयी थी। वे चिढ़े हुए थे, पर कुत्ते को इस बात की क्या समझ ? वह लगातार भूँकता रहा। बाबू मुकुन्द लाल झल्ला गये। जब बकरवाल ने दूध दुह कर बर्तन उन्हें दिया और कुत्ता भूँकता-भूँकता उनके निकट आया तो घुमा कर एक लात उन्होंने उसके दे मारी। कोई दूसरा कुत्ता होता तो भाग जाता पर वह लपक कर उनकी गर्दन तक आ चढ़ा। तब बाबू मुकुन्दलाल के हाथ से दूध का बर्तन नीचे गिर गया। ऐसी अमानुषिक चीख़ उनके कण्ठ से निकली कि जगमोहन की नींद खुल गयी और वह हड़बड़ा कर उठ बैठा।

पहले तो वह समझा कि उसने सपने में चीख़ सुनी है, पर कुत्ता ज़ोर से भूँक रहा था और शोर भी मच रहा था। वह भाग कर वहाँ पहुँचा। बकरवालों ने कुत्ते को दबोच लिया था। दो आदमी उसे पकड़े हुए थे, वह उछलने के प्रयास में बेतरह भूँक रहा था और बाबू मुकुन्द लाल धमकियाँ दे रहे थे कि वे उसे गोली मरवा देंगे और यदि बकरवाल उस कुत्ते का कोई प्रबन्ध न करेंगे तो उन सब बकरवालों को ऋषिनगर से निकलवा देंगे, आदि....आदि....

बकरवालों ने लाला जी को और दूध दुह दिया। जगमोहन ने उन्हें शान्त किया और बाबू जी को लौटा लाया। बाबू जी दूध का बर्तन ले कर अन्दर गये तो उसने बिस्तर गोल किया, शौचादि से निवृत्त हो, हैण्ड-पम्प से पानी की बाल्टी भर कर स्नान किया और कपड़े पहन अनूदित परिच्छेद बग़ल में दबा, वह प्रोफ़ेसर साहब के घर की ओर चल दिया।

०

प्रोफ़ेसर साहब जब प्रेस चलाते थे तो प्रेस के निकट ही चेम्बरलेन रोड पर रहते थे। जब से उन्होंने प्रेस बन्द किया था और अलग मकान और नौकरों का ख़र्च चलाना उनके लिए दुष्कर हो गया था, वे लॉरेंस रोड पर अपने ससुर की कोठी में उठ गये थे।

लॉरेंस रोड पर दायें हाथ को गवर्नर की कोठी की ऊँची दीवार है और बायें हाथ

को बँगले हैं। चार नम्बर के बँगले में प्रोफ़ेसर साहब के ससुर रहते थे और वहीं जगमोहन को उन्होंने बुलाया था।

हौदियों की दुर्गन्ध से आक्रान्त बाज़ारों और घुटी-घुटी गलियों में से जल्दी-जल्दी गुज़रता हुआ जगमोहन जब लोअर-माल पर पहुँचा तो उसने सुख की साँस ली। परन्तु यह सुख मानसिक ही था। माल पर यद्यपि उतनी घुटन न थी, पर वायुमण्डल में उमस उतनी ही थी। पेड़ों के पत्ते तक शिथिल थे। हवा का हल्का-सा स्पर्श भी कहीं न था। गर्मी के कारण दम घुटा जा रहा था। फिर सरकारी भंगी जगह-जगह सड़कों पर अपने झाड़ू का चमत्कार दिखा रहे थे और धूल वातावरण पर छा कर उसे और भी दम-घोटू बन रही थी।

अपने विचारों में उलझा जगमोहन लम्बे-लम्बे डग भरता चला जा रहा था। जहाँ कहीं भंगी धूल उड़ाता, वहाँ वह अपनी साँस रोक लेता और धूल का वह बादल पार कर, ताज़ी हवा से अपने फेफड़ों को भर लेता। उसके विचारों का क्रम भी साँस के साथ रुक जाता और फिर धूल के पार चल पड़ता।

स्टडी सरकल ही में उसे मालूम हो गया था कि दुरो के पीछे भागना मरीचिका के पीछे दौड़ने के बराबर है। हरीश और दुरो में अधिक बातें न हुई थीं, लेकिन हरीश को देखते ही उसके मुख पर जो लज्जा-मिश्रित उल्लास खिल उठता था, उसने तत्काल सारी स्थिति जना दी थी। प्रेमी की आँखें अनायास ही अपने प्रतिद्वन्द्वी को पहचान लेती हैं। साधारण लोगों को जब कुछ भी मालूम नहीं होता, तब अपने प्रिय अथवा प्रतिद्वन्द्वी की आकृति के बदलते हुए हल्के-गहरे, रंगों, पलकों के कम्पन, मस्तक की सिकुड़न, पुतलियों की चमक और होंटों पर प्रकट न दिखायी देने वाली मुस्कान से प्रेमी की आँखें अनजाने भाव ढूँढ निकालती हैं। प्रेम हृदय को विशाल भी कर देता है और संकुचित भी, और आँखों को ऐसा पैनापन प्रदान कर देता है कि वे आँखों की भाषा पढ़ लेती हैं। सहज ज्ञान ही से जगमोहन को पता चल गया था कि दुरो हरीश को चाहती है और उसके अन्तस्तल की गहराई से एक दीर्घ निःश्वास निकल गया था। परन्तु उसका विवेक, जो आसक्ति के प्रथम आवेग में उखड़ गया था, यथार्थता के एक ही झटके से अपनी जगह आ लगा था। उसने दुरो को अपने ही स्तर की समझा था —अपने ही स्तर की और प्राप्य! लेकिन हरीश की उपस्थिति ने उसे अप्राप्य बना दिया था।

'मुझे दुरो का ध्यान छोड़ देना चाहिए।' उसने चलते-चलते सोचा। 'इसमें असफलता, निराशा और व्यथा के सिवा कुछ हाथ न आयेगा।' और उसने तय कर लिया कि वह अपने मन से दुरो का चित्र निकाल देगा। वह चित्र वहाँ आ ही क्यों गया ? इसी बात का उसे खेद हो रहा था। जब तक वह अपनी शिक्षा समाप्त नहीं कर लेता, प्रेम के चक्कर में नहीं पड़ेगा!

अपने इन्हीं विचारों में मग्न वह अजायबघर, कमर्शल बिल्डिंग्ज़, बड़ा डाकख़ाना, दयालसिंह मैन्शंज़ पार कर गया। अँधेरा बिलकुल छँट गया था। लॉरेंस की सैर करने वाले बराबर आ-जा रहे थे। जो लॉरेंस तक न जाते थे, वे महारानी विक्टोरिया की मूर्ति के गिर्द बिछे घास के टुकड़े पर बैठे अथवा लेटे हुए थे। जगमोहन भी क्षण-भर को वहीं रुक गया। फुटपाथ के साथ-साथ चारों ओर लगी लोहे की उस मोटी ज़ंजीर पर उसने सुस्ताने को पाँव रख लिया। तब उसके मन में अजीब-सा ख़याल आया —साम्राज्ञी की यह प्रौढ़ावस्था

की मूर्ति यहाँ क्यों स्थापित की गयी ? एक बार उसने 'साम्राज्ञी विक्टोरिया' नाम की फ़िल्म देखी थी। कितनी सुन्दर लगती थी युवा साम्राज्ञी! किन्तु राजनीतिज्ञ कदाचित सुन्दरता का ज्ञान खो देते हैं। राजनीति के षड्यन्त्र उनकी कोमल भावना को कुण्ठित कर देते हैं। जगमोहन के युवा हृदय को, जो इधर कुछ दिनों से सौन्दर्य का पारखी हो गया था, मूर्ति की स्थापना करने वालों पर बड़ा क्रोध आया और जैसे इसी बात के विरोध में वहाँ अधिक सुस्ताये बिना वह आगे चल पड़ा।

कोठी का नम्बर पढ़ कर जब उसने अन्दर प्रवेश किया तो कुछ ही कदम चलने पर उसने देखा कि बँगले के आगे लॉन में पलँग बिछाये, मसहरी लगाये, पंखा छोड़े प्रोफ़ेसर स्वरूप करवट के बल सोये हुए हैं। जगमोहन ठिठक गया। उसने देखा कि उनके पलँग के साथ और भी पलँग बिछे हैं। एक-दो पर बच्चे सोये हैं और दो ख़ाली हैं। कदाचित घर के दूसरे लोग जग गये थे, केवल वे और उनके बच्चे बेसुध सोये थे।

'बड़े आदमी हैं!' जगमोहन ने मन-ही-मन सोचा, 'सारी दुनिया जाग पड़ी और ये सोये हुए हैं।' वह उलटे पाँव वापस फिरा। जा कर माल के किनारे घास पर बैठ गया। अनूदित परिच्छेद उसने फिर निकाल लिया और उसे एक नज़र देखने लगा। वहीं बैठे-बैठे उसने सारे-का-सारा अनुवाद एक बार देख डाला। एक-दो जगह ठीक कियीं, फिर उसको बग़ल रख कर वहीं घास पर लेट गया और हरे-भरे लॉन में मसहरी की छाया में, पंखे की हवा में लेटने वाले के भाग्य की तुलना, ऋषिनगर के उन दुमंज़िले-तिमंज़िले मकानों से घुटी गली की उमस में, मच्छरों की भनभनाहट का वाद्य सुनते हुए लेटने वाले के भाग्य से करने लगा। अपनी उस गली की गन्दगी और घुटन से निकल कर कभी वह भी किसी कोठी के आगे, घास के खुले लॉन में, पंखे की हवा लेते हुए सोने का अवसर पा सकेगा ? —वह सोचता रहा। बड़ी देर तक बैठने, लेटने और इधर-उधर घूमने के बाद वह फिर कोठी में गया। प्रोफ़ेसर साहब उठ कर बैठ गये थे और मुँह पर हाथ फेर रहे थे। जगमोहन वहीं रुका रहा। वे अन्दर चले जायें तो वह जाये, उसने सोचा और लौट आया। पन्द्रह-बीस मिनट इधर-उधर घूम कर वह फिर गया। प्रोफ़ेसर साहब उठ कर अन्दर चले गये थे। उसने जा कर बरामदे में 'कॉल बेल' का बटन दबाया और नौकर को अपना नाम दिया। लेकिन प्रोफ़ेसर साहब की प्रतीक्षा में उसे आधा घण्टा बैठना पड़ा। जब अन्ततोगत्वा वे ड्रेसिंग-गाउन पहने, चाय का प्याला हाथ ही में लिये, बाहर आये तो उसने बढ़ कर उन्हें 'नमस्कार' किया और फिर अपने आने का मन्तव्य प्रकट किया।

प्रोफ़ेसर साहब ने वह एक परिच्छेद सुना। पसन्द किया। कहा कि बस, एक बार बैठ कर वह सारे-का-सारा लिख डाले और वे वापस अन्दर को चले।

तब जगमोहन ने साहस कर पेशगी की बात कही। प्रोफ़ेसर साहब अन्दर गये। आ कर तीस रुपये उन्होंने उसके हाथ पर रख दिये। कहा, "पुस्तक तो 'विश्व साहित्यमाला' की है, दफ़्तर ही में आपको रुपया मिलना चाहिए, पर आप इतनी दूर से आये हैं, इसलिए अभी आप ये तीस रुपये रखिए। बीस रुपये मैं आप को धर्म जी के हाथ भेज दूँगा।"

"मुझे एम० ए० में दाख़िल होना है," जगमोहन ने थूक निगल कर कहा, "रुपये की मुझे बड़ी ज़रूरत है।"

"मैं भिजवा दूँगा, आप चिन्ता न करें।"

और वे अन्दर चले गये।

उसने 'नमस्कार' किया और मुड़ा।

यद्यपि तीस रुपये भी उसके लिए बड़ी बात थी, उसे तो इस बात का भी डर था कि यदि कहीं प्रोफ़ेसर साहब को अनुवाद पसन्द न आया तो....पर न जाने क्यों, उसे तीस रुपये पा कर प्रसन्नता न हुई। वसन्त ने उसके मन में जो सन्देह पैदा कर दिया था, इस पेशगी के बावजूद उसके मन में छिपा बैठा रहा।

o

साढ़े आठ बज गये थे, धूप में आँखें न टिकती थीं, जब वह प्रोफ़ेसर साहब की कोठी से निकला। कुछ क्षण वह धीरे-धीरे चलता रहा। फिर सिर को झटका दे, उदास विचारों को मस्तिष्क से निकाल, जेब में पड़े तीस रुपये के नोटों को एक बार फिर हाथ से छू, पेड़ों वाली लस्सी की कल्पना में मस्त, वह तेज़-तेज़ चलने लगा।

२५

"यह देखिए, यह बैठे हैं महात्मा जी!"

जगमोहन ने सिर उठाया! वह जिसे कि पंजाबी में कहते हैं, लंगर-लंगोट कसे, प्रोफ़ेसर स्वरूप की हिस्ट्री के पीछे पड़ा था। आँख उठा कर उसने देखा —भाभी के साथ सत्या जी और दुरो खड़ी हैं।

"क्या हम आ सकते हैं ?" दुरो ने कहा।

जगमोहन हड़बड़ा कर उठा। वह तहमद का लँगोट बनाये बैठा था। पास पड़ा कुर्ता पहन और तहमद की कोर पीछे कमर से निकालते हुए उसने कहा, "आइए आइए!"

"मैंने आते-आते म्यानी को ख़ाली देखा तो समझी कि आपने मकान ही बदल लिया है," सत्या जी ने पलँग की पट्टी पर बैठते हुए कहा। और उन्होंने कमरे में चारों ओर एक दृष्टि डाली।

o

प्रोफ़ेसर स्वरूप से तीस रुपये ले कर सब से पहला काम जगमोहन ने जो किया वह मालिक-मकान से वही ऊपर वाला ख़ाली कमरा लेना था। कमरा तीसरी मंज़िल पर था, काफ़ी खुला और चौड़ा। ऊपर की मंज़िल पर होने से गर्मी तो थी, पर यदि हवा चले तो उसका पहला स्पर्श भी उसी को मिलता था। अपनी मेज़, तिपाई, किताबें वह ले आया था। चारपाई दिन को अन्दर और रात को बाहर कर लेता। कुर्सी और चारपाई के अतिरिक्त बैठने की कोई चीज़ न थी, इसलिए वह एक नयी चटाई और एक सस्ती-सी साढ़े तीन रुपये की ईज़ी-चेयर भी ले आया था। दुरो को खड़ी देख कर उसने उसकी ओर संकेत कर दिया।

"मैं तो लाडो को रोते छोड़ आयी हूँ," कहती हुई भाभी चली गयी।

"आप तो बड़े व्यस्त हैं," दुरो ने कहा, "हमने आपको व्यर्थ ही डिस्टर्ब किया।"

जगमोहन के होंटो पर एक थकी-सी मुस्कान फैल गयी। "यह प्रोफ़ेसर स्वरूप के इतिहास का अनुवाद करना है," उसने कहा, "पन्द्रह दिन उन्होंने दिये हैं और तीन सौ पृष्ठ हैं। बीस पृष्ठ रोज़ करूँ तो समय पर दे सकता हूँ।"

"पन्द्रह दिन की क्या जल्दी है ?"

"उन्हें कहीं कोर्स में सबमिट करना होगा। है तो चार सौ पृष्ठ का, पर सौ पृष्ठ उन्होंने किसी और के अनुवाद किये हुए मुझे भिजवा दिये हैं। सो अब तीन सौ मुझे अनुवाद करने हैं। जी तो नहीं चाहता, पर कर रहा हूँ।"

"नहीं जी चाहता तो क्यों कर रहे हैं ?"

"कर रहा हूँ इसलिए कि इसे हाथ में ले लिया है। नहीं अब पैसे मिलने की उतनी आशा नहीं। एम० ए० में दाख़िले के लिए रुपयों की ज़रूरत थी, सो यह काम लिया था। पचास रुपये पेशगी माँगे थे और साढ़े छै आने प्रति पृष्ठ पारिश्रमिक। पेशगी देना उन्होंने स्वीकार कर लिया था किन्तु पारिश्रमिक एक आना घटा दिया कि ४०० पृष्ठ का काम है, एक आना कम लीजिए। मैं भी मान गया। सोचा एक साथ डेढ़ सौ मिल जायेंगे तो प्रवेश शुल्क का प्रबन्ध हो जायेगा। जब एक परिच्छेद अनुवाद करके पास कराने और पेशगी लेने गया तो उन्होंने केवल तीस रुपये दिये और कहा कि शेष रुपये भिजवा दूँगा। दमड़ी उन्होंने अब तक नहीं भिजवायी। उलटे किसी दूसरे के अनुवाद किये हुए सौ पृष्ठ मेरे गले मढ़ दिये। एक आना पृष्ठ उन्होंने इस कारण कम किया कि चार सौ पृष्ठ का काम है। जब मैं पेशगी ले आया और मैंने काम शुरू कर दिया तो तीसरे दिन श्री धर्मदेव आये, मैं समझा कि बीस पेशगी के लाये हैं, पर उन्होंने एक मसौदा मेरे आगे फेंक दिया। कहने लगे, 'इसमें एक सौ पृष्ठ का अनुवाद है, देखिए यदि आप काम में ला सकें!' मैंने संकोचवश ले लिया। रुपयों की बात टाल गये। पूछा तो कहने लगे, 'बस, आप करते जाइए, शीघ्र ही आपको पहुँचा दूँगा।' दूसरे दिन फिर आये। मैंने समझा रुपये लाये हैं। वे फिर पचास पृष्ठ का एक मसौदा लाये। कहने लगे, "यह एक सौ पचास से दो सौ तक का अनुवाद एक दूसरे व्यक्ति ने किया है। देखिए, यदि यह ठीक हो तो रख लीजिएगा। क्रोध के मारे मेरा ख़ून खौल उठा। मैंने कहा, "आप चिन्ता न करें, मैं काम आपको समय पर ख़त्म करके दूँगा। अनुवाद को ख़राब न कीजिए। यदि आप कर सकें तो मुझे कुछ रुपये दिलवा दीजिए। काम तो देखिए, मैंने आपका पूरे ज़ोर से शुरू कर दिया है। दूसरे का अनुवाद अब मैं और नहीं लूँगा। इससे स्टाइल में अन्तर पड़ता है।"

"जाने ऐसे ही पचास-पचास पृष्ठ भिन्न व्यक्तियों से कराके वे पुस्तक समाप्त करना चाहते हों।"

"हो सकता है। इन वेदालंकार जी का भरोसा नहीं। मैंने तो सुना दिया कि यदि आपको थोड़े ही पृष्ठ कराने हों तो अभी बता दीजिए, मेरा परिश्रम बचे। पारिश्रमिक तब मैं साढ़े छः आना पृष्ठ ही लूँगा। जितने कर लिये उनका हिसाब हो जायेगा। 'नहीं, ऐसी बात नहीं,' उन्होंने कहा, 'पृष्ठ तो और भी कराये हैं, पर अब आप ही कीजिए। प्रोफ़ेसर साहब

को आपका अनुवाद पसन्द है।' मैंने पूछा, 'पेशगी के बीस रुपये ?' बोले, 'बस, आप अनुवाद ख़त्म कर दीजिए, रुपये आपको तुरन्त मिल जायेंगे।' मुझे आशा तो नहीं कि ये लोग रुपये जल्दी देंगे, पर काम उनको समय पर दे दूँगा, इस बात का मैंने फ़ैसला कर लिया है।"

"दे आर ऑल ब्लडी एक्सप्लॉयटर्स"[१] दुरो ने कहा।

"पर धर्मदेव जी तो आपके मित्र हैं।" सत्या जी बोलीं।

"इसी संकोच में पड़ा हूँ। नहीं मैं काम उसी समय छोड़ देता। आधा तो मैंने ख़त्म कर दिया है। सात दिन जम कर और बैठूँगा, सारा ख़त्म कर दूँगा। सोचता था, यदि डेढ़ सौ रुपया एक साथ मिल जाता तो मैं प्रवेश-शुल्क दे देता। तीस में से आधे तो मैंने ख़र्च भी कर दिये। सौ पृष्ठों के पैसे वैसे ही कम हो गये। अब शेष कितने रुपये मिलेंगे! मन बिलकुल नहीं हो रहा, फिर भी काम हाथ में ले लिया है, इसलिए कर रहा हूँ।"

"यह कमरा आपने अच्छा ले लिया।" सत्या जी ने इस बीच कमरे का निरीक्षण करते हुए कहा।

"यही लाभ इस काम का समझिए!"

"तब तो हमें आपका अधिक समय नष्ट न करना चाहिए।" दुरो उठने का उपक्रम करते हुए बोली।

"नहीं बैठिए। नष्ट क्या, मैं तो प्रातः चार बजे से निरन्तर काम कर रहा हूँ। आपके आने से मुझे आराम ही मिलेगा और आराम से स्फूर्ति!" और वह हँसा।

दुरो उठने लगी थी कि बैठ गयी।

सुबह का अपना निश्चय जगमोहन एकदम भूल गया।

"दुरो आपके पास कुछ पुस्तकें बेचने आयी है।" सत्या जी बोलीं।

"कैसी पुस्तकें ?" जगमोहन ने पूछा।

"ऋषिनगर में मेरी एक-दो सहेलियाँ हैं, मैं कुछ पुस्तकें उन्हें दिखाने लायी हूँ। हरीश जी ने मेरे ज़िम्मे पचास रुपये की पुस्तकें लगा दी हैं। तीस की तो मैंने बेच भी दी हैं। बीस की रह गयी हैं। सत्या बहन ने कहा कि आपको भी दिखाती चलूँ।"

"मैं तो अभी प्रवेश-शुल्क का भी प्रबन्ध नहीं कर सका, वह हो जाये तो कोर्स की पुस्तकें ख़रीदूँ....फिर कोई और।" जगमोहन कुछ विवशता से हँसा। फिर उसने कहा, "लाइए, देखूँ कौन-सी पुस्तकें हैं!"

और दुरो ने पुस्तकों का बण्डल उसकी ओर बढ़ा दिया। जगमोहन ने एक नज़र उन्हें देखा और बोला :

"मेरे लिए तो सब नयी हैं। मैं आज तक अपने व्यक्तिगत जीवन की उलझनों में ऐसा उलझा रहा हूँ कि अपने से दूर मुझे कुछ सुझाई ही नहीं दिया। इनमें से जो पुस्तकें आप समझती हैं कि मुझे पढ़नी चाहिएँ, दाम भी जिनके ज़्यादा नहीं, वे आप मुझे दे दीजिए।"

---

१. They are all bloody exploiters = ये सभी ख़ून पीने वाले शोषक हैं।

और जब दुरो ने पुस्तकें छाँट कर जगमोहन को दीं तो तीस में से जो पन्द्रह रुपये उसके पास बच गये थे, वे सब उसने दुरो की भेंट कर दिये।

२६

शाम हो गयी थी। कमरे में अँधेरा हो चला था, लेकिन जगमोहन बिजली का बटन दबाये बिना निरन्तर काम कर रहा था। सत्या जी तथा दुरो उसे जहाँ छोड़ कर गयी थीं, वहाँ से वह हिला तक न था। चलते समय सत्या जी ने उसे सुना कर दुरो से कहा था कि वह अपनी सहेलियों के हो आये, वे नीचे भाभी के पास बैठेंगी, जाते-जाते वह उन्हें वहाँ से ले ले! एक-आध बार जगमोहन के मन में आयी भी कि नीचे जाये और दो क्षण उनसे बातें करे! शायद दुरो ही आ गयी हो! लेकिन इस विचार को उसने मन से भगा दिया था और कुर्ता, जो उसने पहन लिया था, उसे उतार, फिर एक ओर रख दिया था और तहमद की कोर कमर में खोंस, फिर दुगने जोश से अपने काम में रत हो गया था। पसीना उसके बालों से उसकी कनपटियों पर और कनपटियों से उसकी गर्दन पर अनायास बह रहा था, पर वह उस ओर से बेपरवाह, लगातार कलम चलाये जा रहा था।

"अब तो अँधेरा हो गया है, अब बस कीजिए।"

जगमोहन ने सिर उठाया —सत्या जी हाथ में एक गिलास लिये उसकी ओर आ रही थीं।

"अरे, आप अभी गयीं नहीं ?" जगमोहन ने कुर्ते को उठा, उसकी बाँहों को अपनी गर्दन के गिर्द लपेट कर शरीर को आधा ढँकते हुए कहा।

"दुरो की प्रतीक्षा में बैठी रही। अभी उसने कहलवाया है कि वह जल्दी न आ पायेगी, ज़रूरी काम से पार्टी के दफ़्तर जा रही है।"

"तो यह लस्सी आप काहे को लायीं ? भाभी क्या कर रही है ? मुझ को आवाज़ दे देतीं!"

"नन्हे को दूध पिला रही हैं। मैंने सोचा आपको नमस्कार करती चलूँ।"

"तो क्या आप जा रही हैं ?"

"हाँ, देर हो रही है। आज गर्मी बहुत पड़ी है, आकाश पीला-पीला हो रहा है आँधी-पानी न आ जाये!"

"तो आप अकेली कहाँ जायेंगी! मैं आपको छोड़ आऊँ।"

"नहीं, आप क्यों कष्ट करेंगे! पहले ही आपका काफ़ी समय नष्ट हो गया है।"

"मैंने तो अपना काम कर लिया। पच्चीसवाँ पृष्ठ लिख रहा हूँ।" लस्सी का गिलास एक ही साँस में समाप्त करते हुए जगमोहन ने कहा, "आप ज़रा भाभी के पास बैठिए; मैं दो मिनट में कपड़े बदल कर आता हूँ।"

०

सत्या जी गिलास ले कर नीचे गयीं तो जगमोहन ने पुस्तक और अनूदित पृष्ठ सँभाल कर मेज़ पर रखे; पास पड़ी सुराही से ठण्डा-ठण्डा पानी ले कर मुँह धोया; पानी का हाथ बालों पर फेरा; कपड़े बदले और नीचे जा पहुँचा।

"चलिए!" उसने कहा।

"मैंने भाभी को तैयार कर लिया है। ये कहती हैं जब आप ले चलेंगे, ये आ जायेंगी।" सत्या जी ने वहीं खड़े-खड़े कहा, "अब कहिए, कब आयेंगे ?"

"काहे के लिए ?"

"सत्या जी की ओर हमारी मिठाई है न!" भाभी बोलीं।

"मैं तो तैयार हूँ, सब आप पर है।" सत्या जी ने कहा।

"अगर आप केवल भाभी को ही चाहती हैं," जगमोहन ने उत्तर दिया "तो मेरी ओर से कल रख दीजिए। इन्हें ले जाइए, खिला-पिला कर छोड़ जाइए। लेकिन अगर आप हमारा भी मुँह मीठा कराना चाहती हैं तो फिर सप्ताह भर और रुक जाइए। मैं यह काम ख़त्म कर लूँ, फिर भाभी को ले आऊँगा और आप जो मिठाई लायेंगी उसके साथ, जैसा कि अंग्रेज़ी में कहते हैं, पूरा-पूरा इन्साफ़ करूँगा।"

"तो सप्ताह भर बाद सही!" भाभी ने कहा।

"हाँ, हाँ!...." सत्या जी ने नमस्कार के लिए हाथ माथे की ओर ले जाते हुए कहा और चल दीं।

o

बाहर लैम्प जल चुके थे। जगमोहन हरिनिवास वाले रास्ते की ओर चला तो सत्या जी ने कहा, "देर हो गयी है, इधर से आइए, जल्दी पहुँच जायेंगे।"

"इधर पोस्टऑफ़िस की ओर से! इधर से कौन-सा मार्ग है ?"

"है, आप चले आइए!" सत्या जी पोस्टऑफ़िस की ओर बढ़ती हुई बोलीं, "रामनगर और गोपालनगर के बीच जो ख़ाली मैदान है, उसी में से हो कर एक पगडण्डी उस सड़क पर जा निकलती है, जो सीधी हमारे घर को जाती है!"

जगमोहन सत्या जी के पीछे चल पड़ा। यह मार्ग सूना ही था, इसलिए सत्या जी की दृष्टि धरती पर न जमी थी और न ही वे जगमोहन से अन्तर पर चल रही थीं। कुछ दूर तक दोनों मौन-रूप से चलते रहे। फिर जब पोस्टऑफ़िस से आगे होतूसिंह रोड पार कर, वे सूनी अँधेरी-सी गली दाख़िल हुए तो सत्या जी चलते-चलते उसके साथ आ गयीं।

"आपने उस दिन कविता क्यों नहीं पढ़ी ?" सहसा उन्होंने पूछा।

"योंही, मन नहीं हुआ।"

"क्यों, ऐसी क्या बात थी ? आप जब हमारे यहाँ आये थे तो आपने कहा था कि मैं भी कविता पढ़ूँगा।"

"वसन्त ने जो कविता पढ़ी, उसके बाद मन कुछ उदास हो गया," जगमोहन ने कहा, "अपनी कविता पढ़ने को मन हुआ ही नहीं। बात वसन्त ने ठीक कही थी। प्रेम अब उतना सरल नहीं रह गया। पहले किसी को प्रेम होता था तो जान की बाज़ी लगा कर वह प्रेयसी को जीत लाने चल पड़ता था। आज तो प्रेमी के लिए अपने प्यार को व्यक्त तक कर पाना

मुश्किल है। भौतिक चिन्ताओं से मुक्त, वह स्वच्छन्द प्रेम अब कहाँ है ? मेरी कविता भी कुछ आज के दबे-घुटे प्रेम को ले कर थी। वसन्त की बात कुछ ऐसी मन को लगी कि फिर मैं उसे पढ़ने का साहस नहीं कर सका।"

कुछ क्षण दोनों मौन चलते रहे। फिर सत्या जी ने कहा, "पर वह कविता मुझे तो सुनाइए!"

"हटाइए जी, उसमें क्या रखा है ?"

"नहीं, अवश्य सुनाइए!"

उनके स्वर में कुछ ऐसी तरलता, स्निग्धता और अनुरोध था कि जगमोहन ने कहा, "आपको इच्छा है तो सुन लीजिए। मैं कोई कवि तो हूँ नहीं। योंही चातक जी की संगति में रहने से तुक मिलाना सीख गया हूँ। केवल दस-बारह पंक्तियों की कविता है।"

और उसने धीरे-धीरे मीठे स्वर में गा कर कविता पढ़ी :

यह प्रेम कुसुम सखि मेरे
सूने उर की डाली पर।
चुप-चुप धीरे-धीरे सखि,
मुरझा जायेगा खिल कर!
घड़ियाँ, पल निठुर समय के
बिखरा देंगे इस के दल।
ये स्नेहहीन हिम-आतप
मुरझा देंगे इस के दल।
तुम पा न सकोगी इस की
जीवन भर गन्ध, कुमारी!
पर मिट कर महकायेगा
यह मानस की फुलवारी!

साँझ का समय था। सूना मार्ग। जगमोहन के स्वर में कुछ ऐसी करुणा-भरी मिठास थी कि सत्या जी मुग्ध हो गयीं। यद्यपि उनकी आकृति से उनके मन के भावों को जानना बहुत कठिन था, विशेषकर साँझ के उस प्रतिक्षण गहन होते अन्धकार में, पर जब उन्होंने कविता की प्रशंसा की तो उनके स्वर में कुछ अजीब-सी आर्द्रता थी।

"आपने व्यर्थ ही इसे पढ़ने से इनकार कर दिया," उलाहना देते हुए उन्होंने कहा, "आप कविता पढ़ते तो देखते कि वसन्त की कविता से यह कितनी ज़्यादा पसन्द की जाती।"

जगमोहन ने इसका उत्तर नहीं दिया। उसने शायद सत्या जी की बात भी नहीं सुनी। उसका ध्यान कहीं पार्टी के दफ़्तर में बैठी दुरो की ओर चला गया और मन-ही-मन उसने अपनी कविता का अन्तिम चरण दोहरा दिया :

तुम पा न सकोगी इस की
जीवन भर गन्ध कुमारी!

पर मिट कर महकायेगा
यह मानस की फुलवारी!

और उसके हृदय से अनायास एक लम्बी साँस निकल गयी। दुरो उससे बहुत दूर थी, पर सत्या जी नितान्त निकट! और अपनी निकटता की याद वे उसे दिलाये रखना चाहती थीं। उसकी लम्बी साँस को लक्ष्य करके उन्होंने लगभग गीले स्वर में कहा, "क्यों, थक गये ? मैं तो अकेली ही आ जाती, आप योंही चले आये।"

"नहीं-नहीं, ऐसी कोई बात नहीं।" जगमोहन ने उठती हुई साँस को फिर दबा कर कहा।

दोनों फिर मौन रूप से चलने लगे। होतूसिंह रोड के पार वाली गली के बाद, दायें हाथ के खुले मैदान में से होते हुए (जिसमें मकानों की सीमाएँ खिंची हुई थीं, कुछ अधबने थे और कुछ की नीवें पड़ चुकी थीं) वे दोनों एक और बाज़ार में आये, जिसमें अभी केवल तीन-चार ही दुकानें बनी थीं। उसकी एक गली में, दूसरे मकान के पिछवाड़े से हो कर, वे एक रहट पर आ गये। जगमोहन बातें करता हुआ अपने ध्यान में मग्न चला आया था। गलियाँ और बाज़ार अभी बेनाम ही थे, वह चाहता भी तो उसे पता न चलता कि वह किस गली, अहाते अथवा बाज़ार से हो कर आ रहा है। बढ़ती हुई साँझ के गहरे अँधेरे में उसे तो रहट की उपस्थिति का भान भी न होता, यदि सहसा बायीं ओर एक कुत्ता न भूँकता और सत्या जी उसे चौंकाते हुए न कहतीं :

"बच कर आइएगा! यहाँ पानी का बरहा टूटा हुआ है।"

जगमोहन चौंका। कब सत्या जी उसके आगे हो गयी थीं और कब वह पीछे, उसे पता न चला था। 'शायद यह जगह रामनगर और गोपालनगर के बीच की ग़ैर-आबाद जगह है।' उसने मन में सोचा। बायीं ओर उसे रहट की छाया-सी भी दिखायी दी। उसकी 'गाधी' से बँधा एक भैंसा बैठा जुगाली कर रहा था। पीछे अँधेरे में बैठे हुए किसी अराईं[१] ने कुत्ते को बुला लिया। जगमोहन ने आगे देखने का प्रयास किया, पर उसे एक बड़े-से पानी-भरे गढ़े के अतिरिक्त कुछ दिखायी न दिया। सत्या जी उछल कर बरहे के उस पार जा खड़ी हुईं। जगमोहन भी उछलने लगा।

"न-न, उधर नहीं!" सत्या जी चिल्लायीं, "उधर पानी है, इधर ही आइए, जहाँ मैं खड़ी हूँ। बस, यही जगह सूखी है।"

और उन्होंने हाथ बढ़ाया।

उनके हाथ का, हाथ का कहाँ! दो उँगलियों का सहारा ले कर जगमोहन कूदा। कूदते ही हाथ उसने छोड़ दिया। यदि वह हाथ न छोड़ता और वे ज़रा पीछे न हट जातीं तो वह उनके ऊपर जा गिरता।

"बड़ा वाहियात रास्ता है।" बरहे के दूसरे किनारे पाँव रखते ही उसने कहा। पर तभी उसे ठोड़ी के नीचे सत्या जी की गर्म साँस का आभास मिला। उस साँस में न जाने क्या बात थी कि उसके रोयें खड़े हो गये। उसके जी में आया कि सत्या जी को अपनी बाँहों में बाँध ले। पर तब सत्या जी, उसे सकुशल उस किनारे पर आ गया जान, मुड़ीं और उसके

१. मुसलमान जाट

आगे-आगे चलते हुए बोलीं :

"ज़रा अँधेरा हो गया है, पर यह रास्ता बड़ा सीधा और छोटा है।"

जगमोहन ने कुछ उत्तर न दिया। उसका तनाव अभी कम न हुआ था। वह चुपचाप उनके पीछे चलने लगा। अँधेरा काफ़ी गहरा हो गया था। वे शायद किसी पगडण्डी पर जा रहे थे। जाने यह किसी कटे खेत की पगडण्डी थी अथवा किसी खेल के मैदान की, क्योंकि दोनों ओर कुछ भी दिखायी न देता था। तभी सत्या जी उसके निकट आ गयीं। वे धीरे चल रही थीं या वही तेज़ चल रहा था, जो भी हो, उनकी उजली धोती उसे बिलकुल अपने निकट दिखायी दी। उसका कण्ठ फिर सूख-सा गया। दुरो का ध्यान बिलकुल उसके दिमाग़ से निकल गया। उसकी चेतना पर पर्दा-सा छा गया। उसने एक डग ज़रा जल्दी भरा, पर सत्या जी ने और भी तेज़ी से पग उठाया। जगमोहन के होंटों से सुख की लम्बी साँस निकल गयी। यदि वे ज़रा दूर न हो जातीं तो वह उन्हें बाँहों में भर लेता —इस सूने, अकेले, अँधेरे मार्ग पर —फिर न जाने क्या हो जाता! उसने सिर को झटका दिया। वह चैतन्य हो गया। सत्या जी उसे फिर बिलकुल निकट दिखायी दीं, पर जगमोहन ज़रा-सा रुक गया और वे ज़रा-सा आगे बढ़ गयीं। 'यदि मैं बढ़ कर इन्हें आलिंगन में ले लूँ!' उसने सोचा। उसके दिमाग़ में एक बार फिर वातचक्र-सा घूम गया, पर उसने सिर को और भी ज़ोर से झटका दे कर उसे हटा दिया। सत्या जी फिर निकट आ गयीं। उसने अनजाने ही फिर एक कदम बढ़ाया, पर जैसे आगे चलते हुए भी वे उसकी प्रत्येक गतिविधि का ध्यान रखती थीं, वे भी तेज़ हो गयीं —हो सकता है, अगर वह एक कदम बढ़ाने के बदले दो-चार कदम बढ़ा कर उन्हें पकड़ ले तो वे न भागें —उसने सोचा। लेकिन वह उसी प्रकार चलता गया कि मैदान ख़त्म हो गया और उसने देखा वे 'शुक्ल साहित्य सदन' के निकट पहुँच गये हैं। उस एक फ़र्लांग के अकेले, सूने मार्ग पर सत्या जी चुप चली आयी थीं। एक भी शब्द उनके मुँह से न निकला था। पार पहुँच कर उन्होंने कहा, "हम शुक्ला जी के मकान के पास पहुँच गये। देखा, कितना सीधा और छोटा है यह रास्ता!"

उनके स्वर में ज़रा भी हकलाहट न थी। हाँ, जगमोहन को उनका स्वर कुछ घुटा-रुका-सा अवश्य लगा। उसने निष्कृति की लम्बी साँस ली और बोला, "वही मैं देख रहा हूँ, वह खिड़की शायद उन्हीं के मकान की है।"

"जी हाँ।" सत्या जी ने कहा और अचानक वे उसे अपने कॉलेज की बातें सुनाने लगीं कि कैसे बी० ए० पास एक अन्य अध्यापिका आ गयी हैं। सोमवती नाम है! अट्ठाइस-उनतीस वर्ष की हो गयी हैं, पर उन्होंने अभी तक विवाह नहीं किया। विवाह करने का उनका कोई इरादा भी नहीं। उनका एक धर्म का भाई पी० सी० एस० में आ गया है। परीक्षा का परिणाम निकला तो वह आया था, उसने उनके चरण छुए थे। एक और धर्म का भाई उनके साथ ही रहता है। वह तो लोफ़र मालूम होता है। दो-एक बार कॉलेज में आया है, पर पण्डित दाताराम ने उसके आने पर आपत्ति की है।

पर तभी मेन रोड आ गयी। दूर एक पनवाड़ी की दुकान पर शुक्ला जी खड़े दिखायी दिये। सत्या जी ने शायद दूर ही से उन्हें देख लिया। वे ऐसे आगे बढ़ गयीं, जैसे वे जगमोहन के साथ नहीं, अकेली चली जा रही थीं। जगमोहन अपने ध्यान में मग्न पीछे रह गया।

"कहो भाई, किधर ?" बराबर आने पर शुक्ला जी ने उसे देखा और पुकारा।

जगमोहन चौंका। उसने देखा, सत्या जी आगे निकल गयी हैं। वह रुक गया।

मुँह में पान के बीड़े रखते हुए शुक्ला जी उसकी ओर आये, पर सत्या जी के पीछे जाने के बदले जगमोहन स्वयं उनकी ओर बढ़ा। 'सत्या जी को छोड़ने आया था,' उत्तर में उसने कहना चाहा, पर शब्द उसके होंटों पर आ कर रुक गये। दो-चार बार की भेंट ही से जगमोहन शुक्ला जी को समझ गया था। फिर भी एकदम झूठ बोलना उसके लिए असम्भव था। उसे इसका अभ्यास ही न था। इसलिए दूसरे क्षण उसने कहा, "ज़रा सत्या जी की ओर जा रहा था।"

"ऐ-हुम!" शुक्ला जी अर्थ-भरे स्वर में खाँसे। "हमारा भी हिस्सा रहे मित्र!"

जगमोहन का ख़ून खौल उठा, पर वह मौन बना रहा।

शुक्ला जी ने उसके मुँह की ओर देखा। शायद उन्हें महसूस हुआ कि जगमोहन को उनकी बात बुरी लगी। बोले, "अच्छा भाई, चलो तुम्हें छोड़ आयें सत्या जी के घर तक!"

जगमोहन ने सोचने की मुद्रा बनाते हुए दूर सत्या जी के मकान की ओर देखा। वे नीचे दरवाज़े में खड़ी थीं। जगमोहन के देखते ही उन्होंने दोनों हाथ माथे पर ले जा कर नमस्कार किया और मुड़ कर अन्दर चली गयीं। जगमोहन ने अपना विचार बदल दिया। इन महाशय को वहाँ ले जाना उसे अच्छा न लगा। "फिर चले जायेंगे," उसने लापरवाही से कहा, "नये सदस्य उन्होंने कुछ बनाये थे, उनके फ़ार्म लेने थे, फिर ले लेंगे, कोई ऐसा ज़रूरी काम तो यह है नहीं! चलिए, आप किधर चल रहे थे ?"

"काम तो यह बहुत ज़रूरी है।" उन्होंने शरारत से उसकी ओर कनखियों से देखा और आँख दबायी, "पर तुम हमें नहीं ले जाना चाहते तो चलो, हम तुम्हें शान्ता जी के पास ले चलते हैं! वे भी हमारी कार्यकारिणी में हैं और कई बार शिकायत कर चुकी हैं कि जगमोहन जी कभी नहीं आते! चलो, वहीं ले चलें तुम्हें।"

शुक्ला जी की वह भंगिमा जगमोहन को निहायत कुरुचिपूर्ण लगी। सहसा उसे इस सारे व्यापार पर ग्लानि हो आयी। क्षणिक आवेश में उसने कहा, "मैं तो समाज के मन्त्री-पद ही से त्याग-पत्र देने की सोच रहा हूँ। वे मुझसे मिल कर क्या करेंगी ?"

"क्यों, क्यों ?" शुक्ला जी ने शान्ता विद्यालय की ओर कदम बढ़ाते हुए चिन्तित स्वर में पूछा।

जगमोहन ने मन की बात मन ही में दबा ली। संयत हो कर वह बोला, "योंही! मैं एम० ए० में दाख़िल होने की सोच रहा हूँ। समय का मेरे अभाव है। मन्त्री तो नाम ही का मन्त्री है, वास्तव में तो वह चपरासी है।"

"अरे भाई, जब दाख़िल होना, तब अलग हो जाना! और फिर समाज को कुछ चल लेने दो, तुम्हें अलग से चपरासी भी दे देंगे। घबराते क्यों हो ?"

जगमोहन ने इसका उत्तर नहीं दिया। वह चुपचाप उनके साथ चलता रहा।

२७

शान्ता बहन उन्हें नीचे ही मिल गयीं। अपने दफ़्तर को ताला लगा कर वे ऊपर जा रही थीं।

"आइए, आइए!" उन दोनों के नमस्कार का उत्तर देते हुए उन्होंने कहा और दोनों के आगे-आगे, पिछवाड़े, सीढ़ियों की ओर बढ़ीं। फिर मुड़ कर जगमोहन को लक्ष्य करके बोलीं, "आप तो कभी आये ही नहीं, क्या कुछ नाराज़गी है हम लोगों से ?"

इससे पहले कि जगमोहन कुछ कहता, शुक्ला जी ने कहा, "इन्हें बड़े-ए-ए-ए काम रहते हैं। इन्हें अवकाश कुछ कम मिलता है।"

'बड़े' —कहते हुए उन्होंने शब्द को कुछ इतना लम्बा किया और 'अवकाश' पर ज़ोर देते हुए कुछ ऐसे हँसे कि जगमोहन बुरी तरह गुस्सा गया। उसने आग्नेय दृष्टि से शुक्ला जी की ओर देखा, पर वे निहायत इतमीनान से सीढ़ियाँ चढ़ने लगे थे।

"आइए-आइए, आप किधर भूल पड़े!" ऊपर आँगन में उनके पैर रखते ही अत्यन्त बेतुकेपन से हँसते और अपने पर-दाँत दिखाते हुए श्री भगतराम उनकी ओर बढ़े। शुक्ला जी को उन्होंने आलिंगन में कस लिया और जगमोहन से बड़े ज़ोरों से हाथ मिलाया और फिर वहीं दो कुर्सियाँ और चारपाई घसीट लाये। "बैठिए-बैठिए!" उन्होंने कहा और फिर अपनी पत्नी की ओर मुड़ते हुए बोले, "ज़रा महरी से कहो, भाग कर नीचे से दो नींबू और बर्फ़ ले आये।"

"नींबू हैं, बर्फ़ मैं अभी मँगाये लेती हूँ।" शान्ता जी ने कहा और वे अन्दर चली गयीं। कुछ क्षण बाद, कदाचित हाथ-मुँह धो कर और थके हुए चेहरे को कुछ ताज़ा बना कर, वे हाथ में दो पंखे लिये हुए आयीं और उन्होंने एक श्री भगतराम की गोद में डाल दिया और एक स्वयं डुलाने लगीं।

तब जगमोहन को पंखा करते हुए, हँस कर, बड़े अर्थ-भरे स्वर में श्री भगतराम ने कहा, "कहिए जगमोहन जी, बड़ी किताबें ख़रीदी जा रही हैं।"

और उन्होंने विचित्र प्रकार से आँखें मटकाते हुए अपने पर-दाँत दिखा दिये।

"किताबें ?" शान्ता जी के हाथ से पंखा ले कर ज़ोर से उसे हिलाते हुए शुक्ला जी ने पूछा।

"लाइए-लाइए, मैं करती हूँ पंखा।" शान्ता जी ने फिर उनके हाथ से पंखा ले लिया।

"यही समाजवादी-साम्यवादी!" भगतराम ने हँसते हुए कहा।

'बारह-एक बजे मैंने पुस्तकें ख़रीदीं और इन्हें पता भी चल गया!' जगमोहन ने मन-ही-मन सोचा, लेकिन भगतराम की बात का उसने कोई उत्तर न दिया।

"अजी साहब, हमें राई-रत्ती बात का पता चल जाता है, बड़े जासूस लगा रखे हैं हमने!" उन्होंने जैसे जगमोहन के मन की बात भाँप कर कहा और फिर उसी बेतुकेपन से हँसे। फिर क्षण भर रुक कर जैसे सफ़ाई देते हुए बोले, "सन्तनगर की एक लड़की हमारे यहाँ प्रभाकर में पढ़ती है। एफ़० ए० में होने के कारण वह साँझ की क्लास में आती है। आज वह अपनी सहेलियों को कुछ पुस्तकें दिखा रही थी। मेरी दृष्टि पड़ गयी। 'यह

साम्यवादी साहित्य आपने कहाँ से पाया कुमारी जी ?' मैंने पुस्तकों को एक नज़र देख कर पूछा। तब पता चला कि द्रौपदी बहन से वह लायी है; कि 'संस्कृति समाज' के मन्त्री श्री जगमोहन ने भी पन्द्रह-बीस की ख़रीदी हैं। मैंने कहा, कुमारी जी, बाहर चाहे साम्यवादी छोड़ बमवादी साहित्य बाँटिए, पर हमारे विद्यालय को तो दूर ही रखिए इन समाजवादी-साम्यवादियों से।"

"देश को जब भी आज़ादी मिली, दूसरे देशों से प्रेरणा लेने वाले ये साम्यवादी और समाजवादी जयचन्द साबित होंगे।" शुक्ला जी ने भविष्यद्वक्ताओं की-सी भंगिमा से कहा।

'जनता से द्रोह वे करेंगे अथवा भगतसिंह की लाश पर बैठ कर अंग्रेज़ से समझौता करने वाले देश-भक्त, यह तो समय ही बतायेगा।' जगमोहन ने कहना चाहा, पर वह मौन रहा। राजनीति का ज्ञान उसका नहीं के बराबर था। यह बात भी उसने दुरो के मुँह से सुनी थी और उसके मन भायी थी।

"क्या सत्या जी भी साम्यवादी हैं ?" सहसा भगतराम ने पूछा।

अब जगमोहन के लिए अपने आप को रोकना कठिन हो गया, "मैं कोई उनका प्राइवेट सेक्रेटरी हूँ ?" उसने चिढ़ कर कटुता से कहा।

भगतराम ने पर-दाँत दिखा दिये, "वाह आप सूत्रमण्डी, गुमटी बाज़ार, गोपालनगर में उनके साथ घूमते हैं। आपको इतनी-सी बात का भी पता नहीं।"

"अच्छा, यह बात है!" शुक्ला जी ने बायें हाथ पर खैनी मसलते हुए मूँछों में मुस्करा कर कहा।

जगमोहन ने कोई उत्तर देना ठीक न समझा। वह सहसा उठ खड़ा हुआ। "अच्छा, मैं चलता हूँ!" उसने कहा।

"अरे, आप शरबत तो पी कर जाइए।" पंखा शुक्ला जी की गोद में रख कर व्यस्त होती हुई शान्ता जी बोलीं।

"अजी बैठिए! दूसरों के साथ दो-दो घण्टे सैर होती है," भगतराम ने जगमोहन के क्रोध को बिना देखे कहा, "हमारे यहाँ पाँच मिनट भी नहीं बैठ सकते।"

जगमोहन वहीं-का-वहीं खड़ा रह गया। इस व्यक्ति के प्रति असीम घृणा उसके हृदय में उमड़ आयी।

श्री भगतराम ने तब अपना रुख़ शुक्ला जी की ओर किया, "संस्कृति समाज के मन्त्री के भी बड़े मज़े हैं," उन्होंने हँसते हुए कहा, "काश हमें भी कोई मन्त्री बना देता।"

शान्ता जी परे शरबत में नींबू निचोड़ते हुए हँस पड़ीं।

जगमोहन चुप न रह सका, "अब आप मज़े ले लीजिए! शुक्ला जी से कहिए, आपको मन्त्री बना दें!" उसने कटुता से कहा, "मैं तो अलग हो रहा हूँ।"

और यह कहते हुए उसने नमस्कार के लिए दोनों हाथ माथे पर रखे। तभी सीढ़ियों की चौखट में चातक जी नमूदार हुए।

"कहो भाई, क्या हो रहा है ?" उन्होंने वहीं चौखट से बालों की लट को माथे से हटाते हुए पूछा।

श्री भगतराम उनके आलिंगन को बढ़े। शुक्ला जी ने खैनी फटक कर निचले होंट में

रखी और ठोड़ी को तनिक आगे बढ़ाते हुए और उठते हुए कहा, "वाओ (याने आओ!)"

शान्ता जी ने तत्काल एक चौथा गिलास शरबत का बनाया। जगमोहन उनके लिए कुर्सी छोड़ कर एक ओर हो गया।

"कहो भाई जगमोहन, कई दिनों से दिखाई नहीं दिये तुम!" धोती का छोर दायें हाथ में झुलाते और बड़ी अदा से कुर्सी की ओर आते हुए कवि ने कहा, "कहाँ रहते हो आजकल ?"

"अजी साहब, इनकी मत पूछिए! ये बड़े व्यस्त रहते हैं।" श्री भगतराम ने बड़े बेतुकेपन से जगमोहन की पीठ पर हाथ मारते और हँसते हुए कहा।

जगमोहन ने उस व्यंग्य की ओर कुछ ध्यान नहीं दिया। तनिक रुखाई से उनका हाथ परे हटाते हुए, चातक जी से कहा, "प्रोफ़ेसर स्वरूप कुछ काम दे गये हैं। वही कर रहा हूँ। उन्हें जल्दी देना है, इसलिए दिन-रात लगा रहता हूँ।"

"तो भी भाई, समाज की दूसरी बैठक का प्रबन्ध तो करना ही है।"

"कब रखना चाहते हो ?" शुक्ला जी ने ठोड़ी आगे को करते हुए कहा।

"पखवारे में एक बार हो, ऐसा ही हम लोगों ने तय किया था," चातक जी ने कहा, "उस हिसाब से अगले इतवार को होनी चाहिए।"

"मुझे तो इतवार तक उनको अनुवाद समाप्त करके देना है। पूरे तीन सौ पृष्ठ हैं।" जगमोहन बोला, "पुस्तक को वे पाठ्यक्रम के लिए बोर्ड को भेजना चाहते हैं। साथ-साथ छप रही है। मैं तो इस बार निमन्त्रण-पत्र न बाँट सकूँगा।"

"अरे भाई तुम फ़त्या जी और उनकी महिला-मण्डली को फ़म्हालना।" शुक्ला जी ने ठोड़ी को और भी आगे करके खैनी के रस को गिरने से बचाते और इस प्रयास में 'स' का उच्चारण 'फ़' की तरह करते हुए कहा, "दौड़-भाग कण्टक जी कर लेंगे।"

"हाँ-हाँ, तुम सत्या जी को सँभालो!" भगतराम ने उसके कंधे पर ज़ोर का हाथ मारते और ठहाका लगाते हुए कहा।

इस पर सब-के-सब हँस दिये। शान्ता जी शरबत के गिलास ले आयीं।

"मुझे तो इच्छा नहीं, मैं तो घर से लस्सी पी कर चला था।" जगमोहन ने इस ठहाके से एकदम अप्रतिभ हो कर कहा।

"लो-लो!" चातक जी अपने गिलास से दो घूँट पीते हुए बोले, "आजकल गर्मी के दिनों में लस्सी के एक गिलास से क्या बनता है!"

तब गिलास ले कर एक ही साँस में उसे ख़त्म करके जगमोहन ने कहा, "अच्छा, मुझे तो आज्ञा दीजिए!"

"बैठो-बैठो, अगली बैठक का कार्यक्रम तो बना लें।" चातक जी ने कहा और उन्होंने हाथ पकड़ कर उसे चारपाई पर बैठा लिया।

o

जगमोहन बैठ तो गया, पर मन उसका वहाँ नहीं रहा। भगतराम और शुक्ला जी के साथ कवि चातक भी उसे कैसे छेड़ते रहे; विनोदिनी जी के लेख और प्रकाशवती जी की कविता को अगली बैठक में रखने के सम्बन्ध में क्या मन्त्रणा हुई; विनोदिनी जी और शुक्ला जी

को ले कर कवि चातक ने और कण्टक महोदय तथा प्रकाशवती को ले कर भगतराम ने क्या-क्या मज़ाक किये — जगमोहन ने सुन कर भी वह सब नहीं सुना। भगतराम की निरर्थक 'हिं हिं' और बात-बात पर उसके कन्धे पर हाथ मारना उसे खलता रहा और वह प्रण करता रहा कि अब कभी वहाँ न जायेगा।

सवा-डेढ़ घण्टे बाद जब कवि चातक उठे तो वह भी उठ खड़ा हुआ। इतना चिढ़ गया था कि जब श्री भगतराम और शान्ता जी ने नमस्कार किया तो उसने उनकी ओर देखा तक नहीं।

०

लगभग रात के दस बजे, ज़िला कचहरी के पास चातक जी को छोड़ कर, जब वह अपने घर की ओर पलटा तो उसके दिमाग़ की नसें बेहद तनी हुई थीं और मुँह का स्वाद ऐसे बिगड़ रहा था जैसे उसने कोई अत्यन्त सीठी चीज़ चख ली हो। मन-ही-मन वह कभी अपने-आप से, कभी सत्या जी से, कभी भगतराम, कभी शुक्ला जी और कभी चातक जी से उलझता चला जा रहा था।

उसे सत्या जी पर क्रोध था कि वे उसे ऐसे निर्जन रास्ते से क्यों ले गयीं। वे दोनों जवान हैं। बड़े-बूढ़े तो जवान भाई-बहन तक को एकान्त में छोड़ने के पक्ष में नहीं। यदि उस अँधेरे, सुनसान मार्ग में वह उन्हें पकड़ लेता....इस विचार के आते ही उसके कण्ठ में काँटे-से उठ आते....दूसरे क्षण वह सिर को झटका देता और उसको यह सब उनका नहीं, अपना दोष दिखाई देता।

....देर हो गयी थी, इसलिए वे उसे उस मार्ग से ले गयीं....वह सोचता....यदि वे उसे असभ्य अथवा बर्बर समझतीं तो कभी ऐसा न करतीं....यदि उसकी अपनी भूख ने उसके दिमाग़ को फिरा दिया तो इसमें उनका दोष कैसा ?

....लेकिन शुक्ला जी को देखते ही वे पीछे को देखे बिना, अपनी बात ख़त्म किये बिना, भाग क्यों गयीं ? यदि उनके मन में चोर नहीं था तो उन्होंने क्यों ऐसा किया....

फिर स्वयं ही अपने इस सन्देह पर वह अपने-आप को कोसता....भाग न जातीं तो क्या करतीं ? शुक्ला जी को जैसा उसने समझा है, उन्होंने उससे भिन्न न समझा होगा। उनके दबे-छिपे इशारों का शिकार होने के बदले, यदि वे चुपचाप कन्नी काट गयीं तो क्या बुरा किया ?

....और जगमोहन का सब क्रोध शुक्ला जी पर निकल पड़ा। शुक्ला जी ही नहीं, भगतराम और कवि चातक — सब पर! — मन-ही-मन उसने उन्हें 'भूखे,' 'नदीदे,' 'असभ्य,' 'गँवार' और न जाने और किस-किस उपाधि से विभूषित किया। उन सबके प्रति उसके मन में प्रबल घृणा उमड़ आयी....क्या अपनी इसी वासना-जनित भूख की तृप्ति का साधन जुटाने के लिए इन लोगों ने 'संस्कृति समाज' की स्थापना की है ? किसी अविवाहित कुमारी के सम्बन्ध में योंही निराधार कलंक-कहानियाँ फैलाने में इन्हें शर्म नहीं आती ?....सत्या जी की बदनामी हो सकती है, यदि उनकी सगाई कहीं हो चुकी हो तो वह सगाई तक टूट सकती है। यदि अपने उदार विचारों के कारण वे 'संस्कृति समाज' में आ गयी हैं तो क्या समाज के कर्णधारों को उनके विरुद्ध ऐसा निराधार प्रचार करना चाहिए ?

अच्छा ही हुआ जो शुक्ला जी ने उन्हें नहीं देखा, नहीं जाने वे क्या-क्या बकते ? जो अकारण ही इतनी बातें बना सकते हैं, कोई कारण होने से वे क्या नहीं कर सकते ?....और उसका घर आ गया। दरवाज़ा खुला था। उसने अन्दर जा कर उसे धीरे से बन्द कर दिया। दबे-पाँव ऊपर गया। सब लोग सो रहे थे। वह अपने कमरे में गया। उसने कपड़े उतारे, तहमद पहना और बिना आवाज़ किये रसोई-घर में चला गया। उसका खाना ढँका पड़ा था। धीरे-धीरे उसने थाली उठायी और चुपचाप खाना खाने लगा। गर्मी के कारण उसे पहले स्नान करने की इच्छा हुई, लेकिन रसोई-घर में तनिक भी पानी न था और हैण्ड-पम्प पर नहाने से सबके जग जाने का भय था, इसलिए मन मार कर वह नहाये बिना बैठ गया और कौर-पर-कौर निगलने लगा।

जब देर से पड़ी ठण्डी रोटी किसी तरह गले के नीचे उतार और गर्म पानी के दो घूँट पी कर जगमोहन नीचे गली में, भनभनांते मच्छरों से घिरी, अपनी चारपाई पर आ लेटा तो शाम की घटनाएँ फिर उसके दिमाग़ में उथल-पुथल मचाने लगीं।

वह एक फ़र्लांग का सूना अकेला मार्ग फिर उसकी कल्पना के सम्मुख आ गया। वह बार-बार उस मार्ग पर सत्या जी के पीछे चला। कई बार वे उसके निकट आयीं और कई बार दूर हो गयीं। कई बार जब कल्पना-ही-कल्पना में उसने उन्हें पकड़ लिया तो उसका कण्ठ सूख गया, शरीर में काँटे-से उग आये और वह उठ कर बैठ गया।

जब कई बार ऐसा ही हुआ तो झुँझला कर, उस कल्पना को अपने दिमाग़ से भगाने के लिए, वह उठ कर गली में घूमने लगा।

....भगतराम, शुक्ला जी, कवि चातक और उसमें क्या अन्तर है ?....उसने सोचा....जैसे वे भूखे हैं, वैसे ही वह है। अन्तर केवल यह है कि वे उसे प्रकट कर देते हैं और वह नैतिकता का अवतार बना उन पर क्रुद्ध होता है....लेकिन वे सब तो विवाहित हैं!....पर इस से क्या ?....इस देश में जब बरबस बच्चे-बच्चियों को एक-दूसरे के गले बाँध दिया जाता है, विवाहित हो कर भी कितने जोड़े विवाह के वास्तविक आनन्द को समझ पाते हैं ? कितने जीवन भर भूखे नहीं रहते ?....और वह! उसकी स्थिति क्या उसे भिन्न है ? नारी सदा उसके लिए दूर की चीज़ रही है। उसे देख कर भी हमेशा उसने अनदेखा कर दिया है। पहले सामाजिक वर्जनाओं और फिर अपने आर्थिक संघर्ष के कारण!....और अब पहली नारी ही के निकट सम्पर्क ने उसे विचलित कर दिया।

....क्या वह सत्या जी से प्रेम करता है ?....उसने सहसा अपने आपसे पूछा....कल यदि वे उसके यहाँ न आयें तो क्या उनकी अनुपस्थिति उसे खलेगी ?....दोनों प्रश्नों का उत्तर उसे 'नहीं' में मिला....फिर इस मानसिक व्यभिचार से लाभ ? शुक्ला जी और कवि चातक यदि इसमें सुख पाते हैं तो पायें, वह इससे हाथ खींच लेगा। वह त्याग-पत्र दे देगा। न वह 'संस्कृति समाज' का मन्त्री रहेगा, न उसे सत्या जी से मिलने का अवसर मिलेगा। न भगतराम, शुक्ला अथवा चातक जी की ईर्ष्या-युक्त झूठी-सच्ची बातें सुननी पड़ेंगी और न वह व्यर्थ में अपने-आप जलेगा।

०

इस निर्णय के बाद वह जा कर लेट गया। शान्त हो कर उसकी पलकें भारी होने लगीं।

सोने से पहले अपने विचारों को सन्तुलित करने के लिए उसने एक कविता की चन्द पंक्तियाँ भी सोच डालीं। भूल न जायें, इस विचार से उसने उन्हें चारपाई के नीचे गली के कच्चे फ़र्श की मिट्टी पर उँगली से लिख भी दिया। फिर वह उन्हें गुनगुनाते-गुनगुनाते, चित्त के एकाग्र हो जाने से गहरी नींद सो गया।

२८

जगमोहन अपने कमरे के सामने छत पर आरामकुर्सी डाले बड़े इतमीनान से बैठा था। उसने 'संस्कृति समाज' के मन्त्री-पद से त्याग-पत्र दे दिया था और जैसे एक बड़ा बोझ उसके सिर से उतर गया था।

त्याग-पत्र देने का निश्चय करके भी शायद कवि चातक के कारण वह न दे पाता, पर तभी एक और बात हुई। वह आधे से ज़्यादा काम समाप्त करके वेदालंकार जी को देने गया और उसने उनसे बीस रुपये माँगे तो उन्हों ने फिर टाल दिया। जब आवेश में आ कर उसने कहा कि वह रुपये न पायेगा तो शेष काम न करेगा, तब उन्होंने धमकी दी की यदि वह काम छोड़ेगा तो न केवल उसे एक कौड़ी भी न मिलेगी, बल्कि उल्टा वे उस पर हर्जाने का दावा कर देंगे! जगमोहन निरीह आदमी। कानून वह जानता न था। वह डर गया। काम तो उसने फिर करना आरम्भ कर दिया, पर एक सहयोगी से ऐसा व्यवहार पा कर, उसके हृदय को बड़ी ठेस लगी। उसे उस सारी-की-सारी साहित्यिक टोली से चिढ़ हो गयी। पहले उसने सोचा था कि वह कार्यकारिणी की बैठक में जायेगा, अपने त्याग-पत्र का कारण देगा, उनसे कहेगा कि अपने सदस्यों के सम्बन्ध में 'संस्कृति समाज' के अधिकारियों को सतर्क रहना चाहिए, कोई ऐसा दबा-छिपा संकेत न करना चाहिए, जिससे किसी की निन्दा हो। और उसने सोचा था कि यदि वे मान गये तो वह त्याग-पत्र नहीं देगा, पर श्री धर्मदेव वेदालंकार की उस धमकी के बाद, उसे कुछ ऐसा क्रोध आया कि उसने आते ही त्याग-पत्र लिखा और प्रधान-मन्त्री के नाते उन्हीं के पास भेज दिया। काम तो उसने लगभग ख़त्म कर लिया था। यों वह आधा ही ले गया था, क्योंकि शेष उसने साफ़ न किया था। दो-तीन दिन जम कर वह बैठा, काम उसने समाप्त कर दिया और श्री धर्मदेव को देने के बदले वह प्रातः उठ कर, ढाई मील की मंज़िल मार कर, प्रोफ़ेसर स्वरूप की कोठी पर दे आया। यद्यपि उस समय रुपये तो उसे नहीं मिले (उसे मिलने की उतनी आशा भी न थी) पर प्रोफ़ेसर स्वरूप ने उसके साथ व्यवहार बड़ा अच्छा किया। उसे चाय पूछी और वचन दिया कि शीघ्रातिशीघ्र वे उसके रुपये भिजवा देंगे।

"मैं स्वयं आऊँगा। मुझे एम० ए० में दाख़िल होना है, उसके लिए रुपये चाहिएँ।" उसने कहा और उनसे एक सप्ताह का वादा ले कर वह चला आया।

यद्यपि इतने सब परिश्रम के बाद (जिससे उसकी आँखें तक ख़राब होने को आ गयीं) जगमोहन लगभग वहीं था, जहाँ से कि वह चला था —प्रवेश-शुल्क जुटाने की

समस्या उसके सामने वैसी ही थी —पर जाने क्यों प्रोफ़ेसर स्वरूप को उनका काम सौंप कर वह अपने आप को बड़ा हल्का-हल्का-सा पा रहा था। मस्तिष्क उसका चिन्ता-ग्रस्त था, पर शरीर शायद काम का बोझ उतरने के बाद बड़ा हल्का-फुल्का महसूस कर रहा था। आ कर उसने इतने दिनों से अस्त-व्यस्त पड़े अपने कमरे सफ़ाई की। वहीं तख़्ती में लगे काग़ज़ पर उसे उस उनींदी रात में लिखी कविता वे पंक्तियाँ दिखायी दीं, जो शायद उसने प्रात: उठ कर चारपाई के नीचे गली के फ़र्श से नकल कर ली थीं। कमरा साफ़ करके, वहीं छत पर नहा, साँझ के ढलते सायों में भीगी छत पर कुर्सी डाल, वह तख़्ती ले कर बैठ गया और कविता लिखने लगा :

छिपकली-सी यह मुहब्बत
आज के युग की लजीली
भीरु,
अपने नाम ही के सहम से जो सिमट जाये।
तिमिर से आच्छन्न कोनों और अँतरों से सरक कर
झाँकती है।

जाने रात के उनींदेपन में, जब उसने ये पंक्तियाँ लिखी थीं, उसका संकेत कवि चातक, शुक्ला जी तथा सत्या जी की ओर था, अथवा स्वयं दुरो के प्रति अपनी चोर-मुहब्बत की ओर, पर उस समय उतरती साँझ के उन बढ़ते सायों में, ईज़ी-चेयर पर लेटे, आकाश में उड़ती रंग-बिरंगे पतंगों के पेचों को देखते हुए, उसे वे पंक्तियाँ बहुत अच्छी लगीं। जिस तरह पतंग का पेच लड़ाते समय पतंगबाज़ का अधिकार उस पर रहता है, पर जब एक बार पेच लड़ा कि डोर अपने-आप चरख़ी से खिसकती चली जाती है और पतंग बढ़ती चली जाती है, इसी तरह कविता को आरम्भ करने में तो उसने सचेत प्रयास किया, फिर तो जाने प्रेरणा की किस चरख़ी से उसकी डोर बढ़ती चली गयी, शब्द और पंक्तियाँ अपने-आप आती गयीं और वह लिखता गया। रुकता, उठता, घूमता, गुनगुनाता और जैसे नशे में मस्त लिखे जाता :

छिपकली-सी यह मुहब्बत
आज के युग की लजीली
भीरु,
अपने नाम ही के सहम से जो सिमट जाये।
तिमिर से आच्छन्न कोनों और अँतरों से सरक कर
आँकती है।
बढ़ गयी दो पग
जमी-सी फिर वहाँ, जैसे
न अब आगे बढ़ेगी।
झाँकती है —
एक भर कर जस्त
निज आखेट पाये!

किन्तु फिर जब सरक कर दो पग बढ़ाये —
शलभ उड़ कर
और ही कोना बसाये!

है कहाँ वह प्रीति,
गह कर बाँह प्रिय की
ले चले बरबस जो अपने साथ ?
हाथ पर अपने लिये सर
है कहाँ वह प्रेम उन्मद
चल पड़े जो
जीत लाने प्रियतमा का हाथ ?

है कहाँ वह प्रीति
चुन ले भर सभा में
स्वयं मन का वर
बढ़ा कर —
डाल दे उसके गले में हार!
छोड़ कर संकोच,
गणना दुःख-सुख की,
और गत-आगत का लेखा
घोषणा कर दे कि मुझ को
प्रिय, तुम्हीं से प्यार!

हैं कहाँ —जो निडर चल दें
प्रेम के पथ पर अकम्पित
औ' न क्षण भर को सशंकित
कह रहा क्या
ईर्ष्या से जल रहा संसार!

"क्या अभी अनुवाद का काम समाप्त नहीं हुआ ? आप तो कहते थे कि शनिवार तक दे आऊँगा!'

जगमोहन ने पलट कर देखा —सत्या जी सीढ़ियों में खड़ी हैं।

वह अचकचा कर उठा, "वह तो मैं सुबह ही दे आया था।" उसने कहा।

"तो फिर इतनी तन्मयता से यह क्या लिख रहे हैं ?" सत्या जी आगे बढ़ आयीं।

"यों....ही, थके दिमाग़ को आराम दे रहा था।"

"अच्छा आराम दे रहे थे, मैं दस मिनट से खड़ी देख रही हूँ, आप ने सिर तक नहीं उठाया!"

जगमोहन कुछ उत्तर देने लगा था कि सत्या जी की दृष्टि का अनुसरण करती हुई उसकी नज़र अपने नंगे वक्ष पर आ गयी। छत ही पर नहा कर केवल तहमद लगाये वह आरामकुर्सी पर आ बैठा था। सत्या जी प्राय: बात करते समय दृष्टि फ़र्श ही पर जमाये रखती थीं अथवा शून्य में देखती रहती थीं। सहसा उनकी दृष्टि अपने सीने पर जमी देख कर —न जाने उस दृष्टि में क्या था —जगमोहन सकपका-सा गया। कविता वाली तख़्ती को तिपाई पर उल्टी रख कर उसने आरामकुर्सी की ओर संकेत करते हुए कहा, "बैठिए-बैठिए!" और स्वयं अन्दर चला गया। जब वह आया तो न तहमद पहने था, न उसने गले में कुर्ता लपेट रखा था, बल्कि वह सूट-बूट डाँटे हुए था। सुबह जो सूट पहन कर वह प्रोफ़ेसर साहब के यहाँ गया था, उस घबराहट में वही पहन आया था।

यद्यपि जगमोहन तिपाई पर तख़्ती उल्टी रख गया था, पर जब वह वापस आया तो सत्या जी बड़ी तन्मयता से कविता पढ़ रही थीं।

"अजी, आप क्या पढ़ने लगीं, अभी तो यह पूरी भी नहीं हुई!" और उसने तख़्ती उनके हाथ से ले ली।

"तो बड़े ज़ोरों से कविता करने लगे हैं आप!" उन्होंने जैसे छत के फ़र्श से पूछा।

"योंही थके दिमाग़ को आराम देने के ख़याल से ले बैठा था, पर कुछ बन नहीं रही।" वह कुछ रुका, फिर तनिक हँस कर उसने कहा, "जैसे आदमी परेशानियों से छुटकारा पाने के लिए नशा करने लगता है, मैं कविता ले बैठता हूँ। मन एकाग्र हो कर चिन्ता-मुक्त हो जाता है!"

"संस्कृति समाज से तो आप ने त्याग-पत्र दे दिया, अब आप को कौन-सी चिन्ता है ?"

"अब मैं आप को क्या बताऊँ ?" जगमोहन ने कहा, "मैं एम० ए० में दाख़िल होना चाहता था। इसलिए मैंने प्रोफ़ेसर स्वरूप का काम लिया था। जैसे दिन-रात मैं लगा रहा हूँ, वह आप देख ही चुकी हैं, लेकिन जो तीस रुपये उन्होंने दिये सो दिये —उन तीस रुपयों का भी हाल आप को मालूम ही है —अब और कानी कौड़ी भी मिलने की आशा वहाँ से नहीं।

और प्रोफ़ेसर स्वरूप और वेदालंकार का सारा किस्सा उसने सत्या जी सुना दिया।

"जो आदमी ऐसा नीच हो, उसके साथ मन्त्री के रूप में काम करना मेरे लिए यातना बन जाता," उसने कहा, "वेदालंकार जी से मिलने के बाद पहला काम मैंने यह किया कि त्याग-पत्र दे दिया।"

"पर वहाँ दूसरे भी तो थे," सत्या जी ने कहा, "आज चातक जी आये थे। शिकायत कर रहे थे कि उन्होंने 'संस्कृति समाज' केवल आप के भरोसे चलाया था। वेदालंकार जी तो अलंकार-मात्र थे! और अभी दो बैठकें भी नहीं हुईं कि आप ने छोड़ दिया....आप को अलग होना था तो आप ने मुझे मन्त्री क्यों बनाया ?"

"चातक जी का बड़ा अनुरोध था," जगमोहन ने कहा, "फिर जहाँ तक मेरा सम्बन्ध

है, मैं यह थोड़ी जानता था कि ये सब ऐसे घटिया आदमी हैं। अब आप दो-चार बार काम से मेरे यहाँ आयी हैं, मैं भी दो-एक बार आप के यहाँ गया हूँ। इसी को ले कर उन लोगों ने जितनी बातें की हैं, अब मैं आप से क्या कहूँ! चातक जी से मैंने कहा तो हँस दिये — 'अरे भई, पुरुष की तो इसी में आभा है।' —उन्होंने कहा। होगी। वे तो अपने आप को 'बायरन' समझते ही हैं, पर मुझे इस सब से उलझन होती है। फिर मुझे अपना उतना ख़याल नहीं था, जितना आप का। आपके सगे-सम्बन्धियों के कान में ये बातें पड़ेंगी तो वे क्या कहेंगे!"

"हम कांग्रेस में काम करते रहे हैं और ऐसी बातों के अभ्यस्त हो गये हैं।"

जगमोहन ने सत्या जी की बात नहीं सुनी। वह अपनी रौ में कहता गया, "मैंने यही सोचा कि मैं त्याग-पत्र दे दूँ। न मैं समाज के काम से आप के यहाँ जाऊँगा, न आप मेरे यहाँ आयेंगी और न उन लोगों को बातें करने का अवसर मिलेगा। उस दिन आप को बड़े सूने मार्ग से जाना पड़ा। शुक्ला जी को देख कर आप भाग गयीं। मुझे बड़ा दुख हुआ। क्यों ऐसी स्थिति पैदा की जाये कि यह सब करना पड़े।"

"मैंने तो शुक्ला जी को देखा भी नहीं," सत्या जी ने कहा, "मैं बहुत आगे निकल गयी थी, जब मैंने मुड़ कर आप को उनसे बातें करते देखा। तब मेरा ख़याल था कि आप लोग उधर ही आयेंगे, पर आप आये ही नहीं। मैंने शुक्ला जी को नमस्ते भी की थी। पर जाने उन्होंने देखा ही नहीं।"

जगमोहन चुप सोचता रह गया।

"देखिए, यदि आप चाहें तो मैं न आऊँगी, पर कल भाभी को ले कर आप अवश्य मेरे यहाँ आइएगा। मैं उनसे वचन ले चुकी हूँ। अकेली शायद वे न आयें! कल इतवार है। हमें छुट्टी है। आप ने कहा था —काम ख़त्म हो जाये तो चलेंगे —इसीलिए हम सात दिन रुके रहे।"

"मुझे तो आप ही का ख़याल था।"

तब जैसे जगमोहन को समझाते हुए सत्या जी ने पंजाबी का एक बैत सुनाया :

कित्थे नस्स जाइए दुनियाँ-वालेयाँ तों
अन्हें कुत्ते दे वाँग कुरलान कोलों।
न ते हस्सदेयाँ देख के सह सक्कन
न ते रोंदेयाँ चुप्प करान कोलों।
पहनो ज़रा सफ़ेद ते उंज कुढ़दे
मैले होण, पये उंज दुरकान कोलों।
की कराँ मैं 'तारिया' नहीं होंदा
किसे गल्ले छुटकारा जहान कोलों।[१]

---

१. दुनिया वालों से हम कहाँ भाग जायें जो अन्धे कुत्ते की तरह भूँकते हैं। जो न हँसते हुओं को देख सकते हैं और न रोतों को तसल्ली दे सकते हैं। ज़रा सफ़ेद कपड़े पहनो तो कुढ़ने लगते हैं और मैले हों तो पास बैठने नहीं देते। 'ताराचन्द' कहता है, हम दुनिया से किसी तरह भी छुटकारा नहीं पा सकते

और बोलीं, "पिता जी जब कभी लोगों का अपवाद सुनते तो ताराचन्द गुजराती का यह बैत पढ़ा करते। आप लोगों की बातों पर ध्यान देंगे तो चार कदम चलना कठिन हो जायेगा।"

और वे उठीं। लापरवाही से उन्होंने कहा, "ज़रा चलते हैं गोपाल नगर तक ?"

जगमोहन चुप रहा।

"मन न हो तो बैठिए। नमस्कार। कल दस बजे आप की प्रतीक्षा करूँगी। खाना वहीं होगा।"

"नहीं चलिए, मैं आप को छोड़ आता हूँ।"

और जगमोहन अनमना-सा उनके पीछे चल पड़ा।

२९

तीसरी मंज़िल की छत से नीचे गली में उतरते ही जैसे आग का एक थपेड़ा-सा जगमोहन के मुँह को लगा। हवा बन्द थी। उमस और घुटन का ठिकाना न था, दिन की धूप से तपी हुई गली भट्ठी बन रही थी और मैदान एक अदृश्य अलाव-सा हो रहा था। फिर कड़वे करेले पर नीम के पानी की तरह म्युनिसिपैलिटी की मोटर चहबच्चा साफ़ कर रही थी।

"इसी ख़समाँखानी की कसर रह गयी थी।" सत्या जी ने बड़ी प्यारी-सी गाली देते हुए धोती का छोर नाक पर रख लिया और हरिनिवास को जाने वाली गली की ओर जाने के बदले पोस्टऑफ़िस की ओर हो लीं।

जगमोहन को वह गाली उनके मुँह से बड़ी भली लगी। कुछ ऐसी बात थी सत्या जी में जो उनके पतले-छरहरे शरीर और गोरी मुखाकृति के बावजूद उन्हें पुरुषों-सा बना देती। उनका रूखापन, उनकी निडरता, स्त्री-सुलभ लाज की लाली का अभाव — जाने अकथनीय-सी वह कौन-सी चीज़ थी, जो जगमोहन को हर बार इस बात का आभास देती। इस गाली ने, जो पंजाब के गली-मुहल्लों में स्त्रियों की आम गाली है, पर जिसे पढ़ी-लिखी लड़कियाँ नहीं देतीं, अचानक सत्या जी को उस ऊँचाई से ला गिराया और जगमोहन ने जैसे चौंक कर उनकी ओर देखा —किन्तु मुख पर उनके धोती का कोना था और दृष्टि यथावत नीचे थी।

उन्होंने गाली न दी होती तो वह कहता, 'नहीं, पोस्टऑफ़िस की ओर से नहीं, सीधे चलेंगे।' पर उसका ध्यान गाली के कारण भटक गया। वह चौंका तो वे पोस्टऑफ़िस के पास पहुँच चुके थे।

'आज शायद फिर सत्या जी रहट की ओर से जा रही हैं,' उसने मन में कहा, सोचा कि उधर से न जाये : उनसे कह दे कि हरिनिवास की ओर से चलेंगे। लेकिन शाम अभी जवान थी। यद्यपि सूरज अस्ताचल की ओर चला गया था, पर दिये जलने में देर थी। जगमोहन के मन में जिज्ञासा उठी कि वह क्यों न दिन के प्रकाश में वह रास्ता भी देख ले,

जो अँधेरी रात में उतना सूना, अकेला और डरावना-सा लगता था।....और वह चुपचाप उनके साथ चलता गया।

"हवा बिलकुल बन्द है," सत्या जी ने कहा, "शायद आज रात पानी गिरे।"

जगमोहन ने आकाश की ओर देखा। बहुत ऊँचे, आकाश की गहराई में चीलों के झुण्ड मँडरा रहे थे।

"लक्षण तो आँधी के हैं," उसने कहा, "जाने आँधी के साथ दो छींटे भी पड़ जायें।"

उस समय सामने की ओर से हवा का हल्का-सा झोंका आया और पसीने से तर जगमोहन की कमीज़ में ठण्डक की एक प्यारी-सी लहर दौड़ा गया।

"आप अभी सिर्फ भाभी की दावत पक्की करने आयी थीं ?" उसने पूछा।

"नहीं, मैं कॉलेज से सीधी इधर आयी।"

"कॉलेज से, इस समय!"

"पण्डित दाताराम कुछ बजट आदि बना रहे थे, उन्होंने तीन बजे तक बैठा रखा। उठी तो पण्डित रघुनाथ आ गये। पण्डिताइन से उनका झगड़ा हो गया था। सो उनके यहाँ चली गयी। वहीं इतनी देर हो गयी। आते-आते सोचा कि भाभी का उलाहना मिटाती जाऊँ और आप ने काम ख़त्म कर लिया हो तो आप से भी आने की प्रार्थना दोहरा दूँ।"

कुछ क्षण दोनों चुपचाप चलते रहे। फिर सहसा जगमोहन ने पूछा, "दुरो जी ने सब पुस्तकें बेच दीं ?"

"बेच ही दी होंगी। क्यों ?"

"यों ही, शान्ता विद्यालय में बात हो रही थी।"

"शान्ता विद्यालय में, क्या ?"

"उस दिन जब शुक्ला जी मिल गये थे और आप चली गयी थीं तो वे मुझे शान्ता विद्यालय में ले गये थे। वहीं बात हुई।" और जगमोहन ने उस दिन की सारी बात दोहरा दी। "मैंने उसी वक्त फ़ैसला कर लिया था, "उसने कहा, "कि मैं इस समाज में नहीं रहूँगा। पता नहीं ये लोग कैसे हैं और वे शान्ता जी कैसी हैं। भगतराम जब आप का ज़िक्र करके मज़ाक करता तो वे खड़ी 'हिं हिं....हिं हिं....' कर देतीं। सभी-के-सभी दूसरों की निन्दा में रस पाने वाले हैं। ये क्या स्कूल चलाती होंगी!"

सत्या जी ने कुछ उत्तर नहीं दिया।

"दुरो जी ने भी किन के स्कूल में पुस्तकें बेचने को भेज दीं! जिस स्कूल का संचालक एक लकड़ी के टाल वाला अपढ़ व्यापारी हो, उसमें पढ़ने वाली लड़कियाँ क्या क्रान्ति सीखेंगी! मैं दुरो जी से मिला तो बात करूँगा। घर ही में इस समय होंगी ?"

"दुरो तो शायद मीटिंग में चली गयी हो।"

"मीटिंग ?"

"स्टडी सरकल की मीटिंग है न आज साँझ को!"

"वह तो इतवार को होती है।"

"कल शायद कोई मोटर-बस मज़दूरों की मीटिंग है, इसलिए हरीश जी उधर व्यस्त

होंगे।"

"आप नहीं जातीं ?"

"हम आजकल सरकारी बूचड़ख़ाने का विरोध कर रहे हैं, जो सिकन्दर हयात की सरकार खोलने जा रही है।"

"समाजवाद अथवा साम्यवाद में आप का विश्वास नहीं है ?"

"समाजवाद, साम्यवाद, सब बाद की बातें हैं, इस समय तो स्वराज्यवाद की ज़रूरत है। पहले विदेशियों के चंगुल से देश आज़ाद हो जाये, फिर वह भी देखा जायेगा।"

"आप कांग्रेस में क्या नियमित रूप से भाग लेती हैं ?"

"नहीं, कोई ऐसा भाग भी नहीं लेती। कांग्रेस के कुछ नेता मेरे पिता जी के मित्र हैं। पिता जी कांग्रेस में रहे हैं। जेल भी हो आये हैं। मैं भी चली जाती हूँ। पर अब कांग्रेस एसेम्बली में चली गयी है। कुछ काम ही नहीं होता। बड़ी उकताहट-सी रहती है।"

वे बातों में मग्न, अधूरे मकानों के बीच में से होते हुए, अधबने बाज़ार तक चले आये थे और आकाश के बदलते रंगों पर उन्होंने कोई ध्यान न दिया था। सत्या जी तो ख़ैर धरती पर दृष्टि जमाये जा रही थीं, पर जगमोहन का ध्यान भी उनसे बातें करने में लगा रहा था। सत्या जी ने अभी मुश्किल से बात ख़त्म की थी और उन्होंने बाज़ार में कदम रखा ही था कि सामने बवण्डर-सा उठा और पलक झपकते ढेरों रेत उनकी आँखों को करकरा गयी। क्षण भर में धरती पीली हो गयी। जगमोहन ने आँखें मलते हुए आकाश की ओर देखा — "पीली आँधी!" वह चिल्लाया और घबराहट में सत्या जी का हाथ पकड़, वह गली की ओर भागा। लेकिन आँधी जैसे चौमुखा आक्रमण कर रही थी, गली में जाते ही सामने से रेत उड़ी, आँखें खोल कर देखना कठिन हो गया। आगे-पीछे, दायें-बायें सभी तरफ़ रेत उड़ रही थी। दूसरे निमिष बरसातियों की छतों के टीन उड़ने लगे, किवाड़ खड़खड़ाने लगे और चारों ओर बेपनाह शोर मच गया। सत्या जी का हाथ जगमोहन के हाथ से छूट गया। वे खादी की साड़ी का आँचल मुँह पर लिये और जगमोहन रूमाल से मुँह ढँके वहीं गली में रुक गये। तभी सत्या जी की बग़ल में, किसी मकान की डेवढ़ी के किवाड़ हवा के ज़ोर से चौपाट खुल गये। आँचल का कोना हटा कर उन्होंने डेवढ़ी को देखा और जगमोहन का हाथ खींच कर वे उसे अन्दर ले गयीं। किवाड़ जैसे खुले थे, पटाख़ से फिर बन्द हो गये।

दोनों ने अपनी आँखें मल कर अपने इर्द-गिर्द निगाह दौड़ायी।

मकान अभी बन ही रहा था। शायद निचली मंज़िल बन गयी थी और ऊपर की बन रही थी। मालिक-मकान शायद अभी आये न थे। यद्यपि मकान में भी धूल भरी थी, पर गली की धूल का तो वह पासंग भी न थी।

आँखों की कोरों को साफ़ करते हुए जगमोहन ने सुख की साँस ली। अपनी मोटी धोती की कोर से मुँह पोंछते हुए सत्या जी ने कहा, "यह ख़समाँखानी आँधी भी किस समय आयी ?" और मुँह में भरी मिट्टी को उन्होंने कोने में थूक दिया। तभी फिर पटाख़ से दोनों किवाड़ खुल गये। सत्या जी झटके से जगमोहन के ऊपर गिरीं। एक बाँह से उन्हें सँभालते हुए, जगमोहन ने पैर के अड़ंगे से किवाड़ बन्द कर दिये और कुण्डी लगा दी।

बाहर आकाश एकदम काला पड़ गया होगा, क्योंकि यद्यपि डेवढ़ी काफ़ी खुली थी

तो भी उसमें अँधेरा-सा छा गया।

"कोई आ न जाय!" उसके पहलू से लगे-लगे सत्या जी ने उसकी ओर देखते हुए सरगोशी में कहा।

"नहीं-नहीं, कोई नहीं आता!" जगमोहन बेपरवाही से बोला, "ज़रा आँधी का ज़ोर कम हो जाये तो किवाड़ खोल देंगे। आ भी गया कोई तो कुण्डी खोलने में कितनी देर लगती है!"

तभी उसकी आँखें सत्या जी से चार हुईं, जाने उन आँखों की कठोर उदासीनता कहाँ चली गयी थी। वह स्निग्ध, विनम्र दृष्टि जगमोहन के अन्तर में दूर तक खुब गयी। बड़ी मिसकीनी से उठे हुए, सहमे-सहमे-से उस चेहरे को उसने निगाह भर कर देखा —आँखों में शायद रेत पड़ जाने से लाली के डोरे दौड़ गये थे। मुख पर धूल का हल्का-सा ग़ाज़ा फिर गया था और यह अजीब बात है कि धूल-भरा वह चेहरा अपनी सारी कठोरता खो कर एक अजीब-सी कोमलता से भर उठा था। जगमोहन का दिल धड़कने लगा। उसके जी में आयी कि उन धूल-भरे गालों को हल्के-से अपने होंटों से छू ले। उस क्षणिक कल्पना में उसने अपने होंटों के चिह्न भी वहाँ बने देखे।....पर तभी बाहर ज़ोर से बिजली कड़क उठी। सारा मकान काँप उठा। एक कौंधा लपका और लगा जैसे बिजली उस डेवढ़ी पर ही गिरी है। साथ ही बाहर बूँदें पड़ने का स्वर सुनायी दिया।

सत्या जी सहम कर जैसे उसके पहलू में घुस गयीं। उसने दायीं बाँह से उन्हें अपने पहलू में दबा कर जैसे इस प्रहार से बचा लिया, हालाँकि कौंधे की लपक के साथ वह स्वयं भी दीवार के साथ जा लगा था।

तभी उसके मन में कौंधे की उस लपक ही-सा विचार आया कि यदि सत्या जी की जगह दुरो होती और उसकी आँखों में वही तरलता होती तो क्या वे क्षण उसके जीवन के मधुरतम क्षण न हो जाते ? उसके हृदय की गहराई से एक दीर्घ निःश्वास निकल गया। उसका हाथ ढीला पड़ गया और धीरे-धीरे उसने अपनी कमर के ज़रा ऊपर लिपटी सत्या जी की बाँहों से अपने आप को मुक्त कर लिया।

सत्याजी जी प्रकृतिस्थ हो, सीधी खड़ी हो गयीं। धोती के आँचल से उन्होंने मुँह पोंछा। लगता था जैसे वर्षों की नींद से जगी हों। बाहर शायद आँधी गुज़र गयी थी। डेवढ़ी में धीरे-धीरे उजियाला हो गया था। जगमोहन ने दरवाज़ा खोला। बाहर धूल में, चेचक के मोटे धब्बों-ऐसे, बूँदों के निशान बने हुए थे। बादल बिना बरसे ही गुज़र गया था। बूँदें कदाचित धूल को बैठाने आयी थीं। दोनों चुपचाप रहट की ओर को चल दिये।

०

"कहिए किधर ?"

"आप किधर ?"

"तुम्हारी ओर ही गया था। मालूम हुआ कि तुम अभी आयी नहीं।"

"मैं ज़रा इनकी भाभी से मिलने चली गयी थी," सत्या जी ने कहा और परिचय देती हुई बोलीं, "ये पण्डित रघुनाथ हैं, हमारे कॉलेज के संस्कृत-अध्यापक और ये...."

"इन्हें मैं जानता हूँ!" पण्डित जी ने उनकी बात काटते हुए कहा, "नमस्कार!"

जगमोहन ने देखा — चालीस-पैंतालीस वर्ष की उम्र, मँझला कद, छरहरा शरीर, खादी की मोटी धोती, भूरे रंग का खादी ही का कुर्ता और सिर पर कुर्ते ही के रंग की तनिक तिरछी टोपी — पण्डित जी की आँखों में कुछ ऐसी गहराई थी जिसका विश्लेषण उस समय जगमोहन न कर सका। या तो वे आँधी के दौरान किसी कमरे में बन्द रहे थे अथवा उन्होंने मुँह धो लिया था। लगता ही न था कि आँधी उन्होंने देखी है। छैला-से बने खड़े थे।

जगमोहन ने 'नमस्कार' का उत्तर दिया। पण्डित जी मुस्कराये और मुस्कराते हुए उन्होंने जगमोहन पर नख से शिख तक एक तेज़ निगाह डाली। उस दृष्टि की तीव्रता से जगमोहन ज़रा भी विचलित नहीं हुआ। उसने कुछ बेपरवाही के साथ सहज भाव से पूछा, "आप इन्हीं के घर से मेरे यहाँ आयी थीं ?"

उसके इस प्रकट सहज भाव से किये गये प्रहार की तह में कुछ आक्रोश अथवा झुँझलाहट की मात्रा स्पष्ट लक्षित थी। या तो सत्या जी ने झूठ बोल कर उस समय आने का बहाना कर दिया था, या पण्डित जी उनके वहाँ से चलते ही फिर अपनी पत्नी से लड़ कर सत्या जी की सहायता लेने आ पहुँचे थे।

सत्या जी ने उस प्रश्न की झुँझलाहट की ओर कोई ध्यान नहीं दिया। उन्होंने जैसे वह प्रश्न सुना ही नहीं। वे पण्डित जी से बातों में व्यस्त हो गयीं। उनसे उन्होंने पूछा कि आँधी उन्होंने कहाँ गुज़ारी ?

"तुम्हारे घर आँधी गुज़ार कर चला आ रहा हूँ।" पण्डित जी ने कहा, "आधा घण्टा बैठा रहा।"

वे 'शुक्ल साहित्य सदन' के पास पहुँच गये थे। इन पण्डित जी की उपस्थिति से जगमोहन को अजीब-सी झुँझलाहट हुई। सहसा उसने कहा, "अच्छा, मैं अब चलता हूँ, पण्डित जी आप को घर तक पहुँचा देंगे। मैं तो जा कर नहाऊँगा, आँखों में ढेरों मिट्टी पड़ गयी है।"

"हाँ, आप चलिए!" चलते-चलते तनिक मुड़ कर और नमस्कार के लिए दोनों हाथ मस्तक पर ले जाते हुए सत्या जी ने कहा, "पर कल भाभी को ले कर आना न भूलिएगा। मैं दस बजे आपकी प्रतीक्षा करूँगी।"

"जी, ले आऊँगा!" और वह मुड़ कर भागता हुआ-सा अपने घर की ओर चल दिया।

३०

अपने वचन के अनुसार जगमोहन अपनी भाभी को सत्या जी के यहाँ ले गया था और यद्यपि सत्या जी ने ख़ातिरदारी में कोई कसर न रहने दी थी (दही की पकौड़ियाँ, मसालेदार पहाड़ी मिर्चें, पालक और पराँठे) पर जगमोहन को कुछ आनन्द न आया था। वह

उखड़ा-उखड़ा-सा बैठा रहा था।

कारण दो थे। पहला तो यह कि दुरो घर में न थी। जगमोहन को पता चला कि वह इतवार का दिन पुस्तकें बेचने में लगायेगी और साँझ को 'येलो बस' वालों की मीटिंग में शामिल होगी। हरीश जी बस-सर्विस के मज़दूरों के हितार्थ एक 'सन्ध्या-पाठशाला' भी खोल रहे थे और उस का भार दुरो अपने कन्धों पर ले रही थी।

दूसरा यह कि सुबह ही से पण्डित रघुनाथ उसके दिमाग़ पर सवार थे। वह प्रातः सैर आदि से लौट कर जब होतूसिंह रोड के हलवाई की दुकान पर लस्सी पीने आया था तो पण्डित जी से उसका साक्षात्कार हो गया था।

"कहिए पण्डित जी, किधर ?" उसने कुछ हँसते हुए पूछा था।

"आज एकादशी है ना," पण्डित जी बोले, "बिना कंजका (कुमारी कन्या) को भोग लगाये हम कुछ भी मुँह नहीं लगाते। गोपालनगर जा रहा हूँ।" और उन्होंने हाथ का दौना दिखाया, जिसमें दो लड्डू थे। डब्बी बाज़ार के मुहल्ला सिरीन में पण्डित जी रहते थे। 'अपने मुहल्ले में इन्हें कोई कंजका ही नहीं मिली जो तीन-साढ़े-तीन मील चल कर यह गोपालनगर जा रहे हैं।' जगमोहन ने सोचा और हँसते हुए उसने यही प्रश्न दोहरा दिया।

खिन्न हुए बिना पण्डित जी ने बताया कि वे तो वर्षों से एकादशी को सत्या जी का मुँह जुठला कर ही कोई चीज़ मुँह लगाते हैं। और हलवाई को पैसे दे कर वे चले गये।

एकादशी के दिन सात-आठ मील की मंजिल मार, किसी कन्या को भोग लगा कर खाना जगमोहन के लिए आश्चर्य की बात न थी। क्योंकि इस पुण्य-भूमि में धर्म के नाम पर बड़ी-बड़ी हिमाकतें होती हैं। जो चीज़ जगमोहन को बुरी लगी, वह यह थी कि दावत के लिए सत्या जी के घर पहुँचने के कुछ ही देर बाद फिर पण्डित रघुनाथ आये थे। सत्या जी नीचे डेवढ़ी में उनसे मिलने गयी थीं, शीघ्र ही ऊपर आ गयी थीं और पण्डित जी वापस जाने के बदले, सामने एक नये बनते मकान की सीढ़ियों पर जा कर ऐसे बैठ गये थे कि वहाँ से उस कमरे की प्रत्येक गतिविधि का ब्योरा ले सकें।

"पण्डित रघुनाथ वहाँ जा कर बैठ गये," जगमोहन ने सहसा कहा, "आप ने उन्हें ऊपर क्यों नहीं बुला लिया ?"

"बैठने दीजिए!"

सत्या जी यद्यपि कई बार बहुत बातें करती थीं, पर यों स्वभाव से वे चुपीती थीं। जिस प्रश्न का उत्तर चार वाक्यों की उपेक्षा रखता हो, उसे वे एक-आध वाक्य ही में निबटा देती थीं। जगमोहन पूछना चाहता था कि वे जब सुबह आये थे तो अब क्यों आये हैं ? आये हैं तो क्या चाहते हैं ? अब वहाँ जा कर क्यों बैठ गये हैं ? पर सत्या जी के इस वाक्य ने उसके लिए आगे प्रश्न पूछने का रास्ता ही रोक दिया....लेकिन वह जब तक वहाँ बैठा रहा, उसके मन में अनजानी-सी खीझ उठती रही। आप कमरे में ब्रिज खेल रहे हों या योंही गप लगा रहे हों और बाहर सी० आई० डी० का सिपाही बैठा हो, तब यदि आप उसकी उपस्थिति से अभ्यस्त नहीं तो आप के लिए खेल में या बातों में मन लगाना असम्भव हो जायेगा —ख़्वाह-म-ख़्वाह आपके मन में खीझ उठती रहेगी। कुछ यही दशा जगमोहन की थी। बार-बार उसकी दृष्टि पण्डित रघुनाथ पर जाती और बार-बार वह झुंझला उठता

और किसी बात में उसका मन न लगता।

०

सत्या जी इस बीच निरन्तर भाभी से बातें करती रहीं। भाभी के बच्चे उनसे हिल गये। स्वयं भाभी उनसे हिल गयी। वह इस प्रकार पसर कर बैठ गयी, जैसे वह अपनी बहन अथवा अन्तरंग सहेली के यहाँ बैठी हो। कोई चीज़ माँगने में उसे किसी प्रकार का संकोच नहीं हुआ। पकौड़ियाँ उसने माँग-माँग कर और लीं, मसाले वाली पहाड़ी मिर्चें तो वह चार खा गयी और पुलाव पर उसने ऐसे हाथ साफ़ किया, जैसे वह नियामत उसने कभी पहले चखी ही न हो। लेकिन जगमोहन को खाना बिलकुल पसन्द आया —पकौड़ियों में मोटी-मोटी लाल मिर्चें थीं और मठा पतला था। उनको उसने हाथ नहीं लगाया। पहाड़ी मिर्च आधी खायी और पुलाव का केवल एक ग्रास लिया। उसका ध्यान बार-बार पण्डित रघुनाथ की ओर चला जाता। वह उन्हें अपनी ओर ही टकटकी लगाये बैठे देखता और झुँझला उठता। तभी भाभी ने एक ओर हारमोनियम पड़ा देखा।

"तुम गाती हो ?" उसने पूछा।

"नहीं, मैं तो नहीं गाती," सत्या जी ने कहा, "चाचा जी की लड़की 'टूँ-टाँ' करती है।"

"तुम ज़रूर गाती हो," भाभी बोली, "ज़रा एक गाना सुना दो।"

तब जगमोहन को न जाने क्या सूझा, न जाने बैठे-बैठे वह उकता गया था कि उसने हँसते हुए भाभी के अनुरोध के साथ अपना अनुरोध भी मिला दिया और शरारत से बोला, "नहीं-नहीं, आप अवश्य गाना जानती हैं। कम-से-कम एक गाना सुना दीजिए।"

और उसे आश्चर्य हुआ जब यह कहते हुए कि 'मुझे गाना तो बिलकुल नहीं आता। आप कहते हैं तो सुना देती हूँ, फिर दोष न दीजिएगा कि आप के कानों पर अत्याचार हुआ,' सत्या जी ने बाजे का कवर उतारना शुरू कर दिया।

जगमोहन ने कभी कल्पना न की थी कि सत्या जी गाती भी हैं। उनके स्वर में उसे कभी माधुर्य का आभास न मिला था, पर जब उसके अनुरोध पर (चाहे अपने जाने उसने मज़ाक ही में ही किया था) वे बाजे का कवर उतारने लगीं तो उसे लगा कि शायद उसका ख़याल ग़लत था, कि शायद सत्या जी कुशल संगीतज्ञ हैं और केवल विनम्रता से काम ले रही हैं, कि पर्दों पर उँगलियाँ रखते ही उनके कण्ठ से अमृत-सी मीठी स्वर-लहरी फूट बहेगी और क्षण-भर के लिए वह गम्भीर हो, मूर्तिमान औत्सुक्य बन कर बैठ गया। पर जब सत्या जी ने एक-आध बार पर्दे पर उँगलियाँ चला कर 'पूरन भगत' का गाना :

जाओ जाओ रे मेरे साधो, रहो गुरू के संग

शुरू किया था तो जगमोहन को बड़ी निराशा हुई। निराशा शब्द शायद उसके एहसास को ठीक-से व्यक्त नहीं करता। उसे कुछ वैसी आशा तो पहले भी न थी, पर सत्या जी ऐसे बेतुकेपन से गायेंगी, इसकी भी उसने कल्पना न की थी। न सुर, न लय, न ताल — कहीं ज़रा-सा भी तो लोच न था। दृष्टि बाजे के पर्दों पर गड़ी थी और वे बड़ी कर्कश, बेसुरी आवाज़ में गाये जा रही थीं :

जाओ जाओ रे मेरे साधो, रहो गुरू के संग

जगमोहन को खेद हुआ, क्यों उसने उनसे मज़ाक में अनुरोध किया। उसे उनके उस प्रयास पर दया हो आयी। लगता था जैसे किसी ने उन्हें गाने की सज़ा दे रखी है। उसका जी चाहता था, उन्हें बीच ही में रोक दे, कह दे कि मैं तो मज़ाक कर रहा था, पर उनके दिल को ठेस न लगे, इसलिए वह चुप बैठा रहा। गाना समाप्त हो गया तो यद्यपि भाभी ने उन्हें 'देवदास' फ़िल्म का भी एक गाना सुनाने को कहा, पर जगमोहन बोला, "हटाओ भाभी, क्यों इन्हें परेशान करती हो। चलो उठो अब, शाम यहीं काटोगी क्या ?"

सत्या जी ने बाजा उठा दिया। उस पर फिर से खोल चढ़ाते हुए बोलीं, "अब तो आपको विश्वास आ गया कि मैं बिलकुल नहीं गा सकती।"

और उन्होंने आँख उठा कर जगमोहन की ओर देखा —जाने उन आँखों में क्या था —वह पैनी, उदास दृष्टि जगमोहन के हृदय में डूबती चली गयी। उसे बड़ा खेद हुआ, क्यों उसने मज़ाक-मज़ाक में उनसे गाने का अनुरोध किया ? किन्तु कहीं दूर हृदय की गहराई में उसे हल्की-सी ख़ुशी भी हुई कि उसके अनुरोध का उनके निकट इतना मान है। यह ख़याल आते ही वह काँप-सा गया। उसके हृदय में तो उनके लिए ज़रा-भी स्थान नहीं! और वह उठा, "हमने आपको यों ही परेशान किया," उसने कहा और फिर वह भाभी से बोला, "अब उठो भाभी, चलें!"

पर उसे फिर बैठ जाना पड़ा। सत्या जी भाभी को घर (याने उसके कमरे, बनावट, आदि, आदि) दिखाने ले गयीं और जगमोहन कुछ देर टहलता रहा, फिर बैठ गया। बैठ गया और, जैसा कि पिछले दो-ढाई घण्टों में कई बार हुआ था, उसकी दृष्टि पण्डित रघुनाथ पर चली गयी। वे उसी प्रकार वहीं सीढ़ियों पर अचल बैठे उनकी ओर टकटकी लगाये थे। धूप बाहर ग़ज़ब की पड़ रही थी और वे दो-ढाई घण्टे से वहीं सीढ़ियों पर बैठे थे। यों चाहे वहाँ छाया थी, लेकिन धूप उनके निकट पहुँच गयी थी, और पण्डित जी उसकी तपन से बेपरवाह उन खिड़कियों की ओर दृष्टि लगाये हुए थे।

सत्या जी भाभी को जैसे घर का प्रत्येक कोना-अँतरा दिखा कर वापस आ गयीं। जगमोहन के मन में एक बार फिर आयी, वह सत्या जी से पूछे —'पण्डित रघुनाथ अभी तक क्यों बैठे हैं ? वे क्या चाहते हैं ?' पर उसके कानों में सत्या जी का संक्षिप्त उत्तर गूँज गया —'बैठने दीजिए।' यदि उन्होंने फिर वही संक्षिप्त उत्तर दिया तो ? और वह चुप रहा।

सत्या जी उन्हें न केवल नीचे डेवढ़ी तक छोड़ने उतरीं, बल्कि गुरु तेग़बहादुर रोड तक चली आयीं। आते वक्त जगमोहन ने जान-बूझ कर पण्डित जी की ओर नहीं देखा। जब वे तेग़बहादुर रोड पर पहुँच गये और क्योंकि एक बजने को आया था और सत्या जी ने उस समय तक खाना नहीं खाया था, इसलिए उन्होंने उन्हें विदा कर दिया तो कुछ और आगे जा कर जगमोहन ने मुड़ कर देखा —पण्डित रघुनाथ अपनी जगह से उठ आये थे और सत्या जी से कुछ बहस करते हुए वापस मकान को जा रहे थे।

रास्ते में भाभी सत्या जी की प्रशंसा के पुल बाँधती गयी, बल्कि उसने तो यहाँ तक कह दिया कि उन्हें हो तो हो, जगमोहन को तो जाति-पाँति का कुछ ख़याल ही नहीं, यदि उसे सत्या पसन्द हो तो वह उसके भाई को मना लेगी।

किन्तु जगमोहन यद्यपि प्रकट अपनी भाभी की बातें सुनता रहा, उनका कुछ उत्तर भी

देता रहा, पर मन-ही-मन सत्या जी और पण्डित रघुनाथ के सम्बन्ध में सोचता रहा — सत्या जी ने क्यों पण्डित जी को ऊपर न बुला लिया ? क्यों उन्हें धूप में दो-ढाई घण्टे बाहर बैठाये रखा ? वे ही क्यों बैठे रहे ? उन्हें सत्या जी से काम था तो उस समय चले जाते, दो-ढाई घण्टे बाद फिर आ जाते। वहाँ पहरेदारों की तरह वे क्यों बैठे रहे ?

घर पहुँच कर कपड़े उतार, तहमद लगा, बिछी हुई चारपाई के बदले ठण्डे फ़र्श पर चटाई बिछा, जब वह लेटा तो उसका दिमाग़ अभी तक उसी समस्या में उलझा था।

o

साँझ बढ़ आयी थी जब भाभी ने उसे झकझोर कर जगाया —"देखो, बाहर वही पण्डित जी खड़े हैं।"

"अब यहाँ क्या करने आये हैं ?" जगमोहन झुँझला कर तन्द्रिल स्वर में बोला। फिर कुर्ते को गले में लपेट, मुँह पर हाथ फेर, तनिक सचेत हो कर वह छत पर गया और छज्जे के ऊपर से उसने पण्डित जी से कहा कि वे ऊपर आ जायें।

भाभी फिर नीचे जा अपने काम में व्यस्त हो गयी। पण्डित जी ऊपर आ गये। जगमोहन ने इस बीच कुर्ता पहन लिया था। और कुर्सी पर बैठ गया था। पण्डित जी आये तो उसने शिष्टाचार से भरा एक 'नमस्कार' उन्हें किया और ईज़ी-चेयर पर बैठने का संकेत किया।

पण्डित जी बैठे नहीं, मेज़ के साथ सटे खड़े रहे।

क्षण भर के लिए दोनों की निगाहें मिलीं। अपने प्रतिद्वन्द्वी को अचानक सामने पा कर ताज़ी कुत्ते की आँखों में जो आक्रामक प्रतिहिंसा जाग उठती है, कुछ वैसी ही हिंसा पण्डित जी की आँखों में थी। किन्तु जगमोहन के यहाँ हिंसा न थी। वहाँ थी उत्सुकता या फिर झुँझलाहट। उत्सुकता थी पण्डित जी के क्रोध का कारण जानने की, उनकी प्रतिहिंसा का रूप और प्रकृति जानने की। और झुँझलाहट थी कि वे क्यों ख़्वाह-म-ख़्वाह, अनपेक्ष, अनाहूत उसके जीवन में चले आ रहे हैं और जैसे उनके वार को सीधा सीने पर ले कर, उसकी प्रकृति जानने के उद्देश्य से, वह कुर्सी पर कुछ पीछे को अकड़ कर बैठ गया।

पण्डित जी क्षण भर तक कुछ नहीं बोले। अपनी पैनी दृष्टि के नश्तर से जैसे उसके अन्तर को भेद कर वहाँ का रहस्य जानने की कोशिश करते रहे। फिर जैसे वहाँ के सब भेद जान कर वे मुस्कराये और बोले, "सत्या यहाँ कब से आती है ?"

जगमोहन कहना चाहता था, 'आप से मतलब ?' पर उसने उनके आक्रमण को जैसे अपने सीने पर ले कर, उसके प्रहार को अपने में समोकर, निष्फल कर दिया। प्रत्याक्रमण करने की ज़रूरत ही नहीं समझी

सीधे-सादे ढंग से उसने कहा, "मैं संस्कृति समाज का मन्त्री था और वे महिला मन्त्री; इसलिए वे आती थीं।"

"आपके ख़याल में अब वह नहीं आयेगी ?"

"कोई कारण तो नहीं। मैंने इसीलिए 'संस्कृति समाज' से अपना दामन छुड़ा लिया....'

"आप भूलते हैं, वह आयेगी।"

"हो सकता है।" जगमोहन ने सरल भाव से कहा, "भाभी से उनका सहेलपना है, उससे मिलने शायद वे आयें।"

जाने क्यों जगमोहन को कुछ सन्देह-सा हो गया था कि पण्डित रघुनाथ का कुछ अधिकार सत्या जी पर है और वह जैसे उन्हें बचाने के उद्देश्य से सफ़ाई दे रहा था।

"आप भूलते हैं!" पण्डित रघुनाथ ने ज़ोर दे कर कहा, "वह आपके लिए आयेगी।"

"मेरे लिए ?"

"वह आपसे प्रेम करती है।"

"मुझे तो कभी ऐसा नहीं लगा, कभी कोई ऐसी बात नहीं हुई।"

हालाँकि मन में उसे लगा, पण्डित जी ठीक कहते हैं, पर सत्या जी की सफ़ाई में उसने यही कहना उचित समझा।

"आप उससे प्रेम करते हैं ?" सहसा पण्डित जी ने पूछा।

जगमोहन को इस प्रश्न की स्थूल आकस्मिकता पर बड़ा क्रोध आया, पर सब्र के साथ उसने कहा, "इसका तो प्रश्न ही नहीं उठता। शान्ता बहन और उनके पति ने अपनी गन्दी मनोवृत्ति के कारण कुछ अपवाद अवश्य फैलाया है, पर अपवाद ही सच्चा हो, ऐसी तो बात नहीं। आपको विश्वास आये या न आये, पर मेरे मन में तो ऐसी भावना नहीं।"

"मैं सत्या के पिता का मित्र हूँ और उसे अच्छी तरह जानता हूँ। वह आपसे प्रेम करती है। वह धीरा नायिका है। वह कभी ज़बान से कुछ न कहेगी, पर...."

अचानक देर से रुका हुआ जगमोहन का क्रोध फूट पड़ा, "अच्छे आप उनके पिता के मित्र हैं!" वह उठ कर चिल्लाया, "कृपा कर आप यहाँ से तुरन्त चले जाइए! आपके नायिका-भेद की मुझे ज़रूरत नहीं। आप सत्या जी से कह दीजिए —वे यहाँ न आया करें। मैं उनके यहाँ न जाऊँगा....वैसे तो उनका अब यहाँ आने का कोई काम नहीं....पर यहाँ भाभी से मिलने आयीं भी तो मैं स्वयं उनसे कह दूँगा कि वे यहाँ न आयें। आप जाइए!"

और उसने पण्डित जी को दरवाज़ा दिखा दिया। उसका स्वर इतना ऊँचा और तीखा था कि निमिष-भर के लिए उसे ख़याल आया —पण्डित जी उत्तर में ग़ुस्से के साथ कुछ अवश्य कहेंगे। पर उसे आश्चर्य की सीमा न रही, जब पण्डित जी के चेहरे पर यह सुन कर क्रोध के बदले सन्तोष झलक उठा और वे चुपचाप चले गये। जैसे वे जगमोहन से यही सुनने की अपेक्षा रखते थे, यही सुनने के लिए आये थे।

o

वहीं मेज़ पर टाँगें फैलाये, कुर्सी पर पीछे को लेटा जगमोहन बड़ी देर तक मन-ही-मन उबलता रहा। 'पिता के मित्र!' —वह मन-ही-मन खदबदाया, 'अच्छे सत्या जी के पिता के मित्र हैं ये, जो अपने मित्र की लड़की के प्रति ऐसी दुर्भावनाएँ रखते हैं। यदि सत्याजी की निन्दा इन्हें सह्य नहीं तो ये सीधे जा कर उनके पिता से कह दें, उनका यहाँ आना बन्द कर दें, न कि जासूसों की तरह चौबीसों घण्टे उनके पीछे लगे रहें!'....'मित्र की लड़की का हित'....वह व्यंग्य से मन-ही-मन हँसा....इस हित की आड़ में जो कुछ था वह उससे छिपा न रहा था। बहुत पहले, उसके लड़कपन के दिनों उनके मुहल्ले के निकट ही गली में चुंगी का एक रँडवा मुहर्रिर रहता था। चालीस-पैंतालीस की उसकी वय थी। उसके घर

एक सुनार का लड़का हरभजन आया करता था। अपनी आमदनी का अधिकांश वह उस छोकरे को खिला देता। कभी-कभी वह लड़का उससे रूठ जाता था। तब वह जिस प्रकार उसके पीछे मारा-मारा फिरता था; उसकी गन्ध लेता हुआ दूसरों के यहाँ पहुँचता था; उसकी प्रतीक्षा में उसके मित्रों के घरों के बाहर बैठा रहता था; उसकी आँखों में जो गिलगिली-सी वासना होती, वही जगमोहन को पण्डित जी की आँखों में दिखायी दी थी। उसे तो उनकी शक्ल और भाव-भंगिमा तक उसी मुहर्रिर की-सी लगी....'कंजका को भोग लगाना'....उसने मन में एक बड़ी-सी गाली सत्या जी के पिता के उस मित्र को दी और ज़ोर से ठहाका मार कर हँस पड़ा।

हँसने में कुर्सी पर लेटे-लेटे वह पीछे को कुछ अधिक झुक गया; सन्तुलन उसका ठीक न रहा; उसकी टाँगें मेज़ से उठ गयीं और वह धड़ाम से पीछे को जा गिरा।

हवा में छटपटाती अपनी टाँगों को देखते हुए उसे लगा जैसे भाभी शायद दरवाज़े से भाग कर उसे बचाने आयी है, उसके सहारे उठ कर जब वह खड़ा हुआ और सिर का पिछला हिस्सा सहलाते हुए उसने सिर उठाया तो देखा उसका बाज़ू थामे सत्या जी सामने खड़ी हैं....

"चोट तो नहीं आयी ?"

सत्या जी की जगह भाभी होती तो जगमोहन अपनी इस हिमाकत पर फिर एक बार ठहाका मार कर हँस देता, लेकिन सत्या जी को देखते ही वह गम्भीर हो गया।

"नहीं, बच गया हूँ।" कुर्सी को फिर सीधी कर, उस पर पहले की तरह बैठते हुए उसने कहा।

लेकिन चोट उसे काफ़ी आयी थी। सत्या जी ने उसके सिर के पिछले भाग को छुआ, "यहाँ तो गुमटा उभर आया है।" उन्होंने चिन्तातुर स्वर में कहा और धीरे-धीरे उसे सहलाने लगीं।

वह उसके पीछे कुर्सी से सटी खड़ी थीं। निमिष भर के लिए जगमोहन के कानों में पण्डित जी का वाक्य गूँज गया —'वह धीरा नायिका है, मुँह से एक शब्द भी न कहेगी' — और जाने उसे क्या हुआ, उसने अपना हाथ पीछे ले जा कर उनका हाथ थाम लिया और वैसे ही बैठे-बैठे उसे अपने होंटों तक ले आया और फिर उसने उसे ज़ोर से चूम लिया।

सत्या जी ने न हाथ खींचा न तनिक हिलीं, पर स्वयं जगमोहन जैसे स्वप्न से चौंका। उसे अपनी इस हरकत पर ग्लानि हुई, उसने हाथ छोड़ दिया और कुर्सी से उठ कर कमरे में घूमने लगा।

सत्या जी चारपाई की पट्टी पर बैठ गयीं। जगमोहन ने एक दृष्टि उन पर डाली। उसकी आँखों के सामने गर्दन झुकाये, पैर पेट में दबाये उत्सुक कबूतरी और पंख फुलाये चक्कर लगाता 'गुटर गूँ,' 'गुटर गूँ,' करता कबूतर घूम गया। पर उसने दूसरे क्षण इस दृश्य को अपने दिमाग़ से हटा दिया। पूर्ण रूप से सचेत हो कर वह उनके सामने रुका और बोला, "पण्डित रघुनाथ अभी आये थे।"

"मैंने उन्हें धोबियों के बाड़े की ओर से वापस जाते देखा था।" सत्या जी ने निरपेक्ष भाव से कहा।

"आप को यहाँ न आना चाहिये।" जगमोहन बोला।

सत्या जी ने इसका कोई उत्तर नहीं दिया।

"देखिये, वे आपके पिता के मित्र हैं। शान्ता जी और भगतराम ने काफ़ी अपवाद फैला रखा है। हम जिस समाज में रहते हैं, वह दकियानूसी है। आपका यों मेरे यहाँ आना ठीक नहीं। आपके पिता को पता चलेगा तो वे क्या कहेंगे ? पण्डित जी बड़े नाराज़ हैं। वे आपके पिता से कह देंगे। आपके पिता परेशान होंगे। आप स्वयं परेशान होंगी। इसमें कोई लाभ नहीं। आपके हित के ख़याल से ही मैंने 'संस्कृति समाज' के मन्त्री-पद से त्याग-पत्र दिया था। आपको विश्वास दिलाता हूँ, मैं आपके यहाँ कभी न जाऊँगा।"

सत्या जी क्षण-भर कुछ नहीं बोलीं। वे उठ खड़ी हुईं। क्रोध, ग्लानि, पश्चाताप या खेद या कोई और भाव उनके चेहरे पर, नहीं आया। सहज भाव से उन्होंने कहा, "अच्छा, न आया करूँगी। पर अब आप तैयार हो जाइए। मैं प्रोफ़ेसर बैजनाथ कपूर से मिली थी। वे मेरे पिता के मित्र हैं। सुबह मैं यह कहना भूल गयी थी। मैंने उनसे आपकी बात की है। वे आपकी फ़ीस माफ़ करा देंगे, दाख़िले और किताबों का भी प्रबन्ध कर देंगे। आपको शायद दो घण्टे उनके बच्चों को पढ़ाना होगा। बस, इस प्रकार आप आसानी से एम० ए० कर सकेंगे।

सत्या जी की आँखें सदा की तरह धरती पर लगी थीं। जगमोहन के मन में निमिष-भर के लिए आवेग-सा उठा कि उन्हें खींच कर अपने सीने से लगा ले, पर उस आवेग से भी बड़ी किसी आन्तरिक शक्ति से उसने अपने उस आवेग पर काबू पा लिया और जल्दी से तौलिया और खादी का कुर्ता-धोती ले कर तैयार होने चला गया।

पन्द्रह-बीस मिनट बाद वह सत्या जी के साथ प्रोफ़ेसर बैजनाथ कपूर के घर जा रहा था।

३१

हरीश के पिता श्री हरिनिवास मिश्र होशियारपुर में डिप्टी कमिश्नर के सरिश्तेदार थे। वेतन तो उनका उस समय चालीस-पचास से अधिक न था, लेकिन अपने वेतन से चार-पाँच और कई बार आठ-दस गुना मासिक तक वे ऊपर से बना लेते थे। दुनियादार आदमी थे। इस दुनिया को बनाना जानते थे। जहाँ तक उस दुनिया का सम्बन्ध है, उसे बनाने का काम उन्होंने अपनी पत्नी को सौंप रखा था —इस लोक की चिन्ता वे करते थे, परलोक की वह! न इस लोक की चिन्ता के निमित्त की जाने वाली अपनी सरगर्मियों में उन्होंने उसे दख़ल देने दिया था, न परलोक की चिन्ता में किये जाने वाले उसके अनुष्ठानों में वे हस्तक्षेप करते थे। व्रत-नियम, दान-पुण्य, पूजा-पाठ —जो भी उनकी पत्नी करती, उसमें वे किसी आपत्ति के बिना योग देते। उस समस्त दान-पुण्य, पूजा-पाठ के लिए रुपया कहाँ से आता है, न कभी उसने पूछा था, न उन्होंने बताया था। वह उस रुपये को उनकी नौकरी का आवश्यक

अंग समझती थी —उसे भी वेतन-सरीखा मानती थी। उसमें कुछ पाप भी है, यह उस अनपढ़, धर्मपरायण, भोली-भाली स्त्री ने कभी न समझा था। अपने पति को वह दया-माया की मूर्ति, सत्यवादी और पुण्यात्मा समझती थी। देखने में भी पण्डित हरिनिवास मिश्र हर तरफ़ से धर्मपरायण और पुण्यात्मा लगते थे —नियमित रूप से प्रातः चो[1] पार कर, बावली पर स्नान करने जाते। उसके बाद स्वयं चन्दन रगड़ कर माथे और कानों पर टीके लगाते। एक पैसा और कनेर के फूल शिवलिंग पर चढ़ा, प्रसाद पा, मन्दिर की तीन बार परिक्रमा कर, मुँह का गोला बना कर उसमें उँगली से 'ओ-लो-लो-लो' का शब्द कर, 'जय बम भोले' बुला, मन्दिर के द्वार पर लगा घण्टा बजा, बिना मुड़े, पीछे हट कर देहली पर मस्तक नवाते। छुट्टी का दिन होता तो कुर्ता-धोती और लकड़ी की खड़ाऊँ पहने रहते, कचहरी जाना होता तो उटंग पायजामा, कमीज़, लम्बा कोट और पण्डितों-सी घुटी पगड़ी बाँधते। रहा मुकदमेबाज़ों से पेशी को आगे-पीछे करने या डिप्टी कमिश्नर के सामने आवेदन-पत्रों को रखने, दबा जाने, गुम करा देने, आदि के सम्बन्ध में रुपया लेने की बात, तो अधिकांश के बारे में पण्डित जी अपने उस कृत्य को मुकदमेबाज़ों के लाभ-हित समझ कर पुण्य के खाते लिख लेते। जो एक-आध ऐसा कर्म रह जाता, जिसके लिए वे किसी प्रकार भी अपने आप को धोखा न दे सकते, उसे वे मन-ही-मन निष्काम-कर्म समझ कर सन्तोष कर लेते और उस रुपये को सदा दान के खाते लगा देते। किन्तु ऐसा धन, जिसे वे अपने मन में पुण्य का न समझ सकें, पाँच प्रतिशत भी न होता। ऐसी वेश-भूषा में आवृत्त, टीके लगाने और रोज़ पूजा-पाठ कर भोजन पाने वाला व्यक्ति कोई पाप का काम भी कर सकता है, यह बात हरीश की माँ की बुद्धि से परे थी। कचहरी की पेचीदगियों से अनभिज्ञ, वह धर्म के कामों में रत रहती। अपने पुत्र को उसने शैशव से ही सत्य बोलने और सत्याचरण करने की शिक्षा दी थी और नेकी, सच्चाई और दयानतदारी के लिए उसके अन्तर में अपार भूख पैदा कर दी थी। बालक हरीश ने बचपन ही में अपनी सरला माँ के उपदेशों से सत्य के लिए जो अनुराग पाया, वह युवा होने पर और संसार की लम्पटता को देख कर भी वह नहीं छोड़ सका।

पिता अपने पुत्र को प्रसिद्ध ऐडवोकेट बने देखना चाहते थे। अपने अफ़सरों के लिए उनके मन में कुछ वैसी श्रद्धा न थी। उनके अफ़सर साल भर में जितना कमाते थे, कई नामी ऐडवोकेट एक महीने में उससे ज़्यादा कमा लेते और फिर कई बार प्रसिद्ध ऐडवोकेट हाईकोर्ट के जज बन जाते थे। किन्तु बच्चे पर पिता के सपनों के बदले माँ के सपनों का ज़्यादा असर था। यही कारण था कि जब हरीश केवल आठवीं श्रेणी में पढ़ते थे तो इक्कीस के आन्दोलन में अपने स्कूल के छात्रों का नेतृत्व करते हुए गिरफ़्तार हो गये थे।

हरीश के मस्तिष्क में उन दिनों की स्मृति अमिट प्रभाव छोड़ गयी थी। जलियाँवाला बाग़ में जब हत्याकाण्ड हुआ, उस समय वे छठी में पढ़ते थे। ऊपर से सभ्य, पर अन्तर में क्रूर अंग्रेज़ व्यापारियों के प्रतिनिधि डायर ने बाग़ के अहाते में 'रौलेट ऐक्ट' के विरोध में स्थानीय नेताओं के भाषण सुनने को इकट्ठे होने वाले, सहस्त्रों निहत्थे लोगों को भून डाला था। उन वीरों की कहानियाँ, जिन्होंने सीनों पर गोलियाँ खायी थीं, पर अपनी जगह से हिले

१. होशियारपुर का प्रसिद्ध पहाड़ी नाला, जिसका पाट लगभग आध मील है

तक न थे; उन माओं के किस्से, जो बच्चों को दूध पिलाते-पिलाते गोली का शिकार बन गयी थीं; उन बच्चों और वृद्धों के पिस जाने की घटनाएँ, जो भगदड़ में रास्ता न पा सके थे; उस अपार जनसमूह का क्रन्दन, जिसे चूहेदानी में बन्द चूहों की तरह, निकलने का मार्ग रोक कर भून डाला गया, कई गुना बढ़ कर पंजाब के मुहल्ले-मुहल्ले, गली-गली, घर-घर फैल गया था। उन घटनाओं पर कितना रंग चढ़ा, यह उस आवेश में जानना कठिन था। हरीश पर एक घटना का विशेष प्रभाव था। अमृतसर के किसी लड़के के सम्बन्ध में (नाम हरीश को याद नहीं रहा) जो शायद अपने स्कूल में हॉकी का कप्तान था, यह बात प्रसिद्ध हो गयी थी कि उसने ग्यारह गोलियाँ अपनी स्टिक पर रोकीं और बारहवीं उसके सीने में लगी और वह शहीद हो गया। वास्तविकता क्या थी, यह तो हरीश को मालूम नहीं। कदाचित उसके शरीर पर बारह गोलियाँ लगी थीं या कुछ ऐसी ही बात होगी। पर लड़कों में तो यहाँ तक प्रसिद्ध हो गया कि वह अपनी स्टिक से गोलियाँ रोकता हुआ डायर की ओर बढ़ता जा रहा था। यदि उसे बारहवीं गोली चित न कर देती तो वह स्टिक से डायर का सिर फोड़ देता।

बन्दूक की गोलियों को हॉकी से किस प्रकार रोका जा सकता है, इस बात की ओर लड़के ध्यान न देते। हरीश के किसी साथी ने गोली चलती न देखी थी। वे गोली को गेंद-सरीखी समझते थे और इस घटना का ऐसे वर्णन करते थे जैसे उन्होंने वह सब अपनी आँखों से देखा हो। हरीश जब बाहर निकलते तो हाथ में अपनी छोटी-सी हॉकी ले लेते और कल्पना करते कि गोली चलेगी तो वे अपनी हॉकी से उसे रोकेंगे।

और फिर १९१९ से '२१ तक के वे जोशीले दो वर्ष....असहयोग और ख़िलाफ़त-आन्दोलन के वे उत्साह-भरे दिन....हरीश को वह दिन अच्छी तरह याद था, जब आन्दोलन का सूत्रपात हुआ। स्कूल के बाहर सड़क पर किसी ने स्टूल पर खड़े हो कर बिगुल बजाया और मिनटों में सारा स्कूल ख़ाली हो गया। और फिर वह मीलों लम्बा जुलूस और वह गाना :

नईं रखनीं....नईं रखनीं, सरकार ज़ालिम नईं रखनीं।

और

सौ लानत भेजो कायर नूँ!
गोलियाँ तेरियाँ, सीने साडे, कह देओ जा के डायर नूँ[१] !

एक लड़का ज़ोर से चिल्लाता 'सौ लानत भेजो कायर नूँ।" शेष, कण्ठ की पूरी आवाज़ से, अपने सीनों को घूँसों से गुँजाते हुए गाते....'गोलियाँ तेरियाँ सीने साडे, कह देओ जाके डायर नूँ ?'.... कैसा जोश था, कैसा उत्साह था, शहीद हो जाने की कैसी तमन्ना थी....!

और जलियाँवाला बाग़, तहरीके-अदम-तआवुन[२] और हिन्दू-मुस्लिम इत्तिहाद[३]

---

१. कायर को सौ लानत भेजो (धिक्कार दो) और डायर से जा कर कह दो कि तेरी गोलियाँ हैं और हमारे सीने हैं और हम ज़रा नहीं डरते
२. असहयोग-आन्दोलन
३. एकता

ज़िन्दाबाद के नारे, नेताओं के जयकारे और प्रिन्सिपल (क्योंकि वह स्कूल को बन्द करने के विरुद्ध था और उसने अगुवा लड़कों को स्कूल से निकालने की धमकी दी थी, इसलिए) और दूसरे एक-दो उसके ख़ुशामदी अध्यापकों की मुर्दाबाद के गगन-चुम्बी घोष! जब वे घर पहुँचे थे तो लगता था जैसे सचमुच स्वराज्य ले आये हैं।

और उन्हीं दिनों हरीश ने देखा, होशियारपुर का प्रसिद्ध गुण्डा और बैतबाज़ 'फुम्मन' अचानक अपनी गुण्डई छोड़, देश-भक्त बन गया है। महात्मा गाँधी ने जब स्वराज्य-मन्दिर को (जेलों को यही नाम दिया गया था) बसाने का हुक्म दिया तो सबसे पहली टोली में दूध-जैसी सफ़ेद खादी की कमीज़ और पायजामा पहने और गले में खादी के फूलों का हार डाले, अपने ही गाने गाता हुआ, कवि 'फुम्मन' भी था। हरीश एक दुकान के तख़्ते पर खड़े, यह सब देख रहे थे। 'फुम्मन' की चाल में, उसके स्वर में कुछ अजीब जोश था; उसके मुख पर एक अलौकिक तेज था। तब हरीश के मन में आयी थी कि वे भी कुछ करें! खड़े-खड़े एकदम फट पड़ें! भागे-भागे जा कर जेल के सीख़चों को तोड़ कर अन्दर घुस जायें! उनके पाँवों को जैसे पंख लग गये थे। वे उन नेताओं के पीछे हो लिये थे, पर जेल वालों ने उन चारों नेताओं को पकड़ लिया था और शेष नारे लगाते वापस आ गये थे।

फिर रोज़ नया डिक्टेटर बनता, टोलियाँ इकट्ठी होतीं और नारे लगाती हुई जेल चली जातीं। विदेशी कपड़े की दुकानों पर पिकेटिंग को गयी; शराब की दुकानों पर धरना दिया गया; विदेशी कपड़े की होलियाँ जलायी गयीं; सूत के गोले लंकाशायर पर फेंके गये —हर तरकीब से स्वराज्य-मन्दिरों को भरा गया।

उन्हीं दिनों हरीश भी, अपनी कमसिनी के बावजूद, डिक्टेटर बने, गिरफ़्तार हुए और उन्हें तीन महीने की सज़ा हुई। अपने लड़के के इस कृत्य का क्या जवाब मिश्र जी ने अफ़सरों को दिया, इसे तो कोई नहीं जानता, पर उन्होंने अपनी दो-रुख़ी नीति के साथ मुहल्ले की वाह-वा भी ले ली और अफ़सरों को भी सन्तुष्ट कर दिया। जहाँ अधिकांश दूसरी महिलाओं ने अपनी पुरानी फटी साड़ियाँ जलाने को दीं, उनकी पत्नी ने एकदम नयी साड़ी होली में फेंक दी। पण्डित जी ने इस पर कोई आपत्ति नहीं की, बल्कि अपनी एक नयी कमीज़ भी पत्नी को दे दी कि उसे विदेशी कपड़ा माँगने के लिए आने वालों को दे दे। आने वालों ने उनकी पत्नी के साथ उनकी जय के नारे भी लगाये। पर अपने अफ़सर के सामने उन्होंने अपने लड़के और अपनी पत्नी के कृत्य के लिए क्षमा माँग ली और मुहल्ले में कौन-कौन इस 'कुकृत्य' में भाग लेता है, इसकी पूरी-पूरी सूचना देने का वचन दिया। पुत्र को बिना उससे माफ़ी मँगाये छुड़ा लिया और तत्काल उसे उसकी माँ के साथ उसके ननिहाल के पहाड़ी गाँव 'गगरेट' भेज दिया और तब तक नहीं आने दिया जब तक आन्दोलन की आग सर्द नहीं पड़ गयी।

हरीश जी ने १९३० के आन्दोलन में भी भाग लिया था और यद्यपि उस बार उन्हें तीन वर्ष की सज़ा हुई, पर गाँधी-इरविन-पैक्ट के अनुसार वे छै महीने कैद भोग कर ही रिहा हो गये।

१९३१ में जब दूसरी गोल-मेज़ कॉनफ़रेन्स के बाद फिर आन्दोलन शुरू हुआ, हरीश जी ने फिर उसमें भाग लिया था। किन्तु इन आन्दोलनों के बाद देश के वातावरण में जो

निर्जीव शून्यता आ जाती थी और साम्प्रदायिक दंगे फूट निकलते थे, वे हरीश के लिए बड़ी मानसिक यातना का कारण बन जाते थे। ये आन्दोलन साबुन के पानी के उन बुलबुलों-सरीखे थे जो मुँह की हवा के ज़ोर से फूल उठते हैं, इन्द्रधनुष के सातों रंग जिनमें झलक उठते हैं, जो नली से अलग हो कर उड़ते फिरते हैं, पर जहाँ ज़रा झटका लगा, अन्दर की हवा निकली कि थूक के लौंदे-सरीखे धरती पर जा गिरते हैं।

इसी शून्य के कारणों का अध्ययन करते हुए हरीश धीरे-धीरे काँग्रेस के वामपक्ष की ओर झुकते गये थे। पिता के ज़ोर देने पर उन्होंने चार वर्ष पहले कानून भी पास किया था और बहुत अच्छे नम्बरों से पास किया था, पर न तो वे अपने स्नेही प्रोफ़ेसरों के कहने पर पी० सी० एस० के कम्पीटीशन में बैठे, न वकालत ही कर सके....अंग्रेज़ के अधीन डिप्टी कलक्टर और मैजिस्ट्रेट जिस प्रकार न केवल स्वयं बँधे थे, वरन दूसरों को भी बाँधते थे और जिस प्रकार न्याय का ख़ून कर, जनता के शोषण और अत्याचार के साधन बनते थे, उस सब से हरीश को बड़ी घृणा होती थी। उसकी अपेक्षा वे आज़ादी से वकालत करना और न्याय के लिए लड़ना कहीं अच्छा समझते थे। पर दुर्भाग्य से उन छै महीनों में, जब वे ट्रेनिंग ले रहे थे और प्रतिदिन कचहरी जाते थे, कुछ ऐसी बातें हो गयीं कि उनका मन वकालत से एकदम फिर गया। उन्होंने आवेग में आ कर कानून की सब किताबें बेच डालीं और फिर कचहरी का मुँह नहीं देखा।

०

हुआ यों कि होशियारपुर में छै महीने ट्रेनिंग ले कर लाइसेंस लेने के बदले हरीश जी ने लाहौर ही के एक प्रसिद्ध फ़ौजदारी वकील से ट्रेनिंग लेने का निश्चय किया। (उस ज़माने में लॉ कॉलेज में तीन वर्ष का कोर्स न था। दो साल में एल० एल० बी० की डिग्री मिल जाती थी और लाइसेंस लेने के लिए किसी वकील के पास छै महीने ट्रेनिंग लेना आवश्यक था।) यों तो छै महीने के बाद किसी ऐडवोकेट का सर्टिफ़िकेट दिखा कर भी लाइसेंस मिल सकता था, पर हरीश जी का तो इरादा सचमुच प्रैक्टिस करने का था, इसलिए उन्होंने पण्डित श्यामचरण दास ऐडवोकेट के साथ ट्रेनिंग लेने का फ़ैसला किया।

पण्डित श्यामचरण से उनका परिचय काँग्रेस की एक सभा में हुआ था जहाँ पण्डित जी ने 'पंजाबी लोकगीतों में स्वदेश-प्रेम' पर एक बहुत ही सुन्दर भाषण दिया था। १९१९ में जलियाँवाला हत्याकाण्ड से ले कर १९३७ तक पिछले सत्रह-अट्ठारह वर्षों में पंजाबी माओं-बहनों, किसानों और मज़दूरों ने प्रचलित तर्ज़ों पर जैसे स्वदेश-प्रेम सम्बन्धी और तत्कालीन आन्दोलनों में जान फूँकने वाले लोकगीतों का सृजन किया था, उन सब को उनकी तर्ज़ों के साथ गा कर पण्डित जी ने सुनाया था। त्रिंजन[१] में पंजाब की महिलाएँ गाती थीं।

चर्खा कत्तो ते होवे बेड़ा पार जी

और 'गिद्धा'[२] के बोलों में पंजाबी लड़कियों ने नये बोल जोड़ दिये थे :

---

१. तिंझन = पंजाबी माओं-बहनों का इकट्ठे मिल कर चर्खा कातना
२. गिद्धा = लड़कियों का एक प्रसिद्ध पंजाबी लोकगीत

बाबे गाँधी दा
जस गिद्धे विच गावाँ!

या फिर :

गाँधी दा नाँ सुन के अंग्रेज़ दी नानी मर गयी

और जुलूसों में मार्च करते हुए लड़के गाने लगे :

मारो सूत दे गोले लंकाशायर नूँ[१]
शायर नूँ
मारो सूत दे गोले लंकाशायर नूँ

जुल्म जबर तों नईं घबराना
देश नूँ हुण[२] आज़ाद कराना
गोलियाँ भर सीने ते[३] खाना
कह देओ जाके इह बेदर्दी डायर नूँ
डायर नूँ
मारो सूत दे गोले लंकाशायर नूँ

और 'तूम्बा' की तर्ज पर :

चर्खे दी घूँ-घूँ तों[४]
लंकाशैर दा कलेजा धड़के

गांधी डरदा नईं[५]
जेल कोलों[६]
गोलियाँ दे
खेल कोलों

आप गांधी कैद हो गया
सानूँ[७] दे गया खदर दा बाणा।
गाँधी डरदा नईं....

और 'ढोला' की तर्ज़ पर

बाज़ार विकेंदे डोके

---

१. को
२. अब
३. ते = पर
४. तों = से
५. नईं = नहीं
६. कोलों = से
७. सानूँ = हमको

अंग्रेज़ पराया लोक ए
समझ नादनाँ
जीवें गाँधी
सुराज लैण लई जिन्द कुरलाँदी[१]

ये और दूसरे कई लोकगीत पण्डित जी ने सुनाये थे और हरीश की आँखों के सामने सन उन्नीस और इक्कीस के दिन घूम गये थे और उन्हें पण्डित जी का भाषण बहुत अच्छा लगा था। भाषण की समाप्ति पर उन्होंने पण्डित जी के व्याख्यान की बड़ी प्रशंसा की थी। उसी दिन से उनके यहाँ हरीश का आना-जाना हो गया था। पण्डित जी लाहौर के प्रसिद्ध फ़ौजदारी वकील तो थे ही, इसलिए जब हरीश ने कानून की परीक्षा पास कर ली तो उन्हीं के साथ ट्रेनिंग लेने का निर्णय किया।

पण्डित जी वकील अच्छे हों-न हों, पर प्रसिद्ध काफ़ी थे। सभा-सोसाइटियों में जाने का समय सदा निकाल लेते थे। जेल वे एक बार भी न गये थे और न उनका जाने का इरादा था, इस पर भी कांग्रेसियों में वे बड़े लोकप्रिय थे। यही हाल हिन्दू महासभा का था। वहाँ भी वे श्रद्धा की दृष्टि से देखे जाते थे। जिस प्रकार फ़िल्मी क्षेत्र के आगे बढ़ने के लिए लोग हस्त-रेखा आदि में निपुणता प्राप्त कर लेते हैं और ऐक्टरों, डायरेक्टरों और प्रोड्यूसरों के हाथ देख कर उनकी नज़रों में चढ़ने का अवसर पा जाते हैं, इसी तरह पण्डित जी ने लोकगीतों के अध्ययन में निपुणता पा ली थी और सभा-सोसाइटियों में वे अपने इस ज्ञान का पूरा लाभ उठाते थे और अवसर के उपयुक्त लोकगीत सुनाते थे। पंजाबी कविता में भी उनकी गति थी। 'वारेशाह,'[२] 'हाशिमशाह'[३] और 'बुल्हेशाह'[४] को उन्होंने ख़ूब पढ़ रखा था। जब अवकाश होता, उनकी कविताएँ लय से पढ़ते थे। हरीश जी के रूप में उन्हें एक अच्छा श्रोता मिल गया।

लेकिन हरीश जी को वकालत का नया-नया शौक था। जैसे नया मुल्ला अल्लाह-ही-अल्लाह और नया अफ़सर काम-ही-काम पुकारता है, वे भी चाहते थे कि जल्दी ही कोई मुकदमा उन्हें दिया जाय; वे उसकी तैयारी करें; अदालत में जा कर बहस करें और मामले को जीतने का सन्तोष प्राप्त करें। पण्डित जी उन्हें 'हीर' तो ख़ूब सुनाते, पर कोई केस अकेले करने को न देते। आख़िर एक दिन शाम को उन्होंने कहा, "लो भाई, आज एक मुवक्किल एक अपील के बारे में सलाह लेने आया था, फँस गया तो वह केस तुम्हें दे देंगे।"

"कैसा केस है ?"

"इन्सॉलवेन्सी ऐक्ट[५] की दफ़ा तेरह के मातहत है तुम्हें इन्सॉलवेन्सी ऐक्ट याद है

---

१. बाज़ार डोके बिकते हैं। अंग्रेज़ पराया आदमी है। नादान इसे समझ। गाँधी जिएँ। स्वराज्य के लिए हमारा जी बेचैन है।

२. वारेशाह = वारिस शाह = पढ़ने वाले हीर के लेखक कवि वारिस शाह को प्राय: वारेशाह पढ़ते हैं

३. प्रसिद्ध पंजाबी कवि

४. प्रसिद्ध पंजाबी कवि

५. दीवालियेपन का कानून

न ?"

"जी हाँ!" और हरीश जी ने फ़र-फ़र वह धारा पढ़ कर सुना दी।

"बस तो फिर तुम्हीं उसकी पैरवी करना।"

"कुछ उसके सम्बन्ध में बता दीजिए, ताकि मैं कुछ तैयारी अभी से आरम्भ कर दूँ।"

"ऐसी क्या जल्दी है, उसे आ तो लेने दो।"

उतावलेपन के बावजूद हरीश में यथेष्ठ ठहराव था। वे शाम को अपने साथियों के साथ घूमने गये, एक पिक्चर भी उन्होंने देखी, रात को एक उपन्यास भी पढ़ा, इस पर भी उनके दिमाग़ के किसी कोने में उस मामले की बात घूमती रही और 'इन्सॉलवेन्सी ऐक्ट निकाल कर उन्होंने उसकी तेरहवीं धारा और उसके सम्बन्ध में आवश्यक मुकदमे और हाई कोर्टों के रूलिंग पढ़े।

रात वे ठीक तरह से सो नहीं पाये और सुबह समय से कुछ पहले ही उठे। नित्यकर्म से निवृत्त हो, नाश्ता आदि समाप्त कर वे आठ बजे के लगभग वकील साहब के यहाँ पहुँच गये।

मुवक्किल पूरे सवा नौ बजे आया। यह सवा घण्टा हरीश जी ने किस तरह काटा, यह बताने की ज़रूरत नहीं। यों तो प्रकट वे लॉ-रिपोर्टर पढ़ते रहे, पर जो मामले उन्हें बड़े मनोरंजक लगते थे और जिनके फ़ैसलों के नोट वे लिया करते थे, वे उनके ध्यान को बाँध न सके। लॉ-रिपोर्टर उनके सामने रहा, पर ध्यान उनका इन्सॉलवेन्सी ऐक्ट की धारा तेरह में लगा रहा। मुन्शी से उन्होंने उसकेस के सम्बन्ध में कुछ जानकारी प्राप्त कर ली थी और वे मन-ही-मन उसकी तैयारी के सिलसिले में अपना प्रोग्राम बनाते रहे थे।

मुवक्किल पेशे से राजगीर था। उसका मामला सीधा था। दीवालियेपन की घोषणा करने से पहले उसके एक निकट सम्बन्धी ने अपना एक मकान दो हज़ार रुपये में उसके हाथ बेच दिया था, पर क्योंकि वह सौदा दीवालियेपन की घोषणा से पहले दो वर्ष के अन्दर-अन्दर हुआ था, इसलिए सरकारी रिसीवर ने उस विक्रय को 'फ्रॉड्युलेंट' (कपटपूर्ण) ठहराया था, जिसका उद्देश्य रिसीवर को ठगना था। उसी धारा के अधीन मकान रिसीवर ने अपने अधिकार में कर लिया था।

राजगीर का कहना था कि उसे उस सम्बन्धी की आर्थिक स्थिति का कुछ ज्ञान न था; उसने सचमुच अपनी और अपने पुरखों की सारी पूँजी उस मकान पर लगा दी थी; कि उसने वह रुपया रजिस्ट्रार के सामने दिया था और इस कारण उस पर कुछ कर्ज़ भी चढ़ गया था।

लोअर कोर्ट में वह मामला हार गया था, अब वह सेशन में अपील करना चाहता था।

पण्डित श्यामचरण ने उससे अपनी फ़ीस, अपने मुन्शी की फ़ीस, टाइपिस्ट का एक रुपया और मिसलें देखने के लिए दो रुपये ले लिये।

राजगीर कोई पैंतालीस-पचास वर्ष का पतला-दुबला, मँझले कद का आदमी था। मैली-सी तहमद और कमीज़ उसने पहन रखी थी। पैरों से नंगा था। लगता था, कई दिनों से उसने हजामत न बनवायी थी। उसकी शक्ल से तो ऐसा मालूम होता था, जैसे उसने कई

दिनों से पेट-भर खाना भी नहीं खाया। जाने आधे-पेट खाना खा कर उसने मामला लड़ने के लिए वकील की फ़ीस जुटायी थी। उसके मुख पर कुछ ऐसी करुणा थी कि हरीश जी को उस पर बड़ी दया आयी और उन्होंने फ़ैसला किया कि मिसलें लेने के बाद वे दिन-रात श्रम करेंगे, प्रिवी-काउन्सिल से ले कर भारत के सभी हाईकोर्टों के रूलिंग ढूँढेंगे और उस राजगीर का मामला जिताने में एड़ी-चोटी का ज़ोर लगा देंगे।

जब राजगीर चला गया तो हरीश जी ने पण्डित जी से कहा, "मुन्शी से कहिए, आज मामले की मिसलें निकलवा दें, ताकि मैं आज ही से तैयारी शुरू कर दूँ। मेरे ख़याल में मामले में इतना तो दम है कि उसे लड़ा जा सके।"

"अभी क्या जल्दी है," पण्डित जी ने बेपरवाही से कहा, "अभी तो अपील के लिए दरख़्वास्त दी जायेगी, फिर तारीख़ पड़ेगी, तब तुम देख लेना।" और क्योंकि उस दिन अन्य कोई मुवक्किल न आया था, इतवार का दिन था, कचहरी बन्द थी, इसलिए उन्होंने 'वारेशाह' की हीर उठायी और हरीश जी को 'वारेशाह' की उपमाओं, उसकी फ़िलासफ़ी और उसकी सार्वभौमिकता पर एक छोटा-सा भाषण दिया। 'वारेशाह' पंजाब का सबसे बड़ा कवि है और 'हीर-वारेशाह' किसी भी क्लासिक-काव्य से कम नहीं, इसे पंजाब का बच्चा-बच्चा तसलीम करता है, पर पण्डित जी का उद्देश्य हरीश को 'वारेशाह' की विद्वता नहीं, अपनी विद्वत्ता बताना था। उनका दावा था कि सभी हीर पढ़ने वाले ग़लत पढ़ते हैं और उन्होंने बड़े श्रम के बाद छपी हुई हीर की ग़लतियाँ ठीक की हैं और 'वारेशाह' की उपमाओं और उसके दर्शन को जितना वे समझते हैं, उतना कोई दूसरा नहीं समझता।

और अपनी बात के प्रमाण में उन्होंने ग्रन्थ को वहाँ से खोला, जहाँ राँझा जोगी बन कर हीर की ससुराल में उसे ढूँढता हुआ जाता है और रंगपुर की लड़कियाँ उसकी ख़ूबसूरती और फ़कीरी भेस को देख कर उसका अता-पता, गाँव और जाति जानने का प्रयास करती हैं। हरीश जी के मूड की ओर ध्यान दिये बिना, हीर की ख़ास तर्ज़ में पण्डित जी पढ़ने लगे :

राँझे आखिया, पिच्छे न पवो मेरे
शींह, सप्प, फ़कीर दा देश केहा ?
कूँजां[1] वाँग ममोलियाँ[2] देश छड्डे
साडी ज़ात सफ़ात ते भेस केहा ?
वतन दर्मां दे नाल, ते जात जोगी
साडा साक, कबीलड़ा ख़्वेश[3] केहा ?
जेहड़ा वतन ते ज़ात वल्ल ध्यान रक्खे
दुनियादार है ओह दरवेश केहा ?
दुनिया नाल पैवन्द न कोई साडा
पत्थर जोड़ना नाल सरेश केहा ?
जिन्हाँ ख़ाक-दर-ख़ाक फ़ना होना

---

१. कूँज = एक पक्षी
२. ममोले = प्रसिद्ध पक्षी
३. ख़्वेश = निकट-सम्बन्धी

वारिसशाह फिर तिन्हाँ नूँ ऐश केहा ?[१]

हरीश रोज़ इस बात की प्रतीक्षा करते कि उन्हें मामले की मिसलें देखने को मिलेंगी और वे लॉ-रिपोर्टर के अंक देखने शुरू करेंगे, लेकिन एक महीना गुज़र गया और वकील साहब या उनके मुन्शी ने उन्हें मामले की कोई ख़बर नहीं दी। एक दिन जब वे पण्डित श्यामचरण के यहाँ पहुँचे तो उन्होंने कहा, "देखो हरीश, आज उस राजगीर वाले मामले की तारीख़ है, तुम ज़रा उसे निबटा देना।"

"लेकिन जी, मुझे तो उस मामले के बारे में कुछ भी मालूम नहीं।"

"कचहरी में तुम्हें सब बता देंगे।"

लेकिन कचहरी में पण्डित जी को उनसे बात करने का भी अवसर नहीं मिला। उन्हें उस दिन दो-तीन मुकदमों में पेश होना था। वे एक अदालत से भागते हुए आये और हरीश जी से यह कह कर कि वे सेशन की अदालत में जा कर खड़े हों, वे पहुँचते हैं, यदि पुकार हो तो उस मामले को निबटा दें, नहीं इतने में वे पहुँच जायेंगे —फिर दूसरी अदालत में पेश होने को भाग गये।

मुन्शी उन्हें सेशन जज की अदालत में ले गया। हरीश ने बड़े चिन्तातुर स्वर में मुन्शी से पूछा कि अगर पण्डित जी समय पर न पहुँचे तो वे क्या कहेंगे, उन्हें तो राजगीर का नाम भी मालूम नहीं।

"अजी, आप फ़िक्र न करें, कुछ भी कह दीजिएगा।"

समय पर आवाज़ पड़ गयी। पण्डित जी शायद दूसरी अदालत में व्यस्त थे। हरीश सख़्त परेशानी की दशा में अदालत में गये। गम्भीर मुँह बनाये और सूट के साथ आर्यसमाजियों जैसी घुटी हुई पगड़ी बाँधे सेशन जज बैठे थे।

"इस केस की कौन पैरवी करेगा ?" उन्होंने अंग्रेज़ी में पूछा।

जब हरीश ने बताया कि वे उसकी पैरवी करेंगे तो जज ने पूछा कि क्या उनके पास लाइसेंस है ? जब उन्होंने बताया कि श्री श्यामचरण दास के साथ वे काम कर रहे हैं तो जज साहब ने एक मेज़ की ओर संकेत किया और बोले, "स्पीक फ़्रॉम देअर!"[२]

---

१. राँझा बोला, "न लड़कियो, पड़ो पीछे,
सिंह, साँप, फ़कीर का देस कैसा ?
वतन छोड़ घूमें हम तो पंछियों-से
जात-पाँत कैसी, कहो भेस कैसा ?
साथ साँस के वतन है, जात जोगी
कोई कुटम, कबीला या ख़्वेश कैसा ?
रक्खे वतन औ' ज़ात का ध्यान हरदम
दुनियादार है वह, दरवेश कैसा ?
संग जगत के जोड़ न कोई अपना
पत्थर जोड़ना साथ सरेश कैसा ?
जिन्हें ख़ाक-दर-ख़ाक फ़ना होना
'वारिस शाह' उनको कहो, ऐश कैसा ?

२. वहाँ खड़े हो कर बोलो!

अब हरीश क्या कहें! क्षण-भर के लिए उनकी दृष्टि राजगीर पर गयी। उसने सेशन जज की अदालत में उपस्थित होने के उपलक्ष में हफ़्तों से बढ़ी अपनी दाढ़ी बनवायी थी, चौड़ी धारी की गबरून का कुर्ता और नया तहमद पहना था। उस एक निमिश में हरीष ने यह भी देखा कि दोनों कपड़े कोरे हैं। उनके हृदय को कोई चीज़ कचोटती-सी चली गयी। वे क्या कहते ? कुछ गुनगुन करते हुए उन्होंने यह कहा कि केस बिलकुल सीधा है, हमारे मुवक्किल ने मकान का रुपया दिया है और रिसीवर को यह मकान लेने का कोई अधिकार नहीं।

पर उनके ये वाक्य स्वयं उनके कानों को सुनायी नहीं दिये। जज ने क्या फ़ैसला दिया, उतनी दूर से उन्होंने नहीं सुना, पर बाहर निकलते ही मुन्शी ने बता दिया कि मामला डिसमिस हो गया है।

हरीश जी को इतनी ग्लानि और क्षोभ हुआ कि कुछ क्षण उनके मुँह से बात तक न निकली। उन्होंने मुन्शी से कहा, "मुझे बड़ा दुख है, यह मामला जीता जा सकता था।"

"अजी, आप ज़रा फ़िक्र न करें, वकालत में यह रोज़ की बात है। आप-जैसे कई वकील हमारे हाथों बन गये, कल आपको इसका ज़रा भी मलाल न होगा...."

वह अभी बात कर ही रहा था कि पण्डित जी भागम-भाग आ पहुँचे।

"क्यों, क्या हुआ ?" उन्होंने राजगीर से पूछा, जो ज़रा परे, मुँह लटकाये हुए चला जा रहा था।

"ख़ारिज हो गया।" मुन्शी ने कहा।

"मुझे तो पहले ही उम्मीद थी," पण्डित जी किंचित हँस कर बोले, "यह जज साला कट्टर किस्म का हिन्दू है, कभी मुसलमान के हक में फ़ैसला नहीं देता।" फिर राजगीर से बोले, "तुम ऐसे करो, इसकी अपील कर दो। हम इसे जस्टिस हकीमुद्दीन की अदालत में रखायेंगे।" और उन्होंने मुन्शी की ओर समर्थन के विचार से देखते हुए कहा, "क्यों मुन्शी जी, हकीमुद्दीन से मैं कह दूँगा, कल ही तो चाय पर हम इकट्ठे थे।"

"जी और क्या!" मुन्शी ने समर्थन किया, "हकीमुद्दीन साहब की अदालत में मामला गया तो आपको कुछ कहने की नौबत भी न आयेगी, वे आपके ऐसे दोस्त हैं!"

और दोनों ने मिल कर राजगीर से बीस रुपये हाईकोर्ट में अपील करने के सिलसिले में और हथिया लिये।

हरीश स्तम्भित-से वह सब देखते रहे। उन्हें अपनी आँखों और कानों पर विश्वास न आता था। इतना बड़ा धोखा! यह तो सोलहो आने लूट थी। वहीं से वे घर चले आये और कई दिन क्रोध और क्षोभ से सुलगते रहे। दूसरे दिन से वे न वकील साहब के यहाँ गये, न कचहरी! तब आत्मालोचन के उस क्षण में कचहरी में होने वाले सब व्यापार उन पर प्रकट हो गये। उन्हें पता चल गया कि उनके पिता कैसे रुपया पैदा करते हैं। और सहसा उन्हें उस सारी-की-सारी व्यवस्था से घृणा हो आयी। उन्होंने फ़ैसला किया कि वे उसके अंग न बनेंगे।

उनके पिता को जब पता चला कि उनके लड़के ने वकालत से हाथ खींच लिया है तो उन्होंने उसे होशियारपुर बुलाया। हरीश वहाँ गये, पर पिता के तमाम समझाने-बुझाने के

बावजूद अपने हठ पर कायम रहे। जब पिता ने धमकी दी कि लाहौर की आवारागर्दी के लिए उनके पास पैसा नहीं तो हरीश ने कहा कि वे एक पैसा भी उनसे न मँगायेंगे। वे लाहौर आ गये। ख़र्च चलाने को छोटी-मोटी नौकरी करते और शेष समय देश-सेवा में लगाते। जब वे दूसरी बार जेल गये थे तो उनका परिचय 'किरती किसान पार्टी' के कुछ लोगों से हुआ था। वहाँ से पाये हुए नये वामपक्षी विचारों को उन्होंने अपने अध्ययन से आगे बढ़ाया और पंजाब-कांग्रेस के वामपक्ष में काम करने लगे।

३२

नूरदीन का बड़ा अनुरोध था कि यूनियन का ऑफ़िस उसके अपने घर में बनाया जाये, क्योंकि उसके सामने काफ़ी जगह थी और वहाँ पब्लिक मीटिंग हो सकती थी; पर हरीश जी ने अपने साथियों के साथ सोच-विचार कर 'कमर्शल बिलडिंग्ज़' के एक कमरे में यूनियन का बोर्ड लगाया। एक तो यह बात थी कि वह कमरा बहुत बड़ा था; दूसरे, वहाँ दो-एक दूसरी यूनियनों के भी दफ़्तर थे; अन्य मज़दूर-नेताओं की सहायता ली जा सकती थी; तीसरे, वह जगह बसों के अड्डों से दूर और बस-मालिकों के प्रभाव से एकदम मुक्त थी। नूरदीन बुरा न मान जाये, इसलिए हरीश ने उसको समझा दिया कि 'कमर्शल बिलडिंग्ज़' में दूसरी यूनियनों के भी दफ़्तर हैं, इसलिए न केवल दूसरे मज़दूर-नेताओं की सहायता ली जा सकती है, बल्कि यदि कभी स्ट्राइक करने की नौबत आयी तो उनसे अनुरोध किया जा सकता है कि हमारे साथ सहानुभूति के रूप में वे भी स्ट्राइक करें; कि हम जो माँगें पेश करेंगे, उन्हें मनवाने में इससे आसानी रहेगी।

"ठीक है जी!" नूरे ने मूँछों को ताव देते हुए एक बड़ी-सी गाली अपने मालिकों को दी, "इन माई —को ठीक करने के लिए स्ट्राइक तो करनी ही पड़ेगी।" और उसने हरीश को विश्वास दिलाया कि वह न केवल अपनी बस-सर्विस में काम करने वालों को यूनियन का सदस्य बनायेगा, बल्कि ग्रीन बस सर्विस, मनचन्दा बस सर्विस, अमृतसर बस सर्विस, आदि दूसरी ट्रांस्पोर्ट कम्पनियों में काम करने वालों को भी खींच लायेगा।

और सचमुच जिस दिन हरीश ने 'येलो बस सर्विस यूनियन' का बोर्ड लगा दिया और उसके उद्घाटन के लिए सभा की, उस दिन कोई ही सर्विस ऐसी होगी जिसके कर्मचारियों का प्रतिनिधित्व वहाँ न हो।

हरीश ने उस दिन लाहौर रेलवे वर्कशॉप यूनियन के प्रधान —मिर्ज़ा इबराहीम, सोशलिस्ट लीडर —मुन्शी अहमद दीन तथा सरदार सोहनसिंह जोश और दूसरे दो-एक नेताओं को भी बुला लिया था। कमरे में तिल रखने को जगह न थी।

सबसे पहले हरीश ने आगत नेताओं का परिचय दिया और मिर्ज़ा इबराहीम से, जो रेलवे-मज़दूरों के पुराने मँजे हुए सफल नेता थे, येलो बस सर्विस यूनियन के मज़दूरों को उनके इस प्रयास में परामर्श और आशीर्वाद देने को कहा।

मिर्ज़ा इबराहीम स्वयं मज़दूर थे —वर्कशॉप में काम करते थे, मज़दूरों के मनोविज्ञान को जानते थे। "जब तक आपकी कोई यूनियन नहीं, आप में एका नहीं," उन्होंने कहा, "आप यह समझिए कि आपके पेट और ज़बान की चाबी आपके पास नहीं। आपको मालिक जब चाहें मामूली-से-मामूली कसूर पर गाली दे सकते हैं, डिमोट कर सकते हैं, सस्पेंड कर सकते हैं, निकाल सकते हैं! आप ज़बान नहीं हिला सकते। अपनी ख़ुद्दारी[१] को ताक में रख कर आपको चुप रह जाना पड़ेगा। लेकिन अगर आप इकट्ठे हो कर यूनियन बना लेते हैं तो फिर किसी मैनेजर या मालिक की ताब नहीं कि वह आप में से किसी बेकसूर पर जुर्माना कर दे, आप में से किसी को डिमोट कर दे, सस्पेंड कर दे या निकाल दे। तब आपके पेट और ज़बान की चाबी आपके हाथ —आपकी यूनियन के हाथ —आ जायेगी; आप अपनी नौकरियों को पक्की बना सकेंगे; अपने साथ की गयी बेइन्साफ़ियों के लिए लड़ सकेंगे; मालिक के मुनाफ़े में से बोनस के रूप में कुछ हिस्सा माँग सकेंगे और काम के औक़ात[२] का तअइयुन कर सकेंगे।[३] यह नहीं कि बारह-बारह, तेरह-तेरह घण्टे ड्यूटी ली जाये, वक्त-बे-वक्त, बिना एक भी पैसा दिये, डबल काम लिया जाये!" वे क्षण-भर को रुके फिर बोले, "इस समय आपके पेट और ज़बान की चाबी एक बेबस नज़रबन्द की तरह मजबूर और लाचार है। यूनियन बनते ही वह आज़ाद हो जायेगी। इस वक्त अगर आप में से कोई ज़बान हिलायेगा तो मैनेजर या मालिक उसे अलग कर के अपना कोई दूर-नज़दीक का रिश्तेदार या ख़ुशामदी पिट्ठू उसकी जगह रख लेगा। यूनियन बन जाने पर वह कभी ऐसा न कर सकेगा, क्योंकि वह बेइन्साफ़ी एक आदमी के साथ की गयी बेइन्साफ़ी न होगी, सारी यूनियन के साथ की गयी बेइन्साफ़ी होगी।" और मिर्ज़ा ने फ़ारसी ज़बान की एक मिसाल सुनाते हुए कहा कि अकेला मज़दूर एक तिनके के बराबर है। उस तिनके को मलिक हाथ की दो उँगलियों में मसल कर फेंक सकता है, फूँक से उड़ा सकता है, पाँव-तले रौंद सकता है, लेकिन जब मज़दूर मुत्तहिद[४] हो जाते हैं और वही छोटे-छोटे तिनके यूनियन के रूप में एक मोटा रस्सा बन जाते हैं तो उस रस्से से हाथियों-सरीखे लहीम-शहीम,[५] ताकतवर मालिकों को बाँधा जा सकता है।"

नूरे को मिर्ज़ा की यह उपमा बड़ी अच्छी लगी। वह दो-एक पेग चढ़ाये हुए भी था। अपनी जगह बैठे-बैठे उसने ज़ोर से ताली बजायी और घुटनों के बल उठ कर एक भूरपूर गाली मालिकों के नाम हवा में फेंक दी...."इन्हाँ माईयाँ दा मक्कू ठप्प देना ऐं।"[६] और उसने 'येलो बस यूनियन ज़िन्दाबाद' का नारा कण्ठ के पूरे ज़ोर से तीन बार लगाया। जब वह नारे लगा चुका तो लेक्चर देने के अन्दाज़ में उठ कर खड़ा हो गया।

"इन्हाँ सानूँ समझिया की ऐ ?" वह चिल्लाया, "असाँ इन्हाँ नूँ ठीक कर देणा ऐं। मैनूँ इन्स्पेक्टरों कण्डक्टर बना दित्ता, लेकिन असाँ मज़दूराँ हुण....."

---

१. ख़ुद्दारी = स्वाभिमान।
२. औक़ात = समय = घण्टे।
३. तअइयुन कर सकेंगेृनियत कर सकेंगे।
४. मुत्तहिद = इकट्ठे।
५. लहीम-शहीम = लम्बे-तगड़े।
६. इन —मालिकों को मसल डालना है।

वह उपस्थित नेताओं के अस्तित्व को लगभग भूल चुका था कि हरीश जी ने उसके निकट जा कर उसके कन्धे पर हाथ रख, उसे समझा दिया कि नेताओं के भाषणों के बाद उसका भी भाषण होगा।

मिर्ज़ा के बाद मुन्शी अहमद दीन खड़े हुए। उन्होंने देश की ग़ुलामी और उसके फलस्वरूप अशिक्षा, ग़रीबी, बीमारी और बेकारी का इतिहास बताते हुए कहा कि इस ग़ुलामी से रिहाई के लिए सबसे बड़ी ज़रूरत इस बात की है कि देश के मज़दूर-किसान जागें। देश के सियासी[1] ढाँचे में अपनी सत्ता को पहचानें। "देश के अकसर सरमायादार," उन्होंने कहा, "इस वक्त अंग्रेज़ सरकार के साथ मिले हुए हैं। अगर आज मज़दूर मुत्तहिद हो कर सरमायादारों से अपनी बात मनवा सकते हैं तो कल सरकार से भी अपनी बात मनवा लेंगे, इसलिए सरकार नहीं चाहती, मज़दूर मुत्तहिद हों। वह मज़बूत रस्से से डरती है," उन्होंने मिर्ज़ा इबराहीम की उपमा को आगे बढ़ाते हुए कहा, "जो रस्सा सरमायेदार को बाँध सकता है, वह सरकार को भी बाँध सकता है। पर सरकार रस्सा पसन्द नहीं करती, तिनके पसन्द करती है, जिन्हें वह अपना मर्ज़ी से उड़ा सके।"

"असीं माईयाँ लोहे दी ज़ंजीर बन जावाँगे, रस्सा की होया।"[2] नूरे ने ज़ोर से कहा और मज़दूरों ने तालियाँ पीटीं।

"सरमायेदार कांग्रेस के भी साथ हैं," मुन्शी साहब ने कहा, "क्या आप का ख़याल है कि वे कांग्रेसी सरमायेदार आपके भी साथ हैं ? नहीं! तो फिर वे सरकार के ख़िलाफ़ कांग्रेस की क्यों मदद करते हैं ? इसलिए कि कांग्रेस अंग्रेज़ों को मुल्क से बाहर निकाले और अंग्रेज़ों ने मुल्क के व्यापार पर जो कब्ज़ा जमा रखा है, वह हटे और उनका कब्ज़ा जमे। सरमायेदार अगर कांग्रेस की ओट ले कर कामयाब होते हैं तो यकीन रखिए कि मज़दूरों की हालत सुधारने के लिए नहीं, अपनी हालत सुधारने के लिए। मज़दूर की ताकत का नाजायज़ फ़ायदा जैसे आज उठाया जाता है, वैसे ही आज़ादी मिलने पर भी उठाया जायेगा। हाँ, अगर मज़दूर मुत्तहिद हो कर मुल्क में इन्कलाब कर देते हैं तो फिर वो ऐसा निज़ाम कायम कर सकते हैं, जिसमें सरमायेदार का फ़ायदा नहीं, उनका फ़ायदा हो; जिसमें चन्द लोग मोटे न होते जायें, बल्कि सभी पेट भर पायें; जिसमें एक मेहनत करे और दूसरा मौज न उड़ाये; बल्कि सभी मेहनत करें और सभी मौज उड़ायें।"

"इन्कलाब!" नूरा उठ कर जोर से चिल्लाया, और सारे हॉल में 'ज़िन्दाबाद' का नारा गूँज उठा।

"येलो बस यूनियन," नूर ने फिर नारा लगाया।

"ज़िन्दाबाद!" हाल में इकट्ठे सभी मज़दूरों ने एक स्वर से उत्तर दिया।

०

दुरो नेताओं के पीछे कोने में सिकुड़ी बैठी थी। मज़दूरों की किसी सभा में जाने का यह उसका पहला अवसर था। अगस्त की उमस थी और हॉल में बेपनाह भीड़ —जिसमें ड्राइवर थे, इंस्पेक्टर थे, कण्डक्टर थे, क्लीनर थे, चौकीदार और मोटर-मकैनिक थे। फिर वे उस

---

१. सियासी = राजनीतिक।

२. हम....लोहे की ज़ंजीर बन जायेंगे, रस्से की कौन बात है।

प्रकार सभा के लिए तैयार हो कर न आये थे, जैसे मध्यवर्गीय लोग मुँह-हाथ धो, कपड़े बदल कर सभाओं में नेताओं के दर्शनार्थ जाते हैं —दिन-रात वे चाहे विदेशी कपड़े पहनें, पर उस दिन सफ़ेद खादी के वस्त्रों से सुसज्जित हो कर, सिर पर गाँधी टोपी सजा लेते हैं। इन मज़दूरों में से अधिकांश सीधे काम पर से मीटिंग में चले आये थे। कपड़े तो अकसर के खादी ही के थे, पर वे तेल और मिट्टी से ऐसे काले हो गये थे कि उन्हें पहचानना कठिन था। क्लीनरों और मोटर-मिस्त्रियों का तो यही हाल था। ड्राइवरों के कपड़े उनसे कुछ अच्छे थे, कण्डक्टरों और इंस्पेक्टरों के कुछ उनसे अच्छे, लेकिन साफ़ किसी के भी न थे। घुन लगे अनाज में जैसे यह जानना कठिन हो जाता है कि कौन दाना अधिक घुना है और कौन कम, इसी प्रकार उनके कपड़ों की सफ़ाई का अन्तर जानना कठिन था। तेल, पेट्रोल और पसीने की गन्ध इन्सानी साँस, बीड़ी और सिगरेटों के धुएँ से मिल कर कुछ ऐसी घुटन कमरे में पैदा कर रही थी कि दुरो के लिए साँस लेना दुष्कर हो रहा था। मुन्शी साहब क्या बोल रहे हैं, वह न सुन रही थी। उसका जी घुट रहा था। कुछ अजीब-सी घुटन-भरी तीखी तेज़ाबी गन्ध उसके सिर को घुमा रही थी। कनपटियों में दर्द होने लगा था और उसका जी चाहता था कि किसी तरह बाहर निकल कर दो-चार लम्बी-लम्बी साँस भरे तो उसकी जान-में-जान आये। 'जाने इन मज़दूरों में से कितने नियमित रूप से नहाते हैं ? कितने अंग्रेज़ी साबुन पाते हैं ? बहुत-से तो देशी साबुन से नहाते होंगे,' उसने सोचा, 'अधिकांश किसी तरह के भी साबुन से भी नहीं। काश, यह मीटिंग कहीं खुले में होती!'' सत्या जी की तरह आधे मुँह को छिपाते हुए उसने नाक दबा ली। पर उसे साँस रुकती-सी लगी। नाक-मुँह से कपड़ा हटा, वह पल्लू से हवा करने लगी। लेकिन हवा कहीं बाहर से आती तो उसे आराम मिलता।

उसकी दृष्टि हरीश पर गयी। वे उस उमस और घुटन से बेपरवाह, उस हुजूम का अंग बने बैठे थे। दुरो ने अपने आपको धिक्कारा —उसने हरीश से अनपढ़ मज़दूरों को शिक्षा देने, मज़दूर-स्त्रियों से सम्बन्ध बनाने, उन्हें यूनियन के लाभ बताने और अन्य स्वतन्त्र देशों की नारियों के किस्से सुना कर उनकी चेतना को जगाने का वादा किया है। यदि वह इतनी सुकोमल बनी रहेगी तो क्या काम कर सकेगी ? और तभी उसके सामने हरीश का एक भाषण घूम गया, जिसमें उन्होंने एक मिशनरी लेडी-डॉक्टर का ज़िक्र किया था —सेंट स्टीफ़न्ज़ ज़नाना हस्पताल की वह एक डॉक्टर थी। एक बार उसे एक गर्भवती ईसाई युवती को देखने एक गाँव में जाना पड़ा। हस्पताल की हेड-डॉक्टर ने उससे कहा था कि उस युवती की माँ से अपनी लड़की को हस्पताल भेजने के लिए कहे। उसे समझाया था कि कोशिश करके उसे ले आये, नहीं वह मर जायेगी। जब वह उस देहाती के घर पहुँची तो गृहिणी बैठी उपले थाप रही थी। प्रतिष्ठित अतिथि को आया देख, वहीं लोटे के पानी से हाथ धो, दूध का गिलास वह ले आयी और चीनी डाल, उसने अपनी उँगली से चीनी घोल दी। डॉक्टरनी का जी मतला गया। पर देहातिन को बुरा न लगे और वह उसकी उपस्थिति से सशंकित न हो, इस विचार से, दस बार साबुन से धो कर खाद्य-पदार्थ को हाथ लगाने वाली वह लेडी-डॉक्टर आँखें बन्द कर दूध पी गयी। डॉक्टरनी का कहना था कि उसने अपने साथ अत्याचार किया, पर वह अपने मिशन में सफल हो गयी। देहातिन को उस पर कुछ ऐसा विश्वास हो गया कि उसने अपनी लड़की को हस्पताल भेज दिया। 'मज़दूरों में

काम करने के लिए,' हरीश जी ने कहा था, 'आप को मज़दूरों के स्तर पर उतरना पड़ेगा।'

'इन लोगों में काम करने के लिए इनके स्तर पर तो उतरना पड़ेगा ही,' दुरो ने हरीश जी की बात को मन-ही-मन दोहराते हुए कहा, 'तभी तो इनके जीवन की कठिनाइयों, इनके जीवन के दुख, व्यथा, मलिनता और गन्दगी, इनके अरमानों और हसरतों, भावनाओं और अनुभूतियों का पता चलेगा। उसे इस गन्ध का अभ्यास डालना होगा!'....लेकिन उसका जी घुटा जा रहा था और कनपटियाँ फटी जा रही थीं। मुन्शी अहमद दीन बैठ गये थे और कोई दूसरे नेता भाषण दे रहे थे :

"तुम लोग जो अपने-आप को बेमकदूर,[१] बेबस समझते हो, तुम अपनी इकट्ठी ताकत को नहीं पहचानते। रूस हमसे कहीं पिछड़ा हुआ मुल्क था, उसके मज़दूर आपसे कहीं कम पढ़े-लिखे, ग़ुलाम और बेबस थे, लेकिन मुत्तहिद हो कर, एक हो कर, उन्होंने क्रान्ति की और पिछले बीस बरस में अपनी मुत्तहिदा मेहनत से एक पिछड़े हुए मुल्क को दुनिया के ताकतवर मुल्कों के बराबर ला खड़ा किया। मुल्क की किस्मत को अपने हाथ में लेने से पहले आपको अपनी किस्मत अपने हाथ में लेनी होगी। अगर मैं मिर्ज़ा साहब की तशबीह[२] को आगे बढ़ाऊँ," उन्होंने ज़रा हँस कर कहा, "तो मुल्क की हुकूमत और किस्मत की चाबी अपने हाथ में लेने से पहले आप को अपने पेट और ज़बान की चाबी अपने हाथ में लेनी होगी। अपने मालिकों से अपने हुकूक मनवाने होंगे। फिर समय आयेगा कि आप लोग हुकूमत से अपने हक मनवा सकेंगे, हुकूमत की बागडोर सँभाल सकेंगे और अपना हाल[३] ही नहीं, मुस्तकबिल[४] भी शानदार बना सकेंगे।"

'....कहीं मैं पल-भर को बाहर बारजे पर जा सकती....' दुरो सोच रही थी। उसका सिर फटा जा रहा था और जी मतला रहा था....तभी उसके मस्तिष्क में एक कहावत घूम गयी। देहात में मेहतर मैला साफ़ नहीं करते। किसानों के साथ मिल कर जुतायी, बुआयी, कटायी करते हैं, इसीलिए शहरी मेहतर की अपेक्षा अधिक साफ़ होते हैं। कहावत यों प्रचलित है कि देहात की एक मेहतर लड़की ब्याह के बाद शहर में आयी। अपने घर में दाख़िल होते ही उसने नाक पर दुपट्टा रख लिया, "यहाँ तो बड़ी बू आती है," उसने भवें चढ़ाते हुए कहा। उसकी सास हँसी, लेकिन कुछ बोली नहीं। लड़की को वहाँ रहते कुछ दिन हो गये। तब एक दिन उसने गर्व से कहा, "तुम लोग जाने कितनी गन्दी तरह रहते थे, मैं आयी थी तो कितनी बू आती थी, नाक भीन दी जाती थी, अब देखो कितनी सफ़ाई है।" सास ठहाका मार कर हँस दी।....घर तो वैसा ही गन्दा था, केवल लड़की की नाक, जो देहात की स्वच्छ हवा में साँस लेती थी, अब उस शहरी घर के गन्दे वातावरण की अभ्यस्त हो गयी थी। 'क्या मैं इस वातावरण की आदी न हो सकूँगी ?' दुरो ने सोचा, 'मुझे बराबर यहाँ आना पड़ेगा, फिर न मेरा सिर दुखेगा, न जी मतलायेगा....गन्दी नाली को साफ़ करने के लिए उसमें हाथ तो डालना ही होगा, उसकी दुर्गन्ध और छींटों से कैसे बचा जा सकता है ?....' और उसने दायें हाथ के अँगूठे और तर्जनी से अपनी दोनों कनपटियों को कसते

---

१. बेमक़दूर = अकिंचन, अशक्त

२. तशबीह = उपमा

३. हाल = वर्तमान

४. मुस्तकबिल = भविष्य

हुए दाँत भींच लिये।

नूरा उस समय बड़े ज़ोर से भाषण दे रहा था, "मिर्ज़ा होराँ ठीक आखिया ऐ। साडे ढिड्ढ ते जीभ दी चाभी साडे पास नहीं। इन्हाँ माईयाँ ओस नज़रबन्द कर रक्खेया ऐ। लेकिन असाँ ओहनूँ छुड़ लियाणा ऐ। असाँ ओस अपने कब्ज़े विच कर लैणा ऐं। ओए ग़ज़ब ख़ुदा दा, लड़ाई मेरी ताँ मेरी बीवी दी, ते सज़ा मैन्नूँ देण मालिक! ओह साली उन्हाँ दी की लगदी ऐ ? उन्हाँ दी माँ, भैण या धी ऐ ? पुच्छे कोई कि सालयो तुहानूँ की ? मैं दो रण्णाँ रक्खाँ या चार, मैं दो बोतलाँ दारू पीवाँ या चार, मैं अपनी बीवी नूँ रक्खाँ या ओहदा गला कट्टाँ। किसे माईयाँ नूँ की ? तुसीं देखो कि मैं ड्यूटी पूरी देंदा ऐं कि नईं ? जद मैं ड्यूटी तो ग़ाफ़िल नहीं होंदा, ते तुसी कौन होंदे ओ मेरी तनख़ाह कट्टन वाले ? अज्ज मैंनूँ मेरी बीवी दे कहन ते डिमोट कर दित्ता, कल लहना सिंह नूँ ओहदे भरा दे कहन ते कड्ढ छड्डोगे। ओए हनेर पा छड्डेया इन्हाँ सालयाँ ने। मैं हुण फ़ैसला कीत्ता ई कि मैं अज्ज तों शराब छड्ड देआँगा, मैं नौकरी छड्ड देआँगा, मैं अज्ज तों सारा वक्त यूनियन नूँ देआँगा, जी-जान नाल आप भरावाँ दी ख़िदमत कराँगा ते यूनियन नूँ अजही ताकत बना देआँगा कि मालिक साडे ते जी चाहिया ज़ुल्म न कर सक्कण।"[१]

सभा में किसी ने कहा 'इन्कलाब' और हॉल 'ज़िन्दाबाद' के नारों से गूँज उठा। फ़िर नूरदीन, हरीश, मिर्ज़ा, मुन्शी, जोश और यूनियन —सब की ज़िन्दाबाद के नारे बुलाये गये।

नूरदीन अभी कुछ और कहने के लिए रुका हुआ था, पर हरीश ने उठ कर आगत नेताओं को धन्यवाद दिया; मज़दूरों को इतनी तादाद में आने के लिए शाबाशी दी; नूरदीन की पीठ ठोंकी; यूनियन सचमुच वैसी ताकत बन जाये, जिसका ज़िक्र नूरदीन ने किया, इस बात की दुआ की; अगली मीटिंग के दिन की घोषणा की और यह कहा कि उस दिन सब अपनी-अपनी माँगें लायें, बतायें कि उन्हें क्या-क्या शिकायतें हैं, ताकि वे माँगें मालिकों के आगे रखी जायें और सभा विसर्जित कर दी।

दुरो सब ओर से बेपरवाह, वाद-विवाद करते लोगों की भीड़ से मार्ग बनाती, लपकती हुई-सी, बरामदे में आयी और सिर थामे बैठ गयी। उसका जी मतला रहा था, पर कै न हो रही थी। हर बार वह कै करने के लिए मुँह खोलती और स्वच्छ हवा अन्दर भर लेती और उसकी कनपटियों को कोई हथौड़े मारता। जाने वह कब तक बैठी रही। उसे लगा

---

१. मिर्ज़ा साहब ने ठीक कहा है। हमारे पेट और ज़बान की चाबी हमारे पास नहीं। इन्होंने उसे नज़रबन्द कर रखा है। लेकिन हम उस चाबी को मुक्त करा लायेंगे। हम उसे अपने कब्ज़े में रखेंगे। अरे गज़ब ख़ुदा का, लड़ाई मेरी और मेरी बीवी की और सज़ा मुझे दें मालिक! वह साली उनकी क्या लगती है ? वह उनकी माँ, बहन या लड़की है ? उनसे कोई पूछे कि सालो तुम्हें क्या ? मैं दो बीवियाँ रखूँ या चार, दो बोतलें शराब पीऊँ या चार, मैं अपनी बीवी को घर रखूँ या उसका गला काटूँ। किसी को क्या ? तुम देखो कि मैं ड्यूटी पूरी देता हूँ या नहीं ? जब मैं ड्यूटी से ग़ाफ़िल नहीं होता तो तुम कौन होते हो तनख़्वाह काटने वाले ? आज मुझे मेरी पत्नी के कहने पर डिमोट कर दिया, कल लहना सिंह को उसके भाई के कहने पर निकाल बाहर करोगे। इन सालों ने अँधेर मचा रखा है। मैंने यह फ़ैसला किया है कि मैं आज से शराब छोड़ दूँगा, नौकरी छोड़ दूँगा, मैं सारा वक्त यूनियन को दूँगा, जी-जान से आप भाइयों की ख़िदमत करूँगा और यूनियन को ऐसी ताकत बना दूँगा कि मालिक हम पर मनचाहा ज़ुल्म न कर सकें।

कि जैसे कोई प्यार से उसके सिर पर हाथ फेर रहा है। कनपटियों को थामे-थामे उसने सिर उठा कर देखा —हरीश थे। उसका सिर फिर झुक गया।

"क्यों, क्या बात है। तबीयत कुछ ख़राब है ?"

हरीश के स्वर में चिन्ता थी। लजा कर उसने कहा, "नहीं, कुछ नहीं, सिर दुख रहा है। जी कुछ घबरा रहा था, इसलिए बैठ गयी।"

और वह उठ खड़ी हुई।

३३

'कमर्शल बिलडिंग्ज़' से वापस आ कर दुरो ने किसी से बात नहीं की। वह न नहायी, न उसने कपड़े बदले। मुँह-हाथ धो कर अपने बिस्तर में जा लेटी। मौसी नीचे क्या बड़बड़ायीं, उसने ध्यान नहीं दिया। "मेरा सिर दर्द कर रहा है और लगता है मुझे बुख़ार है," उसने मौसी की बड़बड़ाहट के जवाब में ऊपर छत से चिल्ला कर कहा और बिस्तर में जा धँसी।

बिस्तर गर्म था। लेकिन उस गर्मी में भी उसे कुछ अजीब-सी राहत मिली। पाँव पूरे पसार कर वह लेट गयी। शुक्ल पक्ष के चाँद की एक बड़ी-सी फाँक ऊपर आकाश में चमक रही थी। दिन भर की सख़्त गर्मी से धूल का गहरा पर्दा-सा आसमान पर छाया हुआ था। पड़ोस के किसी मकान की छत पर कोई बड़े ही सोज़-भरे स्वर में गा रहा था :

> चाँदनी रातों का बेकार दहकता हुआ दर्द
> दिल की बेसूद तड़प, जिस्म की मायूस पुकार।[१]

सचमुच चाँद आग के एक ऐसे झरने-सा लग रहा था जिसकी दीप्ति उसी से उठने वाले धुएँ ने मन्द कर रखी हो। शायद किसी विरही कवि को यह चाँदनी अपने पहलू के बेकार धधकते हुए दर्द का प्रतिबिम्ब लगी होगी। दुरो को वैसा कुछ नहीं लगा। दर्द उसके पहलू में भी था, पर उसमें सुलगन न थी, एक ठण्डी-सी पीड़ामयी मिठास थी और वह ठण्डी-सी पीड़ामयी मिठास बेकार भी न लग रही थी। उसमें तो उसे कुछ अजीब-सी राहत, कुछ विचित्र-सी पुलकमयी शान्ति का आभास मिल रहा था। अपने पहलू के मन्द, मीठे-मीठे, प्यारे-प्यारे दर्द का बिम्ब उसे इस चाँदनी में भी दिखायी दे रहा था। उसे लग रहा था, जैसे वह एक छोटे, सीमित, गर्मी से धधकते हुए बिस्तर पर नहीं, ठण्डी-ठण्डी घास के किसी सीमाहीन बिछौने पर लोट रही है। और उसका जी चाह रहा था कि वह चाँद के उस धूमिल-से प्रकाश को बाँहों भर ले और घास के उस नर्म बिछौने पर लोटती

---

१. यह तेरे हुस्न से लिपटी हुई आलाम की गर्द
अपनी दो-रोज़ा जवानी की शिकस्तों का शुमार
चाँदनी रातों का बेकार दहकता हुआ दर्द
दिल की बेसूद तड़प, जिस्म की मायूस पुकार
चन्द रोज़ और, मेरी जान, फ़कत चन्द ही रोज़ (फ़ैज़)

जाये, लोटती जाय....यहाँ तक कि थक जाय....और उसी प्रकार चाँदनी के नीचे, घास के उस बिछौने पर सो जाय!

उसके सिर में पीड़ा अब भी थी, लेकिन उसका ज़ोर कम हो गया था। आसक्ति की समाप्ति पर जैसे हृदय के शून्य में केवल कुछ कसमसाहट-सी रह जाती है, जिसमें आसक्ति की जलन का स्थान कुछ अजीब-सी मधुरता ले लेती है, कुछ वैसे ही मीठे-मीठे भारीपन ने (जो दर्द होते हुए भी दर्द न था) उसके उस सख़्त सिर-दर्द का स्थान ले लिया था।

०

हरीश जी ने जब देखा था कि दुरो की तबीयत ठीक नहीं, उसके सिर में दर्द है और जी घबरा रहा है तो अपने साथियों को विदा कर, आगामी मीटिंग की तिथि का निश्चय करके वे उसे कन्धे से थामे नीचे ले आये थे। यद्यपि दुरो ने कहा था कि कमरे की गर्मी और घुटन के कारण उसका सिर दर्द करने लगा है, वह घर जा कर नहायेगी और छत पर जा लेटेगी तो ठीक हो जायेगी तो भी हरीश जी स्वयं नीचे ड्रगिस्ट से जा कर कैफ़ी-एस्पिरिन ले आये थे और दुरो को चेम्बरलेन रोड पर नये-नये खुले कॉफ़ी हाउस में ले गये थे। कमरे की उस गर्मी और घुटन से बाहर, माल रोड पर चन्द कदम चलने से ही उसके जी की मतलाहट मिट गयी थी। सिर में दर्द था, पर हरीश जी के सान्निध्य का पुलक भी कम न था।

कॉफ़ी हाउस में पहुँच कर हरीश ने दो कप कॉफ़ी का आर्डर दिया।

"मैंने तो कभी कॉफ़ी नहीं पी," दुरो ने कहा।

"चाय पी है कभी ?"

"हाँ, चाय तो कई बार पी है।"

"तो एक बार कॉफ़ी भी पी देखिए," हँस कर हरीश जी ने कहा। "कड़वी तो है, लेकिन ज़हर नहीं। कॉफ़ी के एक प्याले के साथ एस्पिरिन की दो टिकियाँ ले लीजिए। तबीयत कुछ सँभल जायेगी।"

दुरो चुप रही।

"और यदि कॉफ़ी अच्छी न लगे तो ठण्डे पानी से निगल लीजिए।" हरीश ने कहा।

बैरा कॉफ़ी के दो छोटे-छोटे, कॉफ़ी ही के रंग के, भूरे-भूरे जग और प्याले ले आया।

कॉफ़ी प्यालों में ढालते हुए हरीश बोले, "कोई चीज़ बुरी नहीं, चाय हो, कॉफ़ी हो और मैं तो कहूँगा चाहे शराब हो। बुरा है उसके गुण-दोष न जानना और सन्तुलन को हाथ से दे देना। चाय और कॉफ़ी में तो थोड़ा-सा नशा भी है, पानी में तो कोई नशा नहीं, पर यदि कोई पानी भी मात्रा से अधिक पिये तो बीमार हो जाये! इस पर भी चाय या कॉफ़ी के ऐसे प्रेमियों की कमी नहीं जो दिन में दस-दस, पन्द्रह-पन्द्रह प्याले पी जाते हैं।" और हरीश ने प्याला दुरो के आगे सरका दिया। "दूध मैंने आप के प्याले में ज़्यादा डाल दिया है कि आप को अधिक कड़वी न लगे और आप कॉफ़ी और उसके साथ-साथ मुझ को दिल में न कोसें।"

और हरीश हल्के से हँसे।

दुरो ने ज़रा-सी निगाह उठा कर, जो कवि ग़ालिब के शब्दों में, 'बज़ाहर निगाह से कम'[१] थी, हरीश की ओर देखा। निमिष-भर के लिए उनकी आँखें चार हुईं —हरीश की वह हँसी, जो मुस्कान का हल्का-सा मुखर रूप थी, दुरो को शुभ्र ज्योत्स्ना-सी अपने अस्तित्व पर छाती हुई दिखायी दी और उनकी दृष्टि में उसे कुछ ऐसी स्निग्धता लगी कि वह शराबोर हो गयी। चुपचाप उसने कॉफ़ी का प्याला उठा कर मुँह से लगा लिया।

दुरो की उस नीम-निगाह का हरीश पर भी कम प्रभाव न हुआ। उनके हृदय की गति कुछ तीव्र हो गयी, पर अपनी अचकचाहट को अपने ही सीने में दबा कर उन्होंने बात का रुख़ पलट दिया।

"आप की बात क्या है," उन्होंने कहा, "मैं ख़ुद थक गया हूँ।"

"आप ज़रा भी तो आराम नहीं करते," दुरो गम्भीरता से बोली, "दिन-रात भाग-दौड़, वाद-विवाद और भाषणों में व्यस्त रहते है, थकेंगे नहीं ?"

"आप ठीक कहती हैं," हरीश ने कहा, "पर जिसे आराम कहते हैं, उससे मुझे आराम नहीं मिलता। मैं यदि निश्चल बैठ जाऊँ या लेट जाऊँ तो मेरा दिमाग़ बिदके हुए पागल घोड़े की तरह दसों दिशाओं में भाग निकलता है। काम में लगा रहता हूँ तो दिमाग़ भी शान्त रहता है और जब किसी काम में सफलता मिलती है तो उस शान्ति के साथ सुख का भी आभास मिलता है। आज की मीटिंग जो सफल हुई है, आप नहीं जानतीं, इससे मुझे कितना सुख मिला है।"

"सुख का यह आभास बार-बार मिले," दुरो ने कहा, "इसके लिए स्वस्थ रहना आवश्यक है और स्वस्थ रहने के लिए थोड़ा आराम ज़रूरी है।"

"मैं क्या बताऊँ," हरीश जैसे अपने ही विचारों की रौ में बोले, "मैं जब कभी अकेला होता हूँ और सोचता हूँ कि हम कितने पिछड़े हुए हैं, तीन सौ बरस की ग़ुलामी ने हमें क्या-से-क्या बना दिया है, तो मुझे बड़ी तकलीफ़ होती है। सत्य, शिव और सुन्दर का हमारा आदर्श कहाँ गया ? झूठ, छल, प्रपंच, नीचता, बद-दयानती, रयाकारी, चापलूसी और रिश्वत —मानव की कोई भी ऐसी कुप्रवृत्ति और दुर्गुण नहीं, जो हमारे जीवन का आवश्यक अंग न बन गया हो। कभी-कभी मन में साध उठती है," हरीश ने लम्बी साँस भरी, "कि मुझे अपार बल, जनता को समझने और समझ कर ठीक पथ पर चलाने की प्रखर बुद्धि मिल जाये तो मैं ऐसी क्रान्ति ला दूँ कि ग़ुलामी की बेड़ियाँ पलक झपकते कट कर गिर जायें और आज जहाँ चन्द लोगों के स्वार्थ का राज्य है, वहाँ जनता का, जनता के हित का राज्य हो और जहाँ ग़ुलामी और स्वार्थ ने हमारे दुर्गुणों को उभार रखा है, वहाँ स्वतन्त्रता हमारे सद्गुणों को उजागर कर दे! सब को जीवन में उन्नति करने के समान साधन मिलें और हम भारतवासी, जो आज सिकुड़ कर बौने-से रह गये हैं, अपने भव्य आकार को पायें! जब मैं यह सब सोचता हूँ तो पल-भर भी बैठने को जी नहीं होता। मन चाहता है, लगातार काम करता रहूँ; जनता को जागने, अपनी शक्ति का आभास पाने और

---

१. बहुत दिनों में तग़ाफ़ुल ने तेरे पैदा की,
वो इक निगह जो बज़ाहर निगाह से कम है। —ग़ालिब

देश को स्वतन्त्र करके, स्वयं उन्नत होने की प्रेरणा दूँ! इस काम में दिन-रात एक कर दूँ!'

दुरो चुपचाप हरीश की बातें सुनती रही थी। वे बहुत धीमे स्वर में बात कर रहे थे। लगता था जैसे वे दुरो से नहीं, अपने आप से बात कर रहे थे। जैसे उनका चिन्तन मुखर हो उठा था। लेकिन दुरो को उनके स्वर में — उस धीमे स्वर में — इमली की वही समान-रूप से जलने वाली आग की गर्मी मिली, जिसने उसे पहले दिन प्रभावित किया था। वह अपने सिर का दर्द भूल गयी। हरीश जब मौन हुए और उन्होंने ठण्डी ही जाने वाली कॉफ़ी के दो बड़े घूँट भरे तो सहसा दुरो ने कहा, "मैं तो दवाई खाना भूल गयी।"

"बातूनी आदमी के साथ बैठने में यही तो हानि है," हरीश ज़रा हँसे, "तो दूसरा प्याला लीजिए!" फिर स्वयं ही बोले, "नहीं, आप दूसरा प्याला न लें। एस्पिरिन तो ठण्डे पानी से भी ली जा सकती है, पर अभी आपने कॉफ़ी ली है, इसलिए ठण्डे पानी से लेना ठीक न होगा। आप गर्म पानी ही से एस्पिरिन लीजिए और पन्द्रह-बीस मिनट बाद ठण्डे पानी का गिलास पी लीजिएगा। कॉफ़ी का प्याला तो योंही आप की थकन के ख़याल से मैंने आप से पीने को कहा था, नहीं एस्पिरिन के लिए तो इसकी कोई ज़रूरत नहीं।"

दुरो ने गर्म पानी के एक घूँट से एस्पिरिन की दो टिकियाँ निगल लीं। हरीश ने दो घूँट में शेष कॉफ़ी ख़त्म की और दोनों गोपालनगर की ओर चल दिये।

रास्ते में हरीश जी ने अपनी बात को जारी रखा :

"जनता में बलिदान के भाव की कमी नहीं दुरो जी," उन्होंने धीरे-से कहा, "जब-जब महात्मा गाँधी ने आज़ादी की लड़ाई का बिगुल बजाया है, लोगों ने अपना तन-मन-धन निछावर कर दिया है! फिर यह दशा क्यों है ? क्यों हमारे यहाँ क्रान्ति नहीं होती ? क्यों अब भी विदेशी सरकार हमारी छाती पर मूँग दल रही है, अपने अत्याचार के दाँत हमारे जिस्मों पर तेज़ कर रही है ? जब मैं सोचता हूँ तो पाता हूँ कि कांग्रेस क्रान्ति नहीं चाहती! क्रान्ति में हिंसा निहित है। हिंसा से कांग्रेस डरती है। क्योंकि क्रान्ति होगी तो अंग्रेज़ ही न जायेंगे, अंग्रेज़ों को प्रश्रय देने वाले और साथ ही धन से कांग्रेस की सहायता करने वाले सेठ-साहूकार भी जायेंगे और जनता का राज होगा। यह जनता को राज वास्तव में कोई नहीं चाहता। जनता का स्वयं उसका ज्ञान नहीं और जो लोग किसान-मज़दूर के राज्य का ढिंढोरा पीटते हैं, वे केवल उस ढिंढोरे का लाभ उठाना चाहते हैं।"

कुछ क्षण वे मौन चलते रहे, फिर जैसे वे अपने विचारों को साफ़ कर रहे हों, उन्होंने कहा, "पिछले ज़माने में राजा लोग अपनी सेनाओं के आगे गायों के झुण्ड कर देते थे कि वे उनकी आड़ ले कर रण जीत लें या हार से बच जायें और यदि कोई हिंसक गायों को मार दे तो उसे पापी ठहरायें। कांग्रेस के आन्दोलन में जनता का यही हाल है। जनता को वे गाय बना देखना चाहते हैं। जनता के सोये सिंह से लोग घबराते हैं। १९२२ में जनता का शेर जब जागा था तो महात्मा गाँधी घबरा गये थे और उन्होंने लड़ाई बन्द कर दी थी। बनिया जैसे पग-पग पर मोल-तोल करता है, वैसे ही यह हमारा स्वतन्त्रता-संग्राम लड़ा जा रहा है! दूसरे सूबों की बात वहाँ के लोग जानें, अपने प्रान्त के नेताओं को मैं अच्छी तरह जानता हूँ। वे एक ओर अंग्रेज़ से हर कदम पर लड़ने की बात करते हैं, दूसरी ओर अपने व्यक्तिगत स्वार्थों के लिए सर सिकन्दर का एहसान लेते हैं। ये जनता का लाभ क्या

करेंगे! रही जनता, तो उसके मन में स्वतन्त्रता की ठीक चेतना भी नहीं जगी। यही कारण है कि जब आन्दोलन मन्द पड़ता है तो भयानक साम्प्रदायिक दंगे आरम्भ हो जाते हैं। किसान-मज़दूर हिन्दू हों या मुसलमान, उनके हित एक-से हैं, फिर ये दंगे क्यों ? कारण वही है। यह लड़ाई जनता की लड़ाई नहीं, बनियों की लड़ाई है —एक ओर अंग्रेज़ और दूसरी ओर हिन्दू-मुसलमान बनियों की लड़ाई है। हिन्दू-मुसलमान जनता इन बनियों के हितों की वेदी पर बकरा बन रही है और जाने कब तक बनती रहेगी।"

क्षण-भर के लिए हरीश चुप हो गये। 'भंगियों की तोप'[1] के पास घास का लॉन लोगों से भरा हुआ था। घर-द्वार की उमस से तंग आयी स्त्रियाँ छोटी-छोटी टोलियों में बैठी, गली-मुहल्ले की समस्याओं को सुलझाने में निमग्न थीं और बच्चे मृगछौनों-से कुदकड़े मारते खेल रहे थे और इन सब के बीच दो-एक जगह तरुणियाँ जाने कैसी मिस्कोट में मग्न थीं —अपनी सहेलियों की प्रेम-कहानियाँ एक-दूसरी से कह कर, अन्तर में अपने प्रेम से उनकी तुलना कर, सुख पाती हुईं; स्कूल की किसी बहन जी के किस्स में रत या फिर 'मालती' की किसी सस्ती प्रेम-भरी कहानी की चर्चा में तल्लीन....किन्तु मिसकोट की इस प्रकट तल्लीनता के बावजूद उड़ती हुई निगाहों के तीर इधर-उधर निरन्तर छोड़ने वाली और उन्हीं तीरों से बिंधे पर प्रकट भंगियों की उस पीतल की तोप का बड़ी निष्ठा से निरीक्षण करने वाले कुछ इक्का-दुक्का छैले!

और आगे लाला लाजपतराय की मूर्ति और उसकी छाया में सीमेंट के बने चबूतरे या उसकी बेंचों और इर्द-गिर्द बिछे घास के टुकड़े पर बैठे, अध-बैठे, लेटे, अध-लेटे, चाट खाते और दोने वहीं घास पर फेंकते मध्यवित्त के स्त्री-पुरुष और बच्चे....

"मैं जब लाला लाजपतराय की इस मूर्ति के पास से गुज़रता हूँ," हरीश बोले, "तो सदा मेरे मन में यह विचार उठता है कि पंजाब के इस केसरी ने अपने प्राण स्वतन्त्रता की वेदी पर होम कर दिये, पर क्या उनके दिमाग़ में स्वतन्त्रता का ठीक नक्शा था ? क्या उनके दिमाग़ की स्वतन्त्रता जनता की स्वतन्त्रता थी ? और मुझे लगता है कि शायद नहीं! इस समय हमारा आन्दोलन इस बात को ले कर है कि विदेशी शासन से देश को मुक्त किया जाये, इसके बाद क्या होगा, इसकी कल्पना सब की अलग-अलग है — राजे-महाराजे सोचते हैं कि वे अपनी-अपनी रियासतों के स्वतन्त्र अधिपति होंगे; सेठ-साहूकार सोचते हैं कि व्यापार उनके हाथ में आयेगा और अंग्रेज़ व्यापारियों के बदले शोषण की आज़ादी उनका मिलेगी; नौकरी-पेशा वर्ग सोचता है, अंग्रेज के जाने पर उसकी उन्नति के मार्ग प्रशस्त हो जायेंगे, जिन पदों पर हिन्दुस्तानी को पर मारने की भी आज़ादी नहीं, वे सब हिन्दुस्तानियों के अधिकार में आ जायेंगे; रहे नेता तो जहाँ कांग्रेस की मिनिस्ट्रियाँ बनी हैं, वहाँ चाहे इस समय वे मिनिस्ट्री के पाँच-पाँच सौ रुपये महीना ही ले रहे हैं, पर सचमुच स्वतन्त्रता मिलने पर भी वे अपनी यह तपस्या कायम रख सकेंगे, इसमें मुझे सन्देह है। महात्मा गाँधी और उनके चन्द अनुयायियों को छोड़, शेष सब-के-सब अवसरवादी हैं। उनकी दृष्टि आज़ादी के बाद बनने वाली कांग्रेस-सरकारों पर है। यही कारण

१. बहंगियों या भंगियों की तोप, जिसे राणा रणजीतसिंह ने रावी से निकलवाया था और जो लाहौर के अजायब-घर के सामने रखी है।

है कि हिन्दू-मुसलमान में झगड़ा है। यदि जनता के हित उनके सामने हों तो झगड़े की गुंजाइश ही न हो। जनता तो इस चित्र में कहीं आती ही नहीं। जैसे अंग्रेज़ अपने साम्राज्य की लड़ाइयों में हिन्दुस्तानी सिपाहियों को झोंकते हैं, इसी प्रकार ये सब नेता भारतीय जनता को अपने हितों की सिद्धि के लिए इन आन्दोलनों में झोंक रहे हैं।"

हरीश जी का स्वर किंचित ऊँचा हो गया था। वे एकदम चुप हो गये। फिर सहसा उन्होंने कहा, "मैं तो लेक्चर देने लगा। छोटा-मोटा नेता हूँ न मैं भी, लेक्चर देना मेरी आदत बनती जा रही है।"

और वे हँसे।

दोनों कुछ क्षण चुपचाप चलते रहे। माल को पार कर, वे लोअर माल पर हो लिये। शहर और बाज़ार की सन्निकटता के कारण जो अदृश्य-सा अलाव जलता महसूस होता था, उसकी गर्मी में कुछ कमी का आभास मिला। सहसा हरीश ने पूछा, "आप के सिर-दर्द का क्या हाल है।"

"अब तो बहुत अच्छा है।"

"कमरे में बहुत गर्मी थी, फिर इतने मज़दूर और बीड़ियों का धुआँ....आपको अभ्यास भी तो नहीं।"

"धीरे-धीरे हो जायेगा।"

"मज़दूरों की बेहतरी चाहने वालों के लिए उनके स्तर पर उतरना ज़रूरी है।"

"कोशिश करूँगी। धीरे-धीरे आदत पड़ जायेगी।"

"आपको आज कष्ट तो बहुत हुआ। फिर वह नूरा आपकी उपस्थिति का ख़याल किये बिना गालियाँ बकता रहा। लेकिन इन अनपढ़ लोगों में काम करके, इन जैसा हो कर, इनका विश्वास जीत कर ही इन्हें ऊपर उठाया जा सकता है। अपने साँझ के स्कूल में आपको इन्हें धीरे-धीरे शिक्षित और संस्कृत बनाना होगा।"

"आप जैसा आदेश देंगे, करने का प्रयास करूँगी।"

"आदेश की क्या बात है। हम सब साथी हैं।"

और उन्होंने बड़े स्नेह से दुरो के कन्धे को थपथपा दिया।

"आप शुरू से ही कांग्रेस में काम करते हैं ?" सहसा दुरो ने पूछा।

"शुरू से ही समझिए। १९२१ से मैं इसमें हूँ —जब मैं छठी-सातवीं में पढ़ता था, तब से!" और धीरे-धीरे उन्होंने अपने राजनीतिक जीवन की, अपने पिता की आकांक्षाओं और अपने मानसिक द्वन्द्वों की कहानी कह सुनायी।

"आपके पिता जी को तो बड़ी निराशा हुई होगी ?" दुरो ने पूछा।

"वे तो मेरी सूरत तक नहीं देखना चाहते।"

"आप कम्पीटीशन में क्यों नहीं बैठे ?"

"सरकारी अफ़सर बन कर अपने ही भाइयों पर अत्याचार करना मुझे स्वीकार नहीं हुआ। और फिर धन-वैभव की चाह मुझे नहीं रही। जाने माँ की शिक्षा का प्रभाव है या क्या, बिना किसी ऊँचे आदर्श के, जीवन मुझे निस्सार मालूम होता है। खाने-पीने, पहनने और मोटर पर चढ़ने की आकांक्षा मुझे नहीं। अपने आदर्श की पूर्ति के साथ यदि ये सुख

मुझे मिलते हैं, उस आदर्श की पूर्ति के साधन बनते हैं तो मुझे उन्हें लेने से इनकार नहीं, पर यदि वही साध्य बन कर रह जाते हैं तो मेरी प्रवृत्ति उन्हें पाने को नहीं होती।"

"आप तो वैरागी हैं।"

"नहीं, मैं वैरागी नहीं," हरीश ने कहा, "मैं इन सुखों को हेय नहीं समझता, बल्कि मैं तो ऐसे दिन की कल्पना करता हूँ, जब ये सुख सर्वसाधारण के लिए सुलभ होंगे, पर केवल इन्हीं सुखों को पाने के लिए जीना मुझे स्वीकार नहीं। बिना इन सुखों को पाये, अपने आदर्श के लिए जूझते रहने की कल्पना मेरे लिए अपेक्षाकृत सुखद है —मुझे जीवन को जीने की स्फूर्ति देती है। बिना आदर्श के, केवल अच्छा खाने, पीने, पहनने के लिए जीने की कल्पना ही मेरे लिए ऊबा देने वाली है। केवल खाना, पीना और सोना पशु का काम है। इन्सान भी पशु है, इसलिए वह भी खाता, पीता और सोता है; सुख-शान्ति और सिक्योरिटी की वांछा करता है, लेकिन इसके साथ इन्सान काम करना, सृजन करना, विकास करना भी चाहता है, अपनी निजी ज़रूरतों से ज़्यादा पैदा करना और जीवन को बेहतर बनाना चाहता है। यहीं वह पशु से भिन्न है। जिन लोगों का उद्देश्य केवल अपनी ही आवश्यकताओं तक सीमित है, जीवन को जो बेहतर नहीं बनाना चाहते, मेरे निकट उनमें और पशु में कोई अन्तर नहीं...."

o

"कुछ खाओगी या भूखी ही पड़ी रहोगी ?"

दुरो चौंक कर उठ बैठी। वहीं चारपाई पर लेटे-लेटे वह कल्पना में खो गयी थी। हरीश का एक-एक वाक्य उसके कानों में गूँज रहा था।

"तबियत तो मेरी कुछ खाने को नहीं।" उसने अन्यमनस्क भाव से कहा। उस समय सत्या जी का आ जाना उसे तनिक भी न रुचा था।

"तो कोई हल्की चीज़ ले लो। दूध-डबलरोटी या दूध-सोडा, पहले ही गर्मी क्या कम है। भूखी रहने से कलेजे में गर्मी पड़ जायेगी।"

"जो आप ठीक समझें, ले लूँगी।" उसने टालने के भाव से कहा। सत्या जी चली गयीं और वह फिर अपनी सुखद कल्पना में खो गयी।

वह इतने दिनों से हरीश को जानती थी, पर उन्हें कभी इस तरह अपने बारे में बात करते न सुना था। उन्हें इतने निकट से जानने का अवसर न मिला था। जैसे अपने किसी अन्तरंग सखा अथवा आत्मीय को पा कर आदमी अपने हृदय की तह-पर-तह खोलता चला जाता है, उसी प्रकार हरीश ने माल रोड से गोपालनगर तक आते-आते, अपना अतीत, वर्तमान और भविष्य दुरो के सामने रख दिया था। हरीश की महत्वाकांक्षाएँ, उनके विचार, उनके अन्तर्द्वन्द्व जैसे दुरो के अपने हो गये थे। जब वह तेग़बहादुर रोड पर अपने घर के सामने पहुँची थी और उसने सड़क पर से अपना घर हरीश जी को दिखाया था और उन्हें वहाँ तक लाने में उसने उन्हें जो कष्ट दिया था, उसके लिए क्षमा चाही थी तो वे हँस दिये थे, "मैंने ख़ासा बोर किया आपको।" उन्होंने कहा था, "मुझे आपको धन्यवाद देना चाहिए —शान्ति के साथ मेरी यह सब बकवाद सुनने के लिए!" और फिर उसके कन्धे को थपथपाते और मुड़ते हुए उन्होंने कहा था, "अच्छा तो वन्दे! कोशिश कीजिए कि आप

वसन्त और जगमोहन को भी अपने साँझ के स्कूल में इन्ट्रेस्टिड कर सकें। एक-न-एक आदमी वहाँ रहना चाहिए। यों भी बच्चों को पढ़ाना आसान है, लेकिन प्रौढ़ों को पढ़ाना आसान नहीं।"

और वे पलट कर तेज़-तेज़ चले गये थे और थकन और सिर-दर्द के बावजूद वह बड़ी हल्की, पुलकाकुल और प्रसन्न घर में दाख़िल हुई थी।

३४

साँझ की उस मीटिंग का नशा दुरो को ही न था, हरीश को भी था और हरीश के साथ दूसरों को भी।

दुरो को गोपालनगर छोड़ कर एक स्वप्न की-सी अवस्था में हरीश श्याम गली आये थे। दुरो की आँखों में उनके लिए स्नेह और श्रद्धा का जो भाव था, वह उनसे छिपा न रहा था और चाहे उन्होंने उसके सम्बन्ध में न सोचने का सचेत प्रयास किया था तो भी जैसे शाम के धुँधलकों में मौलश्री के अदृश्य फूलों की सुगन्ध अनजाने ही मन-प्राण को आह्लाद से भर देती है, दुरो की उस नीम-निगाह ने हरीश के रोम-रोम को पुलकित कर दिया था।

गर्मी बेहद थी। नींद उन्हें आ न रही थी। बिस्तर पर चित पड़े वे सामने के मकान के पीछे छिपे चाँद को कल्पना में देखने का प्रयास कर रहे थे, जिसकी किरणें छिपी होने पर भी आसमान की धूल और धुएँ को चीर, उनकी छत पर अपनी आभा बिखेर रही थीं। बार-बार उनके दिमाग़ में साँझ की मीटिंग की बात, नेताओं के भाषण, मज़दूरों का जोश और फिर दुरो और उसके साथ बीते चन्द सुखद क्षण घूम जाते और जब सोच-सोच वे थक जाते तो अपनी कल्पना को भविष्य के विशाल गगन में उन्मुक्त उड़ने देते। —देखते कि देश स्वतन्त्र हो गया है। किसानों-मज़दूरों का राज है। बेकारी और भूख का नाम हिन्दुस्तान से उठ गया है। जाति-जाति का भेद मिट गया है। कोई हिन्दू, मुस्लिम, सिख, ईसाई नहीं, सब हिन्दुस्तानी हैं। पिछड़ी हुई जातियाँ आगे बढ़ आयी हैं और समानाधिकार के साथ देश को समृद्ध बनाने में संलग्न हैं। स्त्रियाँ पूर्ण रूप से स्वतन्त्र हैं और जीवन के हर क्षेत्र में पुरुषों के कन्धे-से-कन्धा भिड़ा कर काम कर रही हैं। जनता के जोश का वार-पार नहीं। अब मज़दूरी के लिए काम नहीं हो रहा, बल्कि काम के लिए काम हो रहा है। नदियों पर बाँध बाँधे जा रहे हैं; मरुभूमियाँ सिंचित हो कर मधुबनों में परिणत हो रही हैं; पहाड़ों के सीने भेद कर लोहा, कोयला, तेल और दूसरी अगणित धातुएँ निकाली जा रही हैं, हिमालय के दुर्गम पहाड़ों में चट्टानें काट-काट कर रास्ते बन रहे हैं और वहाँ की दौलत मैदानों में लायी जा रही हैं। जहाँ लोग मुश्किल से जा पाते थे और दूर-दूर एक-आध छप्पर दिखायी देता था, वहाँ पहाड़ों की दुर्गम ढलानों पर सुख-सुविधा के आधुनिक प्रसाधनों से लैस, कस्बे बस रहे हैं। कल-कारख़ाने खुल रहे हैं। जहाँ बेकारी, मुँह बाये, प्रतिक्षण निगल जाने को तत्पर दिखायी देती थी और बच्चों का जन्म एक मुसीबत हो कर

आता था, वहाँ सामने इतना काम पड़ा दिखायी देता है कि आबादी दुगुनी भी हो जाये तो कम है और लोग पहाड़ों, रेगिस्तानों और सागरों के बाद, नक्षत्रों को बसाने के स्वप्न ले रहे हैं....

हरीश की विचारधारा ने करवट ली....यूरोप के क्षितिज पर युद्ध के बादल घिर रहे हैं। यह मानव का मानव से युद्ध क्या कभी ख़त्म न होगा ? धरती पर अभी बड़ी जगह है। अफ़्रीका के जंगल और ध्रुवों के बियाबान आबादी को तरस रहे हैं। वे सब भी भर जायें तो सागर के सीने पर तैरते हुए नगर बसाये जा सकते हैं। क्यों नहीं सारी दुनिया के लोग मिल कर इस धरती पर ही स्वर्ग बसाने का प्रयास करते ? क्यों इसे नरक बनाये हुए हैं ?....

....पर यह तो तभी हो सकता है, जब सारी धरती पर एक ही सरकार हो; सारी दुनिया के सारे प्रदेश एक संघ के सदस्य हों और एक व्यक्ति दूसरे व्यक्ति का, एक जाति दूसरी जाति का, एक समाज दूसरे समाज का और एक देश दूसरे देश का शोषण करने के बदले उसकी सहायता करे। मानव मानव से न जूझे, मानव जूझे प्रकृति से....

....लेकिन यह शोषण और शोषण करने वाले पहले मिटें तो! —चन्द लोग, चन्द कुटुम्ब, चन्द पूँजीपति सारे-के-सारे देश को —अपने देश ही को नहीं, दूसरे देशों को भी शोषण की चक्की में पीसे जा रहे हैं।

....और हरीश की आँखों में ईस्ट इण्डिया कम्पनी के अत्याचारों से ले कर जलियाँवाला बाग़ तक की घटनाएँ घूम गयीं। पसीने से उनका कुर्ता भीग गया था। उसे उतार कर उन्होंने चारपाई के पाये से लटका दिया और करवट बदल कर लेट गये।

दृश्य फिर पलटा। उन्होंने देखा कि भारत स्वतन्त्र हो गया है। दुरो उनकी जीवन-संगिनी बन गयी है। उनका छोटा-सा मकान है। बाग़ीचा है। बच्चे हैं। दुरो स्कूल में काम करती है, जहाँ उनके ही नहीं, दूसरों के भी बच्चे पढ़ते हैं। वे स्वयं देश की धारा-सभा के सदस्य हैं। कई कमेटियों में उनका नाम है। आज़ाद देश में ठीक-ठीक उनका क्या काम है, यह उनके मस्तिष्क में साफ़ नहीं, लेकिन इतना उन्हें मालूम है कि वे बड़े व्यस्त रहते हैं। दिन-रात काम करते हैं, पर थकते नहीं। दुरो उनकी व्यस्तता से चिढ़ती नहीं। सच्ची संगिनी की तरह उनकी सहायक है। देश की तकदीर को पलटना जो है....

और भविष्य के स्वप्न देखते-देखते वे फिर वर्तमान पर आ जाते।

....इस बार वे देखते कि मज़दूरों का बड़ा ज़बरदस्त संगठन हो गया है। यूरोप की लड़ाई से लाभ उठा कर अंग्रेज़ सरकार के विरुद्ध उन्होंने क्रान्ति कर दी है। वे क्रान्ति का नेतृत्व करते हुए पकड़े जाते हैं। उन्हें आजन्म कारावास का दण्ड मिलता है। दुरो भी उनका अनुकरण करती है। वह गिरफ़्तार हो जाती है....वे करवट बदल लेते हैं....

....दृश्य फिर बदलता है। इस बार वे देखते हैं कि क्रान्ति का नेतृत्व करते हुए वे गोली का शिकार हो गये हैं और दुरो....लेकिन तभी वे फिर करवट बदल लेते हैं....

०

उस समय जब हरीश अपनी चारपाई पर करवटें बदल रहे थे, येलो बस सर्विस का चौकीदार कलुआ अपनी चारपाई की पट्टी पर बैठा था। उसकी नींद एकदम भाग गयी थी

और वह ऐसे सजग बैठा था, जैसे सोने का नहीं, जागने का समय हो। बाईस-तेईस बरस की उम्र, गठा हुआ कसरती बदन, छत्तीस-सैंतीस इंच की चौड़ी-चकली छाती, सुडौल बाँहें, गोल चेहरा, छोटी ठोड़ी, अकड़ी-सीधी गर्दन, और अपने नाम को चरितार्थ करता हुआ काला रंग —शाम की मीटिंग का सबसे अधिक प्रभाव कदाचित उसी पर पड़ा था।

कलुआ इलाहाबाद के तीस-चालीस मील परे के गाँव सिराथू का रहने वाला था — सिराथू का —जहाँ के किसान बिना लाठी लिये घर से बाहर नहीं निकलते। और एक लाठी कलुआ के पास थी भी। लोहे जैसे, अन्दर से भरे, सख़्त बाँस की! उस लाठी में सुम भी चढ़ा था और कलुआ कभी-कभी उसे कड़वा तेल भी दे देता था। सुबह जब वह ख़ाकी वर्दी पहने दफ़्तर के बाहर स्टूल पर बैठा ड्यूटी देता तो यह लाठी उसके पास होती। मैनेजर साहब के आते ही वह उठ कर एटेंशन खड़ा हो जाता और वह चाहे कभी सेना में भरती न हुआ था तो भी एड़ी मिला कर फ़ौजी सलाम देता। उसके गाँव के कुछ आदमी लाहौर में काम करते थे, उन्हीं के पास वह आया था और उन्हीं की मदद से येलो बस सर्विस में नौकर हुआ था।

कलुआ पन्द्रह रुपये कम्पनी से पाता था और क्योंकि रात को वह मैनेजर साहब के बँगले पर सोता था और सुबह-शाम उनकी तरकारी-वरकारी लाने का काम कर देता था, इसलिए राशन उसको वहाँ से मिल जाता था। कोठी के आउट हाउस में उसे कोठरी मिली हुई थी। वहाँ वह खाना पका लिया करता था। सुबह छै बजे से ले कर फिर सुबह के छै बजे तक कोई भी समय उसका अपना न था। वह चौबीस घण्टे का नौकर था। दो-एक बार वह नूरदीन के साथ हरीश के पास गया था और जब हरीश ने यूनियन बनाने का कहा और बताया कि उनकी क्या माँगें होनी चाहिएँ और यूनियन के द्वारा वे क्या माँगें मालिकों से स्वीकार करा सकते हैं तो वह बड़ा प्रभावित हुआ था। शाम के भाषणों में जब उसने दूसरे ऐसे देशों का हाल सुना, जहाँ मज़दूरों का राज है; जहाँ अमीरों के लिए ही नहीं, मज़दूरों के लिए भी सुख-सुविधा के साधन उपलब्ध हैं, जहाँ कुछ लोग मालिक और शेष नौकर नहीं, बल्कि सभी मालिक हैं और सभी काम करते हैं; जहाँ ग़रीबों के लड़के पढ़ने के अवसर पा कर बड़े-बड़े वकील, इंजीनियर, डायरेक्टर और न जाने क्या-क्या बन जाते हैं; जहाँ का राजा एक मोची का लड़का है; जहाँ के 'जरनैल,' 'करनैल,' बढ़इयों, लोहारों के लड़के हैं तो वह चकित रह गया था। हरीश जी स्कूल खोलने जा रहे हैं। उसने सोचा, वह उसमें पढ़ेगा और न जाने एक दिन जब देश आज़ाद हो, मजदूर-किसान का राज हो, वह बढ़ कर ऐसी ही किसी कम्पनी का मैनेजर हो जाये, मैनेजर....जाने वह डायरेक्टर हो जाये, बड़ा सरकारी अफ़सर हो जाये, कलक्टर-कमिश्नर हो जाये, जरनैल-करनैल हो जाये....और वह उचक कर उठ बैठा और चारपाई की पट्टी पर बैठा सामने शून्य में देखने लगा —शून्य में, जहाँ उसका भोला-भाला, अपरिपक्व मस्तिष्क शाम के भाषणों के नशे में, जाने कैसे चित्र बना रहा था....

....उसके सामने अपने गाँव का नक्शा घूम गया, जहाँ पूस-माघ की सर्दी और जेठ-असाढ़ का घाम अधनंगे जिस्मों पर झेल कर, दिन-रात खेतों में काम करने पर भी कुटुम्ब का गुज़ारा न होता था और लगान आदि के लिए महीने में कुछ समय नगर में आ कर कुलीगीरी से लेकर पल्लेदारी तक करनी पड़ती थी।

....और साहूकार और पटवारी और दारोग़ा और सिपाही बीस बहानों से उनकी लोहू-पसीने की कमाई खा जाते थे। उनका जीवन भी कोई जीवन था —पैवन्द लगे टाट-सरीखा!....और फिर उसके सामने उस नयी ज़िन्दगी की तस्वीरें घूमने लगीं, जिसका ज़िक्र उसने आज के भाषणों में सुना था।

....उसका बाप उसे पढ़ने को कहता था, पर उसे तो मस्ती सूझती थी। अगर वह पढ़ लेता तो कैसा अच्छा होता! मज़दूर-किसानों का राज आते ही वह अपने गाँव का अगुवा जा बनता....उसके सामने अपने गाँव के संगियों की चकित निगाहें घूम गयीं, जब वे देखते हैं कि वह कलुआ —वह उजड्डु, गँवार, अपढ़ कलुआ —उन सब का सरदार बन कर आ गया है —वह क्या बनेगा, इसका चित्र उसके दिमाग़ में साफ़ न था। कलेक्टर से ले कर (जो यदि उनके गाँव के दस मील परे से निकल जाये तो उनके गाँव तक उसकी धमक आ जाती थी) करनैल-जरनैल के रूप में उसने अपने आप को देखा....'मैं पढ़ूँगा, मन लगा कर पढ़ूँगा!' उसने कसी हुई मुट्ठी अपनी सीने पर मारी और फिर लेट गया।

लेकिन फिर उसके सामने वही चित्र घूमने लगा।

०

और वह पत्थर, जिसके कारण कलुआ के उस थमे, रुके, गन्दे पोखर के-से जीवन में तूफ़ान आ गया था —वह नूरदीन —शाम की उस मीटिंग का प्रभाव उस पर भी कम न था। दुरो, हरीश, कलुआ और दूसरे साथियों की अपेक्षा नूरे पर उस मीटिंग का नशा सर्वाधिक था। अपने घर की चौखट पार करते ही उसने अपनी बीवी को सुना कर मन भर की गाली हवा में फेंक दी कि ले साली, तेरे उस माईयाँ —बाप के होश मैं ठिकाने करने लगा हूँ।

यह वक्त चूँकि उसके शराब पी कर आने का न था, इसलिए बीवी ने आँख उठा कर उसकी ओर देखा।

"मक्कू ठप्प देना ए तेरे ओस माईयाँ —पेऊ दा।"[१] नूरे उसका मुँह चिढ़ाते और हवा में मुक्का दिखाते हुए कहा।

बीवी ने प्रतिवाद किया कि उसके मरहूम[२] बाप को वह गाली न दिया करे, उसने बीस बार उसे समझाया है।

इस पर नूरे ने उसे बताया कि उसके माईयाँ —बाप से उसे अब क्या लेना है, जिसने उस फूहड़ के रूप में चक्की का पाट उसके गले में बाँध दिया। उसे तो वह जी भर उसकी ज़िन्दगी ही में रो चुका, अब वह जहन्नुम में अपने कर्मों का फल पा रहा होगा। वह तो उसके नये बाप —नये यार —उस माईयाँ —साले मैनेजर चोपड़ा की बात करता है।

उसकी बीवी ने उसके जवाब में जो कुछ कहा, उसका उत्तर एक पुरज़ोर थप्पड़, एक घूँसे और एक लात की सूरत में नूरे ने उसे दिया। एक पुरज़ोर थप्पड़, घूँसा और लात बड़ी बात है। कोई पतली-दुबली बीवी उससे धरती पर गिर कर अपने पति के बल-पराक्रम की कायल हो सकती है, पर नूरे की बीवी के सम्बन्ध में कोई ऐसी बात नहीं हुई। वह अपनी

---

१. होश ठिकाने कर दूँगा तेरे उस बाप के!

२. मरहूम = स्वर्गीय

जगह खड़ी रही और यद्यपि जहन्नुम में जाने के भय से उसने अपने शौहर को हाथ और लात से तुर्की-ब-तुर्की जवाब नहीं दिया, पर जहाँ तक जिह्वा का सम्बन्ध है, उसने कुछ उठा नहीं रखा। इसके बाद कोई आध घण्टे तक नूरे के घर से (जिस के खुले दरवाज़े पर मोटे टाट का पर्दा टँगा था और टाट, आप जानिए, कार्ड बोर्ड नहीं कि अन्दर की आवाज़ बाहर न जाये) वह शोर मचा कि ख़ुदा की पनाह! उस कोलाहल में नूरे की गालियों, मार-पीट और उसकी बीवी के तानों-तिश्नों और हाय-तोबा के साथ चूँकि उसकी युवा सुन्दरी लड़की का करुण-मधुर क्रन्दन भी शामिल था, इसलिए 'लायन प्रेस' के पीछे उस तबेले के लोग उस शोर से आजिज़ आ जाने पर भी, कान उठाये उसे सुनते रहे और दो-एक युवकों ने पति-पत्नी की इस व्यस्तता का लाभ उठा कर, उस कल-कण्ठी की, जिसका रुदन भी मुहल्ले वालों को प्यारा लगता था, एक झलक देखने का भी प्रयास किया।

आध घण्टे के कोलाहल के बाद जब नूरा घर से बाहर निकला तो उसकी आँखें लाल थीं और उसके पाँव ऐसे लड़खड़ा रहे थे, जैसे उसने एक पूरी बोतल चढ़ा रखी हो। उसके पास बोतल न थी, पर बोतल जिससे ख़रीदी जा सके, वह चीज़ अवश्य थी। अपनी लड़की के क्रन्दन और अपनी पत्नी के विरोध और बावेले के बावजूद, उसने उसके गले की कण्ठी बरबस उतार ली थी और थके, पर विजयी योद्धा की भाँति उसने रण-क्षेत्र छोड़ दिया था।

नूरा जिस जगह रहता था, वहाँ सचमुच ही कोई तबेला हो, ऐसी बात न थी। हाँ, किसी ज़माने में वहाँ अवश्य तबेला रहा होगा, क्योंकि हस्पताल रोड की ओर से उसके अन्दर जाने के लिए एक बड़ा-सा मेहराबदार फाटक बना था और नूरा तथा अन्य लोग जिन क्वार्टर-रूपी कोठरियों में रहते थे, वे किसी बड़े तबेले ही का हिस्सा मालूम होती थीं।

बड़े गेट से निकल कर नूरा अनारकली की ओर को मुड़ा, पर वह अनारकली नहीं गया। लायन प्रेस से आगे, जहाँ प्रताप रोड अनारकली में मिलती है, दायें कोने में ख़ालसा होटल था। उसके पीछे से प्रताप रोड से एक छोटी-सी सँकरी गली सरक्युलर रोड को, कविराज हरनाम दास के दवाख़ाने के निकट जा निकलती थी। नूरा उसी में हो लिया। बड़ी ही सँकरी गली! होटल का पिछवाड़ा होने और कोई सार्वजनिक पेशाबघर न होने से, होटल के मद्यपों तथा राह-चलतों के निरन्तर वहाँ लघुशंका निवारणार्थ बैठने और नगरपालिका की ओर से सफ़ाई का समुचित प्रबन्ध न होने से, गली में प्रवेश करते ही ठण्डी हवा के साथ दुर्गन्ध का एक भभका-सा आता था। यदि किसी भलेमानुस को जल्दी में उसी गली से गुज़रना पड़ता तो वह नाक पर रूमाल या कमीज़ का दामन अथवा आस्तीन का नीचे को बढ़ा हुआ भाग रख लेना न भूलता था। लेकिन नूरदीन ने ऐसा कुछ नहीं किया। जैसे पुरातन कथाओं के हंस की चोंच दूध-दूध ले लेती है और पानी-पानी अलग कर देती है, उसी प्रकार उसकी नाक ने उस दुर्गन्ध से, मदिरा की उस गन्ध को ही लिया, जो उस गली में खुलने वाले ख़ालसा-होटल के पिछले दरवाज़े से आती थी। वहाँ बाज़ार की दृष्टि से छिपा, नौ बजे बन्द किये जाने की सरकारी आज्ञा के बावजूद, रात के बारह-बारह बजे तक खुला रहने वाला मदिरालय था। उसी गन्ध की सीध में चलता हुआ नूरा उस दरवाज़े के अन्दर जा दाख़िल हुआ।

बीस-एक मिनट बाद जब वह उसी दरवाज़े से फिर निकला तो उसकी आँखें और भी लाल थीं और उसकी आवाज़ में और भी लड़खड़ाहट थी। उसने अभी पी न थी, लेकिन जिनके दोस्त निरन्तर पीते हैं या जो पीने-पिलाने का व्यापार करते हैं, उन्हें मालूम है कि पीने वालों को जब कुछ दिन के अन्तर पर बोतल दिखायी देती है तो बिना पिये, मदिरा की सूरत देख कर ही, उन पर नशा-सा चढ़ जाता है। नूरे की बग़ल में बोतल ही न थी, बल्कि उसकी जेब में पाँच का एक पत्ता भी था, जिसके बल पर वह हीरामण्डी की अपनी महबूब[१] — चिराग़ बेगम के साथ रात भर गुज़ार सकता था।

सामने सरक्यूलर रोड पर स्टेशन की ओर से आता हुआ एक ताँगे वाला चिल्ला रहा था —"चलो, कोई सवारी हीरामण्डी को! चलो कोई एक सवारी हीरामण्डी को!!"

नूरे ने उसे आवाज़ दी। ताँगा रुका और वह पिछली सीट पर लद गया। ताँगा चलने लगा और ताँगे वाले ने फिर हाँक लगायी, "चलो, कोई एक सवारी हीरामण्डी को!"

नूरे ने मस्ती में एक ज़ोरदार गाली अपने आप को देते हुए कहा, "माईयाँ —असीं सारे ताँगे दे पैसे देआँगे। तू उड़ा लै चल!"[२]

"लओ बाश्शाहो!" और ताँगेवाले ने हण्टर हवा में घुमाते और घोड़े की माँ के साथ अपना निकटतम सम्बन्ध स्थापित करते हुए टिटकारी भरी।

नूरे ने बोतल का डाट तो मदिरालय ही में खुलवा लिया था। साचा था कि एक-दो घूँट तो वहीं भर लेगा, लेकिन फिर उसे ख़याल आया कि नहीं, वह चिराग़ बेगम के साथ बैठ कर ही बोतल खोलेगा। लेकिन जब ताँगा भाटी की भीड़ को पीछे छोड़, रावी रोड पर हो लिया और ताँगेवाले ने बागें ढीली छोड़ीं और ताँगे की गति तेज़ होने के साथ हवा का झोंका आया, जो पसीने से तर उसके तन पर बड़ा शीतल लगा, तो नूरे के लिए अपने आप को रोकना कठिन हो गया। "रोकीं ओ यारा!"[३] उसने ताँगे-वाले को पुकारा। ताँगा रुक गया। नूरे ने बोतल खोल कर एक घूँट भर लिया और डाट फिर लगा कर उसने आस्तीन से होंटों को पोंछा और कड़वाहट के कारण होंट तरेरते हुए चिल्लाया, "उड़ा दे बूँदी हुण!"[४]

और ताँगा हवा से बातें करने लगा। बिना पानी या सोडे की मिलावट के शुद्ध देशी शराब! —नूरे के कण्ठ के नीचे एक शोला-सा लपकता चला गया। धीरे-धीरे वह शोला जैसे कुछ ठण्डा होकर उसकी नसों में जा समाया और उनके द्वारा उसके मस्तिष्क तक जा पहुँचा। उसके मस्तक पर हल्का-हल्का-सा सरूर रेंगने लगा और तर्जनी की पिछली ओर से दायीं मूँछ की नोक को ऊपर उठाते हुए उसने तान लगायी :

बाज़ार विकेन्दी तर नीं,
तेरा केहड़ी गली दे विच घर नीं ?
पिप्पल निशानी आँ!
ढोल जानी आँ,

---

१. महबूब = प्रेयसी
२. हम पूरे ताँगे के पैसे देंगे। तुम उड़ा ले चलो!
३. रोकना यार!
४. उड़ा ले चल अब!

साडी गली आजा, तेरी मेहरबानी आँ![1]

नूरे की आवाज़ काफ़ी मोटी और भद्दी थी, लेकिन चूँकि नशीली और ऊँची थी, इसलिए मोटाई के बावजूद उस में कुछ विचित्र-सा आकर्षण था।

ताँगे वाले को, जैसे उसे गाते सुन कर ही, नशा हो गया। वह एक पाँव पायदान और एक ताँगे के बम पर रखे खड़ा था। घोड़ा सरपट भागा जा रहा था और ताँगे वाले का मलमल का मैला कुर्ता उसके साथ उड़ा जा रहा था। उसी प्रकार पायदान पर खड़े-खड़े लगाम को दाँयें हाथ से हवा में घुमाते हुए, उसने नूर के चुप होते ही गीत का दूसरा बन्द उठाया। उसकी आवाज़ में ऐसी गूँज, लोच और लय थी कि राहगीर क्षण भर रुक कर, उस सरपट भागती हुई तान को सुनने लगे :

बाज़ार विकेन्दी तकड़ी,
वे मैं सुक्क-सुक्क हो गयी लकड़ी
तेरेयाँ ग़माँ विच!
जीवें ढोला!
ढोल सावाँ,
दफ़ा कर नौकरी, कटा लै नाँवाँ![2]

हीरामण्डी में ख़ूब रौनक थी —पानवाले, हारवाले, खोंचेवाले, कबाबों की दुकानों वाले और पान चबाने, हार ख़रीदने, कबाब और टिक्के खाने या उन खाने या ख़रीदने वालों को हसरत-भरी नज़रों से देखने वाले और 'मोती सिनेमा' के बाहर लगे पोस्टरों की अधनंगी तस्वीरें देखने और ऊपर चौबारों पर बैठी वारांगनाओं के दर्शन कर सुख पाने और भोले-भाले शिकारों की ताक में उक़ाब-सी आँखें लगाये अथवा योंही रास्ता चलते तमाशबीनों में राह बनाने वाले....मलमल के कलफ़ लगे खुले कुर्ते; धरती से लटकते हुए लट्ठे के तहमद; रंग-बिरंगी लुंगियाँ; चौड़ी लाइन वाली बोस्की की कमीज़ें; घेरदार शलवारें, सूट और निक्करें —गहमा-गहमी, गाली-गलौज, आवाज़ें, गाने और तराने —एक अजीब हुजूम, एक बेपनाह हंगामा, एक विचित्र कोलाहल!.... घोड़े की चाल यहाँ पहुँच कर चींटी की-सी हो गयी। नूरा न मोती सिनेमा के सामने उतरा, न टिब्बी के सामने। वह सीधा अड्डे पर जा उतरा और अपनी महबूब की गली की ओर हो लिया।

हीरामण्डी का नाम न जाने हीरा नामक किसी नर्तकी के नाम पर पड़ा था अथवा योंही वारांगनाओं को हीरों से उपमा देते हुए लोग सव्यंग्य इसे हीरों की मण्डी कहने लगे थे —कौन जाने ? हीरामण्डी वास्तव में एक बाज़ार नहीं, बल्कि बाज़ारों और गलियों का एक समूह है। जिसका केन्द्रस्थल वह चौक है, जहाँ ताँगे जा कर रुकते हैं। इसमें तीन तरह की वेश्याएँ रहती हैं। वे, जो सजे-बजे चौबारों में जाजमों पर बैठती हैं और पर्दों में निवास करती हैं। बिजली के सफ़ेद हण्डों की रोशनी में जिनके सौन्दर्य की कोई भूली-भटकी

---

१. प्रेमी पूछता है —बाज़ार में ककड़ी बिकती है, तेरा कौन-सी गली में घर है ? प्रेयसी उत्तर देती है, पीपल निशानी है। ओ मेरे ढोल (प्रिय) हमारी गली आ जा, तेरी बड़ी मेहरबानी होगी।

२. बाज़ार तराज़ू बिकती है। प्यारे, मैं तेरे ग़म में सूख कर लकड़ी हो गयी! ओ मेरे ढोल (प्रिय) जिओ, नौकरी को दफ़ा करो और अपना नाम कटा लो।

झलक अथवा जिनके कल-कण्ठ की कोई तान ही नीचे वालों को दिखायी या सुनायी देती है। प्रसिद्ध फ़िल्म अभिनेत्री मुमताज़ बेगम अथवा नूरजहाँ इन्हीं चौबारों में से फ़िल्मी दुनिया में पहुँचती हैं। दूसरी, टिब्बी की उस बेहद सँकरी और साँप-ऐसे बल खा कर हीरामण्डी से सैद-मिट्ठा बाज़ार के सामने जा निकलने वाली गली की टकिहाइयाँ हैं। इन्हें पंजाब में ख़ानगियाँ कहते हैं। इनके दाम आठ आने से दो रुपये तक होते हैं —लेकिन इस ऊँचे और नीचे के मध्य एक और दर्जा भी है। ये भी टकिहाइयाँ हैं, पर गायिका होने का दम भरती हैं। साज़िन्दों के नाम पर इनके पास एक-आध आदमी होता है, जो उनका दल्लाल भी होता है और सारंगी या तबला बजाने वाला भी। इनमें से अधिकांश चौक से किले को जाने वाली सड़क की एक ऐसी गली में व्यापार करती हैं, जो टिब्बी की अपेक्षा अधिक चौड़ी, सीधी और संक्षिप्त है, पर गन्दी और धुएँ और स्वेद और शराब की गन्ध से लिप्त उतनी ही! इसी गली में नूरदीन की प्रेयसी चिराग़ बेगम रहती थी।

ताँगे से उतर कर नूरे ने एक दुकान से टिक्के, कबाब, कीमे की प्लेट और नान ख़रीदे और दुकानदार के नौकर छोकरे से कहा कि वह सब ले कर उसके साथ सामने गली में चिराग़ बेगम के घर तक चले। जब छोकरे ने ट्रे में सब खाद्य-सामग्री सजा ली तो नूरा आने वाले सुख की कल्पना में मस्त उसके आगे-आगे चल पड़ा।

चिराग़ बेगम के पास उस गली की दूसरी टकिहाइयों की तरह दो कोठरियाँ थीं। एक बावर्चीख़ाना था और एक बैठक। पर चिराग़ बेगम का यह कमाल था कि जहाँ दूसरी वारांगनाओं ने बाहर के कमरे ही में चारपाई डाल रखी थी और ग्राहक के आने पर दरवाज़ा बन्द कर लेती थीं, चिराग़ बेगम ने दोनों कमरों को सँवार रखा था। बाहर के कमरे में —कमरे क्या, कोठरी में —उसने धरती पर एक पुरानी दरी, चादर और गोल तकिया बिछा रखा था और बावर्चीख़ाने को पर्दा लगा कर उसे दो हिस्सों में विभक्त कर दिया था। उस ओर अँगीठी, चकला, बेलन और एक-दो हाँड़ियाँ रखी थीं; इस ओर चारपाई बिछी थी। दोनों कोठरियों के मध्य दरवाज़े में किसी पुरानी धोती या साड़ी को फाड़ कर पर्दा लगा रखा था।

उस समय वह तकिये के सहारे गाने की भंगिमा में बैठी थी और बाज़ार में आने-जाने वालों को देख कर एक तान लगा देती थी। नूरे के कदमों की चाप सुन कर उसने सानुनासिक-सी तान लगायी :

आज हम तुम जो चले झूमते मयख़ाने को

"मेरी जान, मयख़ाने जाने की ज़रूरत नहीं, मयख़ाना यहीं आ गया है!" यह कहते हुए नूरे ने अन्दर प्रवेश किया बोतल फ़र्श पर रखी और नौकर छोकरे से नान और कबाब आदि की प्लेटें थाम लीं और एक आना उसके हाथ में देते हुए उससे कहा कि एक घण्टे बाद बर्तन ले जाये!

छोकरा चला गया तो उसने बढ़ कर दोनों हाथों से चिराग़ बेगम के दोनों गाल थाम कर उसे चूम लिया।

"परे हो कर बैठो, देखते नहीं बाज़ार चल रहा है!" उसके दोनों हाथ झटकते हुए चिराग़ बेगम ने कहा।

बाहर बाज़ार में एक-दो राह-चलते रुक गये थे। नूरे ने उठ कर किवाड़ पर टँगा पर्दा खोल दिया और बोला, "मेरी जान, आज तो कयामत बरपा कर रही हो!" और उसने बढ़ कर उसके गाल को मसल दिया।

चिराग़ बेगम सचमुच कयामत ढा रही हो, ऐसी कोई बात न थी। वह तीस को पहुँचती हुई औरत थी। और तीस तक जाते-जाते उस पेशे में स्त्री की जो दुर्गति हो जाती है, इसकी कलपना की जा सकती है। चिराग़ बेगम या चिराग़ो का —क्योंकि उसकी गली वालियाँ उसे इसी नाम से पुकारती थीं —यह कमाल था कि अपनी उम्र और पेशे के बावजूद अपने शरीर को उसने सँभाल कर रखा था। रंग तो उसका साँवला ही था और नक्श भी उसके कुछ वैसे तीखे न थे —छोटी ठोड़ी और एक ओर से किंचित पिचका हुआ मुँह, लेकिन कण्ठ के नीचे उसका शरीर अब भी नूरे के उस शे'र को चरितार्थ करता था, जो वह दो-एक पेग चढ़ाने के बाद उसे देख कर गाया करता था :

जवानी है जवानी, लाख दोहराओ दुपट्टे को
यह तुग़ियानी[१] समन्दर की भला यों रुकने वाली है!

और जिस्म की इस ख़ूबी के साथ उस में एक गुण यह भी था कि वह अपनी दूसरी सहेलियों की तरह पाउडर और सुर्ख़ी का बेतुका प्रयोग न करती थी। इसीलिए टकिहाई होने के बावजूद उस में आकर्षण था।

लेकिन इस आकर्षण के होते भी, यदि नूरा कभी बे-पिये आता और आँखों में झाँक कर दिल की बात पढ़ने की शक्ति उसमें होती तो वह चिराग़ की आँखों में ऐसी क्रूरता देखता, जो उसके होंटों की मुस्कान के बावजूद वहाँ प्रकट थी। चिराग़ जाति की वेश्या न थी। तरुणाई के उन पहले दिनों में, जब जिस्म दिमाग़ पर पूरी तरह अधिकार कर लेता है, वह अपने गाँव के ज़मींदार के हाथों बर्बाद हो कर वहीं के एक युवक जुलाहे के साथ भागने को विवश हुई थी। उसी ने उसे अन्त को इस गली में ला बैठाया था। इसी अतीत ने चिराग़ के दिल में पुरुषों के लिए एक विचित्र-से प्रतिशोध और उपेक्षा की भावना भर दी थी। वह रोज़ दसियों के साथ सोती, पर जहाँ मिनटों में दूसरों को ख़त्म कर देती, वहाँ अपना कुछ भी बिगड़ने न देती। शराब वह हमेशा दिखावे को पीती और अपनी जवानी के पापों का प्रायश्चित करने के लिए पाँचों वक्त नमाज़ पढ़ती।

पर्दा करके नूरे चिल्लाया कि यह दल्ला हाशिम[२] कहाँ है। ज़रा गिलास लाये और कुछ रंग जमे।

पर हाशिम नूरे की बात ख़त्म होने से पहले ही पर्दे से झाँका!

उसकी आँखों में जो भाव था, उससे चिराग़ को पता चल गया कि वह कोई मोटा मुर्ग़ फाँस कर लाया है। तब आँख के संकेत से उसे अन्दर बुलाते और प्रकट यह कहते हुए कि वह बावर्चीख़ाने से नूर मियाँ को गिलास उठा कर दे, चिराग़ ने अन्दर जा कर उसे समझाया कि वह उस मुर्ग़ को घण्टे-भर तक और फँसा रखे, इतने में वह इस को ज़िबह कर लेगी।[३]

---

१. तुग़ियानी = तूफ़ान

२. दल्ला = दल्लाल = एक आम पंजाबी गाली। हाशिम चिराग़ बेगम के दल्लाल का नाम था।

गिलास दे कर हाशिम चला गया तो चिराग़ ने बड़ा-सा पेग नूरे को ढाल कर दिया और ज़रा-सा अपने में डाल लिया। इससे पहले अपने गिलास में उसने पानी यथेष्ट मात्रा में डाल लिया था। इसके बाद उसने इस बात का ख़याल रखा कि कबाब और टिक्के और कीमा और नान तो वह स्वयं खाये और शराब नूरे को पिलाये। तीन बड़े पेग कण्ठ में उँडेलने के बाद ही नूरा निहाल हो गया और बड़े बेसुरे ढंग से गाने लगा :

कुशादा दस्ते-करम जो वो बे नयाज़ करे[१]

पर दूसरी पंक्ति वह भूल गया और एक और पेग चढ़ा, उस ऊँचाई से उतर कर, हकलाते हुए झूम-झूम कर गाने लगा :

हम जो पीते हैं तेरे बाप का क्या लेते हैं ?
हम जो....

और यह गाते हुए उसने चिराग़ के गाल को और फिर उसकी छाती को नोचा। चिराग़ ने उसे कुछ नहीं कहा, बल्कि गोद में खींच कर एक पेग उसे और पिलाया। तब नूरे को अचानक स्ट्राइक का ख़याल आ गया और वहीं अधबैठे-अधलेटे उसने चिराग़ को बताने की कोशिश की कि उसने माईयाँ अपने मालिक के 'मक्कू ठप्पन' का इन्तज़ाम कर लिया है और वह आज से शराब नहीं पियेगा! हाथ-पाँव हिला कर, उठने का प्रयास करते हुए वह चिराग़ के गाल नोच-नोच कर कहने लगा, "तुम्हें यकीन नहीं आता, लेकिन मैं आज से शराब नहीं पीने का....मैं कहता हूँ, मैं आज से शराब बिलकुल...."

पर उसके यकीन दिलाने के बावजूद चिराग़ ने उसे शेष बोतल गिलास में उँडेल कर पिला दी। जब वह बुत्त हो गया तो उसने बड़ी बेरहमी से उसे कोने में धकेल कर, उसकी जेब से रुपये निकाले और उसके चूतड़ों पर एक लात जमा कर उस पर चादर डाल दी।

तभी नानबाई का छोकरा बर्तन लेने आया। उसको उसने बर्तन दे दिये और संकेत पा कर हाशिम उस मोटे मुर्ग़े को ले आया और उसे अच्छी तरह ज़िबह करने के लिए, नूरे की ओर देखने का अवसर दिये बिना, चिराग़ उसे अन्दर ले गयी।

३५

प्रोफ़ेसर बैजनाथ उस समय अपने कमरे में धीरे-धीरे टहल रहे थे, जब सत्या जी जगमोहन को साथ ले कर वहाँ पहुँचीं और उन्होंने किंचित हँसते हुए कहा, "चाचा जी, नमस्ते!"

'चाचा जी' ने टहलना नहीं छोड़ा, न वे हँसे, न उन्होंने नमस्कार का जवाब दिया। सत्या जी ने भी उस उत्तर की कुछ वैसी अपेक्षा नहीं रखी। वे कमरे में बिछी चारपाई के पाँयते पर बैठ गयीं और फिर जैसे वह उन्हीं का घर हो, उन्होंने कमरे की एकमात्र कुर्सी खींच कर जगमोहन से उस पर बैठने के लिए कहा।

---

८. ज़िबह करना = हलाल करना = छुरी से काटना
१. वह निरपेक्ष (भगवान) अपनी दया का हाथ जो बढ़ाये!

जगमोहन चुपचाप कुर्सी पर बैठ गया। प्रोफ़ेसर साहब घूमते रहे और सत्या जी उनके बैठने की बाट देखती रहीं। इस बीच जगमोहन की दृष्टि अनायास कमरे का निरीक्षण करती रही।

प्रोफ़ेसर साहब का यह मकान मोहिनी रोड पर था। नया-नया बना था, लेकिन नयी केवल दीवारें, फ़र्श और छतें ही जगमोहन को लगीं। शेष सब कुछ वहाँ पुराना था। कुछ विचित्र अस्त-व्यस्तता उसे वहाँ विराजमान दिखायी दी। दो अलमारियाँ थीं, जो बेतरतीब किताबों और मैगज़ीनों से भरी पड़ी थीं। मेज़ भी पुस्तकों और पत्र-पत्रिकाओं से अटी पड़ी थी। एक समाचार-पत्र के पृष्ठ पलँग के नीचे बिखरे हुए थे। यदि वही सब होता तो भी ग़नीमत था। कवियों, दार्शनिकों और अध्यापकों की यह अस्त-व्यस्तता आदिकाल से क्षम्य है। किन्तु उसी कमरे में किसी बड़ी बच्ची के फ़्रॉक, किसी छोटे बच्चे की चिन्दियाँ और टूटे-फूटे खिलौने बिखरे पड़े थे। अँगीठी पर पत्र-पत्रिकाओं और पुस्तकों के साथ एक पुराना टाइमपीस, मिट्टी की गणेश और लक्ष्मी की मूर्तियाँ, दवाई की शीशियाँ और न जाने किन-किन चीज़ों के डिब्बे और डिब्बियाँ पड़ी थीं। इन सब के बीच, पहली ही दृष्टि में ध्यान को अपनी ओर खींचने वाली एक तम्बाकू की पुड़िया भी थी, जो बेतरह मुँह बाये जैसे उबासी ले रही थी। जगमोहन को वह सब अत्यन्त घृणास्पद लगा। उसने चाहा कि इधर हो या उधर, वे बात करके तत्काल वहाँ से चल दें। पर सत्या जी बड़े धैर्य से बैठी एक पत्रिका के पन्ने पलट रही थीं।

तभी बाल बिखेरे, होंट ख़ून-जैसी सुर्ख़ी से रँगे, हाथ में खाँडे की जगह हुक्के की चिलम लिये, जैसे माँ काली ने प्रवेश किया।

"चाची जी नमस्ते!" सत्या जी हँसते हुए उठीं।

जगमोहन भी अचकचा कर उठा और उसने होंटों ही में नमस्कार करने का उपक्रम-सा किया।

निमिष-भर को उनकी निगाहें जगमोहन से मिलीं और पराये युवक को देख कर काली माता ने साड़ी का पल्लू सिर पर खींच लिया।

"ये हमारी चाची जी हैं!" सत्या जी ने जगमोहन को काली माता का परिचय दिया।

जगमोहन ने एक बार फिर उन्हें नमस्कार किया।

तब उस नमस्कार का जवाब दे, चिलम को हुक्के पर रख कर, उन्होंने सत्या जी से कहा कि प्रोफ़ेसर साहब से बातें करके वे उधर आयें। और जैसे वे आयी थीं, वैसे चली गयीं।

तब प्रोफ़ेसर साहब, जो शायद चिलम की प्रतीक्षा ही में टहल रहे थे, चारपाई पर आ बैठे और हुक्के की नली मुँह में लगा कर उन्होंने एक लम्बा कश लिया। क्षण-दो क्षण वे निर्लिप्त भाव से हुक्का गुड़गुड़ाते रहे, फिर खाँस कर चारपाई के सिरहाने रखी हुई राख-भरी हँडिया में उन्होंने बलग़म का बड़ा-सा लौंदा फेंका और सत्या जी से उनकी और उनके पिता की कुशल-क्षेम पूछी।

जगमोहन का ध्यान निरन्तर उनकी पत्नी की अत्यधिक कुरूपता पर केन्द्रित था। उनका रंग ही काला न था, नक्श भी भद्दे थे और इस पर तुर्रा यह कि उन्होंने पाउडर और

सुर्ख़ी लगा रखी थी, जो उस कुरूपता को और भी बढ़ाती थी। फिर उनका चांचल्य उस कुरूपता पर नीम-चढ़ी तितलौकी-सा प्रभाव उत्पन्न करता था।

उसने सत्या जी से सुन रखा था कि वे हर समय बनी-सँवरी रहती हैं। प्रकट है कि अपने आप को सुन्दर समझती थीं। दो उनके बच्चे थे, पर उन्होंने अपनी माँ की शृंगार-प्रियता में किसी प्रकार की कमी न आने दी थी। उन्हें देखते ही जगमोहन के कानों में सत्या जी की यह बात गूँज गयी कि वे बड़ी 'नख़रेलो' हैं और प्रोफ़ेसर साहब न केवल उनके नाज़-नख़रे सहते हैं, बल्कि उन पर जान भी देते हैं। और जगमोहन हैरान था कि इतनी काली-कलूटी औरत से कोई कैसे प्यार कर सकता है।

पर जब प्रोफ़ेसर साहब उनके सामने चारपाई पर आ कर बैठ गये और सत्या जी से बातें करने लगे और उसने ध्यान से उनके चेहरे को देखा तो उसे प्रोफ़ेसराइन से हमदर्दी हो आयी।

प्रोफ़ेसर साहब की आकृति में कोई ऐसा आकर्षण न था, जिसका सम्बन्ध सौन्दर्य से हो। इसके विपरीत उनके मुख की विचित्र अपरूपता ही उसका एकमात्र आकर्षण थी। वे छै फ़ुट को पहुँचते हुए ऊँचे-लम्बे आदमी थे। लम्बी-लम्बी बाँहें उनके कन्धों से झूलती दिखायी देती थीं। छाती और कमर की मोटाई एक-जैसी थी। सामने से आते समय उन्हें देख कर ऐसा लगता, जैसे किसी आयत को बाँहें और टाँगें लग गयी हैं और वह एक-सी गति से चली आ रही है। किन्तु इस आभास का कारण उन के आयताकार शरीर की अपेक्षा उनके मुख की भावनाहीनता ही अधिक थी। उनके मुख पर मांस लटकता-सा दिखायी देता था। लगता था, जैसे सिरजनहार ने उनका धड़ बना कर मुँह बनाते समय मिट्टी का लौंदा मार कर उँगली और अँगूठे से नाक-मुँह के नक्श तो बना दिये, पर फिर ऊब कर उसे साफ़ और सुकोमल बनाने की अपेक्षा वैसे ही अनगढ़ छोड़ दिया। 'प्रोफ़ेसर साहब की आकृति वाले व्यक्ति के साथ जो औरत चौबीसों घण्टे रहती है,' जगमोहन ने सोचा, 'उसके बच्चे पैदा करती है, वह कालिका भी क्यों न हो, सहानुभूति की अधिकारिणी है....'

जगमोहन पति-पत्नी के सम्बन्ध की जटिल गहराइयों में डूब गया था कि उसने सुना, सत्या जी उसका परिचय दे रही हैं और जैसे उन गहराइयों को तत्काल छोड़, वह ऊपर सतह पर आ गया। कहाँ से होती हुई बात उस तक आ पहुँची थी, यह सब उसने नहीं सुना। जब वह चौंका तो उस समय सत्या जी कह रही थीं कि ये जगमोहन जी हैं; बड़े उदीयमान कवि हैं; इनके सम्बध में मैं पहले भी आपसे बात कर चुकी हूँ; यदि एम० ए० करने में आप इनकी सहायता कर सकें तो बड़ा अच्छा हो। दाख़िले का प्रबन्ध तो ये किसी-न-किसी तरह कर लेंगे, पर फ़ीस इनकी माफ़ हो जाये तो ये दाख़िल हो जायें। इनकी आर्थिक कठिनाई की बात तो मैं आपको बता ही चुकी हूँ। पुस्तकों के मामले में तथा और भी जिस तरह हो सके, आप इनकी सहायता करें।

प्रोफ़ेसर साहब ने हुक्के के दो कश लगाते हुए एक अन्यमनस्क श्रान्त-सी दृष्टि जगमोहन पर डाली। जैसे उन्होंने अब पहली बार उसे देखा। फिर उन्होंने जैसे अपने हुक्के को सुनाते हुए कहना आरम्भ किया कि कविता बेकारों की हॉबी (hobby) है। जिन आदमियों को दुनिया में कुछ काम करना है, उन्हें कविता करना तो दूर रहा, समाचार-पत्र तक पढ़ने का समय नहीं मिलता। उन्होंने अपना उदाहरण दिया कि कैसे उन्होंने बड़े ग़रीब

घर में जन्म ले कर ट्यूशन करके पढ़ाई की और न केवल हिस्ट्री में, बल्कि फ़िलासफ़ी में भी एम० ए० किया और यद्यपि अब गृहस्थी ने उनके समय को (जो पहले ही परीक्षाओं के प्रश्न-पत्र बनाने, कापियाँ देखने, और कॉलेज-सम्बन्धी बीसियों पचड़ों के कारण पल-पल से बिंधा है) कम कर दिया है तो भी वे अभी दो विषयों में और एम० ए० करने की सोच रहे हैं।

यहाँ उन्होंने अचानक एक लम्बा कश लिया और जैसे अपने हुक्के से पूछा कि वह एम० ए० में क्या विषय लेना चाहता है।

उनके इस लम्बे प्रवचन को सुनते-सुनते जगमोहन का ध्यान भटक गया था। वह सोचने लगा था कि ये कैसे इतिहास के प्रोफ़ेसर हैं, जो महीनों समाचार-पत्र न पढ़ने का उल्लेख बड़े गर्व से कर रहे हैं।

जब प्रोफ़ेसर साहब ने ज़रा-सा और मुँह मोड़ कर वही प्रश्न दोहराया तो जगमोहन चौंका और उसने उत्तर दिया कि वह इतिहास लेने की सोच रहा है। तब उन्होंने अपने प्रवचन का तार जहाँ से छोड़ा था, वहीं से फिर पकड़ लिया और बोले कि उसने बी० ए० तक इतिहास का अध्ययन किया है, क्या वह किसी ऐसे कवि का नाम बता सकता है, जिसने किसी जाति अथवा राष्ट्र का जीवन बदला हो ?

जगमोहन विदेशों के इतिहास से उतना परिचित न था, पर उसके सामने 'इकबाल' के शेर आ गये, जिन्होंने १९२१ के आन्दोल में रूह फूँक दी थी और जो अब कांग्रेस से अलग हो कर मुसलमानों में जातीयता की रूह फूँक रहे थे, फिर टैगोर....पर उसने चुप ही रहना उचित समझा। उत्तर न पा कर प्रोफ़ेसर साहब समझे कि वह उनकी बात से बड़ा प्रभावित हुआ है और बड़े सन्तोष के साथ उन्होंने हुक्के के दो-चार लम्बे कश खींचे।

जगमोहन इस बीच में ऊब उठा था। सोच रहा था कि सत्या जी उसे व्यर्थ ही वहाँ ले आयीं। जिनकी दृष्टि का घेरा इतना सीमित है, वे भला किसी की क्या सहायता कर सकेंगे। पर नहीं, उसका ख़याल ग़लत निकला। प्रोफ़ेसर साहब ने प्रिन्सिपल से व्यक्तिगत रूप से अनुरोध कर उसकी फ़ीस माफ़ करा देने का वादा किया। यह भी कहा कि वे पुस्तकों का भी प्रबन्ध कर देंगे और फिर दो-एक कश लगाते हुए, जैसे अपने हुक्के ही को समझाते हुए, उन्होंने उसे सफल जीवन के भेद बताये। उस लम्बे अभिभाषण का निष्कर्ष यही था कि दुनिया लेने-देने पर टिकी है। यदि कोई आदमी लेता ही जायेगा और देने की नहीं सोचेगा तो वह पाना बन्द कर देगा। वे उसकी फ़ीस माफ़ करा देंगे, पुस्तकों का प्रबन्ध कर देंगे, यदि वह रोज़ उनके यहाँ दो-एक घण्टों के लिए आया करेगा तो वे उसे इतिहास पढ़ा भी दिया करेंगे। पर वे व्यस्त रहते हैं, कभी उनके पास समय न हो तो वह अपनी भाभी की सहायता कर दिया करे, बच्चे को पढ़ा दिया करे, आदि, आदि....

जगमोहन पर उनकी इस अप्रत्याशित उदारता का बड़ा प्रभाव पड़ा। कुछ क्षण पहले जो कुरूपता उसे उनके चेहरे पर विद्यमान दिखायी देती थी, वह जैसे किसी मन्त्र के बल से दूर हो गयी। उनका कुरूप मुख-मण्डल उसे उदारता की आभा से उद्‌भासित दिखायी दिया। श्रद्धा से उसका हृदय प्लावित हो उठा। उसकी सबसे बड़ी साध वे पूरी कर दे रहे थे, क्या वह ऐसा कृतघ्न था कि उनके किसी काम न आता! 'आँधी हो या पानी, वह

नियमित रूप से उनके यहाँ आया करेगा,' उसने सोचा, 'जो सेवा उससे उनकी बन पड़ेगी, वह उससे कभी कन्नी न काटेगा।' और अपने भाव उसने बड़ी विनम्रता से प्रोफ़ेसर साहब के सम्मुख प्रकट कर दिये।

जगमोहन अपनी कृतज्ञता प्रकट कर ही रहा था कि सत्या जी 'चाची जी से मिलने' चली गयीं —काम उनका पूरा हो चुका था और फिर कदाचित कृतज्ञता-प्रकाश में जगमोहन उनकी उपस्थिति में कुछ सकुचा जाता, इसलिए वे उठ गयीं।

कृतज्ञता-प्रकाश कर, जगमोहन प्रोफ़ेसर साहब को अपनी आर्थिक स्थिति का कुछ और भी गहरा परिचय दे रहा था कि उसे लगा, कश खींचने पर उनके मुँह और नथुनों से धुआँ नहीं निकलता। प्रोफ़ेसर साहब ने चिलम एक-दो बार हिलायी, पर नतीजा कुछ निकला। तब अपनी बात छोड़ कर जगमोहन ने चिलम उठा ली, "यह बुझ गयी है," उसने कहा, "मैं और भर लाता हूँ।"

तब प्रोफ़ेसर साहब के 'न,' 'न' करने पर भी उसने चिलम हुक्के पर न रखी। प्रोफ़ेसर साहब की दृष्टि का अनुसरण करने पर चिलम की राख दरवाज़े के बाहर फेंक, उसने तमाखू भरा और आँगन के दरवाज़े से निकल गया। किचन कहाँ है, उसे ज्ञात न था। पर उसे कठिनाई नहीं हुई, क्योंकि आँगन के दूसरे सिरे पर उसे सत्या जी की साड़ी का छोर किचन की दहलीज़ के बाहर दिखायी दे गया। उसने चिलम वहाँ जा कर भर ली। सत्या जी ने प्रोफ़ेसराइन को भी उसका परिचय दे दिया। (प्रोफ़ेसराइन का परिचय जगमोहन को वे दे ही चुकी थीं) जगमोहन ने उस काले-कलूटे बच्चे को भी देख लिया, जिसका चार्ज उसे मिलने वाला था, किन्तु उस समय वह उसे उतना कुरूप नहीं लगा। चिलम भर कर वह चला तो सत्या जी भी उठीं। फिर आने का वादा करके उसके पीछे-पीछे हो लीं। जब उसे चिलम हुक्के पर रख दी और प्रोफ़ेसर साहब ने हुक्के का कश खींच कर उसका शुक्रिया अदा कर दिया तो सत्या जी ने आज्ञा चाही। प्रोफ़ेसर साहब ने जगमोहन को कॉलेज में मिलने का परामर्श दिया। जगमोहन ने कहा कि प्रवेश-शुल्क का प्रबन्ध कर, वह शीघ्र ही उनसे मिलेगा।

"पर भाई, इससे पहले फ़ार्म भरना होगा और फ़ीस माफ़ करने की अर्जी देनी होगी।"

"जी, बहुत अच्छा। मैं कल ही मिलूँगा!"

और प्रोफ़ेसर साहब को नमस्कार कर दोनों बाहर निकले।

३६

साँझ गहरी हो चली थी। आकाश पर बादल घिरे थे। उमस के कारण दम घुटा जा रहा था। पर जगमोहन का मन बड़ा प्रसन्न था। वह बोझ जो पण्डित रघुनाथ के आगमन के बाद सत्या जी के प्रति उसके मन पर आ गया था, अपने आप दूर हो चला था। जब वे प्रोफ़ेसर कपूर के घर आ रहे थे तो दोनों में से कोई न बोला था, लेकिन वापसी पर अपने उद्देश्य

की सफलता ने दोनों के मन हल्के कर दिये थे। अनायास बातें करते हुए वे चले आये थे।

जगमोहन ने सत्या जी को बताया था कि किस प्रकार प्रोफ़ेसर साहब के घर की अव्यवस्था देख कर उसके मन में एक विचित्र-सी उपेक्षा का भाव जगा था —कि उस समय भी प्रोफ़ेसर साहब की इस गर्वोक्ति को वह उचित और स्तुत्य नहीं समझता कि वे महीनों समाचार-पत्र नहीं पढ़ते —जो समाचार-पत्र भी नहीं पढ़ता, वह छात्रों को इतिहास क्या पढ़ायेगा ? —कविता के प्रति उनका विद्वेष भी उसे अच्छा नहीं लगा। लेकिन इस सब के होते भी उनकी उदारता, सदाशयता और सज्जनता का वह कायल हो गया है।

सत्या जी ने उसे बताया कि प्रोफ़ेसर साहब अमृतसर ही के रहने वाले हैं। वहीं से सत्या जी के पिता में और उनमें मैत्री भी है। व्यस्त रहते हैं, इसलिए कमरे की सफ़ाई आदि का ध्यान नहीं रख सकते। कॉलेज में इतिहास और दर्शन दोनों विषय पढ़ाते हैं। अब वे कॉलेज जायें, लेक्चर तैयार करें, प्रश्न-पत्र बनायें, परीक्षाओं की ढेर-की-ढेर कापियाँ देखें, ट्यूशनें पढ़ायें या घर की व्यवस्था की ओर ध्यान दें ? यह काम गृहिणी का है। दुर्भाग्य से गृहिणी उनकी दूसरी है। पहली बड़ी साफ़-सुथरी, पढ़ी-लिखी, सुघड़ और सुसंस्कृत थी। उससे एक बड़ा लड़का है। बड़ा सुन्दर है। दो काले-कलूटे बच्चे इनसे हैं। किन्तु बच्चों की देख-रेख और घर की सफ़ाई-सजावट की अपेक्षा उन्हें अपना साज-शृंगार अधिक पसन्द है।

"लेकिन बड़ा बच्चा तो कहीं देखा नहीं।"

"कहीं बाहर खेल रहा होगा।" सत्या जी ने कहा और फिर अपनी बात का तार पकड़ते हुए उन्होंने जगमोहन को बताया कि प्रोफ़ेसर साहब ने उनके पिता को मुसीबत में फँसा दिया है।

जगमोहन ने जिज्ञासा प्रकट की तो सत्या जी ने बताया कि प्रोफ़ेसर बैजनाथ प्रोफ़ेसर ज्योतिस्वरूप के बड़े घनिष्ट मित्र हैं। जब प्रोफ़ेसर स्वरूप ने 'लॉ कम्पनी लिमिटेड' खोली थी तो प्रोफ़ेसर कपूर ने जहाँ स्वयं एक हिस्सा ख़रीदा, वहाँ सत्या जी के पिता को पाँच हिस्से ले दिये। उनकी सारी जमा-पूँजी पाँच हज़ार थी। बम्बई में जब उनके पिता मुलाज़िम थे तो उन्होंने कुछ रुपया जमा किया था, वह सब प्रोफ़ेसर कपूर की कृपा से उस कम्पनी में लग गया।

जगमोहन हँसा। "आपके पिता जी की बात क्या," उसने कहा, "न जाने कितने उस कम्पनी में डूबे।"

"अब दो हज़ार रुपया देने को कहते हैं," सत्या जी बोलीं, "न जाने देते भी हैं कि नहीं।"

"रुपया मिल जायेगा," जगमोहन ने सहसा किंचित हँस कर उन्हें आश्वासन दिया, "मैंने आपको शायद बताया नहीं," उसने कहा, "इधर कई दिन से मैं सुबह मज़ंग रोड पर सैर को जाता हूँ। प्रोफ़ेसर साहब अपने ससुर की कोठी से उठ कर ११२ मज़ंग रोड पर चले आये हैं। हाईकोर्ट वाली सड़क, जहाँ मज़ंग रोड में मिलती है, वहीं उनकी कोठी है। पारिश्रमिक उन्होंने मेरा दिया नहीं। मैंने भी तय कर लिया कि रोज़ सुबह को सैर करने उनके घर की ओर ही जाऊँगा। कहूँगा कुछ नहीं। पैसे भी न माँगूँगा। बस रोज़ नमस्कार

कर चला आऊँगा। देखूँ, कैसे नहीं देते मेरा पारिश्रमिक!"

इस बार सत्या जी हँसीं।

"दो-तीन दिन तो उनसे मेरा साक्षात्कार न हो सका। चौथे दिन पहुँचा तो बाहर ही से पता चल गया कि वे उठते ही कमरे में चले गये हैं। दरवाज़े के शीशे से मैंने देखा, टेबल-लैम्प जलाये मेज़ पर झुके हुए थे। मैंने दरवाज़े पर दस्तक दी। वहीं मेज़ पर झुके उन्होंने पूछा, 'कौन है ?' मैंने अपना नाम बताया तो बोले कि गैलरी की ओर से आ जाओ; मैं अन्दर गया और नमस्कार कर पूछा कि इस गर्मी में अन्दर क्यों बैठे हैं ? बोले, 'हिसाब कर रहा हूँ कि मुझे अभी कितना देना बाकी है।'

"मैं उनके पास मेज़ के किनारे खड़ा था," जगमोहन का स्वर गम्भीर हो गया, "एक काग़ज़ पर उन्होंने कितनी ही रकमें लिख रखी थीं। सबसे अन्त में मेरे रुपये भी थे। मुझे सचमुच अपनी आँखों पर विश्वास नहीं आया, पर सच ही सूची के अन्त में मेरा नाम था।" वह कुछ क्षण तक चुप रहा, फिर बोला, "वहीं मैंने आप के पिता का नाम और उसके आगे दो हज़ार की रकम लिखी भी देखी।"

सत्या जी ने लम्बी साँस भरी।

जगमोहन ने उनकी लम्बी साँस की ओर ध्यान नहीं दिया। अपनी रौ में वह प्रोफ़ेसर स्वरूप और श्री धर्मदेव वेदालंकार की तुलना करने लगा। "मैं सच कहता हूँ सत्या जी," वह बोला, "मुझे प्रोफ़ेसर स्वरूप के प्रति श्रद्धा हो आयी। वे लोगों का रुपया देना न चाहते तो चुपचाप अपने दीवालिया होने की घोषणा कर देते। रुपये के बदले दो आने भी किसी को न मिलते, उन्होंने ऐसा नहीं किया। अपने ऋणदाताओं की एक मीटिंग बुलायी और उनके ऋण का लगभग आधा देने का फ़ैसला कर लिया। धर्मदेव उनकी जगह होते तो टाट उलट देते और किसी को कानी-कौड़ी देने का नाम न लेते। मैं प्रोफ़ेसर स्वरूप के जीवट की प्रशंसा करता हूँ। आदमी वे प्रतिभावान हैं। आज यदि उनका हाथ तंग है तो निश्चय ही कल खुल जायेगा। जो आदमी ओरिएण्टल कॉलेज की रीडरशिप की परवाह नहीं करता, लॉ कॉलेज की लेक्चररशिप की परवाह नहीं करता, जो योग्य है —हमेशा असफल न रहेगा। जिस आदमी को अपने ऋणदाता का देना याद है, वह उसे ज़रूर दे देगा।"

दोनों बातें करते हुए ऋषिनगर पहुँच गये थे। घर के नीचे पहुँच कर जगमोहन ने कहा, "आप कुछ क्षण आराम करेंगी या सीधी गोपालनगर जायेंगी ?"

सत्या जी ने आकाश की ओर देखा। "घटा तो बड़ी घिर आयी है, पर भाभी से मिले बिना नीचे से चले जाना भी मुझे पसन्द नहीं।"

"तो आप चलिए, मैं ज़रा भाग कर बर्फ़ ले आऊँ। सख़्त प्यास लग रही है। घड़े का पानी होगा उबला हुआ। आपके चाचा जी ने तो (उसका संकेत प्रोफ़ेसर कपूर की ओर था) पानी को भी नहीं पूछा।"

और वह भागता हुआ होतूसिंह रोड की ओर चला गया। जब वह बर्फ़ ले कर लौटा और अपनी उमंग में 'साजन आये बसो मोरे मन में' सुर और लय से युक्त आवाज़ में गुनगुनाता हुआ ऊपर आया तो ऊपर की सीढ़ी में चकित-सा खड़ा रह गया। सामने ताला पड़ा था और सत्या जी वहाँ नहीं थीं। वह फिर नीचे गया। बर्फ़ से उसके हाथ गलने लगे

थे। उसने बर्फ़ की डली सबसे निचली सीढ़ी पर रखी और अन्दर जा कर मकान-मालकिन से पूछा कि उसकी भाभी कहाँ गयी हैं। मकान-मालकिन ने बताया कि वे सब 'निशात' में सिनेमा देखने गये हैं। साढ़े नौ-दस तक आ जायेंगे।

तब जगमोहन के होंटों पर आया, पूछे, 'अभी सत्या जी आयी थीं, उनको तो जाते आप ने नहीं देखा ?' पर तभी उसे ख़याल आया, वे ऊपर उसके कमरे में न चली गयी हों। यह ख़याल आते ही उसने मकान-मालकिन से एक लोटा पानी और ख़ाली गिलास लिया। डेवढ़ी में आ कर उसने सीढ़ी से बर्फ़ उठायी, उसे धो कर लोटे में डाला और ऊपर की छत पर पहुँचा। उसका अनुमान ठीक था। सत्या जी उसके कमरे के बाहर दरवाज़े से लगी खड़ी उसकी प्रतीक्षा कर रही थीं।

"भाभी तो सिनेमा देखने चली गयीं।" उसने लोटा-गिलास उन्हें दे कर ताला खोलते हुए कहा, "और मैं नींबू लाया था कि ज़रा शिकंजी पियेंगे।"

सत्या जी उसके पीछे-पीछे अन्दर गयीं। जगमोहन ने ठण्डे पानी का गिलास भरा, "आप लेंगी ?" उसने पूछा और जब उन्होंने कहा, "नहीं, आप लीजिए, आप को प्यास लगी है।" तो उसने वह एक ही साँस में ख़ाली कर दिया और लोटा और गिलास मेज़ पर रख कर चारपाई पर ढेर हो गया।

"मैं तो थक गया हूँ। क्षमा कीजिएगा। अभी उठता हूँ। आप कुर्सी लीजिए!"

"नहीं, आप लेटिए।" सत्या जी ने कहा, और उन्होंने बढ़ कर गिलास पानी से भरा। जगमोहन ने क्षमा माँगते हुए उठने का उपक्रम किया, पर दायें हाथ से उसे रोकते हुए उन्होंने बायें से गिलास मुँह को लगा लिया।

पानी पी कर वे क्षण भर वहीं रुकी रहीं।

"आप बैठिए।" जगमोहन ने फिर उठने का उपक्रम किया।

"नहीं, मैं अब चलती हूँ।" उन्होंने पूर्ववत फ़र्श की ओर देखते हुए कहा। और ब्लाउज़ के अन्दर से रूमाल में बँधी छोटी-सी पोटली निकाली और उसे खोल कर पैंतीस के नोट उसकी ओर बढ़ा दिये। "ये पैंतीस रुपये रखिए!" वे हँसीं, "मेरा पहला वेतन मुझे मिल गया है। कल ही पण्डित दाताराम ने दिया। फ़ीस तो आप की माफ़ हो जायेगी, पर दाख़िला तो देना ही होगा।"

"नहीं-नहीं, आप रहने दीजिए," जगमोहन ने कहा, "मैं सुबह ही प्रोफ़ेसर ज्योति स्वरूप के पास जाऊँगा और चाहे मुझे उनके दरवाज़े पर भूख हड़ताल ही क्यों न करनी पड़े, मैं दाख़िले के रुपये ले कर आऊँगा।"

"वहाँ से भी मैं ला दूँगी। इतने से थोड़ी काम चलेगा।"

"नहीं-नहीं, मैं ले आऊँगा।"

"आप रखिए ना," वे उसके हाथ में रुपये देती हुई उसके ऊपर झुक गयीं, "इन्हें उधार समझ लीजिए। जब भी आप के पास आयें, लौटा दीजिएगा, मैं एक बार भी इनकार न करूँगी। क्या मुझे इतना भी अधिकार नहीं!"

उधार के नाम पर जगमोहन के हाथ में उतनी कड़ाई न रही और उन्होंने उसकी मुट्ठी खोल कर उसे रुपये दे दिये। पर इस प्रक्रिया में वे उस पर काफ़ी झुक गयीं। तब जाने

जगमोहन को क्या हुआ, उसका मन एक अपार कृतज्ञता से भर गया। उनका हाथ थाम कर क्षण-भर उसने उनकी ओर देखा, फिर खींच कर उन्हें अपने सीने से लगा लिया और 'हाऊ काइण्ड ऑफ़ यू, हाऊ काइण्ड ऑफ़ यू!'[१] कहते हुए उनके मस्तक को चूम लिया।

उन्होंने प्रतिरोध नहीं किया —केवल उनके गालों पर हल्की-सी लाली उभर आयी।

जगमोहन के जी में आयी कि एक बार फिर उन्हें ज़ोर से बाँहों में भींच ले और दोनों ओर की उस लाली को चूम ले, पर वे उठ खड़ी हुईं। "अच्छा, तो मैं अब चलती हूँ। कल प्रोफ़ेसर स्वरूप की ओर भी जाऊँगी। अपने लिए भी जाना है। हमारा रुपया तो जाने मिले या न मिले, पर आप का तो कुछ अवश्य ले आऊँगी।"

"लेकिन आप कैसे...."

"इसकी चिन्ता न करें। मैं ले आऊँगी।"

"ठहरिए, मैं भी चलता हूँ आप के साथ गोपालनगर तक," और वह उठा।

"नहीं, आप लेटिए। आप थके हैं।"

लेकिन वह उठा। वे अभी दरवाज़े ही में थे कि वर्षा की पहली बौछार उनके मुँह पर पड़ी।

"पानी तो आ गया।" सत्या जी ने विवशता से कहा, और एक कदम पीछे हटीं।

जगमोहन ने कोई उत्तर नहीं दिया। वर्षा की वह ठण्डी बौछार उसे अपने गर्म चेहरे पर बड़ी भली लगी। उसके जी में आयी कि कपड़े उतार कर फेंक दे और बरसते पानी में जी भर कर नहाये। वहीं खड़ा वह उमड़ी-घिरी घटा को निर्निमेष देखता रह गया। कहीं दूर डूबे हुए सूरज की चमक अब भी उजेला-सा किये थी, घटा में कहीं-कहीं कुछ थिगलियाँ रंगीन हो उठी थीं और दृष्टि की सीमा तक जैसे गिरते पानी की चादर तन गयी थी।

"पीछे हटिए, भीग रहे हैं," उसका हाथ थाम कर उसे पीछे खींचते हुए सत्या जी ने कहा, "वर्षा की बौछार बहुत दूर तक अन्दर आ रही है। आपका सारा कमरा भीग जायेगा।" और उन्होंने किवाड़ भेड़ दिये।

पर दूसरे क्षण वे तड़ाख़ से फिर खुल गये और दूर तक वर्षा का तरेड़ा आया। तब जैसे चौंक कर जगमोहन ने दरवाज़ा बन्द कर, चिटखनी चढ़ा दी और बिजली का स्विच दबा दिया।

वह तौलिए से मुँह पोंछ रहा था और सत्या जी अभी तक वहीं दरवाज़े के पास खड़ी थीं कि बत्ती एकदम बुझ गयी।

"इस मकान की यही दिक्कत है," जगमोहन ने झुँझला कर कहा, "जाने कब की फ़िटिंग करा रखी है। तीसरे दिन फ़्यूज़ उड़ जाता है।" बढ़ कर उसने दो-एक बार बटन को ऊपर-नीचे दबाया। बत्ती नहीं जली। सत्या जी वहीं खड़ी थीं।

"आप क्यों खड़ी हैं, बैठ जाइए!" उसकी आवाज़ में हल्की-सी चिड़चिड़ाहट थी, "जाने वर्षा कब थमेगी!"

सत्या जी बढ़ कर कुर्सी पर बैठने लगीं।

---

१. सचमुच आप कितनी सहृदय हैं!

"अरे, यह तो बिलकुल भीग गयी है!"

तब वे उसे छोड़ चारपाई की पट्टी पर बैठ गयीं। साड़ी के पल्लू को उन्होंने फिर अच्छी तरह शरीर के गिर्द लपेटा और जैसे सर्दी से एक बार हल्की-सी झुरझुरी ली।

३७

जब वे कमरे से बाहर निकले तो उन्होंने नीचे भाभी की आवाज़ सुनी।

"दस बजने को होंगे," जगमोहन ने कहा। अपना स्वर उसे अपना न मालूम हुआ। कुछ ऐसी कृत्रिमता उसे उसमें लगी।

बाहर वर्षा बिलकुल थम चुकी थी और यद्यपि आकाश पर बादल अब भी इधर-उधर दिखायी देते थे, पर वे कुछ निर्जीव-से, लटके-लटके जान पड़ते थे। आकाश की थिगलियों में सितारे चमक उठे थे।

"जाने वर्षा कब थमी, कुछ पता ही नहीं चला।" जगमोहन ने फिर कहा और किंचित हँसा।

अपने स्वर और अपनी हँसी में उसे फिर कुछ वही अजीब-सी कृत्रिमता लगी।

सत्या जी ने उसका भी उत्तर नहीं दिया। जगमोहन ने सीढ़ियों के पास पहुँचते हुए फिर पूछा, "देर हो गयी है, खाना आप यहीं खा लीजिए, फिर मैं आप को छोड़ आऊँगा।"

अब के सत्या जी बोलीं, "आप खाना खाइए। मैं चली जाऊँगी। मुझे छोड़ने की चिन्ता न कीजिए। आप को लौटने में देर हो जायेगी।"

और वे किसी तरह की आवाज़ किये बिना चुपचाप सीढ़ियाँ उतर गयीं। भाभी को, जिसे मिले बिना जाना उन्हें पसन्द न था, नमस्कार करना भी उन्होंने उचित नहीं समझा।

किन्तु जगमोहन क्षण-भर को रुका। "भाभी, मेरा खाना मेरे कमरे में रख देना," उसने कहा, "सत्या जी आयी थीं, वर्षा के कारण जा नहीं सकी, मैं उन्हें छोड़ आऊँ।"

भाभी ने कोई उत्तर नहीं दिया, न उत्तर सुनने को वह रुका, सत्या जी के पीछे वह सीढ़ियाँ उतर गया।

लेकिन सत्या जी उसे अपने घर तक साथ नहीं ले गयीं; जब वे रहट के साथ वाला मैदान पार कर गोपालनगर पहुँचे तो सत्या जी ने बरबस उसे वापस भेज दिया।

०

दूसरी सुबह दफ़्तर जाने से पहले भाई साहब उसके कमरे में आये। जगमोहन चौंका। उसके भाई कभी-कभार ही उसके कमरे में आते थे। वह क्या करता है, कहाँ जाता है, कभी इसकी खोज-ख़बर न रखते थे। वह नीचे म्यानी में था तो वे दफ़्तर जाते अथवा वहाँ से आते वक्त एक नज़र झाँक भी लेते थे, पर जब से वह ऊपर चौबारे में आया था, वे एक बार भी ऊपर न आये थे।

जगमोहन ने उठ कर ईज़ी-चेयर बिछा दी। वे बैठे नहीं। वहीं मेज़ के कोने का तनिक

सहारा ले कर वे रुके। "कल शाम सत्या यहाँ कब आयी थी ?" सहसा उन्होंने पूछा।

"हम प्रोफ़ेसर कपूर के यहाँ गये थे। उन्होंने फ़ीस माफ़ कराने का वादा कर दिया है।" जगमोहन ने सीधा, संक्षिप्त उत्तर न दे कर कहा, "पुस्तकों का भी वे प्रबन्ध कर देंगे। केवल दाख़िले के रुपये चाहिएँ, सो आज प्रोफ़ेसर ज्योति स्वरूप के यहाँ जाऊँगा। प्रोफ़ेसर कपूर के यहाँ से लौटे तो पानी बरसने लगा। इसलिए सत्या जी रुक गयी थीं।"

"पानी तो साढ़े आठ बजे थम गया था! वे तो दस बजे के लगभग गयीं!"

"जी, बातों में पता नहीं चला।"

"हूँ! बत्ती क्यों नहीं जलायी। तुम्हारी भाभी तुम्हें देखने आयी थी।"

"जी बिजली बुझ गयी थी। बाद में आ गयी होगी। फिर जलाने का ख़याल नहीं आया।"

"हूँ!" और फिर कुछ रुक कर उन्होंने कहा, "मैं यह पसन्द नहीं करता। यों तुम अब जवान हो, बालिग़ हो, अपने मालिक आप हो। तुम स्वयं समझ सकते हो।" वे कुछ और कहना चाहते थे, पर निमिष भर रुक कर उन्होंने केवल इतना कहा...., "मुझे दोबारा कहने की ज़रूरत न पड़े।" और वे जैसे आये थे चले गये।

दिन भर जगमोहन के जी पर बड़ा भारी बोझ रहा। भाभी को मुँह दिखाने की भी उसे हिम्मत नहीं हुई। वह कॉलेज भी बड़ी अनिच्छापूर्वक गया। बड़ी अन्यमनस्कता से उसने फ़ार्म भरा और शुल्क की माफ़ी का आवेदन-पत्र दिया। जब वह लौटा तो बहुत देर हो गयी थी। दोपहर का खाना खाने के बाद भाभी शायद सो रही थी। वह अपना खाना उठा कर चुपचाप ऊपर ले गया था और वैसे ही अनमने भाव से चार कौर निगल कर बिस्तर पर जा लेटा था....

o

....बरसात की उस अँधेरी साँझ में, जब जगमोहन दीवार के साथ लगा खड़ा था और सत्या जी चारपाई की पट्टी पर बैठी थीं और बाहर मूसलाधार वर्षा हो रही थी, वे सहसा उसके बहुत निकट आ गयी थीं।

जगमोहन वहीं दीवार के साथ टिका खड़ा था कि उन्होंने उसे बैठ जाने को कहा। कुर्सियाँ दोनों भीग गयी थीं। पर वह कुर्सी पर ही बैठा तब उन्होंने उसकी बाँह थाम कर उसे चारपाई पर बैठा दिया कि गीली कुर्सी पर बैठने से बीमार हो जायेगा और कहा कि वह थका हुआ है, लेट जाये, बल्कि हाथ से उसे लिटा दिया और स्वयं सिकुड़ कर पट्टी पर बैठ गयीं और उन्होंने फिर झुरझुरी-सी ली।

"आप को सर्दी तो नहीं लग गयी।" जगमोहन ने कुहनी के बल उठते हुए उनकी कलाई पर हाथ रखा। उनका शरीर गर्म था। वह उठ कर बैठ गया —"आप लेट जाइए, आपकी तबीयत ठीक नहीं।"

वे लेट गयी थीं और जब वह उठने लगा था तो पट्टी की ओर को खिसकते हुए उन्होंने कहा था कि वह लेटा रहे, अभी वे उठ जायेंगी। उन्हें कभी-कभी दिल की तकलीफ़ हो जाती है।

"आपको दिल की तकलीफ़ है," घबरा कर उसने कहा, "मैं डॉक्टर को बुला

लाऊँ ?"

पर उन्होंने उसे रोक दिया था। उसका हाथ ले कर अपने दिल पर रख लिया था। उनका दिल बेतरह धड़क रहा था। जगमोहन पहले डर गया था, पर जब उन्होंने कहा कि ऐसे ही दबाये रहे, वे ठीक हो जायेंगी तो वह आश्वस्त हो गया था। पर उसका अपना दिल बेतरह धड़कने लगा था और फिर दिल ही ने नहीं, उसके विवेक ने भी जवाब दे दिया था।

शारीरिक आनन्द के बावजूद जो उसे उस साँझ सत्या जी के अति निकट-सम्पर्क में मिला था, कहीं गुनाह का एहसास भी जगमोहन के अन्तर पर बोझ बन कर बैठ गया था। 'यह ठीक नहीं है' —बार-बार उसका अन्तर यही कह रहा था। उसके कई हमजोली अपने यथार्थ अथवा काल्पनिक प्रेम के किस्से बड़े चटख़ारे ले कर सुनाया करते थे। ऐसे अवसर की प्राप्ति, जिस में किसी युवती का ऐसा निकट-सम्पर्क मिले, शायद उनके लिए जीवन-यौवन की चरम परिणति थी। पर जगमोहन को वह सब ठीक न लग रहा था। समाज क्योंकि विवाह के पहले ऐसे सम्बन्ध को पाप मानता है, इसलिए जगमोहन भी गुनाह के एहसास से दबा जा रहा हो, शायद ऐसी बात न थी। वही गुनाह दोनों गुनहगारों के परस्पर विवाह-सूत्र में बँधने पर समाज की दृष्टि में गुनाह नहीं रहता, जगमोहन यह बात जानता था और समाज का यह 'लाइसेन्स' उसे ख़ासा हास्यास्पद लगता था। उसके हृदय में जो बोझ था, उस का कारण दूसरा ही था। उसे लगता था जैसे उस क्रिया में उसकी अपनी कामना का अभाव था। गर्मियों में बच्चा पानी के भरे पोखर में कूदता है, छलाँगें लगाता है, डूबता-उतराता है और उसे उस खेल में एक अकथनीय उल्लास और पुलक का आभास मिलता है, किन्तु यदि उसे पोखर में बरबस धकेल दिया जाये, अथवा अनिच्छापूर्वक वह उस में कूदने को विवश हो जाये तो उस स्वाभाविक आनन्द के बावजूद, जो गर्मी के दिन पानी से लबालब भरा पोखर शरीर को देता है, उस का मन खिन्न और मलिन ही रहेगा। जगमोहन के मन की दशा कुछ उसी लड़के ऐसी थी। अपनी उस खिन्नता और मन के बोझ का वह ठीक-ठीक कारण न ढूँढ पा रहा था। तब मन-ही-मन उसने तय किया कि अब यदि सत्या जी आयीं तो वह उन्हें ठीक-ठीक स्थिति समझा देगा और सख़्ती से मना कर देगा कि ये उसके यहाँ न आयें....

०

किन्तु साँझ को जब वे आयीं तो जगमोहन न उन्हें ठीक-ठीक अपनी मानसिक स्थिति समझा सका और न अपने स्वर में रुखाई ही ला सका। वे आयीं तो बड़ी ख़ुश-ख़ुश थीं। कुछ धूप में चल कर आने के कारण और कुछ मन के उल्लास के उनके गाल गुलाबी हो रहे थे। आते ही उन्होंने जगमोहन के सामने चालीस रुपये के नोट रख दिये और बताया कि वे सुबह ही प्रोफ़ेसर स्वरूप के यहाँ गयी थीं और यद्यपि उन्होंने बहुतेरा टाला, पर वे चालीस रुपये ले कर ही हिलीं। "संस्कृति समाज की महिला मन्त्री होना आज काम आया," उन्होंने हँस कर कहा, "नहीं आप के रुपये लाने में ख़ासी कठिनाई होती।"

इतना कह कर जैसे वे थक कर बैठ गयीं और उन्होंने अपनी खादी की मोटी साड़ी से चेहरे का पसीना पोंछा।

जगमोहन वैसी सख़्त बात उनसे कहे, उससे किसी तरह बन पड़ा! कुछ क्षण दोनों

चुप बने रहे। सत्या जी आँचल से हवा करती रहीं और जगमोहन सोचता रहा कि कैसे वह सब उनसे कहे। अन्त में वह जो कुछ बोला, वह साँझ की घटना के सम्बन्ध में नहीं, बल्कि उमस के सम्बन्ध में था। "बड़ी उमस हो गयी है," उसने कहा, "आप इतनी दूर से आयी हैं, आप को प्यास लग आयी होगी। मैं लस्सी बना लाऊँ।"

"नहीं-नहीं, आप बैठिए!"

लेकिन वहाँ बैठना उसके लिए कठिन हो रहा था। "नहीं-नहीं, मैं अभी लाता हूँ।" कहते हुए उसने कुर्ता पहना और नीचे भाग गया। होतूसिंह रोड से बर्फ़ और दूध लाते और लस्सी के गिलास बनाते हुए उसने तय कर लिया कि वह कैसे बात करेगा। वे उसके लिए इतना कष्ट मोल ले रही थीं, स्थूल रूप से उन्हें डाँट देना उसके बस के बाहर की बात थी। इसलिए उसने सोच लिया कि वह अपने बड़े भाई का नाम ले कर उनको वहाँ आने से मना कर देगा।

ऊपर जा कर लस्सी का गिलास देते हुए उसने कुछ यों बात शुरू की :

"आपने बड़ा कष्ट किया," स्वयं भी लस्सी का घूँट भरते हुए उसने कहा, "पहले प्रोफ़ेसर कपूर के गयीं और अब प्रोफ़ेसर स्वरूप के, पर मैं सोचता हूँ कि एम० ए० करना बेकार है। फ़ार्म तो मैं भर आया हूँ, पर अब मेरी तनिक भी इच्छा एम० ए० करने की नहीं।"

सत्या जी ने इसका कोई उत्तर नहीं दिया। वे चुपचाप लस्सी पीती रहीं। अब जगमोहन क्या करे, उसकी समझ में न आया। दो-एक घूँट भर कर उसने अपने पहले कथन की सफ़ाई दी, "मैं जितना सोचता हूँ, पाता हूँ कि मेरी यह आकांक्षा विफल-सी आकांक्षा है। मैंने एम० ए० कर भी लिया तो क्या तीर मार लूँगा!"

सत्या जी अब भी चुप रहीं। लेकिन जिस प्रकार अमावस के अँधेरे में मार्ग न सूझ पाने पर भी, बीच रास्ते में रुकने के बदले, मनुष्य चलता रहता है, उसी प्रकार जगमोहन अपनी उसी बात का तार पकड़े कहता गया। सहसा उसे एम० ए० न करने के सम्बन्ध में वसन्त की युक्ति याद आ गयी और उसने शब्दशः उसे दोहरा दिया :

"अव्वल तो अपनी इस साधनहीनता में मुझे विश्वास नहीं कि मैं एम० ए० की यह नदी पार कर जाऊँगा। फिर पार कर भी गया तो थर्ड-क्लास एम-ए० करके क्लर्की करने की अपेक्षा एम० ए० किये बिना भी क्लर्की की जा सकती है।"

"क्लर्की क्यों ?" सहसा उन्होंने पूछा और अपने स्वभाव के विपरीत निगाहें तनिक ऊपर उठायीं, "आप तो प्रोफ़ेसर होना चाहते हैं न कॉलेज में!"

"चाहने भर से तो मैं लेक्चररशिप पा न जाऊँगा।" जगमोहन ने कहा और उसने फिर वसन्त के शब्द दोहरा दिये, "फ़र्स्ट-क्लास एम० ए० हो, फिर बी० टी० हो, साथ में कोई सिफ़ारिश हो, तब कहीं लेक्चररशिप मिल सकती है। बिना उसके यदि किसी प्राइवेट कॉलेज में नौकरी मिली भी तो वह क्लर्की से भी गयी-गुज़री होगी।"

सत्या जी चुप रहीं।

"फ़र्स्ट-क्लास पाने के लिए मैं परिश्रम भी कर सकता हूँ," उसने लस्सी का ख़ाली गिलास मेज़ पर रखते हुए कहा, "अव्वल तो इतिहास ले कर फ़र्स्ट-क्लास पाना कठिन

है —विज्ञान और गणित मेरे विषय नहीं —फिर परिश्रम करने के लिए भी तो समय चाहिए। वह शायद इस दौड़-धूप में मुझे न मिल सके।"

"पर क्या ज़रूरी है कि एम० ए० करके नौकरी ही की जाये।" सत्या जी स्वर में वह प्रोत्साहन-मिला उपदेश था, जो हठी बच्चे को समझाने वाली माँ के स्वर में होता है। "आप संसार भर का इतिहास पढ़ेंगे, आप का ज्ञान बढ़ेगा। अव्वल तो आप क्लर्की करें ही क्यों, और करें भी तो आप क्लर्की करते हुए भी शेष क्लर्कों से बेहतर होंगे।"

जगमोहन क्षण भर चुप रहा, क्योंकि बात उनकी ठीक थ, फिर बोला, "हाँ, यह आप ठीक कहती हैं, पर मेरे पास साधन कहाँ ? कल प्रोफ़ेसर कपूर मुझसे नाराज़ हो जायें तो मेरी पढ़ाई धरी-की-धरी रह जायेगी।"

"उसकी आप चिन्ता न कीजिए। प्रोफ़ेसर कपूर नाराज़ हो जायेंगे तो भी आपको तकलीफ़ न होगी। फ़ीस आदि का प्रबन्ध हो जायेगा। जब तक मैं नौकरी करती हूँ, कोई चिन्ता नहीं।"

अब जगमोहन को वह बात करने का अवसर मिल गया, जिसके लिए वह इतना घुमा-फिरा रहा था। उसने बाहर की ओर देखते हुए कहा, "मैं नहीं चाहता आप मेरे लिए यों तकलीफ़ करें। आपने पहले ही बड़ा कष्ट किया है। भाई साहब को आप का यहाँ आना पसन्द नहीं।"

सत्या जी चुप रहीं।

और उसी तरह बिना उनसे निगाह मिलाये, बाहर की ओर देखते हुए, जगमोहन ने भाई साहब की नाराज़गी की ज़िक्र किया। फिर अपनी ओर से जोड़ा, "वे ठीक ही कहते हैं। हम जिस समाज में रहते हैं, उसके नियमों का तो हमें पालन करना ही होगा। मैंने तो इसीलिए संस्कृति समाज से त्याग-पत्र दे दिया था। लेकिन फिर यह सब हो गया। मेरी ग़लती हो तो भी आपको रोकना चाहिए। हमारे बुज़ुर्ग तो एकान्त में युवा भाई-बहन के रहने का भी निषेध करते हैं। मुझे स्वयं अफ़सोस है। आप यहाँ न आया कीजिए। मैं भी उधर न जाऊँगा।"

सत्या जी कुछ क्षण बैठी रहीं, फिर उठीं, "अच्छा, मैं न आया करूँगी।" उन्होंने कहा। और फिर उसके निकट आ कर बोलीं, "देखिए, कॉलेज में ज़रूर दाख़िल हो जाइएगा। एम० ए० करने में किसी तरह का हर्ज नहीं।" और फिर उन्होंने दोहराया, "मैं अब न आऊँगी।"

वे कुछ क्षण रुकीं। लम्बी साँस को उन्होंने बरबस सीने में दबा लिया और जैसे फ़र्श से कहा, "मैं सदा जब घर से निकलती हूँ, फ़ैसला करती हूँ, इधर न आऊँगी, पर फिर अर्जुन गली से इधर को मुड़ आती हूँ। लेकिन आप चिन्ता न करें, मैं न आऊँगी।" फिर दो पग चल कर वे मुड़ीं, "आप के उधर आने में तो कोई हर्ज नहीं।" उन्होंने कहा।

"नहीं, मैं न आऊँगा। यह सब ठीक नहीं। मैं तो पुरुष हूँ। हिन्दुस्तान में पुरुष के दस ख़ून माफ़ हैं। भुगतना को आपको पड़ेगा। मेरा न आना ही ठीक है।"

"अच्छा, न आइयेगा। पर कॉलेज में ज़रूर दाख़िल हो जाइए, नमस्ते!" और वे चली गयीं।

३८

शाम अभी जवान थी, आकाश में हल्के-फुल्के, रीते, सफ़ेद बादल, बीच में नाम-मात्र को श्यामलता लिये, अनायास झूल रहे थे। देखते-देखते डूबते सूरज ने उन्हें अजीब-सी गुलाबी आभा प्रदान कर दी। सारे-का-सारा आकाश गोल, गुलाबी बादलों से जगमगा उठा।

जगमोहन को चीनी के बारीक गुलाबी तारों के मीठे-मीठे गोलों की याद हो आयी, जो तब पंजाब के गली-बाज़ारों में आम बिकते थे। हथगाड़ी पर लगी छोटी-सी मशीन में ज़रा-सी रंगीन चीनी डालने पर बड़े बारीक-से तार निकलते थे। ख़ोंचेवाले उनके गोले बना कर, उन्हें हथगाड़ी पर रखे शीशों-लगे टीन के कनस्तरों में सजा देते थे। शीशों के अन्दर वे गोल-गोल गुलाबी गोले बड़े भले लगते। गलियों में घूमने वाले ख़ोंचा-फ़रोश हथगाड़ी और मशीन के बिना उन्हीं कनस्तरों को बग़लों में लटकाये, हाथ में घण्टी लिये आ निकलते थे। ज्योंही घण्टी की आवाज़ सुनायी देती और बच्चों की दृष्टि उन गुलाबी गोलों पर पड़ती तो वे 'बुड्ढी माई दा झाट्टा,' बुड्ढी माई दा झाट्टा'[१] चिल्लाते हुए उन्हें आ घेरते। उन दिनों जब चीनी में गुलाबी रंग न मिलता था और किसी बुढ़िया के रजत-केशों ऐसे तार मशीन से निकलते थे तो बच्चों ने शायद उन्हें यह अजीब-सा नाम दे दिया था, जो तारों का रंग बदल जाने पर भी प्रचलित था। जगमोहन को लगा जैसे किसी अदृश्य ख़ोंचा-फ़रोश ने लड़कों की शरारत से तंग आ कर अपने कनस्तर के सभी गोले आकाश के आँगन में फेंक दिये हैं। वे हवा से फूल गये हैं और बिखर गये हैं।

वह निर्निमेष उन बड़े-बड़े आकाशीय गोलों को देखता रहा। धीरे-धीरे उनके गुलाबीपन में नीलाहट दौड़ने लगी। पहले उनका मध्य-भाग नीला हुआ फिर वह नीलाहट ज़हरबाद की तरह फैल कर उनकी कोरों तक चली गयी और फिर सारे-का-सारा आकाश गहरी काली नीलाहट से आच्छन्न हो गया।

जगमोहन का मन कुछ अजीब-सी, बेनाम-सी उदासी से भर आया। सत्या जी चली गयी थीं और वह दरवाज़े में रुका रहा था। गोपालनगर तो दूर, वह उन्हें सीढ़ियों तक भी छोड़ने न गया था। रुका रहा था और अनमने भाव से आकाश के शून्य में तकने लगा था। धीरे-धीरे अचानक गुलाबी हो जाने वाले आकाश ने उसके ध्यान को अपनी ओर खींच लिया था। जब वह गुलाबीपन जैसे अपना रक्त खो देने पर, नीला पड़ गया तो जगमोहन की निगाहें भी उधर से हटीं। उसने एक लम्बी साँस ली और छत पर टहलने लगा। टहलते-टहलते वह छत के जँगले के पास जा खड़ा हुआ।

सामने धोबियों ने वर्षा के कारण अन्दर रखे हुए कपड़े रस्सियों पर लटका दिये थे। दिन भर तेज़ धूप रही थी। रात की वर्षा से मैदान में चारों ओर इकट्ठे पानी और कीचड़ से सड़न की कुछ अजीब घुटी-घुटी-सी गन्ध फैल रही थी। सामने इंजीनियर की लाल कोठी पर एक कौआ बेकार काँय-काँय कर रहा था। जगमोहन के मन की उदासी कुछ और गहरी हो गयी। अपने चौबारे में बैठना उसके लिए दूभर हो गया। उसने कपड़े पहने। चालीस रुपये के नोट उसी प्रकार पड़े थे। उन्हें देख कर जगमोहन के हृदय में एक तेज़-सी चुभन

---

१. बुढ़िया माई के बाल

हुई, पर उसे दबा, उन्हें वैसे ही तकिये के नीचे रख कर उसने दरवाज़ा बन्द किया, भाभी से कहा कि वह घूमने जा रहा है, देर हो जाये तो खाना उसके कमरे में रख दे, और वह सीढ़ियाँ उतर गया।

नीचे पहुँच कर उसने सोचा कि चातक जी की ओर जाये। वह हफ़्तों से उधर न गया था। पहले प्रोफ़ेसर स्वरूप के काम में लगा रहा था, फिर 'संस्कृति समाज' से त्याग-पत्र देने के कारण चातक जी आदि से मिलने को उसका मन न हुआ था। फिर एक और भी कारण था, उसका दोष न सही, पर उसके न चाहते हुए भी वह अपवाद सत्या जी को उसके निकट ले आया था। घण्टों वे उसके संग बैठी रहती थीं। बाहर जो स्कैण्डल फैल रहा था, उसकी भनक उसके कान में भी पड़ जाती थी। दिन के उजेले में किसी से मिलने को उसका मन न होता था। उस दिन जब उसने सत्या जी को कभी न आने के लिए कह दिया और उसे विश्वास हो गया कि वे न आयेंगी, तो चाहे उन्हें इस प्रकार रोकने से, जब कि वे उसके लिए इतना कष्ट मोल ले रहीं थी, उसे बड़ा दुख हुआ था, पर उस किस्से के ख़त्म हो जाने से उसके मन से कुछ बोझ भी उतर गया था। जाने क्यों, उसे लगता था कि वह उन्हें प्रेम नहीं करता —करता भी तो उनसे विवाह करने की स्थिति में नहीं है। फिर बेकार बात को बढ़ाने, उन्हें किसी तरह की आशा दिलाने, जिस गाँव नहीं जाना बेकार उसकी राह पूछने, बाहर हो रही निन्दा को और हवा देने और इस सब की आग में जलने से लाभ!

और उसने सोचा कि वह चातक जी के यहाँ जाय! उसे चातक जी से मिले बहुत दिन हो गये थे। वे क्या कर रहे हैं, क्या लिख रहे हैं, यह सब जानने को वह बड़ा उत्सुक था। प्रेस में वे मिल जायेंगे, इसकी कुछ वैसी आशा उसे न थी। साँझ के समय उनके कवि-हृदय को दफ़्तर में बैठना घोर अरसिकता लगती थी। प्रेस बन्द करके वे अनारकली के अपने प्रसिद्ध प्रकाशक 'हिन्दी पुस्तक गृह' के यहाँ जा बैठते थे। कुछ दूसरे मित्र भी वहाँ आ जाते। पुस्तकें ख़रीदने को आने वाली तन्वंगियों को एक नज़र देखने का अवसर मिलता और मन बहल जाता। वहाँ बहुत भीड़ होती, कुर्सियाँ ख़ाली न होतीं तो कवि चातक शुक्ला जी को दफ़्तर में जा पकड़ते। तब 'शुक्ल साहित्य सदन' में बैठक जमती। कभी-कभी दूसरे दो-चार शागिर्द-पेशा भँगेड़ी भी आ जुटते। उन्हीं में से कोई भाँग घोंटने का ज़िम्मा अपने सिर ले लेता और ख़ूब छनती।

अभी इतना समय न हुआ था कि शुक्ला जी का दफ़्तर बन्द हो जाता, इसलिए जगमोहन घोड़ा हस्पताल की ओर तेज़-तेज़ कदम उठाने लगा। उसका विचार था कि यदि चातक जी प्रेस में न मिले तो 'हिन्दी पुस्तक गृह' होता हुआ वह शुक्ला जी के दफ़्तर जायेगा और उनका पता करेगा। यदि वहाँ भी न मिले अथवा गोपालनगर चले गये तो वह उनके घर जायेगा और भाभी ही से मिल आयेगा। इतने दिन हो गये, वह एक बार भी उधर नहीं गया। वह चातक जी से चाहे न मिलता, पर भाभी से तो उसे अवश्य मिल आना चाहिए था —कुछ अजीब-सी ग्लानि से उसका मन भर आया और पिछले कई सप्ताह उसकी आँखों के सामने घूम गये। अपनी स्थिति उसे उस व्यक्ति की-सी लगी जो एक बड़े, खुले, प्रशस्त पथ पर चला जा रहा हो कि अचानक वह पथ उसे एक घने जंगल में ले जाये, क्षण-क्षण सँकरा होता जाये और उसे लगे कि वह उस पथ पर चलता गया तो सदा

के लिए उस जंगल के अँधेरे में खो जायेगा —बाहर निकल कर रोशनी न देख पायेगा, कभी खुली हवा में साँस न ले पायेगा —और वह अचानक उस मार्ग को छोड़ दे। तब वह चकित हो देखे कि सामने प्रकाश फैला है और स्वच्छ हवा मैदान की सोंधी-सोंधी, खुली-खुली, प्राणवान गन्ध लिये उसके नथुनों में भरती जा रही है।

जगमोहन ने सुख की लम्बी साँस ली। शुक्र है कि वह जंगल के अँधेरे से निकल आया। वह बढ़ता जाता तो उस अँधेरे और घुटन में खो जाता —आज़ादी से साँस लेना उसके नसीब में न होता।

लेकिन बार-बार इस बात पर शुक्र करने और लम्बी साँस लेने के बावजूद, एक अजीब-सा बोझ उसके मन को दबाये जा रहा था। पिछले कुछ दिनों की स्मृतियों में उलझा वह कभी चातक जी को कोसता, जिन्होंने 'संस्कृति समाज' खोल कर उसे मन्त्री बनाया; कभी शुक्ला जी को, जिनकी प्रवाद-प्रियता ने सत्या जी को उसके निकट कर दिया; कभी सत्या जी को, जो लाज-शर्म छोड़ कर उसके घर आने लगीं; कभी अपनी परिस्थितियों को, जिनके कारण वह इतना बेबस हो गया कि सत्या जी को उसकी सहायता करने का साहस हुआ और कभी अपनी दुर्बलता को, जिसके कारण वह कठोर न हो पाया और उस जाल में उलझ गया....

और उसकी चाल धीमी हो जाती और वह बोझ उसके मन को दबाने लगता।

वह इसी क्रम में सोचता तीव्र-मन्द गति से चलता गया —प्रसन्न होता कि अच्छा हुआ वह इस सब उलझन से निकल गया और सुख की लम्बी साँस लेता, कुछ पग तेज़-तेज़ बढ़ता, लेकिन दूसरे क्षण फिर भगतराम या चातक जी या शुक्ला जी या सत्या जी अथवा अपने आप को कोसने लगता और उसकी गति मन्द हो जाती।

प्रेस में पहुँच कर उसने देखा कि प्रेस बन्द है और उसके फाटक पर बड़ा-सा ताला पड़ा है। कुछ और ध्यान से जगमोहन ने देखा तो उसे लगा कि जैसे वह कई दिनों से खुला नहीं। क्योंकि ताले को ज़ंग-सा लग रहा था और नाली का कीचड़, जो शायद कई दिन पहले वर्षा के कारण नाली भर जाने से किवाड़ों तक आ गया था, वहीं टिका था!

जगमोहन वापस फिरा। 'हिन्दी पुस्तक गृह' पहुँचा। मालूम हुआ कि चातक जी तो कई दिन से उधर नहीं आये, बल्कि उनकी एक पुस्तक के प्रूफ़, जो उनके यहाँ गये थे, लौट आये। तब जगमोहन शुक्ला जी के दफ़्तर पहुँचा, पर इस सारे चक्कर में उसे देर हो गयी थी और शुक्ला जी दफ़्तर से घर जा चुके थे।

शुक्ला जी का दफ़्तर सरक्युलर रोड पर था। पहले जगमोहन ने सोचा कि अमृतधारा रोड जाने के बदले वह मोहनलाल रोड से ताँगे पर बैठ जाये और गोपालनगर जा कर 'शुक्ल साहित्य सदन' उतरे, कवि किसलय या कण्टक या चातक जी वहाँ हों तो उनके साथ कुछ समय बिताये; पर शुक्ला जी से उसे कुछ ऐसी चिढ़ थी कि उनके यहाँ बहुत देर बैठना और उनकी व्यंग्यपूर्ण, घटिया बातें सुनने की अपेक्षा भाभी के पास जाना, उनके सुख-दुख की सुनना और अपनी सुनाना उसे कहीं बेहतर दिखायी दिया और वह उधर को चल पड़ा।

पर जब वह रेलवे रोड और सब्ज़ी मण्डी पार कर, अमृतधारा रोड की गली में

चातक जी के मकान पर पहुँचा, उसे वहाँ भी ताला लगा मिला।

जगमोहन का मन एक अजीब निराशा से भर गया। सत्या जी के प्रति अपने दुर्व्यवहार का बोझ, उस शाम की उदासी और उतना लम्बा मार्ग तय करने की थकन के साथ मिल कर, जैसे कई गुना हो, उसके मन-प्राण पर आ बैठा।

वह अनमने भाव से मुड़ा और उसने जैसे मन भर का पग वापस ऋषिनगर चलने के लिए उठाया, पर तभी उसे दायीं ओर से शुक्ला जी आते दिखायी दिये।

"कहो भाई, तुम तो ईद का चाँद हो गये!" उन्होंने मूँछों में मुस्कराते और खैनी के रस को बाहर निकलने से बचाते हुए कहा।

जगमोहन ने इसका कोई उत्तर नहीं दिया। "कहिए, कैसे मिज़ाज हैं ?" उसने पूछा।

"हमारा क्या है, न सावन सूखे, न भादों हरे। हम कवि तो हैं नहीं कि रस टपके। वह सब तो तुम लोगों के लिए है। कहो, कैसे हाल-चाल हैं ? मज़े हैं ना ?"

'मज़े' पर शुक्ला जी ने ज़ोर दिया, पर जगमोहन ने उस ज़ोर और उसमें निहित व्यंग्य की ओर ध्यान नहीं दिया। बड़े शिष्टाचार-भरे स्वर में उसने कहा, "आप की दुआ से सब ठीक चल रहा है।"

तब उन्होंने शिकायत की कि वह 'संस्कृति समाज' में क्यों नहीं आता। उसके त्याग-पत्र देने से सारा भार उन पर आ पड़ा है। "अरे भई, दोस्तों के मज़ाक का ऐसा बुरा मान जाते हो ?" उन्होंने कहा और उसे लगभग आलिंगनबद्ध करते हुए अनुरोध किया कि वह 'संस्कृति समाज' में अवश्य आया करे।

कुछ तेज़ बात कहने के बदले जगमोहन ने कहा कि उसने एकाध ट्यूशन ले ली है और कॉलेज में दाख़िल हो गया है। एम० ए० की पढ़ाई है और उसके पास समय नहीं। तो भी वह आया करेगा। त्याग-पत्र उसने काम के आधिक्य के कारण दिया था, नहीं और कोई बात नहीं।

"अरे भई, सत्या तुम्हारे यहाँ आती है तो हमें क्या ? मज़े करो, ऐश लो, पर मित्रों को भी न भूलो।"

जगमोहन ने इस बात का कोई उत्तर नहीं दिया। "चातक जी के क्या हाल हैं ?" उसने पूछा, "कहीं चले गये हैं क्या ? प्रेस में भी ताला लगा है और घर में भी।"

"चातक जी के मज़े हैं। प्रेमी जीव हैं और प्रेम-रूपी स्वाति की बूँद के बिना सचमुच के चातक हैं।" और शुक्ला जी ठोड़ी को तनिक ऊपर उठा कर हँसे, "बीवी को उन्होंने मैके भेज दिया है और मिसेज़ कर्मा के चक्कर में पड़े हैं। कविताओं पर कविताएँ लिख रहे हैं। 'संस्कृति समाज' की पिछली बैठक में उन्होंने कविता पढ़ी थी —'बेचैनी के घूँट' — क्या बात है!"

"मिसेज कर्मा! ये कौन देवी हैं ?"

"श्री विश्वकर्मा जर्नलिस्ट हैं, उनकी श्रीमती हैं। कुछ बेकार थे बेचारे। लाहौर में भाग्य आज़माने आये थे। श्री चातक उन्हें यहाँ जमाने पर तुले हैं और साथ-साथ स्वयं भी वहाँ पैर जमा रहे हैं।"

और शुक्ला जी ने आँख दबायी।

जगमोहन ने उस ओर ध्यान नहीं दिया और पूछा, "तो क्या वे लोग चातक जी के यहाँ ठहरे हैं ?"

"यहीं पास ही गन्दे नाले की ओर चातक जी ने उन्हें फ़्लैट ले दिया है। भाभी तो हैं नहीं, इसलिए स्वयं भी खाना वहीं खाते हैं। मैं वहीं से आ रहा हूँ। चाहता था, ज़रा ले चलूँ उन्हें गोपालनगर तक, पर वे तो अब उसी फ़्लैट के बन्दी हैं।"

और उन्होंने व्यंग्य-भरी लम्बी साँस लेते हुए ऐसे खीसें निपोरीं कि सुरती का रस बाहर निकलते-निकलते बचा।

जगमोहन ने बताया कि वह बहुत दिनों से उनसे नहीं मिला। आज आया तो उनका कहीं पता ही नहीं चला। उनके प्रेस, 'हिन्दी पुस्तक गृह,' शुक्ला जी के दफ़्तर —सब जगह ढूँढता यहाँ आया था और निराश जा रहा था....

"अरे, अब इतनी दूर आये हो तो और चार कदम बढ़ कर उनसे मिल आओ। श्रीमती कर्मा के दर्शन भी हो जायेंगे। चातक जी तो गीत ही लिख रहे हैं, कौन जाने तुम कोई महाकाव्य ही रच दो।"

और वे हँसे।

जगमोहन ने उस ओर ध्यान नहीं दिया और श्री कर्मा के घर का पता पूछा। तब शुक्ला जी ने वहीं ज़मीन पर मानचित्र बना कर समझा दिया कि गन्दे नाले पर डॉक्टर गिरधारी लाल की दुकान के आगे जो सड़क निस्बत रोड को गयी है, उसमें मुड़ने पर दायें हाथ को जो गली जाती है, उसमें जा कर बायें हाथ को मुड़ने वाली गली में, आख़िरी मकान की दूसरी मंज़िल पर श्री कर्मा रहते हैं। यह सब बता कर और जगमोहन को अच्छी तरह समझा कर उन्होंने कहा कि वह चातक जी का अनुकरण न करे और कभी-कभार गोपालनगर भी दर्शन दे दिया करे। यह अनुरोध कर, हँसते हुए और ठोड़ी को आगे बढ़ा, सुरती के रस को गिरने से बचाते हुए वे चल दिये।

जगमोहन गन्दे नाले की ओर बढ़ा।

३९

लाहौर में श्रीमती कर्मा के आने से पहले कवि चातक प्रेम और सौन्दर्य के गीत भूल कर आग उगलने लगे थे, पर श्रीमती कर्मा के आगमन ने उनके हृदय की जलती-तपती भूमि पर वर्षा की पहली बूँदियों का-सा काम किया। कवि के चिर-प्रसुप्त प्रणय-गीत फिर जाग उठे और उनके हृदय का कानन,जो उस संगीत के अभाव में मरु-सा मौन और निस्तब्ध पड़ा था, एक बार फिर उसके गुंजार से मुखरित हो उठा।

°

चातक जी कवि थे, 'दिल वाले' थे, पर दुनिया में पग-पग पर दिमाग़ की ज़रूरत पड़ती है। भले-बुरे, हानि-लाभ की पहचान दुनिया के साथ चलने की पहली शर्त है। कवि चातक,

बस कोरे कवि थे। व्यावहारिकता उन्हें छू न गयी थी। हानि-लाभ का लेखा-जोखा उनके बस की बात न थी। हिसाब-किताब में जी खपाना वे अपने कवि का अपमान समझते थे। ज़िन्दगी के ऊँच-नीच, सम-विषम मार्ग उन्हें परेशान कर देते थे। वे तो चाहते थे — नदी-किनारे एक झोंपड़ी हो, उसमें उनकी प्रेयसी हो और वे हों; (प्रकट है कि प्रेयसी से उनका मतलब अपनी पत्नी से न था) उनकी प्रेयसी गाये और वे वीणा बजायें; उनकी प्रेयसी नाचे और वे गायें; अधर की मुस्कान हो, हृदय की धड़कन, आँखों की चल-चितवन और मन का पागलपन! अपनी इस छोटी-सी माँग को उन्होंने अपनी एक कविता में यों व्यकत किया था :

हम ने जग से अधिक न चाहा, केवल चाही नदी-किनारे
छोटी-सी कुटिया, स्वर जिसनें, गूँज रहे हों प्राण तुम्हारे!
अधरों की मुस्कान; हृदय का स्पन्दन; आँखों की चल-चितवन;
चंचल-पग, पायल की रुनझुन; उत्कण्ठित मेरा पागलपन!

तुम गाओ, मैं वीण बजाऊँ!
तुम नाचो, मैं गीत सुनाऊँ!
जग का सब छल-छन्द प्रेयसि मैं,
लगा तुम्हारे अंक, भुलाऊँ!

पर यह बात उनकी समझ में न आती थी कि उनकी यह छोटी-सी इच्छा मुग़ल-सम्राट जहाँगीर का वैभव और उस वैभव के पीछे मुग़लों की शक्ति या फिर आदि-मानव की संकुचित दुनिया चाहती है। जीवन के प्रतिक्षण बढ़ते हुए संघर्ष में शान्ति के चन्द क्षण पाने के लिए सुबह से शाम तक जूझना ज़रूरी है। नदी का किनारा, छोटी-सी कुटिया और अकण्टक शान्ति का सपना आज के संघर्षमय जीवन में रूमानी सपना है। जब चातक जी की यह इतनी-सी माँग पूरी न होती और वे देखते कि एक ओर घर में उनकी बीवी और बच्चे उनको चिकोटियाँ काटते हैं, दूसरी ओर प्रेस के कम्पॉज़िटर, मशीनमैन और कर्जदार उनकी बोटियाँ नोचते हैं; जिनको काम करके दिया है, वे पैसे नहीं देते और पग-पग पर उन्हें अपमानित होना पड़ता है तो उनका जी चाहता —ऐसी फुफकार मारें कि यह सारी-की-सारी दुनिया भक् से उड़ जाय! तब इन सारी विषमताओं के विरुद्ध विद्रोह कर झण्डा खड़ा कर, उन्हें भस्मसात कर देने को उद्विग्न हो, वे चिल्ला उठते :

आग लगा दूँ इस दुनिया को, जिस ने मेरे स्वप्न जलाये,
मधु पीने वालों को जिस ने, बरबस विष के जाम पिलाये,
नन्ही-सी अभिलाषा मेरी, नहीं निठुर जिस जग ने मानी,
उस को मीठे गीत सुनाऊँ, नहीं प्राण, मैं ऐसा दानी।

महाक्रान्ति की देवि कालिका,
अब मेरे गीतों में बोले!
मेरे नयनों की ज्वाला में,
नेत्र तीसरा शंकर खोले!

पर उनकी यह क्रान्ति उस तूफ़ान-सरीखी थी जो कहीं आकाश की गहराइयों में

उमड़-घुमड़ कर, नभ को मैला करने के अतिरिक्त अन्य किसी का कुछ बिगाड़े बिना, अपने आप मिट जाता है। जिसके बाद आकाश की मलिनता दूर करने और धूल बैठाने को दो बूँदियाँ बरस जाती हैं। चातक जी के मन में क्रान्ति का जो बवण्डर उठता (जिसके प्रभाव में उनका कवि वीणा छोड़, अपने हाथों में तीर-कमान, खड्ग और बन्दूकें ले कर निकल पड़ता) वह जब उनकी सहन-शक्ति से बाहर हो जाता और उन क्रान्ति के गीतों के बावजूद वे अपने आप को असहाय और विवश पाते तो निराशा से उनके मन-प्राण ओत-प्रोत हो जाते। तब आँसू उनके मन-अम्बर की इस घुमड़न को शान्त करने अनायास चले आते और जैसे रोते हुए-से वे गा उठते :

किसे सुनाऊँ गीत प्रेम के, कौन यहाँ है सुनने वाला ?
कौन यहाँ है मुझ पागल-सा, फूल प्रीत के चुनने वाला ?
जाल कल्पनाओं के मुझ-सा, कौन यहाँ है बुनने वाला ?
कौन यहाँ है इस चातक की 'पी-पी' को सुन, गुनने वाला ?

कैसा गान, प्राण!, जी करता —
वीणा को पत्थर से फोड़ूँ!
हृदय-हीन दुनिया से अपना
रहा-सहा भी नाता तोड़ूँ!

किन्तु यदि कवि दुनिया के छल-प्रपंच, ऊँच-नीच से भाग कर आत्म-हत्या करने की धमकी दे तो दुनिया में उस पर हँसने वाले, उसकी निर्बलता का मज़ाक उड़ाने वाले अथवा सब्र-सन्तोष पर उसे लेक्चर पिलाने वाले बहुत मिलेंगे, पर उसकी अकर्मण्यता को प्रश्रय दे कर, उसका वह शान्तिमय नीड़ बना देने वाला कोई विरला शायद ही मिले — विशेषकर किसी ऐसे प्रादेशिक कवि को, जिसने अपनी ख्याति का डंका भारत भर में न बजा दिया हो।

कवि चातक को जग की इस हृदयहीनता का भी पर्याप्त अनुभव हुआ था। जब प्रेस उनका न चला और दो-दो, तीन-तीन महीने का वेतन मशीनमैनों और कम्पॉज़िटरों को न मिला तो उन लोगों ने हड़ताल कर दी। दो-तीन बार पहले भी हड़ताल हुई थी, तब एक बार श्री धर्मदेव ने और दूसरी बार शुक्ला जी ने बीच-बचाव कर दिया था और आख़िर चातक जी ने एक छोटी ट्रेडिल और कुछ टाइप बेच कर अपने कर्मचारियों का वेतन और ऋणदाताओं का कर्ज़ चुकाया था। यदि वे प्रेस में बैठते और जी लगा कर काम करते तो उनका प्रेस चलता रहता और फिर कठिनाई न होती, पर काम में उनका मन न लगता था। प्रेस दिन-रात का जो श्रम चाहता है, उससे भाग कर वे किसी काल्पनिक प्रेयसी की गोद में जा बैठना पसन्द करते, प्रेम के गीत लिखते और सभाओं में नव-वय के लड़के-लड़कियों को सुना कर प्रशंसा पाते। कभी-कभार जोश में आ कर मशीनों को चलता रखने के लिए अपने रुसूख़ के बल पर जो काम वे लाते, वह उनकी इसी पलायन-वृत्ति के कारण समय पर न होता या अच्छा न होता और मज़दूरी मारी जाती या समय से न मिलती। काम पूरा करने से पहले ग्राहक से कैसे रुपये ऐंठे जाते हैं अथवा किया हुआ काम देने से पहले कैसे प्रेस की मज़दूरी ले ली जाती है —इन सब हथकण्डों से वे अनभिज्ञ थे और बुरे काम के, अथवा समय पर न मिलने वाले काम के पैसे अपने आप आ कर देने

वाले इस स्वार्थी संसार में उतने अधिक नहीं। नतीजा यह हुआ कि फिर कर्मचारियों का कई महीने का वेतन उनके सिर हो गया और मज़दूरों ने फिर हड़ताल कर दी। जब चातक जी मज़दूरों को किसी प्रकार काम करने पर राज़ी न कर सके तो झल्ला कर उन्होंने प्रेस को ताला लगा दिया। मज़दूर धरना दे कर बैठ गये। उनमें से कुछ मनचलों ने उनको बीच-बाज़ार पकड़ लिया और झगड़े में एकाध झापड़ भी हवा में छोड़ दिया।

इस अपमान से कवि को बड़ा धक्का लगा। विक्षोभ से उनका हृदय भर उठा। उनका मन हुआ कि एकदम आत्महत्या कर लें। तब अपने कुछ मारवाड़ी सेठ मित्रों को, जिनके दरबार में अपनी प्रेम-सनी कविताएँ सुना कर वे कई बार दाद पा चुके थे, उन्होंने लम्बे-लम्बे पत्र लिखे कि यदि इस संकट में उनकी सहायता न की गयी तो वे आत्महत्या कर लेंगे। अपने पत्रों को बल देने के लिए उन्होंने तार भी छोड़ दिये :

'आत्महत्या की सोच रहा हूँ, तत्काल सहायता भेजिए!'

उनका विचार था कि चिट्ठियों के उत्तर में सभी जगह से नहीं तो चार-पाँच जगह से अवश्य हज़ार-हज़ार, दो-दो हज़ार रुपया आ जायेगा और वे संकट-मुक्त हो जायेंगे। पर जब कहीं से रुपया न मिला और दो-एक जगह से केवल समवेदना, एक-आध जगह से आर्थिक संकट का रोना और शेष जगहों से चुप्पी हाथ आयी तो कवि का मन बड़ा खिन्न हुआ। उस रात उन्होंने एक साथ दो कविताएँ लिखीं। एक में आँसू थे और दूसरी में आग!

पहली कविता में उन्होंने लिखा :

दुनिया ज़हर-भरी यह इस में, प्राण, और अब रह न सकेंगे!
अधिक परायेपन की इस बहिया में अब हम बह न सकेंगे!
कब तक मौन-रूप से इस अभिनय को हम चुपचाप तकेंगे!
जग की निर्ममता न थकेगी, अपने सारे यत्न थकेंगे!

सदा भिखारी समझा जग ने,
यहाँ हमारा मान नहीं है!
एक ज़रा-से सिक्के जितना,
जग को अपना ध्यान नहीं है!

और दूसरी में :

प्राण, छोड़ दो वीणा, आओ हाथों में तलवार उठायें!
तारों की झंकार नहीं, अब खाँडे की खनकार सुनायें!
सुरा नहीं मेरे प्याले में प्राण, रक्त लाओ अब भर कर!
गीत प्रेम के नही, जगत में गूँजे मेरे ताण्डव का स्वर!

तहस-नहस कर दे दुनिया को,
देखो लहर चली वह आती।
मेरी अपमानित वाणी पर,
महाक्रान्ति के बोल उठाती।

तब, जब कवि का सारा ज़ोर काग़ज़ के पन्नों पर क्रान्ति के गीत लिख-लिख रखते जाने में लग रहा था, प्रेस में पूर्ववत ताला पड़ा हुआ था और मज़दूर हफ़्ते-भर से धरना

दिये हुए थे, शुक्ला जी कवि चातक की सहायता को आये। लाहौर की प्रसिद्ध संस्था — आर्य स्वराज्य सभा —जो एक ही समय में साम्प्रदायिक भी थी और कांग्रेस का साथ भी देती थी, सरकार-विरोधी एक पत्र निकालती थी —'रणभेरी'! पत्र का आरम्भ तो कई वर्ष पहले, सभा ने 'अहरार-पार्टी' के काश्मीर-आन्दोलन के उत्तर में किया था, पर बाद में सनसनी की कोई बात न रहने के कारण अपने आप वह साप्ताहिक बन्द हो गया था। अब बूचड़ख़ाना-आन्दोलन का लाभ उठाने और अपनी खोयी सत्ता पुनः पाने के लिए पार्टी फिर उस पत्र को निकालने जा रही थी। पर हिन्दी के जो दो-चार अच्छे प्रेस लाहौर में थे, वे कोई-न-कोई बहाना करके टाल रहे थे। तब शुक्ला जी उन्हें ले कर कवि चातक के पास आये। तय यह हुआ कि सभा प्रेस-कर्मचारियों का पिछला वेतन दे दे और पत्र चातक जी के प्रेस में छपना शुरू हो। चातक जी को उन्होंने समझा दिया था कि इस तरह कम्पॉज़िटरों के धरने से बदनामी होती है, यदि पत्र सरकार के विरुद्ध ज़ोरदार लेख लिखेगा तो सरकार निश्चय ही प्रेस से ज़मानत माँग लेगी। तब प्रेस को बन्द कर देना बेहतर रहेगा। साँप भी मरे और लाठी भी न टूटे! उल्टे वाह-वाह घाते में मिलेगी।

चातक जी को शुक्ला जी का यह प्रस्ताव ख़ूब भाया। उन्होंने न केवल पत्र को अपने प्रेस में छापना स्वीकार कर लिया, वरन सम्पादक के रूप में अपना नाम देने की भी इच्छा प्रकट की। सभा वालों को क्या चाहिए था ? चुपड़ी और दो-दो! उन्हें प्रेस की ही चिन्ता थी, यहाँ सम्पादक की भी समस्या हल हो गयी।

'रणभेरी' का प्रथम अंक प्रकाशित हुआ तो न केवल मुख-पृष्ठ पर सम्पादक के रूप में कवि चातक का नाम था, बल्कि पूरे पृष्ठ पर मोटे अक्षरों में 'रणभेरी' नाम से उनकी कविता भी प्रकाशित हुई थी :

आज बज उठी है रणभेरी, प्रिये उठा कर वीणा धर दो।
बाँध कृपाण कमर में मेरी, रक्त-तिलक मस्तक पे कर दो।
रिपु-सेना में मचे खलबली, ऐसा डट कर युद्ध करें हम।
अपने या रिपु के जीवन के जाने से क्यों तनिक डरें हम ?

अग्नि-परी तुम बनो कुमारी,
औ' मैं लप-लप करती ज्वाला।
स्तब्ध विश्व देखे यह अपलक,
अपना ताण्डव-नृत्य निराला।

जब यह पहला अंक छप कर बाहर आया तो 'रणभेरी' पर उनका नाम देख, इस विडम्बना पर कवि चातक के रसिक-मित्रों ने आपत्ति की, "आप का नाम तो 'पारस,' 'पराग,' 'मंजरी,' 'मालती,' 'सुरभि,' 'स्वाति,' नामक पत्र-पत्रिकाओं पर होना चाहिए था," उन्होंने कहा, "आप प्रेमी जीव हैं, आपको यह तोप-तलवार, आग और लोहू के गान नहीं सुहाते।"

तब कवि चातक ने अपने उन मूढ़ मित्रों को समझाया कि वे तो कवि हैं और कवि की प्रतिभा निरंकुश रह कर ही अपने चरम-विकास को पहुँचती है। कवि की प्रतिभा का पंछी स्वतन्त्र हृदय से आकाश की गहराइयों और बुलन्दियों में तरारे भरता है। वह जो

अनुभव करता है, लिखता है; इसीलिए उसकी वाणी से कभी स्नेह-निर्झर बहता है, कभी क्रान्ति का ज्वालामुखी फूटता है।

और कवि चातक अपनी धुन में 'रणभेरी' फूँकते रहे और 'श्वास-श्वास से महाक्रान्ति का आवाहन' करते रहे कि एक साँझ सरकार ने उनके प्रेस को ताला लगा दिया, 'रणभेरी के अंक ज़ब्त कर लिये और सशस्त्र-क्रान्ति के अभियोग में उन्हें गिरफ़्तार कर लिया।

हवालात में पहुँच कवि ने एक सुख की साँस ली। उन्हें लगा जैसे वे एक बन्धन से मुक्त हो गये हैं और अब अपनी कल्पना को घर-बाहर के झंझटों से आज़ाद कर, उन्मुक्त बहने देंगे। जेल उनके लिए नयी न थी। वे पहले भी इस 'स्वराज्य-मन्दिर' की सैर कर चुके थे। स्वयं प्रेस बेचते या बन्द करते तो उन्हें अपने मित्र और साले का छै-छै हज़ार रुपया देना पड़ता, अब तो सरकार ही ने प्रेस को ताला लगा कर, उनकी असफलता का सारा बोझ अपने ऊपर ले लिया। प्रेस की उस विपत्ति से छूटे सो छूटे, देश-सेवा का यश घाते में हाथ लगा।

पर जब कुछ दिन बाद अदालत में मामला पेश हुआ और उन पर हिंसा और सशस्त्र-क्रान्ति के प्रचार का अभियोग लगाया गया और सरकारी वकील ने उनके लिए कड़ी-से-कड़ी सज़ा की माँग की तो सात वर्ष कड़े कारावास का ध्यान आते ही कवि के होश फ़ाख़्ता हो गये। तब अपनी सफ़ाई में महाक्रान्ति का आवाहन करने वाले अपने गीतों की जो व्याख्या उन्होंने की, उसे सुन कर उनके मित्र उनकी बुद्धि के चमत्कार को देख, प्रशंसा से 'वाह-वा' कर उठे।

"मेरे इन गीतों को पढ़ कर आप लोगों ने मुझे हिंसा का प्रचारक साम्यवादी कहने की कृपा की है," कवि ने कहा, "लेकिन यदि आप मेरा विश्वास करें तो मैं कहूँ कि मैं साम्यवाद के सिद्धान्तों का क, ख, भी नहीं जानता। इतना मैंने अवश्य सुना है कि साम्यवाद में हिंसा निहित है और साम्यवादी हिंसा के द्वारा क्रान्ति चाहते हैं। मैं हिंसा का घोर विरोधी हूँ, क्योंकि मैं परम गाँधीवादी हूँ।" (यहाँ कवि चातक ने अपने गत-जीवन का इतिहास बताया कि कैसे वे परम गाँधी-भक्त रहे हैं और हिंसात्मक असहयोग कर जेल हो आये हैं।) "रही हिंस्र क्रान्ति की बात," उन्होंने कहा, "तो जो कवि यह लिखता है....'मैं अबोध भोला कवि गाता, गीत प्रणय के मनहर संगिनि'....और जो एक पंछी के दुख को नहीं देख सकता है, वह मानवों को खड्ग अथवा बन्दूक का निशाना क्या बनायेगा ? (यहाँ कवि चातक ने अपनी कविताओं से उद्धरण दे कर बताया कि वे कैसे राजनीति से ऊपर रह कर प्रेम के गाने गाते हैं।) मेरी कविता में महाक्रान्ति, महाप्रलय, अस्त्र-शस्त्र, तीर-तलवार, गोले-गोली शब्द पढ़ कर शायद अपने यह अन्दाज़ा लगाया है कि मैं सशस्त्र-क्रान्ति का पुजारी हूँ!" उन्होंने रोनक्खी-सी हँसी के साथ कहा; अभिधा, लक्षणा, व्यंजनादि पर एक छोटा-सा भाषण दिया और बोले, "मेरी कविता में इन शब्दों को लाक्षणिक-रूप में लेना होगा। क्रान्ति या प्रलय से मेरा मतलब सामाजिक क्रान्ति करने वाले प्रयत्नों से है। शस्त्र, तीर-तलवार, गोले-गोली से मेरा अभिप्राय उन उपायों से है, जिनके द्वारा सामाजिक वैषम्य का नाश किया जा सकता है। इसी प्रकार अन्य दूसरे ऐसे उपायों को हम शस्त्रों की संज्ञा दे सकते हैं, जिनके द्वारा घातक शस्त्रों का प्रयोग किये बिना ही सामाजिक वैषम्य को दूर किया जा सके। मैंने एक जगह लिखा है :

''प्राण, छोड़ दो वीणा, आओ हाथों में तलवार उठायें!

''इसका सीधा-सादा अर्थ यह है कि अब अपने आप को भोग-विलास और ललित कलाओं में व्यस्त रखने के बदले सामाजिक क्रान्ति के समर-क्षेत्र में आयें। जब मैं कहता हूँ :

''अपने या रिपु के जीवन के जाने से क्यों तनिक डरें हम ?

''तो यहाँ 'रिपु' से मतलब हाड़-माँस के शत्रु से नहीं, उसकी स्वार्थ-भावना से है। मैं यह मानता हूँ....''

कवि चातक अपना बे-हड्डी का-सा, सुकोमल हाथ उठा-उठा कर अपने रोते-से स्वर में बड़े जोश से बोलते जा रहे थे कि मैजिस्ट्रेट ने उन्हें रोक दिया। एक विद्रूप-भरी मुस्कान उसके होंटों पर फैल गयी। उसने उन्हें चेतावनी दी कि आगे के लिए वे ऐसी कविताएँ न लिखें, जिनमें निहित अहिंसा को उन्हें स्वयं समझाना पड़े! पत्र और प्रेस से उसने तीन-तीन हज़ार रुपये की ज़मानत माँगी और उन्हें छोड़ दिया।

कोई वैसा आन्दोलन तो चल न रहा था। सभी प्रान्तों में सरकार से कांग्रेस सहयोग कर रही थी। इसलिए जो मामला आन्दोलन के दिनों में महीनों चलता, वह एक ही बैठक में ख़त्म हो गया।

प्रेस और पत्रिका के बन्द हो जाने से कवि एकदम बेकार हो गये, किन्तु अदालत ही से वे एक बड़ा महत्वपूर्ण काम ले आये। वह काम था, लाहौर में श्री विश्वकर्मा तथा उनकी सुन्दर पत्नी को बसाना!

श्री विश्वकर्मा उनके पूर्व-परिचित थे, नयी-नयी उनकी शादी हुई थी। चातक जी के मामले की ख़बर सुन, अपनी पत्नी के साथ वे अदालत में गये थे। कवि चातक के युगों-युगों से 'छवि के लोभी' और 'मधु के प्यासे' नयनों ने श्रीमती कर्मा की छवि देखी तो दिल खो बैठे। बाहर आ कर बड़े तपाक से श्री कर्मा से मिले। उनकी पत्नी का परिचय पाया। उनकी स्थिति समझी। उनका प्रेस होता तो वे उसी में निस्संकोच उन्हें मैनेजर बना देते! दुर्भाग्य से प्रेस बन्द था। तब उसका रहा-सहा टाइप बेच कर उन्होंने उनकी सहायता की। कवि-पत्नी घर का ख़र्च चलाने के लिए अपने भाई से रुपये मँगाती रहीं। लेकिन कवि श्री कर्मा को अपने साथ ले कर सभी पत्रों में घूमते रहे और आख़िर एक जगह उन्हें नौकरी दिला दी। श्री कर्मा 'आर्य होटल' में एक कमरा ले कर ठहरे थे। कवि चातक तो उन्हें अपने घर ले आते, पर पत्नी के डर से उन्होंने ऐसा नहीं किया और उन्हें एक अलग फ़्लैट ले दिया, उसका किराया 'हिसाबे-दोस्ताँ दर दिल'[१] का ख़याल करके अपने पास से दिया और बहुत दिनों के बाद एक प्रणय-गीत 'पगला रावण' लिखा। क्योंकि रावण पर-स्त्री को चुरा लाया था और उसके प्रेम में पागल था, इसलिए उस कविता में उन्होंने रावण का गुण-गान किया और अपने आप को 'कलियुगी रावण' कह, जग के रूढ़िवाद का मज़ाक उड़ाया, जो प्रेम को समझ नहीं पाता।

अपनी उस कविता में उन्होंने रावण से कहलवाया :

---

१. दोस्तों का हिसाब दिल में!

वेद पढ़े हैं मैंने सारे, तत्व विश्व का मैंने जाना;
हुआ अमर; है किन्तु मुझे प्रिय, प्रेम-युद्ध में जान गँवाना!
लिखने वाले चाहे लिख लें, काला था रावण का आनन,
जो प्रेमी हैं समझ सकेंगे, भरा ज्योति से था उसका मन!

और इस प्रेम-युद्ध में वे एकनिष्ठ हो कर भाग ले सकें, इस विचार से उन्होंने पत्नी को (यह समझा कर कि जब तक वे कोई नया काम न खोजें, बच्चों-समेत उसका वहाँ रहना कष्टकर होगा, वे नौकरी अथवा काम पाते ही उसे बुलवा लेंगे) उसके भाई के पास भेज दिया; घर के बर्तन-भाँडे श्री कर्मा के यहाँ पहुँचा दिये कि वे अपनी गृहस्थी जमा लें, उनकी पत्नी दो-एक महीने नहीं आयेगी, तब तक उनका वेतन मिल जायेगा और नये बर्तन-भाँडे आ जायेंगे....और क्योंकि चातक जी ने उनके लिए इतना किया था, इसलिए श्री कर्मा ने, श्रीमती कर्मा के कहने पर, उन्हें अपने यहाँ ही खाना खाने पर विवश किया। अपने घर से इतनी दूर खाना खाने जाने की मुसीबत कवि के लिए भारी विपत्ति के बराबर थी, इसलिए अन्ततोगत्वा उन्होंने अपना फ़ाउण्टेन-पेन और स्लिप-कापी उठायी और वहीं जा डेरा जमाया। श्री कर्मा तो दफ़्तर चले जाते, कवि चातक कविता करते और श्रीमती कर्मा को रावण के प्रेम का मर्म समझाते।

४०

शुक्ला जी के बताये मार्ग पर ढूँढता-ढूँढता जब आध-पौन घण्टे बाद जगमोहन श्री कर्मा के फ़्लैट पर पहुँचा और उसने जा कर दरवाज़ा खटखटाया तो दरवाज़ा एक युवती ने खोला।

"श्री विश्वकर्मा जरनलिस्ट यहीं रहते हैं ?"

"जी!"

'जी' कहने वाली उस युवती की ओर जगमोहन ने आँख उठा कर देखा। उस प्रथम दर्शन में युवती का गोरा रंग, लम्बी नाक, चंचल आँखें और होंटों पर स्मिति की क्षीण-सी रेखा ही जगमोहन को दिखायी पड़ी। चूँकि युवती उसकी ओर ही देख रही थी, इसलिए उसने आँखें झुका लीं और बोला :

"चातक जी क्या यहीं हैं ?"

"जी!"

और वह उसे अपने पीछे आने का संकेत कर, हल्के-हल्के दोलन में बड़े ही आकर्षक ढंग से अपने कूल्हे मटकाती हुई, आगे-आगे हो ली।

एक छोटी-सी गैलरी के अन्त पर, दायीं ओर के एक दरवाज़े की ओर उसने संकेत कर दिया और बाहर का दरवाज़ा बन्द करने चली गयी।

जगमोहन ने पहले क़िवाड़ पर 'टक्-टक्' की और फिर उसे तनिक खोल कर

देखा —चारपाई पर अध-बैठे अध-लेटे कवि अपनी साधना में निरत थे। कुछ काव्य-संग्रह (समकालीन कवियों के) उनके इर्द-गिर्द चारपाई पर बिखरे थे। जो कविता वे लिख रहे थे, उसकी स्लिपें इधर-उधर पड़ी थीं। दाढ़ी उनकी थोड़ी-सी बढ़ आयी थी, बाल कुछ अधिक बिखरे थे और सामने की लटें कुछ और उद्दण्ड हो माथे पर खेल रही थीं।

जगमोहन के पैरों की चाप से चौंक कर कवि ने आँखें उठायीं।

"अरे जगमोहन!" उन्होंने चौंक कर कहा, "आओ-आओ, बैठो!" और यह कहते हुए उन्होंने स्लिपों को समेट कर उसके लिए जगह बना दी।

जगमोहन उनके पास बैठ गया तो चातक जी ने हाथ की स्लिप पर उस कविता की पंक्ति समाप्त की जो वे लिख रहे थे। फिर उसे भी उन्होंने एक ओर रख दिया, दीवार से पीठ लगायी, जगमोहन की ओर को मुँह किया और टाँगें पसार कर बैठ गये।

"सुना, तुम हमसे नाराज़ हो गये हो!" उन्होंने अचानक कहा।

जगमोहन निमिष-भर चुप रहा, फिर उसने कहा, "नहीं, नाराज़गी कैसी।"

"मालूम है कितने दिन पर आये हो ?"

जगमोहन चुप रहा।

"तुम्हारी भाभी ने कई बार तुम्हारी याद की।"

जगमोहन ने फिर भी कोई उत्तर न दिया।

"तुम उस दिन शान्ता के घर नाराज़ हो गये। 'संस्कृति समाज' को तज दिया सो ख़ैर, पर हमारे यहाँ आना भी छोड़ दिया; ऐसी नाराज़गी भी क्या।"

"नहीं, नाराज़गी की बात नहीं," जगमोहन दीवार की ओर देखते हुए बोला, "पहले धर्म जी का काम निबटाने में लगा रहा, रुपया तो उन्होंने दिया नहीं, केवल तीस रुपये प्रोफ़ेसर साहब से मिले, सो उनसे क्या बनता, इसलिए फिर दाख़िला जुटाने में व्यस्त हो गया। एक ट्यूशन भी ले ली। आज कुछ अवकाश मिला है तो आया हूँ। प्रेस में ताला, घर में ताला, ढूँढ-ढूँढ कर यहाँ पहुँचा हूँ। शुक्ला जी न मिलते तो शायद मैं गोपालनगर जाता।" फिर कुछ रुक कर उसने पूछा, "प्रेस आपने क्या बन्द कर दिया ?"

"सरकार ने ज़मानत माँग ली।"

"कैसे ?"

"तुम्हें नहीं मालूम ? मैं तो जेल भी हो आया।"

"नहीं, मैं तो इतने दिन ऋषि नगर से बाहर ही नहीं गया। समाचार-पत्र तक नहीं पढ़ पाया।"

"हम तो चार दिन सरकार के जमाई बन, 'स्वराज्य-मन्दिर' में भी रह आये!" कवि हँसे और अपनी चमत्कारपूर्ण सफ़ाई की बात उन्होंने सविस्तार जगमोहन को सुना डाली।

जगमोहन ने खेद प्रकट किया कि लाहौर में रह कर इतनी बड़ी बात का उसे पता नहीं लगा। फिर कुछ रुक कर उसने बताया कि भगतराम आदि की बातों से उसका मन ऐसा खट्टा हो गया था कि जब उसने 'संस्कृति समाज' से त्याग-पत्र दिया तो फिर उधर भूल कर भी नहीं गया। साहित्यिकों से उसे कुछ वितृष्णा-सी हो गयी, इसलिए इतनी बड़ी घटना का उसे पता न चला। उसे यदि पता चलता तो क्या वह जेल में उनसे मिलने न

पहुँचता अथवा भाभी को तसल्ली न देता।

"अरे भाई, इतनी-सी बात पर नाराज़ हो जाते हो। हमें न जाने क्या-क्या सुनना पड़ता है। पर हम कभी किसी की परवाह नहीं करते। जग ने प्रेम के मार्ग में इतनी बाधाएँ खड़ी कर रखी हैं कि पुरुष वही है, जो उन्हें ढाये और ढाने में सुख पाये। यदि सत्या को तुम से या तुम्हें सत्या से प्रेम है तो क्या हुआ, उसके ज़िक्र से ही क्यों बिदकते हो। तुम और वह तो आज़ाद हैं, मैने एक बन्धन में बँधी हुई प्रेयसी को सम्बोधित कर लिखा है :

"प्रेम तुम्हारे घर आया है, तोड़ो सब जग की सीमाएँ,
आओ नग्न प्रकृति-से नाचें, छोड़ जगत की मर्यादाएँ।
जग ने तुम को दूर किया, मैं
पास बुलाने को आया हूँ।
पी कर तुमको चिर-दिन की मैं
प्यास बुझाने को आया हूँ।

"नग्न प्रकृति-से नाचें —मेरा तो यही नारा है।" कवि बोले, "यह दबी-घुटी दृष्टियों का विनिमय मुझे पसन्द नहीं। 'पी कर तुम को' कितनी ज़ोरदार अभिव्यक्ति है। मैं कविता में इसी सीधी और ज़ोरदार अभिव्यक्ति का कायल हूँ। वह कविता ही क्या जिसमें दबे प्रेम को ढूँढने के लिए ख़ुर्दबीन की ज़रूरत पड़े।" वे हँसे और उन्होंने माथे की लट को पीछे हटाया।

'पर प्रेम के सिवा क्या कविता का और कोई विषय ही नहीं ?' जगमोहन पूछना चाहता था, पर वह चुप रहा।

चातक जी फिर उत्साह से बोले, "जैसे पर-नारी राधा के प्रति कृष्ण के प्रेम को मैं बुरा नहीं समझता, वैसे ही सीता के प्रति रावण के प्रेम को मैं हेय नहीं मानता। राम का सूखा कर्तव्य सब ने देखा, पर रावण के हृदय की धधकती ज्वाला किसने जानी ?"

और कवि चातक उठे। एक कोने में कुछ काग़ज़ों और स्लिपों के ढेर से ढूँढ कर उन्होंने एक कविता की स्लिपें निकालीं और बोले, "इस कविता का शीर्षक है 'रावण का प्रेम'। मैंने उसके हृदय के जिस स्तर को छुआ है, किसी कवि या इतिहासकार ने नहीं छुआ।"

और वे अपनी कविता सुनाने लगे।

कविता लम्बी थी। चातक जी ने रावण को वीर्यवान और निर्भय योद्धा ही नहीं, अपने-जैसा लिजलिजा प्रेमी भी दिखाया था। वह सीता के रूप की सुधा पी 'हाय-हाय' करता है। वह राम से इसलिए युद्ध करता है कि सीता को न पा कर वह जीना नहीं चाहता, युद्ध के बहाने मर जाना चाहता है....

जगमोहन का ध्यान कई बार भटक गया, पर जब चातक जी ने कविता समाप्त की तो उसने शिष्टाचारवश प्रशंसा कर दी —और कहा कि उन्होंने सीता-हरण को एक नये दृष्टिकोण से देखा है, जिसके लिए वे बधाई के पात्र हैं। उत्साहित हो कवि चातक ने कविता की दो पंक्तियाँ फिर सुनायीं :

"त्रेता के रावण को सच है

बिंधवाया तुमने वाणों से।
किन्तु लगाओगी कलियुग के
रावण को अपने प्राणों से।''

और बोले, ''आज 'बायरन' को कौन अंग्रेज़ युवती प्यार नहीं करती ? बायरन मर्यादाओं की तोड़ देने वाला कलियुगी रावण नहीं तो क्या था ? अपने प्यार को न छिपा कर बीच-खेत उसकी घोषणा करने वाले 'चातक' की भी निन्दा प्रायः आज सभी दुनिया वाले करते हैं। पर वह दिन आयेगा जब भारत के लोग उसे पूजेंगे और युवतियाँ उसकी कविताओं को प्राणों से प्यार करेंगी।''

जगमोहन ने तनिक आँख उठा कर उनकी ओर देखा। ग्रीक-युद्ध में बायरन की मृत्यु और कचहरी में अपनी सफ़ाई में दिये गये चातक जी के वक्तव्य की याद आ जाने से उसके होंटों पर विद्रूप की हल्की-सी रेखा दौड़ गयी। सत्या जी की उपेक्षा के बावजूद उनके प्रति कवि चातक के प्रेम की बात याद आने से उसने कहना चाहा, 'पर बायरन जिन्हें प्यार करता था, वे भी तो उस पर मरती थीं, बल्कि उस पर तो कई ऐसी युवतियाँ भी मरती थीं, जिनसे उसे प्यार नहीं था। क्या आप भी अपने बारे में ऐसा कह सकते हैं ?' लेकिन उसने यह सब नहीं कहा। बात-चीत का रुख पलटने के विचार से वह पूछने को हुआ, 'अब आप कौन-सी कविता लिख रहे हैं ?' पर फिर इस डर से कि कहीं वे उतनी ही लम्बी कविता सुनाने न बैठ जायें, उसने होंटों पर आती हुई अपनी बात रोक ली। क्षण भर तक वह प्रेम में दयनीय-सी बनी, मजनूँ की-सी उनकी सूरत देखता रहा, फिर उसका जी उसके कमरे की घुटन-भरी उमस से उठ भागने को व्यग्र हो उठा।

''पानी न होगा एक गिलास यहाँ ?'' अचानक उसने कहा।

कवि सचमुच अपनी नयी लिखी कविता सुनाने जा रहे थे। जगमोहन की बात सुन कर बोले, ''उधर रसोईघर से पी आओ!'' पर फिर जगमोहन के संकोच को देख कर स्वयं उठे।

''चलो, तुम्हें पानी भी पिला दें और कुम्मो जी से तुम्हारा परिचय भी करा दें।''

''कुम्मो जी कौन ?''

''विश्वकर्मा की पत्नी। पूरा नाम कुमुद है, पर मैं कुम्मो ही पुकारता हूँ।''

जगमोहन कवि के पीछे-पीछे बाहर निकला। युवती, जिसने दरवाज़ा खोला था, सामने गैलरी के बारजे पर खड़ी बाहर की ओर देख रही थी।

''कुम्मो जी, घर में नींबू होगा ?''

''अभी देखती हूँ।''

और वही स्मिति होंटों पर लिये हुए कुम्मो जी उसी प्रकार मटकती हुई-सी उनके पास से निकल, किचन में चली गयीं।

दोनों उनके पीछे चल दिये। चातक जी रसोईघर के अन्दर चले गये। कुम्मो जी सब्जी की टोकरी में नींबू देख रही थीं, वे उनके पीछे जा कर, उनके कन्धे के ऊपर से टोकरी ही में, नींबू देखने में उनकी सहायता करने लगे। जब कुम्मो जी को नींबू मिल गया तो उसे उनके हाथ से ले कर रसोईघर के ताक में पड़ा नींबू-निचोड़ चातक जी ने उठाया और उसे

कोने के नल पर धोने लगे।

"लाइए, मैं बना दूँ।" श्रीमती कर्मा ने कहा।

"तुम चीनी घोलो, मैं नींबू निचोड़ता हूँ।" चातक जी बोले और नींबू काटने लगे।

०

शर्बत पी कर जगमोहन ने कहा, "अच्छा अब मैं चलता हूँ, देर हो गयी है और मुझे ऋषिनगर जाना है।"

"अरे, यहीं खाना खा कर जाओ अब!" चातक जी ने कहा और श्रीमती कर्मा से अनुमोदन चाहते हुए बोले, "क्यों कुम्मो जी।"

"हाँ-हाँ, खाना खा कर जाइए," कुम्मो जी ने कहा, "तरकारी तो तैयार है। आटा अभी गूँधे लेते हैं।"

"हाँ-हाँ, लाइए, मैं आटा गूँध दूँ।" और बिना उनका उत्तर सुने, ऐसी स्फूर्ति से, जो जगमोहन ने पहले कभी चातक जी में न देखी थी, वे टीन के कनस्तर से आटा निकाल, छलनी में डाल, उसे परात में छानने लगे। श्रीमती कर्मा तरकारी देखने लगीं।

जगमोहन वहीं दहलीज़ में बैठ गया। तब आटा छानते हुए चातक जी ने जगमोहन को कुम्मो जी का और कुम्मो जी को जगमोहन का परिचय दिया।

"श्री विश्वकर्मा कब आयेंगे दफ़्तर से ?" सहसा जगमोहन ने पूछा।

"उनकी नाइट-ड्यूटी है। तुम्हारे आने से कुछ ही पहले गये हैं।" चातक जी बोले।

"खाना...."

"खाना उनके दफ़्तर का चपरासी ले जाता है। इसी गली में रहता है।"

और आटा छान कर, उसमें पानी डाल, कवि बड़े इतमीनान से उसे माड़ने लगे।

४१

कुछ दिन बाद, जब एक शाम जगमोहन का मन फिर ऊबा और अकेले सैर को जाने, छत पर नहा कर कविता करने अथवा दुरो से ख़रीदी हुई पुस्तकें पढ़ने या फिर मौन रूप से क्षितिज में उठते और अस्तोन्मुख सूरज की किरणों से पल-पल रंग बदलते बादलों को देखते रहने को उसका मन न हुआ तो वह कवि चातक की ओर नहीं गया, बल्कि उसने तय किया कि वसन्त को ढूँढे और यदि वह मिल जाये तो उसे ले कर हरीश जी के यहाँ जाये अथवा जो पुस्तकें उसने पढ़ी हैं, उनके सम्बन्ध में उससे बातचीत करे या महज़ गप लड़ाये। इसी विचार से उसने कपड़े बदले और लोहारी मण्डी को चल पड़ा।

०

कवि चातक के यहाँ कुछ अजीब-सी घुटन जगमोहन को महसूस हुई थी। उनकी कविताएँ, जो उसे कुछ ही महीने पहले बड़ी अच्छी लगती थीं, जिन्हें पढ़ कर वह झूम उठता था, अब फीकी, फिसफिसी दिखायी देती थीं। यह कैसा प्रेम है ? —वह सोचता —यह कैसी

भूख है ? किस प्रकार केवल चित्र देख कर, केवल एक दृष्टि-विनिमय अथवा एक भेंट पर वे ऐसे गीत लिख सकते हैं, जिनके शब्द-शब्द से राल-सरीखा प्रेम-रस टपकता है ? क्या वे उन सब को उसी शिद्दत से प्यार करने लगते हैं ? उन्होंने तो सत्या जी का चित्र देख कर ही कविता लिख दी थी, पर सत्या जी उसके यहाँ तो आती रहती थीं —उसके अत्यन्त निकट आ गयी थीं —तो भी उससे वैसी कविता क्यों नहीं बनी। सत्या जी से उसे प्रेम न सही, पर दुरो को तो वह चाहता है —तो वह क्यों उसके सम्बन्ध में वैसी, प्रेम के आकाश की ऊँचाइयों में उड़ने वाली, कविता नहीं लिख सका ? उसने जब अपनी भावनाओं पर कविता लिखी थी तो वह चातक जी से सर्वथा भिन्न बनी थी —'छिपकली-सी यह मुहब्बत, आज के युग की लजीली' —उसने लिखा था। वह लजीली मुहब्बत उसी की तो थी! पर वैसी क्यों थी ? वह उत्तर न दे पाता!....वह तो उम्र में चातक जी से छोटा है, उसे तो उनसे कहीं तीव्र प्रेम होना चाहिए। क्या वह समय से पहले प्रौढ़ हो रहा है ?....वह झुँझलाता, पर अपने आप को कोई सन्तोषप्रद उत्तर न दे पाता....उसके दिल-दिमाग़ की बनावट शायद चातक जी से भिन्न है। उस का मन कदाचित उनकी तरह केवल 'छवि का लोभी, मधु का प्यासा' नहीं। उसकी परिस्थितियों ने उसे शायद यथार्थवादी बना दिया है....वह अपने मन को समझाता, खीझता, झुँझलाता पर सन्तोष न पाता।

पर दुरो ने उसे जो पुस्तकें ला कर दी थीं, उन्हें पढ़ कर जहाँ वह चातक जी की कविताओं से और भी दूर चला गया था, वहाँ उसे अपने कुछ प्रश्नों का उत्तर भी मिल रहा था। उसके मन की आँखों के आगे जो कुहरा-सा था, वह छँटता जा रहा था। इन्सान कैसे पैदा हुआ ? कैसे धीरे-धीरे प्रगति कर, वर्तमान उन्नत दशा को पहुँचा ? यही उसने उन पुस्तकों में पढ़ा था। 'आओ नग्न प्रकृति-से नाचें' —चातक जी के गीत की पंक्ति उसके दिमाग़ में घूम गयी। और मन-ही-मन वह हँस पड़ा। प्रकृति की नग्नता तज कर उन्नत होने में इन्सान को सदियाँ लग गयीं। अपने बाहर और अन्दर की नग्नता से युद्ध कर, अपनी बर्बरता को संस्कृत बनाने के लिए इन्सान मर मिटा। आज वह अपने नग्न आवेगों को दबा कर माँ, बहन, भाभी, चाची, मित्र-पत्नी और पड़ोसिन में तमीज़ करने लगा है; बात का विरोध होने पर वह विरोधी का सिर फोड़ने के बदले उसे समझाना सीख गया है; अपनी पाशविक वृत्तियों को दबा कर वह संस्कृत होता जा रहा है!....नग्न-प्रकृति-से नाचें....सब लोग नग्न प्रकृति-से नाचने लगें तो शायद कवि चातक प्रेम की कविता करने के बदले किसी क्रूर, शक्तिशाली के जूते सीधे करें या हुक्का-चिलम भरें....और कवि जी के चिलम भरने की कल्पना से वह चलते-चलते मन-ही-मन ठहाका मार कर हँस दिया।

०

वसन्त लोहारी दरवाज़े के अन्दर जिस मन्दिर में रहता था, वहाँ पहुँच कर जगमोहन को पता चला कि वह तो महीना भर पहले मन्दिर का वह कमरा छोड़ गया है। तब जगमोहन ने पुजारी से (जो वसन्त का मकान मालिक भी था) उसका नया पता पूछा।

पुजारी ने बताया कि वसन्त पुरानी अनारकली के एक मोहर बनाने वाले सिक्ख गुलबहार सिंह के यहाँ काम करने लगा है। वहीं रहता, खाता और सोता है। पुजारी जी अपना किराया उगाहने वहाँ गये थे, इसलिए उन्हें उस दुकान का पता था। उन्होंने जगमोहन को अच्छी तरह बता दिया कि पुरानी अनारकली में जहाँ 'गोपाल हिन्दू होटल' है, उसके

आगे चार दुकान छोड़ कर एक गली है, उसके सिरे पर एक अंग्रेज़ी दवाइयों वाले की दुकान है, बस उसके साथ वाली दुकान में वसन्त काम करता है।

पहले तो जगमोहन के जी में आयी कि घर वापस चला जाये, लेकिन न जाने क्यों, घर जाने को उसका मन न हुआ। उसके मस्तिष्क में जो प्रश्न उठ रहे थे, उनके सम्बन्ध में वसन्त से वह बातें करना चाहता था। इतने दिन से लगभग रोज़ सत्या जी आ कर उसकी जिन ख़ाली घड़ियों को भर जाती थीं, वे अब रीती-रीती उसके मन को अजीब शून्य से भर रही थीं —इसलिए भी घर जाना उसे प्रिय नहीं हुआ। वह वापस मुड़ा। उसने सरदार गुलबहार सिंह की दुकान देख रखी थी। एक मेज़ के पीछे, जिस पर उनके सिर को छूता-सा एक शीशे का पर्दा लगा रहता था, वे दिन भर बैठे काम करते थे। वसन्त ने वहीं काम करना शुरू कर दिया है, यह सोच कर जगमोहन हँसा और अनारकली की ओर चल दिया।

o

अभी वह गली के पास ही था कि उसने देखा —वसन्त दुकान को ताला लगा रहा है और बाहर दुकान के ऊँचे तख़्ते से लगी लकड़ी की सीढ़ी पर दुकान के मालिक सरदार गुलबहार सिंह खड़े अपने पिता से बहस कर रहे हैं। उनकी आवाज़ इतनी ऊँची थी कि जगमोहन तक पहुँच रही थी :

"मैं कद किहा सी कि छत्ती रुपये फूँक छड्डो," गुलबहार कह रहे थे, "तुहाडी पुरानी आदत ए। जाँ डोब्बा, जाँ सोक्का। माईयाँ हफ़्ते'च छत्ती रुपये कमाये नहीं जाणे।"[१]

"हाँ जी, मेरी आदत ए," उनके पिता ने नीचे बाज़ार से उत्तर दिया, "एह गल्ल किस सुझायी सी कि त्रीह एंटरियाँ भेजन नाल कम्पाइलर साले दी माँ "[२]....और उन्होंने एक बड़ी मोटी गाली दी, जिसका मतलब था कि कम्पाइलर को हराया जा सकता है।

"हाँ, मैं आखिया सी! मैं ते अज तक कदी तिन्नाँ तों ज़्यादा एंटरियाँ नहीं भेजियाँ। तुसाँ किहा कि डॉक्टर होराँ दस भेजियाँ ते दो इण्टर-लॉकर (interlocker) परम्यूट (permute) कीत्ते हण, असाँ वीह भेजाँगे ते चार परम्यूट कराँगे ते हौली-हौली तुसाँ त्रीह भेज छड्डियाँ, छे रुपये उत्ते लग्ग गये ते छत्तियाँ दी माईयाँ सट्ट पै गयी।"[३]

"आहो जी, हुण ताँ तू चतुराई दस्सेंगा ई। जे इनाम आ जान्दा ते पुच्छदा मैं!...."[४]

"हाँ, आ जान्दा इनाम! एह माईयाँ जुआ ऐ। न्हेरी पायी होई ऐ इन्हाँ सालेयाँ ने।

---

१. मैंने कब कहा था छत्तीस रुपये फूँक दो। आपकी पुरानी आदत है। या डुबा दें या सुखा दें। हफ़्ते भर में छत्तीस रुपये कमाये नहीं जा पायेंगे।

२. जी हाँ, मेरी आदत है! यह बात किसने सुझायी थी कि तीस हल भेजने से कम्पाइलर को हराया जा सकता है।

(ऐंट्री = दाख़िले का फ़ार्म = किसी छपी पहेली का भर कर भेजा जाने वाला हल, जिसके साथ एक रुपया फ़ीस जाती है। कम्पाइलर = वर्गपहेलियाँ बनाने वाला।)

३. हाँ, मैंने कहा था! आज तक कभी तीन से अधिक हल मैंने नहीं भेजे। आपने कहा कि डॉक्टर साहब ने दस भेजे हैं और दो इण्टरलॉकर परम्यूट किये हैं। (बदल कर भेजे हैं) हम बीस भेजेंगे और चार परम्यूट करेंगे और धीरे-धीरे आपने तीस हल भेज दिये। छै रुपये ऊपर लग गये और छत्तीस रुपये की चोट पड़ गयी।

४. हाँ जी, तू अब तो चतुराई बघारेगा ही। अगर इनाम आ जाता तब मैं पूछता।

लाटरी होई, सट्टा होया, रेस होई, क्रॉसवर्ड होई, सब इक्कोई गल्ल ऐ। साडी होवे न सरकार ते मिनटाँ'च बन्द कर छड्डे। इह अंग्रेजाँ ने हिन्दुस्तानियाँ नूँ लुट्टन दा मसाला बनाया होया ऐ। माँ दा ख़सम होए जेहड़ा अज्ज तों इक्क वी क्लू (clue) भेजे।"[१]

यह कहते हुए गुलबहार सिंह सीढ़ियाँ उतर, बाज़ार में आ गये थे। दोनों बाप-बेटा झगड़ते हुए दायीं ओर की गली में मुड़ गये।

वसन्त ताला लगा कर तख़्ते पर ही खड़ा यह सब कौतुक देख रहा था। उनके गली में मुड़ते ही वह सीढ़ी से नीचे उतरा। तभी उसने जगमोहन को खड़े देखा और ज़ोर से ठहाका मार कर हँस दिया।

"बात क्या है ?" जगमोहन ने उसके कन्धे पर हाथ मारते हुए कहा, "क्यों लड़ रहे थे ?"

"सारा दिन ये इसी तरह झगड़ते रहे हैं," वसन्त बोला, "दिन भर बड़ा लुत्फ़ रहा।"

और वह माल की ओर चला।

उसके साथ-साथ चलते हुए जगमोहन ने कहा, "कोई क्रॉसवर्ड का झगड़ा है क्या ?"

"हाँ-हाँ, क्रॉसवर्ड का ही। चलो, बताता हूँ; ऐसा दिलचस्प कि उम्र भर न भूले।"

"चलो, लॉरेंस को चलते हो!"

'नहीं भाई, लॉरेंस को नहीं। मैं दिन भर का थका हूँ और मुझे बेहर भूख लगी है, पहले यहीं गोपाल होटल में बैठ कर खाना खायेंगे। फिर मुझे एक जगह जाना है....तुम कैसे आये थे ?"

"योंही मन ऊब रहा था, सोचा तुम्हारी ओर ही चलूँ। तुम्हारे डेरे पर गया तो पता चला कि तुमने यहाँ नौकरी कर ली है।"

०

दोनों बातें करते 'गोपाल हिन्दू होटल' के सामने आ रुके। बाहर सड़क से ज़रा हट कर चारपाइयाँ बिछी थीं, जिनके आगे खाने की थालियाँ रखने को मैले-चीकट बेंच लगे थे और उन पर होटल के ग्राहक बैठे खाना खा रहे थे। 'दाल' और 'फुल्के' का शोर बुलन्द था। लोग खाना भी खा रहे थे और फ़िल्म से ले कर राजनीति तक, हर विषय पर तर्क-वितर्क भी कर रहे थे।

चारपाइयों और बेंचों की बात को सुन कर शायद कोई ऐसा व्यक्ति चौंके, जो लाहौर के इन होटलनुमा तन्दूरों या ढाबों से परिचित नहीं। पर लाहौर में ऐसे ढाबों की कमी न थी। 'गोपाल हिन्दू होटल' भी एक मामूली ढाबा था, जिसकी कुल परिधि एक बड़े-से कमरे तक सीमित थी। उस कमरे में न कोई रोशनदान था न खिड़की। दो बड़ी-बड़ी, मैल से काली, ऊँचे तख़्तों-ऐसी मेज़ें पड़ी थीं। उनके दोनों ओर दो बेंच पड़े थे। होटल का रसोईघर

---

१. हाँ, आ जाता इनाम! यह सब जुआ है। अन्धेर मचा रखा है इन (गाली दे कर) लोगों ने। लाटरी हुई, सट्टा हुआ, रेस हुई, क्रॉसवर्ड हुई, सब एक ही बात है। हमारी सरकार हो तो मिनटों में इसे बन्द कर दे। यह अंग्रेज़ों ने हिन्दुस्तानियों को लूटने का मसाला बना रखा है। माँ का ख़सम हो जो आज से एक भी हल भेजे!

कहीं अलग न था। वहीं कमरे के बाहर सड़क की ओर को बढ़ा कर जो ओसारा-सा था, उसें एक ओर भट्ठी पर बड़ा-सा तवा औंधा पड़ा था और उस पर धड़ाधड़ फुल्के बन रहे थे। पास में दाल की देग और तरकारी का पतीला पड़ा था। दूसरी ओर छत के खम्भे के साथ टोंटीदार टीन का ड्रम पड़ा था, जिसमें से ग्राहक हाथ धोते थे। भट्ठी और ड्रम के बीच अन्दर जाने की सीढ़ियाँ थीं। भट्ठी के धुएँ ने अन्दर कमरा काला कर रखा था। उसकी कालिख निम्न-मध्यवर्गियों को इतनी बुरी न लगे कि वे उसे मज़दूरों का होटल समझ लें, इसलिए उसकी दीवारों पर पीली मिट्टी पुतवा दी गयी थी। पर दीवारों की जो शक्ल उस पीली पुताई के बाद बनी थी, वह किसी अधेड़ काली स्त्री के मुख पर लगे पाउडर की तरह दयनीय थी। कालिख किसी तरह छिपाये न छिप रही थी और धुआँ बड़ी जल्दी पीलाई को अपने-ऐसा बना रहा था।

क्योंकि सभी सीटें भरी थीं और अन्दर के कमरे की उमस में खाना खाना कठिन था, इसलिए दोनों मित्र वहीं बाहर खड़े कुछ क्षण बातें करते रहे। जगमोहन ने प्रोफ़ेसर स्वरूप का क़िस्सा बताया कि किस तरह वसन्त की बात ही ठीक निकली, उसका लगभग सौ रुपया प्रोफ़ेसर स्वरूप के पास रह गया और वसन्त ने बताया कि किस प्रकार वह सरदार गुलबहार सिंह के यहाँ नौकर हुआ।

उतने में एक चारपाई ख़ाली हो गयी। वसन्त हाथ धोने को ड्रम की ओर बढ़ा। एक मैली-सी साबुनदानी में (जिसका ऊपर का ढकना और नीचे का हिस्सा ग़ायब था, केवल बीच की साबुन वाली सफ़ेद प्लेट शेष थी और जिसकी सफ़ेदी में सब ओर मैल लगी थी) एक पतली-सी लाइफ़बॉय साबुन की लाल टुकड़ी रखी थी। ऊपर ओसारे के खम्भे से तौलिया लटक रहा था, पर वह एकदम मैला-चीकट था और बार-बार हाथ पोंछे जाने से इतना गीला था कि उसमें से पानी निचुड़ रहा था। वसन्त ने उसी साबुन को मल कर हाथों की मैल उतारी और उसे दोहरा कर उसी साबुनदानी में रख दिया। फिर ड्रम की टोंटी खोल कर हाथ धोये। उन्हें तौलिये से पोंछने को वह बढ़ा, पर उसे छू कर ही रह गया। रूमाल के लिए उसने जेब में हाथ डाले, पर रूमाल था नहीं। तब उन्हें बालों पर फेरता हुआ वह चारपाई की ओर आया।

जगमोहन चारपाई पर बैठ गया था। "तुम भी एक-आध फुल्का खा लो!" वसन्त ने आते हुए कहा।

"मेरा खाना तो घर में रखा है," जगमोहन बोला, "फिर मैं इतनी जल्दी खाता भी नहीं, बाहर खाऊँगा तो भाभी बेकार नाराज़ होगी।"

लेकिन वसन्त ने उसकी बात नहीं सुनी और नौकर छोकरे को दो खाना और साथ में स्पेशल डिश लाने का आदेश दे दिया।

छोकरे ने चारपाई के आगे पड़ी हुई बेंच साफ़ कर दी और खाना लाने चला गया।

"तुम सरदार गुलबहार सिंह की बात सुनाने जा रहे थे।"

"अरे हाँ!" और याद मात्र ही से वसन्त ने ठहाका लगाया। फिर बालों पर एक बार और हाथ फेर कर वह सरदार गुलबहार सिंह की कहानी सुनाने लगा।

४२

'गोपाल हिन्दू होटल' वाले अपने ग्राहकों को फुल्के हमेशा गर्म-गर्म फूले-फूले और अच्छी तरह सिके हुए देते थे। बाहर जब ग्राहकों की बारात बैठी हो, रसोइया भी एक ही हो, बैरे का काम करने वाला छोकरा भी एक हो और चारों तरफ़ गर्म, सिके हुए फुल्कों का शोर मच रहा हो तो एक ही वक्त में सभी की माँग पूरी करना असम्भव है। इसीलिए जब 'गोपाल हिन्दू होटल' के बाहर चारपाइयों पर बैठे हुए कुछ ग्राहक गर्म-फूले फुल्कों को तोड़, उनकी हवा निकाल उन्हें मज़े ले-ले कर खाते थे तो दूसरे अपनी बारी की प्रतीक्षा करते हुए इस या उस समस्या पर बहस करते थे। खाना खाते या खाने की प्रतीक्षा करते हुए वसन्त ने जगमोहन को गुलबहारसिंह और उनके पिता का जो किस्सा सुनाया, वह कुछ यों है :

०

सरदार गुलाबहार सिंह 'एंग्रेवर ऐण्ड रबर स्टैम्प मेकर' की दुकान के साथ डॉक्टर टेकचन्द बाहरी 'केमिस्ट ऐण्ड ड्रगिस्ट' की दुकान थी। दोनों दुकानों का तख़्ता साझा था। डॉक्टर बाहरी और सरदार गुलबहार सिंह दोनों ने एक-एक बेंच अपनी ओर रख कर तख़्ते को दो हिस्सों में बाँट रखा था।

डॉक्टर टेकचन्द नाम ही के डॉक्टर थे। उनके पास को कोई डिग्री-विग्री नहीं थी। वास्तव में उनके पिता डॉक्टर थे। टेकचन्द ने तो योंही अपने नाम के साथ डॉक्टर लगा लिया था, पर क्योंकि रिटायर होने के बाद उन के पिता भी वहीं बैठने लगे थे, इसलिए कोई आपत्ति न करता था। यों भी सभी दवा-फ़रोश अपने नाम के साथ डॉक्टर लिखते हैं।

डॉक्टर टेकचन्द तैंतीस-चौंतीस वर्ष के युवक थे। चौड़ा माथा, खड़े-खड़े-से बाल, चौकोर मुँह, पाँच फ़ुट पाँच इंच के लगभग कद। सर्दियों में सूट ऐसा पहनते थे, जिसे दर्ज़ी ने सीते समय प्रेस किया हो तो किया हो, फिर उन्होंने न कभी कराया, न स्वयं किया। गर्मियों के कपड़े वे दस-पन्द्रह दिन से पहले धोबी को देना गुनाह समझते थे और देखने में डॉक्टर के बदले अच्छे-ख़ासे कम्पाउण्डर लगते थे। बी० ए० थे। लेकिन न सूरत से ऐसा लगता था, न बात-चीत से। किसी से बात करते हुए हँसते तो कुछ इस तरह दाँत और आँखें निकालते जैसे सनकी हों। यों भी सूरत-शक्त से नीम-पागल दिखायी देते थे। कान की एक दवाई का आविष्कार उन्होंने किया था। नाम रखा था 'लोटोटोन!' इस नाम से कान का क्या सम्बन्ध था, यह जगमोहन कभी न जान पाया था। पर उनकी दुकान पर चारों ओर 'लोटोटोन' के बड़े-बड़े बोर्ड लगे हुए थे और डॉक्टर साहब उस दिन की कल्पना किया करते थे, जब उनकी दवाई अमृत-धारा की तरह बिकेगी और वे एक बड़ी भारी बिल्डिंग बनवायेंगे और उनका पता होगा —डॉक्टर टेकचन्द बाहरी, लोटोटोन बिल्डिंग, लोटोटोन स्ट्रीट, लोटोटोन पोस्ट ऑफ़िस, आदि, आदि....

उनके पिता डॉक्टर हंसराज बाहरी डॉक्टर की अपेक्षा किसी आर्यसमाजी स्कूल के टीचर मालूम होते थे। घुटी हुई आर्यसमाजियों-जैसी पगड़ी, खादी की कॉलरदार कमीज़, मोटी ग्रे-पट्टी का कोट और अपेक्षाकृत तंग मोहरी का उटंग पायजामा — सोलहों आने

आर्यसमाजी महाशय दिखायी देते थे। उन्हीं दिनों कचहरी रोड की सिविल डिस्पेंसरी से रिटायर हुए थे और आर्यसमाज, पुरानी अनारकली के प्रधानमन्त्री चुने गये थे। चूँकि विचारों के लिहाज से आर्यसमाजी थे और बीसवीं सदी के बिजली, तार, रेडियो और सिनेमा के ज़माने में वैदिक-काल को लाने के स्वप्न देखते थे, इसलिए विदेशी दवाइयों में उन्हें कुछ वैसी आस्था न थी। पिता ने डॉक्टरी पढ़ायी थी, नौकरी भी सिफ़ारिश से दिला दी थी, इसलिए वे अपना कर्तव्य निभाते रहे थे, पर निजी तौर पर वे आयुर्वेद के बड़े समर्थक थे। यदि किसी की आँखें आ जायें तो उसे बोरिक या एक्रेफ़्लेविन, या ज़िंक लोशन के बदले रसौंत और धनिया की पोटली बना कर सेंकने अथवा त्रिफला के पानी से धोने या भीमसेनी सुर्मा प्रातः उठते समय और रात को सोते समय लगाने का परामर्श देते। किसी को क़ब्ज़ की शिकायत होती या बाल पक रहे होते तो त्रिफला फाँकने या त्रिफला का सालन खाने और त्रिफला का पानी सिर में डालने को कहते। यक्ष्मा के लिए उसी ज़माने में नये चले इलाज ए० पी० आदि में उनका विश्वास न था। वे त्रिफला फाँकने, बसन्त-मालती खाने और लाक्षादि तेल की मालिश करने की सलाह देते। उपदंश, मधुमेह, प्रमेह, नपुंसकता आदि रोगों के लिए उन्होंने अचूक आयुर्वेदिक नुस्ख़े तैयार कर रखे थे। वहीं दुकान के तख़्ते पर कुर्सी रखे वे लोगों को देख, नुस्ख़े लिखा करते। उन्हीं के अनुरोध पर डॉक्टर टेकचन्दने 'गुरुकुल काँगड़ी फ़ार्मेसी' की एजेन्सी भी ले रखी थी। जब मरीज़ देखते कि एम० बी० बी० एस० डॉक्टर आयुर्वेदिक औषधियाँ बताता है तो न केवल डॉक्टर साहब की विद्वत्ता में उनकी आस्था बढ़ती, बल्कि अपने प्राचीन आयुर्वेद में भी उनका विश्वास पक्का होता। फिर उन्हें आराम आये चाहे न आये, पर वे आयुर्वेद की बढ़ाई करते न थकते —'अब भाग्य के आगे किसका बस है ? आयी को कौन टाल सकता है ? लेकिन जो औषधियाँ हमारे पूर्वज ईजाद कर गये हैं, अंग्रेज़ी दवाइयाँ उनका क्या मुकाबला करेंगी।' डॉक्टर साहब की आयुर्वेदिक औषधि के बावजूद किसी रोगी के मर जाने पर वे कुछ इस प्रकार की दलीलें देते और डॉक्टर साहब का हवाला दे कर तर्क-वितर्क करते हुए अंग्रेज़ी दवाइयों का पक्ष लेने वाले का सिर फोड़ने को तैयार हो जाते।

गर्मियों के दिन थे। सारी दोपहर ख़ाली जाती थी। मरीज़ तो क्या, कोई भूला-भटका कुत्ता भी (होटल का सामीप्य होने के बावजूद) उधर न झाँकता था और डॉक्टर टेकचन्द बाहरी तख़्ते पर लगी बेंच पर पड़े ऊँघा करते।

उन्हीं दिनों डॉक्टर साहब के एक मुसलमान ग्राहक को वीकली के क्रॉसवर्ड कम्पटीशन में दस हज़ार का इनाम आ गया। वह पुरानी अनारकली के थाने में सब-इंस्पेक्टर था। लम्बे-तगड़े डील-डौल का आदमी था। उसकी रगों में पठानी ख़ून था या उसका डील-डौल पठानों का-सा था या उसके सिर पर कुल्लाह और पठानों-ऐसी पगड़ी थी या फिर चूँकि वह पुलिस में था, लोग उसे आम तौर पर 'ख़ान साहब' कह कर पुकारते थे। जो भी हो, ये ख़ान साहब केवल मैट्रिक तक पढ़े हुए थे। जब उन्हें दस हज़ार रुपया आया तो उन्होंने पहले तो एक नयी शादी की। फिर वे और ज़ोर से कम्पाइलर की माँ से साथ (अपने कथनानुसार) वह कुछ करने के पीछे पड़ गये जो वे जायज़ तौर पर अपनी बीवी के साथ ही कर सकते थे। बोल-चाल की गँवारू पंजाबी में उसका मतलब यह था कि वे कम्पाइलर को हराने के पीछे पड़ गये! गाली का प्रयोग केवल कम्पाइलर

को एक बार पूरी तरह परास्त करने में उनके लौह-निश्चय और जोश ही का द्योतक था।

जब डॉक्टर टेकचन्द ने देखा कि उस मैट्रिक-पास पठान को, जिसे वे अपने मन में दिमाग़ से बिलकुल कोरा समझते थे, दस हज़ार रुपया आ गया है तो उन्हें ख़याल आया कि स्वयं उनको, जो बी० ए० पास हैं, क्यों नहीं आ सकता ? खान की तो एक ग़लती थी और चूँकि पूरा ठीक किसी का न था और एक ग़लती वाले चार थे, इसलिए चालीस हज़ार के इनाम में उसके हिस्से दस हज़ार आया था, लेकिन डॉक्टर टेकचन्द ने तय किया कि वे कम्पाइलर को चारों ख़ाने चित गिरा देंगे, पूरा इनाम लेंगे और रुपये के अभाव में जो वे अपनी 'लोटोटोन' का ठीक प्रचार न कर पाते थे, वह करेंगे। वे बड़े ज़ोरों से वीकली की वर्ग-पहेलियाँ हल करके भेजने लगे। इनाम पाने की आशा में वे अपनी तमाम स्कीमें सरदार गुलबहार सिंह को बताते। सरदार जी के मुँह में पानी भर आता, लेकिन यद्यपि उस दिन से डॉक्टर टेकचन्द रोज़ उनका सिर खाने लगे थे, सरदार गुलबहार सिंह ने कभी क्रॉसवर्ड हल करने की नहीं सोची। बात यह थी कि उनको भी किसी ज़माने में क्रॉसवर्ड हल करने का शौक था और वे साल भर अपने हल भेजते भी रहे थे, लेकिन कभी उनके भाग्य में चार ग़लतियों वाला इनाम भी न आया था। उन दिनों वे डॉक्टर टेकचन्द को क्रॉसवर्ड भर कर भेजने का परामर्श दिया करते थे, लेकिन डॉक्टर साहब उसे जुआ कह कर टाल देते थे। जब सरदार साहब दोपहर को गली के नल से मुँह धो, सिर पर ठण्डे पानी का हाथ फेर, नींद को भगा कर पहेलियाँ सुलझाया करते थे, डॉक्टर साहब बेंच पर पड़े ऊँघा करते। अब डॉक्टर साहब ने सरदार साहब की जगह ले ली थी और जब डॉक्टर साहब आँखों पर ठण्डे पानी के छींटे मार, बाँहें चढ़ा, कम्पाइलर से जूझा करते, सरदार साहब बड़े मज़े से पड़े ख़र्राटे लिया करते।

इस बीच में ख़ान साहब (जो अपने इनाम का कम-से-कम एक हज़ार रुपया अपनी नयी कोशिशों में लगा चुके थे और नौकरी छोड़ कर कम्पाइलर की ऐसी-की-तैसी करने में चौबीस घण्टे रत रहने लगे थे) डॉक्टर साहब के साथ आ मिले और दोनों मिल कर आठ-आठ, दस-दस हल भेजने लगे।

०

सरदार गुलबहार सिंह के पिता सरदार नौनिहाल सिंह भी रिटायर्ड पोस्टमास्टर थे। अपनी पेन्शन का आधा भाग कम्यूट (commute)[१] करा के उन्हों ने एक हज़ार रुपया ले कर गुलबहार को दुकान ले दी थी और स्वयं 'सतगुर' के भजन में लगे रहते थे। अपनी तो उन्हें कुछ ऐसी चिन्ता न थी, पर 'सतगुर' के नाम पर आठ आने-रुपये सट्टे में अवश्य लगा देते थे। एक बार उन्होंने एक रुपया लगाया था तो उन्हें नब्बे रुपये आये थे। तब उन्होंने अपनी शेष पेन्शन के बदले भी सरकार से इकट्ठा रुपया ले लिया था। यह मन्नत मान कर कि जो भी रुपया आयेगा, आधा 'सतगुर' के नाम पर शीश-महल के गुरुद्वारे में चढ़ा देंगे, उन्होंने सारी रकम दो-तीन सप्ताह में सट्टे की भेंट कर दी थी और इस बहाने कि गुलबहार सिंह अकेले दुकान से अधिक पैदा नहीं कर सकता, वे भी दुकान ही पर बैठने लगे थे।

सरदार नौनिहाल सिंह जब डॉक्टर टेकचन्द और ख़ान को रोज़ क्रॉसवर्ड हल करते

---

१. कम्यूट कराना, सारी उम्र पेन्शन लेने के बदले, कुछ कम, लेकिन इकट्ठा रुपया ले लेना।

देखते तो उनका मन भी अधिक नहीं, तो कम-से-कम एक हल भेजने को बहुत किया करता। लेकिन गुलबहार सिंह उन्हें ताना देता कि सारी पेंशन उन्होंने सट्टे में लगा दी, क्या अभी उनकी तबीयत जुआ खेल कर भरी नहीं (आधी पेन्शन दुकान पर लगी थी, इसे वह भूल जाता और यद्यपि सरदार नौनिहाल सिंह अपने सुपुत्र को सदा यह बात याद दिला देते, पर जब भी वह ताना देता, सारी पेन्शन लुटाने का देता) कभी सरदार साहब चुप हो जाते और कभी इस बात पर बहस छिड़ जाती। गुलबहार कहता कि वह साल भर तक झख मार चुका है और डॉक्टर बाहरी भी झख मार कर बैठ जायेंगे। पर नौनिहालसिंह कहते कि यह कॉमन सेंस (सहज बुद्धि) का प्रश्न है और यदि वाहे गुरु ने उसे कॉमन सेंस नहीं दी — दी है तो उसे काम में लाने का सलीका नहीं दिया —तो इसमें किसका दोष है ? गुलबहार अपने बाप की बात का जवाब तो तीखा देना चाहता, पर आदरवश चुप लगा जाता। डॉक्टर टेकचन्द प्रायः पहेली हल करना छोड़, उनके निकट आ जाते और अपनी ओर की बेंच पर पाँव रखे, नये मुसलमान की तरह अपने नये धर्म के पक्ष में ज़ोरदार दलीलें देते। वे वीकली के पुराने आठ-दस अंक उठा लाते, जिनमें से हर-एक में किसी-न-किसी पुरस्कार-विजेता का इण्टरव्यू छपा होता और जैसे सनातन धर्मी अपने पक्ष में जगद्गुरु श्री शंकराचार्य का, आर्यसमाजी स्वामी दयानन्द का, मुसलमान मुहम्मद साहब का, कांग्रेसी महात्मा गाँधी और मुस्लिम लीगी जिन्ना का मत दे कर अपने पक्ष की पुष्टि करते हैं, डॉक्टर टेकचन्द उन पुरस्कार-विजेताओं की सम्मतियाँ पढ़ते :

"देखिए, भूमेश्वर राव श्रीपद राजमहेन्द्री से क्या लिखता है," वे पत्र का वह पृष्ठ उलट कर कहते, जिसमें कि पत्र के 'अपने सम्वाददाता' द्वारा किसी-न-किसी प्रथम पुरस्कार-विजेता का इण्टरव्यू छपा रहता, "कि इनाम जीतने में मेरी सफलता जुआ, चान्स या लक का परिणाम नहीं, मेहनत और बुद्धि का फल है। मैं तीन वर्ष से लगातार यह पहेलियाँ हल कर रहा हूँ और आख़िर अब जा कर मैंने कम्पाइलर पर विजय पायी है।"

उसके आर्यसमाजी पिता डॉक्टर हंसराज बाहरी सदा अपने पुत्र के समर्थन में दोहा पढ़ते :

जिन ढूँढा तिन पाइयाँ गहरे पानी पैठ!

और फिर उसकी व्याख्या करते हुए संस्कृत का श्लोक पढ़ते :

न हि सुप्तस्य सिंहस्य प्रविष्यन्ति मुखे मृगाः

और फिर आर्यसमाजियों के लहजे में पुरुषार्थ पर एक छोटा-मोटा भाषण झाड़ देते।

ख़ान भी इस अवसर पर चुप न रहता। मौके या बे-मौके का ख़याल किये बिना, वहीं अपने बेंच पर बैठा-बैठा वह शेर पढ़ता :

गिरते हैं शहसवार ही मैदाने-जंग में
वो (साला) तिफ़्ल क्या गिरेगा जो घुटनों के बल चले

इस समर्थन पर डॉक्टर टेकचन्द की बाछें खिल जातीं और वे जैसे बाज़ार से गुज़रने वालों को सुना कर कहते, "और क्या! इच्छा-शक्ति और निष्ठा दो ही कुंजियाँ हैं इन पहेलियों को हल करने वाली। यह देखिए, यह भूमेश्वर राव से पत्र के विशेष सम्वाददाता ने पूछा कि आप की सफलता का क्या कारण है, तो उसने कहा, 'पर्सिवियरेन्स ऐण्ड विल

टू सक्सीड' —याने केवल-मात्र निष्ठा, तथा सफलता पाने की इच्छा-शक्ति!"

और डॉक्टर टेकचन्द कई ऐसे इण्टरव्यू पढ़ कर सुनाते जिनमें पुरस्कार-विजेता 'कॉमन-सेंस-क्रॉस-वर्ड-पज़ल' को सफलतापूर्वक हल करने में कॉमनसेंस, मेहनत, निष्ठा की ज़रूरत बताते। कई लोगों ने तीन-तीन साल की मेहनत के बाद पुरस्कार जीते थे। कई उसे समय को लाभदायक ढंग से काटने की सबसे उत्तम हॉबी बताते थे। कुछ पुरस्कार के अतिरिक्त दूसरे लाभ बताते, जैसे कि उन्हें नये मित्र बनाने का अवसर मिलता है या उनकी अंग्रेज़ी अच्छी होती जाती है।

इस अन्तिम दलील को सरदार गुलबहार के मुँह पर जैसे मार, खीसें निपोरे और आँखें निकाले चारों ओर देख कर डॉक्टर टेकचन्द कहते, "बी० ए०, एम० ए० अंग्रेज़ी के वे शब्द नहीं जानते, जो हमारे इन ख़ान साहब को साल भर में आ गये हैं। अंग्रेज़ी राज्य में अंग्रेज़ी की जो वक़अत है, उसे कौन नहीं जानता ?" फिर कहते, "अव्वल तो हम इस साले कम्पाइलर को हरा कर दम लेंगे, असफल भी रहे तो अंग्रेज़ी का ज्ञान घाते में रहेगा।" और बताते कि वे सदा कम्पाइलर के नोट पढ़ते हैं। उसकी दलीलें अकाट्य होती हैं। "सचमुच हम क्लू (clue) के सब शब्दों की ओर ध्यान नहीं देते और वे वीकली निकाल कर कोई क्लू देते जैसे "ईवन ए हेनपेक्ड हबी समटाइम्स....हिज़ वाइफ़ अनग्रजिंगली यानी पत्नी के अँगूठे के नीचे दबा पति भी कभी-कभी अपनी पत्नी को बिना हिचके....करता है।"[१] और कहते, "वाक्य में ख़ाली जगह दो शब्द लगते हैं 'अडोर्स' (प्रशंसा करता है) या 'एडॉर्न्स' (सजाता-सँवारता है)! बताइए इन दोनों में से ख़ाली जगह कौन-सा शब्द ठीक होगा ?"

कुछ सोचने का उपक्रम-सा करते हुए गुलबहार एक शब्द बताता और उनके पिता दूसरा। तब कितनी देर तक उस जवाब की 'क्यों' के कारणों पर बहस होती और आख़िर में डॉक्टर साहब साप्ताहिक से पढ़ कर सुनाते कि शब्द 'अडोर्स' है! "निन्यानबे प्रतिशत लोग 'एडॉर्न्स' कहेंगे, क्योंकि पति पत्नी का गुलाम है और गहने नारी की सबसे बड़ी कमज़ोरी! लेकिन कम्पाइलर ने वहाँ 'ईवन' और 'समटाइम्स' शब्द भी रखे हैं। जिसका पति पत्नी के अँगूठे-तले है, उसकी पत्नी गहने तो अपने पति से लेती ही रहती है और जहाँ तक उसकी आर्थिक स्थिति उसे आज्ञा देती है, पति भी अपने दब्बू स्वभाव के कारण ला कर देता रहता है पर...." अंग्रेज़ी के विशद ज्ञान के बावजूद कम्पाइलर की बात को अपनी भाषा में समझा पाना डॉक्टर साहब के लिए कठिन हो जाता। वे आगे अंग्रेज़ी में पढ़ते, "ईवन ऐण्ड समटाइम्स वुड बी ऐन अण्डरस्टेटमेण्ट इन द केस ऑफ़ एडॉर्न्स। बट द फ़ीलिंग ऑफ़ ऐडोरेशन कैन नॉट बी एक्सैक्टेड बाई ए कम्पेलिंग वाइफ़ फ्रॉम ए हज़बैण्ड, हू इज़ ए मियर लम्प ऑफ़ क्ले इन हर हैण्ड्स। देयर मे हाउएवर बी रेयर मोमेण्ट्स ह्वेन द डिवोशन ऑफ़ द वाइफ़ टचेज़ द वेरी कोट ऑफ़ द हज़बैण्ड्स हार्ट ऐण्ड ही एकॉर्ड्स

१. "Even a henpecked huubby sometimes his wife undrudgingly"

हर अनग्रजिंगली द साइलेण्ड वर्शिप ऑफ़ द सोल।"[१] और फिर अपनी ओर से कहते, "इसलिए शब्द 'अडोर्स' है!"

यह सब पढ़ कर, जैसे वे स्वयं कम्पाइलर हों, दाँत निपोरे, आँखें बाहर को निकाले, बाज़ार की ओर देखते —जैसे वे सारे संसार से अपनी बात मनवा रहे हों —और यों गुलबहार को परास्त करके फिर जा कर ख़ान के साथ उस हफ़्ते की पहेली हल करने में निमग्न हो जाते।

जब से डॉक्टर टेकचन्द की क्रॉसवर्ड का शौक लगा था (जो शौक ने बढ़ कर उन्माद की हद को पहुँच गया था) ऐसा प्रायः दूसरे-तीसरे होता। adores (अडोर्स) या adorns (एडॉर्न्स) के बदले slash (स्लैश) अथवा slush (स्लश) होता और भूमेश्वर राजमहेन्द्री वाले का हवाला देने के बदले वे गोपालनारायण देवनारायण बेडेकर या किसी और पुरस्कार-विजेता का हवाला देते —बहरहाल तार कुछ ऐसे ही टूटता और उनके इस लेक्चर का फल यह होता कि इधर बाप-बेटों में घण्टों बहस होती रहती। आख़िर डॉक्टर टेकचन्द के इन्हीं लेक्चरों की बदौलत गुलबहार ने अपने बाप को इस शर्त पर वीकली ला कर देना स्वीकार कर लिया कि वे सिर्फ़ एक हल भेजेंगे "आना होएगा तो ओसे नाल आ जायेगा," गुलबहार ने कहा, "एस तों ज़्यादा मैं इक वी एंटरी नहीं भेजण देणी।"[२]

नौनिहाल इस बात पर तैयार हो गये। अब उनका अधिक समय पहेलियाँ हल करने में गुज़रने लगा। कई बार उनका मन करता कि वे भी ढाई रुपये की तीन एंट्रियाँ भेज दें और एक इण्टरलॉकर परम्यूट कर दें, पर गुलबहार सख़्ती से इनकार कर देता। यदि उसके पिता उस से किसी शब्द का मतलब अथवा किसी ख़ाली जगह में रखे जाने वाले दो शब्दों में से एक ही उपयुक्तता के सम्बन्ध में प्रश्न पूछते तो वह कभी जवाब न देता। "कम्म करण देओ न दार जी," वह कहता, "क्यों परेशान करदे ओ, अगे ई मन्दी ने मुसीबत पायी होई आ, जेहड़ा थोड़ा-बौत कम्म आन्दा है, ओ वी तुस्सी करण नहीं देन्दे।[३]

इस बीच में वसन्त भी आ गया था। उसका काम घूम-घूम कर काम लाना था। २५ प्रतिशत उसका कमीशन था। जगह सरदार जी ने उसे दुकान के पीछे एक कोठरी में दे दी थी, जिसका दरवाज़ा गली में खुलता था। रात को वह दुकान के आगे सोता था और सुबह

---

१. "Even and sometimes would be an understatement in the case of adorns. But the feeling of adoration cannot be exacted even by a compelling wife from a husband, who is a mere lump of clay in her hands. There may however be rare moments when the devotion of the wife touches the very core of the husband's heart and he accords her ungrudgingly the silent worship of the soul." ('सताजा-सँवारता' के सन्दर्भ में 'भी' और 'कभी-कभी' बात को कम करके आँकना होगा। लेकिन प्रशंसा की भावना कोई ज़बरदस्त पत्नी भी ऐसे पति से प्राप्त नहीं कर सकती जो उसके हाथों में महज़ मिट्टी का लौंदा हो। लेकिन ऐसे बिरले क्षण हो सकते हैं जब पत्नी की निष्ठा पति के अन्तस्तल को छू जाये और वह बिना हिचके अपनी हार्दिक पूजा उसे अर्पित कर दे।)

२. आना होगा तो उसी से आ जायेगा, इससे अधिक मैं एक भी हल नहीं भेजने दूँगा।

३. काम करने दो न सरदार जी, क्यों परेशान करते हो। पहले ही मन्दी के मारे मुसीबत है। जो थोड़ा-बहुत काम आता है, वह भी आप नहीं करने देते

सरदारों के आने से पहले, दुकान खोल कर झाड़-पोंछ देता था। एक हफ़्ते के काम से उसके दस रुपये बन गये थे, और वह ख़ुश था कि रोज़ी पैदा करने के साथ वह काम भी सीख लेगा।

सरदार नौनिहाल सिंह चाहे पोस्ट-मास्टर रहे हों, पर थे तो मैट्रिक ही, कई बार जब वसन्त दुकान पर होता तो वे उसे सहसा रोक कर पूछते :

"क्यों भई वसन्त, तेरा की ख़याल ऐ, इत्थे लफ़्ज़ 'कैट' ऐ जाँ 'कट' ऐ ?"[१]

"कित्थे सरदार जी ?"[२] वसन्त पूछता।

और सरदार जी 'वीकली' से पढ़ते : हाऊ डेंजरस ए डीप —ऑफ़्टन प्रूव्ज़ टू बी, ह्वेन हैण्डल्ड बाई ऐन अनएक्सपीरिएन्स्ड पर्सन।[३] और वसन्त को जो भी सूझता, वह बता देता, लेकिन साथ ही यह भी कह देता कि उसे इन पहेलियों की समझ नहीं, बाद में उसे दोष न दिया जाये कि उसी के कहने पर शब्द रखा गया था, आया नहीं। और सरदार साहब जा कर डॉक्टर बाहरी के साथ परामर्श करने लगते।

जब शुक्रवार को पहेली का हल निकलता तो वहाँ का दृश्य बस देखते ही बनता। डॉक्टर साहब मार्केट से जा कर अंक लाते। आ कर अपने हल से (जिसकी कापी वे अपने पास रखते) मिलाते और फिर ख़ान के साथ झगड़ते कि वे पहले ही कहते थे कि यह शब्द रखो। कई बार क़िस्मत को और कई बार 'लक'[४] को गालियाँ देते। सरदार नौनिहाल सिंह कहते कि भाई, हम ने तो एक ही भेजा था, हमारी वही पाँच ग़लतियाँ आयी हैं। (हालाँकि उनकी आठ-नौ होतीं) तुम्हारी तरह हम आठ-दस भेजते तो कम्पाइलर की माँ को....और वे वही पुरानी गाली दोहरा देते।

०

एक शुक्रवार जब डॉक्टर टेकचन्द 'वीकली' ले कर आये तो उनकी बाछें खिली और आँखें बाहर को निकली पड़ती थीं। बिना इधर-उधर देखे वे दुकान के अन्दर गये और पन्द्रह मिनट बाद और भी ज़्यादा बाछें खिलाये बाहर आये।

"लीजिए सरदार जी, मार दिया साले कम्पाइलर को! ऑल करेक्ट सॉल्यूशन, पूरा सही हल!" उन्होंने जैसे सारे बाज़ार को सुना कर कहा।

सरदार नौनिहाल सिंह अपनी बड़ी उम्र के बावजूद बेंच के ऊपर से उछल कर उनकी दुकान पर चले गये। गुलबहार बड़ी ज़रूरी मोहर तैयार कर रहे थे। पहले जब शुक्र के दिन डॉक्टर टेकचन्द पत्र लाते और अपनी ग़लतियाँ मिलाते और सरदार नौनिहाल सिंह उनके साथ बात-चीत करते तो वे आँख उठा कर भी उधर न देखते, पर उस दिन वे भी उठ कर अपनी दुकान के तख़्ते पर आ गये। डॉक्टर टेकचन्द उनके पिता को अपने हल की प्रतिलिपि दिखा रहे थे। जब पक्का विश्वास हो गया कि उनका भेजा हल छपे हल से

---

१. क्यों भई, वसन्त, तेरा क्या ख़याल है, यहाँ शब्द कैट (बिल्ली) है या कट (घाव) है

२. कहाँ सरदार जी ?

३. How dangerous a deep — often proves to be, when handled by an inexperienced person. (अक्सर एक गहरी —कितनी ख़तरनाक साबित होती है, अगर नातजरुबेकार व्यक्ति उससे पेश आये)।

४. इत्तफ़ाक।

मिलता है तो सरदार नौनिहाल सिंह ने बड़े ईर्ष्या भरे स्वर में उन्हें बधाई दी। फिर तो सारा बाज़ार डॉक्टर टेकचन्द की दुकान पर जमा हो गया और वे बताने लगे कि किस तरह उन्होंने पहले बैंकर चुने, फिर इण्टरलॉकर परम्यूट किये और कैसे कम्पाइलर को हराया। "साला पहला इनाम सिर्फ़ आठ हज़ार का है," उन्होंने कहा, "तीस-चालीस हज़ार का होता तो मज़ा आ जाता।"

उस शाम फिर गुलबहार सिंह ने काम नहीं किया। ईर्ष्या के मारे वे बार-बार दाढ़ी पर हाथ फेरते। तब अपने पिता से उन्होंने अगले नम्बर की पहेली ली और दोनों बाप-बेटे तमाम रात उसे हल करने में लगे रहे। पहले उन्होंने फ़ैसला किया कि तीन एंट्रियाँ भेजेंगे, फिर छै पर आये। जब दूसरी सुबह उन्हें पता चला कि डॉक्टर और ख़ान ने मिल कर बारह एंट्रियाँ भेजी थीं तो सरदार गुलबहार सिंह जा कर मार्केट से पहेली के वर्गों का पूरे-का-पूरा कूपन ले आये और जब दो दिन बाद उन्होंने आख़िर हल भेजे तो वे तीस थे। दिल में दोनों बाप-बेटों को यकीन हो गया कि अब साला कम्पाइलर कहाँ जायेगा।

इधर दोनों सरदार साहबान नयी पहेली भरने में लगे रहे (उन्होंने वसन्त को भी, उसकी इच्छा के विरुद्ध, काम छुड़वा कर उसमें लगाये रखा) उधर डॉक्टर टेकचन्द ने 'लोटोटोन' के सम्बन्ध में कई बड़ी-बड़ी स्कीमें बना डालीं। प्रान्त के सारे समाचार-पत्रों में उन्होंने लोटोटोन का विज्ञापन भेज दिया। वे तो बाहर भी भेजने वाले थे, पर उनके पिता ने रोक दिया कि तार आ लेने दो, टाई न पड़ जाय![1] फिर उन्होंने स्वयं ही कहा कि भगवान को टाई डालनी होती तो पहला इनाम ही क्यों आता और उन्होंने ख़ुद अपने मकान के लिए फ़र्नीचर का आर्डर दे दिया। डॉक्टर टेकचन्द ने 'लोटोटोन' के लेबल छपने दे दिये, शीशियाँ ख़रीद लाये, एक हज़ार डिब्बे बनाने का आर्डर दे आये और 'लोटोटोन' बिल्डिंग के लिए ज़मीन देखते फिरे (मकान तो इतने इनाम में बन न सकता था, क्योंकि आधा इनाम ख़ान साहब का था, पर जगह ले रखना उन्होंने उचित समझा।) रहे ख़ान साहब, सो वे तीसरी शादी की फ़िक्र करने लगे।

लेकिन जब 'वीकली' में पुरस्कार की घोषणा छपी तो मालूम हुआ कि सात टाइयाँ पड़ी हैं। पहला पुरस्कार आठ हज़ार का और सात टाइयाँ, फिर इनाम में डॉक्टर और ख़ान का साझा। डॉक्टर टेकचन्द इस तरह बैठ गये, जैसे बच्चे को दफ़्ना कर आये हों। विज्ञापनों पर ही वे इनाम से अधिक ख़र्च कर चुके थे और फ़र्नीचर वाला अलग तंग कर रहा था।

०

डॉक्टर साहब को जो निराशा हुई, उस से सरदार साहबान मन-ही-मन बड़े प्रसन्न हुए। यद्यपि प्रकट तो उन्होंने डॉक्टर साहब को तसल्ली दी कि अब रास्ता खुल गया है, अभी अगला इनाम बीस हज़ार का है, हो सकता है यही आपको आ जाये, पर मन-ही-मन वे स्वयं उसे पाने की आशा —आशा नहीं —यकीन रखे हुए थे।

लेकिन जब उस पहेली का हल छपा तो सरदार साहबान ने जो तीस हल भेजे थे, उनमें से एक भी ऐसा न निकला, जिसमें पाँच से कम ग़लतियाँ हों। गुलबहार सिंह अपने पिता पर बरस पड़ा कि उनकी जुए की आदत उसे ले डूबी और उसके पिता उसे डाँटने

---

१. ठीक हल भेजने वाले एक से अधिक आदमी हों तो उसे टाई पड़ना कहते हैं!

लगे कि वे तो मज़े से एक हल भेजते थे, शग़ल-का-शग़ल हो जाता था अंग्रेज़ी-की-अंग्रेज़ी आती थी, उसी के लोभ ने लुटिया डुबो दी।

४३

वसन्त ने कहानी ख़त्म की तो जगमोहन ठहाका मार कर हँस दिया।

दोनों खाना खा चुके थे। उसी टीन के ड्रम पर उस ज़रा-सी साबुन की टिकिया से हाथ धो, दोनों ने उन्हें अपने बालों पर फेर कर सुखा लिया और माल की ओर चल दिये।

"तबीयत आज बेहद भारी थी," जगमोहन ने हँसते हुए कहा, "तुम ने गुलबहार सिंह की बात सुना कर जैसे सारा बोझ उतार दिया।"

"हँसी तो आती है," वसन्त बोला, "पर तकलीफ़ भी कम नहीं होती। ऐसा धोखे का जाल बिछा रखा है इन 'वीकली' वालों ने कि अगनित ग़रीब क्लर्क अपनी गाढ़े पसीने की कमाई, पलक झपकते अमीर हो जाने की दुराशा में उनके हवाले कर देते हैं। 'कॉनसिसटेंसी बोनस' वे देते हैं —कि यदि इनाम न आये तो भी लोग बोनस की आशा में पहेलियाँ हल करके भेजते रहें; कभी-कभी आसान पहेली वे देते हैं —कि लोगों की हिम्मत न टूटने पाये और जो लोग छोटा-मोटा इनाम पायें, वे अपने इनाम का अधिकांश फिर उन्हीं को सौंप दें; और पुरस्कार-विजेताओं के इण्टरव्यू वे छापते हैं —कि इनाम पाने के बाद चुप न बैठें, वरन दुगने जोश से पहेलियाँ हल करके भेजें! सरकार अपनी है नहीं, वीकली अंग्रेज़ी कम्पनी की है। लाखों रुपया इंग्लिस्तान के हिस्सेदारों को पहुँचता है। वे क्यों बन्द करने लगे इसे ?"

जगमोहन ने बसन्त की पूरी बात नहीं सुनी। बाज़ार में चलते-चलते रुक कर उसने फिर एक बार ठहाका लगाया।

"कहिए, किधर घूम रहे हैं ?"

किसी ने जगमोहन के कन्धे को थपथपाया। जगमोहन सिर को पीछे किये हँस रहा था, निमिष भर के लिए उसी मुद्रा में रहा, फिर वह चौंका और मुड़ा। दुरो और हरीश कमर्शल बिल्डिंग्ज़ की ओर से आ रहे थे और हरीश का हाथ उसकी पीठ पर था। जगमोहन गम्भीर हो गया।

"वन्दे जी!"

दुरो ने हाथ जोड़ कर दोनों को 'नमस्कार' किया।

उत्तर में दोनों ने हाथ जोड़ दिये।

"कहिए, आप फिर हमारे स्टडी-सरकल की मीटिंग में नहीं आये ?"दुरो उलाहने के स्वर में बोली।

"फ़ुर्सत नहीं मिली,"जगमोहन ने उत्तर दिया, "आप तो जानती हैं, पहले धर्म जी का काम था, फिर एक ट्यूशन ले ली और दाख़िला जुटाने में लगा रहा।"

"अब तो कॉलेज बन्द हो गये हैं!"

"जी हाँ।"

"यहाँ हरीश जी ने ट्रांसपोर्ट मज़दूरों की यूनियन आर्गेनाइज़ की है, यहीं उसका दफ़्तर है," दुरो ने कमर्शल बिल्डिंग्ज़ के ऊपर की मंज़िल में एक कमरे की ओर संकेत किया, "यहीं मैं शाम को सात बजे से नौ बजे तक प्रौढ़ों की क्लास लेती हूँ। मैं तो इसी सिलसिले में आपकी ओर आने वाली थी।"

"जो भी सेवा आप लेना चाहें, मैं हाज़िर हूँ।"

"और आप वसन्त जी, आप भी फिर नहीं आये ?"

"जी, मैंने यहीं एक एनग्रेवर के यहाँ नौकरी कर ली है। दिन भर शहर की ख़ाक छानता हूँ, आठ बजे दुकान बन्द होती है, इतना थक जाता हूँ कि खाना खाते ही पड़ जाता हूँ। ऐसे संघर्ष में लगा हूँ कि क्या कहूँ।"

"परसों तो इतवार है। हमारे स्टडी-सरकल की मीटिंग है। कुछ समय निकालिए। यह भी तो आप ही का संघर्ष है।"

"चलते चलिए!" हरीश जी ने कहा, "नौ बज गये हैं और आपको दूर जाना है।"

साथ-ही-साथ कदम उठाते हुए वसन्त ने कहा, "देखिए, आने की पूरी कोशिश करूँगा।" फिर जगमोहन की ओर पलट कर बोला, "तो कल तुम आ रहे हो न, मुझे स्वयं अभी एक जगह जाना है। कल चलेंगे लॉरेंस तक। इसी वक्त आना।"

"बेहतर!"

और वसन्त दोनों हाथ माथे पर जोड़, सिर को तीनों की ओर घुमाते हुए, एक ही भंगिमा से तीनों को नमस्कार करता हुआ चला गया।

मार्केट के चौरस्ते पर रुक कर हरीश जी ने जैसे अपने से कहा, "हमारी एक ज़रूरी मीटिंग है साढ़े नौ बजे, मेरा समय पर वहाँ पहुँचना बड़ा ज़रूरी है," और फिर मुड़ कर जगमोहन से बोले, "आप तो शायद सन्तनगर रहते हैं!"

"जी ऋषिनगर।"

"क्या दुरो जी को गोपालनगर पहुँचा कर उधर से घर को न चले जायेंगे!" फिर दुरो से बोले, "जगमोहन न मिलते तो मैं चलता गोपालनगर तक, आती बार ताँगा करना पड़ता और पैसे भी आप ही के लगते। मेरे पास तो आप जानती हैं, एक पैसा भी नहीं।" और वे हँसे।

"जी, मैं पहुँचा दूँगा!" जगमोहन ने तत्परता से कहा। उसकी इस तत्परता में हल्का-सा पुलक भी निहित था।

"कोई बाघ तो है नहीं रास्ते में, जो मुझे खा जायेगा," दुरो हँसी, "आप काहे चिन्ता करते हैं ?"

उसकी बात का उत्तर दिये बिना हरीश ने जगमोहन के कन्धे को थपथपा दिया, "थैंक्स कॉमरेड!" और फिर दायाँ हाथ सिर से ज़रा-सा ऊपर उठा कर, "चीरियो!" कहते हुए वे चले गये।

०

दुरो क्षण भर वहीं खड़ी हरीश जी को जाते देखती रही, फिर सहसा चौंक कर और एक लम्बी साँस को निकलने से दबाते हुए (जिस प्रयास में उसका वक्ष उठा तो, पर निमिष भर को वहीं रुका रहा) वह मुड़ी। तब, जैसे उसे पहली बार जगमोहन की उपस्थिति का भान हुआ हो, उसने कहा, "हरीश जी इतने व्यस्त रहते हैं कि उन्हें चन्द मिनट का भी अवकाश नहीं मिलता," और वह हँसी और उसी हँसी में उसने वक्ष में रुकी-घुटी साँस मुक्त कर दी, "आप काहे इतनी दूर जाने का कष्ट करेंगे ?" उसने चलते हुए जगमोहन से कहा, "मैं चली जाऊँगी।"

जगमोहन ने उसके साथ क़दम उठाते हुए कहा, "नहीं-नहीं, इसमें कष्ट की कौन बात है!"

"हरीश जी योंही फ़िक्र करते हैं," दुरो के स्वर में ज़रा-सी खीझ थी, "मैं बीस बार इससे भी कुछ देर बाद अकेली गयी हूँ।"

"देखिए दुरो जी, मुझे तो ख़ुशी होगी," भावना के आधिक्य से जगमोहन का गला लगभग घुटा जा रहा था। शब्द उसके मुँह से ठीक निकल न पा रहे थे। कुछ अजीब-सी हकलाहट उनमें थी। अपनी सारी इच्छा-शक्ति को काम में ला कर उसने वाक्य समाप्त किया, "हाँ, यदि आप मेरे साथ जाना न पसन्द करें तो दूसरी बात है।" वह क्षण भर रुका, फिर जैसे अन्तर का सारा ज़ोर लगा कर उसने कहा, "पर अपने रास्ते चलता-चलता भी मैं उस तोप तक तो आपके साथ चल ही सकता हूँ।"

उसके अन्तिम वाक्य में हकलाहट के साथ कुछ ऐसी आर्द्रता थी कि दुरो चौंकी। उसने चलते-चलते मुड़ कर जगमोहन की ओर देखा। पश्चाताप-भरी-सी मुस्कान निमिष भर को उसके होंटों पर फैल गयी। "नहीं-नहीं, चलिए, आपका आभार होगा," उसने कहा, "मैंने तो योंही हरीश जी की बात पर कहा था।"

और वह फिर सिर झुकाये अपने ध्यान में मग्न चलने लगी। उसे हरीश जी पर क्रोध न था। उनकी घोर व्यस्तता पर तो उसके मन में दया का भाव ही था, क्रोध था उसे योंही....इस चान्स पर....यूनियन के दफ़्तर से नीचे उतरते ही जगमोहन के मिल जाने पर....मीटिंग के आरम्भ होने में अभी आध घण्टा था। जगमोहन न मिलता तो हरीश उसे गोपालनगर के इस सिरे तक अवश्य छोड़ने आते। ट्रांसपोर्ट-यूनियन की मीटिंग के बाद आज ही उन्हें कुछ समय मिला था। वे साँझ के स्कूल में आये थे और जब वे दोनों इकट्ठे उतरे थे तो दुरो का ख़याल था कि वे गोपालनगर तक उसके साथ जायेंगे....तभी जगमोहन मिल गया और जैसे वह कोई बोझ हो, उसे जगमोहन पर लाद कर वे चले गये और सहसा उसके हृदय में कहीं बहुत गहरे कुछ अजीब-सा, अनाम-सा सुलग उठा।

भंगियों की तोप कहीं पीछे रह गयी, गोल बाग़ कहीं पीछे रह गया, पुराना सेक्रेटेरिएट भी कहीं पीछे रह गया....दोनों चुपचाप चले जा रहे थे। न दुरो ने बात शुरू की, न जगमोहन ही को साहस हुआ।

ऊपर आकाश में रीते सफ़ेद बादल बिखरे हुए थे, जिनमें शुक्ल पक्ष का चाँद साँझ ही से झाँकने लगा था। बड़ी हल्की हवा रमक रही थी। पर जगमोहन को ऊपर आकाश से बरसते हुए रजत-सौन्दर्य का भान न था। वह तो जैसे अर्द्ध-सुप्तावस्था में चला जा रहा

था। चेतना उसकी जैसे शून्य थी। कभी-कभी किसी भटके राही-सा विचार बार-बार उसके दिमाग़ के दरवाज़ों पर दस्तक देता —वह मार्केट ही से क्यों न चला गया ? वह क्यों हठ करके उसके साथ आया ? लेकिन दिमाग़ के बन्द दरवाज़े जैसे उस दस्तक को परे धकेल कर वैसे-के-वैसे भिंच जाते।

तेग़बहादुर रोड पर, चौक के इधर ही, सत्या जी का घर दिखायी दे जाने से सहसा जगमोहन रुक गया। उसके दिमाग़ के किवाड़ जैसे अपने आप, बिना किसी दस्तक के, चौपाट खुल गये और बाहर प्रतीक्षा करने वाले विचारों की भीड़ एक साथ वहाँ घुस आयी। एक साथ ही बहुत-कुछ कहने को उसका मन व्यग्र हो उठा। किन्तु उसका कण्ठ अवरुद्ध-सा हो गया, उसके होंट जैसे सिल गये। बड़े ही यत्न से जब वह बोला तो इसके सिवा और कुछन कह सका....

"दुरो जी, मुझे क्षमा करना....आपका घर आ गया है। मैं चलता हूँ....मुझे पता होता, आपको मेरा आना इतना खलेगा तो वहीं मार्केट से अलग हो जाता।"

उसके स्वर में कुछ ऐसी हकलाहट, कुछ ऐसी आर्द्रता थी कि दुरो ने चौंक कर उसकी ओर देखा। हरीश के ध्यान में वह जाने कहाँ-से-कहाँ पहुँच गयी थी। जगमोहन का गीला-गीला स्वर उसे जैसे धरती पर ले आया। वह रुकी। मुड़ी। जगमोहन सिर झुकाये खड़ा था। आवेग से वह हल्का-सा काँप रहा था। उसके नथुने फड़क रहे थे। दुरो के वक्ष में कुछ अजीब-सी ममता, नदी के ज्वार-सी सहसा उमड़ आयी। बाज़ार न होता तो शायद वह उस बच्चे को अपने सीने से लगा कर प्यार से थपथपा देती।

"अच्छा नमस्ते जी!"

जगमोहन के सूख-रहे-से कण्ठ से बड़े ही भीगे-से शब्द निकले और वह मुड़ा। दुरो ने उसे बाज़ू से थाम लिया।

जगमोहन सिर झुकाये चुप खड़ा रहा। दिल उसका बेतरह धड़कने लगा।

"मुझे माफ़ करना भाई," दुरो ने उसकी बाँह पर हाथ का ज़ोर ज़रा बढ़ाते हुए कहा, "मुझे तुम्हारा साथ आना नहीं खला। तुम्हारा तो आभार मुझ पर है। हरीश जी का न आना मुझे ज़रूर खला। पर मैं नयी-नयी इस क्षेत्र में आयी हूँ। देश और जनता की सेवा ममत्व और स्वत्व का जो बलिदान चाहती है, मैं अभी उसके योग्य नहीं हुई। अपनी छोटी-सी हस्ती और उसकी छोटी-छोटी इच्छाएँ मुझे बड़े महत्व की लगती हैं। उनके पूरी न होने पर दुख होता है। पर जिन्होंने अपने ममत्व, स्वत्व और अहं —सब के ऊपर जनता और देश को रखा है, उनके सम्मुख इन भावनाओं का उतना मूल्य नहीं। मुझे गोपालनगर तक पहुँचाने का भार आप पर छोड़ कर उनके चले जाने से मुझे क्षोभ हुआ। न जाने मुझे क्या हो गया। मैं अपने आप में न रही। मैं शर्मिन्दा हूँ। हरीश जी से भी, आपसे भी।" और उसने जगमोहन के बाज़ू को तनिक-सा हिलाया, "अब तो नाराज़ नहीं!"

"नहीं, इसमें शर्मिन्दा होने की क्या बात है ?" जगमोहन का गीला स्वर न जाने कैसे संयत हो गया, उसकी हकलाहट न जाने कहाँ चली गयी। सहज भाव से उसने कहा, "हम सभी नये हैं। हमें अभी बहुत कुछ सीखना है। मुझे शिकायत न करनी चाहिए थी।"

"नहीं-नहीं, आपकी शिकायत बजा थी।" दुरो ने जगमोहन के कन्धे को थपथपाया,

"तो परसों स्टडी-सरकल में आ रहे हैं न आप ? सत्या बहन कहती थीं, आपने कोई बड़ी सुन्दर कविता लिखी है। उसे ज़रूर लाइएगा।"

"ज़रूर लाऊँगा।"

"अच्छा नमस्ते, चलूँ, देर हो रही है।" और जगमोहन के कन्धे को एक बार फिर थपथपा कर दुरो तेज़-तेज़ चली गयी।

जगमोहन कुछ क्षण वहीं जमा-सा खड़ा रहा। जब दुरो अपने मकान के दरवाज़े में चली गयी तो वह मुड़ा। उसके हृदय से एक दीर्घ निःश्वास निकल गया और जैसे अपने साथ उसका सारा क्रोध, क्षोभ और खिन्नता ले गया। उसका मन हल्का और उत्फुल्ल हो आया।

चाँद सफ़ेद-सफ़ेद बादलों में तेज़-तेज़ भाग रहा था। जगमोहन भी तेज़-तेज़ चलने लगा। कल्पना के बादल उसके मस्तिष्क पर छा गये, सफ़ेद-सफ़ेद, हल्के-हल्के, पुलक और उल्लास से भरे —और वह अनायास उनमें बहने लगा।

"तुमने बड़ी देर कर दी, मैं तुम्हारी राह देख रहा हूँ।" उसके घर पहुँचते ही बड़े भाई ने कहा और उन्होंने अपनी पत्नी को आवाज़ दी कि खाना परोसे।

उसके भाई खाने पर कभी ही उसकी प्रतीक्षा करते थे। किसी दूसरे दिन वे ऐसा कहते तो वह उत्तर देता, 'आपने नाहक तकलीफ़ की, आप खा लेते।' पर वह अपने में इतना मग्न था कि उसने कुछ भी उत्तर नहीं दिया। छत के नल पर जा कर हाथ धो आया और भाभी ने खाना परसा तो चुपचाप खाने बैठ गया। बार-बार उसके सामने वही दृश्य आता जब दुरो ने उसकी बाँह थाम कर उसे रोका था। उसका एक-एक शब्द उसके कानों में गूँजता। उसे जगमोहन का साथ आना न खला था, हरीश जी का न आना खला था। शायद वह हरीश जी को चाहती है। तो भी उससे वह घृणा नहीं करती। इतना ही क्या पर्याप्त नहीं ? वह तो उससे प्रेम करता है। यही क्या यथेष्ट नहीं ? कलाकार सृजता है, देता है, पाता नहीं। पर देने में उसे सुख मिलता है। प्रेम करना भी क्या वैसा ही नहीं ? अपने ही में वह क्या सुख नहीं ? कलाकार बाद में चाहे ख्याति पाये और प्रेमी अपनी प्रेयसी का प्रेम पा ले, पर उस पाने के बिना भी तो सृजन और प्रेम दोनों सुख देते हैं। और जगमोहन सुखी था —यह जान कर भी कि उसके प्रेम का प्रतिदान शायद दुरो न दे सकेगी! उस क्षण की याद करके —जब दुरो ने उसकी बाँह को हिला कर कहा था —अब तो नाराज़ नहीं — जगमोहन के होंटों पर सुख की हल्की-सी मुस्कान आ जाती। एक विचित्र-सा पुलक उसकी नस-नस में दौड़ जाता....

और उसके भाई सत्या जी की प्रशंसा कर रहे थे। उन्होंने दस हज़ार के केस उन्हें सप्ताह भर के अन्दर दिलवाये थे और जब उन्होंने उन्हें कमीशन का आधा देना चाहा तो सत्या जी ने इनकार कर दिया था। भाई साहब उनकी शालीनता, चतुराई, कर्मठता और सौहार्द की प्रशंसा कर रहे थे। "जब मैंने बहुत ज़ोर दिया," भाई साहब कह रहे थे, "तो कहने लगी कि मेरी ओर से भाभी के लिए इन रुपयों का नेकलेस बनवा दीजिएगा।"

"बच्चे तो उससे ऐसे हिल गये हैं कि 'आण्टी-आण्टी' करते नहीं थकते," भाभी ने रद्दा जमाया, "और वह भी तो कुछ-न-कुछ उनके लिए लाती ही रहती है।"

"वह यहाँ आती है ?" सहसा जगमोहन ने पूछा, "मैंने तो मना कर दिया था कि वह यहाँ कभी न आये!"

भाई साहब खाना खा चुके थे। हाथ धोते हुए उन्होंने कहा, "उस दिन मैंने वह सब भ्रम में कहा था। वह ऐसी लड़की नहीं लगती। उस की शालीनता का तो मैं क़ायल हो गया हूँ। इतनी देर बैठी रही, एक बार भी तो नज़र ऊँची नहीं की।"

और वे सोने चले गये।

जगमोहन के हाथ धुलाते हुए भाभी ने कहा, "अँधेरे में बैठने का उन्होंने बुरा माना होगा, नहीं सत्या को तो वे बहुत मानते हैं। तुम्हें पसन्द हो तो मैं करूँ बात उसकी चाची से ?"

जगमोहन ने इसका कोई उत्तर नहीं दिया। उसकी दृष्टि सहसा भाभी की साड़ी पर गयी। "यह बड़ी अच्छी साड़ी पहनी है। कब लायीं ?"

"सत्या के साथ बाज़ार गयी थी —योंही घूमने —वहाँ खादी भण्डार में चले गये। मुझे इसका रंग पसन्द आ गया। सत्या का वहाँ हिसाब है। ज़बरदस्ती उसने मुझे ले दी।"

"बहुत बढ़िया रंग है।" जगमोहन ने केवल इतना कहा और ऊपर चला गया।

०

आकाश सर्वथा निरभ्र था। सफ़ेद बादलों के टुकड़े न जाने कहाँ चले गये थे। चाँद पूरी आभा के साथ चमक रहा था। हाँ, दिशाओं के घेरे में कभी-कभी बिजली चमक उठती थी।

बिस्तर बिछा कर उस पर लेटते हुए जगमोहन देर तक चाँद को देखता रहा और फिर उसने लम्बी साँस ली। पण्डित रघुनाथ, सत्या जी, वह स्वयं, दुरो और हरीश, जाने हरीश के आगे भी कोई और हो! वह विषाद से मन-ही-मन हँसा और होंटों में गुनगुनाने लगा, भर्तृहरि का प्रसिद्ध श्लोक :

यां चिन्तयामि सततं मयि सा विरक्ता
साप्यान्यमिच्छति जनं स जनोऽन्यरक्तः

दो-तीन बार उसने होंटों-ही-होंटों में यह श्लोक दोहराया, फिर वह उसी तरह मन-ही-मन हँसा। तब उसे संस्कृति समाज की पहली बैठक के लिए लिखी अपनी कविता याद आ गयी।

यह प्रेम कुसुम सखि मेरे
सूने उर की डाली पर,
चुप-चुप धीरे-धीरे सखि
मुरझा जायेगा खिल कर।
तुम पा न सकोगी इसकी
जीवन भर गन्ध, कुमारी!
पर मिट कर महकायेगा
यह मानस की फुलवारी।

क्या डंके की चोट अपने प्रेम की घोषणा करने वाले और उसके लिए 'हाय-हाय'

करते हुए जान दे देने वाले का प्रेम ही बड़ा है ? —जगमोहन ने सोचा —चुप-चुप उसकी ज्वाला में, दूसरों को तो क्या, अपने महबूब तक को उसकी आँच दिये बिना, उसमें सुलगने वाले का प्रेम क्या कुछ नहीं ? और जगमोहन ने जैसे भावना के पूरे आवेग से वही गीत दोहराया :

तुम पा न सकोगी इसकी,
जीवन भर गन्ध, कुमारी!
तुम पा न सकोगी इसकी
जीवन भर.........

४४

कभी-कभी ऐसा भी होता है कि हमें सुख-दुख, हर्ष-विषाद, मानसिक कष्ट और हार्दिक हुलास —एक दूसरे से सर्वथा विरोधी भावनाओं से एक ही दिन में दो-चार होना पड़ता है। इतवार का दिन जगमोहन के लिए कुछ वैसा ही दिन साबित हुआ।

०

सुबह जब वह उठा तो यद्यपि अभी सात ही बजे थे, पर सूरज जैसे सिर पर आ गया था। धूप में आँखें न टिकती थीं। उमस और गर्मी के मारे शरीर में चीटियाँ-सी रेंगती हुई लगती थीं। इस पर भी जगमोहन एकदम उछल कर नहीं उठा। रात खुली आँखों से सपने देखते रहने और यों देर में सोने के कारण शरीर कुछ थका-थका-सा लग रहा था। वहीं चारपाई पर लेटे-लेटे सूरज की ओर से आँखें मोड़, उसने खुल कर एक अँगड़ाई ली। फिर सिरहाने पड़े कुर्ते से मुँह और गर्दन का पसीना पोंछा और उठ बैठा। कुछ क्षण वह उसी प्रकार, जैसे बीती रात के रस में शराबोर, बैठा रहा। फिर दुरो की बात 'अब तो आप नाराज़ नहीं' याद आ जाने से उसके होंटों पर हल्की-सी मुस्कान दौड़ गयी। वह उस नशे की-सी अवस्था में जाने कब तक बैठा रहता, पर धूप उसकी नंगी पीठ पर बेतरह चुभने लगी थी। सुख की लम्बी साँस ले, बिस्तर गोल कर उसने अन्दर कुर्सी पर रखा। फिर चारपाई अन्दर की, बिस्तर उस पर बिछाया और नहाने चला गया।

डेढ़-दो घण्टे के बाद जब वह होतूसिंह रोड के हलवाई की दुकान से लस्सी का गिलास पी कर प्रोफ़ेसर कपूर के घर उनके बच्चे को पढ़ाने जा रहा था तो उसकी गति में उदासीनता के बदले एक विचित्र स्फूर्ति-सी थी।

प्रोफ़ेसर कपूर के घर जाना वास्तव में जगमोहन को एक दिन भी अच्छा न लगा था। वह स्वयं ग़रीब था। उसकी बीसियों ऐसी आदतें थीं जो ज़रा ऊँचे स्तर के लोगों में असभ्यता का अंग समझी जातीं, पर इसके बावजूद वह अपने कमरे में सफ़ाई और क़रीने का बड़ा क़ायल था। प्रोफ़ेसर कपूर के घर कुछ ऐसी अस्त-व्यस्तता फैली रहती थी कि जगमोहन का मन वहाँ बेहद घबराता था। प्रोफ़ेसर साहब के कमरे ही में नहीं, प्रोफ़ेसराइन

के कमरे में, आँगन में, डेवढ़ी में —सब जगह, सब तरह की चीज़ें बिखरी रहती थीं....मैले-कुचैले कपड़े; फटी-पुरानी चिन्दियाँ; खिलौने; बर्तन; रसोईघर से कुत्ते या बिल्ली पर खींच कर मारी गयी कोई अधजली लकड़ी या उपला; साइकिल का प्लास या घण्टी का ढकना; बिजली के बल्ब का ख़ोल या कोई टूटा गुलदान और दसियों दूसरी चीज़ें....जगमोहन को सबसे ज़्यादा बच्चों के टूटे-फूटे खिलौनों और फटी-पुरानी चिन्दियों से नफ़रत थी।....दो-चार सुन्दर खिलौने अँगीठी पर अथवा कमरे की एक ओर कोने में पड़े हों तो उसे कोई आपत्ति न थी, पर खिलौने —जिनकी सूरत-शक्ल बिगड़ चुकी हो, बच्चों ने जिनके हाथ-पाँव सिर या धड़ तोड़ दिया हो, मैल ने जिन्हें काला कर दिया हो....और चिन्दियाँ —जिनसे जूते तक पोंछने को जी न चाहे...कई बार उन्हीं बे-रंग-रूप मैले, घिनौने खिलौनों को हाथ में ले कर उसे उनसे बच्चों को बहलाना-परचाना पड़ता था और उन सबसे मन-ही-मन जगमोहन को बड़ी वितृष्णा होती थी....लेकिन उस कूड़े के ढेर पर बैठी प्रोफ़ेसराइन अपनी श्रृंगार-साधना और प्रोफ़ेसर साहब अपने अध्ययन में निर्लिप्त भाव से सतत निरत रहते। फिर माता-पिता सफ़ाई और स्वच्छता की ओर से उदासीन हों तो बच्चों से उसकी आशा रखना बेकार है....मैले-कुचैले कपड़े पहने, नंगे, अध-नंगे, बहती हुई नाक और कीचड़ भरी आँखें लिये हुए, वे सभी कमरों में धमा-चौकड़ी मचाते फिरते।

जगमोहन जिस बच्चे को पढ़ाता था, वह अपेक्षाकृत साफ़ था, प्रोफ़ेसर साहब की पहली पत्नी का बड़ा बच्चा —गोरा-चिट्टा, साफ़-सुथरा, मौन-गम्भीर और उस बचपने ही में प्रौढ़ता का नक़ाब पहने! जगमोहन को उसे पढ़ाना अच्छा भी लगता था। पर जब वह उसे पढ़ाने बैठता तो प्रोफ़ेसर साहब के दूसरे बच्चे नंग-धड़ंग आ इकट्ठे होते कि उन्हें भी पढ़ाया जाये और तब लड़ाई-झगड़ा, रोना-रुलाना और पुचकारना-परचाना होता। तभी प्रोफ़ेसराइन को कोई काम याद आ जाता और वे 'मास्टर साहब' को उस काम पर भेज देतीं।

शुरू में जगमोहन कृतज्ञतावश अपने आप भाग-भाग कर उनके छोटे-मोटे काम कर देता था....बच्चों के स्कूल जाने का वक्त सिर पर आ जाता। घर में दो आलू भी न होते कि काट कर छौंक दिये जायें। जगमोहन स्वयं ही कहता....'लाइए, मैं भाग कर बाज़ार से ला देता हूँ।'....भाभी बाथरूम में नहा रही होतीं कि आँगन में पीढ़े पर बैठा या खिलौनों से खेलता बच्चा रुदन-वीणा छेड़ देता। जगमोहन उसे अपने आप उठा कर परचाने लगता।....भाभी रसोई-घर में आटा सान रही होतीं कि प्रोफ़ेसर साहब की चिलम बुझ जाती और वे आवाज़ देते। जगमोहन झपाके से उठ कर चिलम भर लाता....उन आरम्भिक दिनों में यह सब वह अपने आप करता था। पर धीरे-धीरे भाभी ने जगमोहन की उस सहृदय विनम्रता को जैसे अपने अधिकार के रूप में ले लिया। वह अभी पढ़ाने को बैठने की तैयारी कर रहा होता कि उसे आदेश मिलता —ज़रा बाज़ार से भाग कर सब्ज़ी ले आये!....वह बड़ी तन्मयता से बच्चे को पढ़ा रहा होता कि आवाज़ पड़ती....चिलम बुझ गयी है, भर दे। वह घण्टे भर से कहीं अधिक समय लगा कर, बच्चे को पढ़ा कर घर जाने लगता कि भाभी कहतीं, 'मोहन ज़रा नन्हे को चौक तक तो घुमा लाओ, बड़ा बेहाल हो रहा है।'....और चाहते हुए भी वह इनकार न कर पाता।....वह झुँझलाता कि क्यों उसने

अपने-साथ यह बला मोल ले ली ? झींखता कि क्यों उसने अपनी स्थिति को ऐसे गिरा दिया ? अफ़सोस करता कि पढ़े-लिखे होते हुए भी उन्हें क्यों इतनी समझ नहीं कि यदि किसी ने बाँह दी है तो उसे निगल न लेना चाहिए ? और झुँझलाता-झींखता, अनिच्छा और अन्यमनस्कता से वह रोज़ एक-दो घण्टे के लिए प्रोफ़ेसर साहब के यहाँ जाता; बच्चे को पढ़ाता; घर का छोटा-मोटा काम करता और प्रोफ़ेसर साहब की चिलम भरता।

०

उस दिन जब वह प्रोफ़ेसर साहब के घर की घिनौनी अस्त-व्यस्तता, उनके बच्चों और बीवी की बदतमीज़ी और अपनी स्थिति की यथार्थता को भुलाये हुए, ख़ुश-ख़ुश वहाँ पहुँचा तो उनके यहाँ कुछ सम्बन्धी आये हुए थे। दो युवा लड़कियाँ नागिनों-सी दो-दो वेणियाँ लहराती, आँगन में इधर-उधर उड़ती फ़िर रही थीं। प्रोफ़ेसराइन रसोई-घर की चौखट में बैठी पूरियों के लिए आटा सान रही थीं। उन लड़कियों की माँ (अथवा चाची या मौसी, जगमोहन को मालूम न हो पका) पास ही पीढ़े पर आलथी-पालथी मारे बैठी पेड़े बना रही थी। छोटा बच्चा आँगन में घुटनियों चल रहा था और दूसरे बच्चे बाहर धमा-चौकड़ी मचाने चले गये थे।

जगमोहन ने पूछा कि रतन (बच्चा, जिसे वह पढ़ाता था) कहाँ है ? और जब उसे पता चला कि वह अपने मेहमान हमजोलियों के साथ बाहर खेलने गया है तो वह आँगन ही में पड़ी एक लोहे की कुर्सी पर बैठ गया। फिर उसने वहीं आँगन में एक ओर पड़ा समाचार-पत्र उठा लिया और चुपचाप पढ़ने लगा। तब दोनों लड़कियाँ, जिनकी उपस्थिति से समाचार-पत्र में दृष्टि गड़ाये भी जगमोहन भिज्ञ था, नाक-भौंह चढ़ाती हुई डेवढ़ी में चली गयीं। जगमोहन ने आँख उठा कर देखा —बच्चे ने अपनी देह, फ़्रॉक और फ़र्श सब ख़राब कर दिया था, अण्डरवेयर उसकी 'सुघड़' माँ ने उसे पहना न रखा था और वह दृश्य आँखों के लिए कुछ वैसा दर्शनीय न था। जगमोहन ने आँखें फिर समाचार-पत्र में जमा लीं, किन्तु बच्चा अपने हाथ ख़राब करने जा रहा था और उसकी माँ आटे में हाथ लथेड़े थी। तब उन लड़कियों की माँ (या मौसी या चाची) ने उनमें से एक को आवाज़ दे कर बुलाया और कहा कि ज़रा बच्चे को नल के नीचे ले जाये! उस लड़की ने एक बार फिर दृष्टि उठा कर उस ओर देखा और फिर जिस तरह नाक-भौंह चढ़ायी, उसे देख कर प्रोफ़ेसराइन ने जगमोहन से कहा कि वह ज़रा लड़के का फ़्रॉक उतार कर उस पर पानी डाल दे।

जगमोहन के जी में आयी कि उठे और बिना किसी प्रकार का उत्तर दिये वहाँ से चल दे। वह धाय है या भंगी ? जिस काम को सम्बन्धी होते हुए वह लड़की नहीं करना चाहती, उसे उनके बच्चे का अध्यापक होते हुए वह क्यों करे ? भले ही प्रोफ़ेसर साहब का एहसान उस पर है, पर वह उनका नौकर तो नहीं! अपार खीझ से झुँझला कर वह उठा, लेकिन वह गया नहीं। चुपचाप बिना किसी से आँखें मिलाये, उसने बच्चे को उठाया, उसे नल पर ले जा कर, उसका फ़्रॉक उतार कर, एक ओर फेंक दिया और उसे नल की धार के नीचे धो दिया। तब उसे उसकी माँ के पास बैठा कर उसने राख से अच्छी तरह हाथ धोये और बिना किसी को 'नमस्ते' किये वह चला आया।

घर आ कर वह सीधा अपने कमरे में गया और अन्यमनस्क-सा खुर्री चारपाई पर

लेट गया। मन में उसके तूफ़ान-सा मचा हुआ था। उसे यह भी पता नहीं चला कि खाने का समय कब का हो चुका है और नीचे भाभी बैठी उसकी प्रतीक्षा कर रही है। आख़िर जब वह एक बच्चे को गोद में लिये और एक का हाथ थामे ऊपर आयी और उसने उसे चल कर खाना खाने के लिए कहा तो वह हड़बड़ा कर उठा। किन्तु उसी प्रकार जा कर खाना खाने में उसे एक अजीब-सी घिन लगी। वह अपने उल्लास में अपना वही सिल्क का कुर्ता और धोती पहन गया था, किन्तु वही कपड़े पहने खाना खाने को उसका जी न हुआ। वह नल पर गया। अपने सब कपड़े धो कर उसने धूप में फैला दिये। साबुन से अच्छी तरह मल कर नहाया और तब खाना खाने बैठा।

खाना खाने के बाद उसने कुछ क्षण सोना चाहा, किन्तु जब फिर दिमाग़ में लहरिये-से उठने लगे तो वह झुँझला कर उठ बैठा। नेकर-कमीज़ पहन, वह बाहर छत पर निकला। कपड़े काफ़ी सूख गये थे। उन्हें हाथ में लिये हुए वह नीचे उतरा। गली के धोबी से उसने कहा कि ज़रा और सूख जायें तो वह इस्त्री कर के रख दे, वह लौटते समय ले लेगा। तब श्रीमती कर्मा के यहाँ जा कर चातक जी के साथ कुछ समय गुज़ारने के विचार से वह घोड़ा हस्पताल की ओर चल पड़ा।

o

कवि चातक उसे उसी छोटे-से कमरे में मिले। श्री कर्मा ने इस बीच शायद एक नौकर छोकरा रख लिया था। उसी ने दरवाज़ा खोला और वही उसे चातक जी के कमरे में ले गया। दरवाज़े में जगमोहन क्षण भर के लिए ठिठक गया —चातक जी चारपाई पर अधलेटे बैठे थे। खादी का धुला धोती-कुर्ता उन्होंने पहन रखा था। दाढ़ी बिलकुल साफ़ थी। बाल सफ़ाई से कढ़े थे। होंटों पर पान की लाली थी। उनके सामने चारपाई की पट्टी पर ही श्रीमती कर्मा बैठी थीं। कवि बड़ी तन्मयता से कविता सुना रहे थे और वे सुनती हुई क्रोशिया चला रही थीं।

अचकचा कर श्रीमती कर्मा उठीं। हड़बड़ी में ही उन्होंने जगमोहन से आ कर उसी स्थान पर बैठने को कहा और जब हड़बड़ी ही में जगमोहन वहीं चारपाई की पट्टी पर उनकी जगह बैठ गया तो वे बाहर चली गयीं। जगमोहन ने सुना, वे नौकर छोकरे को दबे स्वर में डाँट रही थीं कि वह बिना पूछे क्यों लोगों को अन्दर ले आता है ? उसे आने वाले को बाहर रोक कर अन्दर ख़बर करनी चाहिए। और नौकर कह रहा था कि वह तो पूछने आ रहा था, पर साहब भी पीछे-पीछे आ गये।

जगमोहन मन-ही-मन हँसा। फिर उसे कुछ ग्लानि हुई। पर जब उसने चातक जी की ओर देखा तो वह आश्वस्त हो गया। उनकी आकृति पर लेश मात्र भी आक्रोश न था, बल्कि लगता था, जैसे उसके इस प्रकार आ जाने से वे बड़े प्रसन्न हुए।

जगमोहन आश्वस्त हो कर अच्छी तरह बैठ गया तो चातक जी ने श्रीमती कर्मा की बड़ी प्रशंसा की कि वे काव्य की जैसी रसिका हैं, वैसी कम ही महिलाएँ उन्हें देखने को मिली हैं। "कविता की बारीकियों को समझना और उनकी प्रशंसा कर पाना हर महिला के बस का रोग नहीं। इसके लिए बड़े कोमल, सम्वेदनशील हृदय और बारीक सूझ-बूझ की आवश्यकता है।" उन्होंने कहा और बताया कि किस प्रकार उनके सान्निध्य से प्रेरणा पा

कर वे लगभग हर रोज़ एक कविता लिखते रहे हैं और उनकी कविताओं का एक संग्रह तैयार हो गया है।

"शुक्ला जी आपकी एक कविता की बड़ी प्रशंसा कर रहे थे," जगमोहन ने कहा, "आप ने शायद 'संस्कृति समाज' में पढ़ी थी।"

"बेचैनी के घूँट!" कवि चातक बोले, "वही मैं कुम्मो जी को सुना रहा था। उस कविता ने तो तहलका मचा दिया है। मैं जहाँ जाता हूँ, लोग उसे ही सुनाने का अनुरोध करते हैं ?"

वे उठे और कोने के ढेर से एक कापी उठा लाये। "यह देखो मैंने इस कापी में क्रम से सारी कविताएँ लिख ली हैं।" उन्होंने कहा, फिर किंचित हँसते हुए बोले, "लो, तुम्हें भी बेचैनी के दो घूँट पिला दूँ।"

और उन्होंने उसी तरह चारपाई पर बैठे-बैठे, दीवार से पीठ लगा, कर कविता सुनानी शुरू की :

प्राण, निमन्त्रण दिया मुझे क्यों, आने का निज स्वर्ण-भवन में ?
नस-नस में दौड़ा दी पीड़ा, लहरा दी आतुरता मन में।
चिर दिन के सोये सपने प्रिय, पंख नवीन अचानक पा कर,
उड़ने को रंगीन गगन में, जाग उठे ज्यों अँगड़ाई भर।

पर अपनी स्थिति की असलियत,
पाँवों की बेड़ी बन जाती।
हृदय इधर सुख से विह्वल प्रिय,
उधर नियति चुप-चुप मुस्काती।

कहाँ तुम्हारा यह आकर्षण, तीन लोक को मोहित करता,
कहाँ ग़रीब भिखारी-सा मैं, दो दिन जीता, दो दिन मरता।
तुम हो कली स्वर्ग-कानन की, मैं काँटा जलते मरुस्थल का,
मुझे बुलाया क्यों ढिग अपने, मचा जगत में प्राण, तहलका।

तुम से प्यार जगत की आशा,
तुम से प्रीति जगत का सपना,
मुझी अकेले को तुम चाहो
प्राण, बनाना फिर क्यों अपना ?

फूलों की रंगीन हँसी में, प्रिय मुस्कान तुम्हारी खिलती,
और तुम्हारी चंचलता की, झाँकी है विद्युत में मिलती।
कमलों की पलकों से लगते, नयन तुम्हारे साँझ-सकारे,
उनकी चितवन चूम जी उठें, कहाँ प्राण, ये भाग्य हमारे।

ममता से मन हो उठता है,
लोट पड़ूँ चरणों में विह्वल।
पर मेरी लज्जा की बेड़ी,
कर देती है गति को निश्चल!

कवि चातक अभी यहाँ तक ही पहुँचे थे कि मिसेज़ कर्मा घबरायी हुई आयीं।

"बाहर एक औरत आप को पूछ रही है। मैं तो पहचानती नहीं, पर शायद भाभी...."

और इससे पहले कि मिसेज़ कर्मा अपनी बात ख़त्म करतीं, अपने अस्त-व्यस्त बाल और सानुनासिक स्वर लिये, चण्डी का रूप धरे, भाभी दरवाज़े पर आ नमूदार हुईं।

"मैं भी कहूँ किं लाहौंर सें कोंई खँबँर क्यों नँहीं आँतीं। तुँम इंहाँ मँजें उँड़ाँ रहें हों और उँहाँ बँच्चें भूँखों मँर रँहें हैं।" उन्होंने अपने कर्कश सानुनासिक स्वर में कहा, "आँधें लाँहौंर काँ चँक्कँर लँगाँयाँ हैं, जँब तुँम्हाँराँ पँताँ लँगाँ पाँयीं हूँ।" वे चिल्लायीं, "तुँम्हें यहीं रँगरँलियाँ मँनाँनीं हैं तो हमें जँहर दें दों।"

चातक जी उचक कर उठ बैठे। उनकी सारी मस्ती काफ़ूर हो गयी। कापी उन्होंने एक ओर रखी और चारपाई से उठे। बालों की लट को उन्होंने बायें हाथ से पीछे हटाया और एक पैर से दूसरे के टख़ने पर की खुजली को शान्त किया। तभी उनके काले-कलूटे बच्चे को उठाये, मूँछों में मुस्कराते शुक्ला जी दरवाज़े में प्रकट हुए।

"अरे भई चातक जी, आप ने घर कोई पत्र नहीं लिखा ? भाभी बेचारी घर में ताला लगा देख कर न जाने कहाँ-कहाँ ढूँढती दफ़्तर पहुँचीं!...."

"तुम्हें आने से पहले लिखना चाहिए था। मैं स्टेशन पर पहुँच जाता।" कवि ने ऐसे कहा, जैसे उनकी साँस फूल रही हो और बात उनके मुँह से निकल न पा रही हो।

"स्टेंशँन पँर नँहीं घँर लेंनें चँलें जाँतें!" भाभी मुँह बिचका कर व्यंग्य से बोलीं, "तुँमनें किंसीं चिंट्ठीं काँ जँवाँब दिंयाँ किं तुँम्हें लिंखतीं। तुँम नें तों भेंज दिंयाँ मैंकें किं चलों जाँन छूँटीं, अँब निंश्चिंन्त हों कँर रंडियों कें संग मँजें उँड़ाँओं!"

सहसा चातक जी की आँखें मिसेज़ कर्मा की आँखों से चार हुईं। मिसेज़ कर्मा के मुख पर स्याही पुत गयी और कवि का चेहरा क्रोध से तमतमा उठा।

दुर्घटना की आशंका से जगमोहन का हृदय धक्-धक् करने लगा। उसके ख़याल में भाभी सीमा का अतिक्रमण कर गयी थीं। चातक जी की आकृति देख कर उसे भय हुआ कि कहीं वे उनका सिर-विर न फोड़ दें।

पर ज्योंही कवि की क्रोध भरी दृष्टि अपनी पत्नी के आग्नेय नेत्रों से चार हुई, उसका सारा क्रोध हवा हो गया। बढ़ कर बड़े धैर्य से भाभी के कन्धे पर हाथ रखते हुए उन्होंने कहा, "चलो, अब जो कहना है, घर चल कर कहना।"

जगमोहन ने देखा, कवि का रंग फ़क्क है और स्वर हकला रहा है। उसके मस्तिष्क में पंजाबी का एक चुटकुला घूम गया —एक व्यक्ति अपनी पत्नी से बड़ा दबता था। उसके दोस्त उसे 'बीवी का ग़ुलाम' कह कर चिढ़ाते थे और वह उनके सामने डींग हाँकता था कि उसकी बीवी तो उसके भय से थर-थर काँपती है। एक दिन उसके दोस्त शाम को उसके यहाँ आ जमे और उसने, उनके छेड़ने पर, रौब दिखाने के लिए ज़ोर से चिल्ला कर बाहर चाय भेजने के लिए कहा। जब आध घण्टा प्रतीक्षा करने पर भी चाय न आयी और मित्रों ने उससे कहा कि पहले भाभी से पूछ तो लिया होता, तो वह क्रोध के मारे उठा और अन्दर जाते हुए चिल्लाया, 'आज या मैं नहीं या....' और वह अन्दर दाख़िल हो गया। सामने उस की पत्नी हाथ में बेलन लिये खड़ी थी। 'या ?' पत्नी ने कर्कश स्वर से पूछा। पति महोदय

की आवाज़ धीमी पड़ गयी, दीन स्वर में उन्होंने कहा, 'या फिर मैं ही नहीं!' और यह कहते हुए उन्होंने फिर सिर झुका लिया।

चातक जी के क्रोध को देख कर उसने सोचा था कि वे भाभी को चोटी से पकड़ कर दो चक्कर देंगे, पर जिस दुलार से उन्होंने उनके कन्धे पर हाथ रखा, उसे देख कर वह मन-ही-मन हँस दिया।

भाभी चलने ही वाली थीं कि उनकी नज़र बिस्तर के तकियों पर पड़ी, "यें तँकियें भीं घँर से उँठाँ लाँयें हों!" उन्होंने जैसे चिंघाड़ते हुए कहा और बढ़ कर तकिये उठा लिये।

इसके बाद तो एक कुहराम-सा मच गया। क्योंकि चातक जी केवल तकिये ही घर सेन लाये थे, वहाँ तो लगभग सारे-का-सारा सामान वहीं से आया था। भाभी चिल्लाये जातीं और एक-एक चीज़ इकट्ठा कर शुक्ला जी को दिये जातीं कि वे नीचे ताँगे में रखवायें। आख़िर बिस्तरे, चादरें, रसोईघर के लगभग सारे बर्तन, चकला-बेलन और अँगीठी ले कर जब भाभी चातक जी को साथ लिये बाहर निकलीं तो सारी गली इकट्ठी हो गयी थी।

०

सामान और बच्चे शुक्ला जी के साथ ताँगे पर भेज दिये गये थे। भाभी, चातक जी और जगमोहन के साथ पैदल आयी थीं। उन्हें उनके घर छोड़ कर और भाभी से झूठ बोल कर कि उसे तो चातक जी के उधर जाने का पता उसी दिन चला था, नहीं वह अवश्य उन्हें पत्र लिखता, जब जगमोहन सड़क पर आया तो ज़ोर से ठहाका मार कर हँस दिया। शाम को स्टडी-सरकल की मीटिंग थी। पहले उसने सोचा कि अब इतनी दूर क्या जाये। वहीं से ग्वालमण्डी चला जाये। फिर उसे दुरो का अनुरोध याद हो आया कि वह अपनी कविता अवश्य लाये। तब उसने सोचा कि वह घर जायेगा, कपड़े बदल कर, कविता की कापी ले कर वापस आयेगा और वह तेज़-तेज़ घर की ओर बढ़ा।

४५

जगमोहन जब स्टडी-सरकल में पहुँचा तो मीटिंग जारी थी। एक साहब, जो वेश-भूषा और बैठने के ढंग से प्रोफ़ेसर लगते थे, एक लेख पढ़ रहे थे। जाने लेख अभी शुरू हुआ था अथवा ख़त्म होने को था —क्योंकि न कोई जमाही ले रहा था, न पीछे को लेटा था, सब आगे को झुके बैठे थे और उनकी निगाहों के भाले पढ़ने वाले की ओर अविराम तने हुए थे।

जगमोहन को नहाते, कपड़े बदलते देर हो गयी थी, रास्ते में उसे कोई ताँगा न मिला था और वह तेज़-तेज़ पैदल ही आया था। शरीर उस का पसीने से तर था और साँस फूल रही थी। कमरे में एक टाट और उस पर दरी बिछी थी, लेकिन दरी पर तिल भर भी जगह न बची थी। धोती के छोर से मुँह का पसीना पोंछते हुए, वह उस टाट पर ही सट कर बैठ गया। निमिष भर को उसे ध्यान आया कि उसके कपड़े मैले न हो जायें, फिर उसने सोचा

कि पुनः लक्स से धो लेगा। उस जैसे साफ़ कपड़े पहने तो वहाँ एक भी आदमी न था। जगमोहन ने एक दृष्टि उपस्थित मण्डली पर डाली। अधिकांश के बाल बिखरे और कपड़े अस्त-व्यस्त थे। एक कोने में महामना मालवीय बने बैठे पण्डित दाताराम से उसकी दृष्टि चार हुई। सिर तनिक झुका कर उसने उन्हें नमस्कार किया। 'ये इस मीटिंग में क्या करने आये हैं,' उसने मन-ही-मन सोचा, पर तभी उसने देखा कि उनके साथ ही, फ़र्श पर दृष्टि गड़ाये सत्या जी बैठी हैं। 'तो सत्या जी इन्हें यहाँ भी घसीट लायी हैं,' यह सोच वह मन-ही-मन हँसा। तभी उनके साथ बैठी दुरो ने तनिक आँख उठा कर उसकी ओर देखा। जगमोहन ने नमस्कार किया। सिर के इंगित ही से उसके नमस्कार का उत्तर दे कर, वह फिर लेख सुनने में तन्मय हो गयी।

लेख समाप्ति पर ही था, क्योंकि जगमोहन के पहुँचने के कुछ ही देर बाद वह ख़त्म हो गया। विषय उसका क्या था —जगमोहन कुछ भी न समझ पाया। अन्तिम वाक्य भी उसने ध्यान से नहीं सुने। दुरो ने उससे कविता पढ़ने के लिए कहा था, इसलिए वह हरीश जी के नाम एक चिट लिखने में निमग्न रहा कि उसने एक नयी कविता लिखी है और वह पढ़ना चाहता है। उसने केवल लेख का अन्तिम वाक्य ही सुना —"ऐसे समाज में व्यक्ति का ह्रास नहीं, चरम-विकास होगा।"

कैसे समाज में ? जगमोहन ने यह जानने का प्रयास नहीं किया। उसने चिट अपने आगे बैठे युवक को दी कि वह हरीश जी को दे दे।

हरीश जी ने उस चिट को पढ़ा। फिर उसको दरी पर रखते हुए बोले, "इस लेख पर कुछ बात-चीत होनी चाहिए। किसी को कुछ कहना हो तो कहे।"

"ये किसलय जी कुछ कहना चाहते हैं।"

किसलय जी! —जगमोहन ने झट मुड़ कर देखा —उसके दायीं ओर तनिक पीछे कवि किसलय बैठे थे! 'अच्छा, ये भी पहुँच गये!' उसने मन में कहा और साथ बैठे हुए युवक से लेख पढ़ने वाले का नाम पूछा।

"कॉमरेड खन्ना, अभी एम० ए० में फ़र्स्ट-क्लास-फ़र्स्ट आये हैं और दयाल सिंह कॉलेज में लेक्चरर नियुक्त हुए हैं।" साथी ने उत्तर दिया।

"यदि आप क्षमा करें तो मैं दो शब्द कहूँ।" किसलय जी ने विनम्रता से कहा।

"हाँ-हाँ, कहिए!" हरीश जी और प्रोफ़ेसर खन्ना एक साथ बोले।

"मेरी एक शंका है।" किसलय जी ने कहना शुरू किया, "जिस समाज अथवा शासन-पद्धति में लेखक अथवा कवि पर यह अंकुश रखा जाये कि वह यह लिखे और वह न लिखे वहाँ उसके व्यक्तित्व का चरम विकास कैसे हो सकता है ? कवि की प्रेरणा तो (लेखक कवि में शामिल है) मुँह-ज़ोर घोड़ा है, कब वह अनमना-सा अस्तबल के एक कोने में खड़ा रहता है; कब दुलकी चलता है; कब चारों पैर उठा कर सरपट भागता है; कब यौवन की मस्ती में उन्मत्त हो नाच उठता है और कब झुँझला कर अलिफ़[1] खड़ा हो जाता है —इसका कोई ठिकाना नहीं! अंकुश से आप उसे जुए में तो जोत सकते हैं, पर

१. अलिफ़ खड़ा हो जाता है = अगले पाँव उठा कर —उर्दू भाषा के प्रथम-अक्षर की भाँति —सीधा खड़ा हो जाता है

उसके व्यक्तित्व का चरम-विकास नहीं कर सकते।"

"घोड़े और कवि के दिमाग़ में अन्तर है, यह तो आप मानेंगे।" प्रोफ़ेसर खन्ना ने कहा, "महज़ तुनक कर अलिफ़ ख़ड़े हो जाने वाले, अथवा मार्ग-कुमार्ग देखे बिना बे-लगाम चलने वाले घोड़े की अपेक्षा ताँगे में जुत कर, सवारियों के साथ धीर-गति से चलते हुए मीलों की मंज़िल मारने वाले घोड़े की उपादेयता से तो आप इनकार न करेंगे।"

"मैं उपादेयता से इनकार नहीं करता," किसलय जी ने कहा, "प्रश्न दूसरा है। यहाँ व्यक्ति के चरम-विकास का प्रश्न है। यदि अपनी स्वतन्त्र शक्ति में मत्त नाच उठने वाला घोड़ा जुए में जुत कर अनमनी गति से...."

"अनमनी गति से क्यों," दुरो ने कहा, "यदि घोड़ा सधा और पला है और भूखा नहीं है तो उसकी गति द्रुत और उतनी ही मत्त हो सकती है। ताँगों में जुते, भरे-पुरे घोड़े भी तो आप ने देखे होंगे, जो हवा से बातें करते हैं। फिर रण में बरसती गोलियों में निर्भीक चले जाने वाले घोड़ों की बात भी आप ने सुनी होगी।"

"मुझे अपनी बात कह लेने दीजिए देवी जी!" किसलय जी ने विनम्रता से कहा, "यदि अपनी स्वतन्त्र शक्ति में मत्त नाच उठने वाला घोड़ा जुए में जुत कर अनमनी गति से मीलों चलता रहे तो यह उसके व्यक्तित्व का चरम-विकास कहाँ हुआ ? उपादेयता, माना, उसकी बढ़ गयी। यद्यपि यहाँ भी अपना-अपना दृष्टिकोण है। मुझे जुए में जुते हुए धीर-गति से चले जा रहे असील घोड़े की अपेक्षा, अपनी शक्तिमत्ता की समस्त भव्य दर्शनीयता के साथ, पिछली दोनों टाँगों पर अलिफ़ खड़े हो जाने वाले घोड़े अधिक रुचते हैं! धीर-गति से चले जाने वाले घोड़ों को कोई नहीं देखता। पर जब कोई मदमत्त तुरंग अपनी उमंग में सरपट भाग उठता है, अथवा घेरे बनाता हुआ नाचता है, अथवा अपने पूरे व्यक्तित्व की दर्शनीयता के साथ दोनों पिछली टाँगों पर अलिफ़ खड़ा हो जाता है तो लोग-बाग अपना काम छोड़ कर उसे देखने आ जाते हैं। मैं तो जैसे मन्त्र-मुग्ध रह जाता हूँ।"

"आप उस पर सवार जो नहीं होते, इसलिए!" किसी ने पीछे से कहा और सारी मण्डली अनायास अट्टहास कर उठी।

उस हँसी की ओर ध्यान दिये बिना किसलय जी ने गम्भीरता से कहा, "यही दशा कवि की है। अनुशासन के अंकुश के नीचे उसकी उपादेयता चाहे कुछ बढ़ जाये (यद्यपि इसमें मुझे सन्देह है) पर उसका चरम-विकास न होगा। जग के संघर्ष से भाग कर अपने उदास क्षणों में अथवा उसमें पूरी शक्ति के साथ रत हो कर, जग की लम्पटता, संकीर्णता, छिछलेपन, झूठ, फ़रेब, चाटुकारी, अवसरवादिता, उत्कोच-प्रियता से झुँझला कर जब कवि अपनी प्रतिभा की तमाम शक्तिमत्ता के साथ अलिफ़ ख़ड़ा हो जाता है तो उसकी क्रुद्ध साँसों से जो उद्‌गार निकलते हैं, उनकी तुलना में सधे हुए घोड़े की भाँति अनुशासन में जुते, सोच-सोच कर लिखने वाले कवि की कृति क्या ठहरेगी!"

वे चुप हो गये। हरीश जी के होंटों पर हल्की-सी मुस्कान फैल गयी।

"आप कह चुके ?" प्रोफ़ेसर खन्ना ने पूछा।

"जी!"

"आप ने कवि अथवा लेखक की प्रेरणा को मुँह-ज़ोर घोड़े से उपमा दी है।" उन्होंने कहा, "कई अलोचक उसकी उपमा किनारे तोड़ कर बह निकलने वाली नदी से भी देते हैं। ऐसी उपमाओं को बढ़ाया भी जा सकता है, पर आप एक बात भूल जाते हैं कि मानव दिन-प्रतिदिन उन्नति करता है...."

"यह प्रश्न विवाद-ग्रस्त है।"

"यदि आप मानव की उन्नति में विश्वास नहीं करते तो हमारी बहस ख़त्म हुई और मैं यदि आपकी जगह होऊँ तो इस विश्वास के साथ जीने की अपेक्षा अफ़ीम खा कर सो रहना बेहतर समझूँ।"

इस पर फिर कुछ सदस्य हँस दिये।

"नहीं-नहीं, आप कहिए," किसलय जी ने कहा, "मेरे कहने का यह अर्थ था कि कुछ लोग मानव की प्रगति में विश्वास नहीं करते, उनका विचार है कि उसका पतन हो रहा है। मेरा भी ऐसा ही विचार हो, यह बात नहीं।"

"तब यदि आप यह मानें कि मानव उन्नति करता है तो मैं यह निवेदन करूँगा कि यह उन्नति उस अनुशासन का ही परिणाम है, जो उस की बुद्धि ने (आप उसे आत्मा कह लीजिए) उसकी कुवृत्तियों पर लगा रखा है। यदि उसकी स्वतन्त्र शक्तिमत्ता की बात ही कायम रहती तो हम आज इस तरह ठण्डे दिल से बैठ कर विचार-विनिमय न कर रहे होते। मेरी बात आप रद्द करते कि मैं आपके सिर में बरछा घोंप देता अथवा आप भाले से मेरा सीना छलनी कर देते। मानव की अनुशासनहीन वृत्तियों और शक्तियों के चरम-विकास की कल्पना बिलकुल रूमानी कल्पना है — अपने देश के उन महानुभावों की कल्पना-सरीखी जो इस वैज्ञानिक बीसवीं शताब्दी में फिर से वैदिक काल उपस्थित कर देने का स्वप्न देखते हैं और उस युग की प्रशंसा करते नहीं थकते।

"फिर दूसरी बात," पल भर रुक कर उन्होंने कहा, "यह है कि शत-प्रतिशत अनुशासनहीनता सम्भव है ही नहीं। प्रतिभा मस्तिष्क की तनया है। गधा कविता नहीं करता, क्योंकि दिमाग़ की उसके यहाँ कमी है। जब मस्तिष्क अति भावप्रवण और अनुभूतिशील हो तो सोच-विचार उसका पहला गुण होगा और सोच-विचार लगाम अथवा हण्टर के अतिरिक्त और कुछ नहीं। महान कलाकार सदैव अपनी प्रतिभा पर अपनी बुद्धि का अंकुश रखते रहे। सर्वथा अनुशासनहीन कविता (अथवा कहानी) ऊबड़-खाबड़ हो कर रह जायेगी। कुछ पंक्तियाँ सुन्दर और कुछ एकदम निरर्थक होंगी। चेख़व और टॉल्स्टॉय के सम्बन्ध में कहा जाता है कि वे अपनी प्रतिभा पर पूर्ण नियन्त्रण रखते थे। अपने अध्ययन को बढ़ाते और कृतियों को सदा सजाते-सँवारते रहते थे। एक आलोचक ने बड़े सुन्दर ढंग से कहा है —'दे वर देयर ओन स्लेज ड्राइवर्स!'[१] — तीसरी बात, "उन्होंने फिर तनिक दम ले कर कहा, "लेखक हो अथवा कवि, वह सामाजिक प्राणी है। वह जिस समाज में रहता है, उसका अनुशासन मानता है। उस समाज के जीर्ण होने पर वह उसे तोड़ने को विवश होता है तो वह नये समाज के लिए अनुशासन के नियम बनाता है। 'बेवक्त की शहनाई' अथवा 'असमय की रागिनी' नाम के मुहावरे उसी अनुशासन के प्रमाण हैं। बेवक्त की

---

१. अपनी गाड़ी के वे स्वयं चालक थे।

शहनाई कितनी भी सुर और लय से क्यों न बजायी जाये, अच्छी नहीं लगती। प्रश्न उसकी कला का नहीं, उपादेयता का है।"

"कला उपादेय होनी चाहिए या नहीं, इस पर दो मत हो सकते हैं।" किसलय जी ने कहा।

अब हरीश जी बोले :

"कला कला के लिए है अथवा जीवन और उसके विकास के लिए, इस विषय पर पिछली किसी बैठक में विस्तार से बात-चीत हो चुकी है। अब उसे नये सिरे से उठाना समय बर्बाद करना है।"

"मैं किसलय जी से केवल इतना और कहना चाहता हूँ," प्रोफ़ेसर खन्ना ने कहा, "कि अबाध नदी की शक्तिमत्ता से हमें इनकार नहीं, पर बँध कर उसकी शक्ति घट जाती है, यह हम नहीं मानते। अबाध नदी अपने किनारों को तोड़ कर गाँव-के-गाँव बहा ले जाती है, खेतियाँ वीरान कर देती है और बँध-सध कर वह सैकड़ों एकड़ धरती सैराब करती है।[१] उसकी शक्ति से पैदा होने वाली बिजली से न केवल गाँव-के-गाँव जगमगा उठते हैं, वरन उद्योग-धन्धों से मालामाल भी हो जाते हैं। यह उसकी शक्ति का ह्रास नहीं, चरम-विकास है। अबाध प्रेरणा कवि और उसके पाठकों को कितनी हानि पहुँचा सकती है, इसे जानने के लिए फ़्रांसीसी कवि बॉदलेयर और स्टीफ़न मेलार्मे को पढ़िए और बँधी-सधी प्रेरणा के चमत्कार जानने को हमारे यहाँ टैगोर और प्रेमचन्द ही काफ़ी हैं। टैगोर और प्रेमचन्द, किसी राजकीय अंकुश के बिना, जीवन के गायक थे। उनकी लेखनी में उपादेयता थी। रवि बाबू को तो ख़ैर सुविधाएँ प्राप्त थे, पर यदि प्रेमचन्द को समाज अथवा राज्य की ओर से पूरी सुविधाएँ मिलतीं तो क्या उनके व्यक्तित्व का चरम-विकास न होता ? क्या वे पन्द्रह के बदले तीस उपन्यास न लिखते ? अथवा उनके उपन्यासों में जल्दी लिखने के कारण जो त्रुटियाँ रह गयी हैं, वे रह पातीं ?"

"एक और बात भी है," दुरो ने कहा, "यदि हम तीन प्रकार के सैनिक लें —एक वे, जो रुपये के लिए लड़ते हैं, चाहे उन्हें कहीं लड़वा लिया जाये; दूसरे वे, जो सिद्धान्त के लिए लड़ते हैं, पर साधनों का जिनके यहाँ अभाव है और तीसरे वे, जो सिद्धान्त के लिए लड़ते हैं और जिन्हें समस्त साधन भी प्राप्त हैं —तो आप ही कहिए, कौन अच्छा लड़ सकते हैं ?"

"जिनके पास सिद्धान्त और साधन दोनों हैं।"

"बस, यही स्थिति लेखक और कवि की भी है। प्रतिभा के बिना तो न लेखक लेखक है और न कवि कवि, पर उस प्रतिभा के विकास के लिए दूसरे साधन दरकार हैं। प्रकट है कि जो समाज अपने कलाकारों के लिए अधिक-से-अधिक साधन जुटा सकता है, उसी में उसके व्यक्तित्व का चरम-विकास सम्भव है।"

हरीश दुरो के इस तर्क पर प्रसन्नता से मुस्कराये और उन्होंने प्रशंसा-भरी दृष्टि से उसकी ओर देखा।

दुरो का मुँह लज्जारुण हो उठा। अपनी बात कह, वह पीछे दीवार से पीठ लगा कर

---

१. सैराब करती है = सिंचित करती है।

बैठ गयी।

"आप केवल कवियों और लेखकों को ही क्यों लेते हैं," हरीश ने कहा, "व्यक्ति में तो बीसियों तरह के लोग शामिल हैं —वैज्ञानिक, दार्शनिक, अध्यापक, जर्नलिस्ट और मशीनें, ट्रैक्टर, मोटरें बनाने-चलाने वाले आदि, आदि....रोटी और बेकारी की चिन्ता से मुक्त हो कर उनके व्यक्तित्व और कौशल का विकास किस समाज अथवा पद्धति में हो सकता है, हमें यह भी तो देखना है...." एक साथी कुछ कहने को प्रस्तुत था, उसे हाथ के संकेत से रोक कर हरीश बोले, "बस, आज इतना ही यथेष्ट है, यह पच जाये तो फिर और!" वे हँसे, "अब श्री जगमोहन अपनी कविता सुनायेंगे।"

जगमोहन चौंका। यह बहस उसे इतनी दिलचस्प लग रही थी और वह इसमें इस हद तक खो गया था कि अपनी कविता सुनाने की बात वह एकदम भूल गया था। इस वाद-विवाद के बाद उसे अपनी कविता भी रूमानी लगी। उसने एकदम लाल होते हुए कहा, "इस बहस के बाद मेरा कविता पढ़ना व्यर्थ है।"

"आख़िर क्यों ?"

"वह भी कुछ रूमानी-सी है, अब मैं यह बात समझ गया हूँ।"

"किसी कविता का रूमानी होना कोई ऐसी बुरी बात नहीं, यदि उसके पाँव धरती पर टिके रहें।" हरीश ने मुस्करा कर कहा, "आप पढ़िए तो, कम-से-कम औरों को मालूम हो जायेगा कि क्यों वह अब आपको पसन्द नहीं।"

जगमोहन ने कापी खोली। यद्यपि उस बहस के बाद उसका उत्साह किंचित भंग हो गया था....तो भी उसने बड़ी अदा से वही कविता —छिपकली-सी यह मुहब्बत आज के युग की लजीली —पढ़नी शुरू की :

छिपकली-सी यह मुहब्बत
आज के युग की लजीली,
भीरु,
(अपने नाम ही के सहम से जो सिमट जाये,)
तिमिर से आच्छन्न कोनों और अँतरों से सरक कर
झाँकती है।

बढ़ गयी दो पग,
जमी-सी फिर वहाँ, जैसे
न अब आगे बढ़ेगी,
आँकती है —
एक भर कर जस्त
निज आखेट पाये,
किन्तु फिर जब सरक कर दो पग बढ़ाये
शलभ उड़ कर और ही कोना बसाये!

है कहाँ वह प्रीति
गह कर बाँह प्रिय की,
जो चले निःशंक उसके साथ ?
हाथ पर अपने लिये सिर
है कहाँ वह प्रेम उन्मद
चल पड़े जो
जीत लाने प्रियतमा का हाथ ?

है कहाँ वह प्रीति
चुन ले भर सभा में स्वयं मन का वर
बढ़ा कर —
डाल दे उसके गले में हार!
छोड़ कर संकोच
गणना
दुःख-सुख की
और गत-आगत का लेखा
घोषणा कर दे कि मुझ को
प्रिय, तुम्हीं से प्यार!

हैं कहाँ वे —निडर चल दें
प्रेम के पथ पर अकम्पित
औ' न क्षण भर को सशंकित
कह रहा क्या
ईर्ष्या से जल रहा संसार ?
प्रेम सपना हो गया है —
वह पुराना प्रेम —
खेलती आखेट उलफ़त
आज सायों के सहारे
छिपकली-सी!

किसलय जी ने कई बार बीच में कविता की प्रशंसा की और जब जगमोहन ने कविता समाप्त की तो अनायास ही सब करतल-ध्वनि कर उठे।

जगमोहन ने कापी बन्द की तो प्रोत्साहन से उसका मुँह चमक उठा था। प्रोफ़ेसर खन्ना और अन्य एक-दो चुप बैठे रहे। हरीश केवल मुस्कराते रहे। जब तालियाँ बज चुकीं तो उन्होंने कहा :

"कविता, जहाँ तक कला और भावों की अभिव्यक्ति का सम्बन्ध है, सुन्दर है। इसके मुक्त-छन्द में प्रवाह है और यह बोधगम्य भी है। पर यह आपने ठीक ही कहा था कि यह रूमानी है। आजकल के प्यार का ख़ाका आप ने सुन्दर खींचा है, पर प्यार ऐसा क्यों है, उसकी ओर सकेत नहीं किया। अभी हाल ही में एक उर्दू कवि ने बड़ी ही सुन्दर कविता लिखी है।" और उन्होंने कोने में बैठे एक युवक की ओर संकेत किया, "क्यों एहसान, सुनाओ तो ज़रा फ़ैज़ की वह नज्म —मुझ से पहली-सी मुहब्बत मेरी महबूब न माँग!"

और अहसान ने अपनी जगह बैठे-बैठे ऐसे रसीले, दर्द भरे स्वर में कविता पढ़ी कि महफ़िल तड़प उठी :

मुझ से पहली-सी मुहब्बत मेरी महबूब[१] न माँग!

मैंने समझा था कि तू है तो दरख़्शाँ[२] है हयात,[३]
तेरा ग़म है तो ग़मे-दहर[४] का झगड़ा क्या है ?
तेरी सूरत से है आलम[५] में बहारों का सबात,[६]
तेरी आँखों के सिवा दुनिया में रक्खा क्या है ?
तू जो मिल जाये तो तक़दीर नगूँ[७] हो जाये!
यों न था, मैंने फ़क़त[८] चाहा था —यों हो जाये!

और भी दुख हैं ज़माने में मुहब्बत के सिवा।
राहतें[९] और भी हैं वस्ल[१०] की राहत के सिवा।

अनगिनत सदियों के तारीक[११] बहीमाना[१२] तिलस्म[१३]
रेशम-ो-अतलस-ो-कमख़्वाब[१४] में बुनवाये हुए;
जा-ब-जा[१५] बिकते हुए कूचा-ो-बाज़ार[१६] में जिस्म
ख़ाक में लिथड़े हुए, ख़ून में नहलाये हुए;

---

१. प्रेयसी।
२. प्रकाशवान।
३. जीवन।
४. संसार का दुख।
५. दुनिया।
६. स्थायित्व।
७. नत; उलटी।
८. केवल।
९. खुशियाँ।
१०. मिलाप।
११. अँधेरे।
१२. बर्बर।
१३. इन्द्रजाल।
१४. रेशमी बहुमूल्य कपड़े।
१५. जगह-जगह।
१६. गली-बाज़ार।

जिस्म, निकले हुए इमराज़[1] के तन्नूरों[2] से;
पीप बहती हुई गलते हुए नासूरों से;
लौट जाती है उधर को भी नज़र क्या कीजे ?
अब भी दिलकश[3] है तेरा हुस्न, मगर क्या कीजे ?
और भी दुख हैं ज़माने में मुहब्बत के सिवा।
राहतें और भी हैं वस्ल की राहत के सिवा।

मुझ से पहली-सी मुहब्बत मेरी महबूब न माँग!

एहसान कविता पढ़ते गये और सुनने वाले झूमते गये। जब कविता ख़त्म हुई तो जगमोहन को लगा, जैसे उस कविता का जादू उस धूल भरे कमरे के कण-कण में बस गया है।

"अब आप समझ गये कि क्यों वह पहली-सी मुहब्बत नहीं रही।" हरीश जी बोले, "आज हमारा जीवन उतना सरल नहीं, हमारी समस्याएँ सरल नहीं, इसलिए मुहब्बत में भी पेचीदगी आ गयी है —लौट जाती है उधर को भी नज़र क्या कीजे —इसलिए पहली-सी मुहब्बत सम्भव नहीं। कवि जागरूक है और उसकी दृष्टि उन दृश्यों की ओर जाती है। वह अपनी भावनाओं को व्यक्त कर देता है, अपनी कठिनाई बता देता है। दूसरे बता नहीं सकते, पर उसी तरह महसूस करते हैं। और प्रेम में वह अनायासता नहीं रही।"

"फिर जिस स्वयंवर और कफ़न बाँध कर प्रिय को लाने की बात आप ने लिखी है," खन्ना बोले, "वह भी मानव के चरम-विकास के दिनों की बात नहीं। यह उन दिनों की बात है, जब नारी केवल 'योनि मात्र' थी। और नारी के लिए पुरुष का भी केवल एक ही उपयोग था। अपवाद हैं, पर अधिकांश स्वयंवरों में एक ओर बल और शौर्य और दूसरी ओर सौन्दर्य ही की वांछा थी। आज ऐसा नहीं, जीवन उतना सरल नहीं। युवक-युवती के प्रेम के साथ सौ दूसरी समस्याएँ हैं। इसीलिए झिझक, संकोच और गणना है।"

"गणना वही अंकुश है, जो मानव के मस्तिष्क ने, बुद्धि ने उसके हृदय पर लगाया है।" किसी ने कहा।

"यह छिपकली-सा प्रेम हमारी वासना, अज्ञान और उसी कारण स्त्री पुरुष के सहज सम्बन्ध पर लगी वर्जनाओं के कारण है।" हरीश बोले, 'अनगिनत सदियों के तारीक, बहीमाना तिलस्मों के फलस्वरूप! ऐसा प्रेम न रहेगा। ये इन्द्रजाल टूटते जा रहे हैं। जब भी हम पूर्ण रूप से स्वतन्त्र हुए, नर-नारी के परस्पर सम्बन्धों में भी स्वतन्त्रता आयेगी। नारी 'योनि मात्र' न रह कर सहचरी और संगिनी बनेगी और समाज के विकास में अपना पूरा योग देगी।"

बात ख़त्म कर हरीश जी ने घड़ी देखी। साढ़े नौ बजने को आये थे। "अच्छा भई, अब बस! काफ़ी देर हो गयी है। हमें तो कल ट्रांसपोर्ट-यूनियन की बड़ी ज़रूरी मीटिंग कर, मालिकों के सामने पेश की जाने वाली माँगों का फ़ैसला करना है। घर-घर जा कर

१. बीमारियाँ।
२. तन्दूरों।
३. आकर्षक।

मज़दूरों को सूचना देनी होगी। अब ख़त्म करें!"

o

लोग उठ खड़े हुए। कुछ युवक छात्रों ने हरीश और प्रोफ़ेसर खन्ना को घेर लिया। दुरो ने जगमोहन की कविता को सराहा :

"सत्या बहन योंही प्रशंसा न करती थीं। बड़ी अच्छी कविता लिखी है आपने। मध्यवर्ग के प्रेम की निर्बलता का बहुत ही सुन्दर चित्रण किया है आपने।"

जगमोहन कुछ उत्तर देने जा रहा था कि 'कहिए मोहन जी, आपके तो फिर दर्शन ही नहीं हुए' कहते और अपने कृत्रिम दाँत दिखाते हुए पण्डित दाताराम उनके निकट आ गये।

"जी, मैं इधर काम में व्यस्त रहा।" जगमोहन ने हाथ जोड़ कर उन्हें नमस्कार करते हुए कहा।

"मैं तो आज दोपहर आपके घर भी गया था, पर पता चला कि आप कुछ ही देर पहले निकल गये।"

"मेरे घर ?" जगमोहन ने आश्चर्य से कहा।

"जी!" पण्डित जी हँसे। पसीने के मारे उनका बुरा हाल था। पगड़ी उतार कर उन्होंने एक हाथ में ली और दूसरा अपने गंजे सिर पर फेरते और दुपट्टे से हवा करते हुए बोले, "घर में आप नहीं मिले तो सत्या जी ने कहा कि शायद आप यहाँ आयें, सो हम इधर आ गये। आज का इतवार तो आपकी भेंट हो गया!"

जगमोहन और भी चकित हुआ। "कहिए, क्या आदेश है ?" उसने कहा।

पण्डित जी उसे साथ लिये दरवाज़े के बाहर आये। पगड़ी को उन्होंने सिर पर रखा। "हम अपने स्कूल में एक भाषण-माला आरम्भ करने जा रहे हैं," उन्होंने कहा, "आप यदि लड़कियों को निबन्ध लिखने के बारे में कुछ बता दें तो बड़ा आभार हो। काव्य पर श्री चातक और नाटक पर श्री नीरव बोलेंगे।"

"मुझे तो भाषण देने का अभ्यास ही नहीं।"

"अजी भाषण कैसा, प्रभाकर में चार लड़कियाँ हैं। उन्हें ज़रा निबन्ध लिखना बता दीजिएगा। नया-नया स्कूल खुला है। अधिक तो हम आपकी सेवा नहीं कर सकते, पर दस रुपये हम पत्रम्-पुष्पम् आपकी भेंट कर देंगे।"

"जी, मैं आ जाऊँगा।"

"देखा!" पण्डित जी ने पीछे खड़ी सत्या जी की ओर लक्ष्य कर कहा, "मैं कहता था न कि मोहन जी मेरी बात नहीं टाल सकते। मेरा इन पर बड़ा हक है!" और फिर जगमोहन की ओर देख कर बोले, "सत्या जी कहती थीं कि जगमोहन जी नहीं आयेंगे।"

और वे हँसे और फिर एक बार उन्होंने दायें हाथ में पगड़ी ले कर बायाँ अपने गंजे सिर पर फेरा।

"दूसरे विद्यालयों वाले परीक्षाएँ निकट आ जाने पर हाय-तौबा मचाते हैं, पर हमने तो फ़ैसला किया है कि परीक्षा के निकट पहुँच कर भाषणादि आरम्भ करने के बदले शुरू ही से उनकी व्यवस्था की जाये, ताकि पक्की नींव पर ही छात्राओं के ज्ञान की इमारत खड़ी

की जा सके।" और उन्होंने पगड़ी सिर पर रख ली। "तो कल आप पधारिए!" उन्होंने कहा, "सत्या जी विद्यालय आते समय आपको ताँगे में लेती आयेंगी।"

"जी नहीं, वह सब कष्ट करने की ज़रूरत नहीं। मैं पहुँच जाऊँगा।"

"नहीं-नहीं भाई, ताँगा आपको घर से ले जायेगा और वापस घर छोड़ जायेगा," पण्डित जी ने जगमोहन की पीठ थपथपाते हुए कहा, "हमें आपको एक बार ही नहीं बुलाना, फिर भी कष्ट देना है।"

४६

सत्या जी के मस्तिष्क में हलचल मची हुई थी। पिछले कई दिनों की घटनाएँ अपने विभिन्न चित्रों की भीड़ लिये वहाँ चक्कर लगा रही थीं —एक के बाद एक चित्र आता, अपनी बात कहता और चला जाता —पर प्रकट उनकी आकृति पर उस हलचल का कोई बिम्ब न था। चुपचाप, निगाहें सड़क में गाड़े, वे तेज़-तेज़ ऋषिनगर की ओर चली जा रही थीं।

o

जगमोहन को एक बार ही नहीं, कई बार 'देवचन्द-विद्यालय' में भाषण देने जाना पड़ा था। 'प्रभाकर' की छात्राओं ही को नहीं, 'भूषण' और 'रत्न' की छात्राओं को भी निबन्ध लिखने का ढंग बताना पड़ा था। उनकी कापियाँ ठीक करनी पड़ी थीं। सत्या जी स्कूल जाते हुए ताँगे में उसे ले जाती थीं। वहाँ से चलते समय उसे पण्डित दाताराम से दस रुपये और ताँगे के पैसे दिलवा देती थीं। एक-डेढ़ सप्ताह में चालीस रुपये उन्होंने उसे दिलवा दिये थे।

चलते-चलते सत्या जी के होंटों पर हल्की-सी मुस्कान दौड़ गयी। जगमोहन को क्या मालूम कि वे सब रुपये उन्हीं की जेब से गये थे। सत्या जी ने अपने दो महीने का वेतन विद्यालय को दान दे दिया था कि वह प्रमुख लेखकों और कवियों के भाषण करा सके और उन्होंने बड़ी सफ़ाई से उस रुपये का अधिकांश जगमोहन ही को दिलवा दिया था। जगमोहन के मन में उनके प्रति जो हिम ऐसी, ठण्डे लोहे-सरीखी कठोरता आ गयी थी, वह आख़िर पिघलती हुई-सी दीख रही थी। उसके भाई-भाभी सत्या जी से प्रसन्न थे। उसकी भाभी ने तो हँसते-हँसते संकेत भी किया था कि यदि वे उनके घर आ जायें तो ऐसी सहृदय देवरानी को पा कर वे कृत्य-कृत्य हो जायेंगी। हँसी-हँसी में उन्होंने यह भी बता दिया था कि उस रात देर तक बिना बत्ती जलाये ऊपर कमरे में उन दोनों के बैठे रहने से भाई साहब कुछ अप्रसन्न हुए थे और उन्होंने जगमोहन को डाँटा भी था, पर जब उन्हें ठीक स्थिति का ज्ञान हुआ (भाभी ही के बताने पर —ये कहना वे नहीं भूलीं) तो उन्हें अफ़सोस हुआ था। भाभी ने सत्या जी को बताया था कि जगमोहन शायद भाई साहब से डर गया है, वे भाभी के पास आती रहें, अपने आप जगमोहन को पता चल जायेगा और उसका बर्ताव बदल जायेगा।

'लेकिन क्या भाई साहब का डर ही जगमोहन की बेरुख़ी का कारण था ?'

चलते-चलते सत्या जी ने सोचा, 'शायद उस डर से अलग भी कोई चीज़ थी! पास हो कर भी वह सदा उनसे दूर लगा था!' उस वक्त भी जब वह उनके वक्ष से लगा, उन्हें अपनी बाँहों में बाँधे था, सत्या जी को उस दूरी का एहसास हुआ था। वह अनायासता, जो स्त्री-पुरुष को एक कर देती है, वह एकता जिसके बारे में कवि ने लिखा है : वह एकता जिसके बारे में कवि ने लिखा है :

पंख पंख में,
चोच चोंच में,
भावों में निज भाव सँजोये।

वह उन दोनों में कहाँ थी ? उस समय जब उनके शरीर का अणु-अणु उसके साथ एकाकार हो जाने को व्यग्र था, जगमोहन प्रबल बहिया की महोर्मियों पर बरबस बहने वाले उस व्यक्ति-सा उनसे दूर था, जिसका तन तूफ़ान की उन वेगवती लहरों में डूबता-उतराता है, पर मन उनके साथ नहीं रहता।

एक लम्बी साँस सत्या जी के हृदय की गहराई से निकल गयी। अपनी स्थिति की यथार्थता का उन्हें ज्ञान न हो, ऐसी बात न थी। कई बार उन्होंने सोचा था कि वे जगमोहन का मोह छोड़ दें। उसके यहाँ न जायें। इतना प्रवाद फैल गया था, उनके पिता चिन्तित हो उठे थे और कई बार उनकी शादी की बात चला चुके थे! वे सोचतीं —यह मार्ग तज दें! पर जाने क्या बात थी, कैसा आकर्षण था उस मार्ग में! उस मकान के नीचे से गुज़र जाने में भी उन्हें एक विचित्र-से पुलक का आभास मिलता था। उस दिन जब जगमोहन ने उन्हें अपने घर आने से मना कर दिया था, उन्होंने तय किया कि वे मर जायेंगी, पर उधर को मुँह न करेंगी। कुछ दिन वे ऋषिनगर के रास्ते स्कूल जाने के बदले लोअर माल से हो कर जाती रही थीं। किन्तु एक दिन वे सुबह सन्तनगर में एक सहेली को छोड़ने आयीं और उन्होंने सोचा कि उधर ही से विद्यालय चली जायें, तभी अचानक होतूसिंह रोड पर जगमोहन से उनका सामना हो गया। उनका दिल बेतरह धड़क उठा। जगमोहन ने एक रूखी-सी 'नमस्ते' की और बिना दूसरी बार उनसे आँखें मिलाये, तेज़-तेज़ चला गया। उनका सारा दिन सपने की-सी दशा में बीता। जगमोहन की आकृति बार-बार उनकी आँखों में आती रही और उनके हृदय की गति तेज़ हो जाती रही। साँझ को वे फिर उधर ही से वापस आयीं और यद्यपि फिर जगमोहन से उनकी भेंट नहीं हुई, किन्तु वे बार-बार उधर से आने लगीं, बल्कि पोस्ट ऑफ़िस की ओर से आ कर जगमोहन के मकान के नीचे से गुज़रने लगीं। वे उसके मकान के नीचे से गुज़र जातीं और बस इतने ही से दिन भर उनका मन, झील के ठहरे-निथरे पानी पर हवा से इधर-उधर डोलने वाली नौका की तरह, उत्फुल्ल रहता।

तभी अपने पिता के रुसूख़ से काम ले कर जगमोहन के बड़े भाई को उन्होंने दस हज़ार के केस दिला दिये। इसी बहाने जगमोहन की अनुपस्थिति में वे उसके घर भी जाती रहीं। बच्चों के लिए वे हर बार फल और खिलौने ले जातीं। यद्यपि न जगमोहन से उनका साक्षात्कार हुआ और न वे उन दिनों कभी उसके कमरे में गयीं, किन्तु उस घर में उन्होंने अपनी खोयी हुई प्रतिष्ठा पुनः पा ली।

जगमोहन को भाषण के लिए अपने विद्यालय में ले जाने के पहले दिन जब वे ताँगा

लिये उसके घर पहुँची थीं तो वे स्वयं उसके कमरे में न गयी थीं। भाभी द्वारा उन्होंने जगमोहन को कहला भेजा था कि 'देवचन्द कॉलेज,' गुमटी बाज़ार से ताँगा आया है, जल्दी आने का कष्ट करें। भाभी से आते समय मिलने का वादा कर के वे चली आयी थीं — उनके जी में आया था कि कुछ देर भाभी के पास रसोई-घर की चौखट में बैठें, पर फिर कुछ सोचने पर उन्होंने यही उचित समझा। एक बार ठोकर खा कर वे दोबारा पहल न करना चाहती थीं —चाहती थीं कि अपने आप जगमोहन के मन का जमाव पिघल जाय — अधीर वे न होना चाहती थीं —और वे चुपचाप आ कर ताँगे में बैठ गयी थीं।

जगमोहन नीचे आया। हाथ जोड़ कर उसने नमस्कार किया। सत्या जी ने बिना आँखें उठाये नमस्कार का जवाब दिया। जगमोहन ताँगे की अगली सीट पर बैठ गया और ताँगा चलने लगा।

यद्यपि सत्या जी ने दृष्टि उठा कर उसकी ओर न देखा था तो भी वह अन्तर उनसे छिपा न रहा था जो होतूसिंह रोड पर की जाने वाली उस रूखी 'नमस्ते' और इस 'नमस्कार' में था। उन्हें जगमोहन के स्वर में हल्की-सी स्निग्धता का भी आभास मिला था। किन्तु उस नमस्कार के अतिरिक्त उस दिन जगमोहन ने और कोई बात नहीं की। वे भी चुप बैठी रहीं और ताँगा, खटर-खटर अपनी स्वाभाविक-गति से चलता रहा....होतूसिंह रोड, घोड़ा हस्पताल, ट्रेनिंग कॉलेज, रावी रोड, हीरा-मण्डी, सैद मिट्ठा, गुमटी बाज़ार....और देवचन्द विद्यालय को जाने वाली गली के पास जा कर वह रुक गया।

तत्काल ताँगे से उतर, उसकी मज़दूरी चुका कर, सत्या जी जगमोहन को अपने विद्यालय में ले गयीं और पण्डित जी से उसे मिला कर चुपचाप अपनी क्लास में चली गयीं।

किन्तु जगमोहन के मन का यह जमाव सब दिन वैसा ही न बना रहा था! उतना लम्बा रास्ता चुपचाप ताँगे पर बैठे रहना उस की-सी तबीयत वाले व्यक्ति के बस की बात न थी। दूसरी बार भी जब वे विद्यालय को जाते-जाते उसे साथ लेती गयीं तो यद्यपि जाते समय दोनों चुप रहे थे, पर आती बार जब सिर-दर्द का बहाना करके, पण्डित जी से छुट्टी ले कर, सत्या जी भी उसके साथ हो ली थीं तो जगमोहन ने बात चलायी थी।

प्रभाकर की जिस कक्षा को वह पढ़ाने गया था, उसमें केवल चार लड़कियाँ थीं। जगमोहन धूप का चश्मा लगाये हुए था। एक ने उससे पूछा था, "यह आप ने धूप का चश्मा यहाँ भी क्यों लगा रखा है ?"

"सामने सूरज जो है!" दूसरी बोल उठी थी। जगमोहन के सामने जो लड़की बैठी थी, उसका नाम पम्मो था। गोरी-चिट्टी और चंचल। उसकी सहेलियों का संकेत उसी की ओर था।

जगमोहन ने एक बार आँख उठा कर उसकी ओर देखा था। उसका ख़याल था, लड़की का रंग लज्जा से लाल हो गया होगा, किन्तु वहाँ वैसा कुछ न था। एक अजीब-सी चंचलता उसकी आँखों में भरी थी, जो मानो उसके धूप के शीशों को पार कर उसकी आँखों में झाँकने का प्रयास कर रही थी।

वापसी पर जब ताँगा हीरा-मण्डी को पार कर रावी रोड पहुँचा था तो जगमोहन ने

सहसा सत्या जी से कहा था, "अजीब चंचल हैं ये आप की लड़कियाँ! मुझे तो ऐसे लगा, जैसे मैं चिड़िया-घर के कटघरे में बन्द हूँ और वे सब मेरा तमाशा देख रही हैं।"

सत्या जी मन-ही-मन हँसीं, किन्तु अपनी उस हँसी का बिम्ब उन्होंने अपने मुख पर नहीं आने दिया। उसी प्रकार ताँगे की पिछली सीट पर दृष्टि जमाये उन्होंने पूछा, "क्या हुआ ?"

जगमोहन ने धूप के चश्मे वाली बात सुना दी और फिर बोला, "पिछली बार जब मैं भाषण देने आया था तो निबन्ध-कला के बारे में ज़रूरी बातें बताने के बाद, मैंने उनसे पहले का लिखा कोई निबन्ध माँगा। झट पम्मो ने कापी मेरी ओर बढ़ा दी। उसमें एक निबन्ध लिखा था —'मेरी दिल्ली यात्रा' —आगे की बातें पीछे और पीछे की आगे थीं। गठन था नहीं। मैंने उसे बताया था कि वैसा निबन्ध कितनी तरह आरम्भ किया जा सकता है। दो पैरे लिख कर भी दिखा दिये थे। कुछ ऐसे शुरू किया था मैंने —विद्यालय में ईस्टर की छुट्टियाँ हो गयी थीं, मैं अन्यमनस्क-सी बैठी थी कि मेरी सहेली कमला आ गयी। प्रसन्नता से उसका मुँह लाल हो रहा था। आते ही बोली —पम्मो, मैं दिल्ली जा रही हूँ — आदि-आदि....आज मैं कमरे में दाख़िल हुआ तो उनमें से एक लड़की ने पम्मो से कहा — 'देख, तेरी कमला आ गयी!' उसका संकेत स्पष्टतः मेरो ओर था। मैं चुप खड़ा उन चंचल लड़कियों को देख रहा था और वे थीं कि हँसी के मारे लहालोट हो रही थीं।"

जगमोहन चुप हुआ तो अनायास सत्या जी हँस दीं। जगमोहन भी हँस दिया और सहसा वह अन्तर, जो इतने दिनों से उन दोनों के मध्य आ गया था, दूर हो गया। जब वे ऋषिनगर पहुँचे और जगमोहन ताँगे से उतरा तो उसने कहा, "आप भाभी से नहीं मिलेंगी ?"

लेकिन सत्या जी नहीं उतरीं। यद्यपि जगमोहन के स्वर में स्निग्धता थी, पर शायद स्निग्धता से अधिक उसमें औपचारिकता थी।

"मैं फिर आऊँगी। मेरा सिर दर्द कर रहा है।" सत्या जी ने कहा और नमस्कार कर उन्होंने ताँगे वाले को आगे बढ़ने का आदेश दिया।

इसके बाद जगमोहन दो-तीन बार और देवचन्द विद्यालय गया था। दोनों फिर पहले की तरह बातचीत करने लगे थे। पिछली बार तो सत्या जी ने ताँगा ऋषिनगर ही छोड़ दिया था, भाभी के पास घण्टों बैठी थीं, जगमोहन भी कुछ देर को आ बैठा था और फिर भाभी के कहने पर वे नींबू के शरबत का गिलास भी उसे दे आयी थीं।

०

लेकिन दोनों के बीच का अन्तर बिलकुल दूर हो गया था या नहीं, सत्या जी कुछ न जानती थीं। भाई साहब दौरे पर गये हुए थे और भाभी अपने बच्चों के साथ मैके चलीं गयी थीं तो भी सत्या जी जगमोहन के यहाँ जा रही थीं। ज्यों-ज्यों जगमोहन का मकान निकट आ जा रहा था, उनके हृदय की गति तेज़ हो रही थी। रात उनके पिता ने उन्हें पास बैठा कर बहुत देर तक दुनिया के ऊँच-नीच की बात समझायी थी। संस्कृति समाज से जगमोहन के त्याग-पत्र देने के बाद सहायक मन्त्री के नाते शुक्ला जी उनके यहाँ बराबर आने लगे थे। उन्होंने उनकी और जगमोहन की बात को ले कर (सत्या जी की भरपूर प्रशंसा करते हुए,

केवल मित्र-भाव से) दो-चार बातें कही थीं....कि लोग बहुत-सी ऐसी बातें करते हैं, जिन्हें सुनने में शुक्ला जी को हार्दिक दुख होता है और कहा था कि यदि सत्या जी का मन वहीं हो तो वहीं शादी कर दी जाये, लेकिन इस तरह लगातार मिलने-जुलने में बदनामी होती है। "अपनी कांग्रेस में काम करता हो," शुक्ला जी ने कहा था, "तो लड़का चौबीस घण्टे आँख के सामने रहता है। लेकिन जगमोहन का तो कुछ पता ही नहीं। कवि है, लेकिन कवि तो बे-पीर के होते हैं। उनका कोई भरोसा नहीं!" और उन्हों ने अपने दो-एक परिचित युवकों का पता दिया था, जो देश-प्रेमी थे, जाने-पहचाने थे और सत्या जी के लिए पूर्ण रूप से उपयुक्त थे।

शुक्ला जी के अतिरिक्त पण्डित रघुनाथ उनके पिता को तंग किये हुए थे। वे कुटुम्ब के पुराने हितैषी थे और इस नाते उन्होंने इस प्रवाद का उल्लेख करते हुए सत्या जी के पिता पर ज़ोर दिया था कि वे उनकी तत्काल शादी कर दें। सत्या जी के पिता ये सब बातें सुन कर आजिज़ आ गये थे।

"मैं यह नहीं कहता कि जगमोहन बुरा लड़का है," उनके पिता ने कहा था, "वह कांग्रेसी न भी हो, तो भी यदि तुम चाहो तो उससे विवाह कर सकती हो। लेकिन उसकी नीयत का ठीक पता तो चले!" और उनके पिता ने उन्हें आश्वासन दिया था कि यदि जगमोहन का मन हो तो वे प्रोफ़ेसर स्वरूप से, जैसे भी बन पड़े, अपना दो हज़ार रुपया ले आयेंगे, "मुझे स्वरूप ने विश्वास दिलाया है कि तुम्हारी शादी पर वे मेरा रुपया वापस कर देंगे। तुम जगमोहन के मन की थाह लो। इस बात को लटकाओ नहीं। इसे लटकाने में बदनामी के सिवा कुछ हाथ न आयेगा। समझ लो, मेरी सबसे बड़ी चिन्ता यही है। मेरे और कोई बेटा-बेटी नहीं, तुम्हारी शादी हो जाये तो मैं निश्चिन्त हो कर अपने आप को पूरी तरह कांग्रेस के काम में लगा दूँ।"

सत्या जी अपने पिता से क्या कहतीं! अकेले उनकी बात होती तो वे कह देतीं, 'आप प्रोफ़ेसर स्वरूप से रुपया ले आइए।' पर यहाँ बात तो जगमोहन के मन की थी और उसके मन की बात वे जानती न थीं। उस पहली शाम, जब वे जगमोहन के घर से बहुत देर में लौटी थीं और अपने जाने उसके बहुत निकट हो गयी थीं, उन्होंने हल्का-सा संकेत भी अपने पिता से किया था। उसके बाद जब-जब उनके पिता ने पूछा, वे टाल गयीं। वे कहतीं भी क्या ? जगमोहन उनसे इतना दूर चला गया था कि उसकी सूरत तक को वे तरस गयीं थीं। बरसात की उदमाती रातों में जब चाँद बादलों से आँख-मिचौनी खेलता, सारा घर सोया होता वे अपने बिस्तर पर चुपचाप लेटी, खुली आँखों सपने देखा करतीं।....कल्पना-ही-कल्पना में वे उसे पा लेतीं; सुख की एक छोटी-सी दुनिया बसा लेतीं; किन्तु कल्पना का इन्द्रजाल टूट जाता और वे अपने बिस्तर पर बेबसी से छटपटा कर रह जातीं।

और धीरे-धीरे वे जगमोहन को फिर अपने निकट ले आयी थीं। वे चाहती थीं कि एक जस्त में दोनों एक हो जायें। छिपकली-सी वे न बनना चाहती थीं। एक ही बार उसे अंक में भर कर चाहती थीं —घोषणा कर दें, मुझे है प्रिय तुम्हीं से प्यार! —यदि पुराना ज़माना होता, वे राजकुमारी होतीं, जगमोहन उनके स्वयंवर में आया होता तो वे निस्संकोच बढ़ कर उसके गले में वर-माला डाल देतीं।....लेकिन वे तो अपने वातावरण की

पेचीदगियों में पल कर युवा हुइ थीं। जन्म ही से अपनी माँ के प्रेम से वंचित, सौतेली माँ की अनमनी उपेक्षा की छाया में रही थीं। कुछ अजीब तरह का हीन-भाव, मौन, संकोच, अन्तरोन्मुखता उनके स्वभाव का अंग बन गयी थी। स्नेह उन्हें पण्डित रघुनाथ से मिला था। पर उसमें कुछ अजीब-सी, रेंगती हुई-सी वासना थी, जिसका विश्लेषण तब वे कर न पाती थीं। 'बेटी,' 'बेटी' कहते हुए वे उसे अंक में भर लेते थे और स्नेह से उनके शरीर पर कुछ ऐसे हाथ फेरते थे, उनके वक्ष के छोटे-छोटे उभारों पर उनके हाथ का दबाव कुछ ऐसे बढ़ जाता था कि कुछ अनजान-सी सनसनी की लहर उनके तन-मन में दौड़ जाती थी। वे चुपचाप कुनमुनाती-सी उनके अंक से लगी रहती थीं। धीरे-धीरे ज्यों-ज्यों वे युवा होती गयीं, उस स्नेह की यथार्थता को जानती गयीं, पर पण्डित रघुनाथ उमर में उनसे इतने बड़े थे —उनके पिता की उमर के —और वे स्वयं कुछ ऐसी संकोची थीं कि जब वे उन्हें बाँह में भर कर प्यार से उनके सिर पर हाथ फेरते हुए अपने अंक में दबा लेते तो वे कुछ भी न कह पातीं। उनके शरीर में सनसनी-सी दौड़ जाती और वे चुप बनी रहतीं।....और तब जगमोहन उनके जीवन में आया। उसके हाथ का परस ही नहीं, उसकी आँखों का परस तक उनकी नसों में रक्त का प्रवाह तेज़ कर देता। उनका दिल धड़क उठता, शरीर गरमा जाता और कानों की लवें सरसरा उठतीं।

....कौन जाने उसके भाई की डाँट से जो रुकाव-सा उनके प्रेम की गति में आ गया था, वह दूर हो जाये और जगमोहन नदी के बहाव में बरबस बहते हुए व्यक्ति-सा उनके प्रेम की सरि में न डूबे, बल्कि स्वेच्छा से नदी की लहरों में अपने आप को छोड़ देने वाले तैराक का-सा सुख पाये!

....और वे उसके घर की ओर बढ़ी जा रही थीं।

०

रामलाल स्ट्रीट आ गयी। सामने, दूर जगमोहन के घर की म्यानी के बारजे का छोटा-सा भाग दिखायी दे रहा था। सत्या जी का दिल धड़क उठा और गति मन्द हो गयी। तभी अचानक बूँदियाँ पड़ने लगीं। उड़ता, बरसता बादल आया और धूप में झड़ी लगाने लगा। सत्या जी भाग सकती थीं, लेकिन गली में तो रामलाल के मकान के अतिरिक्त दूसरा कोई मकान न बना था और मैदान सपाट था। सत्या जी ने चाल कुछ तेज़ कर दी। चंचल हो कर भाग उठना उनकी प्रकृति के विरुद्ध था। तीव्र, किन्तु धीर गति से वे चलती गयीं।

जब वे जगमोहन के मकान की डेवढ़ी में पहुँचीं तो सिर से पैर तक भीग चुकी थीं।

४७

सत्या जी ऊपर पहुँचीं तो निचले कमरे ही में उन्होंने जगमोहन को खिड़की के पास चारपाई पर लेटे, किसी पुस्तक को बड़ी तन्मयता से पढ़ते पाया। उनका हृदय धक्-से रह गया और हल्की-सी उल्लास की लहर उनके शरीर में दौड़ गयी।

बड़ी ही मन्थर गति से सीढ़ियाँ चढ़ते हुए वे निरन्तर सोच रही थी कि जगमोहन ऊपर मिलेगा भी या नहीं ? कि वे ऊपर छत पर उसके कमरे में जायेंगी तो क्या बहाना बनायेंगी ?....वास्तव में वहाँ जाने में उन्हें बड़ा संकोच हो रहा था। निचले कमरे में उसकी उपस्थिति ने उनकी मुश्किल आसान कर दी। बात यह थी कि जाने से पहले जगमोहन के भाई और भाभी ने उसे आदेश दिया था कि उनकी अनुपस्थिति में वह निचले कमरे में चला आये। 'सूनी जगह है। तुम ऊपर अपने कमरे में रहोगे तो यहाँ की खोज-ख़बर कौन रखेगा।' उसकी भाभी ने कहा था, 'रात की बात तो दूर रही, कोई चाहे तो यहाँ दिन-दहाड़े बुहारी फेर सकता है।'

'मकान-मालिक तो दोपहर को किवाड़ लगा कर अन्दर सोये रहते हैं,' उसके भाई बोले थे, 'कोई चाहे तो दिन में ताला तोड़, हर चीज़ का सफ़ाया कर जाय! तुम साँझ-सवेरे चाहे जहाँ जाना, पर दोपहर को ज़रूर घर ही पर रहना।'

और जगमोहन उनके आदेशानुसार दोपहर की उस उमस में नंगे बदन तहमद का लँगोट बनाये टॉल्स्टॉय का उपन्यास 'अन्ना कैरिनीना' पढ़ रहा था। उपन्यास पढ़ने में वह इतना तल्लीन था कि सत्या जी के आने का भी उसे पता नहीं चला। वर्षा बाहर बड़े ज़ोरों से होने लगी थी। खिड़कियों से आने वाली धूप ग़ायब हो गयी थी। बरसती हुई घटा शायद सारे आकाश पर छा गयी थी। तभी ज़ोर की बौछार खिड़कियों से अन्दर आयी। जगमोहन हड़बड़ा कर उठा और उसकी नज़र सत्या जी पर पड़ी।

"अरे आप!" उसने चौंक कर कहा।

"भाभी कहाँ हैं ?" बड़े क्षीण स्वर में, धरती में निगाहें गाड़ें, सत्या जी ने पूछा।

"भाभी तो मैके गयीं।" और उसने भीगती हुई चारपाई को खिड़की से परे खींचा। बौछार अब भी सिरहाने तक पहुँच रही थी। उसने बढ़ कर उस खिड़की को बन्द कर दिया। तहमद लेटने से ढीला पड़ गया था। पीछे टँगी कोर को फिर से छोड़ कर जगमोहन ने उसे कस लिया। सत्या जी ने निगाह उठायी। उनकी दृष्टि उसके निरावरण वक्ष और सुगढ़ कन्धों पर छिछलती हुई चली गयी। उनका धड़कता हुआ दिल और भी धड़कने लगा और माथे में हल्का ख़ुमार-सा छा गया। पर अपने आपको संयत कर, मुड़ने की हल्की-सी भंगिमा के साथ उन्होंने कहा, "मैं चलती हूँ, मुझे मालूम न था भाभी यहाँ नहीं। मोहिनी रोड जा रही थी, सोचा भाभी से मिलती चलूँ।"

"पर आप तो बिलकुल भीग गयी हैं!" चारपाई के सिरहाने रखी कमीज़ को बाँहों में डालते और किंचित हँसते हुए जगमोहन बोला। हँसी के बावजूद उसके स्वर में हल्की-सी चिन्ता थी।

सत्या जी रुकीं, "इस झपाके से आया पानी कि यही मैदान पार करते-करते भीग गयी।"

सत्या जी की साड़ी से निचुड़ कर पानी की एक लकीर फ़र्श पर साँप-सी रेंग रही थी। खादी की साड़ी थी। पानी उसके अधोभाग में सिमट आया था, जिससे साड़ी का निचला हिस्सा तन-सा गया था। गीला ब्लाउज़ उनके वक्ष और कमर की रेखाओं को उभारता हुआ उनके शरीर से चिमटा था। आँचल चाहे बिलकुल भीग गया था, तो भी वे उससे सिर और

वक्ष ढके थीं। जगमोहन निमिष भर उन्हें देखता रहा, "आप तो बिलकुल ग़च्च हो गयीं!" उसने कहा, "भाभी हैं नहीं। होतीं तो आपको कुछ साड़ी-वाड़ी देतीं।"

सत्या जी फिर मुड़ी। बोलीं, "मैं चलती हूँ! भाभी आयें तभी आऊँगी।"

"पर बाहर तो मूसलाधार पानी बरस रहा है।" जगमोहन ने एक कदम बढ़ कर कहा, "आप यहीं रुकिए, मैं ऊपर कमरे में चला जाता हूँ!"

सत्या जी ऐसे थीं कि न रुक रही थीं, न जा रही थीं।

"आपको असुविधा होगी।" उन्होंने कहा।

जगमोहन अब तक वहीं चारपाई के पास रुका था। आगे बढ़ कर उसने उनका हाथ थामा और उन्हें खींच लाया।

"पानी रुकने तक आप यहीं ठहरिए!" उसने ज़रा अधिकार के साथ कहा, "मैं छत पर चला जाता हूँ।"

सत्या जी वहीं रुकी खड़ी रहीं। बाहर पानी का ज़ोर बढ़ गया था। कमरे की शेष दो खुली खिड़कियों से पानी की बौछार निरन्तर अन्दर आ रही थी। सामने मैदान में धरती से आकाश तक पानी की एक चादर तनी हुई दिखायी देती थी। वायु दिग्भ्रान्त थी। पानी के थपेड़े दोनों ओर से आ रहे थे।

"आप यहाँ रहिए," जगमोहन ने कहा, "ज़रूरत समझें तो खिड़कियाँ बन्द कर लीजिए। हवा बहुत ज़ोर से आ रही है। मैं ऊपर से आपके बैठने को कुर्सी लाये देता हूँ।"

पर इससे पहले कि वह बढ़ता, सत्या जी फिर चल दीं। "मैं चलती हूँ," उन्होंने सीढ़ियों की ओर बढ़ते हुए कहा, "मैं यहाँ आपको परेशान करने नहीं आयी। मैं यहाँ बैठूँ और आप ऊपर पानी में भीगें!"

जगमोहन ने बढ़ कर फिर उनका हाथ थाम लिया, "अरे, मैं कहाँ भीगूँगा ? छत पर रहूँगा क्या ? मज़े से अन्दर कमरे में बैठूँगा।" और वह हँसा।

"यहाँ से जाने, छत पार कर, अपने कमरे का ताला खोलने, फिर कुर्सी लाने और फिर ऊपर वापस जानने में आपका ख़याल है, आप इस आँधी-पानी में अछूते बच जायेंगे —सिर से पैर तक शराबोर न हो जायेंगे।"

जगमोहन किं-कर्त्तव्य-विमूढ़-सा पल भर खड़ा रहा। फिर बोला, "अच्छा, मैं बिस्तर गोल कर देता हूँ। आप चारपाई पर बैठिए। क्या करूँ, यहाँ कोई साड़ी-वाड़ी नहीं कि आप उसे पहन कर इन्हें सुखा लेतीं।"

सहसा सत्या जी ने कहा, "आपके पास कोई धोती नहीं ?"

"वही सिल्क का कुर्ता और पतली धोती है जो मैं पहना करता हूँ, दूसरा कोई कपड़ा तो आपके काम का नहीं।" और वह खिन्नता से हँसा।

"लाइए!" वहीं धरती में आँखें गाड़े सत्या जी ने कहा।

जगमोहन ने सूटकेस से सिल्क का कुर्ता और बारीक किनारे की पतली धोती निकाली।

"यह तो बहुत पतली है।" उसने उन्हें देते हुए कहा।

"कोई बात नहीं।" सत्या जी बेपरवाही से बोलीं। फिर शरीर के गीले कपड़ों की ओर

संकेत कर उन्होंने कहा, "ये कपड़े निचोड़ कर यहाँ खिड़की में डाल देते हैं। बीस-तीस मिनट में सूख जायेंगे, फिर मैं इन्हें पहन कर चली जाऊँगी।"

"अच्छा आप बदल लीजिए, मैं सीढ़ियों में चला जाता हूँ।"

जब वह वापस आया तो सत्या जी कपड़े बदल चुकी थीं। बिस्तर की एक कोर मोड़ कर उन्हों ने अपने गीले कपड़े चारपाई के पाये पर रख दिये थे और स्वयं खादी का ब्लाउज़ निचोड़ने का प्रयास कर रही थीं। जगमोहन ने बढ़ कर उनके हाथ से ब्लाउज़ ले लिया। उसे और उसके बाद शेष कपड़ों को निचोड़ा और फटक कर उसने उन्हें खूँटियों पर लटका दिया। धोती उसने दोनों खिड़कियों के किवाड़ों पर फैला दी।

सत्या जी चारपाई पर बैठ गयी थीं। जगमोहन ने जैसे पहली बार उनकी ओर देखा — कुर्ता उन्होंने धोती के ऊपर छोड़ रखा था और बग़ल से धोती का आँचल निकाल कर उसे सिर पर ले लिया था। जगमोहन ने देखा —वे धोती के पतले आँचल की सहायता से, कुर्ते के खुले गिरेबान में झलकते हुए अपने सीने को ढकने का प्रयास कर रही थीं। वह चौंका, "अरे, मैंने आप को बटन तो दिये ही नहीं!" उसने कहा और दो तेज़ कदम भर कर उसने सूटकेस से बटन निकाले और सत्या जी को दे दिये।

सत्या जी चुपचाप निगाहें नीची किये बटन लगाने लगीं। कुर्ते के नीचे दूसरी कोई चीज़ न थी। दीवार से पीठ लगाये, जगमोहन ने निगाहें दूसरी ओर कर लीं। उसके रक्त की गति कुछ तेज़ हो गयी और कण्ठ सूखने लगा।

"ये कैसे लगाये जाते हैं ?" क्षण भर बाद सत्या जी ने झुँझलाहट से कहा और बटन लगाती हुई वे उसके निकट आ गयीं।

पतली सफ़ेद धोती में उनकी गोरी-गोरी टाँगें कुर्ते के छोर तक दिखायी दे रही थीं। गोरा कण्ठ और दूध-सा श्वेत वक्ष —दोनों पहाड़ियों का अधिकांश भाग खुला था। शिखर कुर्ते में ढके थे, पर पिण्डारी के ग्लेशियर-की वह श्वेत घाटी —जगमोहन ने प्रकाश में उसे पहले न देखा था।

उसका रंग फीका-सा पड़ गया। रक्त का प्रवाह बड़े वेग से उसके मस्तिष्क को जाने लगा। वह हँसा (अपनी हँसी उसे बड़ी अजीब-सी लगी) "अरे, आप तो बटन उल्टे काज में लगा रही हैं!" और यह कह कर उसने बटन खोल, सीधे काज में लगा कर, उसे बन्द कर दिया।

सत्या जी ने उसे दूसरा बटन दिया, पर तब न जाने जगमोहन को क्या हुआ, उसके मस्तिष्क के नभ को जाने किस घटा ने एक ही बार ढँक लिया। उसने बटन लेने के बदले उनके हाथ को खींच कर उन्हें अपनी बाँहों में भींच लिया। बायें कन्धे से ऊपर कण्ठ का हिम-ऐसा श्वेत भाग हिम-ऐसा ही ठण्डा था। पर जगमोहन के होंट आग-ऐसे गर्म थे। जैसे हवा का वेग तिनके को धरती से उठा कर अपने साथ ले उड़ता है, जगमोहन ने सत्या जी को उठा लिया और चारपाई की तरफ़ बढ़ा।

०

वर्षा का ज़ोर ख़त्म हो चुका था। हल्की-हल्की बूँदियाँ बरस रही थीं, ठण्डी-ठण्डी हवा के झकोरे खिड़कियों से आ रहे थे और साँझ अपने सायों को लिये हुए उतर आयी थी।

जगमोहन के शरीर का तूफ़ान मिट चुका था। वह चारपाई पर लेटा था। उसके निरावरण वक्ष पर सत्या जी अपना गाल रखे हुए उसके शरीर से सटी, लेटी थीं। उनके चेहरे की कर्कशता एक बहुत ही प्यारी —लगभग तरल —स्निग्धता में बदल गयी थी और वे बरसी हुई बदली की तरह हल्की, उत्फुल्ल और सन्तुष्ट दिखायी देती थीं।

जगमोहन की बायीं बाँह उसके सिर के नीचे थी, दायीं चारपाई के नीचे लटक गयी थी और उसकी आँखें छत में लगी थीं। कुछ ही क्षण ज़ोर से बरस कर आकाश पर तने, रुके, गहर-गम्भीर, पर मौन बादल की तरह वह चुप था। जैसे वह बादल सोच रहा था — मैं क्यों खुल कर नहीं बरस सका ? बरसने के इस खेल में अपने आपको भुला क्यों नहीं सका ? मेरी जड़ता गति बन कर अविरल और अबाध क्यों नहीं बही ?....कि उसके बायें वक्ष से लगी उत्फुल्ल, सन्तुष्ट बदली ने सहसा कहा, "तुम क्या सोच रहे हो ?"

जगमोहन चौंका। सिर के नीचे से अपनी बाँह निकाल कर, अंग से लगी युवती को उससे ज़रा-सा दबाते और पूर्ववत छत में देखते हुए उसने कहा, "कुछ भी तो नहीं!" उसका हाथ धीरे-धीरे सत्या जी के केश, कण्ठ, वक्ष को सहलाता हुआ फिर वापस आ गया। एक हल्की-सी नयी सिहरन सत्या जी के शरीर में दौड़ गयी और वे उसके पहलू से और भी सट गयीं। जगमोहन को अपने और सत्या जी के शरीर के बीच हल्के-से स्वेद का आभास मिला, किन्तु वह मौन, निष्कम्प लेटा रहा। सत्या जी के वक्ष की वे गोरी-गोरी गोलाइयाँ, जिनकी एक झलक मात्र से उसकी शिराओं में कौंधा-सा लपक गया था, उस स्पर्श के बावजूद उसके शरीर में इस बार ज़रा-सी भी सिहरन न उत्पन्न कर सकीं। उसने बाँह फिर सिर के नीचे रख ली और बाहर खिड़की में देखने लगा....बूँदियाँ यद्यपि अब भी बरस रही थीं पर सूखने को डाली हुई सत्या जी की धोती के नीचे से आकाश की एक नीली, निरभ्र फाँक दिखायी देने लगी थी। सत्या जी ने उसके पहलू के साथ सटे-सटे करवट बदली। दायीं कोहनी को चारपाई पर टिका, उन्होंने हथेली पर अपने चिबुक को ऐसे रखा कि उनकी ठोड़ी जगमोहन की ठोड़ी के बिलकुल निकट आ गयी और उनका बायाँ वक्ष जगमोहन के वक्ष से सट गया। क्षण भर वैसे ही चुप पड़े रह कर उन्होंने बड़े ही धीमे, भेद भरे स्वर में पूछा, "एक बात कहूँ ?"

उनके स्वर में कुछ ऐसी आत्मीयता भरी सरगोशी थी, कुछ ऐसी रहस्यमयता थी कि जगमोहन का ध्यान सहसा उधर पलट गया। "कहिए!" उसने सिर को तनिक-सा घुमा कर कहा।

सत्या जी ज़रा नीचे सरक गयीं। फिर अपने सिर को वैसे ही उसके सीने में लगा कर उन्होंने उसी प्रकार रहस्य भरे धीमे स्वर में कहा, "बहुत दिनों से यह बात कहना चाहती थी, पर साहस नहीं कर पायी कि जाने आप क्या समझें।"

जगमोहन ने उत्तर नहीं दिया। वह सुनने को प्रस्तुत था।

"किसी से कहिएगा नहीं, लाहौर भर में यह बात शायद और कोई नहीं जानता।"

जगमोहन चुप रहा।

सत्या जी ने जैसे थूक निगल कर और अपने शरीर को आत्मीयता के भाव से जगमोहन के शरीर से और भी सटाते हुए कहा, "मेरी माँ अपनी नहीं!"

"सौतेली है ?"

"जन्म लेने के बाद मैं इन्हीं के हाथों पली हूँ, पर माँ ये मेरी नहीं है, मेरी माँ तो मुझे जन्म देते ही हस्पताल में मर गयी थी।"

"इन्होंने आप को दया कर पाल लिया या गोद ले लिया," जगमोहन ने निरपेक्ष भाव से कहा, "इसमें बुरा क्या है ?"

तब सत्या जी ने उसी तरह लेटे-लेटे अपनी स्वर्गीया माँ और अपने पिता की प्रेम-कहानी सुनायी कि कैसे उनके पिता उनकी इस माँ के साथ बम्बई रहते थे और पड़ोस की एक मराठी लड़की से उनका प्रेम हो गया था। कैसे वह मराठी लड़की गर्भवती हो गयी और जब किसी तरह उस कष्टप्रद स्थिति से निष्कृति न मिली तो उसके घरवालों ने उसे उन्हीं के घर भेज दिया कि जिस से यह बला मोल ली है, उसी से कह कि मुक्ति दिलाये। तब पिता उसे हस्पताल ले गये। उन्होंने हस्पताल में यही कहा कि यह मेरी पत्नी है। उसे आश्वासन दिया कि जो भी हो, हस्पताल से आने के बाद वे उससे विवाह कर लेंगे। पर वह मराठी लड़की यह सुख देखने को जीती न रही। सत्या जी को जन्म देने के कुछ दिन बाद मर गयी। तब उनके पिता के कहने पर उनकी इस माँ ने उन्हें पाला।

"इस बात का किसी को भी पता नहीं, मेरी माँ ने कभी किसी दूसरे को नहीं बताया।"

वे चुप हो गयीं और बात कहते-कहते उनका जो सिर उठ गया था, उसे उन्होंने फिर जगमोहन के वक्ष से लगा दिया।

जगमोहन क्षण भर मौन लेटा छत को तकता रहा। निमिष भर के लिए विद्युत-सरीखा यह विचार उसके मन में कौंध गया कि कहीं सत्या जी की स्थिति भी उनकी माँ-जैसी तो नहीं होने जा रही ? कहीं उसे भी तो उनके पिता की तरह वैसी ही स्थिति में विवाह की घोषणा न करनी पड़ेगी ? और वह बेतरह घबरा उठा। तभी उसे लगा कि उसका शरीर पसीने से तर हो गया है। एक हल्की-सी सिहरन उसकी रीढ़ की हड्डी को छूती हुई चली गयी। पर अपने विचारों का कोई बिम्ब उसने अपने मुख पर नहीं आने दिया। सिर के नीचे से बाँह निकाल कर सत्या जी की बाँह को थपथपाते हुए, उसने सिर्फ़ इतना कहा, "आप के पिता बहुत अच्छे हैं।"

"रात वे मुझे शादी के लिए कह रहे थे।" सत्या जी बोलीं, "प्रोफ़ेसर स्वरूप ने वादा किया है कि जिस दिन मेरी सगाई हो, उसी दिन वे हमारा दो हज़ार रुपया दे देंगे।"

"आप को शादी कर लेनी चाहिए।" जगमोहन ने वैसे ही निरपेक्ष भाव से कहा, पर इस से पहले कि सत्या जी इस बात को बढ़ातीं, वह विचलित हो उठा। "बड़ी उमस हो गयी है," उसने कहा और खिड़की में देख कर बोला, "बाहर तो धूप निकल आयी है, मुझे तो शाम को कमर्शल बिल्डिंग्ज़ में प्रौढ़ों के स्कूल पढ़ाने जाना है।"

और उसने उठने का उपक्रम किया।

सत्या जी हट गयीं। जगमोहन उठा। तहमद के छोर से बदन का पसीना पोंछते हुए उसने बात का रुख़ पलट दिया। प्रोफ़ेसर कपूर के घर उसकी जो दुर्गति हुई थी, उसका किस्सा सुनाने लगा।

४८

साँझ को सत्या जी घर आयीं तो उनका मुख खिला पड़ता था। आ कर उन्होंने हैण्ड-पम्प के नीचे बालटी भरी, नहायीं, नये कपड़े बदले और अपने बिस्तर में जा कर धँस गयीं। इस बीच निरन्तर अपनी चाची से, बच्चों से, नीचे आँगन में रहने वाली किरायेदारिन से हँस-हँस कर बातें करती रहीं। नहाते और बालों में कंघी करते समय गुनगुनाती रहीं और बिस्तर में लेटीं तो एक अजीब-सा शान्तिमय पुलक उनके मन-प्राण पर छा गया। तनिक-सा उठ कर दीवार से पीठ लगाये, वे खिड़की के बाहर देखने लगीं —ऊपर आकाश निरभ्र था, पर सामने क्षितिज पर काले-कजरारे बादल उमड़ रहे थे, जिनके किनारे पार्श्व में अस्त होते सूरज की सिन्दूरी लाली से रंजित थे। ठण्डी हवा रमक रही थी। बाहर मैदान में जंगली कबूतर उतर आये थे और बरसात में निकल आने वाले कीड़ों को गीली-गीली मिट्टी में चुग रहे थे। धर्म भीरु हिन्दू वहाँ दाने डाल देते थे। वर्षा से मिट्टी धुल जाती थी, दाने चमक आते थे और पानी बन्द होने पर कबूतर वहाँ आ जुटते थे। एक कबूतरी बार-बार एक कबूतर के पास जा बैठती। कबूतर गर्दन न्योढ़ाता, पंख फुलाता, 'गुटर गूँ,' 'गुटर गूँ' करता, दो-एक चक्कर उसके गिर्द लगाता, फिर उड़ कर दूसरी जगह जा, दाना चुगने लगता। कबूतरी फिर उड़ कर उसके मार्ग में जा बैठती। आख़िर कबूतर उचक कर उस पर बैठ गया और फिर उड़ कर दाना चुगने लगा। कबूतरी उड़ी और दायें मकान की मुँडेर पर जा बैठी, पंखों में चोंच मार-मार कर उसने उन्हें फुला लिया और फिर सुख से दुबक कर बैठ गयी। सत्या जी की दृष्टि वहाँ से दरवाज़े के बाहर बँधी अपनी गाय पर गयी। भर पेट खा कर वह मौन रूप से पागुर कर रही थी।

सिर खिड़की से हटा कर उन्होंने पाँव सिकोड़ लिये और घुटनों को बाँहों के घेरे में बाँध कर उन्होंने छाती से भींच लिया। एक हल्की-सी मीठी-मीठी सिहरन उनके अंगों में दौड़ गयी। पिछले तीन-चार घण्टे अपने सारे सुख और पुलक के साथ उनकी आँखों के सामने घूम गये। उसी तरह बैठे, दीवार से पीठ लगाये, वे कल्पना-ही-कल्पना में उन क्षणों का आनन्द लेने लगी।

वे जाने कब तक उसी तरह अधबैठी-अधलेटी रहतीं, पर उनके पिता आ गये। बिजली का बटन उन्होंने दबाया और बोले, "अँधेरे में क्यों बैठी हो ?"

"पानी में भीग गयी थी।" सत्या जी ने चौंक कर उठते और शरीर को तनिक-सा झटक कर प्रकृतिस्थ होते हुए कहा, "कपड़े बदल कर बैठी कि ऊँघ गयी।"

उनके पिता सिरहाने की ओर आ बैठे। सत्या जी को उन्होंने अपने पास बैठने को कहा। जब वे चारपाई की पट्टी पर बैठ गयीं तो उनके पिता ने जेब से उस दिन का 'ट्रिब्यून' निकाला। 'मैट्रिमोनियल' (Matrimonial)[१] के पृष्ठ से मुड़ा हुआ था। कदाचित उस पृष्ठ को पढ़, उसे मोड़ कर उन्होंने जेब में रख लिया था। शादी-ब्याह के कॉलम के एक विज्ञापन पर उन्होंने उँगली रख दी। सत्या जी ने पढ़ा —अफ़्रीका से विवाह हेतु हिन्दुस्तान आने वाले किसी धनी युवक के निमित्त कोई पढ़ी-लिखी, अच्छे घर की कुमारी दरकार थी। वह युवक

१. विवाह-सम्बन्धी विज्ञापन

वहाँ सेना में अफ़सर था और बड़ा धनवान था।

सत्या जी ने विज्ञापन पढ़ कर पत्र एक ओर रख दिया।

"मैं आज इस पते पर गया था।" उनके पिता बोले, "वे लोग लाहौर के ही रहने वाले हैं। मच्छीहट्टा में उनके पुरखों का मकान है। उनके पिता अफ़्रीका चले गये थे। वहाँ उन्होंने साहूकारा करके लाखों बनाये। लड़के का स्वभाव बड़ा अच्छा है। खुले अंगों का है —अपनी माँ पर! लेकिन उम्र ज़्यादा नहीं। तुम एक नज़र देख लो। लोगों की बातें सुन-सुन कर मैं आजिज़ आ गया हूँ। मेरे लिए बाहर निकलना मुश्किल हो गया है...."

"मैं कल आप को बता दूँगी।" सत्या जी ने रुखाई से कहा।

उनके पिता और कुछ नहीं बोले। चुपचाप उठ कर चले गये।

सत्या जी मुस्करायीं। समाचार-पत्र उन्होंने उठा कर बेपरवाही से एक ओर फेंक दिया और फिर बिस्तर पर लेट कर जगमोहन के साथ अपने भावी जीवन के कल्पित सुख-सपनों में खो गयीं।

०

सुबह सत्या जी जल्दी नहीं उठीं, रात वे देर तक सोयी न थीं। अपनी चारपाई पर लेटे-लेटे वे गयी रात तक सपने देखती रहीं थीं। गत दिवस के सुखमय क्षणों के बाद, उन्हें लगता था कि जगमोहन और उनके बीच जो अन्तर आ गया था, वह एक ही दिन में दूर हो गया है।

जगमोहन ने जब उन्हें प्रोफ़ेसर कपूर के घर अपनी स्थिति की बात बतायी थी और कहा था कि वह अब वहाँ कभी न जायेगा तो सत्या जी ने उसे तसल्ली दी थी कि वह किसी प्रकार की चिन्ता न करे। जब तक वे हैं, उसे पढ़ाई से हाथ खींचने की ज़रूरत नहीं। उनके पिता की अन्य कोई सन्तान नहीं। नौकरी तो वे केवल अपने शौक के लिए करती हैं, बेकार बैठने से उनका जी घबराता है, अपना सारे-का-सारा वेतन वे उसे ला कर दे दिया करेंगी। जगमोहन चुपचाप उनकी बात सुनता रहा था। उसकी चुप को स्वीकृति मान कर उन्होंने मन-ही-मन निर्णय किया था कि वे न केवल स्कूल में पढ़ायेंगी, बल्कि स्वयं आगे पढ़ेंगी....'विशारद' उन्होंने पास कर ही रखा था....एक वर्ष डट कर मेहनत करेंगी और 'शास्त्री' की परीक्षा में उत्तीर्ण हो, सिर्फ़ अंग्रेज़ी में एफ़० ए०, बी० ए०, एम० ए० कर, एम० ए०, एम० ओ० एल० की डिग्री ले लेगीं। किसी कॉलेज की प्रिन्सिपल हो जायेंगी और जगमोहन को साहित्य-सृजन के लिए स्वतन्त्र छोड़ देंगी। जगमोहन शायद अभी उनसे विवाह करने में झिझकता है। शिक्षा की समस्या उसके सामने है, शायद आर्थिक समस्या भी है। वे उसे इन दोनों चिन्ताओं से मुक्त कर देंगी। उससे कह देंगी कि वे अभी शादी न करेंगे, केवल सगाई की घोषणा कर देंगे, ताकि ज़माने का मुँह बन्द हो जाये और उनके पिता की चिन्ता मिटे। वे उसे सगाई के बाद भी आज़ाद छोड़ देंगी, उसका मन न हो तो विवाह न करे....और वे मुस्करायीं, क्योंकि उन्हें पूरा विश्वास था कि वैसा अवसर कभी न आयेगा....रात उन्होंने अपने पिता से यह कहने का फ़ैसला कर लिया था कि अफ़्रीका के उस खुले अंगों वाले साहूकार मेजर में उन्हें कोई दिलचस्पी नहीं। वे करेंगी तो जगमोहन ही से शादी करेंगी और इस निर्णय के बाद आश्वस्त और शान्त हो वे सो गयी थीं।

०

"जीजी, जीजी! उठो, जगमोहन आये हैं!" दुरो ने उसे झकझोरा।

सत्या जी को दुरो का यह स्वर स्वप्न-लोक से आता लगा। जब किसी हठी मेहमान की हठी दस्तक की तरह यही स्वर बार-बार उनके कानों में आया तो वे उठ बैठीं। दोनों हाथों की उँगलियों को एक-दूसरे में फँसा कर उन्हों ने एक अलस अँगड़ाई ली, "तुम उन्हें बैठक में बैठाओ, मैं अभी आती हूँ।" और चप्पल पहन कर वे अपने कमरे को चलीं।

"मैंने उनसे कहा था," दुरो ने उनके पीछे चलते-चलते कहा, "पर वे आये नहीं, वे जल्दी में हैं।"

"उनसे कहो, मैं अभी आती हूँ।" और वे तेज़-तेज़ अपने कमरे की ओर गयीं। जाते-जाते हैण्ड-पम्प पर रुक कर उन्होंने अपनी धोती का छोर गीला किया और उसे मुँह पर फेरते हुए शीशे के आगे जा कर बालों की दो-चार लटों को सँवारा, आँखों में हल्की-सी काजल की लकीर खींच दी और साड़ी को सिर पर ले कर नीचे धरती में दृष्टि जमाये, डेवढ़ी की ओर चल दीं।

बाहर दुरो और जगमोहन में ट्रांसपोर्ट-यूनियन के सम्बन्ध में बातें हो रही थीं। जगमोहन ने अपने फ़ैसले का ज़िक्र किया था कि वह अब और आगे न पढ़ेगा। क्या करेगा, यह अभी वह तय नहीं कर पाया। दुरो कह रही थी कि वह ट्रांसपोर्ट-यूनियन की मीटिंग में अवश्य आये। उसका मन भी लगेगा और उनकी सहायता भी हो जायेगी।

डेवढ़ी ही से सत्या जी ने देखा कि जगमोहन के बाल अस्त-व्यस्त हैं, चेहरा उतरा हुआ है और दुरो से बातें भी वह उखड़े-उखड़े ढंग से कर रहा है।

सत्या जी को आते देख कर दुरो ने नमस्कार के लिए हाथ माथे पर ले जाते हुए कहा, "अच्छा तो नमस्कार, मीटिंग में ज़रूर आइएगा।"

और वह पलट कर चली गयी। जगमोहन उसके नमस्कार के उत्तर में हाथ जोड़ना भूल गया। सत्या जी के आते ही उसने जेब से एक बन्द लिफ़ाफ़ा निकाल कर उन्हें दिया। "मैं आप से कुछ कहना चाहता था, पर कह नहीं सका। मैंने सब इसमें लिख दिया है।" उसने बिना उनकी ओर देखे कहा और पलट कर लगभग भागता हुआ-सा चला गया।

सत्या जी स्तम्भित-सी, विजड़ित-सी, क्षण भर उसे जाते देखती रहीं। फिर धड़कते हुए दिल के साथ पत्र को अपने कमरे में ले आयीं। चारपाई की पट्टी पर बैठ कर उन्होंने लिफ़ाफ़ा फाड़ा। फिर उसी तरह उसे हाथ में लिये हुए उठीं। दरवाज़ा उन्होंने बन्द कर, चिटखनी लगा दी। फिर वापस चारपाई की पट्टी पर जा बैठीं। लिफ़ाफ़ा एक सिरे से फाड़ डाला। जल्दी-जल्दी लिखी हुई कितनी ही स्लिपें उनके हाथ में आ गयीं। किसी जगह और तारीख़ के बिना लिखा था :

"सत्या जी,

रात के डेढ़-दो बजे हैं और मैं उठ कर आप को ये पंक्तियाँ लिखने बैठ गया हूँ, क्योंकि मैं समझता हूँ कि जब तक मैं यह सब लिख कर आप को पहुँचा न दूँगा, चैन न पा सकूँगा।

इस ख़त की ज़रूरत न पड़ती, यदि कल वह सब न होता जो हुआ। उसमें

मेरा कितना दोष है, आप का कितना, हमारे एकाकीपन और उस बरसते आकाश का कितना —मैं इस बहस में न पड़ूँगा। मैं सिर्फ़ इतना कहना चाहता हूँ कि मुझे वह ठीक नहीं लगता। मेरी मानसिक शान्ति उससे नष्ट हो जाती है।

यह नैतिक पाप है या सामाजिक ? —मैं यह भी ठीक तरह नहीं कह सकता! समाज॰ जिस क्रिया को पाप समझता है, विवाह के बाद, उसके निकट वह पाप नहीं रहती। विवाह के बाद उसके लिए विशेष प्रबन्ध किये जाते हैं — फूलों की सेजें बिछायी जाती हैं और कहीं-कहीं तो बाजे भी बजाये जाते हैं। सो उस दृष्टि से वह पाप नहीं। पुरुष-स्त्री के सम्मिलन —सृष्टि की स्वाभाविकतम क्रिया —पर बलात्कार का दण्ड फिर सात वर्ष कैद क्यों है ? शायद इसलिए कि उसमें स्त्री की इच्छा नहीं होती। अभियुक्त मानवेच्छा के निरादर का अपराधी होता है।

सो क्रिया अपने में पाप नहीं। पाप उसकी प्रेरणा में है। मुझे वह इसलिए बुरी लगी कि न चाह कर भी वह मुझसे हुई और यदि इसी तरह हम मिलते रहेंगे, तो यह इसी तरह होती रहेगी....मेरी अनिच्छा के बावजूद....क्योंकि शरीर की एक अपनी इच्छा है और उसके आगे वह कई बार मस्तिष्क की नहीं चलने देता। लेकिन क्योंकि शरीर एक बार भटक गया, इसलिए मस्तिष्क सदा भटका रहे, ऐसा मैं नहीं मानता और इसीलिए मैं ये चन्द पंक्तियाँ आपको लिख रहा हूँ।

मैं आपको किसी तरह के धोखे में नहीं रखना चाहता। मैं आप से शादी नहीं करना चाहता और इसीलिए मैं नहीं चाहता कि यह सब हममें होता रहे....फिर वह कितना भी प्राकृतिक, कितना भी स्वाभाविक क्यों न हो! आप यदि अपने आप को कभी अपनी स्वर्गीया माँ की स्थिति में पायें तो क्या होगा ?....हो सकता है आपको लोक-निन्दा से बचाने के लिए मैं भी वही करूँ, जो आपके पिता ने किया....पर मैं सच कहता हूँ, मैं आप के पिता-ऐसा महान नहीं....मैं उस सम्बन्ध के लिए कभी आप को अथवा अपने को क्षमा न कर सकूँगा। आप के पिता शायद आप की माँ से प्रेम करते थे। उनका सम्बन्ध दो की स्वतन्त्र इच्छा के फलस्वरूप पाप न था। पर हमारा वह सम्बन्ध निश्चय ही पाप होगा —हमारा वैवाहिक जीवन नरक सरीखा हो जायेगा और मैं उन बच्चों से....जो बच्चे होने के नाते प्रेम के अधिकारी होंगे....कभी प्रेम न कर सकूँगा।

मुझे यदि आप से प्रेम होता तो शायद मैं इतना परेशान न होता। पर मुझे आप से प्रेम नहीं। शायद आप समझें कि चूँकि आपने आत्मरामर्पण कर दिया, इसलिए आप मेरी दृष्टि से गिर गयी हैं मैं और आप से घृणा करने लगा हूँ। मैं आप से घृणा नहीं करता। मैं आपको पसन्द भी करता हूँ। आपकी इज़्ज़त भी करता हूँ। आपकी विवशता को समझता हूँ —मुझे उस विवशता से हमदर्दी भी है। मैं स्वयं किसी दूसरे के प्रति ऐसे ही विवश हूँ। पर मेरा आपके साथ यों रहना उस विवशता का अनुचित लाभ उठाना है। और यह मैं आपका और अपना अपमान समझता हूँ।

इसके अतिरिक्त मैं विवाह करने की स्थिति में भी नहीं हूँ। एम० ए० करने

का ख़याल मैंने छोड़ दिया है। क्या करूँगा, कैसे रहूँगा, इसका कोई ठिकाना नहीं। आपने जो स्नेह दिया, मेरी सहायता का जो आश्वासन दिया, उसके लिए 'आभार' शब्द बहुत छोटा जान पड़ता है। आप उतना स्नेह न करतीं तो ठीक-ठीक स्थिति से आपको परिचित करने के लिए मैं इतना बेचैन न होता। आप मेरा ख़याल छोड़ दीजिए। आप कहीं विवाह कर लीजिए। न करना चाहें तो कम-से-कम मेरे यहाँ न आइए; मुझे कोई चिट्ठी न लिखिए; मुझे विद्यालय में न बुलाइए! मैं आपसे प्रार्थना करता हूँ कि भाभी अथवा भाई साहब के बहाने से भी आप मेरे यहाँ न आइए। आपके यहाँ मैं भी कभी न आऊँगा, मैं विश्वास दिलाता हूँ।

मैंने अपने विचारों को क्रम से रखने का प्रयास नहीं किया। मेरी कोई बात बुरी लगे, उसे क्षमा कर दीजिए। आपको बुरा कहना अथवा दुख पहुँचाना मुझे अभीष्ट नहीं। ठीक स्थिति बताना और आपके और अपने जीवन को नरक बनने से रोकना ही मुझे अभीष्ट है।

यदि आप इस पर भी मेरा पीछा करेंगी तो मैं लाहौर से भाग जाऊँगा, इसका मैं आपको विश्वास दिलाता हूँ।

जगमोहन

पत्र पढ़ कर कुछ क्षण सत्या जी स्तब्ध-सी बैठी शून्य में तकती रहीं। फिर उन्हों ने पत्र की एक-एक स्लिप को बीसों टुकड़े कर खिड़की के बाहर बहा दिया। फटा लिफ़ाफ़ा नीचे गिरा पड़ा था। उसे उठा कर और जैसे दुगने वेग से उसे भी टुकड़े-टुकड़े करके उन्हों ने बाहर फेंक दिया। फिर जैसे हताश हो कर, वैसे ही टाँगें नीचे किये, वे सीधी लेट गयीं। अचानक एक गोला-सा उनके गले में अटक गया और उनके जी में आयी कि ज़ोर से रो उठें, किन्तु उन्हें रुलाई नहीं आयी। अन्दर-ही-अन्दर वह घुट गयी। उन्हों ने एक गहरी लम्बी साँस भर कर करवट बदली —नीचे लटकी हुई टाँगें एक-दूसरी के ऊपर चली गयीं और उनका हाथ चारपाई की दूसरी पट्टी के नीचे निर्जीव-सा जा गिरा।

गत साँझ उन्होंने 'ट्रिब्यून' का जो अंक फेंक दिया था, वह अब तक वहीं पड़ा था। उनका हाथ उसी पर जा पड़ा। तब जैसे वह बिजली का तार हो, वे चौंक कर उठीं। उनका क्रोध और झुँझलाहट जैसे दुगने वेग से फिर उभर आयी। समाचार-पत्र लिये हुए, दरवाज़ा खोल कर वे सीधी अपने पिता के कमरे में गयीं। सन्ध्या-वन्दन कर, वे अभी तख़्त पर बैठे थे। समाचार-पत्र सत्या जी उनके निकट फेंक दिया और धरती में दृष्टि जमाये हुए कहा, "आप वहाँ बात कर लें!" और जैसे आयी थीं, वैसे अपने कमरे में चली गयीं।

o

दरवाज़ा लगा कर वे अपनी चारपाई पर जा गिरीं। तब अपने ऊपर से उनका अधिकार उठ गया और वे फफक-फफक कर रोने लगीं।

४९

सत्या जी को चिट्ठी देने के बाद जगमोहन जिस तेज़ी से पलटा, उस में सन्त नगर पहुँचने पर भी किसी प्रकार की कमी नहीं आयी। इधर-उधर देखे बिना, योग-साधकों की भाँति, मस्तक में ध्यान जमाये, वह तेज़-तेज़ चला जा रहा था। पर योग-साधकों की तरह उसके मस्तक में 'ओम' अंकित न था, बल्कि वहाँ विचारों की ज़बरदस्त होड़ लगी थी और जैसे उसी होड़ के साथ पाँव मिलाये रखने की तेज़ी में, वह चला जा रहा था।

उस क्षणिक उन्माद के बाद, जिसने सत्या जी के निकट-सम्पर्क में उसके दिमाग़ को छा लिया था, निरन्तर उसके मन में तूफ़ान-सा उठता रहा था। उस समय भी, जब वह छत को तकता उनके शरीर के साथ सटा, चारपाई पर लेटा हुआ था, वह तूफ़ान हरहराता रहा था। यह और बात है कि उसका बिम्ब उसने अपने मुख पर न आने दिया था।

उस क्षणिक आवेश के उपरान्त उसे अपने आप पर क्रोध आया था कि वह क्यों उस बहिया में बह गया ? पर अपने आप से अधिक उसे सत्या जी पर ग़ुस्सा था —क्यों उन्होंने वह स्थिति उत्पन्न की ? वर्षा में उनका भीग जाना स्वाभाविक हो सकता है, पर उसे ऊपर न जाने देना और जब वह स्वयं धोती देने में संकोच कर रहा था, उस पतली, महीन धोती को निस्संकोच बाँध लेना स्वाभाविक न था।

....पर वह भाग क्यों नहीं गया ? क्यों बरबस ऊपर अपने कमरे में जा कर नहीं बैठा ? क्या उसके अपने मन में कहीं चोर न था ?....

....पर वह ऊपर जाने को कहता और चला ही जाता तो शायद वे स्वयं कपड़े माँगने ऊपर आ जातीं।

जगमोहन ज्यों-ज्यों सोचता, पाता कि पाप उसके मन में उतना न था, जितना उनके मन में था और उसे झुँझलाहट होती कि क्यों यह युवती अपने आप को तबाह करने पर तुली हुई है। जगमोहन के लिए तो मित्रों में मुँह दिखाना कठिन हो रहा है, इसे क्यों शर्म नहीं आती ?

और उस समय जब उसके अंक से लगे-लगे सत्या जी ने अपना वह भेद उसे बताया कि वे एक कुमारी की कोख से पैदा हुई हैं तो जगमोहन मन-ही-मन चौंक उठा था। सत्या जी के व्यवहार का रहस्य उस पर अपने आप प्रकट हो गया था। कुमारी की कोख से पैदा होने वाला मानव, मानव नहीं, ऐसा जगमोहन न मानता था। फिर सत्या जी तो अपने पिता की छत्र-छाया में ही पली थीं। जो बात उसे खली थी, वह यह कि जाने या अनजाने वे अपनी माँ के पद-चिह्नों पर चलना चाहती थीं। उसकी कहानी को दोहराना चाहती थीं। उनके अन्तर में कहीं यह भावना छिपी थी कि यदि वैसे नहीं तो ऐसे वे जगमोहन को अपने अधिकार में कर लेंगी। यह तो ब्लैक-मेल है —वह मन-ही-मन चिल्लाया था और उनके पास से उठ बैठा था। वे चली गयी थीं तो निरन्तर यही बात उसके मन में आती रही थी कि सत्या जी उसे ब्लैक-मेल करना चाहती हैं। अपने मन से उसने पूछा —कल यदि सत्या जी उससे कहें कि वे तो बच्चे से हैं तो वह क्या उनसे विवाह न करेगा ? दूसरा कोई मार्ग उसे दिखायी ही न देता था! अपनी आर्थिक स्थिति में विवाह उसे उस बेड़ी-जैसा नज़र

आता था, जो उसकी आकांक्षा की हर फलाँग को बाँध दे। फिर यह जानते हुए कि यह बेड़ी बड़ी चतुराई से उसके पैरों में डाली गयी है, क्या उस बन्धन को तोड़ कर भागने की प्रवृत्ति उसके मन में प्रबल न हो उठेगी ? —उसने सोचा —क्या वह उनसे घृणा न करने लगेगा ? उनकी अच्छी बातें भी, उनके गुण भी, उसी कारण, उसे दुर्गुण न लगेंगे ? —उस जीवन की कल्पना-मात्र से वह सिहर उठा था और उसकी नींद हराम हो गयी थी।

वैसे ही तेज़-तेज़ चलते हुए, अपनी उस विक्षिप्तावस्था में लिखी हुई उस चिट्ठी की प्रतिक्रिया के सम्बन्ध में उसने सोचा और उसके दिमाग़ का तूफ़ान क्षण भर के लिए थम गया। फिर जैसे वह तूफ़ान दूसरी दिशा को मुड़ गया —कल्पना-ही-कल्पना में दसियों सम्भावनाएँ उसके सम्मुख घूम गयीं —उस चिट्ठी को पढ़ कर असीम क्रोध अथवा ग्लानि के क्षण में सत्या जी ने आत्महत्या कर ली है —यह विचार बार-बार उसके दिमाग़ में आता। उसका दिल धक्-से हो जाता और वह तेज़-तेज़ चलने लगता।

....यह उसने क्या कर दिया ? यह उसने क्या कर दिया ? —वह मन ही मन बार-बार यही दोहराता —क्या वह किसी और तरह इस समस्या को हल न कर सकता था ? कॉलेज में पढ़ने का ख़याल तो उसने छोड़ ही दिया था, क्यों नहीं वह कुछ दिन के लिए अपने घर चला गया ? ....पर वह लुधियाना में कब तक रहता ? किस के पास रहता ? यदि वहाँ से आने पर वे फिर आना-जाना शुरू कर देतीं तो....उसने अच्छा किया जो एक निर्मम प्रहार से वह सब इन्द्रजाल तोड़ दिया। उन्हें अपने पीछे लगाये रखना, उस आशा के तार का बनाये रखना, क्या अच्छा होता ? —सूम भला वह सख़ी से, जो देवे तुरत जवाब! —और वह मन-ही-मन, सन्तुष्ट होता कि अच्छा हुआ, उसने वह किस्सा ही पाक कर दिया।

लेकिन फिर उसे उन पर दया आने लगती। पण्डित रघुनाथ से तकरार होने के बाद उसने संकेत किया था कि उनकी निन्दा होगी, वे उसके घर न आया करें। भाई साहब की शिकायत के बाद उसने अपने घर उनका आना एकदम बन्द कर दिया था। लेकिन इस या उस बहाने वे फिर आने लगी थीं।....'यह कैसी विवशता है जो आदमी को मान-अपमान का ख़याल छोड़, यह मार्ग अपनाने को मजबूर करती है,' वह सोचता, क्या यदि दुरो उसका वैसा अपमान कर दे तो वह फिर उधर जाये ?....नहीं, वह कभी वैसा न करे....वह उसकी याद को दिल में लिये हुए मर जाये, पर यों अपना अपमान न होने दे।

....लेकिन वह पुरुष है और वे स्त्री। स्त्री कदाचित अपने प्रिय को पुरुष की अपेक्षा अधिक चाहती है।

....पर क्या सभी पुरुष वैसे और स्त्रियाँ ऐसी होती हैं ?....दुरो क्या ऐसी है ? यह लुका-छिपी उसके यहाँ कहाँ है ?....और उसका क्रोध फिर उमड़ आया। बड़ा अच्छा हुआ कि उसने साफ़ बात लिख कर उस अवांछित सम्बन्ध का नाता तोड़ दिया।

०

"अरे यार, बड़ी सुबह सैर को निकल जाते हो ? मैं सुबह उठते ही तुम्हारी ओर आया। यहाँ देखा कि जनाब हवाख़ोरी को चले गये हैं।"

जगमोहन चौंका। वह होतूसिंह रोड पर पहुँच गया था। उसने देखा, सामने से वसन्त

चला आ रहा है।

"सैर को नहीं, काम से गोपालनगर गया था।"

"इतनी सुबह ?"

"हाँ, तुम अपनी कहो, किधर आये थे ?"

"तुम्हारा ध्यान किधर है ? कह तो रहा हूँ, तुम्हारी ओर आया था!"

"इतने सवेरे कैसे ?"

"तुमसे एक सलाह करनी थी। साढ़े आठ बजे तो मुझे दुकान खोल देनी होती है। शाम को थक भी जाता हूँ, फिर तुम्हारा क्या भरोसा, शाम को घर मिलो–न मिलो, सो सुबह उठते ही चला आया।"

"कहो ?"

"देखो, सात बजने को हैं। ऐसा करो कि ज़रा पीछे मुड़ो। देव समाज की तरफ़ से मेरे साथ कुछ दूर तक चलो। मैं समय से वापस भी पहुँच जाऊँगा और बातें भी हो जायेंगी।"

"अरे, तो लस्सी का एक गिलास तो पीते चलो।"

और बसन्त के 'न,' 'न' करने पर भी जगमोहन उसे हलवाई की दुकान पर ले गया। स्वयं उसने दातुन भी न की थी। वहीं हलवाई की दुकान से एक दातुन और पानी का एक लोटा माँग, वह एक ओर बैठ, दातुन करने लगा। हलवाई से उसने कह दिया कि इतने में वह आध सेर दही डाल कर दो गिलास लस्सी बनाये।

वसन्त ने अपनी बात जारी रखी, "मैं फिर एक दो राहे पर आ गया हूँ।" उसने कहा, "यहाँ दूसरा कोई आदमी नहीं, जिसकी राय लूँ। मैंने सोचा तुम्हें ही पकड़ूँ और पूछूँ कि जो मैं करने जा रहा हूँ, वह ठीक है या नहीं ?"

जगमोहन का ध्यान सत्या जी ही में लगा था। उन पर उस पत्र की क्या प्रतिक्रिया हुई, वह कल्पना में यही देख रहा था। वसन्त को चुप होते देख, उसने कहा, "माफ़ करना, मेरा ध्यान भटक गया था। तुम क्या कह रहे थे ?"

"कुछ नहीं," वसन्त ने कहा, "मैं यही कह रहा था कि एक निजी मामले में तुम्हारी राय लेना चाहता हूँ।"

"तो ठहरो," जगमोहन बोला, "ज़रा लस्सो का गिलास पी कर दिमाग़ को ताज़ा कर लिया जाये, ताकि राय ग़लत न हो, मेरा दिमाग़ कई कारणों से बड़ा परेशान है।"

जगमोहन ने दातुन कर ली तो दोनों ने लस्सी का एक–एक गिलास पिया। जगमोहन इस बीच निरन्तर अपनी ही बात सोचता रहा। दो–एक बार वसन्त ने बात चलायी, पर एक–आध बार 'हूँ–हूँ' कर के जगमोहन चुप हो गया।

लस्सी पी कर दोनों चल पड़े। वसन्त ने फिर कहना शुरू किया, "तुम्हें याद होगा, मैंने तुम्हें अपनी सगाई की बात बतायी थी। मेरी सगाई एक बड़े अमीर घराने में हुई थी। लड़की सुन्दर है और मुझे पसन्द भी थी। पिता जी के देहान्त के बाद मेरे ससुर ने प्रस्ताव किया था कि यदि मैं इस बात का वचन दूँ कि मैं शादी उन्हीं की लड़की से करूँगा तो वे आगे मेरी पढ़ाई का ख़र्च उठा सकते हैं।"

"हाँ हाँ।" जगमोहन ने अपनी परेशानी को बरबस दिमाग़ से हटाते हुए कहा।

"मैंने ऐसा वचन देना स्वीकार न किया। उनके रुपये पर विलायत जाना भी मुझे मंज़ूर न था। क्योंकि यह तो अपने आपको बेचना होता। बीवी के रुपये पर विलायत जा कर मैं सदा के लिए उसका ग़ुलाम हो जाता। लड़की को मैं पसन्द करता था। पर मैं अपनी बात पर अड़ा रहा और उन्होंने सगाई तोड़ दी।"

"तुमने बिलकुल ठीक किया!" जगमोहन ने कहा। मन में उसने सोचा —सत्या जी चाहती थीं कि वे कमायें और मैं आराम से साहित्य सृजन करूँ —मैं कैसे वह स्वीकार कर लेता। अच्छा हुआ मैं उस कष्टकर स्थिति से निकल गया।

"मेरी मँगेतर यहीं 'लाहौर कॉलेज़ फ़ॉर विमेन' में पढ़ती है।" वसन्त ने अपनी बात जारी रखी, "एक दिन मैं शाम को दुकान पर खड़ा था कि वह एक सहेली के साथ आयी और उसने कहा 'नमस्ते जी!' मैं अचकचाया। क्योंकि मैं उसे पहचान नहीं पाया। यह अवश्य लगा कि इस लड़की को कहीं देखा है, पर कहाँ, यह याद न आया। मैं सीढ़ियों से उतर आया।

" 'आपने मुझे पहचाना नहीं।' वह मुस्करायी।

" 'जी मैं....मैं....'

" 'मैं राय देवीदयाल की बेटी हूँ —सरला!'

"'ओह!' मैंने कहा, 'नमस्ते नमस्ते।'

"और मैंने फिर हाथ जोड़ दिये। तब मालूम हुआ कि वह लाहौर पढ़ने आ गयी है। यहीं एफ़० ए० में दाख़िल हुई है और यहीं से बी० ए० करेगी।

" 'यह मेरी सहेली है, सुहासिनी गौड़।' सरला ने कहा।

" 'नमस्ते जी!' मैंने एक बार फिर नमस्ते की।

" 'इसने एक दिन कहा,' सरला बोली, 'कि संस्कृति समाज में वसन्त जी ने कविता पढ़ी थी। इसने आपकी बड़ी प्रशंसा की। मन में ख़याल आया कि शायद कविता पढ़ने वाले वसन्त आप ही हैं। दो-तीन बार फिर 'संस्कृति समाज' की मीटिंग में गयी, पर आप मिले नहीं। आज सुहा ने आपको देखा तो बोली —यही वसन्त जी हैं। आप ने इतनी अच्छी कविता लिखी, हमें नहीं सुनायी।'

" 'जी सुनाऊँगा!'

" 'हम बातें करते मार्केट के चौरस्ते तक आ गये थे। 'चलिए एक कप कॉफ़ी पियें।' सरला की सहेली ने कहा।

" 'मैं तो इस दुकान पर नौकरी करता हूँ।' मैंने कहा, 'मैं छुट्टी ले कर नहीं आया।' वास्तव में मेरी जेब में पैसे न थे और इसलिए मैंने टाल जाना उचित समझा।

" 'चलिए, देख तो लिया है आपके मालिक ने कि आप हमारे साथ आये हैं।' सरला ने कहा।

" 'पर भाई मेरी तो जेब ख़ाली है। आपके साथ जायें और पैसे आप दें, यह कुछ वैसा लगता है।'

" 'कुछ वैसा नहीं लगता,' सरला ने कहा, 'चलिए! कविता सुने बिना हम आपको

जाने न देंगे। इतना भी अधिकार हमारा नहीं रहा क्या ?'

"मेरी ओर कनखियों से देखते हुए वह मुस्करायी। उस मुस्कराहट में जाने कैसा चांचल्य और उस चांचल्य के बावजूद ज़ाने कैसी उदासी थी कि मैं बह गया और चुपचाप उनके संग चल पड़ा।" वसन्त कुछ क्षण रुका। जैसे कल्पना-ही-कल्पना में उस चांचल्य और उदासी और उस मुस्कान का आनन्द ले रहा हो।

तो उन्होंने तुम्हारा पीछा नहीं छोड़ा —जगमोहन ने मन-ही-मन कहा और उसके होंटों पर वेत्ताओं की-सी मुस्कान फैल गयी।

"कॉफ़ी हाउस में सरला मेरे सामने बैठी और सुहा बायीं ओर। काफ़ी का ऑर्डर देने के बाद सरला ने अनुरोध किया कि मैं वही कविता सुनाऊँ जो मैंने 'संस्कृति समाज' में पढ़ी थी। मैंने कविता सुनायी —प्रेम से इनकार कब है —ख़त्म हुई कि कॉफ़ी आ गयी। बातों-बातों में सरला ने बताया कि बी० ए० उसी कॉलेज से करके वह यूनिवर्सिटी से एम० ए० करना चाहती है। वह होस्टल में रहती है, पर छुट्टियाँ अपनी सहेली सुहा के यहाँ गुज़ारती है। सुहा ने मुझे शनि को बुलाया कि मैं उनके यहाँ जाऊँ और शाम वहीं बिताऊँ।"

"तो आख़िर अब किस्सा कहाँ तक पहुँचा है ?" जगमोहन ने हँस कर पूछा।

"बात यह है," वसन्त ने ज़रा भेद भरे स्वर में कहा, "इस बीच मैं कई बार सरला से मिला हूँ। उस रात जब तुम आये थे, मैं सुहा के यहाँ सरला ही से मिलने गया था। वह कहती है कि यदि मुझे उसके पिता के ख़र्च पर आगे पढ़ना या कम्पीटीशन में बैठना स्वीकार नहीं तो मैं न आगे पढ़ूँ, न कम्पीटीशन में बैठूँ। पर उसका अनुरोध है कि मैं उसे न छोड़ूँ। मैं जो भी करूँ, जैसे भी अपने जीवन को निबाहने का फ़ैसला करूँ, वह मेरे साथ है। उसने कहा है कि यदि मैं उससे किसी तरह की सहायता नहीं लेना चाहता तो न लूँ। यहीं कुछ महीने नौकरी करूँ और जब यूनिवर्सिटी गर्मियों की छुट्टियों के बाद खुले तो दाख़िल हो जाऊँ। दाख़िले में किसी तरह की कठिनाई हो, तो सुहा के पिता सिफ़ारिश कर देंगे। दो-एक ट्यूशनें वे दिला देंगे और इस तरह मैं एम० ए० कर लूँ। इस बीच में वह बी० ए० कर लेगी। बालिग़ हो जायेगी। अव्वल तो उसके पिता मान जायेंगे, नहीं तो हम लोग सिविल मैरेज कर लेंगे।"

'दे-मारा क्या और उठा-पटका क्या, बात तो एक ही है,' जगमोहन ने मन-ही-मन कहा, 'फाँस लिया उन्होंने तुम्हें!' पर प्रकट वह बोला, "तो तुमने क्या फ़ैसला किया ?"

"बात यह है कि मैं सरला को चाहता हूँ। मुझे उसके पिता का मोल-तोल बुरा लगा —जैसे सरला या मैं पण्य-वस्तुएँ हों —इसलिए मैंने इनकार कर दिया था, पर सरला का यह प्रस्ताव तो मुझे युक्ति-संगत लगा है। तुम्हारा क्या ख़याल है ?"

'तुम इन औरतों को नहीं जानते।' जगमोहन ने मन-ही-मन कहा, 'इनके ढंग बड़े सूक्ष्म होते हैं। तुम्हें जभी पता चलेगा, जब तुम पूरी तरह उनके चंगुल में फँस जाओगे। तुम इस तरह उसके पिता की मदद न लोगे तो दूसरी तरह लोगे। अव्वल तो तुम विलायत जाओगे, नहीं तो यहीं, आई० सी० एस० या पी० सी० एस० और कोई अफ़सर बनोगे और ज़िन्दगी भर कुर्सियाँ तोड़ोगे।'

"तुम क्या सोच रहे हो ?" वसन्त ने पूछा।

जगमोहन चौंका। 'ख़याल तो बुरा नहीं," उसने कहा, "मैंने तो तुम से पहले ही कहा था कि तुम्हें एम० ए० में दाख़िल हो जाना चाहिए।"

"मैं सोचता हूँ, तुम ठीक कहते हो। छुट्टियाँ समाप्त होते ही मैं एम० ए० में दाख़िल हो जाऊँगा। कुछ दिन साथ-साथ इकट्ठे पढ़ेंगे।"

"पर मैंने तो पढ़ाई छोड़ने का फ़ैसला कर लिया है।"

"क्या!" वसन्त ने चौंक कर पूछा।

"मेरी तो कोई ऐसी मँगेतर नहीं, जो मेरे एम० ए० करने की बाट देख रही हो।" जगमोहन हँसा।

वसन्त भी हँसा। "तो भी, आख़िर बात क्या है ?" उसने पूछा, "तुम तो दाख़िल हो गये हो!"

"हो तो गया हूँ, पर निभा न पाऊँगा। तुमने ठीक कहा था, साधन के बिना एम० ए० करना वृथा है। थर्ड-क्लास एम० ए० करने की अपेक्षा न करना भला। फिर भाई, मैं इस नतीजे पर पहुँचा हूँ कि यदि एम० ए० करना —अच्छे नम्बरों से एम० ए० करना —ही ध्येय हो तो किसी-न-किसी तरह, किसी-न-किसी की सहायता से किया जा सकता है, पर यदि स्वाभिमान के साथ वह सब करना अभीष्ट हो तो मुश्किल है। जब तक देश आज़ाद नहीं होता और सब को उन्नति के एक-सरीखे अवसर नहीं मिलते, तब तक मुझे-जैसों के लिए एम० ए० बन कर, कोई छोटी-मोटी नौकरी कर, इस व्यवस्था को पुष्ट करने के बदले, बिना एम० ए० किये, इसकी जड़ों में मठा डालना ज़्यादा अच्छा है।"

"बड़े कटु हो गये हो इस बीच में! बात क्या है ?"

"कुछ नहीं। मैंने फ़ैसला कर लिया है कि हरीश जी के साथ कांग्रेस में काम करूँ और देखूँ कि इस तरह अपने-जैसे दूसरों की मुश्किल कुछ आसान कर सकता हूँ कि नहीं। पर तुम एम० ए० में ज़रूर दाख़िल हो जाओ। तुम्हारी बात दूसरी है। अच्छा, अब मुझे छुट्टी दो। बहुत दूर आ गया हूँ।"

और हाथ मिला कर जगमोहन तेज़-तेज़ वापस लौटा।

५०

'येलो बस सर्विस लिमिटेड' के मैनेजिंग डायरेक्टर —मैनेजिंग डायरेक्टर क्या, मालिक — मि० चोपड़ा जब सात वर्ष पहले लाहौर आये थे तो उनकी जेब में महीने भर का भी ख़र्च न था। उन दिनों जहाँ तक ट्रांसपोर्ट का सम्बन्ध है, उनका ज्ञान इससे ज़्यादा न था कि वे सियालकोट में एक मोटर-कम्पनी में क्लर्क रहे थे और मोटर चलाना उन्होंने सीख लिया था। फिर जब छँटनी हुई तो वहाँ से हट कर आटे की मिल से ले कर नेशनल बैंक तक में उन्होंने हर तरह की क्लर्की की थी और उनका व्यापारिक ज्ञान ख़ूब बढ़ गया था। आकांक्षाएँ भी उनकी बड़ी थीं और अन्ततोगत्वा वे ही उन्हें लाहौर ले आयी थीं। पन्द्रह-बीस

दिन घूम-फिर कर वे उपयुक्त काम न ढूँढ पाये थे कि अचानक एक दिन मोटरों के अड्डे पर रौशनलाल और हरनाम सिंह से (जो अब उनके भागीदार थे) उनकी भेंट हो गयी और उसी दिन उनके दिमाग़ में ट्रांसपोर्ट कम्पनी की रूप-रेखा बन गयी।

वे रतनलाल रोड से गुज़र रहे थे कि बायीं ओर सराय के अन्दर उन्हें बड़ा शोर सुनायी दिया। वे अन्दर गये। दायीं ओर तालाब था और बायीं ओर बड़ी खुली जगह थी, जहाँ दो-तीन बसें खड़ी थीं। बड़ी भीड़ जमा थी। वहीं रौशनलाल हरनाम सिंह से बुरी तरह गुत्थम-गुत्था हो रहा था। उनके नाम तो उन्हें बाद में मालूम हुए, लेकिन दोनों मोटर-ड्राइवर हैं और किसी बात पर आपस में उलझ गये हैं, यह उन्हें तत्काल पता चल गया। यह कहने की ज़रूरत नहीं कि इस सब हाथापाई में बड़ी भयानक गालियाँ, घूँसों और लातों के साथ एक-दूसरे के मुँह, नाक, कान, पीठ, कमर आदि पर फेंकी जा रही थीं —गालियाँ, जिनमें एक-दूसरे की माँ, बहन, लड़की से न केवल निकट सम्बन्ध स्थापित किया जा रहा था, बल्कि उनके शरीर के विभिन्न अंगों के साथ, उन्हें कोई और ही अंग समझ कर, बलात्कार किया जा रहा था —गालियाँ, जो पंजाब ही में दी जाती हैं और जिनकी कल्पना भी दूसरे प्रान्तों वाले नहीं कर सकते।

चोपड़ा साहब (जो उस समय केवल चोपड़ा थे) कुछ क्षण खड़े देखते रहे। दोनों प्रतिद्वन्द्वियों की कमीज़ें फट गयी थीं और चौड़े सीने निकल आये थे। पगड़ियाँ दूर गिरी पड़ी थीं और बिफरे शेरों की तरह वे एक-दूसरे पर झपट रहे थे। चोपड़ा साहब को आश्चर्य इस बात का था कि दोनों एक-दूसरे को उठा-उठा कर पटक रहे थे और कोई बीच-बचाव की कोशिश न करता था। चोपड़ा साहब तब इतने मोटे न थे। शरीर भी उनका गठा और तना हुआ था। कुछ वर्ष पहले तक एक ही बार में पाँच-पाँच सौ डण्ड पेल जाया करते थे। वे बहुत देर खड़े तमाशा देखते न रह सके। जब एक बार रौशनलाल ने अपने प्रतिद्वन्द्वी को उठा कर पटका और उठने से पहले उसकी मरम्मत करने को उसने घूँसा उठाया तो चोपड़ा ने बिजली की-सी तेज़ी से उसे अपनी दोनों बाँहों में भर लिया। यदि उसी समय कोई हरनाम सिंह को भी पकड़ लेता तो लड़ाई मन्द पड़ जाती, पर इधर तो उन्होंने रौशनलाल को बाँध रखा, उधर हरनाम सिंह तेज़ी से उठा और उसने दो-चार ज़ोरदार घूँसे रौशन के टिका दिये, जिनमें से एक चोपड़ा साहब को भी लगा। तब उन्होंने रौशनलाल को छोड़ कर उसे दोनों बाँहों में बाँध लिया और कुछ इस तरह एक चक्कर दे कर उसे धरती पर पटका कि वह कुछ क्षण तक नहीं उठ सका। यह सब बीच-बचाव करते हुए उन्होंने दोनों को लड़ाई बन्द करके आपस में बैठ कर बात निबटाने के लिए कहा और तमाशाइयों को ललकारा कि वे खड़े क्या देख रहे हैं, रौशन को थामें और वे स्वयं सरदार को पकड़ते हैं। इस सब डाँट-फटकार और ललकार का नतीजा यह हुआ कि इधर हरनाम सिंह के उठते ही उन्होंने उसे फिर पकड़ लिया, उधर लोगों ने रौशन को बाँध लिया।

रौशन को छोड़ कर उन्होंने जिस प्रकार उसके प्रतिद्वन्द्वी को बाँधा था और जिस तरह उसे चक्कर दे कर धरती पर पटका था, उसका रौशन और उसके प्रतिद्वन्द्वी पर बड़ा प्रभाव पड़ा। कपड़े भी चोपड़ा ने अच्छे पहन रखे थे। दोनों अपने साफ़े बाँधते हुए उन्हें अपनी शिकायतें सुनाने लगे —चोपड़ा साहब को मालूम हो गया कि दोनों अमृतसर रोड पर बसें चलाते हैं। रौशन दो-तीन बसों का मालिक है और सरदार की भी एक बस है। एक दिन

पहले रौशन का एक ड्राइवर अपनी बस ले कर अमृतसर जा रहा था कि उसकी बस ख़राब हो गयी। हरनाम सिंह पीछे से आ रहा था। उसकी आधी बस ख़ाली थी। उसने सब सवारियों को भर कर अपनी बस में बैठा लिया। "ड्राइवर माईयाँ डरपोक था," रौशन गाली देते हुए बोला, "उसकी जगह मैं होता तो देखता, किस तरह यह मेरी सवारियाँ ले जाता!" और उसने बताया कि एक बार वह ख़ुद बस ले कर जा रहा था। रास्ते में उसकी बस बिगड़ गयी। सवारियाँ एक दूसरी बस में जा चढ़ीं। बस ठीक होते ही अस्सी मील की स्पीड से बस भगा कर, उसने वह बस रोक ली और रास्ते के किनारे लगे सरकारी पेड़ का जँगला उखाड़ उसने ड्राइवर का सिर फोड़ दिया। सवारियाँ चुपचाप उसकी बस में आ बैठीं। "ड्राइवर ने मुझे सुबह ही आ कर बताया," रौशनलाल ने कहा, "मैं तबसे ही इसके फ़िराक में था। यह साला मिला नहीं। सवारियों का क्या है जी, माईयाँ दस मिनट देर हो जाये तो उनकी माँ मरने लगती है।" वह बोला, "इस साले को तो ख़याल करना चाहिए था। माईयाँ कल इसकी बस बीच सड़क के ठण्डी हो जाये तो यह मादर...."

"देख ओए, गाली न दे माईयाँ...."

और बिफरे हुए दो साँड़ों की तरह दोनों तन कर फिर आमने-सामने मरने-मारने को तैयार, आ खड़े हुए।

चोपड़ा साहब ने दोनों को फिर शान्त किया। वे उन्हें ले कर, उनके साथ बातें करते हुए, रेलवे रोड पर चले जा रहे थे कि उनकी नज़र सब्ज़ी मण्डी के शराबख़ाने पर गयी। वे उन्हें अन्दर ले गये। भट्ठी की पूरी बोतल का आर्डर दिया, गर्म-गर्म पकौड़े और चाट मँगायी और शराब के गिलासों पर दोनों में सुलह करा दी।

वहीं उन्होंने जाना कि रौशन और हरनाम सिंह व्यवसाय ही में साथी नहीं, स्कूल के दिनों में भी साथ-साथ थे। दोनों तीन-तीन वर्ष मैट्रिक के उद्यान की हवा खाते रहे थे, पर उसका फल उन्हें न मिला था और दोनों बाग़ीचे की रविशों को ख़राब करने, उसके सुन्दर फूलों को मसलने, तोड़ने अथवा तोड़ने की कोशिश करने के अभियोग में स्कूल से निकाल दिये गये थे।

दो पेग पी कर ही हरनाम सिंह चहक उठा था और उसी ने स्कूल से रौशन के निकाले जाने का किस्सा सुनाया था। मैट्रिक में उनका तीसरा साल था, जब नये साल के शुरू में, उनकी क्लास में एक बड़ा सुन्दर लड़का दख़िल हुआ। उनके स्कूल का तो वह था नहीं, क्योंकि उस बाग़ के फूल-फूल, पत्ती-पत्ती से वे परिचित थे। वह उनके शहर का भी न था, क्योंकि शहर के सब लड़कों को वे भली-भाँति जानते थे। वह किसी दूसरे शहर से आया था। नाम था उसका हीरालाल। "बस हीरा ही था।" और हरनाम सिंह ने जैसे उसकी स्मृति-मात्र से चटख़ारा लिया और बोला कि स्कूल के कई भौरों ने उस नये फूल पर मँडराने की कोशिश की, पर उस पर तो रौशन का जन्म-सिद्ध अधिकार था। उसकी नज़र जिधर पड़े, उधर फिर किसकी हिम्मत थी कि देख सके। सो स्कूल के शेष भौंरे अलग हट गये। लेकिन इसे बदकिस्मती समझिए कि ख़ुद उनके हेडमास्टर उस फूल पर लट्टू हो गये। क्लास के बाद भी वे उसे अपने पास बुला लेते। उसकी शिक्षा-दीक्षा में वैयक्तिक दिलचस्पी लेते। और वह फूल स्कूल के उद्यान में खिलने के बदले हेडमास्टर के गुलदस्ते की शोभा बढ़ाने लगा। ऐसे फूल पर मँडराना संकटपूर्ण था, पर संकट से घबराना रौशन ने

सीखा न था। अपनी टेक उसने नहीं छोड़ी। और उसी जुर्म में एक दिन मियाँ को सारे स्कूल के सामने हेडमास्टर ने बारह बेंत लगाये।

"अच्छा हेडमास्टर था, जिसे यह इल्लत थी!' चोपड़ा ने कहा, "उस साले को हेडमास्टर किस ने बनाया ?"

"हमारा हेडमास्टर तो बड़ा अच्छा था। लड़के उससे डरते भी थे। जिधर से गुज़र जाता, लड़के सहम जाते।" हरनाम सिंह ने कहा, "पर वह हमारा स्कूल छोड़ कर दूसरे स्कूल में चला गया। यह हेडमास्टर तो बाहर से आया था। लड़कों से हिला-मिला रहता, इसलिए लड़के उससे ख़ुश भी रहते। पर था ठरकी। और वह मसल है न कि 'आप तो डूबे डोमनी संग और डुबाये' —हेडमास्टर साहब आप तो डूबे, साथ हमें भी ले डूबे। इस किस्से के बाद हमीं स्कूल से नहीं निकले, ख़ुद हेडमास्टर साहब भी निकले और फिर टीचिंग लाइन में घुस नहीं पाये। सुनते हैं, आजकल बड़े भारी नेता हैं।"

और हरनाम सिंह हँसा। वह एक चौथाई बोतल अपने कण्ठ में उँडेल चुका था और उसके स्वर में तरुण नदी का-सा प्रवाह आ गया था। गिलास का घूँट गले में उँडेल और उसे फिर भरते हुए उसने कहा :

"हेडमास्टर ने रौशन को सज़ा दी तो इसने बेंत ऐसे खाये, जैसे इस पर फूल बरस रहे हों," वह हँसा, "ज़रा-सा भी तो हाथ इसने पीछे नहीं किया। बेंत पड़ता, हाथ उसके ज़ोर से ज़रा नीचे जाता और फिर वहीं आ जाता।" और हरनाम सिंह ने बताया कि रौशन की बलिष्ठ देह ने, लड़ते वक्त उसकी मर्दानगी ने और कई बार शत्रुओं की अधिक संख्या होने के कारण पिटते समय उसकी सहन-शक्ति ने उसे स्कूल के मनचले लड़कों का रिंग-लीडर बना रखा था। "ज्योंही हेडमास्टर बेंत लगा कर वापस फिरा," हरनाम सिंह बोला, "इसने मुँह पर हाथ फेरते हुए कसम खायी कि अगर इसका बदला उससे जल्दी न लिया तो रौशन नाम नहीं। एक-दो मास्टरों ने इसकी बात सुन भी ली, लेकिन किसी को चूँ करने का साहस न हुआ। बेंत खा कर इसने मुझसे कहा कि आज शाम जब हेडमास्टर स्कूल के बाद घर जाये तो उसे रास्ते में पकड़ कर उसकी मरम्मत की जाये। अगर उस समय उसके साथ कुछ टीचर हों तो मैं यह कोशिश करूँ कि ऊपर से रौशन को पीटूँ, पर ऐसी सफ़ाई से कि उन्हें उलझा लूँ।"

लेकिन शाम तक ठहरना शायद रौशन के लिए मुश्किल था। हरनाम सिंह के बड़े भाई उसे मिलने के लिए गाँव से आ गये थे और वह उनसे बात-चीत कर रहा था कि सारे स्कूल में कोहराम मच गया। सभी लड़के एक ओर को भागे जा रहे थे। जब हेडमास्टर दसवीं-बी को पढ़ाने जा रहा था तो हीरा भी उसके साथ था। दसवीं-बी साइंस-ब्लॉक में लगती थी, जो स्कूल के एक ओर बना था और हेडमास्टर अपने दफ़्तर से निकल, छोटा-सा खेल का मैदान पार कर, वहाँ जाता था। जाने हीरे को देख कर रौशन के सिर पर ख़ून सवार हुआ या बेंतों का बदला उसी समय चुका लेना उसने उचित समझा —लड़के क्लासों को जा चुके थे और हेडमास्टर साहब बड़े इत्मीनान से हीरा से मधुरालाप करते हुए जा रहे थे कि रौशन ने भूखे सिंह की तरह उन्हें दबोच लिया। इससे पहले कि कोई उनकी चीखें सुनता, उसने मारे घूँसों के उनका भुरकुस निकाल दिया।

जब हरनाम सिंह अपने भाई के साथ शोर सुन कर वहाँ पहुँचा तो रौशनलाल दो टीचरों और पाँच लड़कों को ज़ख़्मी कर चुका था और सारा स्कूल उस पर पिल पड़ा था। उनकी क्लास में उनके शत्रु भी थे। अच्छे लम्बे-तगड़े थे। उन्हें हेडमास्टर को ख़ुश करने और रौशन से बदला लेने का अच्छा मौका हाथ आ गया। "लेकिन लोहा है जी इसका भी बदन!" हरनाम सिंह बोला, "इतनी मार खाना इसका ही काम था। जब तक यह बिलकुल बेहोश हो कर गिर नहीं गया, टीचर और लड़के इसे पीटते रहे।"

"इस साले से किसी को हटाया तक नहीं गया। पुराना कायर है माँ अपनी का...." रौशन ने नशे में गाली देते हुए कहा।

"मैं फ़ौरन पिल पड़ता, पर मेरे भाई वहाँ थे," हरनाम सिंह ने नशे में सफ़ाई दी, "उन्होंने पूछा तो एक टीचर ने कहा कि इस गुण्डे ने हेडमास्टर को पीटा है।"

"जा साले, क्यों बहाने बनाता है!" रौशन ने केवल इतना कहा और चुपचाप पीता रहा।

"मैं न बचाता बेटा, तो आज यहाँ बैठा मज़े न उड़ाता।" हरनाम सिंह चिल्लाया, "उसी दिन ख़त्म हो गया होता।" और फिर चोपड़ा की ओर पलट कर बोला, "पुलिस लाइन के पास ही हमारा स्कूल था जी, मैं पेशाब के बहाने गया और जा कर पुलिस लाइन में इत्तला दे आया। टीचर और लड़के ग़ुस्से में अन्धे हो कर इस पर पानी छिड़क कर होश में लाते और जब यह होश में आता तो फिर दो-चार घूँसे जड़ देते। बाकी लड़के ऐसे तमाश देख रहे थे, जैसे सरकस हो रहा हो। वे दूर ही खड़े मारने वालों को बढ़ावा दे रहे थे, कि लगाओ साले के एक और! गुज्झी[१] मार मारो! तभी किसी ने 'पुलिस-पुलिस' का शोर मचा दिया। और वे शेर, जो अकेले रौशन पर अपने पंजे गाड़ रहे थे और दहाड़ रहे थे, पुलिस का नाम सुनते ही गीदड़ों-से भाग उठे।"

रौशन इस बीच चुपचाप पीता रहा। फिर सहसा बोला,"हटा साले, क्यों झूठ का तूमार बाँध रहा है! पुलिस तो वैसे ही शोर सुन कर आ गयी थी।"

"हाँ, आ गयी थी। माईयाँ बे-तार-बरकी जो लगी थी।" और फिर उस समय अपनी विवशता की सफ़ाई देते हुए हरनाम सिंह ने कहा, "भाई न होते तो पाँच-सात को मैं वहीं लिटा देता, लेकिन मैंने छोड़ा उन्हें थोड़ी, बाद में एक-एक की गत बनायी।"

लेकिन रौशन नहीं माना। "अकेले-दुकेले को पकड़ कर पीटना और बात है," उसने कहा, "और सौ-दो सौ लड़कों का मुकाबला करना और! साला उस दिन तो भाई की गोद में दुबक गया और अब डींगें हाँकता है। पुराना कायर है तू!" और उसने एक बड़ी-सी गाली हरनाम सिंह को दी, "मर्द था तो उस वक्त दिखाता जौहर...."

हरनाम सिंह उस समय तक काफ़ी पी चुका था। उसने सोडे की ख़ाली बोतल उठा कर रौशन के सिर पर दे मारी —"तो आ, अब देख ले कौन मर्द है और कौन नामर्द!" वह चिल्लाया और दोनों फिर एक-दूसरे से गुँथ गये।

०

चोपड़ा साहब ने फिर दोनों को अलग किया, दोनों के बल-पराक्रम की प्रशंसा की और

१. गुज्झी = गुह्य = जो नज़र न आये, याने जिसका घाव न हो

एक-दूसरे का सिर फोड़ने के बदले उन्हें इकट्ठे रह कर प्रतिद्वन्द्वियों के सिर फोड़ने का शुभ परामर्श दिया। वे स्वयं बेकार हैं, यह बात उन्होंने उन दोनों पर प्रकट न होने दी। उस दिन के बाद वे उनसे रोज़ मिलने लगे। दो-तीन दिन ही में रौशन और हरनाम सिंह ने ही नहीं, बल्कि उनके दूसरे प्रतिद्वन्द्वियों ने भी उन्हें अपनी कठिनाइयाँ बता दीं। कुछ लोगों के पास एक-एक बस थी और स्वयं चलाते थे। दूसरों के पास दो-दो, तीन-तीन थीं —वे ड्राइवर रखते थे। पर ड्राइवर उनकी कमाई का अधिकांश खा जाते थे। वे क्लीनर को ड्राइवर की मुख़बिरी करने के लिए रखते, पर ड्राइवर और क्लीनर दोनों मिल जाते। और फिर जो मालिक स्वयं बसें चलाते थे, वे दूसरों के ड्राइवरों को मिला लेते थे। ड्राइवरों और क्लीनरों की बददयानती और फ़रेब के साथ-साथ विभिन्न सर्विसों में (जिस किसी के पास दो-तीन बसें थीं, उसी ने लाइसेंस ले कर अलग से सर्विस बना रखी थी) गला-काट कम्पीटीशन था, जिस कारण आठ आने के बदले अमृतसर की सवारी के चार-चार आने लोग ले लेते थे। इस छल-कपट और प्रतिद्वन्द्विता के कारण आपस में लड़ाइयाँ होती रहती थीं। चोपड़ा साहब ने दो-तीन दिन में सारी परिस्थिति का अध्ययन कर लिया और उनके मस्तिष्क ने एक स्कीम सोच निकाली। बातों-बातों में एक दिन उन्होंने रौशन से पूछा कि उसकी बसें अमृतसर के कितने फेरे लगा लेती हैं।

"रश (rush) हो तो तीन-तीन भी लग जाते हैं!"

"फ़ी बस रोज़ का क्या बचता है ?"

"बचता क्या है ?" रौशलाल ने कहा, "माईयाँ, ड्राइवर और क्लीनर ही खा जाते हैं। इतना रैश चलाते हैं कि कोई-न-कोई पुर्ज़ा रोज़ तोड़ लाते हैं। ख़र्च निकाल कर पाँच-सात फ़ी बस भी बच जायें तो बड़ी बात है।"

"अगर मैं तुम्हें दस रुपये फ़ी बस रोज़ के दे दूँ तो तुम्हें कोई एतराज़ है ?" चोपड़ा साहब ने कहा था।

"कैसे ?"

"तुम अपनी बसों का प्रबन्ध मुझे सौंप दो। अव्वल तो मैं तुम्हें सलाह दूँगा कि तुम आराम से बैठ कर मौज करो, पर अगर तुम ख़ुद भी चलाना चाहो तो तुम्हें ड्राइवर की तनख़ाह ऊपर से मिलेगी।"

शरीर उसका कैसा भी बलवान क्यों न हो, पर दिमाग़ से रौशनलाल नितान्त कोरा था। चोपड़ा को वह इन कुछ ही दिनों में मानने लगा था। वह तैयार हो गया। चोपड़ा ने हरनाम सिंह और उसके दो-तीन अन्य साथियों को भी इसी शर्त पर राज़ी कर लिया। सबसे साल-साल का कॉण्ट्रैक्ट उन्होंने लिखवा लिया। तीन-चार नये ड्राइवर, तीन-चार नये इन्स्पेक्टर, कण्डक्टर और क्लीनर रखे और सब के ऊपर सियालकोट ही के अपने एक परिचित बाबू रामसहाई को बुला कर वर्किंग मैनेजर बना दिया।

बाबू रामसहाई थे तो मिडल पास ही, पर न केवल वे हिसाब-किताब देख लेते थे, बल्कि मुलाज़िमों से काम लेना भी ख़ूब जानते थे। चोपड़ा साहब सियालकोट में जिस ट्रांसपोर्ट कम्पनी में काम करते थे, वहीं वे मुलाज़िम थे। चोपड़ा ने उन्हें दुगना वेतन दे कर लाहौर बुला लिया। टिकट देने, चेक करने, एकाउण्ट देखने और कर्मचारियों की देख-रेख

करने का सारा काम चोपड़ा साहब ने उन्हें सौंप दिया। हिदायत कर दी कि जैसे भी हो, बस भरे या न भरे, पर समय पर छूट जाये। वक्त की इस पाबन्दी से न केवल बसें एक फेरा और ज़्यादा लगाने लगीं, बल्कि चार आने ज़्यादा दे कर भी मुसाफ़िर उनकी बसों में जाने लगे।

इसके अतिरिक्त चोपड़ा साहब ने अपने मकैनिक रखे और धीरे-धीरे, ज्यों-ज्यों काम बढ़ता गया, बसों को ठीक करने, धोने, फ़िट करने, आदि का वर्कशाप भी खोल लिया। इस प्रगति के साथ स्टाफ़ भी बढ़ता गया। टिकट देने वाले, चेक करने वाले और हिसाब-किताब देखने वाले नये रखे गये और बाबू रामसहाई को उन सब के ऊपर नियुक्त कर दिया गया। इसके साथ ही उन्होंने अपने साथियों को अपना हिस्सेदार बना कर, कम्पनी को पब्लिक लिमिटेड कम्पनी बना दिया और मॉडल टाउन, बाग़बानपुरा, गोपालनगर और दूसरी आबादियों को बसें चला दीं। स्वयं वे मैनेजिंग डायरक्टर बने। इन सात-आठ वर्षों में उन्होंने न केवल हिस्सेदारों को पर्याप्त डिवीडेण्ड दिया, वरन स्वयं भी बहुत रुपया कमाया। उस समय सात बसें उनकी निजी मिलकियत थीं, पाँच सौ रुपया उनका वेतन था और 'येलो मोटर मकैनिक्स' नाम से जो कारख़ाना था, वह उनकी व्यक्तिगत सम्पत्ति था। 'येलो बस सर्विस' से उनका कॉण्ट्रैक्ट था कि कम्पनी का सब काम उसके द्वारा होगा। वे कम्पनी के मैनेजिंग डायरेक्टर थे और सोचा करते थे, किस प्रकार हिस्सेदारों के हिस्से हड़प कर उसके एकाधिपति बन जायें!

५१

चोपड़ा साहब क्रोध और आवेग के मारे दफ़्तर की इस दीवार से उस दीवार तक चक्कर लगा रहे थे। उस छोटे-से कमरे में, जो चोपड़ा साहब के ऑफ़िस का काम देता था, उनकी बड़ी मेज़ और चार कुर्सियों के बाद बहुत थोड़ी जगह बचती थी। फिर इस समय तो उन कुर्सियों पर कम्पनी के हृष्ट-पुष्ट डायरेक्टर लाला रौशनलाल और सरदार हरनाम सिंह, आदि विराजमान थे। उसी तंग जगह में अपने लम्बे, ऊँचे, भारी भरकम शरीर के साथ घूमते हुए मिस्टर चोपड़ा कमरे को और भी सँकरा बना रहे थे। हाथ में 'येलो बस सर्विस यूनियन' की चिट्ठी थी, जिसमें यूनियन ने अपनी माँगें पेश की थीं और अल्टीमेटम दिया था कि यदि माँगें स्वीकार न की जायेंगी तो यूनियन स्ट्राइक कर देगी। मिस्टर चोपड़ा चिट्ठी का कुछ भाग पढ़ चुके थे। सहसा रुक कर उन्होंने अपने साथी डायरेक्टरों से कहा,"चिट्ठी का लहजा देखा आपने ? अब ज़रा इनकी माँगें भी सुनिए।"और वे पूर्ववत घूमते हुए चिट्ठी पढ़ने लगे :

"१. यूनियन को कम्पनी की ओर से मान्यता दी जाये!

२. कण्डक्टरों, ड्राइवरों, इंस्पेक्टरों, मैकेनिकों, क्लर्कों, चौकीदारों के मूल वेतन (basic pay) को बढ़ाया जाये और उसमें वार्षिक वृद्धि की दर निश्चित की जाये।

३. जो कर्मचारी छै महीने से ऊपर नौकरी कर चुके हैं, उनकी नौकरी को स्थायी किया जाये।

४. सभी नौकरियों पर पेन्शनें देने की व्यवस्था की जाये!

"कम्पनी ही सारी यूनियन को दे देते हैं।" चोपड़ा ने व्यंग्य से कहा, होंटों में 'बर्रर' की-सी ध्वनि करते हुए असन्तोष प्रकट किया और फिर पढ़ने लगे :

"५. तरक्कियाँ सीनियॉरिटी के लिहाज़ से हों।

६. एक वर्ष में दो महीने की प्रिविलेज (privilege) तथा बीस दिन की कैज़ुअल (casual) छुट्टी दी जाये।

७. बस-सर्विस के सभी कर्मचारियों को बिना फ़ीस डॉक्टरी सहायता दी जाये।

८. पब्लिक को बस के मुलाज़िमों के विरुद्ध जो शिकायतें हों, वे एक कमेटी के सामने पेश की जायें। उस कमेटी में मैनेजमेंट और कम्पनी के कर्मचारियों का समान प्रतिनिधित्व हो। पब्लिक की शिकायतों के बहाने मैनेजर द्वारा कर्मचारियों को निकालने और अपने आदमी रखने की जो प्रथा है, उसे बन्द किया जाये।

९. दुर्घटनाओं की सूरत में कम्पनी के मुलाज़िमों को कम्पनी की ओर से वकील करके अदालत में अपनी सफ़ाई देने की पूरी सहायता दी जाये और उन्हें पुलिस की दया-माया पर न छोड़ दिया जाये। इसके अतिरिक्त दुर्घटना के सम्बन्ध में ऐसी कमेटी छान-बीन करे, जिसमें कम्पनी और कर्मचारियों की यूनियन का बराबर का प्रतिनिधित्व हो।

१०. कम्पनी के कर्मचारियों की शिक्षा और संस्कृति की वृद्धि के हितार्थ उचित व्यवस्था कम्पनी के ख़र्च पर की जाये और उसका प्रबन्ध यूनियन को सौंपा जाये।"

चिट्ठी में सभी चौकीदारों की ड्यूटी के समय में कमी, कुछ और चौकीदारों की नियुक्ति आदि के सम्बन्ध में और भी माँगें थीं, किन्तु चोपड़ा साहब के सन्तोष का प्याला यहाँ तक पहुँचते-पहुँचते लबालब भर आया। चिट्ठी को पढ़ते-पढ़ते क्रोध से उन्होंने उसे उँगलियों में भींच कर तोड़-मरोड़ डाला और ज़ोर से मेज़ पर फेंक दिया।

"आजकल कॉलेज के छोकरों को और कोई काम नहीं सूझता तो मज़दूरों की भलाई के पीछे लट्ठ ले कर चल पड़ते हैं।" बेज़ारी की एक 'उँह' नाक से निकाल और होंटों से 'बर्रर' की-सी आवाज़ करते हुए मिस्टर चोपड़ा ने कहा, "यह जो सात-आठ बरस मैंने अनथक मेहनत की है। (सहसा उन्हें ख़याल आया कि दूसरे डायरेक्टर भी बैठे हैं और उन्होंने इतना और बढ़ा दिया) और अपने मित्रों से इतना रुपया लगवाया है, वह सब क्या इसलिए कि शहर का कोई बेकार लौंडा उठे और कम्पनी की बागडोर मैं उसे सौंप दूँ।"

"किसने यह यूनियन ऑर्गेनाइज़ की है ?" सहसा रायबहादुर ज्वन्दलाल ने पूछा।"

"कोई हरीश है। कम्पनी के मुलाज़िमों में तो यह नाम मेरे देखने में आया नहीं।"

"अजी, यही कोई कॉलेज का छोकरा-ओकरा होगा।" सरदार हरनाम सिंह ने कहा,

"कल मैं सरक्युलर रोड पर जा रहा था कि ताँगों के अड्डे पर एक स्टूल रखे कोई छोकरा उन्हें यूनियन के फ़ायदों पर लैक्चर दे रहा था।" और उन्होंने ज़ोर का एक डकार लिया।

"ये साले इन ग़रीबों की गाढ़े पसीने की कमाई चन्दों के रूप में इकट्ठा करते हैं और कॉफ़ी हाउस जा कर उड़ा देते हैं।" रायबहादुर ज्वन्दलाल ने रद्दा जमाया।

"आप ज़रा मुझे दिखा दीजिए, मैं उस साले को दो ही झापड़ में ठीक कर दूँ।"

चोपड़ा साहब ने क्षण भर रुक कर झापड़ मारने का प्रस्ताव करने वाले की ओर देखा और फिर ज़ोर से हँस दिये, "तुम भी रौशन यार, वही पुराने लड़ाके रहे। उम्र ने तुम्हारे जोश को ज़रा भी ठण्डा नहीं किया। ज़रा अपने साथी की ओर तो देखो।"

और दोनों की निगाहें, सरदार हरनाम सिंह पर जम गयीं, जो बढ़िया सूट पहने, दस्तार सजाये, दाढ़ी 'ईवनिंग-इन-पेरिस' के फ़िक्सर और ठाठे की मदद से जमाये बैठे थे। उनके कोट के दोनों दामन पेट की मोटाई के कारण नीचे को खिसक गये थे और वे बड़े मज़े से बैठे डकार-पर-डकार ले रहे थे। उन्हें देख कर कौन कह सकता था कि यह व्यक्ति सात-आठ बरस पहले परले सिरे का लड़ाका ड्राइवर था।

"यह साला पुराना कायर है!" रौशनलाल ने कहा और अपनी छै फ़ुट लम्बी देह और सैंतीस इंच चौड़े सीने को आगे निकाल वहीं खड़े हो गये। कमीज़ को चढ़ा, बाँह को दोहरा कर उन्होंने चोपड़ा को अपनी बाँह की मछली और मोटाई दिखायी। "मन-मन का मुगदर अब भी बाकायदा सुबह उठ कर फेरता हूँ," उन्होंने कहा, "आप ज़रा दिखला भर दीजिए। साले उस लौंडे के दिमाग़ से उम्र भर के लिए यूनियन का ख़याल न निकाल दूँ तो रौशन नाम नहीं।"

चोपड़ा साहब का क्रोध हवा हो गया। वे फिर आराम से कुर्सी पर बैठ गये। एक नज़र उन्होंने अपने साथियों पर डाली और उनकी मुस्कान और भी फैल गयी। कम्पनी के कार्य-क्षेत्र को बढ़ाने के लिए एक स्कीम पर विचार करने को चोपड़ा साहब ने उन्हें बुलाया था, पर अभी वे स्कीम को उनके सामने रख भी न पाये थे कि उन्हें यूनियन की यह चिट्ठी मिली और वे उसमें उलझ गये। उनकी मुस्कान का कारण रौशनलाल की दिलेरी न थी, बल्कि अपने दूसरे साथियों की बेफ़िक्री थी (जो वास्तव में चोपड़ा के श्रम और कौशल का परिणाम थी।) कॉलेज के छोकरों और यूनियन के अल्टीमेटम की चिन्ता छोड़ कर, लाला ज्वन्दलाल ऊँघ गये थे और कायरता के अभियोग का उत्तर हरनाम सिंह ने एक ऊँचे-से डकार के रूप में दिया था।

चोपड़ा की सबसे बड़ी ख़ूबी उनकी यही मुस्कान थी। क्रोध उन्हें बिलकुल न आता हो, ऐसी बात नहीं, पर वे क्रोध में रौशनलाल की तरह किसी को झापड़ देने की बात कभी न सोचते थे। बल्कि क्रोध उनकी सोचने की शक्ति को और भी तेज़ कर देता था। सोच-समझ, व्यावहारिकता और दुनियादारी उनमें अपने सहयोगियों की अपेक्षा कहीं ज़्यादा थी। उन्हें दोनों से अपनी वह पहली भेंट याद आ गयी। मुस्कान को मुखर बना कर उन्होंने कहा, "तुम बैठ जाओ रौशन! तुम्हारे ज़ोर की ज़रूरत नहीं। ज़ोर-जबरदस्ती से एक-आध को तो दुरुस्त किया जा सकता है, सब को नहीं! उसके लिए..."और उन्होंने माथे की ओर उँगली से संकेत किया...."इसकी ज़रूरत है। एक हफ़्ता भी स्ट्राइक चल जाये तो हमारा

हज़ारों का नुकसान हो जायेगा।"

रौशनलाल बैठ गया। चोपड़ा साहब ने घण्टी पर हाथ मारा। चपरासी ने तत्काल अन्दर आ कर 'जी हुज़ूर' बुलायी।

"बाबू रामसहाई को सलाम दो।"

चपरासी चला गया तो उन्होंने अपने साथियों से कहा कि वे यूनियन से निबट लें तो फिर नयी स्कीम पर विचार करेंगे।

उत्तर में सरदार हरनाम सिंह ने ऐसा डकार छोड़ा, जो उनके आमाशय से नहीं, बल्कि सबसे निचली अँतड़ी से उठा मालूम होता था। रायबहादुर ज्वन्दलाल का ख़र्राटा बीच में ही रुक गया। रौशनलाल उठा। वह इतने ही में ऊब गया था, "कोई ऐसी मुश्किल पड़े तो मुझे बुला लेना, मैं इन सालों को पल भर में ठीक कर दूँगा।" उसने कहा और सिर की ओर संकेत करते हुए बोला, "इसकी ज़रूरत से मैं इनकार नहीं करता, लेकिन इसकी ज़रूरत भी दुनिया में कम नहीं।" किस की ? —इसके संकेत में उसने अपनी बलिष्ठ बाँह को दोहरा कर मछली दिखा दी।

"हाँ-हाँ!" चोपड़ा साहब ने मुस्करा कर कहा, "ज़रूरत पड़ी तो फ़ौरन तुम्हें बुलाऊँगा।"

रौशनलाल के साथ सरदार हरनाम सिंह भी उठे, "आज खाना कुछ ज़्यादा खाया गया। मुर्ग़-मुसल्लम बना था। पूरा-का-पूरा उड़ा गया।" और उन्होंने फिर डकार लिया, "मेरा इरादा तो शिमला पहाड़ी तक सैर को जाने का है।"

रायबहादुर ज्वन्दलाल ने आँखें खोल कर 'रिप वैन विंकल'[१] की तरह आश्चर्यचकित दृष्टि से अपने चारों ओर देखा और फिर कुछ रोनी-सी आवाज़ में बोले, "मैंने तो आज इसी मीटिंग के लिए कचहरी जल्दी बरख़ास्त कर दी। ख़ैर, कोई मामले-मुकदमे की बात हो या कोई कुछ वैसी गड़बड़ करे तो मुझे बताना, मैं डिप्टी-कमिश्नर से कह कर कम्बख़्तों को दो-चार दिन हवालात में बन्द करा दूँगा। सीधे हो जायेंगे!"

वे रायबहादुर थे। १९२१ के आन्दोलन में उनके दरवाज़े पर सियापा हुआ करता था और लोग 'टोडी बच्चा हाय-हाय!' की पुकार से फ़िज़ा को गुँजा देते थे, पर उसी ख़ुशामद की बदौलत वे रायसाहब से रायबहादुर बने थे और ऑनरेरी मैजिस्ट्रेट नियुक्त हुए थे। शहर में दो कोठियाँ उन्होंने बनवायी थीं और बड़े-से-बड़े अफ़सर तक उनकी पहुँच थी।

"जी हाँ, इसकी ज़रूरत पड़ी तो आपको पता दूँगा," चोपड़ा साहब ने कहा, "पर मेरी कोशिश यही रहेगी कि इसकी ज़रूरत न पड़े। हमारा काम पब्लिक से पड़ता है। पब्लिक हमारे ख़िलाफ़ हो जाये तो काम चौपट हो जायेगा। अगर ज़रूरत पड़ी तो आपको ही कष्ट दूँगा। यह कम्पनी जितनी मेरी है, उतनी आपको भी है।"

रायबहादुर ज्वन्दलाल के जाने के कुछ क्षण बाद बाबू रामसहाई अन्दर आये — पैंतालीस-पचास वर्ष की उम्र, शलवार, कमीज़, कोट और पगड़ी पहने, कन्धे ज़रा-से झुके हुए, जिस कारण गर्दन के नीचे पीठ पर बड़ा हल्का-सा कूबड़ निकला हुआ, मुँह पर

---

१. अंग्रेज़ी कहानी का एक रवायती नायक, ज़ो एक गुफ़ा में बीस वर्ष सोने के बाद अपने नगर वापस लौटा था

ख़ुशामद भरी सहज मुस्कान और उसी के कारण दोनों ओर गालों पर बन जाने वाली आड़ी लकीरें और आँखों में चतुराई भरी चमक! दफ़्तर ही की नहीं, चोपड़ा साहब के घर की व्यवस्था भी बाबू रामसहाई ही करते थे। चोपड़ा साहब और उनकी श्रीमती की छोटी-सी-छोटी इच्छा का भी उन्हें ख़याल रहता था और यही कारण था कि साठ रुपये मासिक से उन्नति कर वे उस समय डेढ़ सौ रुपया मासिक पा रहे थे और जहाँ चोपड़ा साहब कम्पनी के मैनेजिंग डायरेक्टर थे, वहाँ वे जनरल मैनेजर थे।

रामसहाई के आते ही चोपड़ा ने उन्हें कुर्सी पर बैठने के लिए कहा, और यूनियन की चिट्ठी उनके आगे खिसका दी।

५२

बाबू रामसहाई ने पहले सोचा था कि चपरासी के हाथ नूरे को बुला भेजें और उससे बातचीत करके यूनियन को तोड़ने की कोई सबील निकालें, पर बाद में सोच-विचार कर वे इस नतीजे पर पहुँचे कि उन्हें स्वयं उसके घर जा कर उससे बात करनी चाहिए।

किसी प्रतिष्ठित ट्रांसपोर्ट-कम्पनी के जनरल मैनेजर का किसी साधारण कण्डक्टर या इंस्पेक्टर के घर जाना कुछ वैसा अच्छा नहीं लगता, पर बाबू रामसहाई मानापमान के प्रश्न को कुछ वैसा महत्व न देते थे। अवसर पड़ने पर जहाँ वे एक ओर मैनजिंग डायरेक्टर के जूते तक सीधे कर सकते थे, वहाँ कम्पनी के चपरासी तक के चरण चूम सकते थे। पद चाहे उनका बड़ा था, अधिकार भी चाहे उनके बड़े थे, पर शक्ल से वे अब भी साधारण क्लर्क मालूम होते थे और रोज़ साँझ समय मैनेजिंग डायरेक्टर के घर पर उपस्थित हो कर उनको और उनकी मेम साहब को सलाम देते थे।

'लायन प्रेस' के पीछे तबेले में जा कर जब बाबू रामसहाई ने नूरे के घर दस्तक दी तो दरवाज़ा उसकी लड़की ने खोला और उनके पूछने पर बताया कि नूरा घर पर नहीं है। तब बाबू रामसहाई ने अपना नाम बताया और कहा कि वे बड़े ज़रूरी काम से आये हैं, वह अपनी माँ से दो बात करने को कहे।

बाबू रामसहाई का नाम सुनते ही नूरे की बेगम ने आँगन में पीढ़ा बिछा दिया, उन्हें आवाज़ दी कि अन्दर आ जायें और लड़की से कहा कि बावर्चीख़ाने में चली जाये।

आँगन में प्रवेश करते ही बाबू रामसहाई ने नूरे से भाई का रिश्ता स्थापित करते हुए भाभी को सलाम कही और फिर पीढ़े पर बैठते हुए घर का हाल-चाल पूछा।

उत्तर में नूरे की बेगम ने माथे पर हाथ मारा और कहा कि जब से वह डिमोट हुआ है, उन पर तो जैसे मुसीबतों के पहाड़ टूट पड़े हैं। तनख़ा ला कर देना तो दूर रहा, वह उसकी हँसली तक बरबस छीन कर शराबख़ाने की भेंट चढ़ा आया है। उन्हें तो रोटियों के लाले पड़े हुए हैं। दो दिन से घर में चूल्हा नहीं जला। और वह पड़ोसियों से माँग-माँग कर अपना और अपनी बेटी का पेट पाल रही है।

अपनी दुर्दशा की बात बताते हुए नूरे की बेगम के नेत्र सजल हो गये। "अपनी तो फ़िकिर नहीं बाबू जी," उसने कहा, "किसी-न-किसी तरह मेहनत-मज़दूरी करके, माँग-ताँग कर पेट का दोज़ख भर ही लूँगी। फ़िकिर तो नूरी की है," उसने बावर्चीख़ाने में अपनी बेटी की ओर संकेत किया, "यह अब सोलहवें में है। इसके हाथ पीले करने को तो दो टूम्बें और चार कपड़े दरकार हैं।"

बाबू रामसहाई की नज़र बावर्चीख़ाने की ओर गयी, जिस पर टाट का पर्दा पड़ा हुआ था और जिसके पीछे खड़ी नूरी उनकी ओर देखती हुई बातें सुन रही थी।

निमिष भर के लिए बाबू रामसहाई को उसकी उलझी लटों में दमकते हुए गोरे मुख और चंचल आँखों की झलक मिली। फिर वे आँखें पर्दे के पीछे हो गयीं। मन-ही-मन बाबू रामसहाई ने सोचा, नूरे की यही दशा रही तो निश्चय ही एक दिन वे इस गोरी को चोपड़ा साहब की बग़ल में ले जा बैठायेंगे। तब कम्पनी में बराबर का हिस्सेदार बनने में उन्हें किसी तरह की कठिनाई न होगी। बाबू रामसहाई की साध मैनेजर से बढ़ कर डायरेक्टर और एक दिन स्वयं मैनेजिंग डायरेक्टर बनने की थी। नूरा तो बिसात पर एक मोहरे का काम देता था। यदि उनका दाँव चल गया तो इसी मोहरे के बल पर वे बाज़ी जीत ले जायेंगे।

किन्तु प्रकट उन्होंने सिर्फ़ इतना कहा, "सब कुछ ठीक हो जायेगा भाभी, भगवान पर यकीन रखो।" जेब से उन्होंने दस-दस के पाँच नोट निकाले और कहा कि अभी वह उतने रुपये रखे। शीघ्र ही वे मालिक से कह कर नूरे को फिर बहाल करा देंगे और यदि उसने फिर कोई गड़बड़ न की तो उसकी तरक्की के लिए भी कोशिश करेंगे।

"तरक्की तो करा देंगे बाबू जी, पर इससे हमारा क्या भला होगा ?" नूरे की बेगम ने कहा, "अब वह रण्डी के घर जाता है, फिर रण्डी को घर लायेगा। कुछ ऐसा करो बाबूजी, जिससे हम को भी खाने को दो टुकड़े मिलते रहें।"

"वही तो किया था।" बाबू रामसहाई ने ज़रा ज़ोर दे कर कहा, "उसकी जो तनख़ाह काटी थी, वह तुम्हारे हाथ में ला कर रख दी। मालिक ने तो अपने पास कुछ नहीं रखा।" यहाँ बाबू रामसहाई ने अपने मालिक चोपड़ा साहब की उदारता और भलमनसी की बड़ी तारीफ़ की और कहा, "लेकिन नूरे ने जो तूफ़ान मचाया है, उससे मलिक का बहुत नुकसान होने का डर है।" और उन्होंने नूरे की बेगम को समझाया, "अगर मालिक का नुकसान होगा तो क्या आप लोगों का न होगा ?"

"क्यों नहीं बाबू जी," नूरे की बेगम ने कहा, "उसकी सोहबत असल में अच्छी नहीं, बुरे लोगों में बैठता है और बुरी बातें सोचता है।"

"सब ठीक हो जायेगा।" बाबू रामसहाई ने कहा, 'भगवान में यकीन रखो।" और फिर धीमे स्वर में बोले, "देखो, नूरा आये तो उसे बता देना कि उसकी जो तनख़ाह काटी गयी थी, वह मालिक ने उसके घर पहुँचा दी है। अगर वह कुछ रुपये माँगे तो उसे दे देना। तुम लोगों को ज़रूरत पड़ेगी तो मैं और दे जाऊँगा। उसे समझाना कि मालिक से दुश्मनी करने में कोई फ़ायदा नहीं और दोस्ती करने में फ़ायदा-ही-फ़ायदा है। वह आये तो मेरे पास भेजना।"

"वह तो रात को बड़ी देर में आता है।" नूरे की बेगम ने कहा।

"कल सुबह भेजना।" बाबू रामसहाई बोले और 'अच्छा भाभी, सलाम' कह और उसे एक बार फिर तसल्ली दे कर चले आये।

०

दूसरे दिन बाबू रामसहाई ने नूरे के आने की प्रतीक्षा नहीं की, बल्कि सुबह-सुबह उसे घर पर ही जा पकड़ा।....तहमद लगाये और खुले गिरेबान की कमीज़ पहने (जिसके बटन लगाने का कष्ट उसने नहीं किया था) नूरा तबेले के कुएँ पर खड़ा अपने पड़ोसियों को अपनी कारगुज़ारी सुना रहा था कि किस तरह उसने अपने मालिकों के होश ठिकाने करने का फ़ैसला किया है और बता रहा था कि कैसे मालिक उससे डर गये हैं और उसकी जितनी तनख़ाह काटी थी, वह झख मार कर उन्होंने उसके घर पहुँचा दी है।

तभी बाबू रामसहाई ने पीछे से उसके गले में हाथ डालते हुए कहा, "कहो भाई नूर मियाँ, दिखायी नहीं देते।"

"दिखायी तो ऐसे देंगे कि कभी नज़र ही से न उतरें," नूर मियाँ ने अपने आपको उनके स्नेहालिंगन से मुक्त करते हुए कहा, "ज़रा यूनियन बना लें!"

"अरे, यूनियन बनाते रहो, पर काम पर भी आओ, तनख़ाह मालिकों के सिर पर चढ़ती रहेगी।"

"तनख़ा की हमें क्या परवाह है," नूर ने सगर्व कहा, "साली यूनियन का काम करते हैं, सो अपने आप हमारी तनख़ा पूरी करेगी।"

बाबू रामसहाई फिर उसके गले में हाथ डाले, बातों में उलझाये, उसे ख़ालसा होटल में ले आये। वहीं एक कुर्सी पर बैठ, तिपाई आगे खींच, उन्होंने सन्तरे के अद्धे का आर्डर दिया।

नूर की आँखों में चमक आ गयी। लेकिन बेपरवाही से उसने कहा, "मैंने शराब से तौबा कर ली है बाबू रामसहाई!"

बाबू साहब हँसे। बोले, "अरे मियाँ, तौबा न करोगे तो तोड़ोगे क्या ? शायर ने कहा है :

तौबा करता हूँ तोड़ने के लिए।"

शराब की बोतल आ गयी। काग उड़ा कर, बड़ा-सा पेग उन्होंने नूर के गिलास में डाला और सोडा मँगा कर उससे अपना गिलास भर लिया।

"मैंने तो अभी कुल्ला भी नहीं किया है।" नूर ने गिलास हाथ में लेते हुए कहा।

"इसी से कुल्ला हो जाये तो क्या बुरा है।"

नूर ने शराब का घूँट भरा और मस्ती में शेर पढ़ा :

"तोड़ दी तौबा वज़ू[१] सहबा[२] से करके हमने!"

बाबू रामसहाई ने हँसते हुए सोडे का एक घूँट पिया। "आदमी तुम लाजवाब हो नूर मियाँ!" वे बोले और उन्होंने नौकर छोकरे से कहा कि वह खाने के लिए कुछ नमकीन भी लाये।

---

१. वज़ू = नमाज़ से पहले हाथ-मुँह धोना, कुल्ला आदि करना

२. सहबा = शराब

नूर ने एक और घूँट भर कर जैसे नारे के रूप में शेर कहा :

"तौबा कर लें हम मय-ो-माशूक़[1] से
बेमज़ा हैं, ये सवाब[2] अच्छे नहीं।"

नूर ज्यों-ज्यों पीता गया, उसकी मस्ती बढ़ती गयी और गाना छोड़ वह शेख़ियाँ बघारने लगा कि उसने कसम खायी थी, वह अपनी 'डिमोशन' का बदला लेगा, अभी यूनियन बनी नहीं, लेकिन मालिकों की नानी मरने लगी है।

"क्या बात है तुम्हारी!" बाबू रामसहाई ने उसके गिलास में शेष सारी बोतल उँडेलते हुए कहा, "मालिकों के सामने तो नहीं, पर जब हम क्लर्क लोग बैठते हैं तो आपस में तुम्हारी ख़ूब बड़ाई करते हैं कि तुम ख़ुद कुर्बानी करके हमारी ज़िन्दगी बना रहे हो।" यहाँ उन्होंने बताया कि वे जनरल मैनेजर हैं तो क्या, पर मालिकों की डाँट तो उन्हें क्लर्कों से कम नहीं सुननी पड़ती। मैनेजिंग डायरेक्टर और दूसरे डायरेक्टरों को नूर ही की ज़बान में दो-चार भारी भरकम गालियाँ देते हुए, बाबू रामसहाई ने कहा,"ख़ून-पसीना तो हम लोग बहाते हैं, पर सब कमाई तो माईयाँ डायरेक्टरों के घरों में जाती है। तुम यूनियन ऑर्गेनाइज़ करो। मैं तुम्हें यकीन दिलाता हूँ कि सबसे पहले मैं उसका मेम्बर बनूँगा और मैं मेम्बर बना तो कम्पनी का एक भी मुलाज़िम ऐसा न रहेगा जो हमारा साथ न दे। हम सब लोग मिल जायेंगे तो फिर है कोई ऐसा जो हमारी बात न माने!"

"असीं डायरेक्टराँ दी माँ...." नूर ने विशुद्ध पंजाबी में एक भयंकर गाली दी, जिसका मतलब था कि वे डायरेक्टरों की अक्ल ठिकाने कर देंगे और पंजाबी ही में बोला, "अज्ज शाम नूँ मीटिंग ऐ। मालकाँ नूँ अपनियाँ माँगाँ असीं भेज छड्डीयाँ हण! ओहनाँ न मन्नियाँ ते असी वेख लाँगे।"[3]

"मैं ख़ुद सब क्लर्कों के साथ मैनेजिंग डायरेक्टर से कह दूँगा कि हम भी यूनियन में शामिल हो रहे हैं। तुम ज़रा चलो तो मेरे साथ। तुम साथ रहोगे तो हमें भी हिम्मत बँधी रहेगी। देखें, हमारी बात का क्या असर पड़ता है! क्या जाने मालिक हमारी माँगें मान ही लें!"

"हाँ-हाँ चल्लो, मैं किसे साले तों नहीं डरदा!" उसने एक ही साँस में गिलास ख़त्म कर, कमीज़ के दामन से होंट पोंछते हुए झूम कर कहा।

"बैठो-बैठो, चलते हैं। ज़रा बिल दे दें और वहाँ भी पीने-खाने का सामान कर लें।"

यह कह कर बाबू रामसहाई ने बिल चुकाया। एक श्रद्धा ख़रीद कर कोट की जेब में डाला और जब बाहर निकले तो नूरे की बाँह में उनकी बाँह थी और यद्यपि उन्होंने सोडा ही पिया था तो भी लगता था, जैसे उन्होंने नूरे का पूरा-पूरा साथ निभाया है।

लेकिन यह तमाशा उन्होंने राह-चलतों को दिखाना उचित नहीं समझा। सरक्युलर रोड पर पहुँचते ही उन्होंने एक ताँगेवाले को आवाज़ दी और नूरे को लिये हुए उसमें जा बैठे।

---

१. मयो-माशूक़ = शराब और प्रेयसी

२. सवाब = पुण्य

३. मालिकों को अपनी माँगें हमने भेज दी हैं। उन्होंने न मानीं तो हम देख लेंगे।

५३

एक दिन पहले यूनियन की ओर से जो माँगें मैनेजिंग डायरेक्टर को भेजी गयी थीं, हरीश जी उनका महत्व, यूनियन की आम-सभा में, मजदूरों को समझा रहे थे।

"हमने अपनी माँगें तैयार करने के लिए जो कमेटी बनायी," हरीश जी कह रहे थे, "उसने काफ़ी सोच-विचार के बाद पन्द्रह माँगें मैनेज़िग डायरेक्टर को भेजी हैं, आप देखेंगे कि हमने कम्पनी के हर डिपार्टमेंट में काम करने वालों के अधिकारों का ख़याल रखा है।

"पहली माँग यह है कि हमारी यूनियन को मान्यता दी जाये! यह माँग बेसिक, याने बुनियादी या आधारभूत है। यदि कम्पनी आप लोगों को तरक्कियाँ दे दे, आपकी दूसरी माँगें स्वीकार कर, आपको सभी सुविधाएँ दे दे, पर यूनियन को तसलीम न करे तो वे तरक्कियाँ और सुविधाएँ बेकार हो जायेंगी। क्यों ? इसलिए, कि कम्पनी निश्चय ही आन्दोलन ठण्डा पड़ने पर, इस या उस बहाने, छँटनी कर देगी, नये आदमी फिर उसी पगार पर रख लेगी और सुविधाएँ वापस ले लेगी। यदि आपकी यूनियन स्वीकृत होगी तो कम्पनी कभी यह अत्याचार न कर सकेगी। यूनियन को तसलीम कराने के लिए हमें, यदि ज़रूरत पड़े तो, स्ट्राइक तक के लिए भी तैयार रहना चाहिए और बिना इस पहली माँग की मंज़ूरी के इक्का-दुक्का तरक्कियों और सुविधाओं की परवाह न करनी चाहिए।

"दूसरी माँग में हमने बेसिक तनख़ाह में बढ़ौती चाही है। हमने माँगें तैयार करने को जो कमेटी बनायी थी, उसमें हर डिपार्टमेंट का एक-एक प्रतिनिधि था। कम्पनी के विभिन्न डिपार्टमेंटों में जो वेतन दिये जाते हैं, उनको हमने बड़े ध्यान से देखा है और हम इस नतीजे पर पहुँचे हैं कि ड्राइवर हो या क्लीनर, कण्डक्टर हो या इन्स्पेक्टर, मकैनिक हो या चौकीदार, उनकी कपड़े और रोटी की नितान्त आवश्यक ज़रूरतों को देखते हुए, वेतन बहुत कम हैं। इस सात-आठ वर्ष के अरसे में, जब कि कम्पनी का काम और लाभ कई गुना बढ़ गया है, नौकरों की पगार, उनके वेतन वही हैं। हमारी माँग यह है कि कर्मचारियों की बेसिक तनख़ाह में कम-से-कम २५ प्रतिशत बढ़ौती की जाय!

"तीसरी में हमने कन्फ़र्मेशन (confirmation) की माँग की है। चले हुए काम को उल्लू भी चला सकता है। पूँजीपतियों का यह आम कायदा है कि जब काम चल जाता है तो ये उन लोगों को, जिनके ख़ून-पसीने से काम जमता है, दूध की मक्खी की तरह निकाल बाहर करते हैं और अपने निकम्मे रिश्तेदार उनकी जगह भर लेते हैं। इसके अतिरिक्त कम्पनी के छोटे अफ़सर भी मज़दूरों को बड़ा परेशान करते हैं। कोई कितना भी अच्छा काम क्यों न करता हो, यदि किसी व्यक्तिगत कारण से मैनेजर या असिस्टेंट मैनेजर किसी से नाराज़ हो जाता है तो उसे निकाल कर अपना आदमी रख लेता है। जहाँ यूनियनें हैं, वे इस बुराई को रोकने के लिए इस बात की माँग करती हैं कि जो कर्मचारी छै महीने तक काम कर चुका हो, उसकी कन्फ़र्मेशन की जाये —उसे उसकी नौकरी पर पक्का किया जाये!

"चौथी में हमने पेन्शन की माँग की है। यह माँग कितनी उचित और आवश्यक है, इसे वर्कर्ज़ ही भली-भाँति जानते और समझते हैं। कम्पनी की नौकरी में उम्र भर हड्डियाँ

तुड़वाने के बाद बुढ़ापे में निकाले जाने वाले मज़दूर के सामने भीख माँगने के सिवा दूसरा कोई चारा नहीं रह जाता। इसलिए बड़ी कम्पनियों में प्रॉविडेंट-फ़ण्ड या पेन्शन की व्यवस्था रहती है। हमने प्रॉविडेंट-फ़ण्ड की माँग इसलिए नहीं की, कि जब तक मज़दूरों की शिक्षा-संस्कृति का स्तर बढ़ नहीं जाता प्रॉविडेंट-फ़ण्ड की बड़ी रकम लाभ के स्थान पर उन्हें नुकसान पहुँचाती है। हमारे नूरदीन ऐसे मित्र इतनी बड़ी रकम सप्ताह भर में सरक्युलर रोड, सब्जी-मण्डी या लंडा बाज़ार के शराबख़ानों की भेंट कर सकते हैं।"

इस पर मज़दूरों में हल्की-सी हँसी गूँजी। हरीश जी आगे बोलने ही वाले थे कि एक क्लीनर भागा-भागा आया और उसने यह ख़बर दी कि न केवल कम्पनी ने नूरदीन की डिमोशन रद्द कर दी है, बल्कि उसे प्रोमोट करके बड़ा इन्स्पेक्टर बना दिया है।

इस ख़बर से हॉल में एक सनसनी-सी फैल गयी और 'यूनियन ज़िन्दाबाद' के नारे लगाये जाने लगे।

हरीश जी ने भी इस पर प्रसन्नता प्रकट की और कहा कि ऐसा उन लोगों की संगठित शक्ति ही के कारण हुआ है। पर उन्होंने शंका भी प्रकट की कि शायद कम्पनी ने ऐसा उनमें फूट डालने के लिए किया है। उन्होंने समझाया कि जब तक उनकी यूनियन तसलीम नहीं की जाती और जो माँगें उन्होंने मैनेजमेंट के पास भेजी हैं, वे स्वीकार नहीं की जाती, उन्हें अपनी कोशिश में ढील नहीं देनी चाहिए।

"कुछ मज़दूर मित्रों ने मुझसे कहा है," हरीश जी अपनी बात जारी रखते हुए बोले, "कि हमारी माँगें सख़्त हैं, कम्पनी उन्हें कभी न मानेगी। मैं उन्हें विश्वास दिलाता हूँ कि यदि वे एक हो कर अपनी माँगों पर डटे रहेंगे और वक्त पड़ने पर स्ट्राइक करने और कुर्बानी देने को तैयार होंगे तो वे देखेंगे कि झख मार कर कम्पनी उन माँगों को स्वीकार करेगी। मैं अपने मज़दूर दोस्तों को बताना चाहता हूँ कि हमारी माँगें ज़रा भी सख़्त नहीं हैं। वे पूर्ण रूप से उचित और आवश्यक हैं। हमने कर्मचारियों की ज़रूरतों और कपड़े और अनाज की कीमतों को ध्यान में रख कर उन्हें तैयार किया है। आप लोग लगातार अपने मालिकों के अत्याचार सहते आये हैं। आपके लिए यह बात नयी है कि आप अपने अधिकारों के तौर पर काम की अच्छी सुविधाओं और अच्छे व्यवहार की माँग करें, इसलिए आपको ये माँगें सख़्त लगती हैं। पर यदि आप विदेशों में मज़दूरों की दशा की तुलना अपनी दशा से करें तो आपको मालूम होगा कि आपसे किस तरह पशुओं-जैसा सलूक किया जा रहा है।

"पाँचवीं माँग में हमने यह चाहा है," हरीश जी ने फिर अपनी माँगों को समझाते हुए कहा, "कि तरक्कियाँ सीनियॉरिटी अर्थात काल-ज्येष्ठता के हिसाब से हों। जो आदमी पहले से नौकरी करता है, उसको पहले तरक्की दी जाये। यह बात नहीं की जिसको मैनेजर चाहे नीचे से उठा कर ऊपर बैठा दे।...."

हरीश जी अभी यहाँ तक पहुँचे थे कि बाहर बारजे में खड़े किसी मज़दूर ने चिल्ला कर कहा कि नूरदीन और बाबू रामसहाई और कम्पनी के दूसरे क्लर्क आ रहे हैं।

जहाँ तक इस आन्दोलन का सम्बन्ध था, यद्यपि ड्राइवर, कण्डक्टर, क्लीनर और दूसरे मज़दूर हरीश जी के साथ थे, कम्पनी के क्लर्क दूर-दूर ही रहे थे। वे लोग यह तो

चाहते थे कि यूनियन उनके लिए लड़े, पर स्वयं वे खुल कर आन्दोलन में कोई भाग न लेना चाहते थे। इसलिए क्लर्कों के आने की बात सुन कर हरीश जी चौंके। लेकिन अभी वे सोच ही रहे थे कि किसी ने आ कर हरीश जी को बताया —मैनेजिंग डायरेक्टर ने यूनियन की सब माँगें स्वीकार कर ली हैं और बाबू रामसहाई और दूसरे क्लर्क भी यूनियन के मेम्बर बनेंगे। तभी विजेताओं की भाँति नूरदीन हॉल में दाख़िल हुआ। उसके गले में दो-तीन हार पड़े हुए थे, आँखें लाल थीं और मूँछें उठी हुई थीं। हॉल में आते ही उसने ज़ोर से नारा लगाया, "येलो बस यूनियन —"

और हॉल 'ज़िन्दाबाद' के नारों से गूँज उठा।

जब नारों का ज़ोर कुछ कम हुआ तो नूरदीन ने बताया कि मैनेजिंग डायरेक्टर यूनियन को तसलीम करने को तैयार है। उन्होंने नूरदीन से माफ़ी माँगी है और उसे इन्सपेक्टर बना दिया है। (यहाँ नूरदीन ने अपनी मूँछों को ताव देते हुए अपने बल, बुद्धि की प्रशंसा की और अपनी बीवी को भयानक गालियाँ दीं, जिस ने जा कर मैनेजिंग डायरेक्टर को परेशान किया) फिर उसने बताया कि किस तरह अपनी बेइज़्ज़ती का बदला लेने के लिए उसने कसम खायी थी, जो आज पूरी हुई। कम्पनी जिस मुलाज़िम के साथ बदसलूकी करेगी, वह (यहाँ उसने सीने पर हाथ मारा) उसका बदला लेने के लिए पहाड़ की तरह खड़ा हो जायेगा। (मज़दूरों ने 'नूरदीन ज़िन्दाबाद' के नारे लगाये) उनके शान्त होने पर उसने बताया कि मैनेजिंग डायरेक्टर ने नूरदीन से इच्छा प्रकट की है कि उनके सब मुलाज़िम यूनियन के मेम्बर हों और अपनी बेहतरी के काम को स्वयं अपने हाथ में लें। उन्होंने यह भी इच्छा प्रकट की है कि यूनियन के सदस्यों की एक कमेटी उनसे मिले और वे उनकी माँगों पर विचार करेंगे।

इस पर बहुत देर तक तालियाँ बजती रहीं और नारे लगाये जाते रहे।

इसके बाद बाबू रामसहाई खड़े हुए। उन्होंने मैनेजिंग डायरेक्टर की प्रशंसा की कि वे कितने दयावान और न्यायप्रिय हैं और नूरदीन की 'डिमोशन' भी उन्होंने नहीं, स्वयं बाबू रामसहाई ने ही की थी, क्योंकि वह सारी कमाई शराबख़ाने में उड़ा देता था। उनका ख़याल था कि इससे नूरदीन को समझ आयेगी। वास्तव में उसकी पूरी पगार उसे मिलती रही है; क्यों जितनी कटी, वह उसके घर जाती रही है। मैनेजिंग डायरेक्टर कभी स्वयं क्लर्क थे, वे क्लर्कों और मज़दूरों के हितों को अच्छी तरह समझते हैं। "आप लोग अपने प्रतिनिधि और नेता चुनिए।" उन्होंने सोत्साह कहा, "मैनेजिंग डायरेक्टर से मिल कर बात कीजिए, भगवान ने चाहा तो आपकी अधिकांश शिकायतें दूर हो जायेंगी।" और उन्होंने शोक प्रकट किया कि इतना शोर मचाने के बदले यदि वे उनसे कह देते तो वे पलक झपकते सब ठीक करवा देते। वे चाहे जनरल मैनेजर सही, पर हैं तो क्लर्क ही —ज़रा ऊँचे दर्जे के क्लर्क सही (वे ज़रा हँसे) इसलिए उन्हें मैनेजिंग डायरेक्टर के फ़ायदे से मुलाज़िमों का फ़ायदा ज़्यादा प्यारा है।

इस मरहले पर हरीश जी बोले :

"अच्छी बात है, मैं कल उनसे बात करूँगा। फिर हमारा प्रतिनिधि मण्डल उनसे मिल लेगा। मैं ज़रा जान लूँ कि वे हमारी माँगों को कहाँ तक मान सकते हैं। किन को मान सकते

हैं और किन को नहीं मान सकते।"

इस पर कई मज़दूरों ने 'ठीक है,' 'ठीक है' कह कर उनका समर्थन किया।

बाबू रामसहाई ने जैसे बड़े आश्चर्य से हरीश जी की ओर देखा, फिर बोले, "आप कौन हैं ? आप तो हमारी कम्पनी में नहीं हैं!"

"मैं यूनियन का सेक्रेट्री हूँ!"

"मैनेजिंग डायरेक्टर आप से बात नहीं कर सकते। वे अपने मुलाज़िमों से बड़े शौक से बात करने को तैयार हैं। उनकी माँगें पूरी करने को तैयार हैं। पर वे किसी बाहर वाले से बात करने को कभी तैयार न होंगे।"

"इन लोगों से वे क्या बात करेंगे ?" हरीश जी ने मुस्करा कर कहा, "इनको बड़ी आसानी से डरा-धमका या फुसला लेंगे। बात उनसे मैं ही करूँगा। मैं भी इन्हीं का प्रतिनिधि हूँ। इन्हीं द्वारा चुना मन्त्री हूँ।"

"आप घबराइए नहीं," नूरे ने मूँछों पर ताव देते हुए कहा, "मैं कल उनसे मिलूँगा। आप मेरे साथ कर दीजिए जिसे करना हो।"

"तुम्हें क्या मालूम है हाकिम से बात कैसे की जाती है," कलुआ बोला, "हमारी ओर से हरीश बाबू ही जायेंगे।"

"चुप रह ओए वड्डे चतुर देआ पुत्तरा।" नूरे ने तिनक कर कहा, "चौकीदारी करदेआँ ते हाकिम नू सलामाँ देंदियाँ तेरी सारी उमर बीत जाणी ऐं। तूँ अपने जेहा ही सब नूँ समझदा ऐं। असाँ किसे सामने झुकना नहीं जाणदे। गल्ल करन'च मुश्किल केहड़ी ऐ। हाकिम ऐ कि भूत ऐ।"[१]

"नहीं, यह बात नहीं," हरीश ने कहा, "उसमें कई तरह की कानूनी बातें हैं। तुम भी हमारे साथ चलना। लेकिन मुनासिब यही है कि यूनियन का सेकेट्री ही उनसे बात करे।"

"चोपड़ा साहब किसी बाहर वाले से बात न करेंगे और न ही बाहर की यूनियन को मानेंगे।" बाबू रामसहाई बोले।

"ते एहदे च केहड़ी गल्ल ऐ, मैं सेकट्री बन जान्दा हाँ," नूरे ने कहा और उसने मज़दूरों को सम्बोधन किया, "क्यों वई, जेहड़े समझदे हण कि मैं सेकट्री बन के मालकाँ नाल गल्ल कराँ, ओह इत्थ खड़े करण।"[२]

सभी क्लर्कों और कुछ दूसरे मज़दूरों ने हाथ खड़े कर दिये।

"इह समझ लओ कि मालक सिर्फ़ मेरे नाल गल्ल करण नूँ तैयार हण, ते मैं तुहाडियाँ सारियाँ माँगाँ पूरियाँ करा देणियाँ हण, ते बाहर वाली यूनियन नूँ मालिक मनन

---

१. चुप रह ओ बड़े चतुर के बच्चे। चौकीदारी करते और हाकिमों को सलामी देते तेरी सारी उम्र बीत जायेगी। तू अपने जैसा ही सब को समझता है। हम किसी के आगे झुकना नहीं जानते। बात करने में मुश्किल ही क्या है। हाकिम है कि कोई भूत है ?

२. तो इसमें क्या बात है —याने इसमें क्या मुश्किल है, मैं मन्त्री बन जाता हूँ। क्यों भई, जो समझते हैं कि मैं सेक्रेट्री बन कर मालिक से बात करूँ, वे हाथ खड़े करें

नहीं लग्गे।"[१]

कुछ और हाथ खड़े हो गये।

"हम हरीश जी को ही सेकट्री चाहते हैं।" कलुआ ने उठ कर कहा, "यह मालिक से बात करने गया और कहीं शराबख़ाने में जा कर सो गया तो हमारी सुध कौन लेगा।"

"अरे भाई, जल्दी क्या है।" हरीश ने दोनों पक्षों में बीच-बचाव करते हुए कहा, "हम कल वर्कर्ज़ की एक ख़ास मीटिंग बुलाते हैं। इस बात पर हम उस मीटिंग में सोच-विचार कर फ़ैसला कर लेंगे।"

लेकिन नूरे के सिर पर कलुआ की बात से जैसे जुनून सवार हो गया था। हाथ को ऊपर उठा कर उसने कहा कि जो उसकी लीडरी मानता हो, उसकी युनियन में आना चाहता हो, वह उसके साथ आ जाये। वह दिखा देगा कि हाकिम से वह अपनी बात मनवाता है या हरीश बाबू!

और बाबू रामसहाई और दूसरे क्लर्क ही उसके साथ न उतरे, बल्कि बहुत-से मज़दूरों को भी ले गये।

"आप फिकिर न करें बाबू जी, हम आपके साथ हैं और रहेंगे।" कलुआ ने सीने पर घूँसा मारते हुए कहा।

हरीश ने कलुआ की बात का उत्तर नहीं दिया। वे देर तक उस दरवाज़े की ओर देखते रहे, जहाँ से वे लोग निकल कर गये थे।

५४

जगमोहन सुबह-सुबह सैर से आया और उसने लस्सी के लिए दही का दोना भाभी को दिया तो उसकी भाभी ने कहा, "अभी सत्या आयी थी।"

"मैंने तो उससे कहा था कि वह यहाँ न आया करे!" जगमोहन ने झुँझला कर कहा।

"मैं तो जब से आयी हूँ, उसकी सूरत तक नहीं देखी," भाभी बोली, "अभी आयी थी और कहती थी सात-आठ दिन में उसकी शादी होने वाली है।"

जगमोहन ने कुछ उत्तर न दिया और मौन रूप से ऊपर अपने कमरे की ओर बढ़ा। सीढ़ियों से उसने भाभी की आवाज़ सुनी, "अभी वह फिर आयेगी!"

जगमोहन अपने कमरे में चला गया। पानी की बाल्टी भर कर उसने स्नान किया, कपड़े बदले और ऊपर से आवाज़ दी, "भाभी, मुझे लस्सी बना दो।" और जा कर चारपाई पर लेट गया। लेकिन लेटने से पहले उसने टॉल्स्टॉय का उपन्यास 'अन्ना कैरिनीना' उठा लिया और जहाँ से छोड़ा था, वहीं से पढ़ने लगा।

पर वह पढ़ नहीं पाया। 'किट्टी' के प्रति 'लेविन' और 'व्रौंस्की' के प्रति 'अन्ना' के

---

१. यह समझ लो कि मालिक सिर्फ़ मेरे साथ बात करने को तैयार हैं। मैं आपकी सब माँगें पूरी करा दूँगा। बाहर वाली यूनियन को मालिक तसलीम नहीं करेंगे

प्रेम की बात को सोचने लगा। यह कैसा प्रेम है जो आदमी को सब-कुछ भुला कर अपने ही में तल्लीन कर लेता है ? उसके प्रति सत्या का, और हरीश के प्रति दुरो का प्रेम भी क्या वैसा ही नहीं है —अन्धा और मुँह ज़ोर! स्वयं उसे क्यों वैसा प्रेम नहीं होता ? दुरो से उसे प्रेम सही, किन्तु क्या वह उसी प्रकार अन्धा है, उन्मादी है, जैसा कि उनका....कि तभी भाभी लस्सी ले कर आ गयी।

भाभी ने लस्सी का गिलास उसे देते हुए सत्या जी की बात चलायी, "क्यों जगमोहन, तुमने क्या सत्या को मना कर दिया है, वह कहीं दूसरी जगह क्यों शादी कर रही है ? तुमको तो वह पसन्द थी ना, क्यों नहीं तुमने उससे शादी कर ली ?"

जगमोहन ने कोई उत्तर नहीं दिया। उदास-सी मुस्कान उसके होंटों पर फैल गयी।

भाभी फिर बोली, "तुम्हारा मन होता तो मैं तुम्हारे भाई साहब को मना लेती, तुमने मुझसे कहा क्यों नहीं ?"

जगमोहन की मुस्कान थोड़ी-सी मुखर हुई, "अपना तो ख़र्च मुझसे उठाया नहीं जाता और मैं शादी कर लूँ!"

"सत्या पर तुम्हें क्या ख़र्च करना पड़ता ? उल्टे वह तुम्हारा ख़र्च बटाती। वह तो सोन-चिड़ी है।"

"पर वह सोने की चिड़िया, सोने का पिंजरा भी तो हो सकती है," जगमोहन ने कहा, "मेरी संगिनी ही कमाये और मैं अपनी ज़रूरतों के लिए उसी का मोहताज रहूँ, यह मुझे स्वीकार नहीं।"

"पर तुम भी तो कमाते।"

"मैं सत्या से शादी नहीं कर सकता भाभी।" जगमोहन बोला, "तुम ग़लत समझती हो, मुझे उससे प्रेम नहीं। होता भी तो अपनी इस आर्थिक स्थिति में मैं कभी शादी नहीं करता। चालीस-पचास की नौकरी मिली भी तो उससे क्या बनता है ? उसका वेतन भी कौन सौ-दो सौ है! मैं अभी कुछ पढ़ना और सीखना चाहता हूँ। क्लर्की की चक्की में पिस कर ख़त्म होना मुझे मंज़ूर नहीं।"

और वह एक ही साँस में लस्सी पी गया।

ख़ाली गिलास ले कर जब भाभी चली गयी तो जगमोहन मन-ही-मन हँसा। क्या उसने जो कहा है, वह ठीक था ? क्या आर्थिक कठिनाई ही उसके रास्ते की सबसे बड़ी दीवार थी ? कल यदि दुरो उससे विवाह का प्रस्ताव करे तो क्या वह आर्थिक कठिनाई का बहाना बनाये ? दिशाओं के बन्धन को तोड़ कर हहराने वाले तूफ़ान-सा वह उठे और आर्थिक कठिनाइयों के तृण-पात को अपने साथ उड़ा ले जाये! उसके मन का प्यार, उस प्यार की आकांक्षा, उस आकांक्षा का ज्वार जगे तो !!....जगमोहन ने लम्बी साँस ली। उसके प्यार का सागर तो सदा भाटे पर रहा, ज्वार उसने देखा ही कहाँ! उन्मत्त महोर्मियों का वह नर्तन, तट से वह उनका घोर घर्षण, उस घर्षण का शोर, उस शोर से गुँथी हुई-सी फेन की वह लम्बी दूधिया दीवार —इस ज्वार-हीन सागर ने वह सब कहाँ देखा ? इसका पानी तो तट की ओर बढ़ा ही नहीं। किनारे से बहुत दूर, बेबस अरमानों की निर्जीव ऊर्मियों को लिये, जैसे अपने ही में बँधा-रुका मौन पड़ा है।....जगमोहन बेचैन-सा कमरे में घूमने

लगा....दरवाज़े से दीवार तक, दीवार से फिर दरवाज़े तक। 'लेविन' और 'व्रौंस्की,' 'अन्ना' और 'किट्टी' और उनका वह सागर के ज्वार-सा प्यार....कहाँ है....

....पर सत्या जी का प्यार क्या वैसा नहीं ? कमरे की दीवार के पास पहुँच कर उसने सिर को झटका दिया। 'हटाओ, जिस गाँव जाना नहीं, उसकी सोच काहे करना!' और उसके जी में आयी कि चले कुछ समय चातक जी के यहाँ गुज़ारे और उनकी कविताओं में दिमाग़ की इस परेशानी को भुला दे! वह मुड़ा कि उसने देखा सत्या जी सामने चौखट में खड़ी हैं। जगमोहन न चाहता था कि उसकी आँखों में आक्रोश आये, पर उस सबके बाद जो सत्या जी और उसमें घटा था, उनके इस आगमन पर आक्रोश की उस क्षीण-सी रेखा का उसकी आँखों में आ जाना अनिवार्य था, स्वाभाविक था, इसलिए वह रेखा अपने आप, अनचाहे, अनजाने, अनपेक्ष उसकी आँखों में आ गयी।

सत्या जी के मुख का रंग उस दृष्टि के परस से एकदम सफ़ेद हो गया। फिर उनके मुख पर शिशिर के सूरज की-सी मुस्कान छा गयी। दो पग वे आगे बढ़ आयीं, तब जगमोहन सँभला। कुर्सी घसीट कर उसने आगे रखी, "आइए, आइए, बैठिए!" उसने बढ़ कर कहा। और उनके बैठ जाने पर स्वयं भी बैठ गया।

०

सत्या जी उस दिन दस-बारह घण्टे बैठीं। जगमोहन ने उन्हें जाने को नहीं कहा। इस ख़बर के बाद कि उनकी सगाई हो गयी है, वह आश्वस्त हो गया था। वह एक बार फिर पहले की तरह उनके लिए लस्सी बनाने को दही लाया; खाना भी उसने उन्हें वहीं खिलाया; वह उनसे बातें भी करता रहा; किन्तु उस अन्तर को, जो उसने उनमें और अपने आप में पैदा कर लिया था, उसने रंच-मात्र भी कम नहीं होने दिया।

वे चली गयीं और वह उन्हें होतूसिंह रोड तक छोड़ आया तो सहसा उसका मन भारी हो गया। उसे लगा कि उसके व्यवहार में कहीं फूहड़ता थी; कि उसे उनसे वैसा व्यवहार न करना चाहिए था; कि उसे उतना निर्मम न होना चाहिए था। वह मुक्त हो गया है, वे उसे अपने साथ विवाह के बन्धन बाँधने की सारी कोशिशों, समस्त सूक्ष्म प्रयत्नों के बावजूद सफल नहीं हो सकीं, वह नहीं बहा, नहीं झुका, इस बात की उसे ख़ुशी थी। वह आश्वस्त था। पर जैसे रसोईघरों का धुँआ झड़ी के बरसते पानी में आकाश के विस्तार में खो जाने के बदले, धीरे-धीरे बरसती बूँदियों में दबा-दबा, अपनी जगह बनाता, रेंगता हुआ-सा बढ़ता है, जगमोहन के मन में उस उल्लास, उस आश्वासन, उस मुक्ति के एहसास के नीचे अपनी फूहड़ता और अपनी निर्ममता का ख़याल धीरे-धीरे, रेंगता हुआ, बढ़ने लगा। यहाँ तक कि वह उसके मन के आकाश पर छा गया।

सत्या जी वास्तव में एक और कोशिश कर देखने आयी थीं, पर वह तो पहले ही से सतर्क बैठा था, इसलिए उनके सब पैंतरे बेकार गये थे।....पर क्या वे पैंतरे थे ? उसने सोचा....क्या वह सब डूबते हुए आदमी का किनारे के लिए छटपटाना भर न था ? और जगमोहन का दिल डूबने-सा लगा। बोझ का वह एहसास कई गुना ज़्यादा हो कर उसकी आत्मा को दबाने लगा।

०

....कुर्सी पर बैठते ही हँसते-हँसते सत्या जी ने बताया था कि उन्होंने उसकी बात मान ली है। उनकी सगाई हो गयी है।

"पर इतनी जल्दी ?" उसने चकित हो कर पूछा था।

"आप ने कहा जो था।" वे बोलीं।

जगमोहन क्षण भर चुप रहा। फिर उसने पूछा, "कहाँ हुई सगाई ?"

"अफ़्रीका।"

"अफ़्रीका!" जगमोहन के स्वर में आश्चर्य की मात्रा और भी अधिक थी, "वहाँ कैसे तय हो गयी इतनी जल्दी ?"

"वे यहाँ आये हुए हैं।"

"इसी ग़रज़ से ?"

"हाँ।"

"आते ही सफलता मिली उन्हें!"

"सफलता पाये बिना वे जाते जो नहीं!"

"आप का कैसे पता पा गये ?"

"ट्रिब्यून में विज्ञापन दिया था उन्होंने। पिता जी उनसे मिले थे। दो-एक दिन से पूछ भी रहे थे। मैं चाहती न थी। आप ने कहा तो मैंने हाँ कर दी।"

उनके स्वर में कुछ ऐसा था जो उसके हृदय में दूर तक उतरता चला गया। वह खिन्नता से हँसा, "पर मैंने अफ़्रीका शादी करने के लिए कब कहा था ?"

"अफ़्रीका क्या और अमरीका क्या!" उन्होंने हल्की-सी लम्बी साँस भर कर कहा था, "जब यहाँ नहीं रहना तो सब जगहें बराबर हैं।"

जगमोहन के कण्ठ में कुछ गोला-सा उठा, पर उसे दबाता हुआ वह खोखली-सी हँसी हँसा। "हाँ, हाँ, आप ठीक कहती हैं।" उसने कहा और यों हँसी के इस आवरण से उसने अपने हृदय को भीगने से बचा लिया।

०

....फिर सत्या जी ने वैसे ही अवसाद भरे स्वर में हँसते-हँसते बताया था कि उन्होंने तो अपने होने वाले पति को देखा भी नहीं।

"पर क्यों ?" जगमोहन ने कहा था।

"क्या लाभ ?" उन्होंने थके उदास स्वर में उत्तर दिया।

तब वह क्या कहे, जगमोहन तय न कर पाया। "आप को देख अवश्य लेना चाहिए था!" उसने योंही कहा।

"क्या लाभ ?" सत्या जी ने वैसे ही अनमने भाव से दोहरा दिया और जगमोहन के हृदय में एक और कचोका लगा।

"आप देख आइए!" कुछ क्षण बाद सत्या जी ने कहा था, "मुझसे नहीं बनता।"

"उन्होंने भी आप को नहीं देखा ?" उत्तर न दे कर जगमोहन ने पूछा।

"नहीं, उन्होंने शायद मुझे देख कर ही हाँ की है।" सत्या जी बोलीं, "खादी भण्डार

में पिता जी मुझे सामान ख़रीदने के बहाने ले गये थे। वहीं मेजर साहब भी थे। मुझे पिता जी ने संकेत भी किया, पर मेरी तो आँखें नहीं उठीं।"

"लेकिन आप की चाची अथवा दुरो ने तो उन्हें देखा होगा। दुरो भी गयी थी ?"

"उन्हें तो कुछ बहुत अच्छे नहीं लगे। वे तो कहती हैं कि उम्र ज़्यादा है, बहुत मोटे हैं, शायद किसी आँख में भी दोष हो। गहरा चश्मा पहने थे।" और फिर बड़े अनुरोध भरे स्वर में उन्होंने जगमोहन से कहा, "आप देख आइए!"

निमिष भर के लिए जगमोहन ने सोचा —-वह जाये, देख आये! पर दूसरे क्षण उसे ख़याल आया कि यदि अफ़्रीका से विवाह-हेतु आने वाला वह व्यक्ति मोटा, भद्दा, कुरूप भी हुआ तो क्या होगा ? वह क्या कर सकता है ? सत्या जी तो अपने होने वाले पति के भद्देपन की बात जानती ही हैं! फिर उसे देखने जाने का लाभ ? सहसा उसने कहा :

"पर सगाई तो आप की हो गयी।"

"नहीं, यदि पिता जी से मैं कह दूँ तो टूट भी सकती है।"

"तो कह दीजिए!"

"आप देख आइए एक बार।"

जगमोहन चुप रहा।

"पिता जी कहते थे कि यदि तुम किसी दूसरी जगह चाहो तो वहाँ कर दें। प्रोफ़ेसर स्वरूप ने दो हज़ार रुपये दे दिये हैं। पिता जी ने वे शादी के लिए अलग रख दिये हैं।"

जगमोहन चुप रहा।

"अब तो यहाँ शादी हो ही रही है," सत्या जी ने कहा, "ये लोग बड़े धनी हैं, पर यदि मैं कहीं दूसरी जगह शादी करूँ, तो पिता जी मुझे दो हज़ार नकद भी देने को तैयार हैं।"

जगमोहन चुप रहा। दो हज़ार की रकम उसके लिए बड़ी थी। पर किस कीमत पर....कल्पना-मात्र से उसके शरीर में झुरझुरी-सी दौड़ गयी।

"आप एक बार ज़रा देख आइए।"

"देखिए सत्या जी," सहसा जगमोहन बोला, "मैंने आप से यह नहीं कहा कि आप जा कर कुएँ में छलाँग मार दीजिए। मैंने आप ही के हित के लिए कहा था। मैं पुरुष हूँ और इस समाज में पुरुष के सात ख़ून माफ़ हैं। आपके पिता उदार सही, पर जिस स्थिति में उन्होंने आप की माँ को सहायता का वचन दिया था, उस स्थिति में आप को देख कर शायद वे भी आप की सहायता न कर सकते। इसलिए मैंने आप को रोका था। आप मेरा ख़याल छोड़, अपने जीवन को सफल बनाइए। आप को यहाँ पसन्द नहीं तो इस रिश्ते को छोड़ दीजिए। इत्मीनान के साथ अपना जीवन-साथी चुनिए।"

सत्या जी ने जैसे यह सब नहीं सुना। "आप एक बार देख तो आइए!" उन्होंने फिर अनुरोध किया।

जगमोहन समझ गया। शायद सत्या जी जिससे शादी करने जा रही हैं, वह बहुत कुरूप है। सत्या जी को पूरा विश्वास है कि जगमोहन उसे देखेगा तो उनसे अनुरोध करेगा कि वहाँ शादी न करें और वह अन्तर, जो दोनों के मध्य आ गया है, अपनत्व भरे उस

अनुरोध के बाद धीरे-धीरे मिट जायेगा —न, वह ऐसा नहीं करेगा....वह चुप बैठा रहा। तभी उसने सोचा, शायद सत्या जी ने निराशा-जनित क्रोध के आवेग में अपने पिता को वहाँ शादी करने की अनुमति दे दी है और अब उस बन्धन से निकलना चाहती हैं। क्यों न वह उनके भावी पति को देख आये और उन्हें उस बन्धन से मुक्त होने में सहायता दे....लेकिन उन्हें उस बन्धन से निकालने का मतलब —विशेषकर उसके लिए —स्वयं उसमें फँसना था!....न, वह यह नहीं कर सकता! वह चुप बैठा रहा। फिर उसने सिर्फ़ इतना कहा, "मैं जा कर क्या करूँगा। जब दुरो कहती है कि ठीक नहीं, तब आप क्यों कर रही हैं ? छोड़ दीजिए, यों आत्महत्या करने से लाभ ?"

"कर पाती तो अच्छा होता," सत्या जी ने कहा, "वही तो नहीं कर सकी।"

और उन्होंने बताया कि किस प्रकार पिछली शाम वे रावी पर गयी थीं। रावी का पानी, जो सर्दियों में एक क्षीण-सी रेखा में, मरियल साँप-सा लेटा रहता है, शेषनाग-सा फुफकारें मार रहा था। वे पुल पर इधर-से-उधर दो-तीन बार गयीं। पानी का बहाव इतना प्रबल था कि पुल काँप रहा था। वे कूद पातीं तो सब परेशानियों, लांछनों, कलंकों से सदा के लिए निष्कृति पा लेतीं। लेकिन चढ़ी हुई रावी को देखने इतने लोग गये हुए थे कि उन्हें साहस नहीं हुआ। एक बार वे बढ़ीं तो एक आदमी ने खींच कर उन्हें परे हटा दिया कि गिर जाओगी बीबी, दूर से देखो! फिर जब उन्होंने कोशिश की तो पानी की लहरें जैसे उछल कर उन्हें पीछे फेंकने को बढ़ीं —उन्हें लगा कि वे कूदीं तो शायद लहरें उठा कर उन्हें बाहर पटक देंगी....और सत्या जी जैसे गयी थीं, चुपचाप चली आयीं। वे मुक्ति चाहती हैं, पर शायद उनकी किस्मत में इसी तरह घिसटना लिखा है....सो वे अपनी नियति से नहीं लड़ेंगी....यदि उनके भाग्य में अफ़्रीका ही जाना लिखा है तो जायेंगी।

जगमोहन के हृदय में फिर दूर तक कुछ धँसता चला गया। पर उस 'कुछ' को हृदय में पैठने का अवसर उसने नहीं दिया...."मुझे आप से हमदर्दी है," उसने कहा, "मैं आपकी इज़्ज़त भी करता हूँ। पर हम मिल कर सफल जीवन न बिता सकेंगे, इसका मुझे पूरा विश्वास है। आप मेरा ख़याल छोड़ दीजिए। मैं नहीं कहता, आप यहीं शादी कीजिए। पर यदि आप करें तो उसे सफल बनाइए!"

....और उसने आन्तरिक सौन्दर्य पर एक छोटा-मोटा भाषण दे डाला। वह क्या बक रहा है, वह स्वयं न समझता था, पर वह चुप रह कर हारना न चाहता था। वह उदासी, जो सत्या जी की कर्कश आकृति को विचित्र प्रकार से दयनीय बनाये हुए थी, वह अवसाद, जो उनके स्वर को कुछ अजीब-सी नुकीली आर्द्रता दे रहा था, जगमोहन के सयत्न कठोर बनाये हुए हृदय को छेदे जा रहा था। वह छिदा कि ख़त्म हुआ! यह नारी, जो इतने दिन से उसके गिर्द मकड़ी का जाला बुने जा रही है, उस की सारी प्रतिभा का रक्त चूस जायेगी। एक अनचाहे रंग को निबाहने के लिए वह बाध्य हो जायेगा और उसे जीवन भर बाध्य रहना पड़ेगा....और वह बके जा रहा था और इस प्रयास से उस निश्तर को अपने हृदय पर प्रहार करने से रोक रहा था।

"जो बाहर से सुन्दर लगते हैं, वे अन्दर से कितने कुरूप हो सकते हैं, सत्या जी, यह आप नहीं जानतीं," वह कह रहा था, "और बाहर से उतने सुन्दर न दिखायी देने वालों के सीने में प्रायः सोने का दिल होता है। अपने रूप की बदौलत नहीं, उस हृदय के सौन्दर्य

की बदौलत वे अपने संगी का मन जीत लेते हैं। मैं न विद्वान हूँ, न उपदेशक, पर मैं आप से यही कहूँगा कि आप यदि वहीं विवाह करने जा रही हैं तो अपने पति को अपनी पूरी वफ़ादारी दीजिए! मुझे आशा है, आपका जीवन सफल होगा और कभी यह ख़याल भी न रहेगा कि आपने मुझ-जैसे निकम्मे, बेकार और अयोग्य व्यक्ति का संग चाहा था।"

सत्या जी की दृष्टि निरन्तर उस पर जमी थी, उनकी आँखें सजल हो गयीं और दरवाज़े के प्रकाश में चमक उठी थीं। सहसा जगमोहन की दृष्टि उन चमकती पनियारी आँखों पर गयी और अपनी वक्तृता का क्रम वह भूल गया और सहसा रुक गया।

वे कुछ आगे झुकीं, "बहुत देर से बैठी हूँ," उन्होंने कहा, "अब जाऊँगी। सारा दिन मैंने यहीं बिता दिया।"

लेकिन वे उठीं नहीं। पूर्ववत बैठी रहीं। फिर ज़रा और आगे झुक कर और पानी से झिलमिल आँखों से उसकी ओर देखते हुए और भी धीमे, आर्द्र स्वर में उन्होंने कहा, "अच्छा, आप मेरी एक बात मानेंगे ?"

जगमोहन ने आँखें उठायीं।

"मेरी शादी पर आयेंगे ?"

जगमोहन की दृष्टि उनसे मिली। उसे लगा कि यदि वह कुछ क्षण और उसी स्थिति में बैठा रहा तो अपने आप को संयत न रख पायेगा। ज़रा भी लड़खड़ाया कि बह जायेगा, फिर वह कुछ न कर पायेगा। और वह उठा और कमरे में घूमने लगा और चुप रहने के बदले बोलने लगा :

"यदि मैं कहूँ कि मैं आप की शादी में शामिल होना चाहता हूँ तो ग़लत न होगा," उसने कहा, "पर मैं हूँगा नहीं। मैं नहीं चाहता कि पिछला कोई तार आप को बाँधे रखे। आप अपने विगत से अपने आपको एकदम तोड़ कर, नयी धरती पर अपने पाँव जमाइए, बढ़िए, फूलिए, फलिए! आप का जीवन सुखी हो, इसकी मैं कामना करता हूँ! मैं आप की शादी में शामिल न हूँगा; न आपसे मिलूँगा; आप भी अब मुझ से न मिलिए; न पत्र लिखिए। तभी आप सुखी हो सकेंगी।"

सत्या जी उठी थीं। जगमोहन के जी में आयी, वह उनसे अपने इस फूहड़पने के लिए माफ़ी माँग ले, पर उसने कुछ नहीं कहा। वह उन्हें सीढ़ियों तक छोड़ने गया। भाभी रसोईघर में न थीं, सत्या जी ने उनसे मिलना ज़रूरी नहीं समझा। नीचे जा कर उन्होंने कहा, "अब आप जाइए। मेरी कोई ग़लती हो तो माफ़ कर दीजिएगा!"

तब फिर जगमोहन के मन में आया कि अपने व्यवहार के लिए क्षमा माँगे, पर क्षमा माँगने के बदले उसने कहा, "चलिए, मैं होतूसिंह रोड तक आप को छोड़ आता हूँ।"

०

अपने कमरे में पहुँच कर उसका मन और भी भारी हो गया। अपने इस फूहड़पने के लिए उसे उनसे क्षमा माँग लेनी चाहिए थी —बार-बार यही विचार उसके मन में आता —वह कमरे से बाहर छत पर आ गया। बाहर मालिक-मकान सूट-बूट पहन कर कहीं जाने को प्रस्तुत थे।

"किधर चल दिये बाबू जी ?" उसने योंही पूछा।

"मोरी दरवाज़े जलसा हो रहा है न, बूचड़ख़ाने के ख़िलाफ़।" बाबू जी ने कहा और फिर मकान की ओर देख कर उन्होंने अपनी पत्नी और पुत्री को जल्दी आने का आदेश दिया।

तब जगमोहन को ख़याल आया कि उसे जल्दी तैयार हो कर चल देना चाहिए। बूचड़खाना-आन्दोलन के सिलसिले में मोरी दरवाज़े के बाहर बड़ी भारी मीटिंग होने जा रही थी। हरीश और दुरो तो उसमें व्यस्त होंगे, उसे समय से कमर्शल बिल्डिंग्ज़ पहुँचना चाहिए, ताकि यदि कोई साँझ के स्कूल में पढ़ने आये तो निराश वापस न जाये।

वह नहा-धो कर तैयार हुआ, पर जब नीचे उतरा तो उसने सोचा कि सीधे कमर्शल बिल्डिंग्ज़ पहुँचने के बदले वह पहले मोरी दरवाज़े जाये, कुछ क्षण जलसे का रंग-ढंग देखे, फिर अनारकली की सैर करता कमर्शल बिल्डिंग्ज़ पहुँचे। समय अभी काफ़ी था, इसीलिए वह घोड़ा हस्पताल की ओर चल दिया।

५५

मोरी दरवाज़े के बाहर म्युनिसिपल गार्डन्ज़ में बड़ी भीड़ थी। वह इतना लम्बा आयताकार मैदान खचाखच भरा हुआ था। भाटी दरवाज़े की ओर बड़ा ऊँचा मंच बना था और बिजली के हण्डों और लाउड स्पीकरों का समुचित प्रबन्ध था। जगमोहन को रास्ते में एक ताँगा मिल गया था। घास मण्डी के सिरे पर वह उतरा और सभा-स्थल की ओर बढ़ा। तभी उसने गनपत रोड की ओर से एक जुलूस आते देखा और उसकी दृष्टि मैदान में इकट्ठे होने वाले उस अपार जन-समूह की ओर गयी।

शाम के साये काफ़ी बढ़ आये थे, पर डूबते हुए सूरज की किरणें दिन के शव से अभी चिमटी थीं। सड़कों पर हल्का-हल्का उजेला था, लेकिन बत्तियाँ जल उठी थीं। जगमोहन जुलूस के साथ मैदान की ओर बढ़ा। बिजली के हण्डे जगमगा रहे थे और सजे हुए मंच पर कांग्रेस के एक बड़े नेता गहर-गम्भीर वाणी में भाषण दे रहे थे। मैदान के पास पहुँच कर जुलूस के फन से नारे के रूप में एक फुँकार उठी, जो उसकी दुम तक सरसराती चली गयी और जैसे साँप घास में सरक कर गुम हो जाता है, वह जुलूस उस जन-समूह में चुपचाप समा गया।

वह इतनी बड़ी विरोध-सभा केवल कांग्रेस की न थी। सरकार के साथ सहयोग के उस काल में, जब अन्य प्रान्तों में कांग्रेस ने मन्त्रिमण्डल बना लिये थे और पंजाब विधान-सभा के विरोधी-दल में भी और आम लोगों में भी अफ़वाह थी कि उसके नेता और सदस्य चाहे बाहर से कितना सरकार का विरोध करें, व्यक्तिगत स्वार्थों के लिए सर सिकन्दर के कृतज्ञ हैं, पंजाब में कांग्रेस की साधारण सभाओं में उतनी भीड़ न होती थी। इस सभा का आयोजन चाहे कांग्रेस-पार्टी ने किया हो, पर उसे आर्यसमाज, हिन्दू-महासभा, सनातन धर्म प्रतिनिधि सभा —सबका सहयोग प्राप्त था। यों कहना चाहिए कि लाहौर में

उस बूचड़ख़ाने के विरुद्ध हिन्दुओं में क्रोध की जो लहर उठी थी, उसे कांग्रेस ने सरकार का विरोध करने के लिए अपना वाहन बना लिया था।

नेता उस समय कुछ आँकड़े दे कर समझा रहे थे कि उस सरकारी बूचड़ख़ाने में रोज़ कितनी गायें (और बैल) ज़िबह किये जायेंगे, हफ़्ते में कितने और साल में कितने ? उनका कहना था कि भारत देश जहाँ कभी दूध की नदियाँ बहती थीं, दूध की सूरत तक को तरस जायेगा। यह मामला उनके ख़याल में न धार्मिक था, न साम्प्रदायिक, यह केवल सामाजिक था। समाज के स्वास्थ्य का इससे सम्बन्ध था। आने वाली पौध के स्वास्थ्य का इससे सम्बन्ध था।

"हमें बताया जाता है," उन्होंने अपनी आवाज़ को किंचित ऊँचा करते हुए कहा, "कि बूचड़ख़ाने के साथ एक बड़ा डेयरी फ़ार्म भी होगा और वहाँ गाय, बैल, बकरी, बकरे पाले जायेंगे और उन्हीं को वहाँ ज़िबह किया जायेगा। पर हम जानते हैं कि जब लड़ाई शुरू होगी —यह बूचड़ख़ाना दरअसल लड़ाई के दिनों में मांसाहारी अंग्रेज़ी सेना को गोश्त पहुँचाने के लिए बनाया जा रहा है —तो ग़रीब लोग, कीमतों में आसमान छू लेने से अपने दूध देने वाले जानवर ले जा कर वहाँ बेच देंगे। हमारे बच्चों के मुँह से न केवल दूध छिन जायेगा, बल्कि हमारी रोटी भी छिन जायेगी, क्योंकि हमारी काश्त की रीढ़ हमारे हलों को चलाने वाले बैल भी धीरे-धीरे वहीं जा पहुँचेंगे और बिजली की मदद से क्षणों में सैकड़ों के सिर अलग कर देने वाले छुरों का शिकार हो जायेंगे। हिन्दू ही नहीं, हमारे देश के मुसलमान भी उतना ही नुकसान उठायेंगे। फिर कौन जान सकता है कि इस बूचड़ख़ाने में सुअर न मारे जायेंगे और उनका गोश्त प्रिज़र्व न किया जायेगा।"

तब समूह में एक क्रोध की लहर दौड़ गयी और 'शेम, शेम' और 'सिकन्दर हयात मिनिस्ट्री मुर्दाबाद' के नारे फ़िज़ा में गूँज उठे।

इसके बाद नेता ने बताया कि किस प्रकार अंग्रेज़ों ने पहले ही हमारी कृषि को नहीं बढ़ने दिया। हमारी खेती-बाड़ी का तरीका सदियों पुराना है। अंग्रेज़ नहीं चाहते कि हमारे उद्योग-धन्धे बढ़ें, हमारी खेती बढ़े और हम आत्म-निर्भर हो कर इंग्लिस्तान का मुकाबला करें। यदि हमने यहाँ बूचड़ख़ाना बनने दिया तो दूसरे सूबों में भी, जहाँ कांग्रेस की सरकारें नहीं हैं, ऐसे बूचड़ख़ाने बन जायेंगे। हमारी गायें और बैल हज़ारों की संख्या में वहाँ कटेंगे और हम बिलकुल अपाहिज हो कर रह जायेंगे। यही कारण है कि कांग्रेस ने इस आन्दोलन का साथ दिया है। उन्होंने इस बात पर दुख प्रकट किया कि हिंस्रता, निमर्मता और निर्दयता का ऐसा अड्डा बनाने का काम हरमन मोहता (महता) की हिन्दू फ़र्म ने लिया है। सभा में 'शेम, शेम' के नारों के थमने के बाद उन्होंने घोषणा की कि उनके ज़ोर देने पर हिन्दू कम्पनी ने पेशगी सरकार को लौटा दी है और बूचड़ख़ाना बनाने से इनकार कर दिया है। इस पर सभा भर में अनायास तालियाँ गूँज उठीं और 'हरमन मोहता ज़िन्दाबाद' के नारे लगाये गये।

"लेकिन इस कम्पनी के इनकार करने पर," नेता ने कहा, "कोई और ठेका ले लेगा —कोई अंग्रेज़, कोई ईसाई, कोई मुसलमान! हमें चाहिए कि हम इस आन्दोलन को साम्प्रदायिक न बनायें और इसमें ऐसी शक्ति भर दें कि सरकार को अपनी यह ख़ूनी स्कीम वापस लेनी पड़े।"

इस पर नेता के पीछे बैठे किसी व्यक्ति ने एक चिट उनके हाथ में थमा दी और उन्होंने पढ़ कर ऐलान किया, "येलो बस सर्विस के मैनेजिंग डायरेक्टर श्री चोपड़ा दो हज़ार की रकम आन्दोलन के लिए दान देते हैं।"

सभा में तालियाँ गूँज उठीं। श्री चोपड़ा क्षण भर को उठे। जगमोहन चकित रह गया जब उसने सूट-हैट के बदले उन्हें दूध जैसी खादी के लिबास में आवृत देखा। चोपड़ा के पीछे मंच पर ही उसे खादी के वस्त्रों में सुसज्जित सरदार हरनाम सिंह और रौशनलाल भी दिखायी दिये। चोपड़ा साहब ने सभा के सामने विनम्रता से हाथ जोड़ दिये और बैठ गये।

सभा में फिर तालियाँ गूँज उठीं। तभी जगमोहन को ख़याल आया कि उसे तो साँझ के स्कूल में पहुँचना है —दुरो ने कहा था कि उसे और हरीश जी को मोरी दरवाज़े की मीटिंग का प्रबन्ध सँभालना है इसलिए जगमोहन समय से कमर्शल बिलडिंग्ज़ पहुँच जाय! यह ध्यान आते ही वह पीछे को मुड़ा। बड़ी कठिनाई से बाहर निकला, क्योंकि तब तक न जाने कितने छोटे-बड़े जलूस आ कर उस जन-समूह में समा गये थे। सड़क पर मोटरों का ताँता लगा था और रास्ता बिलकुल बन्द था।

'इस सभा को देख कर मालूम होता है कि हाँ, काँग्रेस भी साँस ले रही है,' उसने मन-ही-मन कहा, 'नहीं, जब से उसने अपने मन्त्रिमण्डल बनाये हैं, ऐसा लगता है (कम-से-कम पंजाब में, उसने मन ही में सुधार किया) जैसे वह कुम्भकरण की नींद सो गयी है।'

अनारकली पूरी बहार पर थी। वहाँ सभा में तो लगता था जैसे बाज़ार बन्द हो गये हैं और बुद्ध और गाँधी के देश में बूचड़ख़ाने जैसी संस्था को मिटाने के लिए लोग सभास्थल की ओर भागे जा रहे हैं, पर सभास्थल से कुछ ही अन्तर पर यहाँ अनारकली में इस बात का आभास मात्र भी न था कि कहीं निकट ही कोई महत्वपूर्ण सभा भी हो रही है, जिसमें एक-दूसरे की जेबें ही नहीं, वक्त पड़ने पर गला तक काट देने वाले लोग निरीह पशुओं की जान बचाने की चिन्ता में पसीने-पसीने हो रहे हैं। क्रय-विक्रय उसी निष्ठा से जारी था, अपनी धुन में मस्त लोग इधर-से-उधर आ-जा रहे थे। शोर-शराबा, हँसी-ठहाके, गहमा-गहमी —कान पड़ी आवाज़ सुनायी न दे रही थी और भीड़ के कारण बाज़ार से गुज़रना कठिन था —साड़ियाँ, सूट, तहमदें, पाजामे, शलवारें, ग़रारे —हर लिबास जैसे एक न ख़त्म होने वाली शोभा-यात्रा के रूप में आँखों को लुभा रहा था। 'बूचड़ख़ाने का ठेका लेने वाले सेठ हरमन मोहता और अनारकली के इन दुकानदारों में क्या अन्तर है ?' जगमोहन ने सोचा, 'शायद इन में से एक भी ऐसा न हो, जो रुपये, आने, पाई को छोड़ बेचारी गौ या उससे भी बेचारे किसान की चिन्ता कर रहा हो।' हरमन मोहता का ध्यान आ जाने से वह हँसा, 'क्या यह विडम्बना नहीं कि माँस छोड़ प्याज़ को भी छूने से परहेज़ करने वाला गुजराती या मारवाड़ी उस बिजली से चलने वाले बूचड़ख़ाने का ठेका ले, जहाँ सहस्रों पशु रोज़ ज़िबह किये जाने वाले हों और उनके गोश्त को ख़राब होने से बचाने के लिए कोल्ड-स्टोरेज का प्रबन्ध हो और उनके रक्त को खाद्य-सामग्री में परिवर्तित करने और उनकी खालों को साफ़ कर काम में आने लायक बनाने के लिए मशीनें लगने वाली हों!' हरमन मोहता से हट कर उसका ध्यान चोपड़ा साहब और उन दूसरे पूँजीपतियों की ओर चला गया, जो धन से कांग्रेस की सहायता कर रहे थे। 'जिस प्रकार हिन्दुओं के इस

आन्दोलन को कांग्रेस ने अपने हित के लिए मोड़ लिया है, कांग्रेस के इस आन्दोलन को पूँजीपति क्या अपने हित में न मोड़ लेंगे ?' उसने सोचा, 'ये लोग, जो रुपया कमाने के लिए अपने धर्म, विश्वास, रीति-नीति को छोड़ सकते हैं, सत्ता पाने पर क्या ये सब गाँधी और अहिंसा के भक्त बने रहेंगे, किसानों और मज़दूरों को सचमुच लाभ पहुँचायेंगे और देश में जनता का राज्य कायम करेंगे और ये मिनिस्टर, जो ५०० रुपया महीना वेतन ले कर अपने त्याग का ढिंढोरा पीट रहे हैं, क्या अंग्रेज़ों के जाने के बाद भी ऐसे ही त्यागी बने रहेंगे ?'

और इन्हीं आशंकाओं में डूबता-उतराता वह कमर्शल बिल्डिंग्ज़ पहुँच गया। उसे भय था कि शायद उसे बहुत देर हो गयी, लेकिन जब हॉल में उसे कोई भी दिखायी न दिया तो उसने सुख की साँस ली।

०

जहाँ तक 'येलो बस सर्विस यूनियन' के उस आन्दोलन का सम्बन्ध है, जगमोहन की स्थिति एक दर्शक की-सी थी। राजनीति और समाजशास्त्र के उस विशाल सागर के किनारे घुटनों तक पानी में खड़े उस व्यक्ति ऐसा वह लहरों को निरख रहा था, जो अपनी उदासी के क्षणों में तैरना तो चाहे, पर जिसे लहरों की गतिविधि और उनमें तैरने की कला का कुछ भी ज्ञान न हो।

दुरो के कहने पर वह साँझ के स्कूल में पढ़ाने भी लगा था, हरीश के साथ वर्कर्ज़ के घरों में जाने और उनकी सभाओं में भाग भी लेने लगा था, पर उसकी वह सब सरगर्मी उस समय अपनी कटु आर्थिक स्थिति, शिक्षा-प्राप्ति के मार्ग की बाधाओं, प्रोफ़ेसर बैजनाथ और उनकी श्रीमती के दुर्व्यवहार और सत्या जी के जोंक-सरीखे प्रेम से उसके पलायन के फ़लस्वरूप ही थी। पर वह पानी में मौन रूप से खड़ा केवल लहरों के दोलन-प्रदोलन ही को न देखना चाहता था, उनके सीने पर तैरना भी चाहता था। इन कुछ दिनों में दुरो और हरीश से उसने जो थोड़ा-बहुत सीखा था, उसी को तिरैरी बनाये वह तैरने का प्रयास कर रहा था।

धीरे-धीरे वह समझने लगा था कि पूँजी और श्रम का क्या सम्बन्ध है ? पूँजी की भूख भोजन पाने पर मिटने के बदले कैसे और बढ़ती है ? उसका घेरा नीचे से ऊपर को जाते हुए मिस्र के पिरामिडों की भाँति संकुचित से संकुचिततर होता रहता है, यहाँ तक कि जनता के उस अपार जन-समूह के सिर पर कुछेक पूँजीपति आसन जमा कर बैठ जाते हैं। क्यों कुछेक को समस्त सुख-सुविधाएँ प्राप्त हैं और क्यों शेष सब कल्पनातीत अभाव में पलते हैं ? क्यों कुछ के लिए शिक्षा-संस्कृति के मार्ग प्रशस्त हैं और क्यों शेष को पग-पग पर दुर्गम कठिनाइयों का सामना करना पड़ता है ? ग़रीबी और अमीरी में इतना महान अन्तर है ? यह सब धीरे-धीरे उसकी समझ में आने लगा था। स्पष्ट रूप से नहीं, पर कुछ अस्पष्ट-सा, धुँधला-सा आभास इस समस्या के समाधान का उसे मिलने लगा था और हरीश, दुरो और उस आन्दोलन में उसकी दिलचस्पी उत्तरोत्तर बढ़ने लगी थी। इसीलिए वह नियमित रूप से साँझ के स्कूल में आने लगा था। वह पढ़ाता था, पर पढ़ता भी था।

जहाँ तक उससे पढ़ने वालों की बात थी, उनमें कोई ऐसा उत्साह न था, जो उसका

साहस बढ़ाता —इतने दिन से वह पढ़ाने आ रहा था, पर उसके प्रौढ़ विद्यार्थियों की संख्या कभी आठ-दस से अधिक न बढ़ी थी। अपने थके-हारे अंगों को किसी शराबख़ाने अथवा सिनेमा-घर में आराम देना मज़दूरों को उस स्कूल में आने से कहीं अच्छा लगता था। नये-नये पढ़ने वाले आते रहते थे। पर पढ़ने की साध के बदले कुछ तमाशा देखने की भावना उनमें अधिक होती। दो-एक केवल दुरो के कारण आते। सीढ़ियों में (उतरते अथवा चढ़ते समय) उसने दो-एक बार उन्हें दुरो के सम्बन्ध में अश्लील बातें भी करते सुना था और उसके मन में शोला-सा लपका था। उसकी समझ में न आता था कि हरीश उन अनगढ़, अपढ़, असंस्कृत मज़दूरों को पढ़ाने का काम दुरो को क्यों सौंपे हुए हैं ? अपनी आशंका उसने हरीश के सम्मुख भी रखी थी। पर हरीश जी का ख़याल था कि वे धीरे-धीरे समझ जायेंगे, "साँझ के स्कूल का यही तो काम है," उन्होंने कहा था,"नारी की स्थिति भारत में पण्य वस्तु से अधिक नहीं रही। और हमें जहाँ पूँजी का तिलिस्म तोड़ कर मज़दूरों को उसके इन्द्रजाल से मुक्त करना है, वहाँ नारी को भी अपनी स्वतन्त्र सत्ता पाने और पुरुष को उसे स्वीकार करने को तैयार, और ज़रूरत पड़ने पर विवश करना है। कांग्रेस के आन्दोलन ने यह बड़ा काम किया है कि नारी को घर की चारदीवारी से बाहर निकाल कर पुरुषों के कन्धे-से-कन्धा मिला कर चलने की प्रेरणा दी है। यदि कहीं भारत स्वतन्त्र हुआ, यदि कहीं सचमुच जनता का राज हुआ तो नारी भी अपना समानाधिकार पायेगी और पुरुष को उससे अच्छा व्यवहार करने को बाध्य होना पड़ेगा। उस समय तक इस मोर्चे पर बहुत से पूर्वग्रहों से लड़ना होगा। रही दुरो, सो उसकी तुम चिन्ता न करो। वह हिमातप से मुरझाने वाली लतर नहीं, प्रबल शीत और प्रचण्ड घाम सहने की शक्ति रखने वाली करीर की झाड़ी है। उसकी आँखों में पर्याप्त तेज है। साधारण लोगों की मजाल नहीं कि उससे आँखें भी मिला सकें।"

हरीश जी की बात से वह पूर्णतः सहमत न था, पर दुरो के तेज को वह मानता था। उसके व्यवहार में सत्या जी जैसी रहस्यमयता न थी। कुछ ऐसा खुलापन था, जो संगी-भाव के बावजूद मन में आदर और श्रद्धा उपजाता था। उसकी आँखों में ऐसा तेज था कि आँख मिलने पर साधारण आदमी को आँखें झुकानी पड़ती थीं।

०

"आ गये बाबू जी! हम ने तो समझा कि आज हमीं अपने को पढ़ायेंगे। न बहन जी आयीं, न आप।"

जगमोहन अपने विचारों में मग्न कोने की मेज़ पर रखी पत्र-पत्रिकाओं को उलट रहा था कि बाहर बारजे से कलुआ की आवाज़ आयी।

"रास्ते में कांग्रेस की सभा हो रही थी, उसी में देर हो गयी कलुआ।" जगमोहन ने कहा, "हरीश जी और दुरो वहीं हैं। उसके प्रबन्ध में लगे हैं, ख़त्म होते ही आयेंगे।"

साँझ के स्कूल में आने वालों में कम्पनी के चौकीदार कलुआ से जगमोहन को विशेष स्नेह हो गया था। जहाँ तक शिक्षा का सम्बन्ध था, उसके लिए काला अक्षर भैंस बराबर था। आठ-दस दिन जगमोहन को उसे पढ़ाते हुए हो गये थे, पर अभी तक वे 'अ-आ, इ-ई, भी याद न कर सका था, लिखने की तो बात ही दूर रही! जब पूरे एक सप्ताह की

माथा-पच्ची के बाद उसने 'अ' की जगह 'इ' और 'इ' की जगह 'उ' पढ़ा तो जगमोहन झुँझला उठा। तब कलुआ बोला, "बाबू, घबराओ नहीं, धीरे-धीरे आता है पढ़ना। बुड्ढे तोते जल्दी नहीं सीख सकते।"

जगमोहन की सारी झुँझलाहट शर्म के एहसास में बदल गयी। एक अजीब भोलापन उसे कलुआ की आँखों में दिखायी दिया। और उसने मन-ही-मन सन्तोष और सब्र से काम लेने की सौगन्ध खायी।

जहाँ तक लिखे हुए अक्षरों को स्वयं पढ़ने का सम्बन्ध है, कलुआ चाहे कन्नी काटता हो, पर जहाँ तक उन्हीं लिखे हुए अक्षरों को किसी दूसरे से सुनने का सम्बन्ध है, उसकी भूख अमिट थी। दूसरे देशों में जनता ने किस तरह राजसत्ता को अपने हाथ में ले लिया है; किस तरह किसी एक व्यक्ति द्वारा दूसरे का शोषण उन देशों में असम्भव हो गया है, ऐसी बीसियों बातें, जो दुरो और वह और समय मिलने पर वसन्त उसे सुनाते, कलुआ ख़ूब याद रखता था। उसने वर्ण-माला चाहे याद न की हो, पर इन बातों को भली प्रकार हृदयंगम कर लिया है, इसका पता जगमोहन को 'येलो बस यूनियन' के उस छोटे-से आन्दोलन में चल गया था। अपने सभी साथियों में वही था, जिसने हरीश जी का साथ न छोड़ा था। उस समय, जब 'येलो बसं यूनियन' के सभी वर्कर्ज़ नूरे की यूनियन में चले गये थे, कलुआ अपने चन्द साथियों के साथ बराबर आता था।

"तुम अकेले ही आज कैसे हो," जगमोहन ने कहा, "बाकी क्या जलसा देखने चले गये ?"

"नहीं बाबू जी, इस जलसे के बदले तो वे सनीमा जाना अच्छा समझते। 'देवदास' लगा हुआ है निशात में, सब उसी के पीछे पागल हैं। लेकिन अब वे यहाँ न आयेंगे।"

"नूरे की यूनियन में चले गये ?"

"बड़ा लालच दिया है बाबू रामसहाई ने।" कलुआ बोला, "जो माँगें हम ने भेजी थीं, वे सब मनीजर ने मंजूर कर ली हैं, नूरे को तरक्की दे दी है, पर आप देख लीजिएगा, कुछ दिन बाद एक-एक को निकाल बाहर करेंगे और किसी की सुनवाई न होगी। सब जबानी जमा-खर्च है, कहीं कोई लिखा-पढ़ी नहीं हुई। कुछ होने-जाने का नहीं वहाँ, यह आप पक्का समझिए!"

"तुम क्यों नहीं गये ?" हँसते हुए जगमोहन ने कहा।

"हम तो बाबू जी, अब न जायेंगे। यों भी मर्द की ज़बान मर्द की ज़बान ही होती है। बाबू रामसहाई कहते थे कि वापस आ जाओगे तो तरक्की अलग मिलेगी और साहब अलग ख़ुस होंगे। हम ने कह दिया कि साहब चाहे ख़ुस हों या नाख़ुस, हम वहाँ जाना नहीं छोड़ेंगे। ये सब लोग जो अब ख़ुस हैं, साल-छै महीने बाद घुटनों में सिर दे-दे कर रोयेंगे। नूरे की यूनियन कोई रजिस्टर तो हुई नहीं, नूरा उसका सेकट्री है और बाबू रामसहाई प्रेजीडेंट। वह यूनियन तो जैसे चोपड़ा साहब की मुट्ठी में है, जब चाहें मसल दें।"

"अगर तुम्हें नौकरी से जवाब दे दें तो ?" जगमोहन ने उसके दिल की थाह पाने को पूछा।

"अभी तो जल्दी हमें जवाब न देंगे। पर देंगे ज़रूर। हम ने भी तय कर लिया है कि

हम नौकरी छोड़ देंगे, पर हरीश बाबू को दगा न देंगे! यहाँ नौकरी न रही तो कहीं और कर लेंगे। हमें कौन-सी लाट साहबी करनी है। चौकीदार यहाँ हैं, चौकीदार वहाँ रहेंगे। हमें तो हरीश बाबू दो रोटी का आसरा दे दें तो हम कहीं और काम ही न करें।"

"मैं हरीश जी से कहूँगा," जगमोहन ने कहा, "तुम्हारे जैसा वर्कर तो किसी भी पार्टी के लिए एसेट है।"

"एसेट क्या बाबू जी ?"

"एसेट....अब तुम्हें कैसे समझाऊँ ?" जगमोहन उपयुक्त शब्द न ढूँढ पाने से बोला, "आओ पहले कुछ पढ़-पढ़ा लें, फिर बातें करेंगे।"

और कलुआ ने बड़े शौक से किताब निकाल ली।

५६

"हलो कॉमरेड्ज़!" हरीश ने हॉल में प्रवेश करते हुए कहा।

कलुआ अपना पाठ रट रहा था और जगमोहन दुरो से ख़रीदी एक पुस्तक पढ़ने में तल्लीन था। चौंक कर दोनों उठे। हरीश जी के पीछे दुरो भी थी।

"मीटिंग ख़त्म हो गयी ?" जगमोहन ने अपनी जगह हरीश जी के लिए छोड़ते हुए कहा।

"मीटिंग तो अभी दो-एक घण्टे और चलेगी। दो दिन से भाग-दौड़ कर रहा हूँ। पहले ही यूनियन के सम्बन्ध में थकावट कम न थी, सो मैं इतना थक गया कि कॉमरेड श्याम पर सब कुछ छोड़ कर चला आया।"

"कैसी रही सभा ? मैंने तो सिर्फ़ डॉक्टर साहब का लेक्चर सुना।" जगमोहन ने पूछा।

"उनका बस चलता तो सिकन्दर का साथ देते, पर 'रैंक ऐण्ड फ़ाइल'[१] ने उन्हें विवश कर दिया। सिकन्दर की सरकार को इसमें निश्चय ही शिकस्त होगी और पंजाब के सोये आन्दोलन को बल मिलेगा।"

"क्या ख़याल है आपका इस आन्दोलन के बारे में ?"

"जैसा बावेला मच रहा है, शायद वैसी हानि तो बूचड़ख़ाने से न होती, क्योंकि बूचड़ख़ाने के साथ एक बड़ा डेयरी फ़ार्म भी होता और फिर दूसरे देशों में, जो मांसाहारी हैं, क्या बूचड़ख़ाने नहीं हैं ? तब फिर वहाँ क्या दूध की कमी है ? हमारे देश से तो अच्छा ही दूध मिलता है वहाँ। लेकिन इस सवाल पर जनता को बड़ी जल्दी साथ ले कर सरकार के विरुद्ध उभारा जा सकता है।" हरीश हँसे, "धर्म के नाम पर इस पुण्य-भूमि में चाहे जो कुछ कर लो। देश की गौशालाओं में न जाने कितने पशु बेकार पड़े अन्न का अपव्यय करते हैं, उस अन्न को स्वस्थ पशुओं को खिलाने के बदले हमारे देशवासी उन्हीं सिसकती हुई

१. रैंक ऐण्ड फ़ाइल = सिपाहियों की आम कतारें। यहाँ अभिप्राय कांग्रेस के आम सदस्यों से है।

ठठरियों को पाले जायेंगे, अकाल में चाहे देश के हज़ारों लोगों का सफ़ाया हो जाये, पर लाखों बेकार साधु यहाँ दिन-रात पाले जाते हैं। कठिन और निर्मम सामाजिक परिस्थितियों के कारण विधवाएँ यदि वेश्यालयों और कोठीख़ानों में जायें तो किसी के कान पर जूँ नहीं रेंगती, किन्तु यदि उसमें से कोई अन्तर्जातीय विवाह कर ले तो एक तूफ़ान मच जाता है। जिस देश में स्वस्थ पशु पाले जायें, वहाँ बेकार पशुओं को ख़त्म करने के लिए बूचड़ख़ाना ठीक ही नहीं, बल्कि ज़रूरी होगा; पर जहाँ अस्वस्थ, बेकार ठठरियों को पालना धर्म का अंग समझा जाता हो और दूध तो दूर, कोई दूसरी चीज़ भी जिस पुण्य-भूमि में मिलावट के बिना न मिलती हो, वहाँ भाई, गौ या सुअर-हत्या के नाम पर, प्रस्तावित सरकारी बूचड़ख़ाने को, और कुछ नहीं तो विदेशी सरकार के विरुद्ध तो प्रयोग किया ही जा सकता है।" हरीश फिर हँसे और बोले, "यहाँ का क्या हाल-चाल है ? मालूम होता है, कलुआ के सिवा और कोई नहीं आया।"

कलुआ ने वही बात दोहरा दी, जो उसने जगमोहन से कही थी।

"हमने ग़लती की," हरीश बोले, "नूरे जैसे आदमी को ले कर किसी यूनियन का संगठन करना ही हिमाकत थी। यह तो ठीक है, इससे शुरू-शुरू में सफलता मिली, लेकिन परिणाम हमारे सामने है। हमें पहले वर्कर्ज़ को इन मामलों के बारे में पूरी तरह शिक्षित करना चाहिए था, फिर यूनियन संगठित करनी चाहिए थी। वैसी यूनियन को मालिकों की कोई भी चालबाज़ी न तोड़ सकती। ख़ैर!" उन्होंने लम्बी साँस भरते हुए कहा, "बड़ा कीमती तजुर्बा हासिल हो गया।"

कुछ क्षण कमरे में निस्तब्धता रही, फिर हरीश ने कहा, "मैं सोचता हूँ, हमें यह दफ़्तर बन्द कर देना चाहिए। स्टडी सरकल की बात है, सो वह अभी ग्वालमण्डी में चल सकता है। बड़ी सभाएँ करने के लिए इस हॉल का प्रबन्ध किया था, अब तो वैसी कोई ज़रूरत नहीं रही। पार्टी के पास तो पैसे की कमी है। यहाँ तो किराये में हिस्सा बटाना ही पड़ेगा।"

"ठीक है। वहाँ लाइब्रेरी भी है और फिर साँझ के स्कूल में तो कलुआ भाई के सिवाय और कोई पढ़ने वाला भी अभी नहीं।" दुरो ने कहा।

"धीरे-धीरे सब आयेंगे दीदी," कलुआ बोला, "और अबके आयेंगे तो जायेंगे नहीं।"

"ठीक कहते हो!" हरीश बोले, "जो सम्बन्ध हमने बनाये हैं, उनको तोड़ना न चाहिए। हमारी बात उन्होंने नहीं मानी, तो कोई हर्ज नहीं। हमें सुख-दुख में उनकी ख़बर लेते रहना और सम्बन्ध बनाये रखना चाहिए। और कुछ नहीं तो साँझ के स्कूल में अथवा स्टडी सरकल में उन्हें लाते रहना चाहिए।"

और हरीश उठे।

तब कलुआ ने अपनी बात कही कि यदि उसकी रोटी-रिहाइश का प्रबन्ध हो जाये तो वह चोपड़ा साहब की ग़ुलामी छोड़ कर पार्टी की सेवा करे।

"इससे अच्छी बात और क्या हो सकती है," हरीश जी बोले, "लेकिन तुम्हारा वहाँ रहना बड़ा ज़रूरी है। तुम्हारे द्वारा ही तो हम दूसरे मज़दूरों से सम्बन्ध बनाये रख सकेंगे। बल्कि मैं तो तुम से यह कहूँगा कि तुम उनकी यूनियन में भी शामिल हो जाओ और जब

तुम्हारे मित्रों को निराशा हो —तो फिर उन्हें इसी रास्ते पर लाने की कोशिश करो।....मैं बहुत थक गया हूँ," कुछ रुक कर उन्होंने कहा, "चाहता हूँ, जा कर आराम से लेट जाऊँ।"

जगमोहन ने देखा —दुरो बड़े ही स्नेह और सहानुभूति से हरीश के थके, पीले मुख को देख रही है।

कलुआ ने हॉल को ताला लगाया और चारों नीचे उतर आये। तब दुरो ने कहा, "आप बहुत काम करते हैं, कुछ आराम कीजिए। चलिए, मैं आपके सिर में ज़रा-सा तेल लगा दूँगी।"

जगमोहन को लगा कि दुरो की आवाज़ में कुछ हकलाहट है। जैसे सीढ़ियाँ उतरती हुई वह यही एक वाक्य कहने के लिए साहस बटोरती आयी थी।

"अरे भाई, यह अय्याशी हमारी किस्मत में कहाँ!" हरीश हँसे, "मुझे तो अभी जा कर रिपोर्ट तैयार करनी है, बम्बई से बुलावा आया है, वहाँ लेबर-वर्कर्ज़ की कॉनफ़रेन्स हो रही है, जाने से पहले मुझे रिपोर्ट तैयार कर लेनी है।"

"तो भी, थके हैं, आज आराम कीजिए। कल से फिर जुट जाइएगा।"

हरीश चुप रहे। जाने उनका मन बम्बई की गोदियों में लथपथ मज़दूरों में लगा था अथवा वे जुहू के विशाल रेतीले किनारे पर खड़े, दृष्टि की सीमा तक फैले सागर के नीले विस्तार को देख रहे थे।

"आप कब बम्बई जा रहे हैं ?" दुरो ने पूछा। उसके स्वर में बराबर चिन्ता और हकलाहट थी।

"परसों चला जाऊँगा।" हरीश ने फिर कहा।

"यहाँ का काम...."दुरो ने कहना चाहा।

"श्याम है, तुम हो, दूसरे कॉमरेड हैं, कोई ऐसी बात न आ पड़ी तो हफ़्ते-दस दिन में आ जाऊँगा।"

और वे जगमोहन की ओर मुड़े, "तुम भी भाई, पढ़ाई से समय निकाल कर आते रहना।"

"मैं तो सारा वक्त काम करने को तैयार हूँ। पढ़ाई का ख़याल मैंने छोड़ दिया है।" जगमोहन ने कहा और चलते-चलते उसने अपनी कठिनाइयाँ बतायीं।

"तुम ही अकेले नहीं हो," जगमोहन की बात सुन कर हरीश बोले, "इस देश में हज़ारों-लाखों ऐसे युवक हैं, जिन्हें अपना रास्ता एकदम अन्धकारमय दिखायी देता है। राजनीतिक ज्ञान उनका नहीं के बराबर है। इन सब कठिनाइयों के स्रोत को ढूँढ पाना उनके बस की बात नहीं। वे समझते हैं कि उनकी किस्मत ख़राब है। —किस्मत —किस्मत —किस्मत! हमारे यहाँ किस्मत का अखण्ड राज्य है। कोई आदमी उच्च वर्ग में पैदा हुआ तो किस्मत वाला है; अच्छे दिमाग़ का मालिक है तो किस्मत वाला है; नौकरी मिल गयी तो किस्मत वाला है! और किस्मत उल्टी भी हो सकती है —आम हिन्दुस्तानी युवक को ज़िन्दगी बड़ा भारी जुआ दिखायी देती है।" हरीश किंचित हँसे, "इस जुए में जीत-हार किस्मत के हाथ है। लेकिन तुम आते रहोगे तो जानोगे कि जिस तरह आदमी बड़ी-बड़ी नदियों को बाँध कर उनको सीधे, उपादेय मार्गों पर ले आया है, इस तरह किस्मत के इस

मुँहज़ोर दरिया को भी उसने बाँध कर सीधे रास्ते लगा दिया है। कौमों ने अपनी किस्मतें आप बनायी हैं। हम भी अपनी इच्छा के अनुसार अपनी किस्मत को बनायेंगे। हम यह व्यवस्था बदल देंगे, जिसमें कुछ के पास सब तरह के साधन हैं और शेष नितान्त साधन-हीन हैं। सब को एक-सरीखे साधन मिलेंगे कि वे अपनी किस्मत को अपनी इच्छा, शक्ति और रुचि के अनुसार बना सकें।"

बातें करते हुए हरीश मार्केट तक आ गये थे। सहसा वे रुके। "अच्छा भाई, मैं तो चला।" उन्होंने जगमोहन से कहा, "तुम ज़रा दुरो को गोपालनगर तक पहुँचा देना।" फिर हाथों को माथे पर ले जाते हुए मुड़ कर कलुआ से बोले, "तुम तो कलुआ भाई हमारी ओर ही रहते हो, चलो चलें मेक्लोड रोड तक साथ-साथ।"

"जी, जी।" कलुआ ने कहा और उनके साथ चलने को मुड़ा।

हरीश जी भी तेज़ी से मुड़े। दुरो कुछ क्षण खड़ी उन्हें देखती रही, फिर पलटी और जगमोहन के साथ चुपचाप चलने लगी।

०

आकाश पर हल्के, सफ़ेद, झीने बादल छाये हुए थे, जिनके पीछे चाँद यद्यपि पूरी तरह दिखायी न दे रहा था, पर उसकी ज्योत्स्ना लोअर माल, अजायबघर और गोल बाग़ के पेड़-पौधों और रविशों पर छायी हुई थी। उदास-उदास, हल्की सफ़ेद रोशनी में लोग-बाग भटकी हुई रूहों-से दिखायी दे रहे थे। कुछ क्षण दोनों मौन चलते गये। फिर सहसा दुरो ने पूछा, "एम० ए० करने की अपेक्षा आपने ट्रेनिंग क्यों नहीं ले ली ?"

"ट्रेनिंग लेने का उद्देश्य केवल एक है —नौकरी! अव्वल तो यह कि मेरे पास आगे पढ़ने के साधन नहीं, फिर यही कहाँ तय है कि बी० टी० करते ही नौकरी मिल जायेगी। आपकी बात दूसरी है। महिलाओं के लिए इस क्षेत्र में काफ़ी जगह है। जहाँ तक हमारा सम्बन्ध है, यदि कहीं एक जगह ख़ाली होती है तो पाँच सौ लोग वहाँ दौड़ पड़ते हैं। नौकरी उसे मिलती है, जो अव्वल दर्जे में पास हुआ हो अथवा जिसकी पहुँच हो। अव्वल दर्जे में पास होने से ज़्यादा पहुँच की ज़रूरत है। शेष के सामने किसी छोटे-मोटे प्राइवेट स्कूल में मैनेजिंग कमेटी के अत्याचार सहने और गुलामों से बदतर ज़िन्दगी बसर करने के अतिरिक्त कोई चारा नहीं।"

वह चुप हो गया। दोनों मौन रूप से चलते रहे, फिर सहसा जगमोहन बोला, "कई बार मैंने कम्पीटीशन में बैठने कीभी सोची है, लेकिन कम्पीटीशन में बैठने के लिए दाख़िले के रुपये जुटाना मेरे लिए मुश्किल हो गया। फिर उस परीक्षा में सफलता के लिए जिस मेहनत और उस मेहनत के लिए जिस शान्ति और सुविधा की आवश्यकता है, वह मेरे पास कहाँ है ? आज कम्पीटीशन इतने सख़्त हैं और उनमें सफल होने के लिए इतनी मेहनत करनी पड़ती है कि परीक्षा देने के बाद आदमी एकदम निढाल हो जाता है। मैंने ऐसे साथी देखे हैं जो दो-दो, तीन-तीन बार कम्पीटीशन में बैठे और इसी श्रम में उन्होंने बाल सफ़ेद कर लिये, पर सफल न हो सके। ऐसे भी भाग्यवान मेरे मित्र हैं जो सफल हो गये, पर जो इस श्रम से इतने थक गये कि फिर उन्होंने किताब की ओर आँख उठा कर भी नहीं देखा। कुछ उदीयमान कवि, कहानी-लेखक अथवा नाटककार थे। कॉलेज में उन लोगों से

बड़ी-बड़ी आशाएँ थीं, पर एक बार कम्पीटीशन में आने के बाद कविता, कहानी लिखना तो दूर रहा, पढ़ने की बात भी उन्होंने नहीं सोची। मैं जब यह सोचता हूँ तो मुझे इस सबसे बड़ी वितृष्णा होती है। स्वाभिमानी और दयानतदार के लिए इस व्यवस्था में कोई जगह नहीं।"

क्षण भर रुक-कर उसने धीरे-धीरे दुरो को प्रोफ़ेसर बैजनाथ कपूर के घर का किस्सा सुनाया : "मैं वह सब अपमान सह जाता तो शायद एम० ए० कर लेता," उसने कहा, "शायद डिवीज़न भी ले लेता। पर उस सबसे गुज़र कर, मैं जानता हूँ, मेरी स्थिति नंगे पाँव चलने वाले उस व्यक्ति-ऐसी हो जाती, जिसके पैरों से किसी राहगीर द्वारा फेंका गया बलग़म का लौंदा चिमट जाता है। वह लाख सड़क से पाँव घसीट-घसीट कर उसे उतारता है, पर वह उसे पूरी तरह उतार नहीं पाता। नल के नीचे वह उसे धो डालता है, पर कल्पना-ही-कल्पना में वह लिजलिजी-सी चिपचिपाहट उसे वहाँ निरन्तर लगी दिखायी देती है। दूसरे के सम्बन्ध में मैं कुछ नहीं कह सकता। लोग अपमान सहते हुए, गिड़गिड़ाते हुए, ख़ुशामद से मिनमिनाते हुए आगे बढ़ते और ऊँचे उठ जाते हैं। तब वे अपना अपमान भूल जाते हैं। दूसरों का अपमान करते हुए, उनसे ख़ुशामद और रिश्वत पाते हुए अपनी प्रगति पर वे सन्तुष्ट रहते हैं। अपने उन कठिनाई के दिनों का उल्लेख वे बड़े गर्व से करते हैं। मैं सच कहता हूँ, मैं ऐसे बढ़ूँगा तो अपने आप को कभी क्षमा न कर पाऊँगा। वह अपमान उसी लिजलिजी चिपचिपाहट-सा मेरी आत्मा से चिमटा रहेगा।"

दुरो कुछ क्षण चुप रही। फिर बोली, "आपने ठीक किया। आज के युग में प्रत्येक स्वाभिमानी भारतीय के लिए यह ज़रूरी है कि वह अपनी सब आशाएँ छोड़, सबसे पहले विदेशी गुलामी से देश को आज़ाद करने के इस यज्ञ में आहुति दे। मैं भी शायद ट्रेंनिंग न लेती, पर हिन्दुस्तान में स्त्रियों की स्थिति पुरुषों से भिन्न है। आप दिन भर बेकार, बाज़ारों की ख़ाक छानें, सिनेमा-तमाशा देखें, और रात को देर से घर जायें तो आप को कोई कुछ न कहेगा। मैं दिन भर काम करती रहूँ और इसलिए देर से घर पहुँचूँ तो बीस आदमी बीस नाम धरेंगे।" और दुरो ने अपने माता-पिता की मृत्यु से ले कर मौसी के पास आने और सुबह-शाम अथक काम करके किसी तरह पढ़ने की सुविधा पाने की कहानी कह डाली।

"मेरे मौसा उम्र में इतने हैं जितने मेरे पिता आज होते," दुरो ने कहा, "वैसा ही स्नेह भी वे मुझ से करते हैं। मौसी उनके इस स्नेह को भी सन्देह की दृष्टि से देखती हैं। घर में रहना मेरे लिए बवाल है। कहीं यदि मौसी हम दोनों को इकट्ठे देख लेती हैं तो चार-चार दिन तक मुँह फुलाये रखती हैं। बी० ए० करके ट्रेनिंग करना इसीलिए मैंने ज़रूरी समझा कि मैं इस अपमान और गुलामी से निष्कृति पा कर अपना पेट भर सकूँ और अपना जीवन जी सकूँ।"

एक आत्मीय सखा की तरह दुरो जगमोहन से अपनी ज़िन्दगी की कहानी कहती गयी और जगमोहन को लगा जैसे उन दोनों का जीवन एक जैसा है। 'पर दोनों मिल कर इस जीवन को सफल और सुखद नहीं बना सकते' —उसने मन-ही-मन सोचा —और उसके हृदय से एक लम्बी साँस निकल गयी।

"सत्या बहन कांग्रेस में काम करती रही हैं," दुरो फिर बोली, "देर-सवेर घर आती रही हैं, पर उन्हें कभी किसी ने कुछ नहीं कहा। अब उन्होंने अपनी शादी का फ़ैसला किया

तो किसी ने आपत्ति नहीं की। उन्हें देखते हुए दूल्हा बड़ी उम्र का और ख़ासा कुरूप लगता है। पर वे चाहती हैं। अपनी मालिक आप हैं। कोई नहीं बोला। वे न अपने पिता पर बोझ हैं, न अपने चाचा पर। मेरी बात दूसरी है। मैं जब से कांग्रेस में काम करने लगी हूँ, हरीश जी को ल कर बीस बातें मौसी सुना चुकी हैं। मैं चुप रहती हूँ। यदि कहीं कह दूँ —मैं हरीश को चाहती हूँ —तो जाने क्या तूफ़ान खड़ा हो जाय! यह 'फ़ैज़' ही ने लिखा है न — 'इक ज़रा सब्र कि फ़रियाद के दिन थोड़े हैं!' मैं जब घबराती हूँ तो यही पंक्ति दोहरा लेती हूँ।" और वह हँसी। लेकिन जगमोहन के हृदय से एक और लम्बी गहरी साँस निकल गयी।

०

वे तेग़बहादुर रोड के नाके पर पहुँच गये थे। सहसा जगमोहन रुका। उसे ख़याल आया, कहीं अपनी ससुराल से आती-जाती सत्या जी आगे न मिल जायें। उस दिन की घटना के बाद वह फिर उनसे साक्षात्कार न करना चाहता था। "मैं यहीं से चलता हूँ," उसने कहा, "मेरी भी स्थिति लगभग आप जैसी है। मुझे भी समय से घर पहुँचना है।" और उसने नमस्कार को हाथ उठाये।

दुरो ने नमस्कार का उत्तर दिया, फिर सहसा बोली, "आप सत्या बहन की शादी में नहीं आये ?"

"भाभी की तबीयत ठीक न थी, इसलिए आ नहीं सका।" और वह मुड़ा, लेकिन मुड़ते हुए उसने पूछा, "कैसी हुई शादी ?"

दुरो ने कदम बढ़ा लिया था। रुक कर बोली, "सत्या बहन तो शोर मचाने के पक्ष में नहीं, बड़े सीधे-सादे तौर पर आर्यसमाजी ढंग से हो गयी। उन लोगों ने गहना-कपड़ा ख़ूब दिया। सत्या बहन ने खादी के कपड़े तज कर रेशमी साड़ियाँ पहन लीं।....क्यों उन्होंने वहाँ शादी करना स्वीकार कर लिया, यह मेरी समझ में नहीं आता।" फिर निमिष भर रुक कर दुरो ने कहा, "वे तो परसों चली जायेंगी।"

"कहाँ ?"

"अफ़्रीका!"

जगमोहन पूछना चाहता था —'इतनी जल्दी ?' पर उसने कुछ नहीं कहा। एक बार पुनमस्कार किया और तेज़-तेज़ मुड़ आया।

०

घर पहुँचा तो भाई और भाभी कदाचित बच्चों को ले कर सिनेमा देखने चले गये थे। उसकी मेज़ पर खाने की ढकी थाली के ऊपर एक बन्द लिफ़ाफ़ा पड़ा था। जगमोहन ने लिफ़ाफ़ा खोला। सत्या जी की ओर से पाँच-सात पंक्तियाँ थीं। कितनी देर तक वहीं खड़ा जगमोहन उन पंक्तियों को बार-बार पढ़ता रहा।

मोहन जी,

आप शादी पर नहीं आये। मैं क्या गिला करूँ! आपने मुझे वह अधिकार ही नहीं दिया। मैंने आपकी बात मान ली, मैं लाहौर ही से नहीं, हिन्दुस्तान से भी चली जाऊँगी। आपको अब और परेशान न करूँगी। केवल एक प्रार्थना है। परसों शाम सवा-छै की गाड़ी से हम जा रहे हैं। आप स्टेशन पर केवल एक बार दर्शन

दीजिए, फिर मैं जीवन भर आप को कभी किसी बात के लिए तंग न करूँगी।

—स०

५७

जगमोहन न रात ठीक तरह सो सका, न दिन भर कोई काम ही कर सका। वह सत्या जी से मिलने स्टेशन पर जाये या न जाये, निरन्तर इसी एक समस्या पर विचार करता रहा। साँझ हो गयी थी जब उसने सहसा तय किया कि उसे अवश्य जाना चाहिए। गाड़ी के समय में अभी घण्टे-डेढ़ घण्टे की देर थी और ऋषिनगर से स्टेशन तक जाने ही में इतना वक्त लग सकता था। जल्दी-जल्दी हाथ-मुँह धो कर जगमोहन ने धोती-कुर्ता पहना और घर से निकल गया।

घोड़ा हस्पताल के पास उसे एक ताँगा मिल गया जो घासमण्डी तक जा रहा था और एक सवारी की पुकार कर रहा था। जगमोहन को डर था कि उसे घर से चलने में देर हो गयी है, जाने गाड़ी मिले न मिले। ताँगे वाले की आवाज़ सुन कर उसने उसे रोका, उसकी अगली सीट पर जा बैठा और सुख की लम्बी साँस ली।

०

जगमोहन को जब सत्या जी की चिट्ठी मिली थी, उसी क्षण से पश्चाताप की एक विचित्र-सी भावना ने उसके हृदय को जकड़ लिया था। उसने सत्या जी से बड़ा क्रूर, रूखा, फूहड़ व्यवहार किया है, यही बात बार-बार उसके मन में आती थी। वह चाहे उनसे शादी न करता —वह सोचता —पर अपनी उस व्यर्थ की अतिरिक्त और असाधारण सतर्कता से उनकी उस ज़रा-सी इच्छा को भी यों रद्द न कर देता।....यदि वह उनके विवाह में चला जाता तो कौन-सी कयामत आ जाती ? क्या सत्या जी की शादी रुक जाती और वे उसके गले में बरबस बाँहें डाल देतीं ? —वह अपनी उस भीरुता पर स्वयं ही व्यंग्य से हँसा —उसके उस व्यवहार से उन्हें कितनी तकलीफ़ हुई होगी, कितना मानसिक क्लेश हुआ होगा ?....और उस दिन जब सत्या जी अन्तिम बार उससे मिलने आयी थीं, उस दिन की उनकी उदास आकृति, उनके स्वर की करुणा, उस करुणा में छिपी प्रार्थना —उनकी बात-चीत, भाव-भंगिमा का हर एक ब्योरा जगमोहन के सामने घूम गया....एक लड़की उसे प्यार करती है; उसके लिए हर तरह की कुर्बानी करने को तैयार है; हर तरह की लांछना, निन्दा, कलंक सहने को तैयार है —तो क्या उससे (वह उसे न भी प्यार करता हो) इतना भी नहीं हो सकता कि वह उसको सौहार्द दे सके, व्यर्थ ही उसका दिल न दुखाये, उसके घाव को गहरा न करे....और वह अधिक न सोच कर चला आया था।

घासमण्डी पर ताँगा रुका तो इन्हीं विचारों में लीन, पैसे चुका कर, वह लोहारी दरवाज़े के बाहर ताँगों के अड्डे की ओर बढ़ा और वहाँ स्टेशन को जाने वाले एक ताँगे में बैठ गया।

लाहौर के जीवन में रसी-बसी सत्या जी समुद्र पार उस परदेश में कैसे रह पायेंगी ? —उसने सोचा —वे रावी से कूद कर आत्महत्या चाहे न कर पायी हों, पर लाहौर के जीवन को सदा के लिए छोड़ कर उन्होंने एक तरह से आत्महत्या ही कर ली थी। उस अनजान देश में भटकी हुई उस तन्वी की आत्मा की कल्पना करके जगमोहन का दिल भर-सा आया। उसके हृदय से एक दीर्घ निःश्वास निकल गया। 'यह प्रेम भी मानव की कैसी विवशता है' —उसने सोचा —और उसे राजा भर्तृहरि का प्रसिद्ध श्लोक याद आ गया :

यां चिन्तयामि सततं मयि सा विरक्ता
साप्यन्यमिच्छति जनं स जनोऽन्यरक्तः
अस्मत्कृते च परितुष्यति काचिदन्या
धिक् तां च तं च मदनं च इमां च मां च

जगमोहन ने कभी पहले इस श्लोक का भावार्थ हिन्दी पदों में देने का प्रयास किया था। ताँगे में बैठे-बैठे, उस श्लोक की याद आते ही अपनी वे पंक्तियाँ भी उसे याद आ गयीं :

जिसे चाहता हूँ, विमुख है व' मुझसे,
किसी और परउसका दिल आ गया है।
मगर और वह अन्य उस पर मिटा है,
जिसे मेरी स्मिति, मेरा स्वर भा गया है।
है धिक्कार उस प्रेम के देवता पर
कि जो दुःख यह जग में फैला गया है।

सत्या जी उसे चाहती हैं, वह दुरो को चाहता है, दुरो हरीश को चाहती है और हरीश....उनके दिल की बात वह क्या जाने ? लगता है जैसे वे तो व्यक्ति-विशेष से नहीं, देश से, देश की जनता से प्रेम करते हैं। जाने वे अपने अहं अथवा महत्वाकांक्षा ही से प्रेम करते हों! क्या युगों-युगों से प्रेम का यही चक्कर नहीं चलता —'दोनों तरफ़ है आग बराबर लगी हुई' —क्या मात्र कपोल-कल्पना नहीं ? क्या यह प्रेमी की निपट दुराशा, केवल विशफुल थिंकिंग नहीं ? —सत्या जी ने समझा होगा कि मैं उनकी ओर मायल हूँ। जैसे कभी-कभी मुझे लगता है कि दुरो मुझसे घृणा नहीं करती। प्रेमी क्या अपने ही प्रेम का बिम्ब अपने प्रिय में नहीं देखता ? वह अपने प्रिय को चाहता है, इसलिए क्या वह यह नहीं समझता कि उसका प्रिय भी उससे प्यार करता है ?....जगमोहन कुछ भी न समझ पाया —शायद दोनों ओर लगने वाली आग की बात भी ग़लत नहीं और भर्तृहरि भी ठीक है। मानव का मन इतनी ग्रन्थियों से भरा है कि सीधा सूत्र वहाँ कोई नहीं....उसने सिर को झटका दिया। लेकिन दूसरे क्षण वह उस समस्या को दूसरे ही कोण से देखने लगा। भर्तृहरि ने अपने आप को, अपनी प्रेयसी को, प्रेम के देवता को —सबको धिक्कार दे कर जंगल की राह ली थी। प्रेम की चोट खा कर कर्म से विमुख हो, उन्होंने, जहाँ तक जग का सम्बन्ध है, आत्महत्या-सी कर ली थी। सत्या जी भी देश-सेवा का अपना आदर्श, खादी पहनने का अपना प्रण —सब कुछ छोड़ कर अपने आप देश से निर्वासित हो कर जा रही थीं — यह कैसा घातक प्रेम है ? उसे ऐसा प्रेम क्यों नहीं होता ? दुरो यदि उसे प्रेम न देगी तो

क्या उसे भी कुछ इसी तरह की आत्महत्या करनी पड़ेगी ? —जगमोहन ने अपने अन्तर को टटोला —उसका प्रेम तो वैसा अन्धा और मुँहज़ोर नहीं! शायद प्रेम उसका सबसे बड़ा दुख या सुख भी नहीं। और जगमोहन के कानों में एहसान द्वारा गायी हुई 'फ़ैज़' की कविता गूँज गयी —

और भी दुख हैं ज़माने में मुहब्बत के सिवा
राहतें और भी हैं वस्ल की राहत के सिवा

सत्या जी का प्रेम बन्धन था, उसे बाँध कर छोटा-मोटा क्लर्क बना देता। और दुरो का प्रेम —जाने वह उसे क्या बना दे, कितना ऊँचा, कितना अच्छा, कितना क्रियाशील — उसकी सम्भावनाएँ बड़ी थीं....

....कि ताँगा स्टेशन के अड्डे पर जा रुका। जगमोहन की विचारधारा टूटी, वह उतरा और स्टेशन की ओर बढ़ा।

किन्तु शीघ्र ही उसकी चाल धीमी हो गयी और सड़क पार करते करते एक भारी संकोच ने उसे जकड़ लिया।

क्या वह सत्या जी से क्षमा माँगने का अवसर पा सकेगा ? —अचानक उसने सोचा —उनके माता-पिता उन्हें छोड़ने आये होंगे। हो सकता है, शुक्ला जी आदि भी आये हों। दुरो भी होगी। उन सबके सामने वह कहाँ वैसे एकान्त के दो क्षण पा सकेगा कि क्षमा-याचना कर सके! अपनी उस भावुकता-जनित त्वरा पर उसे हँसी आ गयी। उसकी चाल और भी धीमी हो गयी।

ज्यों-ज्यों वह स्टेशन की ओर बढ़ता गया, उसकी विचारधारा त्वरित गति से उल्टी दिशा को भागती गयी। यद्यपि उसके हृदय के किसी गुह्य स्तर में अब भी सत्या जी से क्षमा माँगने की भावना मौजूद थी, पर उसके औचित्य के सम्बन्ध में अब वह शंकित था।....यदि उसे अवसर मिल भी जाये तो क्या उसे सत्या जी से मिलना चाहिए ? उनसे क्षमा माँगनी चाहिए ?....ठीक या ग़लत, उन्होंने विवाह कर लिया है। उन्हें अब अपने वैवाहिक जीवन को सफल बनाना चाहिए! यदि उनका ध्यान उसी में लगा रहेगा अथवा उसकी ओर से उन्हें ज़रा भी आशा रहेगी अथवा उन्हें ख़याल रहेगा कि उसे अपने किये पर पश्चात्ताप है तो क्या वे परदेश के उस जीवन में सुख पा सकेंगी ? कुण्ठित हो कर सम्भव है भारत लौट आयें! वह उनसे कभी विवाह न कर सकेगा और ऐसी स्थिति में उनसे स्टेशन पर मिलना उनके और उसके अपने साथ घोर अन्याय होगा! एक भूल को बढ़ाते जाना होगा!....न, वह ऐसा न करेगा। वह वापस चला जायेगा।

जगमोहन यही सब सोचते हुए सेकण्ड क्लास के टिकट-घर से प्लैटफ़ार्म टिकट ले चुका था, पर प्लैटफ़ार्म टिकट ले कर वह आगे नहीं बढ़ा, पीछे को मुड़ आया। सत्या जी के ध्यान को अपनी ओर लगाये रखना न केवल उनके और उनके पति के साथ अन्याय है —उसने सोचा —उसके अपने साथ भी है।....जब उन्होंने शादी कर ली तो फिर उससे क्यों मिलना चाहती हैं ? इससे क्या लाभ होगा ?....और वह तेज़-तेज़ वापस मुड़ा। तभी बायीं ओर मेक्लोड रोड की ओर से उसे तीन-चार ताँगे आते दिखायी दिये। दूसरे ताँगे की पिछली सीट पर सत्या जी बैठी थीं। उनका ध्यान स्टेशन की ओर था। जगमोहन दायीं ओर

के थर्ड क्लास वेटिंग-रूम की चारदीवारी के अन्दर सरक गया। लेकिन अन्दर जाने के बाद वह मुड़ा और गेट के एक ओर हो कर उहें देखने लगा। सत्या जी के साथ एक बड़ा मोटा आदमी बैठा था। जब सैकिण्ड-क्लास के पोर्च में ताँगे खड़े हुए तो सब से अगले ताँगे से एक मोटी, दोहरी ठोड़ी वाली स्त्री और उसके साथ सत्या जी की माँ, दुरो और उसकी मौसी उतरीं, फिर सत्या जी और उनके पति। उस लम्बे-तगड़े आदमी के साथ खड़ी सत्या जी बड़ी ही छोटी लगती थीं। दूसरे दो ताँगों पर सत्या जी के पिता तथा अन्य रिश्तेदार थे। सबसे पिछले ताँगे से शुक्ला जी और चातक जी उतरे।

जगमोहन चारदीवारी की ओट में खड़ा देखता रहा और जब वे सब लोग चले गये तो वह फिर स्टेशन की ओर चल पड़ा। सत्या जी एक बड़ी ही भड़कीली साड़ी पहने हुए थीं। उनके कानों में कर्णफूल, माथे पर चाँद और गले में रानीहार दूर से भी दिखायी देता था और वह जानता था कि सत्या जी भड़कीले कपड़ों और आभूषणों से घृणा करती थीं। वह धीरे-धीरे चला जा रहा था। मस्तिष्क उससे कह रहा था कि उसे चुपचाप वापस लौट जाना चाहिए, लेकिन न जाने एक बार आँख भर कर उस बदली हुई तन्वी को देखने का कैसा कुतूहल उसके मन में जाग उठा था कि वह आगे बढ़ा जा रहा था। सेकण्ड क्लास के गेट के बाहर एक खम्भे की आड़ में वह ऐसे खड़ा हो गया कि वह तो प्लैटफ़ार्म पर होने वाली हर गतिविधि को देख पाये, पर वहाँ के लोग उसे न देख सकें। गाड़ी आने में अभी कुछ देर थी। मोटी स्त्री ने, जो रंग-ढंग से सत्या जी की सास लगती थी, सामान आदि रखवा और गिनवा लिया तो सत्या जी से एक ट्रंक पर बैठने को कहा। सत्या जी बैठ गयीं तो वह भी एक बिस्तर पर बैठ गयी। तब सत्या जी के पति ने उनसे कुछ कहा। उत्तर में सत्या जी उठीं और उसके साथ सेकण्ड कलास के वेटिंग-रूम में गयीं। शुक्ला जी और चातक जी बातें करते हुए स्टेशन के प्लैटफ़ार्म पर घूमने लगे। कुछ देर बाद सत्या जी सेकण्ड क्लास वेटिंग-रूम से निकलीं और अपने पति के साथ प्लैटफ़ार्म पर घूमने लगीं। जब वे गेट के सामने से गुज़रे तो जगमोहन ज़रा पीछे को हट गया। सत्या जी का पति उनसे एक-डेढ़ फ़ुट ऊँचा और ढाई-तीन गुना मोटा था। उम्र उनसे दुगनी और ठोड़ी उसकी अपनी माँ की तरह दोहरी थी। आँखों पर, शाम होने के बावजूद, ठण्डा चश्मा था —न जाने वह भैंगा था, या काना, या जाने उसकी आँखों में क्या दोष था ? पैसा उसके पास काफ़ी लगता था, क्योंकि सूट उसने ख़ूब बढ़िया पहन रखा था। लेकिन उसकी क्रीज़ ठीक न थी और पहनने के ढंग से पता चलता था कि सत्या जी का पति धनी चाहे हो, पर सुसंस्कृत उतना नहीं और सत्या जी....वे स्वयं उस गहरे लाल रंग की भड़कीली बनारसी साड़ी और उन भारी गहनों में उसे बड़ी अजीब-अजीब लगीं। उनकी आकृति पर कर्कशता की लकीर वैसे ही बनी थी। आम देखने वालों को लगता था, जैसे वे थकी हैं और उनके सिर में दर्द हो रहा है। लेकिन इस पर भी वे हँस-हँस कर बातें कर रही थीं। जगमोहन क्षण भर उन्हें चुपचाप खड़ा देखता रहा। सत्या जी के मन में इस अनजाने कुरूप आदमी के साथ सारा जीवन बिताने के विचार से कैसी भावनाएँ उठती होंगी ? —उसने सोचा — और सहसा उसका मन आर्द्र हो आया। वह मोटा, काना, कुरूप व्यक्ति क्या उनके उपयुक्त है ? क्यों उन्होंने ऐसी जल्दी की ? क्यों ठहर-सोच कर कहीं अपने बराबर के युवक से शादी नहीं की ? जगमोहन के गले में गोला-सा अटक गया। उसे जी में आयी कि वह जाये

और जा कर अपने उस क्रूर व्यवहार के लिए उनसे क्षमा माँग ले, पर तभी सत्या जी अपने पति के साथ वापस मुड़ीं और सहसा गेट से बाहर आ गयीं। यदि जगमोहन एकदम खम्भे के पीछे न हो जाता तो वे उसे देख लेतीं। वे अपने पति के साथ बातें करती हुई बाहर को चली गयीं। उनकी निगाहें निरन्तर किसी को ढूँढ रही थीं। उनके बाहर जाते ही जगमोहन प्लैटफ़ार्म के अन्दर चला गया और जिधर से वे अभी वापस आयी थीं, उधर जा कर एक खम्भे के पीछे छिप गया।

सत्या जी कुछ ही क्षण बाद फिर वापस प्लैटफ़ार्म पर आ गयीं। वे प्रकट बड़ी तल्लीनता और प्रसन्नता से अपने पति से बातें कर रही थीं, पर उनकी आँखें लगातार इधर-उधर भटक रही थीं। जब वे अपने पति के साथ वापस वहीं चली गयीं, जहाँ उनका सामान पड़ा था तो जगमोहन के जी में आयी कि एकदम भाग जाये, पर तभी चातक जी और शुक्ला जी बातें करते हुए उधर आते दिखायी दिये। वह झट से रिफ़्रेशमेंट-रूम की ओर बढ़ा। पहला निरामिष (शाकाहारी) था। वह उसके अन्दर जाने लगा था कि उसे ख़याल आया, चातक जी कहीं उसी में न चले आयें! इसलिए वह सामिष (मांसाहारी) में चला गया और उसने एक सोडा माँगा। रिफ़्रेशमेंट-रूम में काफ़ी भीड़ थी, चाय या नींबू के शरबत या लेमन का शोर मचा था। जगमोहन बाहर वाले दरवाज़े की ओट में बैठ गया कि उधर आने वाले की दृष्टि सीधी उस पर न पड़े। सामने काउण्टर के ऊपर शीशा लगा था, जिसमें दरवाज़े से आने-जाने वाले दिखायी देते थे। हालाँकि उन लोगों में से किसी के उधर आने की सम्भावना न थी तो भी उसने पास की मेज़ से समाचार-पत्र उठा कर अपनी आँखों के आगे रख लिया।

वह चुपचाप सत्या जी और उनके भावी जीवन की उलझनों को सुलझाता-उलझाता तीखा सोडा कण्ठ के नीचे उतार रहा था कि सामने के शीशे में उसे दरवाज़े में खड़े सत्या जी के पति की झलक दिखायी दी। झट उसने समाचार-पत्र अपने आगे रख लिया। सत्या जी का पति अन्दर आया। काउण्टर पर जा कर उसने कैफ़ी-एस्पिरिन का पैकेट माँगा। इस बीच में सत्या जी दरवाज़े पर खड़ी रहीं और उनकी आँखें निरन्तर किसी को ढूँढती रहीं। जगमोहन का हृदय धक-धक करने लगा। उसने सोडे का गिलास रख दिया था और समाचार-पत्र को अच्छी तरह अपने आगे कर लिया था।

"एस्पिरिन चाय के साथ लोगी या लेमोनेड के साथ ?" वापस आ कर उनके पति ने पूछा।

"पर यहाँ तो मांस-मछली पकती है।" सत्या जी ने कहा, "मैं यहाँ पानी भी नहीं पी सकती। साथ के रिफ़्रेशमेंट-रूम में चलेंगे।"

और वे बाहर निकल गयीं।

"अरे भाई, हम भी तो मांस-मछली खाते हैं।" उनके पति ने थकी-सी हँसी के साथ कहा, "क्या हमारे घर भी पानी न पिओगी ?"

और वह भी उनके पीछे चला गया। जगमोहन के हृदय से गहरा निःश्वास निकल गया। —वे जानती हैं कि जगमोहन नहीं आया, कि वह शायद नहीं आयेगा तो भी एक दुराशा को लिये हुए वे भटक रही हैं। यदि वह उनसे मिल भी लेगा तो उन्हें कौन-सा सुख

मिलेगा ? कैसा सन्तोष होगा ?....लेकिन वह क्यों छिपा बैठा है ? क्यों नहीं वह मिल ही लेता ? जाने या अनजाने, सही या ग़लत, दोष इसमें उसका हो या उनका —उसके कारण उन्हें काफ़ी दुख मिला है। क्या अब, जब वे लाहौर से ही नहीं, हिन्दुस्तान से चली जा रही हैं, जाने कभी फिर मिलेंगी भी या नहीं, वह उन्हें इतना-सा भी सुख नहीं पहुँचा सकता ? वह इन्सान है, पत्थर नहीं! और वह उठा। तभी घड़घड़ाती हुई गाड़ी प्लैटफ़ार्म पर आ गयी। वह जल्दी से बाहर निकला। साथ के रिफ़्रेशमेंट-रूम से सत्या जी और उनके पति बाहर आये। सामने से शुक्ला जी और पीछे-पीछे सत्या जी के पिता भागे आ रहे थे।

"गाड़ी आ गयी, आप कहाँ बैठे हैं ?" शुक्ला जी ने घबरा कर सत्या जी के पति से कहा।

"इनकी तबियत ख़राब थी। एस्पिरिन लेने आये थे।" और वे सब तेज़ी-से बढ़े।

इस अफ़रा-तफ़री में उस सबके पीछे चलती हुई सत्या जी निरन्तर इधर-उधर देख रही थीं। जगमोहन ने सोचा —यदि वे पलट कर पीछे देख लें! —उसका हृदय ज़ोर से धक-धक कर उठा। उसके जी में आयी —आवाज़ दे। तेज़-तेज़ चल कर उन्हें चौंका दे। पर उसने उन सब के आगे जाते हुए शुक्ला जी को देखा। उनकी व्यंग्य भरी मुस्कान उसकी आँखों के सामने घूम गयी। उसका उत्साह भंग हो गया, गति मन्द हो गयी। कुछ ही पग चल कर वह एक बेंच पर जा बैठा। उसकी दायीं ओर तोलने की मशीन थी। उसकी ओट में बैठा वह उन सब को देखता रहा। सामान लद गया। सत्या जी की सास आदि सवार हो गये। पर सत्या जी अपने माता-पिता और दुरो से मिलने के बहाने नीचे प्लैटफ़ार्म पर खड़ी रहीं और बातें करते और हँसते हुए उनकी निगाहें निरन्तर इधर-उधर भटकती रहीं। जब भी उधर को उनकी दृष्टि ढूँढती हुई-सी आती, जगमोहन का जी धड़क उठता। उसका मन होता जाये! जाती बेर उनसे मिल आये!....मानापमान, सुख-दुख, सही-ग़लत के सब विचार उसके दिमाग़ से निकल चुके थे, लेकिन शुक्ला जी और चातक जी की उपस्थिति के कारण उसके पाँव वहीं बँधे थे।

आख़िर गार्ड ने सीटी दी। सत्या जी दुरो, चाची, माँ और पिता से मिलीं; भर आने वाली आँखों को उन्होंने पोंछा; शुक्ला जी और चातक जी को 'नमस्कार' किया और गाड़ी में जा बैठी।

खिड़की में बैठी सत्या जी अपनी आँखें पोंछ रही थीं और कातर दृष्टि से गेट की ओर देख रही थीं। गाड़ी चलने लगी, सत्या जी को छोड़ने वाले साथ-साथ चलने लगे —पर तभी जगमोहन की आँखों के सामने सब कुछ झिलमिलाने-सा लगा। उसकी अपनी आँखें सजल हो गयीं।

०

गाड़ी चली गयी। सत्या जी के सब रिश्तेदार सत्या जी, उनके पति या सास की बातें करने में मग्न उसके सामने से निकल गये। जगमोहन ने आँखें पोंछीं। वह उठा। तभी शुक्ला जी उसके पास आ कर खड़े हो गये। सत्या जी की विदाई के महाकर्तव्य से छुट्टी पा, अब वे बड़े इत्मीनान से खैनी मलते चले आ रहे थे। उसे देख कर खैनी फटक, उन्होंने निचले होंट में रखी और बोले :

"अरे भाई, बड़ी देर में पहुँचे, तुम्हारी 'वह' तो तुम्हें छोड़ कर अफ़्रीका चली गयी।" और वे मूँछों में मुस्कराये।

जगमोहन का जी ऐसा भरा था और दिमाग़ इतना परेशान था कि उसने उनकी बात का उत्तर देना उचित न समझा।

तब चातक जी ने उसके गले में बाँह डालते हुए पूछा, "यहाँ बैठे क्या कर रहे हो ?"

"एक मित्र इस ट्रेन से आ रहे थे," जगमोहन ने खँखार कर गला साफ़ करते हुए कहा, "आये नहीं। यहाँ खड़ा देख रहा था कि उतरेंगे तो इधर ही से गुज़रेंगे कि आँख में मच्छर पड़ गया।"

और यह कहते हुए उसने आँखों को रूमाल से मल लिया।

"तो चलो, अब यहाँ क्यों बैठे हो ?"

अकेले चातक जी होते तो जगमोहन चल पड़ता, पर शुक्ला जी के कारण उसने कहा "दूसरी गाड़ी —पैसेंजर —घण्टे भर में आने वाली है। मैं उसे देख कर जाऊँगा।"

"अरे तो चलो ज़रा बाहर तक!" चातक जी बोले, "यहाँ क्या बैठोगे उमस में ?"

और उसी प्रकार उसके गले में बाँह डाले वे उसे अपने साथ ले चले और उन्होंने बताया कि बम्बई से उनके एक धनी मित्र का बुलावा आया है। वे एक फ़िल्म-कम्पनी खोल रहे हैं। गीतकार और सम्वाद-लेखक के रूप में वे उनको चाहते हैं। पर चातक जी गये तो निर्देशन में भी उनका कम हाथ न होगा। उनके मित्र ने उन्हें नायिका का चित्र भेजा है और उनकी सम्मति माँगी है। वे वहाँ गये तो ऐसी पिक्चर बनायेंगे कि 'न्यू थिएटर्ज़' मात खा जाये।....फिर चलते-चलते उन्होंने अपनी नयी कविता सुनानी आरम्भ कर दी :

चित्र तुम्हारा, री अभिनय की देवि, आज ही देखा मैंने,
औ' देखी है साथ भाग्य की संगिनि अपने रेखा मैंने,
जाने कौन सितारे नभ में करते हैं क्या मौन इशारे,
जिनकी गति से बँधे हुए हैं, हम मानव बेबस, बेचारे!

तुम काटोगी पन्थ हमारा
या मैं काटूँ मार्ग तुम्हारा —
क्या जाने विधना करती है,
कौन दिशा को मौन इशारा!

जब चातक जी और शुक्ला जी का ताँगा दृष्टि से ओझल हो गया तो जगमोहन धीरे-धीरे पैदल ही चल पड़ा। 'धिक् तां च तं च मदनं च इमां च मां च' —वह होंटों-ही-होंटों में बुदबुदाया। उसके सामने सत्या जी की कातर आकृति घूम गयी, जिन्होंने अपने हाथों अपना गला रेत लिया था —'धिक् तां च तं च मदनं च इमां च मां च' —वह फिर बुदबुदाया। क्या असफल प्रेम की परिणति आत्महत्या ही है ?....और उसके कानों में एक दूसरे ही कवि की वाणी गूँज गयी और एहसान की नकल में वह फ़ैज़ की वही पंक्ति गुनगुनाने लगा :

और भी दुख हैं ज़माने में मुहब्बत के सिवा

धीरे-धीरे उसकी आवाज़ ऊँची होती गयी। वह अपने आपको भूल कर गाने लगा —

कुछ अजीब-से नये जोश, अजीब-सी नयी प्रेरणा और नये उत्साह से :

और भी दुख हैं ज़माने में मुहब्बत के सिवा

साँझ के साये बहुत गहरे हो गये थे। सहसा उसके सिर पर बिजली की बत्ती जल उठी और दूर दृष्टि की सीमा तक बत्तियाँ जलती चली गयीं।

३० सितम्बर, १९५२

एक रात का नरक

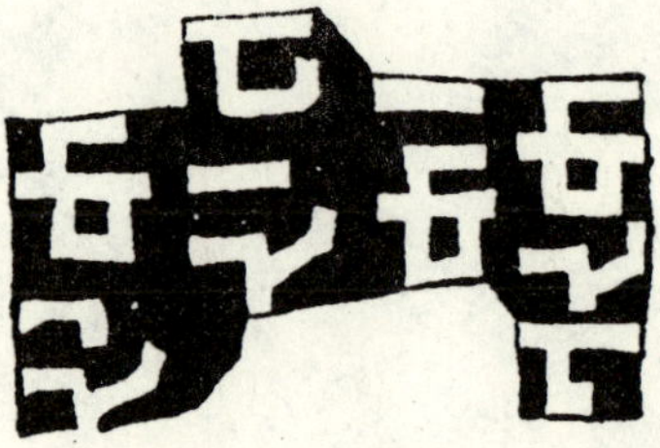

उपेन्द्रनाथ अश्क

एक रात का नरक

सुबोध पॉकेट बुक्स दिल्ली

प्रकाशक
सुबोध पॉकेट बुक्स,
नई सड़क, दिल्ली-६

प्रथम संस्करण,
जुलाई १९६६,

कलापक्ष
रिफॉर्मा स्टूडियो, दिल्ली

मुद्रक
राष्ट्रभाषा प्रिन्टर्स,
क्वींस रोड, दिल्ली-६

EK RAAT KA NARAK : NOVEL : UPENDRA NATH ASHKA

मूल्य : एक रुपया

आभास

उस दिन 'इलस्ट्रेटेड वीकली' को देखते-देखते निम्नलिखित पंक्तियाँ मेरी नज़र में गुज़रीं :

> 'मेला लोकप्रिय मालूम होता है। इस बार २८ और २९ मई को मेला लगा। शिमले से बहुत-से लोग मशोबरे गये और वहाँ से उस गहरी घाटी की ओर मुड़े, जो कोटी के राणा की रियासत में शामिल है।
>
> 'मेले की एक ख़ूबी पहाड़ की सुन्दर युवतियाँ हैं, जो भड़कीले कपड़े पहने हुए पहाड़ी के एक ओर बैठी हुई मेले में होने वाले खेल-तमाशों और दूसरे कौतुकों को देखती हैं। सुनते हैं कि प्राचीन काल में इसी दो दिन के समारोह में शादियाँ पक्की होती थीं और वधुएँ चुनी जाती थीं।
>
> 'कोटी के राणा सदैव बहुत-से मित्रों को आमन्त्रित करते हैं और अपने अतिथि-सत्कार के लिये सुप्रसिद्ध हैं। शिमले में आने वाले प्रायः सभी लोग, चाहे वे कितने भी कम दिनों के लिये क्यों न आयें, सी-पी और इसके प्रसिद्ध मेले को अवश्य देखते हैं।'
>
> (जून, १९३५)

मेरा सोया हुआ संकल्प जाग उठा। एक वर्ष हुआ मैंने भी सी-पी के इस मेले के सम्बन्ध में कुछ लिखने की सोची थी, मुझे वहाँ जिस अतिथि-सत्कार का अनुभव हुआ था उसका वृत्तान्त लिखने की इच्छा थी, पर ज़िन्दगी और उसकी व्यस्तताएँ – शिमले से आते ही कुछ ऐसा उलझा कि सब कुछ भूल गया। उस दिन इन पंक्तियों को पढ़ कर मेरे हृदय में फिर कुछ लिखने की प्रबल आकांक्षा जाग उठी – उन बातों को लिखने की, जिन्हें मेले में जाने वाले – बहुत अर्से से जाने वाले भी प्रायः नहीं जानते। मैं इस बलवती इच्छा को नहीं रोक सका। कलम मैंने उठायी और पुस्तक मैंने लिख भी डाली, पर १९३५ से अब तक मेरी मुसीबतों और संघर्षों ने मुझे दुबारा इस पर नज़र डालने का अवसर नहीं दिया। अब इसे दोबारा देख कर और डायरी की सहायता से कुछ भूले हुए ब्योरों को साफ़ करके, मैं यह पुस्तक पाठकों के सम्मुख उपस्थित कर रहा हूँ।

– उपेन्द्रनाथ अश्क

एक

कुछ षड्यन्त्र-सा हुआ। मैं इसे षड्यन्त्र ही कहूँगा, आप कोई दूसरा नाम दे लें। भोलानाथ ने रामलाल के कान में कुछ कहा या रामलाल ने भोलानाथ के अथवा इसका आरम्भ पण्डित तेजभान के प्रस्ताव से हुआ, कुछ भी हो, षड्यन्त्र हुआ – और हम इसमें ऐसे ही जा फँसे, जैसे मक्खी जाल के सुनहरी तारों में।

इतवार की सुबह थी, रात शिमले में भी मैदानों जैसी गर्मी पड़ी थी और सुबह भी थी निखरी हुई, धुली हुई। मैं द्वार पर कुर्सी डाले सामने केलू[1] के वृक्षों की ओर निर्निमेष देख रहा था – उन लम्बे सीधे वृक्षों की ओर, जो न जाने यों स्थिर, अविचल, अटल खड़े किस प्रेयसी की प्रतीक्षा किया करते हैं, जाने किस निष्ठुर स्वामी की सेवा में खड़े रहते हैं ? नीचे खड्ड थी – गहरी और मौन! और सामने था पहाड़ – किसी प्रागैतिहासिक हाथी की भाँति आराम से लेटा हुआ। धूप मेरे शरीर के आधे भाग को गर्म कर रही थी। शायद उसमें काफ़ी तेज़ी थी, पर मुझे धूप में बैठने की लत-सी है। पत्तों से छन कर धूप की किरणें मेरे शरीर को गर्म कर रही थीं। मैं कुछ सोच भी रहा था – कुछ अजीब-सी बात!....लोगों का कहना है कि घनी-से-घनी वर्षा में भी केलू का वृक्ष नहीं भीगता। मैं सोचता था कि तीक्ष्ण-से-तीक्ष्ण धूप में भी यह नहीं तपता। इसका आधा भाग सदैव शीतल बना रहता है। केलू वर्षा ही पर विजय नहीं पाता, धूप को भी पराजित कर देता है। उस समय मेरा मन उस तपस्वी, उस ऋषि, उस संन्यासी के प्रति श्रद्धा से आप्लावित हो उठा।....कि तभी आवाज़ आयी।

"मास्टर जी!"

मेरे विचारों का क्रम टूट गया। भाग कर ऊपर गया। लाला जी मेरी ओर ही आ रहे थे, रास्ते में ही सामना हो गया। मैंने प्रश्न-सूचक दृष्टि से उनकी ओर देखा।

"सी-पी[2] चलोगे ?"

"सी-पी ?"

"हाँ, सी-पी के मेले में!"

मैं जैसे अब नींद से जागा। बोला – "मैंने तो हाँ कर दी थी।"

"वह तो ठीक है," लाला जी हँसते हुए बोले, "लेकिन वो यमदूत आये हुए

---

१. केलू – देवदारू।

२. सी-पी – सीपुर।

हैं....तो फिर मैं आपका चन्दा दे दूँ, मेरा ख़याल था कि आप अपना इरादा...." और यह कहते-कहते हँसते हुए लाला जी वापस कमरे में चले गये। मैं भी उनके पीछे गया। वहाँ वही त्रिमूर्ति विराजमान थी – जो अपने साथियों में 'मैसर्ज़ भोलानाथ एण्ड कं०' के नाम से याद की जाती थी। एक अपनी मोटी तोंद को सम्हाले बैठे थे तो दूसरे अपने (रात सिनेमा देखने के कारण) मुरझाये मुख को लिये। हाँ, तीसरे महाशय हर प्रकार से चुस्त और चाक-चौबन्द थे, जैसे मित्रों को मेला दिखा लाने जैसा महान काम उन्हें अकेले सरंजाम देना हो।

मेरे सामने लाला जी ने इन महाशयों को तीन रुपये दे दिये। एक अपना, एक मेरा और एक पण्डित तेजभान का। वे हमारी कोठी से तनिक दूर कसुमटी में रहते थे। वहाँ ये लोग जाने से कन्नी कतरा रहे थे, क्योंकि उन्हें अभी नहाना धोना और दूसरे कामों से छुट्टी पाना था, फिर सब काम छोड़ केवल चन्दा उगाहने के लिये कहाँ तक मारे-मारे फिरते ? लाला जी ने भी उनकी कठिनाई को समझ लिया और इसलिये पण्डित तेजभान का चन्दा भी स्वयं दे दिया। इसके बाद हमारी दिलपसन्द मिठाइयों और फलों का नाम पूछ कर यह 'तिगड्डम' रफ़ूचक्कर हुआ, लाला जी बाथरूम में चले गये और मैं अपनी कुर्सी पर आ कर निश्चेष्ट बैठ गया।

यही था वह षड्यन्त्र – हमें सी-पी के मेले में ले जाने, वहाँ की रौनक दिखाने, मिठाई और फल खिलाने का। आप इसे 'मीठा षड्यन्त्र' कह लें और सच्ची बात तो यह है कि ऐसे प्रयास को षड्यन्त्र का नाम दिया ही नहीं जा सकता, लेकिन बाद में जो घटनाएँ घटीं, उन्होंने 'मैंसर्ज़ भोलानाथ एण्ड कं०' के इस प्रयास को षड्यन्त्र बना डाला और उन्हें षड्यन्त्रकारी। खिलाये का नाम नहीं, रुलाये का नाम – कहावत ऐसी ही स्थिति में होंटों पर आती है।

प्रश्न उठता है कि मैं इस साज़िश में फँसा ही क्यों ? अब यह तो प्रकट है कि इस बहाने मिठाई खाने या फल उड़ाने का मेरा विचार कतई नहीं था। यह काम तो शिमले में भी भली-भाँति हो सकता था। और न ही सैर-सपाटे के ख़याल से मैं उनके साथ गया था, क्योंकि, सैर तो शिमले के जीवन का आवश्यक अंग थी। बात वास्तव में यह थी कि मैंने कभी पहाड़ी मेला न देखा था। लाला जी तो ख़ैर हर वर्ष सरकारी दफ़्तरों के साथ शिमले आते थे और सी-पी का मेला देखते थे, लेकिन मैं तो गत वर्ष आया ही देर से था और इससे पहले कभी शिमले आने का सुअवसर ही नहीं मिला था। इस मेले के सम्बन्ध में तरह-तरह की किम्वदन्तियाँ, तरह-तरह की कहानियाँ सुनी थीं। इसलिये इसे देखने का औत्सुक्य भी इस साल दुगना हो गया था। सुना था वहाँ स्त्रियों की प्रदर्शनी होती है, वहाँ मेले में ही शादी-विवाह के मामले तय हो जाते हैं। इसलिये मैं देखना चाहता था कि सचमुच वह रियासत क्या अमरीका और इंगलिस्तान से भी दो पग आगे निकल गयी है अथवा पुरातन काल के रोम की तरह यहाँ भी स्त्रियों की मण्डी लगती है और बर्बरता का दौर-दौरा है। कौतूहल, औत्सुक्य की आग पर तेल का काम दे रहा था। एक साल से दबी हुई चिनगारी चमक उठी थी।

पिछले वर्ष, जैसा कि मैंने कहा, मैं पहुँचा ही देर से था। मेला समाप्त हो चुका था और मेरे भाग्य में वे कहानियाँ रह गयी थीं, जो साल भर लोगों की ज़बान पर रहती हैं – मेले में हारे हुए जुआरियों की, मदमत्त शराबियों की, वहाँ आये हुए अंग्रेज़ अफ़सरों को मीना बाज़ार की सैर करा के अपने आतिथ्य का प्रमाण देने वाले राजा की और वहाँ आयी हुई पहाड़ी युवतियों, उनकी वेश-भूषा, उनकी सुन्दरता और बेबाक़ी की कहानियाँ! फिर यदि मेरी उत्सुकता इस सुअवसर को पा कर भड़क उठी तो इसमें मेरा क्या दोष है ? एक शहरी के लिये यह दृश्य एकदम नया है। उस मेले में, जहाँ जुआ हो, शराब उड़े, गन्दे अश्लील गीत गाये जायें, वहाँ स्त्रियाँ भी आयें, इससे बढ़ कर अचम्भे की बात मैदानों से आने वाले एक पंजाबी युवक के लिये और क्या हो सकती है ? फिर यह भी सुना था कि न केवल स्त्रियाँ स्वयं जाती हैं, बल्कि उनके लिये रियासत की ओर से प्रबन्ध भी किया जाता है। हमारे यहाँ ऐसे मेलों – शहरों ही के नहीं, वरन् उजड्ड, अनपढ़ और गँवार देहातियों के मेलों में भी स्त्रियाँ नहीं जातीं, फिर यहाँ लज्जा और सरलता को छोड़ कर स्त्रियों का मेले में आना अजीब-सी बात लगती थी। सोचा, चलो सैर के साथ-साथ पहाड़ी संस्कृति और सभ्यता की भी जानकारी हो जायेगी। शिमला सभ्य लोगों की बस्ती है, वहाँ रह कर पहाड़ी लोगों के जीवन का अध्ययन नहीं हो सकता। इसके लिये पहाड़ी गाँवों में ही जाना पड़ेगा। सी-पी में सब ओर से आ कर पहाड़ी लोग सम्मिलित होंगे। उनके जीवन की कहानी इससे अधिक और कहाँ सुनी जा सकेगी।

अब इसे भाग्य का खेल समझिये कि औरों की कहानियाँ सुनते-सुनते मेले में मेरी उपस्थिति एक ऐसी कहानी का विषय बन गयी, जो औरों के लिये ही नहीं, मेरे मित्रों के लिये भी वाद-विवाद तथा दिलचस्पी का विषय हो गयी।

दो

दूसरे दिन छोटे शिमले के पनवाड़ी की घड़ी ने हमें ठीक आठ बजे अपने सामने खड़े पाया। तय भी यही हुआ था, पर कोई काम ठीक समय पर कर लें, ऐसी बात तब क्या, अभी तक हम हिन्दुस्तानियों को नहीं आयी। प्रायः देखा गया है की सभा हो रही है, लोग प्रतीक्षा बने खड़े हैं, औत्सुक्य है कि मूर्तिमान हो कर सभा पर छा गया है, पर प्रधान महोदय का कहीं पता ही नहीं। यहाँ भी कुछ ऐसी ही बात थी। पार्टी के सब सदस्य उपस्थित, पर संयोजक ऐसे ग़ायब, जैसे गधे के सिर से सींग।

लाला जी ठहरे समय के पाबन्द और बन्दा भी इस मामले में अंग्रेज़ों के कान काटता है और यद्यपि रात को दो बजे ही सो पाया था और सोते में भी सी-पी के

स्वप्न देखता रहा था, तो भी जब सुबह छै बजे लाला जी ने आवाज़ दी तो ऐसा उठ बैठा जैसे उनकी आवाज़ की ही प्रतीक्षा कर रहा था। झट उठा और शौचादि से निवृत्त हो कर पट स्नान किया और खाने की मेज़ पर जा डटा। चावल बने थे मटर वाले, सुगन्धि से दिमाग़ महक उठा। भूख नहीं थी तो भी लग आयी। बन्दे ने भी उनसे इंसाफ़ किया। सी-पी जा कर भी कुछ खाने को मिलेगा, इस बात को एकदम भुला दिया। प्लेट-पर-प्लेट चट कर गया। उधर लाला जी ने आवाज़ दी – आप अभी खाना ही खा रहे हैं ? और इधर मैं झट हाथ-मुँह धो, कपड़े पहन कर तैयार हो गया। ठीक आठ बजे पनवाड़ी की घड़ी ने हमें अपने सामने खड़े हुए पाया।

"ह, ह, ह, हा, हा हा हा हा...."

एक लम्बा क़हक़हा – एकदम मौलिक। ग्रामोफ़ोन के रिकार्ड की तरह। ऐसा लगा कि किसी ने ठहाका लगाने वाली मशीन को चाबी दे दी है और वह ठठाये जा रही है।

हम मुड़ कर खड़े हो गये।

पण्डित तेजभान ऊपर को मुँह किये हँस रहे थे। हँसते समय उनकी आँखों की पुतलियाँ दायीं ओर को चढ़ जाती हैं और मुँह ऊपर को उठ जाता है।

"आप यहाँ आ पहुँचे हैं और उधर आपकी प्रतीक्षा हो रही है," पण्डित जी ने हँसना बन्द करते हुए कहा।

"किधर ?"

"कसुमटी में ?"

"लाहौल विला कुव्वत," मैंने दिल में कहा। इन महाशयों के लिये कसुमटी और छोटे शिमले में कोई अन्तर ही नहीं। एक उत्तर में है तो दूसरा दक्षिण में! निश्चय हुआ था छोटे शिमले इकट्ठे होने का और आप जमा हुए कसुमटी में!

"क्यों, वहाँ क्यों प्रतीक्षा हो रही है ?" लाला जी बोले।

"उनका ख़याल था कि आप कसुमटी में होंगे।"

"उन्होंने मुझे इतना मूर्ख समझ लिया है कि मैं कसुमटी को छोटा शिमला समझ लूँ ?"

"उन्होंने समझा था आप मेरी ओर आयेंगे।"

"उनकी समझ के क्या कहने!" और लाला जी ने बेज़ारी से सिर हिलाया और 'हुँ' की।

"ह ह ह, हा हा हा हा...." पण्डित जी ने फिर एक लम्बा ठहाका लगाया।

"कहो, अब क्या इरादे हैं ?" लाला जी ने पूछा।

"मैंने उन्हें कह दिया था कि मैं लाला जी की ओर से होता हुआ छोटे शिमले पहुँच जाऊँगा। वे पण्डित झण्डालाल को तैयार कर रहे हैं।

"झण्डालाल को कल किसी ने कहा नहीं था।"

"कहा तो था, लेकिन कल सुना था, उनकी पत्नी बीमार हैं, फिर शाम को ख़बर मिली की उनकी लड़की को बुख़ार हो आया है, आज वे कह रहे हैं उनका छोटा लड़का अस्वस्थ है। यदि कुछ और ठहर कर जाने की रहे तो शायद उस समय तक स्वयं उनके बीमार पड़ जाने का समाचार मिल जाये।"

लाला जी ने फिर बेज़ारी से सिर हिलाया और कहा, 'हुँ!....' उसी समय श्री दौलतराम अपनी सुन्दर मुस्कराती सूरत लिये अपने मकान की सीढ़ी से उतरते दिखायी दिये। तब तक पार्टी के दूसरे सदस्य भी इकट्ठे हो चुके थे।

दौलतराम को सीढ़ी से उतरते देख मुझे कुछ प्यास लग आयी। मैंने कहा – "लाओ यार, जब तक मन्त्री महोदय आयें पानी के दो-एक गिलास ही पिलवाओ।" वे हँसते-हँसते फिर वापस चले गये। इस बीच में ऐसा लगा कि यह प्यास का रोग बुरी तरह बढ़ने लगा, क्योंकि ज्यों ही दौलतराम पानी के गिलास लाये, लाला जी को प्यास लग गयी और फिर उस समय तक एक-न-एक को लगती चली गयी जब तक सारी पार्टी पानी न पी चुकी और प्यास के इस रोग को बढ़ने के लिये और व्यक्ति न मिला।

पानी पी कर निश्चित होते ही मैंने एक मारके की बात नोट की कि लाला जी की नेकर उनके अण्डे के समान पेट से नीचे खिसकती चली आ रही है। बात यह है कि उनकी पेटी उनकी इस अण्डाकार तोंद पर टिकती न थी। यदि उनका पेट बहुत मोटा होता तो पेटी टिक जाती जैसे मुकन्दीलाल जी के पेट पर मज़े से टिक रही थी, लेकिन लाला जी का पेट अभी तक विकास की प्रारम्भिक मंज़िलें तय कर रहा था उनकी नेकर इस प्रकार नीचे को खिसक आयी थी जैसे लोअर प्राइमरी की पहली-दूसरी श्रेणी में पढ़ने वाले छात्रों के पाजामे। – मैंने लाला जी का ध्यान इस ओर आकर्षित किया।

लाला जी ने खिन्न-से हो कर अपने पेट को कोसते हुए नेकर को ऊपर उठाने का प्रयत्न किया, लेकिन वह कमबख़्त फिर नीचे खिसक आयी। लाला जी हताश हो कर अपने पेट को कोसने लगे। "यह पेट भी कमबख़्त बुरी तरह बढ़ रहा है," लाला जी बोले, "बहुतेरी सैर करता हूँ, बहुतेरी कसरत करता हूँ, पर यह कम होने का नाम नहीं लेता। मुझे राजा इन्द्रमन[१] की भाँति चालीस रोज़ का फ़ाका न करना पड़े।"

मैंने कहा, "लाला जी, इस कोसने से काम न चलेगा, आप किसी-न-किसी तरह गैलस मँगाइए। यह पुराने फ़ैशन की नेकर है, सहारा न होने से पेटी के ऊपर

---

१. एक राजा था जो इतना मोटा हो गया कि चल फिर न सकता था। उसने वैद्य को बुलाया। वैद्य था समझदार और साथ ही ज्योतिषी। उसने कहा महाराज ४० दिन तक तो सिर्फ़ आपको जीना है, फिर ज्योतिषशास्त्र के अनुसार आपकी मृत्यु हो जायेगी। अब आप इलाज क्या करायेंगे। बस उस दिन से राजा ने खाना पीना छोड़ दिया। चिन्ता के कारण सवा महीने में ही कृशकाय हो गया। जब चालीसवें दिन मृत्यु की बाट जोहने पर भी वह न आयी तो उसने वैद्य को बुलाया। वैद्य हँसा। उसने कहा – आपकी बीमारी को आराम आया है या नहीं? मौत आपके दुश्मनों को आये। आपका इलाज यह था कि आप कम खायें। यह इसी तरह सम्भव था।

उलट गयी है, बटन तक दिखायी दे रहे हैं। इस सूरत में तो मेले नहीं चलना चाहिए। आप गैलस क्यों नहीं मँगा लेते ?"

मेरे इस अमूल्य परामर्श का सबने समर्थन किया। अब यह सोच पैदा हुई कि गैलस आयें कहाँ से ? इस नाज़ुक़ वक्त पर भी दौलतराम जी काम आये। उन्होंने झट से गैलस ला कर लाला जी के हाथ में दे दिये। लाला जी झटपट पेटी को उतार कर गैलस फिट करने लगे। लेकिन यह क्या ? यहाँ तो दो बटन ही नदारद थे। झट उन्हें उतार कर गैलस दौलतराम जी को वापस करते हुए लाला बोले – "इस बदकिस्मत निक्कर के भाग्य में यों ही लटकना लिखा है।"

मैंने कहा, "हताश न हों, वो उधर देखिए, काम बन सकता है।"

उधर दुकान पर चेचक के मारे सिख सरदार बैठे कपड़े सी रहे थे। लाला जी ने मेरा अभिप्राय समझ लिया, क्योंकि दूसरे क्षण वह दुकान पर बटन लगवा रहे थे।

इसी बीच संयोजक महोदय लाला भोलानाथ जी भी हाँपते-हाँपते आ पहुँचे। ख़ैर गुज़री कि वे पण्डित झण्डालाल को साथ घसीट ही लाये, नहीं तो वक्त के इस दुरुपयोग पर उन्हें जो-जो बुरी-भली सुननी पड़तीं, उन्हें यहाँ लिखा नहीं जा सकता।

अब जो पनवाड़ी की घड़ी की ओर देखा तो दस बजने में कुछ ही मिनट बाकी थे। पार्टी चल पड़ी। नौ मील की कठिन मंज़िल और सिर पर तेज़ धूप।

चलते समय कोई विशेष घटना नहीं हुई, केवल लाला जी के घुटने पर चोट आ गयी। बात कुछ न थी। रास्ते में महता जी भी मिल गये। सबने उन्हें भी साथ चलने का आग्रह किया। वे कुछ थके हुए थे, कुछ परेशान भी थे, लेकिन यहाँ मानने वाला कौन था ? उनका घर रास्ते में ही पड़ता था। वे तैयार होने के लिये चले गये और ये लोग 'जहाँ सौ वहाँ सवा सौ' के अनुरूप उनकी प्रतीक्षा करने लगे।

मैं दो घण्टे खड़ा-खड़ा कुछ थक गया था, इसलिये रास्ते के किनारे लगी हुई तार पर बैठ गया। उस समय मालूम होता है लाला मुकुन्दी लाल जी को भी थकावट महसूस हुई। हो सकता है उन्हें मेरा यों आराम से बैठना अखरा हो। वे खम्बे के दूसरी ओर अपने भारी भरकम शरीर के साथ बैठ गये। मेरी ओर तार खिंच गयी जैसे चर्खी फिरने पर रेल के सिग्नल की तार और मैं मुँह के बल सड़क पर गिरता-गिरता बचा। इस पर सब हँस पड़े। मुझसे यह अपमान सहन न हो सका। दुबारा वहीं बैठ कर, मैंने ज़ोर लगाया, पर कहाँ हाथी और कहाँ चुहिया, तार ज़रा भर भी नीची न हुई। उन्हें मेरी इस स्पर्धा पर, शायद क्रोध आ गया और उन्होंने तार पर और भी ज़ोर दिया। फल यह हुआ कि खम्बा ही टूट गया। लाला जी उस पर पाँव टिकाये खड़े थे। उनके घुटने पर चोट आ गयी। हम दोनों खिन्न हुए, परन्तु लाला जी ने मामूली बात है' – कह कर टाल दिया।

उस समय यद्यपि इसे साधारण घटना समझ लिया गया, पर मेरा माथा उसी समय ठनका था। दिल ने कहा, यह बुरा अपशकुन हुआ। आज किसी-न-किसी की ख़ैर नहीं। मुझे क्या मालूम था कि विधाता का नज़ला मुझी पर गिरेगा और मैं ही

उसकी कोप-दृष्टि का भाजन बनूँगा।

महता जी के आने पर सब हँसते-हँसते मेले की ख़ुशी में रवाना हो गये। सबने अपने-अपने साथी बना लिये और बातचीत, हँसी-ठट्ठा करते चलने लगे। मैं इस पार्टी में नवागन्तुक था। मेरा कोई साथी न बना। उस समय मेरी दृष्टि उस पहाड़ी कुली पर गयी, जो मज़े से सिर पर फलों की टोकरी लिये चला जा रहा था। मैंने उसे अपना साथी बना लिया और धीरे-धीरे ऐसा सान पर चढ़ाया कि वह खुल गया। यहाँ तक कि जब मैंने उससे कहा, 'यार कोई पहाड़ी गीत ही सुनाओ,' तो उसने ऊँचे स्वर में तान छेड़ी :

तेरे दरदे वो मोहना
तेरे दरदे
बोल, गाला मेरा कट्टया
पैनिये करदे

सँजोली को जाने वाली केलुओं से ढँकी हुई टेढ़ी-मेढ़ी सड़क, पहाड़ी गीत, सुरीला और पंचम तक उठ जाने वाला कंठ – सब झूम कर रह गये।

तीन

पण्डित तेजभान पार्टी की जान थे। उन में मज़ाक करने और दूसरों के मज़ाक को सहने की शक्ति पराकाष्ठा को पहुँची हुई थी। किसी ज़िन्दादिल के बिना पार्टी पार्टी ही कहाँ कही जा सकती है ? रस के बिना ईख को ईख कौन कहेगा ? हमारी पार्टी भी भूखे नीरस लोगों का गिरोह न थी। उसमें अधिकांश लोग – ज़िन्दगी ज़िन्दादिली का नाम है – इसी मत के अनुयायी थे। पण्डित तेजभान इस पार्टी के नायक थे। लम्बे-चौड़े छः फुट तीन इंच के जवान, पगड़ी बाँधते तो किसी रियासत के राजा मालूम होते, पर यारों के लिये वे महज़ विनोद का सामान थे। सब उनकी हँसी उड़ाने में मस्त, सब उनको परेशान करने के दरपै। और वो ऐसे कि किसी की बात का ठीक उत्तर दे रहे हैं, किसी के व्यंग्य को सुना-अनसुना कर रहे हैं और किसी के प्रहार का जब जवाब नहीं दे पाते तो एक ठहाका छोड़ देते हैं। और यह ठहाका – यह भी एक हथियार से कम नहीं। जब वे निरुत्तर हो कर बात का रुख़ पलटना चाहते हैं तब ठहाका मार देते हैं और वह भी साधारण ठहाका नहीं। उनका ठहाका अपनी विशेषताएँ रखता है और इसका भी एक छोटा-सा इतिहास है।

पण्डित तेजभान का ठहाका सारे सेक्रैटरिएट में प्रसिद्ध है। वे एक बार जब

हँसते हैं तब हँसते ही चले जाते हैं, उस वक्त उनकी आँखें चढ़ जाती हैं, और मुँह इस तरह खुल जाता है कि कंठ तक दिखायी देता है। सिर को वे ऊपर उठा लेते हैं। प्राय: हँसते समय उनकी पगड़ी ने धरती पर गिर कर इस बौड़मपन के विरुद्ध ज़बर्दस्त प्रोटेस्ट किया है।

यारों को इसमें भी मज़ाक की सूझती है। एक बार का ज़िक्र है – वे इस प्रकार जब हँसने लगे तब लाला जी ने उनके मुँह में ईसबगोल का छिलका फेंक दिया। वह इस भाँति तालू और हलक के साथ चिपका कि सन्ध्या तक वे उसे नीचे उतारने का प्रयत्न करते रहे, पर वह नहीं उतरा। उन्होंने दो-चार बार पानी भी पिया, पर नीचे खिसकने की जगह वह और फूल गया। फिर उन्होंने इस बदमज़ाकी पर जो दार्शनिक भाषण लाला जी को पिलाया, वह सुनने से ही सम्बन्ध रखता था। वास्तव में पण्डित तेजभान को 'दर्शन' का भी दौरा होता है। ऐसा ही दौरा तब हुआ, जब 'प्रास्पैक्ट हिल' की एक पार्टी में ठहाका लगाते समय उनके मुँह में रंग फेंक दिया गया था और ज्यों-ज्यों वे पानी पी-पी कर कुल्ले करते थे, दाँत और मुँह नीले होते जाते थे। उस वक्त इस तरह के भोंडे मज़ाक के विरुद्ध उन्होंने जो भाषण दिया, वह आज तक मुझे स्मरण है। उसमें पण्डित जी ने फ़तवा दे दिया कि उनके सब मित्र हास्य-रस के नियमों से सर्वथा अनभिज्ञ हैं। ख़ैर उनके इन भाषणों का उनके मित्रों पर उतना ही प्रभाव पड़ता है, जितना तूती की आवाज़ का नक्कारख़ाने में, क्योंकि ज्योंही वे फिर इसी प्रकार मुँह खोले, सिर ऊपर को उठाये, आँखें बन्द किये हँसते हैं यार लोग फिर ऐसी ही कोई हरकत कर बैठते हैं।

कसुमटी से सी-पी को जाते हुए उनके सम्बन्ध में जो मनोरंजक बातें सुनने में आयीं, वे भी कम दिलचस्प नहीं। एक बार का ज़िक्र है कि सेक्रेटेरिएट के क्लर्कों की एक पार्टी ने 'कुफ़री'[१] जाने का विचार किया। पण्डित तेजभान को भी निमन्त्रण दिया गया। उस दिन ठण्ड कुछ ज़्यादा थी। उन्होंने बहुतेरा तबियत की नासाज़ी का रोना रोया, पर सुनता कौन ? घसीट ही लाये गये। हँसते-हँसाते पार्टी कुफ़री पहुँची। रास्ते में वर्षा होने लगी थी। शिमले में वर्षा का क्या ठिकाना और विशेषकर जून-जुलाई के महीनों में, तड़ातड़ पड़ने लगती है। उस दिन कुछ ओले भी पड़े थे, शीत में वृद्धि हो गयी थी। कुफ़री पहुँच कर पार्टी ने वहाँ सराय में डेरा डाल दिया। नौ मील चल कर कुफ़री की सैर को आने वालों के लिये यह सराय सर्दी में ठिठुरते हुए के लिये लिहाफ़ से कम नहीं। बरसातियाँ उतार दी गयीं। छतरियाँ निचुड़ने के लिये टाँग दी गयीं और 'डंकी' खेली जाने लगी। ताश के इस खेल में लाला जी को ख़ूब निपुणता प्राप्त है। सदा वे ही सबसे पहले जीतते हैं। उस दिन पण्डित तेजभान की जो शामत आयी तो आप 'डंकी' बन गये। लाला जी ने यह सज़ा तजवीज़ की कि नाक पर रुपया रख कर एक कंकड़ी ऊपर को इस तरह उछाली जाये कि उससे रुपये का निशाना हो जाये। यह न करना हो तो एक रुपया पार्टी के फण्ड में दिया जाये। पण्डित जी ने बीसियों तरह की फ़िक़्रेबाज़ी सुनते हुए रुपया दे दिया। नाक या आँख कौन तुड़वाता?

१. शिमले का एक रमणीक स्थान।

इस पर मालूम होता है, लाला जी को शरारत सूझी। उन्होंने कहा, "भाई, इज़ारबन्द अथवा नेकर की पेटी में कीफ़[१] रख कर ऊपर को मुँह कर, कंकड़ी को ऐसे उछालो कि वह कीफ़ में गिरे। जिसे सफलता मिले उसे इनाम दिया जाये।"

इनाम का नाम सुन कर पण्डित जी बोल उठे, "क्या इनाम ?"

लाला जी ने कहा, "सब लोग कोशिश करें। जो असफल रहें, वे आठ-आठ आनें दें। इस तरह जो रक़म इकट्ठी हो जाये, वह सफल रहने वालों में बराबर-बराबर बाँट दी जाये।" और यह कहते हुए लाला जी ने जानकी नाथ को आँख से इशारा किया।

प्रस्ताव बेहद दिलचस्प था। पण्डित जी बोले, "यहाँ कीफ़ कहाँ से आयेगी ?"

महता ने कहा, "पिछले दिनों मैंने दुकानदार के यहाँ पड़ी देखी थी। यह कह कर वे दुकानदार से छोटी-सी कीफ़ ले आये। तब पण्डित जी ने एक लम्बा ठहाका छोड़ कर इस प्रस्ताव को पास कर दिया और इतनी देर में लाला जी और महता साहब में आँखों-आँखों इशारे हो गये।

सबसे पहले लाला जी ने अपनी नेकर में कीफ़ रख कर कंकड़ी फेंकी। वह उनकी नाक पर इस ज़ोर से लगी कि आँखों से पानी निकल आया। सब लोग हँसने लगे और पण्डित जी तो बहुत देर तक ग्रामोफ़ोन बने रहे। लाला जी ने तत्काल आठ आने निकाल कर पण्डित झण्डालाल के हाथ में दे दिये, जो सदा ऐसे मौकों पर कोषाध्यक्ष का कर्तव्य निभाते थे। इसके बाद सबने बारी-बारी कोशिश की। सब असफल रहे। केवल रामभरोसे किसी तरह सफल हो गये। उन्होंने कंकड़ी जब फेंकी तो कोई आशा ही नहीं थी कि वह कीफ़ तो क्या उनके सिर पर भी गिरेगी, पर वे पीछे को कुछ ऐसे भागे कि वह कीफ़ में ही गिरी। उस वक्त सबने तालियाँ पीटीं। बाईस आदमियों की पार्टी थी। दस रुपया जुर्माना आ चुका था। केवल पण्डित तेजभान जी रह गये थे। यदि वे जीत गये तो क्या कहने ? पाँच रुपये ठस से उनके हो गये। उस दिन वर्षा और ठण्ड के कारण उन्होंने चूड़ीदार पायजामा पहन रक्खा था। झट उसमें कमीज़ कसी, इज़ारबन्द और कमीज़ों के मध्य में कीफ़ रक्खी और क़हक़हा लगा कर ऊपर को मुँह करके ज्यों ही कंकड़ी फेंकने लगे, तभी जानकीनाथ ने (जो पहले से ही तैयार थे) लोटा भर चश्मे का पानी भर्र-भर्र कीफ़ में उड़ेल दिया। एक तो बर्फ़ से भी ठण्डा पानी, फिर चूड़ीदार पायजामा, न उतारा जा सके, न पहना जा सके। दोनों पाँवों से पानी बह रहा था, फ़ब्तियों-पर-फ़ब्तियाँ कसी जा रही थीं और पण्डित जी थे कि पूरे जोश से अपना दार्शनिक भाषण झाड़ रहे थे। इसके बाद उन पर क्या गुज़री और वे किस प्रकार ठिठुरते-ठिठुरते नौ मील चल कर कसुमटी पहुँचे, यह एक लम्बी कहानी है।

अजीब बात तो यह है कि ऐसे समय में दैव भी पण्डित जी का विरोधी बन जाता था। शायद उसे भी ऐसे लाल-बुझक्कड़ से मज़ाक करने में आनन्द आता था।

---

१. फुनेल, जिससे बोतल इत्यादि में तरल पदार्थ डालते हैं।

एक बार का ज़िक्र है कि लाला जी, जो पण्डित तेजभान के अभिन्न हृदय मित्र होते हुए भी सब शरारतों के बानी होते थे, जानकीनाथ के साथ कार्यवश स्टेशन को जा रहे थे। मार्ग में एक कुली ने, जो ख़ुशबूदार आमों का टोकरा उठाये हुए था, उनके हाथ में काग़ज़ का एक पुर्ज़ा दिया ताकि वे उन महाशय का पता बता दें, जिनका नाम उस पर लिखा था। पुर्ज़ा देखते ही लाला जी की आँखें मुस्करा उठीं। हँसते हुए बोले, "हम तो इधर ही जा रही थे।" फिर महता जानकीनाथ की ओर देख कर कहने लगे, "लो पण्डित जी, कष्ट से बच गये। यह आपके आम आ रहे हैं। आप इस काग़ज़ पर हस्ताक्षर कर दीजिये और आमों का टोकरा ले जाइए। आपके दोस्त ने आपको स्टेशन पर आने का कष्ट न दे कर स्वयं ही आम आपके घर भेज दिये। आप कह भी तो यही आये थे कि यदि मैं वक़्त पर न पहुँचूँ तो कृपा कर टोकरा मेरे घर भिजवा देना, चलो इस तकलीफ़ से बच गये, नहीं तो पूरा डेढ़ घण्टा खराब हो जाता।" और फिर जानकीनाथ को चुप खड़े देख कर आँख का इशारा करते हुए बोले, "तो फिर अब खड़े काहे को हो ? मैं तो जाता हूँ माल रोड को। उन वकील साहब से मिल आऊँगा। अब तुम जानो और तुम्हारे आम।"

महता जानकीनाथ, जो ऐसे मामलों में लाला जी के दायें हाथ थे, झट सब मामला समझ गये। आँखों-आँखों में सब कुछ तय हो गया। उन्होंने काग़ज़ पर हस्ताक्षर किये और कुली से अपने साथ आने को कहा।

लाला जी ने माल-रोड को मुड़ते हुए हँस कर कहा, "क्यों न हो भाई! स्टेशन के बाबू मित्र हों और इतना भी आराम न रहे।" यह कह कर वे मानों उछलते हुए माल रोड की ओर चल दिये।

पण्डित तेजभान बड़ी मुद्दत से इस बात का ज़िक्र कर रहे थे कि सहारनपुर से उनके साले साहब बढ़िया आमों का एक टोकरा भेज रहे हैं, लेकिन बदबख़्ती देखिये कि जब आम आये तो उनकी सुगन्ध भी न मिली, क्योंकि लाला जी के पहुँचते ही महता साहब के मकान में सब मित्रों को निमन्त्रण दिया गया और बड़े मज़े से दावत उड़ायी गयी। जब आम समाप्त हो चुके तब पण्डित जी भी घबराये हुए पहुँच गये। जिस समय निमन्त्रण दिया गया था, वे घर पर नहीं थे। आते ही इधर-उधर देखे बिना बोले, "यार, बुरा हुआ। किसी ने आमों को मार्ग में ही हथिया लिया। मुझे कुछ काम था, इसलिये बिल्टी स्टेशन पर दे कर काम से चला गया। अपने घर का पता दे कर माल बाबू से कह आया था कि टोकरा मेरे घर पहुँचा देना, इतने में मैं घर पहुँच जाऊँगा। जब घर आया, मालूम हुआ कि कुली आया ही नहीं। काफ़ी प्रतीक्षा की, फिर भागा-भागा स्टेशन पर पहुँचा। मालूम हुआ, रास्ते में ही कोई कुली को ठग कर मेरे हस्तक्षर करके टोकरा ले गया है।'

भोलानाथ ने कहा, "यानी तुमने हस्ताक्षर भी किये और तुम्हें आम भी न मिले। कहीं ऐसा तो नहीं हुआ सोते में ही तुमने दस्तख़त कर दिये हों और तुम्हें ऊँघते देख कर कुली टोकरा अपने साथ ही लेता गया हो।"

इस पर फिर ठहाका पड़ा। झण्डालाला बोले, "चलिए, यह अनिवार्य सैर हो गयी। दस मील का चक्कर पड़ गया होगा। आप बाहर निकलने से जो घबराते हैं, उसी का यह दण्ड परमात्मा ने आपको दिया है।"

सब फिर हँसने लगे। इतनी देर में पण्डित जी मामला भाँप गये। उन्हें महता साहब पर कुछ शक था। उनकी लिखावट वे भली-भाँति पहचानते थे और महता साहब नीचा सिर किये हुए आम की गुठली ऐसे चूस रहे थे जैसे रस की अन्तिम बूँद तक चूस जाने में ही उनके जीवन-मरण का प्रश्न निहित हो। महता साहब से दृष्टि उठा कर जब पण्डित जी ने लाला जी की ओर देखा था तो उन्होंने चुपके से महता साहब की ओर संकेत कर दिया। जानकीनाथ ने भी देख लिया, मुस्करा दिये और उस टोकरे की ओर, जिसमें गुठलियाँ और छिलके पड़े थे, इशारा करके बोले कि उठा ले जाओ।

उसी समय लाला जी ने कहा, "ख़ुश-किस्मत हो तेज-भान! वक्त पर ही पहुँच गये। यह एक आम बच गया है। लो, स्वाद तो चक्खो!" यह कहते हुए उन्होंने आम की फाँकें करनी शुरू कीं और जैसे बेख़ुदी में एक-एक फाँक सबको बाँटने लगे। जब गुठली हाथ में रह गयी तब बोले, "अरे! सब बँट गया, मैं तुमसे बातें करने में ही मग्न रहा। अच्छा यह गुठली ही देख लो, हिस्सा तो यह मेरा होता है, लेकिन, ख़ैर तुम्हारे लिये अब कौन-सी कुर्बानियाँ नहीं कीं और फिर गूदा तो सारा इसी में है।"

पण्डित जी लहू के घूँट भर रहे थे। उनकी आँखों में पानी छलक आया। एक चोरी, दूसरे सीनाज़ोरी! आम का स्वाद चखने को जी तो चाहा, पर जैसे चोरों से लुटा हुआ निराश व्यक्ति उनके हाथों किसी जेब में बचे रह गये चन्द पैसे भी क्रोध में उनके सामने फेंक देता है कि यह भी ले जाओ, उसी तरह बौखला कर पण्डित जी ने कहा, "इसे तुम्हीं रक्खो, इतनी बड़ी कुर्बानी क्यों करते हो!" तब – 'तुम्हारी किस्मत में इन सुगन्धित, सुस्वादु आमों का मज़ा चखना लिखा ही नहीं," यह कहते हुए लाला जी ने गुठली को चूसना शुरू कर दिया।

उस समय फिर पण्डित जी का दार्शनिक भाषण आरम्भ हुआ। दावत की हक़ीक़त खुलने पर यारों ने ख़ूब क़हक़हे लगाये। वे सब अभी तक यही समझे हुए थे कि बच्चे की वर्ष गाँठ पर महता साहब ने यह पार्टी दी है।

पण्डित जी के क्रोध का सब नज़ला लाला जी पर गिरा। लाला जी झट उठ कर पण्डित जी के कान में कुछ कहा, जिससे वे कुछ शान्त-से दिखायी देने लगे और महता साहब को बदले की धमकी देते हुए लाला जी के साथ चले गये।

यहाँ से इस नाटक का दूसरा अंक शुरू होता है। लाला जी ने पण्डित जी के सिर की कसम खा कर उन्हें यह विश्वास दिला दिया कि यह सब बदमाशी महता जानकीनाथ की है। "तुमने देखा नहीं लिखावट महता ही की थी," वे बोले, "मैं तो जैसे दूसरे गये, वैसे निमंत्रण पाने पर चला गया।"

पण्डित जी को पहले ही महता साहब की लिखावट पर सन्देह था, इसलिये

लाला जी की बातों में उन्हें सत्य की गन्ध मिली। इसके साथ ही लाला जी ने महता साहब को बुरा-भला कह कर उनसे बदला ले देने का यकीन भी पण्डित जी को दिला दिया।

इसके बाद एक दिन सन्ध्या समय लाला जी ने पण्डित तेजभान के कान में कहा, "लो भई, अब तुम्हारे बदला लेने का वक्त आ गया है।"

"कैसे ?"

"आज महता ने मुझे बताया है कि उसके मित्र देहरादून से उसके नाम आम भेज रहे हैं। उसने मुझे बिल्टी (रेल की रसीद) भी दिखायी है। बस वह आम मँगाये, मैं उसे अपने कमरे में बुला कर बातों में लगा रक्खूँ, तुम उसके कमरे से टोकरा उठवाओं और ब्राह्मण को नाऊ बन जाओ।"

पण्डित जी की आँखें. चमक उठीं। लाला जी के हाथ पर हाथ मारते हुए हर्ष के उन्माद में उन्होंने कहा, "टिट फ़ॉर टैट! – जैसे को तैसा!" और इतना लम्बा क़हक़हा लगाया कि पहले कभी न लगाया होगा। लाला जी की ओर से उनके दिल पर जो घाव थे, वे सब भर गये। प्रसन्नता से बोले, "ऐसे टोकरा उड़े कि बच्चा जी के देवताओं को भी पता न लगे।"

लाला जी ने कहा, "बस, बत्ती गुल और पगड़ी ग़ायब। वह हमारे कमरे में और आमों का टोकरा तुम्हारे घर!"

बात तय हो गयी कि लाला जी महता को अपने कमरे में बुला लेंगे और पण्डित तेजभान उसके कमरे से टोकरा उठा कर घर ले जायेंगे। इस शर्त पर कि कम-से-कम एक चौथाई आम लाला जी के घर अवश्य भेजे जायें।

उस दिन के बाद पण्डित तेजभान रोज़ दफ़्तर में लाला जी के कान में कुछ पूछने लगे। एक दिन लाला जी ने बताया कि टोकरा आ गया है और महता साहब के कमरे में पड़ा है। तुम कुली का प्रबन्ध कर आओ। तब मैं महता को अपने कमरे में बुला लूँगा। पण्डित तेजभान कमरे से निकलते समय इतने प्रसन्न थे, मानो उनके हाथ कोई निधि आ गयी हो। दफ़्तर के बाहर एक कुली भी जाता हुआ मिल गया। उसे वहाँ खड़े रहने का आदेश दे कर उन्होंने लाला जी को सूचना दी कि कुली का प्रबन्ध हो गया है और फिर अपने कमरे में जा कर गम्भीरता से बैठ गये। मन में लड्डू फूट रहे थे, काम में कैसे जी लगता ? बेसब्री उन्हें महता जी के कमरे के सामने ले आयी। वे अभी काम कर रहे थे, पण्डित जी ने इधर-उधर निगाह दौड़ायी। कोने में एक टोकरा रक्खा था। मन की ख़ुशी को मन ही में दबाते हुए वे फिर अपने कमरे में जा बैठे। उन्हें एक-एक पल एक-एक वर्ष के समान बीत रहा था। फिर महता साहब के कमरे की ओर गये। वे अब भी बैठे काम कर रहे थे। पण्डित जी दिल-ही-दिल में लाला जी को गालियाँ देने लगे, "ये मेरा मज़ाक उड़ा रहे हैं और कुछ नहीं। मुझे उल्लू बनाना चाहते हैं!" – उसी समय उन्होंने देखा, लाला जी का चपरासी आया और महता साहब उसके साथ हो लिये। पण्डित जी कन्नी कतरा गये। उनसे

आँख न मिला सके।

जब महता साहब निकल गये तब पण्डित जी भाग कर कुली को बुला लाये। उसका नम्बर लिया, धड़कते हुए दिल के साथ टोकरा उठवाया, अपना पता दिया और उसे रवाना करके अपने कमरे में जा बैठे। ऐसे चुप, जैसे साँप सूँघ गया हो। पूरी तरह गम्भीर बने बैठे थे, पर मन का आह्लाद चेहरे पर फूटा पड़ रहा था। दिल में बीसियों मनसूबे बाँधे जा रहे थे – क्यों न अभी सिर दर्द का बहाना करके खिसक जायें और देहरादूनी आमों का स्वाद चक्खें। नहीं, यह ठीक नहीं, कोई सिर हो जायेगा। यह महता भी ख़ूब याद रक्खेगा। चला था तेजभान से मज़ाक करने। मेरा टोकरा तो ख़ैर आध मन का ही था। यह तो एक मन से कम न होगा। आम भी अच्छे मालूम होते हैं। क्यों न हो! देहरादूनी हैं।

इसी तरह की बीसियों कल्पनाओं में उलझे पण्डित तेजभान प्रकट बड़ी तन्मयता से काम में लगे थे। जब महता साहब ने बिलकुल समीप आ कर उनकी ठोढ़ी पकड़ कर मुँह ऊपर उठाया और बोले, "वाह कैसे काम में लगे हो, जैसे यहीं शहीद हो जाओगे ?" तो और भी गम्भीर हो कर पण्डित जी ने कहा – "नहीं, नहीं। आओ, आओ बैठो। यों ही आज ज़रा काम ज़्यादा है," यह कह कर उन्होंने महता साहब को कुर्सी दी।

उनकी इस धूर्तता पर जल कर महता ने कहा, "मियाँ, सीधे हाथों टोकरा वापस कर दो। इन उड़नघाइयों से काम नहीं चलेगा।"

पण्डित जी ने ऐसा मुँह बनाया, जैसे कोई समझ में न आने वाली बात सुन रहे हों। आँखे फैला कर और मुँह को तनिक-सा खोल कर हैरानी से बोले "क्या कहा ? टोकरा! कैसा टोकरा ? किसका टोकरा ?"

"मेरा आमों का टोकरा और किसका टोकरा ? पक्का एक मन देहरादूनी आम थे। यों आसानी से हज़म न होंगे।"

पण्डित जी ने आवाज़ में ज़रा सहानुभूति लाने का प्रयास करते हुए कहा, "किसने उठा लिया तुम्हारा टोकरा। ज़रा बैठो। कुछ ठीक तरह बताओ तो कुछ पता चले। मुझे तो कुछ ख़बर ही नहीं!" यह कहते हुए उन्होंने कुर्सी महता साहब के आगे खिसका दी।

महता ने खड़े-खड़े ही कहा, "बात यह है कि आज देहरादून से मन पक्के आम आये थे। मैं घर भिजवाने को था कि लाला जी ने बुलवा भेजा। एक ज़रूरी काम था। वापस आया तब आम नदारद...."

यह कहते हुए महता साहब ने कुछ ऐसा निराश मुँह बनाया कि पण्डित जी अपनी हँसी न रोक सके, क़हक़हा छोड़ कर बोले, "तुम्हारे साथ ऐसा ही होना चाहिये था। भगवान ने मेरा बदला चुका दिया।"

महता साहब जैसे गिड़गिड़ाते हुए बोले, "परमात्मा की सौगन्ध, उसमें मेरा ज़रा भी कुसूर न था। सब शरारत लाला जी की थी। मैं तो एक टूल (साधन) था – महज़

एक टूल।"

पण्डित तेजभान कुछ देर गम्भीर मुद्रा बनाये बैठे रहे, फिर अचानक बोले, "बताऊँ ?" और महता साहब के कान के पास मुँह ले जा कर कहने लगे, "यह भी लाला जी की ही शरारत है, बस। मुझसे कसम ले लो। तुम्हारे आमों के आने का पता भी नहीं।"

"अच्छा उनसे पूछ देखता हूँ।" यह कहते हुए महता साहब मुँह लटकाये तेजी से बाहर निकल गये। जब बाहर बरामदे में उनके पैरों की चाप दूर होते-होते बिलकुल बन्द हो गयी, तब पण्डित तेजभान ने एक लम्बा क़हक़हा लगाया और कुर्सी में धँस गये। अब मालूम होगा बच्चा जी को, किस तरह दूसरे की चीज़ उड़ायी जाती है।

शाम को मित्रों ने बहुतेरा ज़ोर दिया कि बड़े शिमले तक हो आयें, पर पण्डित जी ने एक न सुनी। उनके मन में तो आमों को देखने की, उनका स्वाद चखने की लालसा थी। कहने लगे, "आज घर में तबियत ख़राब है, नौकर के हाथ कहलवा भेजा था कि जल्दी आना, सो भाई जा रहा हूँ। मन तो तुम्हारे ही साथ रहेगा, पर क्या किया जाये, मजबूरी है।" ऐसे ही पीछा छुड़ा कर पण्डित जी सरपट घर की ओर भागे। उसी तरह जैसे त्योहार की शाम को स्कूल से छुट्टी मिलने पर लड़के घर को भागते हैं।

घर में पैर रखते ही बड़े रोब से उन्होंने पत्नी से पूछा, "आमों का टोकरा भेजा था मैंने।"

"पड़ा है। मैं निगल तो नहीं लिया।"

पण्डित जी ने ऐसे उसकी ओर देखा, जैसे कह रहे हों, कैसी बेवक़ूफ़ी की बात कर रही हो। और फिर ज़रा तेज़ हो कर बोले, "तो उठो! कैंची दो। ज़रा खोल कर देखा।

पत्नी उठी। कैंची मशीन में रखी रहती थी, वहाँ देखी, पर वहाँ नहीं थी। फिर अँगीठी पर, मेज़ के नीचे, रसोई में, दालान में – सब जगह देखी, पर कैंची दुर्भाग्य से न मिली। आ कर बोली, "मैंने बहुत ढूँढ़ा है। कैंची नहीं मिलती। पता नहीं, किसी के घर चली गयी शायद!"

भूखे सिंह की तरह पण्डित जी गरजे, "तुम्हें कुछ मालूम भी होता है। जो चीज़ माँगो, नहीं मिलती। उठो, चाकू दो।"

पत्नी को भी इस डाँट का उत्तर देने का मौका मिल गया, बोली, "चाकू आपने कब ला कर दिया ? बीस बार कह चुकी हूँ, एक चाकू ला दो। लेकिन यहाँ तो एक निगोड़ी कर्द भी ला कर नहीं दी, फिर चाकू की तो बात ही दूसरी है। वह दराँति पड़ी है, उससे काट लो।"

पण्डित जी मानो ख़ून के घूँट पी कर रह गये। ऐसे बढ़िया देहरादूनी आमों का टोकरा, ऐसी नफ़ासत से सिला हुआ और काटा जाये मैली पुरानी दराँती से। दौड़ कर पड़ोस से चाकू माँग लाये और बड़ी सावधानी से पार्सल की रस्सियाँ काटने लगे।

कभी-कभी पत्नी की ओर गर्व से देख भी लेते थे, जैसे वह कह रहे हों, तुम्हारे मैके से भी आम आया करते हैं, इनको देखोगी तो आँखें खुल जायेंगी। पण्डित जी की वृद्धा माता भी पास आ बैठीं। उत्सुक्ता की ख़ामोशी छा गयी।

पत्नी ने खड़े-ही-खड़े कहा, "बदबू-सी आ रही है। शायद आम सड़ गये हैं।"

पण्डित जी ने अन्तिम रस्सी काटते हुए कहा, "तुम्हारी नाक सड़ गयी है। देहरादूनी आम हैं, देहरादूनी!"

और जब पार्सल खुला तब दिमाग भन्ना गया। कमरे में सड़ाँध फैल गयी। ऊपर दो आने पंसेरी वाले सड़े-गले आम थे और नीचे वह सब कूड़ा-करकट था, जो महता साहब ने जमादार से कह कर भरवाया था।

पत्नी नाक पर हाथ रक्खे और 'देख लिये तुम्हारे देहरादूनी आम,' कहती हुई तिनकती दूसरे कमरे में चली गयी और पण्डित जी महता साहब और लाला जी को हज़ार-हज़ार मल्लाहियाँ सुनाते और शून्य में ही अपना दार्शनिक भाषण झाड़ते मकान से बाहर निकल गये ताकि किसी को दस-बारह आने दे कर उस मन भर कूड़ा-करकट के अम्बार को कहीं दूर फिकवायें।

बाहर महता साहब और लाला जी के सिवा बाकी सब मित्र-मण्डली और मासूमियत दिखाने और जले पर नमक छिड़कने के लिये मौजूद थी।

किन्तु यह चित्र का एक रुख़ है। पण्डित जी भी मौका मिलने पर नहीं चूकते। उनका मज़ाक भी प्रायः असह्य होता है। अन्तर केवल इतना है कि जिसे वे मज़ाक करें, उसके हमदर्द अनेकों होते हैं, परन्तु उनसे सहानुभूति के शब्द वाला कहने कोई नहीं होता। जो भी आता है, जले पर नमक छिड़क जाता है।

एक बार लाहौर की बात है, आप दफ़्तर में अपने कमरे के बाहर टहल रहे थे कि एक सफ़ेद-रीश[१] बुज़ुर्ग जो सरदार बूटासिंह के ससुर थे, उन्हें भिलने दफ़्तर में आये। पण्डित तेजभान को बाहर खड़े देख कर उन्होंने पूछा, "सरदार बूटा सिंह कहाँ होंगे।"

"उनकी पत्नी रात कहीं भाग गयी है न, थाने रिपोर्ट देने गये हैं।" और गम्भीर मुद्रा के साथ आप वहाँ से चले गये।

अपनी लड़की के बारे में ऐसी बुरी ख़बर सुन कर उन सरल हृदय वृद्ध के हाथ-पाँव फूल गये। यह तो भला हुआ कि पण्डित जी की यह बात एक दूसरे क्लर्क ने सुन ली और वह वापस भागते हुए वृद्ध को ले आया, नहीं तो उनके इस मज़ाक से सरदार बूटासिंह और उनके ससुर और घर वालों को कितनी परेशानी का सामना करना पड़ता, इसका अनुमान सहज ही में किया जा सकता है।

एक बार ऐसे ही किसी साहब ने रास्ते में पण्डित तेजभान से लाला जी के बारे में पूछा, "सुनाओ पण्डित जी, कई दिनों से लाला जी को नहीं देखा, कहाँ रहते हैं वे आजकल, उनके घर तो कुशल है।"

१. श्वेत दाढ़ी वाले।

श्मसान जैसा मुँह बना कर आपने कहा, "आपको नहीं मालूम ?"

किसी अशुभ की आशंका करते हुए उन्होंने केवल आँखें फैला दीं।

"उनके पिता का देहान्त हो गया।"

"कब ?"

"चौथा भी हो चुका।"

वह महाशय सब्ज़ी लिये घर जा रहे थे। यह बात सुन कर वहीं से लाला जी के घर को रवाना हो पड़े। वहाँ जा कर क्या हुआ और उन्हें अपने बच्चों के साथ हँसते-हँसते 'कैरम' खेलते देख कर वे महाशय कैसे सकुचाये, यह बात बख़ूबी समझी जा सकती है।

लाला जी और पण्डित जी में तो बचपन से चली आती है। कॉलेज में दोनों इकट्ठे पढ़ते थे। वहाँ होस्टल में रात को बड़ा शोर होता था। नित नये मज़ाक होते, एक-दूसरे को तंग करने की नित नयी तरकीबें निकाली जाती थीं। आज सब जूतों का एक-एक पाँव गुम है, तो कल सब की ऐनकें ग़ायब। एक बार किसी ने मज़ाक की नयी तर्ज़ निकाली – एकदम मौलिक! वह यूँ कि एक लड़के के सिरहाने रखी हुई सुराही उठा कर उसके पानी में रंग मिला दिया और उसे बिस्तर पर रख दिया। ज्योंही कुछ देर बाद उस छात्र ने करवट बदली, सब पानी घर-घर करके बिस्तर पर बह गया और वह छात्र सिर पीटता रह गया। इसके बाद यह रस्म आम हो गयी। हर रात किसी-न-किसी छात्र का बिस्तर भिगो दिया जाता। एक रात लाला जी और पण्डित जी को एक ही समय पर लघुशंका हुई। पहले लाला जी फ़ारिग हो आये और जब पण्डित जी लैटरिन गये तो लाला जी को शरारत सूझी। होस्टल में एक सड़ियल मिजाज़ छात्र भी रहते थे। आज तक किसी ने उनसे मज़ाक का साहस न किया था, जो मज़ाक सह ही न सके उससे दिल्लगी करना बेकार है। रोज़ यही शरारत होने से छात्रों ने सुराहियाँ ही रखना छोड़ दिया था। एक वे महाशय अपनी अकड़ में सुराही रखा करते थे। लाला जी ने चुपके-से उसकी सुराही उठा कर उनके सरहाने रख दी और जा कर लेट रहे। जब पण्डित तेजभान इज़ारबन्द बाँधते हुए आये तो लाला जी ने एक कंकर उठा कर उस लड़के को दे मारा। वह हड़बड़ा कर उठा। सुराही उलट गयी। बिस्तर भीग गया। एक तो कच्ची नींद में जागने का रंज, दूसरे बिछौने के भीग जाने का शोक, और विषैली तबियत, उसने आव देखा न ताव, उठ कर पण्डित जी के मुँह पर इतने ज़ोर से थप्पड़ मारा कि पण्डित जी का दिमाग़ चकरा गया।

"पाजी कहीं का, रोड़ा फेंक कर इज़ारबद कसने लगा है।" इधर पण्डित जी बदहवास-से, भौंचक्के-से खड़े थे, उधर लाला जी के पेट में बल पड़ रहे थे।

पण्डित जी चाहे कैसे कड़ियल जवान हैं, लेकिन उन्होंने किसी पर हाथ उठाया हो, ऐसा कभी नहीं हुआ। भीगी बिल्ली बने सब कुछ सह गये। हाँ, लाला जी के साथ कई रोज़ तक न बोले।

चार

छोटे शिमले से सी-पी नौ मील दूर है, यह मैंने सुन रखा था और यह भी सुना था कि मार्ग सीधा-सरल, उतार-चढ़ाव से रहित, सुन्दर और सुरम्य है, किन्तु कभी इन नौ मीलों को, जो लम्बे होते हुए भी अपने सुन्दर दृश्यों के कारण प्रिय के मिलन-दिवस की तरह छोटे थे, तय करने का सौभाग्य नहीं मिला। सी-पी के मेले ने मुद्दत से उस सड़क और शिमले के उस ओर के इलाक़े का नज़ारा करने की मेरी सोयी हुई इच्छा को जगा दिया।

छोटे शिमले से चले तो सँजौली तक कुछ चढ़ाई रही, लेकिन सड़क का यह टेढ़ा-मेढ़ा ऊँच-नीच टुकड़ा भी सुरभ्यता में कम न था। एक ओर जाकू (पहाड़) मस्त हाथी की तरह लेटा था, दूसरी ओर गहरी खड्ड, जैसे उनकी महानता के चरणों में शीश नवा रही थी, धूप ख़ूब तेज़ थी, किन्तु केलू के लम्बे-ऊँचे सघन छतनार पेड़ गर्म हवा का सारा ताप हर रहे थे। हल्की प्रसन्न हवा धीरे-धीरे रमक रही थी। रास्ते में सँजौली के कुछ ही इधर दृश्य अत्यन्त मनोरम, किन्तु आतंकपूर्ण था। बाईं ओर पहाड़ एकदम सीधा और ऊँचा खड़ा था। दाहिनी ओर बहुत गहरी घाटी थी और मध्य में थी सड़क। ऊपर देखो तो गहराई को देख कर मन में हौल पैदा हो जाये। डाइनामाइट में काटे जाने पर पहाड़ में जो खराशें पड़ गयी थीं, उनसे पानी चू रहा था। हवा के हल्के झँकोरों से हिल-मिल जाने वाले बूँदों के बेपरवा कण इस स्थान को अत्यन्त शीतल बना रहे थे। मैंने अनायास कहा, "बड़ी सुन्दर जगह है!"

"इससे भी सुन्दर और शीतल जगह आगे देखने को मिलेगी," ला० भोलानाथ बोले। तभी वंशी का मीठा, लोच-भरा, बारीक स्वर फ़िज़ा में गूँज उठा। सबकी निगाहें ऊपर को उठ गयीं। पहाड़ की सीधी चोटी पर वृक्षों के झुण्ड में एक पहाड़ी वंशी बजा रहा था। हमें देख कर बाँस की पोरी होंटों से हटा, वह हमारी ओर मुटर-मुटर तकने लगा। मैंने हँसते हुए कहा, "सुनाओ भई, क्या गा रहे हो।"

जाने उसने मेरी बात सुनी नहीं अथवा उसे हमारा मज़ाक उड़ाने की सूझी, वह मुस्कराता हुआ बोला, "नीचे उतरना चाहता हूँ।"

इस पर सब हँस पड़े।

पण्डित तेजभान चिल्लाए, "छलाँग लगा दो। मैं यहाँ नीचे लोक लूँगा।"

और सब हँसते हुए आगे चल पड़े।....सामने सँजौली के मकान दिखायी दे रहे थे। मैंने मुड़ कर उस जगह की ओर संकेत करते हुए, जहाँ हम बैठे थे, भोलानाथ से पूछा – "इस का भी कोई नाम है ?" वे बोले – "नाम तो क्या होगा, हाँ, इस घाटी को 'इंजिन-घाटी' कहते हैं।

"क्यों ? यहाँ कौन-सा इंजिन चलता है ?" मैंने कहा। लेकिन इस प्रश्न का उत्तर मुझे किसी से नही मिला।

तभी लाला गण्डामल किसी गूढ़ विषय पर साथियों का ज्ञान-वर्धन कर रहे थे।

ज़रा ध्यान से सुनने पर मालूम हुआ कि वे डाइनामाइट के आविष्कार के सम्बन्ध में अपने बहुमूल्य विचार प्रकट कर रहे हैं :

"यह पहाड़ जो तीर की तरह सीधा काटा गया है," वे कह रहे थे, "ऐसा न काटा जा सकता, यदि नोबेल-पुरस्कार के संस्थापक प्रसिद्ध वैज्ञानिक नोबेल साहब डाइनामाइट न खोज निकालते। वहाँ यदि आप पहाड़ के निकट से देखें तो आपको बहुत से ऐसे चिह्न दिखायी भी पड़ेंगे, जैसे किसी ने पहाड़ को खुरचा हो। ये किसी औज़ार के नहीं, वरन उन छेदों के हैं, जिनमें डाइनामाइट की बत्तियाँ रख कर पहाड़ को उड़ाया गया था। इसी डाइनामाइट के आविष्कार से करोड़ों रुपया पैदा करके नोबेल साहब एक स्थायी पुरस्कार की व्यवस्था कर गये हैं, जो भारत में कवि-सम्राट रवीन्द्रनाथ ठाकुर और प्रसिद्ध वैज्ञानिक रमन को मिल चुका है....।"

ला० गण्डामल न जाने और कितनी देर तक नोबेल साहब तथा उनके पुरस्कार के सम्बन्ध में साथियों का ज्ञान-वर्धन करते रहे, पर मेरा ध्यान उधर से हट गया। सँजौली आ गयी थी। सामने जहाँ जाकू के गिर्द घूमने वाली सड़क बायीं ओर को घूमती थी, वहीं सड़क से एक रास्ता निकल कर घाटी के ऊपर से हो कर सँजौली के बीचों-बीच होता मशोबरे को जाता था। सामने घाटी के सिरे पर ऊपर से नीचे तक सँजौली के मकान बड़े खूबसूरत लग रहे थे।

सँजौली शिमले की एक छोटी-सी बस्ती है। शिमले की घनी आबादी से तंग आये हुए लोग यहीं शरण पाते हैं। शिमले में एक सड़क जाकू के गिर्द घूमती हुई यहाँ पहुँचती है। इस चक्कर को 'जाकू राउण्ड' कहते हैं। कुल छै मील का चक्कर पड़ता है। छोटे शिमले से जायें तो केवल चार मील चलने पर ही सँजौली के दर्शन हो जाते हैं। यदि 'लक्कड़ बाज़ार' से जायें तो दो मील के बाद सँजौली दिखायी पड़ जाती है। इस सिलसिले में यह बात उल्लेखनीय है कि जाकू के गिर्द घूमने वाली सड़क माल रोड से ही शुरू होती है और वहीं जा कर ख़त्म हो जाती है। चाहे किधर से जायें – छोटे शिमले अथवा लक्कड़ बाज़ार से – यदि आप पूरा छै मील का चक्कर लगायेंगे तो जहाँ से चले हैं, वहीं आ जायेंगे। हाँ, एक और चक्कर भी है, जो गिरजे के मैदान से शुरू हो कर वहीं आ कर समाप्त हो जाता है। इसे 'छोटा जाकू राउण्ड' कह सकते हैं, किन्तु जाकू का पूरा चक्कर छै मील का ही है। जाकू राउण्ड लगाने वाले सैर के शौकीन कुछ पल सँजौली में ज़रूर रुकते हैं।

सँजौली के बाज़ार में कुछ खा-पी कर और 'हण्टले एण्ड पामर्स' के बिस्कुटों के तीन डिब्बे ले कर, जिनमें से एक रसास्वादन करते-करते ही समाप्त हो गया, हमारी पार्टी मशोबरे की ओर चली। क्योंकि सी-पी मशोबरे के नीचे घाटी में बसा है। कुछ ही दूर पर एक सुरंग मिली। यह सुरंग रेलगाड़ी की सुरंग की तरह अँधेरी नहीं, बल्कि इसमें एक सिरे से दूसरे सिरे तक सफ़ेदी पोती गयी है और यात्रियों के सुविधा के लिये बिजली के लैम्प भी लगे हैं।

सुरंग में प्रवेश करते ही ठण्डी हवा के एक मनोहारी झोंके ने हमारा स्वागत किया। प्रायः सबने अपनी टोपियाँ-पगड़ियाँ उतार लीं और एक-दो लम्बे साँस खींचे।

शिमले में उन दिनों प्राय: सर्दी होती है, लेकिन दो-तीन दिन पहले वर्षा का एक तरेरा पड़ा था, इसलिये सुरंग की ठण्डी हवा में उतना ही आनन्द मिला, जितना प्यासे को पानी पीने पर। इतनी चौड़ी, सुन्दर और साफ़ सुरंग शिमले में नहीं है। माल के नीचे लोअर बाज़ार को ईदगाह से मिलाने वाली सुरंग इससे लम्बी चाहे ज़्यादा हो, पर इतनी चौड़ी और साफ़-सुथरी नहीं।

सुरंग से निकलते ही जब पीछे मुड़ कर देखा तो सिर पर एक रुण्ड-मण्ड टीला दिखायी पड़ा। उसका एक बहुत बड़ा भाग बाहर को बढ़ा हुआ था, जैसे सुरंग से पार जाने वालों को 'गुड-बाई' कह रहा हो। यहाँ से सड़क यद्यपि कई जगह मुड़ती है, लेकिन इसमें ऊँचाई-नीचाई नहीं। बड़ी चौड़ी, खुली समतल सड़क है। सिर्फ़ एक दोष है। इस पर केलू के गगन-चुम्बी छतनार पेड़ नहीं है। जैसे इस ओर की पहाड़ियाँ रुण्ड-मुण्ड हैं, वैसे ही सड़क भी है। कुछ वर्ष हुए लेडी वेलिंग्डिन की कृपा से मार्ग में थोड़ी-थोड़ी दूर पर पौधे लगाये गये हैं, जो समझ पा कर वृक्ष बन जायेंगे, किन्तु यह मनुष्य के हाथ से लगाये गये पौधे मनुष्य को बनाने वाले के हाथ से लगाये गये वृक्षों से सुन्दर होंगे या नहीं, यह निश्चय के साथ नहीं कहा जा सकता। हाँ, एक बात निश्चित है। यदि वे पौधे बड़े हो कर सुन्दर लगते तो इसका कारण होगा उनमें एक-दूसरे के बीच कृत्रिम अन्तर और यदि यहाँ प्राकृतिक वृक्ष होते तो उनकी नैसर्गिक घनिष्ठता।

सँजौली से सुरंग कोई एक फ़र्लान्ग की दूरी पर है और सुरंग से मशोबरा कोई छः मील। सड़क पर ख़ूब चहल-पहल थी। फ़ौजी गाड़ियाँ धूल उड़ाती चली जातीं। कभी-कभी कोई कार भी गुज़र जाती; वरना पहाड़ी लोगों का एक रेला था जो अनवरत बह रहा था हमारे आगे-आगे एक पहाड़ी स्त्री नंगे सिर, बाल सँवारे, गले में वाटरप्रूफ़ ओवर कोट पहने, पाउडर और सुर्ख़ी से काले मुँह को चमकाये, कमर में तहबन्द कसे और पैरों में पम्प शू पहने अपने साथियों से हँसी-ठिठोली करती हुई चली जा रही थी। किसी पहाड़ी रमणी को इस वेश-भूषा में देखने का मेरा यह पहला ही अवसर था। बाद में मालूम हुआ कि वह जाकू पर रहने वाली वारांगनाओं में से एक थी।

लगभग डेढ़ मील चलने पर एक जगह इस सड़क में ऊपर से एक और सड़क आ मिली। यह रास्ता किधर को गया है और किधर से आया है, यह जानने के लिये मेरा मन बैचैन हो उठा और जब मुझे बताया गया कि यह मार्ग सँजौली को जाता है तो मैं कुछ हैरान भी हुआ। वहाँ एक नोटिस-बोर्ड लगा हुआ था। वह अंग्रेज़ी और उर्दू में था। मैंने पढ़ा। लिखा था :

'नीचे की सड़क से केवल रिक्शा, पैदल यात्रियों तथा टट्टू-सवारों को जाने की इज़ाज़त है।

कुलियों, खच्चरों और हर प्रकार के लद्दू जानवरों को ऊपर की सड़क से जाना चाहिए।'

अब समझ में आया कि इन दो सड़कों का क्या मतलब है। पूछने पर यह भी पता चला कि पहले यहाँ निचली सड़क न थी, सब ऊपर ही से जाते थे। ऊपर की सड़क सँजौली में जा कर समाप्त हो जाती है। चूँकि यह टीले के ऊपर से हो कर जाती है और इसमें चढ़ाई बहुत पड़ती है, इसलिये यात्रियों की आसानी के लिये निचली सड़क का निर्माण किया गया है, किन्तु कुलियों को नीचे की सड़क से गुज़रने की आज्ञा न दे कर ऊपर की चढ़ाई वाली सड़क से गुज़रने के लिये क्यों बाधित किया गया है, इसका कारण सिवा इसके कुछ नहीं जान पड़ता कि वे भी शायद लद्दू जानवर ही समझे गये हैं। है भी ठीक। कुलियों को शिमले के धनाधीश जानवर समझते हैं तो बेजा नहीं। बेज़बान लद्दू जानवर भला इतना बोझ क्या उठाते होंगे, जितना मानव का रूप धरने वाले ये बाज़बान (ज़बान वाले) जानवर उठाने को विवश हैं।

यहाँ बायीं ओर एक छोटी-सी झोपड़ी में कुज पहाड़ी फल, (जिनमें सख़्त नाशपातियाँ और लम्बे-लम्बे खीरे ही ज़्यादा थे) दूसरी चीज़ों के साथ सजे हुए थे। दुकान के अन्दर तेल के कुछ पकौड़े भी रखे थे और पैसे-पैसे वाली लैम्प सिगरेट की डिब्बियों के एक-दो पैकेट भी थे। दुकान का मालिक लम्बी-लम्बी मूँछों वाला पतला-सा पहाड़ी था। उसकी आँखें खुमार से भरी हुई दिखाई देती थीं। पार्टी के एक-दो आदमी दुकान पर सुस्ताने को बैठ गये। एक-दो नाशपातियाँ भी छोलीं और खायीं। इधर-उधर दृष्टि डालने पर दुकान के बाहर एक ओर खड़िया मिट्टी से हिन्दी में 'चरस' लिखा हुआ दिखायी पड़ा। दुकानदार की मदभरी आँखों का रहस्य अब खुला। तो यह अफ़ीम-चरस आदि का ठेका है! पूछने पर इसका समर्थन भी हो गया। वहाँ भाँग, चरस, पोस्त और अफ़ीम मिल सकती थी। स्वयं दुकानदार महाशय पक्के नशेड़ी थे। 'मल्लाह दा हुक्का सुक्का'[१] वाली कहावत के वे अपवाद थे। धनाभाव और फ़ाकामस्ती के बाद अभागे पहाड़ियों के शरीर में जो लहू बच जाता है, उसे वे नशे से समाप्त कर देते हैं। जान-बूझ कर करते हैं अथवा तल्ख़ जिन्दगी से पलायन उन्हें विवश कर देता है, यह कौन कहे।

इस दुकान के साथ एक बूढ़ा कश्मीरी बिसाती सस्ती चीज़ों की हाट सजाये बैठा था। उसकी गोल दाढ़ी, गंजा सिर, पिलपिला मुँह और पीले दाँत मुझे कभी न भूलेंगे। वह हँसमुख भी था। हमें कुछ लेना-देना तो था नहीं, तो भी हम उसकी हरेक वस्तु को उलट-पलट कर देखने लगे, पर उसने तेवर तक नहीं बदले। पण्डित तेजभान के मज़ाक पर वह केवल हँसता रहा। इस वक्त भी उसकी सूरत और उसकी वह हँसी मेरे सामने है और वह उसी तरह हँस कर कह रहा है – 'कोई अपनी तबीयत ख़ुश कर ले, हमारा क्या जाता है।'

दाहिनी ओर एक छोटा-सा मार्ग नीचे को जाता था। वहीं एक नोटिस-बोर्ड लगा था, जिससे उस ओर जाने का निषेध था। पूछने पर भी इस मनाही का कारण

१. एक पंजाबी मिसाल, जिसका मतलब है कि मल्लाह का हुक्का सूखा ही रहता है, याने, पानी में रह कर भी उसे पानी भरने का अवकाश नहीं रहता।

मालूम न हो सका। शायद वहाँ पानी का बाँध था या कोई और बात थी। यकीनी तौर पर इसका कोई पता न लगा सका। हाँ कुछ पीछे, जो सुन्दर मोटर का रास्ता सीढ़ियों की-सी तरह नीचे उतरता था उस पर जाने की मनाही होने के कारण का यहाँ पता चल गया। वह शिकारगाह को गया था, जो दाहिनी ओर की घाटी में बनी थी। वह सरकारी शिकारगाह थी और वहाँ शिमला के प्रभुओं के अलावा किसी दूसरे को जाने की इजाज़त न थी।

o

आगे चलने पर दायीं ओर घाटी की बजाये पहाड़ शुरू हो गया और बायीं ओर वह सुन्दर घाटी दिखाई देने लगी जो मशोबरे तक चली गई है। इसमें मशोबरे की ओर सिर किये हुए पहाड़ लेटे दिखाई देते हैं। जिस तरह मुष्य सिर के नीचे सिरहाना रख कर उसे ऊँचा कर लेता है और उसके पैरों की ओर हल्की ढलान बन जाती है उसी तरह इन पहाड़ियों के सिर भी ऊँचे दिखाई देते हैं और ये कई मीलों तक हल्की ढलान में लेटी हुई नज़र आती हैं। इन सोई हुई पहाड़ियों के पाँवों में एक नाला बल खाता हुआ दिखाई दे रहा था। उन दिनों उसमें ज़्यादा पानी न था लेकिन जुलाई और अगस्त के महीनों में तो उसकी शान देखने के लायक होती होगी। उसी नाले के ज़रा ऊपर घाटी में उस रियासत की राजधानी है जिसकी सीमा में सँजौली, मशोबरा और सी-पी आबाद हैं। राजधानी का नाम 'क्यार' है। कोटी सी-पी से परे स्थित है। दोनों को मिला कर रियासत का नाम 'क्यार-कोटी' प्रसिद्ध है। पर संक्षेप में इसे कोटी ही कहते हैं। किसी बड़े पक्षी के फैले हुए डैनों ऐसी घाटी में धूप में चमकती क्यार के मकानों की टीन की छतें बहुत भली लगती थीं।

कोई ढाई मील चलने के बाद एक सड़क ऊपर चढ़ गयी है। यह 'वाइल्ड फ़्लावर हाल' से होती हुई 'कुफ़री' को जाती है। कुफ़री तक चढ़ाई-ही-चढ़ाई है। सैर के शौकीन ठठ-के-ठठ बाँध कर कुफ़री की सैर को जाते हैं। सारा दिन वहाँ बिताते हैं और साँझ को वापस लौटते हैं। वहाँ एक सराय भी है। वर्षा हो तो उसमें विश्राम किया जा सकता है। यदि रास्ते में वर्षा आरम्भ हो जाये तो भीगने में जो मज़ा आता है, उसे जवान लोग ही ले सकते हैं।

रास्ते के इस ओर दूसरे प्रसिद्ध स्थानों में ढल्ली और मालेरकोटला के नवाब के महल उल्लेखनीय हैं। ढल्ली भी एक सराय है। वहाँ भी शिमले के लोग पिकनिक को जाते हैं। वहाँ आने वाले प्रायः परिवार समेत जाया करते हैं और बिस्तर इत्यादि साथ ला कर रात को वहीं विश्राम करते हैं। मालेरकोटला के नवाब के महल के सम्बन्ध में कुछ नहीं कहा जा सकता। अन्दर से देखने का अवसर नहीं था। हाँ, द्वार पर कुछ एक वर्दीपोश सिपाही चाक-चौबन्द खड़े देख कर सिर्फ़ यही कहा जा सकता था कि कोई ऐरा-ग़ैरा नत्थू-खैरा उसके अन्दर नहीं जा सकता।

o

मशोबरे से कोई डेढ़ मील इस ओर वह स्थल है जिसके बारे में सुना था कि बड़ा

सुरम्य है। इस जगह दाहिनी ओर पहाड़ बहुत ऊँचा है और सड़क के आधे भाग पर छाया हुआ है। रास्ता काटने वालों ने उसे बारहों महीने गिराना ज़रूरी नहीं समझा। आधी मेहराब-सा पूरी सड़क पर छाया, वह दिल में बेतरह हौल पैदा करता है। उसमें से पानी की बूँदें सड़क पर झरती रहती हैं और उस जगह को ठण्डा रखती हैं। सड़क के बायीं ओर मुसाफिरों के बैठने के लिये चौड़े-चौड़े पत्थरों की टैरिस-सी बना दी गयी है। सारी-की-सारी पार्टी यहाँ कतार बाँध कर बैठ गयी। एक बार और पगड़ियाँ और टोपियाँ उतारी गयीं और ठण्डी हवा में लम्बे-लम्बे साँस लिये गये। मार्ग की धूप ने झुलस डाला था और फ़ौजी मोटरों के बेतहाशा चलने और अगणित तमाशाइयों की आमद-रफ़्त के कारण गर्द से चेहरे अट गये थे और कितनी ही मिट्टी कंठ में उतर गयी थी। सामने पहाड़ के नीचे एक छोटा-सा झरना, छोटी सी धार में निरन्तर बह रहा था। वहाँ हाथ-मुँह धो और चाक-चौबन्द हो हम फिर चल पड़े। सँजौली के समीप जो इसी तरह की जगह है, उससे यह कहीं अधिक सुरम्य है – हाँ, डरावनी भी ज़्यादा है। डर लगा रहता है कि कहीं ऊपर से पहाड़ का कोई खण्ड निरन्तर पानी से सिंचते रहने के कारण अलग हो कर न गिर पड़े और नीचे जाने वाले की इह-लीला न समाप्त कर दे।

यहाँ से मशोबरा केवल डेढ़ मील है। चीड़ के वृक्षों का इस जगह बाहुल्य है। टहनियों के सिरों पर हरे-हरे लम्बे-पतले लचीले काँटों के गुच्छे-से हवा में फहरा रहे थे। ठण्डी हवा रमकने लगी थी। कहीं-कहीं पहाड़ियों की टोलियाँ पहाड़ी गीत गाती हुई गुज़र जाती थीं।

मशोबरा आ गया। इस छोटी-सी बस्ती में ख़ूब चहल पहल थी। यह भी सँजौली की तरह शिमले ही की एक बस्ती है। आबादी से किंचित दूर निवास करने के इच्छुक अंग्रेज़ और अंग्रेज़-नुमा हिन्दुस्तानी वहाँ रहते हैं। एक वायसराय-हाउस भी है। वहाँ वायसराय कभी-कभी आ कर ठहरा करते हैं। मुझे याद है कि बाद में हमने उसके बगीचे के सेबों को भी चखा था। संयुक्त प्रान्त के एक मुसलमान के पास उसका ठेका था। ख़ूब दिलचस्प आदमी था।

यहाँ 'गेबल्स होटल' के नाम से एक बड़ा भारी होटल भी है। एक अंग्रेज़ के संचालन में बड़ी अच्छी तरह चल रहा है। सम्पन्न लोग ही यहाँ ठहरते हैं। इसी होटल के नीचे सड़क से एक मार्ग सी-पी को जाता है, जो यहाँ से कोई डेढ़ मील की उतराई पर एक सुरम्य जगह में स्थित है। असली नाम सीपुर है। सी-पी उसका संक्षिप्त और प्रचलित नाम है। यहाँ रीडर तथा दूसरे अहलकारों को साथ लिये कोटी के टिक्का साहब मेहमानों की आगवानी को खड़े थे। राजपूतों-जैसी शिमले वाली लम्बी लाल पगड़ी, काला अचकन, चूड़ीदार पायजामा, नोकदार जूता लम्बी-लम्बी मूँछें, पतले से नाटे कद के चुस्त आदमी थे। आयु कोई तीस-पैंतीस वर्ष की होगी। हमारे देखते-देखते एक मोटर वहाँ उतरी और एक लम्बी-सी बल्लम हाथ में लिये एक रमणी के साथ एक लम्बे ऊँचे साहब उतरे। पूछने पर मालूम हुआ कि ये जंगी

लाट हैं। टिक्का साहब को उनका स्वागत करते हुए छोड़ कर, मशोबरे में मोल ली हुई ख़ूबनियाँ खाते हुए हमने सी-पी को प्रस्थान किया। नीचे – बहुत नीचे बाजों और मेले में आये हुए लोगों की चिल्ल-पों का मिला-जुला शोर ऊपर मशोबरे तक आ रहा था।

मेरी उत्सुकता को पंख लग गये थे, किसी पहाड़ी मेले को देखने का मेरा यह पहला ही अवसर था। शहरों में ऐसे मेले प्रायः होते हैं, जिनमें मदिरा-पान और जुआ होता है, गन्दे गीत गाये जाते हैं और लड़ाई-झगड़े भी होते हैं। कर्तारपुर की बैसाखी और जालन्धर का दशहरा ऐसे ही मेले हैं। इन मेलों में जाट प्रतिवर्ष नयी-नयी बोलियाँ (अश्लील गीत) बनाते और गाते हैं और यहाँ से निकली हुई बोलियाँ सारा साल गुण्डों और बिगड़े दिल वालों की ज़बान पर रहती हैं, पर इन मेलों में स्त्रियाँ प्रायः नहीं जातीं या जाती हैं तो गुरुद्वारे की चारदीवारी से बाहर नहीं निकलतीं। यहाँ सी-पी के बारे में सुना कि स्त्रियों का खासा जमघट होता है। इसके अतिरिक्त और बहुत-सी बातें सुनी थीं, जिन पर मन विश्वास न करता था। इन सब बातों को प्रत्यक्ष देखने की इच्छा ने पाँवों में पंख लगा दिये थे। यह डेढ़-दो मील का उतराई का रास्ता पलक झपकते समाप्त हो गया और हम सी-पी पहुँच गये।

मशोबरे से सी-पी को जाने का मार्ग सँजौली से मशोबरे को जाने वाली सड़क की तरह वृक्षों से रहित नहीं है। यहाँ ख़ूब छतनार के पेड़ हैं। इस इलाके में पहुँचते ही केलुओं से छन कर आने वाली ठण्डी हवा ने रास्ते का सारा ताप हर लिया। सी-पी में तो ख़ूब ठण्ड थी। यह जगह घाटी के नीचे एक छोटे-से मैदान में स्थित है, किन्तु मैदान इतना बड़ा नहीं कि सारा मेला उसमें लग सके। इसलिये वह ऊपर और नीचे की ओर फैल जाता है। बाज़ार भी पहाड़ी नदी की तरह एक-दो बल खाता हुआ नीचे मैदान को गया है। दुकानें प्रायः वृक्षों के नीचे सजती हैं। यहाँ पहुँचते ही इस गहराई में पानी के प्रबन्ध पर आश्चर्य हुआ। पानी यहाँ बहुत दूर से आता है और टीन की एक बड़ी-सी टंकी में गिरता है, जिसमें टोटियाँ लगी हैं। यह पानी बहुत ठण्डा था। बाद में मालूम हुआ कि यहाँ एक प्राकृतिक झरना है और मेले के लिये प्रति-वर्ष अस्थायी टोटियाँ लगा दी जाती हैं। वास्तव में इस इलाके में कितने ही ऐसे झरने हैं, पर सीपुर के झरने का पानी जितना मीठा और स्वादिष्ट है, वैसा किसी का नहीं। सबने हाथ-मुँह धो कर एक दो घूँट पिये। पानी की टंकी के साथ ही एक ख़ेमा लगा हुआ था, जिसके बाहर चाय के बर्तन पड़े हुए थे। यहाँ चाय के शौकीनों के लिये बिस्कुट, तोश और चाय का प्रबन्ध था। इसके आगे तनिक नीचे दो मार्ग हो गये थे। एक जनता के लिये था, दूसरा पदाधिकारियों के लिए। दूसरे मार्ग पर एक दरवाज़ा बना हुआ था, जिस पर अंग्रेज़ी में 'वेलकम' लिखा हुआ लगा था। यहाँ एक लोहे की डेढ़ रुपये वाली कुर्सी भी रखी थी और इस पर एक वृद्ध पण्डितों जैसी पगड़ी बाँधे बैठे थे। गले में ज़रदौज़ी का चोगा पहने हुए थे और कमर में चूड़ीदार पायजामा था। इनके पास ही एक वृद्ध, लेकिन चुस्त व्यक्ति श्वेत अचकन पहने डटे हुए थे। दरवाज़े पर एक गोरे रंग का युवक नेवी ब्लू रंग का ब्लेज़र और वर्स्टेड की पतलून कसे खड़ा था।

पूछने पर मालूम हुआ कि ये क्रमशः कोटी के राणा, उनके मन्त्री तथा रीडर हैं। किसी रियासत के राणा को एक टूटी-सी लोहे की कुर्सी पर बैठे हुए देख कर मैं आश्चर्य से उनकी ओर देखता रह गया।

हम वहाँ कुछ देर तक के लिये खड़े रहे। हमारे देखते-देखते वहाँ एक अंग्रेज़ आये। उससे पहले रीडर, फिर मन्त्री ने बातें की और फिर मन्त्री ने राणा साहब से कुछ कहा। इसके बाद राणा साहब ने खड़े हो कर उनका अभिवादन किया। इसके बाद वे भी राणा साहब की बग़ल में एक लोहे की कुर्सी पर बैठाये गये। ऐसा लगा कि राणा साहब अंग्रेज़ी नहीं जानते, इसीलिये उन्हें दुभाषिये की आवश्यकता रहती है। या यदि वे अंग्रेज़ी जानते हैं तो केवल काम-चलाऊ ही। मुझे यह बात किसी से पूछने की लालसा ही रही, लेकिन उस समय पार्टी के सब लोग आगे बढ़ कर मेला देखने और कहीं एकान्त स्थान ढूँढ कर पेट-पूजा का प्रबन्ध करने के लिये बेताब थे।

वहाँ से हम निचले मार्ग से बाज़ार की ओर बढ़े। कुछ दूर जाने पर ऊपर का मार्ग भी इस रास्ते में आ कर मिल गया। दोनों के संगम पर तिब्बती लोग अपना सामान बिछाये बैठे थे। उनके पास चीनी के बर्तन, कदाचित सेकेंड-हैंड पत्थर की प्यालियाँ और दूसरा बिसाती का सामान था। इन सब में सबसे अच्छी विक्रेता एक स्त्री थी। उसका नाम लक्ष्मी था। वह शुद्ध हिन्दी और काम चलाने के लायक अंग्रेज़ी बड़ी फुर्ती से बोल लेती थी। ग्राहक को बातों में उलझा कर उससे दुगने दाम ले लेना उसके बायें हाथ का खेल था। उसे अंग्रेज़ों और भारतीयों का अन्तर भी अच्छी तरह मालूम था। कुछ चीज़ें उसने केवल अंग्रेज़ों के लिये ही रख छोड़ी थीं। हमारे देखते देखते उसने एक पत्थर की हरे रंग की प्याली एक अंग्रेज़ युवती के हाथ दो रुपये में बेच डाली। मैं अथवा हमारी पार्टी में से कोई दूसरा इस प्याली के लिये मुश्किल से चार आने भी न देता। उसकी अंग्रेज़ी बोलने की क्षमता पर चकित हो कर एक अंग्रेज़ अफ़सर ने अपनी साथी से अंग्रेज़ी में कहा, "यह देखो, तिब्बती औरत कैसे फ़रफ़र अंग्रेज़ी बोल रही है।"....यह तिब्बती स्त्री शिलाजीत भी बेचती थी, जो गोन्द अथवा सड़े हुए गुड़ के सिवा कुछ न था। लेकिन इस बात का पता तो मुझे बाद में चला। उस वक्त तो उसने हमसे चार-चार आने ठग लिये।

आगे चलने पर हलवाइयों की दुकानें आयीं। तभी पण्डित तेजभान ने बायीं ओर संकेत करते हुए मुझे बताया – "वहाँ मीना बाज़ार लगता है।"....लेकिन उस समय सबको कहीं आराम से बैठने और नौ मील चलने से अपने थके हुए पैरों को विश्राम देने की जल्दी थी, इसलिये उधर ध्यान न दे कर सीधे बाज़ार में उतरते चले गये। हलवाइयों की दुकानों के आगे जुए की दूकानें थीं और उसके बाद ज़रा-सा खुला मैदान था, जहाँ दरबार का शामियाना सजा हुआ था और चाँदी की कुर्सियाँ लगी हुई थीं। दाहिनी ओर मन्दिर था और कुछ तम्बू लगे हुए थे। सामने ही जंगी लाट की पार्टी के लिये प्रबन्ध किया गया था और कुछ क़नातें लगी हुई थीं। हम बायीं ओर किसी विश्राम-स्थल की खोज में बढ़ गये।

पाँच

पेड़ों की घनी छाया में एक अच्छी-सी एकान्त जगह पर पार्टी गोल दायरा बना कर बैठ गयी। सुबह दस बजे छोटे शिमले से चल कर नौ मील रास्ते की चिलचिलाती धूप में भुनते और मार्ग का धूल फाँकने के बाद थोड़ा आराम ज़रूरी थी। कुछ भूख भी लग आयी थी इसलिये ला० भोलानाथ और श्री राम लाल ने कुली के सिर से मिठाई और फलों का टोकरा उतरवाया। सबके आगे समाचार-पत्रों का एक-एक पन्ना रख दिया गया। 'समाचार-पत्रों' के जीवन की अवधि महज़ एक दिन होती हैं,' मैंने सोचा, 'लेकिन इस एक दिन में वे मनुष्यमात्र को हर्ष-उल्लास, दुःख-सुख, आवेश-आवेग, त्रास-आश्चर्य-सभी अनुभूतियों का स्पर्श देते हुए ख़त्म होने के बाद भी बड़े काम आते हैं। मनुष्यों में ऐसे कितने हैं, जो मरने के बाद केवल चिंता की अग्नि का ग्रास बनने के अलावा भी किसी का कुछ सँवार जाते हैं।'

ला० भोलानाथ ने मिठाई परसनी शुरू कर दी। उसी समय निकट ही पेड़ों के परे चलते हुए पँगूड़ों में से किसी में बैठी हुई किसी पहाड़ी युवती ने झूलते हुए तान लगायी :

'तुझ पिच्छियाँ मैं होई बदनाम लौका'[१]

लम्बी तान और ऊँचे स्वर से गाया जाने वाला दर्द-भरा पहाड़ी गीत, रमणी का युवा कण्ठ, झूलते समय की मस्ती, गीत वायुमण्डल के कण-कण में बस गया। रिक्शा ड्राइवरों और ग्वालों की मीठी आवाज़ से कई बार पहाड़ी गीत सुने थे। कई बारीक स्वर रखने वाले युवकों के मुख से भी 'मोहना' सुना था, लेकिन इतनी लय, इतनी हृदयस्पर्शी तान सुनने में न आयी थी।

सहसा पं० तेजभान ने मेरे विचारों का सिलसिला तोड़ दिया। "किसके विरह में कूक रही है ?"

नीरस क्लर्कों में एक ठहाका गूँज उठा और फिर सब मिठाई पर टूट पड़े, लेकिन मेरे कान बराबर उस पहाड़ी गीत को सुनने में व्यस्त रहे। कुछ अच्छी तरह समझ में न आ रहा था, केवल तान का आनन्द लिया जा सकता था, फिर भी जो समझ में न आया, वह हृदय को द्रवित कर देने के लिये काफ़ी था। पहाड़ी गीतों में उर्दू कविता की रदीफ़ और काफ़िये की कैद नहीं होती और न ही हिन्दी की छन्द रचना देखने में आती है। उमें हृदय होता है – पहाड़ी युवतियों का हृदय और होते हैं हृदय के कोमल उद्‌गार! पहाड़ी रमणियाँ सीधे सादे सरल शब्दों में वह सब कुछ बयान कर देती हैं, जो कवि अपनी लालित्यमयी भाषा में भी नहीं कर सकता, शायद इसलिये कि कवि का प्रेम-संसार, स्पप्न का संसार होता है और इन कान्त कामिनियों का वास्तविक!

---

१. ऐ मेरे प्यारे, तेरे लिए मैं बदनाम हो गयी हूँ।

१. 'गलाँ रियाँ मिट्ठियाँ
दिल्लाँ रियाँ पापने
तुझ पिछियाँ में होई बदनाम लोका[१]

२. थोड़ी-थोड़ी बुरी
मा-पियाँ री लगदी
सज्जनाँ दे बुरे बिजोग लोका[२]

३. चिट्टे-चिट्टे कपड़े
भगवे रँगा दे
करि लेना जोगियाँ रा भेस लोका[३]

कैसा करुणापूर्ण गीत है! था तो बहुत लम्बा, पर मुझे याद नहीं रहा। पहाड़ी गीतों में, गीतों में ही क्यों, पहाड़ के वातावरण में, समाज में, सभ्यता में, एक बात है और वह है – रूमान – जिस रूमान के हम किस्से पढ़ते हैं, सिनेमा के पर्दे पर देख कर उल्लसित होते हैं, उसे यदि प्रत्यक्ष देखना हो तो पहाड़ी लोगों में देखिए। जहाँ प्रेम हवा की तरह बहता है, जहाँ पहाड़ी युवतियाँ छिप कर प्रेम के गीत नहीं गातीं, बल्कि दूध के बर्तन उठाये चलते हुई गीत गाती जाती हैं। गायों को चराती हुई, ऊँचे पहाड़ों की चोटियों पर चढ़ कर प्रेम से सने हुए पहाड़ी गीतों से प्रकृति की निस्तब्धता को गुँजा देती हैं। मर्दों की उपस्थिति उन्हें गीत गाने से नहीं रोकती और प्राय: वे अपने पुरुषों के साथ-साथ स्वर-में-स्वर मिलाती हुई गाती चली जाती हैं। पहाड़ी ग्वाला मार्ग चलते-चलते अपनी बाँसुरी में, पहाड़ी रिक्शा वाला काम से अवकाश मिलने पर किसी हवाघर में बैठ कर, पहाड़ी चमार जूतियाँ गाँठता-गाँठता किसी ऐसे ही मर्मस्पर्शी गीत को अलाप उठता है।

मुझे किसी अवसर पर सब तरह के पहाड़ी गीतों को सुनने की बड़ी लालसा थी। इस मौके को उपयुक्त जान कर मिठाई और फलों से जल्दी-जल्दी निबट, मैं उधर को चल पड़ा, जिधर से गीत की ध्वनि आ रही थी। जहाँ हम बैठे थे उस स्थान और पँगूड़ों के मध्य मैं वृक्षों के सामने जा खड़ा हुआ। कोई दस पँगूड़े एक ही पंक्ति में लगे हुए थे, पर चल एक-दो ही रहे थे। अभी तक मेला भरा नहीं था। मेले के भरपूर होने का मतलब यह नहीं कि मेले में रौनक न थी। रौनक ख़ूब थी। जुए का बाज़ार ख़ूब गर्म था। भोले-भाले व्यक्ति अपनी जेबों को ख़ासी तेज़ी के साथ ख़ाली कर रहे थे। हलवाइयों की मिठाइयाँ भी ख़ूब बिक रही थीं। पकौड़ी वालों के हाथ भी विद्युत-वेग से चलते थे, लेकिन वह चीज़ न थी, जिसे देखने के लिये मेले के नब्बे

---

१. प्यारे, तेरी बातें तो मीठी हैं, पर तेरे दिल में खोट भरा लगता है। मैं तो तेरे कारण बदनाम हो गयी हूँ।

२. माँ-बाप का विछोह दुखदायी होता है, बुरा लगता है, लेकिन प्रियतम के बिछोह से उसकी क्या तुलना ? – कितना सत्य है – 'सजनाँ दे बुरे बिजोग लोका।

३. अपने श्वेत वस्त्रों को मैं भगवे रँगा लूँगी और तेरे लिए जोगिन का भेष धारण करूँगी।

प्रतिशत लोग आये थे। अभी तक 'मीना बाज़ार' नहीं लगा था। याने अभी पहाड़ी युवतियाँ काफ़ी संख्या में नहीं आयी थीं।....एक पँगूड़े पर एक पहाड़ी युवती मुँह पर पाउडर, चेहरे पर सुर्ख़ी और आँखों पर चश्मा लगाये बैठी थी। चश्मा – हाँ, चश्मा ही। मैं भौंचक्का-सा देखने लगा। मेरे लिये यह अजीब बात थी। जब तक मैं खड़ा रहा, वह बराबर पँगूड़े में बैठी रही। मैंने समझा, इसने सीज़न पास ले रखा है, लेकिन बाद को मालूम हुआ कि वह एक पेशेवर औरत थी – वैसी ही, जैसी हमें रास्ते में मिली थीं, और पँगूड़े वालों ने उसे आकर्षण के लिये बैठा रखा था। मैं कितनी देर इसी आशा में खड़ा रहा कि वह अब भी अपनी सुरीली तान अलापेगी, पर लगता है, पहली गाने वाली कोई और ही थी।

०

वहाँ से निराश हो कर मैं बायीं ओर को मुड़ा। पहाड़ी स्त्रियों की नुमाइश के लिये जो स्थान नियत था, वहाँ केवल तीन औरतें बैठी थीं। यह जगह ज़रा ऊपर पहाड़ी पर थी। नीचे बिसातियों की सस्ती जापानी वस्तुओं की दुकानें लगी हुई थीं। यह छोटा-सा बाज़ार था। इसमें अभी ज़्यादा रौनक न थी। यह बाज़ार बड़े बाज़ार में मिल जाता था, जिसके आधे भाग में हलवाइयों और आधे भाग में जुए वालों की दुकानें थीं। मैं पँगूड़े के सामने से हट कर छोटे बाज़ार से होता हुआ ऊपर को चढ़ा, क्योंकि मैं उस तिब्बती स्त्री को फिर देखना चाहता था, जो बड़ी सरलता से हिन्दी बोलती थी और अंग्रेज़ी ग्राहकों को अंग्रेज़ी में उत्तर देती थी।

मार्ग में मुझे एक बाँसुरीवाला पहाड़ी मिला। बाँसुरी पहाड़ियों का अपना साज़ है। मुझे याद है कि देश में जब भी कोई बाँसुरीवाला मिलता था तो उससे प्रायः 'पहाड़ी' गाने के लिये ही अनुरोध किया जाता था। फिर मुझे भी कुछ बाँसुरी बजाने का शौक था और यद्यपि पाँच बरसों में कई बाँसुरियाँ तोड़ चुका था, लेकिन था वही जहाँ से पहले चला था। मैंने एक बाँसुरी ले कर उसमें फूँक दी। बाँस की पोरी सुरीली आवाज़ से कूक उठी – शायद इस बात की फ़रियाद कर रही थी कि कृष्ण काले के अधरों से लग कर उसे जो आनन्द प्राप्त हुआ था, वह अब नहीं होता। बाँसुरी ख़रीदने का तो मेरा कोई विचार नहीं था। मैं तो पहाड़ी गीत सुनना चाहता था। इस खयाल से कि बाँसुरी वाले को ज़रूर पहाड़ी गीत आते होंगे, मैंने उसे बाँसुरी वापस देते हुए कहा :

"क्यों भई, कोई पहाड़ी गीत भी आता है ?"

"बीसियों आते हैं।"

मैं बड़ा ख़ुश हुआ। मैंने जेब से नन्हीं-सी सुनहरी पाकेट बुक निकाली और कामिनी-सी नाज़ुक श्वेत पेंसिल को हाथ में ले कर गीत लिखने के लिये प्रस्तुत हो गया।

पहाड़ी ने मेरी ओर आश्चर्य-चकित आँखों से देख कर अपनी भाषा में पूछा – "क्या सुनना चाहते हो! – 'देवरा,' 'छोरुआ,' 'मोहना!'," मैंने छोरुआ और मोहना

सुने हुए थे। इसलिये कहा – "देवरा सुना दो!"

उसने मेरे निकट हो कर एक बन्द सुनाया। मैं स्तब्ध-सा खड़ा रह गया। गीत अत्यन्त अश्लील था। मैंने उसकी ओर देखा। वह हँस रहा था।

"क्यों बाबू कैसा रहा ?"

मैंने कहा – "कोई सीधा-सादा गीत सुनाओ, गन्दा नहीं चाहिए।"

पहाड़ी ने एक बार मेरी ओर देखा और फिर हँसता हुआ चला गया। मैं खिन्न-सा कुछ देर चुपचाप खड़ा रहा, फिर मैंने पाकेट बुक को अपनी जेब में रख लिया। शायद बाँसुरीवाले ने अपना बहुमूल्य समय मुझ-जैसे मूर्ख और नाक़द्र-शनास के लिये गँवाना उचित नहीं समझा। न मैंने उससे बाँसुरी ख़रीदी, न उसके गीत की प्रशंसा की। उसके गीत का पहला पद आज भी मेरी डायरी में उसी प्रकार लिखा हुआ है और पृष्ठ पर दस जून १९३४ की तारीख़ है, जिस रोज़ शायद हम लोग मेला देखने गये थे। पद यों है :

'भाबो नहान गयी नरकंड'

इसके आगे अश्लील था। बाँसुरी वाले को जो और बीसियों गीत आते थे, वे इस अश्लील गीत से बेहतर नहीं होंगे, इसका मुझे पूरा विश्वास है। शायद 'छोरुआ'[१] और 'मोहना'[१] में गन्दे बन्द न मिलते हों, पर 'देवरा'[१] के गीत इतने अच्छे, भावपूर्ण और मर्मस्पर्शी नहीं। बाँसुरी वाले के बाद मैंने बरडियों[२] के कल-कण्ठ से देवरा भी सुना :

भावो चली गयी है दूर
पेटे पीड़ कलेजे सूर
अरकी नेड़े, शिमला दूर
हकीम लियायीं देवरा
देवरा वे – लोभिया[३]

और एक दूसरा नमूना है :

बागे लानीआँ मैं तूत
चिट्टा चिट्टा रूँ दा सूत
मैं गजरेटी तूँ रजपूत

---

१. प्रसिद्ध पहाड़ी गीत।
२. पहाड़ों में गा कर भीख माँगने वालियाँ।
३. ऐ देवर तेरी भौजाई (तेरे साथ सैर करते-करते) दूर निकल आयी है। उसके पेट में ज़ोर का दर्द उठा है और कलेजे में शूल हो रहा है। यहाँ से अरकी (पहाड़ी कस्बा) समीप है और शिमला दूर है। तू शीघ्र हकीम-वैद्य को ले आ – ऐ मेरे लालची देवर!

जोड़ी मिल गयी वे देवरा
देवरा वे - लोभिया[१]

इन पहाड़ी मेलों में विशेष रूप से और दूसरी जगहों पर साधारणतया बरड़ियाँ दिखायी दे जाती हैं। इनमें अधेड़ उम्र की और जवान, दोनों होती हैं। पेशे के लिहाज़ से ये बिन्ने[२] बनाती हैं, लेकिन प्रायः माँगना ही इनका व्यवसाय है। परमात्मा ने इन्हें रंग चाहे अच्छा न दिया हो, लेकिन नक्श तीखे दिये हैं। स्वर तो इनका जादू-भरा होता है। ये गाती और माँगती फिरती हैं। बिगड़े दिल वाले इन्हें बैठा कर गाना सुनने के साथ अपनी आँखों और विलासी हृदयों की तृप्ति का भी कुछ सामान कर लेते हैं। ये हर प्रकार के व्यंग्य को मुस्कराहट में टाल कर प्रायः ऐसे लोभी भद्र पुरुषों की जेबें खाली कर जाती हैं। इनके सम्बन्ध में निश्चय के साथ कुछ नहीं कहा जा सकता, लेकिन मैंने यह देखा है कि जहाँ किसी ने किसी प्रकार की दराज़-दस्ती करने की कोशिश की, वहीं ये भाग खड़ी हुईं।

सी-पी में भी इनकी दो-तीन टोलियाँ आयी हुई थीं। मैं बाँसुरी वाले की मूर्खता से निराश हो कर आगे चलने ही को था कि मेरे कानों में बारीक-सी, मधुर, मनोमुग्धकारी आवाज़ आयी। नज़र उठा कर देखा तो बाज़ार से ज़रा ऊपर पहाड़ी पर एक वृक्ष के नीचे कुछ बरड़ियाँ गा रही थीं। एक-दो ने कानों पर हाथ रखे हुए थे। कमर में लहँगे, तन पर कमीजें, उन पर जाकटें, सिरों पर रँगे हुए दुपट्टे, कानों में बालियाँ, काले मुख उबटन से चमकाये हुए, अधरों पर दातुन का गहरा रंग, तीखे नक्श, छातियाँ तनी हुईं, श्याम वर्ण के चलते भी आने-जाने वालों को आकर्षित कर रही थीं। सब जादू-भरे गले से मिल कर गा रही थीं। आने-जाने वालों को दबी आँखों से देख भी लेती थीं।

मैं उधर को चल पड़ा।

वे एक-दो सिक्खों, दो-एक पहाड़ियों और तीन-चार दूसरे मूक दर्शकों के घेरे में बैठी हुई थीं। चार युवा थीं, एक वृद्धा। मैं इस टोली के पीछे जा कर खड़ा हो गया। उस समय वह एक सिक्ख सरदार की जेब से एक-दो पैसे निकालने के प्रयत्न में थीं और सरदार साहब मुफ़्त में आनन्द लेने वालों में से थे। गीत को बीच ही में बन्द करके एक ने, जो सबसे सुन्दर थी, कटाक्ष के तीर बरसाते हुए कहा :

"दो, सरदार साहेब, एक-दो पैसे दो 'वाह गुरु' आपका भला करे!"

"एक-दो क्या आठ आने लो, रुपया लो, पर जो मैं कहता हूँ, वो भी करो।" सरदार साहब बोले।

"आप क्या कहते हैं ?" एक युवती ने मुस्करा कर कहा।

---

१. बाग़ में शहतूत के वृक्ष लगाये जाते हैं, रूई का सूत श्वेत उतरता है। ऐ मेरे लालची देवर! मैं गूजरों की बेटी हूँ और तू राजपूत है। हमारी-तुम्हारी जोड़ी ख़ूब मिल गयी है।

२. पानी भरते समय सिर के ऊपर घड़ी को रखने के लिए सूत अथवा रस्सी के बटे हुए गोल आकार के बिन्ने, जिन्हें गुजरियाँ घड़े के नीचे रख लेती हैं। इंडुरी ।

"हमारे साथ चलो!" और इसके साथ ही सरदार साहब ने आँख का इशारा किया, "यहाँ दिन-भर में भी एक रुपया न मिलेगा।"

बरड़ी ने कुछ लजा कर, कुछ हँस कर उनकी ओर से मुँह फेर लिया और एक सिपाही की ओर देख कर बोली :

"थानेदार साहेब, आप ही एक-दो पैसा दें, परमात्मा आपका इक़बाल दूना करे!"

थानेदार साहब मूँछों पर ताव दे कर मुस्करा दिये।

इस बीच में एक की दृष्टि मुझ पर पड़ गयी। उसने उस युवती को मुझसे माँगने का इशारा किया। वह मुझसे सम्बोधित हुई :

"बाबू साहेब आप भी कुछ मेहरबानी कर, परमात्मा आपको पास करे, नौकरी दिलाये!"

भारतवर्ष के युवकों में बढ़ी हुई बेकारी का हाल इन बरड़ियों से भी छिपा न था। इसीलिये उन्होंने दो ही बातें कहीं। उनके निकट मेरे जितनी आयु के युवक के लिये पढ़ना या बेकार फिरना, दो ही बातें हो सकती हैं।

वे सिक्ख महाशय मेरे आगे बैठे थे। उन्होंने मुँह घुमाया और मेरी ओर देख कर कहा :

"हाँ, ये ज़रूर देंगे, इनकी जोड़ी भी तुमसे मिलती है।"

बरड़ी ने उस ओर ध्यान नहीं दिया। मैं कुछ खिन्न हो गया। हँसा अवश्य, लेकिन मैं नहीं, मेरी लज्जा हँस रही थी।

"पहले कुछ सुनाओ भी।" मैंने हैट उतार कर घुटने पर रखते हुए कहा।

मेरे कहने के साथ ही उनका समवेत स्वर वायु में गूँज उठा।

'ओ ताँ जान करन कुर्बान, जिन्हाँ ने दर्शन पा लये ने"[१]

मैंने उन्हें रोक कर कहा, "यह गीत तो मैंने देश में भी बहुत सुने हैं। कोई यहाँ का गीत सुनाओ, 'छोरुआ,' 'मोहना,' कोई और।"

और वह 'छोरुआ' गाने लगीं।....'छोरुआ' सब पहाड़ों में गाया जाता है। गाँव-गाँव में इसके गाने की पृथक रीतियाँ हैं। उन्होंने जो गीत सुनाया, वह यों था :

क ब्राह्मणा देया छोरुआ ओ
शिमले न जाना मंगी खाना
तूँ तो बेईमान बनिआ - छोरुआ - ओ-ने-ने[२]

---

१. जिन्होंने तुम्हारा दर्शन कर लिया, वे अपना तन-मन तुम पर वार सकते हैं।

२. ऐ ब्राह्मण युवक, शिमले न जा, माँग कर खा लेना अच्छा। वियोग मुझे असह्य है। तू बेवफ़ा निकला है, जो मुझे छोड़ शिमले जाने को तैयार हो गया है।

ख ब्राह्मण देया छोरुआ ओ

देस बगाना नीवीं चलना

तूँ तो बेईमान बनिआ – छोरुआ – ओ-ओ-ो[१]

ग ब्राह्मणा देया छोरुआ ओ

रूसी के ना जाना मेरे जानीयाँ

तू तो बेईमान बनिआ – छोरुआ – ओ-ो[२]

एक और छोरुआ जो मैंने पहले किसी पहाड़ी के मुँह से सुना था, यों है :

ब्राह्मणा देया छोरुआ, ओ बेईमाना –

तूँ ताँ टूर गयों छोटे शिमले जू

मेरी रोंदी दे भिज गये तिन्ने कपड़े

ओ बेईमाना –

ब्राह्मणा दा छोरुआ ओ, बेईमाना[३]

पिछले ज़माने में जब लड़ाइयों-भिड़ाइयों का समय था, रास्ते ऊबड़-खाबड़ थे, जो लोग परदेश जाते थे, उनके आने का ठिकाना नहीं होता था, तो देश की युवतियाँ, नव-विवाहिता वधुएँ अपने पतियों को परदेश जाने से रोकती थीं। उनकी जुदाई से उनकी आत्मा सिहर उठती थी। पंजाब में महायुद्ध के समय के ऐसे अनेकों गीत मौजूद हैं। देखिये अपने प्रियतम की जुदाई-में पंजाबी दुलहिन रो कर, निराश हो कर सहेलियों से किस प्रकार उनकी शिकायत करती है :

देखो सइयो नी मेरा ढोल

कमला

मेरा ढोल कमला

आर गंगा ऩी सइयो पार

जमुना

बिच बरेती धक्का दे नी गया

सी।[४]

प्रेयसी के लिये अपने प्रियतम के प्रेम के आगे नौकरी भी कोई महत्व नहीं

---

१. (दोनों कहीं भाग जाते हैं – प्रेयसी कहती है) ऐ ब्राह्मण युवक, यह देश बेगाना है। यहाँ अकड़ नहीं चलेगी, नम्रता से काम लेना होगा।

२. ऐ ब्राह्मण युवक, मुझसे रूठ कर न जा, मेरे प्राण, बेईमान क्यों बनता है?

३. ऐ बेईमान ब्राह्मण युवक, (प्यार के साथ प्रेमी को बेईमान कहा गया है) तू तो छोटे शिमले चला गया और रोते-रोते मेरे तीनों वस्त्र भीग गये हैं।

४. ऐ मेरी सहेलियो! (तुम यहाँ आओ तो देखो) मेरा भोला (कमला का अर्थ होता है भोला-भाला, पगला) प्रिय मुझे कहाँ छोड़ गया है? इस ओर गंगा है, उस ओर जमुना है। वह मुझे बरेती (पुलिन) में छोड़ गया है।

रखती। मारवाड़ी प्रेयसी अपने प्रेमी के साथ फ़ाके काट कर भी गुज़ारा कर सकती है। यह विचार कि सौ योजन पर बैठा हुआ उसका पति सौ रुपये प्रतिमास कमा रहा है, उसे तनिक भी सान्त्वना नहीं देता। वह उसके विरह में विह्वल हो उठती है और कह उठती है :

अस्सी रे टका री ढोला चाकरी वे
कोई लाख मोहर की नार,
लाख मोहर की भोली नार, हो जी ढोला
अब घर आय जा गोरी रा बालम हो जी[१]

नौकरी को जाने वाले पंजाबी युवक को देखिए, उसकी प्रेयसी क्या कह कर रोकती है – कितने विनीत शब्द हैं, करुणा से कितने सने हुए :

वे बीबा, न जा
वे मैं हरदम नौकर तेरी आँ – बीबा न जा
वे बीबा, न जा[२]

कुछ इसी तरह की स्थिति पहाड़ी युवतियों की है। शिमले के मौसम में निर्धन पहाड़ी युवक जीविकोपार्जन के निमित्त पाँच-छै महीनों के लिये शिमला आ जाता है। उसके विरह में पहाड़ी प्रेयसी अलाप उठती है :

शिमले न जाना मंगी खाना

काँगड़े के पहाड़ में जो छोरुआ गाया जाता है, वह भी सुनिये :

ब्राह्मणा देया छोरूआ ला तेरे ताइँ लोकी कहँदे
कंजरी
भला ओ साजन मेरिया
ला तेरे ताइँ लोकी कहँदे कंजरी[३]

लम्बी तानें और दर्द-भरे गीत, जिनमें पहाड़ी युवतियों के हृदय के उद्‌गार होते हैं, उनके मुँह से ही सुनने के लायक हैं। इन्हें सुनते हुए कौन ऐसा मनुष्य है जो मन्त्र-मुग्ध नहीं रह जाता। आदमी को ख़ाक समझ नहीं आ रहा, लेकिन तानें ही कुछ ऐसी हैं, स्वर ही कुछ ऐसा है, पहाड़ी लोगों के गाने का ढंग ही कुछ ऐसा है कि वह चुप गुमसुम खड़ा सुनता रहता है।

तीन-चार बन्द सुना कर ही बरड़ियों ने गीत बन्द कर दिया और पैसा माँगने लगीं। मैंने उन्हें कहा, "एक-दो बन्द और सुनाओ!"

---

१. प्यारे, तेरी नौकरी तो केवल अस्सी टकों की है, लेकिन तेरे घर में तेरी जुदाई में जान देने वाली तेरी लाख मोहर की पत्नी है। ऐ गोरी के प्रियतम, अब देर न करो, अवश्य घर आ जाओ।

२. ऐ प्यारे, मैं मिन्नत करती हूँ, तू परदेश न जा। मैं हरदम (प्रतिक्षण) तेरी नौकरी करने वाली हूँ। दूसरे शब्दों में – तुम्हें नौकरी की क्या ज़रूरत है। ऐ मेरे प्यारे, परदेश न जा।

३. ऐ ब्राह्मण युवक, तुझसे प्रेम करने के कारण लोग मुझे वेश्या पुकारते हैं।

"यह इतना ही है।"

गीत बहुत लम्बा था, पर शायद उन्हें आता ही न था अथवा वे मुझे सुनाना न चाहती थीं, ख़ैर मैंने एक पैसा फेंक दिया और कहा – "अब मोहना सुनाओ," और मोहना फ़िज़ा में गूँज उठा।

०

उन गीतों में, जो पहाड़ियों में लोकप्रिय हैं, 'मोहना' सबसे प्रसिद्ध है। इसके अलाप की भी अपने-अपने गाँव की प्रथा के अनुसार भिन्न-भिन्न रीतियाँ हैं, लेकिन सब आकर्षक और मनमोहक!

इस गीत का अपना छोटा-सा इतिहास है। कई तरह की किम्वदन्तियाँ प्रसिद्ध हैं। कुछ लोगों का कहना है कि मोहना एक सुन्दर बलिष्ठ पहाड़ी युवक था। उसकी जोरू को किसी पदाधिकारी ने छेड़ा। मोहना इसे सहन न कर सका। उसने उसकी हत्या कर दी। मोहना को फाँसी मिली। पहाड़ी लोगों ने उसे शहीद का दर्जा दे दिया। उधर उसे फाँसी मिली, इधर घर-घर उसके गीत गूँज उठे।

किस बजनी वो, मोहना किस बजनी
तेरी बंदाँ वाली बंसी (ओ मोहना) किस बजनी[१]
चन्ने पिपली वो मोहना चन्न पिपली
तेरे वो बिजोगे, बोल, बाहरे निकली[२]
तूँ नहीं दिस्सदा वो मोहना, तूँ नहीं दिस्सदा
मेरा पाइया-पाइया लहुआ (ओ मोहना) रोजे सुक्कदा[३]

लेकिन कुछ लोगों का ख़याल है कि मोहन अविवाहित था और पदाधिकारी की हत्या उसके भाइयों ने की थी। वे सब बाल-बच्चों वाले थे। उनके फाँसी पाने के बाद उनके बाल-बच्चों की क्या दशा होगी, इस विचार से मोहना ने अपनी कुर्बानी दे दी। उसने कह दिया यह हत्या मैंने की है – उसके भाई बच गये, पर वह फाँसी के तख़्ते पर चढ़ गया। कई गीतों में इस बात का ज़िक्र किया गया है।

तख़्ते चढ़ी गया जी मोहना तख़्ते चढ़ी गया
बोल भाइयाँ दे जी कारणे मोहना, तख़्ते चढ़ी गया[४]

दोनों कहानियों में से अन्तिम अधिक सच्ची लगती है। और अधिकांश पहाड़ी लोग मोहना के सम्बन्ध में यही कथा सुनाते हैं। 'मोहना' के बहुत से बन्द भी इस

---

१. ऐ मोहन! अब तेरी सुन्दर बन्दों वाली (पीतल के तारों वाली) बाँसुरी को कौन बजायेगा?
२. ऐ मोहन! पिछवाड़े पीपल का वृक्ष है। मैं तेरी जुदाई से तंग आ कर वीराने की ओर निकल पड़ी हूँ।
३. ऐ मोहन! तू कहीं भी दिखायी नहीं देता और तेरे विरह में मेरा पाव-पाव लहू रोज़ सूखता जा रहा है।
४. हाय मोहन फाँसी के तख़्ते पर चढ़ गया, सुन्दर सलोना मोहन फाँसी पर चढ़ गया।

कहानी का समर्थन करते हैं, जैसे :

खाई लै बबरू वो मोहना खाई लै बबरू
अपनी भाबियाँ दे हाथाँ दा वो खाई ले बबरू[1]
तख़्ते चढ़ी गया जी मोहना तख़्ते चढ़ी गया
अपने भाइयाँ दे वो कारणें मोहना तख़्ते चढ़ी गया।[2]

किन्तु जिस प्रकार पंजाब का हर प्रेमी 'राँझा' है और हर प्रेयसी 'हीर,' इसी तरह पहाड़ का हर युवक मोहना है और हर प्रेयसी मोहना की वियोगिन उसकी भाभी! पहाड़ी प्रेमिका अपने प्रेमी के विरह में मोहना के नाम से गीत गाती है। इस गीत के बीसियों बन्द हैं। लेकिन बरड़ियाँ ज़्यादा नहीं सुनातीं और पैसे माँगने लगती हैं। तो भी मैंने कई बन्द सुने।

१. तेरे दर्दे वो मोहना, तेरे दर्दे
बोल गला मेरा कट्टिया पैनिये करदे[3]
२. फुल्ली दड़ने वो मोहना, फुल्ली दड़ने
बोल, खाया मेरा कादल जा वो तेरे झड़ने[4]
३. खाना मौऊरा वो मोहना खाना मौऊरा
एस पापिए नहीं रहना ओ ठल्ली दे शाहुरा[5]

इन सीधे-सादे गीतों में कितना दर्द है, कितनी टीस, कितनी हसरत है, यह वही लोग जान सकते हैं, जो दिल रखते हैं और जिन्होंने वियोगी हृदयों में कभी पैठ कर देखा है।

०

पहाड़ी गीतों में छोरुआ, मोहना, लोका, देवरा ही लोकप्रिय हैं और इसलिये उल्लेखनीय भी हैं। लेकिन पहाड़ों में नाटियाँ भी गायी जाती हैं। लालित्य, सुन्दरता और भावों की उड़ान के विचार से ये भी किसी अन्य पहाड़ी गीत से कमतर नहीं। इनमें स्वर का उतार-चढ़ाव अधिक होता है, कभी तार सप्तक तक उठ जाने वाला और कभी मध्यम से भी नीचा, कभी ऐसे जैसे नदी की लहरों पर तैर रहा हो और कभी ऐसे जैसे पहाड़ की चोटी पर उड़ा जा रहा हो। किसी नाटी को एक बार सुन कर उसी तान, लय और स्वर से गाना प्राय: असम्भव है। पहाड़ी नाटियाँ अधिकतर प्रेम और इससे सम्बन्धित विषयों पर होती

---

१. ऐ मोहन (भाभियाँ उसकी जुदाई में रो कर कहती हैं) अपनी भाभियों के हाथ का बबरू (मोटी रोटी) खा ले।
२. अपने भाइयों के पाप को छिपाने के लिए मोहन ने फाँसी को गले लगा लिया।
३. ऐ मोहन! तेरी जुदाई का दर्द मेरे गले को तीक्ष्ण (चाकू) की तरह काट रहा है।
४. मोहन दड़न (अनार का पेड़) फूल उठा है, तेरा सुन्दर रूमाल मेरे दिल को खाये जा रहा है।
५. मधु खाने का मौसम आ गया है। यह पापी युवक (देवर पर व्यंग्य छोड़ा गया है) इस बहार में तंग करेगा, इसे ससुराल ढूँढ दो (अर्थात इसका विवाह कर दो)।

हैं। हो सकता है दूसरे विषयों पर भी गीत मौजूद हों, पर बरड़ियों को प्रेम-सम्बन्धी नाटियाँ याद थीं, शायद वे वही गीत गाती थीं, जो श्रोताओं को अच्छे लगते थे।

उस समय जब बरड़ियाँ 'मोहना' गा रही थीं, उनकी एक दूसरी टोली कुछ दूर बैठी दो शराबियों का मनोरंजन कर रही थीं। तीनों युवतियाँ थीं। एक अधिक सुन्दर थी। एक पुरुष ने शराब का पैग पी कर उसको पान पेश किया, उसने पान ले कर खा लिया। फिर उसने नशे में मस्त हो कर उसकी ओर हाथ बढ़ाया। उस समय तीनों वहाँ से भाग खड़ी हुईं। पैसे वे पहले ले चुकीं थीं। तीनों हमारे पास आ खड़ी हुईं। मोहना के बाद नाटियाँ उन्हीं ने सुनायीं।

मूशी दे हाथों दा काली डाँडिए छाता
बोल, कूनी पायी चुगली वे, कूकी दीता पाता
हाय बाबू रेंजरी कूनी दीता पाता[१]

बानरे वो हाल्टो, ओ लोहे रे ना फाले
टोपी पाई पाकेटे गरारा टाँगे डाले
हाय बाबू रेंजरो गरारा टाँगे डाले[२]
क शक चंगे भुल का, धनियाँ रे नाँ डाल
म्हारे जाने नठेरो, बाबा देगा गाले
हाय बाबू रेंजरो बाबा देगा गाले[३]

कहानी यों है कि मूशी रेंजर के साथ भाग गयी है। किसी ने रिश्तेदारों को उनका पता दे दिया। मूशी पकड़ी गयी। मूशी को ख़ूब पीटा गया। तब मूशी चुगली खाने वाले को कोसती है :

कूनी पाई चुगली, वो कूनी दीता पाता

दूसरी नाटी यों है :

---

१. मूशी के हाथ में डण्डी की छतरी है। वह रेंजर से (जंगल का रेंजर जिससे उसकी मुहब्बत हो जाती है) कहती है कि हाय प्यारे, हमारे भागने का किस पापी ने पता दिया! किसने हमारी चुगली खायी।

२. इस पद्य में वहाँ के देहाती जीवन का चित्र है। मूशी फिर काम-काज में लग गयी है। बाँझ की लकड़ी का हल है और उसमें लोहे का फल लगा हुआ है, मूशी ने टोपी जेब में डाल ली है और गरारा (खुला पाजामा) वृक्ष की डाली पर टाँग दिया है, पर रेंजर की याद उसका पीछा नहीं छोड़ती।

३. इस पद्य में वह घर के काम-काज में व्यस्त दिखायी गयी है। भुलका की तरकारी बनाती है, पर ध्यान तो उसका अपने प्रेमी की ओर लगा हुआ है। शाक में धनिया डालना भूल गयी है। इसलिए कहती है – मैंने शाक बनाया है, शाक तो अच्छा बन गया है, पर बेध्यानी में धनिया डालना ही भूल गयी हूँ। अब बाबा मुझे गाली देगा। मुझसे तो यह काम न होगा। मैं तो भाग जाऊँगी, हाँ प्यारे रेंजर, मैं तो भाग जाऊँगी।

साजन

ख चान्दी री चुलटी सोइने रे गट्ठी,
तोसे बोले चातिरो
लल्ले भाई दिए बैठिए, मेरीए री नैहनिएँ

नैहनी

जाखे रेया पण्डिता खोले पत्री सांचा
ऐसी देनी सायतो
कदे पट्टनी जानटा, मेरिया वे साजना।[1]

साजन

ग तारिबो रे ढाको दे होले गोने दे माऊ,
माटी हेठ मैं वो सोरिगो
ताहरे फड़के आवो, आवो मेरिए री नैहनिए[2]

नैहनी

घ छाए बीचरा छाछुआ, दुध बीचुरा खोया,
सच बोले रे साजना
कूनी म्हारा ज्युरा छड़ोया, मेरिया रे साजना[3]

इस नाटी के और भी पद हैं, पर वे कुछ समझ में नहीं आ सके। कुछ साजन के मुँह से और कुछ नैहनी के मुँह से कहे गये हैं। पर यह नाटी समझने में कुछ-कुछ मुश्किल है, इसे लिखने में और समझने में भी मुझे बड़ी कठिनाई पेश आयी। बरड़ियों का अजीब उच्चारण और मेरा अच्छी तरह पहाड़ी बोली न समझना इस सुन्दर और भावपूर्ण नाटी का आनन्द उठाने में बाधक हो गये।

०

---

१. पथिक पूछता है, "ऐ चतुर युवती, तेरी अँगीठी तो चाँदी की है और चूल्हा सोने का है, फिर तू धरती पर क्यों बैठी है। हाँ रे नैहनी, तू धरती पर क्यों बैठी है?"

नैहनी कहती है, "जाकू के पण्डित से जा कर पूछ कि वह सच्चा ज्योतिष लगा कर ऐसी सायत बताये जब कि मैं यहाँ से उठूँ। (तात्पर्य) यह कि जाकू के पण्डित से पूछ कि कब मेरा प्यारा आयगा और कब मैं यहाँ से उठूँगी, क्योंकि मैं उसी की प्रतीक्षा कर रही हूँ। – हाँ, ऐ साजन जाकू के पण्डित से पूछ।

२. प्रेमी कहता है, "ऐ मेरी प्यारी, तेरे और मेरे मध्य में तारा देवी का टीला (पहाड़ी) है और वहाँ मधु-मक्खियों ने छत्ते बना रखे हैं, परन्तु मैं इस पहाड़ी में सुरंग निकाल कर मैं तेरे पास आ जाऊँगा – हाँ मेरी प्यारी नैहनी, मैं सुरंग लगा कर तेरे पास आ जाऊँगा।" प्रेमिका कहती है :

३. लस्सी का शेष छाछ होती है और दूध का शेष रहा जाता है खोया, ऐ मेरे साजन, सच बताओ लेरा दिल किसने लिया है!

इधर के पहाड़ों में, जैसा कि मैंने कहा, पहाड़ी गीत अधिकतर प्रेम, विरह और ऐसे ही दूसरे विषयों पर सुनने में आते हैं। विवाह-शादी पर, पानी भरते अथवा चक्की पीसते, खरास चलाते अथवा गायें हाँकते समय पहाड़ी स्त्रियाँ, अपनी सुरीली आवाज़ में ज़रूर ही सुन्दर गीत गाती होंगी, पर वे कैसे होते हैं, यह मैं नहीं जानता। हाँ, जो कुछ मुझे सुनने को मिला, उससे एक बात अच्छी तरह मालूम हो गयी और वह यह कि इन पहाड़ियों में रूमान हवा के साथ उड़ता है। जो लोग पश्चिमी सभ्यता पर, वहाँ के रूमानी वातावरण पर चकित रह जाते हैं, यदि वे इन पहाड़ों पर कोर्ट-शिप और विवाह की रीतियाँ देखें तो हैरान रह जायें। पहाड़ी युवती जिसे चाहे प्रेम करती है। जिससे दिल मिल जाता है, उसके साथ भाग जाती है। यह बात कुँआरी लड़कियों के सम्बन्ध में ही नहीं कही जा सकती, वरन विवाहित स्त्रियाँ भी पति व्रत धर्म पर आरूढ़ न रह कर अपनी इच्छा के अनुसार प्रेम करती हैं और अवसर पाने पर अपने प्रेमी के साथ भाग जाती हैं। इसका एक कारण यह भी है कि प्राय: लड़की के माँ-बाप उसका विवाह बाल्य-काल में ही कर देते हैं। जब वह बड़ी हो जाती है तो उसका मन अपने पति से नहीं मिलता, आज़ादी होती ही हैं, इसलिये वह भाग जाती है। भगाने वाले के लिये इन लोगों ने आर्थिक दण्ड के सिवा और कोई सज़ा नहीं रखी। यदि वह दो-तीन सौ रुपया दे सकता है तो किसी भी निकम्मे व डरपोक की पत्नी को भगा सकता है।

इससे यह तात्पर्य नहीं कि पहाड़ में पतिव्रता स्त्रियों का सर्वथा अभाव हो गया है। पहाड़ी गीतों में भी 'प्रेम,' 'विरह' के अतिरिक्त दूसरे गीत भी हैं। एक-दो बन्द ऐसे भी मैंने सुने। देखिए, पिता की आय अधिक नहीं, लड़की मूल्यवान वस्तुएँ माँगती है। गीत में किस प्रकार इसका उपहास उड़ाया गया है।

शिमले बाज़ार टू वी बीकोली न कड़ी
बेटी माँगे दर्शनो मोनरे पाऊंदरी घड़ी
हाय बेटी दर्शनो, पाऊंदरी घड़ी[१]
शिमले बाज़ार टू वी फेरे गये ऊँटों
बेटी माँगे दर्शनो राबेरड़ो रे बूटो
हाय बेटी दर्शनो राबेरड़ो रे बूटो[२]

इसी प्रकार का एक और गीत है। यहाँ माँग पति से की गयी है।

डूँगी डूँगी बासी
मेरे दिल दी दिवासी

---

१. शिमले के बाजार में तो लकड़ी का एक शहतीर भी नहीं बिका और बेटी दर्शनो कलाई की घड़ी माँगती है।

२. शिमले के बाज़ार को गये हुए ऊँट तो वापस आ गये हैं, लेकिन बेटी दर्शनो रबड़ के बूटों के लिए मचल रही है।

उच्चा उच्चा बंगला पवादे बल्या
अलबेलुआ वो[१]

देवर के रूठने पर भौजाई की बेचैनी देखिये :

चादर पुरानी
मेरे देवरे दी निशानी
देवरा मेरा रूसी रूसी जांदा, बल्या
अलबेलुआ, वो[२]

इसी गीत का एक और दिलचस्प बन्द देखिये :

ककड़ी दी रोटी
मेरी किस्मत खोटी
बाग़ाँ दे झंजन मँगा दे बल्या
अलबेलुआ वो[३]

इन पहाड़ी स्त्रियों में मेलों में शामिल होने की बड़ी इच्छा होती है। इस सम्बन्ध में भी सी-पी के मेले में दो पद सुने। पहाड़ी युवती के हृदय में मेला देखने की कैसी प्रबल इच्छा होती है, वह 'लोका' के इन टप्पों से ज्ञात होगा :

मेला भरया बीरे कंजूरे दा
जाने जो दिल बोल्दा मेरा जी लोका[४]

और फिर देखिये मेले जानने से रोकने वाले को पहाड़ी युवती कैसे कोसती है :

जिसने जो पापिए मेले ते रोकी
उसनू पवे सराफ मेरा जी लोका[५]

---

१. हमारे रहने की जगह बहुत नीची है, ऐ प्यारे! मुझे ऊँचा बँगला डलवा दे, यहाँ मेरा जी उदास रहता है।
२. यह चादर जो पुरानी है, यह मेरे देवर की निशानी है। इसे बाहर मत फेंको। क्योंकि मेरा देवर रूठ-रूठ कर जा रहा है।
३. मैं मंद भाग्य हूँ जो मुझे मक्की की रोटी खाने को मिल रही है। ऐ मेरे प्यारे! मुझे बाग़ों के चावल मँगा दो।
४. कंजूरे का मेला भर रहा है और मेरा जी वहाँ जाने के लिए बेताब हो रहा है।
५. जिस पापी ने मुझे मेले जाने से रोका है, उसे मेरा शाप लगे।

छै

अकबर ने, सुनते हैं, अपनी हुस्नपरस्ती के लिये 'मीना बाज़ार' का आयोजन किया था। 'नौ रोज़' के दिन शाही महलों के नीचे स्त्रियों का मेला लगता था। स्त्रियाँ ही प्रबन्ध करने वाली, स्त्रियाँ ही दुकानदार, स्त्रियाँ ही 'गुलफ़रोश,' स्त्रियाँ ही खोंचेवाली। एक अनुपम दृश्य होता होगा। एक नयी उपज थी – एकदम मौलिक! कल्पना भी नहीं की जा सकती। मुग़ल-सम्राट का वैभव और फिर राज-प्रबन्ध में मीना-बाज़ार का आयोजन – कितनी शान होगी, कितनी चकाचौंध होगी! इस सब-कुछ में यदि अकबर की काम-वासना न होती, यह सब कुछ में यदि अकबर के लिये महज़ एक तमाशा न होता, तो इसकी स्मृति सम्राट के नाम पर काला धब्बा न हो कर एक चिरस्थायी यादगार बन जाती....पर सम्राटों की पाप वासनाएँ! इनकी कहानी ही दूसरी है। यह सब कुछ इसलिये था कि वह अपने राज्य की सुन्दरतम युवतियों को अपनी वासनाओं का शिकार बना सके। 'मीना बाजार' में जो युवती सम्राट की आँख में चढ़ जाती, वह महलों में पहुँच जाती।

सी-पी में भी मीना बाज़ार लगता था। रियासत के प्रबन्ध में ही लगता था। केवल सभ्य और असभ्य का अन्तर था। वह एक-दो की आँखों की तृप्ति के लिये था। यह सहस्त्रों आँखों की तृप्ति के लिए। मेला भरते ही नये-नये कपड़े पहन पहाड़ी स्त्रियाँ कमर में तंग पाजामे, तन पर कमीज़ें, उन पर जाकेटें, सिर पर दुपट्टे, नाक में नथनियाँ, माँग में चाँद, आँखों में काजल, होंठों पर अनार अथवा कीकर की छाल का रंग – दल-के-दल बाँध कर मेला देखने आतीं। मेले में एक ओर को एक ऊँची जगह, मेले में आने वाली स्त्रियों के लिये सुरक्षित होती, जहाँ से राजा अपने अंग्रेज़ मेहमानों को ले कर निकलते। सी-पी में बाज़ार के एक ओर एक जँगले के अन्दर पहाड़ी पर सीढ़ियाँ-सी बनी हुई हैं। ठीक सरकस के आख़िरी दर्जे की तरह। इस पर पंक्तियों में आ कर पहाड़ी युवतियाँ बैठ जाती हैं और दर्शक इधर-उधर घूमते-फिरते उनकी ख़ूबसूरती से अपनी आँखों की प्यास बुझाते हैं जैसा कि मैंने पहले कहा, नब्बे प्रतिशत लोग इसीलिये जाते हैं – कुछ यों ही उत्सुकता के कारण, कुछ महज़ दीदारबाज़ी के निमित्त और कुछ बिगड़े हुए किसी को पटा कर अपनी भूख मिटाने को। कहते हैं कि यहाँ स्त्रियों का व्यापार होता है। कहते हैं कि यहाँ बदमाशी होती है। कहते हैं कि स्वयं राणा साहब अथवा टिक्का साहब इनमें से सबसे सुन्दर रमणी को चुन लेते हैं....इन सब बातों में कहाँ तक सत्य है, इसे एक मेरे जैसा सैर के लिये आने वाला क्या बतायेगा? हाँ, नित्य इस मेले में आने वालों के मुँह से जो कुछ सुना है, वह इस ज़माने में भी अकबर के ज़माने की याद ताज़ा कर देता है।

एक और बात है, जिसे मैं नहीं समझ सका। ये पहाड़ी युवतियाँ अच्छे-अच्छे कपड़े पहन कर उस मेले में आती हैं, जहाँ सरे-आम शराब के दौर चलते हैं, जहाँ दिन-दहाड़े जुए का बाज़ार गर्म होता है, जहाँ पंजाब-भर के गुण्डे इकट्ठे होते हैं, फिर ये स्त्रियाँ सूर्यास्त तक वहीं रहती हैं। कहीं मेले में घूम-फिर कर नहीं देखतीं,

केवल बैठी रहती हैं – वैसे ही जैसे नुमायशी खिलौने। ये यहाँ आती हैं, इसका कारण भली-भाँति समझा जा सकता है। कुछ संध्या समय अपने गाँवों को चली जाती हैं, लेकिन बाकी कहाँ जाती हैं ? क्या करती हैं ? इसका अनुमान ही किया जा सकता है। इधर की पहाड़ियों में सुनते हैं स्त्रियों की गति-विधि पर वैसी क़ैद नहीं। रुपये ले कर अपनी पत्नी को बेच देने की भी प्रथा आम है और प्रेमी के साथ किसी के भाग जाने पर प्रेमी से कुछ रुपये ले कर समझौता कर लेना भी इधर मामूली बात समझी जाती है। लेकिन सौंदर्य का यह बाज़ार ऐसे मेले में लगे और फिर रियासत के प्रबन्ध में और फिर वहाँ पंजाब के लाट जायें, इस नुमाइश का निरीक्षण करें, यही आश्चर्य की बात है। वहाँ जाने वाले अंग्रेज़, भारतवर्ष की असभ्यता को किस ढंग से पेश करते होंगे, यही बात बार-बार मेरे मन में आती है।

इस मीना बाज़ार में रियासत अथवा उसके कर्मचारियों को कोई लाभ न होता हो, यह बात नहीं। यदि सी-पी के मेले से, मीना बाज़ार उठा लिया जाता तो दूसरे दिन से मेले में उल्लू बोलने लगते, फिर यदि कोई भूला-भटका मुसाफ़िर इन चौकीदार-नुमा रियासती सिपाहियों के हाथ लग जाता तो उस पर स्त्रियों को छेड़ने का अभियोग लगा कर उसकी जेबें किस प्रकार ख़ाली की जातीं, इस बात का अनुमान वही लोग कर सकते हैं, जिन्हें उनसे वास्ता पड़ा है। मैं इन बातों पर विश्वास न करता था, लेकिन दुर्भाग्य से मेरे साथ जो घटना घटी, उससे मुझे न केवल इस बात का विश्वास हो गया, बल्कि इस बात का भी पता चला कि स्थिति कहीं ज़्यादा भयानक है। इसका कारण क्या है, यह जानना कठिन नहीं। ब्रिटिश इण्डिया में यद्यपि सिपाहियों के वेतन कम होते, उन्हें नियमित रूप से मिल तो जाते, पर भारत की रियासतों और विशेष कर शिमले के इर्द-गिर्द की रियासतों की जो दशा थी, वह किसी से छिपी नहीं। जब बड़े-बड़े कर्मचारियों को ही वेतन न मिले तो फिर सिपाही बेचारों की तो बात ही दूसरी है। वे इस मेले में जो कुछ हथिया सकें, वह सब कुछ उनका होता – अपने शिकार से अथवा उसके सम्बन्धियों तथा मित्रों से। सिवाय कुछ सिपाहियों के इन छोटी-छोटी रियासतों में बाकायदा पुलिस न रखी जाती और 'कोटी' भी इस सामान्य नियम का अपवाद न थी। इस मेले के समय जितने बेकार युवक कोटी में होते, सबको पुलिस की वर्दियाँ पहना दी जातीं। मेले का मेला देख जाते, चार दिन रोटी खा जाते और यदि कोई शिकार फँस जाता तो दो-दो रुपये जेबों में डाल कर घर चले जाते।

इस अँधेर-नगरी में पुलिस वाले मीना बाज़ार का क्या लाभ उठाते हैं, इस सम्बन्ध में कुछ नहीं कह सकता। हाँ, इतने अधिकारों के होते हुए, वे चुप रहते हों, ऐसा हो नहीं सकता।

सात

यह घटना भी मरते दम तक याद रहेगी। इसने मुझे भाग्यवादी बना दिया। कोई कह सकता है कि यह संयोग था, मात्र संयोग! कोई यह भी कह सकता है कि यह आपकी मूर्खता का फल था। लेकिन हम प्रतिदिन कितनी मूर्खताएँ नहीं करते ? फिर कितनी मूर्खताओं का फल हमें मिलता है ? और जो वज्र मूर्ख हैं, क्या उन्हें उनकी मूर्खता का दण्ड सदैव मिल जाता है। सच्ची बात तो यह है कि यदि भाग्य सीधे हों तो 'लल्लू करे कवल्लियाँ रब सिद्धियाँ पावे।'[१] और यदि भाग्य मन्द हो तो लल्लू लाख सीधी करे, वे उल्टी ही पड़ें।....परीक्षार्थी ने परीक्षा के लिये पूरी मेहनत की है, दिन-रात एक कर दिये हैं, प्रान्त-भर में अव्वल आने की उसे पूरी आशा है, पूरे उत्साह और ख़ुशी से वह साइकिल पर जा रहा है। मोड़ पर ब्रेक कुछ अधिक खिंच जाती है, साइकिल फिसल पड़ती है। युवक एक ओर को गिरता है, उठने का प्रयास करता है, पर उठा नहीं जाता। बाज़ू टूट जाता है। लोग उसे घर ले आते हैं, ऐसा बीमार पड़ता है कि महीनों तक नहीं उठता। परीक्षा तो दूर, उसका फल तक भी निकल चुकता है। कोई इस घटना को महज़ संयोग कह सकता है, पर साधरणतः इसे दुर्भाग्य ही कहा जायेगा।

सी-पी के मेले में मेरे साथ भी भाग्य कोई ऐसा मज़ाक करेगा, इस की मुझे स्वप्न में भी आशा न थी और ऐसी दुर्गति कि अब भी रोमांच हो आता है।

बात कुछ भी नहीं थी। फिरते-फिरते चार बज गये होंगे, तनिक भूख लग आयी, मिठाई और फलों का ख़याल भी आ गया। वापस मुड़ा। वहाँ गया, जहाँ खाना खाया था और पार्टी को छोड़ा था। देखा तो पार्टी ही ग़ायब। तीन-चार काग़ज़ इधर-उधर उड़ रहे थे और कुछ मक्खियों की भिनभिनाहट उस छोटी-सी ज्याफ़त का हाल बता रही थी, जो हमने वहाँ उड़ायी थी। मैंने बहुतेरा इधर-उधर देखा, एक-दो से पूछा भी, पर पता न चला। पता भी कैसे चलता ? पार्टी कुछ और आगे बढ़ पेड़ों के अगले झुण्ड की ओट में ताश खेल रही थी। मैं इस जगह से नितान्त अनभिज्ञ था। आगे कोई जगह है भी या नहीं, यह मुझे मालूम न था, प्राण भूख से निकले जा रहे थे। मैं फिर मेले की ओर फिरा। एक सिरे से दूसरे सिरे तक चक्कर लगाया कि पार्टी का एक भी आदमी मिल जाये तो पूछूँ, पर कोई भी तो नज़र नहीं आया। आख़िर जब भूख और तेज़ हुई तो फिर एक खोंचेवाले से मिठाई ले कर खाने लगा। मिठाई क्या, कुछ पेड़े और बर्फ़ी थी। और यद्यपि खोये में चीनी का अंश अधिक था तो भी इससे कुछ हानि होने की सम्भावना नहीं थी। साथ के बाज़ार में पूरियाँ बन रही थीं, पर जाने क्यों मुझे पूरियों से बेहद नफ़रत थी। मिठाई भी गरिष्ठ चीज़ है, लेकिन पूरियाँ तो मेरे लिये नितान्त अपाच्य हैं। कभी एक-दो खा लूँ तो फिर तीन दिन तक 'ईसबगोल' फाँकता रहता हूँ। ऐसी तबियत ख़राब होती है कि ख़ुदा की पनाह! अभी

---

१. लल्लू उल्टी बातें करे, पर परमात्मा उन्हें सीधी कर दे।

मुश्किल से बर्फ़ी का टुकड़ा दाँतों तले गया होगा कि 'हटो-बचो' की आवाज़ और लोगों की रेल-पेल ने मुझे वहाँ ला खड़ा किया जहाँ एक चौकीदार महाशय उस बाड़े की चौकीदारी कर रहे थे, जिसमें पहाड़ी युवतियों की नुमाइश हो रही थी अथवा जहाँ बैठी हुईं वे तमाशाइयों के मनोरंजन का सामान जुटा रही थीं। मैं उन चौकीदार साहब के पास जा कर खड़ा हो गया। कुछ यार लोग योंही यह नज़ारा देखने में व्यस्त थे। इतने में उँगलियाँ उठीं, आँखों ने आँखों में ही बातें कीं और दिमाग़ ने समझ लिया कि राणा साहब आ रहे हैं। अब उधर नज़र उठायी तो देखा राणा साहब जंगी लाट (कमाण्डर-इन-चीफ़) मिस्टर बर्ग के साथ आगे-आगे और टिक्का साहब और मन्त्री महोदय उनकी अरदल में चले आ रहे हैं। उस वर्ष पंजाब के लाट शायद बीमारी के कारण मेले की रौनक नहीं बढ़ा सके थे, इसलिये जंगी लाट ही आये थे। उनके हाथ में वही बड़ा-सा बल्लम था और ख़ाकी कोट और निकर पहने हुए थे। उनके साथ शायद, उनकी धर्मपत्नी थी, किन्तु निश्चय से नहीं कहा जा सकता, लड़की भी वह हो सकती थी।

राणा साहब, मन्त्री, महोदय और टिक्का साहब को मैंने मशोबरे और सी-पी पहुँचते ही देखा था। लेकिन पहली बार काफ़ी दूर से देखा था। अब वे एकदम सामने थे। राणा साहब काफ़ी बूढ़े थे। दाढ़ी-मूँछें सफ़ाचट थीं। यद्यपि बाद में उनके फ़ोटो में उनके बड़ी-बड़ी मूँछें देखीं, लेकिन वह शायद जवानी का फ़ोटो था। उन्होंने एक ज़रदोज़ी का लम्बा चोग़ा पहन रखा था। उसके नीचे क्या था, यह मैं नहीं कह सकता। हाँ, कमर में चूड़ीदार पायजामा था। पैरों में पम्प-शू थे अथवा नोकदार जूते, मैं नहीं जान सका। भीड़ में उनके पैर दिखायी नहीं दिये। हाँ, सिर पर रेशमी पगड़ी थी, जो पण्डितों-जैसी बँधी थी। शमला टँगा हुआ था। टिक्का साहब कोई पैंतीस-चालीस के पतले छरहरे आदमी थे। मूँछें उनकी लम्बी थीं और उस वक्त ऊपर को उठी हुई थीं। उनकी काली शेरवानी और चूड़ीदार पायजामा अब भी मेरी आँखों में घूम रहा है। राजपूती तर्ज़ से बाँधे हुए इन्द्रधनुषी रंग से रँगे साफ़े की अपेक्षा उनकी दर्प-भरी आकृति उनके टिक्का होने का ज़्यादा यकीन दिला रही थी। रहे मन्त्री महोदय, सो वे बेचारे अधेड़ उम्र के, ठिगने कद के भले-से आदमी लगते थे। वेश-भूषा भी उनकी सीधी-सादी थी। सिर पर सरदई रंग का साफ़ा, सफ़ेद अचकन और चूड़ीदार पायजामा। उनको देख कर कोई और चाहे कुछ समझ लें, लेकिन वे किसी राज्य के मन्त्री हैं, यह नहीं समझ सकता। कम-से-कम मैं ऐसा नहीं समझ सका। उनके पीछे दो-एक रीडर थे – नीले ब्लेज़र के कोट और फ़लालैन की पतलूनें पहने, अच्छे ख़ूबसूरत नौजवान थे।

राणा साहब जंगी लाट के साथ-साथ जा रहे थे। कुछ बातें भी करते जाते थे। तनिक दूर होने तथा भीड़ के बेपनाह शोर के कारण मैं सुन नहीं सका। अचानक मेरे मन में शंका जगी। राणा साहब अंग्रेज़ी में बातें न करते होंगे। ये शिमले से नौ मील की दूरी पर रहने वाले पुराने विचारों के पहाड़ी राणा, कितनी अंग्रेज़ी बोल सकते होंगे। उनके ज़माने में तो शायद चीफ़्स कॉलेज की नींव भी न रखी गयी थी। फिर गेट

पर स्वागत के समय अंग्रेज़ के साथ उन्होंने रीडर द्वारा बातचीत की थी और उसी ने दुभाषिये का फ़र्ज अदा किया था। टिक्का साहब इस ज़माने के आदमी थे। ख़ासे लिखे-पढ़े लगते थे। पर यह वृद्ध राणा – उनके समय में तो शायद इन रियासतों तक अंग्रेज़ी की गन्ध भी न आयी होगी। तो फिर यह किस भाषा में बात-चीत कर रहे हैं ? क्या उर्दू में ? नहीं, राणा उर्दू अच्छी तरह न जानते होंगे। तो क्या पहाड़ी बोली में ? शायद लाट पहाड़ी भाषा से अनभिज्ञ हों। तो फिर किस भाषा में बात करते हैं ? मेरी उत्सुकता बढ़ी। वे आगे निकल चुके थे। मैं उन चौकीदार साहब से पूछ बैठा।

"क्यों जी यह आपके राणा कहाँ तक पढ़े होंगे ?"

वह महाशय नीली वर्दी डाटे, भ्रू-भंग किये, कदाचित ज़माने की नाक़द्र-शनासी के हाथों तंग आये-से खड़े थे। क्रोध से बोले :

"तुम से मतलब ?"

"यों ही!"

"यों ही क्या ?"

मैंने उन्हें कुछ समझाने का प्रयास किया, लेकिन उन्होंने नहीं सुना और मुझे ज़ोर से धक्का दे दिया, "चल हट यहाँ से।"

मैं गिरा, मेरा हैट धरती पर जा पड़ा। दर्शकों में एक ठहाका गूँज उठा। मैंने कुछ खिन्न होते हुए उठ कर कहा – "भाई, सीधी तरह बात करो, धक्का क्यों देते हो ?"

"चल....बे! सीधी तरह लिये फिरता है।"

गन्दी गाली! मैं अपने-आपको काबू में न रख सका। मैंने उसे गले से पकड़ लिया।

"मैं कहता हूँ तमीज़ से बात करो।"

"चल तमीज़ के बच्चे!" उसने मुझे फिर धक्का दिया। मैंने उसे फिर पकड़ लिया। उसने मेरे मुँह पर एक थप्पड़ जमाया मैंने छड़ी उठा ली। शायद एक जमायी या महज़ उठायी....। लेकिन दूसरे क्षण मैंने आपने-आपको दूसरे चौकीदारों के मध्य में घिरे हुए पाया। एक ने छड़ी छीन ली। दूसरे ने हण्टर का वार किया। 'मार दिया, मार दिया!' का शोर मच गया। लोगों की भीड़ इकट्ठी हो गयी। कुछ लोगों ने बीच में पड़ने का प्रयत्न किया। परन्तु दारोग़ा साहब, जो लगता है, जैसे इस मौके के लिये तैयार बैठे थे, लाल आँखें किये डट गये और सबको भगा देने का हुक्म दिया।

"क्या बात है ?" उन्होंने सिपाही से पूछा। वह व्यक्ति जिसे मैं चौकीदार समझा हुआ था, वास्तव में सिपाही था। उन पहाड़ी सिपाहियों की वर्दियाँ मैदानी चौकीदारों-जैसी ही नीली थीं।

"यह लौंडा, वहाँ औरतों से मज़ाक कर रहा था। मैंने रोका तो मेरे चाँटे मारने लगा।" उसने कहा।

मैं इस बात पर संज्ञाहत-सा ख़ड़ा रह गया। इतना झूठा अभियोग और मुझ पर! क्रोध के कारण मेरे मुँह से बात न निकली। मैंने कुछ सफ़ाई पेश करने का प्रयास भी किया, परन्तु असभ्य सिपाहियों के दुर्व्यवहार के कारण मैंने न बोलना ही उचित समझा। इस धकड़-पकड़ में मेरी ऐनक भी कहीं गिर पड़ी थी और मुझे सब कुछ धुँधला-धुँधला-सा दिखायी देने लगा। उस समय किसी ने कहा, "इसे हथकड़ी लगा लो।"

"लगा लो!" मैंने क्रोध से कहा और हाथ आगे कर दिया। मेरे हाथ में हथकड़ी पड़ गयी।

अब सोचता हूँ कि उस समय यदि मैंने एक दुनियादार की तरह किंचित धीरज और शान्ति अथवा ख़ुशामद से काम लिया होता तो शायद मुझे वह रोमांचकारी कष्ट न सहना पड़ता, जिसकी याद शायद ज़िन्दगी-भर मिटे, लेकिन मेरे जैसा भाव-प्रवण के लिये मौके की नज़ाकत को सोच कर बात करना असम्भव ही-सा था। मुझे तो सिपाही का सफ़ेद झूठ सुन कर ही आग लग गयी, फिर दरोग़ा, साहब के दुर्व्यवहार ने तो उस पर तेल का काम किया।

ख़ैर, कहना यह चाहता हूँ कि मैं 'बेगुनाह क़ैदी'[१] बना लिया गया और आगे-आगे मैं – एक हाथ में हथकड़ी और दूसरे में लटकता हुआ हैट – साथ में पाँच-छै यमदूत-सूरत सिपाही, पीछे शत-शत तमाशाइयों का हुजूम, कुछ इस शान से मेरा जुलूस निकाला गया। इस भीड़ में, जहाँ मैं कुछ देर पहले स्वतन्त्र घूम रहा था, उस तरह बन्दी की सूरत में चलना अख़रा तो बहुत, आँखें भी झुक गयीं, लेकिन क्या किया जा सकता था, कहीं विदेशी कपड़े का बायकाट कराते हुए गिरफ़्तार होता अथवा पत्र के किसी राष्ट्रीय लेख के सम्बन्ध में पकड़ा जाता तो सिर ऊँचा होता। पर कमबख़्तों ने इल्ज़ाम भी वह लगाया कि सिर उठाने काबिल न छोड़ा। कौन भला मानूस सहस्त्रों की भीड़ में अपने आपको चरित्रहीन कहलायेगा और फिर अकड़ कर चलेगा।

उस समय, जब मुझे नीचे के बाज़ार में लाया गया तो, एक व्यक्ति ने जिसकी दुकान ज़रा नीचे थी, मुझसे सहानुभूति दिखाते हुए मेरे हाथों में टूटी हुई ऐनक और उसका एक शीशा दे दिया। उसकी दुकान पर मेरी ऐनक गिरी थी। यह भी अच्छा हुआ कि ऐनक टूट गयी, नहीं तो शायद तमाशाइयों के हँसते हुए चेहरों को देख कर मुझसे चला भी न जाता।

---

१. एक प्रसिद्ध जासूसी उपन्यास का नायक जो उन दिनों ख़ूब लोकप्रिय था।

आठ

"अरे, वो तो मास्टरजी जा रहे हैं।" भोलानाथ ने मुझे इस हालत में जाते हुए देख कर कहा, और चाहे उन्होंने मेरी हथकड़ी का ज़िक्र तक न किया तो भी उनका कहने का ढंग कुछ ऐसा था कि समस्त पार्टी की निगाहें मेरी ओर उठ गयीं। मैंने भी कुछ अश्रुपूर्ण आँखों से उनकी ओर देखा और दूसरे क्षण सारी पार्टी ने मुझे घेर लिया। वे सिपाही, जो अपने एक भाई के अपमान का बदला चुकाते हुए, एक प्रकार से मुझे धकेलते लिये जाते थे, एक क्षण के लिये भौंचक्के-से खड़े हो गये। मुझे भी कुछ धीरज बँधा। पार्टी, जैसा मैं पहले कह चुका हूँ, पेड़ों के झुण्ड के पीछे ताश खेल रही थी और सौभाग्यवश हवालात को रास्ता उसी जोर से हो कर जाता था, नहीं तो यदि उन्हें मेरा पता न चलता, तब न जाने जितनी परेशानी हुई, उससे कितनी ज़्यादा परेशानी उन्हें होती ? और यदि इस घटना से पहले, मैं उन्हें ढूँढ़ता हुआ ज़रा और आगे बढ़ जाता तो यह घटना ही न घटती, लेकिन मालूम होता है, ऐसा होना ही था और जो होना हो उसे कौन रोक सकता है!

लाला जी यद्यपि एक निकर और कमीज़ पहने हुए थे और उन्हें देख कर कोई न कह सकता था कि वे पंजाब सरकार के एक उच्च पदाधिकारी हैं, पर बड़े आदमियों के चेहरों पर न जाने कैसी चिकनाई और कैसा जलाल होता है, उनके हय कहने में 'क्या बात है भाई' कुछ ऐसी बात थी कि सब खड़े हो गये। कुछ उखड़े-उखड़े शब्दों में मैंने अपनी दास्ताने-ग़म बयान की, पर मेरी घबराहट, क्रोध और दुख और कुछ असाधारण परिस्थिति ने मेरे मुँह से ठीक शब्द भी नहीं निकलने दिये। सिपाहियों को रुकते देख कर बड़े दारोग़ा ने, जो मुझे हवालात को ले जाने की आज्ञा दे कर मेले को जा रहे थे, एक ललकार दी, "ले जाओ और हवालात में बन्द कर दो!" लाला जी उन दारोग़ा साहब की ओर बढ़े, सिपाही मुझे ज़बरदस्ती हवालात को ले चले। जाते-जाते मेरे कानों में केवल दारोग़ा की कर्कश आवाज़ आयी, "आप टिक्का साहब से मिलिये।"

अब मेरे साथ केवल दो सिपाही रह गये थे और यह जान कर कि मेरे साथ एक पार्टी है, उनका व्यवहार कुछ सभ्य हो गया था। शायद इसका कारण यह हो कि उनमें से एक कुछ भला आदमी था, लेकिन इस बात को जान कर कि लाला जी तथा दूसरों को मेरी उस अवस्था का पता चल गया है, मुझे जो सान्त्वना हुई थी, वह हवालात की कहानी सुन कर उड़ गयी। उन सिपाहियों के मुँह से सुना कि हवालात में तीन दिन तक रखा जाता है और काफ़ी कष्ट होता है। इसके बाद फिर मेले के समाप्त हो जाने पर अभियोगी को कियार-कोटी (रियासत की राजधानी) ले जाया जाता है, जहाँ मामला सुना जाता है और क़ैदी को हवालात से निकाल कर जेल में बन्द कर दिया जाता है। हवालात कैसी होगी, कोटी में लाला जी कैसे इतनी दूर आ कर मेरी सहायता कर सकेंगे? वहाँ जेल में कैसे कटेगी ? मेरे प्रोग्राम का क्या बनेगा,

घर वालों और पत्नी को यह सुन कर कितना कष्ट होगा....इन सब विचारों ने मेरे मन को घेर लिया। सिपाही स्वयं ही सब हालात बताते गये। टिक्का साहब ही यहाँ के प्रबन्धकर्ता हैं, वही मैजिस्ट्रेट हैं, उनका निर्णय आख़िरी होता है। मुझे डेढ़-दो महीने जेल की सज़ा भी दी जा सकती है और सौ-दो सौ रुपया जुर्माना भी। जेल में बहुत तकलीफ़ होती है और पंजाब सरकार की जेलों के कष्ट उसके सामने गर्द हो कर रह जाते हैं।

मैं चुपचाप उनकी कहानी सुनता गया और मुझे निश्चय हो गया कि अब जान मुश्किल से ही बचेगी। मैं उसी समय डेढ़-दो सौ रुपया दे न सकता था और क़ैद की राम जाने – इस पतले-दुबले शरीर में उन कष्टों को सहने की शक्ति है या नहीं, इसका अनुभव नहीं था। शायद ऐसी क़ैद में, जिसका उसने हाल सुनाया, चन्द दिन में ही आत्मा और शरीर का नाता टूट जाये। सिपाही ने बताया कि बाबू साहब यहाँ ज़रा-से अपराध पर तो अभियुक्त को काठ मार देते हैं, फिर बड़े अपराध की तो बात ही क्या। और यह काठ मारना – इसका हाल सुन कर ही मेरे रौंगटे खड़े हो गये। लकड़ी के दो तख़्तों में अभियुक्त की टाँगें रख कर उन्हें कस दिया जाता है और असह्य पीड़ा से अभियुक्त तड़पता है। लाला जी ने आते-आते मुझे जो सान्त्वना दी थी, 'घबराइएगा मत!' उससे दिल को तसल्ली तो थी, पर इस बायीं आँख को कौन समझाये जो उस दिन इतनी फड़की कि उम्र-भर न फड़केगी और दिमाग़ ने ऐसे भयानक चित्र बनाये कि ख़ुदा की पनाह!

हवालात आ गयी और हम सब एक क्षण के लिये रुके। मेले से कोई एक-डेढ़ फर्लांग की दूरी पर नीचे खड्ड में, राणा साहब के अस्थायी निवास-स्थान से कुछ पग और नीचे, यह हवालात थी। हवालात बाहर से एक झोंपड़ी-सी मालूम होती थी – साधारण पहाड़ी छप्पर-ऐसी! उसके आगे थोड़ी-सी खुली जगह थी और उसके बाद फिर खड्ड थी, जिसमें केलू, तोस, बाँझ के पेड़ों का जंगल था और नीचे के गाँवों को जाने वाली पगडण्डियाँ उन घने पेड़ों में खो गयी थीं। बाहर से देखने पर कौन कह सकता था कि सीधी-सादी झोंपड़ी में ऐसी हवालात है कि मनुष्य को असह्य यन्त्रणा देने में कोई भी शहरी हवालात इसका मुकाबिला न कर सके।

मेरे साथी सिपाही मुझे इस छप्पर के अन्दर ले गये। अन्दर जाने पर मालूम हुआ कि यह सिपाहियों के अस्थायी तौर पर रहने की जगह है। मेले का प्रबन्ध करने के लिये रियासती पुलिस का जो जत्था कोटी से सी-पी आता, वह इसी छप्पर में रहा करता था। वहाँ सिपाहियों के बिस्तर गोल किये हुए पड़े थे, कुछ सिपाही बैठे थे। फ़र्श लकड़ी के तख़्तों का बना हुआ था। एक चारपाई भी थी, यह कदाचित बड़े दारोग़ा की थी। मैंने माथे का पसीना रूमाल से पोंछा और एक सिपाही से कहा, "भई मेरी हैट कहीं टाँग दो!"

"हम तुम्हारे बाप के नौकर तो नहीं।"

मैं चुप खड़ा रह गया। छप्पर के अन्दर प्रवेश करते समय मैं अपनी अवस्था को क़द्रे भूल गया था – भूल गया था कि मैं एक क़ैदी हूँ – स्वतन्त्र पत्रकार या एक

आज़ाद अध्यापक नहीं। कुछ थकावट-सी महसूस हुई। इसीलिये वहीं फ़र्श पर बैठ गया। अपनी इस हालत पर मेरे आँसू आ गये। लेकिन मैंने बरबस उन्हें अन्दर-ही-अन्दर पी लिया।

"इधर बैठ जाओ! एक दूसरे सिपाही ने, जो किंचित सहृदय दिखायी देता था, फ़र्श पर पड़े हुए एक कम्बल की ओर संकेत करते हुए कहा। लेकिन मैं नहीं उठा। अभी न जाने और कौन-सा उपहास, कौन-सा निरादर सहना शेष था। इसलिये मन को पहले से तैयार करना ज़रूरी था। और मैंने उस क्षणिक दुर्बलता को हटा कर मन को मज़बूत बना लिया। अभी छोटे दारोग़ा साहब के आने की प्रतीक्षा हो रही थी। इसलिये सिपाही आपस में बातें करने लगे। बोली पहाड़ी थी, लेकिन मैं दूसरी बार शिमले आया था, इसलिये उनकी बातचीत को भली-भाँति समझता था।

बातचीत का सिलसिला उस सिपाही ने आरम्भ किया, जिसने मुझे कम्बल पर बैठने के लिये अनुरोध किया था। कहने लगा, "बाबू बेकसूर लगते हैं।"

एक दूसरा सिपाही बोला, "क्यों बे तैंने गाली क्यों दी थी ?" सम्बोधन उस व्यक्ति की ओर था, जिसने मेरे साथ झगड़ा किया था।

"मैंने गाली कब दी, इन्होंने मेरे थप्पड़ रसीद किये।" उसने कहा।

"जा बे, इन बाबू साहब का सिरा फिरा है जो यह थप्पड़ लगाते। बेचारे भले घर के आदमी हैं।"

वह कुछ लज्जा से सिर झुका कर खड़ा रहा।

उनकी बातों से मेरे मन को कुछ सान्त्वना मिली। आख़िर यहाँ सब पशु ही नहीं, यहाँ भी मानवता का वास है। मुझे कुछ चिन्तित देख कर उनमें से फिर एक बोला, "बाबू जी, आप चिन्ता न करें। आप ज़रूर रिहाई पा जायेंगे।" मैंने मुस्कराने की असफल चेष्टा की। तभी खट-खट जूतों की आवाज़ सुनायी दी और दूसरे क्षण नायब दारोग़ा साहब छोटे-से दरवाज़े से सिर झुका कर अन्दर आये और मेरे सामने एक गोल किये हुए बिस्तर पर बैठ गये। मैं उनका नाम नहीं जानता, पर उनकी सूरत मेरे दिल पर सदा के लिये अंकित हो गयी। पतला-सा शरीर, जो दुबला होने के कारण कुछ लम्बा दिखायी देता था, लम्बी नाक, लम्बूतरा मुँह, यदि सिर ज़रा छोटा होता तो वे अच्छे-खासे दौले शाह के चूहे[1] दिखायी देते। ख़ाकी वर्दी, कमर में

---

१. पंजाब में एक पीर की कब्र है जिसे साइँ दौलेशाह की कब्र कहते हैं। जिन लोगों के सन्तान नहीं होती वे यह मन्नत मानते हैं कि वे पहला लड़का या लड़की साइँ दौलेशाह की भेंट कर देंगे। जब बच्चा पैदा हो जाता है तो उसे मन्नत के अनुसार उन पीर के मुजाविरों के हवाले कर देते हैं। वे बच्चे के सिर पर लोहे का टोप चढ़ा देते हैं, जिससे बाकी अंग तो बढ़ जाते हैं, पर सिर छोटा ही रहता है। ऐसे लड़के तथा लड़कियाँ भीख माँगने के काम आते हैं और दिमाग़ उनका प्रायः अविकसित ही रह जाता है। जिसका सिर उसके शरीर की अपेक्षा बहुत छोटा हो, उसे भी दौलेशाह का चूहा ही कहा जाता है।

अफ़सरों वाली पेटी, सिर पर ख़ाकी-लाल पट्टी का साफ़ा! इस वेश-भूषा, अफ़सरी की मस्ती और मेले के कारण मुख पर आये हुए क्रोध ने अवश्य उनके चेहरे में कुछ सुन्दरता पैदा कर दी थी, नहीं तो उनकी सूरत तो कुछ ऐसी थी जैसे जन्म-जन्मान्तर से रोते आये हों और ज़िन्दगी से बेतरह बेज़ार हों।

आते ही उन्होंने मेरी तलाशी का आदेश दिया। एक सिपाही ने बाक़ायदा मेरी तलाशी ली। एक घड़ा, कुछ नकदी, पॉकेट बुक, एक-दो काग़ज़ मेरी जेब से बरामद हुए और फ़र्द-बरामदी की ज़ीनत बने। छड़ी शायद वे लिखना ही भूल गये और बदहवासी में मुझे भी ध्यान न रहा। सूची तैयार हुई। हस्ताक्षर कराये गये, मैंने समझा, चलो जान बची। यहाँ काफ़ी जगह है, तीन दिन तक लाला जी कुछ-न-कुछ मदद करेंगे। परन्तु जब दारोग़ा के साथ आने वाले दो आदमियों में से एक ने दरवाज़े के पास ही फ़र्श से एक लकड़ी का तख़्ता उठाया तो मेरा हृदय धक-धक करने लगा।

हँसते हुए दारोग़ा साहब ने कहा, "बाबू साहब को गर्मी बहुत जल्दी आ जाती है, अब तबीयत ठण्डी हो जायेगी।"

मेरे देखते-देखते, एक आदमी उसमें उतरा। लगता है उसके पाँव धरती पर लग गये, लेकिन सिर अभी बाहर दिखायी देता था। आशंका हुई कि कहीं यह अँधेरा भूगृह (तहख़ाना) ही यहाँ की हवालात न हो और इसमें मुझे फ़ैसले तक बन्दी न रहना पड़े।

वही हुआ जिसका मुझे डर था। उस व्यक्ति ने बाहर निकल कर कहा, "अँधेरे और ठण्ड का राज है, यहाँ तो बेचारा मर जायेगा।"

"होश भी तभी ठिकाने आयेंगे, इसे गर्मी भी कुछ ज़्यादा ही चढ़ी है।" दारोग़ा ने कहा।

मैं उठा। मन में आया कि मिन्नत-समाजत करूँ, पर इन नरपिशाचों से मिन्नत। मैं चुपचाप बढ़ा। भूगृह के मुख पर आया तो दिल काँप उठा। सिर से पैर तक सिहरन-सी दौड़ गयी। लगा जैसे ज्वालामुखी के मुँह पर खड़ा हूँ और अन्दर शीत नहीं, आग धधक रही है। एक सीढ़ी भी पड़ी थी जो वृक्ष के एक साधारण से तने को एक-एक गज़ के फ़ासले पर पाँव रखने के लिये तराश कर बनायी गयी थी।

जानते हुए भी मैंने पूछा, "इसमें मुझे रहना पड़ेगा।"

"और क्या तुम्हारे लिये राणा साहब के महल खाली कराये जायेंगे ?"

मैं ख़िन्न हो कर रह गया। 'इनसे बात करना बेवक़ूफ़ी है,' मैंने मन-ही-मन कहा। 'राणा के महल कोई बड़ी बात न थी। यदि मैं स्वतन्त्र रूप में राणा से मिलने आता तो शायद ऐसा ही होता, लेकिन भाग्य ने आज मेरे हथकड़ी डलवा दी थी और अब मेरे लिये यही काल-कोठरी निर्धारित थी!' मैं उतरा। भूगृह बहुत नीचा न था। मेरे पाँव धरती पर थे और गर्द बाहर। शीत इतना था कि शरीर काँप उठा। गर्मी के कारण सूती, कोट, कमीज़ और निक्कर पहने हुए था। धरती नमदार थी। मैं चुप रहना चाहता था, पर कह बैठा, 'बैठूँगा किस जगह, धरती तो गीली है।'

"तुम्हारे लिये ग़ालीचे कहाँ से लाये जायें ?" दारोग़ा ने कहा –

मैंने कहा – "फिर भी कुछ तो चाहिए, कपड़ा न सही, काग़ज़ सही।"

मेरी प्रार्थना पर एक पत्र का पृष्ठ ला दिया गया, हिन्दी का कोई दैनिक पत्र था। दरवाज़े से आने वाले प्रकाश के सहारे चन्द क़दम जा कर, एक लकड़ी के ख़म्भे के पास काग़ज़ बिछा कर बैठ गया।

"बस अब बन्द कर दें।" ऊपर से आवाज़ आयी।

"खुला नहीं रह सकता ?" मैंने पूछा।

"नहीं।"

"पर यहाँ ठण्ड बहुत है, मुझे कम्बल चाहिए।"

"बड़े दारोग़ा के आने पर कहना।"

इसके बाद दरवाज़ा बन्द हो गया। तहख़ाने में घटाटोप अँधेरा हो गया। दूर – बहुत दूर – गाने-बजाने का बहुत हलका शोर सुनायी दिया। सिकुड़ कर नंगी टाँगों को बाहों से घेर कर और सिर को घुटनों में दे कर बैठ गया।

इस समय देर से रुकी हुई आँसुओं की दो बूँदें मेरे घुटने पर बह चलीं।

नौ

दरवाज़ा फिर खुला।

मेरे विचारों का तार टूट गया। इस थोड़े समय में न जाने दिमाग़ गत-आगत के बारे में क्या-क्या न सोचा गया – एक की स्मृति मन में हूक-सी पैदा कर देती थी, दूसरे का ध्यान दिल में आतंक का संसार बना देता। अभी कुछ देर पहले जो व्यक्ति इस विशाल पृथ्वी पर स्वतन्त्र विचर रहा था, जिसे इन पहाड़ियों पर सैर करने की, उनके निर्माता की कारीगरी को देखने की, उस पर मुग्ध होने की पूरी-पूरी आज़ादी थी, अय वह एक पंखहीन पंछी की तरह इस अँधेरे पिंजरे में बन्द था। पंछी भी शायद उससे अच्छे हाल में होगा। उसे कुछ रोशनी तो देखने को मिलती होगी, पर यहाँ तो सूचीभेद्य अन्धकार था। इसी अन्धकार में बैठा मैं सोचने लगा कि लाला जी की कोशिशें असफल रही होंगी और वे फिर ताश खेलने में जा लगे होंगे अथवा मुझे वहीं छोड़ उदास-से घर चले गये होंगे। मेरे घर पर तार दे देंगे। इससे ज़्यादा वे कर ही क्या सकते हैं। भाई साहब तार मिलते ही शिमले पहुँचेंगे। लेकिन इस बीच में मैं इस काल-कोठरी की भेंट हो चुकूँगा अथवा कोटी की किसी गन्दी अँधेरी जेल में पड़ा सड़ूँगा। निराशा में अनिष्ट मनुष्य के समीप आ जाता है और इष्ट मृगमरीचिका की

तरह दूर होता चला जाता है और आशा, बिजली के अस्थिर कौंधे-सी निमिष-भर चमक कर काले बादलों में गुम हो जाती है। मेरे सामने बाहर का चित्र खिंच गया। मेला उसी प्रकार भरा हुआ है। लाहौर के छात्र, जो बी० ए० की परीक्षा दे कर आये हुए थे और जिनकी टोली बरड़ियों के परे बैठी गा रही थी –

'वहीं ले चल मेरा चरखा
जहाँ चलते हैं हल तेरे'

अब भी वैसे ही बैठे मस्ती से गीत आलाप रहे हैं। पँगूड़े उसी प्रकार चल रहे हैं। बरड़ियाँ उसी प्रकार गा रही हैं और हमारी पार्टी फिर उसी प्रकार ताश खेलने लगी है। सब मेले में हैं, केवल मैं उस राग-रंग से दूर इस तारीक, अँधेरी कोठरी में बन्द कर दिया गया हूँ।

प्रकाश की कुछ किरणें भूगृह की तारीकी को भेद कर मुझ तक पहुँच गयीं, पर मैंने इस ओर नहीं देखा। असीम निराशा ने मुझे नितान्त उदासीन-सा बना दिया था। मुझे आशा ही नहीं थी कि मैं जल्दी छोड़ दिया जाऊँगा। इस निराशा से एक अजीब-सा वैराग्य पैदा हो गया था।

"अजी ओ बाबू साहब!"

कोई शिष्ट सिपाही लगता था, पर मैं नहीं बोला। फिर भी वही स्वर सुनायी दिया, "अजी ओ बाबू साहब!"

"क्या बात है ?"

"इधर आओ।"

मैं बड़ी मुश्किल से उठा, पर लकड़ी की नीची छत से सिर फूट जाने के भय से झुका-झुका ही दरवाज़े पर पहुँचा। इन दो निमिषों में ही न जाने आशा ने कितने प्रासाद खड़े किये और निराशा ने कितने गिराये। कभी कल्पना करता, लाला जी ने टिक्का साहब से मिल कर मेरी रिहाई का आयोजन कर दिया है और टिक्का साहब ने अपने नौकरों की भूल को महसूस करके मुझे तुरन्त रिहा करने का आदेश दे दिया है। उस समय दरबार का दृश्य मेरी आँखों के सामने घूम जाता टिक्का साहब मुझे सत्कार-सहित रिहा कर रहे हैं – पर दूसरे क्षण यह आशा निराशा में परिणत हो जाती और मैं देखता कि मैं कोटी जेल में पड़ा सड़ रहा हूँ।....

मैं झरोखे के समीप आ कर खड़ा हो गया।

बाहर ऊपर के दरवाज़े में एक सुन्दर-सा बारह-वर्षीय बालक खड़ा था – लाल उन्नाबी रंग की चमचमाती हुई पगड़ी, गोरा, भरा हुआ मुख, गले में ब्लेज़र का कोट, कमर में निकर, पैरों में मोज़े और बढ़िया बूट! मैं पहली नज़र में ही भाँप गया कि यह टिक्का साहब के कुँवर हैं और मेरा ख़याल ठीक था। ऊपर भूगृह के मुँह पर खड़े हुए सिपाही ने कहा – "कुँवर साहब आये हैं, जो पूछते हैं बताओ!"

आप भी पूछ लीजिए। अब तो दरबार का भंगी भी आये तो जो पूछे उसे बताना

होगा। मुझे कुछ रुलाई-सी आ गयी।

"तुम्हें क्यों पकड़ा गया है ?" बच्चे ने सरलता से पूछा। उसकी मुस्कराहट में व्यंग्य न था और न तिरस्कार। उसमें सहानुभूति थी। मैंने कहा –

"तुम्हारे सिपाहियों ने पकड़ लिया।"

"क्यों पकड़ लिया ?"

"यह उनसे पूछो।"

"वे कहते हैं तुमने सिपाही के मुँह पर थप्पड़ लगाया।"

"उसने गाली दी।"

"तुम हमसे कहते।"

इस बात का कोई उत्तर न था। शायद कुँवर ठीक कहता था। क्या उत्तर देता, कैसे उस समझाता कि परिस्थिति ही ऐसी थी, जब समझ और सोच की शक्तियाँ शिथिल हो जाती हैं, मनुष्य का धीरज जवाब दे जाता है। ऐसे में आदमी क्रोध को अपना पथ-प्रदर्शक बना कर उसके पीछे हो लेता है, फिर वह चाहे उसे पहाड़ की चोटी पर उड़ा ले जाये, चाहे गहरे खड्ड में गिरा दे।

कुँवर चला गया। मैं फिर अपनी जगह आ बैठा। झरोखा बन्द कर दिया गया और फिर वही अँधेरा और मैं।

इतनी देर तक लकड़ी के स्तम्भ का सहारा लिये रखने से मेरे दायें कन्धे में दर्द होने लगा। अब मैं पहलू बदल कर और तनिक हट कर बैठ गया। पहली बार मैंने इस अँधेरे को चीरने का प्रयास किया। उस समय मुझे लगा जैसे मैं इस अँधेरे में भी देख सकता हूँ। मैंने और भी ध्यान से आँखें फाड़-फाड़ कर देखा। इस बार मुझे कुछ दूर इस तहखाने की दीवार दिखायी दी। मैं उठा, कुछ पग टटोल-टटोल कर चला। एक दूसरे स्तम्भ से मेरा सिर टकरा गया। इस अँधेरे में वर्षों से इसी प्रकार नमी में रहने से उस स्तम्भ पर, जो किसी वृक्ष की बेढंगी-सी मोटी शाख से बनाया गया था, कुछ नर्म-नर्म-सी वस्तु जम गयी थी – शायद काई है – मैंने सोचा। कुछ और कदम चलने पर दीवार आ गयी। मिट्टी की सीली-लोनी दीवार, छू कर देखा, तो लेप-के-लेप हाथ लगाते ही झड़ गये। मैं अन्धे की तरह टटोलता हुआ दीवार के साथ-साथ कुछ कदम बढ़ा। ऊपर फिर कुंडी ख़ुलने की आवाज़ सुनायी दी। मैं फौ़रन अपनी जगह आ कर बैठ गया। दरवाज़ा खुला, सिपाही का कर्कश स्वर, 'दारोग़ा साहब आये हैं।"

मैं कहना चाहता था, "मैं क्या करूँ,' पर अपनी स्थिति का ध्यान करके चुप रहा और एक हाथ में पड़ी हुई हथकड़ी दूसरे हाथ से सम्हालते हुए फिर झरोखे के पास सीढ़ी से कुछ दूर आ कर खड़ा हो गया।

बाहर बड़े दारोग़ा खड़े थे। कोई पचास वर्ष की उम्र होगी, बड़ी-बड़ी मूँछों के कारण चेहरे से रोब टपकता था और आँखें चढ़ी हुई-सी थीं।

"क्यों कैसे हो ?"

"अच्छा हूँ।"

"अब होश ठिकाने आये या नहीं ?"

"किसके होश ?"

"दारू तो नहीं पिया है ?"

"मैंने ?"

"और क्या मैंने ?"

दारू आपने पिया हुआ है – मैं यह कहना चाहता था, परन्तु अपने क्रोध को रोक कर बोला – "मैं नशे के निकट नहीं जाता।"

"फिर लड़कियों से मज़ाक क्यों किया ? सिपाही को चाँटि क्यों लगाये ?"

"मैंने दोनों में से कोई बात भी नहीं की।"

"सिपाही को तुमसे वैर था, जो तुम्हें गिरफ़्तार कर लिया। मैंनें स्वयं तुम्हें उसके गले को पकड़े देखा है।"

"उसने गाली दी थी।"

"क्यों दी थी ?"

"मैंने उससे पूछा था कि तुम्हारे राणा कहाँ तक पढ़े हुए हैं ?"

"और यह भी पूछा होगा कि यहाँ स्त्रियों का व्यापार होता है, राणा साहब जिसे चाहते हैं, चुन लेते हैं।"

"यह आप कहते हैं, मैं नहीं कहता, मैंने ऐसी कोई बात नहीं पूछी।"

"फिर यह बात क्यों पूछी थी ?"

"राणा बूढ़े हैं, मेरे विचार में उनके समय अंगरेज़ी पढ़ाने का कोई प्रबन्ध न होगा। उन्हें अँगरेज़ लाट के साथ जाते देख कर मुझे ऐसा ख़याल आया कि पूछूँ, वो जंगी लाट से किस भाषा में बात करते हैं ?"

"अच्छा आगे को दारू पी कर मत मेला देखे आया करो!"

मैं जल उठा। समझा था, यह आदमी मुझसे सहानुभूति रखता है, इसलिये सब कुछ सुनाता चला गया। नहीं तो एक शब्द तक ज़बान पर न लाता। अब मालूम हुआ कि यह महाशय मुझे पूरा अपराधी समझे हुए थे।

"और किसी चीज़ की ज़रूरत है ?"

"यहाँ सर्दी बहुत है, बदन अकड़ा जाता है।"

"कम्बल मिल जायेंगे! और कुछ ?"

"मैं अपने मित्रों से कुछ क्षण के लिये मिलना चाहता हूँ।"

"नहीं मिल सकते, पर तुम्हें जिस चीज़ की ज़रूरत हो, हमें बताओ!"

"शायद भूख लगे।"

"बहुत अच्छा, खाने को आ जायेगा।"

दारोग़ा साहब के कहने पर मुझे दो कैदियों वाले कम्बल मिल गये। वे ही जिन्हें हम छूना भी पसन्द करें, पर आज वही ज़िन्दगी का साथ बनाये रखने का सहारा थे। मैंने उस छोटे-से झरोखे से आने वाले प्रकाश की रेखा में एक कम्बल बिछा लिया और लकड़ी के एक स्तम्भ का सहारा ले कर एक कम्बल से घुटने ढाँप, चुपचाप बैठ गया, पर सर्दी कम न हुई। यह भूगृह सचमुच शीत-गृह था और सर्दी जैसे रक्त का अंग बन कर नसों में दौड़ती जा रही थी। मैंने कहा –

"दो कम्बल काफ़ी नहीं।"

"तुम्हारे लिये कम्बलों का कारख़ाना तो नहीं खोला हुआ है।"

तभी खटखट की आवाज़ आयी। मैंने समझ लिया कि दारोगा साहब चले गये हैं और अब असभ्य सिपाहियों का सामना है, इसलिये चुप ही रहा। वह सिपाही स्वयं ही बोल उठा –

"यह दारोग़ा साहब की कृपा समझिये कि दो कम्बल मिल गये हैं," वरना यहाँ ऐसे लोग आते हैं, जिनके कपड़े तक उतरवा लिये जाते हैं।"

मेरा शरीर काँप उठा और मैं अपनी हैट को सिरहने रख कर सोने की कोशिश करने लगा।

दस

"चौकीदार साहब! जब स्वयं भगवान विष्णु को होनहार के डर से पानी में छिपना पड़ा तो फिर हम-तुम किस बाग़ की मूली हैं। इस बाबू बेचारे का सितारा गर्दिश में है। नहीं तो यह भला क्या किसी को छेड़ता।"

मैंने ध्यान से सुना। ऊपर शायद मेरे सम्बन्ध में ही बातचीत हो रही थी। मेला चूँकि साँझ ही को भरता है, इसलिये सिपाही तो सब जा चुके थे, हाँ चौकीदार रह गया था। वही उस समय शायद किसी से बातें कर रहा था।

चौकीदार ने कहा, "हाँ, गोविन्द, सब भाग्य का दोष है। लड़की को यह क्या छेड़ता, यह काम तो वे लोग करते हैं, जो हमेशा यहाँ के हालात से वाकिफ़ हैं और फिर मुझे तो चूनी ने बताया जो पहरे पर था और जिससे झगड़ा हुआ कि छेड़ा-छाड़ा कुछ नहीं, बात यह हुई कि उसने इसे हटाया, यह हटा नहीं, उसे गाली दी, इसे जोश आ गया और बस!"

गोविन्द शायद बाहर बैठा था और आग ताप रहा था और शायद जाति से भी वह नीच था। हँस कर बोला – "इन बाबू साहब को ही दरगुज़र कर देनी चाहिये थी। गाली का क्या है, यह तो हम गँवारों के मुँह में आम चढ़ी है, कोई पढ़ा-लिखा गाली देता तो चाहे ये जितना क्रोध कर लेते।"

मुझे अपनी ग़लती अब मालूम हुई। अब तक मैं उस सिपाही को अत्याचारी अन्यायी, ज़ालिम, झूठा और न जाने क्या-क्या समझ रहा था। अब जो देखा तो दोष मेरा ही निकला।

चौकीदार बोला, "भाई, इसमें न सिपाही का कसूर हैं, न इस बाबू का। सब दोप बुरे ग्रहों का है। इस बाबू का सितारा चक्कर में है। बेचारा मुसीबत में फँस गया।....

फिर कुछ क्षण ठहर कर लम्बी साँस छोड़, चौकीदार ने कहा – "हम पर भी गोविन्द ऐसी ही बुरी दशा आ गयी थी। और तब जो कष्ट हमें सहने पड़े, उनकी स्मृति-मात्र से आज भी रौंगटे खड़े हो जाते हैं।"

मैं ध्यानपूर्वक चौकीदार की कहानी सुनने लगा। गोविन्द भी शायद पाँव पसार कर आराम से बैठ गया। कुछ क्षण रुक कर और एक लम्बी साँस भर कर चौकीदार ने अपनी कहानी शुरू की।

०

"हाँ तो गोविन्द, मेरे साथ भी ऐसी ही दुर्घटना घटी थी और वह भी इसी मेले में। उस समय टिक्का साहब बहुत छोटे थे। अब तो उनकी आयु भी चालीस वर्ष होगी और मैं तो साठ-सत्तर का हो चला हूँ। मेला तब भी ख़ूब भरता था। यहाँ आने वाली युवतियों की संख्या भी अधिक होती थी। और नाच-रंग भी ख़ूब होता था।

"मैंने मेला कभी न देखा था। था तो मैं इधर ही का रहने वाला, पर बचपन ही से अपने दादा के पास लाहौर चला गया था। वहाँ पन्द्रह वर्ष एक बाबू के यहाँ नौकर रहा, फिर उसने मुझे जवाब दे दिया। बात कुछ भी न थी। मुझसे कोई अपराध भी न हुआ था, पर मेरा उम्र में बड़ा हो जाना ही मेरे लिये बुरा हुआ। वहाँ भले आदमी नौजवान नौकरों को घर में नहीं रखते। मैंने और दो-एक जगह नौकरी करने का प्रयास किया और एक-दो जगह नौकरी पाने में सफल भी हो गया, पर मेरा मन न लगा। मैं अपने गाँव लौट आया। मन उदास भी था और चंचल भी। इतने दिनों तक शहर के पिंजरे में बन्द रहने के बाद गाँव की आज़ाद फ़िज़ा में साँस लेने का अवसर मिला था, पर शायद मेरा मन पिंजरे में रहने का अभ्यस्त हो गया था, मुझे उस आज़ादी में भी शहर की याद आती थी, लेकिन गोविन्द, आज़ादी के अपने गुण हैं, आदमी उन्हें भी जल्दी जान लेता है। मैं भी गाँव में आ कर खिल उठा। मेरी सादी उदासी और बेचैनी दूर हो गयी। यहाँ ठण्डे पेड़ों के नीचे, ठण्डी-ठण्ड़ी हवा में, बाँसुरी बजाने में वह आनन्द आता था जो लाहौर की सख़्त गर्मी अथवा सख़्त सर्दी में, स्वप्न में भी न आ सकता था। बाँसुरी मुझे दादा ने सिखायी थी। लाहौर में उसे

बजाने का अवसर ही न मिला था और यहाँ गाने-बजाने के सिवा दूसरा काम ही न था। मैं बाँसुरी में फूँक देता तो मीठी, मद-भरी तान दूर-दूर घाटियों को गुँजा देती।

"गाँव में आने पर मुझे एक और बात का भी आभास हुआ। वह यह कि मैं अब किसी का नौकर नहीं, किसी की इच्छाओं का ग़ुलाम नहीं, बल्कि सब बन्धनों से मुक्त हूँ। हमारी थोड़ी-सी भूमि थी, उसको जोतना-बोना मैंने शीघ्र ही सीख लिया। लाहौर में मैं हेय समझा जाता था, यहाँ मैं मरु का एरण्ड था। जिधर से गुज़र जाता, सब की नज़रें मुझ पर उठ जातीं। सब मुझे श्रद्धा की दृष्टि से देखते। सब मुझे अपने से बड़ा समझते। जब मैं गाँव में आया तो घर-घर मेरी चर्चा हुई। कई युवतियों की नज़रें भी मुझसे चार हुईं। मुझे इन निगाहों में प्रेम के सन्देश भी मिले। पर मन कहीं नहीं अटका। मैं अपनी खेती-बाड़ी में मग्न और बाँसुरी की तानों में मस्त रहा।

"ठिठुरता शीत बीता और प्राणों को गर्मा देने वाला बसन्त आ गया। मई का महीना था। इन दिनों शिमले में वर्षा नहीं होती। मई और सितम्बर ही के महीने हैं, जिनमें इधर की पहाड़ियों का आनन्द लिया जा सकता है। सूरज में तनिक गर्मी आ जाती है और उसकी सुनहरी धूप से पतझड़ की सिकुड़ी हुई पहाड़ियाँ ज़िन्दगी की अँगड़ाई ले कर खिल उठती हैं। इन दिनों मैं काम न किया करता था। खेती-बाड़ी का काम अपने बड़े भाई पर छोड़ कर स्वयं ही ढोर-डंगरों को ले कर निकल जाता। सारा-सारा दिन गायें चराता। सन्ध्या को दूध दुहता और सँजौली जा कर उसे बेच आता। मुझे केवल प्रातः और सन्ध्या दूध दुहने और बेचने का ही काम करना पड़ता था। वरना मैं एकदम स्वतन्त्र अपने ढोरों को चराता घूमता। थक जाता तो पेड़ों की घनी छाया में बैठ कर बाँसुरी की तान छेड़ देता।

"इन्हीं दिनों मूर्तू से मेरी भेंट हुई। शाम का वक्त था। मुझे कुछ देर हो गयी थी। इसलिये जल्दी-जल्दी कदम बढ़ाता हुआ सँजौली को जा रहा था कि मुझे किसी ने आवाज़ दी, 'भैया, तनि ठहरना।"

"मैंने पीछे मुड़ कर देखा। पास के गाँव से आने वाली पगडण्डी से एक युवती कन्धे पर दूध के डिब्बे लटकाये, गले में धारीदार गबरून की कमीज़, उस पर जाकेट, कमर में काली सुथनी, पाँव में ख़ाकी रंग का फ़्लीट और सिर पर गुलाबी दुपट्टा बाँधे शपाशप बढ़ी चली आ रही है। उसकी नाक में छोटी-सी लौंग थी। उस शाम के धुँधलके में मुझे उसकी सूरत बहुत भली लगी – भोली-भाली, सीधी-सादी! जब तक वह मेरे बराबर न आ गयी, मैं उसे मन्त्र-मुग्ध-सा देखता ही रहा।

"निकट आने पर मालूम हुआ, उसे भी दूध देने सँजौली जाना है और अँधेरा हो जाने से वह कुछ डर-सी रही है। सहम के कारण उसकी हिरनी की-सी आँखें खुली थीं और जल्दी-जल्दी चलने से सीना धड़क रहा था। मैंने उसे तसल्ली दी और हम दोनों सँजौली की ओर चल पड़े। कुछ देर चुप चलते रहे। लेकिन साँझ का सुहाना समय, ठण्डी-ठण्डी बयार, सुन्दर पहाड़ी दृश्य, मार्ग का एकान्त – कोई अकेला हो तो चुपचाप लम्बे-लम्बे डग भरता चला जाये। हम दोनों में धीरे-धीरे बातें

होने लगीं। शुरू किसने किया याद नहीं, लेकिन सँजौली पहुँचते-पहुँचते हम घुल-मिल गये। आते समय भी हम इकट्ठे हीं आये। उसने कहा था – मैं दूध दे कर नल के पास तुम्हारे आने की प्रतीक्षा करूँगी और जब मैं वापस फिरा तो वह मेरा इन्तज़ार कर रही थी। अँधेरा बढ़ चला था, हम बेधड़क चलते आये। बातों में मार्ग की दूरी कुछ भी नहीं जान पड़ी। जो रास्ता पहले काटे न कटता, अब पता भी न चला और ख़त्म हो गया। जब हम वहाँ पहुँच गये, जहाँ से हमें जुदा होना था, तो मेरा दिल सहसा धड़क उठा। मैंने साहस करके कहा – 'अँधेरा ज़्यादा हो गया है। मैं तुम्हें तुम्हारे घर तक छोड़ आता हूँ। फिर अपने गाँव को चला जाऊँगा।' वह मान गयी। मैं उसे उसके घर तक छोड़ने गया। उसके घर के समीप हम जुदा हुए। उसकी आँखों में कृतज्ञता थी। अलग होते समय उसने धीरे से पूछा – 'तुम रोज़ उधर जाते हो क्या ?'

'हाँ।'

'और तुम।'

'मैं भी।'

"बस इसके बाद वह पीठ मोड़ कर अपने घर की ओर चल दी। मैं ज़रा तेज़ी से वापस फिरा, पर शीघ्र ही मेरी चाल धीमी हो गयी और मैं अपने ध्यान में मग्न चलने लगा। जब चौंका तो देखा कि घर पहुँचने के बदले सँजौली के समीप पहुँच गया हूँ। फिर वापस मुड़ा। घर पहुँचा तो देर हो गयी थी। भाई को चिन्ता हो रही थी; मेरे पहुँचते ही प्रश्नों की बौछार उन्होंने मुझ पर कर दी। मैंने कहा – मेरा लाहौर का एक मित्र मिल गया था। उसका घर देखने चला गया था। जाते-आते देर हो गयी। वे सन्तुष्ट हो गये।

"गोविन्द, उस रात मुझे नींद न आयी। सारी रात उसकी हिरनी-सी आँखें, उसकी सुन्दर-सलोनी सूरत, उसका गुबला-गुबला पर सुडौल शरीर, उसका पहाड़-सा वक्ष" उसकी मस्तानी चाल, उसकी मीठी-मीठी बातें, उसका सादगी से पूछना, 'तुम रोज़ उधर जाते हो क्या ?' – उसकी हर अदा मेरी आँखों में नाचती रही, उसकी हर बात मेरे कानों में गूँजती रही। एक-दो बार मैंने अपनी परिचित लड़कियों से उसकी तुलना की। कोई असाधारण बात न थी उसमें। शायद उससे भी अधिक सुन्दर रमणियाँ हमारे गाँव में थीं। पर न जाने उसमें क्या था, उसकी आँखों में क्या जादू था, उसकी चाल में कौन मोहनी थी, उसकी बातों में कैसी मिठास थी ? मैं दीवाना-सा हो गया। वह दिन मेरे सारे जीवन की निधि है, जिसकी याद आज भी मेरी तन्हाइयों में मेरा साथ देती है।

"दूसरे दिन हम फिर उसी जगह मिले। मैंने उससे मिलने के लिये कोई ख़ास कोशिश नहीं की। अपने निश्चित समय पर चल पड़ा, तो भी हम उसी स्थान पर मिल गये। शायद वह भी कुछ देर पहले चल पड़ी थी। पहले दिन की तरह फिर हम इकट्ठे सँजौली गये, फिर मैं उसे घर तक छोड़ने गया, फिर उसी प्रकार उल्लास से

वापस आया। हाँ, आज एक और बात का पता ले आया। वह भी दिन को अपनी गायें चराया करती थी, पर दूसरी घाटी में। दूसरे दिन मेरी गायें भी उसी घाटी की ओर जा निकलीं, जैसे अचानक। पहले वह तनिक झिझकी, लेकिन जब मैंने अपनी गायों को वापस मोड़ना चाहा तो उसने कहा – 'इस घाटी में घास ख़ूब अच्छी है।' मैं रुक गया। उससे अच्छी घास कहाँ मिलती ? इसके बाद हम प्राय: रोज़ साथ ही गायें चराते, साथ ही दूध ले कर सँजौली जाते और साथ ही वापस आते। बाँसुरी का शौक भी उन दिनों कुछ बढ़ गया। रात को प्राय: मैं अपने इधर की पहाड़ी पर, अपने घर के बाहर ऊँची-सी जगह बैठ कर, बाँसुरी बजाया करता। एक शब्द में कह दूँ, गोविन्द, मुझे उससे मुहब्बत हो गयी थी। जिस दिन मैं गायें ले कर पहले पहुँच जाता और वह देर से आती, उस दिन मेरे हृदय में सहस्त्रों आशंकाएँ उठने लगतीं। यही हाल उसका था। धीरे-धीरे हमारे प्रेम की बात गाँव में फैल गयी। मेरे भाई और उसके माता-पिता को पता चल गया। उन्होंने हमारी सगाई कर दी। मेरी ख़ुशी का ठिकाना न रहा। परन्तु मेरे इस सुख में एक दुख का काँटा भी था। यह जान कर कि उसे मेरी पत्नी बनना है, मूर्तू ने मुझसे मिलना छोड़ दिया था। मैं व्यर्थ ही अब अपने ढोर ले कर उस घाटी में जाता, जहाँ वह अपनी गायें चराया करती थी। बेकार ही उस चट्टान पर घण्टों बैठा रहता, जहाँ हम दोनों बैठे गीत गाया करते थे। बेमतलब रात को बाँसुरी बजाया करता। उसकी सूरत बिलकुल न दिखायी देती। दूध देने को अब उसका छोटा भाई जाता। मैं उससे मूर्तू की बातें पूछा करता। कभी वह सरल, अबोध बालक मुझे उत्तर देता और कभी मेरी बातें उसकी समझ में न आतीं।

"इसी प्रतीक्षा में कुछ सप्ताह बीत गये। लेकिन मेरी बेचैनी कम न हुई। मैं मूर्तू की सूरत तक को तरस गया, उसे देखने के लिये मेरे सारे प्रयास असफल हुआ। दिन खिल उठे। हमारे विवाह की तिथि भी नियत हो गयी। परन्तु मेरे हृदय की बेचैनी नहीं घटी।"

०

चौकीदार ने एक लम्बी साँस ले कर कहा, "तुम पूछोगे गोविन्द, जब मैंने मुहब्बत के कई सुनहले सवेरे और शामें उसके साथ गुज़ारी थीं और अच्छी तरह देखा-भाला था और जब उसे मेरे घर आना ही था तो फिर उसे देखने की बेचैनी क्यों! मैं स्वयं ठीक-ठीक इस प्रश्न का उत्तर नहीं दे सकता। बात शायद यह थी कि जिस दिन से हमारी मँगनी हुई थी, उसी रोज़ से वह मेरी आँखों से ओझल हो गयी थी और मैं सगाई के बाद उससे कई तरह की बातें करना चाहता था। यह बात जानने के बाद वह कैसी बातें करती है, उसका मुख लज्जा से कैसे लाल-लाल हो जाता है, कैसे उसका स्वर काँपने लगता है – मैं इस सब का आनन्द लेना चाहता था और भावी जीवन के सम्बन्ध में पहले से ही उसके साथ कुछ बातचीत कर रखना चाहता था। लेकिन उसने तो जैसे अपने घर से बाहर निकलने की सौगन्ध खा ली थी। मैं लाख इधर-उधर चक्कर लगाता, लाख बाँसुरी में आने का चिरपरिचित सन्देश देता, पर वह न आती।

"उन्हीं दिनों सी-पुर का मेला आ गया। मेरी ख़ुशी का ठिकाना न रहा। मेले में वह ज़रूर जायेगी, इसका मुझे पूरा विश्वास था और फिर कहीं रास्ते में उसे देख पाना और अवसर पा कर उससे दो बातें कर लेना असम्भव नहीं था।"

"मैं कई दिन पहले से ही मेले की तैयारियाँ करने लग गया। दूध बेचने पर जो कुछ बचता, उसमें से भैया कुछ मुझे भी दे देते थे। धीरे-धीरे यह रकम जमा होती गयी और मेरे पास पचास रुपये हो गये। मैंने इनसे एक ख़ाकी कोट और बिरजिस बनवायी, अच्छे से बूट का जोड़ा ख़रीदा, अच्छी-सी धारीदार गबरून की दो कमीज़ें सिलवायीं, दो रुमाल लिये, बारीक मलमल का इन्द्रधनुषी रंग का साफ़ा रँगवाया और जब मेले के दिन पूरी तरह सज कर पठानों की तरह मैंने कुल्ले पर नोकदार साफ़ा बाँधा और उसके तुर्रे का फूल बना कर शीशे में देखा तो गर्व से मेरा सिर तन गया और चेहरा लाल हो गया।

"रेशमी रूमाल को कोट के ऊपर की जेब से रख कर, कमीज़ के कालरों को कोट पर चढ़ा कर, हाथ में छोटा-सा चमड़े का हण्टर ले कर जब मैं मेले को रवाना हुआ तो गाँव के सब स्त्री-पुरुष मुझे निर्मिमेष तकते रह गये। मुझे देख कर कौन कह सकता था कि यह रोज़ सुबह-शाम दूध ले कर सँजौली जाने वाला ग्वाला है और इसका काम गायें चराना और उनकी सेवा करना है ?"

"मार्ग में एक पानी की सबील थी। योंही कच्ची मिट्टी और पत्थरों से तीन दीवारें खड़ी करके उन पर टीन का छप्पर डाल दिया गया था। छप्पर पर बड़े-बड़े पत्थर रखे थे कि तेज़ हवा से वह कहीं उड़ न जाये। इस प्रकार बनी हुई वह कोठरी एक ओर से एकदम खुली थी। कोई किवाड़ वग़ैरा भी नहीं था। इस ओर एक बड़ा-सा पत्थर रखा था, जहाँ एक अधेड़ आयु की स्त्री पानी पिला रही थी। यह मूर्तू के गाँव की बुढ़िया तुलसी थी। अपनी चुस्ती और चालाकी के लिये वह आस-पास के गाँवों में प्रसिद्ध थी। मैं उस सबील पर आ कर रुका, प्रकट कुछ सुस्ताने के लिये, लेकिन मेरी हार्दिक इच्छा वहाँ रह कर मूर्तू की बाट जोहना थी।"

"वह सबील, सड़क के दायीं ओर केलू के वृक्षों के झुण्ड में बनी हुई थी। रास्ते के इस ओर कुछ ढलान थी। पहाड़ पर नीचे को सीढ़ियाँ-सी बनी हुई थीं और गायों के इधर-उधर चलने से छोटी-छोटी-सी पगडण्डियाँ दिखायी देती थीं। मैं सबील के एक ओर मार्ग की तरफ़ पीठ करके नीचे को टाँगें लटका कर बैठ गया। साफ़ा उतार कर मैंने पास ही पड़े हुए पत्थरों पर रख दिया। लेकिन मुझसे देर तक इस तरह बैठा नहीं गया । मैं तुलसी से कुछ बातें करना चाहता था। पानी पीने के बहाने उठा और वहाँ पहुँचा। पानी पीने ही लगा था कि उसने व्यंग्य का तीर छोड़ा :"

'पानी से प्यास क्या मिटेगी, चाहे मनों पी जाओ। जिसे देखने की प्यास है, वह अभी इधर से नहीं गुज़री।'

"अब छिपाना व्यर्थ था। मैंने रहस्य-भरे स्वर में धीरे से पूछा – 'आज मेला देखने तो जायेगी ?"

'शायद।'

'सहेलियाँ साथ होंगी ?'

'हाँ!'

'फिर मैं कैसे उससे बात कर सकूँगा ?'

'केवल देखने से प्यास नहीं बुझ सकती ?'

'नहीं।'

"बुढ़िया चुप रही।"

मैंने गिड़गिड़ा कर पूछा – 'तुम प्रबन्ध न कर दोगी ?'

"बुढ़िया का हँसता हुआ पोपला मुँह मेरी ओर उठा। उसकी आँखें चमकने लगीं। वह बोली, 'कैसे ?'"

'मैं वहाँ पेड़ों के झुण्ड में बैठा हूँ। तुम कह देना, तुम्हारी एक सहेली वहाँ तुम्हारी बाट जोह रही है। उससे मिल आओ।'

'नहीं, मैं यह नहीं कर सकती।'

"मैंने कुछ कहने के बदले जेब से एक रुपया निकाल कर बुढ़िया के सामने रख दिया। उसने शायद अपनी सारी आयु में रुपया न देखा था। उसकी बाँछें खिल गयीं। कहने लगी, 'अरे यह क्या करते हो ? इसकी क्या ज़रूरत है ? भेज दूँगी उसे। आख़िर वह तुम्हारे ही घर तो जायेगी।'

"मेरा मन खिल उठा। इतनी जल्दी यह काम बन जायेगा, इसकी मुझे आशा नहीं थी। पानी पी कर मैं अपनी जगह आ बैठा और उसके आने की घड़ियाँ गिनने लगा। पाँव की ज़रा-सी चाप भी मूर्तू के आने का सन्देह जगा देती और मेरी आँखें सबील की ओर उठ जातीं, लेकिन हर बार निराश हो कर लौट आतीं। प्रतीक्षा के ये क्षण युगों से लगे। बार-बार देखता, बार-बार ताकता। कहीं रँगे हुए दुपट्टे की तनिक-सी झलक भी दिखायी देती तो दिल धड़कने लगता। यही अच्छा था कि जहाँ मैं बैठा था, वहाँ से मैं तो सबको देख सकता था, पर मुझे कोई न देख पाता था।

"आख़िर मुझे उसकी आवाज़ सुनायी दी। तुलसी उसे मेरी ओर आने को कह रही थी और वह सुन्दरता-सी, सुषमा-सी, भोलापन-सा बनी पूछ रही थी। मेरा दिल बेतरह धड़क रहा था। कहीं वह अपनी सहेलियों को साथ ले कर ही न आ जाये और इस 'प्रतीक्षा करने वाली सहेली' का भेद न खुल जाये! पर नहीं, वह अकेली आयी। हवा में उसका दुपट्टा उड़ रहा था, वह स्वयं उड़-सी रही थी। मेरे निकट आ कर वह भौंचक्की-सी खड़ी हो गयी और क्षण-भर बाद स्वर्ण-स्मित उसके अधरों पर चमक उठी और वह वापस मुड़ने लगी। मैंने उसे पकड़ लिया और क्षणिक आवेश में उसे अपने प्यासे आलिंगन में ले कर उसके अधरों को चूम लिया। उसका मुख अरुण हो कर रह गया और वह मेरी बाहों के घेरे से मुक्त होने के लिये छटपटाने लगी। मैंने अपना रेशमी रूमाल उसकी जेब में ठूँस दिया और उसे आज़ाद कर दिया। वह

भाग गयी। न मैं कुछ कह सका, न वह। कितनी बातें सोची थीं, कितने मनसूबे बाँधे थे, लेकिन अवसर मिलने पर एक भी पूरा न हुआ।

"वह अपनी सहेलियों के साथ चली गयी। अपने मुख की लाली, अपने अस्त-व्यस्त दुपट्टे, अपनी घबराहट का कारण उसने अपनी सहेलियों को क्या बताया, यह मुझे ज्ञात नहीं। लेकिन उसके चले जाने के आद मैंने साफ़ा सिर पर रखा और पेड़ों के झुण्ड से बाहर निकल आया। मेरे होंठ अभी तक जल रहे थे और हृदय बेतरह धड़क रहा था।"

o

चौकीदार ने एक दीर्घ-निःश्वास छोड़ा और बोला – "गोविन्द, हमारा गाँव सँजौली और मशोबरे के रास्ते में है। सँजौली वहाँ से कोई दो मील होगी। सबील तनिक आगे थी। मैं तुलसी से बिना मिले ऊपर को चल पड़ा। सड़क पर पहुँच कर मशोबरे की ओर देखा। मूर्तू अपनी सहेलियों के साथ दूर निकल गयी थी। मैं सिर झुकाये चल पड़ा। मन-प्राण पर उदासी-सी छा गयी। उस समय मैं इसका कारण न समझ सका, पर बाद की घटनाओं ने बता दिया कि वह उदासी अकारण न थी। मूर्तू से मिलने के बाद मेरे मन में प्रसन्नता का जो तूफ़ान आया था, वह उड़-सा गया। होना इसके विपरीत चाहिये था। लेकिन हुआ ऐसा ही। ख़ुशी से तेज़-तेज चलने के बदले मैं धीरे-धीरे चलने लगा। मन में आशंका उठी, मूर्तू नाराज़ न हो गयी हो! अब मेले में उससे आँखें कैसे मिला सकूँगा ? दिल में चोर बस गया था और इच्छा होती थी, मेले में न जाऊँ। लेकिन नहीं, मुझे तो जाना था, मेरे दिल में तो उसे एक नज़र और देखने का लोभ बना हुआ था और इस लोभ को मैं किसी तरह संवरण न कर सका। चला गया। "मेले में पहुँचते-पहुँचते मेरे सब सन्देह दूर हो गये। मूर्तू मुझे मेले से ज़रा इधर ही मिली। वे सब सुस्ता रहीं थीं। प्रकट ऐसा ही लगता था, परन्तु मुझे ऐसा जान पड़ा, जैसे वह असल में मेरी बाट देख रही थी। मुझे देखते ही मुस्करा दी। उसकी आँखें नाच उठीं मेरा मन विभोर हो उठा। उसी समय मेरे गाँव का साथी मेरे पास से गुज़रा। मैंने उसे आवाज़ दी। वह वहीं खड़ा हो गया।

'किधर जा रहे हो ?' मैंने ज़ोर से पूछा।

'मेले को,' उसने उत्तर दिया।

'किधर रहोगे!'

'घूम-फिर कर देखेंगे।'

'हम तो भई वहीं आख़िरी पेड़ों के झुण्ड के पीछे डेरा लगायेंगे।' उधर आ सको तो आना।' मैंने मूर्तू की ओर देख कर कहा। बातें मैं साथी से कह रहा था, पर संकेत मूर्तू को था। साथी चला गया, वह मुस्करा दी। उस समय वह चलने के लिये उठी। मैं भी जल्दी-जल्दी कदम बढ़ाता सी-पुर पहुँच गया।"

o

‘मेला ख़ूब भर रहा था। मैं थका हुआ था। तनिक विश्राम करने का ठिकाना देखने लगा। आकाश पर बादल छाये हुए थे और मन का सारा ताप हरने वाली ठण्डी-ठण्डी हवा चल रही थी। मैं उस जगह के पीछे, जहाँ आज चाय का खेंमा लगा है, जा कर बैठ गया। न जाने कितनी देर तक वहाँ बैठा कल्पनाओं के गढ़ बनाता रहा। लाट अथवा किसी दूसरे पदाधिकारी के जाने पर जब बाजों की ध्वनि वायु-मण्डल में गूँज उठी, तो मेरी विचारधारा टूटी। मैं अपने जाने मूर्तू की प्रतीक्षा कर रहा था। पर यह न सोचा कि अब उसे इस स्थान का पता नहीं, तो वह यहाँ आयेगी कैसे ? यह ध्यान आते ही उठा। इधर-उधर घूमता वहाँ पहुँचा, जहाँ स्त्रियाँ बैठी हुई थीं। मूर्तू एक सिरे पर बैठी थी। मैं उसके सामने से गुज़रा, पर उसकी आँखें किसी दूसरी ओर थीं। मैं एक ओर हट कर खड़ा हो गया और इस बात की प्रतीक्षा करने लगा कि वह मेरी ओर देखे। उस समय मैंने देखा कि एक और पुरुष भी मूर्तू की ओर प्रेम-भरी निगाहों से देख रहा है और उन निगाहों में कुछ अजीब-सी भूख है। वह था कोटी का दारोग़ा। क्रोध और ईर्ष्या के कारण मेरी आँखों में ख़ून उतर आया। लेकिन अपने-आपको सम्हाल कर मैं वहीं खड़ा रहा। उधर उस नर-पिशाच की निगाह बराबर मूर्तू के सुन्दर मुख पर जमी रही।

“आख़िर मूर्तू की आँखें मुझसे चार हुईं। मैंने उसे हाथ से आने का संकेत किया। उसने इशारे से मुझे स्वीकृति दी। शायद दारोग़ा ने भी हमारे इशारेबाज़ी को देख लिया। दूसरे क्षण मैंने उसकी ओर देखा और उसने मेरी ओर। उसकी आँखों में ईर्ष्या थी, शायद विद्वेष भी। मैंने इसकी परवाह न की और फिर एक बार मूर्तू की ओर देख कर उसके सामने ही पेड़ो की ओट में हो गया। कुछ ही देर बाद वह आ गयी – चंचलता, उल्लासता, प्रसन्नता की जीवित मूर्ति! मैंने कहा – ‘मूर्तू, तुम तो दिखायी नहीं देतीं, ईद का चाँद हो गयी हो।”

‘और तुम्हारा कौन पता चलता है ? मैं उस झुण्ड के पीछे देख कर हार गयी।’

‘पर मैं तो उधर था।’

‘मैं कैसे जान सकती थी ?’

मैंने उसका हाथ थाम लिया। कहा – ‘चलो छोड़ो इस झगड़े को। इन चार घड़ियों को बहस में क्यों खोयें ?’ हम पेड़ों की ओट में चले गये। निकट ही मेले में आये हुए लोगों का शोर कुछ स्वप्न-संगीत-सा प्रतीत होता था। अपनी बातों में मग्न, हम मेले और उसमें होने वाले राग-रंग को भूल गये। उन कुछ क्षणों में न जाने हमने भविष्य के कितने प्रसाद बनाये। पेड़ों की उस ठण्डी छाया में, मदभरी हवा में, उस सालस-लालस एकान्त में, मूर्तू मुझे मूर्तिमती सुन्दरता दिखायी दी और मैंने एक स्वर्गीय आनन्द से विभोर हो कर उसे अपनी ओर खींचा। उसी वक्त हमारे सामने किसी की गहरी छाया पड़ी। मैंने चौंक कर पीछे की ओर देखा। वही दारोग़ा ईर्ष्या और क्रोध से भरी आँखों से मुझे घूर रहा था। मैं तन कर उसके सामने खड़ा हो गया। मूर्तू भी बैठी न रह सकी।

"इस औरत को किधर भगाने की कोशिश कर रहे हो ?" उसने मूर्तू का बाज़ू पकड़ कर अपनी ओर खींचते हुए कहा।

"मेरी आँखों में ख़ून उतर आया। मैंने कड़क कर कहा – 'इसे हाथ मत लगाओ'!"

'क्यों, तुम्हारे बाप की क्या लगती है ?'

'मेरी मँगेतर है।'

'चल मँगेतर के साले! ज़रा राणा के पास चल, सब पता लग जायेगा कि यह तेरी मँगेतर है या आशना ? यहाँ मेला देखने आते हो या बदमाशी करने ?' – यह कहते-कहते उसने वासना-भरी भूखी निगाह मूर्तू पर डाली। वह खड़ी थर-थर काँप रही थी। क्रोध के मारे मेरी बाहें फड़कने लगीं। मैंने एक हाथ से मूर्तू को उसके पंजे के छुड़ाया और दूसरे से ज़ोर का थप्पड़ उसके मुँह पर रसीद किया। उसने गाली दी और हण्टर से प्रहार किया और सीटी बजायी। मुझे क्रोध तो आया हुआ ही था। मैंने हण्टर उसके हाथ से छीन कर दूर खड्ड में फेंक दिया और कमर से पकड़ कर उसे धरती पर दे मारा।

"एक चीख़ और बीसियों लोग उधर दौड़ पड़े। आगे-आगे कई सिपाही थे। आते ही उन्होंने मुझ पर हण्टरों की वर्षा कर दी। मेरा गर्म ख़ून भी खौल उठा। यों चुपके-से पराजय स्वीकार करना मुझे स्वीकार न हुआ। मैंने हमला करने वालों में से एक को पकड़ लिया और सिपाहियों की परवाह न करते हुए उसे खड्ड में ढकेल दिया। फिर एक दूसरे की बारी आयी। उसे भी खड्ड में गिरा दिया। सिपाहियों ने सहायता के लिये सीटियाँ बजायीं। और लोग आ गये। मुझ पर चारों ओर से प्रहार होने लगे। मेरे शरीर से रक्त बह निकला। फिर भी मैं उस समय तक लड़ता गया, जब तक बेहोश नहीं हो गया।"

०

"जब होश आया," क्षण-भर रुक कर चौकीदार ने कहा, "तो मैंने अपने आपको नीचे की हवालात में पड़े पाया। इस अँधेरे और एकान्त में मेरा दम घुटने लगा। मूर्तू के साथ क्या बीती, इस विचार ने मेरे मन को अधीर कर दिया। भूत में क्या हुआ और भविष्य में क्या होगा, इन विचारों ने मेरे मस्तिष्क को घेर लिया। मेरा अंग-अंग दुख रहा था, लेकिन मुझे अपने दुख की अधिक चिन्ता न थी। दुख था तो मूर्तू की जुदाई का।

"दूसरे दिन सिपाही मुझे राणा साहब के आगे पेश करने को लेने आये, पर मुझसे तो उठा न जाता था। तीन दिन तक इसी नरक में पड़ा रहा। फिर कोटी ले जाया गया। वहाँ तनिक आराम आने पर मेरा मामला पेश हुआ। मुझ पर मेले से एक स्त्री को भगाने का प्रयास करने और सिपाहियों को उनके कर्त्तव्य से रोकने तथा पीटने का अभियोग लगाया गया। शिकायत करने वाला ही निर्णायक था। मुझे डेढ़ साल क़ैद की सज़ा मिली। मेरे भाई के सब उद्योग, सब मिन्नतें वथा गयीं। वे मुझसे मिल तक न पाये।"

चौकीदार दीर्घ-नि:श्वास छोड़ कर बोला – "गोविन्द, शुक्र है, उन्होंने मुझे काठ नहीं मार दिया, नहीं तो वे यही दण्ड देते तो कौ उन्हें रोक सकता था ? इस डेढ़ वर्ष में मैंने जो कष्ट उठाये, वे अकथनीय हैं। यही समझ लो कि जब मैं डेढ़ साल के बाद अपने गाँव पहुँचा तो मेरा भाई भी मुझे न पहचान सका। मैं शायद डेढ़ साल बाद भी वहाँ से छुटकारा न पाता, यदि वह दारोग़ा वहाँ से रियासत के किसी दूसरे भाग में न बदल जाता। गाँव में आने पर मुझे मालूम हुआ कि मूर्तू भी उस मेले से नहीं लौटी। वह निश्चय ही उस दारोग़ा और दूसरे कर्मचारियों की पाप-वासनाओं का शिकार बनी होगी, इस बात का मुझे पूरा विश्वास था और मेरा यह सन्देह सच भी साबित हुआ – जब एक साल पश्चात् स्वस्थ होने पर मैं लाहौर गया तो मैंने धोबी-मण्डी की टकिहाइयों में मूर्तू के दर्शन किये। वह एक बहुत छोटे-से घिनौने मकान में रहती थी। मैं उसके पास कई घण्टे तक बैठा रहा। उसने मुझे अपनी मर्मस्पर्शी कहानी सुनायी। किस तरह उसकी सुन्दरता पर मुग्ध हो कर दारोग़ा अथवा दूसरे कर्मचारियों ने उस पर अनर्थ तोड़े और किस प्रकार अपने अत्याचारों का भण्डा-फोड़ होने के भय से उन्होंने उसे छोड़ दिया, किस तरह अपने सतीत्व को लुटा कर वह अपने गाँव में जाने का साहस न कर सकी और किस तरह पेट की ज्वाला ने उसे धोबी मण्डी में आ बसने को बाध्य किया।"

o

चौकीदार की आवाज़ भर्रा गयी। वह कहने लगा – "यह कहते कहते गोविन्द, वह रो पड़ी। मैं भी रोने लगा। मैंने उसे अपने साथ चलने को कहा, पर वह राज़ी न हुई। आते समय उसने मेरे सामने एक रेशमी रूमाल रख दिया और रोती हुई बोली :

'आज तीन साल से मैंने इसे सम्हाल कर रखा है, पर यह पाकीज़ा रूमाल अब मुझ-सी अपवित्र नारी के पास नहीं रहना चाहिए। इसे अपनी दुलहिन को भेंट कर देना।'"

"उसके स्वर में कुछ ऐसी दृढ़ता थी कि मैं इनकार न कर सका और वहाँ से चला आया।"

o

ऊपर कमरे में निस्तब्धता छा गयी। शायद कंठावरोध के कारण चौकीदार चुप हो गया था।

कुछ क्षणों के बाद गोविन्द ने पूछा – "तो आप इस नौकरी पर कैसे आये ?"

"यह बात पूछने से क्या लाभ ? भाग्य का चक्कर था, इधर ले आया।"

"फिर भी ?"

चौकीदार ने धीरे से कहा, "अब तो बताने में कोई हानि नहीं। वास्तव में उस नर-पिशाच दारोग़ा से बदला लेने की प्रबल-इच्छा से शिमले आया था। मेरे लिये मूर्तू ही सब कुछ थी। मैंने अपने जीवन में केवल उसी से प्रेम किया। इसके बाद मैंने विवाह भी नहीं किया। जिस दारोगा ने इस तरह हम दोनों को जुदा कर दिया, मैं उसे

सस्ते दामों न छोड़ना चाहता था। लेकिन भगवान ने मुझे उस नीच के लहू से अपने हाथ रँगने से बचा लिया। मेरे आने के दो दिन बाद ही वह सड़क पर चला जा रहा था कि वर्षा के कारण पहाड़ का एक बड़ा-सा भाग टूट कर उस पर गिरा और वह अपने गुनाहों को अपने साथ लिये सदा को संसार से चला गया। उसके बाद दिल में कुछ और आरज़ू ही न रही, इसलिये यहीं बना रहा।"

गोविन्द ने एक लम्बी साँस ली। बोला, भाग्य के खेल हैं, चौकीदार जी! जिस प्रकार विधाता रखे, रहना चाहिए।"

बाहर सिपाहियों के मज़बूत जूतों की खड़बड़ाहट का शब्द सुनायी दिया और कई सिपाही कमरे में दाख़िल हो कर सोने की तैयारी करने लगे। गोविन्द उसी समय वहाँ से खिसक गया।

ग्यारह

गहरा सन्नाटा और मैं।

ऊपर कुछ ही देर बाद सब सो गये। चारों तरफ़ ख़ामोशी छा गयी। मेरी सब आशाएँ मिट गयीं। मैंने चौकीदार से पूछा था – 'मैं कब रिहा हूँगा।' उसने मुझे सान्त्वना दी थी, 'बाबू, तुम्हारे लिये बड़ी कोशिश हो रही है। अव्वल तो अभी, नहीं तो सवेरे तुम ज़रूर छोड़ दिये जाओगे।'....अब मैं रिहा न किया गया था, सवेरे की राम जाने और यह रात – इस नारकीय कोठरी में, कैसे कटेगी ? मैं सिहर उठा।

रात के साथ सर्दी और भी बढ़ गयी थी। पिस्सू, जो अभी तक मुझ पर कृपा-भाव बनाये हुए थे, अब सब तरफ़ से पिल पड़े थे। मैंने टाँगों को आराम देने के लिये ज़रा पसारा, कोई ठण्डी-सी लिज़लिज़ी चीज़....और मेरा समस्त शरीर काँप उठा। साँप-एक निमिष के लिये मस्तिष्क में वह लम्बी भयानकता सरसरा गयी। मैंने जल्दी से पाँव सिकोड़ लिये। हथकड़ी छनछना उठी। मैं हँसा। एक बे-आवाज़-सी हँसी। मैं जिसे साँप समझा था, वह हथकड़ी थी। मैंने माथे पर हाथ फेरा। इस ठण्डक में भी वहाँ पसीना आ गया था।

उस समय सहसा मुझे एक ख़याल आया – हथकड़ी को उतार कर क्यों न रख दूँ! उसे कुंजी लगी सही, पर मेरी कलाइयाँ भी तो ख़ासी पतली हैं। एक बार कोशिश कर देखूँ। मैंने कोशिश की। पहली बार ही पुल्क से हथकड़ी मेरे हाथ से निकल गयी। मैंने उसको-गोल मोल करके ज़रा परे रख दिया। और फिर कम्बल को अच्छी तरह ओढ़, नीचे के कम्बल को उस पर लपेटकर, हैट को सिर के नीचे रख कर लेट गया।

दिल अभी तक धड़क रहा था। इस सील में साँप वग़ैरह का होना कोई बड़ी

बात न थी। सुन रखा था कि पहाड़ के साँप बड़े विषैले होते हैं। परसों मेरे पास से गज़-भर लम्बा, हरे रंग का एक साँप गुज़र गया था। मैं एक पौधे से फूल तोड़ रहा था कि मेरी उंगली से केवल एक इंच के फ़ासले पर वह सरसराता हुआ गुज़र गया। उसका ध्यान आते ही एक बार फिर रोमांच हो आया। सामने अँधेरे में साँप और बिच्छू नाचते दिखायी दिये। मैंने आँखों को मला और हैट को दूसरी ओर करके, करवट ले कर फिर आँखें बन्द करके चुपचाप लेट गया। उस समय दाहिनी ओर से एक लम्बा, अँगूठे, जितना मोटा साँप मेरी ओर पल-पल बढ़ने लगा। मैं काँप उठा। हिलने का प्रयास किया, पर हिल न सका। चीख़ने की कोशिश की, पर गले से आवाज़ तक न निकली। साँप मेरे पास पहुँच गया। मेरा गला सूख गया। रेंगता-रेंगता वह मेरी छाती पर चढ़ने लगा। मैंने लाख चेष्टा की, पर हिल न सका – जैसे मुझे काठ मार गया हो, अधरंग हो गया हो, इस कोठरी की सर्दी ने जैसे मेरे शरीर को सुन्न कर दिया हो! उस समय बड़े ज़ोर से खड़खड़ हुई। मेरे तन में भी शक्ति का संचार हो आया। मैंने झट से उसे सिर से पकड़ कर पूरे ज़ोर से अँगूठे के नीचे दबा लिया। साँप मुक्त होने को दुम फटकारने लगा कि तभी आँख ख़ुल गयी। देखा तो हथकड़ी मेरे हाथ में थी। मेरे पहलू बदलने के साथ ही मेरी छाती तक आ गयी थी।....मैंने हँसना चाहा, लेकिन मुझ पर कुछ ऐसा आतंक छाया कि हँसना तो दूर रहा, मुस्करा भी न सका। बाहर शायद वर्षा हो रही थी, अथवा तूफ़ानी हवा के कारण छप्पर खड़खड़ा रहे थे। पेड़ों की साँय-साँय इस शोर से मिल कर उस भूगृह में एक विचित्र-सी गूँज पैदा कर रही थी।

मैं उठा। हथकड़ी को फिर परे रख दिया। अब के कुछ ज़्यादा दूर....और विचार-धारा बदलने के लिये गुनगुनाने लगा। धीरे-धीरे इस गुनगुनाहट ने गीत का रूप लें लिया।

कौन ओ बँडावे मेरी पीर, तेरे बिना
ना पल्ले पैसा, ना साहूकारा
रामा
क्या करिए तदबीर
तेरे बिना
भा ई बन्द, कुटुम्ब बथेरा रामा
न कोई तन का बीर
तेरे बिना
कौन ओ बँडावे मेरी पीर, तेरे बिना[१]

---

१. ऐ मेरे भगवान! तेरे बिना मेरा दर्द कौन बँटायेगा। मेरी जेब में तो नाम को भी पैसा नहीं है, मैं साहूकारा भी तो नहीं करता। फिर क्या तदबीर करूँ?
हे राम! मेरे नातेदार तो बहुत हैं, पर कोई सगा नहीं। तेरे बिना कौन मेरा दुख बँटा सकता है।

न जाने कितनी देर तक गुनगुनाता रहा। बार-बार यही बन्द

कौन ओ बँडावे रामा, कौन ओ बँडावे रामा

कौन ओ बँडावे मेरी पीर।

न जाने उस समय मुझमें इतनी आस्तिकता, इतनी श्रद्धा, इतना प्रेम, इतना अनुराग कहाँ से आ गया।

उस समय मैंने अपने आपको संकटों में घिरे हुए भक्त कबीर ही की भाँति परमात्मा से विनती करते हुए पाया – उसी श्रद्धा से, उसी उपासना से, उसी विनीत भाव से।

ऊपर छत पर सर्र-सर्र की आवाज़ आयी। मैं कान लगा कर सुनने लगा। समझ गया कि मेरे लिये जो फल लालाजी ने भेजे थे, वे सब ऊपर ही रख लिये गये हैं और अब उन्हें काग़ज़ के लिफ़ाफ़ों से निकाल कर बाँटा जा रहा है। मुझे केवल एक आम, एक केला और कुछ ज़र्दालू और बिस्कुटों का आधा डिब्बा मिला था। दुख और क्रोध के कारण मैं इनमें से किसी को छू न सका था और यद्यपि भूख तो अब भी नहीं थी, लेकिन यह सोच कर कि शायद डरावने सपने खाली पेट ही आ रहे हैं और शायद नींद भी इसीलिये नहीं आती, मैं फल खाने लगा। केला छीला और खा गया। आम कलमी था, चाकू से तराश कर खाने की आदत थी, लेकिन गँवारों की तरह छिलका उतार कर खाने लगा। ज़र्दालू केवल एक-दो खाये। मुझे वहम था कि इनसे मुझे गर्मी हो जाती है। बिस्कुट यद्यपि बढ़िया थे, पर जी ही न था। इतनी बेबसी और हण्टले पामर्ज़ के बिस्कुट! मैंने डिब्बे को परे फेंक दिया और फिर सोने की कोशिश की। अंग-अंग दर्द कर रहा था। सारा दिन चलते रहने के कारण टाँगें यद्यपि थकी हुई थीं, पर आँखों में नींद का नाम तक न था।

कई बार दिन की किसी घटना के कारण भावुकतावश रात को नींद न आती थी तो मैं अपनी दृष्टि को मस्तक में लगाने का प्रयास किया करता था। एकाग्रता हो जाने के कारण मुझे नींद आ जाती थी। यहाँ भी मैंने ऐसा ही किया, लेकिन मन को एकाग्रता न मिली। मस्तक में बीसियों चित्र एक के बाद एक आने लगे। लाख चाहा कि मन एक ओर चल जाये, परन्तु एक तरफ़ सर्दी शरीर में चुभी जा रही थी, दूसरी तरफ़ पिस्सुओं ने तन को काट कर रख दिया था, फिर साँप और बिच्छुओं का भय, शाम की दुर्घटना का रंज, बीसियों विचार मन में उठ रहे थे। मन एकाग्र होता तो कैसे ?

मैंने आँखों के पपोटों को धीरे-धीरे मला, शायद भारी हो जाये, नींद आ जाये, पर कहाँ ? घर पर ऐसे में सिर में तेल डलवाने की आदत पड़ गयी थी। यहाँ पत्नी कहाँ थी कि उसे जगा कर कहता, 'ज़रा सिर में दर्द है, नींद नहीं आती।' और वह उठ कर तेल लगा देती। वह तो जालन्धर में हमारे तीन मंज़िले मकान की छत के ऊपर ठण्डी हवा में सो रही होगी। मेरे सामने अन्धेरे की चादर पर मेरी पत्नी का चित्र आ गया। – मैं जैसे बीमार हूँ, मरणासन्न हूँ और वह मेरे पास आ बैठी है। मैं

उसे सान्त्वना दे रहा हूँ....तभी वह लड़की मेरी चारपाई के पास आ कर खड़ी हो जाती है, जिसे मैं पढ़ाता हूँ। वह शायद मुझे देखने आयी है। उसकी आँखों में करुणा भरा आश्चर्य है। पूछती है – 'मास्टर जी, यह क्या हो गया आपको ?' मैं कुछ अजीब से बेपरवाह, लेकिन करुणापूर्ण लहजे में कहता हूँ!

ज़िन्दगी क्या है अनासर का ज़ुहूरे तरतीब,
मौत क्या है इन्हीं अज्ज़ा का परेशाँ होना।

वह कुछ नहीं समझती। मुटर-मुटर मुझे तकती रह जाती है। मैं करवट बदलता हूँ। पत्नी उस ओर बैठी दिखायी देती है। मैं उसे समझाता हूँ – 'ज़िन्दगी और मौत एक ही चीज़ के दो पहलू हैं। कुछ तत्व इकट्ठे हो गये, ज़िन्दगी नाम पड़ गया, बिखर गये, मौत हो गयी। फिर बीमार रह कर एक-एक इंच मरने के बदले एक ही बार समाप्त हो जाना कितना अच्छा है। ज्वाला की क्षणिक लपक लालटेन की लम्बी टिम-टिम से हज़ार दर्जे अच्छी है।'

वह अब भी कुछ नहीं समझती, केवल रो देती है।

तभी कोई पिस्सू ज़ोर से मेरी दायीं ओर काट देता है। आँखें खुल जाती है। काटे को तनिक-सा मल कर मैं फिर आँखें बन्द कर लेता हूँ। इन दर्द-भरे सपनों में कुछ अजीब मज़ा आता है।....मैं फिर उसमें खो जाता हूँ....। इस बार कोई साफ़ चित्र नहीं, एक हल्की-सी छाया सामने आती है। धीरे-धीरे यह छाया प्रकट रूप धर लेती है। मैं पहचान जाता हूँ – कुन्ती – वही – हँसती, मुस्कराती चंचल-चपल तन्वी! वह मुझे कुछ नहीं कहती-केवल मेरे सामने आ कर खड़ी हो जाती है। मैं कहता हूँ, 'कुन्तो!' वह मुस्करा देती है मेरे बालों पर हाथ फेरती है। मैं कहता हूँ, 'कुन्ती, तुम आयी भी हो तो कब जब मेरे हाथ शिथिल हो गये हैं, मेरा शरीर फूल गया है, जब मैं मौत की घड़ियाँ गिन रहा हूँ।' वह फिर भी कुछ नहीं कहती, मेरे सिरहाने बैठ जाती है। मैं फिर कहता हूँ, 'इसे एक बीमार की बकवास न समझना। सच जानना, मैंने यदि किसी से प्रेम किया है तो वह तुम हो – केवल तुम! चाहे मुझे आज तक तुमसे यह कहने का अवसर ही नहीं मिला। तुम्हारे प्यार को मैंने मन के तारीक गोशों में छिपाये रखा है, लेकिन कुन्ती, तुम्हें मालूम तो है न, है न मालूम तुम्हें! तुम सबसे पहली और आखिरी युवती हो, जिससे मैंने प्यार किया है – हृदय की समस्त शक्तियों से प्यार किया है। चाहे आज तक हम में बात नहीं हुई, चाहे आज तक हम ने किसी से कुछ नहीं कहा।....यह – ओह! यह उस समय कहाँ थी। और फिर पत्नी और प्रेमिका – दोनों का स्थान अलग है। एक के साथ मनुष्य प्रेम के तार में बँधा है, दूसरे के साथ कर्तव्य के। तुम समझती हो न। फिर क्या तुमने मुझे प्रोत्साहन नहीं दिया ? उन मुस्कराहटों से, उन कटाक्षों से।'....वह हँस पड़ी। '....हाँ हाँ तुम ही ने तो....'

'चुप करो, सो रहो, तुम्हें इस समय नींद की जरूरत है।' उसने मेरे मुँह पर हाथ रख दिया। मेरे सारे शरीर में सनसनी दौड़ गयी। मैंने उसके हाथ को चूम लिया।

– वह ग़ायब हो गयी। मेरी आँखें खुल गयीं। दिल की गहराई से एक लम्बी साँस निकल गयी। कुछ भी नहीं था – न प्रेमिका, न प्रेमी। केवल तहख़ाना था और बेचारा बन्दी।

०

प्यार भी कैसा जादू है! इसके सहारे मनुष्य काँटों पर भी आराम से रह सकता है। उन चन्द बीते हुए दिनों की स्मृति ने इस बेबसी की अवस्था में भी मुझे कुछ अजीब-सी शांति बख़्श दी। मेरे हृदय से एक दीर्घ निःश्वास निकल गया। वे दिन भी क्या दिन थे जब हवा के पंखों पर उड़े फिरते थे, न किसी का दुख था, न किसी का ग़म! प्रेम करते थे और प्रसन्न थे कि हम प्रेम करते हैं। कौन कहता है प्रेमियों की रात काटे नहीं कटती। जिसने ज़रा भी प्रेम किया है, उसे एक राम क्या, दसियों रातें बिता देना आसान है। कल्पना उसकी सहायक है, फिर क्या डर है।....पर यहाँ तो प्रेमी की रात न थी, बन्दी की रात थी।....

०

मैंने फिर आँखें बन्द कर लीं, लेकिन फिर वह सुख-सपना नहीं लौटा। सिर फटा जा रहा था, आँखें दुख रही थीं, शरीर पर पिस्सुओं के काटने के घाव पड़ गये थे और अँधेरे में दम घुटा जाता था, इस पर भविष्य की चिन्ता सिर पर सवार थी। यदि मैं न रिहा किया गया, तो क्या होगा ? – इस हवालात ही में (जबकि मैं अपराधी नहीं, केवल अभियुक्त हूँ) मैं तीन चार दिन से ज़्यादा ज़िन्दा नहीं रह सकता। तब रियासती बन्दीख़ाने में कैसे बसर होगी। मैं बेचैन हो उठा। आँखें भर आयीं। तभी ज़रा परे दीवार के साथ पानी के गिरने की आवाज़ आयी, ग्लानि से मेरा जी ऊपर को आने लगा। इन बर्बर सिपाहियों के यहाँ शील कहाँ ? बाहर शीत है, लघुशंका हुई होगी, अन्दर कोने में निबट लिये होंगे। मुझे अपनी अवस्था पर रोना आ गया। किसी ने ऐसा घृणित काम न भी किया हो, केवल पानी ही गिराया हो, पर मेरी बेबसी और लाचारी तो सिद्ध थी।

मैंने एक बार फिर आँखों को भला, न जाने क्या बजा होगा ? यदि नींद आ जाती, यदि ये सब कल्पनाएँ, दुख, क्लेश – सब कुछ क्षणों के लिये सो जाते, फिर दिन आ जाता और दिन काटा इतना कठिन नहीं, इस एकान्त में भी – बाहर के शोर को सुनकर, दूसरों की बातचीत की भनक ले कर, केवल यह सोच कर कि यह 'दिन' है।

सिर में न जाने इतना दर्द कहाँ से आ गया। लगता था जैसे कोई हथौड़े मार रहा है। अंग-अंग टूट रहा था। टाँगें एकदम शिथिल हो रही थीं। पिस्सुओं ने शरीर को काट कर रख दिया था। एकान्त था, अँधेरा था और थी निराशा। यदि आँखें कुछ देर के लिये बन्द हो जातीं, तो यह सब कुछ मिट जाता, लेकिन नींद कहाँ थी।

मैंने आँखों को मस्तक में जमाया। कहीं कोने में टिड्डियों की आवाज़ आ रही थी, उसमें ध्यान लगाने का प्रयास किया, पर व्यर्थ। नींद तो क्या आती, पपोटे तक

भारी न हुए। मैंने सोचना शुरू किया। उन दिनों की याद आयी, जब काम के आधिक्य से ऊब कर कहा करते थे –

जी चाहता है फिर वही फ़ुरसत के रात-दिन,
बैठे रहें तसव्वुरे-जानाँ किये हुए।

अब, फ़ुरसत की रात मिली थी तो तसव्वुरे जानाँ (प्रेयसी की कल्पना) प्रयास पर भी न आता था। मैं झुँझला उठा। धरती पर लेटने का अभ्यास न था, इसलिये कमर दुखने लगी थी। गरदन में बल-सा पड़ गया था, इसलिये उठ कर बैठ गया – खम्भे का सहारा ले कर।

०

न जाने, क्या बजा होगा ? शायद तीन बजे होंगे। छै बजे लोग जाग जाते होंगे। तीन घण्टे हैं, कैसे बीतेंगे ? सहसा मन में एक विचार उठा। स्कूल में और प्रायः कॉलेज में भी, जब किसी टीचर अथवा प्रोफ़ेसर के सूखे लेक्चर से जी ऊब जाता था और घण्टी बजने में न आती थी तो उस समय एक-दो गिनना शुरू कर देते थे। दो-तीन सौ गिनते-गिनते घण्टी बीत जाती थी। तो क्या इसी प्रकार ये तीन घण्टे न बीत जायेंगे। मैंने गिनना शुरू किया, एक सौ, दो सौ, तीन सौ, यहाँ तक कि छत्तीस सौ गिन गया। एक घण्टा बीत गया। मेरा उत्साह बढ़ा। फिर पागल की तरह गिनने लगा और एक घण्टे तक गिनता रहा। फिर वही ३६००। मैंने ऊपर दरवाज़े की ओर देखा। प्रकाश की ज़रा-सी किरण भी न थी। मैं अपनी भूल पर हँसा। ऊपर जाने का दरवाज़ा बन्द था और उसके बन्द होने पर तो इस भूगृह में दिन को भी रात बनी रहती थी, फिर अब तो रात ही थी। कुछ क्षणों के लिये मैं हतोत्साह हो गया। उस समय ऊपर किसी ने करवट ली। मुझे निश्चय हो गया कि दिन निकलने वाला है, फिर गिनने लगा। छत्तीस सौ। मैंने कान लगाये। शायद कोई जगा हो, पर नहीं, सब ओर निस्तब्धता थी, घोर सन्नाटा था – मेरे हृदय से एक लम्बी साँस निकल गयी और हैट को सिरहाने रख कर मैं फिर लेट गया।

अब हिसाब लगाता हूँ तो मालूम होता है कि उस समय मैं एक, दो, तीन करके दस हज़ार आठ सौ गिन गया। सोचता हूँ तो हैरान होता हूँ। जब पागलों की तरह महारनी रटने के बाद भी मुझे लगा कि अभी सवेरा दूर है तो मेरी निराशा चरम-बिन्दु को पहुँच गयी। मुझे लगा जैसे अब प्रभात न होगा हताश-सा पड़ा इस अँधेरे तहख़ाने में घुट-घुट कर मर जाऊँगा। रोशनी के लिये, हवा के लिये, किसी से दो बातें करने को तरसता हुआ अपने मित्रों तथा बन्धु-बांधवों को अन्तिम नमस्कार कहने की लालसा मन में लिये हुए ही इस ब्लैक होल में दम तोड़ दूँगा। मेरा सर चकरा उठा और मैंने क्रोध और आवेग के कारण उसे ज़ोर-ज़ोर से पीट लिया।

कुछ देर चुपचाप लेटा रहा। मन तनिक शान्त हुआ तो मैं अपनी स्थिति पर विचार करने लगा। ज्यों-ज्यों सोचता गया, मन को धैर्य मिलता गया। आख़िर सुख-दुख तो जीवन के साथी हैं। जीवन-संग्राम में कभी एक की जीत है तो कभी दूसरे

की। ज़िन्दगी में यदि सुख ही सुख हो तो शायद मनुष्य का दिल उससे ऊब जाये। सदैव मीठा किससे खाया जाता है। ज़िन्दगी के दस्तरख़ान पर दोनों का मज़ा चखना ज़रूरी है। शेक्सपियर ने कहा है – 'Sweet are the uses of adversity' – याने विपत्ति के फल बड़े मीठे हैं। नमक कड़वा अवश्य है, लेकिन इसकी कद्र वही जानता है जिसे वर्षों से मीठा ही खाने को दिया जाता हो....फिर जीवन एक विशाल प्रयोगशाला है। इसके पग-पग पर नये-नये अनुभव होते हैं। यह भी इनमें से एक सही।....पत्रकार के लिये किसी समाचार के सम्बन्ध में अथवा किसी राष्ट्रीय अभियोग में जेल-यात्रा साधारण बात है, पर इस अभियोग में हवालात की सैर करने का तजरबा किसी बिरले पत्रकार को ही नसीब हुआ होगा। – फिर सभ्यता से मीलों दूर, इस रियासती काल-कोठरी में रात गुज़ारने का अनुभव! यहाँ तो सैर के लिये आने वाले टूरिस्ट भी शायद आना पसन्द न करें। इसके अँधेरे को देख कर तो उनका हृदय भी दहल जाये। मैं सी-पी के मेले में पहाड़ी जीवन पर कुछ सामग्री इकट्ठी करने आया हूँ, यदि यह घटना न होती तो इन रियासतों के निवासियों की स्थिति का यह ज्ञान कैसे प्राप्त होता। यह सोचते-सोचते क्षण-भर को यही इच्छा हुई कि मुझे इस अभियोग का दण्ड मिल जाये। मैं देख सकूँ कि जहाँ की हवालात नरक से कहीं भयानक हैं, वहाँ की जेल कैसी है, चाहे इससे मेरा प्रोग्राम नष्ट हो जाये, चाहे मेरी कल्पनाओं के समस्त गढ़ ढह जायें....

o

यह सब सोचते-सोचते न जाने कब मेरी आँखें बन्द हो गयीं। परेशानी में नींद भी गृहिणी की-सी हो जाती है। जितना ही आप उसे मनाते हैं, यह रूठती है, लेकिन ज्योंही आप उससे आँखें फेरते हैं, वह मान जाती है। कुछ ही क्षण बाद मैं गहरी नींद सो गया।....

सोते-सोते मैं क्या देखता हूँ कि मैं घने जंगल में खो गया हूँ। घबराया हुआ अधर-उधर भटकता हूँ, पर मार्ग दिखायी नहीं देता। जंगली जन्तुओं के भय से तनिक-सी आहट पर रोंगटे खड़े हो जाते हैं। उस समय ज़रा दूर पर शेर की गरज सुनायी देती है, मैं काँप जाता हूँ। पास ही एक घना वृक्ष है, उस पर चढ़ने का प्रयास करता हूँ, पर इतना काँप रहा हूँ कि हाथ-पाँव फिसल-फिसल जाते हैं। शरीर पसीना-पसीना हो रहा है। शेर की दहाड़ समीप ही सुनायी देती है। मैं अन्तिम प्रयत्न करता हूँ। इस बार सफल हो जाता हूँ। शेर नीचे आ कर बैठ जाता है। मेरा हृदय भयभीत है, पर अपनी सफलता पर प्रसन्न हूँ। सिंर धरना दिये बैठा है। मैं एक टहनी तोड़ता हूँ। वह देखते-देखते बन्दूक बन जाती है। मैं सिंह से कहता हूँ, 'तुम चले जाओ, नहीं तो इसी बन्दूक से तुम्हें ख़त्म कर दूँगा।' शेर उठ कर ज़ोर से गरजता है। बन्दूक मेरे हाथ से छूट जाती है। वह ज़ोर का "ठहाका मार कर हँसता है, कहता है, 'देखों यह सीढ़ी वृक्ष में लगी है। मैं इस पर चढ़ कर तुम्हें खा जाऊँगा।' मैं देखता हूँ कि पेड़ के साथ एक बाँस की सीढ़ी लगी हुई है और शेर उस पर चढ़ना चाहता है। मैं फिर काँप जाता हूँ, पर तुरन्त ही सीढ़ी को ऊपर खींच लेता हूँ। दूसरे क्षण अपनी सफलता

पर बड़े ज़ोरों से हँसता हूँ।....

उस समय मेरे कानों में आवाज़ आती है – 'अरे भई उठो, अरे भई उठो।' और फिर कोई धीरे से कहता है, 'बेचारा सो गया है।'

मेरी आँखें. खुल जाती है। देखता हूँ – सुबह हो गयी है और भूगृह का दरवाज़ा खुला हुआ है और उस छोटे-से दरवाज़े से रोशनी जैसे अँधेरे को धकियाती हुई अन्दर आ रही है। न वह जंगल है, न सिंह, न वृक्ष!

"क्यों भई, सो रहे हो या जागते हो ?" मुझे हिलता हुआ देख कर एक सिपाही ने आवाज़ लगायी।

"जाग पड़ा हूँ।" मैं ऐसे बोला कि मुझे अपने स्वर की क्षीणता पर स्वयं आश्चर्य हुआ।

"बाहर आओ तुम्हारा मामला पेस (पेश) होगा।

मैंने धीरे-से हथकड़ी पहन ली और उठा। मेरा सिर ज़ोर से छत के साथ टकराया। तहख़ाने की ऊँचाई कम है, यह बात मैं भूल ही गया था। थकान, कमज़ोरी और दर्द से मेरा सिर चकराया। और एक निमिष के लिये मैं सिर थाम कर बैठ गया।

बारह

"टिक्का साहब का हुक्म आया है। आपको अभी दरबार में पेश किया जायेगा।"

बाहर प्रकाश में लाये जाने पर, चौंधियायी हुई आँखों को मलते हुए मैंने अपने सम्बोधन-कर्त्ता को देखा और पहचान गया। यह बड़े दारोग़ा रामप्रताप थे। उनका नाम मुझे पिछली रात सिपाहियों की बात-चीत के दौरान मालूम हुआ था।

मेरे आश्चर्य की कोई सीमा न रही। कम-से-कम कल के दारोग़ा और आज के दारोग़ा में ज़मीन-आसमान का अन्तर था। बड़ी-बड़ी मूँछें वही थीं, पर उन से रोब नहीं टपकता था। आँखें वही थीं, पर लाल डोरे नहीं थे। शरीर वही था, पर उनकी अकड़ ग़ायब थी। इसका कारण मुझे उस समय तो नहीं, पर बाद को मालूम हुआ।

अब जैसे पहली बार मैंने उन्हें अच्छी तरह देखा। उनका शरीर एक अधेड़ उम्र के बूढ़े का शरीर था और उस पर उन्होंने बटनों के बिना एक कमीज़ पहन रखी थी,जिसके खुले गिरेबा से छाती की हड्डियाँ साफ़ दिखायी देती थीं। कमर में एक ढीला-सा पायजामा था, जिसमें टाँगों का पतलापन साफ़ प्रकट था। कुछ अजीब-सी दीनता उनके चेहरे पर बिखरी थी। तभी मुझे मालूम हुआ कि दारोग़ा रामप्रताप जाति से ब्राह्मण हैं। कल के राम प्रताप दारू के घोड़े पर चढ़े हुए थे। अपनी दीनावस्था, अपनी निर्धनता, अपने घर की शोचनीय स्थिति को भूल कर हुकूमत के मद में मत्त

थे, आज के रामप्रताप दीनता के गढ़े में गिरे हुए थे। झूठ उतर चुका था और सत्य सामने था – कितना दीन, कितना विनम्र!

मेरे सिर को फिर ज़रा-सा चक्कर आया, इसलिये मैं फ़र्श पर बैठ गया।

"टिक्का साहब दो बार कह चुके हैं कि मेले जाने से पहले तुम्हारे मामले का फ़ैसला कर देना चाहते हैं, तुम्हें शौचादि के लिये जाना हो तो जाओ।" दारोग़ा ने सहज भाव से कहा। मैं चल पड़ा – एक हाथ में हथकड़ी पहने उसी सिपाही के साथ, जिससे मेरा झगड़ा हुआ था। मुझे याद आया, जब हमारी पाठशाला के सामने पुलिसलाइन में सिपाही इसी प्रकार कैदियों को हथकड़ी पहना कर शौचादि के लिये ले जाया करते थे, तो हम सब छोटे-छोटे बच्चे कौतूहल और करुणा भरी निगाहों से उन्हें देखते थे। हमारे नन्हे-नन्हे दिलों में बड़ी हमदर्दी उमगती थी, लेकिन सिपाहियों का तो यह प्रतिदिन का काम था और जिस प्रकार कसाई नित्यप्रति निर्दोष जानवरों का गला काटने से नहीं हिचकिचाता, इसी प्रकार इन सिपाहियों के दिलों में भी कैदियों की ऐसी लाचार, बेबस और असहाय अवस्था पर ज़रा भी हमदर्दी न जगती। वे अपने काम को परम निरपेक्ष भाव से किये जाते।

शौचादि ले निवृत्त हो कर मैं फिर वापस आया। मुझे ऊपर के कमरे ही में बैठाया गया। तब ऐसा लगता है जैसे पहली बार दण्डित रामप्रताप की दृष्टि मेरी हथकड़ी की ओर गयी। "इस हथकड़ी की क्या ज़रूरत है!" उन्होंने साथी सिपाही की ओर देख कर कहा, "इसे उतारने में क्या हर्ज है!"

"हाँ, यह उतार देनी चाहिए।"

हथकड़ी उतर गयी।

मैं सोच रहा था कि आज मुझे फिर उस भूगृह में जाना पड़ेगा, पर हथकड़ी के उतर जाने पर मुझे बड़ी ख़ुशी हुई और मैंने समझा जैसे मैं स्वतन्त्र हो गया हूँ। यह भूगृह भी अजीब चीज़ है! जब इसके अन्दर था तो ऐसा निराश हो गया था कि बाहर आने को जी न चाहता था और जब बाहर आ गया तो उसके अन्दर जाने को इच्छा न होती। विचार मात्र से मन पर आतंक छा जाता था....और यह हथकड़ी....आप सर्वथा निर्दोष हैं, आपने कोई अपराध नहीं किया, आप अभी-अभी छोड़ दिये जायेंगे, पर यदि आप हथकड़ी पहने हुए हैं तो कुछ व्यक्तियों के अतिरिक्त, जिन्हें आपकी निर्दोषिता का पूरा विश्वास हो, बाकी सब आपको पक्का बदमाश, चोर, आवारागर्द, गुण्डा, लड़ाका कुछ भी समझ सकते हैं। यदि आप युवक हैं, आपके बाल घुँघराले हैं अथवा बेपरवाही से बिखरे हुए हैं या आपके ऐनक लगी हुई है या आप पतले-छरहरे हैं तो जन साधारण सहज ही आप को एक उद्दण्ड और ख़तरनाक क्रान्तिकारी समझ लेंगे।

हथकड़ी उतरते ही मैंने सुख की साँस ली। अब चाहे मैं अपराधी भी हूँ, चाहे अभी-अभी हत्या करके लौटा हूँ तब भी जन साधारण में से कोई मुझे अपराधी नहीं समझ सकता। चाहे मैं सिपाहियों के साथ भी जा रहा होऊँ, तो भी कोई नहीं कहेगा

कि मुझ पर इस प्रकार का अभियोग लगाया गया है। साधारणतः लोग मेरी पोशाक को देख कर यही समझेंगे कि टिक्का साहब का विशेष अतिथि हूँ अथवा किसी अँग्रेज़ अफ़सर के साथ सेक्रेटरी के रूप में आया हुआ हूँ। रात की परेशानी के कारण मेरे चेहरे पर एक ही रात में दाढ़ी बढ़ आने से मेरे परेशान मुख और सिर के बिखरे हुए बालों को वे मेरा काम में अधिक व्यस्त होना ही समझेंगे।

टिक्का साहब का बुलावा दो बार आ चुका था। केवल छोटे दारोग़ा की प्रतीक्षा थी। उनके आने पर हम दरबार को चले। उस समय सब की वर्दियाँ उतरी हुई थीं और वे पहाड़ी सिपाही अपने जीर्ण-शीर्ण कपड़ों में बड़े ही दयनीय लग रहे थे।

हवालात से कुछ दूर चल कर सब रुक गये। मैंने आश्चर्य के इधर-उधर देखा। मैं कभी किसी रियासत में नहीं गया। किताबों में दरबारों के अजीब-ग़रीब वृत्तान्त पढ़े थे। इसलिये मैं किसी बड़े न सही, छोटे दरबार की कल्पना कर रहा था। मैं यह जानता था कि यहाँ कोटी के राणा कुछ दिनों के लिये ही आते हैं, इसलिये किसी बड़े दरबार का आयोजन नहीं हो सकता, लेकिन फिर भी इसे, शिमले की इन छोटी-छोटी रियासतों के सम्बन्ध में, मेरी अनभिज्ञता कहिए अथवा मेरी अनुभवहीनता मुझे इतने पूअर शो की आशा न थी।

मुझे जहाँ ला कर खड़ा किया गया, वह जगह एक ओर से खुली थी और उसके तीन ओर कच्ची बैरिकें-सी बनी हुई थीं। मुझे अपने स्कूल के होस्टल की याद हो आयी, जो जालन्धर में इसी प्रकार का बना हुआ था और जिसके विशाल आँगन में हम स्कूल के दिनों में खेला करते थे। हम बायीं ओर की कोठरियों में सबसे पहली कोठरी के सामने खड़े थे। उसके बाहर बरामदे में एक लोहे की कुर्सी पर टिक्का साहब केवल सलवार-कमीज़ और पैरों में नियागरा पहने बैठे थे। उनकी आँखें अभी तक ख़ुमार से भरी हुई थीं और उनमें एक अलसायी हुई-सी थकान थी। ठोड़ी पर एक बड़ा-सा घाव का निशान था, लम्बी-लम्बी मूँछें कानों की ओर बढ़ रही थीं और चेहरे के मुकाबले में बहुत बड़ी थीं। चेहरे से दर्प टपका पड़ता था। मैंने उस कमरे में नज़र दौड़ायी, जिसके बाहर वे कुर्सी डाले बैठे थे। जहाँ मैं खड़ा था, वहाँ से केवल एक पलँग, रेशमी रज़ाई और उसके पास पड़े हुए एक टेबल का कुछ भाग दिखायी दे रहा था।

मैं दुर्बलता के कारण खड़ा न रह सकता था। इसलिये मैंने टिक्का साहब से पूछा, "क्या मैं बैठ सकता हूँ।"

लाल-लाल आँखों के उठने और झुकने से मुझे बैठने की आज्ञा मिल गयी। मैं बैठ गया। मुझसे कुछ अन्तर पर बरामदे के स्तम्भ के सहारे रीडर महाशय बैठे थे। वही गोरे-से युवक जो कल लाल ब्लेज़र और फ़लालेन की पतलून पहने हुए थे। उस समय केवल एक धोती और कमीज़ पहने हाथ में काग़ज़ लिये बैठे थे। नहा चुके थे, पर उन्होंने बाल नहीं बनाये थे। मैजिस्ट्रेसी का काम टिक्का साहब स्वयं करते थे। वे क्यार कोटी के चीफ़ मैजिस्ट्रेट थे। उन्हीं को मेरे मामले का निर्णय करना था।

सबसे पहले उस सिपाही का बयान हुआ, जिससे मेरा झगड़ा हुआ था। उसने कुछ ऐसा बयान दिया –

"मैं अपने ड्यूटी पर खड़ा था, जब यह दूसरे कुछ लोगों के साथ स्त्रियों के अखाड़े के पास खड़ा 'छेड़खानी' करने लगा....।"

मुझे प्रश्न करने की पूरी स्वतन्त्रता दे दी गयी थी, इसलिये मैं पूछ बैठा –

"क्यों जी, मैं किस प्रकार छेड़खानी कर रहा था ?"

वह कुछ उत्तर न दे सका। मैंने फिर कहा, "वे पहाड़ी स्त्रियाँ थीं और मैं पंजाबी। उनकी बोली भी नहीं जानता, फिर वे बाड़ के अन्दर थीं और मैं काफ़ी दूर बाहर। उनसे मेरी पहली जान-पहचान तो थी नहीं, मैं पहाड़ियों के हाव-भाव भी नहीं जानता, फिर मैंने कैसे छेड़खानी की ?"

वह इसका भी कुछ उत्तर दे सका। अपने पास खड़े हुए एक आदमी की ओर देख कर बोला, "इससे पूछ लीजिए, यह छेड़खानी करता था या नहीं ?" और वो महाशय, मुझे अच्छी तरह याद है, उस समय बहुत ऊपर काफ़ी फ़ासले पर बैठे बरड़ियों का गाना सुन रहे थे।

ख़ैर, उसने अपना बयान फिर जारी किया – "मैंने उन लोगों से हटने को कहा। और तो हट गये, पर इसने मेरे मुँह पर चाँटा दे मारा।"

यहाँ पर मैं फिर चुप न रह सका। मैंने उससे पूछा –

"क्यों भई, चाँटा किस हाथ से मारा था ?"

"इससे।" उसने दायाँ हाथ दिखा कर कहा।

"क्या मेरे हाथ और कुछ नहीं था ?"

"नहीं।"

मैंने रीडर से कहा, "नोट कर लीजिए!"

रीडर ने मेरी बात लिख ली तो मैं बोला, "मेरे हाथ में छड़ी थी। वह फ़रद बरामदगी में शायद मौजूद है। या तो यह हो सकता है कि मैंने इसके छड़ी रसीद की हो या बायें हाथ से चाँटे रसीद किये हों, परन्तु बायें हाथ से मैं कैसे चाँटे रसीद कर सकता ? उसमें मिठाई का दौना था।"

मेरी आपत्ति लिख ली गयी।

बयान जारी रखते हुए सिपाही ने कहा, "उस समय मैंने सीटी दी और इसे गिरफ़्तार कर लिया।"

दो आदमियों ने इस बयान का समर्थन किया। इनमें से एक रियासत का ख़ज़ांची था और दूसरा क्लर्क। ख़ज़ांची साहब वही थे, जो उस समय बरड़ियों का गाना सुनने में व्यस्त थे और जिनकी ओर सिपाही ने अपने बयान का समर्थन कराने के लिये इशारा किया था।

इन सबके बयान हो चुकने पर मेरा बयान हुआ। मुझे दारोग़ा रामप्रताप ने

समझा दिया था कि यदि बचना चाहते हो तो और चाहे जो बयान देना, पर यह अवश्य कह देना कि ग़लती हो गयी है, क्षमा कर दें। मैंने जो सच्ची बात थी, बता दी और जब मैंने कहा कि उत्सुकता के कारण मैंने पूछा 'आपके राणा साहब कहाँ तक पढ़े हुए हैं ?' – तो टिक्का साहब की भृकुटी तन गयी। मेरा दिल धक् से हुआ। 'अब बचना मुश्किल है।' मैंने सोचा। और 'हुज़ूर ग़लती हुई माफ़ करें' कहना भूल गया। लेकिन नहीं, बयान समाप्त होने पर टिक्का साहब ने धीरे से कुछ कहा और मुझे सिर्फ़ इतना मालूम हुआ कि मैं छोड़ दिया गया हूँ।

०

उसी समय एक आदमी को पेश किया गया। पता चला कि इसने रात को एक हलवाई की कड़ाही चुरा ली थी।

टिक्का साहब ने उससे चोरी का कारण पूछा।

गिड़गिड़ाते हुए उसे कहा, 'हुज़ूर ग़लती हुई माफ़ करें।'

उसने जिस चालाकी से कड़ाही चुरायी थी, उसे जानते हुए और उसकी विनय का यह अभिनय देख कर सब हँस पड़े, पर मुझे हँसी नहीं आयी। शायद एक बार हवालात में जा कर हम बंदियों को उनके दृष्टिकोण से देखने लगते हैं।

इस्तग़ासे की कहानी यह थी कि उसने आधी रात के सन्नाटे में, जब सब लोग सो रहे थे, हलवाई की कड़ाही बड़ी सफ़ाई से चुरायी और मेले से तनिक फ़ासले पर जंगल में छिपा दी। एक आदमी ने उसे उधर कुछ छिपाते हुए देखा था। हलवाई ने प्रात: काल ही शोर मचा दिया। वह महाशय पकड़े गये। उन्होंने अपने अपराध को स्वीकार कर लिया और अब इधर लाये गये। हलवाई भी साथ लाया गया था।

अभियुक्त को चोरी से इन्कार नहीं था। पर वह ग़रीब फ़ाकाकश आदमी था मेले में काम देखने आया था। काम मिला नहीं और अपने खाने का प्रबन्ध करने के लिये उसके पास कौड़ी भी न थी। उसने हलवाई से भीख माँगी। उसने गालियाँ दीं प्रतिशोध और क्रोध के आवेश में उसने हलवाई से बदला लेने की ठानी और जब रात हो गयी तो उसने उसकी कड़ाही चुरा ली। उसने अभी तक कल से कुछ नहीं खाया था और उसके पिचके हुए गाल इस बात के साक्षी थे। दोषी होने पर भी मैंने उसे निर्दोष ही समझा और जब टिक्का साहब ने आदेश दिया, 'इसे हवालात में बन्द रखो। मेले के बाद इसका फ़ैसला होगा' – तो मेरा दिल भर आया।

०

दरबार बरख़ास्त हो गया। टिक्का साहब उठ कर अपनी कोठरी में चले गये और वे लोग उसे हवालात को ले चले।

मेरे हृदय से एक दीर्घ नि:श्वास निकल गया – तो एक रात का नरक आज इसे भोगना होगा। एक रात क्या, शायद कई रातों का नरक।

और एक ठण्डी सिहरन मेरी रीढ़ की हड्डी तक उतरती गयी।

तेरह

इसके बाद कहानी अत्यन्त संक्षिप्त है। मैं रिहा हो गया। मुझे मेरी चीज़ें वापस दे दी गयीं। सब कुछ – घड़ी, नकदी, नोट बुक, और बिस्कुटों का आधा पैकेट भी, जो वहीं रह गया था। मैंने एक-एक बिस्कुट सब को बाँट दिया। दारोग़ा रामप्रताप ने अत्यन्त विनय से क्षमा माँगी और अपनी विवशता का रोना रोया। उनके एक लड़का था, संस्कृत पढ़ाना चाहते थे। उसे कुमारसम्भव के कुछ श्लोक और व्याकरण की कुछ गरदानें कण्ठस्थ थीं। बहुत बारीक स्वर में उसने मुझे श्लोक गा कर सुनाये और सबसे विदा ले कर मैं ऊपर को चल दिया।

हवालात से कुछ ही दूर आया हूँगा कि किसी का बारीक सा स्वर सुनायी दिया। मैंने ऊपर को दृष्टि की। बरामदे में टिक्का साहब का लड़का खड़ा था – वही जो मुझको हवालात में देखने आया था।

"क्यों रिहा हो गया ?" उसने सरलता से मुस्कराते हुए कहा।

"हाँ।"

"फिर इस तरह सिपाहियों से न लड़ना।"

मैं हँस कर चल दिया। ज़रा दूर आने पर प्रोफ़ेसर सिंह मिले जो उधर ही आ रहे थे। बोले –

"सुनाओ भई, रिहा हो गये।"

"हाँ।"

"मैं टिक्का साहब से तुम्हारी सिफ़ारिश करने जा रहा था।"

"आभारी हूँ।"

प्रोफ़ेसर सिंह शिमले के प्रसिद्ध गायक थे। यहाँ महाफ़िल में गाने आये थे। मुझसे भेंट हो गयी, सोचा इन पर ही एहसान का बोझ लादते चलो, बाद में मुझे पता चला कि जब किसी मित्र ने उनसे इस घटना के सम्बन्ध में कहा था तो उन्होंने इस बेरुख़ी से 'अच्छा' कहा जैसे मेरा उनका छत्तीस का नाता भी न हो।

तभी मेरे कन्धे को किसी ने थाम लिया। मैंने मुड़ कर देखा तो रीडर महाशय हैं। कहने लगे, 'माफ़ करना भाई, हम सब आपकी स्थिति से परेशान न थे, पर कुछ कर नहीं सकते थे। छोटे टिक्का के मास्टर साहब और हम सबने अपनी पुरज़ोर सिफ़ारिश की थी। पर उस समय किसी ने सुनी नहीं।'

मैंने उनको धन्यवाद दिया। वे मुझे उस शामियाने तक ले आये जिसके नीचे पुराने ज़माने की चाँदी की कुर्सियाँ पड़ी हुई थीं और जहाँ राग-रंग की महफ़िल जमी थी। वहीं कुर्सियों पर हम कुछ देर बैठे। बात-बात में मैंने उनका ध्यान उस ब्लैक होल की तरह के भूगृह की ओर आकर्षित किया, जिसमें मुझे एक रात बसर करनी पड़ी थी। "आपकी हवालात तो नरक से कम नहीं," मैंने कहा, "मैं तो अपराधी के

भी ऐसी कोठरी में रहने का हामी नहीं – फिर उस अभियुक्त की तो बात ही न पूछिए, जिसका अपराध अभी तक सिद्ध नहीं हुआ। उसे ऐसी काल-कोठरी में रखना तो सरासर ज़ुल्म हैं।"

"आप शहर के रहने वाले हैं," वे बोले, "यहाँ प्राय: निडर पहाड़ी लोग, गुण्डे, शराबी और बदमाश रखे जाते हैं, जो ठण्ड होने पर भी कपड़े उतार कर फेंक देते हैं। चकित न हों, आप को यहाँ रहना नहीं, वरना मैं आपको दिखा देता।"

"फिर भी इस बीसवीं सदी में, जब पश्चिप में जेलों को बन्दियों के सुधारार्थ अधिक-से-अधिक सुखद बनाया जाता है और उनके जीवन को पंक में बिलबिलाने वाले कीड़ों ऐसा न बना कर उन्हें अच्छा नागरिक बनने की शिक्षा दी जाती है, उनके स्वास्थ्य का पूरा-पूरा ध्यान रखा जाता है और अब अँग्रेज़ी सरकार ने भी जेलों के सुधार का प्रयास किया है, इस रियासत में ऐसी काल-कोठरी को हवालात बनाया जाना निहायत पिछड़ेपन की बात है।"

"इस रियासत में ही क्या ?" रीडर महाशय बोले, "आप शायद कभी सोलन के मेले नहीं गये, नहीं तो वहाँ की हवालात देख कर चकित रह जाते। ऐसे जर्जर और जीर्ण-शीर्ण घरौंदे से हवालात का काम लिया जाता है, जिसे यदि एक हृष्ट-पुष्ट आदमी ज़ोर से लात मार दे तो भड़भड़ा कर ज़मीन पर आ रहे।"

मैं एक सूखी हँसी हँसा। उनके कथन में चाहे अत्युक्ति हो, पर इससे रियासती हवालातों की यथार्थता का तो पता चलता था। मैंने उठते हुए कहा, 'फिर भी रीडर साहब, इन ग़रीबों की तकलीफ़ को महसूस करना चाहिए।"

"उनको इससे क्या ?" वे बोले, "उनको एक रात इस नरक में काटनी पड़े तो शायद किसी सुधार की आशा भी हो सके।"

रीडर ने सच ही तो कहा। यदि उन राजाओं और टिक्काओं को इन काल-कोठरियों में एक-दो रातें काटनीं पड़तीं तो उन जेलों में काफ़ी सुधार हो सकता था।

मैंने अपने चेहरे पर हाथ फेरा, परेशानी के कारण सूख-सा गया था। होंठों पर पपड़ी जम गयी थी और बाल इतने बढ़े आये थे, जैसे कई दिनों से हजामत न बनवायी हो, ऐनक का फ्रेम टूट गया था। चुनाँचे मैंने रीडर साहब से हाथ मिलाया और चल पड़ा।

बाज़ार में एक दुकानदार ने आवाज़ दी, "क्यों बाबू जी, रिहा हो गये।"

मैंने सिर उठा कर देखा – वही दुकानदार था, जिसने आते हुए मेरी ऐनक उठा कर पकड़ायी थी।

मैंने कहा, "हाँ भाई।"

"आपको गुस्सा बहुत आ गया था, नहीं तो ऐसे मामलों पर तो कभी इतनी नौबत नहीं आती। ज़रा मिन्नत-समाजत से काम चल जाता है और यदि बात बढ़ गयी हो तो एक-दो दे-दिला कर मामला रफ़ा-दफ़ा हो जाता है। पर आपने तो स्वयं

हथकड़ी लगवा ली।''

''कुछ ऐसा ही गुस्सा आ गया था।'' मैंने कहा।

''आ ही जाता है ऐसे मौकों पर।'' वह मेरी बात का समर्थन करते हुए बोला, ''आपने तो ख़ैर उसे गर्दन ही से पकड़ा था, कहीं हमें वैसी गाली दी होती तो साले का सिर ही तोड़ देते।''

''नतीजा अच्छा नहीं निकलता।''

''चाहे जो हो, ऐसा अपमान सहन नहीं होता।''

''कुछ भी हो, परदेस में तो सब कुछ सहना ही पड़ता है। इधर गाते हैं ना :

''बाहमनादा छोरुआ ओ
देंस बगाना नींवे चलना।''

''चाहे देस हो या परदेस, टके के आदमी से गाली तो नहीं खायी जा सकती।''

मेरे कानों में उसका वाक्य गूँजता रहा। ज़िन्दगी में ऐसे अवसर भी आ जाते हैं, जब हवालात तो क्या, आदमी का गुस्सा मौत की भी परवाह नहीं करता।

मेले के स्थान से अभी कुछ ही फरलांग ऊपर चढ़ा हूँगा कि लाला जी शिमले के एक प्रसिद्ध वकील के साथ आते हुए दिखायी दिये।

लाला जी को मुझे देखते ही अपार प्रसन्नता हुई। हाँ, वकील महोदय का चेहरा कुछ उतर-सा गया। तब तो नहीं, पर बाद में मुझे इसका कारण भी मालूम हो गया।

हम तीनों वहीं सड़क के किनारे एक पेड़ के नीचे बैठ गये।

वकील साहब ने पूछा, ''मेरा टेलीफ़ोन पहुँचा था ?''

मैंने कहा, ''मुझे तो मालूम नहीं, मुझे आठ बजे के करीब छोड़ दिया गया था।

एक फीकी-सी मुस्कराहट के साथ वकील साहब ने यह बताने का प्रयास किया कि मेरी रिहाई उनके टेलीफ़ोन का ही नतीजा थी।

ख़ैर, लाला जी ने उन्हें तो मेला देखने जाने को कहा और मुझे साथ ले कर घर की ओर चल पड़े।

मार्ग में लाला जी ने मुझे जो कहानी सुनायी, उससे मुझे मालूम हुआ कि वह रात मेरी ही परेशानी का कारण न थी, बल्कि प्रायः सारी मित्र-मण्डली को उस रात नींद हराम करनी पड़ी।

मेरे हवालात ले जाये जाने के बाद तत्काल लाला जी टिक्का साहब के पास पहुँचे, पर उन्होंने सूखा इन्कार कर दिया। लाला जी पंजाब सरकार के एक बड़े पदाधिकारी थे, पर उधर भी टिक्का साहब थे – एक ख़ुद-मुख़्तार रियासत के एक-मात्र उत्तराधिकारी! वे बड़े-से-बड़े आदमी को इन्कार कर सकते थे। लाला जी ने उनकी बहुत मिन्नत-समाजत की, सारी-की-सारी पार्टी उनसे कहा, पर उस समय दारोग़ा राम प्रताप और दूसरे सिपाहियों के अभिनय ने बना-बनाया काम बिगाड़ दिया।

वे सब कहने लगे – यदि आप उस उद्दण्ड युवक को, जिसने अपना कर्त्तव्य पालन करने वाले एक बावर्दी सिपाही को पीटा है अभी छोड़ देंगे तो पुलिस को कौन पूछेगा। हम अपनी वर्दियाँ अभी उतार देंगे।"

टिक्का साहब मान भी जाते, अपने सिपाही की इस धमकी से वे और भी कठोर हो गये। 'आख़िर रियासती पुलिस ही थी न, जिसे सरे आम पीटा गया और अपराधी का कोई बाल तक बाँका न कर सका' – यह बात वे न कहना चाहते थे। कोटी की पुलिस के साथ वे अपना दबदबा भी आने वालों पर बैठा देना चाहते थे।

लाला जी ने भी उनका पीछा न छोड़ा। और फिर तो यह हालत हो गयी कि जिस ओर टिक्का साहब जाते, उस ओर लाला जी और पार्टी के दूसरे सदस्य और उसी ओर सारे-का-सारा मेला। दुकानों वाले भी उठ कर दर्शकों में शामिल हो गये। दुर्भाग्य से पंजाब सरकार के अंग्रेज़ सेक्रेटरी मेले से जा चुके थे, नहीं तो उनकी सिफ़ारिश से लाला जी ज़रूर मुझे रिहा कराने में सफल हो जाते। शहर को लाला जी इसलिये नहीं गये कि उन्हें अब भी आशा थी, टिक्का साहब का दिल पसीज जायेगा और वे उन सब की विनती स्वीकार कर लेंगे। हुआ इसके उलट। टिक्का साहब उस शाम मुझे किसी तरह छोड़ने को तैयार न हुए। गेब्ल्ज़ होटल मशोबरा के सहृदय अंग्रेज़ मैनेजर ने भी लाला जी की प्रार्थना से प्रभावित हो कर अपने तौर पर टिक्का साहब से बहुत कुछ कहा, अलग से बातचीत भी की, लेकिन नतीजा कुछ न निकला। हाँ, उन्होंने प्रातः मुझे छोड़ देने का वादा मैनेज़र से कर लिया।

इस असफलता से लाला जी बड़े दुखी हुए। उन्होंने सी-पी की हवालात का हाल वहीं सुन लिया था। वे नहीं चाहते थे कि उस में मुझे एक रात भी काटनी पड़े, लेकिन जब उन परिस्थितियों ने उनकी आशाओं पर पानी फेर दिया और मेरा उस हवालात में कम-से-कम एक रात काटना अनिवार्य दिखायी देने लगा तो उन्हें इस बात की चिन्ता हुई कि किसी-न-किसी तरह मुझे आराम पहुँचाने की फ़िक्र की जाये। वे दारोग़ा राम-प्रताप से मिले, पाँच रुपये उनकी भेंट किये, दो रुपये छोटे दारोग़ा की नज़र किये गये, एक-एक रुपया उन दो सिपाहियों को दिया गया, जिनकी ड्यूटी मुझ पर लगी थी। इसके बाद जो फल बचे थे, वे उनके हवाले किये गये।

इस तरह हमारी पार्टी जो ख़ुश-ख़ुश आयी थी, बिना खाये-पीये, मुँह लटकाये वापस हुई। उन सब फलों में जो कुछ मुझे मिला, उसका उल्लेख कर चुका हूँ। जब लाला जी से कहा तो बोले, "यही ग़नीमत थी कि आपको कुछ तो मिल गया।"

मेरे खाने-पीने की व्यवस्था कर और सिपाहियों की मुट्ठी गर्म करके लाला जी मशोबरे पहुँचे। वहाँ उन्होंने ती रिक्शा किराये पर लीं और आदमियों को साथ ले कर पार्टी को वहीं छोड़ छोटे शिमले पहुँचे। घर में खाना तैयार था, पर वहाँ पहुँचते ही उन्होंने कपड़े बदले और फिर बाहर को चल पड़े। पत्नी ने कहा – 'खाना तो खाते जाइए, अभी आये अभी चले।'

"मास्टर जी गिरफ़्तार हो गये हैं।" और जैसे आकाश से वज्रपात हुआ हो। सब

मौन, स्तब्ध बैठे रह गये। मेज़ों पर खाना चुना-का-चुना रह गया। लाला जी बाहर निकल आये।

उस रात घर में किसी ने खाना नहीं खाया। बच्चे मुझ से हिल गये थे, दोनों रोते-रोते सो गये, लाला जी की पत्नी भी उसी तरह बे-खाये-पीये करवटें बदलती रहीं।

सारी रात लाला जी रिक्शा ले कर घूमते रहे। उन्हें पता चला कि वे सेठ साहब जिनकी कोठी लाला जी ने किराये पर ले रखी थी, टिक्का साहब के लेनदार हैं, उनके सहस्त्रों रुपये टिक्का साहब की ओर निकलते हैं। चुनाँचे वे उनके यहाँ पहुँचे। उनकी दुकान माल रोड पर है। वे दुकान बढ़ा कर घर जा रहे थे, जब लाला जी ने उनसे सिफ़ारिशी चिट्ठी माँगी। लालाजी के चेहरे पर ऐसी परेशानी और स्वर में ऐसा निवेदन था कि वे इन्कार न कर सके। वहाँ से लाला जी कमिश्नर साहब की कोठी पर गये, जो सरकार की ओर से इधर की रियासतों के एजेण्ट हैं। उनसे भी लाला जी ने एक पत्र लिया। उस समय किसी ने एक वकील साहब का पता दिया, जिनकी टिक्का साहब से गहरी छनती थी, दोनों हम-नवाला हम प्याला थे। वे शिमले के सिटी फ़ादर भी थे और हिन्दू भी। लाला जी ने उन्हें अपने साथ ले चलने का विचार किया और इस ख़याल से उन्हें पक्का करने मकान पर गये, पर वे अभी तक क्लब से वापस न आये थे। लाला जी क्लब पहुँचे। वहाँ से पता चला कि वे घर चले गये हैं। फिर घर आये, पर वकील साहब शायद रास्ते में ही किसी होटल में तशरीफ़ ले जा चुके थे। रिक्शा वालों को सवेरे आने के लिये कह कर लाला जी कपड़े उतारे बिना बिस्तर पर लेट गये।

रात नींद किसे आती। प्रात: ही रिक्शा वाले आ गये। लाला जी अपने एक मित्र के यहाँ पहुँचे, जिनकी उन वकील साहब से मित्रता थी। तीसरी रिक्शा उनके लिये साथ ही लेते गये। वहाँ पहुँचे तो मालूम हुआ कि अभी बाथरूम में गये हुए हैं। आध घण्टा तक लाला जी आशा और निराशा के भँवर में गोते खाते रहे। ख़ुदा-ख़ुदा करके वकील साहब आधे घण्टे बाद स्नान से फ़ारिग़ हो कर बाथरूम से निकले। लाला जी ने उनसे मेरे दुर्भाग्य की कहानी सुनायी और जल्दी चलने को कहा। वकील साहब कहने लगे, "खाना बन रहा है, अभी खा कर चलते हैं।"

लाला जी के लिये यह आध घण्टा भी आधी सदी के समान बीता। उन्होंने वकील साहब से प्रार्थना की, "आप किसी-न-किसी तरह अभी चलने का कष्ट करें। राम जाने उस बेचारे पर क्या बीती हो। इन सिपाहियों से भगवान ही बचाये। एक बार जिसके पेश पड़ जायें उसका बचना कठिन है।"

लाला जी की प्रार्थना बहरे कानों पर पड़ी। वकील साहब टस-से-मस न हुए। कहने लगे, 'कोई बात नहीं, अभी पाँच मिनट में चलते हैं।' हाँ उन्होंने यह कृपा अवश्य की कि टिक्का साहब को यह फ़ोन कर दिया, कि वे इस केस में दिलचस्पी रखते हैं। इसलिये वे उसका निर्णय उनके पहुँचने तक न करें, पर यह टेलीफ़ोन

मशोबरे के डाकख़ाने से किया गया था। वहाँ से कोई आदमी टिक्का साहब तक यह सन्देश पहुँचाने गया या नहीं, यह निश्चय से नहीं कहा जा सकता। शायद मैं उस समय तक छोड़ दिया गया था।

ख़ैर, वकील साहब ने खाना खाया, फिर कपड़े पहने और पूरे डेढ़ घण्टे के बाद तैयार हुए। एक वकील दूसरे सिटी फ़ादर और वो भी शिमला जैसे नगर के। यदि वो शान न दिखाते तो और कौन दिखाता! एक बड़ी मोटी-सी किताब भी उन्होंने साथ ले ली। शायद भारतीय दण्ड-विधान का वकीली एडीशन था, ताकि ज़रूरत पड़ने पर काम आ सके। लेकिन उन्हें उसका उपयोग करने का कष्ट न करना पड़ा, क्योंकि वे अभी सी-पी पहुँचने भी न पाये थे कि मार्ग ही में मैं उन्हें मिल गया।

०

अपनी कहानी ख़त्म करने पर लाला जी गेबल्ज़ होटल के मैनेजर और इन वकील महोदय को बड़ा धन्यवाद दिया। मुझे भी उन महानुभावों से कुछ श्रद्धा हो गयी। सिटी फ़ादर हो तो ऐसा हो, जो किसी ग़रीब नागरिक के कष्ट को अपना कष्ट समझे। उसे कष्ट से छुट्टी दिलाने के लिये अपना बहुमूल्य समय लगाने को तैयार हो जाये। उन वकील साहब के प्रति मेरी यह श्रद्धा उस समय तक बनी रही, जब तक कि उन्होंने वह सहानुभूति दिखाने की फ़ीस के तौर ५०/- रुपये का बिल नहीं भेज दिया।

बातें करते-करते हम सड़क पर आ गये। वकील साहब मेला देखने चले गये थे। उनके लिये रिक्शा छोड़ कर, दो रिक्शाओं में हम घर की ओर रवाना हुए। वकील साहब ने वह रिक्शा रात के नौ बजे छोड़ी। मैंने भी पहली बार रिक्शा की सैर कर ली। वह सैर समझ लीजिए, मुझे २५/- रुपये में पड़ी। घर जा कर जब लाला जी ने मुझे खर्च का हिसाब दिया तो मालूम हुआ कि ५०/- के करीब ख़र्च आ चुका है। मैंने जो यह समझा था कि मेरे इस नये अनुभव का खर्च, मेरी ऐनक की कीमत और मेरा शारीरिक कष्ट है, ग़लत साबित हुआ। ऐनक की कीमत को मिला कर मेरे कोई साठ रुपये लग गये और यदि कहीं मुझे वकील साहब का ५०/- रुपये का बिल भी देना पड़ता तो सौ से अधिक का जूता पड़ता और वह भी निर्दोष।

घर आ गया था। लाला जी की पत्नी और बच्चे इस प्रकार आगे-आगे मुझे देखने आये जैसे मैं फाँसी की रस्सी से बच कर आया हूँ। खाना आया और यद्यपि कल से कुछ न खाया था, पर हाथ तक लगाने को जी न चाहा। मैंने सबसे पहले दातून की, फिर हाथ-मुँह धोया। तब कुछ जल-पान किया।

सारा दिन मित्रों का ताँता बँधा रहा। सब को वही कहानी बार-बार सुनायी गयी। सब जानते थे, पर मुझसे पूछने में शायद उन्हें रस मिलता था। एक निर्दोष आदमी के लिये भी दूसरों पर अपनी निर्दोषता सिद्ध करने की कठिनाई का पहली बार अनुभव हुआ।

इन्हीं बातों में शाम हो गयी। लाला जी मेरी ऐनक बनवाने के लिये शिमले ले

गये थे, मैं खाना खा कर थका-माँदा अपने नर्म-गर्म बिस्तर पर जा लेटा। पिस्सुओं से काटा हुआ शरीर और गुदगुदा बिस्तर – कुछ अजीब से स्वर्गीय आनन्द का आभास मिला, पर जिस क्षण मैंने बिजली बुझायी और रेशमी रज़ाई को ऊपर खींच लिया तो अँधेरे में मेरे सामने उस चोर का चित्र खिंच गया, जिसने उस काल-कोठरी में मेरी जगह ले ली थी। मेरी आँखें अनायास नम हो आयीं और मेरी नींद ग़ायब हो गयी।

अधूरे उपन्यास

वह सब जो मैंने देखा

(पहली किस्त)

तुमने मेरी दुखती रग छेड़ दी दोस्त। किलबिलाती उस दिल्ली के कन फाड़ शोर में, मौत की बाट देखते-देखते, मन अनायास अतीत के बन-वीरानों में जा भटकता है, जब बचपन और लड़कपन जीवन की विषमताओं से अनभिज्ञ, स्वच्छन्द हवा में साँस लेते थे। आज काट हो, गाँव हो अथवा नगर, बच्चा जन्मते ही बन्दूक, तोप, हवाई जहाज़ और बम की बातें सुनता है। नगर-तो-नगर गँवई गाँव के लड़के भी खेल-खेल में बन्दूक और तोप चलाते और सिनेमा के गाने गाते हैं। चाहे फिर रणक्षेत्र और सिनेमा-घर उनके गाँव से योजनों दूर हों, देश-विदेश की बातें, गीत-गाने—बसों, मोटरों, गाड़ियों द्वारा—यात्रा कर, बिना किसी तार के हवा के पंखों पर उड़, काट और गाँव तो दूर, डेरावासी चरवाहों की झोपड़ियों तक जा पहुँचते हैं, और आज गाँवों के बच्चे वह सब जानते हैं, जो हमारे बचपन में बड़े-बूढ़े तक को मालूम न था।

राजपूताने के उस रेगिस्तान में मेरा जन्म कहाँ हुआ, यह बताना कठिन है। उधर तब गाड़ी न गयी थी और वहाँ के वासी भेड़, बकरियाँ और ऊँट पालते थे, चरागाहों और पानियों के साथ-साथ काटें बनती-बिगड़ती थीं। काट को झोंपड़ियों की छोटी-सी गँवई समझ लो। लेकिन जब मैंने होश सँहाला तो मेरे माता पिता बहावलपुर रियासत में चिश्तियाँ स्टेशन के निकट बस गये थे। स्टेशन तो बहुत दिन बाद बना, पर वही बिन्दु है जिससे तुम्हें मैं अपनी काट का पता बता सकता हूँ।

तुमने कभी डेरावासी चरवाहों की झोपड़ियाँ देखी होंगी। सुबह तुम वहाँ बिलकुल सपाट मैदान देखते हो, वहाँ से जब शाम को गुज़रते हो तो जैसे किसी जादू के असर से छोटे-छोटे ख़ेमे उग आते हैं, भेड़, बकरियाँ, कुत्ते, बच्चे और गधे। हमारी काट भी चिश्तियाँ के उस मरु में किसी जादू से बनी दिखाई देती थी। डेरावासी चरवाहों की झोपड़ियों से बड़ी सरकंडों की झोंपड़ियाँ और भेड़-बकरियों के स्थान पर भैंसें, गायें और ऊँट। चिश्तियाँ के स्टेशन से उत्तर की ओर लाइन-लाइन चलो तो दोनों ओर सठे की बड़ी-बड़ी ऊँची झाड़ियाँ चली गयी हैं। कभी-कभी कोई ऊँट सवार उनके पीछे फुदकता-सा चला जाता है। झाड़ियाँ इतनी ऊँची हैं कि ऊँट सवार की पगड़ी या टोपी ही उनके पीछे फुदकती दिखाई देती है। देव सिग्नल से दो-एक मील आगे चलने पर अचानक बायीं ओर ऊँटों के गले में बँधी हुई घण्टियों की आवाज़ सुन कर तुम चौंक उठोगे क्योंकि तुम्हें दोनों ओर सेठे की ऊँची-ऊँची घास और उसके फूलों की सफ़ेद बालियों के अतिरिक्त कुछ दिखायी देगा। फिर तुम्हारी गन्ध पा कर कोई कुत्ता भौंक उठेगा और फिर उसके अनुकरण में प्रत्येक दिशा से कुत्ते भौंकने लगेंगे। उनकी आवाज़ पर तुम रेलवे लाइन से उतर कर सेठे की झाड़ियों को पार करोगे तो तुम्हें सामनें रेतीली मिट्टी पर जैसे जादू के असर से उगी झोंपड़ियाँ दिखायी देंगी।

पूछने पर तुम्हें पता चलेगा कि तुम अनूपसिंह की काट में पहुँच गये हो।

अनूपसिंह मेरे दादा का नाम था। उन्हीं के नाम पर हमारी काट का नाम पड़ा था। आरम्भ में वहाँ केवल दस झोंपड़ियाँ थीं। रियासत में रेल और नहरें बन रही थीं और रियासत डेरावासी चरवाहों को बसाती जा रही थी। हमारे दादा भी बस गये थे। पहले तो जहाँ-जहाँ काम होता, वहीं झोपड़ियाँ बनतीं पर जब नहर बन गयी तो चिश्तियाँ के पीर ने, जो उधर का बड़ा जागीरदार था, हमारे दादा को दो पंजाई पर अर्थात फसल के पाँच भागों में से दो पर ज़मीन दे दी। उस ऊबड़-खाबड़ मरु को समतल बनाने, वहाँ रजबहे खोदने और धरती को सरसाने के लिए पीर को थी भी ऐसे ही सूरमाओं की ज़रूरत जो राजपूताने के रेगिस्तानों से जूझ कर अपनी रोज़ी पैदा करते। रजबहे बने, ऊसर उर्वर हुआ तो वहाँ की फ़सल को ढोने के लिए रेल भी बनी।

मुझे अपने बचपन के वे दिन आज भी याद हैं जब चिश्तियाँ में पहले-पहल रेल आयी। मैं तब बहुत छोटा था। पहले-पहले पीर के साथ कुछ विचित्र-सी औंधी टोकरी ऐसी कोई चीज़ जो बाद में मालूम हुआ कि हैट थी सिर पर पहने और गले में रेशमी से कपड़े की फाही लगाये जो बाद में पता चला कि फाही नहीं टाई थी, कुछ लोग धरती की सीमा मापते रहे। फिर मज़दूरों की तलब हुई और जहाँ-जहाँ वे माप गये थे, वहाँ मिट्टी डाल कर समतल धरती बनी, उस पर शहतीर रखे गये और लोहे की पटरी बिछी और छकड़ों में पत्थर ला कर गिराये गये। उन रेल के छकड़ों और उनको खींचने वाले काले देव-से इंजन को देखने के लिए दूर-दूर की काटों से किसान लोग चले आते। मैं तब बहुत छोटा-सा था। नंग-धड़ंग-सा रेल की पटरी और उस पर खड़े इंजन को देखता। जब वह चीख़ मारता तो भाग कर अपनी झोपड़ी में जा छिपता। कभी-कभी इंजन दिन भर पड़ा ऊँघा करता। तब मैं भी दूसरे लड़कों के साथ उसके निकट तक चला आता। माँ ने उसका नाम काला देव रख छोड़ा था और मुझे डराया करती थी कि यदि मैं शोर मचाऊँगा तो मुझे काला देव अपने साथ ले जायेगा। उसे क्या मालूम कि उस शैशव में भी मेरे दिल में उस काले देव के साथ जाने की कितनी साध थी।

जब काफ़ी पत्थर आ गये तो जहाँ छकड़ों वाली गाड़ी आती उसके साथ-साथ एक और ऊँची पटरी बनी। इर्द-गिर्द से काफ़ी मिट्टी खोद कर उस पर डाली गयी। जब ऊँची पटरी बन गयी तो उस पर शहतीर रखे गये, उन पर रेल की पटरी कसी गयी और शहतीरों के मध्य गड्ढों को पत्थरों से पाट दिया गया। जब रेल हमारे ही गाँव तक आयी थी तो मेरे पिता और हमारी काट के दूसरे लोग उस पर चढ़ कर घूम आये थे। पर रेलवे लाइन तो हमारे गाँव को छोड़ कर कहीं आगे चली गयी। ठेलों वाली कच्ची पटरी उठ गयी और पत्थर और शहतीर भी पक्की पटरी पर आने लगे। फिर एक दिन ठेलों वाली गाड़ी के स्थान पर छत वाले डिब्बे और उनमें भरी हुई सवारियाँ आयीं और फिर रोज़ दो वक्त गाड़ी चलने लगी। मेरे दिल में उसमें यात्रा करने की साध पूर्ववत बनी रही।

रेल हमारी काट के पास से चीख़ती निकल जाती। मैं अपने नन्हे-नन्हे हमजोलियों के साथ विमोहित-सा उसे जाते देखा करता। उसके डिब्बों में प्राय: हमारी ही काट जैसे देहाती भरे रहते, पर कभी-कभी उसके किसी किसी डिब्बे में अजब गोरे-गोरे आदमी, वही उल्टी टोकरी सिर पर रक्खे और रेशमी फाही लगाये गुज़र जाते। बड़े लड़के इंजन की चीख़

के साथ चीख़ते, गाड़ी के मुसाफ़िरों को मुँह चिढ़ाते, पत्थर और रोड़े फेंकते और जब गाड़ी गुज़र जाती तो जा कर गर्म-गर्म लाइन पर कान रख रेल की गड़गड़ाहट सुनते। पर मैं चुपचाप दूर खड़ा रेल को जाते देखता और मन-ही-मन उन देशों में जाने की बात सोचता जिनकी परियों के किस्से दादी सुनाया करतीं।

दादी को परियों की अनन्त कहानियाँ याद थीं। इन्द्र के दरबार की परियाँ, कोहकाफ़ की परियाँ और सात समुद्र पार की परियाँ दादी के इंगित पर उन कहानियों में आ कर मेरा मन लुभाती थीं। फिर जब मैं कुछ और बड़ा हुआ तो दादी मुझे राम और कृष्ण की कहानियाँ सुनाने लगीं। एक बार मेरे मन में साध जगी कि यदि मेरे भी सौतेली माँ हो और वह मुझे चौदह वर्ष के लिए बन को भेज दे तो मैं भी रामचन्द्र की तरह राक्षसों का संहार कर लंका को जीतूँ।

अपनी यह साध मैंने दादी से कही तो उसने हल्का-सा प्यार-भरा थपेड़ा मेरे सिर पर मार कहा, "घत्त, तेरी अपनी माँ जीती रहे। नौज तुम्हें किसी सौतेली माँ के अत्याचार सहने पड़ें।"

और तब उसने सौतेली माँओं के अत्याचार की कहानियाँ सुनायीं और मेरे शिशु हृदय में सौतेली माँ और चुड़ैल एक ही शब्द के दो रूप बन कर रह गये।

पर कभी-कभी ऐसा भी होता है कि भगवान अच्छी साधें तो पूरी नहीं करता, बुरी साध पूरी कर देता है। उस दिन के एक महीने बाद ही मेरी माँ मर गयी और बापू दूसरा ब्याह कर लाये।

यह मेरी नयी माँ सूरत-शक्ल से तो चुड़ैल न थी, बल्कि दादी ने परियों की जो बातें सुनायी थीं, वे सब उसमें थीं। पली हुई भूरी भैंस की तरह गठा, गदराया उसका शरीर था और मत्त साँडनी की चाल, जंगल के हिरनों-सी बड़ी-बड़ी आँखें थीं और सेठे की घनी लम्बी घास-से उसके बाल थे। उसने मुझे डराया-धमकाया भी नहीं, बल्कि जब वह हमारी झोंपड़ी में आयी तो उसने मुझे अपनी बाँहों में भी लिया, परन्तु दादी ने सौतेली माओं के सम्बन्ध में मुझे जो कहानियाँ सुनायी थीं, उनसे मेरे हृदय में कुछ ऐसा डर पैठ गया था कि मैं उसकी गोद में भी घायल, डरे पक्षी-सा सिकुड़ा रहा।

न जाने मेरे संकोच की प्रतिक्रिया थी या दादी ही की बात सच्ची थी, धीरे-धीरे मेरी सौतेली माँ दादी की कहानियाँ की चुड़ैल का-सा रूप धारण करने लगी।

उस छोटी-सी उम्र में उसने मुझसे घर के छोटे-मोटे ऐसे काम लेने आरम्भ कर दिये जो मेरे बस से बाहर थे। मैं भरसक उसके आदेशानुसार काम करने का यत्न करता, पर मुझसे कोई-न-कोई चूक हो जाती। दादी मेरा पक्ष ले कर उसे रोकती तो वह चढ़ कर मुझे और भी काम पर लगाती। और शाम को जब बापू खेतों से थके-हारे लौटते तो मेरी शिकायत करती। बापू बहुत देर तक मुझे डाँटते-झिड़कते रहे, पर एक साँझ जब वे बड़े ही थके हुए लौटे और मेरी नयी माँ ने मेरी शिकायत की तो उन्होंने ताबड़तोड़ मुझे पीट दिया।

तब दादी ने मुझे अपने स्नेह-भरे आँचल में छिपा लिया और अपने बेटे को बड़े कोसने दिये।

लेकिन उसके बाद यह क्रम-सा बन गया। माँ की शिकायत, बापू का पीटना और दादी का प्यार—और यह क्रम उस समय तक बना रहा, जब दादी अपने प्यार की धुँधली, पर स्पष्ट, याद छोड़ कर नयी माँ के आने के चार-छै महीने बाद परलोक न सिधार गयी।

दादी के बाद तो मेरे दादा की काट मेरे लिए नरक समान बन गयी। बापू-तो-बापू, अब नयी माँ भी मुझे पीटने लगी। मैं रेत में मुँह छिपाये घण्टों रोया करता, पर मुझे कोई तसल्ली न देता। नयी माँ भूरी भैंस की तरह गठी-गदराई ही न थी, बल्कि लड़ाका भी थी। मरकही भैंस के थान के पास से जैसे लोग बच कर निकल जाते हैं, उसी प्रकार सगे-सम्बन्धी भी हमारी झोंपड़ी को बचा कर निकल जाते और मैं रोते रोते थक जाता तो वीरानों में भटकने को निकल जाता। कभी-कभी ऐसी दशा में रेलगाड़ी चीख़ती, दनदनाती सामने से निकल जाती और मेरे मन में साध उठती कि कहीं यह रुक जाये तो मैं उसके पायदान से लटक जाऊँ और परियों के देश को चला जाऊँ।

दिल्ली की इस निबड़ता और जन संकुलता में तुम चिश्तियाँ के दूर तक फैले ऊबड़ खाबड़ सम-विषम वीरानों, टेढ़ी-मेढ़ी सुनसान पगडण्डियों, दृष्टि की सीमा तक फैली हुई करील और जंगली बेरों की झाड़ियों, जण्ड, बबूल, फलाही और ओकाँह के टेढ़े-मेढ़े, असुन्दर, अपरूप पेड़ों की कल्पना भी नहीं कर सकते। यह दिन-दिन भर छायी रहने वाली गर्द, यह कानों को फाड़ देने वाली फ़ैक्टरियों की आवाज़ें, ताँगों, रिक्शाओं, मोटरों, बसों का बेपनाह, दुर्धर, दुर्निवार शोर—यह सब वहाँ जैसे अनन्त निद्रा में सोया था। धरती के उस कुंवारे निरावरण सौन्दर्य की कल्पना, यहाँ दिल्ली में बैठ कर नहीं हो सकती, लेकिन यह सौन्दर्य तो शहरों की एकरस निबिड़ता, संकीर्णता, धुएँ और धुंध से ऊबी मेरी आँखें अब देख रही हैं। बचपन में सौन्दर्य का बोध न जगा था और मेरे वातावरण की कटुता को वे फैले-फैले, सुनसान, निर्मम वीराने और भी बढ़ाते थे। वह इतना विस्तार बड़ी ही संकीर्ण जेल के समान दिखायी देता था।

हमारी काट के पास से एक नाला तो क्या था, नीची जगह थी, जहाँ बरसात में पानी इकट्ठा हो जाता था। उस पर पुलिया के दोनों ओर पक्की ईंट की मेड़-सी बनी थी जो इतनी ऊँची थी कि गाड़ी का निचला पायदान उसके बराबर आ जाता था। कई बार जब मैं बहुत दुखी होता तो उस पुलिया पर जा बैठता, और इच्छा किया करता कि गाड़ी वहाँ रुक जाय तो मैं उसके पायदान पर जा चढ़ूँ और अपनी इस चुड़ैल माँ और क्रूर बाप की संगति से कहीं दूर चला जाऊँ।

मेरा बाप वास्तव में क्रूर हो, यह बात न थी। बहावलपुर के उस रेगिस्तान में, नहर के उन आरम्भिक दिनों में धरती से रोज़ी पैदा करना कुछ इतना आसान न था। धरती को समतल बनाना, उसमें बरहे खोदना और उनसे रेतीली मिट्टी को सींचना बड़ा कष्ट-साध्य था। फिर जो पैदा होता, उसका अधिकांश ज़मींदार के घर में चला जाता। जो बचता, उससे बड़ी कठिनाई से पेट भरता। और मेरी सौतेली माँ नयी-नयी आयी थी। उसकी बढ़ती हुई फरमाइशों को पूरा करने में मेरा बाप अशक्त था। वह थका-हारा आता, तो आराम चाहता। मेरी सौतेली माँ मेरा रोना ले बैठती और मेरा बाप झुँझला कर मुझे पीट बैठता। आज जब इन साठ-पैंसठ वर्षों के पार मैं देखता हूँ तो मुझे लगता है कि मेरे बाप को मुझ पर नहीं, मेरी माँ पर ग़ुस्सा आता था। उसको तो वह न पीटता, मुझे धुन डालता। हो सकता है अपने

बाप के लिए यह मेरा पक्षपात ही हो। ख़ैर, एक शाम को मैं ज़रा देर से झोंपड़ी में पहुँचा। वह खेतों से आ चुका था। मेरी सौतेलो माँ ने शिकायत की कि देखो यह दिन-दिन भर बाहर रहता है, दो बित्ते का लौंडा है और घर-घर घूमा करता है। जाने मेरा बाप किस बात पर भरा बैठा था, उसने मुझे दोनों हाथों से ऊपर उठाया और ज़ोर से धरती पर पटक दिया, ऊपर से दो धूँसे मेरी पीठ पर दिये और बड़बड़ाता हुआ झोंपड़ी से निकल गया।

धरती यदि रेतीली न होती तो शायद मेरी हड्डी-पसली बराबर हो जाती। फिर भी मुझे बहुत चोट आयी। अपनी माँ होती तो पीटने या पिटवाने के बाद गोद में भर लेती पर मेरी सौतेली माँ ने मुझे छुआ तक नहीं, ऊपर से वह गालियाँ देने लगी। वहीं धरती में लेटा-लेटा मैं बड़ी देर तक रोता रहा, फिर उठा और जा कर चुपचाप पुलिया पर बैठ गया।

मुझे बैठे पाँच मिनट भी न गुज़रे होंगे कि दूर से रेल की चीख़ सुनाई दी। स्वभावानुसार मैं उतर कर रेल के गुज़र जाने की प्रतीक्षा में एक ओर खड़ा हो गया। आँखें मेरी अभी तक गीली थीं और मन में था कि यदि रेल यहाँ खड़ी हो जाय और उसमें से कोई परी उतर कर साथ ले जाय तो क्या अच्छा हो।

रेल सचमुच खड़ी हो गयी। शायद सिग्नल डाउन न था, या जाने क्या बात थी। कुछ लोग बाहर उतर आये, कुछ बाहर झाँक कर देखने लगे, तभी इंजन ने फिर सीटी दी। मुसाफ़िर झटपट गाड़ी में सवार हो गये।

तब मैं चुपचाप पुलिया पर जा चढ़ा और वहाँ रुके डिब्बे के निचले पायदान पर बैठ गया। गाड़ी ने एक और सीटी दी और चल दी।

(दूसरी किस्त)

इतनी छोटी-सी उम्र में गाड़ी के पायदान पर चढ़ बेठने का साहस मैं कैसे कर पाया, आज यह बात सोचता हूँ तो मुझे बड़ा आश्चर्य होता है। जाने वह विद्रोह की भावना थी, दुख की भावना थी या उसमें बाल सुलभ उत्सुकता मिली थी कि मुझे पायदान पर चढ़ते भय न आया। शायद इसका यह कारण हो कि जब पहले-पहल वहाँ गाड़ी आयी थी तो मैं अपने से बड़े लड़कों को पायदानों पर चढ़ते देख चुका था। जो भी हो, मैं गाड़ी के पायदान पर जम कर बैठ गया।

आगे चिश्तियाँ का स्टेशन था, इसलिए गाड़ी धीरे-धीरे चली जा रही थी और मुझे वहाँ बैठे बड़ा आनन्द आ रहा था, पर जो दो-तीन मिनट चिश्तियाँ के स्टेशन पर रुक कर गाड़ी पूरी रफ़्तार से चली और तेज़ हवा मेरे नंगे बदन को चीरने लगी और मुझे भूख लग आयी और साँझ का अँधेरा गहरा हो उठा तो मैं अचानक रो उठा। रेल की उस गड़गड़ाहट में मेरा मौन रुदन जब किसी ने नहीं सुना तो मैं जोर-ज़ोर से चिंघाड़ने लगा। तब जाने कोई

स्टेशन आया या किसी ने रेल की ज़ंजीर खींच दी। डिब्बे से सिर निकाल कर किसी ने पुकारा तो मैं और भी ज़ोर से रो उठा।

वह डिब्बा, जिसके निचले पायदान पर मैं जमा बैठा था, शायद ज़नाना था। लोगों को मेरे वहाँ बैठे होने पर बड़ा ताज्जुब हुआ। शरीर पर उस समय भी कुछ न था। तरह-तरह के प्रश्न मुझसे किये, पर मैं किसी का उत्तर न दे पाया, बस रोता रहा, तब उस डिब्बे की एक स्त्री ने मुझे ले लिया। मुझे चुप कराने के लिए अपने पास से मिठाई खिलायी। ऐसी जो मैंने पहले कभी न खायी थी और मेरी दादी ही की भाँति मुझे गोद में ले कर प्यार किया। और मुझे मालूम नहीं कि कब मुझे नींद आ गयी।

बस, उस दिन जो मैं घर से निकला तो फिर वापस नहीं जा सका। यदि वह स्त्री बच्चों वाली होती तो शायद दूसरे दिन मुझे पुलिस के हवाले कर देती और पुलिस मेरी काट पहुँचा देती। पर उस स्त्री के कोई बच्चा न था, इसलिए उसने मुझे अपने पास रख लिया।

वह स्त्री, जैसा कि मुझे बाद में मालूम हुआ एक अफ़सर की बीवी थी और सन्तान प्राप्ति के लिए कहीं मन्नतें मान कर आयी थी। जब मैं उसके यहाँ कुछ बड़ा हुआ तो उसकी बातों से मुझे यह मालूम हो गया। मन्नत का प्रभाव देखे बिना उसने मुझे अपना बेटा मान लिया।

पर मेरे पाँव में तो चक्कर था। बहुत दिनों मेरा वहाँ रहना न हो सका। पहला कारण तो यह हुआ कि बिना यह जाने कि मैं किस मिट्टी में जन्मा हूँ और कैसे मेरे जीवन के पहले वर्ष बीते हैं, उसने मुझे अपने यहाँ रख लिया। वीराने का पौधा जैसे उर्वर धरती में नहीं लगता, ऐसे ही उस घर के वातावरण में मैं न जम सका। वह स्त्री, जिसे उसी के सिखाने पर मैं माँ के नाम से पुकारने लगा था, सम्भ्रान्त घराने की थी। साफ़ बरतन, साफ़ कपड़े, साफ़ घर। मैं एक किसान की झोंपड़ी में पला, मिट्टी से मेरा माँ-बेटे का नाता। मैं कैसे वह सब सफ़ाई सीख सकता। वह मुझे नहला-धुला कर अच्छे कपड़े पहनाती, मैं फिर उन्हें मिट्टी कर देता, सुच्चे पानी में हाथ डाल देता, साफ़ बिस्तर और जाजम ख़राब कर देता। वह झींकती, चिल्लाती और उस दिन को कोसती जब उसने मुझे गाड़ी के पायदान से उठा लिया था। उसने मुझे स्कूल में भी डाला, पर जैसे वह चाहती थी, वैसे मैं न पढ़ सका। पढ़ने की अपेक्षा सिर फोड़-फुड़वाने और खेलने में मेरी अधिक रुचि रही। उसका अपना बच्चा होता, उसे वह शुरू से साफ़ रहना सिखाती तो कदाचित वह सफल रहती। न सफल रहती तो भी ऐसे कटु न हो जाती। अपने बच्चे के जिस दुर्गुण पर प्यार औ गर्व हो आता है, दूसरे बच्चे में वही दुर्गुण घृणा उपजाता है। इस पर मेरे भाग्य से पट्टन के पीर की मानी हुई उसकी मन्नत फल आयी और उसके अपने लड़का हो गया। इसके बाद तो धीरे-धीरे मेरी हैसियत घर के नौकर-छोकरे की-सी हो गयी। मेरे लिए नये कपड़ों का आना बन्द हो गया, मेरे सिले हुए कपड़े मैले होते-होते बिलकुल फट गये, मेरी उस माँ का समस्त ध्यान अपनी बच्चे में केन्द्रित रहने लगा, स्कूल से मुझे उठा लिया गया और धीरे-धीरे मुझसे घर के सब काम कराये जाने लगे।

पर यहीं शायद मेरे अन्दर सोया हुआ स्वाभिमान जाग उठा। नवजात शिशु से मैं ईर्ष्या करने लगा। नये कपड़ों के लिए मचलने लगा, पढ़ने में भी जाने कैसे मेरी रुचि हो गयी।

बरतन मलना या घर की सफ़ाई करना मुझे अप्रिय लगने लगा। अपनी नयी माँ और नये पिता से सवाल-जवाब करने लगा। हार कर उसने मुझे लुधियाने अपनी बहन के घर, एक नौकर-छोकरे ही हैसियत से भेज दिया।

उस साफ़ घर, उस घर की झुँझलाहट ओर अबोहर की उस बड़ी मण्डी और उस मण्डी के विस्तार के अतिरिक्त अब मुझे उन दिनों की कोई याद नहीं रही। वह मण्डी अब भी मुझे याद है। मैंने लुधियाना, जालन्धर, होशियारपुर, लाहौर की मण्डियाँ देखीं, पर इतनी बड़ी मण्डी नहीं देखी। उस मण्डी के चार खण्ड थे और चारों एक-एक मण्डी जितने बड़े थे। अबोहर से उन दिनों अगर वह मण्डी उठा ली जाती तो फिर कुछ न रहता। रेल आने के बाद अब तो, चिश्तियाँ, बहावलपुर, हिन्दू मालकोट और दूसरी कई मण्डियाँ हो गयी हैं, पर तब वही एक बड़ी मण्डी थी। फ़सल के दिनों में जब गेहूँ के बड़े-बड़े ढेर मण्डी में लगते और एक बड़े-से तराजू पर ग़ल्ला तुलता और उसमें से धूल उड़-उड़ कर छा जाती तो मुझे बड़ा अच्छा लगता। मैं घण्टों खड़ा बोरियों को भरे जाते देखता, फिर जब कपास के दिनों में ऊँटों पर लद-लद कर कपास के ढेर-के-ढेर मण्डी में लग जाते तो मैं स्कूल को जाते-जाते रुक कर घण्टों उन ढेरों को देखता रहता। कई बार दूसरे लड़कों के साथ मैं उन पर छलाँग लगा देता। कपास की गन्ध नथुनों से हो कर दिमाग में चली जाती और उसकी नर्म-नर्म गोद में माँ की गोद का-सा आभास मिलता।

लुधियानें में मेरी स्थिति महज़ एक नौकर की थी। अबोहर में तो मैं बेटे से नौकर की दशा में पहुँचा था और नौकर बनते-बनते भी बेटे का कुछ-न-कुछ स्नेह मुझे मिल जाता था, लुधियाने में तो कोई ऐसी बात न थी। मुझे एक कोठरी, जिसमें कि लकड़ी, कोयला, रक्खा जाता, रहने को दी गयी। पुराना-सा एक गूदड़, सोने को मिला। घर की झोंपड़ी के मुकाबले में चाहे यह जगह बड़ी आरामदेह थी, पर अबोहर के मालिकानापन के बाद यह स्थिति मुझे पसन्द न आयी। फिर लुधियाने वाली यह बहन अपनी अबोहर वाली बहन की तुलना में बड़ी कंजूस थी। वहाँ मुझे नवजात शिशु के मुकाबले में चाहे बराबर का दर्जा न प्राप्त था, पर खाने-पीने की कमी न थी। और मैं अबोहर में आ कर बड़ा हृष्ट-पुष्ट हो गया था। मेरे देहाती अंग नगर के लड़कों की तुलना में बड़े खुल आये थे, लेकिन लुधियाने में मेरी यह मालकिन मुझे चोर समझती थी। घर के लिए जो बनता, उसमें से बचा-खुचा मुझे मिलता। कई बार जब वह बाहर जाती तो रसोई-घर को ताला लगा जाती। यह अजीब बात है कि यहाँ आ कर मुझे अपनी झोंपड़ी का गन्दापन अखरने लगा। मुझे पहनने को जो मैले-कुचैले कपड़े दिये जाते, मैं उन्हें लेने से इनकार कर देता। मेरे पास जो कपड़े थे, उन्हें धोता और जब मेरी इस सफ़ाई पसन्दी पर मेरी मालकिन नाक-भौं चढ़ातीं तो मुझे बड़ा बुरा लगता। तीन रुपये महीना मेरी मालकिन ने मेरा वेतन ठहराया। और जब महीने के अन्त पर उसने तीन रुपये मेरे हाथ पर रखे तो मैंने लेने से इनकार कर दिया।

दो महीने किसी-न-किसी तरह लश्टम-पश्टम बिताये। आख़िर जब मेरे सहने की हद हो गयी तो एक दिन मैंने वह दस रुपये का नोट, जो मुझे बाज़ार से सामान लाने को दिया गया था, जेब में डाला, स्टेशन का रास्ता लिया और जो गाड़ी मुझे तैयार मिली उसमें बैठ गया।

इसके बाद मेरी दशा सागर की तूफ़ानी लहरों में फँसे उस किश्ती के खेवक की-सी थी जो अकेले-दम अपनी नौका को निश्चित दिशा में ले जाना चाहता हो और लहरें कभी उसे उठा कर एक दिशा में पटक दें और कभी दूसरी दिशा में।

मन्दी का ज़माना था, लेकिन रुपये की बड़ी कमी थी, और बेकारी अजगर की तरह मुँह खोले खड़ी थी। मैं लुधियाने से जालन्धर पहुँचा। दस रुपये बड़ी कठिनाई से महीना भर चले, पर इसी बीच में मैंने रेलगाड़ी पर सोडा बेचने का काम ले लिया। काम कठिन था, पर गाड़ी में स्टेशन यात्रा करने की मेरी साध पूरी हुई, बहुत आदमियों को निकट से देखने का अवसर मिला और परियों के देश से निकल कर मैं यथार्थ जीवन से जूझने को तैयार हो गया।

हमारी कम्पनी का मालिक एक काना मोटा-सा आदमी था। उसने बड़ी उम्र में शादी की थी। बीवी उसकी बड़ी सुन्दर थी। बच्चा हुआ न था। मैं उसके घर में रहने लगा। अवकाश में उनका कुछ काम भी कर देता। खाने और रहने की सुविधा मिली। जो वेतन मिलता, मैं उसे बचा लेता और उससे कपड़े बनवा लेता और पुस्तकें ले आता। सोने से पहले मैं एक आध घण्टा ज़रूर पढ़ता। मेरी मालकिन मेरी सहायता करती। जीवन में जालन्धर के वे दिन सबसे अच्छे दिन हैं। कुछ दिन तो मैं गाड़ी पर सोडा-बर्फ़ बेचता रहा, फिर मेरे मालिक ने मुझे फ़ैक्टरी ही में रख लिया, मशीन में बोतलें भरते-भरते, एक बार बोतल फट कर मेरे माथे में लग गयी, बड़ा घाव आ गया। मेरी मालकिन ने अपने बेटे अथवा छोटे भाई की तरह मेरी मरहम-पट्टी और इलाज कराया। दिन-दिन वे मेरे सिरहाने बैठी रहीं। जब मैं अच्छा हो गया तो कृतज्ञता से इतना भर गया कि उस घर पर जान देने को तैयार रहने लगा। न दिन का दिन देखा, न रात की रात। मेरे कारण मेरे मालिक को बड़ा लाभ हुआ, मेरी स्थिति भी नौकर से उठ कर मालिक के छोटे भाई की-सी हो गयी। मालिक न होता तो मैं ही गद्दी पर बैठता, पैसा लेता-देता। साथ-साथ पढ़ता भी जाता। वहीं मैंने मिडिल पास किया। मिडिल पास की उन दिनों बड़ी कद्र थी। लोग मुझे मालिक का बेटा अथवा निकट सम्बन्धी समझते और रिश्ते-नाते के सम्बध में पूछते थे। मालिक कहता, 'यह मैट्रिक करेगा तो इसकी शादी करूँगा।' कभी वह प्रसन्न होता तो मेरी शादी भी जल्द कर देने की बात करके हँसी ठठोली भी करता।

लेकिन मेरी जवानी ही मेरे हक में ज़हर साबित हुई। मेरी उम्र कुछ ज़्यादा न थी, किन्तु चौदह-पन्द्रह वर्ष ही मैं मैंने देहाती अंग बीस-बाईस के लगते थे। मालकिन का स्नेह तो मुझ पर पहले ही जैसा था, पर पहले मालिक को किसी प्रकार का सन्देह न था, मैं तो मालकिन का उसी तरह आदर करता रहा, जाने उसे मालकिन की आँखों में मैल दिखायी दिया अथवा मेरी जवानी के प्रति वह सन्त्रस्त हो उठा, उसके यहाँ मेरा रहना कठिन हो गया और एक दिन जब मुझको ले कर मालिक ने मालकिन को पीट दिया, और मुझे सब बात का पता चला तो मैंने मालकिन के चरणों पर सिर रख दिया, उनसे आशीर्वाद माँगा और जीवन की नाव को एक बार फिर लहरों के सहारे छोड़ दिया।

सोडे की उस फैक्टरी में मालिक और नौकर का सम्बन्ध न रहा था। वर्षों से वेतन न लिया था। जब चला तो पास रुपये अधिक न थे। माँगने का भी मन न हुआ। दिन-त्योहार को जो कुछ मिलता, वह मैं जमा करता आया था। आठ-नौ वर्षों में धीरे-धीरे मेरे पास

पचास रुपये की रकम हो गयी थी। हाँ, अब मैं नंगा-भूखा और अपढ़ न था, मालिक से भी मैं लड़ कर न आया था, इसलिए पास बिस्तर भी था और कपड़े भी।

मैंने अपने इस मालिक का काम इतने सुचारु रूप में चलाया था कि मुझे जालन्धर में ही एक दूसरी सोडा वाटर फैक्टरी वाला, अपने यहाँ नौकर रखने को तैयार था, किन्तु जिस कारण मैंने घर छोड़ाना उचित समझा उसी कारण जालन्धर में नौकरी करना उचित न समझा।

कारोबार के सम्बन्ध में लाहौर के एक व्यापारी से मेरी जान-पहचान हो गयी थी। उसी के यहाँ मैंने क्लर्क के रूप में नौकरी कर ली।

लाहौर तब चाहे इतना बड़ा न था। ये उसके इर्द-गिर्द मीलों तक फैली नयी बस्तियाँ, अभी काग़ज़ पर भी न आयी थीं, निस्बत रोड और बीडन रोड तक वीरान पड़ी थी, लेकिन फिर भी पंजाब का यह सबसे बड़ा शहर था। अनारकली अनारकली ही थी, और राजधानी होने से उन्नति के वहाँ बड़ा साधन थे।

आम तौर पर लाहौर के बारे में यह कहा जाता था कि वहाँ जा कर लड़के बिगड़ जाते हैं। किसी हद तक यह बात थी भी सच। देहात और पुराने शहरों की संकीर्णता में बँधे युवक, जब लाहौर जाते थे तो वहाँ की खुली फ़िज़ा न केवल उनकी संकीर्णता को तोड़ कर मिटा देती थी, वरन वे उसमें अपने पाँव नहीं जमा पाते और खुलेपन में उचित-अनुचित का ध्यान न रख पाते। किन्तु ऐसा प्रायः उन युवकों के सम्बन्ध में होता था, जिनके माँ-बाप उनके लाहौर जीवन का ख़र्च देते थे। मेरे साथ ऐसी बात न थी। अपने जीवन की नाव मुझे स्वयं ही खेनी थी। इसलिए प्रति क्षण मेरे लिए कीमती था, फिर यदि कभी मन और तन के घोड़े बिदके भी तो महत्वाकांक्षा की दीवारें उनका रास्ता रोक कर खड़ी हो गयीं। नौकरी भी स्थायी न थी, इसलिए मैं इस कोशिश में था कि मैट्रिक करके कहीं सरकारी दफ़्तर में भर्ती हो जाऊँ। यह दो साल का काम मैं दस साल में पूरा कर पाया, और जब मुझे सेना के दफ़्तर में तीस रुपये की नौकरी मिली तो मेरी ख़ुशी का वार-पार न रहा। उस दिन मैंने पहली बार सिनेमा देखा। देसी फ़िल्म तो बहुत देर बाद बनने शुरू हुए, वह कोई अंग्रेज़ी फ़िल्म था और उसमें बड़ी तलवारें चलती थीं और नायक अकेले-दम दस-दस का मुकाबला करता था। मुझे उस फ़िल्म की कहानी आज कुछ भी याद नहीं। इतना याद है कि नायक भी कोई बड़ा पदाधिकारी था। किसी दूसरे पदाधिकारी से उसकी लगती थी। वह उसे पकड़वा कर मारने पर तुला था। विपक्षियों ने उसे कई बार घेरा, पर वह हर बार बच निकला। चालीस-पचास आदमी आक्रमण करने आते थे तो वह एक बड़े-से तेग़े के सहारे उन सबके ऊपर उछल कर परे जा खड़ा होता था और उनका वार ख़ाली जाता और सब फिर मुड़ कर उस पर लपकते थे और वह फिर उनको छका देता था। जब वह एक चौक में घिर गया तो एक बड़े लम्बे फरसे को मकानों की खिड़कियों में फँसा कर उसके द्वारा वह कई मंज़िल ऊपर चढ़ गया था। जब उसके विरोधी सैनिक वहाँ भी पहुँच गये, तो वह वहीं से एक पर्दा फाड़, उसको हवा में फैला कर उसकी छतरी-सी बनाता हुआ, आठ-दस-मंजिले मकान से कूद गया था और ठीक राजा की बग्घी के ऊपर आ गिरा।

यह नौकरी पक्की थी। साल ही नौकरी पर बीता था कि मेरे हृदय में घर जाने की और अपने बाप से मिलने की इच्छा उत्पन्न हुई। घर की कभी याद न आयी हो, ऐसी बात

न थी, लेकिन असफल हो कर वापस जाना मुझे स्वीकार न था, और बि, जब मैं वह कुछ कर सका था, जिसकी कल्पना मेरे गाँव में सम्भव ही न थी, तो अपना यह वैभव ले कर अपनी सौतेली माँ को दिखाने की इच्छा अनायास ही मन में आती। कपड़े भी मेरे साहबी हो गये थे। वह उल्टी टोकरी मेरे सिर पर थी और फाही गले में, और मुझे विश्वास था कि मुझे देख कर अनायास सारी काट सलाम कर उठेगी।

गाँव में मुझे किसी ने नहीं पहचाना। कुत्ते मेरे पीछे लग गये, पर उन्हें हटाने वालों की कमी न थी। पहले ही आदमी से मुझे पता चल गया कि मेरा बाप मर चुका था। जब मैंने अपना परिचय दिया तो काट में यह ख़बर आग की तरह फैल गयी। मुझसे पहले मेरी सौतेली माँ को मेरे आने का पता चल गया। सारी काट हमारी झोंपड़ी के आगे इकट्ठी हो गयी। मेरा बाप मर चुका था और माँ तीन बच्चों के साथ अपनी उम्र से बीस बरस बूढ़ी दिखायी देती थी। और मैं उसके लिए जवानों के-से कपड़े ले गया था। जब मैंने उसके चरणों पर सिर रखा और वह कपड़े उसे दिये तो अपने आर्द्र कण्ठ से उसने कहा कि ये सब तेरी बहू के काम आयेंगे।

मैं दो दिन वहाँ रहा। वे फैले-फैले वीराने, धुएँ, धुन्ध और धूल से पाक वह वातावरण कितना भी सुन्दर क्यों न हो, लाहौर में बरसों बिता कर आने वाले के लिए उबा देने वाला था। मेरे भाई मेरी तरह नंग-धड़ंग, मैले-कुचैले धूमते थे, वही सेठे की झोंपड़ी और वही फूस का बिछौना। पहली रात मुझे नींद न आयी।

अनूपसिंह का बेटा साहब बन गया है, बड़ा धन कमा कर लाया है, यह ख़बर काट-तो-काट, इर्द-गिर्द के गाँवों में रात रात भर में फैल गयी। और दूसरे दिन वे सब लोग, जो मेरे बाप को जानते थे, किसी-न-किसी बहाने मुझे देखने आये। चलने से पहले मेरी सौतेली माँ ने मुझे पूरी तरह अपना लिया। एक ही दिन में मेरी सगाई तय कर दी। दो वर्ष बाद शादी होने की बात पक्की हो गयी। और मैंने चलते वक्त उसे बीस रुपये दिये। जितने सारी काट से इकट्ठे करो तो न मिलें। एक भाई को मैंने लाहौर ले जा कर पढ़ाने का वचन अपनी माँ को दिया और छुट्टी मिलते ही फिर आने की बात कह कर मैं चला गया।

किन्तु गृह सुख शायद मेरी किस्मत में न लिखा था। जंग के बादल अन्तर्राष्ट्रीय आकाश पर घिर रहे थे, हवाई जहाज़ भारत के आकाश में भी मँडराने लगे थे। पंजाबी किस्से गा रहे थे।

> वाह वा जहाज़ हवाई जी
> पै उड़दे नाल सफ़ाई जी
> चक्कर गिरद शहर देलावन
> लोकी मुँह विच उँगलियाँ पावन
> हुण छिड़ दी कोई लड़ाई जी
> वाह वा जहाज़ हवाई जी।

और जिस लड़ाई की सम्भावना जन साधारण तक को दिखायी देती थी, वह जून १९१४ में बार्निया में ऑस्ट्रियन युवराज की हत्या से छिड़ गयी और मुझे शीघ्र ही युद्ध पर जाना पड़ा।

तीसरी किस्त

युद्ध के उन वर्षों की बात बताऊँ दोस्त तो घण्टों लग जायेंगे। बसरा, मेसोपोटामिया, फ़्रांस और इंग्लिस्तान की सैर मैंने की और देखा कि लोग कैसे रहते हैं और हम हिन्दुस्तानी कैसे रहते हैं। अंग्रेज़ सिपाही और हिन्दुस्तानी सिपाही, अंग्रेज़ क्लर्क और हिन्दुस्तानी क्लर्क के वेतन में भी बड़ा अन्तर था। यही कारण था कि जब जलियाँवाला बाग़ के हत्याकाण्ड के बाद देश भर में विद्रोह की ज्वाला भड़की और महात्मा गाँधी ने असहयोग आन्दोलन आरम्भ किया तो मैंने भी अपनी नौकरी छोड़ दी। देश प्रेम की उस तूफ़ानी लहर में अपने स्वार्थ, दुख-सुख—सब डूब गये।

१९२१ के उस जोश को जिन्होंने नहीं देखा, वे उसकी कल्पना नहीं कर सकते। क्योंकि भारत की आज़ादी का आन्दोलन कभी उन शिखरों पर नहीं पहुँचा जो उसने १९२१ में छुए। साम्प्रदायिकता, ऐसा लगता था, जैसे सदा-सदा के लिए मिट गयी। ख़िलाफ़त और असहयोग के आन्दोलन एक हो गये, हिन्दू-मुसलमानों ने साथ-साथ बैठ कर खाया-पिया, हिन्दू-मुसलमान एकता के गीत गाये गये।

मज़हब नहीं सिखाता आपस में बैर रखना
हिन्दी हैं, हम वतन है हिन्दुस्ताँ हमारा।

—महाकवि इकबाल ने उसी ज़माने में लिखा। मुसलमानों ने रामनवमी और हिन्दुओं ने मुहर्रम में भाग लिया। और फिर लड़के स्कूल और कॉलेज, वकील कचहरियाँ और कलर्क अपनी नौकरियाँ छोड़ कर मैदान में आ गये। खादी का दौर चला, विदेशी कपड़े की होलियाँ जलायी गयीं। जनता का देश प्रेम अबाध गति से बह चला और देश प्रेमियों ने जेलों को पाट दिया। मुझे आज भी लाहौर के एक जुलूस की याद आती है। सिविल लाइन्स में १४४ लग गयी थी। और जनता थी कि तूफ़ान के पहले रेले की तरह बढ़ी जाती थी। नेता गिरफ़्तार हो गये, पर नेताओं की कमी न थी, एक टुकड़ी पकड़ी जाती कि दूसरी आगे आ जाती। नगर के पान-बीड़ी-सिगरेट बेचने वाले, फल और गँडेरी फ़रोश तक खादी के कपड़े, खादी के फूलों के हार पहने, एक शहीदी जोश से,

नहीं मननी
नहीं मननी सरकार गोरी नहीं मननी

गाते हुए जलूस के आगे-आगे गिरफ़्तार होने के लिए जा रहे थे।

मैं भी जेल गया। जीवन में मैंने काफ़ी दुख झेले थे, पर उस ज़माने की जेलों के नरक में जो कष्ट मिले थे, वे सदा याद रहेंगे। मुल्तान, रावलपिंडी, लाहौर, अम्बाला और जालन्धर जेलें मैंने उन्हीं दिनों देखीं। एक ही सुख की बात थी। सब जगह मित्रों का साथ था और यह विचार कि हम जेल के दुख देश की स्वतन्त्रता के हेतु झेल रहे हैं, उन दुखों को सह्य बना देता था।

मैं जालन्धर जेल में था जब मेरी मुक्ति का आदेश आया। बाहर निकला तो आन्दोलन लगभग बन्द हो चुका था और साम्प्रदायिकता जो देश प्रेम की रौ में दब गयी थी फिर धीरे धीरे सिर निकाल रही थी।

नौकरी छोड़ कर जेल गया था। आन्दोलन तो जारी न था कि फिर उसमें कूद पड़ता, कहीं काम करना ज़रूरी था। रात तो कांग्रेस कमेटी के दफ़्तर में गुज़ारी, दूसरे दिन काम की तलाश में निकला, भैरो बाज़ार में एक पुराने सोडा-वॉटर फ़ैक्टरी के मालिक से भेंट हो गयी। उसने अपने यहाँ रहने का निमन्त्रण दिया। काम का निमन्त्रण भी उसमें शामिल था। रेलवे रोड पर एक नयी सोडा-वॉटर फ़ैक्टरी खोलने की भी बात हुई। उसी से पता चला कि मेरे पहले मालिक, जिनके यहाँ ज़िन्दगी के आठ दस वर्ष कटे थे, मर चुके हैं। मैं अपनी मालकिन के यहाँ पहुँचा। झुक कर प्रणाम किया। मालकिन आर्द्र हो आयीं। फ़ैक्टरी बन्द पड़ी थी, कोई सँहालने वाला न था, वे बेचने की सोच रही थीं। मेरी स्थिति को उन्होंने जाना तो कहा कि मैं तो बेचने ही जा रही थी। तुम इसे सँहालो और चलाओ। मैं तो उनकी सेवा करने में ही प्रसन्न था, जिन्होंने मुझ निराश्रित को आश्रय दिया, पढ़ाया-लिखाया, उनको ऐसे कठिन समय में कैसे छोड़ता, पर उन्होंने कहा कि फ़ैक्टरी तुम अपने नाम ही से चलाओ, समझ लो मैंने तुम्हें बेच दी। रुपया जब भी तुम्हें सुविधा हो दे देना।

मैंने फ़ैक्टरी पर अपना नाम दे दिया, पर मन में मैं उसे मालकिन की अमानत के तौर पर ही चलाने लगा। मन में वह बात थी कि जब तक उन्हें फ़ैक्टरी की पूरी कीमत न दे दूँ, इसे अपनी न समझूँ।

परन्तु निम्न-मध्यवर्गीय समाज की मानसिक मनोवृत्ति जैसी है, उसे देखते हुए मैंने अनुभव किया कि जालन्धर में रह कर फ़ैक्टरी चलाना उनको बीस तरह की कलंक कहानियों का केन्द्र बनाना था। यों भी लाहौर के बाद जालन्धर गाँव मालूम होता था। मेरे परिचितों का घेरा लाहौर में काफ़ी था, सार्वजनिक जीवन ने उसे और बढ़ा दिया था। मैं फ़ैक्टरी को उठा कर लाहौर ले गया। मालकिन जालन्धर में ही रह गयीं। मैं उन्हें रुपये बराबर भेजता रहा और महीने में एक-दो बार मिलने भी जाता।

मुझे अभी तक अकेले देख कर मालकिन को दुख होता था, गाँव में जो मेरी सगाई हुई थी, वह मेरे जेल जाते ही टूट गयी। अब वहाँ जाने का मुझे साहस न हुआ था। हाँ, अपनी सौतेली माँ को मैं फिर बराबर रुपये भेजने लगा। वे मेरी स्थिति कभी न समझ पायेंगी, इसका मुझे विश्वास था। मेरी भूतपूर्व मालकिन ने अपने एक दूर के रिश्ते में मेरी शादी कर दी। जालन्धर में उनका और कोई था नहीं, अपनी नव परिणीता पत्नी के साथ में उन्हें भी लाहौर ले आया। अपनी सौतेली माँ के कहने पर मैंने अपने दो छोटे भाइयों को गाँव से मँगा लिया और फ़ैक्टरी में लगा दिया।

लाहौर में फ़ैक्टरी जमाने के लिए मुझे फिर अनथक परिश्रम करना पड़ा, पर मैं उसे जमाने में सफल हो गया। तभी देश के राजनीतिक जीवन में फिर हलचल पैदा हुई। साइमन कमीशन आया, उसमें एक भी भारतवासी को न रखा गया। जनता के रोष का ठिकाना न रहा। 'गो बैक साइमन' के नारों से देश गूँज उठा। लाहौर से 'साइमन' कमीशन के विरुद्ध प्रदर्शन करते समय लाला लाजपतराय पुलिस की लाठी से घायल हुए और उसी चोट के कारण परलोक सिधार गये। लाहौर ने अपने इस नेता की अर्थी का अद्वितीय जलूस निकाला, पंजाब के युवक समाज में क्रोध की लहर जाग उठी। सॉन्डर्स की हत्या हो गयी, दिल्ली की असेम्बली में बम फटा और फिर कुछ समय ऐसा आया जब वातावरण पर भगत सिंह

के नाम का साम्राज्य रहा। २१ के आन्दोलन में जेल हो आने के कारण आन्दोलन की हर गतिविधि से मेरा साथ रहा और जब १९२९ में लाहौर कांग्रेस हुई तो उसमें मैंने काफ़ी भाग लिया। दिसम्बर का महीना था। सोडे का कारबार बन्द था। लाहौर वासी चाय पीने के शौकीन नहीं, पर बाहर से आने वालों के लिए मैंने एक चाय की दूकान लाजपतराय नगर में खोल दी, भाई को वहाँ बैठा दिया और स्वयं वालेंटियरों के एक उप नायक के रूप में सेवा में रत हो गया।

कांग्रेस के अधिवेशन जैसा समारोह लाहौर में कोई नहीं देखा। लाहौर की सड़कें और बाज़ार एक नयी स्फूर्ति अनुभव करते थे, नगर के राष्ट्रीय जीवन में नयी जान आ गयी थी, कहीं प्रभात-फेरी हो रही है, कहीं जुलूस निकल रहे हैं, कहीं जलसे हो रहे हैं, कहीं नौजवान भारत सभा वाले चन्दा माँग रहे हैं और रावी रोड थी कि उस पर प्रातः से सन्ध्या तक पैदल चलने वालों, मोटरों और ताँगों का ताँता लगा रहता था। १९३१ की रात को साढ़े बारह बजे हमारे वर्तमान प्रधानमन्त्री ने, जो इस अधिवेशन के सभापति थे, पूर्ण स्वतन्त्रता की घोषणा की। वह रात भी सदा मुझे याद रहेगी। पूर्ण स्वतन्त्रता की घोषणा के बाद वे स्वयंसेवकों के हर्षोल्लास में सम्मिलित हुए। और जैसा कि उनका स्वभाव है उनके नाच तक में उन्होंने भाग लिया।

अधिवेशन के बाद कई दिन तक लाहौर सूना सूना लगता रहा, पर दो ही वर्ष बाद जब महात्मा गांधी ने असहयोग आन्दोलन चलाया तो मैं भी इससे अछूता न रह सका। दो वर्ष की सज़ा हुई पर गाँधी इरविन समझौता होने से मैं छूट गया। पर यह समझौता बहुत देर तक न रहा। महात्मा गाँधी गोलमेज़ से लौटे तो फिर आन्दोलन आरम्भ हुआ और मैंने उस में सक्रिय योग दिया।

प्रथम महायुद्ध में चीज़ों की कीमतें चढ़ गयी थीं, गेहूँ की बोरी जो ५ रुपये की बिका करती थी, इक्कीस-बाईस रुपये तक बिकती रही थी, पर धीरे-धीरे कीमतें कम होने लगीं और मन्दी दिन-प्रति-दिन बढ़ने लगी और सोने की कीमत जो महायुद्ध में पचपन तक चली गयी थी, फिर बाईस तक आ गयी। अन्तर्राष्ट्रीय क्षितिज पर हिटलर और मुसोलिनी का उदय हुआ। लाहौर में नाज़ी वालण्टियरों के अनुकरण में मुसलमानों ने ख़ाकसार आन्दोलन हिन्दुओं ने गेंती-कुदाल दल संगठित किया। देश के क्षितिज पर महात्मा गाँधी के व्रत, पूना पैक्ट और दूसरी बीसियों बातों का ज़ोर-शोर रहा, किन्तु पंजाब में उनका अधिक आभास नहीं मिला। जब १९३८ में लाहौर में सरकारी बूचड़ख़ाने और कोल्ड स्टोरेज की स्कीम बनी तो कांग्रेस ने उसका विरोध किया और बड़े-बड़े जलसे हुए। विवश हो, सरकार ने स्कीम बन्द कर दी।

इसके तत्काल बाद, हैदराबाद में आर्य समाज का आन्दोलन शुरू हो गया और पंजाब से जत्थे-पर-जत्था जाने लगा। सरकारी बूचड़ख़ाने के विरुद्ध आन्दोलन में आर्य समाज और दूसरी हिन्दू संस्थाएँ भी शामिल थीं। जो नवयुवक झण्डा लिये युनियनिस्ट सरकार के विरुद्ध नारे लगाते थे, वे गले में हार डाले, हैदराबाद को रवाना हो गये। मेरा एक छोटा भाई, बिना मुझसे पूछे, हैदराबाद चला गया।

छः महीने बाद समझौता हो गया। जिस दिन भाई को आना था, मैं स्टेशन पर उसे लेने गया। वह काफ़ी दुर्बल हो गया था। दाढ़ी भी उसकी बालिश्त भर बढ़ी हुई थी। यद्यपि

कांग्रेसी होने से मैं उस धार्मिक आन्दोलन के साथ न था, पर ज्यों ही मेरे भाई ने पुल के नीचे उतरते ही उछल कर नारा लगाया, मैंने उसे बाँहों में भर लिया।

घर आ कर खाना खाने के बाद वह सो गया और फिर ४६ घण्टे तक सोया रहा। हम उसे बड़ी मुश्किल से उठा कर खाना खिलाते, पर वह खाते ही सो जाता।

१९३९ में दूसरा महायुद्ध छिड़ गया। उन्हीं दिनों मेरा दूसरा भाई कम्यूनिस्ट पार्टी में शामिल हो गया। घर में तीन आदमी तीन मत। मैं कांग्रेसी, छोटा राष्टीय स्वयंसेवक संघ में और सबसे छोटा कम्यूनिस्ट। काम का हर्ज होने लगा। एक संघ की सभाओं में चला जाता तो दूसरा पार्टी के काम में निमग्न रहता। फिर दोनों में से किसी का भरोसा न रहा। ग़ल्ले में से रुपये ग़ायब रहने लगे। हार कर मैंने फिर सब कुछ देखना आरम्भ कर दिया।

कम्यूनिस्ट पार्टी पहले तो युद्ध का विरोध करती थी, पर ज्यों ही जर्मनी ने रूस पर आक्रमण कर दिया, कम्यूनिस्ट पार्टी ने युद्ध को जनता का युद्ध घोषित कर दिया, उधर कुछ दिन पहले देश में क्रिप्स मिशन आया और विदेशी नीति किसके हाथ में रहे इस प्रश्न पर कांग्रेस और ब्रिटिश सरकार में समझौता होते-होते रह गया। महात्मा गाँधी ने व्यक्तिगत असहयोग आरम्भ कर दिया और फिर १९४२ में राष्ट्रीय आन्दोलन पूरे ज़ोरों से आरम्भ हो गया। इस बार यद्यपि मैं अपनी ही निजी उलझनों में फँसा था, पर सरकार के पास तो मेरा नाम था, इसलिए सावधानी के रूप में मुझे पकड़ कर अन्दर बन्द कर दिया। यद्यपि मेरा एक भाई मेरी अनुपस्थिति में दुकान पर बैठता रहा, पर जब मैं रिहा हुआ, दुकान चौपट हो चुकी थी।

आदमी बड़ा ढीठ जीव है। उसमें अपार जीवनी शक्ति है। उसी जीवनी शक्ति के सहारे मैं फिर जुट गया। देश के जीवन की फ़िज़ा बिगड़ती रही। एक ओर आज़ादी निकट आती दिखायी देने लगी, दूसरी ओर साम्प्रदायिकता बढ़ने लगी। ९ अगस्त को जिसे कांग्रेस ने आज़ादी का दिन मनाने की घोषणा की, मुस्लिम लीग ने, डाइरेक्ट ऐक्शन का दिन मनाने की घोषणा कर दी। कलकत्ते में दंगा हो गया। फिर तो देश भर में साम्प्रदायिकता आग की तरह फैल गयी। नोआखाली, बिहार, बम्बई से होते हुए साम्प्रदायिक दंगे पंजाब आ पहुँचे। उधर देश का विभाजन हुआ। इधर पंजाब में तबाही मच गयी। मुसलमान हिन्दुओं और हिन्दू मुसलमानों के गले काटने को तैयार हो गये। सदियों के पड़ोसी एक-दूसरे की जान लेने को तुल गये। बड़ी-बड़ी इमारतें जल गयीं, गलियाँ ख़ून से रँग गयीं और कुछ समय के लिए इन्सानियत ख़त्म होती दिखायी दी। इन आँखों ने उन दिनों जो कुछ देखा, वह बयान नहीं किया जा सकता। यह बला कुछ इस तरह आयी कि कुछ भी न बच सका। ख़याल ही नहीं था कि लाहौर में भी यह आग लगेगी, परन्तु एक दिन फ़ैक्टरी को किसी ने आग लगा दी, भाइयों की रगों में देहाती ख़ून, झगड़ा हो गया। एक भाई गिरफ़्तार हुआ, दूसरा कत्ल हो गया, फ़ैक्टरी आग की नज़र हो गयी, स्वयं बड़ी मुश्किल से पत्नी और मालकिन के साथ दिल्ली में आया। मालकिन बीमार चली आती थीं, वे यह आघात न सह सकीं। सबको आशीर्वाद दे कर चली गयीं। बहावलपुर में अपनी सौतेली माँ का पता लगाने का प्रयास किया, कुछ पता नहीं चला। पाँच-छै काटों में वही एक हिन्दुओं की काट थी। आदमी तो दूर, शायद उसका निशान भी न बचा हो।

और आज भाग्य ने वहीं ला खड़ा किया है, जहाँ से चला था। दुख इसी बात का

है कि भविष्य की वह जवानी आगे नहीं और स्त्री का बोझ सिर पर है।

किन्तु सदियों की ग़ुलामी से आज़ाद होने के लिए कुछ तो कुर्बानी देनी ही थी। देश आज़ाद हो गया, यही बड़ा है। उस आज़ादी को यह रख पाये और यह आज़ादी सबकी आज़ादी बने, ये चढ़ती हुई कीमतें और बढ़ती हुई बेकारी कम हो, यही मैं चाहता हूँ। दिनों की बात है, यह हो कर रहेगा। देश का भविष्य उज्ज्वल है।

अपनी फ़ैक्टरी तो अब क्या करूँगा। एक छोटी-सी सोडा-बर्फ़ की दुकान कर ली है। बस, इतनी प्रार्थना भगवान से है कि जो दिन शेष हैं, वे इज़्ज़त से गुज़र जायें, जिस स्वाभिमान से इतने वर्ष कटे हैं, ये भी कट जायें।

१

मेरी जान,

तुम्हारे दोनों पत्र और तार मिल गये।

मैं ठीक हूँ। अपनी ख़ैरितय का तार तुम्हें रात दे चुका हूँ और सुबह उठते ही ये पंक्तियाँ लिखने बैठ गया हूँ।

मुझे तुम पर गेहद ग़ुस्सा था। इसीलिए पत्र नहीं लिखा। जाने क्रोध में क्या-क्या लिख जाता। मौसी और योगेश्वर को साथ ले कर पहलगाम में गर्मियाँ काटने का प्रोग्राम बना कर तुमने महज़ इसलिए रद्द कर दिया कि आनन्द भाई ने 'बड़े प्यार और अधिकार' से निमन्त्रण दिया था। अब वे तो राहत भाभी और चमन को इस अनेक्सी में प्रतिष्ठित करके स्विटज़रलैण्ड जा बैठे, और भाभी उनका ग़ुस्सा नन्हे चनम पर, बेजान कैनवस पर या हम दो ग़रीबों पर निकाल रही हैं।

....देखो मेरी जान, तुम बुरा मान जाओगी, पर तुम बेहद भोली हो (मूर्ख मैं नहीं कहता, क्योंकि इतना बड़ा प्रेस चलाती हो और मेरे जैसे फक्कड़ और बेतुके आदमी को बाँधे हो) और दूसरों की अच्छाई पर जल्दी ईमान ले आती हो। आदमी की तुम्हें पहचान है, इसमें मुझे सन्देह है। तुम वास्तव में अपने स्वभाव के आईने में दूसरों को देख लेती हो। भाभी तुम्हारे पास महीना-डेढ़ महीना क्या रह गयीं और तुम्हारे छोटे भाई की शादी पर उन्होंने तुम्हारी थोड़ी मदद क्या कर दी कि तुम्हें उनमें दुनिया-जहान के गुण दिखायी देने लगे....'राहत भाभी बड़ी अच्छी है'......'राहत भाभी आर्टिस्ट हैं'......'राहत भाभी बड़ी कल्चर्ड हैं'......राहत भाभी वास्तव में क्या हैं, इन पन्द्रह-बीस दिन में हम बख़ूबी जान गये हैं और परायेपन और बेगानगी का वैसा एहसास मुझे ज़िन्दगी में कभी नहीं हुआ।

०

मैं अभी यहीं तक पहुँचा था कि बाहर से पतली-सी आवाज़ आयी—'आकाश भाई, ज़रा आप लोग ऊपर आइए ! देखिए, खिड़की से कैसा ख़ूबसूरत नज़्ज़ारा दिखायी दे रहा है। जी चाहता है, इसे ऐसे-का-ऐसा कैनवस पर उतार लूँ।'

"भाभी का मूड आज कुछ बेहतर लगता है," योगेश्वर ने होंटों ही में कहा और कुटिलता से मुस्कराया।

पत्र मैंने मेज़ के दराज़ में रखा और योगेश्वर को ले कर ऊपर पहुँचा। भाभी दक्षिणी खिड़की के सामने खड़ी थीं। हाथ में उनके कापी और पेंसिल थी। शायद वे स्केच कर रही थीं। हम दोनों उनके बराबर की खिड़की में जा खड़े हुए—सामने पीर पंचाल की तमाम चोटियाँ बर्फ़ से ढँकी हुई थीं। तीन दिन पहले हमने देखा था तो चोटियाँ नंगी थीं—नंगी, काली और नुकीली—लेकिन दो दिन जम कर वर्षा हुई थी और दूधिया बर्फ़ ने चोटियों को

ढँक दिया था। वह दृश्य इतना सुन्दर था कि उससे आँखें हटती न थीं। बायीं ओर से चूँकि धूप सीधी पड़ रही थी, इसलिए चोटियाँ बर्फ़ से पूरी तरह ढँकी न थीं और नीली-नीली लग रही थीं। फीकी-फीकी बर्फ़ की धारियों में वे नीली-नीली चोटियाँ कुछ अजीब-सी उदास-उदास दिखायी दे रही थीं। दायीं ओर चूँकि धूप सीधी न पड़ती थी, इसलिए वहाँ सारे शिखर पूरी तरह हिमाच्छादित थे। एक शिखर तो ऐन-मैन हरमुख जैसा लगता था—हरमुख जैसा—जिसके दर्शन बानिहाल का दर्रा पार कर, कश्मीर की घाटी में प्रवेश करते ही सबसे पहले होते हैं।....

लेकिन उस दृश्य की पूरी भव्यता खिड़की से दिखायी न देती थी। राज बाग़ के मकान और सफ़ेदे बाधा दे रहे थे। हिम-मण्डित शिखरों के नीचे का दृश्य उन्होंने रोक लिया था। तभी हमने (मैंने और योगेश्वर ने)—एक साथ सोचा, क्यों न इन मकानों और सफ़ेदों के पार जायें और दृश्य का पूरा लुत्फ़ उठायें।

"आकाश भाई, चलिए, इन सफ़ेदों के पार चलें।" उसने कहा। मैं पलटा राहत बेगम बड़ी तल्लीनता से स्केच बनाने लगी थीं "भाभी, हम ज़रा उन सफ़ेदों के पार जायेंगे।" मैंने कहा

"हो आइए, मैं तो यहीं बैठ कर इस नज़्ज़ारे को कैनवस पर उतारूँगी।" और सहसा वे मुस्करायीं। "लेकिन आप तो लिख रहे थे।" उन्होंने कहा।

"तृप्ता का तार आया था।" मैंने कहा, "दो खत पहले आ चुके हैं। उसे उत्तर देने लगा था, पर अब आ कर दूँगा।"

भाभी फिर मुस्करायीं।

दो दिन लगातार वर्षा होती रही थी और उनका मूड बेतरह बिगड़ा रहा था। मुझे उनकी वह मुस्कान सुबह-सी धुली-निखरी लगी। मैंने कहा। "कल डाकिया आपके लिए भी तो कुछ लाया था।"

"हाँ!" उनकी मुस्कान और भी फैल गयी, "आनन्द का केबल था। वे ठीक हैं, चमन को प्यार भेजा है। ख़त लिखने की फ़ुर्सत उन्हें नहीं।"

और उनके चेहरे पर फिर बादल उतर आये। इससे पहले कि वे गहरे होते, हम कमरे से बाहर निकल गये।

०

लॉयड बैंक के बाद कीचड़-भरे रास्ते को पार कर सफ़ेदों पर नज़रें जमाये, गलियों-बाज़ारों से निकलते रास्ता पूछते, हम बढ़े आये थे। तभी हम एक सड़क पर आ निकले जो सीधी फ़्लड चैनल तक गयी थी और जिसके दोनों ओर गगनचुम्बी सफ़ेदों के पेड़ थे। सहसा योगेश्वर चिल्लाया—"पण्डित श्रीधर द्विवेदी—शिक्षामन्त्री!"

मैंने निगाहें उठा कर देखा—काफ़ी दूर पर दो खद्दरधारी चले जा रहे थे। उनमें बायीं ओर के पण्डित द्विवेदी हैं, यह पहचानने में देर नहीं लगी, क्योंकि कमर के नीचे साथ-साथ जुड़े, चक्की के दो पाट दूध धुली खादी की धोती में साफ़ नज़र आ रहे थे और कमर के ऊपर उनका शरीर सिर तक पहुँचते-पहुँचते कुछ अजीब तरह कोणाकार हो गया था।

द्विवेदी जी का रंग गोरा था, आँखें बड़ी-बड़ी थीं, जिनमें वे हल्का-सा सुर्मा लगाते

थे। गोल-गोल गाल, जिनमें बायाँ किंचित ज़्यादा भरा हुआ था और सिर की बनावट कद्रे नुकीली थी। जब से वे मन्त्री हुए थे, उनका शरीर बेतरह भर गया था। पिछली ओर के चक्की के पाट और चौड़े हो गये थे, पर सिर वैसे-का-वैसा रह गया था।.....उनके साथ ही प्रकट ही उनका कोई व्यक्तिगत सचिव अथवा चमचा अथवा महज़ शैडो होगा। अपने प्रदेश में कार के बिना दस कदम न चलने वाले मन्त्री को सफ़ेदों की छाया में उस सूनी सड़क पर इतने सबेरे चलते देख कर कुछ अजीब-सा लगा। पर सुन रखा था कि वे रोज़ सुबह नियमित रूप से टहलने निकलते हैं। लखनऊ में तो सैर के समय उनके साथ काफ़ी भीड़ रहती है। श्रीनगर की इस सूनी सड़क पर वे केवल एक साथी के साथ जा रहे थे। कार उनकी ज़रूर बाँध के समानान्तर 'शेरे-कश्मीर बाग़' तक चली जाने वाली माल पर महट्टा के करीब खड़ी होगी। वहाँ से बाँध पर आ कर शिकारे से वे इस पार आये होंगे। किसी ज़माने में कवि और लेखक रहे हैं। शायद हमारी तरह पीर पंचाल के हिमांच्छादित शिखरों ने उन्हें आकर्षित किया होगा और सफ़ेदों ने उन्हें बाधा दी होगी और राजनीति की चर्बी के बहुत नीचे सुगबुगाते कवि-हृदय ने उन्हें इतनी सुबह पैदल आने पर विवश किया होगा।....

दो दिन राहत बेगम के बिगड़े मूड़ और बाहर बेपनाह बरसते पानी के कारण अनेक्सी में हमारा दम बेतरह घुट गया था। दोनों ओर पंक्तिबद्ध खड़े उन सफ़ेदों के नीचे उस चौड़ी खुली सड़क पर पहुँचते ही मन बेतरह उत्फुल्ल हो आया। जी हुआ—तेज़-तेज़ चल कर मन्त्री जी को ज़ोर का नमस्कार ठोंकें और उनसे कोई दिलचस्प राजनीतिक बहस छेड़ें। तभी ख़याल आया कि हमारे नमस्कार के जवाब में यदि उन्होंने हमारी तरफ़ देखा भी नहीं और शून्य में होंट हिला कर चुप हो गये तब ! किसी मन्त्री को बड़े-से-बड़ा लेखक भी अपने चमचे से बड़ा दिखायी नहीं देता और वह बात भी करता है तो ऐसे जैसे उस पर बड़ा एहसान कर रहा हो। अपवाद हैं, पर वे सामान्य स्थिति को और भी उजागर करते हैं। फिर मैं तो कोई बड़ा लेखक नहीं था। केवल लेखकों का साथ पसन्द करता था और इसलिए उनमें उठता-बैठता था कि मेरा कभी से मरा हुआ लेखक शायद फिर जी उठे....और सहसा मेरा मूड बदल गया। अपने देश से दूर, श्रीनगर से बाहर उस सूनी सड़क पर, और अफ़सरों और चमचों के बिना उस मन्त्री को जाते देख जवानी का खिलन्दड़ापन लौट आया। मन हुआ—ज़ोर से चिल्लाऊँ—"कहिए द्विवेदी जी, कहाँ सुबह-सुबह पैदल घिसटते जा रहे हैं।"

मैं चिल्लाने ही जा रहा था कि सहसा एक दूसरा ख़याल सूझ गया और मेरी उम्र के बीस वर्ष पलक झपकते हवा हो गये और लगा कि मैं योगेश्वर का मालिक नहीं, उसका जोड़ीदार हूँ। वह मेरा मुलाज़िम नहीं, मित्र है। मैंने कहा, "योगेश्वर, क्यों न मन्त्री जी को एक धक्का दिया जाये !"

प्रश्न में उसकी आँखें फैल गयीं।

"तुम ज़रा भाग कर दूर चले जाओ!" मैंने कहा "मैं यहीं से चिल्लाऊँगा—अबे ओ तन्त्री, रुक जा, कहाँ भागा जा रहा है?—तुम पलट कर चिल्लाना—क्यों नाम बिगाड़ रहे हैं आप। मैं तन्त्री नहीं, मन्त्री हूँ, मन्त्री!"

"वाह, क्या बात सोची है आपने!" योगेश्वर ने हाथ-पर-हाथ मारते हुए ज़ोर का

ठहाका लगाया।

सहसा द्विवेदी जी ने दूर से पलट कर हमें देखा और तत्काल सिर घुमा कर कदम तेज़ कर दिये। चक्की के पाट ज़ोर-ज़ोर से हिलने लगे। हमें इतने ही में मज़ा आ गया। हम दोनों बेइख़्तियार हँस दिये। ठहाके-पर-ठहाका, ठहाके-पर-ठहाका। बेमतलब! आँखों में आँसू आ गये। तभी जब हम नॉर्मल हुए तो मन्त्री जी अपने साथी के साथ नज़रों से ओझल हो चुके थे।

०

सामने फ़्लड चैनल का ऊँचा बाँध-नुमा किनारा था। सड़क उसके साथ-साथ मुड़ गयी थी। लेकिन हम मुड़े नहीं, सीधे बाँध पर चढ़ गये। चूँकि दो दिन ख़ूब वर्षा हुई थी, इसलिए जेहलम की बाढ़ से श्रीनगर को बचाने के लिए निकाली गयी वह नहर जेहलम ही-सी चौड़ी लगती थी। चौड़ी और किनारों तब लबालब भरी। चैनल पर जेहलम के 'बण्ड' ऐसी पक्की सड़क नहीं थी, न मकान थे, न दुकानें, न रेस्तराँ। दोनों किनारे गोलाई लिये हुए काफ़ी चौड़े थे, जिन पर हरी-हरी घास बिछी थी। फ़्लड चैनल के पार निगाहें किनारे से ले कर दूर पहाड़ों तक सरकती चली गयीं और ऊँचे हिम-मण्डित शिखरों पर जा टिकीं, पर इस प्रक्रिया में सामने के मंज़र की पूरी तस्वीर दिमाग़ के पर्दे पर खिंच गयी—नहर के दूसरे किनारे पर छोटी-छोटी गायें घास चरती बड़ी भली लग रही थीं। परे समतल धरती, बाग़-बगीचे और शायद हवाई अड्डा। (देखते-देखते एक जहाज़ वहाँ उतरा।) फिर धीरे-धीरे धरती ऊँची होती हुई चोटियों तक उठ गयी थी। तराई से परे पहाड़ियाँ गहरे भूरे-हरे या ताँबे के रँग की थीं। दायीं ओर से बादल बड़ी मन्थर, लेकिन सुनिश्चित गति से बढ़े आ रहे थे और बर्फ़ानी चोटियों को उन्होंने ढँक लिया था। बायीं ओर की नीली चोटियाँ बदस्तूर उदास दिख रही थीं।

बहुत दूर—दृष्टि की सीमा पर—वही तिकोना, नुकीला बर्फ़ानी शिखर सिर निकाले खड़ा था। पर वह इतनी दूर था कि उसकी भव्यता पूरी तरह दिखायी न देती थी।

कुछ क्षण बिना बात किये हम यह दृश्य जैसे पीते रहे, फिर सहसा मैंने मुड़ कर चैनल पर निगाह डाली। थोड़ी दूर, परे, मन्त्री जी अपने साथी के साथ खड़े थे और उनका साथी पीर पंचाल की गिरिमाला की ओर उँगली का इशरा करके उन्हें कुछ समझा रहा था।

अजाने मैंने योगेश्वर का हाथ अपने हाथ में ले लिया और हम टहलते हुए उनकी ओर बढ़े। तभी उन्होंने हमारी ओर देखा और चल दिये। जब हम उस जगह पहुँचे, वे हमसे पहले जितना दूर थे और उनका साथी उसी तरह उन्हें पीर पंचाल के सम्बन्ध में कुछ बता रहा था।

"चलो, ज़रा मन्त्री जी से कुछ विचार-विनिमय कर ही लें।" मैंने योगेश्वर से कहा

हम कुछ क्षण चुपचाप खड़े उन्हें देखते रहे। और हम फिर उनकी तरफ़ को बढ़े। लेकिन हम चन्द कदम ही चले होंगे कि मन्त्री महोदय ने एक उचटती नज़र हम पर डाली और अपने साथी को ले कर बाँध के नीचे सरक गये।

हम टहलते-टहलते वहाँ तक गये। फिर वहीं घास पर रूमाल बिछा कर बैठ गये।

सहसा योगेश्वर ने कहा, "क्यों आकाश भाई, क्या हम सारा वक्त राज बाग़ ही में काटेंगे। पहलगाम या गुलमर्ग नहीं जायेंगे?"

मैं सहसा कोई उत्तर नहीं दे पाया। योगेश्वर के उस प्रश्न के पीछे जो भाव था, वह उस नीले-निरभ्र आकाश के तले, लबालब भरी उस फ़्लड चैनल के किनारे टहलते हुए मेरे मन में भी आया था। कहूँ कि कई दिन से बार-बार आ रहा था और बरमे सरीखा मन को साल रहा था। मैंने कहा :

"ग़लती की जो तुम्हारी 'बहन जी' की बात मान कर राहत भाभी के यहाँ चले आये। वही पहला प्रोग्राम ठीक था। मौसी को साथ लाते और पहलगाम में ख़ेमा गाड़ देते। लेकिन अब तो फँस गये हैं। राहत भाभी अपने बच्चे के साथ हमारे भरोसे पड़ी हैं। पति उनके स्विटज़रलैण्ड के मज़े ले रहे हैं। एकदम कैसे भाग जायें। देखो, आज ही मैं तुम्हारी 'बहन जी' को पत्र लिखता हूँ कि हम नितान्त अनकल्चर्ड आदमी हैं, इतनी 'कल्चर्ड' आर्टिस्ट के साथ हमारी गुज़र नहीं हो सकती, तुम मौसी को भेज दो, हम पहलगाम जायेंगे। पत्र तो मैंने सुबह ही शुरू कर दिया था। जा कर ख़त्म करूँगा और डाकख़ाने डाल आऊँगा और तभी भाभी के सामने भी भूमिका बाधूँगा। तुम घबराओ नहीं। तुम्हें साथ लाया हूँ तो गुलमर्ग और पहलगाम ज़रूर दिखाऊँगा और समय से वापस भी भेज दूँगा।"

योगेश्वर ने कोई उत्तर नहीं दिया। चुपचाप वह नदी में बहते जल को देखता रहा। पानी काफ़ी तेज़ बह रहा था। मटमैली झाग पुराने मैले रूहड़ के फाहों-सी बीच नहर बहती हुई किनारे आ लगती थी। उस गँदले पानी और उस पर बहते हुए और भी गँदले झाग के फाहों को देखते-देखते मुझे पता नहीं चला कब मेरी आँखें दूसरे ही दृश्य देखने लगीं :

....मैं बस के अड्डे पर उतर, राहत बेगम के बँगले की स्थिति समझ, समान वग़ैरह ताँगे पर लदवा कर अमीरा कदल की ओर चला जा रहा हूँ। योगेश्वर अगली सीट पर बैठा है। परिचित दुकानें और मकान दायें-बायें गुज़र रहे हैं और मेरा दिमाग़ १२ वर्षों की सीमाएँ फलाँगता हुआ १९४३ में जा पहुँचा है। शाम का वक्त है। हम—मैं और मेरी पत्नी—नयी दिल्ली क्वालिटी से चाय पी कर निकले हैं कि सड़क के पार, फ़ुटपाथ से परे, खुले में (जहाँ आजकल एक कई मंज़िली इमारत खड़ी है) चार-पाँच दोस्त एक अत्यन्त सुन्दर व्यक्ति को घेरे खड़े हैं। उनमें मेरा सहयोगी गोपाल भी है, जो मेरे साथ ऑल इण्डिया रेडियो में आर्टिस्ट हैं। वह मुझे आवाज़ देता है। हम सड़क पार कर वहाँ पहुँचते हैं तो वह उस सुन्दर युवक की ओर संकेत करता है।

"इनसे मिलो। आनन्द शंकर! उदयशंकर के स्कूल से नृत्य की शिक्षा ले कर अभी आये हैं। अब दिल्ली में वैसा ही सेंटर खोलने के फ़िराक में हैं। परसों कॉस्मोपालिटन में इनका डांस है।"

मैं हाथ मिलाने के लिए बढ़ाता हूँ, पर आनन्द बड़ी अदा से दोनों हाथ जोड़ देते हैं।

क्षण भर मैं कुछ भी नहीं कह पाता। अपलक उस सुन्दर नर्तक को देखता रह जाता हूँ। वह यों तो धोती-कुर्ता पहने है, पर उस पहनावे में भी विशिष्टता है। क्या विशिष्टता है, मैं तय नहीं कर पाता। दोनों हाथ नमस्कार में उठा कर चुपचाप उसे देखता रह जाता हूँ। उसका रंग बेहद गोरा है। लम्बे-लम्बे बाल ख़ूबसूरती से कटे, गर्दन के पृष्ठ भाग को ढँकते

हुए दोनों कन्धों से झाँक रहे हैं। कानों में बड़े-बड़े मोती हैं। मुख पूरे चाँद ऐसा है, जिसका आकर्षण बड़ी-बड़ी आँखें हैं, जिनमें न जाने कैसी चमक है....विमोहावस्था के उस क्षण में भी मैं यह देखना नहीं भूलता कि रास्ता चलते लोग अनायास मुड़ कर उससुन्दर नर्तक को देख लेते हैं।

....हम क्लब के हॉल में पाँचवीं या छठी पंक्ति में बैठे हैं। भरत नाट्यम, कथाकली और लोकनृत्यों पर आधारित कई नृत्य होते हैं कि एक लोकनृत्य के समाप्त होने पर आनन्द दो नर्तकियों के संग मंच पर आता है। अपने सुपुष्ट गोरे शरीर पर वह मद्रासी ढंग की ऐसी धोती पहने है जो केवल देवी-देवताओं अथवा नर्तकों के चित्रों में देखने को मिलती है। वे वर्षा का नृत्य करते हैं। और सहसा नाचते-नाचते आनन्द बीच मंच रुक कर अपने वक्ष को सिलवट-दर-सिलवट ऐसी भंगिमा से सिकुड़ता है कि घटा-पर-घटा के चढ़े आने का आभास होता है....क्षण भर हॉल में ऐसा सन्नाटा छा जाता है, जिसके बारे में कहा जाता है कि सुई भी गिरे तो आवाज़ हो जाय। दर्शकों की सारी वृत्तियाँ मंच पर केन्द्रित हो जाती हैं। तभी आनन्द शरीर ढीला छोड़ता है और हॉल तालियों की गड़गड़ाहट से गूँज उठता है।

ताँगे में बैठा मैं सोचता हूँ, ऐसे सुन्दर नर्तक ने अपनी ब्याहता को छोड़ कर जिस मुसलमान युवती से शादी की है, वह कैसी सुन्दर होगी। अजीब बात है कि जब मेरी पत्नी पंचगनी से इलाहाबाद आयी और उसने राहत बेगम के अच्छे स्वभाव, संकोचशीलता, आर्ट और सुसंस्कृति के गुण गाये, मैंने यह नहीं पूछा कि वह देखने में कैसी है। आनन्द की पत्नी सुन्दर के अलावा कुछ और हो सकती है, यह ख़याल भी नहीं आया।....ताँगा अमीरा कदल से हो कर ऊपर से होता हुआ राज बाग़ की उस सड़क पर जा गया है जिसके सामने बांध के पार 'सुभाना-द-वर्स्ट' की पेपर मैशी की दुकान है। तभी ताँगा जेहलम की ओर को आख़िरी बँगले के सामने रुकता है। सीधे बड़े बँगले पर जा कर कॉलबेल बजाता हूँ। नेकर कमीज़ और बैंगनी रंग के स्वेटर में एक सुन्दर लड़का निकलता है और राहत बेगम का पता पूछने पर गेट के बायीं ओर बनी अनेक्सी की ओर संकेत करता है। मैं मुड़ कर देखता हूँ। बरामदे में ईज़ल रखे, एक लम्बी-पतली महिला साड़ी पहने, कन्धों पर तौलिया रखे उन पर लम्बे गीले बाल बिखराये, चित्र बनाने में तल्लीन है। मैं वहीं से योगेश्वर को आवाज़ देता हूँ कि ताँगा अनेक्सी की तरफ़ लाये और जा कर आदाब अर्ज़ कहता हूँ और अपना नाम बताता हूँ।

महिला अचकचा कर उठती है। उसके पतले होंटों पर सलज्ज मुस्कान आ जाती है—"हम तो सुबह से आपका इन्तज़ार कर रहे हैं।" लेकिन मैं कोई जवाब नहीं दे पाता। चुपचाप उसे देखता रह जाता हूँ। लम्बी-पतली, शरीर में कहीं गोलाइयाँ नहीं। एकदम सपाट। चौकोर चेहरा, धँसे कल्ले, मुख पर शीतला के हल्के दाग़ और रंग साँवला। नाक ज़रूर सुतवाँ, होंट ज़रूर पतले और बाल ज़रूर लम्बे, पर चेहरे पर एक स्थायी उदासी और बेज़ारी—तभी मन में ख़याल आता है कि आनन्द शंकर ने इस युवती में क्या देखा जो दिल दे बैठे और इस ऊँटनी से शादी रचाने को जान जोखिम में डालने को तैयार हो गये।....तभी महिला कहती है, "आइए आइए, सामान रखाइए। आपका कमरा बिलकुल तैयार है।"

....अनेक्सी बहुत अच्छी है। राहत बेगम ऊपर की मंज़िल में रहती हैं। नीचे के दो

कमरे हमको दे देती हैं। हम तीन दिन से यात्रा कर रहे हैं। नहाये नहीं हैं। मैं बेतकल्लुफ़ी से पूछता हूँ, "भाभी, कुछ गर्म पानी मिल सकेगा।"

"आकाश भाई, यहाँ ईंधन की बड़ी क़िल्लत है। मैं तो गर्म पानी तैयार करना चाहती थी। पर लकड़ियाँ नहीं हैं और कोई ला कर देने वाला भी नहीं है।"....और विवश हो हम ठण्डे पानी से नहाते हैं और तीन-चार दिन तक ज़ुकाम से पड़े रहते हैं।

....हम बरामदे में बैठे हैं कि गेट के बाहर ईंधन वाला आवाज़ लगाता है। मैं भाग कर अन्दर जाता हूँ कि राहत भाभी ईंधन वाला आया है, लकड़ियाँ ले लीजिए। भाभी बाहर आती हैं, उससे मोल-भाव करती हैं और फ़तवा देती हैं कि वह लूट रहा है। आठ आने मन ज़्यादा माँगता है। लकड़ी की मण्डी दूर नहीं, आपमें से कोई ले आयेगा, इन लुटेरों का यूँ हौसला नहीं बढ़ाना चाहिए। मैं मण्डी का पता पूछता हूँ और जाने को तैयार होता हूँ, लेकिन भादों कब का शुरू हो गया है। धूप बहुत तेज़ पड़ रही है। श्रीनगर अपनी ऊँचाई के बावजूद घाटी में होने के कारण गर्म हो उठा है। योगेश्वर मुझे जाने नहीं देता। भाभी से अच्छी तरह लकड़ी मण्डी का भूगोल समझ, वह चला जाता है।

खाने का समय हो जाता है, पर वह नहीं आता। मुझे बहुत भूख लगी है, पर योगेश्वर के बिना मेरा खाने को मन नहीं होता। भाभी ज़ोर देती हैं तो मैं कहता हूँ कि आप और चमन खा लीजिए। मैं योगेश्वर का इन्तज़ार करूँगा। वे किचन के बराबर छोटे-से कमरे में, जहाँ खाने की मेज़ लगी है, जा बैठती हैं (बच्चे को खिला कर वे उसे सोने के लिए कहती हैं। वह उनके पास बैठ कर उन्हें चित्र खींचते देखना चाहता है। हठात वे उसके दो तमाचे जड़ती हैं और ज़बरदस्ती लिटा आती हैं। वह सुबकता रहता है, पर वे अकेली खाना खाती हैं और इतमीनान से ईज़ल के सामने रखे स्टूल पर आ बैठती हैं और चित्र बनाने लगती हैं।....तभी गेट से योगेश्वर आता दिखायी देता है। थका-हारा, इतना पैदल चलने के कारण पसीने से तर; उसके पीछे-पीछे एक मज़दूर लकड़ियों का भारी गट्ठर उठाये हैं। भाभी उठ कर दाम पूछती हैं तो ख़ुशी चहक उठती हैं, 'देखो, वह कमबख़्त बारह आने ज़्यादा माँग रहा था।' लेकिन मैं योगेश्वर से इतनी देर लगाने का कारण पूछता हूँ। मालूम होता है कि वह रास्ता भूल गया था। यूँ भी मण्डी काफ़ी दूर है। उसकी हालत देख कर मुझे बेहद ग़ुस्सा आता है। दस-बारह आने बचाने के लिए उस बेचारे का दिन बरबाद कर दिया। चमन सोया नहीं। वह कमरे के बाहर निकल आता है। भाभी चित्र-वित्र छोड़ बाज़ की तरह उस पर झपटती हैं....ये कैसी आर्टिस्ट हैं। मैं दिल-ही-दिल में सोचता हूँ।

....हमारा खाना मेज़ पर ढँका है। हम चुपचाप जा कर खाने लगते हैं। सहसा योगेश्वर कहता है—'यह साग गोश्त तो लगता है भाभी ने कल सुबह का ही रख दिया है।' लंच पर दाल है, आलू है, लेकिन उस साग-गोश्त की प्लेट भी है, जो हम पिछले दिन दोनों वक्त खा चुके हैं। तभी योगेश्वर कहता है—"आकाश भाई आप क्षमा कीजिएगा आपकी राहत भाभी हमें राहत कम देंगी और कोफ़्त ज़्यादा !"

बुरा मानने के बजाय मैं ज़ोर से ठहाका मार कर हँस देता हूँ।

....भाभी दो-तीन दिन से शिकायत करती हैं कि मालिक-मकान के बच्चे उनकी अनेक्सी के सामने, उनकी सीमा के अन्दर खड़े चेरी के पेड़ पर डाका डालते हैं और रोज़

पकी चेरियाँ तोड़ ले जाते हैं। दो-एक बार हम उनकी बात सुनी-अनसुनी कर जाते हैं। लेकिन फिर बच्चों को डाँट देते हैं। लेकन बच्चे क्या जो इतनी-सी डाँट से मान जायें। हम सुबह नाश्ता करके सैर को निकलने वाले हैं कि भाभी उसी चेरी के पेड़ का किस्सा ले बैठती हैं और शिकायत करती हैं कि मालिक मकान के कम्पाउण्ड में नाशपातियों का पेड़ है, आलूचों का पेड़ है, लेकिन वे या चमन उधर झाँक कर भी नहीं देखते, जबकि उनके पेड़ से उन्हें एक भी चेरी मयस्सर नहीं होती....मैं कहता हूँ, बड़ी सस्ती हैं चेरियाँ, मैं लेता आऊँगा। लेकिन भाभी चिढ़ जाती हैं। "आप क्यों लेते आयेंगे जब सामने चेरी से लदा पेड़ खड़ा है। हमारा न होता तो सौ बार लाते बाज़ार से, लेकिन अपने हुकूक की हिफ़ाज़त"....तभी मुझे ख़याल आता है आनन्द भाई की अनुपस्थिति में उनके अधिकारों की रक्षा करना हमारा फ़र्ज़ है, ऐसा भाभी समझती हैं और मैं कहता हूँ, 'देना भाभी एक टोकरी!' और मैं टोकरी ले कर योगेश्वर के साथ पेड़ पर चढ़ जाता हूँ और टोकरी भर पकी चेरियाँ तोड़ लाता हूँ। टोकरी को भाभी ऐसे थामती हैं जैसे गहनों की भरी गठरी थाम रही हों।

....भाभी के मूड का कुछ पता नहीं चलता। पल में ख़ुश होती हैं और पल में उदास और बेज़ार। एक दिन ज़रा खुश होने पर कहती हैं—"चलिए, योगेश्वर को शालामार घुमा लायें।" और मैं बड़ा ख़ुश होता हूँ कि उन्होंने कोई ऐसी इच्छा तो प्रकट की और मैं जा कर दिन भर के लिए एक पूरा डोंगा तय कर जाता हूँ। योगेश्वर से कहता हूँ कि वह काचरू-दम्पति को निमन्त्रण दे आये और कह दे कि कुछ पराँठे और सूखे आलू साथ ले लें। रैणा वाड़ी से हम उन्हें ले लेंगे। काचरू-दम्पति नये लेखक हैं। गत वर्ष उनसे परिचय हुआ था। कुछ बहुत अच्छे दिन उनके साथ गुज़रे। इस बार योगेश्वर को उनसे मिला दिया था कि बोर न हो। योगेश्वर ख़ुशी-ख़ुशी उन्हें दावत दे आता है। लेकिन दूसरे दिन जब घर से चलने को होते हैं, भाभी किसी मामूली-सी बात पर बच्चे को पीट देती हैं। जी होता है प्रोग्राम रद्द कर दूँ, पर डोंगे वाला डोंगे को इस किनारे लगा कर बुलाने आया है। काचरू-दम्पति रैणा वाड़ी पर हमारी प्रतीक्षा कर रहे होंगे, यही सोच कर हम अनिच्छापूर्वक चल पड़ते हैं। देखने को हम डल, नगीन, शालामार, हरवान, निशात और चश्माशाही देखते हैं, लेकिन भाभी के उखड़े मूड के कारण सैर का तमाम मज़ा किरकिरा हो जाता है। वे कई बार चमन पर झपटती हैं और योगेश्वर सारा वक्त बच्चे को बहलाने में व्यस्त रहता है, भाभी चुपचाप डोंगे के बीच में बैठी रहती हैं। न बोलती हैं, न चलती हैं और मैं यथासम्भव काचरू-दम्पति को बातों में लगाये रखता हूँ। शालामार से ताँगा ले कर हरवान जाने का प्रोग्राम बनता है, पर भाभी शालामार ही में रह जाती है। चश्माशाही जाने के बदले वे डोंगे ही में बैठी रहती हैं और जब हम एक घण्टे बाद वापस आते हैं तो एक शब्द नहीं बोलतीं। कुछ अजीब-सा अस्वस्ति-बोध हम सब को ग्रस लेता है और मैं हँस कर कहता हूँ, 'भाभी किसी महान चित्र के बारे में सोच रही हैं। आर्टिस्ट हैं न, और आर्टिस्टों के मूड का अन्दाज़ा भगवान भी नहीं लगा सकता।' भाभी मुस्करातीं तक नहीं और डोंगा चल पड़ता है।

....बत्तियाँ-जले नेहरू पार्क पहुँचते हैं। इरादा था, दिन भर की सैर के बाद नेहरू पार्क रूकेंगे। ऊपर हवा घर में बैठ कर चाय पियेंगे, कुछ खायेंगे और थोड़ा आराम करके

चलेंगे। लेकिन भाभी डोंगे से नहीं उतरतीं। 'बहुत देर हो गयी है। चमन के खाने का समय हो गया हैं।'—वे जैसे हमसे नहीं, डल के पानियों से कहती हैं। मैं कहना चाहता हूँ कि चमन को यहीं कुछ खिला देते हैं, लेकिन साहस नहीं होता। मैं काचरू से कहता हूँ—यार काचरू बहुत देर हो गयी है, किसी शाम सिर्फ़ नेहरू पार्क तक आयेंगे और ऊपर हवा घर में कुछ समय गुज़ारेंगे और मैं डोंगे वाले को चलने के लिए कहता हूँ....नेहरू पार्क से डल गेट का नज़ारा मुझे हमेशा अच्छा लगता है—नेहरू पार्क और शंकराचार्य की पहाड़ी की बत्तियाँ जल चुकती हैं और डल के पानियों में उनके लहराते हुए साये और दायीं ओर की समानान्तर बिछी सड़क की बत्तियों के टेढ़े, झिलमिलाते बिम्ब धीरे-धीरे दूर होते जाते हैं। यह सारा नज़्ज़ारा जो प्रायः मुझे स्वप्न संसार में ले जाता था, अब एकदम विरस लगता है। मैं चुप हूँ। योगेश्वर चुप है। काचरू-दम्पति चुप हैं। अन्दर डोंगे में राहत भाभी चढ़ी, तनी और बच्चा सहमा बैठा है और मैं सोचता हूँ—मैं कहाँ आ फँसा। मैं इस चक्र से निकल भी पाऊँगा या नहीं अथवा सारा कश्मीर का सीज़न ग़ारत कर वापस जाऊँगा।....तभी डोंगा डल दरवाज़े के करीब पहुँचता है। वहाँ शिकारों की भीड़ है। सब दरवाज़े में पहले प्रवेश करने को उत्सुक हैं। हम डोंगे के दूसरी ओर आ जाते हैं। हमारा मल्लाह—शेरा—बड़ा निपुण है। डोंगा बड़ा है, पर वह बड़ी दक्षता से उसे आगे बढ़ा लाता है। डल गेट में दाख़िल होते हुए एक शिकारा उलटते-उलटते बचता है। दरवाज़े में बड़े-बड़े पत्थरों से लदी एक बहत्स (डाँड से चलने वाली बड़ी नाव) रास्ता रोके खड़ी है। पानी नीचे उतरता है तो एक ओर से पानी की धार बहत्स में गिरने लगती है। शिकारों के मारे बहत्स हिल नहीं पाती। बहत्स के मल्लाह का छोकरा एक बड़े बर्तन में भर-भर कर पानी बाहर फेंकता है। आख़िर बहत्स के साथ एक शिकारा नीचे उतर जाता है।....मुझे डल गेट की यह भीड़ साथ-साथ सटे शिकारों में से रास्ता बना लेने वाले तेज़ मल्लाह, उनकी गाली-गलौज—सब अच्छा लगता है, लेकिन मन इतना खिन्न और उदास है कि एक-एक पल एक-एक बरस हो जाता है। दूसरी बार जब एक शिकारा नीचे से ऊपर आता है और गेट खुलता है तो शेरा डोंगा बढ़ा ले जाता है। हम नीचे उतरते हैं। अँधेरा है। उसमें बायीं ओर कतार-दर-कतार खड़े हाउस बोटों की बत्तियाँ चमकती हैं। अमीरा कदल के दो फ़र्लांग इधर ही बायें किनारे डोंगा रोक कर हम भाभी और चमन को उतार देते हैं। योगेश्वर उन्हें बँगले के गेट तक छोड़ आता है। हम रात का खाना बन्द कर देते हैं और काचरू-दम्पति को अमीरा कदल के पुल पर उतार कर और उनसे विदा ले कर डोंगे वाले को उसकी मज़दूरी और बख़्शीश दे कर प्यारा सिंह के ढाबे पर जाते हैं और वहीं खाना खाते हैं और टहलते हुए बण्ड से शिकारा ले कर वापस आते हैं।....हम दोनों थके हैं, उदास हैं, चुप हैं। उतनी थकन के बावजूद मुझे नींद नहीं आती। जी होता है पत्नी को विस्तार से पत्र लिखूँ। पर मुझे इतना ग़ुस्सा है कि मैं नहीं लिखता।....

....सहसा भाभी का मूड ठीक हो जाता है। नाश्ते पर ही इसका पता चलता है। क्योंकि आमलेट और शाही टुकड़े और हलवा मेज़ पर लगा है। मालूम होता है कि आनन्द का पत्र आया है कि वे रुपये भेज रहे हैं। नाश्ते के बाद भाभी अपने चित्र दिखाती हैं। वे लैण्डस्केप, प्रकृति के चित्र, बनाती हैं। जाने यह मेरा पूर्वाग्रह है अथवा मुझे चित्रों की समझ नहीं, मुझे वे चित्र निहायत फीके और बेजान लगते हैं। वे दिल या दिमाग़ को नहीं छूते,

न आँखों को सुहाते हैं। फिर भाभी बरामदे में कुर्सी डाल कर बैठ जाती हैं और आनन्द से अपने प्रेम का किस्सा सुनाने लगती हैं। दिल्ली के जिस कॉलेज में वे चित्रकला की शिक्षा लेती हैं, वहीं आनन्द नृत्य सिखाते हैं। यही नहीं, फ़ायर ब्रिगेड लेन में उनके फ़्लैट भी साथ-साथ हैं। जब उनकी छोटी बहन कवि परवेज़ से शादी कर लेती है तो वे भी घर में दबी ज़बान से आनन्द से शादी करने की बात छेड़ती हैं। लेकिन उनके भाई और वालिद नहीं मानते। आनन्द मुसलमान हो जाये तो वे निकाह कर दें। लेकिन आनन्द तैयार नहीं होते। फिर देश का बँटवारा हो जाता है। दिल्ली में भयानक दंगे फूट निकलते हैं। अपनी जान की परवा न करके आनन्द उन सब को हिन्दू कपड़े पहना कर और लड़कियों के माथे पर टिकुलियाँ लगा कर तनी हुई तलवारों में से निकाल ले जाते हैं। उनकी छोटी बहन को परवेज़ के पास बम्बई छोड़ आते हैं। अपने रसूख़ के बल पर इन्तज़ाम करते हैं कि परिवार के एक-एक सदस्य को रोज़ हवाई जहाज़ में जगह मिल जाये। वे सब के पीछे रह जाती हैं और चाहती हैं पाकिस्तान न जायें, आनन्द से शादी कर लें। लेकिन वे इसलिए तैयार नहीं होते कि उनके वालदैन कहेंगे, आनन्द ने मौके का नाजायज़ फ़ायदा उठाया है "तुम लाहौर जाओ।" वे कहते हैं, "अपने वालदैन से कहो। वे मानेंगे तो मैं लाहौर आ कर तुमसे शादी कर लूँगा।" लाहौर पहुँच कर राहत वालदैन और भाइयों से मन की बात कहती है। "तुम रह जातीं," वो कहते हैं। तब राहत चाहती है कि वे आनन्द को लाहौर बुला लें, लेकिन उनके वालिद आनन्द को ख़तरे में डालने के लिए तैयार नहीं होते। तब उनकी मर्ज़ी से राहत कराची के रास्ते बम्बई अपनी छोटी बहन के पास आ पहुँचती है। परवेज़ की मदद से वहाँ इंस्टीट्यूट में चित्रकला सिखाने लगती है। आनन्द वहीं आ जाते हैं और दोनों शादी कर लेते हैं।....

और मैं सोचता हूँ कि इस औरत में उस ख़ूबसूरत नर्तक ने क्या देखा कि प्राणों को संकट में डाल कर पाकिस्तान जा कर उससे शादी करने को तैयार हो गया....भाभी अपने संस्मरण सुनाने के मूड में हैं। वे उन दिनों की बात करने लगती हैं जब सैनेटोरियम से मेरे इलाहाबाद आने पर वे पंचगनी गयी थीं और मेरी बीवी के पास ठहरी थीं और उन्हें मेरी पत्नी में अपनी बड़ी बहन के दर्शन हुए थे।....

....लेकिन शाम होते-न-होते उनका मूड बेतरह उखड़ जाता है। आनन्द के रुपये आते हैं। जाने उनकी आशा से कम आते हैं अथवा कोई दूसरी बात होती है। वे नौकरानी पर बेतरह बिगड़ती हैं कि वह किचन से नमक और लहसुन चुरा ले गयी है और क्रोध में वे चमन को भी पीट देती हैं। हम रात खाना ऐसे खाते हैं जैसे कोई गुनाह कर रहे हों और गुनाह बेलज़्ज़त ही न हो, उसमें गुनाह का एहसास भी हो।

०

सहसा योगेश्वर उठा। लम्बी साँस भर कर उसने कहा, "आकाश भाई, अगर आप समझते हैं कि राजबाग़ में आपका रहना ज़रूरी है तो मैं वापस इलाहाबाद चला जाता हूँ। वहाँ बहन जी अकेली प्रेम को देख रही हैं। काम उन्होंने ज़्यादा ले लिया है। कुछ नहीं तो उन्हीं का हाथ बटाऊँगा। यहाँ तो दम घुटने लगा है। न हो मैं काचरू के यहाँ कुछ दिन रह लूँ। वैसे श्रीगर में तो देखने योग्य सब देख लिया है।"

मैं भी उठा और रूमाल झाड़ते हुए मैंने कहा—"हाँ, श्रीनगर में तो मैंने तुम्हें सब कुछ

दिखा दिया है। उस दिन मैंने इसीलिए पूरे दिन का डोंगा किया था। राहत भाभी का मूड ख़राब न होता तो मज़ा आ जाता। पिछली बार तुम्हारी बहन जी के साथ आये तो पूरा शिकारा ले कर गये थे। मज़ा आ गया था। लेकिन तुम तो कवि और कथाकार हो, निकट की बदसूरती के बावजूद तुमने इर्द-गिर्द की ख़ूबसूरती तो देखी होगी। मैं तो लिखना कब का भूल गया हूँ, वरना बड़ी सुन्दर कहानी लिख देता।"

"मैं भी लिखने की सोचता हूँ।"

और हम बाँध से उतरे।

"चलो, आज तुम्हें यहाँ का अजायबघर दिखा लायें।" मैंने कहा, "मैंने भी नहीं देखा। लेकिन तारीफ़ सुनी है। राजा का महल बन रहा था तो कुछ बहुत सुन्दर मूर्तियाँ वहाँ से निकली थीं।"

दरअसल मैं नहीं चाहता था कि योगेश्वर जाये। उसकी अनुपस्थिति में राजबाग़ में एक दिन काटना भी मेरे लिए मुहाल था। आनन्द हमारे आश्वासन पर राहत भाभी को अकेले उस अनेक्सी में छोड़ गये थे और मैं समझ नहीं पा रहा था कि कैसे अचानक उनसे छुट्टी ले कर भाग जाऊँ। अजायबघर को जाते हुए मैंने तय किया कि मैं पत्नी को पत्र लिखूँगा और उसी से राय पूछूँगा और कहूँगा कि वह मौसी को भेज दे और भाभी को पत्र लिख दे कि डॉक्टर ने श्रीनगर रहने को मना किया है। योगेश्वर से मैंने कह दिया कि काचरू के न जाये। सिर्फ़ सात-दस दिन रुके, वहाँ से मुक्ति पाने की कोई सूरत निकल आयेगी।

०

अजायबघर और लालमण्डी का फ़ार्म देख कर हम घूमते-घामते अमीरा कदल पहुँच गये। वहीं ख़ालसा होटल के सामने रुक कर हम सोच रहे थे कि हम वहीं चाय पियें अथवा ज़रा आगे बढ़ कर लाल चौक के किसी रेस्तराँ में बैठें कि सड़क के दूसरे किनारे खालसा होटल के नीचे खड़े किसी ने ज़ोर से चिल्ला कर आवाज़ दी—"भाप्पा जी!"

मैंने मुड़ कर देखा और ख़ुशी से चिल्लाया—"ओये नन्दवानी!"

और नन्दवानी लपक कर बड़ी गर्मजोशी से मुझसे बग़लगीर हो गया।

"लो भाई योगेश्वर, तुम्हारी बोरियत ख़त्म हुई।" अलग हो कर मैंने कहा और दोनों को एक-दूसरे का परिचय दिया।

योगेश्वर से हाथ मिलाते हुए नन्दवानी ने मुझसे पूछा, "किधर जा रहे थे?"

"कहीं चाय पीने की सोच रहे थे। नाश्ता करके नहीं चले और काफ़ी समय से घूम रहे हैं।"

"चलिए मेरे साथ, ऊपर कमरे में। वहीं चाय पीते हैं, बातें करते हैं और आपको एक हस्ती से मिलवाते हैं।"

और मेरा हाथ थाम वह सड़क के पार ख़ालसा होटल की ओर ले चला।

१९७०

सुलोचना के नगर में

"क्यों सरवर, फ़िल्म में कामयाब होने के लिए तुम्हें कौन-सा गुर सबसे अच्छा लगा?"

सरवर ने—जो सदा नयी बात कहने में विश्वास रखता था—हँसते हुए कहा : "बस, फ़ोल्डिंग बेड बन जाओ।"

और उसी तरह हँसता हुआ वह चला गया।

॥१॥

"लीजिए, यह विरार आ गया!" उसके सहयात्री ने बड़े इत्मीनान से खिड़की के साथ पीठ लगाये, अपनी सीट पर लेटे-लेटे कहा।

विरार आ गया, यह सुनते ही हबीब उचक कर उठा। ट्रंक उसने नीचे की बर्थ से निकाला और बँधा हुआ बिस्तर उस पर रख दिया। अटैची-केस खोल कर आईने में फिर एक बार अपना चेहरा देखा, बालों को सँवार कर कंघी-शीशा अटैची-केस में रखा, उसे अच्छी तरह बन्द कर बिस्तर पर टिका दिया और पूरी तरह लैस हो कर खिड़की के पास बैठ गया।

लेकिन उसके सहयात्री को किसी तरह की जल्दी न थी। उसे लेने के लिए शायद स्टेशन पर दो-चार रिश्तेदार और नौकर आ रहे थे और फिर कुली थे और आख़िर बम्बई सेण्ट्रल पहुँच कर फ़्रण्टियर मेल को ठहर ही जाना था। फिर आतुरता कैसी! उसका बिस्तर यथावत बिछा था, सामान भी बिखरा हुआ था और वह बड़े इत्मीनान से अपनी खिड़की के साथ अधबैठा पूर्ववत सिगरेट के कश लगा रहा था। यह जान कर कि हबीब पहली बार बम्बई जा रहा है, उसने हबीब को भारत के इस दूसरे महानगर के बारे में बहुत-सी बातें बता दी थीं। मसलन, बम्बई में कौन-कौन-से दर्शनीय स्थान है—हैंगिंग गार्डन्स, मैरीन ड्राइव, अपोलो बन्दर, कफ़ परेड, अजायब-घर, चिड़िया-घर, चौपाटी, जूहू, विक्टोरिया गार्डन्स, बोरीवली, जोगेश्वरी और एलीफ़ैण्टा की गुफाएँ, बसीन और माहीम के किले, दादर और वरसोवा के तट, आदि, आदि—कौन-से बड़े होटल हैं, कौन-से सिनेमा-घर और बड़े बाज़ार! और बदले में हबीब से वादा ले लिया था कि अगर उसने फ़िल्म कम्पनी का प्रस्ताव स्वीकार कर लिया तो वह उसे न सिर्फ़ स्टूडियो दिखायेगा, बल्कि फ़िल्म की शूटिंग भी।

०

मंज़िल के निकट पहुँच कर फ़्रण्टियर मेल जेसे और भी तेज़ हो गयी थी। हबीब के दिमाग़ की ट्रेन भी उससे कम तेज़ नहीं थी। अन्तर यही था कि वह आगे जाने के बदले, पीछे की ओर भागी जा रही थी और कई बरस पहले का अत्यन्त विपिन्न विद्यार्थी जीवन, सिनेमा

का बेपनाह शौक, सरवर की संगति, शुरू जवानी का सिनेमाई इश्क, सोते-जागते के सपने और कभी न पूरे होने वाले संकल्प—सब एक-एक करके उसके दिमाग़ में घूम रहे थे और वह प्रकट बाहरी दृश्य देखता हुआ, उनमें लीन हो गया था।

०

....उन दिनों वह कॉलेज में नया-नया दाख़िल हुआ था। कॉलेज घर से तीन मील दूर था। दो-एक विद्यार्थियों के पास मोटर साइकिलें और ताँगे थे, साधारण विद्यार्थी साइकिलों पर जाते थे, लेकिन वह एक-डेढ़ घण्टा पहले तैयार हो कर, तीन मील पैदल चल कर कॉलेज पहुँचता था। आधी छुट्टी में लड़के हलवाई की दुकान पर मिठाई और लस्सी उड़ाते थे, लेकिन वह निकट ही की वाटिका के किसी एकान्त कोने में जाता और पुस्तकों के बैग में रखी हुई रोटी और सूखी तरकारी खा कर वाटिका के रहट से दो घूँट पानी पी लेता था।

उसके पिता एक साधारण क्लर्क थे। जब वे मरे तो अपने पीछे हबीब के अलावा एक और क्लर्क बेटा छोड़ गये। उसकी माँ ने अपने कुछ गहने जैसे-तैसे निर्धनता की भट्ठी की भेंट होने से बचा रखे थे और उनको जहाँ-तहाँ गिरवी रख कर वह काम चलाती थी। उसकी और अपने क्लर्क भाई की सहायता से हबीब कॉलेज में दाख़िल हो गया था। पुस्तकें भी वह सारी न ख़रीद पाया था और उसे किसी ऐसे मित्र की तलाश थी, जिसके पास जा कर वह पुस्तकों की कमी पूरी कर सके।

इस खोज-ढूँढ ने उसका परिचय सरवर से कराया था।

सरवर के पिता यद्यपि किसी रियासत के दीवान थे, पर उन्होंने सरवर की माँ को छोड़ कर किसी दूसरी औरत को घर में बैठा रखा था। यह ठीक है कि वे घर का ख़र्च भेजते थे और सरवर को किसी तरह का अभाव न था, लेकिन हबीब ही की तरह वह भी अपने को पिताविहीन समझता था और इस अनुभूति ने उसे हबीब के और भी निकट कर दिया था।

जहाँ तक हबीब का सम्बन्ध है, वह मन-ही-मन सरवर का बहुत आदर करता था। इस आदर की भावना में हल्के-से डर और ईर्ष्या का भी सम्मिश्रण था—सरवर अत्यन्त मेधावी, वाकपटु, सुन्दर, बौद्धिक, काव्य-प्रेमी नवयुवक था—कॉलेज के वाद-विवाद में वह सदा प्रथम रहता। मैगज़ीन में सबसे अच्छा लेख (कहानी या कविता लेख में शामिल है) लिखने पर सदा पुरस्कार पाता। बोलता तो अनथक बोले जाता और उसकी बातें सुन कर उकताहट नहीं, प्रसन्नता होती। वह इतना लोकप्रिय था कि हर कोई उसकी संगति पसन्द करता। इन गुणों के स्वामी के लिए हबीब के मन में सम्मान होना स्वाभाविक था (जबकि स्वयं उसमें न वैसा व्यक्तित्व था, न गुण) लेकिन सरवर बला का मुँहफट भी था। अपनी राय प्रायः इतनी स्पष्टता से व्यक्त करता कि दूसरे को ध्वस्त कर देता। और हबीब जहाँ मन-ही-मन में उससे ईर्ष्या करता, वहाँ उससे कुछ डरता भी था।

उस दौर के शायरों में हफ़ीज जालन्धरी और 'अख़्तर' शेरानी सरवर के प्रिय शायर थे (हफ़ीज़ कम और शेरानी ज़्यादा) हफ़ीज़ और शेरानी की कोई भी नज्म कहीं छपती, सरवर काट कर रख लेता। उसका छोटा-सा कमरा (जहाँ फ़र्श पर जाजम बिछा रहता और गाव तकियों के सहारे गोष्ठी होती) पत्र-पत्रिकाओं, उनसे काटे गये अनगिनत तराशों, फ़ाइलों

और किताबों से अटा रहता। नज़्मों को पढ़ने का ढंग भी उसका कुछ ऐसा मनमोहक था कि बार-बार सुनने पर भी मन न भरता। ख़ुद हबीब को 'हफ़ीज़' और 'अख़्तर' की कई नज़्में कण्ठस्थ हो गयी थीं—और वह स्वयं हफ़ीज़ की 'बसा ले अपने मन में प्रीत,' 'मन है पराये बस में,' और 'जाग सोज़-ए-इश्क जाग,' और 'अख़्तर' की 'वही वादी है यह हमदम जहाँ रेहाना रहती थी,' 'देखो वह कोई जोगन जंगल में गा रही है,' 'मुझे तो इन्हीं बीमार कलियों से मुहब्बत है' और वह अमर कृति 'सलमा' एकान्त में गाया करता था (गाने के लिए उसका स्वर अनुपयुक्त था, लेकिन इसके बावजूद जब कोई न होता तो वह बड़े ऊँचे स्वर में झूम-झूम कर ये नज़्में गाता)। उन नज़्मों को बार-बार सुन और गा कर उसे स्वयं शायरी का शौक पैदा हो गया था और उसने 'अख़्तर' शेरानी की तर्ज़ पर कई रूमानी नज़्में कह डाली थीं। उसकी रुँधी-रुकी इच्छाएँ-आकांक्षाएँ और अरमान, उसका दबा-छिपा व्यक्तित्व—सब उन नज़्मों में बह निकला था। जब उसने अपनी पहली नज़्म सरवर को सुनायी तो सहसा वह उससे लिपट गया था।

"अरे वाह! तुम तो पैदायशी शायर हो!" उसने हबीब को आलिंगनबद्ध करते हुए कहा था और दोनों की मित्रता और भी गहरी हो गयी थी।

सरवर ही से हबीब को पहले-पहल सिनेमा का शौक लगा। हबीब के पिता और उनके पद-चिह्नों पर चलने वाले बड़े भाई सिनेमा के घोर विरोधी थे। उन्हीं दिनों जब ईद के त्योहार पर हबीब ने अम्मा के सम्मुख सिनेमा देखने की इच्छा व्यक्ति की थी तो उसके भाई बाज़ की तरह उस पर झपटे थे—"कॉलेज में दाख़िल होते ही पर लग गये तुम्हें? घर में नहीं दाने और बन्नो चलीं भुनाने! मियाँ, चार अच्छर ही तुम्हारे भेजे में पड़ जायें तो ग़नीमत समझो और तुम लफ़ंगों के शौक पाल रहे हो? सिनेमा या तो आवारा देखते हैं, जिन्हें कोई काम नहीं या अमीरों के छोकरे, जिनके पास वाफ़र पैसा है और समझ नहीं आता कि इसे किस भले काम में लगायें। हमारे-तुम्हारे बस के ये शौक नहीं!"

हबीब की आँखें भर आयी थीं। अम्मा चाहती थीं कि अब हबीब ने कहा है तो एक बार देख आये, पर भाई साहब की बात काटना उसके बस से भी बाहर की बात थी।

हबीब मन मार कर रह गया था। चुपचाप किताब उठा कर वह चो (पहाड़ी नाले) पर चला गया था, जिसका पानी सरकार ने नहर की ओर खींच लिया था और जिसमें अब मीलों तक फैली हुई सूखी बालू के सिवा कुछ दिखायी न देता था। नंगे पाँव वह उसकी ठण्डी-ठण्डी रेत पर घूमता रहा था। उसका विस्तार और विपन्न वीरानी उसे अपने दिल के अरमानों-सी विस्तृत और वीरान लगती थी। इस उजड़े हुए पहाड़ी नाले और अपने दिल में उसे कुछ अनोखी आत्मीयता की अनुभूति हुई थी और उसकी ठण्डी सूखी बालू पर घूम कर उसे कुछ अजीब-सी शान्ति का एहसास हुआ था।

अपने भाई के इस विरोध के बावजूद सरवर की मित्रता ने उसके दिल में सिनेमा के लिए बेपनाह शौक पैदा कर दिया था और सरवर ही पहले-पहल उसे अपने ख़र्च पर सिनेमा दिखाता रहा था।

फ़िल्म के संसार पर उन दिनों सुलोचना और ज़ुबैदा का राज था। फ़िल्म में रुचि रखने वाले या तो सुलोचना के दीवाने थे या ज़ुबैदा के—वहीं फ़्रण्टियर मेल की खिड़की में

बैठे-बैठे हबीब की आँखों में दोनों की तस्वीरें घूम गयीं।

ज़ुबैदा—वह पतले-छरहरे कद की, प्यारे-प्यारे गोल चेहरे और बड़ी-बड़ी आँखों वाली भारत की पहली टॉकी—'आलम आरा'—की हीरोइन! उसका वह बायीं आँख की भौं उठा कर देखना हबीब को अब तक याद था। वह चितवन उसने पहले-पहल 'ज़रीना' में देखी थी और वह चितवन मानो उसके मन की गहराइयों में उतर कर वहीं की हो गयी थी। हालाँकि 'ज़रीना' के आने पर शहर में कुहराम मच गया था और होशियारपुर की 'द्वाबा सुधार सभा' ने (जिसमें अधिकतर वही स्थानीय पत्रकार सम्मिलित थे, जिन्हें या तो विज्ञापन न मिले थे या फ़िल्म के फ़्री पास) यह फ़तवा दिया था कि फ़िल्म नितान्त साधारण और अश्लील है, लेकिन हबीब के मन पर 'ज़रीना' ने अमिट प्रभाव डाला था। ज़ुबैदा उस फ़िल्म में अपने कमाल पर थी। उसका वह गाना, वह नाच, वह चितवन—कई दिन तक हबीब के सपने ज़ुबैदा के सौन्दर्य से भरपूर रहे थे, लेकिन 'ज़रीना' के बाद जाने वह कहाँ अदृश्य हो गयी। उसने उड़ती-उड़ती ख़बर सुनी कि किसी अमीर या नवाब ने इस अद्वितीय कलाकार को ख़रीद लिया है और वह अब उसकी पत्नी बन गयी है।

और सुलोचना—ज़ुबैदा से ज़रा-सा लम्बा कद, ज़ुबैदा की अपेक्षा कद्रे गदराया शरीर, और कद लम्बा और अंग सुडौल होने से उसका वह गदरायापन कहीं ज़्यादा आकर्षक और मनमोहक! चौड़ा माथा, तीखे नक्श, सुतवाँ नाक, आम की फाँक-ऐसी आँखें, सुराहीदार गर्दन आर सितम ढाती हुई मुस्कराहट! ज़ुबैदा की चितवन और सुलोचना की मुस्कान—हबीब दोनों पर फ़िदा था।

सरवर ने जिस तरह हबीब के मन 'हफ़ीज़' और 'अख़्तर' की शायरी के लिए आकर्षण पैदा किया था, उसी तरह उसे ज़ुबैदा और सुलोचना का दीवाना बना दिया। पहले उसने हबीब को दोनों की तस्वीरों के कटिंग दिखाये, जो उसने पत्रिकाओं से काट कर ऐलबम में लगा रखे थे। उनमें एक-से-एक आकर्षण पोज़ था। फिर उनकी एक-एक भाव-भंगिमा की प्रशंसा की और आख़िर एक दिन, जब शहर में सुलोचना की एक तस्वीर आयी तो उसने हबीब को फ़िल्म देखने के लिए आमन्त्रित कर लिया।

हालाँकि हबीब इस बीच बिन-देखे ही सुलोचना का दीवाना हो चुका था और उसकी इच्छा भी थी कि किसी-न-किसी तरह सुलोचना की पिक्चर देखने जाये, लेकिन उसके लिए चार आने तो दूर (उस ज़माने में सिनेमाघरों में कम-से-कम चार आने का टिकट होता था) चार पैसे भी जुटाना कठिन था। आख़िर जब सरवर ने बहुत आग्रह किया तो हबीब ने अपनी कठिनाई उसके सम्मुख रखी। तब सरवर ने हँसते और हवा में अर्द्ध-वृत्त बनाते हुए कहा कि सुलोचना के प्रेमियों में एक और की वृद्धि करने के लिए वह चार आने तो क्या चार रुपये तक ख़र्च कर सकता है। और वह ज़बरदस्ती हबीब को पिक्चर दिखाने ले गया था।

साइलेण्ट (मौन) पिक्चर थी। गाड़ी के डिब्बे में बैठे-बैठे हबीब को उसका नाम याद न आ रहा था, लेकिन उसके पहले दृश्य उसके दिमाग़ पर अभी तक अंकित थे—एक जहाज़ बम्बई समुद्र तट के निकट आ रहा है और जहाज़ के डेक पर जँगले से कोहनी टिकाये डी० बिलीमोरिया खड़ा समुद्र के बदलते दृश्यों का आनन्द ले रहा है। समुद्र की लहरें जहाज़ से टकरा कर झाग बिखेर रही हैं। पक्षी जहाज़ के निकट चक्कर काट रहे हैं।

हवा तेज़ चल रही है कि तभी एक काग़ज़ हवा के झौंके से उड़ कर उसके हाथ में आ जाता है। इसके साथ ही उसकी नज़रें उठ जाती हैं, डेक की दूसरी तरफ़ सुलोचना अपने पत्र का एक पृष्ठ उड़ जाने से परेशान खड़ी है—क्या कद है, कैसा साँचे में ढला नाक-नक्शा, उभरता हुआ यौवन, कितनी सुन्दर गर्दन, कितना मनमोहक सौन्दर्य! हबीब मुग्ध भाव से उसकी सुन्दरता देख रहा है कि डी० बिलीमोरिया पत्र ले कर सुलोचना के पास पहुँचता है, दोनों की आँखें चार होती हैं और नाटक शुरू हो जाता है।

हबीब उस दिन घर आया था तो पल भर को भी न सो सका था। तसवीर की सुलोचना और पर्दे की सुलोचना में इतना ही अन्तर था, जितना किसी मूर्ति और उसके असली रूप में। उसका हर भाव, हर मुस्कराहट, उसके सुन्दर तन की प्रत्येक भंगिमा अपने समस्त आकर्षण के साथ उसके सम्मुख घूमती रही थी। वह स्वयं उस नाटक का हीरो बन गया था और पूरी रात (स्टण्ट पिक्चर होने के कारण) सुलोचना के विरोधियों से लड़ता रहा था।

दूसरे दिन कॉलेज जाते समय अचानक एक पनवाड़ी की दुकान पर उसे सुलोचना की तसवीर चौखटे में लगी दिखायी दी थी—वही सुन्दर वक्ष, वही लम्बी सुराहीदार गर्दन, वही मनमोहनी मुस्कान! सम्भवत: 'इलस्ट्रेटिड वीकली' से सुलोचना का बस्ट काट कर उस पनवाड़ी ने शीशे में जड़वा लिया था।

जब हबीब शाम को कॉलेज से लौटा तो उसकी नज़रें आप-से-आप उस तसवीर की ओर उठ गयी थीं। उस दिन से उसका यह नित्य नियम हो गया कि जब वह उधर से निकलता, उस तसवीर को एक नज़र ज़रूर देख लेता। आख़िर एक दिन जब उसके मामा उनके घर आये और जाते हुए उसे एक रुपया दे गये तो अम्मा को रुपया देने के बदले वह उस पनवाड़ी से एक रुपये में वह तसवीर ख़रीद लाया था। दुर्भाग्य से ड्योढ़ी ही में भाई से मुठभेड़ हो गयी। उसके हाथ से तसवीर छीन कर वे वापस आँगन में आये, जहाँ अम्मा बैठी खाना पका रही थी। उसे वह तसवीर दिखाते हुए उन्होंने हबीब को उसकी नालायकी पर डाँटना शुरू किया कि कमाना पड़े तो रुपये की कद्र हो। इस रण्डी की तसवीर पर (भाई साहब के ख़याल में फ़िल्म में काम करने वाली हर औरत वेश्या थी) एक रुपया ख़र्च करने के अलावा उसे पैसे का और कोई उपयोग नहीं सूझा। एक रुपये में हफ़्ते भर तक घर में सब्ज़ी-तरकारी आ सकती थी; उसकी अपनी कोई पुस्तक या उसकी कोई कुंजी आ सकती थी; ईद का त्योहार अच्छी तरह मनाया जा सकता था; दूसरे दस काम हो सकते थे।....उन्होंने उसे इतना डाँटा कि उसकी आँखों में आँसू भर आये। सम्भव था कि उस भाषण की समाप्ति पर (जिसके दौरान भयानक ग़ुस्से के कारण उनके मुँह से फिचकू निकलने लगा था) वे तसवीर को फ़र्श पर पटक देते, लेकिन तभी अम्मा ने चुपचाप उठ कर तसवीर उनके हाथ से ले कर हबीब को देते और बड़े धैर्य से उसे समझाते हुए कहा कि बेटा, तेरे भाई तेरे ही फ़ायदे की बात कहते हैं, चार साल की बात है, इधर-उधर फ़िज़ूल वक्त ख़राब करने के बजाय जी लगा कर पढ़ ले, अपने पाँवों पर खड़ा हो जा, फिर चाहे जो करना।

हबीब उस तसवीर को अपनी नीम-अँधेरी कोठरी में ले आया था। उसे लगा था, जैसे उस तसवीर से वह कोठरी जगमगा उठी है। अपने भाई की डाँट और माँ की सीख

उसे बहुत बुरी लगी थी। वह पढ़ने में बहुत अच्छा था। उस वक्त, जब उसके पास अपनी एक भी पुस्तक न थी, वह परीक्षा में अच्छे नम्बरों पर पास हो जाता था, फिर उनकी डाँट निरर्थक नहीं थी तो और क्या थी।

तसवीर को अपनी कोठरी की दीवार पर लगा कर वह चो पर चला गया था और अपनी खिन्नता और परेशानी को उसने उस नाले की ठण्डी-ठण्डी बालू, उसके वीरान विस्तार और वहाँ सजग हो जाने वाले सुनहरे सिनेमाई सपनों में भुला दिया था।

उस दिन से हबीब के मन में बम्बई जाने और सिनेमा की दुनिया में नाम पाने (सुलोचना और ज़ुबैदा से परिचित होने और बस चले तो उनसे प्रेम करने) की प्रबल इच्छा जग गयी थी, लेकिन बम्बई का थर्ड क्लास का किराया भी बीस रुपये था और उसकी आकांक्षाओं का तूफ़ान उस चट्टान से टकरा कर बिखर जाता। कई बार उसने सोचा था कि फ़ीस के रुपये ले कर बम्बई भाग जाये। एक बार बम्बई पहुँच जाये, फिर उसे सफल अभिनेता या निर्देशक बनने से कोई नहीं रोक सकता। कई बार सोते और जगते के सपनों में वह किसी हीरोइन (विशेषकर सुलोचना और ज़ुबैदा) का रसोइया बन कर हीरो बना था और किसी कम्पनी के अस्तबल में नौकर हो कर डायरेक्टर! (उसने सरवर से कई ऐसे किस्से सुने थे जब हीरो और ऐक्टर साधारण नौकरों, चौकीदारों और बल्लम-बरदारों से उन्नति कर गये थे।) यदि उसके मन में भाई के लिए आदर-सम्मान न होता (जो अपने बच्चों का पेट काट कर उसे पढ़ा रहा था) या अम्मा के आँसुओं का भय न होता (जिसके बारे में उसे विश्वास था कि अगर उसने कोई ऐसा कदम उठाया तो रो-रो कर जान दे देगी) तो वह फ़ीस के रुपये ले कर भाग गया होता। जब उसके मन में बम्बई जाने की इच्छा प्रबल होती तो वह अपने आपको समझाता कि मियाँ, बी० ए० कर लो, फिर तुम आज़ाद हो जाओगे, अपने पाँवों पर खड़े हो जाओगे और जो चाहे करोगे। जहाँ मन होगा, जा सकोगे। और इस तरह वह अपने मन को बम्बई के सपनों में उलझा देता।

०

और आज वह सोलह बरस बाद इस बम्बई की गाड़ी में (थर्ड में नहीं, सेकेण्ड के डिब्बे में, खुर्री सीट के बदले गद्दे पर बैठा) उड़ा जा रहा था। उसे किसी हीरोइन का रसोइया या किसी कम्पनी का साईस न बनना पड़ा था। उसे फ़िल्म कम्पनी ने (उसके मित्र सरवर के द्वारा) सेकेण्ड क्लास का किराया दे कर बुलाया था कि वह आये और अपनी ईश्वर-प्रदत्त कला से फ़िल्म की मुर्दा कहानियों और बेजान गीतों में प्राण फूँके।

लेकिन बम्बई अब ज़ुबैदा और सुलोचना की बम्बई न थी। न जाने कैसी-कैसी मोटी, भद्दी या सूखी-सड़ी हीरोइनें रजत-पट की शोभा बढ़ा रही थीं। पिछले दिनों ही उसने एक फ़िल्म देखी थी, जिसकी हीरोइन हालाँकि नवयुवती थी, पर उसकी नाक इतनी मोटी और भद्दी थी कि जब भी वह पर्दे पर आती, उसे बड़ा कष्ट होता। एक अन्य फ़िल्मी नायिका की बाँहें इतनी मोटी थीं कि उसके सहयात्री के कथनानुसार घाटन लगती थी। एक तीसरी थी, जिसके क्लोज़-अप में पाउडर की कई परतों के बावजूद होंटों और गालों के बाल साफ़ दिखायी देते थे। वह तराशा हुआ, अंगों को उभारता, हुआ साँचे में ढला हुआ सन्तुलित सौन्दर्य अब कहाँ! मन की गहनतम गहराइयों के किसी गुह्य कोने में टटोलने पर भी उसे कोई ऐसी तस्वीर न मिलती थी, जो वहाँ उतर कर वहीं की हो गयी हो, या जिसने सुलोचना

और ज़ुबैदा के नाक-नक्शे को (जो अब बिलकुल धुँधले हो गये थे) यकसर मिटा दिया हो।

लेकिन उसका मन ही क्या अब वह पहले जैसा मन था, जिसमें सिनेमा का शौक उन्माद की हद पर पहुँचा हुआ था—उसे सोचा। हो सकता है, ये फ़िल्मी नायिकाएँ भी आज के नौजवान विद्यार्थियों के मन में वैसा ही तूफ़ान मचाती हों, जैसा सुलोचना और ज़ुबैदा उसके दिल में मचाया करती थीं। मन-ही-मन वह नयी पौध के दुर्भाग्य पर मुस्कराया (जिनके भाग्य में ये भद्दी-भोंडी हीरोइनें लिखी थी।) जहाँ तक उसका सम्बन्ध था, उसके मन के पर्दे पर अभी तक ज़ुबैदा और सुलोचना के चित्र अंकित थे। यह और बात है कि उसका जुनून अब वह जुनून न रहा था। उसने अब दूसरा रास्ता अपना लिया था—मशहूर अभिनेता या निर्देशक होने के बदले, वह प्रसिद्ध कवि और नाटककार हो गया था और ज़िन्दगी के रोमान की बजाय उसका कलम यथार्थ का चित्रण करना सीख गया था।

वह शायद फ़िल्म कम्पनी का यह प्रस्ताव स्वीकार भी न करता, लेकिन बात यह थी कि पैसे के मामले में सोलह बरस पहले के हबीब और अब के हबीब में कोई विशेष अन्तर न था और उसने सोचा था कि जब फ़िल्म कम्पनी आने-जाने का किराया दे रही है तो क्यों न फोकट में बम्बई की सैर कर ली जाये। वहाँ का जीवन पसन्द न आया तो वापस आ जायेंगे। फिर उसके मित्रों ने उसे यकीन दिलाया था कि इस समय, जब देश के चोटी के लेखक और कवि इस इण्डस्ट्री में सम्मिलित हो रहे हैं, उसे भी फ़िल्म के सुधार में उनका हाथ बटाना चाहिए; अच्छे लेखक और कवि फ़िल्मों में न जायेंगे तो अच्छी फ़िल्में कैसे बनेंगी? इसके अतिरिक्त उसे सरवर का भी ख़याल था जो ख़ुद अब बड़ा लेखक था और जिसके लिए अब भी उसके मन में थोड़ा-सा भय और सम्मान था।

और यह सब सोच कर वह बम्बई चला आया था।

"यह रहा बसीन का ऐतिहासिक किला, जो पुर्तगालियों ने बनाया था।"

उसके सहयात्री ने पूर्ववत बड़ी शान्ति से अधबैठे-अधलेटे सिगरेट के कश खींचते-खींचते खिड़की के बाहर संकेत करते हुए कहा।

हबीब की विचार-शृंखला टूट गयी। वह उठ कर उस खिड़की में गया। तेज़ी से जाती हुई फ़्रण्टियर मेल से पूरा किला तो उसे क्या दिखायी देता, उसके परकोटे के एक टुकड़े की झलक ही उसे मिली, लेकिन किले के परकोटे से ज़्यादा उसका ध्यान समुद्र के उस टुकड़े ने खींच लिया, जो सामने किले के परकोटे के निकट से बहता हुआ गाड़ी की ओर आ रहा था। कुछ नावें परकोटे की छाया में उसके किनारे से लगी हुई थीं। दूसरे किनारे पर एक बड़ी-सी नाव औंधी पड़ी नज़र आती थी और दो मछुवे एक छोटी-सी नाव में मछली पकड़ रहे थे।

तभी गाड़ी की आवाज़ पुल के कारण गड़गड़ाहट में बदल गयी। कुछ पल के लिए हबीब के कान उस आवाज़ को सुनने में और उसकी आँखें नदी-से चौड़े समुद्र के उस टुकड़े को देखने में तल्लीन हो गयीं। हालाँकि समुद्र का वह टुकड़ा नदी जितना ही चौड़ा था, लेकिन नदी और उसमें सिर्फ़ यह फ़र्क था कि नदी का-सा बहाव इसमें न था। पानी रुका हुआ, ठहरा हुआ, किसी सन्तुष्ट मोटे सेठ की तरह इत्मीनान से पसरा हुआ दिखायी

देता था। उन चन्द पलों में हबीब इससे ज़्यादा कुछ न देख सका। तभी गाड़ी दूसरे किनारे पर पहुँच गयी और वहाँ से छोटे सफ़ेद-सफ़ेद खेत शुरू हो गये।

"यह क्या है?" उसने अपने सहयात्री से पूछा।

"नमक के खेत!"

हबीब ने मुड़ कर अपनी खिड़की में नज़र दौड़ायी। इस तरफ़ भी नमक के छोटे-छोटे खेत गाड़ी के साथ उड़े चले जा रहे थे। वापस आ कर वह अपनी जगह पर बैठ गया और उन खेतों को देखने लगा।

उसे याद आया कि उसने छठी क्लास में पढ़ा था कि नमक खानों से भी निकलता है और समुद्र के पानी से भी बनाया जाता है। यह याद आते ही उसकी उत्सुकता और भी बढ़ गयी। उसने देखा- छोटी-छोटी नालियाँ समुद्र के खारे पानी को ला कर खेतों में डाल रही हैं। कहीं-कहीं खेत पानी से भरे हुए हैं। पानी सूख चला है और सफ़ेद-सफ़ेद नमक दिखायी दे रहा है। कहीं-कहीं खेतों के किनारे नमक के ढेर लगे हुए हैं। कुछ सफ़ेद, कुछ मटियाले—शायद मटियाले ढेरों में नीचे की तह का नमक था और उनमें मिट्टी का असर ज़्यादा था। बम्बई में निम्न वर्ग के लोग इसी सस्ते मिट्टी मिले नमक पर बसर करते होंगे—उसने सोचा—और ख़ुदा का हज़ार-हज़ार शुक्र करते होंगे कि उसने मिट्टी में भी कुछ नमक रहने दिया।

यह ख़याल आते ही उसके होंटों पर व्यंग्य-भरी मुस्कान फैल गयी और उसकी आँखों के सामने उसकी अम्मा का चित्र घूम गया, जिसे ख़ुदा पर अटल यकीन था, जो उसे रब्बुल-आलमीन (सारे आलम का ख़ुदा) समझती थी और कहती थी कि उसे अपने हर बन्दे का ख़याल है। जब वह सुनेगी कि उसका वह विद्रोही बेटा हबीब, जिसके विषय में वह सब आशाएँ छोड़ चुकी है, पाँच सौ रुपया महीना ले रहा है। (हबीब को इस बात का विश्वास था कि उसे कम-से-कम पाँच सौ रुपये तनख़्वाह मिलेगी) तो वह ख़ुदा का कितना शुक्र करेगी, जिसने उस आवारा लड़के के दिमाग़ में अक्ल डाल दी।

दरअसल जब हबीब ने बी० ए० पास किया तो हालाँकि बम्बई जाने की लालसा तब भी उसके मन में थी, लेकिन थर्ड का किराया ले कर भागने का विचार वह अपने मन से निकाल चुका था। बी० ए० तक पहुँचते-पहुँचते सिनेमा के जुनून की जगह शायरी के जुनून ने ले ली थी। सरवर की संगति ने उसे काव्य-मर्मज्ञ ही नहीं, अच्छा कवि और नाटककार भी बना दिया था। कॉलेज के दिनों ही में उसकी नज़्में न सिर्फ स्थानीय पत्र-पत्रिकाओं में छपने लगी थीं, वरन लाहौर के साहित्यिक साप्ताहिकों और मासिकों में भी उन्हें स्थान मिलने लगा था और बम्बई भाग जाने के बदले अब वह लाहौर भाग जाना, अपने अनदेखे शायरों से साक्षात्कार करना और लाहौर के अदबी मुशायरों में शामिल हो कर नाम पाना चाहता था।—चाहता था कि 'अख़्तर' शेरानी और 'हफ़ीज़' जालन्धरी की तरह उसका नाम भी घर-घर गूँज उठे; उनकी नज़्मों के भी कटिंग रखे जायें, उसकी नज़्में भी कण्ठस्थ की जायें।

बम्बई की अपेक्षा लाहौर भागना कुछ सहज भी था। अवसर भी उसे मिल गया। हुआ यह कि एक दिन (और उसके बी० ए० पास करने के बाद यह प्रायः हर दिन होता

था) उसके बड़े भाई ने उसकी आवारागर्दी पर उसे बहुत डाँटा। जो कष्ट सह कर उन्होंने उसे शिक्षा दिलायी थी, उनका ब्योरा विस्तार से दे कर उसे विवश किया कि वह नौकरी करे और शरीफ़ों की तरह टिक कर बैठे। जब हबीब ने कहा कि नौकरी कोई पेड़ से तो लगी नहीं कि मैं उसे तोड़ लूँ तो उसके भाई ने बताया कि उन्होंने बड़ी मिन्नत-ख़ुशामद से म्युनिसिपल कमेटी के प्रेज़िडेण्ट को ख़ुश करके, उससे वादा ले लिया है। हबीब को पैंतीस रुपये महीने पर तुरन्त नौकरी मिल सकती है। उसके भाई ने यह भी बताया कि उस नौकरी को पाने के लिए कई एम० ए० और एल० एल० बी० सिर पटक रहे हैं। और अम्मा से अपनी इस कारगुज़ारी की दाद चाहते हुए हबीब के भाई ने उससे कहा कि वह अपने इस लाडले बेटे को समझाये कि वह हाथ आयी इस नौकरी को न ठुकराये। इस पर अम्मा ने भी उसे उसकी आवारागर्दी पर कोसा और अपनी डाँट का प्रभाव डालने के लिए उसकी ग़ैर-ज़िम्मेदारी के मुकाबले में उसके स्वर्गीय पिता के परिश्रम और संघर्ष की चर्चा करके आँखें भर ली थीं। मन न होते हुए भी वह मान गया था और उसका भाई ख़ुशी-ख़ुशी उसे अपने प्रेज़िडेण्ट की सेवा में ले गया और हबीब को बाकायदा ग़ुलाम बना कर इस ख़ुशी में उसने मुहल्ले में शीरीनी बाँट दी थी।

यद्यपि उस समय हबीब अपनी अम्मा के आँसुओं की रौ में बह गया था, लेकिन दो ही दिन में वह उस कैद और ग़ुलामी से भाग निकला, जिसका हर पल गधे की तरह काम करने और गधे की तरह डाँट-डपट और अत्याचार सह कर चुप बने रहने की माँग करता था। हबीब के कवि को किसी कीमत पर भी अपने आपको ऐसे पैसे की ज़ंजीर में जकड़े जाना पसन्द न था, जिसमें उसकी रचनात्मक प्रतिभा जड़ हो कर सूख जाये। अपने पिता और उसके बाद अपने भाई की बद-दयानती, झूठ, पाखण्ड, घूसख़ोरी, चापलूसी, आत्म-श्लाघा और सबसे बढ़ कर जड़ता से उसे बहुत घृणा थी। दो ही दिन में वह अच्छी तरह जान गया था कि उस वातावरण में अच्छे-से-अच्छा दिमाग़ भी चन्द दिनों में कुन्द हो जाता है और अच्छे-से-अच्छा दिल जड़ हो कर पत्थर बन जाता है। तभी उसे अमृतसर इस्लामिया कॉलेज के एक मुशायरे में शामिल होने का निमन्त्रण मिला। इण्टर का किराया उसे पेशगी आ गया था। मुशायरे में भाग लेने के बहाने वह ऐसा भागा कि फिर उसने घर की तरफ़ मुँह नहीं किया। अमृतसर से लाहौर, अलीगढ़, लखनऊ, हैदराबाद और दूसरी बीसियों जगह वह गया। कई कम्पनियों में एजेण्टी करते हुए उसने प्रान्त के विभिन्न स्थानों की सैर की। एक लायब्रेरी में लायब्रेरियन का काम किया। एक फ़र्म का एडवर्टाइज़िंग एक्सपर्ट बना। दो-एक साप्ताहिकों के कार्यालयों में काम किया और एक बड़े राजनैतिक (लगभग अनपढ़) नेता का सेक्रेटरी बना—लेकिन इन तमाम विभिन्न प्रकार के कामों के बीच उसने अपना स्वाभिमान सुरक्षित रखा और अपनी रचनात्मक प्रतिभा के मोती को एक सीप की तरह अपने हृदय में छिपाये, उसे निरन्तर चमकाता रहा।

०

गाड़ी फिर एक पुल पर से गुज़र रही थी। उसकी आवाज़ फिर गड़गड़ाहट में बदल गयी थी। हबीब के विचारों का क्रम फिर टूट गया। उसने देखा—समुद्र का एक टुकड़ा रेलगाड़ी के नीचे से गुज़र कर दूसरी तरफ़ चला गया है। ठण्डी हवा का एक सुखद झोंका आया और उसके साथ ही तीखी दुर्गन्ध का रेला। ध्यान से देखने पर उसे पता चला कि बसीन

के टुकड़े की अपेक्षा यहाँ पानी ज़्यादा रुका हुआ, गँदला और उथला है और अनगिनत छोटी-छोटी झाड़ियाँ उगी हुई हैं।

यह सारी बदबू शायद पानी की रुकावट के कारण है—उसने सोचा—हमारा फ़िल्मी क्षेत्र भी क्या इसी पानी की तरह रुका हुआ गन्दगी-भरा नहीं। जब तक नयी प्रतिभा के रूप में उसमें नया पानी न आयेगा, उसकी गन्दगी दूर न होगी? किंचित गर्व की अनुभूति से वह मुस्कराया—अपनी ईश्वर-प्रदत्त प्रतिभा के बल पर वह इस क्षेत्र का रुकाव, गन्दगी और दुर्गन्ध दूर करने के लिए अन्य साहित्यकारों की सहायता करने जा रहा था, जो उससे पहले बम्बई आ चुके थे। उसे विशेष रूप से सरवर ने बुलाया था, जो स्वयं प्रख्यात साहित्यकार था—अपने महत्व की अनुभूति से हबीब का सिर किंचित ऊँचा उठ गया।

उसने सामने प्रतिपल विस्तृत होते हुए समुद्र के उस टुकड़े को देखा—निकट ही जहाँ पानी उथला था, माहीगीर जाँघों तक लँगोट कसे, मछलियाँ पकड़ रहे थे, ज़रा परे नावें चल रही थीं और दूर, जहाँ समुद्र का टुकड़ा काफ़ी विस्तृत हो गया था, एक छोटा-सा जहाज़ ऐसे दिखायी देता था, जैसे समुद्र की सुन्दरता को देखने के लिए रुक गया हो।

तभी बिना इंजन के भागती हुई एक गाड़ी सामने आ गयी। लोकल ट्रेन है शायद—उसने मन-ही-मन कहा और वह ध्यान से उसे देखने लगा। कुछ पल दोनों गाड़ियाँ साथ-साथ भागती रहीं। पहले ऐसा लगा कि लोकल ट्रेन तेज़ जा रही है। उसने सामने की गाड़ी के डिब्बे में खड़े चन्द लड़कों को अपनी गाड़ी के आगे निकल जाने की ख़ुशी में उल्लास से चिल्लाते और उसकी ओर देख कर हाथों से निहायत भद्दे इशारे करते देखा। लेकिन धीरे-धीरे वह गाड़ी पीछे होती गयी, यहाँ तक कि नज़रों से ओझल हो गयी और हबीब हतप्रभ-सा लाइनों, बिजली के खम्भों, परे सड़क पर बने हुए ढालुवीं, तिकोनी छतों वाले मकानों और तेज़ी से भागते हुए लोकल स्टेशनों को देखता रहा कि अचानक एक स्टेशन पर फ़्रण्टियर मेल धीमी हो कर एकदम रुक गयी।

हबीब उचक कर उठा।

उसका सहयात्री मुस्कराया, "नहीं, नहीं, यह सेण्ट्रल नहीं, दादर है!" उसने पूर्ववत कुहनी के बल लेटे-लेटे कहा और जले हुए सिगरेट का टुकड़ा खिड़की के बाहर फेंक कर दूसरा सिगरेट सुलगाया।

दादर—हबीब ने सोचा—यहीं तो सरवर रहता है। फिर वह सेण्ट्रल पर कैसे आयेगा?

"मैं स्टेशन पर मिलूँगा"—उसके तार के इन शब्दों का अर्थ कहीं यह तो नहीं कि वह दादर ही पर आयेगा। उसने खिड़की से पूरी गर्दन बाहर निकाल कर देखा—कुछ यात्री स्टेशन पर उतर रहे थे और सरवर का कहीं निशान तक न था।

वह गर्दन अन्दर करने ही वाला था कि दूर इंजन की ओर से उसे सरवर भागता हुआ आता दिखायी दिया। हबीब ने झट अटैची-केस हटा कर खिड़की खोली, बिस्तर बाहर फेंका और ट्रंक को घसीटता हुआ नीचे उतरा।

उसकी आँखों में जो अनुनय था, उसे देख कर उसका साथी मुसाफ़िर अपनी तन-आसानी छोड़ कर उठा और उसने ट्रंक नीचे उतारने में उसकी सहायता की।

"यह साली फ़्रण्टियर मेल हमेशा लेट आती है। आज ही इस कम्बख़्त को वक्त पर

आने की सूझी।" सरवर आता-आता कह रहा था, "मैं तुम्हें सेण्ट्रल पर ही मिलता, लेकिन दादर स्टेशन पर मुझे बताया गया कि दो घण्टे का वक्त गाड़ी ने रास्ते ही में पूरा कर लिया है और यह वक्त पर आ रही है। तब मैं इधर भागा कि तुम्हें यहीं उतार लूँ।"

तभी गाड़ी चल दी और हबीब चिल्लाया—"मेरा अटैची!"—और गाड़ी के साथ भागा।

उसके साथी ने चलती गाड़ी में से हाथ बढ़ा कर अटैची-केस उसकी ओर फेंका। हबीब ने बढ़ कर उसे दबोचा, लेकिन उसके हाथों में आ कर भी वह नीचे गिर गया। पुराना खटका प्लेटफ़ार्म पर गिरते ही खुल गया और उसकी ग़रीबी का ढिंढोरा पीटता हुआ उसका पुराना टॉयलेट का सामान प्लेटफ़ार्म पर बिखर गया।

फ़ोल्डिंग बेड ।। २।।

ऐसी नीम-गनूदगी में (जिसे पंजाबी 'जागो-मीटी' कहते हैं और जिसमें नींद और बेदारी के डाँडे मिले रहते हैं) हबीब सपने भी देख रहा था और सोच भी रहा था। कभी उसकी सोच निहायत साफ़ हो जाती और वह स्पष्ट रूप से अपने भूत और भविष्य पर ग़ौर करने लगता और कभी धीरे-धीरे उसकी कल्पना पर धुँधलके-से छाने लगते और न जाने किस अदृश्य रसायन से उसकी सोच सपने में घुल जाती और वह ख्वाब देखने लगता।

जब वह बाल्कनी के इस फ़ोल्डिंग बेड पर लेटा था तो सबसे पहले सरवर से अपनी मुलाकात पर उसे हँसी आयी थी।

०

फ़िल्म इण्डस्ट्री में आने से पहले सरवर ऑल इण्डिया रेडियो में मुलाज़िम था। उसने वहाँ दो बरस काम किया था। इस बीच जितने भी मित्रों को हो सका, उसने ऑल इण्डिया रेडियो में बुलाने का प्रयास किया था। दूसरों की बात तो हबीब नहीं जानता, लेकिन जब सरवर न उसे दो सौ रुपया मासिक पर मन्थली पेड आर्टिस्ट की जगह दिलायी थी तो वह जैसे उसके एहसान के बोझ-तले दब गया था। वह कोई ऐसी नौकरी चाहता थ, जो उसके साहित्य-सृजन के मार्ग की बाधा न बने। अब तक उसने जितनी नौकरियाँ की थीं, उनसे उसके साहित्य का ज़्यादा सम्बन्ध न रहा था। नौकरी वह इसलिए करता था कि पेट की चिन्ता से मुक्त रहे और जो थोड़ा-बहुत समय मिलता था, उसमें अपना लिखना-पढ़ना करता, जिससे उसकी आत्मा की भूख मिटती रहे।

रेडियो की यह नौकरी उसकी पहली नौकरियों से भिन्न थी। यहाँ उसका काम भी साहित्यिक था। यद्यपि उसे पाण्डुलिपियों की प्रतिलिपि भी करनी पड़ती थी (और यह काम उसे निहायत ऊबाऊ और लग़ौ मालूम होता) लेकिन अनुबन्ध करते समय स्टेशन डायरेक्टर न उसे दो गीत, एक संगीत फ़ीचर अथवा एक नाटक लिख कर देने के लिए भी कहा था

और उस थोड़ी-सी अवधि में हबीब ने चार नाटक और कुछ बहुत सुन्दर गीत लिखे थे और कुल मिला कर वह इस काम से असन्तुष्ट नहीं था। अब सरवर ने उस फ़िल्म में बुलाया था और उसके मित्रों ने उसे विश्वास दिलाया था कि रेडियो की अपेक्षा फ़िल्म का काम कहीं ज़्यादा साहित्यिक है। फ़िल्मों के सम्बन्ध में साहित्यकारों का एक कर्तव्य है—जिस तरह उन्होंने साहित्य को 'फ़ज़ल बुक डिपो' जैसे प्रकाशकों के चालू, सस्ते उपन्यासों की दलदल से निकाला है, उसी तरह फ़िल्मों को भी उन्हें स्टण्ट और फ़ार्मूलों की दलदल से निकालना चाहिए और यह सुअवसर देने के लिए वह मन-ही-मन सरवर का बहुत आभारी था।

उसे सोचा था कि जब वह स्टेशन पर सरवर से मिलेगा तो उसके घुटने छू कर अपनी श्रद्धा व्यक्त करेगा। उसका ख़याल था कि सरवर, यकीनन उस बाँहों में भर लेगा और तब उस आलिंगन में भी वह उस गर्मजोशी का आभास दे देगा, जो वह अपने रोम-रोम में महसूस कर रहा था। लेकिन उसकी मुलाकात ऐसी हास्यास्पद होगी, यह उसने कभी नहीं सोचा था। घुटने छूने और आलिंगन-बद्ध होने की बात तो दूर रही, वह उससे हाथ तक न मिला सका था। प्लेटफ़ॉर्म पर अटैची गिर कर खुल जाने से वह ऐसा घबरा गया था कि सब कुछ भूल गया और जब सब चीज़ें उठा कर उसने अटैची-केस में यथास्थान रखीं (जिस काम में सरवर ने भी उसका हाथ बटाया) और बड़ी मुश्किल से अटैची-केस को बाहर की ओर खींच कर उसका खटका बन्द किया तो सरवर कुली के सिर पर सामान लदवा कर चलने को तैयार था।

बाहर आ कर सरवर ने एक टैक्सी वाले का आवाज़ दी थी और सामान डिकी में रखवा कर दोनों जने पिछली सीट पर लद गये थे। हबीब के लिए सेकेण्ड क्लास में यात्रा करने ही की तरह टैक्सी में बैठने का भी यह पहला ही अवसर था। टैक्सी बड़ी थी और गदेला निहायत आरामदेह था। वह बड़े इत्मीनान से अधलेटा हो गया था। सरवर ने उसे बताया था कि स्टूडियो में दो-तीन नयी फ़िल्में बनने वाली हैं और पहले गीतकार से कम्पनी का झगड़ा चल रहा है। कण्ट्रोलर ऑफ़ प्रोडक्शंज़ सरवर का मित्र है। उसी से कह कर उसने उसे बुलाया है और वह उसे ज़्यादा-से-ज़्यादा तनख़ाह दिलाने का प्रयास करेगा। उसके बाद सरवर ने वहीं टैक्सी पर बैठे-बैठे फ़िल्म के सम्बन्ध में अपना दृष्टिकोण और अपनी योजनाएँ बतायी थीं।

"अगर हम लोग मिल कर एक यूनिट बना लें तो हमारे लिए अपनी कम्पनी खोलना ज़रा भी मुश्किल नहीं। ब्लैक मार्केट की वजह से रुपये की इफ़रात है और फ़ाइनेन्सरों की समझ में नहीं आता कि इस रुपये का क्या करें। यूनिट बन जाय तो फिर फ़ाइनेन्सर फँसाया जाय...."

०

लेकिन यहीं हबीब की विचार-धारा पर कुछ धुँधलके-से छाने लगे और सरवर के साथ अपने आपको टैक्सी में बैठे देखते-देखते उसने ख़ुद को रोल्ज़ रॉयस में बैठे पाया—पाया कि वह एक बड़ी कम्पनी का मालिक-प्रोड्यूसर है। देश के सभी नामी साहित्यकार उसकी कम्पनी में काम करते हैं। दो अपेक्षाकृत नये साहित्यकार तो उसके सेक्रेटरी बने, उसके साथ बैठे हैं। देश की फ़िल्म इण्डस्ट्री में वह क्रान्ति ले आया है। सस्ती, घटिया, भावुक

और अयथार्थ प्रेम का प्रदर्शन करने वाली फ़िल्मों की जगह उसने वास्तविक जीवन को रूप देने वाले चित्र बना कर देश में तहलका मचा दिया है—वह कम्पनी में दाख़िल होता है तो गैलरी में उसे अपनी मूर्ति स्थापित दिखायी देती है (जिसे यूरोप के एक मूर्तिकार ने बनाया है।) ऑफ़िस में जाता है तो सामने उसे अपना आदमकद तैल चित्र टँगा दिखायी देता है (जिसे एक चीनी कलाकार ने बनाया है।) वह जा कर कुर्सी पर बैठता है और घण्टी बजाता है और चपरासी से कहता है कि कण्ट्रोलर ऑफ़ प्रोडक्शंस को हमारा सलाम दो। तुरन्त कण्ट्रोलर ऑफ़ प्रोडक्शंस आ हाज़िर होता है। यह उसके मित्र सरवर के सिवा कोई दूसरा नहीं, लेकिन तभी उस गद्देदार कुर्सी में कोई चीज़ उसे जुभती है। वह नाख़ूनों से ज़रा-सा उसे मसल देता है, लेकिन वह उसे फिर चुभती है। तभी जब वह ग़ुस्से से कुर्सी घुमा कर उछलता है तो उसका सिर दीवार के साथ जा टकराता है।

हबीब के दिमाग़ पर छाये धुँधलके उसी तरह छँट गये, जिस तरह ईंट गिरने से तालाब के ठहरे रुके पानी पर काई। और जिस तरह काई के छँटने पर साफ़ पानी झलक उठता है, उसी तरह उन धुँधलकों से उसकी चेतना जाग उठी और उसने देखा कि वह सरवर की बाल्कनी में फ़ोल्डिंग बेड पर सोया हुआ है और खटमल के काटने से करवट लेने पर उसका सिर बाल्कनी की दीवार से जा टकराया है।

०

सिर की चोट को सहला कर हबीब फिर सीधा लेट गया। कुछ क्षण उसका दिमाग़ ठीक सोचता रहा। छत पर हाल ही में सफ़ेद पलस्तर किया गया था और वह दूध-धुली चादर-सी साफ़ थी। कुछ पल वह चुपचाप उसे देखता रहा, फिर उसकी थकी हुई आँखें मुंद गयीं, लेकिन उसके दिमाग पर धुँधलके नहीं छाये। वह स्पष्ट रूप से सोचता रहा।

यद्यपि जीवन में पहली बार उसने सेकेण्ड क्लास में यात्रा की थी, लेकिन जोश के मारे उसे नींद नहीं आयी थी। वह अपनी ज़िन्दगी में एक नये रास्ते पर महत्वपूर्ण कदम उठा रहा था—बड़ी-बड़ी आकांक्षाएँ, बड़ी-बड़ी योजनाएँ उसके दिमाग़ में रूप ले रही थीं। कभी-कभी संशय भी उसके मन में सिर उठाते। वह सोचने लगता—जितने भी साहित्यकार फ़िल्म इण्डस्ट्री में आये हैं, उनमें से एक भी तो फिर नहीं उभरा। लगता था, जैसे यह इण्डस्ट्री एक बड़ा भयानक अजगर है, जिसकी साँस साहित्यकारों को इस तरह खींच रही है कि वे अनायास चले आते हैं और सीधे उसके पेट में जा समाते हैं और वहीं उनकी हड्डी-पसली तक एक हो जाती है....लेकिन तभी उसे अपने मित्रों की बात याद आती—जब उसे अपने यही संशय उनके सामने रखे थे तो उन्होंने कहा था कि शुरू में तो यह होगा ही। इण्डस्ट्री के हर विभाग पर आप लोगों को अधिकार पाना होगा, तभी कुछ सुधार हो सकेगा। और वह अपनी सारी शंकाओं और संशय को परे धकेल कर नये सपने देखने लगा था और उसकी नींद उड़ गयी थी।

फिर यह कारण भी था कि सेकेण्ड का डिब्बा नाम का सेकेण्ड का डिब्बा था। युद्ध की वजह से न उसके गद्दे बदले गये थे, न उनकी मरम्मत हुई थी और अब वे इतने ज़्यादा ख़राब हो गये थे कि युद्ध से पहले के इण्टर के गदेले उनसे कहीं ज़्यादा बेहतर थे। कई जगह से नारियल धचक गया था, लोहे के स्प्रिंग निरन्तर हबीब की पीठ में चुभते रहे थे और अब उसका अंग-अंग दुख रहा था और थकान और नींद के कारण उसकी आँखें

करकरा रही थीं। लेकिन ये खटमल कम्बख़्त बराबर उसकी पसलियों को काटे जा रहे थे। एक बार फिर नाख़ूनों से वहाँ खुजला कर हबीब अब के सावधानी से दूसरी ओर करवट बदल कर लेट गया।

टैक्सी कुछ ही देर में सरवर के घर पहुँच गयी थी। पहली मंज़िल पर पहुँच कर सरवर ने कॉल-बेल का बटन दबाया तो दरवाज़ा उसकी बीवी मन्नो ने खोला था। 'आदाब अर्ज़' करते समय जो पहली चीज़ हबीब ने नोट की थी, वह यह थी कि दिल्ली की मन्नो और बम्बई की मन्नो में आकाश-पाताल का अन्तर हो आया था। क्षण भर को वह चकित-सा खड़ा उसे देखता रह गया था। दिल्ली की मन्नो भाभी को उसने प्रायः देखा था—सीधी-सादी, भोली-भाली, लज्जा के बोझ से दबी-दबी गिरस्तन—लेकिन यह मन्नो तो उसे किसी बेबाक ऐक्ट्रेस-सी लगी—उसके होटों पर लिपस्टिक और गालों पर पाउडर का ग़ुबार था; भँवों के बाल कोनों से उडा कर पेंसिल से उन्हें तिरछा बना दिया गया था; दुबालादार सुरमा आँखों के आकर्षण को दुगना कर रहा था। बालों के घूँघर हेयर ड्रेसर की कृपा के आभारी थे और यद्यपि उसने जम्पर और ग़रारा भी पहन रखा था, लेकिन जम्पर इतना फ़िट और कसा हुआ था कि हर रेखा उजागर हो रही थी। ग़रारा रेशमी और भड़कीला था और फ़र्श को छू रहा था और चुन्नटदार चुनरी नागिन-सी गले में लिपटी हुई थी।

"कहिए, ख़ैरियत से आये?" और मन्नो ने सीधी निगाह से उसकी ओर देखा।

हबीब की निगाहें झुक गयीं। "आपकी दुआ से पहुँच ही गया हूँ, भाभी!" उसने कहा और ड्रॉइंग-रूम में दाख़िल हुआ।

ड्रॉइंग-रूम काफ़ी बड़ा और फ़र्नीचर से सुसज्जित था। सामान रखवा कर अजाने ही सरवर अपने फ़्लैट की विशेषता दिखाने का उसे बाल्कनी पर ले गया, जो समुद्र के ठीक ऊपर खुलती थी। किंचित गर्व-भरे स्वर में उसने कहा, "ज़रा मेरे फ़्लैट से समन्दर का नज़ारा तो करो। जब चौदहवीं का चाँद आसमान में लटका होता है और समन्दर में ज्वार-भाटा आता है तो पागल लहरें हमारे मकान की चार दीवारी से बार-बार टकराती है। इसी से तो मालिक ने इसका नाम 'सागर तरंग' रखा है।"

"बम्बई में तो सुना है, मकान मिलते ही नहीं; तुम्हें इतना ख़ूबसूरत फ़्लैट कैसे मिल गया?" हबीब ने साश्चर्य पूछा था।

"पिछले साल," सरवर ने कहा, "जब बम्बई में जहाज़ को आग लगी थी तो बेशुमार लोग यह समझ कर कि जापानी आ रहे हैं, शहर छोड़ कर भाग गये थे। यह मकान भी ख़ाली हो गया और फट हम लोगों ने इस पर कब्ज़ा कर लिया। एक दिन भी लेट हो जाते तो सारे मकान पर मिलिट्री का कब्ज़ा जम जाता। साथ के फ़्लैट में एहसन रहता है, नीचे पारिख और लता रहते हैं और ऊपर के फ़्लैटों पर मिलिट्री का कब्ज़ा है।"

हबीब ने सामने दृष्टि-सीमा तक फैलते समुद्र पर एक निगाह डाली—बसीन का टुकड़ा इस विशाल सागर के सामने उसे तुच्छ लगा। ज्वार आ रहा था, लहरें बार-बार रेतीले किनारे से टकरा रही थीं। ज्यों ही एक लहर तट को छू कर वापस मुड़ती कि दूसरी रेला मारती हुई बढ़ी चली आती। किनारे के ज़रा परे दोनों टकरा जातीं और फेन की एक छोटी-सी दीवार किनारे के दोनों ओर बनती-मिटती चली जाती। कितनी ही देर तक वह

झाग की उस बनती-मिटती दीवार को देखता रहा। दोनों ओर उसका पीछा करके उसने उस समुद्र-तट को भी देखा—छोटा-सा ख़ूबसूरत तट! बाल्कनी ही से वह उसके विस्तार का अन्दाज़ लगा सकता था। तभी उसके जी में आयी थी कि वह उसी क्षण नीचे जाये और उस सूने, गीले, रेतीले तट पर एक सिरे से दूसरे सिरे तक नंगे पाँव भागता चला जाय, लेकिन हठात उसकी नज़र दूर समुद्र के बीचों-बीच लगभग एक ही पंक्ति में तैरती हुई नावों के सफ़ेद पालों पर चली गयी। उसने सोचा, शायद ये नौकाएँ सरकारी पहरुओं की हैं और समुद्र-तट की रक्षा के लिए तैनात हैं। अचानक सरवर की ओर मुड़ कर उसने पूछा, "ये किश्तियाँ क्या सरकारी हैं?"

"नहीं, माहीगीरों की हैं," सरवर ने जवाब दिया, "मछली यहाँ के लोगों की ख़ूराक का ज़रूरी हिस्सा है। माहीगीर ज्वार-भाटे के साथ ही बहुत तड़के निकल जाते हैं, दिन भर मछली पकड़ते हैं, वहीं सिगड़ी पर मछली भून कर खाते हैं और इधर तीसरे पहर और उधर भोर में टोकरे-के-टोकरे मछलियों से भरे ले कर लौटते हैं। किनारे से आने वाली बसें और लोकल गाड़ियों के डिब्बे इन टोकरों से भरे रहते हैं। आज तुम्हें भी पॉम्फ़्रेट खिलायेंगे—मन्नो को मछली बेहद पसन्द है।"

और लगभग एक ही पंक्ति में उड़ते हुए उन पालों को देखते-देखते हबीब का मन कल्पना के पंख लगा कर उन नावों में बैठे मछुआरों से जा मिला, जिन्हें किसी की ग़ुलामी पसन्द नहीं और जो अपने बाहु-बल से समुद्र की गहराइयों से अपनी जीविका छीन लाते हैं—वह ख़ुद भी तो अब तक माहीगीर ही रहा है—आज़ाद, लेकिन ग़रीब! सीमाहीन सागर में कल्पना के जाल डाल कर कला की सुनहरी मछलियाँ पकड़ लाता रहा है और उन्हें बेच कर किसी-न-किसी तरह जीविका चलाता रहा है—इन माहीगीरों की तरह उसके परिश्रम का लाभ भी वे दुकानदार उठाते रहे हैं, जिनके पास ख़ून-पसीना एक करके रची हुई अपनी उन कला-कृतियों को वह बेचता रहा है—लेकिन उसे अपनी यह आज़ादी हमेशा पसन्द रही है।

हबीब का दिमाग़ उन माहीगीरों के साथ न जाने कहाँ-कहाँ की सैर करता, अगर मन्नो अन्दर से आवाज़ न देती कि वह जल्दी नहा ले, लंच तैयार है और सरवर से यह न कहती कि बारूदवाला का फ़ोन आया था, उसे फ़ोन कर लीजिए।

हबीब जल्दी से साबुन-तेल और तौलिया ले कर गुसलख़ाने की ओर भागा था। उसके कारण लंच में देर हो जाय यह उसे हरगिज़ स्वीकार न था। इसलिए उसने निश्चय किया थाकि वह यथाशीघ्र नहा कर निकल आये।

स्नानघर सफ़ेद टाइलों का बना था, लेकिन लगता था जैसे हफ़्तों से साफ़ नहीं किया गया। कोनों में धूल जमी हुई थी, खिड़की की सिल पर भी जहाँ साबुन, तेल, टूथपेस्ट, ब्रश और जाने कितनी तरह के शैम्पू रखे हुए थे, गर्द की एक हल्की-सी परत चढ़ गयी थी। उससे पहले नहाने वाले ने तेल की शीशी एक जगह से उठा कर रखी थी, उस शीशी की जगह टाइल पर गोल निशान बना हुआ था। स्नानघर में गर्म पानी की भाप में विभिन्न तेलों-साबुनों और देहों की मिली-जुली बू थी। हबीब नल खोल कर पाँवों से स्नानघर के फ़र्श को साफ़ करने लगा। तब फ़र्श साफ़ करते-करते उसके सामने दिल्ली में सरवर का स्नान-घर घूम गया, जहाँ संयोग से वह एकाध बार नहाया था। उसमें न टाइलें थीं, न इतना

साज़-सामान, लेकिन सफ़ाई और स्वच्छता उसकी एक-एक ईंट से टपकी पड़ती थी।

फ़र्श और चौकी साफ़ करके हबीब नहाने बैठा तो पानी से भरी बाल्टी पर उसकी नज़र चली गयी। अच्छी तरह साफ़ न करने से उसके अन्दर गोल दीवार पर तेल से मिली हुई मैल की काली-सी तह जम गयी थी।

"मन्नो ने शायद ख़ुद काम करना छोड़ दिया है," उसने मन-ही-मन सोचा और हालाँकि उसकी तबियत मिचला रही थी, फिर भी वह नहाने बैठ गया। पानी ख़ूब गर्म था, उसका शरीर थका हुआ था, वह अच्छी तरह मल-मल कर नहाया। गर्म पानी से नहाना भी उसके लिए ऐयाशी से कम न था। उसे मात्र एक अवसर याद था, जब उसे सात दिन तक बुख़ार रहा था और आराम आने पर उसकी अम्मा ने उसे गर्म पानी कर दिया था। नहीं तो उसे बीसियों ऐसे दिन याद थे, जब सख़्त सर्दी में वह मुहल्ले के कुएँ पर ठण्डे पानी से नहाया था और जब पानी का पहला लोटा हड्डियों तक को जमाता हुआ चला गया था। भारत में चूँकि ग़रीबों की बहुतायत है और आत्म-वंचना चूँकि आदमी की सबसे बड़ी ख़ूबी है, इसलिए यहाँ ग़रीबी को ऊँचा स्थान दिया जाता है और ग़रीबी से सम्बद्ध सभी चीज़ों को सुख-सुविधा की चीज़ों से श्रेष्ठ बताया जाता है। यहाँ तक कि भगवान तक को दीनानाथ, याने ग़रीबों का स्वामी और दीनबन्धु अर्थात ग़रीबों का भाई कहा जाता है। हबीब को अम्मा की सीख याद आयी कि आमले को खाने और ठण्डे पानी से नहाने का मज़ा बाद में आता है। उसकी अम्मा सदा उसे कहा करती थी कि ठण्डा पानी स्वास्थ्य के लिए लाभदायक है और गर्म पानी से तो रोगी नहाया करते हैं।

अम्मा की इस सीख के बावजूद हबीब बड़े मज़े से मल-मल कर नहाया। रात की कष्टप्रद धूल-भरी यात्रा के बाद गर्म पानी से नहाने में उसे बड़ा सुख मिला।

नहा कर और कपड़े बदल कर ड्राइंग-रूम में आया तो नौकर मेज़ पर खाना लगा रहे थे। सरवर शायद साथ के फ़्लैट में एहसन से मिलने चला गया था। हबीब कौच पर लेट गया।

ड्राइंग-रूम एक ही समय बैठने, लिखने-पढ़ने और खाना खाने के काम आता था। एक तरफ़ किताबों की अलमारियाँ और ख़ूबसूरत रैक थे, दूसरी ओर सुन्दर डाइनिंग टेबल और सामने लिखने की मेज़, जिस पर निहायत बढ़िया कलमदान और पैड रखा था। उसके साथ खिड़की के बराबर रैक में रखी एक-जैसी काले चमड़े की जिल्दों में बँधी किताबों का सेट था। वह उठा। जा कर उसने एक किताब निकाली। हार्डी का उपन्यास था—लेकिन जब उसने उसे खोला तो पाया कि उसके पृष्ठ तक जुड़े हुए हैं। आलमारी में हर विषय पर बड़ी-बड़ी पुस्तकें थीं—नाटक, कहानी, उपन्यास, टाइम्ज़ आफ़ इण्डिया प्रेस से प्रकाशित होने वाली पुस्तकों के सेट; आर्ट और फ़ोटोग्राफ़ी की किताबें, लकिन उन पर पड़ी हुई धूल की बेहद हल्की-सी परत ने उसे बता दिया कि वे पढ़ने की अपेक्षा मेहमानों पर रोब डालने के काम ज़्यादा आती हैं। मेज़ की एक ओर सरवर का टाइप राइटर पड़ा था। उत्सुकतावश हबीब ने उसे खोला। लगता था, जैसे बरसों से न उसे किसी ने इस्तेमाल किया है, न साफ़ और हबीब को याद था कि रेडियो में अपनी नौकरी के दिनों में सरवर एक-डेढ़ घण्टा उसकी सफ़ाई में लगाता था और उसे रोज़ साफ़ करने के लिए उसने शैमी लेदर का बड़ा-सा टुकड़ा रखा हुआ था। टाइप करने के पहले और बाद वह उसके काले चमकीले

लोहे को मल कर चमका देता था और गर्व से कहा करता था कि यह लेखक का औज़ार है, इसे हर समय चमकाते रहना चाहिए।

"टाइप राइटर शायद अब सरवर का औज़ार नहीं रहा।" उसने सोचा।

तभी सरवर आ गया। मन्नो और वह खाने की मेज़ पर गये। खाना निहायत पुरतकल्लुफ़ था—पॉम्फ़्रेट थी, कोफ़्ते थे, पुलाव था, अण्डों का हलवा था—हबीब की भूख भी चमक आयी थी, लेकिन वह नदीदा दिखायी न दे, इस ख़याल से मन्नो के आग्रह करने पर भी उसने थोड़ा-थोड़ा सालन अपनी प्लेट में डाला और कद्रे उदासीनता से खाने लगा।

खाने के दौरान सरवर और मन्नो ही प्राय: बातें करते रहे—किसी मिस्टर चटर्जी की, जो कम्पनी का कण्ट्रोलर ऑफ़ प्रोडक्शंस था, जिसने फ़िल्म इण्डस्ट्री में तहलका मचा दिया था; छै हिट जुबली फ़िल्में एक साथ बनायी थीं; जिसे पब्लिक की रुचि का ऐसा ज्ञान था, जैसा किसी अनुभवी डॉक्टर को रोगी की नाड़ी का होता है और जो इस तरह अपने आदमियों से काम लेना जानता था, जिस तरह कोई चतुर प्रधानमन्त्री अपने मन्त्रिमण्डल के सदस्यों से....एक बार जब सरवर ने तीन दिन तक एक सीन न लिखा था तो वह उसके घर आया था, वहीं शराब की महफ़िल जमी थी और तब सरवर को ऐसा सीन सूझा था कि लोग हँसी के मारे लोट-पोट हो गये थे।

हबीब हैरान था कि ऐसा कौन-सा प्रोड्यूसर था डायरेक्टर है, जिसने छै हिट फ़िल्में बनायी हैं और वह उसे नहीं जानता। चटर्जी—यह नाम तो उसने सुना ही नहीं था।....शान्ताराम का नाम सुना था और हबीब के ख़याल में उसकी फ़िल्म 'आदमी' हिन्दुस्तान की श्रेष्ठतम फ़िल्म थी। हबीब अपने एक मित्र को जानता था, जो अपनी पत्नी के देहान्त पर आत्म-हत्या की मन:स्थिति में था, लेकिन 'आदमी' देख कर न केवल उसका वह मूड बदल गया, बल्कि वह ज़िन्दगी के संघर्ष में नये सिरे से जुट गया था।....देवकी बोस का नाम उसने सुना था। उसे कोई भारत की दो श्रेष्ठतम फ़िल्मों के नाम लेने को कहता तो वह तुरन्त 'आदमी' के साथ 'विद्यापति' का नाम लेता। इस बात के अलावा कि उसमें कानन ने जो काम किया, वह फिर कभी नहीं किया, उस फ़िल्म की प्रतीकात्मकता, संगीत और काव्य हबीब के मन में बेतरह बस गया था। फिर उसका आधारभूत विचार—कितना सुकुमार और सूक्ष्म, लेकिन डायरेक्टर ने किस कौशल और दक्षता से उसे फ़िल्म के पर्दे पर उजागर किया था—एक कवि अपनी प्रेरणा के क्षणों में अपने प्रियतम (वह प्रियतम कृष्ण है) के गीत गाता है, लेकिन लोग—जो उदात्त को हास्यास्पद और हास्यास्पद को उदात्त बनाने में निपुण हैं—किस तरह उसके दिव्य गीतों में (जो उसके मन की वीणा के पवित्रतम तारों की झंकार थे) अपनी वासना की तुष्टि का सामान ढूँढ लेते हैं।.....उसने बरुआ का नाम सुना था। भावुक, रोमानी फ़िल्में बनाने में बरुआ का जोड़ न था। 'देवदास,' 'मंज़िल,' 'मुक्ति' और फिर 'जवाब'—उसकी सभी फ़िल्में एक रोमानी, काव्य-प्रेमी भावुक मस्तिष्क की उपज थीं।....उसने नितिन बोस का नाम भी सुना था, जिसने 'चण्डीदास' बना कर सर्वोत्तम डायरेक्टरों की पंक्ति में स्थान पा लिया था। उसने महबूब, कारदार और सोहराब मोदी के नाम भी सुने थे। लेकिन यह चटर्जी, जिसके नाम का इण्डस्ट्री में तहलका है....हबीब को अफ़सोस था कि इतने प्रख्यात, ऐसे अद्वितीय डायरेक्टर का नाम तक उसे मालूम नहीं—झिझकते-झिझकते उसने पूछा था कि चटर्जी ने कौन-सी हिट फ़िल्में बनायी

हैं।

तब सरवर के बदले मन्नो ने कहा था—"आपने 'किस्मत' नहीं देखी? कलकत्ता में दो बरस से चल रही है। अभी 'झूला' ने बम्बई में जुबली मनायी थी।"

'झूला' का नाम सुन कर हबीब का दिल धड़का था। तो उसे 'झूला' के डायरेक्टर के साथ काम करना पड़ेगा? एक दिन दिल्ली में उसका मन निहायत उदास था, वह फ़व्वारे के पास से ग़ुज़र रहा था कि जुबली टॉकीज़ में चला गया था, क्योंकि उसमें एक जुबली पिक्चर लगी हुई थी, जिसे पच्चीस हफ़्ते चलते हो गये थे। टिकट ले कर हबीब अन्दर जा बैठा था—निहायत फूहड़, बेतुकी, बेमानी, लगभग असम्भव कहानी; ख़ासे घटिया, चूँ-चूँ का मुरब्बा गाने और नाच—हबीब उसकी हास्यास्पद विषय-वस्तु पर बहुत देर हँसता रहा था। एक नौजवान रेडियो-पत्रिका के कवर पेज पर एक गायिका की तस्वीर देखता है, उस पर फ़िदा हो जाता है और जब चचेरे भाई से (जिसने धोखे से उसकी सम्पत्ति पर अधिकार पा लिया है) झगड़ कर घर से निकलता है तो उस लड़की के शहर में जा उतरता है। उसका भाई भी ख़ासी कलाबाज़ी खाने के बाद उसी के प्रेम में फँस जाता है और अन्त में काफ़ी बेतुकी मुश्किलों को पार करके उसे पा लेता है—हबीब को यही मालूम न हुआ था कि उस फ़िल्म का नाम 'झूला' क्यों रखा गया है, सिवा इसके कि उसमें 'झूले' का एक गाना था।

आख़िर जब उससे न रहा गया तो उसने डरते-डरते पूछा था, "क्यों सरवर, क्या ऐसी ही फ़िल्में बनाने के लिए हम इस इण्डस्ट्री में दाख़िल हुए हैं?"

"तुम तो पागल हो," सरवर बोला था, "हमें इस इण्डस्ट्री पर कब्ज़ा जमाना है, उसकी ग़लाज़त दूर करनी है। किसी गली की गन्दगी दूर करने के लिए उसके अन्दर तो जाना ही पड़ेगा।"

तभी मिस्टर चटर्जी का फ़ोन आया। लपक कर सरवर उठा। चन्द मिनट 'जी हाँ,' 'हाँ जी' करने के बाद उसने कहा, "ज़रा ठहरिए, मन्नो आपसे बात करना चाहती है।"

मन्नो के चेहरे का रंग लाल हो गया। उठ कर उसने फ़ोन थामा और (जैसे उसे चटर्जी देख रहे हों) वहीं बल खाते, मुस्कराते और लाल होते हुए चटर्जी के आदाब का जवाब दिया।

तब परे बैठे सरवर ने लुक्मा दिया, "पूछो, मालिश-वालिश अब कैसी है?"

मन्नो ने पूछा और उत्तर पा कर फिर थोड़ा-सा हँसी। सरवर ने फिर उकसाया, "मालिश करके शीश आसन लगाया कीजिए न!"

मन्नो ने कहा और उत्तर पाने पर फिर कुछ हँसी।

इस तरह सरवर के लुक्मा देने पर मन्नो हल्के-हल्के मज़ाक करती और रूपहली हँसी बिखेरती रही। अन्त में, "हाँ हाँ, ज़रूर हाज़िर होंगे! हाँ, हबीब भाई को भी लायेंगे" कह कर उसने चोंगा रख दिया।

हबीब का जी चाहा, पूछे—"कहाँ?"—लेकिन वह औत्सुक्य और बेताबी कहीं अतिथि-धर्म के सिलसिले में अनुचित न दिखायी दे, यह सोच कर वह चुप रहा और उसने यही प्रकट किया, जैसे यह बात उसने सुनी ही नहीं। सरवर पूर्ववत चटर्जी के गुन गाने लगा।

खाना ख़त्म हो चुका था। हबीब हाथ धो कर लौटा तो सरवर ने उसे बताया कि उसे बारूदवाला से मिलने जाना है, शाम को वह वापस आ जायेगा।

हबीब ने कहा कि वह भी लेटना चाहता है, बहुत थक गया है, कुछ देर सोयेगा और सरवर शौक से बारूदवाला छोड़, एटमबमवाला के हो आये।

तब सरवर ने एक फ़ोल्डिंग बेड बाल्कनी में डलवा दिया और हबीब का बिस्तर उस पर बिछवा दिया।

फ़ोल्डिंग बेड चौड़ाई में इतना छोटा था कि करवट बदलने पर उससे गिर जाने की आशंका थी। सावधानी के लिए उसने उसे बाल्कनी की दीवार के साथ लगा लिया और अचानक कुछ अजीब-सी सुखानुभूति से उस पर लेटते हुए कद्रे हँस कर पूछा—

"क्यों सरवर, फ़िल्म में कामयाब होने के लिए तुम्हें कौन-सा गुर सबसे अच्छा लगा?"

तब सरवर ने (जो सदा नयी बात कहने में विश्वास रखता था) हँसते हुए कहा—"बस, फ़ोल्डिंग बेड बन जाओ।" और उसी तरह हँसता हुआ वह चला गया।

वहीं लेटे-लेटे हबीब के मस्तिष्क में सरवर का यह वाक्य कौंध गया—फ़ोल्डिंग बेड—वह मन-ही-मन हँसा। सरवर चौंकाने वाला लेखक था—ऐसी बातों के बारे में और इस तरह लिखता, ऐसी नयी और विलक्षण उपमाएँ देता, जिनसे पाठक को सहसा आघात लगता। एक लेखक के बैग को जो सदा भरा रहता था और जिसे वह सदा अपने साथ लिये रहता था, सरवर ने गर्भवती स्त्री के फूले हुए पेट से उपमा दी थी। एक पढ़ी-लिखी कुँआरी लड़की को, जिसने अपने आपको समाज-सेवा के अर्पण कर दिया था, उसने डाली से लगे-लगे सूख जाने वाली नारंगी कहा था। उसकी यह विशेषता उसे दूसरे लेखकों से अलगाती थी। किस समय वह क्या कह देगा, कोई न जानता था। बहुत-से लोग, जिनकी आस्थाओं की दीवारें वह दो-एक चोटों में ही गिरा देता था, उसे गालियाँ देते घूमते थे।....

'तो सिनेमा में सफल होन के लिए फ़ोल्डिंग बेड बनने की ज़रूरत है,' हबीब ने मन-ही-मन सोचा—'मौका पड़े तो उसकी तरह बिछ जाओ और वक्त गुज़र जाय तो सिकुड़ कर ऐसे अलग खड़े हो जाओ, जैसे कभी पहचान ही नहीं थी—शायद सरवर का भी यही मतलब था।'

०

लेकिन यहीं उसकी सोच पर धुँधलके छाने लगे। न जान किस जादू के प्रभाव से उसने अपने आपको एक हॉल में (जो उसके अपने शहर के मँडवे जैसा था) फ़िल्मी लेखकों के सामने भाषण करते पाया।

"फ़ोल्डिंग बेड बनना क्या किसी जेनुइन लखक को शोभा देता है! यह चापलूसी कारोबारी लोगों के लिए ही ठीक है। लेखक तो मुश्किल-से-मुश्किल हालात में भी अपना सिर ऊँचा उठाये रखता है। किसी लेखक के लिए ख़ुशामद करना सीखने की नसीहत देना उतना ही घातक है, जितना कि व्यापारी को सच्ची बात कहने की राय देना!"

और तब उसने समर्थन के लिए प्रधान की ओर देखा, जहाँ मन्नो बैठी थी और किंचित उल्लास से उसने कहना शुरू किया—

"लेखकों को ख़ुशामदपरस्ती की ज़िन्दगी से बचाने के लिए, उन्हें इस भ्रष्ट इण्डस्ट्री की दलदल से निकालने के लिए हमने यह कम्पनी खोली है। हम पब्लिक की नैतिकता और घरों की शान्ति तबाह करने वाली थर्ड रेट फ़िल्में बनाने के बदले ऐसी फ़िल्में बनायेंगे, जो न सिर्फ़ आम लोगों की ज़िन्दगी का ख़ाका खींचें, बल्कि उन्हें बेहतर ज़िन्दगी, बेहतर चलन और बेहतर आदर्श की तस्वीर भी दिखायें।"

और उसने भाषणकर्ताओं के-से ख़ास अन्दाज़ में एड़ियाँ उठा कर पीछे की ओर देखा, जहाँ कतार-दर-कतार फ़ोल्डिंग बेड रखे थे और निहायत गर्व-भरे स्वर में कहा—

"इसलिए हम सबने फ़ोल्डिंग बेड अपने घरों से निकाल दिये हैं। हमें ख़ुशामद के ये सिम्बल नहीं चाहिएँ। आइए, हम आज़ादी के इस विशाल सागर में जी भर सैर करें।"

हबीब को याद नहीं कि उसने उपस्थित जनता को सागर की सैर करने को आमन्त्रित किया था या नहीं, लेकिन उसने ज़रूर किया होगा, क्योंकि उसने देखा, फ़ोल्डिंग बेड किश्तियाँ बन गये हैं और वह दूसरों के साथ उनमें बैठ कर मछलियाँ पकड़ रहा है। इस बीच कई बार वह बिलकुल सो गया, लेकिन जब भी उसकी नींद टूटी, उसने अपने आपको वॉल्ट डिज़नी के मिकी माउस की तरह एक बड़ी-सी चर्ख़ी के पास, हाथ में तीर लिये शार्क मछलियों का शिकार करते देखा। एक शार्क ने सिर उठाया कि उसने तीर मारा। चर्ख़ी घूमी, उसने चर्ख़ी को थामा लेकिन शार्क ज़ोर मारती गयी और रस्सी खींचती गयी, इतना कि एक झटके से साथ ही वह समुद्र में जा गिरा। अगले क्षण उसने शार्क मछलियों को बड़े-बड़े दाँत निकाले चारों ओर से अपनी तरफ़ बढ़ते देखा। उसने चीख़ना चाहा, लेकिन उसे अपने सीने पर भारी बोझ महसूस हुआ। दो-तीन बार चाहने पर भी चीख़ उसके कण्ठ से न निकली। तब सहसा उसकी आँखें खुल गयीं। उसने देखा कि उसका हाथ उसकी छाती पर है और उसके माथे पर पसीना आ गया है।

०

जाने वह कितनी देर तक सोता रहा था, क्योंकि शाम के साये बढ़ आये थे। पल भर को वह उसी तरह लेटा रहा । फिर अपने इस सपने पर मुस्कराया। फिर उसने माथे से पसीना पोंछा। तब वहीं फ़ोल्डिंग बेड पर लेटे-लेटे पूरे ज़ोर से उसने अँगड़ाई ली और फिर एकदम उचक कर उठ बैठा।

वह इतने ज़ोर से उठा कि फ़ोल्डिंग बेड फ़ोल्ड होते-होते और वह गिरते-बचा। वास्तव में उठने से पहले क्षण भर को वह भूल गया था कि वह दिल्ली के अपने कमरे के पलँग पर नहीं, बल्कि बम्बई के इस फ़्लैट की इस छोटी-सी बाल्कनी में इस छोटे-से फ़ोल्डिंग बेड पर सोया हुआ है—एक बार यह देख कर कि बेड का कैनवस उसी तरह तना हुआ है और उसके उचक कर बैठने से जो कम्पन हो रहा था, वह थम चुका है, हबीब निश्चिन्त हो कर बाल्कनी की दीवार से कन्धा लगा, कुछ तिरछा हो कर बैठ गया। परे जहाज़, सागर का पानी और आकाश की नीलिमा—सब कुछ एकाकार हो रहा था। लगभग एक ही पंक्ति में तैरती हुई नावों के सफ़ेद पालों को वह देखने लगा, जो इतनी दूर से नीले पानियों पर तैरते सफ़ेद राजहंस लग रहे थे।

देर तक वह चुपचाप उन पालों को देखता रहा—धीरे-धीरे वे दूर होते जा रहे थे—यहाँ

तक कि वे न पाल रहे, न राजहंस, वरन नन्ही-नन्ही सफ़ेद बिन्दियाँ बन गये और देखते-देखते उसकी आँखें दुखने-सी लगीं।

तब उनसे नज़र हटा कर उसने तट की ओर देखा। वहाँ दोपहर की अपेक्षा काफ़ी रौनक थी, लेकिन इसके बावजूद उसे वह कुछ लुटा-लुटा-सा, सूना-सूना-सा दिखायी दिया। बात यह थी कि समुद्र भाटे पर था। पानी तट से बहुत दूर चला गया था। दूर तक नंगी, नीली रेत नज़र आ रही थी, जिसमें कहीं-कहीं पानी के गड्ढे बने हुए थे और रेतीले तट पर मनचले बच्चों के पैरों के निशान अस्त होते हुए सूरज की रोशनी में चमक रहे थे।

वह कुछ क्षण उन बच्चों को, उन पद-चिह्नों को, तट पर घूमते हुए उन तमाशाइयों को देखता रहा, फिर मुड़ कर गर्म चादर सीने तक ओढ़ कर लेट गया—उसे कुछ अजीब-से सुख की अनुभूति हुई। लगा जैसे गिरती हुई बर्फ़ के भयानक तूफ़ान में मीलों चल कर वह अत्यन्त सुखद सुकोमल मख़मली बिस्तर पर आ लेटा हो। यह अनुभूति उसे पहले भी कई बार हुई थी—जब वह आवारगी की ज़िन्दगी से उकता कर अपने किसी मित्र के घर कुछ दिनों के लिए जा ठहरता था तो कुछ ऐसा ही सुख-आराम महसूस करता था—लेकिन इस समय का यह सुख-आराम तो पहले से कई गुना ज़्यादा था। उसे लगता था, जैसे अब उसे कभी सर्दी में बाहर न निकलना पड़ेगा, आँधी-पानी, भूख और अधनंगेपन का सामना न करना पड़ेगा—वह जीवन भर बड़े इत्मीनान से इस आरामदेह बिस्तर पर लेटा रहेगा।

तभी जब उसकी आँखें फिर बन्द होने लगी थीं और उसकी नीम-गनूदगी पर धुँधलके छाने लगे थे, उसे सरवर ने झकझोरा—

"तुम अभी तक सो रहे हो और हमें मिस नसरीन की सालगिरह की पार्टी में जाना है। उठो, जल्दी तैयार हो जाओ।"

"तुमने मुझे बताया ही नहीं।" कहता हुआ हबीब उचक कर उठा और फ़ोल्डिंग बेड फिर फ़ोल्ड होते-होते बचा।

१९४६

(उर्दू से अनूदित)

अश्क रचनावली

६

समग्र उपन्यास

अश्क रचनावली : समग्र रूप में

खण्ड : १ – ८
उपन्यास

खण्ड : ९ – ११
कहानियाँ

खण्ड : १२ – १४
नाटक-एकांकी

खण्ड : १५ – १६
काव्य

खण्ड : १७ – १९
संस्मरण तथा आत्मकथ्य

खण्ड : २० – २१
आलोचना

खण्ड : २२ – २३
वैचारिक गद्य

खण्ड : २४ – २५
ललित गद्य

वाणी प्रकाशन

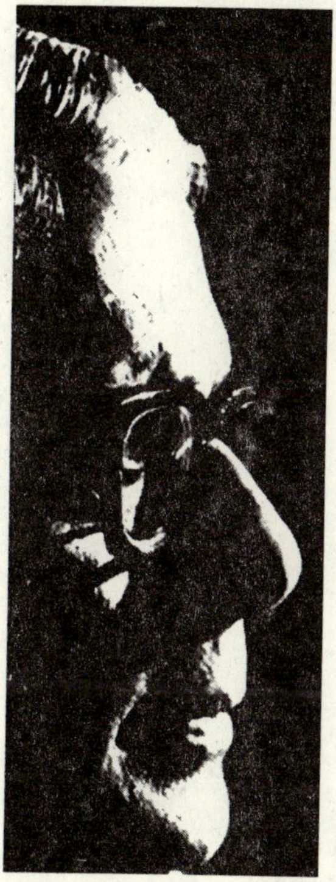

अश्क रचनावली

६

समग्र उपन्यास

पलटती धारा / पत्थर-अलपत्थर

सम्पादक :

नीलाभ

वाणी प्रकाशन

4695, 21-ए, दरियागंज, नयी दिल्ली 110 002

शाखा

अशोक राजपथ, पटना 800 004

फ़ोन: +91 11 23273167 फ़ैक्स: +91 11 23275710

www.vaniprakashan.in

vaniprakashan@gmail.com

Ashk Rachnawali : Samagra Upanyas-6

Edited by Neelabh

ISBN: 978-93-5000-940-6

Rachnawali

प्रथम संस्करण

मूल्य : ₹ 850 (अश्क रचनावली प्रत्येक खण्ड)

न्यू कृष्णा ऑफ़सेट, दिल्ली 110 093 में मुद्रित

वाणी प्रकाशन का लोगो मक़बूल फ़िदा हुसेन की कूची से

सम्पादक की ओर से

'गिरती दीवारें' का पाँचवाँ खण्ड 'बाँधो न नाव इस ठाँव : ...और वापसी' १९७४ में प्रकाशित हुआ था। इसके बाद हालाँकि अश्क जी ने इसके अगले खण्ड को लिखना जारी रखा, लेकिन उनके जीवन-काल में 'गिरती दीवारें' का कोई अगला खण्ड नहीं प्रकाशित हो पाया। इसके अनेक कारण थे। पहला कारण तो यह था कि जिस मुक़ाम पर वे 'बाँधो न नाव इस ठाँव' में पहुँच गये थे, उसके बाद उनके लिए आगे की कहानी को बढ़ाने के लिए लाहौर जाना ज़रूरी था ताकि बहुत-से ब्योरे और यादें वे ताज़ा करके ला सकें। यही नहीं, बल्कि अश्क जी की रचना-प्रक्रिया ही ऐसी थी कि उन्हें ऐसे वृहद खण्डों के बाद मस्तिष्क को आराम देना पड़ता था। लेकिन उनके अति क्रियाशील मस्तिष्क को आराम, ख़ाली बैठने की बजाय, विधाएँ बदलने ही से मिलता था। यही कारण है कि वे आजीवन एक साथ अनेक विधाओं में रचनाएँ करते रहे।

१९७४ में 'बाँधो न नाव इस ठाँव' के प्रकाशन के बाद एक ओर तो अश्क जी लाहौर जाने की कोशिशों में जुट गये, दूसरी ओर दिमाग़ को तरोताज़ा करने के लिए उन्होंने अपनी साहित्यिक जीवनी 'आईने के सामने' शुरू कर दी। वर्षों पहले जब मोहन राकेश 'सारिका' के सम्पादक थे, उन्होंने 'आईने के सामने' के शीर्षक से लेखकों के आत्म-कथ्य का एक स्तम्भ शुरू किया था। अश्क जी ने उसमें जो आत्म-कथ्य प्रकाशित कराया था, वह तृतीय पुरुष में, ख़ुद को एक 'अन्य व्यक्ति' के रूप में चित्रित करते हुए, लिखा गया था। उसी शैली में अश्क जी ने यह साहित्यिक जीवनी शुरू की और इसे दस खण्डों में लिखने की योजना बनायी, जिसके हर खण्ड में उन्होंने अपने चरित्र के एक पहलू को उद्घाटित करने का उद्देश्य सामने रखा। इसी बीच उन्होंने थोड़ा ताज़ा होते ही 'निमिषा' लिखा। तब तक पाकिस्तान जाने का डौल बैठ गया था और १९८० में अश्क जी कौशल्या जी के साथ पाकिस्तान गये और लाहौर के तमाम पुराने मुहल्लों में घूम कर उन्होंने सामग्री इकट्ठी की और पुरानी यादों को ताज़ा किया।

पाकिस्तान से लौट कर अश्क जी ने 'गिरती दीवारें' का छठा खण्ड 'पलटती धारा' के नाम से शुरू किया और धीरे-धीरे उसे बढ़ाना शुरू किया। इसी बीच वे पाँच महीनों के लिए मेरे पास लन्दन भी आ कर रहे। स्वास्थ्य उनका पहले ही ठीक नहीं रहता था, उमर के साथ अनेक बीमारियों ने उन्हें परेशान करना शुरू कर दिया। दमा पहले से था, ऊपर से

प्रॉस्टेट और गठिया की तकलीफ़ों ने उन्हें घेर लिया; तो भी, अपनी इच्छा-शक्ति और दवाइयों के बल पर वे उपन्यास को धीरे-धीरे बढ़ाते रहे और १९८५-८६ के करीब उन्होंने उसे ख़त्म करके मुझे सौंप दिया कि मैं उसे पढ़ लूँ और अगर कुछ सुझाव हों तो दे दूँ। मैंने और मेरे बड़े बेटे अदम्य ने उपन्यास पढ़ा और जहाँ-जहाँ हमें लगा कि उसमें सुधार हो सकता है, वहाँ-वहाँ निशान लगाये। अन्ततः १९८७ में उपन्यास पूरी तरह मुकम्मल हो कर प्रेस में जाने के लिए तैयार हो गया।

लेकिन उपन्यास प्रकाशित नहीं हो पाया। वजह यह थी कि 'पलटती धारा' को लिखने के बाद अश्क जी को महसूस हुआ कि जो सामग्री वे लाहौर से लाये थे, उसमें अब भी कुछ कमी थी जिसे पूरा करने के लिए एक बार फिर पाकिस्तान जाना ज़रूरी था। इस बीच प्रकाशन की स्थिति भी डगमगा गयी थी जिसकी वजह से 'पलटती धारा' जैसे बड़े उपन्यास को छापना दुष्कर हो गया था।

१९८९ में अश्क जी एक महीने के लिए फिर पाकिस्तान की यात्रा पर गये। इस बार मैं उनके साथ था। उन्हें 'अंजुमन तरक़्क़ी-ए-उर्दू' ने पाकिस्तान का सर्वोच्च साहित्यिक सम्मान दिया। साथ ही वे अपने पुराने लॉ कॉलेज जा कर वहाँ से तमाम ज़रूरी सामग्री ले आये जो उन्हें 'गिरती दीवारें' के अन्तिम खण्ड के लिए चाहिए थी। अश्क जी ने 'पलटती धारा' को मन-माफ़िक पूरा कर दिया, आखिरी पाण्डुलिपि पर तारीख़ डाली – २६.९.८९ – और इसके बाद अन्तिम खण्ड 'इति नियति' के नाम से लिखना शुरू कर दिया, लेकिन 'पलटती धारा' का प्रकाशन रुका ही रहा और यह अन्ततः उनके निधन के बाद १९९६ ही में प्रकाशित हो पाया।

०

'पत्थर-अल-पत्थर' अश्क जी ने १९५७ में लिखा था। यह उनका एकमात्र उपन्यास है जिसकी पृष्ठभूमि पंजाब नहीं है। यही नहीं, बल्कि यह कश्मीर पर लिखा गया शायद हिन्दी का पहला उपन्यास है। आज, पचास वर्ष बाद, अश्क जी के इस छोटे-से उपन्यास को पढ़ते हुए जो पाठक साहित्य और समाज के अन्तःसम्बन्धों से परिचित हैं, वे इसमें कश्मीर की मौजूदा समस्या की छवियाँ नेपथ्य से झलकती महसूस कर सकते हैं। शायद यही वजह है कि प्रगतिशील आलोचकों से 'पत्थर-अल-पत्थर' को भरपूर सराहना मिली और यह अंग्रेज़ी में अनूदित हो कर पहले 'मेनस्ट्रीम' में धारावाहिक छपा, फिर 'राइटर्स वर्कशॉप' (कलकत्ता) से पुस्तकाकार।

– **नीलाभ**

पलटती धारा

आशंसाएँ

अश्क जी की दृष्टि बहुत साफ़ है, उनके चिन्तन में भी स्पष्टता है। वे उलझी और जटिल रचना की समस्याओं का सीधा और सरल समाधान प्रस्तुत करते हैं। इसका एक लाभ है कि उनकी मान्यताओं को समझने में कठिनाई नहीं होती। और यदि स्तर मात्र पर रचना की समस्त जटिलता को समझ पाना सम्भव है, तो इन सारी समस्याओं के सटीक उत्तर भी मिल जाते हैं। जिन मानदण्डों के आधार पर विश्लेषण करके वे इन निष्कर्षों तक पहुँचे हैं, वे उनके द्वारा बार-बार कहे गये हैं। अतः उनकी संगति को सही तरह से प्रतिपादित किया जा सका है।

–डॉ. रघुवंश

जीवनोपम सप्राण तथा अविस्मरणीय चरित्रों का निर्माण अश्क की अपनी विशेषता है। उनके उपन्यासों में प्रमुख गौण तथा भर्ती के संख्य पात्रों का जमघट रहता है, किन्तु यह अश्क की कला का कमाल है कि उनका प्रत्येक चरित्र अपनी पृथक व्यक्तिमत्ता लिये हुए होता है, जिससे वह पाठक की कल्पना में सजीव हो उठता है और भुलाये नहीं भूलता।

भारतीय नगरों के मध्यवर्ग के इतने विभिन्न प्रकार के पात्र और किसी लेखक ने कदाचित ही अंकित किये हों। यह कार्य वही लेखक सम्पन्न कर सकता है जो अपने परिवेश और इसके जीवन तथा पात्रों में रस लेता हो और उनकी सब बुराइयों और दुर्बलताओं के बावजूद उन्हें प्यार करता हो, जो उनके हाथों प्रवंचनाएँ झेल कर चाहे आत्मतोष के लिए उन पर फ़िकरे कसता और उनका मज़ाक उड़ाता हो, पर जो भीतर-ही-भीतर कहीं उनकी मानवीयता को भी पहचानता हो और उनसे सहानुभूति रखता हो।

–महाराज कृष्ण जैन

पूरी रचना वर्णन और विवरण-प्रधान है। हिन्दी में लिखी जाने पर भी उसमें उर्दू की कविताओं और पंजाबी के वाक्यों का आवश्यकतानुसार प्रयोग हुआ है। उर्दू और पंजाबी के इस पुट तथा कुछ रसीले चुटकलों और प्रसंगों के कारण इसमें रोचकता का समावेश सम्भव हुआ है। कहीं-कहीं हल्के व्यंग्य और विद्रूप से भी काम लिया गया है। इस प्रकार, यह उपन्यास

कथा-साहित्य के सभी स्तरों के प्रमियों के लिए किसी-न-किसी रूप में पठनीय बन गया है।

– अणिमा, जयपुर

अश्क का लेखन मुझे रूसो की आत्मस्वीकृतियों या कनफ़ेशंस की याद दिलाता है। बेलाग, ब्योरे, अपनी-परायी बदनामी के आतंक से मुक्त, परायों की खोटों और खलत्व का खरा सच, नंगी हक़ीक़तें, मार खा कर मारने की किचकिचाहटें, बदला ले कर अट्टहास करने की परपीड़क अधमताएँ - यही सब जीवन है, सर्वत्र है, और अश्क में यह साहस है कि वे 'भाण' या प्रहसन का माध्यम भी हैं, कर्ता भी हैं, प्रतियोगियों की जघन्य परपीड़कता का शिकार भी हैं। इसी द्वन्द्व-प्रतिद्वन्द्व से अश्क जी नाटकीय प्रभाव भी उत्पन्न कर सके हैं और यह साबित कर सके हैं कि जो प्रतीयमान है, वह सत्य नहीं, उसके भीतर छिपा हुआ सामान्य मानव ही मानव का प्रकृत रूप है। संकल्प या प्रतिभा से मनुष्य आरोह कर ऊँचाइयाँ प्राप्त कर लेता है, पर वह निरन्तर वहाँ रह नहीं पाता। अतः उत्कर्ष और ह्रास, ऊर्ध्वगति और अधोगति का यह जो अनवरत मानव मनोविज्ञान है, वह निश्चय ही महामोदकारी है और इस सत्य का उद्‌घाटन तभी सम्भव है जब आप प्रहार भी करें और प्रहारकों को पटकें भी।

–विश्वम्भरनाथ उपाध्याय

प्रेमचन्द की परम्परा में लिखना शुरू करने वाले हिन्दी कहानीकारों में अश्क जी सम्भवतः एकमात्र कथाकार हैं, जो निरन्तर विभिन्न प्रवृत्तियों को सदाशयता से ग्रहण करते हुए, बदलते स्तरों के अनुरूप अपनी प्रतिभा का उपयोग नवीनतम अभिव्यक्ति उपादानों के हित में करते रहे हैं।

–हृषीकेश

अश्क मूलतः यथार्थवादी लेखक हैं। सामाजिक यथार्थ को सचेत दृष्टि से प्रस्तुत करना उनकी कला का मूल लक्ष्य है। मानव-मन की दुर्बलताओं को वे निर्ममता से पकड़ते हैं और बिना किसी रियायत के, उन पर अपनी अन्तर्दृष्टि केन्द्रित करते हैं...जीवन और संसार की यह तीखी, तलदर्शी आलोचना अश्क की कला का सर्वाधिक महत्वपूर्ण गुण है...अश्क की भाषा सीदी-सादी और उर्दू की मिठास से समृद्ध है...उनकी कला जीवन के यथार्थ के निकट है, इसका भी यह प्रमाण है। अश्क की भाषा उनकी कला का अविभाज्य अंग और आकर्षण है।

–प्रकाशचन्द्र गुप्त

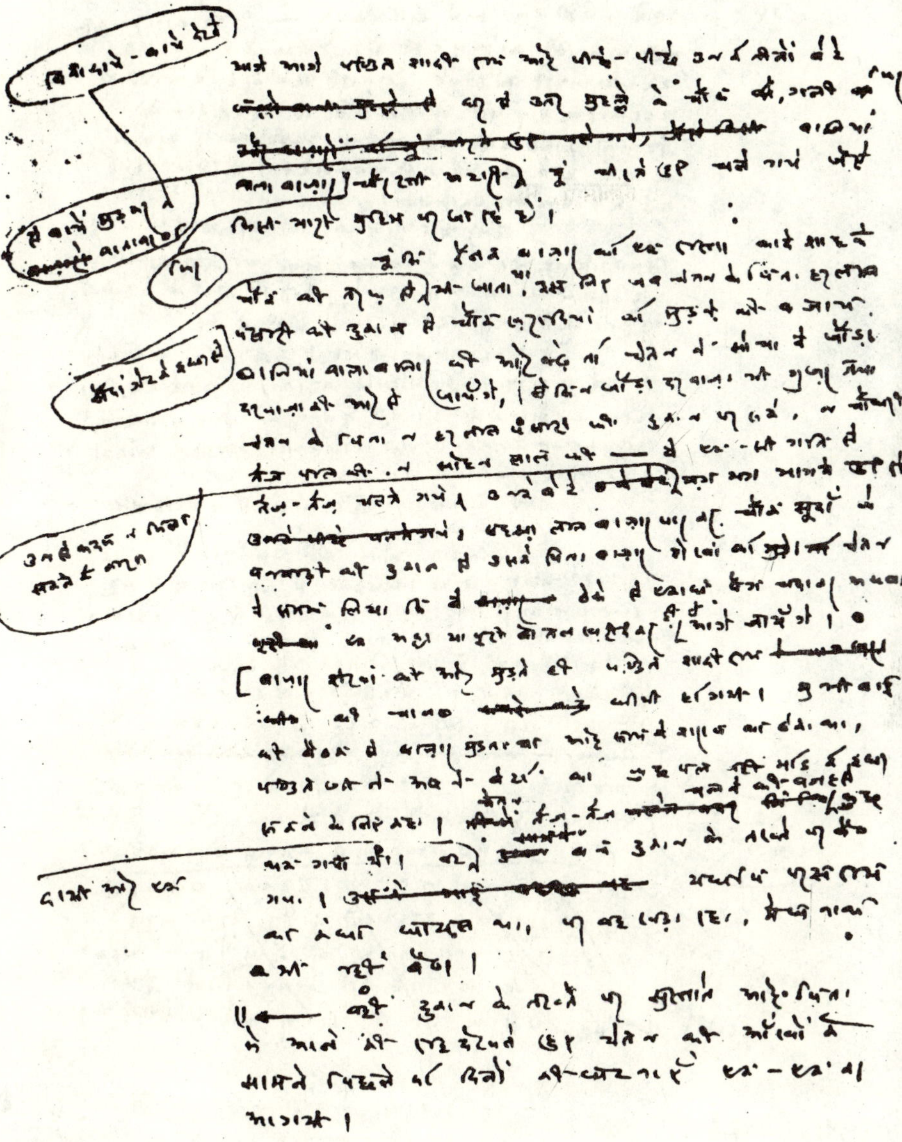

'पलटती धारा' की पाण्डुलिपि का पहला पृष्ठ

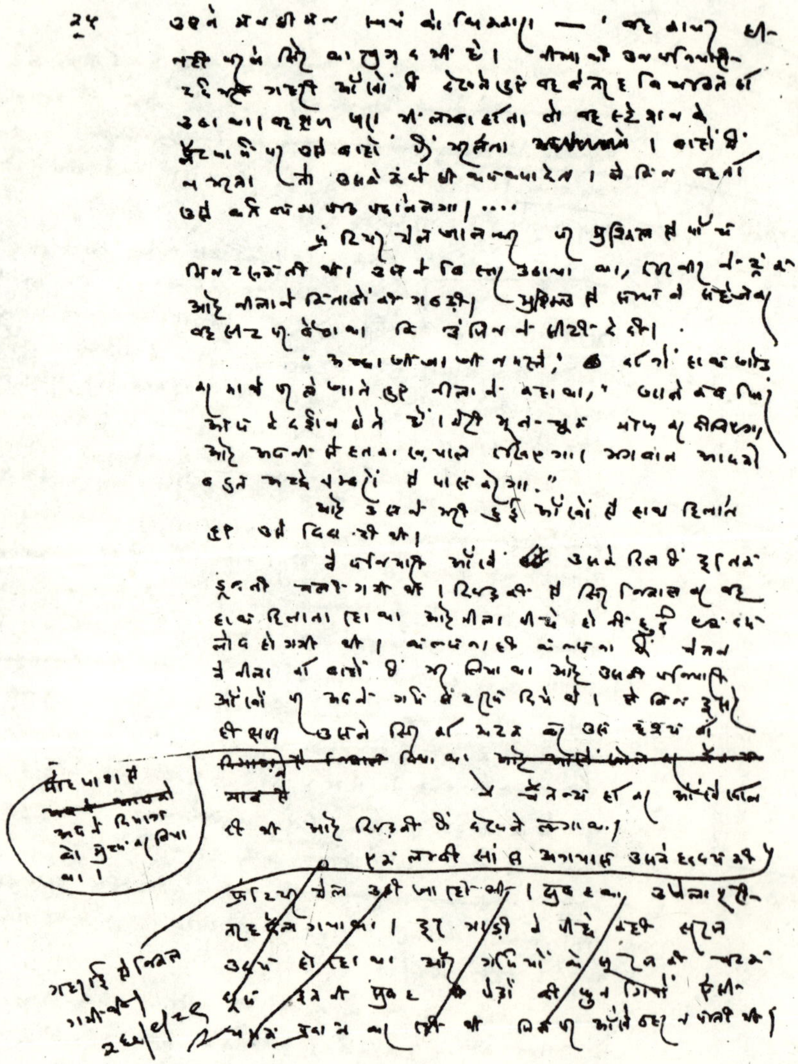

'पलटती धारा' की पाण्डुलिपि का अन्तिम पृष्ठ

पहला खण्ड

१

'आगे-आगे पण्डित शादीराम और पीछे-पीछे उनके तीनों बेटे धड़धड़ाते हुए सीढ़ियों से उतरे, ड्योढ़ी से बाहर निकले और जैसे किसी ज़बरदस्त मुहिम पर जा रहे हों, बिना इर्द-गिर्द निगाह डाले, मुहल्ले के चौक, गली और बाजियाँ वाला बाज़ार को चीरते हुए वे चौरस्ती अटारी पहुँचे और वहाँ रुके बिना, बायीं ओर को मुड़ गये।

चूँकि रैनक बाज़ार को एक रास्ता चौक कादेशाह की तरफ़ से भी जाता था, इसलिए जब चेतन के पिता हरलाल पंसारी की दुकान से उधर को मुड़ने की बजाय, बाजियाँ वाला बाज़ार की ओर बढ़े थे तो उस ने सोचा था कि शायद वे कटड़ा बल्ला में छमिया के डेरे में क्षण भर रुक कर, जौड़ा दरवाज़ा की ओर से, पीर बोदला होते हुए रैनक बाज़ार जायेंगे, क्योंकि उनके कथनानुसार वहीं कहीं डॉक्टर लूम्बा की दुकान थी, जहाँ से उन्हें परसराम के लिए इंजरी सर्टिफ़िकेट[१] लेना था। लेकिन पण्डित शादीराम ने कटड़ा बल्ला या जौड़ा दरवाज़ा की ओर आँख उठा कर भी नहीं देखा। उस सारे रास्ते वे न हरलाल पंसारी की दुकान पर रुके, न चौधरी तेजपाल की, न सोहन लाल की —वे एक-सी गति से चौक सूदाँ की ओर बढ़ते गये थे। उनके बेटे उनके साथ कदम न मिला सकने के कारण दौड़ते-से दिखायी दे रहे थे।

सहसा चौक सूदाँ के तमोली की दुकान से चेतन के पिता बाज़ार शेख़ाँ को मुड़े। चेतन इतना लम्बा चक्कर दे कर उनके आने का मतलब समझ गया था। 'निश्चय ही बाज़ार शेख़ाँ के ठेके से एकाध पेग चढ़ा कर या एक अद्धा या फिर पूरी बोतल ख़रीद कर बाऊ जी रैनक बाज़ार जायेंगे,' चेतन ने सोचा।

बाज़ार शेख़ाँ की ओर मुड़ते ही पण्डित शादीराम की चाल कदरे धीमी हो गयी। जालन्धर की प्रसिद्ध गाने वाली जवाहर बाई की बैठक से बाज़ार फिर बायीं तरफ़ को मुड़ता था और सामने ही शराब का ठेका था। पण्डित जी ने अपने बेटों को कुछ देर के लिए मोड़ के इधर ही रुकने का आदेश दिया और आगे बढ़ गये।

तेज़-तेज़ चलने के कारण चेतन थक गया था। वह दायीं ओर एक बन्द दुकान के तख़्ते पर बैठ गया। यद्यपि परसराम का कन्धा घायल था, पर वह खड़ा रहा। मेघनाथ भी नहीं बैठा।

वहीं दुकान के तख़्ते पर सुस्ताते और पिता के आने की बाट देखते हुए चेतन की आँखों के सामने पिछले चन्द दिनों की घटनाएँ एक-एक करके आ गयीं।

०

०

---

१. Injury Certificate = घायल होने का प्रमाण-पत्र।

तीन दिन पहले दिये जलने के काफ़ी देर बाद, शिमला से वापसी पर चेतन जालन्धर उतरा था। उसे ज़ोर की भूख लगी थी। माँ को दोबारा खाना पकाने का झंझट न करना पड़े, इस ख़याल से उसने सबसे पहले मुसाफ़िरख़ाने में सामान उतरवा कर बराबर के हलवाई की दुकान से गर्म-गर्म दूध में डबल रोटी डाल कर खायी थी। फिर उसने चौक ख़रादियाँ का ताँगा किया था। रास्ते भर वह चन्दा और ढाई महीने के अपने बेटे के बारे में सोचता आया था। उसको ले कर दस तरह की जिज्ञासाएँ चेतन के मन में उठती थीं। जब ख़रादियाँ के चौक पहुँच, ताँगे वाले की मदद से वह अपना सामान हरलाल पंसारी की दुकान के तख़्ते पर रखवा रहा था तो सबसे पहले रामदित्ते हलवाई ने उसे उस भयंकर लड़ाई की सूचना दी थी, जो उसी दिन उसके भाइयों और मुहल्ले के खत्रियों में हुई थी।

हरलाल दुकान पर नहीं था। उसका बड़ा बेटा मोहन बैठा था। उससे चेतन ने चाचा हरलाल की ख़ैर-ख़बर ली थी, फिर पलट कर सामने गली की दूसरी ओर अपनी दुकान पर बैठे, परम निरपेक्ष भाव से दूध के कड़ाहे में कलछा चलाते हुए रामदित्ते हलवाई से उसने कहा था —"चाचा रामदित्ता, नमस्ते! कहो, सब ठीक-ठाक तो है ?"

"सान्नूँ की होणा ऐं,"[१] चाचा रामदित्ता ने उसी व्यंग्य-भरी बेज़ारी से कहा, जो उसके किरदार का स्थायी अंग बन गयी थी, "न साउन सुक्के न भादों हरे, पर मुहल्ले 'च अज्ज कस्स के लड़ाई होई ते डाँगाँ चल्ल गइयाँ।"[२]

"डाँगाँ," चेतन ने चकित भाव से कहा, "किन में लड़ाई हुई ?"

"तेरे भरावाँ ते खत्रियाँ विच।"[३] चाचा रामदित्ता ने कहा और बताया कि उसके भाइयों ने लाठियों से मुकन्दी और उसके लड़के मंगल को मार-मार कर बिछा दिया।

'भाइयों ने....लाठियों से....' चेतन ने मन-ही-मन कहा और सोचा कि परसराम के अलावा उसके भाइयों में और कौन लाठी चलाने वाला है। मेघनाथ और शिव तो छोटे हैं।

"तुम कहते हो भाइयों ने चाचा," उसने पूछा था, "परसराम के अलावा और कौन लाठी चला सकता है ?"

"क्यों, रामानन्द!" रामदित्ते ने उसी तरह धीरे-धीरे दूध में कलछा चलाते हुए कहा था, "सब तों ज़्यादा ताँ ओहने ई लाठी चलायी। दो-चार डण्डे भले ही मेघनाथ ने लगाये होण!"[४]

"क्या भाई साहब जालन्धर में है ?" चेतन ने पूछा था, "वे क्या करने आये हैं अपना क्लिनिक छोड़ कर यहाँ ?"

रामदित्ते ने बताया कि चेतन का बड़ा भाई अपने किसी दोस्त के भाई की शादी पर आया हुआ है।

"उन लोगों के तो चोटें नहीं आयीं ?" चेतन ने चिन्ता-भरे स्वर में पूछा था।

---

१. हमें क्या होना है।
२. लेकिन मुहल्ले में जम कर लड़ाई हुई और लाठियाँ चल गयीं।
३. तेरे भाइयों और खत्रियों में।
४. सबसे ज़्यादा तो उसी ने लाठी चलायी। दो-चार डण्डे भले ही मेघनाथ ने लगाये हों।

"जद कस्स के लड़ाई होई ते लाठियाँ चल्लियाँ, फेर सट्टाँ ता आउणियाँ ई सी।"[1] रामदित्ते ने कहा और बताया कि ज़रूर कुछ चोटें उसके भाइयों के भी आयी होंगी। मुकन्दी की लाठी, सुनते हैं, परसराम के लगी, लेकिन मुकन्दी तो बुरी तरह 'फट्टर'[2] हो गया।

ताँगे वाला पैसों के लिए शोर मचा रहा था। चेतन ने सामान गिना, भाग कर ताँगे के नीचे-ऊपर झाँक कर देखा कि कोई चीज़ रह तो नहीं गयी, ताँगे वाले को पैसे दिये, ओवरकोट बाँह पर डाला, छड़ी और छाता बायें हाथ में थाम और अटैची उठा कर, वह घर की तरफ़ बढ़ने ही वाला था कि रामदित्ते ने उसे थाने की रपट और हस्पताल में मुकन्दी के दाख़िल होने की सूचना दी थी।

चेतन को न थाने की रिपोर्ट की चिन्ता थी, न भाइयों की गिरफ़्तारी और मामले-मुकदमे की। जब अमीरचन्द ने मुकन्दी की भाभी भागवन्ती को पीटा था तो मुहल्ले वाले उसका भी जुलूस निकाल कर थाने ले गये थे। वहाँ जो कुछ हुआ था, चेतन को अच्छी तरह याद था।....'फिर, पुलिस आयेगी तो फाँसी तो चढ़ा नहीं देगी।' उसने सोचा था। उसे तो उस वक्त इसी बात की चिन्ता थी कि उसके किसी भाई को ज़्यादा चोट न आ गयी हो....उसके बड़े भाई तो क्लिनिक छोड़ कर आये होंगे —उनके मरीज़ उनका इन्तज़ार करते होंगे....उनके ज़्यादा चोट आ गयी तो....

ओर चेतन ने सहसा रामदित्ते हलवाई की बातों का तार तोड़ते हुए कहा था — "अच्छा तो चाचा, सुबह मिलेंगे।"

और उसने मुहल्ले की ओर कदम बढ़ाये थे।

०

०

चेतन अपने मुहल्ले की गली में दाख़िल हुआ तो चौक के इस किनारे, गली के सिरे पर नानकशाही ईंटों से बने चौधरियों के तिमंज़िले मकान के कोने पर, नगरपालिका का चौकोर लैम्प हमेशा की तरह टिमटिमाता हुआ मुहल्ले के अँधेरे को और भी गहरा रहा था। चेतन के घर की ड्योढ़ी रायज़ादा ख़ुशवन्त राय के मकान की ओट में थी। वहाँ सूचीभेद्य अन्धकार था। चेतन कुएँ की जगत के पास से घर की ओर मुड़ा और धीरे-धीरे कदम रखता हुआ, अनुमान से अपने मकान की ड्योढ़ी के सामने जा खड़ा हुआ था।

चारों तरफ़ अजीब-सा सन्नाटा छाया हुआ था। केवल मुकन्दी की बीवी शन्नो (जो पहले उसकी भाभी थी और अब उसके बेटे मंगल की माँ) अपनी बहू के साथ बैन कर रही थी। वे दोनों चेतन के पिता और उनकी सात-सात अगली-पिछली पीढ़ियों के लिए न जाने कैसे-कैसे भयंकर शाप उन बैनों में पिरो रही थीं। उनके बैन मुहल्ले में फैले हुए सन्नाटे को और भी बढ़ा रहे थे।

रायज़ादा ख़ुशवन्त राय के और उनके मकान के बीच ज़मीन का जो छोटा-सा आयताकार ख़ाली टुकड़ा था, उसके बीचों-बीच एक नाली बहती थी। पैरों से टटोल कर चेतन ने उसे पार किया था, अटैची ड्योढ़ी की पक्की सीढ़ियों पर रख कर उसने ज़ोर से

१. जब जम कर लड़ाई हुई और लाठियाँ चलीं, तब चोटें तो आनी ही थीं।
२. घायल, ज़ख़्मी, क्षत-विक्षत।

ड्योढ़ी के मोटे, पुख़्ता शीशम के नक्काशीदार दरवाज़े की साँकल खटखटायी और फिर दो कदम पीछे हट कर अपने छोटे भाइयों को आवाज़ दी थी —"परसराम....मेघनाथ!"

कुछ क्षण बाद सीढ़ियों के झरोखे में रोशनी हुई थी और चार पैर किंचित धड़धड़ाते हुए सीढ़ियाँ उतरे थे। चेतन ने अन्दाज़ा लगाया था —परसराम और मेघनाथ होंगे।

उसका अनुमान सही निकला। दूसरे क्षण दरवाज़े की साँकल खुली। परसराम आगे और लालटेन लिये मेघनाथ पीछे खड़ा था।

दोनों ने उसे 'पैरी पौन्ना भराजी'[१] कहा था। चेतन ने आशीष दिया था।

"अच्छा हुआ भाई साहब साहब आप आ गये," परसराम ने कहा था, "आज यहाँ खत्रियों से सख़्त लड़ाई हो गयी। बड़े भाई साहब खुराना के भाई की शादी में आये थे कि इस झंझट में फँस गये। वे सुबह फ़्रण्टियर मेल से लाहौर चले जायेंगे, मैं सुबह बाऊ जी को ख़बर देने बहराम जाऊँगा। माँ घबरा रही थी कि कल सुबह पुलिस-वुलिस आ गयी तो क्या होगा। अब आप आ गये हैं तो कुछ फ़िक्र नहीं, आप हमारे पीछे सँभाल लेंगे।"

"तुम लोगों के चोटें तो नहीं आयीं ?" चेतन ने मन की आशंका प्रकट की।

परसराम ने मेघनाथ को लालटेन ऊँची करने के लिए कहा और कमीज़ उठा कर पीठ चेतन की ओर कर दी। पूरी पीठ पर लाठी का नीला-नीला निशान उभरा हुआ था। फिर कमीज़ नीचे करके उसने आस्तीनें चढ़ा कर बाँहें दिखायीं, जिन पर लाठी की चोट से गोश्त उभर आया था। लेकिन आस्तीनें पुनः नीचे करके उनके बटन लगाते हुए उसने बेपरवाही से कहा, "हमने भी बाप-बेटे —दोनों को वो सबक सिखाया है कि उम्र भर याद रखेंगे।"

"मैंने सोचा था," चेतन ने कहा, "कि तुम दोनों हरलाल पंसारी की दुकान से मेरा सामान उठा लाओगे। लेकिन तुम्हारी तो पीठ और बाँहें सूज आयी हैं। तुम यह ओवरकोट, छाता-छड़ी और अटैची ऊपर ले जाओ। लालटेन यहीं रहने दो, मैं और मेघनाथ इतने में सामान ले आते हैं।"

"कितने नग हैं ?"

"नग तो ज़्यादा नहीं," चेतन ने कहा —"ट्रंक, बिस्तर, हार्मोनियम का बक्सा और सेबों की टोकरी —चार ही अदद हैं। हम दो फेरों में ले आयेंगे।"

और चेतन ने मेघनाथ से कहा कि लालटेन नीचे रख दे और उसके साथ हरलाल पंसारी की दुकान तक चले।

"अरे नहीं भरा जी," परसराम ने कहा, "ऐसी चोटें न जाने कितनी आयी हैं। आप ऊपर जाइए, माँ इन्तज़ार कर रही है। बड़े भाई साहब सोने जा रहे थे कि आपकी आवाज़ सुन कर रुक गये। हम अभी ले आते हैं सामान।"

और उसने मेघनाथ से कहा कि छाता, छड़ी वग़ैरह ले कर ऊपर रख आये।

मेघनाथ ने लालटेन दहलीज़ पर रख दी थी। उसने चेतन से छड़ी-छाता, ओवरकोट और अटैची ले लिया और बोला, "चलिए भाई साहब, मैं दो मिनट में पहुँचता हूँ।"

"नहीं, नहीं। तुम आओ। जल्दी। मैं यहीं खड़ा हूँ।" चेतन ने कहा।

---

१. चरण-स्पर्श भाई साहब।

लेकिन लाख बरजने के बावजूद परसरान ड्योढ़ी की सीढ़ियाँ उतर गया, "आइए भाई साहब," उसने कहा, "मेघनाथ आ जायेगा चाचा हरलाल की दुकान पर!"

चेतन क्या कहता। चुपचाप अपने छोटे भाई के पीछे हो लिया।

जब वे लोग सामान ले कर वापस पहुँचे तो माँ ड्योढ़ी में खड़ी थी और उसके पीछे चेतन के बड़े भाई डॉक्टर रामानन्द। दोनों उसकी प्रतीक्षा कर रहे थे।

चेतन हार्मोनियम का बक्सा उठाये था। उसे ड्योढ़ी की सीढ़ी पर रख कर उसने पहले माँ के चरण छुए, फिर भाई साहब को 'पैरी पौन्ना' कहा। दोनों ने उसे आशीर्वाद दिया!....माँ ने पूछा कि शिमले में वह ठीक से तो रहा।

'क्या ठीक से रहा,' चेतन कहना चाहता था। सी० पी० की हवालात में एक रात की यन्त्रणा, उदमाती चन्द्रा की उपस्थिति के कारण तीन महीने की यातना और अन्तिम दिनों का त्रास, जब वह पिटते-पिटते बचा था —सब उसकी स्मृति में कौंध गया। दूसरा अवसर होता तो चेतन ड्योढ़ी की दहलीज़ पर बैठ जाता और शिमला में जो भी घटा था, बिना कुछ भी छिपाये, सब माँ को बता देता। लेकिन उस वक्त उसने यही कहा था, "हाँ माँ, ठीक ही रहा!"

"तुम बिना किसी हादसे के सही-सलामत लौट आये," भाई साहब ने कहा, था, "मुझे इसी बात की ख़ुशी है।"

"लौट आया हूँ," चेतन कदरे व्यंग्य से हँसा था, "लेकिन आप ठीक कहते थे। आपकी बात न मान कर मैंने ग़लती ही की थी। समझ लीजिए, बाल-बाल बच आया हूँ।"

"की होइया सी पुत्तर ?"[१] माँ ने पूछा था।

"कुछ नहीं माँ!" चेतन टाल गया था।

परसराम और मेघनाथ बिस्तर और ट्रंक ऊपर छोड़ आये थे और फलों की टोकरी तथा हार्मोनियम लेने जा रहे थे। भाई साहब की ओर मुड़ कर चेतन ने कहा, "सुना, आप खुराना के भाई की शादी में आये थे और इस झंझट में फँस गये।"

"क्या कहूँ," भाई साहब ने अज़ीब-सी गर्व-भरी विवशता से कहा था, "मैं तो कभी किसी लड़ाई-झगड़े में शरीक नहीं हुआ, लेकिन मुकन्दी और मंगल की ज़्यादती देख कर मैं रह नहीं सका। पिता जी की लाठी —सुम्मों वाली और निग्गर —आँगन के कोने में पड़ी थी। मैंने उसे उठा लिया और अल्ला दे और बन्दा ले....।"

"रामदित्ते ने अभी बताया," चेतन ने कहा, "कि वे लोग थाने में रपट लिखा आये हैं और मुकन्दी चाचा हस्पताल में भरती हो गया है।"

"हाँ! मंगल और दीसा भी आ कर ऐलान कर गये हैं कि सुबह पुलिस आयेगी और सबको गिरफ़्तार करके ले जायेगी।" भाई साहब ने कहा, "हमने भी तमाम मुहल्ले वालों को ख़बरदार कर दिया है कि ज़्यादती पहले मुकन्दी और मंगल ने की है। कोई हमारे ख़िलाफ़ गवाही देगा तो ऐसा मज़ा चखायेंगे कि सात जन्म याद रहे।"

"अव्वल तो मुझे उम्मीद नहीं कि पुलिस-वुलिस आयेगी," चेतन ने कहा था, "आयेगी भी तो मैं सँभाल लूँगा। आप सुबह लाहौर निकल जाइए!"

---

१. क्या हुआ था बेटा ?

"देखो," भाई साहब ने कहा था, "मैं नहीं चाहता कि मुझे बार-बार जालन्धर आना पड़े। पुलिस अगर आये और मेरे बारे में पूछे तो कहना कि वे तो कल ही सुबह फ़्रण्टियर मेल से चले गये थे। खुराना इस बात की गवाही दे देगा कि वह ख़ुद मुझे गाड़ी चढ़ा आया था। मैं उससे मिल आया हूँ और उसे पक्का कर आया हूँ। तुम कहना कि दुश्मनी में झूठा इल्ज़ाम लगा दिया गया है।"

चेतन ने उन्हें आश्वस्त कर दिया था कि वह ऐसा ही करेगा।

"परसराम के बारे में पूछें तो कहना कि वह बाऊ जी के पास बहराम गया हुआ है। बहुत ज़ोर दें तो कहना कि ज्योंही आयेगा, थाने में हाज़िर हो जायेगा। मैं तो कल शिमले से आया हूँ, मुझे कुछ मालूम नहीं।"

"पर इस मुकन्दी चाचा को किस कुत्ते ने काटा था कि आप लोगों से उलझ गया ?" चेतन ने कहा, "लड़ाई शुरू कैसे हुई ?"

"ऊपर चलो, बताते हैं।"

"हाँ-हाँ, उप्पर चल के बैट्ठो।" माँ ने कहा था।

परसराम और मेघनाथ सामान ऊपर ले जा चुके थे। माँ ने ड्योढ़ी का दरवाज़ा बन्द किया, साँकल लगायी, लालटेन उठायी और आगे-आगे भाई साहब, फिर चेतन, फिर लालटेन लिये हुए माँ —सीढ़ियाँ चढ़ गये थे।

o

o

चेतन अपने ध्यान में मग्न था, जब उसके पिता मूँछें पोंछते हुए ठेके से बाहर निकले।

"बाऊ जी आ गये," सहसा मेघनाथ ने कहा।

चेतन उछल कर उठा। उसने देखा —उसके पिता के सीने पर कोट काफ़ी उभरा हुआ था। प्रकट ही उन्होंने शाम के शग़ल के लिए अभी से प्रबन्ध कर लिया था।

"मैंने तुम्हारे चाचा फ़कीरचन्द से कहा था कि वह थानेदार करतार सिंह को बुला लाये!" करीब आ कर चेतन के पिता ने कहा था, "वह बुला लाया है। अब कोई फ़िक्र नहीं। डॉक्टर लूम्बा से इंजरी-सर्टिफ़िकेट ले लें, फिर थाने में भी हो आयेंगे ताकि तुम्हारी बात झूठी न हो। मन-मुताबिक रिपोर्ट भी लिखा देंगे और मुकदमा भी दाग़ देंगे। यह साला मुकन्दी, इतने दिनों से मेरे साथ खाता-पीता है, इसे मेरा पता नहीं ? राय साहब भगतराम[१] के कान काटने वाले इसके उस भाई या भतीजे की सारी वकालत वहीं न घुसेड़ दी, जहाँ से वह निकला है तो मेरा नाम शादीराम नहीं।"

और पण्डित जी ने वापस मुड़ते हुए उन सबको पीछे आने का संकेत किया। तीनों बेटे लपक कर उनके पीछे हो लिये।

चाचा फ़कीरचन्द और थानेदार करतार सिंह वहीं ठेके के पास खड़े थे। पण्डित जी उनके साथ जा मिले। वे तीनों हँसते-बतियाते ख़रामा-ख़रामा आगे चलने लगे और तीनों भाई ज़रा अन्तर पर पीछे-पीछे। चेतन के पिता की चाल में वह पहले की-सी तेज़ी नहीं थी। वे अपने मित्रों के साथ हँसते-हँसते मज़े-मज़े चले जा रहे थे।

---

१. उस ज़माने के जालन्धर के प्रसिद्ध वकील।

चेतन फिर अपने ध्यान में मग्न हो गया।

०

०

अपनी माँ और भाइयों के साथ सीढ़ियाँ चढ़ कर चेतन ऊपर अपने घर के चिरपरिचित आँगन में पहुँचा था।

उस छोटे-से आँगन की तीन ओर की दीवारों में चार दरवाज़े थे —सीढ़ियों और रसोई-घर के दरवाज़े दक्खिन की दीवार में, दायीं ओर की खुली बैठक को जाने वाला पूरब में और सीढ़ियों के सामने के दालान वाला उत्तर में। पच्छिमी दीवार में छोटी-सी अधछत्ती थी। उसमें कोई दरवाज़ा नहीं था। चूँकि कमरों के अन्दर जूते ले जाने की मनाही थी, इसलिए सीढ़ियों के पास जूते बिखरे रहते थे। आँगन के बीचों-बीच, चारों ओर से बन्द निचले अँधेरे आँगन में रोशनी पहुँचाने के लिए लोहे का काफ़ी बड़ा सलाख़दार मोघा बना था। उसके कारण ऊपर के इस आँगन में इतनी जगह नहीं बचती थी कि पीढ़े या मूढ़े डाल कर बैठा जाये, इसलिए परिवार इकट्ठा होता तो सारे भाई दालान, बैठक और सीढ़ियों की दहलीज़ों पर बैठते और माँ रसोई-घर की दहलीज़ में। पिता होते तो उनके लिए अधछत्ती में चारपाई बिछा दी जाती।

दिन का वक्त होता तो सब इसी तरह खुल कर बैठते। लेकिन रात थी और रोशनी के लिए सिर्फ़ लालटेन थी, इसलिए जब माँ को मालूम हुआ कि चेतन स्टेशन से ही खाना खा आया है तो उसने लालटेन रसोई-घर के बाहर खूँटी से टाँग दी। रसोई-घर से एक पीढ़ी ला कर मोघे और बैठक के बीच दो-तीन फ़ीट जगह में रख दी, चेतन और उस के भाई बैठक की कदरे ऊँची दहलीज़ में जा बैठे और शेष भाई माँ के पास की चौखट पर बैठ गये।

बात पहले माँ ने शुरू की थी, फिर परसराम सुनाने लगा था, फिर उसकी बात काट कर भाई साहब धारा-प्रवाह बोलते चले गये थे, बीच में दो-एक ब्योरे मेघनाथ ने भी दिये थे। वास्तव में जब लड़ाई के उस किस्से में किसी भाई के योग का कोई ब्योरा रह जाता तो वह सविस्तार उसे बताने लगता। जल्दी-जल्दी किस्सा सुना कर और खुराना की गवाही के सिलसिले में उसे पुनः याद दिला कर चेतन के बड़े भाई सोने चले गये थे। परसराम और मेघनाथ भी उठ गये थे, लेकिन चेतन वहीं दहलीज़ पर बैठा रहा, और उस घटना पर गली-मुहल्ले के पड़ोसियों की प्रतिक्रियाओं के बारे में माँ से प्रश्न करता रहा, माँ उत्तर देती रही थी और जो ब्योरे छूट गये थे, न सिर्फ़ उन्हें भरती रही थी, वरन अपनी भावनाओं और प्रतिक्रियाओं का भी वर्णन करती रही थी।

०

०

अपने छोटे भाई परसराम की चोटों के लिए इंजरी-सर्टिफ़िकेट लेने की ग़रज़ से पिता के पीछे-पीछे बाज़ार शेख़ाँ से चक्कर लगा कर रैनक बाज़ार को जाते हुए चेतन के सामने मुहल्ले में होने वाली उस लड़ाई का नन्हे-से-नन्हा ब्योरा कौंध गया।

२

वास्तव में वह चिनगारी, जिससे उस दोपहर कल्लोवानी मुहल्ले का भुस-सरीखा निःस्पन्द जीवन एकबारगी भड़भड़ा कर जल उठा था, चेतन के होश से भी वर्षों पहले उस दिन पड़ गयी थी, जब मुकन्दी की नयी-ब्याही भाभी —दम्मो —ने चेतन के छोटे पागल दादा चूनी के चूतड़ों में अटेरन घुसेड़ दिया था और उसने पलट कर उस उदमाती के थप्पड़ जड़ दिया था।

वर्षों-वर्षों पहले उस अपराह्न को जो कुछ घटा था, होश सँभालने के बाद से उस वक्त तक, न जाने चेतन और उसके भाइयों ने उसे कितनी बार ठण्डे क्रोध और विक्षोभ-भरे स्वर में माँ से सुना था....कैसे हरलाल पंसारी के मकान की बैठक के बाहर चौक में चर्ख़ा कातती और सूत अटेरती मुहल्ले की औरतों में बैठी दम्मो ने वह अनुचित हरकत की थी....कैसे चेतन के पागल दादा से थप्पड़ खा कर वह छाती पीटती, रोती-चिल्लाती अपने पति जीवनलाल और अपने देवरों को बुला लायी थी....कैसे धन के मद में चूर उन निर्दयी और क्रूर खत्रियों ने मादरज़ाद नंगे, चेतन के पागल छोटे दादा को पीट-पीट कर नीला कर दिया था....कैसे दादी —पड़दादी गंगादेई —पिटती-पिटाती उनके नरग़े में घुस कर अपने पागल बेटे को अपने खँडहर मकान में खींच लायी थी और अन्दर आ कर उसने दरवाज़ा बन्द कर लिया था....कैसे चेतन की माँ और पड़दादी तीन दिन तक भूखी-प्यासी घर में बन्द रही थीं और खत्री आते-जाते दरवाज़ा पीटते और पड़दादी को धमकाते रहे थे कि चेतन के पागल दादा ने जो व्यवहार दम्मो के साथ किया है, वह उसकी बहू याने चेतन की माँ के साथ किया जायेगा और कैसे तीसरे दिन माँ ने सीढ़ियों के झरोखे से एक ब्राह्मण छोकरे के द्वारा अपने पति के जिगरी दोस्तों —चौधरी तेजपाल और गुज्जरमल —को बुलवाया था और कैसे उन्होंने मुहल्ले के खत्रियों को समझा-बुझा कर दरवाज़ा खुलवाया था।

चेतन को जब-जब इस दुखद प्रसंग की याद आयी थी, उसने उसके बारे में गहराई से सोचा था। वास्तव में चेतन के उस मुहल्ले में खत्रियों और ब्राह्मणों में पुरानी ठनी आयी थी। इस संघर्ष का सूत्रपात न जाने राजसत्ता के लिए आपसी कशमकश से हुआ था अथवा ब्राह्मणों की चातुरी के चंगुल में फँसे क्षत्रियों ने विद्रोह कर दिया था। जो भी हो, इसी प्रतिद्वन्द्विता के कारण शायद विश्वमित्र को राजपाट छोड़, ब्रह्मर्षि कहलाने की सूझी होगी अथवा सदियों बाद पुष्यमित्र शुंग को ब्राह्मणों का राजवंश चलाने की, लेकिन वह सब इतिहास के पन्नों में गुम था और कल्लोवानी मुहल्ले के क्षत्री-ब्राह्मण उससे नितान्त अनभिज्ञ थे। उनकी यह पुरानी प्रतिद्वन्द्विता मुहल्ले में इस परिभ्रष्टावस्था को पहुँच गयी थी कि क्षत्री (जो अब केवल 'खत्री' कहलाते थे और रण-क्षेत्र के बदले व्यापार-क्षेत्र में तीर चलाते थे) मुहल्ले के ब्राह्मणों को (जो ज्ञानदान देने के बदले केवल पुरोहिताई करते और दान-दक्षिणा लेते थे) 'बाह्मन कुत्ते' कह कर पुकारते और ब्राह्मण उनको 'चोर और बेईमान।'....मुहल्ले में खत्रियों का ज़ोर था। अधिकांश घर भी उन्हीं के थे। खाते-पीते लोग भी वे ही थे। ब्राह्मणों के केवल तीन घर थे। तीनों पुरोहितों के। इसलिए वे दब कर रहते थे और खत्री उन्हें दबा कर रखते थे।

लेकिन चेतन के दादा, पटवारी और पिता, स्टेशन मास्टर हो गये थे। उन्होंने पुरोहिताई छोड़ दी। माँ ने दान लेना बन्द कर दिया और खत्रियों की ज़्यादतियाँ उसके लिए असह्य हो गयीं। वह लगातार अपने बेटों को उनके अत्याचारों की कहानियाँ सुनाती रही और उसने उनके मन में भी प्रबल आक्रोश भर दिया था।

पागल दादा के उस तरह नृशंसतापूर्वक पीटे जाने की वह घटना हठात याद आ जाने से बाज़ार में चलते-चलते चेतन का ख़ून खौल उठा। उसके भाइयों ने उन अहंकारियों को (जिनकी आर्थिक रस्सी जल गयी थी, लेकिन जिनके थोथे अहंकार की ऐंठन कायम थी) उनकी औकात दिखा दी, सो ठीक ही किया। चेतन को याद आया, किस तरह खत्रियों के ज़ुल्म की इस घटना के बाद जब पिता घर आये थे, माँ ने उनके उन दोस्तों के ख़िलाफ़ फ़रियाद की थी, जो उनकी महफ़िल में खाते-पीते और मौज उड़ाते थे और उनकी अनुपस्थिति में उनके परिवार को सताते थे....कैसे उसके पिता ने घोर नशे की हालत में वहीं अपनी छत से उनको गरियाने और अपने अगले बेटे का नाम क्षत्री-घातक परशुराम रखने की घोषणा करने के सिवा और कुछ न किया था....कैसे दूसरी सुबह वे सब कुछ भूल गये थे और उन्हीं खत्रियों के साथ खाते-पीते और मौज उड़ाते रहे थे....कैसे माँ ने उस अपमान को गहरे में उतार लिया था और भगवान से प्रार्थना की थी कि उसके तीसरे सन्तान बेटा ही हो और वह 'परशुराम' ही हो....कैसे भगवान ने माँ की सुन ली थी और तीसरी बार फिर उसके बेटा ही हुआ। माँ ने न केवल उसका नाम परशुराम रखा था, बल्कि बचपन से ही उस ऋषि-पुत्र की मातृ-भक्ति, पितृ-भक्ति, अत्याचारी क्षत्रियों के प्रति उसके भयंकर आक्रोश की गाथाएँ सुना कर बेटे को बलवान, सच्चरित्र और खत्री-विरोधी बना दिया था।

चेतन ने अपने साथ चलते हुए अपने छोटे भाई को कनखियों से देखा —कद उसका भले ही पिता की तरह मँझला था, लेकिन उसका गौर वर्ण और चेहरे की बनावट, उसका मुँहान्दरा दादा की याद दिलाता था। रंग के लिहाज़ से चेतन और उसके सभी भाई पिता पर गये थे —उनका रंग मुश्की था —गेहुएँ के करीब पड़ता-सा पंजाबियों का प्रिय रंग। लेकिन परसराम दादा की तरह गोरा था। 'परशुराम' बनाने के क्रम में माता-पिता ने उसे इस्पात जैसा मज़बूत और पत्थर जैसा सख़्त बना दिया था। चेतन की कल्पना में उसके बचपन के वे दृश्य पुनः आ गये जब हिसार लाइन के बुगाना स्टेशन पर एक बार भैंस के खुर से उसका दायाँ पैर घायल हो गया था। वह कमरे में तड़पता हुआ घूम रहा था। लहू-सने पैर के निशान फ़र्श पर बनते जा रहे थे और वह कहता जा रहा था। 'मैं परशुराम हूँ, मैं रोता नहीं, मैं परशुराम हूँ....' और आँसू धारासार उसकी आँखों से बहे जा रहे थे। फिर बुगाना ही में एक बार जब उसका सारा शरीर फोड़ों से भर गया था तो एक बार भी न वह रोया था, न तड़पा था, न उसने हाय-हाय की और न वह कराहा था। बस, चुपचाप दवाई लगवा लेता रहा था....

चेतन जानता था कि आठवीं कक्षा से ही पिता के उपदेशों के अनुसार परसराम अखाड़े जाने और कसरत करने लगा था। मैट्रिक तक पहुँचते-पहुँचते वह रोज़ सुबह उठ कर तेल की मालिश करके हज़ार-हज़ार डण्ड-बैठक लगाता था, वर्षातप खाये, सूखे शीशम के बने आध-आध मन के मुगदर सौ बार फेरता था और पीतल का बड़ा घड़ा उठा कर

नीचे कुएँ पर चला जाता था। घड़े-पर-घड़ा कुएँ से भर कर ऊपर दो-मंज़िले, सह-मंज़िले पर पहुँचाता और घर की गागरें, घड़े, बटलोहियाँ और बालटियाँ —सब भर देता। तब कुछ सुस्ता कर कपड़े उतार, लँगोट लगाये, वह कुएँ की जगत पर बैठ अथवा नीचे खड़े हो कर ख़ूब मल-मल कर नहाता था।

चेतन जानता था कि मर्द तो मर्द कल्लोवानी मुहल्ले में औरतें तक कुएँ की जगत पर बैठ कर नहा लेती थीं और मर्द दूसरी ओर मुँह करके निकल जाते थे। माँ को इसी बात का ग़ुस्सा था कि ब्राह्मणों में झमानों का तेलू तेल की मालिश करके कुएँ पर नहाता था, ख़ुद मुकन्दी और उसका बेटा मंगल नहाते थे, सुनार दालचन्द नहाता था, कभी किसी मुहल्ले वाले के कानों पर जूँ नहीं रेंगी और परसराम नहाने लगा तो खत्रियों के सीने पर साँप लोटने लगे।

चेतन कारण जानता था। जब वह जालन्धर में था, तभी उसने देखा था कि उसके इस छोटे भाई का गोरा-चिट्टा, हृष्ट-पुष्ट शरीर मुहल्ले भर की आँखों में गड़ता है। जब परसराम घड़ा उठाये पानी भरने कुएँ पर जाता तो मुहल्ले की नौजवान लड़कियाँ इस या उस बहाने कुएँ पर पहुँच जातीं। जब वह लँगोट लगाये कुएँ पर नहाता और दो-तीन बाल्टियाँ कुएँ से भर कर नहाता, तो दीसे उर्फ़ जगदीश नक्शा-नवीस की नव-परिणीता अपने कमरे की खिड़की में और उसकी युवा बहन ज्ञानो रसोई-घर की खिड़की में आ खड़ी होतीं। बराबर के घर में प्यारेलाल की लड़की यशोदा अपने नन्हे भाई को गोद में लिये कभी-कभी उसे बेतहाशा चूमने लगती। एक बार तो शन्नो ने मंगल की बहू को खिड़की में चिक के पीछे बैठे परसराम पर निगाहें गाड़े देख लिया था और उसे डाँट कर उठा दिया था।

और यूँ वर्षों-वर्षों पहले मुहल्ले के ठहरे हुए जीवन में खत्रानी दम्मो की उस नावाजिब हरकत से जो चिनगारी पड़ी थी और धीरे-धीरे अन्दर-ही अन्दर सुलग रही थी, वह कुएँ पर परसराम के नहाने से अजाने लहक उठी।

०

माँ ने चेतन को बताया था कि एक दिन, जब परसराम कुएँ पर नहा रहा था, मुकन्दी ने स्वयं बहू को चिक के पीछे बैठे देख लिया। घर के अन्दर जा कर वह बहुत बमका। माँ ने तो यह भी सुना था कि पिता के सीखे-सिखाये मंगल ने उस बार पत्नी को बेतरह धुन कर रख दिया था, लेकिन बाद में न जाने बहू ने मंगल से ससुर की कैसी शिकायत की थी कि वह बाप से नाराज़ हो गया था। मुहल्ले में तो यह भी अफ़वाह थी (और मौसी पूरनदेई और चाची दयावन्ती खुले आम कहती थीं) कि मुकन्दी की आँख अपनी बहू पर है और वह परसराम के बहाने अपनी बहू को सताता है।

"नी, जिन्ने अपनी माँ-धनीक भाभी नूँ न छड्डेया, ओह अपनी धी जेही बहू वल्लों अक्ख मैली कर लये ताँ कोई हैरानी दी गल्ल नईं,"[१] माँ ने मौसी पूरनदेई के शब्द दोहराये थे....

---

१. अरी, जिसने अपनी माँ के बराबर भाभी को न छोड़ा, वह अपनी लड़की जैसी बहू की ओर से आँख मैली कर ले तो कोई हैरत की बात नहीं।

जो भी हो, जब से मुकन्दी ने बहू को चिलमन के पीछे से परसराम के गोरे, नंगे बदन पर टकटकी लगाये देखा था, उसे कुएँ पर परसराम का नहाना एक आँख न सुहाता था। प्रायः जब परसराम के नहाने का समय होता, मुकन्दी ज़रूर मुहल्ले का एक चक्कर लगाता। एक दिन वापस जाते-जाते वह कुएँ के पास से निकला तो बड़बड़ाता गया कि जिनके घरों में नहाने के लिए काफ़ी जगह है, उन्हें कुएँ पर आ कर नहाने की क्या ज़रूरत है।

परसराम ने उसकी बात को अनसुना कर दिया था, लेकिन जब कुछ दिन बाद मुकन्दी ने फिर कहा कि जिनके घरों में नहाने के लिए काफ़ी जगह है, वे लँगोट लगाये नंगे बदन अपनी जवानी दिखाने को कुएँ पर नहाने आ आते हैं तो परसराम ने चिढ़ कर उत्तर दिया था, "मंगल की जवानी क्या बीवी के आते ही ख़त्म हो गयी या वह क्या साड़ी लगा कर नहाता है ? तुम चाचा कुएँ पर नंगे बदन नेहा सकते हो, तुम्हारा बेटा नहा सकता है तो मैं क्यों नहीं नहा सकता ? कुआँ सिर्फ़ आप ही लोगों का है क्या ?"

"तुम्हारे आँगन में जगह है, हमारे घर में नहीं।"

"आँगन में एक बालटी ले जा कर ही नहाया जा सकता है और मैं तीन-चार बालटियों से कम में नहीं नहा सकता।"

"इसी का तो ग़ुस्सा है," मुकन्दी चिढ़ कर बोला था, "तुम नहाने के बहाने घण्टा-घण्टा भर कुएँ पर लगा देते हो," मुकन्दी गरजा था, "मैं मुहल्ले के चौधरियों की मीटिंग करके यह पास करा दूँगा कि जिनके घरों में नहाने की जगह है, वे लोग कुएँ पर न नहायें। बहू-बेटियों को असुविधा होती है।"

फिर एक दिन शन्नो ने मुहल्ले वालों को सुना कर कहा था कि शादी के लड़के को 'आख़िर आयी हुई है,' कुएँ पर घण्टों नहाता है और बहू-बेटियों को घूरता है।

"मैं नहीं घूरता," परसराम ने कहा था, "वे ही मुझे घूरती हैं और मुझे नज़र लगाती हैं। तुम उनको जा कर समझा दो कि जितने समय मैं कुएँ पर नहाता हूँ, वे अपनी खिड़कियों में न बैठें। वे अपने घरों के अन्दर बैठेंगी तो मैं क्या दीवारों से आँखें लड़ाऊँगा।"

इस पर शन्नो, राजो और दूसरी खत्रानियों ने वह बावेला मचाया था कि भगवान ही बचाये। कई दिन तक वे उसकी जवानी को कोसती रही थीं।

०

परसराम अखाड़े जाता था। उसके मित्र भी अखाड़िए थे। सिवा कसरत करने के परसराम में कोई कुटेव नहीं थी। पढ़ाई में वह बहुत अच्छा था। मैट्रिक उसने फ़र्स्ट डिवीज़न में पास किया था और इन्स्पेक्टर ऑफ़ स्कूल्ज़ के दफ़्तर में मुलाज़िम हो गया था। लेकिन उसके मित्रों में अधिकांश आवारा और बेकार थे। दो-तीन उनमें अमीर घरानों के थे। रघुवीर, दिलदार और गोपाल। परसराम उन्हीं के साथ उठता-बैठता था और यह चौगड्डा इर्द-गिर्द के मुहल्लों में ख़ासा मशहूर था। एक दिन रघुवीर ग्रामोफ़ोन ले आया और दोपहर भर उनकी बैठक से 'भाई छैला पटियाले वाला' की पाटदार, खनखनाती आवाज़ में पंजाबी बोलियाँ गूँजती रही थीं।

उस वक्त तो किसी ने कोई आपत्ति नहीं की, लेकिन रात को छत पर चढ़ कर

मुकन्दी चिल्लाने लगा कि इन ब्राह्मणों ने मुहल्ले को कंजरख़ाना बना दिया है। बहू-बेटियों वाले मुहल्ले में ग्रामोफ़ोन पर गन्दे, ग़लीज़ गाने बजाते हैं। इन सालों को कोई पूछने वाला नहीं। इन्हें नयी जवानी चढ़ी है। ये नहीं जानते कि अभी मुकन्दी मरा नहीं, उसके रहते मुहल्ला कंजरख़ाना नहीं बन सकता। यह इन सब की जवानी....और बहू-बेटियों की चिन्ता भूल कर लाला मुकन्दी लाल ने भयंकर गन्दी गालियाँ देनी शुरू की थीं।

कुछ देर तक तो बिना किसी का नाम लिये मुकन्दी हवा में गालियाँ बहाता रहा, लेकिन जब सामने पण्डित शादीराम के मकान की छत से कोई आवाज़ नहीं आयी और चौधरियों की छत से जगदीश ने अपनी ज़नानी आवाज़ में पूछा कि कौन ग्रामोफ़ोन बजा रहा था तो ख़ासी भारी-भरकम गाली देते हुए उसने कहा कि पण्डित शादीराम का बेटा परसा, जिसे नयी जवानी चढ़ी है और जो दिन भर शहर के गुण्डों के साथ घूमता है।

अब परसराम के लिए चुप रहना कठिन था। माँ से पूछ कर उसने कहा, "चाचा, तुम हमारे बाऊ जी के दोस्त हो, हम लिहाज़ के मारे चुप हैं, पर तुम हद से ज़्यादा बढ़े जा रहे हो। मैं तुम्हारी बैठक में ग्रामोफ़ोन बजाने तो नहीं गया। अपनी बैठक में बजाता हूँ और बजाऊँगा और देखूँगा किसमें हिम्मत है जो मुझे रोक ले। वो ज़माना लद गया, जब तुम लोगों ने हमारा साँस लेना तक मुश्किल कर रखा था...."

इस पर मुकन्दी ने कहा था कि उसके रहते माँइयाँ[1] कोई गुण्डा मुहल्ले को कंजरख़ाना नहीं बना सकता। वे लोग दोपहर को ग्रामोफ़ोन बजाते हैं, जब वह दुकान पर होता है। उसकी मौजूदगी में कोई बजा कर दिखाये तो वह जाने। ऐसा मज़ा चखायेगा कि उन्हें ज़िन्दगी भर याद रहे....और मुकन्दी दायें हाथ से सीना बजाता हुआ मुहल्ले के दूसरे खत्रियों को सुना कर डींगे मारने लगा। खत्री मर्द तो कोई बोला नहीं, लेकिन दीसे उर्फ जगदीश नक्शा-नवीस की माँ राजो ने उसका समर्थन किया कि बाजे की बात नहीं, उन मुश्टण्डों का कुएँ पर नहाना भी बन्द करना चाहिए....आदि....आदि....

तब परसराम ने माँ से पूछ कर (या कहें कि माँ के सिखाने पर ही) कहा, 'चाचा, तुम हमारे बड़े हो, हम तुमसे लड़ना नहीं चाहते, पर तुम मुहल्ले में हमारा रहना ही मुश्किल कर देना चाहते हो तो मजबूर हो कर हमें भी अपने हक के लिए लड़ना पड़ेगा। कल तुम कहते थे —कुएँ पर न नहाओ, आज कहते हो —बैठक में बाजा न बजाओ, कल कहोगे — मुहल्ले में न खेलो, छत पर चढ़ो, ज़ोर से न हँसो-बोलो....सो चाचा जान लो, हम तुम्हारा दिया नहीं खाते और न तुम्हारा यह ज़ुल्म ही बरदाश्त करेंगे। मुहल्ला तुम्हारा ही नहीं, हमारा भी है। हम कुएँ पर नहायेंगे, अपनी बैठक में बाजा बजायेंगे और जिस माई के लाल में हिम्मत हो रोक ले।"

मुकन्दी ने फिर चुनौती दी थी कि उसकी मौजूदगी में कोई मुहल्ले में ग्रामोफ़ोन बजा कर दिखाये तो वह जाने।

परसराम ने कहा कि ठीक है, दूसरे दिन ही वे दोपहर को बैठक में ग्रामोफ़ोन बजायेंगे; उससे जो हो सके, कर ले।

०

---

१. माँ की गाली।

दूसरे दिन मुकन्दी दुकान पर नहीं गया। अपने घर की दहलीज़ के आगे चारपाई डाल कर बैठा रहा। जब अपराह्न को परसराम घर से निकला और बिना उसकी ओर ध्यान दिये बाहर की ओर चल दिया तो उसे सुनाते हुए मुकन्दी ने चिल्ला कर कहा, "यह मत समझना कि रात मैंने नशे में धमकी दी थी। बहनों-बेटियों वाले मुहल्ले को मैं....'

परसराम ने उसकी बात काट कर कहा था, "न मैंने ही धमकी दी थी। मैं ग्रामोफ़ोन लेने जा रहा हूँ। हम अपनी बैठक में बजायेंगे; देखेंगे किसमें हिम्मत है हमें रोकने की ?"

और यह कह कर परसराम चला गया था। मुकन्दी देर तक मुहल्ले वालों को सुना कर गालियाँ बकता और डींगें मारता रहा था। फिर उसने मंगल को कहला भेजा कि वह दुकान बन्द करके आ जाये। जगदीश के छोटे भाई को कचहरी भेजा कि उसे बुला लाये, वह चौधरी का बेटा है, इस मौके पर मुहल्ले में उसका रहना ज़रूरी है। साथ ही वह कचहरी में लाला निहालचन्द वकील के बेटे दयालचन्द वकील को भी ख़बर कर दे कि तुम्हारे चाचा मुकन्दीलाल ने जल्दी तुम्हें बुलाया है। जाने किस बेतार-बरकी से मुहल्ले के इस आसन्न दंगे की ख़बर सब जगह फैल गयी। झमानों के लड़के रामा-श्यामा तथा पण्डित दौलतराम का ऐंचाताना बेटा देबू भी आ गये। मुहल्ले की औरतें अपने दरवाजों में आ खड़ी हुईं। हमेशा की तरह परस्पर-विरोधी टोलियाँ बन गयीं, चेमेगोइयाँ होने लगीं, सुना-सुना कर एक-दूसरे को ताने-मेहने दिये जाने लगे और इस घटना पर रायज़नी होने लगी।

तभी, जब दंगल से पहले इकट्ठे होने वाले तमाशाइयों की तरह सारा मुहल्ला इकट्ठा हो गया और मुकन्दी बढ़-बढ़ कर डींगें मारने लगा, चेतन की माँ ज़रा-सा घूँघट काढ़े अपने तिमंज़िले मकान से उतरी।

....मुहल्ले में उत्सव होते थे, साधु-सन्त आते थे, सत्संग होते थे, मुहल्ले की औरतें, उत्तर की ओर हरलाल के मकान की बैठक के आगे, और दक्षिण में चौधरियों की ड्योढ़ी के पास, टोलियाँ बना कर कातती-अटेरती थीं, लेकिन ऊपर से उतर कर मुहल्ले में आना और किसी से बोलना-बतियाना तो दूर, चेतन की माँ कभी अपने घर की निचली बैठक में भी आ कर न बैठी थी....

उसके आते ही मुहल्ले में एकदम सन्नाटा छा गया।

बिना इधर-उधर देखे और घूँघट को ज़रा और नीचे करती हुई वह कुएँ की जगत के पास मुहल्ले के चौक के मध्य आ खड़ी हुई और दोनों हाथ जोड़ कर, "हे मुहल्ले वालेयो, मैं हत्थ बन्ह के बिनती करदी हाँ,"[१] से शुरू करके पंजाबी में उसने जो कहा, उसका लुब्बे-लुवाब यह था कि वे अति न करें। मुहल्ला जितना खत्रियों का है, उतना ही ब्राह्मणों का है। उनको भी सुख-शान्ति से रहने का उतना ही हक है। वो ज़माना लद गया, जब उन्होंने उसके आदर-योग्य छोटे ससुर को बेकसूर पीट-पीट कर नीला कर दिया था और अपनी ददिया सास के साथ वह तीन दिन घर में भूखी-प्यासी रही थी। अब उसके बेटे जवान हो गये हैं। वे किसी से कुछ नहीं कहते, अपने में मस्त रहते हैं। लेकिन वे अब किसी का ज़ुल्म बरदाश्त नहीं करेंगे। बबूलों के साथ आते-जाते खुजली मिटाने वाले भैंसों की तरह बेकार मत उनसे कन्धे भिड़ायें। अपने घरों में आराम से बैठें। वरना सचमुच किसी

---

१. ऐ मुहल्ले वालो, मैं करबद्ध प्रार्थना करती हूँ।

का ख़ून हो गया तो फिर कोई उसे दोष न दे।

और चेतन की माँ मुहल्ले वालों को यूँ चेतावनी दे कर जैसे आयी थी, वैसे ही नपी-तुली चाल से वापस अपनी ड्योढ़ी की सीढ़ियाँ चढ़ गयी।

तब मुकन्दी चिचियाता हुआ आगे बढ़ कर चौक में आ गया और जिधर चेतन की माँ गयी थी, उधर औरतों की तरह बाँह उलार कर हवा में गाली बहाते हुए उसने कहा कि माँईयाँ यह आग इसी औरत की लगायी हुई है। यह घुन्नी और मिन्ही औरत अपने बेटों को उकसाती और बढ़ावा देती है। फिर वह अपने पुरखों का गुणगान करने लगा, जिन्होंने उन कुत्ते ब्राह्मणों को दान में घर दिये थे।

"ये अपनी औकात भूल गये हैं।" उसने चिल्ला कर कहा और सीने पर हाथ मार कर बोला, "लेकिन लाला मुकन्दीलाल अगर अपने बाप का बेटा है तो उन्हें अपनी औकात दिखा कर रहेगा।"

मुकन्दी का गोरा मुख गर्मियों की दोपहरी में चिल्लाते-चिल्लाते लाल-भभूका हो गया था। माथे पर पसीने की बूँदें उभर आयी थीं, जिनमें से कुछ उसकी भूरी रेशमी मूँछों पर चमक रही थीं। खादी की बण्डी में से आधी निकली बाँह पर नंगी जवान औरत का गोदना और नीली नसें उभर आयीं थीं और होंटों के कोनों पर फिचकुर निकल आया था।

तभी जब मुकन्दी ज़ोर-ज़ोर से चिल्ला रहा था, आगे-आगे 'हिज़ मास्टर्ज वॉयस' के भोंपू समेत दोनों हाथों में ग्रामोफ़ोन उठाये परसराम, उसके पीछे-पीछे रिकॉर्ड लिये रघुवीर, दिलदार और गोपाल मुहल्ले में दाख़िल हुए।

उन्हें देखते ही मंगल घर के अन्दर लाठी लेने भागा।

जब वे लोग कुएँ की जगत और ख़ुशवन्त राय की हवेली के बीच में से गुज़र रहे थे तो वहीं जगत पर खड़ी राजो खत्रानी ने कहा, "लओ, आ गये शादी दे जवाई।"

दिलदार ने सब को ज़ोर से सुनाते हुए कहा, "हम मुकन्दी के जमाई हैं।"

"आओ ताँ, तुहाडी माँ दी...." गाली देता हुआ मुकन्दी अपने मकान के अन्दर लाठी लेने भागा।

तभी मंगल लाठी लिये हुए मकान से निकला। परसराम अपनी बैठक के करीब चौक में पहुँच गया था, जब मंगल ने उसके बाज़ुओं पर लाठी से वार किया।

वार से परसराम ज़रा झुका, ग्रामोफ़ोन उसके हाथों से छूट कर उसके घुटनों पर टिकता हुआ चौक के फ़र्श पर आ रहा।

"रघुवीर, ग्रामोफ़ोन सँभालना!" कहते हुए बाँहों को एक बार झटक कर परसराम ने पलट कर एक डुबकी-सी मारी। मंगल लाठी का दूसरा वार करने जा रहा था कि परसराम ने दोनों टख़नों से पकड़ कर उसे उठा दिया। क्षण भर लाठी-समेत मंगल शून्य में लटका-सा लगा, फिर दूसरे क्षण धड़ाम से चारों ख़ाने चित मुहल्ले के पक्के फ़र्श पर आ रहा। परसराम उसकी छाती पर चढ़ बैठा।

भाई साहब माँ के पीछे उतर आये थे और उसके साथ ड्योढ़ी की दहलीज़ में खड़े थे। मंगल ने परसराम पर लाठी से वार किया तो वे आँगन की तरफ़ भागे थे। वहाँ एक कोने में उनके पिता की लोहे के सुम्मों वाली निग्गर और ठोस लाठी पड़ी थी। उसे उठा

कर वे बाहर की ओर लपके।

लेकिन उनसे पहले मुकन्दी लाठी ले कर वहाँ पहुँच गया था। परसराम गर्दन से पकड़ कर मंगल का सिर चौक के फ़र्श पर पटक रहा था, जब मुकन्दी ने एक लाठी उसकी पीठ पर जमा दी। इससे पहले कि मुकन्दी दूसरा वार करता, भाई साहब की लाठी के एक ही भरपूर वार से उसकी लाठी उसके हाथों से छूट कर हरलाल के मकान की बैठक के आगे इकट्ठी औरतों के झुण्ड के ऊपर से होती हुई दीवार से टकरा कर गिरी। औरतें 'हाय-हाय' का शोर मचाती छितर गयीं। उनके बीच गिरती तो शायद दो-एक घायल हो जातीं, लेकिन वे बच गयीं और भयाक्रान्त हो कर हरलाल की बैठक में चढ़ गयीं।

लाठी चलाना सिखाते हुए उनके पिता नसीहत करते थे कि लाठी कभी सिर या बाँह पर मत मारो। सिर फट जाये या बाँह टूट जाये तो दफ़ा ३२६ लग सकती है। पैंतरा बदलो और पिण्डलियों, चूतड़ों या पीठ पर वार करो और वे करके दिखाते। दूसरी बार लाठी उठाते हुए भाई साहब के दिमाग़ में पिता की नसीहत कौंध गयी और पैंतरा बदल कर उन्होंने मुकन्दी की पिण्डलियों पर लाठी जमा दी। मुकन्दी गिरता-गिरता सँभल गया और अपनी लाठी उठाने भागा। भाई साहब उसके पीछे भागे और फिर पैंतरा बदल कर उन्होंने एक लाठी उसके चूतड़ों पर जमा दी और वह 'हाय-हाय' करता हुआ, पीछे को हटती औरतों के बीच, हरलाल के मकान की दहलीज़ पर गिरा। भाई साहब पर जैसे जुनून सवार हो गया। पै-दर-पै उन्होंने उसकी पीठ और कन्धों पर वार किये। चौथी या पाँचवीं बार उन्होंने लाठी उठायी थी कि किसी ने उन्हें पीछे से पकड़ लिया।

"मार ही दोगे ? अब बस भी करो!"

भाई साहब ने पलट कर देखा —नंगे शरीर पर धोती और रामनामी दुपट्टा ओढ़े हुए पण्डित दौलतराम उन से लाठी छीन रहे थे। मंगल की छाती पर चढ़े-चढ़े परसराम ने देखा कि मेघनाथ कहीं से डण्डा ले आया है ओर चौधरियों का जगदीश और उसका छोटा भाई सुरेश बाँस उठाये उसे मारने बढ़े आ रहे हैं। तब मंगल के सीने से उछल कर परसराम ने एक ही छलाँग में परे गिरी उसकी लाठी उठा ली और उनकी तरफ़ लपका।

दोनों भाई भाग कर घर के अन्दर घुस गये। ड्योढ़ी में खड़ी औरतों ने ब्राह्मणों को गालियाँ देते हुए पीछे हट कर किवाड़ लगा लिये। वे सब छत पर जा चढ़े और वहीं से चिल्लाने और गरियाने लगे।

०

०

चेतन के बड़े भाई को बैठक में पहुँचा कर पण्डित दौलतराम ने जा कर परसराम से भी लाठी ले ली और उसे शान्त करके बैठक के अन्दर कर दिया। मेघनाथ को भी उन्होंने घर के अन्दर हँका दिया। मुहल्ले में कोहराम मचा हुआ था। माँ ने ड्योढ़ी का दरवाज़ा लगाया और ऊपर चली गयी। परसराम, उसके दोस्त, भाई साहब, मेघनाथ, रामा, श्यामा, देबू — सभी बैठक में इकट्ठे हो गये।

तब मैदान ख़ाली पा कर जगदीश अपने मकान की छत से उतरा। दूसरे खत्री भी खोसलों और बढ़इयों वाली गली से आ गये। उन सब में बद्दा सबसे आगे था। मंगल भी

उठ चुका था। उसके सिर के पिछले हिस्से पर कई गुमटे उभर आये थे। पिटे हुए पिल्ले की तरह 'च्याऊँ-च्याऊँ' के रूप में लगभग रोता हुआ, वह गालियाँ दे रहा था। शन्नो और उसकी बहू छाती पीटती हुई गालियाँ भी दे रही थीं और अपने पतियों के घाव भी सहला रही थीं। पण्डित दौलतराम ने लाख समझाया कि पहले इनके घावों की मरहम-पट्टी की जाये, लेकिन सब ने तय किया कि मुकन्दी को चारपाई पर डाल कर पक्का बाग़ के कोने पर लाला निहालचन्द वकील की कोठी में ले जायें, उनकी सलाह से थाने में रपट लिखायी जाये, फिर हस्पताल में मरहम-पट्टी करायी जाये।

मिनटों में चारपाई आ गयी। उस पर बिस्तर बिछ गया। 'हाय-हाय' करते और कराहते हुए मुकन्दी को उस पर लिटाया गया और मुहल्ले में चेमेगोइयाँ करती, कोसने और उलाहने उछालती, ब्राह्मणों और खत्रियों की ज़्यादतियों का बखान करती, एक-दूसरी के तर्कों को काटती हुई औरतों की चिल्ल-पों-भरी भीड़ में से चारपाई पर लेटे घायल मुकन्दी का जुलूस हरलाल पंसारी की दुकान के आगे से हो कर चौक कादेशाह की ओर बढ़ गया।

तभी चेतन की बैठक में रघुवीर ने यह देखने के लिए कि परसराम के हाथों से गिरने पर ग्रामोफ़ोन को कोई चोट तो नहीं पहुँची, उस पर 'भाई छैला पटियाले वाला' की बोलियों का रिकॉर्ड लगा दिया और दूसरे क्षण वातावरण में भाई छैले की लोच-भरी खनखनाती आवाज़ गूँज उठी —

कदे हाक न चन्दरिए मारी
चूड़े वाली बाँह कडेढ़ के[१]
मेरा मैर पिच्छाँ न जावे
मित्तराँ दा पिण्ड लंघ के[२]
असाँ बाग़ हवाले कीत्ता
मित्तराँ ने फुल्ल मँग्गेया[३]
मेरी सस्स भरमाँ दी मारी
हस्स के न लंघ बैरिया[४]

अभी रिकॉर्ड पर भाई छैले ने चार ही बोलियाँ गायी थीं कि अचानक माँ ने ऊपर से आ कर रिकॉर्ड से सुई हटा दी।

"ना पुत्त, हुण नईं।"[५] माँ ने कहा और अपने बेटों और उसके दोस्तों को समझाया था कि उन लोगों ने जो ज़्यादती की थी, उसका बदला चुक गया। अब उनके जले पर नमक छिड़कना अक्लमन्दी नहीं।

चेतन उस वक्त वहाँ नहीं था। उसने भाई साहब से ही यह प्रसंग सुना था, पर उसने यह बात कहती हुई अपनी माँ के चेहरे की कल्पना की थी —इतने वर्षों से माँ के दिल

---

१. चूड़े वाली बाँह फैला कर तूने कभी आवाज़ नहीं दी।
२. प्रिय के गाँव से गुज़रते हुए मेरे पैर पीछे को जाना चाहते हैं।
३. प्रिय ने एक फूल माँगा, मैंने सारा बाग़ उसे सौंप दिया।
४. ओर मेरे बैरी (दुश्मन —प्रेमी के लिए प्यार का शब्द) हँस के न गुज़र, मेरी सास बड़ी शक्की है।
५. ना बेटा, अब नहीं।

में सुलगती हुई बदले की भावना मिट गयी है। उसके पतले-दुबले, असमय झुर्रियों से भर आये चेहरे पर सन्तोष झलक आया है। ऐसे में उसे अपने बेटों का यह कृत्य ज़्यादती के बराबर लगता है और अपनी स्वाभाविक उदारता में वह कह उठती है —अब बस, उनके जले पर नमक छिड़कना अक्लमन्दी नहीं, इसमें अहंकार की गन्ध आती है और अहंकार किसी भी स्थिति में नहीं करना चाहिए। बाजा ही बजाना था तो कोई मीरा या सूरदास का भजन लगाते।

लेकिन रघुवीर के पास न सूरदास के भजनों का कोई रिकॉर्ड था, न मीरा का। बाजा टूटा न था। सो उन्होंने रिकॉर्ड उतार दिया। बाजा उठाया और माँ को प्रणाम करके और आश्वासन दे कर कि उनकी ज़रूरत पड़ी तो आधी रात को भी आ जायेंगे, वे बैठक की सीढ़ियाँ उतर गये थे।

परसराम ने लाठी उठा ली थी और मेघनाथ के साथ उन्हें चौरस्ती अटारी तक छोड़ने चला गया था।

o

"भरा जी....भरा जी!.....चेतन भरा जी!"

अपने भाइयों और मुकन्दी-मंगल के बीच होने वाले उस भयंकर द्वन्द्व को कल्पना-ही-कल्पना में मुकम्मल रूप देता हुआ, चेतन सिर झुकाये अपने ध्यान में मग्न चला जा रहा था कि अपने नाम की गुहार ने उसे चौंका दिया।

वह रुका। उसने सिर उठा कर आगे-पीछे, इधर-उधर देखा। न कहीं उसके पिता और मित्र दिखे, न उसके दोनों भाई। वह अकेला बाज़ार के एक किनारे खड़ा था।

तभी उसके कानों में फिर आवाज़ आयी —"चेतन भरा जी!"

आवाज़ की दिशा में चेतन मुड़ा। काफ़ी पीछे, दुकानों की दूसरी पंक्ति में एक दुकान के आगे उसके छोटे भाई उसे आवाज़ दे रहे थे।

चेतन चुपचाप मुड़ कर उधर को चल पड़ा। उसके पिता अपने मित्रों के साथ दुकान के अन्दर चले गये थे। चेतन ने तेज़-तेज़ कदम बढ़ाये। दुकान के निकट पहुँच कर उसने बोर्ड पर नज़र डाली।

डॉ० पी० सी० लूम्बा

एल० एस० एम० एफ़

३

अपने छोटे भाईयों के आगे-आगे चेतन डॉक्टर लूम्बा की दुकान में दाख़िल हुआ। किसी लम्बे, बन्द गलियारे-सी दुकान। सामने पिछली दीवार में बड़ा-सा हिस्सा आगे को निकला हुआ। शायद दूसरी ओर अन्दर की तरफ़ को कपड़े आदि रखने के लिए जगह निकली गयी थी। इसी कारण दुकान की पिछली दीवार में एक बड़ा-सा अलमारीनुमा ऊँचा ताक बन

गया था। चेतन ने निगाह उठायी तो देखा —दायीं ओर दीवार के साथ एक पट्टी नीचे से छत की ओर उठती चली गयी है। ज़रूर ही वह पिछली ओर से ऊपर को जाने वाली सीढ़ी होगी। लेकिन डॉक्टर लूम्बा ने जगह का इस्तेमाल ख़ासी बुद्धिमानी से किया था। ऊँची जगह पर मोम-जामा बिछा कर उसने बड़ी-बड़ी शीशियाँ, एक खरल, तामचीनी के बर्तन, छोटे-बड़े चम्मच, छुरे, चिमटे, कैंचियाँ, रुई, आदि —मरहम-पट्टी का सामान सजा रखा था। दायें कोने में एक स्टोव और उस पर ऐल्यूमिनियम की पतीली रखी थी। बायीं ओर एक चिलमची और उसके पास ही पानी का जग रखा हुआ था। वहीं एक कील से छोटा-सा तौलिया टँगा हुआ था। छत की ओर उत्तरोत्तर ऊँची होती जाने वाली पट्टी पर उसने इलाज सम्बन्धी चित्र और नक्शे चस्पाँ कर रखे थे। वहीं एक कील से उसका स्टेथोस्कोप लटक रहा था। उसकी मेज़-कुर्सी दीवार में पट्टी के नीचे लगी थी। कुर्सी के दायें हाथ को एक स्टूल (शायद निरीक्षण करते समय मरीज़ को बैठाने के लिए) और मेज़ के साथ कुर्सियाँ लगी थीं। बायीं दीवार में एक अलमारी में दवाओं की शीशियाँ थीं। उसके इधर को एक लम्बी बेंच थी।

वे लोग बाहर ही थे, जब उन्होंने डॉक्टर लूम्बा और अपने पिता में ज़ोर-ज़ोर से बहस होने की आवाज़ सुनी थी। लेकिन जब वे दुकान के अन्दर पहुँचे तो उसके पिता और उनके मित्र कुर्सियों पर बैठ रहे थे। डॉक्टर ने चेतन और उसके भाइयों को वहीं बेंच पर बैठने का संकेत किया और परसराम को कमीज़ उतार कर घाव दिखाने का आदेश दिया। कमीज़ उतारने में उसे दिक्कत न हो, इसलिए मेघनाथ बढ़ कर परसराम को कमीज़ उतारने में मदद देने लगा। तभी डॉक्टर ने पलट कर पतीली उतारी, स्टोव जलाया और पतीली में जग से पानी डाल कर उसे स्टोव पर रख दिया।

चेतन ने 'डॉ० पी० सी० लूम्बा' पर एक नज़र डाली। ('पी० सी०,' उसने मन-ही-मन कहा, 'जाने इसका क्या नाम है ? —प्रकाश चन्द्र, प्रमोद चन्द या परतूल चन्द ?....' एक नज़र डॉक्टर पर डाल कर उसने तय किया कि उसका नाम परतूल चन्द ही होगा।)

दुकान तो उसने इस तरह सजा रखी थी मानो बहुत बड़ा और व्यस्त डॉक्टर हो, लेकिन सूरत-शक्ल से वह डॉक्टर की बजाय कम्पाउण्डर लगता था। उसका सूट हालाँकि पुराना नहीं था, लेकिन शायद उसके पास वही एक सूट था और लगातार इस्तेमाल से कोट की इस्त्री और पतलून की क्रीज़ जाती रही थी। उसके लम्बे-पतले सींकिया शरीर पर वह सूट किसी खेत में चिड़ियों को डराने के लिए गाड़े गये बाँस के बिजूके को पहनाये गये सूट के समान लगता था। उसके लम्बोतरे चेहरे पर नाक काफ़ी नुमायाँ थी और माँग के बावजूद उसके सिर के बाल खड़े-खड़े थे। लेकिन उसकी बातचीत और व्यवहार ऐसा था जैसे वह एल० एस० एम० एफ़० नहीं, एफ़० आर० सी० एस० डॉक्टर का भी चाचा हो।

जब चेतन के पिता ने (जो सुबह हस्पताल से आते-आते उसके साथ बात कर गये थे) तत्काल इंजरी-सर्टिफ़िकेट देने के लिए कहा था तो उसने घाव देखे बिना सर्टिफ़िकेट देने से इनकार कर दिया था। उसे दो दिन पहले का सर्टिफ़िकेट देने में आपत्ति नहीं थी, पर वह घाव देखे बिना सर्टिफ़िकेट नहीं देना चाहता था और उसी को ले कर उनमें ज़ोर-ज़ोर से बहस हुई थी, जिसकी आवाज़ चेतन ने दुकान में आते वक्त सुनी थी।

उसके पिता ने घावों के बारे में बताया था कि पूरी पीठ लाठी के वार से सूजी हुई है, दोनों बाँहों पर लाठी के निशान हैं और कन्धे पर चाकू का दो इंच गहरा घाव है।

तब डॉक्टर लूम्बा ने कहा था कि न केवल वह घाव देखेगा, बल्कि उसकी पट्टी भी करेगा। इंजरी-सर्टिफ़िकेट में वह यह बात लिख देगा। उन्हें सिर्फ़ पट्टी के आठ आने और देने पड़ेंगे।

चेतन के पिता को आठ आने के बदले एक रुपया देने में भी एतराज़ नहीं था, पर वे चाहते थे कि डॉक्टर पीठ और बाँहों के घाव देख ले, लेकिन कन्धे का घाव न खोले। उन्होंने मिट्टी के तेल का फाहा लगा दिया है। अब वह तभी हटेगा, जब घाव पूरी तरह मुँद जायेगा।

लेकिन डॉक्टर लूम्बा बिना घाव देखे और पट्टी किये, इंजरी-सर्टिफ़िकेट देने को तैयार नहीं था। उसने उन्हें आश्वासन दिया था कि वह एक्रीफ़्लेविन लोशन से ऐसी पट्टी कर देगा कि घाव को भरने में देर नहीं लगेगी, केवल परसराम को चन्द दिन रोज़ वहाँ आ कर पट्टी करानी पड़ेगी।

दूसरा अवसर होता और चेतन के पिता को उसी शाम जा कर अपने स्टेशन पर हाज़िरी न देनी होती और इस बीच थाने में एफ़० आई० आर० दर्ज कराके कचहरी में मामला न चलाना होता तो वे डॉक्टर लूम्बा और उनकी एक्रीफ़्लेविन की माँ के साथ निकट सम्बन्ध स्थापित करते हुए दुकान के बाहर हो जाते, लेकिन थानेदार करतार सिंह ने एक ओर ले जा कर सब ऊँच-नीच समझाते हुए उन्हें शान्त किया था। तब चेतन के पिता ने डॉक्टर से कहा था कि ठीक है, वह तसल्ली कर ले। उन्होंने तो दो इंच कहा, घाव उससे भी गहरा है।

इस बीच मेघनाथ की मदद से परसराम ने घाव वाली बाँह कमीज़ से बाहर कर ली थी। डॉक्टर लूम्बा अपनी लम्बी नाक आगे बढ़ाये ऐसी गम्भीरता से, जैसे वह कोई मेजर ऑपरेशन करने जा रहा हो, घाव की पट्टी धीरे-धीरे खोलने लगा, तभी चेतन की आँखों के सामने सुबह की समस्त घटना, फ़िल्म की रील के समान, धीरे-धीरे खुलने लगी।

०

०

परसराम सबेरे ही बहराम से आ गया था। उसने आ कर बताया कि पिता को मुकन्दी और मंगल के साथ लड़ाई की सारी घटना सविस्तार बता दी है। उसके पिता एक दिन की छुट्टी ले कर आ भी गये थे, लेकिन स्टेशन से सीधे घर आने के बदले चाचा फ़कीरचन्द को ले कर मेयो हस्पताल में मुकन्दी को देखने चले गये थे। उन्होंने उसे घर भेज दिया है और स्वयं जल्दी ही आने को कहा है।

चूँकि पिता की जल्दी का कोई ठिकाना नहीं था, इसलिए माँ ने उनसे कहा कि वे सब लोग एक-एक बासी रोटी और मक्खन ले कर नाश्ता कर लें। चेतन चाहता था कि माँ उसके और चन्दा के लिए एक थाली में रोटियाँ रख दे और वह अन्दर कमरे में अपनी बीवी के साथ बैठ कर खा ले। लेकिन माँ ने उससे कहा कि वे लोग लाहौर में जो चाहे करें, पर जालन्धर में घर की परम्परा बनी रहने दें। पहले सब भाई मिल कर नाश्ता कर

लें, फिर वह बहू को भी भेज देगी।

सब भाइयों ने नमक-मसाले मिले दही के साथ बासी रोटी और मक्खन का नाश्ता किया था। फिर छोटे भाई तो नीचे चौक में खेलने भाग गये थे, चेतन दालान में पूर्वी रोशन कमरे में अपनी पत्नी के साथ चला गया था।

वास्तव में जिस शाम वह जालन्धर पहुँचा था, वह सारी रात तो उसने माँ के साथ आँगन में बैठे गुज़ार दी थी। सुबह भाई साहब ऊपर से आये तो माँ-बेटा दोनों बदस्तूर बातें कर रहे थे।

"माँ, परसराम को जगा दो।" भाई साहब ने कहा था, "वह मुझे गाड़ी पर चढ़ा कर उधर ही से बहराम चला जायेगा।"

माँ ने कहा था कि परसराम तो चार ही बजे उठ कर उस वक्त तक कसरत कर चुका होता है, लेकिन शायद ज़्यादा चोट खा जाने से उठ नहीं पाया। और वह परसराम को जगाने चली गयी थी।

चेतन भी हालाँकि शिमला से जालन्धर तक की थका देने वाली लम्बी यात्रा और फिर पूरे रतजगे से थका हुआ था, लेकिन चूँकि भाई साहब से कोई बात नहीं हो पायी थी और चेतन शिमला के अनुभवों —विशेषकर हाकिमचन्द की मूर्खता, क्रूरता और कृपणता से आकण्ठ भरा था। इसलिए उसने तय किया कि वह भी भाई साहब को स्टेशन तक छोड़ने जायेगा।

फ़्रण्टियर मेल चूँकि अलस्सुबह चलती थी और इतने तड़के इधर सैदाँ गेट और उधर को पंजपीर तक —कहीं इक्का-ताँगा मिलने का सवाल ही नहीं था, इसलिए तीनों भाई घर से निकले तो बातें करते हुए पैदल ही स्टेशन पहुँचे थे।

रास्ते में बिना कुछ घटाये-बढ़ाये चेतन ने भाई साहब को अपने शिमला-प्रवास के तीन महीने का ब्योरा दिया था। चेतन की व्यथा-कथा सुनते हुए भाई साहब —'मैंने तो तुम्हें पहले ही कहा था....मैंने तो तुम्हें ख़बरदार कर दिया था....मैंने तो कहा था कि लड़की उदमाती है और कई ट्यूटरों को पिटवा चुकी है' —जैसे वाक्य बोलते रहे थे। अन्त में उन्होंने इस बात पर सन्तोष व्यक्त किया था कि चेतन बिना पिटे या बदनाम हुए, सही-सलामत वापस आ गया। लेकिन साथ ही उन्होंने भविष्यवाणी की थी कि हाकिमचन्द (जैसा कि भाई साहब जानते हैं) उसके बीस रुपये देगा नहीं। चेतन उस राशि से हाथ धो रखे।

०

भाइयों को गाड़ी पर चढ़ा कर पहले से भरे हुए, लेकिन तिस पर भी एक सवारी की गुहार लगाने वाले, एक ताँगे में एक आना दे कर चेतन किसी तरह उसमें घुस कर बैठा था और पंजपीर आ उतरा था जहाँ से वह पैदल घर पहुँचा था। सफ़र, रतजगे और पैदल चलने की वजह से वह बहुत थक गया था, दिन भर सोया रहा था और शाम को अनन्त से मिलने चला गया था। इस एक रात और एक दिन में न वह अपनी पत्नी से कोई मन की बात कर सका था, न अपने बच्चे को गोद में ले सका था। अब, चूँकि चेतन के पिता के आने में देर थी, उसने सोचा था कि कुछ क्षण चन्दा के पास बैठेगा।

चन्दा बच्चे को दूध पिला रही थी, जब वह कमरे में दाख़िल हुआ। सबसे पहले चेतन ने चन्दा को सामान का ब्योरा दिया था और सेबों की टोकरी, हार्मोनियम और सूटकेस अन्दर रखा था।

"मैं सोचता हूँ," चेतन ने कहा था, "कि ज़रा पुलिस-कचहरी का झंझट ख़त्म हो तो मैं माँ को सब सामान सौंप दूँ ताकि मैं जिस-जिस के लिए जो लाया हूँ, वह अपने हाथ से उन्हें दे दे।"

चेतन ने साड़ी की बात चन्दा को नहीं बतायी थी। उसने सोचा था, वह उसे सरप्राइज़ देगा।

दूध पिला कर चन्दा ने बच्चे को उसकी गोद में दे दिया था। चेतन ने एक गहरी नज़र उस पर डाली थी। अपने लड़के की कल्पना के साथ चेतन की आँखों के सामने कैलेण्डरों पर छपे हुए जिन गोल-गुलगोथने बच्चों की तस्वीर घूम जाती थी, उसका बेटा उनसे बहुत भिन्न था। वह परिवार में किस पर जायेगा, इसका ख़याल आ जाने से चेतन उस सिलसिले में भी अनुमान लगाया करता था, पर वह उसके पिता, दादा, माँ, पत्नी या स्वयं उस पर न गया था। उसका सिर बड़ा और पीछे की तरफ़ को ज़रा बढ़ा हुआ था। ऊपर का होंट ज़रा-सा ऊँचा था और रंग श्याम था। अपने बच्चे को देख कर चेतन के सौन्दर्य-प्रिय मन को थोड़ा आघात लगा था, लेकिन दूसरे ही क्षण उसने अनायास उसे चूम लिया था।

जाने उसके मन का भाव समझ कर अथवा अपरिचित होंटों के संस्पर्श से, बच्चा हठात रोने लगा था। चन्दा ने अभी नाश्ता नहीं किया था। उसे ज़ोर की भूख लगी थी। बच्चे को पति की गोद में दे कर वह नाश्ता करने चली गयी थी। चेतन ने बच्चे को कन्धे से लगा लिया था और इच्छा न होते हुए भी अपनी कनसुरी आवाज़ में —

आ वे कुत्तेया
जंगल सुत्तेया
जंगल पई लड़ाई
मेरे बच्चे दी आई कुड़माई

लोरी गाते हुए धीरे-धीरे कन्धा झुलाने लगा था। बच्चा चुप हो गया था। सो गया था। चेतन ने सावधानी के साथ उसे पलँग पर लिटाया था, स्वयं भी उसके साथ लेट कर थपकी देने लगा था। वह धीरे-धीरे लोरी भी गुनगुनाने लगा था ताकि बच्चा गहरी नींद सो जाये।

लेकिन इस प्रक्रिया में उसकी अपनी आँखों में ग़नूदगी उतर आयी थी। तभी चन्दा वापस आ गयी थी। क्षण भर वह अपने पति और बेटे को यों लेटे हुए मुग्ध भाव से देखती रही। फिर वह पलँग की पाटी पर जा बैठी थी। उसने पहले बच्चे के और फिर पति के सिर पर हाथ फेरा था। चेतन सोया नहीं था। बायें हाथ से उसकी कलाई थाम कर उसकी हथेली को अपने होंटों तक ले आया और उसने उसे चूम लिया था।

वह उसी हाथ से पत्नी को अपने ऊपर झुकाने जा रहा था कि बाहर दालान से माँ ने आवाज़ दी —"पुत्तर, लगदा ए तेरे बाऊ जी आ गये ने। तेरे चाचा हरलाल दी दुकान ते गल्लाँ करदे ने। ज़रा अपने छोटे भरावाँ नूँ वाज दे। आ के मंजी बिछा देण। मैं दरी ते

दोतही कड्ढदी आँ।"[१]

०

माँ की आवाज़ जैसे बिजली का तार हो, चेतन चौंक कर उठा था और उछल कर पलँग से उतरता हुआ झपाके के साथ कमरे से निकल आया था।

बच्चा कच्ची नींद में जग कर फिर रोने लगा था, बिना पलटे, चन्दा को उसे तत्काल चुप कराने का आदेश देता हुआ, वह दालान से बाहर निकल गया था।

रसोई की खिड़की से हरलाल पंसारी की दुकान पर बातें करते हुए अपने पति की आवाज़ सुन कर आलू छीलते-छीलते माँ चाकू हाथ ही में लिये हुए भागी आयी थी। बड़े बेटे की अनुपस्थिति में चेतन शेष भाइयों में बड़ा था, फिर वह दो ही दिन पहले शिमला से आया था और एक तरह से मेहमान था, इसलिए चारपाई बिछाने के लिए उसे न कह कर माँ ने उससे छोटे भाइयों को आवाज़ देने के लिए कहा था।

चेतन ने खुली बैठक में जा कर ऊपर से अपने छोटे भाइयों को आवाज़ दी थी। अपने पिता की कड़कती आवाज़ उन्होंने भी सुन ली थी। दूसरे ही क्षण तीनों भाई हड़बड़ाते हुए ऊपर आ पहुँचे थे।

परसराम ने मेघनाथ की मदद से दालान से चारपाई निकाली थी। सीढ़ियों के पास जूतों की जगह छोड़ कर अधछत्ती के नीचे उसे बिछा दिया था। मेघनाथ ने जल्दी-जल्दी उसकी अदवायन कस दी थी। माँ अन्दर के पिछले लगभग अँधेरे कमरे से दरी और दोतही निकाल लायी थी। शिव भाग कर ऊपर से तकिया उठा लाया और सब ने मिल कर पिता के लिए बिस्तर बिछा दिया था।

तभी चेतन ने ऊपर की बैठक से देखा —कॉलर-विहीन कमीज़ और शलवार पहने, कन्धे पर कोट लटकाये और बग़ल में पगड़ी दबाये —उसके पिता ज़रा झूमते हुए मुहल्ले में दाख़िल हुए। उस वक्त पण्डित शिवनारायण झमान भुवाड़े से आ रहे थे। पण्डित जी को देख कर उन्होंने पूछा, "सुना बाऊ शादीराम, कद आया ऐं। मुहल्ले 'च ताँ ज़बरदस्त लड़ाई हो गयी। ज़्यादती सुनते हाँ, तेरे यार मुकन्दी दी ही सी, मार वी ओहने ही खाद्दी।"[२]

चेतन के पिता वहीं कुएँ के पास रुक गये थे।

"मुकन्दी ही को हस्पताल में देख कर आ रहा हूँ," उन्होंने कहा था, "पट्टियाँ बाँधे पड़ा है। ख़ासा फट्टर हो गया है। कहने लगा —मेरे इक्कीस चोटें आयी हैं, मैं तेरे बेटों को काले पानी की हवा खिलवा दूँगा।....स्साला!" चेतन के पिता ज़ोर से हँसे, "मुकन्दी का भतीजा —वो निहालचन्द का बेटा दयालचन्द अपने माँइयाँ बाप के साथ वकालत क्या करने लगा है, मुकन्दी समझता है, कचहरी ही उसके बाप की हो गयी है। उसे मालूम नहीं, साली मुकदमेबाज़ी होती कैसी है ? सारे मुहल्ले को ले कर मेरे पैरों पर न आ पड़ा तो

१. बेटा, लगता है तेरे पिता जी आ गये हैं। तेरे चाचा हरलाल की दुकान पर बातें कर रहे हैं। ज़रा अपने छोटे भाइयों को आवाज़ दो कि आ कर चारपाई बिछा दें। इस बीच मैं दरी और दोतही निकालती हूँ।

२. सुना बाबू शादीराम, कब आया ? मुहल्ले में तो ज़बरदस्त लड़ाई हो गयी। ज़्यादती सुनते हैं, तेरे यार मुकन्दी की ही थी। मार भी उसी ने खायी।

मेरा नाम शादीराम नहीं।"

और सिर को झटका दे कर चेतन के पिता घर की ओर पलटे थे।

चेतन भाग कर नीचे ड्योढ़ी में पहुँचा था। पण्डित जी ने दहलीज़ के अन्दर पाँव रखा तो उसने ज़रा-सा झुक कर 'पैरी पैणाँ आँ बाऊ जी।' करते हुए प्रणाम किया था।

"जीते रहो....जीते रहो।" पिता ने आशीर्वाद दिया था और पूछा था कि शिमला में सब ठीक तो रहा ?

चेतन ने हामी भरी —"हाँ बाऊ जी।"

"अब किसी अख़बार में काम करोगे या...."

"मैं तो अगले महीने लॉ कॉलेज में दाख़िला लेने की सोच रहा हूँ बाऊ जी," चेतन ने पिता की बात काट कर कहा था, "कानून पास करके कम्पीटीशन में बैठूँगा।"

"शाबाश!" पिता ने उसके कन्धे पर प्रशंसा-भरी धौल जमायी थी, "डट कर पढ़ो और डिस्टिंक्शन ले कर एल० एल० बी० करो। बी० ए० में तुम्हारा थर्ड डिवीज़न आया था, उसका कलंक धुल जायेगा और कम्पीटीशन में आ गये तो बेटे, एक दिन हाईकोर्ट के जज की कुर्सी पर बैठोगे।"

और उन्होंने अपने उस हाईकोर्ट के भावी जज बेटे को दायीं बाँह में भर कर चूम लिया था और उत्साह में एक ही डग में सीढ़ियों तक पहुँच कर धड़धड़ाते हुए ऊपर चढ़ गये थे।

चेतन की नाक में शराब की हलकी-सी बू बस गयी थी। उसके पिता प्रायः दिन में नहीं पीते थे। लेकिन प्रकट ही वे कहीं रास्ते में दो-एक पेग चढ़ा आये थे। चेतन ने कमीज़ की आस्तीन से अपना गाल पोंछा था और चकित-सा सीढ़ियों की ओर देखता रह गया था। उसे हैरत थी कि इतने बड़े झंझट से भी उसके पिता की मस्ती और बपरवाही में कोई फ़र्क नहीं आया था।

उसके पिता ऊपर की सीढ़ी पर पहुँच गये होंगे, जब उसने निचली सीढ़ी पर पाँव रखा था।

o

o

"अब यह फाहा ज़ख़्म के साथ चिपक गया है। उसके भर जाने पर ही उतरेगा।"

अपने पिता की आवाज़ सुन कर चेतन ने सिर उठाया। डॉक्टर लूम्बा ने पट्टी खोल दी थी। हालाँकि घाव का लोहू रुई में सिम गया था, रुई घाव से कदरे चिपक गयी थी। कमरे में मिट्टी के तेल की तीखी बू फैल गयी।

डॉक्टर लूम्बा ने पहले साबुन से चिलमची में हाथ धोये, तौलिये से पोंछे। पलट कर उसने परसराम से कहा कि वह स्टूल पर बैठ जाये।

परसराम स्टूल पर बैठ गया और ज़ख़्मी बाज़ू उसने मेज़ पर टिका दिया।

पानी उबल गया था। डॉक्टर लूम्बा ने कुछ पानी तामचीनी के बर्तन में डाला। एक शीशी से उसने दवा की चन्द बूँदें डालीं। पानी एकदम पीला हो गया। फिर मेडीकेटिड रुई का पैकेट ला कर रखा। इस्पात की एक छोटी चिमटी अलमारी से निकाल कर उबलते

पानी की पतीली में डाल दी। दूसरे क्षण उसने स्टोव बुझा दिया और चिमटी-समेत पतीली को मेज़ पर ला रखा। रुई के दो-तीन फाहे उस पतीली में डाल दिये।

"यह डॉक्टर ज़रूर कहीं कम्पाउण्डरी करता आया है," चेतन ने मन-ही-मन कहा और ध्यान से डॉक्टर लूम्बा की हरकतें देखने लगा।

डॉक्टर ने पहले पतीली में से रुई का फाहा निकाल कर उसे ज़ख़्म पर लगी रुई पर दो-तीन बार निचोड़ा। फिर उसने धीरे-धीरे फाहा चारों ओर से थोड़ा-थोड़ा ज़ख़्म से हटाया फिर एक झटके से उसे अलग कर दिया। ज़ख़्म से ख़ून की धार बाँह पर बहने लगी।

डॉक्टर लूम्बा घाव को साफ़ करने लगा और चेतन के सामने फिर सुबह आँगन में होने वाली घटना की रील खुल गयी।

o

o

अपने पिता के पीछे चेतन जब ऊपर आँगन में पहुँचा था तो उसके पिता चारपाई पर दराज़ हो गये थे। पगड़ी गोल-मोल करके उन्होंने तकिये पर सिर के नीचे रख ली थी और टाँग-पर-टाँग रखे उन्हें बे-मालूम ढंग से हिला रहे थे।

उसके भाई आँगन में खुलने वाले विभिन्न दरवाज़ों की दहलीज़ों पर अपनी-अपनी जगह बैठे थे —मेघनाथ और नन्हा शिव सीढ़ियों की दहलीज़ पर और परसराम सामने दालान की। माँ चाकू हाथ ही में लिये हुए (प्रकट ही वह पुनः आलू छीलते-छीलते उठ आयी थी) रसोई-घर के दरवाज़े में खड़ी थी। चेतन चुपचाप जा कर बैठक की किंचित ऊँची दहलीज़ पर बैठ गया था।

गर्मियों में चेतन के पिता को प्रायः पैरों में जलन और पिण्डलियों में दर्द की शिकायत रहती थी। चेतन की माँ जानना चाहती थी कि हस्पताल में मुकुन्दीलाल से क्या बातें हुईं, पर जब तक उसके पति स्वयं ही कुछ न कहें, वह पूछने का दुःसाहस न कर सकती थी। तब पति को बहुत धीरे-धीरे टाँगें हिलाते देख कर उसने परसराम से कहा था कि ज़रा अपने पिता के पैर दबा दे।

परसराम उठा था, पिता की चारपाई के पायँते जा बैठा था और घुटने ने ऊपर रखी पिण्डली का पैर दबाने लगा था। लेकिन पण्डित शादीराम सिर्फ़ अपने ध्यान में तल्लीन थे। वे एकाग्रता से उस समस्या का हल सोच रहे थे, जो यूँ अचानक उनके सामने आ गयी थी। परसराम के हाथ के स्पर्श से जैसे वे चौंके थे और पैर से उसके हाथों को परे ठेल, उछल कर उठ बैठे थे।

परसराम फिर अपनी जगह चला गया था। चेतन के पिता ने पैर चारपाई से नीचे मोघे की चौखट पर फैला दिये थे और नीचे कुएँ के पास पण्डित शिवनारायण झमान से जो बात वे करते आये थे, उसका तार फिर से पकड़ लिया था।

उन्होंने पहले उन सबको लाला मुकन्दीलाल से अपनी भेंट का ब्योरा दिया था। कैसे वह सिर से पैर तक पट्टियों से बँधा अस्पताल के पलँग पर पड़ा कराह रहा था।

"मैंने लाख चाहा कि तकलीफ़ के बावजूद वह थोड़ा हँस दे या मुस्करा ही दे, लेकिन वह साला बदस्तूर ज़ोर-ज़ोर से कराहता और 'हाय माँ, हाय माँ' करता रहा। मैंने उसे

समझाया," पण्डित जी ने कहा, "कि उसे लड़कों के मुँह नहीं लगना चाहिए था। अगर उसे किसी बात की शिकायत थी तो उनकी माँ से या मुझ से कहता....जब कोई लाठी उठायेगा तो अगर दूसरों ने चूड़ियाँ नहीं पहन रखीं तब किसी-न-किसी का तो सिर फूटेगा ही।....लेकिन साला ऐसे बयान देने लगा, जैसे मजिस्ट्रेट की अदालत में बैठा हो।" पण्डित जी ज़ोर से हँसे और उन्होंने एक भारी-भरकम गाली उसकी ओर बहा दी, "कहने लगा — 'मैंने लाठी नहीं उठायी। तुम्हारे बेटे लाठियाँ ले आये और मुझे मार-मार कर अधमुआ कर दिया।' मैंने कहा —'साले, झूठ क्यों बोलता है। परसराम की पीठ पर लाठी का निशान क्या तेरा बाप आ कर लगा गया ?' बोला —'रामानन्द ने लाठी चलायी थी, मैं हट गया, परसराम के लग गयी'....हरामज़ादा," पण्डित जी ने शब्द को दाँतों में चबा कर कहा, "अभी से अर्ज़ी-दावे[१] का बयान पक्का कर रहा है। साले का सारा अर्ज़ी-दावा और बयानबाज़ी उसकी माँ की उसमें न घुसेड़ दी तो शादीराम नाम नहीं।...."

पण्डित जी कुछ क्षण बैठे टाँगें हिलाते रहे थे। फिर बोले थे, "मेरा यार है, चाहता था साला ख़राब न हो। मैंने उसे समझाया कि हाथ मेरा तंग है, तो भी सौ-दो-सौ का इन्तज़ाम कर देता हूँ। साले घर जा। घी-चूरी खा। दिनों में फिर लाल चुकन्दर हो जायेगा। जब लाठी ले कर निकला था तो मर्दों की तरह मुकाबला करता, यह क्या ज़नख़ों की तरह पुलिस में रिपोर्ट लिखा आया है! कहने लगा —'तेरे बेटों ने मेरे कत्ल की कोशिश की है, मैं उन्हें काले पानी की हवा न खिलाऊँ तो मुकन्दी नाम नहीं'।"

पण्डित जी हँसे, "उसे निहालचन्द के उस नये वकील बेटे ने चंग पर चढ़ा रखा है। साला समझता है, भतीजा वकील है, मुफ़्त पैरवी कर देगा तो मुकदमा जीत जायेगा। नहीं जानता कि वकील चाहे फ़ीस न ले, पर इतनी तरह रुपया ख़र्च करा देगा कि शन्नो के पास जो दो-एक गहने बचे होंगे, वे भी बिक जायेंगे।"

चेतन की माँ इतनी देर से चुपचाप खड़ी अपने पति की बातें सुन रही थी। सहसा बोली, "मेरे पुत्तर दे ग्रामोफ़ोन बजान नाल ताँ मुहल्ले दियाँ धीआँ-भैणाँ दा सत्त भंग हो गया, पर जद दूलो सुनियारे दे घर मुण्डा जम्मिया-सी ते ओहने मुजरा कराया-सी...."[२]

"मैंने कहा था," चेतन के पिता ने अपनी पत्नी की बात काट कर सोत्साह कहा था, "कि साले जिस मुहल्ले में रण्डियों का मुजरा हो सकता है, वहाँ ग्रामोफ़ोन क्यों नहीं बज सकता ?...." फिर वे पत्नी की ओर देख कर बोले, "एक जवान नाची थी — पतली-छरहरी, सुन्दर और फ़र्राटा —उसने 'जुत्ती सितारियाँ वाली' कुछ ऐसी अदा से गाया था कि यह साला मुकन्दी उस पर फ़िदा हो गया था। जेब में पैसा होता तो उसके दर पर धूनी रमा देता। कितनी रातें इसने परेशान किया, मैं ही जानता हूँ," और पण्डित जी व्यंग्य से हँसे थे, "अब साले को मुहल्ले की बहनें-बेटियाँ याद आ गयी हैं।"

"जी, किसे खत्री दे घर ग्रामोफ़ोन वज्जदा ते कोई गल्ल न हुन्दी, मुकन्दी ताँ ओत्थे जा के आप सुनदा," चेतन की माँ ने लुक्मा दिया, "पर ब्राह्मणाँ दी की मजाल कि खत्रियों

---

१. परिवाद-कम्प्लेण्ट।
२. मेरे बेटे के ग्रामोफ़ोन बजाने से तो मुहल्ले की बेटियाँ-बहनों की शीलभंग हो गया, लेकिन जब दूलो सुनार के घर लड़का जन्मा था तो उसने मुजरा कराया था।

दे मुहल्ले 'च ग्रामोफ़ोन बजाण।"[१]

"इह्णा खत्रियाँ दी...." पण्डित जी ने एक भारी-भरकम विशुद्ध पंजाबी मधुर वचन मुहल्ले के सारे खत्रियों के लिए सभा में उछाल दिया, फिर परसराम की ओर देख कर बोले, "ठीक है, इन लोगों ने उनकी मरम्मत कर दी और उनकी सारी हेकड़ी निकाल दी, साले अब ज़िन्दगी भर सिर नहीं उठायेंगे!"

चेतन कितनी ही देर से एक बात पूछना चाहता था। आख़िर उसने कहा, "बाऊ जी, जब मुकन्दी चाचा हम पर फ़ौजदारी का मुकदमा करेंगे तो हमें भी अपने बचाव में कुछ करना चाहिए।"

"दीवानी मुकदमे में तो यह होता है कि तुम आगे-आगे, हम पीछे-पीछे," चेतन के पिता बोले, "और मुकदमा बरसों चलता है, लेकिन फौज़दारी में हमेशा पहल अपने हाथ रखनी चाहिए। अव्वल मारे सो गुरु का चेला। मेरा इसी में विश्वास है। इन लोगों को चाहिए था कि उसी शाम जा कर पुलिस में एफ़० आई० आर० दर्ज करवा देते। क्रॉस-केस होता, जिसमें आख़िरकार समझौता हो जाता है। हम लोगों ने तो कोई रिपोर्ट लिखवायी नहीं और वे लोग जाने किस-किस दफ़ा के मातहत रिपोर्ट लिखवा आये हैं।"

"हमने भी सोचा था बाऊ जी," सहसा परसराम ने कहा, "लेकिन भाई साहब मामले में उलझना नहीं चाहते थे। वे लाहौर से क्लिनिक छोड़ कर आये थे। वे खुराना से मिले। उसने उन्हें तसल्ली दी कि उनका भी नाम लिया गया तो वह गवाही दे देगा कि वह ख़ुद सुबह ही फ़्रण्टियर मेल में उन्हें चढ़ा आया था। भाई साहब ने मुझसे कहा कि वे सुबह लाहौर चले जायेंगे और मैं बहराम जा कर आपको ख़बर कर दूँ। आप जैसा ठीक समझेंगे, करेंगे।"

तभी नन्हे शिव ने सीढ़ियों की दहलीज़ पर मेघनाथ के पीछे खड़े-खड़े लगभग काँपते स्वर में पूछा, "बाऊ जी, क्या सचमुच मुकन्दी चाचा हमको काले पानी भिजवा देगा।"

पण्डित जी ने छत-फाड़ ठहाका लगाया। उठ कर दो ही कदमों में उसे बग़लों से दबोच कर ऊपर की ओर उछाल दिया।

"बहादुर लोग न काले पानी से डरते हैं, न सूली-फाँसी से," उन्होंने उसे पुनः फ़र्श पर खड़े करते हुए कहा, "लेकिन मेरे जीते-जी किस साले की मजाल है कि मेरे बेटों को काला पानी दिखाये।'

उसे चूम कर उन्होंने फिर सीढ़ियों की ओर धकेल दिया और वे परसराम की ओर मुड़े।

"परसे, दिखा तो ज़रा अपनी पीठ की चोट।"

इससे पहले कि परसराम उठ कर अपनी कमीज़, पलटता, चेतन ने पूछा, "बाऊ जी, क्या अब तीन दिन बाद एफ़० आई० आर० दर्ज नहीं करायी जा सकती। देरी का कारण परसराम यह दे सकता है कि मैं अकेला था, खत्रियों ने मुझे थाने नहीं जाने दिया।"

---

१. जी, किसी खत्री के घर ग्रामोफ़ोन बजता तो कोई बात न होती, मुकन्दी तो वहाँ जा कर ख़ुद सुनता, पर ब्राह्मणों की क्या मजाल कि खत्रियों के मुहल्ले में ग्रामोफ़ोन बजायें।

"करायी तो जा सकती है," उसके पिता ने कहा, "पर उसका कोई फ़ायदा नहीं होगा।"

परसराम पीठ नंगी किये हुए उनके सामने खड़ा था। चोट को देखते हुए उन्होंने कहा, "इसके एक चोट आयी है और मुकन्दी का सारा शरीर घायल हो गया है। उसकी कोई वजह तो देनी होगी।"

तब परसराम ने दोनों बाँहों की आस्तीनें चढ़ा कर दिखाया कि वहाँ भी लाठी के निशान हैं।

"ठीक है," पण्डित जी ने ख़ुश होते हुए कहा, "तुम घबराओ नहीं, मैं ऐसा केस तैयार करूँगा कि राय साहब भगतराम का बाप बनने वाले उस साले निहाले के बेटे दयाले की सारी हेकड़ी उसकी माँ की उसमें घुस जाये।"

फिर परसराम की आस्तीनें नीचे करते हुए उन्होंने पूछा, "कहीं और भी चोट आयी ?"

परसराम ने बायें हाथ की छिंगुली दिखायी, "यह तो मैंने उलटे हाथ से किसी को मुक्का मारा जो सिर पर लगा या किसी लाठी की चोट आ गयी," उसने कहा, "छिंगुली सूज गयी है।"

पण्डित जी फिर चारपाई पर बैठ गये और टाँगें उठा कर उन्होंने फसकड़ा मार लिया। चेतन की माँ खड़ी-खड़ी थक गयी थी। बे-ध्यानी में चाकू पूर्ववत हाथ ही में लिये हुए वह भी वहीं रसोई-घर की दहलीज़ में बैठ गयी।

"मैं इन लोगों की जगह होता," पण्डित जी ने कहा, "तो एकाध चाकू अपने मार लेता और एकाध घाव अपने किसी दोस्त के कर देता और जा कर ३२६ और ३०४ में एफ़० आई० आर० दर्ज करा देता।'

क्षण भर के लिए वे मौन सोचते रहे, फिर उन्होंने डॉक्टर लूम्बा का उल्लेख किया, "ख़ैर, अब भी कोई बात नहीं, मैं हस्पताल से आता-आता रैनक बाज़ार में एक ऐसे डॉक्टर की दुकान देख आया हूँ, उससे मिल भी आया हूँ, जिसने अभी हफ़्ता भर पहले ही प्रैक्टिस शुरू की है और जिसका रजिस्टर अभी ख़ाली है। नाम उसका है डॉक्टर लूम्बा। एम० बी० बी० एस० तो नहीं, एल० एस० एम० एफ़० है, पर हमारा काम चल जायेगा। उसके हाथ में पाँच रुपये रखेंगे और यही चोटें दिखा कर पिछली तारीख़ में इंजरी-सर्टिफ़िकेट ले कर क्रॉस-केस ठोंक देंगे। तुम लोग फ़िक्र नहीं करो।"

फिर दोनों टाँगें नीचे कर, पैर मोघे की चौखट में टिकाते और टाँगें हिलाते हुए अपनी पत्नी को सम्बोधित कर, उन्होंने कहा, "तुम्हें सैला ख़ुर्द की बात याद है न ? हरमिन्दर सिंह से झगड़ा हो गया था। पद्दी पोसी का नम्बरदार गुरमीत सिंह बेनज़ीर घुड़सवार था। घोड़ा भी उसका ग़जब का सधा हुआ था। गुरमीत उस पर सवार हो कर स्टेशन के अहाते में दो-एक चक्कर लगाता और फिर उस पर बैठे-बैठे उसे पिछली दो टाँगों पर अलिफ़ खड़ा कर देता और बिना गिरे उसे कितनी देर तक नचाया करता। एक दिन जब गुरमीत ने घोड़े को नचाया तो उस वक्त, जब मैं उसकी शहसवारी की ख़ास तौर पर घोड़े को नचाने की —तारीफ़ कर रहा था, हरमिन्दर ने डींग हाँकी —इसमें कौन-सा कमाल है, मैं जितनी

देर कहें, घोड़ा नचा कर दिखा सकता हूँ। उसकी डींग सुन कर नम्बरदार चुपचाप घोड़े से उतर गया और उसकी लगाम उसने हरमिन्दर के हाथों में दे दी कि ले बेटा, नचा कर दिखा। हरमिन्दर पलाकी मार कर घोड़े पर चढ़ा। उसने घोड़े को एड़ लगायी, लगाम खींची, टिटकारी भरी, लेकिन घोड़ा टस-से मस न हुआ।

"तब वह ग़ुस्से में लगा बेतहाशा लगाम खींचने और उसका सिरा घुमा कर घोड़े के मुड्ढों पर मारने और उसकी पसलियों में एड़ियाँ धँसाने। गुरमीत को बुरा तो लगा, क्योंकि वह घोड़े को कभी यूँ लगाम से न पीटता था। घोड़ा उसका हलका-सा इशारा समझता था, लेकिन वह चुपचाप खड़ा रहा। तभी घोड़ा सहसा कई कदम पीछे को चला और जब लगा कि सरपट भाग उठेगा कि अचानक वह एक झटके के साथ सीधा खड़ा हो गया। हरमिन्दर इसके लिए तैयार नहीं था, पैर उसके रकाबों से निकल गये और वह चित ज़मीन पर आ रहा। मैंने उसे उठाया। उसके कपड़ों से मिट्टी झाड़ी और हँस कर कहा —'तुमने क्या घोड़ा नचाना हल चलाने के बराबर समझ लिया है ? खेत जोतना और घोड़ा नचाना अलग-अलग करतब हैं साले।' उस वक्त तो हरमिन्दर खिसियानी हँसी हँस कर रह गया, पर नम्बरदार के सामने मेरे मज़ाक का उसने बहुत बुरा माना। दूसरे दिन मैं दफ़्तर में कुर्सी पर अपने ध्यान में मगन काम कर रहा था कि वह अपने मित्र सरनाम सिंह के साथ आया। गाली देते हुए मेरी बाँह पकड़ उसने मुझे बाहर घसीट लिया। इससे पहले कि उन दोनों में से कोई मुझ पर वार करता, मैंने कौली मार कर बाँह छुड़ा ली, प्लैटफ़ार्म का जँगला खींच कर एक पट्टी निकाली और फिर अल्ला दे और बन्दा ले। वह मार मारी कि दोनों भाग गये। ऊपर से मैंने उनके ख़िलाफ़ एफ़० आई० आर० दर्ज करा दी। मुकदमा चला। सालों को छै-छै महीने की सज़ा हो गयी।"

पण्डित जी रंग में आ गये थे। चेतन की माँ को याद दिलाते हुए एक के बाद एक अपने मुकदमों के किस्से सुनाने लगे। पीने-पिलाने के अलावा लड़ना-झगड़ना और मुकदमेबाज़ी करना उनके मनोविनोद का प्रमुख साधन था। जब-जब वे फ़्लैग स्टेशन पर नियुक्त होते, उनके पास अपरम्पार समय ख़ाली होता। दिन भर में दो-एक पैसेंजर गाड़ियाँ रुकतीं। मेल और एक्सप्रेस गाड़ियाँ बिना रुके दनदनाती चली जातीं। फ़्लैग स्टेशन प्रायः इर्द-गिर्द के गाँवों से दूर, सूनी-वीरान जगहों में बने होते। पर जाने कैसे चेतन के पिता इर्द-गिर्द के गाँवों से चार यार इकट्ठे कर लेते। पीते-पिलाते। लड़ते-झगड़ते। तहसीलदार, थानेदार और सरकारी हस्पताल के डॉक्टर को पटाये रखते और मज़े से मुकदमेबाज़ी करते। खोजेवाली के फ़्लैग स्टेशन पर वहाँ के लड़ाके जाटों से उन्होंने इतनी मुकदमेबाज़ी की थी कि चेतन की माँ आजिज़ आ गयी थी और उसने चेतन के दादा को फ़िरोज़पुर डिवीज़न के रिलीविंग-दफ़्तर में उनके मित्र लाला धर्मचन्द के पास भेजा था और उनकी बदली करवा दी थी।....पण्डित जी उसी खोजेवाली के एक झगड़े का किस्सा सुनाने लगे। शाम को कुछ दोस्तों के साथ पी-पिला रहे थे कि फुम्मन कलाल से झगड़ा हो गया। वह पिट गया और जाता-जाता मुकदमा करने की धमकी दे गया। पण्डित जी ने वहीं शराब का गिलास उठाया और माथे पर मार लिया। घाव हो गया। कस्बे के हस्पताल में जा कर डॉक्टर से इंजरी-सर्टिफ़िकेट लिया और मुकदमा ठोंक दिया।

पण्डित जी के चारों बेटे और पत्नी मन्त्र-मुग्ध बैठे उनके किस्से सुन रहे थे।

परसराम की बड़ी-बड़ी आँखें और भी फैल गयी थीं। अचानक वह उठा, दो कदम बढ़ कर उसने माँ के हाथ से चाकू छीना और अपने दायें कन्धे के नीचे बाँह में घुसेड़ दिया।

"लीजिए बाऊ जी," उसने विजय-भाव से अपने पिता की ओर देख कर कहा, "अब तो हम ३०४ में मुकदमा दायर कर सकते हैं।"

"हाय....हाय," करती हुई माँ उठ कर बेटे की ओर लपकी। पर उससे भी पहले अपनी चारपाई से उछल कर पण्डित जी उठे, एक ही छलाँग में वहाँ पहुँच गये और उन्होंने अपनी पत्नी की बाँह पकड़ पीछे कर दिया।

"चाकू साफ़ तो कर लेते," उन्होंने परसराम को डाँटा, फिर जैसे अपने ही से बात कर रहे हों, बोले, "सब्ज़ी कटती है, ज़ंग खाया तो ख़ैर नहीं है, लेकिन...." उन्होंने बेपरवाही से सिर को झटका दिया और चिल्लाये —"चेतन, देखो मेरे उस कोट की जेब में अद्धा होगा। जल्दी लाओ। स्पिरिट तो घर में होगी नहीं। शराब से बढ़ कर ऐण्टीसेप्टिक दूसरी कोई चीज़ नहीं।"

परसराम को चाकू मारते देख चेतन हठात अपनी जगह से उठ कर एक कदम आगे बढ़ आया था। वह जल्दी में मोघे की सलाखों पर कदम रखता हुए पण्डित जी की चारपाई तक गया। कोट सिरहाने की तरफ़ दीवार में लगी रंगीन खूँटी पर टँगा हुआ था। उसने अद्धा निकाला। एकदम ख़ाली था। पलट कर उसने कहा, "बाऊ जी, इसमें तो एक बूँद भी नहीं है।"

उसके स्वर में हलका-सा व्यंग्य था। उसने काग खोल कर बोतल उनके सामने उलट दी।

"उस साले फ़कीरचन्द ने सारी गले में उँडेल ली होगी," और पण्डित जी ने दो 'मधुर वचन' अपने उस परम मित्र की शान में फेंक कर कहा कि उस हरामज़ादे ने ख़ाली बोतल मेरी जेब में क्यों रख दी ?

माँ की कातर निगाहें अपने बेटे की बाँह में धँसे चाकू और उसमें रिस आये रक्त पर लगी थीं। काँपते स्वर में उसने कहा, "चाकू निकालिए, मैं पानी-पट्टी कर देती हूँ।"

और वह आगे बढ़ी।

"हटो।" पण्डित जी चिल्लाये, "पानी से पस पड़ सकती है। साला सब्ज़ी वाला चाकू घोंप लिया, माँ अपनी के...."

और उन्होंने दो-एक भारी-भरकम 'मधुर वचन' अपने उस दुःसाहसी बेटे की भेंट कर, पत्नी को बाँह से पीछे हटा दिया।

तभी उनकी निगाह स्तम्भित से खड़े अपने चौथे बेटे मेघनाथ पर गयी।

"ओये मेघे!" वे चिल्लाये।

"जी बाऊ जी!" मेघनाथ सीढ़ियों की दहलीज़ से आगे बढ़ा।

"जा, भाग कर लालटेन उठा ला," और पत्नी की ओर पलट कर बोले, "खड़ी क्या बिटर-बिटर तक रही हो, जा कर किसी साफ़ धोती से पट्टी फाड़ो और रुई लाओ। किरोसिन स्पिरिट से भी ज़्यादा फ़ायदा करता है।"

माँ दालान से हो कर पच्छिमी अँधेरे कमरे में गयी, जिसमें आँगन के अर्ध-गोलाकार

रोशनदान का क्षीण-सा प्रकाश आ रहा था। काँपते हाथों से उसने ट्रंक खोल कर साफ़ धोती निकाली। पट्टी फाड़ी। रुई की समस्या थी। मेडिकेटिड रुई होने का तो वहाँ सवाल ही नहीं था। आम तौर पर रूहड़[१] से काम चलता था, लेकिन माँ ने पिछली सर्दियों में ही नयी-भरवायी गयी एक रज़ाई का कोना खोल कर रुई का बड़ा-सा फाहा निकाला। पण्डित जी इस बीच दो बार 'मधुर वचनों' की फुहार उस कमरे की ओर छोड़ चुके थे कि 'मर गयी....वहीं जा कर....रुई और धोती के साथ....' काँपती-काँपती माँ बाहर की ओर भागी।

मेघनाथ लालटेन का ढकना खोले, उसे दोनों हाथों में थामे, खड़ा था। पण्डित जी ने बढ़ कर पत्नी के हाथ से झपट कर रुई का फाहा लिया। लालटेन टेढ़ी करके उसमें भिगोया। इस प्रयास में थोड़ा तेल फ़र्श पर गिर गया। लालटेन बेटे को थमा कर वे परसराम की ओर बढ़े। 'खच' से चाकू उन्होंने उसकी बाँह से निकाला। साथ ही लहू की तेज़ धार निकली। क्षण भर के लिए पण्डित जी ने लहू बहने दिया। फिर उन्होंने आधी रुई से घाव साफ़ किया और किरोसिन में भीगा हुआ शेष फाहा उस पर रख कर पट्टी बाँध दी।

सारे आँगन में किरोसिन की दुर्गन्ध फैल गयी थी। पण्डित जी वहीं आँगन के रसोई वाले कोने की नाली पर बैठ गये। माँ ने पानी का लोटा ले कर चूल्हे से मुट्ठी भर राख उन्हें दी। पण्डित जी ने दो बार राख से हाथ मल कर उन्हें अच्छी तरह धो कर तेल की बू दूर की, हाथ सूँघे और गीले हाथ सिर पर फेर कर सुखा लिये।

माँ चाहती थी कि गर्म-गर्म दूध का एक गिलास बेटे को पिलाये और उसे चारपाई पर लेट कर कुछ पल आराम करने को कहे, लेकिन पण्डित जी में इतनी ताब कहाँ। परसराम इस बीच निकट ही बैठक वाली दहलीज़ पर चेतन की जगह बैठ गया था। काफ़ी ख़ून निकल जाने से उसके गोरे रंग पर सफ़ेदी की एक हलकी-सी परत चढ़ गयी थी।

"उठो," पण्डित जी ने जैसे उसके सिर पर सवार हो कर कहा था, "अभी रैनक बाज़ार चल कर डॉक्टर लूम्बा से इंजरी-सर्टिफ़िकेट लेते हैं और आज ही मुकदमा दाग़ देते हैं।" फिर वे अपनी पत्नी की ओर पलटे थे, "इस साले मुकन्दी ने मेरी बात नहीं सुनी थी," उन्होंने कहा, "हस्पताल में पड़ा 'हाय-हाय' कर रहा है और कहता है ३२६ और ३०४ का मुकदमा करेगा। उस साले की माँ की....सारे मुहल्ले को ले कर मेरे पैरों पर न पड़ा तो शादीराम नाम नहीं।" उन्होंने फिर वही बात दोहरायी।

चारपाई के सिरहाने तकिये पर गोल-मोल करके रखी पगड़ी पण्डित जी ने उठायी थी, छोटा-सा शमला बायीं ओर रख कर अखाड़िए पहलवानों की तरह लटकेदार बाँधी, कोट खूँटी से उतार कर पहना, कोने में पड़े जूतों में पैर डाले और सीढ़ियों की ओर लपके थे —"आओ।" उन्होंने सिर पीछे को घुमा कर अपने बेटों को आवाज़ दी थी।

और तीनों बेटे जूतों-चप्पलों में पैर फँसाते हुए अपने पिता के पीछे हो लिये थे।

o

o

"मैंने इंजरी-सर्टिफ़िकेट में लिखा है कि घायल होने के बाद परसराम मेरे पास आया। मैंने इसका, घाव देखा। धोया। पट्टी बाँधी। मतलब यह कि यह मेरे ट्रीटमेण्ट में है, मेरा पेशेण्ट

१. मोटी, बिना धुनी रुई।

है....''

डॉक्टर लूम्बा कुछ इतने ज़ोर से और कुछ ऐसे आवेश-भरे स्वर में बोलने लगे थे कि चेतन का ध्यान बँट गया। उसने सिर उठाया। परसराम के पट्टी बँध चुकी थी, मेघनाथ उसे कमीज़ पहनने में मदद कर रहा था। डॉक्टर लूम्बा ने इंजरी-सर्टिफ़िकेट भी दे दिया था, क्योंकि चेतन के पिता उसे हाथ में लिये हुए थे। चाचा फ़कीरचन्द हथेली पर पाँच रुपये रखे डॉक्टर लूम्बा की तरफ़ हाथ बढ़ाये हुए थे और डॉक्टर लूम्वा चिल्ला रहे थे —

"अगर आप इसके ज़ख़्म का इलाज किसी दूसरे डॉक्टर से कराना चाहते हैं और यह रोज़ यहाँ पट्टी बँधाने नहीं आ सकता तो मैं इसे इंजरी-सर्टिफ़िकेट नहीं दे सकता। आप ये रुपये अपने पास रखिए और मेरा सर्टिफ़िकेट मुझे वापस दे दीजिए।"

और डॉक्टर लूम्बा ने झटके से सर्टिफ़िकेट चेतन के पिता के हाथ से छीन लिया।

किसी अप्रत्याशित के भय से चेतन बेंच से उठ कर खड़ा हो गया।

चेतन के पिता का चेहरा क्रोध से तमतमा गया। उनकी मूँछें फड़क उठीं, अपनी कहर-भरी छोटी आँखों को कदरे और छोटा कर उन्होंने तीखी नज़र से डॉक्टर लूम्बा की तरफ़ देखा। उनकी दृष्टि सर्टिफ़िकेट वाले हाथ पर भी गयी। दूसरे निमिष डॉक्टर लूम्बा की कलाई चेतन के पिता के मज़बूत पंजे में थी। झटके से उसे खींच चेतन के पिता ने उसे दोनों हाथों में ले कर उसकी दरमियानी नस पर अपना अँगूठा रख दिया और उसे इतने ज़ोर से दबाया कि पीड़ा से डॉक्टर लूम्बा का चेहरा विकृत हो गया और उसकी बेजान उँगलियों से सर्टिफ़िकेट मेज़ पर गिर गया। चेतन के पिता ने बायें हाथ से उसे उठा कर जेब के हवाले किया और दायें से डॉक्टर की कलाई छोड़ते हुए इस ज़ोर से उसे पीछे को झटका दिया कि डॉक्टर लूम्बा गिरते-गिरते बचा।

दूसरे क्षण वह सीधा खड़ा हो कर एक पग आगे बढ़ा और क्रोध में अंग्रेज़ी बोलने लगा। पूरे ज़ोर से चिल्लाते हुए उसने जो कहा, उसका लुम्बे-लुवाब यह था कि वह उन्हें शरीफ़ आदमी समझता था, लेकिन वे तो चोर-डाकुओं से भी दो कदम आगे हैं.... कि वह पुलिस में उनकी रिपोर्ट कर देगा कि उससे ज़बरदस्ती सर्टिफ़िकेट लिखवा कर ले गये हैं। आदि.... आदि....

चेतन के पिता अपनी आँखों को उसी तरह सिकोड़ कर ग़ज़बनाक दृष्टि से उसकी ओर देख रहे थे। चेतन को लगा कि वे ज़ोर का झापड़ उसके जड़ देंगे।

तभी चाचा फ़कीरचन्द ने ज़रा आगे बढ़ कर डॉक्टर लूम्बा के कन्धे को थपथपाते हुए उसे शान्त करने की कोशिश की और उसे पाँच रुपये देने चाहे। डॉक्टर लूम्बा ने उनका हाथ परे झटक दिया।

"मैं आप सब की रिपोर्ट कर दूँगा," वह चिल्लाया, "मैं रजिस्टर से यह सफ़ा फाड़ दूँगा। आप इस सर्टिफ़िकेट को शहद लगा कर चाटियेगा। आप डाकू हैं, आप...."

"अबे ओ डॉक्टर लूम्बे के बच्चे," चेतन के पिता गरजे, "क्या बक-बक किये जा रहा है। किसको पुलिस का डर दिखा रहा है। जानता है, तू किससे बात कर रहा है। मैं शादीराम स्टेशन मास्टर हूँ," चेतन के पिता ने अपने सीने पर हाथ मारा, "पुलिस-उलिस को मैं कुछ नहीं समझता। तू एक रिपोर्ट लिखायेगा, मैं तेरे ख़िलाफ़ बहराम, बंगा और नवाँ

शहर में एफ़० आई० आर० दर्ज करा दूँगा। ५०४ और ३२३ में दावे दायर करा दूँगा। माँइयाँ मुकदमे लड़ते-लड़ते तेरी दुकान बिक जायेगी और कचहरियों की ख़ाक छानते तेरे जूते घिस जायेंगे। तुझे ये सब शर्तें करनी थीं तो सुबह जब मैं तेरे पास आया था, तूने उस वक्त यह सब क्यों नहीं कहा।"

थानेदार करतार सिंह इस बीच चुप बने रहे थे। सर्टिफ़िकेट तो उन लोगों ने ले ही लिया था। पण्डित शादीराम और बवण्डर न मचायें, इस ख़याल से ज़रा मेज़ पर डॉक्टर लूम्बा की ओर झुक कर उन्होंने कहा, "लेकिन डॉक्टर साहब आप इस पर क्यों ज़ोर देते हैं कि लड़का यहीं आ कर पट्टी कराये ?"

डॉक्टर चाहे चिल्ला रहा था, लेकिन दिल में डर गया था। उसकी कलाई दर्द कर रही होगी, क्योंकि वह अजाने उस सहला रहा था। उसके सिर के पहले से खड़े बाल और खड़े हो गये थे और चेहरा पीला पड़ गया था। उसने संयत लहजे में कहा, "मैंने इनसे कह दिया था कि मैंने नयी-नयी प्रैक्टिस शुरू की है। मेरी दिलचस्पी रुपये में उतनी नही, जितनी मरीज़ों में है। लड़का रोज़ पट्टी कराने आयेगा तो चार लोग देखेंगे। प्रैक्टिस ऐसे ही तो बढ़ती है।"

डॉक्टर ने अन्तिम वाक्य ऐसे कहा, जैसे वह किसी शास्त्र का कोई अमूल्य सूत्र उन्हें बता रहा हो।

"यह लड़का दफ़्तर में काम करता है।" चेतन के पिता ने कर्कश स्वर में कहा, "नयी-नयी इसकी नौकरी है। यह छुट्टी नहीं ले सकता और इसे दफ़्तर समय से पहुँचना है तो घर से इतनी दूर तुमसे पट्टी बँधवाने नहीं आ सकता। इसलिए तो कहा था कि पट्टी मत खोलो। साला यह मिट्टी के तेल का फाहा तभी उतरता जब ज़ख़्म पूरी तरह भर जाता।"

"मिट्टी का तेल ऐलोपैथी में घावों की कोई दवा नहीं और मैं बिना देखे इंजरी-सर्टिफ़िकेट कैसे दे देता ? चोट आयी है तो दो दिन पहले या बाद में सर्टिफ़िकेट देना कोई पाप नहीं, लेकिन बिना घाव को अपनी आँखों देखे सर्टिफ़िकेट देना पाप है।"

"ठीक है, अब तो घाव तुमने देख लिया है।"....चेतन के पिता ने कहा, "ये रोज़ आ कर पट्टी बँधवायेगा तो पैसे ही तो लोगे।"....और उन्होंने चाचा फ़कीरचन्द को आदेश दिया, "फ़कीरचन्द, सात दिन पट्टी बाँधने के सिलसिले में सात चवन्नियाँ इन्हें और दे दो, दो चवन्नियाँ रुई, पट्टी और दवाई के खाते में दे दो। मैं बाहर तुम्हारा इन्तज़ार करता हूँ। जल्दी आना। एफ़० आई० आर० दर्ज करानी है और वकील से मिल कर दावा दायर कर देना है।"

और वे बाहर की ओर चल दिये।

चाचा फ़कीरचन्द ने सवा सात रुपये डॉक्टर लूम्बा के सामने मेज़ पर रख दिये। परसराम से कहा, "काका, डॉक्टर साहब से दवाई, पट्टी और रुई लेते आना।"

और वे पण्डित जी के पीछे चल दिये।

"आओ करतार सिंह," उन्होंने चलते-चलते कहा।

"तुम चलो, मैं आता हूँ।" थानेदार करतार सिंह ने कहा।

"यह अज़ीब ज़बरदस्ती है।" डॉक्टर लूम्बा होंटों में ही बड़बड़ाया। "मैं ख़ुद जा कर

सुपरिण्टेण्डेण्ट पुलिस से मिलूँगा।"

"देखिए डॉक्टर साहब बहादुर," थानेदार करतार सिंह ने कहा, "यह ख़ाकसार थानेदार करतार सिंह है।" उन्होंने अपनी ओर संकेत करते हुए कहा —रिटायर्ड हूँ, लेकिन पुलिस में मेरा उतना ही ज़ोर है, यह कहना उन्होंने ज़रूरी नहीं समझा —"आपने बाबू शादीराम की बेइज़्ज़ती की है। वह बहुत ग़ुस्सेवर आदमी है। कोई दूसरा वक्त होता तो वह आपको उठा कर दुकान के बाहर पटक देता। मुक़दमेबाज़ी में आप इससे जीत नहीं सकते। यह तुल गया तो आपको जेल की हवा खिला देगा। लेकिन ब्राह्मण है, जितनी जल्दी ग़ुस्से होता है, उतनी ही जल्दी माफ़ भी कर देता है। आप पर ख़ुश हो गया तो आपकी प्रैक्टिस चमका देगा। जिस स्टेशन पर जायेगा, आपको आठ-दस पेशेण्ट भेज देगा। पुलिस-उलिस के चक्कर में आप मत पड़िए। प्रैक्टिस जमाने की आपको फ़िक्र है, वह हम पर छोड़िए। इतने मरीज़ आपके यहाँ भेज देंगे कि आपको दम मारने की फ़ुर्सत न मिलेगी। अब आप ग़ुस्सा थूक दीजिए और बच्चों को रुई, पट्टी और दवा दीजिए।"

और यह कह कर थानेदार करतार सिंह अपने मित्रों के साथ जा मिले।

डॉक्टर लूम्बा ने भुनभुनाते हुए चौड़े मुँह वाली शीशी में एक्रिफ़्लेविन लोशन बना दिया। दो पट्टियाँ और रुई का पैकेट दिया और मेज़ से रुपये उठा कर जेब में डाल लिये।

चेतन अपने भाइयों के साथ दुकान से बाहर निकला। उसके पिता ज़रा परे पनवाड़ी की दुकान पर खड़े थे। तीनों भाई उधर को बढ़े। तभी दुकानदार ने पण्डित शादीराम को कैंची के सिगरेट की डिबिया दी। उन्होंने एक सिगरेट निकाल कर फ़क़ीरचन्द को दिया, एक स्वयं नाख़ून पर ठकोर कर होंटों में रखा। दियासलाई से दोनों को जलाया और कश लगा कर अपने मित्रों के साथ चारबाग़ पुलिस स्टेशन की ओर बढ़ चले।

तीनों भाई भी ज़रा अन्तर पर उनके पीछे हो लिये।

४

हालाँकि लाला मुकन्दीलाल और मंगल ने एफ़० आई० आर० लिखवा कर दूसरे दिन ही मामला चला दिया था और पण्डित जी ने तीन दिन बाद थाने में रिपोर्ट करके दावा दायर किया था, लेकिन क्रॉस केस होने से दोनों मुकदमों की पेशी एक माह बाद फ़र्स्ट-क्लास ऑनरेरी मैजिस्ट्रेट, चौधरी ग़ज़नफ़र अली की अदालत में लगी थी और कल्लोवानी मुहल्ले के आधे मर्द और नौजवान अदालत में मौजूद थे —अधिकांश, मामलों के सिलसिले में और शेष, तमाशा देखने की ग़रज़ से। अदालत शुरू होने में देर थी, इसलिए लाला मुकन्दीलाल और उसके साथी बरामदे में खड़े मैजिस्ट्रेट के आने की प्रतीक्षा कर रहे थे और सभी युवक अदालत से ज़रा परे एक टेढ़े-मेढ़े पेड़ को छाया में खड़े लनतरानियाँ हाँक रहे थे।

०

"दयाल भापा जी[1] ने मुझसे कहा है कि तुम लोग फ़िक्र न करो, इन सभी ब्राह्मणों को छै-सात साल के लिए अन्दर न भिजवाया तो मेरा नाम दयालचन्द नहीं।" जगदीश नक्शा-नवीस ने अपने चेहरे पर गालों में पड़ी झुर्रियों को मुस्कान में फैलाते और आँखें मिचमिचाते हुए कहा।

जगदीश चेतन से तीन-चार बरस छोटा होगा, लेकिन कुछ नयी-ब्याही, उदमाती बीवी और कुछ कचहरी की नक्शा-नवीसी ने उसकी जवानी को असमय ही बुढ़ापे में बदल दिया था। मुहल्ले के उसके समवयस्कों की भाषा में, जवानी में ही उसके 'दाने चुक गये थे,' और उसके चेहरे पर झुर्रियाँ दिखायी देने लगी थीं।

"दयालचन्द ठीक कहता है," बद्दे ने ज़रा आगे बढ़ कर मशीन-फिरे अपने सिर के खरखरे सफ़ेद बालों पर हाथ फेर कर कहा —"आख़िर चाचा निहालचन्द ने वकालत के सारे पेंच और नुक्ते भापा दयालचन्द को बताये हैं। अभी वकालत शुरू किये उसे दो ही बरस हुए हैं, लेकिन उसका नाम सारी कचहरी में हो गया है।"

"और नहीं क्या ?" मंगल ने अपनी लम्बी नाक और लम्बी गर्दन किसी लमढींग की तरह झटका दे कर आगे बढ़ाते हुए कहा, "देख लेना, कुछ ही दिनों में दयालचन्द रायसाहब भगतराम की तरह मशहूर हो जायेंगे। ये साले ब्राह्मण भी क्या याद करेंगे कि किसी दमदार खत्री से पाला पड़ा था। अभी दो पेशी बाद देखना, हाथ जोड़ कर माफ़ी माँगते हैं कि नहीं, लेकिन मैंने लाला जी से कह दिया है कि अगर इनको जेल के अन्दर न भिजवाया तो मैं घर छोड़ कर चला जाऊँगा। सालों ने मुहल्ले में जीना हराम कर दिया है। बहू-बेटियाँ बाहर नहीं निकल सकतीं।"

"परसा कहता था," सुरेश ज़रा आगे बढ़ कर बोला, "जब खत्री कुएँ पर नहाते हैं तो ब्राह्मण क्यों नहीं नहा सकते!"

मंगल ने फिर गर्दन को झटका दे कर आगे बढ़ाया, "इसलिए कि मुहल्ला खत्रियों का है। इन भिखारियों को हमारे पुरखों ने दान में ज़मीन दे दी तो ये साले मुहल्ले के मालिक हो जायेंगे ? लाला जी बताते हैं कि जब चाचा ख़ुशवन्तराय के पिता डिप्टी भगवन्तराय जिन्दा थे और चाचा निहालचन्द हमारे ही घर में रहते थे तो ये साले ब्राह्मण चूँ नहीं करते थे, सबेरे उठ कर उन्हें 'नमस्कार' करते थे और तब जा कर किसी दूसरे काम को हाथ लगाते थे।"

"और क्या ?" दीसे ने कहा, "अब ज़रा खत्री कमज़ोर हो गये हैं और ये साले शेर हो गये हैं, लेकिन इनका मक्कू ठप्प देना है...."

उस वक्त चेतन के पिता, जो महज़ उस पेशी की ख़ातिर एक दिन की छुट्टी ले कर जालन्धर आये थे, अपने वकील रोशनलाल गड्योक के साथ अदालत के अन्दर सरिश्तेदार से कुछ बात कर रहे थे और चेतन ज़रा पीछे खड़ा था। वह इस दौरान लाहौर जा कर लॉ कॉलेज के पहले साल का फ़ॉर्म भर आया था। प्रवेश शुल्क कितना लगेगा, यह पूछ आया था फ़ॉर्म के साथ लॉ कॉलेज के अधिकारियों ने एक गुड कैरेक्टर सर्टिफ़िकेट भी माँगा था और चेतन ने सोचा था कि मुकदमे की पेशी के बाद वह डी० ए० वी० कॉलेज जा कर

---

१. भापा —भाई साहब —पंजाब में बड़े भाई के लिए प्यार का शब्द है।

जैसे ही हो, उसे प्राप्त करेगा। चूँकि वह कानून पढ़ने जा रहा था, इसलिए मुकदमे की हर बात में अतिरिक्त दिलचस्पी ले रहा था।

अगस्त कब का बीत चुका था। सितम्बर बीतने वाला था, लेकिन न धूप की तेज़ी में ज़रा कमी आयी थी, न उमस और घुटन में। अदालत के कमरे में चेतन का जी बेतरह घुट रहा था, उसका गला सूख रहा था। उसने दरवाज़े के बाहर स्टूल पर बैठे चपरासी से पूछा, "चौधरी साहब के आने में कितनी देर है ?"

"ओह बादशाह तबियत दे मालिक ने," चपरासी ने गर्व से कहा, "चाहे हुणें आ जाण ते चाहे दो बजे तीक न आण।"[१]

चेतन फिर मुड़ा और कुछ अन्तर पर अपने पिता के पीछे जा खड़ा हुआ। हालाँकि जालन्धर में बिजली कुछ साल पहले आ गयी थी, पर अदालत में बिजली का पंखा नहीं था। हाथ से खींचा जाने वाला एक पंखा अदालत के सिर पर आर-पार लटक रहा था, जो खींचा जाता तो मैजिस्ट्रेट के अलावा थोड़ी-बहुत हवा वकीलों को देता। बाकी मुवक्किल लोग गर्मी और घुटन का प्रचुर आनन्द लेते। इस वक्त पंखा मौन रूप से अदालत के सिर पर बड़ी चौड़ी झालर की तरह लटक रहा था। चेतन का जी हुआ, बाहर निकल कर दो घूँट पानी पिये, लेकिन पिता के डर से वह वहीं खड़ा रहा।

कुछ क्षण बाद उसके पिता ने कुछ रुपये वकील को दिये और वकील ने सरिश्तेदार की मुट्ठी में रख दिये और वे पलटे।

"चलो," उन्होंने बाहर निकलते हुए चेतन से कहा।

लाला मुकन्दीलाल बाहर बरामदे में ही खड़े थे, दूसरा वक्त होता तो चेतन के पिता, बिना उनसे मिले और शुद्ध पंजाबी में दो-चार 'मधुर वचन' उन्हें सुनाये, आगे न बढ़ते, लेकिन तब उन्होंने अपने उस लँगोटिये यार की ओर देखा तक नहीं।

अदालत के बाहर कचहरी का छोटा-सा मैदान धूप की तेज़ी से आईने की तरह चिलक रहा था। मिट्टी चिकनी थी। एकदम सफ़ेद और चटियल। घास का एक तिनका कहीं नहीं था। परे किनारों पर बड़ी ऊँची थूहर[२] की बाड़ थी और कुछ टेढ़े-बैंगे पेड़ थे। मैदान में भी दो-एक जगह वैसे ही पेड़ और कैक्टस की झाड़ियाँ थीं। बायीं ओर को मैदान का एकमात्र पीपल का पेड़ था, जिसके नीचे दो बड़े-बड़े मटके रखे थे और एक बुड्ढा पण्डित लोगों को पानी पिला रहा था। बराबर ही किसी अदालत का बरामदा था और चूँकि अदालत बन्द थी, इसलिए बरामदे में दो-चार देहाती मुवक्किल लेटे हुए थे। चेतन के पिता अपने वकील और लाला फ़कीरचन्द को लिये हुए उसी बरामदे की ओर बढ़े और इधर के किनारे उनके साथ जा कर बैठ गये।

प्याऊ पर अधेड़ उम्र का कोई लाला सिर पर क्रिस्टी टोपी और मैला कमीज़-पायजामा पहने, अँजुली की ओक मुँह से लगाये नीचे कीचड़ में लगी ईंटों पर उकड़ूँ बैठा था और पण्डित लम्बी-सी छड़ लगे ताँबे के लोटे से पानी की एकसार धार

---

१. वो (ऑनरेरी मैजिस्ट्रेट) बादशाह तबियत के मालिक हैं, चाहे अभी आ जायें, चाहे दो बजे तक न आयें।
२. कैक्टस (नागफनी) की एक किस्म।

उसकी ओक में डाल रहा था। चेतन उसके पास जा कर खड़ा हो गया। ज्योंही वह लाला उठा, उसने पतलून के पाँयचे ज़रा उठाये और उसकी जगह उकड़ूँ बैठ कर अँजुली की ओक बना कर मुँह में लगा ली। लेकिन पण्डित ने पानी की धार उसमें नहीं डाली। पास ही बायीं ओर रखे पटरे पर से शीशे का एक गिलास उठाया, लोटे से पानी डाल कर उसे अच्छी तरह धोया और फिर उसे भर कर चेतन की तरफ़ बढ़ा दिया।

चेतन ने सहसा हाथ नीचे कर लिये, लगभग उछल कर उठा और कीचड़ से बच कर ज़रा परे जा खड़ा हुआ। गिलास लेते हुए कुछ अज़ीब-सी आभार-भरी मुसकान उसके होंटों पर खेल गयी। उसने एक ही घूँट में गिलास ख़ाली कर दिया और जेब से दो पैसे निकाल कर, गिलास वापस देते हुए पण्डित के हाथ पर रख दिये। उसके हाथ ज़रा-से गीले हो गये थे। उन्हें अपने सिर के लम्बे बालों पर फेरते हुए उसने एक नज़र चारों तरफ़ डाली। पेड़ के नीचे खड़े दीसे को देख कर सहसा उसे लड़कपन की एक घटना याद हो आयी। वे लोग छुट्टी के दिन यहाँ आ कर 'जंग-पलंगा' (आती-पाती) खेलते थे। देबू पद रहा था, उसने डण्डा ला कर दायरे में रखा और पेड़ पर चढ़े हुए दीसे की ओर लपका। दीसा कूदा, लेकिन जल्दी में बजाय दायरे पर कूदने के वह पास झाड़ी में गिर गया। रोयें जैसे बारीक थूहर के काँटे उसके सारे शरीर में चुभ गये। बड़ी मुश्किल से उसे वहाँ से निकाला गया। वह सारी शाम उसके काँटे निकालने में बीत गयी थी।

उस घटना की याद आते ही चेतन के होंटों पर हलकी-सी मुस्कान आ गयी। तभी उसके पिता ने उसे आवाज़ दी और आदेश दिया कि उनके लिए भी पण्डित से दो गिलास पानी ले आये।

पानी पी कर पण्डित शादीराम ने उसे सूचना दी कि मुकन्दी ने उनके ख़िलाफ़ जो मुकदमा दायर किया था, उसकी तारीख़ एक महीने बाद पड़ गयी है, लेकिन ऑनरेरी मैजिस्ट्रेट के आते ही पहले वह मुकदमा शुरू हो जायेगा, जो उन लोगों ने परसराम की ओर से मुकन्दी, उसके बेटे और उनके साथियों के ख़िलाफ़ दायर किया है।

०

थानेदार करतार सिंह की मदद से उसके पिता ने एफ़० आई० आर० लिखते हुए जो केस बनाया था, वह कुछ यूँ था कि मुकन्दी चरित्र का ढीला है। पहले उसने अपनी भाभी को घर में बैठा लिया। अवैध बच्चा हो गया और मुहल्ले में शोर मचा तो उस पर चादर डाल दी और मंगल को, जो हराम का पैदा हुआ था, इसने अपना लड़का घोषित कर दिया, लेकिन आदत उसकी बदली नहीं। जब उसके दूसरे भाई धर्मचन्द की मृत्यु हुई तो अपनी दूसरी भाभी भागवन्ती पर भी डोरे डालने लगा, इस बात को ले कर मुहल्ले में बहुत फ़साद हुआ। सात साल हो गये है मंगल की शादी हुए, अब क्या घपला है —मंगल में कोई दोष है या बहू में —यह तो कोई नहीं जानता, लेकिन उसके लड़का-बच्चा कोई नहीं हुआ। वकील दयालचन्द रिश्ते में देवर होते हुए घर में आते हैं तो मुकन्दी को बुरा लगता है और परसराम कभी कुएँ पर नहाता है और बहू चिक के पीछे बैठी होती है तो उस बात को ले कर मुकन्दी तूफ़ान मचाता है। लड़ाई बाप-बेटे और दयालचन्द में हुई। मंगल ने अपने बाप पर लाठी निकाल ली तो वह भी लाठी उठा लाया। परसराम ने बीच-बचाव करने की कोशिश की और उसको बरजा कि क्यों उसका नाम ले कर बहू को तंग करता है तो वह

उस पर पिल पड़ा। लाठी से उसकी पीठ पर वार किया, उसने लाठी छीन कर फेंक दी तो उसके कन्धे पर चाकू दे मारा।

और पण्डित शादीराम ने देबू और श्यामे, तेलू और परसराम के दूसरे दोस्तों के नाम गवाही में लिखा दिये थे। पाँच रुपये उन्होंने दीवान की जेब में डाले थे, एफ़० आई० आर० की कापी ली और चले आये थे। लड़ाई में मुकन्दी के साथ उन्होंने उनके गवाहों और वकील के नाम भी लिखा दिये थे। देर से एफ़० आई० आर० लिखाने का कारण उन्होंने वही दिया था, जो चेतन ने सुझाया था कि दो दिन खत्रियों ने परसराम को घर से निकलने नहीं दिया, ख़बर पा कर वे बहराम स्टेशन से आये हैं तो रिपोर्ट लिखाने आ गये हैं।

थाने से वे लोग वकील के पास कचहरी गये थे। वकालतनामा भरा था और उससे कहा था कि यथासम्भव कचहरी बन्द होने से पहले दावा दायर कर दे।

घर आ कर उन्होंने देबू के पिता पण्डित दौलतराम को बुलवाया था, थानेदार करतार सिंह और फ़कीरचन्द उनके साथ ही आये थे। अपने मित्रों के साथ पण्डित शादीराम ने दौलतराम को खिलाया-पिलाया था। देबू, श्यामे और तेलू को बुला कर मुकदमे की माहीयत समझायी थी और बताया था कि क्या गवाही देनी है। परसराम के दोस्तों को बुला कर हिदायत दी थी कि रघुवीर और दिलदार अपने रिश्तेदारों के यहाँ बाहर चले जायें। रामानन्द को लिखवा दिया कि कचहरी से सम्मन आये तो न लें और कुछ दे-दिला कर चपरासी को रुख़सत कर दें। शाम को वकील ने आ कर उन्हें सूचना दी थी कि मुकदमा मुकन्दी, मंगल, जगदीश, बद्दा, सुरेश और दयालचन्द के खिलाफ़ ३२३ और ३२६ धाराओं के तहत दायर कर दिया गया है।

दोनों मुकदमे चौधरी ग़ज़नफ़र अली की अदालत में लगे थे। चेतन के पिता तब तो चले गये थे, बीच में दो दिन के लिए आये थे और उन्होंने अपने दोस्तों की मदद से चौधरी ग़ज़नफ़र अली का पता लगाया था। उनके ट्रक चलते थे और ज़मींदारी थी। तब थानेदार करतार सिंह की मदद से उन्होंने उनके घर बढ़िया ह्विस्की की एक बोतल, सेर-सेर अखरोट और काजू भिजवा दिये थे और आश्वस्त हो कर वे बहराम चले गये थे।

चूँकि मुकन्दी के मुकदमे में पूरे मुलज़िमों के खिलाफ़ सम्मनों की तामील नहीं हुई थी, इसलिए पेशकार ने चेतन के पिता को बताया था कि उनके ख़िलाफ़ दोबारा वॉरण्ट भिजवायेंगे और उनके मामले की तारीख़ और एक महीना बाद की डाल दी जायेगी। लेकिन मुकन्दी या नये-नये वकील दयालचन्द को मुकदमे के दाँव-पेंच तो मालूम नहीं थे, इसलिए पण्डित शादीराम वाले मुकदमे के सारे मुलज़िम अदालत में हाज़िर थे। करतार सिंह ने चेतन के पिता को समझाया था कि चौधरी साहब डाँटेंगे तो आप लोगों को, लेकिन फ़र्द-जुर्म मुख़ालिफ़ों पर लगा देंगे।

और चेतन के पिता ने परम आश्वस्त भाव से कैंची का सिगरेट सुलगा लिया था।

०

तभी परसराम भागा-आया और उसने चेतन से कहा कि चौधरी साहब आ गये हैं। चेतन ने अपने पिता को सूचना दी। पिता ने कहा कि स्वयं उनके आने की ज़रूरत नहीं। गड्योक बहुत बढ़िया वकील है, वह सब देख लेगा। तुम परसराम और देबू ले जाओ। वह परसराम

का बयान दिलवा देगा और देबू की गवाही करा देगा। इससे ज़्यादा इस मरहले पर कुछ नहीं होगा।

तभी चौकीदार ने ज़ोर-ज़ोर से आवाज़ लगायी — "चलो, कोई परसराम बनाम मुकन्दीलाल वग़ैरा....."

सब लोग अदालत के कमरे की ओर चल पड़े। मुकन्दीलाल और दूसरे मुलज़िम अन्दर जा चुके थे। वकील के पीछे-पीछे चेतन, परसराम उसके दोस्त और देबू वग़ैरा अन्दर चले गये थे। तब चौधरी ग़ज़नफ़र अली ने गरज कर उनके वकील को डाँटा कि मुद्दई[1] के अलावा एक भी आदमी अन्दर न आये। गवाह बाहर बरामदे में खड़े हों। उनकी बारी पर उन्हें बुलाया जायेगा और वकील ने परसराम के अलावा सब को बाहर जाने के लिए कहा।

चेतन बाहर मुड़ने लगा था कि उसकी निगाह मुकन्दी और मंगल पर गयी। उन्हें डाँट पड़ती देख कर उनके चेहरे खिल गये थे। उन्हें यकीन हो गया कि जीत उन्हीं की होगी।

उस क्षण तो चेतन बाहर चला गया, लेकिन मामले की सुनवाई होते ही चुपके से अन्दर खिसक आया।

सबसे पहले परसराम का बयान हुआ। उसने वही रटा-रटाया बयान दिया, जो वकील ने एफ़० आई० आर० के मुताबिक उसे बताया था।

दयालचन्द ने आपत्ति की कि यह सारा-का-सारा बयान झूठा है। इन लोगों ने उसका नाम झूठा ही लगा दिया है, वह तो डिफ़ेण्डेण्ट[2] का वकील है।

चौधरी साहब छै फ़ुट लम्बे, हृष्ट-पुष्ट, गोरे पठान थे —सिर पर कुल्लेदार पगड़ी, कमीज़-शलवार और लम्बा कोट पहने! उनकी लम्बी सुतवाँ नाक की नोक चमक रही थी, गालों पर लाली थी और आँखों में क्रूरता के साथ मिली हुई कुछ अज़ीब-सी चातुरी। अपनी ऊँची कुर्सी पर बैठे-बैठे घनी भवों वाली ग़िलाफ़ी पलकों को उन्होंने उठाया और दयालचन्द की ओर ऐसे देखा जैसा कोई बबर शेर परम हिकारत से किसी दुमकटे गीदड़ की ओर देखे।

"काण्ट ऐन ऐडवोकेट कमिट ए क्राईम।" उन्होंने अंग्रेज़ी में कहा — क्या कोई वकील अपराध नहीं कर सकता ?

और यूँ लाला निहालचन्द वकील के ऐडवोकेट बेटे दयालचन्द को चुप कराके चौधरी साहब ने गड्योक साहब से कहा कि वे गवाहियाँ गुज़ारें और चपरासी ने अदालत के दरवाज़े में जा कर आवाज़ दी — "चलो भई, कोई दिविन्दर चन्दर उर्फ़ देबू।"

देबू जा कर वकील के पास खड़ा हो गया तो गड्योक ने कहा —

"नाम ?"

"देवेन्द्र चन्द्र" —देबू ने कहा।

"देबू कौन है ?"

"जी, मेरा घर का नाम देबू है।"

"देबू काना।" मंगल हँसा।

---

१. वादी
२. प्रतिवादी।

चौधरी ग़ज़नफ़र अली ने आग्नेय दृष्टि से उधर देखा और मंगल के चेहरे की हँसी जैसे राख हो गयी।

"क्या करते हो ?"

"जी, पहले कण्डक्टरी करता था। आजकल मुंशीगीरी करता हूँ।"

अब के चौधरियों का दीसा हँसा, लेकिन चौधरी साहब की निगाहें उठी भी न थीं कि उसकी हँसी भक्क से बुझ गयी।

"किसके मुंशी हो ?"

"जी, सरादार गुरशरन सिंह वकील का।"

"तुम मुलज़िम को जानते हो ?"

"जी, मैं उसी मुहल्ले का रहने वाला हूँ।"

"मुद्दई ने लिखा है, कि मुलज़िम ने अपनी भाभी को घर में डाल रखा है। क्या यह ठीक है ?"

"जी।"

मुकन्दी का रंग लाल हो गया। "जी, मैंने सारे मुहल्ले और चौधरियों के सामने उस पर चादर डाली।"

"तुम्हारा बेटा उस पर चादर डालने से पहले पैदा हुआ था या पीछे ?"

"जनाबे आला, इस मामले का मुकदमे से कोई वास्ता नहीं।" दयालचन्द ने फ़रियाद के स्वर में अंग्रेज़ी में कहा, "दिस इज़ ऐन एक्सट्रेनियस मैटर।"[१]

चौधरी साहब ने दयालचन्द की आपत्ति का कोई नोटिस नहीं लिया और प्रश्नवाचक तीखी निगाह मुकन्दी की ओर उठायी। मुकन्दी गिड़गिड़ाया —

"जी, वो मेरा ही बच्चा था। चादर डालने से पहले हुआ था। लेकिन जब मैंने उसकी माँ से शादी कर ली तो वह कानूनी तौर पर मेरा बेटा हो गया। यह आपके सामने खड़ा है।"

उसने मंगल की ओर संकेत किया।

"क्या मुलज़िम के बड़े भाई मर चुके हैं ?" गड्योक ने देबू से पूछा।

"जी, उनको दमा था। सारी-सारी रात खाँसते-काँखते रहते थे।"

"जितना पूछते हैं, उतना ही बताओ।" चौधरी साहब गरजे।

"क्या उसके मरने के बाद मुलज़िम अपनी भाभी के साथ रहने लगा था ?"

उत्तर में मुकन्दी चिल्लाया, "जी, उसके बच्चे छोटे थे, मेरा वहाँ रहना ज़रूरी था।"

"गवाह को बयान देने दो। जब तुम्हारी बारी आये, तब जो चाहे कहना।" चौधरी साहब गरजे।

गड्योक ने फिर देबू से पूछा —

"क्या उसको ले कर मुलज़िम की मौजूदा बीवी ने शोर मचाया था ?"

अब के दयालचन्द ने आपत्ति की, "जनाबे आला, मौजूदा झगड़े से उसका कोई

---

१. अप्रासंगिक विषय है।

ताल्लुक नहीं।"

"ताल्लुक है। आप ख़ुद देखेंगे," गड्योक ने कहा, "मुझे गवाह का बयान दिलवाने दीजिए।"

और उसने देबू से फिर वही सवाल किया।

"जी हाँ, सारा मुहल्ला जानता है," देबू ने कहा।

"क्या परसराम कुएँ पर नहाता है ?"

"जी हाँ। तेल की मालिश करके। यह हज़ार-हज़ार दण्ड रोज़ पेलता है।"

"जितना पूछते हैं, उतना बताओ। क्या मुलज़िम और उसका बेटा भी कुएँ पर नहाते हैं ?"

"जी हाँ।"

"क्या वे कपड़े पहने-पहने नहाते हैं ?"

"जी, ये क्या औरतें हैं जो कुएँ पर नहाते समय धोती-ब्लाउज़ पहने नहायेंगे ?"

इस पर फिर हँसी का हलका-सा फ़व्वारा फूटा, लेकिन चौधरी साहब ने आँखें उठायीं और अदालत को पुनः साँप सूँघ गया।

"क्या और लोग भी कुएँ पर नहाते हैं।"

"जी हाँ।"

"क्या मुद्दा'लह[१] मुद्दई के नहाने का बुरा मानता है ?"

"जी हाँ, कई बार कह चुका है कि कुएँ पर ब्राह्मणों का नहाना एकदम बन्द कर देंगे।"

"क्यों ?"

"जी, मुहल्ला खत्रियों का है और ये हमेशा ब्राह्मणों को दबाते हैं। फिर परसराम से तो...." और देबू चुप हो गया।

"बोलो....बोलो...."

"जी, वो....जी, बात यह है...."

वह फिर चुप हो गया। अब की चौधरी साहब ने उसे साहस बँधाया —"डरो मत। जो सच-सच है, कहो।"

"जी, जब वह कुएँ पर नहाता है तो मंगल की बहू चिक में आ बैठती है। एक दिन उसे उसके ससुर ने," देबू ने मुकन्दी की ओर संकेत किया, "देख लिया और बड़ा तूफ़ान मचाया।"

"क्या चिक के पीछे बैठी बहू से मुद्दई इशारेबाज़ी करता है ?"

"जी, उसे तो मालूम भी नहीं होता। उसकी पीठ उधर होती है। न भी हो तो चिक के पीछे बैठा आदमी थोड़ी दिखायी देता है बाहर से।"

"तो फिर उसका ससुर क्यों बुरा मानता है ?"

"जी, सात साल उसकी शादी को हो गये हैं, उसके घर पर कोई बच्चा नहीं हुआ।

---

१. प्रतिवादी

दयालचन्द भी तो जाता है वहाँ।"

वकील होने के बावजूद (नया-नया और युवा था न इसलिए) दयालचन्द धैर्य खो बैठा, "योर ऑनर, शी हैपन्ज़ टू बी माई सिस्टर इन लॉ, आई मीन भाभी, आय ऐम हर देवर, आय ऐम डिफ़ण्डेण्ट्स नेफ़्यू। वी आर रिलेटेड, योर ऑनर!"[१]

"रिलेटेड हो तो तुम्हारे आने पर तुम्हारा यह चाचा इतना हंगामा क्यों मचाता है ?" देबू ने वहीं से कहा।

चौधरी साहब ने मेज़ पर हाथ मारा, "तुम मुद्दा'लह से मत बात करो। अपने वकील को जवाब दो," उन्होंने कहा, लेकिन उन्हें इस किस्से में रस आने लगा था; अंग्रेज़ी में देबू से बोले, "ह्वॉट डू यू थिंक इज़ दी रीज़न....तुम्हारे ख़याल में क्या कारण है ?"

"सरकार, रीज़न यह है कि मंगल की बहू बाँझ है। वह कहती है कि मंगल नामर्द है गोरी शोख़-शंग औरत है। परसराम पर शायद मरती है और ये दोनों," उसने मुकन्दी और दयालचन्द की ओर संकेत किया, "उस पर आँख रखते हैं।"

"योर ऑनर, दिस इज़ डेफ़ेमेटरी।"[२] दयालचन्द चिल्लाया।

अदालत में उनके अनजाने काफ़ी लोग आ गये थे। देबू के रिमार्क पर हलकी-सी हँसी गूँजी।

चौधरी साहब यद्यपि अदालत में ठेठ पंजाबी में बात करते थे, लेकिन दयालचन्द को अंग्रेज़ी बघारते देख, उन्होंने भी मेज़ पर हाथ मारते हुए अपनी गरजदार आवाज़ में 'ऑर्डर-आर्डर' कहा और देबू को डाँटा कि वह फ़रीक़-ए-मुख़ालिफ़ से बात न करे, अपने वकील से बात करे।

अदालत में सहसा उठने वाली हँसी के कारण चेतन ने ज़रा मुड़ कर पीछे की ओर देखा उसने पाया कि उसके पिता के अभिन्न मित्र चौधरी तेजपाल और लाला गुज्जरमल भी पीछे खड़े हैं और उनके होंटों पर मुस्कान है। उसे पूरा यकीन हो गया कि उसके पिता ने उन्हें सारी बात बता रखी है और वे उन्हीं के कहने से अदालत में आये हैं।

गड्योक ने उसी शैली में शेष गवाही देबू से दिलवायी। देबू वकील का मुंशी, नम्बरी गुण्डा, जाने वह कितने मुकदमों में पहले गवाह अथवा अभियुक्त के रूप में पेश हो चुका था। न वह कहीं अटका, न भटका। गवाही के दौरान कई बार मुकन्दी और उसका वह निहालचन्द वकील का तोप ऐडवोकेट बेटा दयालचन्द झल्लाये और बमके, लेकिन उसने ऐसे गवाही दी कि लगता था, ऐन-मैन वैसे ही घटना घटी है। कहीं कुछ झूठ या बना हुआ न लगता था।

जब देबू का बयान हो चुका तो गड्योक ने चौधरी साहब से कहा कि जनाबे आला इस मरहले पर इससे ज़्यादा गवाहों की ज़रूरत नहीं। आप ठीक समझें तो मुलज़िमों पर फ़र्द-जुर्म लगायें, न ठीक समझें तो मुकदमा ख़ारिज कर दें।

इस पर दयालचन्द ने धाराप्रवाह जो भाषण दिया, उसका अभिप्राय था कि वादी का

---

१. हुज़ूर, वह मेरी भाभी लगती है, मैं उसका देवर हूँ, मैं प्रतिवादी का भतीजा हूँ। हम सम्बन्धी हैं, हुज़ूर।

२. हुज़ूर, यह मानहानिपरक है।

सारे-का-सारा बयान और गवाह की साक्षी झूठी और मन-गढ़न्त है और यह मामला ख़ारिज कर दिया जाना चाहिए।

लेकिन चौधरी ग़ज़नफ़र अली ने अपने फ़ैसले में मुकन्दीलाल, उसके बेटे मंगल, दयालचन्द और दूसरे अभियुक्तों पर फ़र्द-जुर्म लगा दी और एक महीने बाद मुकदमे की तारीख़ दे दी।

वहीं सरिश्तेदार ने लाला मुकन्दीलाल को बता दिया कि उन्होंने जो सम्मन भिजवाये थे, वे मुकम्मल तौर पर तामील नहीं हुए। दो मुलज़िमों के ख़िलाफ़ वॉरण्ट जारी किये जायेंगे और जैसा कि चेतन के पिता ने उन्हें सूचना दी थी, उस मामले की पेशी भी एक महीने बाद उसी तारीख़ को रख दी।

०

फ़ैसला सुनते ही रोशनलाल गड्योक, परसराम, चेतन, देबू और उसके साथियों के चेहरे चमक उठे और उन्हें काले पानी की हवा खिलवाने वाले मुकन्दी और मंगल, बद्दा और जगदीश और निहालचन्द के तोप एडवोकेट बेटे दयालचन्द के चेहरों पर कालिख पुत गयी। मुकुन्दी पलटा तो चौधरी तेजपाल और लाला गुज्जरमल की बाँहों में ऐसे जा गिरा, जैसे अब वहाँ के अलावा उसके लिए त्राण का कोई और ठौर न हो।

५

परसराम बनाम मुकन्दीलाल के मामले की पेशी के बाद तीसरे दिन चेतन कैरेक्टर सर्टिफ़िकेट लेने डी० ए० वी० कॉलेज आया था। वापसी पर वह कॉलेज के बड़े गेट के बाहर निकला तो उसके होंटों पर एक व्यंग्य-भरी मुस्कान झलक रही थी।

क्षण भर गेट पर खड़े हो कर उसने सामने सड़क के पार नज़र डाली कि यदि वह ताँगा, जिसमें वह शहर से आया था, अभी वहीं रुका हो तो उसी से वापस चला जाये। लेकिन अपने कॉलेज के 'त्यागमूर्ति' प्रिन्सिपल के यहाँ उसे देर हो गयी थी और शायद ताँगा उसकी प्रतीक्षा से ऊब कर अथवा कोई और सवारी मिल जाने से वापस चला गया था। तब चेतन के सामने तीन मील की मंज़िल पार कर पैदल घर पहुँचने के सिवा और कोई चारा नहीं था।

चेतन ने ग्रैण्ड ट्रंक रोड पर बायीं ओर निगाह दौड़ायी कि शायद करतारपुर से कोई लॉरी आ रही हो। लेकिन सड़क एकदम सूनी, वीरान और सन्नाटी थी....आज तो डी० ए० वी० कॉलेज से शहर तक बाकायदा बस सर्विस है, पर उस ज़माने में बसों का रिवाज आम न हुआ था। करतारपुर से आने वाली लॉरियों का कोई ठिकाना नहीं था। चेतन कुछ क्षण गेट पर करतारपुर की ओर नज़र लगाये रुका रहा, फिर सिर को हलका-सा झटका दे कर वह दायीं ओर रेलवे फाटक की ओर चल पड़ा।

जब उसने प्रिन्सिपल से मिलने का फ़ैसला किया था तो उनसे उसे कुछ वैसे उत्साह

और गर्मजोशी-भरे व्यवहार की आशा नहीं थी, पर जैसा व्यवहार उन्होंने अन्ततः किया, वह भी उसकी कल्पना से कहीं परे था और उसकी स्मृति भर से उसके होंटों पर व्यंग्य-भरी मुस्कान झलक आयी थी। तभी सहसा क्लर्क की कुर्सी पर बैठे आठवीं कक्षा में उसके गणित के भूतपूर्व अध्यापक 'मास्टर भूतना' का उड़ा-उड़ा-सा श्री-विहीन मुख उसकी आँखों के सम्मुख आ गया था और चेतन होंटों की उस व्यंग्य-भरी मुस्कान में अचानक उदासी घुल गयी।

०

जब मुकन्दीलाल बनाम परसराम आदि के मामले की पहली पेशी पण्डित शादीराम की कार्य-पटुता, दबंगई और उनके सुनहरे सिद्धान्त —'तेल तमा जिसको मिले, तुरन्त नरम हो जाये' —के अनुसार एक तरफ़ से उनकी विजय में ही समाप्त हुई और लाला तेजपाल और चौधरी गुज्जरमल के साथ मुकन्दीलाल कचहरी के बाहर निकले तो चेतन उनके पीछे-पीछे बाहर आया था।

"इक तो ओहदे पुत्तराँ ने सान्नूँ मार-मार के हस्पताल पुजा दित्ता, उप्परों बाऊ शादीराम सान्नूँ जेल भिजवान दा बन्दोबस्त वी कर रिया ए। ओए! कहर ख़ुदा दा, दावे विच ओह्ने ३०४ दफ़ा वी लिखा दित्ती ए।"[१] लाला मुकन्दीलाल ने लगभग रोनक्खे स्वर में अपने हितचिन्तक मित्रों से फ़रियाद की थी।

तब दोनों मित्रों ने लाला मुकन्दीलाल को जो समझाया था, उसका सारांश यह था कि शादीराम की ज़िद्दी तबियत को अच्छी तरह जानते हुए लाला मुकन्दीलाल को उनके साथ मामले-मुकदमे में उलझना ही नहीं चाहिए था और अब भी अगर वह अपना भला चाहता है तो पण्डित शादीराम को बड़ा भाई मानते हुए, उसे अपने इस व्यवहार के लिए उनसे क्षमा माँग लेनी चाहिए।

"अभी तो शादी ने तुम्हारे मुकदमे के जवाब में एक ही मुकदमा दायर किया है," लाला तेजपाल ने उसे समझाते हुए कहा था, "बहराम जा कर उसने वहाँ दो-तीन मुकदमे तुम पर ठोंक दिये तो वहाँ जाते-जाते तुम्हारे जूते घिस जायेंगे और कचहरियों की ख़ाक छानते-छानते तुम्हारा कारबार तबाह हो जायेगा। शादी हमारा पुराना यार है। हम उसकी आदत जानते हैं। उससे झगड़ा करके तुम शान्ति के साथ नहीं बैठ सकते।"

"बेटा बन कर तो तुम उसका गला काट सकते हो," गुज्जरमल ने कहा था, "पर बाप बन कर तुम उससे पार नहीं पा सकते। तुम जानते हो, दोस्तों के लिए वह अपने प्राण दे सकता है, लेकिन दुश्मनों को दस घर जा कर वह परेशान भी कर सकता है। लड़कपन से उसे देखते आये हो, कैसे उलझ गये तुम उससे ? जानते नहीं उसे ?"

दूसरा अवसर होता, वहाँ लाला तेजपाल और गुज्जरमल न होते तो दयालचन्द लाला मुकन्दीलाल को समझाता कि फ़र्द-जुर्म लगने का यह मतलब नहीं कि उनका जुर्म साबित हो गया है, इसका मतलब तो इतना ही है कि मुकदमा चालू हो गया है। उसने कुछ कहने

---

१. एक तो उसके बेटों ने हमें पीट-पीट कर हस्पताल पहुँचा दिया, ऊपर से बाबू शादीराम हमें जेल भिजवाने का प्रबन्ध भी कर रहा है। अरे, ग़ज़ब ख़ुदा का, दावे में उसने ३०४ धारा भी लिखा दी है।

के लिए होंट भी खोले, पर शहर के दो सम्भ्रान्त चौधरियों की उपस्थिति में उससे कुछ कहा नहीं गया। ऊपर से मुकन्दीलाल ने अपना दोष उस पर मढ़ दिया। लगभग उसी फ़रियाद के स्वर में मुकन्दी ने कहा कि मंगल और दयाले ने उसका दिमाग़ ख़राब कर दिया, वरना शादी उसका लँगोटिया यार —वह उससे लड़ता!

"इसको तो अपनी प्रैक्टिस चलानी है," लाला गुज्जरमल ने दयालचन्द की ओर देख कर कहा था, "इसे तो कोई-न कोई मुकदमा चाहिए, जिसमें वह अपने जौहर दिखा सके, पर तुम्ही बलि का बकरा बनो, यह कोई ज़रूरी है ?"

क्षण भर रुक कर उन्होंने इतना और जोड़ा था —"शादी पुराना मुकदमेबाज़ है। दयाले जैसे कई वकीलों को वह अपनी टाँग के नीचे से निकाल कर छोड़ दे....आज तुम्हारी बहू की बात कचहरी में आयी है, कल सारे शहर में फैलेगी। क्यों बेकार अपनी मिट्टी पलीद कराते हो।"

और यूँ मुकन्दी को ऊँच-नीच समझा कर दोनों दोस्त उन्हें वहाँ ले आये थे, जहाँ प्याऊ के पास बन्द अदालत के बरामदे में लाला फ़कीरचन्द के साथ पण्डित शादीराम फ़र्श पर ही आलथी-पालथी मारे बैठे थे और प्याऊ का पण्डित जनता को पानी पिलाना छोड़ कर उनके लिए जाने किस दुकान से बढ़िया लस्सी का गिलास ले आया था। पण्डित जी उस वक्त लस्सी पी चुके थे। मूँछों पर लगी हुई मलाई की झाग को उन्होंने निचले होंट में समेट लिया था और तृप्त हो कर दायें हाथ की डुड्डी तर्जनी से मूँछों को धीरे-धीरे सँवार रहे थे।

"ओए शादीराम, तुम दोनों लँगोटिये यार हो। कोर्ट-कचहरी कैसे आ पहुँचे हो ?" लाला गुज्जरमल ने कदरे दूर ही से कहा।

लेकिन चेतन के पिता ने उन्हें वाक्य पूरा नहीं करने दिया। अर्ध और पूर्ण विरामों के स्थान पर नादिर और अनोखी गालियों का प्रयोग करते हुए शुद्ध पंजाबी भाषा में उन्होंने जो कहा, उसका अर्थ यही था कि वे ख़ुद तो उस माँ अपनी के यार मुकन्दी को अपना लँगोटिया यार ही समझते थे और जब उनके बेटे ने बहराम जा कर उन्हें उस झगड़े की सूचना दी थी और उन्हें मालूम हुआ था कि कल्लोवानी का वह शेर (मुकन्दी) हाड़-गोड़ तुड़वा कर हस्पताल में पड़ा है तो स्टेशन से उतरते ही फ़कीरचन्द को ले कर वे सीधे उसकी मिज़ाजपुरसी को मेयो हस्पताल पहुँचे थे। उन्होंने उससे यह पेशकश भी की थी कि वे सौ-दो सौ रुपया दे देते हैं, वह घी-चूरी खाये और कुछ दिन आराम करके सेहत बनाये। लेकिन अक्ल की बात सुनने की बजाय वो साला उन्हें ही धमकाने लगा कि उनके बेटों को काले पानी की हवा खिला कर दम लेगा। "एह माँ अपनी दा यार एह नहीं समझदा," पण्डित जी गरजे, "काला पानी ताँ दूर, मेरे पुत्तरा नूँ एह हवालात तक नहीं दिखा सकदा, पर जे मैं तुल जावाँ ते एहूँ ते एहदे ओस फोके बघियाड़ मंगल ते एहदे माँइयाँ ख़ैरख़्वाहाँ नूँ मर्डर दे इल्ज़ाम 'च काले पानी दी हवा खिला देआँगा।"[१]

---

१. यह माँ अपनी का यार यह नहीं समझता कि काला पानी तो दूर, यह मेरे बेटों को हवालात नहीं दिखा सकता, पर यदि मैं तुल जाऊँ तो इसे और इसके उस अन्दर से पोले बघेरे मंगल और इसके हितचिन्तकों को कत्ल के अभियोग में काले पानी की हवा खिला दूँगा।

और पण्डित जी ने इस मरहले पर 'साली' पुलिस और 'माँ अपनी दी यार' न्याय-व्यवस्था के बारे में दो-चार 'आर्ष वचन' कहे कि जिसके हाथ में पैसा और ताकत है, यह पुलिस और न्याय उसी का है। न्याय सचमुच न्याय होता तो इतने सारे डाकू और कातिल मूँछों पर ताव देते हुए छुट्टे साँड़ों की तरह न घूमते और लक्खोखा न्यायविहीन मज़दूर-किसान ज़मींदारों और उनके कारिन्दों के ज़ुल्म न सहते —ये साली ३२३ और ३२६ तो बे-ज़रर दफ़ाएँ[1] हैं। वे ऐसी दफ़ा में उन लोगों को फँसायेंगे कि सात-दस साल से इधर कोई छूट न सके। मुकन्दी चाहे तो दयालचन्द नहीं, उसके बाप निहालचन्द को भी अपनी मदद के लिए बुला ले, वे देखेंगे कोई उनका 'यह' भी उखाड़ सकता है।

पण्डित जी ने यह सब कुछ ऐसे अतिशयोक्तिपूर्ण लहजे में कहा, उन दोनों चौधरियों ने पण्डित जी के दावों का कुछ ऐसा समर्थन किया कि लाला मुकन्दीलाल की सारी हेकड़ी निकल गयी। लाला गुज्जरमल की सलाह के मुताबिक मुकन्दीलाल ने पण्डित शादीराम को अपना बड़ा भाई मानते हुए उनके घुटने छू कर उनसे माफ़ी माँग ली। तब लाला तेजपाल ने दोनों पक्षों के वकीलों को सुलहनामा दाख़िल करने का आदेश दिया। पण्डित जी ने इस ख़ुशी में मुहल्ले के सभी लड़कों को हफ़्ता भर दूध-जलेबी खाने और सेहत बनाने के लिए एक-एक रुपया दिया और चेतन और उसके भाइयों को सीधे घर जाने के लिए कह कर अपने दोस्तों को साथ ले कर चले गये। खाना वे बाहर ही खायेंगे, यह सूचना उन्होंने चलते-चलते चेतन को दे दी।

दूसरी सुबह माँ ने चेतन को बताया कि पण्डित जी रात देर से आये थे। लाला तेजपाल से दो सौ रुपये चार आने सैकड़ा ब्याज पर ले कर उन्होंने सौ रुपये मुकन्दी को और पचास मंगल को घी-चूरी खाने और सेहत बनाने के लिए दे दिये हैं।

"तेरे बाऊ जी इक्को दिन दी छुट्टी लै के आये सन," माँ ने कहा, "सवेरे ओह्ना दा स्टेशन ते हाज़िर होना ज़रूरी सी, ओह तड़के ई चले गये।"[2]

क्षण भर रुक कर प्रसन्न भाव से माँ ने कहा, "जान्दे वक्त ओह्ना आक्खेया कि मुकन्दी ताँ मंगल नूँ ओह्ना एस करके रुपये दित्ते कि दोनों ख़ासे फट्टर हो गये सन ते हाले वी कमज़ोर सन। तेरे बाऊ जी नहीं चाहुँदे कि मुकदमा चलदा रए ते ओह्ना नूँ या तुहानूँ बरब्बर जालन्धर आउना पवे। पर ओह एस गल्ल तों बड़े ख़ुश सन कि तेरे भरावाँ ने ओह्ना सिर फिरे खत्रियाँ दा हंकार तोड़ छड्डेया ते हुण ओह जल्दी कीत्ते सिर नई उठाउणगे।"[3]

०

चेतन चुपचाप जर्नैली सड़क पर चलता हुआ रेलवे फाटक पर पहुँच गया। फाटक बन्द

---

१. निरीह धाराएँ।

२. तेरे पिता जी एक ही दिन की छुट्टी ले कर आये थे, सुबह ही स्टेशन पर उनका उपस्थित रहना ज़रूरी था, इसलिए वे तड़के ही चले गये।

३. जाते वक्त उन्होंने कहा था कि मुकन्दी और मंगल को उन्होंने इसलिए रुपये दिये कि वे बहुत घायल हो गये थे और अभी तक कमज़ोर थे। तेरे पिताजी नहीं चाहते कि मुकदमा चलता रहे और उनको या तुम दोनों को बराबर जालन्धर आना पड़े। लेकिन वे इस बात पर बड़े ख़ुश थे कि तेरे भाइयों ने उन सिर-फिरे खत्रियों का अहंकार तोड़ दिया और अब वे जल्दी सिर नहीं उठायेंगे।

था। जाने कपूर्थला अथवा स्टेशन की ओर से कोई गाड़ी आ रही थी। चेतन चाहता तो बग़ल से हो कर लाइनों के ऊपर से निकल जाता, पर वह फाटक पर कोहनी टिकाये वहीं रुक गया। उसकी पीठ के पीछे रेलवे फाटक से कॉलेज के बड़े गेट तक प्रिन्सिपल का साम्राज्य था और चेतन के सामने —गेट के पार —आज़ाद इलाका शुरू होता था। कॉलेज से रेलवे फाटक के बीच यदि कहीं छात्रों में मार-पीट होती तो प्रिन्सिपल नितान्त निर्ममता से दोनों पक्षों के छात्रों को रस्टीकेट कर देते। गेट के पार लड़ने वालों का वे कोई नोटिस न लेते। चेतन को कॉलेज के प्रसिद्ध गुण्डे राजकिशोर उर्फ़ गोगे से अपने द्वन्द्व की याद हो आयी। कॉलेज से इस फाटक तक वे बातें करते हुए पैदल चले आये थे। ज्योंही वे फाटक के पार हुए थे, राजकिशोर साइकिल फेंक कर गाली देता हुआ उसकी ओर लपका था और इससे पहले कि वह उसे मुक्का रसीद करता, चेतन ने पाँव से जूता निकाल कर उसकी कनपटी पर जमाते हुए उसका हार्दिक स्वागत किया था।

उस घटना के याद आ जाने से चेतन के होंटों पर मुस्कान फैल गयी। उसने दूसरी कोहनी भी गेट पर टिका ली; सिर को ज़रा बायीं ओर झुका कर आने वाली गाड़ी की धमक लेने की कोशिश की। फिर वह चुपचाप दायीं ओर देखने लगा कि उसी ओर से गाड़ी के आने की अस्पष्ट-सी धमक सुनायी दे रही थी।

रेलवे लाइन कॉलेज के होस्टल के बाहर से घूम कर जाती थी। सड़क के बायीं ओर अंग्रेज़ी के अक्षर 'एल' ऐसी एक बहुत लम्बी बैरक-सा कॉलेज का होस्टल था। रेलवे लाइन इन दोनों होस्टलों को बचा कर काफ़ी लम्बा घुमाव दे कर निकल जाती थी। चेतन को याद आया —उसके हेड लाला चमनलाल इस लाइन का ज़िक्र बड़े गर्व-स्फीत स्वर में किया करते थे। जब सरकार की ओर से इस रेलवे लाइन के लिए सर्वे हुआ था तो प्रस्तावित लाइन स्कूल के होस्टल और कॉलेज के बीच से निकलती थी। लाला चमनलाल ने कहा था, "अंग्रेज़ी राज था। स्टेशन मास्टर को छोड़ कर सभी अफ़सर अंग्रेज़ होते थे तब कॉलेज नहीं बना था। सिर्फ़ उसके लिए जमीन ख़रीदी गयी थी। कॉलेज के प्रिन्सिपल तब स्कूल के प्रिन्सिपल थे। होस्टल के एक कमरे में रहते थे। अलग से उनके लिए निवास-स्थान न बना था। जब उनके पास सरकारी नोटिस पहुँचा तो उन्होंने स्कूल की आधी इंच ज़मीन भी देने से इनकार कर दिया और अंग्रेज़ अधिकारियों को लिखा था कि उनकी लाश के ऊपर से ही लाइन उधर से जा सकती है। रेलवे का सबसे बड़ा अधिकारी स्वयं आया। ज़िलाधीश से मिला। उसने प्रिन्सिपल को दफ़्तर बुलवाया। मेज़ पर उसकी खुली पिस्तौल पड़ी थी, लेकिन आर्यवीर तो इस शरीर को पुराने कपड़े के समान समझते हैं और आत्मा को अविनश्वर समझते हुए मृत्यु से तनिक भी नहीं डरते। वे निर्भीक वहाँ पहुँचे, आध घण्टा उन्होंने शुद्ध अंग्रेज़ी में उनसे बातचीत की, उनके सामने शिक्षा और संस्था का रूप कुछ ऐसे रखा कि जब मुलाकात समाप्त हुई तो दोनों अंग्रेज़ अफ़सर उन्हें बाहर छोड़ने आये। दूसरे दिन वे प्रिन्सिपल के साथ मौका देखने गये। शाम को प्रिन्सिपल ने स्कूल में एक भव्य सभा की, जिसमें ज़िलाधीश ने कॉलेज के होस्टल के लिए एक ग्राण्ट की घोषणा की और रेलवे अधिकारी ने कहा कि वे कॉलेज और उसके होस्टल में से लाइन न ले जायेंगे।"

यह किस्सा सुना कर हेड मास्टर चमनलाल ने कहा था, "मैं तब छठी जमात में पढ़ता था। उस शाम स्कूल में जो उत्साह देखा, उससे मुझे जो रोमांच हुआ, वह आज तक

याद है। तभी मैंने तय कर लिया था कि मैं अपना जीवन आर्य समाज और विशेषकर अपनी इस संस्था के लिए समर्पित कर दूँगा।"

फाटक के ऊपरी ऐंगल पर कोहनियाँ टिकाये, प्रकट दायीं ओर देखते हुए भी चेतन पुरानी स्मृतियों में गुम था। गाड़ी की धमक कब धीरे-धीरे बढ़ती हुई पास आ गयी, उसे कुछ पता नहीं चला। अचानक हवा के तेज़ गर्म झोंके के साथ इंजिन धड़धड़ाता हुआ आगे से निकल गया। चेतन चौंका। मालगाड़ी थी। चूँकि लाइन होस्टल के ऊपर से घूमती थी, इसलिए गाड़ी लम्बी है, यह जान पाना कठिन था। उतनी देर चुपचाप खड़े एक जैसे डिब्बों को गुज़रते देखना और बोर होना और भी कठिन था, इसलिए हमेशा की तरह वह ऐसे में डिब्बे गिनने लगा। जब सत्तर डिब्बों के बाद गार्ड की वैन आयी तो उसने सुख की साँस ली। फाटक खुला तो वह चुपचाप आगे बढ़ा।

०

जब चेतन को मालूम हुआ था कि उसके पिता ने सौ रुपये मुकन्दी और पचास मंगल को दिये हैं तो उसके मन में हूक-सी उठी थी। उसे उन ज़ालिम खत्रियों को पैसे देना सरासर ज़्यादती लगी थी। उनको रुपये देने के बदले वे सौ रुपये उसे दे देते तो न केवल उसके प्रवेश-शुल्क की समस्या हल हो जाती, बल्कि वह महत्वपूर्ण किताबें भी ख़रीद लेता। लेकिन यह बात वह भली-भाँति जानता था कि अपने मित्रों में अपनी शान दिखाने या अपनी बात मनवाने के लिए उसके पिता और दो सौ कर्ज ले कर दे सकते थे, लेकिन अपने किसी बेटे की फ़ीस आदि के लिए वे किसी दोस्त के आगे हाथ नहीं फैला सकते। यह काम माँ ही कर सकती थी।

लेकिन माँ से वह कैसे कहता ?....शिमले से वह चन्दा को लिख चुका था कि वह ट्यूशन से दाख़िले के पैसे जोड़ लेगा। जब उसकी पत्नी जालन्धर में थी और बच्चे से थी तो उसूलन उस कुछ रुपये घर भेजने चाहिएँ थे। लेकिन वह दोनों में से एक ही बात कर सकता था —रुपये घर भेजता या प्रवेश-शुल्क के पैसे जोड़ लेता —विशेषकर उस स्थिति में, जब उसे पहनने-ओढ़ने का अपना स्तर भी लाला हाकिमचन्द के बराबर रखना था। अपने आपको यही सब समझा कर कि वह दाख़िले के रुपये इकट्ठे कर रहा है, उसने एक भी पैसा घर न भेजा था। उसने योजना के अनुसार रुपये इकट्ठे कर भी लिये थे। लेकिन पहले यह सोच कर कि दाख़िले के ऊपर उसके पास वाफ़र पैसे हैं, उसने घर वापस आने की तैयारी में तोहफ़े ख़रीद लिये। फिर जब लाला हाकिमचन्द ने सब रुपये वापस ले कर उस पर अपनी लड़की को छेड़ने का इल्ज़ाम लगाया और अन्ततः बीस रुपया काट कर उसे साठ रुपये वापस किये और चेतन ने वह रुपया सोसाइटी के चन्दे से पूरा कर लिया तो फिर उस रुपये को, जो उसने सोसाइटी से अलग होने पर उसके नाम से वसूल किया था, प्रवेश-शुल्क पर ख़र्च करना उसे ग़लत लगा। तब यह सोच कर कि वह रुपये कहीं से अतिरिक्त कमाई करके सोसाइटी को वापस कर देगा, उसने चन्दा के लिए साड़ी ख़रीद ली थी....

और यूँ माँ से रुपये माँगने की समस्या उसके सामने आ गयी थी।

यदि जालन्धर में उसकी वापसी के दिन मुकन्दी, मंगल और चेतन के भाइयों में

घमासान न मचता तो शायद चेतन पहली रात ही माँ को शिमले के प्रवास की सारी घटनाएँ सुना कर अपनी समस्या उसके सामने रख देता और माँ से दाख़िले के रुपये जुटाने के लिए कहता, पर उस भयंकर स्थिति में कुछ भी कहना उसके लिए कठिन हो गया था। वह तो ठीक से न अपनी पत्नी से बात कर पाया, न अपने नवजात बेटे को प्यार। जब उसके पिता इंजरी सर्टिफ़िकेट ले कर पुलिस में रिपोर्ट दर्ज कराने के बाद विरोधियों पर कचहरी में नालिश करके बहराम चले गये तो चेतन ने उस शाम पहली बार शिमले वाला ट्रंक खोला था।

छोटे भाइयों को ताश की छोटी गड्डियाँ और परसराम तथा मेघनाथ को उसने स्टड बटन दिये थे। फिर उसने माँ को नक्काशीदार थाल और कटोरियाँ दी थीं। वे बर्तन इतने सुन्दर थे कि माँ की आँखों में चमक आ गयी थी। उसका सूखा मुख खिल उठा था और उसने उसे आशीष दी थी।

"माँ, ये है तो सूखा मेवा या ऐसी ही चीज़ें रखने के लिए, पर तुम सत्यनारायण की कथा कराती हो। थाल में फल और मेवे और कटोरियों में पूजा की सामग्री रखना।"

माँ यह सुन कर बहुत प्रसन्न हुई और थाल तथा कटोरियाँ उठा कर अन्दर लकड़ी के बड़े सन्दूक में रखने चली गयी। तभी चेतन की नज़र आँगन के बायीं ओर परले कोने में गयी थी। निचले पिछले कमरे में खुलने वाले अर्ध-गोलाकार वातायन के पास, उपेक्षित-सी, मशोबरे के सेबों की टोकरी पड़ी थी। उन तीन घटनाप्रद दिनों में किसी का ध्यान उधर नहीं गया था। चेतन वह टोकरी उठा लाया। माँ अन्दर से आयी तो उसने कहा — "मैं मशोबरे से सेब लाया था। उनकी ओर देखने का भी होश नहीं रहा। कुछ दिन वहाँ पड़े रहे, कुछ दिन यहाँ आये हो गये। सौभाग्य से ज़रा कच्चे लिये थे, इसलिए उम्मीद नहीं कि ख़राब होंगे। तुम इन्हें बाँट-बँटा कर छुट्टी पाओ, ख़राब हो गये तो किस काम के।"

माँ पिछले कमरे से रद्दी काग़ज़ और पीली लेसदार मिट्टी को गूँथ कर घड़े के उलटी ओर थाप कर घर ही में बनाया गया बड़े टोकरे ऐसा भउका उठा लायी और चेतन एक-एक कर सेब निकल कर उसमें डालता रहा। पक गये थे। सिर्फ़ दो-चार ख़राब हुए थे। माँ ने पहले सेर भर किसी ब्राह्मण के घर पहुँचाने के लिए अलग किये। फिर सभी बेटों को बुला कर एक-एक सेब बाँटा। शेष उठा कर अन्दर रख आयी। चेतन ने उस वक्त कुछ नहीं कहा। मन में उसने फ़ैसला कर लिया कि रात जब सब सो जायेंगे तो वह माँ से बात करेगा।

मुहल्ले में ब्राह्मणी निक्की के पाँच बच्चे थे। माँ प्रायः दान-पुण्य का सामान वहीं देती थी कि सब बच्चे तृप्त हो कर खा लें। वह बाहर आयी तो उसने अलग रखे हुए सेब एक बड़े छिक्कू में भरे, उन पर एक पतला लाल परना[१] डाला और उन्हें निक्की के घर देने चल दी।

चेतन अन्दर अपने कमरे में गया। चन्दा बच्चे के साथ लेटी थी। पति के अन्दर आते ही उठ बैठी। चेतन ने ट्रंक से लाल साड़ी निकाली और उसे चन्दा की गोद में रखते हुए कहा —

"शिमले से तुम्हारे लिए आया हूँ।"

---

१. साफ़ा, गमछा।

वहीं बैठे-बैठे साड़ी को कन्धे पर फैला कर चन्दा ने कहा —"बहुत सुन्दर है।" उसके चेहरे पर चमक आ गयी। उसने धीरे से कहा, "बहुत महँगी होगी।"

"बीस रुपये की है।" चेतन ने कहा, "ख़ालिस सिल्क है और देखो, बूटियाँ कितनी सुन्दर हैं। ब्लाउज़ का पीस भी साथ में है।"

चन्दा उठी। साड़ी तहा कर अलमारी में रखने लगी तो चेतन कहा, "ज़रा पहन कर दिखा दो।"

"ब्लाउज़ बन जायेगा तो पहनूँगी।"

"नहीं, अभी पहनो!"

और दालान से कैंची ला कर चेतन ने ब्लाउज़ का पीस अलग कर दिया। चन्दा ने साड़ी पहनी तो अपनी पत्नी का गोल-मटोल चेहरा उसे लाल भभूका दिखायी दिया। उठ कर उसने बांवी को बाँहों में भर कर चूम लिया।

तभी बाहर आँगन में माँ के आने की भनक कान में पड़ी तो चेतन ने कहा —"नयी साड़ी पहनी हो, जाओ, माँ के चरण छू आओ।"

"आपने माता जी को साड़ी दिखा दी थी ?"

अचानक चेतन को लगा कि उससे भूल हो गयी है। उसे माँ को साड़ी दिखा कर ही चन्दा को देनी चाहिए थी। लेकिन उसने पिछले तीन महीनों में एक पैसा भी घर नहीं भेजा था। चाहे वह माँ और भाइयों के लिए तोहफ़े ले आया था, पत्नी के लिए इतनी मँहगी साड़ी लाना माँ को कैसे अच्छा लगता। इसलिए वह माँ से कुछ कह न पाया था।

उसने चन्दा से कहा —"नहीं।"

उसकी पत्नी के चेहरे पर विनीत-सा भाव आ गया। अनुनय-भरे स्वर में उसने कहा, "मैं ऐसे साड़ी पहन कर जाऊँगी तो माँ जी बुरा मानेंगी। ऐसे कीजिए, मैं साड़ी उतार कर वैसे ही तहा देती हूँ। आप स्वयं उन्हें दिखा कर मुझे दे दीजिएगा। फिर मैं पहन कर उनके चरण छू आऊँगी।"

०

जर्नैली सड़क[१] पर चलते-चलते चेतन ने एक लम्बी साँस भरी।

वह चुपचाप बायें किनारे चला जा रहा था। उस ज़माने में कोलतार का रिवाज नहीं था और सड़कों पर कंकड़ पड़ते थे। कच्ची सड़क पर कंकड़ डाल कर उन पर इंजिन चलाया जाता था और यूँ सड़क पक्की बनायी जाती थी। सड़क की मरम्मत हुए शायद अभी ज़्यादा दिन नहीं हुए थे। वह न कटी-फटी थी, न उसमें कहीं गड्ढे थे। वह अपेक्षाकृत नयी लग रही थी। लेकिन उसके दोनों किनारों के नीचे मिट्टी मैदा बन गयी थी। हालाँकि उस ज़माने में उस पर आवा-जाई इतनी नहीं थी, तो भी जर्नैली सड़क आख़िर जर्नैली सड़क थी और उस पर ट्रक और बसें काफ़ी संख्या में चलती थीं। जब आमने-सामने से आने वाली बसों में क्रॉस होता था तो उनके एक ओर के पहिए सड़क के नीचे उतर जाते थे और मिट्टी को मैदा बना जाते थे। सड़क पर पीछे से आने वाले किसी ट्रक या बस से बचने के ख़याल से चेतन सड़क के बिलकुल बायें किनारे चला जा रहा था। लेकिन जब कोई

१. जर्नैली सड़क —सड़क-ए-आज़म, ग्रैण्ड ट्रंक रोड जो पंजाब से पूर्वी बंगाल तक जाती है।

बस सामने से आती और पीछे से भी किसी बस का हॉर्न सुनाई देता तो वह उस मैदे में चलने की बजाय सड़क के नीचे उतर आता।

सड़क इर्द-गिर्द के मैदान से ऊँची थी। प्राय: पंजाब की सड़कों के किनारे शीशम के घने पेड़ लगे रहते थे। लेकिन शहर से कॉलेज तक आने वाली यह सड़क दोनों ओर नितान्त छाया-विहीन थी। केवल आधे रास्ते में दो बड़े-बड़े सेमल के पेड़ एक साथ खड़े थे। जाने किसने कहाँ से दो बड़े-बड़े पत्थर ला कर उनके नीचे रख दिये थे। चेतन चुपचाप जा कर एक पत्थर पर बैठ गया।

साड़ी वाली घटना के बारे में सोचते-सोचते उसका मन सहसा उदास हो आया था अनजाने उसने फिर एक लम्बी साँस ली।

o

चन्दा ने साड़ी उतार कर उसे अच्छी तरह तहा दिया था। लेकिन उसी क्षण माँ के पास ले जाने का साहस चेतन को नहीं हुआ। उसके मन में चोर-सा आ बैठा था। रात को जब उसके भाई खाना खा कर सोने चले गये, चन्दा बच्चे को ले कर ऊपर बरसाती में चली गयी, रसोई का काम निपटा कर माँ ने दो कौर खा लिये तो सहसा चेतन ने कहा —"माँ, लगता है मुझसे एक ग़लती हो गयी है। मैं तुमसे सलाह करना चाहता था, लेकिन मुहल्ले में होने वाले झगड़े के कारण मुझे समय नहीं मिला। तुम ज़रा बैठो, मैं तुम्हें शिमले की अपनी ज़िन्दगी के बारे में कुछ बताना चाहता हूँ।"

माँ पीढ़ा ले कर बैठ गयी तो चेतन अन्दर से साड़ी ले आया और उसे माँ के घुटनों पर रख दिया। वह उसके पास ही दहलीज़ पर बैठ गया और शिमला के अपने प्रवास की तमाम घटनाएँ, कुछ भी छिपाये बिना, उसने माँ को बता दीं। अन्त में उसने कहा —

"माँ, यह साड़ी तो मैं ले आया हूँ। क्योंकि वे रुपये मैं पढ़ाई पर ख़र्च नहीं करना चाहता था, पर यह साड़ी ला कर मैंने ठीक किया या ग़लत, मैं तय नहीं कर पाया। तुम कहो तो मैं इसे चन्दा को दे दूँ।'

माँ क्षण भर चुप रही। फिर उसने बहुत धीमी आवाज़ में, जैसे कि वह बोलने की आदी थी, कहा, "पुत्तर, साड़ी लैण दे बदले जे एह रुपये तूँ किसे ग़रीब-गुरबे तूँ दे दित्ते हुन्दे ताँ चंगा हुन्दा।"[१]

और माँ ने उसे जो समझाया, उसका यही मतलब था कि यदि उस पाप की कमाई को वह अपनी शिक्षा पर ख़र्च नहीं कर सकता तो उनसे अपनी पत्नी के लिए साड़ी ही कैसे ला सकता है ? पाप की कमाई तो फलती नहीं। यह साड़ी भी बहू को फलेगी नहीं।

चेतन के दिल से जैसे एक भारी बोझ उतर गया था। हालाँकि उसने चन्दा से कहा नहीं था और साड़ी उसे दे भी दी थी। लेकिन साड़ी ख़रीदने के बाद ही से यह शंका उसके मन में अचेतन रूप से सिर उठाती रही थी। माँ की बात जैसे उसे अपने मन ही की बात लगी थी।

"ठीक है माँ, तुम इस साड़ी को किसी ग़रीब ब्राह्मण के घर दे दो।"

माँ प्रसन्न हो गयी। उसने कहा कि निक्की की दूसरी लड़की की शादी आते लग्नों

---

१. बेटे, साड़ी लेने के बदले अगर ये रुपये तुमने किसी ग़रीब-गुरबे को दिये होते तो बेहतर होता।

में होगी। उसने उसकी बड़ी लड़की की शादी में चेतन के ब्याह में आया बर्तन, पलँग और रज़ाई-दुलाई दे दी थी। वह सोचती है, यह साड़ी वह रानो के ब्याह में दे दे।

"तुम ठीक सोचती हो माँ," चेतन ने कहा था, "वहीं दे दो!"

बात करते-करते रात काफ़ी बीत गयी थी। माँ साड़ी और लालटेन उठा कर उसे अन्दर ट्रंक में रखने चली तो चेतन भी साथ हो लिया। उसने कहा, "माँ, मेरे पास दाख़िले के पैसे कम हो गये हैं। उसके लिए क्या करूँ ?"

"किन्ना दाख़िला लगदा ए तेरा ?"[१]

"ठीक-ठीक तो फ़ॉर्म भरने के बाद ही पता चलेगा। लेकिन शायद अस्सी रुपये लगें।" क्षण भर रुक कर उसने इतना और जोड़ा, "कुछ रुपये तो मेरे पास बच गये हैं, लेकिन नयी किताबें भी ख़रीदनी होंगी। इसलिए लगभग उतने का इन्तज़ाम तो करना ही होगा। सोचता हूँ, मुकदमे की पेशी तो महीने भर बाद पड़ी है। मैं कल-परसों चला जाऊँ, फ़ॉर्म भर दूँ। कितना दाख़िला लगेगा, यह जान कर तुम्हें लिख दूँगा। तुम रुपये का इन्तज़ाम कर रखना। मैं पेशी पर आऊँगा ही। ले जाऊँगा।"

और माँ ने हामी भर दी थी।

चेतन ऊपर बरसाती में सोने चला गया था तो चन्दा जाग रही थी और धीरे-धीरे बच्चे को थपक रही थी। बराबर की चारपाई पर लेटते हुए चेतन ने कहा था, "चन्दा, वह साड़ी मैं माँ को दे आया हूँ।"

वह क्षण भर चुप रहा। करवट बदल कर चन्दा पलँग पर ज़रा पाटी की ओर चेतन के निकट खिसक आयी, पर उसने कुछ कहा नहीं। "क्यों दे आये ?" अथवा "माँ ने क्या कहा ?" उसने कुछ नहीं पूछा। बस, चुप लेटी रही।

चेतन ने ख़ुद ही कहा, "असल में वह साड़ी टेण्टेड मनी से ख़रीदी गयी थी...." फिर सहसा यह ख़याल आने पर कि चन्दा तो इस शब्द का अर्थ नहीं समझ पायेगी, उसने कहा —"टेण्टेड मनी यानी दूषित धन यानी पाप की कमाई। मुझे मौका नहीं मिला कि मैं तुम्हें सारी बात बताता। बीस रुपये, जिससे मैं साड़ी लाया था, असल में मेरी धर्म की कमाई के थे नहीं। माँ ठीक कहती है, मुझे तुम्हारे लिए इन पैसों से साड़ी नहीं लानी चाहिए थी।"

और वहीं लेटे-लेटे उसने शिमला-प्रवास के उन अन्तिम दिनों की सारी कथा अपनी पत्नी को कह सुनायी, जिसे पत्रों में लिखने का उसे मौका नहीं मिला था।

चन्दा एकदम पाटी पर खिसक आयी। दायें हाथ से पति के बाल सहलाते हुए उसने उसे तसल्ली दी कि माँ की बात मान कर उसने बिलकुल ठीक किया। उसके भाग्य में होगा तो वैसी ही बीसियों साड़ियाँ वह पहनेगी और पति की अपनी कमाई से पहनेगी।

छाती ठोंक कर चेतन ने कहा था, "चन्दा, मैं लॉ कर लूँ। कम्पीटीशन में आ गया तो ख़ैर, नहीं तो मैं प्रैक्टिस करूँगा, इतना पैसा कमाऊँगा कि तुम्हें सोने में पीली कर दूँगा। यह साड़ी तो कुछ भी नहीं, मैं तुम्हारे लिए ऐसी साड़ियाँ ला दूँगा कि तेरी किसी सहेली ने देखी तक न हों।"

लालटेन के नीम-अँधेरे में चेतन को अपनी पत्नी का चेहरा दिखायी नहीं दे रहा था।

---

१. कितना दाख़िला लगता है तुम्हारा ?

वह उसके सिर पर धीरे-धीरे हाथ फेर रही थी। चेतन ने अचानक उसके हाथों में अतिरिक्त स्निग्धता महसूस की थी। चन्दा ने किंचित अभिभूत और गर्व-भरे स्वर में बहुत धीरे-से कहा था —

"मुझे पूरा विश्वास है।"

०

लम्बी साँस ले कर चेतन उठा और धीरे-धीरे चल पड़ा। हालाँकि उस दूषित धन से ख़रीदी गयी वह साड़ी माँ को सौंप कर वह हलका हो गया था, पर कहीं उसका मन बहुत उदास भी हो आया था। उसे बार-बार अपनी मूर्खता और आवेगशीलता पर क्रोध आ रहा था। उसने साड़ी ख़रीदने से पहले वह सब क्यों नहीं सोचा ? और माँ से सलाह किये बिना चन्दा को साड़ी क्यों दिखायी-पहनायी ? बार-बार यही बात उसके मन को कोंचने लगी।

६

माँ ने ठीक ही तो कहा था —जिस धन को वह अपनी शिक्षा पर ख़र्च नहीं कर सकता था, उससे अपनी पत्नी के लिए साड़ी कैसे ख़रीद सकता था ? —सिर नीचा किये अपने विचारों में गुम, जर्नैली सड़क पर धीरे-धीरे चलते हुए चेतन ने सोचा। मन-ही-मन उसे अपने आप पर बेहद ग़ुस्सा आया —उसने पहले ही माँ से क्यों नहीं पूछा ? बार-बार यही प्रश्न उसके ज़ेहन को ठकोरने लगा। अगर वह पहले माँ से पूछ लेता तो चन्दा को पता भी न चलता कि वह उसके लिए साड़ी लाया है। क्षण भर के लिए उसे साड़ी पहना कर वापस लेने की दुखद स्थिति भी उपस्थित न होती। यह तो ठीक है कि उसकी भोली बीवी ने उस घटना को सहज भाव से लिया था और उसका ज़रा भी बुरा नहीं माना था, लेकिन क्या उतनी सुन्दर साड़ी पहन कर फिर उससे वंचित हो जाने पर उसे ज़रा भी मलाल न हुआ होगा ? वह इतनी मौन, धीर, गम्भीर और गहरी थी —अपनी तमाम हँसमुखता के बावजूद —कि उसके दिल का पता पाना चेतन के लिए हमेशा कठिन रहा था....गयी रात तक वह उस घटना को ले कर परेशान रहा था, अपनी मूर्खता और आवेगशीलता पर उसे बार-बार क्रोध आता रहा था, लेकिन चन्दा गहरी नींद सो गयी थी और सुबह उठी थी तो उसका चेहरा पूर्ववत खिला हुआ था।

वह बच्चे को दूध पिला रही थी, जब चेतन ने बच्चे की ओर देख कर कहा था — "यह कम्बख़्त पिता पर भारी है। आने के साथ ही इसने मुझे एक रात हवालात की सैर करा दी।" और चेतन ने पत्नी को बताया कि जिस दिन उसके बेटे ने जन्म लिया था, उससे दो-चार दिन पहले जो चेतन रियासत क्यार कोटी में पकड़ा गया था और सारी रात उसने उस ठण्डे-यख़, नरक-ऐसे तहख़ाने में गुज़ारी थी।

चन्दा ने बच्चे को गोद में भर चूम लिया था। "मुझे तो इसने ज़रा भी तकलीफ़ नहीं दी।" वह हँसी थी, " मैं तो बहुत डरती थी। जब दर्द शुरू हुआ और माँ जी दाई को लेने

भागीं तो दाई के आने के पहले ही यह बाहर आ गया था।"

और पुनः हँसते हुए उसने बच्चे को फिर सीने से लगा कर चूम लिया था।

वहीं सड़क पर धीरे-धीरे चलते हुए चेतन की आँखों में उसकी पत्नी का खिला हुआ मुख आ गया। उसके यहाँ पहला लड़का हुआ और कोई गहना उसे बनवा कर देना तो दूर, वह उसके लिए एक मामूली साड़ी भी नहीं ला सका। उलटे उसकी मूर्खता ने ऐसी स्थिति पैदा कर दी कि उसकी पत्नी शिमला से विशेषकर पति द्वारा अपने लिए लायी साड़ी समझ कर उसे पहने और उससे वंचित भी हो जाये! पहले भी लाहौर में जब उसने चन्दा के लिए लाल कार्डिगन ख़रीदा था तो भाभी ने रार मचा दी थी और उसे पहले भाभी ने ही पहना था।

वह कितना मजबूर है!....चेतन मन-ही-मन दुख और उदासी से हँसा....इन पिछले ढाई-तीन वर्षों के वैवाहिक जीवन में वह अपनी इस पत्नी कि लिए कुछ भी तो नहीं ख़रीद पाया। उसे कोई सुख नहीं दे पाया....और वह इतनी भोली, विश्वासी और उदार है कि एक बार भी उसने किसी तरह की शिकायत नहीं की, कोई गिला-शिकवा नहीं किया, किसी तरह के अभाव का पता नहीं दिया....वह फ़र्स्ट डिवीज़न में कानून पास करेगा —उसने सोचा —कम्पीटीशन में बैठेगा, जज बनेगा और अपनी पत्नी को गहनों-कपड़ों से लाद देगा।

०

सिर झुकाये सड़क के किनारे-किनारे चलता हुआ चेतन मन-ही-मन भविष्य के सपने देख रहा था कि अचानक उसकी दायीं ओर से, लगभग उसे छीलती हुई-सी एक साइकिल निकली। चेतन को ऐसा लगा कि साइकिल सवार ने उसके पास से गुज़रते हुए ज़रा मुड़ कर उसकी ओर देखा है। तभी साइकिल 'खट' से रुकी और, "ओए चेतन, तूँ किद्धर!" कहता हुआ साइकिल-सवार उतरा।

दूसरे क्षण, "अरे मुल्कराज!"....कहता हुआ चेतन उसकी ओर लपका और दोनों बग़लगीर हो गये। "तुम किधर से आ रहे हो ?" चेतन ने उसे बाँहों में भींचते हुए पूछा।

साइकिल मुल्कराज के हाथ से छूट कर दोनों की टाँगों को छूती हुई, सड़क पर आ रही।

"ज़रा कॉलेज आया था," मुल्कराज ने अलग हो कर साइकिल उठाते हुए कहा, "एक लड़के का ट्रांसफ़र-सर्टिफ़िकेट लेना था, बनवा भी लिया था, सिर्फ़ प्रिन्सिपल के दस्तख़त होने थे। लेकिन हमारे 'त्यागमूर्ति जी' के आराम का समय हो गया था। वे अपनी 'गवर्नर्ज़ कॉटेज' चले गये," मुल्कराज हँसा, "अब कल फिर आना पड़ेगा।"

साइकिल को उठा, उसके हैण्डल को दायें हाथ से थाम कर बायें हाथ से चेतन के ऊँचे कन्धे को घेर, मुल्कराज साथ-साथ चलने लगा।

"यह प्रिन्सिपल नम्बरी ख़ुद-ग़रज़ है।" चेतन ने चिढ़ कर कहा, "अपना काम पड़ने पर यह गधे को बाप बना लेगा। लेकिन अगर किसी को इससे काम पड़ जाये तो यह बाप तक को पहचानने से इनकार कर देगा। यूँ 'त्यागमूर्ति' कहलाता है। पर निवास का नाम 'गवर्नर्ज़ कॉटेज' रखा हुआ है इसने।" और चेतन ने खोखला ठहाका लगाया। "मेरे साथ आज उसने जो व्यवहार किया, वह दिलचस्प भी है और दुखद भी। मुझे हँसी भी आती है

और ग़ुस्सा भी।"

चेतन किस्सा सुनाने जा रहा था कि मुल्कराज ने कहा, "तुम पैदल कैसे जा रहे हो ?"

"जिस ताँगे से आया था, वह चला गया। कोई और सवारी मिली नहीं।"

"चलो, आज मेरे साथ बस्ती, शाम का खाना मेरे साथ खाओ।"

"नहीं यार, मुझे सुबह लाहौर की गाड़ी पकड़नी है और अभी तैयारी भी करनी है। मैं लॉ कॉलेज में दाख़िल हो रहा हूँ। फ़ॉर्म भर आया हूँ। कैरेक्टर सर्टिफ़िकेट लेने आया था। पहले ही देर हो गयी। जा कर फ़ीस जमा कराऊँगा तो सेशन में बैठ पाऊँगा।"

"तो चलो, साइकिल पर बैठो, मैं तुम्हें बस्ती के अड्डे पर छोड़ दूँगा।"

चेतन साइकिल के फ़्रेम पर आगे बैठ गया, बायाँ पैर पैडल पर रखते हुए दायाँ पैर घुमा कर मुल्कराज काठी पर बैठा और तेज़-तेज़ साइकिल चलाने लगा।

०

शादी के बाद मुल्कराज से चेतन की यह पहली मुलाकात थी। काफ़ी दूर तक दोनों एक-दूसरे को अपने बारे में बताते रहे। चेतन ने लाहौर की ज़िन्दगी और अपने संघर्ष, ससुर के पागल होने और वहाँ सेठ के यहाँ अपनी सास के काम करने के बारे में मुल्कराज को विस्तार से बताते हुए कानून पास करने के फ़ैसले की बात कही। और मुल्कराज ने बताया कि बी० एस-सी० करने के बाद वह पहले कुछ दिन अपने ही स्कूल में पढ़ाता रहा। फिर जब सनातन धर्म हाई स्कूल ने भी एम० ए० की क्लासें खोलने की अनुमति ले ली, तो वह वहाँ लेक्चरर हो गया। अब वह वहाँ गणित पढ़ाता है। डी० ए० वी० कॉलेज के कई छात्र वहाँ आ गये हैं और प्रिसिन्पल को इसी बात का ग़ुस्सा है।

तब चेतन ने कॉलेज के ज़माने में प्रिन्सिपल के साथ होने वाली अपनी झोड़ों का ज़िक्र किया और बोला, "मेरा ख़याल था कि प्रिन्सिपल वह सब भूल गया होगा, लेकिन यार उसे सब कुछ याद है।"

०

बात वास्तव में यह थी कि कॉलेज से डिग्री लेने के पहले चेतन लाहौर चला गया था। बस, दिन-के-दिन सर्टिफ़िकेट लेने आया था। फिर उसने कॉलेज की शक्ल नहीं देखी थी। उसे सपने में भी यह ख़याल नहीं था कि उसे फिर कभी अपने कट्टर और क्रूर प्रिन्सिपल से काम पड़ेगा। लेकिन लॉ कॉलेज में फ़ॉर्म भरने के बाद उसे मालूम हुआ कि उसे कैरेक्टर सर्टिफ़िकेट की ज़रूरत पड़ेगी। पिछले दिन जब माँ ने उसे बताया था कि उसके पिता मुकन्दी और मंगल को रुपया देने के बाद शेष रुपये उसे दे गये हैं तो उसने माँ से दाख़िले के रुपयों की बात की थी। माँ ने बताया था कि उसने प्रबन्ध कर रखा है। बीस रुपये कम पड़ते थे, सो उसके पिता उसे दे गये हैं। वह दाख़िले की चिन्ता न करे। आश्वस्त हो कर चेतन सुबह ही कैरेक्टर सर्टिफ़िकेट लेने के लिए कॉलेज आ गया था।

वह अपने प्रिन्सिपल के स्वभाव से पूरी तरह वाकिफ़ था। विनम्रता और त्याग के तमाम दिखावे के बावजूद किसी महत्वहीन व्यक्ति अथवा सामान्य छात्र से वे कभी न मिलते थे। तब यद्यपि चेतन को 'बन्दे मातरम' छोड़े अर्सा हो गया था, वह 'वीर-भारत' और

'भूचाल' की सम्पादकी भी छोड़ कर आया था, लेकिन उसने चिट पर अपने नाम के आगे 'असिस्टेण्ट एडिटर, डेली बन्दे मातरम, लाहौर' लिख कर उसे चपरासी को देते हुए कहा था —"मैं लाहौर से आया हूँ। प्रिन्सिपल साहब से ज़रूरी काम है, यह चिट उन्हें दे दो।"

हालाँकि चेतन को वैसी कोई आशा नहीं थी और चपरासी चिट अन्दर ले कर गया तो उसका दिल सहसा धड़कने लगा था, लेकिन जब दूसरे ही क्षण चपरासी ने बाहर आ कर उसे बुलाया तो उसका धड़कता हुआ दिल और भी धड़क उठा।

बहुत ही आदर से 'नमस्कार' कर जब वह उनके संकेत करने पर उनके सामने कुर्सी पर बैठ गया तो एक और निगाह उसने अपने उस 'ऐडवोकाटस डायाबोली'[१] पर डाली थी। इन चन्द वर्षों में उनके सरापे और पहरावे में कोई अन्तर न आया था....वही छोटा कद, पतला-छरहरा शरीर, हैण्डलूम की धारीदार कमीज़, मोटी धारीदार गबरून का बन्द गले का ढीला-सा कोट, उसी कपड़े की पायजामानुमा पतलून या पतलूननुमा पायजामा और सिर पर वही बड़ी-सी पगड़ी —सिर्फ़ उनके चेहरे की लकीरों पर कुछ और काठिन्य और आँखों में कुछ और सख़्ती आ गयी थी। लेकिन जब उन्होंने उससे बात की तो वे कठिन लकीरें मिट गयीं, उनके स्वर में नर्मी और थोड़े गर्व की भावना आ गयी। आदत के मुताबिक बात उन्होंने अंग्रेज़ी में ही शुरू की और इस बात पर गर्व प्रकट किया कि उनकी संस्था का एक छात्र लाहौर के राष्ट्रीय दैनिक में काम करता है। उन्होंने अपने स्कूल और कॉलेज से निकले अन्य समाज-सेवियों, बड़े पदाधिकारयों, राजनेताओं और दानियों का सगर्व उल्लेख किया और कहा कि देश में राष्ट्रीय भावना भरने में आर्य समाज का बहुत बड़ा हाथ है। उन्होंने हमेशा स्वयं सादे जीवन और उच्च विचारों पर ज़ोर दिया है और राष्ट्रीय भावनाओं की कद्र की है....

चेतन के सामने १९३० के कांग्रेस आन्दोलन की तस्वीर खिंच गयी थी, जब गोल मेज़ कॉन्फ़रेंस से लौटते ही महात्मा गान्धी को गिरफ़्तार कर लिया गया था, देश भर में आन्दोलन छिड़ गया था, कॉलेज में हड़ताल हो गयी थी और प्रिन्सिपल ने कक्षा के दो मेधावी छात्रों को रस्टीकेट कर दिया था। चेतन ने उस कुकृत्य के लिए उन्हें कभी क्षमा न किया था।

लेकिन उसने कुछ नहीं कहा, चुपचाप जैसे मन्त्र-मुग्ध प्रिन्सिपल का भाषण सुनता रहा।

सहसा अपनी वक्तृता समाप्त करते हुए उन्होंने कहा —"तुमने तो १९३१ में बी० ए० किया था ?"

चेतन ने स्वीकार में सिर हिलाया।

देखो तुम्हारे आल्मा मेटर[२] ने इन तीन वर्षों में कितनी उन्नति की है। तुम लोगों को अपनी मातृ-संस्था की ख़ैर-ख़बर रखनी चाहिए।"

और वे उठे, उसे साथ ले कर उन्होंने उसे कॉलेज का नया साइंस ब्लॉक और

---

१. Advocatus Diaboli, शैतान का वकील, नुक्ता-चीनी करने वाला, ग़लतियाँ निकालने वाला।

२. आल्मा मेटर = मातृ-संस्था।

पुस्तकालय की नयी इमारत दिखायी। यही नहीं, होस्टल की इमारत में जो ब्लॉक बढ़ाये गये थे, वे भी दिखाये।

वापसी पर चेतन ने उनकी कार्य-कुशलता और कर्मठता की प्रशंसा की। अपनी क्षणिक उदारता में उसने यह भी स्वीकार किया कि यदि उनके सद्प्रयत्नों से कॉलेज में पहले एफ़० ए० और डिग्री क्लासें न खुलतीं तो लाहौर जा कर शिक्षा जारी रखने में अशक्त उस जैसे कितने ही छात्र मैट्रिक से आगे शिक्षा प्राप्त न कर पाते। अन्त में उसने कहा कि 'बन्दे मातरम' में तो नहीं, लेकिन 'मिलाप' में वह ज़रूर अपने 'आल्मा मेटर' के बारे में लिखेगा।

वापस कमरे में आ कर कुर्सी पर बैठते हुए उसने कहा (इसलिए भी कि झूठ को बहुत देर तक छिपाये रखना उसकी प्रकृति में नहीं था और सच बात उसके मुँह से निकल जाती थी) कि वह 'बन्दे मातरम' की नौकरी छोड़ रहा है, सोचता है कानून पास कर ले, सम्भव हो तो सब-जजी की परीक्षा में बैठे। वह इधर हिन्दी में भी लिखने लगा है। वह हिन्दी की प्रसिद्ध पत्र-पत्रिकाओं में भी अपने 'आल्मा मेटर' के बारे में अपने संस्मरण लिखेगा और उसने अपना मन्तव्य प्रकट किया कि उसे कैरेक्टर सर्टिफ़िकेट की ज़रूरत है, उनकी बड़ी कृपा होगी यदि वे उसे गुड कैरेक्टर सर्टिफ़िकेट दे देंगे।

सहसा प्रिन्सिपल का चेहरा कठिन हो गया। उनकी आँखों में भी पतली-सी क्रूरता की रेखा आ गयी। वे कुर्सी पर तन कर बैठ गये। सिर को झटके से ज़रा पीछे करते हुए उन्होंने एक तेज़ निगाह उस पर डाली और बोले —"वेल लाला जी, वर यू रीयली अ गुड स्टूडेण्ट इन योर कॉलेज ?"[१]

चेतन क्या जवाब दे, वह सहसा तय न कर पाया। उसकी आँखों के सामने कॉलेज के चार वर्ष घूम गये —पगड़ी तज कर खादी का कुर्ता-पायजामा पहनना और नंगे सिर आना, परीक्षा-हॉल में प्रिन्सिपल द्वारा कापियाँ बाँटते हुए खड़े न होने पर प्रिन्सिपल का क्रोध, ट्यूटोरियल में साम्प्रदायिक संस्थाओं के विरुद्ध दिये गये उसके भाषण से नाराज़ हो कर (जिसमें उसने संकेत रूप से उन्हें ऐडवोकाटस डायाबोली तक कह दिया था) प्रिन्सिपल का बमकना और वैसी ही कई घटनाएँ चेतन की आँखों में आ गयीं। वह चुप बैठा रह गया।

तब प्रिन्सिपल ने ख़ासी रुखाई से कहा कि वह कार्यालय में जाये, देखे कि उसके ज़िम्मे कुछ ड्यूज़ नहीं हैं। हेड क्लर्क सर्टिफ़िकेट बना देगा।

और यह कह कर उन्होंने होल्डर उठाया था और फ़ाइल सामने कर ली थी।

चेतन ने उन्हें 'नमस्कार' किया था (जिसका उन्होंने कोई नोटिस नहीं लिया) और वह बाहर आ गया था।

हेड क्लर्क लाला रघुवर दयाल कॉलेज के पुराने कर्मचारी थे। चेतन से परिचित थे। पक्के आर्य समाजी होते हुए भी उन्हें राष्ट्रीय आन्दोलनों और उनमें भाग लेने वाले लड़कों से हमदर्दी थी। चेतन ने उनके सामने अपनी समस्या रखी थी। हेड क्लर्क ने एकाध फ़ाइल और एकाध राजिस्टर देख कर बताया कि उसके नाम ढाई रुपये बाकी हैं —आठ आने यूनियन के चन्दे के खाते और एक रुपया पुस्तकालय और एक रुपया स्पोर्ट्स के खाते,

---

१. बताइए लाला जी, क्या आप सचमुच कॉलेज में अच्छे छात्र थे ?

चार आने कैरेक्टर सर्टिफ़िकेट के फ़ॉर्म की फ़ीस होगी। वह दो रुपये बारह आने बाहर से जा कर काउण्टर क्लर्क की खिड़की में दे कर रसीद ले आये, वह रसीद कैरेक्टर सर्टिफ़िकेट के साथ लग जायेगी। तब उस पर प्रिन्सिपल से दस्तख़त करा ले।

"बाऊ रघुवर दयाल जी," चेतन ने सविनय कहा, "आप चिट पर ड्यूज़ लिख दीजिए, मैं जमा कराके रसीद ला देता हूँ। इतनी कृपा आप मुझ पर कीजिए कि सर्टिफ़िकेट बनवा कर आप ही प्रिन्सिपल साहब के दस्तख़त करवा दीजिए। मैं बहुत मशकूर हूँगा।"

हेड क्लर्क ने चिट बना दी। चेतन दफ़्तर से बाहर निकल कर ज़रा घूम कर खिड़की पर पहुँचा तो उसे खिड़की के झरोखे में मशीन से कटे सफ़ेद बालों वाला एक सिर दिखायी दिया, जो किसी रजिस्टर पर झुका था।

चेतन ने चिट और दो रुपये बारह आने खिड़की में बढ़ाये। वह सिर उठा तो चेतन का दिल धक से रह गया —मास्टर अड्डी चुक्क भूतना!

चेतन ने देखा —भूतना के चेहरे की लाली यकसर ग़ायब हो चुकी थी, मुँह के दाँत कुछ और बाहर को निकले पड़ते थे, निचला होंट कुछ ज़्यादा लटक आया था। चेहरा सँवला गया था और उस पर कुछ अज़ीब-सी दयनीयता बरस रही थी। चेतन की आँखों में आठवीं कक्षा में गणित के पीरियड वाला उनका आतंक-भरा चेहरा घूम गया, जिसकी भयावनी छाया में उसने एक के बदले दो वर्ष बिताये थे और वह सचमुच बीमार हो गया था। उसने अनायास उन्हें दोनों हाथ जोड़ कर 'नमस्ते' की।

भूतना ने उसकी ओर देखा। उनकी बुझी-बुझी आँखों में किसी तरह की पहचान नहीं थी। उन्होंने उसकी 'नमस्ते' का भी कोई जवाब नहीं दिया। चिट और पैसे काउण्टर से उठा कर उन्होंने चिट पढ़ी, पैसे दराज़ में रखे, रजिस्टर में उनका इन्दराज किया और रसीद काट कर उसे दे दी।

चेतन ने स्वभाववश फिर उन्हें 'नमस्ते' की थी, जिसका भूतना ने फिर कोई नोटिस नहीं लिया। चेतन रसीद ले कर कार्यालय में आ गया। उसने रसीद बाबू रघुवर दयाल के हवाले की। उन्होंने कैरेक्टर सर्टिफ़िकेट बनाया, रसीद उसके साथ लगायी और प्रिन्सिपल के कमरे में चले गये थे।

चेतन बैठा नहीं। कुर्सी की पीठ पर हाथ रखे खड़ा रहा कि बाबू रघुवर दयाल दस्तख़त कराके आ जायें तो सर्टिफ़िकेट ले कर जाये। जब वे काफ़ी देर तक नहीं आये तो चेतन कुर्सी घसीट कर बैठ गया था।

चेतन को लगा, जैसे एक युग के बाद हेड क्लर्क वापस आये। सर्टिफ़िकेट उसे देते हुए कदरे हँस कर उन्होंने कहा —"प्रिन्सिपल आज दस्तख़त नहीं करना चाहते थे। उनका ख़याल था —आपने उनसे झूठ बोला है। जब मैंने उन्हें बताया कि मैंने स्वयं आपकी कहानियाँ लगातार 'प्रताप' और 'बन्दे मातरम' में पढ़ी हैं तो उन्होंने कहा —'ही वॉज़ नॉट अ गुड स्टूडेण्ट, ही वॉज़ वेरी रूड ऐण्ड डिसओबिडियेण्ट'।"[१]

"तब मैंने उनसे कहा," हेड क्लर्क ने बात जारी रखी, "कि कॉलेज में छात्र मेच्योर नहीं होते, कि चेतन तो आपकी कर्मठता की बहुत प्रशंसा करते हैं और वे बहुत अच्छे कथाकार हैं और अपने कॉलेज और शहर का नाम रोशन कर रहे हैं। तब वे ख़ुश हो गये।

१. वह अच्छा छात्र नहीं था, वह बहुत बेहूदा और अवज्ञाकारी था।

और —'आई डोण्ट वॉण्ट टु रूइन ऐनी ऑफ़ माई स्टूडेण्ट्स लाइफ़'[१] कहते हुए उन्होंने मेरी ज़िम्मेदारी पर दस्तख़त कर दिये। और कहा —'टेल हिम टू मीट मी बिफ़ोर ही लीव्ज़'।"[२]

और हेड क्लर्क ने चेतन से कहा —"जाते वक्त उनसे मिल कर जाइएगा।"

"आप उनसे मेरी ओर से क्षमा माँग लीजिएगा।" चेतन ने कहा, "मुझे बहुत देर हो गयी है, मुझे गाड़ी पकड़नी है, मैं फिर आऊँगा और उनके दर्शन करूँगा।"

और काफ़ी गर्मजोशी के साथ हेड क्लर्क से हाथ मिला कर और उन्हें धन्यवाद दे कर वह बाहर आ गया था। अपने कमरे के सामने भूतना खोये-खोये से खड़े थे। सहसा चेतन की निगाह उनकी आँखों पर गयी। हाँ, अन्तर वहीं आया था। उनकी वह दहशत पैदा करने वाली बर्बरता चुक गयी थी —बुझी-बुझी दयनीय आँखें! जाने क्यों चेतन ने उन्हें फिर 'नमस्ते' की। भूतना ने फिर कोई उत्तर नहीं दिया। जाने उन्होंने कुछ सुना भी या नहीं। वैसे ही शून्य में देखते खोये-खोये से खड़े रहे।

चेतन का मन सहसा उदास हो आया था और दफ़्तर की सीढियाँ उतर कर वह गेट की ओर चल दिया था।

०

साइकिल पर मुल्कराज के आगे-बैठा चेतन लगातार यह किस्सा सुनाता आया था। बस्ती का अड्डा आ गया। मुल्कराज साइकिल से उतरा। चेतन ने लिफ़्ट के लिए धन्यवाद देते हुए मुल्कराज से हाथ मिलाया।

"इस बार तो मैं ज़ोर नहीं देता," मुल्कराज ने स्नेह से उसका हाथ हिलाते हुए कहा, "पर वादा करो, अगली बार आओगे तो हम लोगों के ग़रीबख़ाने पर भी पधारोगे।"

चेतन ने वादा किया, लेकिन मुल्कराज का हाथ छोड़ा नहीं। उसे अपने हाथ में ही लिये हुए उससे पूछा —"भूतना क्या रिटायर हो गये हैं ?"

मुल्कराज हँसा, "वे अपने लड़के की बदी निकालना चाहते थे, पर उस फ़रमाबरदार ने उनकी तमाम बदी निकाल दी। उनकी सारी क्रूरता ख़त्म हो गयी। उन्होंने लड़के को पीटना छोड़ दिया। स्कूल के लड़कों के दिल से उनका आतंक निकल गया। तब अथॉरिटीज़ के लिए उनका कोई उपयोग नहीं रह गया। उन्हें रिटायर कर दिया गया। चूँकि उन्होंने भी अपना जीवन स्कूल को दे रखा है, प्रिन्सिपल ने दया करके उन्हें काउण्टर क्लर्क की जगह दे दी है।

"अज़ीब बात है," मुल्कराज ने चेतन का हाथ हिलाते और विदा लेते हुए कहा, "जब सचमुच वे लड़कों को पढ़ाने योग्य हुए तो उन्हें रिटायर कर दिया गया।"

और चेतन का हाथ छोड़ कर मुल्कराज बस्ती ग़ज़ाँ की ओर चल दिया। चेतन 'बाँसों वाले बाजार' की ओर पलटा और धीरे-धीरे घर की ओर चल पड़ा।

सहसा मुल्कराज का अन्तिम वाक्य उसके दिमाग़ में कौंध गया और एक लम्बी साँस उसके दिल की गहराई से निकल गयी।

---

१. मैं अपने किसी छात्र का जीवन नष्ट नहीं करना चाहता।

२. उससे कहिए, जाने से पहले मुझसे मिल कर जाये।

दूसरा खण्ड

७

"मास्टर जी, बच्चे तुहातों पढ़ना नहीं चाहुँदे। हुण तुसी छुट्टी करो।"[१]

और सरदार जगदीश सिंह (लैण्ड-लॉर्ड ऐण्ड हाउस प्रोप्राइटर) ने जेब से तीन रुपये चार आने के पैसे निकाल कर चेतन की ओर बढ़ा दिये।

चेतन जड़वत खड़ा रह गया, जैसे उसने उनकी बात का आशय न समझा हो....उस बढ़े हुए हाथ की माँसल, चौड़ी हथेली पर तीन रुपये चार आने के पैसे पिछली खिड़की से आने वाली रोशनी में चमक रहे थे। वहाँ से बिछलती हुई चेतन की निगाह उनके चेहरे पर चली गयी थी। सरदार जगदीश सिंह मेज़ की ओर से कुर्सी ज़रा टेढ़ी किये, बायें हाथ की कोहनी मेज़ पर पसारे, पीठ मेज़ से लगाये बैठे थे। उन्होंने बिना कोट के कमीज़-टाई-वास्केट और पतलून पहन रखा था। दस्तार-सजे, बड़े-से सिर को ज़रा पीछे किये, दायीं टाँग पर बायीं टाँग रखे, अकड़े बैठे, दाढ़ी की झाड़ी में से चमकती छोटी-छोटी आँखों से वे उसकी ओर देख रहे थे। उनकी पतलून का पायँचा ज़रा ऊपर हो गया था और उनके पैरों में कीमती मोज़े और पम्प शू चमक रहे थे।

सरदार साहब के चेहरे से हट कर चेतन की दृष्टि बराबर ही पलँग पर आलथी-पालथी मारे बैठी उनकी सरदारनी पर गयी थी —दोहरा शरीर, गोरा रंग, मेढक-सी छोटी गर्दन पर भरा हुआ अण्डाकार चेहरा। सरदारनी के चेहरे पर भी उसके पति ऐसी ही अहंकार-भरी मूर्खता विद्यमान थी। सरदार जगदीश सिंह ने जो कहा था, सरदारनी की आँखों में उसका समर्थन ही था।

सरदारनी को देख कर चेतन को कभी-कभी हैरत होती थी। वह लगभग साल भर पार्टीशन के उधर उनके बराबर के कमरों में रहा था। उसके पति ने अपनी काफ़ी जायदाद श्रीमती राधारानी के इश्क में अपने ठग-मित्रों की भेंट कर दी थी। जो मकान बच रहा था उसमें आधा अपने तीसरे वकील-मित्र की प्रेरणा से (चेतन और उसके भाई को) किराये पर चढ़ा कर उन मित्रों पर नितान्त हास्यास्पद मुकदमा चला दिया था। वह मुकदमा तो अन्ततः ख़ारिज हो गया था, लेकिन चेतन ने कभी सरदारनी को अपने पति की शिकायत करते न सुना था। पार्टीशन के इस पार से कभी कानों में किसी झगड़े की भनक न पड़ी थी। अपने उस निकम्मे, निठल्ले, मूर्ख, लोलुप, ठरकी पति की 'बुद्धिमत्ता' में जैसे सरदारनी को अटूट विश्वास था। उसके निर्णय में उसने कभी किसी तरह का हस्तक्षेप न किया था।

उन दोनों पति-पत्नी की आँखों में देखते हुए चेतन के सामने उनके बच्चों के चेहरे घूम गये —सात-आठ वर्ष का लड़का और नौ-दस वर्ष की लड़की। चेतन उनका नाम न जानता था। न उसने कभी उनका नाम पुकारे जाते ही सुना था। लड़का घर में 'काका'

---

१. मास्टर जी, बच्चे आपसे पढ़ना नहीं चाहते। अब आप छुट्टी करें।

कहलाता था और लड़की 'काकी'। धान-पान पतले-छरहरे शरीर पर लम्बे बालों वाले जूड़े के कारण बड़ा-सा सिर लिये काका छोटे-से लमढींग शावक-सा लगता था। काकी निश्चय ही माँ पर नहीं गयी थी। न उसका रंग गोरा था, न चेहरा अण्डाकार। यदि सरदार जगदीश सिंह मोने यानी मुँड़ी हुई दाढ़ी वाले होते तो चेतन बख़ूबी ज़ान लेता कि वह पिता पर गयी है या नहीं। शरीर से दोनों बच्चे इतने दुबले-पतले थे कि पले हुए दुम्बों के जोड़े-ऐसे उस दम्पति के लगते ही नहीं थे। फिर, अभी क्षण भर पहले उनके पिता ने उनकी ओर से जो बात कही थी, उससे चेतन ने जान लिया था कि शरीर चाहे उन्होंने अपने उन माता-पिता का न पाया हो, लेकिन भेजा उन्हीं का-सा पाया है।

सरदार जगदीश सिंह की हथेली पर चमकते हुए उन पैसों को देखते हुए उस क्षणांश में चेतन के ज़ेहन में उन ठस बच्चों की ट्यूशन स्वीकार करने का सारा किस्सा घूम गया।

०

शिमला में चन्द्रा की ट्यूशन से चेतन जो साठ रुपये बचा लाया था, उसमें से इस एक-डेढ़ महीने में पन्द्रह रुपये कम हो गये। (पाँच तो उसने यूनिवर्सिटी टेलर्ज़ को उस सूट की सिलाई के दे दिये थे, जो वह उधार सिलवा के शिमला ले गया था। पाँच रुपये दो बार जालन्धर आने-जाने और इक्के-ताँगे, दूध-डबलरोटी पर ख़र्च हो गये थे। पाँच रुपये लस्सी वग़ैरह पर।) अस्सी रुपये उसने जालन्धर से चलते वक्त माँ से लिये थे। सवा सौ की इस राशि से प्रवेश-शुल्क और तीन महीने की फ़ीस देने के बाद उसके पास रुपये बचे थे, उसने तय किया था कि उनसे कानून के सभी विषयों की कम-से-कम एक-एक प्रमुख पुस्तक ख़रीद लेगा —उसे दीवानी, फ़ौजदारी, टॉर्ट्स, कॉण्ट्रैक्ट, एविडेन्स, और ज्यूरिसप्रूडेन्स की पुस्तकें निहायत ज़रूरी लगती थी। शेष के लिए उसने सोचा कि किसी मित्र अथवा लॉ कॉलेज के पुस्तकालय की शरण लेगा। उन दिनों लॉ कॉलेज की पढ़ाई दो वर्ष की होती थी और डिग्री लेने के बाद छै महीने किसी ऐडवोकेट के अधीन प्रशिक्षण लेने के बाद ऐडवोकेट का लाइन्सेन्स मिल जाता था। उस वर्ष कॉलेज में सात सौ छात्रों ने प्रवेश लिया था, इसलिए दो शिफ़्टों में पढ़ाई होती थी। चेतन ने सुबह की शिफ़्ट में नाम लिखाया था।

यदि चेतन के ससुर पागल न हो गये होते, पण्डित वेणीप्रसाद (चेतन के ससुर के बड़े भाई) अपने उस छोटे भाई के उत्पात से परेशान हो कर उसे लाहौर के पागलख़ाने में न दाख़िल करा गये होते, चेतन की सास अपने जेठ की छत्र-छाया में रहने के बदले लाहौर आ कर सेठ वीरभान के यहाँ सात रुपये महीने पर महराजिन की नौकरी करके अपने वेतन से दूध और बादाम ले कर हफ़्ते में दो बार पागलख़ाने जा कर अपने पति को बादाम खिला कर और दूध पिला कर उसके दिमाग की ख़ुश्की दूर करके उसे पूर्ण रूप से स्वस्थ बनाने का हठ और सपना न पालती और सबसे बढ़ कर यह कि यदि नये-नये डिप्टी कलेक्टर बने उसके अहंकारी और मुहल्लावासी सहपाठी अमींचन्द की सगाई सेठ वीरभान की सुन्दर दत्तक पुत्री कृष्णा से न हो गयी होती और हठात उस घर में चेतन की पत्नी की स्थिति महज़ महराजिन की लड़की के नाते हेय न बन गयी होती तो चेतन कानून की परीक्षा पास करके सब-जजी के कम्पीटीशन में बैठने और सब-जज बन कर उस घर में अपनी पत्नी की प्रतिष्ठा बढ़ाने का फ़ैसला न करता।

उसके मन में बी० ए० में थर्ड डिवीज़न पाने का मलाल ज़रूर था, लेकिन उस

कलंक को वह अर्थशास्त्र या इतिहास में फ़र्स्ट या सेकेण्ड डिवीज़न में एम० ए० करके धो सकता था। उसके मन में एम० ए० करके किसी कॉलेज में प्रोफ़ेसर बनने की साध भी थी, लेकिन नियति ने कुछ ऐसा जाल बिछाया था कि उसके सामने कोई चारा न बचा था। उसकी सास वह नौकरी छोड़ने की तैयार न थी। सेठ वीरभान और सेठानी उसे आदर और प्यार से रखे हुए थे। चेतन ने भी उस स्थिति से समझौता कर लिया था, लेकिन कृष्णा के साथ अमींचन्द की सगाई ने उसका रास्ता लॉ कॉलेज की ओर मोड़ दिया और परम साधनहीन होने के बावजूद चेतन ने प्रबल हठ से ला कॉलेज में दाख़िल होने और डिस्टिंक्शन से कानून पास करने का फ़ैसला कर लिया था।

लॉ कॉलेज में दाख़िल होने के चन्द दिन बाद ही एक दोपहर कॉलेज से छुट्टी पाने के बाद चेतन १८४, अनारकली —भाई साहब के क्लिनिक —की ओर जा रहा था कि उसने सोचा कि कानून की कुछ ज़रूरी पुस्तकें ख़रीद ले। न भी ख़रीदे तो उनकी कीमत तो जान ही ले।

कचहरी रोड के उस छोटे-से बाज़ार में यूँ तो कानूनी किताबों की चार-पाँच दुकानें थीं, लेकिन खन्ना की 'लॉ बुक हाउस' और पुरी की 'लॉ बुक डिपो' ही प्रसिद्ध थीं। लॉ कॉलेज की ओर से अनारकली की ओर चलें तो खन्ना की छोटी-सी दुकान (जिसका नाम बड़ा था) पहले पड़ती थी। एफ़० ई० एल० यानी कानून के पहले साल के पाठ्य-क्रम के छै पेपर थे —ज्यूरिसप्रूडेन्स (कानून शास्त्र), इंग्लिस्तान और हिन्दुस्तान का विधान, हिन्दू और मुस्लिम कानून, कॉण्ट्रैक्ट और टॉर्ट्स, ज़ाब्ता दीवानी[1] की कुछ धाराएँ और ज़ाब्ता फ़ौजदारी।[2] चेतन ने खन्ना की दुकान पर ज़ाब्ता दीवानी और ज़ाब्ता फ़ौजदारी की पुस्तकें निकलवायीं और चाहा कि न केवल उसे कुछ रियायत मिल जाये, वरन वे दो किस्तों में पैसे ले लें।

खन्ना काउण्टर पर बैठे थे। मँझला कद। कन्धों में धँसी, किंचित आगे को बढ़ी गर्दन, जिस कारण गर्दन के पीछे ज़रा-सा कूबड़ बन गया था। चेहरा कुछ अज़ीब-सा अनगढ़, जैसे विधाता ने बनाते समय सफ़ाई का हाथ न फेरा हो और मोटी नाक के दोनों ओर माँस थोड़ा उभरा ही रह गया हो। चुँधी आँखें और मोटे मुहद्दब[3] शीशों वाला चश्मा —खन्ना क्षण भर तक चेतन की ओर देखता रहा। यद्यपि अक्तूबर आधा बीत गया था, लेकिन धूप तेज़ थी। चेतन ने अपनी शादी पर आने वाला क्रण्डी का वह सूट पहना हुआ था, जो उसने भाई साहब को दे दिया था। निहायत व्यंग्य और रुखाई से खन्ना ने कहा कि उनकी दुकान पर एक ही कीमत ली जाती है और किताबों में रियायत चाहने वाले इतने बढ़िया सूट नहीं पहनते।

उनसे ज़्यादा बात करना बेकार समझ कर चेतन दुकान की सीढ़ियाँ उतर आया था। पहले उसने सोचा कि वह घर जाये। कपड़े बदले। सिर्फ़ तहमद-कमीज़ पहन कर दोबारा आये और 'लॉ बुक डिपो' जाये। अभी उन्होंने अपना सामान अमृत धारा रोड से दुकान की परछत्ती पर शिफ़्ट नहीं किया था। उतनी दूर जा कर वापस आने को चेतन का मन नहीं

---

१. सिविल प्रासीजर कोड

२. क्रिमिनल प्रोसीजर कोड

३. कॉनवेक्स

हुआ और बिना कुछ ज़्यादा सोचे-विचारे, वह 'लॉ बुक डिपो' में चला गया।

यह दुकान खन्ना की दुकान के मुकाबले में काफ़ी बड़ी थी —लगभग आयताकार हॉल ऐसी। उसके मालिक डी० के० पुरी छै फ़ुट लम्बे, पतले-छरहरे, ख़ुश-शक्ल आदमी थे। कभी कॉलेज के ज़माने में कविताएँ-कहानियाँ लिखते थे, लेकिन अभी उन्होंने डिग्री भी न ली थी, कि उनके पिता का देहान्त हो गया और उन्हें दुकान पर बैठना पड़ा था। कारोबारी होने के बावजूद वे बड़े बेपरवाह, लाउबाली और उदार थे।

चेतन दुकान में दाख़िल हुआ तो उन्होंने हँसते-माथे उसका स्वागत किया। उसे काउण्टर के अन्दर बुला लिया। चपरासी को पहले उसके लिए कुर्सी और फिर लेमोनेड लाने का आदेश दिया। चेतन को उनके व्यवहार से आश्चर्य हुआ। लेकिन उन्होंने उसे बताया कि वे उसे अच्छी तरह से जानते हैं। उन्होंने उसकी कहानियाँ 'बन्दे मातरम' में ही नहीं, देवदर्शन जी के 'मन्दिर' में भी पढ़ी हैं और उन्हें बहुत अच्छी लगी हैं। अन्त में हँस कर पुरी ने पूछा था कि उसने उन्हें दर्शन देने की कृपा कैसे की है और वे उसके लिए क्या कर सकते हैं।

मन-ही-मन चेतन गर्व से फूल उठा, "मैंने लॉ कॉलेज में दाख़िला ले लिया है, पुरी साहब," उसने कहा, था, "माली तंगदस्ती तो बेपनाह है, पर किसी तरह इन्तज़ाम किया है कि दो-चार ज़रूरी किताबें तो ले ही लूँ।"

"आप क्यों लॉ के चक्कर में पड़ गये ?" सहसा पुरी ने कहा, "निहायत नाकामयाब वकील ही कामयाब अदीब होता है। आप तो कामयाब लेखक हैं। बहुत अच्छी कहानियाँ लिखते हैं। और भी नाम पायेंगे यह तय है। वकील बनेंगे और कामयाब होंगे तो आपका अदीब मर जायेगा।"

तब लेमोनेड की चुस्कियाँ लेते हुए किसी आत्मीय की तरह चेतन ने पुरी के सामने अपनी सारी परिस्थिति रख दी थी। बिना कुछ छिपाये, उसने अपने ससुर के पागल होने, सेठ वीरभान के घर अपनी सास के महराजिन बनने और सेठ वीरभान की दत्तक पुत्री से अपने मुहल्ले के अहंकारी समवयस्क अमींचन्द की सगाई का ज़िक्र करते हुए, इस कारण उसके सामने जो समस्या आ खड़ी हुई थी, उसका सविस्तार उल्लेख किया था।

तभी धड़धड़ाते हुए चन्द छात्र दुकान में दाख़िल हुए थे। पुरी ने अपने आदमियों को उन्हें अटेण्ड करने के लिए कहा और पूर्ववत चेतन की बातें सुनते रहे थे। चेतन ने अपनी स्थिति जैसे रखी थी, पुरी द्रवित हो गये थे। उनके गोरे, नुकीले चेहरे पर एक बादल-सा आ गया था। कन्धे झटकाते हुए उन्होंने कहा था —

"हाँ, आपके सामने सब-जजी के कम्पीटीशन में बैठने के सिवा कोई चारा नहीं।" और उन्होंने चेतन को आश्वासन दिया था कि उनसे जो मदद होगी, वे करेंगे। उन्होंने न केवल किताबों की कीमत में रियायत कर दी थी, बल्कि उठ कर दो अलमारियों के बीच टँगा पर्दा उठा कर अलमारियों की पंक्ति के पीछे पूरे हॉल की लम्बाई तक एक गलियारा-सा दिखाया था, जहाँ एक मेज़-कुर्सी भी पड़ी थी और दीवार के साथ एक काउच भी बिछा था। "किताब जो आप ख़रीद सकें, ख़रीद लीजिएगा," पुरी ने कहा था, "जो न ख़रीद सकें, उसे दुकान से ले कर यहाँ पीछे बैठ कर पढ़ लीजिएगा और नोट ले लीजिएगा।

रेफ़रेन्स बुक्स मत ख़रीदिएगा, यहीं बैठ कर देख लिया कीजिएगा।"

चेतन पुरी के सद्व्यवहार से इतना प्रसन्न और अभिभूत हुआ कि उसी वक्त 'चमन बुक डिपो' जा कर अपनी कहानियों के प्रथम संग्रह की प्रति लाया और तमाम मुहब्बत और ख़ुलूस के साथ उसने वह पुरी साहब को भेंट की थी।

लॉ कॉलेज के दाख़िले और पुस्तकों की समस्या यूँ हल हो गयी थी। रहा निवास का प्रश्न, तो इधर चेतन शिमला को रवाना हुआ था और चन्दा 'प्रभाकर' की परीक्षा दे कर जालन्धर गयी थी, उधर भाई साहब ने अमृत धारा के पिछवाड़े वाले मकान के सारे सामान को एक कमरे में बन्द कर, बराबर के मकान में अपने गुरु — डॉक्टर सत्यप्रकाश, डेण्टिस्ट, जालन्धर वाले —की बहन-बहनोई के यहाँ डेरा जमा लिया था। लाहौर जाने पर चेतन भी कुछ दिन वहीं रहा था। मकान की दोहरी छत थी। एक ओर चेतन और उसके भाई सो जाते थे, दूसरी ओर शान्ति, उसके पति और बच्चे। लेकिन प्रकट ही लाहौर में चेतन के आने के बाद यह व्यवस्था बहुत दिन नहीं चल सकती थी। अक्तूबर आधा बीत गया था और लाहौर में दिन यद्यपि गर्म थे, लेकिन सुबहें-शामें ख़ुनक हो गयी थीं, लोगों ने सूती कपड़े बन्द कर, समर सूट निकाल लिये थे, जो लाहौर में उधर फ़रवरी-मार्च और इधर अक्तूबर-नवम्बर में पहने जाते थे। जब तक चेतन को कानून पढ़ना था, चन्दा को लाहौर नहीं आना था। इसलिए चेतन और उसके भाई ने तय किया कि हमेशा की तरह सर्दियाँ वे दुकान की परछत्ती पर काटेंगे और नित्य-कर्म से निबटने की सुविधा पीछे माहीलाल स्ट्रीट में अपने पड़ोसी बलराम के गोदाम में बने बाथरूम से ले लेंगे। फिर गर्मियों में कहीं कोई बरसाती अथवा ऊपर छत पर एक कमरा देख लेंगे। तब चेतन ने 'बन्दे मातरम' के दिनों में ख़रीदी एक रुपये वाली ईज़ी चेयर को निकाल कर उसे झाड़ा-पोंछा था, उसके पेंच में तेल दिया और तय किया था कि दिन को वह उसे ले कर टौरण्टन मार्केट के सामने वाले लॉन में, लाजपत राय के बुत के पास अथवा गोल बाग़ के किसी छतनार पेड़ के नीचे चला आया करेगा और वहीं ईज़ी चेयर बिछा कर अध्ययन किया करेगा।

खाने के सिलसिले में भाई साहब ने उसे आश्वस्त कर दिया था कि वह उनके साथ गोपाल के ढाबे पर या कभी, जब कुछ अतिरिक्त पैसे आ जायें तो, अनारकली के 'सिन्ध हिन्दू होटल' पर खाना खा लिया करे।

और सब समस्याएँ तो हल हो गयी थीं, लेकिन माह-ब-माह फ़ीस का प्रबन्ध कैसे हो, चेतन तय न कर पाया था। फ़ीस दस रुपये थी। तीन रुपये लायब्रेरी वग़ैरह के चन्दे-वन्दे के खाते में अतिरिक्त थे। कुल तेरह रुपये की व्यवस्था उसे करनी थी। उसे अपने कॉलेज के ज़माने की तल्ख़ याद थी, जब हर महीने उसे फ़ीस के लिए देर हो जाया करती थी और हर बार माँ को कहीं-न-कहीं से ग्यारह रुपये पकड़ने पड़ते थे। चेतन चाहता था, कोई ऐसी व्यवस्था हो जाये कि उसे दस-पन्द्रह रुपये महीने की अतिरिक्त आय हो जाये। यूँ तो वह कोशिश करके किसी अख़बार में पार्ट टाइम काम ले सकता था, पर उसे कानून सिर्फ़ पास ही नहीं करना था, अच्छे नम्बरों से करना था, ताकि वह सब-जजी की प्रतियोगिता में बैठ सके।

हालाँकि लाला हाकिमचन्द ने उसके साथ ख़ासा दुर्व्यवहार किया था और उनकी

लड़की को पढ़ाना उसे ठीक नहीं लगता था —विशेषकर उस सब के कारण, जो शिमला के तीन महीनों में उन दोनों के बीच घट गया था —तो भी चेतन ने उनसे बात करने का फ़ैसला किया था।

जब एक दिन वह क्लिनिक में गया, भाई साहब ने उसे बताया था कि लाला हाकिमचन्द आये थे और पूछ रहे थे कि वह लॉ कॉलेज में दाख़िल हुआ है या नहीं ?

"मैंने उनसे कह दिया," भाई साहब ने कहा, "कि तुम लॉ कॉलेज में दाख़िल हो गये हो और चाहते हो कि लॉ करके कम्पीटीशन में बैठो। तब उन्होंने कहा कि अभी चन्दा के लिए ट्यूटर की व्यवस्था नहीं की है। चेतन जी से पूछिएगा कि वे ट्यूशन जारी रखना चाहेंगे ? कम-से-कम उन्हें एक बार मिलने के लिए कहिएगा।"

चेतन चुपचाप उनकी बात सुनता रहा था। भाई साहब ने पूछा था कि वह क्या सोचता है ? शिमला में जो हुआ था, चेतन बिना कुछ छिपाये भाई साहब को बता चुका था।

"मुझे अब उस लड़की की ट्यूशन करनी तो नहीं चाहिए भाई साहब।" चेतन ने कहा, "मगर फ़ीस की व्यवस्था करनी है और अगर कुछ अतिरिक्त पैसे मिल जाते हैं तो किताबें ख़रीदी जा सकती हैं और कहीं कमरा-अमरा भी लिया जा सकता है। लेकिन हाकिमचन्द जैसे नम्बरी कंजूस के यहाँ बीस रुपये हर महीने मैं नहीं छोड़ सकता। अगर वह मेरे पिछले बीस रुपये दे दे और हर महीने ट्यूशन फ़ीस के पूरे चालीस रुपये दे तो मैं ट्यूशन ले सकता हूँ। चार के बदले दो घण्टे की ट्यूशन बीस रुपये में भी कर सकता हूँ, लड़की को निश्चय पास करा दूँगा, पर मैं गारण्टी-वारण्टी नहीं दूँगा।

"हाकिमचन्द बहुत हिसाबी-किताबी आदमी है," भाई साहब ने कहा, "रौब तो वह ऐसे झाड़ता है, जैसे सूबे का गवर्नर हो, लेकिन अन्दर से है वह अब भी सोलहो आने क्लर्क। मुझे उम्मीद नहीं, वह तुम्हारी बात सुनेगा।"

चेतन ने कोई उत्तर नहीं दिया। क्षण भर रुक कर भाई साहब ने कहा, "लेकिन तुम जाओ ज़रूर। मेरा ज़िक्र करना और कहना कि भाई साहब से मालूम हुआ, आपने याद किया है, सो मैं हाज़िर हो गया हूँ। ख़ुद अपनी तरफ़ से ट्यूशन की इच्छा मत ज़ाहिर करना। वह बात शुरू करे तो जो भी तुम सोचते हो, कहना। वह मानेगा नहीं, पर ग़लती उसी के सिर रहेगी और वह न मुझे दोष दे सकेगा, न तुम्हें।"

चेतन दूसरे ही दिन मुलतान रोड की सरकारी कॉलोनी में लाला हाकिमचन्द के घर पहुँचा था। जैसा कि भाई साहब का ख़याल था, वे चेतन की शर्तें मानने को तैयार नहीं थे और जो वे चाहते थे, वह चेतन को स्वीकार नहीं था। कुछ देर बैठ कर उसने इजाज़त चाही और चलने से पहले कहा था, "आप फ़िक्र न करें लाला जी, आप ट्यूशन रख कर दें या न दें, मैंने उसे इतना पढ़ा दिया है कि वह ज़रा भी मेहनत करेगी और पढ़े हुए को दोहरा भर लेगी, तो पास हो जायेगी।"

और यूँ चन्द्रा की ट्यूशन से कुछ आर्थिक राहत मिलने के सिलसिले में चेतन को, मुहावरे की भाषा में, 'उम्मीद के ख़िलाफ़ जो उम्मीद थी,' उसका तार भी टूट गया था।

उस भेंट के दूसरे ही दिन जब अपने अन्तिम पीरियड के बाद चेतन क्लास से निकला

तो उसके जी में आया कि वह ज़रा मुंशी गिरिजा शंकर की फ़ार्मेसी तक जाये, उनका हाल-चाल पूछे, उनके पास कुछ क्षण पहले की तरह बैठे-बतियाये और उनसे हुनर साहब का पता मालूम करे।

वास्तव में लाहौर पहुँचते ही उसने हुनर साहब का पता किया था। शिमला जाने से पहले वह सोसाइटी का कार्य-भार उन्हें सौंप गया था। वह जानना चाहता था कि सोसाइटी उनके अधीन कैसी चली ? उसकी कितनी बैठकें हुईं ? उन लम्बे-चौड़े प्रोग्रामों में से, जिनकी योजनाएँ हुनर साहब ने बनायी थीं, कितने पूरे हुए, लेकिन लाहौर में हुनर साहब का कहीं पता-निशान न था। चेतन सनातन धर्म और डी० ए० वी० कॉलेज में जा कर उनके चेलों —'शैदा' और 'शातिर' और 'फ़िगार' से मिला था। दौलतराम सागर, केमिस्ट ऐण्ड ड्रगिस्ट के यहाँ जा कर उनसे और उनके बेटे 'फ़रहत' से भी उसने हुनर साहब का पता किया था। वह इससे ज़्यादा कुछ भी न जान पाया था कि अपने सभी सरपरस्तों और चेलों की जेबें ख़ासी हलकी करके हुनर साहब अचानक एक रात लाहौर से ग़ायब हो गये थे और फिर उन्होंने किसी को कोई पत्र नहीं लिखा था।

चेतन को पूरा विश्वास था कि उन्होंने 'गिरिजा' को अपनी कोई नयी रचना ज़रूर भेजी होगी और मुंशी जी से उनका पता चल जायेगा। यूँ भी उसने मुंशी गिरिजा शंकर की संगति में बहुत समय बिताया था और उस वक्त, जब वह अपनी फ़ीस के सिलसिले में थोड़ा परेशान और कुण्ठित था, उसने 'गिरिजा फ़ार्मेसी' में कुछ समय काटने की सोची थी।

वह चटर्जी स्ट्रीट से ज़रा आगे, 'पीपल वेहड़ा' के सामने डाकख़ाने के चौराहे पर पहुँचा था कि सहसा बायीं ओर से अपने मकान से निकल कर, हमेशा की तरह सिर पर मोतिया रंग की दस्तार सजाये, गहरे रंग के सूट-बूट में सुसज्जित सरदार जगदीश सिंह (लैण्डलॉर्ड ऐण्ड हाउस प्रोप्राइटर) उसे आते दिखायी दिये।

चेतन वहीं रुक गया। जब वे ज़रा पास आ गये तो उसने उन्हें 'सत श्री अकाल' बुलाया।

"तुसीं ताँ ईद दा चन्न हो गये, चेतन जी," घनी काली झाड़ी में सफ़ेद मोतियों-से दाँत दिखाते हुए सरदार जी ने अपने मांसल चौड़े हाथ में उसका हाथ ले लिया और दो-एक और ज़ोर के झटके दे कर पूछा कि उसकी उस सोसाइटी का क्या हुआ, न फिर उसकी कोई मीटिंग हुई, न कोई सोशल गैदरिंग।

'आपकी सोशल गैदरिंग से डर कर ही मैंने सोसाइटी छोड़ दी,' चेतन ने मन-ही-मन कहा। लेकिन प्रकट उसने उन्हें बताया कि एलफ़िन्स्टन होटल में सोसाइटी की जो पहली जनरल मीटिंग बुलायी गयी थी, उसमें सभी ने श्री राम प्रकाश 'हुनर' को सोसाइटी का सेक्रेटरी चुन लिया था और उसने सोसाइटी का सारा कार्य-भार उन्हें सौंप दिया।

"मैं तो उसी शाम शिमला चला गया था, सरदार जी," चेतन ने कहा, "नहर विभाग के सुपरिण्टेण्डेण्ट लाला हाकिमचन्द अपनी लड़की के लिए ट्यूटर चाहते थे। उन्होंने मेरे बड़े भाई और आचार्य विश्वबन्धु से कहलवाया," प्रकट में चेतन ने थोड़ी दून की ली, "मुझे मजबूर हो कर जाना पड़ा। खाने-रहने का बन्दोबस्त उन्होंने अपनी कॉटेज में ही कर

दिया। तीन महीने मैं उसे कोच[१] करता रहा। वे तो चाहते थे कि मैं सितम्बर में उनके साथ ही वापस आऊँ, पर मुझे लॉ कॉलेज में दाख़िल होना था। सो चला आया।"

तब सरदार जगदीश सिंह (लैण्डलॉर्ड ऐण्ड हाउस प्रोप्राइटर) ने ऐसी बात कही कि चेतन का मन हरा हो गया, पर उसने मन का कोई भाव चेहरे पर नहीं आने दिया।

"सान्नूँ वी अपने काके-काकी लई कोई ट्यूटर चाहीदा ए,"[२] सहसा उन्होंने कहा था।

चेतन ने पूछा था कि उनके बच्चे किस क्लास में पढ़ते हैं ? सरदार जी ने बताया था कि लड़का चौथी में पढ़ता है और लड़की छठी में। दोनों फ़ेल हो गये हैं। वे चाहते हैं कि कोई अच्छा ट्यूटर मिले, जो उन्हें पास करा दे। तब चेतन ने सरसरी तौर पर कहा था कि उन्हें एतराज़ न हो तो वही बच्चों को कोच कर दिया करेगा।

"इहतों अच्छी होर की गल्ल होयेगी,"[३] सरदार जगदीश सिंह जी ख़ुश हो गये, "हाल्ले ताँ असाँ इक मित्तर वल जा रहे आँ," उन्होंने ज़ोर से हाथ हिलाते हुए कहा, "शामी आओ ताँ एस बारे गल्ल करिए।"[४]

और उसका हाथ छोड़, छोटे-छोटे कदम उठाते हुए, वे मोहनलाल रोड की ओर चल दिये।

o

शाम को चेतन उनसे इसी कमरे में मिला था। सरदार जी इसी कुर्सी पर लगभग इसी पोज़ में बैठे थे और सरदारनी इसी तरह पलँग पर आलथी-पालथी मारे थी। उन्होंने आवाज़ दे कर काका और काकी को बुलाया था। चेतन ने उनसे किताबें लाने को कहा था। उसने किताबें देखी थीं। फिर उनके कन्धे थपथपाते हुए उसने उन्हें अपने कमरे में जा कर पढ़ने को कहा था। जब वे चले गये तो चेतन ने पूछा था कि क्या पहले भी कोई ट्यूटर उनके लिए रखा था। सरदार जी ने बताया था कि पिछले वर्ष एक साहब आये थे और दोनों को पढ़ाने के दस रुपये लेते थे। काफ़ी भले आदमी थे, लेकिन बच्चे फ़ेल हो गये।

चेतन ने समझाया कि बच्चों को ज़रा मेहनत से पढ़ाना पड़ेगा। वह मामूली ट्यूटर नहीं, ग्रैज्युएट है, इसलिए दोनों के पन्द्रह नहीं तो तेरह रुपये स्वीकार कर लेगा। सात काकी के और छै काके के।

सरदार जगदीश सिंह को तेरह की समझ नहीं आयी थी। उन्होंने कहा कि तेरह नम्बर 'अनलकी'[५] होता है, वह तेरह क्यों माँग रहा है ? और वे हँसे थे। "बारह कर दीजिए!"

"लकी हो या अनलकी," चेतन ने कहा था, "मेरी फ़ीस तेरह रुपये है। उससे कम लूँगा तो मुझे दूसरी ट्यूशन लेनी पड़ेगी, जो कि मैं नहीं चाहता।"

और उसने कहा था कि अगर उनके पास ऊपर छत वाला कमरा ख़ाली हो तो उसे

---

१. Coach= सिखाता-पढ़ाता रहा।
२. हमें भी अपने लड़के और लड़की के लिए कोई ट्यूटर चाहिए।
३. इससे अच्छी और क्या बात होगी।
४. अभी तो हम एक दोस्त के यहाँ जा रहे हैं, शाम को आइए तो इसके बारे में बात करें।
५. अशुभ।

दे दें, वह कम ले लेगा।

"बात यह है सरदार जी," उसने जैसे उन्हें अपने भेद का साझीदार बनाते हुए कहा था, "अभी सर्दियों में तो हमारा काम चल जायेगा, लेकिन गर्मियों में हमें कमरे की ज़रूरत पड़ेगी।" वह क्षण भर चुप रहा था। फिर उसने कहा था, "भाई साहब की दूसरी शादी की बात चल रही है। वह सिरे चढ़ गयी तो दो कमरों की ज़रूरत पड़ सकती है।"

"हाल्ले ताँ कोई कमरा ख़ाली नईं," उन्होंने कहा था, "पर गर्मियाँ 'च हो जायेगा। फेर तुसीं आ जाना। गर्मियाँ 'च शैद नाल दा फ़्लैट ई ख़ाली हो जाय। हाल्ले तुसीं बाराँ रुपये मंज़ूर करो।"[१]

"अरे सरदार जी, आप इतने बड़े लैण्डलॉर्ड और हाउस प्रोप्राइटर हो," चेतन ने प्रकट ही मसका लगाया, "क्या एक रुपये के लिए हैगल कर रहे हो। मैं ग़रीब आदमी हूँ। तेरह से कम में मेरा काम नहीं चलेगा। मैं आपका पड़ोसी रहा हूँ। आप को तो वैसे ही मेरी मदद करनी चाहिए।"

किसी तरह की अन्य उपलब्धि के अभाव में लैण्डलॉर्ड ऐण्ड हाउस प्रोप्राइटर कहाना सरदार जगदीश सिंह को इतना प्रिय था कि वे प्रसन्न हो गये और मान गये थे।

ट्यूशन पा कर चेतन भी बहुत प्रसन्न हुआ था, उसकी सबसे बड़ी फ़ीस की समस्या हल हो गयी थी। उसे लगा कि अब सब-जज बनने से उसे कोई नहीं रोक सकता। दूसरे ही दिन से वह पूरी निष्ठा से बच्चों को पढ़ाने लगा था।

और ट्यूशन शुरू किये उसे हफ़्ता भी नहीं बीता था कि उसकी उम्मीदों पर गाज गिरी। आज जब वह पढ़ाने के लिए आया और उनके कमरे के सामने से गुज़र कर बच्चों के कमरे में जाने लगा तो उन्होंने उसे बुला कर बम छोड़ दिया।

०

"तुसाँ सत्त दिन बच्चेयाँ नूँ पढ़ाया ए," उसे चुपचाप खड़ा देख कर सरदार जगदीश सिंह ने कहा, "गिन लवो, तिन्न रुपये चार आने बणदे। अपने पैसे लवो, अते छुट्टी करो। जद बच्चे तुहातों पढ़ना नहीं चाहुँदे ते असाँ कुझ नहीं कर सकदे।"[२]

चेतन उसी तरह खड़ा था। उसकी समझ में नहीं आ रहा था कि वह क्या कहे, क्या करे ? दूसरा अवसर होता तो वह चुपचाप पैसे उठाता, उन्हें प्रकट 'सत श्री अकाल' कहता, मन में उनको और उनके बच्चों को दो-चार 'मधुर वचन' सुनाता और उलटे पाँव वापस हो जाता, लेकिन एक तो इस ट्यूशन से लॉ कॉलेज में उसकी शिक्षा और भविष्य बँधा था और वह नहीं चाहता था कि साल भर के लिए जो कुछ निश्चित हो गया था, वह फिर से अनिश्चय के गर्त में समा जाये, दूसरे वह अक्षमता का लांछन ले कर नहीं जाना चाहता था। उसके दिमाग़ में पिछली शाम की घटना भी घूम गयी।

०

---

१. अभी तो कोई कमरा ख़ाली नहीं है, पर गर्मियों में हो जायेगा। फिर आप आ जाइएगा। गर्मियों में शायद साथ का फ़्लैट ख़ाली हो जाये। अभी आप बारह रुपये मंज़ूर कीजिए।

२. आपने सात दिन बच्चों को पढ़ाया है। गिन लीजिए, तीन रुपये चार आने बनते हैं। अपने पैसे लीजिए और छुट्टी कीजिए। जब बच्चे आपसे पढ़ना नहीं चाहते तो हम कुछ नहीं कर सकते।

जब वह शाम के वक्त बच्चों को पढ़ाने आया था और उसने उनका होमवर्क देखना चाहा था तो दोनों में से किसी ने भी नहीं किया था। चेतन ने उन्हें ख़ासी डाँट पिला दी थी और कहा था कि वह ठीक से न पढ़ेंगे तो वह दारजी (सरदार ज़गदीश सिंह, लैण्डलॉर्ड ऐण्ड हाउस प्रोप्राइटर) से शिकायत कर देगा —कह देगा कि बच्चे ठीक से नहीं पढ़ते, वे किसी दूसरे ट्यूटर को रख लें। लेकिन उन आज्ञाकारियों ने उसे शिकायत करने का कष्ट ही नहीं दिया, स्वयं ही उसकी शिकायत कर दी और उसे ही अवसर दे दिया कि वह कोई दूसरी ट्यूशन देख ले।

उस क्षण चेतन के सामने सारी स्थिति स्पष्ट हो गयी। बच्चे आख़िर सरदार जगदीश सिंह (लैण्डलॉर्ड ऐण्ड हाउस प्रोप्राइटर) तथा उस ठस सरदारनी के ही थे। जब उनके पिता ने अपने कथानानुसार कभी डक्का[१] न तोड़ा था और इस पर गर्व भी करते थे तो बच्चे ही क्यों कोई डक्का तोड़ते। लाड़ में पले, निहायत बे-दिमाग़ और कामचोर! उनके माता-पिता यह तो चाहते थे कि वे पढ़ें और पास हो जायें, पर इसके लिए उन्हें कैसे श्रम और अनुशासन की शिक्षा देने की ज़रूरत है, यह उन्हें मालूम न था। वे बस यही सोच सकते थे कि उनके लिए ट्यूटर रख दें और समझते थे कि ट्यूटर को पैसे दिये जाते हैं तो पास कराना उसी का काम है....

चेतन के जी में उबाल उठा था, कहे —'आपके बच्चों के भाग्य में आपकी तरह अपढ़ रहना ही लिखा है —और बिना पैसे लिये ही पलट कर चला जाये, लेकिन वह कविराज रामदास के साथ तीन महीने काट चुका था, उनके कुछ गुण अचेतन रूप से उसने अपना लिये थे, इसलिए जब उसने होंट खोले तो उसके स्वर में किसी तरह का आक्रोश न था।

"सरदार जी, अभी ये पैसे रखिए। कल बच्चों ने होमवर्क नहीं किया था। मैंने उन्हें आपसे शिकायत करने का डर दिखाया था," चेतन बरबस ज़रा-सा हँसा, "वे सचमुच डर गये। आप घबराइए नहीं। एक मौका मुझे और दीजिए। मैं उन्हें ऐसे पढ़ाऊँगा कि वे ज़रा बोर न होंगे। होमवर्क भी मैं उन्हें अपने सामने करा दूँगा। बच्चे आपके प्यारे हैं। मुझे उनसे उन्स भी हो गया है। यूँ तो आपको ट्यूटरों की कमी नहीं और मुझे भी दस ट्यूशनें मिल जायेंगी, पर आप पुराने मेहरबान हैं। मैं नहीं चाहता कि ज़रा-सी ग़लत-फ़हमी में बच्चों को नुकसान हो, दूसरा ट्यूटर शायद उन्हें पास न करा सके। आगे मैं यकीनन पास करा दूँगा। बाकी जैसे आपकी मर्ज़ी। मुझ पर लाला हाकिमचन्द अपनी लड़की की ट्यूशन जारी रखने लिए ज़ोर दे रहे हैं। पैसे भी ज़्यादा हैं। लेकिन वे मुलतान रोड पर रहते हैं। आपका घर पास में है, यही मोह है।"

चेतन एक साँस में यह सब कह गया। सरदार जगदीश सिंह ने पैसों वाला हाथ पीछे कर लिया, लेकिन 'हाँ' या 'ना' कुछ भी नहीं कहा।

चेतन ने कदरे जोश से फिर कहना शुरू किया, "सात दिन में कोई फ़र्क नहीं पड़ता। अगर सात दिन बाद भी बच्चे शिकायत करेंगे तो मैं एक पैसा नहीं लूँगा और चला जाऊँगा।"

---

१. तिनका

अबके सरदारनी ने मुँह खोला, "असाँ ता चाहुने ई आँ मास्टर जी कि बच्चे पढ़ जाण, पर बच्चे रता लड्डूले ने, प्यार नाल पढ़ाओगे ताँ क्यों न पढ़णगे।"[१]

"आप फ़िक्र न करें।" चेतन ने उत्साहित हो कर कहा, "बच्चे अब कोई शिकायत न करेंगे।"

और उनके मौन को स्वीकार का लक्षण मान कर चेतन सोत्साह कमरे से बाहर निकला और जैसे 'कुछ भी न हुआ हो' के अन्दाज़ में प्रफुल्ल-चित्त बच्चों के कमरे में दाख़िल हुआ।

काका और काकी कैरम खेल रहे थे।

"आज पढ़ाई नहीं होगी," चेतन ने कमरे में प्रवेश करते ही घोषण की, "आज मैं तुमको एक बढ़िया कहानी सुनाऊँगा।"

चेतन पर नज़र पड़ते ही बच्चों की आँखों में जो भय-मिश्रित उद्धतता झलकी थी, वह उसकी बात सुनते ही प्रसन्नता-भरे औत्सुक्य में बदल गयी।

"लेकिन कहानी सुनाने से पहले," चेतन ने कैरम बोर्ड की ओर देख कर कहा, "मैं तुम दोनों के साथ एक बाज़ी कैरम खेलूँगा। कौन तुम दोनों में अच्छा खेलता है ?"

"मैं।" काकी ने कहा।

"मैं।" काके ने कहा।

"आओ काका," चेतन ने कैरम बोर्ड अपने आगे करते हुए कहा, "पहले तुम खेलो," फिर वह लड़की की ओर मुड़ा, "और काकी तुम ज़रा मेरी मदद करो। काके को हरा देना है।"

और काकी उछल कर उसके बराबर आ बैठी।

८

इतवार को सैर और कसरत करने के बाद नहा-धो कर चेतन ने हलवाई की दुकान से लस्सी का बड़ा गिलास पिया। फ़िर किबातें और ईज़ी चेयर ले कर वह गोल बाग़ में अध्ययन के लिए जाने को तैयार हो गया। दुकान से निकल कर उसने तय किया कि पढ़ाई शुरू करने से पहले वह अपने मित्र अनन्त को पत्र लिखेगा।

०

दरअसल उसे घर से आये हुए डेढ़-दो महीने हो गये थे। उसने इस बीच माँ और चन्दा को दो पत्र लिखे थे, लेकिन उसे एक का भी उत्तर नहीं मिला था। चेतन अपने घरवालों की आदत से वाकिफ़ था। उनके यहाँ ख़त-वत लिखने की कोई परम्परा नहीं थी। उसके पिता बाहर रिलीविंग पर जाते थे तो हालाँकि तनख्वाह हर महीने भेज देते थे, लेकिन ख़त

---

१. हम तो चाहते ही हैं मास्टर जी कि बच्चे पढ़ जायें पर बच्चे ज़रा लाड में पले हैं। आप प्यार से पढ़ायेंगे तो क्यों नहीं पढ़ेंगे।

कभी न लिखते। कोई सन्देश देना होता तो काँटे वाले या पानी वाले के हाथ, जो भी वेतन ले जाता, ज़बानी कहलवा देते। माँ तभी ख़त लिखवाती जब घर में संकट की स्थिति हो और पत्र लिखवाये बिना काम न चले, वरना आम तौर पर यही समझा जाता कि अगर पत्र नहीं आया तो सब कुछ ठीक-ठाक है। इसी कारण उनके घर से किसी पत्र का आना, किसी तार की तरह घबराहट उपजा देता था।

चेतन जब जालन्धर से चलने लगा था तो चन्दा की तबियत थोड़ी मन्द थी। माँ ने एकाध बार मुहल्ले की दूसरी औरतों के सिलसिले में प्रसूति के ज्वर का ज़िक्र किया था, जो पीछे लग जाये जो प्राण ले कर ही छोड़ता है। जब चेतन के दिमाग़ में बार-बार उसी का ख़याल आने लगा तो आख़िर उसने सोचा क्यों न अनन्त को पत्र लिख कर उसके द्वारा पत्नी की ख़ैर-ख़बर ले ले।

आम तौर से चेतन लॉ कॉलेज से आने के बाद अपने भाई की दुकान के निकट ही एक लॉन में अध्ययन किया करता था, ताकि शाम को समय से सरदार जगदीश सिंह के यहाँ बच्चों को पढ़ाने जा सके। वह टौरण्टन मार्केट के सामने माल के इस पार वाले लॉन में ईज़ी चेयर डाल कर सड़क की ओर पीठ करके बैठ जाता था और दीन-दुनिया से बेख़बर हो कर पढ़ाई में तल्लीन हो जाता था। लेकिन इतवार था। उसे न कॉलेज जाना था, न ट्यूशन पर। इसलिए वह लाला लाजपत राय की मूर्ति के ज़रा आगे गोल बाग़ में निकल गया। उसने एक छतनार पेड़ के नीचे बेंच के पास ईज़ी चेयर बिछायी। किताबें उसने बेंच पर रख लीं और तख़्ती को घुटनों पर रख कर अनन्त को पत्र लिखने लगा।

'डियर अनन्त,'

सम्बोधन लिख कर चेतन क्षण भर के लिए रुका। बात तो उसे चन्दा और बच्चे की सेहत के बारे में पूछनी थी और वह दो पंक्तियों में भी पूछी जा सकती थी, पर चेतन कभी छोटा पत्र न लिखता था। वैसा पत्र लिखना उसे साहित्यकारों के नहीं, अफ़सरों के अनुरूप लगता था। अनन्त उसका जिगरी दोस्त था। वह उसे पत्र लिखता तो इस तरह, जैसे वह उससे रू-ब-रू बात कर रहा हो —अपनी दिनचर्या, अपनी साहित्यिक अथवा साहित्येतर गतिविधियों, अपनी आकांक्षाओं, सपनों और सन्देहों —सबके बारे में विस्तार से लिखना वह न भूलता। दिलचस्प बात यह है कि यद्यपि वह कभी अनन्त की राय पर न चलता, पर वह उसकी राय भी ज़रूर पूछता। वह ख़ुद तो हिन्दी में लिखने लगा था, पर अनन्त हिन्दी का ककहरा भी नहीं जानता था। इसलिए चेतन उसे सदा उर्दू ही में पत्र लिखता था और यह पत्र भी उसने उर्दू में लिखना शुरू किया था।

कुछ क्षण चेतन उस सम्बोधन पर आँखें जमाये, अपने विचारों को व्यवस्थित करता रहा फिर उसने लिखना शुरू किया —

> "मैं जब से यहाँ आया हूँ, लगातार तुम्हें ख़त लिखने की सोचता रहा हूँ, लेकिन लॉ कॉलेज में दाख़िल होने, फ़ीस और कुछ ज़रूरी किताबों का इन्तज़ाम करने में इतने दिन बीत गये। इस बीच एक ट्यूशन ले ली है। कुछ ज़रूरी किताबें ख़रीद ली हैं। कानूनी किताबें बेचने वाले एक अदब-नवाज़ दुकानदार से दोस्ती कर ली है। ताकि उसकी दुकान के पिछले हिस्से में बैठ कर महँगी किताबें पढ़

सकूँ। खाना पुरानी अनारकली में भाई साहब के उसी गोपाल के ढाबे में खाता हूँ और रात का डेरा फ़िलहाल दुकान की परछत्ती पर जमा है। भाई साहब पलँग पर सोते हैं। मैंने नीचे बिस्तर पर एक चौकी लगा रखी है। कबाड़िए की दुकान से आठ आने में एक छोटा-सा टेबल लैम्प ख़रीद लाया हूँ। रात को सोने लगता हूँ तो चौकी के साथ ही उसे भी पलँग के नीचे सरका देता हूँ।

ज़ाहिर है, यह इन्तज़ाम दायमी नहीं हो सकता। यूँ भाई साहब सो जायें तो ढोल-ताशे भी उनकी नींद में ख़लल नहीं डाल सकते। लेकिन जाने क्यों मुझे ही उलझन होती है। यह ख़याल कि मेरा बड़ा भाई सोया हुआ है और मेरी खट-पट से उसकी नींद न खुल जाये, दिमाग़ के किसी गोशे में मुझे परेशान किये रहता है। फिर भाई साहब बीच-बीच में ज़ोर से ख़र्राटे लेने लगते हैं और कानून, उसकी दफ़ाएँ और उनकी बारीकियाँ —सब मेरे दिमाग़ से उड़न-छू हो जाती हैं। मोहनलाल रोड के चौरस्ते से इधर, जहाँ 'पैसा अख़बार स्ट्रीट' चंगड़ मुहल्ले की तरफ़ मुड़ती है, सिरे पर ही एक नया होटल खुला है 'पवित्तर हिन्दू होटल'। कल मैं उधर से गुज़रा। होटल का नया बोर्ड दिखायी दिया तो यूँ ही उसे एक नज़र देखने को मैं उसके अन्दर चला गया। तीन-मंज़िली नयी हवेली है। बाहर गेट के आधे हिस्से में तन्दूर और भट्ठियाँ लगी हैं। अन्दर आँगन के चारों ओर छोटे-छोटे कमरे हैं। निचले कमरों का किराया पाँच रुपया महीना है। ऊपर दूसरी मंज़िल वालों का चार रुपये। तिमंज़िले पर बरसाती में दो बेड हैं। एक बेड का तीन रुपया महीना है। फ़ी थाली पाँच पैसे। कोई महीने भर दोनों जून खाना चाहे तो पाँच रुपया माहवार। मैंने तो मोल-भाव नहीं किया। हो सकता है साढ़े चार, पौने पाँच में ही महीने भर के खाने का तय हो जाये।

अभी तो बरसाती में कोई बेड ख़ाली नहीं, लेकिन सोचता हूँ, एक बेड ख़ाली हो जाये और मैं कहीं से तीन रुपये महीने का जुगाड़ कर लूँ तो 'पवित्तर हिन्दू होटल' में कुछ महीनों के लिए उठ जाऊँ। बाद में उम्मीद है सरदार जगदीश सिंह (लैण्डलॉर्ड ऐण्ड हाउस प्रोप्राइटर) के मकान में छत वाला कमरा और चौबारा मिल जायेगा और यह मसला हल हो जायेगा।

फ़िलहाल तो टौरण्टन मार्केट के सामने, माल के किनारे घास का लॉन है और मेरी ईज़ी चेयर है। हलकी-हलकी सर्दी पड़ने लगी है। धूप प्यारी लगती है। सो यूँ ही पढ़ाई चल रही है।

आज इतवार है। मैं ईज़ी चेयर उठा कर गोलबाग़ में आ गया हूँ और इस सुहाने मौसम में तुम्हें पत्र लिख रहा हूँ...."

०

यहीं तक पत्र लिख कर, तख़्ती घुटनों पर ही रखे हुए चेतन पीछे को लेट गया। यह अज़ीब बात है कि अपने व्यक्तिगत कारणों से उसने लॉ करने और सब-जज बनने का फ़ैसला तो कर लिया था, पर कॉलेज में दाख़िल होने से पहले उसने लॉ कॉलेज जाने और वहाँ की शिक्षा पद्धति और और कायदे-कानून जानने की ज़रूरत न महसूस की थी। लॉ कॉलेज में

पढ़ने वाले एक परिचित से उसने फ़ीस और दाख़िले की राशि के बारे में पता कर लिया और उतना रुपया इकट्ठा करने के संघर्ष में जुट गया था। यह तो जब उसने दाख़िले का फ़ॉर्म भरा और उससे पूछा गया कि वह किस शिफ़्ट में शामिल होना चाहेगा तब उसे मालूम हुआ कि कॉलेज दो शिफ़्टों में लगता है। चूँकि उसका काम करने का समय शाम का था। सूरज के अस्तोन्मुख होते ही उसका दिमाग़ बेहतर काम करने लगता था, फिर उसके दिमाग़ के किसी कोने में यह भी ख़याल था कि शायद उसे चन्द्रा को पढ़ाने ही जाना पड़े, इसलिए उसने सुबह की शिफ़्ट में नाम लिखाया था।

उसे स्वयं भी यह अज़ीब लगा था कि लॉ कॉलेज के इतने नज़दीक रहने, उसके पास से इतनी बार गुज़रने के बावजूद उसे लॉ कॉलेज की दो शिफ़्टों तक का ज्ञान नहीं था। दरअसल वह 'बन्दे मातरम' में बारह-बारह, चौदह-चौदह घण्टे काम किया करता था, छुट्टी के दिन फ़ुर्सत में कहानी लिखता था, बड़े भाई की दुकान की सफ़ाई करता था और इस सब को ले कर अपने संघर्ष के कारण वह इतना अपने में गुम था कि उस सब के अलावा उसे किसी बात की सुध न रही थी।

चन्द्रा की ट्यूशन तो उसे नहीं मिली, लेकिन सुबह की शिफ़्ट का लाभ ज़रूर हुआ। अगर उसने शाम की शिफ़्ट में नाम लिखवाया होता तो वह सरदार जगदीश सिंह के बच्चों की ट्यूशन न ले पाता। और चेतन को अपने उस फ़ैसले पर सन्तोष हुआ था।

पहले ही दिन हाथ में नोट-बुक लिये कक्षा में आने के लिए वह कचहरी रोड की ओर से लॉ कॉलेज में दाख़िल हुआ था तो उसे अज़ीब-सी अनुभूति हुई थी —वह सबेरा उसे कुछ नया सबेरा और वह दिन नया दिन लगा था। उसने 'पुत्री पाठशाला' कहाने वाले स्कूल-ऐसे अपने शहर के कॉलेज में चार वर्ष गुज़ारे थे। दैनिक समाचार-पत्र के दफ़्तर में निपट ग़ुलामों की तरह दिन-रात ड्यूटी बजायी थी। उस सब के बाद एक स्वतन्त्र छात्र की हैसियत से लॉ कॉलेज में पढ़ना, अपने में एक ऐसा सुख था, जिसे चेतन महसूस तो करता था, पर व्यक्त कर पाने में अशक्त था। काश, वह आर्थिक रूप से भी कुछ सम्पन्न और स्वतन्त्र होता — वह सोचता — उसे फ़ीस और किताबों, भोजन और आवास और छोटी-छोटी ज़रूरतों के लिए पैसों का अभाव न होता। वह बेफ़िक्र कॉलेज में पढ़ता; ख़ाली पीरियडों में दोस्तों के साथ अनारकली में घूमता; केसरी की सोडावॉटर फ़ैक्टरी में विमटो या केले या रसभरी की बोतल की चुस्कियाँ लेता; शाम को ठण्डी सड़क की सैर करता; मित्रों के साथ साहित्य और राजनीति पर बहस करता; उन्मुक्त बतियाता और ठहाके लगाता.....

चेतन लाहौर के कॉलेज में पढ़ना चाहता था। हालाँकि उसकी यह पुरानी साध पूरी हो गयी थी, वह लॉ कॉलेज की क्लासों में बैठता और प्रोफ़ेसरों के लेक्चर सुनता था, लेकिन निर्मल आकाश को धूमिल करने वाली बेमालूम-सी धुँधियाली धूल-जैसी आर्थिक चिन्ता ने उसके सुख को ग्रस लिया था। उसके चौबीसों घण्टे बिंधे हुए-से थे। वह कॉलेज जाता, ट्यूशन करता, अध्ययन करता, थक जाता तो कुछ लिखने का प्रयास करता। बिना इधर-उधर की सोचे, वह दिन-रात काम करता था। वह न कोई दोस्त बना पाया, न अनारकली और ठण्डी सड़क पर घूम पाया। ख़ाली पीरियडों की बात दूर रही, वह तो पीरियडों के अन्तराल में भी (जिस दौरान एक अध्यापक जाता और दूसरा आता) पढ़ता,

नोट लेता अथवा कुछ लिखने का प्रयास करता। उसने अपने दिमाग़ को ऐसा ट्रेन कर लिया था कि अगर पहले और दूसरे पीरियड के वक़फ़े में किसी वाक्य की पंक्ति अधूरी रह जाती तो वह दूसरे और तीसरे पीरियड के अन्तराल में बिना भूले, उसे पूरा करके, आगे लिखने लगता।

लॉ कॉलेज उसके भाई के क्लिनिक से दूर नहीं था। वह सुबह वहाँ जाता। वहाँ से आ कर किताबें परछत्ती पर रखता। तब गोपाल के ढाबे पर जा कर खाना खाता। फिर ईज़ी चेयर उठाये लॉन पर जा कर पढ़ता। शाम को सरदार जगदीश सिंह के यहाँ जाता। ये सारे काम चूँकि वह पैदल ही सरअंजाम देता, इसलिए उसकी ख़ासी कसरत हो जाती। किसी-किसी दिन शाम को सरदार जगदीश सिंह के यहाँ से छुट्टी पा कर, पैसा अख़बार स्ट्रीट से होता हुआ, वह लोहारी के चौरस्ते पर 'फ़ज़ल बुक डिपो' जा पहुँचता। वहाँ नयी हिन्दी-उर्दू पत्रिकाओं के पृष्ठ पलटता। वापसी पर अनारकली में से होता हुआ, अपने विचारों में गुम, भीड़ को देख कर भी न देखता हुआ, सहज प्रतिक्रियावश उसमें रास्ता बनाता हुआ नितान्त अकेला भाई साहब के क्लिनिक पर पहुँचता। वे किसी मरीज़ को देख रहे होते तो वह बाहर वेटिंग रूम में काउच पर बैठ कर समाचार-पत्र देखता। भाई साहब दुकान बन्द करके उसकी प्रतीक्षा कर रहे होते तो बिना रुके उनके साथ पुरानी अनारकली में गोपाल के ढाबे की ओर बढ़ जाता। वापस आ कर भाई साहब पड़ते ही सो जाते और चेतन रात में तब तक कानून की पुस्तकों में रमा रहता, जब तक उसकी आँखें झपने न लगतीं....उसके दिन का एक-एक पल बँधा था और कॉलेज के छात्रों-ऐसी स्वच्छन्दता और उन्मुक्तता उसे उपलब्ध नहीं थी।

अपनी विवश स्थिति का ख़याल आ जाने से एक लम्बी साँस चेतन के होंटों से निकल गयी। वह सीधा हो कर बैठ गया और फिर पत्र लिखने लगा। संक्षेप में अपनी इस व्यस्त दिनचर्या का ब्योरा देने के बाद उसने लिखा —

> "तुम्हें मालूम है, लाहौर के किसी कॉलेज में पढ़ने की मेरी पुरानी हसरत थी, लेकिन मैं तो मन में इकोनॉमिक्स[१] या हिस्ट्री[२] में एम० ए० करके किसी कॉलेज में प्रोफ़ेसर[३] होना चाहता था। कॉलेज के प्रोफ़ेसरों को दीगर जो छुट्टियाँ मिलती हों सो मिलती हों, तीन महीने के लिए गर्मियों की छुट्टियाँ तो मिलती ही हैं और मैं सोचता था, किसी लेखक के लिए इससे बेहतर कोई नौकरी नहीं हो सकती। क्यों हमारे कॉलेजों के प्रोफ़ेसर बड़े अदीब नहीं बन पाते, मैं नहीं जानता, लेकिन मैं एम० ए० कर लेता और प्रोफ़ेसर बनता तो अपनी फ़ुर्सत का सारा वक्त लिखने में लगाता और मास्टरपीस चीज़ों की तख़लीक़[४] करता।
>
> भाग्य ने लाहौर के किसी कॉलेज में पढ़ने की मेरी पुरानी ख़्वाहिश तो पूरी कर दी, लेकिन इकोनॉमिक्स या हिस्ट्री में एम० ए० करने के बदले में कानून मैं एल-एल० बी० करने जा रहा हूँ। सपने में भी मैंने कभी नहीं सोचा था कि मैं

---

१. अर्थशास्त्र
२. इतिहास।
३. उस ज़माने में कॉलेज का हर अध्यापक प्रोफ़ेसर कहलाता था।
४. सृष्टि।

कानून पास करूँगा।

लेकिन जो भी हो अनन्त, यह सब्जेक्ट इकोनॉमिक्स या हिस्ट्री से कम दिलचस्प नहीं है। मैं ताज़ीरात-ए-हिन्द,[१] ज़ाब्ता दीवानी[२] और टॉर्ट्स[३] के मुकदमों के बयान पढ़ता हूँ तो मुझे कहानियों और नावलों का-सा मज़ा आता है...."

०

चेतन फिर कुर्सी पर पीछे को लेट गया। अक्तूबर शुरू हो चुका था। हवा का ताप एकदम उतर चुका था। वातावरण में हलकी-सी ख़ुनकी आ गयी थी। पेड़ की छाया के नीचे चेतन को थोड़ी ठण्ड महसूस हुई। उसने कुर्सी ज़रा खिसका कर ऐसे कर ली कि उसका सिर और सीना छाया में रहे और बाकी जिस्म धूप में। क्षण भर के लिए कुर्सी पर पीछे को लेटे-लेटे उसकी निगाह ऊपर आकाश की ओर उठी। एकदम निर्मल, नीले, निरभ्र आकाश की गहराई में एक चील दायरे बना रही थी। कुछ क्षण तक लगातार पंख चला कर किसी ग्लाइडर की तरह वह पंख फैलाये निःस्पन्द फ़िज़ा में तैरने लगती।

कुर्सी के पीछे सिर टिकाये, आँखें आकाश में लगाये चेतन एकटक उस चील को देखता रहा फिर वह उठ कर सीधा बैठ गया। सामने सड़क के पार टेनिस लॉन में एक नौजवान अंग्रेज़ जोड़ा टेनिस खेलने लगा था। युवती ने नेकर और आधी बाँहों की सफ़ेद शर्ट पहन रखी थी और उसके गोरे अंग उतनी दूर से भी आकर्षित कर रहे थे। चेतन को टेनिस का खेल बहुत अच्छा लगता था। रास्ता चलते दो-एक लोग सड़क के उस किनारे खेल देखने को रुक गये। चेतन का जी हुआ कि वह भी जा कर कुछ क्षण को खेल देखे। लेकिन बरबस मन को उधर से हटा कर उसने लिखा हुआ पत्र पढ़ना शुरू किया। हालाँकि धूप में बैठे उसे देर नहीं हुई थी, लेकिन उसे गर्मी लगने लगी थी। चेतन ने कुर्सी उठा कर इस तरह बिछायी कि टेनिस कोर्ट की ओर को उसकी पीठ हो जाये। फिर वह पत्र लिखने लगा, उसका अर्ध-चेतन निरन्तर इस बीच अपने विचारों को व्यवस्थित करता रहा।

"तुम तो जानते हो अनन्त, चूँकि जालन्धर के राय साहब भगतराम कातिलों को कानून के ज़ोर से रिहा करा देते थे और हमारे बाऊ जी फ़ौजदारी के मुकदमों में हमेशा जीतते थे, इसलिए कानून में मेरी भी दिलचस्पी रही है, लेकिन जैसा कि मैंने कहा, कभी ख़ुद कानून-दाँ बनूँगा, ऐसा मैंने कभी नहीं सोचा था। मैं तो मशहूर अदीब बनना चाहता हूँ। क्यों मैंने कानून पढ़ने का फ़ैसला किया, यह सब तुम्हें मालूम है। तब उन हालात में कानून में फ़र्स्ट डिवीज़न ले कर सब-जजी के कम्पीटीशन में बैठने के सिवा मेरे सामने कोई चारा नहीं था।

किसी कारण ही सही, मैं कानून पढ़ने लगा हूँ। यह सब्जेक्ट दिलचस्प ही नहीं, हमारी ज़िन्दगी के हर पहलू को छूने वाला है। मैं समझता हूँ कि इसका थोड़ा-बहुत इल्म तो हर शहरी को होना चाहिए और प्राइमरी के बाद हमारे स्कूलों

१. भारतीय दण्ड संहिता (इण्डियन पीनल कोड)।
२. सिविल प्रोसीजर कोड (व्यवहार प्रक्रिया संहिता)।
३. अपकृत्य।

में इसकी कुछ बुनियादी बातें पढ़ायी जानी चाहिएँ। चाहे यह सब्जेक्ट कम्पल्सरी न हो, लेकिन जो लड़के इसे पढ़ना चाहें, वे पढ़ सकें।"

सिर्फ़ दो पैरे लिख कर चेतन फिर कुछ क्षण के लिए सुस्ताने लगा। उसकी आँखों के सामने दीवानी, फ़ौजदारी, टॉर्ट्स और हिन्दू लॉ-मुस्लिम लॉ की किताबों के पृष्ठ फड़फड़ाने लगे। जब वह पुरी की दुकान से प्रमुख विषयों की पाठ्य-पुस्तकें लाया था और उसने सरसरी नज़र से उन्हें देखा था तो गयी रात तक उन्हीं में रमा रहा था। वह कभी ताज़ीरात-ए-हिन्द की कुछ धाराएँ पढ़ता, कभी ज़ाब्ता दीवानी की और कभी अपकृत्य याने टॉर्ट्स के कुछ अधिनियम देखता। कानून का विषय उसे किसी ऐसे भव्य और पुरतकल्लुफ़ भोज-सरीखा लगता, जहाँ मेज़ों पर तरह-तरह के पकवान, मिठाइयाँ, नमकीन और फल तथा मेवे पड़े हों। वह भी कभी एक को चख कर देखे, कभी दूसरे को और उसकी तबियत न भरे।

जहाँ तक भारतीय दण्ड संहिता का ताल्लुक है, चूँकि चेतन ने देबू काने और बिल्ले के कत्ल और डाकाज़नी के मुक़दमों के कई किस्से सुन रखे थे, इसलिए सबसे पहले उसने इण्डियन पीनल कोड याने ज़ाब्ता फ़ौजदारी उठाया था और उसमें इन्सानी ज़िन्दगी को नुकसान पहुँचाने वाले अपराधों का परिच्छेद निकाला और २९९ से ३०८ तक की धाराएँ पढ़ गया था। कत्ल कहाँ 'कल्पेबल' यानी जान-बूझ कर किया गया होता है, कहाँ नहीं ? कहाँ जान से मारना कत्ल के दायरे में आता है, कहाँ नहीं ? हत्यारे को फाँसी के फन्दे से बचाने वाले कौन-से एक्स्टेन्युएटिंग सर्कमस्टान्सेज़ होते हैं, याने कौन-से ऐसे हालात, जो उसके जुर्म को कम करने वाले हों और जो न्यायाधीश के मन में सन्देह उपजा दें और मुल्ज़िम को सन्देह का लाभ मिल जाये —इन सब बातों का अत्यन्त पेचीदा और रोचक वर्णन पुस्तक में था। एक ही बार पढ़ने पर चेतन को धारा २९९, उसकी शर्तें और व्याख्याएँ याद हो गयी थीं।

अधिनियम बनाने वालों का ज़ोर अभियुक्त की नीयत उसके आशय और अपने कृत्य के परिणाम के बारे में उसके ज्ञान पर था। लेकिन अगर वकील-सफ़ाई इसके उलट साबित कर दे तो वह फाँसी के फन्दे से बच सकता अथवा साफ़ छूट सकता था।

उन दिनों पाठ्य-पुस्तकों के आधे हिस्से एफ़० ई० एल० (यानी कानून के पहले वर्ष) और शेष एल० एल० बी० की क्लासों में पढ़ाये जाते थे। लेकिन चेतन ने किताबें लेते ही, बिना कॉलेज के टाइम टेबल का ख़याल किये, सरसरी नज़र से अपने मन-पसन्द विषय देख डाले थे।

कोट पश्का, जालन्धर का सर्राफ़ बिल्ला तीन-तीन बार दीवालिया हो चुका था, लेकिन उसकी शान-शौकत में किसी तरह की कमी न आयी थी, इसलिए चेतन को इन्सॉल्वेन्सी ऐक्ट (दीवाले का अधिनियम) से दिलचस्पी थी। वह सबसे पहले वही पढ़ने जा रहा था कि पृष्ठ पलटते हुए उसकी नज़र इण्डियन कॉण्ट्रैक्ट ऐक्ट पर गयी थी। तभी उसे ख़याल आया था कि लेखक के नाते उसे सबसे पहले क़ॉण्ट्रैक्ट (अनुबन्ध) सम्बन्धी धाराएँ पढ़नी चाहिएँ।

यह अज़ीब बात है कि कानून की शिक्षा लेने और सब-जज बनने का फ़ैसला करने

के बावजूद वह अपने साहित्यकार को न भूल पाया था। उसने एक बार भी न सोचा था कि सब-जज बन कर लिखना छोड़ देगा अथवा लिखना उसके लिए असम्भव हो जायेगा। वह यही सोचता था कि वह लिखना जारी रखेगा। तब अपनी कहानियों, नाटकों और उपन्यासों के प्रकाशन के लिए (चेतन को पूरा विश्वास था कि वह अद्वितीय नाटक और उपन्यास लिखेगा) उसे प्रकाशकों से अनुबन्ध करने पड़ेंगे। प्रकाशक, उसने सुन रखा था, भयंकर शोषक होते हैं। ग़रीब लेखकों को ठगते हैं, उनकी कमज़ोरी का अनुचित लाभ उठाते हैं और उसने ज़ाब्ता दीवानी को सामने रखे-रखे तय किया था कि वह न शोषित होगा, न ठगाई खायेगा और वह किताब में कॉण्ट्रैक्ट ऐक्ट पढ़ने लगा था।

उसकी पाठ्य-पुस्तक में कॉण्ट्रैक्ट ऐक्ट की प्रमुख धाराएँ ही शामिल थीं। लेकिन वह कॉलेज से आता-आता पुरी की दुकान से सिर्फ़ रात भर के लिए मुल्ला की कॉण्ट्रैक्ट ऐक्ट की पुस्तक ले आया था। शारीरिक चोट या कत्ल, आदि से सम्बन्धित ताज़ीरात-ए-हिन्द की धाराओं से कम दिलचस्प कॉण्ट्रैक्ट ऐक्ट की धाराएँ नहीं थीं। उसने पहली बार सरसरी नज़र से और दूसरी बार ध्यान से पढ़ कर कुछ ज़रूरी धाराएँ नोट कर लीं ताकि अगर उसे किसी प्रकाशक से अनुबन्ध करना पड़े तो वह हानि में न रहे। चेतन का वश होता तो वह पुस्तक ख़रीद लेता और इत्मीनान से उसे पढ़ता। मुल्ला ने धाराओं की व्याख्या में जिन मामलों के उद्धरण दिये थे, उन्हें पढ़ते और उनकी रोशनी में कानूनी शब्दों की माहीयत जानने में चेतन को रस मिल रहा था, लेकिन पुस्तक मैली न हो जाये और पुरी बुरा न मान जाये, इस भय से वह वादे के मुताबिक पुस्तक दे आया था कि वह फिर आयेगा और दुकान के पीछे बैठ कर अध्ययन करेगा।

चेतन ईज़ी चेयर पर सीधा हो बैठा। तख़्ती को घुटनों पर ठीक कर आगे पत्र लिखने लगा —

> "ताज़ीरात-ए-हिन्द और ज़ाब्ता दीवानी की दफ़ाओं के बारे में, अनन्त, भले ही लोग ज़्यादा न जानते हों, लेकिन इनके नाम तो सभी ने सुन रखे होते हैं और दो-चार दफ़ाओं के बारे में देहातियों तक को मामूली इल्म होता है और कॉण्ट्रैक्ट की कुछ दफ़ाओं से भी आम लोग वाकिफ़ होते हैं। मगर कानून की कुछ शाख़ें ऐसी भी हैं, अनपढ़ों की बात तो दूर, पढ़े-लिखों तक ने भी जिनका नाम न सुना हो। मेरी ही बात लो, ज्यूरिसप्रूडेन्स और टॉर्ट्स —मेरे लिए ये नाम एकदम नये थे। ज्यूरिसप्रूडेन्स को तुम कानून की साइंस (विज्ञान) या कानून का शास्त्र समझ लो। सरसरी नज़र से किताब को देखा तो मुझे ख़ासी बोर लगी। सोचा, बाद में पढ़ूँगा। लेकिन टॉर्ट्स! यार, यह तो कानून की बेमिशाल शाख़ है। आम ज़बान में तुम इसे किसी ग़ैर-इन्साफ़ी या नुकसानदेह फ़े'ल के ख़िलाफ़ हरजाने का कानून समझ लो। इसकी बाँहें तो इतनी लम्बी हैं कि आम ज़िन्दगी का कोई ही पहलू ऐसा होगा, जो इसकी ज़द में न आ जाये।
>
> टॉर्ट्स का कानून अनन्त, मुहज़्ज़ब समाज के इस उसूल पर टिका है कि समाज में हर शख़्स का यह फ़र्ज़ है कि जब तक कोई कानूनी वजह न हो, वह अपने पड़ोसियों को (और समाज के दूसरे लोगों को भी) किसी तरह का (माली, जिस्मानी या दिमाग़ी) नुकसान न पहुँचाये। समाज को ले कर उसके जो कर्तव्य

हैं, उन्हें पूरा करे। अगर समाज में कोई शख़्स किसी दूसरे को बिला-वजह नुकसान पहुँचाता है तो वह टार्ट्स के तहत दीवानी अदालत में हरजाने का सज़ावार हो सकता है।"

०

यहीं तक पत्र लिख कर चेतन रुका। उसके सामने टॉर्ट्स के कानून का विस्तार आ गया, जिसे विधि-वेत्ताओं ने सुविधा के लिए तीन खण्डों में विभक्त किया था।

(१) वैयक्तिक अन्याय, (२) जायदाद सम्बन्धी अपकृत्य, (३) व्यक्ति, सम्पदा तथा सम्पत्तिगत आम अधिकारों के हनन।

इन तीन खण्डों में व्यक्ति, उसकी सम्पदा और सम्पत्ति और इनके सन्दर्भ में विशेष और सामान्य अधिकारों और कर्तव्यों को ले कर हज़ारों-हज़ार सामान्य और विशेष अपराधों, या कुकृत्यों के विरुद्ध हरजाने के लिए दीवानी अदालत का दरवाज़ा खटखटाया जा सकता है।

चेतन का बस होता तो पत्र में अनन्त को पूरा टॉर्ट्स ही लिख भेजता। लेकिन थोड़ा सोचने पर, अपने मित्र के ज्ञान-वर्धन हेतु, उसने नेग्लिजेंस यानी लापरवाही सम्बन्धी दो-तीन प्रसिद्ध मामलों के ब्योरे देने का फ़ैसला करके आगे पत्र लिखना शुरू किया —

"टॉर्ट्स का कानून, अनन्त, कॉमन सेंस पर टिका है। टॉर्ट्स के मामलों में जज कैसे फ़ैसलों पर पहुँचते हैं, उसके सिलसिले में तुम्हारी दिलचस्पी के लिए टॉर्ट्स के तीन मशहूर मामलों का ब्योरा देता हूँ। मुझे ये निहायत दिलचस्प लगे हैं। ये मामले लापरवाही से किये जाने वाले ऐसे कामों में से हैं, जिनकी वजह से दूसरों को भारी नुकसान उठाना पड़ा।

इससे पहले कि मैं वे किस्से लिखूँ, मैं यहाँ दो लफ़्ज़ लापरवाही करने वाले की नीयत के बारे में लिखना चाहूँगा। हमेशा ऐसे मामलों में मुद्दई यही प्ली लेता है, यानी यही दलील देता है कि उसका मंशा वादी को नुकसान पहुँचाने का नहीं था, लेकिन अगर कॉमन सेंस यही कहती हो कि उसके कुकृत्य से प्रतिवादी को नुकसान पहुँचता, इसका इल्म उसे होना चाहिए था तो वह हरजाने का सज़ावार होगा। यह आम कहावत है कि आदमी के किसी फ़े'ल के जो भी सीधे कुदरती नतीजे निकलें, उसके लिए उसे गुनहगार माना जाये, इसलिए ऐसे मामलों में किसी को नुकसान पहुँचाने वाले की नीयत भी उसकी लापरवाही में शामिल मान ली जाती है। चाहे फिर वे नतीजे वह काम करते वक्त उसकी सोच से भी परे हों।

इस सिलसिले में सबसे मशहूर मामला 'पोलेमी का मामला' कहलाता है। किस्सा यों है कि एक पार्टी ने अपने माल के लिए पानी का एक जहाज़ चार्टर किया। जब वह जहाज़ बन्दरगाह पर पहुँचा तो चूँकि उन लोगों को कुछ सामान दूसरी जगह शिफ़्ट करना था, उन्होंने जहाज़ी कुली बुलाये। कुलियों ने अधखुले गोदाम के ऊपर तख़्ते लगा कर सामान शिफ़्ट करना शुरू किया। बदबख़्ती से एक तख़्ता खिसक कर निचले गोदाम में गिर गया। वहाँ बेंज़ीन गैस के सिलिण्डर

और पेट्रोल के पीपे रखे थे। गैसें रिस कर तहख़ाने में भर गयी थी। तख़्ता शायद किसी सिलिण्डर पर गिरा, चिनगारी निकली, आग लग गयी और सामान-समेत सारा जहाज़ जल गया।

जहाज़ के मालिकों ने जहाज़ चार्टर करने वालों पर हरजाने का दावा दायर कर दिया। मुद्दा'लह याने डिफ़ेण्डेण्ट पार्टी ने दलील दी कि वह ऐसा हादसा था, जिसका तसव्वुर भी नहीं किया जा सकता था। उनकी नीयत हरगिज़ जहाज़ी कम्पनी को नुकसान पहुँचाने की नहीं थी। अगर कोई जिम्मेदार थे तो कुली। लापरवाही भी हुई तो उन्हीं से। वे ख़ुद हरजाना देने के सज़ावार नहीं हैं।

लेकिन जजों ने फ़ैसला दिया कि जब उन्हें मालूम था, जहाज़ के तहख़ानों में आग पकड़ने वाला सामान भरा है, तो उन्हें ज़रूरी एहतियात से काम लेना चाहिए था, जब उन्होंने पूरा एहतियात नहीं बरता तो इससे ग़रज़ नहीं कि उनका मंशा जहाज़ी कम्पनी को नुकसान पहुँचाने का था या नहीं, आग चूँकि उनकी उस बेएहतियाती का सीधा, कुदरती और लाज़िमी नतीजा थी, इसलिए उनका मंशा उनके उस अमल में शामिल समझा जायेगा और उन्हें हरजाना देना पड़ेगा।"

चेतन क्षण के लिए रुका, फिर उसने दूसरा केस लिखना शुरू किया —

"पोलेमी के मामले में तो आग तख़्ता गिरने का सीधा नतीजा थी, पर टॉर्ट्स में ऐसे मामलों में भी मुन्सिफ़ लापरवाही से काम लेने वाले को दोषी करार देते हैं, जहाँ उनके काम का नतीजा सीधा नहीं निकलता, लेकिन उसकी जाँच करें तो वह उनकी बेपरवाही तक पहुँचता है। ऐसा ही एक पेचीदा मामला 'पटाख़े का मामला' है और बहुत मशहूर है।

हुआ यह कि एक मेले में जहाँ बहुत भीड़ थी और एक तरफ़ पर्दों और कपड़ों की मदद से आरज़ी दुकानें बनी थीं, एक शख़्स ने शरारतन भीड़ में पलीता छोड़ दिया। जिस आदमी के पैर पर वह पड़ा, उसने उसे उठा कर फेंका तो वह एक दुकान पर जा गिरा। दुकानदार ने खौफ़ज़दा हो कर नीचे से डण्डा मारा तो वह उसकी छत से उछल कर दूसरी दुकान की छत पर गिरा। किस्सा कोताह यह कि उस शरारत के नतीजे के तौर पर तीसरी दुकान और उसका सामान जल गया।

हाईकोर्ट ने पहले पलीता फेंकने वाले को मुजरिम ठहराया, हालाँकि उसने उस दुकान पर पलीता नहीं फेंका था, भीड़ पर फेंका था।"

दूसरे मामले का ब्योरा देने के बाद अचानक चेतन के सामने टॉर्ट्स की पुस्तक में पढ़े गये कई दिलचस्प केस आ गये। वह सिर्फ़ एक मामला और लिखना चाहता था। तीसरा केस वह कौन-सा लिखे, वह तय न कर पाया। उसके दिमाग़ में एक साथ पाँच मामले आये। तीन में वादियों को हरजाना दिया गया था और दो में यह तय किया गया था कि प्रतिवादियों की असावधानी के जो परिणाम निकले, कॉमन सेंस याने सहज-बुद्धि के अनुसार सावधानी बरतने के बावजूद, उनसे बचा नहीं जा सकता था। इसलिए उनके हक में हरजाने का फ़ैसला नहीं दिया जा सकता।

उनमें से दो केस घोड़ा-गाड़ियों के सिलसिले में लगभग एक-समान थे। इनमें कोई

पेचीदगी नहीं थी। चेतन ने उन्हें छोड़ दिया। तीसरा मामला न्यूयॉर्क की सुप्रीम कोर्ट का था।

केस यह था कि सरे-बाज़ार वादी के नौकर और प्रतिवादी में झगड़ा हो गया। प्रतिवादी ने क्रोध में उसे धर दबोचा। वह उसकी गिरफ़्त से आज़ाद हो कर भागा। प्रतिवादी ने एक कुल्हाड़ी उठायी और उसके पीछे हो लिया। प्राणों के भय से वादी का नौकर अपनी दुकान के अन्दर भागा। वह काउण्टर के पीछे छिप रहा था, जब शराब के पीपे से टकरा गया और पीपे की टोंटी खुल गयी। सारी शराब बह गयी। वादी ने प्रतिवादी पर हरजाने का दावा कर दिया। अदालत ने निर्णय दिया कि भले ही पीपे की टोंटी वादी के नौकर के धक्के से खुली, पर जान बचाने के लिए उसका अपनी दुकान में जाना और काउण्टर के पीछे छिपना स्वाभाविक था, क्योंकि प्रतिवादी कुल्हाड़ी उठाये उसके पीछे था। इसलिए दोष प्रतिवादी का था और उसी के अपकृत्य के फलस्वरूप वादी का नुकसान हुआ और वह हरजाने का सज़ावार है।

जिन दो मामलों में अदालत ने प्रतिवादियों को दोषी नहीं माना, उनमें से एक निहायत दिलचस्प केस 'अँगूठे का मामला' कहलाता है।

इस मामले में किस्सा यूँ हुआ कि वादी गाड़ी के ठसाठस भरे हुए डिब्बे में सवार था। जब गाड़ी स्टेशन पर रुकने लगी तो स्टेशन पर प्रतीक्षारत खड़े मुसाफ़िरों ने लपक कर दरवाज़ा खोला और डिब्बे में सवार होने की कोशिश की। उन्हें रोकने के लिए वादी उठ कर दरवाज़े के आगे खड़ा हो गया और उसने दरवाज़े पर अन्दर की ओर से ज़ोर दिया। वह इसी तरह दरवाज़े के साथ भिड़ा खड़ा रहा था कि गाड़ी चल पड़ी। उसने सहारे के लिए दरवाज़े के लिण्टल पर हाथ टिका दिया। तभी डिब्बे का कण्डक्टर आया। उसने अन्दर धँसने की कोशिश करने वालों को उतार दिया और सहज स्वभाववश दरवाज़ा बन्द कर दिया। वादी का अँगूठा, जो लिण्टल के नीचे था, दरवाज़े में आ कर कुचल गया। वादी ने रेल-कम्पनी पर हरजाने का दावा दायर कर दिया —इस तर्क से कि कम्पनी की लापरवाही से डिब्बा इतना ज़्यादा भरा हुआ था, इसलिए वह दुर्घटना हुई।

यद्यपि निचली अदालतों ने पुराने फ़ैसलों के अनुकरण में रेल-कम्पनी को दोषी माना, पर हाउस ऑफ़ लॉर्ड्स ने एक मत से फ़ैसला दिया कि डिब्बा ज़्यादा भरा हुआ न भी होता, तब भी यह दुर्घटना हो सकती थी, इसलिए कम्पनी हरजाने की सज़ावार नहीं है।

चेतन देर तक सोचता रहा। पहले उसका जी हुआ कि वह सभी किस्से अनन्त को लिख भेजे। लेकिन वह अनन्त की मस्त-अलस्त तबियत से परिचित था। उसे कानून-वानून से कोई दिलचस्पी नहीं थी। न चेतन ही उसे सारा टॉर्ट्स पढ़ाना चाहता था, वह तो अपने मित्र को आम नागरिक के अधिकारों की सूचना भर देना चाहता था और उन किस्सों को ले कर अपने मन की एक बात के सिलसिले में उसकी राय लेना चाहता था। उसने सोचा कि वह कोई ऐसा मामला लिखे, जो उनके अपने परिवेश में भी सम्भव हो सकता हो। सोचने पर उसे लगा कि 'घोड़ा गाड़ी वाले' अथवा 'अँगूठे वाले' किस्से तो उनके यहाँ नित्य प्रति घटने वाले किस्सों ऐसे ही हैं....वह पहले 'अँगूठे वाला' किस्सा लिखने जा रहा था, तभी उसे टॉर्ट्स की किताब में पढ़े 'क्लार्क बनाम चेम्बर्स' वाले मामले की याद हो आयी। उसने वही किस्सा लिखने का फ़ैसला किया। इसलिए भी कि वह निम्न-मध्यवर्गीय टुच्चेपन

का नमूना था और दिलचस्पी में उन दो किस्सों से कम नहीं था, जो उसने पहले लिखे थे। और उसने आगे पत्र लिखना शुरू किया —

"लेकिन तीसरा किस्सा, अनन्त, और भी दिलचस्प और पेचीदा है। साथ ही निचले दरम्यानी तबके[१] की नफ़सियात[२] का मज़हर[३] है। हुआ यह कि एक अहाते में, जहाँ मुद्दा'लह[४] के अलावा दूसरे मकानदार भी रहते थे, एक सड़क आती थी। अहाते के मकान-मालिकों और उनसे मिलने के लिए आने-जाने वालों को उस सड़क पर चलने का पूरा हक था। लोगों ने वहाँ आने के लिए एक पगडण्डी भी बना ली थी। आम लोगों को अहाते का ग़लत इस्तेमाल करने से रोकने के लिए मुद्दा'लह ने सड़क की तरफ़ बड़ी-बड़ी, नुकीली सलाख़ों वाला एक जँगला लगा दिया, जिसमें सड़क का हिस्सा खुला छोड़ दिया गया।

हुआ यह कि अँधेरी रात में मुद्दई[५] अपने एक दोस्त के बुलाने पर, जो उस अहाते में रहता था और जिसे उस रास्ते को इस्तेमाल करने की कानूनी सहूलत हासिल थी, बँगले के खुले हिस्से के अहाते में दाख़िल हुआ और दोस्त के घर पहुँचा। इस बीच किसी ने —मुद्दा'लह ने नहीं, न उसके किसी रिश्तेदार या साथी ने —जँगले का एक हिस्सा अलग किया और उसे ज़रा आगे पगडण्डी के सिरे पर लगा दिया कि उधर से आना-जाना बन्द हो जाये।

मुद्दई अँधेरी रात में देर से दोस्त के घर से निकला। बँगले के बीच खुले रास्ते से गुज़र गया, लेकिन जब पगडण्डी की तरफ को मुड़ा तो वहाँ गड़े जँगले में लगी नुकीली सलाख़ से उसकी आँखें फूट गयीं। उसने जँगला लगाने वाले पहले शख़्स के ख़िलाफ़ हरजाने का मामला चला दिया।

अगरचे मुद्दई की आँख तो किसी दूसरे के बुरे अमल[६] से जाती रही थी, पर अदालत ने फ़ैसला दिया कि असली गुनहगार मुद्दा'लह ही है। न उसने ग़ैर-कानूनी तौर पर उस अहाते में रुकावट पैदा की होती, न कोई दूसरा वह जँगला उखाड़ कर पगडण्डी पर लगाता, न मुद्दई की आँख ही फूटती।"

'क्लार्क बनाम चेम्बर्स' का किस्सा लिख कर चेतन क्षण भर रुका। उसने शुरू से ले कर अन्त तक पत्र पढ़ा। फिर लिखना शुरू किया —

"ये सब कानूनी किस्से लिखने का मतलब तुम्हें कानून पढ़ाना नहीं। भले ही तुम्हारे वालिदे-माजिद[७] कानूनगो थे, लेकिन मैं जानता हूँ कि तुम्हारा कानून से छत्तीस का भी नाता नहीं है। ये किस्से तो मैंने तुम्हारी दिलचस्पी के लिए लिखे हैं और इन्हीं के सिलसिले में अपने मन की एक बात के बारे में तुम्हारी राय

---

१. निम्न-मध्यवर्गीय
२. मनोविज्ञान
३. द्योतक
४. प्रतिवादी
५. वादी
६. अपकृत्य
७. पिताश्री।

जानने के लिए।

तुमने इन्हें पढ़ते हुए मार्क किया होगा कि टॉर्ट्स के ये किस्से (और क्रिमिनल पीनल कोड की दफ़ाओं के तहत अदालतों में चलने वाले ऐसे दिलचस्प किस्सों की कमी नहीं) वाकए[1] का महज़ एक फ़ैक्चुअल[2] ख़ाका देते हैं। क्योंकि अदालती रिपोर्टों में यही होता है। पर तुम तसव्वुर करो, अगर ज़िन्दगी के इन सच्चे वाकयों में थोड़ा-सा लोकल कलर, थोड़ी इन्सानी-नफ़सियात[3] और थोड़ी टेकनिक मिला दी जाये तो क्या ये लासानी कहानियों में नहीं बदले जा सकते ?

और मैं सोचता था कि ख़याली कहानियाँ लिखने की बजाय क्यों न ज़िन्दगी के इन सच्चे किस्सों को कहानियों की शक्ल दूँ। मसलन, यह जो आख़िरी किस्सा मैंने लिखा है, थोड़े-से तसव्वुर और मुहल्ले के निचले-दरम्यानी दर्जे के लोगों की लाग-डाँट और टुच्चेपन के मेल से लाजवाब कहानी बन सकती है। या फिर पोलेमी का किस्सा ही....

राय दो कि अगर मैं ऐसी कहानियाँ लिखूँ तो कैसा रहे ? कानून पढ़ने का यह फ़ायदा तो अफ़साना-निगार होने के नाते मुझे उठाना ही चाहिए। सोचता हूँ, इन्हीं किस्सों में से एक का प्लॉट ले कर कहानी लिखूँ और तुम्हें भेजूँ।

ख़त बहुत लम्बा हो गया है और जिस वजह से मैंने लिखना शुरू किया था, वह मैं कानून के इस चक्कर में यकसर भूल गया।

बात यह है अनन्त, कि मैं जालन्धर से चला था तो चन्दा और बच्चे की तबियत कुछ ठीक नहीं थी। मैंने कई ख़त घर लिखे हैं, लेकिन माँ ने एक का भी जवाब नहीं दिया। तुमने लिखा है कि तुम अगले हफ़्ते जालन्धर जा रहे हो; तो दोस्त, ज़रा हमारे घर जा कर उन दोनों की तबियत के बारे में पता करके मुझे वहीं से पत्र लिखना ताकि मेरी फ़िक्र मिटे और मैं पढ़ने-लिखने में मन लगा सकूँ। उम्मीद है, बेपरवाही से काम न लोगे। चन्दा और बच्चे की चिन्ता मुझे पढ़ाई में मन नहीं लगाने देगी। मैं बेसब्री से तुम्हारे ख़त की बाट देखूँगा। कानूनी किस्सों की कहानियाँ बनाने के सिलसिले में राय देना न भूलना।

चाची को मेरी याद दिलाना और बहुत-बहुत प्रणाम देना।

तुम्हारा
चेतन

---

१. घटना
२. तथ्यपरक
३. मानव-मनोविज्ञान

१

जब तख़्ती पर शुरू की गयी कहानी की एक-दो नहीं, पूरी पन्द्रह स्लिपों को चेतन ने दूसरी बार पढ़ा तो उसने बेज़ारी से सिर हिलाया और कुछ अजीब-सी झल्लाहट से स्लिपों-समेत तख़्ती को बेंच पर फेंक दिया। वह हताश भाव से ईज़ी चेयर पर पीछे को लेट गया और आँखें उसने आकाश के शून्य में लगा दीं।

०

फ़ीस और किताबों-कापियों की व्यवस्था करने के बाद चेतन के पास नहीं के बराबर पैसे बचते थे। लिखने के अपने इस शौक को पूरा करने में भी वह निहायत किफ़ायत और कंजूसी से काम लेता था। वह सस्ते, सफ़ेद काग़ज़ का दस्ता ले आता था और फ़ुलस्केप काग़जों को बीच से मोड़ कर लम्बी स्लिपें बना लेता था, जिन पर वह बारीक, लेकिन सुन्दर अक्षरों में दोनों तरफ़ लिखता था। दरअसल उसके यहाँ वैसी प्रतिभा नहीं थी कि एक ही बार लिखे और रचना उत्कृष्ट बन जाये। उसे तो रचना शुरू करने में प्रायः कई काग़ज़ बरबाद करने पड़ते थे और पूरा फुलस्केप काग़ज़ नष्ट करने में उसे तकलीफ़ होती थी। फिर मनोनुकूल कहानी बनाने में उसे कई बार दो-दो, तीन-तीन वर्शन[१] तैयार करने पड़ते थे, इसलिए उसने फ़ुलस्केप की लम्बी स्लिपों पर लिखने का ढंग सोच निकाला था। जब कहानी मनोनुकूल बन जाती और उसे किसी पत्र-पत्रिका को भेजना होता तो वह उसे पूरे फ़ुलस्केप काग़ज़ों पर एक ओर सुन्दर अक्षरों में लिखता। रफ़ वर्शन वह लम्बी स्लिपों पर ही तैयार करता।

वह एक बार आठ-दस स्लिपें लिख कर रद्द कर चुका था। यह उसने दूसरा वर्शन लिखा था। उसने पोलेमी के मामले को भारतीय माहौल में रखा था। कहानी पूरी भी हो गयी थी, लेकिन दोबारा पढ़ने पर उसे लगा था कि वह मनोनुकूल नहीं बनी। अनन्त को लिखे हुए किस्से और उस कहानी में कुछ ज़्यादा अन्तर नहीं था। वह स्थानीय रंग, जीवन के यथार्थ ब्योरे, वह मनोवैज्ञानिक संस्पर्श, जो वह अपनी कहानी को देना चाहता था, उसे कहीं दिखायी न दिया था और उसे लगा था कि कहानी लिखने की उतावली में उसने बेकार पूरा दिन बरबाद कर दिया है।

०

आकाश में हलके-हलके सफ़ेद बादल तैर रहे थे। कोई दूसरा समय होता तो विशाल नीली झील में सफ़ेद पालों वाली हलकी नौकाओं की तरह आकाश के नीले विस्तार में तैरते हुए उन मेघ बालों को वह हर्ष और पुलक से निर्निमेष देखता, लेकिन उस क्षण जैसे वह उन्हें देख कर भी न देख रहा था। कहानी लिखने के जोश में वह दोपहर का खाना खाने भी नहीं गया था और भूख उसके मेदे की दीवारों पर कई बार खटखटा कर मौन हो गयी थी। उसकी कनपटियों में हलका-हलका दर्द होने लगा था।

चेतन ने आँखें बन्द कर लीं।

सहसा उसके मन में कविराज रामदास के उस पत्र की पंक्तियाँ घूम गयीं, जो शिमले

---

१. प्रारूप।

में उसके क्रोध-भरे पत्र के पुर्ज़े लौटाते हुए उन्होंने लिखी थीं। एक तिक्त व्यंग्य-भरी मुस्कान उसके होंटों पर खेल गयी।

कविराज ने ठीक ही लिखा था कि वह बेहद उतावला और अतिवादी है। धैर्य नाम का गुण उसके किरदार का अंग नहीं है। अनन्त के पत्र में टॉर्ट्स के दिलचस्प केस लिखते हुए चेतन ने उससे सलाह माँगी थी कि अगर वह उनमें से कुछ को कहानियों का रूप दे तो कैसा रहे। लेकिन अपनी आवेगशीलता में उसकी सलाह का इन्तज़ार किये बिना, उसने तय किया था कि वह उनमें से एक किस्से को कहानी बना देगा और कोशिश करेगा कि उसे किसी पत्र-पत्रिका में दे कर दो-चार रुपये प्राप्त कर ले।

जहाँ तक निम्न-मध्यवर्गीय मनोविज्ञान और चेतन की अपनी क्षमताओं का सम्बन्ध है, 'क्लार्क बनाम चेम्बर्ज़' वाला किस्सा उसके लिए निहायत दिलचस्प और उपयुक्त होता। वह उसे हाथ में लेता तो शायद सन्तोषप्रद रूप से लिख भी ले जाता, लेकिन सभी महत्वाकांक्षी युवकों की तरह वह ज़रा ऊँची चीज़ लिखना चाहता था। रोज़ घटने वाले नगण्य और हेय किस्सों में क्या रखा है, उसने यही सोचा था। 'पोलेमी का मामला' न केवल अपवाद था, वरन पाठक के लिए दिलचस्प भी। उसमें समुद्र था, जहाज़ था, और कुलियों की हलकी-सी लापरवाही से भड़भड़ा उठने और लाखों के सामान-समेत जहाज़ को जला कर राख कर देने वाली भयंकर आग थी। बस, ज़रा उसे मनौवैज्ञानिक संस्पर्श देने की ज़रूरत थी। उन जहाज़ी कुलियों में से किसी एक के दिल में एक दूसरी, चुपचाप सुलगने वाली, अपमान की आग को दहकाने की ज़रूरत थी, जिसके वश वह जान-बूझ कर तख़्ते को हलका-सा खिसका देता है। चेतन को विश्वास था कि इतने ही से अद्‌भुत मास्टरपीस कहानी लिखी जा सकती है। उसी शाम उसने तय किया था कि वह तत्काल कहानी लिखना शुरू कर देगा और अगली शाम होते-न-होते समाप्त भी कर देगा।

यह तय करते ही चेतन ने फ़ुलस्केप के दस्ते से कुछ काग़ज़ निकाल कर उनकी स्लिपें बनायी थीं। उन्हें तख़्ती पर लगाया था और पहली स्लिप पर ज़रा-सी जगह छोड़ कर कहानी का शीर्षक लिखा था —'लाग डाँट!'

लेकिन वह शीर्षक उसे निहायत मामूली लगा था। उसे काट कर उसने दूसरा शीर्षक लिखा —'विद्वेष'!

क्षण भर चेतन उस शीर्षक पर नज़रें जमाये रहा। फिर उसने उस पर भी लकीर फेर दी। तख़्ती को बेंच पर रखा और उठ कर वहीं लॉन में घूमने लगा। पोलेमी के किस्से को मन ही-मन दोहराते हुए उसका दिमाग़ एक दूसरी ही लीक पर चल पड़ा। न केवल टॉर्ट्स की पुस्तक में उन मामलों को पढ़ते हुए, बल्कि अनन्त के पत्र में वे किस्से लिखते हुए चेतन को लगा था कि जीतने और हारने वाले मामलों में टॉर्ट्स याने अपकृत्य एक जैसे ही थे। टॉर्ट्स का कानून इस बुनियादी सिद्धान्त पर अवलम्बित था कि समाज का कोई भी व्यक्ति वाणी अथवा कर्म से दूसरे व्यक्ति को अकारण हानि नहीं पहुँचा सकता। लेकिन प्रतिवादी ने अपना कर्तव्य पूरा किया है या नहीं, लापरवाही बरती है या नहीं, हानि की मात्रा कितनी है, इन सब मामलों का फ़ैसला न्यायाधीश, वकीलों की बहस और पुराने फ़ैसलों के अनुसार अपवादों पर विचार करने के बाद ही किया करते थे।

वहीं लॉन पर घूमते हुए, उन मामलों को मन-ही-मन दोहराते हुए 'पोलेमी के किस्से,' 'अँगूठे वाले किस्से' और 'क्रीमिया की सर्दी' वाले किस्से में चेतन को एक बात समान लगी थी। पहले में वादी और शेष दो में प्रतिवादी बहुत तगड़ी और साधन-सम्पन्न आसामियाँ थीं। यानी अपने विपक्षियों के मुकाबले में। पहले में वादी एक बहुत बड़ी जहाज़ी कम्पनी थी। शेष दो में प्रतिवादी क्रमश: रेल-कम्पनी और 'बर्मिंघम जल-निगम' थे। ज़ाहिर है, उन लोगों ने अपने पक्ष में बड़े कुशल और चतुर बैरिस्टरों को खड़ा किया होगा। चेतन को लगा कि यदि विपक्षियों के अधिवक्ता भी तगड़े होते तो वे कभी न हारते।

और वहीं लॉन में घूमते हुए चेतन ने अपने आपको अँगूठे वाले मामले में वादी के अधिवक्ता के रूप में अंग्रेज़ न्यायाधीशों के सामने शुद्ध अंग्रेज़ी में रेल-कम्पनी के बैरिस्टरों की दलीलों के परख़चे उड़ाते पाया।

'माई लॉर्ड्स,' उसने कहा, 'प्रतिवादी रेल-कम्पनी के विद्वान अधिवक्ता ने अपने पक्ष में जो यह तर्क दिया है कि वैसी घटना आम ज़िन्दगी में भी हो सकती है और वादी के दायें हाथ का अँगूठा कट जाने में रेल-कम्पनी का कोई दोष नहीं, वह यकसर हेच और पोच है।

o

आदमी आम तौर पर रास्ता चलते फिसल सकता है, ठोकर खा सकता है, ज़ख़्मी हो सकता है, लेकिन उस सूरत में वह या उसके उत्तराधिकारी उस दुर्घटना के लिए नगर-निगम को दोष नहीं देंगे, न उससे हरजाना माँगेंगे। लेकिन यदि नगर-निगम के कर्मचारियों की असावधानी से कोई मैन होल खुला रह गया हो अथवा उन्होंने सीवर डालने के लिए गहरा गड्ढा खोदा हो, उस पर जँगला न लगाया हो और न आने-जाने वालों को रात-बे-रात ख़बरदार करने के लिए लाल बत्ती लगायी हो और कोई राह-चलता मुसाफ़िर उसमें गिर जाये, उसका अंग-भंग हो जाये या वह घातक चोट खा जाये तो निश्चय ही नगर-निगम दोषी होगा। उस स्थिति में वह मुसाफ़िर अथवा उसके वारिस नगर-निगम से हरजाना तलब करने के अधिकारी होंगे।

'बिलकुल इसी तरह,' उसने धारा-प्रवाह बोलते हुए कहा, 'अगर गाड़ी के डिब्बे में बेपनाह भीड़ न होती, वादी अपनी सीट पर इत्मीनान से बैठा होता, स्टेशन पर गाड़ी रुकती और चढ़ते वक्त अपनी अथवा किसी दूसरे यात्री की असावधानी से उसका अँगूठा कट जाता तो वह प्रतिवादी को दोषी न ठहराता, लेकिन वर्तमान स्थिति में अव्वल-आख़िर दोष रेल-कम्पनी का है। पहले तो यह कि गाड़ी का डिब्बा ठसाठस भरा था, जिस कारण वादी दरवाज़े के करीब बैठने को विवश हुआ और जब स्टेशन पर गाड़ी रुकते ही नये यात्रियों ने धावा बोला तो स्वभावत: उन्हें अन्दर आने से रोकने की कोशिश में उसने खड़े हो कर दरवाज़े को बाहर की तरफ़ धकेला। फिर जब कण्डक्टर ने यात्रियों को नीचे उतारा तो बिना यह देखे कि दरवाज़े पर किसी का हाथ तो नहीं, अपने ज़ोम में निहायत लापरवाही से उसने दरवाज़ा बन्द कर दिया और वादी का अँगूठा कट गया।

'सो माई लॉर्ड्स,' चेतन ने स्थिति का पूरा चित्र प्रस्तुत करते हुए कहा, 'अपने कर्तव्य को न निभाने, याने कण्डक्टर द्वारा डिब्बे को ठसाठस भरने से न रोकने, अथवा अतिरिक्त

यात्रियों को उतार कर टिकट के पूरे पैसे देने वालों के आराम का ख़याल न रखने, का आरम्भिक दोष रेल-कम्पनी का है और प्रतिवादी के एक कर्मचारी, यानी कण्डक्टर, द्वारा लापरवाही से दरवाज़ा बन्द करके वादी के दायें अँगूठे को काटने और उसे शारीरिक-मानसिक हानि पहुँचाने का अन्तिम दोष भी प्रतिवादी का है। कण्डक्टर जब ठसाठस भरे डिब्बे का दरवाज़ा बन्द करता है तो उसे यह देखने की सावधानी तो बरतनी ही चाहिए कि दरवाज़े में किसी का हाथ न आ जाये ?'

और यूँ बहस को नया मोड़ दे कर, वादी का पक्ष ख़ासा मज़बूत करके, चेतन ने मानव-शरीर के महत्वपूर्ण अंग याने दायें हाथ के अँगूठे के महत्व पर एक सारगर्भित भाषण दिया और बताया कि प्रतिवादी रेल-कम्पनी के उस तरह कर्तव्यच्युत होने और प्रतिवादी के एक कर्मचारी की लापरवाही से वादी की अपूरणीय क्षति हुई है।

चेतन की बहस से न्यायाधीश इतने प्रभावित होते हैं कि वे न केवल प्रतिवादी रेल-कम्पनी पर हरजाना ठोंक देते हैं, वरन उस मामले का सारा ख़र्च भी उसे ही वहन करने का आदेश देते हैं।

और वहीं गोल बाग़ के लॉन पर घूमते-घूमते कल्पना-ही-कल्पना में चेतन ने शेष दो मामले भी जीत लिये और उसकी ख्याति पंख लगा कर दूर-दूर तक फैल गयी। वह प्रान्त का प्रसिद्ध ऐडवोकेट बन गया। उसने माल रोड पर अपना दफ़्तर खोल लिया और चेतन ने देखा —फ़ौजदारी के मामलों में उसके जूनियर बड़े-बड़े वकील-बैरिस्टरों के छक्के छुड़ा देते हैं।

इर्द-गिर्द की दुनिया से बेख़बर, सिर नीचा किये चेतन कल्पना के सीमाहीन आकाशों में उड़ा जा रहा था कि सहसा करीब ही कहीं तालियों की गड़गड़ाहट ने उसे चौंका दिया।

चेतन ने देखा —उसकी बायीं ओर की सड़क के पार टेनिस लॉन के किनारे कुछ और लोग आ खड़े हुए हैं। शायद खेल बहुत अच्छा हो रहा था और वे लोग उसका लुत्फ़ उठा रहे थे। चेतन का ध्यान बँट गया। वह मन-ही-मन व्यंग्य से मुस्कराया —उसे कानून पास करके सब-जजी के कम्पीटीशन में बैठना है और वह प्रसिद्ध ऐडवोकेट बनने के सपने लेने लगा है। वह कैसा मूर्ख है। सूत न कपास, जुलाहे से लट्ठम-लट्ठा। अभी वह एक महीना पहले लॉ कॉलेज में दाख़िल हुआ है। अभी उसने सभी कानूनी किताबें नहीं पढ़ीं। उसे कानून के 'क-ख-ग' का भी ज्ञान नहीं और वह हवाओं में तरारे भर रहा है। वह अपने इस निहायत ओवर-ऐक्टिव, बेहद चंचल और दिवा-स्वप्नी दिमाग़ पर काबू नहीं पायेगा तो ज़िन्दगी में कुछ भी ऐसा प्राप्त नहीं कर सकेगा, जिस पर वह गर्व कर सके। वह तो कहानी लिखने जा रहा था और कल्पना-ही-कल्पना में कहाँ-से-कहाँ पहुँच गया।

उसने सिर को फिर झटका दिया। सड़क पार कर वह तमाशाइयों में इस तरह जा खड़ा हुआ कि उसकी एक आँख खेल पर रहे और दूसरी, उसकी किताबों और ईज़ी चेयर पर!

नयी गेम शुरू हो गयी थी। वही अंग्रेज़ युवक और युवती पूरी तल्लीनता से खेल में जुटे थे। हालाँकि तमाशाइयों की संख्या कुछ बढ़ गयी थी, पर उनकी उपस्थिति से बेख़बर, वे दोनों खेल में निमग्न थे। हो सकता है, तमाशाइयों के कारण अचेतन रूप से उनके उत्साह

की मात्रा बढ़ गयी हो, पर उन दोनों में से किसी ने उन काले तमाशाइयों की ओर देखना भी गवारा नहीं किया, जो अपना काम-धाम छोड़ कर मूर्खों की तरह सड़क के किनारे पंक्ति-बद्ध आ खड़े हुए थे।

चेतन कुछ क्षण पूरे ध्यान से खेल देखता रहा। उसका ख़याल था कि कभी, जब उस युवती के शॉट पर तमाशाई अनायास ताली बजा उठेंगे तो वह एक नज़र उनकी ओर देखेगी, लेकिन हालाँकि कई बार तमाशाइयों ने तालियाँ बजायीं, उस मानिनी ने एक ग़लत-अन्दाज़ निगाह भी उन पर नहीं डाली।

युवती निश्चय ही अपने विपक्षी युवक से बेहतर खेलती थी। सुन्दर और हृष्ट-पुष्ट थी। कन्धे तक कटे अपने किंचित घुँघराले, सुनहरे बालों को बिखर कर आँखें के आगे आने से बचाने के लिए उसने माथे पर रूमाल की पट्टी बाँध रखी थी। सफ़ेद टी-शर्ट और निक्कर से उसका पुष्ट वक्ष, गठी हुई गोरी जाँघें और कसी हुई नंगी पिण्डलियाँ अनायास ध्यान खींचती थीं। लेकिन उसका खेल इतना अच्छा था कि प्रायः निगाहें उधर नहीं जाती थीं। उसकी दायीं कलाई के जोड़ पर पट्टी बँधी थी। उसका हाथ बेहद सधा हुआ था। उसके रीफ़्लेक्स चकित करते थे। वह गेंद को लगातार बेस लाइन पर फेंकती थी। उसका प्रतिद्वन्द्वी वापसी पर गेंद को कहीं भी फेंके, वह पहले से वहाँ मौजूद होती और फिर गेंद को बेस लाइन पर कभी दायें, कभी बायें फेंकती और जब उसका विपक्षी गेंद को नेट के करीब या कोर्ट के बीच में फेंकता तो वह कभी सीधे और कभी उलटे हाथ से ऐसा टेढ़ा शॉट मारती कि उसका विपक्षी मुँह-बाये देखता रह जाता। उसके शॉट नेट के करीब से कभी दायें, कभी बायें अन्दर की लाइनों को छूते हुए बिजली की गति से निकल जाते और तमाशाई अनायास करतल-ध्वनि कर उठते।

अगर उसका विपक्षी भी खेल में उतना ही दक्ष होता तो चेतन का ध्यान खेल से न भटकता। लेकिन एक ही सेट के बाद चेतन को लगा जैसे वह युवती अपने विपक्षी को खेला रही है, छका रही है और चेतन का ध्यान खेल से भटक गया....अब की बार उसने कल्पना में अपने आपको जज के रूप में अँगूठे वाले मामले में सफ़ाई के अधिवक्ता की बहस सुनते पाया और जज की हैसियत से उसने सफ़ाई के वकील से ऐसे-ऐसे प्रश्न किये कि उसे बरबस स्वीकार करना पड़ा कि डिब्बे के ठसाठस भरे होने से कम्पनी अपने कर्तव्य से च्युत हुई है और कितना भी कम क्यों न हो, कण्डक्टर की लापरवाही के दोष का उत्तरदायित्व प्रतिवादी रेल-कम्पनी पर जाता है....

टेनिस का खेल ख़त्म हो गया था। हलकी ठण्डक के बावजूद खेलने वाले पसीने से नहा गये थे। रूमाल से अपने चेहरे और गर्दन का पसीना पोंछते हुए वे परे कोर्ट के किनारे लगी कुर्सियों पर जा बैठे। दूसरे दो खिलाड़ी कुर्सियों से उठ कर लॉन में आ गये। चेतन भी अपनी ईज़ी चेयर की ओर लपका।

उसने मन-ही-मन तय किया कि वह जज बनेगा तो मौन और भावनाहीन नहीं बैठा रहेगा। चतुर और योग्य वकीलों को वह अपने ऊपर हावी नहीं होने देगा, वरन कानून के अपने अपरम्पार ज्ञान के बल पर (उसे पूरा विश्वास था कि लॉ पास करने और सब-जजी के कम्पीटीशन में उत्तीर्ण होने और सब-जज बनने के बाद भी वह कानून का अध्ययन निरन्तर जारी रखेगा) नीर-क्षीर विवेक से काम ले कर दूध-का-दूध और पानी-का-पानी

कर देगा। उसके फ़ैसलों की धूम दिग-दिगन्तर में फैल जायेगी। वह पहले सेशन जज बनेगा, फिर हाई कोर्ट का जज और फिर चीफ़ जस्टिस....

चेतन जा कर ईज़ी चेयर पर बैठ गया। उसने तख़्ती उठा कर अपने घुटनों पर रख ली और जैसे लगातार उसका अर्धचेतन कहानी के बारे में सोचता रहा हो, बिना शीर्षक दिये, वह कहानी लिखने लगा। दो-तीन घण्टे लगातार लिखने के बाद उसने कहानी ख़त्म कर दी।

उसकी भूख फिर लहक आयी थी। लेकिन उसकी चिन्ता किये बिना, वह लिखी हुई स्लिपों को दोहराने लगा। ख़ात्मे पर पहुँच कर उसे लगा —कहानी बनी नहीं। वह किस्सा, जो उसने अनन्त के पत्र में लिखा था, कुछ विस्तार से स्लिपों पर उतर आया था। लेकिन ज़िन्दगी के जिस यथार्थ, स्थानीय रंग और मनोविज्ञान के जिस संस्पर्श से वह उस किस्से को व्यापकता, यथार्थता और गहराई देना चाहता था, वह कहानी को नहीं मिली।

पहले उसने सोचा कि ईज़ी चेयर और किताबें क्लिनिक के पिछले कक्ष में रख कर गोपाल के ढाबे पर भाग कर खाना खा आये, फिर आ कर कहानी लिखे। लेकिन उसे अपने मूड के चुक जाने का भय था। कहानी, उसे लगता था, उसकी पकड़ में है। उसे ज़रा स्थानीय रंग, मनोवैज्ञानिकता और गहराई प्रदान करके उसे पूरा विश्वास था कि वह लाजवाब कहानी लिख डालेगा। उसने पहले वर्शन की स्लिपें चुटकी से निकाल कर एक किताब के नीचे बेंच पर रखीं और पुनः कहानी लिखने में जुट गया।

दुर्भाग्य से चेतन ने कोई बन्दरगाह नहीं देखी थी। माल-वाहक जहाज़ की तो बात दूर रही, उसने यात्रियों का भी कोई जहाज़ नहीं देखा था। उसे न जहाज़ के अर्शे (डेक) का कोई ज्ञान था, न कैबिनों का, न जहाज़ के नीचे बने सामान के गोदामों (होल्ड्स) का। वह न किसी जहाज़ी कम्पनी के मालिक से मिला था, न उसने किसी जहाज़ी कुली को देखा था। वह नहीं जानता था कि यथार्थ ब्योरों, व्यापक अनुभवों और गहरी अनुभूति के बिना उत्कृष्ट कहानी नहीं लिखी जा सकती। उसने तब तक जितनी कहानियाँ लिखी थीं, जिनमें से कुछ की प्रशंसा उसके मित्र पण्डित रतन (ग़ैर-मारूफ़ जर्नलिस्ट) तथा दूसरों ने की थी; जो दैनिक पत्रों के रविवासरीय संस्करणों में छपी थीं और जिन्हें वह मास्टरपीस रचनाएँ समझता था, कोरी काल्पनिक कहानियाँ थीं। लेकिन पोलेमी के मामले को कहानी का आवरण पहनाने के जोश में उन बुनियादी बातों को उसने अपने मार्ग की बाधा नहीं बनने दिया।

मौन चित्रपटों के ज़माने में पहली टॉकी फ़िल्म 'आलम आरा' देखने से पहले उसने हमीद के साथ जो पहली ख़ामोश फ़िल्म देखी थी, उसमें एक जहाज़ था, जो बम्बई की बन्दरगाह के निकट जा रहा था। तेज़ हवा चल रही थी। पक्षी जहाज़ के डेक के निकट बन्दरगाह और सागर के बीच उड़ रहे थे। गोदी पर खड़े लोग अपने सगे-सम्बन्धियों के आगमन की प्रतीक्षा कर रहे थे। डी० बिलीमोरिया (फ़िल्म का नायक) अर्शे के जँगले पर कोहनी टिकाये उस दृश्य का आनन्द ले रहा था कि हवा में उड़ता हुआ एक काग़ज़ उसके हाथों में आ गया। उसने पढ़ा —किसी का ख़त था। जिधर से पत्र उड़ कर आया था, उधर को उसकी निगाहें उठीं। परे जँगले पर सुलोचना (फ़िल्म की नायिका) खड़ी उधर ही देख रही थी। वह पत्र उसी के हाथों से छूट कर हवा के झोंके से उड़ गया था।

चेतन ने कहानी लिखते हुए यही दृश्य रख दिया। नायक की जगह उसने जहाज़ चार्टर करने वाली कम्पनी के युवा साझीदार को बन्दरगाह से जहाज़ के लगने की प्रतीक्षा करते दिखाया। उसका नाम उन्हीं दिनों समाचार-पत्र में पढ़ी ख़बर के अनुसार बम्बई में स्थापित होने वाली एक भारतीय जहाज़ी कम्पनी के मालिक जैसा गोपालचन्द टीकमचन्द रख दिया। कथा का नायक उसने जहाज़ी कुली को बनाया। उसका नाम शेर मुहम्मद उर्फ़ शेरू रखा। वह पेशावर में पैदा होने वाला, लम्बा-तगड़ा; छै फ़ुट तीन इंच का निहायत ख़ूबसूरत जवान था। वह सुलोचना का शैदाई था। जैसे-तैसे पैसा जुटा कर वह बम्बई चला गया था। उसे पूरा विश्वास था कि अपने ख़ूबसूरत शरीर और आकर्षक चेहरे-मोहरे के साथ वह फ़िल्मी नायक बन जायेगा और एक-न-एक दिन इम्पीरियल कम्पनी में डी० बिलोमोरिया का स्थान ले लेगा।

लेकिन तभी ख़ामोश फ़िल्मों की जगह बोलने वाली फ़िल्में आ गयीं। हिन्दी न बोल पाने के कारण जब रूबी मेयर्ज़ उर्फ़ सुलोचना फ़िल्मों के लिए बेकार हो गयी तो बेचारे शेर मुहम्मद को कौन पूछता, जिसे हिन्दी छोड़, ठीक से उर्दू बोलनी भी नहीं आती थी। इधर-उधर कई काम करता हुआ, अन्ततः वह जहाज़ी कुली बन गया। गोपालचन्द ने एक दिन इसी शेरू को बुरी तरह डाँट दिया, जिसका बदला लेने के लिए उसने जान-बूझ कर तख़्ता ज़रा ढीला रख दिया। सामान ढोते हुए उसे ज़रा-सा खिसका दिया, जिससे वह बेंज़ीन और गैस के गोदाम में गिर गया और जहाज़ में आग लग गयी। और गोपालचन्द टीकमचन्द को लाखों का हरजाना देना पड़ा।

चेतन ने कुछ इसी तरह की कहानी गढ़ी थी। लेकिन दोबारा पढ़ने पर उसे लगा कि कहानी बनी नहीं। टीकमचन्द ने शेरू का क्या अपमान किया, उसका कोई ब्योरा कहानी में नहीं था। अपमान की आग में जलते हुए शेरू की ज़ेहनी कशमकश —उसके मानसिक द्वन्द्व —का कोई ज़िक्र नहीं था। फिर कहानी में उसे सबसे बड़ी ख़ामी यह दिखायी दी कि गोपालचन्द टीकमचन्द ने कुलियों के मेट को यह तो बताया नहीं था कि जहाज़ के गोदाम में बेंज़ीन और गैस के सिलिण्डर हैं। (इसी कारण तो वह मुकदमा हारा) तब शेरू को तख़्ता रखने की बात कैसे सूझी ?

कहानी को दोबारा लिखते हुए चेतन ने इन सभी ख़ामियों को दूर करने की कोशिश की। पहले उसने शेरू के बचपन का एक किस्सा जोड़ा, जो पठानों की प्रतिशोधप्रियता का द्योतक था। फिर उसने यह दिखाया कि अच्छे ख़ानदान का होने की वजह से वह अपने आपको शेष कुलियों से बेहतर समझता था। उसके मन में अब भी फ़िल्मी नायक बनने की हसरत थी, इसलिए वह बेहद तुनुक-मिज़ाज था। चेतन ने टीकमचन्द द्वारा अपने एक साथी-कुली के मामले में मालिक से उलझने के कारण शेरू के अपमान की एक छोटी-सी घटना जोड़ी। अपनी खोली में लेटे हुए अपने साथी के सामने अपने अपमान का बदला लेने की कसम खाते हुए उसे दिखाया। एक ढाबे पर खाना खाते हुए जहाज़ में काम करने वाले एक पठान कर्मचारी से उसे यह सूचना दिलवायी कि जहाज़ में गैस और बेंज़ीन भरी है और जब ठेकेदार ने दूसरे कुलियों के साथ उसे आधे खुले गोदाम पर तख़्ता रख कर उस पर से सामान दूसरी जगह ले जाने के लिए कहा तो उसे अपना बदला चुकाने का अवसर पा कर ख़ुश होते हुए दिखाया। लेकिन दोबारा कहानी लिखते हुए चेतन का

कलाकार कहानी का उद्देश्य यकसर भूल गया। जब तख़्ता खिसका तो चेतन ने उसके साथ ही शेरू को नीचे गैस के गोदाम में गिरते और आग की लपटों में ख़त्म होते दिखा दिया।

वह दोनों ओर पन्द्रह स्लिपें —यानी फ़ुलस्केप के पूरे पन्द्रह पृष्ठ —लिख चुका था और मुकदमे की कोई बात न आयी थी और चेतन उसे लाना चाहता था, लेकिन उसे लगा कि कहानी आगे नहीं बढ़ती और उसने कलम रोक दिया।

और यूँ दूसरी बार भी कहानी उसकी इच्छानुसार नहीं बनी थी। वह तो ऐसी कहानी, लिखना चाहता था, जिसमें टॉर्ट्स का वह कानूनी नुक्ता भी जाये, जो 'पोलेमी के मामले' का आधार और कहानी की प्रेरणा था। उस दूसरी कोशिश पर उसने जो कहानी लिखी थी, वह महज़ प्रतिशोध की कहानी बनी थी। वह भी शायद बहुत अच्छी नहीं। दूसरा वर्शन पढ़ने पर चेतन ने शुरू की स्लिप पर शीर्षक लिखा —'प्रतिशोध'। लेकिन कहानी के अन्त में तो प्रतिशोध लेने वाला स्वयं उस आग में जल गया था। चेतन ने फिर शीर्षक काट दिया।

१०

शाम के साये बढ़ आये थे। इज़ी चेयर पर पीछे को लेटे, आँखें बन्द किये चेतन पोलेमी के मामले पर पुनः कहानी लिखने के बारे में सोच रहा था कि किसी ने पीछे से उसकी आँखों पर अपने दोनों हाथ रख दिये।

चौंक कर चेतन ने अपने दोनों हाथ उन हाथों पर फेरे। गर्म-गर्म, गुबले-गुबले हाथ।

"कौन है ?" उसने पूछा।

कोई उत्तर नहीं आया। आँखों पर हाथों का दबाव ज़रा-सा बढ़ गया।

चेतन ने उस अनजान हाथों की कलाइयों को पकड़ा, झटके से उन्हें अलग करता हुआ उछल कर उठा, मुड़ा और उसने ज़ोर से ठहाका लगाया —

"अरे चातक जी, आप! इधर गोल बाग़ में कहाँ ?"

"इनसे मिलो," चातक जी ने अपने साथ खड़े हुए युवक की ओर संकेत करते हुए कहा —"सैयद मिट्ठा बाज़ार के प्रसिद्ध हिन्दी प्रकाशक —श्री पन्नालाल जैन!"

चेतन ने हाथ बढ़ा दिया। पन्नालाल ने दोनों हाथों में उसका हाथ ले कर उसे गर्मजोशी से दबाते हुए कहा, "चातक जी से कई बार आपकी चर्चा हुई है। आपसे मिलने की बड़ी इच्छा थी। आप कभी सैयद मिट्ठा बाज़ार की ओर नहीं आते ? वहाँ 'हीरालाल जवाहरलाल' के नाम से हमारी पुरानी दुकान है। हम लोग तो संस्कृत के ग्रन्थ छापते हैं। हिन्दी प्रकाशन तो अभी हाल में ही शुरू किया है।"

"मैं तो आज तक उर्दू में लिखता रहा हूँ," चेतन ने कहा, "लोहारी दरवाज़े के बाहर 'चमन बुक डिपो' या 'उर्दू बुक स्टॉल' और अन्दर 'लाला लाजपत राय ऐण्ड सन्स' की दुकान के आगे ज़्यादा बार नहीं गया। अब चातक जी की कृपा से हिन्दी में लिखने लगा

हूँ तो कभी इनके साथ आऊँगा।" फिर उसने याद पर ज़ोर डालते हुए कहा, "एक बार कुछ दोस्त सैयद मिट्ठा की ओर ले गये थे। वहाँ की एक गली में से टिब्बी बाज़ार को जाते हैं और हीरा मण्डी में आ निकलते हैं। वहीं रास्ते में 'लखपतलाल करोड़ीमल' का बोर्ड तो देखा था, लेकिन...."

"वे इनके पट्टीदार हैं। रिश्ते में ताऊ होते हैं," चातक जी ने कहा, "इनकी दुकान उसी गली में है। सैयद मिट्ठा से गली में दाख़िल हों तो इनकी दुकान सामने ही पहले पड़ती है। वहीं से गली इनकी दुकान के ज़रा आगे से हो कर आगे आती है और चाचा माणिकचन्द दुकान पर बैठते हैं। लखपतलाल और करोड़ीमल इनके दादा जवाहरलाल के भाई हैं।"

चेतन ने लाला पन्नालाल का हाथ बिना छोड़े हुए चातक जी से कहा, "आप किधर से आ रहे हैं ?"

"प्रोफ़ेसर दिलबहार सिंह की ओर गये थे," चातक जी बोले, "वहाँ पन्नालाल जी से भेंट हो गयी। इन्हें डॉक्टर घनानन्द के यहाँ आना था, सो इनके साथ चले आये। तुम अपनी कहो ? इस वक्त यहाँ बैठे क्या कर रहे हो ? तुम्हारे सामने से हो कर सड़क से आये हैं। तुमने देखा तक नहीं। तुम्हारी नाराज़गी क्या दूर नहीं हुई ?"

"नाराज़गी काहे की," चेतन हँसा, "सिर में दर्द था। आँखें बन्द किये लेटा था।"

"अभी तो कक्षाएँ शुरू ही हुई होंगी। अभी से इतना पढ़ने लगे हो ?"

"पढ़ नहीं रहा था। कहानी लिख रहा था। सोचा था, 'गृहस्थी' जैसी किसी मासिक पत्रिका अथवा किसी उर्दू दैनिक के सण्डे एडीशन में दे कर दो-चार रुपये का डौल कर लूँगा। ट्यूशन से फ़ीस वग़ैरह का तो हो जाता है, पर दूसरे ख़र्च भी तो हैं। हाथ तंग रहता है।" उसने बेज़ारी से सिर को झटका दिया, "साला सारा दिन ही बरबाद हो गया। पहले एक मित्र को लम्बा पत्र लिखा। अब सोचता हूँ तो लगता है, बेकार में कानूनी किस्से उसमें भर दिये। उसे फिर से लिखना पड़ेगा। कहानी दो-बार लिखी। मन-मुताबिक नहीं बनी। खाना खाने भी नहीं गया। सिर दर्द करने लगा है।"

"अब काग़ज-पत्तर उठाओ। चलो हमारे साथ।" चातक जी ने कहा, "तुम्हें स्टैण्डर्ड में बढ़िया खाना खिलाते हैं। कहानी हमें सुनाना। हिन्दी में करके 'सरस्वती' में भिजवा देंगे। वे लोग भी कुछ पारिश्रमिक देने लगे हैं।"

"वह 'प्रेम की वेदी' ही हिन्दी में की हुई पड़ी है।" चेतन ने उलाहने के स्वर में कहा, "आपने उसे देख तो दिया था, पर 'मंजरी' में छापने से इनकार कर दिया। मैंने उसे मुंशी चन्द्रशेखर को भेजा था। लेकिन वे सोद्देश्य कहानियाँ छापते हैं और वह कला की अद्भुत कहानी महज़ कला के लिए लिखी गयी है। उन्होंने उसका नाम 'प्रेम की वेदी' रख दिया, पर कहानी वापस कर दी। आपने 'विशाल भारत' में भेजने का वचन देते हुए कहा था कि सम्पादक कुछ औघड़ हैं, मन के मौजी हैं, पर रचना पसन्द आ जाये तो प्रचार-प्रसार भी ख़ूब करते हैं। एक भी कहानी वहाँ छप जाये तो रास्ता खुल जायेगा। फिर आप मेरी कहानियाँ 'मंजरी' में भी छाप सकेंगे। मैंने वह कहानी चौबे जी को भेजी थी। उनहोंने जैसा व्यवहार किया, उसकी याद से आज भी मेरा ख़ून खौल उठता है।"

o

और वहीं चातक जी से बातें करते हुए उसके सामने महीनों पहले की वह घटना घूम गयी, जिसे उसने सायास विस्मृति के गर्त में डाल रखा था। उसका घाव जैसे फिर हरा हो गया।

०

चेतन उन दिनों भी ख़ाली था। 'भूचाल' की नौकरी उसने छोड़ दी थी और 'सोसाइटी फ़ॉर यू ऐण्ड मी' का काम शुरू नहीं किया था। तब उसने किसी तरह कुछ पैसों का जुगाड़ करके एक लम्बे पत्र के साथ वह कहानी, सम्पादक 'विशाल भारत' के नाम भेजी थी। उस वक्त, जब वह कहानी की प्रशंसा और उसकी स्वीकृति के पत्र की आशा लगाये था, अचानक उसका लिफ़ाफ़ा बैरंग वापस आ गया। उस ज़माने में एक आने में लिफ़ाफ़ा जाता था। चूँकि वह उसमें पत्र के साथ कहानी भी भेज रहा था, उसने डेढ़ आने का टिकट और लगा दिया था। पर शायद कहानी के कारण लिफ़ाफ़े का वज़न बढ़ गया था। चेतन पर दो आने का जुर्माना ठुक गया। वह क्रोध से लगभग पागल हो उठा। 'विशाल भारत' के लिए, उसके विचारानुसार, दो आने का कोई महत्व नहीं था, पर उसके लिए दो आने बड़ी रकम थी। चेतन ने जुर्माना दे कर पत्र ले लिया। उसे फाड़ा। कहानी के साथ भेजे गये पत्र के बदले उसने क्रोध और रोष-भरा एक दूसरा निहायत तल्ख़ और तिक्त पत्र चौबे जी के नाम व्यक्तिगत रूप से लिखा। अपनी आर्थिक स्थिति का उल्लेख करते हुए कहा कि अगर वे दो आने जुर्माना दे कर पत्र छुड़ा लेते तो कहर न टूट जाता। उन्होंने बैरंग पत्र न ले कर तथा दो आने की नगण्य-सी राशि के लिए उसे वापस भेज कर, न केवल अपमान किया है, बल्कि साहित्यकारों के लिए उनके मन में जैसे उपेक्षापूर्ण भाव हैं, उन्हें भी नंगा कर दिया है, आदि....आदि। सख़्त पत्र के साथ उसने फिर कहानी को लिफ़ाफ़े में बन्द किया। डाकख़ाने जा कर लिफ़ाफ़े को तुलवा कर साढ़े तीन आने के टिकट लगाये और कहानी भेज दी। अब के चौबे जी ने इस बात की व्याख्या देते हुए कि दफ़्तर में बैरंग पत्रों को स्वीकार करने का नियम नहीं, इसलिए वह उनके पास आने से पहले ही लौट गया, चेतन उसके लिए उन्हें क्षमा करे, उसकी कहानी पुनः वापस लौटा दी और लिखा कि 'विशाल भारत' में प्रेम-कहानियाँ छाप कर वे अघा गये हैं। चेतन लिख सके तो 'ताड़ का पेड़' जैसी कहानी लिखे। वे उसे कहानी की कटिंग भेज रहे हैं।

चेतन वह पत्र और कहानी पा कर और भी आग-बबूला हा उठा। 'ताड़ का पेड़' के लेखक नये थे। 'अज्ञात' उनका उपनाम था। उसने वह कहानी 'विशाल भारत' में देखी थी। पढ़ने की कोशिश की थी। उससे पढ़ी नहीं गयी थी। भयंकर क्रोध से उसने एक और भी कड़ा पत्र चौबे जी को लिखा कि उन्होंने कहानी वापस भेज दी, यह कोई बुरी बात नहीं। सम्पादक के नाते वह उनका अधिकार था, लेकिन 'ताड़ का पेड़' की कटिंग भेज कर उन्होंने उसका पुनः अपमान किया है। किसी एक लेखक से किसी दूसरे लेखक की तरह लिखने को कहना ग़लत ही नहीं, अपमानजनक भी है। हर मौलिक लेखक अपनी तरह से ही लिखता है, किसी दूसरे का विचार या थीम या शैली नहीं चुराता। अगर वह किसी दूसरे के स्टाइल की नकल करता है, तो वह लेखक नहीं, घसियारा है। वे कहानी वापस भेज देते, बुरी बात नहीं होती। लेकिन उसकी कहानी वापस भेजते हुए 'ताड़ का पेड़' की कटिंग भेजना और वैसी कहानी लिखने के लिए कहना निहायत ग़लत है, जिससे मालूम होता है कि पुराने सम्पादक होने के बावजूद उन्हें बुनियादी समझ भी नहीं है, वरना वे ऐसा बेतुका

और बेसमझी-भरा सुझाव न देते।

इसी शैली में चेतन ने पहले 'ताड़ का पेड़' को नितान्त उबाऊ, मन को कहीं भी छू पाने में असफल और किसी विदेशी लेखक के स्टाइल की भौडी नकल बताते हुए, इन्सान के आदिम और बुनियादी जज़्बे होने के कारण प्रेम की महत्ता का बखान किया। फिर अपनी कहानी की थीम के अनोखेपन और शिल्प की मौलिकता के बारे में कई पृष्ठ रँग डाले। अन्त में लिखा कि उस कहानी को, जो उर्दू जगत में उत्कृष्ट कहानी मानी गयी है, नापसन्द करके उन्होंने अपनी कोरज़ौकी[१] का ही परिचय दिया है। यूँ क्रोध और विद्वेष-भरा दस पृष्ठों का पत्र लिख कर उसने चौबे जी को भेज दिया। उस वक्त, जब वह अपने भोलेपन में उनके क्रोध और विक्षोभ-भरे पत्र की प्रतीक्षा कर रहा था। (प्रकट ही वैसा उत्तर पा कर उतने नामी सम्पादक को चिढ़ा कर बौखला देने का सन्तोष उसे होता) चौबे जी का दो पंक्तियों का औपचारिक पत्र मिला, जिसमें उन्होंने क्षमा-याचना कर ली।

चेतन क्या करता। खिसियानी बिल्ली खम्भा नोचे जैसी उसकी स्थिति हो गयी। कई दिन वह अन्दर-ही-अन्दर सुलगता रहा। अन्त में उसने अपने आपको सन्तोष दे लिया कि हिन्दी की पत्र-पत्रिकाएँ बहुत पिछड़ी हुई हैं, इसीलिए उसकी वह मास्टरपीस कहानी उनके सिर के ऊपर से गुज़र गयी। यह सोच कर उसने 'कुर्बानगाह-ए-इश्क' उर्फ़ 'प्रेम की वेदी' को फ़ाइल के हवाले कर दिया था और उस घटना को भूल गया था।

०

चातक जी को संक्षेप में यह सब बताते हुए चेतन ने खिसियाहट-भरा खोखला-सा ठहाका लगाया।

"हमने तुम्हें 'विशाल भारत' में कहानी भेजने को तो कहा था," चातक जी ने कहा, "लेकिन यह थोड़ी कहा था कि हमें बताये बिना भेज देना। बिना चौबे जी को थोड़ा अनुकूल बनाये, कहानी वहाँ कैसे छपती ? तुम हमसे कहते तो हम अपने पत्र के साथ कहानी भेजते और देखते, कैसे नहीं छपती ?"

"अज्ञात जी जैसी कहानियाँ लिखते हैं," चेतन ने कहा, "सिर्फ़ वैसी ही कहानियाँ चौबे जी छापना चाहते हैं।"

"अरे, साहित्य-वाहित्य की उन्हें कोई समझ नहीं।" चातक जी वेत्ताओं की तरह हँसे, "वे पत्रिका के बंगाली मालिकों को पटाये हुए हैं। एक ओर वे शान्ति निकेतन में हिन्दी भवन खोलने का प्रयास करते हैं और रवि बाबू के गुण गाते हैं, दूसरी ओर महात्मा गान्धी को प्रसन्न किये रहते हैं और सी० एफ़० ऐण्ड्रयूज़ का गुण-गान करते हैं। यूँ साहित्य और राजनीति, दोनों में टाँग अड़ाये रहते हैं। पत्रिका का सारा काम वे अपने सहयोगी वर्मा जी पर छोड़े हुए हैं। हम पहले वर्मा जी को पत्र लिखते, फिर चौबे जी को और तुम्हारी वही कहानी 'विशाल भारत' में छपती....लेकिन अब तुम चलो। यहीं खड़े-खड़े रात कर दोगे। रास्ते में हम तुम्हें इस सन्दर्भ में कुछ भेद-भरी बातें बतायेंगे।"

चेतन ने ईज़ी चेयर उठा कर बन्द की, अनन्त का पत्र और कहानी के दोनों वर्शन तख़्ती में लगाये, किताबें और तख़्ती बायीं बग़ल में दबायी और दायें हाथ में ईज़ी चेयर

---

१. सुरुचिहीनता।

उठाये हुए चल पड़ा।

"चौबे जी सनकी आदमी हैं," चातक जी ने गोल बाग़ से ठण्डी सड़क पर कदम रखते ही कहना शुरू किया, "ऊपर से भयंकर दम्भी, अहंवादी और गुटबाज़! तुम शायद यह बात नहीं जानते। 'अज्ञात' बहुत बड़े बाप के बेटे हैं। सुन्दर हैं। शौकिया षड्यन्त्रकारियों में शामिल हो गये थे। कोई वैसा दुस्साहस-भरा काम उन्होंने नहीं किया, पर चूँकि षड्यन्त्रकारियों के साथ थे, उन्हें भी सज़ा हो गयी। 'ताड़ का पेड़' उन्होंने जेल ही में लिखी थी। एक मित्र के हाथ उन्होंने मुनीन्द्र जी को भिजवायी। मुनीन्द्र जी ने उनका विस्तृत परिचय देते हुए उनके एक सुन्दर फ़ोटो के साथ कहानी चौबे जी को भिजवा दी। वर्मा जी भी और चौबे जी भी मन में क्रान्तिकारियों को बहुत मानते हैं। उन्होंने न केवल कहानी छापी, वरन तुम्हें ही नहीं, अपने तमाम मित्रों को उनकी प्रशंसा में पत्र लिखे और उसके कटिंग भेजे। मज़े की बात यह है कि जिन मुनीन्द्र जी के कहने पर उन्होंने 'अज्ञात' जी की कहानी छापी थी उनको उन्होंने लिफ़्ट नहीं दी। एक-के-बाद-एक, उनकी दस कहानियाँ उन्होंने लौटा दीं।"

"मुनीद्र जी ही भेज सकते हैं," चेतन ने कहा, "मेरी तो दूसरी कहानी लौट आती, मैं ज़िन्दगी भर फिर उन्हें रचना न भेजता।"

"चौबे जी ऐसी हरकतों से अपना रोब जमाये रखते हैं। कई बार अज्ञात नामों को उछालते हैं —सत्य नारायण कविरत्न और कवि घासीराम का नाम किसी ने नहीं सुना था। चौबे जी ने 'विशाल भारत' में लेख लिख कर उन्हें पूरे हिन्दी साहित्य में जमा दिया। इसके विपरीत प्रसिद्ध लेखकों के पीछे पड़े जाते हैं। उग्र और चतुरसेन शास्त्री के विरुद्ध उन्होंने अभियान चलाये। उग्र तो बेचारे उसी में बैठ गये। चतुरसेन उपन्यासकार ही नहीं, वैद्य भी हैं, बसन्त कुसुमाकर और सिद्धमकरध्वज का प्रयोग करते होंगे। डटे रहे। सो आज भी डटे हैं।"

अपनी इस व्यंग्योक्ति पर चातक जी स्वयं ही हँस दिये, पन्नालाल की समझ में उनकी बात नहीं आयी। चेतन सिर्फ़ मुस्कराया। कुछ क्षण चातक जी चुपचाप चलते रहे। फिर उन्होंने कहा, "ख़ैर, चौबे जी को छोड़ो। कुक्कुट बाँग नहीं देगा तो क्या सुबह ही नहीं होगी। तुम वही कहानी लाना। हम उसकी भाषा भी देख देंगे। ठाकुर साहब को भिजवा देंगे 'सरस्वती' में। फक्कड़ मित्र हैं। निश्चय ही छाप देंगे और पान-पत्ते के लिए कुछ पारिश्रमिक भी भेज देंगे।"

"अरे चातक जी!" चेतन हलके-से उलाहने-भरे स्वर में हँसा, "मैंने आपके घर के इतने चकर लगाये, आपने पत्र लिख कर नहीं दिया।"

"तो इसी से तुम नाराज़ हो बन्धु!" चातक जी ने बालों की लट को माथे से हटाते, दायें पैर से बायें टख़ने का खुजली मिटाते हुए कहा, "तुम अपने घरेलू चक्करों में उलझ गये और फिर तुमने आना ही छोड़ दिया। नहीं, हम तो मित्रों के दासानुदास हैं। ख़ैर, तुम कल ही कहानी लाओ। हम देख भी देंगे और भेज भी देंगे।"

बातें करते हुए वे तीनों टौरण्टन मार्केट के चौरस्ते पर पहुँच गये थे। सहसा चेतन ने रुक कर कहा, "आप लोग तो डॉक्टर घनानन्द के यहाँ जाने वाले थे। मैं यह सामान

भाई साहब की दुकान पर रख लूँ। तभी आपके साथ चल सकता हूँ।"

"अरे, तुमने सुबह से कुछ नहीं खाया। चलो, तुम सामान भाई साहब के यहाँ रखो। फिर स्टैण्डर्ड चलते हैं। डॉक्टर घनानन्द से हमें तो कोई काम नहीं। पन्नालाल जी को 'नीरव' जी से मिलना है। सो ये कल उनके स्कूल में मिल लेंगे।" और समर्थन के लिए अपने साथी की ओर देख कर चातक जी ने कहा, "क्यों पन्नालाल जी ?"

पन्नालाल जी चुप रहे और उनकी चुप को स्वीकार का लक्षण मान कर चातक जी 'बाइबल सोसाइटी' की ओर मुड़े।

चेतन ने अपने भाई की दुकान के पिछले हिस्से में किताबें और ईज़ी चेयर रखी। भाई साहब ने शिकायत की कि वे खाने पर देर तक उसकी प्रतीक्षा करते रहे तो उसने संक्षेप में कहानी लिखने की बात बतायी और कहा, "कुछ मित्र मिल गये हैं। खाना मैं अब उन्हीं के साथ खा लूँगा। रात के खाने पर मेरा इन्तज़ार न कीजिएगा। एक धनी प्रकाशक से परिचय हो गया है। मैं चातक जी के साथ जा रहा हूँ। हो सकता है, कुछ रुपयों का डौल बन जाये!"

यह कह कर वह दुकान की सीढ़ियाँ उतर गया। चातक जी और पन्नालाल जैन ज़रा परे खड़े थे। वह उनके साथ जा मिला।

११

गोल बाग़ से आने और दुकान के पिछले हिस्से में ईज़ी चेयर, तख़्ती और किताबें रखने के बाद जब चेतन 'बाइबल सोसाइटी' के निकट चातक जी से मिला था तो अनारकली की ओर कदम बढ़ाते ही उन्होंने अप्रत्याशित रूप से अपने साथी प्रकाशक पर उसका रोब जमाना शुरू कर दिया था।

"पन्नालाल जी, 'हिन्दी पुस्तक भवन' के लिए हमने जो संकलन तैयार किया है," चातक जी ने कहा, "वह आपकी नज़र से गुज़रा होगा। उसकी भूमिका के एक प्रसंग में हमने चेतन जी की एक लघु-गल्प दी है।"

"डॉक्टर इन्द्रजीत के यहाँ देखा था," पन्नालाल जी ने कहा, "वह तो माँइयाँ इस साल कोर्स में लग गया है न ?"

पन्नालाल को बात-बात में गाली देने की आदत थी। चेतन को अच्छा तो नहीं लगा, पर वह चुपचाप उनके साथ चलता रहा।

ज़ाहिर है, पन्नालाल ने गल्प की बात पर ध्यान नहीं दिया था। तब कवि ने अपनी बात के महत्व को जताते हुए कहा था, "हाँ-हाँ, वह तो 'हिन्दी रत्न' में स्वीकृत हो गया है। मैं चेतन जी की लघु कथा के सन्दर्भ में आपको बता रहा था। आपने पढ़ी होती तो आप जानते कि ये कितने बड़े कथाकार हैं और इनकी कहानियों में कैसी अद्भुत कलाकारिता है। इनकी जो छोटी-सी गल्प मैंने भूमिका में उद्धरित की है, यद्यपि वह गद्य

की रचना है, पर वास्तव में वह किसी काव्य-कृति से कम नहीं और वस्तु और आधाभूत विचार की दृष्टि से तो इन्होंने बूँद में समुद्र को बन्द कर दिया है।"

चेतन अचानक चौंका था। हालाँकि वह छोटी-सी कहानी मुंशी चन्द्रशेखर को इतनी पसन्द आयी थी कि उन्होंने उसे स्वयं हिन्दी में करके अपने साप्ताहिक में दिया था, चेतन ख़ुद उस पर फ़िदा था, उसकी वैसी प्रशंसा चेतन को अच्छी भी लग रही थी, लेकिन साथ ही उसके मन में कुछ अजीब-सा सन्देह भी सिर उठा रहा था....

'भूचाल' की नौकरी अचानक छोड़ देने के बाद जब उसने चातक जी से कहा था कि उसके लिए भी कुछ सोचें —सम्भव हो तो कोई अस्थायी काम ही उसे दिलायें, तब उन्होंने उसके सामने प्रेत-लेखन का जो प्रस्ताव रखा था (कि वह टॉड राजस्थान की किसी घटना पर नाटक लिखे, वे उस पर अपना नाम दे देंगे, उसे उचित पारिश्रमिक दिला देंगे) उसे सुन कर चेतन को अपने कानों पर विश्वास न आया था। कोई सम्वेदनशील कवि अपने साथी के सामने वैसा प्रस्ताव रख सकता है, चेतन सोच भी नहीं सकता था। इतने दिनों से उसके प्रति वे जिस आत्मीयता और सहृदयता का व्यवहार करते आ रहे थे, उस घृणित प्रस्ताव ने उस सब पर पानी फेर दिया था। वह मन-ही-मन इतना क्रुद्ध हो उठा था कि यदि वह तत्काल वहाँ से टल न जाता तो जाने कैसी कहनी-अनकहनी उन्हें सुना देता....उसके बाद वह महीनों उनके यहाँ नहीं गया था। 'सोसाइटी फ़ॉर यू ऐण्ड मी' के सिलसिले में भी वह उनसे मिला था तो पहले की तरह उनके घर नहीं गया था। न शिमले से वापस आ कर ही उसने उन्हें सूरत दिखायी थी अथवा अपनी कोई कठिनाई उन्हें बतायी थी। इसीलिए जब पुराने अन्तरंग सखा की तरह गोल बाग़ में उन्होंने उसकी आँखें मींच ली थीं तो उसे हैरत हुई थी। ज़ाहिर है, चातक जी ने उसकी गतिविधि का पता रखा था....

उस घटना की याद आते ही चेतन का मन हुआ था कि वह 'स्टैण्डर्ड' के निमन्त्रण को टाल जाये, लेकिन इनकार करने की बजाय वह उनके साथ चल पड़ा था। टौरण्टन मार्केट के चौरस्ते पर उसने उन्हें डॉक्टर घनानन्द के यहाँ जाने की याद भी दिलायी थी, पर जब इस पर भी वे नहीं माने थे, न पन्नालाल जी ने वहाँ से अलग होने की इच्छा प्रकट की थी तो फिर उसने ज़ोर नहीं दिया था। अब जो कवि चातक ने इस तरह उसकी प्रशंसा शुरू कर दी तो वह हठात सतर्क हो गया। चेतन परले सिरे के दुनियादार कविराज रामदास और परम हिसाबी-किताबी लाला हाकिमचन्द के साथ इतने दिन गुज़ार आया था कि वह अचेतन रूप से मुखौटों के पीछे छिपे चेहरे देखना सीख गया था। उसने चेहरे पर आँखें टिका दीं और सोचने लगा कि उनकी इस अप्रत्याशित कृपा के पीछे क्या रहस्य है ?

लेकिन वह कुछ भी समझ नहीं पाया। उनका वह बबुए-सा गोल-मटोल चेहरा पूर्ववत सहज, सरल और भोला लगता था। छल-कपट कहीं था तो उसका कोई बिम्ब वहाँ नहीं झलकता था।

चातक जी के उत्फुल्ल चेहरे से नज़र हटा कर चेतन ने उनके साथी, उस युवा प्रकाशक पर निगाह डाली थी —पतली, सुनहरी ज़ंजीर में बँधे सोने के बटनों वाली रेशमी कमीज़, चाबी के लट्ठे का घुटन्ना पायजामा, पैरों में चमचमाते पम्प शू, कमीज़ के ऊपर खुले कॉलरों वाला कदरे लम्बा कोट और सिर पर गोल क्रिस्टी टोपी! पन्नालाल का पहरावा अमृतसर-लाहौर के किसी टिपिकल अनपढ़ व्यापारी जैसा था। अनपढ़ पंजाबी लालाओं की

तरह ही वे बात-बात पर गाली देते थे। दूसरे लोगों, चीज़ों और स्थितियों को ही नहीं, अपने आपको भी। गाली के बिना उनका कोई वाक्य मुकम्मल नहीं होता था। (बाद में चातक जी ने उसे बताया भी था कि वे सिर्फ़ आठ जमात पढ़े थे, लेकिन व्यापार उन्हें घुट्टी में मिला था। उनके चाचा दिन भर बैठे हिसाब-किताब से माथा फोड़ते थे और पन्नालाल बोर्ड के सदस्यों को पटाते और दूसरा आँचा-पाँचा करते थे)। रंग उनका गोरा था, पर उसमें कुछ अनाम-सी ज़र्दी घुली थी। कवि चातक ने चेतन के कथा-कौशल की जो भरपूर प्रशंसा की थी, उसकी कोई प्रतिक्रिया उस भावनाहीन सपाट चेहरे पर उसे दिखायी नहीं देती थी। पन्नालाल ने तो पूरी तरह चेतन पर नज़र भी नहीं डाली थी। अपने ध्यान में मगन वे चुपचाप उनके साथ बढ़े जा रहे थे।

तब चातक जी ने अपने कथन की व्याख्या करना ज़रूरी समझा था और चेतन की कहानी का रोब पन्नालाल पर टालने के बाद चातक जी ने एक चोर नज़र चेतन पर डाली थी, लेकिन वह पन्नालाल के भावनाहीन चेहरे पर निगाहें टिकाये था। बालों की हठी लट को, जो बार-बार उनके माथे पर आ जाती थी, बायें हाथ से पीछे को हटाते हुए उन्होंने उसी जोश से पन्नालाल से कहा था —

"आप शायद नहीं जानते पन्नालाल जी, चेतन उर्दू के ख्याति प्राप्त कथाकार हैं। इनके दो संग्रह उर्दू में प्रकाशित हो चुके हैं। इनके दूसरे संग्रह की भूमिका कथा-सम्राट मुंशी चन्द्रशेखर ने लिखी है। मुंशी जी ने वह गल्प स्वयं हिन्दी में करके अपने साप्ताहिक में छापी थी। इन्होंने हमें सुनायी तो लगा कि हिन्दी में इस रह की लघु-कथाओं का सर्वथा अभाव है और यदि इन जैसा उदीयमान कथाकार हिन्दी के क्षेत्र में पदार्पण करता है तो न केवल इनकी रचनाओं से हिन्दी जगत समृद्ध होगा, वरन राष्ट्र-भाषा का भी गौरव बढ़ेगा। तभी हमने अपनी भूमिका में उस गल्प को उद्धरित करके हिन्दी के पाठकों और अध्यापकों को इनका परिचय देना ज़रूरी समझा।"

चातक जी क्षण भर के लिए रुके थे। चेतन के होंटों पर क्षीण-सी व्यंग्य-भरी मुस्कान फैल गयी थी, 'जी हाँ, उसी गौरव को बढ़ाने के कारण आपने कहानी को 'मंजरी' में छापने से इनकार कर दिया था' —उसने मन-ही-मन कटुता से कहा था, लेकिन कटुता का कोई चिन्ह उसने अपने चेहरे पर नहीं आने दिया।

उस तरह अतिशयोक्तिपूर्ण शब्दों में चेतन का परिचय दे कर चातक जी ने चेतन की लघु गल्प 'अमर खोज' पन्नालाल को सुनायी थी। उसी कलागत बारीकी और उसका सन्देश उस मूढ़ प्रकाशक को समझाया और फिर बड़ी सफ़ाई से अपनी बात का रुख़ उन्होंने अपनी भूमिका के अन्य पक्षों की ओर मोड़ दिया —

"डॉक्टर इन्द्रजीत ने भूमिका पढ़ कर कहा," चातक जी सोत्साह बोले, "आप बड़े सरल-सहृदय कवि हैं, यह तो हम जानते थे, पर आपकी भूमिका पढ़ कर तो हम आपके गद्य के भी कायल हो गये।"

और हिन्दी-बोर्ड के अन्य सदस्यों ने कैसे-कैसे रिमार्क उस 'अद्वितीय' भूमिका के बारे में दिये, उनका बखान कर, बिना इस बात का ख़याल किये कि उस मूढ़ प्रकाशक के पल्ले कुछ पड़ता भी है या नहीं, वह सब सुनने में उसकी दिलचस्पी भी है या नहीं, वे

भूमिका के विभिन्न प्रसंगों को व्याख्या-सहित उन्हें सुनाने लगे।

अनारकली में पूर्ववत बेपनाह भीड़ और कोलाहल था। हलकी-सी धूल और धुआँ वातावरण में फैला था। बाज़ार की बत्तियाँ जलने लगी थीं और खवे-से-खवा[१] छिल रहा था। और जैसे वह अवसर उन्हें फिर न मिलने वाला हो, उस शोर-शराबे और भीड़-भब्भड़ की परवाह न करते हुए चातक जी पन्नालाल जैन पर चेतन के बहाने अपनी विद्वत्ता और उदारता का रोब ग़ालिब करते हुए आधी अनारकली पार कर आये थे।

चेतन को यह जान कर आश्चर्य हुआ था कि अपनी लम्बी कविताओं की तरह वह ऊबाऊ भूमिका भी उन्हें लगभग कण्ठस्थ थी। हालाँकि चेतन की प्रशंसा करते हुए उनके स्वर में सरपरस्ती का वैसा ही भाव आ जाता था, जो अपने चेले की प्रशंसा करते हुए गुरु की वाणी में होता है और अपने तमामतर सन्देह और आशंका के बावजूद चेतन को वह प्रशंसा अच्छी भी लगी थी, वह चातक जी के साथ चिपका, उनके कदम-से-कदम मिलाता चला आया था, लेकिन पन्नालाल उस भीड़ में प्रायः पीछे रह जाते। चातक जी अपनी वक्तृता का प्रवाह रोक देते और उनके साथ आ मिलने पर फिर चालू हो जाते।

'स्टैण्डर्ड होटल' अनारकली बाज़ार में गणपत रोड से ज़रा इधर, डॉक्टर बेली राम केमिस्ट की दुकान के बराबर था। वहाँ तक पहुँचते-पहुँचते भूमिका की बात ख़त्म हो गयी। तब डॉक्टर बेली राम की दुकान के आगे क्षण भर के लिए रुक कर चातक जी ने (जैसे वे इसी कारण यह सब भूमिका बाँध रहे थे) कहा —

"भूमिका पढ़ कर शिव जी ने मुझे एक गद्य-संकलन तैयार करने के लिए भी कहा था।"

जब पन्नालाल ने यह सूचना सुन ली और कोई प्रतिक्रिया व्यक्त नहीं की तो चातक जी ज़रा-सा हँस कर बोले, "लेकिन हम तो कवि हैं। यह तो शिव जी का अनुग्रह है कि उन्होंने यह काम हमको सौंपना चाहा। किन्तु गद्य हमारा क्षेत्र नहीं है। हमने गद्य-संकलन तैयार करने के लिए उनको चेतन जी का नाम सुझाया था। शिव जी को इसमें कोई आपत्ति नहीं थी कि चेतन संकलन का सम्पादन कर दें, हम तो इनकी मदद करते ही, लेखकों का परिचय और भूमिका भी लिख दें, लेकिन आपत्ति उन्हें सम्पादक के नाते इनका नाम देने में थी। ये भले ही उर्दू के प्रसिद्ध कथाकार हों, पर अभी हिन्दी-क्षेत्र में इन्हें कोई नहीं जानता। शिव जी चाहते थे कि संकलन भले ही ये तैयार कर दें और समुचित पारिश्रमिक भी इन्हें दे दिया जाये, पर सम्पादक के नाते नाम उस पर हमारा और डॉक्टर इन्द्रजीत शर्मा का जाये! मैंने शिव जी को समझाया था कि मुझे नाम का मोह नहीं। चेतन संकलन तैयार करेंगे, इन्हीं का नाम जाना चाहिए। इन्हें आपत्ति न हो तो भले ही इनके साथ अन्य किसी का नाम चला जाये।"

यह कह कर चातक जी फिर चल पड़े। वे 'स्टैण्डर्ड होटल' पहुँच गये थे। ज़रा बाहर ही रुक कर उन्होंने कहा, "मैंने चेतन जी से शिव जी के प्रस्ताव की चर्चा नहीं की, क्योंकि मैं जानता था, ये कभी इस प्रस्ताव को स्वीकार नहीं करेंगे। एक बार इनका हाथ बहुत तंग था। मैंने ऐसा ही एक प्रस्ताव इनसे किया था और ये इतने क्रुद्ध हो गये थे कि इन्होंने महीनों

---

१. कन्धे-से-कन्धा।

दर्शन नहीं दिये थे।"

चातक जी ज़रा-सा हँसे थे। बालों की सरकश लट को उन्होंने दायें हाथ से पीछे हटाया था और दायें पैर से बायें टख़ने की खुजली मिटाते हुए होटल की ओर बढ़े थे।

तभी पन्नालाल ने बढ़ कर उनका कन्धा छुआ था और ज़रा परे ले जा कर उनसे सरगोशी में कुछ बातें करने लगे थे। चेतन वहीं 'स्टैण्डर्ड' की सीढ़ियों के पास खड़ा उनकी प्रतीक्षा कर रहा था, जब चातक जी ने ज़रा मुड़ कर कहा, "चेतन जी, आप चलिए, अन्दर जा कर बैठिए, हम आते हैं।"

चेतन होटल का दरवाज़ा खोल कर रेस्तराँ के भव्य हॉल में चला गया। शाम का वक्त था, नीचे का हॉल ही नहीं, सामने ऊपर की बाल्कनी भी भरी थी। नीचे सिर्फ़ एक मेज़ ख़ाली थी, जिस पर से उसी वक्त कोई उठ कर गया था। बढ़ कर चेतन कुर्सी पर जा बैठा और उसने बैरे को आवाज़ दे कर मेज़ साफ़ करने का आदेश दिया। एक छोकरा आया और मेज़ साफ़ कर गया।

चेतन को भूख लग आयी थी। वह एक ओर बैरे और दूसरी ओर चातक जी के आने की प्रतीक्षा करता हुआ 'स्टैण्डर्ड' के उस हॉल की भव्यता का नज़ारा कर रहा था। काफ़ी बड़ा हॉल था, चार कतारों में संगमरमर की सतह वाली छोटी मेज़ें और बाज़ू-विहीन आबनूस की गद्देदार कुर्सियाँ लगी थीं। काउण्टर के पीछे शीशे के किवाड़ों वाली अलमारियों में चीनी के ख़ूबसूरत सेट सजे झाँक रहे थे। परे कोने में दरवाज़ा था, जो शायद किचन को जाता था। काउण्टर के ऊपर अधछत्ती पर बालकनी थी, जिस पर विवाहित जोड़ों तथा परिवार के साथ आने वालों के लिए बैठने का प्रबन्ध था। दायीं दीवार के साथ रंगीन टाट-बिछी सीढ़ियाँ थीं। फ़र्श पर संगमरमर के काले-सफ़ेद चौकोर टुकड़े लगे थे। यूँ ही समय काटने को चेतन उन टुकड़ों को गिनने लगा। अभी उसने एक पंक्ति के काले टुकड़े भी न गिने थे कि बाहर के दरवाजे से चातक जी मुँह लटकाये हुए आते दिखायी दिये।

उनके चेहरे पर नज़र डालते ही चेतन को लगा कि कहीं कुछ घपला हो गया है। उनको अपनी टेंट से बिल देना होता तो चातक जी शायद ही उसे 'स्टैण्डर्ड' में खाना खिलाने की दावत देते, लेकिन धनी प्रकाशक उनके साथ है, उससे वे मन-मुताबिक ख़र्च करवा सकते हैं, इसका रोब उन्होंने चेतन पर जमाना चाहा था। पर शायद 'स्टैण्डर्ड' का नाम सुनते ही सैयद मिट्ठा बाजार के उस प्रकाशक के चेहरे की ज़र्दी कुछ बढ़ गयी थी। चेतन को लगा कि जब कवि चातक जी चेतन की और अपनी विद्वत्ता का बखान कर रहे थे और अपनी उस लम्बी भूमिका की बारीकियाँ समझा रहे थे, प्रकाशक शायद उस चक्कर से निकलने की तरकीब सोच रहा होगा, तभी तो उसका ध्यान उनकी बातों में नहीं था और अब अपनी जेब से 'स्टैण्डर्ड' के खाने का बिल देने के ख़याल से कवि का चेहरा ज़र्द हो गया था।

कवि को उस तरह मुहर्रमी सूरत बनाये आते देख कर मुहावरे की भाषा में पेट में चूहों के कूदने और उसी कारण दायीं कनपटी में हलके दर्द के होने की परवाह न करते हुए ज़रा-सा हँस कर चेतन ने कहा —"क्यों, जैन साहब क्या ग़च्चा दे गये ?"

चातक जी अप्रतिभ हुए, थोड़ा कसमसाये। वे उसके सामने कुर्सी पर आ बैठे। माथे

पर आ गयी बालों की लट को दायें हाथ से पीछे कर और निराशा को बरबस झटक, उन्होंने उस घटना (अथवा दुर्घटना) की लम्बी सफ़ाई दे डाली।

उनका कहना था कि अगर इस वक्त उनके साथ उनके प्रकाशक, 'हिन्दी पुस्तक भवन' के शिव जी होते तो वैसा घपला नहीं होता। पन्नालाल से उनकी वैसी घनिष्टता नहीं। वे हिन्दी-बोर्ड के कनवीनर प्रोफ़ेसर दिलबहार सिंह के यहाँ बैठे थे कि पन्नालाल भी, प्रकट नीरव जी को ढूँढते हुए, वहाँ जा पहुँचे थे। पूछने पर पन्नालाल ने बताया कि वे नीरव जी के घर गये थे। उन्हें साथ ले कर उन्हें डॉक्टर घनानन्द से मिलना था, लेकिन वे घर पर मिले नहीं पता चला, प्रोफ़ेसर साहब के यहाँ होते हुए डॉक्टर घनानन्द के यहाँ जायेंगे, सो पन्नालाल वहीं चले गये।

चूँकि चातक जी वहाँ काफ़ी देर से बैठे थे, उन्हें भी डॉक्टर घनानन्द के यहाँ जाना था (हिन्दी-बोर्ड के चेयरमैन हैं, उनका गद्य-संकलन 'रत्न' के लिए उन्होंने स्वीकार कर लिया, उसका धन्यवाद देना था), इसलिए पन्नालाल उठे तो चातक जी भी उठे और दोनों साथ-साथ प्रोफ़ेसर दिलबहार सिंह के फ़्लैट की सीढ़ियाँ उतरे।

रास्ते में पन्नालाल ने उनसे एक नाटक अपने प्रकाशन के लिए भी माँगा। पर चूँकि चातक जी शिव जी के लिए एक नाटक लिख देने का वादा कर चुके थे, इसलिए उन्होंने अपनी स्थिति उन्हें बता दी।

"तब कहने लगे," चातक जी बोले, "चाहे आप लिखिए, चाहे किसी दूसरे से लिखवा दीजिए, लेकिन एक नाटक हमें दीजिए ज़रूर!" हमने कहा, "आपके लिए तो नीरव जी लिख रहे होंगे। बोले —हाँ, एक वो भी लिख रहे हैं। आप भी एक लिख दीजिए। उनका कोर्स में लगेगा तो आपका भी लगेगा, यह हमारी ज़िम्मेदारी है। हमने पूछा —नीरव जी किस विषय पर लिख रहे हैं ? बोले —यह तो उन्होंने अभी नहीं बताया। शायद पुराणों की अथवा महाभारत की किसी कथा पर लिखें। तब हमने इन्हें आश्वस्त किया —ठीक है, हम लिखें या कोई और लिखे, नाटक आपको मिलेगा।

"अब होते न शिव जी इनकी जगह," चातक जी ने फिर बालों की लट को पीछे किया, "इस सरऊ 'स्टैण्डर्ड' की क्या बात है, हम 'लोरेंग्ज़' में कहते तो 'लोरेंग्ज़' में ले जाते, लेकिन हैं तो ये सैयद मिट्ठा के दुकड़िया प्रकाशक ही। रुपये की तीन अठन्नी भुनाने वाले।" फिर ज़रा आवाज़ को धीमा करके, मेज़ पर ज़रा-सा आगे को झुक कर, कवि सरगोशी में बोले, "इधर नीरव जी की मदद से इन्होंने डॉक्टर घनानन्द को पटा लिया है। नीरव जी सनातन धर्म स्कूल में संस्कृत पढ़ाते हैं और डॉक्टर घनानन्द ओरिएण्टल कॉलेज में संस्कृत के प्रोफ़ेसर तथा हिन्दी-बोर्ड के चेयरमैन हैं और सुनता हूँ कि नीरव जी को गुरुवत मानते हैं। पन्नालाल कई जिल्दों में डॉक्टर घनानन्द-रचित वेदों का भाष्य छाप रहे हैं। जब से वे चेयरमैन हुए हैं, नीरव जी की पुस्तक निश्चित रूप से पाठ्य-क्रम में स्वीकृत होती है। इन्होंने उनके दो-दो नाटक छापे हैं। अब इन्हें आशा है कि उनके बल पर और भी पुस्तकें लगवा सकते हैं। वरना पहले इन्हें कौन पूछता था। वहाँ तो धर्मदेव विद्यालंकार के 'विश्व साहित्य प्रकाशन,' शिव जी के 'हिन्दी पुस्तक भवन' और इन्हीं के शरीक लाला करोड़ीमल जैन की चलती थी। ज़रा सैयद मिट्ठा में जा कर करोड़ीमल जैन का महल-जैसा भव्य भवन तो देखो और कोने में इनकी छोटी-सी दुकान और गली में चारों ओर से घिरा,

बन्द, अँधेरा निवास! किन्तु अब ये भी अपने आपको कुछ लगाने लगे हैं।"

चातक जी फिर सीधे हो बैठे। क्षण भर मौन रह कर बोले, "हम गोल बाग़ से गुज़रे, तुम्हें बैठे देखा तो सोचा, तुम्हें भी इनसे मिला दें। नये प्रकाशक हैं, इन्हें आख़िर नये लेखक दरकार होंगे। इसलिए हमने तुमसे मिला दिया और ज़रा घनिष्टता हो जाये, इसलिए 'स्टैण्डर्ड' की बात कर दी। हमें क्या मालूम था कि ऐन वक्त पर कन्नी काट जायेंगे।"

"मारिए गोली पन्नालाल को।" चेतन ने हँस कर कहा, "चलिए, सिन्ध होटल चलते हैं। मुझे तो भूख लगी है। वहाँ भाई साहब का हिसाब है। विलायती न सही, पर देसी खाना बहुत बढ़िया मिलता है।"

"अरे नहीं।" चातक जी ने कहा, "हम जो हैं। तुम्हारा जो मन है, आर्डर दो!" फिर क्षण भर रुक कर बोले, "अभी बाहर हमें रोक कर पन्नालाल ने बताया कि वे लोग जैनी होने के नाते सूरज छिपने से पहले खाना खा लेते हैं और घर से खाना खा कर निकले थे। फिर उन्हें नीरव जी से नहीं, वास्तव में घनानन्द से एक ज़रूरी बात कहनी है और डॉक्टर साहब रात की गाड़ी से एक वाइवा लेने बनारस जा रहे हैं, इसलिए उनसे मिलना ज़रूरी है। उनकी विवशता देख कर हमें दया आ गयी और हमने उन्हें रवाना कर दिया। यह बात वे गोल बाग़ में ही कह देते तो क्यों घपला होता। तुमने टौरण्टन के चौरस्ते पर कहा भी कि आप डॉक्टर घनानन्द के यहाँ जाइए। तब तो संकोच कर गये, लेकिन यहाँ पहुँच कर लगे बहाने बनाने। जेब से पाँच का नोट निकाल कर हमें दे रहे थे।" चातक जी हँसे और उन्होंने बालों की लट को फिर पीछे किया, "कहने लगे —चेतन जी की पूरी आव-भगत कर दीजिएगा और हमारी ओर से क्षमा माँग लीजिएगा। हमने कहा, नोट रखिए। हमारे-आपके पैसे कोई दो हैं! आप चिन्ता न कीजिए, चेतन जी को हम बढ़िया भोजन करायेंगे।"

चातक जी चुप हो गये। सहसा चेतन ने ज़ोरदार ठहाका लगाया और उठा। चातक जी ने उसका दामन खींच कर उसे बैठा दिया और बोले —"नहीं, तुम्हें जो पसन्द हो, आर्डर दो! पन्नालाल आते भी तो मुहँ-बाये बैठे रहते। वे जैनी हैं और होटल की पिरिच-प्यालियों में खाना नहीं खाते। तब तुम्हारा खाना भी बेस्वाद हो जाता। कह गये हैं — चेतन जी को कभी सैयद मिट्ठा बाज़ार लाइए और आप दोनों किसी इतवार को हमारे यहाँ दोपहर का खाना खाइए। सो उनके यहाँ भी चलेंगे। ऐसे उन्हें नहीं छोड़ेंगे। सब कसर निकाल देंगे। अभी तुम ऑर्डर दो।"

चेतन फिर बैठ गया। चातक जी ने बैरे को आवाज़ दी।

लेकिन इससे पहले कि बैरा आता या चेतन किसी चीज़ का ऑर्डर देता, चातक जी ने जैसे सरसरी तौर से कहा, "देखो, छै का टाइम होने लगा है। तुम सुबह से भूखे हो। हमारी मानो तो थोड़ा-बहुत नाश्ता यहाँ कर लो, फिर हमारे साथ चलो। तुम्हारी भाभी ने आज बढ़िया खीर बनायी है। आलू का रस-मिसा सालन है, खट-मिट्ठे कुम्हड़े की तरकारी, इमली का अचार और लौकी का रायता। चलो, तुम्हें घर में बढ़िया पूड़ी-कचौड़ी खिलाते हैं। तुम्हारी भाभी तुम्हें कई बार याद कर चुकी है। परसों ही कह रही थी —तुम्हारे कलंक जी इधर कई दिनों से नहीं आये, क्या हमसे रूठ गये हैं।"

"कलंक जी!" चेतन ने प्रश्न और आश्चर्य-भरी निगाहें उठायीं।

चातक जी हँसे, "जब उसने सुना कि तुम्हारा उर्दू उपनाम 'दाग़' है और हमने उसे 'दाग़' के अर्थ बताये तो मज़ाक में तुम्हें 'कलंक' बुलाने लगी।"

चेतन क्षण भर के लिए चुप बैठा रहा। उसे लगा कि उसका दिन तो 'पोलेमी के मामले' पर कहानी लिखने में बरबाद हुआ ही, शाम भी बरबाद होने जा रही है। अब चातक जी से वह सब व्याख्या सुन कर यदि वह 'स्टैण्डर्ड' में बैठता है तो बुरा करता है, उठता है तो बुरा करता है और उसने तय किया कि वह स्वयं कुछ नहीं कहेगा। चातक जी को निर्णय लेने देगा। वरना क्रोध में उनींदेपन के कारण उसकी रात भी बरबाद हो जायेगी।

उसे चुप देख चातक जी ने फिर कहा, "तुम्हारी भाभी तुम्हें बहुत मानती हैं। तुम हम से नाराज़ थे, पर अपनी भाभी से मिलने तो आते।"

चेतन वह बात टाल गया, "यूँ तो होटलों के मुकाबले में घर का खाना हर हालत में अच्छा है," उसने कहा, "फिर यहाँ वेजेटेरियन खाना तो अच्छा मिलता नहीं, आप साथ हैं, निरामिष क्या मँगायें ? मैं आपके साथ ज़रूर चलता और कुछ नहीं तो भाभी की शिकायत ही दूर कर आता, लेकिन आपके यहाँ जाने वहाँ बैठने-बतियाने और खाना खाने में देर हो जायेगी। भाई साहब तो नौ बजे सो जाते हैं और पड़ते ही ख़र्राटे लेने लगते हैं। आपके यहाँ से आ कर, दुकान के तख़्ते पर खड़े हो कर आवाज़ें देनी पड़ेंगी। मैं समझता हूँ, इस स्थिति को आप भी पसन्द नहीं करेंगे।"

"तुम वहीं सो जाना।"

"भाई साहब से कहा नहीं। बेकार परेशान होंगे।"

"उनकी तुम चिन्ता करो। अभी तोस और आलू चॉप की एक प्लेट मँगाते हैं। एक-एक चॉप और दो-दो तोस खाते हैं। चाय का एक-एक कप पीते हैं। कुछ आधार हो जायेगा। फिर यहाँ से भाई साहब की दुकान पर होते चलेंगे। तुम उनसे कह भी देना और 'प्रेम की वेदी' का मसौदा भी ले लेना। मैं कहानी देख दूँगा और ठाकुर साहब को पत्र भी लिख दूँगा।"

"कहानी तो आपने देख रखी है।"

"एक बार फिर देख दूँगा और भाषा भी और सुन्दर बना दूँगा।"

तभी बैरा आ गया। चातक जी ने ऑर्डर दिया और बैरे को आदेश दिया कि दो ख़ाली प्लेटें और एक फ़ालतू प्याला साथ लाये।

एक आलू चॉप और दो तोस खा कर चेतन ने चाय का प्याला लिया तो उसकी भूख और चमक उठी। लेकिन उसने कुछ कहा नहीं। जब चातक जी बैरे को बिल के पैसे दे कर बाहर निकले तो वह चुपचाप उनके साथ वापस दुकान को चल पड़ा।

१२

'सरस्वती'-सम्पादक के नाम 'प्रेम की वेदी' की संशोधित साफ़ प्रतिलिपि तथा व्यक्तिगत पत्र बड़े डाकख़ाने में छोड़ कर चेतन वापस दुकान पर पहुँचा तो उसके बड़े भाई ने बीच के कक्ष में लगे ऊपरी शीशे के पर्दे का कोना अन्दर से उठा कर देख लिया कि बाहर कौन आया है और चेतन ने जान लिया कि भाई साहब किसी मरीज़ के इलाज में व्यस्त हैं। वह चुपचाप बाहर कक्ष में लम्बे सोफ़े पर पसर गया।

कहानी को 'सरस्वती'-सम्पादक के नाम भेज कर और चातक जी के पत्र के अलावा स्वयं एक व्यक्तिगत पत्र लिख कर यद्यपि चेतन का मन काफ़ी हलका हो गया था, लेकिन डबल-एच की सख़्त नीली पेंसिल और कार्बन की मदद से लगभग पूरी रात जग कर दो प्रतिलिपियाँ बनाने में वह बुरी तरह थक गया था।

वहीं काउच की पीठ से सिर टिकाये, अलस भाव से पसर कर टाँगें फैलाये उसने मन-ही-मन अपने उस पत्र को दोहराया। उसे पूरा विश्वास था कि 'सरस्वती'-सम्पादक उसके पत्र का उत्तर ज़रूर देंगे और उसके अन्तर में कोई कह रहा था कि इस बार उसकी कहानी भी छप जायेगी।

तभी बीच के कक्ष का पर्दा उठा कर एक पेशेण्ट बाहर आया। पीछे-पीछे हाउस कोट पहने चेतन के बड़े भाई आये और आ कर मेज़ पर बैठ गये।

चेतन चौंक कर उठा। उसने टाँगें सिकोड़ लीं और प्रकृतिस्थ हो कर सीधा बैठ गया।

उसके भाई ने अपने छपे हुए पैड पर एक दवाई का नाम लिखा और पृष्ठ को पैड से फाड़ कर मरीज़ को देते हुए बोले, "वेरामिन की एक गोली अभी पानी के साथ ले लीजिए। दर्द दूर न हो तो चार घण्टे बाद दूसरी ले लीजिएगा। तकलीफ़ हो तो कल आइएगा, वरना परसों आ कर दिखा जाइएगा।"

मरीज़ नुस्ख़ा ले कर बाहर निकल गया। भाई साहब चुपचाप अन्दर चले गये और पिछले कमरे में जा कर अपने काम में व्यस्त हो गये। चेतन उठा। क्या करे, वह तय नहीं कर पाया। तभी उसकी नज़र तिपाई पर पड़े 'ट्रिब्यून' पर गयी। दो दिन से उसने समाचार-पत्र नहीं देखा था। वह फिर बैठ गया और पहले की तरह पैर फैला कर अलस भाव से अख़बार पढ़ने लगा। 'ट्रिब्यून' ख़त्म करने के बाद उसने तिपाई से 'इलस्ट्रेटिड वीकली' उठाया। पहले उसने लतीफ़ों वाला पृष्ठ पढ़ा। उसे कोई भी लतीफ़ा ए-वन नहीं लगा। पृष्ठ पलटने पर उसे कोई भी लेख ऐसा नहीं लगा, जो उसे आकर्षित करता। 'वीकली' तिपाई पर फेंक कर वह उठा। अँधेरा हो गया था। बत्ती जला कर उसने ज़ोर से अँगड़ाई ली। उसका शरीर टूट रहा था। उसके जी में आया, माल या मेक्लोड या निस्बत रोड पर मील-दो मील सैर कर आये। चिक उठा कर वह क्षण भर को बाहर दुकान के तख़्ते पर आ खड़ा हुआ। शाम गहरा गयी थी। दिन की गुलाबी गर्मी जाने धरती की किस गुहा में छिप गयी थी। सूखी ठण्ड हड्डियों तक को कँपा रही थी। दिन भर की धूल-गर्द ने धुएँ और धुन्ध के साथ मिल कर वातावरण को असह्य बना दिया था। चेतन फिर अन्दर आ गया। अपने अत्यन्त क्रियाशील मस्तिष्क के कारण ख़ाली वक्त गुज़ारना उसके लिए यातना से

कम नहीं था। पहले उसने सोचा —ऊपर परछत्ती पर जा कर कानून की कोई किताब पढ़े। लेकिन कानून पढ़ने को उसका मन न हुआ। वह कोई हलका काम करना चाहता था। कई बार जब उसका मन कुछ भी करने को न होता था, वह डायरी ले बैठता था। इधर उसने कई दिनों से डायरी नहीं लिखी थी। सहसा उसे ख़याल आया, क्यों न वह डायरी के कुछ पृष्ठ रँग डाले।

यह ख़याल आते ही वह ऊपर गया। उसने परछत्ती की बत्ती जलायी और वह सजिल्द मोटी कापी निकाली, जिस पर वह डायरी लिखता था। उसे ले कर वह बिस्तर पर जा बैठा। घुटनों पर उसने रज़ाई ले ली। चौकी को पलँग के नीचे से खींच लिया। छोटा-सा टेबल लैम्प जलाया। उस दिन की तारीख़ दी। पहले उसने इतवार को गोल बाग़ में जा कर अनन्त को पत्र लिखने और बिना खाये-पिये 'पोलेमी' के मामले पर दो बार कहानी लिखने के असफल प्रयास का उल्लेख किया, फिर पन्नालाल जैन को अर्दल में लिये हुए चातक जी के आने और उसे 'स्टैण्डर्ड' में दावत देने का और 'स्टैण्डर्ड' में जैसी दावत हुई, उसका ज़िक्र किया। आगे उसने लिखा —

> "चातक जी ने 'स्टैण्डर्ड' की दावत की हामी पन्नालाल से भरवायी। ज़ाहिर है उसी के बल पर उन्होंने 'स्टैण्डर्ड' में खाना खिलाने की दावत दे डाली थी। मुझे इनकार कर देना चाहिए था। लेकिन अनन्त ठीक ही कहता है, मैं बेहद कमज़ोर आदमी हूँ। कमज़ोर और परम चुग़द। लोग भूखे पेट होने पर भी तकल्लुफ़ में खाना खाने से इनकार कर देते हैं। मैं भरे पेट होने पर भी तकल्लुफ़ में स्वीकार कर लेता हूँ और तब तो मुझे भूख भी बहुत लग आयी थी।"

यहाँ तक लिख कर चेतन ने कलम रोक लिया। तकिया सीढ़ियों के जँगले के साथ लगा कर उसने पीठ टिका ली, चौकी को ज़रा परे खिसका दिया। रज़ाई को गले तक खींच कर उसमें पैर फैला दिये। दो दिन पहले शाम की घटना अपने नन्हे-से-नन्हे ब्योरे के साथ उसकी आँखों में मूर्तिमान हो उठी। गोल बाग़ से ले कर 'स्टैण्डर्ड' तक उसने कवि चातक और पन्नालाल जैन के व्यवहार का पुनः गहराई से जायेज़ा लिया, रज़ाई को हटा कर चौकी खींची और फिर लिखने लगा —

> "पन्नालाल को अगर 'स्टैण्डर्ड' में जाना मंज़ूर नहीं था या फिर डॉक्टर घनानन्द से मिलना उनके निकट ज़्यादा ज़रूरी था तो उन्होंने उसी वक्त क्यों नहीं कहा, जब चातक जी ने यह प्रस्ताव रखा था। टौरण्टन मार्केट के चौराहे से ही वे क्यों अलग नहीं हो गये ? सोचने पर तब मैं इसकी वजह नहीं समझ पाया था और चातक जी ने उनके जैनी होने और पिरिच-प्यालियों में न खाने का बहाना गढ़ दिया था। अब सोचता हूँ तो लगता है कि वे डॉक्टर घनानन्द के यहाँ तो जाना चाहते थे, पर चातक जी का साथ उन्हें मंज़ूर नहीं था और चातक जी, लगता है दिलबहार सिंह के घर ही से उनके साथ चिपक गये थे। पन्नालाल काइयाँ प्रकाशक हैं, पहले मन की बात कहते या टौरण्टन मार्केट से मुड़ते तो सम्भव है, चातक जी न केवल ख़ुद उनके साथ हो लेते, बल्कि मुझे भी साथ ले लेते, इसलिए उन्होंने यही बेहतर समझा कि इस प्रकार उनसे जान छुड़ायें, जिससे वे फिर उनके साथ न हो सकें।

बहरहाल, यथैव विधाता वधीयती तथैव (मह्यम) शुभाय। पन्नालाल दग़ा न दे जाते तो न मैं चातक जी के साथ जाता, न भाभी के हाथ का बढ़िया खाना मिलता, न चातक जी इतने ध्यान से मेरी कहानी देखते और न 'सरस्वती'-सम्पादक के नाम ज़ोरदार सिफ़ारिशी चिट्ठी लिखते।

भाभी के ममत्व की याद करता हूँ तो उन पर दया भी आती है। अजीब बात है कि जिन पत्नियों के पति उनसे प्रसन्न नहीं रहते, पतियों के मित्र और सगे-सम्बन्धी और पड़ोसी उनके गुण गाते नहीं अघाते। भाभी के स्नेह की बात समझ में आती है। भाभी सुन्दर और शिक्षित नहीं। पाँचवीं कक्षा तक पढ़ी, कदरे फूहड़, लेकिन सीधी-सादी, सहज-सरल, स्नेहशीला नारी हैं। पति से उपेक्षा पाने के कारण दूसरों की प्रशंसा से प्रसन्न होती हैं। जिस ममत्व से पति भागता है, वह अनायास दूसरों पर लुटाती हैं। चातक जी के स्नेह में गणना हो सकती है, स्वार्थ हो सकता है, भाभी का स्नेह निःस्वार्थ और निश्छल है।

बार-बार यही ख़याल आता है कि चातक जी के मन में पुनः मेरे लिए जो स्नेह और हित-चिन्ता उमगी है, उसके पीछे क्या रहस्य है ?"

चेतन कुछ क्षण रुक कर सोचता रहा। फिर उसने पहले की तरह चौकी ज़रा दायीं ओर को सरका दी, तकिया सीढ़ी के जँगले से टिकाया, उससे पीठ लगायी और रज़ाई गले तक खींच कर बैठ गया। आँखें उसने बन्द कर लीं और उस शाम की घटनाओं का जायेज़ा लेने लगा।

०

भाई साहब को सूचना दे कर और अपनी फ़ाइल से 'प्रेम की वेदी' का मसौदा ले कर जब चेतन चातक जी के साथ नीला गुम्बद की ओर से होता हुआ, मेयो हस्पताल के पिछवाड़े की सड़क से चातक जी के घर की ओर चला था तो सहसा चातक जी ने पन्नालाल जैन की बात शुरू कर दी थी।

"देखो चेतन, तुम हिन्दी में नये-नये पदार्पण कर रहे हो।" उन्होंने कहा, "कोई पुराना जमा हुआ प्रकाशक तुम्हें हिन्दी-क्षेत्र में प्राप्त नहीं हो सकता। मैंने इसलिए उनको तुम्हारा विस्तृत परिचय दिया कि पन्नालाल पाठ्य-पुस्तकों में दिलचस्पी रखते हैं और नीरव जी के अतिरिक्त उनके पक्के लेखक अभी नक्की नहीं हुए। शिव जी के यहाँ लेखक पक्के हैं। तो भी मैंने उनसे तुम्हारा ज़िक्र किया था। उनके यहाँ धँसने से तुम्हें देर लग सकती है, लेकिन इनसे मिलते रहोगे तो देर-सबेर इनके यहाँ तुम्हारी पुस्तक छप सकती है। इनके लिए कोई पाठ्य-संकलन तैयार कर दोगे, कोई ऐसा नाटक लिख दोगे, जो कोर्स में लग जाये तो उसके साथ तुम्हारा कहानी-संग्रह भी छाप सकते हैं। मैं हर तरह से तुम्हारी मदद करूँगा। कोई काम देना चाहें तो इनकार न करना। मुझसे पूछ लेना। मैं तुम्हें इनके यहाँ सैयद मिट्ठा बाज़ार भी ले चलूँगा। यह समझ लो कि इनको हाथ से जाने नहीं देना है।"

और उन्होंने उसे समझाया था कि यद्यपि उनके पास 'हिन्दी पुस्तक भवन' है, लेकिन अगर कोई दूसरा प्रकाशक भी हाथ में हो तो दोनों की होड़ में लेखक बेहतर शर्तें मनवा सकता है। "मैं तो तुम्हें उनके यहाँ ले ही जाऊँगा," उन्होंने सहसा मेयो हस्पताल की

चारदीवारी के साथ कन्धा टिका कर क्षण भर रुकते हुए कहा था, "पर तुम नीरव जी से भी मिलते रहना। द्विजेन्द्रलाल राय, जयशंकर प्रसाद और नीरव जी के नाटक पढ़ो। यदि नीरव जी के 'चन्द्रगुप्त' को प्रसाद जी के स्तर अथवा किसी दिशा में उससे बेहतर बता सको तो नीरव जी तुम्हारे क्रीत-दासवत हो जायेंगे। हमने तो पन्नालाल के सामने तुम्हारा रंग बाँध ही दिया है। नीरव जी भी तुम्हारे बारे में दो शब्द कह देंगे तो जिस प्रकाशक ने आज तुम्हारे नाम में कोई दिलचस्पी नहीं दिखायी, वही तुम्हारे घर के फेरे लगायेगा।"

और चातक जी दीवार का सहारा छोड़ कर चल पड़े।

"मुझे पैसे की ज़रूरत तो है चातक जी," चेतन ने कहा था, "लेकिन कोई लम्बा काम हाथ में लेने का समय मेरे पास नहीं है। मुझे फ़िलहाल कानून की पढ़ाई करनी है और चूँकि मैं कम्पीटीशन में बैठना चाहता हूँ, इसलिए फ़र्स्ट डिवीज़न भी लेना है। वक्त की मेरे पास बेहद कमी है। मैं कहाँ नीरव जी और पन्नालाल को पटा सकता हूँ।"

चातक जी फिर चलते-चलते रुक गये। "आज तुम्हारे पास अवकाश नहीं है," उन्होंने कहा, "पर कल भी नहीं होगा, यह तुम कैसे कह सकते हो ? जब पढ़ते-पढ़ते थक जाओ तो उनकी तरफ़ चले जाना। काम से किसी के घर पर जाने की अपेक्षा, बिना काम के जाना बेहतर है। बड़ा काम न सही, छोटा-मोटा काम भी इनके यहाँ मिल सकता है।"

चेतन चुप हो गया। दोनों चुपचाप चलते गये। दो वर्ष पहले चातक जी ने उसके प्रति इतनी सहानुभूति और हित-चिन्ता दिखायी होती तो वह अभिभूत हो जाता। लेकिन अब वह पुराना चेतन तो था नहीं। वह सतर्क हो गया था। वह फिर यही सोचने लगा था कि चातक जी कैसे उस पर उतने कृपालु हो गये हैं ? उनके साथ चलते हुए उसने कनखियों से दो-एक बार उनकी ओर देखा था। प्रकट ही वे पहले जैसे सीधे-सरल, बेपरवाह कवि लगते थे, लेकिन इधर जब से उन्होंने उससे प्रेत-लेखन का प्रस्ताव किया था, चेतन को उनका एक दूसरा ही चेहरा दिखायी देने लगा था और वह बार-बार उनके उस प्रकट चेहरे पर उस दूसरे चेहरे का कोई चिन्ह देखने का प्रयास करता रहा था।

इस बीच 'हिन्दी पुस्तक भवन' में बैठे-बैठे उसने कुछ दूसरे हिन्दी कवियों को भी पढ़ा था और अब चातक जी उसे दूसरे दर्जे के आत्म-मुग्ध, मूर्ख और रूमानी कवि लगते थे। लेकिन उनका यह दूसरा चेहरा उसे मूर्ख होते हुए भी व्यावहारिक, बेपरवाह होते हुए भी गणना-प्रिय और प्रकट अव्यावहारिक दीखने पर भी अन्तर में आश्चर्यजनक तौर पर काइयाँ लगा था। प्रकाशक को पटाने के सिलसिले में वे ऐसी बारीक और गहरी बातें बता सकते हैं, वह इस पर मन-ही-मन चकित था, लेकिन साथ ही सोचता था कि उस पर वे इतने मेहरबान क्यों हो गये ? प्रेत-लेखन का प्रस्ताव रख कर उन्होंने उसके साथ जो ज़्यादती की है, क्या उसका प्रायश्चित करना चाहते हैं ? वह कुछ तय न कर सका था कि उनका घर आ गया।

वह चातक जी के साथ सीढ़ियाँ चढ़ कर ऊपर आँगन में पहुँचा तो पति के साथ उसे आते देख कर रसोई-घर के दरवाज़े में अलस भाव से खड़ी भाभी का चेहरा अचानक खिल उठा और अपनी सानुनासिक आवाज़ में उसने प्रसन्नता-भरा उलाहना दिया था।

"अरें कलंक भइँयें तुंम तों ईंद काँ चाँद हों गयें।.... जाँनि हँमसें क्याँ कँसूर हों गयाँ

किं हँमसे रूँठ गँयें।"

चेतन ने भाभी पर एक नज़र डाली —वही साँवला, चौकोर चेहरा, वही लम्बा कद, वही आयताकार देह-यष्टि, वही मलगिजी धोती, रूखे-बिखरे बाल और सानुनासिक स्वर। शक्ल-सूरत से अनगढ़ और गँवार, लेकिन इसके बावजूद उस अनगढ़ सरापे में छिपी हुई अव्यक्त-सी ममता!

" नहीं भाभी, रूठने की क्या बात है," उसने हँस कर कहा, "मई में शिमला चला गया था। तीन महीने वहाँ रहा। वापसी पर जालन्धर रुक गया। आते ही लॉ कॉलेज में दाख़िल हो गया। पढ़ाई है। ख़र्च चलाने को एक ट्यूशन ले रखी है, समय ही नहीं मिला।"

"अँच्छाँ हैं कलंक भइँयें।" भाभी ने सोत्साह कहा, "वँकींल और जँज बॉलिस्टर बँनोंगें तों घँर कीं गँरींबीं दूँर होंगी। इँस मँरी कँविताँ में क्याँ रखाँ हैं, जिससें न पेंट भरें, न बाँल-बँच्चें पलें।"

"अरे भाभी!" चेतन ने लम्बी साँस भर कर कहा था, "जाने कुछ बन भी पाता हूँ या नहीं। फ़ीस का तो किसी तरह जुगाड़ कर लिया है, लेकिन किताबों के लिए न पैसे हैं, न कहीं अलग कमरा ले कर पढ़ने के लिए...."

"अँरे भइँयें, भगँवाँन सँब कँर देंगा।" भाभी ने सान्त्वना-भरे कुछ और सानुनासिक स्वर में कहा था, "अनँपँढ़ कों कौंन पूँछताँ हैं। हँमी कुँछ पँढ़ें-लिखें होंतें तों क्याँ इँस तँरहँ दुँख पाँतें...."

"अच्छा, बातें फिर करना।" चातक जी ने पत्नी को बात पूरी नहीं करने दी। उन्हें भय था कि पत्नी के व्यंग्य की धार उनकी ओर न मुड़ जाये, "तुम्हारे ये कलंक जी आज खाना यहीं खायेंगे। सुबह से इन्होंने कुछ खाया नहीं। ऐसा बढ़िया खाना खिलाओ कि फिर कभी ये रूठने का नाम न लें।"

"यह आप लोग मुझे कलंक क्यों बुलाने लगे हैं ?" चेतन ने भाभी से शिकायत की थी।

"हँम नहीं बुलाँतें भइँयें।" भाभी ने कहा था, "तुँम्हारें यें भाँई साँहबँ हीं कहँते हैं कि उँर्दू भाँषाँ में तुँम्हारें उपँनाँम काँ मँतलँब कलंक हैं।"

"भाभी, ये तुमसे मज़ाक करते हैं," चेतन ने हँस कर प्रकट भाभी, लेकिन परोक्ष रूप से चातक जी को सुनाते हुए कहा था, "उर्दू में ग़ज़ल कहता था। 'दाग़' उपनाम रख लिया था जिसे मैंने हिन्दी में कदम रखते ही छोड़ दिया। पर भाभी 'दाग़' शब्द की अनेक अर्थ-छटाएँ हैं। कलंक उनमें से एक है। किसी पाप या अपराध से किसी आदमी के नाम पर जो कलंक लगता है, उसे 'दाग़' कहते हैं, लेकिन दाग़ तो घाव का भी होता है, कीचड़, मैल या ख़ून का भी और प्रेम में असफलता का भी। ऐसे दाग़-धब्बों को कलंक तो नहीं कहते, पर 'दाग़' कहते हैं।"

"लेंकिनँ तुँमनें भँइयें किंस कें प्रेंम में अँसफँल हों कँर दाँग़ लँगाँ लियाँ ?"

"अरे भाभी, इस सीने पर बड़े-बड़े दाग़ हैं। कभी फ़ुर्सत में सुनायेंगे उनकी कहानी ? अभी तो बेहद भूख लगी है। तुम गर्म-गर्म खाना खिलाओ तो कोई बात भी सूझे।"

"अँभीं सँब हुआँ जाँताँ हैं तुँम दोंनों मुँह-हाँथ धोओं। मैं आँवाँज़ देंती हूँ।"

और भाभी चौखट छोड़ कर रसोई-घर में मुड़ गयीं। चेतन चातक जी के पीछे कमरे में चला गया।

उसका ख़याल था कि कवि पहले उसे अपनी कविताएँ सुनायेंगे। फिर उसकी कहानी ठीक करेंगे और 'सरस्वती'-सम्पादक को पत्र लिख देंगे। लेकिन फ़र्श पर बिछे जाजम और गद्दे पर उसे कुछ क्षण बैठने के लिए कह कर वे स्नानागार में चले गये। हाथ-मुँह धो कर उन्होंने वास्केट पहनी और गर्म शाल ओढ़ते हुए रसोई-घर में आ बैठे। भाभी तो बिना अपने पति की प्रेरणा के भी चेतन को दो-एक फुलके ज़्यादा ही खिला देती, लेकिन चातक जी ने पत्नी पर ज़ोर दे कर न केवल पूरियाँ-कचौरियाँ उसे ज़्यादा खिला दीं, वरन खीर भी चेतन की बिसात से कुछ ज़्यादा ही डलवा दी।

खाने के बाद कमरे में वापस आ कर उन्होंने उससे कहानी निकालने को कहा। हालाँकि वह कहानी उन्होंने एक बार पहले देख रखी थी, लेकिन उसे उन्होंने पुनः बड़े ध्यान से देखा और कई संशोधन-परिवर्तन कर दिये। कहानी संशोधित कर उसे वापस देते हुए उन्होंने रैक से अपना व्यक्तिगत पैड उठाया और 'सरस्वती'-सम्पादक के नाम एक आत्मीय पत्र लिखा, जिसमें चेतन का परिचय देते हुए, उसकी भरपूर प्रशंसा और उसकी कहानी छापने की सिफ़ारिश की।

इस सब में साढ़े बारह बज गये। चेतन दिन भर का थका था और चातक जी को भी दूसरे दिन पत्रिका निकालनी थी। इसलिए अन्दर से लिहाफ़ और तकिया निकाल कर उन्होंने उसे दिया और उससे छुट्टी लेते हुए उसे सो जाने के लिए कहा।

लेकिन चेतन तत्काल नहीं सोया। वहीं अलमारी में बेतरतीब रखी किताबों में द्विजेन्द्रलाल राय के नाटक 'दुर्गादास,' 'राजसिंह' और 'मेवाड़ पतन' तथा प्रसाद का 'चन्द्रगुप्त' रखा था। राय महाशय के नाटक चेतन ने बहुत पहले पढ़ रखे थे। 'प्रसाद' का 'चन्द्रगुप्त' उसने नहीं पढ़ा था। उसे अलमारी से निकाल कर सोने से पहले सरसरी नज़र से वह उसकी भूमिका पढ़ने लगा। बहुत लम्बी और ख़ासी कठिन भाषा में लिखी हुई थी। चेतन ने कुछ ही पृष्ठ पढ़े होंगे कि उसकी आँखें झपने लगीं। बत्ती बुझा कर वह लेट गया। आँखें बन्द करते ही उसे नींद आ गयी थी।

सवरे वह जल्दी उठा था। हालाँकि वह तत्काल वापस जाना चाहता था, लेकिन चातक जी ने उसे वहीं निपट-नहा कर तैयार होने के लिए कहा और पत्नी को आदेश दिया कि उसके लिए दो पराँठे और मीठी लस्सी का गिलास बना दे। चेतन इनकार नहीं कर सका। जल्दी-जल्दी तैयार हो कर उसने नाश्ता किया। चलते वक्त उसने राय महाशय के तीनों नाटक और प्रसाद का 'चन्द्रगुप्त' उनसे माँग लिये।

०

चातक जी के यहाँ से आने के बाद किताबें उठा कर वह कॉलेज चला गया था, वापस आ कर गोपाल के ढाबे में खाना खाने के बाद उसने सबसे पहले अनन्त का पत्र तख़्ती से निकाला। उसमें टॉर्ट्स के मामले कम करके उसे ख़ासा संक्षिप्त कर दिया और लिफ़ाफ़े में बन्द करके उस पर अनन्त का पता और लाल रोशनाई से अंग्रेज़ी में 'अर्जेण्ट' लिख कर बड़े डाकख़ाने में डाल आया।

फिर आ कर उसने 'प्रेम की वेदी' का मसौदा निकाला। चातक जी ने इस बार सचमुच कहानी को मनोयोग से देखा था, लेकिन इस प्रयास में वह इतनी कट-छँट गयी थी कि उसे उसी रूप में भेजना चेतन को गवारा नहीं हुआ। उसने उसकी साफ़ प्रतिलिपि बनाने का फ़ैसला किया और जब उसने यह फ़ैसला किया तो सोचा, क्यों न उसकी दो प्रतिलिपियाँ कर ले। कहानी दो बार वापस आ चुकी थी। अब के कौन जाने सम्पादक वापस ही न भेजें। तब एक साफ़ प्रतिलिपि तो उसके पास रहेगी। डबल-एच की कापीइंग पेंसिल उसके पास थी। भाग कर वह बाज़ार से एक दस्ता लकीरदार और एक दस्ता सफ़ेद काग़ज़ ख़रीद लाया। नीले रंग के दो कार्बन भी उसने ले लिये। सख़्त पेंसिल से पहली कापी मद्धम आती थी, लेकिन नीले कार्बन के कारण दूसरी प्रतिलिपि बड़ी साफ़ और स्पष्ट उतरती थी। उसने तय किया कि पहली कापी अपनी फ़ाइल में रखेगा और कार्बन वाली 'सरस्वती'-सम्पादक को भेजेगा।

सख़्त पेंसिल से प्रतिलिपियाँ तैयार करने में अँगूठे और उँगलियों पर तो दबाव पड़ता ही था, आँखों पर भी कम ज़ोर न पड़ता था। पहले चेतन ने सोचा कि काग़ज़ और कार्बन तख़्ती पर लगा कर ईज़ी चेयर ले कर दुकान के करीब ही 'बाइबल सोसाइटी' के साथ वाले लॉन में आ बैठे। लेकिन एक तो शाम हो चली थी, फिर घुटनों पर तख़्ती रख कर पेन से लिखना तो आसान था, सख़्त पेंसिल से कार्बन-कापी तैयार करना मुश्किल। चेतन ऊपर परछत्ती पर जा बैठा। चौकी उसने पलँग के नीचे से निकाली। तख़्ती पर पहली कापी के लिए लकीरदार और कार्बन-कापी के लिए सफ़ेद काग़ज़ लगाये। छत का बल्ब भी जला लिया। पहले पृष्ठ पर सुन्दर अक्षरों में कहानी का नाम, फिर दायीं ओर अपना नाम लिखा और कुछ पंक्तियाँ छोड़ कर साफ़ प्रतिलिपि तैयार करने लगा।

चातक जी ने कहानी में प्रायः उर्दू के सारे शब्द काट दिये थे। 'उदास' और 'अनमना' जैसे सरल शब्दों के स्थान पर 'उन्मन' और 'अन्यमनस्क' जैसे कठिन शब्द रख दिये थे। कहानी की भाषा शुद्ध हिन्दी तो हो गयी थी, लेकिन चेतन को वह अपनी भाषा नहीं, अनुवाद की भाषा लगती थी। पहले उसने अपनी भाषा के कुछ आसान शब्द रहने दिये थे। लेकिन जब पहले पृष्ठ की प्रतिलिपि तैयार कर चेतन ने उसे पढ़ा तो उसे लगा कि चातक जी के संशोधन के बाद कहानी की जो भाषा बन गयी थी, उसमें आसान शब्द खटकते हैं। तब चेतन ने पहले पृष्ठ की दोनों प्रतिलिपियाँ फाड़ दीं। उसने तय किया कि भले ही कहानी की भाषा उसके मनोनुकूल सहज, सरल और प्रवहमान नहीं है, लेकिन वह उर्दू से हिन्दी में जा रहा है। अच्छा है, वैसी शुद्ध हिन्दी रहे ताकि हिन्दी वाले आपत्ति न कर सकें। जब हिन्दी भाषा पर उसका अधिकार हो जायेगा तो वह उर्दू-हिन्दी के मिलाप से ऐसी आसान और रवाँ-दवाँ भाषा लिखेगा, जिसमें गहरी-से-गहरी बात भी कही जा सके और पाठक को कष्ट भी न हो।

वह लगातार काम करता रहा था। सिर्फ़ अपने भाई के साथ शाम को खाना खाने गया था। रात के ढाई बजे होंगे, जब उसने कहानी का अन्तिम पृष्ठ कापी करके पेंसिल रखी। उसका बस चलता तो वह उसी वक्त कहानी को एक बार पुनः देख कर पत्रिका के लिए तैयार कर देता। लेकिन वह बेहद थक गया था। लिखते-लिखते उसकी उँगलियाँ और बैठे-बैठे घुटने अकड़ गये थे। आँखें झपने लगी थीं और दिमाग़ थक गया था। लिखे हुए

पृष्ठों को अलग-अलग करके दो प्रतियाँ बनाने की शक्ति भी उसमें नहीं थी।

चेतन ने सभी काग़ज़ समेट कर, कार्बन दोहरा कर तख़्ती में लगा दिये, चौकी पलँग के नीचे खिसका दी, वहीं एक ओर रखी भीमसेनी सुरमे की डिबिया उठायी, उसमें से शीशे की सलाई निकाली और बड़ी सावधानी से उसे शीशी में डुबो कर, ज़रा-सा झटक कर कि सुरमे का कोई थक्का उसमें न लगा रहे, एक-एक सलाई आँखों में डाली। थकी आँखों में बेपनाह चुनचुनाहट हुई। जब काफ़ी पानी निकल गया तो आँखें पोंछ, सलाई कमीज़ के दामन से साफ़ करके, उसे यथास्थान रखा, उठ कर छत की बिजली का स्विच ऑफ़ किया, बिस्तर पर आ कर रज़ाई ओढ़ी, हाथ बढ़ा कर टेबल लैम्प की बत्ती बुझायी और लेट गया। पड़ते ही उसे नींद आ गयी।

सुबह वह ज़रा देर से उठा। लेकिन कॉलेज समय से पहुँच गया। आ कर वह फिर उसी काम में जुट गया। उसने पहले कहानी की दोनों प्रतिलिपियाँ अलग-अलग कीं। फिर लाल कलम से एक प्रतिलिपि रिवाइज़ की....उसका अत्यन्त क्रियाशील दिमाग़ कुछ भी लिखते समय हमेशा आगे भागता था। उसकी लेखनी में मात्राएँ, अक्षर, शब्द और कई बार वाक्यांश तक छूट जाते थे। वे सब ग़लतियाँ उसने बड़े ध्यान से दोनों प्रतिलिपियों में सुधारीं। पहले उसने सोचा कि सिर्फ़ चातक जी के पत्र के साथ कहानी 'सरस्वती'-सम्पादक को भेज दे। फिर उसने पैड उठा कर सम्पादक के नाम एक व्यक्तिगत पत्र लिखा —

आदरणीय ठाकुर साहब,

मैं उर्दू का एक थोड़ा मशहूर कथाकार हूँ। सात-आठ बरसों से उर्दू में कहानियाँ लिख रहा हूँ। इस पत्र के साथ मैं आपको श्री मनोरंजन कृष्ण 'चातक' का एक पत्र भेज रहा हूँ, जिसमें उन्होंने विस्तार से मेरा परिचय दिया है और मेरी कहानी को 'सरस्वती' में छापने की सिफ़ारिश की है। लेकिन जो बात उन्होंने नहीं लिखी, वह यह है कि 'प्रेम की वेदी' मेरी पहली हिन्दी कहानी है। उसका उर्दू नाम 'कुर्बानगाह-ए-इश्क' है। यह पहले उर्दू के प्रसिद्ध अदबी हफ़्तावार 'बहार' में छपी, फिर वहाँ से कई दूसरी पत्र-पत्रिकाओं में उद्धरित हुई। यही कारण है कि मुंशी चन्द्रशेखर की प्रेरणा और चातक जी की सहायता से जब मैंने हिन्दी-क्षेत्र में पग धरने की सोची तो पहले इसी को हिन्दी का लिबास पहनाया।

मैं चाहता था, यह 'मंजरी' में छप जाये। लेकिन 'मंजरी' लाहौर से निकलती है। मैं यहाँ केवल उर्दू कथाकार के नाते जाना जाता हूँ। हिन्दी-क्षेत्र में चन्द मित्रों के सिवा मुझे कोई नहीं जानता। चातक जी की पत्रिका नयी है। उसे जमाने के लिए वे पहले हिन्दी के प्रसिद्ध लेखकों और कवियों को छापना चाहते हैं। उनका ख़याल है कि पहले मेरी दो-एक रचनाएँ मशहूर हिन्दी पत्र-पत्रिकाओं में छप जायें तो फिर वे भी छापें ताकि उनके मालिक लोग आपत्ति न कर सकें।

चूँकि मुंशी चन्द्रशेखर ने न केवल मेरे दूसरे कथा-संग्रह की भूमिका लिखी, वरन मेरी एक लघु-गल्प स्वयं उल्था करके अपने साप्ताहिक में छापी, इसलिए मैंने कहानी उन्हें भेजी। कहानी का हिन्दी शीर्षक मैंने नहीं दिया था, कि मुझे 'कुर्बानगाह-ए-इश्क' का हिन्दी बदल नहीं सूझा। मुंशी जी ने शीर्षक 'प्रेम

की वेदी' दे दिया और कहानी लौटा दी। उनके नज़दीक इफ़ादियत (सोशल यूटिलिटी) के बिना कहानी लिखना वक्त बरबाद करना है और मेरी कहानी की कोई सोशल यूटिलिटी नहीं। लेकिन मेरे उर्दू साथियों और आलोचकों ने उसे कला का नफ़ीस टुकड़ा कहा है।

फिर मैंने कहानी 'विशाल भारत' के सम्पादक को भेजी। उन्होंने कहानी वापस कर दी और लिखा कि प्रेम कहानियाँ पढ़ते (और ज़ाहिर है छापते) हुए वे अघा गये हैं। ख़ैर, इसमें कोई बुरी बात नहीं है। लेकिन आजकल वे जिस कथाकार पर प्रसन्न हैं, उन 'अज्ञात' जी की एक कहानी उन्होंने मुझे भिजवा दी कि वैसी कहानियाँ लिख सकूँ तो वे छाप सकते हैं। जिस कहानी को मैं समझ ही नहीं सका, वैसी लिख कैसे सकता हूँ। फिर किसी लेखक को किसी दूसरे लेखक की तरह लिखने के लिए कहना मेरे ख़याल में निहायत ग़लत है।

उनका पत्र पा कर मैं ऐसा निराश और उदास हुआ कि फिर मैंने किसी को कहानी नहीं भेजी। अब चातक जी की प्रेरणा और प्रोत्साहन से कहानी आपको भेज रहा हूँ। यदि आप भी इसे हिन्दी में छपने योग्य न समझें तो फिर मैं हिन्दी-क्षेत्र में कदम रखने का हौसला नहीं करूँगा और अपने उत्साह में जो एक-आध कदम मैंने उस क्षेत्र में रख दिया है, उसे भी वापस लौटा लूँगा।

आशा है आप कहानी पढ़ कर ही फ़ैसला करेंगे। चौबे जी की तरह शीर्षक देख कर नहीं लौटा देंगे और सम्भव हो तो हिन्दी की सेवा करने वाले एक उर्दू लेखक का उत्साह बढ़ायेंगे।

पेशगी आभार सहित,

सादर
चेतन

०

"चेतन....चेतन!"

नीचे क्लिनिक में भाई साहब ने आवाज़ दी।

चेतन चौंका, हड़बड़ा कर उसने आँखें खोल दीं और रज़ाई ज़रा परे की। लेकिन तत्काल उत्तर नहीं दे सका।

"क्यों भाई, खाना खाने नहीं चलोगे ?" भाई साहब ने नीचे से पूछा।

चेतन ने देखा —दायीं ओर चौकी पर डायरी का पृष्ठ आधा लिखा पड़ा है, टेबल लैम्प जल रहा है और वह बजाय जँगले के सहारे बैठे होने के, तकिया सिर के नीचे रख कर रज़ाई से सिर-मुँह ढँक कर सोया पड़ा है।

वह उठ कर बैठ गया, चौकी अपने सामने खिसकाते हुए उसने कहा, "भाई साहब, दस मिनट दीजिए, अभी आता हूँ।"

ज़ाहिर है, पिछले दिन की घटनाओं में उलझा, सीढ़ियों के जँगले से पीठ लगाये थकान के कारण वह ऊँघ गया था। नींद में कब पीठ के नीचे से तकिया उठा कर उसने सिर के नीचे रख लिया था और रज़ाई ओढ़ ली थी, उसे कुछ याद नहीं।

वह एकदम सचेत हो कर बैठ गया। उसने जल्दी-जल्दी डायरी के लिखे हुए पृष्ठ पर नज़र डाली। लेकिन उस हड़बड़ी में सोचने पर भी, न चातक जी की उस अयाचित कृपा का रहस्य उसकी समझ में आया, न उसके प्रति उनके उस परम हित-चिन्ता से भरे आत्मीय व्यवहार का। रहस्य तो कोई ज़रूर है, उसका मन उससे यही कहता था। शायद वे चाहते हैं कि शिव जी ने उनसे गद्य-संकलन तैयार करने का जो प्रस्ताव किया है, चेतन उसमें मदद करे या शायद उससे नाटक लिखवाने की योजना को वे भूले नहीं, लेकिन संकोचवश कह नहीं पाये....उसने तय किया कि वह उनसे मिलता रहेगा। मन की बात नहीं बतायेगा। उनके मनोविज्ञान का अध्ययन करेगा। कौन जाने उसका ही अनुमान ग़लत हो। वे सचमुच उसकी सहायता करना चाहते हों। उसके दिमाग़ में पंजाबी भाषा की एक पुरानी कहावत आ गयी। हजामत बनाते हुए नाई से यजमान पूछता है —'क्यों भाई, बाल कितने लम्बे हैं ?' नाई कहता है, 'यजमान, तेरे आगे ही आ गिरेंगे।'

सो, जो भी रहस्य होगा, ख़ुद ज़ाहिर हो जायेगा —चेतन ने सोचा, फ़िलहाल डायरी में लिखी अन्तिम पंक्ति के आगे तीन बिन्दियाँ (...) लगा कर उसने उसे बन्द कर दिया। टेबल लैम्प बुझाया, चौकी पलँग के नीचे खिसकायी और धड़धड़ाता हुआ सीढ़ी उतर गया।

भाई साहब बाहर का दरवाज़ा बन्द कर रहे थे, जब वह उनके साथ जा मिला।

१३

शनिवार की दोपहर खाना खाने के बाद पूरा एक घण्टा आराम करके चेतन परछत्ती के नीचे उतरा तो भाई साहब प्लास्टर ऑफ़ पैरिस के धब्बों से रँगे हुए अपने चिर-परिचित स्टूल पर बैठे दाँतों के एक नये-बने सेट पर पॉलिश कर रहे थे। वह उनके पास से गुज़रा तो बिना सिर उठाये उन्होंने उसे सूचना दी कि 'इण्डियन प्रेस, इलाहाबाद' से उसके नाम एक पत्र आया है।

चेतन का दिल ज़ोर से धड़का।

"लिफ़ाफ़ा है या पैकेट ?" उसने पूछा।

"लिफ़ाफ़ा।" भाई साहब ने कहा, "बाहर मेज़ पर पेपरवेट के नीचे रखा है।"

पैकेट होता तो चेतन समझता कि उसकी कहानी वापस आ गयी है, लेकिन लिफ़ाफ़ा आया है, यह सुन कर उल्लास और औत्सुक्य से उसका चेहरा खिल उठा। एक ही डग में जैसे क्लिनिक के मध्य भाग को पार कर, वह वेटिंग रूम में आया। लिफ़ाफ़ा मेज़ से उठा कर उसने पढ़ा तो उसकी बाँछें खिल गयीं। स्वयं ठाकुर साहब का पत्र था। चेतन के पत्र और कहानी की पहुँच देते हुए उन्होंने लिखा था कि उन्हें कहानी बहुत पसन्द आयी है, वे जल्द ही उसे 'सरस्वती' में प्रकाशित करेंगे और अगर वह यथाशीघ्र अपना पासपोर्ट साइज़ का फ़ोटो भेज दे तो बहुत अच्छा हो।

पत्र हाथ ही में लिये-लिये चेतन पलटा।

"भाई साहब, मेरी कहानी 'सरस्वती' में छप रही है।" अन्दर की तरफ़ जाते हुए बिलकुल बच्चों की तरह उसने कुछ ऐसे हर्षोल्लास से कहा, जैसे वह उन्हें विश्व-स्तर की कोई ख़बर दे रहा हो। करीब जा कर उसने उन्हें पत्र पढ़ कर सुनाया। फिर बिना उनकी प्रतिक्रिया जाने, उसने उन्हें सूचना दी कि वह देसराज फ़ोटोग्राफ़र के यहाँ जा रहा है। दोस्त है। फ़ोटो अभी खींच देगा और पैसे बाद में ले लेगा। क्षण भर रुक कर उसने इतना और जोड़ा, "चातक जी बता रहे थे भाई साहब, कि 'सरस्वती' से चार रुपये फ़ी कहानी मिलने लगे हैं। देसराज को अभी कुछ नहीं देना पड़ेगा। ज्यों ही वहाँ से पारिश्रमिक आया, मैं देसराज के पैसे चुका दूँगा।"

भाई साहब इस बीच चुपचाप अपना काम करते रहे। उन्होंने एक बार भी उसकी ओर नहीं देखा, न उस ख़बर पर किसी तरह की प्रतिक्रिया व्यक्त की, न टिप्पणी की और न प्रशंसा अथवा प्रोत्साहन का कोई शब्द उनके मुँह से निकला। वे मौन रूप से दाँतों के उस सेट पर पॉलिश करते रहे।

लेकिन चेतन को उनसे किसी प्रतिक्रिया की अपेक्षा थी भी नहीं। 'सरस्वती' से पारिश्रमिक मिलने पर देसराज के पैसे चुकाने का ब्योरा उसने इसलिए भाई साहब को दिया कि वे यह न सोचें कि चेतन फ़ोटो के लिए उनसे पैसे माँगेगा अथवा यह कि जब उसके पास अपनी पाठ्य-पुस्तकों के लिए पैसे नहीं हैं फ़ोटो खिंचवाने की ऐयाशी क्यों करने जा रहा है।

और यूँ अपना कर्तव्य निभा कर चेतन फिर मुड़ा और जैसे उत्साह से उछलता हुआ दुकान की सीढ़ियाँ उतर गया।

o

स्टूडियो के बाहर ख़ासे लम्बे दालान में एक प्रेस में लगे निगेटिव के सामने बैठा देसराज उसकी टचिंग में तल्लीन था जब तेज़-तेज़ सीढ़ियाँ चढ़ता चेतन वहाँ पहुँचा।

"यार, मेरी कहानी इलाहाबाद की 'सरस्वती' में छपने जा रही है।" चेतन ने दालान में प्रवेश करते हुए कहा और मिलाने के लिए हाथ बढ़ाया।

देसराज खुले अंगों वाला, पाँच फ़ुट दस इंच लम्बा युवक था। उम्र में तो शायद चेतन से एकाध साल कम अथवा बराबर होगा, मगर कद और शरीर की बनावट से बड़ा लगता था। गेहुँआ रंग, चौड़ा माथा और हमेशा हँसता चेहरा। फ़ोटोग्राफ़ी के साथ उसे शेर-ो-शायरी का भी शौक था। कोई मुशायरा हो या कवि सम्मेलन, वह ज़रूर सुनने जाता। एक मुशायरे में ही चेतन से उसका परिचय हुआ था, जो बाद में थोड़ी घनिष्टता में बदल गया।

देसराज ने पहले अपना स्टूडियो नीला गुम्बद के दो-मंज़िले पर शुरू किया था। तब न उसके पास फ़र्निचर था, न स्टूडियो में हाई पावर प्रकाश की व्यवस्था। चेतन की नयी-नयी शादी हुई तो वह चन्दा के साथ उससे मिलने गया था। देसराज ने कहा था कि वह कुदरती रोशनी में लिये गये फ़ोटो को स्टूडियो की रोशनी में लिये गये फ़ोटो से बेहतर मानता है।

और अपनी बात के सत्य को जनाने के लिए उसने उन दोनों को बाल्कनी में बैठा

कर सुबह की रोशनी में उनके फ़ोटो लिये थे। नतीजा देख कर चेतन प्रसन्न हो उठा था। उसने सिर्फ़ इतना कहा था, "देसराज, तुम फ़ोटोग्राफ़र नहीं, आर्टिस्ट हो।" और जैसे इस एक वाक्य से चेतन ने उसे हमेशा के लिए अपना बना लिया था।

एक ही वर्ष बाद देसराज अनारकली के इस दो-मंज़िले पर अपना स्टूडियो ले आया था। यहाँ बाल्कनी पर वैसी प्राकृतिक रोशनी का प्रबन्ध नहीं था। चूँकि देसराज ने भी इस बीच अपने स्टूडियो में प्रकाश की समुचित व्यवस्था कर ली थी, इसलिए कुदरती रोशनी में फ़ोटो खींचने के प्रति उसका वह पुराना आग्रह और जोश भी जाता रहा था।

चेतन की पुरज़ोर आवाज़ से देसराज की एकाग्रता भंग हुई। उसने सिर उठाया। तपाक से चेतन के बढ़े हुए हाथ पर अपना हाथ रख कर उसे बड़ी गर्मजोशी से हिलाते हुए उसने कहा, "मेरी बधाई लो।"

चेतन ने वहीं खड़े-खड़े उसे ठाकुर साहब का पत्र सुनाया। देसराज ने प्रसन्नता प्रकट करते हुए भविष्यवाणी की कि समय आयेगा जब उसकी रचनाएँ देश की सभी पत्रिकाओं में छपेंगी।

तब चेतन ने कहा, "यार, तुम थोड़ी-सी मदद कर दो तो मेरी कहानी 'सरस्वती' में जम जाये।"

देसराज ने मुस्कराते हुए दोनों हाथ फैला दिये और सिर को ज़रा-सा झुका दिया कि —'हुक्म कीजिए, बन्दा हाज़िर है।'

"यार, तुम एक छोटा-सा फ़ोटो तैयार कर दो तो ठाकुर साहब को भेज दूँ। फ़ोटो के साथ कहानी छपेगी तो पाठकों पर दूसरा ही रोब पड़ेगा। वहाँ से पारिश्रमिक आयेगा तो तुम्हारी उजरत चुका दूँगा। इसका वादा करता हूँ। इस वक्त तो जेब एकदम ख़ाली है।"

देसराज ने 'सर-ए-तस्लीम ख़म है'[१] के-से अन्दाज़ में पुनः सिर झुकाते हुए स्टूडियो की ओर इशारा किया कि तशरीफ़ ले चलिए, अभी खींच देता हूँ।

चेतन के बाल काफ़ी लम्बे और घुँघराले थे। तेल उसे सरसों का ही मयस्सर था, सो ज़रा-सा लगाने से भी बाल ख़ासे तेल-सिक्त दिखायी देते थे। देसराज के आदेशानुसार जब चेतन कैमरे के सामने स्टूल पर जा बैठा तो एक बार स्टूडियो के सब बल्ब रोशन कर देसराज ने कैमरे में उसका पोज़ देखा तो आ कर हाथ से उसके जमे हुए बाल बिखेर दिये।

"शायर को शायर ही लगना चाहिए, क्लर्क नहीं," उसने हँस कर कहा। फिर जा कर कैमरे में देख कर दो-एक बार उसके सिर की पोज़ीशन ठीक कर और 'रेडी-स्टेडी' कहते हुए फ़ोटो खींच लिया।

"परसों आ कर ले लीजिएगा।" देसराज ने बदस्तूर हँसते माथे कहा।

एक नया ग्राहक फ़ोटो खिंचवाने के लिए आ गया था। चेतन ने देसराज से हाथ मिलाते हुए उसका शुक्रिया अदा किया और नीचे अनारकली में उतर आया।

चेतन का मन ख़ूब उमंग में था। वापस क्लिनिक जाने में उसकी ज़रा भी रुचि नहीं थी। वह तो जैसे सारी दुनिया को यह ख़बर सुना देना चाहता था कि उसकी कहानी

---

१. उर्दू के प्रसिद्ध शेर का मिसरा —सर-ए-तस्लीम ख़म है जो मिज़ाजे यार में आये —यानी प्रेमी (अथवा प्रेमिका) के मन में जैसा बाँकापन दिखाने का ख़याल आये, हमें स्वीकार है।

'सरस्वती' जैसी प्रमुख हिन्दी पत्रिका में छप रही है। लेकिन दुनिया में —याने उसके गिर्द लाहौर की दुनिया में —उर्दू का बोल-बाला था और 'सरस्वती' कला और विद्या की देवी ही नहीं, एक हिन्दी पत्रिका भी है, इसे उस दुनिया में कोई नहीं जानता था। तब उसने तय किया कि वह 'मंजरी' के कार्यालय जा कर चातक जी को यह सुसमाचार देगा।

और वह बायीं ओर को मुड़ कर भीड़ में रास्ता बनाता हुआ हस्पताल रोड की ओर चल पड़ा था।

०

'मंजरी कार्यालय' की सीढ़ियाँ चढ़ कर चेतन ने जब वहीं से चातक जी को 'नमस्कार' किया तो घुटने मोड़ कर दोनों पैर कुर्सी पर टिकाये वे पत्रिका के प्रूफ़ पढ़ रहे थे।

"आओ....आओ!" उसके 'नमस्कार' के उत्तर में ज़रा-सा सिर उठा कर उन्होंने कहा, "बड़ी उमर है तुम्हारी। मैं तुम्हारे ही बारे में सोच रहा था। बस अन्तिम फ़ार्म के ये दो पृष्ठ रह गये हैं। पढ़ लूँ तो चलते हैं।"

चेतन जा कर उनके सामने कुर्सी पर बैठ गया। प्रूफ़ ख़त्म करके चातक जी ने पाँव नीचे किये, उठे काग़ज़-पत्र समेटे और प्रूफ़ लिये हुए सीढ़ियों की ओर बढ़े।

"इन्हें ज़रा प्रेस में देते हुए चलते हैं।" उन्होंने कहा। जब वे प्रूफ़ दे कर प्रेस से बाहर निकले तो घर की ओर कदम बढ़ाते हुए चातक जी ने कहा, "तुम न आते तो मैं तुम्हारी ओर जाता। कहो, कैसे आये ?"

चेतन ने उन्हें 'सरस्वती'-सम्पादक का पत्र दिखाया और बोला, "मैंने सोचा कि सबसे पहले आपको सूचना दूँ। ठाकुर साहब ने कहानी स्वीकार कर ली है।"

हालाँकि 'सरस्वती'-सम्पादक का सीधे चेतन को लिखना और उनके आत्मीय पत्र को गोल कर जाना और उन्हें सूचना तक न देना चातक जी को खला था, पर मन के भावों को प्रकट न करते हुए उन्होंने बेपरवाही से कहा :

"हम ठाकुर साहब से कुछ कहते और वे न करते, यह तो हो ही नहीं सकता। अब तुम अपनी कोई दूसरी कहानी हिन्दी में करो। यह छपी है तो और भी छपेंगी और फिर हम भी 'मंजरी' में छापेंगे। तब तुम समझ लो कि तुम्हारे लिए सभी पत्र-पत्रिकाओं के दरवाज़े खुल जायेंगे।"

"आप मेरी ओर आने की कैसे सोच रहे थे," चेतन ने थोड़ी हैरत से पूछा।

मन में उसने सोचा कि शायद उन्हें पता चल गया होगा, मेरी कहानी 'सरस्वती' में छप रही है। शायद ये 'मंजरी' के लिए कहानी लेने के लिए मेरे यहाँ जाने वाले होंगे, लेकिन जब चातक जी ने होंट खोले तो उसे कुछ निराशा ही हुई।

"पन्नालाल ने सन्देश भिजवाया है," चातक जी ने कहा, "कल हमें उनके यहाँ दोपहर का भोजन करना है। सो वही सूचना तुम्हें देनी थी। तुम कल सुबह नौ-साढ़े नौ मेरे यहाँ पहुँच जाना। जैनी लोग हैं। खाना जल्दी खा लेते हैं। हम ज़रा जल्दी पहुँच जायेंगे तो पन्नालाल का मन्तव्य भी जान लेंगे और कुछ योजना-ओजना भी बना लेंगे।"

"योजना।" कदरे आश्चर्य से चेतन ने कहा।

"अरे भाई, जब प्रकाशक से मिलना है," चातक जी दायें हाथ से बालों की लट को

पीछे करते हुए बोले, "फिर पन्नालाल जैसे प्रकाशक से, जो 'स्टैण्डर्ड' में खाना खिलाने की बात मान कर कन्नी काट गया तो समझ लो कि एक ठग से मिलना है। तो देखेंगे कि वह हमसे क्या चाहता है और हम उससे क्या ले पाते हैं।"

चेतन अनायास हँस दिया।

"इसमें हँसने की बात नहीं," चातक जी बोले, "लेखक-प्रकाशक का रिश्ता स्नेह-मिश्रित विरोध का रिश्ता है। प्रकाशक सदा यह कोशिश करता है कि लेखक की आर्थिक अथवा पारिवारिक स्थिति पर सहानुभूति प्रकट करता हुआ उसे अपनी हित-चिन्ता का विश्वास दिलाये और उसका गला उलटे छुरे से रेत डाले। प्रकट ही ऐसे में कमज़ोर पक्ष का होने के कारण लेखक का यह प्रयास होना चाहिए कि प्रकाशक पर अपनी दुर्बलता प्रकट न होने दे। उसके मन को टटोल कर, उसकी ज़रूरत को समझ कर अधिकाधिक पैसे झटकने की कोशिश करे। बिना किसी सोची-समझी योजना के, यह थोड़ी सम्भव हो सकता है।"

चेतन हँसा, "तो प्रकाशक और लेखक के सम्बन्ध को आप दो ठगों के सम्बन्ध-ऐसा मानते हैं।"

"प्रकाशक तो प्रायः ठग होता ही है।" चातक जी ने कहा, "पर लेखक विवश हो कर ठगी पर उतरता है।"

"मैं तो इस क्षेत्र में नया हूँ," चेतन ने कहा, "आपके साहचर्य में मैं भी कुछ सीख जाऊँगा।"

"बस, तो कल सुबह आ जाना, चलेंगे और देखेंगे कि पन्नालाल वास्तव में क्या चाहता है। सचमुच कितनी शक्ति उसने इस बीच अर्जित कर ली है। हमारे पास तो 'हिन्दी पुस्तक भवन' है, लेकिन तुम्हारे लिए उसे परखेंगे कि इस गैया का कुछ दोहन हो सकता है या नहीं ?"

चेतन ने फिर ठहाका लगाया —"एक तरफ़ आप उसे ठग बताते हैं, दूसरी ओर गैया। यह तो कुछ कॉण्ट्राडिक्ट्री-सी बात है।"

कवि चुपचाप उसके मुँह की ओर देखते रह गये —"कैसी बात है," उन्होंने कहा।

"विरोधाभास-भरी," चेतन ने कहा।

"यह बात तुम्हारी समझ में नहीं आयेगी।" चातक जी ने कहा और फिर बालों की लट को माथे से पीछे हटाते, दायें पैर से बायें टख़ने की खुजली मिटाते ज़रा-सा रुके, "प्रकाशक को सिद्ध कर लिया जाये तो वह गैया अस बन जाता है, वरना लोमड़वत चकमा देता है। दो चार बार उसके यहाँ जाने, मिलने-मिलाने, खाना खाने-खिलाने पर पता चल जाता है कि उसके कवच में कहाँ छिद्र है, जहाँ से उस पर आक्रमण किया जा सकता है। पता चल जाये तो बड़े-से-बड़े ठग प्रकाशक को चित किया जा सकता है।"

"पर चातक जी," चेतन ने कहा, "आप इतने दिन से पन्नालाल के साथ घूमते हैं, अभी तक आपको उसके जिरह-बख़्तर के छेदों ही का पता नहीं चला।"

और वह ज़रा-सा हँसा।

चातक जी थोड़े अप्रतिभ हुए, लेकिन बालों की लट को माथे से हटाते हुए बोले,

"अपने बारे में तो उसके आशय और मन्तव्य का पता चल गया है, पर जब-जब उससे मिला हूँ, उसने हमेशा हमसे कहा है कि उस शाम मैं चेतन जी के साथ 'स्टैण्डर्ड' में नहीं बैठ सका, उन्हें हमारे यहाँ इतवार को लाइए और खाना खाइए। इस बार हमने मान लिया। वह तुमसे क्या चाहता है और तुम्हारे लिए क्या कर सकता है, यही जानना है और यही जान कर योजना बनानी है।"

"पर चातक जी, न तो मुझे पन्नालाल ने इम्प्रेस किया है, न उसकी दुकान ने।" चेतन हँसा। "कुछ दिन पहले मैं अपने एक क्लास-फ़ेलो के साथ उधर से निकला था। जिस दुकान पर 'हीरालाल जवाहरलाल' का बोर्ड लगा था, वह तो निहायत फटीचर-सी, किसी कबाड़िए की दुकान लगती है। उसके मुकाबले में करोड़ीमल की दुकान का संगमरमर के फ़र्श का भव्य हॉल ऐसे प्रभावित करता है, जैसे जंगली कबूतरों में कोई सफ़ेद लक्का कबूतर सीना फुलाये हुए सहसा ध्यान खींच ले। इनकी दुकान तो बारिश में भीगी किसी घुघ्घी-सी कोने में दुबकी लगती है।"

"अरे बन्धु, तुम उस दुकान की शक्ल पर न जाओ, अभी तो ये लोग पटना में ब्रांच खोलने की सोच रहे हैं। बिना पैसे के ये सब नहीं होता। बाहर से ये कैसे दीखते हैं, इससे हमें क्या करना है, अन्दर से पुख़्ता हैं तो ठीक है।"

"मैं तो लॉ कर रहा हूँ।" चेतन ने कहा, "मुझे तो कोई दिलचस्पी नहीं, आप से ग़रज़ है, आपकी अर्दल में चला जाऊँगा।"

०

चातक जी का घर आ गया था। हालाँकि वे चाहते थे कि वह ऊपर चले, वहीं खाना खाये, बैठे-बतियाये; उन्होंने उसे एक नयी कविता के 'सृजन' की सूचना भी दी, लेकिन चेतन का उमंग-भरा मन घर की चारदीवारी में कैद हो कर चातक जी की लम्बी उबाऊ कविता सुनने को ज़रा भी नहीं हुआ। वह तो निस्बत रोड, मेक्लोड और माल की सैर करता हुआ वापस अपनी परछत्ती पर जाना चाहता था। उसने चातक जी से क्षमा माँगते हुए छुट्टी ली। उन्हें आश्वासन दिया कि सुबह ठीक साढ़े नौ बजे पहुँच जायेगा और पन्नालाल के सिलसिले में जो भी योजना वे बनायेंगे, उसमें पूरा सहयोग देगा।

और 'नमस्कार' करके उसने उनसे छुट्टी ले ली।

☒☒☒

तीसरा खण्ड

१४

दूसरे दिन सुबह चेतन ने चातक जी को उनके यहाँ से ले लिया। दोनों सैयद मिट्ठा बाज़ार से हो कर गली में मुड़े तो सामने 'हीरालाल जवाहरमल' की दुकान इतवार के कारण बन्द थी। उसके पास से हो कर ज़रा आगे जा कर बायीं ओर छोटे-से बन्द चौक में वे पन्नालाल के तिमंज़िले मकान के नीचे पहुँचे। ड्योढ़ी पार कर जब चेतन ने आँगन में कदम रखा तो उसे लगा कि जैसे वह नानकशाही ईंटों के बने किसी गहरे अँधेरे चौकोर कुएँ के पक्के तल पर खड़ा है।

बायीं ओर पानी का हैण्ड-पम्प था, जिसके नीचे पानी ख़ाली बालटी, ताँबे का लोटा और खादी का गीला साफ़ा पड़ा था। तनिक परे, खुले कमरे के दरवाज़े के ज़रा अन्दर, ईख के मूढ़े पर आगे चौकी रखे पन्नालाल के चाचा लाला माणिकचन्द पूजा में तल्लीन थे। शायद वे तभी नहा कर बैठे थे, क्योंकि उनके शरीर पर केवल खादी की मलगिजी-सी धोती और बण्डी थी और गहरी भूरी लोई की बुक्कल उन्होंने मार रखी थी। चौकी पर चाँदी की (शायद किसी तीर्थंकर की) मूर्ति रखी थी। उसके आगे पीतल के छोटे-से दीप-दान में जोत जली थी और धूप सुलग रही थी, जिसका सुगन्धित धुआँ आँगन में सील की बू को दूर करने की भरसक कोशिश कर रहा था। लाला जी की आँखें बन्द थीं और होटों-ही-होंटों में जाने वे किस मन्त्र का जाप कर रहे थे। चेतन क्षण भर उन्हें पूजा में तल्लीन बैठे देखता रहा।

लाला माणिकचन्द मोटापे की ओर को मायल ठिगने-से कद के आदमी थे। नाक उनकी चपटी और माथा बहुत चौड़ा था और धीरे-धीरे गंजेपन की ओर बढ़ रहा था। सिर के बाल मशीन से निहायत महीन कटे थे। साधारणतः वे कमीज़ और धोती पर बन्द गले का कोट पहनते थे और सिर पर सफ़ेद पगड़ी बाँधते थे। उनकी पगड़ी पंजाबियों की तरह फूली-फूली, लटके या तुर्रेदार या शमले वाली न हो कर, पण्डितों-ऐसी होती थी, लेकिन कुछ अज़ीब-सी पिचकी हुई, जैसे किसी पत्थर की बड़ी-सी सिल को उनके सिर पर रख कर उसे दबा दिया हो। अपने क्लास-फ़ेलो भोला के साथ कुछ दिन पहले वह उनकी दुकान के आगे से गुज़र रहा था तो पन्नालाल को बाहर तख़्ते पर बैठे देख कर क्षण भर वहाँ रुका था। सैयद मिट्ठा बाज़ार से गली में मुड़ने पर, बायीं ओर एक छोटी-सी तिकोनी ख़ाली जगह में, सामने एक कमरे पर छोटा-सा, पुराना, मद्धम अक्षरों वाला बोर्ड लगा था —

मेसर्ज हीरालाल जवाहरलाल
संस्कृत पुस्तक विक्रेता
सैयद मिट्ठा बाज़ार
लाहौर

उस कमरे के आगे लकड़ी का तख़्ता न लगा होता तो यह स्थान दुकान की बजाय रिहाइशी मकान लगता। यह दुकान संस्कृत ही की तरह प्राचीन लगती थी। एक दूसरे पर कतार-दर-कतार रखी किताबों के अलावा वहाँ और कुछ दिखायी न देता था। दुकान के चौड़े दरवाज़े में ज़रा-सा अन्दर को किताबों के बण्डलों में घिरे हुए, एक छोटी-सी डेस्कनुमा मेज़-कुर्सी लगाये लाला माणिकचन्द, दीन-दुनिया से बेख़बर, निर्विकार भाव से बैठे हिसाब-किताब में तल्लीन दिखायी देते। कारोबार उनका अधिकांशतः डाक से होता था। ग्राहक इक्का-दुक्का आते थे, जिन्हें ढीले-ढाले कपड़ों में मलबूस एक बेडौल चेहरे वाला चपरासी (जो कभी अन्दर किताबों के बण्डलों पर और कभी बाहर तख़्ते पर बैठा रहता) जाने कैसे अन्दर से किताबें ढूँढ कर ला देता था। बाद में चेतन दो-एक बार उधर से गुज़रा। उसने हमेशा लाला माणिकचन्द को उसी तरह काम में व्यस्त देखा था। उनकी पत्नी बहुत पहले दिवंगत हो गयी थी। दोबारा उन्होंने शादी न की थी। चूँकि पन्नालाल के पिता का देहावसान बहुत पहले हो गया था, इसलिए उन्होंने अपने भतीजे को अपने बेटे की तरह ही पाला था और पन्नालाल भी उन्हें पिता-तुल्य ही मानते थे।

चाचा को पूजा में निमग्न देख कर चातक जी ने भतीजे को आवाज़ दी थी। तभी चेतन के कानों में किसी प्रेस के चलने की आवाज़ आयी। उसने ज़रा-सा आगे बढ़ कर देखा —लाला माणिकचन्द वाले कमरे के आगे कोने की कोठरी में लालटेन जल रही थी। एक मज़दूर हाथ से ट्रेडल का हत्था घुमा रहा था और मशीनमैन किसी पुस्तक के चार-चार पृष्ठ छाप रहा था।

"आओ-आओ....ऊपर आ जाओ!"

चेतन ने देखा उस कुएँ-ऐसे आँगन की पहली मंज़िल वे जँगले पर पन्नालाल खड़े उन्हें बुला रहे हैं।

चातक जी ग़ालिबन पहले भी आ चुके थे, इसलिए वे आँगन के दायें कोने की सीढ़ियों की ओर बढ़े। सँकरी, नीम-अँधेरी सीढ़ियाँ, लेकिन चेतन को अँधेरी सीढ़ियों पर चढ़ने का अभ्यास था। वह चातक जी के पीछे बढ़ चला।

वे लोग आँगन की तंग बाल्कनी से हो कर दायीं ओर कमरे में पहुँचे। वहाँ ज़मीन पर दरी के ऊपर गद्दा और जाजम बिछा था और दो गोल तकिये लगे थे। जिनमें से एक पर इस बीच पन्नालाल जा कर पसर गये थे।

"आइए-आइए चातक जी। आइए-आइए चेतन जी!" उठ कर बैठते हुए पन्नालाल ने दोनों तकिये उनकी ओर बढ़ा दिये।

चेतन उनकी जगह होता तो प्रथमतः नीचे आँगन में जा कर आगतों का स्वागत करता और अपने साथ ऊपर लिवा ले जाता, वरना जँगले पर तो उनके स्वागत को खड़ा ही रहता। यूँ आवाज़ दे कर पुनः अपने कमरे में जा कर गद्दे पर न पसर जाता। लेकिन पन्नालाल लेखक अथवा कवि नहीं, प्रकाशक था और कवि चातक आप को लाख तोप कवि समझते हों अथवा चेतन अपने को लाख मशहूर कहानीकार मानता हो, पन्नालाल के निकट सब लेखक शायद उनके आश्रित थे —उनकी मदद के मोहताज भिखारी।

चेतन के होंटों पर क्षीण-सी व्यंग्य-भरी मुस्कान खेल गयी। चातक जी इस बीच

तकिये पर ढह गये थे। चेतन ने दूसरा तकिया पन्नालाल ही के लिए रहने दिया और स्वयं एक ओर फसकड़ा मार कर बैठ गया।

"मैं तो आपका इन्तज़ार ही कर रहा था," पन्नालाल ने कहा, "आज छुट्टी है। चाचा जी तो बड़े प्रेम से दो घण्टे तक पूजा-पाठ करेंगे, तब खाना खायेंगे, लेकिन हम लोग 'छक' लेते हैं।"

"नहीं, कोई जल्दी नहीं। हम लोग तो ज़रा देर से ही खाते हैं। माणिकचन्द आ जायें, तब बैठेंगे।"

"चाचा जी का खाना तो उनके कमरे में जाता है।" पन्नालाल ने सूचना दी। "रसोई-घर में सब कुछ तैयार है...."

"आप जैनी लोग चूँकि जल्दी खाना खाते हैं, इसलिए हम भी नाश्ता करके नहीं आये...." चातक जी ने पैंतरा बदला।

"बस, तो अभी गर्म-गर्म फुलके बनते हैं," पन्नालाल ने उनकी बात काट कर कहा, फिर चेतन की ओर देख कर बोले, "चातक जी तो मध्य प्रदेश के हैं, इन्हें तो पसन्द नहीं होगी, पर आप कहें तो चुपड़े फुलके पर थोड़ी सुनहरी शक्कर और उस पर चमचा भर गर्म 'गो का' घी डाल कर मँगाया जाये...."

"बढ़िया।" जैसे घी-शक्कर के ज़िक्र ही से चेतन के मुँह में पानी भर आया।

"भाई, हमारे लिए भी वही मँगाइए, जो आपको पसन्द हो।"

"मैंने तो उरद की दाल के छिलकों वाली माँइयाँ, साली मिस्सी रोटी बनवायी है।" पन्नालाल ने परम उदारता और स्नेह से मिस्सी रोटी को दो-दो मधुर वचन प्रदान करते हुए कहा। फिर चातक जी की ओर मुड़ कर हँसते हुए बोले, "मिस्सी रोटी, मक्खन की डली और छाछ का छन्ना। मैं तो इसे स्वर्गीय नियामत से ज़्यादा मानता हूँ, पर आपको क्या पसन्द आयेगी। उसे पसन्द करने के लिए बहनचो, वो क्या कहते हैं अंग्रेज़ी में, टेसट[१] चाहिए और पचाने के लिए मेदा!" वे हँसे, फिर बोले, "चाचा तो पसन्द नहीं करते। वो इसे तामसिक भोजन कहते हैं, लेकिन मुझे पसन्द है —मिस्सी रोटी, मक्खन की डली और छाछ का छन्ना, वाह!"

और जैसे कल्पना ही में उस स्वर्गीय नियामत का आस्वाद उन्हें तृप्त कर गया हो, पन्नालाल ने क्षण भर को आँखें बन्द कर लीं और झूमने लगे। दूसरे क्षण आँखें खोल कर उन्होंने कहा —

"लेकिन आपके लिए वही सब आयेगा, जो आपने बताया था। वह तो चेतन जी पंजाबी हैं, इसलिए...."

"मेरे लिए भी पहले मिस्सी रोटी आ जाये, फिर शक्कर और घी तो मुझे एतराज़ नहीं।" चेतन ने कहा।....सुबह हलवाई की दुकान से मीठी लस्सी का बड़ा गिलास पी कर न चलने और घर से चातक जी के निवास तक पैदल जाने और फिर वहाँ से सैयद मिट्ठा पैदल आने की वजह से उसकी भूख भी लहक आयी थी।

"तथास्तु!" पन्नालाल ने प्रसन्न हो कर कहा और आवाज़ लगायी, "रुल्दू, ओए

---

१. Taste.

रुल्दू!"

इस बार कहीं दूर से —ग़ालिबन छत पर से —एक क्षीण-सी आवाज़ में रबड़-सी खिंची हुई, एक लम्बी 'आया जी' सुनायी दी। कुछ क्षण बाद वही बेडौल चेहरे वाला चपरासी, जो चेतन को दुकान पर दिखा था, ढीला-सा, लम्बी बाँहों और अज़ीब-से मटमैले गुलाबी रंग वाला धारीदार कोट (शायद लाला माणिकचन्द अथवा उनके दिवंगत भाई की उतरन) पहने बाल्कनी में आ खड़ा हुआ। पन्नालाल सहसा बमक उठा —

"तुम्हें माँइयाँ इतनी बार कहा है कि मेहमान आयें तो यहीं जँगले पर खड़े रहा करो, पर तुम्हें साली कोई बात ही याद नहीं रहती। बहनचो, एक कान से सुनते हो, दूसरे से निकाल देते हो।"

"बीबी जी ने रज़ाइयाँ छत पर डालने के लिए कहा था," नौकर या चपरासी ने (जो भी वह रहा हो) फ़रियाद की।

पन्नालाल और भी ज़ोर से चिल्लाये —"तुम माँइयाँ बीबी जी की बात सुनोगे या हमारी ? तुम से कहा नहीं गया उनसे कि मेहमान आ रहे हैं, लाला जी ने जँगले पर खड़े रहने का हुक्म दे दिया है।"

रुल्दू ने इसका कोई उत्तर नहीं दिया। वह निर्विकार भाव से वहीं खड़ा अपनी तोते की-सी नाक और अज़ीब-से बेडौल चेहरे और बाहर को निकली पड़ती बड़ी-बड़ी आँखों के साथ मुटर-मुटर देखता और बार-बार अपने हाथों को कोट की लम्बी आस्तीनों में छिपाता और बाहर निकालता खड़ा रहा।

"अब जाओ! यहाँ खड़े क्या बिटर-बिटर तक रहे हो।" पन्नालाल बमके, "बीबी जी से कहो कि चातक जी के लिए वही खाना आयेगा, जो उनके लिए बना है। मेरे और चेतन जी के लिए मिस्सी रोटी, ताज़ा मक्खन, छाछ का छन्ना और आख़िरी रोटी पर घी-शक्कर!"

नौकर चला गया तो जैसे इस विषय को सिर के झटके से एक ओर हटा कर पन्नालाल ने कहा, "और कहिए चातक जी, कैसे हाल-चाल हैं आपके ? नाटक जो आप लिख रहे थे, पूरा हुआ कि नहीं ?"

"मंजरी की सम्पादकी से समय ही नहीं मिलता," चातक जी ने ज़रा ऊँचाई से कहा, "ऊपर से शिव जी हमें कुछ मसौदे सम्मत्यर्थ दे देते हैं। किसी को छापने की राय दें तो उसकी प्रेस कापी का बोझ हमारे कन्धों पर डाल देते हैं।"

पन्नालाल हँसे —"आख़िर आप उनके सम्पादक हैं। इस काम के लिए आप से बढ़ कर कौन यहाँ लाहौर में मिल सकता है।"

"नहीं, हमें शिकायत नहीं," चातक जी ने कहा, "हमारे काम का पारिश्रमिक वे हमें प्रचुर दे देते हैं। लेकिन अपना लिखने का समय तो हमारे पास नहीं बचता।"

चतन को याद आया, जब वह वर्ष भर पहले उनके यहाँ रोज़ जाया करता था, उन्होंने इसी काम को ले कर शिव जी की शिकायत की थी और कहा था कि ये काम वे घेलुए में कराना और एक रुपये में तीन अठन्नियाँ भुनाना चाहते हैं। अब दूसरे प्रकाशक के सामने वे उन्हीं की प्रशंसा के पुल बाँध रहे थे। पहले चेतन का मन हुआ, ज़रा उन्हें उनके कथन

की याद दिला कर उनके अस्वस्ति-बोध का मज़ा ले, लेकिन फिर उसे पिछली रात उनके साथ हुई बातचीत याद आ गयी। निश्चय ही वे पन्नालाल को नाप-तौल रहे थे।

चेतन रात जब उनके यहाँ से आया था तो रास्ता भर उन्हीं के बारे में सोचता आया था। आदमी एक ही वक्त में कितना भोला या चतुर, दयावान अथवा क्रूर, सहज और काइयाँ होता है ? — उसने सोचा था। उसके प्रकट दीखने वाले चेहरे के पीछे कितने-कितने चेहरे, उसके मन की एक परत के नीचे कितनी-कितनी परतें नहीं होतीं ? वह तो उन्हें स्वच्छन्द प्यार के चुहचुहाते हुए रोमानी गीत गाने वाला, सूरत-शक्ल से नितान्त भोला-भाला,. उदार-हृदय कवि समझता था। लेकिन जब 'भूचाल' की नौकरी छूट जाने के बाद उसने उन्हें अपने लिए कोई काम देखने के लिए कहा था और उन्होंने उसे प्रेत-लेखन से एक नाटक लिख देने का सुझाव दिया था, तो उसे बहुत झटका लगा था और अब पिछली रात उन्होंने उसे प्रकाशक और लेखक में अन्तर सुझाते हुए चण्टई और चतुराई का जो पाठ पढ़ाया था, उसे सुन कर उसे दूसरा धक्का लगा था। धीरे-धीरे यह उनका कैसा व्यवहार-कुशल, गणना-प्रिय, हिसाबी-किताबी और ठग रूप उसके सामने खुल रहा था!

चेतन कमरे में बैठा चुपचाप उन्हें देखता रहा। इस बीच नौकर पानी का जग, साबुनदानी और घर ही का धुला एक धारीदार तौलिया कन्धे पर लटकाये आया। दोनों ने उठ कर बाल्कनी के कोने की नाली में हाथ धोये और तौलिये से पोंछ कर अपनी-अपनी जगह आ बैठे।

तभी चातक जी की ओर देखते हुए चेतन के होंटों पर क्षीण-सी मुस्कान खेल गयी। 'ये शायद मुझे साल भर पहले का भोला-भाला, भावुक और मूर्ख युवक समझते हैं,' उसने मन-ही-मन कहा, 'जबकि मैं और चाहे किसी को न पहचानूँ, इन्हें पहचान गया हूँ।' चातक जी उस वक्त पन्नालाल से यह जानने की कोशिश कर रहे थे कि नीरव जी ने नाटक लिख लिया है या नहीं अथवा वे किस विषय पर नाटक लिखने जा रहे हैं और पन्नालाल उस सिलसिले में किसी तरह की पकड़ाई न दे रहे थे।

"हमें नीरव जी की चिन्ता नहीं," पन्नालाल कह रहे थे, 'वे जो भी लिखेंगे, उसे हम आँख बन्द करके छाप देंगे। नये नाटककार तो हैं नहीं कि पंजाब हिन्दी-बोर्ड के सदस्यों के मनोविज्ञान को न समझें। उन्होंने हमको वचन दिया है कि नाटक देंगे तो हम जानते हैं, वे समय से देंगे। हमने तो आपसे भी नाटक देने को कहा था। आपने वादा भी किया था...."

"भाई, हम शिव जी को वचन दे चुके हैं। हम उनकी पत्रिका का सम्पादन करते हैं..."

"हाँ-हाँ, मैं समझता हूँ," पन्नालाल ने कहा, "मैं यही चाहता था कि उनके लिए लिख कर हमें भी लिख दें। हमने आपने कहा था कि अपने नाम से नहीं दे सकते तो अपनी पत्नी के नाम से दे दें।"

चातक जी ने लम्बी साँस ली। दायें हाथ से माथे की लट को पीछे हटाया। पहलू बदला। क्षण भर चुप रहे, फिर बोले, "ऐसा हो सकता तो हम अपने भाग्य को सराहते, पर

नाटक लिखना तो दूर, उन नारी-रत्न को पढ़ना तक नहीं आता। इस सब लिखने-पढ़ने को वे पागलों का काम समझती हैं। शादी हमारी लड़कपन में हो गयी। मैट्रिक के बाद आगे पढ़ते, ग्रैजुएट बन कर कहीं अफ़सर बनते तो वे अपने भाग्य को सराहतीं, मैट्रिक करके कहीं क्लर्क बन जाते तो भी ख़ुश होतीं, पर हम जन्मजात कवि, ऊपर से विद्रोही, कांग्रेस-आन्दोलन में जेल चले गये। कवि के नाते नाम हो गया है, आजकल तो 'मंजरी-सम्पादक' के नाते वेतन भी अच्छा पाते हैं, पर जो आय और सुख सरकारी नौकरी में है, वह इसमें तो नहीं, सो अपने भाग्य को कोसती रहती हैं।"

वातावरण थोड़ा भारी हो गया, पर तभी नौकर और उसके पीछे एक छोटी लड़की खाने की परसी हुई थालियाँ ले आये। तीनों चुपचाप खाने लगे।

चेतन ने थाली में उरद की दाल, मिस्सी रोटी, मक्खन की डली, दही की कटोरी और साथ में पानी के गिलास की जगह काँसे के छन्ने में मक्खन की पुटकियों-भरी छाछ देखी तो उसका जी ख़ुश हो गया। प्रायः वह खाने-पीने में परहेज़ से रहता था, लड़कपन में काफ़ी बीमार रहने के कारण वह एक बात का ख़याल रखता था कि गरिष्ठ भोजन से यथासम्भव परहेज़ करे, लेकिन शिमला में लाला हाकिमचन्द के यहाँ उनकी पत्नी ने एक दिन उरद की दाल के छिलकों के पराँठे बनाये थे। वे उसे इतने स्वादिष्ट लगे थे कि उनका स्वाद जैसे अब तब उसकी जीभ पर बना था। मिस्सी रोटी देख कर उसे अपने कमज़ोर मेदे का ख़याल हो आया, लेकिन साथ ही उसके दिमाग़ में इकबाल का शे'र घूम गया —

लाज़िम है दिल के साथ रहे पासबान-ए-अक्ल[१]
लेकिन कभी-कभी इसे तन्हा भी छोड़ दे।

उसने थाली अपने सामने खींच ली और जब रोटी का पहला ग्रास तोड़ कर दही में कूट कर ज़रा-से मक्खन के साथ छुला कर मुँह में रखा तो चूँकि उरद की दाल के छिलकों की पीठी के साथ मसाले और हलकी-सी लाल मिर्च की आमेज़िश ने रोटी को चटपटी बना दिया था, इसलिए कौर को ख़ूब चबा कर उसे छाछ के घूँट के साथ गले में उतारने पर उसे मज़ा आ गया।

"मिस्सी रोटी, मक्खन की डली और छाछ के छन्ने की जो बात आपने कही थी पन्नालाल जी," दूसरा कौर तोड़ते चेतन ने कहा, "पर दही की कटोरी का उल्लेख क्यों भूल गये ? ऐसा मज़ेदार खाना तो आज बरसों बाद खाया है! जिसने भी उरद की दाल के छिलकों की पीठी बनायी है, उसने उसमें मसाले और मिर्च ऐसी मिकदार में छोड़ी है कि रोटी बेहद लज़ीज़ हो गयी है।"

"मेरी पत्नी आलू के, मूली के, गोभी के, दाल और दाल के छिलकों के पराँठे ऐसे मज़ेदार बनाती है कि मैं तो इतवार को प्रायः यही खाता हूँ। खाने के बाद आँखों में कुछ ऐसा नशा और ग़नूदगी उतरती है कि मैं दोपहर भर सोता हूँ। दही और लस्सी कैसी लगी ?"

चेतन ने दूसरा कौर छाछ के घूँट के साथ कण्ठ के नीचे उतारने के बाद छन्ना धरती पर रखते हुए तृप्त भाव से कहा, "बढ़िया!" क्षण भर रुक कर उसने जोड़ा, "मुझे मीठी लस्सी तभी अच्छी लगती है, जब वह गाढ़ी हो, उसमें ख़ूब चीनी मिली हो, मलाई की

---

१. अक्लमन्द चौकीदार।

फुटकी ज़रा भी न हो और केवड़े की गन्ध में बसी हो। दही भी मीठा हो तो चीनी-मिला होना चाहिए। मिस्सी रोटी या आलू, मेथी, गोभी, मूली आदि के पराँठों के साथ हलका-सा तुर्श दही और हलकी-सी खट्टी लस्सी भी मज़ा देती है।"

"खाना तो भाई, हमारा भी आपकी श्रीमती जी ने अत्यन्त स्वादिष्ट बनाया है।" चातक जी ने कहा, "पकता तो यह हमारे घर में भी है, लेकिन न जाने किस चीज़ का अन्तर है कि आलू की तरकारी, कुम्हड़ा और पराँठे तो ख़ूब स्वादिष्ट बने हैं।"

"चीज़ें वही हैं," पन्नालाल ने प्रसन्न हो कर कहा, "हाथ-हाथ का फ़र्क है, और शायद नमक-मसाले का भी। हमारे यहाँ बाज़ार से न पिसा-पिसाया नमक आता है, न मसाला। लाहौरी नमक के सिवा हमारे यहाँ दूसरा नमक इस्तेमाल नहीं होता और मसाले सुखा कर अमाम दस्ते से बारीक पीसे जाते हैं। आप अपने घर में यह सब करके देखिए, बहुत फ़र्क पड़ जायेगा।"

०

खाना खा कर और नाली पर हाथ धो कर जब तीनों फिर कमरे में आ कर बैठे तो सहसा पन्नालाल ने कहा, "आपने एक बार चेतन जी के बारे में कहा था कि ये चाहें तो बहुत अच्छा नाटक लिख कर दे सकते हैं।"

"लिख सकते हैं, अगर चाहें," चातक जी ने 'चाहें' को लम्बा करते हुए कहा, "बहुत अच्छे कथाकार हैं, फिर रंगमंच से इनका सम्बन्ध भी रहा है।"

अपना ज़िक्र आते ही चेतन सतर्क हो गया। उसे लगा कि उन दोनों ने उसे ले कर पहले से कोई मता पका रखा है, लेकिन मन की बात उसने चेहरे पर नहीं आने दी। उसने सिर्फ इतना कहा, "मैंने कहानियाँ तो लिखी हैं, नाटक कभी नहीं लिखा।"

"नाटक तो भाई," चातक जी ने ज़रा उसकी ओर झुकते हुए कहा, "न नीरव जी ने कभी पहले लिखा था, न हमीं ने। आवश्यकता ही आविष्कार की जननी है। हमने सुना है कि अंग्रेज़ी भाषा में इसी प्रकार की एक कहावत है। शिव जी प्रायः इसका प्रयोग किया करते हैं। पहले यहाँ हिन्दी नाटक पाठ्य-क्रमों में नहीं लगते थे। फिर जब हिन्दी 'रत्न,' 'भूषण' और 'प्रभाकर' की डिग्रियों को उर्दू के 'अदीब,' 'अदीब आलिम,' 'अदीबो फ़ाज़िल' के बराबर मान्यता मिली और छात्र-छात्राएँ हिन्दी 'रत्न,' 'भूषण,' 'प्रभाकर' पास कर सिर्फ़ अंग्रेज़ी की परीक्षा दे कर मैट्रिक, एफ़० ए० और बी० ए० होने लगे, यही नहीं, केवल अंग्रेज़ी में बी० ए० करके छात्र अंग्रेज़ी में एम० ए० तक करने लगे, तब सर्वप्रथम पाठ्य-क्रमों में संस्कृत नाटकों के अनुवाद पढ़ाये गये, फिर द्विजेन्द्रलाल राय और बाबू हरिश्चन्द्र के नाटक पढ़ाये जाने लगे, फिर 'प्रसाद' के। तभी पंजाब में रहने वाले हिन्दी कवियों ने भी नाटक लिखना शुरू किया। तुम्हें तो मंच का अनुभव है। तुम तो लिख ही सकते हो।"

"वैसे नाटक तो लिखे ही जा सकते हैं," चेतन ने आख़िर होंट खोले, "पर मैं नाटक लिखूँगा तो आधुनिक लिखूँगा, जो मंच पर खेला भी जा सके और हमारी निजी या फिर हमारे समाज की किसी समस्या पर रोशनी डाले। हो सके तो उसका हल भी सुझाये। जैसे नाटक हिन्दी में लिखे जा रहे हैं, क्या उन्हें कोई खेल भी सकता है ? अगर कोई शौकिया

मण्डली तैयार भी हो जाये तो किसके पास इतनी फ़ुर्सत है सारी रात जग कर उस नाटक को देखे।"

"यह बात न कहिए चेतन जी," पन्नालाल चहके, "जब लोग सारी-सारी रात जग कर कीर्तन कर सकते हैं, रामायण का अखण्ड पाठ सुन सकते हैं, दुर्गा माता की 'भेंटें' गा सकते हैं तो उनकी पसन्द का नाटक मंच पर हो रहा हो तो उसे भी सारी रात बैठे देख सकते हैं।"

चेतन निरुत्तर हो गया। उनके स्तर पर उनसे बहस करना मुश्किल था। वह उन्हें कैसे बताता कि जिस तरह के नाटकों को आम जानता सारी रात जाग कर देख सकती है, वैसे काल्पनिक, अयथार्थ, धार्मिक अथवा ऐतिहासिक नाटक वह नहीं लिख सकता। पूजा-पाठ, सन्ध्या-वन्दन और देवी-देवताओं में उसका कोई विश्वास नहीं और आम जनता के लिए नाटक में भक्ति-भाव के जो तत्व आने चाहिएँ, वे उसके नाटकों में नहीं आ सकते। उसने सिर्फ़ इतना कहा, "लिखा तो जा सकता है, मैं लॉ कॉलेज में पढ़ता हूँ, मेरे पास वक्त नहीं है।"

"परीक्षा तो अप्रैल-मई में होगी। तुम जम कर बैठो तो एक महीने में नाटक घसीट सकते हो।" चातक जी ने कहा।

"यह तो मैं जानता था," पन्नालाल ने कहा, "कि जो आदमी अच्छी कहानी लिख सकता है, अच्छी कविता कर सकता है, वह चाहे तो नाटक भी लिख सकता है। जब चातक जी ने आपकी बात की थी तो हमें यही ख़याल आया कि आपको हिन्दी में कोई जानता नहीं। पाठ्य-क्रम के नाटक पर अगर किसी जाने-माने हिन्दी लेखक या हिन्दी अध्यापक का नाम नहीं रहता, तो उसे पाठ्य-क्रम में लगवाना कठिन है।"

नाटक की बात शुरू होते ही चेतन उनका मन्तव्य समझ गया था। यही नहीं, इतने दिन से चातक जी के अयाचित स्नेह और अप्रत्याशित हित-चिन्ता का मकसद जानने की जिस कोशिश में वह लगा था, वह भी उसके सामने सुस्पष्ट हो गया। लेकिन उसके मन में उन्हें कुछ और जानने की उत्सुकता पैदा हो गयी थी। उसे इस सब किस्से में रस भी आने लगा था। उसने स्वीकार में सिर हिलाते हुए कहा, "यह तो आप ठीक कहते हैं।"

पन्नालाल सहसा उत्साहित हो आये। चातक जी की तरफ़ देखते हुए बोले, "इन्होंने कहा था कि आप थोड़ी आर्थिक कठिनाई में हैं। तब हमीं ने इन्हें सुझाव दिया था कि यदि आप नाटक लिख दें और एक-मुश्त पारिश्रमिक ले लें तो आपकी आर्थिक कठिनाई हल हो सकती है।"

"तब मैंने आवेग में 'भूचाल' की नौकरी छोड़ दी थी।" चेतन ने जान-बूझ कर भोलेपन से कहा, " 'भूचाल' के मालिक ने मेरी तनख़्वाह देने से इनकार कर दिया था। मेरा हाथ ख़ासा तंग हो गया था।"

"चातक जी ने आपकी बहुत प्रशंसा की थी। वे चाहते थे कि आप नाटक लिखें तो हम छाप दें, आप एक-मुश्त पारिश्रमिक ले लेंगे, पर उसमें इल्लत यही थी कि वह आपके नाम पर सबमिट नहीं हो सकता था। हमने इनसे कहा था कि आप उस पर अपना नाम दे दें तो हम छाप देंगे। इन्होंने आश्वासन दिया था कि आप इनके इतने आत्मीय हैं, ये जो

कहेंगे, आप कर देंगे, लेकिन यह बात हुए साल भर होने को आया है...."

चेतन ने कोई उत्तर नहीं दिया। उस घटना की याद आने से उसके मुख का स्वाद कड़वा हो गया था। वह चुप बैठा जैसे एकदम निरपेक्ष उनकी बात सुनता रहा।

तब चातक जी ने ज़बान होंटों पर फेरी, थोड़ा कसमसाये। दायें हाथ से बालों की लट को पीछे किया और पाँव पसार कर बायें पैर से दायें टख़ने की खुजली मिटायी। फिर पन्नालाल से उन्होंने कहा।

"अरे भाई, मैंने आपको बताया नहीं। मैंने इनसे ज़िक्र किया था। ये तो इतने नाराज़ हो गये कि इन्होंने आना ही छोड़ दिया। मैंने उस दिन अनारकली में आपको बताया था न। शिव जी ने भी गद्य-संकलन के सिलसिले में ऐसा ही प्रस्ताव किया था। काम मनोरंजक था। इन्हें पारिश्रमिक भी अच्छा मिल जाता। पर मैंने इनसे उस प्रस्ताव की चर्चा तक नहीं की। इनके सन्दर्भ में जो कठिनाई आपको है, वही शिव जी को भी है।"

"यूँ तो हम प्रकाशक हैं। हमारा दृष्टिकोण दूसरा है।" पैंतरा बदले हुए पन्नालाल ने कहा, "लेकिन लेखक की नज़र से देखें तो इनका गुस्सा बेजा नहीं। दुर्भाग्य से इन्हें हिन्दी में कोई जानता नहीं। इनकी कोई पुस्तक भी नहीं छपी। इसलिए हमारे सामने कठिनाई है। पर ये नाटक लिखें। आप ज़रा भाषा सुधार दें। गीत-गाने ठीक कर दें। एक बढ़िया लम्बी भूमिका लिख दें। दोनों का नाम चला जाये। हम नाटक छाप देंगे और इनकी कहानियों का संग्रह भी प्रकाशित कर देंगे। एक ही नाटक में कठिनाई है। फिर तो ये जितने चाहें, सब इनके नाम से छपेंगे।"

स्वादिष्ट, लेकिन कदरे गरिष्ठ, मिस्सी रोटी, दही और मक्खन के साथ, तृप्त हो कर खाने के कारण चेतन की आँखों में ग़नूदगी उतर आयी थी। ठाकुर साहब के पत्र और देसराज से फ़ोटो खिंचवाने की ख़ुशी में रात उसे ठीक से नींद न आयी थी। लेटा-लेटा वह भविष्य के सपने बुनता रहा था। वह अपनी परछत्ती पर होता तो रज़ाई ले कर सो जाता, लेकिन चूँकि बैठना उसे कठिन लग रहा था, इसलिए चातक जी के तकिये के दूसरे सिरे का सहारा ले कर उन्ही की तरह वह पन्नालाल के सामने पसर गया था। हालाँकि उसने आँखें बन्द कर ली थीं, पर वह सोया न था। वो जिसे पंजाबी में 'जागो मीटी' कहते हैं, कुछ वैसी अलसाहट-भरी जागृति में वह उनकी बातें सुन रहा था। पन्नालाल का प्रस्ताव सुन कर वह अनायास उठ कर बैठ गया।

जब से गोल बाग़ में चातक जी ने पीछे से उसकी आँखें मींच ली थीं, वह बराबर उनके इस अयाचित स्नेह का कारण जानने की कोशिश करता रहा था। उन्होंने अनारकली में जिस तरह शिव जी के प्रस्ताव का उल्लेख किया था, उसके मन में सन्देह उठा था कि उनके मन में कहीं अब भी नाटक लिखाने की योजना है। जब उन्होंने उसकी कहानी पूरे मनोयोग से देख ली, ठाकुर साहब को पत्र लिख दिया तो उसने मन-ही-मन तय कर लिया था कि अगर वे फिर उसे नाटक लिखने का प्रस्ताव करें और अपने नाम के साथ उसका नाम भी देने को तैयार हों तो चाहे लॉ कॉलेज की पढ़ाई के कारण उस पर कितना भी दबाव क्यों न पड़े, वह नाटक लिख देगा। अब जब पन्नालाल ने उसके मन की बात कह दी, ऊपर से उसका कहानी-संग्रह छापने की भी हामी भरी तो उसने तत्काल तय कर लिया

कि चाहे मन में वह द्विजेन्द्रलाल राय, बाबू हरिश्चन्द्र और प्रसाद जैसे ऐतिहासिक नाटक लिखने के सख़्त ख़िलाफ़ है, लेकिन अगर वे उसे कुछ रुपये पेशगी दे दें, और शेष राशि नाटक का मसौदा पाते ही देने का वादा करें तो वह नाटक लिख देगा। उसके हाथ से एक नाटक लिखा जायेगा, इसके अलावा उसके हाथ में रुपया आ जायेगा। वह कुछ रुपये माँ को दे आयेगा, बाकी रकम से पाठ्य-क्रम की ज़रूरी पुस्तकें ख़रीद लेगा। उसे पुरी के यहाँ बार-बार न जाना पड़ेगा। वह जब चाहेगा, जो चाहेगा, वही पुस्तक अपनी परछत्ती पर बैठे पढ़ सकेगा। उसके विस्तृत नोट लेगा और यूँ फ़र्स्ट डिवीज़न पाने के मार्ग की सबसे बड़ी बाधा दूर हो जायेगी। मन-ही-मन उसने पन्नालाल की शर्तों पर नाटक लिखने का फ़ैसला कर लिया, लेकिन प्रकट उसने 'हाँ,' 'ना' कुछ भी नहीं कहा —

"देखिए पन्नालाल जी," उसने उठ कर बैठते और तनिक प्रकृतिस्थ होते हुए कहा, "यों तो जैसा मैंने आपसे अर्ज़ किया, मैंने कहानियाँ चाहे कितनी भी क्यों न लिखीं हों, कितनी सफल और लोकप्रिय भी क्यों न हुई हों, लेकिन नाटक मैंने कोई भी नहीं लिखा। लिखना ज़रूर चाहता हूँ। लेकिन जैसे यथार्थ सामाजिक और आधुनिक नाटक मैं लिखना चाहता हूँ, वैसा कोई भी हिन्दी में दिखायी नहीं देता और जैसे नाटक हिन्दी में लिखे जाते हैं और कोर्सों में स्वीकार होते हैं, वैसे नाटक लिखना तो बायें हाथ का काम है। लेकिन मुझे पसन्द नहीं।"

०

चेतन ने यह लनतरानी यूँ ही नहीं हाँक दी थी, उसने लड़कपन में न केवल पारसी थियेटर के कुछ नाटक मंच पर देखे थे, बल्कि कॉलेज तक आते-आते पढ़े भी थे। बाबू हरिश्चन्द्र का नाटक 'सत्य हरिश्चन्द्र' तो बी० ए० में उसके पाठ्य-क्रम में था। द्विजेन्द्रलाल राय के दो नाटक 'दुर्गादास' और 'शाहजहाँ' उसने आठवीं-दसवीं में पढ़े थे। तब तो वे उसे अच्छे लगे थे, पर अब दोबारा पढ़ने पर उसे लगा था कि वे नाटक भी, जहाँ तक वस्तु और शिल्प का सम्बन्ध है, पारसी रंगमंच के नाटकों जैसे ही निपट अयथार्थ, अनगढ़, अव्यावहारिक और काल्पनिक हैं।

चातक जी ने उसे बताया था कि राजा दुष्यन्त जैसे धीरोदात्त नायक को खेमटेवालियों की तरह नाचते देख कर बाबू हरिश्चन्द्र बेतरह विक्षुब्ध हो उठे थे, और हॉल से उठ आये थे और तभी उन्होंने हिन्दी में नये नाटकों का सूत्रपात किया था।

यह तो सही है कि राजा दुष्यन्त को उस तरह नाचते देख कर उस विसंगति पर बाबू हरिश्चन्द्र को ज़रूर वितृष्णा हुई होगी। लेकिन पाठ्य-क्रम में लगा होने के कारण उनके नाटक को बार-बार पढ़ने पर चेतन को लगा था कि उन्होंने सिवाय इस बात के कुछ ज़्यादा नहीं किया था कि भाषा को क्लिष्ट और संस्कृत-निष्ठ बना दिया था, हास्य-रस के भौंडे प्रसंग निकाल दिये थे। शेष तो उनके नाटक की वस्तु और रूपाकार सब कुछ वैसा ही था। —खेमटेवालियों की तरह दुष्यन्त के नृत्य-ऐसी एक बहुत बड़ी विसंगति चेतन को 'सत्य हरिश्चन्द्र' में भी दिखायी दी थी, जो हर बार नाटक पढ़ने पर उसके मन में खलती थी।

नाटक के तीसरे अंक में काशी किनारे सड़क पर घूमते हुए राजा हरिश्चन्द्र केवल

दो पंक्तियों का स्वगत सम्वाद बोल कर काशी की स्तुति में —

चारहू आस्त्रम बर्न बसै मनि

कंचन धाम अकास त्रिभासिका

से शुरू करके काफ़ी लम्बी कविता मंच पर बोलते हैं। फिर बिना साँस लिये गंगा-स्तुति में दो पंक्तियों का स्वागत सम्वाद बोल कर एक चौपदा गाते हैं। जैसे इतने से सन्तुष्ट न हो कर एक पंक्ति —

नव उज्जवल जलधार हार हीरक-सी सोहति

गंगा जल की प्रशंसा में कह कर गंगा-स्तुति में एक दूसरी बहुत लम्बी कविता बोल जाते हैं...

चेतन को उस स्थल पर हमेशा लगता, जैसे राजा हरिश्चन्द्र नहीं, कोई ऐसा कुण्ठित कवि राजा का रूप धर कर मंच पर आ गया है, जिसे कभी अपनी कविताएँ किसी सभा में सुनाने का सुअवसर नहीं मिला और अब सामने इतने रसज्ञ श्रोता बैठे देख कर जो उनकी ऊबाहट की परवाह किये बग़ैर अपनी वे लम्बी कविताएँ सुनाये जाना चाहता है....फिर यही नहीं, जब-जब वह नाटक में राजा हरिश्चन्द्र को यह कहते पढ़ता —

"पर हा....जब अपना ही मन दुखी होता है तो सारा संसार सूना जान पड़ता है।"

तब चेतन मन-ही-मन ठहाका मार हँस देता। चातक जी से तो कभी उसने वैसी छूट नहीं ली थी, पर लाहौर के हिन्दी हलके में —विशेषकर 'करुण काव्य-कुटीर' के अपने समवयस्क कवियों में उस नाटक की खिल्ली उड़ाते हुए वह उन्हीं की बोली में कह देता था कि 'अभी तक सरऊ मगन होय के कविता गाय रहे थे, अब इन का सगर संसारौ सूना नजर आवै लगा'। इस पर कभी-कभी 'किसलय' जी अपनी पतली काया के साथ एकदम क्रोध से काँप उठते थे, क्योंकि उनके निकट बाबू हरिश्चन्द्र के किसी पात्र का मज़ाक उड़ाना हिन्दी के जन्मदाता का मज़ाक उड़ाना था।

o

उस स्थल की याद आ जाने से चेतन के होंटों पर सहसा हलकी-सी व्यंग्य-भरी मुस्कान आ गयी और उसने विस्तार से उस स्थल की विसंगति का उल्लेख करते हुए कहा, "भला बताइए, ऐसे काल्पनिक, अनगढ़ और हकीकत से कोसों दूर नाटक लिखना बायें हाथ का खेल नहीं तो और क्या है। भाषा मैं ऐसी क्लिष्ट नहीं लिखता, यह बात दीगर है और मैं इसे मान लेता हूँ।"

चातक जी ने शायद यह आश्वासन देने के लिए होंट खोले कि भाषा की वह चिन्ता न करे, वे उसे सुधार देंगे।

"बात यह है कि पन्नालाल जी," चेतन ने कहा, "सामाजिक नाटक लिखने हों तो किसी नाटकीय घटना को सीधा समाज से उठा कर ऐसा कथानक गढ़ना होगा, जो मुमकिन भी लगे और हकीकी भी और जो समाज की किसी विसंगति पर चोट भी करे। पौराणिक और ऐतिहासिक नाटककारों का क्या है, उन्हें बने-बनाये कथानक मिल जाते हैं, जो कई बार असम्भव-सी घटनाओं से भरे होते हैं। पौराणिक नाटकों में तो वे घटनाएँ सिम्बॉलिक होती हैं, लेकिन ऐतिहासिक कथानकों में वीर नायकों की प्रशंसा में लोगों द्वारा जोड़ दी

जाती हैं और हमारे नाटककार उनको काट कर, उन्हें मुमकिन नहीं तो प्रॉबेबल बनाने के बदले कल्पना की लगामें ढीली छोड़ कर उनमें और कई एक प्रसंग जोड़ देते हैं।"

चेतन व्यंग्य से हँसा, "द्विजेन्द्रलाय राय का नाटक दुर्गादास मैंने लड़कपन में पढ़ा था। अभी मैंने चातक जी से उसे ले कर दोबारा पढ़ा। उसके पहले ही दृश्य में सम्राट औरंगज़ेब के सभा-भवन का उल्लेख है, जिसमें दुर्गादास औरंगज़ेब को अँगूठा दिखा कर महज़ पाँच राजपूतों की मदद से दरबार से निकल जाता है। उस स्थल पर दुर्गादास कहता है —'ये पाँच आदमी आपने देखे जहाँपनाह! अब के तुरही बजाने पर यहाँ पाँच सौ आदमी मौजूद हो जायेंगे।' और सम्राट औरंगज़ेब उसे निकल जाने देता है। जैसे सम्राट औरंगज़ेब का दरबार न हुआ, किसी मामूली ज़मींदार की चौपाल हो गयी। जाने राय मोशाय ने कभी दिल्ली का लाल किला और दीवान-ए-ख़ास देखा भी था या नहीं।"

चेतन ज़ोर से ठहाका मार कर हँस दिया। उसने इतना और जोड़ा —

"चातक जी कहते हैं कि प्रसाद ने द्विजेन्द्रलाल राय से प्रेरणा ली है तो उनके नाटकों में तो न जाने कितने ऐसे काल्पनिक और असम्भव प्रसंग होंगे।"

और वह चुप हो गया।

वे लोग उसकी आपत्तियों का क्या उत्तर दें, वे तत्काल सोच नहीं पाये। कुछ क्षण ख़ामोश रह कर चेतन ने फिर कहा —"मुझे अगर अपने मन के मुताबिक ऐतिहासिक नाटक लिखना हो तो सबसे पहले मैं इतिहास से वह प्रसंग चुनूँगा, जिस पर नाटक लिखना मुझे पसन्द हो। जो आज के व्यक्ति अथवा समाज के बारे में भी मेरी बात कह सके। फिर मैं ऐतिहासिक तथ्य की खोज करूँगा। लेकिन इतने से नाटककार का काम नहीं चलता। मेरे ख़याल में ऐतिहासिक नाटक लिखने वाले के लिए उस समय के परिवेश, संस्कृति और मनोविज्ञान को जानना ज़रूरी है।"

वह क्षण भर के लिए रुका फिर बोला —"चातक जी ने मुझे टॉड राजस्थान में एक प्रसंग चुन कर नाटक लिखने के लिए कहा था। मैं न केवल उस प्रसंग के सिलसिले में उस प्रदेश का इतिहास पढ़ना चाहूँगा, बल्कि वहाँ जाना भी चाहूँगा, जो वर्तमान परिस्थितियों में सम्भव नहीं।"

अब जैसे पन्नालाल को अपनी बातें कहने के लिए अवसर मिला।

"बात माँइयाँ आप एकदम बजा फ़रमाते हैं, चेतन जी," उसने कहा, "लेकिन जैसा ऐतिहासिक नाटक आप लिखना चाहते हैं, वह शायद महीनों-वर्षों का शोध चाहता है। फिर कौन जाने वैसा नाटक पाठ्य-क्रम में लगता भी है या नहीं। इसीलिए तो मैंने चातक जी से कहा था कि चेतन जी पुरानी शैली ही में हमारे लिए एक नाटक लिख दें। मैं फिर वही बात दोहराता हूँ ? आप नाटक ज़रूर लिखिए, ठीक न लगे तो उस पर अपना नाम न दीजिए। हमारी भी ज़रूरत पूरी हो जायेगी, नाटक के पारिश्रमिक से आपका काम भी चल जायेगा।"

"मैं यह नहीं मानता," चेतन ने कहा, "कि वह पाठ्य-क्रम में स्वीकृत नहीं हो सकता। जब कथानक उस दृष्टि से चुना जायेगा तो स्वीकृत न होने का प्रश्न नहीं, यानी नाटक के मेरिट की दृष्टि से। मैं तो सिर्फ़ यह चाहता हूँ कि मैं ऐतिहासिक नाटक लिखूँ तो

उसकी सिचुएशन्ज़ और घटनाएँ कोरी काल्पनिक न लगें और उसके किरदार जो भी करें, वह सच्चा और मनोवैज्ञानिक लगे। आप कहते हैं कि मैं वैसा नाटक दूसरे नाम से लिख दूँ ताकि मेरा आर्थिक संकट दूर हो जाये तो मैं आपको दो नसीहतें सुनाता हूँ। उनमें एक मेरी माँ की है और दूसरी मेरे पिता की। मेरी माँ कहा करती है कि 'भूख लगे तो आदमी विष्ठा नहीं खा लेता' और मेरे पिता कहा करते हैं कि 'बेटा, बेगार का काम भी करो तो पूरे मन से करो —ए-वन। जैसे तुम्हें उसक पूरे पैसे मिले हों'। "

और वह चुप हो गया। पन्नालाल और चातक जी भी चुप हो गये। चेतन उनकी उस चुप्पी का मज़ा लेता रहा। चातक जी ने पन्नालाल से लाभ उठाने के लिए और वह 'गैया' कितना दूध दे सकती है, यह जानने के लिए योजना बनाने की बात की थी। लेकिन बातचीत जैसे शुरू हुई और जैसे पन्नालाल उसे हवा देता रहा, चेतन जान गया था कि प्रकाशकों के विरुद्ध वे सब बातें तो चातक जी ने महज़ उसे भरमाने के लिए की थीं, वास्तव में तो प्रकाशक के साथ मिल कर उन्होंने उसी के सिलसिले में योजना बना रखी थी। पिछले दिनों की तमाम घटनाएँ उसके सामने स्पष्ट हो गयीं। उनकी योजनाओं को यों बे-नकाब करने में उसे मज़ा आ गया।

क्षण भर रुक कर उसने कहा, "अभी तो लॉ कॉलेज की पढ़ाई का पहाड़ मेरे सामने है, इसे सर कर लूँ तो फिर जितने आप कहेंगे, नाटक लिख दूँगा।"

पन्नालाल ने चातक जी की ओर देख हँसते हुए व्यंग्य किया, "और आप कहते थे, चेतन जी आपके आत्मीय हैं, जैसा आप कहेंगे, वैसा ही ये करेंगे।"

चातक जी का मुँह ज़रा-सा उतर आया। उन्होंने उठने का उपक्रम करते हुए कहा, "भाई, इन्हें कानून में फ़र्स्ट डिवीज़न लेना है। अभी इनके पास नाटक लिखने का-सा लम्बा काम हाथ में लेने की फ़ुर्सत नहीं। आप कुछ ऐसा काम इनके लिए देखें, जिसे ये अपनी पढ़ाई के साथ-साथ कर सकें। हम तो यही चाहते थे कि इनके हाथ कुछ राशि आ जाये और ये अपनी पढ़ाई सुविधा से कर लें।"

पन्नालाल भी उठे। "वह हम देखेंगे," उन्होंने कहा। फिर चेतन की ओर मुड़ कर बोले, "इस बार सबमिशन में एक से ज़्यादा नाटकों के लगने का चांस है। अभी समय है। देखिए, अगर आपका मूड बन जाये!"

चेतन भी उठा। चातक जी के उतरे हुए चेहरे को देख कर उसे दया आ गयी। हठात उसने कहा, "यदि आप कुछ पेशगी दे सकें तो मैं कोशिश कर देखूँगा।"

इससे पहले कि पन्नालाल 'हाँ' या 'ना' करते, चातक जी ने सोत्साह कहा, "उसकी तुम चिन्ता न करो, जब तुम मन बनाओगे, मैं इनसे तुम्हें पेशगी दिलवा दूँगा।"

"मेरा बहुत-सा समय पुरी की दुकान पर आने-जाने में ख़र्च हो जाता है," चेतन ने कहा, "किताबें ख़रीद लूँ तो वही वक्त नाटक लिखने में लगाऊँ। इसलिए मैंने पेशगी के लिए कहा था। ज़रा मैं कोर्स की पुस्तकों का जायेज़ा ले लूँ। लॉ की तैयारी के साथ-साथ मैं नाटक लिख सकता हूँ या नहीं, यह देख लूँ। फिर आपको बताऊँगा।"

पन्नालाल उन्हें सैयद मिट्ठा बाज़ार तक छोड़ने आये।

०

जब चेतन हाथ मिला कर और चातक जी 'नमस्कार' कर वहाँ से विदा हुए तो अचानक चेतन ने शरारतन पूछा —"चातक जी, आप तो कहते थे कि कोई योजना-ओजना बनायेंगे, इस ठग को परखेंगे कि इसने कितनी शक्ति प्राप्त कर ली है और इस 'गैया' को कितना दुहा जा सकता है, पर आपने तो न कोई बात की, न कोई योजना बनायी।"

चातक जी हँसे। बालों की लट को पीछे हटाते हुए उन्होंने कहा —"सब कुछ योजना के अनुसार ही हुआ है बन्धु! बता के थोड़ी योजना बनायी जाती है। पहले जब मैंने तुमसे नाटक लिखवाने की बात की थी तो यह पन्नालाल बार-बार यही कहता था —चेतन को हिन्दी में कौन जानता है, उसका नाम नाटक पर नहीं जा सकता।....अब न केवल पन्नालाल यह मान गया है कि तुम्हारा नाम भी नाटक पर जाये, बल्कि पेशगी रुपये देने को तैयार हो गया है। फिर यदि तुम नाटक न लिख सके तो यह तुम्हें कोई छोटा-मोटा काम दे देगा। इसका वचन उसने दे दिया है।"

चेतन ने कोई उत्तर नहीं दिया। वह क्षण भर उनके बबुए-से मुख की ओर देखता रहा, फिर उसके होंटों पर क्षीण-सी मुस्कान आ गयी।

१५

रात के ग्यारह बजने वाले थे। चेतन के बड़े भाई उसके बराबर पलँग पर गहरी नींद में सोये हुए थे। उन्होंने करवट ले कर मुँह दीवार की ओर कर लिया था। उनके ख़र्राटे थम गये थे। लेकिन चेतन अभी तक ज़ाब्ता दीवानी के साथ माथा-पच्ची कर रहा था।

कॉलेज से आ कर दोपहर को खाना खाने के बाद वह आध-एक घण्टा आराम करता था, फिर दो-ढाई घण्टे कानून पढ़ता था। थक जाता तो टॉड राजस्थान ले बैठता। डेढ़-दो घण्टे उसका पारायण करता। शाम को सात-साढ़े सात बजे तेज़-तेज़ माल से होता हुआ गोल बाग़ का एक चक्कर लगा कर लौटता। भाई साहब उसकी प्रतीक्षा कर रहे होते। उनके साथ जा कर गोपाल के ढाबे पर खाना खाता। वे तो आते ही कपड़े बदल कर लेट जाते और लेटते ही सो जाते। चेतन उनके पलँग के नीचे से चौकी खींच कर, उस पर छोटा-सा टेबल लैम्प रखे, नीचे लकड़ी के फ़र्श पर लगे अपने बिस्तर पर लोई का फेंटा मार कर पढ़ने में तल्लीन हो जाता। प्राय: वह ग्यारह बजे काम बन्द कर देता। इधर जब से उसने नाटक लिखने का फ़ैसला किया था, ग्यारह के बाद वह एक-डेढ़ घण्टा टॉड राजस्थान पढ़ता।

०

पिछले इतवार को पन्नालाल के यहाँ दोपहर का खाना खा कर चेतन ने उनसे छुट्टी ली थी तो अजाने उसने कहा था कि उसे पेशगी मिल जायेगी तो वह उनकी इच्छा के मुताबिक ऐतिहासिक नाटक लिख देगा और यद्यपि चातक जी ने कहा था कि वह चिन्ता करे, पेशगी की व्यवस्था हो जायेगी, लेकिन चेतन के मन में नाटक लिखने की बात पक्की नहीं थी।

रास्ता भर चातक जी उसे इस अवसर का लाभ उठा कर नाटक लिख डालने की बात समझाते रहे थे। चेतन चुपचाप उनकी बातें सुनता रहा था, लेकिन उसके मन में बार-बार यही ख़याल आता रहा था कि अगर फ़र्स्ट डिवीज़न लेना है तो उसे नाटक-वाटक लिखने के चक्कर में नहीं फँसना चाहिए। उसका ध्यान पढ़ाई से भटकेगा, उसका कीमती समय नष्ट होगा और अगर नाटक लिखने के फेर में उसका फ़र्स्ट डिवीज़न रह गया तो वह कैसे कम्पीटीशन में बैठेगा ? कैसे सब-जज बनेगा ? और सब-जज नहीं बनेगा तो अपने मुहल्लावासी सहपाठी अमींचन्द और सेठ वीरभान की पुत्री कृष्णा की शादी पर वह चन्दा को वहाँ कैसे भेजेगा ?

....शिमले के स्कैण्डल पॉयण्ट पर उसके उत्साह-भरे हाथ को जैसे ससंकोच छूती हुई अमींचन्द के हाथ की दो अन्यमनस्क उँगलियाँ....कम्पीटीशन में आ जाने के बाद भुआड़े की ओर से आते हुए अमींचन्द का अहंकार-भरा व्यवहार और चेतन को देख कर भी उसका न देखना....कृष्णा के भावी दूल्हे के रूप में सेठ वीरभान की हवेली में तख़्त पर पसरे हुए कोहनी के बल उठ कर बेदिली से अमींचन्द का हाथ बढ़ाना —उसका बदतमीज़ी-भरा आचरण चेतन की आँखों में कौंध गया। साथ ही उसके सामने उसकी अपनी विवश परिस्थिति आ गयी....उसका ससुर अभी तक लाहौर के पागलख़ाने में बन्द था....उसकी सास सेठ वीरभान के यहाँ खाना पकाती और चौका-बर्तन करती थी....लाख यत्न करने पर भी वह उसे नौकरी छोड़ने पर तैयार न कर सका था और विडम्बना यह थी कि उसी घर में सेठ वीरभान की दत्तक पुत्री कृष्णा से अमींचन्द की शादी होने वाली थी....उस सिलसिले में अपनी तमाम तकलीफ़, तनाव और अन्तर्द्वन्द्व उसकी याद में ताज़ा हो आया।....अगर वह सब-जज न बन पाया तो कृष्णा की शादी पर चन्दा को ले कर कैसे सेठ वीरभान के घर जा पायेगा। वह अपनी सास को वहाँ नौकरी करने से नहीं रोक सकता। स्थिति जैसी भी है, वह चन्दा को अपनी माँ से मिलने के लिए जाने से भी नहीं रोक सकता। वह बस यही कर सकता है कि स्वयं सब-जज बन कर अमींचन्द के बराबर हो जाये और जब दो साल बाद कृष्णा की शादी पर वह चन्दा के साथ उसके विवाह में शामिल हो तो किसी का ध्यान इस पर न जाये कि चन्दा उस घर की महाराजिन की बेटी है, बल्कि लोग यही सोचें कि वह कल्लोवानी मोहल्ले के दबंग स्टेशन मास्टर पण्डित शादीराम के बेटे चेतनानन्द सब-जज की पत्नी है और अपने पति के ओहदे की परवाह न कर अपनी माँ का हाथ बँटाने चली आयी है और चन्दा की सादगी, विनम्रता और हँसमुखता, उसका मीठा स्वभाव और मीठी वाणी सब का मन मोह ले, सब उसकी प्रशंसा करें —चेतन यही चाहता था। वह उस दृश्य को कई बार कल्पना-ही-कल्पना में देख भी चुका था। चातक जी के साथ लोहारी दरवाज़ा पार कर, उनके निवास की ओर जाते हुए, उनकी बातें सुन कर भी न सुनते हुए, चेतन की कल्पना में फिर वही दृश्य मूर्तिमान हो उठा था।

'नहीं, वह नाटक नहीं लिखेगा' —उसने बार-बार मन-ही-मन तय किया, वह अपने अवकाश के हर क्षण को अध्ययन में लगायेगा और विशेष योग्यता से फ़र्स्ट-डिवीज़न प्राप्त करेगा। कम्पीटीशन में बैठेगा और सब-जज बन कर अपनी पत्नी को सबकी आँखों में सुर्ख़रू बनायेगा।

चातक जी के घर की सीढ़ियों पर ही उसने उन्हें छोड़ दिया था। उन्होंने बहुत चाहा

कि वह ऊपर चले, खाना खा कर आया है, दोपहर भर आराम करे और चाय पी कर जाये। उन्होंने यह भी सुझाव दिया कि वह टॉड राजस्थान लेता जाये। वे दो-एक प्रसंग बता देते हैं, एक नज़र देख ले। लेकिन चेतन टाल गया था।

"इधर मेरी पढ़ाई कुछ पिछड़ गयी है, चातक जी," उसने कहा था, "बेकार कामों में वक्त ज़ाया करता रहा हूँ। इतना वक्त गँवाना मैं अफ़ोर्ड नहीं कर सकता। कल पुरी साहब की दुकान से एक किताब उधार लाया था। शाम को आपकी ओर आ गया। आज का आधा दिन यूँ ही चला गया। मुझे कुछ ज़रूरी नोट लेने होंगे। पुरी साहब को कल किताब वापस नहीं करूँगा तो दोबारा माँग नहीं सकूँगा। ज़रा मैं अपनी पढ़ाई को क्लास के बराबर ले आऊँ, फिर मैं नाटक की योजना बनाऊँगा और आ कर आपसे टॉड राजस्थान ले जाऊँगा।"

और वह उन्हें 'नमस्कार' कर चला आया था।

o

लेकिन तीसरे ही दिन अपना तमाम संकल्प भूल कर वह चातक जी से टॉड राजस्थान ले आया था और जैसे भी हो, उसने नाटक लिखने का फ़ैसला भी कर लिया था।

o

हुआ यह कि दूसरे ही दिन, जब वह कॉलेज के बाद ढाबे से दोपहर का खाना खा कर वापस आया और ऊपर परछत्ती पर जाने से पहले दैनिक 'ट्रिब्यून' ले कर बैठा तो भाई साहब ने अन्दर से आ कर उसके हाथ में एक बन्द लिफ़ाफ़ा दिया, जिस पर केवल उसका नाम लिखा था।

"किसका है ? कौन दे गया है ?" चेतन ने पूछा।

"नवाब टिवाना का कोई आदमी था। जालन्धर से आया था। शायद अनन्त का ख़त है।" और भाई साहब यह कह कर क्लिनिक के अन्दर चले गये थे। चेतन ने लिफ़ाफ़ा फाड़ा। अनन्त ही का था।

> "एक हफ़्ते से मैं यहाँ हूँ," अनन्त ने लिखा था, "तुम्हें ख़त लिखने जा रहा था कि लाहौर से अमीर इलाही साहब आ गये। टिवाना साहब के ख़ास आदमियों में से हैं। तुम्हें याद होगा कि मैं एक बरस टिवाना साहब की साहबज़ादी को ट्यूशन पढ़ाता रहा था। फिर उनका हिसाब-किताब देखने लगा। आजकल मैं उनका बीजों का कारोबार देखता हूँ। नवाब साहब मुझ पर बहुत मेहरबान हैं। वे चाहते हैं कि मैं जालन्धर की सब्ज़ी मण्डी के बाहर दुकान ले कर बीजों का व्यापार शुरू करूँ तो मुझे जालन्धर की सोल एजेन्सी दे दें। उनके फ़ार्म में जो बीज तैयार होते हैं, उनमें से ख़ासी मिकदार वे मेरे यहाँ भेज देंगे। मुझे बहुत रुपया इनवेस्ट नहीं करना पड़ेगा और मैं ही ज़िले में दूसरे खुदरा दुकानदारों को सप्लाई करूँगा। अमीर इलाही साहब भी उसी सिलसिले में आये थे। आज जा रहे हैं। मैं उन्हीं के हाथ यह ख़त भेज रहा हूँ। डाक से पहले और बा-हिफ़ाज़त मिल जायेगा। पहुँच की रसीद ज़रूर देना और पत्र का उत्तर फ़ार्म के पते से देना। सीज़न में तो वहीं रह कर उनका काम देखूँगा।"

और यूँ भूमिका बाँध कर अनन्त ने उसे दो-ढाई साल गँवाने के बावजूद अन्ततः लॉ कॉलेज में दाख़िल होने पर बधाई दी थी। फिर हलके हास्य-व्यंग्य-भरे लहजे में लिखा था —

"कानून पास करके तुम सब-जज बनो, पर मुहल्ले में दूसरा राय साहब भगतराम पैदा हो रहा है, इसकी तो ख़ुशी सारे मुहल्ले को होगी।"

टॉर्ट्स के मामलों पर कहानियाँ लिखने की योजना का समर्थन करते हुए उसने लिखा था —

"तुम जानते हो, मुझे कहानी-वहानी की कोई समझ नहीं, पर यह बात तुम्हारी ठीक है कि बे-पर की उड़ाने के बजाय बा-पर की उड़ाओ। सच्चे कानूनी मामलों पर कहानियाँ ज़रूर लिखो।"

और अन्त में अनन्त ने उस बात का ज़िक्र किया था, जिसकी चेतन को सर्वाधिक चिन्ता थी।

"मैं तुम्हारे घर गया था। बाऊ जी आजकल यही हैं और हमेशा की तरह मस्ती में हैं। तुम्हारी पत्नी बीमार थी। उसे टाइफ़ाइड हो गया था, लेकिन अब वह ठीक है। तुम फ़िक्र न करना।"

चेतन क्षण भर स्तम्भित-सा वहीं बैठा रह गया था। चन्दा की गोल-गुलगोथनी सूरत उसके सामने आ गयी। कल्पना में उसके हँसमुख चेहरे को उसने मुरझाये हुए देखा....उसकी पत्नी को मियादी बुख़ार हो गया और उसे किसी ने ख़बर तक नहीं दी। उसने दोबारा पत्र को पढ़ा। सख़्त बेज़ारी से उस को झटका दिया। पत्र हाथ ही में लिये वह झपाके से अन्दर गया।

"भाई साहब, चन्दा को टाइफ़ाइड हो गया है।" उसने मध्य कक्ष में प्रवेश करते हुए कहा था।

भाई साहब चुपचाप अपना काम करते रहे थे।

"हमारा घर कैसा है," चेतन ने उनके पास जा कर जैसे उनकी पीठ को सुनाते हुए कहा, "परसराम को टाइफ़ाइड हो गया था तो माँ और बाऊ जी ने घर को सिर पर उठा लिया था। और चन्दा को टाइफ़ाइड हुआ तो किसी ने मुझको ख़बर तक नहीं दी।"

वह क्षण भर तक अपने बड़े भाई की प्रतिक्रिया जानने को रुका। फिर उसने कहा, "चन्दा आम तौर पर हफ़्ते-पखवाड़े ख़त लिखती रही है। जब दो महीने चिट्ठी नहीं आयी तो मैं परेशान हो गया। तब मैंने अनन्त को पत्र लिखा। देखिए, यह जवाब आया है।"

और उसने पत्र उनके सामने कर दिया।

भाई साहब ने पत्र नहीं देखा। पूर्ववत काम करते हुए उन्होंने पीठ घुमायी, "क्या लिखा है ?" उन्होंने पूछा।

"यही कि उसे टाइफ़ाइड हो गया था, अब ठीक है, मैं फ़िक्र न करूँ।"

"तो...."

और उन्होंने डेंचर से निगाहें हटा कर उसकी ओर देखा।

"अब अनन्त ने ख़ुद तो चन्दा को देखा न होगा भाई साहब!" चेतन ने कहा, "माँ

ने जो कहा, उसने लिख दिया। मैं सोचता हूँ, मैं खड़े-खड़े जा कर उसे देख आऊँ।"

"यूँ जाने को तो जा ही सकते हो, लेकिन कॉलेज एक दिन के लिए मिस करना पड़ेगा और...."

"अभी सवा तीन बजे हैं। मैं सवा चार की गाड़ी से निकल जाता हूँ। तड़के चार बजे फ़्रण्टियर मेल से वापस जा आऊँगा, कॉलेज मिस नहीं करूँगा।" चेतन एक ही साँस में कह गया।

"मैं तुम्हें रोकता नहीं," भाई साहब ने कहा, "लेकिन माँ ने ठीक ही कहा होगा। मियादी बुख़ार अपने दिन पूरे करके उतर जाता है। रात भर में तुम उसे क्या देखोगे और क्या तसल्ली दोगे। मेरी मानो तो शनिवार की रात को जाओ। इतवार का पूरा दिन वहाँ रहो और सोम को फ़्रण्टियर मेल से आ जाओ। ज़रूरत समझो तो किसी डॉक्टर वग़ैरह को दिखा कर आओ। यूँ भागे जाओगे, भागे जाओगे, महज़ रस्म अदायगी ही तो होगी।"

चेतन क्या उत्तर दे, वह समझ न पाया। वह पत्र हाथ में लिये बाहर आ गया और काउच में धँस गया। उसने दो बार पढ़े हुए पत्र को तीसरी बार पढ़ा....उसका जी तो यही चाहता था कि उसी वक्त वह स्टेशन को चल दे, रात आठ बजे जालन्धर अपने घर पहुँच जाये और चन्दा को एक देख आये। बच्चे के जन्म के बाद चन्दा को हलका बुख़ार रहने लगा था। माँ ने प्रसूति के ज्वर की बाबत चेतन को जो बात बतायी थी, उससे वह डर गया था। और अब चन्दा को टाइफ़ाइड हो गया था।

'घर में इलाज तो क्या होता होगा,' उसने सोचा, 'वही हकीम नबी जान और वही डॉक्टर जीवाराम।' चेतन स्वयं आठवीं कक्षा में मलेरिया से नौ महीने पड़ा रहा था और पहले कड़वा-कसैला सत-गिलो और फिर फ़ीवर मिक्स्चर और कुनीन-मिक्स्चर पीते-पीते उसे दवा से वहशत होने लगी थी और वह चोरी से दवा गिराने लगा था। हालाँकि माँ तो उसके तन्दुरुस्त होने को नकोदर के बाबा मल्ल की करामात मानती थी, पर चेतन जानता था कि दुसूआ से डॉक्टर ख़ुशीराम न आये होते, उन्होंने उसका हवा-पानी बदलने का परामर्श न दिया होता तो वह कभी ठीक न होता।....लेकिन चन्दा बेचारी से हवा-पानी बदलने की कहाँ व्यवस्था होती। पिता उसके पागलख़ाने में थे। माँ सेठ वीरभान के घर चौका-बर्तन करती थी और वह, जिस पर उसकी ख़बरगीरी का उत्तरदायित्व था, कानून पढ़ रहा था।....चेतन का जी हुआ, वह कानून-वानून छोड़ कर किसी अख़बार में नौकरी कर ले और चन्दा को लाहौर ले आये —उसे पूरा यकीन था कि जालन्धर में चन्दा और बीमार भले ही हो जाये, ठीक नहीं हो सकती।

वहाँ बैठे-बैठे चेतन का जी घुटने लगा। वह उठा। चिक उठा कर क्लिनिक के बाहर निकल आया। कितनी ही देर तक बाज़ार में बहती भीड़ को देख कर भी न देखता हुआ दुकान के तख़्ते पर खड़ा रहा। फिर वह दुकान की सीढ़ियाँ उतर गया।

वह शाम को पाँच बजे से छै बजे तक सरदार जगदीश सिंह के बच्चों को ट्यूशन पढ़ाने जाता था। उसने सोचा, आज वह उन्हें एक घण्टा पहले पढ़ा आयेगा और वह चंगड़ मुहल्ले की ओर चल पड़ा था।

अगरचे उसने पूरा एक घण्टा बच्चों को पढ़ाया था, लेकिन उसका मन पढ़ाने में नहीं

था। सरदार जगदीश सिंह के घर को जाते, बच्चों को पढ़ाते और वापस आते हुए लगातार वह चन्दा के बारे में सोचता रहा था। चेतन की माँ ने अपनी ददिया सास के हाथों अकथनीय कष्ट सहे थे, उसे अपनी बहू के प्रति सदय होना चाहिए था, लेकिन चेतन को यह जान कर हैरत होती थी कि उसकी माँ और पड़दादी गंगोदेई में ज़्यादा फ़र्क नहीं था। यह ठीक है कि माँ पड़दादी की तरह चिल्लाती न थी, गालियाँ न देती थी, पर औरत हो कर भी उस परायी लड़की के लिए उसके मन में किसी तरह की मोह-ममता और दया-माया नहीं थी और चेतन के मन में बार-बार यही आता रहा था कि वह लॉ-वॉ करने का ख़याल छोड़ कर नौकरी करे और अपने बीवी-बच्चे को लाहौर ले आये।

चंगड़ मुहल्ले से सीधे क्लिनिक आने के बदले वह लोहारू के चौरस्ते पर 'फ़ज़ल बुक डिपो' गया था। उसने पहले 'अदबी दुनिया,' फिर 'हुमायूँ' उठाया। दोनों रिसाले उलटे-पुलटे, लेकिन किसी लेख या कहानी या नज़्म में उसका मन न टिका। पत्रिकाएँ वहीं रख कर वह हस्पताल रोड से होता हुआ निस्बत रोड पर निकल गया था। जब वह शिमला पहाड़ी की तरफ़ से साम्राज्ञी विक्टोरिया की मूर्ति के पास से हो कर माल से वापस दुकान पर पहुँचा था, आठ बज गये थे और भाई साहब गोपाल के ढाबे पर जाने के लिए उसकी प्रतीक्षा कर रहे थे।

"भाई साहब, मैंने फ़ैसला किया है कि अपनी पढ़ाई के साथ-साथ मैं एक ऐतिहासिक नाटक 'हीरालाल जवाहरलाल' के लिए भी लिख दूँ।" उस लम्बी सैर में लगातार उस समस्या के बारे में सोचते हुए चेतन जिस नतीजे पर पहुँचा था, अपने बड़े भाई को उससे अवगत कराते हुए उसने कहा, "पारिश्रमिक पेशगी मिल जायेगा। मैं सारी किताबें भी ख़रीद लूँगा और कुछ रुपये माँ को भी भेज दूँगा कि वह चन्दा का इलाज ठीक तरह से करा सके और उसकी ग़िज़ा वग़ैरह का ख़याल रखे।"

"मुझे तो अभी तीन-चार ज़रूरी औज़ार लेने हैं," भाई साहब ने कहा, "वरना मैं ही तुम्हारी कुछ मदद करता, पर मेरी जो हालत है, तमसे छिपी नहीं।"

"हाँ-हाँ, मैं जानता हूँ," चेतन ने कहा, "मैंने कभी आपको कुछ कहा है। लेकिन अब यह चांस मिला है। हिन्दी लिखने की भी मश्क हो जायेगी, कुछ रुपया मिल जायेगा, थोड़ा नाम भी हो जायेगा।"

"देख लो, अगर तुम्हारी पढ़ाई का हर्ज न हो।"

"नहीं, मैं पढ़ाई का हर्ज नहीं होने दूँगा, आप फ़िक्र न करें।" चेतन ने दृढ़ निश्चय के स्वर में कहा था, "मैं नाटक भी लिख दूँगा और लॉ में फ़र्स्ट डिवीजन भी ले कर दिखा दूँगा।"

चेतन थका होने के बावजूद उस रात को ठीक से सो न पाया था। दूसरे ही दिन कॉलेज के बाद चातक जी के यहाँ गया था और टॉड-राजस्थान ले आया था और इस बीच उसने चातक जी द्वारा सुझाये गये प्रसंग ही न पढ़े थे, बल्कि इतिहास में रुचि होने के कारण मेवाड़ का सारा इतिहास ही पढ़ डाला था।

o

चेतन नौ बजे से बैठा ज़ाब्ता दीवानी पढ़ रहा था। उस वक्त वह ७९वीं धारा पर था। चूँकि

८०वीं धारा भी ७९ की एक्स्टेंशन ही थी, इसलिए उसने सोचा था कि उन दोनों धाराओं को कण्ठस्थ करके ही वह किताब बन्द करेगा और हालाँकि उसे थोड़ी-सी थकान भी लग रही थी, पर वह चाहता था कि सोने के पहले वह कर सके तो एक-दो प्रसंगों पर नाटकों की मोटी रूप-रेखा बना डाले ताकि दूसरे या तीसरे दिन शाम को जा कर चातक जी से डिसकस कर ले और वे प्रबन्ध कर दें तो कुछ पेशगी ले कर जालन्धर हो आये। उसने ज़ेहन को उधर से हटा कर ७९वीं धारा पढ़ी।

कानूनी तौर पर अपना कर्तव्य निभाते हुए यदि किसी सरकारी अथवा पब्लिक ऑफ़िसर से किसी व्यक्ति के प्रति कोई अपराध बन जाये तो किन स्थितियों में उसके ख़िलाफ़ मुकदमा चलाया जा सकता है —जाब्ते की ७९वीं तथा ८०वीं धाराओं में इसी का विधान था। चेतन ने ये दोनों धाराएँ दो-तीन बार पढ़ीं, फिर उसने अपने शब्दों में उन्हें कापी में नोट किया।

कापी पर लिखे नोट्स को पुनः पढ़ कर चेतन ने कापी बन्द की और मन-ही-मन दोनों धाराएँ फिर दोहरायीं। तभी दूर घड़ियाल ने ग्यारह का घण्टा बजाना शुरू किया। सहसा काम रोक कर हमेशा की तरह चेतन अजाने ही घण्टे गिनने लगा। जब घड़ियाल पर ग्यारह चोटें पड़ गयीं तो उसने कानून की किताब बन्द करके उसे और नोटबुक को भाई साहब के पलँग के नीचे नियत जगह रख दिया। फिर चौकी ज़रा सरका कर पलँग के पायँते के नीचे रखे टॉड-राजस्थान को उठाया। वहीं से दूसरी काफी उठायी और पुनः चौकी आगे करके टॉड-राजस्थान और नोटबुक अपने सामने रख ली।

०

चेतन को टॉड-राजस्थान देते हुए चातक जी ने मेवाड़ के इतिहास से बलिदान के दो विलक्षण प्रसंग सुझाये थे। युवराज चण्ड का, दूसरा पन्ना धाय का। अपनी परछत्ती पर जा कर चेतन ने सर्वप्रथम ढूँढ कर यही दो प्रसंग पढ़े थे।

पहला प्रसंग राणा लक्ष सिंह के बड़े युवराज चण्ड का था —राजा लक्ष सिंह के दो बेटे थे —चण्ड और रघु। चण्ड बड़ा था, इसीलिए वह युवराज कहलाता था। उसकी वीरता और कर्तव्य-परायणता की ख्याति सारे राजस्थान में फैली थी।

एक दिन दरबार में मण्डोवर का पुरोहित वहाँ के राठौर राजा रणमल की लड़की का नारियल ले कर आया। जब मन्त्री ने राणा लक्ष सिंह को इस बात की सूचना दी तो राणा ने मज़ाक में कहा, 'हम भी यही सोचते थे कि नारियल युवराज के लिए आया होगा।' फिर अपनी सफ़ेद दाढ़ी खुजलाते हुए हँस कर बोले, 'इन सफ़ेद बालों के लिए कौन नारियल भेजता है।'

युवराज चण्ड ने अपने पिता की यह बात सुन ली। जब पुरोहित ने उसके माथे पर तिलक लगा कर उसे नारियल भेंट करना चाहा तो चण्ड ने यह कह कर उसे लेने से इनकार कर दिया कि जिस राजकुमारी के लिए पिता ने आकांक्षा प्रकट की, वह उसकी माँ के बराबर हो गयी। राणा और मन्त्री ने युवराज को लाख समझाया कि वह बात तो महज़ मज़ाक में कही गयी थी, लेकिन बात का धनी चण्ड टस-से-मस न हुआ। राठौरों और सिसोदियों में पहले से खटी आयी थी। उस रिश्ते से उनके सम्बन्धों में सुधार होने का

सुयोग था और अब युवराज चण्ड के कारण अवरोध उपस्थित हो गया। दरबार में आये नारियल का लौट जाना दोनों ही पक्षों के लिए अपमानजनक था। लाचार राणा लक्ष सिंह ने वह नारियल स्वयं लेना स्वीकार कर लिया और युवराज को यह बता दिया कि यदि उस विवाह से कोई लड़का पैदा होगा तो वही मेवाड़ की राज-गद्दी का अधिकारी होगा और बड़े बेटे के नाते चण्ड को अपना अधिकार त्याग देना होगा। चण्ड बहुत ही पितृ-भक्त था, कौल का पक्का और कर्तव्य-परायण। उसने इस शर्त को सहर्ष स्वीकार कर लिया

इस विवाह से राजा को एक बेटा हुआ —मुकुल। जब वह पाँच वर्ष का था तो यवनों ने गया पर चढ़ाई कर दी। उस पवित्र स्थान को आततायियों से बचाने के लिए राणा लक्ष सिंह सेना ले कर गये और लड़ते हुए वीर-गति को प्राप्त हुए। युवराज चण्ड ने मुकुल को गद्दी पर बैठाया और चूँकि वह नाबालिग़ था, वह उसकी ओर से राज-काज देखने लगा

तभी राठौर रणमल के मन में इस स्थिति का लाभ उठा कर मेवाड़ पर अधिकार जमाने का लालच जगा। वह मण्डोवर अपने बेटे के सुपुर्द करके अपनी बेटी के पास आ गया। एक ओर उसने चण्ड के प्रति अपनी अनुभवहीन बेटी के मन में ज़हर भर दिया और चण्ड मेवाड़ छोड़ कर माण्डू चला गया। दूसरी ओर रणमल ने षड्यन्त्र करके चण्ड के छोटे भाई रघु को मरवा दिया और अपनी बेटी और नाती की ओर से राज-काज करने लगा। उसने सेना में सभी विश्वस्त सिसोदियों को हटा कर राठौरों को भरती कर लिया और बहुत अत्याचार करने लगा। महलों में काम करने वाली एक राजपूत दासी पर आसक्त हो कर उसने उस पर भी अत्याचार तोड़े।

ऐसे में महलों की एक पुरानी वफ़ादार धाय ने राजमाता को समझाया कि यदि वह अब भी न चेती तो न केवल उसका बेटा ही हाथ से चला जायेगा, वरन सिसोदिया वंश का सूर्य भी हमेशा के लिए अस्त हो जायेगा।

राजमाता के मन में स्वयं इस बात की आशंका सिर उठाने लगी थी। उसने धाय के साथ मन्त्रणा की। चण्ड को चिट्ठी लिखी गयी। वह अपने सैनिकों के साथ भेष बदल कर पहुँच गया। उसके साथियों ने दुर्ग द्वार खोल दिये। वहाँ जम कर लड़ाई हुई। चण्ड ने दुर्ग पर अधिकार कर लिया। रणमल उस वक्त शराब के नशे में धुत्त पड़ा था। दासी ने अपने अपमान का बदला लेने के लिए उसकी पगड़ी से उसे चारपाई से बाँध दिया था। वह मारा गया। यों कर्तव्य-परायण चण्ड ने अपने अपमान को भूल कर पिता को दिये गये अपने वचन को पूरा किया और अपने सौतेले छोटे भाई के सिंहासन पर आये हुए संकट को दूर कर पिता के वंश की रक्षा की।

पन्ना धाय के बलिदान की कथा प्रसिद्ध थी। वह उसने छठी कक्षा में अपनी पाठ्य-पुस्तक में भी पढ़ी थी और भैंरों बाज़ार के 'महन्त राम बुक सेलर' की दुकान से दो पैसे किराये पर 'राजस्थान की वीर नारियाँ' नामक पुस्तक ला कर उससे भी पढ़ रखी थी। पन्ना धाय ने राणा संग्राम सिंह के नन्हे वारिस उदय सिंह को अस्थायी रूप से गद्दी पर बैठे उसके भतीजे बनवीर के हाथों से बचाने के लिए अपने बेटे को युवराज के कपड़े पहना कर सुला दिया था और बनवीर ने उसे युवराज समझ कर तलवार के घाट उतार दिया था, जबकि पन्ना ने युवराज को महलों से बाहर सुरक्षित स्थान पर पहुँचा दिया था।

बलिदान की यह कहानी अद्वितीय थी, लेकिन जब इन प्रसंगों को समाप्त कर पुरानी तर्ज़ के नाटक की दृष्टि से चेतन ने उन पर विचार किया तो उसे लगा कि उन दोनों में कथा-तत्व इतना कम है कि उन पर पुरानी शैली का —पाँच अंकों और पचीस-तीस दृश्यों वाला-नाटक नहीं लिखा जा सकता।

पन्ना धाय वाले प्रसंग पर ज़्यादा-से-ज़्यादा तीन दृश्यों का एकांकी लिखा जा सकता था। जहाँ तक चण्ड वाले प्रसंग का सम्बन्ध था, शिल्प की कठिनाई के अलावा चेतन को उस प्रसंग में कई दोष दिखायी देते थे।

पहली बात तो यह थी कि एक ज़रा-से मज़ाक के कारण चण्ड द्वारा नारियल अस्वीकार कर देने की घटना चेतन को अतिशयोक्तिपूर्ण ही नहीं, हास्यास्पद भी लगती थी। उसको यह प्रसंग सुझाते हुए चातक जी ने चण्ड को 'राजपूताने का भीष्म' कहा था। यह तो ठीक है कि दोनों के व्रत पितृ-भक्ति से प्रेरित थे और चण्ड का व्रत देवव्रत के व्रत जैसा ही कठोर था, पर गहराई में जाने पर चेतन को दोनों में काफ़ी अन्तर लगता था। युवराज देवव्रत के व्रत को मनोवैज्ञानिक आधार दिया जा सकता था, जबकि युवराज चण्ड का व्रत नितान्त काल्पनिक लगता था। युवराज देवव्रत के पिता महाराज शान्तनु धीवर कन्या सत्यवती पर आसक्त हो गये थे और बेहद परेशान और उदास रहने लगे थे। उन्होंने ठीक से जीवन जीना और राज-काज करना छोड़ दिया था। जब पितृ-भक्त देवव्रत को पता चला तो उसने सत्यवती के पिता से बात की और धीवर-राज की शर्त को मानते हुए उसने आजन्म ब्रह्मचारी रहने का भीष्म व्रत लिया। चण्ड के प्रसंग में राणा लक्ष सिंह हालाँकि पचास को पार कर गये थे, पर वे पूरी तरह राज-काज चला रहे थे, उनके मन में किसी तरह का विकार नहीं था। उन्होंने मण्डोवर की राजकुमारी की शक्ल तक नहीं देखी थी और अनजाने वह मज़ाक कर दिया था। चण्ड के उस व्रत के लिए चेतन को मनोवैज्ञानिक आधार नहीं मिल रहा था। वह कठोर व्रत उसे नितान्त मूर्खतापूर्ण और हास्यास्पद लगता था। चण्ड के उस व्रत के अलावा चेतन को रणमल के कृत्य का औचित्य समझ में नहीं आ रहा था। पुराने हिन्दुओं में बेटी के घर का पानी भी नहीं पिया जाता। कट्टर हिन्दू तो बेटी के शहर में रात तक नहीं बसर करते थे और इस प्रसंग में राणा रणमल ने मण्डोवर का अपना राज्य बेटे को सौंप, चित्तौड़ में आ डेरा जमाया था और नाती का राज्य हड़पने की कोशिश की थी। फिर टॉड ने न मुकुल की माँ का नाम लिया था, न उस राजपूत दासी का, जिसकी आसक्ति के कारण अन्ततः रणमल मृत्यु को प्राप्त होता है।

चेतन के गले न चण्ड का व्रत उतरता था, न रणमल द्वारा चित्तौड़ का राज्य हड़पने की कोशिश।

अव्वल तो चेतन का मन पुरानी तर्ज़ का ऐतिहासिक नाटक लिखने ही में नहीं था, फिर ऐसे प्रसंग को ले कर नाटक लिखना, जो उसे पसन्द न हो....चेतन को लगा कि वह नाटक लिख नहीं पायेगा। तब उसने सोचा था कि पुरानी शैली ही का सही, उसने नाटक लिखना तय कर लिया है तो कम-से-कम वह अपने मन के प्रसंग तो चुने। जब सौभाग्य से टॉड-राजस्थान उसके हाथ में आ गया था तो उसने फ़ैसला किया कि वह एक बार सरसरी नज़र से आद्योपान्त मेवाड़ का इतिहास पढ़ जायेगा और जो प्रसंग अथवा चरित्र उसके मन को सर्वाधिक भायेगा, उसको ले कर नाटक की रूप-रेखा बनायेगा।

मेवाड़ के इतिहास में चेतन ने बप्पा रावल, भीमसी, राणा हमीर, राणा सांगा और उसके भाइयों के कलह के प्रसंग पढ़े। उनमें बप्पा रावल, राणा हमीर और मालदेव की विधवा पुत्री की गाथाएँ चेतन को नाटकीय तत्वों से भरपूर लगीं और उसने यही दो प्रसंग चुने। इन दोनों के जीवन-प्रसंगों को उसने संक्षेप में अपनी नोटबुक में लिखना शुरू किया। चूँकि बप्पा रावल की कथा पढ़ते हुए गहलोत वंश के प्रतिष्ठाता पुरुष गुहा के जीवन का प्रसंग भी उसे दिलचस्प और आकर्षक लगा, उसने सोचा कि अगर अन्ततः वह बप्पा के जीवन पर नाटक लिखेगा तो उसे बप्पा से आठ पीढ़ी पहले गुहा ही से शुरू करेगा, इसलिए बप्पा रावल की जीवन-गाथा से पहले चेतन ने गुहा के जीवन की प्रमुख घटनाओं के विस्तृत नोट लिये। टॉड ने बप्पा की जीवन-गाथा लिखने में किंवदन्तियों से भी काम लिया था। चेतन ने उन्हें भी नोट कर लिया कि अगर नाटक में उनका प्रयोग करने की ज़रूरत पड़े तो कर सके।

०

गुहा बल्लभीपुर के सम्राट शिलादित्य का पुत्र था। वह जब माँ का की कोख ही में था, उसकी माँ रानी पुष्पावती अपने मायके वीरनगर आयी हुई थी। तभी बल्लभीपुर पर यवनों ने आक्रमण किया। सम्राट शिलादित्य उनका मुकाबला करता हुआ अपनी सेना के साथ मारा गया। तमाम रानियों ने सती-धर्म का पालन किया। यवनों ने नगर को तहस-नहस कर दिया। छब्बीस हज़ार नागरिक शहर छोड़ कर भाग गये। रानी पुष्पावती बल्लभीपुर के शिव मन्दिर से पूजा करके वीरनगर लौट रही थी, जब उसे सम्राट की पराजय और निधन का दुखद समाचार मिला। वह रास्ते ही से वीरनगर की ब्राह्मणी कमलावती के साथ जंगलों में भाग गयी। वहीं एक गुफ़ा में राजकुमार गुहा ने जन्म लिया। चूँकि वह गुफ़ा में जन्मा, इसलिए 'गुहा' कहलाया।

गुहा को कमलावती की गोद में देते हुए रानी पुष्पावती ने कहा कि वह उसे ब्राह्मणों की तरह पाले, किन्तु विवाह उसका किसी राजपूतानी ही से करे। इतना कह कर रानी पुष्पावती ने चिता जलायी और सती हो गयी। किंवदन्ती है कि गुहा को गोद में लेते ही कमलावती के स्तनों में दूध उतर आया। वह राजकुमार को इन्दुर के जंगलों में ले गयी, वहाँ भीलों के बीच गुहा का लालन-पालन हुआ।

गुहा की रगों में सम्राट शिलादित्य का रक्त था। लड़कपन ही से वह अत्यन्त चंचल, उद्दण्ड और साहसी था। जंगलों में रहते और भीलों के साथ शिकार करते हुए गुहा जवान हुआ। भील चाहते थे कि उनका कोई राजा हो। एक दिन गुहा के दो युवा वीर भील साथियों में से एक ने अँगूठे के ख़ून से उसके माथे पर तिलक करके उसे इन्दुर के जंगलों का राजा घोषित कर दिया। भील सरदार मण्डलीक को जब इस बात का पता चला तो नीम-मज़ाक और नीम-संजीदगी में की गयी उस घोषणा को उसने स्वीकार कर लिया और यूँ गुहा इन्दुर का राजा मान लिया गया।

कुछ समय बाद ही मण्डलीक के साथ गुहा का झगड़ा हो गया। गुहा ने द्वन्द्व-युद्ध में उसकी हत्या कर दी। उसी दिन उसका नाम 'गहलूट' —याने घर को लूटने वाला — पड़ गया। बाद में उसका वंश 'गुहीलोत' और अन्ततः बिगड़ कर 'गहलोत' प्रसिद्ध हुआ।

गुहा के वंशजों ने आठ पीढ़ियों तक उन जंगलों में राज किया। भील उनके अत्याचार से तंग आ गये। अन्ततः उन्होंने इन लूटने वालों के पंजे से स्वतन्त्र होने की ठानी और शिकार खेलते हुए वंश के आठवें राजा नागादित्य का वध करके उस नाग-पाश से स्वतन्त्र हो गये।

कमलावती के वंशज गुहा के समय से ही गहलोत वंशीय राजाओं के पुरोहित थे। उन्होंने नागादित्य के तीन वर्षीय बच्चे बप्पा की रक्षा की। इन्दुर से बप्पा को मँडेरे के दुर्ग में पहुँचाया गया, जहाँ एक यदुवंशीय भील ने उसका लालन-पालन किया। लेकिन वह स्थान उतना सुरक्षित नहीं था, इसलिए बप्पा को त्रिकुट पहाड़ के घने जंगलों में पहुँचा दिया गया। पहाड़ की तराई में ब्राह्मणों का एक नगर नागदा (नागेन्द्र) बसा हुआ था। बप्पा वहाँ बाह्मण बालकों के संग गायें चराता और खेलता-खाता बढ़ने लगा।

वह अत्यन्त चंचल प्रकृति का बेहद निर्भीक लड़का था। जल्द ही वह ब्राह्मण ग्वाल-बालों का नेता बन गया। तभी शरद ऋतु में जल-झूलनी का त्योहार आया। उस त्योहार को राजपूत बड़े उत्साह से मनाते थे। उस दिन लड़के-लड़कियाँ झूला झूलते थे। नागदा पर उन दिनों सोलंकी सरदार राज करता था। उसकी राजकुमारी अपनी एक सौ छै सहेलियों के साथ जंगल में त्योहार मनाने गयी। वहाँ पहुँच कर उन्हें मालूम हुआ कि झूले डालने के रस्से तो वे घर पर ही भूल आयी हैं।

बप्पा जंगल में अपने साथियों के साथ झूले झूल रहा था। जब उसे राजकुमारी की परेशानी का पता चला तो उसने कहा यदि राजकुमारी और उसकी सहेलियाँ उसके साथ विवाह का खेल खेलें तो वह उन्हें अपने झूले पर झूला देगा।

राजकुमारी ने अपनी सहेलियों की ओर देखा। सभी झूला झूलने के लिए आतुर थीं। फिर बच्चों के लिए सभी खेल बराबर। झूला झूलने के शौक में वे बप्पा के साथ शादी का खेल खेलने के लिए तैयार हो गयीं।

बप्पा के साथ के ब्राह्मण बालक ने राजकुमारी की चुनरी का कोना बप्पा के कुर्ते के दामन से बाँध दिया और सब सहेलियाँ एक-दूसरी का हाथ पकड़ कर तैयार हो गयीं। बप्पा ने उनके साथ आम के पुराने पेड़ के गिर्द सात फेरे लिये और यूँ विवाह की रस्म सम्पन्न करके बप्पा ने राजकुमारी, उसकी सहेलियों और अपने साथियों को सौगन्ध खिलायी कि कोई इस घटना का ज़िक्र किसी से न करेगा और यदि किसी को उस सिलसिले में कोई सूचना मिलेगी तो उसे तत्काल ख़बर देगा। उसके बाद बप्पा ने अपने साथियों को आदेश दिया कि राजकुमारी और उसकी सहेलियों को झूला झुलायें।

इस घटना के कुछ ही वर्ष बाद सोलंकिनी के विवाह की चर्चा चली। पुरोहित ने उसकी पत्री देखी और कहा कि राजकुमारी का विवाह तो पहले ही हो चुका है। जब राजा ने अनभिज्ञता प्रकट की तो पुरोहित ने कहा —'पत्री में पक्का योग है। पता लगाइए कहाँ विवाह हुआ है। बिना इस बात का पता लगाये विवाह करेंगे तो घोर पाप के भागी बनेंगे।'

सोलंकी सरदार चकित भी हुआ और क्रुद्ध भी। चूँकि बप्पा ने राजकुमारी को सौगन्ध दिला रखी थी, इसलिए माँ-बाप के लाख पूछने पर उसने होंट न खोले। लेकिन जिस खेल में उसकी एक सौ छै सहेलियाँ भी शामिल थीं, वह कैसे छिपा रहता! जब बप्पा को इस

बात का पता चला कि उस पर सोलंकी सरदार का कहर टूट सकता है, वह अपने दो जाँनिसार भील साथियों —वलीय और देव —के साथ घने जंगलों में भाग गया। वलीय उन्द्रीका घाटी का रहने वाला था और देव, अगुनपानोर का। दोनों घाटियाँ एक-दूसरी के नज़दीक थीं। बप्पा ने उन्द्रीक में शरण ली।

उस घाटी में भीलों के छोटे-छोटे गाँव थे। वे सब अपने आप में स्वतन्त्र थे। उन सबका सरदार राजा कहलाता था। बप्पा यहीं भील युवकों के साथ गायें चराने और मौज-मस्ती से समय गुज़ारने लगा।

एक दिन बप्पा पर अचानक यह आरोप लगा कि जिन गायों को वह चराता है, उनमें से एक का दूध वह पी जाता है। चूँकि बप्पा जानता था —वह निर्दोष है और अभियोग झूठा है, उसे बहुत बुरा लगा। उसने तय किया कि वह उस गाय का पीछा करेगा और सत्य का पता लगायेगा।

वह सारा दिन गाय के पीछे घूमता रहा। चरने के बाद गाय अगुनपानोर घाटी के एक छोटे-से शिव मन्दिर में गयी, जो बड़ी-बड़ी झाड़ियों के पीछे छिपा था। बप्पा भी झाड़ियों में उसके पीछे गया। उसने हैरत से देखा कि गाय के थनों से अनायास दूध झर रहा है और वह शिवलिंग को दूध से नहला रही है, उसके बाद वह मन्दिर के पुजारी ऋषि हरिता के पास गयी, जो तपश्चर्या में लीन था। गाय ने प्यार से उसके हाथ पर ज़बान फेरी। ऋषि की समाधि टूटी। उठ कर उसने गाय के सिर पर हाथ फेरा और उसके दूध से अपनी क्षुधा मिटायी।

बप्पा ने ऋषि को अपना पूरा परिचय दिया। ऋषि ने उसे आशीर्वाद दिया। उस दिन के बाद बप्पा रोज़ जंगली फूल इकट्ठे करता और दूध और फूल ले कर शिव मन्दिर जाता। पहले शिवलिंग की पूजा करता, फिर ऋषि को दूध पिलाता और उसकी सेवा करता।

ऋषि ने उसकी सेवा से प्रसन्न हो कर बप्पा को नीति-शास्त्र की शिक्षा दी और शस्त्रास्त्रों में निपुण बना दिया। बप्पा ने ऋषि को अपना गुरु मान लिया और ऋषि ने बप्पा को भगवान एकलिंग का दीवान घोषित कर दिया।

यही नहीं, बप्पा की एकनिष्ठ सेवा से प्रसन्न हो कर एक दिन स्वयं देवी भवानी वहाँ प्रकट हुईं और उन्होंने अपने हाथ से बप्पा को नेज़े, धनुष-वाण, तूणीर, खाँडे और ढाल, आदि दिव्यास्त्रों से विभूषित किया ये अपराजेय अस्त्र स्वयं इन्द्र के शिल्पी विश्वकर्मा के हाथों बने थे और मर्त्य-लोक का कोई अस्त्र उनका मुकाबला नहीं कर सकता था।

यूँ शिव के प्रथम सेवक के रूप में बप्पा को नियुक्त कर हरिता ने फ़ैसला किया कि वे सदेह स्वर्ग जायेंगे। उन्होंने बप्पा को अपने निश्चय की सूचना दी और आदेश दिया कि वह ब्राह्म मुहूर्त में वहाँ पहुँच जाये। वे चलते समय उस आशीर्वाद देते जायेंगे।

लेकिन दूसरी सुबह समय से बप्पा को नींद नहीं खुली। जागने पर वह भागा-भागा शिव मन्दिर पहुँचा। उसने देखा कि ऋषि को सदेह स्वर्ग में ले जाने के लिए अप्सराएँ जो विमान लायी थीं, वह धरती से ऊपर उठ चुका है।

उस वक्त, जब बप्पा निराश खड़ा रह गया, ऋषि ने अप्सराओं को विमान रोकने का आदेश दिया। बप्पा का कद ऋषि की इच्छा के प्रताप से बीस फ़ुट ऊँचा हो गया। तब

भी वह विमान तक न पहुँचा। तब ऋषि ने उसे मुँह खोलने को कहा और ऋषि ने बप्पा के मुँह में थूका।

लेकिन बप्पा पीछे हट गया और थूक का लौंदा उसके पैरों में गिरा, जिसका फल यह हुआ कि अमरत्व प्राप्त करने के बदले बप्पा केवल शस्त्रास्त्रों के मुकाबले में अपराजेय हो सका।

ऋषि के सदेह स्वर्गारोहण के बाद बप्पा को अपनी माँ से पता चला कि वह दूर के रिश्ते में चित्तौड़ के मौर्य राजा मान सिंह का भांजा है। यह जानकारी मिलने पर बप्पा ने ग्वाले का जीवन तज कर चित्तौड़ जाने का फ़ैसला किया। उसने कुछ वीर योद्धा साथियों को साथ लिया और जंगलों से निकल कर मैदानों में आ गया। मार्ग में उसे गुरु गोरखनाथ के दर्शन हुए। गुरु ने उसे मन्त्र-पूत दोधारा खाँडा दिया।

चित्तौड़ पहुँच कर बप्पा ने अपना परिचय दिया तो राजा मान सिंह ने उसका हार्दिक स्वागत किया और उसे अपना सामन्त बना लिया। अपनी वीरता और निडरता से बप्पा ने शीघ्र ही राजा मान सिंह के दिल में जगह बना ली। वह राजा का प्रिय सामन्त बन गया और राजा उत्तरोत्तर उस पर निर्भर रहने लगे। ज़ाहिर है कि दरबार अन्य सामन्तों के मन में बप्पा के प्रति घोर ईर्ष्या प्रज्ज्वलित हो उठी।

उसी ज़माने में एक यवन आक्रमणकारी ने चित्तौड़ को घेर लिया। चित्तौड़ के सामन्त तो राजा से नाराज़ थे ही। उन्होंने राजा से कहा कि वह अपने प्रिय बप्पा को ही आक्रमणकारी का मुकाबला करने के लिए कहें।

बप्पा सेना को ले कर तैयार हो गया। राजा से रुष्ट होने के बावजूद कई सामन्त उसके साथ हो लिये। बप्पा ने शत्रु को बुरी तरह परास्त कर दिया, लेकिन वह लौटा नहीं, शत्रु का पीछा करता हुआ बढ़ता गया। रास्ते में पड़ने वाले राज्यों को रौंदता और उन्हें अपने अधीन करता हुआ वह ग़ज़नी पर जा चढ़ा और अपने पुरखे यादव सम्राट गज द्वारा बसायी गयी राजधानी को उसने यवनों के चंगुल से मुक्त किया। शत्रु की लड़की से विवाह कर और ग़ज़नी का प्रबन्ध अपने एक सरदार को सौंप कर बप्पा ने वापस चित्तौड़ की ओर कूच किया।

चूँकि चित्तौड़ के सामन्त मौर्य राजा से अभी तक नाराज़ थे, बप्पा ने अपनी वीरता से उनके हृदय जीत लिये थे और वे उसकी अधीनता स्वीकार करने को तैयार थे, इसलिए वापसी पर बप्पा ने अपनी विजयी सेना के साथ चित्तौड़ पर आक्रमण करके राजा मान सिंह को परास्त कर दिया और अपने सामन्तों की मदद से स्वयं चित्तौड़ के सिंहासन पर आसीन हो गया।

तभी नागदा सोलंकिनी अपने १०६ सहेलियों के साथ आयी। बप्पा ने उसे स्वीकार कर अपने रनिवास की शोभा बढ़ायी।

चित्तौड़ के सिंहासन पर बैठते ही बप्पा रावल ने 'हिन्दू सूर्य' और 'राजगुरु' की उपाधियाँ धारण कीं, अपने राज्य का विस्तार किया, पराजित राजाओं की राजकुमारियों से विवाह किये और अपनी वीरता, बुद्धि और कौशल से चित्तौड़ को एक परम शक्तिशाली राज्य में परिवर्तित कर दिया।

पचास वर्ष की आयु तक बप्पा ने चित्तौड़ पर राज्य किया, फिर उसने भारी सेना जुटायी और पश्चिम की ओर कूच किया। रास्ते में पड़ने वाले तमाम राज्यों को परास्त करते हुए उसने कश्मीर, इस्फ़िहान, कन्धार, ईरान, तूरान और काफ़िरिस्तान तक अपनी विजय-पताका फहरायी, विजित शत्रुओं की लड़कियों से विवाह किये और ख़ुरासान को ज़ेर करके वहीं बस गया। वापस नहीं लौटा। हिन्दू रानियों और मुसलमान बीवियों से उसके एक सौ तीस सन्तानें हुईं। सौ वर्ष की उम्र में उसका देहावसान हुआ।

०

बप्पा की जीवन-गाथा के बारे में विस्तृत नोट लेने के बाद ज़रा पीठ सीधी करने और मन-ही-मन नाटक की रूप-रेखा बनाने के लिए चेतन चौकी को ज़रा-सा हटा कर, पीछे को खिसक, सीढ़ियों के जँगले से पीठ लगा कर बैठ गया। देर तक वही मन-ही-मन बप्पा की जीवन-गाथा को अंकों में विभाजित करता रहा। पहले उसने बप्पा के पूर्वज गुहा के लिए सिर्फ़ आरम्भिक अंक रखा, फिर उसने दो अंक उसके लिए रखे और तीन बप्पा की जीवन गाथा के लिए, लेकिन जब चौकी आगे करके वह उन पाँच अंकों के अधीन दृश्य लिखने लगा तो उसके आगे कई तरह की बाधाएँ आ उपस्थित हुईं।

गुहा के जन्म से उसके युवा होने और मण्डलीक की हत्या करने तक का दृश्य-विभाजन करने के बाद उसे लगा कि बप्पा की कहानी में आठ पीढ़ी पहले उसके पुरखे के बारे में इतने दृश्य देना ग़लत है। उसे सम्राट शिलादित्य की मृत्यु के समाचार से नहीं, नागादित्य की मृत्यु के समाचार से नाटक शुरू करना चाहिए और यहाँ सम्वादों में यह सूचना देनी चाहिए कि जिस प्रकार बप्पा की ब्राह्मणी धाय से आठ पीढ़ी पहले की पूर्वजा कमलावती ने गुहा को पाला और उसकी रक्षा की थी, उसी तरह बप्पा की रक्षा की जायेगी। फिर चेतन ने अपने मन में शिव मन्दिर के पुजारी ऋषि हरिता की कथा के लिए चार दृश्यों की कल्पना की। पहले में बप्पा पर चोरी से गाय का दूध पी जाने का आरोप लगना, दूसरे में गाय का पीछा करते हुए बप्पा का शिव मन्दिर पहुँचना, ऋषि हरिता को अपना परिचय देना और आशीर्वाद पाना, तीसरे में बप्पा द्वारा शिवलिंग को दूध से नहलाना, ऋषि की सेवा करना, उसकी सेवा से प्रसन्न हो कर भवानी का प्रकट होना और बप्पा को दिव्यास्त्रों से विभूषित करना, फिर उसकी सेवा से प्रसन्न हुए ऋषि द्वारा उसे भगवान एकलिंग के दीवान की उपाधि मिलना और चौथे में हरिता का सदेह स्वर्ग जाना और बप्पा का समय से न पहुँचना और अमरत्व प्राप्त करने का अवसर खो देना।

चेतन ने नोट लेते समय इन दो दृश्यों को भव्य रूप से प्रस्तुत करने की सोची थी। दोनों के सिलसिले में उसकी आँखों में 'ऐलफ्रेड थिएट्रिकल कम्पनी' का मंच आ गया था। उसे पूरा विश्वास था कि यदि वे दृश्य अपनी भव्यता में मंच पर प्रस्तुत होंगे तो पर्दा गिरने पर दर्शक करतल-ध्वनि कर उठेंगे।

लेकिन अब, जब वह उनका ख़ाका बनाने लगा तो उसे महसूस हुआ कि शिवलिंग को अपने दूध से नहलाने वाली गाय, ऋषि हरिता और भवानी द्वारा बप्पा को दिव्यास्त्र देने के सभी प्रसंग महज़ चारणों की कपोल-कल्पना हैं। वे दृश्य कितने भी भव्य क्यों न लगें, कितना भी मनोरंजन क्यों न करें, चेतन उन्हें लिख नहीं सकता। जब युवराज चण्ड द्वारा नारियल स्वीकार न करना और मज़ाक में कही गयी पिता की बात पर वैसा भीषण व्रत

ठान लेना चेतन को अमनोवैज्ञानिक, अयथार्थ और हास्यास्पद लगा था तो कोरमकोर कल्पना से उद्भूत उन दृश्यों को, जिनका ज़िन्दगी की यथार्थताओं से कोई वास्ता नहीं, वह कैसे अपने नाटक में रख सकता है....चारणों ने बप्पा की अपराजेय शक्ति को व्याख्यायित करने के लिए वे प्रसंग कल्पना से गढ़ कर बप्पा की जीवनी में जोड़ दिये होंगे। भवानी द्वारा प्रसन्न हो कर बप्पा को दिव्यास्त्रों से विभूषित करना उसे वैसा ही लगा, जैसे महाभारत में कर्ण का कवच-कुण्डल समेत पैदा होना अथवा ब्राह्मण के रूप में आये इन्द्र को अपने शरीर से कवच-कुण्डल उतार कर दान में दे देना तथा इन्द्र से अमोघ शक्ति प्राप्त कर लेना या फिर अर्जुन का अग्नि से गाण्डीव, अक्षय तूणीर तथा कपिध्वज-युक्त श्वेत अश्वों वाला रथ प्राप्त करना। चेतन ने अपनी माँ को गीता का पाठ करते देखा था। वह उस प्रसंग में दृढ़ विश्वास रखती थी और समझती थी कि जब महाभारत के युद्ध में कौरवों और पाण्डवों की सेनाएँ एक-दूसरी के सामने खड़ी थीं, तो अर्जुन के मन की दुर्बलता को जान कर कृष्ण ने उसे गीता का उपदेश दिया था। लेकिन चेतन को किशोरावस्था में भी यह असम्भव लगता था कि युद्ध-स्थल में खड़े-खड़े कोई किसी को भक्तियोग, कर्मयोग, ज्ञानयोग और राजयोग का उपदेश दे सकता है। बाद में तो उसने जान लिया था कि वेदव्यास ने वह प्रसंग नहीं लिखा था, जाने किस मेधावी ब्राह्मण ने विभिन्न उपनिषदों से श्लोक इकट्ठे कर, उन्हें इस कहानी में पिरो कर महाभारत में प्रक्षेपित कर दिया था....उसी तरह भाट चारणों ने बप्पा की जीवन-गाथा में वे सभी प्रसंग जोड़ दिये थे।

अलावा इन काल्पनिक, लगभग असम्भव घटनाओं के, चेतन को उस गाथा में नाटक के महत्वपूर्ण तत्व —'द्वन्द्व' —का अभाव खला था। निरन्तर विजयों पर तो नाटक नहीं लिखा जा सकता था। कौन-सी तकलीफ़ थी, कौन-सी बेचैनी, जो बप्पा को आराम से नहीं बैठने देती थी ? अन्तर की किस प्रेरणा ने पचास वर्ष की उम्र में सेना ले कर उसे पुनः उत्तर-पश्चिम की ओर जय-यात्रा पर जाने को विवश किया ? लाख सोचने पर भी चेतन को कोई सूत्र हाथ नहीं आ रहा था। उन जय-यात्राओं पर महाकाव्य तो लिखा जा सकता था, नाटक नहीं।

तभी दूर कहीं घड़ियाल ने एक का घण्टा बजाया था। चेतन ने होंटों ही में 'एक' कहा था। कुछ क्षण तक वह प्रतीक्षा करता था कि शायद दो बज गये हैं और घड़ियाल पर एक चोट और पड़े, लेकिन घड़ियाल की आवाज़ क्षण भर कहीं दूर शून्य में लरज़ती रही, फिर सन्नाटा छा गया।

यदि बप्पा की थीम नाटक के सन्दर्भ में चेतन की पकड़ में आ जाती तो वह निश्चय ही दृश्य-विभाजन करके उठता, लेकिन ज्यों-ज्यों वह सोचता, उसे वह थीम अनुपयुक्त लगती। इसलिए जैसे ही घड़ियाल ने एक बजाया, चेतन ने जँगले का सहारा छोड़ दिया। बढ़ कर टेबल लैम्प बुझा दिया, चौकी पलँग के नीचे खिसका दी, किताबें यथास्थान रखीं और लोई का फेंटा मारते हुए उठा। नीचे गया और उसने दुकान का दरवाज़ा ज़रा-सा खोला। बाहर बहुत ठण्ड थी। चेतन नाली पर लघुशंका से निवृत्त हो कर वापस आया। दरवाज़ा बन्द करके उसने वॉश-बेसिन में हाथ धोये और ऊपर जा कर अपने बिस्तर में लेट गया।

०

चेतन ने जब काम बन्द किया था, उसकी आँखें करकरा रही थीं। नींद उनमें उतरी आ रही थी। लेकिन बाहर की ठण्ड में चन्द क्षण गुज़ारने के बाद जब वह आ कर बिस्तर में लेटा तो उसकी आँखों से नींद यक्सर ग़ायब हो गयी। उसका मन फिर मेवाड़ के उस इतिहास-पुरुष के कारनामों में खो गया। हालाँकि हरिता के सदेह स्वर्ग जाने के दृश्य को 'काल्पनिक' और 'असम्भव' जैसे विशेषण प्रदान कर उसने कण्डम करार दे दिया था, तिस पर भी वह फिर उसी में रम गया। जाने अवचेतन की किस प्रक्रिया से अर्धनिद्रावस्था में वह स्वयं बप्पा बन गया। सपने में सुबह देर से उठते ही उसने अपने आप को शिव मन्दिर की ओर भागते हुए पाया। (मज़े की बात यह है कि उसने अप्सराओं द्वारा परिचालित विमान को आकाश से उतरते भी देखा और बप्पा बन कर अपने आपको देर से जग कर भागते भी।) उसने देखा कि वह देर से पहुँचा है, विमान उठ गया है, उसका कद बढ़ गया है, पर वह विमान तक नहीं पहुँचता, तब हरिता उसे मुँह खोलने को कहते हैं, वह बड़ा-सा मुँह खोलता है। हरिता विमान से बाहर झुक कर थूकते हैं, वह वितृष्णा से पीछे हट जाता है, थूक का लौंदा उसके पाँव पर गिरता है, वह पैर पटकता हुआ उसे धोने के लिए झरने की ओर भागता है।

चेतन की आँखें खुल गयीं। शायद वह सो गया था और सपना देखने लगा था। उसे लगा, बप्पा की जीवन-गाथा में यह प्रसंग जोड़ते हुए चारण ने इस घटना को ले कर वहाँ जड़ना तो चाहा होगा, पर उसकी सात्विकता घटना को उसी तरह रख नहीं पायी होगी और जैसे सपने में स्वयं चेतन के मन में वितृष्णा भर आयी, वैसे ही चारण के मन में भी भर आयी होगी और उसने अन्त ज़रा-सा बदल दिया होगा।

जाने कहाँ से चेतन को कमर के नीचे ठण्ड लग रही थी। उसने उधर से रज़ाई को अच्छी तरह दबाया। उसका शरीर गर्म हो गया था, आँखें भी भारी हो गयीं, लेकिन सोने के क्रम में वह फिर बप्पा की ज़िन्दगी में खो गया। अब के उसके सामने सोलंकिनी आ गयी —जल-झूलनी का त्योहार मनाने आयी हुई और यह जान कर कि रस्से घर में भूल आयी है, उदास और सकुचायी-सी, ललचाई निगाहों से उसे झूला झूलते हुए देखती हुई! (अज़ीब बात है कि चेतन सपना भी देख रहा था और जाने किस मानसिक प्रक्रिया से वह फिर बप्पा बन गया था।) वह सोलंकिनी की आँखों में लालसा देखता है, उतर कर उसकी ओर जाता है। घाघरा-चोली और चुनरी पहने वह बाला उसे बहुत ही आकर्षक लगती है। उसकी चंचलता, चपलता और सुन्दरता उसका मन मोह लेती है। वह चकित-सा देखता है कि वह तो नीला है, सोलंकिनी बनी उनके सामने खड़ी है। वह उसे बताती है कि वे लोग रस्से को घर भूल आयी हैं और उसका झूला झूलेंगी। बप्पा बना वह शादी की शर्त रखता है। नीला मान जाती है। वह आम के पेड़ के गिर्द सात फेरे लेता है, फिर उसको नदी किनारे धोबी के गड़हे पर ले जाता है, सबको हाथ में एक-एक पत्थर ले कर कसम खाने के लिए कहता है कि अगर कोई इस विवाह की घटना का भेद किसी को बतायेगा तो उसके पुरखों के समस्त सत्कर्म पत्थर-ऐसे धोबी के गड़हे में डूब जायेंगे। और पत्थर को गड़हे में फेंकता है। (राजपूतों में धोबी का गड़हा निहायत अपवित्र समझा जाता है) सोलंकिनी और उसकी सहेलियाँ तथा उसके साथी उसके पीछे सौगन्ध खाते हुए हाथ के पत्थर को गड़हे में फेंक देते हैं।

लेकिन सौगन्ध के बावजूद भेद खुल जाता है, वह अपने साथियों के साथ उन्द्रीका घाटी में भाग जाता है। (यद्यपि टॉड में यह घटना नहीं थी, पर नागेन्द्र से भागने से पहले चेतन सपने में सोलंकिनी से मिलता है और उसे विश्वास दिलाता है कि वह एक दिन चक्रवर्ती सम्राट बनेगा और उसे अपनी पटरानी बनायेगा।)

लेकिन जब वह राजा मान सिंह को हरा कर चित्तौड़ के सिंहासन पर बैठता है तो सोलंकिनी उसे याद नहीं रहती। लेकिन सोलंकिनी नहीं भूलती। एक दिन वह अपनी एक सौ छै सहेलियों के साथ दरबार में आ उपस्थित होती है और जल-झूलनी के त्योहार के अवसर पर होने वाले विवाह की याद दिलाती है।

बप्पा बना चेतन देखता है कि सोलंकिनी घाघरा-चोली और चुनरी पहने इतनी सुन्दर लगती है कि उस पर निगाहें नहीं टिकतीं। उसकी भंगिमा में कुछ अ़जीब-सा तनतना और गर्व है, उसकी आँखों में ऐसी बेबाकी है, जो उसकी विजयों से ज़रा भी प्रभावित नहीं होती और उसे अब भी झूले झुलाने वाला ग्वाला ही समझती है। जाने कैसे उसका चेहरा चेतन को नीला से मिलता-जुलता लगता है।

वह उसे स्वीकार कर लेता है। सादर महलों में भेज देता है। सुहागरात में जब वह उसका घूँघट उठाता है तो वह उसका हाथ झटक देती है। उसे क्रोध है कि उसने स्वयं शादी करके सौगन्ध धरायी और वह उसे भूल गया और माता-पिता तथा सगे-सम्बन्धियों की लांछना उसे सहनी पड़ी। बप्पा बना वह क्षमा माँगते हुए उसे बाँहों में भर कर प्यार करना चाहता है, लेकिन वह नहीं मानती। मानिनी बनी रूठी रहती है और वह क्रोधित हो उठता है। वह, जिसके हलके-से भ्रू-भंग पर शहज़ादियों के दिल काँप जाते थे और वे उसके चरणों में लोट जाती थीं, एक छोटे पहाड़ी राज्य की राजकुमारी उसका अपमान करने की जुर्रत करे। क्रोध से पागल हो कर वह उसे अपनी बाँहों में भर लेता है। वह एकदम ठण्डी, बेजान उसकी बाँहों में आ जाती है —पूर्ववत रूठी, तनी, क्रुद्ध....और तब जाने क्या होता है, वह जीत कर भी हार जाता है। पागलों-ऐसा वह अपने बाल नोचता है। दीवार से टक्करें मारता है....

सहसा उसकी नींद में थोड़ी-सी जागृति आ मिलती है। वह जानता है, नीला का क्रोध बेजा नहीं, उसने उसके साथ विश्वासघात किया है....लेकिन उसने तो नीला की शादी पर क्षमा माँग ली थी....वह पूरी तरह जग जाता है। अपनी मूर्खता पर सिर को झटका देता है। यद्यपि बिस्तर गर्म है, उसका मन उठने को नहीं होता, लेकिन उसकी नाभि के नीचे, उसके मसाने में बेपनाह तनाव है और उसका माथा दर्द कर रहा है।

वह रज़ाई परे हटाता है। सिरहाने से लोई उठा कर उसका फेंटा मारता है। नीचे जाता है। दुकान का दरवाज़ा ज़रा-सा खोल कर वह नाली पर जा बैठता है। हलका होने में उसे काफ़ी देर लग जाती है। वह नाली पर बैठा-बैठा ऊँघ जाता है। वही दृश्य उसकी अधमुँदी आँखों में आ जाता है, लेकिन अब वह स्वयं नहीं है, न नीला है। वहाँ बप्पा है और सोलंकिनी है। वह हलका हो कर वापस जाता है। वॉश-बेसिन में हाथ धो कर तौलिये से पोंछ, अपने बिस्तर पर आ कर लेट जाता है। उसे लगता है, नाटक की कुंजी उसके हाथ में आ गयी है सोलंकिनी को केन्द्र में रख कर वह बप्पा की तमाम बेचैनी, तमाम भटकन को व्याख्यायित कर सकता है। सोलंकिनी, जो किसी दूसरे से विवाह नहीं कर सकती, बप्पा

के पास आ जाती है, पर वह बप्पा को क्षमा नहीं कर पाती और बप्पा, जो उस मानिनी को तमाम शिद्दत से चाहने लगता है, उसे पूरी तरह जीत नहीं पाता और जोज़ेफ़ीन-सी हृदयहीना को चाहने वाले नेपोलियन की तरह पगलाये साँड़-ऐसा वह धरती को खूँदता फिरता है और अन्ततः उम्र के तीसरे पहर में चित्तौड़ को तज कर सेना के साथ निकल पड़ता है — उत्तर-पश्चिम रौंद डालता है —अनेकानेक शहज़ादियों को जीत लेता है, लेकिन उसकी कुण्ठा नहीं मिटती। यही कुण्ठा उसे महान योद्धा बना देती है।

चेतन को लगा, पूरा नाटक उसकी मुट्ठी में आ गया है। वह सुबह उठते ही उसकी रूप-रेखा बनायेगा। रज़ाई के अन्दर करवट लिये-लिये उसे महसूस हुआ कि उसकी कमर के नीचे ठण्ड लग रही है। उसने रज़ाई को अच्छी तरह अपने कमर के गिर्द लपेट लिया। हालाँकि नीचे नाली पर बैठे-बैठे उसका शरीर यख़ हो गया था, लेकिन नाटक की कुंजी हाथ लगते ही उसका सारा तनाव मिट गया और वह गहरी नींद सो गया।

o

दूसरे दिन जब उसने टॉड-राजस्थान और नोटबुक उठायी तो लाख कोशिश करने पर भी रात में देखा हुआ सपना उसे याद नहीं आया। बस, उसे यही आभास था कि सपने में नाटक की थीम उसकी पकड़ में आ गयी थी। पर ठीक-ठीक उसने क्या सोचा था, उसे याद नहीं आया। जब उसने और एकाग्रता से सोचा तो पहले कुछ धुँधला-सा एहसास उसे हुआ कि नाटक की नायिका सोलंकिनी को होना है। फिर धीरे-धीरे थीम उसे याद आ गयी। वह बहुत प्रसन्न हुआ, लेकिन जब कदरे गहराई से स्वप्न में हाथ आयी उस थीम पर उसने चेतन रूप से सोचा तो पहले उसे लगा कि अगर वह उस तरह नाटक लिखेगा तो वह प्रेम और सेक्स धुरी पर घूमेगा जबकि उसे तो पाठ्य-क्रम के लिए नाटक लिखना है।

काफ़ी देर माथा-पच्ची करने के बाद उसने तय किया कि वह चातक जी से सलाह करेगा। अगर उन्होंने हामी भरी तो वह उस थीम को उठायेगा और सावधानी के लिए वह राणा हमीर के जीवन-प्रसंग पर नाटक की रूप-रेखा बना कर ले जायेगा।

१६

चातक जी न दफ़्तर में थे, न घर पर और चेतन यह सोच कर आया था कि बप्पा रावल और राणा हमीर के जीवन-प्रसंगों को जिस तरह उसने नाटक का जामा पहनाने की सोची है, उस पर चातक जी से राय-बात करके दोनों में से एक थीम पर नाटक लिखने का तय कर लेगा और उस खाते में उनसे पेशगी रुपये ले कर शाम की गाड़ी से जालन्धर चला जायेगा, चन्दा को देख आयेगा और आ कर 'पवित्तर हिन्दू होटल' में सीट का प्रबन्ध करके महीने-डेढ़ महीने में नाटक लिख डालेगा।

लेकिन चातक जी उसे नहीं मिले। 'मंजरी-कार्यालय' में उनकी मेज़ ख़ाली थी। नीचे 'हिन्दी पुस्तक भवन' में उसने पूछा तो मालूम हुआ कि आये थे, पर कहाँ चले गये हैं, यह

मालूम नहीं। काफ़ी देर दफ़्तर में प्रतीक्षा करके वह उनके घर पहुँचा था। भाभी को यह तो मालूम नहीं था कि कहाँ गये हैं, पर उसने यकीन दिलाया था कि दोपहर के खाने पर ज़रूर आयेंगे और उसने चेतन को वहीं इन्तज़ार करने की सलाह दी थी। अन्दर से कम्बल ला कर उसने सानुरोध उसे दिया था कि आराम से लेटे और आया है तो खाना खा कर जाये।

चेतन गद्दे पर गाव तकिये के सहारे बैठ गया था। कम्बल उसने आधे शरीर पर खींच लिया था और राणा हमीर के प्रसंग पर नाटक की जो रफ़ रूप-रेखा उसने तैयार की थी, उसे देखने लगा था।

बप्पा रावल पर तो नहीं, पर चेतन को पूरा विश्वास था कि राणा हमीर और मालदेव की विधवा कन्या को ले कर जिस तरह वह नाटक चाहता है, वह ज़रूर सफल नाटक लिख ले जायेगा। वह उस थीम के माध्यम से एक तरफ़ राणा हमीर की लासानी वीरता, रण-कौशल, मेधा और फ़राख़-दिली दिखाना चाहता था, दूसरी ओर मालदेव की उस विधवा बेटी की समझदारी, अपने पति के प्रति वफ़ादारी और उसकी उस उदारता के प्रति (जिसके कारण धोखे से दिये गये बाल-विधवा के संग को हमीर ने स्वीकार कर लिया था) उसकी कृतज्ञता दर्शाना चाहता था। इसके अलावा उस विलक्षण प्रसंग के माध्यम से वह विधवा-विवाह की आवश्कता पर बल देना चाहता था। उसे विश्वास था कि चातक जी उस थीम को ज़रूर सराहेंगे और चण्ड के उस थोथे आदर्श के मुकाबले में, जिसने चित्तौड़ को पतन के गर्त पर ला खड़ा किया, सच्चे आदर्श का यह प्रसंग चुनने पर उसकी पीठ ठोंकेंगे।

नाटक की रूप-रेखा को देखते हुए राणा हमीर का पूरा जीवन-प्रसंग चेतन के सामने पुनः मूर्तिमान हो उठा।

०

हमीर की रगों में एक निडर राजूपतानी चाँदनूँ का रक्त था। कर्नल टॉड ने हमीर के पिता और चाँदनूँ के विवाह का जो प्रसंग दिया था, वह स्वयं किसी नाटक के दृश्य जैसा लगता था।

....हमीर का पिता राजकुमार अरि सिंह चित्तौड़ के राणा भीमसी का ज्येष्ठ पुत्र था। जब वह एक दिन अपने साथियों के साथ अन्दवा वन में शिकार को गया तो उसने अपने साथियों के साथ एक जंगली सुअर का पीछा किया। सुअर मकई के खेत में छिप गया। इससे पहले कि खेत में घुस कर वे उसका पीछा करते, एक सुन्दर युवती, जो मचान पर चढ़ी खेत की रखवाली कर रही थी, हाथ में गुलेल लिये उतरी और उनके सामने आ खड़ी हुई। उसने उन्हें खेत को रौंदने से बरजा और कहा कि वह स्वयं सुअर को निकाल लाती है। यह कह कर वह मचान पर चढ़ गयी और उसने ऐसा साध कर निशाना मारा कि सुअर वहीं-का-वहीं चित हो गया। लड़की मचान से उतर कर खेत में घुसी और दूसरे क्षण सुअर को कान से पकड़े घसीटती हुई उन तक ले आयी और उसने सुअर को उनके सामने फेंक दिया। फिर बिना एक शब्द कहे, वह चली गयी और मचान पर चढ़ कर गुलेल से मकई के भुट्टों पर बैठने वाले तोतों को उड़ाने लगी।

अरि सिंह और उसके साथी लड़की की निडरता और वीरता से बहुत प्रभावित हुए।

दोपहर हो गयी थी, वे लोग वहीं उतर गये। घोड़े उन्होंने झाड़ियों से बाँध दिये और भोजन करने लगे। तभी एक ढेला आया और अरि सिंह के घोड़े की टाँग ज़ख़्मी कर गया। उन्होंने उधर निगाह दौड़ायी तो लड़की को फिर मचान से उतरते देखा। वह ढेला लड़की की गुलेल से छूटा था। वह निडर भाव से वहाँ आयी और उसने युवराज अरि सिंह से हाथ जोड़ कर क्षमा माँगी।

यही चाँदनूँ थी। अरि सिंह शिकार से लौटे तो जैसे उस निडर युवती की छवि उनके साथ ही आयी। उन्हें तब तक चैन नहीं आया, जब तक कि उन्होंने उस किसान बाला को अपनी अर्द्धांगिनी नहीं बना लिया। चाँदनूँ अपने वृद्ध पिता की इकलौती सन्तान थी। उसके पिता ने तो राजकुमार का प्रस्ताव ठुकरा दिया था, लेकिन चाँदनूँ की माँ ने अपने पति को मजबूर कर दिया और चाँदनूँ अरि सिंह की पत्नी बन कर चित्तौड़ के राजमहल में आ गयी।

चेतन को इस प्रसंग में प्रेम की आदिम भावना क्रियाशील दिखायी दी थी। उसे लगा था और अरि सिंह ही उस बाला पर मुग्ध नहीं हुआ, बल्कि वह बाला भी राजकुमार पर मुग्ध हो गयी थी, और उसके मन पर अपनी छाप बैठाने के लिए उसने शोख़ी से घोड़े की टाँगों को निशाना बना डाला। बेटी के मन की बात माँ जान गयी होगी, तभी उसने पति को उस विवाह के पक्ष में कर लिया होगा।

हमीर बहुत छोटा था और ननिहाल में था, जब अलाउद्दीन ख़िलजी ने रानी पद्मिनी को पाने के लिए दोबारा चित्तौड़ पर आक्रमण किया।

पहली बार ख़िलजी हार कर दिल्ली लौट गया। दूसरी बार और बड़ी सेना ले कर आया। उसने चित्तौड़ को घेर लिया और दक्षिण में एक महत्वपूर्ण पहाड़ी पर अधिकार जमा कर वहाँ डेरे डाल दिये।

यह कहा जाता है कि राणा भीमसी को सपने में भवानी ने दर्शन दिये और कहा कि मुझे बारह मुकुटधारी सिर चाहिएँ तभी मेरी भूख मिटेगी। राणा भीमसी ने सबसे पहले अपने ज्येष्ठ पुत्र अरि सिंह को सिंहासन पर बैठाया, उसने तीन दिन राज किया, चौथे दिन वह सेना ले कर शत्रु के मुकाबले को निकला और वीर-गति को प्राप्त हुआ। चाँदनूँ सती हो गयी।

अपने दूसरे पुत्र अजय सिंह के प्रति राणा के मन में अतिरिक्त मोह था। उसे युद्ध पर जाने से उन्होंने रोक लिया और तीसरे बेटे का राज-तिलक करके उसे मुकुट पहनाया। तीसरे दिन वह भी सेना ले कर तातार फ़ौज पर टूट पड़ा और शत्रु का संहार करता हुआ हत हुआ।

इसी तरह जब राजा भीमसी के ग्यारह बेटे युद्ध में काम आये तो राणा ने बारहवीं बलि देने के लिए स्वयं युद्ध में जाने का फ़ैसला किया। अजय सिंह को उन्होंने विश्वस्त सैनिकों के साथ गुप्त-मार्ग से खेलवाड़ा भेज दिया। उससे कहा कि बेटा, चित्तौड़ के हाथ से निकल जाने में अब कोई शक नहीं, जब तक तुम जीना, इसे वापस जीतने की कोशिश करना और अपने बेटे को नहीं, अपने बड़े भाई के बेटे के बेटे को युवराज बनाना, क्योंकि इंसाफ़ का यही तकाज़ा है।

जब अजय सिंह के सुरक्षित खेलवाड़ा पहुँचने का समाचार आ गया तो राजा भीमसी ने बचे हुए सरदारों के साथ युद्ध पर जाने का फ़ैसला किया। रानी पद्मिनी ने हज़ारों राजपूत युवतियों के साथ जौहर की रस्म अदा की। राणा भीमसी और उनके बाकी सरदार सर पर

कफ़न बाँध, युद्धोन्मत्त हो कर दुर्ग से निकले और हज़ारों दुश्मनों को यम-लोक पहुँचाने के बाद एक-एक करके कट गये।

विजय के नशे में चूर ख़िलजी सुल्तान चित्तौड़ में दाख़िल हुआ। जब उसे मालूम हुआ कि रानी पद्मिनी ही नहीं, तमाम युवा राजपूतानियाँ और बालाएँ जौहर की अग्नि में जल मरी हैं, तो अपनी निराशा और कुण्ठा में उसने केवल रानी पद्मिनी के महलों को छोड़ कर तमाम राज-भवनों और मन्दिरों का ध्वस्त करने का आदेश दिया। कुछ दिन वह खिन्न और क्रुद्ध चित्तौड़ में रहा फिर किले को मल्लौर सरदार मालदेव के हवाले कर (जिसने पहले से तातार सत्ता को मान लिया था) वह दिल्ली वापस लौट आया।

अजय सिंह ने खेलवाड़ा को अपनी राजधानी बनाया। खेलवाड़ा मेवाड़ के पश्चिम में अरावली पर्वत पर बसा हुआ नगर है। अरावली की पहाड़ियों में भील सरदार अपने कबीलों के साथ रहते थे। वे आपस में भी लड़ते थे और इर्द-गिर्द लूट-पाट भी मचाते थे। राजा शक्तिशाली होता तो वे दबे रहते, उसकी सत्ता को स्वीकार कर उसके सामन्त भी बन जाते, वरना उसकी प्रजा को परेशान करते। उनमें एक भील सरदार भुंजा बलैचा बेहद ख़ूँख़्वार था। एक बार युद्ध में अजय सिंह के हाथों वह ज़ख़्मी हो गया था। तब से बदले की भावना के अधीन घायल सिंह की तरह वह दहाड़ता हुआ लूट-पाट मचाता घूमता था।

अजय सिंह ने बहुत कोशिश की, लेकिन वह उस दुर्दान्त भील से पार नहीं पा सका। इसके अलावा अजय सिंह के सामने चित्तौड़ को तातार सत्ता से आज़ाद कराने की समस्या थी। अपने पिता को दिया गया वचन भी उसको याद था। लेकिन उसके दोनों जवान बेटे निहायत निकम्मे थे, साधनों की उसके पास कमी थी और चित्तौड़ की विजय उसके लिए सपना ही बनी हुई थी। ऐसे में उसे अपने भतीजे हमीर की याद आयी। अपने पिता के आदेश और अपने वचन का भी उसे ध्यान आया कि वह उसी को युवराज बनायेगा। उसने सरदारों को हुक्म दिया कि जैसे भी हो, वे हमीर को खोज कर ले आयें।

मातृ-पितृ-विहीन हमीर अपने नाना के यहाँ पल रहा था। वह दिन भर गायें चराता। न वह किसी की नज़र में चढ़ा था, न किसी को शक गुज़रा था कि वह चित्तौड़ की गद्दी का वारिस है। लेकिन ख़ून तो उसकी रगों में अपने दादा राणा भीमसी का ही था, इसलिए वह अपने साथियों में अपनी निडरता, वीरता, उदारता के कारण बहुत लोकप्रिय था और उसके साथी उसे अपना सरदार मानते थे। घुड़सवारी और शस्त्रास्त्र विद्या में उसकी वीर माता चाँदनूँ ने उसे निपुण बना दिया था।

अजय सिंह के सरदार हमीर को ढूँढते हुए उसके ननिहाल पहुँच गये और उन्होंने उसके नाना को समझाया कि राणा भीमसी को दिये गये वचन के अनुसार अजय सिंह हमीर को अपना युवराज बनाना चाहते हैं। और वे उसे ले कर खेलवाड़ा पहुँचे।

अजय सिंह ने हमीर से कहा कि बेटा, चित्तौड़ का सिहासन तुम्हारा है, तुम्हीं उसके जायेज़ वारिस हो और तुम्हीं को उसे तातारियों के चंगुल से आज़ाद कराना है। मेरे दोनों लड़के निकम्मे हैं, मैं तुम्हें अपना युवराज बनाना चाहता हूँ, लेकिन मेरी एक ही शर्त है। भील सरदार भुंजा बलैचा मेरी प्रजा को बहुत परेशान कर रहा है, तुम उसका सिर काट कर लाओ। मैं उसी दिन तुम्हारा राज-तिलक कर दूँगा।

हमीर पाँच सौ घुड़सवारों के साथ चल दिया। कुछ दिन बाद खेलवाड़ा के निवासियों ने देखा कि हमीर भाले पर भुंजा बलैचा का सिर लिये घोड़ा दौड़ाता हुआ चला आ रहा है।

हमीर ने भुंजा बलैचा का सिर अपने चाचा के कदमों पर डाल दिया। अजय सिंह ने प्रसन्न हो कर उसी के रक्त से हमीर का राज-तिलक कर दिया।

अजय सिंह के बाद हमीर खेलवाड़ा के सिंहासन पर बैठा। उसके पास धन और सेना की कमी थी। उसने छापापार युद्ध-पद्धति से तातारों के अधीन गाँवों को लूटना और अपने ख़ज़ाने को भरना शुरू किया। जब उसके पास काफ़ी सेना हो गयी तो एक दिन उसने सारे मेवाड़ में डौंडी पिटवा दी कि जो ग्रामवासी हमीर को अपना राणा मानते हैं, वे अपने गाँव और खेत छोड़ कर पश्चिमी पहाड़ पर आ बसें। जो ऐसा नहीं करेंगे, उन्हें शत्रु समझा जायेगा और वैसा ही व्यवहार उनके साथ किया जायेगा। यह घोषणा सुनते ही अधिकांश देश-भक्त मेवाड़वासी खेलवाड़ा पहुँच गये। उन दिनों खेलवाड़ा की बेपनाह तरक्की हुई। खेलवाड़ा के इर्द-गिर्द मीलों तक फैले जंगल बस गये। हमीर ने न केवल यहाँ एक बहुत बड़ा तालाब बनवाया, बल्कि ज़मींदोज़ रास्तों से सारे प्रदेश को एक सूत्र में पिरो दिया। घाटियों को जोड़ने वाले गुप्त मार्ग ऐसे थे कि अव्वल तो शत्रु-सेना उन तक पहुँच न पाये और पहुँच जाये तो ज़िन्दा वापस न आये।

मेवाड़वासियों की इस हिजरत के बाद मेवाड़ के नगर-ग्राम उजड़ गये। रास्ते जंगल बन गये। जो कसर रह गयी थी, उसे हमीर ने पूरा कर दिया। जिन लोगों ने उसकी सत्ता नहीं मानी, उनके गाँव और खेत उसने उजाड़ डाले। ज़ाहिर है कि चित्तौड़ में मौजूद तातार सेना को अन्न-जल की किल्लत होने लगी। मालदेव के अधीन तातार सेना ने बार-बार हमीर के हमलों को नाकाम करने की कोशिश की, लेकिन वे एक बार भी हमीर को नहीं हरा सके।

उस वक्त, जब हमीर अपनी सेना और भील सरदारों की मदद से चित्तौड़ पर हमले की योजना बना रहा था, अचानक मालदेव ने अपनी लड़की का विवाह हमीर से करने का पैग़ाम भेजा।

हमीर के सामन्त इस अप्रत्याशित प्रस्ताव को सुन कर चौंके। उन्हें इस प्रस्ताव में मालदेव की कोई चाल लगती थी। उन्होंने हमीर को यह प्रस्ताव स्वीकार करने से बरज दिया। हालाँकि इसमें बड़ा जोखिम था, लेकिन हमीर के मन में किसी बहाने भी चित्तौड़ को देखने की साध थी। फिर उसने सोचा कि बिना जोखिम उठाये, कोई बड़ा काम सरअंजाम नहीं दिया जा सकता। उसने मालदेव का प्रस्ताव स्वीकार कर लिया।

निश्चित दिन जब हमीर अपने पाँच सौ घुड़सवारों के साथ चित्तौड़ पहुँचा तो वह यह देख कर हैरान रह गया कि वहाँ शादी-वादी का कोई ताम-झाम नहीं था। न कहीं बन्दनवार लगे थे, न तोरण। हमीर की अगवानी को सिर्फ़ मालदेव के पाँच बेटे मौजूद थे। शंका होने के बावजूद निहायत बेख़ौफ़ी से चित्तौड़ के भवनों का नज़ारा करता हुआ हमीर विवाह-मण्डप में पहुँचा। वहाँ मालदेव के बड़े बेटे बनवीर ने बहन की चुनरी का कोना हमीर के कुर्ते के दामन से बाँध दिया और मालदेव ने पुरोहित से सात फेरे दिलवाने को कहा। उसके साथ कोई छल किया जा रहा है, हमीर के मन की यह शंका सुहाग-कक्ष में पहुँचने पर सच साबित हुई —मालदेव ने अपनी बाल-विधवा लड़की से हमीर की शादी

कर दी थी। दुल्हन ने हाथ जोड़ कर क्षमा माँगते हुए उसे सारी स्थिति बता दी। उसने हमीर से कहा कि वह न सिर्फ़ बाल-विधवा है, उसने अपने पति की शक्ल तक नहीं देखी। उसका गौना भी नहीं हुआ था कि उसका पति युद्ध में मारा गया था। उसने रोते हुए अपना सिर हमीर के कदमों पर रख दिया। हमीर ने परम उदारता से उसे सीने से लगा लिया और कहा, "इसमें तुम्हारा कोई कुसूर नहीं है। तुम मेरी ब्याहता हो। तुम्हें मुझसे कोई शिकायत नहीं होगी। अपने अपमान का बदला यदि मुझे लेना होगा तो मैं तुम्हारे पिता से लूँगा। तुमसे नहीं।"

हमीर की उदारता से मालदेव की लड़की अभिभूत हो गयी और उसने अपनी कृतज्ञता और वफ़ादारी के सबूत में उससे कहा कि वह चित्तौड़ को आज़ाद कराने में उसे पूरी सहायता देगी।

मालदेव की लड़की बड़ी शालीन, बुद्धिमती और अपने पति के प्रति कृतज्ञ थी। उसकी सलाह के मुताबिक हमीर ने मन के गुस्से का ज़रा भी पता अपने ससुर को नहीं चलने दिया और उस वक्त, जब मालदेव ने उससे पूछा कि उसे दहेज में क्या चाहिए तो अपनी पत्नी के परामर्शानुसार उसने मेवाड़-भक्त सरारजाल मेहता को माँग लिया।

नौ महीने बाद हमीर के घर बालक ने जन्म लिया। हमीर की पत्नी ने अपने पिता को लिखा कि वह अपने बच्चे का पहला जन्म-दिन चित्तौड़ में मनाना चाहती है। वह माँ भवानी के दर्शन करेगी और बच्चे के लिए आशीर्वाद माँगेगी।

मालदेव ने हामी भर ली तो हमीर — अपनी पत्नी, जाल मेहता और पाँच सौ बहादुरों के साथ — चित्तौड़ के लिए चल पड़ा। सौभाग्य से मालदेव सेना ले कर दुश्मनों को परास्त करने गया हुआ था। हमीर की पत्नी ने उसे सरदारों के साथ चित्तौड़ से ज़रा दूर एक स्थान में रुकने के लिए कहा। स्वयं वह जाल मेहता के साथ चित्तौड़ गयी। उन्होंने चित्तौड़ के राजपूत सरदारों को अपने साथ मिला लिया और हमीर को सन्देश दिया कि चित्तौड़ पर चढ़ाई कर दे। हमीर ने चित्तौड़ पर आक्रमण कर दिया। राजपूत सरदारों ने किले के दरवाज़े खोल दिये। थोड़ी-सी तातार सेना, जो किले में बची थी, मौत के घाट उतार दी गयी। हमीर ने चित्तौड़ पर अधिकार कर लिया और अपने आपको चित्तौड़ का स्वामी घोषित कर दिया।

मालदेव शत्रुओं को परास्त कर लौटा तो स्थिति को देख कर वह सीधा दिल्ली चला गया। वहाँ अलाउद्दीन ख़िलजी के बाद महमूद गद्दी पर बैठा था। मालदेव ने हमीर की शिकायत की, उसे चंग पर चढ़ाया और महमूद एक बड़ी सेना ले कर चित्तौड़ पर चढ़ दौड़ा। हमीर ने न केवल तातार सेना को बुरी तरह परास्त कर दिया, बल्कि महमूद को बन्दी बना लिया। तीन महीने चित्तौड़ में कैद रहने के बाद महमूद ने अजमेर, रणथम्भौर और दूसरे कई इलाके, सौ हाथी और पचास लाख रुपये दे कर अपने प्राण बचाये। मेवाड़ पर पूरी तरह हमीर का आधिपत्य हो गया। मालदेव के बड़े बेटे बनवीर ने उसकी अधीनता स्वीकार कर ली और हमीर ने परम उदारता से उसे अपना सामन्त बना लिया। फिर वह मेवाड़ के उजड़े गाँवों को पुनः बसाने में जुट गया।

०

कम्बल नर्म और गर्म था। चेतन ने तकिये के सहारे अधबैठे-अधलेटे उसे कन्धों तक ओढ़ लिया और राणा हमीर के इस जीवन-प्रसंग पर उसने जैसे नाटक के दो ख़ाके बनाये थे, मन-ही-मन उस पर विचार करने लगा।

चेतन ने पहले नाटक को ख़िलजी के दूसरे आक्रमण से शुरू किया था और पहले अंक के पाँच दृश्यों में चित्तौड़-विध्वंस का उल्लेख करते हुए उसे अजय सिंह के खेलवाड़ा-पलायन पर ख़त्म किया था। दूसरे अंक के पहले दृश्य में खेलवाड़ा में अजय सिंह के दरबार का सीन रख कर शेष दृश्यों में उसने भुंजा बलैचा का आतंक, अजय सिंह के लड़कों का निकम्मापन और हमीर को ढूँढ निकालने के लिए दूत को भेजने के प्रसंग रखने का फ़ैसला किया था लेकिन पुनः सोचने पर उसे लगा कि नाटक हमीर के बचपन ही से शुरू होना चाहिए। उसने नाटक के दूसरे वर्शन की रूप-रेखा नाना और बालक हमीर के सम्वाद से आरम्भ की। उसमें उसके नाना के सम्वाद द्वारा ख़िलजी के आक्रमण और हमीर के पिता अरि सिंह और दादा भीमसी, आदि के बलिदान की कहानी कहलायी। इस दूसरे अंक में नानी द्वारा उसकी माँ की वीरता और सती होने का उल्लेख, अपनी साथियों में बालक हमीर के दबदबे का बखान, हमीर को ढूँढते हुए राणा अजय सिंह के सरदारों का आगमन और अन्तिम दृश्य में सरदारों के साथ खेलवाड़ा के लिए हमीर का प्रस्थान — क्रमशः ये प्रसंग रहे। चेतन को दूसरा वर्शन पसन्द था और उसे यकीन था कि चातक जी को भी पसन्द आयेगा।

मन-ही-मन नाटक की रूप-रेखा से सन्तुष्ट हो कर चेतन गद्दे पर पसर गया और उसने तकिये पर सिर रख लिया —नाटक के दोनों वर्शनों की रूप-रेखा पर सोचते और राणा भीमसी, अरि सिंह, अजय सिंह, हमीर, मालदेव और उसकी विधवा कन्या के प्रसंगों में उलझे हुए उसकी आँखें झप आयीं और फ़ाइल को एक ओर करके, कम्बल को ज़रा और ऊपर करके वह कब सो गया, उसे पता नहीं चला।

तभी चातक जी आ गये। उसे गहरी नींद में सोये देख कर उन्होंने उसे जगाना मुनासिब नहीं समझा। जब खाना तैयार हो गया तो उन्होंने उसे आवाज़ दी। वह नहीं जागा तो उन्होंने गद्दे पर बैठ कर उसके कन्धे को ज़रा हिलाया —"उठो भाई! कब तक सोते रहोगे!"

चेतन हड़बड़ा कर उठ बैठा।

"आप कहाँ चले गये थे ?" उसने आँखें मलते हुए कहा, "मैं आपसे नाटक डिसकस करना चाहता था। देर तक 'मंजरी'-कार्यालय में बैठा रहा फिर यहाँ आ गया। रात भर जग कर नाटक की रूप-रेखा तैयार करता रहा हूँ। थक गया था। आँख लग गयी। मैं आज जालन्धर जाना चाहता था और...."

"मुझे तो स्वयं 'मंजरी' का अंक तैयार करना था," चातक जी ने कहा, "लेकिन 'विश्वबन्धु' के सम्पादक माधव जी आ गये। 'विश्वबन्धु' के मालिकों से उनका कुछ मन-मुटाव हो गया था। वे आये तो मैं उनके साथ चला गया।"

"मैं दो-दो नाटकों पर रफ़ काम कर लाया हूँ। आप खाना खा लीजिए और सुन लीजिए। मैं शाम की गाड़ी...."

"हाँ-हाँ, भाई सुन लेंगे," चातक जी ने कहा, "लेकिन पहले उठो, तुम भी खाना खा लो। तुम्हारी भाभी ने तुम्हारे लिए बड़ी साध से मटर और प्याज़ मिला आलू का भुर्ता बनाया है।"

चेतन ने सुबह लस्सी का गिलास पिया था। उसका ख़याल था कि चातक जी से नाटक पर बातचीत करके भाई साहब के साथ खाना खायेगा। लेकिन चातक जी के यहाँ ही दोपहर हो गयी। उसे भूख लग आयी थी। वह उठा और हाथ धो कर रसोई-घर में उनके साथ आसन पर जा बैठा।

०

खाना खाने के बाद चेतन ने उन्हें बप्पा रावल ओर राणा हमीर के जीवन-प्रसंग सुनाते हुए नाटकों की योजना बतायी तो चातक जी ने दोनों को नापास कर दिया।

चातक जी ने सीधे यह बात नहीं कही। घुमा कर कहा, लेकिन मतलब उनका यही था कि उसने बेकार इतना श्रम किया। वे प्रसंग पाठ्यक्रम नाटकों के लिए उपयुक्त नहीं है। नाटकों को रूप-रेखाओं पर बात करना भी तब ग़ैर-ज़रूरी हो गया।

बप्पा रावल की प्रथम थीम के बारे में तो चेतन को स्वयं सन्देह था। उसे लगता था कि वह थीम सेक्स-प्रधान है और पाठ्यक्रम के लिए लिखे जा रहे नाटक के शायद मुनासिब नहीं है। लेकिन चातक जी को बप्पा रावल के जीवन-प्रसंग में सबसे बड़ा दोष यह लगता था कि वह राजा, जिसने 'हिन्दू सूर्य' और 'राज गुरु' की उपाधियाँ धारण कीं, आयु के तीसरे पहर में अपना देश छोड़ कर पश्चिम में चला गया। यवन शाहों को परास्त कर उनकी शहज़ादियों से उसने शादियाँ कीं और फिर स्वयं यवन बन कर वहीं बस गया। उनका कहना था कि यह बात हिन्दी-बोर्ड के सदस्यों के गले नहीं उतरेगी।

अगरचे चेतन जानता था कि चातक जी ग़लत नहीं कहते, स्वयं उसके मन में यह संशय था, उसने यूँ ही बहस के लिए कहा, "साहित्य हिन्दू-मुसलमान से मतलब नहीं रखता, वह आम आदमी से, उसके कार्य-कलाप और उस सबके पीछे कार्यरत उसके मनोविज्ञान से ग़रज़ रखता है और बप्पा रावल तथा सोलंकिनी के उस प्रसंग में...."

"वह प्रसंग अद्‌भुत है," प्रकट ही चातक जी ने उसके अहं को सहलाते हुए उसकी बात काट कर कहा, "मैं तुम्हारी सूझ-बूझ और दृष्टि की सराहना करता हूँ। यह आधारभूत विचार, जिसके द्वारा तुम बप्पा रावल की बेचैनी और विजय-यात्राओं को व्याख्यायित करना चाहते हो, एकदम अनोखा, मौलिक और मनोवैज्ञानिक है। लेकिन बन्धु, इसे नाटक में रूपायित करना सरल नहीं। तुम दो-तीन नाटक लिख लो, फिर इस थीम को उठाना। पाठ्‌य-क्रम के लिए तो नहीं, पर स्वान्तः सुखाय लिखो। हिन्दी में अपनी तरह का अकेला नाटक होगा।"

चेतन उनकी बात सुन कर प्रसन्न हुआ। उसने कहा, "मैं जानता था, यह नाटक पाठ्यक्रम के लिए नहीं लिखा जा सकता। इसीलिए मैंने राणा हमीर का प्रसंग चुना। ऐतिहासिक होते हुए भी वह सामयिक है। राजस्थान के इतिहास में यह एक मात्र ऐसा प्रसंग हैं, जिसमें पति के मरने पर पत्नी सती नहीं हुई, बल्कि उसका पुनिर्ववाह हुआ और वह सफल भी रहा। यही नहीं, उसी के कारण चित्तौड़ का उद्धार हुआ और राणा हमीर ने चित्तौड़

को उसका पुराना गौरव प्रदान किया।"

चातक जी क्षण भर चुप रहे। फिर लम्बी साँस ले कर उन्होंने कहा, "लेकिन दुर्भाग्य से इसी कारण वह हिन्दी-बोर्ड के सदस्यों को स्वीकार नहीं होगा।"

चेतन भौंचक्का-सा चातक जी की ओर देखता रह गया। उसकी आँखों में एक बड़ा-सा प्रश्न-चिन्ह बन गया।

"बात यह है कि बन्धु," उन्होंन क्षण भर चुप रह कर कहा, "सती-प्रथा की क्रूरता और हिन्दू विधवा को उस मौत के-से जीवन से मुक्ति दिला कर पुनर्विवाह द्वारा उसे जीवन के नये सिरे से जीने की प्रेरणा देना अपनी जगह है, सामाजिक मंच पर शायद ही हिन्दी बोर्ड का कोई सदस्य इसका विरोध करे, लेकिन अगर वही प्रचार किसी नाटक या उपन्यास में होगा तो ये लोग इस या उस बहाने से उस अस्वीकृत कर देंगे।"

"लेकिन क्यों," चेतन ने जैसे फुफकार कर कहा,"सन्तराम बी० ए० ने अपना सारा जीवन विधवा-विवाह के प्रचार की ख़ातिर लगा दिया है।"

"सन्तराम बी० ए० और आर्य समाजियों की बात छोड़ो, लेकिन हिन्दी-बोर्ड में दो सदस्य सनातन धर्मी संस्थाओं के हैं। अन्दर से बेहद दकियानूसी और कट्टरपन्थी हैं। उनका वश हो तो आज फिर सती-प्रथा को चालू कर दें। राजपूताने के इतिहास में यदि एक ओर राजपूतों का सिर पर कफ़न बाँध कर शत्रु पर टूट पड़ना उन्हें गौरवपूर्ण लगता है, तो दूसरी ओर अपने सतीत्व की रक्षा के लिए हिन्दू ललनाओं का चिताओं की जलती आग में कूद जाना भारतीय नारी का चरम आदर्श दिखायी देता है। तुम्हारी थीम में उन्हें सबसे बड़ी आपत्ति यही होगी कि मालदेव की कन्या ने पातिव्रत्य धर्म का पालन नहीं किया और मालदेव ने उसका पुनर्विवाह कर क्षात्र-धर्म को कलंक लगाया। उसे तो वे इसलिए क्षमा कर देंगे कि वह मुसलमान शासकों से जा मिला था। वह देश-द्रोही था, लेकिन वैसा नाटक लिखने वाले को बोर्ड के सदस्य क्षमा नहीं करेंगे।"

कुछ क्षण वे चुप रहे। फिर उन्होंने कहा, "थीम तुम्हारी यह भी समाज-परक, सामयिक और गहरी है। इस पर तुम स्वतन्त्र रूप से नाटक लिखना। तुम्हें ख़ूब यश मिलेगा, लेकिन यह पाठ्य-पुस्तक के अनुकूल नहीं है। पाठ्य-पुस्तक लिखते वक्त इस बात का ध्यान रखना ज़रूरी है कि उसमें कोई पैरा, वाक्य या प्रसंग ऐसा न आये, जो आपत्तिजनक हो, जिसे अश्लील की संज्ञा दी जा सके। प्रेम का चित्रण हो तो ऐसे प्रेम का होना चाहिए, जो शारीरिक न हो, आत्मिक हो, उदात्त हो —ऐसा प्रेम, जो युवा पाठकों को प्रेरणा दे, उनमें बलिदान की भावना जगाये। ऐसा ही प्रेम पाठ्य-पुस्तक में दिखाया जा सकता है। लेकिन परिरम्भण, चुम्बन, आलिंगन वाला प्रेम नहीं दिखाया जा सकता। कोई ऐसा दृश्य नहीं दिखाया जा सकता, जिसका तनिक भी बुरा प्रभाव युवकों के अपरिपक्व मन पर पड़े अथवा जो उनकी वासनाओं को उभारे।"

चातक जी चुप हो गये। चेतन क्या कहे, उसकी समझ में कुछ नहीं आया। इतने दिनों का श्रम, रतजगे और माथा-पच्ची....वह समझता था, राजा हमीर वाला प्रसंग और नाटक की थीम चातक जी को पसन्द आयेगी। वह उनसे बीस-पच्चीस रुपये ले कर जालन्धर जायेगा। कुछ रुपये घर दे आयेगा। शेष से 'पवित्तर हिन्दू होटल' में सीट लेगा।

गर्मियाँ आने वाली थीं। परछत्ती पर तो ज़्यादा दिन नहीं रहा जा सकता था। 'पवित्तर हिन्दू होटल' में सीट ले कर वह अध्ययन भी करता और नाटक भी लिखता। उसका चेहरा उतर गया। थोड़ी तिक्तता से उसने कहा, "आपको मुझे यह सब पहले बताना चाहिए था। अब मैंने इतना श्रम किया...."

"बन्धु, हमने तुम्हें चण्ड के प्रसंग को ले कर इसीलिए तो नाटक लिखने के लिए कहा था, पर तुम बप्पा रावल और हमीर के चक्कर में फँस गये। आख़िर तुम्हें चण्ड के प्रसंग में क्या बुरा दिखायी देता है ?"

चेतन ने उन्हें विस्तार से अपने एतराज़ बताये।

"देखो बन्धु, इतिहास की घटना तो मात्र सहारा होती है," उन्होंने कहा, "कवि अथवा नाटककार को शेष सब अपनी कल्पना से बुनना या गढ़ना पड़ता है। तुम यदि दरबार वाले दृश्य से पहले कहीं युवराज चण्ड की अद्‌भुत पितृ-भक्ति का उल्लेख कर दो तो उसकी वह सौगन्ध स्वाभाविक ही लगेगी। रही रणमल की बात, तो राय बहादुर गौरीशंकर हीरानन्द ने अपने इतिहास में उसे राजा लक्ष सिंह का सौतेला साला याने मण्डोवर के राणा की पहली पत्नी का बेटा लिखा है। साला अपने बहनोई के घर रह सकता है और वह सब कुकृत्य कर सकता है, जो रणमल ने किये। दासी का नाम भी उसमें दिया गया है। वह नर्तकी है। रणमल उस पर आसक्त हो जाता है। वह महत्वपूर्ण भूमिका निभा सकती है। मेरी मानो तो तुम इस पुस्तक में भी वह प्रकरण पढ़ डालो और उसी पर नाटक लिखो।"

और अपनी बात कहते-कहते चातक जी ने अलमारी से राय बहादुर गौरीशंकर हीराचन्द की पुस्तक निकाली और चेतन की ओर बढ़ायी।

चेतन जड़वत बैठा रहा। उसने पुस्तक नहीं ली। "मैं तो आपकी ओर आया था कि नाटक की बात तय हो जाये, मैं आपसे पेशगी बीस-पच्चीस लूँ और जालन्धर जाऊँ।"

"बन्धु, तुमने मुझसे पहले कहा होता तो मैं पन्नालाल से बात कर रखता। 'राजपूताने का भीष्म' की रूप-रेखा ही बनायी होती तो मैं तुम्हारे साथ जाता, पन्नालाल को वह दिखाता। और तुम्हें रुपये दिलवा देता, लेकिन...."

"लेकिन मैंने तो कहा था कि बिना पेशगी लिये नाटक नहीं लिखूँगा," चेतन ने कदरे तल्ख़ी से कहा, "मेरे पास पूरी किताबें नहीं होंगी, मुझे पुरी के यहाँ किताबें पढ़ने जाना पड़ेगा, लिखने-पढ़ने की जगह नहीं होगी, मैं चिन्तित रहूँगा तो कैसे नाटक लिखूँगा। ये थीम्ज़ आपका पसन्द नहीं आयी, लेकिन सात-दस दिन मैंने काम तो किया है...."

वह क्षण भर चुप रहा। फिर उसने कहा, "देखिए चातक जी, मेरी पत्नी बीमार है। मेरा जालन्धर जाना, उसे देखना और उसके इलाज-उपचार की व्यवस्था करना बहुत ज़रूरी है। मैं बिना एक बार जालन्धर जाये, कुछ भी नहीं कर सकता, किसी काम में मेरा मन नहीं लगता। मैं गौरीशंकर हीराचन्द का ग्रन्थ ले जाऊँगा। आ कर उसी प्रसंग पर नाटक लिख दूँगा, लेकिन अगर मैं जालन्धर जाने का कोई जुगाड़ नहीं बैठा पाता तो नाटक-वाटक लिखना दूर, मेरा परेशान दिमाग़ किसी काम के लायक नहीं रहेगा....

तब चातक जी ने जेब से पाँच रुपये का एक नोट निकाल कर उसकी ओर बढ़ाया, 'अभी तुम मेरी ओर से यही रखो। जालन्धर हो आओ। इस बीच मैं पन्नालाल से बात कर

रखूँगा।"

चेतन तमक कर उठा। "आप ये रुपये अपने पास ही रखिए," उसने तीखे स्वर में कहा, "भले ही अपने उत्साह में मैंने चण्ड के प्रसंग की जगह बप्पा रावल और हमीर के प्रसंग चुने, लेकिन मैंने दयानतदारी से मेहनत की है। जब मैंने पेशगी की बात की तो आपने कहा था, 'उसकी तुम चिन्ता न करो।' आज तक एक अधेला आपने दिलवाया नहीं। अभी तो मुझे जालन्धर जाना है। आ कर मैं नाटक लिखूँगा तो रुपये भी ले लूँगा।"

चातक जी भी उठ खड़े हुए। पाँच रुपये का नोट बरबस उसकी जेब में डालते हुए उन्होंने कहा, "देखो मित्र, व्यर्थ ग़ुस्सा मत करो। मुझे पहले पता होता, तुम आज आओगे, नाटक की रूप-रेखा लाओगे, पेशगी माँगोगे तो मैं पन्नालाल से बात भी कर आता, रुपये भी ला रखता। महीने का आरम्भ होता मैं अपने पास से व्यवस्था कर देता। लेकिन महीने का अन्त है, यही एक नोट मेरी जेब में था। तुम जालन्धर हो आओ। मैं पन्नालाल से बात कर रखूँगा।"

"ठीक है," चेतन ने कहा, "जो रुपये आप उससे लें, उनमें से पाँच रुपये काट कर शेष मुझे दे दीजिएगा।"

उसने उन्हें 'नमस्कार' किया और तेज़-तेज़ सीढ़ियों की ओर बढ़ा।

तब चातक जी ने झट से राय बहादुर गौरीशंकर हीराचन्द ओझा की पुस्तक उठायी, तेज़ी से कदम बढ़ा कर उसे सीढ़ियों पर रोकते हुए पुस्तक ले जाने को कहा। चेतन ने चुपचाप वह पुस्तक उनसे ले कर बग़ल में दबायी और खट-खट सीढ़ियाँ उतर गया।

१७

गाड़ी शाम के आठ बजे जालन्धर पहुँची थी। प्रायः वह स्टेशन से दूध और डबल रोटी खा कर घर जाता था, मगर क्रोध में उसकी भूख मर जाती थी। वह स्टेशन से ताँगा ले कर चौरस्ती अटारी उतरा था। बिना इधर-उधर देखे, बाजियाँ वाला बाज़ार को पार कर उसने अपने घर की ड्योढ़ी पर जा कर ज़ोर से दस्तक दी थी। मेघनाथ ने आ कर दरवाज़ा खोला था। वह सीढ़ियों पर धड़धड़ाता हुआ ऊपर पहुँचा था तो अचानक आँगन की दहलीज़ में ठिठक गया था —उसके पिता अधछत्ती के नीचे चारपाई पर लेटे हुए थे और माँ उनके पैर दबा रही थी। चेतन ने दोनों को 'पैरी पौना' कहा था।

बिना किसी सूचना के इस तरह अचानक उसके पहुँच जाने पर माँ शंकित हुई थी, "क्यों पुत्तर, सब सुख-साँद ताँ है न ?"

"सुख-शान्ति क्या है माँ," चेतन ने कद्रे तीखे स्वर में कहा था, "पता चला है कि चन्दा को टाइफ़ाइड हो गया था, किसी ने मुझे इत्तला तक देना मुनासिब नहीं समझा।"

सहसा उसके पिता उठ कर बैठ गये थे।

"तुम कानून की पढ़ाई कर रहे हो। तुम्हें परेशान करने की क्या ज़रूरत थी!" उन्होंने

कहा था।

"मैं उसका पति हूँ।"

"हम क्या उसके दुश्मन हैं ?" पिता गरजे थे, "तुम्हारे भाई को टाइफ़ाइड नहीं हुआ था ?"

"वह आपका बेटा था।" चेतन ने तल्ख़ी से अपने पिता की बात काट दी थी, "लेकिन चन्दा आपकी बहू है। यही फ़र्क है। हमारे यहाँ बहुओं की कोई कदर नहीं। एक मर जाती है तो चौथे दिन ही दूसरी के लिए सगुन आ जाता है।"

सौभाग्य से उसके पिता ज़्यादा नशे में नहीं थे। क्षण भर के लिए वे अवाक रह गये। उनके बेटे की यह जुर्रत कि उनके सामने मुँह खोले। वे ज़्यादा पिये होते तो कयामत आ जाती। ज़न्नाटे का एक थप्पड़ उसकी कनपटी पर जड़ने अथवा कोई वैसा ज़ुल्म तोड़ने के बदले, वे उसे गरियाने लग कि साले, अभी कानून पास नहीं किया और बाप से ज़बान लड़ाने लगा है, तेरे कानून की माँ की यह....तेरे कानून की बहन की वो....

पिता की किसी बात का जवाब देना तो दूर, चेतन के किसी भाई ने उनके सामने कभी आँख नहीं उठायी थी। चेतन को जाने क्या हो जाता था। न चाहते हुए भी उसके मन की बात उसके होंटों पर आ जाती थी। उसकी शादी में जो भयंकर काण्ड हो गया था, वह चेतन की आँखों में आ गया। वह चुपचाप वहाँ से टल गया।

अन्दर दालान के साथ वाले कोने के कमरे में लालटेन लटक रही थी। चन्दा पलँग पर बैठी थी। दायीं ओर बच्चा सो रहा था। शायद वह पति की आवाज़ सुन कर उठ बैठी थी।

चेतन के पिता बाहर आँगन में चिल्ला रहे थे। कमरे में अन्दर हो कर चेतन ने किवाड़ भिड़ा दिये (जैसे उनकी आवाज़ को उसने कमरे में बाहर कर दिया) और कुण्डी चढ़ा दी।

"कैसी तबियत है ?" उसके पास बैठते और उसे बायीं बाँह में भरते हुए चेतन ने पूछा था।

"अच्छी हूँ।"

कमरे में अँधेरा था। लालटेन परे खूँटी पर टँगी थी। चेतन को अपनी पत्नी का चेहरा साफ़ दिखायी नहीं दिया। उसने बढ़ कर लालटेन उतार ली और ध्यान से उसका चेहरा देखने लगा।

और वह, जो अपनी सुहागरात में भी नहीं लजायी थी, बेतरह लजा गयी। आँखें ही नहीं, चन्दा ने सिर भी झुका लिया।

चेतन को वह पीला और कमज़ोर चेहरा बेहद ख़ूबसूरत और प्यारा लगा। लालटेन को खिड़की की सिल पर रख कर पलँग की पाटी पर बैठते हुए उसने अपनी पत्नी को बायीं बाँह में भर कर अपने साथ सटा लिया। उसे अपने साथ ज़रा-सा दबाते हुए उसने कहा, "तुम्हें टाइफ़ाइड हो गया और तुमने मुझे पता नहीं दिया।"

कमरे के उस नीम-अँधेरे में चन्दा के होंटों में मोती चमक उठे, "आप पढ़ाई में लगे थे, नाहक परेशान होते।"

"परेशान जैसे मैं अब नहीं हुआ।" चेतन ने उसे फिर बाँह में दबाते हुए कहा, "तुमने कहा था कि तुम मुझे हर हफ़्ते-पखवाड़े ख़त लिखोगी।"

"लिखती रही हूँ।"

"दो महीनों में तुम्हारा एक भी ख़त नहीं आया।"

"इक्कीस दिन का बुख़ार था। गले में दाने निकल आये थे। फिर हकीम नबी जान की दवा चल रही थी। माता जी ने कहा —'उसे न लिखना। परेशान होगा। पढ़ाई छोड़ कर आ जायेगा'।"

'ये लोग कैसे ज़ालिम हैं।' चेतन ने मन-ही-मन कहा। लेकिन यह बात वह होंटों पर नहीं लाया।

"मैं लगातार तुम्हारे ख़त का इन्तज़ार करता रहा।" उसने उलाहने के स्वर में कहा, "अपने घर की हालत मैं जानता हूँ। जन्म-मरण के अलावा यहाँ कोई किसी को ख़त नहीं लिखता। मुझे तुम्हारी और बच्चे की चिन्ता रहने लगी। हार कर मैंने अनन्त को ख़त लिखा था। तब पता चला कि तुम्हें टाइफ़ाइड हो गया था, लेकिन अब तुम ठीक हो। पास पैसे नहीं थे, वरना उसी शाम चला आता।"

चन्दा ने विभोर हो कर अपना सिर पति के सीने से लगा दिया।

"सच बताओ, अब कैसी हो ?"

अँधेरे में फिर मोतियों के दाने चमक उठे।

"ठीक हूँ। बुख़ार तो उतर गया है। लेकिन कमज़ोरी बहुत है। कुछ भी किया-धरा नहीं जाता।"

चेतन ने दायें हाथ से उसकी ठोड़ी उठा कर, बड़े ही प्यार से, जैसे वे होंट किसी फूल की पंखुड़ियाँ हों, उन्हें धीरे से चूम लिया और चिन्ता में बोला —

"टाइफ़ाइड में बहुत परहेज़ रखने की ज़रूरत होती है। रिलैप्स हो जाये तो जल्दी किये पीछा नहीं छोड़ता। मुझे पता होता, तुम बीमार पड़ जाओगी तो कभी लॉ कॉलेज में दाख़िला नहीं लेता। मैं तो सिर्फ़ तुम्हारी ख़ातिर लॉ कर रहा हूँ। लेकिन हालात देख कर कभी-कभी जी में उबाल उठता है कि कानून-वानून छोड़ कर नौकरी कर लूँ और तुम्हें लाहौर ले जाऊँ। यह ख़याल कि तुम बीमार और कमज़ोर हो, कैसे पढ़ाई में मेरा मन लगने देगा।"

"मैं ठीक हो जाऊँगी। आप फ़िक्र न कीजिए।" चन्दा धीरे से हँसी थी। फिर उसने झिझकते हुए कहा था, "बात यह है कि जी कि मुझे भूख बहुत लगती है, पर माँ जी तो घर में सबके खाने के बाद खाती हैं। मैं उनसे पहले कैसे खा लूँ ?"

चेतन को अपनी माँ के ज़ुल्म पर ग़ुस्सा आना चाहिए था, पर उसे ग़ुस्सा नहीं आया। धर्म-कर्म की थोथी, लेकिन क्रूर ज़ंजीरों में जकड़े-जकड़े सारी उम्र गुज़ार देने वाली अपनी माँ पर उसे बहुत दया आयी। उसे अपनी उस सादालौह भोली पत्नी पर भी दया आयी, लेकिन कहा उसने इतना ही —"मैं माँ को समझा दूँगा। तुम माँ से कह दिया करो —'माँ जी, मुझे भूख लगी है'।"

चन्दा चुप रही थी। वह अपने इस मातृ-भक्त पति को कैसे समझाती कि अपनी

जिस माँ को वह दया-माया की मूर्ति समझता है, वह उसे कितने ताने-तिशने और कोसने-उलाहने देती है —देर से उठने पर, वक्त से स्नान न करने पर, ठीक से बर्तन न चमकाने पर, कपड़े न धोने पर, सही तौर पर बच्चे की देख-भाल न कर सकने पर। और उसे कितनी बार सुनना पड़ता है —

बहू कम्म करण नूँ कही,
बहू सुज्ज भड़ोला जही,
बहू खान नूँ कही
दो सज्जरियाँ दो बही[1]

क्षण भर चुप रह कर उसने सिर्फ़ इतना कहा था —"बच्चे के जन्म की वजह से मैं कमज़ोर हो गयी हूँ। बीमारी ने तो मेरा ख़ून ही चूस लिया है। जाने मुझ पर कैसी सुस्ती छायी रहती है। अंग-अंग टूटता रहता है। न माँ जी की तरह तड़के उठ पाती हूँ, न जल्दी जल्दी बर्तन मल पाती हूँ।"

"मैं माँ को समझा दूँगा।" अन्दर-ही-अन्दर भयंकर क्रोध से उबलते हुए, लेकिन ऊपर से पूरी तरह संयम बनाये रह कर चेतन ने धीरे से कहा, "तुम बीमारी से उठी हो, तुम काम करोगी कि आराम करोगी ?"

और उसने फिर प्यार से उसका माथा चूम लिया।

चन्दा धीरे-धीरे देर तक अपने पति से बातें करती रही। बाहर चेतन के पिता की आवाज़ आनी बन्द हो गयी थी। चेतन उठा। दरवाज़ा खोल कर दालान से होता हुआ आँगन में आया। वहाँ एकदम सन्नाटा था। पिता की चारपाई ख़ाली थी। तभी उसे सीढ़ियों से मेघनाथ आता दिखायी दिया।

"बाऊ जी कहाँ है ?"

"नीचे बैठक में हैं। सुबह उन्हें तड़के ही निकल जाना है। माँ ने उनका पलँग बैठक में बिछा दिया है। मैं उनकी पिण्डलियाँ दबा रहा था। माँ उनके सिर में तेल लगा रही थी। ख़र्राटे तो वे लेने लगे हैं। पर वे अच्छी तरह सो जायें तभी माँ आयेगी।"

"परसराम कहीं दिखायी नहीं दिया।"

"उसकी बदली धर्मशाला में हो गयी है।"

"मुझे किसी ने ख़बर नहीं दी।"

मेघनाथ ने इसका कोई जवाब नहीं दिया।

"और शिव ?"

"वह परसराम के साथ धर्मशाला चला गया है। अगले हफ़्ते आ जायेगा।"

कुछ क्षण ख़ामोश रहने के बाद मेघनाथ ने कहा —"भाई साहब, मुझे सबेरे उठ कर पानी भरना है, फिर स्कूल जाना है। मैं सोने जाऊँ।"

"तुम कैसे पानी भरोगे ? घड़ा तुमसे उठेगा ?"

---

१. बहू को काम करने के लिए कहा, बहू ने मुँह फुला लिया। बहू को खाना खाने के लिए कहा। बोली —दो ताज़ा और दो बासी रोटियाँ दे दो।

"कोई उठा कर कन्धे पर रखा दे तो ले आता हूँ।"

चेतन ने प्रशंसा-भरी निगाहों से अपने उस छोटे भाई को देखा। बोला, "मैं कल शाम की गाड़ी से जाऊँगा। सुबह मैं तुम्हारे साथ पानी भरवा दूँगा। झटके से घड़ा उठा कर कन्धे पर रखना भी सिखला दूँगा। जाओ सोओ....माँ से ज़रा कह आओ, मैं अपने कमरे में हूँ। वह ऊपर आये तो मुझे बुला ले।"

मेघनाथ नीचे चला गया। चेतन अपने कमरे में आ गया। राय बहादुर गौरीशंकर हीरानन्द ओझा की किताब वह रास्ते में पढ़ता आया था। दिल-ही-दिल में उसने मुख्य पात्रों का चुनाव भी कर लिया था। उसने तय किया कि आते ही वह दो-तीन दिन लग कर नाटक की रूप-रेखा बना लेगा और चातक जी को विवश कर देगा कि उसे कम-से-कम पचास रुपये पेशगी ले दें। वह दो महीने में नाटक लिख देगा। पेशगी मिलते ही वह जालन्धर आयेगा। दस-बीस रुपये अपनी पत्नी को दे जायेगा ताकि भूख लगने पर वह दूध वग़ैरह मँगा सके। उसने यह भी तय किया कि कुछ रुपये वह माँ को भी दे जायेगा ताकि उसकी पत्नी की दवा-दारू और ख़ूराक में कोई कमी न रहे।

चन्दा लेट गयी थी। अपने पति के अन्दर आते ही वह फिर उठ बैठी। "देखो चन्दा," चेतन ने कहा, "मैं सात-दस दिन बाद फिर आऊँगा और जैसे भी प्रबन्ध हो सका, कुछ रुपये लाऊँगा। तुम्हें भी दे जाऊँगा और माँ को भी। तुम्हें भूख लगे तो चुपचाप मेघनाथ को भेज कर चाचा रामदित्ता की दुकान से दूध और पाव रोटी मँगा कर खा लिया करना। माँ के पास पैसे न हों तो अपने पास से दे कर अत्तार की दुकान से दवा मँगा लिया करना। अगर तुम चाहती हो कि मैं अच्छे नम्बरों से परीक्षा पास कर सकूँ तो अपनी सेहत की ओर से तुम्हें मुझको निश्चिन्त कर देना होगा।"

"पैसों की फ़िक्र न करें," चन्दा ने बत्तीसी खिलाते हुए कहा, "बच्चे के जन्म पर माँ जी तथा मुहल्ले की शरीक औरतों ने मुझे काफ़ी शगुन डाला था। वे रुपये मेरे पास हैं। मैं मँगा लूँगी। बस, आप माँ जी को समझा जाइएगा। मैं अगर पहले कुछ मँगा खा लूँ तो मुझे कोसने-उलाहने न दें।"

चेतन ने फिर अपनी पत्नी को हलके-से चूम लिया। "अच्छा, तुम अब लेटो, मैंने तो अभी खाना भी नहीं खाया। देखता हूँ, माँ आ गयी हो तो उससे बात भी करता हूँ और दो कौर भी खाता हूँ। जाने माँ ने खाना खाया है या नहीं ?"

"नहीं खाया, और न मैंने ही खाया है।" और चन्दा हँसी।

"अरे!" चेतन ने खेद-भरे स्वर में कहा, "तुम बीमारी से उठी हो, तुमको सरेशाम ही खा लेना चाहिए। ख़ैर रुको, जाने माँ कब आयेगी, कब पकायेगी। मैं तुम्हारे लिए चाचा रामदित्ता की दुकान से बाल्टी में दूध और डबल रोटी ले आता हूँ।

चन्दा रोकती ही रह गयी, लेकिन चेतन पलट कर तेज़ी से बाहर निकल गया। आँगन सूना था। माँ आयी न थी। चेतन रसोई में गया। उसने एक बाटी उठायी। बिना आवाज़ किये सीढ़ियाँ उतरा। धीरे से ड्योढ़ी का दरवाज़ा खोला, बिना ज़्यादा आवाज़ किये, तेज़-तेज़ चलता हुआ, वह चाचा रामदित्ता की दुकान से आध सेर गर्म-गर्म दूध में आधी डबल रोटी डलवा लाया। दूध बहुत गर्म था। बाटी के नीचे तह किया रूमाल रख कर, बहुत धीरे

चलता हुआ (कि अँधेरे में ठोकर न लग जाये या तेज़ चलने में दूध न छलक जाये) वह वापस घर पहुँचा। कन्धे से किवाड़ पीछे धकेल, सीढ़ियों के कोने में टिमटिमाती ढिबरी की रोशनी में बाटी निचली सीढ़ी पर रख, चेतन ने दरवाज़े की साँकल लगायी और बाटी उठा कर ऊपर गया। माँ अभी तक न आयी थी। वह जानता था, जब तक पिता बहुत गहरी नींद न सो जायें, माँ धीरे-धीरे उनके सिर में तेल मलती रहेगी।

दोनों हाथों में दूध-डबल रोटी की बाटी थामे, पूर्ववत बिना आवाज़ किये, चेतन कन्धे से किवाड़ धकेल कर अपने कमरे में आ गया। चन्दा उसी तरह बैठी थी। पति की उस प्यार-भरी तत्परता को देख कर उसका भोला मन उस पर निछावर हो गया। पर जब कन्धे से दरवाज़ा भेड़ कर वह उसके करीब आया और चन्दा ने होंट खोले तो उसके स्वर में कुछ अज़ीब-सा भय-मिश्रित संकोच था —

"आप जी, सुनते नहीं। मैं आवाज़ें देती रह गयी। आप भाग गये। माँ जी तो तानों से मुझे लहुलुहान कर देंगी।"

"अभी तुम माँ की चिन्ता छोड़ कर बाटी थामो। मैं भाग कर चम्मच लाता हूँ।"

और बाटी उसे थमा कर चेतन दबे पाँव भाग कर रसोई-घर से बड़ा चमचा ले आया।

"आपने भी तो अभी तक कुछ नहीं खाया। थोड़ा आप भी खा लीजिए।"

"तुम खाओ, मैं माँ के साथ ही खाऊँगा।"

जालन्धर में चेतन की सबसे बड़ी ख़ुशी रसोई-घर में चूल्हे के इधर ईख के आसन पर माँ के सामने बैठ कर खाना खाना, माँ से अपने संघर्ष और सपनों की बातें करना और उसके दुख-दर्द की रूदाद सुनना था। इस बार तो वह आया ही था चन्दा के सिलसिले में माँ से बात करने, इसलिए भले ही भूख लग आयी थी, वह मन-ही-मन माँ के आने प्रतीक्षा कर रहा था। माँ कोई दूसरा काम कर रही होती तो वह उसे बरबस उठा देता। लेकिन वह उसके पिता के सिर में तेल मल कर उन्हें सुला रही थीं और वह जानता था, जब तक माँ को पूरा यकीन न हो जायेगा कि वे गहरी नींद सो गये हैं, वह नहीं उठेगी क्योंकि वे कच्ची नींद से जग जायें तो प्रलय मचा सकते थे।

चेतन कल्पना ही में रसोई-घर में माँ के सामने बैठा बतियाने लगा था कि उसकी पत्नी ने कहा —

"लीजिए न दो-चार चम्मच! क्या सोच रहे हैं ?"

"अरे, तुम यूँ ही हाथ पर बाटी रखे हुए बैठी हो। खाओ ना!"

"आप भी खाइए!"

चेतन जानता था कि उसकी पत्नी अकेले नहीं खायेगी। उसने सिर्फ़ उसकी ख़ुशी के लिए दो-तीन चम्मच दूध में रसी पाव रोटी के मुँह में डाल लिये। हालाँकि इससे उसकी भूख और लहक उठी थी, लेकिन इस ख़याल से कि उसकी पत्नी भूखी रह जायेगी, चेतन ने अपने आपको बरबस रोक लिया और सानुरोध चन्दा को दूध-डबल रोटी खिला दी, सहारा दे कर उसे उठाया, कमरे की नाली पर कुल्ला कराया और फिर प्यार से उसे लिटा कर और उसके माथे से होंट छुला कर वह बाटी ले कर रसोई-घर में गया। माँज-धो कर वह उसे बर्तनों में टोकरे में रख रहा था जब माँ आ गयी।

"क्यों पुत्तर, की ढूँढ रिआ एँ रसोई विच।"[१]

"कुछ नहीं माँ, चन्दा को बहुत भूख लग आयी थी। उसे बहुत कमज़ोरी महसूस हो रही थी। मैं देर तक इन्तज़ार करता रहा, फिर बाज़ार से दूध-डबल रोटी ला कर मैंने उसे खिला दी है। बाटी-माँज-धो कर रख रहा था।"

"हाय-हाय, तेरी बहुटी ऐन्नी ताँ कमज़ोर नईं कि बाटी वी न धो सक्के। अपने जूठे बर्तन पति कोलों मँजान दा पाप...."[२]

"अरे माँ, पति-पत्नी में कोई फ़र्क नहीं होता। जब पत्नी रोज़ पति के जूठे बर्तन धो सकती है तो एक दिन उसका जूठा बर्तन पति भी धो सकता है। वो तो न दूध-डबल रोटी खा रही थी, न बाटी ही मुझे लाने दे रही थी, लेकिन मैं ही ज़बरदस्ती ले आया।"

"हाय पुत्तर, मैं माँज देन्दी बाटी। तू काहूँ...."[३]

"अरे माँ, इतनी बार तो घर भर के बर्तन मले हैं मैंने स्कूल के दिनों में, एक बाटी माँज दी तो कौन-सी कयामत टूट गयी।"

"बेटा, मैं तेरे छोटे भरा नूँ खाना खिलाया ही सी कि तेरे बाऊ जी आ गये।" माँ ने कहा, "तूँ ताँ जानदा ऐं, ओह आ जान्दे हण ताँ मैन्नूँ हत्थ-पैर पै जान्दे ने। एसे करके मैं बहू नूँ कुछ नहीं भेज सक्की। मैं ताँ आप ही टुक्कर नईं खाद्दा। लै हुण तूँ एद्दर आ के चारपाई ते बैठ। मैं दो टुक्कर लै के ओत्थे आउणी आँ।"[४]

"मँ खाना तो मैंने भी नहीं खाया। दो फुलके हों तो मुझे भी दे दो।"

"हाय-हाय पुत्तर, तूँ पहलाँ क्यों नईं दस्सिया,"[५] माँ ने रसोई-घर में आ कर अपनी जगह बैठते हुए कहा, "आटा गुन्हियाँ होइया पया ए। माँह-छोल्लेयाँ दी दाल तेरे बाऊ जी लई पकायी सी। छौंक देणी आँ। रायता वी ए। ओत्थों मूढ़ा लै आ। ते बैठ मेरे साम्हने।"[६]

चेतन भाग कर मूढ़ा ले आया और चूल्हे के इधर माँ के सामने बैठ गया। माँ ने आग लहका कर एक कटोरी में शुद्ध घी में प्याज-अदरक लाल करके दाल छौंकी, फिर चूल्हे पर तवा रख कर फुलके बनाने लगी। चेतन आम तौर पर चार फुलके खाया करता था। पर प्याज़ और अदरक के छौंक वाली उड़द-चने की मिली-जुली दाल के अलावा एक कटोरी में पीली सुनहरी शक्कर में गर्म शुद्ध घी डाल कर माँ ने उसे दिया था और वह माँ से बतियाता हुआ चार के बदले छै फुलके खा गया था। माँ जब तवे पर दुपट्टे के आँचल से दबा-दबा कर रोटी सेंकती और इस प्रक्रिया में वह पूरी फूल जाती तो ख़ुश हो कर

---

१. क्यों बेटे, क्या ढूँढ रहे हो रसोई में।

२. हाय-हाय, तेरी दुल्हन इतनी तो कमज़ोर नहीं हो गयी कि बाटी भी धो न सके। अपने जूठे बर्तन पति से मँजवाने का पाप....

३. हाय-हाय बेटे, मैं माँज देती बाटी।

४. बेटा, मैंने तेरे छोटे भाई को खाना खिलाया ही था कि तेरे पिता जी आ गये तु ता जानता है कि वे आ जाते हैं तो मैं बहुत घबरा जाती हूँ। इसीलिए मैं बहू को कुछ नहीं भेज सकी। मैंने ख़ुद भी रोटी का टुकड़ा नहीं खाया। ले, अब तू इधर आ कर चारपाई पर बैठ। मैं दो रोटियाँ ले कर वहीं आती हूँ।

५. हाय-हाय बेटे, तुमने पहले क्यों नहीं बताया।

६. आटा गूँधा हुआ रखा है। उरद-चने की दाल तुम्हारे पिताजी के लिए बनायी थी। छौंक देती हूँ। रायता भी है। वहाँ से मूढ़ा ले आओ और बैठो मेर सामने।

कहती, "पुत्तर, जापदा ए तैन्नूँ बहुत भुक्ख लग्गी दी ए, वेख ताँ फुलका किवें फुल्ल गया ए।"[१] और घी से चुपड़ कर फुलका बरबस उसकी थाली में डाल देती।

जब चेतन खाना खा चुका और माँ ने तवा उतार कर अपने लिए थाली परोस ली तो चेतन ने अपने मन की बात कही थी —

"देखो माँ, अगर तुम चाहती हो कि मैं कानून का इम्तहान अच्छे नम्बरों से पास करूँ तो चन्दा को यहाँ तुम्हें ठीक से रखना होगा।"

"हाय-हाय पुत्त, मैं की ओह्णूँ सूली ते चढ़ाइया होइया ए।"[२]

"नहीं माँ, सूली नहीं चढ़ाइया होइया," चेतन ने हलकी-सी तल्ख़ी के साथ कहा था, "बच्चा होने के बाद उसे अच्छी ग़िज़ा चाहिए थी, वह उसे नहीं मिली। ऊपर से टाइफ़ाइड हो गया। वह आधी भी नहीं रही। अगर इस हालत में रिलैप्स हो गया...."

"की हो गया ?" माँ ने चेतन की बात काट कर पूछा।

"रिलैप्स —याने उसे फिर बुख़ार आने लगा तो उसका तन्दुरुस्त होना मुश्किल हो जायेगा। वह जवान लड़की है। उस ज़ोरों की भूख लगती है। तुम्हारे धर्म में औरतें बासी रोटी चाहें खा लें, पर ताज़ा खाना मर्दों के बाद ही खा सकती हैं। टाइफ़ाइड में कहीं उसने भूख में बासी रोटी खा ली तो फिर भगवान ही उसे बचा सकता है।"

कुछ क्षण चेतन चुप रहा। फिर उसने कहा —"देखो माँ, उसके पास कुछ रुपये हैं। तुम्हारे पास न हों तो उससे ले लेना। उसे सुबह दूध दे देना। हकीम कहें तो कुछ फल मँगा देना। बर्तन मलने और झाड़ू-बुहारी करने की उसमें शक्ति नहीं। बेकार उसे मत कोसना।"

माँ आँखें भर लायी थी।" मैं ताँ पुत्त, सारेआँ दी बान्दी बनन लई जन्म लीत्ता-सी। मेरे दो-दो पुत्तराँ ने शादियाँ कीत्तियाँ। मैं बान्दी-दी-बान्दी रई।"[३]

"एक तो चली गयी है। तू चाहती है, यह भी चली जाये तो जो तेरे जी में आये कर।" चेतन ने कटुता से कहा था, "इसे यहाँ नहीं रख सकती तो मैं कॉलेज से नाम कटा लेता हूँ, नौकरी खोजता हूँ और चन्दा को लाहौर ले जाता हूँ।"

"पुत्त, मैं ताँ ग्यारहवाँ नहा के कम्म करण लग पैन्दी सी। मैं छै-छै बच्चे पैदा कीत्ते, पाले। मैन्नूँ गुड़ अते सोंठ दे संठोले ताँ अलावा दूज्जी कोई खुराक मिली नईं।"[४]

"माँ तेरा ज़माना और था।" चेतन ने कहा, "पर सब न परदादी जैसी हो सकती हैं, न तुम्हारे जैसी। सात बच्चों के बाद यह माँ के यहाँ पैदा हुई। पहला कोई बच्चा ज़िन्दा नहीं रहा। इसके पिता के ख़ून में या माँ के दूध में कोई नुक्स होगा। इसकी माँ ने इसे अपना दूध नहीं पिलाया। इसे गूजरी ने पाला। माँ ने न कभी कोई काम इसे सिखाया, न इसने किया। मैंने बस्ती से आ कर तुम्हें पहले ही आगाह कर दिया था कि काम-वाम उससे होगा नहीं। तू पहले बाँदी थी तो फिर भी बाँदी ही बनी रहेगी। पर तू नहीं मानी। ज़बरदस्ती

---

१. बेटे, लगता है तुम्हें बहुत भूख लगी है। देखो तो रोटी कैसे फूल गयी है।
२. हाय-हाय बेटे, मैंने क्या उसे सूली पर चढ़ा रखा है!
३. मैंने तो बेटा, सबकी बाँदी बनने के लिए ही जन्म लिए ही जन्म लिया था। मेरे दो-दो बेटों ने शादियाँ कीं। मैं बाँदी-की-बाँदी रही।
४. बेटे, मैं तो ग्यारहवाँ नहा के काम करने लगती थी। मैंने छै-छै बच्चे पैदा किये, मुझे गुड़ और सोंठ के अलावा दूसरी कोई ख़ुराक नहीं मिली।

आप लोगों ने मेरी शादी यहाँ कर दी। तू कहती थी —बहू सुशील है। सो सुशील तो वह है। सुशील और हँसमुख और उदार....मैंने कहा न —उसकी माँ ने कभी कोई काम उससे लिया नहीं। उसे आता भी नहीं। तुमने तो लाहौर में देखा था —मैं कई बार ख़ुद बर्तन मलता था, सफ़ाई करता था, कपड़े धोता और इस्त्री करता था। धीरे-धीरे वह सीख जायेगी और करने लगेगी, लेकिन अभी वह बीमार है। उसे न तंग करना। न कोसने-उलाहने देना। तुम से नहीं होता तो बता, लाहौर वापस जा कर मैं कहीं नौकरी खोजता हूँ और उसे ले जाता हूँ।

"नईं पुत्त," माँ ने कहा, "तू फ़िकर न कर। जा के पढ़ाई'च मन लगा। मैं कोष्ट[१] कराँगी, बहूँ नूँ कोई तकलीफ़ न होवे। ना होवेगा, मैं महरी दी धी नूँ बर्तन-भाण्डे करन लई कह देआँगी।"[२]

"माँ मैंने फ़ैसला किया है कि एक नाटक लिख लूँ।" चेतन ने कहा, "एक पब्लिशर पीछे पड़ा है। पचास-सौ पेशगी दे देगा। मैं अपनी ज़रूरी किताबें भी ख़रीद लूँगा। दो-एक आदमियों का पैसा देना है, वह भी दे दूँगा और कुछ रुपये मैं तुम्हें भेज दूँगा कि तुम चन्दा का ठीक से इलाज-उपचार कर सको। उसकी ग़िज़ा का इन्तज़ाम कर सको। बात यह है माँ कि अगर चन्दा बीमार रही तो मेरा ध्यान पढ़ने में नहीं लगेगा।"

माँ ने पूछा कि वह कितने दिन में नाटक लिख लेगा।

"मेरा ख़याल है माँ, मैं दो महीने में ख़त्म कर दूँगा।" चेतन ने कहा, "तैयारी तो मैंने कर ली है। बस, अब लाहौर जा कर लिखना शुरू कर दूँगा।"

सहसा माँ फ़िक्रमन्द हो उठी। "दो महीने लग जाणगे।"

"अब माँ, बड़ा नाटक लिखना है," चेतन ने समझाते हुए कहा, "कहानी-वहानी तो है नहीं कि दो-चार दिन में लिखी जाये, फिर मुझे कहानी लिखने का तो तजरुबा है। नाटक लिखने का कोई तजरुबा नहीं। नाटक पढ़े हैं, नाटक किये हैं, पर लिखा कोई नहीं। मैं तो वैसा नाटक लिखना भी नहीं चाहता...."

"क्यों ? कोई भैड़ा गन्दा नाटक लिखन लई कहँदे ने ?"

चेतन हँसा, "नहीं, बल्कि पुरानी तर्ज़ का आदर्शवादी, ऐतिहासिक।"

"फेर ?"[३]

"माँ, मैं आज के ज़माने का सामाजिक नाटक लिखना चाहता हूँ" —और चेतन ने बड़े सब्र से माँ को पुराने और नये नाटक में अन्तर समझाया, बदले हुए ज़माने के तकाज़े और नाटक-सम्बन्धी अपनी इच्छा बतायी और बोला, "लेकिन प्रकाशक को नाटक 'रत्न,' 'भूषण' के छात्रों को पढ़ाने के लिए चाहिए, आदर्शवादी चाहिए और तारीख़ी[४] चाहिए। चूँकि प्रकाशक पचास-सौ रुपये पेशगी और लिखने के बाद फ़ौरन फ़ी पेज एक रुपये के हिसाब से बाकी रकम देने को तैयार है, इसलिए मैंने मान लिया है।"

---

१. कोशिश का अपभ्रष्ट।

२. न होगा तो मैं महरी की लड़की को बर्तन-भाण्डे करने के लिए रख लूँगी।

३. फिर

४. ऐतिहासिक।

"पुत्तर, तूँ कानून दी पढ़ाई न करनी होंदी," माँ ने कहा, "ते मैं कहँदी कि तेरा नहीं वी मन ताँ वी बच्चेयाँ दे पढ़न वाला आदर्श नाटक ज़रूर लिख। पर पुत्त, तूँ दो महीने नाटक लिखन विच लगा देवेंगा ते इम्तहान दी पढ़ाई कद करेंगा ?"

"माँ, मेरे पास पूरी किताबें नहीं हैं," चेतन ने लगभग फ़रियाद के लहजे में कहा था, "अभी तो सर्दियाँ हैं। हम दोनों भाई दुकान की परछत्ती पर सो कर गुज़ारा कर लेते हैं, पर और दो-तीन महीने में गर्मियाँ आ जायेंगी। तब कहीं कोई कमरा लेना पड़ेगा। बिना कमरे और किताबों के, पढ़ाई कैसे होगी ? फिर अब चन्दा बीमार हो गयी है। उसका ठीक से इलाज न हुआ तो मैंने लॉ पास किया या न किया, एक बराबर है। मैं तुम्हें सब कुछ बता चुका हूँ। मैं तो उसी के लिए लॉ करना चाहता हूँ। उसी के लिए कम्पीटीशन में बैठना चाहता हूँ।"

"तूँ बहू दी चिन्ता न कर, हस दस तैन्नूँ ज़रूरी किताबाँ लई किन्ने रुपये चाहीदे ने ?"[१]

"बीस-एक रुपये तो दरकार होंगे ही, ज़रूरी किताबें लेने के लिए," चेतन ने कहा। फिर पूछा, "लेकिन माँ, तू इतने रुपयों का इन्तज़ाम कैसे करेगी ?"

तब माँ ने बताया कि पिछली दीवाली में उसके पिता आये थे। पी कर तो वे खेलते ही हैं। पहली रात चार सौ हार गये। दूसरी रात छै सौ जीत गये। सौ तो रास्ते ही में बाँट आये। शेष पाँच सौ उन्होंने चेतन की माँ के हाथ पर रख दिये। चार सौ उसने कर्ज़ के उतार दिये। शेष सौ में पचास आते-जाते ले गये। पचास उसके पास बचे हुए हैं। अब आये हैं तो पच्चीस का इन्तज़ाम करने को कहते हैं। तड़के जायेंगे। वह पच्चीस रुपये उन्हें दे देगी, बाकी पच्चीस चेतन ले जाये, किताबें ख़रीदे, डट कर पढ़ाई करे, अच्छे नम्बरों से पास हो। बहू की चिन्ता न करे, वह सब इलाज-उपचार करेगी।

"नहीं माँ," चेतन ने कहा था, "सब रुपये नहीं, तू मुझे पन्द्रह रुपये दे दे। मैं किताबें ख़रीद लूँ। नाटक लिखूँगा तो रुपया मिल जायेगा। मैं तेरे रुपये वापस कर जाऊँगा और चन्दा के इलाज-उपचार के लिए भी रुपये दे जाऊँगा। चन्दा यहाँ है। बच्चे के साथ है। बीमार हो गयी है। मुझे चाहिए था, मैं कुछ रुपये तुम्हें भेजता। ऊपर से मैं यह कहूँ कि जितने रुपये तेरे पास हैं, वे सब ले जाऊँ। यह मुझसे नहीं हो सकता। तू मेरी फ़िक्र न कर। मैं नाटक भी लिखूँगा और फ़र्स्ट डिवीजन में पास हो कर दिखा दूँगा। बस, मैं किताबें ख़रीद लूँ, ताकि नाटक लिखने के साथ-साथ मैं ठीक से पढ़ाई करता रहूँ।"

"बेटे, मैं नाटक लिखन दी तैन्नूँ सलाह नहीं देन्दी, बाकी तूँ जान।"

"ठीक है माँ, मैं देखूँगा। अगर मेरी पढ़ाई का हर्ज होगा तो नहीं लिखूँगा।"

माँ बर्तन मल चुकी तो उसने कहा, "पुत्तर, हुण तूँ जा कर सौं। मैं परसराम दे वास्ते थोड़े बेसन दे लड्डू बनावाँगी। तेरे बाऊ जी अपने इक गार्ड दोस्त दे हत्थ धर्मशाला भेज देणगे। थोड़े जए तू वी अपने और अपने वड्डे भरा वास्ते लै जायीं।"[२]

---

१. तू बहू की चिन्ता न कर, यह बता, तुझे ज़रूरी किताबों के लिए कितने रुपये चाहिएँ ?

२. बेटा, अब तू जा कर सो। मैं परसराम के लिए थोड़े बेसन लड्डू बनाऊँगी। तेरे पिता जी अपने एक गार्ड दोस्त के हाथ धर्मशाला भेज देंगे। थोड़े-से तू भी अपने और अपने बड़े भाई के लिए ले जाना।

लेकिन चेतन सोने नहीं गया। माँ बेसन बनाती रही थी और वह उसके पास बैठा सरदार जगदीश सिंह (लैण्डलॉर्ड ऐण्ड हाउस प्रोप्राइटर) की, खन्ना की, पुरी की, पन्नालाल और चातक जी की बातें माँ को सविस्तार सुनाता और भविष्य के सपने बुनता रहा। तीन बजे रहे होंगे जब माँ ने उस बरबस उठा दिया।

"माँ, बाऊ जी से मेरी ओर से क्षमा माँग लेना," चेतन ने उठते हुए कहा था, "मेरा दिमाग़ बहुत परेशान था।"

"तू फ़िक्र न कर मैं ओन्हाँ नूँ समझा देआँगी।"

१८

'पवित्तर हिन्दू होटल' की तिमंज़िली बरसाती में फ़र्श पर लगे अपने बिस्तर पर बैठा चेतन दो खिड़कियों के बीच दीवार से टँगे बल्ब की रोशनी में ज्यूरिसप्रूडेन्स याने कानून के शास्त्र की पेचीदगी में उलझा था कि सहसा उसके बड़े भाई छत से परे सीढ़ियों में नमूदार हुए।

चेतन का ध्यान पुस्तक में था। भाई साहब छत पार कर बरसाती में आ गये तो भी चेतन ने सिर नहीं उठाया। तब एक लिफ़ाफ़ा उसके सामने फेंकते हुए उन्होंने कहा —"कल 'सरस्वती' इलाहाबाद से तुम्हारा पत्र आया था। मेरा ख़याल था, तुम रोज़ की तरह दुकान पर आओगे, पर तुम आये नहीं। आज भी नहीं आये, सो मैं दुकान बन्द करके चला आया। अभी मैंने खाना नहीं खाया। अब मैं जाऊँगा।"

और क्षण भर रुक कर हँसते हुए उन्होंने इतना और जोड़ा, "बहुत ऊँचाई पर तुमने सीट ली है, दो मंज़िलों की सीढ़ियाँ चढ़ते-चढ़ते ख़ासी वर्ज़िश हो जाती है।"

चेतन ने इस बीच लिफ़ाफ़ा फाड़ लिया था और वह पत्र पढ़ने लगा था। भाई साहब का अन्तिम वाक्य सुन कर बिना पत्र से निगाहें हटाये, उसने कहा, "साढ़े तीन रुपये माहवार पर ग्राउण्ड या फ़र्स्ट फ़्लोर पर तो सीट नहीं मिल सकती।"

चेतन के स्वर में थोड़ी कटुता थी। अव्यक्त उलाहना भी कि आप थोड़ी-सी भी मदद करते तो मैं नीचे की मंज़िल में कमरा ले लेता। भाई साहब ने उसकी बात जैसे अनसुनी करके पहलू बदल दिया —

"ठाकुर साहब का ख़त है ?"

चेतन ने पत्र पढ़ते-पढ़ते स्वीकार में सिर हिलाया।

"क्या लिखा है —कहानी तो छाप रहे हैं न ?"

"हाँ, कहानी तो छाप रहे हैं। चातक जी ने उन्हें लिखा है कि न छापें और मेरी शिकायत की है कि मैं एहसान-फ़रामोश हूँ, मैंने उनके किये को नहीं जाना। उनसे पैसे ले लिये और काम करके नहीं दिया।"

"तुम्हारा यह चातक ओछा तो है ही," भाई साहब ने कहा, "साथ ही नम्बरी बेवक़ूफ़ भी है। तुम से नाटक लिखवाने के लिए उसने इतना तरद्दुद किया और जब तुम लिखने लगे

तो अपनी ही बेवक़ूफ़ी से रोड़ा अटका दिया और अब झल्ला रहा है।"

"भाई साहब, चातक जी दरअसल एहसास-ए-कमतरी के मारे हैं।"

चेतन ने ज़ोरदार ठहाका लगाया और अपने भाई से कहा कि वे ज़रा उसके रूम-मेट की चारपाई पर बैठें, वह ठाकुर साहब के नाम चन्द पंक्तियाँ लिखता है, वे जाते-जाते लिफ़ाफ़ा लेटर बाक्स में डालते जायें। नहीं लिखेगा तो उसकी रात बेकार हो जायेगी।

"जल्दी करो, मुझे भूख लग आयी है," कहते हुए भाई साहब ज़रा-से फ़ासले पर बिछी चारपाई पर बैठ गये।

चेतन ने जल्दी-जल्दी ठाकुर साहब के नाम पत्र लिखा। संक्षेप में उन्हें सही स्थिति से अवगत कराया और कहा कि विस्तार से वह बाद में लिखेगा या जब वे लाहौर आयेंगे तो बतायेगा। पत्र उसने लिफ़ाफ़े में बन्द किया, पता लिखा और भाई साहब को देते हुए फिर ताकीद की कि जाते-जाते डालते जायें।"

भाई साहब ने उठते हुए पत्र लिया और जाने से पहले बोले —"देखो, तुम कितना भी क्यों न पढ़ो, पर एक बार दुकान का चक्कर लगा जाया करो। सैर भी हो जायेगी, जो इतना पढ़ने के बाद ज़रूरी है और मैं भी आने से बच जाऊँगा।"

"नहीं भाई साहब, आपको आने की ज़रूरत नहीं," चेतन ने कहा, "मैं ही आऊँगा। असल में यह ज्यूरिसप्रूडेन्स की किताब मैं पुरी से लाया था। मन ऐसा रमा कि छोड़ नहीं सका।"

और वह उठ कर भाई साहब को सीढ़ियों तक छोड़ आया।

o

वापस आ कर चेतन अपने बिस्तर पर चौकी के पीछे बैठा तो कानून का शास्त्र उसके दिमाग़ से निकल चुका था। ज्यूरिसप्रूडेन्स की पुस्तक उठाने के बदले उसने ठाकुर साहब का वह पत्र दोबारा पढ़ा और पिछले दिनों की घटनाएँ तूफ़ान के रेले-सी एक साथ उसके ज़ेहन में उमड़ आयीं। चातक जी की उस क्षुद्रता पर उसे बेहद ग़ुस्सा आया। फिर मन-ही-मन वह अपनी मूर्खता पर झींखने लगा। —उसके किरदार में क्या ख़ामी है कि वह हर बार ठगा जाता है। हर बार मूर्ख बनता है। आकाश में उड़ता-उड़ता धरती पर आ गिरता है और दुख पाता है। अपनी सीट पर बैठे-बैठे उसने खिड़की की सिल से अपनी डायरी उठायी, लेकिन अपनी मनोकामनाओं को डायरी में नोट करने के पहले उसके मन में कुछ ऐसा बगूला उठा कि डायरी वहीं चौकी पर छोड़ कर वह कमरे से बाहर निकल गया और बरसाती के सामने तीन ओर से घिरी छत के नीम-अँधेरे में घूमने लगा। तब जालन्धर से आने के बाद गत दो महीने की घटनाएँ एक-एक करके उसके दिमाग़ में खलबली मचाने लगीं। ख़ास तौर पर चातक जी का वह कथन, जिससे बौखला कर उसने नाटक का मसौदा उठा कर फ़ाइल के हवाले कर दिया था।

o

जालन्धर से वापसी पर वह माँ की बातों पर ग़ौर करता आया था और अन्ततः इस नतीजे पर पहुँचा था कि जब किताबों की समस्या लगभग हल हो गयी हैं, उसे किसी दूसरे के नाम से (भले ही उसका नाम भी पुस्तक में जा रहा हो) नाटक नहीं लिखना चाहिए और

ट्यूशन के बाद जो वक्त बचता है, वह कानून की पढ़ाई में लगाना चाहिए। लाहौर पहुँच कर उसने यही किया भी। माँ ने जो रुपये दिये थे, उनसे उसने पाठ्यक्रम में स्वीकृत कानून की पुस्तकें ख़रीद ली थी। सन्दर्भ-ग्रन्थ तो वह पुरी के यहाँ जा कर देख सकता था। पुस्तकें ख़रीद कर वह मनोयोग से अध्ययन में रत हो गया था। जालन्धर से वापस आ कर वह दो हफ़्तों में एक बार भी चातक जी की ओर नहीं गया था। उसके मन में एकाध बार यह ख़याल भी आया कि वह टॉड-राजस्थान और राय बहादुर गौरीशंकर हीराचन्द ओझा की पुस्तक लौटा आये, पर फिर उसने सोचा था कि उन्हें ज़रूरत होगी तो मँगा लेंगे और वह अपनी पढ़ाई में तल्लीन रहा था।

लेकिन तभी चातक जी स्वयं उसे ढूँढते हुए दुकान पर आ गये थे। भाई साहब किसी मरीज़ के दाँतों का इलाज कर रहे थे। शीशे से ज़रा-सा पर्दा हटा कर उन्होंने देखा कि कौन आया है। जब उन्हें मालूम हुआ कि पेशेण्ट नहीं, चातक जी हैं तो उन्होंने सीढ़ियों में जा कर चेतन को आवाज़ दी। चेतन नीचे आया तो उन्होंने बताया कि चातक जी हैं, मुमकिन हो तो उन्हें बाहर 'बाइबल सोसाइटी' के बराबर म्यूनिसिपल लॉन में ले जाये, वेटिंग रूम ही में कवि-सम्मेलन न शुरू कर दे। भाई साहब का व्यंग्य चातक जी की उस आदत को ले कर था, जिसके अधीन वह अक्सर मिलते ही मौका-बे-मौका अपनी कविताएँ सुनाने लगते थे।

और यह कह कर वह फिर मरीज़ के दाँत देखने लगे थे।

"नमस्कार चातक जी," वेटिंग रूप में आ कर चेतन ने कहा, "कहिए कैसे ?"

"तुमने जालन्धर से आ कर अपनी पत्नी के सम्बन्ध में कोई समाचार ही नहीं दिया बन्धु। हमें चिन्ता हो गयी थी, इसलिए हम पूछने आ गये।"

"भाई साहब पेशेण्ट को अटेण्ड कर रहे हैं।" चेतन ने कहा, "फिर ऊपर परछत्ती में क्या बैठेंगे। आइए, ज़रा कोने के लॉन में चल कर बैठते हैं।"

और वह चिक उठा कर बाहर निकल गया।

चातक जी ने उसके पीछे दुकान की सीढ़ियाँ उतरते हुए फिर वही प्रश्न दोहराया —

"तुमने तो मित्र, कोई पता नहीं दिया...."

चेतन ख़ामोश रहा। उनके आगे-आगे चलता हुआ तेज़-तेज़ सड़क पार करके वह 'बाइबल सोसाइटी' वाले फ़ुटपाथ पर हो लिया।

धोती का सिरा चातक जी ने दायें हाथ में थामा और अपने स्वभाव के विपरीत कदम बढ़ा, उसके निकट पहुँच कर उन्होंने वाक्य पूरा किया, "तुम्हें अपनी पत्नी के स्वास्थ्य की चिन्ता थी। अब कैसी तबियत है उनकी ?"

"अच्छी नहीं है।" चेतन ने चाल धीमी करते और लम्बी साँस लेते हुए कहा था, "उसे टाइफ़ाइड हो गया था।"

क्षण भर दोनों चुपचाप चलते रहे थे। कोई दूसरा अवसर होता तो पहले ही प्रश्न पर चेतन शुरू से ले कर तब तक अपनी पत्नी की प्रसूति, बीमारी और अपने घर की परिस्थितियों के सभी ब्योरे दे देता, लेकिन उस वक्त वह चातक जी के आने का उद्देश्य समझता था और उसका दिमाग़ तेज़ी से सोच रहा था कि वह कैसे, क्या करे कि नाटक की बात न उठे और चातक जी स्वयं ही उसका पिण्ड छोड़ कर चले जायें।

लेकिन लाख सोचने पर भी उसकी समझ में कुछ नहीं आ रहा था और बात शुरू करने के लिए चातक जी को उसकी पत्नी की बीमारी तथा चेतन की अपनी परेशानी बेहद उपयुक्त लगती थी। सो उन्होंने स्वर में भरपूर चिन्ता ला कर कहा —

"हम तो प्रतीक्षा ही करते रहे कि तुम जालन्धर से लौट कर कुछ बताओगे। हमने पन्नालाल जी से भी तुम्हारी पत्नी के रोग-ग्रस्त होने की चर्चा की थी, तुमने लौट कर दर्शन ही नहीं दिये।"

चेतन कुछ क्षण चुपचाप चलता रहा। फिर उसने कहा, "वह बहुत कमज़ोर हो गयी है। हमारे घरों में बहुओं को बेटियों जैसा व्यवहार तो मिलता नहीं। सो जी डरता है, कहीं उसे रिलैप्स न हो जाये। छोटा-सा दूध-पीता बच्चा है। उसकी भी चिन्ता है।"

"तो बन्धु, आ कर बताते तो सही। हम सब कवि-लेखक एक बिरादरी के हैं। कवि यदि साथी-कवि से, लेखक यदि साथी-लेखक से मन की बात न कहेगा तो क्या पेड़-पौधों से कहेगा ?

'लेखक-बिरादरी!' —चेतन के होंटों पर एक तिक्त व्यंग-भरी मुस्कान खेल गयी। मन-ही-मन जैसे उसने चातक जी को मुख़ातिब करते हुए कहा, 'लेखक-बिरादरी का अंग होने के बावजूद, साथी-लेखक का शोषण करने में आपको संकोच नहीं हुआ।' और दिल-ही-दिल में उसने कुछ वज़नी 'मधुर वचन' उनकी और उनकी लेखक-बिरादरी की सेवा में प्रस्तुत कर दिये। प्रकट उसने जो कहा, वह उसके मन की भावना से एकदम भिन्न, लेकिन उनके प्रश्न का सटीक उत्तर था।

"जब कहीं सुनवाई नहीं होती," उसने कहा, "तो आदमी पेड़-पौधों से भी अपने मन की व्यथा कहता है।"

चातक जी चुप हो गये। वे क्या कहें, उनकी समझ में नहीं आया। चेतन का मूड ठीक नहीं है, उन्होंने यही अन्दाज़ा लगाया।

दोनों लॉन के बराबर पहुँच गये थे।

"काई ख़ास बात थी ?" चेतन ने बैठते हुए पूछा।

"कहा न बन्धु", चातक जी चहके, "हमने पन्नालाल से बात कर ली है, तुम पलट कर आये ही नहीं। हम यही जानने आये थे कि क्या बात है, कहीं कुछ बीमार-उमार न हो गये हो। वह राय बहादुर गौरीशंकर हीराचन्द ओझा वाला मेवाड़ का इतिहास पढ़ा...."

"पढ़ लिया," झूठ बोलना चेतन की आदत के विपरीत था। उसने कहा, "रणमल को राणा लक्ष सिंह का साला बनाया जाये और भारमली को नाटक की महत्वपूर्ण भूमिका दी जाये तो बहुत-सी दिक्कतें दूर हो सकती हैं। मैं मन-ही नाटक की रूप-रेखा बनाता रहा हूँ। सिर्फ़ राणा लक्ष सिंह की नयी दूसरी पत्नी का नाम सोचना है —शेष कथानक तो मैंने जालन्धर जाते-जाते लगभग सोच लिया था।"

"लिखना शुरू कर दिया क्या ?"

"लिखने का इरादा छोड़ दिया।"

चातक जी का मुँह उतर गया था —"क्यों बन्धु ?"

"इसलिए बन्धुवर," चेतन ने उसकी लहजे की हलकी-सी नकल उतारते हुए कहा,

"कि पंजाबी कहावत है —जिस कारण पैदा साड़ा, ओसे कारण रिहा उघाड़ा[१] —यह मेरी स्थिति पर पूरी उतरती है।"

नाटक जी उसकी ओर मुटर-मुटर देखने लगे। उनकी समझ में कुछ नहीं आया।

"नाटक लिखना मैंने जिस उद्देश्य से स्वीकार किया था," चेतन ने कहा, "और जिस कारण पेशगी माँगी थी, वही अगर पूरा नहीं होता तब गुनाह-बेलज़्ज़त मुझे स्वीकार नहीं। पाँच रुपये आपके मेरे सिर पर चढ़ गये, सो किसी दिन वापस कर दूँगा।"

खिसियानी-सी हँसी हँसते और बालों की लट को पीछे करते और दायें पैर से बायें टख़ने की खुजली मिटाते हुए चातक जी ने कहा, "बन्धु, बेकार लज्जित न करो। हमारे-तुम्हारे पैसे कोई दो हैं। महीने की अन्तिम तारीख़ थी, वरना...."

"ठीक है," चेतन ने कहा, "जब मेरे पास हुए, मैं आपको दे दूँगा। नाटक न लिख पाने के लिए मुझे क्षमा कर दें। मैं कानून पास कर लूँ। तब अगर आप चाहेंगे तो मैं एक जेनुइन कोशिश कर देखूँगा, अभी मेरे पास समय नहीं।"

और वह उठा।

चातक जी भी उठे। हाथ मसोसते हुए ऐसे उदास लहजे में, जिसमें अव्यक्त-सा लिजलिजापन था, उन्होंने कहा, "यह तो बन्धु, तुमने मुझे अज़ीब-से धर्म-संकट में डाल दिया। हमने पन्नालाल को नाटक देने का वचन दे दिया है। अब यूँ हमारी स्थिति को हास्यास्पद न बनाओ। तुमने वचन दिया था, तभी हमने पन्नालाल से कहा।"

"मैंने वचन दिया था," चेतन ने कदरे ज़ोर दे कर कहा, "पर मैंने तो पेशगी की शर्त पर नाटक लिखना स्वीकार किया था। मैं कानून की पढ़ाई कर रहा हूँ। बेकार वक्त बरबाद करना मैं अफ़ोर्ड नहीं कर सकता।"

"बन्धु, कोई सूरत निकालो," चातक जी ने लगभग गिड़गिड़ाते हुए कहा, "हम पन्नालाल को मुँह दिखाने योग्य नहीं रहेंगे।"

कैसे उन्हें टाले, चेतन की समझ में न आ रहा था। सहसा उसने कहा, "आप मुझे सौ रुपये पेशगी दिला दें तो मैं फिर कोशिश कर सकता हूँ। पढ़ाई का थोड़ा हर्ज होगा, पर मैं पच्चीस-तीस रुपये घर भेज दूँगा। पत्नी की बीमारी की ओर से कुछ दिन को चिन्ता-मुक्त हो जाऊँगा। ज़रूरी किताबें ख़रीद लूँगा। महीने-डेढ़-महीने में मौसम गर्म होना शुरू हो जायेगा। परछत्ती पर तो काम नहीं हो सकेगा। 'पवित्तर हिन्दू होटल' में उठ जाऊँगा। तब इत्मीनान से लिख सकूँगा। आपके भी निकट हो जाऊँगा। जो लिखूँगा, आपको दिखा जाऊँगा। बिना पेशगी लिये, अब मैं नाटक लिखने की बात नहीं सोच सकता। पन्नालाल और उसके चाचा बनिया लोग हैं, वे मेरी तकलीफ़ नहीं समझ सकते।"

"देखो बन्धु," चातक जी ने उसके कन्धे पर हाथ रखते हुए फुसफुसाहट-भरे स्वर में कहा था, "तुमने पेशगी की बात तो की थी, पर ऐसे नहीं की थी। यह कहा होता कि

---

१. साड़ी तो इसीलिए पहनी थी कि नंगे न रहें, पर यदि उसके बावजूद उघड़े-उघड़े रहे तो साड़ी किस काम की —यहाँ चेतन यह कहना चाहता है कि नाटक तो वह इसीलिए लिख रहा था कि उसे पेशगी मिल जायेगी और वह बीवी का इलाज-उपचार करेगा। जब वही नहीं हुआ तो नाटक लिखने का क्या मतलब है ?

पेशगी लिये बिना तुम कलम हाथ में नहीं लोगे तो भगवान की सौगन्ध हम तुम्हें पेशगी दिलवा देते। जिस शाम तुम आये थे, तुम्हारे जाने के बाद ही हम पन्नालाल से मिलने गये थे और तुम्हारे लिए पेशगी के रुपये ले आये थे, पर फिर तुम्हारे दर्शन नहीं हुए।"

और चातक जी ने पच्चीस रुपये के नोट निकाल कर चेतन की ओर बढ़ा दिये थे। चेतन ने नोट नहीं लिये। टालने की ग़रज़ से उसने कहा था, "मैं बिना सौ रुपया पेशगी लिये, नाटक नहीं लिख सकता।"

"देखो बन्धु, तुम हमारे आत्मीय हो," चातक जी ने अनुराध-भरे स्वर में कहा, "यूँ प्रकाशक के यहाँ हमारी पत न उतरवाओ। ये रुपये तुम रखो। दो-चार दिन में पच्चीस रुपये हम तुम्हें और दे जायेंगे। विश्वास रखो, आधा नाटक लिख लोगे तो पच्चीस रुपये और दिलवा देंगे। फिर यह तो यह है कि नाटक लिखा गया तो पूरे रुपये ले कर ही तुम मसौदा दोगे। देखो, हमें तुम पर पूरा विश्वास है कि तुम नाटक लिख ले जाओगे। हमने तुम्हारी कहानियाँ पढ़ी हैं। हम तुम्हारी शक्ति को जानते हैं, लेकिन पन्नालाल अनपढ़ आदमी है। वह न तुम्हें जानता है, न तुम्हारे सामर्थ्य को। ज़रा स्थिति को समझने की कोशिश करो।"

चेतन ने इस तमाम अर्से में चातक जी से आँख नहीं मिलायी थी। पहली बार उसने उनके चेहरे की ओर देखा। वहाँ कुछ अज़ीब-सी दयनीयता टपक रही थी। वे उसे अपने चेले के समान समझते थे। दूसरों के सामने चाहे उसे 'चेतन जी' कह कर पुकारें, पर अकेले में सिर्फ़ 'चेतन' कह कर बुलाते थे और अब वे जब से आये थे 'बन्धु-बन्धु' की रट लगाये थे। उसने सोचा कि अगर वे उसे पचास रुपये दिलवा देते हैं तो उसकी तमाम समस्याएँ हल हो जायेंगी। वह तत्काल जालन्धर जा कर चन्दा के इलाज-उपचार का प्रबन्ध कर आयेगा। अप्रैल के बाद लॉ कॉलेज में प्रेप्रेटरी छुट्टियाँ हो जायेंगी। वह अप्रैल तक के लिए 'पवित्तर हिन्दू होटल' में उठ जायेगा। नाटक पर तो उसने काफ़ी मसाला इकट्ठा कर ही लिया है। उसके मन में रणमल को ले कर जो बाधा थी, वह ओझा के इतिहास से दूर हो गयी। चातक जी ने ठीक ही कहा था —पिता जो नहीं कर सकता, सौतेला भाई कर सकता है और चेतन रणमल को राणा लक्ष सिंह का सौतेला साला बना कर मज़े से नाटक लिख ले जा सकता था। उसने तय किया की बिना अपनी पढ़ाई का नुकसान किये, वह नाटक लिख देगा। उसने अनिच्छापूर्वक रुपये ले लिये, लेकिन साथ ही कहा —

"पढ़ाई छोड़ कर मुझे नाटक तो नहीं लिखना चाहिए, पर आप ज़ोर देते हैं तो लिखूँगा, लेकिन जब तक मुझे आप पच्चीस रुपये और नहीं दिलायेंगे, मैं कलम नहीं उठाऊँगा।"

"कल शाम तक तुम्हें पच्चीस रुपये और मिल जायेंगे।" चातक जी ने वादा किया था और एकदम उसे बाँहों में भर कर उन्होंने जैसे सुख की लम्बी साँस छोड़ते हुए कहा था —"मित्र, तुमने हमें भारी धर्म-संकट से बचा लिया।"

o

....चातक जी दूसरे दिन दुकान खुलते ही उस पच्चीस रुपये और दे गये थे। पचास रुपये जेब में आते ही नाटक न लिखने के सिलसिले में चेतन के मन का सारा अवरोध हवा हो गया था। बल्कि पढ़ाई करने के साथ-साथ नाटक लिखने की सारी-की-सारी योजना उसने

पुनः बना डाली थी। वह कॉलेज से आते हुए पुरी की दुकान से शेष किताबें ख़रीद लाया था। उसी शाम वह खड़ा-खड़ा जालन्धर गया था। माँ को उसने पन्द्रह रुपये लौटा दिये थे। माँ ने कुछ कहना चाहा था तो उसने टोक दिया था।

"माँ, तुम चिन्ता न करो। ये रुपये तुम रखो। तुम चन्दा की सेहत का, उसकी ख़ुराक का ख़याल रखोगी तो मैं चिन्ता-मुक्त हो कर नाटक भी लिख दूँगा। और अच्छे नम्बरों से पास हो कर भी दिखा दूँगा।"....चन्दा को उसने दस रुपये दिये थे। और कहा था, "पढ़ाई में मेरा मन नहीं लगता। तुम ये रुपये रखो। तुम्हारे पास भी कुछ रुपये हैं। माँ को मैंने समझा दिया है। मैं बस तुम्हें देखने और रुपये देने आया हूँ। तड़के फ़्रण्टियर मेल से चला जाऊँगा।"

रात वह देर तक रसोई-घर में बैठा माँ से बतियाता रहा था। चार बजे वह अन्दर कमरे में गया था। चन्दा लेटी हुई थी। हलके से उसके बालों पर हाथ फेरते हुए चेतन ने उसके माथे से होंट छुलाये थे। लेकिन चन्दा जाग रही थी। उसने बाँह उसके गले में डाल कर उसे सीने से लगा लिया था।

"आप मेरी फ़िक्र न करें और पढ़ने में अपना मन लगायें। मैं बिलकुल ठीक हो जाऊँगी।"

चेतन ने लालटेन की मद्धम रोशनी में उसकी आँखों में झिलमिला आये पानी को देखा था और उसे अपनी बाँहों में भर कर उसकी आँखें चूम ली थीं।

उसके होंटों पर हलका-सा नमक का स्वाद आ गया था। "तुम सेहत से रहोगी चन्दा, अपना और बच्चे का ख़याल रखोगी," उसने भावावेग में कहा था, "तो भगवान साक्षी है, मैं नाटक भी लिख लूँगा और परीक्षा में भी सफल रहूँगा।"

फिर उसने सोये हुए बच्चे को चूमा था और चन्दा का कन्धा थपथपाता हुआ बाहर आँगन में आ गया था। माँ उसके पीछे नीचे ड्योढ़ी तक आयी थी। उसने माँ के पाँव छुए थे, उसे चन्दा का ख़याल रखने की पुनः ताकीद की थी और पलट कर बन्द गली के नीम-अँधेरे में टटोल-टटोल कर चलता हुआ कुएँ की जगत तक आया था। म्युनिसिपैलिटी का लैम्प मद्धिम रोशनी फैला रहा था। चेतन ने चाल तेज़ कर दी थी।

o

'पवित्तर हिन्दू होटल' की छत पर घूमते हुए चेतन की आँखों सामने चन्दा का हँसता हुआ, भोला मुख और सुख से भर आयी चमकती, पनीली आँखें घूम गयीं। वह कितने उत्साह से लाहौर लौटा था। आ कर उसने 'पवित्तर हिन्दू होटल' से पता किया था। सौभाग्य से तीन रुपये महीने पर बरसाती में एक सीट उसे मिल गयी थी। पाँच रुपया महीना दोनों जून खाने का उसने जमा कर दिया था। उसका साथी सेक्रेटेरियट में काम करने वाला एक शायर मिज़ाज क्लर्क था। हालाँकि चेतन की सीट पर भी पलँग था, लेकिन उसने उसे हटवा दिया था। साथी के बरजने के बावजूद धरती पर बिस्तर लगा लिया था। चौकी और टेबल लैम्प भी वह दुकान से ले आया। अपनी ओर वाली दोनों खिड़कियों में उसने किताबें सजा लीं। अपने भाई से कह दिया कि उसने नाटक लिखने का फ़ैसला कर लिया है और अगर उसे बिना पढ़ाई का हर्ज किये नाटक लिखना है तो एक-एक मिनट का हिसाब रखना है। वह

कोशिश तो करेगा कि रोज़ शाम एक बार दुकान का फ़ेरा लगाता और उनसे मिलता जाये, लेकिन अगर वह दो-तीन दिन न जा सके तो वे दुकान बन्द करके या खाना खाने के बाद 'पवित्तर हिन्दू होटल' का चक्कर लगा जाया करें।

दिमाग़ में तो उसने नाटक की रूप-रेखा बना रखी थी। इस बीच उसने 'पंजाब पब्लिक लायब्रेरी' में जा कर नाटक के शिल्प पर कुछ किताबें भी पढ़ीं। इब्सन और मेतरलिंक के कुछ नाटक भी पढ़े और नाटक लिखना शुरू कर दिया। नाटक तो उसे पुरानी तर्ज़ ही का लिखना था, लेकिन आधुनिक नाटक पढ़ने से उसे यह लाभ हुआ कि अपने पात्रों के कार्य-कलाप को वह मनोवैज्ञानिक संस्पर्श दे सका।

पहले अंक के सात दृश्यों में न केवल उसने नाटक के सारे पात्रों को इण्ट्रोड्यूस कर दिया, वरन नाटक के वातावरण और परिवेश को भी चित्रित कर दिया। एक इतवार जा कर उसने चातक जी को नाटक सुनाया तो वे बहुत प्रसन्न हुए और उसकी ख़ूब पीठ ठोंकी। "भाषा में ज़रूर कुछ अशुद्धियाँ हैं,' उन्होंने कहा, "इसमें पंजाबी और उर्दू पुट है, लेकिन मैं नाटक की भाषा ऐसी बना दूँगा कि बोर्ड के सदस्य साधुवाद कह उठें।"

चेतन ने योजना के अनुसार दूसरे अंक के पहले दृश्य में युवराज चण्ड के लिए मण्डोवर की राजकुमारी का नारियल आने, राणा लक्ष सिंह के मज़ाक और शगुन लेने के सन्दर्भ में चण्ड के इनकार और राणा लक्ष सिंह द्वारा अपने लिए उसके स्वीकार की घटना रखी। इस वज़नी पत्थर के गिरने से चित्तौड़ और मण्डोवर के राजमहलों के सामान्य जीवन की शान्त, स्थिर धारा में जो खलबली मची, शेष सात दृश्यों में चेतन ने उसका चित्रण किया था।

चेतन का ख़याल था कि अब, जब उसने दो अंक लिख लिये हैं, चातक जी उसे पेशगी के पचास रुपये दिलवा देंगे। लेकिन हालाँकि दूसरे अंक की भी भरपूर प्रशंसा तो उन्होंने की, पेशगी का कोई ज़िक्र नहीं किया। चेतन ने प्रकारान्तर से अपनी आर्थिक परेशानी का उल्लेख भी किया। वे उसे सुन कर भी अनसुना कर गये। उसने भी सोच लिया कि वह एक अंक और लिखेगा, अगर तब भी चातक जी पेशगी नहीं दिलवायेंगे तो नाटक लिखने से इनकार कर देगा। चातक जी चाहते थे कि जो दृश्य वह लिखता जाये, भाषा को सुधारने के लिए उन्हें देता जाये। चेतन यह कह कर टाल गया था कि आगे लिखते-लिखते पिछले दृश्य पढ़ने पड़ते हैं, ताकि कहीं पुनरावृत्ति दोष न आ जाये।

और उस वक्त, जब तीसरा अंक ख़त्म होने को था, चातक जी ने अपनी मूर्खता, अतिरिक्त चतुराई अथवा असतर्कता में हिन्दी-बोर्ड के एक सदस्य से ऐसी बात कह दी कि चेतन का तन-मन जल उठा।

वहीं छत पर घूमते-घूमते चेतन के सामने डॉक्टर इन्द्रजीत शर्मा से अपनी भेंट का दृश्य आ गया।

o

....चेतन को तीसरे अंक के अन्तिम तीन दृश्य लिखने थे। उन्हीं में उसे राठौर रणमल द्वारा अपनी बहन का विश्वास जीत कर चित्तौड़ का सेनापति बनना, चित्तौड़ से राघव का खेलवाड़ा-प्रस्थान तथा भारमली को अपने चंगुल में लेने के लिए रणमल का षड्यन्त्र

दिखाना था। चेतन यह सब कुछ नाटक में बड़ी सूक्ष्मता से लिखना चाहता था। आम तौर पर यदि कोई दृश्य अटकता अथवा चेतन को प्लॉट की कोई समस्या सुलझानी होती तो वह अकेला लम्बी सैर पर निकल जाता। ऐसी अकेली लम्बी सैरों में उसकी तमाम उलझनें सुलझ जातीं।

उस शाम लगातार उन तीनों दृश्यों के बारे में सोचता हुआ वह कचहरी रोड और गोल बाग़ से होता हुआ ठण्डी सड़क पर निकल गया था। जब दो-ढाई मील का चक्कर लगा कर वह लौटा तो उसके दिमाग़ में दोनों दृश्य एकदम स्पष्ट हो गये थे —

वह ख़ुश-ख़ुश सीटी पर पंजाबी लोकगीत —

चूड़ीगराँ दे न जाईं
न जाईं
ढोल पतलेया वे मानुआँ[१]

गुनगुनाता चला जा रहा था कि ठण्डी सड़क से कृष्ण नगर को मुड़ने वाले रास्ते पर उसे सामने से डॉक्टर इन्द्रजीत शर्मा मिल गये। वे सनातन धर्म कॉलेज के हिन्दी विभागाध्यक्ष और हिन्दी-बार्ड के नये सदस्य थे। चेतन जब उन्हें देखता था, उनका पतला-दुबला चेहरा, लम्बी नाक और कण्ठ का उभरा हुआ टेंटुआ उसका ध्यान खींच लेता था।

चेतन ने बढ़ कर उनसे हाथ मिलाया।

"क्यों चेतन जी," सहसा डॉक्टर इन्द्रजीत ने कहा, "आप चातक जी के नाटक को कब तक कापी कर देंगे ?"

"चातक जी के नाटक को....कापी.... ?" चेतन होंटों में बुदबुदाया, उसे हठात कुछ भी समझ में नहीं आया।

"चातक जी ने 'हीरालाल जवाहरलाल' के लिए एक नाटक लिखा है। —'राजपूताने का भीष्म'। मुझसे लाला पन्नालाल ने उस पर दो शब्द भूमिका के रूप में लिखने का अनुरोध किया था। चातक जी से मैंने नाटक का मसौदा माँगा तो उन्होंने कहा कि लिख दिया है। चेतन जी कापी कर रहे हैं...."

"नहीं, अभी उन्होंने लिखा नहीं, न मुझे दिया है," चेतन ने रुखाई से कहा, "देंगे तो मैं दिन-रात बैठ कर कापी कर दूँगा।"

"इन कवियों-अवियों की बात का कोई भरोसा नहीं," डॉक्टर इन्द्रजीत सिर और टेंटुए को हिलाते हुए कुछ अजीब-से-खेद-भरे स्वर में हँसे, "पन्नालाल कह रहे थे कि महीनों पहले चातक जी दो सौ रुपये पेशगी ले गये हैं और एक दृश्य तक लिख कर नहीं दिया।"

"सभी कवि एक जैसे नहीं होते।" चेतन ने कहा, डाक्टर साहब से हाथ मिलाया और क्रोध से उबलता हुआ चल पड़ा।

दृश्य वग़ैरह जो उसने सोचे थे, उसके दिमाग़ से हवा हो गये। 'पवित्तर हिन्दू होटल' में पहुँच कर वह तेज़-तेज़ सीढ़ियाँ चढ़ आया था। बरसाती में आ कर उसने नाटक का मसौदा, 'टॉड-राजस्थान' ओर गौरीशंकर हीराचन्द ओझा वाली पुस्तक उठायी और भाई

१. ऐ मेरे पतले प्रेमी, चूड़ीगरों के यहाँ न जाना, न जाना।

साहब की दुकान पर पलँग के नीचे सहेज कर रख आया था।

"भाई साहब, मैंने नाटक की फ़ाइल ऊपर पलँग के नीचे सँभाल कर रख दी है। छोकरे से कहिएगा सफ़ाई-उफ़ाई करते वक्त इधर-उधर न कर दे," परछत्ती से नीचे आ कर उसने अपने भाई से कहा था, संक्षेप में उन्हें सारी बात बता दी थी और अन्त में अपना फ़ैसला भी सुना दिया था, "मैंने तय किया है भाई साहब कि मैं इस आदमी के साथ नाटक नहीं लिखूँगा। पचास रुपये ज़रूर पेशगी लिये हैं। पता नहीं, पन्नालाल से इसने क्या कह रखा है। मुझे वह मिला तो मैं उसे संकेत दे दूँगा। लिखाना होगा तो मुझसे लिखवायेगा, वरना मैं पचास रुपय में उसका कोई दूसरा काम कर दूँगा।"

तीसरे ही दिन अनारकली में अचानक पन्नालाल से उसकी भेंट हो गयी थी। वे डॉक्टर घनानन्द के यहाँ से आ रहे थे और चेतन अपने भाई की दुकान तक जा रहा था। बिना किसी तरह की सलाम-दुआ के पन्नालाल ने सामने से आते हुए पूछा था —

"कहिए चेतन जी, नाटक की क्या गतिविधि है, कितना लिखा गया ?"

चेतन क्या जवाब दे, वह तय नहीं कर पाया था। उसने मिलाने के लिए हाथ बढ़ा दिया। बढ़ कर उसके हाथ पर अपना हाथ रखते हुए पन्नालाल ने कहा था, "हमने तो चातक जी के हाथ आपके के लिए सौ रुपये भिजवा दिये थे। अब आपकी पत्नी की कैसी तबियत है ?"

चेतन ने वही सूचना दोबारा दी थी, जो उसने चातक जी को दी थी और कहा, "नाटक तो मैं लिख रहा था पन्नालाल जी, दो अंक मैंने चातक जी को सुना भी दिये थे और उन्होंने पास भी कर दिये थे, लेकिन अब मैं नाटक लिखूँगा नहीं।"

और पन्नालाल के आश्चर्य प्रकट करने पर उसने सारी स्थिति से उन्हें अवगत कर दिया था।

"नाटक मैं सारे-का-सारा लिखूँ और वे मुझे सिर्फ़ उसे कापी करने वाला बतायें, यह मुझे स्वीकार नहीं। अब तो मैंने कानून की पढ़ाई शुरू कर दी है। मैं परीक्षा दे लूँ, तब अगर आप चाहेंगे, पचास रुपये पेशगी और देंगे और सिर्फ़ मेरे अकेले के नाम से नाटक छापना चाहेंगे तो मैं लिख दूँगा। वरना पचास रुपये आपके मेरे पास हैं, आप चाहेंगे तो उस खाते में आपका कोई काम कर दूँगा, वरना चातक जी से लिये हैं, उन्हें लौटा दूँगा।"

उसका हाथ अभी तक पन्नालाल के हाथ में था। यह कह कर उसने हाथ ज़रा-सा हिला कर अलग होना चाहा था, लेकिन पन्नालाल ने उसका हाथ नहीं छोड़ा था, "चातक जी को वैसी ग़लत बात नहीं कहनी चाहिए थी," पन्नालाल ने खेद-भरे स्वर में कहा था, "कह दी थी तो डॉक्टर इन्द्रजीत को आपसे यह बात नहीं कहनी चाहिए थी।"

"आप लोगों ने डॉक्टर इन्द्रजीत को सही बात नहीं बतायी होगी, वरना यह घपला न होता।"

यह कह कर वह हाथ छुड़ा कर आगे बढ़ गया था....

o

छत पर घूमते हुए हठात चेतन के होंटों पर व्यंग्य-भरी मुस्कान आ गयी। चातक जी ने शायद डॉक्टर इन्द्रजीत पर अपना रोब जमाने को वह डींग मार दी होगी। उन्हें कैसे मालूम

होता कि डॉक्टर साहब स्वयं चेतन से वह सब कह देंगे। अब तो उनकी स्थिति उस खिसियानी बिल्ली जैसी थी, जिसके पंजों से कबूतर निकल गया हो, वह सिर्फ़ उसका पंख नोच रही हो।

छत पर घूमते हुए चेतन थक भी गया था, उसका दिमाग़ भी कुछ शान्त हो गया था और बाहर खुली छत पर लोई का फेंटा मारने के बावजूद उसे सर्दी लग रही थी। फ़रवरी का महीना शुरू हो गया था, दिन हलके गर्म हो गये थे, पर रातें बदस्तूर ठण्डी थीं। चेतन अन्दर आ गया।

उसका साथी अभी तक नहीं लौटा था। चेतन अपनी सीट पर आ बैठा। डायरी पर 'सरस्वती'-सम्पादक का पत्र पड़ा था। चेतन उसे फिर पढ़ने लगा, ठाकुर साहब ने लिखा था —

> "अभी-अभी मुझे चातक जी का पत्र मिला है। उन्होंने आपकी कहानी —'प्रेम की वेदी' —की सिफ़ारिश की थी। अब वे चाहते हैं —हम उसे 'सरस्वती' में न छापें।
>
> "उन्होंने शिकायत की है कि वे आपको उर्दू से हिन्दी की ओर लाये, उन्होंने आपको शुद्ध हिन्दी लिखना सिखाया, आपकी रचनाओं में संशोधन करके उन्हें छपने योग्य बनाया, लेकिन आपने सबका बदला घोर कृतघ्नता से दिया है। सम्पादक-बिरादरी के सदस्य होने के नाते उन्होंने हम पर ज़ोर दिया है कि हम आपकी उस कहानी को तत्काल लौटा दें और आपको लिखें कि चातक जी की सिफ़ारिश पर कहानी छप रही थी, अब उन्हीं के कहने से लौट रही है।
>
> "हम नहीं जानते, आपने चातक जी से क्या दुर्व्यवहार किया है, जो वे आपसे इस हद तक नाराज़ हो गये हैं। हम अपनी ओर से यही कहना चाहते हैं कि यद्यपि उन्होंने आपकी सिफ़ारिश की थी, लेकिन कहानी महज़ उनकी सिफ़ारिश के कारण स्वीकृत नहीं हुई। हम उसे 'सरस्वती' में इसलिए स्थान दे रहे हैं कि वह हमें मौलिक और उत्कृष्ट लगी। यही बात हम चातक जी को भी लिखने जा रहे हैं। कहानी स्वीकृत हो गयी है। 'सरस्वती' के किसी आगामी अंक में छपेगी।"

ठाकुर साहब ने पत्र समाप्त कर 'पुनश्च' में सूचना दी थी कि उसी महीने लाहौर में होने वाली 'अखिल भारतीय प्रदर्शनी' में वे कवि-सम्मेलन का संचालन करने आयेंगे और चातक जी को समझायेंगे कि उन्हें वैसा पत्र नहीं लिखना चाहिए था और व्यक्तिगत राग-द्वेष में सम्पादकीय भाई-चारे को नहीं लाना चाहिए था। ठाकुर साहब ने चेतन को भी परामर्श दिया था कि कोई भूल-चूक हो गयी हो अथवा चातक जी को कोई भ्रम हो गया हो तो वह उसका निराकरण कर दे।

ठाकुर साहब का पत्र पा कर चातक जी की क्षुद्रता पर चेतन को क्रोध तो बहुत आया था, पर यह जान कर ख़ुशी भी कम नहीं हुई थी कि ठाकुर साहब ने उनकी उस ओछी हरकत का कोई नोटिस नहीं लिया था, कहानी को उनकी सिफ़ारिश पर नहीं, बल्कि उसकी मेरिट पर स्वीकृत किया था और अपने चुनाव की लाज भी रखी थी।

उसने अपने पत्र में उनका हार्दिक आभार प्रकट करते हुए उन्हें लिखा था कि चातक जी बेकार नाराज़ हैं। ठाकुर साहब लाहौर आयेंगे तो चातक जी सामने उन्हें बतायेगा कि उन्होंने उसके साथ कितनी बड़ी ज़्यादती की है। वे किस तरह उसका शोषण करना चाहते थे और जब हकीकत जान कर वह उनके चंगुल से निकल गया तो अपनी कुण्ठा में वे उस पर झल्ला रहे हैं। विक्षोभ तो उस स्थिति पर उसे होना चाहिए, न कि उन्हें। उसने ठाकुर साहब को हार्दिक धन्यवाद दिया था उन्होंने कहानी नहीं लौटायी और उन्हें विश्वास दिलाया कि उन्हें अपने फ़ैसले का कभी अफ़सोस नहीं होगा और वह उम्र भर उनका ऋणी रहेगा।

वह भाई साहब को सीढ़ियों पर छोड़ने गया था तो अलग होने से पहले उन्होंने उसे परामर्श दिया था कि वह इस किस्से पर बेकार दिमाग़ परेशान न करे और समझ ले कि जो हुआ है, अच्छे के लिए हुआ है और अपने पढ़ने में मन लगाये।

०

ठाकुर साहब का पत्र तीसरी बार पढ़ कर चेतन ने अलग रख दिया। डायरी उठायी। कुछ देर सोचता रहा। फिर उसने लिखा —

> "आज ठाकुर साहब का पत्र मिला। चातक जी को पता चल गया है कि मैं उनके साथ नाटक नहीं लिखूँगा। चूँकि उन्होंने पन्नालाल से रुपये ले लिये हैं, इसलिए वे मुझसे बहुत नाराज़ हैं। उन्होंने ठाकुर साहब को मेरे ख़िलाफ़ पत्र लिखा है। मैं कभी-कभी सोचता हूँ कि चतुर बनने की तमाम कोशिशों के बावजूद मैं कितना बेवकूफ़ हूँ। मैं दूसरों का सहज विश्वास कर लेता हूँ, मार खाता हूँ और फ़ुरसत में पछताता हूँ। क्या मुझे कभी आदमियों की पहचान नहीं आयेगी। मैं ऐसे ही ठगा जाता रहूँगा। भाई साहब ने कहा है —जो हुआ, अच्छे के लिए हुआ है। यथैव विधाता विधीयती तथैव शुभाय — ! इसमें क्या शुभ है ? दो महीने नाटक लिखने के प्रयास में बरबाद हो गये, फल यह निकला कि पचास रुपये सिर पर कर्ज़ चढ़ गये, नाटक अधूरा पड़ा है और चातक जी विष घोल रहे हैं।"

चेतन कुछ क्षण तक कलम हाथ में लिये सोचता रहा। फिर उसने लिखा —

> "पर शायद भाई साहब ने ठीक ही कहा है! यह सब मेरे फ़ायदे के लिए ही हुआ है। नाटक में लगा रहता तो पढ़ाई का नुकसान होता। चातक जी नाटक ले लेते। पैसे भी दिलवाते या ख़ुद दे देते और मेरा नाम न देते तो मैं क्या कर लेता। मुझे कोई जानता नहीं और मेरी बात कोई मानता नहीं। तब मुझे कितनी तकलीफ़ होती। मैं शायद परीक्षा ही में फ़ेल हो जाता। फ़िलहाल मैं पूरी यकसूई से पढ़ूँगा, लॉ पास करूँगा, कम्पीटीशन में बैठूँगा और अगर कभी नाटक लिखूँगा तो वह सिर्फ़ मेरे नाम से प्रकाशित होगा।"

चेतन ने डायरी बन्द की। ज्यूरिसप्रूडेन्स की पुस्तक उठायी और परम एकाग्रता से पढ़ने में तल्लीन हो गया।

चौथा खण्ड

१९

नीला से उसके जठीए[१] के देहान्त पर अफ़सोस प्रकट करके, चेतन अपनी पत्नी और बच्चे के साथ बस्ती के अड्डे पर इक्के से उतरा। इधर-उधर दायें-बायें देख कर उसने सावधानी के साथ चन्दा को ग्रैण्ड ट्रंक रोड पार करायी। पूरा बाँस वाला बाज़ार वह पत्नी के आगे-आगे चलता आया था, लेकिन बड़ा बाज़ार की भीड़ देख कर सहसा उसने चन्दा को अपने से एक कदम आगे चलने की हिदायत की।

बाज़ार की उस बेपनाह भीड़ में से गुज़रते हुए, जब दो-एक मनचले दुकानदारों ने ज़रा-सा झुक कर उसकी पत्नी के चेहरे को देखने की कोशिश की तो अचानक चेतन की निगाहें भी चन्दा के मुख की ओर उठ गयीं और क्षण भर के लिए वहीं टिकी रही गयीं।

बच्चे को कन्धे से लगाये, साड़ी का पल्लू ज़रा-सा नीचे किये, आँखें झुकाये, सब ओर से बेख़बर, वह धीरे-धीरे चली जा रही थी। उसकी नाक की काठी पर पसीने की हलकी-सी बूँदें झलक आयी थीं।

चेतन ने कदम बढ़ाया। चूँकि दुकानदारों की वह हरकत चेतन को निहायत नागवार लगी थी और बाज़ारों में बैठे दुकानदारों की कमी नहीं थी, इसलिए बच्चे को पत्नी से ले कर कन्धे से लगाते हुए, चेतन ने उसके सिर का पल्लू ज़रा पीछे सरका दिया।

निश्चय ही चन्दा का चेहरा दुबला गया था। उसका दमकता हुआ गेहुँआ रंग हलका सफ़ेद हो आया था और वह गोल-मटोल, भोला चेहरा उस समय केसरिया साड़ी में बेहद सुन्दर लग रहा था। अपनी पत्नी के साथ-साथ चलता हुआ चेतन क्षण भर के लिए विमोहित-सा उसे देखता रह गया। उसे लगा, जैसे उस चेहरे को वह पहली बार देख रहा हो।

सामने बैण्ड के पीछे कोई बरात आ रही थी। बढ़ कर चेतन अपनी पत्नी के बायीं ओर हो गया और उसे दायीं बाँह के घेरे में लेता हुआ छत्ती गली की ओर बढ़ चला। "ज़रा जल्दी कदम बढ़ाओ।" उसने कहा, "वरना भीड़ में निकलना मुश्किल हो जायेगा।"

चन्दा यथा-सम्भव तेज़-तेज़ चलने लगी।

वे सुक्खू बिस्कुट वाले की दुकान के पास पहुँच गये थे, जब सुनहरी छड़ी को हाथ में इधर-उधर घुमाता हुआ बैण्ड मास्टर, ऐन सुक्खू की दुकान के सामने आ कर रुक गया और एकदम घूम कर हाथ की छड़ी से उसने बैण्ड को रुकने का इशारा किया।

बैण्ड में बायीं पंक्ति वाले दायीं ओर को और दायीं पंक्ति वाले बायीं ओर को घूम कर आमने-सामने खड़े हो गये और बैण्ड मास्टर के संकेत पर उन्होंने प्रचलित पंजाबी

---

१. जेठ के लड़के।

लोक-गीत की धुन छेड़ दी —

बल्लीए
नीं, रोवेंगी चपेड़ खायेंगी
चुप करके गड्डी विच्च बहजा
बल्लीए
नीं, रोवेंगी चपेड़ खावेंगी
बल्लीए
नीं, गड्डी विच्चों लत्त लमके
गोरा पैर सलीपर काले
बल्लीए —
नीं, गड्डी विच्चों लत्त लमके[1]

बैण्ड वालों ने अपने वाद्य-यन्त्रों पर अभी पूरा बन्द नहीं गाया था कि पूर्ववत चन्दा को बाँह के घेरे में लिये, भीड़ में रास्ता बनाता और पत्नी को धक्कों-ठहोकों से बचाता हुआ चेतन उसे छत्ती गली में ले गया। छत्ती गली के बाज़ार वाले किनारे पर लोग बैण्ड-बाजा सुनने के लिए इकट्ठे हो गये थे। चौक सूदाँ की ओर से बड़ा बाज़ार को आने वाले भी छत्ती गली में रुक कर बैण्ड सुनने लगे थे। बड़ी मुश्किल से अनुनय-विनय करके चेतन छत्ती गली के उस पार पहुँचा तो उसने सुख की साँस ली। चन्दा के कन्धे पर से बाँह हटा ली, बच्चे को फिर पत्नी को दे दिया और किंचित आश्वस्त हो कर चलने लगा। पीछे, छत्ती गली के पार, बड़ा बाज़ार में बैण्ड वालों ने गीत का तीसरा बन्द छेड़ दिया था।

बल्लीए
नीं, ओह तेरे की लग्गदे
जेहड़े चिट्टेयाँ रुमालाँ वाले
बल्लीए
नीं, ओह तेरे की लग्गदे[2]

चूँकि चन्दा लगातार अपने पत्रों में अपनी अस्वस्थता का उल्लेख करती थी, इसलिए चेतन ने तय किया था कि एफ़० ई० एल० (कानून के पहले वर्ष) की परीक्षा के लिए तैयारी को मिली पौने दो महीने की छुट्टियाँ वह जालन्धर में गुज़ारेगा। अपनी पत्नी का ख़याल भी रखेगा और निरन्तर सालती-सी उस चिन्ता से मुक्त हो कर एकाग्र भाव से परीक्षा की तैयारी भी करेगा।

---

१. बल्ली उत्तर प्रदेश में बोले जाने वाले शब्द 'लल्ली' का पर्याय है। प्यार का शब्द है। छोटी बहन को, बेटी को, प्रेयसी को, दुल्हन को इसी प्यार के शब्द से पंजाबी में पुकारा जाता है। पुराने ज़माने में बहुत छोटी उम्र में लड़कियों की शादियाँ हो जाती थीं। तभी कोई दुल्हन बहुत रोती होगी तो उससे कठोर पति या भाई ने यह बोली कही होगी।
० ऐ बल्ली, रोयेगी तो तमाचा खायेगी। ख़ामोशी से गाड़ी (बहली या रथ) में बैठ जा।
० ऐ बल्ली, बैलगाड़ी में तेरी टाँग लटक रही है। गोरा पैर और काले स्लीपर मन मोह रहे हैं।

२. ऐ बल्ली, वे सफ़ेद रुमालों वाले तेरे क्या लगते हैं।

चूँकि उसकी एक कहानी 'सरस्वती' में स्वीकृत हो गयी थी, इसलिए प्रोत्साहन पा कर उसने जालन्धर जाने से पहले एक दूसरी प्यारी-सी उर्दू कहानी हिन्दी में की और उसे मुंशी चन्द्रशेखर की पत्रिका 'हंस' के लिए भेज दिया। यह कहानी उसने फ्रांसीसी कथाकार मोपासाँ की शैली में लिखी थी। कहानी के अन्त का पता चूँकि अन्तिम पंक्ति ही में चलता था, पाठक की जिज्ञासा अन्त तक बनी रहती थी। उर्दू से हिन्दी में करते हुए उसने केवल लिपि बदल दी थी और कहीं-कहीं कठिन उर्दू शब्दों की जगह आसान हिन्दी शब्द लिख दिये थे। अपने पत्र में मुंशी जी को यह सूचना देते हुए कि जिस कहानी का नाम उन्होंने 'प्रेम की वेदी' कर दिया था, वह 'सरस्वती' में स्वीकृत हो गयी है, उसने लिखा था कि वह उन्हें एक दूसरी छोटी-सी कहानी हिन्दी में करके भेज रहा है। उसने आशा व्यक्त की थी कि वे उसे पसन्द करेंगे और 'हंस' में स्थान देंगे।

इस काम से छुट्टी पा कर उसने 'पवित्तर हिन्दू होटल' के कमरे को 'नमस्कार' करके अपनी किताबों की गठरी बाँधी थी, छोटे-से टीन के सूटकेस में कपड़े रखे थे और शाम की गाड़ी से जालन्धर आ उतरा था।

वह रात को एक बजे घर पहुँचा था। हमेशा की तरह बाकी रात उसने आँगन में मोघे की पट्टी पर बैठे माँ से बतियाते गुज़ार दी थी। जब उसने चन्दा के स्वास्थ्य के बारे में उससे पूछा था तो, माँ पुरानी दास्तान ले बैठी थी कि उसने आठ-आठ व्यम[१] देखे, चालीसवाँ भी नहीं नहाती थी कि काम करने लग जाती थी। बहू ने एक बच्चा पैदा किया है और घर की सफ़ाई करना, खाना पकाना तो दूर रहा, चार बर्तन भी उससे नहीं मले जाते।

"पुत्तर, तूँ कह गया सी ते मैं ओस नूँ कदे तंग नईं करदी।" माँ न कहा था, "कदे ओस दा मन हुन्दा ए ते चार बर्तन मल देन्दी ए, नईं ते दिन भर पई लेटी रहन्दी ए।"[२] माँ ने क्षण भर रुक कर कहा था, "आदमी बिमार हुन्दा ए ते ओस दी भुक्ख सुक्क जान्दी ए! एस नूँ सारा दिन भुक्ख लग्गी रहन्दी ए। बस, कम्म करण नूँ कहो ते कदीं सिर दर्द, कदीं कमर दर्द, ते कदीं कमज़ोरी दी शिकैत कर देन्दी ए। मैं ताँ तेरे डर दी मारी कुझ कहन्दी नईं। हुन्दी ना तेरी पड़दादी गंगादेई मेरी जगह, गुत्त फड़ के उठा लियान्दी, ते भाण्डेयाँ अग्गे बिठा देन्दी।"[३]

चेतन चुपचाप माँ की बात सुनता रहा था। दिल-ही-दिल में वह थोड़ा भयभीत हो गया था कि ज़रूर ही चन्दा की तबियत ख़राब होगी। वह सुस्त और काहिल चाहे जितनी भी हो, झूठ बोलना उसके स्वभाव का अंग नहीं था। लेकिन चेतन ने माँ से कुछ नहीं कहा। माँ की सारी ज़िन्दगी तकलीफ़ों, मुसीबतों, अपरम्पार संघर्ष, चिन्ता और फ़िक्र में बीती थी।

---

१. प्रसव।

२. बेटे, तू कह गया था, इसलिए मैं उसको तंग नहीं करती। उसका मन होता है तो चार बर्तन मल देती है, वरना दिन भर पड़ी लेटी रहती है।

३. आदमी बीमार होता है तो उसकी भूख सूख जाती है। इसको सारा दिन भूख लगी रहती है। बस काम करने को कहो तो कभी सिर दर्द, कभी कमर दर्द और कभी कमज़ोरी की शिकायत कर देती है। मैं तो तेरे डर के मारे कुछ नहीं कहती। मेरी जगह तेरी पड़दादी होती तो चोटी पकड़ कर इसे उठा लाती और जूठे बर्तन मलने के लिए बैठा देती।

एक चोर नज़र चेतन ने माँ पर ड़ाली। जाने उस पतले-छरहरे, सूखे-सिकुड़े तन में कैसी अद्‌भुत शक्ति थी। वह दिन-पर-दिन ही नहीं, रात-पर-रात काम करती थी। दो-चार दिन बिना खाना खाये-पिये रह सकती थी। उसने कभी डॉक्टर की दवा नहीं ली थी। छोटी-मोटी बीमारी वह तुलसी के पत्तों और दालचीनी की चाय या बनफ़्शे के काढ़े या सौंफ़ के अर्क या ऐसे ही किसी घरेलू नुस्ख़े से दूर कर लेती थी। जाने कैसी चट्टानी इच्छा-शक्ति, कैसा प्रबल हठ उसके यहाँ था। चेतन ने सख़्त-से-सख़्त मुसीबत में भी उसे कभी परेशान नहीं देखा था। कभी उसकी आँखों में आँसू नहीं देखे थे। जब कि पिता कभी-कभी उसे पीट-पीट कर अधमुई कर देते थे। दिक्कत यह भी थी कि वह औरत को अपने ही पैमाने से तौलती थी और चेतन जानता था कि उस पैमाने पर लाखों में शायद एक औरत ही पूरी उतरे। उसने माँ की किसी बात का प्रतिवाद नहीं किया था। सिर्फ़ यही कहा था कि वह इसीलिए जालन्धर आ गया है कि यहाँ रह कर इम्तहान की तैयारी करे और यह भी देखे कि चन्दा तबियत अच्छी होने पर कैसे उसका हाथ नहीं बटाती।

बातें करते-करते भिनसारा हो गया था। कुएँ पर सुबह-सुबह पानी भरने और नहाने वालों की आवाज़ें आने लगी थीं।

"अच्छा बच्चा, मैं ज़रा चौका-बर्तन कर लवाँ। तूँ उप्पर जाके मेघनाथ नूँ जगा दे। थोड़ा पानी भर ल्यावे।"[१] माँ ने कहा था और घुटनों पर हाथ रख कर उठी थी।

चेतन छत पर गया था। उसने बेसुध सोये अपने छोटे भाई को जगाया था। लम्बी जम्हाई लेते हुए मेघनाथ ने अँगड़ाई ली थी तो अपने छोटे भाई का हृष्ट-पुष्ट, कसा शरीर देख कर चेतन प्रसन्न हो गया था। चन्द ही महीने अखाड़े जा कर उसने कैसा सुन्दर शरीर निकाल लिया था।

मेघनाथ ने उठ कर उसके पैर छुए तो आशीष में उसके कन्धे थपथपाते हुए चेतन ने उसे माँ का सन्देश दिया था। फिर उसकी पढ़ाई और कसरत के बारे में दो-एक बातें करके वह बरसाती में गया था।

उसकी पत्नी पीठ के बल एकदम सीधी सोयी थी। बच्चा —कदाचित गर्मी के कारण —चारपाई की पाटी की ओर मुँह किये लेटा था। सामान्य आकार से लगभग ड्योढ़े उसके सिर ने अचानक चेतन का ध्यान खींचा, लेकिन उसने बरबस निगाहें उधर से हटा लीं और फिर अपनी सोयी हुई पत्नी को देखने लगा। चन्दा के सिर का पल्लू खिसक गया था। उसके घने, काले बाल अस्त-व्यस्त थे और उसके चौड़े माथे पर बिखर गये थे। लेकिन उसका चेहरा शान्त था। दुबला और कदरे पीला-सा। जाने चेतन के मन में कैसी दया आयी या जाने कैसा प्यार उस पर उमड़ा कि उसने हठात झुक कर उसका माथा चूम लिया।

चेतन वास्तव में उसके होंट चूमना चाहता था, लेकिन उसे डर था, चन्दा जग जायेगी। मुश्किल से साढ़े चार-पाँच बजे होंगे। चेतन जानता था, नींद की माती उसकी पत्नी को इतनी सुबह उठना अखरेगा, इसलिए उसने हलके-से उसके माथे से होंट छुलाये थे।

लेकिन उसके होंटों में जाने कैसी गर्मी थी अथवा चन्दा की नींद ही अब उतनी गहरी

---

१. अच्छा बेटा, मैं ज़रा चौका-बर्तन कर लूँ। तू ऊपर जा कर मेघनाथ को जगा दे, थोड़ा पानी भर लाये।

न रही होगी, उसने आँखें खोल दीं और 'अरे आप' कहती हुई उठने को हुई।

चेतन ने उसे दोनों हाथों के दबाव से पूर्ववत लिटा दिया। स्वयं उसके पास चारपाई की पाटी पर बैठ गया और उसे लॉ कॉलेज, लाहौर और वहाँ की अपनी सरगर्मियों के बारे में बताने लगा।

छत पर पूरी तरह उजेला फैल गया था। तभी चन्दा ने कहा, "आप रात भर के जगे हैं। थक गये होंगे। मैं उठती हूँ। बच्चे को ले जाती हूँ। आप यहीं बरसाती में लेट जाइए। झिलमिलियों में से देखिए, कैसी ठण्डी हवा आ रही है।"

चेतन की आँखों में ज़रा भी नींद नहीं थी। उसके मन में कुछ अज़ीब-सा उछाह था। उसने ज़रा-सा हँसते हुए कहा था —

"अरे, सोने का क्या है, दोपहर को खाना खाने के बाद दो-एक घण्टे सो लेंगे। अभी तो अगर तुम उठ कर तैयार हो जाओ तो ज़रा कम्पनी बाग़ का एक चक्कर लगा आयें। जाने कितने दिन बीत गये कम्पनी बाग़ की सूरत देखे।"

"मैं कहती हूँ, अभी थोड़ा आराम कर लीजिए," चन्दा ने कहा था, "एक नींद ले लीजिए, फिर चलेंगे।"

"फिर धूप निकल आयेगी," चेतन हँसा, "सैर का सारा मज़ा किरकिरा हो जायेगा।"

"बच्चे को साथ ले जायेंगे ?"

"बच्चे को माँ के पास छोड़ जायेंगे।"

"माँ परेशान होंगी —मुझे कोसेंगी।"

"तुम फ़िक्र न करो। उन्होंने छै बच्चे पैदा किये और पाले हैं। वे ज़रा-भी परेशान न होंगी। मैं अभी नीचे जा कर माँ से कह आता हूँ। तुम मुँह-हाथ धो लो, बाल सँवार लो और कम-से-कम साड़ी बदल डालो!"

"ठीक है। आप माँ जी से कह दीजिए।"

चन्दा उठी थी। चेतन बिल्कुल खिलन्दरे बच्चों की तरह माँ को मनाने नीचे भाग गया था।

०

मेघनाथ पानी भर कर अखाड़े चला गया। माँ बर्तनों को माँज-धो-चमका और उन्हें टोकरे में सजा कर रसोई-घर धो-पोंछ चुकी थी। और आँगन में बुहारी दे रही थी, जब चेतन उसके पास जा कर फ़र्श पर उकड़ूँ बैठ गया।

"माँ, चन्दा को जगा आया हूँ।" उसने कहना शुरू किया, "अगर तुम थोड़ी-सी मदद करो तो मैं उसे कम्पनी बाग़ की सैर करा लाऊँ। लगता है, बिस्तर पर लेटे-लेटे उसके अंग कमज़ोर हो गये हैं। उसे हाथ-पैर कुछ हिलाने चाहिएँ। मैं देखता हूँ, उसमें कितनी शक्ति है। वह कितना चल-फिर सकती है। सोचता हूँ उसे रोज़ कम्पनी बाग़ का एक चक्कर लगवा आया करूँ। उसके अंगों में कुछ शक्ति आ जायेगी तो फिर दूसरे कामों में भी तुम्हारा हाथ बँटायेगी।"

"मैं इहदे विच की मदद कराँ ?" माँ ने ज़रा रुखाई से कहा, "तूँ लै जा ओस नूँ।

पर तूँ रात भर जागदा रिहा एँ। थोड़ा पिट्ठ सिद्धी कर लै।"[१]

"मैं दोपहर को सो लूँगा माँ," चेतन ने कहा था, "अभी तो तुम बच्चे को रख लो। मैं उसे घुमा लाऊँ।"

"जाग गया ए ?"

"नहीं, अभी तो सोया है।"

"ओह छोटी पलँगड़ी एत्थे बिछा के सुला दे। मैं कम्म करदी-करदी ओस नूँ देख वी लवाँगी।"[२]

चेतन ने छोटी-सी पलँगड़ी अधछत्ती के नीचे बिछा कर बच्चे को सुला दिया था। चन्दा हाथ-मुँह धो, बाल सँवार और चेतन की इच्छानुसार साड़ी बदल कर आ गयी।

"अच्छा माँ, हम हो आयें कम्पनी बाग़ तक," कहता हुआ चेतन अपनी पत्नी के आगे-आगे सीड़ियाँ उतर गया।

वे अभी कोट पश्का भी नहीं पहुँचे थे कि चन्दा थकान की शिकायत करने लगी। वह तो चाहती थी कि वे कोट पश्का ही से वापस मुड़ जायें, लेकिन चेतन किसी तरह रुकता, ठहरता, सुस्ताता उसे कम्पनी बाग़ तक ले गया था।

बाग़ में पहुँच कर वह लॉन पर लेट गयी थी। बायीं ओर कन्धे तक ऊँची, कटी-छँटी गुलाब के छोटे फूलों की बाड़ थी। छिपे हुए बच्चों के हँसते चेहरों के-से नन्हे-नन्हे गुलाबी फूल उसमें झाँक रहे थे। हलकी ठण्डी हवा रमक रही थी। चेतन भी वहीं लॉन पर पसर गया।

उसके नथुनों में सहसा गुलाब की हलकी सुगन्ध बस गयी। फिर हवा के झोंकों से आमों और खट्टों की मिली-जुली सुगन्ध आयी, जिसमें सील की हलकी-सी दुर्गन्ध का भी मिश्रण था। दायीं ओर जाने किस जाति का पेड़ था, जिसकी डालियाँ लतरों-सी नीचे लटकी हुई थीं और उसमें छिपी हुई कोई चिड़िया रह-रह कर अपनी मीठी बोली में कुछ बतियाने लगती थी। चेतन को लगता था, जैसे वह उसी से बातें कर रही है। वह देर तक उसकी बातें समझने का प्रयास करता रहा। बायीं ओर लोहे की सलाख़ों के जाल पर एक बेल चढ़ी थी, जो लम्बे केसरिया फूलों से लदी थी। केसरिया फूलों का वह गुम्बद-सा बहुत ही भला लग रहा था। चेतन ने देखा —एक बहुत लम्बी चोंच वाली छोटी-सी चिड़िया वहाँ आ बैठी है। वह झुक कर अपनी लम्बी चोंच फूल के अन्दर डालती और उसका शहद पीती। तभी दायीं ओर किसी पेड़ पर बुलबुल चहकी। चेतन कितनी ही देर तक उसकी आवाज़ सुनने के लिए कान लगाये रहा। लेकिन बुलबुल शायद उड़ गयी थी। दूर बाग़ के किसी आम के पेड़ पर कोयल कूक उठी। लॉन के परले किनारे पर अपने पिता के साथ सैर को आये दो बच्चे बैठे थे। वे कोयल की नकल में 'कूहू-कूहू' करने लगे और फिर जैसे देर तक कोयल में और उनमें मुकाबला ठना रहा। चेतन के होंटों पर सहसा मुस्कान आ गयी। लड़कपन में वे भी तो इसी तरह कोयल को चिढ़ाया करते थे। तभी उसका ध्यान निरभ्र

१. मैं इस में क्या मदद करूँ। तू ले जा उसे। लेकिन तू रात भर जागता रहा है, ज़रा पीठ सीधी कर ले।

२. वह छोटी चारपाई यहाँ बिछा कर उसे सुला दे। मैं काम करती हुई उसे भी देख लूँगी।

आकाश पर उड़ते एक सफ़ेद बादल के टुकड़े ने खींच लिया। उसे लगा कि आकाश के पेड़ से वह सेमल के फूल की तरह गिरा है और हवा में बहा जा रहा है। चेतन देर तक उसे ताकता रहा, यहाँ तक कि उसकी आँखों में पानी आ गया। आँखें मलता हुआ वह उठ बैठा। उसने लम्बी गहरी साँस ली और चन्दा से उठने के लिए कहा।

घर पहुँच कर ऊपर जाने से पहले चेतन नीचे बैठक में गया था। उसने तीनों खिड़कियाँ और बाहर चौक में खुलने वाला दरवाज़ा चौपाट खोल दिया था। बैठक रोशन हो गयी थी, लेकिन इस्तेमाल में न आने के कारण उसमें धूल-गर्द भरी हुई थी। मेज़ और कुर्सी पर जाने क्या अल्लम-गल्लम पड़ा था। चेतन पिछले छोटे कमरे में गया। स्कूल-कॉलेज के दिनों में वहाँ नीचे फ़र्श पर उनका बिस्तर बिछा रहता था और कॉलेज में पहुँच कर हमीद की देखा-देखी उसने वहाँ एक बड़ी चौकी बिछा ली थी। उस पर किताबें सजाये, वह पढ़ा करता था। लेकिन वह कमरा बाहर की बैठक के मुकाबले में अँधेरा था। उसकी पिछली दीवार चूँकि उस गली से लगती थी, जो खत्रियों की मिलकियत थी, इसलिए न उसमें कोई खिड़की थी, न रोशनदान। सिर्फ़ एक खिड़की बायीं दीवार में बैठक की ओर वाले कोने में थी। लेकिन वह सारे कमरे को रोशनी पहुँचाने में असमर्थ थी। चेतन ने तय किया कि वह बाहर बैठक में अपने पढ़ने-लिखने की व्यवस्था करेगा। अँगीठी पर किताबें चुन देगा और मेज़ पर बैठ कर अपने इम्तहान की तैयारी करेगा।

बैठक बन्द करके वह ऊपर गया। उसने माँ से मन की बात कही तो उसने कहा कि बेटा, तू निबट-नहा कर कुछ खा-पी ले। रात का जगा है, कुछ देर आराम कर ले। मैं बैठक का फ़ालतू सामान निचले दालान में रख दूँगी और तू वहाँ अपने पढ़ने का इन्तज़ाम कर लेना।

नित्य-कर्म से निबट कर चेतन बालटी ले कर कुएँ पर गया था। बहुत दिनों के बाद बालटियाँ भर-भर कर कुएँ की जगत पर बैठ, वह मल-मल कर नहाया था। फिर कपड़े बदल कर रामदित्ते की दुकान से पाव भर दही में दो पेड़े डलवा कर मक्खन-मिली गाढ़ी लस्सी का गिलास पी कर तृप्त हो गया था।

चन्दा इस बीच बच्चे को तैयार करके दूध पिला चुकी थी और स्वयं नाश्ता करके ऊपर दालान के साथ वाले पिछले पूरबी कमरे में बच्चे के साथ लेटी हुई थी। तभी चेतन वहाँ पहुँचा। चन्दा उठ बैठी। वह पीठ लगाने को दो क्षण लेट गया। गाढ़ी लस्सी के गिलास ने उसकी आँखों में ग़नूदगी भर थी। चन्दा के साथ बातें करता हुआ वह गहरी नींद सो गया था।

o

सहपहर को जब माँ सब को खाना खिला कर, स्वयं दो कौर खा कर और बर्तन-भाण्डे करके थोड़ी पीठ सीधी कर चुकी तो मेघनाथ को साथ ले कर नीचे बैठक का फ़ालतू सामान ठीक करने चली थी। चेतन भी आराम करके स्वस्थ हो गया था। उसने बक्से से हार्मोनियम निकाला! उसे झाड़-पोंछ कर उसने पत्नी से कहा कि वह दो-एक गीत सुनाये।

चन्दा वे सब गीत और सरगम भूल गयी थी, जो चेतन ने सिखाये थे। तब उसने चन्दा पर ज़ोर दिया कि हार्मोनियम के बिना वह उसे अपने प्रिय गीत 'बुन्दे ल्या देयाँगा नी'

और 'सावियाँ पीलियाँ बंगा नी मेरियाँ' सुनाये।

हालाँकि चन्दा को दिन में, जब नीचे माँ बैठक ठीक कर रही थी, गीत सुनाने में संकोच था, पर जब उसके पति ने ज़ोर दिया तो चन्दा ने बहुत ही धीमे स्वर में अपने सुरीले गले से दोनों गीत चेतन को सुनाये थे।

चन्दा की आवाज़ बहुत मीठी, दर्द और लोच-भरी थी और चेतन पंजाबी लोक-गीतों पर मरता था। उनमें जो भावनाएँ होती थीं, वे सीधे दिल से निकलती थीं। उनकी अभिव्यक्ति में किसी तरह का कला-कौशल या लुकाव-छिपाव नहीं होता था और वे सीधे दिल पर असर करती थीं। जब उसकी पत्नी गीत सुना चुकी तो उसने कहा था —

"चन्दा, इन गीतों के अलावा तुम्हें कोई गीत नहीं आता ?"

"बचपन में मुहल्ले की औरतों के त्रिंजन[१] में ये गीत सुने थे। बाद में तो औरतों ने त्रिंजन लगाने बन्द कर दिये।"

"कोई और गीत याद हो तो सुनाओ।"

"एक बहुत पुराना गीत है! पता नहीं, आपको पसन्द भी आता है या नहीं।"

"तुम सुनाओ तो।"

और चन्दा निहायत लोच और सोज़-भरे स्वर में गाने लगी —

बागे मैं लानियाँ टाल्हियाँ वे
पत्ताँ वालियाँ वे
मेरा पतला माही
बूए ते लावाँ शतूत
बेसमझे नूँ समझ न आयी[२]
गिट्ठ गिट्ठ होइयाँ ने टाल्हियाँ वे
पत्ताँ वालियाँ वे
मेरा पतला माही
अध-गिट्ठ होए शतूत
बेसमझे नूँ समझ न आयी[३]
भाई वे, राहे-राहे जान्देया वे
पीलू खान्देया वे
सिर बालाँ दा जूड़ा

---

१. औरतें इकट्ठी मिल कर चर्ख़ा कातती हैं और गाती हैं। उसे त्रिंजन कहते हैं।
२. बाग़ में पत्तों वाले शीशम के पेड़ लगाती हूँ। मेरी माही पतला-छरहरा है। दरवाज़े पर मैं शहतूत के पेड़ लगाती हूँ। मेरे बेसमझ माही (प्रिय) को मेरी व्यथा की कोई समझ नहीं।
३. शीशम के पेड़ बालिश्त भर हो गये हैं और शहतूत आधी बालिश्त के हो गये हैं। मेरे बेसमझ माही को मेरी व्यथा की कोई समझ नहीं।

जा आक्खीं मेरे माही नूँ वे
गोरी पह्नेया चूड़ा[१]

चूड़ा पाया ते की होया
चूड़ा सहज हँडाइयो
गली-गली मेरे दोस्त नीं
चूड़े लाज न लाइयो[२]

मिट्टी दा बावा बनानियाँ वे
झग्गा पानियाँ वे
उत्ते देनी आँ खेसी
ना रो मिट्टी देया बावेया,
तेरा पिऊ परदेसी[३]

मिट्टी दा बावा नईं बोलदा वे
नईं चालदा वे
नईं देन्दा हुँगारा
न्हौन लग्गीदा गल गया नीं
मेरा मिट्टी दा बावा[४]

चन्दा की आवाज़ इतनी सुरीली थी। उसमें इतना सोज़, लोच, दर्द और उतार-चढ़ाव था कि जब पंक्तियों के अन्तिम शब्द गाती हुई, वह स्वर को सहसा धीमा करते हुए उठाती तो चेतन के दिल को कुछ होने-सा लगता। नयी-ब्याही दुल्हन की विरह-व्यथा, अपने प्रिय

---

१. ऐ रास्ता चलते-चलते पीलू खाने वाले मुसाफ़िर, तेरे सिर पर बालों का जूड़ा है। जा कर मेरे माही से कहना कि गोरी ने चूड़ा पहना है, याने शृंगार किया है।
नोट—यह गीत किसी ऐसी नव-परिणीता देहाती युवती की भावनाओं की अक्कासी करता है, जिसका पतला-छरहरा युवा पति बाहर कमाने गया है। चूँकि उस ज़माने में घड़ियाँ और कैलेण्डर नहीं होते थे, इसलिए समय का अन्दाज़ा करने को वह बाग़ में शीशम के पेड़ लगवाती है और घर के दरवाज़े पर शहतूत के और उन्हें रोज़ बड़े होते देखती हुई अपने प्रिय की बाट जोहती है।
दूसरे बन्द में वह शृंगार करती है और 'प्रिय के देस' जाने वाले मुसाफ़िर के हाथ सँदेसा भेजती है। लोक-कवि ने अन्तिम बन्द में उसके प्रिय का उत्तर भी दे दिया है। पति की ओर से उत्तर है —

२. चूड़ा पहना है तो क्या हुआ, उससे कहना कि सहज भाव से चूड़ा पहने (याने बाँह मटकाती दिखाती न फिरे) गाँव की गली-गली में मेरे जवान दोस्त-यार हैं। चूड़े को कहीं लाज न लगा ले। याने उनके चक्कर में न फँस जाये।

३. तीसरे बन्द में लोक-कवि उस युवती की व्यथा का और भी गहरा चित्र प्रस्तुत करता है। मैं एक मिट्टी का बावा (बच्चा) बनाती हूँ। उसे गले में कमीज़ पहनाती हूँ और उसके ऊपर खेस डालती हूँ (और कहती हूँ) 'ऐ मिट्टी के बावे तू न रो, तेरा बाप परदेस गया है।'

४. मिट्टी का बावा बोलता-चालता नहीं, मेरी बात का हुंकारा भी नहीं देता। जब मैं नहाने लगी तो वह गल गया।

के आने की बाट जोहना, एक-एक दिन गिनना, उसके सहवास की इच्छा में श्रृंगार करना, लोक-लाज का भय, मन बहलाने को मिट्टी का बावा (बच्चा) बनाना और माँ के रूप में उसे सुलाना, खिलाना-पिलाना उससे बातें करना, उसके जवाब न देने पर निराश होना और अन्त में अपने साथ नहलाते हुए उसका गल जाना —सारे भाव कुछ इस सरलता से लोक-कवि ने गीत में रख दिये थे कि चन्दा जब तन्मय हो कर गा रही थी तो चेतन सामने व्यथा की मारी, सुन्दर, स्वस्थ देहाती युवती और उसकी व्यथा के चित्र उभरते चले गये थे।

चेतन को यह गीत इतना इच्छा लगा था कि रात सोने से पहले उसने एक बार फिर यह गीत सुना था। तब गीत सुनाने के बाद चेतन के बालों पर प्यार से हाथ फेरते हुए चन्दा ने बड़े मीठे धीमे स्वर में कहा था, "आप मुझे आज सैर को ले गये। मैं बहुत थक गयी।"

चेतन ने उसे बाँह में भर कर चूम लिया था और समझाया था कि सेहत के लिए सैर करना बहुत ज़रूरी है। तीन-चार दिन उसे थकान होगी और पैर, टख़ने तथा पिण्डलियाँ दुखेंगी। फिर उसे पता भी नहीं चलेगा। उसने चन्दा को आश्वासन दिया था कि सुबह वे कम्पनी बाग़ तक नहीं जायेंगे, लाला अच्छक राम ऐडवोकेट की कोठी ही से मुड़ जायेंगे। अगले दिन ज़रा और आगे तक जायेंगे। इस तरह थोड़ा-थोड़ा फ़ासला रोज़ बढ़ाते हुए वे कम्पनी बाग़ के दो-तीन चक्कर लगाने लगेंगे। चन्दा के तन-बदन में थोड़ी शक्ति आ जायेगी और वह माँ के काम में भी कुछ हाथ बटाने लगेगी और वह एकाग्र हो कर अपना अध्ययन कर सकेगा।

"मेरे अंग दुखते हैं," चन्दा ने कहा था।

"सब ठीक हो जायेगा," चेतन ने उत्तर दिया था, "तुम चिन्ता मत करो।"

o

दूसरे दिन प्रोग्राम के मुताबिक वह फिर चन्दा को सैर के लिए ले गया था। लेकिन वे लाला अच्छक राम की कोठी से नहीं, कोट पश्का ही से वापस आ गये थे।

घर पहुँच कर चेतन सीधा बैठक में गया था। उसने सब खिड़कियाँ और दरवाज़े खोल दिये थे। माँ ने व्यर्थ का सब सामान हटा दिया था। अपनी तरफ़ से सफ़ाई भी कर दी थी, लेकिन मेज़-कुर्सी, अँगीठी और खिड़कियों के किवाड़ों पर धूल की एक हलकी-सी परत चढ़ी थी।

"तुम तो चन्दा बिलुकल थक गयी हो," उसने पत्नी से कहा था, "तुम ऊपर जाओ, देवेश को नहलाओ-धुलाओ, खिलाओ-पिलाओ। (चेतन ने बच्चे का नाम देवेश यानी देवताओं का स्वामी —स्वयं भगवान रखा था।) ख़ुद भी नहाओ-धोओ। मैं मन मुताबिक बैठक साफ़ करके, किताबें अँगीठी पर लगा कर और पढ़ने की व्यवस्था करके आऊँगा।"

"आप दस-पन्द्रह मिनट रुकिए," चन्दा ने बत्तीसी खिलाते हुए कहा था, "मैं बच्चे को नहला-धुला और खिला-पिला कर आती हूँ। आ कर बैठक में झाड़ू-बुहारी कर दूँगी। तब आप किताबें लगा दीजिएगा।" क्षण भर रुक कर उसने इतना और जोड़ा था, "इस बीच आप लस्सी का गिलास पी आइए। फिर सफ़ाई के बाद नहा-धो लीजिएगा।"

चेतन मान गया था। वह लस्सी पी आया था और चन्दा बच्चे को खिला-पिला और

लिटा आयी थी।

लेकिन जब वह झाड़ू ले कर सफ़ाई करने लगी तो चेतन ने उसे रोक दिया। "यह सब तुम से नहीं होगा," उसने कहा और उसे उठा कर कुर्सी पर बैठाते हुए बोला था, "मैं एक बार तुम्हें कमरा साफ़ करके दिखाता हूँ। फिर तुम रोज़ उसी तरह सफ़ाई करना।"

और बिना उसकी ओर ध्यान दिये, उसके हाथ से झाड़ू ले कर वह ज़ोर-शोर से सफ़ाई करने लगा था।

चन्दा अपने पति की आदत जानती थी और उसका ग़ुस्सा भी। वह चुपचाप उदास भाव से कुर्सी पर बैठ गयी थी।

चेतन ने सबसे पहले अच्छी तरह अँगीठी साफ़ की। फिर दीवारें झाड़ीं। फिर उसने दरवाज़ों और खिड़कियों के पल्ले झाड़े, उनके पीछे कोनों में लगे जाले साफ़ किये, खिड़कियों में बैठने के लिए जो सीमेण्ट की पक्की सीटें बनी थीं, उन्हें साफ़ किया और तब वह एक तरफ़ से फ़र्श पर झाड़ू देने लगा।

तभी उसकी नज़र अपनी पत्नी के उदास मुख पर गयी। वह क्या करे कि चन्दा हँस दे। वह जानता था कि वह उस तरह मुँह फुलाये उदास बैठी रहेगी तो वह एकाग्रता से सफ़ाई तक नहीं कर सकेगा। चन्दा हँसती थी तो अच्छी लगती थी। उसका उदास मुख चेतन के मन में विकर्षण जगाता था। झाड़ू हाथ में लिये फ़र्श पर बैठा चेतन कोई ऐसी बात, चुटकुला, लतीफ़ा या कोई ऐसा किस्सा सोचने लगा, जिसे सुन कर वह अनायास हँस दे। अचानक एक बहुत पुराना लतीफ़ा चेतन की स्मृति में कौंध गया। स्मरण-मात्र से वह मन-ही-मन हँस दिया।

"चन्दा, तुम्हें वह लतीफ़ा याद है न," उसने सहसा अपनी पत्नी से कहा, "जो मैं तुम्हें कृष्णा गली लाहौर वाले घर में सुनाया करता था।"

लेकिन चन्दा के चेहरे पर स्मृति का कोई चिन्ह नहीं था। वैसे ही उदास भाव से बैठे-बैठे जैसे उसने होंटों में कहा, "कौन-सा किस्सा ?"

"वह दो बहरों वाला।" चेतन ने याद दिलाते हुए कहा, "मुझे जब भी याद आता है तो मैं मन-ही-मन ठहाका मार उठता हूँ।"

"मुझे याद नहीं, आप सुनाइए।"

चेतन सुनाने लगा।

"अमृतसर की बात है। दरबार साहब के बाहर बाज़ार माई सेवाँ में एक सरदार साहब दरबार साहब में मत्था टेकने जा रहे थे, दूसरे मत्था टेक कर आ रहे थे। दोनों बहरे थे। पहले ने दूसरे से पूछा, 'क्यों बाश्शाहो, की तुसीं दरबार साब तों आ रहे ओ ?' दूसरा बोला, 'नईं जी, मैं दरबार साब तों आ रिहा आँ।' पहले ने कहा, 'अच्छा, मैं समझेया तुसीं दरबार साब तों आ रहे ओ'!"

"दोनों बहरे जो थे।" चन्दा ने बत्तीसी खिलाते हुए कहा और ठहाका मार कर हँस दी। चन्दा का उदास चेहरा हँसी के कारण कुछ अज़ीब-सी आभा से उद्भासित हो आया। लेकिन ऐन उस वक्त माँ ऊपर से आ कर आँगन की ओर खुलने वाले छोटे दरवाज़े से बैठक में दाख़िल हुई। बेटे को झाड़ू ले कर फ़र्श साफ़ करते और बहू को कुर्सी में बैठे

खिलखिलाते देख कर वहीं दरवाज़े में ठिठक गयी और आग-बबूला हो कर तीखी आवाज़ में बोली —

"तूँ भुंजे बैठा फ़र्श साफ़ कर रहा एँ ते तेरी बहुटी कुर्सी ते बैठी हिड़हिड़ कर रही ए। कोई लोक-लाज दा वी ख़याल ए कि नईं। की जगूती बहू लै आयाँ एँ कि ओस नूँ कुर्सी ते बिठा के आप पया झाड़ू दे रिहा एँ।[१]

चेतन ज़रा हँस कर मज़ाकिया लहज़े में बात टालना चाहता था। कहना चाहता था कि चन्दा की तबियत अच्छी नहीं। वह ठीक से सफ़ाई नहीं कर पाती, इसलिए वह स्वयं कर रहा है। फिर मर्द-औरत में कोई फ़र्क नहीं। यह कहाँ लिखा है कि सफ़ाई का काम सिर्फ़ औरतें ही करेंगी और मर्द झाड़ू को हाथ नहीं लगायेंगे। लेकिन माँ ने जो अन्तिम बात कही, उसे सुन कर वह भड़क गया।

झाड़ू हाथ में लिये-लिये उठ कर चेतन ने कहा, "जगूती बहू मैं नहीं लाया। तुम्हीं लायी हो। मैं तो शादी करना ही नहीं चाहता था। देख आया था और तुम्हें बता दिया था। कहा नहीं था कि बहू काम नहीं करेगी। तुम्हीं सुशील-सुशील की रट लगाये थीं। तो सुशील तो यह है। हँसमुख है। भली है। उदार है। मैं जब किसी तरह इससे चलाने लगा हूँ तो तुम ख़ुश नहीं हो। क्या चाहती हो ? पिता जी की तरह इसे मारूँ-पीटूँ, गालियाँ दूँ, हंगामा मचाऊँ। बीमार है। इसमें जान तो है नहीं। कोट पश्का तक जाते-जाते तो यह थक गयी। दस बार तुम्हें पहले बता चुका हूँ कि घर का काम-काज इसे किसी ने नहीं सिखाया। यह पढ़ रही है। प्रभाकर पास कर गयी है। कानून पास कर लूँ। इसे अंग्रेज़ी में बी० ए० करा दूँगा। घर के काम-काज के लिए नौकर रख लेंगे। नहीं चाहती हो तो भेज दो इसे इसके माँ-बाप के यहाँ। मैं लँडूरा ज़िन्दगी गुज़ार लूँगा।"

वह क्षण भर रुका, फिर बोला, "तुझे यही शिकायत है न माँ कि यह बर्तन नहीं मलती, घर का काम नहीं करती। तू बर्तन रख दिया कर, मैं मल दूँगा। सफ़ाई भी मैं कर दूँगा। बच्चे के जन्म के बाद सेहत तो इसकी चौपट हो गयी है। ऊपर से तू परेशान करती है।"

चेतन कभी माँ के सामने इस तरह नहीं बमका था। वह हतप्रभ वहीं दरवाज़े में खड़ी-की-खड़ी रह गयी। क्षण भर को उसके मुँह से बोल नहीं फूटा। फिर उसने दोनों हाथ जोड़ कर कहा, "पुत्त, तूँ मैंन्नूँ माफ़ कर। जिद्दाँ तूँ ख़ुशु रएँ ओसे'च मैं खुश आँ! सारे दरवज्जे खुले ने। बहू कुर्सी ते बैठी ए ते तूँ झाड़ू दे रिहा एँ। मैं ताँ एसे ख़याल नाल किहा सी। मुहल्ले वाले की कहगे।"[२]

और वह जैसे आयी थी, वैसे ही पीछे मुड़ गयी। —"मैं मुहल्ले वालों की कोई परवाह नहीं करता।" चेतन के ये शब्द भी उसने नहीं सुने।

---

१. तू ज़मीन पर बैठा फ़र्श साफ़ कर रहा है और तेरी बीवी कुर्सी पर बैठी ठहाके मार रही है। कुछ लोक-लाज का भी ख़याल है कि नहीं। कौन-सी ऐसी अनोखी बहू ले आया है कि उसे कुर्सी पर बैठा कर आप झाड़ू दे रहा है।

२. बेटा, तू मुझे माफ़ कर। जैसे तू ख़ुश रहे, उसी में मैं ख़ुश हूँ। सारे दरवाज़े खुले हैं। वह कुर्सी में बैठी है और तू झाड़ू दे रहा है। मैंने तो इसी ख़याल से कहा था। मुहल्ले वाले क्या कहेंगे।

०

पिछले दिनों की घटनाओं में गुम, पत्नी के ज़रा-सा पीछे चलता हुआ चेतन कटड़ा बल्ला पार कर अटारी बाज़ार में दाख़िल हो गया था। ज़िन्दगी में यह पहला मौका था कि वह माँ के सामने इस तरह चिल्लाया था। स्थिति ही ऐसी उपस्थित हो गयी थी कि उसे कोई चारा नज़र नहीं आया था। क्षणांश में उसने तय कर लिया था कि उसे क्या करना है और कैसे उस बात को वहीं ख़त्म कर देना है। स्वाभावानुसार वह मज़ाक में जवाब देता तो माँ बहस करती और अन्ततः रोने लगती। इसलिए उस स्थिति का सारा दोष उसने उसी पर डाल दिया था। माँ हर स्थिति को अपने मान-दण्डों पर तोलने की आदी थी। चन्दा अस्वस्थ है, यह वह कबूल नहीं कर पाती थी। वह समझती थी कि ये सब चलित्तर चन्दा काम न करने की ख़ातिर कर रही है। चेतन को यकीन था कि उसकी पत्नी का स्वास्थ्य ठीक नहीं। उसे चन्दा पर दया भी आती थी, जिसे शादी के बाद वह कोई सुख नहीं दे सका था। वह चाहता था कि कानून पास कर ले। सब-जजी के कम्पीटीशन में बैठे। सफल हो और घर तथा बाहर वालों में उसकी वकअत बढ़ा दे। तब तक के लिए बड़े सब्र और धैर्य के साथ वह अध्ययन पूरा करना चाहता था और यह भी चाहता था कि जालन्धर का माहौल जैसा भी था, उस अर्से में उसकी पत्नी को तकलीफ़ न हो।

माँ चली गयी तो उसने पलट कर चन्दा की तरफ़ देखा था। वह कुर्सी के पास चुपचाप खड़ी थी और आँसू धारासार उसकी आँखों से बह रहे थे।

पहले चेतन के मन में आया कि जो अस्त्र उसने माँ पर आज़माया था, वही बीवी पर भी आज़माये, लेकिन उसकी माँ में और चन्दा में फ़र्क था। उसी माँ अन्दर से कहीं एकदम इस्पात थी, जबकि चन्दा अन्दर-बाहर मोम थी। पति का ग़ुस्सा उसे एकदम चुप करा देगा। वह दिनों-हफ़्तों चुप रहेगी और उसका वह उदास चेहरा चेतन की सारी एकाग्रता भंग कर देगा इसलिए ज़रा-सा संयत हो कर वह पत्नी के पास गया था। उसकी साड़ी के पल्लू से उसके आँसू पोंछते हुए उसने कहा, "तुम क्यों रोने लगी हो, बैठो।"

"मैं आपसे कहती न थी, मैं बैठक साफ़ करती हूँ।" उसने आर्द्र स्वर में कहा, "आपने मेरी सुनी नहीं और माँ जी नाराज़ हो गयीं।"

"माँ जी इस बात पर नाराज़ न होतीं तो किसी दूसरी बात पर हो जातीं।" चेतन ने व्यंग्य से कहा था, "हिन्दुस्तानी माओं का यह आम वतीरा[१] है। लड़के बहुओं को पसन्द न करें तो वे बहुओं का पक्ष ले कर उन्हें परेशान करने लगती हैं। पसन्द करने लगें तो उन्हें बहुओं में दस दोष दिखायी देने लगते हैं। तुम अपनी सेहत ठीक करो। काम में थोड़ा-बहुत माँ का हाथ बटाओ और बाकी सब मुझ पर छोड़ दो।"

यूँ पत्नी को आश्वस्त करके उसने उसे फिर से कुर्सी पर बैठा दिया था, बैठक साफ़ की थी, पत्नी की मदद से किताबें अँगीठी पर लगायी थीं, मेज़ पर चादर बिछायी थी, रात में पढ़ने के लिए पिता द्वारा स्टेशन से भेजा गया बर्नर[२] साफ़ कर, उसमें तेल भरा था। यूँ पढ़ने की व्यवस्था करके वह नहाने चला गया था।

---

१. तरीका, ढंग
२. बड़ा लैम्प।

चौके में माँ सामने ईख के आसन पर बैठ कर खाना खाते हुए उसने यूँ बमक उठने के लिए माँ से क्षमा माँग ली थी।

"माँ, मेरा दिमाग़ बहुत परेशान रहता है," उसने कहा था, "तू ज़रा-ज़रा-सी बात के लिए परेशान करेगी तो मैं पढ़ाई में कैसे ध्यान लगा सकूँगा। मैं जब शादी से पहले इसे देखने गया था तो मैंने वहाँ से आ कर सब कुछ बता दिया था —लेकिन तुमने मेरी एक नहीं सुनी। चक्की का पाट मेरे गले में बाँध दिया। अब मैं उसे किसी काम लायक बनाना चाहता हूँ कि घर का काम-काज न करे तो मेरे पढ़ने-लिखने में ही मदद करे। तब भी तुम्हें मंज़ूर नहीं। अब मैं क्या करूँ ?"

माँ ने फिर वही बात दोहरा दी थी कि मुहल्ले वालों के डर से उसने वह सब कहा था। अब वह उसके काम में किसी तरह का हस्तेक्षप नहीं करेगी।

यूँ माँ को शान्त करके उसने चन्दा को बर्तन मलने के लिए कहा था और माँ सन्तुष्ट हो गयी थी।

०

शाम को चेतन किताब ले कर छत पर पढ़ने बैठा था जब बस्ती ग़ज़ाँ से रणवीर ने आ कर सन्देश दिया था कि अमृतसर में त्रिलोक का देहान्त हो गया है, नीला बर्मा से और मीला कोडरमा से आयी हैं और कल शाम या परसों सुबह अमृतसर जायेंगी।

चन्दा तो उसी वक्त जाना चाहती थी, लेकिन चेतन ने रणवीर से कहा था कि वे सुबह पहुँचेंगे। फिर उसने सहसा पूछा था, "क्यों रणवीर, क्या हुआ था त्रिलोक को ? वह तो ख़ासा सुन्दर और तगड़ा था।"

लेकिन रणवीर को इस सिलसिले में कुछ भी मालूम नहीं था। उसने कहा कि कुछ ही दिन पहले उसकी मौत का कार्ड आया था। उन दोनों बहनों को तार गये थे। क्रिया-कर्म में शामिल होने के लिए वे आयी हैं।

"चन्दा की तबियत ठीक नहीं," चेतन ने कहा था, "हम कल सुबह आयेंगे। नीला को हमारी तरफ़ से अफ़सोस कर देना।"

०

रात चेतन त्रिलोक के बारे में सोचता रहा था। नीला की शादी में उसका जो सुन्दर रूप चेतन ने देखा था, वह उसकी आँखों में हमेशा के लिए नक्श हो गया था। उसकी ख़ूबसूरती से चेतन को ईर्ष्या भी हुई थी। मदन-सी वह सुन्दर देह दो साल में ही काल का ग्रास बन गयी! जैसे कोई तेज़ छुरा चेतन के अन्तर में दूर तक डूबता चला गया था। मानो उसने किसी रकीब की नहीं, किसी आत्मीय के निधन की ख़बर सुनी हो। और नीला, जिसके बारे में उसने मान लिया था कि ज़रूर त्रिलोक को चाहने लगी होगी, उसके दिल पर क्या गुज़री होगी। वह कितनी उदास, हताश, दुखी और परेशान होगी! रात भर चेतन उसे तसल्ली देने के लिए दसियों वाक्य सोचता रहा था। उसकी नींद उखड़ी-उखड़ी रही थी। लेकिन जब सुबह पत्नी को साथ ले कर वह बस्ती ग़ज़ाँ पहुँचा, उसने पण्डित वेणी प्रसाद के घर पर दस्तक दी और दरवाज़ा खुला तो चेतन क्षण भर को ठगा-सा खड़ा रह गया था।

दरवाज़ा नीला ही ने खोला था। क्षणांश के लिए चेतन को उसे पहचानने में दिक्कत

हुई थी। उसकी आँखों में पतली, छरहरी, पीली-पीली-सी चम्पे की अधखिली कली थी, जिसे उसने शादी के दिनों में नाली पर बाँह में जोंकें लगाये बैठे या लाल सालू में लिपटे, दालान के नीम-अँधेरे में पैर के नाख़ूनों से फ़र्श कुरेदते या झमझमाते गहनों-कपड़ों में लदे-फँदे, सीढ़ियाँ चढ़ते देखा था। दरवाज़ा खुलने की प्रतीक्षा में रुके चेतन की कल्पना में तो नीला का निहायत दुबला-पतला रूप था —अनमिल विवाह के दुख का मारा, पीला, ज़र्द चेहरा, जिसके कल्ले किंचित धँसे हुए थे, जबड़ों की हड्डियाँ उभर आयी थीं और आँखों के गिर्द सियाह गड्ढे पड़ गये थे। उड़ती-उड़ती ख़बर सुनी थी कि नीला के मिलिट्री एकाउण्टेण्ट पति श्री रामपाल ने एक बर्मी औरत रख छोड़ी है। और चेतन नीला के दुख की कल्पना से परेशान था....लेकिन दरवाज़े में खड़ी नीला तो चम्पे के पूरे खिले हुए फूल-सी भरी-पूरी और गदराई दिखायी देती थी। हलकी-सी उदासी के बावजूद उसका चेहरा दिप-दिप कर रहा था....चेतन के मुँह से बोल नहीं फूटा। नीला उसे रास्ता देने के लिए बायें किवाड़ के साथ पीठ लगाये खड़ी हो गयी। चौखट के अन्दर कदम रखते हुए जैसे होंटों में ही 'हेलो नीला' कहता हुआ चेतन आगे बढ़ा और उसकी बायीं बाँह नीला के सीने से छिछलती चली गयी। अपने पीछे चन्दा को उससे बातें करने के लिए छोड़ कर चेतन सीधा आँगन की ओर बढ़ गया और दालान के बाहर दोनों दरवाज़ों के बीच रखी लोहे की ख़ाली कुर्सी पर जा बैठा।

तभी उसकी बड़ी साली मीला अपने साढ़े तीन-चार वर्ष के बच्चे को गोद में उठाये रसोई-घर की ओर से आयी। बच्चा बड़ा हो गया था, लेकिन आँगन में खेलने-कूदने की बजाय माँ की गोद से चिपका हुआ था। उसकी टाँगें बेजान-सी लटक रही थीं। चेतन कहना चाहता था, 'मीला जी, आप बच्चे को चलाती-फिराती क्यों नहीं, इतने बड़े बच्चे को गोद में क्यों लिये फिरती हैं,' लेकिन उसने कुछ नहीं कहा। चुप रहा।

जैसे उसके मन की बात भाँप कर 'मीला जी' ने बच्चे को लाड से हलका-सा थपेड़ा लगाते हुए कहा, "कम्बख़्त, इतना बड़ा हो गया है तो भी मेरी गोद से चिपका रहता है। उतारती हूँ तो रोता है। पैर पटकता है अब मैं इतने बड़े बच्चे को कहाँ तक उठा सकती हूँ।"

क्षण भर के लिए चेतन की निगाह अपनी इस बड़ी साली के चेहरे पर गयी। इन दो वर्षों के अर्से में वह और भी असुन्दर हो आया था और मानव-विकास के सिलसिले में डार्विन के सिद्धान्त की पुष्टि करता-सा लगता था।

लेकिन दूसरे ही क्षण अपनी दृष्टि को वहाँ से हटा कर उसने कहा, "मीला जी, मुझे तो कल शाम रणवीर से पता चला। क्या हुआ था त्रिलोक को ? इतना सुन्दर और स्वस्थ लड़का और यूँ चला गया....क्या बीमारी थी उसे ?"

सहसा 'मीला जी' के मोटे-मोटे होंट लटके, फड़के और कुछ अज़ीब-सी रुलाई में विकुंचित हो गये। उनकी आवाज़ भर्रा गयी और आँखों से झर-झर आँसू बहने लगे। होंट अटेरते और धारासार आँसू बहाते हुए मीला जी ने जो बताया, उसका लुब्बे-लुवाब यही था कि उन्हें जब अचानक त्रिलोक की मौत का तार मिला तो क्षण भर के लिए वे मर्माहत

रह गयीं। दिल उनका इतना कमज़ोर हो गया है कि वे ग़श खा कर गिर पड़ीं। बड़ी मुश्किल से उनकी मूर्च्छा टूटी। जब से उन्हें होश आया है, त्रिलोक का फूल-सा मुखड़ा उनकी आँखों में घूमता रहता है, "हाय ओस फुल्ल जये मुण्डे नूँ कीहदी नज़र खा गयी।"[१] लगभग विलाप करते हुए मीला जी ने दायें हाथ से अपना माथा पीट लिया।

चेतन किसी तरह विषय बदलना चाहता था, पर उसे कुछ भी सूझ न रहा था। त्रिलोक के निधन पर शोक प्रकट करने के लिए जो वाक्य वह सोच कर आया था, उनमें से एक भी दोहराने को उसका मन नहीं हुआ। रोती और विलाप करती उसकी वह साली ख़ासी हास्यास्पद लग रही थी। चेतन को इस बात पर भी हैरत थी कि किस प्रकार इत्मीनान से गृहस्थी के काम निबटाती हुई वह एकदम रोने और विलाप करने लगी थी। तो भी और कुछ न सूझने पर चेतन ने पूछा था —"लेकिन मीला जी, क्या त्रिलोक बीमार था ? दो ही साल पहले यहीं, इसी दालान में उसे देखा था। दगदगाते लाल-लाल उसके गाल थे और कामदेव-सा वह सुन्दर था। किस बीमारी में यूँ चला गया ?"

मीला जी ने नाली पर जा कर नाक साफ़ की। साड़ी के पल्लू से आँखें और नाक पोंछते हुए वे वापस आयीं और भर्राये गले से उन्होंने बताया कि उन्हें तो कुछ भी मालूम नहीं। बस, तार ही मिला। आज ही बस से या शाम की गाड़ी से अमृतसर जायेंगी। तभी कुछ पता चलेगा।

चेतन को विषयान्तर करने का अवसर मिल गया। "मैं तो मीला जी, कल ही शाम चन्दा को ले कर आ जाता," उसने कहा, "ख़बर सुनते ही वह ख़ुद आने के लिए उतावली हो रही थी। लेकिन बच्चे की पैदाइश के बाद उसकी तबियत कुछ ठीक नहीं रहती। मैं सुबह सैर को ले गया था। कोट पश्का पहुँचते-पहुँचते वह थक गयी। घर से बस्ती के अड्डे तक मील-डेढ़ मील का फ़ासला चल कर आना पड़ता है। इसीलिए...."

चेतन ने अपना वाक्य ख़त्म नहीं किया था कि नीला और चन्दा, जो ड्योढ़ी ही में रुक कर बातें करने लगी थीं, आँगन में आ गयीं। मीला जी ने चन्दा को देख कर और उसकी ओर बढ़ते हुए कहा, "हाथ-हाय एह्दा मुँह ताँ कपाह वाँगूँ सफ़ेद हो गया है। सस्स की एहूँ ढिड्ड भर के खान-पीन वी नहीं देन्दी।"[२]

चन्दा ने इस का कोई उत्तर नहीं दिया, बल्कि उसका, बच्चे का और जीजा जी (मीला के इंजीनियर पति) का हाल-चाल पूछा और मीला जी जवानी ही में अपने दुखते जोड़ों, गोद में बच्चे के हमेशा चिपके रहने और चार साल का होने पर भी बच्चों के साथ न खेलने का रोना रोती और हुचका दे कर बच्चे को गोद में ठीक से बैठाती हुई चेतन की बग़ल से हो कर दालान में चली गयीं।

दूसरे ही क्षण वे छोटी शीलो का आवाज़ देती हुई ड्योढ़ी की ओर गयीं कि शीलो भाग कर बाज़ार से दो पैसे की बर्फ़ ले आये और वे उनके लिए नींबू का शर्बत बना दें।

०

---

१. हाय, उस फूल-से लड़के को किस की नज़र खा गयी।

२. हाय-हाय, इसका मुँह तो कपास की तरह सफ़ेद हो गया है। क्या सास इसे भर पेट खाने-पीने भी नहीं देती ?

अन्दर दालान में नीला और चन्दा धीरे-धीरे बतिया रही थीं। मीला जी बर्फ़ ले कर रसोई-घर में चली गयी थीं। चेतन वहीं दालान के दोनों दरवाज़ों के बीच लगी रंगीन, गोल खूँटी के नीचे बिछी लोहे की उस कुर्सी पर बैठा था। पहले उसने सोचा था कि अन्दर जाये और नीला से दो बातें करे, लेकिन वह क्या बातें करे! त्रिलोक को क्या बीमारी थी, कैसे उसका देहान्त हुआ —नीला को इसका कुछ भी पता नहीं था। इसकी सूचना उसकी बड़ी साली ने उसे दे ही दी थी। वही प्रश्न पुनः नीला से पूछना चेतन को निरर्थक लगा। दूसरी कोई बात उसे सूझी नहीं और वह चुपचाप वहीं लोहे की कुर्सी पर बैठा रहा।

चेतन अपने मन को टटोलता तो पाता कि वास्तव में नीला को उन दो वर्षों के अर्से में, पतले शोले की तरह लपलप करती नहीं, पूरी और तपी हुई भट्टी की तरह दहकती देख कर उसे निराशा हुई थी। वह तो सोचता था —नीला अपने अधेड़ पति के साहचर्य में उसकी रखैल के कारण सूख कर काँटा हो गयी होगी। अपने जीजा के प्यार का दुख उसे अन्दर-ही-अन्दर खा गया होगा। या वह त्रिलोक के देहावसान की ख़बर पा कर शोकातुर, दुःख-विह्वल और अधमुई हो गयी होगी। लेकिन यह नीला, जो अन्दर दालान में उसकी पत्नी के साथ बातें कर रही थी, ज़रा भी दुखी या असन्तुष्ट न लगती थी। उसे देख कर ऐसा महसूस होता था जैसे बर्मा के अपने जीवन से वह एकदम सुखी, प्रसन्न और सन्तुष्ट है।

'तो क्या चन्दा की बात ही सही थी ?' चेतन ने मन-ही-मन कहा। नीला की शादी के बाद जब वह बहुत परेशान था, अपराध-बोध का मारा सारा दिन पूरे जालन्धर में निरुद्देश्य भटकता रहा था और रात को थकान के बावजूद उसे नींद न आ रही थी तो उसके मन का सन्ताप जानने पर चन्दा ने कहा था कि वह नीला को नहीं जानता। वह ज़्यादा दुख मनाने वाली नहीं है, उस अधेड़ पति के साथ भी वह चला लेगी। नीला को देख कर चेतन के दिमाग़ में अपनी पत्नी की वह बात गूँज गयी। उसे ख़याल आया कि अपनी पत्नी की तुलना में वह कितना बेवक़ूफ़ और बेसमझ है। चन्दा की अपेक्षा स्वयं उसे ज़िन्दगी का कितना कम तजरुबा है।

और चेतन का मन अन्दर जा कर उससे बात करने को नहीं हुआ। मार्च की तीखी धूप के कारण हलकी-सी गर्मी के बावजूद वह बाहर आँगन में वहीं लोहे की कुर्सी पर जड़वत बैठा रहा। तभी मीला जी नींबू के शर्बत का गिलास लिये हुए आयीं और चेतन को देते हुए उन्होंने अन्दर दालान में बैठी हुई अपनी छोटी बहनों से कहा कि वे अपनी बातों में मस्त हैं और चेतन जी बाहर गर्मी में बैठे हैं। उन्होंने चन्दा से कहा कि और कुछ नहीं तो वह अपने पति को हाथ का पंखा ही दे दे और नीला से कहा कि रसोई-घर में शर्बत के गिलास बने रखे हैं। आप भी ले और चन्दा को भी पिलाये।

दूसरे क्षण चन्दा हाथ का पंखा लिये हुए बाहर आयी और अपने पति के पास खड़ी हो कर उसे पंखा करने लगी।

"अरे, कोई वैसी गर्मी नहीं। पंखे-वंखे की कोई ज़रूरत नहीं," चेतन ने अस्वस्ति-बोध से ज़रा-सा हँसते हुए कहा, "तुम जाओ, बैठो अन्दर।"

लेकिन चन्दा ने कोई जवाब नहीं दिया। वह चुपचाप सिर झुकाये पंखा करती रही

थी।

तभी नीला अन्दर से निकली और यौवन के भार से जैसे हलके-से झूमती हुई रसोई-घर की ओर गयी।

शर्बत का गिलास होंटों से लगाये-लगाये चेतन ने उसे चोर आँखों से देखा था और अपनी गज-गामिनी साली के उन चार डगों ने उसके दिल की धड़कनें तेज़ कर दी थीं। नीला की वह मस्त चाल उसके मन पर हमेशा के लिए अंकित हो गयी। उसे जैसे पहली बार लगा कि वह शादी के बाद कहीं ज़्यादा सुन्दर हो गयी है।

सहसा अन्दर बच्चा रोने लगा। चन्दा ने उसे फ़र्श पर बिछी दरी पर लिटा दिया था और नीला से बातें करती हुई वह बराबर उसे पंखा कर रही थी। यूँ तो चेतन का यह लड़का उसके बदले माँ पर ज़्यादा गया था। वह चंचल-चपल नहीं था। सुस्त और चुपीता था। पहरों चुपचाप अकेला लेटा रहता था। रोता-चिल्लाता नहीं था, लेकिन शायद उसे भूख लग आयी थी, इसलिए वह रो पड़ा था।

पंखा अपनी बड़ी बहन को दे कर चन्दा अन्दर गयी और बच्चे को कन्धे से लगा कर झुलाती हुई आ गयी। उसने पंखा मीला जी से लेना चाहा, लेकिन मीला जी ने उसे पंखा नहीं दिया। वे चेतन को पंखा करती रहीं और उसका दायरा ज़रा बढ़ा कर उन्होंने चेतन के साथ बच्चे को भी हवा करनी शुरू कर दी।

तभी नीला रसोई से दोनों हाथों में शर्बत के गिलास लिये हुए ठुमकती आयी। उसने एक गिलास चन्दा को दिया और दूसरा अपनी बड़ी बहन की ओर बढ़ाया।

मीला जी ने गिलास नहीं लिया। "मुझे प्यास नहीं थी," उन्होंने कहा, "इसलिए मैंने अपने लिए नहीं बनाया। रसोई में नींबू भी है और बर्फ़ भी , मैं बनाती हूँ अपने लिए और यह तुसी पियो।"

और रसोई की ओर मुड़ते हुए उन्होंने हाथ का पंखा नीला को दे कर कहा, "तुम साथ में अपने जीजा जी को हवा भी करती रहो।"

मीला जी रसोई-घर की ओर बढ़ गयीं। बायें हाथ से शर्बत पीती हुई नीला दायें हाथ से चेतन को हवा करने लगी। तब चेतन के होंटों से जो पहला वाक्य निकला, वह त्रिलोक की बीमारी, उसके देहावसान अथवा उसके असामयिक निधन पर हार्दिक शोक प्रकट करने के बारे में नहीं था। उसने सिर्फ़ इतना कहा, "नीला, तुम लोग अमृतसर से कब लौटोगी ?"

"जीजा जी, बर्मा तार पहुँचने में दो दिन लग गये।" नीला ने सीधा जवाब न दे कर कहना शुरू किया, "फिर मैं कोडरमा होती हुई आयी हूँ। हम आज शाम चार बजे की गाड़ी से अमृतसर जायेंगे। परसों क्रिया-कर्म होगा। मेरा तो वहाँ किसी से कोई ख़ास परिचय नहीं। मैं दो-एक दिन ही रहूँगी।"

"बर्मा कब वापस जाओगी ?"

"अब आयी हूँ जीजा जी, तो सोचती हूँ," नीला ने कहा था, "महीना यहाँ पिता जी के साथ रहूँ। फिर जाने कब बर्मा से आना हो। मैं चार दिन बाद इतवार या सोमवार तक वापस आ जाऊँगी। मंगल को शीतला माता का मेला है, मत्था टेकने जाऊँगी। फिर आप आइएगा। चन्दा बहन को भी लाइएगा।"

"मैं तो अब नहीं आ सकूँगा नीला," चेतन ने कहा था, "मैंने कानून में दाख़िला ले लिया है। मेरी एफ़० ई० एल० की परीक्षा है। मैं प्रेप्रेट्री हॉलीडेज़ में आया हूँ। मुझे इम्तहान की तैयारी करनी है। चन्दा की तबियत ठीक नहीं रहती, इसीलिए यहाँ जालन्धर आ गया हूँ कि इसको भी देखूँ और परीक्षा की तैयारी भी करूँ।"

"तब मैं आऊँगी और चन्दा बहन के साथ पाँच-सात दिन बिताऊँगी।"

चेतन ने हामी नहीं भरी थी, शर्बत का गिलास ख़त्म करके वह उठा था, "मैं बैठा हूँ और तुम दोनों खड़ी हो," वह ज़रा-सा हँसा था, "पंखा क्या कर रही हो, अभी ऐसी गर्मी तो नहीं। चलो, अन्दर बैठते हैं।"

और तब वहीं खड़े-खड़े उसने कहा था, "त्रिलोक का सुन कर नीला, बहुत अफ़सोस हुआ। इतना सुन्दर और लम्बा-ऊँचा लड़का। क्या हो गया उसे ?"

नीला के चेहरे पर हलका-सा बादल घिर आया था।

"हमें तार मिला जीजा जी, तो यकीन ही नहीं आया। यही लगा, किसी ने ग़लत तार दे दिया है। दूसरे दिन मीला बहन का तार आ गया कि जाते-जाते कोडरमा होती जाना। मीला बहन को भी कुछ पता नहीं। अब अमृतसर जायेंगे तभी कुछ पता चलेगा कि कैसे क्या हुआ।"

०

चेतन और चन्दा चौरस्ती अटारी पहुँच गये थे। बाजियाँ वाला बाज़ार की ओर मुड़ते ही चेतन फिर चन्दा से एक पग आगे हो गया। चन्दा ने फिर माथे पर हलका-सा घूँघट खींच लिया।

घर पहुँचते ही चन्दा ने बच्चे को वहीं अधछत्ती के नीचे पलँगड़ी पर लिटा दिया और अपनी बनारसी साड़ी की परवाह किये बिना आँगन में दालान की दीवार के साथ पीठ लगा कर बैठ गयी और उसने पैर पसार लिये।

माँ आँगन में नाली पर बैठी बर्तन मल रही थी।

"किद्दाँ जट्टियाँ वाँगूँ बैठ गयी एँ बहू," उसने मुड़ कर तीखे स्वर में कहा, "तेत्थों ठीक तराँ बैठ्ठ्या वी नईं जान्दा।"[१]

माँ के लहजे की तल्ख़ी को देख कर चेतन ने एक नज़र बीवी पर डाली।

"क्यों चन्दा, क्या बात है। तबियत ठीक नहीं क्या ?" उसने ज़रा झुक कर पूछा।

"मुझे बुख़ार लग रहा है।" चन्दा ने रुँधे गले से कहा, "जोड़-जोड़ दुख रहा है।"

चेतन ने झुक कर दायें हाथ में उसकी कलाई थामी। गर्म थी। उसे छोड़ कर उसने पत्नी के माथे पर हाथ रखा। तप रहा था। वह भाग कर हरलाल पंसारी की दुकान से थर्मामीटर ले आया। अच्छी तरह साबुन से धो-पोंछ कर चेतन उसे ज़ोर से झटका और चन्दा की जीभ के नीचे रख दिया। सौ डिग्री बुख़ार था।

"देखो माँ," उसने तीखे स्वर में कहा, "तुम कहती थी, यह बहाने बनाती है। काम से जी चुराती है। घर की सफ़ाई नहीं करती। इसे तो सौ डिग्री बुख़ार है।"

---

१. कैसे जाट औरतों की तरह बैठ गयी हो बहू। तुम से ठीक तरह बैठा भी नहीं जाता।

और वह पलँगड़ी की पट्टी पर हताश बैठ गया और थर्मामीटर वाले हाथ पर उसने माथा टिका लिया।

२०

बस्ती से लौटने के बाद चन्दा आँगन में पसर गयी थी और चेतन को मालूम हुआ था कि उसे बुख़ार है तो वह मन-ही-मन भयभीत हो आया था। उसकी पत्नी बीमार पड़ गयी तो वह उसकी सेवा-सुश्रूषा करेगा या अपने इम्तहान की तैयारी। वह तो उसी वक्त उसे हकीम नबी जान के यहाँ ले जाना चाहता था। हकीम से भेंट न होने की सूरत में उसने सोचा था कि कुछ आगे बढ़ कर कोट पश्का के डॉक्टर जीवाराम से परामर्श कर आयेगा। लेकिन तभी माँ ने कहा था कि बेटा, इस वक्त उन दोनों में से कोई भी नहीं मिलेगा। तुम और बहू बस्ती के अड्डे से चल कर आये हो। थके हुए हो, थोड़ी देर आराम कर लो। शाम को हकीम या डॉक्टर के यहाँ जाना।

चेतन माँ की बात मान गया था। पत्नी से उसने कहा था कि साड़ी बदल कर आराम करे। ख़ुद भी उसने कमीज़-पतलून उतार कर तहमद और कुर्ता पहन लिया था। खाना तो वे बस्ती ही में खा आये थे। दोनों सो गये थे। शाम को चेतन अपनी पत्नी को हकीम नबी जान के ले गया था। नब्ज़ देख कर उन्होंने नुस्ख़ा लिख दिया था।

जब चेतन ने चिन्तातुर स्वर में पूछा था कि उसकी पत्नी को क्या तकलीफ़ है, कोई डर वाली बात तो नहीं, तब हकीम ने कहा था, "आराम और ग़िज़ा की कमी के बायस कमज़ोरी हो गयी है। बाकायदा इलाज कीजिए, मुकम्मल आराम और अच्छी ग़िज़ा दीजिए, ठीक हो जायेंगी।"

चेतन ने आ कर हकीम की बात माँ से कही थी तो वह बहुत देर तक बड़बड़ाती रही थी। वही बीसियों बार के फ़रियाद-भरे उलाहने कि उसने तो इतने बच्चे जने, उसे संठोले के अलावा कोई ग़िज़ा नहीं मिली, उसे तो कुछ नहीं हुआ। बहू का तो उसने पूरा-पूरा ख़याल रखा है, लेकिन तिस पर भी उसके भाग्य में बदनामी लिखी है, आदि....आदि.... चेतन ने माँ की किसी बात का प्रतिवाद नहीं किया था। उसने नुस्ख़ा पढ़ने की कोशिश की थी। बड़ी मुश्किल से चिरायता और सत गिलो —दो नाम वह पढ़ पाया था। दोनों निहायत कड़वी दवाइयाँ थीं, लेकिन वह जानता था कि पंजपीर का हंसू अत्तार हकीम नबी जान का नुस्ख़ा बख़ूबी पढ़ लेता है सो उसने उसी वक्त अपने छोटे भाई मेघनाथ को नुस्ख़ा दे कर हंसू अत्तार के यहाँ भेज कर तीन दिनों के लिए जोशान्दे की तीन पुड़ियाँ मँगायी थी। हकीम की हिदायत के मुताबिक एक पुड़िया आधा सेर पानी में डाल कर पकायी थी। जब पाव भर पानी रह गया था तो उसे उतार कर कपड़े में छान कर अपनी पत्नी को पिला दिया था। और माँ से कहा था कि थोड़ा पानी डाल कर रख दे। सुबह इसी को उबाल कर दोबारा दिया जायेगा। चन्दा को जोशान्दा बेहद कड़वा लगा था, लेकिन पति के डर से वह पी गयी

थी। दूसरे दिन हरलाल पंसारी के यहाँ से थर्मामीटर ला कर चेतन ने बुख़ार देखा तो नॉर्मल था। उसे थोड़ी तसल्ली हुई थी। शायद माँ ठीक कहती थी। इतनी दूर पैदल चलने के कारण उसे हरारत हो गयी थी। वह उसे मुकम्मल आराम देगा और ग़िज़ा देगा और जल्दी ही उसे स्वस्थ बना देगा —चेतन ने मन-ही-मन तय किया था....हकीम की हिदायत के मुताबिक वह चाहता था कि चन्दा कम-से-कम तीन दिन दो वक्त जोशान्दा ज़रूर पिये, लेकिन चन्दा ने दो दिन बाद जोशान्दा पीने से इनकार कर दिया था।

चेतन ने हँसते हुए नीम-संजीदा और नीम-मज़ाकिया लहजे में छठी कथा में पढ़ी एक कविता का बन्द सुनाया था —

दवा मैंने माना कि कड़वी बड़ी है
प्याले में लेकिन यह कब की पड़ी है
लगाओ न कुछ देर बस पी ही डालो

लेकिन चन्दा टस-से-मस न हुई थी। उसने कहा था कि दवा पीने से उसे मतली आती है। सब दवा निकल जायेगी।

तब माँ उसे तुलसी के पत्तों और दालचीनी की चाय पिलाती रही थी और चेतन हकीम से पूछ कर उसे अर्क गाओज़बान के साथ ख़ूबकलाँ फाँकने के लिए देता रहा था। जब लगातार तीन दिन तक उसका बुख़ार नार्मल रहा था तो वह आश्वस्त हो गया था। चौथे दिन माँ ने उसे 'आर्यों की हट्टी,' बोहड़[१] वाले बाज़ार से छै आने के आध सेर मोतीचूर के लड्डू लाने के लिए कहा था, "पुत्त, कल मंगल ए। शीतला माता दे मन्दिर'च मेला लग्गेगा। मैं ते मन्नत मन्न रक्खी ए। तूँ बहू नाल जायीं ते ओस नूँ मन्दिर ते मत्था टिका के प्रसाद ले आयीं।"[२]

"माँ, मुझे परीक्षा की तैयारी करनी है।" चेतन ने कहा था, "तू मेघनाथ से कह दे, वह स्कूल से आधी छुट्टी ले ले। चन्दा का बुख़ार भले उतर गया हो, पर उसमें इतनी शक्ति नहीं है कि इतनी दूर बच्चे को उठा कर ले जाये। मेघनाथ बच्चे को उठा लेगा। तू चन्दा को माथा टिका लाना।"

"तू चला जान्दा ते अच्छा हुन्दा," माँ ने लम्बी साँस ले कर कहा था, "पर ठीक ए, तेरा वक्त ख़राब होवेगा। मैं मेघनाथ नूँ कहनी आँ।"

वे लोग दूसरी सुबह ठण्डे-ठण्डे मेले चले गये थे तो चेतन तैयार हो कर, रामदित्ते की दुकान से लस्सी का बड़ा गिलास पी कर बैठक में अपनी कुर्सी पर आ बैठा था। उसने तय किया कि वह क्रिमिनल पीनल कोड[३] के उद्देश्य तथा परिभाषा सम्बन्धी दोनों परिच्छेद पढ़ कर महत्वपूर्ण परिभाषाओं को याद कर लेगा। वह एकाग्र भाव से दोनों परिच्छेद पढ़ भी गया था। फिर कमरे में घूमते हुए उसने 'मर्द,' 'औरत,' 'जज,' और 'पब्लिक सर्वेण्ट'

---

१. बरगद।

२. बेटा, कल मंगल है। शीतला माता के मन्दिर में मेला लगेगा। मैंने तो मन्नत मान रखी है। तू बहू के साथ जाना और उसको मन्दिर में माथा नवा कर प्रसाद ले आना।

३. क्रिमिनल पीनल कोड —आपराधिक दण्ड संहिता।

की तमाम परिभाषाएँ याद कर ली थीं। वह रौंगफ़ुल गेन[१] और रौंगफुल लॉस[२] की व्याख्या याद कर रहा था, जब गली के किनारे से किसी ख़ोंचे वाले ने 'पा.... पड़ करा..रे मसालेयाँ वाले' की आवाज़ लगायी। कण्ठ और सीने की पूरी शक्ति से लगायी गयी, सारे मुहल्ले को गुँजाती हुई गगन-भेदी आवाज़! पापड़ वाले ने अपना टोकरा —जिसमें उसने बेहद पतले, पीले-पीले तले हुए लाल मिर्च वाले करारे पापड़ और मूँग के ख़ूब फूले हुए ख़स्ता लड्डू, पापड़ियाँ, चटनी, आदि सजा रखी थी —कुएँ की जगत पर रख दिया

चेतन का ध्यान बँट गया। उसे लगा, यह ख़ोंचे वाला अजीब बेवक़ूफ़ है। शहर में शीतला के मन्दिर पर मेला लगा है। हज़ारों भक्त माता के दर्शनों को इकट्ठे हो रहे होंगे, इसको वहाँ जाना चाहिए था। वह यहाँ क्या कर रहा है ? उसने बाहर मुहल्ले के चौक में निकल कर यही बात पापड़ वाले से कही तो उसने जवाब दिया कि वह चड्ढेयाँ के चौक का रहने वाला है। वह शीतला मन्दिर ही जा रहा है, लेकिन पापड़ और चाट उसे यहाँ भी बेचनी है और रास्ते में भी। यदि उसका कुछ सामान बिक जाये और उसका भार कुछ हलका हो जाये तो क्या बुरा है।

और जैसे चेतन की आपत्ति को ग़लत साबित करते हुए कुछ बच्चे पापड़ और मूँग के लड्डू लेने आ गये और ख़ोंचे वाला उन्हें उनकी मन-पसन्द चीज़ें देने लगा

चेतन जब स्कूल-कॉलेज में पढ़ता था, उसे मूँग के ख़स्ता फूले-फूले लड्डू, इमली की खट्टी-मीठी चटनी के साथ, बहुत अच्छे लगते थे। उसका मन हुआ दो पैसे के लड्डू ले और उन्हें चटख़ारे लेता हुआ खाये, लेकिन वह गाढ़ी लस्सी का हाथ भर लम्बा गिलास पी कर पढ़ने बैठा था, उसका सीना भारी था और उसके मुँह में अभी तक मट्ठे का स्वाद था।

चेतन बैठक में वापस आ गया, लेकिन रौंगफ़ुल गेन तथा रौंगफ़ुल लॉस की परिभाषाएँ उसके मन को बाँध नहीं पायीं। यों पढ़ने को उसने पढ़ लिया —'रौंगफ़ुल गेन इज़ गिवन बाई अनलॉफ़ुल मीन्ज़ ऑफ़ प्रॉपर्टी टू विच द पर्सन गेनिंग इज़ नॉट लीगली एनटाइटल्ड।' याने किसी जायदाद पर यदि ग़ैर-कानूनी ढंग से अधिकार मिल जाये, जिसका अधिकारी पाने वाला नहीं है तो उस लाभ को सदोष लाभ कहा जायेगा।

लेकिन पढ़ने के बावजूद शब्द चेतन के दिमाग़ से ऊपर से हो कर गुज़र गये। उसकी आँखों के सामने शीतला मन्दिर के बाहर अहाते में बने हुए कुएँ की जगत आ गयी, जहाँ वर्षों पहले शीतला माता के मेले में अनन्त उसे खींच ले गया था और चाट खाते हुए उसने वहाँ कुन्ती को देखा था और वह उसके पीछे पुरियाँ मुहल्ले तक चला गया था।

किताब उसके हाथों में थी। उसके सामने 'सदोष लाभ' की परिभाषा थी, लेकिन जाने किस मानसिक प्रकिया से वहाँ शीतला मन्दिर का कुआँ, उसकी जगत, ख़ोंचे वाला, ज़मीन पर बिखरे चाट से लिथड़े बड़ के पत्ते और चाट खाती हुई कुन्ती, उसका सुन्दर चेहरा और उसके माथे पर दूज के चाँद-सा घाव का निशान आ गया। कितनी ही देर तक हाथ में क्रिमिनल पीनल कोड लिये हुए आँखों के सामने 'सदोष लाभ' का पन्ना खोले वह कमरे

१. रौंगफ़ुल गेन —सदोष लाभ
२. रौंगफुल लॉस —सदोष हानि।

में घूमता रहा और कुन्ती के साथ भेंट से ले कर उसके विधवा होने तक के तमाम प्रसंग उसकी आँखों के सामने घूमते गये।

उसे ख़याल आया —क्या नीला भी मेले में पहुँची होगी ? वास्तव में उसी से मुलाकात हो जाने के भय से वह अपनी पत्नी के साथ नहीं गया था। चन्दा के बरअक्स, नीला ख़ुदसर, सिर-फिरी और दबंग युवती थी। उसका कोई भरोसा नहीं था। वह उसके साथ ही आ जाती तो उसकी सारी पढ़ाई और एकाग्रता धरी-की-धरी रह जाती। उसे पूरा विश्वास था कि नीला बिना-बुलाये कल्लोवानी में रहने के लिए नहीं आयेगी। उसने सोचा था कि वह एक दिन चन्दा के साथ भले ही उससे मिल आयेगा, पर पाँच-सात दिन के लिए अपने यहाँ नहीं बुलायेगा। इसी कारण उसने शीतला मन्दिर जाने की बात को टाल दिया था।

कुन्ती और नीला के ख़याल को बरबस अपने दिमाग़ से भगा कर, चेतन कुर्सी पर आ बैठा और सस्वर पीनल कोड की परिभाषाएँ पढ़ने लगा।

लेकिन जैसे वह सस्वर पढ़ने लगा था, वैसे ही उसका स्वर मौन भी हो गया और किताब पर नीला का दिप-दिप करता चेहरा उभर आया —बार-बार एक ही ख़याल उसके दिमाग़ में आने लगा —क्या नीला मेले में आयी होगी ? क्या चन्दा से मिली होगी ? उससे क्या बातें हुई होंगी ? अपने आपको लाख एकाग्र कर के उसने भारतीय दण्ड संहिता में आने वाले शब्दों और उनकी व्याख्याओं में मन लगाने की कोशिश की थी, लेकिन उसके अनजाने, अनचाहे, नीला के साथ गुज़ारे गये सुखद क्षण उसकी कल्पना में मूर्तिमान हो उठे....

....वह शाम, जब वह शादी से पहले चन्दा को देखने के लिए बस्ती ग़ज़ाँ गया था। वहाँ अड्डे पर मदारी तमाशा दिखा रहा था। चेतन अपने सहपाठी-मित्र मुल्कराज को बुला लाया था और दोनों स्कूल से चन्दा के आने की प्रतीक्षा में मदारी का तमाशा देखने वाली भीड़ का अंग बने, तिरछे हो कर खड़े हो गये थे। चन्दा से पहले उसने तीखे नाक-नक्शे वाली चंचल-चपल नीला को गली की ओर से आते देखा था और उसका दिल धड़क उठा था....वही नीला कानों में सुन्दर झुमके पहने उसे मास्टर नन्दलाल के आँगन में चन्दा के साथ पीढ़े पर बैठी दिखायी दी थी....उसी ने बरात के बाद उसे रोक लिया था और छन्द सुनाने के लिए विवश किया था....चेतन के कानों में वह छन्द गूँज गया, जो उसने अपनी शादी में नीला के अनुरोध पर उसी वक्त बना कर उन्हें सुना दिया था —

छन्द परागे आइए जाइए छन्द परागे तीला
छन्द गया मैं भुल्ल सभे जद साम्हने आयी नीला

....शादी के बाद नीला के साथ छत पर गुज़ारे गये पल। वह उसका किसी पत्रिका के पृष्ठ चेतन ने आगे करके एक पंक्ति पर उँगली रखते हुए कहना —'यह पढ़िए....यह!' और वह पंक्ति —'मैं कैसे कहूँ, मैं तुम से प्रेम नहीं करती।'

और उसकी वह अज़ीब-सी हृदय की गहराइयों तक डूब जाने वाली दृष्टि....और इससे पहले कि वह कुछ समझ पाता, पत्रिका को छाती से लगाये उसका भाग जाना।

....बस्ती ग़ज़ाँ में उसके ससुराल की छत। चाँदनी रात। रमकती हवा। छत पर चेतन का पलँग पर लेटे और नीला का करीब बैठे होना। चेतन का उसे विमोहित तकते जाना।

तभी अपनी सुकोमल उँगलियों से उसके बालों को सहलाते हुए उसका कहना, 'जीजा जी, आपके बाल कितने मुलायम हैं, कितने लम्बे और कितने घुँघराले।'

....और वह इलावलपुर में मामा चिरंजीलाल के घर का चौबारा। बुख़ार में फुँकते हुए चेतन का पलँग पर लेटे होना, शोर मचाते लड़कों को भगा के कुण्डी लगा कर नीला का उसके सिरहाने आ बैठना और अपनी बड़ी बहन के ब्याह की ट्रैजिडी का जिक्र करते हुए स्वयं शादी न करने का फ़ैसला सुनाना, सहसा उसके चेहरे पर हाथ फेरना और कहना — 'जीजा जी, आपकी दाढ़ी बढ़ आयी है, आप हजामत क्यों नहीं बनवा लेते,' और उसकी वह प्यारी, दिल की धड़कनें बढ़ाती हुई हँसी, 'मैं बना दूँ उस्तरा ले कर आपकी दाढ़ी।'

....और उसके होंटों पर हाथ फेरते हुए नीला का कहना, 'जीजा जी, आपके होंटों पर पपड़ियाँ जम गयी हैं, इन पर ज़रा मक्खन मल दूँ।'

और चेतन का उसके हाथ पर बुख़ार से तपता हुआ अपना हाथ रख देना और उसे अपने होंटों से तनिक-सा दबा देना।

....और फिर वह घटना....वह दूध का गिलास ले कर नीला का चौबारे में आना। बच्चों को भगा कर कुण्डी लगा देना। उसके सिरहाने आ बैठना। बाँह के सहारे उसे उठा कर उसकी पीठ को अपने वक्ष से सटाते हुए उसे दूध पिलाना और क्षणिक आवेश में चेतन का उसे चूम लेना।

क्रिमिनल पीनल कोड उसके आगे खुली पड़ी थी और चेतन का मन अतीत की ग़ुजान, सँकरी गलियों में भटक रहा था।

....नीला तत्काल चारपाई से उतर गयी थी।

....चेतन श्रान्त-सा बिस्तर में धँस गया था।

....नीला ने जा कर झट से दरवाज़ा खोल दिया था और चुपचाप आ कर उसके सिरहाने खड़ी हो गयी थी।

....चेतन ने देखा था —उसके गाल निमिष मात्र के लिए और भी लाल हो गये थे और फिर कपास के फूल-सी सफ़ेदी उन पर दौड़ गयी थी।

....करवट बदल कर चेतन ने कहा था, 'नाराज़ हो गयी हो नीला, मुझे माफ़ कर दो....'

किताब को वहीं मेज़ पर रख कर चेतन कमरे में घूमने लगा।

उसने अपने उस कृत्य पर नीला से माफ़ी माँग ली थी और नीला ने उसे माफ़ कर दिया था, पर वह स्वयं अपने आपको क्षमा न कर पाया था। शाम को जब नीला के पिता अपने हिलते-डोलते शरीर को लिये हुए उसका हाल-चाल पूछने उसके पास आ कर बैठे थे तो लैम्प के उस मद्धिम प्रकाश में उसने धीरे-धीरे एक-दो बातों को छोड़ कर इशारों-इशारों में सब कुछ उन्हें बता दिया था और सलाह दी थी कि नीला अब जवान हो गयी है, उसका विवाह कर देना चाहिए।

और उसके इस कायरता-भरे कर्तव्य-पालन के फलस्वरूप जल्दी में नीला की सगाई उसकी उमर से बीस-पच्चीस वर्ष बड़े बर्मा के एक विधुर मिलिट्री एकाउण्टेण्ट से कर दी गयी थी।

....चेतन शिमले में था। कविराज रामदास के लिए बच्चों की बीमारियों और देख-रेख पर किताब लिख चुका था और कविराज उसे एक छोटा-सा उपन्यास लिखने के लिए ज़ोर दे रहे थे, जब नीला की शादी के सिलसिले में चन्दा का पत्र मिला था। हालाँकि उसके मन में संकोच था, उसका बस चलता तो वह नीला की शादी में शामिल न होता, क्योंकि उस घटना के बाद नीला उससे नहीं मिली थी। इलावलपुर में उसका दम घुट गया था और वह ज़रा-सा स्वस्थ होते ही चला आया था। पर कविराज के चंगुल से इसी बहाने जान छुड़ा कर वह जालन्धर आ गया था और तब नीला की शादी में उसका शामिल होना उसके लिए अनिवार्य हो गया था।

सिर को झटक कर और दिमाग़ से उन दुखद स्मृतियों को निकाल कर वह फिर कुर्सी पर आ बैठा। उसने किताब में 'सदोष हानि' की परिभाषा पढ़ी —'रौंगफ़ुल लॉस इज़ द लॉस बाई अनलॉफ़ुल मीन्ज ऑफ़ प्रॉपर्टी टू विच द पर्सन लूज़िंग इज़ लॉफ़ुली एनटाइटल्ड' —और मन-ही-मन उसने अर्थ भी दोहराये कि 'सदोष हानि वह हानि है, जो कि उस जायदाद के ग़ैर-कानून तौर पर हथियाये जाने से उस व्यक्ति को होती है, जो उस जायदाद का कानूनी तौर पर जायेज़ हकदार हो।'

लेकिन परिभाषा का सस्वर पाठ करने और मन-ही-मन उसके अर्थ दोहराने के बावजूद उसके मन पर कुछ नक्श नहीं हुआ। किताब उसके सामने खुली पड़ी थी और वह नीला की शादी की स्मृतियों में खो गया था....

....वह सुबह जालन्धर पहुँचा था, उसने माँ के पाँव छुए थे और चन्दा के बारे में पूछा था। माँ ने बताया था कि नीला की बरात शाम को आने वाली है। चन्दा बस्ती गयी हुई है और उसका साला रणवीर दो बार उसके बारे में पूछ गया है। चेतन बस्ती के लिए चल दिया था....कल्पना में उसने देखा —वह बस्ती ग़ज़ाँ में अपनी ससुराल की ड्योढ़ी में दाख़िल होता है। आँगन की नाली पर नीला माइयों[१] लगे पीले-से मुखड़े और मलगिजे कपड़ों में बाँहें आगे बढ़ाये बैठी है —पीली-पीली, पतली-दुबली, लेकिन पहले से भी कहीं सुन्दर! और भूरी-भूरी जोंकें उसका ख़ून पी कर मुटा रही हैं। एक रूखी-सी 'नमस्ते' उसकी ओर फेंक कर वह फिर अपनी आँखें उन जोकों पर टिका देती है।

....नीला चुप हो गयी है। उसकी मुखरता न जाने कहाँ उड़ गयी है। वह मन्त्र-चालित-सी सब रस्में अदा करती है। चेतन से लगातार कन्नी काटती है। वह बातें करने की कोशिश करता है तो दो शब्दों में उत्तर दे देती है। बरात आती है। गंजे, अधेड़ दूल्हे को देख कर अपराध-बोध का मारा चेतन विचलित हो जाता है। आँगन में खुसफुसाहटें बढ़ जाती हैं। मुहल्ले-टोले की औरतें उसकी बड़ी बहन मीला को कोसती हैं, जिसने वहाँ बात ठहरायी थी। वह सफ़ाई देते रोने लगती है कि उसे सिर्फ़ तस्वीर दिखायी गयी थी, वरना वह क्या नीला की दुश्मन है, जो वहाँ बात पक्की करती....लेकिन तमाम निराशा के बावजूद रस्में पूरी की जाती हैं....औरतें रणवीर और उसकी पत्नी और नीला को

---

१. मायन —विवाह के पहले दुल्हन जब उपवास करती है, बिना नहाये रहती है और उसे हल्दी-केसर मिला उबटन लगाया जाता है। इस रस्म को दुल्हन का मायन या माइयों पर बैठना कहते हैं।

ले कर छन्ने भरने[1] जाती हैं। चेतन भी उनके पीछे-पीछे जाता है। वे बस्ती के बाहर बरात के डेरे वाली धर्मशाला में छन्ने भरती हुई गाती हैं। चेतन बस्ती के बाहर सुनसान खेतों में निकल जाता है और 'रूँ-रूँ' करते एक रहट के पास पहुँचता है....दूर धर्मशाला में छन्ने भरती हुई स्त्रियाँ गीत गा रही हैं। चेतन को लगता है कि रहट के रिरियाते संगीत में और उन स्त्रियों के गाने में कोई अन्तर नहीं। वे भी जैसे उसी रहट की तरह रिरिया रही हैं। उनकी रूह का कोई तार जैसे उस संगीत में नहीं है। केवल रस्म पूरी करने के लिए होंट हिल रहे हैं। चेतन वहीं रहट के पास शीशम के एक कटे हुए तने पर बैठ जाता है। धर्मशाला में स्त्रियाँ छन्ने भर कर और इस बहाने नीला को दूल्हे के दर्शन करा के चली आती हैं। चेतन वहीं तने पर बैठा रहता है। रहट 'रूँ-रूँ' करता रहता है।

....वह रात भर जागता है। सब रस्में देखता है। सुहाग के गीत सुनता है और उस गंजे, धँसे कल्लों वाले, अधेड़ दूल्हे के लिए औरतों द्वारा 'काह्न'[2] की संज्ञा सुन कर माथा ठोंकता है। उन औरतों में वह औरत भी होती है, जिसने साँझ ही को भरे हुए गले से कहा था —'और नीला तो अभी बच्ची है ?' और वह पड़ोसिन भी जिसने मुँह बिचकाया था — 'लड़की का गला घोंट दिया बहन ने, ललतो की माँ।' यन्त्र-चालित-सी वे उन घिसे-पिटे गीतों को भावना-रहित, निर्लिप्त भाव से गाये जा रही हैं....आँगन की दीवार से पीठ लगाये चेतन कभी उन रीति-रिवाज की ज़ंजीरों में जकड़ी, अन्ध-विश्वासी, अपढ़ औरतों को, कभी उन अन्धी, गूँगी, बहरी रस्मों को, कभी अपनी कायरता को, कभी नीला के पिता को, कभी उसकी बहन को —याने दुनिया-जहान को कोसता, खौलता रहता है और विवाह की ज़ंजीर नीला के गिर्द दृढ़-से-दृढ़तर होती जाती है।

....बरात खाना खा रही है। हुनर साहब सेहरा पढ़ रहे हैं और उस दूल्हे को 'माह-ए-कामिल' —पूर्णमासी का चाँद —बता रहे हैं। घोर वितृष्णा से मन-ही-मन उन्हें 'गधे' की उपाधि दे कर वह अन्दर चला जाता है। नीला, गठरी-सी बनी, दालान के एक कोने में बैठी है। उसके प्रति सहानुभूति का एक बेकिनार सागर चेतन के हृदय में ठाठें मार उठता है। वह उसके पास पड़ी लोहे की कुर्सी पर जा बैठता है, लेकिन नीला उसकी ओर आँख उठा कर भी नहीं देखती। वह बैठी रहती है और पाँव के अँगूठे से कच्चे फ़र्श पर बेनाम-सी शक्लें बनाती रहती है....तभी चेतन के कानों में बाहर आँगन से आवाज़ आती है —'चले आओ इधर त्रिलोक। यहाँ बैठी है तुम्हारी चाची।'

और दूसरे क्षण हँसता-लजाता त्रिलोक —जैसे साक्षात कामदेव —चौखट में आ खड़ा होता है। चेतन उसके लिए कुर्सी छोड़ कर अलग हट जाता है।

कोई स्त्री नीला को त्रिलोक का परिचय देती है कि वह उसके जेठ का लड़का है और त्रिलोक अपनी चाची से 'नमस्ते' कहता है।

---

१. औरतों का झुरमुट दुल्हन के बड़े भाई और भाभी और दुल्हन को लिये, गाने गाते हुए विभिन्न कुओं पर जाता है। भाई-भाभी पानी खींचते हैं। छन्ने (मिट्टी के कूज़े या कटोरे) और रस्सी-बालटी लिये पानी खींचते हैं तो औरतें पहले तो उसे गिरा देती हैं, हँसी-ठिठोली करती हैं। अन्ततः वे उस धर्मशाला के कुएँ पर जाती हैं, जहाँ बरात ठहरी होती है। तब वह रस्म पूरी होती है। यह भी कहा जाता है कि इस बहाने दुल्हन को चोरी से दूल्हा भी दिखा देती हैं।

२. कृष्ण।

नीला आँखें उठा कर देखती है। क्षण भर के लिए उसकी दृष्टि उसके स्वस्थ, सुन्दर मुख पर रुकती है। नीला का पीला-सा मुख लाल हो उठता है और दालान के उस अँधेरे में नीला की उदास आँखों में एक अज्ञात-सी चमक कौंध जाती है।

....त्रिलोक के प्रति नीला की आँखों की वह चमक चेतन के अपने मन में ईर्ष्या का छोटा-सा अंकुर उपजा देती है, जो धीरे-धीरे पेड़ का आकार धर लेता है। दिन भर वह उखड़ा-उखड़ा घूमता रहता है। अपने मित्रों को उनके घरों से जा खोद निकालता है। उनकी संगति में अपने ग़म को भुलाता है, लेकिन थका-हारा, रतजगों का मारा, शाम को अपने चौबारे में जा लेटता है। बरात खाना खाने आती है तो वह अस्वस्थता का बहाना कर देता है। नीचे नहीं आता। लेकिन जब बरात जाने लगती है, बाजे बजने लगते हैं तो वह बैठा नहीं रह पाता उठ कर आँगन की मुँडेर पर जा बैठता है। नीचे त्रिलोक की आवाज़ आती है। वह दालान में अपनी चाची से मिलने जा रहा है। चेतन का दिल बेतरह धड़क उठता है। त्रिलोक चला जाता है तो वह बहाने से अपनी सबसे छोटी साली नन्ही शीलो को बुलाता है और उससे पूछता है कि नीचे कौन आया था। भोली शीलो अपने जीजा की प्यार-भरी गोद में बैठी बताती है, 'और कौन आता, त्रिलोक आया था। नीला बहन को मज़ाक करता रहा। बेचारी नीला लजा-लजा कर रह गयी, पर उसे शर्म नहीं आयी।'

और अपने जीजा जी के गले में बाँहें डाल कर वह कहती है कि —'आप तो बड़े बीबे[१] हैं जीजा जी, त्रिलोक बड़ा गोला[२] है।'

....रात होते-होते चेतन सचमुच अस्वस्थ हो जाता है। तन से उतना नहीं, जितना मन से। रात उसकी पत्नी आ कर खाना खिलाती है। उसे पाँच रुपये देती है और कहती है कि सुबह नीला की विदाई होगी, वह पाँच का नोट शगुन-स्वरूप उसके हाथ पर रख दे। फिर यह देख कर कि वह कुछ अन्यमनस्क और अस्वस्थ है, वह कहती है कि उसकी तबियत ठीक नहीं तो वह स्वयं दे देगी। चेतन नोट ले कर तकिये के नीचे रख लेता है। उसे आश्वस्त करता है कि वह समय पर शगुन दे देगा। वह चली जाती है तो फिर लेट जाता है....उसके सामने पुनः इलावलपुर की घटना घूम जाती है। किस तरह उसकी बीमारी की ख़बर सुनते ही नीला उसकी सेवा-सुश्रूषा में आ जुटी थी। उन तीन-चार दिनों में वह उसके कितना समीप आ गयी थी। लेकिन अब ?....वह कितना भी बीमार क्यों न हो जाये, वह न आयेगी। उसका जी चाहता है, वह सचमुच बीमार पड़ जाये, मरणासन्न हो जाये। वह मर रहा है, यह सुन कर तो वह ज़रूर आयेगी। मर कर वह उस पाप का प्रायश्चित भी कर देगा, जो उसने नीला का जीवन नष्ट करने में किया था। और उसकी अस्वस्थ और विकृत कल्पना के सामने उसकी मृत्यु का दृश्य आ जाता है —वह मर रहा है। चन्दा उसके सिर को गोद में लिये बैठी है। उसकी सास, उसकी माँ, उसके भाई —सब आँखों में आँसू भरे उसके इर्द-गिर्द बैठे हैं। बाहर बाजे बज़ रहे हैं। नीला की विदाई है। वह रुक नहीं सकती। उसके मिलिट्री एकाउण्टेण्ट पति सेना के अनुशासन से बँधे हैं। उन्हें रंगून पहुँचाना है। उनकी नव-परिणीता के 'जीजा जी' की बीमारी या मौत —कुछ भी उन्हें नहीं रोक सकता। जाने से पहले नीला क्षण भर के लिए आती है। अपने जीजा जी की दुरवस्था देख

---

१. बीबा = अच्छा।
२. गोला = बुरा।

कर दो आँसू आप-से-आप उसके गालों पर ढुलक आते हैं। फिर वह चुपचाप उसके चरणों को छू कर, मुँह फेर कर भाग जाती है....तभी नीचे आँगन में कोई चन्दा का नाम ले कर पुकारता है। चेतन की कल्पना का तार 'झन्न' से टूट जाता है। अपनी उस मूर्खता पर वह ज़ोर से हँस देता है।

लेकिन उसकी हँसी ज़्यादा देर उसके होंटों पर नहीं टिकती। उसका असली रूप सारे आवरण उतार कर उसके सामने आ जाता है। वह जान लेता है कि वह नीला को चाहता है। इस डेढ़ वर्ष के वैवाहिक जीवन के बावजूद चाहता है। अपनी पत्नी से स्नेह करने और अपरम्पार विश्वास पाने और उस विश्वास के लिए मन में उसके प्रति श्रद्धा रखने के बावजूद। नीला की वह उदास मुस्कान, उसकी अनमनी दृष्टि, उसके पीले-पीले मुख, उसके शरीर के एक-एक अंग को उसी शिद्दत से चाहता है, जिस शिद्दत से उसने उसे उस दिन चाहा था, जब वह अपनी भावी पत्नी को देखने बस्ती ग़ज़ाँ गया था और उसने नीला को देखा था।

o

जाने कब चेतन ने अपनी दोनों कोहनियाँ ज़ाब्ता फ़ौजदारी की पुस्तक पर रख ली थीं और हाथों की मुट्ठियों पर मुँह टिका लिया था।

नीला की शादी में अपनी उस अस्वस्थ कल्पना और अपने प्रेमोन्माद की याद आते ही उसके होंटों पर मुस्कान आ गयी। फिर उसके हृदय की गहराई से एक लम्बी साँस निकल गयी। कहाँ गया उसका वह उन्माद! नीला आयी हुई है। बजाय उस बहाने स्वयं चन्दा को मेले ले जाने के, कन्नी काट कर बैठ गया है। वह उससे बचना चाहता है। उसकी शोख़ी, उसकी ख़ुदसरी, उसके सिर-फिरेपन, उसकी उद्दण्डता और उसकी दिलेरी से वह घबराता है। वह उसकी चाहत के ताप से घबराता है और जानता है कि वह ज़रा भी ढीला पड़ा तो वह बह जायेगा और उसके सारे नेक इरादे, उसके सपने, उसके आदर्श —सब धरे-के-धरे रह जायेंगे....वह चन्दा के साथ शीतला मन्दिर गया होता, नीला मिल जाती और उनके साथ ही चली आती तो....वह अपने घर ख़ुश है, सुखी, सन्तुष्ट और भरी-पूरी लगती है। वह स्वयं भी भविष्य के सपने बुन रहा है। वह क्यों उसकी ज़िन्दगी में किसी तरह की हलचल पैदा करे, वह क्यों अपने सपनों की जड़ें काटे! इन दो वर्षों में उसे कभी नीला की याद नहीं आयी, यह तो वह दावे के साथ नहीं कह सकता, लेकिन वह घाव जो तब खुला था, टीसता था, और लज़्ज़त देता था, अब मुँद गया है। वह ज़िन्दगी में बदल गया है। वह चन्दा को चाहने लगा है। उसी को ले कर सपने बुनता है, उसी के लिए उसने लॉ कॉलेज में प्रवेश लिया है। वह नहीं चाहता कि नीला उसके प्रोग्राम को छिन्न-भिन्न कर दे।

चेतन ने सिर को ज़ोर से झटक कर उन तमाम स्मृतियों को दिमाग़ से निकाल दिया और एक बार फिर 'सदोष हानि' की परिभाषा पढ़ी।

तभी उसने बायीं खिड़की से देखा। आगे-आगे बच्चे को कन्धे से लगाये मेघनाथ, उसके पीछे ज़रा-सा घूँघट निकाले, थकान से सूखे होंटं और मुरझाया मुख लिये हुए चन्दा और सब के पीछे, हाथ में दो हरे खीरे लिये माँ —तीनों मेले से वापस आ रहे हैं। चेतन

को याद आया कि शीतला माता के मन्दिर से लोग आते वक्त हरी सब्ज़ियाँ ज़रूर लाते हैं। सर्दियों के मौसम में मूलियाँ और गर्मियों में खीरे या ककड़ियाँ। माँ खीरे ले आयी थी।

वे तीनों उसकी खिड़की के पास से हो कर ड्योढ़ी से होते हुए ऊपर चले गये तो चेतन सीढ़ियों पर उनकी पद-चाप सुनता रहा। क्या नीला मेले में आयी थी ? क्या वह चन्दा से मिली थी ? सहसा उसके मन में ख़याल आया। उसे जी में कुछ अज़ीब-सी घुटन महसूस हुई —कण्ठ से ज़रा नीचे सीने में कुछ अज़ीब-सा रुकाव लगा। वह अचानक उठा। कमरे में घूमने लगा फिर दनदनाता हुआ ऊपर गया।

"माँ, जी घुट रहा है। ज़रा पानी का गिलास दो।" उसने सीढ़ियों ही से कहा।

चन्दा अधछत्ती के नीचे पलँगड़ी पर कोहनी के बल लेटी हुई, देवेश को सुला रही थी। उसका आधा शरीर पलँगड़ी पर था और टाँगें नीचे मोघे की सलाख़ों तक फैली हुई थीं। पति के ऊपर आते ही वह उठ कर बैठ गयी।

चेतन ने चप्पल वहीं सीढ़ियों के पास उतार दी और बिना पत्नी की ओर देखे रसोई में गया। माँ ने परात में आटा डाल दिया था और उसे सानने जा रही थी।

तब चेतन ने स्वयं ही कलाई से लोटा ज़रा टेढ़ा करके हाथ धोये और घड़े से पानी का गिलास भरा तो माँ ने कहा कि वह दोने से माता के प्रसाद में आया मोतीचूर का एक लड्डू ले ले।

चेतन को मिठाई पसन्द नहीं थी। लेकिन मोतीचूर के लड्डू और वे भी 'आर्यों की हट्टी' के, उसकी कमज़ोरी थे। लाहौर के बड़े-बड़े हलवाइयों के यहाँ भी मोतीचूर के वैसे लड्डू उसे नहीं मिले थे। जब भी वह कहीं मोतीचूर के लड्डू देखता, उसे 'आर्यों की हट्टी,' बोहड़ वाला बाज़ार, जालन्धर के लड्डुओं और उनमें मोतियों के चूरे-से सफ़ेद-सफ़ेद खरबूज़े के बीजों और शुद्ध घी में बसी उनकी नन्ही बारीक बूँदी की याद आ जाती। लेकिन उसकी तबियत भारी थी। उसने कहा, "माँ, मैं दोपहर खाने के बाद लूँगा।"

"पुत्तर, माता दा परशाद ए, अद्धा लड्डू ई लै लै"[१]

माँ की प्रसन्नता के लिए चेतन ने एक लड्डू में से चुटकी भर ले कर मुँह में डाल कर एक ही साँस में पूरा गिलास ख़ाली कर दिया।

पानी पी कर उसने गिलास बाहर नाली पर रख दिया। तब उसने चन्दा की ओर देखा। "क्यों, बहुत थक गयी हो ?" उसने पूछा।

बत्तीसी खिलाते हुए चन्दा ने कहा, "मेले में नीला मिल गयी थी। कल ही अमृतसर से आयी है ?"

"क्या हुआ था त्रिलोक को ?" चेतन ने पूछा।

चन्दा का चेहरा उतर गया। "यह तो मैंने नहीं पूछा," उसने कहा, "बहुत भीड़ थी। बच्चा बेहाल हो रहा था। मीला बहन जल्दी मचा रही थीं। उनका गुड्डू रो रहा था। नीला मुझे कुछ दिन बस्ती गुज़ारने के लिए कहती थी। मैंने बीमारी और आपके इम्तहान की तैयारी की बात कही और कहा कि तुम क्यों नहीं कुछ दिन के लिए आ जातीं। वह आज शाम या कल सुबह आयेगी और कुछ दिन हमारे साथ बितायेगी।"

---

१. बेटा, माता का प्रसाद है, आधा लड्डू ही ले ले।

चेतन ने क्षण भर के लिए अपनी निगाहें पत्नी पर जमा दीं। चन्दा के सूखे होंट और उतरा हुआ चेहरा नीला के आने की ख़ुशी में खिली हुई बत्तीसी के कारण पुनः उद्भासित हो आया था। अपनी पत्नी के बेपनाह भोलेपन पर चेतन को दया हो आयी।

"जाने कब तुम्हें समझ आयेगी।" उसने हलकी-सी झल्लाहट के साथ कहा था, "तुम्हें क्या ज़रूरत पड़ी थी उसे बुलाने की ? तुम निहायत बेवकूफ़ हो।" और बिना यह देखे कि उसकी डाँट से चन्दा का हँसता हुआ मुख उदास हो आया है, चेतन धड़धड़ाता हुआ सीढ़ियाँ उतर गया था।

०

वापस बैठक में आ कर चेतन दण्ड-संहिता की खुली किताब के सामने बैठ गया, लेकिन उसने 'सदोष हानि' के आगे 'बेईमानी से,' 'फ़रेब से,' 'विश्वास करने के कारण' या 'जाल' (फ़्रॉड) अथवा 'जाली' (फ्रॉड्यूलेण्ट) की परिभाषाओं पर निगाह नहीं डाली। वह 'जाल' तथा 'दस्तावेज़' शब्द की परिभाषाएँ उदाहरणों सहित याद करना चाहता था। लेकिन कुर्सी पर बैठते ही उसे लगा कि बेकार उसने अपनी पत्नी को डाँट दिया। यह सही है कि जब वह लाहौर से चला था तो उसे इस बात का सान-गुमान भी नहीं था कि यहाँ नीला से मुलाकात होगी और वह जालन्धर एक महीना रहेगी। अगर उसे इस बात का पता चल गया होता तो जैसा कि वह अपनी कमज़ोरी और नीला के सिर-फिरेपन से परिचत था, वह भले ही एक दिन आ कर अपनी पत्नी को देख जाता, लेकिन जालन्धर रह कर परीक्षा की तैयारी का प्रोग्राम न बनाता। उसे अगर सब-जजी के कम्पीटीशन में बैठना था तो फ़र्स्ट डिवीजन में पास होना था। उसकी जो और जैसी परिस्थितियाँ थीं, उसे अध्ययन के लिए कभी पूरा वक्त नहीं मिला था। वह जानता था कि वह दिन-रात नहीं पढ़ेगा तो अच्छे नम्बर नहीं ले पायेगा और यूँ ही पास होने में कोई तुक नहीं। यही कारण था कि वह चन्दा के साथ मेले जाने की बात टाल गया था और नीला को बुलाने के सिलसिले में उसने अपनी पत्नी को डाँट दिया था।

लेकिन अज़ीब बात यह थी कि नीला के आने की बात सुन कर उसके मन में उल्लास का नन्हा-सा अंकुर भी फूट आया था। उसका अहं थोड़ा सन्तुष्ट हुआ था। अपनी पत्नी चचेरी बहन से नीला को कोई वैसा प्यार नहीं था कि वह पाँच-सात दिन उसके साथ बिताने के लिए आती। चेतन को विश्वास था कि चन्दा तो वह पर्दा थी, जिसकी ओट में वह उससे मिलने आ रही थी। लेकिन चेतन ने उस ख़ुशी को अपने चेहरे पर नहीं प्रकट होने दिया था। अपने अन्तर के उल्लास को दबाने के लिए ही उसने अपनी पत्नी को डाँट दिया था।

बैठक के एकान्त में बैठे-बैठे चेतन को अपनी इस रियाकारी और छल पर ग्लानि हुई। ऐसी भोली पत्नी से उसने क्यों छल किया ? उसका उत्फुल्ल चेहरा उसकी डाँट से ज़रूर उतर गया होगा। यदि वह उसकी तारीफ़ कर देता तो क्या बिगड़ जाता ? या वह यूँ कहता कि तुम्हारा तो यही फ़र्ज़ था कि तुम उसे बुलातीं, पर मैं सोचता हूँ, उसके यहाँ आने से मेरी एकाग्रता में रुकावट न पड़े....लेकिन उसने तो उसे 'बेसमझ' और 'मूर्ख' की उपाधियाँ दे डालीं।

'क्या चन्दा मूर्ख है ?' सहसा उसने मन-ही-मन अपने आप से प्रश्न किया ? 'नहीं !' उसके मन ने उत्तर दिया, 'वह उसकी अपेक्षा कहीं ज़्यादा समझदार है।' वह भोली है, उदार है, लेकिन मूर्ख नहीं। अगर नीला की इच्छा को जानते हुए वह उसे आमन्त्रित न करती तो क्या चेतन को बुरा न लगता! उसकी पत्नी उसके मन की बात जानती है। निश्चय ही वह उसकी ख़ुशी के लिए नीला को बुला आयी है। बदले में पति की डाँट सुन कर वह अब उदास भाव से बैठी होगी।

चेतन के लिए वहाँ बैठे रहना कठिन हो गया। वह फिर दनदनाता हुआ ऊपर गया। चन्दा आँगन से उठ कर दालान के पिछले पूरबी कमरे में चली गयी थी और उदास लेटी हुई थी। पति के अन्दर आते ही वह उठ कर बैठ गयी।

चेतन उसके पास पलँग की पाटी पर जा बैठा।

"चन्दा, मैंने तुम्हें नीला को बुलाने के लिए बेकार डाँट दिया," उसने पत्नी को बाँह के घेरे में ले कर साथ सटाते हुए कहा, "सोचता हूँ, तुम्हारे लिए तो दूसरा कोई चारा नहीं था। वह बर्मा से आयी है। फिर न जाने कब मिले। उसे पाँच-सात दिन के लिए बुलाना तो तुम्हारा फ़र्ज़ बनता ही था। दरअसल मुझे इम्तहान की तैयारी करनी है, इसलिए...."

"नहीं, आपने ठीक ही कहा," चन्दा ने उसकी बाँह के घेरे में बँधे-बँधे उसकी ओर सिर उठा कर कहा, "नीला के आने से आपकी पढ़ाई में कुछ-न-कुछ रुकावट पड़ ही सकती है।"

"हाँ, यही मैं सोचता था," चेतन ने कहा

"मुझे ख़याल नहीं आया।" चन्दा धीरे से बोली। "भीड़ में नीला मिल गयी। उसने कहा, "जीजा जी तो बस्ती नहीं आयेंगे, लेकिन बहन तुम ज़रूर आना और हमारे साथ कुछ दिन बिताना।" मीला बहन ने भी ज़ोर दिया। मैंने कहा —"मेरी तबियत ठीक नहीं रहती। हकीम का इलाज चल रहा है। तुम आ जाओ न हमारे पास कुछ दिनों के लिए।" तब नीला ने कहा —'जीजा जी से कह देना, मैं आज शाम या कल सुबह आऊँगी।"

चेतन चुप रहा।

"मुझे उसे नहीं बुलाना चाहिए था।" चन्दा ने खेद-भरे स्वर में कहा, "बल्कि जब उसने मुझसे आने के लिए कहा था तो मुझे उसको समझा देना चाहिए था कि आप परीक्षा की तैयारी कर रहे हैं, मेरा घर में रहना ज़रूरी है।"

"यही मैं सोचता था," चेतन ने फिर दोहराया, "उसके यहाँ आने से यह कहीं बेहतर था कि उसके बस्ती रहते-रहते हम फिर एक बार जा कर उससे मिल आते।"

"हाँ, यह आप ठीक कहते हैं। आप जैसा कहेंगे, मैं करूँगी। कोई बात हुई तो मैं आपसे कहूँगी, वरना कोई आपको डिस्टर्ब नहीं करेगा।"

चेतन ख़ुश हुआ था कि चन्दा अंग्रेज़ी शब्द बोलने लगी है। भाभी की तरह ग़लत उच्चारण से नहीं, बल्कि एकदम शुद्ध उच्चारण से और ठीक स्थान पर....और वह कितनी ही देर तक उसके साथ बैठा विचार-विमर्श करता रहा था कि वे लोग कौन-सा ढंग अपनायें, जिससे नीला बोर भी न हो और चेतन की पढ़ाई में ख़लल भी न पड़े। पहले उसने सोचा था कि वह और चन्दा सुबह उसे सैर को ले जाया करेंगे, लेकिन चन्दा ने कहा

था कि उसमें सैर को जाने की शक्ति नहीं है। उसका शरीर दिन भर टूटता रहता है। थर्मामीटर में भले ही बुख़ार न निकले, लेकिन शाम को हमेशा ऐसा लगता है, जैसे उसे बुख़ार हो। अच्छा हो, अगर चेतन ख़ुद उसे सैर को ले जाया करे।

चेतन ने उसे समझाया था कि माँ इस बात को पसन्द नहीं करेगी। तब उन दोनों ने तय किया कि वे पड़ोसी राम प्रताप और उसकी पत्नी सुनयना से नीला को मिला देंगे। सुनयना चन्दा को बहुत पसन्द करती थी। वह अपनी सास की अपेक्षा कहीं, सरल, सीधी और सहिष्णु थी। यदि राम प्रताप और सुनयना सुबह सैर को चलने को तैयार हो जायें तो बड़ी आसानी से चेतन नीला को कम्पनी बाग़ घुमा लाया करेगा। चन्दा ने कहा कि वह दोपहर के खाने के बाद सुनयना से मिल आयेगी और बात भी कर आयेगी।

"आप सुबह उसे सैर करा लाया कीजिएगा।" चन्दा ने कहा था, "फिर आप अपनी पढ़ाई में मन लगाइगा। मैं और सुनयना नीला को देख लेंगी।" उसने इतना और जोड़ा था, "कोई बात होगी तो आपसे कहूँगी, वरना आप अपना पढ़िए-लिखिएगा।"

"तुम कितनी समझदार और अच्छी हो चन्दा।" सहसा अभिभूत भाव से चेतन ने कहा था। उसके मन में अपनी पत्नी के लिए प्यार उमड़ आया। क्षणिक आवेग में उसे चूमते हुए वह उठा था और उसका कन्धा थपथपाते हुए वापस आ गया था। यह बात वह यकसर भूल गया कि अभी कुछ देर पहले वह उसे 'बेसमझ' और 'बेवक़ूफ़' की उपाधियों से विभूषित कर चुका था। नीचे बैठक में आ कर वह कुर्सी पर बैठ गया था। उसे कुछ अज़ीब-सी एकाग्रता प्राप्त हो गयी थी। माँ से उसने कह दिया कि वह उसे खाना नीचे ही भेज दे। चन्दा उसे खाना खिला गयी थी और पिछवाड़े जा कर सुनयना को अपनी छोटी बहन के सम्भावित आगमन की सूचना दे आयी थी और उनको सुबह कम्पनी बाग़ तक जाने के लिए भी तैयार कर आयी थी। चेतन खाना खाते-खाते भी पढ़ता रहा था।

o

बाहर शाम घिर आयी थी। बैठक में अपेक्षाकृत अँधेरा हो गया था। चेतन को उठ कर लैम्प जलाना चाहिए था, लेकिन वह परिच्छेद ख़त्म करके ही उठना चाहता था। तभी किसी ने उसकी आँखें अपने सुकोमल हाथों से बन्द कर लीं।

चेतन ने उन कोमल हाथों पर अपने हाथ फेरे। पहले उसे ख़याल आया —चन्दा ने चुपचाप ऊपर से आ कर उसकी आँखें बन्द कर दी हैं। लेकिन चन्दा उसे कितना भी क्यों न प्यार करती हो, ऐसी शोख़ी उससे सम्भव नहीं थी। फिर ये हाथ गुबले-गुबले और सुकोमल थे। चेतन को याद आया, एक बार गोल बाग़ में चातक जी ने इसी तरह उसकी आँखें बन्द कर ली थीं। उनके हाथ भी गुबले-गुबले थे। लेकिन चातक जी यहाँ जालन्धर में कहाँ से आयेंगे। चेतन ने अपने हाथों से उन हाथों की उँगलियों को परखा। हलकी-सी कोणाकार उँगलियाँ! वे उँगलियाँ पुरुष की नहीं, नारी ही की थीं। वह क्षण भर चुपचाप उन पर हाथ फेरता रहा। एक अजाना उल्लास उसकी नस-नस में दौड़ गया। तभी उसे आँखों पर उन हाथों का ज़्यादा दबाव महसूस हुआ।

"कौन है। मेरी आँखें दर्द कर रही हैं।"

दबी-सी ज़ेर-ए-लब हँसी। लेकिन आँखों पर हाथों का दबाव और बढ़ गया। तब

चेतन ने दोनों हाथों से उन सुकोमल कलाइयों को पकड़ के हाथ आँखों से हटा दिये और सिर घुमा कर पीछे की ओर देखा —नीला! उसकी चमकती हुई शोख़ आँखें, अध-खिले मुस्कराते होंट और उन होंटों में से झाँकते हुए दाँतों के मोती।

वह ज़ोर से खिलखिला कर हँस पड़ी। फिर गम्भीर हो कर उसने कहा, "जीजा जी, आप इतने अँधेरे में पढ़ते हैं, आपकी आँखें ख़राब हो जायेंगी।"

"मैं उठने ही वाला था।"

"हाँ, उठने वाले थे। मैं सीढ़ियाँ चढ़ी। दहलीज़ में खड़ी रही। आपको कुछ पता ही नहीं चला। पागलों की तरह ऐसे पढ़ेंगे तो बीमार हो जायेंगे। उठिए। अब छोड़िए!"

"लेकिन तुम आयी किसके साथ हो ?"

"गुड्डू की तबियत कुछ ठीक नहीं थी। रणवीर आ नहीं सकता था। पड़ोस के एक लड़के के साथ आयी हूँ। गली के सिरे पर छोड़ गया है।"

चेतन का जी हुआ —वह सोत्साह उसके आगे-आगे जाये और उसे ऊपर ले जाये। माँ से मिलाये, लेकिन उसने बरबस अपने उत्साह पर अंकुश लगा लिया।

"नीला, तुम ऊपर जाओ," उसने उठते हुए कहा, "चन्दा सुबह से तुम्हारा इन्तज़ार कर रही है। मैं ज़रा लैम्प जला कर चैप्टर ख़त्म करके आता हूँ। इम्तहान हैं। मुझे अच्छे नम्बरों से पास होना है।"

वह उसे आँगन की ओर से ले गया। नीचे से उसने मेघनाथ को आवाज़ दी और कहा —"अपनी भाभी से कह दो, नीला आयी है।"

और उसने नीला को सीढ़ियों पर छोड़ दिया।

२१

दूर कहीं दो गजर बजा। चेतन ने झुँझला कर करवट बदली और फिर उठ कर बैठ गया।

वह बैठक की सीढ़ियों के पास मुहल्ले के खुले चौक में चारपाई बिछाये लेटा था। चारों ओर मकानों से घिरे उस छोटे-से चौक में भयंकर गर्मी थी। चेतन के पायँते से ज़रा परे, कुएँ की जगत के निकट तेलू झमान की भूरी और ख़ूब भरी-पूरी भैंस बँधी थी। मक्खियाँ हटाने के लिए वह गोबर और पेशाब से लिथड़ी अपनी दुम रह-रह फटाक से अपनी पीठ पर दे मारती थी। हालाँकि चेतन ने उसके भय से अपनी चारपाई यथासम्भव परे बिछा रखी थी तो भी हर बार उसे लगता था, जैसे भैंस की दुम का कोड़ा उसकी अपनी पीठ पर लगा हो।

लेकिन कल्लोवानी मुहल्ले के उस चौक में तेलू की भैंस ही तो नहीं थी, चेतन की चारपाई के सिरहाने —उत्तर की ओर —लाला मुकन्दीलाल ओर गोपीनाथ सुनार के मकानों के आगे उनकी गायें बँधी थीं। दक्खिन की ओर को चौधरी सुलक्खामल के घर की खिड़कियों की सलाख़ों से चौधरियों की एक भैंस और एक गाय बँधी थी। गाय मौसम पर

आयी हुई थी और रह-रह कुछ इस तरह रँभाती थी कि पूरा मुहल्ला गूँज उठता था।

म्युनिसिपैलिटी के भिश्ती और भंगी यद्यपि चौक की खुली नालियों को सुबह-शाम दोनों वक्त साफ़ कर जाते थे, लेकिन कल्लोवानी के घरों की छतों पर बने हुए शौचालय, कहीं खुले और कहीं बन्द परनाले, देखते-देखते उन्हें ग़लाज़त से भर देते थे। उनकी दुर्गन्ध गायों-भैंसों के नीचे बने गोबर के तग़ारों की बू से मिल कर कर गर्मी और उमस को और भी दम घोंटने वाला बना रही थीं। ऊपर से मोटे-मोटे मच्छर इतने ज़ोर से भनभना रहे थे, जैसे अपने साम्राज्य में उसके आगमन की अनधिकार चेष्टा पर उसे गरिया रहे हों। नंगे कन्धे पर आ बैठने वाले एक मच्छर पर ज़ोर का थप्पड़ जमा कर चेतन उठा। उसके मसाने पर बेहद ज़ोर था और गला पूरी तरह सूख रहा था। उसका छोटा भाई सोने से पहले न केवल उसकी हिदायत के मुताबिक बाहर चौक में उसकी चारपाई बिछा गया था, बल्कि बैठक की सीढ़ी पर ठण्डे पानी की सुराही, उस पर उलटा गिलास, साथ में पानी का लोटा और उसे ढँकने के लिए उस पर एक कटोरी भी रख गया था।

चेतन अपने मकान के पिछवाड़े की गली के सिरे पर नाली में हलका हो आया। फिर उसने लोटे से हाथ-मुँह धोये। सुराही से गिलास भर कर पानी पिया। लोटे को फिर सुराही से भरा। कटोरी को लोटे पर और गिलास को सुराही पर रख कर वह वापस आया और चारपाई पर फिर चित लेट गया।

ऊपर चौक की लम्बाई-चौड़ाई में आकाश का एक सियाह आयताकार टुकड़ा दिखायी दे रहा था। उसमें बेगिनती तारे झिलमिला रहे थे। चेतन ने ध्यान से देखा तो उनके परिपार्श्व में बहुत ही झीनी सफ़ेद बादलों-सी आकाश गंगा फैली थी। हमारी अपनी धरती-ऐसी अरबों-खरबों धरतियाँ। हमारे इस विश्व-जैसे अरबों-खरबों विश्व! सहसा चेतन के मन में आया — क्या ऊपर उन सितारों में कोई हमारे जैसी धरती होगी, कल्लोवानी-सा मुहल्ला होगा और उसमें अन्दो (आनन्दों) के चौक-सा कोई चौक होगा और उसमें कोई उस जैसा युवक चारपाई बिछाये चित लेटा होगा ? उसे भी लाखों-करोड़ों तारों में हमारी यह धरती ज़रूर टिम-टिम करती दिखायी देती होगी, लेकिन उसे यह नहीं मालूम होगा कि इस धरती पर जो युवक लेटा है, वह मूर्ख और भाव-प्रवण है और ज़रूरत से ज़्यादा चतुराई, मिथ्या भय और अपराध-बोध का मारा, भयानक गर्मी की रात मच्छरों की भनभनाहट का संगीत सुनता हुआ करवटें बदल रहा है।

डेढ़ बजे के करीब चेतन ने ज़ाब्ता फ़ौजदारी बन्द कर दी थी। लैम्प को बहुत मद्धम करके पानी का गिलास पी कर वह बिस्तर पर आ लेटा था। इस आध-पौन घण्टे में वह न जाने कितनी बार अपनी उस मूर्खता को मन-ही-मन दोहरा चुका था। नींद को बुलाने के प्रयास में उसने आँखें बन्द कर लीं और दायीं बाँह से भवों को ढँक लिया। लेकिन नींद के बदले शाम की अपनी वही मूर्खता उसकी आँखों में आ गयी।

०

नीला को सीढ़ियों पर छोड़ कर वह वापस बैठक में आया था। अंगीठी से लैम्प उठा कर उसने उसका शीशा साफ़ किया था। बत्ती का गुल काटा था। लैम्प जलाया था। आँगन में जा कर साबुन से हाथ धोये थे और बालों पर फेर कर उन्हें सुखाता हुआ आ कर मेज़ पर

बैठ गया था। दण्ड-संहिता जिस पृष्ठ पर बन्द कर गया था, वहीं से उसने खोल ली थी, लैम्प को ज़रा निकट खिसका कर उसने बत्ती कदरे ऊँची की थी और मन भटक न जाये, इसलिए अगली धारा को, जिसमें एक ही आपराधिक क्रिया के सिलसिले में अपराधियों के लिए अलग-अलग सज़ाओं का विधान था, सस्वर पढ़ा था —

"व्हेयर सेवरल पर्सन्ज़ आर एनगेज्ड ऑर कन्सर्ण्ड इन द कमिशन ऑफ़ द क्रिमिनल ऐक्ट, दे मे बी गिल्टी ऑफ़ डिफ़रेण्ट ओफ़ेन्सेज़ बाई मीन्ज़ ऑफ़ दैट ऐक्ट।"[१]

चेतन ने धारा को पुनः एक बार पढ़ा फिर किताब को वहीं मेज़ पर खुली छोड़ कर पाठ को सस्वर दोहराते और बैठक में घूमते हुए वह उसे कण्ठस्थ करने लगा। जब तीन-चार बार दोहराने पर उसे विश्वास हो गया कि धारा उसे याद हो गयी है तो उसने धारा की व्याख्या में दिया गया दृष्टान्त पढ़ा और ज़ेहन-नशीन करने के लिए मन-ही-मन दोहराया —

'क' और 'ख' दोनों पर 'ग' की हत्या का आरोप है। 'क' की सफ़ाई में कहा गया और प्रमाणित हुआ कि झगड़े में 'ग' ने उसे निहायत गन्दी गालियाँ दीं और भयंकर उत्तेजना की स्थिति में 'क' ने उस पर प्रहार किया। 'ग' हत हो गया। 'क' को हत्या का नहीं, ऐसे मानव-वध का दोषी ठहराया जायेगा, जो हत्या की कोटि में नहीं आता और उसी के मुताबिक दण्ड मिलेगा, क्योंकि 'ग' की गालियों से पैदा हुई उत्तेजना 'क' के अपराध को कम करने वाली, परिशमनकारी (एक्स्टेन्यूएटिंग) स्थिति है। लेकिन चूँकि 'ग' से 'ख' की पुरानी दुश्मनी थी और 'ख' को 'ग' ने कुछ कहा भी नहीं, लेकिन एक सोची-समझी साज़िश के तहत 'ख,' 'क' और 'ग' के झगड़े में कूद पड़ा और 'ग' की हत्या में उसने 'क' की मदद की, इसलिए उसे हत्या का दोषी ठहराया जायेगा और हत्या के अपराध ही में दण्ड मिलेगा। उसके मामले में किसी तरह की परिशमनकारी स्थिति नहीं है।

चेतन ने मन-ही-मन दो-तीन बार इस दृष्टान्त को दोहराया। इससे पहले कि वह अगले शब्द 'वालॅण्टेरिली' (voluntarily) याने 'स्वेच्छया' की परिभाषा पढ़ता, उसके मन का तुरंग कानूनी शब्दों और उनकी परिभाषाओं के सूखे-सपाट, उबाऊ मैदान से खूँटा तुड़ा कर नीला की उपस्थिति से लहलहाती हरी-भरी चरागाह में चला गया। उसने कल्पना में देखा —नीला अधछत्ती के नीचे पलँगड़ी पर बैठी है और उसके माथे पर पसीने की बूँदें उभर आयी हैं। उसकी बड़ी साली ने बस्ती में उसके पहुँचते ही उसे नींबू का ठण्डा शर्बत पिलाया था। नीला को प्यास लगी होगी, चेतन ने सोचा और उसने चाहा कि मेघनाथ को आवाज़ दे कर बाज़ार से नींबू और बर्फ़ लाने भे दे। फिर जाने उसके मन में क्या आयी कि उसी तरह लैम्प जलता और बैठक खुली छोड़ कर वह बाहर निकला, चाचा हरलाल के मकान की दहलीज़ में बैठी उनकी पत्नी से, 'चाची, ज़रा ध्यान 'रखना' कहता हुए सीढ़ियाँ उतरा और बाज़ार भाग गया। चन्द ही मिनट बाद वह चौरस्ती अटारी से एक पैसे के दो नींबू और एक पैसे की आध सेर बर्फ़ ले कर भागा आया। जल्दी में वह बर्फ़ के लिए कपड़ा न ले गया था। उसका दायाँ हाथ बेतरह जलने लगा था। हरलाल की दुकान

---

१. जहाँ कई व्यक्ति किसी आपराधिक कार्य को करने में संलग्न या सम्बद्ध हों, वहाँ उस कार्य के आधार पर वे विभिन्न अपराधों के दोषी हो सकते हैं।

के तख़्ते पर बर्फ़ रख कर उसने नींबू दायें हाथ ले कर बर्फ़ बायें में ले ली। फिर वह लगभग भागता आया और दनदनाता हुआ सीढ़ियाँ चढ़ गया।

नीला आँगन में नहीं थी। वह चन्दा के साथ छत पर चली गयी थी। सीढ़ियों की दहलीज़ पर से चेतन ने अनजाने ऊपर नज़र उठायी तो जँगले की उत्तरी शहनशीन पर बैठी नीला के सिर का दुपट्टा उसे लहराता दिखायी दिया। वह रसोई-घर की ओर मुड़ा।

"माँ, मैं नींबू और बर्फ़ ले आया हूँ," उसने कहा, "ज़रा दो-तीन गिलास शिकंजी[१] बना दो। नीला आयी है, एक-एक गिलास दोनों बहनें पी लेंगी, एक मैं ले लूँगा।"

और उसने बढ़ कर नींबू और बर्फ़ रसोई के फ़र्श पर रख दी और बर्फ़ की जलन को मिटाने के लिए बायें हाथ को ज़ोर-ज़ोर से झटकने लगा।

माँ चुपचाप उसकी ओर देखती रही, फिर ऐसी आवाज़ में, जो कहीं से व्यंग्य-भरी न लगती हुई भी नश्तर-सी तीखी और तेज़ थी, उसने जो कहा, उसका मतलब यही था कि बेटा, तू देख तो लेता, मैं तेरी साली को शर्बत या लस्सी पिलाती हूँ या नहीं। तू नाहक अपनी पढ़ाई छोड़ कर बाज़ार भागा गया। तूने मेघनाथ ही को आवाज़ दी होती।

और क्षण भर रुक कर माँ ने बताया कि वह तो मेघनाथ को बोहड़ वाले बाज़ार भेज चुकी है। घर में सिर्फ़ दाल पकी है। उसने सोचा आलू-प्याज़ छौंक लेगी। मेघनाथ को उसने भैरों बाज़ार से दो पैसे के तले हुए पतीड़[२] और जग्गू की दुकान से दो पैसे का लौकी का रायता लाने के लिए भेजा है। वह आता-आता नींबू और बर्फ़ भी ले आयेगा। बहू से पूछ कर ही उसने यह सब व्यवस्था की है, वरना वह तो दूध की लस्सी बनाने जा रही थी।

चेतन मन-ही-मन शर्मिन्दा हुआ। वह क्या कहे, उसे तत्काल समझ में न .या। क्षण भर सोच कर उसने कहा —

"अब तो मैं ले आया हूँ माँ। तू अभी इन्हीं नींबूओं का शर्बत बना दे। मेघनाथ जो बर्फ़ लायेगा, उससे कहना बोरी में लपेट दे। रात खाने के साथ थोड़ा ठण्डा पानी पी लेंगे।"

और तब माँ का ध्यान उस प्रसंग से हटाने के लिए उसने वह मूर्खतापूर्ण बात कही, जिसका ख़मियाज़ा वह उस भयानक गर्मी में कुएँ-ऐसे उस चौक में चारपाई पर लेटा मच्छरों के डंक सहता और करवटें बदलता हुआ भुगत रहा था। यह और बात है कि वह बात उसे बेवकूफ़ी की नहीं, परम चतुराई की लगी थी और उसने मन-ही-मन अपनी पीठ ठोंक ली थी।

"माँ, मैंने तय किया है," चेतन ने कहा था, "कि रात नीचे बैठक के सामने चौक में सोऊँ। मैं तो दरअसल मेघनाथ को रोकने आया था कि मेरे लिए चारपाई ऊपर न चढ़ाये। नीचे आँगन में जो चारपाई खड़ी है, उसी को मैं बाहर चौक में बिछा लूँगा। नीला ऊपर बरसाती में मेरे वाली चारपाई पर सो जायेगी। मैं आँगन वाली पर नीचे सो जाऊँगा।"

"तेरी मत्त ताँ नईं मारी गयी पुत्तर!" माँ ने कहा था वह क्षण भर आश्चर्य और व्यंग्य से उसकी ओर देखती रही थी। फिर उसने धीरे-धीरे उसे समझाते हुए शुद्ध पंजाबी में जो

---

१. नींबू के शर्बत को पंजाब में शिकंजी या शिकंजवी भी कहते हैं।

२. अरबी या घुइयाँ के पत्तों को बेसन के घोल में डुबो कर, उनमें मसाला भर कर उन्हें गोल करके काट कर और भागों में बाँट कर तल लेते हैं। पंजाबी में उन्हें पतीड़ कहते हैं।

कहा था, उसका मतलब यह था कि उस भयानक गर्मी में नीचे चौक में सोना सरासर पागलपन है। वहाँ गायों-भैंसों के कारण न केवल दुर्गन्ध होगी, वरन मच्छरों के मारे सोना मुहाल हो जायेगा। चारों तरफ़ से घिरा होने के कारण हवा जायेगी नहीं और उमस के मारे जी घुट जायेगा। बेकार तकलीफ़ पाने की क्या ज़रूरत है। उसकी चारपाई मेघनाथ अपनी चारपाई के साथ ऊपर की छत पर बिछा देगा।

"नहीं माँ," चेतन ने शहीदी भाव से कहा था, "मैं रात को बहुत देर तक पढ़ता हूँ। उतनी रात को दो सीढ़ियाँ चढ़ कर ऊपर छत पर जाने, खटर-पटर करके सब की नींद ख़राब करने से कहीं बेहतर है कि मैं बाहर चौक में घण्टे-दो घण्टे को पीठ सीधी कर लूँ।"

इससे पहले कि प्रत्युत्तर में माँ कुछ कहती, वह पलटा था। मानो एक मिनट भी वहाँ और ठहरने से उसकी पढ़ाई में अपूरणीय क्षति की सम्भावना हो। हाँ, चलने से पहले उसने इतना और कहा, "मैं जा रहा हूँ। मेघनाथ आ जाये तो शिकंजी का गिलास उसके हाथ नीचे भिजवा देना। रात का खाना भी मैं वहीं खा लूँगा।" और धीरे से उसने इतना और जोड़ा था, "मेरी बातें करने की आदत है, तुम तो जानती हो, खाना खाने आया और बातों में लग गया तो मेरी पढ़ाई धरी-की-धरी रह जायेगी।"

नींबू और बर्फ़ ले कर वह दनदनाता सीढ़ियाँ चढ़ा था तो उसने सोचा था कि नीला आँगन में या अन्दर कमरे में चन्दा के साथ बैठी होगी। नींबू का शर्बत पीते हुए वह उससे त्रिलोक के बारे में पूछेगा। बर्मा की ज़िन्दगी के बारे में कुछ जानकारी हासिल करेगा, लेकिन नीला तो ऊपर छत पर बैठी थी और पढ़ाई छोड़ कर उसका यूँ उतावलेपन से नींबू लाने भाग जाना माँ को अच्छा नहीं लगा था, इसलिए माँ पर अपनी निष्ठा और अध्ययनशीलता का रोब डालने के लिए उसने नीला के सम्पर्क से अपने आपको यकसर काट लिया था। सीढ़ियों पर पुनः पैर रखते हुए उसके मन में आया कि वह ऊपर जाये और नीला के साथ दो क्षण बतिया आये, लेकिन एक निगाह ऊपर शहनशीन पर लहराते हुए दुपट्टे पर डाल कर और एक लम्बी साँस को बरबस दिल-ही-दिल में दबा कर तेज़-तेज़ सीढ़ियाँ उतर कर अपनी कुर्सी पर आ बैठा था और अपराध-बोध का मारा दुगने जोश से क्रिमिनल पीनल कोड की परिभाषाओं को कण्ठस्थ करने में तल्लीन हो गया था।

नींबू के शर्बत का गिलास माँ ने मेघनाथ के हाथ भेज दिया था और खाना वह स्वयं उसे खिला गयी थी। खाना खाते हुए भी चेतन पूरी एकाग्रता से पढ़ता रहा था।

प्रीऐम्बल (उद्देश्य) और परिभाषाओं के परिच्छेदों में ज़रूरी परिभाषाएँ याद करके उसने संहिता की चुनी हुई धाराओं को याद किया था। चूँकि ज़ाब्ता-दीवानी बजाय ज़ाब्ता-फ़ौजदारी में उसका मन ज़्यादा रमता था, इसलिए वह दण्ड-संहिता को एक बार आरम्भ से अन्त तक पढ़ गया था, लेकिन एफ़० ई० एल० यानी कानून के पहले वर्ष की परीक्षा में सिर्फ़ आधी पुस्तक में से प्रश्न पूछे जाने थे और आधी ही कॉलेज में पढ़ायी भी गयी थी, इसलिए सरसरी दृष्टि से यह देख कर कि उसे सब याद है कि और आश्वस्त हो कर कि मोटे तौर पर उसे सब याद हैं, उसने चुनी हुई धाराएँ कण्ठस्थ कर ली थीं।

उस ज़माने में कांग्रेस का आन्दोलन कुछ मन्द था, और सरकार और कांग्रेस में बात

भी चल रही थी और साम्प्रदायिक दंगे बहुत होते थे, इसलिए उनके प्रोफ़ेसर का ख़याल था कि आठवाँ परिच्छेद, यानी लोक प्रशान्ति के ख़िलाफ़ किये जाने वाले अपराधों से सम्बन्धित धाराएँ महत्वपूर्ण हैं और १४१ से १४४ तथा १५१-१५३-ए धाराएँ दृष्टान्तों सहित याद कर लेनी चाहिएँ। चेतन ने ये सब धाराएँ विशेष रूप से कण्ठस्थ की थीं। तब वह लैम्प मद्धम करके उठा था और किवाड़ भिड़ा कर बाहर आ कर चारपाई पर दराज़ हो गया था।

०

जब दो-तीन बार उठ कर हलका होने और पानी पी कर लेटने के बावजूद उसकी आँखें भारी न हुईं और उमस, घुटन और दुर्गन्ध ने उसकी रही-सही नींद भी उड़ा दी तो ऐसे में जिस तरह वह पहले किया करता था, उसने दिन भर में जितना पाठ याद किया था, उसे दोहराना शुरू किया। प्रायः इस तरह उसे नींद आ जाती थी, पर जाने किस मानसिक प्रकिया से धारा १५३-ए को दोहराते हुए वह मन-ही-मन छै-सात साल पहले होने वाले दो प्रसिद्ध मामलों के ब्योरों में उलझ गया और उन्होंने उसके दिमाग़ में कई तरह के प्रश्न उठा दिये।

वह आठवीं-नवीं में पढ़ता था, जब अख़बारों में एक छोटी-सी किताब 'रंगीला रसूल' के बारे में भयानक शोर मच उठा था। उन दिनों एक ओर मुसलमानों में तबलीग़[1] और तनज़ीम[2] और हिन्दुओं में शुद्धि और संगठन का ज़माना था, तभी कादियानियों[3] के एक उर्दू रिसाले ने आर्य समाज के प्रवर्तक ऋषि दयानन्द के बारे में ख़ासा आपत्तिजनक लेख 'उन्नीसवीं सदी का महाऋषि' छापा था, जिस पर आर्य समाजी बेतरह आन्दोलित हो उठे थे। अंग्रेज़ सरकार, जो १९२१ के आन्दोलन में हिन्दू-मुसलमानों को एक होते देख कर घबरा गयी थी, दोनों जातियों में वैमनस्य पैदा करना चाहती थी, इसलिए उस लेख के ख़िलाफ़ सरकार ने कोई कदम नहीं उठाया। फिर एक अन्य उर्दू रिसाले ने स्वामी दयानन्द के ख़िलाफ़ एक और भी आपत्तिजनक लेख 'दिल्ली से अदमाबाद[4] तक' के नाम से छपा। सरकार ने उसका भी नोटिस नहीं लिया। तब आर्य समाजियों ने पैग़म्बर की ज़िन्दगी को ले कर एक निहायत व्यंग्यात्मक और उपहासास्पद किताब लिखी 'रंगीला रसूल,' जिसमें मुहम्मद साहब की कई शादियों और विशेषकर प्रौढ़ावस्था में जवान लड़की से शादी करने के किस्से को ले कर उनका मज़ाक उड़ाया गया था और लिखा गया था कि पैग़म्बर की तालीम को मानो, उनकी ज़िन्दगी का अनुकरण मत करो। इस पुस्तक पर लेखक का नाम नहीं था और वह 'राजपाल पब्लिशर और पुस्तक विक्रेता' ने छापी थी। तभी अमृतसर से एक आर्य समाजी ने उर्दू में 'रिसाला-ए-वर्तमान' छापना शुरू किया। इसके दूसरे या तीसरे अंक में देवीशरण शर्मा के नाम के एक आर्य समाजी ने 'दिल्ली से अदमाबाद तक' के जवाब में 'सैर-ए-दोज़ख़' लेख लिखा। यह रिसाला एक मुस्लिम प्रेस में छपा।

दोनों को ले कर मुसलमानों में बहुत शोर मचा। 'रंगीला रसूल' को सरकार ने तत्काल

---

१. मज़हब का प्रचार-प्रसार यानी दूसरे धर्मावलम्बियों को मुसलमान बनाना।
२. मुसलमानों को संगठित करना।
३. मुसलमानों का नया पन्थ, जिसे कादियाँ में पैदा होने वाले और अपने आपको आधुनिक पैग़म्बर मानने वाले मिर्ज़ा कादियाँ ने चलाया था। उसके अनुयायियों को कादियानी कहा जाता है।
४. यमलोक।

निषिद्ध करार दे दिया और १५३-ए के तहत राजपाल पर मुकदमा चला दिया। ट्रायल कोर्ट ने अभियुक्त को छै मास के कठिन कारावास और पाँच सौ रुपये जुर्माने की सज़ा दे दी। राजपाल ने अपील कर दी। सेशन-जज ने निचली अदालत का फ़ैसला मानते हुए सज़ा बरकरार रखी। राजपाल ने लाहौर हाई कोर्ट में अपील दायर की। वहाँ यह मामला उस ज़माने के निहायत विवादास्पद जज, कुँवर दिलीप सिंह की अदालत में पेश हुआ। सफ़ाई की तरफ़ से आर्य समाज ने लाहौर के चोटी के वकीलों को पेश किया। उन्होंने कानून के कुछ ऐसे नुक्ते निकाले कि सरकारी वकील उनका उत्तर न दे सके। कुँवर दिलीप सिंह ने यह मानते हुए कि किताब में पैग़म्बर की वैवाहिक ज़िन्दगी का मज़ाक उड़ाया गया है, पुस्तक निहायत फूहड़, व्यंग्यात्मक और आपत्तिजनक है, यह फ़ैसला दिया कि चूँकि इस किताब में वर्तमान मुस्लिम धर्म पर कोई चोट नहीं की गयी और यह दिवंगत धार्मिक नेता के कार्य-कलाप के बारे में लिखी गयी है, इसलिए १५३-ए के तहत नहीं आती। फ़ैसले में जज ने यह भी लिखा कि इस तरह तो इतिहास की ऐसी पुस्तक पर भी मुकदमा चलाया जा सकता है, जिसमें पैग़म्बर की कई शादियों और पति-पत्नी के उम्रों के भारी अन्तर का ज़िक्र हो, इसलिए ऐसे मामले पर सज़ा दी जा सके, इस उद्देश्य से सरकार को दण्ड-संहिता की धारा २९७ में एक धारा और जोड़ देनी चाहिए। और इस बात पर खेद प्रकट करते हुए कि सरकारी वकील अपने पक्ष में कोई रूलिंग पेश नहीं कर सके, कुँवर दिलीप सिंह ने राजपाल को बरी कर दिया।

मुसलमानों में बेपनाह ग़ुस्से की लहर दौड़ गयी। और उन्हीं मुसलमानों ने, जो ऋषि दयानन्द के अपमान पर चुप रहे थे, पैग़म्बर की तौहीन करने वाले को उसके कुफ़्र की सज़ा देने के लिए ग़ाज़ियों को ललकारा। आख़िर एक ग़ाज़ी ने राजपाल को अपने छुरे का निशाना बना दिया। राजपाल को आर्य समाजियों ने शहीद करार दे दिया। उनके हत्यारे को पकड़ लिया गया। उस पर मुकदमा चला। उसे फाँसी की सज़ा मिली और वह मुसलमानों में शहीद घोषित कर दिया गया। यूँ, धर्म के उस अंग के लिए, जिसका धर्म के सार से कोई सम्बन्ध नहीं था, दो कीमती ज़िन्दगियाँ असामयिक मृत्यु का ग्रास बन गयीं।

'रंगीला रसूल' का मामला हाईकोर्ट में मई, १९२७ को तय हुआ था। इसके तीन महीने बाद ही लाहौर हाई कोर्ट में जस्टिस ब्रॉडवे की अदालत में 'रिसाला-ए-वर्तमान' और देवीशरण शर्मा के मामले का फ़ैसला हुआ। 'रिसाला-ए-वर्तमान' के लेख का नोटिस किसी मुसलमान ने नहीं लिया, लेकिन मिर्ज़ा कादियाँ ने उसके ख़िलाफ़ एक इश्तहार छाप कर अमृतसर भेजा। अंग्रेज़ कलेक्टर ने सम्पादक और लेखक को गिरफ़्तार कर लिया और उन पर फ़र्द-जुर्म लगा कर मामला हाई कोर्ट में भेज दिया। हालाँकि मामला लगभग एक-सरीखा था, लेकिन जस्टिस ब्रॉडवे ने फ़ैसला दिया कि लेख चाहे नरक की काल्पनिक सैर के बारे में हो और चाहे किसी दिवंगत धार्मिक नेता का मज़ाक उड़ाया गया हो, देखना सिर्फ़ यह है कि लेखक की नीयत कैसी थी और क्या उससे धार्मिक नेता के अनुयायियों के मन को ठेस पहुँची कि नहीं। 'उन्नीसवीं सदी का महाऋषि' और 'दिल्ली से अहमदाबाद तक' को सरकार ने वैसा आपत्तिजनक नहीं समझा, इसलिए उनके प्रकाशन पर इस मामले में विचार नहीं किया गया। जस्टिस ब्रॉडवे ने देवीशरण शर्मा को एक साल के कठिन कारावास, पाँच सौ रुपये जुर्माना अथवा उसके बदले में छै माह अतिरिक्त कैद का दण्ड

दिया था। इसी तरह 'रिसाला- ए-वर्तमान' के सम्पादक ज्ञानचन्द पाठक को छै माह कैद-बामशक्कत और ढाई सौ रुपया जुर्माना या तीन माह अतिरिक्त कैद की सज़ा दी।

o

निचाट उनींदी आँखों से बिस्तर पर करवटें बदलते हुए सहसा चेतन के दिमाग़ में वे दोनों मुकदमे और उनका अंजाम घूम गया। हठात उसके मन में सवाल उठा —अगर कुँवर दिलीप सिंह लाला राजपाल को बरी करने की बजाय ट्रायल कोर्ट की सज़ा बहाल रखते तो क्या अच्छा न होता ? छै माह ही की तो सजा थी और कुल पाँच सौ रुपया जुर्माना। दे देते जुर्माना लाला राजपाल, काट लेते सज़ा और ज़िन्दा रहते। पैग़म्बर की तौहीन का गुनाह करने वाले को उसके किये की सज़ा मिल गयी है, यह सोच कर मुसलमान शान्त हो जाते। आख़िर 'रिसाला-ए-वर्तमान' के सिलसिले में भी तो यही हुआ। न किसी ने देवीशरण की हत्या की, न ज्ञानचन्द पाठक को छुरा भोंका। लेकिन बड़े-बड़े बैरिस्टरों ने कानूनी दाँव-पेचों से बाल की खाल निकालते हुए कुँवर दिलीप सिंह को कायल कर दिया कि मामला धारा १५३-ए के तहत नहीं आता और जज ने लाला राजपाल को साफ़ बरी कर दिया। मगर क्या लाला की रिहाई का हुक्म उनकी मौत का परवाना साबित नहीं हुआ!

हस्पताल रोड वाली अपनी छोटी-सी किताबों की दुकान में, घर ही में बुने हुए बेल-बूटेदार रंगीन आसन पर आलथी-पालथी मारे बैठे, बेहद गोरे-चिट्टे, गोल-मटोल चेहरे, दोहरे बदन और मशीन-फिरे सिर पर लम्बी चोटी को घुटी हुई पगड़ी में छिपाये लाला राजपाल की सूरत चेतन की आँखों में घूम गयी। वह सूरत उसने 'आर्य भजन पुष्पांजलि' के कवर पर देखी थी और लाहौर में जब वह 'वीर भारत' में काम करता था तो रोज़ उस छोटी-सी किताबों की दुकान को देखता था। कल्पना में उसने उन्हें वहाँ बैठे देख लिया। उसी दुकान पर उसी भंगिमा में बैठे उन्हें इल्मदीन ने अपने ख़ूँख़ार खंजर का निशाना बना दिया था।

कुँवर दिलीप सिंह के फ़ैसले और उसकी रिहाई पर आर्य समाजी हलकों में ख़ूब, ख़ुशियाँ मनायी गयी थीं। आर्य समाजी उर्दू अख़बार कुँवर दिलीप सिंह के न्याय की प्रशंसा और उस फ़ैसले के ब्योरों से भरे हुए थे। हालाँकि कुँवर दिलीप सिंह सेशन जज की राय से सहमत थे कि उस किताब में पैग़म्बर का फूहड़ मज़ाक उड़ाया गया था और उस दृष्टि से वह निन्दनीय और दिल दुखाने वाली थी, लेकिन आर्य समाजी हलकों में यूँ महसूस किया जा रहा था, जैसे लाला राजपाल ने कोई पाप का नहीं पुण्य का काम किया हो।

किताब पर लेखक का नाम नहीं था। चेतन को यह बात कायरतापूर्ण लगी थी। ज़रूर ही लेखक के मन में मुसलमानों के आक्रोश का भय होगा। जब अपनी दुकान पर बैठे हुए लाला राजपाल की कल्पना वह करता तो उसे वे सीधे-सादे, धर्म-परायण, निरीह आदमी लगते। आर्य समाज में उनका अटूट विश्वास था और उनकी दुकान ही से 'आर्य भजन पुष्पांजलि' निकली थी। चेतन पाँचवीं कक्षा में पढ़ता था, जब उसके भजन उसने आर्य समाज के वार्षिकोत्सव पर निकलने वाले छात्रों के जुलूसों में सुने थे। वह पैसे जोड़ कर 'महन्तराम बुकसेलर' की दुकान से 'आर्य भजन पुष्पांजलि' ख़रीद लाया था। बार-बार पढ़ने और भले ही कनसुरेपन से, लेकिन पागलों की तरह गाने से वे उसे कण्ठस्थ हो गये थे। फिर वह उनकी नकल में स्वयं भजन लिखने लगा था....जो आदमी इतने सुन्दर भजन

लिख या लिखवा सकता है, वह किसी के दिल को दुखाने वाली किताब नहीं लिख सकता, चेतन ने सोचा, जाने किस कट्टर और फ़साद पैदा करने वाले आर्य समाजी ने वैसी फूहड़ व्यंग्य-भरी पुस्तक लिख कर उन्हें छापने की प्रेरणा दी।

जाने क्यों उसका मन दिवंगत लाला के लिए कुछ अज़ीब-सी दया से भर आया। जिन लोगों ने 'उन्नीसवीं सदी का महाऋषि' किताब लिखी थी, उन्होंने आर्य समाज का रत्ती भर भी तो नुकसान नहीं किया। उसे पढ़ कर एक भी आर्य समाजी का मन अपने धर्म से नहीं फिरा, न 'रंगीला रसूल' से एक भी मुसलमान के मन में अपने पैग़म्बर से नफ़रत पैदा हुई। मुसलमानों का दिल दुखाने के अलावा उस पुस्तक का कोई भी लाभ आर्य समाज को नहीं मिला। 'ये कैसे धार्मिक लोग हैं,' चेतन ने सोचा, 'जो दूसरों को बेकार और बेमकसद तकलीफ़ पहुँचा कर सुख पाते हैं और समझते हैं कि पुण्य कमा रहे हैं। कोई ऐसी युक्ति-युक्त और तर्क-संगत किताब किसी धर्म के बारे में लिखी जाये, जो दूसरों को सोचने के लिए विवश कर दे तब तो कोई लाभ भी है। यूँ ही बेकार और बेमकसद दूसरों को तकलीफ़ पहुँचाना कहाँ की धार्मिकता है ?'

चेतन की कल्पना में १९२१ का ज़माना घूम गया, जब होली के दिनों में बैलगाड़ियों पर बड़े-बड़े टबों और ड्रमों में गुलाल-मिला जल भरा हुआ था और मुसलमानों ने हिन्दुओं के साथ मिल कर होली खेली थी। ऐसी साफ़-सुथरी रंगीली होली (जिसमें किसी ने किसी पर कीचड़ नहीं फेंका, किसी के मुँह पर कोलतार नहीं मला, किसी ग़रीब मज़दूर के सिर पर ग़लाज़त से भरा हुआ घड़ा नहीं तोड़ा —जो कि होली का एक आम दृश्य था) चेतन ने फिर कभी नहीं देखी। उन्हीं दिनों मुहर्रम के त्योहार पर जब ताज़िये निकले थे तो हिन्दुओं ने बर्फ़ से ठण्डी की हुई दूध की लस्सी की सबीलें लगायी थीं....वे ही हिन्दू-मुसलमान, जो अपने सब बैर-विरोध भूल कर, एक-दूसरे की भावनाओं का लिहाज़ रखते हुए एक हो गये थे, बाद के दंगों में परम नृशंसता से एक-दूसरे की हत्या करने लगे, दिल दुखाने वाले लेख और किताबें लिख कर एक-दूसरे को तकलीफ़ पहुँचाने लगे। आख़िर यह क्यों होता है, कैसे होता है, कब तक होता रहेगा ?....सोचते-सोचते चेतन का दिमाग़ परेशान हो गया।

उसकी नींद एकदम उड़ गयी थी। इस समस्या पर सोचते हुए हठात उसे अपने सहपाठी हमीद के कमरे में पुराने रिसालों के अम्बार में १९२६ के एक रिसाले 'उर्दू-ए-मुअल्ला' में मौलाना हसरत मोहानी के एक लेख की याद हो आयी। मौलाना ने उसमें लिखा था कि हिन्दुस्तान का भविष्य तब तक तारीक रहेगा और ये झगड़े-फ़साद जारी रहेंगे, जब तक धर्म के नाम पर राजनीतिक पार्टियाँ बनाने का मौजूदा रिवाज ख़त्म नहीं कर दिया जाता। जब तक जनता का विभाजन धर्म की बजाय अर्थ से नहीं जुड़ता। साम्प्रदायिक पार्टियों को शक्तिशाली बनाने का सारा इल्ज़ाम हसरत मोहानी ने सरकारी कानून पर लगाया था, जिसके तहत बहुमत हमेशा बहुमत में रहेगा और अल्प-मत, अल्प-मत में। हसरत मोहानी चाहते थे कि हिन्दुओं और मुसलमानों की भावनाओं और उनके हानि-लाभ को नज़र में रखते हुए एक ऐसी साझी रैडिकल कामगार पार्टी —यानी सभी सम्प्रदायों के मज़दूरों की एक साझी उग्र क्रान्तिकारी पार्टी बनायी जाये, जो इस साम्प्रदायिकता को हमेशा के लिए ख़त्म कर दे।

'लेकिन यह तो लगभग दस वर्ष पहले की बात थी' —चेतन ने सोचा —'वैसा तो नहीं हुआ था। महात्मा गान्धी ने सभी धर्मों को एक-सा आदर देने की बात की है। तब क्या महात्मा गान्धी वैसा रैडिकल कदम नहीं उठा सके अथवा इस देश में ही धर्म ऐसा गहरे में पैठा हुआ है कि उखाड़ा नहीं जा सकता ?'....

चेतन ने करवट बदली। ऐन उस वक्त भैंस ने अपनी दुम का चाबुक पीठ पर फटकारा और चेतन को लगा कि गोबर का एक कण उसकी नाक पर आ बैठा है। उसने दायें हाथ के पिछले हिस्से से उसे साफ़ किया। उस गहरे अँधेरे में, जिसे दूर गली के सिरे पर लगा म्यूनिसिपैलिटी का लैम्प और भी घनीभूत बना रहा था, उसे हाथ तो क्या दिखायी देता, उसमें किसी चीज़ के लगने का भी एहसास नहीं हुआ। उसे लगा कि शायद उसे महज़ भ्रम हुआ है, वरना इतना दूर तक गोबर या कीचड़ का कोई कण कैसे आ सकता है। वह आश्वस्त हो गया। लेकिन लेटा नहीं रह सका। उठ कर वह पहले गली में नाली पर जा बैठा। फिर आ कर उसने लोटे के पानी से हाथ धोये, मुँह पर छींटे मारे। तहमद के छोर से हाथ-मुँह पोंछ कर उसने सुराही से गिलास भर कर पानी पिया, लोटा भरा, गिलास उलट कर सुराही ढँकी और फिर आ कर लेट गया।

नींद अव्वल तो उसकी आँखों में थी नहीं। थी भी तो अब बिलकुल ग़ायब हो गयी। मन उसका 'रंगीला रसूल' और साम्प्रदायिक समस्या में अटका रहा। चेतन ने वह छोटी-सी किताब पढ़ी थी। उसमें निहायत उपहास और व्यंग्य के लहजे में मुहम्मद साहब को 'बीवियों वाला पैग़म्बर' बताते हुए, उनका मज़ाक उड़ाया गया था। 'मुहम्मद साहब ने तो कुल ग्यारह ही शादियाँ की,' चेतन ने सोचा, 'लेकिन भगवान कृष्ण ने तो जरासन्ध-वध के बाद उसके रनिवास की सोलह हज़ार रानियों को अपनी पत्नियाँ बना लिया था। इसीलिए उन्हें सोलह कला सम्पूर्ण योगीश्वर कहा गया और भगवान का दर्जा दे दिया गया। तब आर्य समाजियों ने कृष्ण पर व्यंग्य क्यों नहीं किया ?....लेकिन आर्य समाजी तो कृष्ण को भगवान नहीं मानते,' चेतन ने मन-ही-मन कहा। तभी उसके मन में दूसरी आवाज़ उठी, 'वे न मानें कृष्ण को अवतार, लेकिन किसी दूसरी जाति के पैग़म्बर पर व्यंग्य करने से पहले उन्होंने हिन्दुओं के उस अवतार पर व्यंग्य क्यों किया ? उसे 'रंगीला भगवान' या 'बीवियों वाला अवतार' क्यों नहीं कहा ?'

भैंस ने फिर ज़ोर से पीठ पर दुम पटकी। निश्चय ही उसे कोई डाँस[१] परेशान कर रही थी। हालाँकि चेतन को नहीं लगा कि उतनी दूर तक गोबर या कीचड़ का कोई कण आ सकता है तो भी वह झटके से उठा। नीचे उतरा। उसने चारपाई ज़रा और परे सरका ली।

०

वह फिर चारपाई पर लेटा तो न जाने स्मृतियों की किस गुफ़ा में छिपी उसके सहपाठी हमीद की सुन्दर, हँसमुख, सूरत और किताबों, रिसालों, अख़बारों और सिगरेट के धुएँ से भरा उसका रैनक बाज़ार वाला कमरा चेतन की आँखों में आ गया। वहाँ, फ़र्श पर बिछे मलगिजे जाजम पर बड़ी-सी चौकी बिछी रहती थी, जिसके साथ फसकड़ा मारे बैठा, वह

---

१. बड़ी मक्खी।

लिखता-पढ़ता था।....चेतन उसके साथ बैठा बतिया रहा था। जाने किस तरह साम्प्रदायिक दंगों के कारणों पर बात करते हुए 'रंगीला रसूल' की बात चल पड़ी थी। चेतन ने हमीद से पैग़म्बर की ज़िन्दगी के सिलसिले में थोड़ी विस्तृत जानकारी चाही। 'रंगीला रसूल' की फूहड़ व्यंग्यात्मक शैली की भरपूर निन्दा करते हुए उसने जानना चाहा था कि जब पैग़म्बर ने एक वक्त में चार शादियों की कैद लगा दी तो स्वयं क्यों ग्यारह शादियाँ कीं ?

हमीद ने बड़े विस्तार से उसे पैग़म्बर की जिन्दगी का परिचय दिया था और पैग़म्बर की एकाधिक शादियों का कारण भी बताया था।

चौक के उस चौकोर अँधेरे कुएँ में चारपाई पर लेटे-लेटे चेतन के दिमाग़ में हमीद से होने वाली सारी बातचीत घूम गयी। हालाँकि चौधरी सुलक्खामल की खिड़की से बँधी हुई गाय लगातार रँभा रही थी, लेकिन चेतन के कान उसकी ओर से यकसर बन्द थे। उसके दिमाग़ में हमीद से होने वाली बातचीत गूँज रही थी और उसे महसूस हो रहा था कि 'रंगीला रसूल' के लेखक ने पैग़म्बर और उनके अनुयायियों के साथ जो ज़्यादती की थी, वह किसी भी तरह उचित और स्तुत्य नहीं थी।

हमीद ने उसे बताया था कि पैग़म्बर की आमद से पहले अरब समाज बहुत-से कबीलों में बँटा हुआ था, जो एक-दूसरे से आगे बढ़ने की कोशिश में निरन्तर लड़ते रहते थे। मिथ्या अहंकार का बोल-बाला था। ज़रा-ज़रा-सी बात पर सिर-फुटव्वल और कत्लो-ग़ारतगरी शुरू हो जाती थी और ये दुश्मनियाँ पीढ़ी-दर-पीढ़ी चलती थीं। शराब और जुए का आम रिवाज था। औरतों और बेवाओं की स्थिति भयावह थी। कोई जितनी चाहे, शादियाँ कर सकता था, रखैलें रख सकता था, अपने अधीन ग़ुलाम औरतों से पेशा करा सकता था। बाप के मरने पर बेटे उसकी बीवियों तक को आपस में बाँट लेते थे और वह न्यायोचित समझा जाता था। बार-बार तलाक देने पर भी इद्दत[१] के अन्दर औरत को फिर से बीवी बनाया जा सकता था। लड़की पैदा होना बहुत ही बुरा समझा जाता था। अरब लोग निकाह करते वक्त, शर्त रख देते थे कि लड़की होगी तो उसे दबा दिया जायेगा और जीती-जागती ज़िन्दा बच्चियों को दफ़्न कर दिया जाता था। विधवाओं की स्थिति और भी गयी-गुज़री थी। अगर वे किसी से निकाह न करतीं तो कोई उनकी देख-भाल करने वाला न होता। औरतों की कमी के कारण एक औरत कई शौहरों की बीवी बनने पर मजबूर होती। सुन्दर और कमसिम ग़ुलाम औरतें रखी जातीं। अमरद-परस्ती याने पुरुषों में समलैंगिकता आम थी। मूर्ति-पूजा का भी बोल-बाला था। हर कबीले का एक देवता था, जिसे हानि-लाभ का स्वामी समझा जाता था। लोग भूत-प्रेत में विश्वास रखते थे। दुख और तकलीफ़ में ओझाओं, रम्मालों और ज्योतिषियों की शरण जाते थे।

ऐसे माहौल में जन्म लेने वाले पैग़म्बर की ज़िन्दगी चेतन की निगाहों में घूम गयी। कल्पना-ही-कल्पना में वह रेगिस्तान के उस परिवेश में पहुँच गया, जहाँ ईसा मसीह के पाँच सौ वर्ष बाद कुरैश के 'बनी हाशिम' कबीले में मुहम्मद साहब ने जन्म लिया था। जन्म से पूर्व उनके पिता दिवंगत हो गये थे। माँ भी उन्हें अनाथ छोड़ गयी थी। माता-पिता की

---

१. मुसलमानों में पति के मरने या तलाक दिये जाने के बाद सौ दिनों का वह समय, जिसमें स्त्री दोबारा शादी नहीं कर सकती।

मृत्यु के बाद उन्हें उनके दादा और फिर चाचा ने पाला था। बड़े होने पर वे अपने चाचा के साथ व्यापार में हाथ बँटाने लगे थे। वे बेहद खरे, मेहनती और दयानतदार नौजवान थे। तौल के पक्के और कौल के सच्चे। लोगों को उन पर इतना विश्वास था कि बाहर काफ़िलों के साथ जाते वक्त वे अपनी कीमती चीज़ें अमानत के तौर पर उनके पास रख जाते थे।

मुहम्मद साहब पढ़े-लिखे नहीं थे। लेकिन शुरू ही से वे सोच-विचार वाले इन्सान थे। अपने इर्द-गिर्द के तकलीफ़देह माहौल के बारे में सोचते रहते थे। चालीस वर्ष की उम्र तक वे एक साधारण व्यापारी का जीवन जीते रहे। फिर वे एक गुफ़ा में जा कर कुछ वक्त के लिए चिन्तन-मनन करने लगे। कुछ दिनों के बाद उन पर 'वही' नाज़िल होने लगी यानी उनकी अन्तरात्मा से या ग़ैब से या आकाश से उन्हें आवाज़ सुनायी देने लगी। जब उन पर 'वही' नाज़िल हुई, ख़ुदा ने उनसे कहा कि तू मेरा रसूल है, मेरा सन्देश सब तक पहुँचा, तो उन्होंने सबसे पहले अपनी पहली पत्नी ख़दीजा बेगम से अपने रसूल होने की बात कही। वे ही सर्वप्रथम उन पर ईमान ले आयीं। बाद में वे अपने उस नये मज़हब का प्रचार करने लगे।

रही उनकी अनेक पत्नियाँ, तो हमीद ने चेतन को बताया था कि मुहम्मद साहब ने पहली शादी ख़दीजा बेगम से की थी। वे एक बहुत धनी विधवा थीं। मुहम्मद साहब के किरदार और दयानतदारी की प्रशंसा सुन कर उन्होंने अपना कारबार उन्हें सौंप दिया। मुहम्मद साहब ने इतनी अच्छी तरह उसे चलाया कि उसमें बहुत लाभ हुआ। तब उन्होंने मुहम्मद साहब को निकाह का पैग़ाम दिया। मुहम्मद साहब की उम्र पच्चीस बरस की थी और ख़दीजा बेगम चालीस वर्ष की थीं। मुहम्मद साहब ने उनसे निकाह कर लिया। उनसे मुहम्मद साहब के दो लड़के और चार लड़कियाँ हुईं। जब तक ख़दीजा ज़िन्दा रहीं, मुहम्मद साहब ने किसी दूसरी औरत से शादी नहीं की। जब ख़दीजा दिवंगत हुईं तो मुहम्मद साहब की आयु पचास वर्ष की थी। मुहम्मद साहब कुल तिरसठ वर्ष जिये। हालाँकि तब बहुत शादियों का रिवाज था, लेकिन ख़दीजा बेगम के रहते उन्होंने दूसरी औरत की ओर आँख उठा कर भी नहीं देखा।

चेतन सोचता कि चालीस वर्ष की उम्र में उन पर 'वही' नाज़िल होने लगी। उन्हें अपने रसूल होने का यकीन हो गया और उन्होंने नया मज़हब चलाया। चालीस से तिरसठ यानी तेईस वर्ष उनकी ज़िन्दगी के महत्वपूर्ण वर्ष रहे। चूँकि नया मज़हब चलाने, मूर्ति-पूजा का खण्डन करने और समाज में ज़बरदस्त तब्दीलियाँ लाने के कारण उनके अपने कुरैश कबीले के लोग उनके ख़िलाफ़ हो गये थे और उनमें से कुछ लोग उनकी जान के पीछे पड़े थे, इसलिए उन्हें हिजरत ही नहीं करनी पड़ी, लगातार लड़ाइयाँ भी लड़नी पड़ीं। तब यह स्वाभाविक था कि युद्ध में जब उनके अनुयायी हत हो जाते तो चूँकि मुसलमानों की संख्या बहुत कम थी, उनकी विधवाओं के भरण-पोषण की समस्या आ जाती, मुहम्मद साहब उनकी बेवाओं की शादियाँ अपने सिपाहियों से करा देते। जब किसी विधवा का कोई दूसरा शौहर न होता तो उनके भरण-पोषण के लिए वे उससे स्वयं निकाह कर लेते। ख़दीजा बेगम के अलावा उनकी दस पत्नियों में सिर्फ़ एक को छोड़ कर शेष सब बेवाएँ थीं। सिर्फ़ बीवी आयशा कुँआरी थी। मुहम्मद साहब को कुछ शादियाँ पराजित कबीलों को अपने साथ मिलाने के लिए भी करनी पड़ीं। उन शादियों का मकसद ऐयाशी नहीं, मुसलमान कौम को

एक सूत्र में पिरोने की मसलहत भी थी। अपनी लड़कियों की शादियाँ भी उन्होंने अपने अनुयायियों ही में की।

चेतन ने महर्षि दयानन्द का जीवन-चरित और उनका 'सत्यार्थ प्रकाश' भी पढ़ा था। निश्चय ही वे चरित्रवान और बहुत बड़े सुधारक थे। यदि कट्टरपन्थी मुसलमानों ने 'उन्नीसवीं सदी का महाऋषि' लिख कर उनका मज़ाक उड़ाया तो उन्होंने निहायत निन्दनीय हरकत की और जिन आर्य समाजियों ने 'रंगीला रसूल' लिखा, उन्होंने भी कोई नेक काम नहीं किया।

०

तभी चौधरी सुलक्खामल की खिड़की से बँधी गाय ज़ोर से रँभायी। चेतन के विचारों का क्रम टूट गया। उसने करवट बदली। दिमाग़ को सब तरह की सोच से यकसर ख़ाली करके उसने माथे पर ध्यान लगाने की कोशिश की, लेकिन उसकी आँखें ज़रा भी भारी न हुईं। वह सारी रात यूँ ही बेकार करवटें बदलता, ऊल-जलूल सोचता हुआ कीमती वक्त नष्ट न करे, यही सोच कर अपने दिमाग़ की इस अतिरिक्त क्रियाशीलता और फ़ितूरीपन से जैसे खीझ कर वह एक ही हल्ले में उछल कर चारपाई से उतरा —उसने कहीं पढ़ा था कि अगर लाख कोशिश करने पर भी नींद न आये तो उठ कर बाकायदा पढ़ना-लिखना या काम करना चाहिए। इस तरह शान्त भाव से काम करने पर यकीनन नींद आ जायेगी। उस क्षणांश में, जब वह उछल कर उठा था, यही बात उसके दिमाग़ में कौंध गयी थी।

अँधेरे के बावजूद कदरे तेज़ कदम उठाता हुआ वह बैठक की सीढ़ियाँ चढ़ा, दरवाज़ा खोल कर अन्दर गया। बर्नर की चिमनी को तहमद के छोर से साफ़ करके उसने उसे जलाया। उसका दिमाग़ फिर उसी समस्या पर न जा लगे, इसलिए भारतीय आपराधिक दण्ड विधान की पुस्तक के बदले उसने कॉण्ट्रेक्ट ऐक्ट उठाया कि उसी में मन-पसन्द प्रसंग पढ़ेगा, जो उसके भटके दिमाग़ को लीक पर ले आयें।

उसने कॉण्ट्रैक्ट ऐक्ट की पुस्तक खोली और चुस्त हो कर पूरे मनोयोग से पढ़ने लगा।

२२

कॉण्ट्रैक्ट ऐक्ट में चेतन की 'प्रोपोज़ल' यानी प्रस्ताव का प्रसंग और उसके तहत कोर्ट के फ़ैसले बहुत दिलचस्प लगते थे। उसने प्रस्ताव का प्रसंग निकाला, जिसमें प्रस्ताव की परिभाषा देते हुए लेखक ने ऐसी स्थितियों का वर्णन किया था, जिनमें प्रस्ताव प्रकट प्रस्ताव लगने पर भी कानून की दृष्टि में प्रस्ताव नहीं होता और उसकी स्वीकृति उसे कॉण्ट्रेक्ट याने अनुबन्ध में परिणत नहीं कर सकती।

पुस्तक में ऐसी दस स्थितियाँ दी गयी थीं। चेतन ने पढ़ना शुरू किया।

१. महज़ टेण्डर का विज्ञापन, प्रस्ताव नहीं होता कि माल ख़रीदने के लिए उच्चतम

टेण्डर देने को प्रस्ताव की स्वीकृति मान लिया जाये और उस कीमत पर विक्रेता को माल बेचने पर विवश किया जा सके। टेण्डर की माँग यानी विज्ञापन तो महज़ यह जानने का साधन होता है कि विक्रेता जिस परिधि के अन्दर माल बेचना चाहता है, उस तक कोई ख़रीदार टेण्डर देता है या नहीं।

२. इसी तरह चीज़ों का सूची-पत्र, प्रस्ताव या प्रस्ताव-समूह नहीं कहा जा सकता और सूची-पत्र में दी गयी सभी कीमतों को स्वीकार कर कोई ख़रीदार सूची-पत्र छापने वाले को माल बेचने पर मजबूर नहीं कर सकता। सूची-पत्र प्रोपोज़ल यानी प्रस्ताव नहीं, बल्कि उन कीमतों पर माल ख़रीदने का निमन्त्रण मात्र होता है।

३. इसी तरह कोटेशन (quotation) यानी माल की दर भी प्रस्ताव नहीं होती। 'क' पत्र द्वारा 'ख' से नमक का कोटेशन माँगता है। 'ख' दर भेजता है। 'क' तार द्वारा उसी दर पर नमक का वैगन भेजने कि लिए कहता है, पर 'ख' इनकार कर देता है। 'क' मामला अदालत में ले जाता है। लेकिन वह हार जाता है, क्योंकि कोटेशन भी, सूची-पत्र की तरह, प्रस्ताव नहीं, प्रस्ताव करने का निमन्त्रण मात्र होता है। 'क' जब इस दर पर नमक का वैगन भेजने के लिए तार देता है तो वह तार प्रस्ताव है, जिसे 'ख' अस्वीकार कर देता है। अगर वह उस तार के उत्तर में वैगन भेजना स्वीकार कर लेता तो कॉण्ट्रैक्ट मुकम्मल हो जाता। फिर यदि वह वैगन न भेजता तो वह हर्जाना देने का सज़ावार होता, अन्यथा नहीं।

चेतन ने कठिनाई से दस स्थितियों में से तीन ही पढ़ी थीं कि उसकी आँखें झपने लगीं। उसकी निगाहों के आगे पुस्तक के शब्द धुँधलाने लगे। उसने लाख आँखें खोल कर पढ़ने की कोशिश की, लेकिन उसने पाया कि उसकी आँखें शब्दों को देख कर भी नहीं देख रहीं —शब्द अलग-अलग नहीं, एक धुँधली-सी काली पंक्ति की तरह दीख रहे हैं। वह बार-बार आँखें फाड़ कर सस्वर जो पढ़ता है, उसका दिमाग़ उसे कबूल नहीं करता। तब थकान के कुछ अज़ीब-से एहसास से चेतन ने दोनों बाँहें मोड़ कर पुस्तक पर रख लीं, उन पर सिर रख कर आँखें बन्द करके मेज़ पर औंधा पसर गया।

काफ़ी देर तक वह उसी पोज़ में बाँहों में सिर दिये किताब पर पसरा रहा। उसे लगा, उसकी आँखों को आराम मिल रहा है। वह थोड़ा ऊँघ भी गया। लेकिन जब उसने फिर सीधा बैठ कर पढ़ने की कोशिश की, तो उसकी आँखों और मस्तिष्क ने फिर जैसे अपना काम करने से इनकार कर दिया।

यह सोच कर कि अब उसे पड़ते ही नींद आ जायेगी, चेतन उठा। उसने लैम्प बहुत मद्धम कर दिया। किताब वैसे ही खुली रहने दी। बैठक के दरवाज़े को बाहर से बन्द किया और बाहर चारपाई पर आ कर चित लेट गया।

नींद उसकी आँखों में उतर आयी थी कि नाभी के नीचे मसाने में ज़ोर का दबाव महसूस हुआ। बार-बार यह सोचने के बावजूद कि वह उठेगा नहीं और सो जायेगा, वह उठा; परे नाली पर निवृत्त हो कर दोनों कलाइयों से लोटे की कटोरी अलग की; बायीं कलाई से लोटे को ज़रा टेढ़ा करके हाथ धोये; गिलास भर पानी पिया और उसे कटोरी से ढँक के वह वापस आ कर चारपाई पर चित लेट गया।

लेकिन इस प्रक्रिया में उसकी आँखों में उमड़ी आती नींद न जाने कहाँ ग़ायब हो

गयी। उसका दिमाग़ फिर भटकने लगा।

चेतन ने करवट बदली। उसने बाँह से आँखों को ढँक लिया कि उसके दबाव से आँखें भारी हो जायें और उसे नींद आ जाये, लेकिन नींद के बदले मूर्ति-पूजा के ख़िलाफ़ मुसलमानों और आर्य समाजियों के सिद्धान्तों को ले कर जो सवाल उसे परेशान कर रहे थे, वे फिर उसके दिमाग़ में खलबली मचाने लगे।

कदरे झल्ला कर उसने दूसरी तरफ़ करवट बदली और नीला के आगमन को ले कर जो समस्या उसके सामने आ गयी थी, उसके बारे में सोचने की कोशिश की, लेकिन घूम-फिर कर उसका दिमाग़ फिर मुहम्मद साहब और ऋषि दयानन्द के सिद्धान्त के बारे में सोचने लगता।

हार कर वह पीठ के बल सीधा लेट गया और बहिया के आगे विवश बह चलने वाले व्यक्ति की तरह उसने अपने दिमाग़ को उन्हीं प्रश्नों के हवाले कर दिया।

o

मुहम्मद साहब ने मूर्ति-पूजा की निन्दा की और बुतशिकनी को सिद्धान्त का दर्जा दे दिया — चेतन ने सोचा —ऋषि दयानन्द ने भी मूर्ति-पूजा का खण्डन किया। मुहम्मद साहब ने, ख़ुदा के वाहिद-लाशरीक[१] होने का ऐलान किया और ख़ुदा के सिवा किसी दूसरे देवी-देवता की परस्तिश को कुफ़्र माना। ऋषि दयानन्द ने भी भगवान को एकमात्र अद्वितीय सत्ता माना और सनातन धर्मियों द्वारा इतने सारे देवी-देवताओं की पूजा का मज़ाक उड़ाया। उनसे पहले ईसा मसीह ने भी एक ही ख़ुदा की परस्तिश का उपदेश दिया था और ईसाई भी मूर्ति-पूजा के विरोधी थे। फिर यह कैसे हुआ —चेतन के मन में हमेशा परेशान करने वाला सवाल उठा —कि उनके अनुयायियों ने उन्हीं को भगवान का दर्जा दे दिया ? किसी कट्टर मुसलमान के आगे ख़ुदा को गाली दे दो, वह शायद कुछ नहीं कहेगा, लेकिन पैग़म्बर के बारे में अपशब्द कह दो, वह आपका सिर उतार लेगा। ख़ुद न उतार सकेगा तो किसी दूसरे को इसकी प्रेरणा देगा और एक नहीं कई सिर कट-फट जायेंगे। यही हाल आर्य समाजियों का है। भगवान को बुरा-भला कहने, उसकी हस्ती से इनकार तक करने को आर्य समाजी सहन कर जायेंगे, लेकिन ऋषि दयानन्द के बारे में अपशब्द सुन कर वे आग-बबूला हो जायेंगे और मरने-मारने को तैयार हो जायेंगे। ईसा के अनुयायियों ने सूली पर चढ़े ईसा और मरियम की मूर्तियाँ बना डालीं और एकमात्र ख़ुदा की परस्तिश करने की बजाय उन्हें पूजने लगे.... तब चेतन ने सोचा, ख़ुदा की जगह उसके पैग़म्बरों की यह अन्धी तर्कहीन परस्तिश मूर्ति-पूजा नहीं तो क्या है ?

फिर चेतन के मन में दूसरा प्रश्न उठा — ख़ुदा को सृष्टि का कर्ता-धर्ता, सर्वशक्तिमान, सर्वव्यापक मानने वाले उसकी पूजा-अर्चना के लिए ऐसी इमारतें बनाते हैं, जो उस वाहिद-लाशरीक, उस एकमात्र सत्ता के नाम से जुड़ी होती हैं। —गिरजे, मस्जिदें, मन्दिर और गुरुद्वारे —उस एकमात्र शक्ति के पूजा-स्थल —उस ख़ुदा, भगवान या वाहे गुरु का घर कहलाते हैं। यह कैसे होता है कि इन्सान द्वारा बनायी गयी ईंट-पत्थर, चूने या गारे से बनी इमारतों की बेइज़्ज़ती उस एकमात्र सत्ता की बेहुरमती से कहीं ज़्यादा महत्व

---

१. जो एक हो और जिसका कोई साझीदार न हो।

हासिल कर लेती है। धर्म के सार-तत्व का निरादर करना, उसके सिद्धान्तों को न मानना उतना बुरा नहीं समझा जाता, जितना इन्सान द्वारा बनायी गयी इमारतों का अपमान करना या उन्हें नुकसान पहुँचाना। मुसलमान शराब पियेंगे, जुआ खेलेंगे, रुपया सूद पर देंगे, ग़रीबों का हक मारेंगे (जिन तमाम बातों की पैग़म्बर ने मनाही की थी) किसी के कान पर जूँ नहीं रेंगेगी, न कोई मुल्ला शोर मचायेगा, न मौलवी चिल्लायेगा, लेकिन मस्जिद के आगे बाजा बज जायेगा —विशेषकर नमाज़ के वक्त —तो दंगे हो जायेंगे, नमाज़ धरी रह जायेगी और कत्ल-ो-ग़ारतगरी शुरू हो जायेगी। ये लोग कैसी इबादत करते हैं जिसकी एकाग्रता को बाहर बजने वाले बाजे भंग कर देते हैं। हिन्दू दुनिया-जहान के पाप-कर्म करेगा, कोई कुछ नहीं बोलेगा, लेकिन मन्दिर में कोई गोश्त का टुकड़ा फेंक देगा तो पूजा-स्थल की पवित्रता भंग हो जायेगी और दंगे शुरू हो जायेंगे।

अगर कोई चील किसी कसाई की दुकान के आगे फेंका हुआ मांस का टुकड़ा उठा कर उड़े, वह मन्दिर पर गिर पड़े, तो पुजारी चिमटे से उठा कर उसे बाहर फेंक देगा और पानी से अच्छी तरह उस जगह को धो देगा, लेकिन वही टुकड़ा कोई शरारती फेंक दे तो मन्दिर अपवित्र हो जायेगा। क्यों ? चेतन को कोई जवाब न मिलता।

लेकिन भगवान तो सब जगह मौजूद है। यह सारी सृष्टि —यह सारी धरती, यह आकाश, उसका मन्दिर है। यदि गाय के मांस से उसकी अवमानना होती है तो वह मन्दिर में हो या कसाई की दुकान पर, एक ही बात है। भगवान तो सर्व-व्यापक है, इस सृष्टि के ज़र्रे-ज़र्रे में है, उसे ईंट-पत्थर की एक इमारत बना कर कैद कर देना कहाँ तक सही है ?

आदमी एक नगण्य चींटी तक तो पैदा नहीं कर सकता और वह अपने द्वारा बनायी गयी इमारत की बेहुरमती[1] करने वाले का सिर कलम कर देता है। इमारत तो वह फिर बना लेगा, लेकिन क्या भगवान द्वारा बनाये गये इन्सान को वह दोबारा जिला सकेगा ?....

लाख सोचने पर चेतन को इन प्रश्नों का कोई उत्तर न मिला। उसने बेचैनी से करवट बदल ली और फिर सोने का प्रयत्न किया।

लेकिन उसे नींद नहीं आयी, उसके मन में एक दूसरा प्रसंग आ गया और एक दूसरा प्रश्न उसे परेशान करने लगा।

मुहम्मद साहब के जीवन के बारे में बताते हुए हमीद ने उनके सुलझेपन और व्यावहारिकता के सुबूत में 'ख़ाना-ए-का'बा'[2] में संग-ए-असवद[3] की स्थापना के प्रसंग का उल्लेख किया था। उस वक्त, जब मुहम्मद साहब की दयानतदारी की शोहरत सभी कबीलों में फैल गयी थी, अमानत में ख़यानत न करने के कारण वे 'अमीन' कहलाने लगे थे, ख़ाना-ए-का'बा की इमारत के पुनर्निर्माण की बात उठी तो सभी कबीलों ने उसमें योग दिया। जब संग-ए-असवद को स्थापित करने की समस्या आयी तो सभी कबीले इस नेक काम को स्वयं करना चाहते थे। ऐन मुमकिन था कि इस सिलसिले में एक-दूसरे से बढ़ कर अधिकार रखने के प्रश्न को ले कर तकरार और झगड़ा हो जाता, जो पीढ़ियों तक

---

१. बेइज़्ज़ती।
२. मक्का की पवित्र मस्जिद
३. उसमें जड़ा काला पत्थर।

चलता। तब बड़े-बूढ़ों ने तय किया कि दूसरे दिन सबसे पहले जो व्यक्ति ख़ाना-ए-का'बा में आये, वही इसका फ़ैसला करे। दूसरे दिन सबसे पहले मुहम्मद साहब ख़ाना-ए-का'बा में आये। उन्हें देख कर सब चिल्ला उठे —'अमीन आ गया, अमीन आ गया। अब फ़ैसला हो जायेगा'....

मुहम्मद साहब चाहते तो ख़ुद संग-ए-असवद की स्थापना करते, लेकिन उन्होंने परम चतुराई से एक चादर बिछा दी। उस पर संग-ए-असवद को रखा और सब कबीलों से कहा कि चादर पकड़ कर संग-ए-असवद को स्थापना के स्थान पर रख दें। यही किया गया और इस फ़ैसले से सभी प्रसन्न और सन्तुष्ट हुए।

जब चेतन ने हमीद से पूछा था कि संग-ए-असवद क्या है और उसकी क्या अहमियत है तो हमीद ने बताया था कि संग-ए-असवद का मतलब होता है —काला पत्थर! वह ख़ाना-ए-का'बा में जड़ा है। पैग़म्बर ने उस पत्थर को चूमा था और उनके अनुमायी उसे आज तक चूमते हैं।

उसके बारे में रिवायत[१] है कि यह पत्थर हज़रत आदम जन्नत से साथ लाये थे। पैग़म्बर ने कहा भी है कि यह पत्थर आसमानों से उतारा गया था। उस वक्त यह बिलकुल सफ़ेद था। चूमने वालों के सियाह गुनाहों को उनके चुम्बनों के द्वारा जज़्ब करते-करते काला हो गया। पैग़म्बर ने यह भी कहा है कि कयामत के दिन यह पत्थर उठा लिया जायेगा और यह ख़ुदा के हुक्म से हर उस शख़्स के मोमिन (मुसलमान) होने की गवाही देगा, जिसने उसे चूमा होगा।

"लेकिन रिवायतें," हमीद ने कहा था, "कुरान शरीफ़ के दर्जे में नहीं आतीं। ख़ाना-ए-का'बा को बनाने वाले हज़रत इब्राहीम और उनके बेटे हज़रत इस्माईल थे। कुछ लोगों के अनुसार ख़ाना-ए-का'बा हज़रत आदम के धरती पर उतरने से पहले वहाँ था। टूट-फूट गया था। हज़रत इब्राहीम ने उसकी बुनियादों पर दीवारें उठायीं। का'बा का मतलब होता है चौखण्टा। ख़ाना-ए-का'बा चौखण्टा है। उस घर के एक गोशे में यह पत्थर गड़ा है। हज़रत इब्राहीम ने का'बा की जो इमारत बनायी, उसकी एक भी ईंट अब बाकी नहीं है। सिर्फ़ संग-ए-असवद बाकी है। यह एक यादगार पत्थर है, जिसको हज़रत इब्राहीम से ले कर हज़रत मुहम्मद साहब ने चूमा है और उनके बाद मुसलमान उसे चूमते आयें हैं।

और हमीद ने यह भी बताया था कि मुसलमान इसकी पूजा नहीं करता, इसके आगे सिजदा नहीं करते, इसे मुहब्बत से चूमते हैं।

चेतन का विश्वास न जन्नत-जहन्नुम में था, न अदन के बाग़ से हज़रत आदम के निर्वासन में, न उनकी पसली से हव्वा के निकलने में, न शैतान द्वारा उन्हें ज्ञान के पेड़ का फल चखने की प्रेरणा देने में, न आदम और हव्वा से आदमी की नस्ल के बढ़ने में। उसे विकासवाद का सिद्धान्त सही और तर्क-संगत लगता था। उसका विश्वास था कि हज़रत इब्राहीम ने उस पत्थर को वाहिद और लाशरीक ख़ुदा के प्रतीक-स्वरूप ही माना होगा और उसे का'बा में गड़ा रहने दिया होगा। भले ही उसे हज़रत आदम द्वारा जन्नत से लाया गया बताया जाता हो। उसने हमीद से पूछा था कि जब मुहम्मद साहब ने का'बा से तीन सौ साठ

१. किंवदन्ती —परम्परागत रूप से कही जाने वाली बात।

देवी-देवताओं की मूर्तियाँ तुड़वा कर बाहर फिकवा दीं तो उस पत्थर को वहाँ क्यों गड़ा रहने दिया ? तब हमीद उसका कोई ख़ातिर-ख़्वाह जवाब न दे पाया था। सिवा इसके कि वह यादगार था। चेतन ने सोचा कि जैसे मुहम्मद साहब ने अगणित बीवियाँ रखने की बजाय चार बीवियों की कैद लगा दी, इसी तरह पत्थर के तीन सौ साठ बुतों को हटा कर ख़ुदा की एकमात्र सत्ता के प्रतीक-स्वरूप उस काले पत्थर को लगा रहने दिया होगा। चेतन को लगता था, जिसने भी यह एक पत्थर गाड़ा होगा, भगवान की एकमात्र सत्ता के प्रतीक-स्वरूप ही गाड़ा होगा।

बहुत सोचने पर चेतन को लगा कि नाम-रूप विहीन, निरंकार भगवान आम आदमी की पकड़ में नहीं आता, इसीलिए साधारण जन कोई सहारा, कोई प्रतीक चाहते हैं। इसीलिए वे कभी भगवान की कोई मूर्ति गढ़ लेते हैं, उसका कोई निवास बना लेते हैं, किसी इन्सान को पैग़म्बर, नबी, रसूल, या अवतार का दर्जा दे देते हैं, उसके नाम या चित्र या मूर्ति को पूजने लगते हैं....गौतम बुद्ध तो भगवान को नहीं मानते थे, लेकिन उनके अनुयायियों ने उन्हें ही भगवान के आसन पर बैठा दिया और एशिया के बहुत बड़े भू-भाग में जहाँ-जहाँ वह मत फैला, विभिन्न भंगिमाओं में भगवान बुद्ध की मूर्तियाँ स्थापित कर दीं और उन्हें भगवान की तरह पूजा जाने लगा।

ईसा ने भी मूर्ति-पूजा का विरोध किया था और एकमात्र ईश्वर की सत्ता को माना था। लेकिन ख़ुदा की कोई सूरत आम आदमी बना नहीं पाता, ईसा के अनुयायियों ने ख़ुदा के उस बेटे को ख़ुदा का दर्ज दे कर सलीब पर चढ़े ईसा और पवित्र मरियम की मूर्तियाँ बना डालीं और उनकी परस्तिश करने लगे।

मुहम्मद साहब आम आदमी की इस कमज़ोरी से वाकिफ़ रहे होंगे। उन्होंने अपनी कोई तस्वीर नहीं खींचने दी। बुतशिकनी में भी उनके अनुयायियों ने कोई कसर नहीं उठा रखी। लेकिन कालान्तर में उन लोगों ने ख़ुदा के रसूल को ही व्यवहार में ख़ुदा से बड़ा दर्जा दे दिया। रसूल ने तो उन लोगों को भी, जो उनकी जान के दरपै[१] थे, क्षमा दे दी थी, लेकिन उनके अनुयायियों ने उन्हें अपशब्द कहने वालों या उनका मज़ाक उड़ाने वालों को गर्दन-ज़दनी[२] के काबिल समझा और उनकी हत्या को कार-ए-सवाब[३] ख़याल किया।

यही काम उन्हीं की तरह मूर्ति-पूजा के विरोधी आर्य सामाजियों ने किया। चेतन को अपने बचपन की एक घटना याद आ गयी। आर्य समाज, अड्डा होशियारपुर में एक बार एक प्रसिद्ध सनातन-धर्मी पण्डित और आर्य समाजी पण्डितों में मूर्ति-पूजा को ले कर वाद-विवाद हुआ। आर्य समाजी पण्डित बहुत देर तक कृष्ण और राम के अवतार होने और उनकी पूजा करने का मज़ाक उड़ाते रहे और सनातनी पण्डित को लाजवाब करते रहे। जब उसकी सहन-शक्ति की हद हो गयी तो उसने जूता उतार कर महर्षि दयानन्द के चित्र पर दे मारा। हॉल में हाहाकार मच गया और आर्य समाजी युवक मरने-मारने पर उतारू हो गये। सनातनी पण्डित ने हाथ जोड़ कर अपने कृत्य के लिए क्षमा माँगी, लेकिन कहा कि आप बेकार क्रोध कर रहे हैं। मैंने जूता तो महज़ शीशे और काग़ज़ के चित्र को मारा है,

---

१. पीछे लगे थे
२. गर्दन उड़ा देने
३. पुण्य का काम।

और जब इस पर शोर मचा कि वह चित्र महर्षि दयानन्द का है। उनका प्रतीक है। तब उसने कहा कि इसी तरह मिट्टी की मूर्ति भगवान कृष्ण का प्रतीक है। आप जब इस चित्र को हार चढ़ाते हैं तो शीशे में मढ़े हुए काग़ज़ को नहीं, महर्षि दयानन्द को ही हार चढ़ाते हैं, इसी तरह जब हम मिट्टी की मूर्ति की पूजा करते हैं तो मिट्टी की नहीं, वह जिस शक्ति का प्रतीक है, उसी की पूजा करते हैं.... और चेतन को लगा कि बौद्ध मत, ईसाई मत, मुसलमान और आर्य समाजी मतों और उनके मानने वाले करोड़ों लोगों के बावजूद आज भी मूर्ति-पूजा वैसे ही प्रचलित है, मुसलमान पीरों-फ़कीरों के मज़ारों पर चिराग़ जलाते और सिजदे करते हैं, संग-ए-असवद को पूजते नहीं, उसके आगे सिजदे नहीं करते, उसे चूमते हैं, पर ऐसा करते हुए न जाने मन में कितनी मन्नतें मानते हैं और उसने मन-ही-मन पैग़म्बर की हिकमत-अमली[१] और दानाई की प्रशंसा की, जिन्होंने ख़ाना-ए-का'बा से तीन सौ साठ मूर्तियों को हटा दिया और संग-ए-असवद को गड़ा रहने दिया....आर्य समाजियों के तमाम प्रचार-प्रचार के बावजूद हिन्दुओं के देवी-देवता बदस्तूर मौजूद हैं। भगवान और उसकी सृष्टि से कहीं ज़्यादा उसके निवास-स्थान —मन्दिर, मस्जिद, गिरजे, गुरुद्वारे —पूजे जाते हैं और उनके लिए कत्ल-ो-ग़ारतगरी होती रहती है।

और तब चेतन के मन में सवाल उठा कि जब भगवान ही सबका बनाने वाला है तो उसने हिन्दू ऋषियों को या अपने बेटे ईसा को या अपने रसूल मुहम्मद साहब को अलग-अलग धर्म चलाने की प्रेरणा क्यों दी ? धर्म की ख़ातिर न जाने दुनिया में कितना ख़ून बहा ? उन धर्मों के अनुयायियों ने एक-दूसरे को तलवार के घाट उतारा। यूरोप में अगणित धार्मिक युद्ध हुए और लाखों-लाख लोग मारे गये। मुसलमान मज़हब तो ख़ैर तलवार के ज़ोर से दुनिया में फैला, लेकिन ईसा और बुद्ध तो अहिंसा और दया के अवतार थे, उनके अनुयायियों ने भी कम ज़ुल्म नहीं किये और कम लड़ाइयाँ नहीं लड़ीं। हिन्दुस्तान में अलग-अलग सम्प्रदायों में आज भी दंगे होते हैं और कत्ल-ो-ग़ारतगरी मचती है। जब भगवान एक है, सभी उसके बन्दे हैं तो एक मज़हब के लोग दूसरे मज़हब के लोगों की हत्या कैसे कर सकते हैं ?

चेतन को यह भी अज़ीब लगा कि सभी सम्प्रदाय अपनी धार्मिक किताबों को अन्तिम मान लेते हैं और उनके बाद सोच और विकास के दरवाज़े बन्द कर देते हैं। आर्य समाजी वेदों को, जो आज के हज़ारों साल पहले सिरजे गये, अन्तिम पुस्तक मानते हैं। ईसाई बाइबल को, मुसलमान कुरान को और सिक्ख ग्रन्थ साहब को और इसके बाद ज़रा भी बेहतर या अलग सोचने या करने से इनकार कर देते हैं। जो भी उससे कुछ अलग सोचना या करना चाहता है, उसे ख़त्म कर देने को भी बुरा नहीं मानते....चूँकि समय और समाज निरन्तर बदलता है और सतत गतिशील है, इसलिए सच्चा मज़हब ऐसा होना चाहिए, जो भले ही एक समय में समाज की बेहतरी के लिए नियम-कानून बनाये, लेकिन जो प्रगति और नयी सोच के लिए गुंजाइश छोड़ दे। जिस मज़हब को आदमी किसी डर या भय से नहीं, खुले दिल और तर्क-संगत ढंग से अंगीकार कर सके....और चेतन ने तय किया कि वह ऐसे ही धर्म को मानेगा जो किसी एक वर्ग या सम्प्रदाय के लिए न होगा। समग्र मानवता

---

१. नीति-कुशलता।

के लिए होगा और जिसमें इन्सान-इन्सान में कोई भेद-भाव न होगा, जो उसके अनुयायियों ही को नहीं, उसके मुनकिरों[१] को भी अच्छा लगेगा। वह उसी मानव-धर्म को मानेगा और उसका ही प्रचार करेगा।

अज़ीब बात है कि यह सब सोचने पर उसे कुछ अज़ीब-सी शान्ति मिली। शायद दूर किसी गज़र ने तीन का घण्टा बजाया, जब उसकी आँखों में नींद उतर आयी। निमिष भर के लिए उसे ख़याल आया कि सोने से पहले वह गली में हलका हो आये और गिलास भर पानी पी ले, लेकिन उसमें उठने की शक्ति नहीं थी। किसी फूल की पंखुड़ियों की तरह उसकी पलकें बन्द हो गयीं और वह सो गया।

०

०

चेतन सो गया, लेकिन उसका अवचेतन जंगलों, बियाबानों, गुफ़ाओं और रेगिस्तानों में भटकता रहा....वह नहीं जानता था कि वह क्यों भटक रहा है ? वह किस चीज़ का पता पाना चाहता है ? किस की तलाश कर रहा है ? वह चाहता था, उसे भी आकाशवाणी हो, उस पर भी 'वही' नाज़िल होने लगे, उसे भी भगवान दर्शन दें और उसे सृष्टि के भेद का पता चल जाये। उस पर ऐसे सुखद और सरल धर्म के राज़ खुल जायें, जिसमें विश्वास करने के लिए किसी भय की ज़रूरत न पड़े। जो हवा की तरह शरीर के रोम-रोम में व्याप जाये। पानी की तरह तन के कण-कण में बस जाये, जो लहू की भाँति शरीर की नस-नस में दौड़ जाये, जो ओस की तरह अजाने उतरे और रूह को तर-ो-ताज़ा कर जाये, जिसे मानने-मनवाने के लिए जंग-ो-जहद, लड़ाई-झगड़े और ज़ोर-ज़बरदस्ती की ज़रूरत न पड़े। जो नितान्त सरल हो और जिसमें आदमी सहज रूप से चल-फिर सके, खा-पी सके, सोच-विचार कर सके। जो मस्तिष्क को ताला न लगा दे, पाँव की बेड़ी न बन जाये, जिसके मानने वालों को दूसरे न मानने वाले विधर्मी न लगें, न काफ़िर और न गुनहगार।

....और उसने देखा कि वह एक नीम-अँधेरी गुफ़ा में पद्मासन लगाये बैठा है। जाने गुफ़ा में किस सूराख़ से हलकी रोशनी आ रही है। तभी वह देखता है कि ऐन उसके सामने छत पर एक बड़ी-सी चमगादड़ उलटी लटकी हुई है और वह सोचता है —जब सारी सृष्टि भगवान की है, भगवान की सत्ता सृष्टि के कण-कण में व्याप्त है तो चमगादड़ भी भगवान ही का अंश है। सत्ता एक है। वह बेगिनती रूपों में विद्यमान है। उन रूपों ने अलग-अलग नाम पा लिये हैं। उसे कहीं पढ़ी उपमा याद आती है —कुठाली में पड़ा सोना सोना होता है, लेकिन जब वह ज़ेवरों में ढलता है तो चूड़ियाँ, कंगन, बाज़ू-बन्द, हँसुली, बुन्दे, शृंगार-पट्टी, चाँद, चौक, रानी-हार —अलग-अलग नाम धर लेता है। मुकुट में ढलता है और राजा के सिर पर शोभायमान होता है तो राज-मुकुट कहलाता है और किसी मूर्ति में ढलता है तो उसी देवता का नाम धर लेता है। भगवान की सत्ता भी उसी सोने जैसी है। नाना नाम-रूपों में वह अन्तर्निहित है....और उसके दिमाग़ में साईं बुल्हे शाह की एक काफ़ी के बोल गूँज जाते हैं —

---

१. न मानने वालों।

इक अलिफ़ पढ़ो छुटकारा ए।
इक अलिफ़ों दो-तिन-चार होए
फिर लक्ख, करोड़, हज़ार होए
फिर ओह्थों बाझ शुमार[1] होए
एस अलिफ़ दा नुकता न्यारा ए
इक अलिफ़ पढ़ो छुटकारा ए।।

तब जाने उसके मन में क्या आता है। वह उठता है। चाहता है कि चमगादड़ में भगवान को देखे। कौन जाने भगवान चमगादड़ के रूप में उसे दर्शन देने के लिए वहाँ आ लटके हों ? चेतन का जी होता है, आगे बढ़ कर भगवान के उस रूप के आगे नत-मस्तक हो जाये। तभी उसे नाभि के नीचे बेहद दबाव महसूस होता है। वह चाहता है कि वहाँ किसी कोने में हलका हो ले। वह गुफा में दायीं ओर को बढ़ता है, पर वहाँ तो छत पर अगणित चमगादड़ें लटकी है और नीचे मल और ग़लाज़त के अम्बार लगे हैं। जाने किधर से हवा का झोंका आता है और दुर्गन्ध से चेतन का दिमाग़ भन्ना उठता है। वह मुड़ता है। बाहर की ओर को भागता है। लेकिन उसे मालूम नहीं, वह किधर से गुफ़ा में आया था। उसके नीचे भी मल है। वह धरती से ऊपर उठ जाता है और जैसे हवा में चलता है। तभी वह देखता है कि वह बड़ी-सी चमगादड़ छत से उतर कर उससे आगे-आगे उड़ने लगती है। वह उसके पीछे जैसे उड़ता हुआ चलता है कि उसे लगता है, वह गुफ़ा के पार हो गया है। बाहर सूची-भेद्य अन्धकार है —केवल वातावरण के खुलेपन, हलकी-सी हवा, पेड़-पौधों और फूलों की गन्ध से उसे लगता है, वह गुफ़ा के बाहर है और वह हवा पर नहीं, ठोस धरती पर चल रहा है। तभी उसे महसूस होता है कि वह चमगादड़ ऐन उसके सिर पर उड़ने लगी है। वह अचानक सिर उठाता है। पलकों पर हवा के स्पर्श से उसे चमगादड़ के उड़ने का एहसास होता है। तभी वह बुरी तरह ठोकर खा कर मुँह के बल गिरता है और महसूस करता है कि उस विशाल चमगादड़ ने अपने बड़े-बड़े डैनों से उसे ढाँप लिया है....वह चिल्ला उठता है। उसकी आँखें खुल जाती हैं। कसमसा कर वह करवट बदल लेता है....

o

....अब चेतन देखता है कि उजाड़ बियाबान है। कहीं-कहीं खजूर के पेड़ हैं। वह एक ऊँचे टीले पर खड़ा है। नीचे अनगिनत भेड़ें चुपचाप मुँह उठाये उसकी ओर देख रही हैं। उसके शरीर पर टख़नों तक लम्बा सफ़ेद चोला है, पैरों में मूँज की चप्पलें हैं और उसके सिर पर एक कोणाकार टोपी है और वह भाषण दे रहा है —'ओ, चुपचाप मेरे मुँह की तरफ़ देख रही भेड़ो! तुम भेड़ें नहीं हो। तुम भगवान का अंश हो —उस एक अद्वितीय सत्ता का, जो इस सारी सृष्टि के कण-कण में बसी है। वह सत्ता जो मुझ में है, तुम में है, इस टीले में है, जिस पर मैं खड़ा हूँ, इस धरती के कण-कण में, जिस पर तुम निर्द्वन्द्व बैठी हो, इस हवा में, पानी में, पेड़ों में, पहाड़ों में, मैदानों में जंगलों में, आकाश में सूरज-चाँद और सितारों में, इस सारे ब्राह्मण्ड में उसी एकमात्र अद्वितीय —उस वाहिद-लाशरीक —उस एक

१. गिनती के बिना।

ब्रह्म का प्रकाश है। तुम इस परम सत्ता को ईंट, गारे, चूने के मन्दिरों, मस्जिदों, गिरजों गुरुद्वारों में क्यों बन्द करके प्रसन्न होती हो, उसकी सत्ता का प्रकाश तो इस विशाल, इस बेकिनार, इस निःसीम सृष्टि को रोशन किये हुए है। इस प्रकाश को सीमा में क्यों बाँधती हो। भगवान ने मुझे आदेश दिया है....'

वह क्षण भर रुकता है....भगवान को बीच में लाने की क्या ज़रूरत है ?....वह मन-ही-मन कहता है, 'नहीं, मैं भगवान का नाम नहीं लूँगा। मैं स्वयं भगवान हूँ....और वह भाषण जारी रखता है —

'मुझे ज्ञान हुआ है कि उस निःसीम को सीमा में बाँधना उसकी निःसीमता को, उसकी बेकिनार विशालता का अपमान करना है। उस एक धर्म को, जो इस सारी सृष्टि का धर्म है, भिन्न-भिन्न सम्प्रदायों में बाँटना और एक-दूसरे से नफ़रत करना पाप है। तुम अपने को पहचानो। उस सत्ता को अपनी हस्ती के कण-कण में महसूस करो। तुम पाओगी कि तुम भगवान हो! मैं भगवान हूँ। ये पेड़-पौधे....'

'ओए हातो[१] दी औलाद है! तूँ अपने आप नूँ भगवान कहना एँ तो गुरुद्वारे बनावन वाले साड्डे गुरुआँ नूँ मूरख समझना एँ....'

चेतन देखता है कि जहाँ भेड़े बैठी थीं, वहाँ आदमी-ही-आदमी हैं — हिन्दू, मुसलमान, सिक्ख, ईसाई और सबके आगे एक लम्बा, तगड़ा, खूँख़ार दिखायी देने वाला सिक्ख, गले में लम्बा कुर्ता, कमर में तहमद , कुर्ते पर काली जैकेट पहने और सिर पर केसरिया दस्तार सजाये खड़ा है। उसके चेहरे पर बेहद काली और घनी दाढ़ी है, जो ठाठे और फ़िक्सो से आज़ाद है। वह काली झाड़ी-सी दाढ़ी उसके चेहरे को और भी भयानक बनाये है। उसके दायें हाथ में बड़ा-सा पत्थर है....दूसरे क्षण चेतन को लगता है कि यह चेहरा तो उसका देखा हुआ है। यह तो चंगड़ मुहल्ले के उसके पुराने मालिक-मकान सरदार जगदीश सिंह (लैण्डलॉर्ड ऐण्ड हाउस प्रोप्राइटर) का चेहरा है। फ़र्क बस इतना है कि उन्होंने सूट-बूट नहीं, तहमद-कुर्ता पहन रखा है। चेतन उन्हें 'सत्त श्री अकाल' बुलाना चाहता है और कहना चाहता है कि क्या वे उसे पहचानते नहीं ?

लेकिन इससे पहले कि उसके होंट खुलें और वह कुछ कहे, वह सरदार पत्थर वाला हाथ उठाता है और चिल्लाता हैं —

'ओए, हातो देया पुत्तरा....'

'आप हातो-हातो क्या चिल्ला रहे हैं,' चेतन पुकारता है, 'मैं भारद्वाज गोत्र का ब्राह्मण हूँ। ऋषि-मुनियों की सन्तान हूँ....'

'तूँ ब्राह्मन एँ ते फ़ेर एह कश्मीरी हातो दा लिबास क्यों पहनियादा ?'[२]

और चेतन सोचता है, वाकई उसका लिबास एक हातो-जैसा है। फिर उसे याद आता है कि उसने एक अंग्रेज़ी फ़िल्म में हज़रत मूसा को ऐसा ही लिबास पहने देखा था। वह कहना चाहता है कि यह लिबास हातो का नहीं, पैग़म्बरों-साधुओं का लिबास है। वह भी पैग़म्बर है। उसे आकाशवाणी हो रही है। वह एक बहुत बड़े नये धर्म का प्रचार करने जा

---

१. हातो = कश्मीरी मज़दूर।

२. तू ब्राह्मण है तो यह कश्मीरी हातो का लिबास क्यों पहन रखा है।

रहा है। लेकिन सरदार चिल्लाता है —

'तूँ अपने आप नूँ भगवान आक्खना एँ। असाँ पत्थराँ नाल तेरे भगवान दा मलीदा बना सिट्टना ए।'[1]

और वह पूरे ज़ोर से पत्थर उसकी ओर फेंकता है।

चेतन उससे ऐसे बचता है, जैसे प्रसिद्ध गेंदबाज़ निसार के बम्पर से वज़ीर अली बचता था।

लेकिन सरदार दूसरा पत्थर उठा लेता है और चेतन देखता है कि नीचे जितने लोग खड़े हैं, उन सब के हाथों में एक-एक पत्थर है और वे लोग उसे संगसार करना चाहते हैं और धीरे-धीरे उसकी ओर बढ़ रहे हैं।

चेतन पलटता है और तेज़ी से भागता हुआ पीछे की ओर टीले से उतरना शुरू कर देता है —'जितने में वे लोग टीले पर पहुँचेंगे, मैं दूर भाग जाऊँगा।' वह मन-ही-मन सोचता है और बगटुट भागता है। उसकी टोपी हवा में उड़ जाती है। उसका चोला उसके पैरों में फँसता है तो वह निरन्तर भागता हुआ चोला उतार कर फेंक देता है। मूँज की चप्पल उतार फेंकता है और सिर्फ़ एक कच्छे में भागे जाता है।

दूर जा कर पलट कर वह देखता है —न वहाँ सिक्ख है, न कोई दूसरा धर्मावलम्बी, बस सिर्फ़ एक भेड़ सिर न्योहड़ाये अन्धा-धुन्ध भागी आ रही है....दूसरी बार देखने पर वह भेड़ा बन जाती है। उसके बड़े-बड़े मोटे सींग दोनों ओर गोल दायरा बनाये हुए हैं और वह भेड़ा सींगों के एक ही टक्कर से उसे चित कर देने के लिए तेज़ी से बढ़ा आ रहा है....फिर वह भेड़ा बाघ बन जाता है, बड़े ज़ोरों से दहाड़ता है और चारों पैर उठाये जैसे हवा में तैरता हुआ उसकी ओर बढ़ता है।

पलट कर चेतन और भी ज़ोर से भागता है। रेगिस्तान ख़त्म हो जाता है और घना जंगल शुरू हो जाता है। चेतन बन्दर की तरह सामने के पहले पेड़ पर चढ़ जाता है।

बाघ पेड़ के नीचे आ कर दहाड़ता हुआ, उसे दबोचने की कोशिश करता है। लेकिन चेतन उसकी पहुँच से परे ऊँची डाल पर बैठा है। बाघ दोनों पंजे पेड़ के तने पर टिकाये बार-बार दहाड़ता है।

तभी चेतन को नाभि के नीचे मसाने में बहुत दबाव महसूस होता है। उसके जी में आती है कि पेड़ की दोनों शाखाओं पर पैर टिका कर खड़ा हो जाये और पेशाब की धार बाघ के मुँह में छोड़ दे। निश्चय ही बाघ भाग जायेगा। वह सँभल कर उठता है। दोनों शाखों पर पैर टिकाता है। पतलून के बटन खोलता है (उसने कब पतलून पहन ली, उसे मालूम नहीं, लेकिन उसने पतलून पहन रखी है और वह देखता है कि वह पतलून के बटन खोल रहा है)....तभी उसे ख़याल आता है, वह कैसा पाप करने जा रहा है —यह नीचे तने पर पैर टिकाये, दहाड़ता हुआ बघेला भी तो उसी एकमात्र अद्वितीय सत्ता का रूप है। उस पर पेशाब करना, उस अद्वितीय सत्ता, उस परम परमेश्वर का अपमान करना नहीं क्या ?

'लेकिन यह तो मुझे फाड़ खाने को उतावला है।' वहीं पेड़ की शाखों पर खड़ा-खड़ा

१. तू अपने आप को भगवान कहता है। हम पत्थरों से तेरे भगवान का मलीदा बना देंगे।

चेतन सोचता है, 'अगर यह मुझे दबोच ले तो यह थोड़ी सोचेगा कि मैं उसी भगवान का अंश हूँ।'

लेकिन तभी उसके कानों में साईं बुल्लेशाह की काफ़ी के बोल गूँजते हैं —

आपे आहू,[१] आपे चीता, आपे मारन धाया
आपे साहब, आपे बरदा,[२] आपे मुल्ल बिकाया।

और वह सोचता है —'यह बाघ भी भगवान का अंश है, पर इसे इसका ज्ञान नहीं। मुझे है। यह जो कर सकता है, मैं नहीं कर सकता।' और उसे उस ज्ञानवान संन्यासी की कथा याद आती है, जो दिन-रात 'शिवोहं, शिवोहं' जपता था। एक दिन उसे शेर ने दबोच लिया। वह उसके जबड़ों में फँसा हुआ भी 'शिवोहं' का जाप करता रहा। और जैसे वह कोई मारक मन्त्र हो, चेतन ज़ोर से नारे की तरह चिल्लाता है —'शिवोहं'!

मगर बाघ पर उसकी हुंकार का कोई प्रभाव नहीं पड़ता। वह पंख न होने के बावजूद हवा में ऊपर उठने लगता है। चेतन पेड़ की शाखों पर खड़ा-खड़ा ऊपर को छलाँग लगाता है और वह भी उड़ चलता है....आकाश के विस्तार में दोनों एक-दूसरे के पीछे उड़े जाते हैं। चेतन हवा को किसी कुशल तैराक की तरह चीरता हुआ आगे-आगे। बाघ चारों पंजे फैलाये, दहाड़ता हुआ, उसके पीछे-पीछे....नीचे जंगल ख़त्म हो जाता है। वे शहर के ऊपर उड़ रहे हैं कि उसे एक तिमंज़िले मकान पर बने शौचालय का दरवाज़ा खुला दिखायी देता है। वह झपकी मार कर नीचे उतरता है और उड़ता हुआ शौचालय के अन्दर जाते ही पलट कर दरवाज़ा बन्द कर लेता है। पीछे उड़ते आते बाघ का सिर बन्द दरवाज़े से टकराता है। शौचालय लरज़ उठता है। बाघ बाहर से दहाड़ता है। चेतन को उसकी खूँख़ार दहाड़ में उसी सिक्ख की आवाज़ सुनायी देती है कि 'साले, तू अपने आप को भगवान कहता था। यहाँ हगने जा बैठा है ?' और शुद्ध पंजाबी 'मधुर-वचनों' के गोले वह बाघ शौचालय के बन्द दरवाज़े पर दाग़ता है।

चेतन अन्दर से चिल्लाता है। 'मैं भगवान नहीं हूँ। मैं स्त्रष्टा नहीं हूँ। मैं स्त्रष्टा का अंश हूँ। उसका दूत हूँ। उसी तरह जैसे राम, कृष्ण, बुद्ध, ईसा, मुहम्मद और गान्धी। राम और कृष्ण तो अवतार थे, ईसा तो ख़ुदा के बेटे थे, मुहम्मद साहब तो ख़ुदा के रसूल थे। क्या उन्हें हाजत नहीं होती थी? वे नित्य-कर्म से नहीं निबटते थे ? इन्द्रियाँ भगवान के नहीं होतीं, उस एक मात्र अद्वितीय शक्ति के नहीं होतीं, उसका सन्देश सुनाने वाले के होती हैं....

लेकिन बाहर खड़ा वह ख़ूँख़ार सिक्ख उसे वाक्य पूरा नहीं करने देता। वह भयानक ठहाका लगाता है और पंजाबी में कहता है, 'जा साले, बख़्श दिन्ने आँ तैन्नूँ। तूँ साड्डे गुरुआँ ते गुरुद्वारेयाँ नूँ नकारदा एँ ते अपने आप नूँ भगवान दस्सना एँ। तूँ रह ऐसे ई टट्टी विच्च ते मज़े नाल हग-मूत।'

बाहर सन्नाटा छा जाता है। चेतन किवाड़ों की दरज़ से देखता है —बाहर कोई नहीं है, छत, ख़ाली है। वह आश्वस्त हो कर पलटता है। उसके मसाने पर बड़ा ज़ोर है। वह हलका हो लेना चाहता है। लेकिन वह हलका हो नहीं पाता। उसे लगता है, वह सरदार

---

१. हिरन
२. नौकर, गुलाम।

अदृश्य हो कर बाहर खड़ा है। वह पतलून के बटन बन्द करता है। शौचालय की कुण्डी खोलता है और बाहर आ जाता है।

o

खुली छत पर हवा रमक रही है। चेतन को सब कुछ परिचित-सा लगता है, वह लम्बी-लम्बी साँसें ले कर स्वच्छ हवा को सीने में भर लेता है। अचानक उसकी नज़र बरसाती की ओर जाती है। एक ख़ुशी की लहर उसकी नस-नस में दौड़ जाती है। यह तो उसी के घर की छत है। वह अपने घर की छत पर खड़ा है।

वह पलट कर दनदनाता हुआ सीढ़ियाँ उतरता है। वह अपनी बीवी को जा कर ख़बर देगा कि उसे ज्ञान प्राप्त हो गया है। वह नये धर्म का सूत्रपात करेगा।

तेज़-तेज़ आँगन को पार करता हुआ वह अन्दर कमरे में जाता है। वहाँ चन्दा नहीं है। नीला बैठी है। 'मैं इसी को अपनी ज्ञान-प्राप्ति की सूचना दूँगा।' चेतन मन-ही-मन सोचता है, 'यही पहली औरत होगी जो मुझ में ईमान लायेगी।'

और वह कहता है, 'नीला, मुझे ज्ञान प्राप्त हुआ है। भगवान ने मुझे नये धर्म का प्रचार करने के लिए भेजा है।'

और उसके पास बैठ कर वह गुफ़ा में चमगादड़ के रूप में भगवान के दर्शनों की बात बताता है। लेकिन जब यह देखने के लिए कि नीला पर उसकी बात का क्या प्रभाव पड़ा है, वह आँख उठाता है तो देखता है कि वह तो शीतला मन्दिर के बाहर कुएँ की जगत पर कुन्ती के पास बैठा है।

वह नये सिरे से कुन्ती को अपने इल्हाम की कथा सुनाता है। कुन्ती चाट का पत्ता चाट कर उसे फेंकती हुई चल देती है। पलट कर कहती है —'आप यहाँ से नहीं, हमारे आश्रम के मंच से नये धर्म का प्रचार शुरू करें।'

वह कुन्ती के पीछे चल देता है। तभी एक बड़ा-सा गेट आता है, जिस पर आश्रम का नाम लिखा है। अन्दर ख़ूबसूरत खिलौने-सा एक बँगला दिखायी देता है। उसके खुले बरामदे में एक सिंहासन पड़ा है। कुन्ती कहती है —'उस सिंहासन पर बैठ कर आप नये धर्म की घोषणा करें।'

वह आगे-आगे बढ़ जाती है। लोहे के बड़े गेट पर मोटे टीन की चादर पड़ी है। चेतन गेट के अन्दर आता है। तभी उसे मसाने पर ज़ोर महसूस होता है। वह गेट के एक किवाड़ के पीछे तहमद ज़रा ऊपर उठाये निवृत्त होना चाहता है (उसने कब तहमद पहन ली, वह नहीं जानता) कि तभी अचानक एक सिपाही उसे दबोच लेता है और गाली देते हुए उसे डाँटता है कि वह उस धार्मिक स्थान को क्यों अपवित्र कर रहा है। चेतन गाली सुन कर तहमद छोड़, उससे कहता है कि वह तमीज़ से बात करे, गाली क्यों देता है।

सिपाही उसकी बात नहीं सुनता और उसे ज़ोर से धक्का देता है। चेतन गिर पड़ता है। न जाने कहाँ से उसके हाथ में छड़ी आ जाती है। गेट के अन्दर तार से घिरे एक अहाते में औरतें बैठी हैं और वहाँ शिमला की रियासत क्यार कोटी का मेला लगा है। चेतन छड़ी से सिपाही पर वार करता है। सिपाही उसे गर्दन से पकड़ कर ज़ोर से धक्का देता है। चेतन का सिर धड़ाम से गेट पर जड़ी लोहे की चादर से टकराता है। उसका तहमद खुल जाता

है। कहीं पास ही कोई गाय ज़ोर से रँभाती है।

०

चेतन की आँख खुल गयी। उसका शरीर पसीने से तर था। उसका तहमद सचमुच खुल गया था और वह अलिफ़ नंगा बिस्तर पर लेटा था। वह हड़बड़ा कर उठ बैठा।

रात के गहरे अँधेरे में बेमालूम-सा उजेला मिल गया था। परे कुएँ की चर्ख़ी पर उसे कोई आकार-सा, रस्सी थामे, कुएँ पर झुका दिखायी दिया। शायद कुएँ में घड़े के गिरने से 'धड़ाम' की आवाज़ हुई थी और चौधरी सुलक्खामल के मकान की खिड़की से बँधी गाय बेतरह रँभा रही थी।

चेतन बिस्तर से उतरा। प्रायः रात को सोते वक्त वह तहमद को गाँठ लगा कर पुनः बाँधता था कि वह सोये में खुल न जाये। लेकिन रात वह इतना थक गया था कि न पेशाब करने उठा, न उसने तहमद ठीक से बाँधी। यह जान कर उसे सन्तोष हुआ कि भयानक दुःस्वप्न के कारण उसकी नींद मुँह-अँधेरे खुल गयी। कहीं ज़रा उजाला हो गया होता तो अनर्थ हो जाता।

उसने गाँठ लगा कर तहमद को पुनः कस कर बाँधा। दोनों किनारों से धोती की तरह चुन कर उसे गाँठ के ऊपर खोंसा और दो बालिश्त नीचे से पकड़ कर बायीं ओर उड़स लिया। फिर उसने बिस्तर गोल करके बैठक में कुर्सी पर रखा। चारपाई उठा कर आँगन में रख आया। आ कर उसने बिस्तर खुले दरवाज़े के अन्दर फ़र्श पर बिछा दिया और दरवाज़े की चौखट पर तकिया रख दिया। उसके मसाने में दर्द होने लगा था। वह अन्दर जा कर आँगन की नाली पर बैठ गया।

लेकिन ब्लैडर के बेतरह भरे होने और नाभि के नीचे बेपनाह दबाव के बावजूद उसे निवृत्त होने में काफ़ी देर लगी। वह पंजों के बल नाली के कोने में बैठा था। उसकी आँखें झँप गयीं और उसका माथा दीवार से टकरा गया। वह पुनः चुस्त हो कर बैठा। काफ़ी देर बाद पूरी तरह निवृत्त हो कर उठा। लोटे से उसने हाथ धोये। तहमद से पोंछ, सुराही से पानी का गिलास भर कर पिया। उसे धो कर और सुराही पर उलट कर वह तकिये को चौखट के सहारे सिर के नीचे ठीक से रख कर लेट गया।

चौधरी सुलक्खामल की खिड़की से बँधी गाय फिर ज़ोर से रँभायी, लेकिन चेतन पर कोई असर नहीं हुआ। वह गहरी नींद सो गया था।

२३

जँगले के उत्तर की ओर को बनी सीमेण्ट की शहनशीन पर दायीं टाँग मोड़ कर सीट पर रखे, बायीं नीचे लटकाये, दायीं बाँह जँगले के पर्दे पर टिकाये, चेतन निहायत बेतकल्लुफ़ी से बैठा था। उसके सामने लगभग उसी मुद्रा में नीला बैठी थी। चेतन के मन में था कि वह बर्मा में उसकी ज़िन्दगी के बारे में जाने। उसे पूरा विश्वास था कि नीला ने अपने उस

अधेड़ पति को पूरी तरह अपने वश में कर लिया है और उस रखैल का पत्ता काट दिया है। वह जानना चाहता था कि नीला ने वह कठिन काम कैसे सरंजाम दिया।

कम्पनी बाग़ की सैर से घर पहुँच, चेतन बालटी, लोटा और साफ़ा ले कर ऊपर छत पर चला गया था। मकान की तीसरी मंज़िल उठाने के विचार से दो छतों के बीच दो ईंटों की मेंड़ बनी थी। उस पर भी वर्षों पहले उसका छोटा भाई परसराम बिना सुस्ताये हज़ार-हज़ार दण्ड पेल जाता था। यद्यपि मेंड़ एकदम साफ़ थी, लेकिन उस पर परसराम के तेल-सने हाथों के जो निशान बन जाते थे, वे चेतन की स्मृति में उसी तरह बने हुए थे। हाथ में बालटी लिये-लिये उसने लोटा भर मेंड़ पर बहा दिया। फिर बालटी उस पर रख कर उसमें से लोटा भर कर वह शौचालय के डिब्बे में डाल आया था और साफ़ा जँगले पर डाल कर निबटने चला गया था।

वापस आया तो उसने देखा नीला सामने शहनशीन पर बैठी है। वह सीधा मेंड़ पर गया, लेकिन वह जल्दी में साबुनदानी नहीं लाया था। तब वहीं जँगले से उसने अपने छोटे भाई मेघनाथ को आवाज़ दी कि वह साबुनदानी दे जाये और वह स्वयं जा कर नीला के सामने बैठ गया था।

नीला पिछली शाम से आयी हुई थी और वह उससे कोई बात न कर सका था। कम्पनी बाग़ की सैर में राम प्रताप, उसकी पत्नी सुनयना और उसका भाई साथ थे। त्रिलोक की मृत्यु के प्रसंग ने नीला को इतना उदास कर दिया था कि वह अन्य कोई बात उससे न पूछ सका था। शायद नीला उससे बात करना चाहती है, चेतन ने सोचा। वह तो उसे चन्दा के पास छोड़ आया था, लेकिन वह ऊपर शहनशीन पर आ बैठी थी। बिना हाथ-मुँह धोये और कुल्ला किये, चेतन बेपरवाही से उसके सामने जा बैठा था।

उसके मन में नीला के वैवाहिक जीवन —विशेषकर उसके पति की बर्मी रखैल — को ले कर जिज्ञासा थी, लेकिन बात कैसे चलाये, उसकी समझ में नहीं आया। तब हँसते हुए उसने कहा, "लगता है नीला, बर्मा की आब-हवा तुम्हें रास आ गयी है, साल भर में तुम्हारी सेहत बेहतर हो गयी है।"

"जीजा जी, नज़र न लगा दीजिएगा," नीला हँसी, "मैं आपकी तरह लेखक तो हूँ नहीं कि दिन-रात सोचती और शहर के अन्देशे में दुबली होती रहूँ। नौकरी हमारे रामपाल साहब की अच्छी है, खाने-पीने की कोई कमी नहीं, काम के लिए तो नौकर हैं, मोटी न होती तो क्या दुबली होती।"

और वह ठहाका मार कर हँसी।

नीला का वह खुला ठहाका सुन कर चेतन ने सोचा —नीला कितना बदल गयी है। चंचल और शोख़ तो वह पहले भी थी, पर अब शादी के बाद वह निर्द्वन्द्व हो गयी है। उसका सौन्दर्य और शोख़ी भी पहले की अपेक्षा कई गुना बढ़ गयी है। वह विमुग्ध-सा उसे देखता रह गया।

तभी नीला ने धीरे से कहा — "आप, जीजा जी, लेकिन वैसे-के-वैसे हैं। दुबले-पतले-छरहरे। बाल भी आपके वैसे ही घुँघराले हैं। आपकी नज़र मुझे लगे-न-लगे, मोटी और बेडौल हो गयी हूँ। डरती हूँ मेरी नज़र आपको न लग जाये।"

और वह फिर शोख़ी से हँसी।

चेतन को अच्छा लगा, लेकिन मन के भावों को चेहरे पर प्रकट किये बिना, उसने बेज़ारी से कहा, "तुम्हारी तारीफ़ के लिए शुक्रिया, लेकिन मैं तो जो हूँ, आईना मुझे बता देता है। लाहौर में न खाने-पीने का ठिकाना है, न सिर पर ढब की छत, ऊपर से कानून की पढ़ाई! मैं क्या खा कर वैसे-का-वैसा रहूँगा। ज़्यादा दुबला गया हूँ। तुम्हारी बात दूसरी है। कली से फूल बन गयी हो। पहले सोना थी तो अब कुन्दन हो गयी हो।"

फिर ज़रा हँस कर और सहसा आवाज़ को धीमा करके उसने कहा, "नीला, सच ही क्या रामपाल साहब ने कोई बर्मी औरत रख छोड़ी थी ?"

"सुनती तो हूँ कि थी," नीला ने निःसंकोच कहा, "लेकिन मैंने उसकी सूरत नहीं देखी। न हमारे रामपाल साहब ने कभी घर से नागा किया ?"

"तो तुमने जाते ही उसका पत्ता काट दिया।" चेतन हँसा।

"कैसे न काटती जीजा जी," नीला आँखें नचाते हुए बोली, "पास-पड़ोस के किसी शहर में तो गयी न थी कि तकलीफ़ होती तो मायके आ बैठती। रहना तो बर्मा में ही था। सोचा कि ठस्से से रहना है और रामपाल साहब से साफ़ कह दिया...."

लेकिन इससे पहले कि नीला बताती, उसने अपने पति से क्या कहा, सीढ़ियों से चन्दा की तीखी और अप्रत्याशित रूप से क्रोध-भरी आवाज़ आयी —

"माँ जी कहती हैं, पहले हाथ-मुँह धो कर कुल्ला कर लीजिए, फिर जब तक मन हो गप्पें लड़ाइए।"

और तीखे स्वर में कहे गये उन शब्दों के साथ ही साबुनदानी खटाक से जँगले और बरसाती के बीच तंग गलियारे में आ गिरी।

चेतन ने झटके से सिर घुमाया। साबुनदानी से उसकी दृष्टि चन्दा तक गयी। इससे पहले कि वह कुछ कहता, वह पलट कर सीढ़ियाँ उतर गयी।

वैवाहिक जीवन के उन ढाई वर्षों में यह पहला अवसर था कि उस शान्त, ठहरी झील में वैसा तूफ़ान उठा था। क्षण भर के लिए चेतन की समझ में कुछ नहीं आया। फिर हठात पत्नी की हरकत से उसका ख़ून खौल उठा। नीला क्या कह रही थी और वह क्या पूछने जा रहा था, सब कुछ उसके दिमाग़ से हवा हो गया। वह उठा, उसने जा कर साबुनदानी उठायी। मेंड़ पर जा कर साबुन से हाथ धोये, कुल्ला किया, मुँह पर छींटे मारे, जँगले से साफ़ा उठा कर हाथ-मुँह पोंछे और साफ़े को कन्धे पर डाल कर साबुनदानी, बालटी और लोटा उठा कर सीढ़ियों की ओर लपका। सीढ़ियाँ उतरने से पहले उसने सिर्फ़ इतना कहा, "नीला, मैं नहाने जा रहा हूँ। हम फिर बात करेंगे। लगता है, तुम्हारी बहन की तबियत ठीक नहीं या हो सकता है, माँ ने उसे कोई तीखी बात कर दी है।"

और वह सीढ़ियाँ उतर गया।

०

ऊपर की सीढ़ी पर खड़े-खड़े क्षण भर के लिए चेतन के मन में आया कि सीधा चन्दा के कमरे में जाये और उससे इस बदतमीज़ी की कैफ़ियत तलब करे, लेकिन उसे बेहद ग़ुस्सा था और गुस्से में उसे अपने आप पर काबू नहीं रहता था। वह जानता था, चन्दा चुप रहेगी,

कुछ नहीं कहेगी, मौन रूप से आँसू बहाने लगेगी और वह कुछ नहीं जान पायेगा। यह भी हो सकता है कि उसका चिल्लाना सुन कर माँ ही आ जाये और नीला को ले कर कुछ जली-कटी सुना दे। माँ के मनोविज्ञान से वह भली-भाँति परिचित था। वह चन्दा को डाँटेगा तो माँ चन्दा का पक्ष लेगी। वह चन्दा की प्रशंसा करेगा तो माँ उसकी निन्दा करेगी। वह माँ से कुछ भी कह नहीं पायेगा और उसका सारा दिन बरबाद हो जायेगा....नहीं, वह ऐसा कुछ नहीं करेगा। वह सोचेगा और कुछ ऐसे ढंग से बात करेगा कि चन्दा मन की बात बता दे। बिना बीच की मंज़िल पर रुके, वह धड़धड़ाता हुआ धुर निचले आँगन में जा कर थमा। बालटी उसने नाली की सिल पर रखी। साफ़ा खूँटी पर टाँग दिया। आँगन का टब पानी से लबालब भरा था। उसके साथ रखी बालटी भी भरी थी। चेतन ने दोनों का पानी छू कर देखा। टब का पानी यकीनन बासी था। बासी और गर्म। बालटी का पानी ताज़ा था। पूरा ज़ोर लगा कर, जैसे सारा दोष उस टब ही का हो, चेतन ने उसे उलट दिया। नाली छोटी होने के कारण आधा आँगन पानी से भर गया। जब सारा पानी बह गया तो बालटी के पानी से अच्छी तरह धो कर उसने टब को साफ़ किया। फिर दोनों बालटियों का बचा हुआ पानी वहीं नाली में बहा दिया। खाली बालटियाँ और कोने से मोटी रस्सी उठा कर वह कुएँ पर गया और अन्धा-धुन्ध बालटियाँ भर-भर, उन्हें दोनों हाथों में उठा, भागता हुआ-सा आ कर टब भरने लगा। वह इतनी तेज़ी और तल्लीनता से टब भर रहा था, जैसे उसे कोई कीर्तिमान स्थापित करना हो।

वास्तव में चेतन यह सब मशीन की तरह किये जा रहा था। दिमाग़ उसका उसी एक समस्या पर लगा था....सुबह तो चन्दा भली-चंगी थी। अपने स्वाभाविक ढंग से हँस-हँस कर बात करती रही थी, फिर दो ही घण्टे में क्या हो गया, जो उसने इस तरह साबुनदानी सीढ़ियों से गलियारे में फेंक मारी। कौन-सी कयामत टूट गयी दो घण्टे के अर्से में! उसकी भाभी चम्पावती वैसा कर सकती थी, लेकिन चन्दा....क्या हो गया इस बीच ? और बार-बार सुबह से ले कर उस वक्त तक की घटनाएँ उसके दिमाग़ में घूम रही थीं और वह बालटियाँ ला-ला कर टब भरे जा रहा था।

o

चेतन सुबह छै बजे तक वहीं बैठक के दरवाज़े में गहरी नींद सोया रहा था। कल्लोवानी मुहल्ले के लोग चूँकि सरे-शाम सो जाते थे, इसलिए उनमें से अधिकांश प्रायः तड़के उठ भी जाते थे। चेतन के स्टेशन मास्टर पिता पण्डित शादीराम ही नहीं, अमींचन्द के रिटायर्ड पोस्ट मास्टर पिता लाला मणिराम भी हमेशा अपने बेटों को उपदेश देते हुए अंग्रेज़ी की कहावत सुनाते थे —'अर्ली टू बेड ऐण्ड अर्ली टू राइज़, मेक्स अ मैन हेल्दी, वेल्दी ऐण्ड वाइज़।'[१]

लेकिन कल्लोवानी के अधिकांश वासियों को शाम जल्दी सोने और सुबह जल्दी उठने के बावजूद न वैसा स्वास्थ्य प्राप्त था, न धन-सम्पदा; और विवेक किस चिड़िया का नाम है, इससे वे यकसर अनजान थे। स्वास्थ्य, समृद्धि और विवेक के लिए शायद महज़ जल्दी सोना और जल्दी उठना ही काफ़ी नहीं होता, कुछ और भी दरकार होता है, लेकिन

१. शाम जल्दी सोना और सुबह जल्दी उठना आदमी को स्वस्थ, समृद्ध और विवेकशील बनाता है।

वह 'कुछ और' क्या होता है, इसे कल्लोवानी मुहल्ले में कोई न जानता था, इसलिए भले ही स्वास्थ्य, समृद्धि और विवेक उन्हें प्राप्त न हो, वे अनजाने ही उस अंग्रेज़ी कथन पर अमल किये जा रहे थे।

मुहल्ले के कुएँ पर चार बजे ही पानी भरने वालों की आवा-जाही शुरू हो जाती थी। तेल देने के बावजूद कुएँ की चर्ख़ियाँ कुछ इस तरह कराह रही थीं, जैसे उनके प्राण निकले जा रहे हों। तेलू झमान ने अपनी भैंस के नीचे गोबर समेट लिया था। कुएँ से भर-भर कर कई बालटियाँ डाल, उसने भैंस के नीचे चौक के पक्के, फ़र्श को धो दिया था। भैंस को नहलाया था। उसका सानी-पानी किया था। उस समय भैंस निहायत इत्मीनान से खली और बिनौले-मिले भूसे को चर रही थी और तेलू पीतल के भगौने को दोनों घुटनों में फँसाये, एड़ियाँ उठाये, बैठा उसे दुह रहा था। भैंस सानी से मुँह उठा कर ग्रास चबाती तो सानी के पानी की धारें उसकी थूथनी से लगातार नाँद में गिरतीं। सुबह-सुबह आने वाला टुल्ला फ़कीर निहायत मीठी और दर्द-भरी पुकार में 'जो दे उसका भला, जो न दे उसका भी भला' की सदा लगाता हुआ दो बार मुहल्ले के मुख्य चौक और झमानों वाले भुवाड़े[१] में चक्कर लगा गया था। कुएँ के दक्षिण में चौधरियों की ओर को ज़मीन में लगी पत्थर की सिल पर कपड़े धोने के सिलसिले में दो औरतों में तकरार शुरू हो गयी थी और कब गाली-गलौज और हाथा-पाई शुरू हो जाये, इसका कोई ठिकाना नहीं था....मुहल्ला पूरी तरह जग गया था, लेकिन चेतन अपनी बैठक के खुले दरवाज़े की चौखट पर तकिया रखे, बायें पहलू उस पर सिर टिकाये गहरी नींद सो रहा था।

छै बजे के करीब चन्दा और नीला ऊपर से आयी थीं। नीला उसे यूँ, फ़र्श पर विसुध सोये देख कर हैरान हुई थी। फिर उसने आँगन के छोटे दरवाज़े के पास ही से दो बार अपने जीजा जी को पुकारा था। जब चेतन कुनमुनाया तक नहीं तो वह निःसंकोच जा कर उसके निकट बैठ गयी थी और जैसे साधिकार उसके बालों पर हाथ फेरते हुए उसने कहा था, "जीजा जी उठिए, जीजा जी उठिए!"

चेतन सोया रहा। नीला धीरे-धीरे प्यार से उसके बालों पर हाथ फेरती रही। तब चेतन के अवचेतन ने जाने कैसे पुराने सपने का तार वहीं से पकड़ लिया, जहाँ आश्रम के सिपाही द्वारा धक्का खा कर वह लोहे के गेट से जा टकराया था और उसका सपना टूट गया था।....चेतन ने देखा, उसे गिरते देख कर कुन्ती, जो आगे निकल गयी थी, मुड़ आयी है, आ कर उसने सिपाही को डाँटा है। उसके पास बैठ कर उसका सिर गोद में रख लिया है और जहाँ उसके सिर की पिछली तरफ़ गुमटा उभर आया था, उसे धीरे-धीरे प्यार से सहला रही है।

....चेतन ने आँखें खोल दीं और सिर घुमा कर देखा —

नीला....

उसने आँखें झपकायीं। वह पहलू बदल कर सीधा हो गया। न वहाँ आश्रम का गेट था, न कुन्ती। वह चौखट पर सिर रखे लेटा था और ओस-धुले, खिले हुए फूल-सी नीला उस पर झुकी थी और पूरब में झाँकती हुई उषा-सी उसकी आँखें जैसे अपनी स्वच्छ ज्योति

---

१. छोटी-सी पतली बन्द गली।

से उसे नहला रही थीं।

चेतन की नस-नस में कुछ अज़ीब-सी मसर्रत दौड़ गयी। उसे लगा कि जो थोड़ा-बहुत संकोच उसे ले कर नीला के यहाँ था, वह यकसर ग़ायब हो गया है। विवाह ने जैसे उसे एक छूट दे दी है। उसे निर्द्वन्द्व बना दिया है। पहले शायद वह अपनी बहन की उपस्थिति में यूँ उसके बाल न सहला सकती थी। लेकिन चन्दा उसके पास बैठी थी और वह बड़े स्नेह से उसके बाल सहला रही थी और पुलक था कि सोख़्ते के रेशों में धीरे-धीरे सिमते पानी-सा उसकी नसों में फैलता चला जा रहा था। नीचे फ़र्श पर उस तरह सोये होने के कारण अचानक एक अस्वस्ति-भरी मुस्कान चेतन के होंटों पर आ गयी।

"यह आप फ़र्श पर कैसे सो गये जीजा जी," नीला चहकी, "बहन कहती है, आपका बिस्तर बाहर चौक में लगा दिया था।"

"इसीलिए तो सो नहीं पाया।" चेतन हँसा और झटके से उठ कर बैठ गया, "तीन बजे के करीब आँख लगी थी कि कुएँ पर लोग पानी भरने आ गये। सो उठ कर अन्दर आ गया और यहीं बिस्तर बिछा कर सो गया।"

"लेकिन आप ऊपर आ जाते," चन्दा ने कहा, "मैं जागती रही और सोचती रही कि शायद आप आयें। एक चारपाई मैंने मेघनाथ की चारपाई के साथ लगवा दी थी।"

"माँ ने बताया था," चेतन ने कहा, "लेकिन तब सीढ़ियाँ चढ़ कर ऊपर जाने की शक्ति नहीं थी।"

और उसने अपनी पत्नी की ओर देखा। बीमारी ने उसका गोल, गुलगोथना मुख दुबला दिया था। गालों में बे-मालूम गड्ढे पड़ गये थे। कनपटियों के नीचे हड्डियाँ ज़रा उभर आयी थीं। होंट सूखे थे, लेकिन उसकी आँखों में अपार ममता थी।

नीला के चेहरे से अपनी पत्नी के चेहरे पर दृष्टि जाते ही कुछ अज़ीब-सी दया चेतन के हृदय में उमड़ आयी थी। एक लम्बी साँस उसके अन्तर में उभरी थी, जिसे उसने सायास दबा लिया था। तभी अपनी शोख़ आँखों को नचाते हुए नीला चहकी थी —

"चन्दा बहन तो कहती है, जीजा जी, कि आप हमें कम्पनी बाग़ की सैर कराने वाले थे और आप तो यहाँ घोड़े बेच कर सोये हुए हैं। कई आवाज़ें दीं, आप कुसके तक नहीं।"

हालाँकि नीला की उँगलियों के स्पर्श से चेतन उठ बैठा था, लेकिन नींद पूरी तरह उसकी आँखों से दूर न हुई थी। दोनों हाथ उलट कर तर्जनियों के गट्टों से उसने आँखें मीड़ीं। फिर एक ज़ोर की अँगड़ाई ली, सिर घुमा कर बाहर की ओर देखा और बोला —

"लेकिन बहुत देर तो नहीं हुई। तुम पाँच मिनट में तैयार हो जाओ। मैं राम प्रताप और उसकी बीवी को बुला लाता हूँ।"

"हम बिलुकल तैयार हैं।" नीला ने उसी शोख़ी से कहा, "पर आप क्या इसी कौमी लिबास में जायेंगे या पतलून-कमीज़ पहनेंगे ?"

चेतन ज़ोर से हँसा।

"लगता है, मिलिट्री एकाउण्टेण्ट की बीवी बन कर तुम्हें हमारा लिबास खटकने लगा है। हम तो तहमद-कमीज़ पहन कर लाहौर की माल रोड घूम आते हैं। लेकिन अब तुम्हारी ख़ातिर पतलून-कमीज़ पहन लेंगे।"

"मैं लाती हूँ आप की पतलून-कमीज़," सहसा चन्दा उठी थी और बत्तीसी खिलाते हुए उसने कहा था, "घुमा लाइए इसे कम्पनी बाग़ तक। सुनयना से कल कह तो दिया था। बुला लाइए उन्हें।"

चेतन उसी तरह तहमद-बनियान में भाग गया था। राम प्रताप के यहाँ लाहौर से उसका हैण्ड-राइटिंग एक्सपर्ट साला कृष्ण गोपाल आया हुआ था। राम प्रताप ने उसका परिचय दिया। अपने उत्साह में चेतन ने उसे भी साथ चलने का निमन्त्रण दे दिया। वापस आया तो चन्दा उसकी पतलून-कमीज़ ले आयी थी। चेतन ने पहले सुराही से गिलास भर कर पानी पिया। फिर लोटे के पानी से मुँह पर छींटे मारे। तहमद के दामन से मुँह पोंछा। साथ के कमरे में जा कर कपड़े बदले, अँगीठी के शीशे में देख कर बाल ठीक किये। तभी राम प्रताप, उसकी पत्नी सुनयना और कृष्ण गोपाल आ गये। तब अचानक चेतन ने कहा था, "चन्दा, मैं कहता हूँ, तुम भी चलती हमारे साथ।"

एक मजबूर मुस्कान चन्दा के होंटों पर खेल गयी थी। पति के उस आग्रह पर उसने बेबसी से उसकी ओर देखा था —चेतन को लगा था, जैसे वे आँखें कह रही हों —मैं आपके साथ चलूँगी तो आपकी सैर का मज़ा भी किरकिरा हो जायेगा। मैं आपकी तरह तेज़-तेज़ नहीं चल सकूँगी। थक जाऊँगी। वापस आ कर अगर मुझे बुख़ार हो गया तो माँ जी भी नाराज़ होंगी और आप भी परेशान होंगे —लेकिन कहा उसने इतना ही, "आप नीला को घुमा लाइए। मैं बच्चे को तैयार करूँगी, वरना रोयेगा। माँ जी काम करेंगी या उसे सँभालेंगी।"

"माँ से तो मैं कह दूँगा," चेतन ने कहा था, "लेकिन मुझे तुम्हारी कमज़ोरी से डर लगता है। थक गयी और फिर बुख़ार आने लगा तो परेशान हो जायेंगे।"

"यही मैं भी सोचती हूँ," चन्दा उदासी से हँसी थी, "आप नीला को सैर करा लाइए, मैं थोड़ा माँ जी का हाथ बटाऊँगी।"

चेतन ने लम्बी साँस ली थी। उसने जैसे अपना कर्तव्य पूरा कर दिया हो, वह मुड़ा था, "आओ नीला!" उसने कहा था और बैठक की सीढ़ियाँ उतर गया था।

o

कोट पश्का तक चेतन, गोपाल और राम प्रताप आगे-आगे और नीला और सुनयना उनके पीछे-पीछे चलती रही थीं। इस बीच चेतन ने कृष्ण का पूरा परिचय पाया था....कृष्ण ने लॉ कॉलेज, लाहौर से कानून पास किया था, लेकिन प्रैक्टिस जमाने के लिए जिस ताम-झाम की ज़रूरत थी, उसकी व्यवस्था उसके घर वाले नहीं कर सकते थे। चूँकि कुछ ही वर्ष पहले उनके पड़ोस में हैण्ड-राइटिंग एक्सपर्ट श्री ए० एस० कपूर आ कर रहने लगे थे और कुछ दिनों में ही उनकी प्रैक्टिस चल निकली थी, इसलिए कृष्ण के पिता ने कपूर साहब से प्रार्थना की कि वे कृष्ण को अपना शागिर्द बना लें। वे तैयार हो गये थे और कृष्ण उनसे हैण्ड-राइटिंग विज्ञान की शिक्षा पा रहा था। कोट पश्का तक वह चेतन और अपने बहनोई को उस विज्ञान की महत्ता और अपराधों का पता लगाने में उसके योग के बारे में बताता रहा था। जालसाज़ों के मनोविज्ञान पर उसने उनको एक छोटा-मोटा भाषण पिलाते हुए अन्त में कहा था —

"नेचर कभी अपने आप को रिपीट नहीं करती। हज़ारों-लाखों अँगूठों के निशानों में दो भी ऐसे नहीं निकलेंगे, जो एक-जैसे हों, इसीलिए अँगूठों के निशानों का महत्व है और उनके माध्यम से अपराधियों को आसानी से पकड़ा जा सकता है। फिर एक आदमी अगर सौ बार दस्तख़त करेगा तो एक-जैसे लगने पर भी वे एक-जैसे नहीं होंगे। एक ही आदमी के हज़ार हस्ताक्षरों में से दो भी बिलकुल एक-जैसे नहीं होंगे। जालसाज़ चूँकि ट्रेस करके दस्तख़त बनाते हैं, इसलिए नकली दस्तख़त बिल्कुल असली जैसे होंगे। इसके अलावा उन में वह एफ़र्टलेसनेस[१] नहीं होगी, जो मौलिक हस्ताक्षरों में होती है। नकली और जाली दस्तख़तों में वह फ़्लरिश[२] नहीं होगी। फिर ज़ालसाज़ कई बार ऐसे स्टाम्प पेपर पर पुरानी दस्तावेज़ तैयार करके जाली दस्तख़त बना देता है, जो उस समय के काफ़ी देर बाद छपा होता है और दस्तख़त जाली है, इस बात का पता तत्काल चल जाता है। चूँकि जालसाज़ दस्तख़तों के बारे में आश्वस्त नहीं होता, इसलिए कई बार वह एक की बजाय दो-दो दस्तख़त बना देता है।....दसियों ऐसी छोटी-छोटी बातें हैं, जिन्हें हैण्ड-राइटिंग एक्सपर्ट जानता है और जालसाज़ नहीं जानता, इसलिए वह माहिर एक्सपर्ट द्वारा पकड़ लिया जाता है...."

कृष्ण गोपाल अपनी रौ में उनका ज्ञान-वर्धन करता रहा था और चेतन सोच रहा था कि इस ज्ञान को क्रिमिनोलॉजी (अपराध विज्ञान) के तहत क्यों रखा गया है —हर पुलिस विभाग में हैण्ड-राइटिंग एक्सपर्ट होते हैं —कानून के पाठ्य-क्रम में इसे क्यों शामिल नहीं किया गया। अगर वकील लोग कानून में पारंगत होने के साथ हैण्ड-राइटिंग विज्ञान के भी माहिर हों तो न केवल वे अपने मुवक्किलों को बात समझा सकें, बल्कि न्यायाधीशों का बहुत-सा समय भी नष्ट होने से बच जाये!

कोट पश्का के चौक के आगे रास्ता बाज़ार[३] काफ़ी चौड़ा हो जाता है। चेतन अगली पंक्ति में बायीं ओर, राम प्रताप दायीं ओर कृष्ण दोनों के बीच बात करता हुआ चला जा रहा था। चौक में सड़क ज्यों ही कुशादा हुई, नीला बात करने के बहाने चेतन ने साथ हो गयी। सुनयना कुछ क्षण पीछे अकेली चलती रही फिर वह भी आगे बढ़ कर अपने पति के साथ चलने लगी थी। कुछ क्षण बाद यूँ हुआ कि चेतन नीला के साथ बातें करता हुआ थोड़ा पीछे रह गया और वे तीनों आगे-आगे चलने लगे।

सहसा चेतन ने पूछा था —"नीला, अमृतसर में तो तुम्हें पता चल गया होगा, त्रिलोक को क्या हुआ था ?"

नीला के चेहरे पर अचानक एक बादल उतर आया था। लम्बी साँस भर कर उसने कहा था, "जीजा जी, बस उसकी आ गयी और आयी को कौन रोक सकता है ?"

"तो भी, क्या हुआ था उसे ?" चेतन को जैसे वह जिज्ञासा शान्त किये बिना चैन न था, "दो ही साल पहले तुम्हारी शादी पर तो उसे देखा था। कामदेव-सा सुन्दर और लम्बा-तगड़ा....कौन-सी बीमारी खा गयी उसे ?"

---

१. अनायासता
२. सहज प्रवाह।
३. जालन्धर में कोट पश्का को जाने वाले बाज़ार का यही नाम है।

"बीमारी," नीला ने जैसे अपने आप से कहा था और कुछ क्षण चुपचाप रही थी, फिर लम्बी साँस भर कर, जैसे अपने से ही बात कर रही हो, बोली थी —"बीमारी तो जीजा जी, उसे मामूली हुई थी —पीलिया। लेकिन उसका तो पता बाद में चला था।"

"पीलिया तो मामूली बीमारी है," चेतन ने कहा, "ख़ूब गन्ने चूसने से आराम आ जाता है।"

"हाँ, लेकिन एक तो गन्नों का मौसम नहीं था। फिर पता भी देर से चला। एक दिन दुकान में ग्राहकों की भीड़ थी। जेठ जी काम से कहीं चले गये थे। उनके पीछे त्रिलोक काम देख रहा था। चार बजे के करीब उसे कुछ भूख लग आयीं। उसने चने और मुरमुरे मँगा कर खा लिये। जी नहीं भरा तो चाट वाले से पपड़ियाँ और दही बड़े ले कर खा लिये। शाम को दुकान बन्द करके चला तो उसे ज़ोर की प्यास लगी। वहीं बाज़ार की एक सबील से उसने पानी पी लिया। उसकी तबियत भारी हो गयी। घर में जेठानी जी ने खाना परसा तो उसने मना कर दिया। लेकिन उन्होंने बरबस उसे आलू-प्याज़ की रस-मिसी तरकारी के साथ दो पराँठे खिला दिये...."

नीला फिर चुप हो गयी और मौन चलती रही।

"किसी डॉक्टर को नहीं दिखाया ?" चेतन ने धीरे से पूछा।

"किसी डॉक्टर को," चेतन के शब्दों को दोहराते हुए नीला कुछ ऐसे हँसी कि चेतन को वह हँसी सिसकी-ऐसी लगी, "अमृतसर का कोई वैद्य, हकीम या डॉक्टर ऐसा नहीं, जिसे जेठ जी ने त्रिलोक को न दिखाया हो। लेकिन पहले तो महीना-सवा महीना बदहज़मी ही का इलाज होता रहा। मोहिनी वटी, शोधी हुई हर्रें, वग़ैरा दी जाती रहीं। त्रिलोक की भूख एकदम ग़ायब हो गयी। न पेट ठीक से साफ़ होता था, न उसे भूख लगती थी। फिर उसे पेशाब चीर कर आने लगा। एक दिन उसने तबियत भारी होने पर चन्द्रवटी की दो-तीन गोलियाँ खा लीं। पहले उनसे उसे भूख भी लग आती थी, पेट भी साफ़ हो जाता था। लेकिन तब उसका जी मतलाने और घबराने लगा। दूसरे दिन जेठानी जी ने सुबह उसकी आँखें देखीं तो बोलीं, 'हाय, तुम्हें तो यरकान (पीलिया) हो गया है।' त्रिलोक की आँखें ही नहीं, सारा शरीर पीला हो गया था। तब उसका डॉक्टरी इलाज शुरू हुआ। लेकिन पहले उसके शरीर पर भयंकर ख़ारिश होने लगी, फिर सारा तन पीला हो गया। जेठानी कहती हैं कि उसके पैर-पिण्डलियाँ सूज गयीं और चमकने लगी थीं। पेट में पानी भर गया। पेशाब रुक गया। डॉक्टर कहते हैं, उसका जिगर और गुर्दे ख़राब हो गये थे और सब दवा-दारू के बावजूद वह हाथ से निकल गया।"

बातें करते हुए वे लोग कम्पनी बाग़ पहुँच गये थे। विशाल केन्द्रीय लॉन के पूर्वी कोने पर ज़रा एकान्त में कमेटी द्वारा रखी हरे रोग़न से चमकती लोहे की एक बेंच पर लकड़ी की पट्टियाँ जड़ी हुई थीं। छोटे गुलाब की कटी-छँटी ऊँची बाड़ के कारण सड़क की तरफ़ से वहाँ पर्दा हो जाता था। सुनयना बेंच पर बैठ गयी थी, राम प्रताप और कृष्ण खड़े उनका इन्तज़ार कर रहे थे। नीला जा कर बेंच पर ऐसे ढह गयी, जैसे मीलों की यात्रा कर आयी हो और बेहद थक गयी हो।

चेतन बेंच के पास ही मख़मली घास पर पसर गया तो कृष्ण उसके पास फसकड़ा

मार कर बैठ गया और चेतन ही की तरह राम प्रताप भी सुनयना के पास ही पसर गया।

नीला इतनी उदास, गम्भीर और थकी हुई लग रही थी कि कुछ क्षण सभी चुप बैठे रहे। तभी अचानक चेतन ने प्रकट ही त्रिलोक की मृत्यु के दुखद प्रसंग से नीला का ध्यान बटाने के लिए, कृष्ण से पूछा —

"क्यों कृष्ण जी, क्या हमेशा हैण्ड-राइटिंग एक्सपर्ट फ़ोर्जरी पकड़ लेते हैं ? कोई तो जालसाज़ ऐसा भी होगा, जो इस साइंस को जानता हो और ऐसे दस्तख़त बना दे कि एक्सपर्ट भी चक्कर में पड़ जायें।"

"अरे भाई साहब," कृष्ण ने ज़ोर से उठाका लगाया था, "वह फ़ारसी मसल है न — 'जा-ए-उस्ताद ख़ाली अस्त' —याने उस्ताद की जगह ख़ाली है। तो कभी-कभी सेर को सवा सेर भी मिल जाते हैं।"

"अच्छा ?" चेतन ने कहा, "क्या आपका भी ऐसे किसी उस्ताद से पाला पड़ा है ?"

"मेरा तो नहीं पड़ा, "कृष्ण गोपाल ने हँसते हुए कहा, "हाँ, कपूर साहब से ज़रूर ऐसा ही एक उस्ताद आ टकराया था, जिसने हमारे शिकागो-पलट हैण्ड-राइटिंग एक्सपर्ट उस्ताद को ऐसा बेवकूफ़ बनाया कि वे ज़िन्दगी भर नहीं भूलेंगे। लाजवाब किस्सा है वह भी।"

सहसा नीला, जो एकदम बेंच पर ढह गयी थी, झटके से उठ बैठी और बोली, "सच्ची कह रहे हैं या यों ही गप लगा रहे हैं।" और वह हँसी।

चेतन को सन्तोष हुआ कि उसकी तरकीब काम कर गयी है। नीला का ध्यान उस दुखद प्रसंग से हट गया था।

कृष्ण उस जालसाज़ का किस्सा सुनाने-लगा —

"अमरीका से डिप्लोमा ले कर कपूर साहब को प्रैक्टिस शुरू किये कुछ ही बरस हुए थे जब एक दिन एक ताँगे वाला हाथ में चाबुक लिये उनके दफ़्तर में आया। उसने कहा, 'साब, कपूर साहब से मिलना है।'

" 'कहो क्या बात है, मैं ही कपूर हूँ।'

" 'साब, नीचे ताँगे में एक ख़ातून बैठी हैं। उन्हीं ने मुझे भेजा है कि जाओ, देख आओ कपूर साहब दफ़्तर में हैं या नहीं। वो आप से मिलना चाहती हैं।'

" 'क्या काम है ? कहाँ से आयी हैं ?' कपूर साहब ने पूछा।

" 'जी, यह तो मैं नहीं जानता,' ताँगे वाले ने कहा, 'ताँगा उन्होंने भाटी गेट से लिया है। वापस भी वहीं जायेंगी।'

"कपूर साहब ने तब शादी नहीं की थी," कृष्ण ने कहा, "वे गुजरात के एक बहुत बड़े ज़मींदार और बैरिस्टर के लड़के हैं। उनके एक जागीरदार मुवक्किल की सुन्दर बेटी उन पर मरने लगी थी। एम० एस-सी० में पढ़ने वाली दो लड़कियाँ भी उन्हें परेशान करती थीं और वक्त-बे-वक्त आ जाती थीं। ताँगे वाले की बात से उन्हें तसल्ली हो गयी कि उनमें से कोई नहीं है और उन्होंने कहा —'ले आओ उन्हें।'

"कुछ क्षण बाद ताँगे वाले के पीछे-पीछे एक बुर्का-पोश ख़ातून दफ़्तर में आयीं। तहज़ीब के ख़याल से कपूर साहब उठ कर खड़े हो गये। उस ख़ातून ने ताँगे वाले को नीचे

इन्तज़ार करने की हिदायत दी। कपूर साहब ने उसे कुर्सी पेश की तो वह बिना हिचके कुर्सी पर बैठ गयी और उसने बुर्का उलट दिया।

"कपूर साहब कहते हैं कि वह बत्तीस-पैंतीस वर्ष की निहायत ख़ूबसूरत औरत थी। पूरे चाँद-सा गोल भरा-भरा गोरा रंग, चौड़ा माथा, चेहरे पर फबती सुन्दर नाक और बड़ी-बड़ी आँखें। पल भर के लिए वे उसे देखते रहे गये। तभी उनके दिमाग़ में उनके अमरीकी उस्ताद मार्क स्टीन की एक नसीहत घूम गयी। 'अगर मुवक्किल औरत हो और सुन्दर भी हो तो हमेशा चौकन्ने रहो और फ़ीस सारी-की-सारी पहले वसूल कर लो। सेण्टिमेण्ट को अक्ल पर कभी मत हावी होने दो।'

"कपूर साहब चौकन्ने हो कर बैठ गये और उन्होंने कहा, 'कहिए, मैं आपकी क्या ख़िदमत कर सकता हूँ ?'

" 'आप तो गुजरात के हैं न ?' ख़ातून ने कहा।

" 'जी हाँ,' कपूर साहब ने इकरार में सिर हिलाया।

" 'मेरा नाम जहाँ आरा है।' वह बोली, 'मैं भी गुजरात की हूँ। मैं एक मुसीबत में फँस गयी हूँ और मेरे वकील ने मुझे आपके पास भेजा है।'

"तब जहाँ आरा ने बताया कि वह एक मिडल क्लास ख़ानदान से ताल्लुक रखती है। उसके वालिद कहीं एक लोकल स्कूल में हेड-मास्टर हैं। उसने मैट्रिक पास किया था कि उन्होंने उसकी शादी दूर के रिश्ते में एक ख़ालूज़ाद भाई मुहम्मद अकरम से कर दी। उसका शौहर वहीं इस्लामिया स्कूल में टीचर है। इतने वर्षों में कोई बच्चा नहीं हुआ। उसका शौहर और उसकी सास बहुत ज़ुल्म करते हैं। सास के मरने के बाद उसका शौहर उस पर हाथ भी उठाने लगा। कशीदगी बहुत बढ़ गयी तो पाँच बरस पहले उसके शौहर ने बाकायदा लिख कर उसे तलाक दे दिया।

" 'क्या किसी की गवाही भी तलाकनामे पर है ?' कपूर साहब ने पूछा।

" 'नहीं, उस पर किसी गवाही नहीं है' जहाँ आरा ने कहा, 'उस पर मेरे शौहर के दस्तख़त हैं। लिखा उन्होंने ख़ुद या किसी से लिखवाया, मैं नहीं जानती, दस्तख़त उन्होंने मेरे सामने किये और तलाकनामा मुझे थमा कर घर से निकाल दिया।'

"कपूर साहब कुछ पूछने जा रहे थे, लेकिन चुप रहे। जहाँ आरा रुक गयी थी, फिर बोली —'इस दौरान एक अज़ीज़ की शादी में गुजरात ही के एक मिलिट्री कर्नल एम० एच० फ़ारूकी से मेरी जान-पहचान हो गयी। हम दोनों एक-दूसरे को चाहने लगे। फ़ारूकी साहब ने मुझे निकाह करने की पेशकश की। मैं बहुत ही अकेलापन महसूस करती थी। मैं मान गयी। निकाह की तारीख़ भी मुकर्रर हो गयी। मेरे शौहर को पता चला कि मैं इतने बड़े अफ़सर से शादी करने जा रही हूँ तो हसद के मारे उसने मुझ पर....उसे अंग्रेज़ी में क्या कहते हैं....हक ज़ोजगी....'

" 'रेस्टीट्यूशन ऑफ़ कॉनजुगल राइट्स!' कपूर साहब ने लुक्मा दिया।

" 'हाँ....हाँ....उसी का दावा दायर कर दिया। कर्नल साहब ने मामला सैयद बशीर हसन ऐडवोकेट के सुपुर्द कर दिया। उन्होंने तलाकनामा अदालत में दाख़िल कर दिया। लेकिन मेरा शौहर कहता है कि तलाकनामा जाली है, कि उसने कभी मुझे तलाक नहीं

दिया। बशीर हसन ने मुझ से कहा कि बीबी, कपूर साहब दस्तावेज़ों के बहुत बड़े माहिर हैं। वही तुम्हारी मदद कर सकते हैं। अगर वो कह देंगे कि दस्तख़त असली हैं तो फ़ैसला ज़रूर तुम्हारे हक में हो जायेगा और तुम इस ज़ालिम शौहर के चंगुल से नजात पा जाओगी। उन्हीं ने आपका पता दिया है और उन्हीं ने मुझे आपके पास भेजा है।'

"अपनी दास्तान बयान करके वह ख़ातून पल भर के लिए रुकी," कृष्ण ने किस्सा जारी रखा, "फिर आँखों में आँसू भर कर उसने कहा, 'कपूर साहब, मैं एक सितम-रसीदा[१] औरत हूँ। मेरी मदद करना कार-ए-सवाब[२] है। ख़ुदा आपको इसका अजर[३] देगा। आपकी जो फ़ीस हो, मैं पेशगी दूँगी, लेकिन मेरी मदद आप ज़रूर कीजिए और मुझे उस ज़ालिम शौहर के पंजे से बचाइए!'

" 'मैं तलाकनामा देखे बग़ैर कुछ नहीं कह सकता।' कपूर साहब ने कहा, 'अगर वह जेनुइन होगा तो आपका केस जिताने में मैं अपनी पूरी अक्ल लड़ा दूँगा।'

" 'तलाकनामा तो अदालत में दाख़िल है।'

" 'उर्दू में है या अंग्रेज़ी में ?'

" 'उर्दू में।'

" 'दस्तख़त भी उर्दू में हैं ?'

" 'जी!'

" 'मैं अदालत में जा कर उसका फ़ोटो ले लूँगा। आपके शौहर ने आपको कोई ख़त लिखा होगा, किसी दस्तावेज़ पर उसके दस्तख़त होंगे।'

" 'वे सब काग़ज़ अदालत में दाख़िल हैं।'

" 'ठीक है।' कपूर साहब ने कहा और डायरी देख कर उसे तारीख बता दी कि वे गुजरात पहुँच कर तलाकनामे और दीगर दस्तावेजों पर उसके शौहर के दस्तख़तों के फ़ोटो ले कर अपनी रिपोर्ट दे देंगे। ख़ातून ने उनकी फीस पूछी। कपूर साहब ने एक बार गुजरात जा कर तलाकनामा देखने और अपनी रिपोर्ट देने और फिर अदालत में हाज़िर हो कर गवाही देने की फ़ीस बता दी। ख़ातून ने बुर्के के अन्दर से बटुआ निकाल कर फ़ीस के रुपये मेज़ पर रख दिये, उनका शुक्रिया अदा किया और नकाब चेहरे पर डाल कर चली गयी।

"कपूर साहब ने नियत तारीख़ पर गुजरात जा कर बड़े ध्यान से दस्तावेज़ों का मुआइना किया तो उन्हें वे पूरी तरह जेनुइन लगे। बहरहाल, उन्होंने तलाकनामे और दूसरी दस्तावेज़ों और ख़तों पर उसके शौहर के दस्तख़तों के फ़ोटो लिये। वापस लाहौर आ कर उन्हें एनलार्ज किया। कई दिन तक उनकी स्टडी की। जब उन्हें पूरा इत्मीनान हो गया कि दस्तख़त असली हैं तो उन्होंने एक मुफ़स्सिल रिपोर्ट तैयार की। ख़ातून दोबारा भी ख़ुद आयी और रिपोर्ट ले गयी।

"पेशी लगी तो कपूर साहब गवाही देने गये। मास्टर मुहम्मद अकरम ने भी एक

१. अत्याचार की मारी
२. पुण्य का काम
३. सुफल

मशहूर वकील कर रखा था। वह तीन दिन तक कपूर साहब से जिरह करता रहा। चूँकि कपूर साहब को पक्का यकीन था कि दस्तख़त असली हैं, इसलिए वे जिरह में भी साबित-कदम[1] रहे और उन्होंने वादी के एक्सपर्ट की सारी दलीलों को रद्द कर दिया। कपूर साहब की दलीलों से जज इतना मुतास्सिर[2] हुआ कि उसने मुहम्मद अकरम का दावा ख़ारिज करके जहाँ आरा के हक में फ़ैसला दे दिया।

"मुहम्मद अकरम ने ज़िला कचहरी में अपील कर दी। वहाँ भी अपील ख़ारिज हो गयी।

"मुहम्मद अकरम ने हाई कोर्ट में अपील की। जज ने काग़ज़ात का ग़ौर से मुताला किया, वकीलों की बहस सुनी, लेकिन कपूर साहब की रिपोर्ट और जिरह के समय उनके जवाबों में इतना वज़न था कि हाई कोर्ट ने भी जहाँ आरा के हक में फ़ैसला दे दिया।

"लेकिन जहाँ आरा का शौहर भी एक ही सिड़ी आदमी था। उसने लेटर पेटेण्ट के तहत फिर अपील कर दी। अब की बार हाई कोर्ट के दो जजों ने अपील सुनी, लेकिन कपूर साहब की गवाही से जहाँ आरा का केस इतना मज़बूत हो गया था कि हाई कोर्ट की बेंच ने भी लोअर कोर्ट का फ़ैसला बहाल रखा।

"जिस दिन लाहौर हाई कोर्ट में लेटर पेटेण्ट की अपील का फ़ैसला हुआ, शाम को कपूर साहब अपने दफ़्तर में बैठे एक नया केस स्टडी कर रहे थे कि आगे-आगे कर्नल फ़ारूकी, उनके पीछे जहाँ आरा, साथ में एक नौकर फलों का टोकरा सजाये, बीच में व्हिस्की की बोतल रखे उनके दफ़्तर में दाख़िल हुए।

"कर्नल फ़ारूकी के हुक्म से नौकर ने फलों का टोकरा मेज़ पर रख दिया।

"कपूर साहब ने हँस कर पूछा —'यह किस ख़ुशी में कर्नल साहब ? फ़ीस तो मुझे एडवान्स में मिल गयी थी।'

"कर्नल फ़ारूकी जीत की ख़ुशी मना कर सीधे क्लब से आ रहे थे और कुछ ज़्यादा ही पिये हुए थे। कपूर साहब को लगा कि जहाँ आरा भी नशे में है। झूमते हुए कर्नल फ़ारूकी ने बताया कि लेटर पेटेण्ट का फ़ैसला भी उनके पक्ष में हो गया है और वे दोनों निकाह करने जा रहे हैं यह नज़राना मुकदमा जीतने की ख़ुशी में है। शादी की मिठाई तो फिर लायेंगे। उन्होंने कपूर साहब का बहुत-बहुत शुक्रिया अदा किया कि अगर वे इतनी मुदल्लल[3] और ज़ोरदार बहस न करते तो वे मुकदमा न जीत पाते।

"और सहसा चलने से पहले कर्नल फ़ारूकी ने नशे में लड़खड़ाती आवाज़ में कहा —'कपूर साहब, हमने दस्तख़त बनाने में कुमाल किया था' —ख़ुशी और व्हिस्की के नशे में वह 'कमाल' को 'कुमाल' कह रहा था —'आपने उसे जेनुइन साबित करने में कुमाल कर दिखाया।'

"जहाँ आरा और कर्नल फ़ारूकी तो चले गये, लेकिन कर्नल की अन्तिम बात से कपूर साहब को सख़्त धक्का लगा। जो केस वे स्टडी कर रहे थे, भूल गये। उन्होंने जहाँ

---

१. अडिग

२. प्रभावित।

३. युक्तियुक्त

आरा के मुकदमे की फ़ाइल निकाली। देर तक वे तलाकनामे और दूसरी दस्तावेज़ों पर मुहम्मद अकरम के दस्तख़तों का मुआइना करते रहे। उन्हें किसी ज़ाविए[१] से भी वे दस्तख़त जाली नहीं लगे। उस कम्बख़्त ने जाने कितनी प्रैक्टिस के बाद वैसे सही दस्तख़त बनाये थे।

"कपूर साहब कहते हैं," कृष्ण ने कुछ रुक कर कहा, "कि उन्हें इस बात का अफ़सोस नहीं कि उनकी गवाही से मास्टर मुहम्मद अकरम सही होता भी हार गया। जब उसकी बीवी उससे इस हद तक नफ़रत करती थी कि उसकी छाती पर मूँग दलते हुए उसने वहीं गुजरात में कर्नल फ़ारूकी से रब्त-ज़ब्त बढ़ा लिया था, तब उससे मास्टर को नजात मिल गयी, सो अच्छा ही हुआ। उन्हें इस बात का अफ़सोस है कि उन्होंने जाली दस्तख़तों को असली समझा और वह कर्नल अपनी कारीगरी से उन्हें उल्लू बना गया।"

जालसाज़ी में उस्ताद उस कर्नल का किस्सा सुना कर कर कृष्ण ज़ोर से हँसा फिर बोला, "उस्ताद की जगह हर मैदान में ख़ाली है और जिस फ़न में जो भी उस्ताद है, आवर हैट्स आर ऑफ़ टू हिम!"[२]

यह कहते हुए वह उठ कर खड़ा हो गया। "चलिए भाई साहब, अब चलें," उसने कहा, "मैं तो अभी निबटा भी नहीं।"

"मैं भी नहीं," चेतन ने हँसते हुए कहा था और वह भी उठ बैठा था।

दूसरे क्षण शेष सब भी उठ कर चल दिये।

०

नीचे आँगन की नाली पर टब को लबालब भर कर चेतन नहाने बैठा था, लेकिन वह कितनी ही देर से बेध्यानी में सिर्फ़ पैर मले और धोये जा रहा था। उसका दिमाग़ उसी साबुनदानी वाली घटना में उलझा था। बार-बार उसे मन-ही-मन दोहराते हुए, वह चन्दा की उस बदतमीज़ी का कारण जानने की कोशिश कर रहा था, लेकिन उसकी समझ में कुछ भी नहीं आ रहा था।

वापसी पर गुजरात के उन कर्नल फ़ारूकी और उनकी प्रेयसी जहाँ आरा को ले कर ही टीका-टिप्पणी और हँसी-ठिठोली होती रही थी और चेतन नीला से उसकी बर्मी ज़िन्दगी के बारे में कोई अन्तरंग बात नहीं कर सका था।

घर जा कर उसने संक्षेप में चन्दा को सब कुछ बता दिया था। त्रिलोक की बीमारी और मौत का सुन कर चन्दा भी उदास हो गयी थी। चेतन ने उसे जहाँ आरा कर्नल फ़ारूकी का किस्सा भी सुनाया था। फिर चूँकि उसकी आँतों में दबाव बढ़ रहा था, वह नीचे आँगन से बालटी, लोटा और साफ़ा ले कर ऊपर भाग गया था। उस वक्त चन्दा के व्यवहार में उसे ज़रा-सी भी असामान्यता दिखायी नहीं दी थी....फिर उन चन्द मिनटों में क्या हो गया, कौन-सा कहर टूट गया कि उसने पास आ कर चुपचाप साबुनदानी देने के बदले सीढ़ियों में खड़े-खड़े यूँ फेंक दी, जैसे किसी कोढ़ी के आगे फेंक रही हो....इस मरहले पर पहुँच कर चेतन का ख़ून फिर खौल उठता। उसने मालूम था कि जब तक वह अपनी पत्नी की

---

१. पहलू, कोण।

२. हम उसके आगे नत-शिर हैं।

उस नावाजिब हरकत का कारण नहीं जान पाता, उसे चैन नहीं मिल सकता।

सोच-सोच कर उसने तय किया कि कुछ और करने से पहले वह सीधा ऊपर जा कर चन्दा से उस हरकत की कैफ़ियत तलब करेगा। पूछेगा, उसने क्यों अपनी बहन के सामने उसका यूँ अपमान किया। चेतन को पूरा विश्वास था कि उसकी पत्नी उससे झूठ नहीं बोलेगी। बुरा-भला जो भी उसके मन में होगा, उसे सच-सच बता देगी।

देर तक मलते-मलते चेतन के पैर लाल हो गये थे। उन्हें मलना छोड़ कर उसने जल्दी-जल्दी स्नान किया। कपड़े बदले और बैठक में अँगीठी पर लगे शीशे के सामने खड़े हो कर कंघी के दो ही झटकों से बाल सँवारे और धड़धड़ाता हुआ ऊपर पहुँचा।

रसोई-घर में धुआँ भरा हुआ था और माँ शायद चूल्हे के आगे झुकी फूँकें मार कर आग लहकाने का प्रयास कर रही थी। चन्दा रसोई-घर के सामने दालान की दीवार से पीठ लगाये दोनों घुटनों पर थाल टिकाये, दाल बीन रही थी।

"चन्दा, ज़रा अन्दर आओ!"

कदरे सख़्ती और रुखाई से चन्दा को आदेश देता हुआ चेतन दालान के पश्चिमी अँधेरे कमरे की ओर बढ़ गया।

चन्दा उसके पीछे-पीछे गयी और सिर झुका कर खड़ी हो गयी।

चेतन के पिता ने चूँकि मकान पक्का बनवा दिया था, इसलिए पुराने खँडहर मकान में दालान के पूरब-पश्चिम जो अँधेरी कोठरियाँ थीं, अब इस नये मकान में वे कमरे कहलाती थीं। पूरब की कोठरी में ऊपर की मंज़िल पर चौक की ओर ही नहीं, गली में भी खिड़की खुल गयी थी। हवा और रोशनी के कारण वह कोठरी कमरा कहलाने का अधिकार पा गयी थी। शादी के बाद वहीं चन्दा का बिस्तर लगा था। लेकिन पश्चिम की कोठरी में चूँकि न कोई खिड़की थी, न रोशनदान, इसलिए वह कमरा बन कर भी कोठरी ही लगती थी।

हाथ से पत्नी को ज़रा-सा परे धकेल कर चेतन ने उसे किवाड़ की ओट में कर दिया। दायाँ हाथ दीवार पर रख कर वह उस पर ज़रा-सा झुका और स्वर में कदरे क्रोध और विक्षोभ भर कर कठोरता से उसने पूछा —

"चन्दा, क्या बात है ?"

चन्दा चुप रही। सिर झुकाये उसी तरह खड़ी रही।

"नीला वहाँ बैठी थी और तुमने उसके सामने सीढ़ियों में साबुनदानी ऐसे फेंक मारी, जैसे कोई बददिमाग़ औरत किसी मेहतर या भिखारी को चीज़ फेंके। ऐसा तो तुम्हारे स्वभाव का अंग नहीं। हुआ क्या ?"

वह क्षण भर उत्तर के लिए रुका। फिर उसने कहा —"मेरी जगह मेरे पिता होते तो इस हरकत पर मार-मार कर तुम्हारा भुरकस बना देते। दो बरस पहले तुमने मेरे साथ ऐसी नावाजिब हरकत की होती तो मैं ज़िन्दगी भर तुमसे बात न करता और न तुम्हारी सूरत देखता। लेकिन मेरी जान," अचानक चेतन की आवाज़ में थोड़ी लरज़िश आ गयी, "ढाई बरसों से हम साथ हैं, मैंने कभी तुमसे कुछ नहीं छिपाया। तुम्हें क्या बुरा लगा कि तुमने वैसी हरकत की ? नीला के साथ मेरा सैर को जाना ?"

चन्दा चुप रही।

"इसका प्रस्ताव भी तुम्हीं ने किया था।"

चन्दा चुप रही।

"मेरा उसके साथ ऊपर छत पर बैठना, बातें करना तुम्हें बुरा लगा ?"

चन्दा पूर्ववत सिर झुकाये खड़ी रही।

"बताओ !"

चेतन का स्वर निहायत धीमा, लेकिन उतना ही कठोर और आदेश-भरा था। "तुम नहीं बताओगी तो मैं आज ही लाहौर चला जाऊँगा और फिर तुम्हें कभी अपनी सूरत नहीं दिखाऊँगा।"

चन्दा ने सिर हिलाया —"जी, मुझे तो कोई शिकायत नहीं।"

उस अँधेरे में भी उसकी आँखों में पानी चमक रहा था और उसके स्वर में हमेशा की तरह मिश्री घुली थी। लेकिन चेतन पिघला नहीं। उसने कदरे और सख़्ती से पूछा — "शिकायत नहीं तो आ कर साबुनदानी देने की बजाय वहाँ सीढ़ियों से क्यों फेंकी ? शिकायत नहीं।" उसने होंट उमेठ कर कहा, "तुम क्या मुझे बेवक़ूफ़ समझती हो।"

वह फिर चुप खड़ी रही।

"बताओ, तुमने उस तरह साबुनदानी क्यों फेंकी ? तुम्हें किस बात का ग़ुस्सा है ?"

"जी, मुझे कोई ग़ुस्सा नहीं।"

"फिर!" चेतन की आवाज़ थोड़ी ऊँची हो गयी।

चन्दा फिर मौन रह गयी।

"चन्दा बताओ !" चेतन ने लगभग दाँत पीसते हुए कहा, "वरना हमारी ज़िन्दगी तबाह हो जायेगी। मैं इस तरह की बेइज़्ज़ती सहने का आदी नहीं।"

चन्दा ने सिर झुका लिया। रुक-रुक कर उसने जो बताया, उसका यही मतलब था कि उसे कोई ग़ुस्सा नहीं। माँ जी को ग़ुस्सा है। वे ऐसी बातें कहती हैं कि दिमाग़ ख़राब हो जाता है।

और उसकी आवाज़ भर्रा गयी।

०

दरअसल जब चेतन ने ऊपर से मेघनाथ को साबुनदानी लाने का आदेश दिया था तो घर में न मेघनाथ था, न शिव शंकर। दोनों भाई सारे घर का पानी भर कर अखाड़े चले गये थे। चन्दा अन्दर अपने कमरे में बच्चे को दूध पिला रही थी। सिर्फ़ माँ रसोई-घर की दहलीज़ में बैठी रामतोरी छील रही थी। उसने सोचा था कि तोरियाँ छील कर बहू से अपने पति को साबुनदानी दे आने के लिए कहेगी। कुछ ही क्षण बाद उसने नीला के ठहाके की आवाज़ सुनी। वह चौंकी। उसने ऊपर की ओर देखा। शहनशीन पर उसका बेटा शौचालय से आ कर बिना हाथ-मुँह धोये, बिना कुल्ला किये, अपनी उस चंचल साली के साथ बैठा ग़प्पें लगा रहा था। माँ आग-बबूला हो उठी। रामतोरी वहीं थाली में रख कर वह नीचे दीवार के साथ जा खड़ी हुई और उनकी बातें सुनने लगी।

चेतन की माँ का माथा वास्तव में नीला की सुन्दर सूरत और चंचल व्यवहार देख

कर ही ठनका था। उसका बेटा जिस तरह पिछली शाम लिखना-पढ़ना छोड़ कर नींबू और बर्फ़ लेने भाग गया था, माँ को बहुत बुरा लगा था! उसे लगता था कि वह चलित्तरी नार उसके बेटे की लिखाई-पढ़ाई ही चौपट नहीं करेगी, उसके चक्कर में फँस कर उसके बेटे का वैवाहिक जीवन भी नष्ट हो जायेगा। चेतन की माँ को अपनी बहू की समझदारी पर तरस आया था, जिसने अपने पति को अपनी सुन्दर और चंचल बहन के साथ यों खुला छोड़ रखा था। सुबह वह उसके साथ सैर को गया था और अब बिना हाथ-मुँह धोये और कुल्ला किये, ग़प्प लगाने बैठ गया था। माँ को पराये मर्द के सामने, वह बहनोई ही क्यों न हो, किसी औरत का यूँ ठहाके मारना निहायत अनुचित, नावाजिब और निन्दनीय लगता था।

वह कुछ क्षण तक वहीं दालान के दरवाज़े के पास खड़ी ऊपर शहनशीन पर होने वाली बातें सुनने की कोशिश करती रही। इस बीच हालाँकि उसे एक बार चेतन और दूसरी बार नीला की हलकी-सी हँसी की आवाज़ भी सुनायी दी, लेकिन चूँकि उन दोनों के मुँह दूसरी ओर थे, वे किस बात पर यों हँस रहे हैं, कोशिश करने पर भी वह कुछ समझ नहीं पायी। जब उससे ज़्यादा सहा नहीं गया तो वह ग़ुस्से से अन्दर बहू के कमरे में गयी।

चन्दा रात भर पति की प्रतीक्षा में जागती रही थी, बच्चे को तैयार करके स्वयं तैयार होने में थक गयी थी और बच्चे के साथ लेटी हुई थी। सास को अन्दर आते देख कर वह उठ बैठी।

अपनी बेहद धीमी और निश्तर-सी तीखी आवाज़ में चेतन की माँ ने अपनी बहू को डाँट दिया कि वह मस्ती में लेटी हुई है और वहाँ ऊपर छत पर उसकी वह छोटी खिलन्दरी बहन उसके पति के साथ बैठी 'हिड़-हिड़' हँस रही है। वह अगर निबटने गयी है तो पाख़ाना ख़ाली हो गया है, जाये। चेतन को ले कर क्यों बैठ गयी है ? कम्पनी बाग़ की सैर में बातें करके उसकी तबियत नहीं भरी, जो उसे फिर ले बैठी है। चेतन को इम्तहान की तैयारी करनी है। उसे तैयार होने दे। न उसने हाथ धोये, न कुल्ला किया और लगा लिया उसने उसे अपनी बातों में....

और तीखे स्वर में चेतन की माँ ने कहा था —

"पता नहीं ओह्दे दिमाग़ नूँ की हो गया ए। ओह्दा ध्यान किद्धर रहन्दा ए। बालटी, लोटा अते साफ़ा लै गया ते साबनदानी हेठाँ ई छड्डु गया। तूँ जा ओस नूँ साबन दे आ अते आख आ कि हत्थ-मुँह धो के कुल्ला कर लये अते फेर बैठा जिन्नियाँ चाहे गल्लाँ मढ़ाके।"[१]

अपना कोई सगा बहन-भाई न होने से चन्दा अपने ताऊज़ाद बहन-भाइयों को बहुत मानती थी। वह थकी हुई ही नहीं थी, उसका सिर भी दर्द कर रहा था। अपनी सास द्वारा अपने पति और बहन की बुराई उसे ज़रा भी अच्छी नहीं लगी। उसने बड़े धीरज से कहा —

"माँ जी, उनका ध्यान पढ़ाई में लगा रहता है, इसलिए साबुनदानी भूल गये होंगे।

---

१. पता नहीं उसके (चेतन के) दिमाग़ को क्या हो गया है। उसका ध्यान किधर रहता है। बालटी, लोटा और साफ़ा ले गया और साबुनदानी नीचे ही छोड़ गया। तू जा। साबुनदानी उसे दे आ और बोल आ कि पहले हाथ-मुँह धो कर कुल्ला कर ले, फिर जितना चाहे बतियाये।

रही कम्पनी बाग़ की बात तो वे कम्पनी बाग़ नहीं जाना चाहते थे। मैं बीमार हूँ। बहन बर्मा से आयी है। चार दिन में चली जायेगी। मैंने ही उनसे कहा था कि नीला को कम्पनी बाग़ घुमा लायें। सुनयना और रामप्रताप उनके साथ गये थे। नीला तो सुबह ही निबट-निबटा चुकी है। यहाँ कमरे में गर्मी है, ऊपर हवा में चली गयी होगी। जितने में कोई साबुनदानी पहुँचाता, दो पल बातें करने लगे होंगे।"

माँ की अपनी इस बहू के भोलेपन पर बहुत ग़ुस्सा आया था। तिक्त स्वर में उसने कहा था —

"तूँ पुत्त, बहुत भोली एँ ते औरताँ दे चलित्तर नईं जानदी। मैं इन्हाँ चलित्तरियाँ दे हत्थों बड़े दुख पाये ने। तूँ अपने भोलेपन नाल अपनी ज़िन्दगी ताँ बर्बाद करेंगी ई, नाले मेरे पुत्त दा वी बेड़ा ग़र्क करेंगी। इम्तहान'च अच्छे नम्बराँ ते पास न होया ते कम्पीटीशन'च कीकर बैठेगा, किद्दाँ पास होवेगा ? तूँ एह नहीं समझदी कि एस सोहनी कुड़ी नाल गल्लाँ मढ़ाक के ओह्दा दिल पढ़ाई च कीकर लग्गेगा।"[१]

चन्दा से और नहीं सुना गया था। जाने उसके मन में कैसा बगूला-सा उठा था कि वह पलँग से उतरी थी और 'आप चिन्ता न करें माँ जी, मैं अभी जाती हूँ।' कहती हुई अपने स्वभाव के विपरीत तेज़-तेज़ आँगन में साबुनदानी लेने चली गयी थी।

०

वहीं अँधेरे कमरे की दीवार से लगे-लगे चन्दा ने अपने पति को सब कुछ बता दिया। माँ के अभियोग सुनाते हुए उसका कण्ठ अवरुद्ध हो गया और जब उसने कहा —'मुझे माफ़ कर दीजिए' तो आँसू अनायास उसके गालों पर बहने लगे थे।

चेतन ने दीवार से हाथ हटा कर अपनी बीवी को अपने सीने से लगा लिया —

"चन्दा, मैं तुम्हें माँ के मनोविज्ञान के बारे में सब कुछ बता चुका हूँ। पिता जी चलती हुई औरतों को घर ले आते थे और माँ को मारते-पीटते थे। उसने उनके हाथों बहुत तकलीफ़ पायी है और वह पिता जी की उस बे-राह-रवी के कारण इससे अलग कुछ सोच ही नहीं पाती। वह औरत-मर्द में किसी नाज़ुक और पवित्र रिश्ते की कल्पना ही नहीं कर सकती। फिर वह सारा कसूर औरतों ही का मानती है, हालाँकि मर्द मज़बूत हो तो औरत की सुन्दरता और उसका चलित्तरापन उसका कुछ नहीं बिगाड़ सकते। मुझे पर विश्वास रखो। रामपाल साहब की रखैल को ले कर मैं सोचता था कि नीला ने कैसे उसका पत्ता काटा होगा ? और मैं नीला से उसकी वहाँ की ज़िन्दगी के बारे में कुछ जानना चाहता था। और कोई बात नहीं थी।"

"मैं समझती हूँ।"

चेतन ने उसकी ठोड़ी ज़रा-सी उठा कर और ख़ुद ज़रा झुक चन्दा की सजल आँखें

१. तू बेटी बहुत भोली हैं। इन औरतों के चलित्तर नहीं जानती। मैंने इन चालाक और शोख़ औरतों के हाथों बहुत तकलीफ़ें सही हैं। अपनी सरलता में तू अपनी तो ज़िन्दगी बरबाद करेगी ही, साथ ही मेरे बेटे का भी बेड़ा ग़र्क करेगी। वह परीक्षा में अच्छे नम्बरों से पास न हुआ तो कम्पीटीशन में कैसे बैठेगा और कैसे पास होगा ? तू यह नहीं समझती कि इस सुन्दर लड़की से बातें करने के बाद उसका मन पढ़ाई में कैसे लगेगा ?

चूम लीं। उसके होंटों पर नमक का स्वाद आ गया। उसने कहा —

"मैं तो अब जा रहा हूँ। चाचा रामदित्ता की दुकान से लस्सी का गिलास पी कर पढ़ने बैठूँगा। तुमने नीला के सामने उस तरह साबुनदानी फेंक मारी। मैं तो उससे न मिलूँगा, न कुछ कहूँगा। वह हैरान बैठी होगी। तुम्हीं जा कर उसे समझाना।"

और पत्नी के गले से बाँह हटा कर वह बाहर की तरफ़ चल दिया।

चन्दा ने उसकी आस्तीन थाम कर उसे रोक लिया और धीरे-धीरे कहने लगी —

"देखिए, माँ जी को नीला के साथ आपका अकेले बैठना-उठना बुरा लगता है। वे ऐसी जली-कटी सुनाने लगती हैं कि जी सुलग उठता है। मैं नहीं चाहती, नीला के सामने कोई वैसी बात हो जाये, उसे किसी तरह का शक हो या वह बुरा माने। आप मन लगा कर अपनी पढ़ाई कीजिए। दोपहर को खाने के बाद ज़रा मेरे कमरे में आ जाइएगा। नीला के लिए दूसरा पलँग लगा ही दिया है। थोड़ा आराम कर लीजिएगा। दो पल उससे बैठ-बतिया लीजिएगा। जो पूछना हो, पूछ लीजिएगा। माँ को कुछ कहने का मौका ही नहीं मिलेगा।"

कमरे के अँधेरे में चेतन को उसके चेहरे के भाव तो दिखायी नहीं दिये, लेकिन स्वर से उसने अपनी पत्नी के मनोभावों का अन्दाज़ा कर लिया और एक बार फिर उसे दायीं बाँह के घेरे में ले कर अपने सीने से भींच लिया।

२४

सुबह साबुनदानी वाली घटना के बाद फिर दोपहर तक चेतन माँ के सामने नीला से नहीं मिला, लेकिन चन्दा के परामर्शानुसार और कुछ अपनी चोर-इच्छा से वह खाना खाने के बाद चन्दा के कमरे में गया।

नीला दूसरे पलँग पर करवट के बल लेटी चन्दा से बतिया रही थी। चेतन के जाते ही वह चौंक कर उठी और पलँग उसके लिए छोड़, फुदक कर चन्दा के पैताने जा बैठी।

"आइए जीजा जी," उसने अपनी शोख़ आँखें नचाते हुए कहा, "सुबह के गये अब आपकी शक्ल दिखायी दी है।"

ज़ाहिर है, साबुनदानी वाली घटना की ओर उसने कोई संकेत नहीं किया था। चेतन ने समझ लिया, चन्दा ने उसे समझा दिया होगा। वह भी उस बात को गोल कर गया। पलँग पर बैठते हुए उसने कहा, "कानून की तैयारी कर रहा हूँ नीला। जा कर पढ़ने लगा था। अभी उठ कर आया हूँ," फिर तकिये के सहारे अधलेटे हो कर उसने जोड़ा, "वरना आठों पहर तुम्हारे पास बैठा रहता।"

वह हँसा और उसकी आँखों नीला से चार हुईं। क्षण भर वह अपनी उस साली को देखता रह गया। बस्ती में भी उसने नीला को देखा था, लेकिन इतनी गहराई से नहीं....इस एक ही वर्ष में उसका पतला-छरहरा शरीर कैसे भर गया था! पके सुनहरे दशहरी आम का-सा वह कैसे निमन्त्रण दे रहा था! उसकी आँखों में कैसी चंचल मुस्कान थी! चेतन के

अपने होंट मुस्कान में खिल पड़ने को आतुर थे, लेकिन अपार संयम से उसने उन्हें मुस्कराने से रोक रखा था। पलँग पर ज़रा टेढ़े लेट कर उसने नीला की ओर करवट ले ली। तभी नीला चहकी —

"जीजा जी, मुझे मालूम नहीं था, आपने कानून की पढ़ाई शुरू कर दी है....तो अब आप वकील बन कर चोर-डाकुओं, बदमाशों और अत्याचारों की वकालत करेंगे और उन्हें कानून के पंजे से बचायेंगे। हमारे रामपाल साहब कहते हैं...."

लेकिन नीला के पति क्या कहते थे, चेतन ने उसे बात पूरी नहीं करने दी। कदरे हँसते हुए हलके-से व्यंग्य-मिश्रित लहजे में उसने कहा, "उनके चंगुल से ग़रीब लोगों को क्यों नहीं बचाऊँगा ?"

"उससे थोड़े-ही मशहूरी होती है," नीला उद्धत्तता से हँसी थी, "हमारे रामपाल साहब कहते हैं —जो वकील जितने हत्यारों को फाँसी के फन्दे से बचाता है, उतना ही बड़ा वकील कहलाता है। रामपाल साहब के चचेरे भाई फ़ौजदारी के वकील हैं और रामपाल साहब हमेशा उनकी बात किया करते हैं।"

"मैं वकील नहीं बनूँगा," चेतन के स्वर में हलकी-सी खीझ-भरी तल्ख़ी थी। (मन-ही-मन उसने कहा —इस नीला ने ही अपने पति को अपने वश में नहीं किया, उसने भी इसे बेहतर प्रभावित किया है जो 'हमारे रामपाल साहब कहते हैं' इसका तकिया-कलाम बन गया है) और उसने अपनी बात पूरी करते हुआ कहा —"मैं सब-जजी के कम्पीटीशन में बैठूँगा। सब-जज बनूँगा और भगवान ने चाहा तो हाई कोर्ट का जज बन कर रिटायर हूँगा।"

"तब तो जाने कितने लोगों का भविष्य आपके हाथों बने-बिगड़ेगा," नीला ने आँखों में कुछ अजीब-सा भय और आश्चर्य भरते हुए शोख़ी से कहा, "आपके कलम की एक ही हरकत से कोई फ़ाँसी पा जायेगा, कोई छूट जायेगा।"

"ऐसा थोड़ी होता है," चेतन हँसा," कि जज अपनी मर्ज़ी से किसी को फाँसी दे दे या छोड़ दे। सब कुछ जाँच-पड़ताल, तफ़तीश, वकीलों की बहस, कानून, गवाहियों और दसियों दूसरी बातों पर निर्भर करता है। कई बार जज को पूरा यकीन होता है कि मुल्ज़िम ने जुर्म किया है, लेकिन जाँच-पड़ताल नाकिस और गवाहियाँ कमज़ोर होने से वह मुजरिम को छोड़ने पर मजबूर हो जाता है। इसका उलट भी सही है। कोई बेकसूर सज़ा भी पा जाता है और जज कुछ नहीं कर सकता।" वह क्षण भर रुका। फिर उसने कहा, "लेकिन मैं अगर जज बना तो मैं कोशिश करूँगा कि मेरे हाथ से ग़लत फ़ैसला न हो।"

"हमारे रामपाल साहब कहते हैं...."

नीला की आँखों से उसे लगा था कि वह फिर कोई शरारत-भरी बात करने जा रही है। चेतन ने हँस कर उसकी बात काट दी।

"अरे भाई, तुम अपने रामपाल साहब और अपने इस ग़रीब जीजा पर रहम करो। कैसी बेमज़ा बहस ले बैठी हो। मारो गोली जजों, वकीलों और मुजरिमों को। कुछ अपनी बताओ। जब से गयी हो, रंगून ही में रही या बर्मा का कोई दूसरा शहर भी देखा है ?"

"कुछ महीनों के लिए जीजा जी, हमारे रामपाल साहब की बदली अक्याब हो गयी

थी।" नीला ने कहा, "जो बंगाल की खाड़ी में बर्मा की बहुत बड़ी बन्दरगाह है। वहाँ एक दिन हम मेन बाज़ार में शॉपिंग कर रहे थे कि एक बड़े स्टोर पर काउण्टर के पीछे जानते हैं, हमें कौन मिला ?"

वह क्षण भर को रुकी, फिर ख़ुद ही बोली —"लक्ष्मी!"

"कौन लक्ष्मी ?" चन्दा ने लेटे-लेटे पूछा।

"हमारी बस्ती के जैरथों की लक्ष्मी।"

"उसकी शादी तो दो-ढाई साल पहले अमृतसर में हो गयी थी।" चेतन ने कहा था, "चन्दा ने एक बार बताया था, किसी बहुत ही बूढ़े खूसट के हाथ बेच दिया था उसके बाप ने उसे।"

"हाँ," नीला ने कहा, "उसके पति की उमर तो सत्तर-पचहत्तर साल की थी —लाला वृषभान —अमृतसर के बहुत बड़े सर्राफ़ और जौहरी! लक्ष्मी ही से मुझे सारा किस्सा मालूम हुआ था। लाला वृषभान की दो लड़कियाँ और एक लड़का पहली बीवी से था। लड़कियों की शादियाँ हो गयी थीं। बड़ा लड़का भी शादी-शुदा था। उसके दो बच्चे थे। वह लाला जी के साथ ही दुकान पर काम करता था। दूसरी बीवी के एक लड़का था, जो कॉलेज में पढ़ता था। दो साल पहले उनकी दूसरी पत्नी भी उन्हें छोड़ गयी। बहू घर का काम-काज देखने लगी। एक दिन लाला वृषभान दोपहर को खाने पर गये तो उनकी बहू ने अपने पति से कहा, 'लाला जी धड़धड़ाते अन्दर चले आते हैं। उनसे कहो, ज़रा खाँस-खँखार कर आया करें।' उस बेवकूफ़ ने उसी वक्त ज़रा हँस कर पिता से कहा कि लाला जी, अब आपकी बहू का राज है। आप अन्दर आने से पहले ज़रा खाँस कर आया कीजिए।"

"अज़ीब बेवकूफ़ था!" चेतन ने ज़रा हँसते हुए लुक्मा दिया।

"और क्या।" नीला ने हाथ नचाया, "बेटे की बात सुन कर लाला वृषभान का दिमाग़ ख़राब हो गया। उन्हें लगा कि उनकी बहू उनकी ज़िन्दगी में ही उन्हें अपने घर में छेक रही है। बिना खाना खाये, वे जैसे आये थे, वैसे ही वापस हो गये। दुकान पर नहीं गये। सीधे अपने एक दोस्त के घर गये और उससे बोले कि अब मैं शादी करके ही घर वापस जाऊँगा। अपरम्पार पैसा! पुरोहित चारों खूँट दौड़े। जाने बस्ती में उनकी रिश्तेदारी थी या कैसे क्या हुआ, कौन लक्ष्मी के पिता से मिला, यह तो मैं नहीं जानती। लेकिन वृषभान ने नकद दो हज़ार रुपया दिया। शादी का सारा ख़र्च और दहेज का सारा सामान ऊपर से और लक्ष्मी गहनों-कपड़ों और हीरे-मोतियों से लदी, लाला वृषभान की तीसरी पत्नी बन कर अमृतसर चली गयी।"

"बेचारी लक्ष्मी," चेतन ने कहा, "उसकी उमर तो चन्दा से एकाध साल ही ज़्यादा होगी।' फिर क्षण भर रुक कर उसने पूछा, "लेकिन वह अमृतसर से अक्याब कैसे पहुँच गयी ?"

"अरे जीजा जी, सुनिए तो।" नीला ने बेसब्री से कहा, "यही तो बताने जा रही हूँ।"

चेतन जब पलँग पर लेटा था तो खाना खाने के बाद उसकी आँखें में हलकी-सी ग़नूदगी उतर आयी थी। उसका ख़याल था, वह घण्टा-आध घण्टा सोयेगा, लेकिन लक्ष्मी

की कहानी ने उसके मन में कुछ ऐसा औत्सुक्य भर दिया था कि उसकी सारी तन्द्रा हवा हो गयी। उसने उत्सुकता से कहा, "हाँ-हाँ, बताओ!"

और नीला उत्साह से लक्ष्मी की दास्तान बताने लगी —"लाला वृषभान की बहुत इच्छा थी कि एक लड़का उन्हें लक्ष्मी से भी हो जाये। कई वैद्य-हकीम ज़ोर लगाते रहे, पर शायद वह तो सम्भव नहीं था। इस कोशिश में लाला वृषभान सख़्त बीमार हो गये। बड़े लड़के और बहू को तो उन्होंने पास नहीं फटकने दिया। उनके छोटे लड़के और लक्ष्मी ने उनकी बहुत सेवा की। छोटे लड़के का एक सहपाठी था —रतन। माता-पिता उसके थे नहीं। अपने छोटे चाचा के साथ रहता था। उसकी पढ़ाई का ख़र्च उसके बड़े चाचा सिंगापुर से भेजते थे। वहाँ उनकी जनरल मर्चेण्ट की बहुत बड़ी दुकान थी। माता-पिता की ज़िन्दगी में रतन एक बार महीना भर के लिए सिंगापुर रह आया था। चाचा ने उसे भरोसा दिलाया था कि वह बी० ए० करके सिंगापुर आ जायेगा तो वे उसे दुकान में काम सिखा कर अलग से स्टोर खुलवा देंगे। उसके मन में भी ख़ुद अपना स्टोर खोलने की बड़ी इच्छा थी।"

"रतन क्या बहुत सुन्दर है ?" सहसा चेतन ने पूछा।

"ख़ूबसूरत तो वह कोई वैसा नहीं है जीजा जी," नीला ने कहा, "बस, जवान है और बुरा नहीं लगता। लेकिन लक्ष्मी भी कौन हूर परी है। लाला वृषभान की बीमारी में वह पति की सेवा करती तो छोटा बेटा और रतन उसकी मदद करते। उसी में जाने कैसे रतन ने उसका दिल जीत लिया। लाला जी के देहान्त के बाद वसीयत को ले कर झगड़ा हो गया। लाला जी ने मकान लक्ष्मी के नाम कर दिया था और दुकान में भी उसका एक-तिहाई हिस्सा रखा था। बड़े लड़के ने वसीयत के ख़िलाफ़ दावा दायर कर दिया कि वह लाला जी की बीमारी में ज़बरदस्ती लिखवायी गयी है और उन्होंने होश-हवास में नहीं लिखी। दुकान को ताला लग गया। इससे पहले कि मकान अथवा ज़ेवरात वग़ैरह को ले कर झंझट होता, लक्ष्मी ने चुपचाप गहनों और हीरे-जवाहरात को कोरे लट्ठे के गज़ भर लम्बे टुकड़े में करधनी की तरह सी कर कमर से बाँध लिया। दस हज़ार नकद साथ लिये, दरबार साहब के दर्शन करने का कह कर घर से निकली, लेकिन रतन के साथ फ़्रण्टियर मेल में बैठ कर कलकत्ता जा पहुँची। करधनी की तो उसने रतन को भी गन्ध नहीं लगने दी। रुपया जो उसके पास था, उसी से उसने नये कपड़े और गहने ख़रीदे। कलकत्ते में ही रतन से शादी की और उसकी दुल्हन के नाते जा कर उसके चाचा के पाँव छुए। चाची तो थीं नहीं। कुछ साल पहले ही परलोक सिधार गयी थीं। लक्ष्मी ने अपनी सेवा से चाचा का मन जीत लिया। इधर रतन दुकान पर काम करने लगा, उधर लक्ष्मी ने सिंगापुर के जौहरियों से सम्पर्क किया और कुछ ही महीनों में एक-एक, दो-दो करके सभी हीरे-मोती बेच कर एक लाख रुपया अपने नाम से बैंक में जमा कर दिया।"

"कमाल है भई। दाद देनी पड़ेगी ज़ैरथों की उस निहायत ठस दीखने वाली लड़की की।" चेतन सिर्फ़ इतना ही कह सका।

"अरे, सुनिए तो जीजा जी," लक्ष्मी गाथा सुनाने की उतावली में नीला ने कहा था, "रतन के चाचा ने अपने लड़के को अक्याब में स्टोर खोल दिया था। वह चल नहीं रहा था। छै महीने चाचा की दुकान पर काम करके रतन सब काम सीख गया था। वह अक्याब चला गया। उसके चचेरे भाई का मन वहाँ नहीं लगता था। उसकी पत्नी सिंगापुर की थी

और वे दोनों सिंगापुर जाना चाहते थे। रतन ने उससे पचास हज़ार में स्टोर ख़रीद लिया। सिंगापुर में तो फिर भी कोई जान-पहचान वाला या नाते-रिश्तेदार मिल सकता था। अक्याब में जान-पहचान वालों, दोस्तों, रिश्तेदारों से दूर वे दोनों बड़े ख़ुश हैं। घर लक्ष्मी ने बहुत ही सुन्दर और आरामदेह बना रखा है। स्टोर उसका बहुत बड़ा है। बीस-तीस आदमी वहाँ काम करते हैं। उसे इतने होशियारी से स्टोर चलाते देख कर मुझे बहुत ख़ुशी हुई।"

"यह तो तुमने अजीब मनघड़न्त-सी कहानी सुना दी नीला," चेतन ने हँसते हुए कहा।

"मैंने उसे ख़ुद न देखा होता, उसकी बातें न सुनी होतीं और कोई दूसरा मुझ यह सब कुछ सुनाता तो मुझे ख़ुद यकीन न आता," नीला ने कहा।

"मुझे आज भी लक्ष्मी की सूरत याद है। शुरू में जब-जब मैं बस्ती गया, अपने छोटे भाई को कूल्हे से लगाये वह चन्दा से मिलने आयी। ख़ासी ठस और सोई-सोई-सी लगती थी। वह इतनी चतुर, चालाक और तेज़ है, उसके चेहरे से कभी नहीं लगा।"

"जीजा जी, मैं ख़ुद उसे नहीं पहचान सकी," नीला ने आश्चर्य में अपनी आँखें फैलाते हुए कहा, "काउण्टर पर बैठी वह इतनी चुस्त और स्मार्ट लग रही थी कि चाहे उसकी शक्ल कुछ जानी-पहचानी-सी लगी, पर वह मेरी सहेली, बस्ती के जैरथों की लक्ष्मी है, वहाँ अक्याब में कैसे इसका सान-गुमान भी होता ? उसी ने पहचाना और काउण्टर के बाहर निकल कर गले लगा लिया। उस वक्त तो स्टोर पर बहुत भीड़ थी। शाम को उसने हमें खाने पर बुलाया। तब उसी से इन सारी बातों का पता चला।"

"क्या लक्ष्मी के माता-पिता को इसकी ख़बर नहीं ?"

"ख़बर क्यों नहीं। मैं कल चाची भगवानदेई से मिलने गयी थी। कुछ ही दिन पहले उन्हें लक्ष्मी की चिट्ठी और विलायती कपड़े का एक पार्सल मिला है। उसने छोटे भाइयों के लिए कमीज़ों का कीमती कपड़ा भेजा है। चाचा भगवानदेई कहती थीं कि छोटा टुंकू मैट्रिक पास कर ले तो उसे लक्ष्मी के पास बर्मा भेज देंगे।"

चेतन के मन में कई सवाल उठे। इससे पहले कि वह नीला से उनका समाधान चाहता, माँ ने बाहर दालान से उसे आवाज़ दी कि बेटा, तीन बज रहे हैं। बहुत बातें हो लीं, अब दो-चार घण्टे बैठ कर पढ़ो-लिखो, तुम्हें परीक्षा देनी है।

चेतन उठा। वह दरवाज़ा खोल कर बाहर जाने लगा था जब नीला ने जैसे मन के किसी दबाव के कारण हठात कहा —

"जीजा जी सच मानिए, मुझे लक्ष्मी से बहुत ईर्ष्या हुई थी।"

०

माँ के टोकने पर लक्ष्मी की क़हानी सुनता-सुनता चेतन सहसा उठ कर नीचे बैठक में चला आया। पढ़ने भी लगा, पर उसके मन-मस्तिष्क पर नीला ने पूरी तरह अधिकार जमा लिया था। मेज़ पर बैठ कर उसने सिविल प्रोसीजर कोड[१] खोल कर अपने सामने रख लिया। उसका ख़याल था कि कोड, कोर्ट, डिग्री, अपील, वग़ैरह की परिभाषाओं, उनके प्रयोजन और क्षेत्र के बारे में सारा परिच्छेद पढ़ कर वह महत्वपूर्ण धाराओं को याद करेगा। प्रोफ़ेसर

१. ज़ाब्ता दीवानी

ने बताया था कि 'टाइम बार' वाली बारहवीं धारा महत्वपूर्ण है। किन स्थितियों में मुकदमा नहीं चलाया जा सकता —उन सभी को याद करना ज़रूरी है।

चेतन ने उस धारा के बारे में सारे नियम भी पढ़े, लेकिन उसके दिमाग़ में कुछ भी नक्श नहीं हो रहा था। वहाँ लक्ष्मी की कहानी सुनाती हुई नीला की आकृति आ जाती। उसका सुन्दर मुख, पतले होंट, चंचल, चपल, शोख़ चमकती उसकी आँखें....फिर कभी चन्दा की शादी में अपने छोटे भाई को कूल्हे से लगाये जैरथों की उस बूदम-सी लड़की की आकृति उसकी आँखों में घूमने लगती। —बुझा-बुझा-सा मुख, जिसका गेहुआँ रंग कदाचित साबुन और उबटन के अभाव में मलगिजा और मुरझाया-सा लगता था और जिस पर चतुराई और चालाकी का कोई आभास तक न था....वह लड़की कैसे इतनी ज़ेरक[1] और चतुर हो गयी कि ज़ेवर और हीरे-जवाहरात ही नहीं, दस हज़ार नकद ले कर घर से निकल गयी और न सिर्फ़ उसने रतन से किसी तरह की ठगाई नहीं खायी, बल्कि उसने रतन को विवाह के बन्धन में भी बाँध लिया....

चेतन के दिमाग़ में समाचार-पत्रों में वर्णित, इस तरह से गहने-पत्ते ले कर भागी और अन्ततः अपना सब कुछ गँवा कर वेश्यालयों में पहुँच जाने वाली औरतों के किस्से घूम गये। बस्ती ग़ज़ाँ, के बँधे-टके वातावरण में पली लक्ष्मी कैसे वह सब सफलतापूर्वक कर सकी ?....चेतन का मन होता —उसी वक्त जाये और नीला से अपनी शंकाओं का समाधान करे। लेकिन माँ की अप्रसन्नता के भय से वह मन मारे दिन भर बैठा पढ़ता रहा था। ज़ाब्ता दीवानी में मन एकाग्र न हो पाने से उसने साक्ष्य अधिनियम[2] की किताब उठायी थी। फिर ज्यूरिसप्रूडेन्स! वह उसे और ज़्यादा कठिन और ऊबाऊ लगा था। अन्ततः उसने टॉर्ट्स की पुस्तक उठायी थी और उसे वह इस तरह पढ़ता रहा था, जैसे वह कहानियों या इतिहास की कोई पुस्तक पढ़ रहा हो।

रात उसका मन ज़ाब्ता दीवानी में लग गया था और वह गयी रात तक कोर्ट, डिग्री, अपील, वग़ैरह की परिभाषाओं, उनके प्रयोजनों और क्षेत्र के बारे में व्याख्याएँ पढ़ता और रटता रहा था। लेकिन लगातार रटते हुए कमरे में घूमते रहने के बावजूद पूरी तरह कुछ भी कण्ठस्थ नहीं कर पाया था।

प्रायः अध्ययन के दिनों में ऐसा होता था कि जो धाराएँ पढ़ते-पढ़ते वह जा कर बिस्तर पर लेटता था, वे ही उसके दिमाग़ में कौंधती रहती थीं और वह देर तक उनकी व्याख्या में उद्धरित मामलों में उलझा रहता था। कई बार तो उनके विकृत रूप उसके सपनों तक को परेशान रखते थे। लेकिन उस रात, जब वह मेघनाथ के साथ लगी चारपाई पर लेटा तो ज़ाब्ता दीवानी और उसकी शब्दावली और परिभाषाएँ उसके दिमाग़ से ऐसे निकल गयीं, जैसे उसने कभी उन्हें पढ़ा ही नहीं था। उसके बदले वहाँ परी-कथाओं की तरह अपने प्रेमी के साथ हिन्दुस्तान के दूसरे छोर बर्मा की दक्षिणी बन्दरगाह अक्याब में सफलतापूर्वक जा बसने वाली, नीला की उस सहेली की कहानी आ गयी और चेतन उसके विभिन्न पक्षों के बारे में अनुमान लगाता सो गया था।

---

१. होशियार

२. एविडेंस ऐक्ट।

दूसरे दिन हालाँकि वह समय से तैयार हो कर और चाचा रामदित्ता की दुकान से लस्सी का गिलास पी कर बैठक में मेज़ पर जा बैठा था, पढ़ता भी रहा था, पर उसका मन एकाग्र नहीं हो पाया था। उसका अवचेतन बेसब्री से दोपहर के भोजन की प्रतीक्षा करता रहा था और समय से कुछ पहले ही वह माँ के सामने रसोई में जा बैठा था। माँ ने उसे खाना ज़रा पहले खिला भी दिया था। हालाँकि उसे कुछ वैसी भूख नहीं थी, पर जब तवे पर रोटी फूल जाती थी तो माँ स्नेह से कहती थी —'रोटी किन्नी फुल्ल गयी ए। लगदा ए तैन्नूँ बहुत भुक्ख लग्गी ए —' तो वह स्वीकार में सिर हिलाता हुआ कहता था —'हाँ माँ,' पर मन-ही-मन वह हँस भी देता। खाना खाते ही उत्कण्ठा से वह अन्दर कमरे में चला गया था।

o

चेतन कमरे में दाख़िल हुआ था तो नीला बदस्तूर पलँग पर लेटी, चन्दा से बतिया रही थी। चेतन के आते ही वह उठ बैठी थी, लेकिन पिछले दिन की तरह फुदक कर चन्दा की चारपाई पर नहीं गयी थी। बल्कि चेतन के लिए जगह छोड़ कर वहीं पलँग के पायँते की तरफ़ को ख़िसक गयी थी।

पलँग पर बैठने या लेटने से पहले ही चेतन ने कहा था —"नीला, मैं कल ही से लक्ष्मी के बारे में सोच रहा हूँ। पढ़ाई में ज़रा भी मेरा मन नहीं लगा।"

"क्या सोचते रहे जीजा जी, आप लक्ष्मी के बारे में ? नीला हँसी थी।

"मुझे जैसे यकीन नहीं आता नीला," चेतन ने कहा था, "कि जिस लक्ष्मी को मैंने बस्ती ग़ज़ाँ में देखा था, वह न सिर्फ़ उस तरह घर से भाग सकी, बल्कि कलकत्ते जैसे अजनबी महानगर में जा कर उसने अपने प्रेमी से शादी भी रचा ली और रतन न सिर्फ़ उसका कोई नाजायज़ फ़ायदा नहीं उठा पाया, बल्कि विधवा होने के बावजूद उसने शादी भी कर ली। और तुम कहती हो कि दोनों बहुत ख़ुश हैं।"

क्षण भर के लिए वह रुका, फिर उसने कहा, "हालाँकि जब तुम कहती हो तो ज़रूर ही ऐसा हुआ होगा। लेकिन यह तो तुम मानोगी कि यह तो किसी देवी-देवता की कृपा से एक भोली-भाली ग़रीब लड़की के सहसा चतुर, चालाक और आख़िरकार रानी बन जाने की-सी कहानी है। आम तौर पर बच्चों की किताबों में ऐसी कहानियाँ होती हैं।"

और वह फिर हँसा।

"जीजा जी," नीला ने जैसे सफ़ाई देते हुए कहा था, "लक्ष्मी थी तो बस्ती की सीधी-सादी लड़की, लेकिन पढ़ाई में वह एकदम कमज़ोर नहीं थी। उसके माता-पिता ने उसे मिडल के आगे नहीं पढ़ने दिया और न उसकी शादी की और वह अपने छोटे भाइयों को पालती रही। वह ख़ूबसूरत न सही, पर अगर आपको उसकी याद हो तो वह ऐसी बदसूरत भी नहीं थी। अक्याब में जब मैंने उसे देखा तो उसकी काया-पलट हो चुकी थी, लेकिन बस्ती में भी उसका रंग मुश्की नहीं, गेहुआँ ही था। पाउडर-क्रीम तो बस्ती में कुँवारी लड़कियाँ लगाती नहीं, पर उसके माता-पिता उसे साबुन भी नहीं लगाने देते थे। भाइयों की देख-रेख और घर के काम-काज में उसे उबटन तक मलने की फ़ुर्सत नहीं मिलती थी और उसका चेहरा मुरझाया और सूखा-सूखा-सा लगता था। जब उसकी शादी लाला वृषभान से

हो गयी तो न उसे गहनों-कपड़ों की कमी रही, न साबुन-तेल-क्रीम की। करतारो आजकल बस्ती आयी हुई है। उसी ने मुझे बताया कि शादी के बाद वह गहनों-कपड़ों से लदी मायके आयी थी तो उसका रूप फूटा पड़ता था और वह पहचानी नहीं जाती थी....वही सीधी-सादी लक्ष्मी इतनी चतुर-चालाक कैसे हो गयी," नीला ने क्षण भर रुक कर चेतन की मन की शंका को वाणी देते हुए कहा था, "दरअसल लाला वृषभान ने ही उसको वैसी चतुर और चलित्तरी बना दिया!"

चेतन इस बीच पलँग पर लेट गया था। चूँकि पायँते में नीला बैठी थी, इसलिए उसने घुटने मोड़ रखे थे। नीला फसकड़ा मार कर बैठ गयी और बातें करते हुए बेध्यानी में उसने अपनी कोहनियाँ चेतन के घुटनों पर टिका लीं।

सहसा चेतन ने पूछा —'लाला वृषभान ने कैसे ?"

"लक्ष्मी कहती है," नीला ने बताया, कि अगर कभी अख़बार में ऐसी ख़बर छपती, जिसमें कोई लड़की अथवा युवती घर से गहना-पत्ता ले कर अपने प्रेमी के साथ भाग जाती और वह प्रेमी धोखे से उसका माल-मत्ता छीन कर उसे किसी के हाथ बेच देता था या छोड़ कर भाग जाता या उसे वेश्या बनने पर मजबूर करता तो लाला जी वह ख़बर उसे ज़रूर सुनाते और साथ ही अपनी तरफ़ से उस पर पत्ते लगाते हुए दूसरी कई घटनाओं का ज़िक्र करते।"

"लाला को डर होगा कि उनकी जवान बीवी भी कहीं किसी जवान के चक्कर में पड़ कर उन्हें ग़च्चा न दे जाये," चेतन ने ज़ोर से ठहाका लगाया।

"लक्ष्मी कहती है," नीला ने कहा, "कि अगर लाला जी ने वो सब किस्से उसे न सुनाये होते न उसे घर से भागने का ख़याल आता, न वह ऐसा हौसला ही कर पाती....जब लाला जी ख़त्म हो गये, उनका बड़ा लड़का उसे परेशान करने लगा और रतन उससे और ज़्यादा प्यार जताने लगा तो उस वक्त, जब रतन ने उसे लाला जी के बड़े लड़के के चक्कर से मुक्ति दिला कर सिंगापुर ले जाने की बात कही, लक्ष्मी इस शर्त पर तैयार हो गयी कि वह कलकत्ता पहुँचते ही उससे शादी कर लेगा और उसे सिंगापुर अपनी पत्नी के रूप में ले जायेगा।" कुछ रुक कर नीला ने कहा, "लक्ष्मी ने इस बात का ख़ास ख़याल रखा कि जब तक रतन से उसकी शादी नहीं हो जाती, उसे अपने शरीर को हाथ तक न लगाने दे।"

"दाद देता हूँ भई लक्ष्मी की," चेतन ने कहा था, "यही वह नफ़सियाती नुक्ता है, जिसके कारण रतन उसके चक्कर से नहीं निकला और उसे बेहद प्यार करने लगा।"

"क्या नुक्ता ?" नीला उसकी बात नहीं समझी।

चेतन उसे अपनी बात कैसे समझाये, उसकी समझ में नहीं आया। उसने कहा, "नफ़सियाती यानी मनोवैज्ञानिक —मन की बारीकियों से ताल्लुक रखने वाला —अगर लक्ष्मी शादी से पहले प्यार में डिग जाती, रतन को अपना आप सौंप देती तो रतन के मन से उतर जाती। जाने फिर वह उससे शादी भी करता या नहीं। हो सकता है, उसका माल-मत्ता ले कर चम्पत हो जाता।"

"एक बात मैं जीजा जी, रतन के पक्ष में कहूँगी," नीला ने कहा था, "लक्ष्मी ही से मुझे इसका भी पता चला। रतन की आँख लक्ष्मी के पैसे पर नहीं, उसी पर थी। अब उसे

लक्ष्मी में क्या दिखायी दिया, मैं नहीं जानती। उसे सचमुच उससे हमदर्दी थी और वह उसकी रक्षा करना चाहता था। 'आर्य युवक सभा,' अमृतसर का सरगर्म मेम्बर था। विधवा-विवाह का हिमायती। उसे लक्ष्मी से सच्ची हमदर्दी थी....जाने कैसे लक्ष्मी को रतन पर पूरा भरोसा हो गया और जीजा जी, रतन ने उसे धोखा नहीं दिया।"

"लेकिन नीला, एक बात बताओ।" चेतन ने पिछले दिन से मन में कुलबुलाता हुआ प्रश्न पूछा, "कलकत्ता जैसे बड़े शहर में लक्ष्मी ने शादी का ताम-झाम कैसे किया ? क्या रतन का कोई मित्र था वहाँ, जिसकी मदद से वह सब काम पूरा हुआ।"

"नहीं! लक्ष्मी की सहेली थी।"

"कलकत्ता में ?" चन्दा ने पूछा।

"हाँ।"

"कौन ?"

"तुम्हें नहीं मालूम बहन ?" नीला ने कोहनियाँ अपने जीजा के घुटनों पर टिकाये टिकाये चन्दा की ओर मुड़ कर कहा।

चन्दा ने इनकार में सिर हिला दिया —"नहीं।"

"केसरो!"

"वो कलकत्ता कैसे चली गयी ?" बिस्तर पर करवट के बल हो कर चन्दा ने पूछा, "मोहिनी ने तो बताया था कि उसकी शादी तो नवाँ शहर, दोआबा में हुई थी।"

"केसरो कौन थी चन्दा," चेतन ने घुटनों पर रखी नीला की कोहनियों के कारण बिना चन्दा की ओर करवट बदले, सिर्फ़ ज़रा-सा सिर मोड़ कर पूछा, "वही तो नहीं, जो मुझे तीन लोक से न्यारा बताती थी।"

"वही जीजा जी, वही!" नीला ने ताली बजायी थी, "आ गयी न आप को याद आख़िर चन्दा बहन की वो तीन लोक से न्यारी सहेली....शादी तो उसकी नवाँ शहर ही में हुई थी, लेकिन उसका पति अपने एक दूर के चाचा की मदद से दिल्ली में नौकर हो गया था। फिर उसकी बदली कलकत्ता हो गयी। लक्ष्मी की वह गहरी सहेली थी। हफ़्ते-पखवाड़े दोनों एक-दूसरी को ख़त लिखती थीं। केसरो अपने पति और बच्चों के साथ हैरिसन रोड की एक गली में रहती थी। लक्ष्मी अमृतसर से चली तो सीधी उसके यहाँ पहुँची। उसने रास्ते ही से अपने कलकत्ता पहुँचने के बारे में तार दिलवा दिया था। केसरो अपने पति के साथ स्टेशन पर मौजूद थी। वह बड़े तपाक से मिली और टैक्सी में उन्हें अपने घर ले गयी। लक्ष्मी ने दिल्ली से केसरो के बच्चों के लिए काफ़ी फल और मिठाइयाँ ख़रीद ली थीं। बच्चे उन्हें पा कर बड़े ख़ुश हुए। लक्ष्मी ने उसे अपने भेद का साझीदार बना लिया। उसी की मदद से उसने गहने-कपड़े बनवाये और पण्डित को बुलवा कर शादी कर ली और फिर उन्हीं की मदद से सिंगापुर चली गयी।"

"कमाल है भई," चेतन ने सिर्फ़ इतना ही कहा, "तभी तो अंग्रेज़ी में कहावत है — ट्रूथ इज़ स्ट्रेंजर दैन फ़िक्शन।"

"क्या मतलब ?" नीला ने पूछा।

"मतलब यही कि ज़िन्दगी की हकीकतें कई बार किस्से-कहानियों से भी ज़्यादा

अज़ीब होती हैं।"

"यह तो है ही जीजा जी," नीला ने फिर से कोहनियाँ उसके घुटनों पर टिकाते हुए कहा, 'मैं अगर ख़ुद लक्ष्मी से न मिली होती, मैंने अपने आँखों से न देखा होता और किसी से उसकी कहानी सुनी होती तो मुझे ख़ुद कभी विश्वास न होता।"

"लक्ष्मी को तो नीला, हमने देख रखा है —कम-से-कम बस्ती में वह जैसी थी, उसे हम जानते हैं, रतन तुम्हें कैसा लगा ? क्या बहुत तेज़ लड़का है। ज़रूर ही लक्ष्मी के माल पर उसकी आँखें होंगी। तुमने कहा था कि उसके मन में अपना निज का स्टोर खोलने की आरज़ू थी। उसे लगा होगा —लक्ष्मी की मदद से वह अपनी उस आरज़ू को पूरा कर सकता है।"

"जीजा जी, मैं दो-तीन बार ही उनके यहाँ गयी थी। फिर हम वापस आ गये। लेकिन मुझे वह चतुर, चालाक या बदमाश नहीं लगा। वह लाला वृषभान के छोटे लड़के के साथ बी० ए० में पढ़ता था। लक्ष्मी से छै महीने छोटा ही होगा।" नीला ने जैसे अनजाने चेतन के घुटनों से कोहनियाँ हटा कर उसके घुटनों को बाँहों में बाँध लिया और अपनी बात पर ज़ोर देते और उन्हें अपने सीने से दबाते हुए उसने कहा, "उसे लक्ष्मी से हमदर्दी थी और वह उसका उद्धार करना चाहता था। लक्ष्मी ने मुझे बताया था कि रतन ने एक बार भी उससे ग़हनों-पत्तों या रुपये-पैसे की बात नहीं की। बल्कि जब लाला जी का बड़ा लड़का उसे परेशान करने लगा तो रतन ने उससे कहा था —'लक्ष्मी, वह मकान चाहता है, उसे मकान दे दो। दुकान चाहता है, दुकान दे दो। तुम सब धन-सम्पत्ति ऐसी-की-ऐसी छोड़ कर चुपचाप मेरे साथ चली चलो। सिंगापुर पहुँच कर हम इससे भी ज़्यादा दौलत पैदा कर लेंगे'।"

"अमृतसर में उसके सौतेले लड़कों, लाला वृषभान की वसीयत और मुकदमे का क्या हुआ ?" चेतन ने पूछा, "क्या लक्ष्मी ने कभी उधर की सुध-बुध ली ?"

"अक्याब तो दुनिया का दूसरा सिरा है जीजा जी।" नीला ने कहा, "अमृतसर की वह क्या ख़बर रखती!"

और उसके घुटने छोड़ कर नीला ने फिर कोहनियाँ उसके घुटनों पर टिका लीं और बोली —"सारे बन्धन तोड़ कर वह गयी थी। जब अक्याब में जम गयी तो जैसा कि मैंने आपको बताया, अभी कुछ दिन पहले उसने घर पत्र लिखा है। शाम को मैं लक्ष्मी के घर गयी थी तो उसकी माँ ने बताया था कि लक्ष्मी का सौतेला बड़ा बेटा उसे ढूँढता हुआ आया था। उसने कहा था कि माँ दरबार साहब के दर्शनों को गयी थी। फिर वापस नहीं आयी। वह उसकी चाचियों, मामियों और मौसियों के यहाँ भी गया था। लेकिन किसी को कोई सुन-गुन होती तो बताता।'

क्षण भर रुक कर नीला ने कहा था, "मैं अमृतसर गयी थी तो मैंने उनके यहाँ का भी पता कराया था। लाला जी के बड़े बेटे ने वसीयत के बारे में अपना मुकदमा वापस ले लिया है। दुकान का ताला खुल गया है। गहने-पत्ते और हीरे-जवाहरात वह ले गयी, पर उनको भी तो लाखों की दौलत दे गयी।"

०

चेतन पलँग पर घुटने मोड़े, दो तकियों के सहारे सिर उठाये लेटा हुआ था। नीला उसके घुटनों पर कोहनियाँ टिकाये उसकी आँखों में देखती हुई लक्ष्मी की कहानी सुना रही थी। कहानी सुनाते-सुनाते, बात पर ज़ोर देने के लिए वह अचानक उसके दोनों घुटने बाँहों में भींच, चेहरा उसके घुटनों पर टिका कर बात करने लगती थी। चेतन प्रकट निर्विकार उसकी बातें सुनता, लेकिन नीला के सीने की गर्मी उसके घुटनों से होती हुई उसकी नस-नस में व्याप जाती। उसे कुछ अज़ीब-सी लज़्ज़त का एहसास होता....नीला उसके घुटनों को बाँहों की गिरफ़्त से आज़ाद करके पुनः वहाँ कोहनियाँ टिका लेती। चढ़ते हुए नशे में जैसे हलकी-सी बाधा पड़ती। चेतन थोड़ा सजग होता। उसे लगता, नीला फिर उसी तरह उसके घुटनों को बाँध कर उन्हें अपने सीने से भींच लेगी। अन्तर में कहीं गहरे उसके मन में इसकी आकांक्षा और उत्कण्ठा थी, लेकिन लक्ष्मी की बात ख़त्म होते ही बरबस अपने को उस मोह-पाश से काट कर चेतन ने उससे कहा —"नीला, बातों में बहुत देर हो गयी। मुझे तो ज़ाब्ता दीवानी के दूसरे खण्ड की धाराएँ याद करनी हैं।"

और वह बिना कोई और बात किये, कमरे के बाहर निकल गया था।

o

नीला के मोह-पाश को बरबस काट कर, तेज़-तेज़ दालान और आँगन पार कर, चेतन दनदनाता हुआ सीढ़ियाँ उतर कर बैठक में अपनी मेज़ पर आ बैठा था। ज़ाब्ता दीवानी का दूसरा खण्ड खोल कर वह डिग्री और उसकी तामील सम्बन्धी धाराएँ पढ़ने लगा था। लेकिन वह क्या पढ़ रहा है, कुछ भी उसके पल्ले नहीं पड़ रहा था। उसकी आँखें किताब में छपे शब्द देख रही थीं। होंट धीरे-धीरे सस्वर उन्हें पढ़ भी रहे थे, लेकिन मन के पर्दे पर कुछ भी नक्श नहीं हो रहा था। वहाँ तो उसकी सुन्दर साली अपनी बाँहों से उसके घुटनों को बाँधे, अपने गर्म गुदाज़ सीने से उन्हें भींचे, एकटक उसके चेहरे पर आँखें जमाये, लक्ष्मी की गाथा सुना रही थी। चेतन बार-बार मन को उस दृश्य से हटा कर डिग्री और उसके कार्यान्वयन सम्बन्धी धाराओं में लगाने का प्रयास कर रहा था, लेकिन किसी मुँहज़ोर घोड़े की तरह वह उसी चरागाह में जा निकलता था और चेतन नीला के गर्म-गुदाज़ सीने की गर्मी महसूस करने लगता था। तभी मन के पीछे छिपी कोई और शक्ति उसकी भर्त्सना करती, उसके किरदार का जायेज़ा लेती हुई उसे इस मूर्खता से बरजती। वह सिर को झटका देता, फिर से ज़ाब्ता दीवानी की धाराएँ पढ़ता, लेकिन मन घूम-फिर कर वहीं आ रमता।

अक्याब के उस स्टोर में लक्ष्मी से अचानक भेंट होने का किस्सा बताते हुए नीला ने पहले दिन कहा था —'जीजा जी, सच मानिए, मुझे लक्ष्मी से बहुत ईर्ष्या हुई थी।' नीला के उस आवेग के बारे में सोचते हुए जिसके तहत जैसे अनजाने ही चेतन के घुटनों को दोनों बाँहों से बाँध कर उसने अपने सीने से भींच लिया था, चेतन को लगा कि जब नीला ने अक्याब में एकदम चुस्त और स्मार्ट दिखने वाली लक्ष्मी और उससे प्यार करने वाले बराबर के प्रेमी-पति रतन को देखा होगा तो सहसा उसकी निगाह धँसे हुए कल्लों, उभरी हुई जबड़े की हड्डियों और गंजे होते सिर वाले अपने अधेड़ पति पर गयी होगी और उसे सचमुच अपनी उस सहेली के भाग्य से बेहद ईर्ष्या हुई होगी —उस सहेली के भाग्य से, जिसे वे कभी ख़ातिर में नहीं लाती थीं। लक्ष्मी को अपने भव्य स्टोर की कुशल संचालिका के रूप में बैठी देख कर नीला को शायद याद आया हो कि वह भी पढ़ने में होशियार थी;

कि उसके पिता मिडल के बाद उसे घर में न बैठा लेते तो वह ख़ासी सुशिक्षित हो जाती। यह भी कि अक्याब में जब वह उसे चुस्त और स्मार्ट लगी तो नीला को यह ख़याल भी आया होगा कि वह बस्ती में भी असुन्दर नहीं थी। साबुन-उबटन न मलने से वह उस तरह मुरझायी और सोयी-सोयी-सी लगती थी। लेकिन चेतन को अपनी शादी की भली-भाँति याद थी और वह जानता था कि चन्दा की सहेलियों में लक्ष्मी का स्थान कहीं पीछे था। वहाँ सुन्दर मोहिनी, सोहिनी और नीला थीं, वाचाल केसरो थी, मिठबोली कान्ता थी और सब के पीछे थी लक्ष्मी!

उसी फिसड्डी लक्ष्मी की उस दुःसाहस-भरी ज़िन्दगी के बारे में उसी के मुँह से सब कुछ सुन कर नीला के मन में ईर्ष्या ही नहीं, थोड़ा दुःसाहस भी पैदा हो गया होगा। उसी के चलते चेतन को यूँ अपने निकट पा कर उसके प्रति नीला के हृदय का पुराना प्यार उमग आया होगा और उसने शायद बेइख़्तियार हो कर उसके घुटनों को क्षणिक आवेग में दोनों बाँहों में बाँध कर अपने सीने से भींच लिया होगा.... उसकी दुःसाहसपूर्ण हरकत ने चेतन की कल्पना को पंख लगा दिये थे.... उसकी तमाम सोयी हुई इच्छाएँ जाग पड़ी थीं। भले-बुरे, पाप-पुण्य के बारे में माँ की शिक्षा, अन्धे प्रेम के मार्ग में हत होने वाले प्रेमियों के दुखद प्रसंग, प्यार करने वाली पत्नी से बेवफ़ाई करने के गुनाह, अच्छे-बुरे के प्रति उसके अपने विवेक ने उसकी जिन वासनाओं पर यथार्थ जगत में सदैव अंकुश लगा रखा था, वे उसके कल्पना-जगत में हठात उभर गयी थीं —बैठक में कुर्सी पर बैठे ज़ाब्ता दीवानी की किताब आगे रखे, आँखों और होंटों से जो वह देखता और पढ़ता था, मन उससे कहीं दूर, उन्हीं रस-भरी मधुर कल्पनाओं में जा रमता था और मन के पीछे छिपा विवेक उसे बरबस उधर से हटाता था। हार कर उसने किताब बन्द कर दी थी, बैठक का दरवाज़ा लगा दिया था और बाहर निकल आया था। दिलचस्प बात यह थी कि घर से दूर निकल जाने पर भी इन्द्रियों, मन और विवेक का यह संघर्ष बराबर उसके साथ-साथ चला आया था।

बाजियाँ वाला बाज़ार से चौरस्ती अटारी, चौरस्ती अटारी से बाज़ार पापड़ियाँ, बाज़ार पापड़ियाँ से बकरवालों के चौक, फिर किले मुहल्ले और वहाँ से पुरियाँ मुहल्ले के अपने चिर-परिचित रास्ते पर वह बढ़ता गया था। लेकिन बाज़ारों और गलियों के दृश्यों को देख कर भी वह न देख रहा था। उसके मन पर नीला के सौन्दर्य, उसके दुःसाहस, उसके प्यार, उसकी अपनी दमित इच्छा-आकांक्षाओं का आधिपत्य था और उसका विवेक भी लगातार उससे उलझ रहा था —वह प्रक्रिया, जो कमरे में उसके अन्तर्मन में चल रही थी, बदस्तूर जारी थी।

उसकी आँखें बाज़ार के दृश्यों को देखती थीं, मन चन्दा के कमरे में नीला के पलँग पर लेटा कल्पना को उन्मुक्त छोड़े था और उसका विवेक हर बार उसका रास्ता रोक लेता था। वह सिर को झटका देता था। मन को उन अस्वस्थ कल्पनाओं से हटाता था, लेकिन शहद की मक्खी की तरह वह फिर वहीं जा रमता था....चेतन देखता, नीला उसके घुटनों को बाँहों में बाँधे अपने सीने में भींच कर ज़रा-सा झुकती है और घुटने से ज़रा ऊपर उसके नर्म गोश्त को दाँतों से बड़ी बारीकी से काट लेती है और उसका सारा शरीर झनझना उठता है....चन्दा लेटे-लेटे सो गयी है। वह टाँगें पसार लेता है, नीला का हाथ थाम कर ज़रा-सा

खींचता है, वह उस पर बिछ जाती है। वह उसे बाँहों में भींच लेता है....नीला उसके पैर खींच कर गोद में रख लेती है और उन्हें चूम लेती है....वह धीरे से खिसक कर उसके बराबर आ लेटती है और वह उसकी गर्दन के नीचे बाँह रख कर उसे अपनी ओर खींच लेता है....चन्दा उन्हें कमरे में छोड़ कर कुछ समय के लिए छत पर जाती है। चेतन उठ कर बैठ जाता है। दायीं बाँह से नीला को अपने साथ चिपटा लेता है, कहता है —'नीला, क्या हमारे भाग्य में यूँ ही तड़पना लिखा है ?' नीला कुछ नहीं कहती। उसके सीने में मुँह छिपा लेती है। चेतन उसकी गर्दन के पिछले हिस्से पर अपने होंट रख देता है। नीला का सारा शरीर काँप जाता है....

आँखों और मन और विवेक के इसी संघर्ष में ग्रसित चेतन पुरियाँ मुहल्ले में कुन्ती की खिड़की के नीचे से गुज़रा। आदत के मुताबिक आँख उठा कर उसने देख लिया कि खिड़की बन्द है। इससे ज़्यादा उसने अपने उस पहले प्यार की प्रतीक के बारे में कुछ नहीं सोचा। वह नीला के साहचय की कल्पनाओं में रमा, कर्तव्य और विवेक से उन्हें छिन्न-भिन्न करता, फिर किसी अन्य कोण से नीला के बारे में सोचता हुआ, कभी दया, कभी प्यार, कभी कोरी वासना से संचालित अस्वस्थ कल्पनाओं में डूबता, फिर-फिर उबरता, फिर-फिर डूबता चलता चला गया। तभी सहसा उसने अपने आपको 'आर्य समाज मन्दिर,' अड्डा होशियारपुर के सामने पाया। सिर को ज़ोर का झटका दे कर वह आर्य समाज मन्दिर के अन्दर चला गया और दायीं ओर वाचनालय में जा कर पत्र-पत्रिकाएँ देखने लगा।

कॉलेज के दिनों में जब कुन्ती के प्यार का भूत उसके दिल-दिमाग़ पर सवार था, वह शाम को रोज़ इसी रास्ते से कोट किशनचन्द तक जाता था। वापसी पर वह आर्य समाज मन्दिर के इस वाचनालय में 'विशाल भारत,' 'माधुरी,' 'चाँद,' आदि पत्रिकाएँ पढ़ता था। हर साल आर्य समाज मन्दिर में स्वामी सत्यदेव कथा करते थे। वे काफ़ी वृद्ध थे, लेकिन सीधे बैठते और सीधे चलते और उनकी वाणी में अभूतपूर्व खनक और ओज था। चेतन हर शाम उनकी कथा सुनने आता था। बहाना कुन्ती को देखने का भी था, लेकिन कभी-कभी स्वामी सत्यदेव की वाणी बरबस उसको अपनी ओर आकर्षित कर लेती थी और वह सुध-बुध खो कर उनका भाषण सुनने लगता था। उसे याद आया, स्वामी सत्यदेव ही से उसने पहले-पहल राजा ययाति की कहानी सुनी थी, जिसने शुक्राचार्य के शाप से मुक्त होने के लिए उन्हीं की कृपा से अपने सबसे छोटे पुत्र पुरु की जवानी ले कर उसे अपना बुढ़ापा दे दिया था। स्वामी सत्यदेव ने कहा था कि एक हज़ार वर्ष तक भोग-विलास में लिप्त रहने के बाद राजा ययाति को लगा कि वह सब निःसार है, एक ही रस को बार-बार पाने जैसा है और ज्ञानी ऐसा नहीं करते। पशु से इन्सान और अज्ञानी से ज्ञानी बनने के क्रम में आदमी इन वासनाओं पर विजय पाता है, वरना वह कोल्हू के बैल-सा एक ही दुश्चक्र में घूमता जाता है और कुछ भी ऐसा प्राप्त नहीं कर सकता, जिस पर उसे गर्व और सन्तोष हो।

चेतन का मन किसी पत्र-पत्रिका में नहीं लगा। वाचनालय की बेंच पर बैठे-बैठे, स्वामी सत्यदेव के प्रवचन उसके दिमाग़ में गूँज गये। उसने तय किया, वह अपनी इच्छा-शक्ति से मन पर अधिकार पायेगा, अपनी वृत्तियों को पढ़ने में लगायेगा....नीला कितनी भी सुन्दर हो, वह उससे कितना भी प्यार करती हो, लेकिन वह चन्दा को भी तो

चाहता है। उसके लिए उसने सब-जज होने का निश्चय किया है। तो क्या वह उस क्षणिक सुख के लिए अपने उद्देश्य को छोड़ देगा ? उसके प्रति नीला का प्यार अथवा नीला के प्रति उसका आकर्षण लाख स्वाभाविक हो, उसके अन्दर से सुगबुगाती वासनाएँ और विकृत कल्पनाएँ लाख स्वाभाविक हों, लेकिन ज़िन्दगी के उद्देश्य की दृष्टि से अनैतिक और हानिकर और पाशविक हैं। उसे अपने उद्देश्य से भटका सकती हैं। विवेकशील होने के नाते उन पर नियन्त्रण पाना उसके लिए अनिवार्य है और वह नियन्त्रण पा कर रहेगा।

चेतन ने तय किया कि वह दोहपर को उस कमरे में बिलकुल नहीं जायेगा। चन्दा से कुछ कहना होगा तो उसे बुला लेगा।

उसका दिमाग़ शान्त हो गया। वह वाचनालय से निकल आया। तभी उसके जी में आया की वह इधर आया है तो कोट किशनचन्द तक होता चले। स्टेशन की ओर से कोई गाड़ी आने वाली थी। रेलवे लाइन का फाटक बन्द था। वह चाहता तो बग़ल के छोटे फाटक से हो कर निकल जाता, लेकिन चेतन के अन्दर जो बच्चा छिपा था, उसे फाटक पर खड़े हो कर गाड़ी को गुज़रते देखना बहुत अच्छा लगता था। वह फाटक के इधर खड़ा, लोगों को गाड़ी के गुज़रने की प्रतीक्षा किये बिना, बग़ल के छोटे गेट से निकल कर भागते हुए लाइनें पार करते देखता रहा। छोटे गेट पर चर्ख़ीं लगी थी। उसमें एक वक्त पर एक ही आदमी निकल सकता था। कोई तगड़ा साइकिल-सवार दोनों हाथों में साइकिल सिर के ऊपर उठाये, उसमें से निकलता और झट दूसरी ओर साइकिल ज़मीन पर रखते ही पैडल पर पैर रख कर लाइनें पार करता। कोई पतला-दुबला, बड़ी मुश्किल से चर्ख़ीं में से साइकिल निकालता और हैण्डल हाथों में थामे भागता हुआ लाइनें पार करता। स्टेशन की ओर से गाड़ी के आगे आता इंजिन नज़र आने लगा था। ड्राइवर ने लम्बी सीटी बजानी शुरू कर दी थी, लेकिन लोगों को पाँच मिनट तक रुकने की भी ताब नहीं थी। जब गाड़ी काफ़ी करीब आ गयी, तब भी लोग दुर्घटना की परवाह किये बिना, लाइनें पार करते रहे। एक साइकिल वाला बिलकुल इंजिन के आगे से भागता हुआ आया और चूँकि वह छोटे गेट से निकल नहीं सकता था, उसने साइकिल को जल्दी में फाटक के समानान्तर खड़ा कर दिया और दूसरे क्षण गाड़ी बिलकुल एक कदम परे से धड़धड़ाती निकल गयी। साइकिल-सवार तो शायद आदी था, लेकिन चेतन का दिल बेतरह धड़कने लगा था।

तभी फाटक खुला। चेतन ने लाइनें पार कीं। उसके उधर पहुँचते ही उधर का फाटक भी खुल गया। चेतन फिर अपने में गुम हो गया। उसके दिमाग़ में भी एक फाटक बन्द हो गया था और दूसरा खुल गया था।

०

सहसा उसे इस संयोग का ख़याल आया (और उस पर खीझ भी हुई) कि इधर वह अपनी परीक्षा की तैयारी करने जालन्धर पहुँचा और उधर त्रिलोक के असामयिक निधन के कारण नीला बर्मा से बस्ती ग़ज़ाँ आ गयी। वह तो चन्दा की बीमारी के कारण परेशान था और उसने सोचा था वह जालन्धर में रह कर अपनी पत्नी की देख-रेख और इलाज-उपचार भी करेगा और अपने इम्तहान की तैयारी भी कर लेगा। उसने सोचा था कि वह जालन्धर में रहेगा तो माँ चन्दा से ज़्यादा काम नहीं लेगी और वह उसकी ओर से निश्चिन्त हो कर पढ़ाई में पूरी एकाग्रता से मन लगा सकेगा। उसे पूरा यकीन था कि उसके यहाँ रहते हुए

इलाज-उपचार और ख़ूराक वग़ैरह की उचित व्यवस्था से चन्दा की तबियत सुधर जायेगी। आख़िर उसी के लिए तो वह उन कठिन परिस्थितियों में कानून पढ़ रहा था। वही बीमार हो गयी तो वह कानून पास करके क्या करेगा ? कोट किशनचन्द जाते हुए चेतन ने सोचा —अगर उसे नीला के जालन्धर होने की सूचना मिल जाती तो परीक्षा की तैयारी के दिनों में वह हरगिज़ जालन्धर न आता। अब वह चन्दा की सादालौही के कारण कल्लोवानी आ बैठी है और उसकी पढ़ाई धरी-की-धरी रह गयी है।

और उसे ख़ुद अपने आप पर ग़ुस्सा आने लगा। वह अपने आपको बहुत चतुर लगाता है और हमेशा मार खाता है....उसके होंटों पर एक तिक्त व्यंग्य-भरी मुस्कान खेल गयी....उसने चन्दा से बड़ हाँकी थी कि आदमी मज़बूत हो तो चलित्तरी औरत उसका कुछ नहीं बिगाड़ सकती। वह कितना बेवकूफ़ है, जो एक बार ग़लती करने के बाद उसे दोहरा रहा है। चन्द्रा के सिलसिले में उसके बड़े भाई ने चेतावनी दी थी कि वह उसकी ट्यूशन न ले, लड़की बहुत सुन्दर है और कई ट्यूटरों को पिटवा चुकी है। तब उसने कहा था कि जब वह स्वयं कोई मौका नहीं देगा, स्वयं कुछ नहीं करेगा तो कैसे पिटवा देगी....और वह शिमले में पिटता-पिटता बचा था। क्या उसने शिमले में नहीं देखा था कि औरत सुन्दर हो, करीब हो, उसकी आँखों में चाहत और प्यार हो तो उसकी निगाहें वारुणी के अन्धे ख़ुमार-सी आदमी की सोच-समझ की शक्तियों को सुला देती हैं, उसकी इच्छा-शक्ति को हर लेती हैं और उसके सारे नेक इरादे धरे-के-धरे रह जाते हैं। जब ऋषि विश्वमित्र की तमाम साधना मेनका के सामने बेकार हो गयी तो वह किस खेत की मूली है!

अपने अन्तर में उसने कुछ और गहरे टटोला तो उसे लगा कि दूसरों ही को नहीं, वह अपने आपको भी धोखा देता है। वह जिसे आकर्षित करना चाहता है, प्रकट में उससे खिंच जाता है, थोड़ी उदासीनता और बेनियाज़ी ज़ाहिर करता है, लेकिन उस प्रकट विकर्षण ही से आकर्षण पैदा कर देता है। यदि वह बस्ती ग़ज़ाँ में नीला से खुल कर मिलता, उसके साथ बैठता-बतियाता तो शायद नीला कल्लोवानी आने के लिए लालायित न होती। यह तो ठीक है कि वह दूसरे युवकों की तरह सुन्दर लड़कियों के गिर्द नहीं मँडराता, उनसे छेड़ख़ानी नहीं करता, उन पर आवाज़े नहीं कसता, पर वह उनकी आँखों में देखता है और अपने लिए ज़रा भी आकर्षण पाता है तो वह खिंच जाता है, लेकिन इसी प्रक्रिया में उन्हें खींच लेता है। वह अपने इस आकर्षण को जानता है और उसे बड़ी ही बारीकी से बनाये रखता है। कुन्ती, प्रकाशो, मन्नो, नीला, चन्द्रा —वह सदा यह करता आया है। इस बार भी उसने यही किया है और अपने ही जाल में फँस गया है और उसने अपने सात कीमती दिन बरबाद कर डाले हैं, जबकि इन दिनों का एक-एक पल उसके लिए बहुमूल्य है। उस वक्त, जब उसे सब तरफ से ध्यान हटा कर मन को अध्ययन और अध्यवसाय में लगाना चाहिए, वह नीला के चक्कर में उलझ गया है। उसने अपनी माँ को शंका-ग्रस्त कर दिया है....

और सड़क के बायीं ओर चलता हुआ चेतन अपने मिथ्या दम्भ, मूर्खता और छद्म को गरियाने लगा। लेकिन फिर उसने सोचा कि अगर उसकी माँ ने नीला को देखते ही उस पर शक न किया होता तो वह कभी उस तरह परे नहीं खिंचता। अपने उत्साह में वह नींबू और बर्फ़ लाया था। माँ शर्बत बना देती, वह एक गिलास नीला को पिलाता, एक ख़ुद पीता

और एक चन्दा को पिलाता, दस मिनट बैठता-बतियाता तो सब कुछ अपने आप सहज हो जाता।....शोख़-शंग और माँ के शब्दों में 'चलित्तरी' औरतों के सिलसिले में माँ की मनोग्रन्थियों पर, निम्न-मध्यवर्ग की वर्जनाओं पर, उस दबे-घुटे संकुचित वातावरण पर, उसमें औरत-मर्द के सहज सम्बन्धों के नितान्त अभाव पर चेतन को बेहद ग़ुस्सा आया....क्यों चन्दा को उसे अपने कमरे में बुलाने की ज़रूरत पड़ी....नीला को हमेशा तो वहाँ रहना नहीं....वह इतनी मूर्खा तो नहीं कि उसकी पढ़ाई में बाधा डाले। नाश्ता करते हुए या खाना खाते हुए, वे थोड़ा हँस-बोल-बतिया लेते। तब उस दुराव-छिपाव की ज़रूरत ही न पड़ती। बल्कि माँ अगर अपने सामने बैठा कर तीनों को खाना परोस देती तो कितना अच्छा होता। नीला सहज भाव से हँसती, चुहलें करती। न उस छद्म की ज़रूरत पड़ती, न उस वंचना की....चेतन ने लम्बी साँस भरी....क्या यह निम्न-मध्यवर्गीय दृष्टिकोण कभी बदलेगा ?....क्या इस वर्ग के लोग कभी प्यार या सेक्स को सहज भाव से ले पायेंगे ?....और वह मन-ही-मन अपने वर्ग को, उस संकुचित मानसिकता को कोसने लगा। उसके दिमाग़ में चन्दा के शब्द गूँज गये —'अगर आप खाना खाने के बाद घड़ी-दो-घड़ी मेरे कमरे में आ जाया करें तो आप सुस्ता भी लेंगे, नीला भी आपसे बैठ-बतिया लेगी और माँ जी शक भी नहीं करेंगी'....शक....शक....शक....सारे फ़साद की जड़ यही शक है।

तभी उसके मन में एक दूसरा सवाल उठा —यह शक चन्दा के मन में क्यों पैदा नहीं होता ? वह क्यों आम निम्न-मध्यवर्गीय औरतों की तरह टुच्ची, शक्की ईर्ष्यालु और क्षुद्र नहीं है ? वह क्यों मूर्खता की हद तक सरल, सहिष्णु और उदार है ?....चेतन के क्रोध की मुहार हठात अपनी पत्नी की ओर मुड़ गयी। वह सोचने लगा कि चदि चन्दा दूसरी पत्नियों की तरह तेज़-तर्रार और चतुर होती तो चेतन लाख चाहता, वह कभी नीला को उसके निकट न फटकने देती। लेकिन वह शीतला माता के मन्दिर गयी और अपनी उस सुन्दर और शोख़ बहन को कल्लोवानी आ कर कुछ दिन रहने का निमन्त्रण दे आयी। उसकी जगह कोई दूसरी औरत होती तो बाहर-ही-बाहर उसका पत्ता काट देती।

हालाँकि चेतन उसकी इस सादालौही को ले कर पहले भी उसका विश्लेषण कर चुका था और इस नतीजे पर पहुँचा था कि चन्दा के सामने सिवा नीला को बुलाने के, और कोई चारा नहीं था, लेकिन वह यह भी जानता था कि उसकी जगह कोई दूसरी औरत होती तो उसे कभी न बुलाती, बल्कि पति की पढ़ाई का बहाना कर देती....और अपनी उस भोली-भाली पत्नी के बारे में सोचते हुए उसकी सादालौही पर चेतन मन-ही-मन झुँझला उठा था। नीला और अपने सम्बन्धों के बारे में वह उसे सब कुछ बता चुका था। वह उसे यह भी समझा चुका था कि सुन्दर औरत आग की तरह होती है और उसकी तपिश से पुरुष घी की तरह पिघल जाता है। वह अपनी कमज़ोरी के बारे में भी उसे बता चुका था, लेकिन तिस पर भी वह कैसी पत्नी थी कि उस पर अटूट विश्वास रखती थी और बार-बार उसे अग्नि-परीक्षा में झोंक देती थी....चेतन के सामने बीमारी से थोड़ा कमज़ोर चन्दा का भोला-भाला चेहरा घूम गया था। क्रोध की जगह उसके मन में कुछ अजीब-सी दया अपनी उस सीधी सरल पत्नी के लिए उमड़ आयी और उसने तय किया कि चन्दा ने जो भी कहा हो, अब वह दोपहर को उसके कमरे में नहीं जायेगा। अपने मन के विकार पर अधिकार

पा कर अपनी तमाम तवज्जो अपनी पढ़ाई पर लगायेगा। वह घर में रहेगा ही नहीं, वह सुबह एक दरी और किताबें ले कर कम्पनी बाग़ चला जायेगा और किसी घने पड़े की छाया में बैठ कर परीक्षा की तैयारी करेगा।

२५

फ़र्स्ट क्लास के मुसाफ़िरख़ाने में, गेट के इधर, दीवार के साथ बिस्तर पर बैठा चेतन, अगल-बग़ल सूटकेस और किताबों की गठरी रखे, टीसते कन्धे, अकड़ी हुई गर्दन और बाँहें लिये, प्लैटफ़ॉर्म पर 'नवाँ शहर दोआबा पैसेंजर ट्रेन' के लगने की प्रतीक्षा कर रहा था। छोटे भाई को उसने पिता के मित्र बाबू ओम प्रकाश के पास भेज दिया था कि उन्हें तार से उसके बहराम पहुँचने की इत्तला दे आये....

चेतन के दिमाग़ में तूफ़ान मचा था। अपनी मूर्खता, कायरता, क्रूरता, आत्म-वंचना और सबसे बढ़ कर आवेगशीलता पर उसे बार-बार ग़ुस्सा आ रहा था....उसके बायें घुटने से लगा उसकी बीमार पत्नी का गाल, चन्दा के चेहरे को और भी दयनीय, अपरूप और अवश बनाती उसके मुख पर हलके-से पाउडर और ग़ाज़े की परत, अचानक दन्दासे के बदले लिपस्टिक से रँगे उसके होंटों पर फैलती अस्वस्ति-भरी, सलज्ज मुस्कान और उसकी आँखों में झलकती बेकिनार हसरत चेतन के दिमाग़ में अचानक कौंध जाती और जैसा कि पिछली शाम से कई बार हुआ था, कोई अदृश्य, तीखी बरछी उसके मर्म-स्थल को बेधती चली जाती....

पैर उसने पसार लिये थे, पीठ दीवार से लगा ली थी, आँखें बन्द कर ली थीं और जैसी कि उसकी आदत थी, गाड़ी की प्रतीक्षा में बैठा, वह पिछले चन्द दिनों की घटनाओं की रोशनी में अपने किरदार के औचित्य-अनौचित्य की शव-परीक्षा कर रहा था।

०

कोट किशनचन्द से आने के बाद रात हालाँकि वह देर तक पूरी एकाग्रता से पढ़ता रहा था और सुबह दरी ले कर कम्पनी बाग़ भी चला गया था और दोपहर तक पूरी तल्लीनता से उसने अध्ययन किया था, लेकिन वक्त आने पर उसके फ़ैसले का गुम्बद नदी में बहते पानी पर बनने वाले बुलबुले की तरह आप-से-आप फूट कर बह गया था।

सुबह अपने फ़ैसले के मुताबिक अपनी आवेगशीलता में बिना कुछ और सोचे-विचारे, निबट-नहा, किताबें और दरी ले कर वह कम्पनी बाग़ के लिए चल दिया था। रास्ता बाज़ार के एक हलवाई की दुकान से उसने दो पेड़े डलवा कर पाव भर दही की लस्सी पी ली थी और कम्पनी बाग़ के घने दरख़्तों के एक झुण्ड के नीचे दरी बिछा कर बैठ गया था। वह बड़ा तल्लीनता से पढ़ता रहा था। जिन धाराओं को उसे कण्ठस्थ करना था, घूम-घूम कर उन्हें रटता रहा था। उसे एक बार भी नीला का ख़याल नहीं आया था। लेकिन पाव भर दही की लस्सी, भले ही उसमें पेड़े पड़े हों, दिन भर के लिए तो काफ़ी

नहीं थी —विशेषकर उस सूरत में, जब वह रटने के लिए घूमता भी रहा था। साढ़े बारह के करीब उसे भूख लग आयी थी। तब उसने तय किया था कि वह अगले दिन से दोपहर का खाना साथ ले कर आया करेगा और शाम को सूरज-छिपे ही घर जाया करेगा।

घर पहुँच कर माँ के सामने मूढ़े पर बैठ कर खाना खाते हुए उसने उससे दिल की बात कही थी कि —'माँ, घर में उतनी एकाग्रता से पढ़ाई नहीं हो सकती। आज कम्पनी बाग़ में जैसे मन लगा, मैं तुम्हें क्या बताऊँ। बहुत शान्ति है वहाँ। मैं खाना ले कर नहीं गया था, इसलिए मुझे आ जाना पड़ा। कल से अगर तुम सुबह मुझे चार रोटियाँ और कोई सूखी सब्ज़ी बना दिया करो तो मैं दिन भर पूरे सुकून और इत्मीनान से पढ़ सकूँगा।'

माँ उसके फ़ैसले से बहुत ख़ुश हुई थी और उसने अपने इस 'समझदार पुत्त' को यकीन दिलाया था कि वह सुबह उठते ही आलू-प्याज़ की सूखी तरकारी और पराँठे बना कर आम के अचार के साथ छोटे डिब्बे में रख कर कपड़े के टुकड़े से बाँध देगी। वह सही कहता है, मुहल्ले के शोर-शराबे में उतनी अच्छी तरह पढ़ाई नहीं हो सकती। यही नहीं, माँ ने उससे यह भी कहा था कि वह लस्सी भी घर से पी कर जाया करे। जितने पैसों में बाज़ार में हलवाई एक गिलास लस्सी बनाता है, घर में डेढ़ गिलास बन जायेगी। वह सुबह ही मेघनाथ से पाव भर दही और दो पेड़े मँगा कर उसे लस्सी भी बना देगी....

o

फ़र्स्ट क्लास के मुसाफ़िरख़ाने में अपने बिस्तर पर बैठे-बैठे एक व्यंग्य-भरी मुस्कान चेतन के होंटों पर खेल गयी, क्योंकि सुबह किताबें ले कर कम्पनी बाग़ जाने के बदले वह सामान समेट-सहेज कर चोरों की तरह घर से भाग आया था अब प्लैटफ़ॉर्म पर नवाँ शहर दोआबा पैसेंजर के लगने की प्रतीक्षा में बैठा निहायत बेदर्दी से अपना ही पोस्ट-मॉर्टम कर रहा था।

o

वास्तव में, माँ से बात पक्की करके वह रसोई-घर से निकला तो उसका ख़याल था कि वह सीधा नीचे बैठक में जायेगा और आध-एक घण्टा आराम करके पढ़ने बैठ जायेगा, लेकिन नीचे जाने के बदले उसके पाँव आप-से-आप चन्दा के कमरे की ओर बढ़ गये थे कि वह ज़रा चन्दा की तबियत का हाल-चाल लेता चले। सोचा उसने यही था कि वह दो मिनट खड़ा-खड़ा उसे देख कर चला आयेगा। लेकिन वह उस जादू को नहीं जानता था, जो आँखों में चाहत रखने वाली सुन्दर औरत अनजाने ही आदमी पर फूँक देती है और न वह उस प्रक्रिया ही से परिचित था, जो उस जादू के प्रभाव में मन के गुह्यतम स्तरों में चलती है और आदमी दस तरह की आत्म-वंचनाओं से उसे भुलाये रखता है और चेतन की स्थिति उस मक्खी की-सी थी, जो पनीली तश्तरी में पड़े गुड़ के टुकड़े पर बैठती है और पंखों के भीग जाने से फिर उड़ नहीं पाती।

o

कमरे में दाख़िल होते ही उसकी नज़र पहले नीला पर ही पड़ी थी। वह पायँते की ओर तकिया दोहरा करके उस पर कोहनी के बल लेटी, अपनी बहन से जतिया रही थी —हलके ज़हरमोहरे रंग की कमीज़, सफ़ेद शलवार और झिलमिल सितारों वाला जॉर्जेट का दुपटा....सफ़ेद शलवार से ज़रा-से बाहर निकले हुए गुलाबी तलवों वाले गोरे-गोरे पैर,

जिन्हें चेतन को देखते ही उसने सिकोड़ लिया और उठ कर बैठ गयी थी। और चेतन के ज़ेहन में अनजाने एक पंजाबी बोली कौंध गयी थी —

नी गड्डी विच्चों लत्त लमके

गोरे पैर स्लीपर काले

बल्लीए नीं, गड्डी विच्चों लत्त लमके

उसे नीला इतनी सुन्दर पहले कभी नहीं लगी थी। चेतन ठगा-सा खड़ा रह गया था। भूल गया था कि उसे चन्दा की तबियत का हाल-चाल पूछना है। क्षण भर मन्त्र-विद्ध-सा, मसहूर-सा[१] खड़ा रह कर उसने यूँ ही बात चलाने के लिए पूछ लिया था, "यह कमीज़ का इतना ख़ूबसूरत कपड़ा नीला, क्या तुमने बर्मा में ख़रीदा या अमृतसर में ? जालन्धर में तो यह किसी के देखा नहीं।"

"अक्याब से जीजा जी," नीला ने हँसते और चेतन के लिए पलँग पर जगह छोड़ कर ज़रा पीछे हटते हुए कहा था, "लक्ष्मी ही के स्टोर से।"

क्षणांश के लिए चेतन के मन में आया था कि वह पढ़ने का बहाना करके वापस हो जाये, लेकिन न चाहते हुए भी जैसे नीला की आँखों के सम्मोहन से बँधा वह पलँग की पट्टी पर उसकी ओर मुँह किये हुए बैठ गया था और उसने कहा था, "लक्ष्मी का तो जनरल मर्चेण्डाइज़ का स्टोर है, क्या वहाँ कपड़ा भी बिकता है ?"

"उसका स्टोर डिपार्टमेण्टल स्टोर है जीजा जी।" नीला ने हँस कर अपनी आँखें नचाते हुए कहा था।

"क्या मतलब ?" डिपार्टमेण्टल स्टोर क्या बला है, चेतन बिलकुल नहीं जानता था, "क्या वहाँ कपड़ा भी बिकता है ?" उसने पूछा था।

"कपड़ा भी, होज़री भी। ऊन, बनियानें, मोज़े और पचासों दूसरी चीज़ें जीजा जी।' नीला ने वैसे ही हँसते हुए कहा था, "बहुत बड़ा स्टोर है उसका। आप डिपार्टमेण्टल स्टोर की कल्पना नहीं कर सकते। जालन्धर तो क्या, अमृतसर और लाहौर में भी कोई वैसा स्टोर नहीं। सिंगापुर में है। लक्ष्मी के स्टोर में अलग-अलग डिपार्टमेण्ट हैं, और वहाँ अलग-अलग तरह की चीज़ें मिलती हैं।"

चन्दा ने अपने पलँग से तकिया उठा कर चेतन के पीछे रख दिया था, लेकिन चेतन का ध्यान नीला की ओर था। उसे इस बात का आभास हो चुका था कि चन्दा ने उसके पीछे तकिया रख दिया है, लेकिन उसने मुड़ कर नहीं देखा और हँसते हुए नीला से पूछा था कि इतने बड़े स्टोर में चोरी-चकारी तो नहीं होती और लक्ष्मी ने चोरों और उठाईगीरों से बचने के लिए क्या उपाय कर रखा है ?

"स्टोर के गेट पर तो उसने बन्दूकधारी पहरेदार रखे हुए हैं," नीला ने बताया था, "अन्दर जायें तो ज़रा भी मालूम नहीं होता कि वैसा कोई प्रबन्ध है, लेकिन दरअसल उसने ऐसे आदमी लगा रखे हैं, जो आम कपड़े पहने आम ग्राहकों से मिले हुए चोरों और उठाईगीरों पर नज़र रखते हैं। फिर उसने स्टोर में कई ऐसी जगहों पर शीशे लगा रखे हैं कि काउण्टर पर बैठे-बैठे सेल्समैनों को चोर-उचक्कों का फ़ौरन का फौरन पता चल जाता है।

---

१. मुग्ध-सा

लक्ष्मी बता रही थी कि उसके स्टोर में चोरी करके कोई बिना ग़िरफ़्तार हुए नहीं रह सकता।"

हालाँकि चेतन के मन में कोई कह रहा था कि उसे उठ कर चल देना चाहिए, लेकिन वह खाना खा कर आया था, उसकी आँखों में ग़नूदगी भर रही थी और शरीर पर आलस छाया जा रहा था। वह न चाहते हुए भी लेट गया और चूँकि नीला पायँते में बैठी थी, इसलिए उसने घुटने मोड़ लिये।

नीला पूर्ववत फसकड़ा मार कर बैठ गयी और हँसते हुए उसने कहा, "बस्ती के जैरथों की लक्ष्मी कितनी कुशल व्यापारी हो गयी है जीजा जी, कोई सोच भी नहीं सकता।"

और चेतन के निकट हो कर बात करने के लिए उसने अपनी दोनों बाँहें बड़ी बेतकल्लुफ़ी से चेतन के घुटनों पर टिका लीं और बोली, "अक्याब तो बहुत बड़ी बन्दरगाह है जीजा जी, दुनिया-जहान के मुसाफ़िर वहाँ आते हैं, लेकिन अमृतसर जैसे पुराने शहर में हमारे जेठ जी ने अपनी दुकान में छत पर कुछ इस तरह शीशे लगा रखे हैं कि नीचे बैठे ग्राहकों की हर हरकत पर उनकी नज़र रहती है और ग्राहकों को पता भी नहीं चलता कि उन पर नज़र रखी जा रही है।"

"क्या तुम्हारे जेठ जी ने विलायत में किसी स्टोर को देख कर वैसा प्रबन्ध किया है ?" चेतन ने अपनी अर्ध-निमीलित आँखों से उसकी ओर देखते हुए कहा था।

"हमारे जेठ जी तो जीजा जी, कभी अमृतसर से बाहर नहीं गये," नीला ने हँस कर कहा था, "लेकिन प्रबन्ध उन्होंने ऐसा ही पक्का कर रखा है।" उसने अपनी ठोड़ी बाँहों पर टिका ली और चेतन की आँखों में देखती हुई बोली, "हाल बाज़ार में उनकी दुकान बहुत लम्बी है। लेकिन चौड़ी उतनी नहीं। दुकान में दो तरफ़ कपड़े की अलमारियाँ हैं। छत पर गोदाम है, जहाँ पिछले हिस्से से सीढ़ियाँ चढ़ती हैं। दुकान की पूरी लम्बाई में अपने और कर्मचारियों के बैठने और ग्राहकों को कपड़े दिखाने के लिए तख़्त बिछे हुए हैं। उनके साथ ग्राहकों के लिए गद्देदार स्टूल लगे हुए हैं। स्टूलों के बाद मुश्किल से ग्राहकों के आने-जाने के लिए जगह बचती है। जेठ जी ख़ुद दुकान के शुरू ही में आगे बैठते हैं। मैं ब्याही गयी थी, तभी की बात है, एक शाम जेठ जी जब घर आये तो बेहद ग़ुस्से में थे और हँस भी रहे थे।"

अपने जेठ के ग़ुस्से और हँसी की बात सुनाते हुए नीला ने जैसे अनजाने अपनी ठोड़ी उठा कर, बाँहों से चेतन के घुटनों को बाँध लिया और पूर्ववत अपनी बात सुनाने लगी।

नीला के वक्ष की गर्मी चेतन के घुटनों से धीरे-धीरे उसकी शिराओं में फैलने लगी। कुछ अज़ीब-से आनन्द और नशे से अपनी नीम-ग़नूदा आँखों से उसे देखता और उसकी मीठी आँच में तपता हुआ वह उसकी बात सुनता रहा।

"जेठ जी किन्हीं दो चोर औरतों को कोस रहे थे," नीला ने अपनी बात जारी रखते हुए कहा था —"कि अच्छे घरों की औरतें भी कैसे चालाकी और चोरी से बाज़ नहीं आतीं। कम्बख़्त, समझती हैं कि सामने अहमक और उजबक बैठे हैं। नहीं जानतीं हम ज़माना खाये हुए हैं और मोमनी सूरतें हमें भरमा नहीं सकतीं। —यह कह कर खाना खाते हुए वे हँसे

थे।"

अपने जेठ की हँसी का उल्लेख करते हुए नीला भी हँसी थी और उसने चेतन के घुटनों को अपने सीने से भींच लिया था। फिर बात जारी रखते हुए उसने कहा था —

"दरअसल उस दिन उनके सामने बेंच पर गोद में बच्चा लिये हुए एक नौजवान औरत और उसकी कुँवारी बहन या ननद आ बैठी थीं और उन्होंने ब्लाउज़-पीस दिखाने की फ़रमाइश की थी। जेठ जी ने अपने आदमी से ब्लाउज़-पीसों की गठरी देने को कहा। उनके आदमी ने गठरी उनकी ओर बढ़ा दी। जेठ जी ने खोल कर उनके आगे रख दी। लड़की ब्लाउज़-पीस चुनने लगी। तब उस औरत ने बच्चे को चुटकी काट दी या क्या हुआ, वह अचानक बुक्का फाड़ कर रोने लगा। औरत ने जैसे घबरा कर अपने ब्लाउज़ के टिच बटन खोल डाले और उसकी छातियाँ एकदम नंगी हो गयीं। एक उसने बच्चे के मुँह में दे दी।"

घटना सुनाते हुए जोश में सहसा नीला ने चेतन के घुटने आज़ाद कर दिये और अपने हाथ से कमीज़ का बटन खोलने का अभिनय करते हुए बताया कि कैसे उस युवती ने वैसी हरकत की थी।

हालाँकि नीला ने कमीज़ का बटन नहीं खोला, लेकिन चेतन को लगा कि जैसे वह अपनी कमीज़ के बटन खोल देगी और उसकी दूधिया छातियाँ उसके सामने झलक उठेंगी। चेतन ने अपनी अधमुँधी आँखें बन्द कर लीं। कुछ अज़ीब-सी तन्द्रावस्था में नीला की आवाज़ उसके कानों में आने लगी।

"जब वह औरत यूँ बेहयाई से अपनी छातियाँ खोल कर बच्चे को दूध पिलाने लगी तब ज़ाहिर है कि जेठ जी ने अपनी आँखें उधर से हटा लीं। बस इस मौके का फ़ायदा उठाते हुए, उसके साथ वाली लड़की ब्जाउज़-पीस निकाल कर अपने बैग में ठूँसने लगी। अचानक छत के शीशे में जेठ जी की नज़र उस लड़की की हरकत पर गयी। उन्होंने उसी तरह सिर उठाये हुए, कड़क कर कहा कि बहन, जो ब्लाउज़-पीस तुमने बैग में रखे हैं, उन्हें वापस गठरी में रख दो....और उन्होंने अपने आदमी को हुक्म दिया कि वह उसके बैग से ब्लाउज़-पीस निकाल कर उन्हें गिने और गठरी में रख कर गठरी को उसकी जगह पर रख दे....उस औरत से उन्होंने कहा —'बीबी, दुकान बच्चे को दूध पिलाने के लिए मुनासिब जगह नहीं है। घर जा कर आराम से बच्चे को दूध पिलाओ'।"

चेतन ने आँखें खोल दीं। वह शायद ऊँघता हुआ नीला की बात सुन रहा था। उसने हैरत से देखा —चन्दा इस बीच अपने पलँग से उठ आयी थी, नीला ज़रा परे खिसक गयी थी और चन्दा ने अपने पति के घुटनों को हलके-से बायें बाज़ू में ले कर अपना बायाँ गाल उसके घुटने से लगा रखा था। उसने होंटों पर लिपस्टिक लगा रखी थी और उसके चेहरे पर पाउडर की परत साफ़ दिख रही थी।

वह चकित-सा अपनी पत्नी की ओर देखता रह गया था। उबटन और दन्दासे के अलावा एकाध बार छोड़ कर उसने कभी कोई अन्य प्रसाधन इस्तेमाल न किया था। बुख़ार से कमज़ोर दिखायी देने वाले उसके चेहरे को, जिसके दोनों गुलगोथने गालों में गड्ढे पड़ने लगे थे, वह पाउडर और लिपस्टिक कुछ अज़ीब-सा विरूप और दयनीय बना रही थी।

चेतन से आँखें मिलते ही चन्दा ने अपनी बत्तीसी खिला दी और कुछ ऐसी निगाह से उसकी ओर देखा, जिसमें न जाने कैसा ख़ामोश उलाहना, शिकायत और हसरत थी कि वह नज़र किसी तेज़ बरछी-सी चेतन के मर्म-स्थल को बेधती चली गयी थी....उसे ख़याल आया था, वह तो अपनी पत्नी की तबियत का हाल जानने आया था और इस बीच उसने चन्दा की ओर एक बार भी नहीं देखा था। उसके चेहरे का हलका-सा पाउडर, उसके होंटों की वह हलकी-सी सुर्ख़ी और उसकी आँखों की वह तृष्णा जैसे तीखे निश्तर थे, जो उसके हृदय को बेध रहे थे और उसकी वह ख़ामोशी न जाने अपने भीतर कैसी मुखरता छिपाये हुए थी।

....नीला अपने जेठ के बारे में क्या कह रही है, चेतन ने नहीं सुना। उसकी निगाहें अपनी पत्नी के चेहरे पर टिकी रहीं। उसके मन में अपार दया उमड़ आयी। उसने बड़े प्यार से अपना बायाँ हाथ अपनी पत्नी के चेहरे पर फेरा, धीरे से उसकी बाँह से घुटनों को आज़ाद किया और उठ बैठा। दोनों हाथों में उसका चेहरा ले कर उसने स्नेह से उसका मस्तक चूम लिया और पलँग से नीचे उतरते हुए खोखली-सी हँसी के साथ उसने अपनी साली की ओर पलट कर कहा —"नीला, तुम्हारी बातों में समय का कोई ध्यान नहीं रहता। अब मैं चलूँगा।"

वह कमरे से बाहर निकल आया था और उसने अपने पीछे दरवाज़ा भिड़ा दिया था।

०

"भरा जी....भरा जी....।"

जैसे कहीं दूर से चेतन के कानों में आवाज़ आयी। उसे लगा, जैसे किसी ने उसके मस्तक को छुआ है। वह शायद ऊँघ गया था। उसने आँखें खोल दीं....मेघनाथ उस पर झुका खड़ा था।

चेतन हड़बड़ा कर सीधा हो बैठा, "क्या गाड़ी स्टेशन पर लग गयी ?"

"उसमें तो थोड़ी देर है। मैं बाबू ओम प्रकाश से मिल कर बाऊ जी को आपके बहराम पहुँचने का तार दिलवा आया हूँ।"

"बड़ी देर लगा दी।"

"बाबू जी तो स्टेशन पर नहीं थे। उनके क्वार्टर से बुला कर लाया और उनसे तार दिलवाया।"

"तो चलें।" चेतन ने अँगड़ाई ले कर उठते हुए कहा।

"नहीं, आप चाहे बैठें। मैं ज़रा कुएँ से पानी पी आऊँ। प्लैटफ़ॉर्म पर बहुत धूप है, मैं जा कर देखूँगा, ज्योंही गाड़ी प्लैटफ़ॉर्म पर लगी, मैं आ कर आपको ले जाऊँगा।"

और वह तेज़-तेज़ मुसाफ़िरख़ाने की सीढ़ियाँ उतरता हुआ भाग गया।

लेकिन चेतन फिर नहीं बैठा। वह चुपचाप घूमने लगा। उसके मन में दुविधा थी कि अपनी आवेगशीलता में वह बेकार यूँ घबरा कर इतनी देर पहले घर से भाग आया। लेकिन उसने सोचा तो उसे लगा कि नहीं, उसने ठीक किया। और पिछली शाम की घटना पुनः उसकी आँखों में साकार हो उठी।

०

अपनी पत्नी को हसरत-भरी आँखें लिये अपने घुटने के साथ लगी देख कर उसकी तकलीफ़ के एहसास से चौंक कर चेतन पलँग से उतरा था तो उसने सोचा था कि वह सीधा नीचे बैठक में जा कर अपनी मेज़ पर पढ़ने बैठ जायेगा। लेकिन चन्दा के कमरे से निकल कर दरवाज़ा भेड़ने के बाद चेतन वहीं दालान में घूमने लगा था। सहसा कुछ अज़ीब-सी आत्म-भर्त्सना और आत्म-ग्लानि से उसका मन कचोट उठा था....अपनी सुन्दर, छोटी बहन को पूरा शृंगार किये अपने पति के घुटनों को बाँहों में बाँधे, उससे बतियाते देख कर उसकी भोली और सहज-विश्वासी पत्नी के मन पर क्या नहीं गुज़रा होगा! उसके मन में कैसी ईर्ष्या न जगी होगी! उसके भोले मन में आया होगा कि वह भी शृंगार करके अपने पति का ध्यान खींचे और वह ख़ुद, जो उसे देखने, उसका हाल-चाल पूछने आया था, उसने यह भी नहीं देखा था कि उसकी पत्नी ने हलका-सा शृंगार किया हुआ है....अपने घुटने से लगे, कुछ अज़ीब-सी दयनीयता, संकोच, लज्जा और तृष्णा से मुस्कराते चन्दा के उस चेहरे की याद से फिर वही बरछी-सी चेतन के मर्म भेद गयी। नहीं, वह अपनी पत्नी को और यातना नहीं देगा। वह अपने आप पर अंकुश लगा लेगा....वह उस कमरे में फिर नहीं आयेगा। वह चन्दा को भी आश्वस्त कर देगा....और हठात दरवाज़े पर जा कर उसने कहा —"चन्दा, ज़रा मेरी बात सुनना।"

दूसरे क्षण चन्दा कदरे सहमी-सी बाहर आ गयी थी। उसने यही समझा था कि उस वक्त, जब वह नीला की बात सुन रहा था, उसके घुटनों से उसका जा लगना उसके पति को बुरा लगा है।

चेतन उसे दालान के पच्छिम वाले अँधेरे कमरे में ले गया था। उसने उससे ज़्यादा बात नहीं की थी। उसने चुपचाप उसे अपनी बाँहों में भर कर चूम लिया था और कहा था —"देखो मेरी जान, तुम बहुत भोली हो। तुमने नीला को बुला कर अच्छा नहीं किया। वह शोख़ और दबंग है और लगता है, अब भी मुझे चाहती है। मेरी पढ़ाई डिस्टर्ब हो रही है और तुम तकलीफ़ पा रही हो। इसमें क्या तुक है। अब कल से मैं तुम्हारे कमरे में नहीं आऊँगा। माँ से मैंने दोपहर के लिए सूखी तरकारी के साथ चार रोटियाँ डिब्बे में बन्द कर देने को कह दिया है। मैं सूरज-छिपे ही आया करूँगा। तुम मुझे माफ़ कर देना।"

"नीला तो शुरू से ही चंचल है," चन्दा के स्वर में हलकी-सी भरभराहट थी, "वह आना चाहती थी तो मैं कैसे उसे मना कर देती। आप ठीक सोचते हैं। आपकी पढ़ाई का हर्ज होता है। इतने दिन आप आते रहे, अब आप अपनी पढ़ाई का देखिए।"

और चेतन अपनी पत्नी को ज़रा-सा अपने साथ दबा कर, मन में ज़रा हलका हो कर नीचे भाग आया था।

लेकिन नीचे बैठक में आ कर वह मेज़ पर नहीं बैठ सका। उसने चन्दा से कहा था कि नीला शोख़ और दबंग है और लगता है कि मुझे अब भी चाहती है। सीढ़ियाँ उतरते हुए उसके मन में आया —क्या कसूर नीला ही का है, उसका कोई कसूर नहीं ? वही उसे चाहती है, वह उसे नहीं चाहता ?....और बैठक में आ कर मेज़ पर बैठने की बजाय वह घूमने लगा था।

अपने अन्तर में उसने झाँका तो उसे लगा कि वह अब भी नीला को कहीं बहुत

चाहता है। यह ठीक है कि वह अपनी पत्नी को बहुत मानता है, बहुत प्यार करता है, उसी के लिए वह कानून की पढ़ाई कर रहा है....लेकिन वह नीला को एकदम नहीं भूला। उसके मन के किसी दबे-छिपे कोने में उसके लिए चाहत न होती तो उस वक्त, जब उसने फ़ैसला कर लिया था कि वह अपनी पत्नी के कमरे में नहीं जायेगा, वह कैसे चला जाता ? इसकी भी क्या गारण्टी है कि वह फिर किसी-न-किसी बहाने वहाँ नहीं चला जायेगा। या नीला ही उससे नहीं आ मिलेगी ?....चेतन का दिमाग़ परेशान हो गया। वह क्या करे ?....कैसे इस चक्कर से निकले ?....उसे भय था कि नीला की मौजूदगी में वह पढ़ाई नहीं कर सकेगा। उसे वह इत्मीनान और एकाग्रता मुयस्सर नहीं होगी, जो अच्छे नम्बरों से परीक्षा पास करने के लिए पढ़ते समय ज़रूरी है। उसे यकीन था, उसके अन्तर का कोई कोना ज़रूर नीला की उपस्थिति से भरा रहेगा....वह पढ़ेगा....रटेगा....लेकिन उसका सारा अध्ययन और उसकी सारी रटन्त उसके अन्तर में पैठ नहीं पायेगी....वह कहाँ जाये ?....कैसे इस परिस्थिति से पार पाये ?

तभी उसके मन में सहसा ख़याल उठा कि अगर उसकी जगह उसके पिता होते तो क्या वे उसकी तरह परेशान होते ?....चेतन ने मन-ही-मन ज़ोर का ठहाका लगाया....वे एक क्षण भी नहीं सोचते और निर्द्वन्द्व भाव से अपनी ऐसी शोख़ और चुलबुली साली को अपनी हवस का शिकार बना लेते....चेतन के सामने अपने पिता की रखैल, उनके सार्जेण्ट-मित्र की कलाल पत्नी, लक्ष्मी और उसकी जवान सुन्दर लड़की तारा की सूरतें घूम गयीं। वे उन माँ-बेटी को घर ले आते थे और चेतन की माँ का ज़रा भी ख़याल किये बिना, लक्ष्मी को भी चूम लेते थे और उसकी बेटी को भी....चेतन को याद आया, वे भगवान कृष्ण की प्रशंसा किया करते थे, जिसने जरासन्ध के रनिवास की सोलह हज़ार रानियों को अंगीकार कर लिया था....ज्यादा-से-ज़्यादा औरतें रखने वाला और ज़्यादा-से-ज़्यादा बच्चे पैदा करने वाला ही उनके निकट मर्द था, बाकि सब नामर्द थे.... बैठक में घूमते हुए चेतन को अपने उस ज़ालिम और क्रूर और क्रूड पिता पर दया हो आयी, जिसने प्यार जैसे कोमल जज़्बे को जाना ही नहीं था। स्त्री-पुरुष के आपसी सम्बन्धों में जिसके पास कोरी पाशविकता थी....लेकिन वह न तो अपने पिता जैसा क्रूर हो सकता है, न क्रूड....वह लाख नीला को चाहता हो....नीला लाख उससे प्यार करती हो....लेकिन वह चन्दा जैसी सहज, सहिष्णु, सरल, प्यार और विश्वास देने वाली बीवी से विश्वासघात नहीं कर सकता....कहीं नीला परम एकान्त में भी उसके पलँग पर आ जाये तो वह कुछ कर सकेगा, उसे सन्देह था....उस वक्त भी उसे चन्दा का ख़याल आता रहेगा, नीला के पति का ख़याल आता रहेगा और उसके सारे जोश को ठण्डा कर देगा....फिर वह बेकार क्यों इस आग में जल रहा है....उसे इस दुश्चक्र से निकल जाना चाहिए....पर कैसे ?....उसे कुछ भी समझ न आ रहा था और वह बेचैनी से बैठक में घूमे जा रहा था।

तभी आँगन की पदचाप से वह चौंका। चन्दा थी।

"क्या बात है चन्दा ?" उसने सहसा रुक कर पूछा था।

"जी, बस्ती से रणवीर आया है।"

"तो!"

"उसकी साली त्रिलोक का सुन कर लालड़ाँ से आयी है। रणवीर नीला को लेने आया है और ज़ोर दे रहा है कि मैं भी दो-चार दिन के लिए उसके साथ बस्ती चलूँ।"

"तुम जाना चाहती हो ?"

"सोचती हूँ, चली जाऊँ। यहाँ आपकी पढ़ाई का हर्ज हो रहा है। मैं नीला के साथ चली जाऊँगी तो आप आराम से पढ़ सकेंगे।"

वह कहना चाहती थी कि वह नीला के साथ चली जायेगी तो नीला को फिर आने का बहाना नहीं रहेगा। पर उसने यह नहीं कहा। चेतन समझ गया। उसने कहा —"लेकिन तुम कमज़ोर हो। यहाँ से पैदल चल कर बस्ती के अड्डे तक जाओगी, बच्चे को उठा कर...."

"बच्चे को रणवीर उठा लेगा।" चन्दा ने उसकी बात काट कर कहा था।

"नहीं," चेतन के स्वर में दृढ़ता थी। "रणवीर तुम्हें भी ले जाना चाहता है तो वह सैयदाँ गेट से ख़रादियाँ के चौक का ताँगा ले आये। यहाँ से ले जाये और यहीं छोड़ जाये। तुम इतनी दूर चल कर जाओ और तुम्हें बुख़ार हो जाये, यह नहीं हो सकता....लेकिन तुम उससे कुछ मत कहो। जा कर तैयारी करो और रणवीर को मेरे पास भेज दो। उससे कहना —मैं चली जाऊँगी, तुम अपने जीजा जी से पूछ लो।"

चन्दा सन्तुष्ट चली गयी थी। दूसरे ही क्षण रणवीर आ गया था। चेतन ने उसे चन्दा की सेहत के बारे में समझाया था तो वह उसे ख़रादियाँ के चौक से ताँगे पर ले जाने और वापस वहीं छोड़ जाने के लिए तैयार हो गया था। चेतन उन्हें ताँगे पर छोड़ने गया था। उसने बड़ी एहतियात से चन्दा को ताँगे में बैठा कर बच्चे को उसकी गोद में दे दिया था। तब रणवीर से उसने कहा था —"रणवीर, अपनी बहन से बच्चे को ले लेना। यह बहुत जल्दी थक जाती है।"

रणवीर ताँगे में अगली सीट पर बैठा था। उसने वहीं से बच्चे को ले कर अपनी गोद में बैठा लिया था।

नीला सबसे आख़िर में बैठी थी। चेतन के मन में मचे उस तूफ़ान से नितान्त अनभिज्ञ-सी उसने हँस कर कहा था, "जीजा जी, मैं जब से आयी हूँ, अपनी ही सुनाती रही हूँ। आपकी तो मैंने एक बात नहीं सुनी और मैं तो आपकी बातें सुनने आयी थी।" और हँसते तथा ताँगे में बैठते हुए उसने कहा था, "विमला लालड़ाँ से आ गयी है, मेरा जाना ज़रूरी है, पर आप फ़िक्र न कीजिए, मैं सुबह ही आ जाऊँगी।"

"सुबह तुम कैसे आ जाओगी ?" रणवीर ने पलट कर कहा था, "मैं चन्दा बहन को ले जा रहा हूँ। पाँच-सात दिन तो यह बस्ती रहेगी।"

"नहीं, मैं सुबह ही आ जाऊँगी। जाने फिर मैं कभी बर्मा से आ पाती हूँ या नहीं। जीजा जी की बातें कहाँ सुनने को मिलेंगी। चन्दा बहन भी मेरे साथ ही सबेरे आ जायेगी।" और उसने चन्दा की ओर मुड़ कर कहा था, "क्यों चन्दा बहन।"

चन्दा क्या कहे, वह कोई उत्तर न दे पायी थी। तब चेतन ने कहा था, "तुम्हें सुबह ही वापस आना है तो इसे क्यों बेकार थकाती हो। इसे छोड़ जाओ।"

"अरे जीजा जी, मैं चन्दा बहन को आराम से ले जाऊँगी और आराम से सुबह ले

आऊँगी। आप बिलकुल फ़िक्र न कीजिए।"

और उसने ताँगे वाले को प्यार से 'मोया'[१] की उपाधि देते हुए ताँगा उड़ा चलने के लिए कहा था।

ताँगा चला गया तो चेतन क्षण भर वहीं खड़ा रह गया था। फिर उसके कानों में नीला के शब्द गूँज गये थे कि वह सुबह ही आ जायेगी। हठात उसने तय किया कि वह सुबह उसके आने से पहले अपने पिता के पास बहरामपुर चला जायेगा और वहीं स्टेशन के एकान्त में पूरे मनोयोग से परीक्षा की तैयारी करेगा।

घर जा कर उसने माँ से कहा था —

'माँ, यहाँ रह कर पढ़ाई नहीं हो सकती। मैंने तय किया है कि मैं सुबह पिताजी के पास बहराम चला जाऊँ और वहाँ पूरा ध्यान लगा कर परीक्षा की तैयारी करूँ।"

"तूँ पुत्त, बिलकुल ठीक सोच्चेया ए," माँ ने एकदम प्रसन्न हो कहा था, "मैं आप तैन्नूँ एहीओ कहन वाली सी। ओत्थे अपनी पढ़ाई वी करीं ते रता अपने बाऊ जी ते वी नज़र रक्खीं। मैं सुनदी आँ कि ओस काँटे वाले नत्थू दे घर खान्दे-पीन्दे अते अपनी कमाई ओत्थे ई बरबाद करदे ने। एत्थे दी हालत ते बच्चा, तूँ जानदा ई एँ।"[२]

चेतन ने माँ को आश्वासन दिया था कि वह यथाशक्य उसकी इच्छा पूरी करेगा और नीचे बैठक में जा कर वह अपना सामान समेटने लगा था।

०

मेघनाथ अभी नहीं आया था। कल्पना तो हमेशा समय से तेज़ दौड़ती है, आदमी मन-ही-मन पूरी ज़िन्दगी का लेखा-जोखा ले लेता है और उसे लगता है कि उसने अपनी सोच में बहुत समय गुज़ार दिया, जबकि कुछ ही क्षण बीते होते हैं। यही स्थिति चेतन की थी। गाड़ी को प्लैटफ़ॉर्म पर लगने में शायद अभी कुछ देर थी। वह फिर जा कर बिस्तर पर बैठ गया, लेकिन इस बार उसने पैर नहीं पसारे, न पीठ दीवार से लगायी और न आँखें बन्द कीं। घुटनों पर कोहनियाँ रखे, बन्द हथेलियों पर ठोड़ी टिकाये, वह प्रकट सामने देख रहा था, लेकिन दरअसल उसके सामने सुबह का अपना भय और आवेग मूर्तिमान हो आया था।

०

पिछली शाम उसने सारी किताबें गठरी में बाँध ली थीं, नोट-बुकें और कापियाँ सावधानी के तौर पर कपड़ों के साथ टीन के सूटकेस में रख ली थीं। सूटकेस भारी हो गया था, लेकिन उसके लिए कापियाँ और नोट-बुकें किताबों से ज़्यादा मूल्यवान थीं, इसलिए सावधानी उसे ज़रूरी लगी थी। सुबह निबट-नहा कर वह चलने के लिए तैयार हो गया था। माँ चाहती थी कि वह नाश्ता कर ले, गाड़ी ख़ासी देर से चलती थी, लेकिन चेतन ने इनकार कर दिया था। उसने माँ को यकीन दिलाया था कि वह रास्ते में हलवाई की दुकान

---

१. मरे —प्यार-भरी पंजाबी गाली।

२. बेटा, तुमने बिलुकल ठीक सोचा है। मैं मुझसे स्वयं यही कहने वाली थी। वहाँ पढ़ाई भी करना और ज़रा अपने पिता पर भी नज़र रखना। मैंने सुना है कि वे उस सिग्नलमैन नत्थू के घर खाते-पीते और अपनी कमाई वहीं बरबाद करते हैं। यहाँ की हालत तो बच्चा, तू जानता ही है।

से लस्सी का गिलास पी लेगा। गाड़ी दोपहर से पहले बहराम पहुँचती थी। खाना वहीं जा कर खा लेगा, वह चिन्ता न करे।

पहले उसने सोचा था कि मेघनाथ को भेज कर सैयदाँ गेट से ताँगा मँगा ले, लेकिन उसे नीला का कोई भरोसा नहीं था और वह उसके आने पहले घर से निकल जाना चाहता था। सच्ची बात यह है कि नीला से कहीं ज़्यादा वह अपने आप से भयभीत था। वह नाश्ता करने लगे और वे आ जायें, नीला या चन्दा औपचारिक रूप से भी एकाध दिन रुक कर आराम करने को कहे, तो वह जानता था कि इनकार करना उसके लिए मुश्किल हो जायेगा। और वह एक दिन बहुत लम्बा भी हो सकता था। वह जानता था कि वह बहुत कमज़ोर आदमी है। जब वह चन्दा के कमरे में न जाने का फ़ैसला करके जा सकता था तो फिर वह नीला और चन्दा के आने पर रुक भी सकता था। वह गाड़ी में बैठ कर ही आश्वस्त होना चाहता था।

उसने माँ को प्रणाम किया था, कहा था कि पंजपीर से लस्सी भी पी लेगा और ताँगा भी ले लेगा। बिस्तर और किताबों की गठरी उसने मेघनाथ के सिर लादी, सूटकेस ख़ुद उठाया और घर से निकल पड़ा था।

लस्सी तो उसने पंजपीर के हलवाई की दुकान से पी ली थी, पर कोट पंजपीर के बाद सड़क जहाँ अड्डा होशियारपुर से स्टेशन को जाने वाली सड़क में मिलती थी, वहाँ सामान सड़क के किनारे रखे काफ़ी देर रुकने के बावजूद, उन्हें किसी ताँगे या इक्के में सीटें न मिली थीं। लाचार वह सूटकेस पुनः कन्धे पर उठा कर चल पड़ा था और किशन प्रेस तक पहुँचते-न-पहुँचते उसकी दुर्गत हो गयी थी।

बात यह थी कि सूटकेस पुराना था। टीन का था। भारी होने की वजह से उसका किनारा कमीज़ में धँसता हुआ हँसुली की हड्डी में गड़ने लगता था। पहले उसने उसे बायें कन्धे पर उठाया था, फिर दायें पर। जब दोनों कन्धों ने जवाब दे दिया था तो वह कभी दायें हाथ में उसे ले कर बोझ से किंचित दायीं ओर झुक कर चलता हुआ, कभी बायें हाथ में ले कर और बायीं ओर झुक कर चींटी की चाल चला आया था। बोझ उठाने की आदत उसे रही नहीं थी। उसके कन्धे दर्द कर रहे थे और दोनों बाँहें अकड़ गयी थीं। उसके छोटे भाई ने पंजपीर पर भी उससे कहा था और सिनेमा हॉल के करीब भी कि वह सूटकेस उसे दे दे। वह मज़े से उसे दायें हाथ में उठा कर स्टेशन तक ले जायेगा, लेकिन चेतन को स्वीकार नहीं हुआ था।

जब वह किशन प्रेस से चला तो अचानक अपने छोटे भाई को सिर पर बिस्तर और किताबों की गठरी उठाये, बिना थके या सुस्ताये मज़े से चले जाते देख कर उसे ख़याल आया कि वह भी क्यों न उसकी तरह सूटकेस सिर पर उठा ले। सूटकेस के पेंदे में तो कोना होगा नहीं, जो सिर में गड़े। कुछ ही वर्ष पहले जब वह मैट्रिक में पढ़ता था और पिता के पास जाता था तो वे किरोसिन तेल का भरा कनस्तर देते थे और वह उसे स्टेशन से सिर पर उठा कर घर ले आता था।

तब वह पगड़ी बाँधता था —उसने सोचा —और पगड़ी गुड़री का काम देती थी। अब उसका सिर नंगा था....लेकिन उसके सिर पर घने, घुँघराले बाल थे जो गुड़री का काम

दे सकते थे। उसके कन्धे और बाँहें इतना दर्द करने लगी थीं कि उसने नंगे सिर सूटकेस उठाने का फ़ैसला कर लिया....तभी हठात उसे ख़याल आया, अगर उसका कोई सहपाठी अथवा लाहौर का परिचित मिल गया तो....नहीं, कुलियों की तरह उससे सूटकेस नहीं उठाया जायेगा....तभी उसने सोचा कि उसका भाई सिर पर बिस्तर उठा सकता है तो वह सूटकेस क्यों नहीं उठा सकता ? लाहौर का कोई सहपाठी या परिचित मिल जायेगा तो कौन-सी कयामत आ जायेगी! और बीसियों बार सुनी माँ की नसीहत उसके कानों में गूँज गयी थी —अपने पाँव धोती कोई बाँदी नहीं कहाती....उसने सूटकेस सिर पर उठा लिया था और किंचित गर्व से सिर उठा कर चलने लगा था।

लेकिन सिर पर पगड़ी या गुड़री न होने से उसे सूटकेस को दोनों हाथों से थामना पड़ा था। मुश्किल से वह स्टेशन की सराय के करीब पहुँचा होगा कि उसकी दोनों बाँहें थक गयीं और गर्व से अकड़ी गर्दन सचमुच अकड़ गयी थी। उसने सूटकेस उतार कर फिर दायें हाथ में ले लिया था और बड़ी मुश्किल से उसे दोनों हाथों में अदलता-बदलता स्टेशन पहुँचा था। फ़र्स्ट क्लास के मुसाफ़िरख़ाने की सीढ़ियों पर सूटकेस रख कर उसने सुख की साँस ली थी।

o

"चलिए भाई साहब, गाड़ी प्लैटफ़ॉर्म पर आ रही है।" मेघनाथ ने वापस आ कर सूचना दी।

चेतन ने उठ कर बिस्तर उसके सिर पर लदवाया, किताबों की गठरी उठा कर बिस्तर पर रख दी और सूटकेस को ख़ुद उठा कर चलने लगा। तब अचानक मेघनाथ ने कहा — "लाइए भाई साहब, सूटकेस मुझे दे दीजिए। पुल के पार जाना होगा। आपको परेशानी होगी।"

क्षण भर के लिए चेतन की आँखों में स्टेशन का रास्ता और सूटकेस उठा कर चलने की सारी यातना घूम गयी। उसे अपनी मूर्खता और अहम्मन्यता पर ग़ुस्सा आया। वह किस पर रोब ग़ालिब कर रहा था ? क्या मेघनाथ देख नहीं रहा था कि सूटकेस उठा कर चलने में उसकी फूँक सरकी जा रही थी। वह उसका छोटा भाई था। माँ के उपदेशों और घर की परम्परा के मुताबिक उसका फ़र्ज था कि अपने बड़े भाई को ज़रा भी तकलीफ़ न होने दे। जब सूटकेस उठा कर पंजपीर तक पहुँचते-पहुँचते उसका कन्धा दुखने लगा था तो उसे अपने छोटे भाई से कहना चाहिए था —'मेघनाथ, यह मेरे लिए भारी पड़ता है, इसे तुम उठा लो'....वह नहीं कह सका था तो उस वक्त जब मेघनाथ ने स्वयं पेशकश की थी, उसे निःसंकोच सूटकेस उसे दे देना चाहिए था....और चेतन के जी में आयी कि वह सूटकेस अपने छोटे भाई को उठा लेने दे।

लेकिन तभी उसकी आँखों में दूसरा चित्र उभरा —उसका छोटा भाई सिर पर बिस्तर, उस पर किताबों की गठरी लादे और दायें हाथ में भारी सूटकेस लिये है और वह उसके साथ ख़ाली हाथ प्लैटफ़ॉर्म पर चला जा रहा है....'नहीं, यह नहीं हो सकता,' उसने मन-ही-मन कहा —'मेघनाथ कुली नहीं, मेरा छोटा भाई है'....और उसने कहा —

"नहीं मेघनाथ, तुम फ़िक्र न करो। तुम चलो। ज़रा ही-सा तो फ़ासला है। जब मैं

घर से यहाँ तक उठा कर ला सकता हूँ तो गाड़ी तक भी ले चलूँगा।"

और वह दायें हाथ में सूटकेस उठाये, दायाँ कन्धा ज़रा झुकाये, मेघनाथ के साथ-साथ चल पड़ा था।

०

इण्टर के डिब्बे में उसके सिवा कोई सवारी नहीं थी। अपनी सीट पर बैठ कर चेतन सोच रहा था —नीला बस्ती से आयी होगी तो यह जान कर कि वह बहराम चला गया है, उसका हँसमुख और सुन्दर, उत्साह-भरा चेहरा एकदम उतर गया होगा....चेतन का मन मसोस भी उठा और उसे अपने यूँ भाग जाने पर गर्व भी हुआ। सहसा मन-ही-मन नीला को सम्बोधित करते हुए उसने कहा —'नीला मुझे माफ़ कर दो। तुम ने एक बहुत ही कमज़ोर आदमी से प्यार किया है। मैं तुम्हारे प्यार के योग्य नहीं।'....और उसकी आँखों में उसके बायें घुटने से लगा चन्दा का वही दयनीय चेहरा आ गया —उसकी वही संकोच और लज्जा और अस्वस्तिभरी मुस्कान और बरछी-सी काटती उसकी हसरत-भरी निगाह....'नहीं,' उसने मन-ही-मन कहा, 'मैं अपने पिता-ऐसा ज़ालिम, क्रूर और कैलस नहीं हो सकता। मैं चन्दा-ऐसी पत्नी से विश्वासघात नहीं कर सकता। उसे और तकलीफ़ नहीं पहुँचा सकता....'

गाड़ी चल पड़ी थी। ठण्डी हवा के झोंके आने लगे थे। चेतन की आँखों में तन्द्रा छाने लगी। इतने दिन से उसके दिमाग़ में मचने वाला बवण्डर थम गया था। तनाव-मुक्त हो कर वह गहरी नींद सो गया।

☒☒☒

पाँचवाँ खण्ड

२६

प्लैटफ़ॉर्म के पश्चिमी किनारे पर चेतन रुक गया। उसने निगाहें उठायीं। सामने शाम की आख़िरी गाड़ी जालन्धर की ओर जा रही थी। गार्ड के डिब्बे के पीछे लगी डी० एस० — डिवीज़नल सुपरिण्टेण्डेण्ट — की वैन पर निगाहें जमाये, वह उसे क्षण-क्षण दूर, और आकार में लघु-से-लघुतर होते देखता रहा, यहाँ तक कि वह एक बिन्दु-सी नज़र आने लगी और फिर नज़रों से ओझल हो गयी। सिर्फ़ दूर रेल की पटरियाँ पश्चिम में डूबते सूरज की रोशनी में कुछ क्षण चमकती रहीं, फिर काली पड़ गयीं।

रेल की पटरियों से निगाह उठा कर चेतन ने दायें-बायें देखा। चारों तरफ़ सरे-शाम बेपनाह सन्नाटा और सूनापन उतर आया था। पक्की फ़सलों के भूरेपन में कहीं-कहीं शटाला और सेंजी की हरियाली झाँक रही थी और दूर घने पेड़ों के झुण्ड के पीछे बहरामपुर का गाँव छिपा था। बायीं ओर ज़रा इधर, इंजिन से निकला धुआँ पतले-से काले बादल की लकीर-सा पेड़ों की फुनगियों पर तना हुआ था। चेतन मन्त्र-मुग्ध-सा उसे देखता रहा। फिर हवा उसे बहा कर ले गयी। चेतन मुड़ा। उसका जी हुआ दो क्षण प्लैटफ़ॉर्म पर कनेर के पेड़ की छाया में बिछी बेंच पर बैठ कर चारों ओर से उतरती शाम के सन्नाटे का लुत्फ़ उठाये। वह बहुत देर से प्लैटफ़ॉर्म के पश्चिमी किनारे से दूर माल-गोदाम के पूर्वी किनारे तक घूमता हुआ हाथ में किताब लिये, बीच-बीच में उसे खोल कर ज़ाब्ता दीवानी के महत्वपूर्ण प्रश्नों के उत्तर रट रहा था और थोड़ा थक गया था। वह बेंच की ओर बढ़ा।

अपने ध्यान में मग्न, वह बेंच पर बैठने जा रहा था। बेध्यानी में सहारे के लिए उसने बेंच के बाज़ू पर हाथ रखा, लेकिन दूसरे ही पल उसने उसे ऐसे हटाया और बैठता-बैठता सीधा खड़ा हो गया, जैसे उसका हाथ साँप पर पड़ गया हो। हुआ सिर्फ़ यह था कि उसके हाथ की पाँचों उँगलियाँ बेंच पर पुते गहरे हरे रोग़न से लिथड़ गयी थीं, जो दो दिन की धूप के बावजूद अभी तक सूखा न था और ख़ासा गाढ़ा और चिपचिपा हो गया था।

चेतन मुड़ा। ज़रा झुक कर उसने सीट को छुआ। लकड़ी की पट्टियों पर रोग़न नहीं था, लेकिन बेंच के सारे लोहे के फ्रेम —पीठ, बाज़ुओं, मोटे-मोटे पायों —पर गहरा हरा रोग़न पुता था।

'अच्छा हुआ, मैं बैठा नहीं,' चेतन ने मन-ही-मन कदरे हँसते हुए कहा, 'अभी तो हाथ ही ख़राब हुआ है, बैठ जाता तो कमीज़ और तहमद पर गाढ़े हरे चकत्ते पड़ जाते और बोतल भर मिट्टी के तेल से भी साफ़ न होते।'

पलट कर उसने दायीं ओर को बढ़ कर लैम्प पोस्ट से हाथ रगड़ कर साफ़ करने की कोशिश की। वह और भी लिथड़ गया। लैम्प पोस्ट का रोग़न भी गीला था।

'मुझे क्या हो गया है,' चेतन मन-ही-मन झुँझलाया, 'मेरा ध्यान किधर है ? दो दिन

पहले मैंने इन सब को रँगे जाते देखा है। यह गाढ़ा रोग़न तो कई बार हफ़्ता-हफ़्ता भर पूरी तरह नहीं सूखता। दिन की रोशनी होती, धूप तेज़ होती तो रोग़न जहाँ भी गीला होता, चमकता। शाम के नीम-अँधेरे में उसे न बेंच पर कहीं चमक दिखायी दी थी, न लैम्प पोस्ट पर, और उसके दायें हाथ की हथेली गीले रोग़न से बुरी तरह लिथड़ गयी थी।

मन-ही-मन अपनी बेख़याली और मूर्खता पर हँसता हुआ चेतन प्लैटफ़ॉर्म के किनारे आया। वहाँ प्लैटफ़ॉर्म के किनारे-किनारे एक सिरे से दूसरे सिरे तक लगी आयताकार सिलों की पट्टी पर उकड़ूँ बैठ गया और उसने दायाँ हाथ सिल के कोने पर रगड़ा। रंग उतरा तो नहीं, पर उसका चिपचिपापन दूर हो गया।

'इसे घर जा कर किरोसिन तेल से ही साफ़ करना पड़ेगा,' उसने मन-ही-मन कहा और उठ कर क्वार्टर की ओर चल पड़ा।

०

वास्तव में जालन्धर को जाती हुई गाड़ी के पीछे लगी डी० एस० की वैन को देख कर उसका ध्यान पिछले चार दिनों के उस अत्यधिक श्रम और निष्ठा-भरी ताबड़-तोड़ तैयारी पर चला गया था, जिससे काम ले कर उसके पिता ने (डी० एस० से अच्छी रिपोर्ट पाने की ख़ातिर से) दिन-रात की मेहनत करके स्टेशन का काया-कल्प कर दिया था।

पाँच दिन पहले वह बहराम पहुँचा था। दिन भर क्वार्टर में पढ़ने के बाद शाम को स्टेशन पर गया था तो शाम के सन्नाटे में स्टेशन की इमारत, मुसाफिरख़ाने का गेट, लैम्पों के खम्भे, सिग्नलों की चर्ख़ियाँ, मुसाफिरख़ाने की मेहराबों के बीच खम्भे की खूँटी से बँधा रेल की पटरी का, निचले किनारे पर बीच से कटा टुकड़ा (जिसमें मुँगरी इधर-उधर हिला कर 'टन-टन' आवाज़ करता हुआ नत्थू काँटे वाला घण्टी बजा कर गाड़ी के आने या स्टेशन से चलने की सूचना देता था और उस घण्टी की आवाज़ मीलों तक सुनाई देती थी) —वह सब चेतन को बेहद उदास लगा था। वह दफ़्तर के अन्दर गया था तो उसके पिता तार की मेज़ पर बैठे थे और उनका मुसलमान असिस्टेण्ट सैयद शहाबुद्दीन टिकट की खिड़की के आगे खड़ा, पिछली गाड़ी के बिके हुए टिकटों के पैसे गिन कर उनका योग रजिस्टर में यथा-स्थान दर्ज कर रहा था।

दूसरे क्षण उसके पिता तार बन्द करके उठे और उन्होंने अपने असिस्टेण्ट को इत्तला दी —"कल ही हेड ऑफ़िस से रँगाई-पुताई और सफ़ाई करने वाले अफ़सरान अपने ऐले-फ़ैले के साथ आ जायेंगे और स्टेशन की पुताई-रँगाई और सफ़ाई शुरू हो जायेगी। हमें भी अपने सारे रजिस्टर ठीक करके सब कुछ टिच-टाच करना होगा।"

"आप फ़िक्र न करें पण्डित जी, सब कुछ फ़र्स्ट क्लास हो जायेगा।" और असिटेण्ट स्टेशन मास्टर ने विश्वास दिलाया था कि उस ओर से पण्डित जी को कोई शिकायत न होगी।

चेतन के पिता प्रसन्न भाव से मुड़े और अपने बेटे को कन्धे से थामे, अपने साथ लेते हुए, दफ़्तर से बाहर निकल आये थे।

"देखो बेटा," उन्होंने उसे समझाते हुए कहा था, "परसों हेड ऑफ़िस से सरक्युलर आया था कि २ अप्रैल को डी० एस० दौरे पर आयेंगे। मैंने वर्क्स ऑफ़िसर को तार दिया

था कि फ़ौरन पुताई-रँगाई वाले मज़दूरों और सैनेट्री इन्स्पेक्टर को भेजा जाये। अभी तार आया है —कल से मज़दूरों और दूसरे वर्कर्ज़ की गारद आ जायेगी। सैनेट्री इन्स्पेक्टर भी अपने अमले के साथ आ जायेगा। हम दिन-रात बिज़ी रहेंगे। तुम दोपहर या शाम को खाने के वक्त मेरा इन्तज़ार न करना। मैंने मंगल पानी वाले से कह दिया है। वह वक्त से तुम्हारा खाना पका देगा मेरी बाट देखे बिना तुम टाइम से खाना खा लेना। भैंस तो ब्याने वाली है। दूध नहीं देती। गाय इतना दूध देती है कि हमारे लिए काफ़ी है। मंगल दही जमाता है, लस्सी बिलोता है, मक्खन निकालता है। सो घर में दही, दूध, मक्खन की कमी नहीं। मैं तो हमेशा की तरह दोपहर को ज़्यादातर उरद और चने-मिली दाल खाता हूँ। तुम्हें जो सब्ज़ी-तरकारी पसन्द हो, मंगल से कह देना, वह फगवाड़ा या जालन्धर से लेता आयेगा। न हो, तुम बहू को बुलवा लो। मैं सुबह मंगल को भेज दूँगा। वह सँदेशा दे आयेगा कि बहू को मेघनाथ के साथ भेज दिया जाये। दो-एक तरकारियाँ भी ले आयेगा। बहू आ जायेगी तो तुम्हें ज़रा भी मुश्किल नहीं होगी।"

और सचमुच दूसरे ही दिन न केवल स्टेशन पर सफ़ाई-पुताई, रंग-रोग़न करने वाले मज़दूर आ गये थे, वरन चेतन के पिता ने मंगल को सुबह की पहली गाड़ी से सन्देश दे कर जालन्धर भेज दिया था कि मेघनाथ अपनी भाभी को ले कर चला आये। वर्क्स इन्स्पेक्टर और सैनेट्री इन्स्पेक्टर ने अपने तमाम कारिन्दों को स्टेशन मास्टर के नाते पण्डित शादीराम की तहवील में दे दिया था और ख़ुद उसी गाड़ी से अगले स्टेशन चले गये थे — डी० एस० का दौरा....जालन्धर से नवाँ शहर, दोआबा तक के सब स्टेशनों का काया-कल्प होना था और उनके कन्धों पर सारी लाइन की व्यवस्था का उत्तरदायित्व था।

मिस्त्री-मज़दूरों ने उसी सुबह स्टेशन की सफ़ाई, पुताई, रँगाई शुरू कर दी थी। सबसे पहले स्टेशन मास्टर के कमरे का सारा सामान बाहर निकल कर उसकी पुताई की गयी। फिर फ़र्निचर पर रंग-रोग़न किया गया था। जितने में पण्डित शादीराम सैयद शहाबुद्दीन के साथ अपने स्टाफ़ की मदद से अपना कमरा और उसका सारा सामान ठीक करते, मज़दूर-मिस्त्रियों ने लैम्प रूम तथा मुसाफ़िरख़ाने की सफ़ाई-पुताई कर दी थी। मुसाफ़िरख़ाने के गेट और लकड़ी के जँगले, प्लैटफ़ॉर्म पर लगे लैम्प पोस्टों, लैम्पों के चौकोर फ़्रेमों, बेंचों और प्लैटफ़ॉर्म के पिछले किनारे पर लगे तार के खम्भों पर और मुसाफ़िरख़ाने की दो मेहराबों के बीच स्तम्भ में लगे रेल की पटरी के टुकड़े पर गाढ़ा हरा, धानी रंग पोत दिया था। रोग़न के बिना रेल की पटरी के टुकड़े पर मुँगरी की चोट से बहुत ऊँची आवाज़ निकलती थी। रोग़न के बाद घण्टी की 'टन-टन' थोड़ी मद्धिम हो गयी थी....सैनेटरी विभाग के कर्मचारियों ने स्टेशन के शौचालय में टीन की नयी आयताकार गहरी किश्तियाँ लगा दी थीं। अन्दर पुताई कर दी गयी थी। बाहर मर्द-औरत की तस्वीरें — ज़नाने और मर्दाने शौचालय की निशानदेही के लिए —नये सिरे से बना दी गयी थीं।

अंग्रेज़ अफ़सर शौचालयों की सफ़ाई का बहुत ख़याल रखते थे, इसलिए स्टेशन के शौचालय बहुत साफ़ बना दिये गये थे। इसके बाद सारे प्लैटफ़ॉर्म पर पतली, लाल बजरी बिछा दी गयी थी। स्टेशन की बिल्डिंग के दायें-बायें चौड़ाई में प्लैटफ़ॉर्म के सीमावर्ती जँगले के साथ लगी फूलों की क्यारियों की निराई और गोड़ाई की गयी थी। सफ़ेद और गुलाबी रंग के रतन जोत के पौधे बेतहाशा बढ़ गये थे। मंगल ने उन्हें काट कर सुबक बना

दिया था। अंग्रेज़ अफ़सर रेलवे क्रीपर (इश्क पेचाँ की लतर) को बहुत पसन्द करते थे। मंगल ने बड़ी मेहनत से नीचे धरती पर बेतहाशा फैली बेलों को जँगले के तारों पर चढ़ा दिया था। रविश के किनारे लगे ईंटों के सिंघाड़े की ईंटें क्रमशः एक चूने से सफ़ेद और एक गेरू से लाल पोत दी गयी थीं प्लैटफ़ॉर्म पर स्टेशन के नाम के बोर्ड को दोबारा सफ़ेद रँगा गया था और उस पर काले रोग़न से अंग्रेज़ी और उर्दू में बहराम लिखा गया था।

चूँकि स्टेशन के इस काया-कल्प की सारी ज़िम्मेदारी चेतन के पिता की थी, इसलिए वे बीच-बीच में इस सब की निगरानी करते थे, लेकिन इन तीन-चार दिनों में उनका अधिकांश समय अपने दफ़्तर के रजिस्टरों और दूसरी कापियों पर क्राफ़्ट पेपर चढ़ाने और उन पर लेबल चिपका कर सुन्दर अक्षरों में उनके नाम लिखने-लिखवाने और उन्हें सही जगह रखने अथवा दीवारों पर टाँगने और दफ़्तर को सजाने-सँवारने में बीता था।

चेतन यूँ तो दिन भर अपनी कानूनी किताबों में रमा रहता था, लेकिन बीच-बीच में थक कर अथवा किसी प्रश्न का उत्तर रटते हुए वह स्टेशन पर आ निकलता था और दफ़्तर की काया-पलट होते देखता था। कहानीकार के नाते उसने रजिस्टरों और दीवार पर टँगी कापियों के नाम भी नोट किये थे। कैसे असिस्टेण्ट स्टेशन मास्टर ने उसके पिता की हिदायत के मुताबिक सफ़ाई से उन पर क्राफ़्ट पेपर चढ़ाया था, अठकोने सफ़ेद लेबल काट कर चिपकाये और उन पर ख़ूबसूरत इबारत में उनका नाम लिखा था, चेतन ने वह सब नोट किया था।

दफ़्तर में कुछ बड़े रजिस्टर थे, कुछ स्लिप कापियाँ थीं, जिनमें दोहरे पंच किये लाइन क्लियर के तथा दूसरे फ़ार्म थे। कुछ सूचियाँ थीं। चेतन के पिता ने पुताई और सफ़ाई के बाद सबसे पहले रिकॉर्ड के सब पुराने रजिस्टर और काग़ज़ात ठीक से बँधवा कर उन पर उनके नामों के लेबल चिपकवा कर, सामने छत के नीचे दायें से बायें तक बने लकड़ी के चौड़े रैक पर करीने से रखवा दिये थे।

स्टेशन पर ग्यारह-बारह महत्वपूर्ण रजिस्टर थे —दुर्घटनाओं का रजिस्टर; दुर्घटना के अवसरों पर जो तार दिये जाते थे, उनका रजिस्टर; काँटे के फ़ेल हो जाने का रजिस्टर; धुन्ध में काँटे के न नज़र आने का रजिस्टर; स्टेशन की कार्य प्रणाली की नियमावली; वैगन रजिस्टर; वैगन एक्सचेंज रजिस्टर (इनमें पहले में व्यापारियों को माल के डिब्बे देते समय इन्दराज किया जाता था। दूसरे में माल गाड़ी के डिब्बों को देने की तिथि तथा डिब्बों के वापस आने की तिथि दर्ज रहती थी) फिर प्राथमिकताओं का रजिस्टर था। किसी व्यापारी को अगर माल गाड़ी का डिब्बा देने में प्राथमिकता दी जाती तो उसे दर्ज किया जाता था। इनके अलावा मिसलेनियस रजिस्टर[१] था। स्टाफ़ को हर रोज़ जो किरोसिन तेल दिया जाता था, उसकी मात्रा उसमें दर्ज की जाती थी, स्टाफ़ की वर्दियों की सप्लाई और उन्हें बाँटने का ब्योरा, कम्पीटेंसी सर्टिफ़िकेट्स का ब्योरा तथा दृष्टि-परीक्षा का ब्योरा, आदि, दर्ज किया जाता था। इस रजिस्टर का निरीक्षण ट्रैफ़िक इन्स्पेक्टर करता था....चूँकि बहराम पर स्टेशन मास्टर के दफ़्तर में टिकट खिड़की भी थी, इसलिए डेली ट्रेन कैश बुक रजिस्टर भी था और उसे रोज़ाना भरा जाना भी उन्हीं की ज़िम्मेदारी थी।

---

१. विविध कामों का रजिस्टर।

इन बड़े रजिस्टरों के अलावा अप और डाउन गाड़ियों के लाइन क्लियरों की एन्क्वायरी तथा रिप्लाई-बुक्स थीं। इन्क्वायरी बुक से लाइन क्लियर काट कर ड्राइवर को दिया जाता था, तब गाड़ी चलती थी। चेतन के पिता ने उन पर नया काग़ज़ चढ़ा कर, लेबल लगा कर उन्हें तार-यन्त्रों की मेज़ पर रख दिया था।

फिर दीवारों पर लटकायी जाने वाली कापियाँ और सूचनाएँ थीं। इनमें सबसे पहले पण्डित शादीराम ने ओ० पी० टी० २७ तथा ३ और ४ पर नया क्राफ़्ट पेपर लगा कर और लेबल चिपका कर उन्हें बाहर से आने वाले दरवाज़े के बायीं ओर दीवार पर लटकाया। सिग्नल बिगड़ जाने पर ओ० पी० टी० २७ की अथॉरिटी, ड्राइवर को बिगड़े हुए सिग्नल को पास करने के लिए दी जाती थी। सन्देश-व्यवस्था पूरी तरह ठप्प हो जाये तो ओ० पी० टी० ३ तथा ५ के द्वारा ड्राइवर को एक स्टेशन से दूसरे स्टेशन तक जाने की अनुमति दी जाती थी। पहली सूरत में पोर्टर ओ० पी० टी० २७ ले कर सिग्नल से बाहर खड़ी गाड़ी के ड्राइवर को देने जाता था। सन्देश-व्यवस्था ठप्प हो जाने पर केवल इंजिन भेज कर अगले स्टेशन से लाइन क्लियर मँगाया जाता था।

इसके बाद ओ० पी० टी० ८० लटकायी गयी। वह वास्तव में कॉशन आर्डर बुक होती थी। जब कभी रेलवे लाइन की मरम्मत हो रही होती अथवा लाइन पर ट्रॉली कार्यरत होती तो इस कॉशन बुक से ड्राइवर को अपनी रफ़्तार पर नियन्त्रण रखने तथा सावधानी बरतने का आदेश दिया जाता।

फिर दीवार पर रेडी रेफ़रेंस चार्ट गत्ते पर चस्पाँ करके लटकाया गया। यह चार्ट हेड ऑफ़िस से आता था। इस पर लिखा रहता —रेडी रेफ़रेंस इन केस ऑफ़ एक्सीडेंट्स, यानी दुर्घटनाओं की सूरत में सूचनाओं के इन्दराज का चार्ट, जिसे स्टेशन मास्टर स्वयं बाकायदा भरता।

जब ये ज़रूरी कापियाँ और चार्ट, आदि लटकाये जा चुके तो हस्पतालों की लिस्ट, डॉक्टरों की लिस्ट और स्टाफ़ में जो भी लोग फ़र्स्ट-एड[१] जानते थे, उनकी सूचियाँ लटकायी गयीं।

बहराम में तब कोई डॉक्टर नहीं था, न वैद्य-हकीम थे। बूढ़ा नम्बरदार ही गाँव का हकीम था। वही कुछ दवा-दारू दे देता था। फगवाड़ा में हस्पताल भी था और डॉक्टर भी। स्टाफ़ में केवल स्टेशन मास्टर और उसका असिस्टेण्ट ही फ़र्स्ट-एड जानते थे। पण्डित जी ने यही ब्योरे उसमें भर दिये।

इन सब के बाद छोटी-मोटी मरम्मत का ब्योरा दर्ज करने के लिए पेटी रिपेयर बुक लटका दी गयी।

यह सब हो गया तो पण्डित जी ने अपने असिस्टेण्ट से कहा कि वे कायदे के मुताबिक टिकट की अलमारी में टिकटों की ट्यूबों पर स्टेशन के नाम, उनके फ़ासले तथा उनके किराये की चेपियाँ लगायें।

इन सब ब्योरों का उल्लेख करने में जितना अर्सा लगा है, उसके मुकाबले में पण्डित जी को दफ़्तर के तमाम रजिस्टर, कापियाँ स्लिपें और सूचनाएँ तैयार करने, उन्हें

---

१. प्राथमिक चिकित्सा।

अप-टू-डेट बनाने और उन्हें विधिवत लगाने में कहीं ज़्यादा समय लगा। चार में से तीन दिन दफ़्तर ही में लग गये।

दफ़्तर व्यवस्थित हो गया तो चेतन के पिता ने नत्थू काँटे वाले से ख़ुद लैम्प-रूम तैयार करने को कहा। नत्थू ने बताया कि लैम्प-रूम बिलकुल तैयार है और पण्डित जी आ कर मुआइना कर लें।

चेतन कानून रटता हुआ वहीं मुसाफ़िरख़ाने में घूम रहा था। औत्सुक्यवश वह भी पिता के संग दफ़्तर के साथ बने छोटे-से लैम्प-रूम में चला गया। सहसा उसके दिमाग़ में लड़कपन की स्मृतियाँ कौंध गयीं, जब वह बुगाना और सैला ख़ुर्द के स्टेशनों पर शाम को लैम्प-रूम में चला जाता था और काँटे वालों को बर्नरों की बड़ी गोल चिमनियाँ साफ़ करते, लैम्पों की बत्तियाँ काटते, कई बार (जब बत्तियाँ छोटी हो जातीं) उन्हें बदलते, लैम्पों में नयी बत्तियाँ चढ़ाते और उनके विक होल्डर चमकाते देखता था। उसके नथुनों में किरोसिन की बू बस जाती थी (अज़ीब बात है कि उसे वह अच्छी भी लगती थी)। वहीं उसने वह सब प्रक्रिया सीखी थी और उनके घर में उसकी मेज़ पर जो बर्नर था, उसे चेतन उसी तल्लीनता से साफ़ करके जलाता था।

नत्थू ने आगे-आगे जा कर लैम्प-रूम खोला तो पहले की तरह तेल की बू का भभका नहीं आया। उस बू में नये-पुते चूने की गन्ध मिली थी। नया-पुता होने के कारण वह छोटा-सा लैम्प-रूम, जो पहले किंचित अँधेरा लगता था, अब रोशन दिखायी देता था। नत्थू ने हैण्ड सिग्नल लैम्प, सिग्नल बर्नर, ऑफ़िस बर्नर, प्लैटफ़ॉर्म के लैम्प —सब ख़ूब चमका दिये थे, चिमनियाँ एकदम साफ़ कर दी थीं। चेतन के पिता ने दीवार के साथ लगी उनकी सूचियाँ उतारीं, उनके अनुसार उन्हें गिना, तेल के कनस्तरों को गिना और तब वे सूचियाँ दफ़्तर में ले गये। उन्हें नये काग़ज़ों पर पुनः लिख कर और अप-टू-डेट करके पण्डित जी ने उन्हें लटका दिया।

स्टेशन की पुताई, सफ़ाई और सभी काम से फ़ुर्सत पा कर चेतन के पिता ने मंगल से कहा कि उनकी वर्दी के पीतल के बटन सूखी बारीक राख से मल कर चमकाये और बूटों को पॉलिश करे। उसके पिता कभी वर्दी नहीं पहनते थे अंग्रेज़ी बूटों की बजाय वे देसी जूते पसन्द करते थे। वे तो प्रायः तहमद और कॉलर-विहीन कमीज़ पहने, बहुत हुआ तो कमीज़ के साथ शलवार पहन कर बग़ल में हरी-लाल झण्डियाँ दबाये, गाड़ी पास कर आते थे। लेकिन डी० एस० का दौरा था। उन्होंने नयी वर्दी निकाली। सफ़ेद ज़ीन के सूट को इस्त्री करायी। मोतिया रंग की पगड़ियाँ रँगवायीं और सुबह की गाड़ी से डी० एस० के आने की सूचना मिली तो चेतन के पिता नहा-धो कर कॉलर वाली कमीज़, बन्द गले का पीतल के बटनों वाला ज़ीन का कोट और ज़ीन ही की सफ़ेद पतलून पहने, मोतिया रंग की लटकेदार पगड़ी बाँधे, बग़ल में झण्डियाँ और इन्स्पेक्शन रजिस्टर लिये, स्टेशन पर मुस्तैदी से खड़े थे।....गोल चेहरा, पतले होंट, नींबू-टिकाऊ, नोकदार मूँछें और चश्मे से झाँकती, साधारणतः क्रूर, पर उस समय सौम्य दीखती आँखें —वर्दी पहने और लटकेदार पगड़ी बाँधे चेतन को पिता बहुत आकर्षक लगे थे। उसे अफ़सोस हुआ था कि वे रोज़ क्यों उस तरह वर्दी पहन कर स्टेशन पर नहीं आते। वे कितने बारोब लगते थे। गाड़ी आयी तो उन्होंने लाल झण्डी खोल ली। डी० एस० की वैन गाड़ी में ब्रेक के पीछे लगी थी। गाड़ी स्टेशन

पर रुक गयी तो चेतन के पिता तेज़-तेज़ डी० एस० की वैन की तरफ़ गये।

चेतन गाड़ी की धमक सुन कर स्टेशन पर गया था। उसकी निगाहें उनका पीछा कर रही थीं। हठात उसने पलट कर स्टेशन पर एक निगाह डाली....असिस्टेण्ट स्टेशन मास्टर पूरी वर्दी में लैस, मुसाफिरख़ाने के गेट पर मुस्तैदी से खड़े, मुसाफ़िरों से निकट लेने को तत्पर थे। स्टेशन का पूरा स्टाफ़ गहरी नीली नयी वर्दियाँ पहने था। पानी वाले पानी की बालटियाँ लिये, हिन्दू-मुसलमान पानी की सदाएँ लगाते गाड़ी के साथ-साथ चल रहे थे। मेहतर शौचालय के पास झाड़ू और बालटी लिये खड़ा था। नत्थू, जो लीवर का काँटा बदलने और गाड़ी को लूप लाइन पर लाने के लिए गया हुआ था, पुनः लीवर बदल कर, उसे ताला लगा कर, तेज़-तेज़ वापस आ रहा था। रँगा-पुता स्टेशन नयी आभा से दमक रहा था।

कुछ क्षण बाद चेतन ने देखा, उसके पिता डी० एस० के बावर्दी अर्दली के साथ वापस आ रहे हैं। वे दोनों बातें करते हुए स्टेशन मास्टर के कमरे में गये। फिर दोनों स्टेशन के शौचालय के सामने से गुज़र कर, कुछ आगे तक जा कर वापस आ गये। मेहतर ने दोनों बार उन्हें सलाम किया। दोनों वापस डी० एस० की वैन की ओर लौटे तो चेतन भी ज़रा फ़ासले पर उनके पीछे गया। वैन के पास पहुँच कर चेतन के पिता ने अर्दली को पन्द्रह रुपये के नोट दिये और इन्स्पेक्शन रजिस्टर खोल कर उसे थमा दिया। अर्दली वैन में चढ़ा तो चेतन के पिता भी उसके पीछे वैन में गये। कुछ क्षण बाद रजिस्टर बग़ल में दबाये, खिले-माथे गाड़ी से उतरे, अर्दली की तरफ़ हाथ हिला कर लगभग भागते हुए आये। नत्थू इस बीच आ गया था। उसे उन्होंने घण्टी बजाने के लिए कहा। अपने कमरे में जा कर उन्होंने लाल कापी से लाइन क्लियर फाड़ा। उसे पोर्टर को दिया। वह भागता हुआ इंजिन की तरफ़ गया। ड्राइवर इंजिन की सीट पर बैठा उधर ही देख रहा था। पोर्टर ने इंजिन पर चढ़ कर लाइन क्लियर ड्राइवर की तरफ़ बढ़ाया। ड्राइवर उसे लेते हुए उठा। उसने उठ कर इंजिन की सीटी बजायी और वापस आ कर इंजिन के दरवाज़े में खड़ा हो गया। गार्ड काफ़ी आगे आ गया था। उसने सीटी दी, हरी झण्डी हिलायी, ड्राइवर ने भी हरी झण्डी दिखायी, और गाड़ी चल दी। चेतन के पिता हरी झण्डी खोले, मुस्तैदी से गाड़ी पास कर रहे थे।

जब गार्ड चलती गाड़ी पर चढ़ा तो पलट कर उसने चेतन के पिता की ओर देखते हुए ज़ोर से 'राइट टाइम' कहा। उत्तर में पण्डित जी ने भी 'राइट टाइम' की आवाज़ लगायी। गार्ड सीधा हो गया। उसने दायें हाथ के सहारे बाहर को झुक कर हरी झण्डी हिलायी। उधर इंजिन ड्राइवर ने भी बाहर की ओर झुक कर हाथ हिलाया, इंजिन की सीटी दी और गाड़ी स्टेशन से पार हो गयी।

हालाँकि चेतन लड़कपन से स्टेशनों पर यह प्रक्रिया देखता आया था और अब बच्चा नहीं रहा था, कानून पढ़ रहा था, पर जाने उस दृश्य में कौन-सा आकर्षण था, वह विमुग्ध-सा यह सब प्रक्रिया देखता रहा। उस चलती गाड़ी में गार्ड का चढ़ना, पीछे पलट कर 'राइट टाइम' कहना, फिर दायें हाथ से डिब्बे का हैण्डल पकड़े बाहर को काफ़ी झुक कर इंजिन को बायें हाथ में ली हुई हरी झण्डी दिखाना उसे बहुत अच्छा लगता था।

जब गाड़ी चली गयी तो उसने अपने पिता से पूछा कि उन्होंने डी० एस० से क्या

बात की ? साहब स्टेशन पर क्यों नहीं उतरे ? तब उसके पिता ने बताया था कि साहब रात किसी पार्टी में गये थे और वहाँ देर हो गयी थी। अपनी वैन में समय से नाश्ता करके वे आराम कर रहे थे और ज़रा-सा हँस कर पण्डित जी ने कहा था कि बड़े साहब छोटे स्टेशनों पर कभी-कभार ही उतरते हैं। चेतन के पिता तो बाहर वैन के किचन में खड़े रहे थे। अर्दली रजिस्टर पर 'क्वाइट सैटिसफ़ैक्टरी'[१] की रिपोर्ट ले आया था।

चेतन ने पूछा था कि क्या उन्होंने अर्दली को कुछ रुपये दिये थे।

चेतन के पिता ने बताया कि पन्द्रह रुपये का दस्तूर है। सो वे उसे दिये गये थे। टी० आई० के चपरासी को तीन रुपये दिये जाते हैं, ए० टी० एस० के चपरासी को सात, डी० टी० एस० के चपरासी को दस। चूँकि सबसे बड़े रेलवे अफ़सर —डी० एस० —का दौरा तो साल में एक बार होता है, फिर साहब के बदले अर्दली ने स्टेशन का निरीक्षण भी किया था, इतने तो उसके बनते ही थे।

०

क्वार्टर को जाते हुए चेतन ने मुड कर पश्चिम की ओर देखा, जैसे गाड़ी के पीछे अब भी डी० एस० की वैन लगी नज़र आ रही हो। उसके होंटों पर एक व्यंग्य-भरी मुस्कान आ गयी। चार दिनों की इतनी मेहनत, और साहब ने खिड़की खोल कर भी स्टेशन की ओर देखना मुनासिब नहीं समझा। वह मन-ही-मन मुस्कराता हुआ घर की ओर बढ़ गया।

बात वास्तव में यह थी कि अंग्रेज़ अफ़सर इन्स्पेक्शन को बहुत महत्व देते थे। उनका दृष्टिकोण शायद यह था कि अफ़सर नीचे उतरे या न उतरे, लेकिन इस बहाने पूरे स्टेशन की काया-पलट हो जाती थी। हर वर्ष इस प्रकार स्टेशन चमक उठता था। इसके अतिरिक्त स्टेशन के सब कर्मचारी अपने नियमों को दोहरा भी लेते थे। कौन जाने कोई अफ़सर उतर पड़े और नियमों के बारे में पूछ बैठे कि उन्हें अपने नियम याद भी नहीं हैं या नहीं।

उस ज़माने में अंग्रेज़ का इतना आतंक था कि फ़र्स्ट-क्लास के डिब्बों के शौचालयों में साबुन और तौलिया पड़ा रहता था और कोई छूता तक न था। बर्थों की रेक्सीन को काट कर ले जाने या पंखों के स्विच, गाड़ी के बल्ब, बाथरूम के आईने और न जाने और क्या-क्या सामान चोरी हो जाने की बात तो दूर रही....उस ज़माने में अकारण गाड़ी की ज़ंजीर खींचने पर बीस रुपये जुर्माना होता था, लेकिन कभी ही कोई जंजीर खींचता था। गाड़ी में यात्रा करने वाले दूधिये या बेटिकट यात्रा वाले छात्र, जहाँ चाहें जंज़ीर खींच कर नहीं उतर सकते थे। गार्ड अपने जर्नल में ख़ानापूरी करने के लिए महज़' अलार्म चेन पुल्ड, कल्परिट नॉट फ़ाउण्ड' यानी 'अलार्म चेन खींची गयी, अपराधी का पता नहीं चला' लिख कर कण्ट्रोलर को सूचना नहीं भेज सकता था।

०

क्वार्टर का दरवाज़ा बन्द था, लेकिन अन्दर से कुण्डी नहीं लगी थी। ज़रा-सा धकेल कर चेतन अन्दर दाख़िल हुआ तो उसने देखा कि बरामदे में ख़ासा अँधेरा है। वहीं से वह चिल्लाया —

"अरे, यह क्या अँधेरा कर रहा है, लालटेन क्यों नहीं जलायी ?"

---

१. परम सन्तोषजनक।

चन्दा किचन की मेंड़ के इधर बरामदे में पीढ़े पर बैठी पालक का साग काट रही थी। बोली —"जलायी थी, बुझ गयी।"

"फिर जला लेतीं।"

"जलायी थी, बुझ गयी।"

"अज़ीब मुसीबत है," चेतन बेज़ारी से सिर हिलाते हुए बड़बड़ाया —"मेरा दायाँ हाथ रोग़न से लिथड़ गया था। प्लैटफ़ॉर्म के कोने से रगड़ कर मैंने साफ़ तो किया है, सूख भी गया है, लेकिन रंग नहीं उतरा। सोचा था किरोसिन से साफ़ करूँगा, पर यहाँ तुमने अँधेरा मचा रखा है। लालटेन नहीं जलती थी तो अन्दर से बर्नर ला कर जला लेतीं।"

"बर्नर को जलाने में मुझे डर लगता है। कहीं उसकी चिमनी न तड़क जाये।"

एक बच्चे की माँ हो जाने के बावजूद वैसी-की-वैसी अल्हड़ अपनी बीवी पर चेतन को पहले तो ग़ुस्सा आया, लेकिन चूँकि इस दौरान, जहाँ तक चन्दा का ताल्लुक है, उसने अपने ग़ुस्से पर काबू पाना भी सीख लिया था, इसलिए चेतन को उसकी सादालौही पर दया भी आयी। अचेतन रूप से एक बार फिर सिर को झटका दे कर उसने रसोई की खूँटी से लालटेन उतारते हुए कहा —"रही न तुम वही बस्ती ग़जाँ की...."

अपने पति के क्रोध को देख कर चन्दा कदरे सहम गयी थी। उसने पति के व्यंग्य का बुरा न मान कर धीरे से महज़ कहा —"सिर्फ़ दो-एक साल लाहौर में रहने से मैं कैसे लाहौरन बन जाऊँगी।"

चन्दा के उत्तर में विक्षोभ नहीं था। केवल पति की बात का समर्थन ही था।

बरामदे की उस तारीकी में चन्दा के स्वर में किंचित हास का आभास मिला। चेतन ने उत्तर नहीं दिया। लालटेन को दोनों हाथों में थाम कर ज़रा हिलाते हुए उसने कहा —"इसमें तेल तो है नहीं, जलती क्या ख़ाक।"

आँगन और बरामदे के बीच दीवार में दो खुली मेहराबें बनी थीं। दोनों के साथ बरामदे से आँगन को अलग करती एक खड़ी ईंट की मेंड़ बनी थी, जिसके साथ पक्की नाली थी। बरामदे के पहली मेहराब वाले कोने में तेल का कनस्तर पड़ा था। चेतन ने लालटेन वहीं मेंड़ पर रख दी और तेज़ कदमों से अन्दर कमरे में गया। खिड़की में बर्नर रखा हुआ था। चेतन ने उसे हिला कर देखा। तेल उसमें भी कम था। वह उसे भी बरामदे के कोने में ले आया।

बरामदा वास्तव में दो हिस्सों में बँटा था। आँगन की दो मेहराबों तक एक हिस्सा, उसके बाद आँगन के कोने वाले छोटे-से कमरे के इधर की दीवार के साथ तीन ओर से बन्द बरामदे के पश्चिमी हिस्से में छोटा-सा रसोई-घर था। इन दोनों हिस्सों के बीच भी एक ईंट की मेंड़ थी।

चेतन ने बर्नर ला कर कनस्तर के पास फ़र्श पर रख दिया। वहीं एक ओर ख़ाली बोतल पड़ी थी। उसमें छोटी-सी कीप लगी थी। कनस्तर के छेद में टूटीदार पम्प लगा था। चेतन ने पहले कनस्तर के पास उकड़ूँ बैठ कर बड़ी एहतियात से पम्प चला कर बोतल भरी। इस बात का ख़याल रखा कि बोतल ज़्यादा न भर जाये और तेल फ़र्श पर न फैल जाये।

बोतल में तेल भर कर उसने पहले लालटेन और फिर बर्नर में तेल भरा। उनके ढक्कन बन्द करके ख़ाली बोतल और कीप को अपनी जगह रख कर वह कमरे में गया और दायीं दीवार में बनी बिना-किवाड़ों की एक अलमारी के ख़ाने में रखी कैंची और एक झाड़न उठा लाया। फिर जैसी कि उसकी आदत थी, फ़र्श पर इत्मीनान से बैठ कर उसने पहले लैम्प की चिमनी उतारी। उसे साफ़ करने के लिए झाड़न का कोना अगली उँगलियों में लपेटा....

तभी सहसा चन्दा अपनी जगह से उठी। उसने अपना पीढ़ा उठा कर पति के पास रखा —"फ़र्श पर क्यों बैठ गये। उठिए, पीढ़े पर बैठिए।"

"मैं ठीक हूँ।" चेतन ने बेपरवाही से हँस कर कहा, "तुम यहीं पीढ़े पर मेरे पास बैठो और यह सब सीखो। तुम्हें कम-से-कम लैम्पों में तेल भरना, चिमनियाँ साफ़ करना, बत्तियाँ काटना और उन्हें जलाना तो आना चाहिए। यहाँ महीना भर रहना है।"

"नहीं....नहीं....आप पहले उठ कर पीढ़े पर बैठिए। मैं ईख का मूढ़ा लाती हूँ और यहीं आपके पास बैठ कर यह सब सीखती हूँ।"

तहमद झाड़ कर चेतन पीढ़े पर बैठ गया। चन्दा रसोई की दीवार से टिके ईख के दो आसनों में से (जिन्हें पंजाबी 'मूढ़े' ही कहते हैं) एक उठा लायी और उसके पास आ कर बैठ गयी। तब चेतन ने पहले लालटेन की चिमनी साफ़ की। अपनी पत्नी को बताया कि कैसे सर्दी हो तो चिमनी में मुँह से हलकी-सी साँस की हवा करके और गर्मी हो तो थूक के बारीक कणों से चिमनी का शीशा अन्दर से बेमालूम तौर पर नम किया जाता है, फिर हाथ में झाड़न लपेट कर उसे घुमाते हुए साफ़ किया जाता है।

हालाँकि चिमनी साफ़ हो गयी तो भी उसने चन्दा से वह प्रक्रिया दोहराने को कहा। फिर उसने बड़े बर्नर का शीशा साफ़ किया। और दोनों की बत्तियों के गुल काटे। पत्नी को बताया कि ज़रा-सी असावधानी से बत्ती ऊँची-नीची कट जाती है, तो जोत गोलाई पर नहीं रहती और ठीक रोशनी नहीं देती। सबसे अन्त में उसने पत्नी को दोनों लैम्प जलाने सिखाये।

तभी अचानक अन्दर बच्चा रोने लगा। चन्दा उठ कर बच्चे को चुप कराने के लिए भागी। चेतन उसके पीछे-पीछे बर्नर ले कर गया। उसने उसे बन्द खिड़की की सिल पर रख दिया। बाहर आ कर लालटेन खूँटी पर टाँगी। रसोई-घर की नली पर लोटा पड़ा था। चेतन हाथ धोने के लिए उधर बढ़ा।

लेकिन लोटा लगभग ख़ाली था। पुराना ज़माना होता तो चेतन इतनी-सी बात पर बमक उठता, पर तब उसने बड़े धैर्य से पत्नी को आवाज़ दी।

चन्दा रोते हुए बच्चे को कन्धे से लगाये बाहर आयी।

"मेरे हाथ तेल-सने हैं। दायें हाथ में हरा रोग़न लगा है और लोटा ख़ाली पड़ा है।" चेतन ने इतना ही कहा

चन्दा अन्दर गयी। बच्चे को लिटा आयी। वह और ज़ोर से रोने लगा, लेकिन उसकी चिन्ता न करके उसने पहले लोटे के पानी से अपने हाथ धोये, फिर लोटा भर कर नाली पर रखा, अन्दर जा कर बच्चे को उठा लायी और झुला कर चुप कराने लगी। चेतन ने इस बीच बोतल के ज़रा-से तेल से एक-दो बूँदें हाथ पर डाल कर उसे अच्छी तरह मला और

नाली पर बैठ कर बायें हाथ की कलाई से लोटा ज़रा टेढ़ा करके हाथ धोये। लालटेन के पास जा कर उसने देखा —काफ़ी रोग़न उतर गया था, लेकिन हलका-सा रंग शेष था। चेतन ने बढ़ कर चूल्हे से राख ली और अच्छी तरह हाथों को मला। चन्दा ने बच्चे को बायें कन्धे से लगा कर दायें हाथ से लोटा भरा, "आप बैठिए, मैं धुलाती हूँ।"

बच्चा बदस्तूर रो रहा था।"

"तुम बच्चे को चुप कराओ। लोटा रख दो। मैं धो लेता हूँ।"

"आप हाथ धो लीजिए।" चन्दा ने नर्मी से कहा, "फिर ज़रा इसे ले कर थोड़ा घुमा लाइए। इतने में मैं खाना पका लूँगी।"

चेतन उकड़ूँ बैठ गया। उसने हाथ धोये। सूँघे। तेल की हलकी-सी बू शेष थी। उसने फिर चूल्हे से राख ले कर उससे अच्छी तरह दोनों हाथ मले। चन्दा ने लोटा भर कर उन्हें धुलाया। चेतन ने लैम्प के पास जा कर देखा। एकदम साफ़ हो गये थे। सूँघा। तेल की बू भी नहीं थी। तब तहमद के पल्ले से हाथ पोंछ कर उन्हें अपने लम्बे-लम्बे बालों पर फेरता हुआ, वह वापस पत्नी के पास आया। रोते हुए बच्चे को चन्दा से ले कर अपने कन्धे से लगाते हुए उसने कहा, "मुझे ज़रा भूख लग आयी है। मैं इसे घुमा लाता हूँ। शाम की आख़िरी गाड़ी आने वाली है, इसे दिखा लाता हूँ। इतने में मेरी जान, तुम झट से खाना पका डालो। ऐसा न हो कि घण्टा भर घूम कर आऊँ और तुम्हें आटा ही गूँथते देखूँ।"

और वह हँसा।

"दाल तो पकी रखी है।" चन्दा ने कहा, "पालक का साग कट गया है। मैं दो आलू काट कर इसे चूल्हे पर चढ़ा कर आटा सानती हूँ। आप वापस आयेंगे तो सब कुछ तैयार मिलेगा। दाल को आपकी पसन्द का छौंका आपके आने पर लगाऊँगी, तभी गर्म-गर्म फुलके सेंकूँगी।"

बच्चा बेहाल हो रहा था। उसका ध्यान बटाने की ग़रज़ से गोल मुँह में जीभ फिराता चेतन मुँह का गोला बना कर 'ओ ओ' की आवाज़ निकालता हुआ घर से बाहर निकल गया।

२७

बच्चे को कन्धे से लगाये, उसे थपक कर सुलाता हुआ चेतन, गाय और भैंस की लम्बी नाँद के उधर से जाने वाली पगडण्डी से हो कर स्टाफ़ क्वार्टरों के पीछे से प्लैटफ़ार्म की पूर्वी छोर की ओर जा रहा था।

बच्चा चुप हो गया था। जाने किस चिन्तन-प्रक्रिया से चेतन के सामने बीस वर्ष पहले के वे दिन घूम गये, जब उसके पिता हिसार लाइन के बुगाना स्टेशन पर तैनात थे। उसकी उम्र मुश्किल से छै-सात वर्ष की रही होगी, लेकिन वह अपने छोटे भाई मेघनाथ को कूल्हे से लगाये, इसी प्रकार नौकरों के क्वार्टरों के पास से होता हुआ पानी की टंकी

तक जाता था और उसमें रेल के टैंकर से पानी भरे जाते देखता था। हरियाणा में तब नहरें नहीं थीं, न ट्यूब वेल ही लगे थे, न ट्रैक्टर चलते थे और न पंजाब जैसी फ़सलें होती थीं। तब वह इलाका निपट बंजर और वीरान था। फ़सलों के लिए पानी की बात तो दरकिनार, बुगाना में पीने का पानी भी मुयस्सर नहीं था। सिवा बाजरे और चरी के, कोई फ़सल न होती थी। वीराने में छोटे-छोटे लाल बेरों की झाड़ियाँ थीं और ऊबड़-खाबड़ वीरान धरती पर हिरनों के झुण्ड चौकड़ियाँ भरते थे....चेतन को याद आया, वह एक शाम मेघनाथ को कूल्हे से लगाये अपने क्वार्टर के बाहर खड़ा था कि बायीं ओर वीराने में बेरियों के पीछे से पहले काली पीठ वाला एक हिरन चौकड़ियाँ भरता हुआ प्रकट हुआ। उसके पीछे कई हिरनियाँ और मृग-शावक चौकड़ियाँ भरते गुज़र गये। डूबते सूरज के प्रकाश में वह क्षण और उसमें हिरनों की वे चौकड़ियाँ चेतन के मानस-पट पर जैसे हमेशा के लिए अंकित हो गयीं।

शाम के उस सन्नाटे में चेतन के सामने बचपन की वे स्मृतियाँ एक-के-बाद-एक आने लगीं....उनकी आँखों में बुगाना के नौजवान पानी वाले हरिया की सुन्दर छवि घूम गयी। गोरी-चिट्टी कसरती देह, लम्बी सुतवाँ नाक, चौड़ा मस्तक और बड़ी-बड़ी आँखें — वह कभी-कभी स्टेशन के मुसाफिरख़ाने में लँगोट लगा कर कसरत करता था। पहले साँस खींचता, पेट को अन्दर सिकोड़ता और सीने को फुलाता हुआ, वह दोनों हाथ सिर के ऊपर ले जाता था। एड़ियाँ उठा कर शरीर पूरी तरह अकड़ा लेता था। फिर धीरे-धीरे झुकते और साँस छोड़ते हुए वह पैरों के अँगूठे छूता था। फिर उलटी प्रक्रिया में हाथों को सिर के ऊपर से ले जा कर शरीर का पीछे की ओर धुनषाकार मोड़ते हुए पैरों की एड़ियाँ छूता था। चेतन समझता था कि वह गिर जायेगा, लेकिन वह कभी गिरता नहीं था और उसका वह धनुषाकार रूप —चेतन विस्फारित आँखों से उसे देखता रह जाता।

....बायीं ओर क्वार्टर से ज़रा दूरी पर बाजरे की फ़सल पक जाती तो हवा में लहराती हुई बालियाँ चेतन को बहुत अच्छी लगतीं। अपने क्वार्टर के बाहर अपने नन्हे भाई को गोद से लगाये खड़ा, वह शाम के उजाले में हवा से झूलती हुई उन बालियों को एकटक देखता रहता।

....एक दिन शाम के ज़रा पहले, तीसरे पहर, हरिया बाजरे की काफ़ी बालियाँ तोड़ लाया। आग जला कर उसने उन्हें भूना और हाथों में मसल कर उसने गर्म-गर्म भुने दाने ख़ुद भी खाये, स्टाफ़ के दूसरे नौकरों को दिये और कुछ चेतन के हाथ पर भी रख दिये। चेतन को वे बहुत ही स्वादिष्ट लगे। जब उसने माँ को बताया तो उसने कहा कि बाजरे की घुँघनियाँ, भुने हुए दानों से भी ज़्यादा स्वादिष्ट होती हैं और माँ ने दूसरे ही दिन पके हुए बाजरे की बालियाँ मँगायीं और उनके दाने निकाल कर उन्हें ऐसे उबाला कि उनका पानी सूख गया। फिर माँ ने उनमें देसी घी और लाल शक्कर मिला कर घुँघनियाँ बनायीं और छोटी-छोटी कटोरियों में डाल कर उसे और उसके छोटे भाई परसराम को दीं। (उन दिनों बड़े भाई साहब को पिता की मार के भय से माँ ने अपने मायके होशियारपुर भेज रखा था)। चेतन को वे घुँघनियाँ सचमुच बहुत स्वादिष्ट लगीं, लेकिन तब वह यह नहीं तय कर पाया कि भुना हुआ बाजरा ज़्यादा स्वाद होता है या उसकी घुँघनियाँ।

माल-गोदाम को जाते हुए चेतन की ज़बान पर पहले भुने हुए बाजरे के दानों का

स्वाद आया, फिर घुँघनियों का और उसका जी हुआ, कहीं से बाजरा मँगवा कर चन्दा से कह कर उनकी घुँघनियाँ बनवाये और खाये। लेकिन तभी उसे माँ की बात याद आ गयी। माँ ने बताया था कि बाजरे और मकई की रोटी को शहरी आदमी जल्दी हज़म नहीं कर सकता और चेतन तो अब इम्तहान की तैयारी कर रहा था। कहीं बाजरा खा कर वह बीमार हो गया तो....और उसके सामने बी० ए० की छमाही परीक्षा की तैयारी के दिन घूम गये थे, जब उसने सख़्त भूख में भुने हुए चने खा लिये थे और उसे पहले बदहज़मी और बाद में पीलिया हो गया था....

तभी चेतन को लगा कि सभ्यता के विकास में जहाँ आदमी की सादगी छूट गयी है, वहीं वह बहुत-सी नेमतों से भी वंचित हो गया है। शहरों में लक्खोखा ऐसे लोग होंगे, जिन्होंने कभी बाजरे की रोटी, भुने हुए ताज़े बाजरे के दानों या शुद्ध घी और शक्कर-मिली बाजरे की घुँघनियों का स्वाद न जाना होगा। सभ्यता के विकास में आदमी के दिमाग़ ने चाहे जितनी उन्नति की हो, उसका शरीर अपेक्षाकृत कमज़ोर हुआ है....और चेतन की आँखों के सामने कुछ ही वर्ष पहले 'बन्दे मातरम' के दफ़्तर में बैठे करनैल सिंह की सूरत घूम गयी, जिसके लहीम-शहीम कद और पहाड़-से चौड़े सीने के कारण वह पूरा कमरा भरा-भरा लगता था। वैसा हृष्ट-पुष्ट और लम्बा-तगड़ा जवाँमर्द उसने सारे लाहौर में एक भी नहीं देखा था।

सहसा चेतन के कन्धे से लगा हुआ बच्चा सिर उठा कर रोने लगा। शायद उसके पेट में रह-रह कर दर्द की लहर उठती थी, उसे कुछ असुविधा थी या उसे भूख लग आयी थी। चेतन ने फिर उसे हाथ से थपकते हुए कन्धे से लगा लिया और धीरे-धीरे उसे झुलाने और वह लोरी गाने लगा, जो उसने माँ से सीखी थी और अपने छोटे भाइयों को कन्धे से लगा कर अथवा सोते वक्त बिस्तर पर लेटे-लेटे घुटनों पर बैठा कर उन्हें झुलाते हुए वह गुनगुनाया करता था —

हट वे कुत्तेया
जंगल सुत्तेया
जंगल पई लड़ाई
मेरे चन्ने दी आयी कुड़माई[१]

बच्चे ने फिर पिता के कन्धे पर आराम से सिर रख लिया और सो गया। शायद उसने कोई डरावना सपना देखा था। चेतन ने प्यार से उसके सिर और पीठ पर हाथ फेरा — 'न जाने इस बच्चे के भाग्य में क्या है ?' उसने मन-ही-मन सोचा। उसके दिल से एक लम्बी, गहरी साँस निकल गयी। हालाँकि न तो उसने किसी ज्योतिषी को उसकी कुण्डली दिखायी थी, न किसी रम्माल से प्रश्न पूछा था, लेकिन जैसे उसके जन्म से कुछ ही दिन पहले वह शिमले की पहाड़ी रियासत क्यार कोटी की हवालात के ठण्डे, यख़ तहख़ाने में रात भर के लिए भयंकर यातना भोगने को बन्द कर दिया गया था, चेतन को लगा था कि उसका वह पहला बच्चा बदकिस्मत है। उसकी इस धारणा में तर्क और बुद्धि का कोई

---

१. हट ओ जंगल में सोते हुए कुत्ते, जंगल में लड़ाई छिड़ गयी है, पर मेरे चाँद (बच्चे) के लिए सगाई का पैग़ाम आया है।

दख़ल नहीं था। केवल इण्ट्यूइशन —महज़ अन्तःप्रज्ञा —से उसके मन में यह बात उठी थी। उसे सहसा अपनी पत्नी की बात याद हो आयी....

शिमला से आ कर उसने चन्दा से अपना आशंका का उल्लेख किया था तो चन्दा ने दाँतों के मोती बिखेरते हुए कहा था —'आप बेकार ऐसा सोचते हैं। ऐसे वक्त औरतों को कितनी तकलीफ़ होती है। मुझे तो इसने ज़रा भी परेशान नहीं दिया, दाई के आने से पहले यह अपने आप बाहर आ गया था।'

चेतन के सामने अपनी पत्नी का मुखड़ा आ गया। जब वह लालटेन साफ़ कर रहा था और वह ईख के मूढ़े पर आ कर बैठी थी तो उसने देखा कि उसकी इच्छा के अनुसार चन्दा ने अपने घने बालों में बीच से माँग निकाल कर दोनों ओर से कानों को ढँकते हुए उन्हें पीछे बाँध लिया था। उसकी साड़ी का पल्लू माथे से ज़रा ऊपर सरक गया था और उसके मुखड़े के दोनों ओर अर्द्ध-चन्द्राकार बालों के बीच माथे की बिन्दी और माँग में सिन्दूर-भरा गोल मुखड़ा चेतन को बहुत प्यारा लगा था। लेकिन बच्चे के जन्म से पहले उसकी पत्नी का जो मुख भरा-पुरा, पके गेहुँए रंग का, हलकी-सी लाली लिये हुए था, अब शिशिर की पीली धूप-सा ज़र्द हो आया था....जाने प्रसूति का ज्वर उसके अन्दर घर कर गया था अथवा ग़िज़ा की कमी थी। यहाँ स्टेशन पर उसके पिता ने एक भैंस और गाय पाल रखी थी। भैंस तो गाभिन थी। उसने दूध देना बन्द कर दिया था। लेकिन गाय इतना दूध देती थी कि उसके लिए दही, दूध और मक्खन की कमी न थी। इन चार दिनों में ही चन्दा का चेहरा कुछ बेहतर दिखायी देने लगा था। 'कौन जाने,' चेतन ने सोचा, 'महीना भर बहराम की खुली हवा में दूध-दही और मक्खन के प्रयोग से चन्दा की सेहत कुछ बेहतर हो जाये....'

०

चेतन का मन आशा-निराशा बीच डोल रहा था। जाने क्यों उसके मन से आशंका दूर न हो रही थी। बच्चे को प्यार से थपकते हुए वह माल-गोदाम के ऊँचे प्लैटफ़ॉर्म पर चढ़ गया। सामने आकाश में पूर्णमासी का चाँद पूरी आभा से चमक रहा था। गोधूलि का नीम-उजाला चाँद की ज्योत्स्ना से एक-मेक हो गया था। चेतन को लगा —वीराने की साँझ का सूनापन ही नहीं, उसके दिल का सूनापन भी उस ज्योत्स्ना से भर उठा है।

उसके विचारों ने पलटा खाया। आर्य समाजी कॉलेज में शिक्षा पाने के बावजूद वह कैसे अन्ध-विश्वास-भरे संस्कारों से चिमटा हुआ है। बच्चे के जन्म पर उसके माता-पिता में से कोई दुख पा जाये, दुर्घटना-ग्रस्त हो जाये, हत या आहत हो जाये, इसमें बच्चे का क्या दोष है ? क्या माता-पिता ही बदकिस्मत हैं, जिनके वैसा बच्चा हुआ ? बच्चा भी तो मन्द-भाग्य है।....यही रह-रह कर उसके मन में आता था।

हालाँकि चेतन का यह बेटा सुन्दर नहीं था। रंग भी उसका माँ की तरह गेहुआँ नहीं था। सिर ज़रा बड़ा था —पीछे को बढ़ा हुआ —और वह ज़रा भी चंचल नहीं था। प्रायः चुप रहता या सोया रहता था। चेतन के मन में कभी-कभी उसके प्रति हलकी-सी वितृष्णा का भाव भी आ जाता था, लेकिन उस क्षण न जाने किस आशंका, भविष्य के किस भय से, अपने पागल ससुर का ख़याल आ जाने अथवा अपनी पत्नी के अस्वास्थ्य की चिन्ता

से चेतन के मन में, कन्धे से लगे अपने उस बच्चे के लिए, बेपनाह करुणा उमड़ आयी। चेतन ने उसे कन्धे से उतार कर दोनों हाथों में लिया, उसे बेइख़्तियार चूमा और फिर अपने सीने से लगा लिया....उसके हृदय की गहराई से फिर एक लम्बी साँस निकल गयी।

तभी स्टेशन पर मंगल पानी वाले ने ज़ोर-ज़ोर से घण्टी बजायी, जिसका मतलब था कि गाड़ी पिछले स्टेशन से छूट गयी है। चेतन ने बच्चे को फिर कन्धे से लगा लिया और धीरे-धीरे माल-गोदाम से उतर कर स्टेशन की ओर चल दिया।

०

पूरब में पूरा चाँद अपनी ज्योत्स्ना चारों ओर फैला रहा था। कृष्ण पक्ष की काली रातों में पूरे आकाश में टिम-टिम चमकते बेगिनती तारे और उनके बहुत ऊपर सफ़ेद पाउडर की धूल-ऐसी, सारे आकाश में फैली, आकाशगंगा न जाने पूर्णमासी की उस ज्योत्स्ना में कहाँ विलीन हो गयी थी। केवल दिशाओं में चन्द-एक ढीठ तारे चाँद का जैसे मुँह चिढ़ाते हुए, सिर उठाये, दिप-दिप कर रहे थे। शाम अभी रात में तब्दील नहीं हुई थी, लेकिन पिछले स्टेशन से गाड़ी छूटते ही नत्थू सीढ़ी ले कर प्लैटफ़ॉर्म के चौकोर लैम्पों में बर्नर रख कर उन्हें जलाने लगा था।

चेतन माल-गोदाम से उतर कर धीरे-धीरे प्लैटफ़ॉर्म के किनारे पत्थर की आयताकार सिलों की पट्टी पर चलता हुआ स्टेशन की बिल्डिंग के सामने आ कर क्षण भर को रुका और उसने सीधे खड़े हो कर सामने स्टेशन की इमारत पर और दायें-बायें दूर तक एक नज़र डाली....शाम का अन्तिम पहर। नीम-अँधेरा। वीरान और बेकिनार सूनापन। चाँद की शुभ्र ज्योत्स्ना। उसमें स्टेशन की नयी-नयी पुती-रँगी इमारत। उसके दोनों ओर प्लैटफ़ॉर्म के जलते हुए चौकोर लैम्प। दायीं ओर स्टाफ़ क्वार्टर के पिछवाड़े, खुले में किसी गृहिणी द्वारा रखी, पत्थर के कच्चे कोयलों की जलती हुई अँगीठी। उसमें से उठती, और लाइनें पार करके दक्षिण के वीराने की ओर बढ़ती हुई, गहरे काले धुएँ की लकीर। बायीं ओर दूर, डाउन सिग्नल की हरी टिमटिमाती बत्ती —वह सब चेतन को कुछ अज़ीब-सा रहस्यमय और तिलिस्मी लगा।

वहीं खड़े-खड़े चेतन की आँखों में पिछले चार दिनों की वह ताबड़-तोड़ तैयारी पुनः घूम गयी, जो इस स्टेशन को सुन्दर और आकर्षक बनाने में इतने लोगों के अनथक श्रम द्वारा की गयी थी, जिस पर उस अंग्रेज़ डी० एस० ने खिड़की खोल कर एक नज़र डालना भी गवारा नहीं किया था।

०

चेतन के होंटों पर फिर एक व्यंग्य-भरी मुस्कान खेल गयी। चेतन ने जब अपने पिता से सवाल किया था तो उन्होंने बहुत पहले अंग्रेज़ टी० आई०[१] से होने वाले झगड़े का उल्लेख करते हुए चेतन को बताया था कि तब तो वे महज़ अपनी चतुराई और चाबुकदस्ती के बल पर डिसमिस होने से बच गये थे —सिर्फ़ इस कारण कि टी० आई० से पहले उन्होंने उसकी रिपोर्ट आला हुक्काम से कर दी थी और बेवर्दी स्टेशन पर आने के लिए डाकुओं के धावे का जो बहाना बनाया था, उसे गवाहों द्वारा एनक्वाइरी में सच साबित कर दिया था। (चेतन

१. ट्रैफ़िक इन्स्पेक्टर।

ने यह किस्सा बचपन में माँ से सुन रखा था और उसे अपने पिता की दबंगई, तेज़ी और चाबुकदस्ती पर हैरत भी थी और गर्व भी था) लेकिन उसके बाद उन्होंने तय किया था कि उन्हें दबंगई से नौकरी करनी है तो चार बातों का ख़याल रखना है —

....कि वे अफ़सरों के दौरों पर सदा पूरी वर्दी पहन कर जायेंगे। दफ़्तर को टिच-टाच रखेंगे, बेकार की जोखिम मोल नहीं लेंगे और जिस स्टेशन पर जायेंगे, वहाँ के थानेदार, तहसीलदार और अस्पताल के डॉक्टर से याराना रखेंगे। नौकरों को ख़ुश रखेंगे, दोस्तों को खिलायेंगे-पिलायेंगे ताकि कोई घपला हो जाये तो उनकी मदद मिल सके।

'मुँह खान्दा ते अक्खाँ शरमाउन्दियाँ पुत्तर,' उन्होंने अपना प्रिय मॉटो दोहराया था कि जिनको वे खिलाते-पिलाते हैं, वे उनके ताबे में रहते हैं, किसी मुसीबत के वक्त एकदम उनके साथ खड़े हो जाते है।

चेतन के मन में साहबों के अर्दलियों और चपरासियों को दिये जाने वाले रुपयों की बात खटक रही थी। उसने पिता से पूछा था कि इतने स्टेशनों से दस्तूरी के इतने सारे रुपयों को क्या साहबों के चपरासी अपने ही पास रख लेते हैं ? मन-ही-मन उसने यह भी सोचा था कि साहब लोग इतने दौरे करते हैं, ऐसे में तो उन चपरासियों या अर्दलियों की आमदनी उनके साहबों से भी ज़्यादा होगी।

उसके पिता ने उसे बताया था कि नहीं, अर्दली इतने रुपये नहीं रखते। वे साहबों की जेब में ही जाते हैं, लेकिन साहब उन्हें नहीं लेते। अर्दली वे सब उनकी मेमों को देते हैं और उन्हीं के हाथों अपना हिस्सा या इनाम पाते हैं....कि इन साले अंग्रेज़ों की मेमें ही ये सब करती-कराती हैं। जब वे बड़े दिन की डालियाँ उनके यहाँ पहुँचाते हैं, तो उनकी मेमें ही उन्हें रिसीव करती हैं। साहब लोग सामने नहीं पड़ते....और उसके पिता ने उसे याद दिलाया कि वह तो ख़ुद दुसूआ में एक बार टी० आई० के यहाँ डाली ले कर गया था। क्या टी० आई० सामने पड़ा था ? डालियों में देने वालों के कार्ड होते हैं। वही काफ़ी है, मेमें ही साहब का सलाम और शुक्रिया पहुँचा देती हैं।

चेतन ने पूछा था कि क्या साहब लोग सिर्फ़ पैसे बटोरने के लिए ही दौरे करते हैं।

उसके पिता ने बताया था कि दौरे उनके कर्तव्यों में शामिल हैं। मूड होता है तो स्टेशन पर उतर भी जाते हैं। वरना आतंक ही काफ़ी है।

"क्या डी० एस० किसी स्टेशन पर उतर कर इन्स्पेक्शन नहीं करेगा ?" चेतन ने फिर पूछा था।

"इट डिपेण्ड्स ऑन हिज़ मूड।" यानी यह उनके मन की मौज पर निर्भर है ? चेतन के पिता ने अंग्रेज़ी में कहा था और बताया था कि टी० आई० तो छोटे स्टेशनों पर इन्स्पेक्शन करता है। बड़े साहब बड़े स्टेशनों पर ही उतरते हैं। डी० एस० नवाँ शहर पर ज़रूर उतरेगा।

"क्या वहाँ के स्टेशन मास्टर को रुपये नहीं देने पड़ेंगे ?"

चेतन के पिता हँसे थे। "ओस माईयाह्वे नूँ ताँ दुगना-तिगना ख़र्च करना पवेगा। साब दी चाय-नाश्ते दा परम्बन्ध करना पवेगा। हो सकदा ए रात दे डिनर लई इक मुर्ग़ा साहब

दे ख़ानसामे नूँ पहुँचाना पवे। रुपये पन्द्राँ ताँ चलदे वेले अर्दली नूँ पूजने ही पैणगे ओस नूँ ?"[1]

उसके पिता उसके कन्धे पर हाथ रखे हुए घर की ओर जा रहे थे। चेतन जानता था कि वे वर्दी उतार कर शाम को नत्थू के क्वार्टर में खायें-पियेंगे। उनका मूड बहुत अच्छा था, इसलिए चेतन चुपचाप उनके साथ बातें करता हुआ चल रहा था। सहसा उसके मन में एक जिज्ञासा कौंधी।

"बाऊजी," उसने कहा था —"एह उसूल कीन्हे बनाया कि साहबाँ दे अर्दलियाँ नूँ रुपये दित्ते जान। की किसे साहब ने कदी केहा सी ?"[2]

तब उसके पिता ने बताया था कि यह बात वे नहीं जानते। रवायत[3] है, जो बनी हुई है। रस्म है, जो चली आती है। बिलकुल ऐसे ही, जैसे स्टेशन मास्टर के नाते उन्हें किसी से कहना नहीं पड़ता, पर जब स्टेशन पर सामान उतरता है तो फ़ी बोरी एक पैसा और जब चढ़ता है तो फ़ी बोरी तीन पैसे व्यापारी उन्हें देते हैं।

न जाने चेतन के मन में क्या आया कि उसने पिता से पूछा था कि सारे डिवीज़न में क्या एक भी ऐसा स्टेशन मास्टर नहीं, जो न व्यापारियों से दस्तूरी लेता हो और न अफ़सरों को देता हो ?

"है!" पण्डित शादीराम ने कहा था।

चेतन की सारी वृत्तियाँ उसके कानों में सिमट आयी थीं। "कौन — ?" उसने पूछा था। "फ़कीरचन्द!"

फ़कीरचन्द की बात उसने माँ से सुन रखी थी। उसने पूछा था कि साहब लोग क्या उससे नाराज़ नहीं होते ?

"हुन्दे ने," यानी होते हैं, उसके पिता ने कहा था, "और इसीलिए उसकी पोस्टिंग हमेशा फ़्लैग स्टेशनों पर होती है।"

वहीं स्टेशन की बिल्डिंग के सामने प्लैटफ़ॉर्म के किनारे खड़े-खड़े चेतन के दिमाग़ में पिता के साथ होने वाली बातचीत के टुकड़े घूम गये। फकीरचन्द, उनके साथ पढ़े, उनके सहपाठी मित्र थे। चेतन के पिता उन्हें मूर्ख और ज़िद्दी कहते थे और बड़ी शद्द-ो-मद[4] से यह भविष्यवाणी भी करते थे कि उस कमबख़्त की किस्मत में ज़िन्दगी भर फ़्लैग स्टेशनों पर सड़ना लिखा है, लेकिन चेतन ने देखा था कि उसके पिता के मन में कहीं अपने उस ईमानदार, सन्तोषी मित्र के प्रति ईर्ष्या भी है।

०

---

१. उस मादर....को तो दुगना-तिगना ख़र्च करना पड़ेगा। साहब की चाय और नाश्ते का प्रबन्ध करना पड़ेगा। हो सकता है, रात के डिनर की ख़ातिर एक मुर्गा साहब के ख़ानसामे को पहुँचाना पड़े। चलते वक्त अर्दली को पन्द्रह रुपये उसे पूजने ही होंगे।
२. यह उसूल किससने बनाया है कि साहबों के अर्दलियों को रुपये दिये जायें ? क्या किसी साहब ने कभी कहा था ?
३. परम्परा
४. ज़ोर-शोर से।

दूर सिग्नल के पार जालन्धर से आती हुई गाड़ी की सीटी सुनाई दी। सिर को हलका-सा झटका दे कर चेतन सिल की पटरी से हटा और प्लैटफ़ॉर्म के गेट के पास रेल की घण्टी से लग कर खड़ा हो गया। उसके पिता डी० एस० की गाड़ी को वापस जालन्धर की ओर रवाना करके असिस्टेण्ट स्टेशन मास्टर सैयद शहाबुद्दीन के सहारे जालन्धर से आने वाली इस अन्तिम गाड़ी का काम छोड़ कर, वर्दी की कैद से आज़ाद, नत्थू काँटे वाले के क्वार्टर मे शाम गुज़ारने चले गये थे। असिस्टेण्ट स्टेशन मास्टर ने गाड़ी रिसीव की थी। चन्द सवारियाँ जो उतरीं, उनके टिकट लिये थे और मंगल के हाथ ड्राइवर को लाइन क्लियर भिजवाया था। जमादार ने (जो अभी तक वर्दी में लैस था) घण्टी बजायी थी। इंजिन की सीटी के जवाब में गार्ड ने सीटी दी थी और हरा लैम्प हिलाया था। बायें हाथ में लैम्प लिये वह चलती गाड़ी में अपनी वैन पर चढ़ा था, पीछे को मुड़ कर उसने 'राइट टाइम' कहा था और उत्तर पाया था और फिर बायें हाथ से इंजिन ड्राइवर को हरा लैम्प हिला कर दिखाने के बाद ब्रेक वैन में चला गया था।

यह अज़ीब बात है कि चेतन का बेटा इस तमाम अर्से में उसके कन्धे से लगा गहरी नींद सोया रहा था। न वह इंजिन की सीटी से जगा था, न गार्ड की सीटी से। चेतन का ख़याल था कि वह जग कर रोने लगेगा तो वह उसे इंजिन तक ले जायेगा। उसे इंजिन दिखायेगा, चलती गाड़ी दिखायेगा और चुप करायेगा। लेकिन उस बरख़ुरदार ने पिता को किसी तरह का कष्ट नहीं दिया था। वह मदहोश सोया रहा था। चेतन का कन्धा हलका-सा दुखने लगा था। उसकी भूख भी लहक आयी थी। वह बच्चे को कन्धे से लगाये क्वार्टर की ओर पलटा। उसने सिर्फ़ इतना तय किया कि वह स्टाफ़ क्वार्टरों की पिछली पगडण्डी से वापस जाने के बदले उनके आगे की पगडण्डी से जायेगा और सम्भव हुआ तो नत्थू के क्वार्टर में झाँकेगा।

चेतन माल-गोदाम की ओर मुड़ा और स्टेशन की बजरी पर चलने के बदले फिर किनारे की पट्टी पर हो लिया। उसका दिमाग़ फिर एक बार फ़कीरचन्द के बारे में सोचने लगा। उसके कानों में उसके पिता के व्यंग्य-भरे वाक्य गूँज गये —

"मैं ओस साले नूँ कई बार आक्खेया ई कि कम्बख़्त, की फ़्लैग-स्टेशनाँ ते पया सड़ना एँ, शराब ताँ दूर, सारी ज़िन्दगी तू सिगरेट तक नूँ हत्थ नहीं लगाया। लड़का तूँ इक्को पैदा कीत्ता। ओह मर्द की, जेहड़ा दर्जन-अद्ध दर्जन बच्चे न पैदा करे। न खाये-पिये, न खिलाये-पिलाये। साले, नामर्दी छड्डु। तेल-तमा नाल कम्म लै। खा-पी ते खिला-पिला। अच्छे स्टेशन लै ते मौज मना। साले, जे तैन्नूँ रुपया नहीं चाहीदा ते याराँ-दोस्ताँ नू दे। ओह्ना दे दस कम्म सँवार।"[1]

चेतन ने पूछा था कि चाचा फ़कीरचन्द ने क्या जवाब दिया।

उसके पिता ने भारी-भरकम प्यारी गालियों-मिली पंजाबी भाषा में जो कहा, उसका

---

१. मैंने उससे कई बार कहा कि कम्बख़्त, क्या फ़्लैग स्टेशनों पर पड़ा सड़ता है। शराब तो दूर, तूने ज़िन्दगी भर सिगरेट को हाथ नहीं लगाया। लड़का सिर्फ़ एक पैदा किया। वह मर्द क्या, जो दर्जन-आध दर्जन बच्चे न पैदा करे। न खाये-पिये, न खिलाये-पिलाये। साले, नामर्दी छोड़, तेल (ख़ुशामद) तमा (रिश्वत) से काम ले। खा-पी और खिला-पिला। अच्छे स्टेशनों पर मौज मना। साले, तुझे रुपया नहीं चाहिए तो दोस्तों-यारों को दे। उनके दस काम सँवार।

मतलब था कि वह साला अपने हाल में मस्त है। कहता है कि शादीराम, तू मुझे मेरे हाल पर छोड़ और अपना देख। मुझ से इन साले अहंकारी गोरे साहबों और हेड ऑफ़िस के टुच्चे क्लर्कों की धौंस नहीं सही जाती। मैं इन फ़्लैग स्टेशनों[1] पर बहुत ख़ुश हूँ। काफ़ी फ़ुर्सत रहती है। धर्म-ग्रन्थ पढ़ता हूँ। सृष्टि का भेद जानने की कोशिश करता हूँ। कुदरत के साथ मैंने अपनापा कायम कर लिया है। दुख का मूल है —इच्छा। मैंने अपनी इच्छाएँ या आवश्यकताएँ कम-से-कमतर कर ली हैं। एक बेटा है। उसे पढ़ा-लिखा दिया। वह नौकर हो गया है। उसकी शादी कर दी है। मैं काहे के लिए किसी के आगे झुकूँ, या तेल-तमा से काम लूँ। यह छोटी-सी ज़िन्दगी मुझे सुख-शान्ति से गुज़ार देनी है। मैं गुनाहों की गठरी साथ ले कर क्यों जाऊँ ?....

"साला नामर्द है और साले ने अपनी नामर्दी को छिपाने के लिए यह फ़लसफ़ा गढ़ लिया है।" उसके पिता ने अन्त में व्यंग्य से कहा था।

लेकिन चेतन की माँ को फ़कीरचन्द एकदम सही लगते थे। वह कई बार उन्हें सच्चरित्र और महात्मा कहती थी।

सिर झुकाये प्लैटफ़ॉर्म की पट्टी पर चलते हुए चेतन के दिमाग़ में माँ की बातें घूम गयीं। माँ का सारा फ़लसफ़ा सुख-सन्तोष का फ़लसफ़ा था। चेतन के दिमाग़ में माँ की कहावतें गूँज गयीं —

- रूखी-सूखी खाय के ठण्डा पानी पी, देख परायी चोपड़ी ना तरसाये जी।
- दूसरों के महल देख कर अपनी झोंपड़ी मत ढाओ!
- ऊपर की ओर देखने के बदले नीचे की ओर देखो। लाखों-लोग हैं, जिन्हें दो जून खाना नहीं मिलता। भगवान दो जून रूखी-सूखी देता है। उसका शुक्र अदा करो।
- पेट तो कुत्ते और सुअर भी भरते हैं और धन तो वेश्याओं के पास भी होता है।

माँ का ज़ोर मूल्यों पर था। पिता का, सफलता पर। उनका फ़लसफ़ा बड़ा अग्रेसिव[2] फ़लसफ़ा था। चेतन के दिमाग़ में उसके पिता की नसीहतें घूम गयीं —

- अव्वल मारे, सो गुरु का चेला!
- जिसकी लाठी, उसकी भैंस।
- मिडियॉक्रिटी[3] को कोई नहीं पूछता। पेशा कोई भी हो, उसमें कमाल हासिल करो।
- असम्भव मूर्खों की डिक्शनरी का शब्द है।
- आदमी के बेटे के लिए कुछ भी मुश्किल नहीं।

लेकिन चेतन अनुभव से जान गया था कि यह पूरा सच नहीं। सभी आदमी सब कुछ नहीं कर सकते। पतली खाल वाला आदमी मोटी खाल वाले जैसा नहीं हो सकता। फ़कीरचन्द से अपेक्षा करना कि वह तेल-तमा से काम ले, शायद उनके साथ ज़्यादती थी। माँ फ़कीरचन्द को पुण्यात्मा और पिता को पापात्मा समझती थी। (हालाँकि वह होंटों पर

---

१. वे स्टेशन, जहाँ गाड़ियाँ नहीं रुकती और स्टेशन मास्टर हरी झण्डी खोले उन्हें पास कर देता है।
२. आक्रामक
३. लद्धड़पन।

कभी कोई ऐसी बात न लाती थी, क्योंकि वह पति के ख़िलाफ़ सपने में भी बुरी बात सोचना गुनाह मानती थी)। पिता की बात का उल्लेख करके उसने एक दिन कहा था, "ज़्यादा बच्चे पैदा करना बहादुरी नहीं, बहादुरी बच्चों को ठीक से पालना, ऐबों से दूर रखना और अच्छे आदमी बनाना है।"

और एक दिन माँ ने बड़ी दिलचस्प बात बतायी थी। उसने कहा था कि चेतन के पिता चाहे अपने उस फ़कीर-तबियत दोस्त को गालियाँ देते हों, पर दिल में उसकी इज़्ज़त करते हैं। एक दिन बहुत ज़्यादा पी गये तो रोने लगे थे कि इस साली शराब ने उन्हें कहीं का नहीं रखा। उन्हें शराब की लत न होती और उनके इतने बच्चे न होते तो क्या वे फ़कीरचन्द की तरह सुकून से ज़िन्दगी न गुज़ारते। क्या तब वे इन साले अंग्रेज़ों की गुलामी करते और उस हरामज़ादे धर्मचन्द का घर भरते ?

धर्मचन्द, उन का मित्र, फ़िरोज़पुर, डिवीज़न का वह क्लर्क था, जिसको चेतन के पिता ख़ूब खिलाते-पिलाते थे और जिसकी मदद से एक-आध वर्ष साधारण स्टेशनों पर गुज़ार कर हमेशा अच्छी आमदनी वाले स्टेशनों पर तैनात हो जाते थे।

o

बच्चे को कन्धे से लगाये अपने विचारों में उलझा चेतन प्लैटफ़ॉर्म पार कर आया था। अचानक उसकी नज़र पत्थर के कोयलों की उस अँगीठी ने खींच ली, जिसका ज़हरीला, काला धुआँ उसे रेल की लाइनों के पार दक्षिण की ओर फैलता दिखायी दिया था। इस बीच अँगीठी पूरी तरह लहक गयी थी। धुएँ का नाम-निशान तक न था और अँगीठी में कोयले पूरी आब-ो-ताब से दहक रहे थे। चेतन को लगा कि उसके अन्तर में भी कुछ सुलग रहा है। लेकिन धुआँ-ही-धुआँ है। जाने कब उसका अन्तर ऐसी दिप-दिप करती आग से दहकेगा ? —उसने सोचा। वह मन्त्र-मुग्ध-सा देर तक उस आग को देखता रहा। फिर सिर को हलका-सा झटका दे कर वह उसके करीब से निकल कर स्टाफ़ क्वार्टरों के ऊपर जाने वाली पगडण्डी की ओर बढ़ गया।

स्टेशन मास्टर के क्वार्टर की ओर से नत्थू का क्वार्टर पहला था और जमादार का आख़िरी। बीच में दूसरे काँटे वालों, दोनों पानी वालों और पोर्टर के क्वार्टर थे। चेतन उलटी ओर से वापस जा रहा था, इसलिए जमादार के क्वार्टर के आगे से बढ़ा। नत्थू के क्वार्टर का दरवाज़ा ज़रा खुला था। छोटे-से आँगन की चारपाई पर उसके पिता बैठे पी रहे थे और नत्थू की जवान बीवी दानी अपने गदराये शरीर के साथ उनके पास खड़ी थी।

लालटेन की रोशनी के नीम-अँधेरे में उसके सीने का उभार चेतन की आँखों में खुब गया। वह जल्दी-जल्दी बिना ज़रा-भी पैरों की आहट किये अथवा दानी का चेहरा पूरी तरह देखने के लिए रुके, क्वार्टर के आगे से निकल गया।

सहसा उसके मन में आया —काश, वह किसी तरह चाचा फ़कीरचन्द से मिल पाता। उनके मुख से उनके विचार सुन पाता।

उनका अपना क्वार्टर आ गया था। आँगन का दरवाजा भिड़ा था, पर अन्दर से बन्द नहीं था। चेतन ने हलकी-सी दस्तक दी। फिर दरवाज़ा खोल कर अन्दर दाख़िल हुआ।

o

हालाँकि आँगन में गोधूलि का प्रकाश शेष था, लेकिन पूर्णमासी की चाँदनी उसको पूरी तरह अपने अंक में लिये थी। बरामदे की खूँटी से लटकी लालटेन जल रही थी। चन्दा ने इस बीच सब्ज़ी पका ली थी। वह आटे की परात बायीं ओर रखे, पीढ़े पर बैठी उसकी प्रतीक्षा कर रही थी।

चेतन ने अन्दर जा कर बच्चे को पलँग पर सुला दिया। चन्दा ने अपना पीढ़ा पति के लिए अपने सामने रख दिया और ख़ुद ईख के मूढ़े पर हो बैठी। चेतन के आने से पहले उसने प्याज़-अदरक काट रखा था। पति के आते ही उसने कटोरी में घी का चमचा छोड़ कर कटोरी को चूल्हे के आगे लकड़ी के कोयलों पर रखा। उसमें कटा हुआ प्याज़ और अदरक छोड़ दिया, चूल्हे पर तवा रखा और चकले पर रोटी बेली।

चेतन बढ़ कर घी में चमचा चलाने लगा कि प्याज़ जल न जायें। जब वे हलके गुलाबी हो गये तो चन्दा ने कलछी भर दाल उसमें छोड़ दी। ज़ोर से 'छन्न' की आवाज़ हुई। घी के कुछ छींटे उड़ कर आग पर पड़े और शोला लपका, पर दूसरे ही क्षण शान्त हो गया।

तवे को कपड़े से साफ़ करके चन्दा ने फुलका उस पर डाल दिया। दाल की कटोरी चिमटे से थाली में रख कर उसने एक दूसरी कटोरी आग पर रखी और चमचा भर घी डाल कर उसमें प्याज़ और अदरक के टुकड़े छोड़ दिये।

चेतन को यह देख ख़ुशी हुई कि माँ ही की तरह चन्दा कुशलता से खाना पकाने लगी है, दाल और साग की कटोरियों में अलग-अलग प्याज़ और अदरक का छौंका लगाती है।

तवे पर फुलका एकदम फूल गया था। "मुझे बहुत भूख लग आयी है," चेतन ने हँस कर कहा, "देखो, फुलका कैसे फूल गया है।"

चन्दा ने कपड़े के दबाव से उसके किनारे सेंक कर फुलका चुपड़ कर चेतन की थाली में रख दिया। और बोली —"बाऊजी क्या शाम को घर में खाना नहीं खाते ?"

"अब तुम आ गयी हो तो मैं उनसे कहूँगा," चेतन ने कहा, "कि काँटे वाले के घर खाना खाने के बदले यहीं खायें।"

उसने इतना ही कहा और चुपचाप खाना खाने लगा।

दानी का मँझला कद, गोरा रंग, भरा हुआ गदराया, गुदाज़ बदन और फटा पड़ता यौवन चेतन की आँखों में घूम गया। इस वीरान-सुनसान स्टेशन पर यदि उस यौवन-माती ने उसके पिता का मन मोह लिया है तो कौन-सी आश्चर्य की बात है — उसने दिल-ही-दिल में कहा।

तभी उसके कानों में उसकी माँ के शब्द गूँज गये और उसने मन-ही-मन तय किया कि जैसे भी होगा, वह अपने पिता को उस काँटे वाले और उसकी सुन्दर बीवी के चंगुल से निकालेगा।

२८

अप्रैल ख़त्म होने को था। चेतन को बहराम आये बीस–बाईस दिन हो गये थे। कृष्ण पक्ष की अष्टमी का लगभग आधा चाँद ज़रा देर से पूरब में उग आया था। उसकी शुभ्र ज्योत्स्ना बहराम स्टेशन के इर्द–गिर्द मीलों तक फैले सन्नाटे का जैसे मन बहला रही थी, उसकी अव्यक्त पीड़ा को जैसे अपने रुपहले शीतल अवलेप से हर रही थी। वक्त ज़्यादा नहीं हुआ था। शाम के साढ़े आठ–नौ का समय होगा, लेकिन चारों तरफ़ निपट ख़ामोशी छायी थी। उत्तर की ओर, दूर गाँव में कोई आवाज़ तो दरकिनार, किसी चिराग़ की रोशनी तक नहीं थी। शहरों में तो इस वक्त बाज़ार पूरी तरह बन्द नहीं होते थे, लेकिन यहाँ चरिन्द–परिन्द, पशु–पक्षी —सब सो गये थे। सिर्फ़ अपने क्वार्टर के बाहर अपने बिस्तर पर बैठे चेतन के पिता मस्ती में गा रहे थे —पंजाब के प्रसिद्ध सूफ़ी कवि साईं बुल्हेशाह का गीत, जो साईं के जीवन की एक प्रसिद्ध घटना से जुड़ा था। उस नशीले क्षण में जैसे पण्डित शादीराम स्वयं बुल्हेशाह हो गये थे। और दीन–दुनिया से बेख़बर, लोच और सोज़–भरे अपने कण्ठ की पूरी आवाज़ से गा रहे थे —

बुल्हे नूँ समझावन आइयाँ
भैणा ते भरजाइयाँ
वे बुल्हेया तैं एह की कीत्ता
नौकर हो गया राइयाँ[१]

नशे के बावजूद पण्डित शादीराम के स्वर की खनक ज़रा भी कम न हुई थी। उस घोर निस्तब्धता में दूर–दूर तक दसों दिशाओं को गुँजाता हुआ उन का स्वर जैसे चाँदनी के आवरण को भेद कर उस सन्नाटे की नस–नस में समा रहा था। और चेतन —उनका आज्ञाकारी बेटा, हतप्रभ और किं–कर्तव्य–विमूढ़ उनके पायँते बैठा सोच रहा था —कहाँ घपला हो गया कि इतने दिनों से इतने मज़े में चला आता क्रम टूट गया और उसकी तमाम कोशिशों के बावजूद उसके पिता पिण्डलियाँ दबवाते अथवा सिर की मालिश करवाते हुए गहरी नींद सो जाने की बजाय सहसा उठ कर बुल्हेशाह की काफ़ी गाने लगे....कब उसके पिता का नशा टूटेगा.... ? कब वह उन्हें सुला कर अन्दर जायेगा, रसोई–घर में पीढ़े पर घुटनों में सिर दिये बैठी और ग़ालिबन उसी पोज़ में सोई हुई अपनी पत्नी को जगायेगा, खाना खायेगा, खाना खाने और पत्नी के शेष काम निबटाने के बाद परीक्षा की तैयारी में तल्लीन होगा ?....उस वक्त, जब उसके पिता मस्ती से तन्मय हो कर गा रहे थे, चेतन की आँखों में पिछले पन्द्रह–बीस दिनों की घटनाएँ और अपने तथा अपनी पत्नी के वे तमाम प्रयास घूम रहे थे, जो उन्होंने सिर्फ़ एक उद्देश्य के लिए किये थे कि उसके पिता शाम को नत्थू के यहाँ खाने–पीने के बदले अपने घर, अपने बेटे और बहू के हाथों खायें–पियें।

---

१. बुल्हे को उसकी बहनें और भाभियाँ समझाने आयीं कि ऐ बुल्हे, तूने यह क्या किया कि अराईं जाटों का नौकर हो गया। (अराईं जाट सब्ज़ियाँ उगाते हैं।)

०

०

जालन्धर से चलते वक्त माँ ने सरसरी तौर पर उससे कहा था कि वह बहराम जा रहा है, ज़रा अपने पिता पर भी नज़र रखे। नत्थू काँटे वाले के घर खाते-पीते और अपनी कमाई उड़ाते हैं और घर की दुरवस्था का उन्हें कोई ख़याल नहीं। लेकिन वास्तविक स्थिति का पता चेतन को बहराम पहुँचने पर ही चला था।

पहले ही दिन शाम को चेतन खाने पर पिता की प्रतीक्षा कर रहा था, जब मंगल ने उसके खाने की व्यवस्था करके कहा था कि वह चल कर रसोई-घर में बैठे, वह ताज़ा फुलके सेंक देता है। चेतन खाना खा ले तो वह भी काम निबटा कर जाये।

चेतन ने बाऊ जी के बारे में पूछा था तो उसने कहा था कि बाऊ जी तो रात गये नत्थू के यहाँ से खा-पी कर लौटेंगे। उसने उनका बिस्तर क्वार्टर के बाहर बिछा दिया है। स्टूल पर ठण्डे दूध का गिलास वह रख देगा। सोने से पहले वे ठण्डा दूध पियेंगे और पलक झपकते सो जायेंगे। चेतन कब तक बैठा उनकी राह देखता रहेगा।

हालाँकि माँ ने उसे बता दिया था, पर मंगल के मुँह से वह सब सुन कर चेतन को बहुत बुरा लगा था। खाना खाते-खाते, बातों-बातों में मंगल से उसे मालूम हुआ था कि पहले बाऊ जी घर ही में खाते-पीते थे। नत्थू आँगन में कोयलों की अँगीठी रख कर हाँडी में गोश्त भूनता था। वही बाऊ जी की कटोरी में शराब ढालता था। बाऊ जी उसे भी साथ में एकाध पेग दे देते थे। उन्हें खिला-पिला कर वह गोश्त की हाँडी अपने और दानी के लिए ले जाता था।

"क्या रोटियाँ भी दानी पका कर भेजती थी ?"

"नहीं, फुलके मैं ही सेंकता था। जब वे पी-पिला कर खाने के लिए तैयार होते, नत्थू बड़ी कटोरी में हाँडी से गोश्त निकालता। बाऊ जी चाहते तो मैं एक कटोरी दाल को छौंका लगा कर थाली में ताज़ा फुलका रख कर उन्हें दे देता। बाऊ जी ताज़ा और ख़ूब सिंका फुलका पसन्द करते हैं।"

"तुम यहाँ रसोई-घर में गोश्त क्यों नहीं पकाते थे ?" सहसा चेतन ने प्रश्न किया था।

मंगल ने बताया था कि यूँ तो उनकी ज़ात में गोश्त से परहेज़ नहीं, पर उसने कण्ठी पहन रखी है। (उसने चेतन को काले धागे में लटका एक कवच दिखाया, जो उसने कमीज़ के अन्दर गले में पहन रखा था) उसके गुरु ने गुरु-मन्त्र देते हुए उसे आदेश दे रखा है कि वह न गोश्त छुएगा, न शराब, और हमेशा सात्विक भोजन करेगा। इसके अलावा बीबीजी (चेतन की माँ) यह पसन्द नहीं करतीं कि उनकी ग़ैर-हाज़िरी में उनकी रसोई में गोश्त पके। बाऊ जी भी नहीं चाहते कि रसोई अपवित्र हो। इसीलिए नत्थू आँगन में अँगीठी रख कर गोश्त पकाता था।

"जब यहाँ मज़े से घर में खाते-पीते थे," चेतन ने फिर सवाल किया था, "तो नत्थू के क्वार्टर में कैसे जा कर खाने लगे ?"

मंगल ने सविस्तार जो किस्सा बताया वह कुछ यूँ था —

एक दिन बाऊ जी जब कुछ ज़्यादा नशे में थे, उन्होंने गोश्त की ख़ूब तारीफ़ की और जेब से एक रुपया निकाल कर नत्थू को इनाम दे दिया....बाऊजी ख़ुश होते हैं तो दाल के बढ़िया छौंके पर भी इनाम दे देते हैं....तब धीरे से नत्थू ने कहा कि उसने तो दानी से गोश्त पकाना सीखा है। उसकी बनिस्बत वह बहुत लज़ीज़ गोश्त पकाती है। बाऊ जी कहें तो यहाँ पकाने की बजाय घर से बड़े प्याले में गर्म-गर्म गोश्त ले आया करे....बाऊ जी तो नशे में थे। उन्होंने हामी भर दी। बस, उसी दिन से शाम को नत्थू घर से पका-पकाया गोश्त लाने लगा....तीन-चार दिन तो बाऊ जी ने कोई एतराज़ नहीं किया। फिर एक दिन, जब वे कुछ ज़्यादा पी गये तो उन्होंने गोश्त, नत्थू और उसकी बीवी —तीनों को कुछ नायाब 'मधुर वचन' सुनाते हुए ऐलान किया कि वे साले सात जन्म में बढ़िया गोश्त नहीं पका सकते। बाऊ जी ख़ुद एक दिन उन्हें गोश्त पका कर दिखायेंगे और चखायेंगे तो वे लोग जानेंगे कि बढ़िया गोश्त का ज़ायका माँइयाँ कैसा होता है ?

नत्थू ने मिन-मिन करते और उनकी हाँ-में-हाँ मिलाते हुए कहा कि वे ग़रीब कैसे बढ़िया गोश्त पका और खा सकते हैं। बाऊ जी एक बार उन्हें अपनी पसन्द का पकाना सिखा देंगे तो फिर उन्हें कभी शिकायत नहीं होगी।

तब बाऊ जी ने कहा कि ठीक है, सुबह मुझसे समझ लेना। सब चीज़ें और मसाला तैयार रखना, मैं कल शाम तुम दोनों को गोश्त पकाना सिखाऊँगा।

बस, दूसरे दिन शाम को जो बाऊजी नत्थू के क्वार्टर में गये, उन्होंने वहीं गोश्त पकाया, दो-तीन पेग पीने के बाद खाया, जाने दानी ने क्या जादू जगाया कि फिर उन्होंने एक बार भी शाम को घर में खाना नहीं खाया। दो-तीन दिन तो नत्थू आ कर थाली में गर्म-गर्म फुलके बनवा कर ले जाता था। मंगल दाल भी कटोरी में बहुत बढ़िया छौंक कर भेज देता। फिर बाऊ जी रोटियाँ भी दानी के हाथ की खाने लगे।

"बीबी जी होतीं तो शायद कोई रोक भी होती," मंगल ने कहा था, "अब कहने-सुनने वाला तो कोई है नहीं। सो बाऊ जी पूरी शाम वहीं गुज़ारते हैं, पीते-खाते और उड़ाते हैं और देर गये वापस आते हैं।"

चेतन को अचानक माँ से सुनी हुई पंजाबी कहावत याद हो गयी, जिसे उसके पिता भी कभी मूड आने पर (न जाने माँ को चिढ़ाने के लिए अथवा अपनी कमज़ोरी जनाने के लिए) 'छई' की धुन में बोली के तौर पर जोड़ देते थे —

लाई लग्ग न होवे घर वाला
चन्दरा ग्वाँड न होवे।[१]

चेतन ने मन-ही-मन यह बोली दोहरायी और उसके होंटों पर एक खेद-भरी मुस्कान खेल गयी। वह अपने पिता को जानता था —अपने समस्त ज़ुल्म और क्रूरता के बावजूद वे कहीं बहुत ही भोले, मनमौजी, यारबाश और लाई-लग्ग तबियत के आदमी थे। उनके साथ प्रायः जैसे लोग होते थे, वे उन्हीं जैसे हो जाते थे। जैसे राजाओं के मुँह-लगे नौकर उन पर, हर वक्त हाँ-में-हाँ मिलाने वाले चमचे राजनेताओं पर और करीब ही उगी बेलें

---

१. कान का कच्चा पति न हो और नटखट पड़ोसी न हो।

छतनार पेड़ों पर हावी हो जाती हैं, चेतन के पिता पर उनके निकटस्थ लोग हावी हो जाते थे —किसी स्टेशन पर निकट की चौकी का थानेदार या तहसीलदार या ज़मींदार, कोई नया-बना यार अथवा कोई सातवाँ बेटा! इन सातवें बेटों का भी कोई शुमार नहीं था....और चेतन को लगता था कि नत्थू को भी उन्होंने सातवाँ बेटा घोषित कर दिया होगा और दानी को वे बहू की तरह इनाम और आशीर्वाद देते होंगे।

चेतन यह भी जानता था कि उसके पिता अकेले पीना कमीनों और कम-ज़र्फ़ों की निशानी समझते थे और कभी अकेले नहीं पीते थे। उनके साथ दो-चार दोस्त, दो-चार जी-हुज़ूरिये, कोई सातवाँ या आठवाँ बेटा ज़रूर होता। कोई निकट न रहता तो वे पानी वाले या काँटे वाले ही को साथ खिलाते-पिलाते....बहराम में वे नये-नये नियुक्त हुए थे, गाँव ज़रा दूरी पर था, अभी उन्हें अपने साथ शामें गुज़ारने वाले, हाँ-में-हाँ मिलाने वाले और बेटे बन कर उनकी प्यार-भरी गालियाँ खाने वाले नहीं मिले थे। नत्थू और दानी ने यह कमी पूरी कर दी थी।

०

मंगल की बातें सुन कर चेतन के मन में दानी को एक नज़र देखने की प्रबल उत्कण्ठा हुई। दूसरे ही दिन उसे अवसर मिल गया। वह पढ़ते-पढ़ते थक कर शाम को, किताब हाथ में लिये हुए, ज़रा बाहर निकला था। जमादार का छोकरा पशुओं को चराने ले गया था। दूर गाँव की ओर से उसने उन्हें आते हुए देखा। नाँद पर मंगल उनके लिए सानी-पानी की व्यवस्था कर रहा था। भुस, बिनौले और चोकर मिला कर उसने सुबह से भिगोयी खली का पानी भुस में मिलाया और कोहनियों तक दोनों बाँहें भिगोते हुए उसने भुस को अच्छी तरह साना। खली की तीखी बू सारे वातावरण में बस गयी।

भैंस की सानी करने के बाद मंगल गाय के लिए सानी-पानी कर रहा था कि मालगोदाम की ओर से, क्वार्टरों के पिछवाड़े की पगडण्डी पर, एक हाथ में छोटे-छोटे काँटों और इमली की शक्ल के बहुत छोटे-छोटे पत्तों वाली फुलाह की लम्बी-सी डाली और दूसरे में बकरी की रस्सी थामे, एक जवान औरत नमूदार हुई। मँझला कद, गेहुँआ रंग, गुदाज़ और गदराया बदन, मलगिजा जम्पर और शलवार और जैसे सीमाओं में न समा पाता यौवन। हालाँकि उसने सीने पर दुपट्टा ओढ़ रखा था, लेकिन जवानी के समन्दर की तुग़ियानी[१] थी कि रुक न पा रही थी और आँखों में खुबी जा रही थी।

बकरी उसके पीछे खिंची आती, अचानक उतावली हो कर डाल पर झपटती तो वह उसे मीठी-सी गाली देती हुई सहसा बाँह सीधी करके डाली को सिर के ऊपर कर लेती और उसके सीने का उभार जैसे द्विगुणित हो उठता।

गाय की नाँद के पास आ कर युवती छोटे दर्जे के नौकरों के क्वार्टरों की ओर मुड़ी तो दोनों बाँहें सानी में डुबोये और नाँद पर झुके-झुके, सिर टेढ़ा करके मंगल ने आवाज़ा कसा —

"क्यों दानी, बकरी दा सारा दुद्ध की तूँ ई पी जाणी एँ ? कुछ नत्थू लई वी रख

१. तूफ़ान, बहिया।

छड्डेया कर। तूँ बाहर नूँ फटी पैणी एँ ते ओह अन्दर नूँ धँसदा जान्दा ए।"[१]

"तैन्नूँ की तेरी माँ अपने दुद्ध दा कटोरा प्यान्दी ए," दानी ने पलट कर उत्तर दिया,"जे तूँ धरत तों छे इंच उप्पर तुरया-फिरदा एँ। नार अपनी नूँ ते गाँ वालेयाँ लई छड्डु रक्खेया ए ते आप छड़ा-छण्ड एत्थे कुदकड़े मारदा एँ। नार नूँ अपने कोल बुला, चार दिन नित-कुटनी का तेल पी ताँ फेर देख, तूँ धरत तों उप्पर रहणा एँ जाँ हेठाँ जान्दा एँ।"[२]

और वह सिर को झटका दे कर पहले क्वार्टर के अन्दर चली गयी।

मंगल का गोरा चेहरा लाल हो आया और वह सानी से कोहनियों तक सने हाथों को कुएँ पर धोने के बहाने से उधर को खिसक गया।

यह तुर्की-ब-तुर्की सम्वाद सुन कर चेतन को मज़ा आ गया था और उसके होंटों पर मुस्कान खेल गयी। क्षण भर के लिए वह उस स्थल की ओर नज़रें जमाये रहा, जहाँ से वह सिर को झटका दे कर मुड़ी थी। तभी उसकी आँखों में अपने पिता का चेहरा आ गया —उनके गोल, रोबीले मुख पर उनकी नुकीली मूँछें चाहे कुछ सफ़ेद हो गयी थीं, वे छै बच्चों के बाप थे, पर उनकी आँखों के नीचे एक भी झुर्री न थी। माँ तो जालन्धर रहती थी। सिर्फ़ हर महीने की पहली तारीख़ को तनख़्वाह लेने आती थी। उनका असिस्टेण्ट शरई दाढ़ी-मूँछों वाला, पाँच वक्त का नमाज़ी सैयद था। शराब को छूना तो दूर, वह उसके नाम तक से दूर भागता था। बहराम के उस सूने, वीरान स्टेशन पर उसके मन-मौजी और यार-बाश पिता कितना अकेलापन और उदासी महसूस करते होंगे —चेतन ने सोचा —तब ज़ाहिर है, दानी जैसी चुलबुली नारी का सान्निध्य उन्हें ख़ुशगवार लगता होगा। वे अगर नत्थू के यहाँ अपनी अकेली और उदास शामें गुज़ारने लगे तो कोई वैसी अस्वाभाविक अथवा अनहोनी बात नहीं थी। अपने उस ज़ालिम पिता के लिये चेतन के मन में कुछ अज़ीब-सी दया उमड़ आयी और उसके दिल की गहराइयों से एक लम्बी उसाँस निकल गयी। तब दानी और अपने पिता के चेहरों को बरबस अपने दिमाग़ से निकाल कर चेतन ने किताब में जहाँ उँगली रखी थी, वहाँ से उसे खोला और महत्वपूर्ण प्रश्न रटता हुआ माल-गोदाम पर चढ़ गया था।

०

डी० एस० के दौरे के दिन उसने शाम को नत्थू के क्वार्टर में अपने पिता की झलक देखी थी और चन्दा से कहा था कि वह अपने पिता से घर में खाना खाने के लिए कहेगा। लेकिन वह कैसे उनसे यह बात कहे, वह तय नहीं कर पाया था। दिन भर प्रकट कानून की किताबें पढ़ते हुए उसका अवचेतन कहीं उस समस्या पर भी विचार करता रहा था। शाम को रोज़ की तरह किताब हाथ में लिये हुए बाहर निकला था कि दिन भर बैठने से जुड़े हुए अंगों को ज़रा खोले और साथ ही रटने-योग्य प्रश्नों को सैर के दौरान याद भी कर ले। उसके

---

१. क्यों दानी, बकरी का सारा दूध क्या तू ही पी जाती है ? कुछ नत्थू के लिए भी छोड़ दिया कर! तू बाहर को फटी पड़ती है और वह अन्दर को धँसता जाता है।

२. तुझे क्या तेरी अम्मा अपने दूध का कटोरा पिलाती है, जो तू धरती से छै इंच ऊपर चलता है। अपनी बीवी को तूने गाँव वालों के लिए रख छोड़ा है और यहाँ अकेला कुदक्कड़े मारता फिरता है। चार दिन अपनी बीवी को अपने पास बुला, कुछ रोज़ नित-कुटनी का तेल पी (याने उसके साथ सो) फिर देख कि तू धरती के ऊपर रहता है या अन्दर धँसता है ?

पिता ने बहुत पहले उसे स्मृति को सुधारने और सफलतापूर्वक रटने का यह गुर बताया था कि जिस किताब या कापी में से कुछ रटना हो, शाम को थोड़ी रोशनी रहते, उसे हाथ में ले कर सैर को निकल जाये। चलते-चलते रुक कर, चन्द पंक्तियाँ अथवा एक पैरा पढ़ ले और फिर किताब बन्द करके उसे दोहराते हुए घूमे। जहाँ भूले, वहाँ रुक कर फिर किताब देख ले और उसे बन्द करके फिर उसे याद करे। सैर-की-सैर हो जायेगी, जुड़े अंग खुल जायेंगे और वह रटने वाले प्रसंग रट भी लेगा....उसके पिता ने उसे बताया कि वे तो कबड्डी खेलते हुए भी मन-ही-मन कठिन शब्दों के हिज्जे दुहराया करते थे। यदि किसी शब्द के हिज्जे भूल जाते थे तो भागते हुए घर आ कर, किताब में शब्द देख, फिर लौट आते थे और पूर्ववत खेलने लगते थे। किसी को उनके पढ़ने का पता भी नहीं चलता था। इसी ढंग से घूमते-घामते और ख़रमस्तियाँ करते उन्होंने सब कुछ याद किया था और मैट्रिक में एक बार फ़ेल होने के बाद वे दोबारा परीक्षा में बैठे थे तो ज़िले भर में अव्वल आये थे। उनका विश्वास था कि इस प्रकार सैर करते हुए रटने का अभ्यास करने से स्मृति तेज़ होती है और किताबों-की-किताबें कण्ठस्थ की जा सकती हैं।

चेतन शाम तक घूमता और ज़रूरी सवाल रटता रहा था। जब अँधेरा गहरा गया तो वह पिछले दिन की तरह घूम कर सागर-पेशे[१] के आगे की पगडण्डी से वापस लौटा। नत्थू के क्वार्टर का दरवाज़ा आधा खुला था। उसने फिर उड़ती-सी निगाह अन्दर को डाली। उसके पिता खुर्री चारपाई पर फसकड़ा मारे बैठे थे। दानी हाथ में पानी का लोटा लिये, झुक कर उनके हाथ धुला रही थी। उसका उभरा वक्ष उनके हाथों से ज़रा-सा ऊपर था। पीछे नत्थू हाथ में कटोरी लिये, उसमें शराब ढाल रहा था।

जाने इस दृश्य में क्या था कि चेतन पाँव दबा कर आगे बढ़ा तो उसके ज़ेहन में सारी स्कीम बिजली की तरह कौंध गयी कि वह कैसे अपने पिता को नत्थू के यहाँ खाना खाने के बदले घर में खाना की प्रेरणा देगा।

उसके पिता सुबह मक्खन के डले साथ नमक और मसाले-मिले मट्ठे का बड़ा गिलास पी कर स्टेशन जाते थे। दूसरे ही दिन सुबह जब वे नित्य-कर्म से निबट कर आये तो न केवल मंगल की बजाय उसने स्वयं उनके हाथ-मुँह धुलवाये, बल्कि मट्ठे का गिलास भी ले कर ख़ुद उन्हें पिलाने गया।

जब उसके पिता मट्ठा पी कर तृप्ति से डकार लेते हुए मूँछों पर मट्ठे की झाग को निचले होंट से समेट, टेढ़ी तर्जनी से पोंछते और उन्हें बल देते हुए स्टेशन चले गये तो चेतन ने अपनी पत्नी से कहा, "देखो चन्दा, दोपहर को जब बाऊ जी खाना खाने आयेंगे तो मंगल के हाथ उन्हें खाना मत भेजना। मैं उस वक्त यहीं रहूँगा और उन्हें ख़ुद खाना खिलाऊँगा। उन्हें ढब पर लाना है, तब थोड़ा समय तो नष्ट करना ही पड़ेगा। पढ़ाई की कसर मैं पूरी कर लूँगा, इसकी तुम चिन्ता न करो। लेकिन बाऊ जी को अगर शाम के समय भी घर खाने के लिए तैयार करना है तो यह ज़रूरी है कि खाना न केवल उनकी पसन्द का हो, बल्कि पूरे एहतमाम से खिलाया भी जाये।" और उसने हँस कर कहा था, "देखो मेरी जान, किसी कहा है कि आदमी के दिल की कुंजी उसके पेट में है। आदमो को भर-पेट

१. सागर-पेशा-नौकरों के क्वार्टर।

उसकी पसन्द का खाना खिलाओ तो वह थोड़ा ढीला हो जाता है और उससे मनचीता कराया जा सकता है। पुराने ज़माने के ऋषि-मुनियों की तरह जो लोग अपने आपको संयम की डोर से बाँधे रखते हैं, वे खाना बहुत ही सात्विक और कम खाते हैं और मुँह-ज़ोर इन्द्रियों को काबू में रखते हैं।"

और उसने पत्नी को बताया कि पिता जैसी दाल पसन्द करते हैं, वैसी उसने पिछले दिन नहीं पकायी। बिना धुली उरद और चने की मिली-जुली दाल हो। पानी की तरह पतली नहीं, बल्कि घुली हुई और गाढ़ी हो; बढ़िया प्याज़, अदरक और हलकी-मिर्च का छौंका हो, तब बाऊ जी को अच्छा लगता है। "बढ़िया दाल पकाओ," उसने कहा, "छौंका मैं ख़ुद लगाऊँगा, थाली परोस कर ख़ुद ले जाऊँगा और फिर अगर भगवान ने चाहा तो बात छेड़ूँगा।"

दोपहर को जब पिता खाने पर घर आये तो चेतन ने स्वयं लोटे से उनके हाथ धुलवाये। उन्होंने मुँह पर छींटे मारे तो उसने कदम बढ़ा कर तार पर लटका हुआ साफ़ा उन्हें दिया। हाथ-मुँह पोंछ कर साफ़ा उसे लौटाते, सिर पर हाथ फेरते और मूँछों को बल देते हुए जब वे अन्दर पलँग पर आलथी-पालथी मार कर जा बैठे तो चेतन ने स्वयं उनकी थाली परसी। दाल चन्दा ने बहुत अच्छी पकायी थी। प्याज़ और अदरक का छौंका चेतन ने पिता की पसन्द का स्वयं दिया। हरी मिर्च के कतले और कुतरा हुआ हरा धनिया ऊपर से डाला। अचार की एक फाँक, मक्खन का डला, दही की कटोरी, अच्छी तरह सिका, फूला और चुपड़ा हुआ फुलका थाली में रख कर वह स्वयं अन्दर गया। थाली उसने पिता के सामने रखी करीब ही स्टूल पर घड़े के ठण्डे पानी का गिलास रखा और स्वयं अदब से पायँते बैठ गया।

पण्डित जी ने रोटी का ग्रास तोड़ कर पहले उसमें ज़रा-सा मक्खन लिया फिर उसे दही में डुबोया और फिर उसमें दाल भर कर मुँह में रखा तो दाल के घुली होने और लाल हो जाने वाले प्याज़ की सुगन्ध से प्रसन्न हो कर उन्होंने खाने की प्रशंसा की और तर्जनी से मूँछों को ज़रा-सा ऊपर किया तब चेतन ने साहस बटोर कर कहा —"बाऊ जी, आपकी बहू आ गयी है, आपकी पसन्द का खाना पका सकती है, अब आप शाम को बाहर क्यों खाते हैं। अपनी बहू को सेवा में मौका दीजिए।"

पिता ने उँगली से ज़रा-सा अचार ले कर ज़बान पर रखते हुए मन-पसन्द छौंकी हुई दाल और हलके-से तुर्श दही के स्वाद से, जो उन्हें बेहद प्रिय था, सन्तुष्ट और प्रसन्न हो कर सहज भाव से उसे समझाते और जैसे उसे अपने राज़ का साझीदार बनाते हुए कहा था, "शाम को बेटा, तुम तो जानते हो, मैं ज़रा पीता हूँ और गोश्त के साथ खाना खाता हूँ। तेरी माँ चौके में गोश्त लाना पसन्द नहीं करती। होशियारपुर के कट्टर मिश्र घराने की ब्राह्मणी.... मैं.... ख़ाह-म-ख़ाह उसके जज़्बात को ठेस नहीं पहुँचाना चाहता। मुझे वहाँ खाने से कोई फ़र्क नहीं पड़ता।"

चेतन क्या कहे, वह समझ नहीं पाया। पिता परम सन्तुष्ट भाव से खाना खाते रहे। उन्होंने रोटी का आख़िरी ग्रास अचार से छुला कर दाल में लपेट कर मुँह में रखा तो सहसा चेतन भाग कर वैसा ही फूला और सिका-चुपड़ा फुलका ले आया। इसी बीच उसने उत्तर भी सोच लिया। वापस आ कर फुलका उनकी थाली में रखते हुए उसने कहा —"लेकिन

बाऊ जी, माँ तो जालन्धर में है। आप की बहू यहाँ है। वह आपको गोश्त पका कर खिलायेगी।"

चेतन के पिता अच्छे मूड में थे। कदरे स्वीकारात्मक स्वर में बोले कि उन्हें उसकी माँ की फ़ीलिंग्ज़ का ख़याल था। पहले ही उसने उनके हाथों काफ़ी तकलीफ़ पायी है। क्यों ख़ाह-म-ख़ाह उसके जज़्बात को ठेस पहुँचायी जाये। उस का चौका भ्रष्ट न हो, बाकी बाहर वे क्या करते हैं, कहाँ खाते-पीते हैं, इसकी उसने कभी परवाह नहीं की!

"यह जान कर कि आप दानी के हाथ का खाने के बदले अपनी बहू के हाथ का पका खाते हैं," चेतन ने पिता के मूड का लाभ उठाते हुए सोत्साह कहा था, "माँ को ख़ुशी ही होगी। बाकी जहाँ तक माँ का चौका भ्रष्ट होने की बात का ताल्लुक है, आप विश्वास रखें, माँ को यहाँ चार दिन के लिए भी रहना होगा तो मैं ख़ुद अपने हाथ से जलते कोयलों और राख से सारे बर्तन माँज कर उन्हें सुच्चे कर दूँगा।"

"बहू क्या गोश्त खाती है ?" सहसा पण्डित शादीराम ने पूछा।

"नहीं, खाती नहीं, लेकिन पकाती है।"

"जो खाती नहीं, वह अच्छा पका नहीं सकती।" चेतन के पिता ने फ़तवा दिया।

"नहीं बाऊ जी," चेतन ने विनम्रता से अपनी बात पर ज़ोर देते हुए कहा, "कई बार हम ने उसके हाथ का पका गोश्त खाया है। चन्दा बहुत लज़ीज़ गोश्त पकाती है। भाई साहब बेहद तारीफ़ करते हैं।

"असल में बाऊ जी," चेतन ने क्षण भर रुक कर कहा था, "चन्दा के पिता गोश्त के बहुत शौकीन रहे हैं। वह उनके लिए पकाती थी। आप जैसा पसन्द करते हैं, उसे बताइए। वह वैसा ही पका देगी। आख़िर दानी को भी तो आपने ही सिखाया होगा, वरना वह कहाँ आपकी पसन्द का गोश्त पका सकती...."

तभी चन्दा हलका-सा घूँघट किये, गर्म-गर्म फुलका ले कर आयी और सिर झुका कर उसने ससुर की थाली में उसे रख दिया।

"ठीक है!" पण्डित जी ने प्रसन्न हो कर चेतन से कहा और बहू की ओर देख कर बोले, "बेटी, मैं आज शाम को नवाँ शहर जाने वाली गाड़ी को रवाना करके आऊँगा और तुम्हें अपनी पसन्द का गोश्त पकाना सिखाऊँगा।"

चन्दा सिर झुकाये खड़ी रही।

पण्डित शादीराम ने चेतन से कहा कि वे नत्थू से गोश्त दे जाने को कहेंगे। क्षण भर रुक कर उन्होंने पूछा कि बहू को गोश्त साफ़ करना तो आता है ? फिर उन्होंने बहू की ओर देखा और बोले, "क्यों बेटा, तूँ अच्छी तरह गोश्त नूँ साफ़ करना ताँ जानदी एँ ना ?"

चन्दा वापस रसोई-घर में जाने के लिए मुड़ी ही थी कि ससुर का प्रश्न सुन कर रुक गयी। उसने स्वीकार में ज़रा-सा और सिर झुका दिया।

"बाऊ जी, आप फ़िक्र न करें," चेतन ने जोश से कहा, "यह सब करेगी। आप एक बार अपनी पसन्द के मुताबिक इसे सब करके दिखा दीजिए। फिर आपको न कभी कुछ कहने की ज़रूरत पड़ेगी, न शिकायत करने की!"

चन्दा चली गयी। पण्डित जी ने रोटी के ग्रास को ज़रा अचार से छुला कर उसे दाल

में अच्छी तरह मींजा, दही में लपेट कर मुँह में रखा और पुनः दाल की प्रशंसा करते हुए बोले कि बहू ने दाल अच्छी, गाढ़ी और घुली हुई बनायी है —बिलुकल वैसी, जैसी उन्हें पसन्द है। छौंका भी उनका मन-पसन्द लगा है। प्याज़ जब घी में गुलाबी हो जायें, तब अगर फ़ौरन उसमें दाल छोड़ दी जाये तो उसका स्वाद और सुगन्ध ही और होती है। ज़रा-सी देर हो जाये तो प्याज़ जल जाते हैं, फिर न वह ख़ुशबू रहती है, न वह स्वाद!

पण्डित जी क्षण भर मुँह का ग्रास मज़ा ले कर चबाते रहे। उन्होंने ज़रा-सा अचार तोड़ कर मुँह में रखा, चमचा तो वहाँ कोई था नहीं। उन्होंने क्रमशः पहले दाल और फिर दही की कटोरी मुँह से लगा कर ज़रा-सी दाल और दही लिया और सन्तुष्ट हो कर चेतन को बताया कि दही भी उनकी पसद का हलका-सा तुर्श है और थक्के में जमा है। मीठा दही उन्हें कतअन पसन्द नहीं। हलकी-सी तुर्शी न हो तो दही और दूध में क्या फ़र्क रह जाता है....फिर जैसे बड़े पते की बात अपने बेटे को बताते हुए उन्होंने कहा कि दरअसल थोड़ी-सी तुर्शी ज़िन्दगी के लिए बहुत ज़रूरी है। तुर्शी और तल्ख़ी न हो तो इस 'माँईयाँ' फीकी और सीठी ज़िन्दगी में क्या मज़ा है....

लेकिन चेतन ने जैसे ज्ञान की यह बात नहीं सुनी। उसका ध्यान उसकी समस्या में उलझा था, "बाऊ जी, बस आप चन्दा को ज़रा बता दीजिए," उसने कहा, "आपकी बहू आपकी पसन्द की दाल, तरकारी, गोश्त —सब पकायेगी।"

"तेरी माँ ते शिकैत[१] करदी सी," उसके पिता ने कहा, "कि बहू कुझ करदी नईं। एन्नूँ कुछ आन्दा-जान्दा नईं।"

"नहीं बाऊ जी," सफ़ाई देते हुए और हँसते हुए चेतन ने कहा, "ऐसी बात नहीं। असल में यह माँ-बाप की ऐसी औलाद है, जो सात बच्चों के बाद बची है। लाड़-प्यार में पली है। किसी ने इसे कुछ सिखाया-समझाया नहीं। थोड़ी सुस्त है। ऊपर से बुख़ार ने इसे कमज़ोर कर दिया है। वरना यह दिमाग़ से सुस्त नहीं है।"

वह क्षण भर के लिए रुका, फिर उसने उसी हलके-से उत्साह और उल्लास-भरे स्वर में कहा, "दो साल में इसने 'हिन्दी प्रभाकर' की परीक्षा पास कर ली है। हमने प्रोग्राम बनाया है कि मैं कानून पास कर लूँ, तो तीन बरसों में यह सिर्फ़ अंग्रेज़ी ले कर बी० ए० का डिप्लोमा ले लेगी....आप इसे एक बार जो समझा देंगे, उसमें ग़लती नहीं करेगी। गोश्त तो यह पकाती ही है, पर चने की खड़ी दाल भी यह ऐसी बढ़िया पकाती है कि एक-एक दाना गिन लें और लज़ीज़ इतनी कि तबियत न भरे।"

तभी चन्दा फिर गर्म-गर्म फुलका ले कर आयी और उसने उसे थाली में रखा तो चेतन के पिता ने कहा —"बस बेटी, होर न लियाईं।"[२] फिर क्षण भर रुक कर बोले कि उन्हें मालूम हुआ है, उसकी तबियत कुछ ठीक नहीं रहती। जालन्धर में उन लोगों का मकान गुंजान मुहल्ले में है। यहाँ बहराम में आब-हवा अच्छी है। दूध-दही मक्खन की कमी नहीं। वह जल्दी ही सेहतमन्द हो जायेगी।

क्षण भर बाद कदरे हँस कर उन्होंने कहा था कि चेतन कहता है, वह चने की खड़ी

---

१. शिकायत

२. बस बेटी। और न लाना।

दाल बहुत अच्छी पकाती है। आज तो वह उन से गोश्त पकाना सीख ले, फिर किसी दिन दोपहर को चने की खड़ी-सूखी दाल पका कर खिलाये।

चन्दा ने स्वीकार में सिर झुकाया। फिर सिर के इशारे ही से, 'जी अच्छा' करती हुई चली गयी।

०

शाम को पण्डित जी के आने से पहले नत्थू एक बड़े कटोरे में कच्चा गोश्त और शराब की पूरी बोतल दे गया और बता गया कि बाऊ जी के आने से पहले क्या कुछ तैयार रखा जाये। चेतन के पिता नवाँ शहर की गाड़ी रवाना करके आ गये। चेतन पढ़ते-पढ़ते किताब बन्द करके तत्काल उठा और पिता की सेवा में जा खड़ा हुआ....पण्डित जी ने कोट उतारा तो उसने उनसे ले कर खूँटी पर टाँग दिया और अलमारी के खुले ख़ाने से तह करके रखी हुई तहमद उन्हें दी। उन्होंने तहमद पहन कर शलवार चारपाई पर फेंक दी तो उसने उसे उठाया। दोनों ओर से इज़ारबन्द खींच कर गिरह लगायी और उसे खूँटी पर टाँग दिया।

चेतन जब बहराम पहुँचा था तो उसे पिता का कमरा निहायत अस्त-व्यस्त और अव्यवस्थित लगा था। खूँटियों पर, पलँग पर, कमरे के कोने में, फ़र्श पर, ट्रंकों पर, खिड़की के किवाड़ों पर —सब जगह मैले कपड़े टँगे थे। हफ़्ते-पखवाड़े मंगल उन्हें इकट्ठा करके धोबी को दे देता था। धुले कपड़े ट्रंकों में रख देता था। पण्डित जी ज़रूरत के मुताबिक कपड़े निकाल लेते थे और मैले कपड़े जहाँ कहीं भी फेंक देते थे। कमरा तो एक ही था। चेतन को वहीं पढ़ना भी था। उस अव्यवस्था से उसे बेहद वहशत हुई थी। उसने सबसे पहले मंगल से सब मैले कपड़े धोबी के यहाँ ले जाने को कहा था, जमादार को बुला कर कमरा साफ़ कराया था और कोनों-अँतरों के जाले झड़वाये थे। मंगल धोबी से कपड़े ले आया तो उसने स्वयं ट्रंक में रखे थे। और तय किया था कि वह स्वयं पिता का और कमरे की व्यवस्था का ख़याल रखेगा।

कपड़े बदल कर चेतन के पिता बाहर निकले तो वह भाग कर शौचालय का लोटा भर आया। वे निबट कर आ गये और आँगन की नाली पर उकड़ूँ बैठ गये तो उसने चूल्हे से मुट्ठी भर राख उन्हें दी और लोटा ले कर उनके हाथ धुलाने लगा। पण्डित जी ने दो बार राख से अच्छी तरह मल कर हाथ धोये। दो अँजुरी पानी भर कर मुँह पर छींटे मारे। वे तहमद के छोर से हाथ-मुँह पोछने जा रहे थे कि चेतन ने बढ़ कर आँगन के तार पर लटकता लाल परना[१] उन्हें दिया। हाथ-मुँह पोंछ कर उन्होंने चेतन से कहा कि वह सामने आ कर बैठे और सब कुछ ध्यान से देखे।

सबसे पहले चेतन ने पीढ़ा ला कर आँगन और बरामदे की मेंड़ के पास रख दिया। पिता उस पर बैठ गये तो उसने चन्दा से सारा सामान ले कर उनके पास रखा। चन्दा ईख का मूढ़ा डाल कर बैठ गयी और चेतन पिता की मदद के लिए उनके निकट खड़ा हो गया कि कोई चीज़ दरकार हो तो तत्काल उन्हें दे दे।

पण्डित शादीराम ने सबसे पहले गोश्त को धो कर थाली में रखा। हालाँकि नत्थू ने उसे अच्छी तरह साफ़ करके भेजा था तो भी पण्डित जी ने एक-एक बोटी ले कर उसे

१. पतला साफ़ा, गमछा।

अच्छी तरह साफ़ किया। ज़रा-सा भी छिछड़ा या सफ़ेद नस नहीं रहने दी और गोश्त को दो बार धो कर उसे थाली में रख दिया। फिर उन्होंने चार-पाँच लाल मिर्चें लीं। उन्हें कूण्डी में डाल कर डण्डे से हलके-हलके ऐसे ठकोरा कि उनके बीज और छिलके अलग हो गये। तब उन्होंने छिलके निकाल कर थाली के एक किनारे सहेज दिये और पानी का छींटा दे कर बीज पीसने लगे।

बीजों को तनदेही से पीसते हुए उन्होंने बेटे और बहू को बताया कि बीजों को हमेशा अलग पीसना चाहिए। अव्वल तो छिलकों के साथ बीज अच्छी तरह पिस नहीं पाते, और अगर ठीक न पिसें तो मज़ा नहीं देते। यह सूत्र भी उन्होंने दिया कि बहुत अच्छी तरह पिसे हुए बीज आँखों की ज्योति बढ़ाते हैं।

बीजों को मलीदा करके ज़रा-सा पानी डाल कर उन्होंने वह घोल एक कटोरी में रख दिया। फिर कूण्डी को अच्छी तरह साफ़ करके उन्होंने छिलके अलग से पीसे। जब वे अच्छी तरह पिस गये तो पानी डाल कर उनका घोल एक दूसरे कटोरे में रख लिया और उन्हें बताया कि इस पानी से गोश्त का शोरबा एकदम लाल रंग का हो जायेगा।

इसके बाद उन्होंने चार प्याज़, लहसुन की चार फाँकें और थोड़ा-सा अदरक लिया। प्याज़ छील, काट और धो कर कूण्डी में डाले और लहसुन और अदरक के साथ उन्हें पीस कर लुगदी अलग निकाल कर थाली के किनारे रख दी'

तब उन्होंने गर्म मसाला —यानी धनिया, ज़ीरा, हल्दी, मोटी इलायची, लौंग, दाल, चीनी, और गोल मिर्चें डाल कर उन्हें पीसा और उसे भी अलग निकाल कर रख दिया।

"लै पुत्तर, मसाला सारा तैयार हो गया ई," उन्होंने स्नेह से अपनी बहू की ओर देख कर कहा और चन्दा को समझाया कि अब वह पतीला चूल्हे पर चढ़ा कर एक बड़ा चमचा घी का डाले और प्याज़-अदरक और मिर्चों के बीज भूने। "लाल मिर्चां घी खान्दियाँ ने, ते घी लाल मिर्चां नूँ खान्दा ए।"[१] उन्होंने बताया और हिदायत दी कि जब मसाला इतना भुन जाये कि घी अलग होने लगे तो फिर गोश्त और डेढ़ कलछी दही डाल कर उसे भूने। जब अच्छी तरह भुन जाये तो मिर्चों के छिलके का घोल और शोरबे के लिए कुछ पानी डाल दे। गोश्त पक जाये तो देख ले कि बोटी गल गयी है कि नहीं और तब गर्म मसाला छोड़े तथा एकाध उबाल के बाद उतार ले।

चन्दा सब कुछ उठा कर रसोई-घर में ले गयी। पतीला आग पर चढ़ा कर उसने घी डाला और मसाला भूनने लगी तो रसोई के करीब अच्छी तरह हाथ धोते हुए उन्होंने कहा कि चेतन कहता है, वह गोश्त बहुत अच्छा पकाती है। उन्होंने तो यह तरद्दुद सिर्फ़ मिर्चों के बीज और उनके छिलके अलग-अलग पीसने के लिए किया है। लोग बीज अलग से नहीं पीसते। मिर्चें भी साबुत छोड़ देते हैं। लेकिन उन्हें वह पसन्द नहीं।

यह सब कहने के बावजूद उनसे रहा नहीं गया और वे रसोई की मेंड़ के पास जा खड़े हुए और देखने लगे कि बहुत सब प्रक्रिया ठीक से सरअंजाम देती है या नहीं।

चेतन के पिता जब बड़ी तल्लीनता से गोश्त धो रहे थे, बीज पीस रहे थे, मसाला तैयार कर रहे थे और बहू द्वारा गोश्त के पकने का निरीक्षण कर रहे थे, तब चेतन की

---

१. लाल मिर्चें घी को जज़्ब करती हैं और घी लाल मिर्चों को जज़्ब करता है।

आँखों में सहसा लाहौर में पण्डित रतन के घर का आँगन और उसमें इसी तल्लीनता से गोश्त पकाते हुए पण्डित रतन की सूरत घूम गयी। भाभी सामने चौके में निरपेक्ष बैठी खाना पका रही होती और पण्डित रतन, शनिवार को दफ़्तर से आ कर बड़े प्रेम से गोश्त पकाते। शनि-इतवार को उनका यही कार्यक्रम रहता। कभी वे कीमा ला कर उसे पीस कर एक-एक आलू बुख़ारा डाल, कोफ़्ते पकाते। कभी गोश्त वाला पुलाव, कभी बिरियानी, कभी रोग़न जोश, कभी पसन्दे....और उस वक्त उनकी तन्मयता देखने-योग्य होती। मसाला पीसते हुए कुछ वैसी ही तल्लीनता उसे अपने पिता के चेहरे पर दिखायी दी थी। जब चन्दा ने उनकी हिदायत के मुताबिक मसाला भून कर और उन्हें एक नज़र दिखा कर गोश्त और दही डाल दिया और ख़ूब भुन जाने पर शोरबे के लिए लाल मिर्च के छिलकों का पानी छोड़ दिया तो पण्डित जी ने चन्दा से कहा गोश्त ज़रा पक जाये तो दो-एक बोटियाँ अलग निकाल कर ले आये, वे ज़रा चख कर देखेंगे।

०

बहू को हिदायत दे कर चेतन के पिता अन्दर दूसरी चारपाई पर फसकड़ा मार कर बैठ गये और उन्होंने चेतन से एक ख़ाली कटोरी, ज़रा-सा आम का अचार और पानी का लोटा लाने के लिए कहा और पूछा कि नत्थू बोतल तो दे गया था न ?

चेतन ने उन्हें आश्वासन दिया कि बोतल आ गयी है वे इत्मीनान से बैठें, वह दो मिनट में सब प्रबन्ध कर देता है।

और वह तत्परता से पत्थर की नन्ही-सी कटोरी में आम के अचार की एक फाँक रख कर एक ख़ाली कटोरी, पानी का लोटा और गिलास ले आया। कटोरियाँ उसने चारपाई पर रखीं और लोटा और गिलास स्टूल पर। फिर वह अलमारी के ख़ाने से बोतल ले आया। नत्थू कॉर्क-स्क्रू भी दे गया था। चेतन ने स्क्रू डाट में घुमाया और वह जब पूरा अन्दर चला गया तो उसने ज़ोर से एक झटके से उसे खींचा। 'भक' की आवाज़ के साथ डाट खुल गया। उसने स्क्रू को चारपाई पर रख कर पेग कटोरी में ढाल कर पिता को दिया।

पण्डित जी एक ही घूँट में उसे नीट गटक गये। कड़वाहट के कारण उन्होंने मुँह ज़रा-सा बिदोरा। चेतन ने उन्हें पानी का गिलास दिया। उन्होंने एक घूँट मुँह में भर कर वहीं ज़रा परे फ़र्श पर ज़ोर से कुल्ली की और ज़रा-सा अचार ले कर मुँह में रख लिया। फिर जैसे कि हमेशा उनकी आदत थी, वे हलके-से सुरूर में आ गये।

"देख पुत्तरा, एह शराब माँइयाँ....कोई बहुत अच्छी चीज़ नईं।" उन्होंने कहा और उसे समझाते हुए बोले कि अगर उसके साथ अच्छी ग़िज़ा न खायी जाये तो वह शरीर को खा जाती है....वे तो आठवीं जमात में पीने लगे थे। सोहबत भी उनकी साली अच्छी नहीं थी। लेकिन वह कभी इसे मुँह न लगाये। एक बार की लगी यह साली छूटती नहीं। उनके एक ज़मींदार दोस्त जब उनके साथ पीते थे तो हमेशा लम्बी साँस भर कर बादशाह बहादुरशाह 'ज़फ़र' के उस्ताद 'ज़ौक' का शेर सुनाते थे —

ऐ 'ज़ौक' देख दुख़्तर-ए-रज़ को न मुँह लगा
छुटती नहीं है मुँह से ये काफ़िर लगी हुई

"दुख़्तर-ए-रज़ दा मतलब ए अंगूर दी बेटी यानी अंगूरी शराब।" पण्डित जी ने

कहा, "ते सच्ची गल्ल ए कि उस्ताद जौक़ ने ग़लत नईं आक्खेया।"

पण्डित शादीराम सुरूर में आ गये थे। उन्होंने अपने बेटे को सविस्तार बताया कि किस प्रकार उसकी माँ के ज़ोर देने पर उन्होंने एक बार शराब छोड़ दी थी....

लेकिन बात पूरी करने से पहले उन्होंने चेतन को आदेश दिया कि उनके कोट की जेब से कैंची सिगरेट की डिबिया और माचिस निकाल लाये।

चेतन लपक कर दोनों चीज़ें ले आया और कैंची के पैकेट से एक सिगरेट निकाल कर उसने अपने पिता का दिया।

दायें हाथ की तर्जनी और अँगूठे में सिगरेट ले कर उन्होंने बायें अँगूठे के नाख़ून पर उसे ठकोरा। फिर ज़बान से ज़रा-सा गीला करके उसे होंटों में रखा, सुलगाया और एक कश ले कर बोले कि जो लोग यह समझते हैं, शराब को आहिस्ता-आहिस्ता कम कर के छोड़ा जा सकता है, वो साले ज़बरदस्त ग़लत-फ़हमी का शिकार हैं। कोई भी 'माँइयाँ' नशा हो, अगर उसे छोड़ना है तो एकदम छोड़ देना चाहिए। तभी आदमी उसे छोड़ सकता है।

पण्डित शादीराम ने सिगरेट का फिर एक लम्बा काश लगाया और कई बार का बताया हुआ किस्सा उसे सुनाया कि एक बार जब उन्होंने शराब छोड़ी थी तो पाँच बरस तक उसे मुँह नहीं लगाया था। लेकिन फिर वे एक बार थानेदार करतार सिंह और उस 'माँ अपनी दे यार' देवीदास के चक्कर में फँस गये और उन 'हरामज़ादों' ने अपनी दोस्ती की कसमें दिला कर उन्हें फिर से पीने पर मजबूर कर दिया। फिर वे उसे नहीं छोड़ सके।

"हालाँकि मैं जानदा हाँ," पण्डित जी ने सिगरेट का कश ले कर कहा, "कि एह साली मैन्नूँ नुकासान पहुँचा रही ए। मेरियाँ आन्त्राँ साड़ रही ए। पर शाम हुन्दे-न-हुन्दे कुझ ऐसी तलब लगदी ए कि बिना दो-चार घुट्ट गले तों हेठाँ उतारे चैन नहीं पैन्दा।"[१]

पण्डित जी ने फिर एक लम्बा कश लगाया और देर तक नौजवानों की तरह पहले नाक से धुआँ निकालते रहे, फिर दूसरा कश ले कर, पानी में तैरती और सतह पर ज़रा-सा आ कर साँस लेती मछली के होंटों की तरह अपने होंट ज़रा खोल कर मरगोले बनाते और ख़ुश होते रहे। फिर उन्होंने कहा —"अव्वल ते पुत्तर, मेरी नसीहत मन्नीं, एस हरामज़ादी नूँ कदे मुँह न लगायीं"[२] —पण्डित जी ने कहा और फिर अपने बेटे को जैसे समझाते हुए बोले कि अगर वह कभी पीना भी चाहे तो भूल कर भी भाँग न पिये। साला, चूतिया नशा है शराब चाहे जैसी भी हो, पर नशा उसका शेर का है।

और उन्होंने फिर चेतन को वही लड़कपन का किस्सा सुनाया, जो उसने माँ और पिता, दोनों से सुन रखा था....उसके पिता तब आठवीं जमात में पढ़ते थे। अपने दोस्तों के साथ देवी तालाब के परे द्वाबा हाई स्कूल की ग्राउण्ड में खेलने गये थे। तब रले[३] झीवर[४] ने चुपचाप अलग हो कर देवी तालाब पर भाँग घोटी और शर्बत के बहाने उन्हें पिला दी।

---

१. हालाँकि मैं जानता हूँ कि यह मुझे नुकसान पहुँचाती है, मेरी आँतें जलाती है, लेकिन शाम होते-न-होते ऐसी तलब लगती है कि बिना दो-चार घूँट गले के नीचे उतारे चैन नहीं पड़ता।

२. अव्वल तो बेटे मेरी बात मानना और इस हरामज़ादी को कभी मुँह न लगाना।

३. रले = रलाराम का छोटा, बुलाने वाला, रूप।

४. झीवर = कहार।

घर वापस आते हुए वे शॉर्टकट से कब्रिस्तान से हो कर आये। घर आते-आते भाँग उन्हें बेतरह चढ़ गयी। पुराने खँडहर मकान के दालान में दीवार से पीठ लगा कर वे बैठे-बैठे गुट्ट हो गये। तभी चेतन की पड़दादी यजमानों के यहाँ से आ गयी। अपने पोते को उस तरह सुस्त बैठे देख कर उसने चेतन के पिता को कन्धे से झकझोरा। वे तो नशे में धुत्त थे। उसने झुक कर देखा। उनकी आँखें लाल और नीम-ग़नूदा थीं। तब छाती पीटती हुई वह चिल्लाने लगी, "हाय वे शादी, तैन्नूँ की हो गया ए'[१] —और छाती पीटते हुए ड्योढ़ी के दरवाज़े पर उसने मुहल्ला सिर पर उठा लिया। "हाय वे लोक्को, आइयो, वेक्खो, मेरे पुत्त नूँ की हो गया ए।"[२]

तब पण्डित जी ने हँसते हुए चेतन को बताया कि उन्हें लगा, वे कब्रिस्तान से हो कर आये हैं, ज़रूर उन्हें भूत चिमट गया है। वे उठे और नाचते हुए —'नीं मैं कबराँ विच्चों आया, नीं मसाना विच्चों आया,'[३] गाते हुए बाहर को निकल गये। दादी छाती पीटती उनके पीछे-पीछे और वही पंक्ति गाते और नाचते हुए वे उसके आगे-आगे। दोनों बाज़ार पहुँच गये। वहाँ किसी दुकानदार ने उन्हें पकड़ लिया। उनका चेहरा देखा। आँखें देखीं और बोला —"दादी, एसनूँ खट्टी चटनी चटा। एस ने भंग पीत्ती दी ए।"[४]

परदादी ने वहीं पकौड़े वाले से खट्टी चटनी ली। चेतन के पिता को चटायी तो उनका नशा उतरा।

यह किस्सा सुना कर पण्डित जी ने एक ज़ोर का नशीला ठहाका लगाया, चेतन को दूसरी कटोरी में दूसरा पेग बनाने को कहा और बोले, "साला, अजेहा चूतिया नशा ए कि धरती ते चलती पेशाब दी धार वी माँइयाँ सप्प दिखायी देन्दी ए ते शराब," पण्डित जी ने तर्जनी से मूँछों को ज़रा ऊपर उठाते हुए कहा, "साला कोई पिद्दी जेहा आदमी वी पी लवे ते इक बारी ताँ पहलवान नाल भिड़ जावे।"[५]

०

०

चेतन के पिता मस्ती सेझूमते हुए दसों दिशाओं में गूँजती हुई आवाज़ में गा रहे थे—

मन्न लै बुल्हेया साडा कहना,
छड्ड दे पल्ला राइयाँ
आल नबी औलाद नबी नूँ,
क्यों तैं लीक्काँ लाइयाँ[६]

---

१. हाय वे शादी, तुझे क्या हो गया है।

२. हाय वे लोगो, आओ, देखो, मरे बेटे को क्या हो गया है।

३. री मैं क़बों में से आया हूँ। मसानों (श्मशानों) में से आया हूँ।

४. दादी, इसे खट्टी चटनी चटा, इसने भाँग पी हुई है।

५. साला, ऐसा बेवकूफ़ाना नशा है कि धरती पर चलती पेशाब की धार भी (माँ की गाली) साँप दिखायी देती है और शराब —कोई पिद्दी-सा आदमी भी पी ले तो एक बार पहलवान से भिड़ जाये।

६. ऐ बुल्हे, तू हमारा कहना मान ले और अराइयों का पल्ला छोड़ दे, तू पैग़म्बर की जाति और वंश का है। तू क्यों अपनी जात और वंश को कलंक लगा रहा है।

अन्तरे के बोल गा कर पण्डित जी ने पंचम स्वर में एक लम्बी 'ओ....ओ....' की तान के साथ टीप का बन्द दोहराया —

बुल्हे नूँ समझावन आइयाँ
भैणाँ ते भरजाइयाँ
वे बुल्हेया तैं एह की कीत्ता
नौकर हो गया राइयाँ।

चेतन ने गीत के बोल सुन कर भी नहीं सुने। उसका ध्यान अभी तक उसी दिन की घटनाओं में उलझा था।

०

पण्डित जी सिगरेट ख़त्म करके दूसरे पेग के लिए तैयार हो चुके थे। चेतन ने दूसरा पेग कटोरी में ढाला था, बोतल चारपाई के नीचे रखते हुए कटोरी बायें हाथ में लिये-लिये वह भाग कर रसोई में गया था और एक दूसरी कटोरी में चन्दा से चाप के दो गर्म-गर्म टुकड़े ले आया था। वापस आ कर अपने पिता को गोश्त की कटोरी देते हुए उसने कहा, "बाऊ जी, ज़रा गोश्त चख कर देखिए, कैसा पका है। आप ही तो कहते हैं कि शराब के साथ कुछ ग़िज़ा भी खानी चाहिए। आप तो एकदम नीट पीते हैं। पानी भी नहीं मिलाते।"

पण्डित जी ने गोश्त की कटोरी ले कर चारपाई पर रख ली और शराब का पेग ले कर कण्ठ में उँड़ेल लिया, मुँह बिचकाया, कुल्ला किया, फिर ज़रा-सा अचार मुँह में रखा और कटोरी से चाप उठा कर उसका एक बड़ा-सा टुकड़ा काटा और उसका स्वाद लेते हुए प्रसन्न हो कर बोले —

"बहू ने सचमुच गोश्त बहुत लज़ीज पकाया ए। ज्यून्दी रए, सेहत नाल रए, सुहागवती होवे।"[१] उन्होंने दुआ दी।

"बाऊ जी, आप कहें तो मैं आपका खाना भी ले आऊँ।" चेतन ने बड़ी विन्रमता और मुलायमियत से कहा, "वक्त से खा लीजिए। अभी तो आपका पोता सोया हुआ है। जग न जाये। आप खाना खा लें। मैं आपकी पिण्डलियाँ दबा देता हूँ। चन्दा भी इस बीच काम निबटा लेगी। कमज़ोर है। समय से सो जायेगी तो मैं भी इम्तहान की तैयारी करूँगा।"

गोश्त के ज़ायके से पण्डित जी प्रसन्न हो गये थे। यूँ भी वे अपनी सेवा में बेटे और बहू की आदर-भरी तत्परता से ख़ुश थे। वे नीट पीते थे। उन्हें प्रायः दो पेग में ख़ासा नशा हो जाता था। अब तक वे सुरूर में आ गये थे। उन्होंने परम उदारता से हामी भर दी।

चेतन खाना ले आया था। पण्डित जी ने बहू की प्रशंसा करते हुए खाया था। फिर वे हलके नशे में उठ कर बाहर बिस्तर पर जा कर लेट गये थे। चेतन ने उनकी पिण्डलियाँ और पैर दबा कर उन्हें सुला दिया था। और वह अपनी इस कारगुज़ारी पर ख़ुश और सन्तुष्ट अन्दर आया था।

"माँ को पिता जी की बहुत चिन्ता थी," उसने अपनी पत्नी से कहा था, "मैंने तय कर लिया था कि पिता जी को नत्थू और उसकी चंचल बीवी के चक्कर से निकाल दूँगा। तुम मेरी थोड़ी-सी मदद करो तो सच मानो, जब तक हम यहाँ हैं, बाऊ जी कभी नत्थू के

---

१. बहू ने गोश्त सचमुच बहुत स्वादिष्ट पकाया है। जीती रहे, सेहत से रहे, सुहागवती हो।

घर खाना खाने की नहीं सोचेंगे। उनका पीना भी कम हो जायेगा और अच्छा खाना खाने से सेहत भी बेहतर हो जायेगी।"

उसके अन्दर आते ही चन्दा ने गोश्त का पतीला चूल्हे पर चढ़ा दिया था। गर्म हो गया तो एक बड़ी कटोरी में डाल कर उसने थाली में पति के आगे रखा और चूल्हे पर तवा चढ़ा दिया। चकले पर फुलका बेलते हुए उसने पूछा कि वह क्या मदद कर सकती है ?

चेतन को भूख लग आयी थी। गोश्त की सुगन्ध उसे और भी तेज़ कर रही थी। फुलके के पकने की प्रतीक्षा करना उसके लिए कठिन हो गया था। एक बोटी ले कर उसका स्वाद चखते और चटख़ारा लेते हुए उसने कहा, "बाऊ जी यूँ ही तारीफ़ नहीं कर रहे थे। गोश्त तुम ने बहुत बढ़िया पकाया है। मेरी जान, ज़रा-सी और कोशिश करो तो बाज़ी बस अपने हाथ होगी।"

तवे पर फुलके को अच्छी तरह फुला कर उसके किनारे झाड़न से दबा कर भली-भाँति सेंक और चुपड़ कर चन्दा से फुलका चेतन की थाली में रखा और जिज्ञासा में आँखें उठायीं ?

चेतन ने लगभग सरगोशी में कहा, "देख बल्लो, बाऊ जी का असिस्टेण्ट सैयद शहाबुद्दीन मुसलमान है। चूँकि वह न सिगरेट पीता है और न शराब, इसलिए वे उसे पसन्द नहीं करते। लेकिन मैं चाहता हूँ कि तुम फ़ौरन उसकी बीवी से दोस्ती पैदा करो। भले ही किसी बहाने से उनके यहाँ जाओ, पर एक बार ख़ुद भी उसे अपने यहाँ बुलाओ और उससे दो-तीन तरह का गोश्त पकाना सीखो। मुसलमान तो प्रायः हर चीज़ में गोश्त डाल देते हैं, लेकिन जिन्हें खाने का शौक है, उनके यहाँ कई तरह का गोश्त पकता है। मैंने नत्थू और मंगल की बातों से यह अन्दाज़ा लगाया है। आजकल में करेले आ जायेंगे। अगर तुम एसिस्टेण्ट स्टेशन मास्टर की पत्नी से करेलों वाला गोश्त पकाना सीख लो, कोफ़्ते पकाना और शामी कबाब बनाना सीख लो, फिर क्या बात है। बाऊ जी को बदल-बदल कर तरह-तरह का गोश्त पका कर खिलाओ, फिर उन्हें कभी नत्थू के घर खाने का ख़याल नहीं आयेगा।"

चन्दा ने ताज़ा फुलका उसकी थाली में रखते हुए अपने पति को आश्वासन दिया था कि वह जैसे कहता है, वैसे ही करेगी। अगर असिस्टेण्ट स्टेशन मास्टर की पत्नी करेलों वाला गोश्त या आलू बुख़ारे वाले कोफ़्ते या शामी कबाब पकाती होगी तो वह ज़रूर सीख लेगी।

"बात यह है मेरी जान," चेतन ने ख़ुश और आश्वस्त हो कर कहा था, "पिता जी ने कभी इस तरह आराम, इत्मीनान, प्यार और दुलार से घर में खाना नहीं खाया। माँ को उनके गोश्त, शराब और सिगरेट से सख़्त चिढ़ रही है। हिन्दू पत्नी है। परम पतिव्रता। पति को परमेश्वर भी समझती है, पर पति को उसने अजाने में छेक भी दिया है। मुझे लगता है कि उनके ज़ुल्म और क्रूरता का एक कारण यह भी है। वरना बाऊ जी तो बड़े भोले और उदार आदमी हैं। बहरहाल, हम यह तजरुबा करके देखेंगे। मेरा ख़याल सही निकला तो न सिर्फ़ बाऊ जी का पीना कम हो जायेगा, अच्छी ग़िज़ा खाने से उनकी सेहत भी बेहतर हो

जायेगी। यूँ तो माँ पहली को आती है और सारी तनख़्वाह ले जाती है, लेकिन उन्हें ऊपर की आमदनी भी काफ़ी होती है, जिसे वे नत्थू और दानी के चक्कर में उड़ाते हैं। इस तरह उसमें से कुछ तो माँ के हाथ में आयेगा और घर की हालत भी सुधरेगी।"

चन्दा ने कहा था कि वह बिलकुल सही सोचता है अपनी ओर से उसने अपने पति को आश्वस्त कर दिया था कि उस सिलसिले में उसे उसकी ओर से किसी तरह की शिकायत नहीं होगी। खाना खा कर चेतन परम सन्तुष्ट भाव से पढ़ने जा बैठा था और गयी रात तक पूरी एकाग्रता से पढ़ता रहा था।

०

चेतन के पिता ने काफ़ी का तीसरा बन्द उठाया —

ओ जेहड़ा सान्नूँ सैयद सद्दे
दोज़ख़ मिलन सज़ाइयाँ[१]

गाते-गाते चेतन के पिता क्षण भर के लिए रुके और अपने नशीले स्वर में उन्होंने अपने बेटे को बताया कि मुसलमानों में सैयद ब्राह्मणों के बराबर होते हैं। मुहम्मद साहब के वारिस सैयद कहाते हैं और साईं बुल्हेशाह लाहौर जा कर एक छोटी ज़ात के अराईं जाट सूफ़ी इनायत शाह के शागिर्द हो गये थे। ज़ाहिर है उनकी बहनें और भाभियाँ नाराज़ हुईं कि हज़रत मुहम्मद की उम्मत और हज़रत अली के वंशज हो कर उन्होंने अराईं को अपना गुरु बना लिया और ख़ानदान की बदनामी का ख़याल नहीं किया। लेकिन साईं बुल्हेशाह तो अल्लाह वाले थे और अल्लाह के घर में न कोई हिन्दू-मुसलमान है, न सैयद-अराईं है। "एस्से ई वास्ते बुल्हेशाह कहन्दे ने,"[२] और पण्डित जी तन्मय हो कर गाने लगे —

ओह जेहड़ा सान्नूँ सैयद सद्दे....
जेहड़ा सान्नूँ सैयद सद्दे
दोज़ख़ मिलन सज़ाइयाँ
जो कोई सान्नूँ राईं आक्खे
बहिश्तीं पींगाँ पाइयाँ[३]

और फिर एक लम्बी — दसों दिशाओं को गुँजाती तान —'ओ....ओ....ओ....' और वह अस्थायी —

बुल्हे नूँ समझावन आइयाँ....
ओ, बुल्हे नूँ समझावन आइयाँ

....समझावन आइयाँ
भैणाँ ते भरजाइयाँ
वे बुल्हेया तैं एह की कीत्ता
नौकर ही गया राइयाँ।

---

१. जो हम को सैयद पुकारे, उसे दोज़ख़ (नरक) की सज़ाएँ मिलें।
२. इसीलिए बुल्लेशाह कहते हैं।
३. जो कोई हमको अराईं कहे, वह बहिश्त (स्वर्ग) के झूले-झूले।

लेकिन उनके बेटे को उस समय उस अल्लाह वाले साईं अथवा उसके दार्शनिक विचारों से कोई ग़रज़ न थी। वह लगातार यह सोच रहा था कि इतने दिनों से ख़ुश-असलूबी से जो क्रम चला आ रहा था, उसमें कहाँ घपला हो गया कि उसके पिता सोने के बदले यूँ उठ कर बुल्हेशाह की काफ़ी गाने लगे।

o

चन्दा ने अपने पति के इच्छा के अनुसार पड़ोस के असिस्टेण्ट स्टेशन मास्टर की पत्नी से न केवल दोस्ती कर ली थी, वरन उससे दो-तीन तरह का गोश्त और कोफ़्ते तथा कबाब बनाने भी सीख लिये थे। चेतन प्राय: जब अपने पिता के लिए कटोरी में पेग ढालता तो सिर्फ़ अचार रखने के बदले साथ में दो-एक शामी कबाब ज़रूर रख देता। उसके पिता बहुत प्रसन्न होते थे।

चन्दा तो अपने ससुर को उतना नहीं जानती थी, वह तो केवल अपने पति की ख़ुशी के लिए, केवल उसे प्रसन्न करने को, जैसा वह चाहता था, करती थी। जहाँ तक चेतन का सम्बन्ध है, हालाँकि उसका उद्देश्य अपनी माँ की इच्छा के अनुसार अपने पिता को नत्थू और उसकी उस उदमाती बीवी के चक्कर से निकालना था, लेकिन बहराम पहुँच कर जब उसने स्टेशन के सुनसान वीराने और उसमें अपने पिता के अकेले जीवन के बारे में सोचा और यह भी सोचा कि उसके पिता तो न जाने कितने वर्षों से वैसी एकाकी और वीरान ज़िन्दगी गुज़ार रहे हैं, तब अपने पिता के तमाम व्यसनों के बावजूद उसे उनसे हमदर्दी हो आयी थी और उसने काफ़ी सोच कर अपनी योजना बनायी थी।

....वह बहुत छोटा था, जब हिसार लाइन के स्टेशन कलैत में पिता ने उसके बड़े भाई को निहायत बेदर्दी से पीटा था। उनकी मार के डर से माँ ने भाई साहब को अपने मायके —मिश्राँ मुहल्ला, होशियारपुर —भेज दिया था। फिर जब सैला ख़ुर्द में उसके पिता ने लगातार तीन रात चेतन को इतना पीटा था कि वह बहुत बीमार हो गया था तो जब सैला ख़ुर्द से पण्डित शादीराम की बदली रिलीविंग में हुई, तब बच्चों की शिक्षा-दीक्षा के बहाने माँ उन्हें जालन्धर ले आयी। वहाँ उन्हें साईंदास ऐंग्लो-संस्कृत हाई स्कूल में दाख़िल करा दिया और यूँ उन्हें हमेशा पिता के नैकट्य से दूर रखा। चेतन और उसके भाई जालन्धर रह कर पढ़ते रहे और उसके पिता अकेले, सूने, वीरान स्टेशनों पर अपने दिन गुज़ारते रहे। उनकी शामें यार-दोस्तों में पीने-खाने और ज़िन्दगी गाँव वालों से लड़ने-लड़ाने, मुकदमेबाज़ियाँ और ख़रमस्तियाँ करने, तनख़्वाह का रुपया माँ को दे कर बाकी सब उड़ाने-खाने और किसी-न-किसी इल्ज़ाम के कारण हमेशा डिमोट होते रहने में गुज़रती रही। इस तमाम दौरान दुसूहा के छै बरस ज़रूर ऐसे थे, जब माँ खाना पकाने का काम दादा और भाई पर छोड़ कर महीना-दो महीना उनके पास जा कर रह आती थी, वरना मकान का कर्ज़ उतारने की फ़िक्र में पहले दूरस्थ क्वेटा डिवीज़न, फिर फिरोज़पुर डिवीज़न के बहराम-जैसे न जाने कितने वीरान स्टेशन चेतन की आँखों में घूम गये, जहाँ उसके पिता बदली पर जाते रहे और अपनी शामें गुज़ारने में नौकरों के साथ शराब पीते और यूँ अपना ग़म ग़लत करते रहे।

....चेतन को याद आया, मकान का कर्ज़ उतारने की वजह से घर में प्राय: बहुत तंगी रहती थी। कभी पतली-सी दाल पकती, कभी रसेदार आलू की तरकारी और ऐसे भी

दिन आये, जब चेतन और उसके भाइयों ने केवल प्याज़ के कतलों में नमक डाल कर उससे रोटी खायी और माँ की नसीहत के मुताबिक बाहर हमेशा ख़ुश और प्रसन्न दीखे। दादा की आँखें ख़राब थीं। उन दिनों, जब माँ दुसूहा चली जाती और चौका-चूल्हा दादा और पोतों की तहवील में आ जाता, तब बड़े भाई आलू का सालन पका देते, दादा किसी तरह रोटियाँ सेंक देते और माँ दो-एक महीने दुसूहा रह आती....हालाँकि वहाँ बहुत आमदनी थी, लेकिन दुसूहा बहुत बड़ी मण्डी थी। वहाँ कमाई भी बहुत थी और उड़ाई भी बहुत। थानेदार पतला, छरहरा, सुन्दर और ऐयाश आदमी था। चेतन के पिता से उसकी गाढ़ी छनती थी। जम कर जुआ खेलते थे। एक बार स्टेशन का सारा कैश दीवाली पर हार गये थे। देर रात गये आये थे। माँ रात ही को अरोड़ों के यहाँ गयी थी और उसने चौधराइन के पास अपने ज़ेवर रख कर उन्हें रुपये ला दिये थे और उन्होंने तड़के वापस जा कर कैश जमा कर दिया था। दुसूहा वे आये दिन पार्टियाँ देते थे। लोगों को खिलाते-पिलाते और दस तरह पैसा उड़ाते थे। मुकदमेबाज़ियाँ और झगड़े-झाँझे और दंगे-फ़साद....यहाँ तक कि माँ ने दादा को धर्मचन्द के पास भेज कर उनकी बदली रिलीविंग में करवा दी थी।

....पिता एक स्टेशन से दूसरे को बदली में जाते हुए एकाध शाम जालन्धर आते तो प्रायः दो-चार दोस्त साथ ले आते और उनके खाने का नादिरशाही फ़रमान जारी कर देते। जाने माँ कैसे उनके अथवा उनके दोस्तों की आव-भगत का प्रबन्ध करती। चेतन को इतना याद था कि उनका फ़रमान सुनते ही माँ उन्हें पैसे दे कर भैरों बाज़ार के चौक में भेजती। वे भागते हुए जग्गू हलवाई की दुकान से लौकी और आलू के रायते के दोने, साबुत प्याज़ के पकौड़े और तला हुआ पतीड़ ले आते। घर में जो आलू की सब्ज़ी या दाल होती, माँ उसमें बढ़िया छौंक लगा देती। पिता प्रायः पिये होते या साथ में बोतल लाते और नीचे बैठक में पीते-पिलाते। खाने-वाने की उन्हें उतनी सुध न रहती....

ज़ाहिर है, अब शायद उन्हें पहली बार घर में खाने-पीने का सही सुख मिला था और उन्हें अच्छा भी लगा था। अपने बेटे के कहने पर मंगल को फगवाड़ा भेज कर वे विभिन्न प्रकार की मौसमी सब्ज़ियाँ —कभी करेले, कभी भिण्डी या तरोई मँगा देते और चन्दा दोपहर को उरद और चने की मिली हुई दाल के साथ उन्हें हमेशा एक तरकारी भी देती थी....शाम को शराब के साथ शामी कबाब और बदल-बदल कर गोश्त या कीमा या कोफ़्ते बना कर खिलाती थीं। दो बार पण्डित जी ने बहू को इनाम दिया —करेले वाला गोश्त पकाने और आलू बुख़ारे वाले कोफ़्ते बनाने पर।

चेतन के पिता को धीरे-धीरे भोजन की इस विभिन्नता में मज़ा आने लगा था। इस बीच चन्दा ने न केवल उन्हें चने की खड़ी दाल पका कर खिलायी और उनसे इनाम पाया, बल्कि मंगल कहीं से नयी-नयी लौकी ले आया तो चन्दा ने चने की ख़ूब धुली हुई दाल में उन्हें लौकी पका कर खिलायी। पिता को वह बहुत स्वादिष्ट लगी और उन्होंने दोबारा फिर उसे बनाने के लिए कहा। कई बार सब्ज़ियाँ एक दिन पहले आ जातीं और पत्थर के कटोरों में उन्हें रख कर पानी में भिगो दिया जाता था।

इसके अलावा जब पण्डित जी पीते तो चेतन इस बात का ख़याल रखता कि वे दो पेग से ज़्यादा न पियें। नशा तो उन्हें बोतल की शक्ल देख कर ही चढ़ जाता था। लेकिन चूँकि वे नीट पीते, इसलिए एक पेग के बाद ही सुरूर में आ जाते और कभी दसियों बार

की दुहराई हुई नसीहतें देते, कभी खोजेवाली और दुसूहे स्टेशनों की मुकदमेबाज़ियों के किस्से सुनाते, कभी अपने लड़कपन की लड़ाइयों की गाथाएँ ले बैठते और कभी-कभी बहुत पते की बातें भी बताते जाते। कुछ ही दिन पहले चेतन को एक दिन उन्होंने कहा था कि बेटे, तुम फ़र्स्ट डिवीज़न में पास होना और कम्पीटीशन में बैठना चाहते हो। तुम्हें इम्तहान की तैयारी लाहौर रह कर ही करनी चाहिए थी।

चेतन ने कहना चाहा था कि उसकी पत्नी की तबियत ख़राब थी, इसलिए वह चला आया कि ज़रा उसका भी ख़याल रखे और माँ पर बोझ न पड़े। पढ़ाई में उसने कसर नहीं आने दी है। वह पूरी तैयारी कर रहा है....लेकिन उसके पिता ने उसे बात ख़त्म नहीं करने दी और कहा कि सब-जजी के कम्पीटीशन में आने के लिए उसे अपने कॉलेज के पहले चार-पाँच लड़कों में आना होगा और इसके लिए ज़रूरी है कि वह अपनी क्लास के उस लड़के के साथ चिपक जाये जो इम्तहान में फ़र्स्ट रहता हो। उसे ध्यान से 'वॉच'[१] करे, उसे 'फ़ॉलो'[२] करे, उससे अध्ययन करना सीखे और इम्तहान में उसे 'बीट'[३] कर दे। तब वे मानेंगे कि वह उनका बेटा है। और तब कम्पीटीशन में सफल होने से उसे कोई नहीं रोक सकता। उन्होंने बताया था कि वे तो मैट्रिक में ज़िले भर में अव्वल आये थे। चेतन के दादा उन्हें पढ़ा सकते तो वे पी० सी० एस०, आई० सी० एस० या इंजीनियर बनते, यूँ स्टेशन-स्टेशन मारे-मारे न फिरते।

चेतन उनकी तमाम बातें बड़े ध्यान से सुनता और बड़ी सफ़ाई से जुगाड़ लगाता था कि दो पेग पीने के बाद वे खाना खा लें और बातें करते हुए बिस्तर पर चले जायें। तब वह कभी उनकी पिण्डलियाँ दबा कर और कभी उनके सिर पर तेल की मालिश करके उन्हें सुला देता था। जब वह रात को सोने जाता तो पिता के सिरहाने स्टूल पर पड़ा हुआ ठण्डे दूध का गिलास उन्हें पिला कर तब सोता।

चेतन के पिता ने काफ़ी का चौथा बन्द छेड़ दिया था —

राईं साईं सभनीं थाईं,
रब दियाँ बेपरवाहियाँ
सोह्नियाँ परे हटाइयाँ
अते कोझियाँ लै गल्ल लाइयाँ[४]

और चेतन पिछले दिनों की घटनाओं के सन्दर्भ में सोचते हुए उस शाम के बारे में सोचने लगा कि उस शाम ऐसी क्या असाधारण बात हो गयी कि उसके पिता अपने प्रिय गीतों के बन्द गाने के बदले बुल्हेशाह की काफ़ियाँ गाने लगे। उनके प्रिय गीत, या कहा जाये कि गीतों, की पंक्तियाँ तो थीं —

---

१. watch = देखे-परखे
२. follow = अनुसरण
३. beat = पछाड़
४. अराई फ़कीर सब जगह हैं (और ख़ुदा के प्यारे हैं) यह तो ख़ुदा की बेपरवाही है कि वह बदसूरतों को गले लगा लेता है और ख़ूबसूरतों को परे हटा देता है।

इश्क तेरे ने कमलिए हीरे
जग विच्च मैन्नूँ ख़्वार कीत्ता ई

या

दे डारो राधे रानी बाँसरी मोरी
सोने की नाहिं राधे
रूपे की नाहिं
हाड़ा हाड़ा बाँस की पोरी....दे डारो

या

चूड़ीगराँ दे न जाईं
न जाईं
ढोल पतलेया वे मानुआ

फिर छई की धुन और उसमें 'लच्छी' (लक्ष्मी) के बारे में बोलियाँ, जिनसे माँ बहुत चिढ़ती थी।

चेतन ने पिता को सिर्फ़ एक बार बुल्हेशाह की काफ़ी 'मुँह आई बात न रहन्दी ए' गाते हुए सुना था वह उसे इतनी इच्छी लगी थी कि एक ही बार सुनने पर कण्ठस्थ हो गयी थी, लेकिन यह काफ़ी, जो वे मस्ती में झूम-झूम कर गा रहे थे, उसने पहली बार उनके मुँह से सुनी थी।

उसके पिता बन्द को दूसरी बार गा रहे थे —

राईं साईं सभनीं थाईं
रब दियाँ बेपरवाहियाँ

सहसा चेतन को लगा —दोपहर को खाना खाते वक्त उनसे जो बातें हुई थीं, ज़रूर ही उनके अर्द्ध-चेतन में उनका असर रहा है और बुल्हेशाह की वह काफ़ी जैसे वे उसे और उसकी माँ को अथवा उन सब को मुख़ातिब करके गा रहे हैं, जो ब्राह्मण, क्षत्री, वैश्य और शूद्र अथवा ऊँच-नीच के विचारों से ग्रस्त हैं।

हुआ यह था कि मंगल सुबह की गाड़ी से जालन्धर गया था तो चेतन ने माँ को यह ख़ुश-ख़बरी भेजी कि बाऊ जी अब नत्थू के घर खाने की बजाय अपने घर में अपनी बहू के हाथ का पका खाना खाते हैं।

माँ यह सुन कर बहुत ख़ुश हुई थी और उसने कहलवाया था कि चेतन ने उस 'कमीन' के घर पिता का खाना-पीना छुड़वा कर बहुत पुण्य का काम किया है और माँ ने उसे आशीर्वाद भेजा था।

चेतन बहुत ख़ुश था। जब पिता दोपहर को खाने पर बैठे थे तो सहसा उसने कहा था —"बाऊ जी, मैंने माँ को यह ख़बर भेजी थी कि अब आप नत्थू के घर खाने के बदले अपने घर खाते-पीते हैं। माँ यह सुन कर बहुत ख़ुश हुई है। वह तो ख़ैर, मिश्र घराने की है और उसे आपका नत्थू के घर खाना अच्छा नहीं लगता होगा, लेकिन हम भी तो बाऊ जी, भारद्वाज गोत्र के ब्राह्मण हैं और..."

चेतन के पिता ने हठात उसकी बात काट दी थी। बायीं तर्जनी से ज़रा अपनी मूँछों को ऊपर उठाते हुए बोले थे कि हाँ, ब्राह्मण हैं, ऋषि-मुनियों की सन्तान हैं, पर दिमाग़ से। दिमाग़ हमारा उन कमीन कहाने वाले लोगों से यकीनन बेहतर है। सदियों से हमारे पुरखों ने उन लोगों पर विद्या और ज्ञान-प्राप्ति के दरवाज़े बन्द जो कर रखे हैं। लेकिन जहाँ तक मन का ताल्लुक है, वह तो सभी इन्सानों का एक-जैसा है। माँ के पेट से तो सब एक-जैसे पैदा होते हैं। नवजात बच्चे के माथे पर तो नहीं लिखा होता कि वह ब्राह्मण है, क्षत्री है अथवा वैश्य या शूद्र! उसके घर में तो —पिता ने उँगली ऊपर उठाते हुए कहा था —सब बराबर हैं।

चेतन क्या कहे, वह कुछ भी तय नहीं कर पाया था। नत्थू तो ख़ैर, छोटी जाति का मुसलमान था, लेकिन वह जानता था कि उसके पिता तो कलालों और चमारों के हाथ का भी खा-पी लेते थे।

पण्डित शादीराम चुपचाप खाना खाते रहे थे, फिर कुछ क्षण बाद उन्होंने जैसे उसे समझाते हुए कहा था कि उसकी माँ निहायत पुराने संस्कारों में पली है। उसकी पड़दादी और दादा भी पुराने संस्कारों और विचारों के थे, लेकिन वे तो आठवीं जमात से हर तरह के लोगों में रहते आये हैं और उन्हें इन्सान-इन्सान में कोई फ़र्क नहीं लगा।

वे कुछ क्षण चुपचाप मुँह का ग्रास चबाते रहे थे। फिर उन्होंने ठेठ पंजाबी में जो कहा, उसका मतलब था कि ब्राह्मण तो हिन्दुस्तान में ही हैं। बाकी दुनिया में जहाँ हिन्दुस्तान जैसी वर्ण-व्यवस्था नहीं, ऊँच-नीच और भेद-भाव का कोई निशान नहीं, वहाँ बड़े अफ़सर अपने शौचालय तक स्वयं साफ़ कर लेते हैं। वहाँ क्या ब्राह्मणों जैसे आलिम-फ़ाज़िल पैदा नहीं होते ? उनके वैज्ञानिकों ने दुनिया बदल दी है और हम ऊँच-नीच को ही लिये बैठे हैं।

"देख पुत्तर," उन्होंने कहा था, "तेरी माँ नूँ ताँ मैं समझा नहीं सकदा। एस लई ओस नूँ मैं ओसदे धरम-करम, पूजा-पाठ, बरत-उपवास लई ख़ुला छड्डु दित्ता ए, पर मैन्नूँ ऐस ऊँच-नीच विच्च कोई यकीन नहीं। रब्ब दे बन्दे सब इक्को जहे ने। धन-दौलत अते इल्म-तालीम दा ई फ़र्क ए।"[१]

शाम को जब वे पीने बैठे और एक पेग पीने के बाद सरूर में आ गये तो अचानक उन्होंने कोयटा के जूता-फ़रोश ख़ैरात अली का किस्सा सुनाया था, जिससे कोहाट स्टेशन पर उन की भेंट हुई थी, जब वे सिबी स्टेशन पर तैनात थे और चूँकि वह वहीं का रहने वाला था और वहाँ प्रायः आता रहता था, उससे उनकी गहरी दोस्ती हो गयी थी। पण्डित शादीराम ने बताया कि ख़ैरात अली के अब्बा कस्बे में जूते बनाते थे। छोटी-सी उनकी दुकान थी। अपने पिता से ख़ैराती ने, कि यही उसका बचपन का नाम था, जूते बनाना सीखा और फिर उस पेशे में ऐसी महारत हासिल की कि उसके जूते दूसरे कस्बों और शहरों में

१. देख बेटा, मैं तेरी माँ को तो समझा नहीं सकता। इसलिए मैंने उसको उसके धर्म-कर्म, पूजा-पाठ, व्रत-उपवास के लिए खुला छोड़ दिया है। लेकिन मुझे इस ऊँच-नीच में कोई यकीन नहीं। भगवान के बन्दे सब एक जैसे हैं। सिर्फ़ धन-दौलत, विद्या और शिक्षा-दीक्षा का ही फ़र्क है।

भी मशहूर हो गये और दूर-दूर से लोग उससे जूते बनवाने के लिए आने लगे। तब उसने अपनी मदद के लिए वर्कर रख लिये और दुकान बड़ी कर ली। कुछ वर्ष बाद वह कोयटा में शिफ़्ट कर गया और वहाँ उसने अंग्रेज़ी जूतों की दुकान खोल ली, फ़्लेक्स की एजेन्सी ले ली, ख़ैराती से ख़ैरात अली बन गया और मिलिट्री में जूते सप्लाई करने का ठेका ले लिया। सरकार ने उसे ख़ान साहब का ख़िताब दे दिया। जिन दिनों चेतन के पिता सिबी में तैनात थे, वह वहाँ एक निहायत ख़ूबसूरत मस्जिद बनवा रहा था।

"ओह मेरा बड़ा गहरा यार बन गया सी," चेतन के पिता ने कहा और बताया कि यूँ तो वह ख़ासा परहेज़गार और ख़ुदा-तरस मुसलमान था, लेकिन अंग्रेज़ों की संगति में पीना-पिलाना सीख जाने के कारण कभी-कभी उन के साथ दो पेग ले लिया करता था और अपने लड़कपन के किस्से सुनाया करता था। वह कुछ पढ़ा-लिखा नहीं था, लेकिन उसकी फ़ैक्टरी और दुकान में ग्रैज्युएट मैनेजर और अकाउण्टेण्ट काम करते थे। मिलिट्री में जूतों के अलावा कई दूसरी चीज़ें भी सप्लाई करता था। उसकी पहली बीवी दिवंगत हो गयी तो उसने अमीर घराने में शादी कर ली। लोग भूल गये कि वह चमार का बेटा है और बचपन में जूते गाँठता था.... ख़ान साहब ख़ैरात अली का किस्सा सुनाते हुए चेतन के पिता ने पंजाबी लहजे में संस्कृत का श्लोक सुनाया कि —स्त्री चरित्रं पुरुषस्य भाग्यं देवो न जानाति कुतः मनुष्यः —याने औरत के चरित्र और पुरुष के भाग्य को देवता भी नहीं जानते, आम लोगों की क्या हस्ती है।

उस वक्त, जब उसके पिता साईं बुल्हेशाह की काफ़ी गा रहे थे चेतन के दिमाग़ में पिता की तमाम बातें और ख़ैरात अली का किस्सा घूम रहा था और उसे लगता था कि पिता के यूँ साईं बुल्हेशाह की काफ़ी गा उठने से उन सब बातों का गहरा ताल्लुक है।

लेकिन जो बात चेतन को मालूम नहीं थी, वह यह कि जब पिता दूसरा पेग ले चुके थे और वह खाना लाने की बात सोच रहा था, उसे मसाने में ख़ासा तनाव महसूस हुआ और वह पिता से दो मिनट में आने की बात कह कर हलका होने चला गया था। शराब की बोतल तो चारपाई के नीचे पड़ी थी। जाने उनके मन में क्या झोंक आयी कि उन्होंने हाथ बढ़ा कर उसे उठाया। कटोरी में एक बड़ा-सा पेग उँडेला और एक ही घूँट में कण्ठ के नीचे उतार लिया। ज़रा-सा खाँसे, कड़वाहट से मुँह बिदोरा, पानी का बड़ा-सा घूँट भर के कुल्ला किया और अचार की फाँक उठा कर उसका बड़ा-सा टुकड़ा काट लिया। कटोरी में पेग ढाल कर और बोतल में डाट लगा कर बोतल उन्होंने वहीं चारपाई के नीचे रख दी थी।

चेतन वापस आया तो उसे पता नहीं चला। उसने पिता को खाना खिलाया तो उसे यह ज़रूर लगा था कि उनकी आवाज़ कुछ ज़्यादा लड़खड़ा रही है। जब वे खाना खा कर बाहर आये तो उनकी चाल में भी लड़खड़ाहट थी। रोज़ की तरह वे बिस्तर पर लेट गये और चेतन उनके पाँव दबाने लगा तो सोने की बजाय पहले उन्होंने दो-तीन बार करवट बदली। फिर जब वह उनकी बायीं पिण्डली दबा रहा था। तो उन्होंने दायें पैर से उसका हाथ हटा दिया था और उठ कर चारपाई पर आलथी-पालथी मार कर बैठ गये थे और हठात बुल्हेशाह की काफ़ी गाने लगे थे —

जे तूँ लोड़ें बाग़ बहाराँ
चाकर हो जा राइयाँ
बुल्हेशाह दी जात की पुछना एँ
शाकिर होय रज़ाइयाँ।[१]

उसके पिता काफ़ी का अन्तिम चरण गा रहे थे। और चेतन सोच रहा था कि निश्चय ही उनका अर्द्ध-चेतन अपनी पत्नी और बेटे की संकुचित मानसिकता से विक्षुब्ध है और बुल्हेशाह की काफ़ी के द्वारा वे उनसे अपनी बात कर रहे हैं। तभी उसे एक अजीब-सा ख़याल आया कि अगर उसके पिता को शराब की लत न होती, वे जुआ न खेलते और लड़कपन ही से दूसरे व्यसनों के चंगुल में न फँस जाते तो उनमें और साधुओं में कोई अन्तर न रहता। वे इतने उदार, भोले और लाई-लग्ग थे, उन्होंने (जहाँ तक बाहर वालों का ताल्लुक है) सिर्फ़ देना जाना था, किसी का बुरा नहीं किया था, किसी को धोखा नहीं दिया था। कौल के पक्के और ज़बान के सच्चे आदमी थे। बाहर से चाहे वे जैसे हों, पर अन्तर में कहीं वे साईं बुल्हेशाह के मुरीद और सहजिया सन्त थे। कहीं माँ उन्हें छेकने के बदले, उनकी तमाम कमज़ोरियों के साथ उन्हें समेट लेती तो वे जैसे लाई-लग्ग थे, वह ज़रूर उनके व्यसन छुड़ा देती और तब उनके परिवार का जीवन इतना दुखमय न होता।

चेतन की सारी झुँझलाहट दूर हो गयी। उस की भूख तो इस बीच मर गयी थी। उसके पिता अपनी मस्ती में काफ़ी के बन्द दोबारा गाने लगे थे। वह जानता था कि जब तक उनका नशा नहीं टूटता, वे न सोयेंगे, न सोने देंगे, वह तीन-पाँच करेगा तो अलिफ़ हो जायेंगे, सारे नौकर अपने क्वार्टरों से आ जायेंगे। तब चेतन अपने पिता की और ऊपर वाले की रज़ा के आगे नत-शिर हो कर बैठ गया था और ध्यान से काफ़ी सुनने लगा था।

उसने साईं बुल्हेशाह की काफ़ियाँ आठवीं कक्षा में ही पढ़ रखी थीं। उसे याद था कि एक दिन, जब माँ दालान में रखे बड़े सन्दूक का सामान धूप दिखाने के लिए निकाल रही थी, तो रज़ाइयों-दुलाइयों के नीचे से मोतीराम, मिल्खीराम और टी० सी० गुजराती के किस्सों के साथ 'बुल्हेशाह की काफ़ियाँ' नामक एक पुस्तक भी निकली थी। दूसरे किस्सों की तरह वह भी सस्ते काग़ज़ पर छपी थी। वह पुस्तक चेतन ने अपने पास रख ली थी। तब तक चेतन पंजाबी में बैत कहने लगा था। उसे बुल्हेशाह की काफ़ियाँ बहुत पसन्द आयी थीं और कभी-कभी वह अपनी कनसुरी आवाज़ में कोई काफ़ी गाया भी करता था।

फिर अनारकली में उनके पड़ोस में जो 'रामाकृष्णा ऐण्ड सन्ज़' की अंग्रेज़ी पुस्तकों की एक दुकान थी, उनकी एक लड़की लाजवती रामाकृष्णा ने तीन वर्ष पहले बुल्हेशाह के जीवन और काव्य पर अंग्रेज़ी भाषा में एक शोध-प्रबन्ध लिखा था, जो दो ही वर्ष पहले छपा था। चेतन ने उसका अधिकांश भाग वहीं दुकान पर बैठे-बैठे पढ़ा था....उसके पिता का स्वर रात के सन्नाटे को गुँजा रहा था और चेतन के ज़ेहन में उस विलक्षण सूफ़ी सन्त का जीवन और दर्शन घूम रहा था और वह शाकिर हो कर बैठा अपने पिता के नशा टूटने की बाट देख रहा था।

---

१. अगर तुझे बाग़ बहारों की चाहत है तो अराइँयों का चाकर (शागिर्द) हो जा। तू बुल्हेशाह की ज़ात क्या पूछता है। वह तो ख़ुदा की इच्छा के आगे नत-शिर और शुक्र-गुज़ार है।

उतरने की बजाय चेतन को लगता था, जैसे उसके पिता को और भी नशा चढ़ गया है। पण्डित शादीराम अपने कण्ठ के सारे सोज़ और लोच के साथ फ़िज़ा में अमृत उँडेलते और सुरूर में झूमते हुए, दोबारा साईं बुल्हेशाह की काफ़ी के बन्द गा रहे थे और उनका बेटा उस सूफ़ी दरवेश के अनोखे जीवन और उससे भी अनोखे काव्य-संसार में विचरता हुआ, दिमाग़ के किसी पिछले हिस्से में कहीं बहुत दूर, अनवरत झरते हुए किसी प्रपात के स्वर-जैसी अपने पिता की आवाज़ सुन रहा था। अचानक उसके कानों में वह आवाज़ आनी बन्द हो गयी, क्योंकि अपने पीर मुर्शिद इनायत साईं से नौजवान बुल्हेशाह की मुलाकात का दृश्य चेतन की आँखों के सामने आ गया था और उसके कानों में उनके सम्वाद गूँजने लगे।

०

बुल्हेशाह जब लाहौर में इनायत साईं के डेरे पर पहुँचे तो वे कुछ दूरी पर प्याज़ की पनीरी रोप रहे थे। इनायत साईं जात से अराईं थे। शादी भी उन्होंने कर रखी थी। उनके बाल-बच्चे भी थे, जिनका पेट पालने के लिए वे खेती-बाड़ी करते थे। इसके बावजूद वे पहुँचे हुए सूफ़ी दरवेश भी मशहूर थे।

लाहौर के लिए चलने से पहले साईं बुल्हेशाह काफ़ी धार्मिक ज्ञान प्राप्त कर चुके थे —आरम्भिक शिक्षा उन्होंने अपने पिता शाह मुहम्मद दरवेश से पायी थी और कसूर जा कर (जो उस ज़माने में इस्लामी शिक्षा का केन्द्र था) उच्च कोटि के उस्तादों से ऊँची शिक्षा भी प्राप्त की थी। उन धार्मिक ग्रन्थों को पढ़ते हुए न केवल उनके मन में ख़ुदा के इश्क की चिनगारी सुलगी थी, वरन उसका जलवा देखने, उसके दर्शन पाने की भी प्रबल उत्कण्ठा पैदा हुई थी। इसी ग़रज़ से इनायत साईं की ख्याति सुन कर बुल्हेशाह ने उनसे मुलाकात करने का फ़ैसला किया था। लेकिन चूँकि कसूर ही में रह कर अपनी साधना से उन्होंने कुछ सिद्धियाँ प्राप्त कर ली थीं, युवा तो थे ही, उन्हें इच्छा हुई, कुछ ऐसा करें कि पीर मुर्शिद इनायत साईं को उनके आने का पता चल जाये।

वहीं सड़क के किनारे इनायत साईं के डेरे में आम का एक कद्दावर पेड़ था, जिसमें ख़ूब आम लगे हुए थे। बुल्हेशाह थके हुए तो थे ही, उसके नीचे जा कर लेट गये और उन्होंने आमों की ओर ध्यान लगा दिया। आमों पर उनकी निगाह का पड़ना था कि आम टपाटप गिरने लगे। इनायत शाह ने पलट कर देखा तो वहीं से चिल्लाये —

"आये मुण्डिया, तूँ असाड्डे अम्ब क्यों चुरा रेहा एँ ?"[१]

नौजवान बुल्हे ने साईं की ललकार सुनी तो उठ कर उनके पास गये और बोले, "साईं, ना मैं पेड़ ते चढ़ेया, ना मैं कोई पौड़ी लगायी, ना मैं रोड़ा ही मारेया, मैं तेरे अम्ब कीकर चुरा रेहा हाँ ?"[२]

---

१. अरे लड़के, तू हमारे आम क्यों चुरा रहा है ?

२. साईं, न तो मैं पेड़ पर चढ़ा, न मैंने कोई सीढ़ी लगायी, न मैंने पत्थर ही मारा, फिर भला मैं तेरे आम किस तरह चुरा रहा हूँ ?

इनायत साईं ने गहरी नज़र से बुल्हेशाह की आँखों में देखा और बोले —"ओये, नाले चोर ते नाले चतुर। तूँ अम्ब नहीं चुराये ताँ होर की कीत्ता ई ?"[१]

चेतन ने किंवदन्ती सुनी थी कि इनायत साईं की वह निगाह बुल्हेशाह को अन्दर तक भेद गयी। वे साईं के चरणों पर झुक गये।

इनायत साईं ने कहा, " ओये मुण्डेया, तूँ हेठाँ डिगना एँ ? उठ। सिद्धा खलो। तेरा की नाँ ए।"[२]

बुल्हेशाह उठ कर खड़े हो गये। और उन्होंने हाथ जोड़ कर कहा, "साईं, मेरा नाँ बुल्हा ए।"[३]

इनायतशाह ने पूछा, "तू किद्धरों आया एँ अते की चाहुणा एँ ?"[४]

बुल्हेशाह ने कहा, "साईं, मैं कसूरों आया हाँ, ताँ मैं रब नूँ पाना चाहुना हाँ।"[५]

इनायतशाह ने बुल्हे पर, जैसे उनके आर-पार बेधती हुई, एक गहरी नज़र डाली और प्यारी-सी मुस्कान होंटों पर ला कर लम्बी साँस भरते हुए बोले —"बुल्हेया, रब दा की पाना, एद्धरों पुट्टना ते ओद्धर लगाना।"[६]

और बुल्हेशाह को लगा कि साईं ने बहुत गहरी बात कर दी है। उन्हें महसूस हुआ कि यह जो साईं उनके सामने खड़ा है, यह साक्षात ख़ुदा ही का रूप है। वे इनायत शाह के चरणों पर गिर पड़े और गिड़गिड़ा कर बोले, "साईं, मैन्नूँ अपनी चाकरी'च लै लै।"[७]

o

साईं बुल्हेशाह की काफ़ियाँ पढ़ते हुए, उनके चमत्कारों के किस्से सुनते हुए चेतन की आँखों में एक जन्म-जात पहुँचे हुए दरवेश-शायर की सूरत आती थी, जो दीन-दुनिया से बेख़बर, आठों पहर ख़ुदा की बन्दगी में तल्लीन हो। लेकिन साईं की कुछ काफ़ियाँ, दोहरे, गाँठे और उनमें व्यक्त व्यंग्योक्तियाँ चेतन के सामने उनके सामाजिक सरोकार को आशकारा[८] कर देती थीं। कबीर की तरह उस दरवेश ने भले ही लुकाठी हाथ में न ली हो और अपने काव्य का अधिकांश उन्होंने ख़ुदा को पाने अथवा उस अपरिमेय शक्ति के साथ एकमेक हो जाने के एहसास से लिखा हो, तो भी उनके काव्य का भले ही छोटा, लेकिन अत्यन्त सशक्त और कटु-व्यंग्य से भरा एक हिस्सा ऐसा भी था, जो समाज की दुरवस्था, सामाजिक स्थितियों और नैतिक मूल्यों के भयानक विघटन और समाज के पढ़े-लिखे तबके की घोर स्वार्थान्धता का पर्दा बीच चौराहे में उघाड़ कर रख देता है। उनके उस काव्य-खण्ड की किसी रचना की याद आने पर चेतन को लगता कि उस दरवेश की एक बन्द आँख अपने अन्तर में ख़ुदा का जलवा देखने में लगी रहती थी, जबकि दूसरी खुली आँख निरन्तर अपने

---

१. अरे, एक तो चोर, ऊपर से चतुराई। तू ने आम नहीं चुराये तो और क्या किया है ?
२. अरे लड़के, तू नीचे क्यों गिरता है ? उठ कर सीधा खड़ा हो। तेरा नाम क्या है ?
३. साईं, मेरा नाम बुल्हा है।
४. तू कहाँ से आया है और क्या चाहता है ?
५. साईं, मैं कसूर से आया हूँ और ईश्वर को पाना चाहता हूँ।
६. अरे बुल्हे, ईश्वर को पाने का क्या है, इधर से उखाड़ना है और उधर लगाना है।
७. साईं मुझे अपनी चाकरी में ले ले।
८. स्पष्ट रूप से प्रकट।

ज़माने की सामाजिक और राजनीतिक स्थितियों, अपने माहौल की कुरूपता और मुल्लाओं तथा काज़ियों द्वारा ग़रीब, भोले-भाले लोगों के शोषण का जायेज़ा लेती थी। साईं बुल्हेशाह की काफ़ी 'उलटे होर ज़माने आये' की कुछ पंक्तियाँ चेतन को हालात की कड़वी हकीकत और ज़माने के उलट-फेर की सटीक अभिव्यक्ति के कारण याद थीं —

काँ लगड़ाँ नूँ मारन लग्गे, चिड़ियाँ ने जुर ढाये
घोड़े चुगन अरूड़ियाँ, अते गधेयाँ ख्वेद पंवाये
आपनेयाँ विच उलफ़त नाहीं, की चाचे की ताये
सच्चेयाँ नूँ पये मिलदे धक्के, झूठेयाँ कोल बिठाये
अगले हो कंगाले बैठे, पिछलेयाँ फ़र्श बिछाये
भूरेयाँ वाले राजे कीत्ते, राजे भीख मँगाये[१]

बुल्हेशाह के ज़माने में वे कौन ज़ालिम थे, जिनके ख़िलाफ़ उस सूफ़ी दरवेश ने आवाज़ बुलन्द की, यह तो चेतन नहीं जानता था; साईं बुल्हेशाह ने उस ज़माने की हकीकी तस्वीर जैसे पेश की, जैसे ज़माने के उलट-फेर का चित्रण किया था, वह तो उस पर विमुग्ध था। मुग़लों के कमज़ोर होने पर पंजाब में अराजकता फैल गयी थी। फिर बाहर से आक्रमणकारी भी आते थे। ऐसे में जिन्होंने गद्दियों पर बैठे भले राजाओं के हाथों से शक्ति हथिया ली थी, वे जनता पर अत्याचार तोड़ते थे और तेज़ लोग अपना बचाव करने अथवा अपना स्वार्थ साधने की स्वाभाविक प्रवृत्ति से परिचालित थे, लेकिन भले, सादालौह और मासूम लोग सहज ही अत्याचारियों के ज़ुल्म और तेज़ लोगों की चतुराई का शिकार हो जाते थे। ज़ाहिर है कि ज़माने की उलट-फेर और समस्त परिवर्तनों में साईं बुल्हेशाह की हमदर्दी आम लोगों के साथ थी, जो उसका शिकार थे।

शान्ति और सुकून के ज़माने में भी, जब वैसी अराजकता नहीं थी, साईं बुल्हेशाह ने अपनी जवानी के दिनों में देखा था कि पढ़े-लिखे लोग —मुल्ला और काज़ी —जनता की सादालौही और अन्ध-विश्वास का लाभ उठा कर उन्हें लूटते और उन पर अत्याचार तोड़ते थे। यही कारण था कि बुल्हेशाह ने जब-जब उन मुल्लाओं और तथाकथित विद्वानों (काज़ियों) के बारे में लिखा, उनकी वाणी में बेपनाह व्यंग्य घुल गया। चेतन को वे दोहे इतने अच्छे लगते थे कि प्रायः उन्हें गुनगुनाया करता था। साईं बुल्हेशाह आम लोगों को समझाते थे कि महज़ कलमा रटने या राम नाम जपने या मन्दिर-मस्जिद जाने का कोई मतलब नहीं, जब तक मन में ग़लाज़त भरी हो और वह साफ़ न हो। ख़ुदा को अन्तर में ढूँढो, मस्जिद-मन्दिर में मत बेकार सिजदे करो —

बुल्हेया परसों काफ़िर थी गयो, बुत पूजा कीत्ती कल्ल
असीं जा बैठे घर आपने ओत्थे करन मिली न गल।

---

१. कौवे बाज़ों को मारने लगे, चिड़ियों ने बाज़ों को हराया। घोड़े गन्दगी के ढेरों पर चरते हैं और गधे हरे-भरे पौधे खाते हैं। अपनों में प्यार नहीं रहा, भले ही वे चाचा हों या ताऊ।। सच्चों को धक्के दिये जाते हैं और झूठों को पास बैठाया जाता है। जो आगे थे, वे कंगाल हो कर पीछे जा बैठे हैं और पीछे बैठने वाले आगे फ़र्शी चादरों पर आ जमे हैं। (मुग़लों ने) भूरियों वाले सिक्खों को पंजाब सौंप दिया है और राजाओं को भीख माँगनी पड़ रही है।

भट्ठ नमाज़ाँ चिक्कड़ रोज़े कलमे ते फिर गयी सियाही
बुल्हेशाह शहु अन्दरों मिल्लेया भुल्ली फिरे लोकाई।
बुल्हे नूँ लोकी मत्ताँ देन्दे तू जा बहो विच्च मसीती
बैठ मसीताँ की होणैं जे दिलो नमाज़ न कीत्ती।
बाहरों पाक कीत्ते की होणैं जे अन्दरों न गयी पलीत्ती
बिन मुर्शिद कामल बुल्हेया, तेरी ऐंवे गयी इबादत कीत्ती।

उस ज़माने में सत्ता के कारिन्दे मुल्ला और काज़ी थे और ये लोग जो पढ़े-लिखे और आलिम-फ़ाज़िल कहलाते थे, अनपढ़ किसानों को इस तरह अपने चंगुल में फँसा लेते थे कि फिर वे ज़िन्दगी भर उनकी ग़ुलामी से आज़ाद न हो पाते थे। अगर कोई किसान इस अन्याय के ख़िलाफ़ विद्रोह करता तो मुल्ला उससे नाराज़ हो जाते और उसे काफ़िर करार दे कर उसके बीची-बच्चों को उससे अलग कर देते थे। पढ़े-लिखों के इसी फ़रेब के कारण बुल्हेशाह उन ग़रीब मज़दूर-किसानों को उन मुल्लाओं से कहीं बेहतर और ख़ुदा के नज़दीक समझते थे।

वहीं अपने पिता की चारपाई के पायँते बैठे, मन-ही-मन बुल्हेशाह के जीवन और काव्य में विचरते हुए चेतन के ज़ेहन में एक काफ़ी के दो बन्द घूम गये —

इल्मों बस करीं ओ यार
तम्बा चुक्क के मण्डी जावें
धेला लै के छुरी चलावें
खाना शक-शुब्हे दा खावें
दस्सें होर ते होर कमावें
इल्मों बस करीं ओ यार।
पढ़-पढ़ मुल्ला होए काज़ी
अल्ला बेइल्माँ तों राज़ी
होवे हिरस दिनों-दिन ताज़ी
तैन्नूँ कीत्ता हिरस ख़्वार
इल्मों बस करीं ओ यार।[1]

मुल्लाओं की रियाकारी और झूठी मज़हब-परस्ती के ख़िलाफ़ कही गयी काफ़ियों और दोहड़ों की तरह साईं बुल्हेशाह ने उस वक्त के कामचोर और कपटी सरकारी कारिन्दों के ख़िलाफ़ व्यंग्य-भरे दोहे कहे हैं। चेतन को उनमें से तीन याद थे, इसलिए भी कि उनकी लोकप्रियता ने जनता द्वारा उन्हें कहावतों में भी उतार दिया था। इसके अलावा उनका व्यंग्य

---

१. बुल्लेशाह मुल्ला से कहते हैं कि ज्ञान की लनतरानी मत हाँक। अपनी विद्या-बुद्धि को रहने दे। तहमद दोहरी करके तू मण्डी जाता है। एक अधेले की एवज़ में कलमा पढ़ते हुए बेज़बान जानवरों पर छुरी चलाता है, उन्हें हलाल करता है। शक-शुब्हे की रोटी खाता है, तेरी कथनी और करनी में अन्तर है। तू इल्म की बातें रहने दे। तू पढ़-पढ़ कर मुल्ला और काज़ी बना है, पर अल्ला अज्ञानियों से ही ख़ुश है। तेरी हिरस, तेरा लोभ-लालच दिनों-दिन बढ़ता ही जाता है, तुझे इसी लोभ-लालच ने बरबाद किया है, इसलिए इल्म की बातें रहने दे।

इतना सहज था कि उन्हें बच्चा भी समझ सकता था।

चेतन के पिता बुल्हेशाह की काफ़ी गा रहे थे। चेतन उसे सुन कर भी न सुनता हुआ मन-ही-मन वे व्यंग्य-भरे दोहड़े गुनगुना रहा था —

वारे जाइए ओह्णा तों जेहड़े मारन गप्प-शड़प्प
कउड़ी लब्भी दे देवन ते बुग्चा हाऊ-हप्प
वारे जाइए ओह्णा तों, जेहड़े गल्लीं लैण परचा
सुई-सिलाई दान करन ते अहरन लैण लुका
जे तूँ ग़ाज़ी बनना चाहें लक्क बन्ह तलवार
पहलों रंगड़ मार के फेर तूँ काफ़िर मार।[1]

मन-ही-मन तीसरा दोहड़ा दोहराते हुए चेतन के होंटों पर एक क्षीण-सी मुस्कान खेल गयी। यह दोहड़ा इतना लोकप्रिय हो गया था कि जनता 'रंगड़' शब्द की जगह अपने निकटस्थ अत्याचारियों का नाम —कभी मुल्ला और कभी क़ाज़ी रख देती थी —

जे तूँ ग़ाज़ी बनना चाहें, लक्क बन्ह तलवार
पहले मुल्ला (या क़ाज़ी) मारके फेर तूँ काफ़िर मार

०

चेतन ने पढ़ा था कि बुल्हेशाह के गुरु इनायत शाह, सूफ़ी मत की उस शाखा से ताल्लुक रखते थे, जो पूरी तरह धर्म-निरपेक्ष थी। वे जात-पाँत और धर्म-कर्म में कोई भेद नहीं रखते थे। इसीलिए साईं बुल्हेशाह भी एक ओर हिन्दू-मुसलमान में कोई अन्तर नहीं मानते थे, दूसरी ओर धर्म के ऊपरी रूप के बदले आन्तरिक और गहरे रूप में विश्वास रखते थे। साईं का वही रूप चेतन के पिता को भाता था। यही कारण था कि उनके साथ खाने-पीने और मौज उड़ाने वालों में हर जाति के लोग थे और किसी मन्दिर के दर्शन उन्होंने कभी किये नहीं थे।

साईं बुल्हेशाह ने इस सिलसिले में बेहद सुन्दर और सशक्त काफ़ियाँ लिखीं थी। चेतन को तीन काफ़ियाँ बहुत पसन्द थीं। पूरी-की-पूरी तो याद नहीं थीं, पर तीनों में से हर एक की कुछ-न-कुछ पंक्तियाँ उसके मन पर अंकित थीं —

मक्के गयाँ गल मुक्कदी नाहीं,
जे चिर दिलों न 'आप' मुकाइए
गंगा गयाँ गल मुक्कदी नाहीं
भावें सौ-सौ डुबकियाँ लाइए
गया गयाँ गल मुक्कदी नाहीं
चाहे किन्ने पिण्ड भराइए

---

१. बुल्हेशाह व्यंग्य से कहते हैं, बलिहारी जाइए उन लोगों पर जो ग़प्पें हाँकते हैं। रास्ते में मिली कौड़ी तो वाप[illegible] दे देते हैं, मगर बटुआ हड़प कर जाते हैं। बलिहारी जाइए उन पर जो बातों से ही लोगों को भरमा लेते हैं। सुई-सलाई जैसी छोटी चीज़ तो दान में दे देते हैं, पर अहरन जैसी भारी, कीमती चीज़ छिपा लेते हैं। अगर तुम ग़ाज़ी यानी धर्म योद्धा बनना चाहते हो तो काफ़िरों को मारने से पहले अपने अन्दर के अहंकार और लोभ-लालच को मारो। लुटेरे-जाटों को 'रंगड़' कहते थे, यहाँ अर्थ अपने अन्दर छिपे लुटेरेपन को मारने से है।

बुल्हाशाह गल ताहियों मुक्कदी
जद 'मैं' नूँ खड़े लुटाइए।[1]

०

हिन्दू नहीं ना मुसलमान
बहिए त्रिंजन तज अभियान
बुल्हेशाह जो हरि चित्त लागे
हिन्दू तुरक दूजन त्यागे।[2]

०

दुई दूर करो कोई शोर नहीं
एह तुर्क हिन्दू कोई होर नहीं
सब साध कहो कोई चोर नहीं
हर घट विच आप समाया ए।[3]

साईं बुल्हेशाह की काफ़ियाँ पढ़ते हुए चेतन ने कभी उनके दर्शन की गहराई को पकड़ने या मापने की कोशिश नहीं की थी। उनकी एक काफ़ी थी, जो उसने पिता के मुँह से तो नहीं सुनी थी, उनकी किताब 'बुल्हेशाह की काफ़ियाँ' में पढ़ी थी। वह उसके गहरे अर्थ नहीं जानता था। शाब्दिक अर्थ ही लगाता था, पर उन्हीं अर्थों में वह काव्य-कला की दृष्टि से उसे बहुत पसन्द थी, इसलिए पूरी-की-पूरी कण्ठस्थ भी थी। वह उसके सौन्दर्य पर विमुग्ध था —

कत्त[4] कुड़े[5] ना वत्त[6] कुड़े
लाह छल्ली[7] भरोठे[8] धत्त कुड़े

---

१. मक्के का हज करने से बात ख़त्म नहीं होती, याने बात नहीं बनती, ख़ुदा नहीं मिलता, जब तक अपने दिल से 'आप' (अहं) को न मिटायें। गंगा जाने और वहाँ सौ-सौ डुबकियाँ लगाने से भी कुछ नहीं होता। गया जाने और वहाँ पिण्ड-दान करने से भी बात नहीं बनती। बुल्हेशाह, बात तभी बनती है, जब अहं को खड़े-खड़े लुटा दिया जाये, यानी अहंकार और 'तेर-मेर' से मुक्त हुआ जाये।

२. हिन्दू या मुसलमान के पास नहीं, बल्कि अभिमान और भेद-भाव त्याग कर सन्तों की संगत में बैठना चाहिए। (त्रिंजन का अर्थ है पंजाब के गाँवों और मुहल्लों में वह जगह, जहाँ औरतें मिल-बैठ कर चर्ख़ा कातती हैं —यहाँ मतलब सत्संग से है)। बुल्लेशाह आगे कहते हैं कि जो हरि में चित्त लगाता है, वह हिन्दू-मुसलमान का भेद त्याग देता है।

३. द्वैत-भावना दूर करो, इसमें कैसा शोर। हिन्दू और मुसलमान कोई अलग-अलग नहीं हैं। सबको साधु कहो, कोई चोर नहीं है क्योंकि हरेक के भीतर वही परमात्मा समाया हुआ है।

४. कात।

५. कुड़े —पंजाब में लड़की को 'कुड़ी' कहते हैं। 'कुड़े' उनका सम्बोधन है —यानी ऐ लड़की! बुज़ुर्ग अपने से छोटी औरत को, चाहे वह अधेड़ हो, 'कुड़े' या 'कुड़िए' कह कर पुकारते हैं। आम मतलब है —ए री!

६. बेकार वक्त न गँवा।

७. सूत का गलोटा, जो मकई के भुट्टे के आकार का होता है, मुड्डा, कुकड़ी।

८. मिट्टी का बर्तन।

जे दाज बिहूणी जावेंगी
ते किसे भली ना भावेंगी
तूँ शौहु नूँ किवें रिझावेंगी
कुझ लै फ़करॉँ दी मत्त कुड़े
कत्त कुड़े ना वत्त कुड़े

तेरे नाल दियाँ दाज रँगाये नी
ओह्लाँ सूहे सालू पाये नी
तूँ पैर उलटे क्यों चाये नी
जा ओत्थे लगसी तत्त कुड़े
कत्त कुड़े ना वत्त कुड़े

शौहु बुल्हेया घर आपने आवे
चूड़ा-वीड़ा तदे सुहावे
गुण होसी ताँ गले लगावे
नहीं रोसें नैणी रत्त कुड़े
कत्त कुड़े ना वत्त कुड़े

चेतन सीधे अर्थ लगाता कि बुल्हेशाह कहते हैं —ऐ लड़की, तू श्रम और निष्ठा से सूत कात और बेकार समय न गँवा। तकले से सूत का मुड्ढा उतार कर भरोठे में रखती जा। (फिर सूत से कपड़े बनवा)। अगर तू दाज-दहेज बिना ससुराल जायेगी, तो वहाँ किसी के मन न भावेगी। तू अपने पति को प्रसन्न न कर सकेगी, इसलिए कुछ फ़कीरों की बात मान, तनदेही से सूत कात, दहेज बना। वक्त न गँवा। अरी देख, तेरे साथ वालियों ने दहेज के कपड़े रँगा लिये हैं। उन्होंने शादी के समय पहनने वाली लाल चादरें ओढ़ ली हैं, तूने क्यों उलटी रीत पकड़ी है। वहाँ दहेज के बिना जायेगी तो तुझे तपना पड़ेगा, गर्मा-गर्म बातें सुननी पड़ेंगी। बुल्हा कहता है कि जब पति घर आता है तभी चूड़ा-वीड़ी —यानी साज-सिंगार सुहाता है। तुझ में गुण होगा तो तेरे पति तुझे गले लगायेंगे, वरना रो-रो कर आँखें लाल करेगी, इसलिए ऐ लड़की, वक्त न गँवा और कातने में दिल लगा।

लेकिन जब चेतन ने बुल्हेशाह के काव्य और दर्शन पर लाजवती रामाकृष्णा का शोध-प्रबन्ध पढ़ा तो उसने जाना कि वे सब काफ़ियाँ न केवल दो-अर्थी हैं, वरन प्रतीकात्मक भी हैं। तब उस सूफ़ी की विलक्षण काव्य-प्रतिभा को देख कर चेतन दंग रह गया था।

साईं बुल्हेशाह ने अपने दरवेश पिता से मज़हबी ज्ञान प्राप्त किया था। मुसलमानों में यह माना जाता है कि हश्र के दिन सारी कब्रें खुल जायेंगी। सारी रूहें, जो आलम-ए-बरज़ख[१] में इस दिन का इन्तज़ार कर रही थीं, अपने कलिबों[२] में चली जायेंगी। तब ख़ुदा अपने बन्दों के नेक-नो-बद का हिसाब लेगा। जिन्होंने दुनिया में नेक काम किये

१. आकाश का कोई खण्ड जहाँ कुरान शरीफ़ के अनुसार मरने के बाद रूहें कयामत के दिन की प्रतीक्षा करती हैं।
२. कलिबों —देहों।

होंगे, उन्हें वह गले लगायेगा, यानी उन्हें पुरस्कार-स्वरूप स्वर्ग में भेजेगा और बदों-दुष्टों को नरक की यातनाएँ भुगतने के लिए वहाँ फिकवा देगा।

सो, साईं बुल्हेशाह ने अपनी इन काफ़ियों में लोगों को नेक काम करने का उपदेश दिया है। लेकिन उन्होंने यह सीधे नहीं कहा। उन्होंने जीवात्मा को ऐसी युवती के रूप में चित्रित किया है, जो अपने कर्तव्यों (याने नेक काम करने) से बेपरवा सो रही है, या फिर बेकार समय गँवा रही है। साईं बुल्हेशाह उससे कहते हैं कि तू सूत कात-अटेर, दहेज तैयार कर। तेरी शादी का दिन (मौत के दिन को साईं ने साहे यानी लग्नों का नाम दिया है, क्योंकि उसके बाद ही जीवात्मा ख़ुदा से मिलती है) नज़दीक आ रहा है। तूने दहेज तैयार नहीं किया। बिना नेक कामों रूपी दहेज के तू कैसे शहु को, शौहर को, पति को यानी ख़ुदा को रिझायेगी, आदि....आदि....

बुल्हेशाह ने सूत, कपास, कातने-अटेरने, दाज-दहेज के प्रतीकों से अपने अनुयाइयों को नेक काम करने की हिदायत इन काफ़ियों में दी थी।

o

चेतन ने पाया था कि साईं बुल्हेशाह की आध्यात्मिक काफ़ियों का दूसरा रूप ख़ुदा की वहदत यानी एकता को ले कर है, जहाँ अनेक रंग-नाम-रूप सृष्टि में उसी एक सत्ता का जलवा देखा गया है। साईं बुल्हेशाह की ख़ूबी चेतन को यह लगती है कि इस गहरे सच को आम लोग आत्मसात कर सकें, इस उद्देश्य से उन्होंने अपने प्रतीक ऐसे चुने, जिन्हें साधारण जन बख़ूबी हृदयंगम कर सकें। एक काफ़ी में, जो चेतन को बहुत प्रिय थी, साईं ने ख़ुदा की वहदत, उस परमात्मा की एकता के प्रतीक-स्वरूप उर्दू वर्णमाला के पहले अक्षर 'अलिफ़' को लिया। अलिफ़ अल्लाह के नाम का पहला अक्षर है और साईं बुल्हेशाह कहते हैं कि उसे जान लेना उसके महत्व को दिल-दिमाग़ में उतार लेना, ख़ुदा की यकताई को — भगवान की एकता को अपने अन्तर में महसूस कर लेना है —

इक अलिफ़ पढ़ो छुटकारा ए
इक अलिफ़ों दो-तिन-चार होए
फिर लक्ख-करोड़-हज़ार होए
फिर ओत्थों बाज शुमार होए
एस अलिफ़ दा नुक्ता न्यारा है
इक अलिफ़ पढ़ो छुटकारा ए

चेतन ने देखा था कि वहदतुलवजूद —यानी अनेक में एक —एको ब्रह्म द्वितीयः नास्ति के फ़लसफ़े से आगे साईं बुल्हेशाह 'हमः ओस्त' याने 'अहम् ब्रह्मास्मि' के शिखर पर पहुँचे। लाजवती रामाकृष्णा ने अपने शोध-प्रबन्ध में अद्वैतवाद के उस दर्शन को दर्शाने वाली केवल आठ काफ़ियाँ दी थीं। चेतन हैरान रह गया था, क्योंकि उनमें एक ऐसी भी काफ़ी थी, जो अपने पिता के साथ उसे भी पसन्द थी। चेतन को वह शोध-प्रबन्ध पढ़ते हुए लगा था कि उस काफ़ी के सन्दर्भ में भी वे दोनों बाप-बेटा वही पुरानी ग़लती करते थे। याने वे उसके शाब्दिक अर्थ लगाते थे, जबकि काफ़ी न केवल दो-अर्थी थी, वरन लाक्षणिक भी थी। साईं कहते हैं —

मुँह आई बात न रहन्दी ए
झूठ आक्खाँ ते कुझ बचदा ए
सच आक्खाँ ते भाम्बड़ मचदा ए
दिल दोहाँ गला तों जचदा ए।
जच जच के जिह्वा कहन्दी ए
मुँह आयी बात न रहन्दी ए

एह तिलकन-बाज़ी वेह्ड़ा ए
एत्थे न्हेरे विच हनेरा ए
वड़ अन्दर वेक्खो केह्ड़ा ए
पई ख़फ़्तन बाहर ढुंढेन्दी ए
मुँह आयी बात न रहन्दी ए

जे ज़ाहिर कराँ असरार ताईं
ते मुक्क जावन तकरार ताईं
फेर मारन बुल्हे यार ताईं
एत्थे मख़फ़ी गल्ल सुहेन्दी ए
मुँह आयी बात न रहन्दी ए

बुल्हा शौह असाँ तों वक्ख नईं
बिन शौह दे दूजा कक्ख नईं
पर वेक्खन वाली अक्ख नईं
ताईं जान जुदाइयाँ सहन्दी ए
मुँह आयी बात न रहन्दी ए[1]

चेतन के पिता और चेतन 'सच' का मतलब साधारण सच लगाते हुए इस काफ़ी पर फ़िदा थे, लेकिन चेतन ने काफ़ी की व्याख्या पढ़ी थी तो जाना था कि साईं बुल्हे शाह का 'सच' गहरा सच था। ख़ुद को अपने अन्दर में पाने का, ख़ुदा के साथ एक-मेक होने का सच था। वह मंसूर का सच था, जिसकी ख़ातिर उसे सूली पर चढ़ जाना पड़ा। साईं बुल्हेशाह इस काफ़ी में 'हमः ओस्त, अहं ब्रह्मास्मि' की बात करते हैं। वे कायनात की हर चीज़ में उसी ईश्वर का जलवा देखते हैं और जब वे कहते हैं —कि अगर मैं भेद से पर्दा उठा दूँ तो उनका मतलब है कि अगर मैं कह दूँ कि मैं और ख़ुदा एक हैं, हम ख़ुदा में हैं और ख़ुदा हममें है तो सब वाद-विवाद मिट जायें, लेकिन तब लोग (मंसूर ही की तरह) बुल्हे

---

१. मुँह पर आयी हुई बात रुकती नहीं। अगर मैं झूठ कहता हूँ तो कुछ कहने से रह जाता है, सच कहूँ तो शोले भड़कते हैं, मेरा दिल दोनों बातों से हिचकता है, पर हिचकते हुए भी ज़बान यही कहती है कि मुँह आयी बात न रुकती है। यह दुनिया फिसलन से भरा आँगन है, यहाँ अँधेरे के भीतर अँधेरा है। अपने अन्दर पैठ कर देखो 'वह' कौन है जिसे पागल दुनिया बाहर ढूँढ रही है। अगर मैं भेद ज़ाहिर कर दूँ तो सारे झगड़े ख़त्म हो जायें लेकिन तब लोग बुल्हे को इसी कारण मारने आयेंगे क्योंकि यहाँ लोगों को छिपी हुई बात ही सुहाती है। बुल्हेशाह कहते हैं कि ईश्वर हमसे अलग नहीं है और ईश्वर के बिना कोई तिनका भी नहीं है, लेकिन इसे देखने वाली आँख नहीं है, इसलिए आत्मा को (परमात्मा से) जुदाई का दुख सहना पड़ता है।

को मारने दौड़ेंगे, क्योंकि यहाँ छुपी हुई बात ही लोगों को अच्छी लगती है। मगर साईं रह भी नहीं पाते और काफ़ी के अन्तिम बन्द में उस सच्चाई से पर्दा उठाते हुए कहते हैं कि ऐ बुल्हे, वह शौह, वह सृष्टा, हम से अलग नहीं। उसके बिना एक तिनकें का भी अस्तित्व नहीं है, पर उसे अपने अन्तर में देखने वाली आँख हमारे पास नहीं, इसलिए हम अपने आपको उससे अलग महसूस करते हैं।

इस व्याख्या ने न केवल उस काफ़ी का महत्व चेतन के दिल में बढ़ा दिया था, वरन उस अपरिमेय शक्ति को अपने अन्तर में महसूस करने वाले उस सूफ़ी दरवेश की अज़मत भी उसकी आँखों में बढ़ा दी थी।

चेतन ने दो-एक काफ़ियाँ ऐसी भी पढ़ी थीं, जिनमें साईं बुल्हेशाह ने 'अनहद नाद' सुनने की बात कही है। कृष्ण-कन्हैया की मुरली को अनहद नाद का प्रतीक बना कर साईं बुल्हेशाह ने एक निहायत ख़ूबसूरत काफ़ी सृजी, जो चेतन को बहुत प्रिय थी —

बंसी अजरज काह्न बजायी
बंसी वालेया चाका राँझा
तेरा सुर सब नाल है साँझा
तेरियाँ मौजाँ, साड्डा माँझा
साड्डी सुरती आप मिलायी
बंसी अजरज काह्न बजायी
बंसी वालेया काह्न कहावें
शब्द अनेक अनूप सुनावें
अँखियाँ दे विच नज़र न आवें
कैसी वखरी खेड रचायी
बंसी अजरज काह्न बजायी
बंसी सबको कोई सुने-सुनावे
अरथ एस दा विरला पावे
जिस नूँ अनहद दा सुर आवे
सो एस बंसी दा शैदाई
बंसी अजरज काह्न बजायी[1]

काफ़ी में साईं ने अनहद के सुर की बात कही थी। अनहद नाद के बारे में चेतन ने जाना था कि योगी जब समाधि के शिखर पर पहुँच कर, संसार ही को नहीं, अपने आप

---

१. साईं बुल्लेशाह ने अपने प्रियतम अर्थात ख़ुदा को कृष्ण भी कहा है और राँझा भी। वे कहते हैं, हे कान्हा तुमने विचित्र बाँसुरी बजायी है। हे बाँसुरी वाले तू राँझा है, मैं तेरा नौकर, तेरा सुर सबके साथ साझा है, तुम्हारी ही आवाज़ सबमें गूँज रही है, तुम अपनी मौज में बाँसुरी बजाते हो, पर उसने हमें लूट लिया है और हमारा ध्यान अपने से मिला लिया है। बंसी वाले तुम कृष्ण कहलाते हो, अनेक अनोखे शब्द सुनाते हो, मगर आँखों से नज़र नहीं आते, यह तुमने कैसा अलग किस्म का खेल रचाया है। बंसी तो सब कोई सुनते-सुनाते हैं, यानी जीवन तो सभी जीते हैं, पर अर्थ इसका किसी विरले को ही मिलता है। जिसको अनहद का सुर सुनायी देता है, वही इस बंसी का दीवाना है।

का भी भूल जाते हैं, तब उनके कानों में एक मीठा स्वर आने लगता है। उस स्वर को ले कर चेतन के मन में बेहद औत्सुक्य था। मन और मस्तिष्क की यह कैसी स्थिति थी — चेतन सोचता --जिसमें साईं बुल्हेशाह दुनिया ही को नहीं, अपने आप को भी भुला देते थे और उनके कानों में अनहद नाद गूँजने लगता था।

उस विलक्षण स्वर के बारे में सोचते हुए, जैसा कि उसके साथ हमेशा होता था, चेतन कल्पना-ही-कल्पना में स्वयं समाधि के शिखर पर जा पहुँचा। उसके कान संसार की तमाम आवाज़ों के लिए बन्द हो गये। दुनिया बहुत पीछे छूट गयी और वह तन्मयता की स्थिति में 'ओम्' के 'म' का, चारों दिशाओं में गूँजता हुआ, निहायत मीठा, मधुर, सानुनासिक स्वर सुनने लगा। —चेतन भूल गया कि वह अपने पिता की चारपाई के पायँते पर बैठा है, कि उसके पिता नशे में धुत्त बुल्हेशाह की काफ़ी का अन्तिम बन्द सरूर से झूमते हुए बार-बार गाये जा रहे हैं और उनकी आवाज़ बुलन्द-से-बुलन्दतर हो कर तार सप्तक तक जा पहुँची है, कि वह स्वयं उनके नशा टूटने की प्रतीक्षा कर रहा है और भूख के मारे उसकी आँतों में चूहे दौड़ रहे हैं —वह तो वज्द की-सी स्थिति में अनहद नाद सुन रहा था और सोच रहा था कि जल्द ही भगवान उसे साक्षात दर्शन देंगे और उसका अपना वुजूद उनके व्यक्तित्व में समाहित हो जायेगा। चूँकि भगवान की कोई स्पष्ट आकृति उसके ज़ेहन में नहीं थी, इसलिए धीरे-धीरे उसकी आँखों के सामने शंक-चक्र-गदा-पद्म लिये भगवान विष्णु की धुँधली-सी आकृति बनने लगी थी कि तभी सहसा जैसे एक झटके से उसका ध्यान टूट गया और वह अपनी दुनिया में वापस आ गया।

०

हुआ यह कि काफ़ी देर से ऊँची आवाज़ में गाते हुए हठात उसके पिता की आवाज़ फट गयी थी। एक बार खाँस कर उन्होंने फिर गाने की कोशिश की थी, पर आवाज़ उनके कण्ठ से नहीं निकली। तब अपनी उसी बैठी और फटी हुई आवाज़ में अंगूर की उस बेटी[१] को विशुद्ध पंजाबी में 'मधुर वचन' सुनाते हुए वे रोने लगे —

"एस माँइयाँ....शराब ने मेरा अमृत भरिया गला तबाह कर दित्ता। एस बहिन चो....ने मेरी सोने जही आवाज़ बिगाड़ दित्ती।"[२]

फिर सहसा चेतन की ओर मुख़ातिब हो कर बोले —"देख पुत्तर, तूँ एस माँइयाँ....नूँ कदे मुँह न लगायीं। एह इक बारी मुँह लग गयी ते छेत्ती कीत्ते मुँहों लत्थदी नईं....लगदा ताँ एहियो ए कि एह ज़िन्दगी अते ताकत बख़्शदी ए, पर एह आदमी दी विल पावर कमज़ोर कर देन्दी ए। जिगर ई नईं, एह आदमी दिमाग़ वी ख़राब कर छड्दी ए....ओस दी ज़िन्दगी ख़राब कर छड्दी ए।"[३]

चेतन के पिता रोये जा रहे थे और अपनी उसी बैठी और फटी आवाज़ में चिल्लाये

---

१. अंगूर की बेटी यानी शराब।

२. इस शराब ने मेरा अमृत भरा गला तबाह कर दिया, मेरी सोने जैसी आवाज़ बिगाड़ दी।

३. देख बेटे, तू इस को कभी मुँह न लगाना। यह एक बार मुँह से लग गयी तो जल्दी किये मुँह से उतरती नहीं। लगता तो यही है कि यह ज़िन्दगी और ताकत प्रदान करती है, लेकिन यह आदमी की इच्छा-शक्ति को कमज़ोर और जिगर को ख़राब कर देती है। जिगर ही नहीं, यह आदमी का दिमाग़ भी ख़राब कर देती है, उस की ज़िन्दगी ख़राब कर देती है।

जा रहे थे —

"देख पुत्तर, तूँ एस माँइयाँ....नूँ कदे मुँह न लगायीं। अपने एस बदकिस्मत बाप दा ख़याल करीं, जिसने एस साली शराब दे कारण अपनी ज़िन्दगी बरबाद कर छड्डी। जेहड़ा चाहुन्दा ताँ वड्डा इंजीनियर बन जान्दा, मैजिस्ट्रेट या डिप्टी कलेक्टर बन जान्दा, लेकिन एस शराब की वजह नाल जेहड़ा अजेहे सुंजे अते वीरान स्टेशनाँ उत्ते ज़िन्दगी भर झख मारन लई मजबूर होइया।"[१]

और शराब तथा उसकी माँ-बहन के साथ न जाने कैसे-कैसे 'सत्कर्म' करने की घोषणाएँ करते हुए, वे ढाढें मार कर रोने लगे।

चेतन के हाथ-पाँव फूल गये। उस की समझ में न आयी कि शराब के नशे में धुत्त अपने पिता को कैसे शान्त करे, कैसे तसल्ली दे।

"बाऊ जी, आप लेट जाइए!" उसने फिर सानुरोध कहा, "बाऊ जी आप लेट जाइए।" और उन्हें तसल्ली देता हुआ बोला, "लगातार ज़्यादा ऊँची आवाज़ से गाने के कारण आप की आवाज़ बैठ गयी है। दूसरी कोई बात नहीं। आप चुपचाप सो जायें। सुबह उठेंगे तो देखेंगे कि आपकी आवाज़ को कुछ भी नहीं हुआ। वह वैसी-की-वैसी सुरीली और लोच-भरी है।"

"ओय नईं पुत्तर," उसके पिता ने उसकी बात काटते और दायें हाथ से जैसे हवा को भेदते हुए कहा, "तूँ एह ना समझीं कि तेरा बाप ज़्यादा पी गया ए। मैं कई बार दोस्ताँ'च लगातार गाउन्दा रिहा हाँ, अते मेरी आवाज़ नूँ कदे कुझ नहीं होइया। ते हुण एह साली इक काफ़ी दोबारा गाउन नाल ही फट गयी। एह सब ओस हरामज़ादी शराब दी वजह नाल ई होइया ए!"[२]

और उन्होंने अपनी उसी फटी हुई आवाज़ के साथ ऐलान किया कि वे उसी क्षण शराब छोड़ देंगे। उन्होंने अपने बेटे को हुक्म दिया कि वह फ़ौरन अन्दर से शराब की बोतल उठा लाये। वे उसे दीवार से मार कर तोड़ देंगे और फिर उसी साली को कभी मुँह नहीं लगायेंगे।

चेतन ने उन्हें अनुरोध, अदब और प्यार के साथ यह कहते लिटा दिया कि —"बाऊ जी, आप लेटिए। मैं अभी सरसों का तेल ला कर आपका सिर 'झस' देता हूँ। अब आप ज़्यादा बोलिए नहीं। आप गहरी नींद सो जायेंगे तो सुबह...."

और उसने बायाँ हाथ हवा में लहराते हुए समझाया कि सुबह सब ठीक हो जायेगा और जल्दी से पूरी बात ख़त्म किये बिना वह तेल लेने के लिए अन्दर क्वार्टर की ओर भागा।

---

१. देख बेटा, तू इस शराब को कभी मुँह मत लगाना। अपने इस बदकिस्मत बाप का ख़याल करना, जिसने इस साली शराब के कारण अपनी ज़िन्दगी बरबाद कर ली; जो चाहता तो बड़ा इंजीनियर बन जाता, मैजिस्ट्रेट या डिप्टी कलेक्टर बन जाता, लेकिन जो इस शराब की वजह से ऐसे सुनसान और वीरान स्टेशनों पर ज़िन्दगी भर झख मारने के लिए मजबूर हो गया।

२. अरे नहीं बेटा, तू यह न समझ कि तेरा बाप ज़्यादा पी गया है। मैं कई बार दोस्तों में लगातार गाता रहा हूँ और मेरी आवाज़ को कभी कुछ नहीं हुआ। और अब यह एक काफ़ी दोबारा गाने से ही फट गयी। यह सब इस हरामज़ादी शराब की वजह से हुआ है।

ऊँचे स्वर में स्टेशन मास्टर के रोने और गालियाँ देने की आवाज़ सुन कर नौकर-पेशा क्वार्टरों से दोनों काँटे वाले, पानी वाले, दानी, दीना पोर्टर, मेहतर और उसकी बीवी नत्थू के क्वार्टर के पास आ कर खड़े हो गये थे। दूसरी ओर असिस्टेण्ट स्टेशन मास्टर सैयद शहाबुद्दीन नंगे सिर कमीज़-शलवार पहने अपने क्वार्टर से निकल कर ऊपर से घूम कर उनके क्वार्टर के कोने में जा खड़े हुए थे। चाँद की मद्धिम रोशनी में उन सब के ख़ाके दिखायी दे रहे थे। उनकी ओर एक उचटती-सी निगाह डाल कर, रुके बिना चेतन क्वार्टर में दाख़िल हुआ।

चन्दा रसोई में पीढ़े पर बैठी ऊँघ गयी थी, लेकिन बाहर ससुर के रोने और चिल्लाने की आवाज़ सुन कर जग गयी थी।

"क्या हुआ ?" चेतन के अन्दर जाते ही उसने चिन्ता-भरे स्वर में पूछा, "बाऊ जी रो क्यों रहे हैं ?"

"कुछ नहीं," चेतन ने बेज़ारी से उत्तर दिया, "जाने कैसे, लगता है, आज उन्हें कुछ ज़्यादा ही चढ़ गयी है। तुम मुझे कटोरी में ज़रा-सा सरसों का तेल दे दो। उनका सिर सहला कर उन्हें सुलाऊँ। वरना रात भर चिल्लायेंगे।" क्षण भर रुक कर उसने इतना और जोड़ा — "तुम भूखी बैठी हो। मुझे भी कई बार भूख लग कर मर चुकी है। देर तक कुछ न खाऊँगा तो न केवल कनपटियों में दर्द होने लगेगा; बल्कि पेट में भी हवा हो जायेगी।" फिर जैसे अपने आप उसने कहा, "पेग तो मैंने दो ही ढाले थे। न जाने शराब ही तेज़ थी या बाऊ जी ख़ाली पेट पी गये। ऐसे में एक पेग से भी नशा हो जाता है।"

तभी चन्दा उठी, बर्तनों के टोकरे से कटोरी ले कर उसने सामने दीवार से लगे लकड़ी के रैक पर रखी तेल की बोतल उठायी। वह उसमें से कटोरी में तेल डालने जा रही थी कि पटाख़ की आवाज़ के साथ बाहर का दरवाज़ा खुला।

चन्दा के हाथ से कटोरी गिरते-गिरते बची।

दूसरे क्षण चेतन के पिता अपनी उसी बैठी हुई आवाज़ से शराब को ज़ोर से माँ-बहन की गालियाँ देते हुए, लड़खड़ाने के बावजूद तेज़-तेज़ चलते हुए, आवारा बगूले की तरह आँगन से बरामदे और बरामदे से अन्दर कमरे में गये।

बच्चा जग कर रोने लगा। पण्डित जी ने एक 'विशुद्ध मधुर वचन' उसकी ओर फेंकते हुए उसे ज़ोर से डाँट दिया। बच्चा सहम कर चुप हो गया।

दूसरे क्षण बोतल को गदा की तरह हाथ में लिये पण्डित ती तेज़-तेज़ अन्दर से निकले और जिस तरह लड़खड़ाते आये थे, उसी तरह बाहर निकल गये।

चेतन पत्नी से कटोरी ले कर उनके पीछे-पीछे भाग गया।

बाहर जा कर चेतन के पिता ने 'तेरी शराब की माँ की वो' और 'तेरी शराब की बहन की वो' करते हुए ज़ोर से क्वार्टर की दीवार से दी मारी।

जैसे बम का पटाख़ा चला। शराब की तेज़ बू से वातावरण बोझिल हो गया। बाबू शहाबुद्दीन और स्टाफ़ के दूसरे लोग आगे बढ़ आये। चेतन के पिता बोतल को दीवार से मार कर जैसे अपने ही ज़ोर से पलट कर चारपाई पर लुढ़क गये।

बोतल के टुकड़े न जाने कितनी दूर तक फैल गये थे। एक टुकड़ा चेतन के गाल

को छीलता हुआ निकल गया। चेतन ने भगवान को धन्यवाद दिया कि उसकी आँख में नहीं जा धँसा। मन-ही-मन उसने तय किया कि सुबह मंगल से कहेगा, शीशे के तमाम टुकड़ों को अच्छी तरह बीन-बटोर कर कहीं दूर फेंक दे ताकि नंगे पाँव चलने-फिरने वालों के पाँव ज़ख़्मी न हों।

o

आधे से ज़रा बड़ा चाँद आकाश में काफ़ी ऊपर उठ आया था। चेतन को लगा, जैसे वह उस घटना की हास्यास्पदता पर मुस्करा रहा है। चारों तरफ़ हलकी-सी चाँदनी फैली थी। कहीं निकट ही किसी पेड़ पर बैठा बिरड़ों[1] का जोड़ा रह-रह कर 'बिरड़, बिरड़' कर उठता था। हालाँकि वह आवाज़ कुछ ऐसी कर्कश नहीं थी, पर जाने क्यों हर बार चेतन की रीढ़ में सिहरन दौड़ जाती थी।

हवा में हलकी-सी, ख़ुनकी आ गयी थी, लेकिन पण्डित शादीराम कमीज़ के सारे बटन खोले, अस्त-व्यस्त तहमद में आधी टाँगे उघाड़े लेटे थे। चेतन ने असिस्टेण्ट स्टेशन मास्टर और स्टाफ़ के दूसरे लोगों को जा कर अपने-अपने क्वार्टरों में आराम करने के लिए कहा, फिर सबसे पहले उसने पिता का तहमद ठीक किया, उसके बाद कटोरी से तेल की चन्द बूँदें उनके तालू में टपकायी थीं और हालाँकि उसके पिता ने नीम-ग़नूदगी में आँखें बन्द कर ली थीं, शायद वे सो भी गये थे, लेकिन चेतन पूरी निष्ठा से उनके तालू पर हथेली चलाने लगा।

o

शराब की बोतल तो उसके पिता ने दीवार से मार कर टुकड़े-टुकड़े कर दी थी। अपने पिता के सिर पर तेल की मालिश करता हुआ चेतन-मन-ही-मन सोच रहा था। 'क्या ये सचमुच शराब छोड़ देंगे ?' और मना रहा था, 'कितना अच्छा हो, अगर बाऊ जी शराब छोड़ दें।'

चेतन ने लम्बी साँस ली। उसके पिता की सारी ज़िन्दगी उसके सामने घूम गयी। उनके सारे व्यसनों, उनकी सारी बरबादी, परिवार की तंगदस्ती और बदहाली —सब की जड़ तो यही शराब थी। बोतल को देख कर ही उन्हें नशा चढ़ जाता था। ज़्यादा पी जाते तो बेपनाह ऊधम मचाते, लड़ाइयाँ-झगड़े करते, बीवी-बच्चों को बेतहाशा पीटते; बे-पिये होते तो दस नसीहतें करते, दुनिया के साथ चलने के, दुनिया को सर करने के राज़ बताते। लेकिन पी लेते तो उनका कुछ भी भरोसा न रहता कि क्या गुजरेंगे....फिर पी कर ही वे जुआ खेलते और चूँकि पी कर खेलते, इसलिए प्रायः हारते। कभी संयोगवश जीत जाते तो नशे की हालत में जीत का सारा रुपया लुटाते हुए लगभग ख़ाली हाथ घर पहुँचते। हार-जीत —दोनों में माँ को मुसीबत का सामना करना पड़ता। थानेदार करतार सिंह आ जाता तो माँ को रुपये का प्रबन्ध करने के लिए मजबूर करते और अपने उस ऐबी दोस्त के साथ बाज़ार शेख़ाँ चले जाते....चेतन के पिता ने जो यह कहा था कि इस शराब ने उन्हें बरबाद कर दिया, वरना वे इंजीनियर या मैजिस्ट्रेट होते तो वह ग़लत नहीं कहा था। यह तो ठीक है कि चेतन के दादा पटवारी थे और वे उन्हें आगे न पढ़ा सकते थे, न कम्पीटीशन में बैठने की सुविधा उपलब्ध करा सकते थे, लेकिन चेतन जानता था कि उनके मन में आ

---

१. छोटे उल्लुओं।

जाता तो वे सब कुछ कर गुज़रते। मगर वे तो आठवीं कक्षा में पीने लगे थे....अफ़सर न बनते, इंजीनियर न बनते, चाहते तो अपने उस मन-मोहक स्वर को साध कर देश-प्रसिद्ध गायक बन जाते....

चेतन ने फिर लम्बी साँस ली। तालू की मालिश करके वह पिता की कनपटियाँ सहलाने लगा —हलके हाथ से धीरे-धीरे, जैसे उसकी माँ सहलाया करती थी....पिता ने शराब छोड़ देने की सौगन्ध खायी है....हलके-हलके उँगलियाँ चलाते हुए उसने सोचा — क्या वे सचमुच शराब छोड़ देंगे ?....उसे विश्वास नहीं था। यार-दोस्तों, बीवी-बच्चों के बिना उस वीरान स्टेशन की सुनसान सन्नाटी शामों को काटना उनके लिए कितना कठिन होगा। शाम होते ही उन्हें शराब की तलब होगी। और तब ?....और तब ?....हाँ, अगर वे प्रख्यात संगीतज्ञ होते। उनकी रोज़ी-रोटी उनके उस अमृत-भरे कण्ठ से जुड़ी होती, उनके परिवार का भरण-पोषण उनकी कला से वाबस्ता होता तो शायद अपनी सोई हुई इच्छा-शक्ति को जगा कर वे अपनी उस तलब का गला घोंट देते। लेकिन उन्होंने तो न किसी से संगीत की शिक्षा ली थी, न अपने उस स्वर को साधा था, न किसी सार्वजनिक मंच पर अपने कण्ठ का जादू जगाया था। जिस तरह वीराने में उगा कोई ख़ुद-रौ पौधा अपने फूलों की सुरभि और सौन्दर्य अनायास लुटाता हुआ अपने में मस्त रहता है, उसी तरह अपने उस अमृत-कण्ठ के माधुर्य से वीरानों को गुँजाते हुए वे परम सन्तुष्ट थे। न जाने आवाज़ के फट जाने पर, नशे की झोंक में उन्होंने शराब से तौबा कर ली हो, कल दिन भर काम से थक कर वे शाम को घर आयेंगे तो उन्हें शराब की तलब सतायेगी। तब अपनी उस तौबा को विशुद्ध पंजाबी 'मधुर वचन' सुनाते हुए, वे उस तौबा से तौबा कर लेंगे।

'तौबा' का शब्द ज़ेहन में आते ही चेतन के कानों में 'रियाज़' ख़ैराबादी का वह शेर गूँज गया, जो उसने पिछले बरस शिमला जाने से पहले डी० ए० वी० कॉलेज होस्टल के एक कमरे में हुनर साहब के मुँह से सुना था —

जाम है तौबा शिकन तौबा मेरी जाम शिकन
सामने ढेर है टूटे हुए पैमानों का

उसने होंटों-ही-होंटों में शेर दोहराया। मन-ही-मन हँसा। उसके पिता की इस तौबा का भी यही हश्र होगा। वे बोतलें तोड़ेंगे, शराब से तौबा करेंगे, लेकिन वह तौबा-शिकन बोतल उनके सामने आयेगी तो अपनी तौबा को भूल कर दो घूँट पीने को लालायित हो उठेंगे....

उसके पिता ख़र्राटे लेने लगे थे। चेतन ने तेल वाले हाथ को अच्छी तरह अपने बालों पर फेर कर उसका तेल छुड़ाया। फिर पायँते पर रखी हुई चादर खोल कर पिता को ओढ़ायी, तेल की कटोरी उठायी, एक लम्बी साँस भरी और क्वार्टर की ओर बढ़ा।

०

चेतन को फिर भूख लग आयी थी। दरवाज़ा खोल कर उसने अन्दर से कुण्डी लगायी और बढ़ कर तेल की कटोरी को रसोई के रैक पर रखा। नीचे पीढ़े पर बैठी उसकी पत्नी बच्चे को गोद में लिये हुए ऊँघ गयी थी। उसकी गोद में लेटे बच्चे का सिर नीचे को लटक गया था। दोनों विसुध थे।

क्षण भर के लिए चेतन विमुग्ध-सा दोनों देखता रहा। अपनी पत्नी और बच्चे के लिए कुछ अजीब-सी करुणा से उसका मन आप्लावित हो आया। फिर झुक कर उसने धीरे से बच्चे को अपनी पत्नी की गोद से उठाया। चन्दा जग गयी और व्यस्त भाव से अपने पति के खाने की व्यवस्था करने लगी।

बच्चे को अन्दर सुला कर चेतन पुनः रसोई-घर में आया तो चन्दा ने पूर्ववत पीढ़ा नीचे से निकाल कर अपने सामने रख दिया और स्वयं ईख के आसन पर हो बैठी। पीढ़े पर बैठने से पहले चेतन ने चूल्हे से थोड़ी राख ले कर आँगन की नाली पर रखे पानी के लोटे से हाथ धोये और फिर आ कर चन्दा के सामने पीढ़े पर बैठ गया।

तब चन्दा ने छौंकी हुई सब्ज़ी-तरकारी और दाल की कटोरियाँ गर्म करके थाली में रखीं और झाड़न से तवा साफ़ करके उस पर फुलका सेंका।

चेतन की माँ फुलका बहुत अच्छा सेंकती और फुलाती थी। चन्दा ने भी अपनी सास से फुलका बढ़िया सेंकना और फुलाना सीख लिया था। जब फुलका पूरा फूल गया तो उसे घुमाते और किनारों को तवे पर दबा कर सेंकते हुए उसने हँसते हुए दस बार की कही हुई अपनी सास की बात दोहरा दी।

"लगता है, आपको बहुत भूख लग आयी है। देखिए, फुलका कितना फूल गया है।"

और खूँटी पर टँगी लालटेन के उस मद्धिम प्रकाश में दाँतों के मोती बिखेरते हुए चन्दा ने जल्दी से फुलका उतार और चुपड़ कर पति की थाली में रख दिया। फिर पलट कर उसने दूसरा फुलका तवे पर डाला।

"भूख तो जाने कितनी बार लग कर मर गयी," चेतन ने पहला कौर तोड़ कर उसे दाल में मींजते हुए, अपने मन का संशय दोहराया, "जाने पिता जी को कैसे इतनी चढ़ गयी ? पेग तो मैंने दो ही ढाले थे। शराब ही तेज़ थी या उनका पेट ख़ाली था।"

रोटी को तवे पर पलट कर तीसरा फुलका बेलते हुए चन्दा न कहा, "बाऊ जी गाते बहुत अच्छा हैं। मैं थक गयी थी। गाना सुनते-सुनते ऊँघ गयी।"

"गले में तो उन के अमृत है" चेतन ने कहा, "लेकिन शराब ने उसकी आवाज़ ख़राब कर दी है। उनकी आवाज़ फट न जाती तो न जाने कब तक गाते रहते। मुझे तुम्हारी ही चिन्ता थी। तुम कमज़ोर हो। तुम्हें वक्त से खाना खा लेना चाहिए।"

"काम तो कोई इतना नहीं," चन्दा ने ताज़ा-ताज़ा फुलका उसकी थाली में रखते हुए कहा, "मंगल मसाला पीस देता है, बर्तन-भाण्डे कर देता है। झाड़ू-बुहारी दे देता है। मैं काम के कारण नहीं, बच्चे के कारण थक जाती हूँ। नौ-दस महीने का हो गया है। अब भी मेरा दूध पीता है। वहाँ तो माँ जी ओपरा[१] दूध पिला देती थीं। मुझ से नहीं बनता।"

"जब से तुम यहाँ आयी हो, रात को दो बार तो जग ही जाता है," चेतन ने कहा, "तुम गहरी नींद सोती हो। मैंने तो चूँकि मेघनाथ और शिव शंकर को गोद खेलाया है, इसलिए बच्चे को लोरी सुना कर, ओ-लो-लो बुला कर घुमा कर चुप करा देता हूँ, सुला देता हूँ, लेकिन मेरी पढ़ाई तो डिस्टर्ब हो ही जाती है।"

कुछ क्षण चेतन चुपचाप खाना खाता रहा। फिर बोला, "मैंने पिता जी से कहा था।

---

१. ऊपर का।

कुछ दिनों के लिए किसी दाई या दूसरी औरत का प्रबन्ध हो जाता, जो बच्चे की देख-रेख कर ले तो तुम्हें आराम मिल जाता और मैं भी एकाग्र हो कर ठीक से परीक्षा की तैयारी करता।"

"आज मंगल कह रहा था," चन्दा ने कहा, "शायद बाऊ जी ने उससे कहा है। उसने अपने छोटे भाई को लिखा था कि अपनी भाभी को ले कर आ जाये। कह रहा था," चन्दा ने जोड़ा, "बीबी जी, आप फ़िकर न करें, आजकल में मेरी घर वाली आ जायेगी दिन-रात आपकी सेवा करेगी। आपको किसी तरह की तलकीफ़...." चन्दा हँसी, "उसका मतलब तकलीफ़ से था, नहीं होने देगी। कह रहा था —आप चाहेंगी तो रात को भी आपकी चारपाई के साथ धरती पर सो जाया करेगी।"

"यह तो बहुत अच्छा होगा," चेतन कहा, "मैं रात को पढ़ने का प्रबन्ध किसी दूसरी जगह कर लूँगा। बाऊ जी को खाना खिला कर और सुला कर मैं खाना खाऊँगा। मंगल की बीवी तुम्हारा पूरा ध्यान रखेगी। मैं वहाँ एकाग्रता से परीक्षा की तैयारी करूँगा। अपना बिस्तर मैं यहाँ बरामदे में लगा लूँगा, आ कर चुपचाप सो जाया करूँगा।"

उसने जल्दी-जल्दी खाना ख़त्म किया। उठ कर आँगन की नाली पर जा कर कुल्ला किया, हाथ धोये और वहीं आँगन में लटके साफ़े से पोंछे और अन्दर जाते हुए उसने कहा —

"तुम भी जल्दी खाना खाओ, रसोई का काम निबटा कर सोओ। देर हो गयी है। मैं अब कुछ पढ़ने की कोशिश करता हूँ। दिमाग़ तो बाऊ जी ने परेशान कर ही दिया है।"

३०

अन्दर कमरे में जा कर चेतन ने कोने से स्टूल उठा कर उसे चारपाई के सिरहाने तनिक दायीं ओर रखा। उस पर दो नीचे, दो ऊपर —चार ईंटें रख, खिड़की की सिल से बर्नर उठा कर उन पर टिका दिया। उसकी बत्ती ऊँची की। फिर उसने ज़ाब्ता फ़ौजदारी की पुस्तक उठायी, खोल कर गोद में रखी और तल्लीनता से पढ़ने लगा।

दिन ही में उसने तय किया था कि 'दण्ड प्रक्रिया संहिता' की उन चार-पाँच धाराओं को दोहरायेगा, जो बच्चों, विक्षिप्त लोगों अथवा शराब के नशे में धुत्त हो कर हत्या करने वालों से सम्बन्ध रखती हैं, जिन्हें अपराध करने के समय उसकी प्रकृति अथवा अपने आचरण के अंजाम अथवा कानून की नज़र में उसकी माहीयत[१] का पता नहीं होता। या फिर ऐसे लोगों के बारे में थीं, जिन्हें अपने कृत्य के अंजाम का तो आभास होता है, जैसे विकट ऑपरेशन करने वाले डॉक्टरों को कि उनके हाथों आदमी मर सकता है, लेकिन उन्हें उस कृत्य के सिलसिले में मरने वाले की सहमति प्राप्त होती है।

वे धाराएँ पुस्तक में ८३ से ९० तक थीं। चेतन ने बड़े मनोयोग से धारा ८३ पढ़ी —

१. महत्व।

'नथिंग इज़ ऐन ऑफ़िन्स व्हिच इज़ डन बाई अ चाइल्ड एबव सेवन इयर्ज़ ऑफ़ एज ऐण्ड अण्डर ट्वेल्व, हू हैज़ नॉट अटेण्ड सफ़िशियेण्ट मेच्योरिटी ऑफ़ अण्डर-स्टैण्डिंग टू जज ऑफ़ द नेचर ऐण्ड कॉन्सिक्वेंसेज़ ऑफ़ हिज़ कॉण्डक्ट ऑन दैट ओकेज़न।'

याने कोई ऐसा आचरण अपराध नहीं है, जो सात वर्ष के ऊपर और बारह वर्ष से कम उमर के ऐसे बच्चे द्वारा किया जाता है, जिसकी समझ इतनी परिपक्व नहीं हुई कि वह उस अवसर पर अपने आचरण की प्रकृति और परिणामों का निर्णय कर सके।

पुस्तक को बन्द करके, होंटों-ही-होंटों में बोल कर चेतन ने देखा कि धारा उसे याद है कि नहीं। न केवल उसे धारा याद थी, बल्कि अध्यापक ने उसकी व्याख्या करते हुए इस अपवाद का जो अपवाद समझाया था, वह भी उसे पूरी तरह स्मरण था।

चेतन ने मन-ही-मन दोहराया कि इस अपवाद का लाभ उस बच्चे को नहीं मिल सकता, जो हत्या करते समय अपने आचरण की प्रकृति और उसके परिणाम को भली-भाँति समझता हो —अगर कोई सात वर्ष से बड़ा और बारह वर्ष से छोटा बच्चा हाथ में चाकू लेता है और अपने साथी को धमकाते हुए ऐलान करता है कि वह चाकू से उसके टुकड़े-टुकड़े कर देगा और सचमुच हमला करके चाकू से साथी को ख़त्म कर देता है, तब चूँकि वह उस वक्त अपने आचरण की प्रकृति और परिणाम को भली-भाँति जानता था (और यह अच्छी तरह जानते हुए उसने हमला किया और हत्या का भागी बना) तब उसे ८३वीं धारा का लाभ नहीं मिल सकता। ८३वीं धारा और उसके अपवाद को पूरी तरह हृदयंगम कर, चेतन ने ८४वीं धारा पढ़ी —

'नथिंग इज़ ऐन ऑफ़ेन्स व्हिच इज़ डन बाई ए पर्सन, हू ऐट द टाइम ऑफ़ डूइंग इट, बाई रीज़न ऑफ़ अनसाउण्डनेस ऑफ़ माइण्ड इज़ इनकेपेबल ऑफ़ नोइंग द नेचर ऑफ़ द ऐक्ट ऑर दैट ही इज़ डूइंग ह्वॉट इज़ आइदर रौंगफ़ुल ऑर कॉण्ट्रेरी टू लॉ।'

याने कोई भी आचरण अपराध नहीं है, जो ऐसे व्यक्ति द्वारा किया जाये, जो उसे करने के समय विक्षिप्तावस्था के कारण उस आचरण की प्रकृति न समझता हो अथवा यह जानने में असमर्थ हो कि जो कुछ वह कर रहा है, वह दोषपूर्ण है अथवा कानून के विरुद्ध है।

चेतन ने एक बार ध्यान से धारा पढ़ ली, लेकिन किताब बन्द करके न वह उसे दोहरा सका और न उस व्याख्या को देख सका, जो अध्यापक के भाषण के बाद उसने कापी में नोट की थी।

हुआ यह कि उसकी आँखें तो धारा की पंक्तियों पर दौड़ती रहीं और उसका मन 'अनसाउण्डनेस ऑफ़ माइण्ड' याने 'चित्त की विकृति' के शब्दों में उलझ कर अपने अनसाउण्ड-माइण्ड वाले पागल छोटे दादा चूनी के बारे में सोचने लगा, जो अपने भारी-भरकम शरीर के साथ बिलकुल मादरज़ाद नंगी अवस्था में दिन भर गली-गली घूमते हुए शून्य में लकड़ी और लोहे के आदमी बना कर हवा में (यानी पहले महायुद्ध में) भेजते रहते थे। मध्याह्न को, जब नगर पालिका के भंगी के पीछे-पीछे, कमर पर मश्क उठाये नगर पालिका का भिश्ती आता था आगे-आगे भंगी लम्बे झाड़ू से नाली साफ़ करता बढ़ता और पीछे-पीछे भिश्ती नालियों में पानी छोड़ता चलता, तब चेतन के ये पागल दादा भिश्ती

के आगे मुँह से ओक लगाये उकड़ूँ बैठ जाते और वह मश्क की धारा को नाली की ओर से दादा की ओक की तरफ़ मोड़ देता....

चेतन के सामने अपने जन्म से पहले की वह घटना याद आ गयी, जब खत्रानी दम्मो ने सूत अटेरते हुए महज़ मज़ाक में पागल चूनी दादा के चूतड़ों में अटेरन घुसेड़ दिया था, दादा ने पलट कर उसे एक थप्पड़ जड़ दिया था और खत्रियों ने मार-मार कर उन्हें अधमुआ कर दिया था।

धारा ८४ के अधीन सहसा चेतन उस घटना के कानूनी पक्षों पर विचार करने लगा। सोचने पर उसने पाया कि खत्री अगर चूनी को पीटने के बदले अदालत में जाते तो चूनी दादा इस धारा के अधीन बेदाग़ छूट जाते। कारण यह कि पागलपन में चूनी दादा को उस समय अपने उस आचरण के औचित्य-अनौचित्य और उसके कानूनी या ग़ैर-कानूनी होने का कोई ज्ञान नहीं था।

और अगर चेतन की पड़दादी या उसके दादा, चूनी दादा को इस बुरी तरह पीटने पर खत्रियों के ख़िलाफ़ अदालत में जाते तो निश्चय ही खत्री सज़ा पा जाते। कारण यही कि चूनी दादा को चित की विकृति के कारण धारा का लाभ मिल जाता, जब कि खत्रियों को पूरे होश-हवास में अपने आचरण की प्रकृति और परिणामों को जानने के कारण धारा का लाभ नहीं मिलता और वे ३२३ अथवा ३२६ के अधीन धर लिये जाते।

चेतन जब उस घटना और उस अवसर पर अपने छोटे दादा की विक्षिप्तता पर विचार कर रहा था तो उसके सामने एक दूसरी सूरत आ गयी....जब पड़दादी जालन्धर न होती तो न जाने क्यों और न जाने कैसे दादा के चित्त की विकृति दूर हो जाती थी। वे सही-दिमाग़ इन्सानों की तरह व्यवहार करने लगते। शरीर पर कपड़े पहन लेते और अपने धनी-मानी सरपरस्त —किला मुहल्ला के कपूरों के यहाँ चले जाते, जिन्होंने बोहड़ वाला बाज़ार में अपनी दुकान के ऊपर एक चौबारा दादा के निवास के लिए दे रखा था। चूनी दादा वहाँ रहने लगते, पटफेरा करते, रँगी हुई रेशम की गुच्छियाँ सुलझाते और जब उन्हें वेतन मिलता तो अपनी पत्नी को ज़रूर एक रकम भिजवा देते....चेतन के मन में ख़याल आया कि यदि ऐसे में दम्मो खत्रानी के थप्पड़ जड़ देते तो....तो वे कानून की नज़रों में अपराधी होते और निश्चय ही सज़ा पा जाते।

एक ही व्यक्ति के कभी पागल और कभी होशमन्द, कभी स्वस्थ अथवा अस्वस्थ-चित होने की बात सोचते हुए चेतन के दिमाग़ में साईं बुल्हेशाह के जीवन की घटनाएँ घूम गयीं, जो किंवदन्तियों के रूप में अवाम में प्रसिद्ध थीं....विशेषकर, किसी दुल्हन को अपने प्रियतम से मिलने की तैयारी में सिर के बालों की मींढियाँ गुँथवाते हुए देख कर स्वयं भी मींढियाँ गुँथवा कर अपने पीर-मुर्शिद इनायत साईं के डेरे पर जा पहुँचना या गधियाँ पाल लेना अथवा वेश्याओं या हिजड़ों के साथ नाचना....चेतन को लगा कि या तो वे किस्से मन-गढ़न्त हैं, कव्वालों ने साईं की ब्रह्मलीनता अथवा मजज़ूबियत[१] का महत्व जताने के लिए गढ़ लिये हैं और अगर सच हैं तो ज़रूर उन लम्हों में साईं बुल्हेशाह अस्वस्थ-चित्त और विक्षिप्त होते होंगे और नहीं जानते होंगे कि वे क्या कर रहे हैं।

---

१. ब्रह्मलीनता

कसूर छोड़ कर साईं बुल्हेशाह का लाहौर में सूफ़ी इनायत शाह के डेरे पर जाना और उनसे कहना —'मैं रब को पाना चाहता हूँ,' चेतन को असामान्य लगता था ? लेकिन यह भी सम्भव था कि कबीर, नानक, रैदास और अन्य सन्तों की तरह शुरू ही से उनके मन में सृष्टा और सृष्टि के भेदों को जानने की जिज्ञासा हो....तब क्या उन्होंने रब को पा लिया ? सहसा चेतन के मन में सवाल उठा —क्या रब को पा लेना —उससे साक्षात्कार करना —सम्भव है ?

दण्ड-संहिता चेतन के सामने खुली पड़ी रही और उसका मन न जाने कहाँ-से-कहाँ जा पहुँचा था।

o

साईं बुल्हेशाह ने जो इतनी सारी काफ़ियाँ जीवात्मा को नेक कामों का, याने प्रभु की भक्ति का, दहेज तैयार करने की नसीहत देते हुए लिखी हैं; अपनी काफ़ियों में बार-बार मायका छोड़ कर ससुराल जाने और अपने प्रियतम से मिलने की बात कही है; यह भी कहा है कि जीवात्मा दहेज-विहीन जायेगी तो वहाँ किसी के मन नहीं भायेगी और शौहर उसे गले नहीं लगायेगा — तब ज़ाहिर है कि उनके सामने अपने मज़हब के अनुसार हश्र के दिन ख़ुदा के रू-ब-रू होने, नेक या बद कर्मों के अनुसार जन्नत या दोज़ख़ में जाने की बात रही होगी।

हमीद ने एक बार चेतन को सविस्तार बताया था —मुसलमानों का विश्वास है — ज़िन्दगी भर इन्सान के कन्धों पर 'किरामिन कातिबैन'[१] —दो अदृश्य फ़रिश्ते — बैठे रहते हैं, जो उसके नेक और बद कर्मों का हिसाब रखते हैं। जब आदमी की मृत्यु होती है और वह कब्र में दबा दिया जाता है तो उसका पार्थिव शरीर मर जाता है, पर उसकी रूह ज़िन्दा रहती है, परेशान रहती है। इसलिए कब्र पर मिट्टी डाल कर लोग दस कदम पीछे हट आते हैं। तब मुनकिर और नकीर नाम के दो फ़रिश्ते उसके दायें-बायें आ बैठते हैं। उससे दो प्रश्न पूछते है —'तुम्हें किसने बनाया है ?' 'तुम्हारा दीन क्या है ?' इसके बाद इन्सान की रूह आलम-ए-बरज़ख़ में पहुँच जाती है। वहाँ वह चुपचाप पड़ी रहती है। वह ज़िन्दा होती है, पर उसे कोई शक्ति प्राप्त नहीं होती। फिर सदियों बाद हश्र का दिन आता है और ख़ालिक[२] सब मुर्दों से कहता है, 'उठो' और वे पुनः अपने-अपने कालिब[३] में ज़िन्दा हो जाते हैं। अपने ख़ालिक के सामने पेश होते हैं। किरामिन कातिबैन उनके आ'मालनामे[४] पेश करते हैं और उनके कर्मों के अनुसार सज़ा या जज़ा के रूप में उनको जन्नत या जहन्नुम मिलता है।

चेतन के साथ एक मुसलमान छात्र अमानत अली सुबह की शिफ़्ट में पढ़ता था और होस्टल में रहता था। वह शरई दाढ़ी-मूँछें रखता था और नमाज़-रोज़े का पाबन्द था। मौलवी का बेटा था, इसलिए दोस्त-अहबाब उसे भी 'मौलवी साहब' कह कर पुकारते थे। जो बहुत मुँह-लगे थे, वे उसे 'सुना बे मौलवी' कह कर बात शुरू करते थे। वह मेहनती

१. कर्मों का लेखा-जोखा रखने वाले कातिब।
२. ख़ल्क बनाने वाला, ख़ुदा।
३. शरीर।
४. कर्मों का लेखा-जोखा।

लड़का था और चेतन उसकी कदर करता था और कभी-कभी उसके कमरे में चला जाता था।

एक बार चेतन उसके कमरे में गया तो वह कुरान की तलावत कर रहा था। जब वह पाठ कर चुका तो चेतन ने पूछा कि किस विषय पर पढ़ रहा था। उसने कहा कि उस सफ़े पर हश्र का ज़िक्र है। चेतन ने कहा था —"यार, अरबी तो मेरी समझ में नहीं आती, तुम ज़रा आम ज़बान में मतलब समझाओ।"

तब अमानत अली ने कहा था —"हश्र के बारे में यहाँ कहा गया है कि जिस दिन कान बहरे कर देने वाली कयामत आयेगी, उस दिन आदमी भागेगा अपने भाई से और अपनी माँ और अपने बाप से और अपनी बीवी और अपने बेटों से। उनमें से हर शख़्स को अपने छुटकारे की फ़िक्र होगी कि बस वही (नजात) उसके लिए काफ़ी होगी।

"अगले सूरे[१] में भी कयामत ही का ज़िक्र है," अमानत अली ने कहा, और उसने बताया था, "जिस वक्त सूरज लपेट दिया जायेगा और जिस वक्त तारे बेनूर हो जायेंगे और जिस वक्त पहाड़ चलाये जायेंगे और जिस वक्त दस माह की गाभिन ऊँटनियाँ भागी-भागी फिरेंगी और जंगली जानवर आ गिरेंगे और दरिया उबल-उबल पड़ेंगे और जिस वक्त रूहों को जिस्मों से मिलाया जायेगा और जिस वक्त आ'मालनामे खोले जायेंगे और आसमान की खाल खींच ली जायेगी और जिस वक्त दोज़ख़ की आग दहकायी जायेगी और जिस वक्त जन्नत नज़दीक लायी जायेगी —उस वक्त हर शख़्स जान लेगा कि वह इस आख़िरत के दिन[२] दुनिया से कौन-से अच्छे आ'माल ले कर आया है।"

अमानत अली ने फिर कुछ सफ़े पलट कर कहा था —"यहाँ भी कयामत के दिन का ज़िक्र है," और आयत पढ़ कर उसने बताया था, "और आज वो दिन है कि दुनिया की अदालतों के बरअक्स मुजरिम ख़ुद गवाह बन के आयेगा और आज के दिन इन्सान के नेक-ो-बद का हिसाब हक और इन्साफ़ के साथ किया जायेगा और नेकों को उनकी नेकी का अज्र-ए-अज़ीम[३] मिलेगा और गुनहगारों को उनके गुनाह के मुताबिक सज़ा दी जायेगी। नेक और पाकबाज़ों का ठिकाना जन्नत होगा और गुनहगारों का, जहन्नुम।"

अमानत अली ने एक और पृष्ठ से एक और आयत पढ़ कर कहा था —"लोगो, अपने परवरदिगार[४] और उस दिन से डरो, जब न कोई बाप अपने बेटे के काम आयेगा और न बेटा बाप के काम आयेगा....वही जानता है, जो कुछ माँओं के पेट में है। और ऐ ग़ौर से सुनने वालो, जिस बात का तुमको इल्म नहीं, उसके पीछे न लगो, क्योंकि कयामत के दिन कान और आँख और दिल —सबसे पूछ-ताछ होनी है।"

०

हश्र के दिन का ख़याल आते ही चेतन के दिमाग़ में हमीद और अमानत अली से सुनी हुई बातें आ गयीं। साथ ही उसके मन में ख़याल आया —काश, उसने सारा कुरान शरीफ़ किसी

१. सूरः —कुरान की सूरत। कुरान में कुल ११४ सूरतें हैं। सबसे बड़ी सूरत पूरे कुरान का बारहवाँ हिस्सा है और सबसे छोटी सूरत केवल दो पंक्तियों की है।
२. अन्तिम —प्रलय का दिन
३. महान सुफल।
४. भगवान

मौलवी से पढ़ा होता और हदीसों[1] का भी अध्ययन किया होता, क्योंकि हश्र के दिन की बाबत उसने जो आम लोगों से सुना था और जो हमीद और अमानत ने उसे बताया था, उस सबसे तो उसकी उलझन कई गुना बढ़ गयी थी, क्योंकि हश्र का दिन कोई मुकर्रर या नियत तो था नहीं। किस दिन कयामत आयेगी, इसे तो परवरदिगार ही जानता था। न जाने प्रलय को आये कितने हज़ार साल गुज़र गये हैं और कितने हज़ार साल गुज़रेंगे, जब फिर कयामत आयेगी।

इस बीच संख्यातीत लोग बीती हुई सहस्त्राब्दियों में जन्म ले कर मर चुके हैं और संख्यातीत आने वाली सहस्त्राब्दियों में जन्म लेंगे और मरेंगे। तब यदि हश्र का दिन आयेगा और ख़ुदा तमाम मुर्दों को पुनः उठने का हुक्म देगा और लोग अपने असली कालिब में जी उठेंगे, तब जो कब्रें मिट गयी हैं, जिनके निशान तक वक्त मिटा दिये हैं, उनका क्या होगा ? —चेतन ने सोचा —हो सकता है, ख़ुदा के पास कोई शक्ति हो कि उनके अणुओं-परमाणुओं को इकट्ठा करके उन्हें उनका वास्तविक रूप दे दे। अमानत अली ने कुरान से एक आयत पढ़ी थी, जिसमें लिखा था —'ऐ रसूल, लोग तुमसे रूह के बारे में सवाल करेंगे। उनसे कह दो कि रूह ख़ुदा का हुक्म है और यह ख़ुदाई मामला है। ऐ लोगो! तुम्हें इल्म तो दिया गया है, लेकिन बहुत कम....कि लोग ताज्जुब करेंगे कि ख़स्ता और जर्जर, बोसीदा और रेज़ः-रेज़ः हड्डियों को कौन दोबारा ज़िन्दा करेगा। ऐ रसूल, उन्हें बता दो कि वही ज़ात-ए-अकदस[2] उन्हें दोबारा ज़िन्दा करेगी, जिसने उन्हें पहली बार ज़िन्दा किया था।''

और चेतन सोचता कि इतने संख्यातीत जनों के लिए तो इस धरती पर खड़े तक होने की जगह नहीं बचेगी, शेष कोई काम करने की तो बात ही दूर रही। आख़िर जब वे अपनी असली शक्ल में ज़िन्दा होंगे तो उन्हें भूख-प्यास भी लगेगी और ज़रूरी हाजतें भी होंगी। अपनी भूख-प्यास और नित्य-कर्मों से वे कैसे और कहाँ निबटेंगे ?

'लेकिन हो सकता है, यह आसमानों में हो,' चेतन ने फिर मन-ही-मन कहा, 'लेकिन आसमानों की तो खाल खींच ली जायेगी। सूरज को तो लपेट लिया जायेगा और सितारे तो बुझ जायेंगे, तब हो सकता है, शून्य में सारी रूहें असली कालिब में आयें और एक-एक करके ख़ुदा के हुज़ूर में पेश हो कर अपने आ'मालनामे सुनें और जवाब दें।

'तब ख़ुदा कहाँ बैठा होगा ?' चेतन ने अपने ही से प्रश्न किया, 'और लोग कहाँ होंगे। जितने लोग होंगे, उनसे चौगुने फ़रिश्ते होंगे। किरामिन कातिबैन क्या हिसाब ज़बानी पेश करेंगे या बहियों से ? फिर ख़ुदा नाक से, कान से और दिल से सवाल करेगा और मुजरिम ख़ुद अपना गवाह होगा। ख़ुदा अगर एक-एक मिनट भी एक-एक व्यक्ति को देगा तो भूत और भविष्य की सहस्त्राब्दियों में पैदा हो कर मरने वाले नेक-ो-बद लोगों का हिसाब करने के लिए सदियों और कल्पों की ज़रूरत होगी।

'नहीं....नहीं।' चेतन ने फिर अपने आपको काटा, 'ख़ुदा के लिए आसन-सिंहासन की ज़रूरत नहीं, बहियों और रजिस्टरों की ज़रूरत नहीं। ख़ुदा अदृश्य रह कर अपने फ़रिश्तों

---

१. कुरान के अलावा रसूल-ए-पाक द्वारा कही गयी बातें।

२. बहुत पवित्र भगवान।

के माध्यम से पलक-झपकते सब न्याय कर सकता है। और अदृश्य रूप से अपनी बात रूहों तक पहुँचा भी सकता है....

'लेकिन अगर यह सब हिसाब-किताब ख़ुदा के सामने शून्य में होना है,' चेतन ने फिर मन-ही-मन प्रश्न किया —'तो फिर कब्रों की क्या ज़रूरत है ? कब्रों में तो मुर्दों को इसलिए दफ़नाया जाता है कि हश्र के दिन सब अपने असली कालिब[1] में उठेंगे और ख़ुदा के रू-ब-रू पेश होंगे....'

चेतन अजीब दिमाग़ी कशमकश में फँस गया। उसे फिर ख़याल आया कि उसे सारे-का-सारा कुरान शरीफ़ ख़ूद पढ़ना चाहिए था। शायद उसके इन शब्दों के बारे में रसूल से ख़ुदा ने कुछ कहा हो। या वहाँ ख़ुदा का कोई रूप बयान किया गया हो। अमानत अली ने उसे दो आयतें इसी ग़रज़ से सुनायी थीं कि लोगों को इल्म तो कम दिया गया और बेकार की बातों में उन्हें नहीं उलझना चाहिए....हालाँकि कुरान में हश्र के दिन की भयानक तस्वीर खींची गयी है, लेकिन अपनी सारी कल्पना के साथ न तो चेतन कयामत के दिन की कोई तस्वीर बना सका, न ख़ुदा को ही रूपायित कर सका। न आ'मालनामों'[2] की और फ़रिश्तों की ही कोई कल्पना कर सका। उसको यह सब ऐसे ही लगा, जैसे बच्चों की पुस्तकों में परियों, जिन्नों और फ़रिश्तों की कहानियाँ होती हैं....तो क्या 'ग़ालिब' ने ठीक ही कहा था —

हमको मालूम है, जन्नत की हकीकत लेकिन
दिल के बहलाने को ग़ालिब यह ख़याल अच्छा है।

और रूह के बारे में 'अकबर' ने कहा —

जिस्म तो ख़ाक में मिल जाते हुए देखे हैं
रूह क्या जाने किधर जाती है क्या होती है

और कबीर ने स्वर्ग और नरक को संकेत रूप में कोरी कल्पना बताते हुए एक साखी में कहा है —

कौन मरे कौन जन्मे आई
सरग नरक कौने गति पाई
पंचतत अविगति थैं उतपना, एकै किया निवासा
बिछुरे तत फिरि सहज समानैं, रेख रही ना आसा

यानी कौन मरता है और कौन संसार में आ कर (दूसरा) जन्म लेता है और स्वर्ग-नरक की गतियाँ पाता है! पाँचों तत्व अव्यक्त ईश्वर ही से उत्पन्न हैं, उसी का अंग हैं, मगर एक ही शरीर में निवास करते हैं। जब वे मृत्यु के समय अलग-अलग हो कर बिछुड़ते हैं तो पुनः उसी सहज रूप में समा जाते हैं और उनकी एक रेखा भी किसी आशा (दिशा) में नहीं रह जाती। दूसरे शब्दों में स्वर्ग-नरक कोरी कल्पनाएँ हैं, पंच-तत्व पंच-तत्वों में समा जाते हैं, मिट्टी-मिट्टी में मिल जाती है और उसका कोई निशान भी शेष नहीं रहता।

चेतन को चकबस्त का एक शेर याद हो आया जिसमें शायर ने इसी ख़याल को

---

१. तन-बदन।

२. कर्मों के हिसाब।

निहायत सादगी और पुरकारी से बयान कर दिया है —

ज़िन्दगी क्या है अनासिर[1] का ज़हूर-ए-तरतीब[2]
मौत क्या है उन्हीं अज्ज़ा का परीशाँ होना[3]

तब क्या पैग़म्बर ने अपने अनुयाइयों को जहन्नुम का भय दिखा कर बदी से रोकने और नेक काम करने का बढ़ावा देने के लिए, आलम-ए-हश्र,[4] दोज़ख़ और जन्नत की व्यवस्था की है....

०

चेतन का दिमाग़ घूम गया। उसने सिर को ज़ोर से झटका दिया और उस सब सोच-विचार और कल्पनाओं से दिमाग़ को परे हटा कर पीनल कोड की धारा ८४ में लगाने की कोशिश की। उसने सस्वर धारा को पढ़ा —

'नथिंग इज़ ऐन ऑफ़िन्स व्हिच इज़ डन बाई अ पर्सन हू ऐट द टाइम ऑफ़ डूइंग इट, बाई रीज़न ऑफ़ अनसाउण्डनेस ऑफ़ माइण्ड, इज़ इनकेपेबल ऑफ़ नोइंग द नेचर ऑफ़ द ऐक्ट ऑर दैट ही इज़ डूइंग ह्वाट इज़ आइदर रौंगफ़ुल ऑर कॉण्ट्रेरी टू लॉ....'

वह धारा पढ़ तो गया। लेकिन उसके दिमाग़ ने कुछ भी कबूल नहीं किया। उसने फिर एक बार धारा को पढ़ा। आधी धारा तक तो उसका ध्यान शब्दों में लगा रहा, लेकिन फिर शेष धारा वह मशीनी ढंग से पढ़ गया। उसके दिमाग़ में फिर कहीं कुछ नक्श नहीं हुआ। वह पुनः वहीं स्वर्ग-नरक में जा लगा।

०

आर्य समाज के वार्षिक अधिवेशनों में एक प्रचारक ने एक बार बताया था कि वेदों और उपनिषदों में स्वर्ग और नरक की वैसी व्यवस्था नहीं है, जैसी मुस्लिम धर्म-ग्रन्थों में। पुराणों में है और वह शायद मुसलमानों के प्रभाव से है।

फिर उसने एक बार सुना था कि आर्य लोग कैस्पियन सागर से आये थे। बर्फ़ से ढके होने अथवा खनिज पदार्थों के कारण उसका पानी सफ़ेद रंग का है। वही क्षीर सागर है, जहाँ विष्णु भगवान शेषनाग की शय्या पर सोये रहते हैं और लक्ष्मी पाँव दबाती है और वहीं क्षीर सागर के किनारे एक नगरी है, जिसका नाम बैकुण्ठ है। भारत में आ कर आर्य लोग अपने मूल स्थान को नहीं भूले। उन्हें बैकुण्ठ की याद रही और कालान्तर में वह स्वर्ग का पर्याय बन गया और उनकी कल्पनाओं ने वहाँ और क्या-क्या नहीं देख लिया।

आर्यगण सर्द मुल्कों से आने के कारण हिमालय में मानसरोवर और कैलाश के निकट बसे थे। भारतवासी उन्हें 'देव' कहते थे। वहीं से देवगण और देव-जातियों का प्रादुर्भाव हुआ। देवों का निवास-स्थान अर्थात स्वर्ग तो पुराणों के अनुसार पामीर के पहाड़ों में होना चाहिए, जो आकाश में नहीं, इसी धरती पर हैं।

फिर कब हिमालय ऊँचा उठता गया, देवगण नीचे आते गये, भारतवासियों से मिल

---

१. तत्वों।
२. व्यवस्थित और संकलित हो कर रूप पाना।
३. तत्वों का बिखर जाना।
४. प्रलय की स्थिति।

गये और स्वर्ग आकाश लोक में चला गया, इसे ठीक से कोई नहीं जानता। पुराणों में स्वर्ग के सुखों और नरक की यातनाओं का समावेश हो गया।

'आत्मा जब दूसरा जन्म लेती है,' चेतन सोचता, 'तब स्वर्ग-नरक ही व्यवस्था अतिरिक्त नहीं तो और क्या है ?' उसकी माँ कहती थी —बेटा स्वर्ग तो, नरक तो —सब इसी दुनिया में है। चेतन को माँ की बात ही ठीक लगती थी। आत्मा जब दूसरा जन्म लेगी तो अगर उसे कर्मों के फल-स्वरूप स्वर्ग या नरक भोगना है तो इसी संसार में भोगेगी।

सोचने पर चेतन ने महसूस किया कि साईं बुल्हेशाह के यहाँ हश्र का ज़िक्र है, दोज़ख का ज़िक्र है, बहिश्त का ज़िक्र है, लेकिन किसी काफ़ी में, किसी दोहड़े या पद में पुनर्जन्म का ज़िक्र नहीं है। कहीं सीधे अथवा संकेत रूप में इस बात का उल्लेख नहीं है कि मरने के बाद आदमी के भले अथवा बुरे कामों में उसे अच्छी या बुरी योनि, उत्कृष्ट या निकृष्ट जीवन मिलेगा। वहाँ तो हश्र के दिन आदमी (या उसकी रूह) तन-तन्हा अपने ख़ालिक, अपने मालिक के रू-ब-रू खड़ी होती है। उसने अच्छे कर्म किये होते हैं तो अल्लाह-ता'ला उसे गले लगा लेता है —याने बहिश्तों के मज़े लूटने को भेज देता है। बुरे किये होते हैं तो वह उसे दुत्कार देता है और वह जहन्नुम की यातनाएँ भोगती है।

और चेतन ने सोचा कि हिन्दुओं के यहाँ भी शरीर मरता है, आत्मा नहीं मरती, लेकिन वह सदियों तक आलम-ए-बरज़ख़ में अचेतन भी नहीं पड़ी रहती, वह दूसरा जन्म लेती है और कर्मानुसार फल भोगती है।

जहाँ तक उसका सम्बन्ध था, चेतन का मन इन दोनों अवधारणाओं में से किसी पर नहीं जमता था। उसे लगता था कि आदमी मरना नहीं चाहता, इसीलिए उसने इस रूप में या उस रूप में मौत के बाद ज़िन्दगी की कल्पनाएँ कर ली हैं। वरना सृष्टि में तो अभूतपूर्व एकता (यूनिटी) है। चेतन के दिमाग़ में बचपन में पिता द्वारा कण्ठस्थ कराये गये श्लोक की एक पंक्ति घूम गयी —

आहार निद्रा भय मैथुनं च सामान्यमेतद पशुभिर्नराणाम्

और उसने सोचा कि ये सारे नभचर, थलचर, जलचर, पेड़-पौधे —सारे जीवधारी लगभग एक ही तरह पैदा होते, बढ़ते, फलते-फूलते, सन्तति उत्पन्न करते और समय आने पर नष्ट हो कर मिट्टी में मिल जाते हैं। उनके बीजों-शुक्राणुओं या जीवाणुओं से ज़िन्दगी की सारी गहमा-गहमी और रंगारंगी लिये हुए नये पौधे, पशु-पक्षी, रेंगने अथवा जल में बसने वाले पुनः पैदा होते हैं। लेकिन इनमें से कोई अपने सृष्टा को जानने के चक्कर में नहीं पड़ता, न मौत के बाद जन्म धारण करने की बात ही सोचता है। कोई प्रकृति के नियमों का उल्लंघन भी नहीं करता और सारे जीवधारी उस अदृश्य सत्ता के नियमों के अनुसार जीते, मरते और पुनः जीवन धरते चले जाते हैं।

लेकिन इन्सान के पास चूँकि उन सबकी अपेक्षा एक विकसित दिमाग़ है, जो लगातार सोचता है, इसलिए वही इस सृष्टि के कर्ता-धर्ता और हर्ता को जानने के लिए परेशान रहा है और उसी को इस धरती पर पैदा होना, पेड़-पौधों, पशु-पक्षियों की तरह हमेशा-हमेशा के लिए मौत के अँधेरे गर्त में समा जाना निहायत कष्टकर और भयप्रद लगा है। उसी ने मौत के बाद ज़िन्दगी की इच्छा की, कल्पना की और फिर अपनी कल्पनाओं को सही भी

मान लिया।

अपनी इच्छाकांक्षाओं, कल्पनाओं, सपनों, हवा में उड़ती अथवा सुनी-सुनाई बातों को सच मान लेना इन्सान की आम कमज़ोरी है —चेतन ने मन-ही-मन कहा और उसके होंटों पर एक मुस्कान खेल गयी। कुछ ही दिन पहले लाहौर में उसके एक क्लासफ़ेलो अविनाश बोहरा ने, जो न केवल मार्क्सवादी विचारधारा का था, थोड़ा दहरिया[१] भी था, यही बात बड़े ज़ोर के साथ कही थी। बात कह कर वोहरा हँसा था —"जानते हो," उसने कहा था, "हिन्दू-मुसलमानों या ईसाइयों में मौत के बाद ज़िन्दगी की कल्पनाओं में इतना अन्तर क्यों है ?" और उसने स्वयं ही जवाब दिया था —"इसलिए कि यहूदियों, ईसाइयों या मुसलमानों का समाज चरवाहों और गड़रियों का समाज था —वह हिन्दुस्तान जैसी ज़रख़ेज़[२] धरती का समाज नहीं, बल्कि रेगिस्तान के वासियों का समाज था, जहाँ ज़िन्दगी सपाट थी। वर्षा बाकायदा नहीं होती थी। एक नख़लिस्तान या चरागाह छोड़ कर किसी दूसरी हरियाली जगह चले जाना ही एकमात्र रास्ता था। उनकी ज़िन्दगी और सोच लीनियर[३] थी, इसलिए मुसलमानों के यहाँ मृत्यु के बाद रूह ऊपर आसमानों में हश्र के इन्तज़ार में पड़ी रहती है। हिन्दुओं का समाज चूँकि कृषक समाज था। भारत आने से पहले वे लोग जो भी जीवन जीते रहे हों, यहाँ उन्नत कृषि-सभ्यता थी। चूँकि खेती ऋतुओं के अनुसार होती है और ऋतुएँ चक्राकार आती हैं —गर्मी, सर्दी, शिशिर, वसन्त —इसलिए उन्होंने मौत के बाद पुनर्जन्म की कल्पना की —जहाँ आत्मा कभी मरती नहीं और बार-बार जन्म लेती है।"

दो ही वर्ष पहले चेतन ने मनुष्य के प्रादुर्भाव के सिलसिले में डार्विन का सिद्धान्त पढ़ा था। तभी उसके दिमाग़ से कई जाले साफ़ हो गये थे। यही नहीं, पुनर्जन्म के सिलसिले में उसके मन में जो सन्देह था, वह पक्का हो गया था। एक ही माँ-बाप के, एक ही वातावरण में पले हुए, बच्चों के चरित्रों और नियति की विभिन्नता का स्रोत भी उनके पूर्व-जन्म के कर्मों के बदले उनके जीन्स[४] के विभिन्न गुण-दोषों में और उन्हीं के कारण उनकी प्रकृति के चरित्र-वैचित्र्य में स्पष्ट दिखायी देता था। माता-पिता के समागमोपरान्त शुक्र-डिम्ब संयोग से गर्भ ठहरता है और बच्चे के माता-पिता —दोनों की सात-सात पीढ़ियों तक किसी पुरखे के रंग-रूप और चरित्र का गुण या दोष उसमें आ सकता है। एक माता-पिता के अलग-अलग समय में उत्पन्न बेटों के विभिन्न गुण-दोषों को तो जन्म-कुण्डली की विभिन्न राशियों की मदद से व्याख्यायित किया जा सकता है, लेकिन एक ही समय में एक ही जन्म-लग्न और जन्म राशि में केवल दो-चार मिनटों के अन्तराल से पैदा होने वाले और एक ही वातावरण में पलने वाले जुड़वाँ बच्चों के चरित्रों की विभिन्नता का सही कारण ज्योतिष-शास्त्र भले न बता पाये, लेकिन विकासवाद और आनुवंशिकता के सिद्धान्तों से पूरी समझ में आ जाता है।

आत्मा दूसरा शरीर कैसे धारण करती है और स्त्री-पुरुष के समागम से लाखों

---

१. नास्तिक।
२. उर्वर।
३. linear — रेखीय।
४. गुणसूत्रों।

शुक्राणुओं में एक द्वारा माँ की कोख में प्रवेश कर डिम्ब को भेदने तक कब और कैसे आत्मा गर्भाधीन शिशु के शरीर में प्रवेश करती है, यह चेतन की समझ में नहीं आता था। उसे कोई बता भी नहीं पाता था।

पिछले ही वर्ष शिमले में एक दिन इस विषय पर नारायण से उसकी कस कर बहस हो गयी थी। उस दिन की याद आते ही अचानक चेतन की आँखों में शिमला में लोअर बाज़ार के नीचे नारायण का कमरा और उस में चाय बनाते हुए नारायण का चेचक-रू चेहरा और चमकती हुई छोटी-छोटी आँखें आ गयीं।

उसने सिर को ज़ोर का झटका दे कर उस दृश्य को दिमाग़ से निकाल, दण्ड-विधान की ८४वीं धारा पर जमाने की कोशिश की, लेकिन उसकी तमाम एकाग्रता छिन्न-भिन्न हो गयी थी। झुँझला कर उसने किताब उठा कर तकिये पर रखी। बर्नर की बत्ती ज़रा नीचे की। उछल कर उठा और आँगन की ओर लपका....वह कुछ देर आँगन में घूमेगा —उसने सोचा —दिमाग़ को शान्त और एकाग्र करने का प्रयास करेगा। फिर आ कर अध्ययन में लग जायेगा।

वह दरवाज़े ही में था, जब रसोई का काम निबटा कर सोने की ग़रज़ से चन्दा अन्दर की ओर आती हुई उसके सामने आ गयी।

"चन्दा, तुम आराम से जा कर सो जाओ,' चेतन ने कहा, "मेरा मन एकाग्र नहीं हो पा रहा। मैं ज़रा आँगन में घूम आता हूँ। बर्नर की बत्ती मैंने धीमी कर दी है ताकि तुम्हारी नींद में ख़लल न पड़े।"

"मैं तो चारपाई पर लेटी कि गयी।" चन्दा ने कमरे के नीम-अँधेरे में अपनी बत्तीसी खिला दी, "शरीर मेरा चाहे कमज़ोर हो गया है, पर मेरी नींद पहले से ज़्यादा गहरी हो गयी है।"

चन्दा कमरे में चली गयी तो चेतन शिमला में नारायण से होने वाली बहस के बारे में सोचता हुआ आँगन की ओर बढ़ गया।

३१

चेतन अपने क्वार्टर के आँगन में घूम रहा था, लेकिन उसका दिमाग़ बहराम से योजनों दूर, हिमालय के आँचल में सात हज़ार फ़ुट की ऊँचाई पर बसी, गर्मियों में पंजाब की राजधानी —शिमला जा पहुँचा था।

०

....इतवार का दिन। दोपहर का खाना खाने और आध-एक घण्टा आराम के बाद चेतन शिमला के लोअर बाज़ार के नीचे नारायण के यहाँ जा पहुँचा था।

पिछली बार जब वह कविराज के साथ शिमला गया था तो हालाँकि नारायण के साथ भी कभी-कभार माल का चक्कर लगा लेता था, पर दोनों में उतनी घनिष्ठता नहीं हुई

थी। लेकिन इस बार चन्द्रा की ट्यूशन ले कर वह लाला हाकिम चन्द के साथ फिर शिमला गया तो ज़रा व्यवस्थित होते ही चेतन ने नारायण को जा पकड़ा था और दोनों प्रायः शाम को इकट्ठे घूमने के अलावा इतवार का काफ़ी समय साथ-साथ गुज़ारने लगे थे।

पत्नी नारायण की दिवंगत हो चुकी थी, दूसरी जगह कहीं डौल बैठा नहीं था। तनो-तन्हा, अकेली जान। मँझला कद, पतला-छरहरा शरीर, चेहरे पर चेचक के दाग़, उसी कारण शायद छिदरी-छिदरी मूँछें, पतले होंट, नुकीली नाक, छोटी ठोड़ी। यह चेहरा केन्द्रीय सरकार के एक क्लर्क का चेहरा था। विशिष्टता इस में यही थी कि आँखों में अतिरिक्त चमक थी....ऐसे में फक्कड़ई और मलंगई तो उसके बस में नहीं थी, लेकिन वह आर्य समाज के अधिवेशनों में बाकायदा हिस्सा लेता था और विशिष्ट आर्य समाजी नेताओं के भाषण भी (जो अपर-बाज़ार के आर्य मन्दिर में प्रायः हुआ करते थे) बड़े मनोयोग से सुनता था। बतरस और वाद-विवाद का रसिया था। यही कमज़ोरियाँ चेतन के यहाँ भी थीं। वह भी बहुत बातूनी था और महज़ बहस के लिए बहस करना चेतन का महबूब मशग़ला था यही वजह थी कि शिमला के उस अजनबी नौकरशाही माहौल में नारायण के साहचर्य में चेतन का जी ख़ूब लगता था।

चेतन के पहुँचते ही हमेशा की तरह स्टोव जला कर नारायण ने चाय का पानी रख दिया था। चेतन ने तख़्त के साथ दीवार में लगी अलमारी में से विवेकानन्द के भाषणों की एक किताब उठा ली थी। अमरीका के किसी शहर में पुनर्जन्म पर दिये गये भाषण की पृष्ठ-डेढ़ पृष्ठ की रिपोर्ट थी। पढ़ कर पुस्तक को तख़्त पर रखते हुए चेतन ने हठात नारायण से पूछा था —"क्यों नारायण, तुम पुनर्जन्म में विश्वास रखते हो ?"

"तुम नहीं रखते ?" नारायण ने प्रति प्रश्न किया था, "हिन्दू-धर्म का तो यह बेसिक टेनेट —बुनियादी सिद्धान्त —है। वेदों, उपनिषदों और गीता में बार-बार शरीर के नश्वर और आत्मा के अविनश्वर होने की बात कही गयी है।" और नारायण ने गीता का श्लोक सस्वर पढ़ा —

> "न जायते म्रियते वा कदाचिन् नायं भूत्वा भविता वा न भूयः।
> अजो नित्यः शाश्वतोयं पुराणो न हन्यते हन्यमाने शरीरे।।"

फिर बोला —"गीता के दूसरे अध्याय में बीस से पच्चीस तक श्लोक इसी आत्मा के अविनश्वर होने का बखान करते हैं —यह आत्मा न कभी जन्मता है, न मरता है, न यह आत्मा हो कर कुछ और होता है, क्योंकि यह अजन्मा, नित्य, शाश्वत और पुरातन है। शरीर के नाश होने से इसका नाश नहीं होता। गीता के अगले श्लोक में भगवान कृष्ण ने अर्जुन से कहा कि —हे पृथा-पुत्र, जो पुरुष इस आत्मा को नाश-रहित, नित्य, अजन्मा और व्यय-रहित मानता है, वह किसको मरवायेगा अथवा किसको मारेगा। और शरीर के मृत होने के बाद आत्मा द्वारा दूसरा शरीर धारण करने के बारे में गीताकार ने कहा है," नारायण ने उसी ओज-भरे स्वर में कहा, "जैसे हम पुराने वस्त्रों को त्याग कर नये पहन लेते हैं, इसी तरह जीवात्मा पुराने शरीर को त्याग कर नये शरीर को धारण करता है।"

नारायण तो अपनी रौ में इस प्रसंग के सारे श्लोक चेतन को सुना देता, क्योंकि उसे तो लगभग सारी-की-सारी गीता कण्ठस्थ, थी लेकिन चेतन ने हाथ उठा कर उसे रोक

दिया —"यार, ये श्लोक मैंने पढ़ रखे हैं और मुझे भी याद हैं।

"नैनं छिन्दन्ति शस्त्राणि, नैनं दहति पावकः
न चैनं क्लेदयन्त्यापो न शोषयति मारुतः।"

फ़र-फ़र श्लोक सुनाते हुए चेतन ने कहा था, "यही अगला श्लोक है न! मैं यह भी जानता हूँ कि इसी श्लोक को पढ़ते हुए खुदीराम बोस जैसे जाँबाज़ इन्कलाबी हँसते-हँसते फाँसी पर झूल गये और यह भी कि गीता के इन श्लोकों ने हिन्दुओं को अदभुत आस्था और विश्वास दिया है और कितना भी कम क्यों न हो, उनके मन से मौत का भय मिटाया है। लेकिन मैं क्या करूँ," चेतन ने कुछ अजीब-सी बेबसी के साथ कहा था, "मैं जब भी आत्मा के अमरत्व यानी एक शरीर के नष्ट होने पर, जन्म लेने वाले किसी दूसरे शरीर में प्रवेश करके उसे अपना लेने की बात सुनता, पढ़ता या सोचता हूँ, मुझे हमेशा लगता है कि आत्मा के अमरत्व के इस सिद्धान्त में दरअसल कोई हकीकत नहीं। मौत के भय और शरीर के मोह ने इन्सान से इस तरह की कल्पनाएँ करवा ली हैं। आदमी मरना नहीं चाहता, इसलिए मुसलमान अपने मुर्दों को कब्रों में दफ़ना देते हैं और सोचते हैं कि हश्र के दिन फिर हम जी उठेंगे और हिन्दू अगर शरीर को जला देते हैं तो उन्होंने आत्मा के अमरत्व का सिद्धान्त ढूँढ निकाला है। मुसलमान अच्छे आ'माल के लिए जन्नत में हूर-ो-गुलमान[१] के साहचर्य में ऐश-ो-आराम से दिन गुज़ारने की कल्पनाएँ करते हैं। याने सुन्दर औरतें और कमसिन ख़ूबसूरत लौण्डे उस जन्नत में भी लोलुप मर्दों की हवसरानी[२] का शिकार होंगे। नेक-बख़्त औरतों के लिए जन्नत में सुन्दर पुरुषों की कोई व्यवस्था नहीं....और हिन्दू मानते हैं कि अच्छे काम करने से दूसरे जन्म में आत्मा राजसी सुख-सम्पदा का भोग करेगी। न जाने क्यों मुझे यह सब ज़िन्दगी के प्रति आदमी के बेकिनार मोह के पार जीने की इच्छा से ही उपजा हुआ लगता है।"

पानी उबल गया था। चेतन की बात पूर्ववत सुनते हुए नारायण ने चायदानी में पत्ती डाल कर चार प्याले भर पानी छोड़ा। दूधदानी में दूध और चीनीदान में चीनी डाली। एक प्लेट में घर से आयी मठरियाँ और नींबू का अचार रखा और दो चमचों के साथ सब कुछ ट्रे में सजा कर तख़्त पर ले आया। दो प्याले चाय बनायी —एक प्याला चेतन की ओर बढ़ाया और एक से ख़ुद चुस्की लेते हुए वह फसकड़ा मार कर तख़्त पर बैठ गया और बोला —

"शरीर के नाश होने के बाद आत्मा नहीं मरती, यह विचार तो हज़ारों-हज़ार साल पहले से इन्सान की सोच के साथ चला आ रहा है। पता नहीं तुमने हलाहल का प्याला हाथ में लिये हुए सुकरात का वह वाक्य पढ़ा है या नहीं, जो उसने अपने शुभ-चिन्तकों को तसल्ली देते हुए कहा था कि यह शरीर तो नश्वर है, पर आत्मा अमर है, इसलिए वे उसकी चिन्ता न करें और वह ज़हर का प्याला मुँह से लगा कर एक ही साँस में पी गया था।"

नारायण ने चाय की चुस्की ली, फिर बोला, "उससे भी बहुत पहले एलेक्ज़ैण्ड्रिया

---

१. परियों-सी औरतें और कम उमर के सुन्दर लड़के।
२. वासना।

में जीवात्मा का सिद्धान्त मौजूद था और ईसा मसीह के समय में भी लोग न केवल स्वतन्त्र आत्मा में विश्वास करते थे, बल्कि यह भी मानते थे कि वह भिन्न-भिन्न शरीरों में भटकती रहती है। यही कारण है कि ईसा मसीह को एक पुराने पैग़म्बर का अवतार मान लिया गया था। ख़ुद ईसा मसीह ज़ोर दे कर कहते थे कि पैग़म्बर इलायस ने जॉन बैप्टिस्ट बन कर पुनः जन्म धारण किया है।"

कुछ क्षण नारायण चाय पीता रहा फिर उसने कहा था, "उससे भी पहले मिस्र के लोग अपने शवों को गाड़ते थे और समझते थे कि वे एक दिन फिर जी उठेंगे और जीवन के सारे सुखों का उपभोग करेंगे। यूनानी इतिहासकार हेरोडोटस ने तो यहाँ तक कहा है कि मिस्रवासियों को ही सबसे पहले आत्मा की अमरता का ज्ञान हुआ। उनका यह मानना था कि शरीर के नाश होने पर आत्मा जन्म लेने वाले प्राणियों में फिर प्रवेश करती हुई थलचर, जलचर और नभचर प्राणियों में भटकती है और तीन हज़ार साल बाद फिर मानव-शरीर में लौट आती है। हिन्दुओं में जो चौरासी लाख योनियों में आत्मा के भटकने की बात कही गयी है, वह भी लगता है कि तभी से प्रचलित होगी। हो सकता है, आर्यों से पहले जो लोग यहाँ आबाद थे, उनमें भी यह विश्वास हो।"

"यार, मैंने कहीं पढ़ा था," चेतन ने कहा, "कि हेरोडोटस महागप्पी इतिहासकार है।"

"सम्भव है," नारायण ने कहा था, "जाने हेरोडोटस ने कहाँ से लिखा है कि मिस्रवासियों के यहाँ यह सिद्धान्त खोज निकाला गया। विवेकानन्द ने लिखा है कि — आधुनिकतम मिस्र शास्त्रियों ने अपने अनुसन्धान के बाद कहीं भी हेरोडोटस के मत की पुष्टि नहीं की। वे मानते हैं कि प्राचीन मिस्र के वासियों को आत्मा के अमरत्व का कोई ज्ञान नहीं था। यह ज्ञान तो हज़ारों-हज़ार साल पहले दैवी प्रेरणा से, आर्यों की उस शाखा के ऋषियों को प्राप्त हुआ, जो भारत आयी, हिमालय के स्वर्ग में बसी और उस अनुपम प्राकृतिक सौन्दर्य में चिन्तन, मनन और तप करते हुए जिसने आत्मा के अमरत्व का ज्ञान पाया। यह ज्ञान भारत से पुराने मिस्रियों, उनसे यहूदियों और ईरानियों में फैला।"

"यह सब तो ठीक ही होगा।" चेतन ने कहा था, "पुनर्जन्म का सिद्धान्त भारतीय आर्यों के चिन्तन-मनन से वुजूद में आया या पहले ही से मौजूद था, इससे कोई फ़र्क नहीं पड़ता। उनकी प्रेरणा, जैसा कि मैंने कहा, मुझे लगता है कि ज़िन्दगी के मोह और मौत के भय से पैदा हुई है।"

दोनों ने चाय के प्याले ख़त्म कर दिये थे। नारायण ने फिर दो प्याले बनाये थे और चेतन का प्याला उसकी ओर बढ़ाते हुए बोला —"ज़िन्दगी से प्यार और मृत्यु से भय ही की बात नहीं, कर्म-फल और पुनर्जन्म के सिद्धान्त इस ज़िन्दगी की अनेकानेक विषमताओं और विसंगतियों को भी पूर्णतः सुलझा और समझा देते हैं।"

नारायण ने चाय का प्याला अपनी ओर खींच कर चुस्की भरी थी। कुछ क्षण सोचता रहा था। फिर उसने कहा था, "सिर्फ़ इतना ही नहीं, कर्मयोग और पुनर्जन्म के सिद्धान्तों की अनुपस्थिति में दयालु और दया-निधान ईश्वर, क्रूर, अन्यायी, स्वेच्छाचारी और प्रायः निहायत बेतुका लगता है....ज़रा कल्पना करो —एक युवक अपनी शादी के दो दिन बाद दिवंगत हो जाता है और अपनी युवा पत्नी को वैधव्य के अपरम्पार दुख का शिकार बना

जाता है....दस साल का एक सुन्दर बच्चा एक दुर्घटना का शिकार हो कर आँखों की ज्योति खो देता है और अचानक एक रोशन संसार के बदले अँधेरे और क्रूर संसार में ज़िन्दगी बसर करने को मजबूर हो जाता है....फिर एक ही शहर में एक ही वक्त धनी-मानी के घर एक बच्चा पैदा होता है और ऐन उसी वक्त वहीं एक झोंपड़ी में एक ग़रीब मज़दूर के घर एक दूसरा बालक जन्म धरता है। अमीर के घर में पैदा होने वाला लड़का सारी उम्र ऐश-आराम में गुज़ार देता है, जबकि झोंपड़ी में पैदा होने वाले के भाग्य में दुख-दैन्य, भूख और जहालत के सिवा कुछ नहीं होता। ऐसी हज़ारों लाखों घटनाएँ और विषमताएँ हैं, जिन्हें ईश्वर के मत्थे मढ़ा तो जा सकता है और शून्यवादी मढ़ते ही हैं, पर वह ईश्वर, दया और करुणा का सागर होने की बजाय, घोर निरंकुश, स्वेच्छाचारी और अन्यायी होगा।"

"जब ईश्वर सर्वशक्तिमान है तो क्यों ऐसा नहीं कर सकता ?" चेतन ने हँस कर कहा, "क्यों वह निरंकुश और अन्यायी नहीं हो सकता ? उसे रहीम[१] और करीम[२] कहने वाले यूँ ही तो काहिर[३] और जाबिर[४] नहीं कहते।"

नारायण ने चाय का एक घूँट भरा और बोला —"जो लोग यह कहते हैं कि सृष्टि को भगवान ने शून्य से पैदा किया है, वे तो यही कह कर छुट्टी पा लेते हैं कि 'ऐसी ऊपर वाले की मर्ज़ी है,' या 'ऐसी उनकी किस्मत है ?' लेकिन सृष्टि को बनाने वाला ऐसा अन्यायी और क्रूर कैसे हो सकता है ? ऐसी क्रूरता और विषमता से स्रष्टा को क्या सुख मिल सकता है ? उसके किस कार्य की सिद्धि हो सकती है ? इसी विषय पर चिन्तन-मनन करते हुए वैदिक ऋषि इस सिद्धान्त पर पहुँचे कि साधारणतः भगवान सब का कर्ता है, लेकिन विशिष्ट घटनाओं का कर्ता स्वयं मनुष्य है और अपने अच्छे-बुरे कर्मों के अनुसार सुख या दुख पाता है।....कर्म-फल और पुनर्जन्म के इन दो सिद्धान्तों ने संसार की समस्त विषमताओं को हल कर दिया है और बहुत-सी गुत्थियों को सुलझा दिया है।"

"लेकिन यार," चेतन ने कहा था, "मुझे ये सब सिद्धान्त इन्सान की परिकल्पनाओं से ज़्यादा कुछ नहीं लगते.... मैंने गीता भी पढ़ी है, कुछ उपनिषद भी और आर्य समाजी उपदेशकों और संन्यासियों के अनेक भाषण सुने हैं, लेकिन मुझे कई बातें कतअन समझ में नहीं आतीं।"

"मसलन ?" नारायण ने कहा था।

"मसलन आत्मा !"

"क्या नहीं समझ में आता ? आत्मा के अस्तित्व को तो पुराने ज़माने से माना जाता है।"

"इससे क्या फ़र्क पड़ता है ?" चेतन ने कहा था, "गीता में आत्मा को नित्य, अजन्मा, सनातन, पुरातन कहा गया है, इसे अव्यक्त, अचिन्त्य, अविकार्य कहा गया है — इसमें लगभग वे गुण बयान किये हैं, जो भगवान में हैं। तब मैं यह नहीं समझ पाया कि

---

१. दयानिधान।
२. मददगार।
३. कहर ढाने वाला।
४. ज़बरदस्ती करने वाला।

सभी प्राणियों में एक ही आत्मा निवास करती है, अथवा जितने प्राणी हैं, उतनी ही आत्माएँ हैं। फिर बच्चा तो माता-पिता के सफल सम्भोग से माँ की कोख में जन्म धारण करता है, आत्मा कब और कैसे उसमें प्रवेश करती है ? यह भी मेरी समझ में नहीं आता।"

नारायण चुपचाप चेतन की बात सुन रहा था, उसने कहा था —"आत्मा कैसे दूसरे शरीर में प्रवेश करती है, इस सिलसिले में तो कहीं स्पष्ट रूप से कुछ नहीं लिखा। स्वामी विवेकानन्द ने एक जगह स्वीकार किया है कि इस सिलसिले में हम कुछ नहीं जानते, लेकिन जिन ब्रह्म-ज्ञानी ऋषियों ने अन्तर की आँखों से सृष्टि के भेदों को जाना है, उन्होंने माना है कि आत्मा एक शरीर के नष्ट होने पर दूसरे शरीर में ज़रूर प्रवेश करती है। हमारे लिए यही साक्ष्य यथेष्ट है। इसके अलावा कई ऐसी घटनाएँ सुनने अथवा अख़बारों में पढ़ने को मिलती हैं, जहाँ कि बच्चे को न केवल अपने पहले जन्म की बातें याद थीं, बल्कि उसने अपने नये-माता-पिता के साथ वहाँ जा कर उन बातों की पुष्टि भी करा दी।"

"यार, तुम मुझे इस सैक्रिलिज,[१] इस धर्म-विरोधी भावना के लिए क्षमा करना," चेतन ने कहा था, "लेकिन कभी-कभी मुझे लगता है कि आत्मा-परमात्मा और कर्म-वर्म-फल के सिद्धान्त राज्याश्रय में रह कर चिन्तन-मनन करने वाले ब्राह्मणों की साज़िश का नतीजा हैं। इसका आरम्भ मुझे लगता है तब हुआ होगा, जब आर्यों ने यहाँ रहने वालों को ज़ेर किया होगा। विद्रोहियों को ग़ुलाम बनाया होगा। तब उन पर उन्होंने विद्या के दरवाज़े हमेशा-हमेशा के लिए बन्द कर दिये होंगे। वे अपने दुख-दैन्य को अपने पुराने दुष्कर्मों का फल समझ कर अपने घृणित जीवन से परम सन्तुष्ट रहें और कभी विद्रोह की बात मन में न सोचें, इसी उद्देश्य को दृष्टि में रख कर ब्राह्मणों ने वे श्लोक रचे होंगे।" चेतन हँसा था, "कर्म-फल का कैसा जाल बुना है उन ज़ालिम ऋषियों ने कि आज तक निचली जातियों के लक्खोखा ग़रीब जन अपने भाग्य से सन्तुष्ट हैं और अपनी ज़िन्दगी की ज़लालत को अपने कर्मों का फल समझ कर उसे ज़रा भी बदलने की नहीं सोचते। इसलिए कि अगर वे इस जीवन में अपने कर्तव्य पूरे न करेंगे तो कौन जाने अगले जन्म में उन्हें और भी बदतर योनि में जन्म लेना पड़े।"

"कैसी दूर की कौड़ी लाये हो तुम भी यार," नारायण ने रोष-भरी हँसी से कहा था, "वर्ण-व्यवस्था तो पहले सिर्फ़ कर्म से थी, यह बात दीगर है कि बाद में वह जातिगत हो गयी। पहले तो लोग जंगलों में रहते थे। खुले में नित्य-कर्मों से निबटते थे। शौचालयों और भंगियों की व्यवस्था तो शहरों के साथ आरम्भ हुई होगी और यहाँ तो मोहनजोदड़ो और तक्षशिला जैसे विकसित नगर आर्यों के आगमन से पहले मौजूद थे।"

"तब कौन जाने उन्हीं लोगों में कर्म-फल का सिद्धान्त प्रचलित हो और आर्य ऋषियों ने उन्हीं के विचारों को विकसित और व्यवस्थित कर अपने श्लोकों द्वारा रूढ़ बना दिया हो।" चाय की चुस्की ले कर चेतन ने कहा, "मैं नहीं जानता, तुम ने कबीर को पढ़ा है या नहीं। मैंने उस की कुछ साखियाँ पढ़ी हैं। कड़वा सच कहने में उस सन्त का कोई जवाब नहीं। अपनी एक साखी में उसने न केवल कर्म के सिद्धान्त को नकार दिया है, बल्कि उस पर व्यंग्य भी किया है। साखी के अन्त में कबीर कहते हैं —कैसी सुन्दर और सहज उपमा

१. sacrilege = अधर्माचार।

देते हुए अपनी बात कहते हैं," चेतन ने दाद देते हुए साखी सुनायी —

"जल में कुम्भ, कुम्भ में जल है, बाहरि-भीतरि पानी
फूटा कुम्भ जल जलहिं समांनां, यहु तत कथौ गियानी
आदै गगना, अंतै गगना, मध्यै गगना भाई
कहै कबीर करम किस लागै, झूठी संक उपाई।"[१]

कुछ क्षण वह मौन चाय पीता रहा था। फिर उसने कहा था, "कर्म-फल के इस सिद्धान्त में भयंकर अस्पष्टता और आँचा-पाँचा है।"

"क्या आँचा-पाँचा है ?" नारायण ने पूछा था।

"कहा गया है कि आत्मा निरपेक्ष है, अव्यक्त है। जब पाप-पुण्य शरीर करता है और शरीर न केवल मर जाता है, वरन उसे जला दिया जाता है। तब दूसरे जन्म में कोई दूसरा शरीर क्यों इस शरीर के पाप-पुण्य का फल भोगता है। इस जन्म के अच्छे-बुरे कर्मों को अगले जन्म में कौन ले जाता है ? अगर आत्मा —तो वह निरपेक्ष कैसे हुई ? और चौरासी लाख योनियों में आत्मा के भटकने की जो बात पुराणों में लिखी गयी है," चेतन ने आगे जोड़ा, "मुझे लगता है कि हेरोडोटस वाली बात ही का शाख़साना है। मुझे यूँ महसूस होता है कि हमारे ऋषियों ने पुनर्जन्म का एक हाईपॉथिसिस,[२] एक अनुमान सोच लिया, फिर जितनी विषमताएँ उन्हें संसार में दिखायी दीं, उन्हें किसी-न-किसी तरह सुलझाने के लिए वे अपनी उस मुख्य परिकल्पना में परिवर्द्धन करते चले गये।"

"तुम जो भी कहो," नारायण ने कहा था, "पिछला जन्म है और उसके अकाट्य प्रमाण हैं। कभी तुमने पालने में लेटे हुए बच्चों को देखा है। प्रायः बच्चे को अपने पिछले जन्म की स्मृति रहती है। इस विचार को प्रकृति के चितेरे अंग्रेज़ कवि वर्ड्सवर्थ ने 'अमरत्व' नामक अपनी कविता में निहायत ख़ूबसूरती से व्यक्त किया है। तुमने देखा होगा," नारायण ने उत्साह से कहा था, "कि बच्चा पालने में लेटा-लेटा यूँ ही मुस्कराने लगता है। ज़ाहिर है, उसके मस्तिष्क की आँखों के सामने पिछले जन्म की किसी ऐसी घटना की स्मृति आती होगी, जिस पर उसके होंटों पर अनायास मुस्कान आ जाये! फिर यह भी कि प्रायः ये बच्चा होंट बिदोर कर अचानक रोने और कई बार तो चिल्लाने लगता है....प्रकट ही ये पूर्व-जन्म की कटु-मधुर स्मृतियाँ हैं, जो बच्चे को नये जन्म में हँसाती-रुलाती हैं...."

०

आधे से ज़रा बड़ा चाँद दायीं ओर आकाश में जगमगा रहा था। पूरब की चार-दीवारी की लम्बी छाया, बरामदे से भुस की कोठरी तक दायीं ओर लगभग एक चौथाई आँगन में फैली हुई थी। ऊपर आकाश में दो-एक तारे बहुत ही मद्धिम चमक रहे थे। सामने कोने की सण्डास के मेहराबदार दरवाज़े पर पूरी चाँदनी पड़ रही थी और मेहराब की गोलाई के

---

१. जल में घड़ा है और घड़े में जल है, जल ही उसके बाहर और भीतर है। कुम्भ फूट गया तो उसका जल जल में समा गया (याने समा जाता है) हे ज्ञानियो, तुम इसी तत्त्व का निरूपण करो। आदि में गगन (शून्य, अपरिमेय शक्ति, ईश्वर) था, अन्त में गगन शून्य है, मध्य में भी, ऐ भाई, शून्य ही है। कबीर कहता है (तो फिर) कर्म (का संस्कार) किसे लगता है। यह झूठी शंका गढ़ ली गयी है।

२. hypothesis = अनुमानपरक सिद्धान्त।

कारण वह किसी छोटे मन्दिर का दरवाज़ा लग रहा था। कुछ अज़ीब-सा तिलिस्मी सन्नाटा सारे वातावरण पर छाया हुआ था। हवा में हलकी-सी ख़ुनकी आ गयी थी। अन्दर चन्दा शायद गहरी नींद सो गयी थी, लेकिन कानूनी धाराओं को भूल कर चेतन, ज़िन्दगी और मौत, आत्मा-परमात्मा, इस और उस जन्म की भूल-भुलैयाँ में गुम, शिमला में नारायण के साथ होने वाली बहस में उलझा, आँगन की लम्बाई में एक सिरे से दूसरे सिरे तक लगातार घूम रहा था।

०

कर्म-फल और पुनर्जन्म पर लगातार बहस करते हुए, चाय पी कर दोनों उठे थे। बाहर निकल कर नारायण ने कमरे को ताला लगाया था और तब पहले लोअर माल, फिर माल और फिर उसी तरह बहस करते हुए वे छोटे शिमले की तरफ़ चल पड़े थे। चेतन ने कहा कि जब पुराने मिस्रियों, यहूदियों, ईसाइयों, मुसलमानों या पुराने वैदिक ऋषियों ने मौत-ो-हयात के बारे में, सृष्टि और स्रष्टा के बारे में सोचा होगा तो ज़ाहिर है कि वे भिन्न-भिन्न नतीजों पर पहुँचे होंगे। बाइबल में लिखा है कि ख़ुदा ने छै दिनों में धरती, आकाश, ज़मीन और सागर, रोशनी और अँधेरा, नभचर, थलचर और जलचर बनाये; फिर अपने अनुरूप आदमी को बनाया और उन सब पर राज्य करने को कहा और सातवें दिन उसने विश्राम किया। कुरान में लिखा है कि ख़ुदा ने कहा —'कुन' याने 'हो जा' और सृष्टि 'फ़ैकून' याने 'हो गयी' शायर ने कहा, 'तू हुआ कुनफ़ैकूँ का बायस[१] साकिन-अर्ज़-ो-समा[२] कहते हैं।' लेकिन शून्य से सृष्टि बन जाये, ऐसा आर्य ऋषियों को स्वीकार नहीं हुआ। उन्होंने इस जन्म और पुनर्जन्म, आत्मा और परमात्मा, निराकार, निर्गुण, निरपेक्ष स्वयंभू और परिभू स्रष्टा की कल्पना की। कर्म-फल, इत्यादि के सिद्धान्त बनाये। लेकिन विकासवादियों ने डार्विन के सिद्धान्त की मदद से यह सिद्ध कर दिया कि इन्सान की उत्पत्ति बन्दर से हुई है। लाखों वर्षों में उसकी दुम घिस गयी। वह चारों पायों पर चलता हुआ, दो पायों पर चलने लगा। उसके झुके हुए कन्धे सीधे होते गये और उसका दिमाग़ विकसित होता चला गया और जब एक बार यह बात सिद्ध हो गयी और लाखों वर्षों के जीवाश्मों की खोज से प्रामाणिक मान ली गयी तो उत्पत्ति, स्रष्टा और मौत-ो-हयात के सारे सिद्धान्तों पर प्रश्न-चिन्ह लग गया। इन्सान का विकास चूँकि पशुओं से हुआ है, इसलिए उसमें पाशविक वृत्तियाँ हैं, और चूँकि उसका दिमाग़ उत्तरोत्तर विकसित होता गया है, इसलिए न केवल प्रकृति के नियमों पर, बल्कि प्रकृति का अभिन्न अंग होते हुए, अपनी प्रवृत्तियों पर भी वह अधिकार पाता और उन्हें बदलने की कोशिश करता गया है।

चेतन को अपनी तमाम शंकाओं का समाधान इस सिद्धान्त में मिलता था। इसलिए वह नारायण की बातों से और दलीलों से सहमत नहीं हो पा रहा था और नारायण उसकी युक्तियों का कोई ऐसा उत्तर नहीं दे पा रहा, जिनके आगे चेतन मौन हो जाये।

वे लगातार बहस करते हुए छोटे शिमले तक चले गये थे और चेतन वापस नारायण को उसके कमरे तक छोड़ गया था और उनकी बहस ख़त्म नहीं हुई थी। वह लगातार उन्हीं

---

१. कारण।
२. ज़मीन-आसमान पर बसने वाला।

बातों पर सोचता रहा था। उसे याद था, रात को भी उसे नींद न आयी थी।

बहराम में रात के उस सन्नाटे में क्वार्टर के आँगन में घूमते हुए जो वह सारा प्रसंग उसकी स्मृति में उभर आया था तो इसीलिए कि वह अभी तक उससे मुक्त न हो पाया था।

३२

आँगन में टहलते हुए चेतन के सामने फिर शिमले में नारायण से मुलाकात, उसकी बातें अपना तर्क-वितर्क और वाद-विवाद आ गया....वह नास्तिक तो नहीं था, लेकिन उपनिषदों में या दूसरे धर्म-ग्रन्थों —विशेषकर पुराणों —में जो कुछ भगवान के बारे में लिखा गया था, उससे सहमत हो पाना उसे कठिन लगता था।

उसने बाइबल में पढ़ा था कि भगवान ने मनुष्य को अपने अनुरूप गढ़ा है। चेतन को लगता था कि भगवान ने इन्सान को अपने अनुरूप नहीं, बल्कि इन्सान ने भगवान को अपने अनुरूप गढ़ा है और अपने सारे गुण-दोष भी स्रष्टा के चरित्र में रख दिये हैं — ख़ुद-परस्त इन्सानों की तरह वह भी ख़ुशामद करने वाले भक्तों से प्रसन्न होता है। रिश्वत-पसन्द अधिकारियों की तरह अपने भक्तों से भेंट ले कर वरदान देता है। जो भक्त दिन-रात उसकी सेवा में लगे रहते हैं, उन्हें वह दूसरे जन्म में सुख-वैभव प्रदान करता है। निरंकुश तानाशाह की तरह वह तूफ़ानों से हज़ारों-हज़ार बस्तियाँ और उनके निवासी नष्ट कर देता है, ज्वालामुखियों के विस्फोट से नगर-ग्राम तबाह कर देता है। वह दयावान है, करुणा-निधान है, क्षमाशील है, लेकिन वह क्रूर, काहिर और जाबिर भी है। वह लीलामय है, सितम-ज़रीफ़ है, पर-पीड़क है, तमाशाई है — यानी वह इन्सान की तरह सभी गुण-दोषों का स्वामी है —ईसा हो, मुहम्मद हो अथवा कृष्ण —सभी ने कहा है कि जब-जब समाज में अत्याचार बढ़ता है, तब-तब उसे सुधारने के लिए भगवान अपने अवतार और पैग़म्बर भेजता है।

'यदा यदा हि धर्मस्य ग्लानिर्भवति भारत,
अभ्युत्थानमधर्मस्य, तदात्मानम् सृजाम्यहम्।।'

चेतन के दिमाग़ में गीता का श्लोक गूँजा। जब-जब वह इस श्लोक को पढ़ता था, उसके मन में प्रश्न उठता था कि भगवान को सिर के पीछे से ले जा कर नाक को हाथ लगाने की क्या ज़रूरत है ? जब वह सारे ब्रह्माण्ड का स्रष्टा है, उसी ने विश्व की, पशु-पक्षियों, जलचरों और मनुष्यों की सृष्टि की है, तो उसे सब कुछ ऐसा बेतुका बनाने की क्या ज़रूरत थी, जिसमें उसको बार-बार अवतरित होने की मुसीबत उठानी पड़े। उसे इतने सारे धर्म बनाने की क्या ज़रूरत थी, जिनके कारण इतने धर्म-युद्ध हों और लाखों-लाख लोग उसी के नाम पर तलवार के घाट उतर जायें ? क्या ज़रूरत थी उसे ऐसे इन्सान बनाने की, जो पाप करें और नरक की यातनाएँ भोगें ? क्यों उसने यह सारी गड़बड़ दुनिया बनायी है ? क्यों कामी-क्रोधी, लोभी-मोही और अहंकारी इन्सान बनाये हैं ? वह एक अच्छा धर्म

बनाता, अच्छे-भले लोग बनाता, स्वयं भी सुखी रहता और इन्सान भी सुखी रहते।

....और चेतन को लगता कि इस सृष्टि से अलग कोई ऐसा स्रष्टा नहीं। चूँकि यह विशाल ब्रह्माण्ड इन्सान की छोटी बुद्धि में नहीं समाता और चूँकि उसका अपना विकास पशु से हुआ है, इसलिए भगवान के बारे में इतने भिन्न मत विभिन्न धर्मों में मिलते हैं। इन्सान ने पहले सूर्य की पूजा की, चाँद की पूजा की, अग्नि-वरुण-इन्द्र, इत्यादि की पूजा की। इस सृष्टि की विषमताओं और विसंगतियों को व्याख्यायित करने के लिए उसने पाप-पुण्य, इहलोक, परलोक, स्वर्ग, नरक आदि की कल्पनाएँ कीं और धीरे-धीरे वह इस तथ्य पर पहुँचा कि इतने सारे देवता नहीं इस सारी सृष्टि का स्रष्टा एक ही है। वह निर्गुण और निराकार है, निरपेक्ष है, स्वयंभू है, परिभू है। उसे इन्सानों के सुख-दुख, राग-द्वेष, आदि से कोई ग़रज़ नहीं। सारी सृष्टि में एक अद्‌भुत एक-सूत्रता है और इन्सान भी उसी डोरी में बँधा है।

चेतन को लगता कि पशुओं और मानवों में कोई अन्तर नहीं है। सिवाय इसके कि इन्सान के दिमाग़ का विकास हो गया है, वरना जो कुछ इन्सान के साथ होता है, वही पशुओं के साथ भी होता है। फ़र्क यही है कि पशु अपनी स्थिति के बारे में न सोच पाते हैं और न उसे बदल ही पाते हैं। वे मौसमों के मुताबिक सम्भोग करते हैं, सन्तति उत्पन्न करते हैं और समय आने पर मर जाते हैं। उन की उम्रें लगभग निश्चित हैं। कुत्ते दस-बारह वर्ष जीते हैं तो यह नहीं कि कोई कुत्ता पचास-साठ वर्ष जी जाये। यह तो इन्सान ही है, जिसने मस्तिष्क का उत्तरोत्तर विकास कर, प्रकृति पर अधिकार पाया, अपनी स्थिति और नियति को बदला। चिड़ियों, तोतों, पशुओं और जलचरों की तरह केवल अन्न-संग्रह करने, खाने-पीने और सोने के अतिरिक्त सृष्टि और स्रष्टा को जानने की, अपने आपको पहचानने की, अपनी स्थिति को उत्तरोत्तर बेहतर बनाने की, अपनी सेहत को बेहतर बनाने और उम्र को बढ़ाने, बीमारियों-महामारियों पर काबू पाने की कोशिश की। है तो वह अब भी पशु ही, लेकिन वह इन्सान बनना चाहता है, इसीलिए उसने समाज और उसकी व्यवस्था के लिए धर्म, नियम-कानून बनाये हैं —उसी ने धर्म चलाये हैं, अपने समय और परिवेश को देखते हुए बनाये हैं, इसीलिए उनमें विभेद है और चूँकि वे तमाम धर्म इन्सानों ने इन्सानों की बेहतरी के लिए, उन्हें निरकुंश-स्वार्थपरता और स्वेच्छाचारिता से बच कर समाज से बाँधे रखने के लिए बनाये हैं, इसलिए अपनी तमाम विभिन्नताओं के बावजूद सार में वे सब एक हैं....

चेतन ने क्षण भर रुक कर अपने मन को टटोला। उसे वास्तव में किसी धर्म में विश्वास नहीं था। धर्मों ही नहीं, उनके पूजा-स्थलों-मन्दिरों, मस्जिदों, गिरजों, गुरुद्वारों में भी उसे कोई विश्वास नहीं था। उस अपरिमेय शक्ति को, जो इस ब्रह्माण्ड के कण-कण में बसी है, किसी परिधि में बाँधना, सिर्फ़ उसी परिधि को उसका घर मानना, फिर ईंट-गारे से बने उस घर के लिए कत्ल-ो-ग़ारतगरी मचाना, उसे उस अपरिमेय शक्ति से भी ज़्यादा महत्व देना —चेतन को नितान्त मूर्खतापूर्ण लगता था। धर्म ईसाइयों का हो, मुसलमानों का, सिक्खों का या फिर हिन्दुओं का —सब के साथ यह गड़बड़ थी कि इन धर्म के मानने वालों ने उस अज्ञात अपरिमेय शक्ति को, जिसे सब भगवान कहते थे, गौण दर्जा दे कर, उसके पैग़म्बरों, रसूलों और अवतारों को अव्वल दर्जा दे दिया था।

गॉड[1] के बारे में कोई लाख शक-शंकाएँ प्रकट करे, ईसाइयों के कानों पर जूँ नहीं रेंगेगी, पर कोई ईसा के जन्म को ले कर नयी बात कह दे तो तमाम आधुनिकता के बावजूद ईसाई सहन नहीं करेंगे। हज़रत मुहम्मद ने स्वयं को ख़ुदा का रसूल कहा था, लेकिन उनके अनुयायियों ने उन्हें ख़ुदा का दर्जा दे दिया है। ख़ुदा को चार गालियाँ दे दी जायें, मुसलमान तरह दे जायेगा, लेकिन हज़रत मुहम्मद की शान में एक जुमला भी उसे बरदाशत नहीं होगा। यही स्थिति गुरु नानक और गोविन्द सिंह, राम और कृष्ण के अनुयायियों की है। यह शायद इसीलिए कि उस नाम-रूप-रंग-निर्गुण, निराकार, निरपेक्ष शक्ति का कोई रूप साधारण आदमी अपने दिमाग़ में नहीं उतार सकता, जबकि अपने पैग़म्बर और अवतार का उतार लेता है....

'क्या मैं नास्तिक हूँ ? —क्या भगवान में मेरा कोई विश्वास नहीं ?' —आँगन में चुपचाप चक्कर लगाते हुए चेतन ने मन-ही-मन प्रश्न किया....उसे लगा, भले ही वह अपने को एग्नॉस्टिक[2] ही समझता हो, भले ही मानता हो कि इस सृष्टि और स्रष्टा को पूरी तरह समझ पाना अल्प-बुद्धि इन्सान के लिए सम्भव नहीं तो भी उसे कोई ऐसी अजीब, अज्ञात शक्ति सारी सृष्टि में क्रियाशील दिखायी देती थी, जिसे नकारा नहीं जा सकता। वह शक्ति क्या है ? वह नाम-रूप-रंग-गुण-विहीन शक्ति क्या है ? चेतन उसे नहीं जानता था, पर वह यह भी समझता था कि वह शक्ति ऐसा भगवान नहीं है, जो इस ब्रह्माण्ड से अलग किसी एकान्त कक्ष में बैठा, इन हेय और अकिंचन मानवों के दैनन्दिन कर्मों का, उनके पाप-पुण्य का, हिसाब रखने वाला है। उसे विश्वास नहीं होता कि इस सारे ब्रह्माण्ड का — अरबों-खरबों सितारों का रचयिता उनमें एक अकिंचिन सितारे और उसके अकिंचन वासियों के बुरे-भले, सुख-दुख हानि-लाभ, पाप-पुण्य से ग़रज़ भी रख सकता है और सत्ताधारियों की तरह उनकी प्रार्थनाओं से ख़ुश होता है अथवा निन्दा से अप्रसन्न, भेंट-पुरस्कारों से पसीजता है और जो भेंट नहीं चढ़ाते, उन्हें अपने कोप का भाजन बनाता है।

तभी चेतन के कानों में बुल्हेशाह की उस काफ़ी के दो बन्द गूँज गये, जिसे गाते हुए उसके पिता की आवाज़ फट गयी थी और जो अपने पिता का नशा टूटने की प्रतीक्षा में उनकी चारपाई पर बैठे-बैठे चेतन के दिमाग़ में आये थे और अद्वैतवाद के दर्शन के सन्दर्भ में उसने मन-ही-मन गुनगुनाये थे —

इक लाज़िम बात अदब दी ए
सान्नूँ बात मालूमी सब्भ दी ए
हर हर विच सूरत रब्ब दी ए
कित ज़ाहिर किते छुपेन्दी ए
मुँह आयी बात न रहन्दी ए
असीं पढ़ेया इल्म तहकीकी[3] ए
ओत्थे इक्को हर्फ़ हकीकी[4] ए

---

१. god = ईश्वर।
२. agnostic, अज्ञेयवादी।
३. अन्वेषण का।
४. वास्तविक।

होर झगड़ा सभे वधीकी[1] ए

ऐंवे रौला[2] पा-पा बहन्दी ए

मुँह आयी बात न रहन्दी ए

चेतन काफ़ी के बन्द धीरे-धीरे गुनगुनाता हुआ आँगन में घूमता रहा। वह सोचता कि बुल्हेशाह की काफ़ियों में नेक-ो-बद की बात है, ख़ुदा से वालिहाना[3] इश्क की बात है, ख़ुदा से मिलने की ललक है, उससे गले लगने की उत्कण्ठा है, उसकी बेपरवाही, उसकी बेनियाज़ी का शिकवा है, लेकिन साईं ने रब को पा लिया है, इसका कहीं उल्लेख नहीं। बुल्हेशाह ने अपने पीर मुर्शिद को ही ख़ुदा के रूप में देखा और पाया और बार-बार इसी का ज़िक्र किया है। ख़ुद रब को पाया है, उसका साक्षात्कार किया है, ऐसा कहीं नहीं लिखा। सिर्फ़ इसी काफ़ी में उन्होंने खोज करने और ख़ुदा की हकीकत को जान लेने की बात कही है। साईं की पहली काफ़ियों में जिस ख़ुदा का चित्र है, वह कहीं ऊपर आसमानों में बैठा नेक-ो-बद लोगों के फ़ैसले करने और दण्ड अथवा पुरस्कार देने वाला ख़ुदा है। सिर्फ़ इस काफ़ी में वे ऐलान करते हैं कि दुनिया की हर चीज़ में उसकी सूरत है, कहीं साफ़ दिखायी देती है, कहीं छिपी हुई रहती है।

और चेतन सोचता —जब भगवान का न कोई रंग है, न रूप है, न आकार है....जब वह इस ब्रह्माण्ड के कण-कण में व्याप्त है....जब उसकी विशालता और अपरिमेयता की कल्पना तक नहीं की जा सकती....जब चैती अमावस के निरभ्र आकाश में नंगी आँखों से दिखने वाली आकाश-गंगा में हमारी धरती जैसी अरबों धरतियाँ हैं और इस सम्पूर्ण ब्रह्माण्ड में खरबों ऐसी आकाश-गंगाएँ हैं, हमारे सूर्य से हज़ार गुना बड़े सूर्य हैं और यह सीमाहीन ब्रह्माण्ड अभी फैल रहा है, तब इस ब्रह्माण्ड के कण-कण में समायी हुई उस अपरिमेय शक्ति के रूप की क्योंकर कल्पना की जा सकती है ? कौन उसका साक्षात्कार कर सकता है ? उस शक्ति की विशालता और अपरिमेयता के बारे में महज़ सोचते हुए चेतन को क्वार्टर का वह आँगन बेतरह छोटा और संकुल लगा। उस का जी हुआ —उस चाँदनी रात में चार-दीवारी के बाहर खुले आकाश के नीचे स्टेशन के प्लैटफ़ॉर्म पर ज़रा दो-चार चक्कर लगाये, लम्बी-लम्बी साँसें भरे और दोनों बाँहें फैला कर उस सीमाहीन सौन्दर्य को अपने अंक से लगा ले।

और क्षणिक आवेग में वह दरवाज़ा खोल कर बाहर निकल गया।

०

चेतन ने दरवाज़े के बाहर कदम रखा तो उसके कानों में कुछ अज़ीब-सी आवाज़ सुनाई दी। बाहर से किवाड़ की कुण्डी लगा, वह पलट कर दरवाज़े से पीठ लगा कर खड़ा हो गया और ध्यान से वह आवाज़ सुनने लगा। लगता था, जैसे कोई जंगली पशु शरीर सिकोड़ कर पेट से हुँकार भर रहा है, जो गले तक आते-आते कुछ अज़ीब-सी कराहट में बदल जाती है। वही कराहट बार-बार चेतन के कानों में आ रही थी। और भी ध्यान से सुनने पर

---

१. फ़ालतू का।
२. शोर।
३. प्रेमियों जैसा।

चेतन को लगा कि यह आवाज़ उसके पिता की चारपाई से आ रही है। वह तेज़-तेज़ कदम बढ़ा कर अपने पिता की चारपाई के पास गया। जो चादर वह उन्हें ओढ़ा गया था, पायँते की ओर गिरी पड़ी थी। तहमद अस्त-व्यस्त था। कमीज़ के बटन बदस्तूर खुले थे और वे बेसुध सोये, ख़र्राटे ले रहे थे। वह आवाज़ उनके ख़र्राटों ही की थी। अज़ीब बात है कि जब चेतन को एक बार उस आवाज़ की हकीकत का पता चल गया, फिर वह उसे ख़र्राटों की ही आवाज़ लगी। लाख चाहने पर भी उस में किसी पशु की कराहट सुनाई नहीं दी।

चेतन ने पहले अपने पिता का तहमद ठीक किया। फिर चादर को नीचे से उठा कर ज़रा परे झाड़ कर दोबारा उनके ऊपर ओढ़ाया। क्षण भर चुपचाप खड़ा उन्हें देखता रहा। उनका क्रूर चेहरा चाँदनी में कितना भोला और भला लग रहा था। ख़र्राटों के साथ उनकी बड़ी-बड़ी मूँछें ऊपर-नीचे हो रहीं थीं। चेतन क्षण भर उस ख़र्राटे में पुनः पशु की कराहट ढूँढने का विफल प्रयास करता रहा। फिर सिर को झटका दे कर उनके सिरहाने के ऊपर से घूम कर माल-गोदाम वाली पगडण्डी पर हो लिया।

लेकिन वह माल-गोदाम की ओर नहीं गया। दायीं ओर मुड़ कर प्लैटफ़ॉर्म पर चढ़ गया और उस के किनारे सिलों की पट्टी पर चलता हुआ वह स्टेशन की बिल्डिंग के सामने जा कर रुक गया। —एक लम्बी साँस फेफड़ों में भर कर उसने चारों तरफ़ निगाह दौड़ायी। कृष्ण पक्ष की सप्तमी के चाँद की ज्योत्स्ना पूर्णमासी की तरह तो रात को दिन नहीं बनाये थी, तो भी उसके प्रकाश में नयी-नयी सफ़ेदी के कारण स्टेशन की इमारत का तिलिस्मीपन बदस्तूर कायम था। बसन्त की ख़ुनकी से भरी हवा में कुछ अज़ीब-सी भीनी-भीनी सुगन्ध थी। चाँदनी दसों दिशाओं में फैली थी। लेकिन दूर पेड़ों को पहचानना मुश्किल था। बस, तारीकी का एक बहुत बड़ा दायरा स्टेशन की इमारत को अपने जादुई घेरे में लिये हुए था।

आकाश में चमकता हुआ आधा चाँद वातावरण के जादू को द्विगुणित कर रहा था। चेतन ने दोनों बाँहें फैला दीं और फिर लम्बी-लम्बी साँसें लीं —जैसे न केवल उस मौन सौन्दर्य को अपनी बाँहों में, बल्कि उस भीनी-भीनी गन्ध को भी अपने नथुनों में भर लेगा....तभी उसे लगा कि वैदिक ऋषि यूँ ही तो संसार को छोड़ कर जंगलों में नहीं जा बसते थे। इस अपूर्व सौन्दर्य, इस बेकिनार शान्ति के मुकाबले में दुनिया का सारा संघर्ष, जद्दो-जेहद, दौड़-धूप, तगो-दौ, दुनिया का साथ निबाहने की लाज़िमी शर्त के प्रतीक-स्वरूप, सारा छल-छन्द, धोखा-धड़ी, झूठ-फ़रेब, द्यूतताएँ, रियाकारियाँ, खिन्नताएँ, ग्लानियाँ —सब कुछ कितना नगण्य, हेय, घृणित और नफ़रत-भरा लगता है। तभी तो उपनिषदकार ने कहा कि सारा किताबी ज्ञान, सारे वेद-पुराण, कर्म-काण्ड (आज के सन्दर्भ में गणित, इतिहास, दर्शन, विज्ञान, राजनीति, समाज-शास्त्र) महज़ अविद्या है —महज़ मनसब, ओहदे, अधिकार, नाम, रुतबा देते हैं। सच्चा ज्ञान तो बस एक है —इस ब्रह्माण्ड के कण-कण में बसी उस अज्ञात, अपरिमेय शक्ति को पाना, उसके रहस्यों को जानना, समझना और उससे एकमेक होना....

और चेतन का जी हुआ वह उसी तरह बाँहें फैलाये इस सौन्दर्य और शान्ति को अंक से लगाये चलता जाये....चलता जाये....यहाँ तक कि उसके शरीर का अणु-अणु उस बेकिनार सौन्दर्य में समा कर उसका अंग बन जाये।

और जैसे किसी सम्मोहन के वश चेतन बाँहें फैलाये उस सुगन्धित वासन्ती हवा में

लम्बी-लम्बी साँसें भरता हुआ चलता गया....

लेकिन जैसे वह एक आवेग के वश चल पड़ा था, वैसे ही चन्द कदम चलने पर रुक गया। जैसे टॉर्च की रोशनी अचानक किसी अँधेरे गोशे को रोशन कर दे, कुछ इसी तरह सम्पुटित प्रकाश-पुंज-सा एक विचार उसके मस्तिष्क में कौंधा कि जब अज्ञात और अपरिमेय शक्ति, जिसे भगवान कहा जाता है, इस सृष्टि के कण-कण में बसी है तो ज़रूर ही उसके अपने वुजूद में भी व्याप्त होगी और जिस तरह पेड़-पौधे, पशु-पक्षी, जड़-जंगम —जितने भी पदार्थ दुनिया में हैं, वे सब उस सृष्टि का अंग हैं तो निश्चय ही तब वह स्वयं भी उसी का अंग होगा और जब सृष्टि और स्रष्टा एक हैं तब वह और स्रष्टा भी एक ही होंगे....और तभी साईं बुल्हेशाह की काफ़ी का अन्तिम बन्द चेतन के कानों में गूँज गया —

शहु बुल्हा असाँ तों वक्ख नईं
बिन शहु दे दूजा कक्ख नईं
पर वेक्खन वाली अक्ख नईं
ताईं जान जुदाइयाँ सहन्दी ए

चेतन पलटा और होंटों-ही-होंटों में —

बिन शहु दे दूजा कक्ख नईं
पर वेक्खन वाली अक्ख नईं

गुनगुनाता हुआ वापस क्वार्टर की ओर चल पड़ा।

०

शिमले में एक दिन नारायण के कमरे में उसने वेदान्त के बारे में महज़ सरसरी नज़र से स्वामी विवेकानन्द का भाषण पढ़ा था। तब तो उसने कुछ वैसा ध्यान न दिया था, लेकिन रात के उस सन्नाटे में बहराम के प्लेटफ़ॉर्म पर वह सब उसके दिमाग़ में एकदम स्पष्ट हो कर आ गया —उसे लगा कि विवेकानन्द ने सही लिखा है —ईश्वर की कोई अलग हस्ती नहीं है। आम लोग प्रायः भगवान को इन्सान ही की तरह समझते हैं, जो हाई कोर्ट के किसी जज की तरह कचहरी लगाये, कहीं ऊपर आसमानों में बैठा, लोगों के गुनाह-सवाब, पाप-पुण्य का फ़ैसला करता है और उन्हें दण्ड या पुरस्कार देता है, स्वर्ग या नरक में भेजता है अथवा कीट-पतंग, कुत्ते-बिल्ली, मच्छर-मक्खी —चौरासी लाख योनियों में भटकाता हुआ सत्कर्मों के फल से पुनः मनुष्य योनि में भेजता है....रात के उस एकान्त में चेतन को लगा कि ऐसा कुछ नहीं है। सृष्टि का कारण और कार्य एक ही शक्ति है। वह स्रष्टा भी है और सृष्टि भी है तभी तो उसे परिभू-स्वयंभू कहा गया है। वह स्वयं ही पैदा होता है और स्वयं ही फैलता हुआ, अनेकानेक रूप धारण करता हुआ विश्व बन जाता है।

आध्यात्मिक विषयों में चेतन की वैसी गति-मति नहीं थी। लेकिन उस क्षण जाने अन्तः-प्रेरणा से उसे शिमला में पढ़ी हुई बातें न केवल स्मरण हो आयीं, वरन एकदम सही और सटीक भी लगीं। विवेकानन्द ने लिखा था —आम तौर पर लोगों की समझ में नहीं आता कि ईश्वर और विश्व कैसे एक हो सकते हैं। लेकिन अगर हम गहराई से सोचें तो जान लेंगे कि जिसे हम और हमारे जैसे अनेकानेक अज्ञानी लोग विश्व कहते हैं, दरअसल

उसका कोई अलग अस्तित्व नहीं है —ये हम-आप, माता-पिता, बेटे-बेटियाँ, नाती-पोते, ये सड़क, मकान, धरती, आकाश, लक्खोखा अलग-अलग नामों से जानी-पहचानी जाने वाली अरबों-खरबों चीज़ें —सब तो वास्तव में एक ही सत्ता के नाम और रूप हैं। भ्रमवश ही यथार्थ स्थिति को न समझने के कारण हम उन्हें भिन्न-भिन्न रूपों में देखते और अलग-अलग नामों से पुकारते हैं, लेकिन सत्ता तो इन सब के अन्दर वही एक है और चेतन के कानों में साईं बुल्हेशाह की काफ़ी का एक बन्द घूम गया —

सब इक्को रंग कपाही दा
चौंसी, पैंसी, खद्दर, धोतर
मलमल, खासा, इक्को सूतर
पूणी विच्चों बाहर आवे
भगवा भेस गोसाईं दा
सब इक्को रंग कपाही दा[1]

'ठीक तो है,' चेतन ने मन-ही-मन कहा, 'इन तमाम अलग दीखने वाली चीज़ों के नाम-रूप हटा दें तो बच जायेगा, वो वही सत्ता होगी, जो कभी नष्ट नहीं होती। उसे प्रकृति कह लें, ईश्वर कह लें, विश्व कह लें —बस, वही एक अज्ञात, अपरिमेय सत्ता है। दिक्कत शायद इसीलिए है कि हमें इस सत्य की अनुभूति में कठिनाई होती है'....प्लैटफ़ॉर्म पर चलते-चलते चेतन के कानों में फिर बुल्हेशाह की काफ़ी का अन्तिम बन्द गूँज गया —

बिन शहु दे दूजा कक्ख नईं
पर वेक्खन वाली अक्ख नईं

'बुल्हेशाह ने ठीक ही तो कहा है,' चेतन ने सोचा —'इस सत्य को देखने वाली आँख नहीं है। इस सत्य को जान कर भी इसे आत्मसात कर लेने वाला दिल-दिमाग़ नहीं है। साईं बुल्हेशाह ने इस सत्य को अनुभूति का अंग बनाया होगा तभी तो वे रब को मन्दिर-मस्जिद में नहीं, अपने अन्तर में खोजने की बात कहते हैं। कहते हैं कि इस दुनिया में बहुत अँधेरा है, यह सब फिसलन-भरे आँगन की तरह है, उस में उसे ढूँढोगे तो कुछ हाथ नहीं आयेगा! अपने अन्तर में झाँको! पागल दुनिया बेकार उसे बाहर ढूँढ रही है....'

चेतन को याद आया —उसकी माँ भी कभी मन्दिर में नहीं जाती थी। कहती थी —भगवान तो सब जगह है, उसे जहाँ चाहे ध्या लो![2]

'लेकिन क्यों ध्या लो ? किसे ध्या लो ?' हठात चेतन के मन में कोई चिल्लाया, 'जब मैं और वह दो नहीं, एक हैं तो उसकी पूजा क्यों करूँ और कैसे करूँ ? मैं उससे कैसे और क्यों मन्नत माँगूँ। मुझे अपनी पूजा करनी चाहिए, यानी अपने को साधना चाहिए। अपने से मन्नत माँगनी चाहिए —यानी सोच-समझ कर भविष्य के प्रोग्राम बनाने चाहिएँ और पूरे श्रम और सूझ-बूझ से पूरे करने चाहिएँ।'

---

१. सब उसी कपास से बने हुए हैं। चाहें चौंसी हो, पैंसी हो, खद्दर हो, धोतर हो, मलमल हो, ख़ासा हो —यानी अलग-अलग नामों से जाना जाने वाला कपड़ा उसी एक सूत से बना है और कपास की पूनी से साधु का भगवा भेस भी निकला है।

२. सुमिरन कर लो।

यूँ चेतन ने कई बार कॉलेज के दिनों में आर्य समाज, अड्डा होशियारपुर के वार्षिक अधिवेशनों में वेदान्त पर स्वामी सत्यदेव के प्रवचन सुने थे। शिमला में नारायण ने भी उसे एक बार बेदान्त के तत्वों को समझाया था, लेकिन रात के उस सन्नाटे में बहराम के प्लैटफ़ॉर्म पर अन्तः-प्रकाश के उन क्षणों में जैसे उस पर सब कुछ ऐसे स्पष्ट हो गया था, जैसा पहले कभी नहीं हुआ था।

मन से चेतन अज्ञेयवादी था। उसे लगता था कि आदमी अपनी अल्प-बुद्धि से स्रष्टा को कभी नहीं जान सकता। हमारा काम है कि हम सृष्टि और स्रष्टा के चक्कर को छोड़ कर इस ज़िन्दगी को अपनी परिस्थितियों के अनुसार हुमक कर जियें। भगवान को अपनी करने दें, हमें जो दिमाग़ मिला है, उससे काम ले कर हम अपनी इच्छाएँ, उत्कण्ठाएँ, महत्वाकांक्षाएँ, साधें, सपने, यथाशक्य पूरे करें। इससे ज़्यादा हम कुछ नहीं कर सकते। दूसरे जीवन की चिन्ता में इस जीवन को हुमक कर, 'गस्टो'[१] से न जीना नितान्त मूर्खता है, लेकिन कृष्ण पक्ष की सप्तमी के उस ज्योत्स्ना-भरे निरभ्र आकाश के नीचे जाने कैसे चेतन को उस सत्य का साक्षात्कार हुआ, जिसे विरले ही देख पाते हैं।

o

एक बार नारायण ने कहा था, "नब्बे प्रतिशत लोग बेहद कमज़ोर हैं। वे उस निराकार, निरपेक्ष, निर्गुण सत्ता की कल्पना ही नहीं कर सकते। उन्हें अपनी आस्था के लिए एक सहारा चाहिए। वह मन्दिर, मस्जिद, गिरजा, गुरुद्वारा हो, या कोई समाधि या ख़ानकाह, किसी देवी-देवता की मूर्ति हो या कोई साधु-सन्त, पीर-फ़कीर।" लेकिन चेतन ने देखा था कि ऐसे भी हैं, जो निराकार, निर्गुण ब्रह्म में विश्वास भी रखते हैं और उसके प्रतीक-स्वरूप किसी मूर्ति अथवा गुरु की परस्तिश को भी बुरा नहीं मानते। कौन जाने क्या सत्य है ? इसलिए दोनों को साधे रखो। हज़ारों-लाखों में एक-दो ही ऐसे होते हैं, जो यह मानते हैं कि वे स्रष्टा ही के अंश हैं, कि स्रष्टा में और उनमें कोई अन्तर नहीं। फिर वे मंसूर हों, जिन्होंने 'अनलहक' कहा —कहा कि मैं ही सत्य हूँ, मैं ही ख़ुदा हूँ —और उन्हें सूली पर चढ़ा दिया गया या फिर साईं बुल्हेशाह हों, जो कहें —

जे ज़ाहिर कराँ असरार ताईं
सब भुल्ल जावन तकरार ताईं
फिर मारन बुल्हे यार ताईं
एत्थे मख़फ़ी गल्ल सुहेन्दी ए

चेतन का मित्र अनन्त फक्कड़, लाउबाली, मस्त, मलंग और दहरिया यानी नितान्त नास्तिक था। एक दिन बहस-बहस में उसने कहा था —"देखो यार, मैं भगवान-अगवान और किस्मत-इस्मत को तो नहीं मानता, लेकिन मैं यह ज़रूर जानता हूँ —तजुरबे ही से — कि कभी ऐसे दिन आते हैं, जब हमारी तमामतर कोशिशों के बावजूद हमारा काम नहीं बनता और फिर ऐसे भी दिन आते हैं, जब किसी कोशिश के बिना हमारी सब गुट्टियाँ फ़िट बैठती चली जाती हैं और हमारा काम भी बन जाता है, लेकिन जो बात मैं कहना चाहता हूँ, वह यह है कि दुनिया में कोई काम ऐसे ही नहीं होता। जब हमें लगता है कि हमारा

१. gusto = पूरे दम से, हुमक कर।

काम बिना किसी कोशिश के हुआ है तो दर-हकीकत उसके पीछे हमारी वर्षों की मेहनत और दौड़-धूप होती है। होता सिर्फ़ यह है कि जब हम चाहते हैं, हमें फल नहीं मिलता, लेकिन जब मिलता है तो पहले की गयी हमारी कोशिशों के नतीजे के तौर पर ही मिलता है।"

और तब अनन्त ने एक ऐसी बात कही थी, तो उस वक्त तो चेतन को निहायत बेतुकी लगी थी, लेकिन बहराम के उस सुनसान प्लैटफ़ॉर्म पर चाँदनी रात के उस सन्नाटे में चेतन को वह शत प्रतिशत सही और सच्ची लगी।

"देखो चेतन," अनन्त ने कहा था, "तुम निहायत चुग़द आदमी हो। तुम्हें मेरी बात का यकीन नहीं आयेगा, पर मैंने करके देखा है, तुम चाहो तो करके देख लो। मन्नत माँगने के लिए तुम्हें किसी मन्दिर, मस्जिद, गिरजे, गुरुद्वारे जाने की ज़रूरत नहीं, किसी पीर-फ़कीर या औलिया के दर की ज़बींसाई करने, उसके दर की चौखट पर माथा रगड़ने की ज़रूरत नहीं। तुम सड़क से एक ईंट उठा लो। उसे धो-पोंछ कर —कि तुम्हारी शायराना हुस्न परस्ती[१] को ठेस न लगे —अपने कमरे में या अगर तुमने घर में कोई पूजा-घर बना रखा है तो उसमें, ले जा कर रख दो। रोज़ नहा-धो कर उसकी पूजा करो, उसके सामने मस्तक नवाओ और जब ज़रूरत पड़े, उससे मन्नत माँगो। विश्वास रखो, तुम्हारी आधी मन्नतें, वह ईंट यकीनन पूरी कर देगी।"

हालाँकि चेतन ने कभी बाज़ार से ईंट उठा कर अपने घर में प्रतिष्ठित नहीं की थी, लेकिन अनन्त ने जो बात कही थी, वह उसके मन लगती थी। बुल्हेशाह का ख़ुदा को अन्तर में देखना भी उसे सही लगता था और वेदान्तियों का अपने आपको उसी निराकार भगवान का अंश मानना भी। ज़ाहिर है, ऐसे में अपने आपको साधना निहायत ज़रूरी है, तभी आदमी अपनी इच्छा-शक्ति को सुदृढ़ बना सकता है। वह इरादे बाँध कर अपनी इच्छा-शक्ति के बल पर सूझ-बूझ से काम लेता हुआ उन्हें पूरा भी कर सकता है। ऐसे ही लोगों के बारे में इकबाल ने लिखा है —

ख़ुदी को कर बुलन्द इतना कि हर तकदीर से पहले
ख़ुदा बन्दे से ख़ुद पूछे बता तेरी रज़ा क्या है ?

आधी रात के उस सन्नाटे में बहराम के प्लैटफ़ॉर्म पर क्वार्टर की ओर वापस आते हुए चेतन को लगा कि आदमी का ख़ुदा होना चाहे अज़ीब लगे, लेकिन पुनर्जन्म जितना अविश्वसनीय नहीं है और न इस विश्व अथवा प्रकृति से अलग किसी ख़ुदा द्वारा 'कुन' कह कर शून्य से दुनिया को पैदा कर देने जितना तर्कातीत है। ख़ुदी का यह सिद्धान्त तर्क-संगत है और आदमी चाहे तो उतना बड़ा न सही, छोटा-मोटा ख़ुदा तो हो ही सकता है।

और जैसे चेतन के मन की सारी ऊहापोह मिट गयी, उसके कदम हठात तेज़ हो गये।

---

१. कवि सुलभ सौन्दर्यप्रियता।

३३

जाने रात के, या सही कहा जाये सुबह के, कितने बजे थे, चेतन को मालूम नहीं था। वह चारपाई पर लेटा था और उसकी नींद अचानक उड़ गयी थी। अज़ीब बात है कि बाहर से आ कर बर्नर की बत्ती ज़रा ऊँची करके और किताब ले कर वह पढ़ने बैठा था तो धारा की परिभाषा पढ़ने के बाद उसकी व्याख्या पढ़ते हुए उसकी आँखें बेतरह झपने लगी थीं। उसने लाख आँखें फाड़-फाड़ कर उन्हें पुस्तक पर लगाने की कोशिश की थी, पर वे बन्द हुई जा रही थीं। तब वह उठा था। लैट्रिन में जा कर हलका हो आया था। आँगन में नाली पर रखे लोटे से उसने हाथ धोये थे। खिड़की की सिल पर पड़े हुए लोटे से गिलास भर कर उसने पानी पिया था और बर्नर की बत्ती नीची करके चारपाई पर दराज़ हो गया था।

लेकिन उसकी आँखें जो धारा ८४ पढ़ते-पढ़ते बेतरह मुँदी जा रही थीं, अब निचाट खुली थीं। चारपाई पर लेटे-लेटे पूरे दिन की घटनाएँ उसकी आँखों में घूम गयीं। अपनी आवेगशीलता पर उसे बहुत अफ़सोस हुआ। यह भी कोई बात हुई कि उसके पिता शराब के नशे में बुल्हेशाह की काफ़ियाँ गाने लगे और उसका दिमाग़ अध्ययन के मार्ग से फिसल कर अध्यात्म पर जा लगा। उसका दिमाग़ बहुत ही चंचल है, उसने सोचा अगर उसे ज़िन्दगी में कुछ कर गुज़रना है तो सबसे पहले उसे अपने दिमाग़ की इस चंचलता और आवेगशीलता पर काबू पाना होगा। पाप-पुण्य, मौत-हयात, आत्मा-परमात्मा अपनी जगह हैं, आत्मा और पुर्नजन्म और ईश्वर को न मानना भी अपनी जगह है, पर जब उसने अपने आप को साधने और कुछ कर गुज़रने का उसूल मान लिया है, इस सिद्धान्त को मान लिया है कि अपने सारे कर्तव्य एक-निष्ठ भाव से पूरे करने हैं, लेकिन किसी में लिप्त नहीं होना है, तब इस वक्त उसके सामने जो कर्तव्य है —कानून के पहले वर्ष की परीक्षा में बहुत अच्छे नम्बरों से, कम-से-कम फ़र्स्ट डिवीज़न में पास होना —यही आँखों के सामने रहना चाहिए और उसने पूरी शाम आत्मा-परमात्मा के चक्कर में बरबाद कर डाली।

चारपाई पर लेटे-लेटे क्षणांश के लिए उसके दिमाग़ में आया कि वह उठ कर फिर बैठ जाये और पढ़ने लगे....लेकिन तभी उसकी आँखें बोझिल हो गयीं और कुछ क्षण बाद वह अध-जगी, अध-सोई अवस्था में सपना देखने लगा....

०

चेतन ने देखा —बेपनाह धुन्ध है, जैसी शिशिर में सुबह चारों ओर छायी रहती है और जिसमें दस कदम पर कुछ दिखायी नहीं देता। लेकिन यह धुन्ध गतिहीन नहीं। इसमें एक अज्ञात-सी गति है। वैसे ही, जैसे नीचे घाटियों से उठ कर पहाड़ों के मकानों में, बाज़ारों में छा जाने वाली धुन्ध में होती है....चेतन के पैरों के नीचे धरती नहीं है, लेकिन वह चला जा रहा है। उड़ा नहीं जा रहा, चला जा रहा है। हवा न जाने किधर से बह रही है। जब-जब क्षण भर के लिए धुन्ध आगे से हटती है, वह देखता है कि एक भीमकाय यमदूत चमड़े का जिरह-बख़्तर पहने आगे-आगे चला जा रहा है। सिर्फ़ उसकी पीठ ही दिखायी देती है। उसकी कमर में कोई अदृश्य ज़ंजीर है, जिससे चेतन और उसके साथ एक देहाती किसान बँधा है।

धुन्ध फिर क्षणांश के लिए सामने से हटाती है। यमदूत की पीठ उसी तरह दिखायी देती है। लेकिन दूसरे क्षण धुन्ध फिर सामने छा जाती है। यमदूत अलोप हो जाता है, लेकिन उसके बराबर चलता हुआ देहाती चेतन को बदस्तूर दिखायी देता है —उसके सिर के बाल एकदम सफ़ेद हैं, कई दिन से बढ़ी हुई दाढ़ी के बाल भी सफ़ेद हैं। चेहरे पर बेगिनती झुर्रियाँ हैं। उमर उसकी शायद उतनी ज़्यादा न हो, पचास-साठ ही की होगी, पर वह सत्तर-बहत्तर का लग रहा है। उसकी कमर किंचित झुक गयी है। सिर झुकाये वह चुपचाप चला जा रहा है।

सहसा चेतन का मन उससे बातें करने को होता है। वह उससे पूछता है —"बाबा, तुम किधर से आ रहे हो ? तुम्हारा नाम क्या है ?"

"मैं चीचो-की-मलियाँ गाँव का सद्दू हूँ।" वह पंजाबी में उत्तर देता है।

"क्या करते हो ?"

"किसान हूँ। दो बीघे की खेती है।"

"कहाँ जा रहे हो ?"

"कुछ मालूम नहीं साहब," सद्दू लगभग फ़रियाद के लहजे में कहता है, "खेत में फ़सल पकी खड़ी है। कल उसे काटने के लिए कुछ मज़दूरों का इन्तज़ाम करने गया था। घर वाली बूढ़ी हो गयी है। काम नहीं कर सकती। बेटा बहू-बच्चों को ले कर बड़े शहर चला गया है। मज़दूरों का इन्तज़ाम करने में खाना नहीं खा सका। लौटने में साहब देर हो गयी। पेट ख़ाली था। रास्ते में एक कुएँ पर पानी पिया। तीर-सा सीधा कलेजे में लगा। इतना दर्द हुआ कि एक कदम चला नहीं गया। वहीं लेट गया। कब लोग घर ले गये, मुझे पता नहीं चला। रात पर तड़पता रहा। सुबह आँख लग गयी। खुली तो देखता हूँ, सिपाही मुझे लिये जा रहा है। कहाँ लिये जा रहा है यह, साहब ?"....

वह क्षण भर रुकता है। इसे पहले कि चेतन उत्तर दे, सद्दू पूछता है, "तुसीं कौन हो अते कित्थों आ रहे हों ?" याने आप कौन हैं और कहाँ से आ रहे हैं ?

चेतन के दिमाग़ से उसका कानून के छात्र का रूप बिलकुल निकल जाता है। जाने कैसे उसे एहसास होता है कि वह पत्रकार की हैसियत से धर्मराज की अदालत में जा रहा है और वहाँ की न्याय-व्यवस्था को अपनी आँखों से देख कर उसकी रिपोर्ट अपने अख़बार में भेजेगा। इस पर उसे ख़ुशी भी होती है और गर्व भी। क्योंकि उससे पहले कभी किसी ने ऐसी रिपोर्ट नहीं भेजी। 'यकीनन,' वह मन-ही-मन कहता है, 'यह मेरा ज़बरदस्त स्कूप होगा।'

लेकिन वह उस किसान को क्या जवाब दे, जो मुँह उठाये उसकी ओर देखता हुआ उत्तर की प्रतीक्षा कर रहा है। हठात उसे लाइन ऑफ़ ऐक्शन सूझ जाती है। वह कहता है, "बाबा, तुमने अख़बार देखे हैं न ?"

"हाँ....हाँ," सद्दू सिर हिलाता है। "मुसलमानों का एक अख़बार हमारे गाँव में आता है —ज़मींदार...."

"हिन्दुओं का ?"

"हिन्दुओं का —हिन्दी मिलाप!"

"बस, तो समझ लो," चेतन बड़े धैर्य से कहता है, "कि मैं ऐसे अख़बार में काम करता हूँ।"

"यहाँ किधर जा रहे हैं ?"

"हम शायद धर्मराज की कचहरी में जा रहे हैं।" चेतन कहता है," वहाँ लोगों के कर्मों का हिसाब होता है। वहाँ कोई अन्याय नहीं होता। तुम्हें इस कचहरी में पूरा इन्साफ़ मिलेगा।"

चेतन क्षण भर के लिए रुकता है। फिर किसान को जैसे सान्त्वना देते हुए कहता है, "अगर तुम्हारे साथ ज़रा भी बेइन्साफ़ी होगी तो यकीन रखो, मैं इस कचहरी की धज्जियाँ उड़ा दूँगा। अपने अख़बार ही में नहीं, दूसरे अख़बारों में भी लगातार लिखूँगा, यहाँ तक कि धर्मराज तुम्हारे साथ न्याय करने को मजबूर हो जायेगा।"

किसान कृतज्ञतावश दोनों जोड़ कर माथे पर रख लेता है। चेतन के सामने कदरे नत-शिर हो जाता है। चेतन का सिर गर्व से उठ जाता है। उसे लगता है कि उसका कद ज़रा ऊँचा हो गया है। यमदूत के पीछे-पीछे खिंचा तो वह अब भी जा रहा है, लेकिन उसकी चाल में थोड़ी अकड़ आ जाती है।

तभी उसके आगे धुन्ध का बड़ा-सा गोला छँट जाता है। वह देखता है कि सामने धुन्ध की दो मेहराबें बनी हैं, जिनके नीचे एक ऊँचे मंच पर धर्मराज का सिंहासन लगा है। उनके दायीं ओर, एक ऊँची चौकी पर बही रखे, उसके पीछे पीठ-विहीन एक सुनहरी नक्काशीदार मख़मली गद्दे के छोटे सिंहासन पर उनके सरिश्तेदार चित्रगुप्त विराजमान हैं। मंच के नीचे धर्मराज के बायीं ओर एक पंक्ति में सिर झुकाये कुछ लोग खड़े हैं। सामने तीन आदमी एक पंक्ति में खड़े हैं। उनमें सबसे पहले व्यक्ति, नुकीले कीमती जूते, महीन किनारे की कीमती धोती, बन्द गले का लम्बा-सा कोट और सिर पर गोल टोपी पहने, एक लम्बे-ऊँचे सम्भ्रान्त सेठ हैं। उनके पीछे नंग-धड़ंग, सारे शरीर पर भभूत रमाये, जटायें बढ़ाये, गले में कई मालाएँ और अलंकरण अपने एक नागा मण्डलेश्वर खड़े हैं। उनके बाद फिर दोहरे बदन और दोहरी ठोड़ी वाला, हृष्ट-पुष्ट सूट-बूट-धारी व्यक्ति है, जिसके चेहरे पर तमामतर सम्भ्रान्तता के बावजूद अजीब-सी गुण्डई का भाव टपकता है। वह भाव उसके होंटों के दायें कोने की चियार में है या बायीं आँख के गड्ढे में, चेतन तय नहीं कर पाता। लेकिन उस चेहरे में कुछ ऐसा ज़रूर, है, जो भय उपजाता है....

चेतन और देहाती किसान के आगे-आगे जो यमदूत चल रहा था, वह धर्मराज को प्रणाम कर चित्रगुप्त के निकट जा कर उसके कान में कुछ कहता है और वापस आ कर उन दोनों को पंक्ति में खड़े होने का आदेश देता है। सद्दू चाहता है कि चेतन आगे बढ़े तो वह सबसे पीछे खड़ा हो, लेकिन चेतन उसकी पीठ के पीछे, हाथ से ज़रा-सा धकेल कर उसे आगे कर देता है और स्वयं सबके पीछे खड़ा हो कर उत्सुकता और भय के मिले-जुले भावों से धर्मराज का न्याय देखने लगता है।

जब वे धर्मराज के दरबार में पहुँचते हैं तो सेठ अपनी दानवीरता का बखान कर रहे होते हैं। उन के वहाँ पहुँचने से कहीं कुछ व्यतिक्रम नहीं होता। कार्रवाई बदस्तूर चलती रहती है —अपनी दानवीरता की एक लम्बी सूची बखानने के बाद सेठ कहते हैं —

"भगवान, देश के उत्तर में लगातार म्लेच्छों के आक्रमण से हमारे सभी मन्दिर विनष्ट हो गये। दक्षिण भारत के मन्दिरों जैसा एक भी मन्दिर यहाँ नहीं रहा। मैंने प्रदेश की राजधानी में ऐसा मन्दिर बनवाया है, जिसकी प्राचीरों पर वैदिक काल से आज तक की अपनी सांस्कृतिक धरोहर को चित्रों के साथ लिपिबद्ध कर दिया गया है। देश के कोने-कोने ही से नहीं, विदेशों से भी भक्त और सैलानी उसके दर्शनों को आते हैं। धर्म की मेरे जैसी सेवा मेरे किसी समकालीन धनपति ने नहीं की।"

धर्मराज चित्रगुप्त की ओर देखते हैं। बही-खाता देख कर चित्रगुप्त पूछते हैं — "श्रेष्ठिवर, क्या यह सच है कि आप अपने कारख़ानों के मज़दूरों के वेतन से एक छोटी-सी राशि धर्म के खाते में काट लेते थे।"

"लेकिन भगवान, इस प्रक्रिया से वर्ष भर में जितनी राशि इकट्ठी होती थी, उतनी ही राशि हम अपनी ओर से मिलाते थे।"

"सरकार की निधि में उचित आय-कर देने के बदले आप उस राशि को दान-खाते में डाल देते थे।" चित्रगुप्त कहते हैं।

सेठ जी क्या उत्तर दें, उनकी समझ में नहीं आता। चित्रगुप्त फिर कहते हैं —

"उस मन्दिर के निर्माण में आपका तो एक पैसा नहीं लगा। तिस पर भी वह मन्दिर आपके नाम से प्रसिद्ध है और जिनके गाढ़े पसीने की कमाई से यह बना है, उनका कहीं नाम नहीं।"

सेठ मौन खड़े धर्मराज की ओर मुटर-मुटर तक रहे होते हैं, जब उन्हें आदेश मिलता है कि वे बायीं पंक्ति में जा कर खड़ें जो जायें।

तब नागा साधुओं के गुरु आगे बढ़ते हैं और बड़े ओज-भरे स्वर में कहना शुरू करते हैं —"धर्मराज, आप तो जानते ही हैं, वासना ही आत्मा और परमात्मा के बीच सबसे बड़ी बाधा है। यही वासना व्यक्ति के पैरों में बेड़ी, उसके हाथों में कड़ी और उसकी नाम में माया-मोह की नकेल डाल कर उसे गृहस्थी के कोल्हू में जोत देती है। हमारा सम्प्रदाय वासना के स्रोत लिंग ही को निष्क्रिय कर देता है, ताकि विषय-वासना से मुक्त हो कर भगवान का भक्त चौबीसों घड़ी भगवान की आराधना में तल्लीन रहे।"

धर्मराज चित्रगुप्त की ओर देखते हैं —

"भगवान, आपने ऐसी व्यवस्था की है," चित्रगुप्त कहते हैं, "कि सृष्टि निरन्तर चलती रहे। ज़रा-सा भी जोखिम इस सिलसिले में आपने नहीं उठाया। वट के एक फल में इतने बीज होते हैं कि शताधिक वट खड़े हो जायें, पुरुष के वीर्य में इतने शुक्राणु होते हैं कि दुनिया की बेगिनती महिलाएँ गर्भवती हो जायें। यह व्यवस्था आपने इसलिए की कि आपकी बनायी यह सृष्टि लगातार कायम रहे। यदि आप सृष्टि न चाहते तो आपने पुरुष को लिंग-विहीन ही पैदा किया होता और पेड़ फलदार न होते। ये मण्डलेश्वर अपने सम्प्रदाय द्वारा आप के नियम को तोड़ रहे हैं। यदि सभी पुरुष अपनी वासनाओं को इस प्रकार समाप्त कर दें तो इतनी सारी नारियों का क्या होगा ? ये नागा मण्डलेश्वर और इनके चेले भगवान को उतना नहीं पाना चाहते, जितना स्वार्थ और प्रमादवश अपने जीवन और उसके कर्तव्यों से भाग कर अनुपादेय जीवन और अपने भक्तों के गाढ़े पसीने की कमाई पर मौज उड़ाना

चाहते हैं और घोर पातकी हैं।"

धर्मराज उँगली से इशारा करते हैं, और नागा बाबा बायीं ओर लगी कतार में सिर झुकाये जा खड़े होते हैं।

तब बड़ी कीमती वेश-भूषा में सुशोभित, गौर वर्ण और सुष्ठ-पुष्ट शरीर वाला व्यक्ति आगे बढ़ता है और कहता है —

"धर्मराज, मैंने व्यापार में करोड़ों रुपये बनाये, लेकिन करोड़ों दान भी दिये। मेरे दान से तिरुपति में, काशी में, जगन्नाथ पुरी में भक्तों के विश्राम-स्थल बने हैं। मेरी सहायता से दो शहरों में समितियाँ और तीन में पूरे विद्यालय चलते हैं। देश भर में मेरे नाम की धूम है। भगवान के नाम को फैलाने में जितना योग मैंने दिया है, बहुत कम लोगों ने दिया है। अपने जन्म-स्थान में मैंने आपके नाम का मन्दिर बनवाया है। जहाँ अनाथ विधवाएँ लगातार अखण्ड कीर्तन करती हैं। निराश्रित विधवाओं के रहने-खाने और कीर्तन करने की पूरी व्यवस्था मैंने कर रखी है।"

धर्मराज पुनः चित्रगुप्त की ओर देखते हैं। चित्रगुप्त उसके कर्मों के ब्योरे पर एक नज़र डाल कर कहते हैं —"धर्मराज, यह देश का कुख्यात तस्कर है। बड़े-बड़े शहरों में शराब ही के नहीं, भाँग, अफ़ीम और चरस के ठेके इसके पास हैं। उनकी ओट में यह सोने की तस्करी करता है। जाने कितनी युवा विधवाओं का चरित्र इसने भ्रष्ट किया है। यह घोर पातकी है धर्मराज, और समझता है कि पाप की कमाई का एक लघु अंश निठल्ले साधु-सन्तों को दे कर, विधवाओं को किसी उपादेय काम में लगा कर उनका जीवन बनाने के बदले अनिच्छापूर्वक केवल पेट की भूख मिटाने के लिए दिन-रात कीर्तन करने पर विवश करके यह स्वर्ग में स्थान सुरक्षित कर लेगा। यह कुम्भी-पाक नरक का भागी है धर्मराज!"

धर्मराज उँगली उठाते हैं। वह तस्कर उसी पंक्ति में जा खड़ा होता है और उसका सिर अपने आप झुक जाता है।

तब विस्फारित आँखों से वह सब देखता हुआ सद्दू आगे बढ़ता है। वह सबसे पहले धर्मराज और चित्रगुप्त को लगभग दण्डवत प्रणाम करता है फिर चुपचाप खड़ा हो जाता है।

धर्मराज चित्रगुप्त की ओर देखते हैं —चित्रगुप्त बही खोलते हैं और धर्मराज से कहते हैं —"महाराज, इसके कर्मों का खाता एकदम ख़ाली है। पेट की भूख मिटाने के लिए दिन-रात काम करने के सिवा इसने कोई सत्कर्म या दुष्कर्म नहीं किया।"

धर्मराज सद्दू की ओर देखते हैं और चित्रगुप्त से कहते हैं —"इससे पूछिए, इसे अपनी सफ़ाई में कुछ कहना है।"

चित्रगुप्त सद्दू की ओर देख कर कहते हैं —"सद्दू तुम्हारे कर्मों का ख़ाना ख़ाली है। तुमने कभी भगवान का नाम नहीं लिया। कभी पूजा-प्रार्थना नहीं की। तुम केवल अपने स्वार्थवश दिन-रात काम करते और अपना पेट भरते रहे।"

सद्दू दोनों हाथ जोड़ कर बहुत नीचे तक झुक जाता है —"महाराज, तुसीं ठीक फ़रमाउन्दे ओ, मैं ते उग्घा ई गुनहगार आदमी आँ। की जाने पिछले जनम'च कीह कुकर्म

कीत्ते सन, जे एस जनम विच एह नरक जेहा जीवन मिलेया —तड़के चार बजे उठके खेताँ ते जान्दा रिहा आँ, दिन भर मेहनत-मज़दूरी करके थक के भुक्खा-भाणा आन्दा रिहा आँ, अते पेट दा दोज़ख़ भर के सौं जान्दा रिहा आँ। रब्ब दा नाँ लैण दी, जाँ पूजा-पाठ करन दी मैन्नूँ कदी फ़ुर्सत ई नईं मिली। खेत ते नईं गया ताँ ज़मींदार दी बेगारी लग्गा रिहा, मैन्नूँ कदीं दम मारन दी फ़ुर्सत नईं मिली महाराज। खेत दी, पेट दी, परिवार दी, साहुकार दी, कर्ज़ दी, ज़मींदार दी, बेगार दी फ़िकर बाँझों मैन्नूँ कदे कुझ होर नईं सुझ्या। पिछले जनम वी नरक, भोग्गे, अते अगले जनम वी नरक ई मिलना ए, होर असाडे भाग'च की लिक्खेया होणैं महाराज।"[१]

धर्मराज के होंटों पर करुणा-भरी मुस्कान खेल जाती है। वे सद्दू से पूछते हैं — "तुम जो अन्न उपजाते रहे, क्या वह सब-का-सब तुम्हीं या तुम्हारे परिवार वाले खाते रहे ?"

"महाराज! तुसीं ताँ जानी-जान भगवान हो, तुसाँ तों की छुप्या होया ए," धर्मराज की आँखों में करुणा और सहानुभूति देख कर सद्दू साहस से कहता है —"फ़सल कट्टदी पिच्छों ए, साहुकार या ज़मींदार दे करिन्दे, कर्ज़ दे हिसाब विच्च तकरीबन सारी फ़सल पहलों लै जान्दे ने। बस, किसे तराँ दो जून रुक्खी-सुक्की खा सकिए ते अग्गे अन्न उपजा सकिए, एन्नाँ कु छड्डु जान्दे ने —महाराज, साड्डे भाग विच नरक ही लिक्खेया होया ए! साड्डी बड़ी सद्दर सी कि इक्क बारी हरद्वार दे कुम्भ'च सोमावती मस्सया दे दिन गंगा 'च डुब्भी मार आइए ते गंगा माता साड्डे सारे पाप धो छड्डे, पर महाराज, सान्नूँ कदे फ़ुर्सत नहीं मिली, न साड्डे पास रेल दा किराया ई होया। जे सान्नूँ नरक नहीं मिलना ते होर किस नूँ मिलना ए ?"[२]

सद्दू की बातें सुनते हुए धर्मराज के चेहरे पर दर्दमन्दी का कुछ अजीब-सा भाव आ जाता है। उनकी आँखों में करुणा और होटों पर पुनः मीठी मुसकान आ जाती है। धर्मराज का चेहरा, जो शुरू में चेतन को ख़ासा कठोर और क्रूर लगा था, हठात एक निहायत नर्म

---

१. महाराज, आप ठीक फ़रमाते हैं। मैं तो बहुत ही गुनहगार आदमी हूँ। क्या जानूँ कि पिछले जन्म में मैंने क्या कुकर्म किये थे कि इस जन्म में यह नरक जैसा जीवन मिला। तड़के चार बजे उठ कर खेतों में जाता रहा हूँ। दिन भर मेहनत-मज़दूरी करके थक-हार के शाम को आता रहा हूँ और पेट का दोज़ख भर के सो जाता रहा हूँ। भगवान का नाम लेने की या पूजा-पाठ करने की मुझे फ़ुर्सत नहीं मिली। खेत पर नहीं गया तो ज़मींदार की बेगार में लगा रहा। मुझे कभी दम मारने का अवकाश नहीं मिला। खेत की, पेट की, परिवार की, साहूकार की, कर्ज़ की, ज़मींदार की, बेगार की चिन्ता के सिवा मुझे कुछ और नहीं सूझा। पिछले जनम में नरक भोगा है, अगले जनम में भी नरक ही मिलेगा। और हमारे भाग्य में क्या लिखा होगा महाराज ?

२. महाराज, आप तो अन्तर्यामी भगवान हो। आपसे क्या छिपा है ? फ़सल कटती पीछे है, साहूकार या ज़मींदार के कारिन्दे कर्ज़ के हिसाब में लगभग सारी फ़सल पहले ले जाते हैं। बस, किसी तरह रूखी-सूखी खा सकें और आगे की फ़सल उगा सकें, इतना भर छोड़ जाते हैं। महाराज हमारे भाग्य में नरक ही लिखा हुआ है। हमारी बड़ी आकांक्षा थी कि हरद्वार के कुम्भ में सोमवती अमावस्या के दिन गंगा में दो डुबकियाँ लगा आयें और गंगा माता हमारे सारे गुनाह धो डाले, लेकिन महाराज हमें कभी फ़ुर्सत नहीं मिली, न हमारे पास कभी रेल का किराया ही हुआ। अगर हमें नरक नहीं मिलेगा तो और किसे मिलेगा।

और दयामय चेहरे में बदल जाता हैं। वे दायाँ हाथ उठा कर अपनी दायीं ओर इशारा करते हैं —

"धर्मराज!" अचानक चित्रगुप्त के होंटों से अस्फुट स्वर निकलता है।

"चित्रगुप्त, इतने सारे गुनहगारों में यही धर्मात्मा है और इसीलिए स्वर्ग का अधिकारी है। इन्सान का सच्चा धर्म मन्दिरों-मस्जिदों की पूजा-अर्चना में नहीं। सृष्टि में आदमी को जिस लिए सृजा गया है, उन कर्तव्यों को पूरी तरह निभाने में है।"

चित्रगुप्त सद्दू से कहते हैं कि वह सिंहासन की दायीं ओर आ कर खड़ा हो जाये। उसे अभी स्वर्ग में भेजा जायेगा।

सद्दू के मुख पर कुछ अज़ीब-सा विमूढ़ भाव आ जाता है। चेतन स्वयं आश्चर्यचकित रह जाता है। लेकिन सद्दू दायीं ओर जा कर खड़ा हो जाता है। तब चेतन धड़कता हुआ दिल लिये अचानक आगे बढ़ता है —सोचता हुआ, क्या ऐसा कहे कि सद्दू की तरह उसके लिए भी स्वर्ग की सिफ़ारिश की जाये कि तभी चित्रगुप्त बन्दूक दाग़ते हैं —

"क्या तुमने राम को चोर कहा ?"

चेतन तत्काल कोई उत्तर नहीं दे पाता।

"क्या तुम ईश्वर में विश्वास नहीं रखते ?"

चेतन सोचता रह जाता है कि क्या कहे।

"क्या तुम नास्तिक हो ?"

अचानक चेतन के दिमाग़ में भारतीय दण्ड विधान की ८३वीं धारा आती है। वह कदरे उत्साह से कहता है —

"धर्मराज, मैंने राम को चोर तो कहा, लेकिन यह कथन पाप अथवा अपराध के अन्तर्गत नहीं आता, क्योंकि इसमें दो-दो परिशमनकारी स्थितियाँ हैं।"

चेतन देखता है —धर्मराज के चेहरे पर आँखों से शुरू हो कर होंटों पर एक मुस्कान आ जाती है....

"कौन-सी परिशमनकारी स्थितियाँ हैं वत्स ?" वे धीरे पूछते हैं।

चेतन को बल मिलता है।

"भगवान, पहली तो अपवाद की स्थिति है।" वह हौसला पा कर कहता है —"सात वर्ष से ऊपर और बारह वर्ष से नीचे बालक के किसी ऐसे आचरण को अपराध की संज्ञा नहीं दी जा सकती, जिसे करते वक्त उसकी प्रकृति और परिणाम का उसे ज्ञान न हो। जिस बात का दोष महाराज चित्रगुप्त ने मुझ पर लगाया है, वह तब की है, जब मैं छठी कक्षा में पढ़ता था। मेरी उम्र मुश्किल से ग्यारह वर्ष की रही होगी। मैं राम-लीला देख कर आया था। मुझे लगा राम ने धोखे से छिप कर महाबली बाली को मारा है। पाठ्य-पुस्तकों में जो पढ़ा था, उसके अनुसार मुझे उनका यह कृत्य निन्दनीय लगा और मैंने राम-लीला देख कर घर आते ही बड़े भाई से कहा —'राम चोर थे। उन्होंने छिप कर धोखे से बाली को मारा था।' —राम भगवान के अवतार हैं और उनके बारे में ऐसा नहीं कहना चाहिए, यह बात तब मैं बच्चा कहाँ जानता था!"

चेतन देखता है कि धर्मराज और चित्रगुप्त ही नहीं, दरबार में उपस्थित सभी लोग

तन्मय हो कर उसकी बहस सुन रहे हैं। तब चेतन हठात जैसे अपराधी का कालिब छोड़ कर वकील की देह धारण कर लेता है। पहले वह सोचता है कि हाई कोर्ट के ऐडवोकेट की तरह वह भी धर्मराज को 'माई लॉर्ड' कह कर बुलाये, लेकिन फिर कुछ सोच कर वह परम उत्साह से कहना शुरू करता है —

"भगवन, दूसरी स्थिति नितान्त परिशमनकारी है। यह तो सही है कि मैंने एक सनातन धर्मी ब्राह्मण परिवार में जन्म लिया और मेरी माँ एक बेहद पुरातन-पन्थी मिश्र घराने की कन्या थीं, तमाम व्रत-उपवास और नित-नेम मानती थीं और मेरे दादा शिव-भक्त और चण्डी-उपासक थे, लेकिन मेरे पिता तो किसी तरह के धर्म-कर्म में वैसा विश्वास नहीं रखते और शिक्षा उन्होंने मुझे एक आर्य समाजी संस्था में दिलायी, जहाँ कि धर्म-शिक्षा के अध्यापक न केवल मूर्ति-पूजा के विरोधी हैं, वरन अवतारवाद को नहीं मानते, तब यदि ग्यारह साल के उम्र के मुझे बालक ने वैसा किया तो कैसे मुझे दण्ड दिया जा सकता है ?

"रही मेरे नास्तिक होने की बात तो भगवन!" अपनी सफ़ाई में चेतन आगे कहता है —"मैं समझता हूँ कि उस स्रष्टा को समझना, जिसने इस अपरिमेय सृष्टि की रचना की, मनुष्य की अल्प-बुद्धि के बस में नहीं। उसे ईंट-गारे-चूने की दीवारों में बाँधना परम मूर्खता है। मैं नास्तिक नहीं हूँ। आप मुझे अज्ञेयवादी कह लीजिए। फिर मैं मानता हूँ कि भगवान मनुष्य की तरह नहीं हैं। न वे मनुष्य के गुणों-दुर्गुणों के स्वामी हैं। वे निर्गुण निराकार, निरपेक्ष हैं। वे नाना रूपों और नामों वाली इस सृष्टि के कण-कण में बसे हैं। वे मुझ में भी हैं। मैं उन्हीं का अंश हूँ। उन्हें बाहर खोजने की बजाय मैं उन्हें अपने अन्तर में खोजना और पाना चाहूँगा। विभिन्न पैग़म्बरों और अवतारों को मानने वाले मुझे नास्तिक कह सकते हैं, पर मैं उन्हें नास्तिक और अपने आपको परम आस्तिक मानता हूँ। यदि इस विश्वास के लिए आप मुझे दण्ड का भागी मानते हैं तो मैं अपना अपराध स्वीकार करता हूँ।"

चेतन ख़ामोश हो जाता है। वह देखता है कि धर्मराज के चेहरे की करुणामयी मुस्कान और भी फैल जाती है। वे चित्रगुप्त से कहते हैं कि यह बालक बहुत मेधावी और विधि-वेत्ता है। निश्चय ही यह स्वर्ग का अधिकारी है। हम इससे प्रसन्न हैं। हम इसे अपने दरबार में रखेंगे। यह मर्त्य-लोक से आने वालों के पाप-पुण्य का निर्णय करने में आप की सहायता करेगा और धर्मराज उँगली से संकेत करते हैं। चेतन ख़ुश-ख़ुश उनके दायीं ओर सद्दू के साथ जा खड़ा होता है।

हठात धर्मराज के इस न्याय पर आकाश से पुष्प-वर्षा होती है।

०

चेतन की नींद खुल गयी। उसकी आँखें भारी थीं, लेकिन वह मसाने पर बहुत तनाव महसूस कर रहा था। मुँदी-मुँदी आँखों से वह उठा और उसने बर्नर की बत्ती ज़रा ऊँची की। अधसोई-अधजागी अवस्था में वह शौचालय में जा कर हलका हो आया। वापस आ कर उसने आँगन में पड़े लोटे से हाथ धोये। घड़ौंची पर गिलास उलटा रखा था। उसमें घड़े से पानी भर कर उसने पिया और कमरे में आ कर बर्नर की बत्ती ज़रा नीची करते हुए बिस्तर पर दराज़ हो गया।

उसकी नींद ग़ायब हो गयी थी, पर उसने आँखें बन्द कर लीं और अपने मीठे सपने

को पुनः देखने लगा। धीरे-धीरे नींद उसकी आँखों में उतर आयी। उसका सपना फिर चल पड़ा —

इस बार वह देखता है कि धर्मराज के उठते ही चित्रगुप्त ताली बजाते हैं। एक देवदूत आ कर कोर्निश बजाता है।

"जाओ, स्वर्ग और नरक के वाहकों को तत्काल आने के लिए कहो," चित्रगुप्त आदेश देते हैं।

देवदूत चला जाता है तो चित्रगुप्त चेतन को अपने पास बुलाते हैं। उसकी पीठ ठोंकते हैं कि अभी स्वर्ग के अपने कक्ष में जा कर आराम करे। फिर वे उसे बुलायेंगे और स्वर्ग और मर्त्य-लोक के विधि-विधान का प्रशिक्षण दे कर उसे अपने साथ नायब सरिश्तेदार के रूप में काम करने के लिए तैयार कर देंगे।

इस बीच धुन्ध का पर्दा भेद कर श्याम और गौर वर्ण के दो दूत आते हैं। काले रंग के दूत ने मोटे काले चमड़े का जिरह-बख़्तर पहन रखा है। उसका रंग एकदम काला है और चेहरा क्रूर और भयानक है। गौर वर्ण वाले ने मृग-चर्म का वस्त्र सीने पर पहन रखा है और उसके चेहरे पर मनमोहक मधुरता है....चेतन सोचता है, जैसे जन्नत के वासियों को हूरें और गुलमान मिलते हैं, स्वर्ग के बाशिन्दों को अप्सराओं और किशोर देवदूतों का साहचर्य मिलता होगा। वह स्वर्ग के व्यवस्थापक से ज़रूर एक ऐसा देवदूत अपनी सेवा के लिए माँगेगा।

इस बीच धर्मराज के निर्णय के मुताबिक चित्रगुप्त दण्डित लोगों को नरक में और पुरस्कृत उन दो —सद्दू और चेतन —को स्वर्ग में ले जाने का आदेश उन देवदूतों को देते हैं, इसलिए गौर वर्ण का देवदूत उन दोनों को अपने साथ चलने के लिए कहता है।

चेतन देखता है कि धुन्ध तो वैसे ही छायी है, लेकिन उसके बीच एक सुनहरी सुरंग है, जिसमें से हो कर वे तीनों चले जा रहे हैं। उनके पैर धरती को नहीं छूते, लेकिन वे उड़ नहीं रहे हैं, बल्कि सुनहरी रोशनी से भरी उस सुरंग में तेज़-तेज़ कदम बढ़ा रहे हैं।

तभी सुरंग ख़त्म होती है। देवदूत ने बताया था कि सुरंग की समाप्ति पर स्वर्ग का द्वार आयेगा, लेकिन वहाँ तो अपार भीड़ है। पता चलता है —आज वहाँ वार्षिक जुलूस निकल रहा है।

"एत्थे वी जुलूस निकलदा ए ?" हठात सद्दू पूछता है।

"हाँ, जिस दिन ख़ुदा ने 'कुन' कहा और सृष्टि बन गयी," देवदूत कहता है, "उस दिन की याद में भगवान अपने कृत्य का जायेज़ा लेता है और सारे पैग़म्बर और अवतार स्वर्ग के द्वार के सामने से गुज़रते हैं।"

वे लोग आगे बढ़ कर परम उत्सुकता से देखने लगते हैं।

अचानक भीड़ में खलबली मचती है। बहुमूल्य मणियों से जड़ा हुआ एक रथ आता है, जिसके छत्र के नीचे हीरे-जवाहरात से जड़ा मुकुट धारण किये, गले में रत्न-जटित मालाएँ और बाज़ुओं पर सुनहरी बाज़ूबन्द, हाथों में कंगन पहने, कन्धे पर तीर, कमान और पीठ-पीछे तूणीर सजाये, श्याम वर्ण का एक निहायत ख़ूबसूरत युवक, उसके साथ उसकी बहुत ही सुन्दर पत्नी, उसी तरह तीर-कमान सजाये गौर वर्ण का छोटा भाई, और उनके

पीछे एक रथ में एक श्याम और एक गौर वर्ण के दो नवयुवक मुकुट पहने हुए आते हैं। उनके पीछे विभिन्न अस्त्र-शस्त्रों से सज्जित, तीर कमान, भाले, गदा, आदि लिये हुए वानर-दल आता है।

सद्दू पूछता है —"एह कौन ने ?" यानी ये कौन हैं। इससे पहले कि चेतन कुछ कहे, देवदूत बताता है —"ये भगवान राम हैं। त्रेता में सारे भारतवर्ष में इनका राज्य रहा है, उन्होंने पाप को भारत से भगाया और धर्म का राज्य स्थापित किया। आज भी इनके अनुयायियों की कोई कमी नहीं है।"

चेतन आश्चर्य और विस्मिय से राम के सुन्दर मुख को देखता रह जाता है, जब कि सद्दू तत्काल फ़र्श पर घुटने टेक, हाथ जोड़ कर नत-मस्तक होता है।

इसके बाद, सिर पर मोर मुकुट, गले में रत्नों की माला, कटि में पीताम्बर पहने, हाथों में पकड़ी वंशी बजाते हुए भगवान कृष्ण की सवारी आती है। ग्वाल-बाल और गोपियाँ उसकी लय पर झूमती हुई गुज़रती हैं।

सद्दू उनके बारे में पूछता है। देवदूत बताता है —"ये भगवान कृष्ण हैं। द्वापर में धर्म की ग्लानि (हानि) हुई तो इन्होंने अवतार धारण करके फिर से धर्म की प्रतिष्ठा की और आज भी सारे भारत में और विश्व के अनेक देशों में जहाँ-जहाँ हिन्दू-आबाद हैं, इनकी जय-जयकार हो रही है और इनकी गीता वेदों से भी ज़्यादा प्रसिद्ध है। यहाँ तक कि भारत में हिन्दू धर्म का एकमात्र धर्म-ग्रन्थ बन गयी है और अदालतों में उस ग्रन्थ की शपथ दिलायी जाती है।"

क्षण भर के लिए सारे वातावरण में बाँसुरी की मधुर ध्वनि छा जाती है। चेतन के मन-प्राण उस ध्वनि के माधुर्य से सरशार हो जाते हैं। सद्दू हाथ जोड़ कर भगवान कृष्ण के सामने नत-मस्तक होता है। भगवान कृष्ण की शोभा-यात्रा काफ़ी देर तक चलती है। उसमें ग्वाल-बाल और गोपियों के अलावा रथों में बहुत से वीर योद्धा सवार हैं और भगवान कृष्ण की जय बुला रहे हैं।

इसके बाद अचानक 'धम्मं शरणं गच्छामि, बुद्धं शरणं गच्छामि' का स्वर सारे वातावरण में गूँज उठता है। चेतन देखता है कि आगे-आगे भगवा चोला पहने बड़ी-बड़ी आँखों वाला एक बहुत ही सुन्दर, गौर वर्ण, शान्त मुखाकृति वाला व्यक्ति चला आ रहा है और उसके पीछे अनेकानेक वैसे ही बौद्ध भिक्षु और भिक्षुणियाँ चली आ रही हैं।

तभी सद्दू चेतन से उसके बारे में जिज्ञासा करता है। चेतन बताता है कि ये भगवान बुद्ध हैं और ईसा के जन्म-काल से भी पहले सारे भारतवर्ष से ले कर चीन-जापान, अफ़गानिस्तान और मध्य एशिया तक इनके धर्म का डंका बजता था। आज भारत में तो गिने-चुने लोग ही इनको मानते हैं, लेकिन चीन और जापान में इन्हें आज भी माना जाता है।

सद्दू उन्हें भी झुक कर प्रणाम करता है।

इसके बाद फिर भीड़ में एक खलबली मचती है और बैठे लोग खड़े हो जाते हैं। चेतन देखता है कि खुरदरे कपड़े का चोला पहने हुए एक लम्बा, गोरा, भूरी नुकीली दाढ़ी और लम्बे-लम्बे केशों वाला व्यक्ति पीठ पर सलीब उठाये हुए गिरता-पड़ता चला आ रहा

है और उसके पीछे सिर झुकाये शोक-सन्तप्त लोग और भीड़ को रास्ते से परे रखने वाले सिपाही हैं।

सद्दू के पूछने पर चेतन बताता है कि ये भगवान ईसा हैं। इनको प्रचलित धर्म के ख़िलाफ़ आवाज़ उठाने के लिए सलीब पर चढ़ा दिया गया था। लेकिन उनके बाद उनके अनुयायियों ने उनके धर्म को पूरे यूरोप में फैला दिया था और आज भी उनके नामलेवा यूरोप और अन्य देशों में करोड़ों की संख्या में हैं। सद्दू नत-मस्तक हो कर उनको भी प्रणाम करता है।

इसके बाद ऊँटों का एक जुलूस गुज़रने लगता है, जिनमें सबसे आगे अरबी लिबास पहने, सिर पर अरबी शिरस्त्राण सजाये, नुकीली दाढ़ी, शरई दाढ़ी-मूँछों और मज़बूत काठी वाला एक व्यक्ति बैठा है और उसके पीछे हाथों में भाले, नेज़े और तलवारें लिये 'अल्लाह हो अकबर' का नारा लगाते हुए लोगों का जुलूस आगे बढ़ा आता है।

चेतन सद्दू को बताता है कि ये पैग़म्बर मुहम्मद हैं और इनके नाम-लेवा सारी दुनिया में मौजूद हैं। ये तो अपने आपको ख़ुदा का रसूल बताते थे, पर इनके अनुयायी इन्हें ख़ुदा से बढ़ कर मानते हैं।

यह जुलूस गुज़र जाता है तो सबसे पीछे गधे पर सवार, लम्बी सफ़ेद दाढ़ी-मूछों और लम्बे, सफ़ेद बालों वाला एक वयोवृद्ध व्यक्ति पुराना-सा फटा कोट पहने, पीठ झुकाये आता है। उसके पीछे बड़ी-बड़ी दाढ़ियों और जटाओं वाले, मस्त-अलस्त पागल दीखने वाले, लेकिन वास्तव में उसकी याद में बेख़ुद उनके अनुयायी चले आ रहे हैं।

सद्दू चेतन से उसके बारे में पूछता है। चेतन देवदूत से पूछता है। वह बताता है — यही वे स्रष्टा हैं, जिन्होंने इन सब आगे जाने वालों को संसार में धर्म की स्थापना के लिए भेजा, लेकिन जिनके अनुयायियों ने इन्हें भुला दिया और उन अवतारों और पैग़म्बरों को इनके स्थान पर बैठा दिया।

सद्दू एकदम धरती पर झुक कर दण्डवत करता है।

तभी चेतन देखता है कि गधे पर सवार वृद्ध सिर उठाता है और उसे बुलाता है।

चेतन धड़कते हुए दिल के साथ आगे बढ़ता है। स्रष्टा कहता है —"बेटा, तू कहाँ जा रहा है। तुझको तो मेरे अनुयायियों में शामिल होना है। चल, इधर आ।"

चेतन के दिमाग़ में धर्मराज के शब्द और चित्रगुप्त के अधीन स्वर्ग की विधि-व्यवस्था देखने की बात आती है। वह झिझकता है, तभी पाँच-सात पागल उसे पकड़ कर बरबस उस बूढ़े के पीछे गधे पर बैठा देते हैं। अचानक गधा ज़ोर से दोलत्ती चलाता है। चेतन कलाबाज़ी खाता हुआ गिरता है। कोई ज़ोर से चीख़ता है। चेतन की आँख खुल जाती है।

o

चेतन उठा। उसका बच्चा बेतरह रो रहा था। वह उछल कर बिस्तर से उतरा। जा कर धीरे से उसने बच्चे को उठाया। कन्धे से लगाया। उसकी पीठ थपथपायी। होंटों का 'ओ' बना कर उसमें ज़बान चलायी और 'ओ-लो-लो-लो' की आवाज़ निकालता हुआ उसे आँगन में ले गया।

जब से चन्दा आयी थी, एक भी रात ऐसी नहीं गयी थी कि उसका बेटा न रोया हो और उसकी पढ़ाई या नींद में ख़लल न पड़ा हो।

आँगन में घूम कर बच्चे को थपक कर और हलके स्वर से लोरी गा कर सुलाते हुए चेतन ने मनाया कि सुबह की गाड़ी से मंगल का छोटा भाई मंगल की पत्नी को ले आये। वह चन्दा और बच्चे को सँभाल ले। तब वह पिता से कह कर रात को कहीं दूसरी जगह पढ़ने की व्यवस्था करेगा। अगर उसे परीक्षा में अच्छे नम्बरों से पास होना है तो रात को इस प्रकार अध्ययन में ख़लल नहीं पड़ने देगा।

बच्चा सो गया। चेतन उसे थोड़ी देर घुमाता रहा। फिर वापस आ कर उसने बच्चे को उसकी माँ के पास धीरे से लिटा गया।

उसकी नींद बिलुकल ग़ायब हो गयी थी। उसने लैम्प की बत्ती तेज़ की, दण्ड-विधान की पुस्तक खोली और पूरी एकाग्रता से पढ़ने में तल्लीन हो गया।

☒☒☒

ਛਠਾ ਖਣ੍ਡ

३४

बहराम से जालन्धर पहुँचने के दूसरे ही दिन सुबह के समय चेतन कल्लोवानी मुहल्ले के अपने तिमंज़िले मकान की छत पर, सीमेण्ट की ठण्डी शहनशीन पर लेटा हुआ था और कल्पना-ही-कल्पना में बहराम के पिछले चन्द दिनों की तकलीफ़देह घटनाओं का जायेज़ा ले रहा था।

०

०

हालाँकि मंगल की पत्नी दूसरी ही सुबह आ गयी थी और चेतन ने पिता से कह कर रात को माल-गोदाम में पढ़ने की व्यवस्था भी कर ली थी, लेकिन अगले ही दिनों में पै-दर-पै दो ऐसी घटनाएँ हुईं, कि चेतन के लिए बहराम में रह कर परीक्षा की तैयारी करना मुश्किल हो गया था।

उसे परीक्षा की तैयारी के लिए पौने दो महीने की छुट्टियाँ मिली थीं। उनमें से सात दिन तो नीला के कारण जालन्धर ही में लगभग बरबाद हो गये थे। महीना उसने बहराम में गुज़ारा था। अभी उसकी छुट्टियों के पन्द्रह-सोलह दिन शेष थे, सो चेतन ने तय किया कि लाहौर जा कर दिन-रात एक कर देगा और जो तैयारी शेष रह गयी है, उसे पन्द्रह दिन में पूरा करके परीक्षा में बैठेगा। पास हो जाने में तो किसी तरह की शंका नहीं थी, पर वह फ़र्स्ट डिवीज़न लेना चाहता था, ताकि एल० एल० बी० में विशेष योग्ता से पास हो और सब-जजी के कम्पीटीशन में बैठ सके। इसके लिए उसके ख़याल से उसकी तैयारी मुकम्मल नहीं थी और वह अपनी ओर से कोई कोर-कसर न उठा रखना चाहता था।

घटनाएँ तो बहुत ही मामूली और नगण्य थीं, लेकिन चेतन के अति भाव-प्रवण मन पर उनका कुछ ऐसा प्रभाव पड़ा था, वह कुछ इस तरह विचलित हो उठा था कि उसने पत्नी से अपनी मन की बात कही थी, पुस्तकें समेटी थीं और एक दिन जालन्धर गुज़ारने और माँ से दिल की बात करने के बाद लाहौर जाने का फ़ैसला कर लिया था।

०

चेतन चन्दा के साथ शाम को जालन्धर पहुँचा था। उसके भाइयों ने उनकी चारपाइयाँ ऊपर बरसाती में लगा दी थीं। चन्दा खाना खा कर और बच्चे को दूध पिला कर ऊपर सोने चली गयी थी। चेतन देर तक आँगन में बैठा माँ से बतियाता रहा था। लेकिन जो बात वह उससे कहना चाहता था, कह नहीं सका था। आधी रात को जब वह सोने के लिए उठा तो उसने मन-ही-मन तय क़िया था कि जब वह दूसरे दिन माँ के सामने रसोई-घर में खाना खायेगा तो उस से मन की बात कहेगा। वह जानता था कि माँ को उसकी बात सुन कर दुख होगा। पर वह यह भी जानता था कि अगर वह बिना कहे चला जायेगा तो वह बात निरन्तर उसके

मन को कोंचती रहेगी और वह अपनी पढ़ाई एकाग्रता से नहीं कर सकेगा।

०

०

चेतन रात को देर से सोया था, लेकिन स्वभावानुसार वह सुबह जल्दी उठ गया। रात आकाश में बादल घिर आये थे। वातावरण में बेहद उमस भर गयी थी। कुछ बूँदियाँ भी गिरी थीं, लेकिन हवा बादलों को उड़ा ले गयी थी और सुबह का आकाश एकदम नीला, निरभ्र, धुला और निखरा था। छै-साढ़े छै का समय होगा। मगर बरसाती के पीछे कहीं मकानों की छतों पर चढ़े पतंगबाज़ जैसे सो कर उठते ही अपने शग़ल में मशग़ूल हो गये थे। एक छोटी-सी लाल पतंग ज़ोरों से फड़फड़ाती हुई उत्तर से दक्खिन और दक्खिन से उत्तर, आकाश में अर्द्ध-चन्द्राकार दायरे बना रही थी। चेतन को लगा, वइ इसी की बेकरार फड़फड़ाहट से जागा है।

क्षण भर वह उस पतंग को अपलक देखता रहा। ज़ाहिर है, पतंगबाज़ किसी दूसरी पतंग से पेच लड़ाने के फ़िराक में था। लेकिन चेतन को इर्द-गिर्द कहीं कोई पतंग दिखायी न दे रही थी। तब उसने कदरे गहराई से आकाश के विस्तार में निगाह दौड़ायी थी। सामने सैयदों की ऊँची हवेली के भी आगे, झमानों के मकान के ऊपर, एक पतंग नीले आकाश में जैसे ध्रुव तारे-सी स्थिति थी। उसमें न कोई लरज़िश थी, न कम्पन। वह जैसे आकाश में टँकी-सी थी और यह छोटी-सी सुर्ख़ पतंग अपने अहं से पीड़ित, उससे पेंच लड़ाने के लिए आकाश में अर्द्ध गोलाकार घेरे बना रही थी....

'अरे मूरख!' चेतन मन-ही-मन उस छोटी-सी पतंग को (लेकिन उसके माध्यम से पतंगबाज़ को) सम्बोधित करते हुए कहा, 'पहले उस ऊँचाई तक उठ, फिर उससे पेंच लड़ा। इतना नीचे उड़ते हुए उस आसमानी सितारे पेंच लड़ाने के लिए तू क्या तड़फड़ा रही है!'

मन-ही-मन उस पतंगबाज़ की बेवकूफ़ी पर हँसता हुआ चेतन सीमेण्ट की उस शहनशीन की ओर बढ़ा, जो उनके मकान की छत पर पूरब और दक्खिन की ओर छोटे-से पर्दे के साथ बनी थी।

तभी उसके मन में दूसरा ख़याल आया —ये कैसे लोग हैं, जो दुनिया-जहान की चिन्ता छोड़ कर इतनी सुबह-सुबह, सो कर उठते ही, अपने मकानों की छतों पर जा चढ़े हैं और नित्य कर्मों से निबटने और नहाने-धोने के बदले पतंगबाज़ी में मशग़ूल हो गये हैं। —क्या इन्हें कहीं किसी दफ़्तर अथवा किसी काम पर नहीं जाना ? क्या इनके पेट और जेबें भरी हैं और इनके पास नष्ट करने के लिए अपरम्पार समय है ?....लेकिन चेतन यह भी जानता था कि शतरंज, ताश और चौपड़बाज़ी की तरह पतंगबाज़ी भी शहर के बेकार, आवारा, निठल्ले और निकम्मे लोगों का, वक्त को किसी-किसी तरह ज़िबह करने का, सबसे मनोरंजक साधन था....चेतन के सामने अपने बड़े भाई की शक्ल आ गयी....वे भी तो ढाई-तीन वर्ष पहले इसी तरह सुबह से शाम तक वक्त बरबाद करते थे और उन पर न पत्नी की चिल्ल-पों का कोई असर होता था, न माँ की चीख़-पुकार का! रोज़गार के साधनों की कमी किस प्रकार निचले वर्ग के युवकों को अपनी कुण्ठाएँ ताश, शतरंज, चौपड़, पतंगबाजी और गुण्डागर्दी जैसे बेकार के मशग़लों में भुलाने की प्रेरणा देती है,

जालन्धर के गली-बाज़ारों के चौकों में इन खेलों में निरत लोगों के जमावड़े और आये-दिन की सिर-फुटौव्वल इसका ज्वलन्त प्रमाण थी....क्या कभी ऐसा दिन नहीं आयेगा, चेतन ने सोचा, जब यह अपरम्पार युवा-शक्ति उपादेय कामों में लगेगी और हिन्दुस्तान, जो कभी सोने की चिड़िया कहाता था, जहाँ की नायाब दस्तकारी यूरोप के बाज़ारों में मुँह-माँगे दाम बिकती थी, फिर अपना पुराना गौरव पायेगा ? यहाँ का धन बाहर जाने के बदले बाहर का धन यहाँ आयेगा और यह देश फिर सोने की चिड़िया कहायेगा ?

चेतन ने ज़रा ऊँचाई पर उसी तरह फड़फड़ाती उस सुर्ख़ पतंग पर एक हिकारत-भरी नज़र डाली, एक लम्बी साँस भरी और शहनशीन पर जा बैठा।

०

०

पिछले दिन, जब वह बहराम से अपना डेरा-डण्डा समेट कर, चन्दा और बच्चे के साथ, अपने घर कल्लोवानी मुहल्ले पहुँचा था तो सामान वग़ैरह आँगन में टिका कर प्रकट मसाने के बोझ को ज़रा हलका करने, लेकिन परोक्ष रूप से छत पर जा कर अपने चिर-परिचित परिदृश्य को ज़रा एक नज़र देखने के ख़याल से छत पर चढ़ आया था।

शौचालय से हलका हो कर आने के बाद आँगन के जँगले पर हाथ रखे-रखे उसने उत्तर-पश्चिम की ओर निगाह दौड़ायी थी। बरसाती के पीछे से बादल का एक टुकड़ा आकाश में बढ़ आया था, जिससे छत पर ख़ुशगवार छाया फैल गयी थी। उत्तर में पर्दे के कारण कुछ दिखायी न दे रहा था। पर्दे के करीब जा कर ज़रा एड़ियाँ उठा कर चेतन ने परे को देखा था —वही पुराना दृश्य —वैसा-का-वैसा। हरगोपाल के खुले तबेले के साथ लगे मकान की जो खुली छत दिखायी दे रही थी, उसके चौबारे की दीवार चेचक के बड़े-बड़े फफोलों जैसे उपलों से पटी थी। ममटी की छाया में दो छोकरे पतंग उड़ाने की तैयारी कर रहे थे।

चेतन मुड़ा था और उत्तर-दक्खिन की छतों की बीच पक्की मुँडेर पर आ खड़ा हुआ था। हालाँकि छत पर बादल के कारण घनी छाया थी, पर मुकन्दी लाल के एक-मंज़िले मकान की छत पर धूप ऐसे चिलक रही थी कि उस पर निगाहें न टिकती थीं। मुकन्दी लाल के मकान की छत के बीचों-बीच आँगन के चौकोर मोघे से, नीचे बैठी शन्नो, जाने किससे बतियाती नज़र आ रही थी। सिर्फ़ उसके गोरे चेहरे पर उपदंश के कारण बैठी नाक ही दिखायी देती थी। चेतन ने वहाँ से आँखें हटा कर ऊपर आकाश की गहराई में देखा —दो चीलें एक-दूसरी के पीछे उड़ती हुईं, दायरे बना रही थीं। कभी वे पंख फड़फड़ाना छोड़ कर ग्लाइडरों की तरह हवा में तैरने लगतीं और फिर हठात पंख फड़फड़ाना शुरू कर देती थीं....

सहसा चेतन का मन हुआ था कि वह क्षण भर के लिए शहनशीन पर बैठ कर मुहल्ले में एक निगाह डाले। स्टेशन से आते वक्त तो चन्दा और बच्चे के साथ, बिना इधर-उधर निगाह उठाये वह चला आया था। यूँ ही उसका मन कुएँ पर एक नज़र डालने को हुआ था। दो पग बढ़ा कर वह शहनशीन के कोने पर बैठा कि पर्दे पर बाँहें रख कर कर नीचे मुहल्ले की ओर देखे। लेकिन उसके चूतड़ मुश्किल से शहनशीन से लगे होंगे

कि वह तड़प उठा था। शहनशीन तवे की तरह गर्म थी। बादल की छाया के कारण उसने ध्यान ही नहीं दिया था। मई की चिलचिलाती धूप में शहनशीन तप गयी थी। पतलून के अन्दर चेतन के चूतड़ बुरी तरह जल रहे थे। अपनी जल्दबाज़ी पर वह मन-ही-मन हँसा था और उसने दोनों हाथों से चूतड़ों से तपिश को ऐसे झाड़ने की कोशिश की थी, मानों वह रेत हो, जिसे वह यूँ झाड़ देगा। फिर अपनी उस मूर्खता पर सिर को झटका दे कर वह नीचे भाग गया था।

o

o

लेकिन वही शहनशीन उस नूर-धुली सुबह में माँ की गोद-ऐसी शीतल और सुखद थी....जाने उनके मकान की इस दो-मंज़िली छत और उस शहनशीन में क्या आकर्षण था कि चेतन जब भी जालन्धर आता, सबसे पहले छत पर जा कर चारों तरफ़ निगाह डालता और फिर शहनशीन पर बैठ कर नीचे कुएँ और उसके इर्द-गिर्द होने वाली सरगर्मियों को यों देखता रहता, मानो वहाँ कुछ ऐसा हो रहा हो उसने पहले कभी न देखा हो। आँखें थक जातीं तो पलट कर उन्हें आकाश की ओर लगा देता। उसकी स्मृति में इस छत और उसके ऊपर छाये आकाश के न जाने कितने दृश्य जस-के-तस सुरक्षित थे।

चेतन कुछ क्षण शहनशीन के कोने में बैठा पर्दे पर दोनों बाँहें टिकाये, नीचे कुएँ की ओर देखता रहा। चौधरियों के दो-मंज़िले मकान की ओर कुएँ की चर्ख़ी पर ज्वाली मेहरी और उसकी लड़की पानी भरने आ गयी थीं और इधर तेलू अपनी भारी-भरकम देह के साथ कुएँ से गागर खींच रहा था और नीचे चौक के फ़र्श पर मौसी पूरनदेई भैंस का गोबर समेट रही थी। चेतन कुछ क्षण निर्निमेष यह दृश्य देखता रहा। फिर वह ज़रा बायीं ओर को हट कर पेट के बल ठण्डी शहनशीन पर लेट गया और बाँहें उसने माथे के नीचे रख लीं।

चेतन कुछ क्षण चुपचाप लेटा रहा। फिर माथा उसने बायें हाथ उलटी हथेली पर टिका दिया और दायाँ हाथ शहनशीन के नीचे लटका दिया। उसके सीने का दायाँ ऊपरी भाग ठण्डी शहनशीन से सट गया तो उसके शरीर में फिर एक सुखद सिहरन दौड़ गयी।

चेतन कुछ क्षण मौन शहनशीन से अपनी जाँघे, पेट और सीना सटाये लेटा रहा। फिर जाने किस मायावी प्रक्रिया से उसकी आँखों में उस पत्र की पंक्तियाँ घूम गयीं, जो उसने बहराम से चलते वक्त अनन्त को लिखा था।

o

o

"तुम्हारा ख़त समय से मिल गया था। कुछ इम्तहान की तैयारी और कुछ ज़ेहनी परेशानी के कारण मैं फ़ौरन जवाब नहीं दे सका। चूँकि कई कारणों से मैं पन्द्रह दिन पहले ही यहाँ से डेरा-डण्डा उठा रहा हूँ, एक दिन जालन्धर रह कर लाहौर चला जाऊँगा और वहाँ जम कर तैयारी करूँगा, इसलिए सामान बाँध कर गाड़ी के इन्तज़ार में बैठा तुम्हें ख़त लिख रहा हूँ।

"तुम कहोगे," चेतन ने लिखा था, "तुम्हीं ने कहा था कि बहराम में

सन्नाटा और तन्हाई और इम्तहान की तैयारी के लिए इससे बेहतर माहौल मिलना मुश्किल है, फिर अब क्या हो गया, जो परेशान हो कर वक्त से पहले वहाँ से भाग रहे हो ?

"पहली बात तो यह है अनन्त, कि यहाँ क्वार्टर में सिर्फ़ एक कमरा है। मेरे साथ मेरी बीवी और बच्चा भी है। बाऊ जी तो रात बाहर सो जाते हैं। हम एक कमरे में सोते हैं। मैं चारपाई के पास बर्नर रख कर पढ़ता हूँ। बीवी बीमार और कमज़ोर है। दिन भर के काम से थक-हार कर, सुध-बुध बिसार कर सोती है। बच्चा रात को एक-दो बार उठता है। बीवी जागती नहीं। मैं ही उसे कन्धे से लगा कर थपथपाता, घुमाता, कभी लोरी सुनाता और सुलाता रहा हूँ। ज़ाहिर है, पढ़ाई में बेहद ख़लल पड़ रहा है।

"इसके अलावा न यहाँ कोई मेज़ है, न कुर्सी। बर्नर खिड़की की सिल पर रखा रहता है। हवा से बुझ न जाये, इसलिए गर्मी के बावजूद खिड़की बन्द रखनी पड़ती है। मैं मेज़-कुर्सी पर या दरी-गद्दे पर चौकी पर पढ़ने का आदी हूँ। मुझे चारपाई पर बैठ कर पढ़ने में बड़ी उलझन होती है। पढ़ते-पढ़ते उठ कर बच्चे को चुप कराता और सुलाता रहा हूँ और मैं वैसी यकसूई[१] से नहीं पढ़ पाया, जैसा मुझे पढ़ना चाहिए था।"

०

०

चेतन ने अपने पत्र में अंग्रेज़ हाकिमों के ख़िलाफ़ एक ऐसी बात लिखी थी कि उसकी याद आ जाने से शहनशीन पर लेटे-लेटे उसका मन क्रोध से उबल उठा....उसने बायाँ हाथ भी मस्तक के नीचे से हटा कर पीछे कर लिया, बायीं कनपटी शहनशीन से लगा ली, लेकिन अंग्रेज़ हाकिमों के खिलाफ़ उसके क्रोध में कमी नहीं आयी।

०

०

"यूँ तो स्टेशन मास्टर स्टेशन का बादशाह कहलाता है" — चेतन ने लिखा था — "लेकिन इन साले अंग्रेजों ने उसके क्वार्टर में भी सिर्फ़ एक कमरा रखा है। कोई सगा-सम्बन्धी या मेहमान आ जाये तो उसके सोने-रहने का कोई इन्तज़ाम नहीं। अंग्रेज़ लोग स्टाफ़ क्वार्टरों को मीनियल्स क्वार्टर्स —याने अदना दर्जे के नौकरों के क्वार्टर —का नाम देते हैं। लेकिन उनकी नज़रों में स्टेशन मास्टर या उसके असिस्टेण्ट की वकअत उन नौकर-पेशा मीनियल्स से कुछ भी ज़्यादा नहीं है। दोनों के क्वार्टरों में बस इतना ही फ़र्क है कि नौकरों के क्वार्टरों की बनिस्बत स्टेशन मास्टर और उसके असिस्टेण्ट के क्वार्टर बड़े हैं। बाकी सब कुछ एक-सा है। दीवारों में अलमारियाँ हैं, लेकिन उनके लिए किवाड़ों की कोई ज़रूरत नहीं समझी गयी। वो बड़े-बड़े ताकों जैसी लगती हैं। दो चारपाइयों के अलावा, जो हमारी अपनी हैं, दूसरा कोई फ़र्नीचर यहाँ नहीं है....और यह स्टेशन

---

१. एकाग्रता

के बादशाह का कमरा है....इन साले अंग्रेज़ों ने अपने लिए बड़ी-बड़ी कोठियाँ बनवा रखी हैं, जहाँ ड्रॉइंग रूम हैं, डाइनिंग-रूम हैं, सोने के कमरे हैं और हिन्दुस्तानी अफ़सरों और कर्मचारियों के लिए कोई ऐसा इन्तज़ाम नहीं। इनके लिए सब हिन्दुस्तानी मुलाज़िम मीनियल्स — याने निहायत अदना दर्जे के मुलाज़िम हैं।

"अज़ीब बात है अनन्त, मुझे कभी पहले इस बात का एहसास नहीं हुआ। मैं बचपन से बाऊ जी के साथ स्टेशनों पर रहा हूँ। बरामदे के आधे हिस्से में माँ हमेशा रसोई पकाती रही है, क्योंकि आँगन में जो रसोई-घर बना है, वह इतना छोटा है कि वहाँ पानी के घड़े घड़ौंचियों पर रखने के बाद ज़्यादा जगह नहीं बचती। रसोई का बढ़िया एहतमाम वहाँ नहीं हो सकता। पढ़ते-पढ़ते जब मुझे इन बातों का ख़याल आ जाता था तो मेरा दिमाग़ खौलने लगता।

"चूँकि बच्चे की वजह से बहुत दिक्कत होती थी, सो मैंने बाऊ जी से कहा कि बच्चे को सँभालने के लिए किसी आया या औरत का इन्तज़ाम हो जाये तो बहुत अच्छा हो....उन्होंने मंगल पानी वाले की घरवाली को मेरी बीवी की मदद के लिए मुकर्रर कर दिया। वह न सिर्फ़ घर के काम-काज में मेरी बीवी का हाथ बटाने लगी, बल्कि उसके साथ ही फ़र्श पर सोने भी लगी, ताकि बच्चा जगे तो वह उठ कर उसे चुप करा सके। ऐसे में उसी कमरे में पढ़ना और कानून के सालाना इम्तहान की तैयारी करना मुझे मुश्किल लगा मैंने बाऊ जी से कहा कि अगर रात को कहीं दूसरी जगह पढ़ने की सहूलत हो जाये तो अच्छा हो। वे ख़ासे परेशान हुए क्योंकि कोई मुनासिब जगह शायद उन्हें सुझाई नहीं दी। अंग्रेज़ों ने यह सोच कर तो स्टेशन मास्टरों के क्वार्टर बनाये नहीं कि उनके लड़के ऊँची तालीम भी पायेंगे और उन्हें पढ़ने के लिए अलग जगह दरकार होगी। सोच-सोच कर बाऊ जी ने कहा था कि आजकल माल-गोदाम ख़ाली है। पन्द्रह-बीस दिन बाद फ़सलें कटेंगी तो शायद अनाज की बोरियाँ आयें। उसमें एक बहुत बड़ा कमरा है। फ़िलहाल अगर मैं चाहूँ तो उसमें पढ़ सकता हूँ।"

०

०

चेतन ने अनन्त के पत्र में माल-गोदाम के उस बहुत बड़े कमरे के बारे में कुछ नहीं लिखा था, लेकिन वहाँ शहनशीन पर लेटे-लेटे चेतन की आँखों में वह कमरा और अपने पिता के साथ उसे देखने को जाने की पूरी घटना कौंध गयी।

०

०

वास्तव में माल-गोदाम के साथ दो कमरे थे — एक छोटा और एक बहुत बड़ा। छोटे कमरे में, जो दरअसल माल बाबू का कमरा था, बाहर से आया हुआ कोई अफ़सर ठहरा था। बड़ा कमरा, जो टीन की ढालुवीं छतों वाला बहुत बड़ा हॉल-कमरा था, एकदम ख़ाली था। फ़सलों के दिनों में उसमें गेहूँ की बोरियाँ छत तक लद जाती थीं। उसके

उत्तर-दक्खिन —दोनों ओर टीन ही के बड़े-बड़े स्लाइडिंग गेट थे। चूँकि माल-गोदाम की दोनों तरफ़ रेलवे लाइनें थीं, इसलिए मालगाड़ी का डिब्बा उत्तर या दक्खिन —जिधर भी लगे, उधर का गेट खोल कर उस में माल लादा जा सकता था।

चेतन पिता के साथ हॉल-कमरा देखने गया था। नत्थू ने दक्खिन का गेट खोला था तो अन्दर दाख़िल होते ही गेहूँ, गुड़, टाट और मिट्टी की अज़ीब-सी मिली-जुली गन्ध उसके नथुनों में भर गयी थी। लेकिन वह तो बचपन से उस गन्ध का आदी था। पिट जाने के भय से (अपने पिता के सामने पड़ने से बचने की कोशिश में) वह माल-गोदाम में लगी बोरियों पर दोपहरें सो कर काटता रहा था। वह नहीं जानता था कि उस गन्ध से अनभ्यस्त नथुनों को वह कैसी लगती। हो सकता है, किसी नाज़ुक-मिज़ाज का जी उस गन्ध ही के कारण मतला जाता, लेकिन चेतन को तो जालन्धर के बाज़ारों में छिड़काव के बाद उठने वाली मिट्टी की सोंधी-सोंधी गन्ध की तरह माल-गोदाम की वह गन्ध भी अच्छी ही लगी थी।

चेतन ने दो-चार क्षण के लिए उस बड़े ख़ाली हॉल पर नज़र डाली थी और पिता से कहा था कि अगर वे कोई मेज़-कुर्सी वहाँ रखवा दें तो वह बड़े इत्मीनान से गयी रात तक परीक्षा की तैयारी कर सकेगा।

उसके पिता ने बताया था कि माल बाबू के कमरे में तो अफ़सर ठहरे हैं। वहाँ की मेज़-कुर्सी उधर खुले गोदाम में पड़ी है। वे उसे उठवा कर रखवा देंगे। नत्थू शाम को आ कर मेज़-कुर्सी साफ़ करके बर्नर जला जायेगा। चेतन आराम से वहाँ परीक्षा की तैयारी करे।

और चेतन की आँखों में पुनः अनन्त को लिखे पत्र की पंक्तियाँ घूम गयीं।

०

"दिन को तो मैं हमेशा की तरह एक दरी और किताबें ले कर लाइन के किनारे-किनारे निकल गया था और एक रहट पर घने आम के साये में दरी बिछा कर पढ़ता रहा था। रात को जब खाना खा-पी कर, किताबें बग़ल में दबाये माल-गोदाम के हॉल में पहुँचा, उसके उत्तर के कोने में मेज़-कुर्सी लगी देखी और मेज़ पर एक बर्नर को मद्धिम लौ से जलते पाया तो मुझे बहुत अच्छा लगा। यह भी महसूस हुआ कि इम्तहान की तैयारी में किसी तरह का ख़लल नहीं पड़ेगा। इम्तहान की तैयारी के लिए मिली छुट्टियों के बाकी दिन मैं निहायत इत्मीनान, यकसूई और दिल लगा कर पढ़ते हुए गुज़ार सकूँगा।

"लेकिन वो कहते हैं न, मैन प्रोपोज़ेज़ ऐण्ड गॉड डिस्पोज़ेज़। इस तमाम सरअंजाम के बावजूद एक छोटी-सी ऐसी बात हुई कि पढ़ना-लिखना तो दूर रहा, बहराम से मेरा मन उचाट हो गया।

मैं तुम्हें लिखूँगा तो तुम मुझे दस गालियाँ दोगे और कहोगे —साले, तुम पुराने चुग़द और कायर हो, दुनिया में तुम्हारे जैसे जज़्बाती, हस्सास और कमज़ोर बेवक़ूफ़ों के लिए कोई जगह नहीं है...."

यहाँ तक पत्र लिख कर चेतन देर तक कलम रोके, सोचता रहा था कि उस घटना का ब्योरा अनन्त को दे या न दे....वह अनन्त को जानता था इसलिए उसे साहस नहीं हुआ था और उसने सिर्फ़ इतना लिखा —

"कभी मिलने पर मैं तुम्हें बताऊँगा। अभी तो मेरा मन उखड़ गया है और मैं लाहौर जा रहा हूँ। अब इम्तहान के बाद ही लिखूँगा।"

o

o

चेतन ने अनन्त को उस घटना के बारे में कुछ नहीं लिखा था, लेकिन वहाँ सुबह की ठण्डी हवा में शहनशीन पर लेटे-लेटे वह छोटी-सी, लेकिन उसके भाव-प्रवण हृदय को झकझोर जाने वाली, घटना अपने नन्हे-से-नन्हे ब्योरे के साथ उसकी आँखों में आ गयी।

o

o

नत्थू, जैसा कि चेतन ने अनन्त को लिखा, शाम को माल-गोदाम में चेतन के जाने से पहले मेज़-कुर्सी झाड़-पोंछ कर उत्तर के कोने में उसे जमा कर, मेज़ पर बर्नर जला कर, उसकी बत्ती धीमी कर गया था। जैसा कि चेतन ने उसे समझाया था, उसने रेलवे लाइन के साथ बिछे पत्थर के टुकड़ों में से दो सुन्दर और चौकोर पत्थर चुन कर पेपर-वेट का काम देने के लिए उन्हें बर्नर के साथ सजा कर रख दिया था।

चेतन जा कर कुर्सी पर बैठ गया था। उसने बर्नर की बत्ती ऊँची की थी। ज़ाब्ता फ़ौजदारी का चैप्टर खोला था, नोट-बुक निकाली थी, उस पर लिखे नोटस का पृष्ठ खोल कर बायें पृष्ठ पर पत्थर का टुकड़ा रखा था और पूरी एकाग्रता से पढ़ने लगा था।

लेकिन अभी उसने पहली धारा भी पूरी नहीं पढ़ी थी कि एकाएक ऊपर छत की कॉर्निस[१] से कबूतरों का एक जोड़ा उड़ा और फड़फड़ाता हुआ सामने की कॉर्निस पर जा कर बैठ गया।

क्षण भर के लिए चेतन का ध्यान बँट गया था। लेकिन उसने धारा को पुनः पढ़ा। पूरी धारा पढ़ने के बाद वह नोट देखने जा रहा था कि कबूतरों का वह जोड़ा सामने की कॉर्निस से उड़ा और फिर पहली जगह छजरी के कोने में आ कर बैठ गया। चेतन का ध्यान बिलकुल भटक गया। यह सोच कर कि शायद कबूतर लैम्प की रोशनी में डरते हैं, उसने बर्नर की बत्ती कुछ मद्धिम कर दी थी और आँखें बन्द करके पढ़ी हुई धारा को मन-ही-मन दोहराने लगा। लेकिन पूरी धारा उसे याद नहीं थी। बत्ती ऊँची करके धारा को पुनः पढ़े कि न पढ़े, इस असमंजस में वह क्षण भर वैसे ही बैठा रहा। लेकिन चुपचाप निष्क्रिय बैठना उसके लिए दूभर था, इसलिए उसने फिर बत्ती ऊँची की और पुनः धारा पढ़ने लगा। तभी कबूतरों का जोड़ा फिर उड़ा और फड़फड़ाता हुआ सामने की कॉर्निस पर जा बैठा। बिना उधर ध्यान दिये, चेतन धारा पढ़ता गया। लेकिन उसने धारा पूरी ख़त्म न की थी। वह जोड़ा फिर उड़ा और पुनः वहीं पुरानी जगह पर कॉर्निस के कोने में आ कर बैठ गया।

परेशान हो कर चेतन ने बत्ती फिर धीमी कर दी थी। इस बार लौ काफ़ी मन्द हो गयी। हॉल में अँधेरा छा गया। उसने पीछे कुर्सी से पीठ लगा ली, टाँगें मेज़ पर फैला लीं, आँखें बन्द कर लीं और मन-ही-मन धारा दोहराने लगा।

इस बार वह पूरी धारा दोहरा गया। लेकिन अब उसे फिर आगे पढ़ने और व्याख्या

---

१. cornice = छजरी।

के सिलसिले में ज़रूरी मामलों की रिपोर्ट देखने की ज़रूरत महसूस हुई।

वह चुपचाप वैसे ही बैठा रहा था। इन्तज़ार करता रहा था कि कबूतरों का जोड़ा फिर उड़ेगा और सामने की कॉर्निस पर जा बैठेगा।

वह काफ़ी देर तक मौन रूप से वैसे ही बैठा रहा। कबूतर भी आराम से कॉर्निस पर बैठे रहे।

चेतन ने सोचा कि अब कबूतर सो गये होंगे। उसने टाँगें नीचे कीं। सीधा हो कर बैठ गया और उसने बर्नर की बत्ती ऊँची की। इससे पहले कि वह किताब में आगे की पंक्तियाँ पढ़े, कबूतर फिर उड़े और फड़फड़ाते हुए सामने की कॉर्निस पर जा बैठे।

बिना किताब पढ़े, चेतन मौन, अचल, कुर्सी पर बैठ गया। दो क्षण बाद कबूतर फिर उड़े और फड़फड़ाते हुए पहली जगह आ बैठे।

चेतन के लिए काम करना कठिन हो गया था। उसने बत्ती धीमी की और बाहर माल-गोदाम के प्लैटफ़ॉर्म पर निकल गया। क्षण भर वहीं गेट के सामने प्लैटफ़ॉर्म के किनारे पत्थर की पट्टी पर खड़े-खड़े उसने सामने लाइनों के पार दायें-से-बायें तक आधे दायरे में फैले पूरे परिदृश्य पर निगाह डाली थी। दायीं ओर आकाश में शायद एकादशी या द्वादशी का छोटा-सा चौथाई चाँद अपनी नितान्त निर्जीव आभा सारे परिदृश्य पर बिखेर रहा था। कहीं कोई आवाज़ नहीं थी। घोर निस्तब्धता छायी थी। हवा बन्द थी और सन्नाटा पूरी तरह वातावरण पर तारी था।

चेतन का दिमाग़ दलदल-सा बन गया था। वह कुछ भी सोच नहीं पा रहा था। प्लैटफ़ॉर्म की पट्टी पर वह चुपचाप पूरब-से-पश्चिम और पश्चिम-से-पूरब टहलने लगा।

थोड़ी देर बाद अचानक हवा रमक उठी। जैसे अपने आप में आ गया। उसने सोचा कि कबूतर अब बिल्कुल आश्वस्त हो गये होंगे। वह बिना आवाज़ किये, दबे-पाँव हॉल में गया और मेज़ पर बैठ कर उसने बत्ती ऊँची की। दूसरे ही क्षण कबूतर फिर फड़फड़ाते हुए उड़े....

मुहावरे की भाषा में चेतन ने सर पीट लिया था। क्षण भर वैसे ही खड़े-खड़े वह सोचने लगा कि क्या करे। कबूतरों की इस फड़फड़ाहट में एकाग्र हो पाना उसके लिए लगभग असम्भव था। उसने किताब बन्द कर दी। सोचा कि बर्नर को बुझा दे या इतना धीमा कर दे कि अपने आप बुझ जाये और वापस क्वार्टर में जा कर, अन्दर कमरे की बजाय बरामदे में लगी अपनी चारपाई पर लेट जाये। रात की कसर वह दिन में दो घण्टे ज़्यादा पढ़ कर पूरी कर लेगा। लेकिन फिर दूसरा ख़याल आ जाने से उसने बर्नर को बुझाने या उसकी बातों को धीमा करने का इरादा तज दिया....

'....ये कबूतर अँधेरे के अभ्यस्त हैं। रोशनी होने पर डर जाते हैं और कॉर्निस-दर-कॉर्निस उड़ने लगते हैं।' —उसने सोचा था —वह बर्नर की बत्ती को अत्यधिक धीमी करके या उसे यकसर बुझा देने के बदले तेज़ जलती छोड़ कर चला जायेगा। कबूतर तेज़ रोशनी के आदी हो जायेंगे। अगली शाम को आ कर वह पढ़ेगा तो उसे ज़रा भी कठिनाई नहीं होगी।

और बर्नर को उसी तरह तेज़ जलता छोड़ कर वह हॉल से बाहर निकला, उसने गेट

बन्द कर दिया, ताला लगाया और क्वार्टर की ओर पलटा।

o

उसकी पत्नी खाना खा कर बच्चे के साथ जा लेटी थी और मंगल की बीवी मुंदरी रसोई-घर का काम समेट रही थी। चेतन का बिस्तर बरामदे में अन्दर को जाने वाले दरवाज़े के आगे बिछा था। किताबें उस पर पटक कर वह अन्दर गया तो चन्दा हठात उठ बैठी।

"क्या बात है ?" उसने आशंका से पूछा था।

हताशा-मिली वितृष्णा से चेतन ने कहा था, "क्या बातऊँ! समझो, यह रात भी बरबाद हो गयी।"

"क्या हुआ ?" चन्दा ने अत्यन्त सहानुभूतिपूर्ण स्वर में पूछा था।

पराजय-जनित व्यंग्य-भरी हँसी से चेतन ने कबूतरों की हठधर्मी का किस्सा सुनाया और बोला, "ऐसे में तुम्हीं बताओ, मन कैसे एकाग्र हो सकता है ? मैंने लाख कोशिश की, लेकिन किताब की चार लाइनें भी शान्ति के साथ नहीं पढ़ पाया। झख मार कर उठ आया।"

क्षण भर वह चुप खड़ा रहा था। चन्दा क्या कहे, वह तय न कर पायी थी। फिर चेतन ने अपने मन की शंका का उल्लेख किया था —

"मेरा ख़याल है, कबूतर रोशनी से डर जाते हैं। उन्हें रात को अँधेरे में बैठने और सोने की आदत है। मैं बर्नर तेज़ जलता छोड़ आया हूँ। रात भर जलता रहेगा। वे रोशनी के आदी हो जायेंगे। मेरा ख़याल है, कल शाम मैं वहाँ इत्मीनान से पढ़ सकूँगा।"

"यह आपने ठीक सोचा है।" चन्दा ने हमेशा की तरह पति की हाँ-में-हाँ मिलाते हुए कहा था, "रात के अँधेरे में ज़रूर ही कबूतर रोशनी से डरते होंगे।"

"वो तो ठीक है, पर इस चकल्लस में मेरी आज की रात तो बरबाद हो ही गयी। इम्तहान सिर पर है और एक-एक पल कीमती है।"

चन्दा तत्परता से उठी थी। "नहीं, बरबाद क्यों होगी," उसने पति को आश्वस्त करते हुए कहा था, "जैसे आप पहले अपनी चारपाई के करीब बर्नर रख कर पढ़ते थे, आज भी ऐसे ही पढ़ लीजिए। कल से फिर वहीं इत्मीनान से पढ़िएगा। मैं अभी सब ठीक कर देती हूँ।"

बरामदे में जगह खुली तो नहीं थी। पूरब की दीवार के कोने में बरामदे की मेहराब के पास तेल का कनस्तर, बोतल और कीप वग़ैरा कुछ चीज़ें पड़ी थीं। ज़ाहिर है, उनसे हट कर चारपाई बिछायी गयी थी। चन्दा ने मुंदरी की मदद से उन सब को वहाँ से उठा कर आँगन के पार छोटे-से गोदाम में पहुँचा दिया और चारपाई को उधर खिसका कर स्टूल और बर्नर के लिए जगह निकाल दी। इस बात का उसने ख़याल रखा कि चारपाई की वजह से अन्दर कमरे को जाने-आने में असुविधा न हो।

यह सब व्यवस्था हो गयी तो चेतन ने चारपाई पर बैठ कर गोद में किताब खोल ली और पढ़ने लगा था।

लेकिन वह तत्काल एकाग्र न हो पाया था। बार-बार उसकी आँखों में फड़फड़ाते हुए कबूतर छजरी-दर-छजरी उड़ते रहे। मुँदरी रसोई का काम समेट कर कमरे में चली गयी तो चेतन का मन कुछ एकाग्र हुआ और वह गयी रात तक पढ़ता रहा था। सोते वक्त उसकी

आँखों में एक दृश्य आया कि वह दूसरे दिन शाम को माल-गोदाम के हॉल में अपनी कुर्सी पर जा कर बैठा है। बर्नर पूरी रोशनी से जल रहा है, वह एकाग्र हो कर पढ़ रहा है और कबूतर मज़े से छजरी के अँधेरे कोने में सो रहे हैं।

यह दृश्य देखते-देखते उसकी आँखें भारी हो गयी थीं और वह गहरी नींद सो गया था।

०

दूसरे दिन शाम को नत्थू ने आ कर उसे बताया था कि उसने बर्नर में पुनः तेल भर दिया है। बत्ती ख़त्म हो गयी थी। नयी बत्ती चढ़ा दी है। चिमनी काली पड़ गयी थी। उसे साफ़ करके चमका दिया है और चेतन की हिदायत के मुताबिक बर्नर की बत्ती को तेज़ करके उसे जलता छोड़ आया है। हॉल का गेट भी खुला है। वह अब जाये और इत्मीनान से बैठ कर पढ़े। गोदाम का गेट ज़्यादा देर तक ख़ुला न रहे, ज़रा इस बात का ख़याल रखे। है तो वह ख़ाली, लेकिन बर्नर जल रहा है। सुनसान जगह है। कोई आता-जाता चुपचाप बर्नर उठा कर उधर-का-उधर चम्पत न हो जाये।

चेतन खाना खा रहा था। उसने जल्दी-जल्दी उसे ख़त्म किया था और किताबें ले कर माल-गोदाम जा पहुँचा था। उसे पूरा विश्वास था कि कबूतर किसी तरह की बाधा नहीं पहुँचायेंगे, मज़े से सोते रहेंगे और वह इत्मीनान से एकाग्र-चित हो कर रात देर तक पढ़ सकेगा।

उनकी गहरी नींद में किसी तरह का ख़लल न पड़े, इस ख़याल से चेतन निहायत दबे-पाँव हॉल में दाख़िल हुआ था और बिना आवाज़ किये जा कर बैठ गया था। बर्नर तो दिप-दिप जल रहा था। चेतन ने आहिस्ता से किताब खोली थी। फिर नोट-बुक खोल कर पास सरकायी थी और उसके बायीं ओर के पृष्ठ पर पत्थर का टुकड़ा रख दिया था कि पृष्ठ अपने आप न पलट जाये और उसे बार-बार उलटने की ज़हमत न करनी पड़े और वह किताब पढ़ने लगा था।

अभी उसने दो पंक्तियाँ भी पूरी न पढ़ीं थीं कि कबूतर उसके सिर पर कॉर्निस से उड़े और पूर्ववत फड़फड़ाते हुए सामने की दक्खिनी छजरी जा बैठे।

चेतन ने बत्ती बन्द नहीं की। सिर्फ़ हताश भाव से कुर्सी पर पीछे को हो कर बैठ गया। दो-चार क्षण बाद कबूतर फिर उड़े और अपनी पहली जगह जा कर बैठ गये।

चेतन मन-ही-मन उबलता रहा।

कबूतर थोड़े-थोड़े अन्तराल पर उड़ते रहे।

चेतन का क्रोध क्षण-क्षण बढ़ता गया। शहरी मकान की नीची छत होती तो वह मेज़ पर चढ़ कर ताली बजा कर या रूमाल से या कमर से तहमद खोल कर उससे, उन्हें गेट के बाहर खदेड़ देता। कमरे में घुस आने वाले लगातार घेरे बनाते चमगादड़ों को उसने कई बार इसी तरह खदेड़ा था। लेकिन हॉल बहुत ऊँचा था। बाहर का गेट बड़ा ही सही, काफ़ी चौड़ा और कुशादा ही सही, लेकिन वह छजरी से बहुत नीचे था। चेतन चाहता था, कुछ ऐसा करे कि कबूतर कॉर्निस से उड़ें तो गेट से बाहर निकल जायें....दिन का वक्त होता तो वह नत्थू से कहता, गाँव से बड़ी सीढ़ी मँगवाता और उन्हें बाहर निकलवाता। लेकिन

रात के वक्त वह नत्थु को बुला भी लाये तो उतनी ऊँची सीढ़ी कहाँ से आयेगी। फिर किसी तरह नत्थू और दूसरे कर्मचारी उन्हें निकालने में कामयाब भी हो गये तो उस सब चकल्लस में उसकी एकाग्रता तो भंग हो जायेगी।

तभी कबूतर फिर उड़े तो उसने मेज़ से पत्थर उठा कर यूँ ही उन पर चला दिया। कबूतर झपकी मार कर पत्थर की ज़द से बच गये और पीछे की ओर पलट कर दक्खिनी कॉर्निस के उसी कोने में जा बैठ, जहाँ से वे उड़े थे।

चेतन क्रोध से पागल हो उठा। गीता का श्लोक — 'क्रोधाद्भवति सम्मोह: सम्मोहास्मृति विभ्रम:' —जिसका सत्य उस पर क्यार कोटी के ठण्डे यख़ भू-गृह में रात भर यातना भोगते हुए उजागर हुआ था और जिस पर अमल करते हुए क्रोध पर यथाशक्य अधिकार पाने का उसने मन-ही-मन प्रण किया था, उसकी स्मृति से ऐसे निकल गया, जैसे उसने उसे कभी सुना ही न हो। उसने दूसरा पत्थर उठाया और ज़ोर से उसे कॉर्निस की ओर फेंका।

लेकिन छजरी बहुत ऊँची थी। वह बहुत नीचे दीवार से टकराया और पलट कर हॉल के बीचों-बीच फ़र्श पर आ गिरा।

अपरम्पार ग़ुस्से और झुँझलाहट के कारण चेतन की सोच-समझ की शक्तियाँ जवाब दे गयीं। क्रोध के उस तूफ़ान में उसका विवेक तल के कहीं बहुत नीचे जा कर बैठ गया। भयंकर आवेग के वश वह भागता-सा निकला। उसी तरह तेज़-तेज़ माल-गोदाम की ढलान पर उतरा। रेलवे लाइन के स्लीपरों पर बिखरे पत्थरों में से ढेर सारे पत्थर उसने झोली में भरे। वापस आ कर उसने उन्हें मेज़ पर उलट दिया। फिर वह कुर्सी पर पैर रख कर मेज़ पर चढ़ गया। उसने बायें हाथ में दो और दायें हाथ में एक पत्थर ले लिया और इस बात की प्रतीक्षा करने लगा कि कबूतर उड़ें तो वह पत्थरों की मार से उन्हें गेट के बाहर खदेड़ दे।

लेकिन शायद महज़ इन्ट्यूशन —सहज ज्ञान —से कबूतर उसके मन की बात भाँप गये थे। वे चुपचाप कॉर्निस के अँधेरे कोने में अदृश्य बैठे रहे।

चेतन खड़े-खड़े ऊब गया। खीझ कर उसने पूरे ज़ोर से एक पत्थर खींच कर कॉर्निस के कोने पर दे मारा।

कबूतर उड़े और इससे पहले कि चेतन दूसरा पत्थर बायें हाथ से दायें हाथ में लेता, वे उड़ कर पहली कॉर्निस पर जा बैठे।

चेतन मुड़ा और उसने ज़ोर से पत्थर सिर के ऊपर कॉर्निस पर दे मारा।

कबूतर फिर उड़े, लेकिन वे सीधे दक्खिनी कॉर्निस की ओर नहीं गये, क्योंकि इस बीच चेतन ने जल्दी से तीसरा पत्थर चला दिया था। वे चारों तरफ़ दीवारों के साथ-साथ उड़ते हुए हॉल का पूरा चक्कर लगा कर फिर पहली जगह आ बैठे।

चेतन का धैर्य जाता रहा था। वह मेज़ से पत्थर उठा कर वाही-तबाही चलाने लगा था। लेकिन न तो उसका कोई पत्थर कबूतरों को लगा था, न वे गेट के बाहर निकले थे। मेज़ पर दो पत्थर रहे गये थे। चेतन ने तय कर लिया कि वह बाहर से फिर झोली भर पत्थर लायेगा और चाहे सारी रात लग जाये, उन्हें बाहर खदेड़ कर ही दम लेगा।

उसने दोनों पत्थर हाथों में ले लिये। उसके सिर के ऊपर छजरी पर, दिखाई दिये बिना, कबूतर भयभीत स्वरों में फ़रियाद करते हुए बेचैनी से इधर-उधर फड़फड़ा रहे थे। तभी चेतन ने निशाना साध कर एक पत्थर ऐसे फेंका कि कॉर्निस के ऊपर अदृश्य फड़फड़ाते कबूतरों को लगे।

लेकिन पत्थर ऊपर की बजाय छजरी की ज़रा नीचे लगा। कबूतर तो उड़ गये, पत्थर पलटा तो ज़ोर से बर्नर की चिमनी को तोड़ता और बर्नर को लगभग उलटता हुआ हॉल के फ़र्श पर जा गिरा।

चिमनी तड़ाक से टूट कर बिखर गयी। बर्नर उलट जाता, मेज़ पर तेल बह जाता और आग लग जाती, लेकिन चेतन ने पैर बढ़ा कर उसे उलटने से रोक लिया।

टूटी हुई चिमनी के अन्दर बत्ती धुआँ देती हुई भड़भड़ा कर जलने लगी।

चेतन छलाँग मार कर मेज़ से उतरा था। चिमनी का टूटा हुआ एक टुकड़ा उसके जूते के नीचे किचकिचाता हुआ पिस गया था।

चेतन ने जल्दी से बत्ती धीमी की थी। लेकिन चिमनी के बिना वह पूर्ववत धुआँ देती रही थी।

हताश भाव से चेतन ने किताबें समेटी थीं। कलम उठाया था। बत्ती बुझायी थी, वापस क्वार्टर में जाने का फ़ैसला करके वह हॉल के बाहर निकल आया था।

o

चेतन का दिमाग़ हताशा, निराशा, उकताहट, बेज़ारी, क्रोध और विक्षोभ से बेहद गर्म था। गेट बन्द करके उसे ताला लगा कर वह क्वार्टर की ओर पलटा।

हॉल के बाहर वातावरण में ख़ुनकी थी। हवा रमक रही थी। ठण्डे झोंकों ने उसके दिमाग़ की तपिश हर ली। यूँ अपना धैर्य खो बैठना उसे निहायत मूर्खतापूर्ण लगा।

अपने धैर्य को, आवेगशीलता को, उस लगभग पागलपन को कोसता वह घर पहुँचा तो चन्दा खाना खा कर आँगन की नाली पर बैठी कुल्ला कर रही थी।

चेतन बिस्तर पर किताबें पटक कर हताश भाव से पीछे को हाथ फैला कर बैठ गया था।

चन्दा तार से साफ़ा उतार कर उससे हाथ-मुँह पोंछती हुई उसके पास आ बैठी थी और उसके बालों में हाथ फेरते हुए उसने केवल अपनी मौन उपस्थिति से पूछा था कि हुआ क्या, वह इतना हताश क्यों है ?

चेतन उसका हाथ हटा कर सीधा बैठ गया था और एकदम फट पड़ा था। अपने अधैर्य, झुँझलाहट, आवेग और क्रोध का किंचित अतिशयोक्तिपूर्ण वर्णन करते हुए उसने कहा था —

"मेरा वह गुस्सा कितना बेवकूफ़ी-भरा था, हॉल के बाहर निकलने पर ही मैं सोच पाया हूँ। बेचारे कबूतर छजरी की कोटर में आराम से ऊँघ रहे होंगे, रात में वे उड़ कर कहाँ जाते और मैं अपने गुस्से में पत्थर-पर-पत्थर चलाता रहा। मैं सोचता हूँ, अगर मेरे पत्थर से कोई कबूतर मर जाता तो....न माँ मुझे सारी उमर माफ़ करती, न मैं ही अपने आपको माफ़ कर पाता। मुझे उस जगह नहीं, किसी दूसरी जगह रात को पढ़ना चाहिए था।

वहाँ पढ़ना तो उन बेचारे कबूतरों पर सरासर ज़ुल्म करने के बराबर है।"

o

अपनी उस हिंस्त्रता के बारे में अपनी पत्नी को सब कुछ बता कर चेतन हताश लेट गया तो चन्दा ने चारपाई पर बैठ कर प्यार से उसके बाल सहलाते हुए तसल्ली दी थी कि वह बेकार ही अपने आपको अपराधी समझता है। कोई कबूतर अगर मर जाता तो भले ही वह दुख मनाता, पर अब उसे उस सब के बारे में सोच-सोच कर अपना मन और दिमाग़ परेशान नहीं करना चाहिए।

"लेकिन कल शाम तो फिर वहीं पढ़ने के लिए जाना होगा।" चेतन ने कहा, "समस्या तो ख़त्म नहीं हुई।"

"समझ लीजिए, हो गयी।" चन्दा ने कहा, "आपको वहाँ पढ़ने की कोई ज़रूरत नहीं। कल सुबह ही आप बाऊ जी से कह दीजिएगा। वे किसी दूसरी जगह इन्तज़ाम कर देंगे।"

"हाँ, यह तुमने ठीक कहा।" चेतन आश्वस्त हो कर उठा था, "मैं अब उस हॉल में जा कर नहीं पढ़ूँगा। क्या हक है मुझे उन बेज़बानों को यूँ सताने का ?"

और उसने पत्नी को आदेश दिया कि वह स्टूल ला कर बर्नर उस पर रख दे। वह रात को फिर वहीं पढ़ेगा।

इससे पहले कि चन्दा बर्नर लेने के लिए अन्दर जाती, मुँदरी चौके का काम समेटते हुए उठी, उसने अन्दर से स्टूल ला कर पिछली शाम की तरह चेतन के सिरहाने की ओर रख दिया, फिर बर्नर की चिमनी साफ़ कर, उसे जला कर स्टूल पर रख कर पुनः अपने काम में जा लगी।

चेतन ने किताब उठा कर गोद में रखी थी कि चन्दा ने बड़े ही मीठे मुनहार-भरे स्वर में कहा —"मैं कहती थी जी, आज आप आराम करते! लाइए, मैं आप के सिर में तेल लगा देती हूँ। आप गहरी नींद सो जायेंगे तो कल अच्छी तरह पढ़ाई कर सकेंगे। अभी आप का दिमाग़ परेशान है...."

लेकिन चेतन ने उसे बात ख़त्म नहीं करने दी। "नहीं, नहीं," उसने कहा, "पहले ही मेरा काफ़ी वक्त ख़राब हो गया है। मैं यूँ वक्त ज़ाया करना अफ़ोर्ड नहीं कर सकता। तुम जाओ। आराम करो। मैं एक-दो चैप्टर ख़त्म करने की कोशिश करता हूँ।"

चन्दा उठ गयी थी। पर अन्ततः बात उसी की रही थी, क्योंकि दो-तीन घण्टों की भरसक कोशिश के बावजूद चेतन पूरा एक पृष्ठ भी नहीं पढ़ पाया था। कबूतरों की बेबसी-भरी भयभीत फड़फड़ाहट और उन्हें हॉल के बाहर निकालने के लिए अपना मूर्खता और क्रूरतापूर्ण हठ बार-बार उसके सामने आने लगा।

चेतन अपनी उस ज़िद को कई पहलुओं से देखता और हर बार उसे लगता कि यह सरासर उसकी ज़्यादती थी। और कानून की धाराओं और व्याख्याओं से उसका मन भटक जाता।

उसकी माँ ने तो लड़कपन से उन को अहिंसा का पाठ पढ़ाया था, किसी का दिल न दुखाने का उपदेश दिया था, वह सदा कहती थी कि ज़ुल्म सहना तो पाप है, लेकिन स्वयं किसी पर ज़ुल्म करना, उससे भी बड़ा पाप है, और आदमी को उस पाप का फ़ल

ज़रूर मिलता है।

चेतन को उन निरीह कबूतरों की स्थिति उन ग़रीब मज़दूरों की-सी लगती, जो बड़े नगर के परिसर में कोई नयी कॉलोनी बसने की ख़बर सुन कर आते हैं, करीब ही कहीं किसी वीरान-सुनसान जगह में झुग्गी-झोपड़ियाँ डाल लेते हैं। कॉलोनी बन जाती है। बस जाती है। वे उसी सुनसान जगह सुख-सन्तोष से पड़े रहते हैं कि तभी नगरपालिका अथवा किसी नौ-आबादकार को उस जगह की ज़रूरत पड़ती है। वे मज़दूरों को निकालते हैं, पर मज़दूर वहाँ के आदी हो गये हैं। वे कहाँ जायें ? वे उस जगह को नहीं छोड़ते....लेकिन स्वतन्त्रता आन्दोलन का ज़माना है। मज़दूरों के तो नेता हैं। वे उनके अधिकारों के लिए सरकार से लड़ते हैं....बेचारे ये कबूतर....उनके लिए कौन लड़ता!....और अपनी स्वार्थपरता तथा अहं में अन्धा हो कर वह उन पर लगातार पत्थर चलाता रहा था।

चेतन के लिए चारपाई पर बैठे रहना मुश्किल हो गया था। किताब एक तरफ़ हटा कर वह उठा था। उसने बर्नर की बत्ती नीची की थी और आँगन में घूमने लगा था।

ऐसा कई बार हुआ। उस घटना पर एक दृष्टिकोण से सोचते हुए वह उद्वेलित हो कर उठता। आँगन में घूमता। बहुत देर तर्क-वितर्क करने पर अपना दोष मान लेता और आगे के लिए सतर्क रहने का प्रण करके वापस चारपाई पर आ बैठता, बर्नर की बत्ती ऊँची करता, किताब गोद में रखता और पढ़ने लगता। वह एकाध पैरा ध्यान से पढ़ता। फिर उस घटना का दूसरा पहलू उसके दिमाग़ में सिर उठाता। वह फिर परेशान हो कर उठता और आँगन में घूमते हुए तर्क-वितर्क करने लगता।

यह तो ठीक है कि उसके पत्थर से किसी कबूतर की हत्या न हुई थी, पर हो तो सकती थी। 'बलात्कार करना पाप है,' वह सोचता —'लेकिन किसी सुन्दर नारी को देख कर बलात्कार की इच्छा करना अथवा बलात्कार की थोड़ी-बहुत भी कोशिश करना कैसे गुनाह नहीं,' और किसी कबूतर के हत न होने के बावजूद उसकी सम्भावना भर से जह काँप जाता।....कभी उस घटना के सामाजिक, कभी नैतिक, कभी वैयक्तिक पहलू को ले कर वह सोचने लगता और उसका अध्ययन कहीं पीछे छूट जाता।

चन्दा गहरी नींद सोई हुई थी, जब आधी रात में नितान्त विवश हो कर उसने चन्दा को जगाया था।

वह उठी थी।

"चन्दा, तुम ठीक कहती थीं। मुझे नींद नहीं आ रही।"

चन्दा ने एक बार भी अपने पति को नहीं कोसा था। यह भी नहीं कहा था कि वह तो पहले ही जानती थी, पर वह कभी उसकी बात नहीं सुनता। उसने उठ कर चुपचाप रसोई-घर के ताक से तेल की कटोरी उठायी थी। पति के सिरहाने बैठ कर उसने उसका सिर अपनी गोद में रखा और उसकी कनपटियों और तालू पर बड़ी ही हलकी उँगलियों से तेल मलने लगी थी।

दूसरे ही क्षण चेतन का तना हुआ दिमाग़ ढीला पड़ गया था। उन उँगलियों के प्यार-भरे स्पर्श से उसकी आँखें भारी हो गयीं और चन्द ही मिनटों में वह गहरी नींद सो गया था।

०

रात को चेतन काफ़ी देर से सोया था, लेकिन आदत के मुताबिक वह सुबह साढ़े पाँच बजे उठ गया था और अपने पिता के जागने से पहले नित्य-कर्म से निबट, नहा-धो कर तैयार हो गया था।

पानी से भरे हुए पत्थर के कूण्डे में फुलाही की पतली-पतली दो दातुनें पड़ी हुई थीं। सुबह उसमें तीन थीं। एक चेतन ने इस्तेमाल कर ली थी। उड़ती-सी एक निगाह उसने फुलाही की उन दातुनों पर डाली और हमेशा की तरह उसके ज़ेहन में पंजाबी की कहावत घूम गयी —

दातुन फुलाह दी
रण्ण कुंजाह दी

यानी दातुन फुलाही के पेड़ की तथा औरत कुंजाह (ज़िला गुजरात) की बढ़िया होती है। बबूल की अपेक्षा चेतन के पिता को फुलाही की दातुन ज़्यादा पसन्द थी और उन्हीं की ज़बानी चेतन ने यह कहावत सुनी थी। उसने कुंजाह की युवती तो नहीं देखी थी, पर फुलाही की दातुन के सिलसिले में वह पिता के मत से पूर्णतः सहमत था। फुलाही की दातुन बबूल की बनिस्बत थोड़ी कड़वी होती है। मुँह का सारा बासी और गन्दा लुआब निकाल देती है। उसके रेशे भी बबूल की दातुन-ऐसे भुरभुरे नहीं होते और दातुन करते वक्त टूट कर दाँतों या मसूढ़ों में नहीं फँसते। उसका ब्रश भी बहुत अच्छा बनता है। दाँत और मसूढ़े एकदम साफ़ हो जाते हैं और दातुन करके कुल्ला करने के बाद मुँह का ज़ायका कुछ अज़ीब-सी मिठास-भरा हो जाता है।

पण्डित शादीराम बाहर से उठ कर अन्दर आये तो चेतन ने कूण्डे से फुलाही की एक दातुन निकाल कर उन्हें दी और पानी का लोटा शौचालय के लोटे में डाल आया।

पण्डित जी दातुन मुँह में चबाते हुए शौचालय गये तो चेतन ने मुँदरी से कह कर चूल्हे से कटोरी भर राख ली और पानी का लोटा भर कर, अपने पिता के आने की प्रतीक्षा में बरामदे की दोनों मेहराबों के मध्यवर्ती स्तम्भ से पीठ लगा कर खड़ा हो गया। मन-ही-मन सोचने लगा, कैसे और कब अपने पिता से अध्ययन के लिए किसी नये स्थान की व्यवस्था करने को कहेगा।

पण्डित शादीराम निबट कर आये तो हाथ-मुँह धोने के लिए चेतन के करीब-आँगन की नाली पर आ बैठे। चेतन ने तत्परता से राख की कटोरी उनके आगे की। उन्होंने दो-बार राख ले कर ख़ूब अच्छी तरह हाथ मले तो चेतन ने लोटे के पानी से उन्हें धुलवाया। दातुन का अच्छा ब्रश बन गया था। उन्होंने दातुन की, अच्छी तरह दाँत और मसूढ़े साफ़ करके उसका एक सिरा दाँतों में ले कर उसे लम्बाई में चीर दिया और दो बार उससे जीभ साफ़ की और फिर वहीं बैठे-बैठे हाथ घुमा कर दातुन के दोनों टुकड़े उन्होंने आँगन की दीवार के पार फेंक दिये। पुनः कुल्ला किया। मुँह और सिर धोया। चेतन ने तार से साफ़ा उतार कर उन्हें दिया। अच्छी तरह सिर, मुँह और गर्दन पोंछ कर पण्डित जी उठे।

इस बीच चन्दा बच्चे को ले कर बाहर आ गयी थी। तब पण्डित जी कपड़े बदलने के लिए अन्दर गये थे।

चेतन ने मुँदरी को मट्ठे का बड़ा गिलास तैयार करने को कहा था और अपने पिता के पीछे-पीछे अन्दर पहुँचा था। अलमारी के एक ख़ाने से तह की हुई शलवार उठा कर उसने पिता को दी थी।

पण्डित जी ने तहमद के दोनों किनारे ऊँचे करके दाँतों में दबाये और चारपाई पर बैठ कर तहमद के नीचे शलवार पहनी।

जब पण्डित जी शलवार पहन रहे थे तब चेतन ने झिझकते-झिझकते कहा —"बाऊ जी, मेरे पढ़ने के लिए कोई दूसरी जगह तजवीज़ कर देते तो बहुत अच्छा होता।"

"क्यों ?" पण्डित जी ने शलवार का इज़ारबन्द बाँध कर तहमद को चारपाई पर फेंकते हुए पूछा, "माल-गोदाम'च की दिक्कत ए ?"[१]

चेतन ने सोचा था, कहेगा —गर्मी शुरू हो गयी है बाऊ जी। जाने माल-गोदाम के उस हॉल में उमस-भरी कैसी बू आती है कि जी घुटने लगता है, लेकिन झूठ बोलना उसकी प्रकृति के विपरीत था, इसलिए उसने सच्ची बात कह दी, "बाऊ जी, वहाँ छत की कॉर्निस पर दो कबूतरों ने घोंसला बना रखा है। रात को वे उसमें सोते हैं। लैम्प की रोशनी से डर कर पंख फड़फड़ाते हुए वे लगातार कॉर्निस-दर-कॉर्निस उड़ने लगते हैं। मैं ठीक से पढ़ नहीं पाता।"

और उसने अलमारी के ख़ाने से धुली हुई कमीज़ उठा कर पिता को दी।

रात की कमीज़ उतार कर चारपाई पर फेंकते हुए और चेतन से नयी कमीज़ लेते हुए पण्डित शादीराम ने बिना उसे पहने, उसी तरह हाथ में लिये-लिये, चारपाई पर नंगे बदन बैठे, एक छोटा-मोटा भाषण अपने बेटे को पिला दिया कि —साले, तू कैसा पढ़ाकू है, जो माँइयाँ दो कबूतरों की फड़फड़ाहट तेरी यकसूई में ख़लल डाल गयी....कि वे ऐसे लोगों को जानते हैं, जो चलती सड़क के किनारे कमेटी के लैम्प की रोशनी में बैठ कर पढ़ते थे और कहीं आग बुझाने को जाते दमकल की टन-टन तक जिन्हें सुनायी नहीं देती थी....अमरीका के राष्ट्रपति अब्राहम लिंकन का उल्लेख करते हुए उन्होंने बताया था कि वह रेलवे लाइन पर मज़दूरी करता था और फ़ुर्सत के वक्त वहीं बैठ कर पढ़ता था। गाड़ियाँ आती-जाती रहती थीं, उसके साथी-मज़दूर बैठे बतियाते रहते थे, लेकिन लिंकन की एकाग्रता को कोई भी चीज़ भंग नहीं कर पाती थी....कि पढ़ने वाले के कान दुनिया के शोर-शराबे के लिए एकदम बन्द हो जाते हैं। उसके ज़ेहन में सिवा उस पाठ के, जिसे वह पढ़ रहा होता है, और कुछ नहीं आता....भरी सभा में नीचे बड़े कूण्डे में भरे तेल में सिर के बहुत ऊपर घूमती मछली का प्रतिबिम्ब देख कर अर्जुन ने जो उसकी आँख भेद दी थी तो इसीलिए कि सिवा उस आँख के उसे और कुछ नज़र न आया होगा। उसके कानों ने न राजाओं की फुसफुसाहट सुनी होगी, न उनके ताने-तिश्ने....कि जिसे मंज़िल को सर करना होता है, उसे मंज़िल के सिवा कुछ नहीं दीखता....कि वह फ़र्स्ट डिवीज़न में पास होना चाहता है और साले उन दो कबूतरों की ख़ौफ़-भरी फड़फड़ाहट ने उसे परेशान कर दिया....

पण्डित जी इसी रौ में न जाने क्या-क्या कहते रहे, लेकिन चेतन के होंटों से जवाब में एक शब्द भी नहीं फूटा। तब पण्डित जी ने कमीज़ पहनी। उठे। क्षण भर सोचते रहे,

---

१. माल-गोदाम में क्या कठिनाई है ?

फिर बोले, "देख पुत्तर, एत्थे ते होर कोई जगह है नईं। मैं कोशिश कराँगा कि ओत्थों उन माँइयाँ कबूतराँ नूँ हटा देयाँ, ना होया ते हाले रातीं मेरे दफ़्तर'च बैठ के पढ़ लईं।"[१]

○

○

घुटने से दायाँ पैर हटा कर चेतन एक झटके से उठ कर बैठ गया। पण्डित जी के आश्वासन देने के बाद जो हुआ, जैसे उसे दोबारा देखने की ताब उसमें नहीं थी, इसलिए वह उठ बैठा था। कुछ अज़ीब-से अपराध-बोध का मारा वह स्तम्भित-सा कुछ क्षण शून्य में देखता रहा। फिर जैसा कि उसके साथ हमेशा होता था, उसे सामने सीढ़ियों की दीवार दिखनी बन्द हो गयी और मानो कल्पना के मंच पर वह उस दिन का वही दृश्य देखने लगा, जिससे बचने के लिए उठ बैठा था।

○

○

अपने पिता से कबूतरों की शिकायत करके और इस बात का आश्वासन पा कर कि अव्वल तो वे कबूतरों को वहाँ से खदेड़वा देंगे, वरना वह रात को दफ़्तर में पढ़ लिया करे, चेतन नहा-धो कर नाश्ता करके और दरी कन्धे पर रखे, बग़ल में किताबें और दायें हाथ में झाड़न में बँधे डिब्बे में दोपहर के खाने के लिए दो पराँठे, सूखे आलू की तरकारी और अचार की एक फाँक साथ लिये रेलवे लाइन के करीब, रहट पर आम की छाया में दरी बिछा कर पढ़ने निकल गया था।

वह दिन भर मनोयोग से पढ़ता रहा था। दोपहर को खाने और रहट के ओलू में ठण्डा पानी पीने, कुल्ला करके हाथ धो कर सिर पर फेरने के बाद वह आध-एक घण्टा सो भी गया था और फिर उठ कर रहट से हाथ-मुँह धो कर पढ़ने में तल्लीन हो गया था।

शाम को दिन भर की पढ़ाई से पूरी तरह सन्तुष्ट, तहाई हुई दरी कन्धे पर टिकाये, झाड़न में ख़ाली डिब्बा बाँधे चेतन वापस आ रहा था। लाइन पार करके वह माल-गोदाम पर चढ़ा ही था कि उसने देखा —गोदाम का दक्खिनी गेट खोले, नत्थू बाहर खड़ा है और सामने प्लैटफ़ॉर्म की ओर से ज़मींदार कलन्दर बख़्श के साथ उसके पिता आ रहे हैं। उनके हाथ में बन्दूक है, सिर नंगा है और स्वभावानुसार ज़ोर-ज़ोर से बहस कर रहे हैं। उनके पीछे मंगल पानी वाला, पोर्टर दीन मुहम्मद और ज़मींदार के दो कारिन्दे हैं।

ज़मींदार छै फ़ुट लम्बा, चालीस-एक वर्ष का, गोरा-चिट्टा, स्वस्थ व्यक्ति था। घेरदार शलवार और लाइनदार बोस्की की लम्बी कमीज़ और कुल्लेदार साफ़ा सिर पर ज़रा टेढ़ा रखे था, जिसका तुर्रा शाम की हवा में हलके-हलके हिलता दिखायी देता था। चेतन के पिता ने शलवार-कमीज़ पहनी हुई थी। सिर उनका नंगा था। पण्डित जी मँझले कद के थे, ज़मींदार के कन्धों तक आते थे, लेकिन अपने गठे शरीर, नींबू-टिकाऊ नोकदार मूँछों और भरे हुए गोल चेहरे की वजह से वे ज़मींदार की अपेक्षा कहीं रुआब वाले लगते थे।

वे ज़ोर-ज़ोर से कह रहे थे। "मैं ताँ बन्दूक मँगायी सी कि एस छोटी जही गल्ल

---

१. देख बेटा, यहाँ और तो कोई जगह है नहीं। मैं कोशिश करूँगा कि वहाँ से उन कबूतरों को हटा दूँ। न हो सका तो फ़िलहाल तुम रात को मेरे दफ़्तर में बैठ कर पढ़ लेना।

पिच्छे तैन्नूँ की तकलीफ़ देनी ए। पर तू सम्झेया कि मैं स्टेशन मास्टर हाँ, लाइन क्लीयर ताँ देना मैन्नूँ आउन्दा ए, पर बन्दूक चलाना लाइन क्लीयर देना नहीं ए।"[१]

ज़मींदार ने अपनी सफ़ाई में कुछ कहना चाहा, लेकिन चेतन के पिता ने उसे बात नहीं करने दी। "ओ यार, रहन दे। तूँ जो आक्खेया, नत्थू ने मैन्नूँ दस्स दित्ता सी।"[२] और उन्होंने ज़मींदार को समझाया कि उन्हें लाइन क्लीयर देना ही नहीं, बन्दूक चलाना भी आता है। वे बुगाना में अपने अंग्रेज़ अफ़सरों के साथ हिरनों और सण्ढों का शिकार करते रहे हैं और सैला ख़ुर्द और पद्दी पोसी के दरम्यान खेतों और वीरानों में कबूतरों, बटेरों, तीतरों और ख़रगोशों का।

"मेरा निशाना अजेहा अचूक ए," पण्डित जी ने ख़ाली बायें हाथ से सीना ठोंक कर कहा था, "मेरे अफ़सर दंग रह जान्दे सन और जद शिकार लई आउन्दे सन ताँ मेरे लई इक फ़ालतू दो-नाली लियाउन्दे अते मैन्नूँ अपने नाल चलन लई मजबूर करदे सन।"[३]

और पण्डित जी ने बताया कि दोनों कस्बों में उनका दबदबा भी था और याराना भी। कस्बों के धनी-मानी किसान और व्यापारी उनके अफ़सरों की ख़ूब ख़ातिर-तवाज़ो करते थे। शिकार भी ख़ूब मिलता था।

वे लोग बातें करते हुए माल-गोदाम पर चढ़ आये थे। खुले गेट के आगे क्षण भर रुक कर चेतन के पिता ने अपनी बात ख़त्म करते हुए कहा —"तूँ कलन्दर बख़्श, शर्त बद। जे मैं इक्को फ़ायर नाल दोनों कतबूर भुन्न छड्डे ते दस्स, तूँ मैंन्नूँ की दवेंगा अते जे मैं नाकामयाब रेहा ताँ की लवेंगा ?"[४]

जमींदार ने कोई उत्तर नहीं दिया, पण्डित शादीराम ने हँसते हुए कहा, "ख़ैर छड्डु, मैं तैन्नूँ ज़्यादा डन्न नहीं लगान्दा। व्हिस्की दी इक्क-इक्क बोतल दी शर्त रही।[५] मैं जित्त गया तो कल फगवाड़े अपना कारिन्दा भेज के तूँ एक्स नम्बर वन दी बोतल मँगायीं अते जे मैं हार गया ते मैं मंगल नूँ भेज के ब्लैक ऐण्ड व्हाइट दी स्कॉच मँगावाँगा।"

तभी पण्डित जी की नज़र चेतन पर गयी और उन्होंने ठेठ पंजाबी में अपने बेटे से जो कहा, उसका मतलब था कि वे ख़ुद हैरान थे कि जब गोदाम के दोनों गेट बन्द थे तो वे साले कबूतर सुबह-सुबह किधर से निकल गये। जब नत्थू ने आ कर बताया तो उन्होंने ख़ुद आ कर तफ़तीश की। मालूम हुआ कि ऊपर एक जगह टीन की छत के नीचे दीवार से एक ईंट खिसक गयी है। वहाँ एक झरोखा-सा बन गया है। ये माँ अपनी के यार उधर

---

१. मैंने तो बन्दूक मँगायी थी कि इस छोटी-सी बात के लिए तुझे क्यों तकलीफ़ दूँ। पर तूने समझा, मैं स्टेशन मास्टर हूँ, लाइन क्लीयर देना तो मुझे आता है, पर बन्दूक चलाना लाइन क्लीयर देना नहीं है।
२. अरे यार, रहने दे। तूने जो कहा, नत्थू ने मुझे बता दिया था।
३. मेरा निशाना ऐसा अचूक है कि मेरे अफ़सर दंग रह जाते थे। जब वे शिकार की ख़ातिर आते थे, तो मेरे लिए एक फ़ालतू दो-नाली बन्दूक साथ लाते थे और मुझे शिकार पर चलने के लिए विवश करते थे।
४. तू कलन्दर बख़्श, शर्त लगा। अगर मैं एक ही फ़ायर में दोनों कबूतर भून दूँ तो बोल, तू मुझे क्या देगा और विफल रहूँ तो क्या लेगा ?
५. ख़ैर छोड़, मैं तुझ पर ज़्यादा दण्ड नहीं लगाता। व्हिस्की की एक-एक बोतल की शर्त रही।

ही से आते-जाते थे। लेकिन वह फ़िक्र न करे, वे अभी इन्हें उसके रास्ते से हटा देंगे।

चेतन का जी मसोसने लगा था। वह कहना चाहता था, 'बाऊ जी, आप इन्हें न मारिए। मैं वहीं दफ़्तर में पढ़ लिया करूँगा।"

लेकिन वह मुँह खोलता और मिनमिनाता, इससे पहले उसके पिता ज़मींदार को ले कर गोदाम के अन्दर चले गये थे। वह भी सब के पीछे गया और ज़रा-से फ़ासले पर जा खड़ा हुआ।

मेज़ पर बर्नर नहीं था। शायद नत्थू उसे उठा ले गया था। फ़र्श पर से पत्थरों के टुकड़े भी साफ़ कर दिये गये थे। सिर्फ़ पत्थर के दो टुकड़े मेज़ पर पड़े रात की घटना के चश्मदीद गवाह थे। नत्थू ने उन्हें नहीं हटाया था कि चेतन को पेपर-वेट के तौर पर उनकी ज़रूरत पड़ेगी।

तभी चेतन की निगाह ऊपर कॉर्निस पर गयी। कबूतर वहाँ मौजूद थे। शायद मेटिंग सीज़न था। वे चोंचें मिला रहे थे, एक-दूसरे की गर्दनों पर ठोंगें मार रहे थे। कबूतरी तो एक ही जगह खड़ी थी। कबूतर ही इधर-उधर घूम रहा था।

नीचे से वह जोड़ा पूरा नज़र नहीं आ रहा था। वे वहाँ हैं, इसका आभास उनके शरीरों का कोई-न-कोई हिस्सा छजरी के किनारे आने पर दे जाता था।

तभी चेतन के पिता ने बन्दूक का निशाना साधा और नत्थू को आदेश दिया कि वह एक पत्थर उठा कर उनको मारे।

नत्थू ने पत्थर फेंका तो दोनों एक साथ दूसरी कार्निस की ओर पंख फटफटाते उड़े।

चेतन के पिता ने बन्दूक को ज़रा-सा बायीं ओर करके फ़ायर कर दिया। और दूसरे ही क्षण दोनों कबूतर आहत हो कर फ़र्श पर गिरे और तड़फड़ाने लगे।

"लै कलन्दर बख़्श, अपने कारिन्दिया नूँ आख," चेतन के पिता ने कहा, "इन्हाँ नूँ हलाल करन, ते घर लै जा कर इन्हाँ दा गोश्त पकवान। अज्ज ते जुमा ए, तेरे घर ते गोश्त आया नईं होणा! कबूतराँ दा गोश्त गर्म अते मुकव्वी होन्दा ए, अते लज़ीज़ वी।"[१]

और उन्होंने ज़मींदार की बन्दूक उसे वापस देते हुए कहा था कि कल वह अपने कारिन्दे को फगवाड़ा भेज कर व्हिस्की की बोतल मँगाये। फिलहाल अपने कारिन्दों को वापस भेज दे और स्वयं उनके साथ स्टेशन चले, नवाँ शहर से वापस जालन्धर जाने वाली गाड़ी पास करके वे उसके साथ गाँव चलेंगे।

जब वे चेतन के पास से गुज़रे तो उन्होंने उससे कहा, "लै पुत्तर! इन्हाँ माँइयाँ कबूतराँ दा ताँ पाटिया साफ़ कर दित्ता ई। हुण एह तैन्नूँ कदी परेशान नहीं करणगे। हुण तूँ पूरी यकसूई नाल एत्थे पढ़ीं।"[२]

और जाते-जाते उन्होंने नत्थू को हिदायत दी कि जमादार को बुला कर कमरा साफ़

---

१. ले कलन्दर बख़्श, अपने कारिन्दों से कह कि इन्हें हलाल करें और घर ले जा कर इनका गोश्त पकवायें। आज शुक्रवार है, तेरे घर गोश्त आया नहीं होगा। कबूतरों का गोश्त गर्म और शक्तिवर्धक होता है, और स्वादिष्ट भी।

२. ले बेटा, इन कबूतरों का तो सफ़ाया कर दिया है। अब ये तुझे कभी परेशान नहीं करेंगे। अब तू पूरी एकाग्रता के साथ यहाँ पढ़।

करा दे और बर्नर जला कर समय से रख दे।

और वे ज़मींदार के साथ गोदाम से निकल गये थे।

o

o

चेतन शहनशीन से उठा और बेचैनी से छत पर पूरब-पश्चिम —शहनशीन से सीढ़ियों की दीवार तक और वहाँ से शहनशीन तक —घूमने लगा।

o

o

ज़मींदार और पण्डित जी के जाते ही ज़मींदार के कारिन्दों ने उन तड़फड़ाते कबूतरों को बारी-बारी उठाया था। एक ने उनकी चोंच एक हाथ से और शेष शरीर दूसरे हाथ से दबा कर गर्दन फैलायी थी और दूसरे ने जेब से एक तेज़ चाकू निकाल कर कलमा पढ़ते हुए उन्हें धीरे-धीरे हलाल कर दिया था। इसके बाद उनमें से एक ने उन दोनों को पंजों से पकड़ कर दायें हाथ में लटका लिया था। दूसरे ने चाकू तर्जनी और अँगूठे से पोंछ कर, बन्द करके जेब के हवाले किया था और वे चले गये थे।

कबूतरों की कटी गर्दनों से टपकते लहू की बूँदें गेट तक फ़र्श पर निशान बनाती चली गयी थीं। चेतन की निगाहें देर तक वहीं जमी रहीं। नत्थू गेट बन्द करने के लिए बाहर निकला तो चेतन भी चौंक कर उसके पीछे-पीछे बाहर निकल गया था। और मन-मन भर कदम उठाता हुआ, दुखी, उदास, मर्माहत अपने क्वार्टर की ओर चल पड़ा था।

घर पहुँच कर चेतन ने दरी चारपाई के पाये से लटका कर किताबें वहीं फेंक दी थीं और हताश लेट गया था।

चन्दा ने जब बच्चे को कन्धे से लगाये हुए आ कर पूछा था कि उसकी तबियत तो ठीक है, तब चेतन ने आहत स्वर में सिर्फ़ इतना कहा था, "बाऊ जी ने कबूतरों के उस जोड़े को गोली मार दी।"

चन्दा बच्चे को झुला कर सुला रही थी, इसलिए शायद उसका ध्यान अपने पति के आहत स्वर पर नहीं गया। उसने कहा था —"अब तो आप आराम से वहाँ पढ़ सकेंगे।"

चेतन ने इसका कोई जवाब नहीं दिया था। उसके मन में जो असह्य पीड़ा थी, जिस प्रकार उसे सारे-का-सारा दोष अपना लगता था, वह जानता था कि वह अपनी पत्नी को कभी समझा नहीं पायेगा। वह चुप लेटा रहा था। उसकी पत्नी दूध की लस्सी का गिलास बना कर उसे पिलाने के लिए मुँदरी से कहने चली गयी थी....मुँदरी लस्सी का गिलास लायी तो उसने चुपचाप उठ कर पी लिया था और फिर लेट गया था....

उसके पिता जालन्धर को जाने वाली गाड़ी रवाना करके कपड़े बदलने के लिए आये थे तो रोज़ की तरह उसने उठ कर शौचालय का लोटा भरा था, उनके हाथ-मुँह धुलाये थे, उनके कपड़े बदलवाये थे और उनके जाने के बाद फिर लेट गया था....मुँदरी खाने के लिए बुलाने आयी थी, वह उठ कर पीढ़े पर जा बैठा था और उसने बिना एक भी शब्द कहे, किसी तरह दो कौर ज़हर-मार किये थे....वह खाना खा रहा था, जब नत्थू ने आ कर बताया था कि उसने बर्नर साफ़ करके, उसमें तेल भर कर और जला कर माल-गोदाम

में रख दिया है, गेट खोल दिया है, चेतन बाबू खा कर जा रहे हों तो वह उसे खुला रहने दे, वरना बन्द कर दे। तब चेतन ने सिर्फ़ इतना कहा था — "ठीक है। मैं अभी जाता हूँ...."

खाना खाने के बाद वह किताबें उठा कर चुपचाप माल-गोदाम चला गया था और मेज़ के पीछे कुर्सी पर जा बैठा था। उसने किताब खोल ली थी, नोट-बुक सामने फैला ली थी और उसकी बायीं ओर के पृष्ठ पर पत्थर रख दिया था। लेकिन वह एक भी पंक्ति नहीं पढ़ सका था....उसकी आँखों के सामने कॉर्निस-दर-कॉर्निस फड़फड़ाते हुए वे दोनों कबूतर उड़ते रहे थे। कभी वह उन्हें हलाल होते देखता और कभी उनकी कटी हुई गर्दनों से टपकती हुई लहू की बूँदें उसकी आँखों में आ जातीं....वह उठ कर हॉल में घूमने लगा था और अपनी उस भावुकता पर उसने अपने आपको कोसा था....

'अनन्त ठीक ही तो कहता है,' उसने मन-ही-मन अपनी उस भावुकता-भरी भाव-प्रवणता को कोसते हुए कहा था, 'मेरे जैसे बुज़दिल और कायर मूर्खों के लिए यह दुनिया नहीं है। यह दुनिया निहायत क्रूर, स्वार्थी और संगदिल है। पत्थर का कलेजा और गैंडे की खाल इसके साथ चलने की पहली शर्त है'....और उसके सामने वर्षों पहले, जब वह आठवीं कक्षा में पढ़ता था और दादा के साथ मुन्नी और शिव के मुण्डनों पर चिन्तपुरनी गया था, दुर्गाष्टमी के दिन दुर्गा मन्दिर की सीढ़ियों के आगे कटड़े और बकरे की बलि का दृश्य घूम गया था। पुजारी ने खाँड़ा सिर के ऊपर उठाया था और उसके एक ही प्रहार से कटड़े का सिर कट कर दूर पड़ा था और उछलने लगा था। सिर कटते ही कटड़े के घुटने मुड़ गये थे और कटड़ा वहीं ढेर हो गया था। पुजारी ने उसकी गर्दन पर पैर रख दिया था और शहरग से ख़ून का फ़व्वारा छूटा था....ईदुज़्ज़ुहा के दिन हज़ारों बकरों की कुर्बानी होती थी और बकरों को सफलता से हलाल करने वालों के चेहरों पर मसर्रत की सुर्ख़ी और सफलता का नूर बरसने लगता था....और वह दो कबूतरों को गोली लगते देख कर विचलित हो उठा....

सभ्यता के विकास में इन्सान ने अपने लाभ के लिए जंगलों को जला दिया। शेरों, हाथियों और दूसरे हिंस्र पशुओं को गोली का निशाना बना दिया....स्वयं प्रकृति के दाँत और नख रक्त-रँगे हैं। 'नेचर इज़ रेड इन टूथ ऐण्ड क्लॉ' —उसने मन ही मन दोहराया था —'एक जानवर दूसरे का शिकार करता है, बड़ी मछली छोटी को खाती है, निरीह चिड़िया तक कीट-पतंगों को चट कर जाती है'.... वे साले कबूतर उसके अध्ययन के मार्ग की बाधा थे। उसके पिता ने उन्हें रास्ते से हटा दिया तो कौन-सी कयामत टूट गयी....गीता में तो लिखा है, कौन किसी को मारता है और कौन मरवाता है, आत्मा तो अमर है....ये तो कम्बख़्त, दो कबूतर थे, भगवान कृष्ण ने तो अर्जुन को सगे-सम्बन्धियों से युद्ध करने की प्रेरणा दी थी और कोई ऐसा तर्क नहीं था, जो उसे युद्धरत होने और बन्धु-बान्धवों का संहार करने के लिए न दिया हो....फिर वह तो अब ख़ुद मांसाहारी हो गया है। जिन बकरों का गोश्त वह खाता है, आख़िर वे भी तो बूचड़ख़ानों में हलाल होते हैं। हाँ, वे उसके सामने हलाल नहीं होते....इस थोड़-दिली से कहीं काम चलता है....

और यूँ तर्क-वितर्क से अपने दिल को मज़बूत करके चेतन फिर कुर्सी पर जा बैठा था। उसने एकाध पृष्ठ पढ़ा भी था, लेकिन फिर अपराध-बोध ने उसे ग्रस लिया था और

वही-वही दृश्य घूम-फिर कर उसकी आँखों में आने लगे थे....हार कर उसने किताबें समेटी थीं, लैम्प इतना मद्धिम कर दिया था कि अपने आप बुझ जाये, माल-गोदाम को ताला लगाया था और क्वार्टर की ओर चल दिया था।

रास्ते में उसने तय किया था कि बहराम छोड़ देगा। वहाँ रह कर इत्मीनान से अध्ययन करना अब उसके लिए हरगिज़-हरगिज़ सम्भव नहीं होगा।

०

०

शहनशीन से सीढ़ियों की दीवार तक घूमते हुए उस रात के तमाम तर्क-वितर्क द्विगुणित हो कर उसके दिमाग़ को परेशान करते रहे। थक कर वह फिर शहनशीन पर लेट गया और ऊँघ गया....नंगे टख़ने पर चन्दा की उँगलियों के स्पर्श ने उसे जगा दिया था।

वह उठ कर बैठ गया और फिर आँखें मलने लगा।

"सो गये थे क्या ?" चन्दा ने बत्तीसी खिलाते हुए निहायत मुलायम स्वर में कहा था, "माँ जी कब से बुला रही हैं!"

३५

रसोई-घर में चूल्हे से इधर दरवाज़े की ओर को दीवार से पीठ लगाये चेतन ईख के आसन पर बैठा था। माँ ने दाल-मिले पालक की सब्ज़ी और रसेदार आलुओं का सालन पकाया था। आटा वह सान चुकी थी। तवा उसने चूल्हे पर रख दिया था और नीचे आग लहकाने की कोशिश कर रही थी। लकड़ियाँ शायद कुछ गीली थीं, धुँधुआ रही थीं और फुँकनी में फूँकें मार-मार कर वह उन्हें सुलगाने का प्रयास कर रही थी। हलकी-सी हवा उत्तर से दक्खिन बह रही थी और धुआँ माँ के सिर को लपेटता, उसकी आँखों में चुभता हुआ, खिड़की के बाहर जा रहा था। माँ दुपट्टे से आँखों में आया पानी पोंछती और फिर फुँकनी से हवा देने लगती।

चेतन ने धुएँ में लिपटे माँ के चेहरे पर नज़र डाली थी। धुएँ के बावजूद उसकी ठोड़ी और दायें गाल पर गोदने के निशान साफ़ दिखायी दे रहे थे, लेकिन गोलाई और तिकोनेपन के बीच चौकोर-से उस चेहरे पर अभी से कौवे के पंजे-सरीखी झुर्रियाँ पड़ गयी थीं। उसके चौड़े मस्तक पर पसीने की बूँदें झलक आयी थीं। उसका गेहुआँ रंग, जो कभी ज़रूर गोरा रहा होगा, कदरे सँवला गया था और कुछ अज़ीब-सी स्थायी उदासी और रूखापन वहाँ विद्यमान था।

चेतन ने जब-जब अपनी माँ के चेहरे पर नज़र डाली थी, हमेशा उसका मन मसोस गया था। लेकिन अज़ीब बात है कि उस समय रसोई-घर में माँ के चेहरे की उस स्थायी उदासी और व्यथा ने उसके मन को नहीं छुआ। दो ही दिन पहले बहराम में जो छोटी-सी घटना घटी थी, वह उसे याद आ गयी और उस व्यथा और उदासी के पीछे चेतन को कुछ

ऐसी कठोरता वहाँ छिपी दिखायी दी, जिसका आभास तक उसने पहले कभी नहीं पाया था।

माँ के उस चेहरे को देखते-देखते हठात वहाँ उसके पिता का रोबीला चेहरा उभर आया —एक ज़ालिम, जाबिर, क्रूर, शराबी, जुआरी, यार-बाश, दबंग और लड़ाके, प्रकट पत्थर-दिल व्यक्ति का, नींबू-टिकाऊ मूँछों से लैस, आतंक उपजाने वाला चेहरा —लेकिन उस क्षण चेतन को पिता के चेहरे पर कुछ ऐसा अपराध-बोध और भय-मिश्रित ऐसी घबराहट दिखायी दी, जिसकी कल्पना भी उसने पहले कभी वहाँ नहीं की थी।

चेतन जब-जब अपने पिता और माँ स्वभावों की तुलना करता था, उसकी आँखों में हमेशा दो घटनाएँ कौंध जाती थीं और उसके मन पर पिता की हिंसक और माँ की अहिंसक प्रवृत्ति उजागर हो जाती थी।

....वह बहुत छोटा था। चार-पाँच साल का रहा होगा। उसके पिता तब हिसार लाइन के एक छोटे-से स्टेशन बुगाना पर तैनात थे। एक दिन सुबह-सुबह भिनसारे के नीम-उजेले में, पानी का लोटा लिये हुए चेतन शौचालय गया। उसने सण्डास के मेहराबदार दरवाज़े पर पैर रखा ही था कि हठात उसकी नज़र सामने दीवार और सण्डास के दायें पायदान के कोने पर गयी। वह ठिठक गया। वहाँ उसकी छिंगुली जितनी मोटी काली-मटमैली रस्सी दीवार की पूरी लम्बाई में कोने से सटी थी। 'रस्सी यहाँ कैसे हो सकती है ?' उसने मन-ही-मन सोचा था, 'रस्सी भी हो तो ऐसे एकदम सीधी और तनी कैसे हो सकती है ?' उसने एक कदम आगे बढ़ाया। रस्सी का सिरा, जो पायदान के कोने में लटका था, ज़रा-सा हिला....'साँप'....चेतन के होंटों से अस्फुट-सा भयाक्रान्त स्वर निकला। वह उलटे पाँव भागता हुआ रसोई-घर में बैठी माँ के पास गया और उसने कहा कि वहाँ सण्डास में साँप लेटा है। चेतन के पिता देर तक सोते थे। माँ ने उन्हें जा जगाया। पण्डित जी क्रोध में उठे। उन्होंने कोने में रखी सुम्मों वाल निग्गर[१] लाठी उठायी, बेटे से कहा कि दिखाये तो कहाँ है, वह माँ अपनी का यार....चेतन ने सण्डास की ओर संकेत किया तो पण्डित जी साँप की माँ-बहन के साथ निकटस्थ सम्बन्ध करते हुए शौचालय की ओर लपके।

शायद उनकी आवाज़ सुन कर अथवा उनके कदमों की धमक पा कर साँप चैतन्य हो गया। इससे पहले कि चेतन के पिता की लाठी का वार उस पर पड़ता, वह सरक कर फ़र्श, दीवार और पायदान के कोने में बने एक सूराख़ से बाहर को रेंग चला। चेतन के पिता ने दोबारा लाठी का वार किया। लेकिन लाठी के वार से केवल दीवार का कुछ पलस्तर उखड़ गया। साँप की दुम ऐन उसके नीचे से सूराख़ में सरक गयी।

पण्डित शादीराम भाग कर सण्डास के पिछवाड़े गये। साँप तो कहीं नज़र नहीं आया। हाँ, दीवार के साथ उन्हें एक बिल ज़रूर दिखायी दिया। उन्होंने वहीं से आवाज़ें दे कर सभी नौकरों को बुलवा लिया। फावड़े और गेंती की मदद से बिल खुदवा डाला और जब तक साँप को बिल से निकाल कर मार नहीं डाला, न स्वयं चैन लिया, न किसी को लेने दिया....

बहुत बचपन में देखी हुई वह घटना चेतन के दिमाग़ पर ऐसे अंकित थी, जैसे उसने एक ही दिन पहले उसे देखा हो।

०

---

१. ठोस।

जब-जब चेतन ने इस घटना को याद किया, उसके दिमाग़ में हमेशा एक दूसरी घटना कौंध गयी....इससे ज़रा पहले की अथवा ज़रा बाद की....लेकिन उसी सुदूर बचपन की....

०

....उसका पुराना खँडहर मकान है। चूनी दादा वाला हिस्सा बदस्तूर अध-जला है। दीवारों की मुँडेरें और घर की छतें कच्ची हैं। हर साल बरसात से पहले चिकनी मिट्टी में गाय का गोबर और भुस मिला कर माँ मुँडेरों और छतों को लीपती है....शाम का वक्त है। चेतन वहीं आँगन में बिछी खुर्री चारपाई पर लेटा है, उसके बड़े भाई परे पीढ़े पर बैठे हैं। माँ चूनी दादा की खुली रसोई के बराबर एक पीढ़े पर बैठी तरकारी काट रही है। आँगन के आले में तेल का दिया जल रहा है। माँ उनको अपने बचपन का कोई किस्सा सुना रही है कि अचानक चेतन के बड़े भाई, जो उससे कुल ढाई साल ही बड़े हैं, 'साँप-साँप' चिल्ला उठते हैं और ड्योढ़ी की बुख़ारी में से, जहाँ चूल्हे में जलाने के लिए लकड़ियाँ पड़ी रहती हैं, एक लकड़ी उठाने भागते हैं। चेतन चारपाई की पाटी से ज़रा-सा झुक कर देखता है — माँ जहाँ पीढ़े पर बैठी है, उसके करीब ही उसकी अपनी चारपाई के नीचे एक छोटा-सा काला सँपोलिया कच्चे फ़र्श पर तेज़-तेज़ सरसरा रहा है।

तभी चेतन के भाई हाथ में लकड़ी लिये हुए आते हैं कि एक ही वार में सँपोलिए को कुचल दें। माँ बरज देती है। "बेटे, नाग देवता को मारते नहीं।" वह कहती है और ड्योढ़ी से थोड़ा-सा गोबर लाती है और उससे सँपोलिये को दबा देती है। फिर वह दालान से टीन के कनस्तर का टूटा ढक्कन लाती है, सँपोलिए-समेत गोबर को नीचे से उठा लेती है और चेतन के बड़े भाई से कहती है कि उसे बाहर नाली में फेंक आयें।

उस सीले, कच्चे मकान में प्रायः ऐसा होता था। बरसात के दिनों में वहाँ सँपोलिए निकलते रहते थे, लेकिन माँ कभी किसी को मारने नहीं देती थी।

०

पिता की क्रूरता के मुकाबले में माँ की यह करुणा और दया चेतन के मस्तिष्क में बचपन से अंकित थी। बाद के वर्षों में पिता और माता के प्रति इन भावनाओं में इज़ाफ़ा भले हुआ हो, किसी तरह की कमी नहीं आयी थी।

पिता बेहद दबंग थे। कड़क कर बोलते थे। अर्द्ध-विरामों और विरामों की जगह वाक्यों में गालियों का प्रयोग करते थे। बाज़ार से आते हुए हरलाल पंसारी की दुकान पर रुकते और उससे बतियाते तो रसोई-घर में बैठी हुई माँ का दिल धड़क उठता कि जाने किस से लड़ रहे हैं। उनके ज़ुल्म का कोई अन्त नहीं था। निकम्मी-सी बात पर बीवी या बेटों को 'गढ़ कर रख देना'[1] उनके लिए मामूली बात थी। घर-तो-घर मुहल्ला तक आतंकित था....और माँ! चेतन ने कभी उसे ज़ोर से बोलते या गाली देते नहीं सुना था। पति से पिट कर रोते-बिलखते, टसुए बहाते या शिकायत करते नहीं देखा था — परम पतिव्रता, धर्म-परायणा, चींटी तक को कष्ट न देने वाली, सहनशीला, सहिष्णुता की मूर्ति और दयामयी....माँ का यही रूप चेतन की आँखों में बचपन से अंकित था। जब-जब उसने अपनी माँ का रूखा, सुता, उदास चेहरा देखा था, उसके अपरम्पार दुख को याद करके

---

१. मुहावरा — सही रूप देना, पीटना।

अनायास उसके दिल से एक लम्बी साँस निकल गयी थी।

०

धुआँ छँट गया था। आग लहक उठी थी। माँ ने तवे को झाड़न से साफ़ करके उस पर कटोरी रखी थी और उसमें गाय का शुद्ध घी छोड़ दिया था। गर्म हो गया तो पहले से काट कर कटोरी में रखे गये प्याज़ और अदरक के छोटे-छोटे कतले उसमें डाल दिये और तल्लीनता से उन्हें हिलाने लगी।

चेतन ने माँ के चेहरे पर फिर एक उचटती निगाह डाली। अज़ीब बात थी कि उस दिन से पहले उसे उस चेहरे पर कभी कोई दूसरा भाव दिखायी न दिया था, लेकिन उस क्षण उसे वहाँ दया के पीछे एक अदृश्य क्रूरता और अहिंसा के पर्दे में अव्यक्त हिंसा दिखायी दी।

०

दो ही दिन पहले की बात थी। चेतन अजाने ही कबूतरों के उस निरीह और शान्ति-प्रिय जोड़े की हत्या के पाप का भागीदार बन जाने के कारण मानसिक रूप से बहुत उद्विग्न था। पिता की उस विवेकहीन हिंसा के लिए उसके मन में अव्यक्त-सा क्रोध था। उसने उन्हें बताया नहीं था, लेकिन दूसरी रात वह माल-गोदाम में पढ़ने नहीं गया था। नत्थू से उसने बहाना बना दिया था कि उसकी तबियत ठीक नहीं है, वह रात को क्वार्टर ही में पढ़ेगा। लेकिन उस घटना के बाद दिन हो या रात, रह-रह कर उसकी आँखों में फड़फड़ाते, भयभीत, निरीह कबूतर उड़ने लगते। सपनों में वह कटी हुई गर्दनें और टपकता लहू देखता और उसकी नींद उड़ जाती। वह सोचता था कि उसे अविलम्ब लाहौर चले जाना चाहिए और वहाँ जा कर एकाग्रता से परीक्षा की तैयारी करनी चाहिए। बहराम में अब एकाग्रता से पढ़ाई कर पाना उसके लिए लगभग असम्भव होगा। तभी वह दूसरी घटना घटी।

०

मई की पहली तारीख़ थी। सुबह निबट-नहा कर और मट्ठे का बड़ा गिलास पी कर चेतन वहीं बरामदे में पीढ़े पर दीवार से पीठ लगाये बैठा पढ़ रहा था। जालन्धर से सुबह के समय नवाँ शहर को जाने वाली पहली गाड़ी की घण्टी हो चुकी थी कि उसके पिता अचानक घबराये हुए-से स्टेशन से आये थे। उन्होंने खटाक से क्वार्टर का दरवाज़ा खोला था और आँगन ही में रुक गये थे। वहीं से उन्होंने पत्थर के कूण्डे के पानी में तथा दूसरे बर्तनों में पड़ी सब्जियों की ओर संकेत करते हुए आदेश दिया था कि वे तमाम सब्जियाँ नौकरों में बाँट दी जायें।

चेतन की समझ में कुछ नहीं आया था। आश्चर्य-भरे अस्फुट स्वर में उसके होंटों से दो ही शब्द निकले थे —"क्यों बाऊ जी ?"

"तेरी माँ एस्से गड्डी ते आ रई ए।"[१] उनके स्वर में अज़ीब-सी घबराहट थी।

चेतन जानता था कि माँ पहली तारीख़ को तनख़्वाह लेने आती थी और जालन्धर स्टेशन से अपने पति के मित्र एक तार बाबू से उनको अपने पहुँचने की इत्तला दे देती थी। चेतन के पिता को कई बार पहली को तनख़्वाह नहीं मिलती थी, लेकिन वे हमेशा उसे हर

---

१. तेरी माँ इसी गाड़ी से आ रही है।

महीने की पहली तारीख़ को अपना पूरा वेतन दे देते थे और स्वयं अपना काम ऊपर की आय से चलाते थे। यह बात दीगर है कि वे उस ऊपरी आय में से उसे कुछ नहीं देते थे। पहली तारीख़ थी और माँ तनख़्वाह लेने आ रही थी, यह तो ठीक ही था, लेकिन उसके आगमन से सब्ज़ियों को नौकरों में बाँटने का क्या ताल्लुक है, जब कि वे सब्ज़ियाँ मंगल को फगवाड़ा भेज कर ख़ास तौर पर मँगवायी गयी थीं —यह बात चेतन की समझ में ज़रा भी नहीं आयी। उसने होंटों से कुछ नहीं कहा, पर उसकी आँखें जैसे फ़रियाद में पूछ रहीं थीं कि माँ के आने का इन सब्ज़ियों से क्या ताल्लुक है ?

बेटे की बे-समझी और हैरानी को लक्ष्य कर पण्डित जी ने वहीं खड़े-खड़े उसी घबराये-से स्वर में कहा था —"ओह कवेगी कि एत्थे तुसी ऐशाँ लै रए ओ अते घर विच्च भुज्जी भंग वी नईं ए।"[१]

और उलटे हाथ को हवा में झटकते हुए पिता ने वही आदेश दोहरा दिया था। गाड़ी की धमक सुनायी देने लगी थी। वे जिस प्रकार तेज़-तेज़ आये थे, उसी तरह वापस चले गये थे।

चेतन क्षण भर तक उनके पीछे शून्य में देखता रहा था। वह यह तो जानता था कि वेतन का अधिकांश मकान बनवाने के सिलसिले में लिये गये ऋण और ब्याज में निकल जाता है और घर में कई बार एक दाल या सब्ज़ी से ज़्यादा कुछ नहीं पकता। माँ हर महीने थोड़ा शुद्ध घी मँगाती थी और सहेज कर रखती थी कि कोई आ जाये तो दाल या तरकारी को बढ़िया छौंका लगा दिया जाये और घर की प्रतिष्ठा बनी रहे। वरना महीने के अन्तिम दिनों में पतली दाल अथवा नमक-अजवायन वाली मिस्सी रोटी की नौबत आ जाती थी।

लेकिन अगर वे बाऊ जी को सुख देने और उन्हें नत्थू की उस उदमाती बीवी के चंगुल से निकालने के लिए दाल के साथ एक-दो सब्ज़ियाँ पकाते हैं तो माँ क्यों आपत्ति करेगी ? होंटों-ही-होंटों में जैसे अपने आप से बात करते, लेकिन प्रकट अपनी पत्नी को सुनाते हुए उसने यही बात दोहरायी —

"हम क्या अपने लिए यह सब करते हैं, माँ क्यों एतराज़ करेगी ?"

चन्दा ने हमेशा की तरह दाँतों के मोती बिखेरते हुए, अपने पति की हाँ-में-हाँ मिला दी। "और क्या! माँ जी क्यों एतराज़ करेंगी," उसने कहा था, "वे तो बल्कि ख़ुश होंगी।"

"इन सब्ज़ियों को ऐसे ही रहने दो," चेतन ने कुछ आश्वस्त हो कर कहा था, "नौकरों में क्यों बाँट दें ?" चेतन के स्वर में हलका-सा क्रोध और खीझ थी।

लेकिन यह कहते हुए उसकी आँखों में पिता का घबराया हुआ चेहरा घूम गया था। इतनी-सी बात पर बाऊ जी इतना घबराये हुए क्यों थे ? और हठात उसने मन-ही-मन सवाल किया —'क्या वे दिल में माँ से डरते हैं ?'

तब अपने सन्देह पर उसे विश्वास नहीं हुआ था।

०

चेतन ने फिर चोर निगाहों से माँ के चेहरे को देखा। दुखों और तकलीफ़ों के कारण असमय वहाँ बन आयी झुर्रियों ने उसका ध्यान खींच लिया। तभी हठात वहाँ पिता के ज़ुल्म और

---

१. वह कहेगी कि यहाँ आप ऐश ले रहे हैं और वहाँ घर में भूँजी भाँग भी नहीं है।

जबर के एक के बाद एक दृश्य उभरते चले गये।

....माँ जब गौने के बाद होशियारपुर से जालन्धर आयी थी तो उसने अपनी ससुराल के उस पुराने खँडहर मकान को देख कर कहा था —'मेरे लिए यही स्वर्ग है' —और वह झाड़ू ले कर आँगन में पड़े हुए कोयले, ऊपर आकाश से कौवों और चीलों द्वारा फेंकी गयी हड्डियाँ और दूसरा कूड़ा-कचरा बटोरने में जुट गयी थी। उसने दिन भर मेहनत से आँगन, दालान उसके पीछे की कोठरी, अँधेरा-सा रसोई-घर, ड्योढ़ी और उसमें से हो कर आँगन को जाने वाला गलियारा और उसके बायीं ओर चूनी दादा के खण्ड का खुला रसोई-घर सब साफ़ कर दिये थे। छोटे-से गलियारे में से हो कर आँगन के बाहर जाने वाली किंचित गहरी नाली बजबजा रही थी। माँ ने उसे भी साफ़ किया था फिर नहा कर उसने दो कौर निगले थे। —तब वह नहीं जानती थी कि वह अधजला खँडहर और उसका कच्चा आँगन वास्तव में उसका बन्दी-गृह हो जायेगा और उतनी-सी जगह के बाहर उसे कहीं पैर धरने की भी इजाज़त नहीं होगी।

....माँ की ददिया सास (चेतन की पड़दादी) इर्द-गिर्द के दो तीन मुहल्लों में सबसे लड़ाकी प्रसिद्ध थी और किस्से-कहानियों की उन अत्याचारी सासों की याद दिलाती थी, जिनके ज़ुल्मों के वर्णन से पंजाब के लोक-गीत और गाथाएँ भरी पड़ी हैं....चेतन के पिता केवल मैट्रिक तक पढ़े थे। आठवीं कक्षा से शराब पीने लगे थे। अपनी शादी से पहले, कम वय के बावजूद, उन्होंने सब 'सत्कर्म' कर देखे थे और उनकी मानसिकता 'अलिफ़ लैला,' 'किस्सा तोता मैना,' 'असरार-ए-दरबार-ए-हरामपुर' जैसे किस्से-कहानियों से बनी थी, जिनमें 'तिरिया चलित्तर' के विशद वर्णनों और मन को उद्दीप्त करने वाली इश्किया और अश्लील घटनाओं का बाहुल्य था....'त्रिया चरित्रम् पुरुषस्य भाग्यम् देवो न जानति कुतः मनुष्य,' तथा 'गुरबः कुश्तन रोज़-ए-अव्वल' याने स्त्री के चरित्र और पुरुष के भाग्य को देवता भी नहीं जानते, मनुष्य की क्या बिसात है और बिल्ली पहले रोज़ ही मारी जाती है, पत्नी को पहले ही दिन से अँगूठे के नीचे रखा जाता है, जैसे सूत्र-वाक्य उनकी ज़बान पर रहते थे।

दादी-पोते ने चेतन की माँ को पहले ही दिन यह समझा दिया था कि मुहल्ले में उन लोगों के शत्रु भरे पड़े हैं। वह घर से बाहर किसी औरत से नहीं मिले-जुलेगी और आराम से उस खँडहर के अन्दर बैठी काम-काज में अपना मन लगायेगी। कोई बाहर की स्त्री उसकी अनुपस्थिति में वहाँ आ कर बहू के कान भर सकती है —इस भय से चेतन की पड़दादी जब भी बाहर जाती, डयोढ़ी में ताला लगा जाती थी।

चेतन की माँ हफ़्तों आँगन में बैठी, कातने-अटेरने, चक्की पीसने और घर के दूसरे काम-काज में मन लगाये रहती। एक दिन थोड़ा ऊब कर वह ऊपर छत पर चली गयी। दुर्भाग्य से ऐन उसी वक्त पड़दादी गंगादेई बाहर से आ गयी। जब उसे पता चला कि बहू छत पर चली गयी है तो नीचे से गालियाँ देती हुई वह धड़धड़ाती ऊपर पहुँची और उसे चोटी से पकड़ कर घसीटती हुई नीचे ले आयी....चारों ओर से ऊँचे मकानों से घिरा एक-मंज़िला कच्चा खँडहर, ऊपर से खुला आँगन, पड़दादी की कड़कदार आवाज़....उसने चेतन की माँ के माता-पिता और उनके सात पुरखों तक को गिनते हुए ऐसे-ऐसे 'मधुर वचन' सुनाये, ऐसी-ऐसी कहनी-अनकहनी बातें कहीं कि मुहल्ला थर्रा गया....पड़दादी ने

इसी पर बस नहीं की। जब शाम को उसका पोता घर आया तो उसने बहू की शिकायत कर दी और आज्ञाकारी पोते ने 'गुरब: कुश्तन-रोज़-ए-अव्वल' के अनुसार मार-मार कर पत्नी का भुरकस निकाल दिया।

....सैला ख़ुर्द के स्टेशन पर जब चेतन के पिता स्टेशन से आ कर रात को उसे अंग्रेज़ी पढ़ाने की कोशिश में पीटते रहे थे तो तीसरी रात माँ बीच में पड़ जाने से बुरी तरह पिट गयी थी। नशे में क्रोध से पागल हो कर पण्डित शादीराम बेटे को पीटने के लिए चूल्हे से जलती लकड़ी उठा लाये थे, पर माँ के बीच में आ जाने से वह उसी पर बरस गयी थी....चेतन को जब भी उस रात की याद आती, उसकी नींद एकदम ग़ायब हो जाती।

....चेतन के पिता बाहर से आते-आते, अपने मित्र हेड कॉन्स्टेबल देवीदास की पत्नी लच्छी (लक्ष्मी) को लेते आये थे। देवीदास के असामयिक निधन के बाद वह एक तरह से उनकी रक्षिता थी। कलाली थी और विधवा होने के बावजूद देवीदास के साथ भाग आयी थी, इसलिए चेतन की माँ न केवल उसे नीच जात की, वरन वेश्या भी समझती थी और घृणा करती थी। सीढ़ियों में तो आगे-आगे लच्छी और पीछे-पीछे पिता चढ़े होंगे, पर सीढ़ियों के पार उन्होंने उसकी कमर में हाथ डाल दिया था और वैसे ही अन्दर दालान में बिछी चारपाई पर जा बैठे थे और वहीं से उन्होंने कड़क कर चेतन की माँ को पानी का गिलास, कटोरी और ज़रा-सा आम का अचार लाने का नादिरशाही हुक्म दिया था।

जैसा कि हमेशा होता था, उनके आते ही माँ बेतरह घबरा गयी थी। उसने पानी का गिलास भरा था। आम के अचार की फाँक निकाल कर पत्थर की एक छोटी-सी प्याली में रखी थी, लेकिन टोकरे से ख़ाली कटोरी उठाते हुए जाने क्या हुआ कि कटोरी उसके हाथ से गिर गयी थी और दालान में अपनी आशना के साथ बैठे उसके पिता ने गालियों की गोलियाँ उस पर बरसा दी थीं....किसी तरह तीनों चीज़ें ले कर, सिर का घूँघट ज़रा-सा खींच, लरज़ती-काँपती चेतन की माँ वहाँ गयी थी। पण्डित जी ने कोट की जेब से शराब की बोतल निकाली थी। आधी शेष थी। उन्होंने कटोरी में एक बड़ा-सा पेग उँडेला था। नीट गटक गये थे। कड़वाहट के कारण ज़रा-सा खाँसे थे, मुँह बिचकाया था। माँ ने पानी का गिलास आगे बढ़ाया था। उन्होंने गिलास ले कर दो बार ज़रा परे फ़र्श पर कुल्ला किया था और गिलास वहीं फ़र्श पर फेंक कर आम के अचार का ज़रा-सा टुकड़ा मुँह में रखते हुए माँ से नयी साड़ी ला कर लच्छी को देने के लिए कहा था।

दो दिन बाद नाग पंचमी थी। पिछले ही दिन चेतन के पिता ने एक नयी साड़ी ला कर पत्नी को दी थी। वह बहुत ख़ुश हुई थी और त्योहार के दिन पहनने के लिए उसने वह ट्रंक में सहेज दी थी....लेकिन ज़रा-सा भी प्रतिवाद किये बिना, चेतन की माँ अन्दर गयी थी। साड़ी निकाल लायी थी। उसका कपड़ा उस कलाली से छू न जाये, इस ख़याल से अपनी साड़ी ज़रा समेट कर तनिक दूर से उसने वह नयी साड़ी लच्छी की गोद में फेंक दी थी....चेतन के पिता शराब के नशे में धुत्त भयंकर क्रोध से उठ कर चिल्लाये थे, "तुम लच्छी को छूने से परहेज़ करती हो। तुम इसे नीच जात की समझती हो। छुओ इसे। पड़ो इसके पाँवों में।"....चेतन की माँ निमिष भर के लिए असमंजस में खड़ी रही होगी कि चेतन के पिता उछल कर उठे थे। उन्होंने उसकी गर्दन दबोच ली थी। उसका सिर चारपाई की पाटी पर लच्छी के कदमों में दे मारा था और उसकी झुकी पीठ पर बेतहाशा घूँसे रसीद

करने लगे थे। माँ फ़र्श पर मुँह के बल गिर गयी थी। पण्डित जी उसे और एक घूँसा जमाने जा रहे थे कि लच्छी ने उनका हाथ पकड़ लिया —"कैसे-बे-दर्द हो। उठाओ इन्हें। देखते नहीं, माथे से ख़ून बहने लगा है।"

लेकिन उत्तर में चेतन के पिता ने माँ को एक ठोकर लगा दी थी। बोतल जेब के हवाले की थी। लच्छी की कमर में हाथ डाला था और जैसे आये थे, वैसे ही उसे ले कर चले गये थे....

....बिलकुल इसी तरह का व्यवहार चेतन के पिता ने तब किया था, जब उन्होंने पत्नी को सोने के बुन्दे बनवा कर दिये थे और दूसरे ही दिन लच्छी की जवान बेटी तारा को ले आये थे और चेतन की माँ से बुन्दे तारा को दिलवा दिये थे....और आवेश में तारा को प्यार से चूम लिया था....

०

....बचपन और लड़कपन की कितनी ही ऐसी तकलीफ़देह घटनाएँ चेतन की आँखों में घूम गयीं, जब चेतन के पिता ने मामूली-सी बात पर अपनी पत्नी को धुन कर रख दिया था। अपनी शादी की घटना भी चेतन की आँखों में कौंधी, जब वे उसे पीटने के लिए लपके थे और भाई ने उन्हें रोका था और चेतन को छोड़ कर उन्होंने उसे पकड़ लिया था। माँ छुड़ाने बढ़ी तो इतने ज़ोर से उन्होंने उसे धक्का दिया था कि वह पीछे जा गिरी थी। मेज़ का कोना उसकी पसली में चुभ गया था और वह बेहोश हो गयी थी, तब भाइयों ने पकड़ कर उन्हें चारपाई से बाँध दिया था और वे सारी रात चिल्लाते और गालियाँ बकते रहे थे। यहाँ तक कि उनका नशा हिरन हो गया था और गला बैठ गया था....

०

अपने औबाश, व्यसनी और अत्याचारी पिता के इसी काहिर और जाबिर चेहरे पर चेतन ने बहराम में कुछ अज़ीब-सी ग्लानि-मिली घबराहट और अव्यक्त-सा भय देखा था और वह अपनी ज़िन्दगी में पहली बार चकित रह गया था। उसे पल भर के लिए विश्वास नहीं हुआ था कि इतनी-सी बात पर माँ नाराज़ होगी। उसकी पत्नी ने भी उसका समर्थन किया था। अपनी सादालौही और भोलेपन में वह तो यह भी समझती थी कि माँ जी उलटे ख़ुश होंगी।

लेकिन जब गाड़ी आयी और माँ मंगल के पीछे-पीछे क्वार्टर में दाख़िल हुई और उसने बरामदे में तरह-तरह की सब्ज़ियों पर निगाह डाली तो उसने बिलकुल वही उलाहना दिया, जिसका उल्लेख पिता ने किया था —

"तुसीं एत्थे पये ऐश लैन्दे ओ ते ओत्थे घर'च पयी नंग-भुक्ख बरती-दी ए....रसेदार आलू, जाँ पतली दाल अते कदीं ओह वी नईं। बच्चे प्याज़ दी सुक्की कतलियाँ'च नमक पा के दो गस्से खा लैन्दे ने अते निम्बू तक निचोड़न लई पैसे नईं होन्दे।"[१]

और माँ ने खीझ और क्रोध में कहा था कि उसके पिता की आधी तनख़्वाह तो क़र्ज़ में चली जाती है, इसीलिए तो उसने चेतन से कहा था कि पिता की आमदनी में से कुछ

---

१. आप लोग यहाँ बैठे ऐश लेते हैं और वहाँ घर में भूख और नंगेपन का राज्य है....रसेदार आलू या पतली दाल और कभी वह भी नहीं। बच्चे प्याज़ के सूखे कतलों में नमक डाल कर दो कौर खा लेते हैं और नींबू तक निचोड़ने के लिए पैसे नहीं होते।

बचा कर भिजवाये, न कि अपनी बीवी के साथ यहाँ ऐश उड़ाये।

चेतन के दिल में बगूला-सा उठा था —'बकरा जान से गया और खाने वाले को मज़ा नहीं आया,' उसने मन-ही-मन कहा था। लेकिन मंगल अभी खड़ा था और चेतन ने उसके सामने उस सिलसिले में कुछ भी कहना उचित नहीं समझा था। वह चुप रह गया था। चुप, विक्षुब्ध और आहत। उसका ख़याल था कि वह माँ से फिर बात करेगा, लेकिन माँ बाऊ जी से तनख़्वाह के रुपये ले कर दूसरी गाड़ी से वापस चली गयी थी और वह एक शब्द भी नहीं कह सका था। आन्तरिक क्रोध और विक्षोभ के कारण उसकी एकाग्रता भंग हो गयी थी। कोशिश करने के बावजूद वह एक शब्द भी न पढ़ सका था। तभी उसने तय किया था कि वह अब और एक दिन भी बहराम नहीं रहेगा। वह अविलम्ब अपना डेरा-डण्डा उठा लेगा और तैयारी की शेष बारह-पन्द्रह छुट्टियाँ लाहौर में गुज़ारेगा। इम्तहान की तैयारी में दिन-रात एक कर देगा। और तभी उसने यह भी तय किया था कि लाहौर जाने से पहले वह एक दिन जालन्धर रुकेगा और इस एक महीने में अपने उस ज़ालिम और जाबिर शराबी पिता की वीरान ज़िन्दगी का जो आभास उसने पाया था, उससे माँ को अवगत करायेगा और उसे समझायेगा कि उसी की अतिरिक्त पवित्रता के कारण उसके पिता ने अपनी ज़िन्दगी बरबाद कर डाली है।

०

माँ के चले जाने के बाद चेतन एक ही दिन बहराम में रहा था, लेकिन कानून की किताबें पढ़ने के बदले दिन-रात अपने माता-पिता की ज़िन्दगी के बारे में सोचता रहा था। वह उनके अन्तरंग जीवन से नितान्त अनभिज्ञ था, लेकिन उसने माँ से कई बार गर्व-स्फीत स्वर में यह बात सुनी थी कि उसके पिता चाहे जो ख़ाक उड़ाते हों, उसका चौका उन्होंने कभी अपवित्र नहीं किया और कभी उसके सामने झूठ नहीं बोला। वे बाहर जो कुछ भी कहते-करते थे, सब राई-रत्ती उसे बता देते थे और इस बात का चेतन की माँ को कम फ़ख़्र नहीं था....

पवित्रता के सिलसिले में अपनी माँ की भयंकर सनक से चेतन भली-भाँति परिचित था। परिचित भी और आजिज़ थी। सुच्च-जूठ के बारे में चेतन की माँ की सनक उन्माद की हद को पहुँची हुई थी....अलस्सुबह उठ कर वह घर के सारे कमरे साफ़ करती थी। सारे बर्तन माँजती थी। शौच जाते वक्त वे लोग जिस लोटे में पानी ले जाते, उस लोटे में जिस गिलास या बर्तन से माँ पानी डालती थी, उसे भी जूठा समझ कर वहीं नाली पर रख देती थी। वह दोबारा राख से साफ़ किया जाता था, जब कि शौच के लिए अलग रखे लोटे से सिर्फ़ शौचालय के डिब्बे में पानी डाला जाता था और लोटा बाहर छत पर ही धरा रहता था। तिस पर भी वह लोटा माँजे और धोये जाने के बावजूद रसोई-घर में नहीं जा सकता था....माँ जब बाहर से आती थी, सर्दी हो या गर्मी, ज़रूर नहाती थी। रेशमी कपड़ों पर गंगाजल छिड़का जाता और सूती साड़ी या ब्लाउज़ धो दिये जाते, पिता-समेत सब लोग अपने जूते सीढ़ियों के निकट अधछत्ती के नीचे उतार देते। जूता ले कर अन्दर किसी भी कमरे में जाने की सख़्त मनाही थी....बिना हाथ धोये, कुल्ली किये और फिर हाथ धोये, रसोई-घर से कोई बर्तन नहीं लिया जा सकता था....चेतन को याद था कि लड़कपन में कभी-कभी इन कड़े नियमों की ऐसी सख़्त प्रतिक्रिया उस पर होती थी कि उसका मन होता,

जूठा हाथ पानी की गागर में डाल दे।

अपने धर्म-कर्म और नित्य-नेम में बझी पण्डित रुद्रमणि मिश्र की बेटी ने कब और कैसे अपने पिता से वचन ले लिया कि वे बाहर जो भी करें, उसका सुच्चा चौका अपवित्र नहीं करेंगे, चेतन नहीं जानता था, लेकिन एक बात उसे बख़ूबी मालूम थी कि बात के सच्चे और कौल के पक्के पण्डित शादीराम ने अपनी पत्नी को दिया गया यह वचन प्राणपण से निभाया था।

o

रसोई-घर में बैठे-बैठे चेतन के दिमाग़ में बहराम में मंगल पानी वाले से होने वाली बातें घूम गयीं —कैसे पत्नी की अनुपस्थिति में भी चेतन के पिता ने उसका चौका अपवित्र नहीं होने दिया और नत्थू बाहर आँगन में ही गोश्त पकाता रहा था। फिर जब चेतन ने अपने पिता के सामने यह प्रस्ताव रखा था कि उनकी बहू उन्हें गोश्त पका कर खिलायेगी, तब भी उन्होंने अपनी पत्नी का चौका अपवित्र न करने की बात कही थी....चेतन ने जिस तरह अपने पिता को उनकी पसन्द का खाना प्यार-सत्कार के साथ खिला कर नत्थू के यहाँ उनका जाना छुड़ा दिया था और स्वयं पेग ढाल कर उनके पीने की मात्रा भी कर दी थी, उसे मद्दे-नज़र रखते हुए चेतन को पूरा विश्वास था कि अगर विवाह के बाद उसकी माँ ने अपने पति को समेट लिया होता, अपने आपको उनकी ख़ातिर कुछ बदल लिया होता, वह उनसे गोश्त पकाना सीख कर उन्हें खिलाती-पिलाती और उनके व्यसनों पर नाक-भौं न चढ़ाती तो निश्चय ही उनकी बुरी आदतें धीरे-धीरे छुड़ा देती अथवा उनका दंश कदरे कम कर देती। लेकिन मिश्र घराने के सात्विक संस्कारों में पली चेतन की माँ के मन में अपने शराबी और माँसाहारी पति के प्रति, उसे पति-परमेश्वर समझने के बावजूद, कितनी घृणा होगी और उसने अपनी अतिरिक्त पवित्रता और धर्म-परायणता से अपने पति के अचेतन को कैसे अपराध-बोध से ग्रस कर वहाँ विकृतियाँ पैदा पैदा कर दी, होंगी, चेतन सहज ही इसकी कल्पना कर सकता था। उसे लगता कि उनकी मद्यपता, और क्रूरता शायद उसकी माँ की अतिरिक्त पवित्रता ही की प्रतिक्रिया थी। वरना उसके पिता जैसे भोले और लाई-लग्ग थे, उन्हें सही रास्ते पर लाना कठिन चाहे जितना हो, असम्भव नहीं था....

रसोई-घर में बैठे-बैठे अपनी माँ के असमय बुढ़ा जाने वाले सूखे, उदास, मुरझाये चेहरे को देखते हुए चेतन के हृदय की गहराई से अनायास एक लम्बी साँस निकल गयी।

o

माँ ने इस बीच विशेष अवसरों के लिए सुरक्षित रखे गये शुद्ध देशी घी को निकाल कर सालन को अलग-अलग कटोरियों में छौंक दिया था और ताज़ा फुलका पका कर आम के अचार की एक फाँक के साथ परोस दी थी। उसे बेटे की ओर बढ़ाते हुए सहसा उसने पूछा —"क्यों पुत्तर, की गल्ल ए, तूँ एड्डे लम्बे हौक्के क्यूँ भर रेहा एँ ?"[१]

बहराम से आ कर पिछली रात चेतन देर तक माँ से बातें करता रहा था। उसने सविस्तार अपनी और चन्दा की उन कोशिशों का ज़िक्र किया था, जिनसे काम ले कर उन्होंने नत्थू के घर पिता का शामें बिताना और खाना-उड़ाना छुड़ा दिया था। चेतन ने इस बात

१. क्यों बेटा, क्या बात है ? तू इतनी लम्बी साँसें क्यों ले रहा है ?

की भी शिकायत की थी कि उसने उन्हें ऐश लेने का ताना दिया था, जब कि वह सब उन्होंने स्वयं ऐश लेने के लिए नहीं, पिता को सुख देने और यों उन्हें घर से बाँधने लिए ही किया था।

"माँ, अगर हम बहराम पाँच-छै महीने और रह जाते," चेतन ने कहा था, "तो बाऊ जी ऊपर की आमदनी से भी कुछ बचा कर तुम्हें भिजवाते, लेकिन इतने कम अर्से में वह सब नहीं हो सकता।"

और चेतन ने अपनी उस ग़लती का भी उल्लेख किया था, जिसके अधीन उसके मुख से निकल गया था कि भारद्वाज गोत्र के ब्राह्मण होते हुए वे कैसे एक नीच जात के नौकर के हाथ का खा-पी सकते थे और उसके पिता अलिफ़ हो गये थे। गयी-रात तक बुल्हेशाह की काफ़ियाँ गाते रहे थे और उन्होंने ख़ासा बवण्डर मचाया था।

यूँ चेतन आधी रात तक माँ से बातें करता रहा था, लेकिन वह उससे मन की वह बात न कह सका था, जो कि वास्तव में वह उसे कहना चाहता था। माँ ने उसके यूँ लम्बी साँसें भरने का कारण पूछा तो माँ से थाली ले कर अपने आगे रखते हुए, किसी तरह भूमिका बाँधे बिना, चेतन ने जैसे एक झटके के साथ मन की बात कह दी —

"माँ, मैं सोचता हूँ, तुमने बाऊ जी को घर से बुरी तरह छेक कर[१] अच्छा नहीं किया।" माँ चौंकी।

"कीकर बेटा ?"[२] उसने सिर्फ़ यही पूछा।

"माँ, जब तुम्हारी शादी हुई थी," चेतन ने कहा, "पिता जी तो पहले ही से शराब पीने लगे थे। यह तो नाना जी का फ़र्ज़ था कि पिता जी के बारे में पूरी जाँच-पड़ताल करके उनके साथ तुम्हारी शादी करते। अपना वह कर्तव्य तो नाना जी ने पूरा नहीं किया। तुम मिश्र घराने की सारी पवित्रता-अपवित्रता, सुच्च-जूठ के संस्कारों को साथ ले कर यहाँ आयीं और तुमने पिता जी के लिए न कभी रसोई-घर में गोश्त पकाया, न पकाने दिया। रसोई-घर में न सही, घर के किसी दूसरे कमरे में उन्हें अण्डा तक उबालने नहीं दिया। वे हमेशा बाहर दोस्तों के साथ खाते-उड़ाते रहे। घर में तुम उन्हें अपने हाथ से खिलाती-पिलातीं और उन पर कण्ट्रोल रखतीं, तब हो सकता है तुम धीरे-धीरे उनकी बुरी आदतें भी छुड़ा देतीं। पड़दादी इस मामले में सख़्त, तुम उससे भी सख़्त। सो, नतीजा तुम्हारे सामने है। वे बाहर खाते-पीते हैं। भूख तो उनकी ज़्यादा है नहीं। वे कटोरी भर गोश्त खाते हैं तो उनके यार-दोस्त और उनके सातवें-आठवें बेटे, उनके पिछलग्गुए, पूरी हाँडी चट कर जाते हैं। वे दो पेग पीते हैं तो वे लोग पूरी बोतल उड़ा जाते हैं। तब घर में तबाही और बरबादी न होती तो और क्या होता ?"

और चेतन ने पुनः विस्तार से माँ को बताया कि किस प्रकार चन्दा की मदद से उसने न केवल नत्थू के यहाँ उनका जाना छुड़वा दिया, उन्हें बेहतर ख़ूराक दी, बल्कि दो पेग से ज़्यादा कभी उन्हें पीने नहीं दिया।

"मैं नहीं जानता माँ, तुमने कभी महसूस किया है या नहीं," सारा किस्सा सुना कर

१. पंजाबी भाषा में छेक देने का मतलब घर या बिरादरी से बाहर कर देना है।
२. कैसे बेटा ?

चेतन ने कहा, "लेकिन घर से छेक कर तुमने उनके साथ ही नहीं, अपने और हमारे साथ भी ज़्यादती की है। अब वे घर-परिवार के बिना सूने वीरान स्टेशनों में अपनी शामें गुज़ारने के लिए यार-दोस्त इकट्ठे करते हैं, दोस्त नहीं मिलते तो नौकरों को साथ बैठा लेते हैं या फिर लच्छी अथवा दानी जैसी कोई चलित्तरी उन्हें अपने कब्ज़े में कर लेती है। तो यह कोई वैसी अनहोनी बात तो नहीं माँ। मैं नहीं जानता, लेकिन अगर तुम उनकी आदतों से नफ़रत न करतीं, ख़ुद उन्हें खिलातीं-पिलातीं तो शायद बात ही दूसरी होती। यह तो मैं नहीं कहता कि तब सब कुछ भला-ही-भला होता, क्योंकि बादड़ियाँ सुजादड़ियाँ[१] —तुम्हीं कहा करती हो कि —शरीरों के साथ ही जाती हैं। पकी हुई आदतें आसानी से नहीं छूटतीं, पर शायद तब इतना नुकसान न होता, जितना अब हुआ है।"

वह ख़ामोश हो गया और चुपचाप खाना खाने लगा।

माँ, जो पति से बेतहाशा पिटने पर भी कभी नहीं रोयी थी, अचानक आँखें भर लायी।

"पर बेटा," माँ ने जैसे चेतन का उलाहना स्वीकार करते हुए आँखें पोंछ कर कहा, "हुण ताँ मैं कुझ वी नईं कहन्दी। कई बार तेरे बाऊ जी नूँ आक्खेया ई कि घर'च पकाओ चाहे रसोई'च मैन्नूँ एतराज़ नहीं, पर ओह कहन्दे ने —सारी ज़िन्दगी मैं तेरा चौका जूट्ठा नईं कीत्ता, हुण तूँ क्यों मैन्नूँ एह पाप करण लई आखदी एँ ?"[२]

"अब तो माँ बहुत देर हो गयी," चेतन ने कहा, "उन्हें बे-रोक-टोक बाहर पीने-खाने की आदत है। तेरे चौके की पवित्रता का बहाना उनके हाथ आ गया है। शराबियों को यूँ भी ऐसे लोगों के साथ या सामने पीने में मज़ा नहीं आता, जो दिल में शराब से नफ़रत करते हों।"

कुछ क्षण चेतन चुपचाप खाना खाता रहा। फिर माँ के बहते आँसुओं को देख कर उसने जैसे उसका दिल दुखाने की आत्म-ग्लानि और पश्चाताप से भर कर जैसे अपने आप से कहना शुरू किया —

"पर मैं बेकार तुझे दोष दे रहा हूँ माँ। सोचता हूँ, इस में तेरा क्या कसूर है। तेरे और बाऊ जी के संस्कारों में ज़मीन-आसमान का फ़र्क है। तेरे लिए शायद वही स्वाभाविक था और उनके लिए भी वही। शादियाँ तो हमारे समाज में अँधेरे में तीर मारने जैसी होती हैं। लग गया तो तीर, वरना तुक्का। ऐसे में बेगिनती घर तबाह-बरबाद होते रहते हैं। शादियाँ हो जाती है। पति-पत्नी के साथ या पत्नी-पति के साथ कैसे निभाव करे, इसकी कोई शिक्षा नहीं दी जाती। विवाह की वेदी पर अग्नि को साक्षी मान कर संस्कृत में जो मन्त्र पढ़े जाते हैं और कौल-इकरार होते हैं, उन्हें कोई समझता नहीं। समझता है तो उन पर चलने की कोशिश नहीं करता। हमारे नाना को तो ख़ुद ही इस सब का ज्ञान नहीं होगा, फिर वे तुझे क्या बताते। मैं तो यह देख कर हैरान रह गया कि बाऊ जी कहीं मन में तुझ से डरते हैं।"

---

१. पंजाबी-मुहावरा —बादड़ियाँ-सुजादड़ियाँ जाण शरीराँ नाल —आदतें अच्छी हों या बुरी मौत के साथ ही जाती हैं।

२. लेकिन बेटा, अब तो मैं कुछ नहीं कहती। कई बार मैंने तेरे पिता जी से कहा है कि वे घर में (गोश्त) पकायें चाहे रसोई-घर में, मुझे कोई आपत्ति नहीं, पर वे कहते हैं कि सारी उम्र मैंने तेरा चौका अपवित्र नहीं किया, अब तू मुझसे क्यों यह पाप करने को कहती है ?

माँ अपने बेटे की बात ज़रा भी नहीं समझी, वह चुपचाप सुनती रही।

"तूने उन्हें चाहे समेटा-सहेजा न हो, पर जाने कितने अवसरों पर अपने ज़ेवर गिरवी रख कर तूने उनकी रक्षा की है। वरना वे जेल में होते और हम पढ़ने-लिखने के बदले कहीं आलू-छोले बेचते या बाकी अनपढ़ मुहल्ले वालों की तरह ऐसे ही छोटे-मोटे धन्धे करते। हो सकता है, बाऊ जी जब होश में होते हों तो कभी यह सब सोचते हों और मन में कहीं तेरे एहसानमन्द हों। वे तो धर्म-कर्म में ज़रा भी विश्वास नहीं करते। पूजा-पाठ करना तो दूर, दिनों-हफ़्तों नहाते नहीं। हो सकता है, तेरे जैसी पतिव्रता और धर्म-परायण पत्नी की मौजूदगी में वे अपने को हीन और पापी समझते हों और इस अपराध-बोध को क्रूरता में दबाये रखते हों और यह हीन-ग्रन्थि ही तुझ पर उनके अत्याचार का कारण हो। मैं इस सिलसिले में कुछ कह नहीं सकता माँ। मैं बहुत सोचता हूँ और परेशान होता हूँ।"

चेतन फिर मौन हो गया। कुछ क्षण कौर को जैसे गिन कर दाँतों में चबाता रहा, फिर उसी स्वर में बोला —

"लेकिन इस सब के बावजूद मैं यह भी सोचता हूँ कि अगर तुझे आता तो तू उन्हें ज़रूर ठीक रास्ते पर ले आती। वे इतने लाई-लग्ग और भोले हैं कि तू कोशिश करती तो उनके स्वभाव की विकृतियाँ तक दूर कर देती।"

चेतन फिर चुप हो गया और खाना खाता रहा। माँ फुलका सेंकने में तल्लीन रही और उसकी आँखें बदस्तूर भरी रहीं। चेतन ने फिर कहा —

"पर यह सब बहुत कठिन था। तू कैसे कर पाती!"

कुछ क्षण रसोई-घर में सन्नाटा छाया रहा। फिर माँ ने दुपट्टे के आँचल से आँसू पोंछते हुए कहा —

"बेटा, किस्मत दी रेख कौन मिटा सकदा ए! मेरे भाग'च एही ओ लिक्खेया होवेगा।"[१]

"नहीं माँ, भाग्य की बात नहीं है। यह मैं तुझे कैसे समझाऊँ।" चेतन ने इतना ही कहा और एक लम्बी साँस ले कर चुप हो गया।

३६

"हाय जीजा जी, घुच्ची मार के दुर चल्ले सौ, पर वेख लओ, मैं वी तुहान्नूँ फड़ ई लीत्ता!"[२]

अपने छोटे भाई मेघनाथ के सिर पर सामान उठवाये, कादेशाह के चौक से ताँगे पर सवार होने के लिए चेतन हरलाल पंसारी की दुकान से गली ख़रादियाँ की ओर मुड़ने वाला

१. बेटा, किस्मत की रेखा कौन मिटा सकता है। मेरे भाग्य में यही लिखा होगा।

२. हाय जीजा जी, डुबकी मार कर भाग चले थे आप, पर देख लीजिए, मैंने भी आप को पकड़ ही लिया।

था कि चौरस्ती अटारी की तरफ़ से रणवीर के आगे तेज़-तेज़ चलती हुई नीला ने ऐन मोड़ पर उसका रास्ता रोक लिया।

चेतन निमिष भर के लिए अचकचाया-सा उसकी ओर देखता रह गया। तेज़-तेज़ चल कर आने से नीला की साँस फूल आयी थी, गाल तमतमा गये थे और माथे पर पसीने की बूँदें झलक आयी थीं। कल्लोवानी मुहल्ले के छोर पर ही यूँ अपने जीजा को पकड़ लेने में सफल हो जाने के कारण उसकी आँखों में बेपनाह चमक आ गयी थी और चेतन को उलाहना देते हुए उसके होंटों की मुस्कराहट में व्यंग्य की बारीक-सी रेखा उभर आयी थी।

चेतन ने उसके आने की सम्भावना से पहले निकल जाने की विफलता के कारण हलकी-सी निराशा और रँगे-हाथों पकड़े जाने वाले चोर के-से अस्वस्ति-बोध को दूसरे ही क्षण हँसी में उड़ा दिया और दबंगई से उसकी आँखों में देखते हुए बोला —"अगर रणवीर कल शाम के बदले कहीं परसों आया होता नीला, तो मैं कल शाम ज़रूर तुमसे मिलने बस्ती ग़ज़ाँ पहुँचता। सारी शाम बेकार आवारा भटकता रहा। तुम्हारे साथ मज़े से कुछ वक्त गुज़ारता।"

"हाँ ज़रूर गुज़ारते!" नीला ने व्यंग्य से आँखें मटकाते हुए कहा, "मैं क्या आप को जानती नहीं जीजा जी! जैसे पिछली बार मेरे आने से पहले बहराम भाग गये थे, वैसे ही अब निकले जा रहे थे।"

चेतन ने उसके निहोरे को पुनः एक खोखले ठहाके में दबाते हुए कहा —"मैं तुमसे बातों में थोड़ी जीत सकता हूँ नीला।" यह कहते हुए चेतन ने बाँह से उसका कन्धा थाम, उसे गली ख़रादियाँ की ओर मोड़ दिया और ख़ुद आगे कदम बढ़ाये।

तभी नीला ने पीछे मुड़ कर रणवीर से कहा, "रणवीर, मेघनाथ से किताबों की गठरी तुम ले लो।" फिर चेतन को कनखियों से देखते हुए बोली, "कितना भार लाद दिया है छोटे भाई पर आपने ? स्टेशन तक जाते-जाते थक न जायेगा बेचारा!"

"ताँगा कादेशाह के चौक में खड़ा है," चेतन ने कहा, "पैदल स्टेशन नहीं जा रहे हैं। मैंने कल शाम ही ताँगे वाले को सुबह आने के लिए कह दिया था।"

"जब ताँगे पर जा रहे हैं," नीला ने हँसते हुए कहा, "तो इतनी सुबह घर से भागने की क्या ज़रूरत थी ?"

चेतन फिर ज़ोर से हँसा —वही खोखला ठहाका —"मैं हमेशा गाड़ी से घण्टा-आध घण्टा पहले पहुँचना चाहता हूँ। किसी तरह का रिस्क लेना मेरी आदत में शामिल नहीं। आज तक कभी मेरी गाड़ी मिस नहीं हुई।"

और उसने कदम ज़रा तेज़ कर दिये।

o

पिछले दिन खाना खाने के बाद चेतन एकाध घण्टा सोया था फिर मुँह-हाथ धो कर और कपड़े बदल कर अपनी आदत के अनुसार अपने चिर-परिचित ठिकानों को देखने चला गया था।

इस तमाम अर्से में उसकी सोच किसी एक घटना पर केन्द्रित नहीं रही थी। असम्बद्ध विचार, घटनाएँ, चित्र, दुकानों के बोर्ड, बाज़ारों के दृश्य उसके दिमाग़ के पर्दे पर आते-जाते

रहे थे।

माँ से अपने मन की बात कह देने के कारण उसके दिमाग़ का तनाव एकदम मिट गया था। मन हलका हो आया था और वह यूँ ही वक्त काटने के लिए घर से निकल पड़ा था....उसे इस बात का सन्तोष था कि वह बहराम छोड़ आया था। वहाँ रहता तो अनचाहे ही कबूतरों की हत्या का कारण बन जाने के पाप का बोझ उसके दिल-दिमाग़ को परेशान किये रहता। बाज़ार में चलते-चलते एक बार वह घटना दिमाग़ के पर्दे पर आयी थी, लेकिन उसे वह तकलीफ़ नहीं हुई थी, जो बहराम में होती, बल्कि उस घटना की जगह माँ के अचानक बहराम पहुँचने पर पिता की घबराहट वाली घटना उभर आयी थी और वह सोचने लगा था कि आदमी का चरित्र भी कैसे परस्पर-विरोधी तत्वों से बना होता है। उसके पिता भोले भी थे और चतुर भी। ज़ालिम, क्रूर और अत्याचारी भी थे और दया और करुणा-भरे भी। धर्म-कर्म में कोई विश्वास नहीं रखते थे और अपने को ऋषियों का वंशज भी मानते थे और साईं बुल्हेशाह के भक्त भी थे....बस, उन दो घटनाओं का इतना ही प्रभाव बाज़ार में चलते-चलते उनकी याद आ जाने से चेतन के मन पर हलका-हलका रह गया था।

तभी बाजियाँ वाला बाज़ार से गुज़रते हुए दो-तीन बन्द दुकानों ने उसका ध्यान, खींच लिया था। 'इस बाज़ार का सिर्फ़ नाम ही रह गया है,' उसने मन-ही-मन सोचा था, 'बाजों की तो एक भी दुकान यहाँ नहीं रही।' जबकि उसके लड़कपन में इन्हीं बन्द दुकानों में से एक में शलवार-कमीज़ पहने और सिर पर हलकी तिरछी कश्मीरी टोपी लगाये, हर वक्त कोई-न-कोई बाजे वाला क्लैरिनेट या नफ़ीरी बजाता या क्लैरिनेट की कुंजियाँ अथवा नफ़ीरी की पीपनी (आवाज़ देने वाली पत्तियाँ) ठीक करता दिखायी देता था। दूसरी दुकान पर बड़े-बड़े बाजों पर उन्हें बजाने की प्रैक्टिस करते शागिर्द दिखायी देते थे। तीसरी दुकान शहनाई वालों की थी, इसी पर कभी-न-कभी शहनाई बजाने वाले शहनाई पर 'जुत्ती सितारेयाँ वाली' की धुन बजाते सुनायी देते थे। चौरस्ती से ही इन वाद्य-यन्त्रों के स्वर बाज़ार के नाम को सार्थक करते हुए कानों में पड़ने लगते थे....लेकिन बाजे वालों की तीनों दुकानें बन्द हो गयी थीं और चेतन को बाज़ार में कुछ अज़ीब-सा सन्नाटा छाया महसूस हुआ था....

बाज़ार पापड़ियाँ में ज़रूर तिकोने चौक में बिछी चटाइयों पर सूखते पापड़ बाज़ार के नाम की लाज रखे दिखायी दे रहे थे। जहाँ चौक ख़त्म होता था, वहाँ रँगरेज़ की दुकान के आगे बाज़ार के आर-पार तनी रस्सी पर रंगीन दुपट्टे हवा में लहरा रहे थे....आगे हकीम हाज़िक हकीम दीनानाथ (भूतपूर्व सुनार) अपना मतिब[१] उठा कर वहाँ से चले गये थे। मालूम हुआ था कि नौहरियाँ बाज़ार में उन्होंने अपना मतिब कायम किया है....चूँकि उसके बाद काफ़ी फ़ासले तक कोई दुकान न थी, इसलिए चेतन मन-ही-मन लाहौर में परीक्षा की तैयारी के सिलसिले में सोचने लगा था कि वह कैसे हर रोज़ कम-से-कम दस-बारह घण्टे पढ़ाई करेगा....कि तभी लोहार की दुकान पर कुंजियाँ बनती देख कर वह वहाँ रुक कर कुंजी ढलती देखने का लोभ सम्वरण न कर सका।

....आगे धोबी की दुकान बन्द हो गयी थी। चेतन जिन दिनों स्कूल-कॉलेज में पढ़ता

---

१. दवाख़ाना

था, कभी-कभी वापसी पर यहाँ रुक जाता था। धोबी स्वयं बैत कहता था और उसकी दुकान पर शाम को बैतबाज़ी हुआ करती थी। लेकिन अब उस दुकान के बड़े-से पुराने दरवाज़े में ताला पड़ा हुआ था। बाज़ार के उस हिस्से में एकदम सन्नाटा था....थोड़ी दूर आगे पापड़ियाँ बाज़ार दायीं ओर पटफेरियाँ बाज़ार में मुड़ जाता था। बायीं ओर बकरवालों के चौक को जाने वाली ढिक्की[१] थी।

चेतन के लड़कपन में ढिक्की के दोनों ओर बाँसों पर तनी हुई रस्सियों पर रँगे हुए रेशम की लच्छियाँ लटका करती थीं और नीचे चौड़ी नालियों में रंगीन, बदबूदार पानी, दूर चौरस्ती अटारी तक बहता चला जाता था। कभी जालन्धर रेशमी धूप-छाँही दरियाई के लिए बहुत प्रसिद्ध था। कोट पश्का को जाते हुए रास्ता बाज़ार की दुकानों पर दरियाई की खड्डियाँ लगी थीं, जहाँ दिन-भर जुलाहे दरियाई बुना करते थे, जो जालन्धर से दूर-दूर विदेशों तक में निर्यात होती थी। लेकिन अब विलायत से मशीनों पर रेशम से बना 'टसर' कपड़ा आने लगा था और जालन्धर की यह दस्तकारी बन्द हो गयी थी....बाज़ार पटफेरियाँ में सिर्फ़ एक दुकान पर पटफेरे रँगे हुए रेशम की लच्छियाँ सुलझा कर दोबारा बना रहे थे। शेष सब दुकानें बन्द हो गयी थीं....

चेतन आगे जग्गू के चौक से होता हुआ भैरों बाज़ार की ओर मुड़ गया था और इधर-उधर किताबों और स्टेशनरी की दुकानों पर नज़र डालता, क्षण भर के लिए बाज़ार के बीचों-बीच लम्बे से तार से लटकते 'भतीजे दी हट्टी'[२] के बोर्ड के नीचे रुक गया। दायीं ओर 'भतीजा' यानी उसका सहपाठी लाला अमरनाथ (जिसने कभी स्कूल में 'सरचश्मा-ए-ज़िन्दगी' नाम से एक किताब लिखी थी और उसका अपना नाम 'सरचश्मा-ए-ज़िन्दगी' पड़ गया था) एक फ़्रेम बनाने में तल्लीन था। चेतन का मन हुआ, उसकी दुकान पर जाये और अचानक —'सुना बे सरचश्मा-ए-ज़िन्दगी, क्या हाल हैं तेरे ?' कहता हुआ उसे चौंका दे। लेकिन दूसरे ही क्षण अपने उस आवेग पर काबू पा कर उसने आगे को कदम बढ़ा दिये....आगे भैरों बाज़ार और गली तमाखियाँ के तिराहे पर बायीं ओर एक जँगले के पीछे दीवार पर भैरव की आदम-कद मूर्ति बनी थी। काले रंग से पुती हुई भयावह।

हमेशा की तरह वहाँ रुक कर चेतन उसे देखने लगा। कुछ अज़ीब-सा विकर्षण-मिला आकर्षण चेतन को उस मूर्ति में दिखायी देता था, जो न चाहते हुए भी सदैव उसे बाँध लेता था। भैरव शिव का गण था। इस तथ्य से तो बाज़ार के सभी लोग परिचित थे। इससे ज़्यादा भैरव के बारे में वहाँ किसी को कुछ मालूम नहीं था। चूँकि चेतन के दादा शिव-भक्त और चण्डी के उपासक थे, इसलिए चेतन ने एक बार उनसे भैरव के बारे में प्रश्न किया था और उन्होंने भैरव की उत्पत्ति के सन्दर्भ में एक बेहद दिलचस्प किस्सा सुनाया था....

....एक बार विष्णु और ब्रह्मा अहंकार से चूर हो कर अपने आपको शिव से बड़ा देवता मानने लगे और ब्रह्मा ने अपने पाँचवें मुख से शिव की शान में कुछ अपशब्द कह

---

१. ढलान

२. भतीजे की दुकान।

दिये। भगवान शिव को इस अपमान पर बहुत क्रोध आया और उन्होंने उसी क्रोध से एक भयानक गण को उत्पन्न किया। यह काला-कलूटा गण भैरव था, जिसने पैदा होते ही अपने बायें हाथ की उँगली के नख से ब्रह्मा का वह पाँचवाँ सिर तोड़ डाला कि जिसके मुख से ब्रह्मा ने शंकर का अपमान किया था। भैरव को इससे ब्रह्मा हत्या का पाप लगा। शिव ने आदेश दिया कि वह ब्रह्मा का कपाल भिक्षा-पात्र के रूप में ले कर भिक्षा माँगने निकले। उसी क्षण शिव ने एक स्त्री उत्पन्न की और उसका नाम उन्होंने ब्रह्म-हत्या रखा और उसे भैरव के पीछे-पीछे जाने का आदेश दिया। ब्रह्मा के पाँचवें सिर की खोपड़ी को भिक्षा-पात्र के रूप में लिये-लिये भैरव सभी तीर्थ-स्थलों पर घूमा, पर उसे ब्रह्म-हत्या के पाप से मुक्ति नहीं मिली। तब भगवान शंकर ने उसे वाराणसी-क्षेत्र में जाने का परामर्श दिया। वाराणसी-क्षेत्र में प्रवेश करते ही भैरव की ब्रह्म-हत्या का पाप धुल गया। कपाल उसके हाथ से गिर गया और ब्रह्म-हत्या नामक स्त्री भी लुप्त हो गयी....

भैरव की मूर्ति के सामने खड़े-खड़े चेतन के दिमाग़ में वह सारी कथा घूम गयी। उसके दादा ने बताया था कि जिस स्थल पर ब्रह्मा की खोपड़ी गिरी थी और भैरव को पाप से मुक्ति मिली थी, वहाँ का बड़ा माहात्म्य है और वहाँ, 'काल मोचन' तीर्थ बना है, जिसका दर्शन करके लोग मुक्ति पाते हैं।

भैरव की मूर्ति को देखते-देखते चेतन के होंटों पर एक व्यंग्य-भरी मुस्कान खेल गयी थी....भारत में तीर्थों की कोई कमी है भला —उसने सोचा —अनेकानेक तीर्थ-स्थल इस विशाल देश में हिमालय की चोटियों से ले कर समुद्र के किनारों तक फैले हुए हैं और विलक्षण प्रतिभा और कल्पना के स्वामी ब्राह्मणों ने उनके माहात्म्य के बारे में एक-न-एक कहानी गढ़ कर उन में हरेक के साथ जोड़ दी है।

वही व्यंग्यमयी मुस्कान होंटों पर लिये हुए चेतन भैरों बाज़ार में आगे बढ़ा। चन्द दुकानों के बाद बाज़ार के बीचों-बीच लटके 'चाचे दी हट्टी' के बोर्ड पर क्षण भर के लिए चेतन की निगाह गयी और उसके होंटों की मुस्कान कुछ और फैल गयी। 'चाचे दी हट्टी' की नकल में अमरनाथ ने 'भतीजे दी हट्टी' खोलने का फ़ैसला किया था और इतना प्रचार किया था कि 'चाचे दी हट्टी' को कहीं पीछे छोड़ दिया था।

भैरों बाज़ार के अन्त पर 'काहनचन्द केमिस्ट ऐण्ड ड्रगिस्ट' की दुकान पर एक नज़र डालते हुए चेतन किला मुहल्ला बाज़ार की ओर मुड़ा। इसी बाजार में चौक किला मुहल्ला के चन्द कदम आगे उसका प्राइमरी स्कूल था, जहाँ वह चौथी कक्षा तक पढ़ा था। किला मुहल्ला के रहट का वीरान कुआँ देखते ही अपने स्कूल के दिनों के दृश्य उसकी याद के पर्दे पर उतर आये थे....अनेकानेक दृश्य....स्कूल के सामने बाज़ार के पार वाले मकान की दीवार के साथ बहती, किला मुहल्ला के रहट के पानी से लबालब भरी, चौड़ी, उथली नाली, जिसमें चेतन और उसके साथी अपनी तख़्तियाँ धोते थे, उन पर पीली मिट्टी पोतते और गीत गाते हुए उन्हें सुखाते थे....तीसरी कक्षा के उस्ताद, जिनकी ट्यूशन उसके पिता ने इसलिए लगा दी थी कि वह गणित में कमज़ोर था, लेकिन वे उससे हुक्का भरवाते थे और प्रश्न लिखवा कर हुक्का गुड़गुड़ाते सो जाते थे। उसे गणित सिखाने में उनकी इस 'अभूतपूर्व निष्ठा' के कारण चेतन गणित में पहले भी ज़्यादा कमज़ोर हो गया था, लेकिन उस्ताद साहब की कृपा से न केवल तीसरी में, बल्कि चौथी में भी पास हो गया

था....मास्टर नानक चन्द —प्राइमरी स्कूल के हेड मास्टर, जो चौथी कक्षा के उस्ताद थे। दयावान और दर्दमन्द। उनकी दर्दमन्दी के कारण उसने पेट-दर्द या सिर-दर्द का बहाना करके घर बैठ जाना सीखा और नकल मार कर अथवा आँचे-पाँचें से वार्षिक परीक्षाओं में पास होता रहा था, लेकिन गणित से पार न पा सका था। फिर प्राइमरी स्कूल के प्रिन्सिपल —जिनके नाम के साथ इधर 'त्यागमूर्ति' का विशेषण जुड़ गया था। उनकी अनुशासन प्रियता और इच्छा-शक्ति और चन्दा माँगने की क्षमता एक गाथा बन गयी थी। उन्होंने शुरू में प्राइमरी कक्षाएँ चलायीं और प्राइमरी स्कूल के प्रिन्सिपल बने, फिर स्कूल को मिडल और हाई स्कूल तक ले गये और उसके प्रिन्सिपल बने। फिर कर्तारपुर रोड पर फाटक के पार ज़मीन ख़रीद कर उन्होंने जालन्धर में पहला कॉलेज स्थापित किया, विज्ञान का विभाग खोला, कॉलेज को बी० ए० तक ले गये और हालाँकि वे ख़ुद महज़ ग्रैज्युएट थे, तो भी कॉलेज के ऑनरेरी प्रिन्सिपल बने रहे। 'त्यागमूर्ति' होने के बावजूद वे अपने निवास के बाहर 'गवर्नर्स-कॉटेज' का बोर्ड लगाये हुए थे। उन्होंने परम दृढ़ता से अपनी संस्था को स्वतन्त्रता-आन्दोलन की सर्दी-गर्मी से बचाये रखा था। कई मेधावी छात्रों को आन्दोलन में भाग लेने के लिए परम क्रूरता से रस्टीकेट करके उनकी ज़िन्दगियाँ बरबाद करने में तनिक भी संकोच से काम न लिया था....चेतन की आँखों में अपने क्रूर और क्षुद्र प्रिन्सिपल की तस्वीर खिंच गयी और उनके 'त्यागमूर्तिपन' पर फिर एक व्यंग्य की रेखा उसके होंटों पर खेलने लगी....दूर ही से अपने प्राइमरी स्कूल पर एक निगाह डाल कर वह किला मुहल्ला को मुड़ गया।

रहट तो अब नहीं रहा था। उसके पास से गुज़रते हुए चेतन के दिमाग़ में आर्य समाज के सुधारवादी आन्दोलन, उसकी प्रगति और उसके अभूतपूर्व विस्तार की बात आ गयी। वह धार्मिक, बौद्धिक और प्रगतिशील आन्दोलन, जो अन्ध-विश्वास, सामाजिक रूढ़ियों और जड़ परम्पराओं की जकड़बन्दियों से हिन्दुओं के दिमाग़ों को आज़ाद करने के लिए शुरू हुआ था, कैसे धीरे-धीरे स्वयं रूढ़िबद्ध हो कर गतिहीन हो गया था —चेतन यही सोचने लगा। उसने सवाल उठाना आर्य समाज ही से सीखा था, लेकिन वह समाज नये सवालों को उठाने और उनका जवाब ढूँढने से कन्नी कतराने लगा और देश के अनेकानेक सम्प्रदायों के समान जड़ हो गया।

इसी समस्या के विभिन्न पहलुओं पर सोचता हुआ चेतन पुरियाँ मुहल्ले में कुन्ती की खिड़की के नीचे पहुँच गया....कुन्ती....उसके पहले प्यार की प्रतीक....राख में दबी हुई चिनगारी के समान ज़रा-सी राख हटने पर उसके हृदय के तहख़ानों में चमकती हुई....स्वभावानुसार उसकी आँखें ऊपर की ओर उठ गयीं। खिड़की बन्द थी, लेकिन चेतन की आँखों में वहाँ कुन्ती का सुन्दर, अण्डाकार, गोरा, चेहरा, पतले मुस्कराते होंट, सुतवाँ नाक, सिरौली आम की फाँकों-सी आँखें और माथे के घाव का चाँद आ गया। चार वर्ष बीत जाने के बावजूद कल्पना की आँखों में बना वह सुन्दर चेहरा उसे उतना ही प्यारा लगा और बन्द खिड़की को देख कर एक लम्बी गहरी साँस उसके होंटों से निकल गयी....जाने कुन्ती कहाँ है ? उसका बच्चा कैसा है ? वह और मोटी हो गयी है या क्षीणकाय। वह ख़ुश है या उदास ? उसे कभी चेतन की याद भी आती है या नहीं ? वह तो उसे नहीं भूला। वह जैसी थी, उसकी आँखों में हू-ब-हू नक्श थी....यही सोचता और उसकी खिड़की

के नीचे से गुज़रता हुआ चेतन दायीं ओर कुएँ की ओर को बढ़ गया।

....कुएँ पर औरतें पानी भर रही थीं। सामने की चर्ख़ी पर पानी भरने वालियों की जगह अनायास उसकी आँखों में शादी के बाद बाँहों में लाल चूड़ा पहने कुन्ती अपनी सहेली के साथ उस चर्ख़ी पर पानी भरती हुई आ गयी और कुछ ही वर्ष पहले की एक घटना उसकी कल्पना में कौंध गयी....

....तब चेतन लाहौर से एक दिन के लिए जालन्धर आया था और अनन्त को साथ लिये पुरियाँ मुहल्ले का एक चक्कर लगाने चल पड़ा था। अनन्त ने ही बताया था कि कुन्ती का विवाह हो गया है। लेकिन कुन्ती उस दिन अपनी ससुराल नहीं थी। अपने मायके ही में, अपनी सहेली के साथ कुएँ पर पानी भर रही थी। उसकी खिड़की के नीचे से कुएँ की ओर मुड़ते ही उन लोगों ने उसे देखा। फिर जैसे कि कॉलेज के दिनों में वे प्रायः करते थे —अनन्त आगे-आगे भागा और चेतन पीछे-पीछे —जैसे अनन्त ने उसकी कोई चीज़ छीन ली हो और चेतन उसे पकड़ना चाहता हो।

ऐन कुएँ के पास पहुँच कर चेतन जैसे थक कर रुक गया था और कुन्ती की ओर देख कर उसने शरारत से कहा था, "तुम में नयी शादी का जोश है भाई, तुम्हें मैं कहाँ पकड़ सकूँगा।"

तब जिसकी नयी शादी हुई थी, उसकी आँखें चेतन से चार हुई थीं। चर्ख़ी उसके हाथ से छूट गयी थी; वह स्वयं कुएँ के जगत से कूद गयी थी; हँसते-हँसते उसके पेट में बल पड़ गये थे। तब चर्ख़ी को हलके हाथ से रोके हुए उसकी सहेली ने भी चर्ख़ी को छोड़ दिया था। चर्ख़ी बेतहाशा घूमने लगी थी। कुएँ की जगत पर रखे भरे हुए घड़े से सहेली ने चन्द छींटे उस पर उड़ा दिये थे और उसके पीछे कूदी थी। चेतन की ओर देखते हुए कुन्ती भागी थी। सहेली उसके पीछे-पीछे उसे पकड़ने को भागने लगी थी। वे दोनों भागती और हँसती हुई चेतन के पास से निकल गयी थीं। सहेली कुन्ती को पकड़ नहीं पायी थी। अड्डा होशियारपुर को उतरने वाली ढिक्की के पास पहुँच कर उसने हार कर कहा था —"मैं तुम्हें कहाँ पकड़ पाऊँगी, तुम्हें वे ही पकड़ेंगे, तुम्हारे...."

....पुरियाँ मुहल्ले की ढिक्की उतरता हुआ चेतन अपने पहले प्यार के दृश्यों में खो गया था। फिर न उसे आर्य समाज, अड्डा होशियारपुर के पुस्तकालय में जाने की इच्छा हुई थी, न वह रेलवे फाटक पर रुका था। उन्हीं सुखद स्मृतियों में गुम वह कोट किशनचन्द से घर की ओर पलट आया था....कुछ अज़ीब चिन्तन-प्रक्रिया से कुन्ती के चित्रों पर नीला के चित्र सुपर-इम्पोज़ हो गये थे। कुन्ती को तो चेतन उस अन्तरंगता से नहीं जानता था, जैसे नीला को। लेकिन उन दोनों से ज़्यादा वह अपने आपको जानता था। अपनी ख़ूबियों-ख़ामियों, गुण-दोषों का विश्लेषण करना उसका प्रिय शग़ल था।

एक बार जब अनन्त ने उसके सामने कुन्ती से विवाह हो सकने की सम्भावना का उल्लेख किया था तो चेतन ने उस सन्दर्भ में किसी तरह का प्रयास करने से इनकार कर दिया था। वह कुन्ती के स्वभाव से नितान्त अपरिचित था। नहीं जानता था कि वह चेहरा, जिसकी एक झलक उसके दिल की धड़कनों को तेज़ कर देती थी, जब पत्नी के रूप में उसके पास होगा —सुबह-शाम, सजा-सँवरा, ताज़ा या बासी —तब उसे कैसा लगेगा।

उसका स्वभाव कैसा होगा —वह प्यार नफ़रत में तो नहीं बदल जायेगा —और यह जोखिम उठाने को वह तैयार नहीं था।

रही नीला —तो वह जैसी ख़ुदसर, मुँहफट, उदमाती और अधिकार-प्रिय थी, वह जानता था कि वह हरगिज़ उससे न चला पायेगा। यूँ भी उसने पढ़ा था —

भार्या रूपवती शत्रुः
पुत्र शत्रु अपण्डितः

और चलते-फिरते शोले जैसी उस नीला से वह दिल-ही-दिल में कहीं डरता था। उन दोनों के मुकाबले में अपने तमाम दोषों के बावजूद चन्दा न केवल चेतन को पसन्द थी, बल्कि अपने प्रति उसके अगाध विश्वास और ख़ामोश मुहब्बत के कारण उसने धीरे-धीरे चेतन के दिल पर —दिल के एक बड़े हिस्से पर —अधिकार जमा लिया था। जब भी कोई सुन्दर लड़की उसका ध्यान खींचती, वह अचेतन रूप से अपनी पत्नी के गुणों के बारे में सोचने लगता और उसे लगता कि चन्दा में कुछ ऐसे गुण हैं, जो असाधारण हैं और आम औरतों में ढूँढे से नहीं मिलते।

इसके बावजूद न जाने उसके किरदार में कैसी कमज़ोरी थी कि न वह कुन्ती को भूल पाया था, न नीला को। उनके बारे में सोचना, कल्पना-ही-कल्पना में उनकी मुस्कानों की ऊर्म्मियों पर तैरना, उनकी निगाहों की अथाह गहराइयों में डूबना, उनकी आँखों में अपने प्रति प्यार के बिम्बों को उकेरना उसे बहुत सुख देता और कभी-कभी वह अपनी उदास तन्हाइयों को उनकी स्मृति से प्रसन्न और उल्लासमय बना लेता था। अपने किरदार के विश्लेषण की घड़ियों में चेतन यह भी सोचता था कि यह प्यार नहीं, केवल अतृप्ति की चुभन है। लेकिन अतृप्ति की यह टीस —कुछ अज़ीब-से दर्द में घुला हुआ यह सुख — उसे बार-बार उन दोनों की याद दिलाता था।

चेतन अपने मुहल्ले में पहुँच गया था। सीढ़ियाँ चढ़ते हुए हठात उसे ख़याल आया — शायद इस बीच नीला वापस बर्मा चली गयी होगी। जाने फिर कभी उसका प्यारा मुख देखना भी नसीब न हो। यह ख़याल आते ही उसके दिल से कुछ अज़ीब-सी हूक के साथ लम्बी साँस निकल गयी थी। लेकिन दूसरे ही क्षण सिर को झटक कर वह तेज़-तेज़ सीढ़ियाँ चढ़ गया था।

०

नीला के आगे-आगे चलते हुए उसे बात करने का अवसर दिये बिना, चेतन-मन-ही-मन सोच रहा था —यह कैसा दिलचस्प संयोग है, यह कैसी टेलिपैथी, कैसा सुदूर-अन्तर्बोध है कि नीला अमृतसर से बस्ती ग़ज़ाँ आ गयी थी और उसने भी ऐन उस वक्त, जब वह उसी के बारे में सोचता घर आ रहा था, अपने छोटे भाई रणवीर को उसकी ख़बर जानने के लिए कल्लोवानी भेजा था।

वह सीढ़ियाँ चढ़ कर आँगन में पहुँचा था तो सबसे पहले चन्दा ने कहा था —"आप कहाँ चले गये थे। रणवीर बेचारा दो घण्टे से आपकी राह देख कर अभी गया है ?"

चेतन पूछना चाहता था —'क्या नीला अभी बर्मा नहीं गयी ? क्या रणवीर को उसने भेजा था ?' लेकिन यह न पूछ कर उसने सिर्फ़ इतना कहा था —"रणवीर कैसे आया

था ?"

"नीला कल ही अमृतसर से आयी है," चन्दा ने कहा था, "उसने आपके बारे में पुछवाया है....आप कहाँ चले गये थे ?"

"यूँ ही बेमकसद आवारा घूमता रहा।" चेतन ने उत्तर दिया और पूछा —"तुमने यह तो नहीं कह दिया कि मैं सुबह की गाड़ी से लाहौर जा रहा हूँ।"

"मैं और क्या कहती ?"

"चन्दा, तुम बहुत भोली हो," चेतन फीकी-सी हँसी हँसा, "कह देतीं, बहराम से आ गये हैं। मिलने आयेंगे ?"

"क्या आप सुबह लाहौर नहीं जा रहे हैं ?"

"अरे, जा तो रहा हूँ, पर उसे बताने की क्या ज़रूरत थी। नीला का कोई भरोसा तो है नहीं। कहीं वह सुबह-सुबह आ धमकी तो मेरा जाना मुश्किल कर देगी। तुम से मैंने कुछ छिपाया तो है नहीं। कहीं वह सुबह-सवेरे आ गयी और उसने कहा —'जीजा जी, एक दिन रुक जाइए, फिर मैं कब आपको तंग करने आऊँगी' तो मेरे लिए लाहौर जाना मुश्किल हो जायेगा।"

चेतन चुप हो गया। अधछत्ती के नीचे बिछी चारपाई पर पत्नी के करीब बैठ गया। उसे नीला का यूँ उसके बारे में पुछवाना अच्छा लगा था। मन में वह यह भी सोच रहा था कि वह एक दिन रह जाये तो कितना अच्छा हो। जहाँ इतने दिन बरबाद हो गये, वहाँ एक दिन और बरबाद हो गया तो कौन-सी कयामत टूट पड़ेगी। नीला तो बर्मा चली जायेगी। फिर जाने ज़िन्दगी में उससे कभी मुलाकात हो-न-हो, लेकिन इस वक्त वह जालन्धर में है, उसके साथ कुछ मीठे-मधुर क्षण बिताये जा सकते हैं, जिनकी स्मृति ज़िन्दगी के तारीक, कठिन और दुश्वार रास्तों को सहज, सुखद और रोशन बना सकती है....लेकिन दूसरे ही क्षण कर्तव्य का एक कोड़ा जैसे उसकी पीठ पर लगा —'मैं कैसा कमज़ोर व्यक्ति हूँ।' उसने सोचा, 'मुझे कानून की परीक्षा में फ़र्स्ट डिवीज़न लेना है। मेरी तैयारी में जो बाधा बहराम में पड़ी है, उसे एकाग्र-चित्त हो कर लाहौर में पूरा करना है और मैं नीला के साथ एक दिन गुज़ारने की सोच रहा हूँ। उसके साथ एक दिन गुज़ारने का मतलब है, कई दिनों के लिए मन की एकाग्रता को छिन्न-भिन्न कर देना....तभी चेतन के दिमाग़ में छठी कक्षा में पढ़ा हुआ एक शेर घूम गया, जो ऐसे क्षणों में हमेशा उसे याद आ जाता था —

ऐ इश्क तूने अक्सर कौमों को खा के छोड़ा
जिस घर से सर उठाया उसको बिठा के छोड़ा

'नहीं....नहीं....मुझे इश्क के चक्कर में नहीं पड़ना है।' उसने मन-ही-मन ज़ोर दे कर कहा, 'मुझे अपने इम्तहान की तैयारी करनी है और सुबह की गाड़ी से लाहौर के लिए चल देना है....अपनी इस कमज़ोरी पर मुझे काबू पाना है। नीला को देख कर, उसके साथ एक या दो या दस दिन गुज़ार कर मुझे मिलेगा क्या —सिवा दिमाग़ की डिस्टर्बेन्स के —उसे सीधे बर्मा जाना चाहिए और मुझे लाहौर। यही उसका और मेरा कर्तव्य है।'

और उसने बड़े धीरे से कहा —

"चन्दा, मैंने नीला को ऐसी तकलीफ़ पहुँचायी है कि उसे ज़रा भी और तकलीफ़

देना मुझे पसन्द नहीं। वह तो एक पागल लड़की है। उसका कुछ नहीं बिगड़ेगा, लेकिन मैं परीक्षा की पूरी तैयारी न कर सका तो मेरी सारी मेहनत बरबाद हो जायेगी। रणवीर कम्बख़्त कल आया होता तो हम बस्ती जा कर उसे देख आते, लेकिन अब तो रुक सकना मेरे लिए असम्भव है। ज़रूरी नहीं कि वह इतनी सुबह आ जाये, लेकिन मैं उस सम्भावना को भी काट दूँगा। अच्छा हुआ, बाऊ जी ने बहराम से चलते वक्त कुछ रुपये दे दिये। मैं शाम को सैयदाँ गेट जा कर ताँगे वाले से तय कर आऊँगा, उसे कुछ पेशगी दे आऊँगा और उसी के ताँगे पर वापस आ कर उसे घर दिखा दूँगा। ताकीद भी कर दूँगा कि सुबह ताँगा कादेशाह के चौक में खड़ा करके घर आ कर मुझे ख़बर कर दे। मैं गाड़ी के समय से एक-डेढ़ घण्टा पहले यहाँ से चल दूँगा। लाहौर जाते वक्त नीला से मिलने की एक प्रतिशत सम्भावना को भी मैं ख़त्म कर दूँगा।"

और वह झटके से उठा था। उलटे पाँव सीढ़ियाँ उतरा था और सीधा सैयदाँ गेट जा कर एक ताँगे वाले से तय कर आया था। उसी में वापस आ कर उसने उसे घर दिखा दिया था....बहराम से चलते वक्त जब उसने और चन्दा ने पण्डित शादीराम के पाँव छुए थे तो उन्हें आशीर्वाद देते हुए उन्होंने दोनों को पाँच-पाँच रुपये दिये थे। चन्दा तो अपने रुपये भी पति को देना चाहती थी कि उसे ज़रूरत पड़ेगी, लेकिन चेतन नहीं माना था। बाऊ जी ने रुपये न दिये होते तो वह हमेशा की तरह सुबह मेघनाथ के साथ पैदल ही स्टेशन जाता, लेकिन उसकी जेब में पैसे थे और ताँगे में घर से निकल जाना उसे समस्या का बेहतरीन हल लगा था।

रात देर तक वह चन्दा से बतियाता रहा था। उसे अपनी सेहत का ख़याल रखने के सिलसिले में हिदायतें देता रहा था। उसने माँ से भी कहा था कि चन्दा की तबियत ठीक नहीं है। बहराम के थोड़े आराम से उसकी सेहत को कुछ फ़ायदा तो ज़रूर हुआ है, लेकिन ज़रा-सा भी ज़्यादा काम करने से उसे हरारत हो जाती है। माँ चन्दा से ज़्यादा काम न ले और उसके खाने-पीने का भी ख़याल रखे, वरना एकाग्रता से उसका पढ़ पाना एकदम मुश्किल हो जायेगा।

चेतन अपनी माँ के मन की इस उत्कट अभिलाषा से परिचित था कि उसका बेटा कानून पास करके सब-जज या बड़ा वकील बन जाये और घर का दुख-दलिद्दर दूर कर दे। वह यह भी जानती थी (चेतन ने उसे पिछली बार ही भली-भाँति समझा दिया था) कि अगर वह चन्दा के स्वास्थ्य का ख़याल नहीं रखेगी तो वह न एकाग्रता से पढ़ पायेगा, न कानून की पढ़ाई जारी रख सकेगा....चन्दा को भी उसने हिदायत दी थी कि वह ज़रा भी संकोच न करे। उसे भूख लगे तो माँ से कह दे अथवा मेघनाथ या शिवशंकर से कह कर अपने पैसों से बाज़ार से कुछ मँगा ले और भूखी न बैठी रहे। थक जाये तो कह दे और माँ जो भी कहे, काम करने से इनकार कर दे।

चन्दा स्वभावानुसार 'जी हाँ, जी हाँ' करती रही थी। थकी हुई थी। सो गयी थी। लेकिन चेतन बहुत देर तक जागता रहा था —नीला के स्निग्ध सान्निध्य में गुज़ारे गये लम्हे बार-बार उसकी आँखों में आते रहे। वह यह भी चाहता रहा था कि उसका वश हो तो एक दिन के लिए रुक जाये और नीला के साथ कुछ मधुर-मदिर क्षण गुज़ार उसकी मीठी बातें, व्यंग्य-भरे उलाहने और निहोरे सुन कर वापस लाहौर जाये! लेकिन साथ ही वह अपने

कमज़ोर मन को मज़बूत बनाता और उसे अपने कर्तव्य-पथ से विचलित न होने की तलकीन[1] करता रहा था।

चूँकि रात वह ठीक से सो न पाया था, इसलिए तड़के उसकी आँख लग गयी। वह सपना देखने लगा। —उसने देखा कि नीला आ गयी है। उसके बिस्तर पर झुकी है। उसके बालों पर प्यार से हाथ फेर रही है और उसे उठने के लिए कह रही है।

चेतन ने हठात आँखें खोल दी थीं।

नीला नहीं, चन्दा थी।

"उठिए! माता जी आवाज़ दे रही हैं। ताँगा आ गया है।"

चेतन हड़बड़ा कर उठा था। धड़धड़ाता हुआ नीचे गया था और ताँगे वाले को थोड़ा रुकने के लिए कह आया था। फिर उसने आ कर मेघनाथ को जगाया था कि सामान ले जा कर नीचे डयोढ़ी में रखे। फिर वह निबट-नहा कर जल्दी-जल्दी तैयार हो गया था। माँ ने मक्खन की डली रख कर मट्ठे का गिलास उसे दिया था। दो-एक घूँट में उसे ख़ाली करके उसने उलटा हाथ होंटों पर फेरा था, माँ के पैर छुए थे, चन्दा का कन्धा थपथपाया था और सीढ़ियाँ उतर कर ड्योढ़ी में आ गया था।

बिस्तर और ट्रंक मेघनाथ के सिर पर लदवा कर, किताबों की गठरी वह स्वयं उठाना चाहता था। लेकिन मेघनाथ नहीं माना था।

जब वे घर से बाहर निकले थे तो यह महसूस करके चेतन को ख़ुशी हुई थी कि नीला के पहुँच सकने की सम्भावना को उसने विफल कर दिया है। साथ ही अपनी इस बेगानगी और बेनियाज़ी पर उसे अफ़सोस भी हुआ था। अपनी विवशता पर वह एक लम्बी साँस भरने जा रहा था कि अचानक उसे ख़याल आया, वह ख़्वाह-म-ख़्वाह अपने आपको इतना लगा रहा है। बिलकुल अख़्तर शेरानी की तरह, जो किसी पाठिका का पत्र पा कर समझ लेते थे कि वह उनके प्रेम में दीवानी है और एक नज़्म लिख देते थे। माना नीला उससे प्रेम करती थी, पर क्या वह इतनी पागल है कि इतनी सुबह उठ कर बस्ती से कल्लोवानी मुहल्ले पहुँच जायेगी।

वह अपनी चाल धीमी करने की सोच रहा था कि उसके कानों में नीला की आवाज़ पड़ी थी। उसका संशय ग़लत नहीं था। फिर कभी अपने प्यारे जीजा को न देख पाने की सम्भावना ने नीला को सचमुच पागल बना दिया था और चेतन के दुविधा-भरे प्यार को जानते हुए वह पहुँच गयी थी।

०

"जीजा जी, आपने तो मेल ट्रेन चला दी।" नीला ने लगभग उसके पीछे भागते हुए उसके कन्धे पर हाथ रख दिया, "यकीन रखिए! गाड़ी आपको लिये बिना नहीं जायेगी।"

चेतन यूँ उसकी उपस्थिति से ग़ाफ़िल, लेकिन उसी के बारे में सोचता हुआ ख़रादियों की आधी गली पार कर आया था कि कन्धे पर नीला के स्पर्श से एकदम चौंक गया और उसने अपनी चाल बहुत धीमी कर दी। नीला को साथ आने का अवसर देते हुए कदरे हँस कर हठात उसने कहा, "नीला, क्या तुम मानोगी कि कल जब तुमने रणवीर को कल्लोवानी

१. सदुपदेश, नसीहत।

भेजा था तो उस वक्त घर को वापस आते हुए मैं तुम्हारे ही बारे में सोच रहा था।"

"अरे जीजा जी," नीला ज़ोर से हँसी और उसने वही उलाहना दोहराया, "मैं जैसे आपको जानती नहीं। एक महीना पहले जैसे मेरे आने की सुन कर आप बहराम भाग गये थे, वैसे ही आज लाहौर भागे जा रहे थे। यही सोच रहे होंगे कि नीला मरजानी कहीं चली ही न आये।"

"नहीं....नहीं...."

चेतन क्या कहना चाहता था। नीला ने नहीं सुना। उसकी बात काट कर बोली, "रणवीर ने जब यहाँ से जा कर मुझे बताया कि आप प्रोग्राम के मुताबिक तैयारी की छुट्टियों का सारा समय बहराम में न गुज़ार कर पहले ही चले आये हैं और सुबह की गाड़ी से लाहौर चले जायेंगे तो मुझे लगा कि न जाने मैं आपको फिर कभी देख पाऊँगी या नहीं और मैंने तय किया कि अव्वल तो मैं आपको घर पर ही पकड़ लूँगी, वरना स्टेशन पर ज़रूर आपके दर्शन करूँगी।"

नीला कुछ क्षण चुपचाप चेतन के साथ चलती रही। चेतन भी चुप रहा। फिर नीला बोली, "मैं तो इसीलिए पन्द्रह दिन पहले अमृतसर से आ गयी थी कि बर्मा से मेरा बुलावा आ गया था और मैंने सोचा था कि पन्द्रह दिन बस्ती में गुज़ार कर फिर बर्मा जाऊँगी। यह भी ख़याल था कि लाहौर जाते हुए शायद आप दो-एक दिन जालन्धर रुकेंगे, लेकिन आप तो पन्द्रह दिन पहले बहराम से चले आये। यह तो संयोग ही ठहरा कि आपके आने का पता चल गया।"

नीला हँसी, "साढ़े तीन बजे बस्ती से ताँगा करके आयी हूँ जीजा जी! रात सोई नहीं कि कहीं तड़के आँख न खुले और मैं आप से मिल ही न पाऊँ।"

हालाँकि चेतन ने चाल अपेक्षाकृत धीमी कर ली थी, तो भी वह तेज़ चल रहा था। कादेशाह का चौक आ गया था। ताँगे वाले ने ताँगा मोड़ कर खड़ा कर रखा था! रणवीर और मेघनाथ काफ़ी पीछे रह गये थे। वे दोनों ताँगे के पास उनकी प्रतीक्षा करने लगे।

"क्या बहराम में आप का मन नहीं लगा या ठीक से पढ़ाई नहीं कर सके ?" सहसा नीला ने पूछा, "पूरी छुट्टियाँ वहाँ गुज़ारे बिना कैसे चले आये ?"

"मन की तो वैसी बात नहीं," चेतन ने कहा, "वीरानों की अपनी ख़ूबसूरती होती है, जो मुझे लुभाती है। सन्नाटे की अपनी भाषा होती है, जो मैं सुन सकता हूँ, लेकिन पढ़ाई, जैसी मैं करना चाहता था, नहीं कर सका। उसमें ज़रूर बाधा पड़ी। मुझे लगा कि अगर मैं तैयारी की छुट्टियों का पूरा वक्त बहराम गुज़ारूँगा तो पास भले ही हो जाऊँ, इतना तो मैंने पढ़ ही लिया है, लेकिन अच्छी डिवीज़न कभी नहीं ला पाऊँगा। सो मैं डेरा-डण्डा उठा कर भाग आया। यही वजह है कि तुम्हारे आने की बात सुन कर भी मैंने प्रोग्राम नहीं बदला। तुम यकीन करो या न करो, पर मैं सारी रात तुम्हारे ही बारे में सोचता रहा। तुम्हारे साथ बिताये गये क्षण जीता रहा और यह भी सोचता रहा कि जाने मैं भी फिर कभी तुम्हें देख पाऊँगा या नहीं।"

"अरे जीजा जी, मैं आप से कोई सफ़ाई थोड़े ही माँग रही हूँ।" नीला व्यंग्य से हँसी, "क्यों मुँह-देखी कह कर अपनी ज़बान झूठी करते हैं। यह बताइए कि बहराम में ऐसी क्या

मुसीबत थी कि आप पूरे ध्यान से पढ़ाई नहीं कर पाये। नीला मरजानी तो पीछे बस्ती ही रह गयी थी।"

"अब तुम्हें क्या बताऊँ नीला," चेतन ने कहा, "इसे मेरी कमज़ोरी समझ लो, कायरता समझ लो, भावुकता समझ लो, ज़्यादा महसूस करने की आदत समझ लो, ज़रा-सी बात मुझे लग जाती है, मामूली-सी घटना मुझे बेचैन कर देती है, मेरी रातों की नींद हराम कर देती है। ऐसी ही कुछ मामूली-सी दीखने वाली बातें मुझे परेशान कर गयीं और टिक कर पढ़ना मेरे लिए मुश्किल हो गया।"

"तो भी जीजा जी, कुछ तो बताइए, क्या हुआ ? आप तो पहेलियाँ बुझवा रहे हैं!"

रणवीर और मेघनाथ इस बीच पहुँच गये थे। उनकी तरफ़ बढ़ते हुए चेतन ने कहा, "वे सब बड़ी मामूली, लेकिन बारीक और पेचीदा बातें हैं, नहीं जानता, मैं कभी तुम्हें बता पाऊँगा।"

और वह बढ़ कर ताँगे में सामान रखवाने लगा। ट्रंक उसने ताँगे की सीट के नीचे रखवा दिया। बिस्तर आगे रखवा दिया। किताबों की गठरी अगली सीट पर रख दी....इससे पहले कि मेघनाथ अगली या चेतन पिछली सीट पर बैठता, नीला ने छोटे भाई से कहा, "रणवीर, अगली सीट पर बैठो, जीजा जी को स्टेशन छोड़ आयें।"

और वह ख़ुद उचक कर पिछली सीट पर बैठ गयी और बोली —"आइए जीजा जी!" और हाथ पकड़ कर उसने चेतन को पिछली सीट पर अपने बराबर बैठा लिया।

मेघनाथ चौक कादेशाह के बीच उजबकों की तरह किंकर्तव्यविमूढ़-सा खड़ा था।

"तुम मेघनाथ जाओ।" नीला ने कहा, "तुम्हारे अखाड़े जाने का वक्त है। हम जीजा जी को सही-सलामत फ़्रण्टियर मेल में बैठा देंगे।" और उसने ताँगे वाले से कहा, "चलो भाई।"

o

रेलवे रोड पर तब मँडुए के इधर, सड़क के दोनों ओर, खुला ग़ैर-आबाद इलाका था। पूरब के क्षितिज पर हलका उजेला हो गया था। ताँगा, मानो पलक झपकते, मँडुए को पीछे छोड़ता हुआ अड्डा होशियारपुर से आने वाली सड़क पर से होता हुआ रेलवे स्टेशन को मुड़ा और रेलवे रोड की सराय के सामने से गुज़रता हुआ जैसे दूसरे ही क्षण स्टेशन पहुँच गया। कुछ चेतन की अतिरिक्त सावधानी और कुछ ताँगे वाले की विद्युत-गति, ताँगे से उतर कर जब चेतन ने घड़ी देखी तो गाड़ी आने में सवा घण्टे की देर थी।

अंग्रेज़ी राज्य का ज़माना था। गाड़ियाँ लेट नहीं होती थीं। फ़्रण्टियर मेल भी समय से आ रही थी, पर चूँकि चेतन समय से सवा घण्टे पहले स्टेशन पहुँच गया था, इसलिए गाड़ी उसकी सुविधा के लिए पहले तो नहीं आ सकती थी।

फ़्रण्टियर मेल एक नम्बर के प्लैटफ़ॉर्म पर आती थी। ताँगे वाले को पैसे दे कर रणवीर की मदद से चेतन ने पलैटफ़ॉर्म पर सामान रखवाया। वह रात भर का जगा था। उसका मन था कि बिस्तर पर बैठ कर आराम से पैर पसार ले और ऊँघता-जागता गाड़ी की प्रतीक्षा करे। लेकिन जब उसने नीला से ट्रंक पर बैठने के लिए कहा और स्वयं बिस्तर पर बैठने लगा तो नीला ने कहा —

"अब तो आप को विश्वास हो गया कि गाड़ी आपको लिये बिना नहीं जायेगी। मैं तो सामान पर बैठ कर उसकी प्रतीक्षा में बोर नहीं हो सकती (चेतन ने मार्क किया कि मिलिट्री एकाउण्टेण्ट की पत्नी बन कर नीला न केवल थोड़ी दबंग हो गयी है, वरन अंग्रेज़ी शब्द भी बोलने लगी है) आइए, थोड़ा प्लैटफ़ॉर्म पर घूमते हैं, थक तो नहीं जायेंगे आप।"

चेतन कहना चाहता था —'मैं कई रातों से पूरी नींद नहीं सो रहा। कल दिन भर मीलों घूमता रहा। थका हुआ तो इस वक्त भी हूँ' —लेकिन मन की बात न कह कर हठात हँसते हुए उसने कहा, "थक भी जाऊँगा तो तुम्हारे साथ घूमने में कुछ फुर्ती आयेगी और सुख भी तो मिलेगा।"

और वह उसके साथ चल पड़ा था।

नीला ने सबसे पहले वही प्रश्न किया, जो उसने चौक कादेशाह में पूछा था —"अब बताइए जीजा जी, क्या हुआ था बहराम में, जो आप वहाँ पढ़ाई में मन नहीं लगा सके।"

नीला के मन में शायद एक अस्पष्ट-सा ख़याल था कि शायद उसका जीजा उसी के प्रेम के कारण पढ़ाई में मन नहीं लगा सका। वह उसे छोड़ कर बहराम चला तो गया, पर उसे भुला नहीं सका। और शायद यही सुनने के लिए वह बार-बार बहराम के बारे में प्रश्न कर रही थी।

लेकिन यदि उसके मन में कहीं यह अस्पष्ट-सा विचार था तो वह दूसरे क्षण दूर हो गया, क्योंकि चेतन ने बिना कुछ लुकाये-छिपाये, नत्थू और दानी के चंगुल से पिता को छुड़ाने, अनजाने कबूतरों की हत्या के पाप का भागीदार बनने और इस हकीकत से दो-चार होने का किस्सा सुना डाला कि उसके क्रूर और अत्याचारी पिता उसकी निरीह माँ से कहीं दिल में भयभीत थे। इन सभी घटनाओं का उसके भाव-प्रवण मन पर जो प्रभाव पड़ा, उसकी भी एक-एक परत उसने खोल डाली। अन्त में लम्बी साँस भर कर उसने कहा —"मैं बहुत ही बेवकूफ़ हस्सास और भावुक आदमी हूँ नीला। आम आदमी को जो बातें छूतीं तक नहीं, मेरी रातों की नींद हराम कर जाती हैं। तुम्हीं बताओ, मैं उन हालात और वैसी ज़ेहनी परेशानी में यकसूई और एकाग्रता से कैसे पढ़ाई कर पाता ?"

पिछले स्टेशन से गाड़ी छूटने की घण्टी बज गयी थी, जब उसने कहा —"अब तुम से कुछ छिपा तो है नहीं, जालन्धर से इसीलिए बहराम भाग गया था कि तुम मेरे सारे वजूद पर छा जाती हो और मैं डर गया था कि मैं तुम्हारी मौजूदगी में अपनी पढ़ाई में ज़रा भी ध्यान नहीं लगा पाऊँगा।"

"मैं समझती हूँ जीजा जी," नीला ने कहा था, "इसीलिए मैं नाराज़ नहीं हुई और फिर आपसे मिलने चली आयी।

"नीला, मैं तुम्हारा बहुत शुक्रगुज़ार हूँ," चेतन ने कहा, "कि मेरी इन हरकतों के बावजूद तुम अब भी मुझे मानती हो, प्यार करती हो। लेकिन मैं सोचता हूँ कि हालात जैसे भी हैं, मैं तुम्हारी बहन का पति हूँ और चन्दा बहुत अच्छी, भोली और प्यार करने वाली पत्नी है। जैसे तुम्हें तकलीफ़ पहुँचाना मुझे पसन्द नहीं, मेरी और तुम्हारी वजह से उसे तकलीफ़ पहुँचे, यह भी मैं नहीं चाहता।

"मैं भी नहीं चाहती जीजा जी!" नीला ने लम्बी साँस ले कर कहा।

"ज़िन्दगी बड़ी ज़ालिम है नीला," चेतन ने सहसा थोड़ा रुख़ बदल कर कहा, "वह अपनी तरह एस्सर्ट करती है...."

"एस्सर्ट क्या जीजा जी ?"

"प्रभाव डालती है, दबाव डालती है। हम अपने-आपको ज़िन्दगी के हवाले कर देते हैं, अपने हालात की हकीकतों को समझ लेते हैं, अपने साथी के साथ रहते हुए उसे पहचान लेते हैं तो उसके संग की हमें आदत हो जाती है। तब प्यार न सही, पर स्नेह तो उससे हो ही जाता है नीला। तुम्हारे दो-एक बच्चे हो जायेंगे तो तुम मुझे भूल जाओगी नीला।"

हठात नीला चलती-चलती रुक गयी, "क्या कहा जीजा जी, मैं आपको भूल जाऊँगी ?"

चेतन ने उसकी ओर देखा। नीला की आँखों में हलका-सा पानी तैर आया था। उन गहरी पनीली आँखों में न जाने क्या था कि चेतन का शरीर गरमा गया। अगर वह बरबस अपने आपको उन निगाहों के सम्मोहन से मुक्त कर, उसके कन्धे पर हाथ रखते हुए जैसे उसे आगे धकेलता हुआ कदम न बढ़ा देता तो जाने उस क्षण क्या हो जाता।

उसने आगे कदम बढ़ा लिये। नीला भी चल पड़ी। लेकिन चेतन अपने आपको उन आँखों के सम्मोहन से पूरी तरह आज़ाद न कर पाया। उनकी गहरी व्यथा में डूबा हुआ-सा वह जैसे उस सम्मोहन को झटकने के प्रयास में नीला को कर्तव्य की महत्ता बताने लगा। गीता के श्लोक दोहराते हुए प्राण-पण से अपने सारे कर्तव्य निभाने, फलाफल की चिन्ता न करने और परम निरपेक्ष रहने पर उसने नीला को छोटा-मोटा भाषण दे डाला। वह क्या बक रहा है, उसे कुछ भी भान नहीं था। उन पनीली आँखों और उनके दर्द में डूबा हुआ, वह उनसे मुक्त होने के अचेतन प्रयास में न जाने क्या-क्या कहता चला गया था।

नीला भी जैसे अपने-आप में डूबी चुपचाप उसके साथ चली जा रही थी। वह क्या कह रहा है, शायद वह सुन नहीं रही थी। दूर सिग्नल पर इंजिन ने सीटी दी तब चेतन ने सामान की ओर मुड़ते हुए कहा था —"किसी ख़ास हालत में आदमी का फ़र्ज़ क्या है, यह तय करना कई बार उसके लिए कठिन होता है। एक ही तरीका है, उन हालात में अपने कर्तव्य को जानने का और वह यह कि तब आदमी की आत्मा जो कहे, वही उसका कर्तव्य है। बुद्धि कई बार ठगती है। आत्मा कभी नहीं ठगती।'

३७

फ़्रण्टियर मेल उड़ी जा रही थी। हालाँकि मई का महीना था, लेकिन सुबह-सुबह खिड़की से ठण्डी हवा के झोंके आ रहे थे। चेतन खिड़की के साथ डिब्बे की दीवार से पीठ लगाये, आँखें बन्द किये बैठा, स्टेशन पर नीला के साथ गुज़ारे गये क्षणों की स्मृति में खोया था। नीला के दर्द को हलका करने का उपक्रम करने के बदले उसने कर्तव्य पर उसे जो भाषण पिलाना शुरू कर दिया था, उसकी याद आ जाने से एक व्यंग्य-भरी मुस्कान उसके होंटों

पर आ गयी....अनन्त ठीक ही कहा करता है — उसने मन-ही-मन अपने आपको धिक्कारा —वह कायर ही नहीं, परले सिरे का चुग़द भी है।

नीला की उन पनियारी दर्द-भरी गहरी आँखों में देखते हुए वह बेतरह विचलित हो उठा था। वह क्षण ज़रा भी लम्बा होता तो वह स्टेशन के प्लैटफ़ॉर्म पर उसे बाँहों में भर लेता। बाँहों में न भरता तो उसके कन्धे ही थपथपा देता। लेकिन वह तो उसे कर्तव्य का पाठ पढ़ाने लगा था....

फ़्रण्टियर मेल जालन्धर पर मुश्किल से पाँच मिनट रुकती थी। उसने बिस्तर उठाया था, रणवीर ने ट्रंक और नीला ने किताबों की गठरी।

"अच्छा जीजा जी, नमस्ते," दोनों हाथ जोड़ कर माथे पर ले जाते हुए नीला ने कहा था, "जाने कब फिर आप के दर्शन होते हैं। मेरी भूल-चूक माफ़ कर दीजिएगा और अपनी सेहत का ख़याल रखिएगा। भगवान आपको बहुत अच्छे नम्बरों से पास करेगा।"

और उसने भरी हुई आँखों से हाथ हिलाते हुए उसे विदा दी थी।

वे पनियारी आँखें उसके दिल में दूर तक डूबती चली गयी थीं।

खिड़की से सिर निकाल कर वह हाथ हिलाता रहा था और नीला पीछे छूटती हुई एकदम लोप हो गयी थी। कल्पना-ही-कल्पना में चेतन ने नीला को बाँहों में भर लिया था और उसकी पनियारी आँखों पर अपने गर्म होंट रख दिये थे। लेकिन दूसरे ही क्षण उसने सिर को झटक कर उस दृश्य के मोह-पाश से अपने दिमाग़ को मुक्त कर लिया था, चैतन्य हो कर आँखें खोल दी थीं और खिड़की के बाहर देखने लगा था।

अनायास उसके हृदय की गहराई से एक लम्बी साँस निकल गयी थी।

⊠⊠⊠

पत्थर-अलपत्थर

आशंसाएँ

दो बार 'पत्थर अलपत्थर' पढ़ गया। हसनदीन का चरित्र भूल सकने वाला नहीं है। आपके उपन्यास के माध्यम से यह सत्य कि मात्र ज़िन्दा रहने का प्रश्न ग़रीब कश्मीरियों के सामने कितने भयानक रूप में खड़ा है, चित्र की तरह सामने आ चुका है। हम एहसानमन्द हैं 'पत्थर अलपत्थर' के, जिसने हमें बहुत कुछ सोचने-तड़पने को मजबूर किया है। इस लघु उपन्यास के लिए मेरी बधाई स्वीकार करें।

–ज्ञानरंजन

कश्मीर के बाहर के लेखकों में अश्क पहले कथाकार हैं, जिन्होंने कश्मीर को निकट से देखने और समझने का प्रयत्न किया है और उसे यथार्थ रूप में, यथार्थ की दृष्टि से चित्रित किया है।

अश्क का यह नया उपन्यास – उनके सभी पहले उपन्यासों से भिन्न है। अश्क ने अपने इस लघु-उपन्यास में पहली बार निम्न-मध्यवर्ग के नहीं, निम्नवर्ग के एक पात्र को लिया है। 'पत्थर-अलपत्थर' कश्मीर के एक घोड़वान हसनदीन की दर्द-भरी कहानी है। टंगमर्ग से लेकर अलपत्थर की जमी हुई झील तक के पथ की पृष्ठभूमि में अश्क ने घोड़वान हसनदीन को चित्रित किया है। 'पत्थर-अलपत्थर' देश-विभाजन के बाद कश्मीर पर पाकिस्तानियों के आक्रमण के कारण आयी तबाहियों के मारे और अपने रोज़गार की आज की मंदी के शिकार, घोड़वान हसनदीन का दर्द-भरा चित्र उपस्थित करता है।

अश्क ने टंगमर्ग से अलपत्थर तक के पथ में यह कहानी इतनी कुशलता से बुनी है कि हसनदीन की ज़िन्दगी की सारी ट्रैजिडी साकार हो कर हमारे सामने खड़ी हो जाती है।

अश्क की कला का पुराना गुण (जिसे उनके कुछ आलोचक दोष बताते हैं। यह है कि वे अपनी ओर से हल नहीं बताते, विद्रोह का झण्डा नहीं गड़वाते, नारे नहीं लगवाते, बड़े कौशल से वे हमारे समाज की कुरीतियों को खोल कर हमारे सामने रख देते हैं। समाज के दुखी, निरीह, सतत सताये जाते पात्रों को उनकी बेबसी और निरीहता के साथ हमारी आँखों के सामने उभार देते हैं और हमारे मन में एक अदम्य इच्छा भर देते हैं, हम चाहते हैं कि हम फूत्कार कर उठें और इस विषमता को जला कर रख कर दें।

हसनदीन अपनी तमाम निरीहता और दयनीयता के साथ इन पात्रों में एक और महत्वपूर्ण पात्र की वृद्धि करता है।

उपन्यास ख़त्म होने पर हमें ऐसा लगता है, जैसे हसनदीन के गाल पर नहीं, हमारे

गाल पर ही थप्पड़ पड़ा है। हसनदीन के लिए हमारा मन रोता है और उस व्यवस्था के प्रति हमारे हृदय में विद्रोह उभरता है, जिसने हसनदीन के गाल पर थप्पड़ मारा है। यही आँसू और आग 'पत्थर-अलपत्थर' हमारे पास पवित्र थाती के रूप में छोड़ता है।

–भैरव प्रसाद गुप्त

'गिरती दीवारें' से हिन्दी उपन्यासकारों की प्रथम पंक्ति में अश्क जी को जो विशिष्ट स्थान प्राप्त हुआ, वह उनके नवीनतम (पाँचवें) उपन्यास 'पत्थर-अलपत्थर' से और भी विशिष्ट हो उठा है। इसकी विषय-वस्तु तथा शैली दोनों ही में नयापन है। इसे पढ़ कर समाप्त करते ही रवीन्द्रनाथ की एक प्रसिद्ध कविता की दो पंक्तियाँ अनायास ही याद हो आती हैं

'आमि ये देखेछि प्रतिकारहीन शक्तेर अपराधे
विचारेर वाणी नीरवे निभृते काँदे।'

– मैंने यह देखा है कि प्रतिकारहीन शक्तिमान के अपराध के कारण न्याय की वाणी एकान्त-अगोचर में आँसू बहाती रहती है–

मुझे लगा कि कवि-गुरु की ये दो पंक्तियाँ अश्क जी के उपन्यास में मूर्तिमान हो उठी हैं, इस उपन्यास की अन्तःसलिला धारा हैं।

–गीता बैनर्जी

यह लघु उपन्यास अपने प्रमुख पात्र-हसनदीन के जीवन के एक प्रसंग से सम्बन्धित होते हुए भी, कश्मीर के ग़रीबों की ज़िन्दगी के कटु यथार्थ को अंकित करता है...हसनदीन के दिवा-स्वप्न उसके दुख-भरे जीवन से बड़ी व्यंग्यात्मकता के साथ घुले-मिले हैं और वास्तव में हसनदीन के आन्तरिक संसार को जानने का अत्यन्त महत्वपूर्ण स्त्रोत हैं। इन दिवा-स्वप्नों और अन्तिम दुर्घटना का निर्वाह इतनी दक्षता से हुआ है कि हसनदीन की ट्रैजिडी पाठक को धक्का नहीं पहुँचाती....उपसंहार लगभग शेक्सपियर के अन्दाज़ में होता है।

–वी० गोपालन, इंडियाना राज्य विश्वविद्यालय, अमरीका

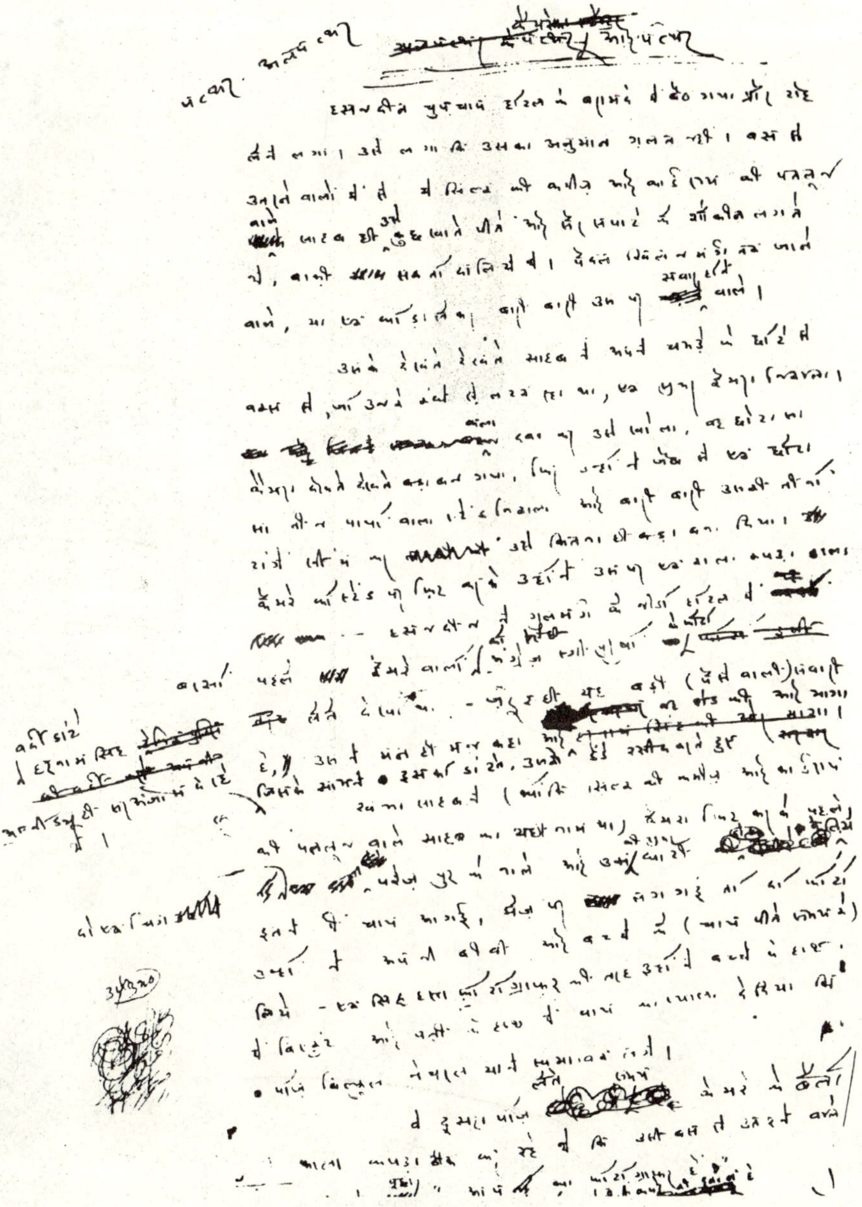

पाण्डुलिपि का पहला पृष्ठ

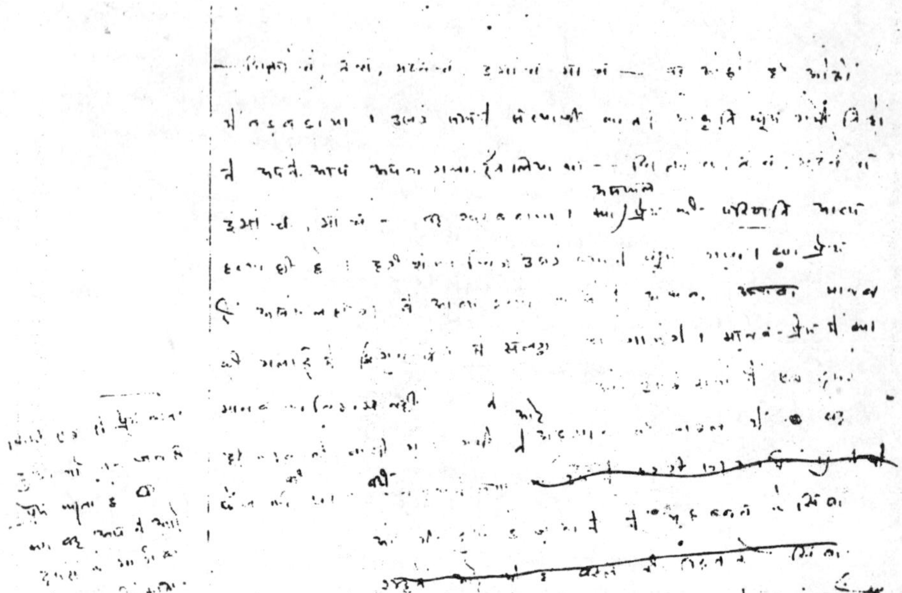

पाण्डुलिपि के अन्त का एक पृष्ठ

मुर्ग़ ने दूसरी बार अज़ान दी थी, जब नूर के तड़के हसनदीन की आँख खुल गयी। आँख खुल गयी, पर वह उठा नहीं। देर तक दम साधे पड़ा रहा कि कहीं किसी दूसरे मुर्ग़, किसी कुत्ते अथवा किसी किवाड़ के खुलने की आवाज़ आये, फिर यह जान कर कि अभी सुबह होने में बहुत देर है, उसने कम्बल से अच्छी तरह बदन ढँक लिया और पुनः सोने की कोशिश करने लगा। लेकिन उसका दिमाग़ परेशान था। दो दिन से उसे कोई सवारी न मिली थी। उसे नींद न आयी। आख़िर जब मुर्ग़ ने तीसरी बार गले की पूरी आवाज़ से गाँव वालों को जगाने का सन्देश दिया तो हसनदीन उठ बैठा। बुझी 'काँगड़ी' उसने 'फ़िरन' के अन्दर से निकाली तो सहसा उसे बचपन की वह घटना याद हो आयी, जब वह पहली बार काँगड़ी ले कर सोया था और उसने अपना फ़िरन जला लिया था और वह बुरी तरह पिट गया था।

'काँगड़ी भी ख़ुदा ने क्या चीज़ बनायी है!' उसने सोचा, 'कश्मीर के लोग इसके बिना कैसे ज़िन्दा रहते? माँझी हो या किसान, गूजर हो या पण्डित, यहाँ पर तो प्रायः सभी घोर ग़रीबी में दिन गुज़ारते हैं। बरसों में एक बार ईद या 'नौराते' पर फ़िरन सिलवा पाते हैं, सोते-जागते उसे पहने रहते हैं। सर्दी-गर्मी उसी में गुज़ार देते हैं। फिर फ़िरन का जल जाना कयामत नहीं तो क्या है! उसके बाप ने उसे पीटा तो बुरा नहीं किया। उसने स्वयं अपने बच्चों को पीट-पीट कर काँगड़ी का प्रयोग सिखाया था।'

हाथ से टटोल कर उसने काँगड़ी को कोने में रखा, फिर इत्मीनान से सोये हुए अपने बीवी-बच्चों पर एक निगाह डाली और अँधेरे ही में अभ्यस्त पगों से बायीं ओर पड़े घास के ढेर को लाँघता हुआ, वह खिड़की तक गया और उसने कुण्डी से खूँटी निकाल कर उसके पट खोले और बाहर के अँधेरे में घुलते हुए क्षीण-से प्रकाश को देख कर समय का ठीक अन्दाज़ लगाया।

आसमान में बड़ा ही हल्का झुटपुटा था, जिसमें बादल घिरे दिखायी देते थे। तभी मुर्ग़ ने फिर एक बार अज़ान दी और गाँव के परले कोने में कोई दूसरा जवाँ-साल मुर्ग़ गले की

पूरी आवाज़ से ललकार उठा और नीचे अस्तबल की गर्मी में सोया कोई कुत्ता बाहर निकल कर आकाश की ओर मुँह किये फ़रियाद करने लगा कि या ख़ुदा, देख, रात भर का जगा हूँ, तड़के आँख लगी थी कि इन मुर्ग़ों ने ज़मीन-आसमान एक कर दिया, इन कम्बख़्तों पर अपना कहर नाज़ल कर!

हसनदीन ने खिड़की भेड़ दी, लेकिन कुण्डी नहीं लगायी। अन्दर के गहरे अँधेरे में खिड़की की झिरी में से आने वाले क्षीण-से आलोक की वह लकीर साफ़ दिखायी दे रही थी। मुड़ कर उसने अपनी बीवी को जगाया कि वह उठे, जा कर लड़के को जगाये और समय से नमकीन चाय तैयार कर दे।

उसकी बीवी फ़िरन के नीचे से काँगड़ी निकाल कर अँगड़ाई ले रही थी, जब हसनदीन ने बाहर का दरवाज़ा खोला, घास के ढेर में से दोनों बाँहों में घास भरी और अभ्यस्त पगों से लकड़ी की बेडौल और अनगढ़ सीढ़ियाँ उतरता नीचे आया।

गली के बीचों-बीच पानी का छोटा-सा नाला बेआवाज़ बह रहा था। उसके उधर लम्बे-लम्बे पायों पर खड़ी शाली की कोठियाँ थीं और इधर लकड़ी के टेढ़े-बैंगे, अनगढ़, दो-मंज़िले घरौंदे, जिनके छोटे-छोटे अहातों को हर किसान ने धरती में बल्लियाँ गाड़ कर, उन पर तख़्ते लगा कर एक-दूसरे से अलग कर रखा था। हसनदीन ने अपने अहाते के कोने में घास गिरा दी। निकट ही पत्थर का बड़ा भारी कूँडा पड़ा था। उसने जब से होश सँभाला, उसे इसी जगह देखा। उसने सुना था कि उसके परदादा ने इसे दो बरस में गढ़ कर तैयार किया था और उसमें वह अपने घोड़े को दाना खिलाया करता था। सारे परेज़पुर में वैसा कूँडा कहीं और नहीं था। लेकिन हसनदीन के पास तो अब तीन घोड़े थे। दो उसके और एक उसके भाई का। एक कूँडे से कैसे उनका काम चलता। सो घर की औरतें उस पर शाली फटक कर, उससे धान अलग किया करती थीं और कभी जब पैसे होते तो मोटे-से डण्डे की सहायता से नमक-मसाला तैयार कर लिया करतीं; नहीं वह कूँडा हसनदीन के घर की पहचान के काम आता और हसनदीन – 'कूँडे वाला हसनदीन' प्रसिद्ध था।

कूँडे पर पैर टिकाये, क्षण भर को हसनदीन ने अपनी टेढ़ी गली और उसके टेढ़े मकानों के ख़ाकों पर नज़र डाली। उसने अड्डे पर सुना था कि सरकार लकड़ी के उन घरौंदों की जगह ईंट-चूने के पक्के मकान बनायेगी, जिनमें पक्के फ़र्श होंगे, पक्की सीढ़ियाँ और जिनमें बिजली की रोशनी होगी। पर जाने यह होगा भी या नहीं ? लेकिन उसने यह भी सुना था कि 'पहलगाम' के किसानों को नोटिस मिलने वाला है कि गाँव ख़ाली कर दें, सरकार लकड़ी और जगह मुफ़्त देगी, मकान बनाने को पाँच सौ रुपया कर्ज़ देगी; दो मील ऊपर अपने नये घर बनायें। सरकार उन लकड़ी के मकानों की जगह विज़िटरों के लिए छोटे-छोटे बँगले बनाना चाहती थी और किसान अपने पैतृक मकान छोड़ना न चाहते थे....

'सरकार के मन की सरकार ही जाने या रब्बुल-आलमीन, जो सबका है और सब के मन की जानता है।' हसनदीन ने सोचा, 'जहाँ तक हमारा ताल्लुक है, अगर विज़िटर ज़्यादा आने लगें, हमें लगातार काम मिले तो हम अपने इन्हीं टेढ़े-बैंगे, कच्चे घरों में मस्त हैं।

मकानों से ज़्यादा हमें काम चाहिए – काम और रोटी!'

वह चाहता तो था कि वहीं कूँडे पर पाँव टिकाये, उन नये मकानों की कल्पना करे। पर उसके पास कल्पना नहीं थी; न उसके लिए समय था और न दिमाग़। उसे तो बस-अड्डे पर पहुँचने की जल्दी का एहसास भर था।

उसकी बीवी उसके पीछे-पीछे उसी की तरह बाँहों में घास भरे उतर आयी थी। 'या अल्लाह!' हसनदीन ने लम्बी साँस भरते हुए उस अदृश्य शक्ति को पुकारा, जिस पर अपने सब भले-बुरे की ज़िम्मेदारी डाल कर वह सोच से मुक्ति पा लेता था।

घास की बू पा कर अन्दर अस्तबल में घोड़े हिनहिनाये। 'वार-वार, वार-वार!' सीढ़ियाँ चढ़ते-चढ़ते उसने उन्हें सब्र का उपदेश दिया फिर और घास लाने ऊपर चला गया।

उसकी बीवी ऊपर नहीं गयी। उसने अस्तबल से एक कोने में पड़े ममदू को जगाया। वह दूर के रिश्ते में उनका चचेरा भाई था। उसकी न ज़मीन थी, न जायेदाद और वह उनके घोड़ों की रखवाली करता था और दो टुक्कड़ खा कर वहीं पड़ रहता था।

हसनदीन की बीवी मुश्किल से पच्चीस-तीस वर्ष की होगी। गोरा रंग, तीखा नाक-नक्शा और प्यारा-सा नाम – यासमन। पर कश्मीर की अधिकांश औरतों की तरह उसकी छातियाँ ढलक गयी थीं। परिश्रम, भूख और मैल ने उसे अधेड़ बना दिया था। ममदू के साथ घोड़े बाहर करके वह अस्तबल साफ़ करने लगी। हसनदीन इस बीच में दो-तीन बार घास ले आया था।

घोड़े घास में मुँह मारने लगे और उसकी बीवी अस्तबल साफ़ करके ऊपर चली गयी तो हसनदीन अपने अहाते के बे-किवाड़ गेट में आ खड़ा हुआ। जून का महीना ख़त्म होने को आ गया था और हवा में यद्यपि ठण्डक थी, पर उसकी धार कुन्द हो गयी थी। गेट में खड़े और नाले के सरसराते जल को देखते हुए हसनदीन के जी में आयी कि वह नाले के पानी में वज़ू करके फ़जर की नमाज़ पढ़े। यह अजीब बात है कि ख़ुदा की हस्ती में अन्ध-विश्वास रखते हुए भी वह नमाज़-रोज़े और सोम-सलवात का उतना पाबन्द न था। घोर श्रम ने उसे इस बात का अवसर ही न दिया था कि वह पाँच बार नमाज़ पढ़े – ख़ुदा-ए-दोजहाँ सब के दिल की बात जानता है। सब की मुसीबत को समझता है! क्या उसे नहीं मालूम कि हसनदीन कई बार नूर के तड़के उठ कर चल पड़ता है, दिन-दिन भर पैसेंजरों को सैर कराता फिरता है और रात पड़े ही घर आ पाता है। उसे विश्वास था कि ख़ुदा उसकी तकलीफ़ को .खूब समझता है और इसलिए वह सोते समय कलमा पढ़ कर और दुआ माँग कर ही सन्तोष कर लेता था।

लेकिन हवा में कुछ अजीब-सी ताज़गी थी। नाले के जल में कुछ विचित्र-सा आमन्त्रण था। वह बहुत तड़के उठ गया था। उसके पास समय भी काफ़ी था। तो क्यों न वह आज फ़जर की नमाज़ पढ़ने का सवाब हासिल करे ?

यह .खयाल आते ही उसने ममदू को जल्दी से तैयार होने का आदेश दिया और नित्य-कर्म से निबटने बाहर खेतों में निकल गया। वापस आ कर उसने नाले के पानी में

पहले हाथ धोये, फिर अँजुली में जल भर कर उसे तीन बार सूँघा, फिर तीन बार कुल्ला किया, फिर तीन बार मुँह धोया, फिर तीन बार कुहनियों तक हाथ धोये, फिर अँजुली में पानी भर, छिड़क, गीले हाथों को मुँह, नाक, माथे के ऊपर से बालों पर ले जाते और कानों में उँगलियाँ फेरते हुए मसा किया, फिर तीन-तीन बार दायें-बायें पैर धोये और यों विधिवत वज़ू करके (उसकी चिर-दिन से जमी मैल तो क्या उतरी, हाँ रस्म पूरी हो गयी) उसने वह कम्बल, जो वह गले से लपेटे था, ज़मीन पर बिछाया और फ़जर की नमाज़ पढ़ने लगा।

रात की स्याही में कुछ और सफ़ेदी मिल गयी थी। बादलों में मटमैला आसमान झाँक रहा था। उस झुटपुटे में परेज़पुर के गूजरों के ये लकड़ी के मकान अजीब-से उदास-उदास लग रहे थे। सर्दियों में जब गाँव के मकानों की निचली मंज़िलें बर्फ़ से ढक जाती होंगी और शाली की कोठियों के लम्बे-लम्बे पाये बर्फ़ में दब जाते होंगे तो शायद वे अच्छी लगती हों, पर उस समय तो अपने लम्बे-लम्बे सूने पायों पर खड़ी, लकड़ी के बड़े-बड़े सन्दूकों-सी वे कोठियाँ उस उदासी को और भी गहरा बना रही थीं। दो-चार कुत्ते अपनी पनाहगाहों से निकल आये थे और बेचैन रूहों-से भटक रहे थे। रात भर खुले में घास चरते रहने वाले घोड़े, पिछली दोनों टाँगें बँधी होने से, फुदक कर पिछले पाँव रखते वापस आ रहे थे। गाँव धीरे-धीरे जाग रहा था। लेकिन हसनदीन सब तरफ़ से बेपरवा, पूरी तल्लीनता के साथ ख़ुदा की इबादत में निमग्न था। नमाज़ पढ़, उसने दोनों हाथ फैला कर दुआ की कि ऐ परवरदिगार! मैं तेरा ग़रीब बन्दा हूँ, गुनहगार हूँ, लेकिन तू बख़्शनहार है; मैं बेकार हूँ, पर तू कारसाज़ है। कई दिनों से मुझे कोई सवारी नहीं मिली। कुछ ऐसा कर कि मेरे तीनों घोड़े लग जायें, मुझे अच्छी-तगड़ी सवारियाँ मिलें, जो गुलमर्ग ही नहीं, खिलनमर्ग और दोनाले तक जायें और मेरी पिछले दिनों की कसर निकल जाये!

ख़ुदा ने शायद उसकी दुआ सुन ली थी, क्योंकि जब ममदू और ईदू के साथ वह टंगमर्ग के अड्डे पर पहुँचा तो उसने दूर ही से देखा कि न रैना है, न क्रीम ख़ाँ, बल्कि सरदार हरनाम सिंह वर्दी डाटे, छोटा-सा डण्डा हाथ में लिये, ड्यूटी बजा रहे हैं। नमाज़ की तल्लीनता में चाहे वह इस बात को भूल गया हो, लेकिन उसके बाद फीके स्च्येरू को नमकीन चाय से निगलते, घोड़ों की ज़ीनें कसते और टंगमर्ग के अड्डे की ओर घोड़े दौड़ाते समय लगातार उसे इस बात की चिन्ता सताती रही थी कि कहीं पिछले तीन दिनों की तरह क्रीम ख़ाँ या

रैना सुबह को ड्यूटी पर न हों और वह निरन्तर मनाता था कि या ख़ुदा, आज हरनाम सिंह को ड्यूटी पर भेज दो।

"सलाम हुज़ूर!" दूर ही से हरनाम सिंह को देख, दाँत निपोरते हुए वह तनिक झुक गया।

"सुना बे, आ गया मोर्चे पर," 'हुज़ूर' ने अपनी खुदरी-खुदरी दाढ़ी पर हाथ फेरते हुए कहा।

हरनाम सिंह मझले कद का पतला-छरहरा सिक्ख था। कश्मीरी सिक्खों के चेहरे पर जो गोराई और उनके बालों में जो मकई के कच्चे भुट्टों का-सा सफ़ेदी-मायल सुनहरापन होता है, उसका हरनाम सिंह के सिर अथवा चेहरे पर निशान न था। उसके चेहरे का रंग ही नहीं, बालों का रंग भी काला-स्याह था। दाढ़ी उसकी न मुँड़ासे से बँधी थी, न डोरे से कसी थी और उसके कद ही की तरह छोटी थी। उसके गहरे धँसे कल्लों और चौड़े जबड़ों पर उसकी दाढ़ी के ये अनबँधे, छोटे, खुदरे-खुरदरे काले बाल, उसके चेहरे को कुछ अजीब-सी रुखाई प्रदान कर रहे थे। 'आ गया बे, मोर्चे पर' कहते हुए यद्यपि वह कुछ हँसा भी था और अपनी ओर से उसने हसनदीन से मज़ाक किया था, पर लगता था, जैसे वह उस पर कोई अभियोग लगा रहा हो।

हसनदीन ने सरदार हरनाम सिंह के मज़ाक का कोई उत्तर नहीं दिया। निरीहता से ख़ुशामद-भरी हँसी होंटों पर ला कर वह अड्डे पर घोड़े बाँधने लगा।

वह परेज़पुर का एक छोटा-सा किसान था। थोड़ी धरती, तीन घोड़े और लकड़ी के उस अनगढ़ टेढ़े-बैंगे मकान की वही तीन कोठरियाँ- यही उसकी कुल जायेदाद थी। यद्यपि उसकी उम्र चालीस-पैंतालीस बरस की थी, लेकिन सख़्त मेहनत और आधे पेट खाने ने समय से पहले उसके चेहरे पर लकीरें बना दी थीं- मझोला कद; शरई दाढ़ी-मूँछें; मैले, कश्मीरी फ़िरन में ढँका शरीर; गहरे धँसे कल्ले; उभरे जबड़े; पीले दाँत - घोड़े बाँधते हुए मन-ही-मन उसने ख़ुदा को धन्यवाद दिया। हरनाम सिंह से उसकी मिली-भगत थी। वह ठेकेदार को उसका कमीशन दे-न-दे, पर हरनाम सिंह को उसका हिस्सा ज़रूर देता था और हरनाम सिंह चाहे दो-एक डण्डे उसको रसीद कर दे, पर सबसे अच्छी या अमीर सवारी को उसके घोड़े दिलवा देता था।

हाकिम को सलाम करके, वह अड्डे के दोनों होटलों के मालिकों को सलाम तथा बैरों-ख़ानसामों और भिश्तियों से मुलाकात कर आया, क्योंकि कई बार सवारी का मन बनाने में वे लोग बड़ी मदद करते हैं। इस सबसे निबट कर, गले में लिपटा हुआ कम्बल धरती पर बिछा कर वह अड्डे की ढलान पर धूप में लेट गया।

उसे लेटे हुए अभी कुछ ही मिनट हुए होंगे कि दूर से बस आती दिखायी दी। हसनदीन ने उचक कर देखा -प्राइवेट बस थी। उसके साथी एकदम उठे, कुली मुस्तैद हो गये, पर हसनदीन फिर लेट गया। प्राइवेट बसों में ज़्यादातर वे लोग आते थे, जो सरकारी बस के किराये से भी कुछ बचाना चाहते थे। जिनको आराम के मुकाबले में दाम ज्यादा प्यारे होते।

इनमें से अधिकांश विज़िटर बिस्तरे कुलियों को दे कर स्वयं पैदल चलना पसन्द करते थे।। हसनदीन अपनी आँख हमेशा सरकारी बस पर रखता था।

लेकिन सरकारी बस भी प्राइवेट के पीछे पहुँची और अड्डे पर हलचल मच गयी। एक-एक बिस्तरे से तीन-तीन कुली लिपट गये। मुसाफ़िरों की जेबें नम्बरों से भर गयीं। बसों से समामान उतारना मुश्किल हो गया। सामान उतरा तो घोड़े वाले बढ़े। कुछ ग़रीब, जो सिर्फ़ ठेके पर घोड़ा चलाते थे, कुलियों में मिल गये।

हसनदीन पीछे खड़ा मुसाफ़िरों का जायेज़ा लेता रहा। उसका माथा सिकुड़ गया, आँखें उकाब-सी तेज़ हो गयीं, पर इतने कुली बसों को घेर कर खड़े थे कि कुछ भी जान पाना मुश्किल था - फटी कमीज़ें या मैले फ़िरन पहने, बरसों से नहाये, नंगे पाँव, घुटनों तक मैल से जमी टाँगें लिये, हड्डी के एक टुकड़े के लिए एक-दूसरे को नोच डालने वाले कुत्तों की तरह, आपस में गुँथे जाते थे। तभी सरदार हरनाम सिंह सिपाही-सुलभ गालियाँ देते हुए, छोटे कद के कारण डण्डा सिर से ऊपर उठाये, उनमें घुस पड़े। फिर, जैसे उनका डण्डा हाड़-माँस के इंसानों पर नहीं, मिट्टी के लौंदों पर पड़ रहा हो, उन्होंने जो सामने पड़ा, उस पर बरसा दिया।

पल भर में सब कुली तितर-बितर हो गये। केवल वही रह गये, जिन्हें हरनाम सिंह चाहते थे कि वहाँ रहें या जो दो-चार आनों के मुकाबले में डण्डों की कोई हकीकत न समझते थे। तभी हसनदीन दूसरे घोड़वानों के संग आगे बढ़ा। उसकी नज़र एक सेठ पर पड़ी - तीस-पैंतीस बरस की उम्र; दोहरा, गोरा शरीर; चौड़ा माथा; मक्खन-से गोरे और कुलचे-से फूले गाल; सिल्क की कमीज़ और कॉर्डरॉय की पतलून, बाँह पर गर्म कोट - हरनाम सिंह से वे गुलमर्ग और खिलनमर्ग का किराया पूछ रहे थे। उनकी बीवी और बच्चा ज़रा दूर सामान के पास खड़े थे... खिलनमर्ग... हसनदीन चौकन्ना हो गया। हरनाम सिंह से आँख मिलते ही उसने दाँत निपोर दिये।

सेठ कह रहे थे, "हमें असील घोड़े चाहिएँ, सरदार जी। हममें से कोई घोड़ा चलाना नहीं जानता।"

"आप चलिए, चाय पीजिए। घोड़े मैं भिजवाता हूँ। वक्त मिला तो ख़ुद ले कर आऊँगा।"

होटल का गाइड कितनी देर से सेठ जी की प्रतीक्षा में खड़ा था। सेठ उसके पीछे-पीछे चले तो हसनदीन ने आँखों-ही-आँखों में हरनाम सिंह को संकेत किया कि अभी आता हूँ, ज़रा इनसे बात कर आऊँ और वह कुछ अन्तर पर उनके पीछे-पीछे चला।

होटल की पिछली ओर छोटा-सा घास का मैदान था, जहाँ से फ़ीरोज़पुर के नाले और उसके परिपार्श्व में पहाड़ों का बड़ा ही सुन्दर दृश्य दिखायी देता था। वहाँ तिपाइयाँ और कुर्सियाँ लगी थीं और मुसाफ़िर वहाँ चाय भी पीते थे और प्राकृतिक दृश्यों का आनन्द भी लेते थे। सेठ अपने बीवी-बच्चे के साथ वहीं एक मेज़ पर बैठ गये। बैरे को उन्होंने चाय और तोस लाने का आदेश दिया।

हसनदीन इधर बरामदे ही में रुक गया और चुपचाप टोह लेने लगा।

तभी सेठ की पत्नी ने कहा, ''जितने में चाय आती है, एक पोज़ लीजिए न, खन्ना साहब!'' और लड़का चहका, ''हाँ-हाँ पापो जी (वह अपने बाप को प्यार से 'पापो जी' कहता था), दो फ़ोटो लीजिए।'' और कुर्सी से उठ कर अपने चांचल्य में उसने घास पर एक कलाबाज़ी लगायी।

''ज़रूर-ज़रूर!'' कहते हुए खन्ना साहब (कि यही सिल्क की कमीज़ और कॉर्डरॉय की पतलून वाले सेठ का नाम था) उठे।

और हसनदीन ने देखा कि खन्ना साहब ने अपने चमड़े के छोटे-से बक्स से, जो उनके कन्धे से लटक रहा था, एक छोटा-सा सुन्दर कैमरा निकाला। खटका दबा कर उसे खोला। वह छोटा-सा कैमरा देखते-देखते बड़ा बन गया। फिर उन्होंने कोट की जेब से, जो उनकी बाँह पर लटक रहा था, एक छोटा-सा तीन पायों वाला स्टैण्ड निकाला और बारी-बारी उसकी तीनों टाँगें खींच कर उसे कितना ही बड़ा बना दिया। कैमरे को स्टैण्ड पर फ़िट करके, उन्होंने उस पर एक काला कपड़ा डाला।

हसनदीन ने बरसों पहले, जब कश्मीर में अंग्रेज़ों का दख़ल था, गुलमर्ग के नीडो होटल में कैमरे वालों को इसी तरह अंग्रेज़ स्त्री-पुरुषों के फ़ोटो लेते देखा था - ज़रूर ही, यह बड़ी (पैसे वाली) सवारी है, उसने मन में सोचा और वह शेड की ओर भागा, जहाँ सरदार हरनाम सिंह अभी तक इसको डाँटते, उसको फटकारते अपनी ड्यूटी सरअंजाम दे रहे थे।

खन्ना साहब ने कैमरा फ़िट करके पहले दो-एक चित्र फ़िरोज़पुर के नाले और उसकी घाटी के लिये। इतने में चाय आ गयी। मेज़ पर लग गयी। तब दो फ़ोटो ग्राफ़र की तरह उन्होंने बच्चे के हाथ में बिस्कुट और पत्नी के हाथ में चाय का प्याला दे दिया कि पोज़ बिलकुल नैचुरल लगे।

दूसरा पोज़ लेते समय वे कैमरे के बैलो पर का कपड़ा ठीक कर रहे थे कि उसी बस से उतरने वाले एक साथी मुसाफ़िर ने पूछा, "आप क्या फ़ोटोग्राफ़र हैं ?"

"जी नहीं, मेरी तो एक छोटी-सी कपड़े की दुकान है, चाँदनी चौक में।" खन्ना साहब फ़ोटो लेते हुए रुक कर हँसे।

"पर कैमरा तो आपका...!"

"जी, बिलकुल मामूली है। 620 ब्राउनी।"

"लेकिन काला कपड़ा तो आप..."

"जी, बहुत दिन पहले एक मित्र ने यह कैमरा ख़रीदा था। बेकार पड़े-पड़े इसका बैलो ख़राब हो गया...।"

"क्या हुआ इसे ?"

"कपड़ा छिद गया था और रोशनी फ़िल्म पर पड़ने लगी थी। हम कश्मीर की सैर को आये तो उनसे कैमरा माँग लाये। ख़याल था, शिमला स्टूडियो में इसे ठीक करा लेंगे। लेकिन कुछ ऐसे ज़रूरी काम आ पड़े और कुछ ऐसी अफ़रा-तफ़री में चले कि इसे ठीक कराने की याद नहीं रही। श्रीनगर में महट्टा से पूछा तो उसने कहा, 'इसे ठीक करने में तीन-चार दिन लग जायेंगे, आप अभी काला कपड़ा रख कर काम चलाइए। गुलमर्ग से लौटिएगा तो हम ठीक कर देंगे।' - यह कपड़ा भी उन्हींने दिया है।"

और हँस कर खन्ना साहब फिर फ़ोटो लेने में निमग्न हो गये। दो तस्वीरें अपनी बीवी और बच्चे की ले कर उन्होंने एक तस्वीर ऐसे ली कि वे कैमरे की लाकेशन और फ़ोकस ठीक करके स्वयं अपनी बीवी की जगह बैठ गये और उन्होंने एक तोस मुँह में ले लिया और उनकी बीवी ने जा कर कैमरे का बटन दबा दिया।

नाश्ता करके वे लोग तैयार थे कि हसनदीन सरदार हरनाम सिंह को लिये हुए वहाँ

आ पहुँचा। लेकिन लगता यही था, जैसे हरनाम सिंह स्वयं उसे ले कर आ रहे हों। हसनदीन के पीछे ममदू और उसका बेटा ईदू अपने घोड़ों की लगामें थामे चले आ रहे थे।

"ये लीजिए, आपके लिए असील घोड़े लाया हूँ।" हरनाम सिंह ने कहा। "आदमी मोतबर है। आपने हम पर छोड़ दिया तो हमने पचास घोड़ों में से यह तीन ख़ुद चुने। ऐसे शरारती और शोख़ घोड़े हैं इस अड्डे पर कि अनजान सवारी को गिरा देते हैं, पर जो घोड़े मैं लाया हूँ, इन पर बच्चा भी इत्मीनान से चला जा सकता है!"

खन्ना साहब ने हरनाम सिंह को धन्यवाद दिया और कहा कि सभी पुलिस वाले यदि इस तरह सहयोग दें तो मुसाफ़िरों की मुश्किल बड़ी आसान हो जाये।

"देख बे, इनको तंग न करना और आराम से सब कुछ दिखा लाना।" हसनदीन को डाँट कर और खन्ना साहब को 'जय हिन्द' बुला कर सरदार हरनाम सिंह चले गये तो खन्ना साहब ने घोड़े देखने की इच्छा प्रकट की।।

"कुछ फ़िकिर नहीं साब, देखिए साब!" कहते हुए हसनदीन ने बड़ी मुस्तैदी से घोड़ा खन्ना साहब के सामने ला खड़ा किया और एक ओर से काठी थाम उसने उन्हें चढ़ने में भी सहायता दी।

"साब, एकदम असील घोड़ा है। सवार को गिरायेगा नहीं। लगाम को ढीला छोड़ देगा तो सीधा अलपत्थर तक ले जायेगा।"

खन्ना साहब सन्तुष्ट हो गये। फिर उन्होंने शेष घोड़े देखने की ज़रूरत नहीं समझी।

"यह सामान कैसे जायेगा?" घोड़े से उतर उन्होंने हसनदीन से पूछा।

"कुली ले जायेगा। बारह आने रेट है साब। सिपाही से पूछ सकता है साब।"

खन्ना साहब के पास दो बिस्तरों के अतिरिक्त एक अटैची और एक थैला था। उनका ख़याल था कि यह सारा सामान एक कुली उठा कर ले जायेगा। लेकिन जब दोनों बिस्तर दो कुलियों ने बाँध लिये और तीसरा कुली अपने कम्बल में अटैची और थैला बाँध कर पीठ पर लाद, चलने को तैयार हुआ तो खन्ना साहब उसे रोक कर हाँफते हुए फिर हरनाम सिंह के पास पहुँचे और उन्होंने कुलियों की शिकायत की कि वे बिस्तर के अतिरिक्त कुछ और उठाने को तैयार नहीं।

तब हरनाम सिंह ने उन्हें समझाया कि टंगमर्ग से गुलमर्ग का रास्ता बड़ी चढ़ाई का है। बिस्तरे भारी हैं। कुली नहीं उठा सकते। अटैची और बैग अगर छोटे हैं तो उन्हें घोड़वानों को दे दीजिए। कुली को आप बारह आने देंगे, उन्हें दो-दो, चार-चार आने ऊपर से दे दीजिएगा।

वापस आ कर खन्ना साहब ने सरदार हरनाम सिंह के परामर्शानुसार तीसरे कुली से सामान उतरवा लिया और हसनदीन से कहा कि अटैची वह उठा ले और कैनवस का बैग उसका लड़का उठा लेगा। उन्हें कुछ बख़शीश मिल जायेगी।

ममदू मेम साहब को ले कर बढ़ गया था। ईदू अभी छोटा था। लेकिन हसनदीन ने कहा, "कुछ फ़िकिर नहीं साब।" और गले से लिपटा हुआ कम्बल धरती पर बिछा कर,

उसमें अटैची बांध, उसनसे उसे कन्धे पर रखा। उसके लड़के ने बैग उठा लिया। कुली इस बीच बिस्तर लिये शॉर्टकट (छोटे पैदल रास्ते) की ओर बढ़ गये थे। खन्ना साब हसनदीन की मदद से घोड़े पर चढ़े और अपनी बीवी और बच्चे के पीछे-पीछे गुलमर्ग की सड़क पर बढ़ चले।

कुछ दूर चल कर हसनदीन ने देखा कि उसके लड़के को बैग उठाने में कष्ट हो रहा है। तब बैग उससे ले कर उसने अपना कम्बल खोला और बैग को अटैची केस पर रख कर उसने कम्बल को अपनी पीठ से कुछ इस तरह बाँध लिया, जैसे चीनी और तिब्बती स्त्री-पुरुष बच्चों को पीठ से बाँध लेते हैं।

जब वह फिर चलने लगा तो उसकी कमर झुकी थी और उस पर एक बड़ा-सा कोहान बना था।

टंगमर्ग से गुलमर्ग की टेढ़ी-बेंगी, पर क्षण-क्षण ऊँची होती सड़क पर चढ़ते-चढ़ते हसनदीन ने फिर ख़ुदा का शुक्र अदा किया कि उसने उस नाचीज़ की दुआ कबूल कर ली और उसे उसकी मन-पसन्द सवारियाँ दिलवा दीं।

खन्ना साहब के घोड़े के पीछे, कमर पर बोझा उठाये हुए, घोड़े के बिदकने पर अनायास 'वार-वार, वार-वार' पुकार उठते हसनदीन ने हिसाब लगाया कि अगर ये सवारियाँ सचमुच खिलनमर्ग तक जायें और सरकारी रेट भी उसे मिले तो आने-जाने के सत्रह-अठारह रुपये होते हैं। फिर वह उनका सामान भी उठा कर साथ ले जायेगा और हर तरह उनकी सेवा करेगा; सेठ रंग-रूप और पहनावे से अच्छा धनी मालूम होता है; पाँच रुपया बख़शीश न देगा तो दो-तीन रुपये तो देगा ही और यदि वह उन्हें बाबा ऋषि ले जाने में सफल हो जाये तो सात-दस रुपये की और डौल हो जायेगी। फिर खिलनमर्ग और दोनाले तक जा कर अगर सेठ ने अलपत्थर या फ़रोजन लेक देखनी चाही तो वह गाइड के रूप में साथ जायेगा। दो-एक रुपये बख़शीश मिलेगी। चाय और खाने के पैसे अलग...

मेम साहब और बच्चा काफ़ी आगे चले गये थे। हसनदीन ने कदम बढ़ा कर टिटकारी भरी। घोड़े ने तेज़ पग बढ़ाये। कुछ देर तक वह घोड़े के साथ तेज़-तेज़ चलता रहरा, फिर जब वे दूसरे घोड़ों के बराबर आ गये तो वह फिर अपने विचारों में जा रमा।

...उसके सामने पिछले कई वर्षों के चित्र घूम गये। हिन्दुस्तान या पाकिस्तान को आज़ादी मिली हो, पर कश्मीर के कारबार का तो इस आज़ादी ने सत्यानाश कर दिया। यहाँ

इतनी खेती तो होती नहीं कि सारी जनता का पेट उससे भर जाये। फिर यदि किसान अपनी खेतियों से अपने पेट भरने को कुछ पैदा कर भी लें तो ज़िन्दगी के बाकी कामों के लिए पैसा कहाँ से आये ? कश्मीर का बड़ा धन्धा सदा से विज़िटरों का आना रहा है। माहीगीर हों या कारीगर, किसान हों या मज़दूर - सब इसी धन्धे के बल पर अपनी आवश्यकताएँ पूरी करते रहे हैं और इस आज़ादी ने जिस चीज़ पर सब से भारी चोट की थी, वह यही धन्धा था। पहले बर्बर पठान लूट-पाट मचाते बढ़ आये - उत्पाती बरसाती नदी की तरह गाँव-बस्तियाँ उजाड़ते। फिर जब वे गये तो पीछे कश्मीर रह गया- नदी का उत्पात मिट जाने पर कीचड़-सनी दलदली धरती सरीखा, जिसमें मछलियाँ भूख और प्यास से छटपटाती थीं। हाँ, कुछ गढ़ों में पानी ज़रूर भर गया था और वहाँ मछलियाँ ख़ूब मज़े कर रही थीं। भारत से मिलिट्री आयी थी। उसका आर्थिक लाभ था, पर उन्हीं गाँव या शहरों को, जहाँ उसकी छावनियाँ थीं। विज़िटरों की जगह मिलिट्री ले नहीं सकती। हसनदीन के अपने गाँव पर तो भारी बिपत आ पड़ी थी। खेती से दो जून का न सही, एक जून का सही, रूखा-सूखा खाना तो चल जाता था, पर शेष काम धरे-के-धरे रह जाते थे। उसकी बूढ़ी माँ की बड़ी इच्छा थी कि बाबा पामदीन के हुज़ूर में उसने अपने पोते-पोती की शादी के सम्बन्ध में जो मन्नत मानी थी, वह अपनी आँखों के सामने पूरी करे। लेकिन भोजन के संसे पड़े, धन की कैसी आस! रोटी के तो लाले पड़ गये थे, शादी-ब्याह की कौन कहे!

हसनदीन के सामने वह दिन घूम गया, जब दस-ग्यारह वर्ष पहले ईदू को ले कर वे सब 'बापम रिषि' के हुज़ूर में गये थे। बात यह हुई कि यद्यपि उसकी शादी को पाँच बरस गुज़र गये थे, पर उसके घर औलाद न हुई थी। तब उसकी माँ उनको 'बाबा रिशी' के मज़ार पर ले गयी थी। वहाँ ज़ियारतगाह की खिड़की की झिलमिली से उसकी बीवी ने अपनी चोटी से बालों की एक लट काट कर बाँधी थी और मन्नत मानी थी कि अगर 'बापम रिशी' उसकी गोद बेटे से भरेंगे तो वह अपने पहलौठी के बच्चे को ज़ियारत की नज़र करेगी। दूसरे बरस ही उसके घर ईदू ने जन्म लिया था। उसकी अम्मा चाहती थी कि मन्नत के अनुसार पहला बच्चा बाबा पामदीन की ख़िदमत में दे दिया जाये, लेकिन न उसकी बीवी राज़ी हुई, न वह ख़ुद। ईदू इतना सुन्दर, गुलगोथना बच्चा था कि वे किसी तरह भी उसे ज़ियारतगाह की ख़िदमत में देने को तैयार न हुए। माँ ने 'बाबा रिशी' के क़हर-ो-ग़ज़ब का डर दिलाया तो वे दोनों जा मुजाविर की सेवा में उपस्थित हुए। जब हज़रत इबराहीम के लड़के की जगह ख़ुदा ने दुम्बा भेज दिया और उसकी कुर्बानी स्वीकार कर ली तो क्या 'बाबा रिशी' उनके बेटे की जगह दूसरी कुर्बानी न स्वीकार करेंगे ? तब मुजाविर ने बताया कि ज़ियारतगाह में इसकी व्यवस्था है और उसी के परामर्श से उन्होंने बच्चे के सिर पर बालों की एक लट छोड़ दी। मुजाविर ने कहा कि इसे उस समय तक न छुआ जाये, जब तक 'बापम रिशी' की मन्नत पूरी न कर दी जाये। चूँकि लड़का वे अब वहाँ नहीं देना चाहते, इसलिए वे एक दुम्बे की कुर्बानी दें और सौ रुपया ख़ैरात में बाँटें।

और जब ईदू तीन बरस का हो गया था तो अम्मा उन सब को ले कर 'बापम रिशी'

के मज़ार पर गयी थी। हसनदीन की आँखों के सामने वह सारा दृश्य घूम गया – अन्दर मज़ार के सामने हज्जाम ने ईदू के सिर की वह लट बाकायदा अपने उस्तरे से काट कर 'बाबा रिशी' के कदमों पर चढ़ायी थी और हसनदीन ने सौ रुपये की नज़र उतारी थी। फिर भरे-पूरे दुम्बे की कुर्बानी दे कर देग चढ़ा दी गयी थी। उसके गिर्द घेरा डाल कर स्त्रियों ने बाबा पामदीन की प्रशंसा में गीत गाते हुए बड़े-बड़े नान पकाये थे और सब को दावत दी गयी थी। मुजाविर ने उन सौ रुपये में से पचास रुपये रख लिये थे और शेष ग़रीब-ग़ुर्बा में बाँट दिये थे।

हसनदीन का तीन सौ रुपया उठ गया था। पर वह ज़माना ही और था। अंग्रेज़ों का राज था और गुलमर्ग उनकी जन्नत थी। हर सीज़न में वे चार-पाँच सौ रुपया बचा लेते थे। सर्दियों का गुज़ारा कर, प्रति वर्ष उसने सौ रुपये धरती में गाड़े और तीन बरस बाद बड़े धूम-धड़ाके से बाबा पामदीन की मन्नत पूरी कर दी।

उसकी अम्मा ने उसी दिन मज़ार की झिलमिली से तागा बाँध कर दुआ माँगी थी कि यदि उसके बड़े लड़के के घर में एक लड़की हो तो वह दोनों का निकाह 'बाबा रिशी' के हुज़ूर में आ कर करेगी। 'बाबा रिशी' की मेहरबानी से अगले ही वर्ष उसके बड़े भाई के घर एक लड़की हुई। जन्मते ही उसकी और ईदू की सगाई कर दी गयी। लेकिन शादी की नौबत नहीं आयी। अम्मा तो चाहती थी कि उसकी आँखों के सामने पोते-पोती की शादी हो जाये, लेकिन एक साल बाद ही हिन्दुस्तान आज़ाद हो गया और यह कहर टूट पड़ा।

अम्मा का कहना था कि उसकी बीवी ने अपना पहलौठी का बच्चा 'बाबा रिशी' की ख़िदमत में न दे कर बड़ा भारी गुनाह किया है! इसलिए फिर उसकी गोद नहीं भरी और और इसी गुनाह के कारण कश्मीर पर यह बिपत टूटी, उन्हें रोटी के लाले पड़ गये और उसके पोते-पोती की शादी रुक गयी।

एक ग़रीबी, दूजे बरख़ुरदारी! एक तो तंगी का ज़माना, दूसरे अम्मा के रोज़-रोज़ के ताने। हसनदीन झल्ला गया था। 'बाबा नाराज़ हो गये, तो उसी साल कयामत क्यों न टूटी? साल बाद क्यों टूटी ?' वह एक दिन चिल्ला उठा था, 'तुम जाहिल औरत, तुम्हें इसकी क्या समझ है ? शेरे-कश्मीर का लक्चर सुनो तो तुम्हें मालूम हो कि यह बिपत क्यों टूटी।'

यद्यपि उसे 'अलिफ़' से 'बे' न आती थी, लेकिन अंग्रेज़ों को गुलमर्ग, खिलनमर्ग, अलपत्थर, कान्तारनाग, तोसे मैदान और दूसरी जगहों में घुमाते-फिराते वह चन्द अंग्रेज़ी के शब्द बोलने लगा था और माँ को अनपढ़ और जाहिल समझता था। लेकिन माँ को डाँटने के बावजूद उसके मन में भय था कि 'बाबा रिशी' के हुज़ूर में उन्होंने बड़ा गुनाह किया है। ज़रूर बाबा उनसे नाराज़ हैं। उसके भाई के घर इस बीच में चार बच्चे हुए, जबकि उसके यहाँ ईदू के बाद दूसरा बच्चा नहीं हुआ।

"या पीर!" उसके मन का भय एकाएक मुखर हो उठा। "अपने बन्दे के गुनाह बख़्श!"

वह बाबा ऋषि से अपने गुनाह बख़्शवा रहा था कि सामने से एक बेसवार घोड़ा

सरपट भागता हुआ आया।

''इसे क्या हुआ?'' अचानक खन्ना साहब ने मुड़ कर पूछा।

इससे पहले कि हससनदीन जवाब देता, एक छोटा-सा लड़का उसी घोड़े के पीछे भागता हुआ उनके पास से निकल गया।

हसनदीन चौंका। प्रकृतिस्थ हो कर बोला -

''साला ठेकेदार का घोड़ा है। बड़ा तेज़-तर्रार। गिरा दिया होगा सवार को।'' और फिर पग बढ़ा, खन्ना साहब के बराबर हो कर, उसने सरगोशी में कहा, ''साब, एक नम्बर का उखड़पेंच है ठेकेदार। मिला रहता है अफ़सरों से। हमारा तो घोड़ा साब अपना है। नौकर तो दूर रहा, हम तो अपने लड़के तक को हाथ नहीं लगाने देता। सदा असील घोड़ा रखता है।''

कुछ क्षण तक वह चुपचाप चलता रहा फिर जैसे अपने-आप से बात कर रहा हो, बोला , ''हमारे पास साब, पहले यह घोड़ा नहीं था। दूसरा था। एक बार उसने एक सवार को गिरा दिया। दूसरा दिन हमने उसको बेच दिया। इधर तेज़ घोड़ा नहीं चल सकता साब।'' और उसने अपने घोड़ों की तारीफ़ की। ''आप लगाम ढीली छोड़ दें तो इधर-से उधर नहीं होगा और सीधा अलपत्थर तक ले जायेगा। हम 'बापम रिशी' की कसम खा कर कहता है। कभी झूठ नहीं बोलता।''

''ये बापम ऋषि और बाबा ऋषि क्या अलग हैं?''

''नहीं साब, एक ही नाम है। कोई 'बापम रिशी' बोलता है, कोई 'बाबा रिशी।' हिन्दू-मुसलमान सब का पीर है, बाबा पामदीन ।''

''प्यामुद्दीन।''

''जी हाँ, जी हाँ!''

''हमने भी बड़ा नाम सुना है श्रीनगर में। कितनी दूर है गुलमर्ग से उनका मज़ार?''

''अजी साब, आने-जाने में सात माइल पड़ता है। साब बोलेगा तो हम आज ही दिखा ला सकता है साब को।''

लेकिन साब चुप रहे। पर हसनदीन चुप नहीं रहा :

''बड़ा मशहूर 'रिशी' है बाबा पामदीन,'' बोझ से झुकी कमर के बावजूद तेज़-तेज़ डग भरता और घोड़े के साथ-साथ चलता हुआ वह बोला, ''मुग़लों के वक्त में बड़ा ओहदा था उसका। एक हज़ार मोहर मिलता था। कश्मीर दरबार में बड़ा इज़्ज़त था। बाबा साहब रोज़ घोड़े पर सवार हो कर सैर को जाता था। एक दिन करना ख़ुदा का क्या हुआ साब, ढलान पर बाबा साहब घोड़े से उतरा कि कुछ कदम पैदल चले। क्या देखता है कि चींटी का कतार लगा है। सर्दी में वो दाना जमा कर रहा था। अचानक बाबा साहब के दिल में ख़याल गुज़रा कि चींटी जैसा बेडिमाक (बेदिमाग़) जानवर भी आगे का ख़याल रखता है और मैं इंसान हो कर 'अशफ़रुल-मलखूकात' हो कर, आकबत का फ़िकिर नहीं करता। तुफ़ है मुझ पर। बस, बाबा साहब वहीं से उलटे पाँव वापस फिरा, नौकरी से जा कर

स्तीफ़ा दे दिया, घर-बार को ख़ैरबाद कहा और जा कर ऐशमुकाम के ज़ैन बाबा का पाँव पकड़ लिया। बरसों वहाँ उसने रयाज़त किया। सारे इलाहीरमूज़ से ख़बरदार हो गया। तब ज़ैन बाबा ने कहा कि जा बेटा, अब तुझे सिखाने लायक मेरे पास कुछ नहीं रहा। बाबा साहब ऐशमुकाम से यहाँ आ गया। यहीं दीन-दुनिया से अलग जंगल में यादे- इलाही में मरसूफ़ हो गया। दिनों ही में उसका मशाहूरी सारे कश्मीर में फैल गया और लोग दूर-दराज़ से उसका ज़यारत को आने लगा। अब सरकार, हुआ यह कि बाबा साहब जब घर छोड़ कर आया था तो उसका बीवी बच्चे से था - वक्त पर लड़का हुआ। जब वह बड़ा हो गया तो बाप की तलाश करता हुआ यहीं आ पहुँचा। बाबा साहब लड़के को देख कर बड़ा ख़ुश हुआ। उसे अपने पास रखा और फिर कुछ दिन बाद उसे हुक्म दिया कि जा तन्हाई में बैठ कर यादे-इलाही में मन लगा। अब लड़का सरकार ठहरा जवान। शहर की हवा खाये हुए। उससे वह कठिन इबादत कैसे हो? बुरे लोगों का सोहबत में फँस गया और बुरा काम करने लगा। जब बाबा साहब के पास उसका शिकायत पहुँचा तो उसको बड़ा ग़ुस्सा आया। उसने ख़ुदा से दुआ किया कि या ख़ुदा, अगर मेरा लड़का बदचलन हो तो तू उसे इस दुनिया से उठा ले। बाबा साहब ठहरा पहुँचा हुआ फ़कीर, उसका दुआ और ख़ुदा टाल दे! लड़के को ख़ुदा ने अपने पास बुला लिया।''

कुछ तक हसनदीन चुपचाप चलता रहा। फिर बोला, ''साब, हमने तो नहीं सुना कि बाबा साहब से किसी ने मन्नत माना हो और वो पूरा न हुआ हो। बड़ी दूर-दूर से लोग 'बाबा रिशी' के दर्शन करने आते हैं।''

अब की खन्ना साहब बोले, ''हमने सुना है कि बड़े मिनिस्टर भी वहाँ जाते हैं।''

''हाँ साब, बख़्शी साहब ने हुक्म दिया है, वहाँ तक बिजली का लैन लगाने का!''

वे बातों-बातों में वहाँ तक पहुँच गये, जहाँ घोड़े ने सवारी को गिरा दिया था। उन्होंने देखा कि एक जवान, लेकिन किंचित मोटी लड़की को सहारा दे कर दो आदमी चले जा रहे हैं और उनके ख़ाली घोड़े उनके पीछे-पीछे आ रहे हैं।

''क्यों साहब, घोड़े ने गिरा दिया क्या?'' खन्ना साहब अपने घोड़े पर बैठे, बराबर आगे बढ़ते हुए बोले।

''जी हाँ!'' लड़की के साथ चलने वाले एक अधेड़ ने कहा। ''सरकार जाने क्यों ऐसे घोड़ों को अड्डे पर रहने देती है।''

और खन्ना साहब हसनदीन से बोले, ''हम तुम्हारे ही घोड़े पर आगे भी जायेंगे हसनदीन!''

''कुछ फ़िकिर नहीं साब, जहाँ तुम बोलेगा, हम ले जायेगा। सारे गुलमर्ग की सैर करायेगा। साब खिलनमर्ग जायेगा तो हम वहाँ भी ले जायेगा, उससे आगे जाने को बोलेगा तो अफ़राबट, अलपत्थर और फ़रोज़न लेक हम साब को दिखा लायेगा।''

''बाबा ऋषि के मज़ार पर लोग बकरे की कुर्बानी देते हैं ?'' खन्ना साहब का मन बाबा ऋषि ही में अटका था।

"हाँ सरकार! यह मेरा लड़का है न ईदू। 'बाबा रिशी' का मेहरबानी से हुआ है। हमने दुम्बे का कुर्बानी दिया था और सौ रुपया ख़ैरात में बाँटा था।"

खन्ना साहब जाति से बनिया थे। कुर्बानी की बात उन्हें ठीक नहीं लगी। बोले, "कुर्बानी देनी क्या ज़रूरी है ?"

"नहीं साब, मुसलमान कुर्बानी देता है। हिन्दू मिठाई-फल चढ़ाता और ख़ैरात बाँटता है। जो भी चढ़ावा है, आधा ज़यारत को जाता है, आधा वही ग़रीब-गुर्बा में बाँट दिया जाता है।"

"हम चलेंगे बाबा ऋषि के दर्शनों को! सहसा खन्ना साहब ने कहा।"

गुलमर्ग की चढ़ाई शुरू हो गयी थी। घोड़ों की गति मन्द और उनके पीछे चलने वालों की गति मन्दतर हो गयी।

हसनदीन घोड़े के साथ-साथ चलने के बदले फिर पहले की तरह ज़रा पीछे-पीछे चलने लगा। घोड़ा जब चलते-चलते पहाड़ की दरारों में उगी घास में मुँह मारने को रुक जाता तो वह अचेतन रूप से टिटकारी भर देता और फिर अपनी उधेड़-बुन में लग जाता।

उसने साब को 'बाबा रिशी' जाने के लिए तैयार कर लिया था, इससे वह मन-ही-मन बड़ा प्रसन्न हुआ था। उसने फिर एक बार टंगमर्ग से गुलमर्ग, गुलमर्ग से बाबा ऋषि और वहाँ से वापसी का हिसाब लगाया - तीस रुपये तो निश्चित ही मिल जायेंगे। यदि वह उन्हें अलपत्थर और 'फ़्रोज़न लेक' तक ले जाये तो पाँच रुपये और कहीं नहीं गये। ख़ुशी से उसे साँस रुकती-सी महसूस हुई। अचानक उसे ख़याल आया, सेठ अगर ज़्यादा दिन यहाँ ठहरने आया हो तो हो सकता है, जाते में कोई दूसरा घोड़ा कर ले। 'कर कैसे लेगा?' उसने मन-ही-मन कहा, 'मैं उसे ऐसा ख़ुश कर दूँगा कि वह किसी दूसरे घोड़े वाले की बात ही न सोचे।'

लेकिन इस निश्चय के बावजूद एक-दो डग जल्दी-जल्दी भर कर सेठ के बराबर होते और चढ़ती साँस को किंचित रोकते हुए उसने पूछा - "सेठ, तुम गुलमर्ग कितना दिन ठहरेगा?"

पहला ज़माना होता तो वह हफ़्तों-महीनों की बात पूछता - लेकिन गुलमर्ग तो उजाड़ था। उसकी पिछली शान-शौकत की याद में उसे देखने भर को मुसाफ़िर आते थे, दो-चार

दिन अथवा ज़्यादा हफ़्ता भर रह कर चले जाते थे।

''हम कल लौट जायेंगे।'' खन्ना साहब ने कहा, ''हमें बहुत जल्दी है। गुलमर्ग देखने के बाद हम पहलगाम जायेंगे और वहाँ से अमरनाथ की यात्रा में शामिल होंगे।''

हसनदीन फिर पीछे हो गया। वह प्रसन्न हुआ कि सेठ एक ही दिन गुलमर्ग रहेगा। उसने अन्तर्मन से ख़ुदा का शुक्र अदा किया कि उसने सहर के वक्त की उसकी दुआ स्वीकार कर ली। प्रातः की दुआ का बड़ा महत्व है। ख़ुदा के हुज़ूर में उसकी बड़ी कद्र है। यों भी उसने बुज़ुर्गों से सुन रखा था कि चौबीस घण्टों में कभी मुँह से ऐसी दुआ या बद्दुआ निकलती है, जो शब्दशः पूरी हो जाती है, इसीलिए उनका कहना था कि सोच-समझ कर मुँह से बात निकालनी चाहिए। आज सुबह यदि उसने कुछ और माँग लिया होता तो वह भी पूरा हो जाता।...अगर उसने लाख रुपये माँगे होते?... और उसने देखा कि वह फ़जर की नमाज़ पढ़ रहा है और उसने ख़ुदा से दुआ माँगते समय एक लाख रुपया माँगा है। फिर उसने देखा कि वह अस्तबल में एक कोना खोद रहा है कि वहाँ दरवाज़ा लगाने को बल्ली गाड़े। तभी अचानक उसका फावड़ा किसी ठोस चीज़ से टकराता है; वह और खोदता है तो देखता है कि एक काँसे का घड़ा है। जल्दी से खोदना बन्द करके वह गढ़े में मिट्टी डाल देता है कि कहीं ममदू न आ जाये अथवा कहीं कोई पड़ोसी न देख ले। दिन को वह और उसकी बीवी बाहर से अस्तबल पर टाट का पर्दा लगा देते हैं। हसनदीन बहाने से ममदू का ऊपर सुला देता है और आधी रात के वक्त, जब सारा गाँव सोया होता है, वह और उसकी बीवी हरीकेन की लौ में ज़मीन खोदते हैं (इस बार बाहर के दरवाज़े के पास नहीं, बल्कि अन्दर के कोने में खोदते हैं। पहली जगह दरवाज़े और गली के निकट होने से अवचेतन मन दिवा-स्वप्न में जगह बदल देता है - इस सम्बन्ध में रात और दिन के सपने एक-सरीखी सुविधा जुटा देते हैं।) काफ़ी गहराई में, इस तरह सबर के साथ धीरे-धीरे खोद कर कि बाहर या ऊपर आवाज़ न जाये, दोनों मियाँ-बीवी बड़ी सावधानी से काँसे का घड़ा निकालते हैं। ऊपर का ढकना लाख से जड़ा है। बड़े एहतियात से उसे खोलते हैं। देखते हैं - सोने की मोहरों से भरा है, जो हरीकेन के उस मद्धिम धुँधियाले प्रकाश में भी चमक उठती हैं। हसनदीन मुठ्ठी भर मोहरें निकालता है और यासमन के विस्फारित नयनों के आगे उसे खोलता है, जो ठीक से देखने को हरीकेन ऊपर उठाती है। दोनों मियाँ-बीवी चकित, विस्मित, किन्तू अनिर्वचनीय रूप से पुलकित, हथेली पर चमचम करती उन माहरों को देख रहे होते हैं कि हल्का-सा खटका होता है। दोनों चौंकते हैं। ममदू अस्तबल के दरवाज़े में खड़ा है। आँखें मिलते ही खीसें निपोर देता है। दोनों उस घबराहट में उसे अपने भेद का साझीदार बना लेते हैं। हसनदीन कहता है कि घर के जितने प्राणी हैं, उन सब को बराबर-बराबर हिस्से मिलेंगे। अब जब ख़ुदा ने हमें इतनी दौलत दी है कि हम अपनी बाकी ज़िन्दगी आराम से गुज़ारें, हमें चाहिए, अपने घोड़ों को, जिन्होंने तंगी-तुर्शी में हमारा साथ दिया है और भूखे पेट रह कर हमारी ख़िदमत की है, पूरा आराम दें, उनसे आगे की किसी तरह का काम न लें, एक नौकर उन तीनों को सेवा के लिए रख दें और उन्हें ख़ूब खिलायें-

पिलायें और आराम दें। उनकी इसी ख़िदमत को ध्यान में रखते हुए हसनदीन उनके भी तीन बराबर-बराबर के हिस्से करता है। ऐसा करते समय उसकी आकृति एक अलौकिक तेज से उद्‌भासित हो उठती है।

लेकिन यहीं ममदू का गधापन प्रकट होता है। वह घोड़ों को हिस्सा देने के लिए कभी तैयार नहीं होता। हसनदीन कुल मोहरों के आठ हिस्से कर, एक ममदू को देना चाहता है। ममदू चौथा हिस्सा माँगता है। हसनदीन इस बात पर भी तैयार हो जाता है कि एक घोड़ा और उसका हिस्सा भी वह उसे देगा। लेकिन वही ममदू, जो उसके सामने आँख भी न उठाता था, उसे गालियाँ देने लगता है। जाने कौन पुलिस को ख़बर कर देता है। धड़धड़ाती हुई पुलिस आ पहुँचती है और न केवल घड़ा उठा ले जाती है, बल्कि उन्हें भी साथ पकड़ कर ले जाती है ...

हसनदीन ज़ोर-ज़ोर से साँस ले रहा था। उसके माथे पर पसीना आ गया था। घोड़ा पहाड़ में उगी झाड़ियों में मुँह मार रहा था और खन्ना साहब गिरने के भय से अन्धाधुन्ध लगाम खींच रहे थे। सहसा वहीं एक झाड़ी से एक पतली-सी डाल तोड़ कर, ज़ोर से गाली देता हुआ, हसनदीन उसकी ओर बढ़ा। लेकिन इससे पहले कि डाली घोड़े के पुट्‌ठे को छूती, वह चल पड़ा।

हसनदीन ने पीठ के बोझ को ठीक किया और फिर बढ़ चला। उसका मन फिर उसी दिवा-स्वप्न में खो गया। इस बार उसके अवचेतन ने दूसरी सुविधा जुटा दी। उसने देखा कि ममदू और उसका लड़का घोड़े ले कर कान्तारनाग गये हुए हैं। वह अस्वस्थ होने के कारण घर पर रह गया है। उसकी जगह उसका बड़ा भाई चला गया है। यों ही, मन को लगाने के लिए, वह अस्तबल में काम करने लगता है कि उसका फावड़ा घड़े से जा टकराता है। वह अपनी बीवी को बुलाता है और दोनों रातों-रात सारी मोहरें निकाल कर छत के फूस में दो-दो, चार-चार करके छिपा देते हैं। दूसरे दिन शाम को उसका बड़ा भाई, ममदू और उसका लड़का वापस आते हैं। हसनदीन की अस्वस्थता सोने की चमचमाती मोहरों को देखते ही भाग जाती है। वह टंगमर्ग जा कर शराब की बोतल और खाने-पीने का सामान ले आता है। ऊपर से उसकी बूढ़ी माँ और भाई के बीवी-बच्चे भी आ जाते हैं। एक-दो पड़ोसी भी

शामिल हो जाते हैं। मर्द लोग पीते हैं और औरतें और बच्चे नमकीन चाय के बदले कहवा पीते और बढ़िया स्च्येरु और दूध-रोटी खाते हैं। सभी गयी रात तक मौज मनाते हैं... कि सहसा छत पर दो बिल्लियाँ लड़ने लगती हैं, एक धमा-चौकड़ी मचा देती हैं और ठन-ठन मोहरें नीचे गिरने लगती हैं। सारे गाँव में ख़बर फैल जाती है कि हसनदीन की छत से सोना बरस रहा है और फिर होनी की तरह पुलिस आ पहुँचती है; छत का तिनका-तिनका उखड़ फेंकती है; सारी मोहरें बटोर ले जाती है और घाते में उनको भी पकड़ लेती है और उनके घरों में भरे अखरोटों के सन्दूक उनकी रिहाई के हेतु बिक जाते हैं...

हसनदीन सिर को झटका देता है। अवचेतन मन फिर सुविधा जुटा देता है :

... वह देखता है कि एक नहीं, दो घड़े निकले हैं। वह एक घड़ा दूसरी जगह छिपा देता है, ऊपर घास-फूस डाल कर घोड़ा बाँध देता है। और टंगमर्ग के दीवान जी से जा कर कहता है कि उसके घर ख़ज़ाना मिला है। वह सरकार को इत्तिला देने चला आया है। वे पुलिस के दो सिपाही लिये पहुँच जाते हैं और जगह खोद कर घड़ा निकालते हैं। जब एक घड़ा निकल आता है तो वे सिपाहियों को इधर-उधर भी खोदने का आदेश देते हैं। जिस जगह से उसने घड़ा निकाला था, वह मिट्टी जल्दी निकल आती है और साफ़ दिखायी देता है कि यहाँ से घड़ा निकाल लिया गया है।... और अन्त वही होता है। वह बेतरह पिटता है, उसकी पत्नी उसके प्राणों के भय से दूसरे घड़े की बात बता देती है और पुलिस उसे चोरी के अभियोग में पकड़ कर ले जाती है...

हसनदीन ने ज़ोर से सिर को झटका दिया। उसकी दौलत हर बार हाथ से निकलती रही। तेज़ और किंचित बड़े गिरगिट को पकड़ने की कोशिश करने वाले बिल्ली के बच्चे की तरह वह कभी इधर से और कभी उधर से उसे पकड़ता रहा, पर वह हाथ आ कर भी निकल जाती रही। एक लाख की बात दूर रही, उसने कभी एक हज़ार रुपया भी न देखा था। सोने की मोहर उसके दादा-परदादा ने देखी हो तो और बात है, पर उसके दर्शन उसे कभी न हुए थे। सपने में भी वह उन्हें रख पाने के योग्य न था। अन्तिम बार सिर को झटका दे कर उसने कदम बढ़ाये। लेकिन चढ़ाई ख़त्म हो गयी थी। रास्ते में छोटा-सा घास का टुकड़ा और दो-एक देवदार के पेड़ थे और आगे जाने वाले घोड़े उन्हीं के झुरमुट में दम ले रहे थे।

खन्ना साहब ने देखा कि उनकी बीवी और बच्चा उतर रहे हैं। कुछ दूसरी सवारियाँ

भी उतर गयी थीं और घोड़े वहीं घास में मुँह मार रहे थे।

''क्या बात है ? यहाँ रुक क्यों गये ?'' खन्ना साहब ने सहसा मुड़ कर हसनदीन से पूछा।

पीठ का बोझ ज़मीन पर रखते हुए हसनदीन ने कहा, ''साब, इतनी चढ़ाई चढ़ कर आता है, यहाँ घोड़ा आराम करता है, ज़रा हाथ लगा कर देखो, कितना पसीना-पसीना हो रहा है।''

खन्ना साहब ने अनजाने में घोड़े की पसली पर हाथ रखा। उनका हाथ गर्म पसीने से भीग गया।

''हसनदीन हमें घोड़े से उतारो।'' उन्होंने सहसा अपनी कॉर्डरॉय की पतलून से हाथ पोंछते हुए कहा।

''नहीं साब, उतरने का ज़रूरत नहीं, तुम बैठो। कुछ फ़िकिर नहीं, घोड़ा पाँच-दस मिनट रुक कर चलेगा।''

यद्यपि उनसे पहले आने वालों में एक-दो मुसाफ़िर घोड़ों पर चढ़ने लगे थे, लेकिन खन्ना साहब ने कहा ''नहीं, हम उतरेंगे।''

हसनदीन ने उन्हें सहारा दे कर उतार दिया। वे अपने बीवी-बच्चे से जा मिले।

''क्यों शकुन, थक तो नहीं गयीं ?'' उन्होंने अपनी बीवी से पूछा और फिर उसका जवाब सुने बिना वे अपने लड़के की ओर पलटे। उसकी दोनों बग़लों में हाथ दे कर उसे प्यार से झकझोरते हुए, उसे चूम कर उन्होंने कहा ''और तुम कुक्कू?''

''ज़रा भी नहीं पापो जी!'' और वह नवजात बछड़े की तरह वहीं कुदकड़े मारने लगा।

''देखो, देखो! घोड़े के पीछे मत जाओ। दोलत्ती मारेगा।'' हसनदीन ने बढ़ कर बच्चे को रोक लिया।

वह उसका हाथ छुड़ा कर फिर कुदकड़े मारता दूसरी ओर से भाग गया।

क्षण भर तक हसनदीन खड़ा उस बच्चे को देखता रहा - ईदू भी तो इतनी ही उम्र का है। दो-एक साल बड़ा होगा। लेकिन उसके भाग्य में यह सब कहाँ है ? उसे तो बचपन ही से रोज़ी कमाने की चिन्ता लग गयी है। अगर कश्मीर में अमन रहा तो वह निश्चय ही ईदू की शादी करेगा, उसके बच्चे को पढ़ायेगा और उन्हें ऐसा ही बनायेगा। उसे पिछले बरस की एक घटना याद आयी। अंग्रेज़ बच्चों को अपने माता-पिता के लिए 'डैडी, मम्मी, पापा, मामा' कहते देख कर उसे कभी ईर्ष्या न हुई थी। लेकिन इधर ऐसे भारतीय भी आने लगे, जिनका स्तर बहुत ऊँचा न था; जो अफ़सर भी नहीं थे। कई तो उनमें से टुटपुँजिये दुकानदार थे, जिन्हें वे लोग उपेक्षा से 'दालि-विज़िटर' कहते थे - दाल-भात खा कर पैदल कश्मीर की जन्नत का लुत्फ़ उठाने वाले। जब उनके बच्चे भी 'डैडी-ममी' अथवा 'पापा-मामा' पुकारते थे तो हसनदीन का भी जी होता था कि उसका ईदू भी उसे अब्बा-अब्बा कहना छोड़, 'डैडी' कहे। और पिछले बरस उसने एक दिन यासमन के सामने अपनी वह इच्छा

प्रकट भी की थी।

लेकिन न ईदू उसकी बात समझा, न यासमन। जब उसने अपनी बात समझायी थी तो वह ठहाका मार कर हँस दी थी, "कल तुम मुझसे भी कहोगे कि तुम भी पौडर-सुर्ख़ी लगाओ और उन भुतनियों की तरह नंगे सिर, नंगे बदन घूमो।" और ईदू ने एक बार भी उसे 'डैडी' नहीं कहा।

इस बात का ध्यान आते ही हसनदीन अपने-आप हँस दिया। लेकिन तत्काल वह गम्भीर हो गया। कुदकड़े मारते उस मृग-शावक-से बच्चे को देख कर उसे ख़याल आया - ईदू शादी करेगा, उसके बच्चे होंगे, स्कूल-कॉलेज में पढ़ेंगे तो ज़रूर उसको 'पापा' या 'डैडी' बुलायेंगे। उसकी ज़िन्दगी तो भार ढोते बीत गयी, लेकिन ईदू के बच्चे ज़रूर साहब बनेंगे। बख़्शी साहब कहता है - तालीम सबको मुफ़्त मिलेगी, फिर ईदू के साहब बनने के रास्ते में कौन-सी रुकावट रह जायेगी। वह न सही, उसका बच्चा तो सुख-आराम पायेगा।

और उसने सोचा कि भविष्य के हवा-महल बनाने के बदले, उसे हाल की फ़िक्र करनी चाहिए। मुसाफ़िरों से पता करना चाहिए कि कोई अलपत्थर या अफ़राबट भी जा रहा है या नहीं? ऊँची जगहों में जाने और दर्शनीय स्थानों को देखने में विज़िटर ही विज़िटरों का मन बनाते हैं।

लेकिन जिन सवारियों के घोड़े अभी रुके हुए थे, उनमें से कोई भी अफ़राबट अथवा अलपत्थर जाने वाली न थी। एक व्यापारी था, जो गुलमर्ग का जायज़ा लेने आया था कि वहाँ कुछ कारबार की सम्भावना है या नहीं। दो सरकारी नौकर थे। केवल दो विज़िटर थे, लेकिन उनका इरादा सप्ताह भर वहाँ रहने का था और वे लोग कुछ आराम करके खिलनमर्ग जाना चाहते थे। यह सूचना हसनदीन ने उनके साईसों से प्राप्त की। घोड़े वहाँ आठ-दस मिनट से ज़्यादा नहीं रुकते थे। जो उतर गये थे, वे फिर सवार हुए और दायें हाथ को ऊपर जाने वाली सड़क की ओर बढ़ गये।

हसनदीन वापस मुड़ा। वह खन्ना साहब से सवार होने को कह ही रहा था कि नीचे से वह पार्टी भी आ पहुँची, जिनके साथ की युवती घोड़े से गिर गयी थी। वह शायद किसी दूसरे घोड़े पर सबसे आगे थी। उसके पीछे सूट-बूट-धारी किंचित अधेड़ व्यक्ति थे। तीसरा युवक सबके पीछे पैदल आ रहा था।

खन्ना साहब घोड़े पर सवार होने वाले थे कि उनको देख कर ज़रा रुक गये।

"क्यों साहब, कुछ चोट तो नहीं आयी इनके?"

युवती शर्मा गयी।

"नहीं जी, बचाव हो गया," उत्तर अधेड़ आदमी ने दिया।

"कितने दिन का प्रोग्राम है ?"

"चार-पाँच दिन ठहरने का इरादा है।"

" हम तो कल ही वापस आ जायेंगे। महीना भर किसी तरह दुकान से छुट्टी पा कर आये हैं। और महीने भर में तो कश्मीर का एक कोना भी ठीक से नहीं देखा जा सकता।"

और खन्ना साहब घोड़े की ओर बढ़े, पर चढ़ने से पहले उन्होंने पूछा, "किस होटल में ठहरने का इरादा है आपका ?"

"अभी तक फ़ैसला नहीं किया, लेकिन चल कर देख लेते हैं। गुलमर्ग होटल है, ख़ालसा होटल है, और भी कहते हैं कि बाज़ार में ठहरने का प्रबन्ध है।"

"हम तो ख़ालसा होटल में ठहरेंगे।"

और यह कहते हुए खन्ना साहब हसनदीन की मदद से घोड़े पर सवार हो गये। वे लोग भी ज़्यादा देर तक नहीं रुके। बहुत दूर तक तो पैदल ही आये थे। घोड़े से उतरे भी नहीं। खन्ना साहब की पार्टी चली तो वे लोग भी चल दिये। युवक सबके पीछे-पीछे पैदल चला। हसनदीन ध्यान से उनकी बातें सुनता रहा था। कुछ दूर चलने पर वह युवक के साथ-साथ चलने लगा। फिर सहसा उसने पूछा :

"क्यों साब, तुम क्या दिल्ली से आया है ?"

"अभी तो दिल्ली से आये हैं, लेकिन हम दिल्ली के रहने वाले नहीं हैं।"

"क्या कलकत्ता, बम्बई से आया है ?"

"नहीं, हम अफ़रीका से आया है।"

"अफ़रीका, क्या अमरीका का सूबा है?"

"अफ़रीका हिन्दुस्तान और अमरीका के बीच है, जहाँ हब्शी लोग रहते हैं।"

हसनदीन ने ध्यान से उस युवक को देखा। फिर झिझकता हुआ बोला, "लेकिन तुम तो हिन्दुस्तानी है।"

"हाँ, हम हिन्दुस्तानी है, पर हमारा दादा उधर चला गया था। उधर हमारा कारबार है। हम हिन्दुस्तान देखने आया है।"

"कश्मीर में क्या देखा?"

"अभी तो हम आया है। श्रीनगर में डल, नगीन और शालमार-निशात देखे हैं। तीन-चार दिन गुलमर्ग देखेंगे, फिर पहलगाम जायेंगे!"

हसनदीन को अपनी बात कहने का अवसर मिला।

"गुलमर्ग तो साब, कश्मीर का जन्नत है। इधर कबाइली लोग ने इसे बरबाद कर दिया। माल-सामान यहाँ से वो साथ ले गया, लेकिन इसका ख़ूबसूरती तो साब, चोर-डाकू नहीं ले जा सकता। अफ़राबट, अलपत्थर और फ़रोज़न लेक को तो साब, अब भी दूर-दूर से लोग देखने को आता है। अभी दो दिन पहले चार विलायती आया था। और कान्तारनाग और तोसे मैदान गया था। साब, तुम जब गुलमर्ग आया है तो तुमको बाबा रिशी, फ़िरोज़पुर नाला, खिलनमर्ग, अफ़राबट, अलपत्थर और फ़रोज़न लेक ज़रूर देखना चाहिए। हमारा साब तो कल वापस नीचे जाता है। तुम साब चाहेगा तो जहाँ बोलेगा, हम तुमको घुमायेगा। हमारा घोड़ा साब, एकदम असील है।"

"तुम्हारा साब क्या अलपत्थर और फ़रोज़न लेक देखने जा रहा है?"

"बोल नहीं सकता साब, बाबा रिशी तो वो जाने को बोलता है। खिलनमर्ग भी शायद

वो जाये। आगे तो साब, अगर साथ मिला तो जायेगा, नहीं तो खिलनमर्ग से वापस लौटेगा।''

''हम कल खिलनमर्ग जाने की सोचते हैं।''

''अगर साब, तुम अफ़राबट और फ़रोज़न लेक जाना माँगता है तो तुमको सुबह चलना चाहिए। एक बजे अफ़राबट की चोटी पर पहुँचने को माँगता है। अफ़राबट की चोटी से इतना ख़ूबसूरत व्यू मिलता है साब, कि तबियत ख़ुश हो जाता है। हमारा साब अगर ऊपर चलेगा तो हम तुमको फ़रोज़न लेक तक ले चलेगा। हम साब, गाइड का काम भी करता है...''

हसनदीन अपनी जमा रहा था कि पीछे से वही लडका एक घोड़े को तेज़ दौड़ाता लाया और उनके पास आ कर उतर गया।

''नहीं, नहीं, हम तुम्हारे घोड़े पर नहीं चढ़ेंगे,'' उस युवक ने कहा।

''साब, दूसरा वाला घोड़ा है। एकदम असील है। उसको तो हम अड्डे पर छोड़ आया है।''

''नहीं, हम इतनी दूर पैदल आये हैं तो आगे भी पैदल जायेंगे।''

''साब, अभी बहुत रास्ता बाकी हैं। साब, हम ग़रीब मारा जायेगा, ठेकेदार हमारा पैसा काटेगा। साब, हम ग़रीब आदमी है!''

और वह लड़का घोड़ा वहीं छोड़ कर उसके पाँव पड़ गया। घोड़ा चुपचाप अनासक्त खड़ा रहा। पहाड़ में उगी झाड़ियों में भी उसने मुँह मारने की कोशिश नहीं की। युवक ने निमिष भर के लिए पाँवों में पड़े उस लड़के और चुपचाप खड़े उस घोड़े को देखा; दोनों की आकृतियों पर कुछ ऐसी निरीहता थी कि वह बिना दूसरा शब्द कहे, लगाम थाम कर उस पर जा चढ़ा। और वह घोड़ा, जो लगता था कि जाने अब आगे चलेगा भी या नहीं, एकदम दौड़ पड़ा।

''वार-वार...वार-वार!'' लड़का उसके पीछे भागता हुआ बोला और घोड़ा मन्थर गति से चलने लगा। पर इतने ही में वह आगे जाने वाले लोगों के साथ जा मिला था।

हसनदीन ने अपने बोझ को एक बार फिर ठीक किया और कदम बढ़ा कर चल पड़ा।

'जो आता है, गुलमर्ग के बाद पहलगाम जाता है और गुलमर्ग में दो दिन रहता है तो पहलगाम में दो महीने,' हसनदीन ने सोचा, 'पहलगाम के साईसों और किसानों की चाँदी है। गुलमर्ग जिन लोगों के लिए बना था, जो यहाँ की सर्दी में अपने देश की गर्मी पाते थे, वे लोग तो सात समन्दर पार चले गये। अब आते हैं यहाँ हिन्दुस्तानी, जिन्हें गुलमर्ग में खाँसी-जुकाम हो जाता है। यहाँ की ठण्डी, पाकीज़ा हवा से जिन्हें निमोनिया का डर रहता है...'

'लेकिन उनका भी क्या कसूर है,' उसके विचारों ने पलटा खाया। 'गुलमर्ग में है ही क्या! एक ढब की दुकान नहीं, ढब का होटल नहीं, ढब का बाज़ार नहीं। न डॉक्टर, न हस्पताल। कोई रहना भी चाहे तो क्योंकर। नीडो होटल है, पर सभी तो नीडो में नहीं जा

सकते। रहा पहलगाम, तो उसकी क्या बात है! दसियों जगह तो वहाँ से रास्ते जाते हैं। चन्दनवाड़ी, शेषनाग और अमरनाथ को वहाँ से लोग जायें; आड़ू, लिद्दर-वट और कोलोहाई को वहाँ से लोग जायें; तार-सर, मार-सर, दूध-सर और तुलियन झीलों को वहाँ से लोग जायें। फिर लिद्दर का किनारा - लोग वहीं ख़ेमों में रहें, नहायें, वहीं कपड़े धोयें - गुलमर्ग अंग्रेज़ों का बहिश्त था तो पहलगाम हिन्दुस्तानियों की जन्नत है। शेरे-कश्मीर की कोशिशों से जब कश्मीर में अमन हुआ और विज़िटर आने लगे और उसने सुना कि तीन हज़ार आदमी अमरनाथ की यात्रा को गये तो उसने सोचा था कि अगले साल वह अपने घोड़े ले कर पहलगाम चला जायेगा। अमरनाथ की यात्रा शुरू हुई है तो अगले साल पाँच हज़ार लोग जायेंगे। वह सीज़न भर कमा कर घर जायेगा। लेकिन दूसरे सीज़न के शुरू में जब उसने अपना इरादा ज़ाहिर किया था तो उसकी बूढ़ी अम्मा ने रोड़ा अटका दिया - 'ख़ुदा मछली को पानी में पैदा करता है, तो वहीं उसे ख़ूराक देता है। उसने हमे परेज़पुर में पैदा किया है तो यहीं खाने को भी देगा, अगर सभी घोड़वान पहलगाम चले जायें तो वहाँ भी भूखों ही मरेंगे, पहलगाम में अमरनाथ है तो गुलमर्ग में 'बाबा रिशी' है और 'बाबा रिशी' की शोहरत अमरनाथ से कम नहीं। दुआ माँग कि अमन कायम रहे और विज़िटर आयें, कहीं दूसरी जगह जाने की ज़रूरत नहीं रहेगी। नीचे विज़िटर आने लगे हैं तो गुलमर्ग देखने ज़रूर आयेंगे। कोई श्रीनगर आये और गुलमर्ग न आये ? अच्छा है, दो-दो, चार-चार दिन रहें। रोज़ आयें-जायें, रोज़ सवारी मिले। घर की सूखी बाहर की चुपड़ी से भली है।'

और वह यहीं रह गया था। माँ की बात सच निकली थी। पिछले दो साल से सीज़न कुछ भरने लगा था और इसी साल बख़्शी साहब ने उजड़े गुलमर्ग में दो सरकारी दुकानें खुलवा दी थीं। फिर बात इतनी ही न थी। उसकी खेती भी थी। अखरोट और ख़ूबानी और आड़ू के पेड़ भी थे। उन्हें पेड़ों से उतारना और बाज़ार में बेचना औरतों का काम न था। यह ठीक है कि उसका भाई खेती देखता था, पर अकेले का वह काम न था।

उसके सामने पिछले कुछ बरस घूम गये, जब कबाइलियों के हमले के कारण कश्मीर में विज़िटर न आने के बराबर आये थे और उसके परिवार ने इन्हीं पेड़ों की बदौलत अपना पेट भरा था। कपड़े के बिना चल सकता है, पर पेट के दोज़ख़ को तो ईंधन चाहिए। अखरोट और ख़ूबानी और आड़ू खा-खा कर उन्होंने दिन काटे थे।

लेकिन अब तो हिन्दुस्तान से चावल और गेहूँ और अनाज आने लगा था और कश्मीर की चीज़ों के बाहर जाने पर बन्दिश लग गयी थी। एक पैसे की सब्ज़ी या दाल या मकई या चावल बाहर न जा सकते थे और उनके पेड़ ख़ूब फल रहे थे। पिछले साल उन्होंने पच्चीस रुपये के अखरोट बेचे थे। इस साल तो पचास रुपये भर के अखरोट उतरेंगे। लकड़ी के अनगढ़ सन्दूक अखरोटों से भरे हुए थे। बीस-तीस रुपये दूसरे फलों के कमा लेना बड़ी बात नहीं। अगर यह सीज़न लग जाये और यदि वह सब ख़र्च निकाल कर दो-तीन सौ रुपया बचा ले तो सौ रुपया सर्दियों के लिए अलग करके वह इसी साल ईदू का विवाह कर दे!...

अचानक उसके कानों में अपना नाम पड़ा। खन्ना साहब उसे पुकार रहे थे। घोड़ा एकदम रुक कर किनारे की झाड़ियों में मुँह मार रहा था और खन्ना साहब बेतहाशा लगाम खींच रहे थे और उनकी डरी हुई आवाज़ सुनायी पड़ रही थी - "हसनदीन-हसनदी-ी-ी-न!"

"साब, तुम गिरेगा नहीं, घोड़ा नीचे को झुके तो तुम पीछे को तन जाओ।" वह दूर से चिल्लाया।

"पीछे को तन जायें, लेकिन तुम साथ-साथ क्यों नहीं चलते ?" खन्ना साहब चिल्लाये, "वो देखो, सब लोग कहाँ चले गये। यह कैसा घोड़ा है, जो चलते-चलते बीच में रुक जाता है। और तुम कहते थे - लगाम छोड़ दो तो सीधा अलपत्थर ले जायेगा।"

"साब, एकदम असील जानवर है। मगर जानवर है, आदमी नहीं। घास-पत्ती में मुँह मार देता है। साब, ज़रा एड़ी लगायें तो सरपट चले।"

और उसने हाथ की पतली-सी टहनी उठायी और खन्ना साहब ने एड़ लगायी। घोड़ा उछल कर चला तो खन्ना साहब ने बेतहाशा लगाम खींची और हसनदीन चिल्लाया - "वार-वार....वार-वार!"

घोड़ा धीमा पड़ा। खन्ना साहब की साँस इतने ही में फूल गयी। "वो लोग देखो, कितनी दूर चले गये और यह घोड़ा तुम्हारे साथ ही चलता है, तुम्हारे बिना तो चलता ही नहीं।"

"साब, घबराओ नहीं, हम पहुँच गया है। बस इसी चढ़ाई के बाद गुलमर्ग का मैदान है। हमारी पीठ पर बोझ है, नहीं हम साब का लगाम हाथ में ले कर चलता।"

और बढ़ कर उसने घोड़े की लगाम हाथ में ले ली।

चढ़ाई पार करते ही खन्ना साहब ने क्षण भर के लिए हसनदीन को गहरी झील के बाँध सरीखी उस सरकुलर रोड पर रुक जाने को कहा। सामने धानी घास की विशाल हरी तश्तरी-सा गुलमर्ग का मैदान फैला था। तश्तरी के पेंदे की इमारत तथा दूर, दायीं ओर लकड़ी के मकानों की एक-सी पंक्ति इस तश्तरी की विशालता को और भी बढ़ा रही थी।

"ख़ालसा होटल कहाँ है?"

हसनदीन ने तश्तरी के पेंदे में जूठन-सी लगी उस इमारत की ओर संकेत कर दिया।

लेकिन दूसरे क्षण खन्ना साहब की निगाह बिलकुल निकट ही बायीं ओर के बैरक-ऐसे मकान की ओर खिंच गयी, जिसकी छोटी-सी बगिया में चादर-सा चौड़ा, उथला, पर समतल नाला बह रहा था। उसके किनारे तिपाइयाँ और कुर्सियाँ लगाये लोग बैठे थे और ऊपर एक बड़ा-सा बोर्ड टँगा था - 'गुलमर्ग होटल।'

"साब, एकदम सस्ता होटल है। कुक इसका दिल्ली में काम कर चुका है। खाना साब को ख़ालसा होटल से अच्छा मिलेगा।" खन्ना साहब की निगाह का अनुसरण करते हुए हसनदीन ने जल्दी-जल्दी कहा।

"हम ख़ालसा होटल उतरेंगे," खन्ना साहब बोले। लेकिन उन्होंने देखा कि उनकी बीवी और बच्चा होटल के गेट के पास रुके हैं और कुली बिस्तरों को होटल की, घोड़ों के कद जितनी ऊँची, चार-दीवारी से टिकाये, बीड़ी पी रहे हैं और दूसरी पार्टी के आदमी अन्दर चले गये हैं और होटल के बरामदे में खड़े शायद कमरे तय कर रहे हैं। उन्होंने हसनदीन से चलने को कहा और वे सरकुलर रोड से नीचे उतरे।

"यह तो बड़ी सुन्दर जगह है," उनकी पत्नी ने उनके निकट आने पर कहा।

"सुन्दर है तो मँहगी भी होगी," खन्ना साहब बोले, "हमें पहले ख़ालसा होटल जा कर वहाँ कमरों का रेट ले लेना चाहिए।"

"साब, आपको सिर्फ़ एक दिन को रहना है..." हसनदीन ने कहना चाहा।

"चाहे एक घण्टे के लिए रहना हो! जब पैसा देना तो पैसे का दाम लेना।" उन्होंने किंचित चिढ़ कर उसकी ओर देखा, फिर बोले, "यों हम हज़ारों ख़र्च करते हैं, लेकिन जो ख़र्च करते हैं, उसका दाम भी वसूल करते हैं। यह बात तुम्हारी समझ में नहीं आ सकती।"

और सचमुच यह बात हसनदीन की समझ में नहीं आयी।

लेकिन खन्ना साहब आगे नहीं बढ़े। हुआ यह कि कमरा तय करके अधेड़ आयु के वे व्यक्ति बाहर आये और उन्होंने कुलियों से सामान अन्दर ले चलने को कहा।

"क्यों साहब, यहीं तय कर लिया।" खन्ना साहब ने पूछा।

"जी हाँ , यह ऊषा बाबा ऋषि जाना चाहती है। अगर वहाँ चलना है तो कुछ खाना-वाना तैयार कराना होगा। हम लोगों के रहने लायक यही दो होटल हैं और यह ख़ालसा होटल से मँहगा नहीं।"

खन्ना साहब होटल के सामने निरन्तर सरकती चादर-से बहते उस झरने को देख रहे थे। उन्हें शायद वह बड़ा अच्छा लग रहा था। तो भी उन्होंने कहा, "हमने सुना है, बाज़ार में भी कुछ रिहाइश का प्रबन्ध है।"

"दो-एक सिक्खों के ढाबे हैं।" वे बोले, "नीचे के ढाबे का धुआँ ऊपर कमरे में भर जाता है। बटोत के ढाबे-नुमा होटलों की तरह! मैं तो बटोत में भी रेस्टहाउस के ख़ेमे में रहा था। हमारे लिए वहाँ रात काटना मुश्किल है। फिर ऊषा आज बाबा ऋषि देखना

चाहती है। दिन भर यदि कमरा देखने ही में बिता देंगे तो वहाँ कब जायेंगे ?''

और वे कुलियों के पीछे-पीछे चल दिये।

खन्ना साहब दुविधा में रुके रहे। फिर उन्होंने हसनदीन से कहा, ''बाबा ऋषि तो हम भी जाना चाहते हैं, लेकिन बिना दूसरे होटल देखे हम यहाँ नहीं ठहरना चाहते!''

''साब, घोड़ा यहीं छोड़ कर तुम कमरा देख लो।'' हसनदीन ने उत्तर दिया, ''ख़ालसा होटल से मँहगा नहीं। पसन्द न आया तो ख़ालसा होटल चलेगा।''

मन में उसने दुआ की - 'या ख़ुदा, इन्हें यहीं ठहरा! यहाँ ठहरेंगे तो शायद अलपत्थर तक जायें, नहीं शायद दोनाला भी न जायें।'

खन्ना साहब को उसकी बात पसन्द आयी। बीवी और बच्चे को घोड़ों पर बैठे रहने का आदेश दे कर वे हसनदीन की मदद से नीचे उतरे और होटल के गेट के अन्दर बढ़े। हसनदीन ने कम्बल की गाँठ खोल कर अटैची-केस और हैण्ड-बैग को होटल की चारदीवारी के साथ टिका दिया और कम्बल को लपेटता हुआ खन्ना साहब के पीछे भागा।

बड़ी छोटी-सी बगिया में से होते, नाले पर बने छोटे-से लकड़ी के पुल को पार करते और एक दृष्टि नाले की उथली, लेकिन समतल तह मे बिखरी बजरी पर डालते हुए, जिसके कारण वह सरकती चादर-सा लगता था, दोनों होटल के बरामदे में गये, और हसनदीन भाग कर बैरे को बुला लाया।

नाले के पार सामने बरामदे ही में तीन और चार नम्बर के कमरे ख़ाली थे। खन्ना साहब ने पहले तीन नम्बर का कमरा देखा - लकड़ी के फ़र्श पर मैली-सी दरी बिछी थी और अँगीठी के नीचे चारपाई पड़ी थी। एक चारपाई इधर दीवार से लगी थी। एक छोटी-सी मेज़-कुर्सी भी थी। कमरा बहुत बड़ा नहीं था। बाथरूम साथ ही था। उस्का भी फ़र्श लकड़ी का था। बाहर के कमरे से वह बड़ा था अथवा ख़ाली था, इसलिए बड़ा लगता था।

चार नम्बर का कमरा और बाथरूम, दोनों छोटे थे। चारपाई वहाँ एक ही आ सकती थी। तीन नम्बर का चार और चार नम्बर का तीन रुपया दैनिक किराया होटल के बैरे ने बताया।

खन्ना साहब आश्वस्त हुए, कयोंकि उनके मित्र ने श्रीनगर में यही बताया था कि ख़ालसा होटल में कमरा तीन-चार रुपये रोज़ पर मिल जायेगा। किन्तु मुँहमाँगे दाम दे देना उनकी कारोबारी वृत्ति को स्वीकार नहीं था, इसलिए उन्होंने चार रुपये वाले के दो और तीन रुपये वाले का एक रुपया कहा -

बैरे ने कुछ उत्तर नहीं दिया - हिकारत की एक दृष्टि उन पर डालता हुआ वह चला गया -

'यह कैसी धनी सवारी है?' क्षण भर को हसनदीन के मन में कौंधा। लेकिन दूसरे क्षण उसने मन को समझाया कि अंग्रेज़ों का समय नहीं रहा, हिन्दुस्तान आज़ाद हो गया तो क्या हुआ, हिन्दुस्तानियों की दास-वृत्ति तो नहीं गयी। 'बड़े-से-बड़ा अमीर आदमी भी भाव-ताव करना नहीं भूलता।' यह बात वह पिछले दो-तीन वर्षों के अनुभव ही से जान

गया था। इसलिए उनकी इस बात को नज़रन्दाज़ करते हुए उसने उन्हें समझाया कि चाहे वे घण्टों सारे गुलमर्ग में मारे-मारे फिरें, इस किराये पर उन्हें कमरा नहीं मिलेगा। ढाबे के ऊपर शायद दो रुपये में मिल जाये, पर वहाँ रहने पर मेम साब और बच्चे को तकलीफ़ होगी। बाथरूम वहाँ है नहीं और सख़्त सर्दी में बाहर जाना पड़ेगा।

"साब, मैं उसको बोलता हूँ। शायद वो चार के बदले तीन और तीन के बदले दो मान जाये।" उसने खन्ना साहब से कहा।

बैरे की उस हिकारत-भरी नज़र से खन्ना साहब स्वयं सकपका गये थे, इसलिए जब हसनदीन ने उन्हें समझाया तो वे तत्काल मान गये।

यों सेठ को मना कर हसनदीन बैरे के पास गया और उसने उसे मना लिया।

"किस कमरे में सामान रखेगा साब?" आ कर उसने खन्ना साहब से पूछा।

"चार नम्बर में!"

"साब, उसमें तो एक ही पलँग है। मेम साब और बच्चा को तकलीफ़ होगा।" हसनदीन की आँख में आश्चर्य का जो भाव था, वह उनसे छिपा नहीं रहा। बरामदे से एक कुर्सी घसीट कर नाले के किनारे रखते और उस पर पसरते हुए बड़ी बेपरवाही से उन्होंने कहा, "अरे भाई, हमको पलँग-वलँग की क्या ज़रूरत है। पहाड़ पर आने को हम लम्बी पिकनिक समझते हैं। हम पहाड़ पर जाते हैं तो हमेशा ज़मीन पर सोते हैं।"

"पर साब, यहाँ ठण्ड है, बच्चा को सर्दी लग जायेगा।"

खन्ना साहब उससे हज़ारों रुपया ख़र्च करने की बात कह चुके थे। तभी वहाँ बैरा भी आ गया, उसकी आँखों में उनके प्रति जो घृणा का भाव था, उसे वे झुठला देना चाहते थे, इसलिए उसी शाहाना बेपरवाही से उन्होंने कहा, "अरे भाई, तो तीन नम्बर का ले लो। क्या फ़र्क पड़ता है! मेम साहब और बच्चे को जा कर ले आओ! हम यहीं बैठते हैं।"

हसनदीन बैरे से बात पक्की कर, बाहर भाग गया और दूसरे क्षण खन्ना साहब की श्रीमती बच्चे के साथ सामान के आगे-आगे आ गयीं।

"तीन नम्बर का कमरा लिया है।" खन्ना साहब ने वहीं बैठे-बैठे कहा और ज़ोर से अँगड़ाई ली।

अपने साम्राज्य में प्रवेश करने वाली साम्राज्ञी की तरह खन्ना साहब की बीवी उस कमरे में दाख़िल हुई और उसने हसनदीन को आदेश दिया कि वह कुलियों से सामान उतरवाये। फिर वह खट-खट करती बाहर आयी और उसने खन्ना साहब से पूछा :

"कितना किराया है रोज़ का?"

"तीन रुपये।"

"सस्ता नहीं था ?"

"चार नम्बर का कमरा दो रुपये में मिलता था, लेकिन वहाँ दो चारपाइयाँ नही आ सकतीं। ज़मीन पर सोना पड़ता।"

"सो लेते। पहाड़ पर आ कर भी चारपाइयों पर सोये तो सैर का क्या मज़ा रहा!"

"यहाँ ज़्यादा ठण्ड है और फिर बच्चा साथ है, रिस्क नहीं लेना चाहिए।" और यह कहते हुए उन्होंने बरामदे की तरफ़ देखा कि कहीं हसनदीन ने उनकी बातें तो नहीं सुन लीं।

खन्ना साहब की बीवी वापस चली गयी और वे नाले की उस फिसलती-सी चादर को देखने लगे। दूसरे क्षण उनका बच्चा उनके पास आ बैठा।

कुली सामान कमरे में छोड़, और मेम साहब के आदेशानुसार बिस्तर खोल कर और उन्हें चारपाइयों पर बिछा कर आ गये थे। खन्ना साहब ने उन्हें विदा किया। हसनदीन ज़रा अन्तर पर चुपचाप आ खड़ा हुआ कि साहब उधर ध्यान दें तो बाबा ऋषि का प्रोग्राम तय करे।

"पापो जी, यहाँ फ़ोटो नहीं लेंगे?" बच्चे ने कहा।

"ज़रूर लेंगे!" पापो जी बोले, "ज़रा तुम्हारी मम्मी आ जाये।" बच्चा उठा और उन अधेड़ आयु वाले साहब से जा मिला, जो बरामदे के अपने कमरे के बाहर खड़े थे। उन्हें घसीटता हुआ वह अपने पापा के पास ले आया।

"आइए साहब, आइए बैठिए!"

और खन्ना साहब दूसरी कुर्सी घसीट कर वहाँ ले आये।

तब बातों-बातों में मालूम हुआ कि उन अधेड़ उम्र वाले व्यक्ति का नाम ज्ञानचन्द्र उप्पल है। दिल्ली के एक कॉलेज में प्रोफ़ेसर हैं। साथ में उनकी भतीजी है (खन्ना साहब ने उसे उनकी बुढ़ापे की नयी-ब्याही पत्नी समझा था, क्योंकि उसकी आयु तीस-बत्तीस की ज़रूर थी), बी० ए० है, उसकी तबीयत कुछ ख़राब हो गयी थी, इसलिए उसे ले आये हैं।

खन्ना साहब ने अपना परिचय दिया और पूछा, कौन-सा सबजेक्ट पढ़ाते हैं।

उन्होंने बताया कि उन्होंने इतिहास और अर्थशास्त्र में एम० ए० किया है और अर्थशास्त्र में डॉक्टरेट ली है। पढ़ाते वे अर्थशास्त्र हैं, लेकिन आवश्यकता पड़ने पर इतिहास की कक्षाएँ भी लेते हैं।

"यह लड़का आपका रिश्तेदार है क्या ?"

"नहीं, यह भी कश्मीर देखने आया है। बड़ा भला लड़का है। अकेला था। हमने साथ मिल कर हाउस-बोट ले लिया, इसलिए यह हमारे साथ गुलमर्ग आ गया।..." और कुछ रुक कर उन्होंने पूछा, "आप चल रहे हैं बाबा ऋषि?"

"इरादा तो है।"

"खानाा खा कर चलेंगे या वहाँ चल कर खायेंगे ? सुना है, वहाँ ऋषि की समाधि से ज़रा इधर झरना बहता है। उसी के किनारे खाना खायें! दरी साथ ले चलेंगे।"

" जैसी आपकी इच्छा।"

"तो मैं कुछ सैंडविच तैयार करा लूँ, आप ...."

"हमारी फ़िक्र न कीजिए। अव्वल तो हमने टंगमर्ग में काफ़ी नाश्ता कर लिया था, फिर हम साथ पराँठे लाये हैं..."

श्री उप्पल चले गये। खन्ना साहब ने देखा - हसनदीन उनकी बात सुन रहा है।

उन्होंने अपना रुख़ उसकी ओर मोड़ लिया।

"...ये सैंडविच-फैंडविच हमसे नहीं खाये जाते। कहाँ शुद्ध घी में रचे पराँठे और कहाँ ये मैदे के सैंडविच!" और वे स्वयं हँसे।

हसनदीन ने अंग्रेज़ों को सदा अण्डे या पनीर के सैंडविच पिकनिकों पर साथ ले जाते देखा था। उसे स्वयं भी उन्हें खाने का अवसर मिला था और अपने मोटे चावलों या मकई की रोटी और स्च्येरु के मुकाबले में वे उसे अच्छे भी लगे थे, लेकिन खन्ना साहब को हँसते देख कर वह भी समर्थन के रूप में हँस दिया। मन-ही-मन उसने बाबा ऋषि के हुज़ूर में सिर झुकाया, जिन्होंने उसके मन की मुराद पूरी की थी, फिर वह बाहर ईदू और ममदू को यह ख़बर देने चला गया कि साहब अभी बाबा ऋषि देखने चलेंगे।

जब वे लोग बाबा ऋषि के लिए चलने लगे तो उप्पल साहब ने सहसा ऊषा से कहा कि एक दरी ले ले।

"साब, तुम भी एक दरी ले लो।" हसनदीन ने खन्ना साहब को सुझाया।

"क्यों ?"

"साब, बैठने को, खाना-वग़ैरा खाने को, मेम साब और बच्चा के आराम करने को।"

"वहाँ क्या घास नहीं है ?"

"है साब।"

"तो फिर चलो! इन नज़ाकतों और नफ़ासतों के हम कायल नहीं - घर में चाहे गद्दों और गदेलों पर सोओ, वक्त आने पर सूखी धरती पर सोने में मत झिझको - अपने बच्चे को मैं यही सिखाता हूँ।"

उप्पल साहब और उनकी पार्टी आगे निकल गयी थी। अपनी बीवी और बच्चे को घोड़ों पर सवार करके खन्ना साहब स्वयं भी हसनदीन की मदद से घोड़े पर सवार हुए।

कुछ दूर मैदान में चल कर वे बाज़ार के इस किनारे से पीछे की ओर को, कुछ ऊपर की तरफ़ बढ़े। हसनदीन ने उन्हें बायीं ओर दुकानों के खँडहर बताये, जिन्हें कबाइलियों ने लूट कर जला दिया था और फिर दो-तीन वर्षों की निरन्तर बर्फ़बारी ने ढा दिया था।

"पहले क्या बर्फ़ नहीं पड़ती थी ?" खन्ना साहब ने पूछा।

"ख़ूब पड़ता था साब, पर हटा दिया जाता था। लेकिन जब गुलमर्ग लुट गया और लड़ाई शुरू हो गया, विज़िटर लोग आना बन्द हो गया तो ये सब दुकान अपने-आप ढह गया।"

और हसनदीन के सामने वे दिन घूम गये, जब कबाइलियों की सेना का एक हिस्सा बारामूला से श्रीनगर को जाता हुआ गुलमर्ग को मुड़ आया था। टंगमर्ग और गुलमर्ग पर उन्होंने अधिकार कर लिया था और गुलमर्ग और टंगमर्ग की लूट से पाँच सौ ट्रक भर कर साथ ले गये थे।

उस सूने खँडहर बाज़ार की समाप्ति पर एक रास्ता नीचे की ओर बाबा ऋषि को जाता था। खन्ना साहब ने हसनदीन से कहा कि वह लगाम थाम कर उनके साथ-साथ चले और उन्होंने आवाज़ दे कर ईदू और ममदे से भी कहा कि वे घोड़ों को थाम कर चलें।

"साब, कुछ फ़िकिर नहां: ढलान पर घोड़ा उतरे तो पीछे तन कर बैठो।"

खन्नाा साहब पीछे की तन कर बैठ गये, पर हसनदीन ने आगे बढ़ कर लगाम थाम ली।

तब जाने क्यों खन्ना साहब ने फिर वही सैंडविचों वाली बात चला दी। बोले- "हम लोग दिल्ली में जब पिकनिक पर जाते हैं तो मालूम है, क्या साथ ले जाते हैं?"

क्षण भर वे हसनदीन का उत्तर सुनने को रुके।

जब हसनदीन एक बार उनकी ओर देख कर, बिना उत्तर दिये उसी तरह घोड़े की लगाम थामे चलता रहा तो खन्ना साहब सोल्लास बोले, "सैंडविच-फैंडविच, जैम-फैम नहीं, आलू-मूली के पराँठे और बढ़िया जमा हुआ दही या फिर शलजम और गोभी का अचार! ख़ूब घूमने-फिरने और धमा-चौकड़ी मचाने के बाद अचार या दही के साथ आलू के पराँठे खाने का मज़ा खाने वाले ही जान सकते हैं।"

और जैसे खन्ना साहब कल्पना ही में वह स्वाद लेने लगे। कुछ क्षण तक चुपचाप, पीछे को तने, घोड़े पर बैठे चलते रहे, फिर बोले, "लेकिन आज के ये बेचारे आधे साहब, आधे हिन्दुस्तानी लोग करें भी क्या! उन पराँठों को हज़म करने के लिए आँतें भी तो मज़बूत चाहिएँ। पंजाबी खाने को पंजाबी ही पचा सकते हैं।"

हसनदीन बहुत-से ऐसे पंजाबी साहबों को जानता था, जो अंग्रेज़ों के ज़माने में भी गुलमर्ग आते थे और रहन-सहन में, खाने-पीने में किसी तरह अंग्रेज़ों से कम न थे। "साब, इधर तो पंजाबी लोग भी अंग्रेज़ के माफ़िक खाना खाता और कपड़े पहनता है।" सहसा उसने पलट कर कहा।

"अब पहनने को तो हमीं पेंट-कोट पहन लेते हैं," खन्ना साहब बोले, "लेकिन खाना तो भाई, हम अपना ही खाते हैं। यह उबला हुआ गोश्त और सब्ज़ी, तरकारियाँ बिना नमक-मिर्च और मसाले की, यह भी कोई आदमियों का खाना है! कहाँ रोस्ट मटन और कोल्ड मटन और कहाँ कोरमा और रोग़नजोश! कहाँ डबल रोटी की स्लाइसें और कहाँ घी में रचे हुए पराँठे और फिर भाई, यह पेंट-कोट भी हम बाहर ही पहनते हैं। यहाँ घोड़ों पर

जगह-जगह घूमना पड़ता है, इसके लिए यही लिबास अच्छा है। लेकिन नीचे तो हम सिवाय तहमद के और कुछ नहीं पहनते। जो मज़ा लम्बे कुर्ते और तहमद में है, वह साला इन कोट-पैंटों में क्या होगा ? गले में सिल्क का लम्बा कुर्ता, कमर में सिल्क का तहमद और पाँव में कमालिये का जूता - लगता है, जैसे आदमी को पंख लग गये हों - पंजाबियों की सेहत का राज़ इसी खुले खाने-पीने और खुले रहन-सहन में है।''

अब हसनदीन को कहने के लिए कुछ बात मिली, हँसते हुए बोला, ''हाँ साब, पंजाबी लोग का क्या बात है, ख़ूब खाने-पीने और मौज उड़ाने वाला आदमी है। पाँच-छै साल पहले का बात है, एक पंजाबी साब हर साल गुलमर्ग आता था। यहीं नीडो में ठहरता था। आते ही हमको ख़बर देता था कि हसनदीन अपना घोड़ा ले कर आओ। वह हमारे घोड़े के सिवा किसी दूसरे पर चढ़ता नहीं था। एक बार साब, हम उसको अलपत्थर ले गया। ऊपर अफ़राबट पर तूफ़ान आ गया। बर्फ़-गाड़ी कोई थी नहीं। साब हम नीचे मोमजामा बिछा कर आगे बैठा, साब को हमने पीछे बैठाया और हम बर्फ़-गाड़ी की तरह फिसलता साब को नीचे ले आया। साब इतना ख़ुश हुआ कि उसने हमको दस रुपया इनाम दिया। बख़शीश देने में किसी अंग्रेज़ से कम नहीं था।''

''अरे, पंजाबियों की क्या बात है,'' खन्ना साहब ने दायें हाथ से हवा को चीरते हुए कहा, ''दिल के तो दरिया होते हैं, दरिया।'' और उन्होंने अपनी एक दरिया-दिली का किस्सा सुनाना शुरू किया कि किस तरह पिछले इतवार उन्होंने डल की सैर करने के लिए दिन भर को एक शिकारा लिया, शालामार, निशात, चश्माशाही देखते हुए वापसी पर नेहरू पार्क में रुक कर अमीरा कदल आने का प्रोग्राम था। वहीं एक हाउस-बोट में वे ठहरे थे। शिकारे वाला तेरह रुपये माँगता था, दस रुपये में फ़ैसला हुआ। लेकिन जब वे वापस आये तो उन्होंने उसको पन्द्रह रुपये दिये।

और यह किस्सा बताते हुए उनके चेहरे पर एक अलौकिक उल्लास और आभा झलक उठी।

''लेकिन वो पंजाबी साब क भी मोल-भाव नहीं करता था।'' हसनदीन ने घोड़े को एक नाले से बचा कर निकालते हुए कहा।

क्षण भर को खन्ना साहब के चेहरे का उल्लास हवा हो गया। लेकिन जब घोड़ा सहज भाव से उस नाले को लाँघ गया तो वे बोले, ''हम भाई, कारोबारी आदमी हैं। मोल-भाव किये बिना तो हम एक कदम नहीं चल सकते और हमारा विश्वास है कि हिसाब माँ-बेटी का और बख़शीश लाख टके की!''

और जैसे इस बात से उन्होंने हसनदीन की बात को काट दिया हो, वे फिर ख़ुशी से फूल उठे। हसनदीन ने भी उनकी 'हाँ' में 'हाँ' मिलायी, ''हाँ साब, यह बात तुम ख़ूब बोला है, हम भी इसको मानता है।''

और खन्ना साहब ख़ुश हो कर अपने दादा का किस्सा सुनाने लगे कि वे कितने उदार-दिल थे। कौड़ी-कौड़ी जोड़ कर उन्होंने लाखों रुपये पैदा किये, भारी कारोबार फैलाया,

लेकिन एक दिन बात आ पड़ने पर उन्होंने सारी ज़िन्दगी की कमाई पलक झपकते दान कर दी।

हसनदीन की उत्सुकता ऐसे हातिमताई की कहानी सुनने को बढ़ रही थी कि सहसा खन्ना साहब ने देखा, उनके बच्चे का घोड़ा दौड़ने लगा है और कुक्कू लगामें खींचने की बजाय उन्हें ढीली छोड़े, घोड़े को एड़ लगा रहा है और वे भयातुर हो कर चिल्ला पड़े और यद्यपि हसनदीन ने उन्हें विश्वास दिलाया कि घोड़ा गिरायेगा नहीं, लेकिन खन्ना साहब ने उसे घोड़े के पीछे भगा दिया कि उसे रोके और ईदू को हिदायत दे कि घोड़े की लगाम न छोड़े।

बाबा पामदीन की समाधि पर पहुँच कर हसनदीन ने छोटे-से बाज़ार के सिरे पर घोड़े रोक दिये और खन्ना साहब को सहारा दे कर उतारा और संकेत करते हुए कहा, "साब, रिशी का ज़यारतगाह उस तरफ़ है। घोड़ा यहीं तुम्हारा इन्तज़ार करेगा। पहले तुम रिशी का दर्शन करेगा या लंच खायेगा ? तुम्हारा साथी लोग तो वो देखो, उधर जा रहा है। ढलान पर शायद आराम करेगा।"

"नहीं, हम लोग पहले बाबा ऋषि के दर्शन करेंगे।" खन्ना साहब ने उत्तर दिया।

लेकिन उनका लड़का घोड़े से उतरते ही भाग कर एक दुकान पर पहुँच गया था और हरे मनकों की माला लेने के लिए शोर मचा रहा था।

खन्ना साहब और उनके पीछे-पीछे हसनदीन दुकान पर पहुँचे -

"अरे, यह तो लड़कियों की माला है। तुम लड़के हो या लड़की ?" खन्ना साहब ने बच्चे को खींचते हुए कहा।

छोटा-सा बाज़ार था। दो-तीन दुकानें थी, जिनमें कश्मीरियों की ज़रूरत का सामान था - चावल, आटा, दाल, राजमाश, स्च्येरु, नान, दूध-रोटी, लवास, हरी चाय, बीड़ी, चार मीनार और सस्ते सिगरेटों की डिब्बियाँ, दियासलाइयाँ, कुछ सस्ते कपड़े, टोपियाँ, इत्यादि... विज़िटरों के लिए तो सिवा रंगीन पत्थरों की मालाओं और चाँदी के दिखायी देने वाले, पर वास्तव में गिलट के गहनों के अतिरिक्त कुछ न था।

"अरे साब, ले दो बच्चा को माला!" हसनदीन ने पीछे से कहा।

खन्ना साहब ने एक खोखला ठहाका लगाया, "लो देखो कुक्कू, हसनदीन तुम्हें लड़की बनाने को कहता है।"

पर तब लड़का कुल्ले-ऐसी कश्मीरी टोपी लेने की ज़िद करने लगा।

खन्ना साहब और भी ज़ोर से हँसे, ''यह तो कश्मीरी साईसों की टोपी है। यह देखो हसनदीन ने पहन रखी है।। तुम क्या हातो बनोगे ?''

तभी श्रीमती खन्ना ने पीछे से आ कर लड़के का हाथ खींचा –

''चलो, पहले ही देर हो गयी है। बाबा ऋषि के दर्शन कर खाना खायेंगे, फिर जो चाहो, ले देंगे!''

उनकी बीवी बच्चे का हाथ पकड़े आगे-आगे चली तो खन्ना साहब भी हँसते हुए पीछे चले। बच्चा ज़िद कर रहा था और उनकी बीवी समझाती हुई उसे बरबस लिये जा रही थी और हसनदीन सोच रहा था – 'अगर साब बच्चे को टोपी ले देता तो क्या बिगड़ जाता ? क्या माला पहनने से वो लड़की और टोपी पहनने से साईस बन जायेगा ? यह साब कैसा है, जो आठ आने-रुपये के लिए बच्चा को रुला रहा है...'

''हसनदीन, चलो तुम आगे-आगे!'' सहसा खन्ना साहब ने उसकी विचार-धारा तोड़ते हुए कहा।

ईदू और ममदे को वहीं आराम करने के लिए कह कर वह उनके आगे-आगे हो लिया।

बाबा ऋषि की समाधि बाज़ार से ज़रा दूर थी। बीच में बाहर से आने वाले श्रद्धालुओं और ज़यारतगाह के ख़िदमतगारों के लिए कोठरियाँ बनी हुई थीं। उस वक्त भी वहाँ कोई कश्मीरी परिवार उतरा हुआ था। कोठरियों के बाहर खुले में देग चढ़ी थी और उसके इर्द-गिर्द कश्मीरी औरतों का झुण्ड बाबा ऋषि की स्तुति के गीत गा रहा था। हसनदीन उनके पास से निकलता हुआ खन्ना साहब को समाधि तक ले गया।

''इसकी छत शाह हमदान के मकबरे जैसे बनी है।'' मकबरे के बाहर क्षण भर को रुक कर खन्ना साहब ने अपनी बीवी को समझाया।

मकबरे के छोटे-से दरवाज़े पर रंगीन पर्दा पड़ा था। उनके पहुँचते ही मुजाविर ने पर्दा हटा दिया। अन्दर बड़ा-सा चौकोर कमरा था, जिसके बीचों-बीच बाबा ऋषि की कब्र थी। हसनदीन ने अन्दर प्रवेश करते ही बाबा ऋषि के हुज़ूर में सिर झुकाया। खन्ना साहब, उनकी बीवी तथा बच्चे ने उसका अनुकरण किया। फिर हसनदीन के पीछे-पीछे उन्होंने परिक्रमा की। ज़यारतगाह लकड़ी की बनी थी और उसकी दीवारों में हवा के लिए बड़ी ख़ूबसूरत झिलमिली जालियाँ बनी थीं। सहसा खन्ना साहब ने रुक कर पूछा –

''हसनदीन, ये झिलमिली में तागे और बाल कैसे बँधे हैं?''

हसनदीन ने उन बँधे हुए तागों और बालों की लटों का महत्व उन्हें समझाया और बोला, ''साब, तुम भी मन्नत मानो, बाबा रिशी ज़रूर-बर-ज़रूर पूरा करेगा।''

तब खन्ना साहब ने तागा और उनकी पत्नी ने बालों की लट झिलमिली में बाँध कर मन्नत मानी। खन्ना साहब ने चाहा कि उन्हें मिलिट्री का ठेका मिल जाये और खन्ना साहब की बीवी ने दूसरे बच्चे की कामना की। कुक्कू दस बरस का था और उसके बाद उसके दूसरा बच्चा न हुआ था।

मन्नत मान कर दोनों ने बाबा के हुज़ूर में सिर नवाया और परिक्रमा पूरी करके बाहर निकल आये।

मुजाविर आशा-भरी निगाहों से उनकी ओर देख रहा था।

"साब, यहाँ कुछ ख़ैरात करना चाहिए।" हसनदीन ने उन्हें सुझाया।

खन्ना साहब ने जेबें टटोलीं। फिर मुजाविर से बोले, "मेरी जेब में रेज़गारी नहीं, दस-दस के नोट हैं। हम बाबा ऋषि की ख़िदमत में फिर हाज़िर होंगे और अगर हमारे मन की मुराद पूरी हो गयी तो बाबा को ख़ूब ख़ुश कर देंगे।" (रिश्वत की इस भाषा के अतिरिक्त वे दूसरी भाषा नहीं जानते थे।)मुजाविर ने हँस कर दुआ दी कि उनके मन की मुराद बर आये और वे फिर वहाँ तशरीफ़ लायें और खन्ना साहब और उनकी देखा-देखी उनके बीवी-बच्चे ने हाथ जोड़े और वे वापस फिरे।

खन्ना साहब ने अपनी पत्नी को अंग्रेज़ी में समझाया कि जब तक मुराद पूरी न हो जाये, वे ख़ैरात करने में विश्वास नहीं रखते और चलते-चलते वे आत्म-तोष से हँस दिये।

लेकिन हसनदीन को बाबा ऋषि की समाधि पर उनका कुछ भी ख़ैरात न करना अच्छा नहीं लगा। वह कहना चाहता था, 'साब, हम एक-दो रुपया दे दें!' पर साब बुरा न मान जाये, इस डर से वह चुप रहा। हाँ, उसने यह कियाकि जेब से दो आने के पैसे निकाल बाबा की चौखट पर रख कर सजदा कर दिया और भाग कर उनसे जा मिला।

बाज़ार के निकट पहुँच कर खन्ना साहब ने कहा, "हसनदीन, अब हम खाना खायेंगे और कुछ आराम करेंगे, तुम भी चाय-वाय पी लो और आराम कर लो। दो घण्टे बाद हम चलेंगे।"

और यह कह कर उन्होंने कैनवस का बैग उठाया।

हसनदीन ने बढ़ कर बैग उनसे ले लिया।

खन्ना साहब आगे चलते हुए बोले, "झरना किधर है ? हम वहीं चलेंगे, ताकि पानी की दिक्कत न हो।"

"पानी का फ़िकिर साब तुम मत करो। पानी हम लायेगा। तुम उधर घास पर बैठो।" फिर खन्ना साहब को तनिक रोक कर उसने कहा, "साब, हमको कुछ मिल जाता तो हम उन लोगों के चाय-पानी का इन्तज़ाम कर देता।"

खन्ना साहब ने बेपरवाही से जेब में हाथ डाला और एक दस का नोट निकाला, "मैं भूल गया रेज़गारी ले कर चलना। मेरे पास दस-दस के नोट हैं, इसीलिए बाबा ऋषि से उधार कर लिया।"

और वे हँसे।

नोट देख कर हसनदीन ने कहा, "साब एक रुपया मिल जाता तो हमारा काम चल जाता।"

खन्ना साहब फिर हँसे। "चलते वक्त मैं नोट तुड़वाना भूल गया।" फिर निमिष भर रुक कर उन्होंने पूछा, "यहाँ कहीं नोट टूट जायेगा?"

"साब दस का नोट यहाँ कौन तोड़ेगा!"

खन्ना साहब ने नाटकीय ढंग से नोट आगे बढ़ाया, "तुम यह ले लो। तुम्हारा तो काफ़ी पैसा हमें देना है।"

हसनदीन चाहता था कि कल खिलनमर्ग भी वे उसी के घोड़े पर जायें। बोला, "नहीं साब, रहने दो! हम अपने पास से ख़र्च कर लेता है। दस रुपया हम क्या करेगा ?"

खन्ना साहब ने नोट तत्काल जेब में रख लिया और बड़ी बेपरवाही से बोले, "हाँ, हाँ, तुम अपने पास से ख़र्च कर लो। फिर हिसाब हो जायेगा।"

"साब, तुम चलो, बैठो। हम उन लोगों को कुछ पैसा दे कर दो मिनट में आता है।"

और हसनदीन भागा। उसने ममदे को आठ आने दिये और कहा कि साहब के पास तो दस का नोट है, अभी कुछ बख़शीश नहीं मिली। ये आठ आने ले कर वह कुछ खाने-पीने का सामान ले आये और वे दोनों चाय बनवा कर पियें, वह साब लोगों को खाना खिला कर आता है।

और वह पलटा।

खन्ना साहब उसकी प्रतीक्षा में रुके थे, उनकी बीवी ज़रा अन्तर पर रुकी, उन दोनों का इन्तज़ार कर रही थी, लेकिन बच्चा भाग कर उप्पल साहब के पास चला गया था।

खन्ना साहब अपनी बीवी के साथ इस तरह चले, जैसे उनका इरादा उप्पल साहब से तनिक फ़ासले पर अड्डा जमाने का हो। तभी उनका बच्चा वहीं से आवाज़ देने लगा, "पापो जी, इधर आइए।"

"इधर आओ, हम इधर बैठेंगे।" उन्होंने कृत्रिम क्रोध से पुकारा।

बच्चा वहीं मचलने लगा। तब उप्पल साहब ने आवाज़ दी, "इधर आ जाइए साहब।"

खन्ना साहब जैसे अनिच्छापूर्वक चले। उप्पल साहब, उनकी भतीजी और वह युवक जैम इत्यादि के डिब्बे खोले खाना खा रहे थे। खन्ना साहब का लड़का निःसंकोच उनके साथ सैंडविच उड़ा रहा था।

"आइए साहब, नोश फ़रमाइए!"

"हम तो पराँठे लाये हैं।"

"पराँठे भी खाइए और ये भी लीजिए। हमारा तो पेट ही ठीक नहीं रहता, नहीं पराँठे कभी मेरी कमज़ोरी रहे हैं। ऊषा आपका साथ देगी।"

और यह कहते हुए उन्होंने बड़े इत्मीनान से एक सैंडविच को जैम लगा कर उसे दाँतों में रखा।

खन्ना साहब ने हसनदीन से बैग ले कर, उसमें से पराँठों का डिब्बा निकाला और एक-एक उन्होंने सबके आगे रखा। उप्पल साहब तो पहले ही अपने आमाशय की शिकायत कर चुके थे, उनकी भतीजी ने बासी पराँठा देख कर ऐसा मुँह बनाया कि उप्पल साहब को आँख से उसे शिष्टता बनाये रखने का संकेत करना पड़ा। उसी संकेत के कारण उस अफ़रीकी युवक ने पराँठे का एक टुकड़ा तोड़ कर मुँह में रख लिया और उसकी प्रशंसा भी की।

''ज़रा दही या शलजम के अचार के साथ खाइए!'' खन्ना साहब प्रसन्न हो कर बोले, ''ज़रा ठण्डे हो गये हैं। गर्म-गर्म तवे से उतरें तो उँगलियाँ तक चाट जाने को जी चाहता है।'' और पराँठों की तारीफ़ करते और ऊषा और उस अफ़रीकी युवक को एक-दो ग्रास और खाने का अनुरोध करते हुए वे बड़े नि:संकोच भाव से सैंडविचों पर हाथ साफ़ करने लगे।

हसनदीन काफ़ी देर से किंचित फ़ासले पर चुपचाप खड़ा यह सब देख रहा था। पराँठों का डिब्बा ख़ाली करके खन्ना साहब ने उसे दिया कि उसे मिट्टी से माँज-धो कर भर लाये।

श्रीमती खन्ना ने कहा कि वे भर लायेंगी। लेकिन खन्ना साहब ने कहा, ''नहीं, वह भर लायेगा, तुम बैठो।'' हसनदीन पानी भर लाया तो बच्चे ने उससे डिब्बा छीन लिया। श्रीमती खन्ना झरना देखने के बहाने उठ गयीं और उन्होंने वहाँ झरने पर जा कर पहले पानी पिया, फिर कुल्ला करके मुँह-हाथ धोया।

जब कुक्कू पानी पी चुका तो खन्ना साहब ने एक ही साँस में डिब्बा ख़ाली कर दिया। पानी ठण्डा था, पर वे ज़्यादा खा गये थे और उन्हें बड़ी प्यास लग आयी थी। एकदम तृप्त हो कर उन्होंने ज़ोर की डकार ली और अधलेटे हो गये। तब उन्होंने प्रोफ़ेसर साहब से पूछा कि वे बाबा ऋषि की समाधि देखने क्यों नहीं गये और उन्होंने हसनदीन से सुने बाबा ऋषि के चमत्कारों की बात सुनायी।

''हमें इन ऋषियों-विशियों में कोई विश्वास नहीं,'' उप्पल साहब बोले, ''ऊषा देखना चाहती थी, फिर जीवानन्द भी (उन्होंने अफ़रीकी युवक की ओर संकेत किया) यह जगह देखना चाहता था, सो हम चले आये। भूख लग आयी थी, इसलिए सोचा पहले पेट-पूजा कर लें, फिर ऋषि-पूजा करेंगे।''

इस पर खन्ना साहब ज़ोर से हँसे, लेकिन हसनदीन ने कानों पर उँगलियाँ रख लीं कि उसे 'बाबा रिशी' की निन्दा न सुननी पड़े।

''कहिए, कल का क्या प्रोग्राम है?'' सहसा खन्ना साहब ने पूछा। हसनदीन चौकन्ना हो गया।

''ऊषा तो कह रही है कल खिलनमर्ग चलने को, पर हमारा तो इरादा आराम करने का है।''

''हम स्वयं कल खिलनमर्ग जाना चाहते हैं। आप लोग साथ चलें तो अलपत्थर की फ़रोज़न लेक भी देख आयें।''

''अंकल, आप ज़रूर चलिए।'' और खन्ना साहब का बच्चा उनके गले से झूल गया। बच्चा इतना प्यारा था कि उप्पल साहब ने उसे सीने से लगा लिया।

''चलिए न अंकल। आप थक जायेंगे तो दोनाले पर बैठ जाइएगा, हम लोग झील देख आयेंगे!'' ऊषा ने कहा।

''नहीं अंकल, मैं आपको अपने साथ ले जाऊँगा, आप चढ़ाई पर मेरी बाँह पकड़

लीजिएगा।'' बच्चे ने उनकी गर्दन से झूलते हुए कहा।

''अच्छा बेटा, चलेंगे।'' और उन्होंने उसे चूम लिया।

'ख़ुदा बड़ा कारसाज़ है!' हसनदीन ने मन-ही-मन ख़ुदा के हुज़ूर में सजदा किया, 'उसने मेरी दुआ कबूल की तो उसे पूरा करने का ज़रिया इस बच्चे को बना दिया।'

खाना खा चुकने के बाद उप्पल साहब तो वहीं लेट गये, ऊषा और जीवानन्द से उन्होंने कहा कि वे जल्दी से बाबा ऋषि की समाधि देख आयें।

तब हसनदीन ने अपने आप को पेश किया कि वह उन्हें दिखा लाता है और खन्ना साहब से बोला, ''साब, अभी खाना खाया है, तुम कुछ देर आराम कर लो। हम इधर इनको बाबा रिशी के दर्शन करा देता है और ज़रा चाय भी पी आता है।''

खन्ना साहब स्वयं कुछ ज़्यादा खा गये थे, वे भी दरी की एक ओर अधलेटे हो गये। उनकी पत्नी बच्चे को दुकान से वही टोपी ले कर देने चल दीं और हसनदीन बड़े उत्साह से ऊषा और जीवनन्द को ले चला।

मन उसका उत्फुल्ल था। बाबा ऋषि के लिए एक असीम श्रद्धा से भरा हुआ था। ख़ुदा और बाबा ऋषि में वह कोई अन्तर न देख पाता था। बाबा ऋषि पहुँचे हुए फ़कीर थे और जन-साधारण की भाषा में 'पहुँचे हुए' का मतलब ख़ुदा को पहुँचे हुए से है और इसीलिए हसनदीन की दृष्टि में बाबा पामदीन और ख़ुदा कोई दो नहीं थे। वह गुलमर्ग की सैर करने के लिए आने वालों को बाबा ऋषि के दर्शन कराना एक कारे-सवाब - पुण्य का काम - समझता था। क्या 'बाबा रिशी' नहीं जानते कि वह पैसा इसीलिए न इकट्ठा करना चाहता है कि वह उनकी मन्नत पूरी करे, इसीलिए तो वे उसकी मदद ख़ुद कर रहे हैं, उसने सोचा और वह दूने उत्साह से ऊषा और जीवनन्द को बाबा ऋषि के कारनामे सुनाने लगा। उसने न केवल उनको समाधि की परिक्रमा करायी, बल्कि वहाँ रखे बड़े-बड़े देगों के बारे में बताया कि कैसे उत्सव के दिनों में ये चढ़ाये जाते हैं और कुर्बानी के कई-कई दुम्बे इनमें पकते हैं। उसने उन्हें बाबा ऋषि के स्मृति-चिन्ह दिखाये और उनसे कहा कि वे खिड़की की झिलमिली में तागा बाँध कर कोई मन्नत मानें।

जीवानन्द लम्बा-छरहरा, हल्के साँवले, किन्तु तीखे नाक-नक्शे वाला युवक था। वह हसनदीन की बातें चुपचाप सुनता आया था। उसने बाबा ऋषि, उनके कृतित्व अथवा उनकी समाधि अथवा मुजाविरों के सम्बन्ध में एक भी प्रश्न न किया था, यद्यपि ऊषा लगातार

चहकती चली आयी थी और हसनदीन बड़े उत्साह से बाबा ऋषि के दर्शनों का माहात्म्य सुनाता और हर प्रश्न का उत्तर देता आया था। जब हसनदीन ने झिलमिली से तागा बाँध कर मन्नत मानने के लिए कहा तो जीवानन्द मौन रूप से इस तरह शून्य में तकता रहा, जैसे यह बात उससे नहीं कही गयी, किसी और से कही गयी है।

ऊषा ने एक बार शंकर-सा ध्यान लगाये उस युवक को देशा। उसकी आँखें अनायास चमक उठीं, होंट पहले मुस्कराये, फिर लजा गये और उसका मुख अपने-आप लाल हो गया।

"मैं मन्नत मानूँगी," उसने अचानक सिर उठा कर जीवानन्द की ओर देखते हुए कहा।

लेकिन जीवानन्द झिलमिली के पार, बहुत दूर, जैसे अफ़रीका के अथाह अनजाने जंगलों की गहराइयों खो गया था।

ऊषा चंचल हो उठी। वह मँझले कद की युवती थी। मोटी तो नहीं थी, पर उसका झुकाव मोटापे की ओर को ज़रूर था। पहली दृष्टि में वह एक-आध बच्चे की माँ, घरेलू स्त्री लगती थी और हसनदीन ने भी उसे उप्पल साहब की बीवी समझा था, लेकिन बाद में उसे मालूम हुआ था कि वह उनकी भतीजी है और दो-एक वर्ष पहले उसने बी० ए० पास किया है। वह अपने-आपको 21-22 वर्ष की बताती थी, लेकिन देखने में 31-32 वर्ष की लगती थी। इसका कारण शायद मोटापे की ओर को उसका झुकाव, अथवा बनाव-सिंगार में, ग्रैज्युएट होने के बावजूद, हल्का-सा फूहड़पन, अथवा यों कहा जाये कि आधुनिकता का अभाव था। लेकिन उस क्षण उसके फूले-फूले गालों और अधमुँदी आँखों में कुछ ऐसी मादकता आ गयी थी, जैसे कोई उदास, अँधेरा कमरा किसी अनजाने झरोखे में से आने वाली धूप की एक तेज़ किरण से चमक उठे। अचानक वह हसनदीन से बोली, "यहाँ बाँधने को तागा कहाँ से लाऊँ।"

हसनदीन के होंटों पर आया, कहे, 'चोटी के पराँदे में से ले लीजिए।' क्योंकि वे लोग तो स्वयं ऐसा ही करते थे। फटे दुपट्टे की छीर, पराँदे अथवा तावीज़ की डोरी का कोई तागा यहाँ बाँध कर वे लोग अपनी मन्नत मान लेते थे। लेकिन ये सब साहब लोग, जाने बुरा मान जायें। दूसरे क्षण उसने अपनी जीभ काट ली और भागा-भागा मुजाविर के पास गया और एक सूत का तार ले आया।

ऊषा ने तागा उससे ले कर तड़ित-सी एक दृष्टि शंकर-से ध्यानस्थ उस जीवानन्द पर डाल, तागा बाँध दिया और मन्नत मानी - उसकी आँखें क्षण भर को बन्द हो गयीं। आकृति का सारा चांचल्य दूर हो गया। एक अपूर्व शान्ति और स्निग्धता, एक अजीब-सी मधुरता और मदिरता, धूप से तपी हुई धरती पर अजाने ही उतर आने वाली मीठी साँझ की तरह उसकी आकृति पर छा गयी। हल्के-हल्के बेआवाज़ उसके होंट हिलते रहे और सहसा उसने आँखें खोल कर उस साँवले, लम्बे, छरहरे, मौन युवक की ओर देखा। युवक की निगाहें दूर अफ़रीका के घने अँधेरे जंगलों से पलट आयीं। दोनों की निगाहें मिलीं। ऊषा के

मुख पर एक अपूर्व मिठास आ गयी और युवक का रंग कुछ और श्याम हो गया और दोनों चल पड़े।

लेकिन हसनदीन ने यह सब नहीं देखा। आँखें बन्द किये वह 'बाबा रिशी' का शुक्रिया अदा करता रहा कि उसने अपने उस नाचीज़ बन्दे की सुन ली और उसे ऐसी अच्छी सवारियाँ दीं। और बापम ऋषि से उसने वादा किया कि ज्योंही उसके पास पैसे हुए, वह अपनी अम्मा की मन्नत के मुताबिक ईदू का निकाह करने उनके हुज़ूर में आयेगा और उसने ऊषा के लिए भी दुआ की कि बाबा उसके मन की मुराद पूरी करे, वे लोग फिर गुलमर्ग आयें और वही उनको बापम ऋषि के हुज़ूर में मन्नत पूरी कराने लाये।

जब उसने आँखें खोलीं तो जीवानन्द और ऊषा चल चुके थे। दरवाज़े पर जब ऊषा ने हाथ जोड़े तो हसनदीन ने कहा, ''हुज़ूर, कुछ ग़रीबों के लिए ख़ैरात को दीजिए।''

ऊषा ने बेबसी से हाथ मले। बटुआ वह अपने चाचा के पास ही छोड़ आयी थी, लेकिन बिना पलक झपकाये अथवा चेहरे पर किसी तरह का भाव लाये, जीवानन्द ने जेब से रुपये-रुपये के कुछ नोट निकाल कर बाबा पामदीन के मज़ार पर चढ़ा दिये।

हसनदीन को लगा जैसे ख़ुद उसने रुपये चढ़ाये हों। जैसे खन्ना साहब के कुछ भी ख़ैरात न करने से जो गुनाह हुआ था, वह धुल गया हो। जब जीवानन्द रुपये चढ़ा रहा था तो वह सजदे में झुका हुआ था।

समाधि से बाहर आ कर उन्होंने हसनदीन से कहा कि वह चाय-वाय पिये। उसके साहब इन्तज़ार कर रहे होंगे। और जीवानन्द ने एक रुपये का नोट उसकी ओर बढ़ाया।

''नहीं साब, इस कारे-सवाब का हम पैसा नहीं लेगा। आप हमारे घोड़े पर चलेगा, हम ख़िदमत करेगा तो माँग कर बख़शीश लेगा।''

जब बहुत कहने पर भी उसने रुपया नहीं लिया तो जीवनन्द ने उसे वापस जेब में डाल लिया और दोनों समाधि के पीछे को निकल गये।

हल्के-से नशे में सरशार हसनदीन बाज़ार को लौटा। वहाँ उसने स्च्येरु के साथ हरी नमकीन चाय पी और फिर उसने खन्ना साहब से कहा कि वे चलें नहीं तो देर हो जायेगी।

वे जिस रास्ते से नीचे गये थे, उधर से वह उन्हें नहीं लाया। ज़रा-सा चक्कर दे कर सरकुलर रोड के एक हिस्से से उधर पहाड़ों के दर्शन कराता हुआ वह उन्हें बिलकुल गुलमर्ग होटल के पास ले आया। एकदम वहीं, जहाँ वे टंगमर्ग से आते समय उतरे थे। सरकुलर रोड से घोड़े जब नीचे को हुए तो सहसा बच्चा चिल्ला उठा, ''पापो जी, हम तो अपने होटल पहुँच गये।''

होटल के बाहर ही खन्ना साहब और उनका परिवार घोड़ों से उतर गया। खन्ना साहब ने बैग हसनदीन से ले लिया और, ''कितने हुए तुम्हारे पैसे?'' कहते हुए जेब से बटुआ निकाला।

लेकिन हसनदीन ने न पैसे बताये, न लिये।

''लेकिन साब, तुम तो कल खिलनमर्ग और अलपत्थर जाने वाला है ? हम तुमको

कल अलपत्थर दिखा कर लायेगा फिर पैसा लेगा।'' वह बोला।

''हम खिलनमर्ग तो ज़रूर जायेंगे।'' खन्ना साहब बोले, ''अलपत्थर का हम नहीं कह सकते। हमारी सीटें बुक्ड हैं, टिकट हम ले आये हैं। कहीं ऐसा न हो कि हम बस से रह जायें और आठ-दस रुपये की डज़ और पड़ जाये।''

''कुछ फ़िकिर नहीं साब, तुम सुबह चलेगा तो हम तुमको अलपत्थर और फ़रोज़न लेक दिखा कर टाइम से बस पर पहुँचा देगा।''

''कितने बजे चलना होगा ?''

''सुबह सात बजे यहाँ से निकल चलें तो ग्यारह बजे अफ़राबट पहुँच सकता है। तुम इस वक्त जल्दी सो जाओ और सुबह छै बजे उठ कर तैयार हो जाओ।''

''तुम सुबह कितने बजे आओगे ?''

''हम साढ़े छै बजे यहाँ पहुँच जायेगा।''

''लेकिन हमारे पास अलारम-वलारम तो है नहीं। हमें जगायेगा कौन ? तुम ऐसे करो, सुबह छै बजे आ जाओ, हमें भी जगाओ और हमारा नाश्ता भी तैयार कराओ, आर्डर हम अभी दे देंगे। जितने में तुम नाश्ता बनवाओगे, हम हाथ-मुँह धो, कपड़े बदल कर तैयार हो जायेंगे।''

''कुछ फ़िकिर नहीं साब, हम सुबह छै बजे यहाँ आयेगा, तुम सब को भी जगायेगा और बैरे से नाश्ता भी तैयार करायेगा। आर्डर तुम अभी दे दो।''

''हमको तो दस-बारह पराँठे चाहिएँ और कोई आलू-वालू की सूखी सब्ज़ी। अचार हमारे पास काफ़ी है।''

''साब, कुछ आमलेट-वामलेट बनवा लो। ऊपर सर्दी है, बदन गर्म रहेगा।''

''अण्डे-वण्डे हम नहीं खाते।''

''कुछ फ़िकिर नहीं साब, हम अभी जा कर बैरे को बोलता है कि तीन नम्बर वाले साब के लिए बारह पराँठे और आलू-गोभी की सूखी तरकारी बना दे। सुबह तुम बेड-टी तो लेगा ?''

खन्ना साहब ने ज़ोर का ठहाका लगाया, ''ये बेड-टी वग़ैरा अंग्रेज़ों की नकल करने वाले लेते हैं, हम तो सुबह उठ कर ठण्डे पानी का गिलास पीते हैं। हमें बेड-टी की आदत नहीं।''

और हसनदीन अन्दर की तरफ़ बढ़ा। तब खन्ना साहब चिल्लाये, ''देखो, बैरे से कहना, अभी पराँठे बना कर न रख दे। सुबह उठ कर हमको ताज़ा पराँठे बना दे!''

वहीं से मुड़ कर और कम्बल को गले में लपेटते हुए हसनदीन ने कहा, ''कुछ फ़िकिर नहीं साब, हम उसको यही बोलेगा।''

यद्यपि छै से ज़्यादा का समय नहीं था, लेकिन शाम गुलमर्ग के मैदान पर पूरी तरह उतर आयी थी। सामने बाज़ार की दुकानों की अकेली पंक्ति धुँधली-सी पड़ गयी थी। एक-दो बत्तियाँ भी जल आयी थीं, ठण्ड बढ़ गयी थी और बायीं ओर अफ़राबट की चोटी पर

बर्फ़ की धारियाँ आभाहीन हो गयी थीं। खन्ना साहब की बीवी उनके हाथ से बैग ले कर अन्दर जाने लगी तो उन्होंने कहा, "चलो, ज़रा बाज़ार तक हो आयें।"

"उसे आप बाज़ार कहते हैं! सब दुकानें बन्द पड़ी हैं। ईदू कहता था कि एक सिक्ख का ढाबा खुला है और सरकारी इम्पोरियम है। क्या देखेंगे वहाँ ?"

"तो भी चलो, ज़रा घूम ही आयें।"

"घूमने से आपकी तबीयत नहीं भरी। यहाँ तो पोर-पोर दर्द कर रहा है।"

हसनदीन बैरे को आर्डर दे कर आ गया था। उसने कहा, "साब, इस वक्त तुम आराम करो। सुबह जाते वक्त हम आपको बाज़ार की तरफ़ से ले चलेगा। छै बज चुका है, इम्पोरियम तो बन्द हो गया होगा।"

और उसने साहब और मेम साहब, दोनों को सलाम बोला।

"हमको भी सलाम बोलो, हम बड़ा साब है।" सहसा बच्चा बोला।

हसनदीन हँसा। और भी झुकते हुए उसने कहा, "बड़े साब, सलाम!" और मुड़ कर कम्बल को लपेटता हुआ वह घोड़ों के पास पहुँचा। ममदू और ईदू वहीं रास्ते के एक ओर बैठे बीड़ी पी रहे थे। हसनदीन ने सिर का इशारा किया। दोनों उठे। घोड़े की लगाम थाम और रकाब में पैर रख, एक ही झटके से चढ़ते हुए हसनदीन ने जोश और ख़ुशी से पुकारा - "यौ पीर! ....."

" ....दस्तगीर!" ईदू और ममदू, दोनों घोड़ों पर चढ़ते हुए चिल्लाये। और घोड़े टंगमर्ग की ओर उड़ चले।

सुबह अभी पूरब का अहेरी पहाड़ों के पीछे से जागने का प्रयास ही कर रहा था, जब हसनदीन अपने बेटे और ममदू के साथ घोड़े दौड़ाता हुआ गुलमर्ग पहुँचा...

o

रात उसने घर पहुँचते ही पहले घोड़ों को दाना खिलाया था, फिर उनकी दोनों पिछली टाँगे ऐसे बाँध कर कि वे चल सकें, लेकिन भाग न सकें, उसने उन्हें गाँव के बाहर पहाड़ की ढाल पर चरने को छोड़ दिया था।

परेज़पुर यद्यपि अपेक्षाकृत समतल जगह पर बसा था पर ढलानों पर ख़ूब घास थी।

घोड़े घास चरते-चरते पिछली दोनों टाँगों को एक साथ उठा कर फुदकते काफ़ी दूर निकल जाते थे, लेकिन नूर के तड़के उठ कर किसान उन्हें पकड़ लाते थे। हसनदीन के घोड़े सुबह से सवारी पर थे, वह उन्हें उस जगह ले गया, जहाँ ढलवान पर घास का एक खेत-ऐसा समतल भू-खण्ड था। घोड़े वहाँ पहुँचते ही लोटनियाँ लगाने लगे। चारों पैर आसमान की ओर करके लोटनी लगाते, उचक कर उठते और फिर उसी तरह लोटने लगते।

हसनदीन कुछ क्षण तक उन्हें लोटनियाँ लगाते देखता रहा था। वह जब भी उन्हें लोटनियाँ लगाते देखता था, उसे वह कहावत याद आ जाती थी, जो उसने एक पैसेंज़र से सुनी थी –

पान क्यों सड़ा ?
मुर्चा क्यों पड़ा ?
घोड़ा क्यों अड़ा ?

और उत्तर भी उसके मस्तिष्क में कौंध जाता –

फेरा न था!

यह अजीब बात है कि आदमी थक जाता है तो सोना चाहता है और घोड़ा थक जाता है तो लोटनियाँ लगाता है। और उसे ख़याल आया कि यदि उसे दौलत मिल जाये तो वह अपने घोड़ों के लिए एक ऐसा आदमी रखे, जो उनके पुट्ठों को दिन की थकान के बाद ख़ूब ज़ोर-ज़ोर से मले और उनकी सेवा करे। उसने बहुत साल पहले एक अंग्रेज़ के बँगले में साईस को घोड़े की ख़िदमत करते देखा था और उसके मस्तिष्क में वह दृश्य सदा के लिए अंकित हो गया था।

वह वापस मुड़ा। अंग्रेज़ के उस अस्तबल की याद आते ही अमीर होने के सम्बन्ध में उसका दिवा-स्वप्न फिर उसकी आँखों के आगे आ गया। इस बार उसे पुलिस ने नहीं पकड़ा और वह एक लाख रुपये का वितरण करता हुआ वापस फिरा। उसकी पहली आवश्यकता कपड़े और रोटी की थी। उसने न केवल अपने बीवी-बच्चे, बल्कि अपने भाई के बीवी-बच्चों के लिए भी बढ़िया कपड़े सिलवाये। उसके भण्डार हर प्रकार के अन्न से भर गये। फिर गाँव के बाहर उसने बड़ा मकान बनवाया, फिर उसने बड़ी शान-शौकत से बाबा ऋषि की मन्नत मानी और ईदू का निकाह अपने बड़े भाई की बेटी से किया। फिर उसने घोड़ों का बड़ा अस्तबल बनवाया – उसके घोड़े श्रीनगर, पहलगाम और गुलमर्ग में चलने लगे। उसने कल्पना-ही कल्पना में देखा कि कि दिन भर सवारी करके घोड़े वापस आते हैं तो उन्हें बढ़िया दाना मिलता है और साईस लोग उनके पुट्ठों को बड़े ज़ोर से कपड़ों के गद्दों से सहलाते हैं – जैसे वर्षों पहले उसने उस अंग्रेज़ के अस्तबल में देखा था – पैसा उसके पास खिंचा चला आ रहा है और उसने एक और शादी कर ली है और टंगमर्ग में बँगला बनवाया है...

लेकिन तभी उसके कानों मे यासमन की आवाज़ पड़ी। वह ममदे से कह रही थी कि वह जाये, देखे कि ईदू का अब्बा रहमान की दुकान पर तो नहीं रह गया; सुबह नूर के

तड़के उठ कर जाना होगा। वक्त से खाना खाये और सोये...

और हसनदीन ने ख़ुदा का शुक्र अदा किया था कि उसके पास दौलत नहीं और वह गुनाह की ज़िन्दगी से बचा हुआ है और उसे ताज्जुब हुआ कि वह अपनी उस मेहनतकश, वफ़ादार बीवी का ख़याल कैसे छोड़ बैठा। लेकिन ख़ुदा का शुक्र अदा करने और सिर को झटका दे कर उस दिवा-स्वप्न को भगाने के बावजूद अपने घरौंदे की अनगढ़ सीढ़ियाँ चढ़ते-चढ़ते उसने फिर सोचा कि उसके पास यदि दौलत आयी तो वह अपनी उस वफ़ादार बीवी को गहनों-कपड़ों से लाद देगा।

खाना खाते हुए उसने सोल्लास अपनी बीवी को बताया था कि आज सुबह उसने सच्चे दिल से ख़ुदा के हुज़ूर में जो दुआ की थी, वह लगता है कि उसने सुन ली है, उसे बड़ी अच्छी सवारियाँ मिली हैं, उसे यह भी पता चला है कि इस महीने सुबह हरनाम सिंह ही की ड्यूटी रहेगी और उसे पूरा यकीन है कि वह इतना कमा लेगा कि खाने-कपड़े के लिए निकाल कर बाबा रिशी की मन्नत पूरी कर सके।

खाना खा कर वह ऊपर अपनी अम्मा और बड़े भाई को भी अपने मन की बात सुना आया था और जब वह सोया था तो यासमन उसके पास आ गयी थी और दोनों देर तक ईदू के निकाह और बाबा रिशी की ज़याफ़त के ब्योरों में उलझे रहे थे।

...गहरी तश्तरी सरीखा गुलमर्ग अभी नींद के ख़ुमार में सोया हुआ था। धानी घास की मख़मल सुबह के झुटपुटे में मूँगी के रंग की, गहरी हरी, दिखायी दे रही थी। मर्ग का नाला घास के उस मैदान में अजगर-सा सोया पड़ा था। पगडण्डियाँ घास में सोयी-खोयी-सी बेहोश थीं। सामने ख़ालसा होटल और परे दायीं ओर बाज़ार की एक जैसी दुकानों की कतार स्तब्ध सन्नाटे में मौन थी और बायीं ओर अफ़राबट के नीचे दोनाले की दूधिया नहरें उन तन्वियों-सी मौन, उदास लेटी थीं, जिनकी स्वप्निल खुली आँखों में प्यार की निगाहों ने अभी झाँका न हो।

लेकिन हसनदीन के निगाहों ने वह सौन्दर्य देख कर भी नहीं देखा। रिज पर से घोड़ा दौड़ाता वह ढलान पर जा कर रुका। गुलमर्ग होटल के गेट पर वे घोड़ों से उतरे। हसनदीन ने अपने घोड़े की लगाम ईदू को दी और कम्बल के लटकते सिरे को दूसरे कन्धे पर डालता हुआ वह गेट के अन्दर गया। जा कर उसने बैरे को जगाया कि वह उठ कर साब लोगों के लिए नाश्ता और लंच का सामान तैयार करे।

विज़िटर चूँकि ज़्यादा नहीं आते थे, इसलिए होटल के मालिक ने एक बैरा और एक कुक होटल के लिए रख छोड़ा था। बैरा ही होटल का मैनेजर था। विज़िटरों से किराया तय

करना, बिल बनाना, पैसे लेना - सब काम वही करता था। जाने वह पेशे से बैरा था, या होटल के मालिक का ही कोई रिश्तेदार अथवा विश्वस्त आदमी था।

"तीन नम्बर वाले साब को आज ही अलपत्थर देख कर टंगमर्ग से बस पकड़ना है," हसनदीन ने बैरे को समझाया, "और एक नम्बर वाले को बेड-टी नहीं मिलेगा तो वो उठेगा नहीं। उसका लड़की को फ़रोजन लेक जाना है।"

यद्यपि यह बात बैरे को पिछली शाम ही समझा दी गयी थी तो भी हसनदीन ने इस पर ज़ोर देना अनावश्यक नहीं समझा। उसने दोनों साहबों से पिछली शाम वादा किया था कि वह सुबह सब चीज़ें उन्हें वक्त से बनवा देगा।

जब बावर्ची भी जग गया और उप्पल साहब के लिए चाय तैयार हो गयी तो इधर बैरा उनके कमरे में चाय ले गया, उधर हसनदीन ने खन्ना साहब को जगा दिया कि वे नित्य-कर्म से निबट कर, नाश्ते के लिए तैयार हो जायें, इतने में वह नाश्ता भिजवाता है।

और वापस जा कर उसने किचन में बैरे से कहा कि वह स्वयं कुक की मदद करता है, वह सैंडविच वग़ैरा तैयार करे। एक घण्टे के अन्दर-अन्दर उसने सब कुछ तैयार करा दिया।

लेकिन साहब लोग अभी तैयार न हुए थे। उनको जल्दी तैयार होने के लिए कह कर और इस बात का डर दिखा कर कि 'वो लोग जल्दी नहीं चलेगा तो खिलनमर्ग से जेहलम और वुलर का बढ़िया व्यू नहीं मिलेगा,' वह बीड़ी का कश लगाने के लिए बाहर आ गया।

उप्पल साहब के घोड़े वाले भी आ गये थे। और ईदू और ममदे के साथ ही होटल की दीवार के साथ पीठ लगा कर बैठे थे। हसनदीन भी उन्हीं के साथ जा बैठा। अपने फ़िरन की गहरी जेब से उसने बीड़ी निकाली और उसे सुलगा कर चुपचाप कश लगाने लगा।

धूप निकल आयी थी और उसकी सुनहरी किरणें उस विशाल मैदान पर जहाँ-जहाँ पड़ी थीं, धानी चकत्ते पड़ गये थे। अफ़राबट की तन्वियों ने यद्यपि अभी तक अरुण के प्यार की निगाहों का परस नहीं पाया था, किन्तु उनकी उदासी दूर हो गयी थी और कुछ अजीब-सी सजग, सतर्क उत्सुकता उनमें भर गयी थी। आठ बजने वाले होंगे, जब हसनदीन को आवाज़ पड़ी।

हसनदीन उछल कर उठा। सेठ तैयार हो गये थे। भागता और अपने कम्बल को कन्धे

पर डालता हुआ वह अन्दर गया। उप्पल साहब भी तैयार थे। हसनदीन ने उनके घोड़वानों को भी आवाज़ दी।

"लो भाई, उठाओ सामान और चल दो।" खन्ना साहब ने कहा।

वही कल वाला कैनवस का थैला था। दो बरसातियाँ और एक छाता और दो छड़ियाँ थीं, जो हसनदीन ही के कहने पर उन्होंने साथ ले ली थीं।

"साब, लंच सँभाल लिया ?" उसने सावधानी के रूप में पूछा।

"हाँ, पराँठे बनवा लिये हैं - बारह। आलू और गोभी की तरकारी है और अचार तो वधावा सिंह का है, जिसके शलजम के अचार की सारे हिन्दुस्तान में धूम है।"

हसनदीन ने कैनवस का बैग कम्बल में बाँध कर कमर में लटका लिया। छाता और बरसातियाँ ममदे को दीं, एक छड़ी ईदू को दी और एक स्वयं हाथ में ली और सवारियों को घोड़े पर सवार कराया।

"किधर को चले ?" सहसा उप्पल साहब ने पूछा, "रास्ता तो इधर से जाता है।"

"तुम इधर से चलो साब।" हसनदीन बोला, "हम साब को बाज़ार से घुमा कर लाता है।"

"भाई, पानी तो ऊपर मिल जायेगा ?" सहसा खन्ना साहब ने पूछा।

"साब पानी तो होगा, लेकिन बर्फ़ का। फिर पानी ऊपर अफ़राबट पर ही मिलेगा।"

"प्यास लगे तो ?"

"प्यास तो चढ़ाई में साब ख़ूब लगता है..." फिर कुछ क्षण रुक कर उसने कहा, "साब, तुम एक लैमन स्कुआश का बोतल साथ रख लो! अंग्रेज़ लोग जब ऊपर जाता था, लैमन स्कुआश का बोतल साथ रखता था। बर्फ़ का पानी से गला ख़राब हो जाता है।"

"अरे, वो अंग्रेज़ों के नाजुक गले होंगे, जो ख़राब होते होंगे," खन्ना साहब ने ठहाका लगाया। "बाज़ार से कुछ लैमन-ड्रॉप ले लेंगे, प्यास लगने पर चूस लेंगे।"

"कुछ फ़िकिर नहीं साब, जितना बोलेगा, ले लेगा।"

खन्ना साहब हँसे, "अरे जितना क्या, हमें कोई दुकान खोलनी है। चार आने का ले लेना।"

"चार आने का क्या करना है ? पड़ा जेबों में चिप-चिप करेगा। दो आने का काफ़ी होगा।" श्रीमती खन्ना बोलीं।

बाज़ार में बनिये की एक छोटी-सी दुकान थी, जिसमें आटा-चावल, दाल-घी भी था, सब्ज़ी-सरकारी भी और जनरल मर्चेण्डाइज़ की छोटी-मोटी ज़रूरत की चीज़ें भी। खन्ना साहब ने घोड़े पर चढ़े-चढ़े एक रुपये का नोट हसनदीन को दिया।'

"चार आने... दो आने के लैमन-ड्रॉप ले लो।" वे बोले।

हसनदीन ने बनिये से दो आने के लैमन-ड्रॉप माँगे।

बनिये ने चौदह आने की रेज़गारी और एक अदद लैमन-ड्रॉप उसकी हथेली पर रख दिया।

खन्ना साहब वहीं घोड़े पर बैठे हुए बड़े ही झल्लाये हुए स्वर में चिल्लाये, ''यह क्या, दो आने का एक लैमन-ड्रॉप! वहाँ पैसे-पैसे मिलता है।''

बनिया कश्मीरी था। शायद वह जाति से बनिया था भी नहीं, पण्डित था और दुर्दिन ने उसे बनिया बना दिया था। मैला-सा फ़िरन उसने पहन रखा था और सिर पर उसके पगड़ी थी; चेहरे पर उसके झुर्रियाँ थीं और कमर झुक गयी थी। लेकिन उसके रंग का गोरापन और उसकी तीखी नाक उसके कश्मीरी ब्राह्मण होने की चुग़ली खाती थी।

खन्ना साहब की बात सुन कर वह हँसा। ''साहब, यहाँ मिल तो जाता है, इस बात को आप बहुत नहीं समझता। जहाँ यह पैसे-पैसे में मिलता है, वहाँ से यह जगह कितना दूर है, इस बात को आप नहीं सोचता।''

खन्ना साहब हतप्रभ हो गये, पर अपनी खिन्नता को एक खोखले ठहाके में छिपाते हुए और, 'भाई, ख़ूब बात कही है तुमने,' से बनिये की दाद देते हुए उन्होंने बड़ी ही दरियादिली के ढंग से कहा, ''अच्छा, एक छटाँक दे दो।''

जब बनिया एक बड़े-से तरकारी तोलने वाले तराज़ू में, जिसमें एक छटाँक का तो पासंग ही हो सकता था, लैमन-ड्रॉप तोलने लगा तो हसनदीन को निगाहें लैमन स्कुआश की बोतलों पर जम गयीं - 'कैसे-कैसे विज़िटर आने लगे हैं!' उसने मन-ही-मन कहा, बनिये से लैमन-ड्रॉप की पुड़िया ले कर खन्ना साहब को दी और घोड़े की लगाम थाम कर चल पड़ा।

पीली-पीली धूप से चमकती हुई धानी घास का मैदान पार करते हुए वे 'नीडोज़ होटल' के पास से गुज़रे। ''इस नीडो होटल को कबाइलियों ने नहीं लूटा ?'' सहसा खन्ना साहब ने पूछा।

''लूटा क्यों नहीं साब। एक-एक चीज़ ले गया। दरियाँ, ग़लीचे तक ढो कर ले गया। बिजली की फ़िटिन को सोने का समझ कर ले गया।'' और हसनदीन उनकी मूर्खता पर हँसा, ''पीतल की चमकती चीज़ को वो लोग सोने का समझता था।''

''विज़िटर नहीं थे ?''

''सर्दी का मौसम था साब, सीज़न ख़त्म हो गया था, बँगला और बाज़ार सब बन्द था।''

''हमने सुना है कि इधर के लोगों ने भी यहाँ लूट-पाट मचायी।''

''हाँ साब, भला-बुरा लोग सभी जगह होता है।''

उसने यह उत्तर कुछ इस तरह दिया कि खन्ना साहब को आगे सवाल करने का साहस नहीं हुआ। वे चुप हो गये। लेकिन हसनदीन के सामने वह सुबह घूम गयी, जब अचानक जीत और लूट के नशे में चूर कबाइली ट्रकों में टंगमर्ग आये थे और उसे लूट कर गुलमर्ग की ओर बढ़े थे। उन्हें गाँव से ज़बरदस्ती साथ ले लिया गया था और वे तीन दिन तक गुलमर्ग से सामान ढोते रहे थे। तीन-तीन घोड़ों का सामान एक-एक घोड़े पर लादा गया था, बहुत-से कुली भी उन्होंने पकड़ लिये थे। यही नहीं, वे ख़ुद अपने सिरों और

कन्धों पर लूट का सामान ढोते रहे थे। जब वे चल दिये थे तो इर्द-गिर्द के गाँव वालों ने हल्ला बोल दिया था और जिन घरों के बरामदों तक में उन्हें पाँव रखने का साहस न होता था, उनके खाने, बैठने और सोने के कमरों को वे रौंदते फिरे थे, कबाइलियों के हाथों जो छोटी-मोटी चीज़ें बच गयी थीं, वे उन्होंने लूट ली थीं। आपस की दुश्मनियाँ खुल खेली थीं और लूटने के बाद कुछ लोगों ने दुकानों को जला दिया था।

''यौ पीर!'' - हसनदीन ने कल्पना की आँखों के आगे से उन दृश्यों को हटाते हुए लम्बी साँस भरी। तभी खन्ना साहब ने पूछा, ''क्यों भई हसनदीन, अंग्रेज़ों के आने से पहले यहाँ क्या था ? क्या कोई गाँव था ?''

''नहीं साब, यहाँ तो, हम सुनता है, जंगल था और जहाँ पोलो ग्राउण्ड है, वहाँ दलदल था।''

''दलदल ?''

''जी साब, हमने तो नहीं देखा, लेकिन दादा कहता था कि यह नाला इस जगह इसी पोलो ग्राउण्ड की गहराई में फैल जाता था और ज़मीन दलदल वाली हो गयी थी और गर्मियों में गड़रिया लोग भेड़-बकरी चराता था।''

''अंग्रेज़ों से पहले यहाँ कोई न बसता था?''

''दादा कहा करता था कि सुलतान यूसुफ़ शाह कभी-कभी यहाँ आता था, लेकिन अंग्रेज़ ने ही गुलमर्ग को बसाया था।''

और हसनदीन के सामने गुलमर्ग के सुनहरे मैदान की वह तस्वीर खिंच गयी, जो दादा की बातें सुन कर उसकी कल्पना ने बना ली थी। प्रकृति जब वहाँ अपने आदिम रूप में थी और सनोवर और शमशाद के जंगल इस मैदान को घेरे थे, जिनमें कहीं-कहीं चीड़, मेपल और स्प्रूस के पेड़ थे। न होटल, न बँगले, न झोंपड़ियाँ, न पोलो और गोल्फ़ के मैदान, न सड़कें, न बाज़ार। नागिनों सरीखी छोटी-छोटी सँकरी पगडण्डियाँ घास में सरसराती हुई जंगल में गुम हो जाती थीं। आठों पहर सन्नाटा रहता था। हवाओं की 'सर-सर' और पत्तों की 'मर-मर' ही से सन्नाटा जी बहलाता था या कभी खुले दिन की निस्तब्धता में किसी बन-पाखी की सीटी या किसी अकेले गड़रिये की तान गूँज उठा करती थी। फिर इंसान के हाथ लगे (हाथ तो काले इंसान ही के लगे, लेकिन लगे गोरे इंसान के आदेश पर) और धीरे-धीरे जंगल सध गये, नाले बँध गये, पोलो और गोल्फ़ के मैदान बने, बाज़ार, होटल, कोठियाँ और छोटी-छोटी झोंपड़ियाँ बनीं और अंग्रेज़ स्त्री-पुरुषों का, हिन्दुस्तान के हाकिमों का स्वर्ग- भारत के स्वास्थ्यकर स्थानों का राजा - गुलमर्ग - अंग्रेज़ हाकिमों के सपनों को साकार करने लगा।

चढ़ाई शुरू हो गयी थी। हसनदीन ने लगाम छोड़ दी थी और घोड़े के पीछे-पीछे चढ़ा जा रहा था। 'वार-वार' - घोड़े को तेज़ चलते देख कर अचानक उसके मुँह से निकल जाता। और घोड़ा सधी चाल से चलने लगता। आगे एक और टोली जा रही थी। तीन जने थे, पर घोड़ा एक ही था। शायद बारी-बारी से उस पर चढ़ते थे। सहसा खन्ना साहब

को ख़याल आया, वे पैदल क्यों नहीं आये ? जब ये लोग पैदल आ सकते हैं तो वे क्यों नहीं आ सकते... और उन्होंने अपनी बीवी से कहा –

"हम भी एक घोड़ा कुक्कू के लिए ले लेते और ख़ुद पैदल आते। घोड़ों पर लदे चले आये तो सैर का मज़ा क्या रहा..."

"पैदल तो साब तुम आ सकता था," हसनदीन ने उनकी बात काट कर कहा, "लेकिन तुम टाइम से वापस नहीं पहुँच सकता। तुम रिटर्न टिकेट ले कर आया है।"

खन्ना साहब चुप हो गये और हसनदीन फिर अपने विचारों का तार पकड़ कर सोचने लगा – और उन दिनों कितनी मौज थी! ऐसे विज़िटर गुलमर्ग में कदम भी नहीं रखते थे। अंग्रेज़ लोग निहायत खुला ख़र्च करते थे। गर्मियों के चार महीनों ही में नहीं, सर्दियों में भी, जब सारी घाटी बर्फ़ से ढँक जाती थी, उन्हें काम मिल जाता था – स्कीइंग के शौकीन ज़ौक-दर-ज़ौक आते और अफ़राबट से चलते तो श्रीनगर के आधे रास्ते तक स्कीइंग करते, बर्फ़ पर फिसलते चले जाते। गुलमर्ग के बारे में गोरे हाकिमों के कैसे ख़्वाब थे – वे गोल्फ़ की ऐसी ही एक और सुन्दर ग्राउण्ड (लिंक्स) बनाना चाहते थे। मैदान के किनारे-किनारे घोड़े दौड़ाने के लिए रास्ता बिछाना चाहते थे, झील में मछलियाँ छोड़ कर मछली का शिकार करने वालों को सुविधा पहुँचाना चाहते थे। अंग्रेज़ अपनी जाति के बूढ़े-जवान, स्त्री-पुरुष, सब के लिए गुलमर्ग को बहिश्त बना देना चाहते थे। उन्होंने अपने कुछ ख़्वाब पूरे भी किये। पर तभी हिन्दुस्तान आज़ाद हो गया और तब उन्हें हिन्दुस्तान ही नहीं, कश्मीर भी अपने हाथ से निकलता महसूस हुआ। वे इस जन्नत को आसानी से छोड़ना न चाहते थे। उन्होंने सरहद के भेड़िये इस उपवन में छोड़ दिये और चौबीस घण्टों में घाटी की इस दुलहन को श्रृंगारहीन बना डाला। गुलमर्ग की जो दुकानें जलने से रह गयी थीं, उन्हें पिछले वर्षों की बर्फ़बारी और सन्नाटे ने ढा दिया। पहले छतों पर बर्फ़ गिरती थी तो उसे हटाने वाले भी थे; अब बर्फ़ गिरती तो सर्दियों भर पड़ी रहती और छतों को खा जाती। अब, जब वर्षों बाद वादी फिर जगी थी, नीचे श्रीनगर में दो-तीन बरस से विज़िटर आ रहे थे, गुलमर्ग की दुलहन उसी तरह श्रृंगार-विहीन, लुटी-पिटी, उदास पड़ी थी। एक डिस्पेन्सरी तक न थी। सरकार ने दो दुकानें अवश्य खोली थीं और होटल वालों ने भी एक-आध मुंशी अथवा एक-दो बैरे भेजे थे, लेकिन इतने से क्या रौनक होती! पहले जहाँ विज़िटर महीनों रहते थे, वहाँ अब एक दिन, दो दिन, या ज़्यादा हुआ तो सप्ताह भर रह कर चले जाते थे।

लेकिन ख़ुदा का हज़ार-हज़ार शुक्र है कि मर्ग के भाग कुछ तो जगे थे, लोग आने तो लगे थे, ऐसा ही अमन रहा तो जहाँ अब दो दुकानें खुली हैं, वहाँ सारा बाज़ार खुल जायेगा, जो बाज़ार गिर गये या जल गये हैं, वे फिर बन जायेंगे। होटल बन जायेंगे। बँगले, कॉटेज और क्लब बस जायेंगे... गुलमर्ग फिर गुलज़ार हो जायेगा और आस-पास के गाँवों की भूख भरेगी... और घोड़े के पीछे चलते-चलते हसनदीन ने ख़ुदा के हुज़ूर में दुआ माँगी कि अब और झगड़ा न हो, लूट-पाट न हो, विज़िटर आयें, गुलमर्ग में ठहरें और फिर पुराने राग-रंग हों, सैर-तमाशे हों, पिकनिकें और पार्टियाँ हों...

''क्यों भाई हसनदीन, ये सामने टेण्ट कैसे लगे हैं?'' सहसा खन्ना साहब ने उसकी विचार-धारा को तोड़ा।

''वही खिलनमर्ग है साब,'' हसनदीन कदम आगे बढ़ा कर बोला, ''बस अभी आध घण्टे में वहाँ पहुँच जायेंगे।'' और शमशाद के पेड़ की पतली-सी शाख़ तोड़ कर उसने घोड़े की पीठ को छुआ और घोड़े ने तेज़-तेज़ कदम बढ़ाये।

उप्पल साहब, उनकी मुटकी भतीजी और वह अफ़रीकी युवक उनसे पहले पहुँच गये थे और ख़ेमे में लगे, एक सिक्ख के सफ़री रेस्तराँ के सामने, सफ़री मेज़-कुर्सियों पर बैठे थे।

''साब के लिए चाय बनाओ सरदार जी।''

खन्ना साहब को घोड़ों से उतारने के बाद हसनदीन उस पहले-छरहरे सिक्ख से बोला, जो उन मेज़-कुर्सियों के पीछे अपने टेण्ट के आगे खड़ा विज़िटरों को चाय पिला रहा था।

''लओ बाश्शाहो, हुणे तैयार हो जान्दी है।'' और सरदार ने अँगीठी में कोयले डाले और उप्पल साहब के आगे से ख़ाली प्याले उठा कर धोने लगा।

गुलमर्ग से खिलनमर्ग की ऊँचाई तो पन्द्रह सौ फ़ुट थी, पर रास्ता ख़ासा ऊबड़-खाबड़ और ऊँचा-नीचा था। कल के थके खन्ना साहब के अंग दुखने लगे थे। घोड़े से उतर कर उन्होंने ज़ोर की अँगड़ाई ली और बीवी-बच्चे को साथ ले कर सरदार जी के सफ़री रेस्तराँ की ओर बढ़े।

''कहिए, आ गये।'' उप्पल साहब ने उनका अभिवादन किया। ''मेरा तो यहाँ तक आते-आते हुलिया टाइट हो गया है और ये लोग अफ़राबट तक जाने की सोचते हैं।''

और ऊषा तथा जीवानन्द की ओर संकेत करते हुए वे अपने-आप हँसे।

''हुलिया तो अपना भी टाइट है, लेकिन अफ़राबट तक नहीं तो दोनाले तक तो जायेंगे।'' उन्होंने निगाह उठा कर दोनाले की दूधिया नहरों की ओर देखा। ''ज़रा बर्फ़ को छू कर, उस पर खड़े हो कर देखें तो कैसी लगती है।''

''नहीं पापो जी, हम ऊपर तक जायेंगे, वहाँ चोटी तक। वहाँ हमारी फ़ोटो ख़ींचना।'' कुक्कू मचला।

''अरे, हम तो तुम्हारे लिए ही कहते हैं। थक जायेगा, नहीं हम तो अफ़राबट क्या, अलपत्थर और फ़रोज़न लेक तक जायें।''

''पापो जी, हम अलपत्थर और फ़रोज़न लेक तक जायेंगे, हम बिलकुल नहीं थकेंगे!''

और बच्चा अपनी जगह से उठ कर खन्ना साहब से चिमट गया।

"हाँ-हाँ, जायेंगे।" मिसेज़ खन्ना ने उसे पकड़ कर घसीटते हुए कहा, "इधर बैठ कर पहले चाय पी।" और उन्होंने रेस्तराँ के मालिक सिक्ख से पूछा, "सरदार जी, कुछ खाने को है।"

"हाँ हाँ, भैनजी, बिस्कुट ने, बन्द ने, तोस ने, की लओगे?"

"दो तोस इसके लिए दीजिए।"

"नहीं मम्मो जी, मैं तो क्रीम-रोल लूँगा।"

"क्रीम-रोल यहाँ कहाँ पगले।" मम्मो जी ने कहा।

"नहीं-नहीं, मैं तो क्रीम-रोल लूँगा।" बच्चा मचला।

"लओ बेटा जी, हुणे क्रीम-रोल दिन्ने आँ।" सरदार ने कहा और अन्दर ख़ेमे में चला गया। दूसरे क्षण उसके हाथ में ताज़ा दिखायी देने वाला क्रीम-रोल था।

बच्चे ने हाथ बढ़ाया था कि मम्मो जी ने उसकी बाँह पकड़ ली। "कितने का है?" उन्होंने जैसे गोली दाग़ी।

"छै आने का।"

"तीन आने में श्रीनगर में क्रीम-रोल मिलता है और तुम इस सूखे-सड़े बासी के छै आने माँग रहे हो ?"

"रात को यह श्रीनगर से आया है। एकदम ताज़ा है।"

"हाँ ताज़ा है! अभी मुश्किल से नौ साढ़े नौ बजे हैं और तुम श्रीनगर से ताज़ा पेस्ट्री ले आये हो।"

"बीबी जी अब तो दस बजने वाले हैं। अभी आपके आगे मेरा भाई यह सब ले कर पहुँचा है।"

मिसेज़ खन्ना ने इस बात का जवाब नहीं दिया। कुछ प्यार और कुछ डाँट से उन्होंने बच्चे से कहा, "नहीं बेटे, बासी पेस्ट्री नहीं खाते, पेट दुखने लगता है। अभी तोस ले लो।"

सरदार ने और बहस करना व्यर्थ समझा। वह क्रीम-रोल लिये हुए वापस टेण्ट में चला गया।

तभी खन्ना साहब चिल्लाये - "अरे सरदार जी, चाय कितनी देर में देंगे।"

"बस, हुणे तैयार हो जान्दी ऐ बाश्शाहो, ज़रा कोले बुझ गये सन।" और वह अँगीठी को हवा करने लगा, "ठण्ड वी किन्नी ऐ, हुणे अँगीठी बाली सी, इक केतली गर्म कीत्ती ते कोले ठण्डे पै गये।" अँगीठी को हवा करते-करते उसने कहा।

कुक्कू अभी तक क्रीम-रोल के लिए मचल रहा था कि हसनदीन ने कहा, "चलो, तुम्हें वुलर दिखायें।"

बच्चा तत्काल उठा। खन्ना साहब भी उठे। चलते-चलते उन्होंने उप्पल साहब से कहा, "क्यों साहब, आपने वुलर देखी ?"

"हमें तो नज़र नहीं आयी। धुन्ध हो गयी है। दो घण्टे पहले आते तो शायद नज़र

आती।''

''आइए साहब, हम दिखायें।'' हसनदीन ने कहा और आगे-आगे चला।

खिलनमर्ग में पेड़-पौधे नहीं हैं। जहाँ भेड़ें चरती हैं। घास का यह टुकड़ा, जिस पर सरदार जी ने टेण्ट लगा रखा था, बहुत बड़ा नहीं था। लेकिन एकदम समतल था और वहाँ एक भी पत्थर नहीं था और वह घाटी की ओर को बढ़ा हुआ था। हसनदीन उन्हें उस छोटे-से मैदान के सिरे पर ले गया।

''वो देखिए, वुलर और जेहलम।'' उसने सामने की ओर उँगली बढ़ाते हुए कहा।

खन्ना साहब, उनकी बीवी और बच्चे ने आँखें फाड़-फाड़ कर हसनदीन की उँगली की सीध में देखा, पर उन्हें न कहीं झील दिखायी दी और न दरिया - आसमान साफ़ हो तो खिलनमर्ग की उस ऊँचाई से गुलमर्ग और उसके परे कश्मीर की सारी घाटी बिछी दिखायी देती है - जंगल, नदी-नाले, धान के खेत, वुलर झील और उसके परे हरमुख और नाँगा पर्वत की भव्य बर्फ़ानी चोटियाँ - लेकिन सूरज चढ़ आया था, हल्की-हल्की धुन्ध धरती पर छा गयी थी और यद्यपि निकट के जंगल, नदी-नाले और धान के खेत दिखायी देते थे, लेकिन वुलर और जेहलम और हरमुख और नाँगा पर्वत के हिम-मण्डित शिखर उस धुन्ध में दिखायी न दे रहे थे।

''कहाँ है वुलर झील, मम्मी जी?'' बच्चे ने माँ से चिमटते हुए पूछा।

''हमें तो कहीं दिखायी नहीं देती।'' मम्मो जी झल्ला कर बोलीं।

''मेरी उँगली की सीध में देखिए मेम साब।'' हसनदीन ने दूर उत्तर के पहाड़ों की ओर संकेत करते हुए कहा, ''वह उस पहाड़ी के साथ, जहाँ अरबी ऊँटों के-से दो कोहान बने हुए हैं।''

''अच्छा-वहाँ...।'' खन्ना साहब सहसा प्रसन्न हो कर बोले। फिर उन्होंने अपनी बीवी को बताते हुए कहा, ''देखो, वह एम जैसी पहाड़ी है न ...''

''एम? एम क्या?''

''एम नहीं जानतीं ? अरे, अंग्रेज़ी का अक्षर एम... वह देखो, सामने के पहाड़ों के इधर बीच में एम जैसी पहाड़ी।''

''जी!''

''जी, उससे परे पहाड़ों तक जो गहराई है, वही वुलर झील है,'' हसनदीन बोला, ''और वो उसके इधर जो पतला-पतला लकीर है, वही जेहलम दरिया है।''

''हाँ, हाँ,'' खन्ना साहब कुछ अतिरिक्त प्रसन्नता से बोले, ''समझ गये, समझ गये!'' हालाँकि इस उल्लास के बावजूद उनके स्वर में निश्चय का अभाव था।

''क्या समय गये!'' उनकी बीवी झल्लायी, ''हमें तो कुछ दिखायी नहीं देता और यह कहता था कि खिलनमर्ग से बड़ा अच्छा व्यू दिखायी देगा। झूठे वादे करके ये लाग बाहर से आने वाले भोले-भाले लोगों को ठगते हैं।''

''हमको बापम रिशी की कसम मेम साब, अगर हम झूठ बोला हो। तुम उस सिक्ख

से पूछो कि सुबह-सुबह कैसा अच्छा व्यू दिखायी देता है, इसलिए हम बोलता था सुबह आने को। हम तो छै बजे आ गया था। उसी तक्त चलता तो यह धुन्ध और बादल नहीं होता। एकदम क्लीयर व्यू दिखायी देता। वो देखिए, बादलों में हरमुख की चोटी और नाँगा परबत। इस वक्त बादल है, फिर भी दोनों चोटी दिखायी देता है।''

खन्ना साहब ने उधर निगाह डाली। सफ़ेद-सफ़ेद बादलों में बर्फ़ानी चोटियों को अलग कर लेना आसान न था, लेकिन उसी अतिरिक्त उल्लास से उन्होंने कहा, ''हाँ-हाँ, दिखायी देती हैं।''

''अफ़राबट से व्यू और भी अच्छा दिखायी देगा, साब! हम साब को सब दिखायेगा। साब को चाय जल्दी पीना चाहिए। वापस बस पकड़ना है तो एक बजे ऊपर होना चाहिए।''

खन्ना साहब की बीवी और बच्चा वुलर और जेहलम को देखने का असफल प्रयास कर रहे थे, जब रेस्तराँ वाले सिक्ख ने आ कर कहा, ''साब, चाय तैयार है, आ कर पी लें, फिर व्यू देखें, ठण्डी हो जायेगी।''

''लीजिए साहब, हमने तो तय कर लिया है,'' खन्ना साहब को अपने पास की कुर्सी बैठने के लिए देते हुए उप्पल साहब हँसे, ''ऊषा और जीवानन्द आपके साथ फ़्रोज़न लेक देखने जायेंगे, हम दोनाले पर आपकी प्रतीक्षा करेंगे।''

और उन्होंने गठिये के उस मूज़ी रोग की प्रशंसा में बड़े प्यार से भारी-भरकम गालियाँ दीं, जिसके कारण उनके लिए चढ़ाई पर चढ़ना एकदम असम्भव था।

''मेरा तो अपना इरादा दोनाले से वापस फिरने का है, लेकिन यह बच्चा तंग कर रहा है ऊपर जाने को।''

रेस्तराँ वाले सिक्ख ने चाय का प्याला उनके आगे रख दिया और तोस बना कर उनके बच्चे को देने लगा। तब खन्ना साहब ने देखा कि हसनदीन अभी तक उनके पास खड़ा है।

''क्यों, क्या बात है हसनदीन,'' उसकी याचनापूर्ण दृष्टि को लक्ष्य करके खन्ना साहब ने पूछा।

''हुज़ूर, हम लोगों को चाय के लिए पैसे मिल जायें।''

''पैसे क्या करोगे?'' खन्ना साहब बोले, ''एक-एक प्याला तुम लोग भी पी लो!''

''जी नहीं साब, हम उधर टेण्ट में पियेगा।''

तब खन्ना साहब ने देखा कि पीछे भी एक छोटा-सा मैला टेण्ट लगा है, जहाँ कुछ घोड़े वाले और कुली चाय पी रहे हैं।

"नहीं, नहीं, तुम भी यहीं पियो।" उन्होंने कहा और रेस्तराँ वाले सिक्ख को आदेश दिया कि उनके लिए भी एक-एक प्याला बनाये।

"जी नहीं, ये लोग हमारी चाय नहीं पीते।" सिक्ख के स्वर में कुछ अजीब-सी विवशता थी।

"तुम बनाओ तो सही, ये पियेंगे।"

"साब, हमें क्या एतराज़ हो सकता है, हम बना देंगे।"

तब हसनदीन ने आगे बढ़ कर किंचित दृढ़ता से कहा, "जी नहीं साब, हम यहाँ चाय नहीं पीता। आप हमें पैसे दीजिए।"

"पैसे-वैसे नहीं मिलेंगे। तुम्हें चाय पीना है या हमसे पैसा ठगना है ?"

"साब, हम लोग यहाँ चाय नहीं पीता। अपने ख़ेमे में पीता है।"

"हमसे पीना है तो हमारे साथ पियो, नहीं अपने पैसे से पियो।"

"लाइए, हमारे हिसाब में एक अठन्नी दे दीजिए।"

"यह लो, रुपया ले लो।" खन्ना साहब ने जैसे बड़ी दरियादिली से कहा और रुपया उसकी ओर फेंक कर चाय पीने लगे।

हसनदीन रुपया उठा कर पीछे टेण्ट में चला गया और उसने मुसलमान चाय-फ़रोश को तीनों के लिए नमकीन चाय बनाने को कहा। समावार में कश्मीरी चाय खौल रही थी। चाय-फ़रोश ने ईदू, ममदू और हसनदीन को मिट्टी का एक-एक प्याला थमा दिया और हल्की-सी ललाई लिये हुए नमकीन चाय उनके प्यालों में उँडेली। चाय बहुत गर्म थी। हसनदीन के हाथ जलने लगे, तब उसने प्याले को फ़िरन के दामन में रखा और धीरे-धीरे चाय पीने लगा। उसका माथा पहली बार ठनका और उसे लगा कि सवारियों को समझने में उससे भारी ग़लती हो गयी है। अच्छे ख़ानदानी विज़िटर अपने साईसों को ऐसे मजबूर नहीं करते। बनी हुई बात थी, सब जानते थे कि कश्मीर के मुसलमान सिक्खों के हाथ का नहीं खाते। बात केवल हलाल-झटके की थी या उसकी जड़ें उस गहरी, तीव्र घृणा में जमी थीं, जो राजा रणजीत सिंह के सिक्ख सूबेदारों के अत्याचारों अथवा कुछ ही वर्ष पहले के साम्प्रदायिक दंगों ने मुस्लिम कश्मीरी जनता के दिलों में पैदा कर दी थी, कारण कुछ भी हो, हसनदीन बचपन से यह देखता आया था कि अच्छे विज़िटर, हिन्दू हों, अंग्रेज़ हों या सिक्ख, उनकी इस भावना का मान रखते थे। खिलनमर्ग के पड़ाव पर चार-चार आने प्रति साईस मिल जाना मामूली बात थी। अंग्रेज़ तो रुपया भी दे देते थे। प्रकट ही खन्ना साहब ने पैसे बचाने के लिए यह बहाना बनाया था। 'जो चाय के लिए चार आने नहीं देता, वह बख़शीश और गाइड के पैसे क्या देगा!' हसनदीन ने सोचा।

उसने जल्दी-जल्दी चाय के घूँट भरे, लेकिन उसकी तबियत नहीं खिली। "एक गर्म प्याला और दो। पैसेंजर तो ऐसा कंजूस मिला है कि चार आने चाय को नहीं दिये।" उसने

कश्मीरी भाषा में चायफ़रोश से कहा।

''मैंने तो समझा, रुपया उसी ने दिया है। बख़शीश में।'' ममदा कश्मीरी ही में बोला।

''बख़शीश-उख़शीश की कोई उम्मीद नहीं। बस, दोनाले से आगे नहीं जायेंगे। साब तो बनास्पति मालूम होता है।''

चायफ़रोश ने ठहाका लगाया। ममदा और ईदू भी हँसे, पर उनकी हँसी में दर्द और निराशा थी।

तभी चायफ़रोश ने समावार से हसनदीन का प्याला भर दिया। वह चुपचाप चाय पीने लगा। मन में उसने तय कर लिया कि अब वह इस बात के सम्बन्ध में नहीं सोचेगा। लेकिन दो-एक घूँट भरने पर वही बात उसके सामने आ गयी। पिछले दिन की छोटी-छोटी घटनाएँ, जिनकी ओर अपने उत्साह में उसने पूरा ध्यान न दिया था, यथार्थ रूप में उसके सामने आने लगी - वास्तव में इन हिन्दुस्तानी विज़िटरों को वह अच्छी तरह समझ नहीं पाया था। उसने ऐसे हिन्दुस्तानी सेठ भी देखे थे, जो प्रकट बड़े सीधे-सादे लगते थे, खाने को सिर्फ़ दाल-रोटी खाते थे, लेकिन बख़शीश किसी अंग्रेज़ से कम न देते थे। यही कारण था कि जब खन्ना साहब ने लंच में सैंडविच न बनवा कर पराँठे लिये थे तो उसने इस बात को महत्व न दिया, लेकिन अब उसे याद आया कि यद्यपि उन्होंने सैंडविचों के प्रति उपेक्षा दिखायी थी, पर उप्पल साहब के सैंडविचों पर बढ़-बढ़ कर हाथ मारा था। बापम ऋषि की ज़यारतगाह पर उनका कुछ न चढ़ाना और चाय आदि के लिए उन्हें कुछ न देना और दस रुपये का नोट दिखा कर टरका देना अब उसे अखरा और उसे लगा कि वह सेठ को पहचानने में धोखा खा गया है। बहुत कम ऐसे विजिटर उसके सम्पर्क में आये थे, जिन्हें उसने अफ़राबट पर लेमन स्कुआश की बोतल ले जाने का परामर्श दिया हो ओर उन्होंने लेमन-ड्रॉप्स पर सन्तोष कर लिया हो। उसे सुबह ही ख़बरदार हो जाना चाहिए था, लेकिन सेठ ने बापम ऋषि को जाते समय अपनी दरियादिली का जो बखान किया था, वह उसके धोखे में आ गया। 'यकीनन यह कोई दालिया है।' उसने मन-ही-मन कहा, 'दालिया नहीं तो नम्बरी बख़ील (कंजूस) है।''

और जैसे इस निर्णय पर पहुँचने से उसका दिमाग़ कुछ साफ़ हो गया और वह चाय की चुस्की लेने लगा।

लेकिन खन्ना साहब चाय पी कर ऊपर जाने को तैयार हो गये थे। वह चाय पी रहा था, जब उन्होंने टेण्ट के पास आ कर कहा, ''चलो भाई हसनदीन, लंच के टाइम हमे अफ़राबट पर पहुँच जाना चाहिए।''

हसनदीन चल दिया, यद्यपि चलने को उसका मन ज़रा भी न था। वह तो बड़ा ख़ुश होता यदि खन्ना साहब खिलनमर्ग ही से वापस हो जाते। लेकिन वह जानता था कि खिलनमर्ग आने वाले, दोनाला की बर्फ़ को छुए ओर उस पर दो-एक कदम चल कर देखे बिना वापस नहीं जाते। दोनाला तक तो उसे जाना ही पड़ेगा - उसने सोचा - लेकिन दोनाला से आगे वह हरगिज़ नहीं जायेगा। वे लोग अफ़राबट जायें या अलपत्थर, लेकिन वह आगे नहीं बढ़ेगा।

सबसे आगे खन्ना साहब का बच्चा था, फिर उनकी बीवी, फिर खन्ना साहब और उनके पीछे उप्पल साहब की पार्टी। उप्पल साहब की भतीजी और जीवानन्द आगे हो गये थे, लेकिन खन्ना साहब का बच्चा रोने लगा था कि वह सबसे आगे जायेगा और ऊषा की मिन्नत करके उन्होंने बच्चे को सबसे आगे कर दिया था। फिर, क्योंकि उनका बच्चा आगे था, इसलिए वे भी आगे हो गये थे। शमशाद और सनोवर के ऊँचे-ऊँचे छायादार पेड़ और बड़ी-बड़ी झाड़ियाँ कहीं बहुत नीचे छूट गयी थीं, खिलनमर्ग और दोनाले के मध्य केवल पत्थर थे और बीच-बीच में अपने-आप उग आने वाली घास अथवा छोटी-छोटी झाड़ियाँ या जड़ी-बूटियाँ। सामने अफ़राबट की चोटी थी, जिसकी बर्फ़ एक जमी हुई नदी की सूरत में नीचे तक चली आयी थी ओर दोनाले पर आ कर दो हिस्सों में बँट गयी थी - एक हिस्सा खिलनमर्ग से कोई एक मील के अन्तर पर था और दूसरा और भी नीचे दूसरी ओर चला गया था और दिखायी न देता था।

वे लोग नाले के उस हिस्से की ओर बढ़े जा रहे थे, जो खिलनमर्ग के निकट था। सब की निगाहें बर्फ़ की उस चमचमाती ढलान पर जमी थीं। हसनदीन जानता था कि वे लोग वहाँ पहुँच कर कुछ पल चुपचाप, ठगे-से खड़े, मूर्खों की तरह उस बर्फ़ानी ढलान को देखते रहेंगे, फिर उसे छू कर देखेंगे, फिर शायद कोई बर्फ़ का गोला बना कर एक-दूसरे पर फेंके, या चार कदम चल कर फिसले, या बर्फ़ पर खड़े हो कर एक-आध फ़ोटो ले - बस, इतने भर के लिए ये लोग इतनी दूर आते थे! सिर्फ़ इतनी-सी बात के लिए वे लोग क्यों इतना रुपया ख़र्च करते थे ? यह बात कभी हसनदीन की समझ में न आयी थी। उसने सुन रखा था कि शहरों में यही बर्फ़ शरबत या पानी में डाल कर पी जाती है, फिर ये लोग उसी को यहाँ देखने के लिए हज़ारों मील की मंज़िल मार कर, हज़ारों रुपया ख़र्च

करके क्यों आते हैं ? और यद्यपि वह रोज़ ख़ुदा के हुजूर में दुआ करता था और 'बाबा रिशी' से मनाता था कि वे लोग और भी अधिक संख्या में आयें और दोनाला ही नहीं, अफ़राबट और अलपत्थर तक जायें, लेकिन उसके यह सब मनाने का कारण उसकी समझ में आता था - वह ग़रीब था, वे लोग उसके घोड़ों पर आते थे और उसे मज़दूरी मिलती थी। जो बात वह समझ नहीं पाता था, वह था उन लोगों के आने का कारण! पैसे वाले हैं, मन के मुताबिक पैसा लुटाते हैं, यह सोच कर वह अपने मन की जिज्ञासा शान्त कर लेता था। वह अपने साथियों के साथ बैठता था तो वे लोग इन शहरियों की सनक पर हँसा करते थे। अंग्रेज़ों की बात उनकी समझ में आती थी। वे लोग सर्द मुल्कों के रहने वाले थे, गर्मियों में नीचे रह पाना उनके लिए कठिन था, फिर वे यहाँ आ कर बेवकूफ़ों की तरह बर्फ़ को देख-छू कर न चले जाते थे, वे कई-कई महीने यहाँ रहते थे, इस बर्फ़ का लुत्फ़ उठाते थे, उस पर खेल खेलते थे, भालू और कस्तूरी मृग का शिकार करने जाते थे। इन शहरियों की तरह मुँह बाये, बर्फ़ को देख कर सन्तुष्ट नहीं हो जाते थे। और हसनदीन सोचता कि अगर उसके पास ख़ूब पैसा हो तो वह कश्मीर में रहने के बदले बम्बई, कलकत्ता जाये। अपने लड़के का निकाह करने और गाँव में पक्का मकान बनवाने के बाद वह ख़ूब ज़मीन ख़रीदे; उसमें सेब, नाशपाती, ख़ूबानी, अखरोट और बादाम के पेड़ लगाये ओर उनका व्यापार करे और दिल्ली, बम्बई और कलकत्ता की सैर करे... वहाँ की सुनी-सुनायी रंगीन ज़िन्दगी की अस्पष्ट-सी तस्वीरें उसकी कल्पना में घूम जातीं और उसे समझ न आता कि ये शहरी उस रंगीन ज़िन्दगी को छोड़ कर उन उदास, तनहा पहाड़ों में क्या करने आते हैं।

अभी वे दोनाले से इधर ही थे कि खन्ना साहब ने आँखों पर काला चश्मा लगा लिया। बस पर उन्हें किसी यात्री ने बताया था कि चमकती बर्फ़ को सीधी आँखों कदापि न देखना चाहिए, नज़र कमज़ोर हो जाती है और श्रीनगर पहुँचते ही उन्होंने पहली बात यह की थी कि एक बाज़ारी चश्माफ़रोश से बड़े सस्ते अमरीकी रंगीन चश्मे ख़रीद लिये थे, जो आँखों पर कीमती चश्मों-ऐसे लगते थे। स्वयं चश्मा लगा कर पत्नी और बच्चे को भी उन्होंने चश्मे लगाने का आदेश दिया।

हसनदीन हँसा। यह लोग कितने मूर्ख हैं उसने मन-ही-मन कहा, बर्फ़ पर तो मिट्टी की तह जमी है; उसमें वह चमक कहाँ, जो सर्दियों में होती है! ये लोग सर्दियों में आयें तो शायद आँखों पर काली पट्टियाँ बाँध लें। फिर उसे ख़याल आया कि ये लोग पैसे वाले हैं, व्यर्थ की चीज़ों पर उड़ाने के लिए इनके पास पैसा है और अभी उसके मस्तिष्क में यह ख़याल मूर्त रूप भी न ले पाया था कि उसे उनके साथ अलपत्थर तक चले जाना चाहिए कि उसके सामने चाय वाली घटना आ गयी और उसने तय किया कि वे अमीर चाहे हों, लेकिन बड़े कंजूस हैं और चाहे जो हो, वह दोनाले के आगे उनके साथ कदापि न जायेगा।

दोनाले से काफ़ी ऊपर, किनारे पर भेड़ों का एक बड़ा-सा रेवड़ बैठा था। घोड़ों की पदचाप सुन कर वे घबरा कर उठीं और उनमें से एक बर्फ़ को पार करती हुई दूसरे किनारे की ओर चल दी। दूसरी उसके पीछे चली, फिर तीसरी, फिर चौथी... ढालुवीं बर्फ़ पर काली-भूरी भेड़ों की पतली-सी लकीर खन्ना साहब को बड़ी भली लगी। घोड़े से उतरते ही अपने बच्चे की उँगली पकड़े हुए खन्ना साहब भागे और उन्होंने जा कर बर्फ़ को छुआ, फिर उन्होंने बच्चे के साथ ही बर्फ़ को खोद कर गोले बनाये और एक-दूसरे पर फेंके। उनकी बीवी आ कर किनारे के एक पत्थर पर बैठ गयी। खन्ना साहब ने बर्फ़ का एक गोला उसकी ओर फेंक दिया। वह ऐसे बची जैसे बर्फ़ का नहीं, जलता हुआ इस्पात का गोला उसकी ओर आ रहा हो। तब खन्ना साहब ने अपना कैमरा निकाला और उसे किनारे पर फ़िट किया, उस पर काला कपड़ा डाला और अपनी बीवी और बच्चे को आदेश दिया कि वे दोनों बर्फ़ में से उभरी एक शिला पर जा बैठें।

दोनों चन्द कदम बर्फ़ पर गये होंगे कि फिसल गये।

कैमरा वहीं छोड़ कर खन्ना साहब भागे, लेकिन इससे पहले कि उन्हें उठाते, वे स्वयं फिसल गये। बर्फ़ और विशेषकर ढालुवीं बर्फ़ पर चलने के लिए पैरों में मूँज के जूतों और किंचित अभ्यास की आवश्कता है। एड़ियों को बर्फ़ में दबा कर चलना पड़ता है। तीनों एक-दूसरे को थाम कर उठे, लेकिन दो कदम चल कर फिर गिर पड़े।

इसी बीच उप्पल साहब भी आ गये थे और किनारे पर खड़े हो कर उस जमे हुए नाले का दर्शन कर रहे थे। खन्ना परिवार को एक साथ गिरते देख कर वे हँसी न रोक सके। हाँ, यह कोशिश उन्होंने ज़रूर की कि उनकी हँसी खन्ना साहब न सुन सकें! जीवानन्द केवल मुस्कराया। ऊषा खुल कर हँसी और खन्ना साहब की पत्नी को उठाने के लिए भागी। लेकिन बर्फ़ पर पहला कदम पड़ते ही फिसल गयी। अब के उप्पल साहब ज़ोर से हँसे।

हसनदीन अपना घोड़ा ममदू के हवाले करके दोनाले के किनारे आ बैठा था। उसके सिर में हल्का-सा दर्द था। बैठे-बैठे उसने पाँव पसार लिये थे और कम्बल को कुहनी के नीचे गोल-मोल करके इस तरह तिरछा लेट गया था कि आराम भी कर ले और कैमरे से फ़ोटो लिये जाते भी देख ले। उसने कभी फ़ोटो न खिंचवाया था और वह जब कभी कहीं फ़ोटो खींचे जाते देखता, बच्चों की तरह रुक कर देखने लगता। काई दूसरा वक्त होता और उसकी सवारी बर्फ़ पर फिसल जाती तो वह भाग कर उसे उठाता और बर्फ़ पर चलना सिखाता, लेकिन न जाने क्यों, ऐसी शिथिलता अनायास उसके तन-मन पर छा गयी थी कि

वह चाह कर भी नहीं उठा, बल्कि एक बड़ी अस्पष्ट-सी मुस्कान उसके होंटों पर फैल गयी। लेकिन अपनी सवारी के गिरने पर हँसना गुनाह ख़याल कर, उसने तत्काल उस मुस्कान को होंटों से पोंछ दिया; मगर जब ऊषा भी फिसल गयी और खन्ना साहब उठने का प्रयास करते हुए फिर फिसल गये तो उसकी स्वाभाविक तत्परता ने उसे झकझोर दिया। वह उठा। उसने पहले ऊषा को उठाया और उसे वापस किनारे पहुँचा दिया, फिर बढ़ कर उसने खन्ना परिवार को उठाया। उन्हें बताया कि बर्फ़ पर कैसे एड़ी गाड़ कर, उस पर ज़ोर देते हुए चलना चाहिए और वह पहले मेम साहब और छोटे साब को नाले के बीच उभरे शिला-खण्ड पर बैठा आया, फिर उसने साहब को वापस कैमरे तक पहुँचा दिया और उन दोनों को हिदायत दी कि वापसी पर वे लोग उन्हीं पद-चिन्हों पर पैर रखते हुए वापस आयें, जो शिला-खण्ड को जाते हुए बर्फ़ पर बन गये थे। इस तरह फिसलने की कोई सम्भावना न रहेगी। उन्हें यह सब समझा कर वह फिर चुपचाप किनारे अपनी जगह आ बैठा और खन्ना साहब को अपने बीवी-बच्चे का और जीवानन्द को उनका और चचा-भतीजी का फ़ोटो लेते देखता रहा। लेकिन यह सब देखते-देखते, न जाने कैसे, गत दिन की वही छोटी-छोटी घटनाएँ उसके सामने आने लगीं, जिन्हें वह खिलनमर्ग से दोनाले तक दोहरा-तेहरा चुका था। फिर बार-बार वही चाय वाली बात उसके मन को कोंचने लगी। साहब की और कोई बात उसे इतनी बुरी न लगी थी, जितना उनका उसे सिक्ख की दुकान पर चाय पीने के लिए विवश करना। आज तक कभी ऐसा न हुआ था। ऐसे घटिया यात्री भी मिल जाते थे, जो चाय के लिए पैसे न देते थे, लेकिन ऐसा कोई न मिला था, जिसने उनकी धार्मिक भावना का मान न रखा हो। बार-बार उसके मन में यही बात आती थी कि सिक्ख यात्री तक उन्हें अलग अपने टेण्ट से चाय पीने के लिए पैसे दे देते हैं। हसनदीन यों सीधा-सरल आदमी था, पर इतने बरसों से विज़िटरों को लाते-ले जाते वह उन्हें अच्छी तरह समझ गया था। खन्ना साहब के कपड़ों, उनकी दिखावे की फूँ-फाँ और लनतरानियों ने उसे चाहे धोखे में रखा हो, पर चाय की उस घटना के बाद उनकी असलियत उस पर पूरी तरह खुल गयी थी। वे उदार भी बने रहना चाहते थे और पैसे भी न देना चाहते थे। बाबा ऋषि के यहाँ दस-दस के नोट दिखा कर उसे टाल दिया और यहाँ अपने साथ (सिक्ख की दुकान पर) चाय पिलाने का बहाना बना कर जान छुड़ा ली... और यह सब सोच-सोच कर उसका मन बेतरह खिन्न हो उठा था॥ चाय की वह छोटी-सी घटना अनायास उसके मन को एकदम उत्साहहीन बना गयी थी और अपनी सवारी की जी-जान से ख़िदमत करने का, उसे अच्छी-सी-अच्छी जगह दिखाने का सारा उत्साह बुझा गयी थी – दो रातों का रतजगा और थकान, जिसे अच्छी मज़दूरी और बख़शीश की आशा ने अपने प्रकाश में छिपा रखा था, न जाने उसके तन-मन के किन तारीक कोनों से निकल कर उसकी नस-नस में भर गयी थी। उसका सिर भारी होने लगा, उसकी आँखें झपने लगीं और फ़ोटो खिंचते देखते-देखते वह लेट गया और फिर सो गया।

खन्ना साहब अपने बीवी-बच्चे के फ़ोटो खींच चुके तो उनकी पत्नी ने पूर्ववत उनका

एक फ़ोटो बच्चे के साथ लिया। जीवानन्द ने ऊषा के कई पोज़ – कभी बर्फ़ पर बैठे, कभी गोले बनाते, कभी बर्फ़ उड़ाते और कभी बर्फ़ पर फिसलते समय के – लिये। फिर ऊषा ने भी उसके दो-तीन पोज़ लिये। (चचा को वे दोनों नहीं भूले – उनके पोज़ भी उन्होंने साथ लिये।) जब वे लोग हर तरह से दोनाले को देख चुके और उनकी समझ में न आया कि अब क्या करें, तब उन्होंने फ़ैसला किया कि अफ़राबट चलें। क्योंकि चचा ने फ़ैसला दे दिया कि वे स्वयं आगे नहीं जायेंगे, इसलिए ऊषा और भी पीछे पड़ गयी कि वह अफ़राबट देखे बिना वापस न जायेगी और अन्त को चचा ने जीवानन्द से कहा कि वे दोनों अफ़राबट तक हो आयें, वे ख़ुद दोनाले पर उनकी प्रतीक्षा करेंगे और उन्होंने खन्ना साहब से भी कहा कि वे उनकी भतीजी को अफ़राबट दिखा लायें। कुक्कू ने अपने पिता के उत्तर से पहले ही अपनी उस नयी आण्टी का हाथ पकड़ लिया और घोड़े की ओर बढ़ा।

तब खन्ना साहब ने हसनदीन को आवाज़ दी। जब दो आवाज़ें देने पर भी वह नहीं उठा और उन्होंने देखा कि इस बीच में वह आधा कम्बल ऊपर और आधा नीचे ले कर सो गया है तो उन्होंने उसे झकझोरा।

आँखें मलता हुआ वह उठा!

"चलो भई, जल्दी चलो," खन्ना साहब ने कहा।

हसनदीन का सिर दर्द करने लगा था, अँगूठे और तर्जनी की सहायता से दोनों कनपटियाँ दबाते हुए उसने कहा, "साब, घोड़ा तो यहीं तक आता है, आगे रास्ते पर बर्फ़ पड़ी है।"

"तुमने कहा था कि जहाँ तक चलेगा, ले जायेगा।"

"नहीं साब, आगे नहीं जाता। खिलनमर्ग से दोनाले तक आने का एक रुपया और लगता है, लेकिन आगे घोड़ा नहीं जाता। साब, ज़्यादा लोग तो दोनाले तक आता है।"

तभी खन्ना साहब ने देखा – कुछ लोग ऊपर जा रहे हैं – दो विलायती साहब थे और कुछ देसी लोग।

"क्यों साब, कहाँ तक जाने का इरादा है?" उन्होंने आगे जाने वाले से पूछा।

"अभी तो ऊपर अफ़राबट तक चलेंगे। समय रहा तो फ़रोज़न लेक देखेंगे।"

"कैसी है फ़रोज़न लेक ?"

"यह तो हमने भी नहीं देखा।"

"देखिए साब, वो लोग पैदल जा रहे हैं।" सहसा हसनदीन ने कहा, "आगे घोड़ा नहीं जाता।"

लेकिन खन्ना साहब गर्म हो गये, "तुमने कहा था – मैं अलपत्थर तक ले जाऊँगा, घोड़ा जहाँ तक जायेगा, ले जाऊँगा। हमको धोखे से लाये हो और यहाँ आ कर बैठ गये हो। हमें पता होता कि ऊपर तक नहीं जाओगे तो हम खिलनमर्ग से ही मुड़ जाते, यहाँ तक भी नहीं आते।"

उप्पल साहब, ऊषा और जीवानन्द चुपचाप तनिक ऊपर रास्ते पर खड़े यह बहस सुन रहे थे। उनके साईसों ने उन्हें दोनाले तक पहुँचाने की बात की थी। लेकिन यदि खन्ना

साहब आगे घोड़ों पर जायेंगे, वे सोच रहे थे, तो वे भी जायेंगे।

हसनदीन चुप रहा। उसके अन्तर में कोई कहा रहा था – बस, यहीं तक, अब मत हिलना। ऊपर मत जाना, पहचानने में कहीं ग़लती हो गयी है। यहाँ तक के दाम वसूल करो, आगे न मरो। यहाँ तक तो सरकारी रेट है, मिल ही जायेगा। ऊपर का क्या भरोसा ? कितनी मेहनत पड़े और बाद में पाई न मिले। उसके सिर में दर्द धीरे-धीरे बढ़ रहा था। उसका मन होता था, ये लोग लौट चलें, वह पैसे वसूल करे, घर जा कर गर्म चाय के दो प्याले पिये और सो जाये और अगला सारा दिन सोया रहे।

लेकिन खन्ना साहब गरज रहे थे –

"चलो, हम आगे नहीं बढ़ेंगे, लेकिन यह जान लो कि एक कौड़ी हम नहीं देंगे। चलो उठाओ।"

हसनदीन घोड़ों की तरफ़ बढ़ा। वह जानता था कि यहाँ तक के पैसे वे लोग झख मार कर देंगे। हाँ, शोर ज़रूर मचायेंगे। न देने के लिए कहेंगे, लेकिन सरदार हरनाम सिंह की ड्यूटी है, पैसे तो वह ले ही मरेगा।

लेकिन खन्ना साहब कच्ची गोलियाँ नहीं खेले थे। हसनदीन के मुड़ते ही गरजे, "ठीक है, तुम जाओ, अपने घोड़े ले जाओ। हमको नहीं चाहिएँ घोड़े, हम पैदल चलेंगे।"

और कैनवस का बैग उससे छीन कर वे चन्द कदम बढ़े।

उप्पल साहब बड़ी उत्सुकता से यह सब कौतुक देख रहे थे। खन्ना साहब की बीवी और बच्चा असमंजस में वहीं खड़े थे। बीवी सोच रही थी – कहीं सचमुच पैदल ही न चल दें। बढ़ कर हसनदीन से बड़े खिजलाहट-भरे स्वर में बोली, "जब इतनी बातें करके लाये थे तो क्यों नहीं ले जाते ऊपर ?"

"मेम साब, घोड़ा इससे आगे नहीं जाता।"

"जहाँ तक जाते हैं, ले चलो।"

"मेम साब, हमारा सिर दर्द कर रहा है। नहीं हमको पैसा मिलता, हम क्यों नहीं जाता।"

"लो, मैं तुम्हें बाम देती हूँ, मल लो।" और उसने खन्ना साहब को आवाज़ दी, "सुनिए जी, ज़रा बैग दीजिए!"

खन्ना साहब वापस हुए। वास्तव में वे आगे बढ़े नहीं थे, बढ़ने का अभिनय भर कर रहे थे।

अपने पति से बैग ले कर, उसमें से अमृतांजन निकाल कर खन्ना साहब की बीवी ने थोड़ा-सा बाम हसनदीन को दिया, "जहाँ दर्द हो रहा है, वहाँ मल लो।"

बाम को मलते-मलते हसनदीन ने सोचा – उसे चलना चाहिए! वह टंगमर्ग के अड्डे का साईस, गुलमर्ग से उसे सवारी मिलेगी नहीं। दिन ख़राब हो जायेगा। वापसी के पैसे मारे जायेंगे। सेठ खिलनमर्ग से पैदल उतरेगा तो फिर उनके घोड़ों पर तो जायेगा नहीं... माथा ठनक रहा है... बख़शीश मिले-न-मिले, उसे चलना ज़रूर चाहिए। मन से उसने समझौता

कर लिया। वह अपनी तरफ़ से ख़िदमत कर देगा। फिर जो ख़ुदा को मंजूर हो।

और उसने तीनों को घोड़ों पर चढ़ाया, खन्ना साहब की बीवी से बैग ले कर कन्धे पर लटकाया और चल पड़ा। उप्पल साहब ने भी अपने साईसों को तैयार कर लिया कि जहाँ तक वे लोग घोड़ों पर जायेंगे, वहाँ तक वे ऊषा और जीवानन्द को ले जायें। स्वयं उन्होंने दोनाले अथवा खिलनमर्ग पर उनकी प्रतीक्षा का फ़ैसला किया।

''यू सी, दे आर रोग्ज़। आई नो हाऊ टु डील विद देम।'' उन्होंने उप्पल साहब और अपनी बीवी को सुनाते हुए विजयोल्लास से कहा।

हसनदीन को लगा, जैसे उसके सिर में कोई हथौड़े मार रहा है। उसने कम्बल सिर से लपेट लिया।

उनकी बीवी इतनी अंग्रेज़ी न पढ़ी थी कि अपने पति की बात ठीक से समझ लेती, पर वह मतलब समझ गयी और अपने पति की बुद्धिमानी पर प्रसन्न हो कर मुस्करायी।

तभी उनके बच्चे की नज़र एक लड़के पर गयी, जो अफ़राबट से बर्फ़-गाड़ी पर फ़रटि से फिसलता चला आ रहा था और उनके निकट आ कर दोनाले पर रुक गया था। उसके पीछे परिवार के दूसरे लोग बर्फ़-गाड़ियों पर तेज़ी से उतरे आ रहे थे। और कुक्कू चिल्लाया, ''पापो जी, हम भी बर्फ़-गाड़ी पर चढ़ेंगे।''

''हाँ-हाँ, चढ़ना!'' खन्ना साहब ने कहा और घोड़े को टिटकारी मारी।

और जैसे वह इसी संकेत की प्रतीक्षा कर रहा था, एक कश्मीरी हातो, कन्धे पर बर्फ़-गाड़ी लादे, किनारे के पत्थरों से निकल कर उनके रास्ते पर आ गया और उनके साथ-साथ चलने लगा।

''क्यों भई, स्लेज पर अफ़राबट से उतरने का फ़ी-सवारी क्या लेते हो।''

खन्ना साहब ने पूछा।

''आठ रुपये!''

''आठ रुपये!'' खन्ना साहब हँसे और सिर को झटका दे कर उधर से ध्यान हटा, उन्होंने घोड़े को एड़ लगायी।

लेकिन वह कश्मीरी उनके साथ-साथ चलता रहा।

दोनाले से आगे रास्ता बायीं ओर के पत्थरों और चट्टानों में कभी बायें और कभी दायें होता, चक्कर खाता ऊपर चढ़ता था। दायीं ओर अफ़राबट से दोनाले तक आने वाली बर्फ़ की ढलान थी। न जाने बर्फ़ कितनी गहरी जमी थी! उसके नीचे – कहीं बहुत नीचे – नाला

बहता होगा, लेकिन सर्दियों में बर्फ़ से सारे-का-सारा खड्ड भर गया था, बर्फ़ किनारों तक आ गयी थी और अभी तक पिघली नहीं थी। ज्यों-ज्यों वे अफ़राबट की ओर बढ़ते जाते थे, बर्फ़ का पाट बढ़ता जाता था और ऊपर - बहुत ऊपर - अफ़राबट की चोटी पर तो बड़ा चौड़ा हो गया था और अनायास मन में जिज्ञासा उठती थी कि दूसरी ओर क्या बर्फ़ का मैदान है अथवा दोनाले जैसी बर्फ़ीली ढलान! बार-बार वे इस बर्फ़ के किनारे आते फिर दूर हो जाते, फिर निकट आ जाते और इस तरह मन्थर गति से ऊपर चढ़ते जाते।

वास्तव में रास्ता कोई था नहीं, पर्यटकों के आने-जाने से एक छोटी-सी पगडण्डी बन गयी थी और हसनदीन लगातार बड़बड़ाता जा रहा था कि उसके किसी घोड़े की टाँग टूट जायेगी; घोड़ा दोनाले तक रहता है, ऊपर नहीं जाता; अगर साब टंगमर्ग पर पक्की तरह कह देता कि वह अलपत्थर जायेगा तो वह उसे दूसरी ओर से लाता; इधर से अलपत्थर जाने वाला लोग तो दोनाले पर उतर कर पैदल जाता है।

लेकिन खन्ना साहब उसकी बड़बड़ाहट पर कान दिये बिना बर्फ़-गाड़ी वाले से भाव-ताव किये जा रहे थे।। इस एक मील के रास्ते में वह आठ रुपये से चार रुपये तक उतर आया था और वे एक रुपये से डेढ़ रुपये तक बढ़ गये थे। न जाने उसने अपने साथियों को इशारा कर दिया था अथवा चूँकि वह अभी उनके घोड़े के साथ लगा चल रहा था, इसलिए वे समझ रहे थे कि वह मामला पटा रहा है और बर्फ़-गाड़ियाँ कन्धों पर रखे किनारे-किनारे सीधी चढ़ाई चढ़ रहे थे। रास्ता जब बर्फ़ के निकट आता तो वे धीरे-धीरे चढ़ते दिखायी दे जाते। शायद ये वही लोग थे, जो कुछ देर पहले ऊपर से सवारियाँ लाये थे।

कुक्कू कई बार बर्फ़-गाड़ी पर चढ़ने के लिए अनुरोध कर चुका था, ''पापो जी, हम अफ़राबट से बर्फ़-गाड़ी पर उतरेंगे न ?'' वह थोड़ी-थोड़ी देर बाद कुछ ऐसे ही बात करता और जब खन्ना साहब कहते - 'हाँ-हाँ, बेटा जी, उतरेंगे' वह बायें हाथ में लगाम पकड़ कर दायें हाथ से हवा को ऊपर से नीचे तक चीरता कि यों सर्र से उतरेंगे और लगातार हाथ से हवा में गाड़ी चलाये जाता। फिर कुछ देर बाद अपनी माँ से पूछता - ''क्यों मम्मो जी, आप भी मेरे साथ बर्फ़-गाड़ी में उतरेंगी न ?'' वह हर तरह से बर्फ़-गाड़ी की सैर के सम्बन्ध में आश्वस्त हो जाना चाहता था।

खन्ना साहब को उसका यों बार-बार पूछना बड़ा बुरा लगता था। यदि स्लेज वालों को यह विश्वास हो गया कि ये लोग ज़रूर बर्फ़-गाड़ियाँ किराये पर लेंगे तो वे कभी भाव कम न करेंगे और चार रुपये प्रति सवारी तो वे इस जन्म में नहीं देंगे। इसलिए चाहे लड़के को उन्होंने आश्वस्त कर दिया था, पर गाड़ी वाले से कहा, ''भाई, तुम जाओ, क्यों परेशान कर रहे हो ? तुम्हें देख कर बच्चा मचलता है। क्यों अपना वक्त ख़राब करते हो ? पीछे सवारियाँ आ रही हैं, बड़े अमीर लोग हैं, उन्हें घेरो, हम पैदल ही आयेंगे।''

लेकिन बर्फ़-गाड़ी वाला निरन्तर पीछे लगा था, ''साब, तुम इतना बड़ा सेठ है, क्या चार-छै रुपये का मुँह देखता है। इतनी दूर से कश्मीर की सैर को आया है। बर्फ़-गाड़ी पर

अफ़राबट से उतरेगा तो जन्नत का मज़ा आ जायेगा। हम तो ख़ुदा कसम आठ रुपया से डब्बल कम नहीं लेता। अभी तुम्हारे सामने हमारा साथी लोग आठ-आठ रुपये में ऊपर से सवारी लाया है।''

''अरे भाई, कोई राजा-महाराजा होता तो इसी आठ के बदले अस्सी रुपये दे देता, पर हम ग़रीब आदमी हैं।''

''अरे सेठ, क्या बात करता है। ग़रीब आदमी कश्मीर की सैर को नहीं आता। हज़ारों रुपया ख़र्च करके आया है, हम ग़रीब पर क्यों कसर निकालता है। तुम इतना बड़ा सेठ है...''

'बड़ा सेठ है!' - हसनदीन उस भाव-ताव को देख कर मन-ही-मन झल्लाया - 'ख़ाक बड़ा सेठ है! कोई बनिया-बक्काल है!'... उसका सिर दर्द से फटा जा रहा था। कुछ देर बाम की चुनचुनाहट रही थी और लगा था कि आराम आ रहा है, लेकिन अब फिर सिर में हथौड़े चलने लगे थे। ढीले होते कम्बल को उसने फिर सिर पर लपेटा। नाक में पानी चला आ रहा था, आस्तीन के बाज़ू से उसे पोंछा। मन-ही-मन उसने कहा - 'पैसे से कोई थोड़ा बड़ा हो जाता है! बड़ा वह, जिसका दिल बड़ा!'

''क्यों भाई, हमारा सौदा करा दो ना,'' स्लेज वाले ने कुछ कदम पीछे हो कर कश्मीरी भाषा में हसनदीन से कहा।

''सेठ बड़ा कंजूस है।'' हसनदीन ने कश्मीरी ही में उत्तर दिया, ''लेकिन उसे शाम को टंगमर्ग से बस पकड़नी है और वह अलपत्थर भी देखना चाहता है, इसलिए बर्फ़-गाड़ी लेगा ज़रूर, लेकिन दो-अढ़ाई से ज़्यादा नहीं देगा।''

और बर्फ़-गाड़ी वाले ने आगे बढ़ कर कहा, ''साब, तुम्हारा बच्चा बर्फ़ पर सवारी करने को माँग रहा है, उसकी ख़ातिर हम तुमसे पौने चार रुपया ले लेगा। बस, इससे कम हम एक डब्बल नहीं लेगा, तुम्हारा ख़ुशी गाड़ी लो, चाहे न लो।''

खन्ना साहब ने उत्तर में सिर्फ़ घोड़े को एड़ लगायी और टिटकारी भरी।

और हसनदीन ने सिर में पड़ते हथौड़ों के मध्य सोचा, वह बर्फ़ के पुल तक जायेगा, आगे एक कदम नहीं रखेगा, चाहे सेठ उसका घोड़ा रखे, चाहे छोड़े और उसने फ़िरन की आस्तीन से अपनी बहती नाक पोंछी।

यह बर्फ़ का पुल दोनाला से एक मील ऊपर था। पुल-वुल वहाँ उस वक्त कुछ नहीं था, क्योंकि बर्फ़ अफ़राबट की चोटी से लगातार नीचे दोनाले तक चली गयी थी। एक-दो महीने बाद, जब नीचे की बर्फ़ पिघल जाती होगी, और नीचे नाला तेज़ी से बहता दिखायी देता होगा तो उसे बर्फ़ के पुल की संज्ञा दी जाती होगी। उस वक्त तो वहाँ इस किनारे से उस किनारे तक बर्फ़ पर एक मैली-सी पगडण्डी बनी हुई थी। घोड़े इस किनारे रुक गये और हसनदीन ने कहा कि बस, घोड़े इससे आगे नहीं जायेंगे और वे लोग उतर जायें।

''तुम बोला था - घोड़ा सीधा अफ़राबट तक जायेगा।'' खन्ना साहब ने घोड़े पर बैठे-बैठे कहा।

''साब, तुम अगस्त में आता, यहाँ का रास्ता खुल जाता तो घोड़ा अफ़राबट तक जाता, लेकिन आगे रास्ता बन्द है। घोड़ा की टाँग टूट जायेगा और घोड़ा फिसल गया तो तुम नीचे दोनाला तक लुढ़कता चला जायेगा।''

खन्ना साहब क्षण भर चुप रहे। घोड़े पर बैठे रहे। फिर बोले, ''ये घोड़े तो बर्फ़ पर चल लेते हैं।''

''साब, हमको यहाँ तक आने पर ही दूसरे साईस गालियाँ दे रहे हैं। हमारा हुक्का-पानी बन्द कर देंगे। हम एक कदम आगे नहीं जायेगा।''

उसके स्वर में ऐसी दृढ़ता थी कि खन्ना साहब ने उतरने का फ़ैसला कर लिया, लेकिन वे उतरे नहीं। जिद्दी बच्चे की तरह बोले, ''तुमने हमसे कहा था - हम अलपत्थर तक ले जायेगा।'' यह कहते हुए उन्होंने पीछे की ओर देखा - ऊषा और जीवानन्द घोड़ों से उतर रहे थे।

''साब, हम ले जाता, पर रास्ता बन्द है,'' हसनदीन बोला। फिर निमिष भर रुक कर उसने कहा, ''हमको हमारा फ़िकिर नहीं साब, घोड़े का भी फ़िकिर नहीं साब, हमको साब का, मेम साब का और बच्चा का फ़िकिर है। कहीं घोड़ा का पैर फिसल गया तो हम ग़रीब मारा जायेगा साब, हमारा नाम बदनाम हो जायेगा साब।''

खन्ना साहब को भी उसकी या उसके घोड़े की चिन्ता नहीं थी, लेकिन उन्हें अपने बीवी-बच्चे की चिन्ता ज़रूर थी। वे घोड़े से उतर गये और उन्होंने अपने बीवी-बच्चे को भी

घोड़ों से उतारा!

सामने पगडण्डी इतनी पतली थी और बर्फ़ ऐसी ढालुवीं थी कि उसे देखते ही डर लगता था, "लेकिन हम बर्फ़ पर कैसे चलेंगे?" सहसा उन्होंने कहा।

"उसका फ़िकिर नहीं! हम साब को ले जायेगा! साब को पार पहुँचा कर आयेगा।"

"तुमको हमारे साथ अफ़राबट तक चलना होगा।"

"साब हमारा तबीयत ठीक नहीं।"

"हम तुमको ख़ुश कर देंगे।"

"उसका फ़िकिर नहीं, हम साब का ग़ुलाम है, लेकिन हमारा सिर दर्द करता है, हम ठीक से खड़ा नहीं हो सकता।"

और हसनदीन ने घोड़े की लगाम ममदू को दी और उसे आदेश दिया कि वे लोग दोनाले पर उन सब का इन्तज़ार करें।

खन्ना साहब के बच्चे को किसी भी प्रकार का डर न था। वह सबसे पहले पार जाने को मचल रहा था। हसनदीन ने उसे साथ लिया। समझाया कि बायीं ओर को पैर बर्फ़ में दबा कर चलो और वह उसे सहारा देता हुआ, विज़िटरों के जूतों से गँदली हो जाने वाली उस लकीर-सी पगडण्डी पर बढ़ा।

बच्चा बर्फ़ के पार पहुँच कर ख़ुशी से उछलने लगा कि वह सबसे पहले पहुँचा। तब हसनदीन खन्ना साहब की बीवी को पार ले गया।

यद्यपि उनका बच्चा और बीवी हसनदीन के सहारे आसानी से उस बर्फ़ के पुल के पार हो गये थे, लेकिन खन्ना साहब दो बार फिसले। वे ऐसे घबराये हुए थे कि इर्द-गिर्द कैसा सुन्दर दृश्य है, यह देखना उनके लिए नितान्त असम्भव था। दूसरी बार जब वे फिसले और हसनदीन ने खींच कर उन्हें खड़ा किया तो उनकी दृष्टि बर्फ़ की उस ढलान पर लुढ़कती हुई नीचे तक चली गयी और उन्होंने देखा - नीचे, बहुत नीचे, जहाँ वे बैठे थे, चींटियों की एक कतार सरक रही है - वही भेड़ें थीं, जो दूसरे किनारे चली गयी थीं, अब फिर उसी किनारे वापस आ रही थीं। सहसा एक ख़याल खन्ना साहब के दिमाग़ में कौंध गया। यदि वे फिसल जायें, लुढ़कते चले जायें तो ज़रूर उन चींटियों को रौंदते चले जायेंगे... और उनकी भयभीत कल्पना ने देखा कि वे फिसल गये हैं, लुढ़कते जा रहे हैं और उन चींटियों-सी भेड़ों को अपने साथ लुढ़काते हुए कहीं बहुत नीचे जा गिरे हैं, जहाँ बर्फ़ खत्म हो गयी है और नाला बर्फ़ की कैद से आज़ाद हो कर पत्थरों में बहता है -कल्पना मात्र से, उस सर्दी के बावजूद उन्हें पसीना आ गया, कपड़ों के नीचे उन्होंने नमी-सी महसूस की और वे हसनदीन के सहारे दो-चार लम्बे पग धरते हुए बर्फ़ की उस पगडण्डी के पार हो गये।

हसनदीन का ख़याल था कि वह उप्पल साहब की भतीजी और जीवानन्द को भी पार जाने में सहायता देगा, लेकिन खन्ना साहब को इस पार ला कर जब वह मुड़ा तो उसने देखा कि जीवानन्द ऊषा को सहारा दे कर लगभग पार आ गया है।

पार आ कर खन्ना साहब कुछ क्षण चुपचाप खड़े रहे, अफ़राबट एकदम ऊपर दिखायी देता था। सीधी चढ़ाई, और उनकी साँस पगडण्डी पार करते ही फूल गयी थी, लेकिन उनका लड़का चलने को उतावला था और अपनी माँ का हाथ खींच रहा था।

खन्ना साहब अपनी बीवी के पीछे चलने ही लगे थे कि हसनदीन ने कहा, ''साब, आप बैग ले लीजिए, हमारा तबीयत बहुत ख़राब है, हम नीचे दोनाला पर आपका इन्तज़ार करेगा।''

''अफ़राबट तक तो तुम्हें चलना ही पड़ेगा,'' खन्ना साहब झुँझला कर बोले, ''तुम्हारी ही वजह से हम आये हैं।''

''साब, हमारा सिर दर्द करता है।''

''शकुन, इसे थोड़ा-सा बाम दो।'' उन्होंने अपनी पत्नी से कहा।

''अरे, साब को ले जाता क्यों नहीं अफराबट तक। बड़ा सेठ है, ख़ूब बख़शीश देगा...''

खन्ना साहब की बीवी बैग से बाम की शीशी निकाल रही थी। आवाज़ सुन कर खन्ना साहब मुड़े। उन्होंने देखा कि वही बर्फ़-गाड़ी वाला कन्धे पर बर्फ़-गाड़ी उठाये इस पार आ गया है।

''बख़शीश का बात नहीं, हमारा सिर दर्द करता है!'' हसनदीन ने बेबसी कहा।

बर्फ़-गाड़ी वाले कश्मीरी ने गाड़ी धरती पर रख कर श्रीमती खन्ना से बाम लिया और हसनदीन के माथे पर मल दिया, फिर वह गाड़ी कन्धे पर रख कर हसनदीन को दायीं बग़ल में लेता और, 'कह कर लाये हो तो साब को अफ़राबट पहुँचा दो!' कश्मीरी भाषा में यह कहता हुआ आगे बढ़ा।

खन्ना साहब चल दिये। ऊषा और जीवानन्द कुछ आगे निकल गये थे और कुछ ऊँचाई पर जा रहे थे। खन्ना साहब का बच्चा उन्हें और आगे बढ़ने के लिए खींच रहा था और वे भरसक तेज़ चलने का प्रयास कर रहे थे।

हसनदीन और बर्फ़-गाड़ी वाला, दोनों सब के पीछे चल रहे थे।

''यार, हमारा तय करा दो, हम तुम्हें चाय पिलायेंगे।'' बर्फ़-गाड़ी वाले ने अपनी भाषा में बड़े धीमे स्वर में हसनदीन से कहा।

''मेरा सिर फटा जाता है, तुम्हें अपनी पड़ी है।''

''दो गोली 'इस्प्रो' बढ़िया कहवे के साथ खाना, सिर-दर्द का पता न चलेगा।''

''हमारी किस्मत में तो वही अपनी नमकीन चाय है।''

''हम पिलायेंगे तुम्हें कहवा।'' और उसने सीने पर ज़ोर से हाथ मारा।

पैदल आने वाली पार्टी बर्फ़ का पुल पार कर रही थी। हसनदीन ने एक नज़र उन लोगों पर डाली और आगे बढ़ कर खन्ना साहब से कहा, ''साब, अफ़राबट तक पहुँचते-पहुँचते एक बज जायेगा, तुम खाना भी खायेगा, तुमको टंगमर्ग से बस भी पकड़ना हैं, बर्फ़-गाड़ी तुमको पाँच मिनट में दोनाला पहुँचा देगा, पैदल तो एक घण्टा लग जायेगा।''

''लेकिन हम चार-पौने चार नहीं दे सकते।''

''तुम बोलो, तुम ज़्यादा-से-ज़्यादा कितना दे सकता है ?''

''हम दो-अढ़ाई रुपये से ज़्यादा हरगिज़ नहीं दे सकते ?'' मन में उन्होंने हिसाब लगाया कि यदि वे समय से बस पर न पहुँचे तो उनके आठ रुपये व्यर्थ जायेंगे, क्योंकि वे वापसी टिकट ख़रीद कर गुलमर्ग आये थे, वही आठ वे बर्फ़-गाड़ियों पर ख़र्च कर देंगे। बच्चा भी ख़ुश हो जायेगा, बर्फ़-गाड़ियों की सैर भी कर लेंगे। (उनको स्वयं शौक था कि वे चढ़ कर देखें कैसे इतनी ऊँचाई से आदमी सर्र से एकदम मीलों नीचे चला जाता है।)

''इतने कम पर तो शायद तैयार न हों।'' हसनदीन ने कहा।

''तुम कोशिश तो करो। उनको देने के बदले हम तुम्हें देंगे, देखो भाई अढ़ाई रुपये प्रति सवारी पर उन्हें मनाओ।''

लेकिन जब कुछ ही क्षण बाद हसनदीन ने आ कर बताया कि उसने बड़ी मुश्किल से उन्हें राज़ी कर लिया है तो खन्ना साहब को बड़ा अफ़सोस हुआ। उन्हें लगा कि उन्हें दो रुपये प्रति सवारी कहना चाहिए था और बच्चे के तो आधे पैसे होने चाहिएँ थे। पलट कर उन्होंने हसनदीन से कहा - ''बच्चे का हम सवा रुपया देंगे। उसका तो बस में भी आधा टिकट लगता है।''

खन्ना साहब का बच्चा अपनी माँ को ले कर सबसे आगे निकल गया था। पीछे से आने वाले भी आगे निकल गये थे। चढ़ाई ऐसी सीधी थी कि खन्ना साहब को हर मोड़ पर साँस लेनी पड़ती थी।

''साब, हमारे पास तो दो बर्फ़-गाड़ी है, हम तीसरा आदमी को भेज देता है, तुम उससे तय कर लो।'' स्लेज वालों ने कहा।

''नहीं, हम तय-वय कुछ नहीं करेंगे, हम सवा रुपया बच्चे का देंगे, तीसरा आदमी तुम्हीं तैयार करो।''

और वे तेज़-तेज़ चलने लगे, पर दो मोड़ पार करते-करते ही उनकी साँस फूल गयी, लेकिन इस प्रयास में वे ऊषा और जीवानन्द से आगे निकल आये।

''पापो जी, हमको छुओ। देखो, हम कितना ऊपर चढ़ गये हैं।'' कुक्कू ने एक मोड़ ऊपर से कहा।

''आपका बच्चा साहब बड़ा तेज़ है!'' दोनाला से पैदल आने वाले एक बुज़ुर्ग ने कहा, ''इतने में ही उसने हमें दोस्त बना लिया है। अपने कॉन्वेण्ट, साथियों और टीचरों के नाम - उसने सब बता दिये हैं।''

''साहब, हम तो कॉन्वेण्ट के हक में नहीं, पर हमारे बड़े भाई के कोई लड़का नहीं, वे इसे ही अपना लड़का मानते हैं, सो यह कॉन्वेण्ट में पढ़ता है।'' खन्ना साहब वहीं से बोले।

''नहीं साहब, आप बहुत अच्छा करते हैं, आपके लड़के को देख कर तबीयत ख़ुश हो गयी।''

''हम तो इसके थक जाने के डर से इस ऊँचाई पर आ नहीं रहे थे, लेकिन वह तो भागा जा रहा है, हमीं थक गये हैं।''

चढ़ाई एकदम सीधी हो गयी थी, उन बुज़ुर्ग को कष्ट हो रहा था। ''अंकल जी, मैं आपकी मदद करता हूँ।'' सहसा खन्ना साहब का बच्चा नीचे उतर आया और उनका हाथ थाम कर उन्हें चढ़ने में मदद देने लगा। और देखते-देखते उन्हें छोटी और सीधी पगडण्डियों के रास्ते सबसे आगे ले गया। बच्चे के साथ बुज़ुर्ग भी बच्चा बन गये।

खन्ना साहब थक कर सुस्ताने के लिए एक पत्थर पर बैठ गये। वहीं बैठे-बैठे उन्होंने देखा कि दो-तीन मोड़ नीचे, ऊषा थक कर एक चट्टान पर बैठ गयी है और जीवानन्द उससे सटा, अपनी दायीं बाँह से उसे घेरे, बातों में निमग्न है। उसे अलपत्थर पहुँचने की कोई जल्दी नहीं। जैसे वे अनन्त काल तक वहीं बैठे रहेंगे।

खन्ना साहब को क्षण भर के लिए जीवानन्द से ईर्ष्या हुई, फिर उन्हें ख़याल आया, मुड़ कर उसे इस बदतमीज़ी से रोकें - ऊषा के चचा ने उन्हें उसका ख़याल रखने और अफ़राबट दिखा लाने के लिए कहा था। लेकिन इससे पहले कि वे उठते, उन्होंने सोचा, जाने उप्पल साहब इस तरह उस लड़के को फाँस ही रहे हों, जभी तो उसे अकेले उसके साथ भेज दिया है, दिल्ली में उस मुटकी को ऐसा अच्छा अमीर युवा वर कहाँ मिलेगा और उनके कर्त्तव्य का जोश पानी की झाग-सा बैठ गया और एक लम्बी साँस उनके होंटों से निकल गयी - पहाड़ की सैर का मज़ा तो ये लोग ले रहे हैं, वे ख़ुद तो जैसे बेगार काट रहे हैं और उन्होंने मन-ही-मन फ़ैसला किया कि चाहे कुछ ज़्यादा पैसे ही देने पड़ें, वे अफ़राबट की चोटी से स्लेज द्वारा ज़रूर उतरेंगे। कुछ याद तो रहे कि हाँ, पहाड़ की सैर को गये थे। और कल्पना-ही-कल्पना में वे स्लेज-ड्राइवर के पीछे आँधी के वेग से बर्फ़ को चीरते अफ़राबट से उतरे...

कि बर्फ़-गाड़ी वाला दायीं ओर बर्फ़ीले किनारे से एक बुड्ढे को साथ ले कर उनके सम्मुख आ खड़ा हुआ, हसनदीन को भी उसने साथ ले लिया। ''साब, यह तो अढ़ाई रुपये पर भी तैयार नहीं होता।''

और यद्यपि अभी मन-ही-मन खन्ना साहब ने कुछ ज़्यादा ख़र्च करके भी बर्फ़-गाड़ी की सैर करने का फ़ैसला किया था तो भी जब उन्होंने उत्तर दिया तो 'ठीक है, चलेंगे,' उनके होंटों से नहीं निकला। वे उठ खड़े हुए। ''तो कोई बात नहीं, हम पैदल ही जायेंगे, हमें जल्दी नहीं।'' उन्होंने कहा और एक हाथ से अपनी दायीं रान पर ज़ोर दे कर चढ़ाई चढ़ने लगे।

वे लोग खन्ना साहब के पीछे आते हुए, कश्मीरी भाषा में तेज़-तेज़ बातें करने लगे। कुछ देर बाद पहले कश्मीरी ने आगे बढ़ कर कहा, ''साब, यह अढ़ाई रुपये तो ले लेगा, पर इससे कम नहीं लेगा।''

''हम सवा रुपये से कौड़ी ज़्यादा नहीं देंगे,'' खन्ना साहब ने बिना रुके कहा। लेकिन हसनदीन को आवाज़ दे कर वे धीरे से बोले, ''तुम ठीक समझो तो उन्हें डेढ़ रुपये पर

राज़ी कर लो। इससे ज़्यादा हम नहीं देंगे।''

वे सब अफ़राबट पहुँच गये थे, जब आख़िर तय हुआ कि वे लोग चाहे जैसे बाँटें, खन्ना साहब तीनों सवारियों के सात रुपये देंगे और कश्मीरी बर्फ़-गाड़ी वाले उनकी बात मान गये।

जैसे अफ़राबट के कन्धे पर एक बहुत छोटा-सा, किंचित ढालुवाँ, घास का मैदान था। वहाँ चन्द ही कदम के अन्तर पर बर्फ़-ही-बर्फ़ फैली थी, जो कुछ और ऊँचे पर अफ़राबट की चोटी तक चली गयी थी। उस बर्फ़ के उधर क्या है, यह उस घास के मैदान से नज़र न आता था। जो लोग पहले आ गये थे, उनमें से कुछ थक कर अध-बैठे, अध-लेटे हो गये थे और कुछ उस मैदान के किनारे जा कर नीचे फैली कश्मीर की वादी का नज़ारा कर रहे थे। खन्ना साहब का बच्चा उन बुज़ुर्ग से सामने के पहाड़ों और चोटियों के सम्बन्ध में प्रश्न कर रहा था, उनकी बीवी थक कर लेट गयी थी, तभी उन्होंने देखा - अफ़राबट की चोटी के नीचे बर्फ़ के उस चौड़े पाट पर वही बर्फ़-गाड़ी वाला जल्दी-जल्दी पैर रखता हुआ, ऊपर को चढ़ा जा रहा है।

बर्फ़ की उस श्वेत विशालता में वह आगे को बढ़ता चींटा-सा उन्हें बड़ा भला लगा। हसनदीन बैग उनकी पत्नी को सौंप कर कम्बल बिछा कर लेटने का उपक्रम कर रहा था कि उन्होंने उठ कर उससे पूछा - ''वह कहाँ जा रहा है ?''

''शायद मुण्डी बूटी लेने।''

''मुण्डी बूटी!''

''यहाँ उगता है, ख़ूब मँहगा बिकता है।''

खन्ना साहब कुछ क्षण तक वहीं खड़े उसे देखते रहे, फिर वे पलटे। वहाँ गये, जहाँ उनका बच्चा और बुज़ुर्ग खड़े थे। सामने वही दृश्य था, जो खिलनमर्ग से दिखायी देता था - हाँ कुछ और विशाल, कुछ और विराट हो गया था। सामने, जहाँ वुलर थी, काफ़ी धुन्ध उठ रही थी और हरमुख और नाँगा पर्वत के हिम-मण्डित शिखर बादलों में छिप गये थे - 'अप्रैल-मई में यहाँ का नज़ारा शानदार होगा।' उन्होंने सोचा। तब कोई कह रहा था-''बादल छँटने के बाद आकाश खुला हो और बढ़िया दूरबीन आँखों पर हो तो यहाँ से शालीमार और निशात तक दिखायी दे जाते हैं।''

एक दूसरा व्यक्ति उस विलायती साहब से अंग्रेज़ी में पूछ रहा था, ''क्यों साहब, आपका स्विट्ज़रलैण्ड कश्मीर से अच्छा है?''

"स्विट्ज़रलैण्ड छोटा है, कश्मीर की एक घाटी में समा जाये, लेकिन वह विकसित ज़्यादा है।" उन्होंने अंग्रेज़ी ही में उत्तर दिया। उनके उच्चारण में 'ट' के बदले 'त' और 'ड' के बदले 'द' था।

एक बजने को था, जब लोग लंच पर बैठे। ऊपर आकाश पर बड़े निकट ही, बादलों के टुकड़े उड़ रहे थे। अपने बच्चे की प्रगल्भता और चांचल्य के कारण खन्ना साहब ने उन बुज़ुर्ग और उनकी टोली से मैत्री कर ली। उन्होंने अपना एक-एक पराँठा सब को बाँट दिया और बदले में षड-रस स्वाद पाया। उन बुज़ुर्ग तथा उनके साथियों के पास तो लेमन स्कुआश की बोतल और थर्मस में पानी था, पर खन्ना साहब अपनी बीवी के साथ हसनदीन से पता ले कर वहाँ गये, जहाँ कश्मीरी स्लेज वाले खड़े थे। वहाँ किनारे पर, यद्यपि ऊपर-ऊपर बर्फ़ हल्की थी, लेकिन नीचे उसी तरह जमी थी, जैसे कारख़ानों में जमी होती है और उसी से पानी की पतली-सी धार टपक रही थी। वहीं से उन्होंने चार-चार घूँट पानी पिया।प्यास तो नहीं मिटी, क्योंकि पानी इतना ठण्डा था कि पीना मुश्किल था। उस टोली के एक-दो मनचलों के पास बढ़िया कैमरे थे, जब उन्होंने फ़ोटो लिये तो खन्ना साहब भी उनमें शामिल हो गये। वे लोग दिल्ली ही के थे। (खन्ना साहब ने अपना पता उन्हें लिखवा दिया और उनका लिख लिया कि यदि वे स्वयं उन्हें फ़ोटो का प्रिण्ट न भेजें तो वे ख़ुद जा कर ले लें। अपने कैमरे से फ़ोटो ले कर उन्होंने एक-दो फ़िल्में बर्बाद करना ठीक नहीं समझा।

पौने दो बजने को होंगे, जब कुछ लोगों ने अलपत्थर और फ़रोज़न लेक देखने का फ़ैसला किया। यद्यपि कुछ लोगों का ख़याल था कि वहीं से वापस चलना चाहिए, लेकिन उस टोली में एक अमृतसर का युवक लाला भी था, उसने कहा कि जब पैसे ख़र्च किये हैं तो उनका पूरा लाभ उठाना चाहिए और खन्ना साहब को उसकी बात पसन्द आयी। उनके अपने मन में भी यही बात थी। इतना पैसा ख़र्च करके और इतना शारीरिक कष्ट सह कर क्या वे इस छोटे-से घास के टुकड़े पर बैठने को आये थे! घाटी का दृश्य तो खिलनमर्ग से भी दिखायी देता था। उनके बच्चे ने जब सुना कि लोग फ़रोज़न लेक चलने की सोच रहे हैं तो वह ख़ुशी से उछलने लगा, "पापो जी, हम ज़रूर फ़रोज़न लेक देखेंगे।" उसने रट लगायी और अपने नये बने अंकल का हाथ खींचने लगा कि अंकल, तुम भी चलो। और हालाँकि उन्होंने वहीं अपने साथियों की वापसी का इन्तज़ार करने की सोची थी, पर उस छोटे-से बच्चे को तैयार होते देख कर वे भी तैयार हो गये।

खन्ना साहब की बीवी ने बैग ठीक किया और खन्ना साहब ने हसनदीन को जा झकझोरा।

हसनदीन ने कम्बल हटाया। उसका सिर फटा जा रहा था, नाक बह रही थी और शायद उसे हरारत भी थी।। आँखें मलते हुए उसने आसमान की ओर देखा और बोला –

''साब, टाइम बहुत हो गया है। तुमको बस पकड़ना है। तुमको अब चलना चाहिए।''

''नहीं, नहीं, अब इतनी दूर आये हैं तो अलपत्थर और फ़रोज़न लेक देखे बिना वापस न जायेंगे। जाते में तो बर्फ़-गाड़ियों से जायेंगे!''

''साब, तुम देख आओ। हम नीचे दोनाले पर तुम्हारा इन्तज़ार करेगा।''

गाइड किसी भी आदमी के साथ न था। साथ की टोली में से एक आदमी कभी बहुत पहले लड़कपन में आया था, लेकिन ऐसी अकेली जगह खन्ना साहब किसी तरह का संकट मोल लेने को तैयार न थे।

''नहीं, नहीं, तुम चलो। इतनी दूर आ कर तुम हमें नहीं छोड़ सकते!'' उन्होंने कहा, फिर मिन्नत के स्वर में बोले, ''यकीन करो, हम तुम्हें ख़ुश कर देंगे। यकीन नहीं आता तो पहले रुपये ले लो।'' और उन्होंने जेब में हाथ डाला।

''नहीं साब, उसका बात नहीं। हमारा सिर दर्द करता है। हमको सर्दी लग गया है। बुख़ार लगता है।''

खन्ना साहब का बच्चा भाग आया और उसने हसनदीन का हाथ पकड़ कर खींचा, ''चलो, हमको बर्फ़ पार कराओ।''

हसनदीन ने क्षण भर उस चंचल बच्चे को देखा। फिर बेबसी से बोला, ''बच्चा, हमारा तबीयत ख़राब है। तुम अपने पापा-ममी के साथ जाओ।''

बच्चे ने होंट तरेर लिये। हसनदीन के मन को कुछ होने-सा लगा। अपना सिर का दर्द और बुख़ार उसे भूल-सा गया।

तभी खन्ना साहब की पत्नी ने बैग से बाम निकाला और इस बार उसे स्वयं हसनदीन के माथे, कनपटियों और नाक की कोठी के दोनों ओर मल दिया।

हसनदीन फिर चल पड़ा।

वे लोग जहाँ खाना खाने बैठे थे, वहाँ से कुछ ही कदम ऊपर को बढ़े तो उन्हें सामने बर्फ़ फैली दिखायी दी। उसे पार कर वे ऐसी जगह पहुँचे जहाँ बर्फ़ कुछ ढल गयी थी। लेकिन

वहाँ से चोटी के दूसरी ओर का दृश्य दिखायी न देता था। हसनदीन के पीछे-पीछे वे बायीं ओर को मुड़े तो फिर दूर तक बर्फ़ फैली दिखायी दी। वास्तव में यह उसी बर्फ़ का ऊपरी भाग था, जो नीचे दोनाले तक फैली चली गयी थी। चूँकि ढलान यहाँ नहीं थी और उनके बच्चे को बर्फ़ पर चलना आ गया था, इसलिए वह इस बर्फ़ पर भी अपने आप चन्द कदम बढ़ गया। लेकिन खन्ना साहब ने उसे डाँट दिया कि वह हसनदीन के साथ जाये।

हसनदीन ने फिर एक बार कहा, ''साब, बादल घिर रहा है, बरसेगा, तुमको वापस जाना चाहिए।''

लेकिन वहाँ पहुँच कर, उस पार का नज़ारा न करना, अलपत्थर और उसकी जमी हुई झील को न देखना, उन्हें अपने पैसे के पूरे दाम न वसूल करना लगा। फिर यदि उनका बच्चा या बीवी आपत्ति करते, थके दिखायी देते, तो शायद वे लौट पड़ते। लेकिन बच्चा उनका शोख़ और चंचल था। फिसलने अथवा गिरने की परवाह किये बिना, हसनदीन के साथ वह पिछली बर्फ़ पर भागता चला आया था और अब बर्फ़ की यह नदी पार करने को मुस्तैद था।

''साब, नीचे जाने का वक्त नहीं रहेगा।'' हसनदीन ने रुक कर फिर एक बार कहा।

खन्ना साहब ने घड़ी पर नज़र डाली और हसनदीन का हाथ खींचते हुए, बर्फ़ पर कदम रखे, अपने बच्चे की ओर देखा। उसे देखते हुए माँ की आँखों में जो चमक थी, उसे लक्ष्य किया और बोले, ''हम स्लेजों में वापस जा रहे हैं, तुम जल्दी करो, हमारे पास एक घण्टा है। इतनी दूर आ कर अब फ़रोज़न लेक देखे बिना वापस न लौटेंगे।''

हसनदीन बच्चे को लिये हुए बढ़ा। खन्ना साहब कन्धे पर कैमरा और बरसाती सँभालते हुए अपनी पत्नी को ले कर उनके पद-चिन्हों में पैर रखते हुए एक-दूसरे को सहारा देते हुए बढ़े। उनकी पत्नी छाते से छड़ी का काम लेती रही।

वे अभी आधे रास्ते में होंगे कि हसनदीन बच्चे को छोड़ कर आ गया और दोनों को सहारा देता तेज़-तेज़ ले चला। पिछली टोली के आदमी गिरते-पड़ते पीछे आ रहे थे।

ठीक उस बर्फ़ की नदी के पार अफ़राबट की चोटी थी, जहाँ से दूसरी ओर का दृश्य दिखायी देता था। खन्ना साहब वहीं मन्त्र-मुग्ध-से खड़े रहे। दृश्य वर्णनातीत रूप से सुन्दर था। इस चोटी से सामने के शिखर तक दायें-बायें, आमने-सामने-सारी जगह बर्फ़ से ढँकी थी और एक ओर से ऊँचा और मुँह की ओर को झुका विशाल बीकर-सा बन गया था। कहीं भी तो चट्टान या पत्थर दिखायी न देता था। दायीं ओर, जहाँ बर्फ़ ढालुवाँ होती हुई अफ़राबट के पीछे-पीछे नीचे तक चली गयी थी, दूर सब्ज़ी-मायल झलक लिये हुए नीला जल झाग उड़ाता बह रहा था। उसके परे कहीं नीचे देवदार का जंगल था। वहीं जंगल के ऊपर आकाश का रंग गहरा नीला हो रहा था और रह-रह कर बिजली चमक उठती थी...

लेकिन हसनदीन को यह सब सौन्दर्य दिखायी न दे रहा था। उसका सिर फटा जा रहा था और वह चाहता था कि वे लोग यह सब देख-दिखा कर नीचे को चलें और वह अपने घर पहुँच कर लिहाफ़ ओढ़ ले और एकदम सो जाये।

''साब, पानी आ रहा है, शायद पत्थर पड़े।'' उसने जैसे अपने स्वर से ही उन्हें आगे ठेलते हुए कहा और कम्बल को सिर से लपेटते हुए ज़ोर से बर्फ़ पर नाक साफ़ की।

''पानी तो अब आयेगा ही, चाहे हम आगे जायें या पीछे मुड़ें।'' खन्ना साहब बोले, ''इसलिए हम मुड़ेंगे नहीं।'' और बरसाती पहनते हुए उन्होंने नीचे घाटी से नज़र हटा कर सामने के पहाड़ के पीछे से सिर उठाती हुई कान्तारनाग की हिम-मण्डित चोटी की ओर देखा। नीले-नीले आकाश की पृष्ठभूमि में वह बड़ी सुन्दर और भव्य लग रही थी।

लेकिन उनके पास इत्मीनान से यह सब सौन्दर्य देखने का समय नहीं था। उन्होंने हसनदीन से पूछा, ''क्यों भई, अलपत्थर कहाँ है?''

हसनदीन ने हाथ से सामने इशारा किया, ''बस, यह सामने अल-पत्थर है।''

खन्ना साहब ने देखा - अफ़राबट के बायीं ओर बर्फ़-ही-बर्फ़ थी, जिसे नीचे से पार करके वे आये थे, लेकिन दायीं ओर शायद वह पिघल गयी थी और बहुत बड़े-बड़े लाल पत्थर बिखरे थे।

''फ़रोज़न लेक यहाँ से कितनी दूर है?''

''मील भर होगी साब।''

''नज़र कहाँ से आयेगी ?''

''अलपत्थर के परे, जहाँ यह चोटी ख़त्म होती है, वहाँ से।''

''तो चलो।''

और वे छड़ी की मदद से उधर को बढ़े। दो जगह उन्हें फिर बर्फ़ पार करनी पड़ी। वे दूसरी बार बर्फ़ पार कर, छड़ी की मदद से बड़े-बड़े पत्थरों पर लगभग भागते जा रहे थे कि तूफ़ान ने उन्हें आ लिया और सूखे अम्बर ओले गिरने लगे। दूसरे लोग न जाने कहाँ पीछे रह गये थे।

पत्नी ने ओवरकोट पहन रखा था, उसने छाता तान लिया। बच्चे ने नोकदार टोपी वाली बरसाती पहन ली। लेकिन वे बहुत बढ़ नहीं पाये। क्योंकि ओले तड़ातड़ गिरने लगे और आकाश पर रह-रह कर बादल गरजने लगे।

खन्ना साहब पर जैसे जुनून सवार हो गया। पत्थरों पर छड़ी टिकाते हुए वे लगभग भागते गये कि ओले और भी ज़ोर से गिरने लगे। हसनदीन ने निकट आ कर कहा, ''हुज़ूर, अब चलिए, यह सामने फ़रोज़न लेक है।''

खन्ना साहब ने देखा - सामने के पहाड़ पर बर्फ़ कुछ ऐसे जमी थी कि गोल दायरा-सा बन गया था। लेकिन ध्यान से देखने पर उन्हें उस आँचल में दो-तीन जगह वैसे ही गोल घेरे दिखायी दिये। तीनों ओर हिमाच्छादित पहाड़ थे, जिससे बीच में बर्फ़ का प्याला-सा बना था। इसी प्याले में छोटे-छोटे दायरे दिखायी देते, जिससे लगता था कि यहाँ पानी जमा होगा। खन्ना साहब रुके नहीं, अपने बीवी-बच्चे को वहाँ रुकने के लिए कह कर वे आगे बढ़े।

बादल शायद नीचे खिलनमर्ग की ओर उड़ गये थे। पत्थरों पर फलाँगते, दरारों से

बचते, खन्ना साहब अलपत्थर के किनारे की ओर बढ़ते गये। आख़िर वे उस चोटी के किनारे पर पहुँच गये। सामने, दूसरी चोटी तक सब जगह बर्फ़ जमी थी और अलपत्थर के काफ़ी नीचे एक जगह, वैरीनाग के चश्मे जैसे सब्ज़ी-मायल, नीले ज़हरमोहरा रंग के पानी की एक लकीर-सी दिखायी दे रही थी।

तब तक हसनदीन भी आ मिला, ''साब, यह एक महीने तक पिघल जायेगा। अगस्त में तुम इधर आयेगा तो यहाँ लेक मिलेगा। अभी यह फ़रोज़न है, जमा है। बस, अभी तो यहाँ ज़रा-सा पानी है।''

खन्ना साहब सहसा पीछे मुड़े, अपनी बीवी और बच्चे को उन्होंने आवाज़ दी। फिर उन्होंने हसनदीन को आदेश दिया कि उन्हें जा कर ले आये।

हसनदीन ने नाक साफ़ की, कम्बल को सिर के गिर्द लपेटा और जा कर उनको ले आया।

केवल एक दृष्टि उस पानी पर डाल कर वे बस मुड़े। खन्ना साहब तेज़ी में सबसे आगे चल रहे थे।

रास्ते में उन्हें वही बुज़ुर्ग और टोली के दूसरे आदमी मिले। बिना रुके, चलते-चलते खन्ना साहब ने उनका पथ-निर्देश किया और यह कहते हुए कि उन्हें बस पकड़नी है, भागे। आते समय हसनदीन उन्हें शॉर्टकट से लाया। उन्हें बर्फ़ का वह दरिया पार नहीं करना पड़ा। बर्फ़-गाड़ी वाले अफ़राबट की उस बर्फ़ानी नदी के इस किनारे आ गये थे। हसनदीन उन्हें शॉर्टकट से इसी किनारे ले आया।

आकाश खुल गया था। सहसा खन्ना साहब को ख़याल आया, क्यों न अफ़राबट की चोटी पर फैली इस बर्फ़ पर अपने बीवी-बच्चे का फ़ोटो लें और उन्होंने बैग माँगा; कैमरे का स्टैण्ड निकला, उसे बर्फ़ में गाड़ा और कैमरा फ़िट करके जल्दी-जल्दी दो फ़ोटो लिये। वे कैमरा बन्द कर रहे थे कि उनका बच्चा बर्फ़-गाड़ियों पर चढ़ने की ख़ुशी में उधर को भागा और पत्थर पर फिसल गया। खन्ना साहब कैमरा वहीं छोड़ कर भागे। हसनदीन से उन्होंने मेम साहब को ले आने के लिए कहा और स्वयं बच्चे को उठा कर बर्फ़-गाड़ियों की ओर बढ़े।

बर्फ़-गाड़ियाँ छोटी-छोटी थीं - बे-पहिये की - और लगाम की जगह उनमें रस्सी लगी थी। ड्राइवर आगे बैठे थे। एक-एक आदमी को अपने पीछे बैठने के लिए उन्होंने कहा। बच्चा सबसे अगली गाड़ी में बैठना चाहता था, सो खन्ना साहब ने उसे सबसे अगली गाड़ी

पर बैठा दिया।

"मेरी कमर में बाँहे डाल कर उसे कसके पकड़ लो और जैसे मैं दोनों पैर फैला दूँ, ऐसे फैला लो - देखो, कमर मत छोड़ना!" ड्राइवर ने कहा।

खन्ना साहब ने यही आदेश दोहरा दिया। बच्चा उसी तरह बैठ गया। और बर्फ़-गाड़ी बह चली।

बच्चे के बाद खन्ना साहब की पत्नी बैठी।

सबसे अन्तिम गाड़ी पर वे स्वयं बैठे।

चलने से पहले उन्होंने एक बार पीछे मुड़ कर देखा। हसनदीन ने बरसाती नीचे बिछा ली थी, दोनों पाँव फैला कर बर्फ़ में गाड़ लिये थे और छड़ी को बर्फ़ में गाड़ कर स्टीरिंग के लिए दोनों हाथों में ले लिया था और वह खन्ना साहब के पीछे उतरने को बिलकुल तैयार था...

उसके परे खन्ना साहब की नज़र अलपत्थर की ओर चोटी पर गयी। बर्फ़ के ऊपर ऊषा और जीवानन्द खड़े थे। पीछे केवल नीला आकाश था। दोनों के बाल उड़ रहे थे और दोनों के हाथ एक-दूसरे की कमर में थे।

खन्ना साहब और कुछ नहीं देख सके, क्योंकि स्लेज चल पड़ी थी। केवल हसनदीन ने एक क्षण ऊषा और जीवानन्द को देखा और एक क्षण खन्ना साहब को और सिर को ज़रा-सा झटका दे कर वह भी नीचे को फिसल चला।

बर्फ़-गाड़ियाँ बिजली की गति से बर्फ़ की ढलान पर उड़ी जा रही थीं। स्लेज वाले बड़े कुशल चालक थे। पाँव बर्फ़ पर धँसाते, दोनों हाथों से स्लेजों की रस्सियाँ पकड़े, उड़े जा रहे थे। उनके फैले हुए पैरों की एड़ियों से बर्फ़ पर दो गहरी लकीरें बनती चली जा रही थीं। अचानक खन्ना साहब को ख़याल आया - काश, कैमरे में इस दृश्य को उतारा जा सकता। और कैमरे का ख़याल आते ही उन्होंने दृश्य से आँखें हटा कर कमर में सदा लटकने वाले कैमरे पर निगाह डाली। दिल धक्क से रह गया। कैमरा नहीं था। तभी उन्हें याद आया कि कैमरा तो उन्होंने हसनदीन से सँभालने को कहा था। तब चिल्ला कर उन्होंने अपने पीछे आते हसनदीन से पूछा -

"हसनदीन, कैमरा और स्टैण्ड तो सँभाल लिया है न ?"

हसनदीन ने देखा – कैमरा कन्धे से लटक रहा है, पर फ़िरन की जेबें देखीं तो स्टैण्ड नदारद!

"साब, स्टैण्ड तो शायद जल्दी में ऊपर रह गया।" वह चिल्लाया।

खन्ना साहब ने गाड़ी वाले को गाड़ी रोकने के लिए कहा। कुछ आगे जा कर गाड़ी रुक गयी।

हसनदीन खन्ना साहब के बराबर आ गया, उसने कैमरा उनके गले में डाल दिया। "साब, स्टैण्ड शायद ऊपर चोटी पर रह गया। हम अभी उसे लाता है। तुम चलो। हम शॉर्टकट से आता है।"

और नीचे से बरसाती निकाल कर उसे कन्धे पर डालते हुए एड़ियों को बर्फ़ में गाड़ता हुआ, वह बर्फ़ पर सीधा चोटी की ओर चल दिया।

खन्ना साहब का बच्चा और बीवी दूर निकल गये थे। "भई, हमें बस पकड़नी हैं, बस अब गाड़ी को उड़ा ले चलो।" उन्होंने स्लेज वाले से कहा।

"साब, मेरी कमर को कस कर पकड़िए और पैर उठा कर पीछे से मेरी गोद में रख लीजिए।" और उसने उनके दोनों पैर उठा कर अपनी गोद में रख लिये और स्लेज हवा से बातें करती दोनाले की ओर लपकी।

हसनदीन धीरे-धीरे ऊपर चढ़ा जा रहा था। उसके पाँव मन-मन भर के हो रहे थे, सिर फटा जा रहा था, आँखों के आगे झिलमिला-सा छा रहा था और वह कभी फ़िरन की आस्तीन से, कभी कम्बल के कोने से अपनी नाक पोंछता था और बार-बार अपने फ़िरन की जेबें टटोलता था। लेकिन स्टैण्ड कोई सुई-सिलाई तो थी नहीं कि जेबों में गुम हो जाती स्टैण्ड या तो ऊपर रह गया था, या तेज़ी से उतरते वक्त गिर गया था।

उसे इतना याद था कि अलपत्थर से लौटते समय वह खन्ना साहब को शॉर्टकट से लाया था, वहाँ स्लेज वाले अपनी छोटी-छोटी स्लेजें लिये खड़े थे। वहाँ – उस बर्फ़ानी देव के सीने पर, जिसके पैर खिलनमर्ग तक फैले हुए थे, खन्ना साहब रुके थे और उन्होंने हसनदीन से कैमरा माँगा था और फ़ोटो लिये थे। वे कैमरा बन्द कर रहे थे कि इस बीच

उनका लड़का बर्फ़-गाड़ियों की ओर भागा और पत्थर पर फिसल गया। खन्ना साहब ने कैमरा वहीं छोड़ कर उसे भाग कर उठाया था। हसनदीन भी भागा था, लेकिन उससे उन्होंने कहा कि वह कैमरा वग़ैरा सँभाल कर मेम साहब को जल्दी ले कर आये, उन्हें ज़रा भी देर न करनी चाहिए... वह वापस आया तो मेम साहब ने कैमरा और स्टैण्ड बन्द कर उसे दिया था। खन्ना साहब नीचे से जल्दी मचा रहे थे और वह बैग उठाये, उनकी बीवी को सहारा देता चला आया था...

हसनदीन को यह सब अच्छी तरह याद था। इसके बाद उसे कुछ भी याद न आ रहा था। कैमरा तो उसे ही दिया गया था, क्योंकि जब खन्ना साहब ने पूछा तो उसकी गर्दन में लटक रहा था, लेकिन स्टैण्ड ? - शायद स्टैण्ड उसने बर्फ़ गाड़ी वाले की पीठ से बैग बाँधते वक्त उसमें रख दिया था।

यह ख़याल आते ही वह मुड़ा। उसने देखा - खन्ना साहब नीचे दोनाले पर पहुँच गये हैं। दो घोड़े तैयार खड़े हैं। ममदू का घोड़ा हाथ नहीं आ रहा। पानी और ओले पड़ने के कारण उन्होंने शायद काठियाँ उतार ली थीं और घोड़ों को चरने के लिए छोड़ दिया था और वह पकड़ा न जा रहा था, या रस्सी तुड़ा कर भाग गया था। खन्ना साहब हाथ-पाँव चलाते हुए उस ऊँचाई से चींटे-सरीखे लग रहे थे। हसनदीन कयास ही से उन्हें पहचान रहा था। हो सकता है, घोड़ा ईदू का ही हो। उस साले का काम में मन नहीं लगता, ज़रूर उसी ने बेपरवाही से घोड़ा भगा दिया है। उसने भारी-सी गाली मन-ही-मन अपने बेटे को दी।

उसके जी में आया, उड़ कर नीचे पहुँच जाये और एक बार बैग खोल कर देख ले, लेकिन एक तो घोड़ा पकड़ में आ गया और उसके देखते-देखते उस पर काठी कसी गयी और वे सवार हो गये, दूसरे उसने सोचा - यदि स्टैण्ड बैग में न हुआ तो... उसे एक बार ऊपर उस जगह पर देख ही लेना चाहिए, जहाँ फ़ोटो लिये गये थे। और वह तेज़-तेज़ चलने लगा। रास्ते में आँखें फाड़-फाड़ कर वह देखता जाता था, आस्तीन से आँखों का पानी और बहती नाक पोंछता जाता था।

लेकिन बर्फ़ का वह पूरा मैदान देखने पर भी, उसे स्टैण्ड कहीं दिखायी न दिया। स्टैण्ड जहाँ गड़ा था, वहाँ बर्फ़ में तीन गड्डे अभी तक बने हुए थे, लेकिन स्टैण्ड कहीं न था। हसनदीन ने चोटी पर खड़े हो कर बर्फ़ की उस ढाल पर निगाह डाली। उस सफ़ेदी में कहीं एक काला धब्बा भी न था - क्षण भर को उसकी निगाह और नीचे गयी। खिलनमर्ग और उससे परे गुलमर्ग के मैदान पर ओले बिछे हुए थे, जो घास पर छाये थे, लेकिन हरी-हरी धुली-निखरी फुनगियाँ उनमें से निकली हुई थीं। बादल सामने के क्षितिज में जा कर इकट्ठे हो गये थे। वुलर पर कदाचित वर्षा हो रही थी। उस गहरे नीले आकाश की पृष्ठभूमि में हरी-हरी घास में बिछी ओलों की चादरें अथवा उन चादरों में झलकती घास की हरियाली बड़ी भली लग रही थी। लेकिन हसनदीन की परेशान आँखें वहाँ कैमरे का स्टैण्ड ढूँढ रही थीं। दूधिया हरियाली के उस सौन्दर्य पर उसकी निगाह नहीं गयी - कैमरे का स्टैण्ड ढूँढती हुई उसकी दृष्टि उसी बर्फ़ानी ढाल पर वापस लौट आयी...

उसने फिर चारों ओर एक बेबसी की निगाह डाली। फिर बरसाती नीचे बिछायी, हताश-सा उस पर बैठ गया, छड़ी उसने बर्फ़ में गाड़ी, पाँव फैलाये और तेज़ी से नीचे को फिसल चला।

अफ़राबट से अन्धाधुन्ध उतरते वक्त न जाने बर्फ़ में छिपे किसी पत्थर की नोक से या न जाने किस चीज़ से उसकी एड़ी कट गयी। बर्फ़ में उसे पता नहीं चला, पर जब वह दोनाले से भागता हुआ खिलनमर्ग की ओर चला तो उसकी एड़ी में ज़ोर से टीसें उठने लगीं। उनकी परवाह न करता हुआ, लँगड़ाता-लँगड़ाता, वर्षा के कारण कीचड़ हो जाने से गिरता, फिसलता, लेकिन लगातार भागता हुआ वह दोनाले से खिलनमर्ग, और खिलनमर्ग से गुलमर्ग पहुँचा... अगर स्टैण्ड न मिला तो साहब उसे एक पैसा भी न देगा और तीनों की दो दिन की मेहनत बेकार हो जायेगी, लेकिन यदि बस न निकली हो तो वह साहब के पाँव पकड़ कर कुछ-न-कुछ ले ही मरेगा... उनके लिए न सही, घोड़ों के लिए चारे और दाने भर का तो हो जायेगा... लेकिन यदि बस निकल गयी तो... और विचार मात्र से उसका सिर घूमने लगता... और वह बापम रिशी और ख़ुदा, दोनों से मनाता कि न केवल बस न निकली हो, बल्कि कैमरे का स्टैण्ड भी मिल गया हो।...कभी वह अपनी मूर्खता पर क्रोध करता कि उसने क्यों पिछले दिन का हिसाब उसी दिन न कर लिया। सवारी पैसे-पैसे पर जान देने वाली है। ऐसी सवारी के पास पैसे कहीं छोड़े जाते हैं। कभी अपनी मूर्खता को, कभी अपनी किस्मत को, कभी खन्ना साहब की जल्दी को कोसता, लँगड़ाता-लँगड़ाता वह गुलमर्ग होटल पहुँचा और उसने बैरे से पूछा कि साहब को गये कितनी देर हुई है।

"वे टंगमर्ग पहुँच गये होंगे," बैरे ने बताया, "तुमने उनका कैमरे का स्टैण्ड गुम कर दिया, फिर बरसाती और छड़ी भी उनकी तुम्हारे पास है। वे बड़े परेशान थे। तुम कोई घोड़ा ले कर जल्दी पहुँचो। बस में अभी टाइम है।

वह होटल से बाहर निकला तो उसे खन्ना साहब का सन्देश भी मिला। एक घोड़े वाला सवारी को टंगमर्ग पहुँचा कर नीचे से आ रहा था। उसने हसनदीन को देखते ही कहा, "तुम्हारा साब नीचे जाता हुआ मिला था। बड़ा घबराया हुआ था। तुम जल्दी पहुँचो।"

"मेरा पाँव कट गया है।"

"मेरा घोड़ा ले लो और भाग जाओ। एक रुपया दे देना।"

और कोई समय होता तो हसनदीन कभी यह स्वीकार न करता, लेकिन उस वक्त

बढ़ कर उसने घोड़े की लगाम थाम ली। घुड़सवार उतर आया। दूसरे क्षण हसनदीन घोड़े पर था और घोड़ा हवा से बातें कर रहा था।

टंगमर्ग के रास्ते पर लगाम घुमाने और घोड़े को एड़ लगाने के सिवा उसे किसी बात का ध्यान नहीं रहा। सौभाग्य से पानी इधर नहीं पड़ा था और घोड़े को भागने में ज़रा भी कठिनाई न हो रही थी। हसनदीन ने इसे शुभ लक्षण समझा और उसने पीर को दुआ दी और उसे विश्वास हो गया कि न केवल बस खड़ी होगी, बल्कि कैमरे का स्टैण्ड भी बैग से मिल गया होगा।

दूर से ही जब उसे सरकारी बस खड़ी दिखायी दी तो उसने जोश से 'यौ पीर' का नारा लगाया और घोड़े को एड़ मारी। मिनटों में वह अड्डे पर पहुँच गया।

ईदू और ममदा सरदार हरनाम सिंह के पास सहमे-से खड़े थे।

"घोड़ा ले ईदू।" अपने बेटे को आदेश देता हुआ, घोड़े से उतर, वह बस की ओर भागा।

लेकिन वह बस तक नहीं पहुँच पाया। रास्ते ही में सरदार हरनाम सिंह ने उसे जा लिया और तड़ एक थप्पड़ और तड़ दूसरा थप्पड़...

"ओ उल्लू के पट्ठे, ओ ख़र के पिसर! कैमरे का स्टैण्ड कहाँ दबाया ? बरसाती और छड़ी कहाँ है ?"

"यह रही सरदार जी!"

और हरनाम सिंह ने उससे दोनों चीज़ें ले कर साथी सिपाही को दीं कि साहब को पहुँचाये।

"लेकिन कैमरे का स्टैण्ड कहाँ है ?" उन्होंने फिर उसकी ओर मुड़ कर उसके एक थप्पड़ जमाया।

"सरदार जी..."

"मिला क्या ? कहाँ है ? चालीस रुपयों का स्टैण्ड है। साले पैसेंजरों को परेशान करते हो!"

और सरदार जी ने दो थप्पड़ और जमा दिये।

"जी...जी..."

"जी-जी के बच्चे, कहाँ है स्टैण्ड ?" और तड़ थप्पड़ और धड़ घूँसा।

हसनदीन धरती पर गिर गया और उसने महसूस किया, सरदार हरनाम सिंह के घूँसों और गालियों के साथ रैना और क्रीम ख़ाँ की ठोकरें और गालियाँ भी मिल गयी हैं।

"ले जाओ इसे हवालात में! मैं ज़रा पैसेंजर से रिपोर्ट पर दस्तख़त कराऊँ।"

बस वापस चलने को घरघरा रही थी। खन्ना साहब दरवाजे में खड़े हसनदीन को पिटते देख रहे थे। अचानक उन्होंने ड्राइवर से कहा, "एक मिनट रोको।" और वे उतरे।

लेकिन सरदार हरनाम सिंह उन्हीं की ओर आ रहे थे।

"सरदार जी, मारो नहीं, कहीं गिर गया होगा," उन्होंने कहा और जेब से अट्ठाइस

नहीं, तीस नहीं - केवल पन्द्रह रुपये निकाल कर सरदार हरनाम सिंह के हाथ पर रख दिये, ''उन्हें दे दीजिएगा, पाँच-पाँच बाँट लेंगे,'' और वे मुड़े। फिर रुक कर उन्होंने दो रुपये के नोट और निकाले - ''ये हसनदीन को दे दीजिएगा। उसकी बख़शीश रही।''

और यों हातिमताई की क़ब्र पर लात मार कर वे भागते हुए घरघराती बस में जा चढ़े।

सरदार हरनाम सिंह पैसे हाथ में लिये क्षण भर स्तम्भित-से खड़े रहे, फिर ऊँचे स्वर में बड़बड़ाये, ''स्टैण्ड उन्हें कहीं ज़रूर मिल गया है, इतनी देर से शोर मचा रहे थे।''

''जी, स्टैण्ड उनके बैग में था। मेम साब ढूँढ रही थीं तो मैंने ख़ुद देखा था। पर उन्होंने वहीं दबा दिया...'' एक साईस बच्चे ने कहा।

लेकिन सरदार हरनाम सिंह ने उसे बात नहीं ख़त्म करने दी। ज़ोर का एक चाँटा उसके मुँह पर मारा।

''भाग जा यहाँ से, नहीं तू भी उसके साथ जेल में पहुँच जायेगा।''

साईस-बच्चा हवा हो गया।

साँझ के साये गहरे हो कर टंगमर्ग पर छा गये थे। हवालात में कम्बल बिछाये हसनदीन ख़ुदा के हुज़ूर में झुका हुआ था। ख़ुदा ने तो उसे समय से चेता दिया था, यह उसकी मूढ़ता थी कि उसने उस चेतावनी पर ध्यान नहीं दिया। सजदा करके उसने ख़ुदा से अपने सब गुनाहों की माफ़ी माँगी और दुआ की कि उसे इस मुसीबत से नजात दिलाये।

और थाने के एक कमरे में सरदार हरनाम सिंह और क्रीम ख़ाँ और रैना बैठे थे। सत्रह में से आठ रुपये उन्होंने ऊपर के अफ़सरों को भिजवा दिये थे और शेष नौ आपस में बाँट लिये थे। उस समय वे हसनदीन की बीवी को समझा रहे थे कि वह कहीं से पचास रुपये पैदा करे तो हसनदीन छूट सकता है,. क्योंकि सरकार पैसेंजरों को तकलीफ़ देगी तो पैसेंजर आयेंगे नहीं और घाटी के लोग भूखों मरेंगे। स्टैण्ड तो उन्हें ख़रीद कर देना ही पड़ेगा।

अश्क रचनावली

५

समग्र उपन्यास

अश्क रचनावली : समग्र रूप में

खण्ड : १ – ८
उपन्यास

खण्ड : ९ – ११
कहानियाँ

खण्ड : १२ – १४
नाटक-एकांकी

खण्ड : १५ – १६
काव्य

खण्ड : १७ – १९
संस्मरण तथा आत्मकथ्य

खण्ड : २० – २१
आलोचना

खण्ड : २२ – २३
वैचारिक गद्य

खण्ड : २४ – २५
ललित गद्य

वाणी प्रकाशन

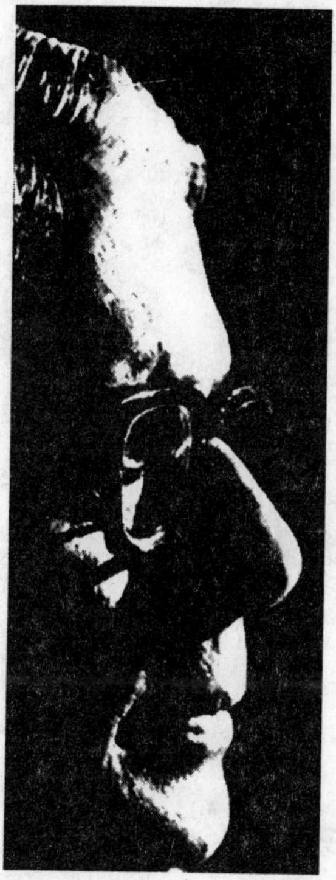

अश्क रचनावली

५

समग्र उपन्यास

बाँधो न नाव इस ठाँव **दूसरा घाट : ...और वापसी**

बड़ी-बड़ी आँखें

सम्पादक :

नीलाभ

वाणी प्रकाशन
4695, 21-ए, दरियागंज, नयी दिल्ली 110 002

शाखा

अशोक राजपथ, पटना 800 004

फ़ोन: +91 11 23273167 फ़ैक्स: +91 11 23275710

www.vaniprakashan.in
vaniprakashan@gmail.com

Ashk Rachnawali : Samagra Upanyas-5
Edited by Neelabh

ISBN: 978-93-5000-940-6
Rachnawali

प्रथम संस्करण

मूल्य : ₹ 850 (अश्क रचनावली प्रत्येक खण्ड)

न्यू कृष्णा ऑफ़सेट, दिल्ली 110 093 में मुद्रित

वाणी प्रकाशन का लोगो मक़बूल फ़िदा हुसेन की कूची से

सम्पादक की ओर से

'अश्क रचनावली' के इस पाँचवें खण्ड में 'बाँधो न नाव इस ठाँव' के दूसरे भाग '.....और वापसी' के साथ अश्क जी का अत्यन्त चर्चित उपन्यास 'बड़ी बड़ी आँखें' दिया जा रहा है।

यूँ तो अश्क जी ने 'गिरती दीवारें' के विभिन्न भागों में प्रेम के अलग-अलग पहलू उकेरे हैं, लेकिन 'बाँधो न नाव इस ठाँव' के इस दूसरे भाग में उन्होंने एक सरकारी अफ़सर की सुन्दर, रूप-गर्विता मदमाती युवती के प्रेम का बारीक़ चित्रण किया है। 'गिरती दीवारें' के इस पाँचवें खण्ड तक आते आते पाठक उपन्यास के शिल्प की एक और विशेषता से परिचित होते हैं। 'गिरती दीवारें' अपनी समग्रता में आवर्तन और प्रत्यावर्तन का उपन्यास है। हर बार चेतन जब अपनी परेशानियों के चलते भटकता है तो वह लौट कर अपनी पत्नी चन्दा के ही पास आता है। पहली बार अपनी साली नीला के प्रसंग के बाद 'शहर में घूमता आईना' के अन्त में और दूसरी बार 'बाँधो न नाव इस ठाँव' के इस दूसरे भाग के अन्त में चन्द्रा के प्रसंग के बाद। यही वजह है कि अश्क जी ने 'बाँधो न नाव इस ठाँव' का नामकरण निराला के अन्तिम दौर की एक कविता की पहली पंक्ति के आधार पर किया और इस खण्ड का शीर्षक दिया '....और वापसी।'

दिलचस्प बात यह है कि 'बाँधो न नाव इस ठाँव' का यह दूसरा खण्ड बहुत पहले एक बिलकुल स्वतन्त्र उपन्यास की शक्ल में लिखा गया था जिसमें नायक का नाम चेतन नहीं, रोशन था और यह 'नयी कहानियाँ' में धारावाहिक रूप से उन दिनों प्रकाशित हुआ था जिन दिनों अश्क जी 'शहर में घूमता आईना' लिखने के बाद कसौली में 'एक नन्ही किन्दील' को शुरू कर चुके थे। जिन लोगों को 'गिरती दीवारें' और उसके अन्य खण्डों के सिलसिले में यह शिकायत थी कि अश्क जी अक्सर दैनन्दिन जीवन के कथित रूप से नीरस ब्योरों में उलझ जाते हैं, उन्हें 'बाँधो न नाव इस ठाँव' के इस दूसरे भाग ने निश्चित रूप से राहत का एहसास कराया, क्योंकि यह एक विशुद्ध रोमैण्टिक कथा थी।

रोमान्स का तत्व यूँ तो 'बड़ी-बड़ी आँखें' में भी प्रचुरता से मौजूद है लेकिन उसमें और 'बाँधो न नाव इस ठाँव' के दूसरे भाग में कुछ बुनियादी अन्तर हैं। पहला तो यह कि जहाँ 'बड़ी-बड़ी आँखें' अपनी भाषा-शैली से ले कर प्रकृति के विविध-रूपी विस्तृत वर्णन तक एक 'गीति उपन्यास' है, वहीं 'बाँधो न नाव इस ठाँव' की संरचना एक प्रेमकथा होने के बावजूद उसी यथार्थवादी शैली-शिल्प का अनुसरण करती है जो 'गिरती दीवारें' से ले

कर 'बाँधो न नाव इस ठाँव' के पहले खण्ड तक चला आया है। दूसरा महत्वपूर्ण अन्तर है कि 'बाँधो न नाव इस ठाँव' के दूसरे खण्ड के विपरीत 'बड़ी बड़ी आँखें' में एक प्रच्छन्न, किन्तु प्रबल, राजनैतिक अभिप्राय निहित है जिस पर अक्सर लोगों की नज़र नहीं जाती। अश्क जी ने 'बड़ी बड़ी आँखें' को एक रूपक की तरह, एक 'ऐलिगरी' की तरह रचा है। पूरा देवनगर, जिसके फलक पर संगीत सिंह और वाणी की कथा बड़े कोमल स्पर्शों से अंकित की गयी है, अपनी अन्तिम परिणति में देश का प्रतीक बन जाता है और उसके संचालक देवा जी में, जो वाणी के पिता हैं, देश के प्रधानमन्त्री की छवि उभरने लगती है। इस रूप में 'बड़ी बड़ी आँखें' में आँखों और सपनों का उल्लेख अपने में अनेक अर्थों और अभिप्रायों को समोये हुए है।

आज तो ख़ैर उदारीकरण और नयी आर्थिक नीतियों ने भूमण्डलीकरण और बहुराष्ट्रीय कम्पनियों की लूट-मार के दौर में सपनों को नष्ट करके एक अति यथार्थवादी सिनारियो प्रस्तुत कर दिया है, लेकिन १९५५ में जब 'बड़ी-बड़ी आँखें' लिखा गया था, देश के धरातल पर स्वप्नशीलता और आदर्शों का आकर्षण किसी हद तक बाक़ी था और उसे स्वतन्त्रता-पूर्व के युग से जोड़ना भी असम्भव-सा नहीं प्रतीत होता था। इसीलिए 'बड़ी-बड़ी आँखें' अपने सार रूप में नेहरू युग से मोहभंग की कृति साबित होती है। वह मोहभंग जो कुछ ही वर्ष बाद अमरकान्त की कहानी 'हत्यारे' और साठोत्तरी पीढ़ी के कथाकारों और अकवियों की रचनाओं में उभर कर सामने आया। इस लिहाज़ से 'बड़ी-बड़ी आँखें' इन सारी कृतियों का एक पूर्ववर्ती अगुआ है।

'बड़ी बड़ी आँखें' १९५४-५५ में लिखा गया था और आकाशवाणी से धारावाहिक प्रसारण और फिर 'साप्ताहिक हिन्दुस्तान' में प्रकाशन होने के बाद १९५५ में पुस्तककार प्रकाशि हुआ था। यह एक विडम्बना ही कही जायेगी कि न तो इसकी भूमिका में कविवर सुमित्रानन्दन ने और न इस उपन्यास पर अश्क जी को मिली पहली-पहली प्रतिक्रिया में डॉ० नामवर सिंह ने उसके इस राजनैतिक आशय पर उँगली रखी।

यों, 'बड़ी बड़ी आँखें' आज भी पाठकों में बेहद लोकप्रिय है। इसका साक्ष्य है इस उपन्यास के अनेकानेक संस्करण।

– नीलाभ

बाँधो न नाव इस ठाँव

दूसरा घाट

आशंसाएँ

ऐसा जान पड़ता है कि लेखक स्कैण्डल प्वाइण्ट पर बैठ कर जीवन की इस बहुरंगी हलचल को कभी टेलीस्कोप से और कभी अपनी समग्रता में ग्रहण कर रहा है, और कभी-कभी वह उस मानव-समूह के लम्बे जुलूस का एक अंश अंग भी बन जाता है। यह द्वयात्मक व्यक्तित्व 'अश्क' ने ख़ूब निभाया है। उपन्यास लेखक कवि है, और उसके कारण उपन्यास के कई स्थल अत्यन्त काव्यात्मक है। काव्यात्मक से मेरा तात्पर्य – केवल प्रकृति-वर्णन बहुत सुन्दर है, यही नहीं, भाव-चित्र भी बहुत-से मनोहारी हैं। कुल मिला कर उपन्यास बहुत उच्च कोटि का और अपनी साधारणता में बिलकुल प्रामाणिक, लेखक और उसकी सीमाओं का मान रखता हुआ, राह चलते आदमी का आख्यान है। अभी भी छायावाद की कुहरिल स्वप्नामा में खोये हुए लेखकों के लिए यह पर्याप्त उद्‌बोधक स्वर है। जैसे इस उपन्यास से हिन्दी के सामाजिक उपन्यास क्षितिज पर नयी लालिमा की पौ-सी फट रही है। दिशाओं के चेहरे धुले-उजले बन रहे हैं।

–प्रभाकर माचवे

जब यह कहा जाता है कि चेतन अश्क का ही रूपान्तर है तो इसका तात्पर्य यह नहीं होता कि यह उपन्यास-शृंखला अश्क की आत्मकथा या उसकी निकटवर्ती कोई चीज़ है। ऐसा कहने का अर्थ महज़ इतना है कि अपने अनुभव-विस्तार और मानसिकता को, अपने समूचे परिवेश के सन्दर्भ में, सम्प्रेषित करने के लिए ही अश्क ने चेतन को माध्यम बनाया है और माध्यम के इस चुनाव ने वैयक्तिक अनुभवों के सँकरे रास्ते को काफ़ी प्रशस्त कर दिया है जिससे वह दूसरों के अनुभव और अपनी लेखकीय कल्पना का उपयोग भी, चेतन के निर्माण में, कर सके हैं। अश्क के अपने निजी जीवन की बहुत-सी बातें और प्रसंग चेतन के चरित्र में घुल-मिल कर कुछ ऐसे एकमेक हो गये हैं कि उनके अलावा उसके निर्माण में जिस अंश और अनुपात में कल्पना का उपयोग हुआ भी है वह भी उनके निजी यथार्थ में रंग कर, अपना अलग अस्तित्व खो कर, उस यथार्थ का ही हिस्सा बन गयी-सी मालूम देती है। चेतन के सन्दर्भ में कल्पना और यथार्थ के कुशल संयोग से आयी प्रमुख-क्षमता को लेखक के लिए एक सिद्धि के तौर पर भी लिया जा सकता है।

– मधुरेश, बदायूँ

एक उच्च-मध्यवर्गीय अफ़सर की रूप-गर्विता उद्दण्ड लड़की और ज़िम्मेदारियों के बोझ से

सन्त्रस्त निम्न-मध्यवर्गीय भीरु युवक चेतन की अनुपम प्रणय-कथा, 'बाँधो न नाव इस ठाँव,' 'गिरती दीवारें' के विशाल चित्रपट पर एक हृदय-ग्राही पड़ाव है।

अश्क की गहरी और मनोवैज्ञानिक अन्तदृष्टि, सीधी-सरल शैली और प्रवहमान भाषा इस उपन्यास की रोचक कथा-वस्तु को एक ऐसी ताज़गी दे देती है, जो इधर हिन्दी उपन्यास के क्षेत्र में दुर्लभ है।

उपन्यास खोलते ही सब-जज बनने का सपना सँजोये निम्न-मध्यवर्गी बुद्धिजीवी युवक चेतन से साक्षात्कार होता है, जो 'बन्दे मातरम' और 'भूचाल' की उप-सम्पादकी छोड़, फ़िलहाल बेकार है और कर्तव्य-परायण पत्नी चन्दा के स्नेह-सहारे जीवित है। कला और साहित्य के माध्यम से ही रोज़ी-रोटी और गुज़ारे के लिए वह छटपटाता रहता है। मंज़िल की तलाश में जो वह व्यक्तियों और वस्तुओं से टकराता है, यह वास्तव में उसके आत्मोन्वेषण की प्रक्रिया है। उपन्यास के प्रथम भाग के अन्त में वह इस निष्कर्ष पर पहुँचता है कि – 'आज की दुनिया में ग़रीब लेखक की कोई कदर नहीं।' यह उपन्यास की केन्द्रीय पीड़ा है। 'कमज़ोर और मजबूर' होने का उसका एहसास इतना द्रावक है कि पाठक का चित्त हिल जाता है।

–विवेकी राय

जीवनोपम, सप्राण तथा अविस्मरणीय चरित्रों का निर्माण अश्क की अपनी विशेषता है। उनके उपन्यासों में प्रमुख गौण तथा भर्ती के संख्य पात्रों का जमघट रहता है, किन्तु यह अश्क की कला का कमाल है कि उनका प्रत्येक चरित्र अपनी पृथक व्यक्तिमत्ता लिये हुए होता है, जिससे वह पाठक की कल्पना में सजीव हो उठता है और भुलाये नहीं भूलता।

भारतीय नगरों के मध्यवर्ग के इतने विभिन्न प्रकार के पात्र और किसी लेखक ने कदाचित ही अंकित किये हों। यह कार्य वही लेखक सम्पन्न कर सकता है जो अपने परिवेश और इसके जीवन तथा पात्रों में रस लेता हो और उनकी सब बुराइयों और दुर्बलताओं के बावजूद उन्हें प्यार करता हो, जो उनके हाथों प्रवंचनाएँ झेल कर चाहे आत्मतोष के लिए उन पर फ़िकरे कसता और उनका मज़ाक उड़ाता हो, पर जो भीतर-ही-भीतर कहीं उनकी मानवीयता को भी पहचानता हो और उनसे सहानुभूति रखता हो।

–महाराज कृष्ण जैन

पूरी रचना वर्णन और विवरण-प्रधान है। हिन्दी में लिखी जाने पर भी उसमें उर्दू की कविताओं और पंजाबी के वाक्यों का आवश्यकतानुसार प्रयोग हुआ है। उर्दू और पंजाबी के इस पुट तथा कुछ रसीले चुटकलों और प्रसंगों के कारण इसमें रोचकता का समावेश सम्भव हुआ है। कहीं-कहीं हल्के व्यंग्य और विद्रूप से भी काम लिया गया है। इस प्रकार, यह उपन्यास कथा-साहित्य के सभी स्तरों के प्रमियों के लिए किसी-न-किसी रूप में पठनीय बन गया है।

– अणिमा, जयपुर

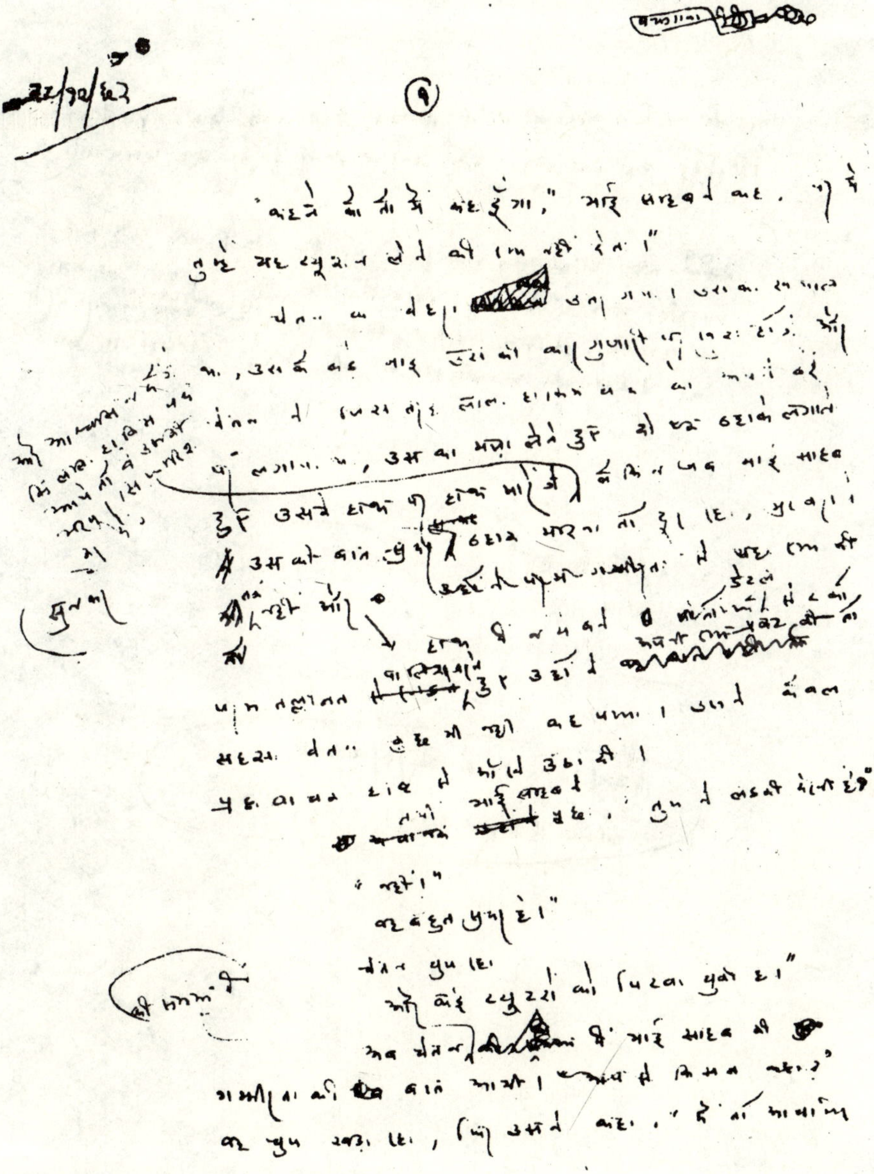

पाण्डुलिपि का प्रथम पृष्ठ

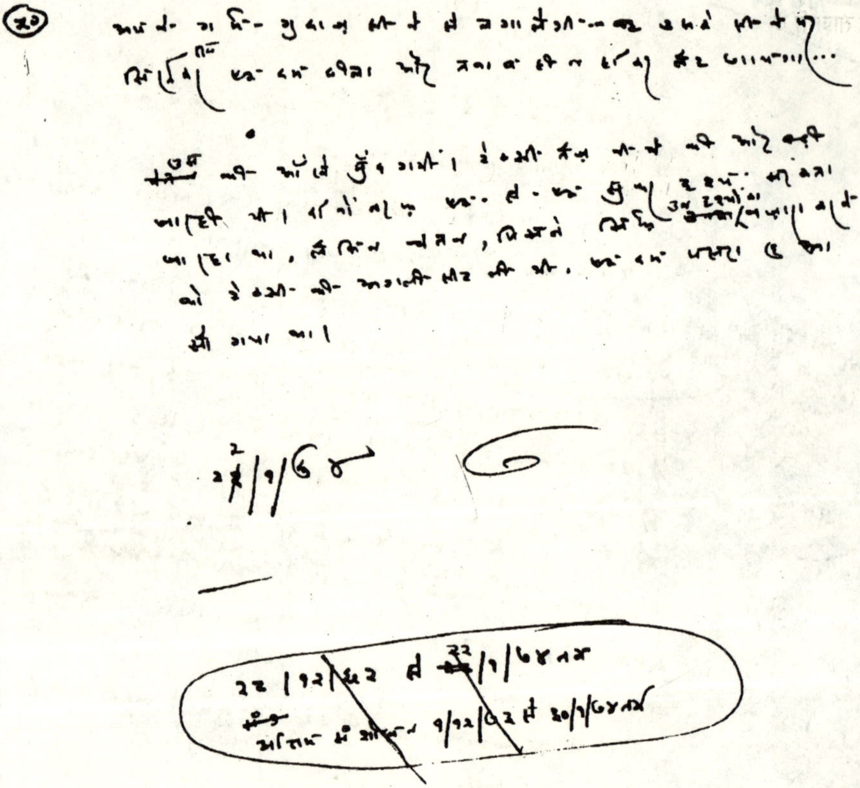

२२/१/६४

२८/१२/६२ से २२/१/६४ तक

आरम्भ से अन्त १/१२/६२ से ३०/१/६४ तक

पहला खण्ड

एक

....यद्यपि स्टेशन के प्लेटफ़ॉर्म पर ही चेतन ने कनखियों से चन्द्रा को देख लिया था, पर उस देखने को देखना नहीं कहा जा सकता। लाला हाकिमचन्द अपने ठिगने कद, बढ़िया सूट और क्रिस्टी टोपी[१] के साथ, पास ही खड़े, सामान गिनवा रहे थे; एक-एक अदद अपनी डायरी में लिखे सामान से मिला कर, गाड़ी के डिब्बों में रखवा रहे थे और चेतन नहीं चाहता था कि अपनी लड़की को घूरते हुए वे उस देख लें!

लाला हाकिमचन्द ने ताँगों से सामान उतारते समय, डायरी से मिला कर गिना था; प्लेटफ़ॉर्म पर आने के बाद गिना था; गाड़ी के डिब्बों में रखवाने के बाद गिना था और इस बीच लगातार डायरी हाथ में लिये-लिये, हिदायतें देते, वे इधर-से-उधर, उधर-से-इधर दौड़ते रहे थे। चेतन को लगा था, जैसे वे डायरी हाथ ही में लिये, सो जायेंगे और सुबह उठते ही सामान गिनना शुरू कर देंगे।....'सुपरिण्टेण्डेण्ट हो गये,' उसने मन-ही-मन हँसते हुए, सव्यंग्य कहा था, 'पर क्लर्काना ज़ेहनियत नहीं गयी।'

लाला हाकिमचन्द को सपरिवार सेकेण्ड क्लास का किराया मिलता था, पर उन्होंने केवल अपनी एक सीट सेकेण्ड में बुक करायी थी। बीवी-बच्चों को उन्होंने इण्टर में बैठाया था —विशेषकर उस सूरत में, जब उन्होंने चेतन के लिए भी इण्टर का टिकट ख़रीदा था और वह उनकी देख-रेख को मौजूद था। भारी सामान, उन्होंने अपने साथ सेकेण्ड में रखवा लिया था और बर्तनों की बोरियाँ; क्रॉकरी, शीशियों और छोटे-छोटे डिब्बों वग़ैरह से भरी हुई बाल्टियाँ तथा दूसरा सामान इण्टर के डिब्बे में रखवा दिया था और स्वयं हर चीज़ की जगह निश्चित की थी।....वे हर चीज़ को इस तरह यथा-स्थान रखवा रहे थे कि चेतन को लगा, जैसे वे सामान को नहीं, महत्वपूर्ण फ़ाइलों को, उनके उचित ख़ानों में, रखवा रहे हों।'....

अपने दफ़्तर में जूनियर क्लर्क के रूप में भरती हो कर, दस ही वर्ष में अपने सीनियरों को फलाँगते हुए, सुपरिण्टेण्डेण्ट की कुर्सी पर जा बैठने की प्रक्रिया में, अगरचे उनका शरीर धीरे-धीरे भर गया था, लेकिन उनकी निष्ठा और तत्परता में कमी न आयी थी। सफलता ने उन्हें कुछ अजीब-सा दर्प-मिला आत्म-विश्वास दे दिया था और उनमें अपनी बात को इलहाम का दर्जा देने की प्रवृत्ति पैदा हो गयी थी —डिब्बों में उन्हें सामान रखवाते हुए देख कर, चेतन कल्पना कर सकता था कि वे अपने विभाग का काम, किस कुशलता से चलाते होंगे। हालाँकि उनके कुछ क्लर्क, जो उनके साथ ही गाड़ी में जा रहे थे, अपने सामान को भूल कर, उनकी सेवा में जुटे थे और कुलियों की तरह सामान रख-रखा रहे

१. गान्धी टोपी की लोकप्रियता से पहले, इस गोल टोपी का (जो गर्म और सूती —दोनों कपड़ों की बनती थी) आम रिवाज था और लाला लोग प्रायः इसे पहनते थे।

थे, फिर उनकी बीवी थी, लड़की थी, चेतन था, नौकर-छोकरा था — पर उन्होंने यह काम किसी दूसरे के सुपुर्द नहीं किया था — ट्रंक, बिस्तर, बोरियाँ, टोकरियाँ, बाल्टियाँ, कनस्तर, सुराहियाँ, छड़ियाँ, छाते — एक-एक चीज़ उन्होंने अपने सामने रखवायी और डायरी से मिलायी थी।....लाला हाकिमचन्द काफ़ी सख़्तगीर हैं, इसका सबूत चेतन को उन चन्द क्षणों में ही मिल गया था और वह उनकी लड़की को नज़र भर कर देखने का साहस न कर पाया था।....

जब सारा सामान अपनी इच्छा के अनुसार रखवा कर, उन्होंने तसल्ली कर ली थी तो लाला हाकिमचन्द ने टोपी उठा कर, रूमाल से सिर का पसीना पोंछा था। फिर डिब्बे में अपनी पत्नी, लड़की, दोनों लड़कों और चेतन का स्थान निश्चित कर के, उनके बिस्तर बिछवाये थे। (गाड़ी स्टेशन में लगते ही उनके दफ़्तर के क्लर्क, इण्टर के एक डिब्बे में घुस गये थे और उन्होंने सारी जगह रोक ली थी।) लाला जी ने दायीं ओर की पूरी सीट पर अपनी पत्नी तथा छोटे बच्चे का बिस्तर बिछवा दिया था; सामने की सीट पर लड़की का; बीच की सीट पर बड़े लड़के का और इधर की सीट पर चेतन का; और इन जगहों के बीच कुछ इस तरह सामान रखवा दिया था कि दूसरी कोई सवारी उधर से आ-जा न सके। इस काम से फ़ारिग़ हो कर, उन्होंने अपने एक मातहत से सुराहियाँ भर कर लाने का अनुरोध किया (जो अनुरोध कम और आदेश ज़्यादा था) और स्वयं यह देखने चले गये कि उनका नौकर-छोकरा, सुक्खू (जिसका नाम चेतन ने वहीं जाना) नौकरों के डिब्बे में बैठ गया है या नहीं। इस बीच गार्ड ने सीटी दे दी थी। वे भागे-भागे आये थे और उन्होंने चेतन को उन सब का ध्यान रखने की हिदायत दी थी। बच्चों को डाँटा था कि वे खिड़कियों पर हाथ न रखें, परे हो कर बैठें; बीवी और लड़की को बार-बार इस बात का ध्यान रखने की ताकीद की थी और गार्ड को झण्डी हिलाता देख, भाग कर अपने डिब्बे में जा सवार हुए थे।

००

जब गाड़ी चल दी तो चेतन ने (कनखियों से यह देख कर कि बीबी जी बच्चों को बाहर के दृश्य दिखा रही हैं) नज़र भर कर, ट्यूटरों को पिटवाने वाली उस लड़की की ओर देखा।....न बहुत लम्बा, न मँझला — बीच का — कद; पतला-छरहरा, लेकिन स्वस्थ-सुडौल शरीर; गोरा-चिट्टा रंग; सुन्दर, नुकीली ठोड़ी; लम्बी, सुतवाँ नाक; बड़ी-बड़ी आँखें; घनी भवें; ग़िलाफ़ी पलकें और लम्बी बरौनियाँ — लड़की सुन्दर थी; पर एक बार, जब उसने चेतन की ओर देख कर आँखें खिड़की की ओर कर लीं तो चेतन को उस दृष्टि में वैसी चतुराई अथवा चंचलता न लगी, जिसकी कल्पना उसने ट्यूटरों को पिटवाने वाली उस लड़की में की थी।

वह खिड़की में झुक कर बाहर देखने लगी तो उसके सिर का दुपट्टा एक ओर को फिसल गया और उसकी संगमरमर-सी साफ़, दूधिया गर्दन चेतन की आँखों को चौंधिया गयी! — सुन्दर-से-सुन्दर लड़कियाँ उसने देखी थीं, सुन्दर गर्दनें भी देखी थीं, पर ऐसी साफ़-शफ़्फ़ाफ़ गर्दन उसे पहले कभी दिखायी न दी थी। गोरी, सुन्दर गर्दनों पर भी, सिर के बालों के नीचे, चोटी के इधर-उधर, उसने सदा ऐसे बाल देखे थे, जो चोटी अथवा जूड़े में न समाते थे। घुँघराले बालों वाली लड़कियाँ, उन बालों के कुण्डल बना कर, गर्दन के

पिछले हिस्से की उस कुरूपता को सौन्दर्य में परिणत कर लेती थीं; पर जिनके बाल वैसे न थे, उनके यहाँ वे यूँ ही उड़ते रहते थे और उन्हें जूड़े में बाँधने या चोटी में सँजोने अथवा उनके कृत्रिम कुण्डल बनाने के सभी प्रयास विफल हो जाते थे। लेकिन उस लड़की की गर्दन पर चोटी के इधर-उधर, एक भी व्यर्थ का बाल न था। बस संगमरमर-सी गर्दन और उसी में से जैसे फूट कर निकली, गुँथी हुई चोटी! —लगता था, जैसे यह गर्दन और चोटी किसी मूर्तिकार की गढ़ी है, भगवान ने नहीं बनायी।....

उधर से निगाहें हटा कर चेतन ने उसकी माँ की ओर देखा — लम्बा कद; पतला-दुबला शरीर; साँवला रंग; चपटा-सा, श्रीहीन मुख; पतले, पर भिंचे होंट —लगता था, जैसे वे कभी मुस्कान में नहीं खिले —माथे पर सहज बातचीत में भी बन जाने वाली रेखाएँ — लड़की को अपनी माँ से केवल कद मिला था, या शायद दिमाग़, क्योंकि दो बार मैट्रिक में फेल होने वाली लड़की का दिमाग़ हाकिमचन्द का नहीं हो सकता, शेष सब कुछ उन्हीं का था —रंग, नक्श, आँखें और माथा....

चेतन अपलक संगमरमर-सी उस गर्दन को देखता रहा। फिर लड़की ने पलट कर, दुपट्टा ठीक से ओढ़ लिया।

'यह लड़की कैसे अपने ट्यूटरों को पिटवा देती है ?' उसे देखते हुए, चेतन ने मन-ही-मन सोचा। कोशिश करने पर भी, लड़की की आँखों में इस बात का कोई आभास उसे न मिला —सुन्दर, लेकिन भोली या फिर किंचित ठस! —चतुराई अथवा चंचलता उन आँखों में नहीं थी।....'निश्चय ही लड़की मग़रूर है.... उसे शायद अपनी सुन्दरता का गुमान भी है....या फिर ट्यूटर कोई बदतमीज़ी करते हैं और वह अपने माता या पिता से कह देती है।' चेतन ने सोचा, लेकिन उसने तो अपना ढंग पहले ही तय कर लिया था....

०

सोसाइटी के उद्‌घाटनोत्सव की शाम, लाला जी ने चेतन को दूसरे दिन सुबह मिलने के लिए कहा था। 'आपको बीबी जी से मिलवा दूँगा। एक-दो ज़रूरी बातें भी आप से करनी हैं,' उन्होंने कहा था।

चेतन ने तैयारी तो सब कर ही ली थी। वह दूसरी सुबह उनसे मुलाकात करने के लिए घर से निकल पड़ा था और रास्ता भर, उन्हीं ज़रूरी बातों के बारे में सोचता गया था। बार-बार उसे ख़याल आता था कि कौन-सी ज़रूरी बातें वे करना चाहते हैं ? फिर कुछ ठीक अनुमान न लगा सकने पर, उसने मन को तसल्ली दे ली थी कि शिमला पहाड़ी जगह है; लाला जी कपड़ों-अपड़ों के बारे में या वहाँ के निवास के सम्बन्ध में ज़रूरी हिदायतें देना चाहते होंगे और यूँ मन को तसल्ली दे कर, वह तेज़-तेज़ साइकिल चलाता हुआ, उनके क्वार्टर जा पहुँचा था।

दरवाज़ा सुक्खू के बदले, लाला जी ने खोला था। "आइए मास्टर जी!" कहते हुए, वे हँसते-माथे उससे मिले थे और साथ ले जा कर उन्होंने उसे ड्रॉइंग-रूम में बैठाया था और पूछा था, "कहिए मास्टर जी, क्या पीजिएगा। चाय या शर्बत ?"

चेतन को न चाय की इच्छा थी, न शर्बत की। वह रास्ते में सब्ज़ी मण्डी के हलवाई की दुकान से लस्सी का बड़ा गिलास पी आया था। लेकिन उसकी आदत थी कि वह संकोच

के कारण इनकार न कर पाता था। वह कहने जा रहा था — 'कुछ भी पी लूँगा' कि लाला जी ने हँसते हुए कहा था :

"बीबी जी ने दरअसल सारा सामान बाँध लिया है, चाय भी आपको गिलास ही में मिलेगी।"

और चेतन ने वाक्य होंटों में ही रोक लिया था। ज़रा हँस कर कहा था — "आप तकल्लुफ़ न कीजिए। मैं तो लस्सी का बड़ा गिलास पी कर आया हूँ। चाय या शर्बत की ज़रा भी गुंजाइश नहीं है!"

लाला जी हँसे थे और आराम-कुर्सी पर पसर कर बैठ गये थे, "कहिए, सब तैयारी कर ली आपने ?"

"तैयारी कौन-सी करनी है। बस, ट्रंक और बिस्तर तैयार कर लिया है। साथ में हार्मोनियम का बक्सा रख लिया है। मेरी पत्नी बहुत अच्छा गाती है, उसके लिए गीतों की तर्ज़ें निकाल दिया करता हूँ। वहाँ फ़ुर्सत में उसके लिए कुछ भजन तैयार कर दूँगा।"

"यह तो बहुत अच्छा है," लाला जी की आँखों में चमक आ गयी और वे कुर्सी पर सीधे हो कर बैठ गये, "हमारी चन्द्रा को भी गाने का शौक है।"

चेतन चौंका। "मैं कोई म्यूज़िक टीचर नहीं हूँ," जल्दी से उसने कहा, "न मेरी आवाज़ ही अच्छी है। मेरे पास एक किताब है — 'संगीत शिक्षक।' उसकी मदद से कुछ नये गीतों की ट्यूनें निकाल लेता हूँ और वे ही पत्नी को सिखा देता हूँ।"

"गर्म कपड़े तो आपके पास काफ़ी हैं न ?" लाला जी ने पूछा, "अभी तो शिमले में गर्मी होगी, एक स्वेटर से भी काम चल जायेगा, लेकिन ज्यों ही बारिश हुई, सर्दी बढ़ जायेगी।"

"मेरे पास पुराना ओवरकोट है। सूट मैंने नया सिला लिया है।"

"तब ठीक है!"

लाला जी सन्तुष्ट हो कर, फिर आराम-कुर्सी पर पसर गये। कुछ क्षण कमरे में ख़ामोशी छायी रही। चेतन को आभास था कि लाला जी के मन में कोई बात है, जिसे वे कहना चाहते हैं, पर कह नहीं पा रहे। उत्सुकता से वह कुर्सी पर तना बैठा था और उसका दिल धड़क रहा था।

सहसा लाला जी फिर सीधे हो कर बैठ गये और उन्होंने कहा, "आपको यकीन है, आप चन्द्रा को पास करा देंगे ?"

"अगर वह पढ़ने में ध्यान देगी तो ज़रूर करा दूँगा।"

"लेकिन वह थोड़ी डल[१] है।"

"उसकी चिन्ता नहीं। जो मैं पढ़ाता हूँ, अगर वह उसे ध्यान से सुनेगी तो मैं इतनी बार कोर्स रिवाइज़ करा दूँगा कि उसे रटने की भी ज़रूरत न पड़े। हाँ, वह पढ़ने में ध्यान न दे, तो मैं नहीं कह सकता।"

"नहीं, इसकी शिकायत आपको न होगी!"

"बात यह है," चेतन ने कहा, "दिमाग़ बर्तन की तरह होता है। अच्छे-से-अच्छे

१. कुन्द-ज़ेहन, मन्द-बुद्धि

बर्तन को अगर रोज़ माँजा-चमकाया न जाये तो कुछ दिनों में डल हो जायेगा और बेआब बर्तन को रोज़ माँजा जाये तो उसमें चमक आ जायेगी।"

"चन्द्रा तेज़-दिमाग़ भले ही न हो, लेकिन वह ध्यान से पढ़ेगी और कभी नागा नहीं करेगी।"

"तब वह ज़रूर पास हो जायेगी।"

"आप गारण्टी देते हैं ?"

"गारण्टी!"

"कि आप मेरी लड़की को पास करा देंगे।"

"गारण्टी तो मैंने दे दी!"

"नहीं, ऐसे नहीं," लाला हाकिमचन्द ने कहा, "मैं आपको बीस रुपये महीना देता रहूँगा। बीस रुपये मेरे पास आपके जमा रहेंगे। लड़की पास हो गयी तो मैं आपको साल भर के पूरे दो सौ चालीस दे दूँगा।" लाला जी अपनी बात कह कर फिर कुर्सी पर पसर गये। प्रकट ही, वे उसे सोचने का अवसर देना चाहते थे।

चेतन चुप बैठा रह गया था। क्या जवाब दे, वह तत्काल तय न कर पाया था।....पहले उसके जी में आयी थी कि उठे और चल दे! 'साला गारण्टी का,' उसने मन-ही-मन कहा था, 'तुझे गारण्टी चाहिए थी, तो पहले ही दिन कहता। अब यह जान कर कि मैंने सोसाइटी से नजात पा ली है और पूरी तैयारी कर ली है, तूने गारण्टी की पख़ लगा दी है। —मैं बीस रुपये में वह कर्ज़ चुकाऊँगा, जो मैंने सूट बनवाने में उठा लिया है, या दाख़िले के लिए रुपये जोड़ूँगा! फिर लड़की पास हो गयी तो मेरे दो सौ चालीस तू दे ही देगा, इसकी क्या गारण्टी है ? —है तो आख़िर तू क्लर्क ही, चाहे सुपरिण्टेण्डेण्ट बना घूमता है। जब तूने चन्दे के पाँच रुपये देने से इनकार कर दिया था, और उसके बावजूद, दो साथियों को ले कर 'एलफ़िन्स्टन' पहुँच गया था, तभी मुझे ख़बरदार हो जाना चाहिए था, लेकिन मैं तेरे सूट-बूट के रोब में आ गया।'....

पर उसने मन की बात होंटों पर नहीं आने दी। दरअसल वह इतना आगे बढ़ आया था कि अब पीछे हटना उसके लिए मुश्किल था। इस ट्यूशन के चलते, उसने अगले दो वर्षों की पूरी योजना बना डाली थी....चन्दा बच्चे से थी। उसका आठवाँ महीना शुरू हो गया था। इसी महीने वह 'प्रभाकर' की परीक्षा में बैठ रही थी। चेतन ने तय किया था कि परीक्षा देते ही, वह जालन्धर चली जायेगी और दो-तीन वर्ष तक वहीं रहेगी; इस बीच वह कानून पढ़ कर, कम्पीटीशन में बैठेगा और पास हो कर कहीं सब-जज नियुक्त हो जायेगा। तभी वह उसे बुलायेगा।

लॉ कॉलेज से उसने पता कर लिया था। कुल-मिला कर उसकी फ़ीस तेरह रुपये महीना थी। चालीस रुपये महीने में वह कॉलेज की फ़ीस का, किताबों का, घर के किराये में अपने हिस्से का, ढाबे में खाने का —सबका प्रबन्ध सुचारु ढंग से कर लेगा —यही उसने सोचा था। इसलिए वह सात दिन तक लगातार आचार्य विश्वबन्धु के यहाँ जाता रहा था और उस वक्त तक उसने चैन न लिया था, जब तक आचार्य जी ने उसकी सिफ़ारिश न कर दी थी....और अब लाला हाकिमचन्द की इस नयी शर्त ने उसकी तमाम योजनाओं

पर पानी फेर दिया था....चेतन कुछ क्षण सोचता रहा था, फिर उसने तय किया था कि वह अपने मन की कोई बात चेहरे पर न आने देगा। सहसा उसने कहा, "आपको यह शर्त पहले ही दिन रखनी चाहिए थी!"

लाला जी उठ कर बैठ गये। क्षण भर उसकी ओर देखते रहे —यह अन्दाज़ लगाते हुए कि उसके मन में क्या है ? क्या वह शर्त मानेगा या नहीं ? फिर कुछ भी न समझ पाने पर उन्होंने ब्लफ़[1] दिया, "अभी क्या बिगड़ा है, आप लाहौर ही में बैठे हैं। सोच लीजिए!" फिर इस ख़याल से कि उनकी बात उसे बुरी न लगे, क्षण भर रुक कर उन्होंने कहा, "मुझे ट्यूटरों का बहुत अच्छा तजरुबा नहीं, पिछले साल जो ट्यूटर रखा था, उसने बड़े-बड़े वादे किये थे, लेकिन लड़की तीन सब्जेक्ट्स में फ़ेल हो गयी।"

"यूँ तो लाला जी, मुझे न गारण्टी देने में एतराज़ है, न बीस रुपया आपके पास छोड़ने में।" चेतन ने कहा था, "मैं मेहनती आदमी हूँ, अपनी मेहनत पर मुझे विश्वास है; आपकी लड़की मेहनत करेगी तो मैं उसे यकीनन पास करा दूँगा। लेकिन मेरी एक मुश्किल है, मुझे सितम्बर में लॉ कॉलेज में दाख़िला लेना है। इसीलिए मैंने ट्यूशन लेना स्वीकार किया है। अगर आप बीस रुपये महीना रोक लेंगे तो मैं दाख़िला कैसे दूँगा ?"

वह क्षण भर के लिए रुका। लाला जी भी चुप रहे। फिर चेतन ने कहा :

"मैं आपके साथ चलता हूँ। आप मेरे बीस रुपये रोकते रहिए। अगर मैं शिमले में मेहनत से पढ़ाऊँगा तो सितम्बर में आप मुझे चार महीने के पैसे दे दीजिएगा ताकि मैं अपना दाख़िला ले सकूँ। यहाँ आ कर भले ही फिर आप बीस रुपये महीना रोकते रहिएगा। यहाँ मैं बीस में अपना काम चला लूँगा।"

"शिमला में आप कब से कब तक पढ़ायेंगे ?"

"दस से पाँच तक। बीच में एक घण्टा आराम करूँगा। मैं रात को देर तक लिखता-पढ़ता हूँ। मुझे दोपहर को सोने की आदत है। इतवार को छुट्टी करूँगा।"

"और लाहौर में ?"

"तीन घण्टे !"

"नहीं, लाहौर में आपको चार घण्टे देने चाहिएँ!"

"जब उसे पास कराना मेरी शर्त है," चेतन ने कहा था, "तब आप चार घण्टे की कैद क्यों लगाते हैं ? घण्टा-पौन घण्टा तो घर से यहाँ आने-जाने ही में लग जायेगा। मुझे कानून की पढ़ाई भी करनी होगी। वक्त की कैद आप न रखिए, मैं दो घण्टे पढ़ाऊँ या चार घण्टे, उसे पास अच्छे नम्बरों से करा दूँगा।"

पर लाला जी सुपरिण्टेण्डेण्ट थे और वक्त की पाबन्दी चाहते थे। ख़ासे बहस-मुबाहिसे के बाद, लाला जी इस बात पर तैयार हो गये कि लाहौर वापस आ कर चेतन चन्द्रा को तीन घण्टे समय दिया करेगा; पर उसकी कसर वह, इतवार को ज़्यादा समय दे कर, पूरी कर देगा।

चेतन इतवार को छुट्टी चाहता था, पर उस सूरत में लाला जी की माँग थी कि वह बाकी दिनों में चार घण्टे पढ़ाये। विवश, चेतन मान गया था। तब लाला जी ने भी वादा

१. भभकी

कर लिया कि अगर वह शिमले में ठीक से पढ़ायेगा तो उसे दाख़िले भर के पैसे दे देंगे।

यूँ बात पक्की कर के लाला जी ने लड़की को आवाज़ दी थी — "चन्द्रा!"

और जब वह आ गयी थी तो लाला जी ने कहा था — "ये तुम्हारे नये मास्टर जी हैं। ये हमारे साथ शिमला जायेंगे।"

और लड़की ने हाथ जोड़ कर 'नमस्ते' की थी।

यद्यपि ट्यूटरों को पिटवाने वाली, उस लड़की को देखने की प्रबल उत्सुकता चेतन के मन में थी, पर उसने तब आँखें न उठायी थीं; बिना उसकी ओर देखे ही, उसके 'नमस्कार' का जवाब दे दिया था। अपनी उत्सुकता पर उसने अंकुश लगा लिया था, उसकी निगाहें फ़र्श पर ही लगी रही थीं और उसे नाज़ुक-सी चप्पल में सिर्फ़ दो गोरे-गोरे पैर ही दिखायी दिये थे।

लड़की क्षण भर खड़ी, उसे घूरती रही थी। फिर लाला हाकिमचन्द ने उसे वापस जाने का आदेश दिया था। बीबी जी से चेतन को मिलाना, वे भूल ही गये थे।

००

चन्द्रा ने फिर खिड़की से पीठ लगा ली थी और पैर बीच की सीट पर फैला लिये थे। अनायास चेतन की निगाहें उसके गोरे-गोरे पैरों पर चली गयीं। वहाँ से उठती हुई उसकी दृष्टि, चन्द्रा के सारे शरीर को अपने में समेटती हुई, उसके मुख पर जम गयी। पतले-पतले होंट भिंचे हुए थे और एकदम भाव-शून्य, वह सामने देख रही थी।....

....सरकारी क्वार्टरों से लौटते हुए चेतन ने भाई साहब के क्लिनिक पर रुक कर, उन्हें लाला हाकिमचन्द से होने वाली बातचीत का ब्योरा दिया था। तब उन्होंने फिर उसे ट्यूशन लेने से रोका था।

"मैं जानता हूँ, तुमने सारी तैयारी कर ली है और तुम अब नहीं जाते तो लाला जी बुरा मान जायेंगे, लेकिन उसके लिए सौ बहाने बनाये जा सकते हैं। मगर तुम जाओगे तो परेशान होगे, इतना मैं कहे देता हूँ!"

भाई साहब पल भर रुके थे, फिर उन्होंने कहा था, "मैंने उस लड़की के बारे में कई तरह की बातें सुनी हैं। जान-बूझ कर शेर की माँद में जाने को अक्लमन्दी नहीं कहते। आग जलाती है, यह जानने के लिए अपनी उँगली जलाना क्या ज़रूरी है। दूसरों की जली हुई उँगलियों से क्या यह बात नहीं जानी जा सकती ?"

भाई साहब ने पते की बात कही थी, लेकिन वे नहीं जानते थे कि इन्सान हमेशा उँगलियाँ जला कर ही सीखता है। वह दूसरों के अनुभवों से सीखना जानता तो इतिहास बार-बार अपने को न दोहराता — इन्सानों का ही नहीं, जातियों और राष्ट्रों का भी। मनुष्य का दुर्वार औत्सुक्य, उस की अनन्त जिज्ञासा ही उसे बार-बार ख़तरे मोल लेने, उँगलियाँ जलाने और अपने अनुभवों से सीखने पर मजबूर करती है और इस प्रक्रिया में आदमी कभी पीछे हटता है तो कई बार आगे भी बढ़ता है। चेतन की प्रतिक्रिया भी आम आदमी की प्रतिक्रिया से भिन्न नहीं थी। पल भर, वह दुविधा में चुप रहा था, फिर उसने निश्चयात्मक स्वर में कहा था, "अब भाई साहब, मैं इनकार नहीं कर सकता। शिमला तो मैं ज़रूर जाऊँगा। अव्वल तो कोई ऐसी-वैसी बात होगी, इसका कोई इमकान नहीं। फिर मैं उन चपरकनातियों की तरह रहूँगा ही नहीं, जिन पर हाथ उठाने की जुर्रत लाला हाकिमचन्द को

हुई। इसीलिए मैंने बढ़िया नये कपड़े बनवाये हैं।"

भाई साहब चुपचाप उसकी ओर देखते थे। उनकी आँखों में आशंका का भाव पढ़ कर, चेतन हँसा था, "आप बिलकुल फ़िक्र न कीजिए," उसने अपने बड़े भाई को आश्वासन देते हुए कहा था, "मैंने शिमला के अपने रोज़ाना प्रोग्राम के बारे में जो स्कीम बनायी है, उससे किसी तरह की कोई गड़बड़ नहीं हो सकती। आप बिलकुल निशाख़ातिर रहें।" फिर कुछ क्षण रुक कर, उसने कहा था, "शाम को मैं उधर से ही स्टेशन को निकल जाऊँगा। चन्दा का ख़याल रखिएगा। इम्तहान होते ही, माँ के साथ उसे जालन्धर भेज दीजिएगा और जब तक मैं वापस न आऊँ —घर न बदलिएगा।"

और उनसे विदा ले कर वह दुकान से निकल आया था।....

००

....गाड़ी में बैठे-बैठे, चन्द्रा को देखते हुए (जो न ख़ुदसर लगती थी, न ट्यूटरों को पिटवाने वाली) चेतन ने शिमला के अपने दैनिक कार्यक्रम की रूप-रेखा, एक बार फिर मन-ही-मन दोहरा ली :

• शिमला पहुँच कर अपने कमरे में जमते ही, वह अपने समय को ऐसे बाँट लेगा कि व्यर्थ की बातें करने अथवा सोचने के लिए उसके पास वक्त न रहे।

• सुबह उठ कर, शरीर पर तेल की मालिश कर के, वह कसरत करेगा। उसके बाद तीन-चार मील सैर करेगा। वापस आ कर, नहा-धो कर नाश्ता करेगा और ठीक दस बजे पढ़ाने बैठ जायेगा। दोपहर को एक बजे खाना खायेगा। एक घण्टा आराम करेगा और पाँच बजे पढ़ाना ख़त्म कर के तत्काल बाहर सैर को निकल जाया करेगा।

• रात को नियमित रूप से दो घण्टे साहित्य-सृजन करेगा।

(उसे पक्का विश्वास था कि उस प्रोग्राम पर अमल करते हुए, न केवल वह अपने मन को भटकने का अवसर न देगा, बल्कि चन्द्रा से किसी तरह की घनिष्टता का रास्ता भी रोक देगा।)

• वह लाला हाकिमचन्द के सामने भी कम पड़ेगा। न वह उनसे खुलेगा, न उन्हें उससे 'अबे-तबे' करने का साहस होगा।

(यह गुर उसका पुराना आज़माया हुआ था। दुसूआ स्टेशन पर, अपने क्रूर पिता की उपस्थिति से वह इसी तरह बच जाता था। उनके घर आने के वक्त, वह स्टेशन चला जाता और वे स्टेशन आते तो घर पहुँच जाता अथवा माल-गोदाम की तरफ़ निकल जाता।)

• पढ़ाते समय वह चन्द्रा की ओर न ज़्यादा देखेगा, न उससे आँखें मिलायेगा।

(चेतन के कानों में सहसा एक पंजाबी लोक-गीत —'ढोला' —के बोल गूँज गये)

पुच्छाँ सहेलियाँ माही वे,
नेहुँ किक्कों लाईदा —ढोला
पहलाँ अक्खियाँ माही वे
फ़ेर रल-मिल जाईदा —ढोला[१]

---

१. सहेलियों से पूछती हूँ, प्यार कैसे शुरू किया जाता है (याने किसी को कैसे आकर्षित किया जाता है।) 'पहले आँखें मिलायी जाती हैं,' (सहेलियाँ समझाती हैं) 'फिर रल-मिल जाते हैं।'

जब वह इस लड़की से आँखें मिलायेगा ही नहीं तो फिर किसी तरह का घपला कैसे होगा ?)

• अपने स्वर को वह सदा गम्भीर रखेगा। पढ़ाते समय वह कोई हल्की बात न करेगा। न मुस्करायेगा। न हँसेगा।

(और चेतन को पंजाबी की प्रसिद्ध कहावत याद आयी — 'हस्सेया ते कम्म रस्सेया'[१] —अपरिचित युवक-युवती के बीच गम्भीरता और संकोच की दीवार में पहली दर्ज़[२] मुस्कान के रूप में प्रकट होती है इस दर्ज़ के रास्ते ही प्यार के दिल तक पहुँचा जा सकता है।....चेतन को इस कहावत की हकीकत अच्छी तरह मालूम थी। कुन्ती, प्रकाशो और नीला के सम्बन्ध में वह इस मुस्कान का जादू देख चुका था।....चन्द्रा के उस भाव-शून्य मुख को देख कर चेतन को लगा था कि यह लड़की कभी नहीं मुस्करायेगी। अगर वह ख़ुद भी गम्भीर बना रहे, तो फिर किसी तरह की मुसीबत का अन्देशा नहीं)

• और सब से महत्वपूर्ण यह —कि वह किसी ऐसे कमरे में उसे न पढ़ायेगा, जो बन्द हो। बरामदे में, बाल्कनी में या फिर खुले कमरे में वह उसे पढ़ायेगा।

(प्रेम, वह जानता था, चोरी में पनपता है। वह इस चोरी का, लुका-छिपी का अवसर ही न आने देगा।)

०

अपनी सीट पर सिर झुकाये, अपनी प्रतिज्ञाएँ दोहराते हुए, चेतन को ख़याल आया कि भाई साहब ग़लत नहीं कहते थे —इस ट्यूशन में ज़रूर ख़तरा है। उसकी अपनी उमर अभी चौबीस की भी नहीं थी। लड़की भी जवान है। लाला जी ने तो बातों-बातों में कहा था कि चौदह बरस की है, लेकिन दो बार मैट्रिक में फ़ेल हो चुकी है। ज़रूर सोलह-सत्रह की होगी। —'ख़तरा ज़रूर है।' उसने मन-ही-मन कहा, 'लेकिन ख़तरा मोल लिये बिना दुनिया में किसी ने कभी कुछ पाया है!'....उसे अपने ऊपर पूरा भरोसा था। अपने लिए उसने 'करणीय' और 'अकरणीय' बातों की जो सूची बनायी थी, उसे यकीन था कि उस पर अमल करने से, न केवल वह शिमला से सही-सालम लौट आयेगा, बल्कि घाते में दाख़िले के लिए पैसे भी ले आयेगा। सब से बढ़ कर यह कि कविराज जी को यह दिखा आयेगा कि वह उनकी सहायता के बिना भी शिमला जा सकता है और उनसे बेहतर सुविधाएँ पा सकता है।

०

चेतन ने नज़र उठा कर देखा —चन्द्रा वही भाव-शून्य चेहरा लिये, सामने आँखें टिकाये, चुपचाप बैठी थी। उसके मुख की भाव-शून्यता और आँखों के ठहराव को देख कर चेतन को विश्वास हो गया कि ग़लती ट्यूटरों की होगी — 'ख़ूबसूरती में ऐसा जादू है कि ठस-से-ठस आदमी उससे प्रभावित हुए बिना नहीं रहता,' उसने सोचा, 'बल्कि बुद्धिमान की बजाय मूर्ख ज़्यादा प्रभावित होता है।'....और चेतन के दिमाग़ में प्रसिद्ध फ़्रांसीसी कथाकार, मोपासाँ की कहानी —'वह सुअर मोरिन' —घूम गयी।

---

१. (प्रिय) हँसा तो काम बना।

२. झिरी

....मोरिन, पेरिस से सौ-सवा सौ मील दूर एक कस्बे का, थुल-थुल, पिलपिल, धनी बजाज था। एक बार वह पन्द्रह दिन के लिए पेरिस गया। जब वापस अपने कस्बे के लिए चला तो उसकी नसों में रक्त का प्रवाह किंचित तेज़ था और उसके दिमाग़ में नंगी टाँगें, सुन्दर चेहरे, और स्कर्टों की सरसराहटें घूम रही थीं। स्टेशन पर उसने एक बड़ी सुन्दर लड़की देखी, जो किसी बूढ़े से विदा ले कर, गाड़ी के एक डिब्बे में सवार हुई। उसके सौन्दर्य से वह कुछ ऐसा प्रभावित हुआ कि यन्त्रचालित-सा, वह भी उसी डिब्बे में जा बैठा। डिब्बे में दूसरी कोई सवारी न थी। अपनी सीट पर बैठा, वह उसे एकटक देखने और उसे अपने बस में लाने की तरकीबें सोचने लगा। पर उसने अपनी मूँछों वाली बीवी के अलावा कोई दूसरी औरत देखी न थी। इसी असमंजस में रात हो गयी। लड़की कम्बल ओढ़ कर लेट गयी और सो गयी। मोरिन जड़वत उसकी ओर देखते हुए, सारी रात उसी उधेड़-बुन में अपनी सीट से चिपका बैठा, जागता रहा। सुबह सूरज की पहली किरण के साथ लड़की उठी। गहरी नींद सो लेने पर उसने सुख की अँगड़ाई ली और मोरिन को अपनी ओर एकटक देखते पा कर, वह मुस्करायी।....बस, उसकी मुस्कराहट को प्यार का निमन्त्रण समझ, मोरिन उठा और बिना किसी भूमिका के, दोनों हाथ फैलाये, उसकी ओर बढ़ा। लड़की घबरा कर उठी, पर मोरिन ने उसे, दोनों बाँहों में ले कर, चूम लिया। अपने आपको उसकी बाँहों से छुड़ा कर, उसने उसे ज़ोर का धक्का दिया। मोरिन बुरी तरह गिरा। लड़की चीख़ती भागी और गाड़ी का दरवाज़ा खोल कर चिल्लाती हुई, हाथ हिलाने लगी....मोरिन को लगा, वह गाड़ी से कूद जायेगी। घबरा कर, आगे घिसट, उसने उसकी स्कर्ट थाम ली। गाड़ी खड़ी हो गयी। पुलिस आ गयी और उसी स्थिति में मोरिन मियाँ धर लिये गये। लड़की ने उस पर बलात्कार की कोशिश का अभियोग लगाया और मोरिन कस्बे पहुँच कर घर जाने के बदले, हवालात जा पहुँचे....

उस सारे दृश्य की कल्पना कर के चेतन मन-ही-मन मुस्कराया....'निश्चय ही इस लड़की के कारण पिट जाने वाले ट्यूटर, उस घामड़ मोरिन जैसे होंगे,' उसने मन में कहा, 'लेकिन उस कहानी में ला'बार्ब भी तो था — मोरिन का नौजवान वकील, जिसने अपने मुवक्किल को बचाने के लिए, लड़की को अपने जाल में फँसा लिया; मोरिन को बचा लिया, लेकिन ख़ुद उसके चक्कर में नहीं फँसा। — उस ख़ूबसूरती को देख कर, पा कर भी, जो उसे छोड़ आया; बल्कि उस परी के साथ बिताये गये, लगभग मदहोश कर देने वाले क्षणों को जिसने एकदम भुला दिया।'....

और अपने आपको ला'बार्ब के समकक्ष रख, चेतन ने एक अपूर्व सन्तोष और गर्व महसूस किया।

००

"मास्टर जी इसमें क्या है ?"

चेतन चौंका। लाला हाकिमचन्द का बड़ा लड़का गिगलू, जाने कब उसके पास आ गया था और उसके निकट ही, सीट पर पड़े हार्मोनियम के बक्स पर हाथ रखे खड़ा था — गोल, गुलगोथना मुख, चौड़ा मस्तक और अपार भोलापन लिये हुए, बड़ी-बड़ी आँखें! उसकी एक टाँग जाने जन्म ही से टेढ़ी थी अथवा किसी दुर्घटना में टेढ़ी हो गयी थी कि वह उसे ज़रा घुमा कर और लँगड़ा कर चलता था।....उसके होंटों पर बड़ी प्यारी मुस्कान

थी, जो लगता था, जैसे वहीं थम गयी है। चेतन क्षण भर उसे देखता रहा, फिर उसकी निगाहें, अपनी माँ की गोद में बैठे, उसके छोटे भाई, पिगलू पर चली गयीं —पाँच-एक वर्ष की उमर, साँवला रंग, पतले नक्श, चेहरे पर लाड-पले लड़के की ऐंठन और स्वभाव में चिड़चिड़ाहट।....

"क्या इसमें बाजा है ?" गिगलू ने उत्तर न पा कर, उसी सादगी से पूछा।

चेतन को उसकी बड़ी-बड़ी आँखों का भोलापन बहुत अच्छा लगा —विशाल और बे-किनार! —दुनिया की हर चीज़ के लिए, जैसे उन आँखों में अपार जिज्ञासा थी। हालाँकि उसने क्षण भर पहले फ़ैसला किया था कि वह यूँ गम्भीर रहेगा कि परिवार में किसी को, काम के अलावा, उससे बात करने का साहस न हो, पर उस बच्चे की सादगी के सामने उसकी गम्भीरता टिकी न रह सकी। उसका जी हुआ, उसका चेहरा दोनों हाथों में ले कर, उसे चूम ले।....लड़का उत्तर की प्रतीक्षा में, उसकी ओर आँखें फैलाये, अजीब शर्मीली मुस्कान होंटों पर लिये, मुटर-मुटर तक रहा था।

"हाँ।" चेतन ने कहा।

"हारमोंनियम ?'

'हाँ।"

"आप बजाते हैं ?"

"हाँ।"

"गाते हैं।"

"यूँ ही, मेरी आवाज़ अच्छी नहीं है।"

"सुनाइए।"

और उसके होंटों पर वह भोली मुस्कान और भी फैल गयी। चेतन का मन हुआ कि बक्से से बाजा निकाल कर, वह उस बच्चे को लगातार गीत सुनाये। पर उसने सिर्फ़ इतना कहा, "यहाँ नहीं। शिमला पहुँचा कर सुनाऊँगा।"

"एक गीत सुना दीजिए।"

चेतन चुप रहा।

"सुनाइए ना!"

चेतन फिर चुप रहा। उसे एकटक देखता रहा।

लड़का टाँग घुमा कर, लँगड़ाता हुआ, अपनी बहन पास गया — "चन्दा, मास्टर जी से कहो, हमें बाजा सुनायें।"

लड़की, उसी तरह खिड़की से पीठ लगाये, बीच की सीट में टाँगें पसारे, सामने निरुद्देश्य घूरती रही।

गिगलू की मुस्कान हवा हो गयी। बहन की इस अन्यमनस्कता ने उसके चौड़े खुले माथे पर खीझ की रेखाएँ बना दीं। उसने उसकी बाँह पकड़ कर झकझोर दी — "चन्दा!"

लड़की ने बिना सिर को ज़्यादा घुमाये, एक अनमनी-सी दृष्टि चेतन पर डाली, फिर कुछ खीझ कर गिगलू को देखा, अपनी सीट पर ज़रा हिली, एक टाँग दूसरी पर रखी और वैसे ही सामने घूरती रही।

'....तो इसका नाम चन्द्रा नहीं, चन्दा है,' चेतन ने सोचा —सुबह जब वह उनके घर गया था तो लाला जी ने 'चन्द्रा' कह कर उसे पुकारा था; स्टेशन पर उसकी माँ ने एक-दो बार 'चन्द्रो' कह कर बुलाया था। तब उसने उसका नाम यही समझा था, 'लेकिन जब उसका भाई उसे चन्दा कहता है,' चेतन ने सोचा, 'तो इसका असली नाम यही है।' और उसकी पत्नी का भी नाम चन्दा ही था।....लेकिन दोनों के स्वभाव में कितना अन्तर है! लगता ही नहीं कि यह लड़की, हँसना तो दूर रहा, कभी मुस्कराती भी है....और उसकी पत्नी....वह तो सदा हँसती रहती है....

और चेतन के सामने उसकी पत्नी का हँसता-मुस्कराता चेहरा घूम गया....वह इस वक्त क्या कर रही होगी ?....क्या उसकी लम्बी अनुपस्थिति के बारे में सोच कर उदास होगी....पर वह उसके उदास मुख की तो कल्पना ही न कर पाता था....सुख-दुख, सब को सहज भाव से लेना, न जाने उसने कब और कैसे सीख लिया था। उस झील के पानियों में कभी तूफ़ान न उठते थे, बस एक शान्त विस्तार था और अतल गहराई —चेतन ने कई बार उस पानी में तूफ़ान देखना चाहा; वह दिन-दिन भर लड़ा-झगड़ा, बोला-बका था, पर उस प्रशान्त जल में लहर तक न उठी थी....और गहराई —चेतन कभी उसकी थाह न पा सका था।....इधर जब से चन्दा को पाँचवाँ महीना लगा था, वह अलग चारपाई पर सोने लगी थी। चेतन ने पिछले वर्ष कविराज रामदास के लिए जो पुस्तक लिखी थी, उसमें बच्चे के जन्म से पहले माता-पिता को जिन बातों का ध्यान रखना चाहिए, उनका पूरा ब्योरा था। वे सारी हिदायतें चेतन ने अपनी पत्नी को दी थीं। और दोनों अलग-अलग चारपाइयों पर सोने लगे थे। लेकिन पिछली रात, उसे उदास और परेशान देख कर, चन्दा उसकी चारपाई पर ही लेट गयी थी। चेतन दायीं पट्टी की ओर हो गया था। फिर बातों में चन्दा ने उसकी गर्दन के नीचे बाँह रख दी थी और उसे अपने सीने से लगा लिया था....

गाड़ी के डिब्बे में बैठे-बैठे, चेतन ने सोचा, पिछली रात का मिलन भी कैसा था। ऐसा मिलन भी होता है, जिसमें ठाठें मारता दरिया, उतनी ही उद्दण्ड नदी से हमकिनार[१] होता है। दोनों की उफनती तरंगें, एक-दूसरी में मिल कर, एक हो, शान्त हो जाती हैं; लेकिन दो शान्त, निथरी झीलों का भी तो मिलन होता है।....उस झील के साहचर्य में वह ख़ुद भी तो एक झील-ऐसा ही बन गया था....इस चिन्ता से कि उसकी बीवी को ज़रा भी तकलीफ़ न हो....कुछ अजीब-सी करुणा, अजीब-सी ममता, सुख-शान्ति के अजीब-से एहसास से उसका मन आप्लावित हो आया था।....

"मास्टर जी, आप बच्चे का मन रख लीजिए। ज़रा इसे एक गीत सुना दीजिए।"

चेतन अपने ध्यान में जाने कहाँ-से-कहाँ जा पहुँचा था। गिगलू शायद बहन के बाद माँ के पास गया था और उसकी माँ वहाँ से उठ आयी थी।

चेतन ख़ुद बीच की सीट पर टाँगें पसारे बैठा था। बीबी जी को सामने खड़ी देख, वह अचकचा कर उठा। उसने बाजा खोला और हार्मोनियम निकाला।

"मुझे तो कुछ वैसा गाना-बजाना नहीं आता बीबी जी," उसने कहा, "मेरी पत्नी का स्वर अच्छा है, मैं किताब की मदद से कुछ ट्यूनें निकाल कर, उसे सिखा देता हूँ और

१. आलिंगनबद्ध

वह गाया करती है।"

और वह हार्मोनियम बजाने लगा।

स ग म, प ध, स नी, ध प, म ग

दोनों बच्चे अपनी माँ के साथ बीच की सीट पर आ बैठे, चेतन गाता रहा, लेकिन चन्द्रा वहीं सामने की सीट पर बैठी, जैसे उन सब से बहुत दूर, खिड़की से पीठ लगाये, बीच की सीट पर टाँगें पसारे, उसी तरह सामने शून्य में तकती रही

दो

प्रिय चन्दी,

मैं सकुशल यहाँ पहुँच गया हूँ। रास्ते में किसी तरह की तकलीफ़ नहीं हुई। लाला जी ने अपने परिवार के साथ मुझे भी इण्टर का टिकट ले दिया था और मैं आराम से पहुँच गया। लाला जी का दफ़्तर छोटे शिमले में है, इसलिए उन्होंने कॉटेज भी छोटे शिमले में ली है। हालाँकि यह जगह छोटे शिमले से लगभग आध-पौन मील दूर है और कसुम्पटी के करीब पड़ती है, लेकिन छोटे शिमले ही में कहाती है।

कसुम्पटी छोटे शिमले से सवा-डेढ़ मील दूर एक बस्ती है। छोटा-सा बाज़ार है, जिसके दोनों ओर छोटे-छोटे, एक-मंज़िले, दो-मंज़िले मकान हैं। लाला जी के सभी क्लर्क कसुम्पटी में रहते हैं। शिमले में तो —माल ही नहीं, मिडल और लोअर बाज़ार में भी —किराये आसमान को छूते हैं और बेचारे क्लर्क —कसुम्पटी, संजौली, भराड़ी, नाभा हाउस, फागली, वग़ैरा —इर्द-गिर्द की बस्तियों में फैले हुए हैं और मीलों चल कर, दफ़्तरों में पहुँचते हैं।

लेकिन लाला जी ने जहाँ कॉटेज ली है, वह किसी अंग्रेज़ की एस्टेट है। यह क्लर्कों के नहीं, छोटे-मोटे अफ़सरों के रहने की जगह है। दो-मंज़िली कॉटेज है। बड़ा प्यारा-सा नाम है इसका —केनमोर कॉटेज। दो कमरे, बाथ-रूम और किचन ऊपर की मंज़िल में हैं, दो कमरे और एक बाथ-रूम निचली मंज़िल में। इन्हीं नीचे के दो कमरों में से बाथ-रूम के साथ वाला कमरा लाला जी ने मुझे दे दिया है। एक पलँग और मेज़-कुर्सी भी वहाँ है। (कॉटेज, फ़र्निचर-समेत किराये पर ली गयी है।) साथ का कमरा कुछ बड़ा है। एक डाइनिंग टेबल और छै कुर्सियाँ वहाँ पड़ी हैं। लाला जी ने वहीं मुझे चन्द्रा को पढ़ाने के लिए कहा है। खाना हम ऊपर ही खायेंगे। दोनों कमरों के बीच एक दरवाज़ा है। इससे मुझे काफ़ी आराम है। जब तक चन्द्रा नहीं आती, मैं अपनी मेज़ पर बैठा काम करता हूँ या पलँग पर लेटा आराम करता हूँ। वह आ जाती है तो उठ कर दूसरे कमरे में पढ़ाने की कुर्सी पर जा बैठता हूँ।....बड़ी इच्छा होती है कि कविराज रामदास

मुझे यहाँ रहते हुए देखें।

एक बात का कष्ट ज़रूर है। बाथ-रूम में कमोड-सिस्टम है और कमोड की शक्ल से मुझे वहशत होती है, लेकिन उसी पर बैठने की आदत डालनी होगी। लाला जी की एफ़िशिएन्सी देखो कि बाथ-रूम दिखाते हुए मुझसे बोले, 'मास्टर जी, आपने कभी कमोड का इस्तेमाल किया है ?'....जब मैंने कहा कि गाड़ी के डिब्बे[१] के सिवा कभी नहीं, तो बिना झिझके, उन्होंने मुझे कमोड का इस्तेमाल सिखाया —किस तरह ज़रा भी गीला या गन्दा किये बिना, उसे इस्तेमाल किया जा सकता है।

कमरों के बाहर — ऊपर-नीचे दोनों मंज़िलों में लकड़ी का बरामदा है। नीचे बरामदे के बाहर थोड़ी-सी खुली जगह है; यहीं केलू (देवदार) की छाया में बैठा, मैं तुम्हें पत्र लिख रहा हूँ। बड़ा ही सुन्दर नज़ारा यहाँ से दिखायी देता है —दूर नीचे तक, केनमोर एस्टेट फैली है; जो सड़क हमारे कॉटेज को आती है, वह बल खाती, नीचे तक चली गयी है। यहाँ बैठे भी मुझे उसका कुछ हिस्सा दिखायी देता है। नीचे बाग़ीचा है, उसमें एक आलीशान दो-मंज़िला बँगला है। उसकी खिड़कियों की झलक, केलू के घने पेड़ों में से, मुझे यहाँ बैठे दिखायी देती है।

हमारी कॉटेज के साथ लगी, एक और एक-मंज़िली कॉटेज है। वह अभी ख़ाली है। जिस अंग्रेज़ ने इन्हें बनाया होगा, उसके सेक्रेट्री या मैनेजर या जाने बैरे-ख़ानसामे यहाँ रहते होंगे। अब तो सुनता हूँ, नीचे के बड़े बँगले में पंजाब के डायरेक्टर ऑफ़ एजुकेशन, ख़ान मुहम्मद जान हर साल आते हैं और इस कॉटेज में हमारे लाला जी। ख़ाँ साहब पाँच-छै सौ पाते हैं और लाला जी का वेतन ढाई-तीन सौ है। पर हैं तो अफ़सर ही, इसलिए क्लर्कों में नहीं रहते।

साथ की कॉटेज में कौन आता है, मैं नहीं जानता। मैंने तय किया है कि सुबह तेल की मालिश कर के, उसके बरामदे में कसरत किया करूँगा। दोनों के बीच पर्दा है, मुझे सुविधा रहेगी।

केनमोर एस्टेट के पार गहरी घाटी है और परे पहाड़, इस सुबह की धूप में, किसी प्री-हिस्टॉरिक हाथी-सा लेटा दिखायी देता है। मुझे रुल्दू भट्टे की याद हो आयी है। वहाँ तो देवदार या बाँझ का, फूलों या बेलों का कहीं निशान भी न था, क्लर्कों के लिए बनी जगह में भला उनकी ज़रूरत भी क्या है ? यह एस्टेट तो बड़े लोगों की है। देवदार और बाँझ के छतनार पेड़ों से भरी है। सड़क के साथ क्यारियों में फूल लगे हैं....रुल्दू भट्टे के मुकाबले में तो यह स्वर्ग है।....

०

पत्र को बीच ही में छोड़ कर, चेतन कुर्सी पर पीछे को पसर गया, उसने लोहे की रेलिंग पर पैर टिका लिये और अनायास सामने देखने लगा। केलू का पेड़, जिसकी छाया में वह बैठा था, रेलिंग के नीचे उगा था। उसकी छतरी चेतन के सिर के कुछ ही ऊपर थी और

१. उस ज़माने में सभी डिब्बों के शौचालयों में कमोड ही लगे होते थे।

उसकी नुकीली चोटी केनमोर कॉटेज की स्पर्द्धा में आकाश की ओर उठती चली गयी थी। मई की शुरुआत थी। आकाश निरभ्र! बिल्लौरी नीला! कहीं धूल, ग़ुबार या बादल का टुकड़ा तक न था। रात उसे मैदानों की-सी गर्मी महसूस हुई थी। शायद उसकी रज़ाई भारी थी, इसलिए। लेकिन सुबह एकदम निखरी, धुली, ठण्डी, दिलकश और दिल-फ़रेब थी। सबेरे पाँच बजे उठ कर, नित्य-कर्म से निबट, वह माल तक हो आया था और वापस कसुम्पटी पहुँच कर, उसने आध पाव गर्म-गर्म जलेबियाँ खा कर, डेढ़ पाव दूध पिया था। नाश्ते पर क्या मिलेगा, उसे मालूम न था और लम्बी सैर के बाद उसे भूख लग आयी थी। दूध पी कर उसने कसुम्पटी का चक्कर लगाया था। सड़क-सड़क गया था और पिछली ओर की पगडण्डी से वापस आया था। चन्द्रा के आने में देर थी, इसलिए कुर्सी बाहर निकाल कर वह अपनी पत्नी को पत्र लिखने लगा था।

००

वे लोग शनि की रात को लाहौर से चल कर इतवार की सुबह कालका पहुँचे थे। लाला हाकिमचन्द शायद तड़के उठ कर अपने डिब्बे में निबट-नहा कर फ़ारिग़ हो गये थे, क्योंकि कालका पर गाड़ी रुकते ही, जब वे उनके डिब्बे के सामने आ खड़े हुए तो एकदम चाक-चौबन्द थे। उन्होंने पहले बच्चों को उतारा था, फिर सामान को उतार, डायरी से मिला कर गिना था; कपड़ों के ट्रंक, बिस्तर और छोटा, ज़रूरी सामान टैक्सी में साथ ले जाने के लिए अलग कर के, शेष उन्होंने बुक कराने को छोड़ दिया था। टैक्सी में जाने वाले सामान में चेतन ने अपने हार्मोनियम का बक्स रखवा दिया था। एक कलर्क को वहाँ रुकने के लिए कह कर, लाला जी अपने परिवार को सेकेण्ड क्लास के वेटिंग रूम में ले गये थे और चेतन को उन्होंने हिदायत दी थी कि सब को जल्दी तैयार करा के टैक्सी स्टैण्ड पर पहुँचे। तब बैरे को बुला कर उन्होंने आर्डर दिया था कि सब के लिए अण्डे-तोस और चाय वहीं लाये और यह हिदायत दे कर वे तेज़-तेज़, सामान बुक कराने चले गये थे।

चेतन ने देखा, डायरी अभी तक उनके हाथ में खुली थी।

उनके पीठ मोड़ते ही उनकी पत्नी ने बैरे से कहा कि उनके लिए अण्डा लाने की ज़रूरत नहीं। तब वह चन्द्रा की ओर मुड़ीं :

"अण्डा खा कर और पेट भर कर चलोगी तो रास्ते में मतली आयेगी।" उन्होंने कहा, "एक तोस और चाय ले लो। शिमला पहुँचते ही, पहले लोअर बाज़ार में कुछ खायेंगे, तब घर जायेंगे।"

चन्द्रा ने स्वीकार में सिर हिला दिया था। तब उन्होंने चेतन से कहा कि वह चाहे तो अपने लिए अण्डा फ़्राई करा ले। पर चेतन को अकेले अण्डा लेने में संकोच हुआ। "मुझे तो टैक्सी में मतली-वतली नहीं आती," वह बोला, "पर मैं भी सिर्फ़ तोस और चाय ही लूँगा।"

बीबी जी ने उसे दोबारा नहीं पूछा। बैरे को आदेश दिया —केवल दोनों लड़कों के लिए तोस पर फ़्राई अण्डा लाये और बाकी सब के लिए सिर्फ़ चाय और तोस। तब उन्होंने नौकर से कहा कि जल्दी से बच्चों को तैयार कर दे। निबट तो वे लोग गाड़ी में ही आये थे, इसलिए जल्दी-जल्दी हाथ-मुँह धो और कपड़े बदल कर तैयार हो गये। इतने में चाय

आ गयी! नाश्ता ख़त्म कर, वे लोग चलने को हुए तो नौकर-छोकरे की ढुँढिया पड़ी।

"सुक्खू....सुक्खू!" चन्द्रा और उसकी माँ, दोनों चिल्लायीं।

"अभी दो मिनट में आता हूँ बीबी जी, तैयार हो रहा हूँ।" मुण्डू ने बाथ-रूम से जवाब दिया।

"कंघी-पट्टी कर रहा होगा मुआ," चन्द्रा तिनकी और ग़ुसलख़ाने की तरफ़ बढ़ी।

"आ जायेगा अभी चन्दी, तुम कहाँ जा रही हो ?" बीबी जी ने पलट कर कहा।

लेकिन चन्द्रा नहीं रुकी। लपकती चली गयी। दूसरे क्षण, खिलखिला कर हँसती हुई, वह नौकर-छोकरे का कान पकड़े, दरवाज़े में नमूदार हुई। सुक्खू ने भी नयी पतलून-कमीज़ पहनी थी, बाल उसके तेल से चुपड़े और सावधानी से सँवरे थे। एक हाथ में कंघी थी। दूसरे में मैले कपड़े।

दरवाज़े से बाहर आते ही उसने कंघी वाले हाथ से झटक कर चन्द्रा का हाथ हटा दिया। "तंग मत करो चन्द्रा!" और वह हँसा, फिर कंघी को जेब में रखता और उसी हाथ से बालों को सँवारता हुआ आया और अपनी ट्रंकी खोल कर, उसमें कपड़े रखने लगा।

चन्द्रा ने उसके सिर पर चपत जमा दी — "सिर बन्ह के खदर दा साफ़ा, चन्दरा शुकीन हो गया,[१]" वह गुनगुनायी और ज़ोर से ठहाका मार कर हँस दी।

"चन्दो, तंग न करो बेचारे को!" बीबी जी भी हँसीं।

चन्द्रा जब उसे कान से पकड़े, हँसती हुई बाथरूम से बाहर लायी थी और सुक्खू ने उसका हाथ झटक दिया था तो जाने उस भंगिमा में क्या था, जो चेतन को सहसा चौंका गया था।....सुक्खू पतला-छरहरा, तेरह-चौदह वर्ष का लड़का था — साँवला रंग, पतले होंट और छोटा-सा मुखड़ा, पर आँखें वैसी ठस न थीं, जैसी साधारण नौकरों की होती हैं। बारीक और तेज़, जिनमें अहं की क्षीण-सी रेखा झलकती थी। ज़रूर वह शौकीन था, क्योंकि उसने धोबी-धुले कपड़े पहने थे....लेकिन चन्द्रा ने उसका कान पकड़ा तो उसने बुरा न माना था। उसके चेहरे पर न क्रोध था, न खिजलाहट; कुछ अजीब-सा सन्तोष था। लगता था, जैसे चन्द्रा की वह हरकत उसे अच्छी लगी थी।....

और चन्द्रा....वह चुपीती, मानिनी, गाड़ी में लगातार शून्य में घूरती रहने वाली लड़की....चेतन को लगा, जैसे उसके सम्बन्ध में धारणा बनाने में उसने जल्दी की है....वह चुपीती नहीं, स्थिर नहीं, बातूनी है; शोख़ और चंचल है। नौकर-छोकरे को कान से पकड़ना और उसके द्वारा झिड़का जाना उसे पसन्द है....यह लड़की ज़रूर ख़तरनाक है....उसे ख़ूब सतर्क रहना होगा!....

कुलियों ने सामान उठा लिया था। सुक्खू अपनी ट्रंकी और बेंत की टोकरी उठाये, आगे-आगे हो लिया। स्टेशन के बाहर निकल कर वे टैक्सी स्टैण्ड की ओर जा रहे थे कि लाला जी तेज़-तेज़ चलते, लगभग लुढ़कते-से आते दिखायी दिये।

"तुम लोगों ने बड़ी देर कर दी," वे दूर ही से चिल्लाये, "चलिए-चलिए!" और

१. सिर पर खादी की पगड़ी बाँध कर चन्दरा (कंजूस) शौकीन हो गया है — यह कहावत उस वक्त कही जाती है, जब प्रायः मैले-कुचैले कपड़ों में रहने वाला आदमी, कोई साफ़ कपड़ा पहन ले। 'चन्दरा' का अर्थ तो कंजूस है, पर पंजाबी में यह प्यार की गाली भी है।

वहीं से पलट कर, वे और भी तेज़-तेज़, वैसे ही लुढ़कते हुए-से, वापस चल दिये।

लाला जी ने बड़ी टैक्सी किराये पर ली थी। सामान उसके पीछे और छत पर बँधा था। चेतन सुक्खू के साथ अगली सीट पर बैठा और लाला जी अपने परिवार के साथ पीछे। तभी सहसा उन्होंने सुक्खू से पूछा, "तुमने कुछ खाया-पिया कि नहीं ?"

"इस मुए को साज-सिंगार से फ़ुर्सत मिलती तो कुछ खाता।" बीबी जी पिनकीं।

"यहा लो चार आने!" लाला जी ने कहा, "भाग कर वहाँ से दो आने के रस्क और एक आने का नमकीन ले कर, एक प्याला चाय पी आओ।"

चेतन को लाला जी का इस तरह अपने नौकर की सुविधा-असुविधा का ख़याल रखना बड़ा अच्छा लगा था। उसे कविराज रामदास की याद हो आयी। वे होते तो उसे भूख सह कर भी समय से शिमला पहुँच जाने का उपदेश देते। अपना कोई उदाहरण देते हुए, तकलीफ़ सह कर भी वक्त से काम निबटा देने पर, एक छोटा-मोटा भाषण दे डालते और टैक्सी रोक कर उसे यूँ नाश्ता करने को कभी न कहते।

सुक्खू दस मिनट में एक रस्क को चाय में भिगो कर खा आया और नमकीन सेव की पुड़िया और दूसरा रस्क हाथ ही में लिये हुए, वापस आ गया और सीट में बैठ कर खाने लगा। उसके आ कर बैठते ही ड्राइवर ने टैक्सी स्टार्ट कर दी।....

तब चेतन को पिछले वर्ष कविराज के साथ शिमला आने की याद फिर हो आयी थी। वे ख़ुद तो अपनी पत्नी के साथ टैक्सी में आये थे और चेतन को जयदेव, यादराम और मन्नी के साथ, छोटी रेलगाड़ी के उस भरी-माचिस-ऐसे डिब्बे में, दियासलाई की तीली-सरीखा ठस कर बैठना पड़ा था....और चेतन के होंट, एक विद्रूप-भरी मुस्कान से फैल गये — 'कविराज कभी अपने नौकरों के साथ टैक्सी में बैठ कर न जाते।' चेतन ने सोचा, 'निश्चय ही लाला हाकिमचन्द ने अपने अंग्रेज़ अफ़सरों से यह सब सीखा है, हिन्दुस्तानियों को इसकी तमीज़ कहाँ!'

पिछले वर्ष के उस कष्टप्रद प्रवास की कई घटनाएँ उसके दिमाग़ में घूम गयी थीं, लेकिन फिर रास्ते के सौन्दर्य ने उसका ध्यान अपनी ओर खींच लिया था।

o

....चेतन को टैक्सी से शिमले का सफ़र बहुत ही अच्छा लगा था — ख़ास तौर पर टैक्सी की अगली सीट पर बैठे, सामने और दायें-बायें शीशों से पहाड़ों और घाटियों का नज़ारा करते हुए! — पहाड़ी नाले, जो अपने चौड़े, प्रायः सूखे पाटों के साथ शुरू-शुरू में सड़क के बराबर ही दिखायी देते थे, धीरे-धीरे गहरे होते गये थे। उनका पाट भी छोटा होते-होते तंग हो गया था — यहाँ तक कि टैक्सी से घाटी का आभास तो मिलता, पर उसकी गहराई में नाला कहीं दिखायी न देता। पहाड़, जो पहले दूर दिखायी देते थे, पास आते गये। टैक्सी उनके पैरों से बढ़ती हुई, उनके सीने पर रेंगने लगी। सड़क काफ़ी चौड़ी थी। मोड़ों पर और भी चौड़ी हो जाती थी और वहाँ से मुड़ती हुई टैक्सी एक ओर को ज़रा झुक जाती। जाने क्यों, हर मोड़ पर चेतन का दिल धक से रह जाता। एक मोड़ से गुज़र कर वह दूसरे मोड़ के आने की प्रतीक्षा करने लगता। प्रायः हर मोड़ पर, खड्ड की ओर, सफ़ेदी से पुते पत्थरों की मेंड़ बनी थी। पर कहीं-कहीं, जहाँ सड़क चौड़ी थी, वैसी कोई व्यवस्था न थी।....'अगर

ड्राइवर ऊँघ जाये, या ब्रेक ख़राब हो जाये तो....तो....' और कल्पना में चेतन टैक्सी को सीधे खड्ड में गिरते पाता....और उसकी कल्पना हर मोड़ पर नया चित्र बनाती — वह देखता, टैक्सी खड्ड में गिरती हुई एक पेड़ से अटक गयी है। ऊपर, बहुत ऊँचाई पर, सड़क है। नीचे गहरा खड्ड है। वे न ऊपर जा सकते हैं, न नीचे उतर सकते हैं। त्रास से उनके कण्ठ सूख गये हैं, बोल नहीं निकल पाते।....फिर वह देखता कि सड़क से गिरते समय, उसकी सीट का दरवाज़ा झटके से खुल गया है और वह बाहर गिर कर, नीचे लुढ़का चला जा रहा है।....फिर देखता कि वह एक झाड़ी को थामे, अधर में लटका है और टैक्सी चूर-चूर नीचे खड्ड में पड़ी है....वह सिर को ज़ोर का झटका दे कर इन दृश्यों को दिमाग़ से भगा देता।....

यद्यपि वे चार हज़ार फ़ुट चढ़ आये थे और दायें-बायें चीड़ के जंगल शुरू हो गये थे, पर टैक्सी में गर्मी थी। सोलन पर, बीच बाज़ार टैक्सी रुकी और वह उतरा तो हवा का एक झोंका उसके शरीर को सिहरा गया। लाला हाकिमचन्द ने उतर कर सब को स्वेटर निकाल दिये और इस बात के बावजूद कि गर्मी थी, उन्होंने बच्चों को स्वेटर पहनने का आदेश दिया। फिर वे बच्चों के लिए लैमोनेड की बोतलें और फल ले आये। चेतन से भी उन्होंने लैमोनेड पीने के लिए कहा। पर चेतन को लैमोनेड की अतिरिक्त मिठास पसन्द न थी। लाला जी ने उससे भी स्वेटर पहन लेने की सलाह दी। चेतन का मन स्वेटर पहनने को बिलकुल न था। ठण्डी हवा उसे भली लग रह थी। लेकिन जब लाला जी ने कहा कि गर्मी से ठण्डी जगह आने पर, सर्दी लग जाने का डर है तो (चूँकि उसके पास स्वेटर नहीं था) उसने ट्रंक से अपनी धुली हुई लोई निकाली और उसकी एक तह खोल कर, स्कार्फ की तरह सीना ढँकते हुए, उसे गले में लपेट लिया। गला उसका सूखा जा रहा था। वह पानी की खोज में आगे को बढ़ गया।

छोटा-सा, टेढ़ा-मेढ़ा बाज़ार! दायें बायें, जहाँ बसें आ कर रुकती थीं फलों की दुकानें और ढाबे थे। ज्यों ही कोई बस आती, मैली निक्करें और चीकट कमीज़ें पहने छोटे-छोटे लड़के ढाबों से निकलते और यात्रियों को अपने ढाबों पर आने का निमन्त्रण देते अथवा चाय आदि के आर्डर लेते। चेतन ने वहीं एक ढाबे से पानी पी कर प्यास बुझायी और पूरे बाज़ार का एक चक्कर लगा कर वापस टैक्सी के पास आ गया। तभी ड्राइवर चाय पी कर लौटा और सब टैक्सी में बैठ गये।

रास्ते में चेतन को एक जगह, रेल की लाइन, सड़क के ऊपर साथ-साथ जाती दिखायी दी, जिस पर शिमला जाने वाली छोटी-सी रेलगाड़ी, छक-छक करती, जा रही थी। उनके देखते-देखते, गाड़ी एक सुरंग में दाख़िल हो गयी। चेतन का ख़याल था कि वे पहाड़ के ऊपर से जायेंगे तो दूसरी ओर उन्हें गाड़ी जाती हुई मिलेगी। लेकिन फिर उन्हें गाड़ी कहीं दिखायो नहीं दी।

तारा देवी से शिमला सिर्फ़ छै मील रह जाता है। उनकी टैक्सी वहाँ से गुज़री तो चेतन को सामने, पहाड़ की चोटी पर छोटे शिमले से जतोग के बीच, सात मील की लम्बाई तक जैसे एक पंक्ति में —शिमला बसा हुआ दिखायी दिया। जतोग पहाड़ के बायें किनारे पर था और छोटा शिमला दायें! टीन की छतें धूप की रोशनी में आँखों को चौंधिया रही थीं। बीच में छतें इतनी घनी थीं कि पहाड़ के सीने पर चप्पा भर धरती भी ख़ाली दिखायी

न देती। इर्द-गिर्द की हरियाली में सूरज की किरणों से चमकते हुए शिमला के मकान, चेतन को बड़े भले लगे थे और उल्लास की एक फुरहरी-सी उसके शरीर में दौड़ गयी थी।

बैरियर पर टैक्सी कुछ क्षण को रुकी और पुलिस के सिपाही ने आ कर सब के नाम-पते लिखे। इसके बाद टैक्सी जल्दी ही घने केलुओं के नीचे से होती हुई 'सेसिल होटल' के पास से गुज़री। एकदम ठण्डी हवा ने तन-मन का सब ताप हर लिया। टैक्सी में बैठे हुए चेतन को सड़क के दोनों किनारों पर आते-जाते लोग बड़े भले लग रहे थे। प्रकट रूप में वह उनकी चाल-ढाल, रंग-रूप, वेश-भूषा देखने में निमग्न था, लेकिन कहीं उसके मन में यह भाव भी छिपा था कि गत वर्ष का कोई परिचित उसे टैक्सी में बैठे देखे तो वह हाथ हिला कर उसे 'हैलो' कहता हुआ, गुज़र जाये। पर उसे कोई परिचित नहीं मिला और टैक्सी, उसकी निराशा की परवाह किये बिना, मोटरों-बसों और पैदल चलने वालों की भीड़ में रास्ता बनाती हुई, अड्डे पर आ कर रुक गयी थी।

एक बजने को था। लाला जी ने टैक्सी से सामान उतरवा कर, एक ओर रखवाया; उसे डायरी से मिला कर गिना और टैक्सी वाले को रुपये दिये। उनका मुँह-लगा क्लर्क तेजभान, एक दिन पहले ही चला आया था और लाला जी को उम्मीद थी कि वह पहले से शिमला पहुँचने वाले एक-दो क्लर्कों को साथ ले कर, बस के अड्डे पर उन्हें लेने पहुँचा होगा। लेकिन जब, न पण्डित तेजभान कहीं दिखायी दिये, न कोई दूसरा क्लर्क तो लाला जी ने अपनी पत्नी से कहा कि वे दो रिक्शे कर देते हैं; वे लोग अड्डे ही से ऊपर चढ़ जायें और लोअर बाज़ार से कुछ खा-पी कर, अण्डे, डबल रोटी और ताज़ा सब्ज़ी लेते हुए कॉटेज पहुँचें।

"तेजभान ने तो खाना पकवाया होगा; सुधा ने परसों चलते वक्त कहा था...." लाला हाकिमचन्द की पत्नी ने कहना चाहा।

"तेजभान ने तो कपूर और मेहता के साथ यहाँ आने को भी कहा था," लाला जी उसकी बात काटते हुए झल्लाये, "हो सकता है, वो लोग आ भी जायें और खाना भी सुधा ने पका रखा हो, लेकिन एक बजने को आया है। कालका से चलने में देर हो गयी। तुम इन बच्चों को लोअर बाज़ार से कुछ खिलाती-पिलाती जाओ, रिक्शा मैं कर देता हूँ।"

"रिक्शा की क्या ज़रूरत है," उनकी पत्नी ने कहा, "बैठे-बैठे टाँगें अकड़ गयी हैं, चलने में कुछ...."

"जैसे मैं कहता हूँ, वैसे करो!" लाला जी ने अपनी पत्नी की बात काट कर कहा, "गिगलू को उतनी चढ़ाई चढ़ने में तकलीफ़ होगी —बाज़ार तक सीधी चढ़ाई है —पिगलू तो दस कदम चल कर, गोद में उठा लेने को कहेगा।"

"तो बच्चों के लिए दो कुली कर दीजिए। लोअर बाज़ार का काम ख़त्म कर के हम रिक्शा कर लेंगे।"

लाला जी ने एक-एक रुपये में दो कुली कर दिये। अपनी ट्रंकी और बाँस की टोकरी सुक्खू ने उठा ली। चेतन ने ज़रा अलग हो कर लाला जी से कहा था कि उसके हार्मोनियम का ध्यान रखें, गिर-गिरा न जाये!

"आप बिलकुल चिन्ता न करें मास्टर जी," लाला हाकिमचन्द ने उसे आश्वस्त करते

हुए कहा था, "देखिए, मैंने आपका सामान अपनी डायरी में नोट कर लिया है," और उन्होंने डायरी खोल कर दिखायी, "दस साल से मैं शिमला आता हूँ, सुई बराबर चीज़ भी मेरी गुम नहीं हुई। न कभी गिरी-गिरायी, न टूटी।"

कुली बच्चों को उठा कर बढ़ चले थे। लाला जी ने अपनी पत्नी को ताकीद की कि लोअर बाज़ार से रिक्शा ज़रूर कर ले और बच्चों को पैदल चलाती न ले जाये।

"अभी से इतना आराम-तलब बना देंगे...."

"जैसे मैं कहता हूँ, वैसे करो।" लाला जी गरजे और उन्होंने अपनी लड़की से कहा, "देखो चन्द्रा, बच्चों को ज़्यादा न चलाना। और रिक्शा ले लेना।" फिर वे चेतन की ओर पलटे, "मास्टर जी, लोअर बाज़ार ही से रिक्शा कर दीजिएगा!"

"हाँ, हाँ कर लेंगे।" उनकी पत्नी के किंचित चिढ़ कर कहा और बढ़ चलीं।

लेकिन पूरन मल की धर्मशाला पर ही बीबी जी ने कुलियों को छुट्टी दे दी थी और रुपये के बदले बारह-बारह आने उनके हाथों पर रखे थे। कुलियों ने प्रतिवाद किया तो उन्होंने कहा — "आधे ही रास्ते में तुम्हें छोड़ दिया है। आठ आने मिलने चाहिएँ, चार आने ज़्यादा दे दिये हैं। और क्या चाहते हो ?" और बच्चों की पीठ ठोंकती हुई बोली थीं, "चलो बेटा, बहादुर बच्चे अपाहिजों की तरह कुलियों के कन्धों पर चढ़ कर नहीं चलते।"

गिगलू ने अपनी बहन की उँगली पकड़ ली और वह ख़ुश-ख़ुश अपनी लँगड़ी टाँग घुमाता हुआ चलने लगा। मगर पिगलू मचल गया कि वह पैदल नहीं चलेगा। कुली अभी तक पीछे लगे हुए थे कि उन्हें चार-चार आने और मिलने चाहिएँ, लेकिन बीबी ज़ी ने पिगलू को लोअर बाज़ार से मिठाई खिलाने का वचन दिया और उसकी उँगली थाम कर चल दीं।

कुली बड़बड़ाते हुए चोर बाज़ार तक पीछे आये, लेकिन लाला हाकिमचन्द (सुपरिण्टेण्डेण्ट नहर विभाग) की श्रीमती ने उनकी ओर पलट कर नहीं देखा, जैसे वे कुली उनसे नहीं, किसी और से शिकायत कर रहे हों। हार कर वे चले गये थे।

०

लोअर बाज़ार के शुरू ही में एक हलवाई की दुकान पर उन्होंने पूरियाँ खायी थीं। चेतन को बेहद भूख लग आयी थी, पर जब उन लोगों ने दो-दो पूरियाँ लीं और बीबी जी ने कहा कि खाना तो तेजभान की बीवी ने बना ही रखा होगा, पर देर हो गयी है, इसलिए दो-दो पूरियों के साथ लस्सी का एक-एक गिलास ले लेते हैं तो चेतन ने भी दो ही पूरियों पर बस कर दी थी।

हलवाई के कड़ाहे में गर्म-गर्म इमरतियाँ निकल रही थीं। शुद्ध घी की सुवास और इमरतियों का गहरा केसरिया रंग, मन को बेतरह ललचा रहा था। पिगलू इमरतियाँ लेने की ज़िद करने लगा। तब बीबी जी ने एक-एक इमरती दोनों बच्चों को ले दी। चन्द्रा का मन भी इमरतियों में था और उनकी सुवास ने चेतन का मन भी बेईमान कर दिया था, पर जब बीबी जी ने चन्द्रा को डाँट दिया तो (यद्यपि वह अपने पैसे से ही इमरतियाँ ख़रीदना चाहता था) वह मन मार कर रह गया। तब उसने तय किया था कि वह अगले इतवार यहाँ आ कर, जी भर इमरतियाँ खायेगा।

हलवाई से छुट्टी पा कर, वे पैदल ही लोअर बाज़ार में बढ़े थे। ज़रा आगे, चेतन को वह सुरंग दिखायी दी, जो रुल्दू भट्टे को जाती थी। क्षण भर को वह रुका। उसका मन हुआ, उसके पार तक जाये, पर बीबी जी और चन्द्रा आगे बढ़ गयी थीं। बरबस वह भी उनके पीछे हो लिया था।

बीबी जी ने ज़रूरी सामान ख़रीदा। गंज को जाने वाले, सब्ज़ी मण्डी के तिराहे पर दो रिक्शे खड़े थे। पिगलू रिक्शा पर बैठने के लिए मचल उठा, लेकिन बीबी जी ने उसे डाँट दिया कि पूरा सामान ख़रीद कर वे रिक्शा लेंगे।

धूप तेज़ थी। चलने में पसीना आ गया था। चेतन ने लोई को तहा कर बायीं बाँह पर ले लिया था, लेकिन वह कलाई पर चुभ रही थी। पिगलू दस कदम चल कर मचल उठता, चेतन उसे उठाने को बढ़ता तो वह माँ से चिमट जाता। बीबी जी ने रिक्शे तभी किये, जब लोअर बाज़ार ख़त्म हो गया। वे तो नाचघर के अड्डे पर जा कर ही रिक्शा करतीं, लेकिन वे माल पर पहुँचे थे कि रिज की तरफ़ से दो ख़ाली रिक्शे आते हुए मिल गये। अगले रिक्शे में चन्द्रा और गिगलू बैठे, पिछले में बीबी जी और पिगलू। सुक्खू को चन्द्रा ने बुला लिया। उसकी ट्रंकी और टोकरी ले ली और वह रिक्शा के साथ-साथ चलने लगा। चेतन मिसेज़ हाकिमचन्द वाले रिक्शे के साथ हो लिया।

कैम्बरमियर पोस्ट-ऑफ़िस के बाद ही रिक्शा वाले भागने लगे। सुक्खू भी रिक्शा के साथ-साथ दौड़ने लगा। क्षण भर के लिए चेतन ने सोचा — उसी तरह चलता जाये....लेकिन वह कभी छोटे शिमले के बाज़ार से आगे न गया था; कसुम्पटी उसने देखी न थी; 'केनमोर एस्टेट' कहाँ है, यह उसे मालूम न था.... वह भटक गया तो ?....पहले ही दिन मूर्ख कहाना उसे स्वीकार न था....उसने चाहा, दो कदम भाग कर बीबी जी से कॉटेज का पूरा पता ले ले और फिर आराम से जाये....पर लाला जी ने तो उसे अपने परिवार की देख-रेख के लिए भेजा था। उसका कर्तव्य था कि उनके साथ रहे....और यूँ अपने मन को समझा कर, वह भी भागने लगा था।....

विलो बैंक, मेट्रोपोल होटल, क्लार्क होटल, नाचघर, हवाघर....सड़क ज़रा ऊँची हो गयी, रिक्शा वालों ने गति धीमी कर दी....

चेतन ने एक उड़ती हुई दृष्टि, दायीं ओर हवाघर पर डाली। शनि की शाम को, जब अंग्रेज़ स्त्री-पुरुष नाच की पोशाक पहने, नृत्य के लिए आते थे तो लोग सामने ही हवाघर में बैठे, उन्हें नाचघर में जाते देखते थे। दरअसल वह अंग्रेज़ों का क्लब था, पर आम लोग उसे 'नाचघर' ही के नाम से याद करते थे.... ज़मीन को छूते हुए बारीक, पारदर्शी स्कर्ट और आस्तीनों के बिना गोरी-गोरी बाँहें....शनि को नाचघर ही में रौनक न होती, हवाघर की भी सभी बेंचें भर जातीं —लोग सैर करते-करते प्रकट सुस्ताने के लिए रुक जाते, पर कनखियों से नाचघर में आने वाली गोरी तन्वियों को भी एक नज़र देख लेते....

....लेकिन रिक्शे बढ़े जा रहे थे। नाचघर पीछे रह गया था। सामने 'मरीना होटल' वाले मोड़ पर, कहीं बहुत ऊपर से, एक नाला शोर मचाता हुआ उतर रहा था। वहाँ केलू के पेड़ों की घनी छाया थी। झरते पानी के अदृश्य कण हवा में मिल कर उसे शीतल कर जाते थे। नाला सड़क के नीचे होता हुआ, पुलिया के पार शोर मचाता, बहुत नीचे गिरता

था, जहाँ कार्ट रोड का एक भाग दिखायी देता। चेतन जब कभी इधर से गुज़रता, कार्ट रोड की तरफ़ वाले किनारे पर कुछ क्षण बैठ कर, ठण्डी हवा का स्पर्श लेता....लेकिन रिक्शा वाले भागने लगे थे....एक उड़ती दृष्टि उसने पत्थरों से उतरती हुई उस बारीक धार पर डाली, देवदारों की छाया में बहती, ठण्डी हवा का स्पर्श पाया, नीचे गहराई में गिरते हुए पानी का शोर सुना....फिर वह मोड़, वह हवा, वह शोर — सब पीछे रह गये....कभी चढ़ाई, कभी समतल, कभी उतराई....चेतन रिक्शा वालों के साथ भागता चला गया....पटियाला हाउस, बार्नेज़ कोर्ट....फिर छोटे शिमले के पोस्ट-ऑफ़िस के पास से जो सड़क ढालुवीं हुई तो बाज़ार के अन्त तक ढालवीं चली गयी।

बाज़ार में ढलान के बावजूद रिक्शा वालों ने पैर रोक लिये। चेतन पसीना-पसीना हो गया था, पर उसे रुकना स्वीकार नहीं हुआ। सुक्खू बराबर एक हाथ रिक्शे पर रखे, चन्द्रा से बातें करता, भागा चला आया था। यद्यपि एक बार भी चन्द्रा ने पलट कर पीछे की ओर न देखा था, तो भी चेतन चाहता था कि वह देखे तो उसे चेतन के चेहरे पर थकान के आसार दिखायी न दें।....

लगभग आध-पौन मील चल कर, एक दोराहे से रिक्शा वाले बायीं ओर को मुड़े थे (बाद में चेतन ने जाना कि दायीं ओर का मार्ग सीधा कसुम्पटी को जाता है और बायीं ओर वाला भी, पहाड़ी के पीछे से घूम कर वहीं पहुँचता है।) कुछ आगे, पहाड़ी पर, गवर्नर की काउन्सिल के सदस्य, सर तेजा सिंह की कोठी थी। उसकी हद के साथ सँकरी सड़क पर रिक्शा वाले बढ़े तो ज़रा आगे, बायें किनारे एक जगह 'केनमोर एस्टेट' लिखा दिखायी दिया और रिक्शा वाले उतर चले। दो-तीन मोड़ों के बाद वे अचानक एक कॉटेज के सामने रुक गये थे। चन्द्रा उछल कर उतरी और सुक्खू ने गिगलू को सहारा दे कर उतारा। चेतन ने भी चाहा कि पिगलू को दोनों बाँहों में भर कर उतार ले, लेकिन वह तिनक कर अपनी माँ से चिमट गया था। चेतन खिसियाना-सा हो कर, लोहे की रेलिंग के पास आ खड़ा हुआ और सामने लेटे हुए उस प्रागैतिहासिक हाथी को देखने लगा। बीबी जी ने पिगलू को उतारा और दनदनाती हुई सीढ़ियाँ चढ़ गयीं। तभी, ऊपर के बारजे पर, एक लम्बी-ऊँची, हृष्ट-पुष्ट, गोरी औरत सामने से आयी और दोनों बग़लगीर हो गयीं।

"बड़ी देर कर दी। दो बार मैं यहाँ आ कर देख गयी हूँ। अब चलो, चल कर पहले खाना खा लो।....भाई साहब कहाँ हैं ?"

चेतन समझ गया कि तेजभान की बीवी है। वहीं से उसने नज़र भर कर उसकी ओर देखा — बालों को उसने जैसे चिड़ियाँ-तोते बना कर सँवार रखा था, उससे चेतन ने अन्दाज़ लगाया कि वह पढ़ी-लिखी नहीं, लेकिन इस पर भी, बीबी जी के मुकाबले में अधिक सुसंस्कृत है — सुन्दर तो है ही हँसमुख भी है। उसने जब बीबी जी को बाँहों में भरा तो जो अनायासता और ललक उसके यहाँ थी, वह लाला जी की पत्नी में नहीं थी।

"तेजभान जी ने टैक्सी स्टैण्ड पर पहुँचने को कहा था," बीबी जी ने शिकायत की, "कोई भी नहीं पहुँचा। तबियत तो ठीक है उनकी ?"

"उन्हें तो गये हुए दो घण्टे हो गये। कपूर भाई उनके साथ गये हैं।"

"हमें तो कहीं दिखायी नही दिये।"

"तो चलो, तुम लोग चल कर खाना खा लो, इतने में वे लोग भी आ जायेंगे।"

"कालका से चलने में देर हो गयी," बीबी जी ने कहा, "देर से शिमला पहुँचे। बच्चों को भूख लग आयी थी। मैं तो सीधी आती, पर लाला जी ने ज़ोर दिया कि बच्चों को कुछ खिलाओ, तब आगे बढ़ो। सो लोअर बाज़ार से पूरियाँ खा कर लस्सी का गिलास पी आये हैं। भूख तो ज़रा भी नहीं है।"

"और हम जो सुबह से आपके इन्तज़ार में खाना पका कर भूखे बैठे हैं।"

"हम चल कर खायेंगे सुधा जी, आप घबराती क्यों हैं ?"

चेतन ने चौंक कर देखा, बारजे पर आगे-आगे लाला जी और पीछे-पीछे —पगड़ी बाँधे और शमला आगे सीने पर डाले, लम्बा-तगड़ा, हृष्ट-पुष्ट — तेजभान नमूदार हुए। दरअसल सड़क से एक पगडण्डी ऊपर-ही-ऊपर बारजे तक उतरती थी। लाला जी रिक्शा सड़क पर रोक, उधर ही से उतर आये थे। लेकिन तब चेतन ने वह पगडण्डी नहीं देखी थी और यूँ बारजे पर उन दोनों के अचानक नमूदार होने पर, वह चौंका था।

"सुबह आने वाली कई टैक्सियाँ देखीं पर आप लोग आये नहीं," तेजभान ने वहीं खड़े-खड़े सफ़ाई दी, "हम ने सोचा एक-एक कप चाप पी लें। इसी बीच आप लोग आ गये। बहरहाल, अब चलिए, हमने तो आपके इन्तज़ार में अभी तक खाना नहीं खाया।"

बीबी जी अन्दर की ओर जाने लगीं तो तेजभान ने कहा, "अब चलिए भाभी जी, आँतें कुल-हू-अल्लाह पढ़ रही हैं। कमरे आपके सब साफ़ करा दिये हैं, किसी बात की आप चिन्ता न करें।"

"सामान के साथ किसे छोड़ आये हैं ?" सहसा बीबी जी ने पूछा।

"कपूर हथ-गाड़ी के साथ आ रहा है," लाला जी बोले, "दो-ढाई घण्टे से पहले नहीं पहुँचेगा। हम रिक्शों में आये हैं, उन्हीं में कसुम्पटी पहुँचते हैं, आप लोग आइए।"

तब उन्होंने वहीं बारजे से चेतन को आवाज़ दी —"मास्टर जी, आप भी इन लोगों के साथ आ जाइए।"

और वे पलट कर चले गये।

o

लाला जी और तेजभान के जाने के कुछ ही देर बाद, बीबी जी भी मिसेज़ तेजभान के साथ ऊपर की पगडण्डी की ओर से चली। गिगलू और पिगलू ऊपर पहुँच गये थे। चन्द्रा अभी नीचे ही थी। सहसा बीबी जी ने वहीं सीढ़ियों के बारजे से उसे आवाज़ दी। तब चन्द्रा ने निहायत खिलण्डरेपन से फिर सुक्खू का कान मरोड़ दिया और आँखें तरेर कर डाँटते हुए कहा, "ध्यान से रहना और घूमने न चल देना।"

इससे पहले कि सुक्खू उसका हाथ झटकता, वह उसके सिर को चपतियाती हुई, हँसती-खिलखिलाती, एक के बदले दो-दो सीढ़ियाँ चढ़ गयी।

जब वह बारजे पर पहुँच गयी तो चेतन भी चला। सुक्खू अभी तक वहीं खड़ा, चन्द्रा को ताक रहा था। चेतन ने सीढ़ियाँ चढ़ते-चढ़ते मन-ही-मन फिर निश्चय किया कि वह इस लड़की को ज़रा भी लिफ़्ट नहीं देगा और उसे पढ़ाने के सिलसिले में उसने जिन बातों का ध्यान रखने का फ़ैसला किया था, उन्हें फिर मन में दोहरा लिया।

ऊपर के बारजे से एक सँकरी, टेढ़ी-मेढ़ी पगडण्डी, ऊपर सड़क में जा मिलती थी। सड़क पर पहुँच कर वे बायीं ओर को चल दिये। सड़क धीरे-धीरे सँकरी होती चली गयी। उसी से वे कसुम्पटी में, ऐन उस जगह पहुँच गये, जहाँ छोटे शिमले से आने वाली सड़क, कसुम्पटी के बाज़ार में मिलती थी।

तेजभान का घर, बाज़ार के बीचों-बीच, दायीं ओर, दो-मंज़िले पर था। जिस कमरे में वे लोग जा कर बैठे, वह आयताकार, लम्बा कमरा था। सुरुचि से सजा हुआ। खिड़कियों पर करोशिए से बिने, जालीदार पर्दे लगे थे; दरवाज़े पर मोतियों और शीशे की पतली, रंगीन, लम्बी-लम्बी नलियों की झालरें थीं। खाना बड़ा पुरतकल्लुफ़ था। चेतन को उस थोड़े-से अर्से में दो बातों का एहसास हुआ :

—पहली यह कि बीबी जी उन दोनों को उतना पसन्द नहीं करतीं। —मिसेज़ तेजभान को तो नहीं ही करतीं। कुछ अजीब-सा खिंचाव उनके व्यवहार में था। तेजभान, बात-बात पर मज़ाक करने और ठहाके लगाने वाला, ख़ुशमिज़ाज आदमी था (यद्यपि उसके मज़ाक ख़ासे भौंडे और सतही होते।) उसकी बीवी भी हँसमुख थी। वह भी उसकी हँसी में योग देती थी। लेकिन बीबी जी, हँसना तो दूर, एक बार मुस्करायीं तक नहीं।

—दूसरी यह कि लाला जी उन दोनों को पसन्द करते हैं। सुधा जी को तो ख़ास तौर पर! और उस घर को अपना ही घर समझते हैं। जब वे ऊपर कमरे में पहुँचे थे तो लाला जी मुँह-हाथ धो कर ऐसे लेटे हुए थे, जैसे वे अपने घर ही में लेटे हों। खाना खाते समय भी नहीं लगा कि वे मेहमान हैं, मेज़बान नहीं। सालन की प्रशंसा करते हुए, अपने बच्चों को ही नहीं, तेजभान को भी उन्होंने परस दिया। कई बार उन्होंने मिसेज़ तेजभान के सलीके-सुघड़ापे, खिड़कियों के पर्दों और दरवाज़ों की झालरों की प्रशंसा की थी....

००

"सुक्खू! मेरे बूट साफ़ कर दो।"

चेतन चौंका। लाला जी ऊपर बालकनी में आ गये थे, जो इस बात का संकेत था कि वे दफ़्तर जाने के लिए तैयार हैं। चेतन उचक कर उठा, तख़्ती उसने आगे रखी और जल्दी-जल्दी पत्र ख़त्म करने लगा। लेकिन दिमाग़ उसका, चन्द्रा और सुक्खू, तेजभान और सुधा जी, लाला जी और बीबी जी में उलझा था। केलू के पेड़ों और उस प्रागैतिहासिक हाथी के बदले उसकी आँखों में करोशिए से बिने पर्दे और रंगीन नलियों की झालरें घूम रही थीं। उसने सारे पत्र को एक बार पढ़ा और फिर आगे लिखना शुरू किया।

> ....लेकिन इस स्वर्ग में बेखटके रहने के लिए मुझे काफ़ी होशियार रहना होगा। मैंने इन दो-तीन दिनों में जो देखा है, उससे मुझे इस बात का पक्का विश्वास हो गया है (जैसा कि मैंने तुम्हें बताया भी था) कि लाला हाकिमचन्द हालाँकि क्लर्क से तरक्की कर के अफ़सर बन गये हैं, पर उनके मन का कोई कोना अब भी शायद क्लर्क ही का है। हाँ, मैंने यह भी देखा है कि वे उस पर काबू पाने की भी कोशिश करते हैं, लेकिन उनकी बीवी तो अब भी, हर पहलू से, क्लर्क ही की बीवी है, अपनी पुरानी सतह से वह ज़रा भी नहीं उठी। रही वह लड़की, तो लगता है कि भाई साहब ठीक ही कहते थे....लेकिन तुम चिन्ता न करना।

मैं पूरा ध्यान रखूँगा और सही सलामत वापस आ जाऊँगा। हाँ, एक दिलचस्प बात सुनो, उसका नाम चन्द्रा है, पर कभी-कभी माँ-बाप लाड से उसे 'चन्दा' या 'चन्दी' कह कर पुकारते हैं....तब मुझे हर बार तुम्हारी याद हो आती है।

परीक्षा तो तुम्हारी करीब है। तुम व्यस्त भी होगी, पर दो ही लाइनों में क्यों न हो, मुझे उत्तर ज़रूर देना और अपनी सेहत का ख़याल रखना और मुझे ख़बर देती रहना। मुझे चिन्ता रहेगी।

तुम्हारा
चेतन

पत्र को एक बार फिर जल्दी-जल्दी पढ़ कर और तहा कर उसने लिफ़ाफ़े में बन्द किया। लाला जी सीढ़ियाँ उतर रहे थे। उसने जल्दी-जल्दी उस पर पता लिखा और जब वे नीचे आ गये तो उठ कर उसने ख़त उनकी ओर बढ़ा दिया :

"लाला जी, किसी चपरासी के हाथ मेरा यह ख़त डाकख़ाने में डलवा देंगे ?"

"हाँ, हाँ, क्यों नहीं, क्यों नहीं," उन्होंने लिफ़ाफ़ा लेते हुए कहा, "मुझे ख़ुद कुछ ख़त लिखने हैं।" और उन्होंने चलने को पाँव बढ़ाया। फिर रुक कर पूछा :

"चन्दा ठीक तो पढ़ रही है ?"

"जी हाँ।"

"आप को कोई तकलीफ़ तो नहीं ?"

"जी नहीं।"

"आपने नाश्ता किया कि नहीं ?"

"जी मैं कसुम्पटी से कर आया हूँ।"

"दो दिन तो तेजभान ही के यहाँ खाना पका, आज पहला दिन है, कुछ देर हो गयी है। आप नाश्ता क्या लेते हैं ?"

"जी दूध या लस्सी, कुछ भी ले लेता हूँ।"

"लस्सी तो यहाँ ठीक नहीं रहेगी। हम तो चाय पीते हैं।"

"जी, चाय तो मैं नहीं पीता।"

"आप दूध ले लिया कीजिए। दूध के साथ आप क्या लेंगे ?"

"जी, तोस, बिस्कुट, कुछ भी।"

"ख़ैर, आज तो हलवा बना है। कल से आपके लिए दूध आ जाया करेगा।" और उन्होंने वहीं से आवाज़ दी —

"सुक्खू! मास्टर जी के लिए नाश्ता लाओ और बीबी जी से कहो, उनके लिए कल से तोस और दूध का इन्तज़ाम कर दें....और चन्दा से कहो कि जल्दी पढ़ने आये।"

वे पलटे और तेज़-तेज़ चल दिये।

o

चेतन कमरे में जा कर कुर्सी पर बैठा ही था कि लाला जी खट-खट करते हुए वापस आ गये।

"मास्टर जी!"

वह उठ कर खड़ा हो गया।

"यह आपने पता क्या लिखा है ?"

और उन्होंने लिफ़ाफ़ा उसके आगे कर दिया। चेतन ने पढ़ा —लिखा था :

श्रीमती चन्दा देवी
द्वारा डॉक्टर रामानन्द
डेण्टिस्ट
२१३, अमृतधारा मुहल्ला
चेतनानन्द

"यह चेतनानन्द किस शहर का नाम है ?" और लाला जी ठहाका मार कर हँसे।

चेतन का मुँह लाल हो गया। उसने लिफ़ाफ़ा ले कर, अपना नाम अच्छी तरह काट कर, वहाँ मोटे अक्षरों में 'लाहौर' लिख दिया।

"आप बड़े एगोइस्ट[१] मालूम होते हैं। अपने नाम का आपको बड़ा मोह है।" लाला जी ने हँसते हुए कहा और लिफ़ाफ़ा ले कर चले गये।

और चेतन देर तक सोचता रहा कि उसने लाहौर की जगह अपना नाम कैसे लिख दिया ?....

☒☒☒

१. अहंवादी

दूसरा खण्ड

तीन

यद्यपि चन्दा उत्तर देने में सुस्त थी, पर चेतन के पत्र का उत्तर, वापसी डाक आ गया।

अपनी पढ़ाई का ज़िक्र करते हुए और यह बताते हुए कि उसकी परीक्षा शुरू हो गयी है, उसका पहला पेपर बहुत अच्छा हुआ है और उसे पूरा विश्वास है कि वह अच्छे नम्बरों से पास हो जायेगी, चन्दा ने लिखा था :

> ....अपनी हालत में परीक्षा के लिए जाने में मुझे संकोच होता है — लड़कियों की निगाहें बार-बार मेरी तरफ़ उठ जाती हैं, वे मुस्कराती हैं और शायद मुझे ले कर कुछ मज़ाक भी करती हैं, लेकिन मैं जैसे उन्हें देख कर भी नहीं देखती। आँखें नीची किये जाती हूँ, परीक्षा देती हूँ और चुपचाप चली आती हूँ। एक ही बात का सन्तोष है — मेरी तबीयत अब मतलाती-घबराती नहीं, वरना ख़ासी परेशानी हो जाती। लेकिन आप मेरी चिन्ता न कीजिए — मन लगा कर चन्द्रा को पढ़ाइए, उसे पास कराइए कि भाई साहब शिकायत न कर सकें। यह तो और भी अच्छा है कि उसका और मेरा नाम एक ही है। आप समझिए, वह नहीं, मैं ही हर समय आपके पास हूँ।....

०

चेतन ने हमेशा की तरह उसके पत्र को दो-तीन बार पढ़ा था। चन्दा के इस ख़त से उसे बड़ा सन्तोष हुआ था। उसकी लिखाई सुधर गयी थी। अपने भावों को व्यक्त करना उसे आ गया था और कभी चेतन ने उसके अनगढ़, संक्षिप्त पत्र को देख कर लिखा था :

कुछ उल्टे-सीधे ख़त में
ये चार पंक्तियाँ प्यारी
हैं भाव न जिनमें विकसित,
जिन पर लज्जा-सी तारी,
जिनका हर शब्द अधूरा
टेढ़े-मेढ़े-से अक्षर
सिमटे फीकी स्याही में
जो रूखे-से काग़ज़ पर

काग़ज़ का पन्ना तो वही था — लाइनदार — कापी से फाड़ा हुआ; स्याही भी साधारण ही थी; पर अक्षर टेढ़े-मेढ़े न रहे थे; हिज्जों की ग़लतियाँ भी नहीं थीं और चाहे एक-दो वाक्य ही में सही, चन्दा को अपनी बात कहना आ गया था। पत्र की अन्तिम पंक्ति उसके मन पर अंकित हो गयी। — ऐसी सरल, उदार और विश्वास करने वाली पत्नी के साथ वह कभी धोखा कर सकता है ?....

चेतन को पूरा यकीन था कि चन्दा 'प्रभाकर' की परीक्षा अच्छे नम्बरों से पास कर लेगी। परीक्षा देते ही वह जालन्धर चली जायेगी; वहीं उसकी डिलिवरी होगी; (जाने कैसे चेतन को विश्वास था कि लड़का ही होगा) दो तीन वर्ष वहीं रहेगी; इस बीच वह कानून की परीक्षा पास कर लेगा; कम्पीटीशन में बैठेगा और सब-जज बनेगा; तब जैसे भी हो, वह चन्दा को अंग्रेज़ी में मैट्रिक, एफ़०ए० और बी०ए० की परीक्षाएँ दिलायेगा। सब-जज हो कर, वह साहित्य को तिलांजलि नहीं देगा; नौकरी जितना समय चाहेगी, उसके बाद, वह एक क्षण भी व्यर्थ न गँवायेगा; रोज़ी-रोटी की चिन्ता से मुक्त हो कर, अपने अवकाश के क्षणों में, वह एक-से-एक सुन्दर रचनाओं की सृष्टि करेगा। चन्दा को भी वह लिखना सिखा देगा। अमीचन्द लाख परियों-सी सुन्दर कृष्णा से विवाह करे, लाख डिप्टी हो जाये, पर सृजन-सुख उसे कहाँ प्राप्त होगा ? और कृष्णा, सुन्दर सही; लेकिन चन्दा-ऐसा भोला और उदार हृदय —झील-सा शान्त और गहरा स्वभाव —वह कहाँ से लायेगी ?....एक दिन आयेगा कि अमीचन्द को उसके भाग्य से ईर्ष्या होगी....

चेतन ने एक बार फिर पत्र पढ़ा —आप समझिए, वह नहीं, मैं ही हर समय आपके पास हूँ।'....समझेगा क्या, वह यही समझता है।....उसने अपनी पत्नी को जो यह लिखा था कि चन्द्रा के माता-पिता जब कभी लाड़ में उसे 'चन्दी' कह कर पुकारते हैं तो उसे उसकी याद आ जाती है, ग़लत नहीं लिखा था।....पत्र पढ़ते-पढ़ते, चेतन के सामने चन्दा का सरल, भोला, हँसता हुआ मुख आ गया। उस असीम विश्वास की याद हो आयी, जो उसे अपने इस पति पर था। जब चेतन ने उससे इस ट्यूशन की बात कही थी और बताया था कि लड़की सुन्दर है तो चन्दा ने एक बार भी तो सन्देह से उसकी ओर न देखा था —इस बेकिनार विश्वास को वह कैसे तोड़ सकता है। मुक्त रह कर भी, वह सदा उससे बँधा है। वह चन्द्रा को नहीं, चन्दा ही को देखेगा....

और सचमुच, जब चन्द्रा पढ़ने को आयी, खाने की लम्बी मेज़ के परले सिरे पर बैठ गयी और चेतन इधर वाले सिरे पर, अपनी कुर्सी में आ बैठा तो उसे लगा कि उसके और चन्द्रा के बीच, अदृश्य रह कर भी, चन्दा अपनी वही सरल, उजेली, मोतियों-सी हँसी बिखेरती बैठी है।

o

लेकिन महीने भर बाद ही, सहसा एक दिन कुछ ऐसा हुआ कि क्षण भर को चन्दा वहाँ से हट गयी और उसकी आँखों के सामने केवल चन्द्रा रह गयी। बाद में वह अपनी उस एक क्षण की ग़लती के लिए लाख पछताता रहा, पर चन्द्रा को वहाँ से हटाना उसके लिए कठिन हो गया। धीरे-धीरे, अपने अल्हड़ सौन्दर्य की समस्त मोहकता —अपने स्वतन्त्र, अबोध और उच्छृंखल व्यक्तित्व के साथ —वह उसके अस्तित्व पर छाने लगी।

खाने का वह कमरा, जिसमें चेतन उसे पढ़ाता था, उसके अपने कमरे से किंचित लम्बा था। उसमें खाने की मेज़ और चार कुर्सियों के अलावा, दायें कोने में एक साइड-टेबल थी, जिसमें शायद क्रॉकरी रहती होगी, पर जो अब बन्द पड़ी थी। कमरे में, आमने-सामने, दो बड़े दरवाज़े थे; तीसरा दायीं दीवार में था और चेतन के कमरे में खुलता था। सामने का दरवाज़ा उन सीढ़ियों में खुलता था, जो पिछले बरामदे से पिछवाड़े के बारजे पर जाती थीं। जब इस कमरे को खाने के कमरे के रूप में इस्तेमाल किया जाता होगा, तो

बैरा उसी रास्ते से खाना ला कर मेज़ पर सजाता होगा। यह दरवाज़ा प्रायः बन्द रहता था। (केवल चन्द्रा ऊपर के पिछले बारजे से उतर कर, उस दरवाज़े से आती थी) शेष दोनों दरवाज़े चेतन खुले रखता था। एक-दो बार चन्द्रा ने बरामदे का दरवाज़ा कम-से-कम आधा बन्द कर देने की कोशिश की थी कि उसकी आँखों में रोशनी चुभती है, पर चेतन ने दरवाज़ा ज़रा-सा भी बन्द करने की इजाज़त न दी थी। 'तुम कन्धा मोड़ कर बैठो और बाहर की ओर मत देखो,' उसने कहा था। फिर चन्द्रा ने एक बार ज़ोर दिया था कि चेतन अपने कमरे का दरवाज़ा बन्द रखे। बात यह थी कि बाहर सीढ़ियों के पास कोई खड़ा हो और बीच का दरवाज़ा खुला हो तो इस कमरे का काफ़ी हिस्सा दिखायी देता था, लेकिन चन्द्रा ने यह नहीं कहा। "आपके पलँग-पोश का डिज़ाइन मेरा ध्यान बँटा देता है," वह हँसी थी।

"तुम्हारा ध्यान पढ़ने में नहीं," चेतन ने उसकी हँसी में योग न दे कर, रुद्र गम्भीर स्वर में कहा था, "किताब में ध्यान लगाओगी तो इधर-उधर की चीज़ें ध्यान न बँटायेंगी।"

दरअसल चेतन उस लड़की से बेहद डरता था और नहीं चाहता था कि उसे ज़रा-सा भी बढ़ावा दे और वह उसके साथ भी सुक्खू का-सा व्यवहार करे। चेतन को पक्का विश्वास था कि ज़रा-सी भी छूट मिलने पर, वह उससे भी उसी तरह छेड़-छाड़ कर सकती है।....'युवा लड़के-लड़की को एक कमरे में छोड़ दो और वे प्रेम करने लगेंगे'....चेतन ने कहीं पढ़ा था और वह नहीं चाहता था, उन्हें एहसास हो कि वे कमरे में अकेले छोड़ दिये गये हैं और कोई देखने वाला नहीं। अपने बारे में वह आश्वस्त था; पर उस उद्दण्ड, खुली, लाड़ में पली लड़की की ओर से वह आश्वस्त नहीं था; इसलिए वह सब दरवाज़े खुले रखता था। उसका बस चलता तो वह चन्द्रा को बाहर खुले में पढ़ाता। लेकिन एक तो बाहर उतनी जगह नहीं थी, फिर कुछ ही दिन बाद, साथ की कॉटेज में किरायेदार के आने की बात थी, कमरा ख़ाली होने पर भी, लाला हाकिमचन्द (सुपरिण्टेण्डेण्ट नहर विभाग) की लाडली लड़की को बाहर रास्ते में बैठ कर पढ़ाने की बात वह कैसे करता ?....एक दिन जब वह थूकने के लिए बरामदे में गया तो उसने देखा —बीबी जी चुपचाप उसके कमरे के आगे, बरामदे के फ़र्श पर, उनके कमरे की तरफ़ ध्यान लगाये बैठी हैं। चेतन को देख कर, वे यूँ ही सुक्खू को आवाज़ें देती हुई, उठ गयी थीं।....फिर उसने एक बार उन्हें बाहर निचली सीढ़ी पर, जँगले का सहारा लिये, अपनी ओर देखते पाया था। हालाँकि उसे देख कर बीबी जी अचकचा गयी थीं, पर उसे ख़ुशी हुई थी कि वे अपने कर्तव्य से ग़ाफ़िल नहीं हैं। बीबी जी की बात नहीं, उसने कई बार सुक्खू को भी कमरे के बाहर बेकार घूमते अथवा जँगले का सहारा ले कर खड़े या बाहर बरामदे के फ़र्श पर बैठे पाया था। चन्द्रा उसे देख कर बुरी तरह चिढ़ जाती थी। एक-दो बार उसने उसे डाँट भी दिया था, पर चेतन ने उसे बुला कर, उसकी पीठ थपथपाते हुए, उससे कहा था कि वह मौज करे और चन्द्रा को डाँटा था कि वह पढ़ने में ध्यान लगाये और सुक्खू या कोई दूसरा क्या करता है, इसकी चिन्ता न करे —खुले दरवाज़े, खुली ज़िन्दगी —चेतन को विश्वास था कि इसमें किसी तरह का घपला नहीं हो सकता और वह नहीं चाहता था, चन्द्रा को ज़रा भी एहसास हो कि वे अकेले हैं, इसलिए वह पढ़ाने के समय ज़रा भी न सुस्ताता। थक जाता तो टाँगें बायीं ओर की ख़ाली कुर्सी पर रख लेता, लेकिन पढ़ाना बन्द न करता।

पहले ही दिन से सोच-विचार कर उसने जो कार्यक्रम बनाया था, उस पर वह बड़ी सख़्ती से अमल करता आ रहा था — वह सुबह पाँच-साढ़े पाँच बजे उठता। ऊपर की मंज़िल में यद्यपि एकदम निस्तब्धता होती, लेकिन बाहर चिड़ियाँ चहचहा रही होतीं और उजेला पूरी तरह फैल चुका होता। देवदारों की फुनगियाँ और प्रागैतिहासिक हाथी-ऐसे उस पहाड़ की पीठ, ऊषा की किरणों से सुनहरी हो उठती और 'केनमोर एस्टेट' की वीथियों में सुनहरी धूल-सी उड़ रही दिखायी देती। लंगोट और सरसों के तेल की शीशी ले कर, चेतन साथ की कॉटेज के बरामदे में चला जाता। लंगोट पहन लेता; कपड़े उतार कर जँगले पर रख देता; तेल की मालिश करता; फिर रस्सी ले कर स्किपिंग करता। साथ-साथ मन-ही-मन गिनता जाता। बिना रुके, वह सौ तक गिनता। फिर रस्सी अलग रख देता। पचास-पचास डण्ड-बैठक लगाता और तौलिये से बदन पोंछ, कपड़े पहन, वह नीचे 'केनमोर एस्टेट' का एक चक्कर लगा आता।

नीचे को जाने वाली सड़क की दायीं ओर, पहाड़ी के साथ हार्डिंजिया के ढेर-के-ढेर, गुलाबी-मायल, सफ़ेद अथवा जामुनी-नीले फूल खिले होते। (चेतन ने ये फूल कभी लाहौर के लॉरेन्स गार्डन में न देखे थे। रुल्दू भट्टे में तो ख़ैर, किसी भी तरह के फूल नहीं थे।) नये फूल एकदम हरे होते। उनसे ज़रा बड़े, जामुनी रंग-लिये सफ़ेद। जो बहुत बड़े हो जाते, उनका रंग गुलाबी-मायल सफ़ेद हो जाता। इतने बड़े कि दोनों हाथों में न समायें। असल में दूर से डाली पर यद्यपि एक ही बड़ा फूल खिला दिखायी देता, पर वास्तव में वह बड़ा फूल, नन्हे-नन्हे चार पत्तियों वाले अनगिनत फूलों से मिल कर बना होता। चेतन एक दिन एक फूल तोड़ कर, अपने कमरे में ले आया था और उसे गिलास में लगा कर उसने अपनी मेज़ पर सजा दिया था। कुछ दिनों बाद जब वह फूल मुरझा कर बिखरा तो उसने देखा कि प्रकट में एक दिखायी देने वाले फूल के नीचे कई वृन्त हैं; हर वृन्त पर चार-चार पत्तियाँ लगी हुई हैं। — यद्यपि फूल के नीचे केवल एक ही डाली दिखायी देती थी, पर वास्तव में उस एक डाली में से कई नन्हे-नन्हे डण्ठल फूट निकले थे। उन पर कई नन्हे-नन्हे वृन्त और उन पर वे चार-चार पत्तियों के गुच्छे — लेकिन वह सब तो उन गुच्छों के नीचे था — ऊपर से तो वह गोलाकार बड़ा-सा फूल दिखाई देता था। — चेतन को हार्डिंजिया के ये फूल बेहद अच्छे लगते थे। नीचे बँगले तक, दायीं ओर पहाड़ी के साथ-साथ हार्डिंजिया के बेगिनती पौधे लगे थे — बड़े-बड़े पत्तों की घनी झाड़ियाँ और उन में वे — जैसे बाहर को निकले पड़ते, आँखों की भूख मिटाने वाले — नीले-जामुनी, गुलाबी-मायल, सफ़ेद फूल! — यूँ तो बँगले के आगे, बाग़ीचे में बीसियों तरह के रंग-बिरंगे फूल खिले थे, लेकिन उनकी ओर उसका ध्यान न जाता, यही फूल उसे पहली बार यहाँ नज़र आये थे और वह इनकी बहार देखने के लिए, कसरत करने के बाद, एक बार नीचे का चक्कर लगा आता।

फूलों की सैर के बाद, वह अपने कमरे में आ कर नहाता; कपड़े बदलता और छै मील का जाकू राउण्ड लगाता। वापस आता तो लाला जी तैयार हो चुके होते। सुक्खू उसके लिए तोस और दूध का गिलास लाता। चेतन को बेतरह भूख लगी होती। उसे जब पता चला था कि शिमले का पानी भारी है, इसीलिए वह पिछले वर्ष अस्वस्थ रहा था और शिमले में स्वस्थ रहने के लिए रोज़ पाँच-छै-मील घूमना ज़रूरी है तो उसने तय किया था

कि इस बार वह सेहत बना कर ही जायेगा। इस एक महीने ही में उसके कल्ले भर गये थे और चेहरे पर कुछ चिकनाई आ गयी थी, जो उसे कभी पहले आईने में दिखायी न दी थी। उसे ख़ूब भूख लगती; जो खाता, हज़म हो जाता....नाश्ता कर के, कुछ क्षण को, वह कपड़ों-समेत पलँग पर लेट जाता। तभी चन्द्रा पिछला बन्द दरवाज़ा खोल कर, अपनी सीट पर आ बैठती। चेतन उठता और अपनी कुर्सी पर जा बैठता और बिना इधर-उधर की बात किये, पढ़ाने लगता।

०

शिमले के इन तीन महीनों में उसने चन्द्रा को इतिहास, गद्य, कविता तथा निबन्ध —इन चार विषयों में ताक कर देने की योजना बनायी थी। चन्द्रा की लिखाई अच्छी न थी — ऊबड़-खाबड़ और असुन्दर! शब्द वह अशुद्ध लिखती और वाक्य-रचना उसे आती न थी। इसलिए चेतन ने तय किया था कि वह पहले उसकी लिखाई सुधारेगा; उसे व्याकरण का भी कुछ बोध करायेगा; निबन्ध लिखना और अपने भावों को व्यक्त करना सिखायेगा। उसका मन ऊबे नहीं, इसलिए वह उसे इतिहास की कहानियाँ सुनायेगा और काव्य-संग्रह में से सरल-सरल कविताएँ पढ़ायेगा। चेतन की अपनी लिखाई बहुत सुन्दर थी। वह लिखता था तो मोती पिरो देता था। कुछ ही दिनों में उसने चन्द्रा की लिखाई काफ़ी सुधार दी थी....लेकिन उसकी कापी पर लिख कर देते हुए और उसके लिखे अक्षरों और शब्दों को ठीक करते हुए, उसने अपने और उसके बीच, लम्बी मेज़ का वह अन्तर बराबर बनाये रखा था। अक्षरों के घेरे बनाते हुए, कलम पर कहाँ ज़ोर देना है और कहाँ बिना ज़ोर के लिखना है; अक्षर कहाँ मोटा होगा और कहाँ पतला —यह सब उसे सिखाने के लिए, वह चन्द्रा को निकट बुलाने के बदले, कापी मेज़ के बीच रख कर, स्वयं आगे झुक कर उसे समझा देता।

निबन्ध उसने एकदम प्रारम्भिक स्तर से शुरू कराये, जैसे कि उसने सातवी-आठवीं में स्वयं सीखे थे। फ़र्क उसने सिर्फ़ यह रखा कि इतने दिनों में केवल दो निबन्ध तैयार कराये। एक 'गाय' और दूसरा 'घर' पर। पहले दिन उसने गाय पर छोटे-छोटे वाक्य चन्द्रा को लिखने सिखाये :

> गाय एक पशु है।
> गाय एक पालतू पशु है।
> गाय के चार पाँव, लम्बा-सा मुँह, दो आँखें, दो कान, दो सींग
> और लम्बी-सी दुम होती है।
> गाय की दुम ऊपर से मोटी, नीचे से पतली होती है।
> गाय दूध देती है,
> दूध से दही, लस्सी, मक्खन, घी बनता है।

....आदि....आदि और अन्त में :

> गाय से हमें इतने लाभ हैं, इसीलिए हिन्दू इसकी पूजा करते हैं
> और इसे गाय माता कहते हैं।

जब चन्द्रा को उसने यह निबन्ध याद करा दिया तो उसने उसे इसी तरह अपने 'घर'

पर निबन्ध लिखने को कहा। कुछ संकेत भी उसे दे दिये और पहला और अन्तिम, दोनों वाक्य उसकी कापी पर लिख दिये :

मेरा घर मुल्तान रोड पर सरकारी कॉलोनी मे है।

और

इसीलिए मेरा घर मुझे बड़ा प्यारा है।

ये दोनों वाक्य पृष्ठ के शुरू और अन्त में लिख कर, उसने चन्द्रा से कहा कि वह बीच की लाइनों पर अपने मन से वाक्य लिखे।

चन्द्रा कुछ भी नहीं लिख सकी थी। तब उसने स्वयं उसे बीच के वाक्य ज़बानी बताये थे।

जब ये दोनों निबन्ध तैयार हो गये तो फिर उसने 'गाय' वाले निबन्ध को उठाया था और पहले वाक्य को कुछ और विस्तार दिया था :

'संसार में अनगिनत पशु हैं। बहुत-से ऐसे हैं, जिनसे इन्सान को कोई लाभ नहीं — शेर, बाघ, भेड़िया, लकड़बग्घा, गीदड़ आदि — पर कुछ ऐसे भी हैं, जिनसे उसे दसियों लाभ हैं। इनमें गाय प्रमुख है।'

....काव्य-संकलन में भी उसने पहले सरल कवि चुने। उसकी अपनी हिन्दी अच्छी न थी, इसलिए चन्द्रा को पढ़ाने से पहले, उसने स्वयं सब कविताएँ पढ़ीं। शिमला जाते समय, वह अपने साथ काव्य-संकलन की कुंजी और शब्द-कोश ले गया था, लेकिन कहीं-कहीं कुंजी से भी अर्थ स्पष्ट न होता। ऐसी स्थिति में वह शब्द-कोश की सहायता लेता, पर जब उससे भी कुछ समझ में न आता तो वह उस कविता को हटा देता कि लाहौर जा कर, किसी जानकार से पूछ कर पढ़ायेगा। 'निराला' की कविता, जो 'रत्न' के पाठ्य-क्रम में थी, उसने स्वयं भी अपनी बी०ए० की पुस्तक में पढ़ी थी। तब बी०ए० में पचास नम्बर का पेपर होता था और वे नम्बर डिवीज़न में शामिल नहीं होते थे, इसलिए कोई भी छात्र हिन्दी ध्यान से न पढ़ता था। पर उनके हिन्दी पण्डित ने बड़े मनोयोग से, एक-एक पंक्ति का अर्थ समझाते हुए, कविता पढ़ायी थी, चेतन ने उसी ध्यान से पढ़ी थी। उसे वह इतनी अच्छी लगी थी कि कण्ठस्थ हो गयी थी। सब दूसरी कविताएँ छोड़ कर, चेतन ने पहले उसे ही पढ़ाने के लिए चुना। — शीर्षक था — 'तुम और मैं' :

तुम तुंग हिमालय श्रृंग और मैं चंचल गति सुर सरिता
तुम विमल हृदय उच्छ्वास और मैं कान्त कामिनी कविता
तुम प्रेम और मैं शान्ति
तुम सुरापान घन अन्धकार मैं हूँ मतवाली भ्रान्ति

चेतन अभिभूत हो कर कविता पढ़ाता रहा था। वह भूल गया था कि चन्द्रा सामने बैठी है। उसे लगा था कि उसके सामने सारी क्लास है, वह स्वयं पण्डित के स्थान पर खड़ा है और छात्रों को उस कविता का मर्म समझा रहा है। अपने पण्डित ही की तरह, वह कविता का एक-एक चरण पढ़ता और कठिन शब्दों के अर्थ बता कर, पहले पंक्तियों का, फिर सारे चरण का अर्थ समझाता — " 'तुम' भगवान के लिए कहा गया है और 'मैं' आत्मा के लिए। तुम — परमात्मा — हिमालय के तुंग — ऊँचे — श्रृंग — चोटी — जैसे हो और

मैं —आत्मा तुम्हीं में से निकली हुई, तुम्हारे चरणों में बहने वाली, चंचल सुर-सरिता —देवताओं की सरिता —नदी —अर्थात गंगा हूँ...."(यहाँ उसने गंगावतरण की पूरी कहानी सुना डाली।) वह जाने कब अपनी जगह खड़ा हो गया था। जब उसने कविता ख़त्म की तो उसने देखा था —चन्द्रा एकटक उसकी ओर देख रही है और उसके आगे पुस्तक का पृष्ठ वहीं खुला है, जहाँ से कविता शुरू होती थी....

....पढ़ाते समय, चेतन हमेशा इस बात का ख़याल रखता था कि वह चन्द्रा से आँखें न मिलाये; न उससे व्यर्थ की बात करे; टाइम से अपनी कुर्सी पर आ बैठे और समय से उठ जाये। लेकिन कई बार उसने देखा था कि जब वह उसे पढ़ा रहा होता तो यह जानने के लिए कि वह उसकी बात समझ भी रही है या नहीं, सहसा वह निगाहें उठाता; तब उसे एकटक अपनी ओर देखते पाता।

"तुम्हारा ध्यान किधर है ?" वह चिढ़ कर कहता, "किताब में देखो।"

"मैं आपकी बात सुन रही थी!" वह मुस्करा देती।

चेतन उसकी मुस्कान से और भी खीझ उठता, "किताब में देखते हुए मेरी बात सुनो तो तुम्हें कुछ समझ भी आये। बिना किताब में देखे, मेरी बात सुनने से थोड़ी कुछ आयेगा।"

वह फिर मुस्करा देती और किताब में निगाहें जमा लेती।....

लेकिन कविता के अन्त पर उसे इस तरह अपनी ओर देख कर, वह कुछ अचकचा गया था। उसने खीझ कर वही प्रश्न किया :

"तुम्हारा ध्यान किधर है ?"

वह उसी तरह उस पर दृष्टि जमाये, मुस्कराती रही थी।

और भी चिढ़ कर चेतन ने उसे पहले चरण के अर्थ पूछे।

वह उसी तरह एकटक उसकी ओर देखती रही।

कुछ अप्रकृतिस्थ-सा हो कर और बेतरह चिढ़ कर, वह कुर्सी पर बैठ गया और उसने कविता की पहली पंक्ति का अर्थ पूछा —'तुंग' और 'शृंग' तथा 'सुर' और 'सरिता' की बात तो दूर रही, चन्द्रा को 'हिमालय' तक के अर्थ न आते थे।

तब, अपार धीरज के साथ, उसे यह आदेश दे कर कि वह एक क्षण को भी पुस्तक से आँखें न उठाये, वह एक-एक शब्द के अर्थ लिखा कर उसे कविता पढ़ने लगा :

" 'तुम' शब्द भगवान के लिए है और 'मैं' आत्मा के लिए। आत्मा परमात्मा से कहती है कि तुम हिमालय —'हिम' याने बर्फ़, 'आलय' याने घर —हिम के घर, याने हिमालय; 'तुंग' — ऊँची; 'शृंग' — चोटी — याने हिमालय की ऊँची चोटी हो! — 'हिमालय' भारत की उत्तरी सीमा पर पूरब से पच्छिम तक फैले पहाड़ का नाम है। इसका नाम 'हिमालय' इसलिए पड़ा कि...."

o

लेकिन कविता पढ़ाने के बाद, जब शाम को उसने छुट्टी की थी तो उसने तय किया था कि वह अभी चन्द्रा को कविता नहीं पढ़ायेगा। वह केवल दो विषयों पर ज़ोर देगा। एक निबन्ध, दूसरे इतिहास। पहली बात तो यह थी कि इतिहास चेतन का प्रिय विषय था। फिर उसका ख़याल था कि चन्द्रा को इतिहास में, कहानियों-सा रस मिलेगा और चाहे-अनचाहे, उसे

कुछ-न-कुछ याद रह जायेगा।

तब उसने मन-ही-मन तय किया कि शिमला के प्रवास में, वह चन्द्रा को मुग़ल-काल तक का सारा इतिहास, ज़रूरी पात्र, युद्ध, सन्धियाँ —तिथियों-समेत —पानी की तरह रवाँ करा देगा। इस आसान विषय में उसे एकदम ताक कर के, फिर दूसरे अपेक्षाकृत कठिन विषयों को हाथ लगायेगा। वह इतनी बार उसे सारे विषय दोहरा देगा कि उसके कुन्द दिमाग़ और बेपरवाही के बावजूद, उसे इतना याद हो जाये कि वह, थर्ड डिवीज़न ही में सही, पास हो जाये।

इतिहास पढ़ाने की स्कीम उसने यह बनायी कि वह पहले एक परिच्छेद की कहानी उसे सुना देगा, फिर उसे पुस्तक से पढ़ायेगा; फिर, उसके महत्वपूर्ण पात्रों, घटनाओं और तिथियों पर निशान लगवा देगा; और फिर हर पात्र के बारे में अतिरिक्त ब्योरे देगा।....यूँ स्कीम बना कर, उसने इतिहास पढ़ाना शुरू किया। 'सिकन्दर महान' से ले कर 'बहादुर शाह जफ़र' तक —इतिहास के सभी महत्वपूर्ण पात्रों की एक सूची उसने बनायी। एक सूची महत्वपूर्ण युद्धों की बनायी। उसने तय किया कि इतिहास पढ़ाते हुए, वह उन पात्रों और युद्धों पर छोटे-छोटे नोट लिखा देगा। उसे पूरा विश्वास था कि यदि चन्द्रा इतना भर याद कर ले तो न केवल वह निश्चित रूप से पास हो जायेगी, वरन अच्छे नम्बर भी हासिल कर लेगी।

....महीना ख़त्म होते-न-होते, चेतन ने मुग़ल-काल तक का इतिहास समाप्त कर दिया था। सभी पात्रों और युद्धों पर उसने छोटे-छोटे नोट भी लिखा दिये थे। आगे बढ़ने से पहले, अपनी योजना के अनुसार उसने तय किया कि तब तक उसने जितना पढ़ाया है, उसे रिवाइज़ करा डाले और चन्द्रा को प्रश्नों के उत्तर लिखना सिखाये। (लेखनी तो इस बीच में चन्द्रा की सुधर ही गयी थी।) जिस दिन अन्तिम परिच्छेद समाप्त हुआ, बिना किसी तरह का अन्तराल दिये, उसने पन्ने पलटे और, 'अब मैं शुरू से दोहराऊँगा और तुम्हें प्रश्नों के उत्तर देना सिखाऊँगा' —की भूमिका के साथ, उसने प्रश्न लिखाया :

"सिकन्दर महान के सम्बन्ध में तुम क्या जानते हो ? सिकन्दर और पोरस के युद्ध का वृत्तान्त लिखो और बताओ कि किस कारण सिकन्दर ने पोरस पर विजय पायी ?"

चन्द्रा ने प्रश्न कापी पर लिख लिया तो चेतन ने फिर उसे ज़बानी सिकन्दर और पोरस की लड़ाई का हाल सुनाया और उससे कहा कि वह प्रश्न का उत्तर लिखे।

चन्द्रा क्षण भर कापी पर लिखे प्रश्न को घूरती रही, फिर आँखें उठा कर उसकी ओर तकने लगी।

"लिखो।"

वह उसी तरह मुटर-मुटर तकती रही। मुस्कान की क्षीण-सी रेखा उसके होंटों पर आ गयी। चेतन चिढ़ गया। वह चिल्लाया :

"लिखती क्यों नहीं ? क्या चीज़ तुम्हारी समझ में नहीं आती ?"

"जी विजय का क्या मतलब है ?" सहसा चन्द्रा ने धीरे से कहा।

चेतन को अपने कानों पर विश्वास नहीं आया —"क्या-ा-ा" वह गरजा।

"जी विजय...."

लेकिन चेतन ने उसे वाक्य नहीं पूरा करने दिया। वह उठा, क्रोध से चीख़ते हुए, "तुम्हें विजय का मतलब नहीं आता और मैं सारा इतिहास पढ़ा गया हूँ," उसने ज़न्नाटे का एक थप्पड़ चन्द्रा के गाल पर जड़ दिया और बिना उसकी ओर देखे, चिल्लाता रहा — "इतने दिन से पढ़ा रहा हूँ, इतनी लड़ाइयों का ज़िक्र आया; इतने नोट लिखाये; पचास बार यह शब्द आया होगा, तुमने पहले इसका मतलब क्यों नहीं पूछा ?...."

लेकिन वह सहसा रुक गया। उसने देखा उसकी पाँचों उँगलियों के निशान, चन्द्रा के गोरे गाल पर बन गये हैं और उसकी आँखों से झर-झर आँसू बह रहे हैं।

चेतन धम्म से कुर्सी पर बैठ गया। यह उसने क्या कर डाला ?....लेकिन इतने दिनों का श्रम, इतने विस्तार और बारीकी से इतिहास पढ़ाने की घोर व्यर्थता....उसने चन्द्रा को चुप नहीं कराया....उसकी दुर्बलता और ग़लती, लड़की पर प्रकट न हो, शायद अपने अर्ध-चेतन में इसी ख़याल से, वह और भी ज़ोर से बमकने लगा।....

लेकिन वह क्या बक रहा है, उसे नहीं मालूम; वह बोलता चला गया...."मैंने तुम्हारे पिता को गारण्टी दी है कि मैं तुम्हें पास करा दूँगा, वे मेरी आधी तनख़्वाह अपने पास रखेंगे और तब देंगे, जब तुम पास हो जाओगी। मैं पहले ख़ुद पाठ तैयार करता हूँ, फिर तुम्हें पढ़ाता हूँ। कोई बात तुम्हारी समझ में नहीं आती तो तुम पूछतीं क्यों नहीं ? मुझे लगता है कि मैं सिर्फ़ इन दीवारों को पढ़ाता रहा हूँ! तुम्हें 'विजय' का मतलब मालूम नहीं और मैं सारा इतिहास पढ़ा गया हूँ। मेरे लिए यह कैरियर का सवाल है —मुझे इन्हीं पैसों से लॉ कॉलेज में दाख़िला लेना है। तुम्हारे लिए शायद यह महज़ शग़ल है। तुम्हें नहीं पढ़ना तो लाला जी से कह दो। मैं छुट्टी करूँ और कहीं दूसरी जगह काम देखूँ...."

०

क्रोध और झल्लाहट के बावजूद, चेतन के स्वर में अजाने ही, अपने इस कृत्य की सफ़ाई देने का प्रयास शामिल हो गया था। यद्यपि उसने न स्वर धीमा किया, न अपने कृत्य के लिए खेद प्रकट किया, पर अचेतन रूप से उसी खीझ और क्षोभ में एक अनुनय आता गया —एक अव्यक्त अनुरोध कि वह उसकी स्थिति को जाने-समझे और मन लगा कर पढ़े....वह बड़ी देर तक, इसी तरह बमकता रहा। चन्द्रा ने कुछ नहीं कहा। वह सिर झुकाये, चुपचाप रोती रही। फिर सहसा उठी और उसे बोलता-बमकता छोड़, सीढ़ियों वाला पिछला दरवाज़ा खोल कर निकल गयी।

चेतन नहीं उठा। विजड़ित-सा वहीं बैठा, सामने, ख़ाली कुर्सी के उस शून्य में तकता रहा, जहाँ चन्द्रा सिर झुकाये बैठी थी। उसकी पत्नी चन्दा की वह हँसती छवि, जो अदृश्य रूप में भी वहाँ रहती थी, जाने उस क्षण कहाँ ग़ायब हो गयी। वहाँ जैसे अब भी चन्द्रा बैठी थी; उसका सिर झुका था; उसकी आँखों से आँसू झर रहे थे; उसके गोरे गाल पर चेतन की पाँचों उँगलियों के निशान थे, जो धीरे-धीरे मिट रहे थे और वहाँ केवल लाली रह गयी थी....चेतन विमूढ़-सा, उसी शून्य में तकता रहा....लेकिन उसकी यह विमूढ़ावस्था ज़्यादा देर तक नहीं रही। दूसरे ही क्षण उसे ख़याल आया —अगर चन्द्रा ने ऊपर माँ से जा कर शिकायत कर दी ?....चेतन का दिल धक् से रह गया। उसका चेहरा एकदम उतर गया। वह हड़बड़ा कर उठा और अपने कमरे में चला आया। क्षण भर को वह बीच कमरे

में खड़ा, ऊपर की सुन-गुन लेता रहा, फिर व्यग्रता से वहीं घूमने लगा....

चार

चेतन का दिमाग़ बेहद परेशान था। जिस ठस्से से चन्द्रा उसे बमकता छोड़ कर चली गयी थी, उसे पूरा विश्वास था, वह जा कर माँ से शिकायत कर देगी। उसे किसी भी क्षण मिसेज़ हाकिमचन्द के आने और चिल्लाने की आशंका थी। चेतन चाहता था कि जो होना है, हो जाये —बीबी जी आयें, उसे डाँटें, बोरिया-बिस्तर बाँध कर भाग जाने का आदेश दें और उसे इस कष्टकर स्थिति से नजात मिले —'जिस लड़की को पूरा इतिहास पढ़ लेने पर 'विजय' के अर्थ नहीं आये, ('पराजय' के क्या आये होंगे ?)' —उसने सोचा, 'वह कैसे पास होगी ? बेकार ही अपने जोश में उसने लाला जी को गारण्टी दे दी....यह लड़की यूँ ही तो मैट्रिक की परीक्षा में दो बार फ़ेल नहीं हुई! यह दस वर्ष तक मैट्रिक पास नहीं हो सकती! यह 'रतन' में भी पास नहीं हो सकती। वह क्या विषय को घोल कर उसे पिला देगा ? जब वह ध्यान ही नहीं देती तो कोई बात उसकी समझ में आयेगी कैसे ?....'

चेतन को विश्वास हो गया कि जिन ट्यूटरों को वह पिटवा चुकी है, उन बेचारों का कोई दोष नहीं होगा। जब लड़की ही ध्यान नहीं देती तो ट्यूटर बेचारे क्या करेंगे ? कब तक सबर-सन्तोष से काम लेंगे ?....वे डाँटते होंगे और यह झूठ-मूठ उनकी शिकायत लगा देती होगी। —चेतन चाहता था कि चन्द्रा की माँ आ जाये, उसे डाँटे, उससे पूछे —क्या उसने लड़की को थप्पड़ मारा ? वह कहे कि हाँ मारा और वह ध्यान से न पढ़ेगी तो फिर मारेगा। उन्हें ख़ुशामदी और निकम्मा ट्यूटर चाहिए तो वे किसी दूसरे को रख लें, वह जी-जान से पढ़ायेगा और चाहेगा कि वह ध्यान दे कर पढ़े।

....प्रकट है कि उसकी इस 'बदतमीज़ी' को वे सहन नहीं करेंगी और इस कूढ़-मग़ज़, कुन्द-ज़ेहन, परम मूर्खा, बेपरवाह लड़की के साथ माथा फोड़ने से उसे मुक्ति मिल जायेगी....वह लॉ कॉलेज में दाख़िल हो या न हो, पर यह ट्यूशन और नहीं करेगा। भले ही भाई साहब के सामने उसे शर्मसार होना पड़े; उनके ताने सुनने पड़ें, उनके व्यंग्य-वाणों का शिकार होना पड़े; पर वह ट्यूशन और नहीं करेगा, नहीं करेगा और तत्काल शिमला छोड़ देगा....

ऊपर एकदम निस्तब्धता थी; ज़रा भी फुसफुसाहट या चिल्लाहट न थी और चेतन व्यग्रता से कमरे में घूमे जा रहा था। सहसा वह रुका और फिर जड़वत खड़ा रह गया। उसे ख़याल आया —बीबी जी ने अगर उसकी शिकायत लिख कर लाला जी को भेज दी तो ?....यह सोचते ही वह बेतरह भयाक्रान्त हो उठा। क्रोध से विकृत, लाला जी का मुख उसके सामने आ गया। उनकी क्रूरता से वह इस बीच भली-भाँति परिचित हो गया था। कमरे में उसका दम घुटने लगा....वह बाहर निकला और 'केनमोर एस्टेट' के बड़े बँगले को जाने वाली सड़क पर उतर गया।

दायीं ओर, हार्डिंजिया के बड़े-बड़े, गुलाबी-जामुनी-हरे-नीले फूल, बेतहाशा खिले हुए थे। बायीं ओर, घाटी के परे, वह प्रागैतिहासिक हाथी, वैसे ही दीन-दुनिया से बे-नियाज़, लेटा था। गर्मी के कारण हल्का-सा ग़ुबार उस पर छाया हुआ था। ऊपर, चेतन के सिर पर, देवदारों की डालियाँ हल्की-सी हवा से लहरा रही थीं —लेकिन चेतन उन सब से बेख़बर, बढ़ा चला जा रहा था —नीचे के मोड़ पर, जहाँ से सड़क बँगले को मुड़ती थी, हार्डिंजिया के घने पौधों की पंक्ति ज़रा-सी टूट गयी थी। वहीं किनारे के एक पत्थर पर वह बैठ गया —लाला हाकिमचन्द की क्रोध-भरी मुद्रा फिर उसके सामने आ गयी। क्रोध में उनका सुन्दर चेहरा बेतरह विकृत हो जाता था —दुर्वार साइक्लोन की ज़द में आया आदमी, जैसे उड़ा जाये और चाहने पर भी रुक न पाये और फिर विवश हो, रुकने का प्रयास भी छोड़ दे —इसी तरह लाला हाकिमचन्द क्रोध के हाथों विवश हो जाते थे। इस एक महीने में उसने दो बार उन्हें बेपनाह क्रोध के आलम में देखा और उस आसन्न संकट में, दोनों घटनाएँ उसके सामने, अपने नन्हे-से-नन्हे ब्योरे के साथ, आ गयीं —

००

....उन्हें शिमला आये अभी मुश्किल से एक हफ़्ता भी न हुआ था कि एक शनि को, जब वह दोपहर का खाना खाने के बाद ज़रा-सा लेटा था, उसने ऊपर गिगलू, पिगलू और चन्द्रा को धमा-चौकड़ी मचाते, छीना-झपटी करते, गिगलू को ठहाका मारते और चन्द्रा को चिढ़ते-खीझते सुना —फिर सहसा एक चीख़ उठी और पिछली ओर किसी के ज़ोर से गिरने का धमाका हुआ। तभी पिगलू के ज़ोर से चिल्लाने की आवाज़ आयी।

पिगलू क्या चिल्ला रहा है, चेतन ने नहीं सुना; वह उछल कर उठा, बाथ-रूम का दरवाज़ा खोल कर पीछे को भागा —नाली में गिगलू, औंधे-मुँह, अचेत, गिरा पड़ा था।....'केनमोर कॉटेज' रास्ते के किनारे बनी थी। उसकी निचली मंज़िल सड़क के नीचे थी और ऊपर की मंज़िल सड़क के बराबर थी। सड़क के साथ, नीचे तक, पत्थरों की दीवार थी, ताकि वर्षा के दिनों में सड़क उस ओर को ढह न जाये और कॉटेज को नुकसान न पहुँचे। ऊपर की बाल्कनी और पहाड़ी के बीच, जगह बहुत तंग थी —उस पर लकड़ी का एक पुल बना था; नीचे गली के बीचों-बीच, एक छोटी-सी सीमेंट की नाली बनी थी। गिगलू उसी पर बेहोश पड़ा था....बच्चे ऊपर क्या चिल्ला रहे हैं, यह चेतन ने नहीं सुना; शायद पिगलू अपनी मम्मी को पुकार कर कह रहा था कि चन्द्रा ने गिगलू को धक्का दे कर गिरा दिया है; शायद मिसेज़ हाकिमचन्द बारजे पर भागी आयी थीं और चन्द्रा उनसे अपनी सफ़ाई दे रही थी कि जँगला टूट गया और गिगलू गिर गया....पर चेतन ने वह सब नहीं सुना। उसने पलक झपकते, गिगलू को सीधा किया। उसका माथा नाली के कोने से बेतरह फट गया था; गहरा घाव आ गया था और ख़ून बेतहाशा बह रहा था। चेतन ने उठा कर उसे कन्धे से लगाया और ला कर अपने पलँग पर लिटा दिया। चेतन की कमीज़, कनपटी और गाल पर ख़ून के दाग़ लग गये, पर उसे पोंछने का होश नहीं रहा। बीबी जी इस बीच भागती हुई नीचे आ गयी थीं। चन्द्रा भी हाथ मसोसती आ कर खड़ी हो गयी थी। गिगलू के माथे का घाव देख कर, चन्द्रा को कोसती हुईं, बीबी जी उसके सिर को गोद में ले कर बैठ गयी थीं और रोने लगी थीं कि कोई जा कर 'उन्हें' ख़बर दे....

"लाला जी को ख़बर हो जायेगी," चेतन ने कहा था, "आप पहले डॉक्टर को

बुलवाइए।"

"सुक्खू तेजभान के घर गया हुआ है," बीबी जी ने लगभग चेतन की मिन्नत करते हुए कहा था, "आप ही भाग कर जाइए और छोटे शिमले के हस्पताल से डॉक्टर त्रिलोकचन्द को भेजिए और लाला जी को भी ख़बर कर दीजिए। आज तो शनिवार है, उन्हें इस वक्त तक आ जाना चाहिए था; कहीं उधर-के-उधर, माल की तरफ़ न निकल जायें।"

"हस्पताल छोटे शिमले में कहाँ है ?" चेतन ने पूछा था।

"मशहूर जगह है। ऊपर पहाड़ी पर है। वहीं डॉक्टर रहता है। आप किसी से पूछ लीजिएगा।"

और चेतन वैसे ही भाग गया था — 'केनमोर एस्टेट' से छोटे शिमले तक वह लगातार भागता चला गया था। बाज़ार की चढ़ाई पर, हालाँकि उसकी रफ़्तार कुछ धीमी हुई, पर वह तब भी दौड़ता ही रहा था। अपनी कनपटी पर त्वचा में उसे कुछ खिंचाव महसूस हुआ। तब उसे ख़याल आया कि वहाँ ख़ून जम गया है, जिससे खिंचाव पैदा हो गया है और उसने उँगलियों से उस जगह को मसल दिया। लेकिन वह रुका नहीं, बढ़ा चला गया। बाज़ार ही से उसने हस्पताल का पता पूछा और सड़क से जाने का ख़याल छोड़, पगडण्डी के छोटे रास्ते से चढ़ता चला गया। (अब तो छोटे शिमले का हस्पताल नीचे बन गया है, पर तब वह काफ़ी ऊँचाई पर था।) भाग कर उस ऊँचाई पर चढ़ना कठिन था, लेकिन चेतन ने गति मन्द नहीं की। तेज़-तेज़ वह पगडण्डी से चढ़ता चला गया था। कहीं वह हाथों का सहारा लेता, कहीं रास्ते के पेड़ों का। पर वह क्षण भर को भी नहीं रुका। उसकी साँस फूलने लगी थी; कमीज़ पसीने से ग़च हो गयी थी; पिंडलियाँ दुखने लगी थीं; लेकिन वह बिना साँस लिये, हस्पताल पहुँच गया।

डॉक्टर त्रिलोकचन्द, अपनी लम्बी-तगड़ी, भारी-भरकम देह लिये, हस्पताल के बरामदे में एक आराम-कुर्सी पर पड़े, ऊँघ रहे थे। दूर से चेतन को वे कोट पश्का के अपने डॉक्टर जीवाराम ऐसे लगे थे — उतने ही लम्बे-तगड़े, उतने ही मोटे, वैसे ही भरे-भरे गाल, सिर्फ़ उनके मूँछें नहीं थीं। लेकिन उनकी पगड़ी उतनी ही बड़ी थी, जो उस वक्त आराम-कुर्सी के पास तिपाई पर पड़ी थी। उन्होंने ग्रे रंग का सूट पहन रखा था, जो काफ़ी ढीला-ढाला था....जाने क्यों, छोटे शिमले के हस्पताल में वह किसी चालीस पैंतालीस वर्ष के, लगभग लाला हाकिमचन्द जैसे, चाक-चौबन्द डॉक्टर की कल्पना किये हुए था, इसलिए उन्हें डॉक्टर मानने को उसका मन तैयार न हुआ — 'डॉक्टर शायद अपने बँगले में आराम कर रहा है; यह कम्पाउण्डर है, जो बरामदे में पड़ा ऊँघ रहा है,' उसने मन-ही-मन कहा और उनके बिलकुल निकट जा कर पूछा — "डॉक्टर त्रिलोकचन्द जी किधर हैं ?"

डॉक्टर साहब हड़बड़ा कर उठे। पगड़ी तिपाई से उठा कर सिर पर रखते, आँखें झपकाते और अँगड़ाई लेने का प्रयास करते हुए, उन्होंने पूछा — "कहिए।"

"लाला हाकिमचन्द का बड़ा लड़का गिगलू, बाल्कनी से नीचे गिर गया है; उसका सिर फट गया है; वह बेहोश पड़ा है; मैं डॉक्टर साहब को लेने आया हूँ।"

ज़ोर-ज़ोर से साँस लेने के बावजूद चेतन बिना रुके, यह सब कह गया।

डॉक्टर साहब के हाथ, अँगड़ाई के आलम में छत को छूने ही वाले थे, पर चेतन की बात सुन कर उन्होंने पूरी अँगड़ाई नहीं ली — "मैं अभी चलता हूँ" — यह कहते हुए, वे पीछे को मुड़ कर अन्दर कमरे में चले गये और कुछ क्षण बाद दवाइयों का बक्स लिये, बाहर निकले और बरामदे की सीढ़ियाँ उतर, चेतन के आगे-आगे हो लिये। अपने भारी-भरकम शरीर को फिसलने या लुढ़कने से बचाते हुए डॉक्टर त्रिलोकचन्द, लम्बे रास्ते से जाने के बदले, पगडण्डी के उसी छोटे रास्ते से, यथासम्भव तेज़-तेज़ उतर रहे थे और चेतन को लग रहा था जैसे पहाड़ की उस ढलान पर कोई दूसरा पहाड़ धीरे-धीरे खिसक रहा है। तब वह उनकी बग़ल से निकलता हुआ, नीचे तक भागता चला गया और उसने अड्डे से रिक्शा तय किया। लाला जी को ख़बर देना वह यकसर भूल गया। डॉक्टर साहब आये तो उन्हें रिक्शे पर बैठा कर, वह रिक्शे के साथ-साथ भागने लगा।

"कहाँ से गिर गया ?" डॉक्टर साहब ने रिक्शे में अच्छी तरह बैठ कर पूछा।

"जी मैंने कहा न, बच्चे पिछली बाल्कनी में खेल रहे थे, शायद बाल्कनी या पुल का जँगला टूट गया; मैंने देखा नहीं; बच्चे को नीचे अपने कमरे में लिटा कर भागा आया हूँ।"

"कहाँ चोट आयी है ?"

"माथे पर गहरा घाव आया है, बेहोश पड़ा है।"

"लात-बाँह तो नहीं टूटी ?"

"ख़याल तो नहीं। सिर्फ़ माथा फट गया है। आप चल कर देख लीजिए।"

और डॉक्टर साहब ने रिक्शे वाले को कुछ और तेज़ चलने के लिए कहा।

चेतन लाला हाकिमचन्द को ख़बर देना एकदम भूल गया था, लेकिन वे उसे 'केनमोर एस्टेट' से दो-तीन फ़र्लांग इधर ही, अपने क्लर्कों के झुरमुट में, सारी सड़क को घेरे, हँसते, ठहाके लगाते हुए, मिल गये। रिक्शे वालों ने घण्टी बजायी तब रास्ता देते हुए, उन्होंने पलट कर डॉक्टर को रिक्शा में बैठे और चेतन को, कनपटी और कमीज़ पर ख़ून के दाग़ लिये, साथ-साथ भागते देखा तो घबरा कर पूछा — "क्या हुआ ?"

बिना रुके चेतन ने उन्हें बताया कि गिगलू, पिछली बाल्कनी से गिर गया है।....और तेजभान, प्रेमनाथ, राजकिशोर, झण्डालाल और कसुम्पटी में रहने वाले दूसरे क्लर्क, उसके पीछे भागने लगे। लाला हाकिमचन्द और उनके असिस्टेण्ट सुपरिण्टेण्डेण्ट, महाशय रामजवाया, जो उमर में उनसे दस वर्ष बड़े थे, नहीं भागे, लेकिन पैर उन्होंने भी बढ़ा लिये।

o

इस दुर्घटना के सम्बन्ध में दो बातें थीं, जो चेतन के मन पर अंकित थीं और उसे बेतरह खल रही थीं।....रिक्शा के साथ भागता हुआ, वह सब से पहले पहुँच गया था। जब डॉक्टर ने कहा था कि बोरिक का पानी चाहिए और बक्स से निकाल कर बोरिक की पुड़िया उसे दी थी तो बीबी जी ने कहा कि पानी की केतली कब से आग पर रखी है और वे स्वयं उठने लगी थीं; लेकिन गिगलू ने, जो होश में आ गया था और दर्द से बेतरह कराह रहा था, रोना शुरू कर दिया कि वे न उठें। तब चेतन ने उन्हें गिगलू के पास बैठने के लिए कहा। बोरिक की पुड़िया ले कर वह ऊपर भाग गया था और जैसे पलक झपकते, बोरिक

का पानी ले आया था....चेतन को सारे ब्योरे याद नहीं थे, बस इतना याद था कि वह गिगलू के सिरहाने, दोनों हाथों में तौलिये पर बोरिक के पानी का गर्म कटोरा लिये, झुका खड़ा था और डॉक्टर उसमें से रूई डुबो कर गिगलू का घाव धो रहे थे कि लाला जी तेज़-तेज़, अपने पीछे-पीछे रामजवाया को लिये, दाख़िल हुए थे। दोनों का मुँह लाल था और साँस फूली हुई थी। डॉक्टर साहब ने कहा कि सिर्फ़ माथे पर गहरा घाव आया है और तसल्ली दी कि बाकी सब ठीक है, वे घबरायें नहीं। तभी लाला ली की निगाह चेतन पर गयी थी —उसकी कमीज़ और कनपटी पर लगे ख़ून के दाग़ों को उन्होंने टेढ़ी नज़र से देखा था। आगे बढ़ कर उन्होंने उससे कटोरा माँगते और उसे सरगोशी में लगभग डाँटते हुए कहा था —"जाइए, मुँह से ख़ून धो डालिए और कपड़े बदल लीजिए!"

उनके स्वर में कुछ ऐसी सख़्ती थी कि चेतन का रंग लाल हो गया था। उसे तो इस सब भाग-दौड़ में अपना भी होश न रहा था और उनके स्वर में कुछ ऐसा आक्रोश और अभियोग था, जैसे वह जान-बूझ कर उन ख़ून के धब्बों का प्रदर्शन कर रहा हो। उन्हें कटोरा थमा कर, लज्जा से उतरा मुँह लिये, वह पीछे हट गया था। बाथ-रूम में जा कर उसने साबुन से मुँह अच्छी तरह धो डाला था। कमीज़ तो वह बदल न सकता था, क्योंकि नयी कमीज़ ट्रंक में थी और उसका कमरा लाला जी के क्लर्कों से भरा था। वह चुपचाप साथ के कमरे में चला गया और उसी कुर्सी पर जा बैठा था, जहाँ बैठ कर वह चन्द्रा को पढ़ाता था। उसके कमरे में क्या हो रहा है, इसकी चेतन ने ज़रा भी चिन्ता नहीं की —उसकी जाँघें, उसकी पिंडलियाँ, उसके टख़ने, नाख़ून तक दर्द कर रहे थे। वह भागता गया और भागता आया था और उसे धन्यवाद देने अथवा प्यार से उसकी पीठ थपथपाने के बदले, उन्हें केवल यही आदेश देना याद रहा कि वह अपने चेहरे और कमीज़ से ख़ून के दाग़ धो डाले —'स्साला सुपरिण्टेण्डेण्ट का' —चेतन मन-ही-मन बुदबुदाया और उस वक्त तक अपने कमरे में नहीं गया, जब तक ड्रेसिंग के बाद वे लोग गिगलू को ऊपर उठा कर नहीं ले गये....उसकी चादर पर ख़ून का एक बड़ा-सा धब्बा बन गया था। क्रोध से चादर उठा कर, वह बाथ-रूम में गया था। उसने अपनी कमीज़ और चादर धो डाली थी और कपड़े बदल लिये थे।....अपने मन के सन्ताप को दूर करने के लिए वह शिमला जाने की सोच रहा था कि उसे ऊपर लाला जी की गरज सुनायी दी —वे निहायत गन्दी गालियाँ देते हुए, चन्द्रा को धुन रहे थे। बाद में सुक्खू से उसे मालूम हुआ था कि जब लाला जी के क्लर्क चले गये थे और उन्होंने पूछा था कि गिगलू गिरा कैसे, तो पिगलू ने चन्द्रा की शिकायत कर दी थी कि उसने उसे धक्का दे कर गिरा दिया। उन्होंने उसे इतना पीटा था कि वह भी गिगलू के साथ चारपाई पर जा पड़ी थी और तीन दिन तक बुख़ार के कारण पढ़ने न आयी थी....

०

लाला हाकिमचन्द की क्रूरता के सम्बन्ध में दूसरी घटना अभी एक ही सप्ताह पहले हुई थी।

०

....चेतन की पतलून का गैलिस टूट गया था। आज तो फ़ैशनेबल लोग पतलून के साथ पेटी पहनना भी गवारा नहीं करते, पर तब गैलिस का रिवाज था। पतलूनें कमर से ख़ासी

खुली रहती थीं। गैलिस के बिना चेतन के लिए पतलून पहनना कठिन था। महीना पूरा न हुआ था और उसे अपने वेतन के पैसे न मिले थे। चेतन नहीं चाहता था कि वह लाला जी से पैसे माँगे अथवा उन्हें गैलिस ला देने को कहे, क्योंकि उसे लगता था कि अपने तमाम ठस्से के बावजूद, रुपये-पैसों के मामले में, वे कविराज रामदास से भिन्न नहीं हैं।

....आठ-दस दिन पहले, वह सुबह निक्कर-कमीज़ पहने, जाकू राउण्ड से लौटा था और बादल घिर आये थे कि लाला जी दफ़्तर को जाते हुए हँस कर बोले थे, "मास्टर जी, स्वेटर पहन कर जाया कीजिए, कहीं सर्दी-वर्दी खा गये तो लेने-के-देने पड़ जायेंगे।"

चेतन के पास स्वेटर नहीं था। उसने केवल यह बहाना बनाया था कि वह लाहौर से स्वेटर साथ लाना भूल गया है। तब उन्होंने कहा था कि शाम को तैयार रहिएगा, लोअर माल चलेंगे और आपको स्वेटर ख़रीद देंगे।

चेतन उनके साथ जाना न चाहता था। गिगलू वाली दुर्घटना के बाद उसके मन में उनके प्रति कुछ अव्यक्त, अनाम-सी घृणा आ बसी थी।....चन्द्रा को पीटने के बाद वे स्वयं रात भर सो न पाये थे, सख़्त सिर-दर्द से पड़े रहे थे और जब तक चन्द्रा स्वस्थ नहीं हो गयी, उसके सिरहाने बैठे रहे थे। उन्होंने उसे बेहद प्यार किया था, अपने क्रोध के लिए क्षमा माँग ली थी, और उसके स्वस्थ होते ही उसे ले कर बाज़ार गये थे। चन्द्रा को उन्होंने नयी साड़ी ख़रीद दी थी और आते-जाते चेतन से भी हँस-हँस कर बातें करते रहे थे, पर उसने उन्हें क्षमा न किया था। उनके लाख कहने पर भी वह ऊपर खाना खाने न गया था, उनके साथ कैरम अथवा रमी न खेला था....लेकिन जब शाम को दफ़्तर से वापस आ कर, लाला जी ने उसे साथ चलने को कहा तो वह इनकार न कर सका था।

गिगलू का घाव अभी ठीक न हुआ था। उसमें पस पड़ गयी थी। डॉक्टर (चेतन की नज़र में वह कम्पाउण्डर होने के योग्य भी न था।) रोज़ रूमाल की पट्टी बना कर, उससे बोरिक के पानी का सेंक करता और बत्ती देता था। इसलिए लाला जी घर में से किसी को साथ न ले गये थे। तेजभान और प्रेमनाथ को उन्होंने साथ ले लिया था और लोअर माल की एक दुकान से चेतन को आठ रुपये का स्वेटर ले दिया था। बीस रुपये वेतन में से (जो कि गारण्टी के रुपयों की काट के बाद उसे मिलने थे) आठ रुपये महज़ स्वेटर पर ख़र्च कर देना, चेतन को बेतरह अखरा था; पर जब लाला जी ने वही स्वेटर उसके लिए चुना तो वह कुछ भी न कह सका था....

....और अब उसका गैलिस टूट गया।....वह जानता था, लाला जी से कहेगा तो वे उसे मँहगा गैलिस ले देंगे इसलिए वह चाहता था, उसे पैसे मिल जायें और वह ख़ुद सस्ता गैलिस ख़रीद ले। लेकिन महीना पूरा न हुआ था और बिना गैलिस के पतलून लटक जाती थी और चेतन को डर था कि वह पायँचों से फट जायेगी; इसलिए उसने एक सुबह, झिझकते-झिझकते, गैलिस टूटने की बात लाला जी से कह दी थी। लाला जी ने कहा था कि शाम को लोअर बाज़ार जायेंगे तो ले देंगे।

"आप क्यों तकलीफ़ करेंगे," चेतन ने झिझकते हुए कहा था, "मुझे कुछ रुपये एडवान्स कर दें तो मैं ख़ुद ले आऊँगा।"

"अजी मास्टर साहब, इसमें तकलीफ़ क्या है," लाला जी हँसे थे, "गिगलू की

तबियत अब ठीक हो गयी है। इतने दिन से वह घर में बन्द है। शाम को बाज़ार चलेंगे, बच्चों को घुमा-फिरा भी लायेंगे और आपको गैलिस भी ख़रीद देंगे।"

और चेतन ज़्यादा हुज्जत न कर सका था....जब वे शाम को दफ़्तर से आये और उन्होंने सब को तैयार होने के लिए कहा तो वह भी चुपचाप तैयार हो गया था....

o

चेतन को वास्तव में लाला जी के साथ जाने में बड़ी उलझन होती थी। वे अपने मित्रों या क्लर्कों के साथ होते तो उनसे बातें करते हुए, आगे-आगे चलते और चेतन पीछे घिसटता चला जाता —सामने से आने वाले किसी नये परिचित को वे अपने साथियों का परिचय देते; चेतन भी साथ है, यह बात बिलकुल भूल जाते; फिर जब उनके मित्र की अथवा ख़ुद उनकी नज़र उस पर पड़ती तो कल्ले चियार कर कहते —'ये हमारी चन्द्रा के ट्यूटर हैं।' —चेतन सूट-बूट में लैस, गले में टूटल टाई बाँधे, सिर पर किंचित टेढ़ी फ़ेल्ट सजाये होता —लाला जी के मित्र क्षण भर को उसे हैरत से देखते। उस क्षण के बोझ को हल्का करने के लिए चेतन, झट हाथ जोड़ कर 'नमस्ते' कर देता।....एक बार ऐसे ही अवसर पर, लाला जी के ज़रा आगे निकल जाने के बाद, उनके किसी मित्र अथवा क्लर्क ने (चेतन सब को नहीं पहचानता था) सरगोशी में दूसरे से कहा था —'लाला हाकिमचन्द ने ट्यूटर रखा है या दामाद!' —चेतन के कान में उस फब्ती की भनक पड़ गयी थी और यद्यपि उसे इस बात पर गर्व हुआ था कि रंग-रूप, चाल-ढाल और पहरावे में वह उनसे किसी तरह कम नहीं और महाशय अथवा पण्डित टाइप के, चन्द्रा के पहले, यतीम-सूरत ट्यूटरों की अपेक्षा कहीं अप-टू-डेट, सभ्य और सुशिक्षित दिखायी देता है, पर उन टुच्चे क्लर्कों की संगति में, लाला जी के साथ जाना उसे खलता था।....

वे अपने परिवार के साथ होते तो 'केनमोर एस्टेट' से खुली सड़क पर आते ही सभी एक पंक्ति में हो जाते —लाला जी बीच में चलते; उनकी एक तरफ़ बीबी जी और दूसरी तरफ़ चन्द्रा होती। पिगलू माँ की उँगली थाम लेता और गिगलू बहन की। चेतन इस पंक्ति में अपनी जगह निश्चित न कर पाता। पिगलू उसे पसन्द न करता था, न चेतन ही को वह पसन्द था। वह निहायत सिर-चढ़ा, बदतमीज़ बच्चा था। एक-दो बार चेतन ने पंक्ति में उसके साथ हो कर, उसकी उँगली थामने का प्रयास किया था, पर उसने हर बार उसका हाथ झटक दिया था। गिगलू चेतन को बहुत भोला, सभ्य और सुसंस्कृत लगता था, लेकिन चन्द्रा के इतने निकट चलने में चेतन को झिझक होती। डर लगता। इसलिए वह उस पंक्ति के ज़रा पीछे चलता....

माल पर भीड़ बढ़ जाती तो लाला जी और उनकी पत्नी आगे हो जाते; उनके पीछे, बीच में चन्द्रा और उसके दायें-बायें गिगलू-पिगलू और उन सब के पीछे चेतन।....उसे अपनी स्थिति कुछ अजीब-सी लगती —पाँच उँगलियों के साथ लटकती-सी, छठी उँगली-जैसी —वह चाहता तो गिगलू की उँगली थाम कर, उस पंक्ति में शामिल हो सकता था, पर वह उनसे खुलना न चाहता था —उसे न चन्द्रा की आँखों पर विश्वास था, न उसके हाथों पर, इसलिए वह ऐसे चलता कि न उनके साथ ही लगे, न उनके बहुत पीछे। गिगलू अपने उसी भोले अन्दाज़ में रास्ता चलते-चलते चन्द्रा से कोई प्रश्न पूछ बैठता और बहन के उत्तर से सन्तोष न पा कर, मुड़ कर, चेतन से पूछता। वह एक पग बढ़ा कर उसकी

जिज्ञासा शान्त कर देता और फिर उतने ही अन्तर पर चलने लगता। आगे से कोई परिचित मिल जाता तो लाला जी अपने बीवी-बच्चों का परिचय दे कर, चन्द्रा के 'मास्टरजी' का परिचय देते। मित्र कभी चन्द्रा की ओर देखता, कभी 'मास्टर जी' की ओर। चेतन को फिर उसी उलझन का सामना करना पड़ता....

०

लाला जी ने लोअर माल से उसे गैलिस ख़रीद दिया था। गिगलू को बैगाटिल, पिगलू को टॉफ़ी और चन्द्रा को कानों के झूमर ख़रीद दिये थे। तब वे उन सब को लोअर माल ही की एक दुकान पर, चाट खिलाने ले गये थे।

१४ नम्बर की सीढ़ियों के बाद प्राचीन वस्तुओं (क्यूरिओज़) की दुकान के बराबर, लाला जी के परिवार की एक प्रिय चाट की दुकान थी —बाहर चाट और चाय का प्रबन्ध था और दुकान के अन्दर, अपेक्षाकृत अँधेरे और उमस में, गद्देदार बेंचें और मेज़ें रखी थीं। लाला जी जब भी अपने परिवार के साथ लोअर माल आते, इस दुकान पर चाट ज़रूर खाते।....

जाने क्यों, चेतन को चाट से सख़्त नफ़रत थी। कभी लड़कपन में, रोज़ स्कूल से वापसी पर, चौक सूदाँ के चाट वाले की दुकान पर अनन्त को बिला नाग़ा चाट खाते देख कर, उसके मन में चाट खाने की प्रबल इच्छा हुई थी और जब पिता से उसे पैसे मिले थे तो उसने एक-एक कर, सब तरह की चाट जी भर खा कर देख ली थी —गोल-गप्पे; खट्टे वाले लड्डू; इमली की चटनी वाले करारे पापड़; ज़मींकन्द; समोसे; आलू की टिकिया; दही-बड़े; मूँग की पकौड़ियाँ; आलू का रायता; खट्टे[१] वाले आलू; शकरकन्द और कचालू....लेकिन उसने सदा पाया था कि चाट उसको माफ़िक नहीं आती, उसका पेट ख़राब हो जाता। उसके साथी खट्टे वाले कचालू बड़े मज़े से खाते, पर जाने क्यों चेतन को कचालू कभी अच्छे न लगे थे —अजीब-सा लेसदार ज़ायका उसकी जीभ पर रह जाता। एक ही बार खा कर, उसने कभी उन्हें मुँह न लगाया था। जब उसका बहुत मन होता तो खट्टे वाले आलू या शकरकन्द खाता अथवा कभी मित्रों का साथ देना होता तो मूँग की पकौड़ियाँ या आलू का रायता....और उन दिनों उसने अतनी चाट खायी थी कि उसका मन सदा के लिए भर गया था।....उसके पिता की यह आदत थी कि उनके लड़के किसी चीज़ के लिए इच्छा प्रकट करते और उनका हाथ कुछ खुला होता तो वे इतनी मात्रा में चीज़ ले आते अथवा उन्हें खिला देते कि उनकी तबियत और नीयत दोनों भर जातीं....चेतन कुछ बड़ा हुआ और कविता-अविता लिखने लगा तो उसे चाट खाने से नफ़रत हो गयी —दही अथवा खट्टी-मीठी इमली की चटनी में उँगलियाँ लथेड़े, चाट खा कर पत्ते वहीं फ़र्श पर फेंकते हुए लोगों को देख कर जाने उसकी सुरुचि को कहाँ धक्का लगता।....लेकिन चाट पंजाबियों का — दुकानदारों और नौकरपेशा लोगों का — मन-भाता खाजा है। वे दही-बड़ों, कुलचों-भटूरों, छोलों, सिंघाड़ों और आलू की टिकियों, पपड़ियों और गोल-गप्पों पर ऐसे टूटते हैं, जैसे वे कोई नेमतें हो....मिर्च-मसाले, खट्टी-मीठी चटनी....जाने चेतन के मन की किस सात्विक वृत्ति को ठेस लगती और वह चाट न खा

१. पंजाब में नींबू का-सा एक फल होता है, जिसे खट्टा कहते हैं। नींबू से ज़्यादा खट्टा होता है और चाट ही में इस्तेमाल होता है।

पाता....

अन्दर जा कर गद्देदार बेंचों पर बैठते ही जब लाला जी ने पूछा कि क्या खायेंगे, तो सब ने एक स्वर से पहले गोल-गप्पे खाने की इच्छा प्रकट की। चेतन टाल गया कि गोल-गप्पों के पानी से उसका गला ख़राब हो जाता है। जी भर गोल-गप्पे खाने के बाद, गिगलू-पिगलू ने आलू की टिकियाँ माँगीं, बीबी जी ने पपड़ियाँ और चन्द्रा ने दही बड़े। जब लाला जी ने ज़्यादा ज़ोर दिया तो चेतन ने कहा कि चाट उसको माफ़िक नहीं आती।....तीन मील चल कर आने और लोअर बाज़ार घूमने के बाद चेतन को भूख लग आयी थी, लेकिन उसने एक बार इनकार कर दिया तो फिर चाट नहीं खायी। उसका मन हुआ कहे — "अच्छा, मैं भी आलू का रायता ले लेता हूँ,' उसके मुँह में पानी भी भर आया। पर अपार संयम से, वह उन्हें प्लेट-पर-प्लेट साफ़ करते देखता और अपने आपको उनसे कहीं ऊँचा समझता हुआ, चुपचाप बैठा रहा। तभी लाला जी ने अपने लिए आलू की टिकियाँ मँगायीं। प्लेट में खट्टी-मीठी चटनी और प्याज़ के कतलों से तर, आलू की गर्म-गर्म टिकियाँ देखते ही लाला जी की आँखों में चमक आ गयी और वे अपनी अफ़सरी को भूल, उन पर टूट पड़े।

तभी एक ऐसी घटना हो गयी कि लाला जी प्लेट छोड़ कर उठ खड़े हुए।

बीबी जी ने दही बड़े खा कर समोसे मँगाये थे। जाने कैसे एक समोसा प्लेट से गिर गया। उन्होंने उसे उठा कर फिर प्लेट में रख लिया और खाने लगीं। तब लाला जी ने प्लेट उनके सामने से खींच ली और ज़ोर से आवाज़ दी — "बॉय।"

लड़का भागा आया।

"ये समोसे बाहर फेंक दो और दो समोसे और ले आओ।"

बीबी जी स्तब्ध रह गयीं। लाला जी ने आग्नेय दृष्टि से अपनी पत्नी की ओर देखा और अपनी प्लेट छोड़ कर उठ खड़े हुए।

बीबी जी भी उठीं। "अब और नहीं खायेंगे।" उन्होंने खिन्नता से कुछ हँसने का प्रयास करते हुए कहा।

लेकिन लाला जी गरजे, "नहीं, खा कर उठो।" और उन्होंने ब्वॉय को आदेश दिया कि समोसे रखे।

जाने कैसा आतंक और सहम सब पर छा गया। लाला जी वापस आये और बिना एक भी शब्द बोले, अपनी प्लेट पर झुक गये। उन चन्द क्षणों में किसी ने कोई बात नहीं की। बीबी जी आँखें नीचे किये, ज़हर की तरह समोसे खाती रहीं। वह तनाव चेतन के लिए असह्य हो गया। "मैं ज़रा बाहर खड़ा होता हूँ," कहता हुआ वह बाज़ार में आ गया।

लाला जी ने अपनी प्लेट ख़त्म की। उठे। दुकानदार को बिल दिया और वापस छोटे शिमले को चल दिये। रास्ते भर, एक बार उन्होंने पीछे मुड़ कर नहीं देखा; एक क्षण को नहीं रुके कि उनके बीवी-बच्चे उनके साथ आ मिलें। तेज़-तेज़ लुढ़कते गये। वे सब उनके पीछे भागते-से चले आये थे। घर पहुँचते ही लाला जी धम-धम सीढ़ियाँ चढ़ गये। चेतन अपना कमरा खोल कर कपड़े बदलने लगा था कि उसने ऊपर लाला जी के चिल्लाने, गन्दी अश्लील गालियाँ देने और अपनी बीबी को पीटने की आवाज़ सुनी....'तुमने (गाली)

नीचे गिरा हुआ (गाली) समोसा उठा कर प्लेट में रख लिया —हैं!" (थप्पड़)...."तुम (गाली) सुपरिण्टेण्डेण्ट की बीवी हो, तुम्हारे (गाली) बाप ने तुम्हें यही सिखाया है!" (मुक्का)...."देखने वाले क्या कहते होंगे कि ये लोग कैसे नदीदे, कमीने, कंजूस और भुक्खड़ हैं!" (लात)...."यह भी नहीं देखा कि तुम्हारी बेटी का ट्यूटर बैठा, तुम्हारी इस बदतहज़ीबी को देख रहा है!" (निरन्तर मुक्के और लातें)....

वे अन्धा-धुन्ध थप्पड़ों और लातों से उसे पीटते और उसे और उसके माँ-बाप को निहायत भद्दी पंजाबी गालियाँ देते रहे, तभी चेतन ने किसी के गिरने और बच्चों के चिल्लाने की इकट्ठी आवाज़ सुनी। चेतन को लगा कि जैसे चन्द्रा उनसे लिपट गयी है, क्योंकि उन्होंने अपनी गालियों, लातों, थप्पड़ों का मुँह उसकी ओर मोड़ दिया। वे उसे और उसकी माँ को बेतहाशा गालियाँ देने लगे। जाने वे कैसी कहनी-अकहनी बातें उसे और उसकी माँ को और उसके ट्यूटरों को ले कर कहते रहे, यहाँ तक कि उसने चन्द्रा के गिरने और रात की निस्तब्धता को भंग करती हुई उसकी चीख़ की आवाज सुनी....

चेतन का मन हुआ कि वह भाग कर ऊपर जाये और उन बच्चों को उस कसाई के चंगुल से छुड़ाये। लेकिन वह चुपचाप आधे कपड़े पहने और आधे उतारे, उसी तरह कुर्सी पर बैठ गया। उसने सिर्फ़ यही तय किया कि वह यहाँ नहीं रहेगा। सुबह होते ही उनसे छुट्टी ले कर चला जायेगा।....तभी चन्द्रा की चीख़ के बाद लाला जी की कड़कती आवाज़ आयी — "सुक्खू, पानी लाओ!"

'शायद चन्द्रा बेहोश हो गयी है'....चेतन का मन कुछ अजीब-सी करुणा से भर आया —'यह आदमी है या जानवर!' वह मन-ही-मन बमका।....उसके सामने अपने पिता की सूरत घूम गयी....पर वे तो उन लोगों को शराब के नशे में पीटते थे। चेतन को एक भी अवसर याद नहीं था, जब उन्होंने बे-पिये उन्हें पीटा हो....'होश-हवास में इस बेदर्दी से बीवी या बच्ची को पीटना और फिर कल्चर्ड कहाने का दम भरना.... साला सुपरिण्टेण्डेण्ट का!'....चेतन मन-ही-मन झल्लाया, 'सुपरिण्टेण्डेण्ट हो गया है तो क्या सारे घरवालों को कत्ल कर देगा!'....चेतन के मन में एक बवण्डर-सा उठा —'अच्छी नौकरी या अच्छे कपड़ों से कोई कल्चर्ड नहीं हो जाता....इस साले का दिल-दिमाग़ अभी तक टुच्चे क्लर्क का है....यह सात जनम कल्चर्ड नहीं हो सकता।'....ऐसे वहशी के यहाँ नौकरी करना....उससे सचमुच ग़लती हो गयी। भाई साहब ठीक कहते थे —हाकिमचन्द ज़ालिम आदमी है।....पर इतना ज़ालिम है, उसने यह नहीं सोचा था। वह सुबह ही छुट्टी पा कर चला जायेगा....कहीं ज़रा-सी भी चूक हो जाये....कहीं ग़लतफ़हमी हो जाये....अपनी इज़्ज़त अपने हाथ है।....

० ०

वहीं हार्डिजिया के फूलों में किनारे के पत्थर पर बैठे-बैठे चेतन के सामने दोनों घटनाएँ अपने सारे ब्योरों के साथ घूम गयीं।....यह ठीक है कि ऐसे मौकों पर लाला जी बाद में ख़ुद कई दिन सिर-दर्द से पड़े रहते थे और पश्चात्ताप-स्वरूप अपने बीवी-बच्चों से अतिरिक्त प्यार जताते थे, पर जब उन्हें क्रोध आता था तो वे एकदम अन्धे हो जाते थे।....और चेतन ने ऐसे ज़ालिम की बेटी को थप्पड़ जड़ दिया था....'अगर चन्द्रा ने या बीबी जी ने उनसे शिकायत कर दी ?'....चालीस रुपये महीना पाने वाला, टुटपूँजिया ट्यूटर

उनकी लाडली बेटी को पीटे....उनका ख़ून खौल उठेगा....

चेतन का दम फिर घुटने लगा। वह उठा और ऊपर को चल दिया।

लेकिन उसने सोचा कि वे उसे गाली देने या हाथ लगाने का साहस नहीं कर सकते। —'मुझे उन्होंने गाली दी या ग़ुझ पर हाथ उठाया,' उसने मन-ही-मन तय किया, 'तो मैं उन्हें डाँट दूँगा कि आप सुपरिण्टेण्डेण्ट होंगे तो अपने घर या दफ़्तर के होंगे। मैं न आपका क्लर्क हूँ, न ज़र-ख़रीद ग़ुलाम। आप यह ट्यूशन अपने पास रखिए और अपनी नालायक लड़की के लिए कोई दूसरा ट्यूटर ढूँढ लीजिए।'....

इस निश्चय ही से चेतन का चेहरा तमतमा गया। उसने चाहा कि लाला जी आ जायें तो वह अभी उनसे दो-दो बातें कर ले।

'उनकी मजाल नहीं कि मुझ पर हाथ उठा सकें,' उसने मन-ही-मन अपने आपको आश्वस्त किया, 'हो सकता है, वे डाँटें या बमकें, पर मैं यह ट्यूशन रखूँगा ही नहीं। उनसे कहूँगा —मैंने एक महीना आपकी लड़की को पढ़ाया है, आप मुझे सिर्फ़ लाहौर जाने का किराया दे दीजिए। मैं भर पाया।'

कॉटेज के पास पहुँच कर उसने ऊपर की सुन-गुन ली। वहाँ एकदम सन्नाटा था। तभी उसे सुक्खू सीढ़ियों से उतरता दिखायी दिया।

"सुक्खू, बीबी जी कहाँ हैं ?" उसने पूछा।

"वे तो लंच के बाद ही गिगलू को ले कर लाला प्रेमनाथ के घर चली गयी थीं।"

चेतन की जान-में-जान आयी।

"चन्द्रा क्या कर रही है ?" उसने पूछा।

"छोटी बीबी की तबियत ठीक नहीं। वह लेटी है।"

(चेतन को ख़ुशी हुइ, सुक्खू उसे 'छोटी बीबी' कहने लगा है। उसे उसका 'चन्द्रा-चन्द्रा' कहना पसन्द न था, और उसने एक बार यूँ ही कहा था कि नौकर बेहद बदतमीज़ है, उसे तुम्हें आदर से 'छोटी बीबी' कहना चाहिए।)

"क्या हुआ उसे ?" चेतन ने कहा, "तुम से कुछ कहा ?"

"जी नहीं।"

'तो अभी चन्द्रा ने किसी से कुछ नहीं कहा।' चेतन ने सोचा, 'हो सकता है, बीबी जी या लाला जी आयें और उसकी तबियत की ख़राबी के बारे में पूछें तो चन्द्रा बताये।'....अगर वह इसी वक्त शिमला चला जाये और रात को देर से घर आये तो कम-से-कम रात भर के लिए तो लाला जी के क्रोध को टाला ही जा सकता है....और उसने सुक्खू से कहा :

"सुक्खू, देखो मैं शिमला जा रहा हूँ। मेरे एक दोस्त आज ही शिमला आये हैं, दरभंगा हाउस में ठहरे हैं, मुझे उनसे मिलना है। मैं रात को देर से आऊँगा। तुम चन्द्रा से और बीबी जी से कह देना। खाना शायद मैं वहीं खा लूँ। तो भी खाना तुम मेरे कमरे में रख देना, चिन्ता न करना।"

और छड़ी उठा, किवाड़ यूँ ही भिड़ा कर, वह बाहर निकल गया।

पाँच

'केनमोर एस्टेट' की सड़क पर आ कर चेतन ने सुख की लम्बी साँस ली। उस आसन्न संकट को, जो उसने आवेश में चन्द्रा के गाल पर थप्पड़ मार कर पैदा कर लिया था, चेतन ने कम-से-कम रात तक टाल दिया।

लेकिन वह जाये कहाँ, यह बात उसकी समझ में न आयी। जाकू राउण्ड वह सुबह ही लगा आया था। दोबारा छै मील का चक्कर लगाना उसके लिए मुश्किल था। रही माल, तो अभी तीन-साढ़े तीन बजे थे। जून के निरभ्र आकाश की धूप पूरी तेज़ी से चमक रही थी। 'माल पर इस समय क्या रौनक होगी ?' उसने सोचा, 'उसकी दुनिया तो छै बजे के बाद आबाद होती है।'....और फिर माल की रौनक देखने को उसका मन न था। वह चाहता था, ऐसे मित्र का साहचर्य, जिसकी संगति में वह आने वाली मुसीबत को भूला रहे।

....सब से पहले उसे नारायण की याद आयी —उसका पतला-दुबला, शीतला के हल्के धब्बों वाला चेहरा, ऐनक के मोटे शीशों से झाँकती हुई उसकी छोटी-छोटी आँखें, छिदरी मूँछें —उसकी कल्पना के सम्मुख साकार हो उठीं —पिछले वर्ष, कितनी शामें चेतन ने उसके साथ गुज़ारी थीं। कितनी परेशानियों में नारायण ने उसे धीरज बँधाया था और उसका मन लगाया था। लेकिन वह इस वर्ष शिमला में नहीं था। वहाँ पहुँचते ही, दूसरी शाम चेतन गंज रोड, लोअर बाज़ार के उस कमरे में गया था, जहाँ नारायण रहता था और उसे मालूम हुआ था कि नारायण की बदली हो गयी है और वह शिमला से चला गया है।

फिर चेतन को कविराज रामदास की याद आयी। लेकिन उनके यहाँ जाने को उसका मन न हुआ। पन्द्रह-बीस दिन पहले, वह एक शाम लाला जी के परिवार के साथ, माल पर जा रहा था कि वे आगे से आते मिल गये थे और चेतन को उनकी आँखों में कुछ अजीब-सा विरोध-भाव दिखायी दिया था।....कविराज इस बार मई के दूसरे सप्ताह ही शिमला आ गये थे और उन्होंने माल पर अपना दफ़्तर लिया था। दो-तीन बार माल पर से गुज़रते हुए, चेतन उनका बोर्ड पढ़ चुका था, पर वह ऊपर न गया था। वह चाहता था कि कविराज उसे कहीं माल पर ही आते-आते मिल जायें तो वह उन्हें बताये कि उनकी सहायता के बिना भी वह इस बार शिमला आ गया है; उन्होंने उसे जो सुविधाएँ दी थीं, उनकी अपेक्षा कहीं बेहतर सुविधाएँ पा कर आया है और गत वर्ष वह चाहे सेहत बना कर नहीं जा सका, पर इस वर्ष ज़रूर सेहत बना कर जायेगा। वह तो यह भी चाहता था कि उन्हें किसी तरह 'केनमोर कॉटिज' ला कर, अपना खुला, रोशन और मेज़-कुर्सी तथा पलँग से सुसज्जित, अटैच्ड (attached) बाथ-रूम वाला कमरा दिखाये, पर यह उसे असम्भव लगता था।....छोटे शिमले को जाते-जाते चेतन के सामने कविराज से हुई उस भेंट का दृश्य घूम गया।

०

....शनि का दिन था। लाला जी स्वभावानुसार अपने परिवार के साथ लोअर माल की सैर को आये थे और चेतन को भी बरबस साथ खींच लाये थे। चेतन नया-नया आया था,

इसलिए इनकार न कर सका था। माल के शुरू ही में कविराज उन्हें आगे से आते मिल गये थे। आर्य समाजी होने के कारण, लाला जी से उनका पुराना परिचय था। बड़े तपाक से उन्होंने लाला जी से हाथ मिलाया था, बीबी जी को 'नमस्ते' की थी और चन्द्रा तथा बच्चों के गाल बारी-बारी थपथपाये थे। तभी उनकी दृष्टि चेतन पर गयी थी। पहली नज़र में वे उसे पहचान न पाये थे — कहाँ वह तहमद-पायजामे के ऊपर पुराना ओवरकोट पहने, शिमला की सड़कों पर घूमने वाला लड़का और कहाँ यह अप-टू-डेट भूषा में सुसज्जित, आत्म-विश्वास से भरा युवक....तभी लाला जी ने कहा, "आप इन्हें नहीं जानते ? — मिस्टर चेतनानन्द, बी०ए० — चन्द्रा के ट्यूटर। ये तो कहते हैं, ये पिछले वर्ष आपके साथ आये थे और इन्होंने आपके लिए कोई किताब लिखी थी।"

इस अन्तिम बात को सुन कर, (यद्यपि उनके होंटों की मुस्कान विलुप्त नहीं हुई) कविराज जी के चौड़े माथे पर, पगड़ी की नोक के नीचे, बड़े क्षीण-से तेवर बन गये। तब चेतन ने एक कदम बढ़ा कर, दोनों हाथ जोड़, उन्हें 'नमस्कार' किया था और 'नमस्ते अज़ीज़,' 'नमस्ते अज़ीज़,' कहते; अपने माथे के तेवर बरबस मिटाते और मुस्कान को मूँछों में कुछ और फैलाते हुए, उन्होंने उसका कन्धा थपथपा दिया था। लाला जी को उन्होंने विश्वास दिलाया था कि अज़ीज़ बहुत मेहनती बच्चा है, पिछले वर्ष उसका स्वास्थ्य कुछ गिर गया था, बीबी जी (कविराज-पत्नी) के ज़ोर देने पर वे उसे अपने साथ शिमला ले आये थे और बच्चों के पालन-पोषण पर एक पुस्तक लिखने में उसने उनका हाथ बटाया था....और चेतन की पीठ थपथपाते हुए, लाला जी से छुट्टी ले कर, वे आगे बढ़ गये थे....

०

यद्यपि प्रकट उन्होंने चेतन के ख़िलाफ़ एक शब्द भी न कहा था, लेकिन चेतन को उनके सारे व्यवहार में एक अव्यक्त-सा विरोध-भाव दिखायी दिया था। हो सकता है, चेतन के यहाँ ही कुछ विरोध-भाव हो और उसकी स्वाभाविक प्रतिक्रिया कविराज के व्यवहार में प्रतिबिम्बित हुई हो। तो भी चेतन को लगा कि उसे देख कर कविराज को प्रसन्नता नहीं हुई और इस वक्त, जब उसकी ट्यूशन और शिमले में उसका प्रवास ही संकट में पड़ गया था. उनके यहाँ जाना चेतन को स्वीकार न था....

तभी चेतन को प्रोफ़ेसर जी० सिंह की याद आयी। उनका सुन्दर मुख और मुस्कराते होंट उसकी आँखों के सामने घूम गये।....तेईस-चौबीस वर्ष की उमर; न बहुत लम्बा, न छोटा कद; पतला-छरहरा शरीर; गेंहुआ रंग; भीगती-सी मसें; पतले-गुलाबी होंट — मुस्कराने में भी गालों में बन जाने वाले सुन्दर गढ़े — चौड़ा, प्रशस्त ललाट; बड़ी-बड़ी हैरान-सी आँखें; सिर पर बड़े श्रम से सजी दस्तार; गले में उसी के रंग की टाई और बदन पर दस्तार और टाई से मैच करता सूट — वह पाँच नम्बर की सीढ़ियों से एक-दो बार उतरा था, पर उसे प्रोफ़ेसर सिंह का बोर्ड दिखायी नहीं दिया था। इसके अलावा, पिछले साल आर्य समाज की म्यूज़िक कॉन्फ़रेन्स में दुर्गादास के साथ रात के दस बजे भैरवी गाने में, उसकी जो दुर्गति हुई थी, उसके बाद वह कभी उनके कॉलेज न गया था....'पर अब तो उस बात को पूरा साल गुज़र गया है। क्या प्रोफ़ेसर सिंह उस घटना को अभी तक लिये बैठे होंगे ?' — उसने सोचा।....उसे उनका पता लगाना चाहिए था। अगर वे इस वर्ष भी आये हों, तो कितना अच्छा हो! चार बजे से उनका कॉलेज शुरू हो जाता है और शाम को

छै बजे वे स्वयं गाया करते हैं —ग़ालिब और इकबाल की ग़ज़लें और प्रोफ़ेसर साहब का अमृत-भरा कण्ठ और प्यारी मुस्कान....अपनी परेशानी को वह और कहाँ भुला सकता है!....

और चेतन के कदमों में तेज़ी आ गयी। छोटे शिमले के बाद वह नाक की सीध में चला आया था —न उसका मन किसी हवाघर में बैठने को हुआ, न केलुओं की छाया में बहते झरने का कल-कल नाद सुनने को, न घाटियों में झाँकने को। वह पूरी माल पार कर के, पाँच नम्बर की सीढ़ियों से उतरा और मिडल बाज़ार के उस मकान में गया, जहाँ रेस्तराँ के साथ वाले कमरे में वह पिछले वर्ष प्रोफ़ेसर सिंह से मिला था। (उस मकान के दो कमरों में रेस्तराँ था और एक में प्रोफ़ेसर सिंह का कॉलेज; लेकिन कॉलेज का बड़ा-सा जहाज़ी बोर्ड, मकान की पूरी लम्बाई को नापता-सा, बाहर लगा था।)

रेस्तराँ अभी तक वहीं था। लेकिन प्रोफ़ेसर सिंह के बोर्ड की बजाय, वहाँ रेस्तराँ का उतना ही बड़ा बोर्ड लगा था। चेतन अन्दर दाख़िल हुआ। पहले कमरे में बने हुए किचन से उठने वाली, वही घटिया घी और प्याज़ की गन्ध उसके नथुनों में भर गयी। लेकिन रेस्तराँ शायद पहले से कुछ तरक्की कर गया था, क्योंकि उस कमरे में भी, जहाँ पिछले वर्ष प्रोफ़ेसर सिंह का कॉलेज था, छोटे चौकोर मेज़ और कुर्सियाँ लगी थीं और लोग चाय पी रहे थे। सहसा चेतन की दृष्टि जस्सो पर गयी, जो एक मेज़ पर चाय की ट्रे लगा रहा था। जब चाय लगा कर जस्सो वापस आया तो चेतन गैलरी में उसे मिला। झीवर-लड़का जैसे प्रोफ़ेसर साहब से बाजा सीखा करता था, वैसे ही जस्सो तबला सीखता था और शाम की महफ़िलों में प्रोफ़ेसर साहब के साथ संगत करता था....गैलरी के अँधेरे में सहसा जस्सो ने उसे नहीं पहचाना। चेतन की वेश-भूषा एकदम साहबी थी। जस्सो ने उसे ग्राहक समझा और बोला — "आइए साहब, इधर आइए।" —और यह कहते हुए, दीवार के साथ सट कर खड़ा हो गया कि चेतन बग़ल से निकल कर कमरे में चला जाये।

"कहो जस्सो, कैसे मिज़ाज हैं ?" चेतन किंचित हँसा।

जस्सो ने क्षण भर उसे देखा और फिर बोला, "अरे बाबू जी, आप! कब आये ?"

चेतन ने संक्षेप में अपने शिमला आने का ब्योरा दिया। फिर पूछा, "प्रोफ़ेसर साहब नहीं आये ?"

"आये हैं।"

"कहाँ हैं, उनका बोर्ड तो दिखायी नहीं देता ?"

"हमारा रेस्तराँ चल निकला है। इसलिए कमरे की हमको ज़रूरत थी," जस्सो ने कहा, "प्रोफ़ेसर साहब ने लक्कड़ बाज़ार में कमरा लिया है।"

"लक्कड़ बाज़ार में! कहाँ ?"

"रिज से आप लक्कड़ बाज़ार को जायें तो बाज़ार जहाँ से शुरू होता है, वहीं ऊपर का रास्ता बाज़ार में से होता, संजौली को चला गया है; नीचे का —सनातन धर्म कॉलेज और भराड़ी को। आप नीचे वाले बाज़ार को जायें तो बायीं ओर की आख़िरी गली में एक कमरा है, वहीं प्रोफ़ेसर साहब रहते हैं।"

"उनका कॉलेज ?"

"वहीं है।"

"तुम जाते हो कि नहीं ?"

"इधर काम बढ़ गया है। वक्त नहीं मिलता। तो भी दोहर के बाद आध-एक घण्टे के लिए जाता हूँ।"

"अच्छा तो फिर मिलेंगे।"

"चाय का एक प्याला तो पी कर जाइए।"

"नहीं, फिर आयेंगे।"

और चेतन उससे हाथ मिला कर पलटा।

०

स्कैण्डल पॉयण्ट ख़ाली था। रिज के हवाघर में कुछ गोरे बच्चे खेल रहे थे; इक्का-दुक्का लोग, वाई०एम०सी०ए० और लक्कड़ बाज़ार की तरफ़ आ-जा रहे थे। बायीं ओर चीनी रेंज की पहाड़ियाँ, गहरे ग़ुबार में लिपटी थीं। उनके हिम-मण्डित शिखरों पर धुन्ध छायी थी। तेज़-तेज़ चलते हुए चेतन ने एक उचटती-सी निगाह उधर डाली। पर वह रुका नहीं। सीधा बढ़ता चला गया। 'डेविको बॉल-रूम' और रीगल सिनेमा के पास से होता हुआ, वह लक्कड़ बाज़ार के दो-राहे पर आ पहुँचा। उसे प्रोफ़ेसर साहब का कमरा ढूँढने में दिक्कत नहीं हुई। नीचे के बाज़ार में दो-तीन अत्यन्त सँकरी गलियाँ उतरती थीं। तीसरी और अन्तिम गली के आगे कोई दुकान नहीं थी और अपेक्षाकृत चौड़ी सीढ़ियाँ —दूर, नीचे तक उतरती चली गयी थीं। बाज़ार में खुलने वाली दुकान का पिछवाड़ा ही, सीढ़ियों से, दिखायी देता था; उसके आगे कोई मकान नहीं था। चेतन को प्रोफ़ेसर साहब के कॉलेज का बोर्ड कहीं दिखायी नहीं दिया। उसने सामने के दुकानदार से पूछा तो उसने गली में एकमात्र खुलने वाले दरवाज़े की ओर संकेत कर दिया।

जिस दरवाज़े की ओर संकेत किया गया था, उसे देख कर चेतन को कुछ निराशा-सी हुई। मकान की छत वहाँ ढालुवीं हो गयी थी। उस पर न जाने कब की छायी —ज़ंग-लगी, पैबन्द-लगी —टीन की चादरें, चेतन को बाज़ार की उस ऊँचाई से दिखायी दे रही थीं। दरवाज़ा भी ऐसे था, जैसे झोंपड़ी का। चेतन का ख़याल था —प्रोफ़ेसर साहब के कमरे के ऊपर कहीं —प्रोफ़ेसर जी० सिंह'स म्यूज़िक कॉलेज —का बोर्ड लगा होगा और गली में पहुँचते ही, उसके कानों में संगीत की मधुर तान गूँज उठेगी —कौन देस गया पिया मोरा बालम रे —अथवा किसी गीत या ग़ज़ल के बोल....लेकिन वहाँ एकदम सन्नाटा था। प्रोफ़ेसर सिंह के म्यूज़िक कॉलेज का वह बड़ा-सा बोर्ड तो उस छप्पर पर कहाँ लगता, छोटी-सी नेम-प्लेट तक नहीं थी। तभी चेतन को ख़याल आया कि उसने रेस्तराँ पर एक बड़ा लम्बा बोर्ड लगा देखा था। शायद यह वही बोर्ड होगा। प्रोफ़ेसर साहब ने उन्हें बेच दिया या दे दिया होगा और रेस्तराँ वालों ने उनका नाम मिटा कर अपना लिखवा लिया होगा।....

चेतन का मन वहाँ जाने को न हो रहा था। लेकिन इतनी दूर आ कर लौटना भी मुश्किल था। वह बढ़ा। उसने सोचा, हो सकता है, प्रोफ़ेसर साहब कहीं बाहर गये हों, इसलिए वहाँ से गाने की आवाज़ न आ रही हो अथवा पहले की तरह शाम को मजलिस

जमती हो। वह गली में उतरा और दरवाज़े पर जा कर उसने दस्तक दी।

दरवाज़ा वास्तव में खुला था। चेतन ने सामने जा कर खड़े होने के बदले, ओट में रुक कर, उँगली से एक पट को ज़रा-सा खटखटा दिया था।

"आइए।"

पहचाना-सा स्वर। चेतन का दिल धक-धक करने लगा। कदम बढ़ा कर वह दरवाज़े के सामने जा खड़ा हुआ। दरवाज़ा छोटा था। वह झुक कर अन्दर दाख़िल हुआ। फ़र्श नीचा था। दो सिढ़ीयाँ उतर कर वह कमरे में पहुँच गया। प्रोफ़ेसर साहब शायद कहीं जाने को तैयार खड़े थे। चेतन उन्हें देख कर, क्षण भर चकित रह गया। उन्होंने अचकन और चूड़ीदार पायजामा पहन रखा था। सिर पर उनके, रागियों-जैसी लटकेदार पगड़ी थी — वह नफ़ीस सूट, वह ख़ूबसूरत टाई, वह श्रम से सजी दस्तार — चेतन उन्हें उसी भूषा में देखने की आशा लगाये था। उसके मन में आयी, पूछे — 'प्रोफ़ेसर साहब, आपने सूट पहनना क्यों छोड़ दिया ?' पर वह चुप रहा।

उसे देख कर वे मुस्कराये और बोले : "आओ, आओ, बैठो।"

तब चेतन को उन्हें 'सत श्री अकाल' कहने की याद आयी। हाथ जोड़ कर और 'सत श्री अकाल' बुला कर, वह बैठ गया।

"कहिए, कब आये ?"

चेतन ने देखा कि उनकी मुस्कान में अब वह मोहिनी और मिठास नहीं। इस एक ही वर्ष में उनकी मूँछें और दाढ़ी बेतरह बढ़ आयी थी; रंग ताँबिया गया था और चेहरे की वह चिकनाई, उनके गालों के वे गढ़े-सब ग़ायब हो गये थे। कुछ अजीब-सी रुखाई और कड़ाई उसे वहाँ दिखायी दी। सहसा उसके कानों में एक प्रसिद्ध बोली गूँज गयी, जिसे पहले-पहल उसने कर्तारपूर में बैसाखी के मेले पर सुना था :

गोरा मुण्डा रण्ण वर्गा
दाढ़ी आयी ते मनुख बन जान्दा![१]

मन की गति भी कैसी विचित्र है। सख़्त मुसीबत और परेशानी में भी उसमें कैसे हास्यास्पद विचार, झील के ऊपर उड़ते हुए किसी पक्षी-ऐसे, अपना प्रतिबिम्ब छोड़ते हुए, गुज़र जाते हैं — चेतन ने सोचा और मन के भावों को छिपा कर, संक्षेप में, अपने शिमला आने की बात कही; फिर उनके बारे में पूछा कि कब आये और कैसे हैं ?

उदास-सी मुस्कान के साथ प्रो.फ़ेसर साहब ने बताया कि अच्छे हैं, कुछ ही दिन पहले आये हैं। रेस्तराँ वाला कमरा नहीं मिला, दूसरी ढब की जगह वे खोज नहीं पाये, सो उन्होंने साज़-वाज़ यहाँ जमा दिये हैं। माल पर वे कोई कमरा तलाश कर रहे हैं, ज्यों ही मिल गया, वहाँ उठ जायेंगे।

चेतन को लगा, वे झूठ बोल रहे हैं। अपनी ख़स्ता-हाली को छिपाना चाहते हैं, पर उसने प्रतिवाद नहीं किया। न जस्सो से अपनी भेंट की बात कही। एक दृष्टि उसने कमरे के चारों ओर दौड़ायी। कमरा बहुत बड़ा नहीं था। प्रोफ़ेसर साहब की जगह कोई मज़दूर उसमें रहता तो कोठरी कहलाता। नीचे एक मैली-सी दरी बिछी थी। दीवारों पर सफ़ेदी ज़रूर नयी

१. गोरा (सिक्ख) लड़का औरत ऐसा होता है, दाढ़ी आती है तो मर्द बन जाता है।

करायी गयी थी, पर शायद पहले उसमें मिट्टी पुती थी और एक-दो जगह वह झलक आयी थी। एक तानपुरा, सितार और एक दिलरुबा, सामने दीवार के साथ टिके थे, लेकिन उन पर हल्की-सी धूल की परत जमी थी....'शायद प्रोफ़ेसर साहब को झीवर कुमार-सा कोई शागिर्द अभी नहीं मिला,' चेतन ने सोचा और उसे विश्वास हो गया कि गत वर्ष उनके कमरे में जो स्वच्छता दृष्टिगोचर होती थी, वह प्रोफ़ेसर साहब के किसी नौकर के नहीं, उसी झीवर-छोकरे अथवा जस्सो-ऐसे किसी शिष्य के हाथों का कमाल था।

"वह लड़का अब आपके यहाँ नहीं आता ?" सहसा चेतन ने पूछा।

"कौन लड़का ?"

"वही झीवर-छोकरा, जो गाया करता था —कौन देस गया पिया मोरा बालम रे!"

"वह इस साल नहीं आया। सुनता हूँ, लाहौर में रावी रोड पर कोई संगीत विद्यालय है, वहीं नौकर हो गया है।"

"गाना सिखाने पर ?"

"नहीं, पानी भरने पर!" प्रोफ़ेसर साहब ने उपेक्षा से कहा, "अभी तो वह दस बरस सीखेगा तो उसे संगीत की कुछ समझ आयेगी। महज़ गले में रस होने से कुछ नहीं होता।"

बात कुछ जम नहीं रही थी। दंनों उखड़े हुए थे। चेतन सोच ही रहा था कि किस तरह छुट्टी माँगे कि प्रोफ़ेसर साहब उठे, "मैं एक ट्यूशन पर जा रहा था कि तुम आ गये," उन्होंने कहा, "पटियाला हाउस में महाराज के एक नज़दीकी रिश्तेदार हैं —राजा धीरेन्द्र सिंह; उनकी रानी मुझसे गाना सीख रही हैं।"

चेतन को फिर लगा कि प्रोफ़ेसर साहब झूठ बोल रहे हैं, क्योंकि उन्होंने जो अचकन पहन रखा था, वह भी लगता था, जैसे वर्षों पहले का उन्होंने ट्रंक से निकाल कर पहन लिया है; चूड़ीदार पायजामा भी हल्का-सा मैला था। रानियों के गुरु जैसी कोई बात उनमें न थी।....'लेकिन वह सूट उनका कहाँ चला गया ?' चेतन मन-ही-मन झुँझलाया। फिर उसे ख़याल आया, कहीं वह उनके किसी मित्र का न हो या हो सकता है, कॉलेज के साइन बोर्ड की तरह, उसे भी उन्होंने बेच दिया हो। वह कहना चाहता था, 'चलिए, आपको पटियाला हाउस तक छोड़ आऊँ, मुझे भी उधर ही जाना है।' लेकिन उसने उन्हें धर्म-संकट में नहीं डाला। वह उठा। उन्हें 'सत श्री अकाल' कहा और फिर आने के बारे में कुछ मिनमिना कर चला आया।

०

चेतन ऊपर लक्कड़ बाज़ार में आया तो उसका पहले-से-उदास मन, और भी उदास हो गया। उसके सामने अपना एक वर्ष पहले का रूप आ गया —कितना भोलापन, दूसरों के प्रति कितना विश्वास, कितने आदर्श, कितने सपने....लेकिन इस एक ही बरस में उसने ज़िन्दगी को कैसा देख लिया था।....ज़िन्दगी से जूझने की अदम्य इच्छा वैसी ही थी, पर वह क्या वैसा ही भोला था ? वैसा ही विश्वासी ? वह कितना सतर्क हो गया था, कितना सजग; उसकी दृष्टि में कितना पैनापन आ गया था! लेकिन क्या उसका वही भोलापन अच्छा न था! उसे लगा कि पिछले साल प्रोफ़ेसर सिंह के बारे में उसने जो कुछ सोचा था, वह सब उसकी अपनी भावना और विश्वास ही था, हकीकत से उसका कोई सम्बन्ध न था।

उनके कण्ठ में मधु था, उनका स्वर और उच्चारण अच्छा था और बस! — लखनऊ के म्यूज़िक कॉलेज में उनका शिक्षा पाना, संगीत में पारंगत होना — वह सब तो चेतन के सहज विश्वासी मन ने उनमें देख लिया था। उनकी स्थिति शायद उस नीम-हकीम की-सी थी, जो एकाध नुस्ख़ा ले कर ही चल पड़ता है।....उसे लगा, ज़िन्दगी में कहीं प्रोफ़ेसर साहब कामयाब नहीं होंगे और ऐसे ही भटकते हुए, ज़िन्दगी के भँवरों में डूब जायेंगे....और चेतन को कुछ वैसी ही निराशा हुई, जैसी लड़कपन में उसे, जादू के खेलों की हकीकत जान कर होती थी.... विफलता की छाया अभी से उनके चेहरे पर झलकने लगी थी।....चेतन का मन बेहद उदास हो आया। यह उदासी महज़ इसलिए नहीं थी कि उसे प्रोफ़ेसर साहब की असफलता की झलक कहीं मिल गयी थी, बल्कि इसलिए कि उसे अपना सपना छिन्न-भिन्न होता दिखायी दिया था....

'डेविको बॉल-रूम' में किसी पश्चिमी गाने की धुन बज रही थी। रीगल में ग्रीटा गार्बो की 'क्वीन क्रिस्टीना' लगी थी और काफ़ी भीड़ थी, रिज पर भी रौनक हो गयी थी और स्कैण्डल पॉयण्ट के जँगले पर कुछ तमाशाई, कोहनियाँ टिकाये, खड़े थे — ज़रूर ही नीचे माल पर फ़ैशन की परेड शुरू हो गयी होगी। लेकिन चेतन का मन उधर जाने को नहीं हुआ। वह रिज से नीचे, रुल्दू भट्टे को उतर गया। अचानक उसे दुर्गादास की याद हो आयी थी और उसने सोचा था — क्यों न उनके साथ ही कुछ समय गुज़ारा जाये ? — मँझला कद; छरहरा शरीर; गोरा रंग, पीठ और वक्ष पर हल्के-हल्के बाल; उमर शायद कम, पर देखने पर बत्तीस-पैंतीस वर्ष की; धँसे कल्ले; चुँधी आँखों के गिर्द गढ़े और उन पर मोटा चश्मा — चेतन के सामने दुर्गादास की भोली-भाली सूरत घूम गयी — उनके संसर्ग में सुध-बुध भुला कर, कला की साधना में गुज़ारे गये दिन; प्रोफ़ेसर सिंह के यहाँ, शाम की मजलिसों में, संगीत की लहरियों पर बहते चले जाने की ललक और आर्य समाज के वार्षिक अधिवेशन में रात के दस बजे उन दोनों का मिल कर भैरवी गाना और जनता के उपहास का शिकार बनना — रुल्दू भट्टे को उतरते हुए चेतन की आँखों के सामने गत वर्ष के, सपनों और आकांक्षाओं के परों पर उड़ते हुए दिनों की एक-एक घटना घूम गयी।....अपनी साझी-मूर्खता पर उसके होंट एक विद्रूप-भरी मुस्कान से फैल गये....'लेकिन दुर्गादास तो बहुत ही लगन वाले आदमी हैं,' उसने सोचा, 'निश्चय ही उन्होंने इस एक साल के अर्से में काफ़ी रियाज़ कर लिया होगा।'....वह ख़ुद तो दो-चार गानों के सिवा कुछ भी नहीं सीख पाया — वे गाने भी उसने बड़ी कठिनाई से, 'संगीत शिक्षक' की सहायता से सीखे हैं। लेकिन दुर्गादास तो काफ़ी आगे बढ़ गये होंगे — वह उनके पास बैठेगा; उनके नये गाने सुनेगा; उन्होंने अपनी पत्नी की बीमारी में जो रक्त दिया था, इस एक साल के अर्से में उसकी मात्रा कितनी बढ़ गयी है, यह जानेगा और अपनी परेशानी को उनके भोले संसर्ग में भुला देगा।

'रिवोली सिनेमा' और ईदगाह पीछे रह गये। नीचे 'विश्वकर्मा हॉल' के मँडुए की ओर जाने से पहले, क्षण भर के लिए वह उस दो-राहे पर रुका, जहाँ ऊपर का रास्ता उस मकान को जाता था, जिसमें पिछले वर्ष कविराज के साथ वह तीन महीने रहा था। उस नल पर भी उसकी निगाह गयी, जहाँ बरसात में भी वह ठण्डे पानी से नहाता था — दूरबीन में जैसे दूर का दृश्य पास आ जाता है और नन्हे-से-नन्हा ब्योरा पूरी तरह उजागर हो जाता

है, उसी तरह पिछले साल की सारी घटनाएँ, उन चन्द क्षणों में चेतन के सामने अपने नन्हे-से-नन्हे ब्योरे के साथ आ गयीं —उसका मन हुआ, एक चक्कर वहाँ का लगा आये; लेकिन अपने परेशान मन को और परेशान करना उसे स्वीकार नहीं हुआ —उसने जैसे दूरबीन उलट कर अपनी आँखों से लगा ली —दृश्य बहुत दूर चले गये —वह नीचे मँडुए की ओर चल दिया।

मँडुए का दरवाज़ा खुला था। चेतन चुपचाप बाल्कनी में चला गया। दक्खिन की ओर के दोनों कमरे खुले थे और दुर्गादास वैसे ही नंगे शरीर पर साफ़ा बाँधे, चूल्हे में फूँकें मार रहे थे। दूर ही से चेतन ने आवाज़ लगायी —'कहो भाई दुर्गादास, कैसे हो ?"

दुर्गादास पलटे —चेतन कुछ चकित-सा रह गया —दुर्गादास उसे काफ़ी जवान दिखायी दिये, लेकिन पास आने पर उसे मालूम हुआ कि यद्यपि वेश-भूषा और कद-काट दुर्गादास ही का है, लेकिन वह तो कोई दूसरा ही युवक है।

"माफ़ कीजिएगा। मुझ से ग़लती हुई" —चेतन ने जल्दी-जल्दी कहा —"दूर से आप बिलकुल दुर्गादास ऐसे ही दिखायी दिये....महाशय जी कहाँ हैं ?"

युवक के होंटों पर कुछ ऐसी मुस्कान फैल गयी, जिसमें करुणा और व्यंग्य का कुछ अजीब-सा मिश्रण था।

"वे तो संन्यासी हो गये।"

"संन्यासी!"

तब उस युवक ने चेतन को जो बताया, उसका सार-संक्षेप यह था कि वह युवक उनके दफ़्तर ही का जूनियर क्लर्क था। जात से चूँकि वह बढ़ई था और उसे जगह की तंगी थी, इसलिए ('विश्वकर्मा महासभा' के अवैतनिक मन्त्री के रूप में) दुर्गादास ने उसे अपने साथ ही 'विश्वकर्मा हॉल' में ठहरा लिया था। नौ-दस महीने पहले महाशय दुर्गादास के पास कुछ लोग आये थे, जो उनसे अपनी लड़की का नाता करना चाहते थे। दुर्गादास ने उन्हें स्वभावानुसार अपनी पत्नी की बीमारी और उसके लिए 'ढाई सेर' रक्त देने, पत्नी के देहावसान और इस सब के फलस्वरूप उतना कमज़ोर हो जाने की बात कही। आगन्तुक बड़े प्रभावित हुए और अपनी लड़की का रिश्ता उनसे कर गये। दो महीने बाद ही शादी हो गयी। वे अपनी पत्नी को ले आये। लेकिन वह दो दिन बाद ही उनके गहने-पत्ते, कपड़े-लत्ते और जमा-जत्था ले कर चम्पत हो गयी —महाशय जी ने अपने भोलेपने में उसे वह जगह भी बता दी थी, जहाँ वे जोड़-जोड़ कर रुपया रखते थे।

"क्या वे रुपया घर में रखते थे ?" सहसा चेतन ने दुख-भरे स्वर में पूछा, "पोस्ट ऑफ़िस या बैंक में नहीं रखते थे ?"

"जी नहीं, उनका ख़याल था कि बैंक फ़ेल हो जाते हैं और पोस्ट ऑफ़िस में रुपया जमा करायेंगे तो लोगों को पता चल जायेगा कि उनके पास कितना धन है ?"

"कितना रुपया था उनके पास ?"

"पन्द्रह सौ।"

और युवक ने बताया कि दूसरे ही दिन से वे लापता हो गये। नौकरी से उन्होंने त्याग-पत्र तक नहीं दिया —अभी कुछ दिन पहले किसी ने बताया है कि उसने दुर्गादास

को ऋषिकेश के एक आश्रम में देखा था। उन्होंने सिर मुँडा लिया है, भगवे वस्त्र धारण कर लिये हैं और इस संसार और इसके समस्त व्यापार को नितान्त मिथ्या मान कर, 'ओम् तत् सत् ओम्' का जाप करते हुए, आत्मा को परमात्मा में लीन कर देने का दृढ़ संकल्प किये हुए हैं।

"सभा का काम उनके पीछे कौन देखता है ?" सहसा चेतन ने पूछा।

लेकिन पूछने के बाद ही चेतन को अपना यह प्रश्न नितान्त निरर्थक लगा। क्योंकि उस युवक और उसके रहने के ढंग ही से चेतन को आभास मिल गया था कि उसने उनका अवैतनिक पद सँभाल लिया है।....वास्तव में चेतन इतनी जल्दी निराश हो कर लौटना न चाहता था, लेकिन जब युवक ने —"मैं ही वह काम देख रहा हूँ," कहते हुए, फिर चूल्हे में फूँकें मारनी शुरू कर दीं तो चेतन उसकी पीठ को 'नमस्कार' कर के चला आया।

o

नारायण, कविराज जी, प्रोफ़ेसर सिंह, दुर्गादास —कोई भी ऐसा नहीं था, जिसके साथ वह अपना दुख और परेशानी बँटा सके —इतने बड़े शिमले में वह बिलकुल अकेला था — धीरे-धीरे, एक-एक कदम, वह चढ़ने लगा। उसका उदास मन, और भी उदास हो आया। उसे लगा, उसका भाग्य उसके साथ नहीं। कभी ऐसा भी होता है कि भाग्य अनुकूल होने से, आदमी जिससे भी मिलना चाहता है, वह तत्काल मिल जाता है, जो भी पाना चाहता है, वह अप्रयास पा जाता है, लेकिन दुर्दिन में हर कदम गड्ढे में जा पड़ता है। कच्चे घाव पर बार-बार चोट लगती है —शायद वह जिस होनहार से बचने के लिए भागा है; वह उसे भागने नहीं देगा, हो कर ही रहेगा।

'पर होनहार है क्या ?' चेतन ने सोचा, 'क्या उससे बचने का कोई साधन नहीं ?' कोई रास्ता नहीं ? ऐसा है तो आदमी के दिमाग़ का क्या मतलब है और इच्छा-शक्ति क्या बला है ?'....

रौ में है रख़्श-ए-उम्र, कहाँ देखिए थमे
ने हाथ बाग पर है, न पा है रकाब में

ग़ालिब ने ऐसे ही किसी विवशता-भरे क्षण में लिखा होगा। प्रोफ़ेसर सिंह यह शेर बड़े सोज़ से गाया करते थे।....क्या उसका भी यही हश्र होगा ? क्या अपनी रौ में सरपट भागते हुए ज़िन्दगी के घोड़े की लगाम उसके हाथ से छूट जायेगी ? उसके पाँव रकाब से निकल जायेंगे ? क्या वह लॉ कॉलेज में दाख़िल न हो पायेगा, सब-जजी की परीक्षा में न बैठ पायेगा ? —ज़िन्दगी का तुरंग अपनी इच्छा से उसे किसी अनचाही, अनजान जगह ले जा पटकेगा....दुर्गादास की तरह ?....

....पर चेतन के अहं को यह स्वीकार नहीं था —वह चाहता था कि ज़िन्दगी के घोड़े पर वह बैठे तो लगाम उसके हाथ में रहे, पैर रकाब में रहें और वह घोड़े की इच्छा के अनुसार न चले, अपनी इच्छानुसार घोड़े को चलाये! ठीक है, उसने एक योजना बनायी थी। वह टूट ही जायेगी तो क्या होगा ? क्या वह हाथ-पर-हाथ धर के बैठा रहेगा ? नहीं, वह लाहौर जायेगा और लॉ कॉलेज में दाख़िले के पैसे जुटाने की पूरी कोशिश करेगा....वह माँ से कहेगा कि चन्दा का गहना गिरवी रख कर उसे रुपये ला दे....

....लेकिन माँ ने रानी हार और बुन्दों की बात पूछी तो वह क्या कहेगा ?....वे गहने तो किसी को बताये बिना, वह भाई साहब को दे चुका है और उन्हीं के रुपयों से डेण्टल चेयर और डेण्टल इंजिन आये हैं। हालाँकि भाई साहब ने दस रुपया महीना देने की बात कही थी, लेकिन उन्होंने उस खाते में एक पैसा भी अब तक नहीं दिया था। अपना वादा वे यकसर भूल गये थे। माँ ने कई बार उससे दोनों गहनों के बारे में पूछा था, पर वह टाल गया था।....अब वह माँ से गहने गिरवी रख कर दाख़िले का प्रबन्ध करने को कहेगा तो माँ पहले वही गहने माँगेगी....

चेतन ईदगाह पहुँच गया था। क्षण भर को, वह रेलिंग का सहारा ले कर खड़ा हो गया....वह इस तरह व्यवस्था न कर सका तो क्या कोई दूसरी सूरत न निकलेगी। चेतन के अन्तर का आशावादी कहता था — ज़रूर निकलेगी ? उसने अमरीका में दिये गये स्वामी विवेकानन्द के चन्द भाषण और वहीं से अपने चेलों को लिखे गये पत्र पढ़े थे; किताब का नाम वह भूल गया था, पर एक-दो वाक्य उसके दिमाग़ में नक्श हो गये थे :

> "यदि तुम्हारा ध्येय स्पष्ट है और उस पर तुम्हारी आँखें सदा लगी हैं तो तुम निश्चय ही उसे पा लोगे —एक रास्ता बन्द मिलेगा तो दूसरा खुल जायेगा, दूसरे में बाधा उपस्थित होगी तो तीसरा खुल जायेगा। बस, अपने ध्येय में, अपने लक्ष्य में, आस्था रखो।"

चेतन फिर चल पड़ा। धीरे-धीरे चढ़ाई चढ़ते हुए उसने सोचा — जब उसमें इतनी शक्ति है कि वह चाहे तो ब्रह्म को पा ले, तब क्या वह इस ट्यूशन के छूटने पर लॉ कॉलेज के दाख़िले का प्रबन्ध ही नहीं कर सकता ?....चेतन को विश्वास था कि — वह ज़रूर कर सकता है। ह्वेयर देयर इज़ ए विल, देयर इज़ ए वे —उसके पिता कहा करते थे....वह कैसे करेगा, चेतन को मालूम नहीं था, लेकिन उसे पक्का विश्वास था कि वह दाख़िले का प्रबन्ध ज़रूर कर लेगा। उसने पढ़ा था — गॉड हेल्प्स दोज़, हू हेल्प देमसेल्व्ज़! सो वह जानता था कि भगवान, यदि कोई है, तो उसकी सहायता करेगा। यह अवसर उसके हाथ से निकल गया तो उसे दूसरा अवसर मिलेगा! नहीं मिलेगा तो वह पैदा करेगा! पर वह लॉ कॉलेज में दाख़िल ज़रूर होगा!....वह इस असफलता के बारे में नहीं सोचेगा, अपनी दुर्बलताओं को ले कर नहीं बैठेगा, वह सफलता के बारे में सोचेगा —अपनी शक्ति का ध्यान करेगा —उस अपार शक्ति का, जो हर इन्सान के अन्दर छिपी रहती है। विवेकानन्द ने कहा था — 'नास्तिक वह है, जो अपने में विश्वास नहीं करता।' — वह अपने में विश्वास करेगा, अपनी अपरिमित शक्ति में विश्वास करेगा, दुर्गादास की तरह मैदान छोड़ कर भाग नहीं जायेगा। वह ज़िन्दगी के मुँह-ज़ोर घोड़े की लगामें थामे रहेगा और पाँव मज़बूती से रकाब में जमाये रखेगा....चेतन की सारी खिन्नता दूर हो गयी और वह तेज़-तेज़ चलने लगा।

o

वह ईदगाह को पीछे छोड़ आया था। रिवोली सिनेमा के दो-राहे पर वह क्षण भर को रुका —ऊपर रिज पर जा कर स्कैण्डल पॉयण्ट पर जा खड़ा हो या लोअर बाज़ार से होता हुआ, स्टेशन तक की सैर कर आये ?....लोअर बाज़ार का ख़याल आते ही उसे इमरतियों की याद हो आयी। वह जब-जब लोअर बाज़ार आया था, उसका मन इमरतियाँ खाने को

हुआ, पर एक महीने से वह अपनी इस इच्छा को टालता आया था। उसे भूख भी लग आयी थी।....तो क्यों न वह आज जी-भर इमरतियाँ खाये। जब वह शिमला पहुँचा था तो उसकी जेब में एक रुपया था। उसने एक पैसा भी उसमें से अभी तक ख़र्च न किया था....एक रुपये से वह लाहौर तो वापस पहुँच न सकता था —वापस जायेगा तो लाला हाकिमचन्द को उसे किराये के पैसे तो देने ही पड़ेंगे....फिर क्यों न वह उस एक रुपये में से कुछ पैसों की इमरतियाँ खा ले ?....और वह सुरंग की ओर चल दिया।

०

सुरंग में दाख़िल होते ही चेतन को वैसा ही एहसास हुआ, जैसा गत वर्ष, पहली बार उसमें प्रवेश करने पर हुआ था। बरसात यद्यपि आरम्भ न हुई थी, पर पहाड़ का पानी, वैसे ही रिस-रिस कर, सुरंग की सफ़ेदी-पुती, गोलाकार छत और दीवारों को भिगो रहा था और नन्ही-नन्ही अदृश्य बूँदें, वैसे ही हवा में मिल कर उड़ रही थीं। बिजली के नन्हे-नन्हे बल्ब, सुरंग के अँधेरे में अपना वही निर्बल उजेला फैला रहे थे और सुरंग के दूसरे दरवाज़े के अर्ध गोलाकार प्रकाश में से आते हुए लोग, उसी तरह, बड़े भले लग रहे थे।....सुरंग में दाख़िल होते ही, ठण्डी-भीगी हवा के झोंके ने चेतन के तन-मन का सारा ताप हर लिया।

लोअर बाज़ार में, एक नम्बर की सीढ़ियों के आगे, बायीं तरफ़ को, हलवाई की दुकान में बड़े-से गहरे थाल-ऐसे कड़ाहे में गर्म-गर्म इमरतियाँ निकल रही थीं। चेतन कुछ क्षण दुकान से परे खड़ा, मुग्ध भाव से उन्हें देखता रहा। हलवाई, मोटे कपड़े में पतला मैदा भर कर, उसे दायें हाथ की मुट्ठी में पकड़े, हल्की-सी फूँक-निकलते गुब्बारे जैसे उस कपड़े के नीचे ज़रा-सा छेद किये, बड़ी दक्षता से मैदे की पतली तार से इमरतियाँ तल रहा था। एक इमरती बन जाती तो वह झटके से दूसरे हाथ की उँगली से छेद को तत्काल बन्द कर देता। पहले एकदम सफ़ेद, फिर हल्की ग्रे, फिर भूरी, इमरतियाँ पक जातीं तो हलवाई उन्हें पोनी से निकाल कर शीरीनी के कड़ाहे में डाल देता। और इमरतियाँ कड़ाहे से निकलतीं तो उनका केसरिया रंग बहुत भला लगता। वहीं कुछ क्षण खड़े-खड़े, चेतन की भूख और भी तेज़ हो आयी। आगे बढ़ कर हलवाई से पाव भर इमरतियाँ देने को कहा।

यह अजीब बात थी कि चेतन जब घर से चला था तो वह इतना परेशान था कि चाय का प्याला तो दूर रहा, उससे कोई पानी का गिलास तक पीने को कहता तो वह इनकार कर देता। पर इतनी दूर चल कर आने, प्रोफ़ेसर सिंह से मिलने और दुर्गादास के पलायन की कहानी सुनने से, उसकी मानसिक दशा ने नया मोड़ ले लिया था।....उसकी माँ, अतीव दुख और संकट के समय भी अडिग, अडोल, उस संकट से निकलने का मार्ग सोच निकालती थी। वह रोती-धोती न थी। जैसे अत्यधिक मार से बच्चे ढीठ हो जाते हैं, विपत्तियों के निरन्तर प्रहारों से माँ ढीठ हो गयी थी। परेशानियाँ और संकट उस घर में रोज़मर्रा की बात थे —कोई-न-कोई मुसीबत उन पर सदा मँडराया करती थी और एक अपूर्व जिजीविषा, माँ को उन सब से निकलने का मार्ग सुझा देती थी।

चेतन ने अजाने ही माँ से वह सब सीख लिया था। उसमें जीने की प्रबल उत्कण्ठा थी, अदम्य आशावाद था। उसने कहीं पढ़ा था कि दुख में खाना-पीना छोड़ देना, दुख को और भी गहरा बनाने के बराबर है। कभी जब भाई साहब घर में अपनी पत्नी से झगड़ पड़ते थे और भाभी चूल्हा बुझा कर बैठ जाती थी तो भाई साहब चेतन को साथ ले जा कर,

बाज़ार में लस्सी का डबल गिलास चढ़ा जाते थे। चेतन को तब वह नितान्त क्रूर लगता था। वह तो एक बार चन्दा से लड़ कर तीन दिन तक भूखा रहा था और दोनों बीमार हो गये थे। लेकिन धीरे-धीरे चेतन ने जान लिया था कि वह ढंग ठीक नहीं। वह आवेश की स्थिति है, निरपेक्ष सोच की स्थिति नहीं। लड़ाई-झगड़े और दुख-मुसीबत से पार पाने का तरीका यह नहीं कि आदमी अपनी भूख-प्यास सुखा ले और सोच-समझ के लिए बेकार हो जाये। सफल आदमी वह है, जो दुख और विपत्ति से सुख और सफलता का पहलू निकाले और यह तभी हो सकता है, जब उसकी सोच की शक्तियाँ कुन्द न पड़ें।....

चार आने की इमरतियाँ खा कर चेतन को लगा कि आने वाले संकट को उसने सिर से झटक दिया है। स्वस्थ मन हो कर वह सीधा माल को निकल गया और 'थॉमस कुक एण्ड कम्पनी' के दफ़्तर के पास से माल की ओर मुड़ा। 'ह्वाइट वे लेडला' के यहाँ, बड़े-बड़े शो-केसों में, बनी-बनायी कमीज़ें, पैंटें और ड्रेसिंग-गाउन लगे थे। एक शो-केस में मोतियों के कीमती गहने थे। उन सब का निरीक्षण करता हुआ, वह स्कैण्डल पॉयण्ट की ओर बढ़ चला।

छः

स्कैण्डल पॉयण्ट पर चेतन, कुहनी टिकाये खड़ा था।

साँझ अभी पूरी तरह रात में नहीं बदली थी। हल्की-सी उजास लिये, नीला-नीला अँधेरा माल पर उतर आया था। बत्तियाँ जल उठी थीं। उस अँधेरे-उजाले में साड़ियाँ, शलवारें, सूट, कॉन्वेण्ट-ज़दा अंग्रेज़ी के वाक्य, घण्टियों-सी हँसी, ठहाके (जिन्हें किसी दक्ष हाथ ने काट-तराश कर, जैसे हँसने वालों के कण्ठों में फ़िट कर दिया था) —एक हँसता-बोलता चलचित्र था —लगातार, आँखों के आगे से सरकता हुआ....मन को लुभाता और बरमाता हुआ....

रेलिंग पर चेतन के बराबर खड़े अन्य दर्शकों की निगाहें किसी ख़ूबसूरत जूड़े में; किसी पतली कमर में; किसी वक्ष के सयत्न (तंग ब्रेसियर की मदद से) बनाये नोकदार उभारों; या आईब्रो पेन्सिल की कृतज्ञ, किसी आँख के कटाक्ष में उलझ-उलझ जाती थीं। लेकिन चेतन के सामने इस फ़िल्म के ऊपर, एक दूसरी ही फ़िल्म चल रही थी....इसी स्कैण्डल पॉयण्ट पर, पिछले वर्ष अमीचन्द ने, ऐसी ही शाम उसका अपमान किया था —वह सारी घटना एक बार फिर उसकी कल्पना में घूम गयी। फिर स्मृति की शृंखला में बँधी, कई घटनाएँ उस पर्दे पर सरकने लगीं....

....आठवीं कक्षा की परीक्षा में चेतन के न बैठने के कारण अमीचन्द का उसके साथ आ मिलना....अड्डी चुक्क भूतना के डर से अमीचन्द की कापी से चेतन का गणित के प्रश्न नकल करते रहना....चेतन की बैठक के सामने, सुनारों के मकान की खिड़की में बैठी, उनकी युवा लड़की दम्मो की एक झलक पाने के लिए, किसी-न-किसी बहाने

अमीचन्द का आना और अनन्त के मज़ाक का शिकार बनना....स्कूल के वार्षिक अधिवेशन में उसका ढेरों पुरस्कार जीतना....कॉलेज में सर्व-प्रथम आना....डिप्टी कलेक्टरी के कम्पीटीशन में पास हो कर भुवाड़े से आते हुए चेतन से आँख मिलाये बिना, उसका गुज़र जाना....अपने छोटे भाई के डिप्टी कलेक्टर हो जाने की ख़ुशी में अमीरचन्द का भागो को पीट देना और आख़िर....अपने बड़े सुपुत्र के कारण लाला मणिराम का चेतन के पिता से क्षमा माँगना....और अन्त में, सेठ वीरभान के घर में सहसा अमीचन्द को, कृष्णा के भावी पति के रूप में तख़्त पर पसरे देखना — एक-के-बाद-एक दृश्य चेतन की कल्पना के सम्मुख गुज़रता चला गया।....इस एक वर्ष के अर्से में अमीचन्द तो फलाँगता हुआ, तरक्की की मंज़िलें तय कर गया था और उसकी अपनी स्थिति कोई ख़ास सुधरी न थी — थोड़ी बिगड़ भले ही गयी हो। पहले वह समाचार-पत्र में बाकायदा उप-सम्पादक था, लेकिन इधर महीनों से बेकार था; अनारकली में रूमाल बेचने से ले कर 'झण्डू फ़ार्मेसी' के सूची-पत्रों और सूफ़ी हनुमानप्रसाद के लिए जड़ी-बूटियों के लेखों तक का अनुवाद करता रहा था; सोसाइटी के लिए चन्दा उगाहते हुए अपमानित होता रहा था और अब वह महज़ एक ट्यूटर था, जिसकी ट्यूशन का कोई भरोसा नहीं था, शायद सुबह ही ख़त्म हो जाय....

चेतन ने सिर को झटका दे कर इस दृश्यावली को आँखों के सामने से हटा दिया और वह माल पर फ़ैशन की शोभा-यात्रा देखने लगा। सहसा उसके विचारों ने पलटा खाया। उसे लगा कि अमीचन्द ने अपनी उस हेकड़ी में, यहाँ स्कैण्डल पॉयण्ट पर उसका अपमान कर के, उस पर एहसान किया है। उसके अन्तर में सोये हुए अहं को ठोकर मार कर, जगा दिया है....चेतन ने कहीं पढ़ा था कि सुख ही नहीं, दुख भी बहुत बड़ा गुरु है। प्रशंसक और मित्र ही नहीं, निन्दक और शत्रु भी आदमी को आगे बढ़ने की प्रेरणा देते हैं। दुनिया के अधिकांश बड़े आदमी दुख और ग़रीबी से, उपेक्षा और आलोचना से लोहा लेते हुए, आगे बढ़े हैं। प्यार के बदले नफ़रत, सहायता के बदले बाधा और प्रशंसा के बदले निन्दा ने, उनके अन्तर की आग को लगातार ज़िन्दा रखा है....और वहीं, स्कैण्डल पॉयण्ट की रेलिंग पर कुहनी टिकाये, नीचे माल की रौनक देखते हुए, चेतन के सामने फिर अमीचन्द की वही सुदूर मुस्कान आ गयी, जो उसे पिछले वर्ष इसी स्कैण्डल पॉयण्ट पर और फिर सेठ वीरभान के घर, उसके होंटों पर दिखायी दी थी। चेतन को यकीन था कि वही उपेक्षा-भरी मुस्कान, न जाने उसे कहाँ-से-कहाँ पहुँचा देगी। कौन जाने उसी के कारण वह सब-जज, सेशन-जज, हाईकोर्ट का जज, चीफ़ जस्टिस या लाट साहब की काउन्सिल का मेम्बर बन जाय....

और फिर चेतन के सामने, माल की उस शोभा-यात्रा को ढँकता हुआ, कल्पना का रुपहला पर्दा खिंच गया और वह देखने लगा....प्रान्त का गवर्नर उससे हाथ मिला रहा है; अपनी काउन्सिल में उसका स्वागत करता हुआ कह रहा है कि काउन्सिल अपने इस नये मेम्बर का स्वागत करती है; कि उसे पूरा यकीन है, मिस्टर चेतनानन्द की बुद्धि और मेधा और अनुभवों का पूरा लाभ काउन्सिल को मिलेगा....फिर लाट साहब की जगह चेतन ने वाइसरॉय को अपने साथ हाथ मिलाते और अपनी काउन्सिल में स्वागत करते देखा....अमीचन्द कलेक्टर, बहुत हुआ तो कमिश्नर हो जायेगा, लेकिन चेतन को पूरा विश्वास था कि एक बार वह कम्पीटीशन में आ गया तो उसे अन्तिम सीढ़ी पर पहुँचने से

कोई नहीं रोक सकता....

०

"कहिए, माल के जलवे हो रहे हैं!" कन्धों पर नर्म हाथों के स्पर्श के साथ, चेतन के कानों में एक परिचित, मीठी आवाज़ आयी। चौंक कर उसने देखा — प्रो़फ़ेसर जी० सिंह उसके बराबर खड़े, मुस्करा रहे हैं।

चेतन के सामने पिछले वर्ष उनके होंटों की प्यारी मुस्कान घूम गयी (जिसकी याद लाहौर में भी उसे कभी-कभी आ जाती थी।) अब वह मुस्कान उतनी प्यारी न रही थी। चेहरे की रुखाई के साथ, वह भी कुछ वैसी ही रूखी हो गयी — रूखी और फीकी। लेकिन उनकी आवाज़ वैसी ही मीठी थी और उनकी आँखों में वही प्यारा-सा भाव था।

चेतन सिर्फ़ मुस्करा दिया। तभी प्रोफ़ेसर सिंह ने, नीचे माल पर से गुज़रती हुई मण्डली में, एक स्त्री की ओर संकेत किया — "रानी महेन्द्र कौर — राजा धीरेन्द्र सिंह की रानी।....मैं इन्हीं को संगीत सिखाने गया था। इन्हीं के साथ आ रहा था कि उन्हें रास्ते में राजा सुरेन्द्र सिंह और उनकी रानी मिल गये। वो लोग बातें करने लगे। मुझे एक और ट्यूशन पर जाना था, मेरा वक्त हो रहा था, इसलिए मैं चला आया।"

और तत्परता से हाथ-घड़ी पर निगाह डाल, मीठी मुस्कान बिखेर कर, प्रोफ़ेसर साहब रिज की ओर चले गये।

चेतन को यकीन था कि वे झूठ बोल रहे हैं, तो भी उसने रानी महेन्द्र कौर की ओर निगाह घुमायी — मण्डली आगे निकल गयी थी। सूट-बूट में सुसज्जित दो सरदारों के बीच, दो महिलाएँ जा रही थीं — पीछे से देखने पर कोई भी ऐसी बात न दिखायी देती थी, जो उनके राजा-रानी होने की साक्षी दे....'जाने कितने जागीरदार और उनकी बीवियाँ (जो राजा-रानी कहाते थे) शाम को इस माल की शोभा बढ़ाते हैं,' चेतन ने सोचा, 'और न जाने दूसरे कितने अपने आपको राजा-रानी कहलाने में फ़ख़्र महसूस करते हैं — किसी जागीरदार से दूर का भी रिश्ता रखने वाला, अपने आपको राजा कहलाता होगा और उसकी बीवी, रानी'....चेतन को उस रानी कहाने वाली महिला के चक्की के पाटों-ऐसे दो नितम्ब ही दिखायी दिये....

'शिमले की माल आज सिर्फ़ अपर क्लास के लिए है,' चेतन ने सोचा, 'राजा-नवाबों, ख़ान बहादुरों, राय साहबों जजों-बैरिस्टरों, काउन्सिल के मेम्बरों और बड़े-बड़े अफ़सरों ही का यहाँ राज है। छोटे अफ़सर तक इसकी दुकानों में जाने की हिम्मत नहीं कर सकते।' इस एक महीने में चेतन ने एक बार भी न देखा था कि लाला हाकिमचन्द ने माल पर कोई चीज़ ख़रीदी हो। ग़रीब क्लर्क अपने दफ़्तरों से आते-जाते, सिर्फ़ यहाँ से गुज़र सकते हैं; स्कैण्डल पॉयण्ट की रेलिंग पर खड़े हो कर केवल इसका नज़ारा कर सकते हैं, पर इसकी रौनक का हिस्सा नहीं बन सकते। क्या कभी ऐसा दिन भी आयेगा, जब वे लोग भी इसकी रौनक का अंग बन सकेंगे और ये राजे-नवाब, जागीरदार और बैरिस्टर — अपने आपको उस दाल में कंकरों-सा महसूस करेंगे!....

और चेतन की आँखों के सामने माल का दूसरा रूप आ गया — देश को आज़ादी मिल गयी है। अंग्रेज़ जहाँ से आये थे, वहीं लौट गये हैं। शिमला में उनके क्लब और

कोठियाँ ख़ाली हो गयी हैं। माल पर केवल मध्य वर्ग का राज है। मँहगी दुकानें फ़ेल हो गयी हैं। सस्ती दुकानें खुल गयी हैं —पान की, चाट की, आईसक्रीम की —और जलपान के लिए सस्ते रेस्तराँ हैं। अपार भीड़ है। चेतन अपने मित्रों के साथ उस भीड़ में, ज़ोर-शोर से ठहाके मारता, घूम रहा है।....तभी सहसा उसे लघु-शंका होती है। वह एक यूरिनल[१] में जाता है, पर तत्काल पलटता है। किसी ने वहाँ दीर्घ-शंका कर रखी है। कुछ दूर पर वह दूसरे यूरिनल में जाता है, वहाँ भी यही हाल है। एक भी यूरिनल उसे साफ़ नहीं मिलता। तभी वह जैसे पहली बार देखता है कि लोग पान खा कर बेतहाशा थूक रहे हैं। चाट खा कर पत्तों के ढेर लगा रहे हैं और जाने उसके सौन्दर्य-प्रेमी मन का कौन-सा कोना घायल हो जाता है....उस भीड़ से निकल कर, वह यहीं स्कैण्डल पॉयण्ट पर आ खड़ा होता है....शायद वह चाहता है कि माल ऐसे ही रहे —इतनी ही साफ़, इतनी ही सुन्दर, इतनी ही मँहगी....आम जनता का ही स्तर ऊँचा हो जाये और वे उसकी रौनक का अंग बनने के योग्य होते हुए भी, उसकी विशिष्टता बरकरार रख सकें —न यूरिनल ख़राब करें, न पान की पीक थूकें, न चाट के पत्ते फेंकें, न आती-जाती लड़कियों पर आवाज़े कसें —उनके जीवन का, रुचि-अभिरुचि का स्तर ऊँचा उठ जाये....

'लेकिन जाने कभी ऐसा होगा भी या नहीं।'....चेतन ने एक लम्बी साँस ली। वह रिज रोड से उतरा और छोटा शिमला जाने की बजाय उलटी तरफ़, पोस्ट ऑफ़िस की ओर को बढ़ चला।

०

'ग्रैण्ड होटल' के सामने से हो कर, वह 'काली बाड़ी' के पास से नीचे उतरा और रेलवे बोर्ड के दफ़्तर के सामने से गुज़र कर, 'केनेडी हाउस' के आगे, सेसिल होटल तक गया। फिर वापस पलटा और केनेडी हाउस के पास से रेलवे स्टेशन के ऊपर, रेलिंग पर जा खड़ा हुआ। स्टेशन की परली तरफ़, लाल पुल से लोग स्टेशन की दूसरी ओर उतर कर, नाभा हाउस, फागली और टूटी कण्डी को जा रहे थे। यद्यपि गोधूलि का प्रकाश अभी शेष था, नीचे बस्तियों की बत्तियाँ टिमटिमाने लगी थीं। परे, घाटी में, टूटी कण्डी बड़ी सुन्दर लग रही थी —'कितनी दूर से क्लर्क इतनी चढ़ाई चढ़ कर ऊपर दफ़्तरों को आते हैं!' —चेतन ने सोचा। उसे लगा कि वह भी ज़िन्दगी की टूटी कण्डी में ही बसता है; उसका दफ़्तर कहीं बहुत ऊपर है; उसे बड़ी चढ़ाई चढ़नी है। व्यामोहित-सा, वह घाटी के नीचे, नाभा हाउस, फागली और टूटी कण्डी की बत्तियों को देखता रहा, फिर मुड़ कर, वापस माल की ओर चल दिया। वह अभी लॉयड बैंक से दो फ़र्लांग उधर ही था, जब दायीं तरफ़, सामने चैल की बत्तियाँ, माला-सरीखी जल उठीं।.... चैल — महाराजा पटियाला की आराम-गाह....जाने कितनी युवतियाँ इस माला में कैद हैं....चेतन ने सोचा।....वह रुका नहीं, बढ़ता चला आया।

रात के नौ बजने को थे, पर माल की रौनक में कोई कमी न आयी थी। अभी तक खवे-से-खवा छिलता था। 'गेटी थियेटर' में मोलियर के नाटक का उर्दू रूपान्तर —'नवाब साहब' —चल रहा था। शिमला की ए०डी०सी०[२] उसे दिखा रही थी। बाहर दर्शकों की

१. मूत्री
२. एमेच्योर ड्रैमेटिक क्लब

भीड़, अन्दर जाने से पहले, नाटक की भूमिकाओं में उतरने वाले पात्रों की चर्चा कर रही थी। इतनी भीड़ में चेतन नितान्त अकेला, धीरे-धीरे सरकता चला आया था।

कैम्बरमियर पोस्ट ऑफ़िस से नीचे उतर, विलो बैंक के पास सड़क के थोड़े से ख़ाली भाग में, वह रेलिंग के साथ लग कर खड़ा हो गया था —सामने पहाड़ की छाती पर, ऊपर से नीचे तक, अनगिनत बत्तियाँ जल रही थीं। विमुग्ध-सा वह उस दीवाली की बहार देखता रहा — शिमले का सब से घना भाग — माल से नीचे कार्ट रोड तक एक-दूसरे से लगे मकान, पंक्ति-दर-पंक्ति टिमटिमाती बत्तियाँ! अँधेरा घना हो गया था और बत्तियों की चमक दुगुनी हो गयी थी। उधर से नज़र हटा कर, चेतन ने सामने घाटी में देखा। नीचे, तारा देवी की बत्तियाँ, गर्मियों के ग़ुबार के कारण मद्धिम दिखायी दे रही थीं। चैल यहाँ से दिखायी न देती थी। पर कसौली तो यहाँ से नज़र आ जाया करती है और जिधर कसौली नज़र आती थी, चेतन ने वहाँ आँखें जमा दीं। गहरे ग़ुबार की वजह से उसे कुछ भी दिखायी न दिया। आँखें फाड़ने पर उसे एक जगह, छोटी-सी आकाश-गंगा-ऐसी रोशनी दिखायी दी —एकदम धुँधली-जैसे किसी ने सोन-कणों की मुट्ठी रेत में फेंक दी हो और उसे रेत से अलग कर के देखना कठिन हो। —कसौली — उस अँधेरे में आँखें फाड़ कर देखने में, चेतन की आँखें दुखने लगीं। वह पलटा और आगे को बढ़ चला।

०

'क्लार्क होटल' पीछे छूट गया था। घर वह ग्यारह बजे से पहले नहीं पहुँचना चाहता था। इसलिए वह नाचघर के सामने कोने में बने हवाघर में बैठ गया। सहसा उसे ख़याल आया —चन्द्रा ने कहीं उसके साथ मज़ाक तो नहीं किया। कहीं महज़ शरारत-वश यह तो नहीं कह दिया कि उसे 'विजय' का मतलब नहीं आता।....वह उसे ज़रा भी सुस्ताये बिना, लगातार पढ़ाता आ रहा है; कभी उसने इधर-उधर की बात नहीं की। हो सकता है, वह ऊब उठी हो और उसे महज़ सताने के लिए उसने वह शरारत की हो। उसे क्या ख़बर कि वह थप्पड़ खींच कर उसके मुँह पर दे मारेगा।....चेतन की विचारधारा बदली....यह उसने सख़्त ग़लती की। उसे पहले जान लेना चाहिए था —क्या सचमुच उसे अर्थ नहीं आते या वह केवल उसे सताना चाहती है। —ऐसे अध्यापकों से, जो मशीन की तरह पढ़ाते हैं, छात्र प्रायः चिढ़ जाते हैं। सफल वक्ता किसी गहरे विचार को अपने सुनने वालों के लिए बोधगम्य बनाने की ख़ातिर जैसे अपने भाषण में शे'रों, चुटकुलों, उपमाओं, अलंकारों और लोक-कथाओं का सहारा लेता है; जिस तरह अच्छा कथाकार कहानी में गहरे विचार रखने के लिए प्रवहमान शैली और सुगढ़ शिल्प अपनाता है, इसी तरह अध्यापक को भी क्या ऐसे नहीं पढ़ाना चाहिए कि छात्र बोर न हो, उसे मालूम भी न हो और विषय का ज्ञान उसे हो जाय।....और चेतन को लगा कि उसका अपना ढंग एकदम रूखी-फीकी कथा का-सा है। ज़रूर ही चन्द्रा उससे ऊब कर, शरारत पर तुल गयी होगी....वह अपनी झक में पढ़ाता रहा है और वह ध्यान से सुनती ही नहीं रही। उसने किताब पर कभी उसकी निगाहें नहीं देखीं। उसे सदा अपनी ओर ताकते पाया। निश्चय ही वह उसे मूर्ख समझती होगी। सोचती होगी —यह कैसा बूदम ट्यूटर है, जो ख़ुद तो मशीन है, मुझे भी मशीन समझता है....

'लेकिन नहीं, ऐसी बात नहीं' —चेतन की विचारधारा फिर पलटी —'अगर वह

उसे मूर्ख समझती तो ज़रूर अपने पिता से कह देती कि मास्टर जी मूर्ख हैं, मैं उनसे नहीं पढ़ूँगी।'....वह ज़रूर ठस दिमाग़ की है। उसका ध्यान पढ़ने में नहीं है। उसके भेजे में भूसा भरा है। उसने कभी उससे ऐसा प्रश्न नहीं पूछा, जिससे पता चलता कि बुद्धि का ज़रा-भी स्पर्श उसके दिमाग़ को मिला है। बस, वह चुपचाप सुनती रही है.... ख़ाक सुनती रही है....शायद वह कुछ भी नहीं सुनती रही। उसे सचमुच ही 'विजय' का अर्थ नहीं आता।....तब क्या वह महज़ उस ठस दीवार से सिर फोड़ता रहा है।....अच्छा हो, अगर लाला हाकिमचन्द उसे छुट्टी दे दें....वह बेकार ही वहाँ से भाग आया। वे उसे खा तो नहीं जाते। जो होना था, हो जाता। वह किसी फ़ैसले पर पहुँच जाता और आराम से सो जाता। यूँ अनिश्चय की स्थिति में तो नहीं भटकता।....वह उठा और छोटे शिमले की ओर चल पड़ा।

०

परस्पर विरोधी विचारधाराओं में डूबता-उतराता, चेतन रात के लगभग ग्यारह बजे घर पहुँचा। ऊपर एकदम सन्नाटा था। धीरे से उसने अपना कमरा खोला। बत्ती जलायी। उसकी थाली और पानी मेज़ पर रखा था। चेतन को भूख लग आयी थी। बिना कपड़े उतारे, उसने बाथ-रूम के नल से हाथ धोये, खाना खाया, कपड़े बदले और लेट गया।

वह बेहद थक गया था; तो भी एकदम उसे नींद नहीं आयी। चन्द्रा को थप्पड़ मारने से ले कर, वापस घर आने तक —उसके दिमाग़ में जितने विचार आये थे, वे फिर वहाँ हुड़दंग मचाने लगे....वह आने वाली सुबह के बारे में सोचने लगा। और उसकी कल्पना एक के बाद एक चित्र बनाने लगी :

....लाला हाकिमचन्द, सुबह उठते ही उसके कमरे में आते हैं और उससे कहते हैं कि वह बोरिया-बिस्तर उठा कर चला जाये। कोई ट्यूटर उनकी प्यारी बेटी को थप्पड़ मारे, इससे पहले वे उसका मुँह तोड़ देंगे।

वह कुछ नहीं कहता। वे मुड़ते हैं और खट-खट ऊपर चले जाते हैं वह काग़ज़ उठाता है। उनके नाम चिट्ठी लिख कर भेज देता है कि मुझे लाहौर तक का किराया दे दीजिए।....

....लाला जी, छड़ी हाथ में लिये हुए आते हैं और उसके कमरे में प्रवेश करते ही, छड़ी उठाते हुए कहते हैं, "क्यों बे ट्यूटर के बच्चे, तूने चन्द्रा पर हाथ क्यों उठाया था ?"

चेतन निर्निमेष उनकी ओर देखता रहता है और अविचल भाव से कहता है — "छड़ी रख दीजिए। इधर कुर्सी पर बैठ जाइए और जो कहना है, शरीफ़ों की तरह कहिए।"

....वे छड़ी से उस पर प्रहार करते हैं। चेतन छड़ी उनसे छीन कर, दरवाज़े के बाहर जँगले के नीचे फेंक देता है।....

न जाने इस दृश्य के कितने रूप चेतन की कल्पना में आये। बड़ी कोशिश से उसने उन्हें दिमाग़ से निकाला। रात के डेढ़ बजे होंगे, जब उसकी आँखें महज़ थकन से झक गयीं

और वह सो गया।

सात

सुबह चेतन की आँख खुली तो दरवाज़े के शीशों से धूप की किरणें छन रही थीं। रात के ख़ाली बर्तन कुर्सी पर पड़े थे। उन को उठा कर उसने बाथ-रूम में नल के नीचे रखा। दरवाज़ा खोला तो धूप से आँखें चौंधिया गयीं। सात-साढ़े सात का समय होगा। इस समय तो वह संजौली के पास होता है —उसने सोचा; जल्दी-जल्दी शौचादि से निवृत्त हो कर, उसने तेल की शीशी और लंगोट उठाया और साथ की कॉटेज के बरामदे में चला गया।

धूप आधे बरामदे में आ गयी थी। कमीज़ और बनियान उतार कर उसने जँगले पर टाँगी। वह लंगोट लगा रहा था कि उसे ख़याल आया —शायद आज उसे शिमला से वापस जाना पड़े; वह बेकार ही कसरत करने जा रहा है। लाहौर जा कर उसे जाने कितने संघर्ष का सामना करना पड़े; यह नियम से कसरत और सैर चले-न-चले!....लेकिन तभी उसके दिमाग़ में एक छोटी-सी कहानी घूम गयी, जो उसने कॉलेज के ज़माने में अपने पिता से सुनी थी या किसी मैगज़ीन के फ़िलर के रूप में पढ़ी थी :

> भयंकर तूफ़ान में जहाज़ के डूब जाने पर कुछ लोग एक किश्ती में बच निकले। उस वक्त, जब बेपनाह आँधी और पहाड़ों-सी ऊँची लहरों का सामना था, एक मुसाफ़िर बार-बार सिगरेट जलाने की कोशिश कर रहा था।
>
> उसके साथी ने चिढ़ कर कहा : 'तुम हो कि सिगरेट जलाने के पीछे पड़े हो और नाव किसी पल भी समन्दर में ग़र्क हो सकती है।'
>
> फिर सिगरेट जलाने की कोशिश करने से पहले, वह बोला — 'लेकिन अगर मैं उससे पहले एक सिगरेट पी लूँ तो....!'

और चेतन ने सोचा, 'जाना पड़ेगा तो चला जाऊँगा, पर आज की कसरत मैं क्यों छोड़ूँ ?' और लंगोट बाँध कर, वह बदन पर तेल की मालिश करने लगा। लेकिन मालिश करने की रफ़्तार उसकी, रोज़-जितनी तेज़ नहीं रही। मालिश करते-करते, सहसा उसका दिमाग़ लाला हाकिमचन्द और उनके परिवार के बारे में सोचने लगा और उसके हाथों की गति आप-से-आप मन्द हो गयी....

१

....जब लाला हाकिमचन्द ने अपनी बीवी और बेटी को पीटा था और तीन दिन तक वे स्वयं सिर-दर्द से परेशान रहे थे तो चेतन को सुक्खू से मालूम हुआ था कि उन्हें आधा सीसी के दर्द —माइग्रेन —की शिकायत हो जाती है....

लोअर बाज़ार से आने के बाद, ऊपर वे अपनी बीवी और बेटी को बेतहाशा पीटते और गालियाँ देते रहे थे और वह नीचे अपने कमरे में, आधे कपड़े पहने और आधे उतारे, कुर्सी पर बैठा, साँस रोके सब सुनता रहा था। जब ऊपर शान्ति हो गयी थी, वह उठा था;

उसने कपड़े बदले थे और कमरे में टहलने लगा था। तभी सुक्खू, खाने की थाली लिये, प्रकट हुआ था।

"मास्टर जी, खाना खा लीजिए!"

चेतन जब लोअर बाज़ार की दुकान पर बैठा, उन्हें चाट उड़ाते देख रहा था तो उसे ज़ोर की भूख लग आयी थी, लेकिन उस सब के बाद, जाने कैसे उसकी भूख एकदम उड़ गयी थी और हालाँकि उसने कभी तय किया था कि वह कितना भी परेशान क्यों न हो, खाना नहीं छोड़ेगा — उसका मन खाना खाने को ज़रा भी न था। — पहली बार लाला हाकिमचन्द की पत्नी और पुत्री के लिए उसके मन में कुछ अजीब-सी दया और करुणा उमग आयी थी।

लेकिन सुक्खू ने खाना मेज़ पर रख दिया था, "खा लीजिए मास्टर जी," उसने कहा था, "लाला जी ने कहा है, मास्टर जी को खाना खिला कर आना।"

"क्या उन्होंने खाना खाया है ?"

"उनके सिर में सख़्त दर्द है, वो लेट गये हैं।"

"बीबी जी!"

"वो उनके माथे पर बाम मल रही हैं।"

"चन्द्रा ?"

"छोटी बीबी शायद बेहोश हो गयी थी। वह सो गयी है।"

"क्या उन्होंने चन्द्रा को पीटा था ?"

"हम तो किचन में थे। लाला जी ने दरवाज़ा अन्दर से बन्द कर लिया था। हमें कुछ मालूम नहीं।"

"मुझे भूख नहीं।"

"खा लीजिए मास्टर जी," सुक्खू ने कहा था, "लाला जी को आप नहीं जानते। आप नहीं खायेंगे तो वो ख़ुद यहाँ आयेंगे।....फिर यह तो यहाँ हर दस-बीस रोज़ पर होता है। आप कब-कब खाना छोड़ेंगे ?"

०

सिर को झटक कर चेतन ने उस प्रसंग को दिमाग़ से हटा दिया और सीने पर तेज़-तेज़ मालिश करने लगा। सीने और पेट पर मालिश कर के, उसने दायी जाँघ पर तेल लगाया, दो-चार बार हल्के से हाथ चलाये, लेकिन फिर उसका दिमाग़ वहीं आ गया और मालिश करना छोड़, वह सोचने लगा....

०

....तीन दिन तक लाला जी, सिर-दर्द से पड़े रहे थे। चौथे दिन उन्होंने अपनी बीवी और बेटी से माफ़ी माँग ली थी। इतवार था और इतने दिनों की उदासी और तनाव को दूर करने के लिए लाला जी सबको साथ ले कर 'डौङ्की'[१] खेलने लगे थे।

चेतन खाना प्रायः उनके साथ ऊपर ही खाता था। कभी जब उन्हें बाहर खाना होता

---

१. donkey — गधा — ताश का एक खेल!

या चेतन को देर हो जाती, वह नीचे मँगा लेता। खाना खाने के बाद, वह दो क्षण वहीं रुक गया था और उन्हें ताश खेलते देखता रहा था — लाला जी जब प्रसन्न होते थे, अपने बीवी-बच्चों के साथ 'डौङ्की' खेलते। प्रायः वे ही जीता भी करते। पर उस दिन चन्द्रा ने उन्हें हुक्म की बेगम दे दी और वे डौङ्की बन गये। बीबी जी सबसे पहले जीती थीं। राजा या रानी वही बनीं। सज़ा उन्हीं को तजवीज़ करनी थी। मुस्करा कर उन्होंने कहा, "आप डौङ्की बने हैं तो डौङ्की का कुछ काम कर के दिखाइए! मैले कपड़ों की गठरी पीठ पर लाद कर, हाथ-पाँव के बल, कमरे के तीन चक्कर लगाइए।"

लाला जी बड़े सिटपिटाये, पर चन्द्रा ने पलक-झपकते, मैले कपड़ों की एक गठरी बना डाली और उनके कन्धों पर रख कर टिटकारी भरी और बोली, "चलिए डौङ्की महाराज अपना करतब दिखाइए!"

विवश, लाला जी हाथों और घुटने के बल चलने लगे। चन्द्रा ने मैले कपड़ों की गठरी उनकी पीठ पर टिका दी और तीनों बच्चे, 'चल बे डौङ्की चल!' की रट लगाते और टिटकारियाँ भरते, उनके पीछे कूदने लगे।

उन्होंने कमरे के दो चक्कर ही लगाये थे और अपने बच्चों के मनोरंजन को, गर्दन आगे को अकड़ा, वे कण्ठ के न जाने किस भाग से 'ढींचूँ,' 'ढींचूँ' की आवाज़ निकालते हुए, गधे की तरह रेंक रहे थे कि तभी पण्डित तेजभान, कुली के सिर पर आमों का टोकरा उठवाये, दाख़िल हुए।

"यह क्या हो रहा है ?" और सिर पीछे को फेंक कर, उन्होंने ज़ोर से ठहाका लगाया।

"डौङ्की साहब अपना काम कर रहे हैं।" चन्द्रा चहकी, और फिर तेजभान के पीछे कुली को खड़े देख कर बोली, "आप नाहक कुली लाये, डौङ्की साहब जो थे।"

और लाला जी ऐसे हँसे, जैसे उनकी लड़की ने कोई लाजवाब मज़ाक किया हो।

(चेतन चकित-सा, अपने कमरे में आ बैठा था। उसे जहाँ लाला जी की उस क्रूरता पर दुख हुआ था, वहीं उनकी इस मूर्खता पर भी कम हैरत नहीं हुई। लाख मज़ाक ही में सही, बच्चे अपने पिता को गधा कहें और वह सुन ले — यह चेतन के लिए कल्पनातीत था।)

०

वह फिर तेज़-तेज़ मालिश करने लगा। डण्ड पेलने के लिए रखी हुई दो ईंटों में से एक पर बैठ कर, उसने पिंडलियों पर मालिश की। जब तक वह पिंडलियों पर मालिश करता रहा, उसने बरबस किसी ख़याल को मन में नहीं आने दिया। लेकिन वह पैर के तलवों पर तेल मल रहा था कि फिर उसने अनजाने — डौङ्की बन कर गर्दन बढ़ाये, लाला जी के रेंकने का, वही चित्र उसकी आँखों के सामने आ गया और वह बरामदे के फ़र्श पर बैठा, लाला जी के चरित्र के इस पहलू पर विचार करने लगा....

....चेतन को पहली बार लगा कि छोटी-सी ग़लती पर, इस तरह दसवें-बीसवें, अपने बीवी-बच्चों को पीटने की तह में ज़रूर लाला हाकिमचन्द की कोई कुण्ठा काम करती है। वे क्लर्क की अपनी स्थिति से ऊपर उठ गये हैं, लेकिन उनकी पत्नी वहीं है।

लाला जी के क्लर्कों की पत्नियाँ सुन्दर और सुसंस्कृत हैं — तेजभान की तो है ही — जबकि उनकी पत्नी कुरूप और फूहड़ है....और शायद यही बात उनके मन को सालती रहती है और वे अपना सन्तुलन खो देते हैं।....लेकिन वे आर्य समाजी हैं, इसलिए अपना अपराध उन्हें कोंचने लगता है....और वे प्रायश्चित करते हैं तो दूसरी सीमा पर जा पहुँचते हैं।....'भाई साहब ने कहा था — लाला हाकिमचन्द ज़ालिम आदमी हैं,' चेतन ने मन-ही-मन कहा, 'लेकिन उन्होंने यह नहीं बताया कि वे इतने बड़े चुग़द भी हैं। ऐसे आदमी का कोई भरोसा नहीं। पल में तोला, पल में माशा। इसीलिए चन्द्रा में टिकाव नहीं। अपने पिता के ग़ुस्से और ज़ुल्म का डर भी उसे नहीं। वे अगर बेपनाह पीटते हैं तो बेइन्तहा प्यार भी करते हैं और इसीलिए उनका सच्चा भय उसे नहीं है। ....यही वजह है कि वह पढ़ने में ध्यान नहीं दे पाती और बार-बार फ़ेल हो जाती है।....जो आदमी इतना लाड़ लड़ायेगा, वह बच्चों को कभी-कभार, बुरी तरह ही सही, पीट कर, उन्हें कभी सही रास्ते पर नहीं ला सकता।....उसे कुछ उसूल बनाने होंगे और बिना किसी तरह की कमज़ोरी के, बच्चों को उन पर चलाना होगा। हाकिमचन्द ज़ालिम आदमी हैं, पर कमज़ोर हैं और उनके ज़ुल्म से बच्चों का कुछ भला नहीं हो सकता।'

हवा का हल्का-सा झोंका आया। केलू के पेड़ों की सरसराहट फ़िज़ा में भर गयी। चेतन नंगे बदन बैठा था। सर्दी न खा जाये, इस ख़याल से वह उठा। दोनों ईंटें उसने सामने रखीं और सपाटे से डण्ड पेलने लगा।

०

"कहिए मास्टर जी, कसरत कर रहे हैं!"

चेतन कसरत कर के कपड़े बदल रहा था कि उसके कानों में लाला हाकिमचन्द की आवाज़ आयी। वह चौकन्ना हो गया। उसका दिल धक-धक करने लगा। उसने पलट कर उधर को देखा। — रात के धारीदार पायजामे पर कमीज़ पहने, लाला जी चले आ रहे थे। चेतन ने सब से पहले उनके दायें हाथ की ओर निगाह दौड़ायी — उनके हाथ में छड़ी नहीं थी।

वह आश्वस्त हुआ। कुछ बोला नहीं। बिना क्षण भर रुके, कपड़े पहनता रहा। अन्तर के भय का लेश भी उसने चेहरे पर नहीं आने दिया।

लाला जी उसके पास आ कर, बरामदे के नीचे, तंग रास्ते में खड़े हो गये।

"क्या आप रोज़ कसरत करते हैं ?" उन्होंने पूछा।

"जी हाँ!"

"हमने कभी नहीं देखा।"

"जी, मैं सुबह पाँच बजे उठ कर कसरत करता हूँ। आप सोये होते हैं। कल शाम बहुत घूमता रहा, इसलिए थक गया। आज सुबह उठने में देर हो गयी।"

"आप तो किसी दोस्त से मिलने गये थे ?"

चेतन दोस्त की बात यकसर भूल गया था। "जी हाँ....जी हाँ...." उसने कहा, "उसी के साथ घूमता रहा और बेहद थक गया।"

"मेरा पेट भी बढ़ रहा है।" लाला जी हँसे और बरामदे के रास्ते की रेलिंग के साथ

उन्होंने टेक लगा ली, "मुझे भी कसरत करनी चाहिए।"

'....तो शायद चन्द्रा ने लाला जी से शिकायत नहीं की,' चेतन ने मन में कहा और खुल कर, सुख की साँस ली; फिर वह किंचित हँसा, "मैं पिछले बरस कविराज जी के साथ शिमला आया था तो सैर-वैर नहीं करता था; कसरत करता था; इस पर भी मेरा पेट ख़राब रहता था। शिमले का पानी बहुत भारी है। इस बार मैंने तय किया कि मैं कसरत भी करूँगा और सैर भी करूँगा। सो सवेरे पाँच साढ़े-पाँच बजे उठ कर, मालिश करने के बाद कसरत करता हूँ। फिर नहा-धो कर जाकू राउण्ड पर जाता हूँ।"

"आप बड़े उद्यमी हैं।" लाला जी ने तारीफ़ की। फिर बोले, "आपके कविराज कल मिल गये थे। उन्होंने आपके बारे में ऐसी बात कही कि मुझे हँसी आ गयी।"

चेतन की उत्सुकता बढ़ी। पर उसने कुछ पूछा नहीं।

लाला जी क्षण भर मौन रहे, फिर बोले, "माल पर मिल गये थे। आप का ज़िक्र चला तो पूछने लगे —'कैसा पढ़ा रहे हैं ?'

"मैंने कहा —'मेहनत से पढ़ाते हैं।'

"बोले —'घोड़े शौकीन नहीं रखने चाहिएँ।' "

चेतन का रंग लाल हो आया। 'घोड़ा' कविराज जी के प्यार का शब्द था। उसे याद आया —एक बार उन्होंने कहा था, 'घोड़िया, तूँ कम्म कुछ ज़्यादा नहीं कर रिहा।' और उसने उनसे छुट्टी माँग ली थी। कई दिन तक कविराज उसकी चिरौरी करते रहे थे, तब वह माना था। सरगोशी में उन्होंने लाला हाकिमचन्द को जो बात कही, उसमें जो संकेत छिपा था, उससे चेतन के हृदय में फिर वैसा ही बवण्डर उठा। पर वह चुप रहा।

"आपको मालूम नहीं," लाला जी हँस कर बोले "पार साल मैंने इन्हीं कविराज के छोटे भाई को ट्यूटर रखा था। कविराज जी की तरह वे भी महाशय लगते हैं —बाकायदा पाठ-पूजा और सन्ध्या-वन्दन करने वाले। कविराज तो सूट-बूट पहनते हैं, पर वो पायजामे-कमीज़ के साथ ही, सिर पर बड़ा-सा पग्गड़ बाँधते हैं। लेकिन महीने भर ही में बीबी जी ने उनके लच्छन देख लिये। वो तो दरवाज़े के पीछे से उनकी सभी हरकतों पर आँख रखती थीं। वो चन्द्रा को पढ़ाते-पढ़ाते, बड़ी मीठी बातें करने लगते; कभी पेन्सिल से उसका गाल छुआ देते; कभी उसकी जाँघ को थपथपा देते। जब चन्द्रा ने भी इस बात को माना तो एक दिन मैं तेजभान के साथ सीढ़ियों के दरवाज़े के पीछे, किवाड़ ज़रा-सा खोल कर खड़ा हो गया। ज्योंही उन्होंने फिर वैसी हरकत की —हमने दरवाज़ा खोल कर उन्हें धर-दबोचा और वह मरम्मत की कि इन्सान के तुख़्म होंगे तो ज़िन्दगी भर याद रखेंगे।"

और लाला जी, अपने इस 'सुकृत्य' पर, परम सन्तोष से हँसे। फिर बोले, "मैंने कई ट्यूटर देखे हैं। जो साले ऊपर से सीधे और भले दिखते हैं, वो अन्दर से घुन्ने होते हैं। कइओं की मरम्मत मैंने की है।"....

तभी उन्हें ख़याल आया कि चेतन वैसे ही तेल की शीशी हाथ में लिये, लंगोट कन्धे पर डाले, खड़ा है।

"मैं आप से पूछने आया था," उन्होंने कहा, "कि आप प्रॉस्पेक्ट हिल चलेंगे ?"

"प्रॉस्पेक्ट हिल!"

"यहाँ का एक पिकनिक-स्पॉट है। हमारे साथी इस इतवार को वहाँ जा रहे हैं। लंच वहीं लेंगे। दो-दो रुपये चन्दा है। आज मुहर्रम की छुट्टी है। तेजभान और मेहता सोमदत्त चन्दा वसूल करने आयेंगे। आप चलें तो आपका चन्दा दे दूँ।"

साधारणतः चेतन इनकार कर देता। पर उसके दिल-दिमाग़ से एक बड़ा बोझ उतर गया था। उसने कहा, "आपको एतराज़ न हो तो चला चलूँगा।"

"नहीं, एतराज़ की बात नहीं। हमें तो ख़ुशी होगी।"

तब चेतन ने सोल्लास कहा, "मेरे एक दोस्त हैं। गले में उनके अमृत है। प्रोफ़ेसर जी० सिंह। लक्कड़ बाज़ार में म्यूज़िक कॉलेज चलाते हैं। ग़ज़ल और गीत बहुत अच्छा गाते हैं। यूँ तो बड़े-बड़े जागीरदारों के यहाँ जाते हैं। पर आप चाहें तो मैं उनसे कहूँगा। दस-पन्द्रह रुपये आप उन्हें दे दीजिएगा। लेंगे तो शायद वे नहीं, पर आप पेश ज़रूर कीजिएगा।"

"आप उनसे पूछ कर पक्का कर लीजिए। मैं इन लोगों से सलाह कर के, आपको बता दूँगा। अच्छा ही है, कुछ शग़ल रहेगा। तेजभान भी ग़ज़लों के रसिया हैं।"

और लाला जी चले गये।

०

वहीं खड़े-खड़े, लाला जी से बातें करते-करते, काफ़ी देर हो गयी थी। चेतन ने जाकू राउण्ड लगाने का ख़याल छोड़ दिया। वह कमरे में गया। तेल की शीशी और लंगोट उसने बाथ-रूम में रखे और कपड़े उतार कर नहाने लगा।

नहाते-नहाते सहसा उसे ख़याल आया कि निश्चय ही लाला जी को चन्द्रा के थप्पड़ मारने की बात मालूम हो गयी है और उन्होंने कविराज के छोटे भाई और दूसरे ट्यूटरों की दुर्गति का किस्सा बताने के बहाने, उसे चेतावनी दी है। लाला जी की बातों से उसे यह भी पता चल गया कि वे उसकी हर गतिविधि की पूरी देख-रेख रखते हैं और उसे ख़ुशी हुई कि वह पूरा महीना एकनिष्ठ हो कर, मशीन की तरह पढ़ाता रहा और इधर-उधर की एक भी बात उसने नहीं की। ज़रूर ही बीबी जी सीढ़ियों के दरवाज़े के पीछे खड़ी हो कर, उसकी बातें सुनती होंगी। वह कोई ऐसी-वैसी बात करता तो उन्हें शिकायत होती। चेतन को लगा कि शायद इसी कारण, थप्पड़ की बात सुन कर भी, लाला जी ने बुरा नहीं माना, बल्कि उसे अपने साथ पिकनिक पर चलने का निमन्त्रण दिया है।

०

समय से वह पढ़ाने के कमरे में गया तो चन्द्रा अत्यन्त गम्भीर मुद्रा से आँखें झुकाये, बैठी थी। चेतन अपनी कुर्सी पर जा बैठा। चन्द्रा तब भी, उसी तरह निगाहें झुकाये, बैठी रही। चेतन के मन में कुछ करुणा-सी जगी। उसकी आँखों में चन्द्रा का गोरा गाल घूम गया, जो उसके थप्पड़ से लाल हो गया था और जिस पर उसकी पाँचों उँगलियों के निशान उभर आये थे। उसके कानों में लाला जी की बातें गूँज गयीं कि कैसे उन्होंने कविराज के छोटे भाई को, पेन्सिल से चन्द्रा का गाल छूने पर, बेदर्दी से पीटा था। पढ़ाना शुरू करने से पहले उसने कहा :

"देखो चन्द्रा, ग़ुस्से में कल मैंने तुम्हारे मुँह पर थप्पड़ दे मारा। मुझे लाला जी ने

बताया है कि गाल को ज़रा-सा पेन्सिल से छूने पर उन्होंने एक ट्यूटर को गढ़ दिया था। शायद उन्होंने मुझे ख़बरदार किया है। मैं नहीं जानता, तुमने उनसे मेरी शिकायत की है या नहीं। मैं ख़ुद बच्चों को पीटने के सख़्त ख़िलाफ़ हूँ। मेरे पिता मुझे बेतरह पीटते थे और मैं उन्हें आज तक माफ़ नहीं कर सका! मुझे अपने ग़ुस्से पर अफ़सोस है। लाला जी को न भी बुरा लगा हो, पर मुझे लगा है। तुम्हें पढ़ना है तो ध्यान से पढ़ो। फिर वैसा मौका आये, इससे पहले मैं चला जाना चाहूँगा।"

चन्द्रा ने अपना बायाँ गाल आगे बढ़ा दिया और उसकी आँखों-में-आँखें डालते हुए, बड़े ही विनीत और प्यारे ढंग से मुस्कराते हुए बोली, "मास्टर जी, मैंने कुछ कहा है। आप चाहे सौ थप्पड़ मार लीजिए!"

न जाने उन निगाहों और उस मुस्कान में क्या था कि चेतन के अपने होंटों पर एक अजान, विमुग्ध, करुण मुस्कान आ गयी!

☒☒☒

तीसरा खण्ड

आठ

चेतन के होंटों पर मुस्कान आ गयी थी, लेकिन दूसरे ही क्षण वह गम्भीर हो गया। जाने चन्द्रा की आँखों में कैसी स्निग्धता और तरलता थी कि उसका दिल धक-धक करने लगा। उसे विश्वास हो गया कि चन्द्रा ने उसकी शिकायत नहीं की; यह भी कि जब वह सब तरफ़ से ध्यान हटा कर उसे पढ़ाता रहा है तो वह निरन्तर उसकी ओर ताकती रही है और उसके दिमाग़ में कुछ भी नहीं आया। इस बात से, जहाँ चेतन के अहं को कुछ सन्तोष मिला, वहीं स्थिति की गम्भीरता ने, उसके होंटों से मुस्कान ग़ायब कर दी। लेकिन चन्द्रा के होंटों पर वह मुस्कान और क्षण भर रही, फिर उसने गर्दन पीछे कर ली और निगाहें किताब में जमा लीं।

"मेरी क्या औकात है कि मैं तुम्हें सौ थप्पड़ मारूँ," चेतन ने गम्भीरता से कहा, "मैं तुम्हारा शुक्र-गुज़ार हूँ कि तुमने लाला जी से शिकायत नहीं की। अगर तुम ज़रा भी मेरी इज़्ज़त करती हो, ज़रा भी मुझे मानती हो तो इतना एहसान और करो कि मन लगा कर पढ़ो, ताकि तुम पास हो जाओ और मेरी इज़्ज़त बनी रहे। तुम्हें जैसे ठीक लगे, मुझे बताओ — मैं वैसे ही तुम्हें पढ़ाऊँगा।"

"आप इतनी दूर बैठ कर पढ़ाते हैं। मैं आपसे पूछूँ भी कैसे...."

और वह उठ कर उसकी बायीं ओर वाली कुर्सी पर आ बैठी।

चेतन कहना चाहता था, "नहीं, तुम वहीं बैठो। वहाँ से तुम मुझे क्यों नहीं पूछ सकतीं ?'....पर उसने कुछ नहीं कहा और चुप बैठा रहा।

"देखो, तुम चुपचाप बैठ कर, इतिहास का पहला पाठ पढ़ो," पल भर बाद वह बोला, "जिन शब्दों के अर्थ तुम्हें नहीं आते, मुझसे पूछो। फिर मैं तुम्हें सवाल दूँगा; तुम उनका उत्तर लिखना। मैं उन्हें ठीक कर दूँगा; तुम याद कर लेना। इस पर भी तुम्हें कुछ न आये तो भगवान ही मालिक है।"

"आयेगा, आयेगा क्यों नहीं।" चन्द्रा ने अतिरिक्त उत्साह से कहा और वह आँखें पुस्तक में गाड़े, ध्यान से पढ़ने लगी।

चेतन चुपचाप उसकी ओर देखने लगा।....'मास्टर जी, मैंने कुछ कहा है, आप सौ थप्पड़ मार लीजिए।'....चेतन के कानों में उसका मीठा, प्यारा, करुण वाक्य और पत्थर को भी पिघला देने वाली, मासूम मुस्कान घूम गयी।....लेकिन पिघलने का मतलब है —ख़त्म हो जाना....रामकृष्ण परमहंस का एक वाक्य चेतन की स्मृति में कौंध गया — 'साधक को चाहिए कि वह चट्टान बन जाये। वासना की कीलें उस पर चोट करने के बदले मुड़ जायें।' —वह भी तो साधक ही है चेतन ने सोचा —उसे चट्टान बन जाना होगा....और चाहे वह अन्दर से द्रवित हो आया था, लेकिन उसने अपने चेहरे की सख़्ती और गम्भीरता,

वैसी ही बनाये रखी।

चन्द्रा पुस्तक पर झुकी थी। उसका दुपट्टा एक ओर को सरक गया था। उसकी संगमरमर-सी सफ़ेद गर्दन पर चेतन की निगाहें चली गयीं। उसका जी हुआ, उसे छू कर देख ले। जो लड़की उसके सौ थप्पड़ खाने को तैयार है, वह अपनी गर्दन पर उसके हाथ के स्पर्श से क्या नाराज़ होगी! चेतन का मन हुआ — उस साफ़-शफ़्फ़ाफ़, दूधिया गर्दन पर प्यार से हाथ फेर दे।....तभी चन्द्रा ने पुस्तक से आँखें उठायीं। हतप्रभ-सा हो कर, चेतन ने पूछा, "क्या बात है ?"

"कुछ नहीं।" और चन्द्रा ने क्षण भर स्थिर-भाव से उसकी ओर देख कर, फिर निगाहें पुस्तक में जमा लीं।

o

चेतन ने अपनी दृष्टि दूसरी ओर कर ली....वह ठीक ही करता था कि उसे सामने बैठाता था। चन्द्रा के शरीर में सबसे सुन्दर, उसकी गर्दन का पिछला भाग और आँखें थीं। सामने बैठी चन्द्रा की गर्दन उसे दिखायी न देती थी और आँखें मिलाने से वह कतरा जाता था और इतने दिन उसके मन में कोई विकार न पैदा हुआ था। अब वह उसके इतने निकट आ बैठी थी! आँखें वह उससे न मिलायेगा, पर उसकी इस दूधिया गर्दन का क्या करेगा ? वहाँ आँखें नहीं थीं, पर चेतन को लगता था, जैसे वहाँ उसके रोम-रोम में आँखें हैं और वह सब उसे अपनी ओर आकर्षित कर रही हैं।

चन्द्रा की निगाहें पुस्तक पर लगी थीं — चेतन की दृष्टि फिर उस गर्दन पर चली गयी — सफ़ेद मोम-सी, पालिश किये हुए संगमरमर-सी — चेतन ने कभी ऐसी गर्दन न देखी थी। तभी चन्द्रा ने फिर निगाहें उठा कर उसकी ओर देखा। — चेतन के चेहरे पर वैसी ही सख़्ती आ गयी; भवें उसकी तन गयीं। वह मुस्करायी।

"क्या बात है ?" चेतन के स्वर में खिजलाहट थी।

"आप क्या मुझसे नाराज़ हैं ?" उसकी मुस्कान कुछ और फैल गयी और निगाहें, जैसे चेतन के अन्तर को भेदने लगीं।

"तुम कैसे बैठी हो ? तुम्हें अपने दुपट्टे का होश नहीं। लाला जी या बीबी जी आ जायें तो क्या कहेंगे।"

चन्द्रा ने बिना कुछ कहे, चुनरी को गले में बेपरवाही से लपेट लिया।

बालों के नीचे गर्दन का कुछ भाग अब भी अनढँका रह गया और चेतन की आँखों में बेतरह खुबने लगा।

चेतन झुँझलाया। उठा। उसने क्रोध से दुपट्टा खोल कर, उसे अच्छी तरह ओढ़ा दिया। "ठीक से दुपट्टा ओढ़ कर बैठा करो।"

चन्द्रा केवल मुस्करा दी। लेकिन चेतन ने उससे आँखें नहीं मिलायीं। वैसे ही दूसरी ओर को मुँह कर के वह बैठ गया। उसे लगा — चन्द्रा उसकी ओर देख रही है। उसकी दृष्टि उसके कान के नीचे लगी है, उसके बायें गाल को छील रही है; उसका कान और गाल जलने लगा, पर वह उसी तरह बैठा रहा। न विचलित हुआ, न मुड़ा। चन्द्रा ने फिर पुस्तक में ध्यान लगा लिया।

तभी चेतन के कानों में, लाला जी से कहे गये, कविराज जी के शब्द गूँज गये, 'घोड़े शौकीन नहीं रखने चाहिएँ'....वह जैसा शौकीन है, वही जानता है — चेतन ने सोचा — लाहौर में नंगे बदन और तहमद के साथ पूरा-पूरा दिन गुजार देता है; निक्कर और कमीज़ पहने, लाहौर के गली-बाज़ारों में घूमता रहता है। वह शौकीन बन कर तो इसलिए रहता है कि लाला जी को उससे किसी तरह की बदसलूकी करने का साहस न हो। लेकिन क्या इसी कारण चन्द्रा उसकी ओर आकृष्ट नहीं हुई ?....अगर वह चपरकनाती-सा बना, उसे पढ़ाता तो क्या वह उसकी ओर यूँ खिंचती ? अगर कुछ भी गड़बड़ हो तो कविराज को अपार सन्तोष होगा कि उन्होंने ठीक बात कही थी....वह मर भी जाये तो उन्हें वैसा सन्तोष नहीं पाने देगा....वह एकदम पत्थर हो जायेगा — पत्थर-चट्टान!

....'लेकिन इस साले कविराज ने मेरे ख़िलाफ़ लाला जी से वह सब क्यों कहा ?' —आसन्न संकट से छुटकारा पाने पर होने वाली राहत के नीचे दबा हुआ उसका क्रोध, सहसा उबल पड़ा। 'अगर काम निकल जाने पर तुम मेरी मदद नहीं कर सके और मैं ख़ुद शिमला आ गया हूँ,' चेतन ने मन-ही-मन कविराज को सम्बोधित कर कहा, 'तो तुम्हें बुरा क्यों लगा....साला अज़ीज़ का!'....

और वह पास ही कुर्सी पर बैठी चन्द्रा को एकदम भूल गया। पिछले साल, रुल्दू भट्टे के अपमान-भरे दिनों का एक-एक क्षण उसके सामने मूर्तिमान हो आया। वह उठा। अपने कमरे से जा कर काग़ज़ और कलम उठा लाया। चन्द्रा से उसने कहा कि वह आर्य जाति के आगमन से ले कर सिकन्दर के आक्रमण तक — तीन-चार परिच्छेद पढ़ डाले, कठिन शब्दों पर निशान लगा ले और उन्हें कापी में लिख ले। इतने में वह एक ज़रूरी पत्र लिखता है।

"जी, मास्टर जी!" चन्द्रा क्षण भर निगाहें उठाये, उसकी ओर देखती रही; लेकिन चेतन पत्र लिखने में तल्लीन हो गया।

o

मोहतरिम कविराज जी,

मुझे लाला हाकिमचन्द जी के एक दोस्त से मालूम हुआ है कि आपने उन्हें सलाह दी है — उन्हें ट्यूटर ऐसा शौकीन नहीं रखना चाहिए! आप यहाँ आ कर मेरा कमरा, फ़र्निचर और बाथ-रूम देखते तो शायद आप लाला जी को यह नेक सलाह भी देते कि ट्यूटर को इतना आरामदेह कमरा और उससे अटैच्ड बाथ-रूम भी नहीं देना चाहिए। शायद आप उनसे यह भी कहते कि उसे नौकरों के सण्डास को इस्तेमाल करना चाहिए और बाहर कमेटी के नल पर नहाना चाहिए।....क्योंकि जब आप एक जाने-माने अदीब से (चूँकि वह ग़रीब था और आपकी मीठी बातों में आ कर आपके साथ चला आया था) ऐसा सलूक कर सकते हैं तो एक आम ट्यूटर से वैसा क्यों न करेंगे ?

और इस शैली में शुरू कर के, चेतन ने, बड़े आक्रोश और विक्षोभ-भरे शब्दों में, कविराज के हर कृत्य की आलोचना करते हुए, उन्हें ढोंगी, कपटी, शोषक और न जाने क्या-क्या लिखा — उन्हें जता दिया कि वह उनकी बारीक-से-बारीक चाल को समझता

रहा है....

एक-के-बाद-एक, चेतन ने फुलस्केप के दस पृष्ठ रँग डाले। अन्त में उसने लिखा :

'आप अपने दिल में यह समझ कर ख़ुश न होते रहें कि आपने एक आदर्श-प्रेमी, भोले-भाले नौजवान से अपना मनचाहा काम, निहायत सस्ते में, करा लिया — उस पर एहसान का बोझ लादते हुए! — मैं यह ख़त इसलिए लिख रहा हूँ कि आप समझ लें, आपके साथ कुछ ही दिन रहने के बाद, मुझ पर आपकी और बीबी जी की सारी 'फ़राख़दिली' ज़ाहिर हो गयी थी — अपने वादे का पास और आप की चतुराई के ज़रिये, दुनिया का तजरुबा हासिल करने का मोह न होता तो मैं फ़ौरन चला जाता। मैं शुक्रगुज़ार हूँ कि आपने मेरी भोली, विश्वासी आँखों से पर्दा हटा दिया और मैं आपकी छल-कपट-भरी दुनिया की हकीकत देखने के काबिल हो गया। आपके इसी एहसान को कबूल करने के लिए मैं ये सतरें आपकी ख़िदमत में भेज रहा हूँ।

आपका शिकार
चेतन

०

चन्द्रा अपना काम कब का समाप्त कर चुकी थी और टकटकी बाँधे, उसकी तरफ़ देख रही थी; पर चेतन ने एक बार लिखना शुरू किया तो अन्तिम पंक्ति लिखने के बाद ही सिर उठाया।

"पढ़ लिये चैप्टर ?" वह बोला।

"जी, मास्टर जी।" वह मुस्करायी।

"शब्दों पर निशान लगा लिये ?"

"जी, मास्टर जी।" वह फिर मुस्करायी।

"कापी पर लिखे ?"

"आपने कापी पर भी लिखने को कहा था ?" उसने बड़े ही भोलेपन से उसकी ओर देखते हुए पूछा। और फिर मुस्करा दी।

"कहा था। तुम ने शायद सुना नहीं। इन शब्दों को कापी पर उतार लो। फिर मैं उनके अर्थ बताऊँगा।"

"मैंने किताब पर निशान लगा लिये हैं, यहीं लिख लूँगी।"

"नहीं, किताब गन्दी हो जाती है और किताब पर अर्थ लिखे रहते हैं तो जब तक वह सामने रहती है, अर्थ याद रहते हैं, फिर भूल जाते हैं।"

और वह अपना लिखा हुआ पत्र दोबारा पढ़ने लगा। उसने उसमें फिर काट-छाट की; उसे और भी तिक्त, और भी व्यंग्य-पूर्ण, बनाया और नये काग़ज़ ले कर कापी करने लगा।

पत्र ख़त्म कर के उसने सिर उठाया तो चन्द्रा कापी पर शब्द लिख कर, दोनों कोहनियाँ मेज़ पर टिकाये, उनमें ठोड़ी रखे, मुटर-मुटर उसकी ओर तक रही थी।

चेतन ने उससे पुस्तक ले ली। इतने निशान लगे हुए थे कि वह हैरान रह गया। 'विजय' और 'पराजय' की बात दूर रही, उसे 'आर्य,' 'अनार्य,' 'प्राचीन,' 'वैदिक' और 'आक्रमण' जैसे शब्दों के अर्थ भी नहीं आते थे।....'बार-बार जो यह फ़ेल होती रही तो ऐसे ही नहीं,' चेतन ने मन-ही-मन कहा, 'जाने ट्यूटर ही उसे नहीं पढ़ाते रहे या यही नहीं पढ़ती ?'....लेकिन मन की बात वह होंटों पर नहीं लाया। किसी प्रकार के क्रोध अथवा वितृष्णा का प्रदर्शन उसने नहीं किया। बड़े सन्तोष और धैर्य से, उसे एक-एक शब्द का अर्थ समझाते हुए, उन्हें कापी पर बड़े सुन्दर अक्षरों में उसने लिख दिया। फिर उससे कहा कि एक बार ध्यान से उन अर्थों को पढ़े।

चन्द्रा उन शब्दों के अर्थ पढ़ती रही और चेतन कविराज के नाम लिखा अपना पत्र दोहराता रहा। पत्र दोहरा कर, उसने एक लम्बे लिफ़ाफ़े में रखा और उस पर कविराज जी का नाम-पता लिखा। तब वह चन्द्रा की ओर मुड़ा। उसने इतिहास का पहला परिच्छेद — आर्यों का आगमन —उसे एक-एक शब्द का अर्थ समझाते हुए, पढ़ाया। उन दिनों 'रत्न' के इतिहास में सिकन्दर के आक्रमण से पहले, केवल तीन परिच्छेद होते थे। आर्यों का आगमन, रामायण-महाभारत और बुद्ध तथा जैन धर्म। मोहजोदड़ो और हड़प्पा की खुदाई के फलस्वरूप प्रागैतिहासिक काल के सम्बन्ध में प्राप्त जानकारी तब इतिहास में नहीं पढ़ायी जाती थी। द्रविड़ों को ही यहाँ की आदिम जाति समझा जाता था और सिकन्दर के आक्रमण से पहले का इतिहास —अत्यन्त संक्षिप्त रूप में वर्णित था। उसने चन्द्रा को पहला परिच्छेद पढ़ा कर, 'आर्यों के आगमन' पर प्रश्न लिखाया और 'द्रविड़' पर छोटा-सा नोट लिखने को कहा। लंच का समय हो चुका था और चेतन चाहता था कि खाना खाने के बाद आराम करने के बदले, वह शिमला जाये, कविराज के दफ़्तर में चिट्ठी दे आये और प्रोफ़ेसर सिंह से मिल कर, 'प्रॉस्पेक्ट हिल' की पिकनिक पर चलने के लिए कह आये। उसने चन्द्रा से कहा :

"देखो चन्द्रा, मुझे दो-तीन घण्टों की छुट्टी चाहिए, यह ख़त मुझे एक जगह देना है और एक म्यूज़िक मास्टर से मिलना है। लाला जी इतवार को अपने दोस्तों के साथ, प्रॉस्पेक्ट हिल की पिकनिक पर जा रहे हैं और मैंने उनसे वादा किया है कि प्रोफ़ेसर सिंह को तैयार कर दूँगा। लाला जी ने कहा है कि मैं पूछ कर बात पक्की कर रखूँ, सो मैं खाना खाते ही चला जाऊँगा। तुम खाना खा कर समय से यहाँ आ जाना। इन दोनों सवालों के उत्तर कापी में लिखना। अव्वल तो मैं इतने में आ जाऊँगा। अगर मुझे आने में देर हो गयी तो अगले चैप्टर के मुश्किल शब्दों पर निशान लगा लेना। मुझे पता होता कि तुमने मैट्रिक में इतिहास ध्यान से नहीं पढ़ा तो मैं शुरू ही से तुम्हें इस ढंग से पढ़ाता....इतने दिन बेकार ही नष्ट हो गये।"

"मैट्रिक में हमने अंग्रेज़ी में पढ़ा था, यह हिन्दी में है!" चन्द्रा ने कहा।

'अंग्रेज़ी में तुमने जैसा पढ़ा होगा, वह मैं जानता हूँ,' चेतन ने मन-ही-मन कहा, लेकिन प्रकट बोला, "ख़ैर, कोई बात नहीं, मैं ऐसे पढ़ा दूँगा कि तुम्हें ज़रा भी कठिनाई न हो। तुम अगर इस तरह शब्दों के अर्थ जानते हुए पढ़ोगी तो हिन्दी का तुम्हारा ज्ञान बढ़ेगा; दूसरे पेपर करने में भी तुम्हें आसानी होगी और गद्य और पद्य में तुम्हें बहुत-से शब्द इतिहास के ज़रिये से, आ जायेंगे।"

"जी, मास्टर जी!"

वह उठी। उसने अलसायी-सी अँगड़ाई और लम्बी साँस ली, जैसे बहुत काम कर के थक गयी हो। चेतन की ओर देख कर, अलस भाव से मुस्करायी। चेतन का जी हुआ, उससे पूछे —क्या बहुत थक गयी हो!' —प्यार और सहानुभूति-भरे ये शब्द और मुस्कान उसके होंटों पर आती-आती रुक गयी। पर कहा उसने सिर्फ़ इतना ही :

"तुम जा कर सुक्खू के हाथ, मेरे लिए खाना यहीं भिजवा दो।"

और बिना उसकी मुस्कान का उत्तर दिये, वह अपने कमरे में चला गया।

नौ

कविराज लंच पर गये हुए थे और उनके दफ़्तर में केवल चपरासी बैठा ऊँघ रहा था। चेतन ने उसे पत्र दिया और अपने सामने उनकी मेज़ पर रखवा कर, वह ख़ुश-ख़ुश, लक्कड़ बाज़ार की ओर चल पड़ा।

पत्र की पंक्तियाँ उसके कानों में गूँजने लगी। अपने व्यंग्य की बारीकी और सही जगह चोट कर सकने की शक्ति पर, उसने ख़ुद ही अपनी पीठ ठोंकी और कल्पना-ही-कल्पना में कविराज जी का, सदा शान्त बना रहने वाला चेहरा क्रोध से विकृत होते देखा। उसके मन को कुछ अजीब-सा सुख मिला। अचानक उसे पिछले वर्ष की एक दुर्घटना याद हो आयी, जब क्रोध के मारे, न सिर्फ़ उनका चेहरा ही विकृत हो गया था, बल्कि किसी दूसरे पर ग़ुस्सा निकाल न सकने के कारण, अपना सारा संयम, भूल कर, वे उसे बुरी तरह डाँटने लगे थे! —सारी-की-सारी घटना, अपने नन्हे-से-नन्हे ब्योरे के साथ, उसके सामने घूम गयी!

o

पिछले वर्ष, जब एक इतवार रुल्दू भट्टे के अपने कमरे में बैठा, वह कविराज की पुस्तक में जुटा था, उसने अचानक खिड़की से नारायण को सीढ़ियाँ चढ़ते देखा।

"अरे, इतवार को भी काम में जुटे हो," नारायण वहीं सीढ़ियों में रुक कर बोला था, फिर दरवाज़े से अन्दर आ गया था —"उठो! चलो, कहीं घूमने चलें; कई दिनों बाद धूप निकली है, बड़ा ही निखरा-खिला दिन है," उसने कहा था।

चेतन ने तख़्ती एक ओर रख दी थी। "आज इतवार है ?" और वह म्लान हँसी हँसा था, "यहाँ दफ़्तर तो जाते नहीं कि सनीचर-इतवार का ध्यान रहे।"

"अब उठ जाओ, बातों में लग जायेंगे तो इसी अँधेरे कमरे में इतवार स्वाहा हो जायेगा।"

"कहाँ चलोगे ?"

"यह रास्ते में सोचेंगे।"

चेतन निक्कर-कमीज़ पहन कर नारायण के साथ हो लिया था। नारायण तो खाना

खा कर चला था, लेकिन चेतन ने कुछ भी न खाया था, इसलिए पहले नारायण ने उसे लोअर बाज़ार के हलवाई की दुकान से पूरियाँ खिलवायीं और लस्सी का गिलास पिलवाया। फिर वह उसे अपने कमरे में ले गया । उसने घर से आयी हुई नमकीन मठरियाँ और पुराना नींबू का अचार, एक थैले में रखा और बोला, "चलो आज तुम्हें ग्लेन[१] दिखा लायें।"

लोअर बाज़ार से वे माल पर आये थे, और माल से सेसिल होटल की ओर चल दिये थे। हालाँकि घर से चलते-चलाते उन्हें बारह बज गये थे और शायद दो का टाइम था, लेकिन धूप तेज़ थी और चेतन को लग रहा था, जैसे वह कई मील चल आये हैं। सहसा उसने पूछा था, "क्यों भाई, क्या कयामत तक चलते जाओगे ? ग्लेन क्या जतोग में है ?"

नारायण कुछ हैरान-सा बीच-सड़क खड़ा हो गया था। "यार, मैं रास्ता भूल गया हूँ।" उसने कहा, "इधर ही दायीं ओर को नीचे उतरता था। हम शायद काफ़ी आगे आ गये हैं।"

और उसने दायीं ओर को मुड़ने वाले एक छोटे-से मार्ग को पकड़ लिया था, "चलो, इधर चलते हैं।"

जब वे काफ़ी आगे निकल आये तो नारायण ने कहा —"देखो, ग्लेन इस घाटी में है, हम शायद दूसरी ओर आ गये हैं, क्यों न हम इधर को नीचे उतरें।"

"लेकिन कोई रास्ता नहीं है।" चेतन ने आपत्ति की थी।

"रास्ते की क्या ज़रूरत है, गायों, बकरियों के पैरों से बनी पगडण्डियाँ हैं, खेत हैं।" और उसने रास्ते के दायीं ओर लगे, कँटीले तार पर पैर रखा, "तुम ज़रा इस तार पर पैर रख कर ऊपर का तार ऊँचा करो।"

चेतन ने नारायण के कहे मुताबिक तार पकड़े। नारायण बीच में से दूसरी ओर निकल गया। तब उसने चेतन को उधर जाने में मदद दी। पार आ कर, दोनों कूदते-फाँदते, कुदकड़े मारते, कभी मेंड़-मेंड़ चलते, कभी खेतों को रौंदते, निरन्तर आगे बढ़ते, नीचे उतरते चले गये। साढ़े-तीन बजे के करीब, वे घाटी के एकदम नीचे पहुँच गये।

घाटी के बीचों-बीच पत्थरों में एक पतला-सा नाला सरसराता हुआ बह रहा था।

दोनों उसके किनारे एक बड़े-से पत्थर पर जा बैठे —उन्हें ज़ोर की भूख लग आयी थी। क्षण भर सुस्ता कर उन्होंने नाले के ठण्डे पानी से पैर धोये, फिर मुँह पर छींटे मार कर बालों पर हाथ फेरा और एक और भी चौड़े-से पत्थर पर बैठ, नींबू के अचार के साथ मठरियाँ खाने लगे।

तेज़ भूख में ख़स्ता मठरियाँ इतनी स्वादिष्ट लगीं कि स्वर्गीय नेमतें भी उनके आगे हेच हों। मठरियाँ खा कर और ग्लेन से पानी पी कर दोनों मित्र पैर पसार कर बैठ गये। — दायीं ओर को, घाटी कम चौड़ी होती हुई, दूर, कोणाकार हो गयी थी। उसके पहलुओं पर हरे-भरे खेत थे। कोने के गर्त में केलू और बाँझ के घने झुण्ड। ग्लेन की नीचाई से ऊपर को देखते हुए, अजीब-सी फुरहरी शरीर में उठती थी। सामने, ऊपर माल को जाने वाली सड़क के पुल का एक हिस्सा दिखायी दे रहा था। धूप का एक चकत्ता, न जाने कहाँ से

१. (Glen) घाटी के तल में वृक्षों के बीच बहती नदी

आ कर वहीं रम गया था —चेतन मुग्ध-सा घाटी के अँधेरे सायों के ऊपर चमकते, उस पीली-सी धूप के चकत्ते को देखता रहा था —धूप का वह सुनहरी चकत्ता, उसे ज़िन्दगी की गहरी घाटी में कहीं बहुत ऊपर चमकती, लेकिन पहुँच से सदैव परे, सफलता की आशा-सरीखा लगा था।

वह तन्मय भाव से उन ऊँचाइयों को देख रहा था, जब नारायण ने उसकी एकाग्रता भंग करते हुए कहा, "चलो, अब चलें।"

चेतन चौंका। "जिधर से आये हैं, उधर से लौटना तो मुश्किल है! कोई दूसरा रास्ता नहीं ?"

"चलो, इस नाले के किनारे-किनारे चलते हैं, शायद आगे से कोई रास्ता निकल आये।"

और वे नाले के किनारे-किनारे आगे को बढ़े।

ज्यों-ज्यों वे आगे बढ़ते गये, घाटी चौड़ी होती गयी। वे दो-एक फ़र्लांग ही बढ़े होंगे कि उन्हें सामने कुछ दूर पर ही नीचे आकाश दिखायी दिया। नाला काफ़ी चौड़ा हो गया था और गिरता-सा दिखायी देता था।

"आगे शायद आबशार[१] है।" नारायण ने कहा।

लेकिन किनारे पर जाते उन्हें डर लगा। तभी नारायण ने देखा, नाले के दूसरे किनारे एक पगडण्डी नीचे उतरती दिखायी दे रही थी। नाले के उथले पानी में पत्थरों पर सावधानी से पैर रखते हुए, वे उसे पार कर गये। पगडण्डी टेढ़ी-मेढ़ी हो कर नीचे उतरती थी। काफ़ी नीचे पहुँच कर, वे उस जगह आ गये, जहाँ नाला आड़ी चादर-सरीखा नीचे गिरता था। —दोनों आँखें फाड़े, चकित, विस्मित, उस सुन्दर प्रपात को देखते रहे। 'चैडविक' जितनी ऊँचाई नहीं थी, पर लगता नहीं था कि वे कोई प्राकृतिक जल-प्रपात देख रहे हैं —यही लगता था, जैसे इस प्रपात को आदमी के हाथों ने बनाया है। लाहौर के शालामार में चेतन ने बाग़ के बीचों-बीच बहती नहर को ऐसे ही छोटे-छोटे प्रपातों में गिरते देखा था। यह प्रपात उससे पचास-सौ गुना बड़ा था, पर था वैसा ही — टेढ़ी खिंची, बहुत लम्बी चादर-सरीखा।....दोनों बड़े प्रसन्न हुए कि उन्होंने वह प्रपात देख लिया, जिसके अस्तित्व तक के बारे में वे अनभिज्ञ थे। शिमले के यात्री सेसिल के उधर से कहीं ग्लेन में उतरते थे और घाटी के नीचे, नाले के किनारे दिन गुज़ार कर चले जाते थे; पर ग्लेन इस प्रपात पर ख़त्म होती है, यह कोई न जानता था। कोलम्बस को अमरीका के किनारे पहुँच कर इतनी ख़ुशी न हुई होगी, जितनी उन दोनों को वह प्रपात देख कर हुई। आँखें उनकी उसे देख, अघाती न थीं। जाने कितनी सादियों में पानी ने पहाड़ पर वह ढालुवीं चादर बिछा दी थी....दोनों मन्त्र-मुग्ध खड़े थे कि अचानक उनके कानों में बकरियों के मिमियाने की आवाज़ आयी....दोनों चौंके, मुड़े; दायीं ओर, बहुत ऊँचा, बाहर को उभरा हुआ पहाड़ खड़ा था; वहीं नाले के पार कुछ ऊँचाई पर बकरियाँ चर रही थीं और एक चरवाहा लाठी टिकाये बैठा था। नाले को पार कर दोनों ऊपर चढ़ गये।

"क्यों भई, इधर से कोई रास्ता ऊपर को जाता है ? हमें माल पर जाना है।"

१. प्रपात

"इस पहाड़ के ऊपर से पगडण्डी सड़क के नज़दीक जा निकलती है।"

दोनों किंकर्तव्य-विमूढ़, सिर उठाये ऊपर को देखते रहे।

"और कोई रास्ता नहीं ?"

"नहीं।"

"पगडण्डी किधर है ?"

"बस यही, जिधर से बकरियाँ जाती हैं।"

शाम हो रही थी। दूसरा कोई चारा न देख कर, दोनों चढ़ने लगे। छोटी-सी पगडण्डी थी, जिस पर कभी-कभी उन्हें हाथ-पैरों के बल चलना और झाड़ियों का सहारा ले कर आगे बढ़ना पड़ा।....जब (चेतन को ऐसा लगा, जैसे एक युग के बाद) दोनों, फूली हुई साँस, पसीना-पसीना शरीर और दुखते अंग ले कर, चोटी पर पहुँचे तो उन्हें यह देख कर ख़ुशी हुई कि आगे यद्यपि कुछ और ऊँचाई थी, पर रास्ता चौड़ा हो गया था....और सच ही जब उन्होंने पूरा पहाड़ पार किया तो वे 'समर हिल' वाली सड़क पर पहुँच गये थे।

हालाँकि सूरज कहीं छिप गया था, पर केलुओं की फुनगियों पर ऐसा पीला रंग फैला था, जिसमें हल्की-सी लाली थी। सात बज चुके थे, लेकिन अभी बत्तियाँ जलने में देर थी। सड़क के किनारे, पत्थरों पर बैठ कर, वे कुछ पल सुस्ताये, फिर वापस चल पड़े —वे बेहद थक गये थे, लेकिन ख़ुश भी थे कि वे न सिर्फ़ ग्लेन में उस जगह जा पहुँचे, जहाँ प्रायः कोई न जाता था, बल्कि ऐसे प्रपात को भी देख आये, जिसे शिमला आने वाले निन्यानबे प्रतिशत यात्री जानते भी नहीं थे।

नारायण के ज़ोर देने पर, चेतन ने उसके साथ 'कश्मीर हिन्दू होटल' में खाना खाया और जब वह घर पहुँचा तो नौ बजे थे। मन्नी बाहर सीढ़ियों पर बैठी थी। कविराज अपनी पत्नी के साथ सर टीकमलाल के यहाँ गये हुए थे। चेतन ने बिस्तर पर फैली हुई किताबों और फ़ाइलों को उठाया और कपड़े बदले। इस बीच वह लगातार, मन्नी को अपनी खोज की बात सुनाता रहा। पहले उसका मन हुआ कि बिस्तर पर बैठ कर कुछ पढ़े या कुछ काम करे, लेकिन वह इतना थक गया था कि उसने तत्काल सोने का फ़ैसला किया। वह बत्ती बुझाने जा रहा था कि कविराज आ गये। उनकी पत्नी अन्दर चली गयीं। कविराज स्वभावानुसार उसके कमरे में आये और उसके कन्धे को थपथपाते हुए, मुस्करा कर उन्होंने ने पूछा कि 'अज़ीज़' दिन भर कहाँ रहा; कि सर टीकम लाल के यहाँ आज उन्हें जाना था और वे चाहते थे कि उसे भी सर महोदय से मिला लायें, पर उसका कहीं पता ही नहीं चला।

चेतन जानता था कि वह घर में होता तो वे कभी उसे सर टीकमलाल के यहाँ ले जाने की बात न सोचते —ख़ास तौर पर उस वक्त, जब 'बीबी जी' भी साथ हों, चूँकि वह नहीं था, इसलिए वे उस पर एहसान का बोझ लादना नहीं भूले; पर अपने उल्लास में, उस सफ़ेद झूठ पर उसने उन्हें क्षमा कर दिया और अपने अन्वेषण की बात उन्हें सुनायी।

ग्लेन की ख़ूबसूरती, एकान्त और शान्त वातावरण और शालामार, लाहौर के प्रपातों की तरह सरकती चादर के रूप में अनवरत झरने वाले इस प्रपात के सौन्दर्य का सविस्तार वर्णन करने के बाद चेतन ने कहा :

"चैडविक फ़ॉल शानदार है, बहुत ऊँचाई से गिरता है, इसमें कोई शक नहीं। लेकिन यह भी कम सुन्दर नहीं। जाने इसका क्या नाम है ? जाने कोई वहाँ जाता भी है या नहीं, क्योंकि जिधर से हम गये, उधर से कोई रास्ता ही नहीं और जिस राह से हम लौटे, उससे उतर कर आबशार पर पहुँचना, हर किसी के बस में नहीं!"

चेतन ने कुछ ऐसे शब्दों में प्रपात का वर्णन किया था कि कविराज अपनी सारी औपचारिकता भूल कर, उसकी बातें सुनते रहे थे। वे तो न जाने और भी कितनी देर वहाँ खड़े रहते, अगर अन्दर से बीबी जी निहायत ही चिड़चिड़ी आवाज़ में उन्हें समय की याद न दिला देतीं।

तब अपनी पत्नी की चिड़चिड़ाहट के उत्तर में, बड़े ही संयत, मीठे स्वर में —'अभी आया जी'! कहते और चेतन को, ख़तरे उठा कर भी तहकीक[१] की यह 'स्पिरिट' सदा बनाये रखने पर छोटा-सा भाषण देते हुए, कविराज अन्दर चले गये। लेकिन चेतन की कवित्व-भरी वाणी में सुने उस सुन्दर प्रपात के ब्योरे वे अपने दिमाग़ में लेते गये, क्योंकि पन्द्रह दिन बाद ही उन्होंने एलान किया कि आते रविवार वे अपने सारे दफ़्तर को वह प्रपात दिखाने ले जायेंगे।

o

कविराज का यह पुराना ढंग था कि वे अपने सुख के लिए भी कोई बात क्यों न करें, पर उसका एहसान वे अपनी बीवी, अपने बच्चे, अपने मित्रों अथवा दफ़्तर के कर्मचारियों पर लाद दिया करते थे और उन्हें यह बता देते थे कि वह सब वे उनकी सुख-सुविधा के लिए ही करते हैं....बहरहाल, शनिवार को उन्होंने घोषणा कर दी कि वे ऐन आठ बजे लोअर बाज़ार के अपने ऑफ़िस से चल देंगे, ताकि लंच के समय तक वापस आ जायें। चेतन ने प्रतिवाद किया था कि शायद इतनी जल्दी वापस आना सम्भव न हो सके। तब मुस्कान को अपनी मूँछों में और फैलाते हुए, कविराज जी ने औलियाओं के-से अन्दाज़ में कहा था, "टार्गेट हमेशा ऊँचा रखना चाहिए अज़ीज़! अगर हम लंच तक वापस आने का टार्गेट रखेंगे तो दो-तीन बजे तक लौट ही आयेंगे; नहीं ज़रा ढील देंगे तो पाँच-छै बज जायेंगे। दोपहर को वापस लौट आते हैं तो आ कर आराम कर सकेंगे और दूसरे दिन के लिए एकदम चाक-चौबन्द हो जायेंगे, नहीं तो इतवार ही नहीं, सोमवार भी बर्बाद हो जायेगा।"

चेतन सुबह समय से पहले तैयार हो गया। कविराज जी ने अपने 'जीनियस' साहबज़ादे, राजकुमार को —अर्ली टु बेड ऐण्ड अर्ली टु राइज़, मेक्स ए मैन हेल्दी ऐण्ड वेल्दी ऐण्ड वाइज़' का सदुपदेश दे कर, नौ बजे ही सुला दिया था। सुबह छै बजे उन्होंने उसे जगा दिया। यद्यपि उठ कर वह फिर एक बार जा सोया था, पर बड़े दुलार से प्रपात की सुन्दरता का बखान कर, कविराज ने उसे समय से तैयार कर लिया। लोअर बाज़ार से उन्होंने कुछ मिठाई और नमकीन ख़रीदा और सवा आठ बजे, वे सब — कविराज, राजकुमार, जयदेव, यादराम और चेतन —प्रपात देखने चल दिये....

कविराज हमेशा सूफ़ियाना सूट पहनते थे —कभी ग्रे, कभी हल्का भूरा कभी हल्का नीला। उन्होंने हल्की नीली सर्ज का सूट पहन रखा था; गले में बढ़िया टाई और सिर पर

१. खोज, अन्वेषण

महाशयों-सी पगड़ी....वे बड़े मूड में थे, रास्ते भर वे अपने बेटे और कर्मचारियों में, जिन्दगी के कीमती राज़ 'मुफ़्त' बाँटते रहे। अवसर को कैसे पहचान कर, उससे लाभ उठाना चाहिए; अवसर न मिले तो किस प्रकार अवसर पैदा करना चाहिए; समय कैसे धन के बराबर है और धन कैसे समय का पर्याय है; कैसे अपने आगे बढ़ जाने वाले से ईर्ष्या करने के बदले, यह जानने का प्रयास करना चाहिए कि वह क्यों आगे बढ़ गया है, उसमें क्या गुण हैं; और आगे बढ़ने की इच्छा है तो वे गुण अपनाने चाहिएँ।....फिर सफल व्यक्ति किस तरह अपनी मुसीबतों से जूझता है और 'मीर' के शब्दों में अपनी नाकामियों से काम लेता है, यह भी उन्होंने मिसालें दे कर समझाया था।

चेतन न जाने वह सब कितनी बार सुन चुका था और न सिर्फ़ सुन चुका था, बल्कि बहुत कुछ अपना भी चुका था। सुन कर भी न सुनते हुए, वह रास्ते का सौन्दर्य निहारता, चुपचाप उनके साथ चलता गया। लगता यही था कि चेतन नहीं, कविराज ही उनका नेतृत्व करते हुए, उन्हें प्रपात दिखाने ले जा रहे हैं।

सेसिल होटल के आगे, उस जगह तक कविराज निरन्तर बातें करते चले गये, जहाँ से चेतन और नारायण दायीं ओर को मुड़े थे। चेतन बोर होता हुआ, उनकी बातें सुनता, उनकी अर्दल में चलता रहा था। जब वह मोड़ आ गया तो वह आगे हो लिया और उसने कहा कि इधर से प्रपात को मार्ग जाता है। जब वे उस जगह आये, जहाँ से उन्होंने तार को पार किया था तो कविराज कुछ झिझके, क्योंकि परली तरफ़ खेत थे और वहाँ से जाना, उनके ख़याल में 'ट्रेसपास' करना था। उन्होंने इच्छा प्रकट की कि कहीं आगे से चलेंगे। लेकिन चेतन ने कहा कि कहीं दूसरी जगह जा निकलें तो वह ज़िम्मेदार नहीं होगा। वह जिधर से नारायण के साथ आया था, उसी तरफ़ से उन्हें ले जा सकता है। तब कविराज ने, यादराम को तार कसने का आदेश देते हुए, संस्कृत का एक श्लोक पढ़ा, जिसका मतलब समझाते हुए उन्होंने कहा, 'संसार में रहते हुए, इसके कर्दम से बचना नामुमकिन है, लेकिन आदमी हत्तुल-इमकान[१] उतने ही छींटे अपने ऊपर पड़ने दे, जो उसे सकुशल पार करने में नागज़ीर[२] हों। वह उस कीचड़ में सुअर की तरह लोटनियाँ न लगाये।"....

श्लोक सुना कर, सब को तार में से निकलने का आदेश देते हुए, कविराज ने कहा कि खेतों को रौंदें नहीं और मेंड़-मेंड़ नीचे उतरें।

सब तार के पार चले गये तो कविराज झुके। तब जाने क्या हुआ —कविराज पूर्ववत अपना व्याख्यान जारी रखे हुए थे, इसलिए उन कँटीली तारों में से निकलने में पर्याप्त सावधानी नहीं बरत सके अथवा आसानी से निकल जाने की सुविधा देने के लिए यादराम ने निचले तार पर कुछ ज़्यादा ज़ोर दिया और उसका पैर सरक गया —चेतन ने उन्हें सिर्फ़ मुँह के बल गिरते और उनकी पतलून के पायँचे को निचले तार में उलझते देखा। पलक-झपकते तार पर ज़रा-सा हाथ रख, यादराम ऊपर से कूद आया। उसने उनकी पतलून का पायँचा तार से निकाला और उन्हें उठाया। चेतन, राजकुमार और जयदेव आगे बढ़ आये थे, वे पलटे। कविराज कुछ हतप्रभ हो गये थे, पतलून के पायँचे ही में खरोंच न आयी थी, उनके गैलिस का एक बटन भी टूट गया था; लेकिन उन लोगों के निकट आते ही वे

१. यथाशक्य
२. अनिवार्य

हँसे और 'गिरते हैं शहसवार ही मैदाने जंग में' कहते हुए उन्होंने कपड़े झाड़े, पगड़ी सीधी की और आगे बढ़ते हुए बोले, "लेकिन यह हादसा भी मुझे सदा के लिए सीख दे गया है — इस तरह की पिकनिक पर, पिकनिक के लिबास में आना चाहिए; उस लिबास में नहीं, जिसमें कि हम दफ़्तर जाते हैं। अब अगर मैंने सूट के बदले निक्कर पहनी होती तो क्या मैं गिरता ? और क्या इन खेतों को पार करने और झाड़-झंखाड़ में रास्ता बनाते हुए उतरने में मुझे मुश्किल पेश आती ?"

तब वहीं खड़े-खड़े, उन्होंने पतलून के दोनों पायँचे काफ़ी मोड़ लिये और यद्यपि उन्होंने स्वयं मेंड़-मेंड़ चलने का आदेश दिया था, तो भी, जब चेतन (और उसी के अनुकरण में राजकुमार) यह कहते हुए कूदते-फाँदते आगे बढ़े कि इस तरह हम शाम को ग्लेन पहुँचेंगे, तो कविराज ने आपत्ति नहीं की; चाहते तो वे यही थे कि उनके ज्ञान में वृद्धि करते हुए, उनके साथ चलें, पर चेतन और राजकुमार फलाँगते हुए बढ़ चले तो वे भी यथासम्भव अपने धर्म को बचाते हुए, उनके पीछे हो लिये।

ग्लेन पर पहुँच, उन्होंने हाथ-मुँह धो कर मिठाई और नमकीन खाया; कुछ क्षण बैठे। चेतन चाहता था, उनसे कहे — 'कविराज जी, एक गाना सुनाइए,' पर वह जानता था, चैडविक प्रपात पर जिस परिस्थिति में उन्होंने गाना सुनाया था, वह परिस्थिति तब नहीं थी। फिर, हालाँकि वे प्रकट हँस रहे थे, लेकिन उसे आभास था कि इस तरह बिना पगडण्डी, कूदते-फाँदते उतर आने में सूट ख़राब हो जाने से उनका मूड बिगड़ गया है।....इसके अलावा अभी मुश्किल से साढ़े दस-ग्यारह बजे थे; धूप तेज़ थी (पिछली बार, जब वह नारायण के साथ वहाँ आया था तो घाटी में साँझ के साये फैल गये थे) आँखों को चौंधियाती-तपती इस धूप में वह आन्नद नहीं था; और कविराज जी ने तो लंच तक घर पहुँचने का लक्ष्य बना रखा था। इसलिए बिना ज़्यादा सुस्ताये, वे लोग उठे।

चेतन आगे-आगे हो लिया। वह उन्हें प्रपात के नीचे ले आया। प्रपात को देख कर कविराज बहुत प्रसन्न हुए। उन्होंने सृष्टि की भव्यता और मानव की नगण्यता पर एक छोटा-सा लगभग स्वगत-भाषण दिया। फिर चेतन की ओर देख कर कहा, "अब अज़ीज़!" और सिर के इशारे से पूछा — किधर से चलना है ? चेतन ने दायीं तरफ़, आकाश का सीना चीरते हुए पहाड़ की ओर संकेत कर दिया, जिसका ऊपर का भाग बेतरह बाहर को बढ़ा हुआ था और बहुत डरावना लगता था।

उधर देखते ही राजकुमार का मुँह सूख गया। कविराज कुछ क्षण स्तम्भित-से, उस ऊँचाई को देखते रहे। हालाँकि चेतन ने उन्हें सविस्तार सब कुछ बताया था, लेकिन ऐसी सीधी चढ़ाई की कल्पना उन्होंने नहीं की थी। आते-आते ही, खेतों की मिट्टी में धँसते, राह-बे राह कूदते-फाँदते, देवदार और बाँझ के पत्तों पर फिसलते-सरकते, उनके सूट का सत्यानाश हो गया था — लेकिन कोई चारा नहीं था। क्षण भर कविराज, जैसे आँखें मस्तक में जमाये, समाधि की स्थिति में खड़े रहे, फिर उन्होंने चेतन को इशारा किया कि आगे बढ़े और स्वयं उसके पीछे कदम बढ़ाते हुए और राजकुमार की पीठ ठोंकते हुए, दायें हाथ के मुक्के को हवा में उछाल कर, उन्होंने नारा लगाया — "जो बोले, सो अभय!"

उत्तर में केवल जयदेव और राजकुमार ने निहायत मरी-सी आवाज़ में कहा, "ऋषि दयानन्द की जय!"

तब कविराज ने ऋषि दयानन्द के चमत्कारों का बखान करते हुए, इच्छा-शक्ति पर छोटा-सा भाषण दिया कि इच्छा-शक्ति के बल पर एक दिन इन्सान माउण्ट एवरेस्ट सर कर लेगा तो क्या वे इस पहाड़ पर नहीं चढ़ सकते!

चेतन, निक्कर और फ़्लीट-शू पहने हुए था। वह फुर्ती से बढ़ा। हाथ-पैर और घुटनों की सहायता से, वह लगातार चढ़ता चला गया; जयदेव भी उसके बराबर था; पर कविराज और उनके सुपुत्र की फूँक, दो फ़र्लांग ही में सरक गयी। कविराज सूट पहने हुए थे और उनका अज़ीज़ राजकुमार, चूड़ीदार पायजामा और अचकन। न जाने पायजामे की फ़िटिंग ही में कुछ दोष था या उसने ठीक से पहना न था —उसे घुटना मोड़ने में दिक्कत होती थी। यादराम सब के पीछे आ रहा था और उन्हें चढ़ने में सहायता देता था। चलते-चलते, पसीने के कारण, कविराज ने अपना कोट और राजकुमार ने अचकन यादराम को दे दिया। कपड़े लिये-लिये चूँकि उसे चढ़ने में मुश्किल पड़ती थी, इसलिए उसने कविराज के कोट को अचकन में रख, उसे अपने गले में बाँध लिया था। लेकिन कोट और अचकन के बिना भी बाप-बेटे को चढ़ने में तकलीफ़ होती थी। आधे रास्ते में एक जगह राजकुमार जो फिसला तो पायजामा घुटने से बिलकुल उड़ गया।....चेतन और जयदेव काफ़ी आगे निकल आये थे। तभी सहसा उनके कानों में यादराम की आर्त्तनाद-ऐसी चीख़ सुनायी दी —"बाबू जी....बाबू जी....!"

दोनों वापस पलटे —सौ-दो सौ कदम उतरने पर, एक मोड़ से जो दृश्य उन्होंने देखा, उससे वे जड़वत, वहीं खड़े रह गये —एक पेड़ की मोटी डाल पकड़े, कविराज पहाड़ के साथ ही हवा में लटके थे। गैलिस उनके कन्धे पर झूल रहे थे और पतलून पैरों में उलझी थी —उसका पायँचा राजकुमार के हाथ में था —वह और भी नीचे लटका था। राजकुमार के पैर एक छोटी-सी झाड़ी में टिके थे, पर कविराज जी के पैरों के नीचे शून्य था —जाँघों के नीचे, उनके गोरे-गोरे घुटनों और पिंडलियों पर ख़राशें आ गयी थीं और मुँह पर हवाइयाँ उड़ रही थीं —कविराज उस पोज़ में ऐसे हास्यास्पद लगते थे कि चेतन के मन में निमिष भर को एक शैतानी-सी इच्छा हुई —नारा बुलाये —'जो बोले सो अभय!' फिर उसने सोचा, पूछे कि कविराज पगडण्डी से उधर कैसे जा लटके, लेकिन वक्त नहीं था। वह उन्हें बचाने की तरकीब सोचने लगा।

हालाँकि कविराज उससे एक हाथ के अन्तर पर लटके थे, पर जहाँ वे लोग खड़े थे, वहाँ से कविराज तक हाथ पहुँचाना, ख़तरे से ख़ाली नहीं था। समय था नहीं। यदि कविराज का हाथ छूट जाता तो दोनों का नीचे लुढ़कते चले जाना निश्चित था।

चेतन ने जयदेव से पगड़ी उतारने को कहा। पगड़ी का एक सिरा, ज़रा पीछे पेड़ के तने से अच्छी तरह बाँध, दूसरा सिरा उसने यादराम की कमर से बाँधा और उससे कहा कि उसके सहारे ज़रा नीचे उतर, कविराज जी की पगड़ी उतार लाये।

जयदेव ने कहा कि यादराम बहुत भारी है, अगर पगड़ी फट गयी तो सब गड़बड़ हो जायेगा। तब चेतन को याद आया कि वे स्काउटिंग में रस्सों और पगड़ियों की मदद से मकानों की सीधी दीवारों पर चढ़ना सीखते थे। उसने यादराम की कमर से पगड़ी खोल कर, अपनी कमर में बाँधी और यादराम से कहा कि पगड़ी को थामे रखे और धीरे-धीरे छोड़े, अन्धा-धुन्ध ढील न दे और जब वह आवाज़ दे, रुक जाये। चेतन ने यह भी तय

किया कि वह नीचे अथवा इधर-उधर नहीं देखेगा और निगाहें कविराज की पगड़ी पर ही रखेगा।

तब दोनों हाथों में पगड़ी थामे, पहाड़ पर दोनों पाँव सीधे टिकाये, उतरते हुए उसने कविराज की पगड़ी उतार ली। फिर उसने यादराम से कहा कि उसे खींच ले। ऊपर आ कर उन्होंने दोनों पगड़ियों को 'रीफ़-नॉट'[१] दे कर, कस के बाँधा और उसे लटका दिया। राजकुमार ने एक हाथ से कविराज जी की पतलून छोड़ कर, उसे पकड़ लिया और झाड़ी की जड़ पर पैर टिका कर, चेतन के कहने के अनुसार, उसने पगड़ी के सिरे को कमर में लपेट कर गाँठ दे दी। तब तीनों ने मिल कर उसे खींच लिया।

राजकुमार ऊपर आ गया तो चेतन ने बीच से पगड़ी को कस कर अपनी कमर में बाँधा और उसके सहारे उतर कर वह बाकी का सिरा पेड़ की डाल पर लटके हुए कविराज जी की कमर से बाँध आया। स्वयं वह ऊपर आ गया और उन्होंने मिल कर कविराज को खींच लिया।

कविराज की पतलून बुरी तरह फट गयी थी। पेड़ की डाल छोड़ कर, पगड़ी को थामने के प्रयास में वे कुछ पग नीचे खिसक गये थे और उनके घुटने छिल गये थे। पतलून के बटन टूट चुके थे। उसे पहने रखना मुश्किल था। तब चेतन ने समझाया कि टाई खोल कर उसे पेटी की जगह बाँध लीजिए।....

कविराज कुछ नहीं बोले; उन्होंने पतलून पहनी; टाई खोल के पेटी बाँधी; ऊपर कोट पहना और यद्यपि पगड़ी रस्सा बन गयी थी तो भी उसे एक बार फैला कर, तह कर के बाँधा और चल पड़े। बाप-बेटे, दोनों की सूरतें, कार्टूनों-जैसी हो गयी थीं। अब के उन्होंने राजकुमार को सब से आगे चलने को कहा। उसके पैर का एक बूट ही ग़ायब था, तभी चेतन को पता चला कि इसी जूते के कारण बाप-बेटा उस गति को प्राप्त हुए।

....बात यह हुई कि जूतों के कारण राजकुमार को चढ़ने में कठिनाई होती थी। उसने एक जूता उतार कर सामने रखा; वह दूसरा उतारने जा रहा था कि पहला नीचे को सरक गया; उसे पकड़ने के प्रयास में उसका सन्तुलन बिगड़ गया। घबराहट में उसने हाथ मारा तो कविराज जी की पतलून का पायँचा ही पकड़ पाया, वे भी फिसले तो उन्होंने बायीं ओर उगे पेड़ की डाली पर हाथ मारा। डाली उनके हाथ में आ गयी, पर झटके से वे पगडण्डी की बायीं ओर को लुढ़क गये। पतलून में गैलिस के शेष बटन राजकुमार के भार से टूट गये और वह उतरती चली गयी। यह भी ख़ैरियत गुज़री कि वह उनके जूतों में फँस गयी और राजकुमार झाड़ी के सहारे आगे फिसलने से बच गया।

०

लक्कड़ बाज़ार को जाते-जाते, सारा दृश्य चेतन की आँखों के सामने घूम गया....

०

....कविराज अन्दर-बाहर से बेतरह हिल गये थे। क्रोध-क्षोभ, ग्लानि और मृत्यु की सन्निकटता से उनका चेहरा विकृत हो आया था। कुछ क्षण चुपचाप चलते रहे थे; फिर चेतन को उसकी हिम्मत के लिए शाबाशी देने के बदले, उस पर बरस पड़े थे। उन्होंने चेतन

१. पक्की तरह रस्सी बाँधने का एक तरीका। नॉट=गाँठ

को डाँटना शुरू किया कि उसे बताना चाहिए था, चढ़ाई ऐसी बेतुकी है....वे कभी नहीं आते। उसे साथ-साथ चलना चाहिए था....पहाड़ की चढ़ाई टीम-वर्क है....यह कहाँ का तरीका है कि दो आदमी आध मील आगे चलें, दो आध मील पीछे।

चेतन के सामने उनका क्रोध और क्षोभ से विकृत चेहरा आ गया....वह मन-ही-मन ज़ोर से हँसा....'जो बोले, सो अभय'....लेकिन ऊपर पहुँचते ही, वे संयत हो गये थे....

"इस हादसे से हमको यह नसीहत लेनी चाहिए," उन्होंने कहा था, "कि काम कितना भी छोटा क्यों न हो, उसके लिए पूरी तैयारी करनी चाहिए....अब अगर हम रस्सा ले कर चलते और रस्सा एक-दूसरे की कमर में बँधा होता तो क्या ऐसी दुर्घटना हो सकती थी...." कविराज अपने प्रिय विषय 'मैं' पर आ गये थे। धीरे-धीरे उनके होंटों पर वही शान्ति खेलने लगी थी और वे बताने लगे थे कि किस प्रकार उन्होंने अपने दो मित्रों के साथ लिद्दरवट के बँगले से कोलोहाई ग्लेशियर तक सैर की थी; कैसे वे तीन मील की सीधी चढ़ाई चढ़ कर, दूधसर झील पहुँचे थे, कैसे उन्होंने कोलोहाई ग्लेशियर पार किया था....अपनी बहादुरी, दानाई, टीम स्पिरिट के सम्बन्ध में सब को बताते हुए वे सेसिल होटल के पास पहुँच गये थे। तब उन्हें ख़याल आया था कि वे इस क्षत-विक्षत दशा में कैसे लोअर बाज़ार या माल से गुजरेंगे। सो वे वहीं रुक गये थे। उन्होंने चिट्ठी दे कर यादराम को घर भेजा था। वह सूट, टाई और पगड़ी ले कर वापस आया था और जब वे लोअर बाज़ार पहुँचे थे तो शाम हो गयी थी और भूख और थकान के मारे, सब का बुरा हाल था।

यद्यपि कविराज के चेहरे पर सदा खेलने वाली शान्ति और आत्म-तोष वापस आ गया था, लेकिन पेड़ की डाली से लटकते हुए उनकी वह भीत आकृति और बाद में क्रोध से विकृत उनका चेहरा, चेतन के मन पर सदा के लिए अंकित हो गया था — लक्कड़ बाज़ार को जाते-जाते, उसने उन क्षणों को जैसे दोबारा जी लिया। उनकी लनतरानियों पर वह हँसा और उसकी चिट्ठी पढ़ कर उनकी शान्त आकृति कैसे विकृत हो उठेगी, इसका आनन्द लेता हुआ, वह प्रोफ़ेसर सिंह के म्यूज़िक कॉलेज पहुँचा।

प्रोफ़ेसर साहब को मनाने में उसे काफ़ी देर लग गयी। वे किसी तरह पिकनिक पर जाने के लिए तैयार न होते थे। उन्होंने कई राजाओं और जागीरदारों के नाम गिनाये, जो उन्हें सिर्फ़ एक-आध घण्टे के लिए बुलाते और हज़ार-हज़ार रुपया पेश करते थे, पर उन्होंने इनकार कर दिया। वे बच्चों को संगीत-शिक्षा दे सकते हैं और फ़ीस ले सकते हैं, पर वे ख़ुद शादी-ब्याह और पिकनिकों पर, वेश्याओं और भाँडों की तरह, गाते नहीं घूमते। दोस्ती में कहीं गा देने की बात और है।....

चेतन ने इस अन्तिम बात को पकड़ कर, उन्हें विवश कर दिया था। उसने कहा, "आपके शागिर्द की हैसियत से मैंने आपकी बड़ी तारीफ़ कर रखी है और आप पर बड़ा मान भी जता रखा है; लाला जी ने जब इच्छा ज़ाहिर की तो मैं यह नहीं कह सका कि मुझे आप पर इतना भी हक नहीं है। मैंने उनसे कह दिया कि मैं आपसे कहूँगा तो आप ज़रूर मान जायेंगे....अब आप चाहते हैं कि लाला जी के सामने मेरी आँखें नीची हों तो न जाइए...."

और वह मोमना-सा, उदास मुँह बना कर बैठ गया था....

प्रोफ़ेसर साहब कुछ क्षण चुप रहे थे, फिर उन्होंने कहा था, "अच्छा, जस्सो को तैयार कर लेना। वह तबला बजा लेगा। उसे कुछ रुपये दिलवा देना। तानपुरा तुम छेड़ लेना और हार्मोनियम मैं देख लूँगा। अब तुमने कह दिया तो चले चलेंगे, पर तुम्हें वादा करने से पहले मुझे पूछ लेना चाहिए था।"

अत्यन्त प्रसन्न हो कर चेतन ने कहा, "बात ही कुछ ऐसे अचानक सामने आयी कि मैं कुछ सोच ही नहीं सका। आपका बहुत-बहुत शुक्रगुज़ार हूँ। कल आ कर मैं आपको ठीक समय बता जाऊँगा और आपको लेने ख़ुद आऊँगा।"

और प्रोफ़ेसर साहब को 'सत श्री अकाल' कह कर, वह सीधा जस्सो के रेस्तराँ गया। इतवार को उनके यहाँ रश होता था। उसने आना-कानी की, लेकिन चेतन ने उसे दो रुपये दिलवाने का वादा कर के, तैयार कर लिया।....

जब वह घर पहुँचा तो चार बज गये थे। चन्द्रा ने सवालों के जवाब लिख लिये थे। तब देर के लिए क्षमा माँग कर, चेतन ने बड़े धैर्य से, न केवल उसके लिखे हुए उत्तर ठीक किये, बल्कि कोरे पृष्ठों पर बड़ी सफ़ाई से उन्हें दोबारा लिख दिया। पौने छै बज गये थे, जब वह उठा।

०

वह अपने कमरे में आया कि उसे दरवाज़े के बाहर, बरामदे में, कविराज जी का चपरासी खड़ा दिखायी दिया। एक मोटा, बन्द लिफ़ाफ़ा उसने चेतन के हाथ में दिया।

उत्सुकता से चेतन का दिल धक-धक करने लगा। उसने लिफ़ाफ़ा फाड़ा। उसकी चिट्ठी के फटे हुए टुकड़ों के साथ, सुन्दर, लम्बे-लम्बे उर्दू अक्षरों में कविराज के अपने हाथ से लिखा हुआ एक छोटा-सा पत्र था :

अज़ीज़,

तुम्हारे वाली किताब को प्रेस में देने से पहले मैं आजकल एक नज़र देख रहा हूँ। तुमने 'हरगिज़-हरगिज़,' 'बिलकुल,' 'बेहद,' 'बेइन्तहा' जैसे अलफ़ाज़ बार-बार इस्तेमाल किये हैं। लगता है तुम इन्तहापसन्द आदमी हो। लेकिन मेरे अज़ीज़, इन्तहा-पसन्दी से ज़िन्दगी नहीं चलती। न सफलता, शान्ति, सुख और सन्तोष ही उससे मिलते हैं। मैंने तुम्हारा ख़त पढ़ लिया है। उम्मीद है, इसे लिख कर तुम्हें कुछ चैन और सुकून मिला होगा। यहाँ कुछ हुआ ही नहीं। ख़त के टुकड़े मैं तुम्हीं को वापस भेज रहा हूँ कि यह मेरी या तुम्हारी फ़ाइल में नहीं रहना चाहिए। ग़ौर करोगे तो मेरी बात मान जाओगे।

हाथ ला उस्ताद क्यों कैसी कही!

ख़ैर-अन्देश
तुम्हारा
कविराज रामदास

चेतन ने वहीं खड़े-खड़े, कई बार पत्र की वे चन्द पंक्तियाँ पढ़ीं। फिर उसके होटों पर हल्की-सी मुस्कान फैल गयी —'आपकी बात मानूँ या न मानूँ,' उसने मन-ही-मन कहा, 'पर आपको मानता हूँ।'

और यही एक पंक्ति उस पत्र के नीचे लिख कर, उसने उसे नये लिफ़ाफ़े में बन्द किया और कविराज जी के चपरासी को वापस दे दिया।

दस

प्रॉस्पेक्ट हिल की पिकनिक में, न केवल चेतन को लाला हाकिमचन्द और उनके क्लर्कों को निकट से देखने का मौका मिला —ऐसे में, जब सब आवरण हट जाते हैं और आदमी अपने असली रूप में होता है — बल्कि प्रोफ़ेसर सिंह का भी एक नया ही रूप उसके सामने आया।

०

प्रोफ़ेसर साहब और जस्सो से बात कर के, चेतन ने लाला हाकिमचन्द को सूचना दे दी थी कि वह प्रोफ़ेसर साहब से बात पक्की कर आया है।

"पैसे तो शायद वे न लें," उसने कहा था, "लेकिन आपको अपनी तरफ़ से उन्हें दस-पन्द्रह रुपये ज़रूर पेश करने चाहिये। तबले वाला उनके साथ नहीं है, इसलिए मैं एक तबलची से तय कर आया हूँ। दो रुपये उसे देने होंगे। तानपुरा मैं ख़ुद छेड़ लूँगा। हाँ, बाजा साथ ले जाना पड़ेगा, क्योंकि प्रोफ़ेसर साहब अपने बाजे पर ही गाते हैं। सो, कुली का प्रबन्ध करना होगा।"

"तो बीस का नुस्ख़ा है!" लाला जी ने कहा था।

"काम तो शायद चार-पाँच ही में चल जाये, पर तैयार उतने के लिए रहना चाहिए।" चेतन ने कहा था, "वे बहुत अच्छा गाते हैं, एक-एक सिटिंग के हज़ार-हज़ार ले लेते हैं, (हालाँकि ख़ुद चेतन को इस बात का विश्वास नहीं था, पर उसने लाला जी पर प्रोफ़ेसर सिंह का रोब जमाने के लिए फड़ मार दी) पटियाला महाराज के रिश्तेदार, राजा धीरेन्द्र सिंह की रानी को संगीत सिखाते हैं। चूँकि मैं उनका शागिर्द हूँ, इसलिए मान गये हैं।"

और किसी रानी के गुरु से इतने सस्ते में संगीत सुनने की सम्भावना से लाला जी मान गये थे। "ठीक है, ले चलेंगे, मैं कल मेहता सोमदत्त से बात कर लूँगा।"

चेतन ने शनि की शाम ही को प्रोफ़ेसर साहब और जस्सो से कह दिया था। सबेरे आठ बजे ही लाला हाकिमचन्द, मेहता, तेजभान, लाला झण्डालाल, कपूर और दूसरे क्लर्क, खाने-पीने और पकाने का सामान ले कर, छोटे शिमले पर इकट्ठे हुए और फिर कार्ट रोड से चल दिये। चेतन के साथ उन्होंने मेहता को भेज दिया कि वह प्रोफ़ेसर सिंह और जस्सो को ले कर, रेलवे स्टेशन के ऊपर, केनेडी कॉटेज के पास, उनसे मिल जाये; वहाँ वे लोग उनकी प्रतीक्षा करेंगे।

प्रोफ़ेसर सिंह उन्हें अपने कॉलेज के बाहर, लक्कड़ बाज़ार ही में खड़े मिल गये। मेहता सोमदत्त को उन्होंने वहीं रुकने को कहा और ख़ुद जा कर तानपुरा चेतन को ला दिया। उसी वक्त उन दोनों के साथ जाने को वे तैयार नहीं हुए। "मुझे अभी एक घण्टा राय

साहब जवन्दलाल की लड़की को पढ़ाने जाना है।" उन्होंने कहा, "आप चलिए, मैं ठीक ग्यारह बजे प्रॉस्पेक्ट हिल पहुँच जाऊँगा। बाजा साथ ही लेता आऊँगा।"

प्रोफ़ेसर साहब निश्चय ही सोमदत्त को 'कॉलेज' के अन्दर न ले जाना चाहते थे और जाने कब से लक्कड़ बाज़ार में खड़े, उनकी प्रतीक्षा करते रहे थे।....चेतन को पूरा विश्वास था, वे उनके साथ चलेंगे, लेकिन जब उन्होंने बाद में आने की बात कही तो उसका मुँह उतर गया था, तब उन्होंने कुली को ले जा कर, हार्मोनियम उठवा दिया था और बोले थे, "देखो, मैं हार्मोनियम और तानपुरा तुम लोगों के साथ भेज रहा हूँ। मैं ज़रूर वक्त पर पहुँच जाऊँगा। अभी पौने नौ बजने वाले हैं, पन्द्रह मिनट मुझे राय साहब के यहाँ जाने में लगेंगे; एक घण्टा वहाँ पढ़ा कर, ठीक ग्यारह बजे प्रॉस्पेक्ट हिल हाज़िर हो जाऊँगा। पन्द्रह-बीस मिनट की देर हो जाये तो घबराना नहीं।"

और चेतन की पीठ थपथपा, मेहता साहब को मुस्करा कर 'नमस्कार' करते हुए प्रोफ़ेसर साहब तेज़-तेज़ चले गये थे।

"प्रोफ़ेसर साहब ज़रूर पहुँच जायेंगे।" मेहता साहब को कम और अपने आपको ज़्यादा तसल्ली देते हुए, चेतन जस्सो के रेस्तराँ पहुँचा। वह तैयार था। एक छोटी-सी हथौड़ी और थोड़ा-सा गुँधा आटा काग़ज़ में लपेट कर, उसने जेब में रख लिया। पिछले कमरे से जा कर वह तबले उठा लाया और तीनों होटल से बाहर निकले।

केनेडी कॉटेज के पास, सारी मण्डली उनकी प्रतीक्षा कर रही थी। तब हँसते-हँसते; लतीफ़े सुनते-सुनाते; तेजभान और लाला झण्डालाल का मज़ाक उड़ाते, सब बालूगंज की ओर चल दिये।

धूप तेज़ हो गयी थी। तानपुरा उठाये-उठाये, चेतन के हाथ ऐंठ गये। वह बुरी तरह थक गया, पर लाला जी और उनके हैड-क्लर्क के अलावा, सभी कलर्क कुछ-न-कुछ उठाये हुए थे। दस-साढ़े दस बजे सब लोग प्रॉस्पेक्ट हिल पहुँच गये। एक तरफ़ दरियाँ बिछा दी गयीं; खाने-पीने का सामान दूसरी तरफ़ चला गया; ईंटों के चूल्हे बने; मसाला तैयार लाया गया था; गोश्त भूना जाने लगा; सब्ज़ियाँ चढ़ा दी गयीं।

चेतन प्रॉस्पेक्ट हिल से बड़ी उम्मीदें लगाये था। किसी उसे बताया था कि प्रॉस्पेक्ट हिल पर चढ़ कर, चारों तरफ़ का दृश्य दिखायी देता है —एक तरफ़ शिमला, दूसरी ओर जतोग, तारादेवी, चैल —इर्द-गिर्द की सभी घाटियाँ। इसीलिए उसका यह नाम पड़ा है — प्रॉस्पेक्ट हिल —याने ऐसी पहाड़ी, जहाँ से चारों ओर का प्राकृतिक दृश्य दिखायी दे! लेकिन चेतन को वहाँ से कुछ भी दिखायी नहीं दिया। जून का महीना था; चारों ओर गहरा ग़ुबार छाया था और उसके परे कुछ भी नज़र न आता था। चेतन थक गया था। उसने तानपुरा एक तरफ़ रख दिया। जस्सो एक जगह बैठा, तबले ठीक कर रहा था —हथौड़ी से किसी गुटके को दबाता, किसी को ढीला करता और बजा कर देखता। चेतन ने लाला जी से काफ़ी दूर पर दरी बिछा ली थी। जस्सो तबले ठीक करता रहा, लेकिन चेतन लेट गया और ऊँघने लगा।

०

सहसा हार्मोनियम की आवाज़ से उसकी नींद खुली। वह हड़बड़ा कर उठा। प्रोफ़ेसर साहब,

लाला जी के पास दरी पर फसकड़ा मारे बैठे थे और जस्सो उनके पास ही तबले लिये, जमा था। चेतन उछला। उसने तानपुरा उठाया और प्रोफ़ेसर साहब के पास, दूसरी तरफ़ जा बैठा।

कुछ क्षणों तक हार्मोनियम की 'टूँ-टाँ' और तबले की 'ठक-ठक' होती रही, जस्सो हथौड़ी से गुटके ऊपर-नीचे करता हुआ, बाजे के सुर के साथ तबला मिलाता रहा। जेब से उसने गुँधा हुआ आटा निकाला; अँगूठे से एक तबले पर लगाया और तर्जनी से तबले पर चोट कर के उसकी आवाज़ देखी। चेतन ने भी तानपुरे के तार कसे और एक बार उँगलियाँ तारों पर फेरीं। इतने में सब लोग गोल दायरा-सा बना कर बैठ गये और प्रोफ़ेसर साहब गाने लगे।

एक घण्टे तक वे तन्मय भाव से गाते रहे। चेतन ने महसूस किया कि पिछले साल, कॉलेज के बन्द कमरे में, उनकी आवाज़ जितनी सुरीली लगती थी, उसमें जितनी गूँज थी, सोज़ और दर्द था — वह पहाड़ी की चोटी के इस खुलेपन में नहीं था; लेकिन क्लर्क उनकी आवाज़ के साथ झूम रहे थे। प्रोफ़ेसर सिंह एक ग़ज़ल ख़त्म करते हुए मुस्कराते तो सभी अनायास तालियाँ बजा उठते।

घड़ी देख कर, पूरे एक घण्टे के बाद प्रोफ़ेसर साहब उठे। हालाँकि सभी चाहते थे कि वे कुछ देर और गायें, लेकिन...."मुझे राजा धीरेन्द्र सिंह के यहाँ पूरे डेढ़ बजे पहुँच जाना है।" प्रोफ़ेसर साहब ने मुस्करा कर कहा और अचकन की सिलवटें ठीक करने लगे।

"खाना तो आप खा कर जाइए। बस तैयार हो गया है, आपको पहले खिला दिया जाता है।" लाला जी ने कहा।

"लंच तो मेरा राजा साहब ही के यहाँ है।" प्रोफ़ेसर साहब ने कहा और वे मुड़े।

लाला जी ने मेहता साहब को संकेत किया। वे उनके पीछे भागे और उन्होंने बड़े संकोच से पन्द्रह रुपये उन्हें पेश किये।

"नहीं, नहीं; मैं तो चेतन जी के ज़ोर देने पर, दोस्ती के नाते चला आया। वरना बड़े-बड़े राजा-नवाबों के यहाँ से बुलावे आते हैं, मैं नहीं जाता।"

"यह कोई आपकी फ़ीस थोड़ी है, यह तो हमारी श्रद्धा...."

"नहीं-नहीं, मेहता साहब, मैं अपना आर्ट नहीं बेचता," प्रोफ़ेसर साहब ने मुस्कराते हुए कहा, "अभी मुझे जगह नहीं मिली। लक्कड़ बाज़ार के एक कमरे में पड़ा हूँ। जगह मिल जाये तो आप मेरे यहाँ आइए, शौक से सुनिए...."

मेहता साहब असमंजस में, रुपयों वाला हाथ अब भी बढ़ाये थे।

"आप नहीं मानते तो रिक्शा वालों को आने-जाने और एक घण्टे वेटिंग के पैसे दे दीजिए।" प्रोफ़ेसर साहब ने कहा।

"आप रिक्शा पर आये हैं," सहसा मेहता साहब चौंके।

"मैं राय साहब जवन्दलाल की लड़की को पढ़ाने गया था, मैंने साढ़े ग्यारह तक पहुँचने को कहा था, लंच मुझे राजा धीरेन्द्र सिंह के यहाँ लेना है तो रिक्शा के बिना मैं अपनी एपॉयण्टमेण्ट्स कैसे रख पाता ?"प्रोफ़ेसर सिंह ने सफ़ाई दी।

रिक्शा वाले पहाड़ी के ज़रा नीचे खड़े थे; अनिच्छापूर्वक मेहता साहब गये और छै

रुपये रिक्शे वालों को दे आये। वापस पहुँचे तो उनका मुँह उतरा हुआ था। लाला जी ने एक ओर ले जा कर उनसे पूछा :

"क्या दिया ?"

"उस कम्बख़्त ने तो कुछ नहीं लिया, पर रिक्शा वालों को छै दिला दिये, हालाँकि दो रुपये आने-जाने के और बारह आने-रुपया घण्टे से ज़्यादा वेटिंग का नहीं होता। दुगुने पैसे दिला दिये, साला आर्टिस्ट का...."

"तो यह लगभग दस की डज़ पड़ गयी!" तेजभान ने कहा, जो इस बीच उनके साथ जा मिले थे।

"और क्या! अभी दो रुपये तबलची को देने हैं, फिर कुली को भी तो देना होगा। और अभी बाजा वापस पहुँचाना है।"

तभी प्रोफ़ेसर साहब वापस आ गये। अचकचा कर मेहता साहब मुड़े।

"मैं अपना बाजा रिक्शे ही में ले जाता हूँ, आगे रख लूँगा। चेतन तुम तानपुरा भी मुझे दे दो।"

चेतन प्रसन्न हुआ था, आते में तानपुरा लाते हुए उसके बाज़ू ऐंठ गये थे। वह जा कर तानपुरा रिक्शे पर छोड़ आया।

o

प्रोफ़ेसर साहब चले गये तो महफ़िल अपने रंग पर आ गयी। सब तेजभान के पीछे पड़ गये कि वे एक गाना सुनायें। उन्होंने इनकार किया तो सभी उन पर चढ़ दौड़े। उन्हें दरी पर लिटा दिया तो मेहता उनकी छाती पर बैठ गये कि सुनायेगा कि नहीं। आख़िर वे इस शर्त पर तैयार हो गये कि पहले कोई दूसरा सुनाये तो वे सुनायेंगे। लोग झण्डालाल के पीछे पड़े —'कीर्तन में तो गला फाड़-फाड़ कर गाते हो, कुछ यहाँ भी सुनाओ।'

लाला झण्डालाल, मँझले कद और अधेड़ उमर के पतले-छरहरे व्यक्ति थे। कन्धे उनके ज़रा झुक गये थे। लेकिन थे चुस्त और उनकी आँखों में क्लर्कों की-सी चालाकी थी।

वे निबुक कर भागे तो नीचे सड़क तक उतरते चले गये।

तब जस्सो ने कहा, "आप लोग चाहें तो मैं एक गाना सुना देता हूँ।"

"हाँ-हाँ, हाँ-हाँ —हो जाय!" सब एक-ज़बान से चिल्लाये।

जस्सो ने तबले पर थाप देते हुए, बिना किसी दूसरे साज़ के, एक पहाड़ी लोक-गीत सुनाया :

"तेरी बुरी ऐ ओ मोहना,
तेरी बुरी ऐ
बोल, गला पाया कट्टने
पैनी ए छुरी ऐ[1]
तू नइँ दिस्सदा ओ मोहना

१. तेरी मुहब्बत ओ मोहन, बहुत बुरी है। एक छुरी है, जो मेरा गला काट रही है।

तूँ नहीं दिस्सदा
मेरा पाइया, पाइया लहुआ (ओ मोहना)
रोज़े सुक्कदा"[१]

चेतन ने पहले कभी यह पहाड़ी गीत नहीं सुना था। जस्सो ने बड़ा सुरीला कण्ठ पाया था —लम्बी, ऊँची, सुरीली, सोज़-भरी आवाज़ —उसने समाँ बाँध दिया।

गीत ख़त्म हुआ तो चेतन चाहता था कि वह एक और गाना सुनाये, पर लाला जी के क्लर्क फिर तेजभान के पीछे पड़ गये। तब बड़े नख़रे से तेजभान ने एक-दो बार खँखार कर, बोल शुरू किया :

"बाज़ार विकेन्दी तर वे
ओ वे बुड्ढेया, तूँ छेत्तीं मर वे
मैं छुटकारा पावाँ
ओ नी मावाँ
प्रीत चोरी-छिप्पे फेर मैं न लावाँ"[२]

"वाह-वा, वाह-वा," कपूर उछल कर चिल्लाया, "खुल्लियाँ ऐशाँ कर ओ सोहनिए!"

लाला तेजभान ने मुँह ऊपर को कर के, ज़ोर से एक ठहाका लगाया। चेतन को उनका ठहाका सदा अजीब लगता था। यही लगता था, जैसे किसी ने उनके जबड़े में चाबी भर दी हो और वह लगातार हँसे जा रहा हो।

सभी क्लर्क बड़े ख़ुश हुए। तब मेहता ने कहा, "वो 'पतंग वाँगूँ पतली' वाला बोल छेड़ो!"

पण्डित तेजभान ने फिर कान पर हाथ रख कर बोल उठाया :

"बाज़ार विकेन्दी तकली
वे मैं वाँग तंग दे पतली
तुनके न मार ज़ालमाँ"[३]

"ना मार ओये तुनके[४]!" कपूर ने बड़ा अश्लील इशारा किया। तेजभान बदस्तूर गाते रहे :

---

१. ऐ मोहना, तू कहीं दिखायी नहीं देता और मेरा पाव-पाव भर लहू रोज़ सूख जाता है।

२. बाज़ार में बिकती तर ओ
अरे बूढ़े तू जल्दी मर ओ
मैं छुटकारा पाऊँ
ओ माँ
प्रीत चोरी-चोरी मैं फिर न लगाऊँ [तर=ककड़ी]

३. बाज़ार में बिकती है तकली
मैं तो हूँ पतंग-सी पतली
ठुनकी न मार ओ ज़ालिमा
हाय ओ बालमा।

४. ठुनकियाँ

"हाय ओ बालमा
बार-बार तैन्नूँ गले नाल ला लमाँ"[१]

और बोल ख़त्म करते ही पं० तेजभान का जबड़ा फिर खुला और उसे चाबी लग गयी। तभी मेहता ने उनके खुले मुँह में एक पुड़िया उलट दी। और उन्हें उच्छू लग गया; थूक के साथ रंग के छींटे दूसरों पर भी गिरे। झण्डालाल (जो इस बीच आ गये थे) जा कर पानी का लोटा ले आये। लेकिन तेजभान जितने कुल्ले करते, उतना ही उनका मुँह हरा-कचूर होता जाता। कई लोटे बहाने के बाद, जब उनका मुँह कुछ साफ़ हुआ तो पण्डित तेजभान सब को मल्लाहियाँ सुनाने लगे।

"तुम लोगों को मज़ाक करने की तमीज़ नहीं, यह कोई मज़ाक है। मज़ाक के लिए दिमाग़ चाहिए! आदमी को लगे भी और उसे मज़ा भी आये! यह क्या मज़ाक है, इसमें क्या मज़ा है...."

लेकिन जितना पण्डित तेजभान बमकते गये, उतना ही लोग हँसते गये, यहाँ तक कि झण्डालाल और सोमदत्त की आँखों में पानी आ गया।

०

और तब उस बात को ले कर, अगली-पिछली कितनी ही घटनाओं का उल्लेख उनके मित्रों ने किया और चेतन पर उन क्लर्कों की सारी 'योग्यता,' 'बुद्धि,' उनके सीमित घेरे और मज़ाकों की फूहड़ता प्रकट हो गयी। —सबसे ज़्यादा उस व्यक्ति की, जो मज़ाक का केन्द्र था, और उस थोड़े-से अर्से में चेतन ने उन क्लर्कों ही को नहीं जाना, तेजभान को भी जान लिया।

००

....पण्डित तेजभान, लाला जी की इस पार्टी की जान थे —लम्बे-चौड़े, छै फ़ुट तीन इंच के जवान। पगड़ी बाँधते तो किसी रियासत के राजा मालूम होते, पर दोस्तों के लिए वे महज़ विनोद की चीज़ थे। चेतन ने सेसिल होटल से प्रॉस्पेक्ट हिल तक आते हुए भी देखा था कि सब उनके पीछे पड़े थे; वे किसी के मज़ाक का ठीक उत्तर देते, किसी के व्यंग्य को सुना-अनसुना कर देते और किसी के तेज़ प्रहार का उत्तर न दे सकते तो अपना वही विशेष ठहाका छोड़ देते।....चेतन ने मार्क किया था कि उनका यह ठहाका भी किसी हथियार से कम नहीं; जब वे निरुत्तर हो कर किसी बात का रुख़ पलटना चाहते तो अनायास ठहाका लगा देते।

उनका ठहाका सारे सेक्रेटेरिएट में प्रसिद्ध था। वे एक बार हँसते तो हँसते ही चले जाते। उस वक्त उनकी आँखें चढ़ जातीं और गले के अन्दर का हिस्सा दिखायी देने लगता। कई बार उनकी पगड़ी तक धरती पर गिर जाती। यारों ने इस बार ही नहीं, पहले भी कई बार उनके इस ठहाके का अनुचित लाभ उठाया था। —एक बार, जब ग्लेन की एक पिकनिक में पण्डित तेजभान इसी तरह हँसने लगे तो लाला हाकिमचन्द ने उनके मुँह में ईसबगोल का छिलका फेंक दिया। वह इस प्रकार उनके तालू और गले में जा चिपका था कि वे शाम तक उसे गले के नीचे उतारने का प्रयास करते रहे, पर वह और फूल गया था

१. हाय ओ बालमा, जी चाहता है, तुझे बार-बार गले लगा लूँ।

और फिर उतर भी गया तो उन्हें लगता था कि जैसे वह चिपका हुआ है। ज़बान बाहर निकाल कर उन्होंने लगभग सभी को गला दिखाया था और सब ने उन्हें विश्वास दिलाया था कि ईसबगोल उतर गया है, पर वे लगातार खाँसते-खँखारते रहे और अपने साथियों को सुरुचिपूर्ण मज़ाक करने और फूहड़ता छोड़ कर, सभ्य और सुसंस्कृत बनने पर, लगातार भाषण देते रहे थे।

कुफ़री की एक पार्टी का किस्सा, चेतन को निहायत फूहड़, लेकिन ख़ासा दिलचस्प लगा था।

o

एक दिन लाला जी और उनके साथियों ने कुफ़री जाने का फ़ैसला किया। उस दिन सर्दी कुछ ज़्यादा थी। पण्डित तेजभान जाना न चाहते थे, पर उन्हें ज़बरदस्ती खींच लिया गया — उनके बिना लाला जी जाने को तैयार ही न थे। हँसते-हँसाते, पार्टी कुफ़री पहुँची। शिमले में वर्षा का क्या ठिकाना — ख़ास तौर पर जून-जुलाई के महीनों में — तड़ातड़ बरसने लगती है। उस दिन कुछ ओले भी पड़े थे। सर्दी बढ़ गयी थी। पार्टी ने वहाँ सराय में डेरा डाल दिया। छाते निचुड़ने के लिए टाँग दिये गये और डौङ्की खेली जाने लगी। ताश के इस खेल में लाला हाकिमचन्द को सिद्धि प्राप्त थी; वही पहले जीते। उस दिन तेजभान की शामत जो आयी, वे डौङ्की बन गये। लाला जी ने यह सज़ा तजवीज़ की कि वे नाक पर रुपया रख कर एक कंकरी ऊपर को इस तरह उछालें कि जब वह गिरे तो नाक पर रखे रुपये पर गिरे। यह न करना हो तो एक रुपया पार्टी के फण्ड में दे दें।

नाक या आँख कौन फोड़वाता! बीसियों तरह की फ़िकरेबाज़ी सुनते हुए, पण्डित तेजभान ने रुपया दे दिया।

पर लाला जी को शरारत सूझी। उन्होंने कहा, "भई, इज़ारबन्द या निक्कर की पेटी में पीक[१] रख कर, कंकरी को ऐसे उछालो कि वह पीक में गिरे। जो कामयाब हो जाय, उसे इनाम दिया जाये।"

इनाम का नाम सुनते ही पण्डित जी चहके — "क्या इनाम ?"

लाला जी ने कहा, "सब लोग कोशिश करें; जो नाकाम रहें, वे आठ आने दें। इस तरह जो रकम इकट्ठी हो, वह कामयाब रहने वालों में बराबर-बराबर बाँट दी जाये।" (यह कहते हुए लाला जी ने मेहता को आँख से इशारा किया।)

प्रस्ताव दिलचस्प था! पण्डित जी ने कहा, "लेकिन पीक यहाँ कहाँ मिलेगी ?"

"मिलेगी क्यों नहीं! यहाँ बिजली तो है नहीं, तेल के लैम्प जलते हैं, क्यों न मिलेगी ? पिछली बार आये थे तो दुकानदार ही के यहाँ मैंने देखी थी ?" कपूर ने कहा।

तब पण्डित तेजभान ने एक लम्बा ठहाका छोड़ कर, इस प्रस्ताव को पास कर दिया। कपूर और तेजभान दुकानदार से कुप्पी लेने गये और इस बीच लाला जी और मेहता साहब में सब सलाह-मशविरा हो गया।

कुप्पी आ गयी तो पहले उसे अच्छी तरह मिट्टी से मल, पानी से धो कर, उसकी बू

१. फ़नल (अंग्रेज़ी), पीक (पंजाबी), कीफ़ (उर्दू), कुप्पी, कीप, चोंगी (हिन्दी) — बोतल में तेल डालने के लिए नलीदार, कोणाकार बर्तन।

निकाली गयी। फिर सब से पहले लाला जी ने अपनी निक्कर की पेटी में उसे फँसा कर, ऊपर को कंकरी फेंकी। वह उनकी नाक पर इस ज़ोर से लगी कि आँखों से पानी निकल आया। सब लोग हँसने लगे और पण्डित तेजभान तो बहुत देर तक ठहाके का रिकॉर्ड बने रहे। लाला जी ने तत्काल आठ आने निकाल कर, झण्डालाल के हाथ में दे दिये, जो ऐसे अवसरों पर कोषाध्यक्ष का कर्तव्य निभाते थे।

लाला जी के बाद सब ने बारी-बारी कोशिश की। सब असफल रहे। केवल एक मरियल-से क्लर्क, रामभरोसे, किसी-न-किसी तरह सफल हो गये। जब उन्होंने कंकरी हवा में उछाली थी तो कोई आशा नहीं थी कि वह कुप्पी तो क्या, उनके सिर भी गिरेगी, पर वह कंकरी को देखते हुए पीछे को कुछ ऐसे भागे कि वह ठीक कुप्पी ही में गिरी। उनकी कामयाबी पर सब ने तालियाँ बजायीं।....बाईस आदमियों की पार्टी। दस रुपया जुर्माना आ चुका था। केवल पण्डित तेजभान रह गये थे। वे सब से अन्त में 'ट्राई' करेंगे —इस बात की घोषणा उन्होंने सब से पहले कर दी थी। जब सब लोग कोशिश कर चुके तो अचकन उतार, कमीज़ को चूड़ीदार पायजामे में कर के, ऊपर से इज़ारबन्द कस कर बाँधते हुए, उन्होंने कहा, "लाओ अब मैं दिखाऊँ, कैसे कंकरी सीधी पीक में गिरती है।"

उन्हें कुप्पी दे दी गयी। उन्होंने इज़ारबन्द और कमीज़ के बीच उसे रखा। फिर ठहाका लगा कर, ऊपर को मुँह कर के ज्यों ही उन्होंने कंकरी फेंकी, मेहता साहब ने (जो पहले ही लोटा भर पानी लिये, उनके पीछे तैयार खड़े थे) झट बग़ल से कुप्पी में झर-झर पानी उँडेल दिया।....

एक तो चशमे का ठण्डा-यख़ पानी; फिर चूड़ीदार पायजामा — न उतारा जा सके, न पहना जा सके। दोनों पैरों से पानी बह रहा था और यार लोग फब्तियों-पर-फब्तियाँ कस रहे थे। और पण्डित जी पूरे ज़ोरों से उन सभी 'फूहड़,' 'अनकल्चर्ड' कलर्कों को मल्लाहियाँ सुना रहे थे। लेकिन जितना ही वे बमकते, यारों को उतना ही मज़ा आता।

इसके बाद उन पर क्या गुज़री और वे ठिठुरते-ठिठुरते, नौ मील चल कर कसुम्पटी पहुँचे, इसका सरस ब्योरा चेतन ने जाना था।

o

फिर एक दिन लाला हाकिमचन्द, (जो पण्डित तेजभान के जिगरी-दोस्त होते हुए भी, सभी शरारतों के बानी[१] होते थे) मेहता सोमदत्त के साथ किसी काम से स्टेशन जा रहे थे। वे अभी छोटा शिमला पहुँचे थे कि कार्ट रोड की तरफ़ से आते हुए एक कुली ने उनके हाथ में एक पर्चा दिया कि इन साहब का पता बता दीजिए।

कुली के सिर पर आमों का टोकरा था, उनकी सुगन्ध टाट को भेद कर आ रही थी। पुर्ज़ा देखते ही लाला जी की आँखें मुस्करा उठीं। हँसते हुए बोले, "हम तो स्टेशन ही जा रहे थे।" फिर मेहता सोमदत्त के हाथ में पुर्ज़ा देते और आँख दबाते हुए कहने लगे, "लो भई तेजभान, तकलीफ़ से बच गये, यह आपके आम आ गये हैं, आप इस काग़ज़ पर दस्तख़त कर दीजिए और आमों का टोकरा ले जाइए। आपके दोस्त ने आपको स्टेशन पर आने की ज़हमत न दे कर, ख़ुद ही आम आपके घर भेज दिये। आप कह भी तो यही आये

१. प्रवर्तक, नेता

थे कि अगर मैं समय से न पहुँचूँ तो टोकरा मेरे घर भिजवा देना। चलो, इस तकलीफ़ से बच गये। नहीं तो पूरा एक घण्टा ख़राब हो जाता।"....फिर सोमदत्त को चुप खड़े देख कर, आँख का इशारा करते हुए बोले —"तो अब खड़े काहे को हो ? मैं तो जाता हूँ माल रोड को। वकील साहब से मिल आऊँ। तुम आम ले जाओ। बाई....बाई!"

मेहता ने, जो सदा ऐसे मामलों में लाला जी का साथ देते थे, काग़ज़ पर तेजभान के हस्ताक्षर कर के, कुली को वापस दे दिया और उसे अपने साथ आने को कहा। लाला जी ने माल रोड को मुड़ते हुए हँस कर कहा —"क्यों न हो भाई, स्टेशन के बाबू दोस्त हों, तो इतना भी आराम न रहे!"....और यह कह कर, जैसे उछलते हुए माल रोड की तरफ़ चल दिये।

पण्डित तेजभान हफ़्ते भर से इस बात का ज़िक्र कर रहे थे कि सहारनपुर से उनके साले साहब बढ़िया आमों का एक टोकरा भेज रहे हैं, लेकिन दुर्भाग्य यह कि जब आम आये तो उनको गन्ध भी न मिली। क्योंकि लाला जी के वापस आते ही मेहता ने, नौकर भेज कर, सब मित्रों को छोटे शिमले और कसुम्पटी से अपने घर बुलाया और मज़े से सहारनपुरी कलमी आमों की दावत उड़ायी।

जब आम ख़त्म हो चुके तो पण्डित तेजभान भी घबराये हुए पहुँच गये। मेहता का नौकर उनके घर पहुँचा तो वे थे नहीं। आते ही, इधर-उधर देखे बिना, बोले, "यार, बुरा हुआ। किसी ने आमों को रास्ते ही में तीर कर दिया। मैं बिल्टी पर दस्तख़त कर के गोडाउन-क्लर्क को दे आया था कि मुझे ज़रा केनेडी हाउस में काम है, तुम कुली को मेरा पता दे कर टोकरा घर पहुँचा देना। जब घर पहुँचा तो मालूम हुआ, कुली आया ही नहीं। काफ़ी इन्तज़ार किया। फिर भागा-भागा स्टेशन पहुँचा। वहाँ पता चला कि कोई रास्ते ही में कुली को ठग कर, रुक्के पर मेरे दस्तख़त बना के, टोकरा ले उड़ा है।

कपूर बोला, "याने तुमने दस्तख़त भी किये और आमों का टोकरा भी न मिला। कहीं ऐसा तो नहीं कि तुमने सोते में उठ कर ऊँघते हुए दस्तख़त कर दिये हों और फिर लम्बी तान कर लेट गये हो और कुली तुम्हें यूँ सोता देख कर टोकरा साथ ही लेता गया हो।"

इस पर एक ठहाका पड़ा। झण्डालाल बोले, "चलो, यह लाज़िमी सैर हो गयी। दस मील का चक्कर पड़ गया होगा। तुम साले बाहर निकलने से जो घबराते हो, उसी की यह सज़ा भगवान ने तुम्हें दी है।"

सब फिर हँसने लगे। सब के आगे अख़बार के काग़ज़ बिछे थे, जिन पर आम की गुठलियाँ और छिलके पड़े थे। पण्डित तेजभान मामला भाँप गये थे। उन्हें मेहता साहब पर शक था। उनका दस्तख़त वे पहचानते थे। लेकिन मेहता साहब, सर नीचा किये, इस तरह आम की गुठली चूस रहे थे, जैसे उसकी आख़िरी बूँद तक चूस जाने में ही मोक्ष का भेद छिपा हो। मेहता साहब से दृष्टि उठा कर, जब पण्डित जी ने लाला जी की ओर देखा तो उन्होंने चुपके से मेहता साहब की ओर संकेत कर दिया। मेहता साहब ने भी देख लिया और मुस्करा दिये और उस टोकरे की ओर संकेत कर दिया, जिसमें नौकर गुठलियाँ और छिलके फेंक रहा था कि उठा ले जाओ।

तभी लाला जी ने कहा, "भाग्यवान हो तेजभान, वक्त पर पहुँच गये। यह एक आम

बच गया है। लो, स्वाद तो चक्खो।" यह कहते हुए, उन्होंने आम की फाँकें करनी शुरू कीं और जैसे बे-ध्यानी में एक-एक फाँक सब को बाँटने लगे। जब गुठली हाथ में रह गयी तो बोले, "ओह! यह तो सब बँट गया। मैं तुमसे बात करने में ही मशग़ूल रहा। अच्छा, यह गुठली ही ले लो; कायदे से हिस्सा तो यह मेरा होता है, पर तुम्हारे लिए पहले कौन-सी कुर्बानी नहीं की....और फिर गूदा तो सारा इसी में है...."

पण्डित तेजभान लहू के घूँट भर रहे थे। उनकी आँखों में पानी छलक आया। एक चोरी, दूसरे सीनाज़ोरी! आम का स्वाद चखने को जी तो चाहा, पर क्रोध से बोले — "इसे आप ही चखिए, इतनी बड़ी कुर्बानी क्यों करते हैं!...."

"तुम्हारी किस्मत में इन ख़ुशबूदार आमों का स्वाद चखना लिखा ही नहीं!" — लाला जी ने ढिठाई से कहा और गुठली चूसने लगे।

तब पण्डित जी, अपने मित्रों की बेवफ़ाई, जालसाज़ी, धोखेबाज़ी, अमानवता और न जाने किन-किन दुर्गुणों का बखान कर, पूरे ज़ोर से उन्हें गरियाने लगे और मेहता साहब को छोड़ कर, लाला जी के पीछे पड़ गये।

लेकिन जितना वे बमके, यारों ने ठहाके लगाये। मित्र लोग अब तक यही समझे हुए थे कि अपने बच्चे की वर्ष-गाँठ पर मेहता ने पार्टी दी है। जब उन्हें पार्टी की हकीकत का पता लगा तो ठहाकों और फब्तियों के मारे, उन्होंने पण्डित तेजभान का दम नाक में कर दिया।

जब तेजभान अपने लम्बे-तगड़े शरीर के बावजूद, रोनक्खे-से हो गये तो लाला जी उठे और उन्हें एक ओर ले गये और न जाने उनके कान में क्या खुसफुसाते रहे कि जब वे लौटे तो पण्डित तेजभान कुछ शान्त थे।

"अच्छा बच्चू, अपनी बारी न रोना।" यह कहते और मेहता को इस बदतमीज़ी का बदला चखाने की धमकी देते हुए, वे चले गये।

o

और यहाँ से इस नाटक का दूसरा अंक शुरू हुआ। मेहता के घर, जब लाला जी तेजभान को एक ओर ले गये थे तो उन्होंने उनके सिर की कमस खा कर विश्वास दिलाया था कि सारी शरारत मेहता सोमदत्त की है।

"तुमने रसीद पर देखा होगा। लिखावट मेहता की थी या नहीं ?" लाला जी ने जैसे सुबूत पेश किया।

"मुझे शक था, तभी स्टेशन से सीधा इधर आया।" तेजभान ने कहा।

"मुझे तो मेहता ने तब बताया, जब तुम घबराये हुए, सड़क से आते दिखायी दिये। मज़ाक एक तरफ़ रहा, मुझे ख़ुद बड़ा अफ़सोस है! तुम्हारी तो ख़ैर कोई बात नहीं, पर सुधा जी को कितना दुख होगा ?"

तेजभान को लाला जी की भलमनसी का यकीन हो गया। तब लाला जी ने कहा, "तुम सब्र करो, ऐसा बदला तुम्हें इस हरामी मेहता से ले कर दूँगा कि बच्चू को सारी उम्र याद रहे।"....

और एक दिन शाम को, लाला जी ने पण्डित तेजभान के कान में कहा, "लो भई

तेजभान, अब तुम्हारा बदला लेने का वक्त आ गया है।"

तेजभान ने प्रश्न-सूचक दृष्टि से लाला जी की ओर देखा।

"आज मेहता ने मुझे बताया है कि उसके एक दोस्त, देहरादून से उसके लिए आम भेज रहे हैं। बस, वह आम मँगाये; मैं उसे अपने कमरे में बुला कर बातों में लगा लूँ; तुम उसके कमरे से टोकरा उठाओ और बाम्हन को नाऊ हो कर मिलो।"

"टिट फ़ॉर टैट!" पण्डित तेजभान अपार ख़ुशी से, ऊपर को मुँह कर के, बेइख़्तियार ठहाका मार कर हँस दिये। फिर लाला जी के हाथ-पर-हाथ मार कर उन्होंने सोल्लास कहा, "ऐसे टोकरा उड़े कि मेहता के फ़रिश्तों को भी ख़बर न लगे।"

"बस, बत्ती गुल और पगड़ी ग़ायब!" लाला जी ने उनके बढ़े हुए हाथ पर अपना हाथ जमा दिया, "लेकिन एक शर्त है," लाला जी ने हाथ खींच कर कहा।

तेजभान ने फिर प्रश्न-सूचक दृष्टि से उनकी ओर देखा।

"आधे आम हमारे घर आने चाहिएँ।"

"यकीनन!" तेजभान ने फिर उनके हाथ-पर-हाथ मारा।

o

उस दिन से रोज़ दफ़्तर में पण्डित तेजभान, लाला जी से सरगोशियाँ करते, दिखायी देने लगे। एक दिन लाला जी ने उन्हें बताया कि टोकरा आ गया है और मेहता साहब के कमरे में पड़ा है। "तुम कुली का प्रबन्ध कर आओ, तब मैं मेहता को अपने कमरे में बुला लूँगा।"

पण्डित तेजभान लाला जी के कमरे से निकले तो इतने प्रसन्न थे, जैसे उनके हाथ कोई बेशकीमती ख़ज़ाना आ गया हो। वे भागे-भागे बाहर गये और बाज़ार से एक कुली पकड़ लाये और लाला जी को सूचना दी कि कुली आ गया है और फिर अपनी मेज़ पर जा कर गम्भीरता से बैठ गये। मन में लड्डू फूट रहे थे। काम में ज़रा भी मन न लग रहा था। बेसब्री उन्हें मेहता साहब के कमरे के सामने ले गयी। वे काम में निमग्न थे। तेजभान ने कमरे में इधर-उधर नज़र दौड़ायी। कोने में एक टोकरा रखा था। मन की ख़ुशी को मन में ही दबाते हुए, वे फिर अपने कमरे में आ बैठे। एक पल उन्हें एक सदी की तरह लग रहा था। कुछ क्षण बैठे, फिर मेहता साहब के कमरे की ओर निकल गये। वे अब भी बैठे काम कर रहे थे। पण्डित जी दिल-ही-दिल में लाला जी को गालियाँ देने लगे —ये मेरा मज़ाक उड़ा रहे हैं, और कुछ नहीं। मुझे उल्लू बनाना चाहते हैं, अभी कुली मेरे पीछे पड़ जायेगा कि साब हमारा टाइम ख़राब होता है....

तभी पण्डित जी ने देखा कि लाला जी का चपरासी आया और मेहता साहब उसके साथ हो लिये। पण्डित जी कन्नी कतरा गये। मेहता साहब से आँख मिलाना उनके लिए मुश्किल था। जब मेहता साहब निकल गये, तो पण्डित जी भाग कर कुली को बुला लाये। उसका नम्बर लिया। घड़कते हुए दिल के साथ टोकरा उठाया; एक पुर्ज़े पर अपना पता दिया; बीवी के नाम चिट्ठी लिखी कि कुली को आठ आने पैसे दे दे और अपने कमरे में जा बैठे —ऐसे चुप, जैसे उन्हें साँप सूँघ गया हो। बेतरह गम्भीर बने बैठे थे, पर मन का आह्लाद चेहरे पर फूटा पड़ता था —दिल-ही-दिल में दसियों मंसूबे बाँध रहे थे —क्यों न सिर-दर्द का बहाना कर के खिसक जायें और देहरादूनी आमों का स्वाद चखें।

'मेरा टोकरा तो ख़ैर आध मन ही का था,' उन्होंने मन-ही-मन कहा, 'यह तो एक मन से कम का न होगा। आम भी अच्छे मालूम होते हैं। आख़िर देहरादूनी हैं!....' इसी तरह की कल्पनाओं में उलझे, पण्डित जी प्रकट रूप से बड़ी तन्मयता से काम में लगे हुए थे।

तभी मेहता साहब ने एकदम उनके निकट आ कर, उनकी ठोड़ी के नीचे उलटा हाथ दे कर, उनका मुँह ऊपर उठाया और बोले, "वाह! कैसे काम में लगे हो, जैसे यहीं शहीद हो जाओगे।"

तब और भी गम्भीर हो कर तेजभान ने कहा, "नहीं, नहीं, आओ-आओ, बैठो। यूँ ही आज ज़रा काम ज़्यादा है।"

और उन्होंने मेहता साहब को कुर्सी दी।

मेहता ने जैसे उनकी इस धूर्त्तता से जल कर कहा, "मियाँ, सीधे हाथों टोकरा वापस कर दो। इन उड़नघाइयों से काम न चलेगा।"

पण्डित जी ने ऐसा मुँह बनाया, जैसे कोई समझ-में-न-आने-वाली बात सुन रहे हों। आँखें फैला कर और मुँह ज़रा-सा बा कर, हैरानी से बोले, "क्या कहा ? टोकरा ? कैसा टोकरा ? किसका टोकरा ?"

"आमों का टोकरा। मेरा टोकरा। पक्का एक मन देहरादूनी आम है, यूँ आसानी से हज़म न होगा।"

तेजभान ने लहजे में थोड़ी हमदर्दी लाने का प्रयास करते हुए कहा, "किसने उठा लिया तुम्हारा टोकरा ? ज़रा बैठो। कुछ ठीक से बताओ तो कुछ पता चले। मुझे तो कुछ ख़बर ही नहीं।"

और यह कहते हुए, उन्होंने फिर कुर्सी मेहता साहब के आगे खिसका दी।

मेहता नहीं बैठे। खड़े-खड़े ही उन्होंने कहा, "बात यह है कि आज देहरादून से मन पक्के कलमी आम आये थे। मैं घर भिजवाने को था कि लाला जी ने बुलवा भेजा। वापस आया तो टोकरा ग़ायब!"

यह कहते हुए मेहता के मुँह पर कुछ ऐसी उदासी और निराशा झलकी कि पण्डित तेजभान का दिल बाग़-बाग़ हो गया। हल्का-सा ठहाका मार कर वे हँसे, "तुम्हारे साथ ऐसा ही होना चाहिए था। भगवान ने मेरा बदला चुका दिया।"

मेहता साहब जैसे गिड़गिड़ाते हुए बोले, "भगवान कसम, उस किस्से में मेरा ज़रा भी दोष न था। सारी शरारत तो तुम्हारे जिगरी दोस्त और हितैषी, लाला हाकिमचन्द ही की थी। मैं तो एक टूल था —महज़ एक टूल।"[१]

पण्डित तेजभान कुछ क्षण गम्भीर मुद्रा बनाये बैठे रहे, फिर बोले — "बताऊँ ?" और मेहता साहब के कान के पास मुँह ले जा कर बोले, "यह भी लाला जी ही की शरारत है, बस! मुझसे कसम ले लो, मुझे तुम्हारे आमों के आने का पता भी नहीं।"

"अच्छा, उनसे पूछ देखता हूँ।"यह कहते हुए मेहता साहब, मुँह लटकाये, तेज़ी से बाहर निकल गये।

---

१. tool, औज़ार, साधन

जब बाहर बरामदे में उनके पैरों की चाप दूर होते-होते, एकदम बन्द हो गयी तो पण्डित तेजभान ने एक बे-आवाज़ ठहाका लगाया और कुर्सी में धँस गये —'अब मालूम होगा बच्चू —किस तरह दूसरे की चीज़ उड़ायी जाती है।'

शाम को मित्रों ने बहुतेरा ज़ोर दिया कि बड़े शिमले तक हो आयें, पर तेजभान ने एक न सुनी। उनके मन में तो आमों को देखने की, उनका स्वाद चखने की, लालसा थी। छोटे शिमले के बाज़ार तक लोगों ने उन्हें खींचा, पर उनका हाथ छुड़ा कर वे बोले, "सुधा ने आज नौकर के हाथ कहला भेजा कि उसकी तबियत ख़राब है, मैं सीधा घर पहुँचूँ; सो भाई, मैं नहीं जा सकता —एक चक्कर माल का, मेरे खाते में भी लगा आना।"

और हाथ छुड़ा कर, वे बाज़ार की ढलान पर ऐसे लुढ़कते चले गये, जैसे उन्हें पहिए लगे हों।

o

घर जाते ही बड़े रोब से तेजभान ने पत्नी से पूछा —"वह आमों का टोकरा भेजा था मैंने सुधा।"

"पड़ा है, मैंने निगल तो नहीं लिया!" सुधा जी बोलीं।

पण्डित जी ने ऐसे उसकी ओर देखा, जैसे कह रहे हों —कैसी मूर्खता की बात कर रही हो —फिर कुछ तेज़ हो कर बोले, "तो उठो, कैंची दो, ज़रा खोल कर देखें।"

सुधा जी उठीं। कैंची मशीन में रखी रहती थी; वहाँ देखी, पर मिली नहीं; एक-दो जगह और ढूँढी, पर दुर्भाग्य से नहीं मिली। आ कर बोलीं, "मैंने बहुतेरी ढूँढी है, कैंची नहीं मिल रही। जाने कोई माँग कर ले गया।"

भूखे शेर की तरह तेजभान गरजे, "तुम्हें कुछ मालूम भी रहता है। जब कोई चीज़ माँगो, नहीं मिलती। लाओ चाकू दो।"

"चाकू तो हफ़्ता हुआ टूट गया था। कितनी बार कह चुकी हूँ, पर लाये नहीं; छुरी पड़ी है, पर उस मुई से तो नाक भी नहीं कटेगी। वह दराँती पड़ी है, उससे काट लो।"

पण्डित जी ख़ून के घूँट भर कर रह गये। ऐसे बढ़िया देहरादूनी आमों का टोकरा। इतनी मेहनत और सफ़ाई से सिया हुआ और काटा जाये — मैली, पुरानी दराँती से।....दनदनाते गये और पड़ोसी से चाकू माँग लाये कि देहरादूनी आम आये हैं, ज़रा टोकरा खोलना है।

आ कर पण्डित तेजभान बड़ी सावधानी से टोकरे की रस्सियाँ काटने लगे। कभी-कभी पत्नी की ओर गर्व से देख लेते, जैसे कह रहे हों कि तुम्हारे मैके से भी आम आया करते हैं, इनको देखोगी तो आँखें खुल जायेंगी। पण्डित जी की बूढ़ी माँ भी पास आ बैठी।

सुधा जी ने खड़े-खड़े ही कहा, "बदबू-सी आ रही है, शायद आम सड़ गये हैं।"

पण्डित जी ने आख़िरी रस्सी काटते हुए कहा, "तुम्हारी नाक सड़ गयी है — देहरादूनी आम हैं, देहरादूनी! आधे लाला जी को भेजने हैं, उनसे वादा है।"

जब टोकरा खुला तो सबका दिमाग़ भन्ना गया। कमरे में सड़ाँध फैल गयी। ऊपर दो आने पसेरी वाले, सड़े-गले आम थे —नीचे कूड़ा-कचरा और वह सब था, जो मेहता

साहब ने जमादार से कह कर भरवाया था।

"देख लिये तुम्हारे देहरादूनी आम!" नाक पर साड़ी का पल्लू रखे तिनतिनाती हुई सुधा जी दूसरे कमरे में चली गयीं। जाती-जाती कहती गयीं, "आधे क्या, ये सारे ही उनके घर भेज दो।"

०

क्षण भर निराश, उदास, स्तम्भित, लाला तेजभान खड़े रहे; फिर लाला हाकिमचन्द और मेहता सोमदत्त को सौ-सौ गालियाँ देते, बाहर की तरफ़ लपके कि किसी जमादार को बुलायें और चार-आठ आने दे कर, बैठने वाले कमरे से वह टोकरा उठवायें। सीढ़ियों पर ही पड़ोसी आता मिल गया, "क्यों भाई, कैसे निकले आम ?"

चाकू तेजभान के हाथ ही में था। चाकू वाला हाथ उसकी ओर ऐसे उन्होंने बढ़ाया कि वह उछल कर पीछे हटा। रंग उसका एकदम सफ़ेद हो गया।

तेजभान बाहर निकले तो लाला जी और मेहता साहब के अलावा, सारी मित्र-मण्डली, अपनी मासूमियत दर्शाने और जले पर नमक छिड़कने को मौजूद थी।

"हमें लाला जी से पता चला कि तुम्हारे यहाँ देहरादूनी आमों का टोकरा आया है, तो हम ने शिमला जाने का...."

कपूर की बात अभी पूरी भी न हुई थी कि पण्डित तेजभान, पूरे ज़ोर-शोर से गालियाँ बकने लगे....

००

पण्डित तेजभान के मुँह में हरे रंग की पुड़िया छोड़ने से ले कर, लंच तक —प्रॉस्पेक्ट हिल की पिकनिक पर आये हुए क्लर्कों में —सिवा उनके साथ किये गये मज़ाकों का ज़िक्र करने के, और कुछ नहीं हुआ। कब कहाँ उनके साथ क्या मज़ाक हुआ, उसे दोहरा कर, सब —जिसे उर्दू में 'कन्देमुकर्रर की लज़्ज़त[१] कहते हैं —पाते रहे। पण्डित तेजभान कुछ देर तक तो क्रोध में चुप रहे, फिर वे भी उसमें शामिल हो गये और कब उनके साथ किस साले ने क्या मज़ाक किया; उन पर घर और बाहर क्या गुज़री —ब्योरेवार बताते और ठहाके-पर-ठहाके लगाते रहे।

और चेतन ने जाना —तेजभान को ही केवल दूसरों के मज़ाक का निशाना नहीं बनना पड़ा, बल्कि वे ख़ुद भी कई बार ऐसे ही मज़ाक करते थे। अन्तर केवल यही था कि जिसे वे मज़ाक करते थे, उसके हमदर्द अनेक होते, लेकिन तेजभान से सहानुभूति के दो शब्द कहने वाला कोई न होता।

....एक बार लाहौर में पण्डित तेजभान अपने दफ़्तर के बरामदे में खड़े थे कि लम्बी सफ़ेद दाढ़ी वाले एक बुज़ुर्ग सरदार, जो क्लर्क बूटा सिंह के ससुर थे, उन्हें मिलने दफ़्तर में आये। पण्डित तेजभान को बाहर खड़े देख कर, उन्होंने पूछा —"सरदार बूटा सिंह कहाँ होंगे ?"

"उनकी बीवी कहीं भाग गयी है। थाने रपट लिखवाने गये हैं।" पण्डित जी ने बड़े सरसरी तौर पर, लेकिन पूरी संजीदगी से कहा और वहाँ से खिसक गये।

---

१. दोबारा मिठाई का स्वाद चखना

अपनी लड़की के बारे में ऐसी ख़बर सुन कर, उन भोले-भाले बुज़ुर्ग के हाथ-पाँव फूल गये। यह तो भला हुआ कि पण्डित जी की यह बात एक दूसरे क्लर्क ने सुन ली और वह वापस जाते हुए बुज़ुर्ग को लौटा लाया, नहीं उनके इस मज़ाक से उनको कितनी परेशानी होती, इसका रस तेजभान ने यह किस्सा सुनाते हुए, भरपूर लिया।

....एक बार ऐसे ही किसी साहब ने अनारकली में उनसे लाला जी के सम्बन्ध में पूछा, "सुनाओ पण्डित जी, कई दिन से लाला हाकिमचन्द को नहीं देखा, कभी अनारकली की सैर को नहीं आते ?"

श्मशान जैसा मुँह बना कर तेजभान ने कहा, "आपको नहीं मालूम ?"

किसी अशुभ की आशंका से उन महाशय ने केवल आँखें फैला दीं।

"उनके पिता का देहान्त हो गया है!"

"कब ?"

"चौथा भी हो चुका।"

वे महाशय जाने किस काम से जा रहे थे। सीधे वहाँ से तीन मील चल कर, मुलतान रोड की सरकारी कॉलोनी में लाला जी के घर पहुँचे। वहाँ जा कर क्या हुआ, और उन्हें अपने बच्चों के साथ हँसते-हँसते, कैरम खेलते और उनके पिता को मज़े से आरामकुर्सी पर पसरे हुए, अख़बार पढ़ते देख कर, वे कैसे सकुचाये, इसका वर्णन लाला जी ने, तेजभान को गालियाँ देते हुए, किया....

और चेतन को उस गोरे-चिट्टे, लम्बे-तगड़े, सुन्दर और सुदर्शन तेजभान पर ही नहीं, लाला हाकिमचन्द समेत उन सभी क्लर्कों पर दया हो आयी —उनके मज़ाक कितने फूहड़ थे, कितने भौंडे, क्रूर, अश्लील और बेतुके —पर वे उनमें कितना रस पाते थे! उनकी सोच-समझ का घेरा कितना सीमित और संकीर्ण था....अगर कहीं उसे ज़िन्दगी भर उनके साथ रहना पड़े —चेतन ने सोचा —तो उसका दम घुट जाये। भगवान का शुक्र है कि उसे सिर्फ़ कुछ महीने ही उनके साथ गुज़ारने हैं।....

००

पण्डित तेजभान और लाला हाकिमचन्द दोनों मुलतान के निकट किसी गाँव के रहने वाले थे; स्कूल और कॉलेज में साथ-साथ पढ़े थे और लाला जी ने कई तिकड़म भिड़ा कर, उन्हें दूसरे दफ़्तर से अपने यहाँ बुलवा लिया था....लाला जी स्कूल और कॉलेज के दिनों के किस्से सुनाते रहे कि किस तरह वे तेजभान को बनाते थे, पर चेतन को उन किस्सों से वितृष्णा होने लगी। वह जस्सो को कुछ दूर ले गया और उससे तबले के एक-दो हाथ सीखता रहा।

लंच के बाद कुछ लोग वहीं पसर गये थे; कुछ रमी और डौङ्की खेलने लगे; लाला हाकिमचन्द और सोमदत्त, सी०पी० के मेले में जानने की स्कीम बनाने लगे, लेकिन चेतन ने उनसे छुट्टी ली, जस्सो को दो रुपये दिलवाये और उसके साथ वापस चला आया।

०

रास्ते में जस्सो ने उसे अपने साथ चाय पीने पर विवश कर दिया। वह उसे लोअर बाज़ार के एक रेस्तराँ में ले गया। रुपये उसकी जेब में जैसे उछल रहे थे, उसने शामी कबाब की

दो प्लेटों और चाय का आर्डर दिया और साहबी ढंग से बैठ गया।

चेतन ने सी०पी० के मेले का नाम पहले भी सुना था। सहसा उसने पूछा, "क्यों यार इस सी०पी० के मेले में क्या होता है ?"

"आपने नहीं देखा बाबू जी ?"

"नहीं।"

"मशोबरे से दो मील नीचे, कोटी रियासत में, सी०पी० का मेला लगता है। तीन दिन रहता है। जंगी लाट और बड़े अफ़सर उसे देखने जाते हैं, पहाड़ी नाच-गाने होते हैं, पहाड़ी मुटियारों[१] की नुमायश होती है, दूर-दूर से लोग देखने आते हैं...."

०

जस्सो ने सी०पी० के मेले का कुछ ऐसा वर्णन किया था कि जब चाय के बाद चेतन उससे छुट्टी ले कर घर को चला तो उसकी कल्पना में मेले के विभिन्न दृश्य घूम रहे थे....

वह अपने ध्यान में मगन चला जा रहा था कि अचानक उसकी नज़र प्रोफ़ेसर सिंह पर पड़ी। — उनका चेहरा सुता हुआ था, दाढ़ी-मूँछों के बावजूद, कल्ले पिचके दिखायी देते थे। लगता था, जैसे उन्होंने सुबह से कुछ भी नहीं खाया। गंज रोड के भड़भूँजे की दुकान से वे गर्म-गर्म चने ख़रीद रहे थे। चेतन के देखते-देखते, चने रूमाल में रख कर उन्हें चबाते हुए, वे चलने लगे कि तभी चेतन उनके बराबर पहुँच गया।

"कहिए प्रोफ़ेसर साहब, किधर जा रहे हैं ?"

मुँह का निवाला एक ही बार में निगल कर, प्रोफ़ेसर साहब मुस्कराये — "प्रोफ़ेसर बृजभान के यहाँ जा रहा हूँ, उनकी लड़की को गाना सिखाता हूँ, लेकिन आज कुछ ज़ुकाम की शिकायत हो गयी है। गर्म-गर्म चने लिये हैं, इन्हें सूँघने से हमेशा मेरा ज़ुकाम ठीक हो जाता है।" उन्होंने कहा और उसकी पीठ थपथपाते हुए, पलट गये।

चेतन कुछ क्षण उन्हें जाते हुए देखता रहा। कुछ अजीब-सी दया से उसका जी भर आया....अपनी ऐंठ में प्रोफ़ेसर साहब का, पन्द्रह रुपये लेने से इनकार कर देना....तेजभान का रँगा हुआ मुँह....लाला हाकिमचन्द और उनके साथियों के ठहाके....भौंडे, क्रूर मज़ाक....जस्सो का महज़ दो रुपये जेब में होने पर, न केवल ख़ुद शामी कबाब उड़ाना, बल्कि उसे भी खिलाना....और प्रोफ़ेसर साहब....गर्म चने.... ज़ुकाम....आर्टिस्ट!

चेतन का दिमाग़ चक्कर खाने लगा। लेकिन धीरे-धीरे उसके मन को सी०पी० के मेले के ब्योरों ने घेर लिया और उसने तय किया कि अगर लाला जी ने उससे भी कहा तो वह मेले में ज़रूर जायेगा और वहाँ से पहाड़ी गीत इकट्ठे कर लायेगा।

⊠⊠⊠

---

१. युवतियों

चौथा खण्ड

ग्यारह

सी०पी० के मेले से तीन दिन पहले, चेतन अपने मित्र अनन्त को पत्र लिख रहा था :

> मैं तो यार ख़ासी परेशानी में फँस गया हूँ। चन्द्रा को थप्पड़ मारने और उसके बाद अपने पढ़ाने के ढंग को बदलने की बात मैं तुम्हें लिख चुका हूँ, लेकिन उससे लगता है कि खाई से निकल कर, मैं कुएँ में जा गिरा हूँ। उस कमबख़्त का मन पढ़ने में है नहीं। मैं पहले उसकी तरफ़ देखता न था, उससे बात नहीं करता था। फिर मैंने सोचा कि शायद इसी कारण वह ऊब जाती है और उसका मन पढ़ने में नहीं लगता। लेकिन अब मैं जान गया हूँ कि वह महज़ बातें करना चाहती है, हँसना-हँसाना चाहती है, छेड़ती है और चाहती है, मैं भी उसे छेड़ूँ। पढ़ना वह नहीं चाहती। ऐसी मुँहज़ोर और उदमाती लड़की तो मैंने कभी नहीं देखी। पिछले कुछ दिनों से जिस तरह उसने शोख़ी और शरारत शुरू की है, मैं हैरान रह गया हूँ। हो सकता है, मेरा तजरुबा उतना न हो; पर लड़कियाँ, जिन्हें हमारे यहाँ शील-संकोच की देवियाँ कहा जाता है, यह सब कर सकती हैं — अगर कोई मुझसे कहता तो मैं विश्वास न करता....

०

पत्र लिखते-लिखते, चेतन के सामने पिछले दिनों की कई घटनाएँ घूम गयीं : ....झण्डालाल के घर अखण्ड कीर्तन था — शनि की रात और इतवार का पूरा दिन! वे लाला जी को सपरिवार निमन्त्रण देने आये थे। नीचे उसके कमरे में आ कर, चेतन को भी ख़ास तौर पर आमन्त्रित कर गये थे। जब से चेतन ने किसी क्लर्क को यह कहते सुना था कि लाला हाकिमचन्द ने ट्यूटर नहीं, दामाद रखा है, उसने अजाने ही तय कर लिया था कि वह कसुम्पटी और छोटे शिमले के उन क्लर्कों से, जो लाला जी के मित्र अथवा परिचित थे, (चाहे वे उनके अधीन हों अथवा किसी दूसरे विभाग के) अच्छे सम्बन्ध बनाये रखेगा। इसी कारण वह प्रॉस्पेक्ट हिल की पिकनिक में भी गया था और इसीलिए उसने सी०पी० के मेले में जाने की भी हामी भर दी थी। उन सब में और उसमें बातचीत का साझा कोई विषय न था। कला और साहित्य से उनका दूर का भी नाता नहीं था। 'रमी,' 'ह्विस्ट,' 'डौङ्की' और 'फ़्लाश' — ऐसे ताश के खेलों में, जो वे ख़ाली वक्त में प्रायः खेलते थे, चेतन की रुचि न थी। मज़ाक उनके निहायत फूहड़ और गन्दे थे। चेतन केवल यह करता कि जब भी उनमें से किसी को रास्ते में मिलता, हाथ जोड़, मुस्करा कर 'नमस्ते' कर देता और उसकी तथा उसके बाल-बच्चों की कुशल-क्षेम पूछ लेता।

शनि की रात लाला जी तो दो-एक घण्टे के लिए चेतन के बराबर वाले कमरे में अपने दोस्तों के साथ बैठ कर फ़्लाश खेला करते थे। फिर वे आर्य समाजी थे, कीर्तन में

क्या जाते। उन्होंने निचले कमरे में महफ़िल जमा ली तो चेतन खाना खाने के बाद टहलता-टहलता, कसुम्पटी चला गया....

झण्डालाल के पास भी ऊपर की मंज़िल में दो-तीन कमरे थे। नीचे बाज़ार ही से चेतन के कानों में हार्मोनियम के स्वर के साथ किसी युवा लड़की के कण्ठ से निकली, करुण-मधुर आवाज़ आयी। सूरदास का पद था :

अँखियाँ हरि दरसन की भूखी
कैसे रहैं रूप-रस राँची ये बतियाँ सुनि रूखी
अँखियाँ हरि दरसन की भूखी

और फिर छैने बज उठे और चिमटा खनक उठा। बार-बार समवेत स्वर में सभी गाने लगे :

अँखियाँ हरि दरसन की भूखी
ओ अँखियाँ हरि दरसन की भूखी
रे अँखियाँ हरि दरसन की भूखी
हाय अँखियाँ....

चेतन सीढ़ियाँ चढ़ रहा था कि सहसा ऊपर मौन छा गया और वहीं मधुर, दर्द-भरा स्वर लहराया :

अवधि गनत, इक टक मग जोवत, तब एती नहिं झूँखी
अँखियाँ हरि दरसन की भूखी

चिमटा बज रहा था। मँजीरे छनक रहे थे। हार्मोनियम बजाने वाला उस पर झुका पड़ रहा था और उपस्थित जन झूम-झूम कर गा रहे थे :

अँखियाँ हरि दरसन की भूखी
ओ अँखियाँ हरि दरसन की भूखी
रे अँखियाँ हरि दरसन की भूखी

चेतन, बिना शोर किये, चुपचाप जा कर बैठ गया।

उसने देखा —सामने, एक बड़ी-सी चौकी पर, चौखटे में जड़ा राधा-कृष्ण का चित्र दीवार के साथ टिका है। उस पर कितने ही हार चढ़े हैं। आगे घी के दिये जल रहे हैं। उस चौकी के पास ही झण्डालाल की बड़ी लड़की, राधा, हाथ में मंजीरे लिये, गा रही है — बीस-एक वर्ष की वय; गोल-गुलगोथना, गोरा, चाँद-सा मुख; गदराया और पूरे यौवन पर आया शरीर —शलवार-कमीज़ पहने, फसकड़ा मारे, आँखें बन्द किये, एकदम तन्मय भाव से वह झूम-झूम कर अपने कल-कण्ठ से अलाप रही थी :

अँखियाँ हरि दरसन की भूखी

धीरे-धीरे बाजे की, चिमटे की, मँजीरों की गति तेज़ होती गयी। गाने वाले, तन्मय हो कर, उससे भी त्वरित गति में गाने लगे :

अँखियाँ हरि दरसन की भूखी
ओ अँखियाँ हरि दरसन की भूखी
रे अँखियाँ हरि दरसन की भूखी

कि सहसा लड़की ने हाथ का संकेत किया और आँखें खोल दीं और पूरे स्वर में अगला चरण गाया :

अब इन जोग सँदेसन ऊधो अति अकुलानी दूखी
अँखियाँ हरि दरसन की भूखी

और उसने फिर आँखें बन्द कर ली; मँजीरे और चिमटे खनक उठे और उपस्थित मण्डली झूम-झूम कर गाने लगी।

चेतन अपलक उस गोरे मुख को लाल होते देखता रहा। दुपट्टा उसका गले में उलझ गया था, बाल बिखर रहे थे, पर वह तन्मय भाव से सुध-बुध भूल कर गा रही थी। जो लोग आगे गोल दायरा बनाये बैठे थे, उसी की तरह झूम रहे थे। पीछे वालों में — बायीं ओर स्त्रियाँ और दायीं ओर पुरुष — कुछ लोग, उसी ज़ोर से गा रहे थे; कुछ के सिर्फ़ होंट हिल रहे थे....

....चेतन के सामने बचपन में, चिन्तपुरनी के मेले में, हाल पर आने वाली एक जवान लड़की घूम गयी। मन्दिर के बाहर, विशाल आँगन में एक मण्डली दुर्गा की स्तुति गा रही थी कि एक युवा लड़की झूमने लगी। स्तुति में गति आ गयी। लड़की के झूमने की गति भी तेज़ हो गयी। आँखें बन्द; शरीर की कोई सुध-बुध नहीं; कभी-कभी उसके होंटों से केवल ज़ोर से 'जय दुर्गे' निकलता और वह कमर के ऊपर शरीर को गोल दायरे में घुमाये जाती; कुछ देर बाद उसकी चोटी भी पूरे दायरे में घूमने लगी; पर लड़की को उसका भी होश नहीं रहा। दर्शकों में किसी ने कहा कि माता दुर्गा उसमें उतर आयी हैं और ज़ोर का जयकारा गूँजा और भक्त-स्त्रियों ने माथे टेक दिये और मन्नतें मानने लगीं।....

राधा को देखते हुए चेतन को लगता था कि इसको भी अभी वैसा ही हाल पड़ जायेगा। लेकिन राधा ने फिर हाथ से संकेत किया। मौन छा गया और उसने अगला बन्द गाया :

बारक वह मुख फेरि दिखावहु, दुहि पय पिवत पतूखी
अँखियाँ हरि दरसन की भूखी

और आँखें बन्द कर के, वह फिर झूमने लगी....

तभी चेतन के कानों में, बराबर ही बैठे किसी आदमी के हल्के-से फुसफुसाने की आवाज़ आयी — "झण्डालाल को इसकी शादी कर देनी चाहिए। किसी साधू-आधू के साथ भाग गयी तो पड़ा रोयेगा; बीस बरस की होने को आयी है।

"काहे से कर दे शादी, इतने बच्चे पैदा कर दिये हैं साले ने, उनकी रोटी ही चल जाये तो बहुत है। पढ़ गयी होती तो बात भी थी।"

'अँखियाँ हरि दरसन की भूखी' का संकीर्तन पूरे ज़ोरों पर था; चेतन हाथ धरती पर रख कर, ज़रा-सा पीछे को मुड़ा। झण्डालाल ही के दफ़्तर के दो क्लर्क खुसफुसा रहे थे।

तभी चेतन के हाथ पर किसी ने ज़ोर से चिकोटी काट दी। तड़प कर चेतन मुड़ा। उसने देखा कि उसके बायीं ओर को, औरतों के हुजूम में, इस किनारे चन्द्रा तथा झण्डालाल की छोटी लड़की रमा, साथ-साथ बैठीं, प्रकट तन्मय भाव से गाना सुन रही हैं। उसने फिर

हाथ वैसे ही रख कर, दायीं ओर बैठे क्लर्कों की बातें सुनने का प्रयास किया।

"पढ़ने के लिए दिमाग़ चाहिए," दूसरा क्लर्क कह रहा था, "तीन बार हिन्दी प्रभाकर में फ़ेल हो गयी।"

"हो सकता है, इसी के चलते झण्डालाल को भगवान मिल जायें।"

बड़ी हल्की-सी हँसी चेतन को सुनायी दी।

तभी फिर उसके हाथ पर किसी ने बारीक चिकोटी भरी। वह जल्दी से मुड़ा। उसने चन्द्रा का हाथ देख लिया और रमा की आँखों में हल्की-सी मुस्कराहट भी। चेतन क्षण भर वैसे ही बैठा रहा, लेकिन चन्द्रा नितान्त तन्मय भाव से राधा पर दृष्टि टिकाये थी। चेतन को उसकी दूधिया गर्दन का ज़रा-सा भाग ही दिखायी दे रहा था। — 'ये कब आ कर यहाँ बैठ गयीं ?' उसने सोचा, 'जब मैं आ कर बैठा था तो जगह ख़ाली थी।'....उसने मुड़ कर देखा — कमरा बाहर के दरवाज़े तक भर गया था; दोनों लड़कियाँ, एक-दूसरी के पीछे, ऐसे बैठी थीं कि उनकी शरारत कोई देख न सके। वहाँ रोशनी भी अपेक्षाकृत कम थी। रमा तो बिलकुल उसके बराबर बैठी थी, उसके घुटने के नीचे से हाथ ला कर ही चन्द्रा ने उसके उल्टे हाथ पर चुटकी काटी होगी....'अजीब शोख़ और निडर लड़कियाँ हैं,' चेतन मन में बड़बड़ाया, 'अगर किसी ने उनकी शरारत देख ली हो तो ?'....सहसा उसका दिल धड़क उठा। वह धीरे-धीरे खिसक कर पीछे बैठे लोगों में रास्ता बनाता हुआ, सीढ़ियों तक आया। चप्पल ढूँढ कर उसने पहनी और क्षण भर सीढ़ियों में रुका। राधा गा रही थी :

सूर जोग जनि नाव चलावहु, ये सरिता हैं सूखी
अँखियाँ हरि दरसन की भूखी

तभी चन्द्रा ने पलट कर उसकी ओर देखा। लेकिन चेतन ने उससे आँखें नहीं मिलायीं। वह सीढ़ियाँ उतर रहा था और ऊपर संकीर्तन पूरे ज़ोरों से चल रहा था :

अँखियाँ हरि दरसन की भूखी
रे अँखियाँ....
ओ अँखियाँ....

o

....रात चेतन को बहुत देर तक नींद न आयी थी — 'यह लड़की मुझे पिटवायेगी!' बार-बार उसके दिमाग़ में यही ख़याल आता था, 'भाई साहब ठीक ही कहते थे। मुझे यह ट्यूशन न लेनी चाहिए थी। लेकिन मैंने समझा, भाई साहब अपनी प्रैक्टिस बिगड़ने के डर से मुझे रोक रहे हैं। अपने आपको बड़ा समझदार गिनता था न तू!' अपने आप को सम्बोधित करते हुए उसने मन-ही-मन कहा, 'मैं अगर कुछ न करूँगा तो कैसे गड़बड़ होगी ?....मूर्ख कहीं का....तू कुछ भी न करेगा तो भी गड़बड़ होगी....तू अकेला तो नहीं, दूसरी लड़की भी है। तू उसे क्या जानता था ? लड़की है, जिसमें कोई कॉम्प्लेक्स नहीं, नॉर्मल, इसीलिए ठस; जो केवल शरीर है....तेरे जैसा कॉम्प्लेक्स दिमाग़ तो उसके पास नहीं....पढ़ने में उसका मन नहीं, धर्म-कर्म में उसका मन नहीं....सुबह दो अण्डे का आमलेट खा कर, दूध का गिलास पीती है; गोश्त-मछली खाती है, जवान हो गयी है....'

चेतन को लाला हाकिमचन्द पर क्रोध आने लगा....उनके क्या आँखें नहीं....उन्हें

उसे सात्विक भोजन देना चाहिए, सन्ध्या-वन्दन करना सिखाना चाहिए....जब वह दो बार मैट्रिक में फ़ेल हो गयी तो क्यों नहीं उन्होंने उसकी शादी कर दी ? जिस लड़की का मन पढ़ने में नहीं लगता, वह ख़ुराफ़ात नहीं सोचेगी तो और क्या करेगी ? पढ़ाई में जिसका मन लगता है जिसके दिल में कुछ बनने की साध है, वह मन को मार सकती है, पर यह क्या करे ?....यह तो आग है —जलेगी भी, जलायेगी भी; इसकी नियति, विवाह की नदी में इसका प्रवाह है....उस नदी में, जिसे न जाने किस भगीरथ ने पहले-पहल समाज में बहाया था; जो न जाने कब से बह रही है और न जाने कितनी बेगिनती अग्नियाँ जिसने ठण्डी कर दी हैं....

इस उपमा पर चेतन मन-ही-मन प्रसन्न हुआ — उसने सोचा कि सुबह उठते ही नोट करेगा — कहीं इस्तेमाल करने के लिए। पर तभी उसे अनायास ऐसी तमाम लड़कियों पर दया हो आयी....क्या उनके तन में धधकती आग का, इसके सिवा कोई इलाज नहीं कि उसे दरिया के हवाले कर के, बरबस बुझा दिया जाये!....चेतन ने सोचा तो पाया कि उसके इर्द-गिर्द के समाज में नहीं है। रूस, इंग्लिस्तान अथवा अमरीका में हो सकता है, यह आग अपना और समाज का कुछ कल्याण कर सके; कुछ नहीं तो खुल कर जल ही ले, चाहे फिर बुझने पर राख बन कर आवारा उड़ती फिरे और उसे ठौर-ठिकाना न मिले।....इस बन्द माहौल में वह इसी तरह दबी-दबी, जल और जला ही सकती है।....और वह जान-बूझ कर इस आग में हाथ जलाने चला आया है....उसे अपने बड़े भाई की बात का विश्वास नहीं आया, ख़ुद ही अनुभव कर के उसने जानना चाहा!

चेतन ने सोचा तो उसे लगा कि इन्सान की ट्रैजिडी (या कॉमेडी) यही है कि वह अपने तजरुबे ही से सीखना चाहता है। शायद उसकी इसी जिज्ञासु-वृत्ति के बल पर संसार चलता है। वरना, कौन-सा ऐसा सत्य है, जो शास्त्रों में नहीं मिलता। इन्सान उन सच्चाइयों का विश्वास कर ले तो सब कुछ छोड़-छाड़ कर, जंगल की राह ले।....पर इन्सान हर सच्चाई को स्वयं परख कर देखना चाहता है। वह बार-बार आग से हाथ जलाता है। बार-बार गढ़ों में गिरता है। कभी वह नया अनुभव और नयी राह पा भी जाता है। यही उसकी उलब्धि है।....

और चेतन को लगा कि शायद इस मामले में पशु, इन्सान की अपेक्षा सुखी हैं। गायें दिन-रात चरती हैं, पर मजाल है किसी ज़हरीली बूटी को मुँह लगा जायें। सहज-ज्ञान ही से उन्हें मालूम हो जाता है....

और चेतन की कल्पना के सामने, तूफ़ान के कारण एक नन्हे-से द्वीप में पनाह लेने को मजबूर कुछ परिवार आ गये। द्वीप पर घास-पात, जड़ी-बूटियों और पेड़-पौधों के सिवा कुछ नहीं। खाद्य-सामग्री की खोज में परिवार बँट जाते हैं। जंगल में कुछ पौधे और उनके फल ज़हरीले हैं। एक परिवार के कुछ प्राणी, उन्हें खा कर बीमार हो जाते हैं। जब दूसरा परिवार कुछ दिन बाद फलों की खोज में उधर आता है, तो उन्हें बताते हैं कि अमुक पेड़ के फल ज़हरीले हैं। वे लोग नहीं मानते, उन्हें सन्देह होता है —ये लोग हमें इसलिए डराते हैं कि हम इन्हें न खायें और ये इनके लिए सुरक्षित रहें। मना करने पर भी, वे स्वयं चख कर देखना चाहते हैं और नुकसान उठाते हैं।

शंका, सन्देह और जिज्ञासा, प्रगति और विकास की शर्त सही, पर चेतन तो इन्हीं के

कारण इस गढ़े में आ गिरा। उसके भाई साहब की बात मान ली होती तो क्यों इस मुसीबत में फँसता ?....और फिर क्या वह हर तरह से अछूता रहा ? 'मैं अगर ठीक रहूँगा तो वह कैसे पिटवा देगी,' उसने सोचा था। वह न भी पिटे, पर क्या वह उस लड़की के प्रभाव से अछूता रह गया है ?....वह न योगी है, न पत्थर; कई बार जब वह सोता है, उसकी वह मुलायम, दूध-धुली गर्दन उसकी आँखों में कौंध जाती है, वह कल्पना में उस पर हाथ फेरता है, उसे चूम लेता है....चन्द्रा की वह करुण-मधुर मुस्कान, उसके दिल-दिमाग़ पर छायी रहती है....वह बेकार इस आग में जल रहा है....उसकी ख़ैरियत इसी में है कि वह चुपचाप सुबह लाला जी की सेवा में उपस्थित हो कर, उनसे निवेदन करे कि हुज़ूर, आपकी इस लड़की को मैं नहीं पढ़ा सकता।....लेकिन अगर उन्होंने पूछा —'क्यों ? तो वह क्या जवाब देगा ? नहीं, उसे कहना यह चाहिए कि उसे घर से पत्र आया है, उसकी बीवी की तबियत ठीक नहीं, वह वापस जाना चाहता है।....अगर उन्होंने कहा — 'ठीक है, आप एक हफ़्ते के लिए हो आइए' —तो ? वह सारा सामान तो बाँध कर ले जा नहीं सकता। नीचे गर्मी है। न गर्म कपड़ों की ज़रूरत है, न गर्म बिस्तर की! — वह सारा सामान ले जाना चाहेगा तो उन्हें शक होगा....हफ़्ते भर के लिए जाने में क्या तुक है, मुफ़्त में आने-जाने का किराया उसके सिर हो जायेगा और फिर भाई साहब कहेंगे — 'क्यों! मैं कहता था न ?'....नहीं, वह भाई साहब के व्यंग्य न सह सकेगा।....वह लाला जी से कह देगा कि चन्द्रा पढ़ने में ध्यान नहीं लगाती, आप उसे समझा दीजिए या मुझे छुट्टी दे दीजिए।....

लेकिन सोचने पर चेतन को लगा कि यह कायरता है। ऐसी ही कायरता से वह नीला का जीवन बर्बाद कर चुका है —बाप सब एक-सरीखे होते हैं। फिर लाला हाकिमचन्द-सा ज़ालिम बाप! अगर कहीं उन्होंने चन्द्रा को पीट दिया!....वह कभी उससे आँखें न मिला सकेगा।....तो क्या इस मुसीबत से उबरने का कोई रास्ता नहीं ? यह सच है कि पशुओं-ऐसा सहज-ज्ञान उसे प्राप्त नहीं, पर भगवान ने उसे तेज़ दिमाग़ दिया है, वह उससे काम ले कर कोई सूरत नहीं निकाल सकता ?....सोच-सोच कर उसने यह तय किया कि वह सुबह चन्द्रा से खुल कर बात करेगा, उससे कह देगा कि अगर वह ध्यान से नहीं पढ़ेगी और उसे इसी तरह परेशान करेगी तो चाहे जैसे भी हो, वह ट्यूशन छोड़ कर भाग जायेगा....

इस निर्णय के बाद, चेतन का थका मस्तिष्क कुछ शान्त हो गया और वह सो गया था।

०

....वह सो गया, पर नींद में भी उसका दिमाग़ परेशान रहा। न जाने क्या बजा होगा कि वह सहसा चारपाई पर उठ कर बैठ गया —उसे अजीब सपना आया था....उसने देखा — वह अपने जालन्धर के पुराने खण्डहर मकान में (जिसे नया बने हुए भी दस वर्ष हो चुके थे) झण्डालाल की छोटी लड़की, रमा के साथ गीटियाँ खेल रहा है —वह छोटा-सा बच्चा बन गया है और रमा छोटी-सी लड़की — वे तन्मय भाव से गीटियाँ खेल रहे हैं; साथ-साथ गा रहे हैं :

एला एला एला

बैसाखी लग्गा मेला
ओत्थों लियान्दा केला
केला बड़ा मिट्ठा
शाम पराये डिट्ठा

डै-डो-डंका

रावण जी दी लंका
रावण चुरायी सीता
सीता बड़ी गोरी
राम लछमन दी जोड़ी

कि सहसा ऊपर रसोई की छत से कोई लड़की ज़ोर से 'जय दुर्गे' चिल्लाती है। वह चौंक कर देखता है —मुँडेर के ऊपर, गिरने की तरफ़ से एकदम बेपरवाह, राधा फसकड़ा मारे बैठी है और उसे हाल आ रहा है —उसका सिर और कमर के ऊपर का शरीर, गोल दायरा बनाता हुआ, घूम रहा है और वह कभी-कभी ज़ोर से दुर्गा माता का जयकारा बुला रही है।....चेतन के देखते-देखते उसकी गति तेज़ हो जाती है, उसकी लम्बी चोटी और भी बड़ा दायरा बना रही है।....चेतन चकित हो कर देखता है —उसमें एक ईंट बँधी है, जो पूरी गति से घूम रही है। भयभीत, जड़वत —वह उसे देखता रह जाता है। तभी ईंट चोटी से छूट कर उसके माथे पर आ लगती है और वह बेहोश हो जाता है....

वह बेहोश हो जाता है, पर माथे से रक्त का फ़व्वारा छूटते देखता है। राधा, परी की तरह, उड़ती नीचे आती है और उसे अपनी दोनों बाँहों पर उठा कर, अन्दर दालान में चारपाई पर लिटा देती है। बेहोशी में भी, वह उसके वक्ष की गर्मी महसूस करता है।....जब वह होश में आता है तो उसे लगता है, कोई उसके ऊपर झुका हुआ है। वह आँखें खोल देता है —चन्द्रा! —बड़ी-बड़ी आँखें, धनुषाकार बरौनियाँ, घनी अर्ध-चन्द्राकार भौंहें और संगमरमर-सी गर्म, साफ़, दूधिया गर्दन! वह प्यार और करुणा से मुस्कराती है और फिर उसका माथा चूम लेती है। वह बाँह उसी गर्दन में डाल कर उसे और झुका लेता है और अपने गर्म होंट, उस नर्म, मुलायम, लगभग धड़कती, संगमरमरी गर्दन से लगा देता है —उसका शरीर एकदम तन जाता है। वह उठ कर बैठ जाता है....

'ओ भगवान! मैं किस नरक में आ फँसा हूँ।' वह मन-ही-मन झींखा। बिस्तर से उतरा। बाथ-रूम गया। उसका गला बेतरह सूख रहा था। ठण्डे पानी का गिलास, लबालब भर कर, उसने एक ही साँस में ख़त्म कर दिया और रज़ाई ओढ़ कर सो गया।

०

....सुबह जब वह उठा तो इस बात के सिवा कि उसे वाहियात-सा सपना आया था और वह उठ गया था या उस फ़ैसले के अलावा, जो उसने सोने से पहले किया था, चेतन को कुछ भी याद न था।....

जब अपने वक्त पर चन्द्रा पढ़ने के कमरे में आयी तो वहाँ जा कर कुर्सी पर बैठते ही चेतन ने कहा था, "देखो चन्द्रा, तुमसे एक बात मैं सीरियसली कहना चाहता हूँ; तुम

मुझे परेशान न करो, नहीं मैं चला जाऊँगा।"

चन्द्रा ने सिर को ज़रा बायीं ओर झुकाते हुए, बड़ी मासूमियत से अपनी बड़ी-बड़ी आँखें उसकी ओर उठायीं और बोली, "हाय मास्टर जी, मैंने आपको क्या परेशान किया है ?"

उसकी आँखों में मुस्कान की हल्की-सी रेखा थी। लगता था, अभी वह पूरी तरह मुस्करा उठेगी और उसका मासूमियत का यह पोज़, हवा हो जायेगा। उसकी उन आँखों को देखते हुए, चेतन स्वयं मुस्करा देना चाहता था। लेकिन सयत्न गम्भीर बने रह कर, उसने कहा, "कल शाम तुमने क्या किया था ?"

"हाय मास्टर जी, मैंने क्या किया ?" मुस्कान उसके होंटों पर फिर फूट पड़ना चाहती थी, पर वह बरबस गम्भीर बनी, अपनी बड़ी-बड़ी आँखें फैलाये, उसकी ओर एकटक देख रही थी।

"क्या किया है! मैं कहता हूँ, अगर कोई देख लेता!"

"हाय मास्टर जी, क्या देख लेता ?"

"तुम्हारा चिकोटी काटना और क्या!" चेतन ने झल्ला कर कहा।

"मैंने चिकोटी काटी ? कहाँ ?"

"मेरे बायें हाथ पर, और कहाँ! इतनी बारीक चिकोटियाँ काटीं तुमने कि अभी तक दर्द हो रहा है।"

"कहाँ ? दिखाइए!"

"यह देखो!"

चेतन ने हाथ आगे बढ़ा दिया। जिसकी पिछली ओर, त्वचा पर, बारीक चिकोटी के कारण रक्त जम जाने से, नीला-सा निशान बन गया था। चन्द्रा उसे देखने को झुकी, फिर उसने सहसा उस जगह को चूमने की कोशिश की। चेतन ने हाथ पीछे हटा लिया। चन्द्रा का मुँह मेज़ से जा टकराया।

"अरे! तुम्हें चोट तो नहीं आयी ?"

और क्षणिक आवेश में, अजाने, उसने बड़े प्यार से बायाँ हाथ उसकी नाक और होंटों पर फेरा।

चन्द्रा ने उसकी बात का उत्तर नहीं दिया। उसने दोनों हाथों से उसका बायाँ हाथ कस कर पकड़ लिया और दो-तीन बार पागलों की तरह उस स्थल को चूम लिया। चेतन को रोमांच हो आया। वह सहसा उठा और उसने बरबस अपना हाथ खींच लिया।

चन्द्रा ने हाथ छोड़ दिया। सिर को किंचित बायीं ओर झुकाते और उसकी आँखों में देखते हुए, उसने हल्की-सी मुस्कान के साथ कहा, "अब तो दर्द नहीं होता!"

चेतन ने कोई उत्तर नहीं दिया। वह लगातार उसकी ओर घूरता रहा।

"हाय मास्टर जी, आपके चेहरे पर ज़रा-ज़रा-से दाने उभर आये हैं," उसके रोमांच को लक्ष्य कर, चन्द्रा नें कहा और अपने सामने रखी पुस्तक की जिल्द पर प्यार से हाथ फेरा, जिसकी रेक्सीन पर बारीक-से दाने बने थे, "बिलकुल इस जिल्द की तरह!"

चेतन ने कोई उत्तर नहीं दिया। वह उसी तरह उसकी ओर घूरता रहा। अपनी कमज़ोरी

और उस लड़की की शहज़ोरी पर उसकी त्योरियाँ चढ़ गयीं।

"लीजिए मास्टर जी! मेरे दो नहीं, चार चिकोटियाँ काट लीजिए, अगर इसी तरह आपका ग़ुस्सा दूर हो जाये।"

और उसने अपना हाथ आगे बढ़ा दिया।

उन चन्द क्षणों में, उस निडर, उद्धत लड़की की ओर घूरते हुए, चेतन ने मन-ही-मन उसे सख़्त क्रोध-भरा भाषण दे डाला कि तुम नहीं समझतीं, तुम क्या कह रही हो। तुम लाड-प्यार में पली हुई, अमीर बाप की बेटी हो। जो मन में आता है, करती हो। मेरी हैसियत तुम्हारे सामने एक ख़रीदे हुए मामूली ट्यूटर से ज़्यादा नहीं, जिसे जब चाहो, तुम जवाब दिलवा सकती हो; इसीलिए तुम मेरे साथ ऐसे खिलवाड़ कर रही हो, जैसे बिल्ली चूहे से। पर मैं चूहा नहीं हूँ; मेरी अपनी प्रतिष्ठा है, मान है, अहं है। इस सब चुहलबाज़ी में तुम्हारा कुछ नहीं जायेगा; पढ़ना-पढ़ाना तुम्हें है नहीं; जिस दिन तुम्हारे बाप ने तुम्हारी कोई ऐसी हरकत देख ली, जिस दिन उन्हें यह एहसास हो गया कि कसूर ट्यूटरों का नहीं, तुम्हारी जवानी का है, वे किसी मोटे-पले दुम्बे से तुम्हारी शादी कर देंगे। लेकिन मैं तो बदनाम हो जाऊँगा। अपने भाई, अपनी बीवी और अपने दोस्तों के सामने मैं तो आँख न उठा सकूँगा। मेरा सारा कैरियर चौपट हो जायेगा।

वह और भी न जाने क्या-क्या कहने की सोचता रहा, पर जब उसने मुँह खोला तो सिर्फ़ इतना कहा :

"तो तुम नहीं चाहतीं कि मैं यहाँ रहूँ, तुम्हें पढ़ाऊँ। ठीक है, मैं जाता हूँ। तुम अपने माता-पिता से कह दो कि मास्टर जी कहते हैं, मैं नहीं पढ़ाऊँगा। वे वापस लाहौर जाना चाहते हैं।"

और वह मुड़ कर, तेज़-तेज़ अपने कमरे में आ गया। कुर्सी पर जा धँसा। कुहनियाँ उसने मेज़ पर टिका लीं। हथेलियों में ठोड़ी रख कर बैठ गया और सामने शून्य में देखने लगा।

चन्द्रा उसके पीछे भागी-भागी आयी। ज़रा-सा परे रह कर, उसने दबे स्वर में कहा, "मास्टर जी, माफ़ कर दीजिए। अब आपको शिकायत नहीं होगी।"

"तुम जाओ!" चेतन ने जैसे दीवार से कहा, "मैं तुम्हारी शिकायत नहीं करूँगा, मैं कह दूँगा, मेरी बीवी बीमार है। पर मैं अब यहाँ रहूँगा नहीं।"

"मास्टर जी, आप मेरी शिकायत कर दीजिए। मुझे पिटवा दीजिए, अगर इसी तरह आपका ग़ुस्सा दूर हो जाये।"

"नहीं, मुझे न शिकायत करनी है, न तुम्हें पिटवाना है। मुझे वापस जाना है।" चेतन ने वैसे ही दीवार से कहा।

"मैं कसम खाती हूँ, मैं अब ध्यान से पढ़ूँगी, मैं आपके पैरों पड़ती हूँ।"

चेतन को लगा, जैसे वह उसके चरण छूने को झुकी। वह सहसा उठा और हारा-सा, वापस दूसरे कमरे की ओर चल दिया।

चन्द्रा अपनी कुर्सी पर जा बैठी। चेतन क्षण भर अपनी जगह खड़ा रहा। सहसा उसकी दृष्टि, सामने दीवार पर लगे कैलेण्डर पर गयी। "देखो चन्द्रा," उसने कहा, "डेढ़ महीना

मुझे यहाँ आये हो गया है। डेढ़ महीना और किसी तरह गुज़ार दो। लाहौर में तुम्हें ऐसी बोरियत नहीं होगी, न तुम्हारा दिमाग़ भटकेगा।"

और वह बैठ गया और पढ़ाने लगा। चन्द्रा ने फिर सिर नहीं उठाया। सारा दिन पूरे ध्यान से पढ़ती रही।

o

....दूसरी सुबह, चेतन कमरे में गया तो उसकी नज़र कैलेण्डर पर गयी, उसने सुख की साँस ली कि एक दिन और, किसी हादसे के बिना, बीत गया। कुछ ऐसी ही बात उसके मुँह से निकल भी गयी।

"हाय मास्टर जी, आप तो दिन गिनने लगे।" चन्द्रा ने कहा, पर जब चेतन ने इसका कोई उत्तर नहीं दिया, तो फिर वह पढ़ने में तल्लीन हो गयी।

इसके बाद उसने कई दिन तक क़ोई शरारत नहीं की। ध्यान से पढ़ती रही। बस, जब कभी चेतन की नज़र कैलेण्डर पर चली जाती तो वह कह उठती, 'हाय मास्टर जी, दिन गिन रहे हो!'

इसके अलावा वह उसे परेशान न करती।

o

लेकिन उसने चेतन को परेशान करने का एक दूसरा ढंग निकाल लिया था। और चेतन के सामने कुछ दिन पहले की घटना घूम गयी।

o

....वह सुबह जा कर अपनी जगह बैठा तो चन्द्रा ने एक काग़ज़ उसके आगे सरका दिया। चेतन ने देखा, अत्यन्त सुन्दर अक्षरों में एक कविता लिखी हुई थी। चेतन उसे सरसरी नज़र से पढ़ गया। हालाँकि ज़रा मुश्किल थी, पर थी बड़ी सुन्दर।

"किसकी कविता है ?" उसने पूछा।

"यह तो मैं नहीं जानती। रमा ने दी है; वह इसके अर्थ समझना चाहती है। आपको कष्ट न हो और आप बुरा न मानें तो उसे समझा दीजिए। मेरी सहेली है, कई बार कह चुकी है।" उसने बड़े भोलेपन से कहा।

"ठीक है, कल समझा दूँगा।"

चेतन रात को शब्द-कोश ले कर बैठ गया। उसे कविता बेहद अच्छी लगी थी। दो-तीन बार वह उसे पढ़ गया था, पर वह हिन्दी उतनी न जानता था। कठिन शब्दों के अर्थ उसने शब्द-कोश में देखे और फिर कविता को दो-तीन बार पढ़ा। थोड़ी-सी अस्पष्ट थी। बार-बार गुनगुनाते हुए, चेतन के सामने उसके अर्थ स्पष्ट हो गये। उर्दू ग़ज़ल और नज़्म से परिचित उसके कानों को, इस कविता का रस एकदम नया लगा — मधुर, मदिर, करुण — सोते समय भी, वह कविता उसके दिमाग़ में गूँजती रही।

सवेरे, जब चन्द्रा पढ़ने को आयी तो रमा उसके साथ थी। दोनों उसके दायें-बायें, कुर्सियों पर बैठ गयीं।

"यह कविता किस की है ?" सहसा चेतन ने पूछा।

"महादेवी वर्मा की।"

चेतन ने महादेवी वर्मा का नाम तो सुना था, पर उनकी कविताएँ नहीं पढ़ी थीं। लेकिन अपना अज्ञान जताने में उसे संकोच हुआ। उसने कहा, "तुमने कहाँ से नकल की ?"

"जी, राधा के पास एक पत्रिका है, उसमें महादेवी वर्मा के नाम से यह कविता छपी है। बड़ी अच्छी लगी, पर समझ में नहीं आयी।"

"तुम अपनी बहन से पूछ लेतीं।"

"जी, वह भी नहीं समझा सकी।"

"इसमें क्या मुश्किल है," चेतन ने कहा, "कविता क्या, यह गीत है। बड़ा ही सुन्दर, बड़ा ही करुण।"

और वह एक-एक चरण पढ़ कर, उसका अर्थ समझाने लगा :

मुखर पिक हौले बोल
हठीले, हौले-हौले बोल
जाग लुटा देंगी मधु कलियाँ, मधुप कहंगे और
चौंक गिरेंगे पीले पल्लव, अम्ब चलेंगे मौर
समीरण मत्त उठेगा डोल
हठीले, हौले-हौले बोल

"वाह-वा!" चेतन ने मस्त होते हुए कहा, "क्या बारीक बात कही है कवयित्री ने ? यह कविता किसी विरह की मारी की तरफ़ से लिखी गयी है। वह कहती है कि ओ मुखर — ज़्यादा बोलने वाले — पिक — कोयल! (पिकी — याने मादा कोयल की बनिस्बत, पिक मधुर कण्ठ वाला होता है, यह बात तो तुम्हें मालूम ही होगी) — धीरे बोल। वह नहीं सुनता और निरन्तर 'कू-हू-कु, कू-हू-कु' की रट लगाये है, इसलिए वह कहती है —ओ हठीले, धीरे-धीरे बोल! —क्यों ? इसलिए कि अगर तू ऐसे ही ज़ोर-ज़ोर से कूकेगा तो यह सोच कर कि वसन्त आ गया, कलियाँ जाग उठेंगी और अपना शहद लुटा देंगी और अतृप्त भँवरे 'और' 'और' चिल्लायेंगे।

"इसीलिए भी कि तुम्हारा स्वर सुन कर, पतझड़ के ज़र्द, मुरझाये पत्ते काँप कर गिर जायेंगे और आमों पर बौर आ जायेगा और हवा मद से मत्त —मस्त —हो कर, दीवानी हो कर, डोलने लगेगी। इसलिए हे हठीले कोयल, धीरे-धीरे बोल।"

"क्यों समझ गयीं ?" चेतन ने रमा से कहा, "कोयल चूँकि वसन्त का सन्देशवाहक है, और आधी रात को 'कू-हू-कु' की टेर लगाये है, इसलिए वह कहती है कि भाई, तू इतना शोर न मचा —तेरे स्वर को सुन कर और यह जान कर कि वसन्त ऋतु आ गयी, बहुत कुछ ऐसा होने लगेगा, जो अभी नहीं हो रहा।....समझीं ?"

रमा ने सिर हिलाया। चन्द्रा केवल एकटक उसकी ओर देखती रही। चेतन ने दूसरा बन्द पढ़ा :

"मर्मर की वंशी में गूँजेगा, मधु-ऋतु का प्यार
झर जावेगा कम्पित तृण से, लघु सपना सुकुमार
एक लघु आँसू बन बे-मोल
हठीले, हौले-हौले बोल"

और उसने अर्थ समझाने शुरू किये, "कोयल को ज़ोर-ज़ोर से कूकने से बरजती हुई, वह बिरहन आगे कहती है कि जब समीरण —हवा —मदमस्त हो कर डोलेगी तो पत्तों की मर्मर होगी और इस मर्मर-रूपी वंशी से वसन्त का प्यार गूँजेगा और काँपते हुए तिनके से छोटे-से सुकुमार सपने-सा ओस-कण एक नन्हे-से आँसू-सा झर जायेगा।"

क्षण भर रुक कर, उसने फिर कहना शुरू किया —"कविता के इस बन्द का एक दूसरा अर्थ भी हो सकता है —वह विरह की मारी अपने प्रिय की याद में सूख कर, तिनके-ऐसी पतली हो गयी है और वह कहती है कि ऐ कोयल, तू ज़ोर से न कूक, क्योंकि सुबह हो जायेगी, मेरा प्रिय नहीं आयेगा और मेरी तृण-सी देह से प्रिय के दर्शनों का मेरा सुकुमार सपना, एक छोटा-सा आँसू बन कर झर जायेगा।"....

"कवयित्री ने ख़ुद इन शब्दों में क्या अर्थ भरे हैं," चेतन ने कहा, "मैं नहीं जानता, पर मुझे ये दूसरे अर्थ अच्छे लगते हैं, क्योंकि अगले बन्द के बाद ही के चरण में, प्रतीक्षा-रत बिरहन कहती है :

"पी मेरा निशीथ नीरवता में आता चुप-चाप
मेरे निमिषों से भी नीरव है उसकी पदचाप
सुभग, ये पल-घड़ियाँ अनमोल
हठीले, हौले-हौले बोल

"वह कहती है कि मेरा प्रिय, निशीथ नीरवता —आधी रात के सन्नाटे —में आता है। मेरे निमिषों —पलक झपकने को निमिष कहते हैं —सो मेरे पलक झपकने की आवाज़ से भी ख़ामोश उसके पैरों की चाप है —ज़ाहिर है कि जो सपने में आयेगा, उसकी पदचाप ऐसी ही होगी —तो वह कहती है कि ऐ अच्छे कोयल, तू मुझे सपना देखने दे, शोर न मचा; मैं सोऊँगी तभी वह आयेगा, हे अच्छे कोयल, ये पल-घड़ियाँ अनमोल हैं...."

चेतन तन्मय भाव से कविता में डूब कर, उसकी व्याख्या कर रहा था कि सहसा चन्द्रा ने पूछा, 'अच्छे कोयल' आपने किस शब्द का अर्थ लगाया मास्टर जी ?"

"सुभग का।"

"रमा कहती है कि 'सुभग' शब्द कहीं डिक्शनरी में नहीं मिला।"

"पंजाब में अच्छी हिन्दी डिक्शनरियाँ मिलती ही कहाँ हैं।" चेतन ने बात टाली।

"तब मैंने सोचा," रमा, आँखें मेज़ में लगाये, बड़े धीरे से बोली,"कि 'सु' प्रत्यय होगा, सो मैंने डिक्शनरी में 'भग' के अर्थ देखे —बड़े गन्दे-से अर्थ लिखे थे।"

चेतन को ख़ुद 'भग' के अर्थ मालूम नहीं थे। वह पूछना चाहता था —क्या अर्थ लिखे थे ? पर इससे तो उसका अज्ञान प्रकट हो जाता। बोला, 'ज़रूरी नहीं कि कविता में शब्द-कोशी अर्थों के लिहाज़ से शब्द रखा जाये। इसका आम अर्थ यही है। मुझे मेरे एक दोस्त ने हिन्दी कवि बच्चन का गीत सुनाया था और उसमें 'सुभग' —'अच्छे' और 'सुन्दर' के अर्थों में लिखा था...."

वह, 'एक मिनट में आता हूँ,' कहता हुआ, अपने कमरे में गया था और जैसे बेख़याली में बीच का दरवाज़ा बन्द करता गया था। उसने शब्द-कोश में 'भग' के अर्थ देखे तो क्रोध से उसका मुँह लाल हो गया। 'फ्रॉम द सब्लाइम टु द रिडिक्युलस!' —उसने

मन-ही-मन झल्ला कर कहा, "इन गधियों को कविता-अविता से क्या लेना है। गन्दी बातें सोचने से फ़ुर्सत मिले तो कुछ पढ़ें-समझें।"

चेतन को यकीन हो गया कि लड़कियों को शब्द के अर्थ पहले से मालूम थे; महज़ उसे परेशान करने को, वे कहीं से ढूँढ कर वह कविता उठा लायी थीं। क्रोध से उसने अपने कमरे का एक चक्कर लगाया। फिर वह बाथ-रूम में गया। गिलास में उसने पानी भरा और यद्यपि उसे प्यास नहीं थी, पर एक-दो घूँट पी कर, गिलास को हाथ ही में लिये हुए, वह चन्द्रा के कमरे में वापस आया। गिलास उसने मेज़ पर रख दिया। —इस बीच उसने तय कर लिया था कि वह ज़रा भी क्रोध नहीं करेगा और बड़ी सफ़ाई से उन लड़कियों की चाल विफल कर देगा। बिना उस सन्दर्भ में एक भी शब्द कहे (यद्यपि उसका मन चाहता था कि काग़ज़ को टुकड़े-टुकड़े कर के रमा के मुँह पर दे मारे और उसे भाग जाने का आदेश दे) उसने कविता का अगला चरण पढ़ा :

"वह सपना बन-बन आता, जागृति में जाता लौट
मेरे श्रवण आज बैठे हैं, इन पलकों की ओट
व्यर्थ मत कानों में मधु घोल
हठीले, हौले-हौले बोल

"पहली पंक्ति का अर्थ सरल है," उसने संक्षिप्त व्याख्या की, "दूसरी पंक्ति में बिरहन कहती है —मेरे कान नहीं हैं, वे पलकों की ओट बैठे हैं —मैं नख-से-शिख-तक आँख बन गयी हूँ," और उसने ख़ुद ही दाद दी, "वाह, क्या बात कही है....

"लेकिन मास्टर जी, जब शब्द के अर्थ गन्दे हैं, तो कवयित्री ने क्यों उन्हें रखा है ?" चन्द्रा ने कहा।

लड़कियाँ अभी वहीं थीं। अगला चरण उन्होंने सुना ही नहीं था।

तब चेतन को सहसा एक तरकीब सूझ गयी। उसने ज़रा तीखेपन से कहा, "उर्दू की डिक्शनरी में 'औरत' शब्द के अर्थ भी वही हैं, जो हिन्दी में 'भग' के, पर दिन-रात औरत-मर्द यह शब्द इस्तेमाल करते हैं, किसी का ध्यान शुरू के उन गन्दे अर्थों की तरफ़ नहीं जाता। तुम लोगों को कविता पढ़ते हुए यह तो सोचना चाहिए कि वह गन्दा अर्थ यहाँ नहीं लगता। और 'पिक' —मादा कोयल नहीं है, नर कोयल है। फिर उन अर्थों में यह शब्द इस्तेमाल नहीं होता। 'सुन्दर' और 'अच्छे' के अर्थ ही में लिखा जाता है।"

और उसने काग़ज़ रमा के आगे फेंक दिया, "मेरा ख़याल है, तुम्हें कविता का मतलब समझ आ गया होगा। कुछ और पूछना हो तो बताओ।"

चेतन के स्वर में कुछ ऐसी कठोरता थी कि रमा को फिर और कुछ पूछने का साहस नहीं हुआ।

"जी, आ गया।" उसने कहा और उठ खड़ी हुई।

चन्द्रा उसे कुछ दूर तक छोड़ने गयी। चेतन को लगा, जैसे उसने दूर उनके घण्टियों-ऐसे ठहाके की आवाज़ सुनी। शायद वे उसका मज़ाक उड़ा रही थीं। वह लपक कर बाहर आया। पर वे कॉटेज के उधर, ऊपर सड़क पर थीं....क्रोध से वह वहीं बरामदे में घूमता रहा। फिर आ कर कुर्सी पर बैठ गया। ठण्डे दिल से सोचने लगा कि वह उन

लड़कियों से कैसे पार पाये। सोच-सोच कर उसने तय किया कि वह क्रोध नहीं करेगा; वह उन पर अपनी कमज़ोरी प्रकट नहीं होने देगा; बड़ी सामान्यता से उनसे बात करेगा, और कभी बहस में नहीं उलझेगा।....यह सोच कर, उस दिन उसे जो पाठ पढ़ाना था, वह देखने लगा।....लेकिन जब चन्द्रा आयी तो वह उसे डाँटने से अपने आपको बाज़ न रख सका।

"क्या तुम रमा के साथ यही सब ख़ुराफ़ात सीखती हो और शब्दकोशों में गन्दे शब्द ढूँढती फिरती हो ?"

"हाय मास्टर जी, मैंने क्या किया है ?" चन्द्रा ने बड़ी मासूमियत से अपनी बड़ी-बड़ी आँखें फैला दीं, "रमा ने कहा — 'मुझे इस कविता में कुछ शब्दों के अर्थ नहीं आते,' मैंने कहा — 'मास्टर जी से पुछवा दूँगी'।"

०

लेकिन दो ही दिन बाद, चेतन जब उसे गद्य की पुस्तक पढ़ा रहा था तो एक जगह शब्द 'उर' आया। तब चन्द्रा ने कहा "मास्टर जी, 'उरोज' शब्द क्या 'उर' ही से बना है ?"

"हाँ!" चेतन ने सामान्य स्वर में कहा।

"मास्टर जी, क्या अर्थ होते हैं इसके ?"

"इस समय मैं जो पढ़ा रहा हूँ, पढ़ो!"

"हाय मास्टर जी, आप तो बेकार नाराज़ हो रहे हैं।"

"नहीं, मैं नाराज़ नहीं। तुम पढ़ो!"

०

....फिर जब चेतन ने दोबारा निराला की कविता पढ़ानी शुरू की, क्योंकि इस बीच में चन्द्रा का शब्द-ज्ञान काफ़ी हो गया था और निबन्ध भी वह अच्छा लिखने लगी थी तो उसने पहले ही चरण पर उसे टोक दिया — "मास्टर जी, आप अर्थ करते हैं — 'तुम प्रेम हो और मैं उसमें से निकली शान्ति हूँ।' लेकिन प्रेम में शान्ति कब होती है ? प्रेम में तो जलन होती है, दुख होता है। आपने नहीं पढ़ा :

जो मैं ऐसा जानती प्रीत किये दुख होय,
नगर ढिंढोरा फेरती प्रीत न करियो कोय।"

"इस कविता में संसारी प्रेम का नहीं, भगवान के प्रेम का ज़िक्र है," चेतन ने उसकी बात को टालने के लिए कहा, "निराला का मतलब उसी प्रेम से है। भगवान से प्रेम करने में शान्ति मिलती है।"

"मास्टर जी, आपने कभी प्रेम किया है ?"

"नहीं।"

"आप पत्थर हैं।"

"तुम पढ़ो, बेकार की बातें नहीं करो!"

००

इन घटनाओं का संक्षिप्त उल्लेख कर, चेतन ने अनन्त को लिखा :

मैं इतना परेशान हो गया, मैंने सोचा कि मैं चन्द्रा के पिता को इशारे-इशारे से बताऊँ कि उन्हें उसे कुछ अच्छी धार्मिक शिक्षा देनी चाहिए, उसका मन सन्ध्या-वन्दन में लगाना चाहिए, ताकि उसका ध्यान पढ़ाई में जमे। आज सुबह छुट्टी थी। लाला जी मेरे कमरे में आ गये। मैंने बातों-बातों में लड़कियों की शिक्षा की बात चला दी कि कोरी शिक्षा से काम नहीं चलता। उन्हें धार्मिक शिक्षा भी देनी चाहिए, अपने फ़र्ज़ का ज्ञान कराना चाहिए....तब बड़े उत्साह से बोले — 'आप सच कहते हैं मास्टर जी, मैंने चन्द्रा को ऐसी ही शिक्षा दी है। सन्ध्या उसे ज़बानी याद है, रोज़ मेरे साथ बैठ कर वो सन्ध्या करती है!' और उन्होंने अपनी बेटी को आवाज़ दी। वह आयी तो बोले, 'चन्दी, मास्टर जी को आचमन-मन्त्र सुनाओ।' और बेटी फ़र-फ़र बोलने लगी :

'ओं शन्नो देवीरभिष्टये आपो भवन्तु पीतये
शंयोराभि स्त्रवन्तु नः'

'गायत्री मन्त्र सुनाओ।' लाला जी ने प्रसन्न हो कर कहा। और चन्द्रा ख़ु-ख़ुश सुनाने लगी :

'ओं भूर्भुवः स्वः तत्सवितुर्वरेण्यं भर्गो देवस्य धीमहि
धियो योनः प्रचोदयात्!'

मैं चाहता था, उस से उन श्लोकों के अर्थ पूछूँ, पर उसकी पीठ थपथपाते हुए लाला जी ने कहा, 'जाओ!'

जब वह चली गयी तो बोले —'यह इसके धार्मिक विचारों का ही फल है कि कविराज के भाई हेमराज जैसे बद ट्यूटरों की एक नहीं चली। मैंने अपनी लड़की को सिखा रखा है कि बेटी, अगर तेरे अन्दर शक्ति है तो किसी की मजाल नहीं कि कोई तेरी तरफ़ टेढ़ी नज़र से भी देख सके....'

मैं मन-ही-मन हँसता रहा। चाहता था, उनकी इस आज्ञाकारी लड़की की सब बातें उनके आगे खोल कर रख दूँ, पर चुप लगा गया कि अपनी लड़की में दोष इस मूर्ख को कभी नज़र नहीं आ सकता।

सो बताओ यार, मैं क्या करूँ ? बहरहाल, तुम जो बताओगे, मैं जानता हूँ; लेकिन मैंने तय किया है कि सी०पी० का मेला देख आऊँ —(यहीं शिमले से लगती एक रियासत है —क्यार कोटी —उसमें मेला लगता है।) उसके बाद किसी-न-किसी तरह अपनी इज़्ज़त अपने हाथ ले कर यहाँ से भाग जाऊँ। यह ठीक है कि यह ट्यूशन लेने में मुझसे ग़लती हो गयी है। ग़लती इन्सान से होती है। मगर जो उस ग़लती से चिमटा रहता है, उसे गुणा करता रहता है, वह मूर्ख है। और मैं अपने आपको समझदार गिनता हूँ।

तुम्हारा
चेतन

पाँचवाँ खण्ड

बारह

चेतन ने अनन्त को लिखा था कि सी०पी० (सीपुर) का मेला देख कर, जैसे भी हो, वह वापस चला जायेगा; लेकिन वह क्या जानता था कि उस मेले में शामिल होने की ग़लती करने के कारण ही, शिमले से फ़ौरन जाना, उसके लिए असम्भव हो जायेगा।

०

चेतन ने सी०पी० के मेले की बात पिछले वर्ष नारायण से भी सुनी थी, लेकिन कविराज देर से आये थे। उन्हें लाहौर में कोई सुझा देता कि मेले में उनकी दवाइयों और उनकी पुस्तक, 'विवाहित आनन्द' का प्रचार हो सकता है तो शायद वे वक्त से आते, मेले में भी जाते और शायद वहाँ विज्ञापन बाँटने के लिए चेतन अथवा जयदेव और यादराम को ले जाते; लेकिन पिछले वर्ष, जब वे लोग पहुँचे तो मेला हो चुका था। इसलिए जब लाला जी ने उससे पूछा कि वह उनके साथ मेला देखने जायेगा ? —तो उसने हामी भर दी थी।

चेतन मेले के सम्बन्ध में जानने को इतना उत्सुक था कि उसने लाला जी के दो-एक क्लर्कों से उसके बारे में पूछ-ताछ भी की। मेहता सोमदत्त ने उसे पिछले वर्ष के 'इलस्ट्रेटेड वीकली' का एक कटिंग दिया था, जिसमें मेले के कुछ आकर्षक चित्रों के साथ, उसका विवरण छपा था। चेतन जैसे आँखों से उसे पी गया था।

दूसरी बातों के अलावा, उसमें यह भी लिखा था :

> 'मेला लोकप्रिय मालूम होता है। इस बार २८-२९ मई को मेला लगा। शिमले से बहुत-से लोग मशोबरे गये और वहाँ से उस गहरी घाटी की ओर मुड़े, जो कोटी के रांणा की रियासत में शामिल है।
>
> मेले की एक ख़ूबी, पहाड़ की सुन्दर युवतियाँ हैं, जो भड़कीले कपड़े पहने, मेले की एक ओर बैठी हुईं, खेल-तमाशों को देखती हैं। सुनते हैं, पुराने ज़माने में इसी दो दिन के मेले में शादियाँ पक्की होती थीं।
>
> कोटी के राणा हमेशा बहुत-से दोस्तों को बुलाते हैं और अपनी मेहमान-नवाज़ी के लिए मशहूर हैं। शिमला में आने वाले, प्रायः सभी लोग, चाहे वे कितने कम दिनों के लिए क्यों न आयें, सी०पी० और उसके प्रसिद्ध मेले को देखने ज़रूर आते हैं।'

तराशे को पढ़ कर, चेतन ने पूछा था, "लेकिन इस बार तो आधा जून गुज़र गया, मेला क्या लेट हो रहा है ?"

"इस बार मलमास है। एक महीना लेट हो गया।"

"मैंने सुना है कि वहाँ बरड़ियाँ[१] भी जाती हैं ? मैं कुछ पहाड़ी गीत इकट्ठे करना

१. लोकगीत गा कर, भीख माँगने वाली पहाड़ी औरतें।

चाहता हूँ।"

"हाँ-हाँ, वहाँ बरड़ियाँ जाती हैं, दो-चार पैसे देने पर गीत सुना देती हैं; जितने आप चाहें, इकट्ठे कर लीजिएगा।"

उस दिन के बाद चेतन, लगातार मेले के बारे में सोचता रहा था; उसने लोगों से, उस सिलसिले में, तरह-तरह की कहानियाँ सुनी थीं — मेले में हारे हुए जुआरिओं की; मदमत्त शराबियों की; वहाँ लगने वाले मीना बाज़ार की; मेले की सैर कराके, बड़े अफ़सरों को प्रसन्न करने वाले, कोटी के टिक्का साहब की; वहाँ आयी हुई पहाड़ी युवतियों की; उनकी वेश-भूषा, उनकी सुन्दरता और बेबाकी की — और चेतन की उत्सुकता को पंख लग गये थे। सब से हैरत की बात उसे यह लगती थी कि जिस मेले में जुआ होता हो, शराब उड़ती हो, अश्लील गीत गाये जाते हों — वहाँ औरतें भी जायें! चेतन ने जालन्धर के निकट कर्तारपुर और दुसूआ के नज़दीक 'गर्ना साहब' में, बैसाखी के प्रसिद्ध मेले देखे थे — वहाँ जवानी और शराब के दोहरे नशे में मदमस्त, सिक्ख जाटों को, अपनी पाटदार आवाज़ों में नयी-से-नयी अश्लील बोलियाँ गाते, भँगड़ा और लुड्डी नाचते, बाल्टियाँ भर-भर देसी शराब लुँढाते और सिर फोड़ते-फुड़वाते देखा था — पर उन मेलों में औरतें नहीं जाती थीं। जाती भी थीं तो गुरुद्वारों के अहातों में बन्द रहती थीं। लेकिन सी०पी० के मेले में, उसने सुना था, वे एक ऊँची जगह बैठती हैं, जहाँ सब उन्हें देख सकते हैं....और चेतन मेले के दिन गिन रहा था।

o

मेले से दो दिन पहले, मेहता सोमदत्त, कपूर और लाला भोलानाथ (जो उनके क्लब के सेक्रेटरी थे) सुबह-सुबह आये तो लाला जी ने फिर चेतन से पूछा कि वह मेले में चलेगा न ?

"मैंने तो आपसे कह दिया था कि मैं चलूँगा," चेतन ने शिकायत के-से स्वर में कहा।

"बात यह है कि वह तिगड्डम आया हुआ है," लाला जी ने सफ़ाई दी, "चन्दा लेने! मैंने सोचा, मास्टर जी से पूछ लूँ, कहीं इरादा बदल न दिया हो।"

"नहीं जी, मैं...."

"तो ठीक है, मैं आपका एक रुपया उन्हें दे रहा हूँ। परसों सुबह, आठ बजे हम चल देंगे।"

और लाला जी चले गये थे।

o

यद्यपि लाला जी ने आठ बजे चलने को कहा था और वे चेतन को ले कर, ऐन आठ बजे छोटा शिमला पहुँच गये थे, लेकिन पार्टी साढ़े नौ से पहले न चल सकी थी।

o

हुआ यह कि जब चेतन को ले कर लाला जी, पूरे आठ बजे, शिमले के उस पनवाड़ी की दुकान पर पहुँचे, जहाँ मिलने की बात तय हुई थी तो बिहारी लाल और रामभरोसे — दो चुप्पे, यतीम-सूरत क्लर्कों — के सिवा, वहाँ कोई दूसरा साथी मौजूद न था।

लाला जी वक्त के बड़े पाबन्द थे। हालाँकि वे आम तौर पर देर से उठते थे, लेकिन उस दिन घड़ी को अलारम लगा कर, वे सुबह छै बजे उठे थे। बीबी जी साढ़े पाँच बजे उठ कर, नाश्ते की व्यवस्था करने लगी थीं और यद्यपि मेला देखने की उत्सुकता और उत्तेजना के कारण, चेतन रात को देर में सोया था तो भी वह साढ़े पाँच बजे उठ खड़ा हुआ था और लाला जी के तैयार होने से पहले, तैयार हो गया था। बीबी जी ने नाश्ते में आलू-मटर का पुलाव बनाया था। खाना पकाने में उन्हें अपूर्व सिद्धि प्राप्त थी। चेतन दो-तीन प्लेट खा गया था। तभी लाला जी ने आवाज़ दी थी —"मास्टर जी, आप अभी नाश्ता ही कर रहे हैं! पौने आठ बजने को हैं! जल्दी कीजिए!"

"जी, अभी आया," और चेतन कुल्ला कर, निक्कर-कमीज़ पहन, सिर पर हैट रख, हाथ में छड़ी ले कर तैयार हो गया था। जब वे तेज़-तेज़ चलते, छोटा शिमला पहुँचे थे तो पनवाड़ी की घड़ी में पूरे आठ बजे थे।

अभी वे लोग सलाम-दुआ ही कर रहे थे कि उनके पीछे, सड़क पर, एक परिचित, ज़ोरदार ठहाके की आवाज़ आयी। सब ने पलट कर देखा —कुछ ही दूर पर रुके पण्डित तेजभान, ऊपर को मुँह किये, लगातार हँस रहे थे।

"आप यहाँ आ पहुँचे हैं और सेक्रेट्री साहब उधर आपका इन्तज़ार कर रहे हैं।" पण्डित जी ने हँसना बन्द करके, पास आते हुए कहा।

"किधर ?" लाला जी ने सरोष पूछा।

"कसुम्पटी में!"

"क्यों, वहाँ क्यों इन्तज़ार कर रहे हैं ?" लाला जी खीझ कर बोले।

"उनका ख़याल था कि आप कसुम्पटी से हो कर जायेंगे।"

"उन्होंने मुझे क्या इतना बेवकूफ़ समझ लिया है कि मैं कसुम्पटी को छोटा शिमला समझ लूँ।"

"उन्होंने समझा था कि आप मेरी तरफ़ आयेंगे।"

"उनकी समझ के क्या कहने हैं।" —और लाला जी ने बेज़ारी से एक 'हुँह' की!

"ह-ह-ह-हा-हा-हा!" पण्डित ने फिर बेमतलब, एक लम्बा ठहाका छोड़ दिया।

"अब क्या इरादे हैं ?" लाला जी ने पूछा।

"मैंने उनसे कहा कि मैं लाला जी की तरफ़ से होता हुआ, छोटे शिमले जाता हूँ और वे झण्डालाल को तैयार करके पहुँचें।"

"झण्डालाल को कल किसी ने कहा नहीं था ?"

"कहा तो था, पर कल सुबह सुना, उनकी बीवी बीमार है; शाम को ख़बर मिली कि उनकी लड़की को बुख़ार हो आया है; आज वे कह रहे हैं कि उनके छोटे लड़के की तबियत कुछ ढीली है। कुछ और रुक कर जाने की बात होती तो शायद वे ख़ुद खाट पकड़ लेते।"

और पण्डित जी ज़ोर से 'ह-ह-ह-हा-ह-हा' कर, हँसे।

लाला जी ने फिर बेज़ारी से सिर हिलाया और एक ज़ोर की 'उँह' की।

तभी श्री दौलतराम —जो छोटे शिमले के पनवाड़ी की दुकान के बग़ल में, ऊपर दुमंज़िले पर रहते थे —अपनी सुन्दर, मुस्कराती सूरत लिये, अपने मकान की सीढ़ी से

उतरते दिखायी दिये। इस बीच, मेहता सोमदत्त के अलावा, छोटे शिमले में रहने वाले, अन्य सभी क्लर्क आ गये।

लाला दौलतराम को अपने मकान से उतरते देख कर, रामभरोसे को प्यास लग आयी। वे पानी का गिलास लेने गये और तब तक जाते रहे, जब तक सब ने एक-एक गिलास पानी नहीं पी लिया, क्योंकि एक के बाद दूसरे को प्यास लगती रही।

तभी पण्डित तेजभान ने मार्क किया कि लाला हाकिमचन्द की निक्कर, उनके अण्डाकार पेट से फिसल आयी है। दरअसल पेटी उनके पेट पर टिकती न थी। अगर उनका पेट काफ़ी मोटा होता तो वह टिक जाती, जैसे मेहता सोमदत्त के पेट पर मज़े से फ़िट रहती थी; लेकिन लाला हाकिमन्द का पेट, विकास की आरम्भिक मंज़िलें तय कर रहा था। उनकी निक्कर इस तरह नीचे को लुढ़क गयी थी, जैसे लोअर प्राइमरी की दूसरी-तीसरी कक्षाओं में पढ़ने वाले बच्चों के पायजामे।

लाला जी ने किंचित खिन्न हो कर, अपने पेट को कोसते हुए, निक्कर को ऊपर उठाने को कोशिश की; लेकिन कुछ देर बाद, वह फिर नीचे लुढ़क आयी।....."यह पेट कमबख़्त बुरी तरह बढ़ रहा है," लाला जी पेट को कोसने लगे, "बहुतेरी सैर करता हूँ, इधर योगाभ्यास भी करने लगा हूँ, पर यह कम होने का नाम नहीं लेता। मुझे राजा इन्दरमन[1] की तरह चालीस रोज़ का फ़ाका करना पड़ेगा।"

सहसा दौलतराम ने कहा, "लाला जी, आप गैलिस क्यों नहीं लगा लेते ?"

"हाँ-हाँ, आप गैलिस लगा लीजिए।" सब ने समर्थन किया।

"गैलिस यहाँ कहाँ हैं ?"

"मैं अभी लाता हूँ।" दौलतराम बोले।

और लाला जी का उत्तर सुने बिना, वे भाग कर ऊपर गये और गैलिस ले आये। लाला जी झट पेटी उतार कर, गैलिस फ़िट करने लगे। तब मालूम हुआ कि दो बटन नहीं हैं, गैलिस लगाये कहाँ जायँ ?

किसी ने पास की दुकान पर बैठे, एक चेचक-मारे, सिक्ख दर्ज़ी की ओर संकेत किया और लाला जी वहाँ जा कर बटन लगवाने लगे।

इसी बीच, लाला भोलानाथ हाँफते-हाँफते, अपने पीछे कसुम्पटी के कलर्कों की भीड़ लिये, छोटे शिमले के बाज़ार की चढ़ाई चढ़ते, दिखायी दिये। ख़ैर यही गुज़री कि वे झण्डालाल को अपने साथ घसीट लाये थे और उनके पीछे-पीछे आने वाले कुली के सिर

१. इन्द्रमन एक रिवायती राजा थे। खाने के बेहद शौकीन! तर माल खा-खा कर, वे इतने मोटे हो गये कि उनके लिए उठना-बैठना मुश्किल हो गया। तभी एक प्रसिद्ध वैद्य का उन्हें पता चला, जो असाध्य रोगों का इलाज करता था। वैद्य को बुलवाया गया। उसने राजा की नाड़ी देखी और कहा कि आपको उपचार की ज़रूरत नहीं, आप चालीस दिन बाद इस संसार के कष्टों से मुक्ति पा जायेंगे। राजा इतना चिन्तित हो उठा कि भोजन-व्यंजन से उसे घोर अरुचि हो गयी। आसन्न मृत्यु की चिन्ता और खाना छोड़ देने के कारण, जब चालीस दिन बाद उसका वज़न एक मन घट गया और मृत्यु का दिन भी गुज़र गया तो उसने वैद्य को बुलाया और बेहद गुस्सा हुआ। तब वैद्य ने कहा कि लम्बा उपवास आपका एकमात्र इलाज था, मैं आपसे उपवास करने को कहता तो आप खाना न छोड़ते। इसलिए मुझे आपका इलाज इस तरीके से करना पड़ा।

पर मिठाई और फलों का टोकरा लदा था; वरना इतना वक्त बरबाद करने पर, उन्हें लाला जी से जो मल्लाहियाँ सुननी पड़तीं, उनसे उनकी तबियत साफ़ हो जाती। झण्डालाल को देख कर, सब का ध्यान उनकी ओर पलट गया और लाला भोलानाथ बच गये।

बड़ी 'हमदर्दी ' से लाला झण्डालाल की पत्नी, पुत्री, सुपुत्र और उनके स्वास्थ्य का हाल-चाल पूछते और उनका टख़ना खींचते हुए, जब पार्टी छोटे शिमले से चली तो पनवाड़ी की घड़ी में नौ बजे थे।

०

कुछ ही दूर बढ़ कर, उन्हें आधा घण्टा फिर रुकना पड़ा।

मेहता साहब तैयार नहीं थे। वे सेक्रेटेरिएट से ज़रा आगे रहते थे, पंजाब लेजिस्लेटिव काउन्सिल में चीफ़-स्टेनो थे और लाला जी से पचास रुपये ज़्यादा वेतन पाते थे। सारी मण्डली में वही लाला जी के बराबर थे, इसीलिए उनसे लाला जी की गहरी छनती थी।

भोलानाथ उन्हें बुलाने गये तो लम्बा-सा मुँह लिये, वापस आ गये। उन्होंने बताया कि मेहता साहब, मेला देखने, बिलकुल नहीं जाना चाहते; उनकी तबियत भारी है; हल्की-सी हरारत भी है।

लाला जी झल्ला गये। "मैं निकालता हूँ उसकी हरारत!" यह कहते हुए, वे उनके बँगले की तरफ़ लपके।

मेहता साहब के बँगले की चारों तरफ़ तारों की बाड़ थी। तार कँटीले नहीं थे। चेतन, सवा-घण्टा चुपचाप खड़े-खड़े, थक गया था। वह सड़क की तरफ़ लगे, तार के एक खम्भे से टिक कर, खड़ा हो गया। तब, जाने पण्डित तेजभान को भी थकावट महसूस हुई, वे चेतन की दायीं ओर, जँगले के तार पर बैठ गये, जिससे बायीं तरफ़ का तार एकदम तन गया। उसी वक्त, शायद लाला भोलानाथ को लगा कि वे भी उस पर जा बैठें तो उन्हें बड़ा आराम मिलेगा; सो वे सड़क पर पैर टिकाये, अपनी भारी-भरकम देह के साथ, तने हुए तार पर जा लदे। पण्डित तेजभान सतर्क नहीं थे; परम इत्मीनान से बैठे, रामभरोसे की टाँग खींच रहे थे। हठात वे उछले और सड़क पर मुँह के बल जा गिरे। साथियों ने इस पर ज़ोर से तालियाँ बजायीं। तब एक ठहाका मार कर, पण्डित जी फिर उस तार पर जा बैठे। अब दोनों ओर से ज़ोर लगना शुरू हुआ। नतीजा यह निकला कि खम्भा ही टूट गया और चेतन, जो बड़े मज़े से टेक लगाये, तमाशा देख रहा था, झटके से आगे को गिरा और चोट खा गया।

सभी लपके और उन्होंने 'चन्द्रा के मास्टर साहब' को उठाया। उसके घुटने पर खरोंच आ गयी थी। दौलतराम भाग कर गये और मेहता के यहाँ से, टिंक्चर आयोडीन में रूई का फाहा भिगो कर ले आये और चेतन के 'न' 'न' करने पर भी, उन्होंने चोट पर टिंक्चर लगा दी। लाला हाकिमचन्द और मेहता भी, दौलतराम के पीछे-पीछे, आ गये। उन्होंने भी चिन्ता प्रकट करते हुए, खरोंच को देखा और यह तसल्ली कर के कि चोट ज़्यादा नहीं, सब चल पड़े।

चोट मामूली थी; पर जाने क्यों, चेतन का माथा ठनका....उसे क्या मालूम था कि यह छोटी-सी घटना, एक भारी दुर्घटना की पूर्व-सूचना है। छोटे शिमले से सी०पी०,

आठ-नौ मील दूर है — चेतन ने यह सुन रखा था। यह भी सुना था कि रास्ता सीधा, साफ़, उतार-चढ़ाव-रहित और सुरम्य है; लेकिन कभी उस रास्ते को — जो लम्बा होते हुए भी, रास्ते की दृश्यावली के कारण, लम्बा न लगता था — तय करने का अवसर चेतन को न मिला था।

संजौली तक का मार्ग तो उसका देखा हुआ था। छोटे शिमले से संजौली तक, सड़क टेढ़ी-मेढ़ी और ऊँची-नीची है। दायीं तरफ़, घाटी में गगन-चुम्बी देवदार और बाँझ के घने पेड़ हैं और बायीं तरफ़, सड़क के साथ-साथ, जाकू का पहाड़। पहले, काफ़ी दूर तक जाकू, सामने रास्ता रोके, मस्त हाथी की तरह, लेटा दिखायी देता है; फिर बायीं ओर को हट जाता है और दायीं तरफ़, इंजिन घाटी और सामने — बड़े भारी स्तूप-ऐसे गोल टिब्बे के नीचे — संजौली बसी दिखायी देती है। उसके पार, ज़रा दायीं तरफ़, मशोबरे को जाने वाली सड़क, सुरंग में दाख़िल होती नज़र आती है। संजौली से दो-तीन फ़र्लांग इधर, एक जगह जाकू को काट कर, सड़क बनायी गयी है। बायीं ओर पहाड़, एकदम सीधा कटा, खड़ा है। घास का तिनका तक उस कटे पट पर नहीं है। सीधी, पथरीली दीवार, आतंक उपजाती है और दायीं ओर सड़क, यूँ घाटी के किनारे तक बनी है कि नीचे को देखते, डर लगता है।

पार्टी वहाँ पहुँची तो उनके कानों में वंशी की मीठी तान सुनायी दी। चलते-चलते, सब ने ऊपर को निगाह दौड़ायी। ऐन पहाड़ के ऊपर, वृक्षों के झुण्ड में, एक पहाड़ी छोकरा, खड़ा बाँसुरी बजा रहा था। उन्हें अपनी ओर ताकता देख कर, उसने वंशी बजाना छोड़ दिया। चेतन ने डायरी खोलते हुए, काफ़ी ऊँची आवाज़ में पूछा, "क्यों भाई, कौन-सा गीत बाँसुरी पर बजा रहे हो ?"

छोकरे ने शायद चेतन की बात नहीं सुनी अथवा उसे मज़ाक उड़ाने की सूझी — हँस कर इशारा करते हुए बोला, "नीचे उतरना चाहता हूँ।"

इस पर सब हँस पड़े।

तेजभान ने रुक कर, ज़ोर से चिल्लाते हुए कहा, "छलाँग लगा दो, मैं नीचे से दबोच लूँगा।"

और उन्होंने ज़ोर का ठहाका लगाया। सब हँसते हुए आगे बढ़े। सोमदत्त ने चेतन को बताया कि मशोबरे के डेढ़ मील इधर, सड़क पर, इससे भी भव्य और डरावना, एक स्थल है। पहाड़ काट कर सड़क बनी है, लेकिन पहाड़ सड़क पर छाया हुआ है। तभी चेतन ने देखा कि लाला रामभरोसे, डाइनामाइट और उसके आविष्कारक 'नोबेल' के बारे में, अपने साथियों का 'ज्ञान-वर्धन' कर रहे हैं।

"यह पहाड़, जो सीधी दीवार-सा कटा खड़ा है," वे कह रहे थे, "ऐसा न काटा जा सकता, अगर 'नोबल प्राइज़' शुरू करने वाले, मशहूर साइण्टिस्ट नोबल साहब, 'डाइनामाइट' न खोज निकालते। वहाँ, पहाड़ के तन पर, छोटी-छोटी नलियों के-से जो निशान दिखायी देते हैं और लगता है कि जैसे पहाड़ को खुरचा गया हो, वे उन छेदों के हैं, जिनमें डायनामाईट की बत्तियाँ रख कर, पहाड़ को उड़ाया गया था...."

लेकिन चेतन का ध्यान संजौली ने खींच लिया था। सामने सड़क, बायीं ओर को,

जाकू के साथ-साथ, लक्कड़ बाज़ार की तरफ़ घूम गयी थी और दायीं ओर, संजौली का बाज़ार — दूर तक चला गया था। मकान — टिब्बे के एक-चौथाई भाग तक — ऊपर चढ़ गये थे और दूसरी तरफ़, नीचे घाटी तक उतर आये थे। भशोबरे को जाने वाली सड़क, संजौली के बीच से हो कर निकलती थी। दूर से वह दृश्य बड़ा ही सुन्दर लगता था।

धूप तेज़ थी और हालाँकि — छोटे शिमले से संजौली तक — सड़क ख़ूब छायादार थी तो भी सब को प्यास लग आयी थी। संजौली में पानी पी कर और एक दुकान से 'हण्टले पामर्ज़' बिस्कुटों के तीन डिब्बे ख़रीद कर (जिनमें से एक, स्वाद चखने में, वहीं ख़त्म हो गया) पार्टी आगे बढ़ी।

०

बाज़ार पार कर के, लोग सुरंग में दाख़िल हुए। यह सुरंग — लोअर बाज़ार वाली सुरंग की अपेक्षा — कहीं चौड़ी, ऊँची और साफ़ थी और दीवारों पर जगह-जगह पानी सिम आया था, जिससे हवा ख़ुनक हो गयी थी। ठण्डी हवा का एक झोंका आया। प्रायः सबने अपनी पगड़ियाँ-टोपियाँ उतार लीं और एक-दो लम्बे साँस खींचे। जून आधा बीत गया था, पर शिमले में बारिशें अभी शुरू नहीं हुई थीं। चार-छै दिन पहले, कुछ छींटे पड़े थे। लेकिन धूप तेज़ थी, इसलिए चेतन को सुरंग में ठण्डी हवा का स्पर्श भला लगा।

पार होते ही, चेतन ने मुड़ कर देखा तो सिर पर एक रुण्ड-मुण्ड टीला दिखायी पड़ा। उसका एक बहुत बड़ा भाग बाहर को बढ़ा हुआ था, जैसे सुरंग के पार आने वालों को विदा दे रहा हो।

सुरंग के पार, सड़क हालाँकि कई जगह मुड़ती थी, पर उसमें चढ़ाई-उतराई नहीं थी। बड़ी चौड़ी और खुली! एक ही ख़ामी थी। उस पर देवदार और बाँझ के पेड़ नहीं थे; जैसे उधर की पहाड़ियाँ रुण्ड-मुण्ड थीं, वैसे ही सड़क भी सपाट थी। लेडी वेलिंग्टन की कृपा से, थोड़ी-थोड़ी दूर पर, पौधे लगाये गये थे — जिनको पेड़ बनने में, अभी कई वर्ष दरकार थे।

सड़क पर ख़ूब चहल-पहल थी। टोलियाँ बना कर, लोग मेला देखने जा रहे थे। कभी-कभी कोई कार, धूल-उड़ाती, गुज़र जाती थी। उनके आगे-आगे, एक पहाड़ी औरत — नंगे सिर, बाल सँवारे, वाटर-प्रूफ़ कोट पहने, पाउडर और सुर्ख़ी से मुँह रँगे, तहमद कसे और पैरों में पम्प-शू डाले — अपने साथियों से हँसी-ठिठोली करती, चली जा रही थी। चेतन ने किसी पहाड़ी औरत को, ऐसे लिबास में, पहले कभी न देखा था। पण्डित तेजभान के एक अश्लील मज़ाक से, उसे मालूम हो गया कि जाकू पर रहने वाली टख़ियाइयों में से कोई है।

खुली सड़क पर आते ही, लाला हाकिमचन्द के साथियों ने अपना प्रिय शग़ल शुरू कर दिया। वे एक-दूसरे का टख़ना खींचने लगे और अन्ततोगत्वा सब पण्डित तेजभान के पीछे पड़ गये। पुराने मज़ाकों की पुनरावृत्ति हुई। लाला जी ने कॉलेज के ज़माने का एक किस्सा सुनाना शुरू किया, जो चेतन ने पहले न सुना था....

०

....लाला जी और पण्डित जी में, बचपन से चली आती थी। कॉलेज में भी दोनों इकट्ठे

पढ़ते थे। वहाँ होस्टल में रात को बड़ा शोर होता। नित-नये मज़ाक ईजाद किये जाते। एक-दूसरे को परेशान करने की, नयी-नयी तरकीबें निकाली जातीं। एक रात सब के जूतों का एक-एक पैर गुम हो जाता, तो दूसरी रात सब की ऐनकें! एक बार किसी ने मज़ाक का एक नया ढंग निकाला। एकदम मौलिक। किया उसने यह कि गहरी नींद सोये हुए एक लड़के के सिरहाने रखी सुराही उठा कर, उसके पानी में रंग मिला दिया और उसे धीरे से बिस्तर पर रख दिया। ज्यों ही कुछ देर बाद उसने करवट बदली, सुराही लुढ़क गयी और छात्र सिर पीटता रह गया। इसके बाद यह रस्म आम हो गयी। हर रात, किसी-न-किसी का बिस्तर भिगो दिया जाता। कई लड़के गयी रात तक पढ़ते रहते और सबके सो जाने पर ही लेटते। कई प्रकट सो जाते, पर आँखें बन्द कर के लेटे रहते और शरारत करने वालों को पकड़ लेते अथवा ख़ुद शरारत में शामिल हो जाते।

एक रात, लाला जी और पण्डित जी, एक ही समय पर लघुशंका के लिए उठे। लाला जी पहले निबट आये। जब पण्डित जी लैट्रिन में गये तो लाला जी को शरारत सूझी। होस्टल में एक सड़ियल छात्र था —त्रिलोकचन्द। किसी ने उससे मज़ाक करने का साहस न किया था, क्योंकि सब को यकीन था कि वह प्रिन्सिपल से शिकायत कर देगा। प्रिन्सिपल आर्य समाज के स्तम्भ थे, अनुशासन के परम विश्वासी! ऐसी हरकतों पर, छात्रों को वे कभी क्षमा न करते थे।...."फिर जो मज़ाक सह न सके, उससे मज़ाक करना बेकार है," लाला जी ने, यह किस्सा सुनाते हुए, कहा, "मैंने चुपके से उसकी सुराही उठा कर उसके सिरहाने रख दी और जा कर लेट रहा। जब तेजभान, इज़ारबन्द बाँधते हुए, बाहर निकला तो मैंने कंकर उठा कर उस लड़के को दे मारा। वह हड़बड़ा कर उठा। सुराही उलट गयी। बिस्तर भीग गया। एक तो कच्ची नींद में जागने का रंज, दूसरे बिछौने के भीग जाने का अफ़सोस, फिर चिड़चिड़ी तबियत —उसने आव देखा, न ताव —उठ कर ज़ोर का एक झाँपड़ इसके जड़ दिया और चिल्लाया —'हरामज़ादा, रोड़ा फेंक कर इज़ारबन्द कसने लगा है'।"

लाला जी ने बात ख़त्म भी न की थी कि क्लर्कों का समवेत ठहाका गूँजा, जिसमें पण्डित तेजभान के ठहाके की आवाज़ सबसे बुलन्द थी।

"यूँ तो देखो कैसा कड़ियल जवान है, पर चुपचाप मार खा गया।" लाला जी बोले।

"मार न खाता तो क्या करता!" पण्डित तेजभान ने कहा, "इज़ारबन्द बाँध रहा था। हाथ उठाता तो पायजामा न नीचे गिर जाता ? आप तो यही चाहते थे न।"

इस पर फिर ज़ोर का ठहाका पड़ा।

o

तभी चेतन ने देखा, एक छोटी सड़क, बायीं ओर ऊपर से उतर कर, बड़ी सड़क के साथ आ मिली है। सड़क किधर से आयी है —वह जानने को, चेतन का मन बेचैन हो उठा। बढ़ कर उसने सोमदत्त से पूछा :

"क्यों मेहता साहब, यह सड़क किधर से आयी है ?"

"संजौली से!" उन्होंने उत्तर दिया।

तभी चेतन की नज़र एक नोटिस-बोर्ड पर गयी, जो उस जगह लगा था, जहाँ ऊपर वाली सड़क आ कर मिलती थी। लिखा था :

लोअर रोड

ओनली रिक्शाज़, पेडेस्ट्रिएन्ज़ ऐण्ड राइडिंग पोनीज़ आर अलाउड टू ट्रैवल[१]

अपर रोड

कूलीज़, म्यूल्ज़ ऐण्ड लगेज ऐनीमल्स मस्ट ट्रैवल बाई दि अपर रोड[२]

सोमदत्त से चेतन को यह भी पता चला कि पहले निचली सड़क नहीं थी और ऊपर से जाते थे; लेकिन रिक्शों, कारों और पैदल चलने वालों के लिए, नीचे की सड़क बनायी गयी। ऊपर की सड़क से लद्दू जानवरों के जाने की बात तो चेतन की समझ में आ गयी; पर कुलियों को उस सख़्त चढ़ाई वाली सड़क से जाने के लिए क्यों मजबूर किया गया है — इसका कारण चेतन की समझ में न आया। सोचने पर उसे यही लगा कि शायद शिमले के गोरे प्रभु, कुलियों को भी लद्दू जानवर ही समझते थे।

चेतन अभी उस नोटिस के बारे ही में सोच रहा था कि पार्टी, बायीं ओर बनी, एक छोटी-सी झोंपड़ी के आगे रुक गयी। यह छोटी-सी दुकान थी, जिसमें पहाड़ी फल; (जिनमें सख़्त नाशपातियों और बड़े-बड़े खीरों का बाहुल्य था) पैसे-पैसे वाली, 'रेड लैम्प' सिगरेट की डिब्बियाँ; सस्ते शीशे; कंघियाँ और क्लिप सजे थे। ज़रा अन्दर को, एक थाल में, तेल के पकौड़े रखे थे। दुकान का मालिक, पतला-दुबला, लम्बी मूँछों वाला, पहाड़ी था! उसकी आँखें ख़ुमार से भारी थीं....पार्टी के एक-दो सदस्य दुकान पर बैठ गये। दो-एक ने नाशपातियाँ छील कर खायीं।

चेतन ने देखा — दुकान के बाहर, एक ओर को, खड़िया मिट्टी में 'चरस' लिखा हुआ था। दुकानदार की मद-भरी आँखों का भेद चेतन पर खुल गया। पूछने पर मालूम हुआ कि वहाँ भाँग, चरस, पोस्त और अफ़ीम मिल सकती है।

'तो यह नशीली चीज़ों का ठेका है,' चेतन ने सोचा, 'ख़ुद ठेकेदार नशेबाज़ है। एस मल्लाह दा हुक्का सुक्का नईं[३]' और वह मन-ही-मन हँसा।....ज़िन्दगी की थकन मिटाने के लिए, अभागे पहाड़ी लोगों को आख़िर कुछ तो चाहिए; जान-लेवा श्रम के बाद उनके शरीर में ख़ून की जो दो-एक बूँदें बची रहती हैं, उन्हें चरस या अफ़ीम सोख डालती है....और चेतन का मन सहसा उदास हो आया।

उस दुकान के साथ ही, एक बूढ़ा कश्मीरी बिसाती, अपनी सस्ती चीज़ों की हाट सजाये, बैठा था। — गोल दाढ़ी, चाँदी-मारा, गंजा सिर, पिलपला मुँह और पीले दाँत — वह बड़ा हँसमुख था। लाला हाकिमचन्द के साथियों को कुछ लेना-देना नहीं था; तो भी, वे उसकी हर चीज़ को उलट-पलट कर देखने लगे। लेकिन उसने ज़रा भी तेवर नहीं बदले।

---

१. सिर्फ़ रिक्शा, पैदल यात्री और घुड़सवार इस सड़क पर जा सकते हैं।
२. कुलियों, ख़च्चरों और लद्दू जानवरों को ऊपर की सड़क से जाना चाहिए।
३. मल्लाह का हुक्का सुक्का (याने सूखा) पंजाबी मुहावरा है।

पण्डित तेजभान ने उसकी बीवी को ले कर मज़ाक किया तो भी वह हँसता रहा। रामभरोसे ने उसे कोंचा तो दाँत निकोस कर बोला, "कोई अपनी तबियत ख़ुश कर ले, हमारा क्या बिगड़ता है।"

०

पार्टी उन दुकानों पर कुछ सुस्ता कर आगे बढ़ी। दायीं तरफ़, सड़क के साथ-साथ, पहाड़ शुरू हो गया और बायीं ओर वह घाटी खुल चली, जो मशोबरा तक चली गयी थी। इसमें, मशोबरे की ओर को सिर किये हुए, पहाड़ियाँ लेटी दिखायी देती थीं। जिस तरह आदमी, सिर के नीचे गोल तकिया रख कर, उसे ज़रा ऊँचा कर लेता है, उसी तरह उस घाटी में पहाड़ियाँ, मशोबरे की ओर सिर ऊँचा किये थीं और उनके शरीर से बड़ी हल्की-सी ढलान बन गयी थी। इन्हीं लेटी हुई पहाड़ियों के पैरों में एक नाला, बल खाता, दिखायी देता था। 'इस समय तो इसमें ज़्यादा पानी नहीं, चेतन ने सोचा, 'पर जुलाई-अगस्त के महीनों में तो इसकी बहार, देखने लायक होती होगी।'

उसी नाले के ज़रा ऊपर, पहाड़ की ढलान पर, उस रियासत की राजधानी थी, जिसकी सीमा में संजौली, मशोबरा और सी०पी० थे। राजधानी का नाम 'क्यार' था। 'कोटी' —सी०पी० के दो मील परे थी। इन दोनों नामों को मिला कर, रियासत का नाम 'क्यार-कोटी' रखा गया था, लेकिन संक्षेप में वह 'कोटी' कहलाती थी। किसी बड़े प्रागैतिहासिक पक्षी के फैले हुए डैनों-सी, उस घाटी में, धूप में चमकती हुई, 'क्यार' के मकानों की छतें, दूर से चेतन को बड़ी भली लगीं।....लाला भोलानाथ, अपने भारी-भरकम शरीर के कारण, चलते-चलते थक गये थे और पार्टी से ज़रा पीछे रह गये थे। चेतन उन्हीं के साथ-साथ चल रहा था और रास्ते के सम्बन्ध में उनसे जानकारी ले कर, अपनी डायरी में लिखता जा रहा था।

मशोबरे से डेढ़ मील इधर ही, वह स्थल आ गया, जिसके बारे में चेतन ने सुना था कि बड़ा सुरम्य है। उसने देखा —दायीं ओर, पहाड़ बहुत ऊँचा था और सड़क के आधे भाग पर छाया हुआ था। उसकी छत से पानी की बूँदें लगातार रिस रही थीं और यह स्थान बड़ा ही शीतल था। सड़क की बायीं ओर, मुसाफ़िरों के बैठने के लिए, चौड़े पत्थरों की बड़ी लम्बी बाड़ बनी हुई थी। सारी-की-सारी पार्टी, कतार बाँध कर, वहाँ बैठ गयी और सबने अपनी टोपियाँ और पगड़ियाँ उतार कर रख दीं। अगनित तमाशाइयों के पैरों और लगातार गुज़रने वाली अफ़सरों की मोटरों से उड़ने वाली धूल, सबके चेहरों पर जम गयी थी और उनके कण्ठ सूख गये थे। एक छोटे-से झरने की पतली-सी धार, सामने पहाड़ से, झर रही थी। वहाँ जा कर सब ने हाथ-मुँह धोये; ओक से पानी पिया; गीले हाथ सिर पर फेरे और चाक-चौबन्द हो कर, आगे चल पड़े।....

चेतन बार-बार पीछे मुड़ कर देखता रहा —यह जगह कितनी सुरम्य थी, लेकिन कितनी डरावनी और ख़तरनाक....अगर लगातार पानी रिसने से, पहाड़ का कोई टुकड़ा अलग हो कर, रास्ता चलने वालों पर गिर जाये तो....वह जितनी देर तक वहाँ बैठा रहा था, यही सोचता रहा था....लेकिन पहाड़ वर्षों से सड़क पर छाया हुआ था। पानी की नन्ही-नन्ही धारें, उससे निरन्तर चू रही थीं और वह मुसाफ़िरों की आँखों को चकित करता हुआ, उनके मन में सुख और भय की कुछ अजीब-सी अनुभूति भरता हुआ, सड़क पर

झुका खड़ा था।

०

मशोबरे में ख़ूब चहल-पहल थी। छोटी-सी बस्ती, नन्हा-सा बाज़ार। शिमला के शोर-शराबे से दूर रहने की इच्छा रखने वाले अंग्रेज़ अथवा अंग्रेज़-नुमा भारतीय, गर्मियाँ वहाँ काटते थे। 'वाइसरॉय हाउस' भी था, जहाँ वाइसरॉय कभी-कभी आ कर कुछ दिन गुज़ारते थे। उस बाग़ीचे के फल, बाज़ार की एक दुकान में बिकते थे —कम-से-कम दुकानदार यही कहता था। उन लोगों ने वहाँ से सेब और ख़ूबानियाँ ख़रीदीं। दुकानदार ने उनके खड़े-खड़े, दो-तीन बार क्रोध से नौकर को गाली देते हुए कहा —'हत्तेरे की, ख़ुदा तुझे चकला नसीब करे।' चेतन को यह गाली बेहद दिलचस्प लगी। आगे 'गेबल्ज़ होटल' की शानदार बिल्डिंग थी, जिसमें प्राय: अंग्रेज़ अथवा राजा-नवाब ही ठहरते थे।

उसी होटल के नीचे, मुख्य सड़क से, एक रास्ता सीपुर को उतरता था। वहीं मुहाने पर —रियासत के रीडर तथा दूसरे दरबारियों के साथ —कोटी के टिक्का साहब, जंगी लाट (कमाण्डर-इन-चीफ़ —जनरल बर्ग) की अगवानी को खड़े थे। राजपूतों जैसी —लम्बे शमले वाली —लटकेदार, लाल पगड़ी; काला अचकन; चूड़ीदार पायजामा; नोकदार जूता —टिक्का साहब, नाटे कद के पतले-से चुस्त आदमी थे। उम्र कोई तीस-पैंतीस की होगी, पर लगती चालीस-पैंतालीस की थी। वे लोग अभी वहाँ पहुँचे ही थे कि एक बड़ी-सी मोटर वहाँ आ कर रुकी। उसमें से, सिर्फ़ निक्कर-कमीज़ पहने, हाथ में बल्लम लिये, एक लम्बा-तगड़ा अंग्रेज़, एक गोरी युवती के साथ उतरा। भीड़ में 'जंगी लाट,' 'जंगी लाट' की सरगोशियाँ गूँज गयीं। चूँकि उन लोगों को मेले में पहुँचने की जल्दी थी, इसलिए टिक्का साहब को जंगी लाट का स्वागत करते हुए छोड़ कर, वे लोग आगे बढ़े। चेतन ने देखा कि रीडर भी उनके आगे-आगे, मुख्य सड़क की बजाय पगडण्डियों से, भागा जा रहा है। वह बहुत तेज़ी में था। शायद यह सन्देश ले कर जा रहा था कि जंगी लाट मशोबरे पहुँच गये हैं।

चेतन ने कभी कोई पहाड़ी मेला न देखा था। फिर, सी०पी० के इस मेले के बारे में उसने इतना सुन रखा था कि उस सब को प्रत्यक्ष देखने के लिए वह बेताब हो उठा।

गहरी उतराई थी। चेतन जब पार्टी के पीछे लुढ़कता हुआ-सा बढ़ा तो उसने देखा कि वह रास्ता, संजौली से मशोबरे को आने वाले मार्ग-सा, सीधा-सपाट और वृक्ष-विहीन नहीं। मशोबरे से नीचे उतरते ही, केलुओं के छतनार पेड़ों के स्पर्श से शीतल हवा ने उनका स्वागत किया। पूरी घाटी में देवदारों की छाया थी। सी०पी० में तो काफ़ी ठण्ड थी। घाटी के नीचे, छोटे-से मैदान में, एक ऊँचे चबूतरे पर, पैगोडा-ऐसा, छोटा-सा शिव-मन्दिर था, जिसे वहाँ के पहाड़ी लोग, सी०पी० देवता का मन्दिर कहते थे। मैदान में चूँकि उतनी जगह न थी, इसलिए मेला, घाटी में काफ़ी ऊपर तक फैला हुआ था। मेले का बाज़ार भी, पहाड़ी नदी की तरह, दो-एक बल खाता हुआ, नीचे मैदान तक चला गया था।

मेले के शुरू में चेतन को एक बड़ी-सी टंकी दिखायी दी, जिसमें टूटियाँ लगी थीं। वहाँ पानी की उस व्यवस्था पर उसे हैरत हुई। एक टूटी खोल कर, उसने पानी पिया तो इतना ठण्डा था कि उसके दाँत दर्द करने लगे। किसी ने उसे बताया कि पानी यहाँ बहुत

दूर से लाया जाता है, पर लाला जी से उसे मालूम हुआ कि वहाँ एक प्राकृतिक झरना है और मेले के दिनों में अस्थायी तौर पर वहाँ टंकी और टूटियाँ लगा दी जाती हैं। झरने वहाँ और भी हैं, लेकिन मिठास में कोई सी०पी० के झरने का मुकाबला नहीं करता।

पानी की टंकी के साथ ही ख़ेमा लगा हुआ था, जिसके बाहर चाय के बर्तन पड़े थे और बिस्कुट-तोस और चाय का इन्तज़ाम था। यहीं से आगे, दो मार्ग हो गये थे —ऊपर वाला, राजा के मेहमानों और उनका स्वागत करने वाले, सरकारी अफ़सरों के लिए था और नीचे वाला, जनता के लिए। पहले रास्ते पर एक गेट बना था, जिस पर अंग्रेज़ी में 'वेलकम' लिखा हुआ था। वहाँ, गेट के साथ, डेढ़ रुपये वाली एक लोहे की कुर्सी भी रखी थी और उस पर एक बुज़ुर्ग, ज़रदोज़ी का कीमती चोग़ा, चूड़ीदार पायजामा, और कामदार जूते पहने, बैठे थे। दाढ़ी-मूँछें उनकी साफ़ थीं; सिर पर पण्डितों-ऐसी घुटी हुई रेशमी पगड़ी थी, जिसका शमला पीछे टँगा था और उसके अगले हिस्से में सुनहरी तारों वाली कलग़ी खुँसी थी। उनके बराबर, एक वृद्ध, लेकिन चुस्त व्यक्ति, अचकन पहने, डटे हुए थे। गेट पर चुस्त सूट पहने, वह गोरे रंग का रीडर आ खड़ा हुआ था। चेतन ने पूछा तो उसे मालूम हुआ कि ये कोटी के राणा और उनके मन्त्री हैं और जंगी लाट के आने की बाट देख रहे हैं।....किसी रियासत के राणा को, लोहे की मामूली कुर्सी पर बैठे देख कर, चेतन को बड़ी हैरत हुई, और वह कितनी ही देर तक उनकी ओर एकटक देखता रहा। राणा काफ़ी बूढ़े थे, दोहरे बदन के थे, उमर के बोझ से उनके कन्धे झुके हुए थे और वे ऊँघते-से बैठे थे।

चेतन के देखते-देखते, वहाँ एक अंग्रेज़ आया। उसके साथ पहले रीडर, फिर मन्त्री ने बातचीत की; मन्त्री ने राणा साहब के कान में कुछ कहा। वे उठे। उन्होंने अंग्रेज़ का अभिवादन किया। फिर एक लोहे की कुर्सी मँगा कर, उसे भी, राणा साहब के बराबर बैठा दिया गया।....

चेतन को लगा कि राणा साहब अंग्रेज़ी नहीं जानते, इसलिए उन्हें दुभाषिए की ज़रूरत रहती है, या शायद वे सिर्फ़ काम-चलाऊ अंग्रेज़ी जानते हैं। वह ठीक स्थिति जानना चाहता था, लेकिन लाला हाकिमचन्द और उनके साथी क्लर्कों को, जंगी लाट के स्वागत-समारोह में कोई दिलचस्पी नहीं थी। वे लोग निचले मार्ग से आगे बढ़ गये।

कुछ दूर जाने पर, ऊपर का मार्ग भी निचले रास्ते में आ कर मिल गया। दोनों के संगम पर, कुछ तिब्बती, अपना सामान बिछाये, बैठे थे। उनके पास चीनी के बर्तन —शायद सेकेण्ड हैण्ड —पत्थर की प्यालियाँ और बिसाती का दूसरा सामान था। एक औरत, उन सब में तेज़-तर्रार थी, जिसका नाम लक्ष्मी था। वह शुद्ध हिन्दुस्तानी और काम चलाने लायक अंग्रेज़ी, बड़ी सफ़ाई से बोलती थी। ग्राहकों को बातों में लगा कर, उनसे दुगुने दाम ले लेना, उसके बायें हाथ का खेल था। उसे अंग्रेज़ों और हिन्दुस्तानियों के फ़र्क का भी अच्छी तरह पता था। कुछ चीज़ें उसने सिर्फ़ अंग्रेज़ों के लिए ही रख छोड़ी थीं। चेतन ने देखा —बातों-बातों में, उसने पत्थर की एक हरे रंग की प्याली, एक अंग्रेज़ युवती को दो रुपये में टिका दी। लाला हाकिमचन्द की पार्टी में कोई भी उसके चार आने से ज़्यादा न देता। अंग्रेज़ी बोलने की उसकी क्षमता पर, एक अंग्रेज़ अफ़सर ने अपने साथी से अंग्रेज़ी में कहा —'यह देखो, एक तिब्बती औरत कैसे अंग्रेज़ी बोल रही है।'....

यह औरत शिलाजीत भी बेचती थी (जो शायद गोंद अथवा सड़े हुए गुड़ के सिवा

कुछ न था।) पण्डित तेजभान ने, दूसरों की नज़र बचा कर, चार आने की शिलाजीत ले ली; पर रामभरोसे ने उन्हें देख लिया और बोले, "पण्डित जी, चवन्नी की शिलाजीत से कुछ नहीं होगा। यह सारी उठा ले जाइए। कुछ आप खाइए, कुछ भाभी को खिलाइए।"

पण्डित जी की शादी को दस वर्ष हो गये थे, पर उनके घर कोई बाल-बच्चा न था। कुछ दोस्तों का ख़याल था कि उनकी पत्नी बाँझ है; दूसरे समझते थे कि पण्डित जी में ही दम नहीं।

"उसी के लिए ले रहा हूँ।" पण्डित जी ने बिना शार्मिन्दा हुए कहा, "मुझे इसकी ज़रूरत नहीं। कोई दूसरी बीवी मेरे होती तो अब तक सौ बच्चों का बाप होता, लेकिन ऊसर में सारी फ़र्टिलाइज़र फ़ैक्टरी भी झोंक दो तो कुछ न होगा।" और वे ज़ोर से ठहाका मार कर हँसे।

"तो फिर इस चवन्नी की शिलाजीत से ही क्या होगा!"

इस पर पण्डित जी ने फिर ज़ोर से ठहाका लगाया और यूँ बात को टाल कर, आगे बढ़ चले।

०

कुछ दूर चलने पर, हलवाइयों की दुकानें आ गयीं। तभी रामभरोसे ने, बायीं ओर एक ऊँचे-से स्थान की ओर संकेत करते हुए कहा —"वहाँ मीना बाज़ार लगता है।"

चेतन ने देखा —बाज़ार से ज़रा ऊँची जगह, पहाड़ी पर, चौड़ी, कच्ची सीढ़ियाँ बनी थीं और लकड़ी के खम्भों में रस्सी बाँध कर, एक जँगला-सा बना था। दो-चार ही औरतें अभी वहाँ बैठी थीं। पार्टी के लोगों को उस समय कहीं बैठने और अपने थके हुए अंगों को आराम देने की जल्दी थी, इसलिए उधर ज़्यादा ध्यान दिये बिना, चेतन उनके पीछे लुढ़कता चला गया।

हलवाइयों की दुकानों के आगे, जुए के स्टॉल थे —लगभग वैसे, जैसे चेतन ने लाहौर की ऑल इण्डिया नुमायश के कार्निवाल में देखे थे —एक मेज़ पर लाल कपड़ा बिछा था। उस पर सीधी पंक्तियों में, दुअन्नियाँ, चवन्नियाँ, अठन्नियाँ और दो-एक रुपये के सिक्के, चस्पाँ थे। मेज़ के गिर्द जँगला बना था, जहाँ से जुआरी लोहे की पतली चूड़ियाँ फेंकते थे।....दूसरे स्टॉल पर एक चक्कर था, जो घूम रहा था; उस पर बन्दूक से निशाना लगाते थे....ऐसे ही कई दूसरे स्टॉल थे।....

इन स्टॉलों के आगे, छोटा-सा मैदान था, जिसमें दरबार के लिए शामियाना तना था, दरियाँ बिछी थीं और उन पर चाँदी की कुर्सियाँ सजी थीं। यहीं, दायीं ओर, सी०पी० देवता का मन्दिर था। उसके बराबर ही, कुछ तम्बू और कनातें लगी थीं, जिनमें दरबार की चाय-पार्टी के इन्तज़ाम की गहमा-गहमी थी।

लाला हाकिमचन्द और उनके साथी, बायीं ओर को, किसी एकान्त स्थल की खोज में, बढ़ गये।

तेरह

बारह-साढ़े बारह बजे होंगे। पार्टी, पेड़ों की घनी छाया में दायरा बना कर, बैठ गयी। सुबह साढ़े नौ बजे छोटे शिमले से चल कर, नौ मील लम्बे रास्ते की चिलचिलाती धूप में लगातार चलते रहने और रास्ते की धूल-गर्द फाँकने के बाद, थोड़ा आराम ज़रूरी था। भूख भी लग आयी थी, इसलिए लाला भोलानाथ और श्री तेजभान ने कुली के सिर से मिठाई और फलों का टोकरा उतरवाया। सब के सामने, पुराने अख़बारों का (जो घर ही से लाये गये थे) एक-एक पन्ना रख दिया गया और लाला भोलानाथ ने मिठाई परसनी शुरू कर दी। उस समय, निकट ही, पेड़ों के पीछे चलते पँगूड़े[१] में झूलती हुई, किसी पहाड़ी युवती ने अपने सुरीले कण्ठ से तान लगायी :

तुझ पिच्छियाँ मैं होई बदनाम लोक्का[२]

कोयल का-सा पंचम स्वर, पहाड़ी गीत की उदासी, युवा कण्ठ, लम्बी तान और झूले में झूलते समय की मस्ती! गीत फ़िज़ा में गूँजता हुआ, चेतन के मन में बस गया। रिक्शा खींचने वालों, चरवाहों और ग्वालों की मोटी आवाज़ में, उसने कई बार पहाड़ी गीत सुने थे; जवान पहाड़ी कण्ठों के चमत्कार भी देखे थे; लेकिन दिल-दिमाग़ में घर करती हुई, ऐसी सुरीली तान, चेतन ने पहले कभी न सुनी थी :

तुझ पिच्छियाँ मैं होई बदनाम लोक्का

'क्या इक-तरफ़ा प्रेम में —ख़ास तौर पर नारी को —बदनामी के सिवा कुछ और भी मिलता है ?' चेतन ने सोचा, 'दूसरी तरफ़ से प्यार ही मिल जाये तो बदनामी, बदनामी नहीं रहती; लेकिन उसके बिना....क्या चन्द्रा के भाग्य में भी बदनामी ही लिखी है ?'....कसुम्पटी और छोटे शिमले के क्लर्कों में, वह जानता है, उन्हें ले कर क्या-क्या अटकलें नहीं भिड़ायी जातीं; और चन्द्रा के उस आवेग के लिए, जिसे उसने अपनी रुखाई के बल पर, छलक पड़ने से बाँध रखा था, एक अव्यक्त-सी करुणा, चेतन के मन में उमड़ आयी।

....तभी पण्डित तेजभान ने, उसकी तल्लीनता भंग कर दी — हँस कर बोले, "किसके बिजोग में कूक रही है ?"

और सब-के-सब ऐसे हँस पड़े, जैसे पण्डित जी ने बड़ा चतुराई-भरा मज़ाक किया हो।....

चेतन कुछ क्षण उन लोगों की फूहड़ बातें सुनता रहा, फिर उसका ध्यान उसी तान में जा लगा। बोल पूरी तरह समझ में न आ रहे थे; हाँ, सुर का आनन्द लिया जा सकता था; फिर भी जितना कुछ समझ में आया, चेतन के दिल में एक टीस पैदा कर गया।

उसे पहाड़ी गीत अक्सर तुक की कैद से आज़ाद मिले थे। छन्द-रचना और शब्द-संयोजन का चमत्कार भी उनमें नहीं था। लेकिन उनमें दिल था —मुहब्बत या जुदाई की मारी, किसी पहाड़ी युवती का भोला-भाला दिल! और उससे निकले सीधे-सादे उद्गार!

१. हिंडोला, चक्र-दोला
२. ऐ मेरे प्यारे, मैं तेरे कारण बदनाम हो गयी हूँ।

पहाड़ी युवतियाँ अपने अनमँजे, अनगढ़ शब्दों में वह सब कह देती थीं, जो चेतन का कवि, छन्द और तुक के माध्यम से भी, व्यक्त न कर पाता था।

उसने डायरी और उसके साथ लगी, पतली-सी सफ़ेद पेन्सिल जेब से निकाली और जो बोल उसकी समझ में आये, नोट कर लिये :

गल्लाँ रीयाँ मिट्ठियाँ
दिलाँ रीयाँ पापने
तुझ पिच्छियाँ मैं होई बदनाम लोक्का
थोड़ी-थोड़ी बुरी
मापयाँ री लगदी
सज्जनाँ दे बुरे बजोग लोक्का[१]

गीत तो लम्बा था। लेकिन एक तो गीत के बोल पूरी तरह चेतन के समझ में न आ रहे थे, दूसरे वह साथ-साथ फल और मिठाई और नमकीन पर भी हाथ साफ़ कर रहा था। आठ-नौ मील चल कर आने के बाद, उसे बेतरह भूख लग आयी थी। वह जल्दी-जल्दी खा रहा था कि खाना ख़त्म कर के, वह भाग कर जाये और उस युवती से और गीत सुने।

घुटे-दबे वातावरण का मारा, उसका दबा-घुटा मन, कल्पना-लोक में चंचल हिरन-सा कुलाँचें भर रहा था। पहाड़ी गीतों में, गीतों ही में क्यों — पहाड़ी समाज में, सभ्यता में, पहाड़ी वातावरण के कण-कण में, उसे रोमान बसा दिखायी देता था। उसने देखा था — पहाड़ों में प्रेम, मुक्त हवा-सा बहता है। पहाड़ी युवतियाँ, लुक-छिप कर प्रेम के गीत नहीं गातीं, बल्कि दूध के बर्तन उठाये, गीत गाती चली जाती हैं। गायों को चराती हुईं, चोटियों और घाटियों की निस्तब्धता को अपने गीतों से गुँजा देती हैं। पुरुषों की उपस्थिति उन्हें गीत गाने से नहीं रोकती; उन्हें आते देख, उनके स्वर कण्ठ ही में नहीं घुट जाते; बल्कि वे अपने पुरुषों के साथ, स्वर-में-स्वर मिलाती हुई, गाती चली जाती हैं। रास्ता चलते पहाड़ी ग्वाले, अपनी बाँसुरी में; पहाड़ी रिक्शा वाले, अपनी फ़ुर्सत के वक्त में, किसी रिक्शा-घर में बैठ कर; पहाड़ी मोची, जूते गाँठते-गाँठते — किसी ऐसे ही दिलकश गीत को अलाप उठते हैं। उनकी ग़रीबी, दुख-दरिद्रता, उनके मैले-फटे कपड़ों और रूखे-सूखे चेहरों के बावजूद, चेतन को उनके ये आज़ाद गीत, कुछ अजीब-सी, रोमान-भरी दुनिया में पहुँचा देते थे। स्कूल के दिनों में, जब उसने बाँसुरी ख़रीदी थी और निक्के बजाज से पहाड़ी धुन सीखी थी :

बाह्मणा दा छोरूआ ओ बेईमाना

तो उसके मन में पहाड़ी गीतों को इकट्ठा करने की, उनकी ट्यूनें सीखने की, साध उठी थी। वह साध, इतने वर्ष बीत जाने पर भी, अक्षुण्ण थी और इस मेले में वह अपनी पुरानी साध पूरी कर लेना चाहता था।

जल्दी-जल्दी मिठाई, नमकीन और फल ख़त्म कर, लाला जी से छुट्टी ले, छड़ी और डायरी सँभाले, वह चल पड़ा।

---

१. प्यारे, तेरी बातें तो मीठी हैं, पर तेरे दिल में खोट भरा है; मैं तो तेरे कारण बदनाम हो गयी हूँ। माँ-बाप का विछोह थोड़ा बुरा लगता है, लेकिन साजन से वियोग से उसकी तुलना नहीं।

०

जहाँ वे लोग बैठे थे, उस जगह और पँगूड़ों के बीच, पेड़ों का एक झुरमुट था। उसे पार कर, चेतन पँगूड़ों के सामने जा खड़ा हुआ। कोई दस पँगूड़े, एक ही पंक्ति में, लगे हुए थे; लेकिन चल एक ही रहा था। अभी तक मेला भरा न था। मेले के भरा न होने का यह मतलब नहीं कि उसमें रौनक न थी। नहीं, रौनक ख़ूब थी। जुए का बाज़ार गर्म था। भोले-भाले लोग अपनी जेबों को बड़े जोश से ख़ाली कर रहे थे; हलवाइयों की मिठाइयाँ धड़ाधड़ बिक रही थीं; चाट वाले के हाथ भी, बिजली की तेज़ी से चल रहे थे; लेकिन वह चीज़ न थी, जिसे देखने के लिए सी०पी० के मेले में पंचानबे प्रतिशत लोग जाते हैं — अभी तक 'मीना बाज़ार' न लगा था। पहाड़ी युवतियों के लिए बैठने का स्थान, झूलों के सामने ही, ऊँची जगह बना था; वहाँ इस बीच, दो-चार युवतियाँ और आ गयी थीं; बाकी सभी सीढ़ियाँ ख़ाली थीं। उस चलते हिंडोले में सिर्फ़ एक पहाड़ी औरत, मुँह पर पाउडर, होंटों पर सुर्ख़ी और धूप का चश्मा लगाये, बैठी थी। चेतन को अपनी आँखों पर विश्वास न हुआ। उसने आँखें झपकायीं। लेकिन नहीं, युवती की आँखों पर चश्मा लगा था। ज़ब तक चेतन वहाँ खड़ा रहा, वह बराबर पँगूड़े में बैठी रही। चेतन ने समझा —उसने सीज़न टिकट ले रखा है, लेकिन बाद को उसे मालूम हुआ कि वह पेशेवर औरत थी और पँगूड़े वालों ने उसे आकर्षण के तौर पर बैठा रखा था। वह कितनी ही देर इसी आशा में खड़ा रहा कि वह अब भी अपनी सुरीली तान अलापेगी, पर लगता है, पहली गाने वाली कोई और ही थी।....

वहाँ से निराश हो कर, चेतन बायीं ओर को मुड़ा। स्त्रियों के बैठने के लिए जो स्थान सुरक्षित था, उसके नीचे बिसातियों की दुकानें सजी थीं और जुए के स्टॉलों और हलवाइयों की दुकानों वाले बाज़ार के समानान्तर, एक छोटा-सा बाज़ार लगा था। यह बाज़ार आगे जा कर, बड़े बाज़ार से मिल जाता था। चेतन इस छोटे-से बाज़ार से होता हुआ, ऊपर को चल दिया, क्योंकि वह उस तिब्बती औरत से कुछ बातें करना चाहता था, जो बड़ी सरलता से हिन्दी और अंग्रेज़ी बोल लेती थी।

रास्ते में चेतन को एक पहाड़ी मिला, जो बाँसुरियाँ बेच रहा था। बाँसुरी पहाड़ियों का अपना साज़ है। चेतन को याद हो आया कि जालन्धर में, जब भी वह किसी बाँसुरी वाले को देखता था, सदा उससे 'पहाड़ी' सुनाने का अनुरोध करता था। उसे ख़ुद भी बाँसुरी बजाने का शौक था। पिछले वर्ष, राजकुमार की संगति में, वह कई दिन तक बाँसुरी बजाता रहा था। उसने एक बाँसुरी ले कर उसमें फूँक दी। बाँस की पोरी सुरीली आवाज़ से कूक उठी, जैसे फ़रियाद कर रही हो कि कृष्ण के अधरों से लग कर उसे जो सुख मिलता था, वह फिर कभी नहीं मिला।....चेतन बाँसुरी ख़रीदना तो चाहता नहीं था, वह तो पहाड़ी गीत सुनना चाहता था। इस ख़याल से कि बाँसुरी वाले को ज़रूर पहाड़ी गीत आते होंगे, उसने बाँसुरी उसे वापस देते हुए कहा, "क्यों भई, कोई पहाड़ी गीत भी तुम्हें आता है ?"

"बीसियों आते हैं।" बाँसुरी वाले ने कहा।

चेतन की ख़ुशी का वार-पार न रहा। उसने जेब से डायरी निकाली और पेन्सिल हाथ में ले कर, गीत नोट करने को तैयार हो गया।

पहाड़ी ने ज़रा चकित हो कर चेतन की ओर देखा : "क्या सुनना चाहते हो," उसने पूछा, "देवरा, छोरुआ, मोहना ?"

'छोरुआ' और 'मोहना' के कुछ बोल, चेतन पहले सुन चुका था, इसलिए उसने कहा, "देवरा सुनाओ।"

उसने चेतन के निकट हो कर लगभग सरगोशी में 'देवरा' का एक बोल उसके कान में फूँका। चेतन ने लिखा :

'भाभी न्हान गयी नरकण्ड।'

लेकिन बोल की दूसरी पंक्ति निहायत अश्लील थी। उसका हाथ रुक गया।

बाँसुरी वाला हँसा — "क्यों बाबू, कैसा रहा ?"

"कोई सीधा-सादा गीत सुनाओ!" चेतन ने कहा, "गन्दा नहीं चाहिए।"

पहाड़ी ने एक बार चेतन की ओर, उपेक्षा-भरी निगाहों से देखा, फिर हँसता हुआ चला गया। शायद उसने अपना कीमती वक्त, उस जैसे नासमझ और अरसिक व्यक्ति के लिए गँवाना, उचित नहीं समझा, जिसने न उससे बाँसुरी ख़रीदी, न उसके गीत की तारीफ़ की।

चेतन, कुछ क्षण तक खिन्न-मन, वहीं खड़ा रहा, 'इस साले को जो दूसरे बीसियों गीत आते हैं, वे भी ऐसे ही होंगे!' उसने सोचा, डायरी जेब में डाली और कुछ क्षण असमंजस में खड़ा रहा कि किधर को जाये। तभी उसने नज़र उठा कर देखा — बाज़ार से ज़रा ऊँचे, पहाड़ी पर, एक पेड़ के नीचे, दर्शकों के घेरे में कुछ औरतें गा रही थीं।

'बरड़ियाँ!' उसने मन-ही-मन कहा और उधर को लपका।

चेतन ने सुन रखा था कि शिमले के पहाड़ी मेलों में बरड़ियाँ अकसर आती हैं। इनमें बूढ़ी और जवान, दोनों होती हैं। पेशे के लिहाज़ से ये बिन्ने बनाती हैं; भगवान ने रंग इन्हें चाहे अच्छा न दिया हो; पर नैन-नक्श देते वक्त, कंजूसी से काम नहीं लिया। आवाज़ तो इनकी, जादू-भरी होती है; बिगड़े-दिल लोग इन्हें बैठा कर, गाना सुनने के साथ-साथ, अपनी आँखों की प्यास भी मिटा लेते हैं। उसने यह भी सुना था कि वे हर तरह के व्यंग्य को मुस्कान में टाल देती हैं और प्रायः ऐसे लोगों की जेबें ख़ाली कर जाती हैं।

एक-दो सिक्खों, दो-एक पहाड़ियों और तीन-चार दूसरे ख़ामोश दर्शकों के घेरे में बैठी, वे तान-पर-तान अलाप रही थीं। एक-दो ने कानों पर हाथ भी रख लिये थे — कमर में लँहगे; गले में कमीज़ें; उन पर जैकेटें; सिर पर रँगे दुपट्टे; कानों में बालियाँ; काले मुख, उबटन से चमकाये हुए; अधरों पर दातुन का गहरा रंग; तीखे नक्श; तनी हुई छातियाँ — बरड़ियाँ, अपने श्याम रंग के बावजूद, देखने वालों को लुभा रही थीं। — उनमें चार जवान थीं और एक बूढ़ी, जो सब के पीछे बैठी थी।....सब मिल कर, जादू-भरे गले से तानें अलाप रही थीं और कनखियों से आने-जाने वाले लोगों का जायज़ा भी ले लेती थीं।

डायरी खोले और पेन्सिल हाथ में लिये, चेतन दर्शकों के पीछे जा कर बैठ गया।

उस समय वे एक सिक्ख की जेब से कुछ पैसे निकालने की कोशिश में थीं, लेकिन सरदार साहब मुफ़्तिए थे — बिना जेब ढीली किये, मज़ा लेने वाले! गीत को बीच ही में रोक कर, एक ने — जो सब से सुन्दर थी — कटाक्ष के तीर छोड़ते हुए कहा :

"दो न सरदार साहब, एक-दो पैसे। वाहे गुरू आपका भला करे।"

"एक-दो क्या, आठ आने लो, रुपया लो, पर हमारा वाहे गुरू जो कहता है, वह तो करो।" सरदार साहब चहके।

इस पर, तमाशाइयों में एक हल्की-सी हँसी गूँज गयी।

बरड़ी ने उस ओर ध्यान नहीं दिया, बड़े भोलेपन से पूछा, "आपका वाहे गुरू क्या कहता है ?"

"हमारे साथ चलो!" और यह कहते हुए, सरदार साहब ने आँख दबायी, "यहाँ दिन भर में भी एक रुपया न मिलेगा।"

बरड़ी ने कुछ हँस कर और कुछ शरमा कर, 'वाहे गुरू' वाले सरदार साहब की ओर से मुँह फेर लिया और नीली वर्दी पहने, चौकीदार-ऐसे, एक अधेड़ की ओर पलट कर बोली, "थानेदार साहब, आप ही एक-दो पैसे दें, परमात्मा आपका इकबाल दूना करे।"

'थानेदार साहब' केवल मुस्करा दिये।

इस बीच में एक बरड़ी की निगाह चेतन पर जा पड़ी। उसने माँगने वाली को ठहोका दे कर, चेतन की ओर संकेत किया।

वह चेतन की ओर मुड़ी।

"बाबू साहब, आप ही कुछ मेहरबानी करें। परमात्मा आपको पास करे, नौकरी दिलाये।"

'हिन्दुस्तानी नौजवानों की बढ़ी हुई बेकारी की बात इन बरड़ियों तक भी पहुँच गयी है।' चेतन मन-ही-मन हँसा, 'इसलिए इस ने दो ही दुआएँ दी हैं; इनके ख़याल में, मेरी उमर के लड़के को, या पढ़ना चाहिए या बेकार घूमना।"

'वाहे गुरू' वाले सरदार साहब उसके आगे बैठे थे। उन्होंने पलट कर, उसकी ओर देखा और बोले :

"हाँ, ये ज़रूर देंगे। इनकी जोड़ी भी तुमसे मिलती है।"

बरड़ी ने उनकी बात पर ध्यान नहीं दिया। चेतन कुछ शरमा गया।

"पहले कुछ सुनाओ भी," उसने हैट उतार कर, घुटने पर रख लिया और कुछ हँसते हुए बोला।

उसके मुँह से पूरी बात भी नहीं निकली कि बरड़ियों का समवेत स्वर वायु-मण्डल में गूँज उठा:

ओ ताँ जान करन कुरबान, जिन्हाँने दर्शन पर लये ने![१]

"यह नहीं," चेतन ने टोकते हुए हुए कहा, "ये गाने तो मैंने देश में भी बहुत सुने हैं, कोई यहाँ का गीत सुनाओ — देवरा, छोरुआ, मोहना या कोई और।"

बरड़ियों ने कानों पर हाथ रख लिये और 'देवरा' गाने लगीं।

भाभो चली गयी है दूर
पेटे पीड़ कलेजे सूर

---

१. एक पंजाबी गीत — जिन्होंने तुम्हारे दर्शन किये हैं, वे अपनी जान न्योछावर कर सकते हैं।

अरकी नेड़े शिमला दूर
हकीम लियायीं देवरा
देवरा वे ऽ-ऽ-ऽ लोभिया[१]

बाग़ें लानी आँ मैं तूत
चिट्टा-चिट्टा रूँ दा सूत
मैं गजरेटी तूँ रजपूत
जोड़ी मिल गयी वे देवरा
देवरा वे ऽ-ऽ-ऽलोभिया[२]

दो बन्द सुना कर, बरड़ियाँ पैसे माँगने लगीं। चेतन ने एक पैसा फेंका। 'देवरा' के बन्द उसे हलके लगे। उसके मुकाबिले में 'मोहना' या 'छोरुआ' उसे गहरा लगता था। उसने कहा, "कोई बोल छोरुआ का सुनाओ।"

बरड़ियों ने फिर कानों पर हाथ रखे और 'छोरुआ' की लम्बी तान घाटी में गूँज उठी। चेतन बाँसुरी पर 'छोरुआ' का जो बन्द गाया करता था —बाह्मणा दा छोरुआ ओ ऽ-ऽ-ऽ बेईमाना —उससे यह भिन्न था —छन्द में भी और लय में भी। वह जल्दी-जल्दी नोट करने लगा :

बाह्मण दा छोरुआ ओ!
शिमले न जाना मंगी खाना
तू तो बेईमान बनेया।[३]
बाह्मणा दा छोरुआ ओ!
देस बगाना नीवें चल्लना
तू तो बेईमान बनेया[४]

पिछले ज़माने में, जब अकसर लड़ाई-भिड़ाई होती रहती थी; रास्ते ऊबड़-खाबड़ और दुर्गम थे; चोर-डाकुओं का डर बना रहता था और जो लोग परदेश जाते थे, उनकी वापसी का ठिकाना न होता था; तब देश की युवतियाँ, नयी-ब्याही बहुएँ; अपने प्रेमियों और पतियों को परदेश जाने से रोकती थीं। उनके विछोह की कल्पना ही से उनकी आत्मा सिहर उठती थी। पहले महायुद्ध के ज़माने के ऐसे दसियों गीत, चेतन को याद थे। दो-एक तो उसे इतने अच्छे लगते थे कि वह कभी-कभी, उन्हें ख़ुद भी गुनगुनाया करता था :

'देखो सय्यो नी मेरा ढोल कमला,

---

१. भाभी दूर चली गयी है (शायद देवर के साथ सैर करते-करते) उसके पेट में दर्द उठा है और कलेजे में शूल है, अरकी (पहाड़ी कस्बा) नज़दीक है और शिमला दूर है। तू जल्दी हकीम ले आ। ऐ मेरे लोभी देवर!

२. बाग़ में शहतूत के पौधे लगाती हूँ; रुई का सफ़ेद-सफ़ेद सूत कातती हूँ; मैं गूजरों की बेटी हूँ, तू राजपूत है। तेरी-मेरी जोड़ी ख़ूब रहेगी, ओ मेरे लोभी देवर!

३. ऐ ब्राह्मण युवक। तू शिमले न जा, हम यहाँ माँग-खा लेंगे। तू बेवफ़ा निकला, जो मुझे यहाँ छोड़ कर शिमला जाने को तैयार हो गया।

४. (दोनों कहीं भाग जाते हैं, प्रेयसी कहती है) ऐ ब्राह्मण युवक, यह पराया देश है, यहाँ सिर झुका कर चलना चाहिए।

मेरा ढोल कमला,
आर गंगा नी, सय्यो पार जमुना,
सय्यो पार जमुना,
विच्च बरेती धक्का दे नी गया सी[१]

चेतन को यह गीत बहुत प्रिय था। 'ढोल कमला' में जो प्यार-भरा निहोरा था, वह उसे अभिभूत कर देता था। उसका दूसरा प्रिय गीत था — 'बीबा न जा।' जिसमें दुल्हन अपने प्रेमी को नौकरी पर जाने से बरजती थी....दरअसल नयी दुल्हन के आगे अपने प्रियतम का संयोग, नौकरी से कहीं ज़्यादा महत्व रखता था। अपने प्रेमी के साथ, वह आधा पेट खा कर भी ख़ुश रह सकती थी और यह ख़याल कि सौ योजन बैठा हुआ, उसका पति सौ रुपया महीना कमा लेगा —ज़रा भी तसल्ली न देता। उसकी जुदाई के ख़याल ही से बेचैन हो कर वह पुकार उठती :

'बीबा, न जा!
वे मैं हरदम नौकर तेरी आँ
बीबा न जा
वे बीबा न जा!'[२]

बरड़ियों का गीत सुनते हुए, चेतन को अपने इन प्रिय गीतों की याद हो आयी। उसे उन पहाड़ी युवतियों की भी, कुछ वैसी ही स्थिति लगी। शिमले के सीज़न में ग़रीब पहाड़ी युवक, रोज़ी-रोटी के चक्कर में, पाँच-छै महीनों के लिए शिमला आ जाता है। उसके वियोग की कल्पना-मात्र से पहाड़ी युवती सिहर उठती है :

शिमले न जाना, मंगी खाना।

तीन-चार बन्द सुना कर ही बरड़ियों ने गीत बन्द कर दिया और पैसा माँगने लगीं।

"एक-दो बन्द और सुनाओ।" चेतन ने कहा।

"यह इतना ही है।"

चेतन जानता था, गीत बहुत लम्बा है; पर शायद उन्हें आता ही न था, या वे उसे सुनाना न चाहती थीं। ख़ैर, उसने एक पैसा फेंक दिया और बोला, "अब मोहना सुनाओ।"

दूसरे क्षण 'मोहना' फ़िज़ा में गूँज उठा।

०

चेतन ने 'मोहना' की कहानी सुन रखी थी। दरअसल उस गीत का छोटा-सा इतिहास था। उसके बारे में कई तरह की किंवदन्तियाँ प्रचलित थीं। कुछ लोगों का कहना था कि मोहना एक सुन्दर, बलिष्ठ पहाड़ी युवक था। उसकी जवान बीवी को किसी अफ़सर ने छेड़ा। मोहना उस बेइज़्ज़ती को बरदाश्त न कर सका। उसने उस अफ़सर की हत्या कर दी। उसे फाँसी की सज़ा हो गयी। पहाड़ी लोगों ने उसे शहीद का दर्जा दे दिया। इधर उसे फाँसी मिली,

१. ऐ मेरी सखियो, तुम मेरे पास आओ तो देखो कि मेरा भोला (पगला) पति मुझे कहाँ छोड़ गया है। —इस पार गंगा है, उस पार जमुना और वह मुझे बरेती (पुलिन) में धक्का दे कर चला गया है।

२. ओ प्यारे न जा, मैं तो हरदम तेरी नौकर हूँ, प्यारे न जा, ओ प्यारे न जा।

उधर घर-घर उसके नाम से गीत गूँज उठे :

किस वज्जनी, वो (ओ) मोहना, किस वज्जनी
तेरी बन्दाँ वाली बंसी मोहना, किस वज्जनी[१]

बरड़ियाँ गा रही थीं :

चन्ने पिप्पली, वो मोहना, चन्ने पिप्पली,
तेरे वो बजोगे बोल, बाहरे निकली[२]
तूँ नहीं दिस्सदा वो मोहना, तू नहीं दिस्सदा
मेरा पाइया-पाइया लहुआ, बोल रोज़े सुक्कदा[३]

लेकिन कुछ लोगों का ख़याल है कि मोहना अविवाहित था और उस अफ़सर की हत्या उसके भाइयों ने की थी। वे सब बाल-बच्चों वाले थे और उनके फाँसी पाने के बाद, उनके बाल-बच्चों का क्या होगा —इस ख़याल से मोहना ने हत्या का अपराध अपने सिर ले लिया और कहा कि उसके भाई निर्दोष हैं। उसके भाई बच गये, पर मोहना फाँसी के तख़्ते पर चढ़ गया। बरड़ियों ने जो अगले बन्द सुनाये, उनमें इसी घटना का उल्लेख था :

तख़्ते चढ़ी गया, वो मोहना, तख़्ते चढ़ी गया,
बोल सुन्दर सलोना मोहना, तख़्ते चढ़ी गया[४]
खायी लै बबरू, वो मोहना खायी लै बबरू
अपनी भाबियाँ दे हत्थाँ दा, वो खायी लै बबरू[५]
तख़्ते चढ़ी गया, जी मोहना, तख़्ते चढ़ी गया
अपने भाइयाँ दे वो कारणो मोहना तख़्ते चढ़ी गया[६]

लेकिन जिस तरह पंजाब का हर प्रेमी, राँझा है और हर प्रेयसी, हीर —इसी तरह पहाड़ का हर युवक, मोहन था और हर युवती —उसकी भाभी। पहाड़ी प्रेमिका अपने प्रेमी के विरह में, 'मोहन' के नाम से गीत गाती थी। बरड़ियों ने जो दूसरे बन्द गाये, उनमें पहाड़ी प्रेमिकाओं के उद्‌गार थे। हालाँकि चेतन ने दो-एक बन्द पहले भी सुन रखे थे, पर वह नोट करता चला गया :

तेरे दरदे वो मोहना तेरे दरदे,
बोल गला मेरा कट्टेया पैनी ए करदे[७]

---

१. ऐ मोहन, अब तेरी सुन्दर बन्दों वाली बाँसुरी कौन बजायगा ?
२. पिछवाड़े पीपल का पेड़ है, मैं तेरी जुदाई से तंग आ कर जंगल को चल पड़ी हूँ।
३. तू कहीं भी दिखायी नहीं देता और तेरी जुदाई में मेरा पाव-पाव भर लहू रोज़ सूखता चला जाता है।
४. हाय मोहन फाँसी के तख़्ते पर चढ़ गया, सुन्दर सलोना मोहन फाँसी के तख़्ते पर चढ़ गया।
५. भाभियाँ उसके शव को देख, रो कर कहती हैं —ऐ मोहन, एक बार उठ और अपनी भाभियों के हाथों की बबरू (मोटी रोटी)खा ले।
६. अपने भाइयों के कारण मोहन फाँसी पर चढ़ गया।
७. ऐ मोहन तेरी जुदाई का दर्द मेरे गले को तेज़ छुरी की तरह काट रहा है।

खाना मऊरा जी मोहना खाना मऊरा
एस पापिए नहीं रहना, वो ठल्ली दे शाहुरा[1]

चेतन ने बरड़ियों की तरफ़ एक पैसा फेंका और बोला, "कोई नाटी-वाटी आती हो तो सुनाओ।"

पहाड़ी गीतों में 'छोरुआ,' 'मोहना,' 'लोका,' 'देवरा' ही मशहूर हैं, लेकिन चेतन ने पहाड़ी 'नाटियों' की बड़ी प्रशंसा सुनी थी। उसने यह भी सुना था कि लालित्य और सौन्दर्य के लिहाज़ से, वे गीतों से किसी तरह कम नहीं होतीं। उनमें स्वर का उतार-चढ़ाव ज़्यादा होता है — कभी तार सप्तक तक उठ जाने वाला, कभी मध्यम से भी नीचा। कभी ऐसे, जैसे नदी की नहरों पर तैर रहा हो और कभी ऐसे, जैसे पहाड़ी के शिखर पर उड़ा जा रहा हो — उसे यह भी मालूम हुआ था कि किसी 'नाटी' को एक बार सुन कर, उसी स्वर, तान और लय में गाना प्रायः असम्भव है। बरड़ियाँ शायद चेतन को 'नाटियाँ' सुनातीं, पर तब उन सरदार जी को जोश आ गया अथवा वे पहाड़ी गीत सुनते-सुनते बोर हो गये, उन्होंने दो पैसे उनकी तरफ़ फेंकते हुए कहा कि वे कोई पंजाबी गीत सुनायें और बरड़ियाँ उधर को मुड़ गयीं और — 'बाज़ार विकेन्दी तर वे' — फ़िज़ा में गूँज उठा।

o

उस वक्त, जब बरड़ियों की वह टोली, चेतन को 'मोहना' सुना रही थी — उनकी एक दूसरी टोली, कुछ परे बैठी, दो शराबियों को उलझाये थी। तीन बरड़ियाँ थीं। तीनों जवान थीं। एक कुछ ज़्यादा ख़ूबसूरत थी। एक शराबी ने बोतल से घूँट भरने के बाद, उसे पान दिया। उसने पान ले कर खा लिया; फिर शराबी ने, नशे में मस्त हो कर, उसकी ओर हाथ बढ़ाया। पैसे वे पहले ले चुकी थीं, इसलिए तीनों-की-तीनों वहाँ से भाग खड़ी हुईं।

बरड़ियों की यह ख़ासियत थी। वे किसी मज़ाक को ख़ातिर में न लाती थीं। सुना-अनसुना कर देती थीं, लेकिन जहाँ कोई दराज़-दस्ती की कोशिश करता था, भाग खड़ी होती थीं।

डायरी जेब में डाल कर, चेतन उनकी ओर जा रहा था, कि उन्होंने उसे घेर लिया। "बाबू जी पैसा दो, भगवान आप को नौकरी दे!"

"नाटियाँ सुनाओ तो पैसे दूँगा।"

और वे बैठ गयीं, कानों पर उन्होंने हाथ रख लिया और 'नाटी' का ऊँचा-नीचा स्वर, चेतन के कानों में एक नया ही रस उँडेलता हुआ, केलुओं की शाखाओं में उलझता-झूलता, फ़िज़ा में लहराने लगा :

चाँदी री चुलटी, सोइने री गट्ठी
तोसे बोले चातिरो
लल्ले भोंइदिए बैठिए, मेरिए री नैह्निएँ![2]

---

१. शहद खाने का मौसम आ गया। यह पापी युवक (देवर पर व्यंग्य है) इस बहार में तंग करेगा, इसे ससुराल ढूँढ दो।

२. युवक पूछता है — ऐ नैह्नी, तेरी अँगीठी तो चाँदी की है और चूल्हा सोने का है, फिर तू धरती पर क्यों बैठी है मेरी नैह्नी!

जाखे रेया पंडिता, खोली पत्री सांचा
ऐसी देनी साइतो
कहे पट्टनी जानटा, मेरेया वो साजना![1]
तारिबो रे ढाकोदे होले गोने दे माऊ
माटी हेठ मैं वो सोरिगो
ताहरे फड़के आवो, आवो मेरिए री नैह्निएँ![2]

'नैह्नी' की 'नाटी' गा कर, बरड़ियों ने पैसे माँगने शुरू किये। चेतन ने दो पैसे उनकी ओर फेंक दिये और कोई दूसरी 'नाटी' सुनाने की फ़रमायश की।

बरड़ियों ने 'मूशी' की 'नाटी' छेड़ दी :

मूशी दे हाथों दा काली डाँडिये छाता
बोल, कूनी पायी चूगली वो, कूनी दीता पाता
हाय बाबू रेंजरो, कूनी दीता पाता।[3]

'नाटी' को सुनते-सुनते चेतन के सामने उस पहाड़ी रोमान का चित्र घूम गया — मूशी (एक पहाड़ी युवती) किसी रेंजर के साथ भाग गयी है। किसी ने उसके रिश्तेदारों को उसका पता दे दिया। वे पकड़ लिये गये। शायद रेंजर को पीटा भी गया। तब मूशी चुग़ली खाने वाले को कोसती है और रो कर कहती है :

कूनी पाई चूगली, ओ कूनी दीता पाता

०

चेतन डायरी हाथ में लिये, 'नाटियों' के शब्द लिखता था, बरड़ियों के ऊँचे-नीचे स्वर और उच्चारण के कारण शब्द उसकी समझ में न आते थे; इसलिए वह कोई-कोई बन्द बार-बार सुनता था। दो ही 'नाटियाँ' सुना कर और पैसे ले कर बरड़ियाँ भाग उठीं। —उसे सनकी समझ कर, उन्होंने आगे गीत गाने से इनकार कर दिया। चेतन ने उनसे सिर्फ़ एक गीत और सुनाने के लिए कहा तो गाने वाली, जाते-जाते पलट कर, बोली, "बाबू, हम को दो रुपये दो, फिर हम दिन भर बैठी यहीं गाती रहेंगी।" चेतन ने डायरी बन्द की और चल पड़ा।

उसने जितने गीत सुने थे, उनमें जो भाव व्यक्त थे —वे प्रेम, विरह, प्रेमी के साथ भाग जाने, पकड़े जाने और चुग़ली खाने वालों को कोसने ही से सम्बन्ध रखते थे। — 'क्या इन भावों के अलावा, और कोई दूसरा भाव, पहाड़ी गानों में नहीं है ?" चेतन ने मन-ही-मन कहा — "विवाह-शादी पर, पानी भरते अथवा चक्की पीसते समय, ख़रास चलाते अथवा ढोर-डंगर हाँकते वक्त भी तो पहाड़िनें अपनी सुरीली आवाज़ में गा उठती

१. नैह्नी कहती है —जाकू के पण्डित से जा कर पूछ कि वह सच्चा ज्योतिष लगा कर ऐसी साइत बताये कि मैं यहाँ से उठूँ।
२. प्रेमी कहता है —ऐ मेरी प्यारी, तेरे और मेरे बीच तारादेवी का टीला है, जहाँ मधु-मक्खियों ने छत्ते बना रखे हैं; पर मैं इस पहाड़ी में सुरंग बना कर तेरे आलिंगन में आ जाऊँगा; हाँ मेरी नैह्नी, मैं सुरंग लगा कर तेरे पास आ जाऊँगा।
३. मूशी के हाथ में काली डण्डी की छतरी है। वह रेंजर से कहती है कि हाय प्यारे, किस पापी ने हमारे भागने का पता बता दिया, किसने हमारी चुग़ली खायी।

होंगी।'....वे गीत कैसे होते हैं ? —चेतन जानना चाहता था; पर बरड़ियाँ तमाशाइयों को ख़ुश कर के, दो-चार पैसे कमाने के ख़याल से, गाती-माँगती फिरती थीं और तमाशाइयों को प्रेम-सने रोमानी गीत ही लुभाते थे। फिर रोमानी गीत उस आज़ाद फ़िज़ा में पनपते भी ख़ूब थे। पहाड़ों में स्त्रियाँ, पुरुषों के बराबर काम करती थीं, कई बार तो पुरुषों से ज़्यादा काम करती थीं और मन-मिले के साथ भाग जाने में उन्हें ज़रा भी देर न लगती थी। उनके समाज ने ऐसी स्त्रियों के लिए केवल आर्थिक दण्ड तजवीज़ कर रखा था। जो आदमी दो-तीन सौ रुपया देने की शक्ति रखता था, वह किसी बूढ़, बेकार या नादार की पत्नी को भगा ले जा सकता था। अपने प्रेमी के साथ भाग जाना, पहाड़ी ज़िन्दगी की एक आम घटना थी। यही नहीं कि पति हमेशा कमज़ोर, डरपोक या नपुंसक ही होता था। कई बार सुन्दर-सजीला जवान भी, जब रोज़ी-रोटी के चक्कर में, बरसों बाहर रहता, उसकी बीवी किसी दूसरे से लौ लगा लेती और भाग जाती। लेकिन इस आज़ादी के बावजूद, नारी वहाँ थी हाट-बाज़ार ही की चीज़। कोई पिता या चाचा या मामा, रुपये लेकर, उसे किसी बुड्ढे या बेकार के हाथ सौंप सकता था; लेकिन अगर वह किसी ऐसे प्रेमी को ढूँढ लेती, जो उतने रुपये दे कर उसे मुक्ति दिला सके तो पहाड़ी-समाज को कोई आपत्ति न थी।....घूमते-घूमते चेतन को बरड़ियों की एक और टोली मिली और उसने कुछ ऐसे गीत सुने, जो पहले गीतों से भिन्न थे और उसने उनका नाम भी न सुना था :

डूँगी-डूँगी बासी
मेरे दिल दी दिवासी
उच्चा-उच्चा बँगला पवादे बल्लेया
अलबेलुआ ओ ![१]

चादर पुरानी
मेरे देवर दी निशानी
देवर मेरा रूसी-रूसी जान्दा बल्लेया
अलबेलुआ ओ ![२]

ककड़ी दी रोटी
मेरी किस्मत खोटी
बाग़ाँ दे झंझन मँगा दे बल्लेया
अलबेलुआ ओ ![३]

बरड़ियाँ, बोल के अन्त में, जब 'अलबेलुआ ओ' कहतीं तो चेतन के मन के तार झनझना जाते।....उन्होंने दूसरा गीत 'दर्शनो' का सुनाया :

शिमले बाज़ार टू वी बीकोली न कड़ी
बेटी माँगे दर्शनों मोनरे पाऊँदरी घड़ी

---

१. हमारा बासा बहुत नीची जगह में है, मेरा दिल उदास हो जाता है, मुझे ऊँचा-ऊँचा बँगला बनवा दे।

२. यह पुरानी चादर मेरे देवर की निशानी है (इसे बाहर मत फेंको) मेरा देवर रूठ कर जा रहा है।

३. मुझ मन्द भाग्य को मक्की की रोटी खाने को मिलती है, मुझे बाग़ों के चावल मँगा दे।

हाय बेटी दर्शनों, पाऊँदरी घड़ी।[1]

शिमले बाज़ार टू वी फेरे गये ऊँटो
बेटी माँगे दर्शनों राबेड़रो रे बूटो
हाय बेटी दर्शनों, राबेड़रो रे बूटो।[2]

चेतन को यह गीत बड़ा ही अच्छा लगा। किसी ग़रीब पहाड़ी बच्ची की साध और उसके पिता की विवशता, बड़ी ही सरलता से गीत में व्यक्त थी। वहीं चेतन ने एक-दो बोल भी सुने, जिनमें पहाड़ी मेले और उसमें जाने की उत्सुकता थी और जाने से रोकने वाले के लिए शाप भी थे :

मेला भरिया बीर कँजूरे दा
जाने जो दिल बोलदा मेरा
जी लोक्का

और चेतन के कानों में प्रसिद्ध पंजाबी लोक-गीत गूँज गया :

पैर धो के झाँझराँ पाउन्दी, मेलदी आउन्दी
मैं शौंकन
ओये-होये, मैं शौंकन मेले दी![3]

घूमते-घूमते चार बजने को आ गये थे। चेतन को भूख लग आयी। वह पलटा। रास्ते भर वह देखता गया कि उसे कोई साथी मिल जाये, पर उसे पार्टी का एक भी मेम्बर नहीं मिला। भीड़ को चीरता, वह उस जगह की ओर बढ़ा, जहाँ वह पार्टी को छोड़ गया था।

चौदह

जगह ख़ाली थी। चार-छै काग़ज़, इधर-उधर उड़ रहे थे और मक्खियों की भिनभिनाहट, उस छोटी-सी ज़ियाफ़त की चुग़ली खा रही थी, जो चेतन ने पार्टी के अन्य लोगों के साथ, वहाँ उड़ायी थी। लेकिन पार्टी के किसी आदमी का पता न था।

बरड़ियों का गाना सुनने के बाद, चेतन लौटा था तो आँखें फाड़े, दोनों बाज़ारों में देखता आया था कि पार्टी का कोई मेम्बर कहीं दिख जाये तो भूख मिटाने का जुगाड़ करे। पल भर तक, वह अनिश्चित-सा, वहीं खड़ा रहा। जान उसकी भूख से निकली जा रही थी और पार्टी के लोग न जाने किधर चले गये थे। मेले में आने का, यह उसका पहला मौका था और सी०पी० के भूगोल से वह उतना परिचित न था। उसने इधर-उधर उन्हें देखा;

---

१. शिमले के बाज़ार में तो लकड़ी का एक शहतीर तक नहीं बिका और बेटी दर्शनो कलाई की घड़ी माँग रही है।
२. शिमले के बाज़ार में गये हुए ऊँट तो असफल वापस आ गये और बेटी दर्शनो रबड़ के जूतों की माँग कर रही है।
३. पैर धो कर मैं झाँझरें पहनती हूँ, पैर मिलाती आती हूँ, मैं मेले जाने की शौकीन हूँ।

दरबार के शामियाने और मन्दिर के परे जा कर ढूँढा; पर न जाने, वे धरती में समा गये थे या आसमान में उड़ गये थे, एक भी साथी उसे नहीं दिखायी दिया।....

चेतन फिर पलटा और बड़े बाज़ार में ढूँढता हुआ, छोटे बाज़ार में आया। जब उसे कहीं भी कोई न दिखा तो उसने एक ख़ोंचे वाले से मिठाई (पेड़े और बर्फ़ी) ली और खाने लगा। यद्यपि निचले बाज़ार में गर्म-गर्म पूरियाँ निकल रही थीं, पर चेतन को वहम था कि पूरियाँ भारी होती हैं और मेले में हलवाई ख़राब घी इस्तेमाल करते हैं। वह कभी पूरियाँ और तली हुई मिठाइयाँ न खाता। कभी खाता भी तो सचमुच उसे खट्टे डकार आने लगते। बर्फ़ी और पेड़ों के खोये में, यद्यपि चीनी ज़्यादा थी, पर अन्य मिठाइयों के मुकाबले में, उसने खोये की मिठाई खाना ही बेहतर समझा।

अभी उसने मुश्किल से बर्फ़ी का टुकड़ा खाया होगा कि 'हटो,' 'बचो' की आवाज़ों और भीड़ की रेल-पेल ने उसे वहाँ ला खड़ा किया, जहाँ जँगले के अन्दर, सीढ़ी-दर-सीढ़ी, पहाड़ी युवतियाँ, बैठीं मेले का नज़ारा कर रही थीं और मेले वाले वहाँ से गुज़रते हुए, उनका नज़ारा कर रहे थे। कुछ यार लोग, 'दीदार बाज़ी ते रब्ब राज़ी' के उसूल पर चलते हुए, वहीं डटे खड़े थे और नीली वर्दी पहने, एक चौकीदार, जैसे इस बाड़े की रखवाली कर रहा था।

तभी उँगलियाँ उठीं और भीड़ की फुसफुसाहटों से चेतन ने जान लिया कि राणा साहब आ रहे हैं। उसने उधर निगाह उठायी तो देखा कि राणा साब, जंगी लाट के साथ आगे-आगे और उनके पीछे —मन्त्री महोदय और दूसरे दरबारियों की अर्दल में —टिक्का साहब आ रहे हैं। वे लोग, जंगी लाट को मेले की सैर कराते हुए, शायद वापस छोड़ने जा रहे थे।

जंगी लाट के हाथ में वही लम्बा-सा बल्लम था और वे ख़ाकी कोट और निक्कर पहने हुए थे —लम्बे-ऊँचे, छै फ़ुटे —साथ में वही गोरी मेम थी —जाने उनकी पत्नी थी या पुत्री, जिसे चेतन ने मशोबरे में कार से उतरते देखा था। सुबह उसने टिक्का साहब और राणा साहब पर, दूर से, सरसरी नज़र डाली थी। यहाँ उसने उन्हें एकदम नज़दीक से देखा —पास से देखने पर, राणा साहब उसे और भी बूढ़े दिखायी दिये। टिक्का साहब की उमर, पैंतीस-चालीस की लगती थी। वे, राणा साहब की अपेक्षा किंचित श्याम वर्ण के, पतले-छरहरे आदमी थे —गले में काली अचकन, कमर में चूड़ीदार पायजामा और सिर पर राजपूती ढंग से बँधी इन्द्रधनुषी पगड़ी! मूँछें उनकी नोकदार थीं और उस समय बड़े रोब से ऊपर को उठी थीं; चेहरे पर, हल्के-से शीतला के दाग़ थे; उनकी वेश-भूषा की अपेक्षा उनकी मुखाकृति की अहम्मन्यता और चाल की अकड़ ही, उनके युवराज होने की द्योतक थी। मन्त्री महोदय बेचारे, अधेड़ आयु और ठिगने कद के, भले-से आदमी दिखायी देते थे। वे किसी ख़ुद-मुख़्तार रियासत के मन्त्री की बजाय, किसी स्कूल के हेड-मास्टर या किसी दफ़्तर के हेड-क्लर्क लगते थे।

राणा साहब, जंगी लाट के बराबर चल रहे थे। कुछ बातें भी कर रहे थे, जिन्हें चेतन निकट होने पर भी, नहीं समझ सका। अचानक उसके मन में वही ख़याल आया, जो सुबह उन्हें किसी अंग्रेज़ से बातें करते देख कर पैदा हुआ था —ये किस भाषा में बात कर रहे हैं ?....अंग्रेज़ी में तो नहीं ही करते होंगे।....शिमले से नौ मील दूर, 'कोटी' में बसने वाले,

ये सत्तर-बहत्तर वर्ष के राणा, अंग्रेज़ी कहाँ जानते होंगे। उनके ज़माने में तो शायद 'चीफ़्स कॉलेज' की नींव भी न रखी गयी होगी।....फिर सुबह गेट पर उन्होंने आगत अंग्रेज़ से, रीडर के माध्यम से बात की थी — पर यहाँ तो वे सीधे जंगी लाट से बातें करते हुए जा रहे थे; क्या जंगी लाट पहाड़ी भाषा जानते हैं ?....एक प्रबल उत्सुकता से चेतन यह जानने को बेचैन हो उठा। जंगी लाट के गुज़रते ही, वह उस चौकीदार से पूछ बैठा :

"क्यों जी, यह आपके राणा कहाँ तक पढ़े हुए होंगे ?"

"तुमसे मतलब!"

"यूँ ही।"

"यूँ ही क्या ?"

चेतन ने उसे अपनी उलझन समझाने का प्रयास किया कि राणा जंगी लाट से जो बात करते हैं, क्या अंग्रेज़ी में करते हैं अथवा क्या जंगी लाट....

अभी वह अपनी बात पूरी तरह कह भी न पाया था कि उस चौकीदार ने ज़ोर से उसे धक्का दिया — "चल, हट यहाँ से!"

चेतन गिरा, उसके हाथ की मिठाई और उसका हैट दूर जा पड़े। दर्शकों में एक ठहाका गूँजा। तत्काल उठ कर, हैट सँभालते हुए, कुछ खिन्न हो कर, उसने किंचित क्रोध-भरे स्वर में चौकीदार से कहा, "भाई, सीधी तरह बात करो, धक्का क्यों देते हो ?"

चौकीदार ने गन्दी गाली देते हुए कहा, "चल भोसड़ी के। सीधी तरह लिये फिरता है।"

और उसने फिर उसे धक्का दिया।

चेतन उठ कर बाघ की तरह झपटा। उसकी समझ और सोच की शक्तियाँ जवाब दे गयीं। उसने बायें हाथ से चौकीदार का गला पकड़ लिया और दायें से छड़ी उठाते हुए बोला, "मैं कहता हूँ, तमीज़ से बात कर।"

"चल तमीज़ के बच्चे।" चौकीदार ने ज़ोर का थप्पड़ उसके जमा दिया। चेतन ने उस पर छड़ी से वार किया। तभी उसने एक-दो सीटियों की आवाज़ सुनी और दूसरे क्षण उसने अपने आपको कई चौकीदारों के मध्य घिरे पाया। एक ने उसकी छड़ी छीन ली। दूसरे ने उस पर दो-एक हण्टर बरसा दिये....'मार दिया। मार दिया।' का शोर मच गया। लोगों की भीड़ इकट्ठी हो गयी। कुछ लोगों ने बीच पड़ने की कोशिश भी की। लेकिन तभी एक और चौकीदार दनदनाता हुआ आया, जो उन सब का अफ़सर मालूम होता था, क्योंकि न सिर्फ़ उसकी वर्दी ख़ाकी थी और उन सबसे बढ़िया थी, बल्कि उसकी कमर ही में नहीं, कन्धे और सीने पर भी पेटी कसी थी।

तब चेतन को पता चला कि जिन्हें वह चौकीदार समझता था, वे दरअसल रियासत के सिपाही थे। उनकी वर्दियाँ बिलकुल वैसी ही थीं, जैसी मैदानों में देहाती चौकीदारों की होती हैं। और यह अफ़सर उनका दारोग़ा था।

दारोग़ा साहब, लपकते हुए, घेरे में आये और उन्होंने धक्के दे कर लोगों को परे हटा दिया और पूछा कि क्या बात है ?

"यह लौंडा यहाँ औरतों से मज़ाक कर रहा था। मैंने रोका तो मेरे चाँटे मारने लगा।"

उस सिपाही ने कहा, जिससे चेतन का झगड़ा हुआ था।

चेतन यह अभियोग सुन कर, संज्ञाहत-सा खड़ा रह गया। क्रोध के कारण उसके मुँह से बात न निकली। उसने कोशिश भी की, पर उन असभ्य सिपाहियों की गाली-गलौज-भरी बातों का उत्तर देना उसके बस में नहीं था; फिर धक्का-मुक्की में उसकी ऐनक भी कहीं गिर गयी थी और उसे सब कुछ धुंधला-धुँधला-सा दिखायी दे रहा था।

उसी समय किसी ने कहा, "इसे हथकड़ी लगा लो।"

"लगा लो।" चेतन ने क्रोध-वश सिर्फ़ इतना ही का और हाथ आगे बढ़ा दिया।

दूसरे ही क्षण उसके हाथ में हथकड़ी पड़ गयी। आगे-आगे, हण्टर घुमाता और भीड़ को हटाता हुआ, दारोग़ा और पीछे — चार-पाँच, यमदूतों-ऐसे सिपाहियों के घेरे में — 'बेगुनाह कैदी'[१] बना, चेतन नीचे को चल दिया।

०

चन्द ही कदम चलने पर, चेतन को एहसास हुआ कि ग़ुस्से में उससे ग़लती हो गयी है। उसे ज़रा सब्र और धीरज से काम ले कर, उन लोगों को अपनी बात समझा, दारोग़ा की कुछ मिन्नत-समाजत कर, उस झगड़े से निकल जाना चाहिए था; लेकिन उस मामूली-से आदमी का (जिसे वह चौकीदार समझता था) उसे गाली देना — चेतन की सारी समझ और सोच, हर ले गया; एक दुर्वार क्रोध से उसका गला रुँध गया और वह अपनी बात न कह सका।....दायें हाथ में हथकड़ी लगवाये, जब वह उन सिपाहियों के पीछे-पीछे, निचले बाज़ार को चला तो उसे ख़याल आया कि वह किसी शराब की दुकान पर पिकेटिंग करते अथवा विदेशी कपड़ों का बाइकाट करते हुए, गिरफ़्तार नहीं हुआ; बल्कि उस पर, मेले में आयी पहाड़ी औरतों से छेड़ख़ानी का इल्ज़ाम लगाया गया है और इस ख़याल के आते ही, उसका अकड़ा हुआ सिर अपने-आप झुक गया।

तभी, जब वह नीचे के बाज़ार में पहुँचा, एक दुकानदार ने, जिसकी दुकान घटना-स्थल के ज़रा नीचे थी, बढ़ कर उसके हाथ में उसकी टूटी हुई ऐनक और उसका एक शीशा दे दिया। सिपाही ने जब उसे थप्पड़ मारा था तो उसकी ऐनक उछल कर दुकान में जा गिरी थी, एक शीशा टूट गया था और दूसरा, निकल कर दूर जा गिरा था।

तभी भीड़ में से किसी ने बढ़ कर कहा, "यह बाबू साहब का हैट भी दे दीजिए।"

और दुकानदार ने उस व्यक्ति से हैट ले कर चेतन को थमा दिया।

हथकड़ी वाले हाथ में ऐनक और ख़ाली हाथ में हैट थामे, जब चेतन सिपाहियों के घेरे में, बाज़ार में से निकला तो उसने सोचा — अच्छा हुआ, उसकी ऐनक टूट गयी और उसे कुछ दिखायी नहीं देता, वरना तमाशाइयों के होंटों की मुस्कानें और आँखों का व्यंग्य वह कैसे सह पाता।

☒☒☒

---

१. उस ज़माने का एक प्रसिद्ध लोकप्रिय उपन्यास।

ਛਠਾ ਖਣ੍ਡ

पन्द्रह

"अरे, वह तो मास्टर जी जा रहे हैं।"

हालाँकि बायीं ओर बैठे हुए लोगों में से, सहसा उठ कर अपनी ओर लपके आते आदमी की शक्ल तो दूर से (आँखों पर चश्मा न लगा होने के कारण) चेतन नहीं पहचान सका, पर डील-डौल और आवाज़ ही से वह जान गया कि लाला भोलानाथ हैं।

भोलानाथ ने हथकड़ी का ज़िक्र किया था, न सिपाहियों का, लेकिन उनकी आवाज़ में कुछ ऐसा था कि बैठे हुए सभी लोगों की निगाहें उसकी ओर उठ गयीं और दूसरे क्षण, सब उसकी ओर लपके।

बाज़ार को पार कर, दरबार के शामियाने के पीछे से हो कर, उस जगह को लाँघते हुए, जहाँ चेतन ने सुबह अपने साथियों के साथ मिठाइयाँ और फल खाये थे, पेड़ों के एक झुण्ड में से सिपाही उसे हवालात को लिये जा रहे थे कि सहसा भोलानाथ की नज़र हथकड़ी में जकड़े, 'मास्टर जी' पर पड़ गयी। मेले के शोर-शराबे से दूर, पेड़ों के पीछे ढालुवीं घास पर सारी-की-सारी पार्टी बैठी थी। मेला देख, थक-थका कर, कुछ लोग आराम कर रहे थे और कुछ रमी और फ़्लाश खेल रहे थे कि भोलानाथ की आवाज़ से चौंक कर, चेतन को उस हालत में देख, सब उठ दौड़े थे।

ख़ुद-मुख़्तार रियासत के एक बावर्दी सिपाही के अपमान का बदला चुकाने की जल्दी में, सिपाही एक तरह से उसे धकेलते हुए, भागम-भाग लिये जा रहे थे कि उन सब को देख कर, क्षण भर को चौंक गये, लेकिन रुके नहीं।

चेतन निरपेक्ष भाव से संज्ञाहीन-सा चला जा रहा था। अपने साथियों को देख कर, उसे अपार ढाढ़स मिला और उसकी आँखें अनायास छलछला आयीं।

"अरे मास्टर जी, आप किधर चले गये थे, मैं सारे मेले में आपको ढूँढ आया," भोलानाथ ने कहा।

"मैंने आपको सब जगह देखा।" चेतन ने लगभग रोनक्खी आवाज़ में कहा।

तभी लाला हाकिमचन्द पहुँच गये — "क्या बात है भई," उन्होंने सिपाहियों से पूछा।

लाला जी यद्यपि सिर्फ़ निक्कर-कमीज़ पहने हुए थे और उन्हें देख कर कोई न कह सकता था कि वे पंजाब सरकार के एक बड़े अफ़सर हैं, पर उनके लिए, जिस तरह सब ने रास्ता बना दिया और अदब से एक तरफ़ हो गये और जिस तरह उन्होंने 'क्या बात है भई,' कहा, उससे सिपाही चलते-चलते रुक गये।

चेतन ने कुछ उखड़े-उलझे शब्दों में अपनी मुसीबत की कहानी कही; पर घबराहट, क्रोध, अफ़सोस और अपनी बात कहने की जल्दी में, शब्द उसके मुँह से ठीक तरह निकल

न पा रहे थे।

दारोग़ा उनके पीछे-पीछे, पेड़ों के झुण्ड तक आया था और मेले को वापस जा रहा था कि सिपाहियों को रुकते देख, वहीं से ललकारा :

"ले जाओ और इसे फ़ौरन हवालात में बन्द कर दो।"

तब चेतन की पीठ को जल्दी से थपथपाते हुए लाला जी ने कहा, "घबराइएगा नहीं!" और वे दरोग़ा की तरफ़ बढ़े। सारी पार्टी उनके पीछे हो ली। चेतन को लिये हुए सिपाही आगे को बढ़ चले। हवालात को जाते हुए, चेतन के कानों में सिर्फ़ दारोग़ा की कर्कश आवाज़ आयी — "आप जा कर टिक्का साहब से मिलिए।"

चेतन को दो सिपाहियों की तहवील[१] में छोड़ कर, बाकी सिपाही, मुल्ज़िम के इतने साथियों के टपक पड़ने की वजह से, दारोग़ा के साथ हो लिये थे। यह जान कर कि चेतन के पीछे इतनी बड़ी पार्टी है और वह अकेला नहीं, चेतन के साथ जाने वाले सिपाहियों का व्यवहार भी थोड़ा नर्म और सभ्य हो गया था।

०

"ये कौन थे बाबू ?" सहसा उस सिपाही ने पूछा, जो पीछे-पीछे आ रहा था।

'बाबू' — उस सिपाहियों के मुँह से, जो बिना गाली बात न करते थे, यह सभ्य सम्बोधन सुन कर, चेतन कुछ चौंका। उसकी संज्ञा, लाला हाकिमचन्द और उनकी पार्टी को देखते ही, लौट आयी थी। सिपाहियों के व्यवहार में इस ज़रा-से परिवर्तन से उसका आत्म-विश्वास कुछ लौट आया — "पंजाब सरकार के एक बहुत बड़े अफ़सर हैं," उसने कहा, "बाकी सब लोग उनके मातहत हैं।"

"तुम्हारे क्या लगते हैं ?"

"मैं उनकी लड़की को पढ़ाता हूँ।"

"तुम क्या टीचर हो ?"

"नहीं, मैं टीचर तो नहीं, जर्नलिस्ट हूँ; लाहौर के मशहूर अख़बारों में लिखता हूँ, सेहत कुछ ख़राब हो गयी थी, इसलिए इनकी ट्यूशन ले कर शिमले चला आया।"

कुछ क्षण वे मौन चलते रहे, फिर चेतन ने पूछा — "मेरा मामला कब पेश होगा ?"

उत्तर में सिपाहियों ने जो बताया, उससे चेतन के होश फ़ाख्ता हो गये और अपने साथियों के मिल जाने और यह जान लेने के बाद कि उन्हें उसकी दुर्गति का पता चल गया है, उसे जो तसल्ली हुई थी, वह हवा हो गयी।

सिपाहियों ने उसे बताया कि मुल्ज़िम को तीन दिन हवालात में बन्द रखा जाता है; फिर मेले के ख़ात्मे पर, उसे कोटी ले जाते हैं, जहाँ उसका मामला सुना जाता है और हवालात से उसे निकाल कर, जेल में बन्द कर दिया जाता है। यूँ तो राणा ही राज करते हैं, लेकिन सब प्रबन्ध टिक्का साहब के हाथ में है — वे मैजिस्ट्रेट हैं, वे ही जज! उनका फ़ैसला आख़िरी होता है और उसकी कोई अपील नहीं होती।

सहसा चेतन को अपनी पत्नी, अपने माता-पिता, अपने भाइयों और लॉ कॉलेज में दाख़िल होने के अपने सपने का ध्यान हो आया — उन लोगों को कैसे पता चलेगा ? उन

१. सुपुर्दगी

पर कैसी बीतेगी ? उसकी पत्नी तो बच्चे से है; इस बुरी ख़बर का असर उस पर कैसा पड़ेगा ? लॉ कॉलेज के उसके प्रोग्राम का क्या होगा ? और सहसा उसने पूछा, "मुझे कितनी सज़ा हो सकती है ?"

सिपाहियों ने बताया कि उसे डेढ़-दो महीने जेल की सज़ा भी हो सकती है और डेढ़-दो सौ रुपया जुर्माना भी। और फिर ख़ुद ही उसके ज्ञान में वृद्धि करते हुए, हथकड़ी का दूसरा सिरा पकड़े, आगे-आगे चलने वाले सिपाही ने कहा कि रियासत की जेल में तो बड़े-बड़े पहलवानों और गुण्डों का पित्ता पानी हो जाता है। कोई ज़रा चूँ-चपड़ करे तो उसे काठ मार दिया जाता है।

जिस सिपाही से चेतन का झगड़ा हुआ था, उसी ने उसे हथकड़ी पहनायी थी और वही, हथकड़ी का सिरा हाथ में लिये, आगे-आगे जा रहा था। उसे इस तेज़-मिज़ाज बाबू को डराने में, जैसे बहुत लुत्फ़ आ रहा था। हालाँकि चेतन ने काठ मारने के सिलसिले में, किसी तरह का सवाल न किया था, पर वह ख़ुद ही उसकी जानकारी बढ़ा रहा था :

"काठ मारना जानते हो बाबू ? यह सज़ा अंग्रेज़ी सरकार की जेलों में नहीं मिलती, पर हमारी जेलों में यह आम है। तुम जैसे तेज़-मिज़ाज मुजरिमों को यही सज़ा दी जाती है —लकड़ी के दो तख़्तों में कैदी की टाँगें रख कर, उन्हें पेचों से ऐसे कस दिया जाता है कि वह बिलबिला उठता है।"

चेतन चुपचाप उसकी बातें सुनता चला जा रहा था।....डेढ़ सौ रुपया जुर्माने की सज़ा हुई तो वह इतना जुर्माना कैसे देगा ? फिर जेल! राम जाने वह इस बर्बर रियासत की जेल-यातना सह भी पायेगा कि नहीं ? बड़ी मुश्किल से उसकी सेहत कुछ ठीक हुई है। उसका पतला-दुबला शरीर तो चार दिन में 'चीं' बोल जायेगा।....लाला जी ने उसे तसल्ली दी थी, पर सिपाहियों की बातें सुन कर, एक सिहरन उसकी रीढ़ की हड्डी में दौड़ती चली गयी। अंग्रेज़ी इलाका होता तो कोई बात न थी, यह ख़ुद-मुख़्तार पहाड़ी रियासत —जाने लाला जी की यहाँ चलती भी है कि नहीं! उसका दिल अन्दर-ही-अन्दर डूबने लगा, लेकिन उसने अपनी घबराहट सिपाहियों पर प्रकट नहीं होने दी और चुपचाप उनके साथ चलता गया।

०

तभी हवालात आ गयी और सिपाही क्षण भर उसके बाहर रुके। मेले से डेढ़-दो फ़र्लांग दूर, राणा साहब के अस्थायी निवास-स्थान से कुछ कदम नीचे, एक मामूली-सा छप्पर था —साधारण-सा पहाड़ी झोंपड़ा —जिसके आगे कुछ खुली जगह थी और उसके बाद फिर गहरी घाटी, जिसमें देवदार और बाँझ का घना जंगल था और कई पगडण्डियाँ, नीचे के गाँवों को जाती थीं। बाहर से देखने पर, न वह झोंपड़ा हवालात दिखायी देता था और न ही इस बात का आभास मिलता था कि उसमें आदमी को यन्त्रणा देने की कोई विकट व्यवस्था भी है।

झोंपड़े का दरवाजा बहुत छोटा था।सिपाही उसे ले कर चले तो उनके पीछे-पीछे, झुक कर, चेतन अन्दर दाख़िल हुआ। तब उसने जाना कि वह झोंपड़ा सिपाहियों के अस्थायी तौर पर रहने की जगह है। मेले की व्यवस्था करने के लिए, रियासती पुलिस का जो जत्था, कोटी से सी०पी० आता था, वह इसी छप्पर में रहा करता था। वहाँ सिपाहियों के बिस्तर

गोल किये हुए पड़े थे; खूँटियों पर उनके कपड़े टँगे थे। कुछ सिपाही भी बैठे थे। फ़र्श लकड़ी के तख़्तों का था। एक चारपाई भी थी, जो शायद बड़े दारोग़ा के लिए थी। सिपाही ने चेतन की छड़ी कोने में रखी तो चेतन ने माथे का पसीना रूमाल से पोंछते हुए कहा, "भई, मेरा हैट भी कहीं टाँग दो।"

"हम तुम्हारे बाप के नौकर हैं!"

चेतन चुप खड़ा रह गया। छप्पर के अन्दर दाख़िल होते ही, वह पल भर को अपनी स्थिति भूल गया था। भूल गया था कि वह एक आज़ाद लेखक और अध्यापक नहीं, कोटी रियासत का एक मुल्ज़िम है, जिसके हाथ में हथकड़ी लगी है और जिसे हवालात में बन्द करने को लाया गया है। अपनी हकीकत का एहसास होते ही, सहसा उसके कण्ठ में गोला-सा अटक गया और अपनी बेबसी पर, उसकी आँखें छलछला आयीं; लेकिन प्रबल इच्छा-शक्ति से काम ले कर, उसने अपने आँसू रोक लिये।

"बैठ जाओ!"

चेतन वहीं नंगे फ़र्श पर बैठ गया।

"इधर बैठ जाओ।" एक तीसरे सिपाही ने, जो कुछ सहृदय दिखायी देता था, फ़र्श पर बिछे एक कम्बल की ओर संकेत किया।

लेकिन चेतन नहीं उठा। जाने अभी उसे कौन-सा उपहास, निरादर और यन्त्रणा सहनी पड़े। मन को उसे पहले ही से तैयार कर लेना चाहिए। इन वहशी सिपाहियों के सामने, वह न गिड़गिड़ायेगा, न रोयेगा; उस पर जो बीतेगी, उसे दृढ़ता से, एकदम निरपेक्ष हो कर सहेगा!

अभी छोटे दारोग़ा के आने की प्रतीक्षा हो रही थी, इसलिए सिपाही आपस में, अपनी पहाड़ी बोली में, बातें करने लगे। चेतन चूँकि दूसरी बार शिमले आया था, इसलिए वह उनकी बोली कुछ-कुछ समझता था।....बातचीत का सिलसिला उस सिपाही ने शुरू किया, जो छप्पर में पहले से बैठा था और जिसने चेतन को कम्बल पर बैठने के लिए कहा था। कहने लगा :

"बाबू निर्दोस दिखायी देते हैं।"

तब उस सिपाही ने, जो हथकड़ी वाले सिपाही के साथ-साथ आया था, अपने साथी की ओर संकेत करते हुए कहा, "इसने बाबू को गाली दी; बाबू ने चाँटा दे मारा, झगड़ा हो गया।"

तब वह पहला सिपाही बोला, "क्यों बे, तैंने गाली क्यों दी थी ?"

"मैंने गाली कब दी, इन्होंने मेरा गला पकड़ लिया, चाँटे मारे।"

"जा बे, इन बाबू साहब का सिर फिरा है, जो चाँटे रसीद करते फिरें! बेचारे भले घर के लगते हैं।"

सिपाही लज्जा से कुछ सिर झुका कर बैठ गया।

उनकी बातों से चेतन को फिर कुछ तसल्ली मिली। आख़िर इन बर्बर सिपाहियों में भी सभी पशु नहीं। लेकिन अगले ही क्षण, उसके मन में ख़याल आया कि जाने इस सहृदय सिपाही की चले-न चले। बहरहाल, तीन दिन तो उसे इनमें काटने ही होंगे —उसने सोचा।

उसे कुछ चिन्तित देख कर, वहीं सिपाही बोला, "बाबू, आप चिन्ता न करें, आप

ज़रूर रिहाई पा जायेंगे।"

चेतन विवशता से मुस्कराया। तभी खट-खट करते, नायब-दारोग़ा साहब, दो सिपाहियों की अर्दल में, छोटे-से दरवाज़े में सिर झुका कर, अन्दर दाख़िल हुए — पतला-दुबला शरीर (जो दुबला होने के कारण कुछ अधिक लम्बा दिखायी देता था); लम्बी, तीखी नाक; लम्बोतरा चेहरा — (सिर ज़रा और छोटा होता तो अच्छे-ख़ासे दौलेशाह के चूहे[१] दिखायी देते); ख़ाकी वर्दी; कमर और सीने पर पेटी; सिर पर ख़ाकी साफ़ा; उस पर लाल पट्टी — इस पोशाक ने, अफ़सरी के रोब और अवसर के अनुरूप मुख पर झलक आने वाले क्रोध के साथ मिल कर, उन्हें कुछ आकर्षण प्रदान कर दिया था; वरना पहली झलक में तो लगता था, जैसे यह आदमी जन्म-जन्मान्तर से रोता आया है और रोता हुआ ही, इस ज़िन्दगी से चला जायेगा।

नायब-दारोग़ा ने, आते ही, कड़कदार आवाज़ में, मुल्ज़िम की तलाशी का हुक्म दिया। चेतन उठा। एक सिपाही ने बाकायदा उसकी तलाशी ली — एक घड़ी, कुछ नकदी, डायरी, एक-दो काग़ज़ और छड़ी — ये सब फ़र्द-बरामदगी की ज़ीनत[२] बने। सूची तैयार हुई तो चेतन ने हस्ताक्षर कर दिये और फिर बैठ गया। उसने मन-ही-मन सन्तोष की साँस ली कि चलो, छुट्टी हुई; यहाँ काफ़ी जगह है; फ़र्श ही पर सही, तीन दिन किसी-न-किसी तरह कट जायेंगे और इस दौरान लाला जी उसे ज़रूर रिहा करा लेंगे। पर तभी दारोग़ा के साथ आने वाले सिपाहियों ने, वहीं दरवाज़े के पास ही लकड़ी के फ़र्श से एक चौकोर तख़्ता उठाया और चेतन का दिल ज़ोर से धड़क उठा।

हँसते हुए, नायब-दारोग़ा ने विद्रूप से कहा, "बाबू साहब को गर्मी बहुत जल्दी आ जाती है। अब तबियत ठण्डी हो जायेगी।"

चेतन के देखते-देखते, एक आदमी उसमें उतरा। चेतन को लगा, उसके पाँव धरती पर लग गये हैं; पर सिपाही का सिर, उसे वहीं बैठे-बैठे, मुहाने से दिखायी दे रहा था। चेतन को आशंका हुई — कहीं यह तहख़ाना ही यहाँ की हवालात न हो। दूसरे क्षण, नीचे उतरने वाले सिपाही ने जो कहा, उससे उस आशंका की पुष्टि हो गयी — "अँधेरे और ठण्ड का राज है, बेचारा मर जायेगा।"

"होश भी तभी ठिकाने होंगे!" नायब-दारोग़ा ने क्रूर व्यंग्य से कहा, "इसे भी बहुत

---

१. विभाजन-पूर्व पंजाब में, पीर दौलेशाह का मज़ार बहुत प्रसिद्ध था और धर्म की आड़ में किये जाने वाले घिनौने शोषण और अत्याचार के साथ ही, आम जनता के फैले हुए अन्ध-विश्वास का प्रतीक भी। निस्सन्तान लोग (प्रायः अनपढ़, ग़रीब, मुसलमान किसान-मज़दूर) अकसर पीर दौलेशाह के मज़ार पर मन्नत मानते कि वे पहला बच्चा, पीर की दरगाह पर भेंट करेंगे। बच्चे के पैदा होने पर, वे उसे दरगाह पर चढ़ा आते। दरगाह वाले, बच्चे के सिर पर लोहे का टोप चढ़ा देते, जिससे बच्चे के शेष अंग तो स्वाभाविक रूप से विकसित होते, लेकिन सिर छोटा और दिमाग़, नवजात शिशु ही का रह जाता। बड़े होने पर, इन बच्चों से (जिनमें औरत-मर्द, दोनों होते) दरगाह वाले भीख मँगवाते। लोग — इनके कोणाकार, छोटे-से सिरों के कारण — इन्हें 'पीर दौलेशाह के चूहे' कहते और ये गूँगे-अबोध (प्रकट ही दरगाह के किसी आदमी की निगरानी में) मैले-से चोले पहने, बहती नाक लिये, अलअलाते हुए, भीख माँगते फिरते। जालन्धर और लाहौर में यह दृश्य, छठे-छमाहे, आम देखने को मिल जाता।

२. शोभा

गर्मी चढ़ी है।"

और चेतन की ओर देख कर, दारोग़ा ने उसे उठने का इशारा किया।

०

चेतन उठा। उसके कण्ठ में फिर गोला-सा उभरा। निमिष भर को ख़याल आया कि उनकी मिन्नत-समाजत करे, पर उसके अहं को उन नर-पिशाचों के आगे झुकना और उनकी मिन्नत कर के अपमानित होना, स्वीकार न हुआ। जाने कैसा काठिन्य उसके अन्तर में उभर आया। सिपाही ऊपर आ गया। क्षण भर को चेतन उस चौकोर मुहाने के किनारे रुका। अन्दर पेड़ का एक टेढ़ा-सा तना, छत के सूराख़ से टिका था, जिस पर एक-एक हाथ के अन्तर से पैर रखने को तराशे दे दिये गये थे। एक क्षण को चेतन के शरीर में कँपकँपी उठी। उसे लगा, जैसे ठण्डे, अँधेरे तहख़ाने में नहीं, वह धधकते ज्वालामुखी के मुँह में जा रहा है।

जानते हुए भी उसने पूछा, "मुझे इसमें रहना पड़ेगा ?"

"और क्या तुम्हारे लिए राणा साहब महल ख़ाली करायेंगे!"

'इनसे बात करना ही मूर्खता है,' चेतन ने मन-ही-मन कहा।....राणा के महल में ठहरना कोई ऐसी बड़ी बात नहीं। वह अख़बार ही में काम कर रहा होता और नामानिगार के रूप में, कहीं मेला देखने आया होता तो राणा के महल में ठहरना, कोई वैसी असम्भव बात न थी; पर शायद दारोग़ा ठीक ही कहता है, वह मुल्ज़िम है, उसे हवालात में रखने के लिए वे लाये हैं और रियासत की हवालात — यह अँधेरा, ठण्डा तहख़ाना है तो उसे वैसा मूर्खता-भरा सवाल पूछना ही न चाहिए था....

वह चुपचाप उतर गया। सिपाही ने हथकड़ी का दूसरा सिरा भी उसे पकड़ा दिया।

तहख़ाना, जैसा कि उसने सोचा था, ज़्यादा गहरा न था। चेतन के पाँव धरती पर थे, पर उसका सिर चौकोर मुहाने के बराबर था। ठण्ड इतनी थी कि उसका शरीर काँप गया। जून की तेज़ धूप के कारण, वह सिर्फ़ एक सूती कमीज़ और निक्कर पहने था। वह एकदम चुप रहना चाहता था, पर उसके मुँह से निकल गया :

"मैं बैठूँगा किस जगह, ज़मीन तो सीली है।"

"तुम्हारे लिए ग़ालीचे कहाँ से लाये जायें।" नायब-दारोग़ा सव्यंग्य हँसा।

"ग़ालीचा न सही, कोई टाट का टुकड़ा ही सही, अख़बार का काग़ज़ ही सही।"

तब हिन्दी के किसी दैनिक समाचार-पत्र का एक पृष्ठ उसे ला दिया गया। मुहाने में से आने वाले प्रकाश के सहारे, सिर झुकाये, वह चन्द कदम जा कर, लकड़ी के एक खम्भे के पास, काग़ज़ बिछा कर बैठ गया।

"बस अब बन्द कर दें।" ऊपर से सिपाही की आवाज़ आयी।

"खुला नहीं रह सकता ?" चेतन ने वहीं से पूछा।

"नहीं।"

"पर यहाँ बेहद सर्दी है, मुझे कम्बल चाहिए।"

"बड़े दारोग़ा के आने पर कहना।"

और ऊपर का झरोखा बन्द हो गया।

तहख़ाने में घटाटोप अँधेरा छा गया। कहीं बहुत दूर से, मेले का मद्धिम-सा शोर

और गाने-बजाने की बहुत धीमी आवाज़ आ रही थी। शायद दरबार में गाना-बजाना शुरू हो गया था। चेतन सुनने लगा, कहीं प्रोफ़ेसर सिंह आये हों तो शायद उन के अमृत-भरे कण्ठ से कोई बोल सुनायी दे —लेकिन देर तक कान लगाने पर भी उसे कुछ सुनायी न दिया —मिला-जुला, बहुत ही धीमा शोर, जिसमें एक स्वर को दूसरे से अलग करना कठिन था....

सहसा अपने नंगे घुटनों पर उसे सर्दी का एहसास हुआ। उसने घुटने सिकोड़ लिये; उन्हें बाँहों के घेरे में ले कर, खम्भे से पीठ टिका, वह बैठ गया। उसकी ठोड़ी अपने आप घुटनों से आ लगी —और अपनी बेबसी पर, कब से रुके हुए उसके आँसू, नंगे घुटनों पर बेआवाज़ गिरने लगे।

सोलह

ऊपर खट-खट हुई। शायद कुछ सिपाही आये। बातें करने की हल्की-सी आवाज़ भी आने लगी, लेकिन चेतन ने कुछ नहीं सुना। घुटनों पर ठोड़ी रखे, वह अपने विचारों में खोया रहा।

....अभी कुछ ही देर पहले, वह बरड़ियों के गीत सुनता हुआ, मेले की रौनक का अंग बना, उसका लुत्फ़ उठा रहा था और अब इस 'ब्लैक होल' में बन्द है —एकदम मजबूर —जाने लाला जी की कोशिशें कामयाब भी होती हैं या नहीं। अंग्रेज़ी इलाका होता तो वे तत्काल उसे ज़मानत पर रिहा करा लेते; लेकिन यह अर्ध-सभ्य, ख़ुद-मुख़्तार, पहाड़ी रियासत....चेतन के कानों में बार-बार अपना वह साधारण-सा प्रश्न और सिपाही की वह अप्रत्याशित गाली, भीड़ का अट्टहास और अपना वह अपमान घूम जाता और उस बेइन्साफ़ी पर, बार-बार उसकी आँखों में आँसू छलछला आते।....

कभी वह देखता —लाला जी अपने प्रयास में सफल हो गये हैं और टिक्का साहब ने उसकी रिहाई का आदेश दे दिया है —और वह मौन रूप से सिपाहियों के आने की बाट देख रहा है। एक-एक क्षण, उसके लिए एक-एक युग के समान बीत रहा है....और तब उसे निराशा जकड़ लेती और वह कल्पना-ही-कल्पना में देखता कि लाला जी निराश हो कर, वापस छोटा शिमला चले गये हैं और उन्होंने उसके बड़े भाई को तार दे दिया है और भाई साहब शिमले के लिए चल दिये हैं.... पर इस बीच में उसे 'कोटी' ले जा कर, जेल में बन्द कर दिया गया है, और रियासती जेल की यातनाएँ सहते-सहते, वह मरणासन्न हो गया है....

जाने कितनी बार उसने आशा और निराशा के बीच झकोले खाये; कितनी बार वह मुक्त हुआ और बन्दी बना; कितनी बार उसने अपने अपमान का वही-वही दृश्य देखा और उस अन्याय पर उसका ख़ून खौल-खौल उठा....तभी सहसा, जाने कैसे, उसके दिमाग़ में, बचपन में पढ़ी, एक मूर्ख बन्दर की कहानी घूम गयी।

दो आरा-कश, एक शहतीर को चीर रहे थे कि शाम हो गयी। आधे से ज़्यादा शहतीर

चिर गया था। तब उसमें लकड़ी की एक बड़ी-सी गुल्ली गाड़ कर, बाकी शहतीर को दूसरे दिन चीरने के लिए छोड़ कर, वे चले गये। तभी एक मूर्ख बन्दर वहाँ आ गया और कूद कर शहतीर पर जा चढ़ा। शहतीर में गड़ी गुल्ली को देख कर, उसे बड़ी उत्सुकता हुई कि वह क्या है और क्यों गड़ी है ? वह शहतीर के चिरे हुए हिस्से पर बैठा, उस गुल्ली को हिलाने लगा। आख़िर दोनों हाथों से पकड़, पूरा ज़ोर लगा कर उसने उसे निकाल लिया, लेकिन उसके चूतड़, चिरे हुए शहतीर में फँस गये। और अपनी इस मूर्खता-भरी उत्सुकता की वजह से, वह रात-ही-रात में तड़प-तड़प कर मर गया।

....इस कथा की याद आते ही, उस परेशानी में भी, चेतन के होंटों पर मुस्कान आ गयी।....अपने उस साधारण-से प्रश्न और उसके दुष्परिणाम की बात सोचते-सोचते, सहसा चेतन को लगा कि उसकी उत्सुकता, उस मूर्ख बन्दर की उत्सुकता से किसी तरह भिन्न नहीं थी और उसका भी वही हश्र हुआ है, जो बन्दर का हुआ। इस शहतीर में फँसने से, यदि वह मरता नहीं तो भाग्यवान होगा। — न उसने देश-काल का ख़याल किया, न परिस्थिति का और पट उस सिपाही से प्रश्न कर दिया। वह औरतों के बाड़े पर पहरा दे रहा था; वहाँ तरह-तरह के गुण्डे और लफ़ंगे आते होंगे। अगर उसने उसे बेकार लफ़ंगा समझा और समझा कि वह महज़ औरतों को देखने के लिए, उसे बातों में उलझा रहा है तो क्या ग़लत किया।

....तभी उसके दिमाग़ में गीता का वह श्लोक कौंध गया, जिसके विरोध में, उसने अपनी बेवकूफ़ी में कभी, 'नवीन कर्मयोग' का दर्शन ईजाद किया था :

क्रोधाद्भवति सम्मोहः सम्मोहात्स्मृति विभ्रमः
स्मृतिभ्रंशाद् बुद्धिनाशो, बुद्धि नाशात्प्रणश्यति

तब उसे यह श्लोक एकदम ग़लत लगा था और उसने क्रोध की अपार शक्ति का बखान करते हुए, कुतर्कों का एक जाल रच लिया था।

....चेतन ने पहली बार यह श्लोक, आर्य समाज, अड्डा होशियारपुर में स्वामी सत्यदेव की कथा में सुना था। अपनी ओज-भरी वाणी में उन्होंने इसकी व्याख्या की थी :

क्रोध से अविवेक, अर्थात मूढ़-भाव, उत्पन्न होता है और अविवेक से स्मृति भ्रमित हो जाती है; स्मृति के भ्रमित होने से बुद्धि, अर्थात ज्ञान-शक्ति, का नाश हो जाता है और ज्ञान-शक्ति के नष्ट होने से पुरुष अपनी स्थिति से —अपने श्रेय और ध्येय से —गिर जाता है.... तहख़ाने की निस्तब्धता में, जैसे स्वामी सत्यदेव की ओज-भरी वाणी गूँजने लगी और पहली बार चेतन को लगा कि गीताकार ने तो ठीक ही लिखा है; वही अपनी अनुभवहीनता में उसे ग़लत समझता था। उसने जब अपना 'नवीन कर्मयोग' ईजाद किया था तो अपनी मूर्खता में उसने क्रोध को सभी आवेगों में ऊँचा स्थान दिया था —भगवान यदि पशुओं में सिंह है, मछलियों में मगरमच्छ और छलनाओं में द्यूत है तो निश्चय ही आवेगों में क्रोध है —उसने सोचा था —क्रोध, यदि वह न्यायसंगत है तो, स्मरणशक्ति को भ्रमित और बुद्धि को नष्ट नहीं करता, बल्कि उनकी धार को और तेज़ कर देता है....योग, चेतन के ख़याल में, यह था कि आदमी जाने, उसका क्रोध न्याय-संगत है या नहीं; जो काम वह क्रोध की सहायता से करना चाहता है, वह करणीय है या नहीं ? और यदि आत्मालोचना से आदमी को लगे कि उसका क्रोध न्याय-संगत है, उसका काम करणीय है तो उसे प्रबल

आक्रोश से, तीव्र कुढ़न से, आवेग-रहित, निरन्तर धधकती आग-सरीखी निष्ठा से, उसमें लग जाना चाहिए....और चेतन को विश्वास था कि उस स्थिति में स्मृति तेज़ और बुद्धि प्रखर हो जाती है और आदमी को यकीनन सफलता मिलती है। और तब चेतन को, महात्मा गान्धी के तमाम आन्दोलन के पीछे, इसी तरह के न्याय-संगत क्रोध का प्रसार लगा था।

लेकिन तहख़ाने के, उस कँपा देने वाले, ठण्डे अन्धकार में विवश बैठे हुए, जब उसने ज़रा दूर से, किंचित निरपेक्ष हो कर, उस घटना को देखा तो उस पर अपनी अनुभवहीनता-जनित मूर्खता प्रकट हो गयी — उसे लगा कि महात्मा गान्धी का क्रोध, अंग्रेज़ों द्वारा केवल अपने साथ किये गये अपमान का बदला लेने के लिए न था, न वह विवेक-शून्य था, और गीताकार ने ऐसे क्रोध को विवेक का हन्ता नहीं कहा — क्रोध क्या माता-पिता, बच्चे की ग़लती पर, नहीं करते ? कई बार क्या ग़लत बात पर क्रोध नहीं करते ? पर वह बच्चे के हित के लिए होता है और इसीलिए बुरा नहीं — और पहली बार जैसे चेतन को उस श्लोक के ठीक अर्थों का पता चला — उसने सिपाही पर छड़ी से वार करने में जिस क्रोध का परिचय दिया है, यही वह क्रोध है, जिसकी ओर गीताकार का संकेत है — यही क्रोध, जिसके आवेग में, नितान्त विवेक-शून्य हो कर, बिना सिपाही के मनोविज्ञान, संस्कार और परिस्थिति को समझे हुए, वह छड़ी ले कर उस पर झपटा — क्या वह इस क्रोध को सात्विक कह सकता है ? — क्या उससे उसके विवेक, स्मृति, बुद्धि का नाश नहीं हुआ और क्या वह अपने श्रेय (और ध्येय से भी) नहीं गिरा ?....

०

चेतन के आँसू, न जाने कब के थम गये थे....उस क्षणिक आवेग और क्रोध में जो हो गया, हो गया — उसने जैसे अपने आप से कहा — अब वह विवेक से काम लेगा, इस तहख़ाने में कितनी भी यातना क्यों न सहनी पड़े; इन बर्बर, रियासती सिपाहियों के हाथों कितना भी अपमानित क्यों न होना पड़े — वह आवेग का शिकार नहीं होगा, स्थिर भाव से सब कुछ सोचेगा और यहाँ से मुक्त होने का प्रयास करेगा....

तभी छत का तख़्ता फिर उठा और वही चौकोर मुहाना रोशन हो गया। दूसरे क्षण किसी ने आवाज़ दी : "अजी ओ बाबू साहब!"

तहख़ाने का तख़्ता हटने पर, प्रकाश की कुछ क्षीण-सी किरणें चेतन तक पहुँच गयीं; पर वह अपने ध्यान में मग्न, वैसे ही घुटनों पर ठोड़ी रखे, बैठा रहा। आवाज़ उसने सुन ली, लेकिन वह उठा नहीं। किसी तरह की कातरता अथवा दुख, वह उनके सामने प्रकट नहीं करना चाहता था। आवाज़ फिर आयी :

"अरे ओ बाबू साहब, सो गये क्या ?"

कोई शिष्ट सिपाही मालूम होता था। वहीं बैठे-बैठे, चेतन ने निरपेक्ष भाव से कहा, "क्या बात है ?"

"इधर आओ!"

चेतन बड़ी कठिनाई से उठा। सर्दी से उसके जोड़ अकड़ गये थे। नीची छत के कारण, झुका-झुका, हथकड़ी की ज़ंजीर का दूसरा सिरा बायें हाथ में उठाये, वह तहख़ाने के खुले झरोखे के नीचे आ खड़ा हुआ। इन दो क्षणों में ही, उसने कितना कुछ नहीं सोच डाला — शायद लाला जी ने टिक्का साहब से मिल कर, उसकी रिहाई का प्रबन्ध कर

लिया है....शायद टिक्का साहब ने अपने सिपाहियों की ग़लती महसूस कर, उसे तुरन्त छोड़ देने का हुक्म दे दिया है; लेकिन दूसरे क्षण निराश हो कर, उसने सोचा —शायद सिपाही उसे कोटी की जेल में ले जाने को आये हैं....शायद इस तहख़ाने में और लोगों को रखा जायेगा....

लेकिन ऊपर झरोखे के पास, एक बारह वर्ष का सुन्दर बालक, किसी युवक के साथ खड़ा था —लाल-उन्नाबी रंग की, चमचमाती हुई पगड़ी; गोरा, भरा मुख; गले में नीला ब्लेज़र, कमर में निक्कर, पैरों में लम्बे मोज़े और बढ़िया बूट....चेतन पहली दृष्टि में भाँप गया कि ये टिक्का साहब के कुँवर हैं और उसका ख़याल ठीक ही था। ऊपर तहख़ाने के मुहाने पर खड़े सिपाही ने कहा :

"कुँवर साहब आये हैं। जो पूछते हैं, बताओ।"

निमिष भर के लिए चेतन को फिर क्रोध आया —'आप भी पूछ लीजिए' —उसने मन-ही-मन कहा —'अब तो दरबार का भंगी भी आये तो जो पूछे, उसे बताना होगा।'....पर दूसरे क्षण वह संयत हो गया। उसने उस बालक की ओर देखते हुए, उदासी से मुस्कराने का भी प्रयास किया —"पूछिए कुँवर साहब, क्या पूछते हैं ?" उसने कहा।

"तुम्हें क्यों पकड़ा गया है ?" लड़के ने सरलता से पूछा।

चेतन ने आँख भर कर उस बालक की ओर देखा। वह मुस्करा रहा था। पर उस मुस्कान में न व्यंग्य था, न तिरस्कार —कुछ अजीब-सी सरलता और सहानुभूति थी। उसने कहा :

"तुम्हारे सिपाहियों ने पकड़ लिया।"

"क्यों पकड़ लिया ?" कुँवर ने उसकी बात काटी।

"यह उनसे पूछो।"

"वे कहते हैं, तुमने सिपाही के मुँह पर थप्पड़ लगाया।"

"थप्पड़ तो नहीं लगाया, छड़ी से पीटना चाहता था।"

"क्यों ?"

"उसने गाली दी थी!"

"तुम हमसे कहते।"

चेतन इस बात का क्या उत्तर देता। शायद कुँवर ठीक कहता था। वह उसे कैसे बताता कि कभी-कभी स्थिति ऐसी भी होती है, जब आघात ऐसे अचानक लगता है कि आदमी क्रोध में अपनी सोच-समझ की शक्ति खो बैठता है। पल भर चुप रह कर, उसने कहा, "उसने बे-वजह ऐसी गन्दी गाली दी कि मुझे ग़ुस्सा आ गया।"

कुँवर चला गया। चेतन फिर उसी तरह झुके-झुके, हथकड़ी की ज़ंजीर सँभाले, अपनी जगह आ बैठा। झरोखा बन्द हो गया और सूची-भेद्य अन्धकार ने उसे चारों ओर से घेर लिया।

o

इतनी देर तक, लकड़ी के खम्भे का सहारा लिये, बैठे रहने से, उसकी पीठ में दायीं ओर दर्द होने लगा था। इस बार चेतन पहलू बदल कर बैठ गया और पहली बार उसने अँधेरे

में देखने का प्रयास किया। उसने जेब से टूटा चश्मा निकाला। गिरने से एक शीशा तिड़क गया था; दूसरा साबुत था, पर अलग हो गया था। चेतन ने शीशे को फ़्रेम में फ़िट करने की लाख कोशिश की, लेकिन वह कामयाब नहीं हुआ। फिर उसने वैसे ही शीशे को आँख के आगे रख कर, देखने का प्रयास किया —कुछ दूर पर उसे दीवार का धुँधला-सा ख़ाका दिखायी दिया। शीशे को जेब में रख कर, उसने फिर उधर देखा। अब वह धुँधला-सा ख़ाका लोप हो गया। काफ़ी आँखें फाड़ने पर, उसे लगा कि दीवार दिखायी दे रही है। वह सँभल कर उठा। कुछ कदम, टटोल कर चला। सहसा एक खम्भे से उसका सिर टकरा गया। बचाव के प्रयास में उसका हाथ खम्भे पर चला गया। किसी पेड़ का टेढ़ा-सा तना था। सील के कारण उस पर काई जम गयी थी। चेतन ने निक्कर से हाथ पोंछा और खम्भे से बच कर, हाथ फैला कर, उनसे टटोलता हुआ बढ़ा। कुछ कदम चलने पर, उसका हाथ दीवार से जा टकराया। कच्ची मिट्टी की दीवार थी, एकदम सीली। लगता था, जैसे अभी किसी ने गीली मिट्टी से उसे खड़ा किया है। हाथ लगते ही कई लेप झड़ गये। शायद सील के कारण उसे शोरा लग गया था। वह दीवार के साथ-साथ, अन्धों की तरह टटोलता हुआ, बढ़ा; तभी ऊपर फिर झरोखा खुला। हल्की-सी रोशनी तहख़ाने में फैल गयी। चेतन जल्दी से फिर अपनी जगह आ कर बैठ गया। इस बार किसी सिपाही ने कड़क कर कहा :

"ओ बाबू, इध्धर आओ। बड़े दारोग़ा साहब आये हैं।"

चेतन के होंटों पर आया —'तो मैं क्या करूँ।' —लेकिन उसने कुछ नहीं कहा। कुछ क्षण पहले के अपने निश्चय का ध्यान उसे हो आया —वह आज़ाद नहीं है, कैदी है। जब आज़ादी में, ग़ुस्से की वजह से, उसकी यह हालत हुई है तो अब कैद में उसका ग़ुस्सा, न जाने उसकी क्या दुर्गत करा दे!....और वह उठा। हाथ में पड़ी हथकड़ी, दूसरे हाथ से सँभालता हुआ, फिर झरोखे के नीचे आ खड़ा हुआ।

ऊपर बड़े दारोग़ा साहब खड़े थे —वहीं, जिन्होंने उसे हवालात में बन्द करने का आदेश दिया था। वर्दी उनकी नायब-दारोग़ा की-सी ख़ाकी थी; पगड़ी पर वैसी ही लाल पट्टी थी। उमर उनकी उसकी अपेक्षा ज़्यादा थी —कोई पचास-पचपन की। बड़ी-बड़ी मूँछों से रोब टपकता था और आँखें चढ़ी थीं।

"क्यों, कैसे हो ?"

"अच्छा हूँ।"

"अब होश ठिकाने आये कि नहीं ?"

"चेतन कहना चाहता था —'किसके होश ?' —पर वह चुप रहा।

"दारू का नशा उतरा कि नहीं।"

'दारू आपने पी रखी है' —चेतन कहना चाहता था, पर उसने बड़े संयत स्वर में केवल इतना कहा —"मैं कभी दारू के नज़दीक नहीं गया।"

"फिर लड़कियों से छेड़-छाड़ क्यों की ? सिपाही के चाँटे क्यों लगाये ?"

"मैंने दोनों में से कोई बात नहीं की।"

"तो क्या सिपाही का तुमसे बैर था, जो उसने तुम्हें गिरफ़्तार किया ?"

"गिरफ़्तार तो उसने आपके हुक्म से किया।"

"मैंने तुम्हें उसका गला पकड़े हुए देखा।"

"उसने गाली दी थी।"

"क्यों दी थी ?"

"मैंने उससे एक सीधा-सा सवाल पूछा था कि तुम्हारे राणा साहब कहाँ तक पढ़े हुए हैं, उसे शायद इस सवाल से ग़लत-फ़हमी हुई, यही समझ में आता है....

"और यह भी पूछा होगा कि यहाँ औरतों का ब्योपार होता है और टिक्का साहब जिसे चाहते हैं, चुन लेते हैं।"

"यह आप कहते हैं, मैं नहीं कहता। मैंने ऐसी कोई बात नहीं पूछी। कुछ और पूछने का मौका ही कहाँ आया। मैंने सवाल पूछा, उसने धक्का देते हुए गाली दी, मुझे ग़ुस्सा आ गया...."

"तो वही बात क्यों पूछी थी ?"

"राणा बूढ़े हैं, मेरे ख़याल में उनके ज़माने में अंग्रेज़ी पढ़ाने का कोई प्रबन्ध न था और वे जंगी लाट से बातें कर रहे थे; मैं जर्नलिस्ट भी हूँ; सोचा था, मेले का हाल अख़बार में भेजूँगा, इसलिए वह बात पूछी।"

"अच्छा आगे को कभी दारू पी कर मेला देखने मत आना।"

चेतन का ख़ून खौल उठा। बातचीत ऐसे चल रही थी कि चेतन को आशा बँध गयी थी —दारोग़ा सचमुच मामले की तह तक पहुँचना चाहता है। इसलिए वह सरल भाव से सब कुछ बताता चला गया था। उसे मालूम होता, सब कुछ सुन-समझ कर वह यही कहेगा तो एकदम मौन रहता।

"और किसी चीज़ ज़रूरत है ?"

"यहाँ सर्दी बहुत है, शरीर इतने ही में अकड़ गया है।"

"कम्बल मिल जायेंगे। और कुछ ?"

"शायद भूख लगे, मैं कुछ खाने जा रहा था कि झगड़ा हो गया...."

"मिल जायेगा।"

दारोग़ा साहब के आदेश पर, चेतन को कैदियों वाले दो कम्बल मिल गये। उनसे कुछ ऐसी गन्ध आ रही थी कि आम तौर पर वह उन्हें छूना भी पसन्द न करता; पर चेतन ने उन्हें दोनों बाँहों पर ले लिया। उस झरोखे से आने वाले क्षीण प्रकाश में उसने लकड़ी के खम्भे के पास एक कम्बल बिछा लिया; खम्भे का सहारा ले कर उस पर बैठ गया और दूसरे कम्बल से उसने गले तक अपना शरीर ढाँप लिया। लेकिन सर्दी ज़रा भी कम नहीं हुई। तहख़ाना क्या था, बर्फ़ख़ाना था!

उसने बड़े दारोग़ा को लक्ष्य कर के कहा —"दो कम्बल काफ़ी नहीं हैं।"

"तुम्हारे लिए अब कम्बलों का कारख़ाना खोलेंगे!" और खट-खट दारोग़ा साहब चले गये।

सिपाहियों से कुछ भी कहना उसने व्यर्थ समझा। लेकिन कोई सिपाही अपने आप बोला, "यह भी दारोग़ा साहब की मेहरबानी समझिए कि दो कम्बल मिल गये, नहीं यहाँ ऐसे लोग आते हैं, जिनके कपड़े तक उतरवा लिये जाते हैं।"

और उसने झरोखा बन्द कर दिया। चेतन ने अपना हैट, सिर के नीचे, तकिये के तौर पर रख लिया और लेट गया।

सत्रह

चेतन लेट गया, लेकिन उस सर्दी में नींद आने का कोई इमकान नहीं था। फिर, उसका रोम-रोम, मूर्तिमान प्रतीक्षा बना हुआ था — उसे आशा थी, अभी उसकी रिहाई का हुक्म आता है....अभी लाला भोलानाथ और मेहता सोमदत्त के साथ, पण्डित तेजभान उसे रिहा कराने आते हैं....अभी लाला हाकिमन्द ख़ुद सारी पार्टी को लिये हुए, उसे हवालात से लेने आते हैं और बड़े दारोग़ा अपने सिपाही की ग़लती के लिए उससे क्षमा माँगते हैं....लेकिन मिनट घण्टे बनते गये और कोई नहीं आया। मेले का शोर धीरे-धीरे मद्धिम हुआ, फिर मौन हो गया।

लेटे-लेटे चेतन की कमर दुखने लगी; उसे पिस्सू काटने लगे और वह उठ कर बैठ गया। तभी ऊपर, लकड़ी के फ़र्श पर, उसे कितने ही जूतों की आवाज़ सुनायी दी और उसने जान लिया कि सिपाही रात काटने के लिए मेले से वापस आ गये हैं। अचानक कई सिपाही एक साथ बातें करने लगे। काग़ज़ के लिफ़ाफ़ों की खसर-पसर की आवाज़ आयी। फिर छत का तख़्ता उठा, लेकिन तहख़ाने में उससे रोशनी नहीं हुई। सिर्फ़ छत में बड़ा मद्धिम-सा झरोखा खुला और सिपाही ने उसे आवाज़ दी।

चेतन कम्बल ओढ़े, उसके अन्दर हाथों में हथकड़ी की ज़ंजीर सँभाले, टटोलता-टटोलता, झरोखे तक गया। सिपाही ने लालटेन की रोशनी में उसे एक आम, एक केला, कुछ ज़र्दालू[१] और बिस्कुटों का आधा डिब्बा दिया....चेतन का मन हुआ, पूछे — 'यह सब लाला जी ने भेजा है ?' और फिर पूछे — 'क्या उन्होंने मेरे लिए कोई सँदेशा भी दिया है ?'....लेकिन लालटेन की रोशनी में 'हण्टले पामर्ज़' के डिब्बे को देख कर ही वह समझ गया कि उसका अन्दाज़ा ठीक है — वरना सिपाही उसे फल और बिस्कुट देते!....

चेतन को फल पा कर ख़ुशी नहीं हुई। उसके दिल से उम्मीद की आख़िरी किरण भी बुझ गयी। वह समझ गया — लाला जी उसे रिहा कराने में कामयाब नहीं हुए, इसीलिए उन्होंने उसके लिए इतना सामान भेज दिया है कि सिपाही, अपना हिस्सा रख कर भी, उसे कुछ-न-कुछ दे दें।....और चेतन की आँखें अनायास डबडबा आयीं....

सिपाही ने लालटेन वाला हाथ तहख़ाने के अन्दर कर दिया। उसके प्रकाश में चेतन वापस अपनी जगह आया। कुछ भी खाने को उसका जी नहीं था। आम, केला और बिस्कुटों का डिब्बा उसने एक तरफ़ रख दिया और फिर खम्भे से पीठ लगा कर बैठ गया। ऊपर झरोखा बन्द हो गया। चेतन की आँखों से बे-आवाज़ आँसू झरने लगे।....कहाँ लाहौर, कहाँ शिमला और कहाँ रियासत 'क्यार-कोटी' का यह तहख़ाना....लाला जी अपनी सारी पार्टी

१. बड़ी-बड़ी ख़ूबानियाँ

के साथ अगर आज उसे रिहा नहीं करा पाये, तो कल ही करा पायेंगे, इसका कौन भरोसा है ?....और उस वक्त, उसने अपने आपको नितान्त असहाय और बेबस महसूस किया। आँसू चुपचाप उसके गालों पर बहते रहे और वह सामने अँधेरे में आँखें जमाये, खम्भे से पीठ लगाये, निःस्पन्द बैठा रहा। तभी, उस बेपनाह निराशा में, उसे बचपन में माँ से सुने हुए, एक गीत की पंक्ति याद आ गयी, जो उसकी माँ अतीव दुख और निराशा में गाया करती थी :

कौन ओ बँडावे मेरी पीर
तेरे बिना

और वह धीरे-धीरे, मन-ही-मन, बार-बार यही पंक्ति दोहराने लगा, फिर उसे दूसरी पंक्तियाँ भी याद आ गयीं और वह पूरे-का-पूरा गीत धीरे-धीरे गुनगुना उठा :

कौन ओ बँडावे मेरी पीर
तेरे बिना
ना पल्ले पैसा, ना साहूकारा
क्या करिये तदबीर
तेरे बिना
भाई बन्द कुटुम्ब बथेरा रामा
न कोई तन का बीर
तेरे बिना
कौन ओ वँडावे मेरी पीर
तेरे बिना[१]

बार-बार इस गीत को गुनगुनाते हुए, चेतन ने एक बोल अपनी अवस्था पर भी जोड़ लिया :

दूर हाँ सब तो, ना तेत्थों दुरेडा
तूँ मेरी तकदीर
तेरे बिना[२]
कौन ओ बँडावे मेरी, कौन ओ बँडावे मेरी
कौन ओ बँडावे मेरी पीर
तेरे बिना

०

गीत गुनगुनाते हुए, चेतन के आँसू थम गये। उसका उद्भ्रान्त मन शान्त हो गया। कम्बल को अच्छी तरह लपेट, घुटनों को पेट से लगा कर, वह लेट गया और उसे हल्की-सी नींद भी आ गयी।

---

१. ऐ मेरे राम, तेरे बिना मेरा दुख कौन बँटायेगा। मेरी जेब में पैसा नहीं, मैं साहूकारा नहीं करता, फिर मैं क्या तदबीर करूँ ? ऐ राम, कुटुम्ब और कबीला बहुतेरा है, पर तन का साथ देने वाला कोई नहीं — तेरे बिना कौन मेरा दुख-दर्द बँटा सकता है।
२. मैं सब से दूर हूँ, लेकिन तुझ से दूर नहीं हूँ। तू ही मेरी तकदीर है, तेरे बिना कौन मेरा दुख बँटायेगा।

लेकिन रात के साथ सर्दी बढ़ गयी। पिस्सू उसे बेतरह परेशान करने लगे। एक ही मुद्रा में लेटे-लेटे, थक कर, उसने पाँव फैलाये तो सहसा, कोई ठण्डी, लिजलिजी-सी चीज़ उसके पाँव से छू गयी और उसका सारा शरीर काँप गया। हड़बड़ा कर वह उठा तो हथकड़ी की ज़ंजीर छनछना उठी। वह हँसा —दर्द-भरी, करुण, बे-आवाज़ हँसी! फिर ज़ंजीर को दायीं ओर, शरीर से ज़रा परे कर के, वह पुनः लेट गया।

लेट गया, पर दिल उसका अब भी धड़क रहा था और उसकी नंगी पिंडलियों पर रोंगटे खड़े हो गये थे। उसने दायें पैर से बायीं और बायें पैर से दायीं पिंडली को मल दिया।

ऐसी अनुभूति उसे पहले भी एक बार हुई थी। वह लाहौर में, मेयो हस्पताल रोड की ढलान पर, तेज़-तेज़ साइकिल चलाता, नीला गुम्बद की तरफ़ जा रहा था। तभी, उस मोड़ पर, जहाँ एक रास्ता नीला गुम्बद को जाता है और दूसरा अनारकली को, उसने बायीं तरफ़ जाते हुए एक ताँगे से आगे निकलने की कोशिश में साइकिल बढ़ायी। उसका ख़याल था कि ताँगा भी उसी की तरह नीला गुम्बद को जा रहा है। जब चेतन उसके बराबर पहुँचा तो —इससे पहले कि वह पैडल मार कर उसके आगे निकल जाता —अचानक, ताँगे वाले ने घोड़ा दायीं ओर, अनारकली की तरफ़, मोड़ दिया। ऐन उस वक्त चेतन की दायीं तरफ़ एक मोटर आ गयी। लम्हे की भी देर हो जाती तो चेतन दोनों के बीच पिस जाता। लेकिन उसने बायें हाथ से घोड़े की थूथनी से लगी लगाम को पकड़, उसका मुँह दूसरी ओर किया और दायें से हैण्डल घुमाता हुआ, पलक-झपकते, उसके आगे से निकल गया। —अपने भाई के क्लिनिक पर पहुँच, साइकल बाहर पटक, अन्दर कुर्सी में जा कर वह धँस गया और उसने देखा —उसकी पिंडलियों पर रोंगटे खड़े हैं। उन पर हाथ फेरते हुए उसे पिंडलियों में हल्का-सा दर्द और कम्पन भी महसूस हुआ —तब हँसते हुए उसने भाई से कहा था —'भाई साहब, मैं मोटर और ताँगे के बीच पिसने से बाल-बाल बच आया हूँ।'

....और अब साँप से नहीं, महज़ हथकड़ी की ठण्डी ज़ंजीर से उसका पैर छू गया था और इस भय से कि उसने साँप को छू लिया है, उसके रोंगटे खड़े हो गये थे....'जिन योगियों ने अपनी इन्द्रियों पर पूरी तरह अधिकार पा लिया है' —चेतन ने सोचा —'क्या उनको भी ऐसा ही लगता होगा ?"

लेकिन उसके पास यह जानने का कोई साधन नहीं था। वह समझता था, यह भय इन्द्रियगत नहीं इंस्टिंक्टिव है। हो सकता है, साँप को देख लेने पर आदमी न डरे और उसका सिर जूते से कुचल डाले, पर यदि अजाने में उसका पैर साँप से छू जाये तो वह अनायास कूद जायेगा।....तहख़ाने में बेहद सील थी। उस नमी में साँप-बिच्छू का होना कोई बड़ी बात न थी। चेतन ने सुन रखा था कि पहाड़ के साँप बड़े विषैले होते हैं। कुछ ही दिन पहले, वह केनमोर कॉटेज के जँगले के नीचे उतर कर, एक ख़ुद-रौ फूल तोड़ रहा था कि उसकी उँगली से महज़ एक इंच के अन्तर से, हरे रंग का, बाँह भर लम्बा, पतला साँप गुज़र गया था। चेतन को तब पता चला, जब उसकी सरसराती दुम उसने अपनी उँगली के पास देखी....कहीं उसने काट लिया होता तो....और कल्पना मात्र से उसे रोमांच हो आया था।....चेतन को उस तहख़ाने में अपने सामने साँप रेंगते और बिच्छू धीरे-धीरे दीवार पर चढ़ते दिखायी दिये....उसने आँखों को मला, सिर के नीचे हैट को दूसरी ओर कर के,

करवट बदल ली और आँखें बन्द कर लीं। ध्यान को उसने मस्तक में जमा लिया और सोने की कोशिश की। उसकी आँखें फिर भारी हो गयीं।

....तभी उसने देखा कि बायीं ओर से, अँगूठे जितना मोटा, एक लम्बा साँप धीरे-धीरे उसकी ओर बढ़ रहा है। वह काँप उठा। उसने हिलने का प्रयास किया, पर हिल न पाया। चीख़ने की कोशिश की, लेकिन उसके गले से आवाज़ न निकली। साँप धीरे-धीरे सरकता उसके पास पहुँच गया। चेतन का गला डर के मारे सूख गया। धीरे-धीरे रेंगता हुआ, वह साँप उसकी छाती पर चढ़ने लगा। उसने हाथ से पकड़ कर उसे परे फेंक देना चाहा, पर उसके हाथ पर जैसे फ़ालिज़ गिर गया था; तहख़ाने के शीत ने जैसे उसे सुन्न कर दिया था; उसके सारे बदन को जैसे काठ मार गया था — वह ज़रा भी न हिल सका। तभी उसकी पसली में किसी ने काटा। दर्द से वह तड़प कर हिला कि तभी ज़ोर से 'खड़-खड़' की आवाज़ हुई और उसकी चेतना लौट आयी। साँप को पकड़ कर उसने परे फेंकना चाहा....उसकी आँख खुल गयी।

चेतन ने देखा कि हथकड़ी की ज़ंजीर उसके हाथ में है; नींद में पहलू बदलने के कारण, वह खिसक कर, उसकी छाती, पर आ गयी थी। — 'यह साली हथकड़ी तो एक मुसीबत हो गयी' — उसने मन-ही-मन-कहा। उसने हँसना चाहा, पर हँसना तो दूर रहा, वह मुस्करा तक न सका। सर्दी के बावजूद, उसके माथे पर पसीना आ गया था। पसली में बड़ी ज़ोर से खुजली हो रही थी। साँप ने नहीं, पिस्सू ने उसे काट लिया था....

तभी उसे ख़याल आया कि क्यों न हथकड़ी उतार कर रख दे। उसमें चाबी लगी थी, पर उसकी कलाई इतनी पतली थी कि हथकड़ी ऊपर बाँह तक चली जाती थी। उसने कोशिश की तो वह अनायास उतर गयी। हथकड़ी को उतार कर, उसने ज़ंजीर को गोल-मोल किया और उसे बायीं ओर, काफ़ी परे रख दिया। फिर वह उठ कर बैठ गया।

०

ऊपर अभी सिपाही जग रहे थे। काग़ज़ की 'खड़-खड़' और सिपाहियों की बातों से उसने जान लिया कि उसके लिए जो फल और मिठाइयाँ दी गयी थीं, वे सब ऊपर ही रख ली गयी हैं। उसे सिर्फ़ एक आम, केला और कुछ ख़ूबानियाँ दे कर टरका दिया गया था। सिपाही काग़ज़ के लिफ़ाफों से फल और मिठाइयाँ बाँट-बाँट कर खा रहे थे। तभी चेतन ने सोचा, क्यों न वह अपने हिस्से के फल खा ले। भूख उसे नहीं थी, पर उसने दोपहर से कुछ न खाया था और शायद भूखे-पेट होने के कारण उसे डरावने ख़्वाब आ रहे थे। टटोल कर उसने फल उठाये। चेतन ने पहले आम खाने का फ़ैसला किया। सोचा कि केला पहले खा लेगा तो आम फीका लगेगा। आम कलमी था, चाकू से काट कर खाया जाने वाला था, पर वह चाकू कहाँ से लाता। उसने दोनों हाथों में अच्छी तरह दबा-दबा कर उसे चूसने लायक बनाया और एकदम गँवारों की तरह उसे चूसने लगा। आम मीठा था। पर जाने उसके मुँह का ज़ायका कैसा सीठा हो गया था कि उसे वह उतना अच्छा नहीं लगा। आम चूसने के बाद उसने केला खाया। ज़र्दालू उसने एक-दो ही खाये। उसे वहम था कि ज़र्दालू उसे गर्मी करते हैं। बिस्कुट खाने को उसका मन नहीं हुआ। आम और केले के छिलके बायीं ओर हथकड़ी से भी ज़रा परे रख कर, रूमाल से हाथ-मुँह पोंछ कर वह फिर लेट गया।....

०

सारा दिन वह चलता रहा था; उसकी टाँगें भी थक गयी थीं, पर उसकी आँखों में नींद नहीं थी। ऊपर धीरे-धीरे सिपाहियों की बातें, कम होते-होते, बन्द हो गयीं। तहख़ाने में एकदम सन्नाटा छा गया। कुछ देर बाद ऊपर दो-एक ख़र्राटों की हल्की-सी आवाज़ आने लगी। बाहर घाटी में शायद पेड़ों की सरसराहट का शोर, कहीं बहुत दूर, लगातार गिरने वाले प्रपात के मद्धिम शोर-सा, चेतन के कानों में आने लगा। उसने बारी-बारी उन ख़र्राटों में, उस हवा के शोर में, ध्यान लगाने की कोशिश की —ख़र्राटों की गति एक-सी न थी। वह उनमें ध्यान लगाता कि वे टूट जाते। वह हवा के शोर में ध्यान लगाता कि कोई ख़र्राटा उसे भंग कर देता। हार कर चेतन ने करवट बदल ली....किसी तरह उसे नींद आ जाये!....तहख़ाना ही सही, अँधेरा और सीला ही सही, दिन का वक्त हो तो समय काटना आसान हो जाता —ऊपर कमरे में सिपाहियों के आने-जाने, बातें करने की आवाज़ें सुनते-सुनते, वह दिन काट देता; पर इस घोर सन्नाटे में, शरीर को जगह-जगह काटते पिस्सुओं की मौजूदगी में, सोना असम्भव था। खाज करने से उसकी पीठ में कई जगह ख़राशें आ गयी थीं और उन में बेपनाह खुजली हो रही थी। उसे नींद आ जाये! —वह यही मना रहा था —किसी तरह उसे नींद आ जाये!....

०

चेतन बेहद हस्सास था। कोई छोटी-सी घटना, ज़रा-सी कोई भद्दी बात, सरसरी-सी कोई फब्ती उसके अहं को चोट पहुँचा देती थी। दिन के हंगामे में वह उसे भूले रहता था, पर जब रात को वह लेटता तो अचानक, वह घटना, वह बात या फब्ती उसे याद आ जाती और उसकी नींद हराम कर जाती। वही घटना बार-बार उसके दिमाग़ में आती। वही रिमार्क बार-बार उसके दुखते अहं पर ठेस पहुँचाता....स्कूल-कॉलेज के दिनों में उसकी माँ और शादी के बाद बीवी, उसके सिर में तेल लगा कर, उसकी कनपटियों और भवों को सहला कर, उसे सुला देती थीं; पर कभी, जब वह अकेला होता तो वह योगियों की तरह मस्तक में ध्यान जमाने की कोशिश करता —हर विचार और हर बात के लिए दिमाग़ के कपाट भेड़ देता और कई बार वह सफल हो जाता और उसे नींद आ जाती।....

इस बार भी उसने मस्तक में ध्यान जमाया। इच्छा-शक्ति से काम ले कर वह निश्चल पड़ा रहा, पर तभी एक साथ दो-तीन पिस्सुओं ने उसे काटा; बेतरह खुजली होने लगी और फिर जाने कब उसकी एकाग्रता के कपाट खोल कर, दिन के दसियों दृश्य वहाँ घुस आये —टिक्का साहब; राणा साहब, जनरल बर्ग; उनका बल्लम; पहाड़ी की ढलान पर बैठी, तमाशा देखती स्त्रियाँ; वह चौकीदार-नुमा सिपाही; गाली; लड़ाई; दारोग़ा; हथकड़ी; वह दुकानदार (जिसने उसे चश्मा और हैट दिये थे); उसकी आँखों में झलकती सहानुभूति....चेतन ने बरबस सब दृश्यों को दिमाग़ से निकाल दिया। उसने अपने पपोटों को धीरे-धीरे सहलाया कि शायद भारी हो जायें और उसे नींद आ जाये; लेकिन उसकी आँखें ऐसी थीं, जैसे वह अभी गहरी नींद सो कर उठा हो।....अगर कहीं चन्दा भी यहीं होती तो तेल न भी सही, वह नर्म-नर्म हाथों से उसके पपोटे सहला कर उसे सुला देती; पर वह तो जालन्धर के तिमंज़िले मकान में, छत पर या बरसाती में, गहरी नींद सोयी होगी। उसे क्या ख़बर कि उसका पति, इस अँधेरे, ठण्डे नरक में, पिस्सुओं के डंक सहता हुआ,

किसी तरह रात गुज़रने का इन्तज़ार कर रहा है।

०

तभी उसने कल्पना में देखा कि वह बहुत बीमार है —मरने को है। उसकी बीवी उसे देखने आयी है और उसके बराबर बैठी, धीरे-धीरे बे-आवाज़ आँसू बहा रही है। चेतन उसे तसल्ली देता है —'तुम रोती क्यों हो; जीना-मरना तो शरीर का धर्म है; इसीलिए विद्वान लोग जन्म पर ख़ुश नहीं होते और न मौत पर दुख मनाते हैं। क्योंकि वे जानते हैं, कि जो आज जन्मा है, कल ज़रूर मरेगा —जीने-मरने को वे सहज भाव से लेते हैं।'....और चेतन अपनी पत्नी को तसल्ली देता है, 'इस जन्म में हमारा इतना ही साथ बदा था, अगले जन्म में हम ज़्यादा दिन साथ रहेंगे।'....लेकिन चन्दा तसल्ली नहीं पाती, वह ज़ोर-ज़ोर से सुबकने लगती है....तभी चेतन उठ कर उसके आँसू पोंछना चाहता है, पर वह बेहद कमज़ोर हो गया है; उठना तो दूर रहा, उससे हिला नहीं जाता....

'हाय मास्टर जी, यह आपको क्या हो गया!'

चेतन निगाहें घुमाता है —चन्द्रा —वही मँझला कद; पतला-छरहरा शरीर; गोरा मुख; पतले गुलाबी होंट; लम्बी, सुतवाँ नाक; धनुषाकार भवें; ऊपर को मुड़ी बरौनियाँ और वही दूधिया गर्दन! —वह उसे देखता रह जाता है....चन्द्रा की आँखों में सहानुभूति है, करुणा है; वह बड़ी उदास निगाहों से उसे देखती खड़ी है।....चेतन मुस्कराता है। फिर एक उदास बेपरवाही से कहता है :

ज़िन्दगी क्या है अनासिर का ज़ुहूर-ए-तरतीब
मौत क्या है इन्हीं अजज़ा का परेशाँ होना[१]

चन्द्रा कुछ नहीं समझती। बस उसकी ओर मुटर-मुटर तके जाती है।....

चेतन अपनी पत्नी की ओर मुड़ता है। वह चुपचाप आँसू बहा रही है। वह उसे समझाता है : 'मेरी जान, ज़िन्दगी और मौत —दोनों की कोई हकीकत नहीं। शायर ने ठीक ही कहा है —कुछ तत्व इकट्ठे हो जाते हैं और हम उन्हें ज़िन्दगी का नाम दे देते हैं; वे बिखर जाते हैं तो हम कहते हैं —मौत हो गयी। हकीकी चीज़ तो आत्मा है। जो अजर और अमर है। जिसे न शस्त्र काट सकते हैं, न आग जला सकती है; न हवा सुखा सकती है, न पानी गला सकता है और जो एक शरीर के ख़त्म होने पर, उसी तरह दूसरा अपना लेती है, जैसे हम पुराने कपड़े उतार कर नये पहन लेते हैं। मेरा शरीर नहीं रहेगा, लेकिन मेरी आत्मा तो मर नहीं सकती....'

वह कुछ रुकता है। चन्दा सिर नीचा किये, उसकी बात सुन रही है। उसके आँसू थम गये हैं। वह फिर कहता है : 'जो लोग आत्मा की हकीकत को जानते हैं, वे मौत पर दुख नहीं मनाते। गीता में भगवान कृष्ण, अर्जुन से कहते हैं कि जो चले गये हैं, याने मर गये हैं और जो नहीं गये, याने ज़िन्दा हैं —उन दोनों के लिए ही ज्ञानी शोक नहीं करते। फिर तुम क्यों दुखी होती हो। इस देह में जैसे लड़कपन, जवानी और बुढ़ापा होता है, वैसे ही दूसरे शरीर की प्राप्ति भी होती है।'

---

१. ज़िन्दगी क्या है — तत्वों — पंचभूतों — आग, पानी, हवा, मिट्टी और आकाश — का व्यवस्थित हो कर प्रकट होना। और मौत क्या है —इन्हीं तत्वों का बिखर जाना।

और वह कुछ अजीब-सी बेपरवाही से कहता है — 'मेरी जान, बीमार रह कर, एक-एक इंच मरने के बदले एक ही बार ख़त्म होना क्या बेहतर नहीं ?' — और वह फक्कड़ई से अंग्रेज़ी की कहावत दोहराता है — 'अ लाइफ़ ऑफ़ ए ब्लेज़ इज़ बेटर दैन द लिंगरिंग लाइफ़ ऑफ़ ए लैण्टर्न!'

लेकिन तभी सहसा उसकी पत्नी सुबक उठती है और चन्द्रा उसके पास आ कर उसके सीने पर सिर रख कर रोने लगती है। उसके गाल के नीचे चेतन का दिल ज़ोर से धड़कने लगता है; उसकी आँखें चन्द्रा की दूधिया, संगमरमरी गर्दन पर टिक जाती हैं। उसके होंट, तितली की तरह, पोस्त के सफ़ेद फूल-ऐसी उस गर्दन पर उड़ते हैं और फिर एक जगह जम जाते हैं....कि तभी उसकी कमर में ज़ोर की चुभन होती है....अर्धचेतनावस्था में वह जानता है कि पिस्सू ने काटा है। उस जगह को ज़रा-सा मल कर वह फिर वहीं पहुँच जाता है....लेकिन न वहाँ चन्दा है, न चन्द्रा। उसकी आँखें खुली हैं और करकरा रही हैं और सिर बेतरह दर्द कर रहा है....

चेतन को इन उदास, करुण, अध-जगी-अध-सोयी अवस्था के सपनों में बड़ा रस मिलता है। वह फिर बीमार बन जाता है — मरणासन्न! पर उसकी पत्नी अथवा चन्द्रा वहाँ नहीं आतीं। एक अस्पष्ट छाया — एकदम सफ़ेद साड़ी में लिपटी, अलंकारविहीन, पर हँसती-मुस्कराती — उसके सामने आती है। धीरे-धीरे वह छाया स्पष्ट रूप ले लेती है। चेतन पहचान जाता है — कुन्ती! लेकिन वह कुछ नहीं कहती — केवल उसके सामने आ कर खड़ी हो जाती है।

'कुन्तो!' चेतन स्नेह से पुकारता है।

कुन्ती की मुस्कान फैल जाती है। चेतन पलँग पर, दो तकियों के सहारे, लेटा है। कुन्ती चुपचाप उसके बालों पर हाथ फेरती है। चेतन की आँखें अनायास सजल हो जाती हैं; उसका कण्ठ अवरुद्ध हो जाता है — 'तुम आयी भी हो तो कब,' चेतन कहता है, 'जब मेरा जिस्म थक गया है, मेरा आख़िरी वक्त करीब है।'....वह फिर भी कुछ नहीं कहती। उसकी मुस्कान ग़ायब हो जाती है। उसका चेहरा एकदम सफ़ेद पड़ जाता है। बर्फ़-ऐसे उस सफ़ेद चेहरे पर सिर्फ़ उसकी लम्बी, सुतवाँ नाक ही दिखायी देती है। वह चुपचाप उसके पास बैठ जाती है और उँगलियों से उसके बाल सुलझाने लगती है।

चेतन फिर बड़े क्षीण, किन्तु भावना-भरे स्वर में कहता है, 'मेरी बात को, मरने के करीब किसी पागल आदमी की बकवास न समझना कुन्तो! सच जानना — अगर मैंने किसी से प्यार किया है तो वह तुम हो — सिर्फ़ तुम! यह ठीक है कि मुझे तुम्हारे पास बैठने का, तुमसे खुल कर बात करने का मौका कभी नहीं मिला, लेकिन तुम्हारी चाहत की आग को मैंने अपने सीने के अन्दर हमेशा छिपाये रखा है और मैं सच कहता हूँ, तुम मेरी बात का यकीन करो कि मेरी ज़िन्दगी में जितनी औरतें आयी हैं, उनमें तुम पहली और आख़िरी हो, जिसे मैंने दिल के तमाम ज़ज़्बे से प्यार किया है....

तभी कुन्ती आँख से संकेत करती है....चेतन देखता है कि बायीं ओर चन्दा बैठी है....'ओह यह!' वह कहता है, 'तब यह कहाँ थी; फिर पत्नी और प्रेमिका के प्यार में तो

फ़र्क होता है। —एक में चुपचाप धधकते हुए जज़्बों की गर्मी होती है, दूसरे में फ़र्ज़ के बर्फ़ की आग —तुम नहीं समझोगी, बर्फ़ में भी आग होती है। कभी बर्फ़ की डली हाथ में ली है कितनी जल्दी हाथ जलने लगते हैं ? कर्तव्य में ठण्डक भी होती है, पर आग भी! —तुमने मुझे पहली नज़र में बाँध लिया था; इसने धीरे-धीरे, अपने अनेक गुणों से बाँधा है —मैं तुम्हारे गुणों को नहीं जानता, फिर भी तुम्हें चाहता हूँ....'

वह बड़बड़ाये जाता है कि कुन्ती हल्के-से हँसती है, 'चुप करो, सो जाओ, आपको इस समय नींद की ज़रूरत है।'

और उसका मुँह बन्द करते हुए, वह उसके होंटों पर अपना हाथ रख देती है। चेतन के सारे शरीर में सनसनी दौड़ जाती है। वह उसके हाथ पर अपना हाथ रख कर, उसे अपने होंटों पर दबा देता है....कि सहसा कुन्ती ग़ायब हो जाती है। चेतन की आँखें खुल जाती हैं। हैट पिचक गया है। उसकी गर्दन अकड़ गयी है और उसके सिर में बेपनाह दर्द हो रहा है। पिस्सू उसकी पीठ को घायल किये दे रहे हैं। वह फिर हैट को ठीक कर के सिर के नीचे रखता है और आँखें बन्द कर के, उस सपने को वापस लाने की कोशिश करता है। लेकिन गया हुआ सपना फिर नहीं लौटता। पिस्सू उसे क्षण भर को भी आराम नहीं लेने देते। वह फिर उठ कर बैठ जाता है।

ऊपर घोर सन्नाटा था। सारे-के-सारे सिपाही सो गये थे। सिर्फ़ घाटी के पेड़ों की सरसराहट का, वही मद्धिम-सा शोर, तहख़ाने में सुनायी देता था। कहीं कोने में कोई टिड्डी —बिना साँस लिये, बारीक आवाज़ में, अनवरत — 'चीं-चिर-चीं' किये जाती थी। ठण्डे फ़र्श पर लेटे-लेटे, चेतन की कमर अकड़ गयी थी। उसके सिर ही में नहीं, उसके हरेक अंग में दर्द था, पिस्सुओं ने उसकी पीठ ज़ख़्मी कर दी थी....जाने रात कितनी हो गयी है ?....उसने सोचा — जाने कब सुबह होगी ?....कहीं उसे नींद आ जाती!....उसने कहीं पढ़ा था कि नींद तो फाँसी के तख़्ते पर भी आ जाती है....लेकिन उसे तो फाँसी नहीं लगने जा रही; ज़्यादा होगा, एक-डेढ़ महीने की सज़ा हो जायेगी....फिर उसे नींद क्यों नहीं आती!

कम्बल को अच्छी तरह अपने शरीर और घुटनों और पैरों के गिर्द लपेट कर, वह खम्भे के सहारे बैठ गया था। लेकिन वह चैन से बैठ नहीं पा रहा था। कभी कमर में, कभी पीठ में, कभी कन्धे के पीछे, बेतरह खुजली होने लगती थी। बेहद सर्दी थी। कनपटियों में जैसे कोई लगातार हथौड़े चला रहा था। दिमाग़ —एक लम्बे, फैले, उथले दलदल-सा हो गया था; कोई ख़याल ज़्यादा देर वहाँ टिक न पाता था। सोचना तक मुश्किल हो गया था....'जब इस हवालात में मेरी यह हालत है,' चेतन ने मन-ही-मन कहा, 'तो जेल में कैसी बीतेगी!'

....कुछ सिर-दर्द के मारे और कुछ अपनी बेबसी के कारण उसकी आँखें फिर छलछलाने को हो आयीं। तभी उसे, परे दीवार के साथ पानी के गिरने की सरसराहट सुनायी दी। उसे लगा, जैसे ऊपर कोने में कोई पेशाब कर रहा है। —इन वहशी सिपाहियों का क्या भरोसा; रात सर्द है, किसी को लघुशंका हुई हो और वह कोने में ही निबट लिया हो....चाहे किसी ने वैसे ही पानी गिराया हो, या बाहर झोंपड़े की दीवार के साथ लघुशंका निवारण की हो, लेकिन चेतन को ऐसे ही लगा, जैसे तहख़ाने के अन्दर की तरफ़ कोई

पेशाब कर रहा है। घृणा से उसका जी मतलाने लगा और अपनी बेबसी कई गुना ज़्यादा हो कर, उसे हताश कर गयी। वह क्या करे....वह तो कहीं बाहर जा कर, साफ़ हवा में साँस भी नहीं ले सकता।....वह क्या करे....वह कहाँ जाये....वह बेचैन हो उठा....

'ह्वॉट कैन नॉट बी क्योर्ड, मस्ट बी एनड्योर्ड[१] !' दूसरे क्षण उसने अपने आपसे कहा और हताशा की सीमा पर पहुँच कर, शान्त होने का प्रयास किया....

०

तभी उसे माँ द्वारा प्रायः गाये गये, एक गीत के बोल याद आ गये :

हरि जी जो गुज़रे सहिए!
छोड़ ख़ुदी की राह राजा जी
जो गुज़रे सहिए!

चेतन धीरे-धीरे, मन-ही-मन, उसे गुनगुनाने लगा; उसका जी कुछ शान्त हो गया। रोने-चिल्लाने से कुछ होने वाला नहीं; वह बेकार ही परेशान होता है। उसे सोने की कोशिश करनी चाहिए, ताकि जब उसका मामला कल टिक्का साहब के सामने पेश हो, वह ठीक से उत्तर दे सके और इस कैद से नजात पाये। हाथ से टटोल-टटोल कर, उसने नीचे वाले कम्बल की (जो गीले टाट ऐसा लग रहा था) सिलवटें निकालीं, फिर वह हैट सिरहाने रख कर लेट गया।

०

कोने में टिड्डी, लगातार एक-स्वर से आवाज़ कर रही थी। यह अजीब बात है कि जब कोई ख़याल उसके दिमाग़ को परेशान करता तो टिड्डी की आवाज़ उसे ज़रा भी सुनायी न देती; लेकिन जब वह, सब विचारों को दिमाग़ से निकाल कर, सोने की कोशिश करता — कोने में टिड्डी का अनवरत स्वर उसे सुनायी देने लगता। चेतन को याद आया —जब कभी जालन्धर के मकान की बरसाती में उसे नींद न आती थी, वह टिड्डियों के इसी स्वर में ध्यान लगाने की कोशिश करता था और उसे नींद आ जाती थी —चेतन ने अब भी ऐसा ही करने की कोशिश की। बरबस सब विचारों और चिन्ताओं को दिमाग़ से भगा कर, उसने टिड्डी के स्वर में ध्यान जमाने का प्रयास किया, लेकिन नाकाम रहा। कोई-न-कोई विचार उसकी किलेबन्दी तोड़ कर अन्दर धँस आता और टिड्डी का स्वर सुनायी देना बन्द हो जाता।....चेतन ने एक बार फिर उस प्रेम-भरे, उदास सपने को बुलाने की कोशिश की —चाहा कि कुन्ती की सूरत उसे फिर दिखायी दे जाये, लेकिन उसके सिर में सख़्त दर्द हो रहा था और लाख चाहने पर भी, वह करुण लेकिन सुख-भरा, उदास सपना, उसकी आँखों में न आया....घूम-फिर कर सिपाही, गाली, भीड़ का अट्टहास या दारोग़ा के व्यंग्य उसके दिमाग़ को परेशान करते रहे....

तभी उसे याद आया, वह झूम-झूम कर, कभी एक शे'र गाया करता था :

जी चाहता है फिर वही फ़ुर्सत के रात-दिन
बैठे रहें तसव्वुरे-जानाँ किये हुए[२]

---

१. जिसका इलाज नहीं, उसे सहना अनिवार्य है।

२. मन वही अवकाश भरे रात-दिन चाहता है, जब प्रिय की कल्पना में निमग्न, मज़े से बैठे रहें।

अब फ़ुर्सत की रात तो थी, पर तसव्वरे-जानाँ —कोशिश करने पर भी —न हो पा रहा था। चेतन मन-ही-मन व्यंग्य से हँसा —फिर वह झुँझला उठा —उसे किसी तरह सो जाना चाहिए! लेकिन उसे फ़र्श पर सोने का अभ्यास न रहा था। उसकी कमर बेतरह दर्द कर रही थी; सिर फटा जा रहा था और पिस्सू किसी करवट चैन न लेने देते थे; खुजली के मारे जगह-जगह उसके शरीर पर चिकोटे उभर आये थे —वह फिर उठ कर बैठ गया।

o

'न जाने क्या बजा होगा।' उसने सोचा, 'तीन एक का वक्त होगा। छै बजे लोग जग जाते होंगे। तीन घण्टे हैं। तीन घण्टे गुज़ार लेना तो कोई मुश्किल नहीं!'....स्कूल-कॉलेज में, जब किसी अध्यापक के बोर लेक्चर से मन ऊबता था और घण्टी बजने में न आती थी तो वह मन-ही-मन एक-दो गिनना शुरू कर देता था; तीन-चार सौ गिनते-न-गिनते, घण्टी बज जाती थी। इस बात की याद आते ही, चेतन उत्साहित हो उठा। उसने एक-दो तीन-चार....गिनती शुरू कर दी....। एक सौ....दो सौ....तीन सौ....यहाँ तक कि वह छत्तीस सौ गिन गया। एक घण्टा ख़त्म हो गया। उसका उत्साह और बढ़ा। दुगुने जोश से, एकदम पागलों की तरह, वह फिर गिनने लगा। लगातार गिनता रहा। फिर छत्तीस सौ। एक घण्टा और बीत गया। उसने झरोखे की तरफ़ देखा —वहाँ रोशनी की किरण तक न थी। फिर वह अपनी मूर्खता पर हँसा। ऊपर झरोखे का तख़्ता बन्द था और उस सूरत में, जब उस तहख़ाने में दोपहर के सूरज की रोशनी भी न आ पाती थी तो उस वक्त, चाहे बाहर भिनसारे का उजेला भी हो गया हो, वहाँ रोशनी कैसे आती ?....

तभी ऊपर किसी ने करवट ली। चेतन को विश्वास हो गया, सबेरा होने वाला है, वह फिर गिनने लगा —एक सौ, दो सौ, तीन सौ —एक-निष्ठ भाव से वह फिर छत्तीस सौ गिन गया। उसने फिर ऊपर की तरफ़ कान लगाये। लेकिन वहाँ एकदम सन्नाटा था। सिपाहियों के ख़र्राटे तक थम गये थे। केवल बाहर कहीं दूर, अनवरत गिरते प्रपात का, वही निहायत मद्धिम शोर-सा सुनायी दे रहा था। जाने पेड़ों की सायँ-सायँ का शोर था, या सचमुच कहीं कोई आबशार लगातार झर रहा था....कुछ क्षण वह हताश भाव से बैठा रहा। कोने में टिड्डी की 'चीं-चिर-चीं' भी रुक गयी थी। तीन घण्टे लगातार उस खम्भे के सहारे बैठे-बैठे, वह दस हज़ार आठ सौ गिन गया था। अभी सुबह होती है, इस आशा में उसने थक जाने की तरफ़ भी ध्यान न दिया था। अपना सिर-दर्द तक वह भूल गया था। खम्भे से लगे-लगे, उसकी पीठ दर्द करने लगी थी। क्या रात ख़त्म न होगी ? क्या वह इस ब्लैक-होल में बैठे-बैठे, ऐसे ही दम तोड़ देगा ? उसे नींद नहीं आयेगी ?....उसका माथा चकरा गया। क्रोध और झुँझलाहट में, दो बार उसने ज़ोर-ज़ोर से उसे पीट लिया।

लेकिन तभी उसे लगा, वह बेकार झुँझला रहा है। समय तो अपनी गति से बीतेगा। उसकी इच्छा से तो नहीं बीतेगा। सोच की रफ़्तार तो समय की गति से कहीं तेज़ है; आदमी मिनटों में, दिनों, हफ़्तों, बल्कि वर्षों की बातें, सोच जाता है। जब उसने सोचा था कि तीन बजे होंगे, हो सकता है, उस समय महज़ ग्यारह-बारह ही बजे हों। उसे आराम से लेट जाना चाहिए। आख़िर रात बीतेगी ही, सुबह होगी ही। उसे यूँ हताश नहीं होना चाहिए। वह एक रात में ही झुँझला गया। कहीं उसे तहख़ाने में तीन रातें बितानी पड़ीं तब ?....नहीं, वह घबराये-झुँझलायेगा नहीं; जैसे भी हो, सोने की कोशिश करेगा। तब उसने अन्दाज़ ही से

निचले कम्बल की सिलवटें निकालीं, सिर के नीचे हैट रखा और ठण्डे-यख़ कम्बल से अपने आपको अच्छी तरह ढँक कर वह फिर लेट गया।

यह उसने हद कर दी....चेतन ने मन-ही-मन सोचा....इतनी-सी बात से हताश हो कर, माथा पीटने लगा। आज़ादी के आन्दोलन में लोगों को दस-दस साल की जेल हो गयी; उमर कैद हो गयी; कइयों को कई-कई महीने तक एकान्त कारावास का दण्ड मिला। वे भी तो आख़िर माई के लाल ही हैं, जो अपार धीरज से तमाम तकलीफ़ें हँसते-हँसते सह गये। और वह, जो समझता था कि उसमें लौह इच्छा-शक्ति है, एक रात की कैद में 'चीं' बोल गया....

चेतन की विचारधारा पलटी — सुख-दुख जब जीवन का भोग है तो ऐसा कौन इन्सान होगा, जिसे ज़िन्दगी में सुख-ही-सुख मिला होगा। सुख के बाद दुख और दुख के बाद सुख — ज़िन्दगी में यह चक्कर तो लगातार चलता है, जो दुख को नहीं सह सकता, वह सुख का क्या उपभोग करेगा ?....दुख के बाद सुख के क्षण क्या ज़्यादा मीठे नहीं हो जाते! वह रोज़ नर्म-नर्म रज़ाई-दुलाई में सोता है, पर उसने कभी नहीं जाना कि वह कितने सुख का उपभोग कर रहा है। जब भी वह इस कैद से छूटेगा और जा कर अपने उस रेशमी बिस्तर में सोयेगा, उसे कितना अतिरिक सुख मिलेगा।....'स्वीट आर द यूज़ेज़ ऑफ़ ऐडवर्सिटी!' उसे बी०ए० में पढ़ी हुई, शेक्सपियर की उक्ति याद हो आयी....इतने लोग यह मेला देखने आते हैं, क्या कोई जानता है कि इसी मेले में ऐसा नारकीय तहख़ाना भी है — यह तो उसका परम सौभाग्य है कि वह अजाने ही उस सिपाही से उलझ पड़ा और उसे इस नरक का अनुभव प्राप्त हो गया। वह पत्रकार है, कथाकार है, कवि है। अगर वह अपने इस अनुभव को — इस रात की घोर यन्त्रणा को, कहानी अथवा उपन्यास में ढाल दे तो कितना अच्छा हो!....

और वहीं लेटे-लेटे, अपने इस विचित्र अनुभव पर उसने एक लघु-उपन्यास लिखने की ठानी — उसने उसका नाम भी सोच लिया — एक रात का नरक!

०

चेतन ने पहले मन-ही-मन उपन्यास के आधारभूत विचार को रूप दिया — पहाड़ी रियासतों में होने वाली बे-इन्साफ़ी और ग़रीब-बेकसूरों पर तोड़े जाने वाले भयंकर अत्याचार!

(आज़ादी की लड़ाई में हज़ारों लोग जेल जाते हैं — चेतन ने सोचा — चोरी-डकैती, धोखे-धड़ी में हज़ारों कैद होते हैं; लेकिन शिमले से इतनी दूर, इस पहाड़ी रियासत की नारकीय हवालात में रात काटने का अनुभव विरलों को ही प्राप्त होता है। वह इसी अनुभव के बल पर इधर की पहाड़ी रियासतों के अत्याचारों और यहाँ की अर्ध-सभ्य शासन-व्यवस्था का पर्दा-फ़ाश करेगा। वह अपने अनुभव के साथ दूसरों के अनुभव मिला कर, कल्पना के समावेश से, एक अत्यन्त मनोरंजक रचना की सृष्टि करेगा।)

इस थीम पर मन-ही-मन, उसने एक अजीब-से काल्पनिक, रोमानी प्लाट का ख़ाका बना डाला।

उपन्यास का नायक दिलीपचन्द, शिमला के एक निकटवर्ती गाँव, फागली का रहने

वाला है। लाहौर में घरेलू नौकर के तौर पर काम करता है, लेकिन जवान होने पर अपनी ख़ूबसूरती के कारण उसे काम करने में कठिनाई होती है। उसके बड़े भाई के कोई औलाद नहीं और वह उसे बहुत प्यार करता है। दिलीपचन्द गाँव आ जाता है। लाहौर की हवा खाया हुआ, पैंट-शर्ट पहनने वाला गबरू जवान! ढोर चराते हुए, बराबर के गाँव की एक चरवाही — मूर्तू — से उसकी आँख लड़ जाती है। दोनों के घर वाले उनकी सगाई कर देते हैं। शादी होने में कुछ ही दिन बाकी हैं, जब सीपुर के मेले का दिन आता है। दोनों मेला देखने जाते हैं। वहाँ कोटी के दारोग़ा की आँख, सुन्दर और अल्हड़ मूर्तू पर पड़ती है। वह दिलीपचन्द को उससे आँखें लड़ाते भी देख लेता है। और उस वक्त, जब दिलीप और मूर्तू, सीपुर-हवालात से ज़रा दूरी पर, घाटी के किनारे, पेड़ों की छाया में बैठे, मुहब्बत की बातें कर रहे होते हैं, दारोग़ा ऊपर से आ जाता है और दिलीप पर, मेले से लड़की भगाने और बदमाशी फैलाने का इल्ज़ाम लगाता है। दिलीप लाख कहता है कि लड़की मेरी मँगेतर है, पर दारोग़ा नहीं सुनता। गाली देता है; पीटता है और सीटी बजा कर पुलिस को बुला लेता है। पुलिस वाले दिलीप को पीट-पीट कर हवालात में डाल देते हैं। दिलीपचन्द पर मेले से औरत भगाने का इल्ज़ाम लगता है। उसे डेढ़ वर्ष की कठिन कारावास की सज़ा हो जाती है। जब वह छूट कर आता है तो उसे मालूम होता है कि मूर्तू मेले से नहीं लौटी। उसका दिल गाँव में नहीं लगता। वह फिर लाहौर चला जाता है। वहाँ एक दिन, टिब्बी बाज़ार की टख़ियाइयों में, उसे मूर्तू मिलती है। वह उसे दारोग़ा के अत्याचारों की कहानी सुनाती है। नायक उसे साथ ले जाना चाहता है तो वह यह कह कर इनकार कर देती है कि वह अब उसके काबिल नहीं रही और वह रेशमी रूमाल लौटा देती है, जो कभी दिलीप ने निशानी के तौर पर उसे दिया था। मूर्तू की कहानी सुन कर, दिलीप का ख़ून खौल उठता है। वह प्रतिशोध की आग में जलता हुआ, गाँव लौटता है; लेकिन उस पापी दारोग़ा के ख़ून से अपने हाथ नापाक बनाने से भगवान उसे बचा लेता है। जब वह कोटी पहुँचता है तो उसी दिन दारोग़ा, एक लैण्ड-स्लाइड के नीचे दब कर, मर जाता है....

o

उपन्यास का कथानक बनाते हुए, चेतन तहख़ाने की ठण्ड और अपना सिर-दर्द — सब भूल गया। उसे लगा कि उसने एक महान उपन्यास का ख़ाका बना लिया है। अपनी सारी तकलीफ़ भूल कर, वह इस कथानक के अलग-अलग परिच्छेद बनाने लगा।

पहले ही परिच्छेद की रूप-रेखा बनाते हुए, वह रुक गया। उसने सोचा था कि उपन्यास के शुरू में वह दिलीप को लाहौर के निम्न-मध्यवर्गीय घरों में काम करता दिखायेगा। लेकिन दोबारा सोचने पर उसने तय किया कि वह उपन्यास सीधी-सपाट शैली में नहीं लिखेगा। वह उत्तम पुरुष में नहीं, प्रथम पुरुष में, नायक द्वारा अपनी कहानी सुनवायेगा और उसने मन-ही-मन पहले दो परिच्छेदों की रूप-रेखा कुछ यूँ बनायी :

पहला परिच्छेद : सीपुर के मेले में हवालात के बाहर जलता अलाव। एक चौकीदार आग ताप रहा है कि एक जमादार आ बैठता है। मेले में उसी दिन एक जेण्टलमैन बाबू, सिपाहियों से झगड़ा करने के अभियोग में, पकड़ा गया है। उसी को ले कर बात चलती है (यहाँ चेतन ने अपने वाली घटना का विस्तृत उल्लेख करने की सोची) चौकीदार और जमादार, बाबू की निर्दोषिता के बारे में बात करते हैं। तब चौकीदार कहता है —

'गोविन्द, तीस बरस पहले, जब टिक्का साहब अपने कुँवर के बराबर थे, मेरे साथ भी इसी सीपुर के मेले में ऐसी ही घटना घटी थी।' जमादार की जिज्ञासा पर, चौकीदार अपनी कहानी सुनाना शुरू करता है।

दूसरा परिच्छेद : तीस वर्ष पहले, वच्छोवाली लाहौर में एक बजाज का घर। दिलीप कई वर्ष से वहाँ रसोई पकाता और बर्तन-भाँडे करता है। बीस वर्ष का हो गया है। सुन्दर-सजीला जवान है। बजाज की लड़की —रूपा —उसे परेशान करने लगती है। एक दिन पिता देख लेता है; रूपा को पीटता है और दिलीप को घर से निकाल देता है। दिलीपचन्द एक दूसरे घर में नौकरी करता है। वहाँ भी उसी घटना की पुनरावृत्ति होती है। जवान बीवी उसे परेशान करती है और उसे फिर नौकरी से हाथ धोने पड़ते हैं।

(चेतन ने तय किया कि सुक्खू से चन्द्रा के व्यवहार और अपने और चन्द्रा के सम्बन्धों की रोशनी में वह इस परिच्छेद को लिखेगा। अपने अनुभवों में फेर-बदल कर के, दो घरों में दिलीप के साथ पेश आने वाली घटनाओं में बाँट देगा।)

तीसरे परिच्छेद की रूपेखा बनाते हुए उसने तय किया कि पिछले दिन उसने बरड़ियों से जो गीत इकट्ठे किये हैं, उस परिच्छेद को लिखने में वह उनका उपयोग करेगा। मूर्तू ढोर चराती हुई, 'मोहना' के बोल गाती है कि उसकी सुरीली आवाज़ दिलीप को आकर्षित करती है। जवाब में दिलीप, 'पहाड़ी' के बोल अलापता है, जो घाटियों को गुँजा देते हैं।....चौथे परिच्छेद में उसने सीपुर के मेले के रास्ते का एक सीन रखने की सोची, जिसमें दिलीप —प्याऊ वाली एक बुढ़िया की मदद से —मूर्तू को एकान्त में बुला लेता है। मूर्तू सहेलियों को छोड़ कर आयी है, पर जल्दी में है। दिलीप उससे वादा लेता है कि वह मेले में उससे मिलेगी और अपनी निशानी के तौर पर, वह उसे अपना रेशमी रूमाल देता है।....गिरफ़्तारी के प्रसंग में, उसने तय किया कि जैसे वह स्वयं पकड़ा गया, वैसे उपन्यास का नायक नहीं पकड़ा जायेगा। गाली सुन कर, वह दारोग़ा को दबोच कर, उसकी छाती पर चढ़ बैठेगा। दो-तीन सिपाहियों को घाटी में फेंक देगा और तब तक गिरफ़्तार नहीं होगा, जब तक एकदम बेहोश नहीं हो जायेगा।....रियासती हवालात और जेल की यातना के परिच्छेद पर सोचते हुए, उसने चाहा कि अगर उसे कोटी जेल का भी अनुभव प्राप्त हो जाये तो कितना अच्छा हो....कहानी चूँकि तीस वर्ष पुरानी लिखी जाने वाली थी, इसलिए चेतन ने सोचा कि टिब्बी बाज़ार की जगह, वह धोबी मण्डी की टख़ियाइयों का उल्लेख करेगा क्योंकि तब टख़ियाइयों का अड्डा वहीं था....

०

परिच्छेद, बनाने; उनमें संशोधन-परिवर्धन करने; उनकी नोक-पलक निकालने; अपने पात्रों का चरित्र-चित्रण करने में —चेतन इतना तल्लीन हुआ कि उसे और किसी चीज़ का होश नहीं रहा और कब उसके थके हुए पपोटे, भारी हो गये और उसे नींद आ गयी, यह भी वह नहीं जान सका।

०

लेकिन उसका दिमाग़ नींद में भी भटकता रहा। उसे तरह-तरह के सपने आते रहे। उसने देखा कि वह डायरी और पेन्सिल हाथ में लिये, अपने उपन्यास के लिए ब्योरे इकट्ठे करता

हुआ, रियासत में घूम रहा है कि रास्ता भूल कर जंगल में भटक जाता है। वह कभी इधर जाता है, कभी उधर; पर उसे रास्ता नहीं मिलता। वह बेतरह घबरा जाता है। ज़रा-सी आहट पर, जंगली जानवरों के भय से, उसके रोंगटे खड़े हो जाते हैं। तभी उसे पास ही शेर की दहाड़ सुनायी देती है। वह भय से काँप जाता है। डायरी और पेन्सिल उसके हाथ से छूट जाती है और वह पास ही के एक घने पेड़ पर चढ़ने की कोशिश करता है; पर वह इतना घबराया हुआ है कि उससे चढ़ा नहीं जाता; उसके हाथ-पाँव फिसल-फिसल जाते हैं। शेर की दहाड़ उसे और नज़दीक सुनायी देती है। शेर ने शायद उसकी गन्ध पा ली है। पूरी इच्छा-शक्ति से काम ले कर, वह पेड़ पर चढ़ जाता है और एक ऊँची, मोटी डाल पर जा कर बैठ जाता है। तभी शेर नीचे आ कर, उसकी ओर देख कर गुर्राता है। चेतन का दिल धक-धक कर रहा है; उसका शरीर पसीना-पसीना हो रहा है; पर अपनी सफलता पर वह बड़ा प्रसन्न है। शेर धरना दे कर बैठ जाता है कि बच्चू जाओगे कहाँ, कभी तो उतरोगे। तभी चेतन एक टहनी तोड़ता है। देखते-देखते वह बन्दूक बन जाती है। वह शेर से कहता है —'साले चला जा, क्यों मुझे पाप का भागी बनाता है!' शेर उठ कर ज़ोर से दहाड़ता है। बन्दूक चेतन के हाथ से छूट कर गिर जाती है। शेर ठहाका मार कर हँसता है और कहता है —'देखो, यह सीढ़ी पेड़ से लगी है, इसी से चढ़ कर मैं तुम्हें पकड़ता हूँ।' चेतन भयभीत हो कर देखता है कि सचमुच किसी पेड़ की मोटी शाखों से बनी, एक अनगढ़ सीढ़ी नीचे लगी है और शेर उस पर चढ़ने को है। वह जल्दी से सीढ़ी ऊपर खींच लेता है। शेर ज़ोर से कूद कर सीढ़ी को पकड़ लेता है और चेतन सीढ़ी के साथ नीचे आ रहता है....

तभी उसके कानों में आवाज़ आती है —"अरे बाबू साहब, उठिए!....अरे बाबू साहब, उठिए।" और फिर कोई धीरे से कहता है, "बेचारा सो गया है।"

चेतन जाग गया। ऊपर छत का झरोखा खुला था और सुबह की रोशनी तहख़ाने में आ रही थी। न वहाँ जंगल था, न पेड़; न सीढ़ी, न शेर!

"क्यों बाबू, सो रहे हो या जागते हो ?" उसे हिलता देख कर, झरोखे पर बैठे एक सिपाही ने कहा।

"जग पड़ा हूँ।" चेतन ने उत्तर दिया। पर उसकी आवाज़ इतनी क्षीण थी कि उसकी नकाहत[१] पर उसे ख़ुद हैरत हुई।

"बाहर आओ। तुम्हारा मामला 'पेस' होगा।"

चेतन उठ कर बैठ गया; बायीं ओर से हथकड़ी उठा कर, उसने दायें हाथ में पहन ली। फिर वह उठा। उसका सिर छत से जा टकराया। तहख़ाने की छत नीची है, यह बात वह यकसर भूल गया था।

थकन, कमज़ोरी, और सख़्त चोट से उसको चक्कर आ गया। क्षण भर के लिए, घुटनों पर हाथ रख कर, वह बैठ गया और उसने दोनों हाथों से सिर थाम लिया।

१. दुर्बलता

सातवाँ खण्ड

अट्ठारह

चेतन ने रिक्शा की छत खुलवा दी। सुबह के दस बज चुके थे; धूप तेज़ थी, लेकिन चेतन को वह तेज़ धूप बड़ी प्यारी लग रही थी। तहख़ाने की ठण्ड, रात-ही-रात में, जैसे, उसकी पोर-पोर में समा गयी थी और वह चाहता था, खुले आकाश की खुली, गुनगुनी धूप, उसी तरह उसकी पोर-पोर में समा कर, शीत को वहाँ से भगा दे। उसने हैट ज़रा-सा आँखों पर कर लिया था और बड़े आराम से पीछे को लेट गया था। मशोबरे की सड़क पर, कल-जितनी भीड़ नहीं थी; तो भी शिमले की तरफ़ से काफ़ी लोग आ रहे थे और रिक्शा वाले निरन्तर घण्टी बजाते, भागे जा रहे थे।....चेतन ने आँखें बन्द कर ली थीं और उसकी चेतना पर हल्की-सी ग़नूदगी तारी थी, लेकिन वह सोया नहीं था। सुबह की एक-एक घटना, अपने एक-एक ब्योरे के साथ, उसकी कल्पना में साकार हो आयी थी। :

०

सुबह उठते ही, तहख़ाने की निचली छत से टकरा जाने और कुछ क्षण वहीं धरती पर बैठ जाने के बाद, जब उसकी चेतना लौटी थी तो उसका हाथ सिर पर गया था। वहाँ एक बड़ा-सा गुमटा उभर आया था। तभी उसे याद आया कि उसने अपना हैट, वहीं खम्भे के पास छोड़ दिया है। ऊपर सिपाही जल्दी मचा रहा था। चेतन ने हैट उठा कर, सिर पर रखा और झुका-झुका, झरोखे के पास आया। तब यह जान कर उसे सुखद आश्चर्य हुआ था कि सिपाही ने ऊपर चढ़ने में उसे सहारा देने के लिए हाथ बढ़ा दिया है।

चेतन अभी झरोखे पर ही था, जब उसके कानों में आवाज़ आयी —"टिक्का साहब का हुकुम आया है, आपको अभी दरबार में पेस किया जाये।"

अँधेरे से रोशनी में आने पर, चेतन की आँखें चौंधिया गयी थीं। जब क्षण बाद, प्रकाश से अभ्यस्त होने पर, उसने सिर उठाया तो हालाँकि वह देखते ही उन्हें पहचान गया था, पर चेतन को हैरत भी कम नहीं हुई। सामने चारपाई पर, कोटी के बड़े दारोग़ा, रामप्रताप (चेतन सिपाहियों की बातों से उनका नाम जान गया था) बैठे हुक्का पी रहे थे — बड़ी-बड़ी मूँछें वही थीं, पर न उनकी नोकें ऊपर को मुड़ी थीं, न आँखों में वह नशा था, न शरीर में वह अकड़! —चेतन ने ध्यान से उन्हें देखा —उनके तन पर वर्दी नहीं थी। एक बिना-बटन की कमीज़ और ढीला-सा पायजामा उन्होंने पहन रखा था। कमीज़ के खुले गिरेबान से उनके सीने की हड्डियाँ और ढीले-ढाले पायजामे से उनकी टाँगों का पतलापन, साफ़ दिखायी दे रहा था। वे पिछली शाम की अपेक्षा, काफ़ी बूढ़े दिखायी देते थे। इस लिबास में कुछ अजीब-सी दीनता उन पर टपकती थी —दीनता, जिसमें कुछ अजीब तरह की निरीहता थी।

उसके सिर में फिर हल्का-सा चक्कर आया; वह झरोखे के नज़दीक ही, सिर थाम

कर बैठ गया।

"क्या बात है ?" दारोग़ा रामप्रताप ने हुक्के का कश लगा कर पूछा।

"सिर छत से टकरा गया था, अभी ठीक हो जाता हूँ।"

और चेतन फिर उठ कर खड़ा हो गया। तभी उसकी निगाह अपने कपड़ों पर गयी — धरती पर सोने के कारण, रात भर ही में, मैले हो गये थे। उसने अपने मुँह पर हाथ फेरा। दाढ़ी बढ़ आयी थी और कल्ले रात भर ही में धँस गये थे।

"टिक्का साहब दो बार तुम्हें बुलवा चुके हैं।" दारोग़ा ने फिर कहा, "मेले को जाने से पहले, वे तुम्हारे मामले का फ़ैसला कर देना चाहते हैं। तुम्हें निबटना हो तो निबट आओ।"

चेतन बाहर को चल पड़ा। उसी सहृदय सिपाही ने उसकी हथकड़ी का सिरा अपने हाथ में ले लिया, जो कल शाम उसके साथ आया था।

हवालात से निकल कर, चेतन क्षण भर को रुका। साढ़े छै-सात का समय होगा, लेकिन पेड़ों की फुनगियों पर सुनहली धूप चमक रही थी; नीचे घाटी में, हलकी-सी धुन्ध छायी थी। — चेतन को लगा, जैसे यह स्वच्छ और सुन्दर वातावरण उसने पहली बार देखा हो। उसके दिल की गहराइयों से एक लम्बी साँस निकल गयी। जाने उसकी किस्मत में क्या लिखा है — इस निखरी-धुली, आज़ाद फ़िज़ा में साँस लेना या उसी तंग, अँधेरे, सीले तहख़ाने में तकलीफ़ पाना!....सिपाही से पानी का लोटा ले कर, वह घाटी में उसके आगे-आगे, एक पगडण्डी पर बढ़ गया।

चेतन ने जालन्धर के जिस स्कूल में शिक्षा पायी थी, उसके सामने पुलिस लाइन थी। कभी-कभी, सुबह स्कूल को जाते हुए, वे देखते कि सिपाही कैदियों को इसी तरह हथकड़ी लगाये, दिशा-फ़राग़त के लिए ले जा रहे हैं। उस समय चेतन और उसके साथी, कौतूहल और करुणा से, उन कैदियों को देखते और सोचते — इन कैदियों को इस तरह सिपाहियों के सामने, दिशा-फ़राग़त के लिए बैठना, कितना बुरा लगता होगा।....चेतन ने आगे-पीछे नज़र दौड़ायी — कहीं कोई देखने वाला नहीं था। एक झाड़ी के पीछे जा कर, वह बैठ गया।

शौचादि से निवृत्त हो कर, उसने वहीं झोपड़े के बाहर मिट्टी से हाथ धोये। सिपाही ने हाथ धुलाते-धुलाते कहा, "बाबू, तुम ज़रूर ही रिहाई पा जाओगे। तुम्हारे लिए छोटे टिक्का साहब और उनके मास्टर ने बहुत ज़ोर लगाया है। टिक्का साहब के सामने अकड़ नहीं दिखाना। कहना — हुज़ूर ग़लती हो गयी, माफ़ कर दें।"

चेतन का रूमाल यद्यपि गन्दा था तो भी उसने उसी से हाथ-मुँह पोंछ कर, बालों पर हाथ फेरा — बाल बिखर गये थे; वह चाहता था, कहीं से शीशा-कंघी मिल जाये तो कम-से-कम उन्हें सँवार ले और टिक्का साहब के सामने जाने-योग्य हो जाय, पर उसने मन की इच्छा मन ही में दबा ली और दारोग़ा के आदेश पर वहीं, नीचे फ़र्श पर बैठ गया। निक्कर के मैली होने का ख़याल उसने कब का छोड़ दिया था। लेकिन तभी दरोग़ा ने उसे कम्बल पर बैठने को कहा और जैसे पहली बार, उन्हें उसकी हथकड़ी दिखायी दी।

"इस हथकड़ी की क्या ज़रूरत है!" उन्होंने सिपाही की ओर देख कर कहा, "बाबू

कहीं भागेगा नहीं।"

और चेतन की हथकड़ी उतार दी गयी।

हथकड़ी उतरते ही, चेतन ने सुख की साँस ली। वह सोच रहा था कि हथकड़ी से बँधे-बँधे, उसे फिर भीड़ में से हो कर जाना होगा....वह लाख निर्दोष सही, पर उसे हथकड़ी में बँधे देख कर, सौ में से पनचानबे आदमी उसे चोर-बदमाश, लुच्चा-लफ़ंगा, जिब-कतरा या लड़ाका समझेंगे। हथकड़ी उतर गयी तो उसने अपने आपको लगभग आज़ाद समझा। भले ही उसे सज़ा हो जाये; भले ही बाद में उसे जेल में बन्द कर दें, लेकिन इस समय हथकड़ी में बँधे, बाज़ार से गुज़रने में उसे संकोच था। —'चाहे मैं अभी हत्या करके के लौटा होऊँ' —उसने सोचा —'मैं चाहे सिपाहियों के साथ भी जा रहा होऊँ, लेकिन अगर मुझे हथकड़ी नहीं लगी है तो मुझे कोई मुजरिम नहीं समझेगा —मैं भी कैसा मूर्ख हूँ, ख़ुद ही हाथ आगे कर के हथकड़ी लगवा ली, जैसे कोई फूलों का गज़रा पहना रहा हो —अब तो जिन लोगों ने कल मुझे पकड़े जाते नहीं देखा, वे यही समझेंगे कि मैं कोई मेहमान हूँ या नया मुलाज़िम हूँ और टिक्का साहब से मिलने जा रहा हूँ —मेरे बिखरे हुए बालों, बढ़ी दाढ़ी और मुचड़े कपड़ों को देख कर, लोग यही समझेंगे कि ज़्यादा काम की वजह से मुझे कपड़े बदलने का होश नहीं रहा....'

टिक्का साहब का बुलावा दो बार आ चुका था। सिर्फ़ नायब-दारोग़ा का इन्तज़ार था। उनके आने पर, सब दरबार को चल दिये —उस समय सब की वर्दियाँ उतरी हुई थीं और अपने फटे-पुराने कपड़ों में, वे पहाड़ी सिपाही, बड़े दयनीय लग रहे थे।

हवालात से कुछ ही ऊपर जा कर, कच्ची-सी बारिकों के आगे, सिपाही रुक गये। चेतन ने आश्चर्य और उत्सुकता से इधर-उधर देखा। बरामदों वाली कोठरियों की एक आयत-सी बनी थी, जो उस ओर खुली थी, जिस तरफ़ से सिपाही उसे ले कर आये थे। चेतन को अपने स्कूल के होस्टल की याद हो आयी, जो बिलकुल इसी तरह बना था और जिसके खुले आँगन में लड़के वॉलीबॉल खेला करते थे। फ़र्क सिर्फ़ यही था कि होस्टल के कमरे और उनके आगे के बरामदे पक्के थे, और यहाँ छोटी-छोटी कोठरियाँ थीं, जिनके आगे लम्बे छप्पर-छाये बरामदे थे। बायीं तरफ़, शुरू ही की कोठरी के आगे, बरामदे में, लोहे की एक कुर्सी पर टिक्का साहब बैठे थे। पास ही उनका रीडर बैठा था।

चेतन को बड़ी निराशा हुई। उसने कभी कोई रियासत न देखी थी। तो भी रियासती दरबारों के बड़े शानदार वर्णन उसने पुस्तकों में पढ़े थे और किसी भव्य दरबार में न सही, तो छोटे-मोटे दरबार में जाने की आशा तो वह रखे था। चेतन यह भी जानता था कि कोटी के राणा, तीन दिन के लिए अस्थायी रूप से यहाँ आते हैं; तो भी, इतने 'पुअर शो' की उसने कल्पना न की थी।

चेतन ने दबी आँखों से टिक्का साहब की ओर देखा — उनके तन पर सिर्फ़ शलवार-कमीज़ थी; पाँव में सफ़ेद देसी जूता था —आँखें ख़ुमार से भारी थीं और उनमें एक अलसायी-सी थकान झलक रही थी। उनकी ठोड़ी पर किसी घाव का निशान था, जो दूर से चेतन को पहले दिखायी न दिया था। उनकी लम्बी-लम्बी मूँछों की नोकें, ऊपर को मुड़ी होने के बदले, सीधी कानों की तरफ़ बढ़ी जा रही थीं और उनके पतले चेहरे के

मुकाबले में बहुत बड़ी लग रही थी। लेकिन इस थके, ख़ुमार-भरे चेहरे पर भी अपार दर्प था। आँखों में कुछ अजीब-सी सख़्ती थी!....चेतन ने कनखियों से, उनके पीछे, कमरे में निगाह दौड़ायी — एक पलँग, रेशमी रज़ाई और पास ही पड़ी छोटी-सी तिपाई का एक भाग ही उसे दिखायी दिया।

तभी चेतन को बड़ी कमज़ोरी महसूस हुई; उसे लगा कि वह बैठ जाये तो अच्छा हो। अचानक उसने टिक्का साहब से पूछ लिया — "मैं बहुत कमज़ोरी महसूस कर रहा हूँ, क्या मैं बैठ सकता हूँ ?"

लाल आँखें ज़रा-सी उठीं और झुक गयीं और रीडर ने उससे कहा कि वह बैठ सकता है।

(चेतन बैठ गया। मन-ही-मन वह ख़ुश हुआ कि इस एक ही बात से उसने टिक्का साहब को अपने सम्भ्रान्त होने का परिचय दे दिया है। वह मज़दूर-किसान नहीं, मध्य वर्ग का लेखक है और हवालात में रात काटने का उसे अभ्यास नहीं।)

रीडर महाशय, चेतन से कुछ ही अन्तर पर, बरामदे के अनगढ़ खम्भे के सहारे, हाथ में कुछ काग़ज़ात लिये, धरती पर उकड़ूँ बैठे थे — वही, जो कल ब्लेज़र और पतलून पहने थे। उस वक्त, उनके तन पर सिर्फ़ एक धोती और कमीज़ थी। वे नहा चुके थे, पर बाल सँवारने का शायद उन्हें अवकाश नहीं मिला था।

सबसे पहले रीडर ने उस सिपाही को बयान देने के लिए कहा, जिससे चेतन का झगड़ा हुआ था। उसने कहना शुरू किया :

"मैं अपनी ड्यूटी पर खड़ा था, जब यह बाबू, कुछ दूसरे लोगों के साथ आया और औरतों से छेड़ख़ानी करने लगा...."

सहसा चेतन ने कहा,"हुज़ूर, मैं कुछ सवाल कर सकता हूँ ?"

टिक्का साहब ने केवल आँख के इशारे से अनुमति दे दी।

"मैं सिर्फ़ यह पूछना चाहता हूँ कि मैं क्या छेड़ख़ानी कर रहा था ? और मेरे साथ कौन लोग थे ?"

चेतन क्षण भर को उत्तर पाने के लिए रुका; जब सिपाही कोई जवाब न दे सका तो उसने फिर कहा, "वे पहाड़ी औरतें थीं और मैं पंजाबी हूँ; मैं पहले कभी मेले में नहीं आया। उनकी बोली नहीं समझता। फिर वे बाड़े के अन्दर बैठी थीं और मैं काफ़ी दूर, बाहर था। उनमें से किसी से मेरी जान-पहचान नहीं थी; मैं उनके हाव-भाव भी नहीं जानता; फिर मैं कैसे उनसे छेड़ख़ानी कर रहा था, यही मैं पूछना चाहता हूँ ?"

सिपाही इसका कोई उत्तर नहीं दे सका। उसने वहीं खड़े एक व्यक्ति की ओर संकेत किया — "ख़ज़ानची साहब से पूछ लीजिए, यह छेड़ख़ानी कर रहा था या नहीं ?"

चेतन ने ख़ज़ानची साहब की ओर देखा। उसे याद आया कि ये महाशय उसके साथ ही बरड़ियों का गाना सुन रहे थे। लेकिन उसने कुछ नहीं कहा, चुप रहा। सिपाही ने फिर अपना बयान जारी रखा।

"मैंने हुज़ूर, इन लोगों से हटने को कहा। दूसरे तो हट गये, पर इसने मेरे मुँह पर चाँटा दे मारा।"

चेतन ने फिर पूछा, "क्यों भाई, मैंने चाँटा किस हाथ से मारा ?"

"इस से," सिपाही ने दायाँ हाथ दिखा कर कहा।

"क्या मेरे दायें हाथ में कुछ और नहीं था ?"

"नहीं।"

चेतन ने रीडर से कहा, "हुज़ूर, नोट कर लीजिए। मेरे दायें हाथ में छड़ी थी। वह फ़र्द-बरामदगी में मौज़ूद है। या तो मैंने इस पर छड़ी रसीद की या यह झूठ बोल रहा है। जब मेरे दायें हाथ में छड़ी थी तो मैं चाँटा क्यों मारता।"

चेतन की आपत्ति लिख ली गयी।

बयान जारी रखते हुए सिपाही ने कहा, "उस समय मैंने सीटी दी। दारोग़ा जी आ गये और उनके हुक्म से मैंने इसे गिरफ़्तार कर लिया।"

दारोग़ा रामप्रताप ने इस बात का समर्थन किया कि सीटी सुन कर वे मौके पर पहुँचे। झगड़ा हो रहा था। उन्होंने बाबू की गिरफ़्तारी का हुक्म दिया!

दो आदमियों ने सिपाही के बयान का समर्थन किया —जिनमें एक वही ख़ज़ानची था और दूसरा क्लर्क!

इन सब के बाद चेतन का बयान हुआ। रीडर ने उसका नाम, उसके पिता का नाम, उसका पेशा पूछा। जब चेतन ने अन्तिम प्रश्न के उत्तर में कहा कि वह जर्नलिस्ट है तो टिक्का साहब ने ज़रा-सा आँख उठा कर, उसकी ओर देखा। चेतन ने अपनी महत्ता जताने के लिए बढ़ा दिया कि वह लाहौर के मशहूर अख़बारों —'बन्दे मातरम,' 'वीर भारत' और 'समाज' में काम करता रहा है। इस समय वह, इर्रीगेशन डिपार्टमेण्ट के सुपरिण्टेण्डेण्ट, लाला हाकिमचन्द की लड़की को पढ़ा रहा है।

तब रीडर ने उसे सच-सच बयान देने को कहा।

चेतन ने कहा कि मेला देखने का उसका पहला अवसर था। उसका ख़याल था कि वह उसके बारे में अख़बारों में लिखेगा। इसी ख़याल से उसने पहाड़ी गाने भी इकट्ठे किये, जो उसकी डायरी में नोट हैं और देखे जा सकते हैं। वह थक गया था। उसे भूख लग आयी थी। वह मिठाई खा रहा था कि राणा साहब, जंगी लाट के साथ आ गये और सिपाही उनके लिए जगह बनाने लगे और वह धक्कम-पेल में वहाँ आ गया, जहाँ वह सिपाही पहरा दे रहा था....और चेतन ने शेष सारी घटना सच-सच बता दी।

जब उसने कहा, "मैंने इस सिपाही से पूछा कि आपके राणा कहाँ तक पढ़े हैं ?" —तो टिक्का साहब ने अपनी लाल-लाल आँखें उठा कर उसकी ओर देखा। चेतन का दिल धक से रह गया, पर उसने अपने उस बेतुके सवाल की सफ़ाई देते हुए, अपनी जिज्ञासा का कारण विस्तार से बता दिया और उस प्रश्न के उत्तर में सिपाही ने उसे जैसे धक्का और गाली दी और जो घटना घटी, वह सब सच-सच बता दी। क्रोध में छड़ी से वार करने की बात भी उसने नहीं छिपायी।

हालाँकि कुछ ही देर पहले, हाथ धुलाते-धुलाते, सिपाही ने उसे 'सदपरामर्श' दिया था कि वह टिक्का साहब के सामने, ग़लती मान कर माफ़ी माँग ले, लेकिन चेतन वह बात एकदम भूल गया था। जब उसका बयान ख़त्म होने पर, टिक्का साहब ने रीडर को संकेत

किया और उनसे बात करने लगे तो चेतन को सिपाही की बात याद हो आयी। उसके अहं ने, उसके अजाने ही, माफ़ी माँगने से इनकार कर दिया था। और अब तो देर हो गयी थी। चेतन को विश्वास हो गया कि उसे सज़ा हो जायेगी। लेकिन तभी टिक्का साहब की बात सुनने के बाद, रीडर ने उससे सिर्फ़ इतना कहा, "आपको रिहा कर दिया गया है, आगे के लिए मेले में कभी ऐसा झगड़ा न करना।"

और दारोग़ा से उसने कहा कि उसकी चीज़ें वापस कर दी जायें।

o

रिक्शा में लेटे-लेटे —ऐसी ग़नूदगी की हालत में, जब कि उसके अंग आराम कर रहे थे, पर दिमाग़ तना था और अपने साथ पेश आने वाली घटनाएँ उसे याद आ रही थीं —चेतन को उस क्षण की याद हो आयी, जब रीडर ने उसकी रिहाई की ख़बर दी थी। वह ख़ुश नहीं हुआ था। उसे सज़ा पाने की उम्मीद थी और उसे रिहा कर दिया गया था। लेकिन वह रिहाई उसकी आशा से भिन्न थी। उसने पिछली शाम, जितनी बार अपनी मुक्ति की कल्पना की थी, यही सोचा था कि टिक्का साहब और उनके दारोग़ा, अपने सिपाही की ग़लती के लिए, उससे माफ़ी माँगेंगे। वह चाहता था कि टिक्का साहब, सिपाही को उसकी बदतमीज़ी के लिए डाँटें और उसे बाइज़्ज़त रिहा करें। लेकिन उन्होंने सिपाही को तो एक शब्द नहीं कहा था और चेतन को ख़बरदार कर के, रिहा कर दिया था। अपमान के उस हल्के-से एहसास के कारण, अपनी रिहाई की ख़ुशी के बावजूद, चेतन का मन कुछ अजीब-सी उदासी से भर आया। तब उसे यह मालूम नहीं था कि लाला हाकिमचन्द ने उसे मुक्त कराने के लिए इतनी कोशिश की थी कि टिक्का साहब को अपने सिपाहियों का डर न होता तो वे पिछली शाम ही उसे छोड़ देते।

चेतन रिहा हो गया था, पर उसकी चीज़ें उसे तत्काल वापस नहीं मिलीं। क्योंकि उसके मामले के फ़ौरन बाद, एक चोर का मामला पेश हुआ, जिसने रात को एक हलवाई की कड़ाही चुरा ली थी।....रिक्शे में आराम से लेटे-लेटे, आँखें बन्द किये हल्के-हल्के हिचकोले खाते, चेतन के सामने उस चोर की सूरत आ गयी और उसका मन करुणा से भर आया।

o

नंगे सिर, नंगे पैर, कमीज़ और टख़नों से ऊँचा, पैबन्द-लगा तहमद पहने, दो सिपाहियों की हिरासत में, चोर को आगे लाया गया था। चेतन अपने मामले में इतना उलझा रहा था कि उसने उसकी ओर ध्यान न दिया था, हालाँकि वह आदमी उसके साथ ही लाया गया था और सारा वक्त, उससे कुछ अन्तर पर, बैठा रहा था।

सिपाहियों के आदेश पर मुल्ज़िम, कुछ आगे खिसक कर बैठ गया। तब एक सिपाही ने पैर की ठोकर से उसे कुछ और बढ़ कर बैठने के लिए कहा।

इस्तग़ासे की तरफ़ से, नायब-दारोग़ा ने बयान दिया कि सुबह तीन बजे के करीब, जब सब लोग गहरी नींद सो रहे थे, चोर ने बड़ी सफ़ाई से हलवाई की कड़ाही उठायी और उसे ले जा कर जंगल में छिपा रहा था, जब उसे रँगे-हाथों पकड़ लिया गया। दारोग़ा ने यह भी कहा कि उसने अपने जुर्म का इकबाल कर लिया है।

हलवाई और जिस सिपाही ने उसे पकड़ा था, चोर के पीछे, कुछ फ़ासले पर खड़े थे।

टिक्का साहब ने रीडर से कहा कि उससे चोरी का कारण पूछे।

उस आदमी ने उठ कर टिक्का साहब के पाँव पड़ते हुए, गिड़गिड़ा कर कहा — "हुजूर, ग़लती हुई, माफ़ कर दें।"

उसके इस नाटक को देख कर सब हँस दिये। लेकिन चेतन, चाह कर भी, नहीं हँस सका।

'ज़रूर इसको भी सिपाहियों ने वही नेक सलाह दी है, जो मुझे दी थी,' चेतन ने मन-ही-मन कहा। वह छूटता है या नहीं, यह जानने के लिए चेतन उत्सुक हो उठा।

मुल्ज़िम का नाम रामदीन था। उसे चोरी से इनकार नहीं था। उसके, हलवाई के और सिपाही के बयानों से चेतन को पता चला कि वह एक फ़ाका-मस्त, ग़रीब आदमी था। मेले में काम ढूँढने आया था। हलवाई से भी उसने काम माँगा था। पर उसे कहीं काम नहीं मिला। घूमते-घूमते वह थक गया। उसने सुबह से कुछ खाया नहीं था। उसने हलवाई से भीख भी माँगी, लेकिन काम या भीख देने के बदले हलवाई ने उसे गालियाँ दीं। सुबह तीन बजे वह कड़ाही चुरा कर जा रहा था, जब गश्त करने वाले सिपाही ने उसे देख लिया और चुपचाप उसके पीछे हो लिया। जब वह जंगल में कड़ाही छिपा रहा था तो उसे पकड़ लिया गया।

चोर के पिचके कल्ले इस बात की साक्षी थे कि वह कई दिन का भूखा है; इसलिए चेतन उसे, कसूर करने के बावजूद, बेकसूर समझता था। (उसे पूरा यकीन था कि हलवाई की गालियों से ताव खा कर ही, उसने उसकी कड़ाही चुरायी है) इसलिए जब टिक्का साहब उठे और उन्होंने रीडर से कहा कि उसे हवालात में बन्द कर दिया जाये; मेले के बाद उसका फ़ैसला किया जायेगा तो उस ग़रीब के लिए, चेतन के मन में अपार करुणा उमड़ आयी।

'दरबार' बरख़्वास्त हो गया। टिक्का साहब उठ कर अपने कमरे में चले गये। दारोग़ा रामप्रताप ने चेतन को अपने साथ आने के लिए कहा कि उसकी चीज़ें उसे वापस दे दी जायें। नायब-दारोग़ा, सिपाहियों की हिरासत में, उस चोर को लिये-लिये, आगे चले। चेतन और बाकी सिपाही, पीछे हो लिये। हवालात में पहुँच कर, जब उस चोर को तहख़ाने में बन्द किया गया तो चेतन की आँखें भर आयीं — एक रात का नरक आज इसे भोगना होगा — एक रात क्या, शायद कई रातों का नरक!....और चेतन के हृदय से एक लम्बी साँस निकल गयी।

o

रिक्शा में लेटे-लेटे, चेतन के सामने फिर उस चोर की शक्ल घूम गयी। भूखा-प्यासा, उस अँधेरे, ठण्डे तहख़ाने में बन्द होगा। चेतन को तो कम्बल मिल गये थे, पर उसे तो शायद नंगे, सीले फ़र्श पर ही सोना होगा। चेतन को यकीन था कि उसने ज़रूर चोरी की है; पर जाने क्यों, चोर पर उसे ज़रा भी क्रोध न आ रहा था। कुछ अजीब-सी हमदर्दी से उसका मन उमड़ रहा था। काश, वह शक्ति-सम्पन्न होता तो चाहे जैसे भी हो, जुर्माना अदा कर के, उसे छुड़ा लाता। सिर्फ़ एक रात उस नरक की यातना सहने पर, चेतन के मन में,

तहख़ाने के हर कैदी के लिए —वह चोर हो, डाकू हो, लुटेरा या शराबी हो —सहानुभूति और ममता उमग आयी थी। 'ज़रा-सी चोरी के लिए उसे कितनी तकलीफ़ सहनी होगी!' उसने मन-ही-मन सोचा, 'हलवाई की गालियाँ सुन कर, जिसने उसकी कड़ाही चुराने का फ़ैसला कर लिया, अगर इतनी सज़ा पाने के बाद वह हलवाई को कत्ल कर दे तो!....ये जेलें साली मुजरिमों का सुधार तो क्या करेंगी, उन्हें और भी बड़े जुर्म करने को मजबूर कर देती हैं।....क्या ऐसा कोई सिस्टम नहीं हो सकता, जहाँ सचमुच ऐसे लोगों का सुधार ही सके और उन्हें अच्छे शहरी बनाया जा सके।'....लेकिन रियासत के बाहर जो सरकारी जेलें थीं, उनमें ऐसा होगा, उसे विश्वास नहीं था। हाँ, देश आज़ाद हो जाये तो जिन लोगों ने उन जेलों में यातना पायी, वे शायद इस बारे में सोचें....और चेतन के दिमाग़ में ऐसी जेलें घूम गयीं, जहाँ रह कर, अपराधी सचमुच अपराध करना छोड़ देते थे और अच्छे नागरिक बन जाते थे....चेतन को उसकी सभी चीज़ें वापस मिल गयी थीं —छड़ी, घड़ी, नकदी, डायरी, पेन्सिल और बिस्कुटों का वह आधा डिब्बा भी, जो वह नीचे तहख़ाने ही में छोड़ आया था। चेतन ने 'हण्टले पामर्ज़' का एक-एक बिस्कुट सब में बाँट दिया। तब दारोग़ा रामप्रताप ने अत्यन्त विनम्रता से क्षमा माँगी और अपनी विवशता की गाथा ले बैठे कि उन्हें कितनी कम तनख़्वाह मिलती है और कितना बड़ा परिवार है उनका। वे जान गये थे कि चेतन बी०ए० पास है, लेखक और पत्रकार है। उन्होंने उसे अपने लड़के से मिलाया था, जो वहीं एक तरफ़ बैठा था। उसे वे संस्कृत पढ़ाना चाहते थे। हितोपदेश के कुछ श्लोक और व्याकरण की कुछ गरदानें उसे कण्ठस्थ थीं, जो दारोग़ा रामप्रताप के आदेश पर उसने सस्वर चेतन को सुनायीं! और जब चेतन सब से विदा ले कर चला तो दारोग़ा रामप्रताप उसे बाहर तक छोड़ने आये।

हवालात से वह कुछ ही ऊपर आया होगा कि किसी बच्चे ने उसे बारीक स्वर में आवाज़ दी।

चेतन ने आँख उठा कर देखा —ऊपर बरामदे में, टिक्का साहब का वही कुँवर खड़ा था, जो हवालात में उससे मिलने आया था।

"क्यों, रिहा हो गये ?" उसने सरलता से मुस्कराते हुए कहा।

"हाँ!"

"फिर कभी इस तरह सिपाहियों से न लड़ना।"

"नहीं, कभी नहीं लड़ूँगा।" चेतन ने बड़े भय का अभिनय करते हुए, कानों को हाथ लगाया और फिर हँसता हुआ, आगे बढ़ गया।

तभी सामने से प्रोफ़ेसर जी० सिंह आते दिखायी दिये।

"क्यों भाई, रिहा हो गये ?"

"हाँ!"

"मैं टिक्का साहब से तुम्हारी ही सिफ़ारिश करने जा रहा था।"

"आपकी मेहरबानी!"

"क्या टिक्का साहब उठ गये ?"

"हाँ!"

"अच्छा तो...." और वे उसकी पीठ को थपथपाते हुए बढ़ गये।

चेतन सिर झुकाये, चल दिया। वह कुछ ही कदम आगे बढ़ा होगा कि पीछे से किसी ने उसके कन्धे पर हाथ रख दिया। चेतन ने मुड़ कर देखा —धोती-कुर्ता पहने, मन्द-मन्द मुस्कराता, एक युवक उसके पीछे खड़ा था। चेतन ने पहचान लिया —वह कल तहख़ाने के झरोखे पर छोटे कुँवर के साथ था।

"मैं छोटे कुँवर का ट्यूटर हूँ।" उसने अपना परिचय दिया।

चेतन ने हाथ आगे बढ़ा दिया।

"माफ़ करना भाई," उसके हाथ को बड़े तपाक से दोनों हाथों में लेते हुए उसने कहा, "हम सब आपकी वजह से बड़े दुखी थे। कल शाम, आपके साथियों ने बड़ी कोशिश की। रीडर साहब, मन्त्री साहब, टिक्का साहब —सब से वे मिले। 'गेबल्ज़ होटल' के मैनेजर से भी उन्होंने सिफ़ारिश करायी, पर टिक्का साहब नहीं माने। तब शायद रीडर महोदय ने आपके साथियों को मेरा पता दिया। वे मुझसे मिले कि मैं कुँवर और उनकी माता जी से सिफ़ारिश कराऊँ। जब मैंने लाला हाकिमचन्द से आपका नाम सुना और जाना कि आप 'बन्दे मातरम' और 'भीष्म' में काम करते रहे हैं तो मैं बड़ा दुखी हुआ कि आप किस चक्कर में फँस गये। मैं टिक्का साहब के साथ कुछ दिन लाहौर रहा हूँ और मैंने आपकी कहानियाँ पढ़ी हैं। मैं ही, छोटे कुँवर को ले कर, हवालात में गया था। छोटे कुँवर और उनकी माता जी ने कहा भी....पर कल शाम, सब हवा के घोड़े पर सवार थे —टिक्का साहब तो शायद छोड़ देते, पर उस साले रामप्रताप ने टाँग अड़ा दी कि हज़ूर, इस तरह कोई आदमी हमें चाँटे मार कर चला जायेगा तो हम मेले में इन्तज़ाम कैसे रख पायेंगे....और टिक्का साहब अपने सिपाहियों को नाराज़ नहीं कर पाये...."

बातें करते-करते, दोनों उस शामियाने तक आ गये थे, जहाँ पिछली शाम जंगी लाट का स्वागत किया गया था और रात को गाना-बजाना हुआ था।....अधिकांश लोहे की, कुछ लकड़ी की और बीच में, तीन पुराने ज़माने की बड़ी ऊँची, चाँदी के पत्रों से मढ़ी, कुर्सियाँ पड़ी थीं। अभी न शामियाने के नीचे सफ़ाई हुई थी और न दरियों की सिलवटें निकाली गयी थीं....वहीं किनारे की दो कुर्सियों पर दोनों बैठ गये थे।

इस सुदूर पहाड़ी रियासत में भी चेतन को अपना एक प्रशंसक मिल गया था और तहख़ाने में रात भर नरक की यातना सहने के बावजूद, कुँवर के ट्यूटर का परिचय पा कर, उसे बहुत ख़ुशी हुई। हवालात से वह निकला था तो उसने तय किया, कि वह जल्दी-से-जल्दी घर पहुँच जायेगा, पर जब ट्यूटर ने कुछ पल उसे वहाँ बैठने को कहा तो वह अपनी सारी थकन, अपने कपड़ों की सिलवटें, बिखरे बाल और बढ़ी हुई दाढ़ी भूल कर, वहाँ बैठ गया।

"अभी प्रोफ़ेसर सिंह मिले थे," उसने किंचित हँसते हुए कहा, "मेरी सिफ़ारिश टिक्का साहब से करने जा रहे थे, पर आप लोगों की मेहरबानी से, मैं पहले ही रिहा हो गया।"

"प्रोफ़ेसर सिंह आपको जानते हैं ?"

"हाँ, मैं पिछले साल उनसे गाना सीखता रहा हूँ।"

"कल जब उनसे आपकी गिरफ़्तारी की बात की गयी तो उन्होंने ऐसे 'अच्छा' कहा, जैसे उन्होंने कभी आपका नाम ही न सुना हो।"

अपनी रिहाई और इस दूरस्थ प्रदेश में भी अपना एक पाठक पा जाने की ख़ुशी में, चेतन ने मन-ही-मन प्रोफ़ेसर सिंह को क्षमा कर दिया। बड़ी उदारता से, वेत्ताओं के-से अन्दाज़ में, उसने कहा, "अपना स्वार्थ भूल कर किसी दूसरे की मुसीबत में उसकी मदद कर पाना, हर किसी के बस की बात नहीं।...."

अपनी बात जारी रखते हुए ट्यूटर ने कहा, "यूँ तो कुँवर और उनकी माता जी का कहना ही काफ़ी था, पर सिपाहियों की नाराज़गी के डर से टिक्का साहब कुछ नहीं कर सके। बात यह है," और ट्यूटर की आवाज़ बहुत धीमी हो गयी, "सिपाहियों को तनख़्वाह यहाँ कम मिलती है और कई बार देर से मिलती है। फिर दारोग़ा रामप्रताप ने कहा कि ऐसे बदतमीज़ नौजवान को आप अभी छोड़ देंगे तो लोग यही कहेंगे कि आख़िर रियासती पुलिस ही थी न, चाँटे खा कर भी चूँ न कर पायी। फिर टिक्का साहब को लगा, यह उनकी पुलिस की प्रेस्टिज का सवाल है। आपको छोड़ने का फ़ैसला तो उन्होंने तभी कर लिया था, लेकिन यही कहा कि सुबह छोड़ेंगे।"

"ख़ैर, इस बहाने रियासती हवालात का अनुभव पा लिया," चेतन ने हँस कर कहा, "मैं तो मुजरिम को भी ऐसे ठण्डे, अँधेरे, सीले तहख़ाने में रखने के ख़िलाफ़ हूँ, फिर उस मुल्ज़िम की तो बात ही दूर रही, जिसका इल्ज़ाम अभी साबित न हुआ हो।"

"हम-आप शहर के रहने वाले हैं; यहाँ प्रायः, निडर शराबी गुण्डे और बदमाश रखे जाते हैं, जो सर्दी के बावजूद, कपड़े उतार कर फेंक देते हैं। आपको यहाँ रहना नहीं, वरना मैं दिखा देता।"

"तो भी, इस बीसवीं सदी में ऐसी हवालात, रियासत के नाम पर बहुत बड़ा कलंक है, विदेशों में तो इतने सुधार हो गये हैं कि...."

"इसी रियासत की क्या बात है," ट्यूटर ने कहा, "आप कभी सोलन के मेले में नहीं गये। गये होते और वहाँ की हवालात देखने का मौका आपको मिला होता तो आप हैरान रह जाते —ऐसे ख़स्ता, पुराने घरौंदे से हवालात का काम लिया जाता है, जिसे कोई तगड़ा आदमी ज़ोर से लात मार दे तो एकदम भरभरा कर गिर जाये।"

"तो भी, जिन्हें इस नरक में ठेल दिया जाता है, उनकी तकलीफ़ का एहसास...."

"इन राजाओं-महाराजाओं को कैसे हो सकता है ?" ट्यूटर ने कहा, "एक रात उन्हें ख़ुद वहाँ काटनी पड़े तो शायद उन्हें कुछ पता चले।"....

तभी चेतन ने अपने चेहरे पर हाथ फेरा —एक ही रात ने उसका कचूमर निकाल दिया था — चेहरा उसे एकदम सूखा-सा लगा; होंटों पर पपड़ियाँ जम गयी थीं; दाढ़ी कटे-खेत-ऐसी खुरदरी हो गयी थी —वह उठा। उसने ट्यूटर का शुक्रिया अदा किया; उसे बताया कि उसकी कहानियों का पहला मजमूआ छप गया है; और वह लाहौर जाते ही उसे भेजेगा। डायरी में उसने ट्यूटर का पता लिखा और उससे हाथ मिला कर तेज़-तेज़ ऊपर को बढ़ चला।

o

वह अभी बाज़ार के सिरे पर ही था कि उसके कानों में आवाज़ आयी —"क्यों बाबू जी, रिहा हो गये!"

चेतन ने आँख उठा कर देखा — वही दुकानदार था, जिसने कल उसे ऐनक पकड़ायी थी।

"हाँ भाई!" चेतन ने कहा,

"आपको ग़ुस्सा बहुत आ गया था बाबू जी, नहीं ऐसे मामलों में पकड़-पकड़ाई की नौबत नहीं आती, ज़रा मिन्नत-समाजत से ही काम चल जाता है। बात बढ़ भी जाये तो दो-एक रुपये दे दिला कर, मामला रफ़ा-दफ़ा किया जा सकता है। पर आपने तो ख़ुद हाथ बढ़ा कर हथकड़ी लगवा ली।"

"हाँ, कुछ ग़ुस्सा ही आ गया।" चेतन ने हामी भरी।

'आ ही जाता है," दुकानदार ने चेतन का समर्थन किया, "आपने तो उसे गले से पकड़ा, हमें उसने इस तरह गाली दी होती तो साले की गर्दन ही तोड़ देते।"

चेतन कुछ कहने ही जा रहा था कि दूर, पँगूड़ों के पास, कोई बड़े ऊँचे, सुरीले स्वर में 'छोरुआ' गाने लागा :

बाह्मणा दा छोरुआ ओ
देस बगाना नींवें चल्लना

चेतन को याद आया —उसने गीत का यह बोल अपनी डायरी में लिखा था। लेकिन उस वक्त उसने इस बोल की माहीयत न जाती थी। उसने हँस कर दुकानदार से कहा, "देखिए, वह पहाड़ी ठीक ही कह रहा है — देश बेगाना नींवें चलना।"

और वह सिर झुकाये, बाज़ार की चढ़ाई चढ़ने लगा।

o

'हम कितने शे'र, दोहे, गीत, कविताएँ, कहावतें पढ़ते हैं' —चेतन ने रिक्शा में लेटे-लेटे सोचा, 'पर कितनों की अहमियत हम समझ पाते हैं और कितनों में लिखी गयी बातों को अपनी ज़िन्दगी में उतार पाते हैं। मैंने उस झगड़े से कुछ ही देर पहले यह बोल नोट किया था और उस पर सिर भी धुना था —उसमें कुछ मेरे लिए भी है, यह मैं तब नहीं समझा। हमारी हालत उन मोती चुनने-वालों की-सी है, जो सीपियों का मुँह खोल, निहायत बेपरवाही से, झोले में मोती डाले जाते हैं और उनका असली मोल नहीं समझते।'

तभी ठण्डी, भीगी हवा का एक झोंका आया। चेतन धूप के बावजूद, रिक्शा की छत खोले आया था। हालाँकि उसके शरीर की सारी ठण्डक भाग गयी थी और वह तपने लगा था, पर उसने छत नहीं लगायी थी — आँखें बन्द किये, नीम-ग़नूदगी की अवस्था में, बे-ख़बर लेटा आया था; ठण्डी हवा के इस झोंके ने उसे बताया कि धूप ने उसके शरीर की सर्दी निकाल दी है, क्योंकि ठण्डी हवा उसे अच्छी लगी। उसने आँखें खोल दीं। रिक्शा संजौली की सुरंग में से जा रहा था। आँखें मल कर चेतन उठ बैठा। लाला हाकिमचन्द का रिक्शा काफ़ी आगे निकल गया था और सुरंग के दूसरे सिरे की अर्ध-गोलाकार रोशनी में बड़ा भला लग रहा था।....प्रकट ही लाला जी को घर पहुँचने की जल्दी है —चेतन ने सोचा और उसने रिक्शा वालों को ज़रा जल्दी चलने और अगले रिक्शे के साथ जा मिलने

का आदेश दिया।

०

लाला जी भी रात भर नहीं सोये थे। चेतन जब मेले से दो-तीन फ़र्लांग ऊपर आया था तो उसे सामने से लाला जी, शिमले के एक प्रसिद्ध वकील और सिटी-फ़ादर, लाला श्याम मनोहर महाजन के साथ आते मिले थे। सीधी ढलान पर, जहाँ बरसाती नाले के कारण पत्थर निकल आये थे, दोनों सँभल कर, लेकिन, तेज़-तेज़, उतर रहे थे। महाजन साहब की बग़ल में एक मोटी किताब थी।

लाला जी चेतन को देखते ही बड़े प्रसन्न हुए, लेकिन महाजन साहब का मुँह उतर गया।

तीनों वहीं रास्ते के किनारे, एक पेड़ के नीचे खड़े हो गये थे।

सहसा महाजन साहब ने पूछा, "मेरा टेलीफ़ोन पहुँच गया था ?"

"मुझे तो मालूम नहीं," चेतन ने कहा, "मुझे तो सुबह ही छोड़ दिया गया था।"

और उसने लाला जी को, संक्षेप में, पिछली शाम छोटे कुँवर के आने से ले कर, सुबह उसके ट्यूटर से होने वाली बातचीत तक —सभी घटनाएँ सुना डालीं और कहा कि कुँवर के ट्यूटर का ज़रूर शुक्रिया अदा कर दीजिएगा। उसने बड़ी मदद की। चेतन यह बात बताना नहीं भूला कि 'बन्दे मातरम' और 'भीष्म' में छपी उसकी कहानियाँ, कुँवर के ट्यूटर ने पढ़ रखी थीं और उसने जब लाला जी से चेतन का नाम सुना तो उसे इस घटना पर दुख हुआ था। चेतन ने इस बात का भी उल्लेख किया कि चलते समय दारोग़ा रामप्रताप ने अपने सिपाही की बदतमीज़ी के लिए ख़ास तौर से क्षमा माँगी थी।

तब वकील साहब ने, एक फीकी-सी मुस्कान के साथ, यह बताने की कोशिश की कि उसकी रिहाई उनके टेलीफ़ोन का नतीजा है, "मैंने आते-आते उनको फ़ोन करा दिया था कि मैं इस केस में इन्ट्रेस्टिड हूँ और मुकद्दमा मेरे आये बिना, न सुनें। अब टिक्का साहब मेरे इतने दोस्त हैं, रोज़ का पीने-खाने का साथ है, उन्होंने मुझे तकलीफ़ देना मुनासिब नहीं समझा।"

चेतन ने भोलेपन से पूछा, "क्या सी०पी० में फ़ोन भी है ?"

"नहीं, फ़ोन तो गेबल्ज होटल में है, लेकिन मैं फ़ोन करूँ तो वो फ़ौरन पैग़ाम पहुँचा देते हैं।"

लाला जी (जैसा कि उन्होंने चेतन को बाद में बताया) कहना चाहते थे कि फ़ोन तो आठ बजे के करीब किया गया होगा, लेकिन मास्टर जी को शायद तब तक छोड़ दिया गया था, मगर वे वकील साहब को साथ लाये थे, इसलिए चुप रहे। उन्होंने वकील साहब से कहा, "आप आये हैं तो मेला देखते जाइए। आपका रिक्शा मशोबरे में रहेगा, मैं मास्टर जी को ले जाता हूँ; घर में रात भर कोई नहीं सोया; सब को फ़िक्र है।"....और यद्यपि चेतन ने लाला जी से कहा भी कि वे वकील साहब के साथ जायें और मेला देखें, लेकिन लाला जी उन्हें वहीं छोड़ कर, चेतन को साथ लिये, ऊपर को चल दिये थे।

रास्ते में उन्होंने सविस्तार पिछली शाम की अपनी परेशानी का किस्सा सुनाया था — "हमारे चीफ़ सेक्रेटरी मिस्टर बर्टन, मेले से जंगी लाट के साथ ही चले गये थे," लाला

जी ने कहा, "नहीं तो आपको तभी छुड़ा लिया जाता। अगर मुझे पता होता कि टिक्का साहब यूँ अड़ जायेंगे तो मैं उसी वक्त मशोबरे से रिक्शा ले कर, कमिश्नर से, जो इन सब रियासतों के एजेण्ट हैं, चिट्ठी ले कर वापस पहुँचता और आपको छुड़ा लेता।....लेकिन मुझे उम्मीद थी कि टिक्का साहब मान जायेंगे। बदकिस्मती से उनके सिपाहियों ने वो नाटक किया कि ख़ुदा की पनाह! इसी कोशिश में मुझे आठ बज गये।"

और जैसा कि चेतन ने सोचा था, जब लाला जी असफल रहे तो उन्होंने काफ़ी मिठाई और फल, चेतन के लिए भिजवाये और पाँच रुपये दारोग़ा रामप्रताप को दिलवाये थे।

लेकिन इसी पर लाला जी की परेशानी ख़त्म नहीं हुई। मशोबरे से तीन रिक्शे ले कर, वे — तेजभान और भोलानाथ को लिये हुए — घर पहुँचे। खाना तैयार था, लेकिन एक भी निवाला खाये बिना, मुँह-हाथ धो और कपड़े बदल, वे बाहर को चल पड़े। पत्नी ने कहा — "खाना तो खाते जाइए, अभी आये, अभी चले।"....

"मास्टर जी गिरफ़्तार हो गये हैं," यह कहते हुए वे रिक्शा पर जा बैठे।

खाना मेज़ पर चुना रह गया। किसी ने उसे मुँह नहीं लगाया।

आधी रात तक लाला जी रिक्शे लिये, घूमते रहे। उन्हें मेले ही में पता चल गया था कि केनमोर एस्टेट के मालिक, कोटी के राणा साहब के भारी लेनदार हैं। उनके हज़ारों रुपये टिक्का साहब पर निकलते हैं। उनकी दुकान माल रोड पर थी। वे दुकान बढ़ा कर जा ही रहे थे कि लाला जी ने उनसे सिफ़ारिशी चिट्ठी माँगी। लाला जी के चेहरे पर ऐसी परेशानी और उनके स्वर में कुछ ऐसा निवेदन था कि वे इनकार न कर सके। फिर लाला जी कमिश्नर के बँगले पर गये। एक चिट्ठी लाला जी ने उनसे ली। तब किसी ने इन वकील साहब का पता दिया। लाला जी इनके यहाँ पहुँचे। मालूम हुआ, क्लब गये हैं। क्लब पहुँचे तो पता चला, घर चले गये हैं। लेकिन क्लब से घर आते हुए, शायद वे किसी होटल में चले गये थे। लाला जी वहाँ चिट्ठी छोड़ आये और आधी रात को घर लौटे। रिक्शा वालों से उन्होंने सुबह ही आने को कहा और बिना कपड़े बदले, बिस्तर पर लेट गये।

"मैं तो सुबह आठ बजे सी०पी० पहुँच जाता।" लाला जी ने कहा था, "लेकिन वकील साहब के नख़रे ही ख़त्म न होते थे। मैं छै बजे उनके यहाँ पहुँच गया था। मालूम हुआ सोये हैं। बड़ी मुश्किल से उठे। घण्टा भर उन्होंने बाथ-रूम में लगा दिया फिर मैंने अपनी बात कही तो बोले, 'अभी चलते हैं, कुछ नाश्ता कर लें।' पूरा एक घण्टा नाश्ते और कपड़े बदलने में लगा दिया। मैंने कहा — कम-से-कम फ़ोन तो कर दीजिए, हमें वहाँ पहुँचने में देर हो जायेगी! तब उन्होंने फ़ोन कर दिया कि वे केस में दिलचस्पी रखते हैं और उसका फ़ैसला उनके आने तक न किया जाये।"

"वह मोटी-सी किताब क्या थी ?" चेतन ने पूछा था।

"शायद 'ताज़ीरात-ए-हिन्द'[१] थी। लेकिन उन्हें उसे इस्तेमाल करने की ज़हमत नहीं उठानी पड़ी।" और लाला जी व्यंग्य से हँसे थे।

०

१. भारतीय दण्ड-विधान

सुरंग के पार, रिक्शा संजौली के बाज़ार से गुज़र रहे थे — चेतन को बाज़ार बड़ा भला लग रहा था। उसे लगता था, जैसे पहली बार वह उस पहाड़ी बाज़ार को देख रहा हो....'चलो, इस बहाने रिक्शा की सवारी भी कर ली,' चेतन ने सोचा....लाला जी ज़ोर न देते तो चाहे वह कितना भूखा, थका और कमज़ोर था, वह कभी रिक्शा न करता, पैदल ही घर पहुँचता।....तब मुक्ति के कुछ अजब-से एहसास और इत्मीनान से, वह पीछे को लेट गया और उसने आँखें बन्द कर लीं।

उसकी आँखें करकरा रही थीं, उनमें फिर ग़नूदगी उतर आयी, पर नींद उसे नहीं आयी। उसका दिमाग़ आगे की चिन्ता में भटकने लगा — सी०पी० जाने से पहले, उसने तय किया था कि वह लाला जी से प्रार्थना करेगा कि वे उसे वापस चला जाने दें। उसकी इस मुसीबत में उन्होंने इतनी भाग-दौड़ की है; घर वाले परेशान हुए हैं — किस मुँह से वह उनसे छुट्टी माँगेगा ? क्या बहाना बनायेगा ?....लेकिन वह रह भी यहाँ कैसे सकेगा ? उसे उस इल्ज़ाम की याद आयी, जो उस पर लगाया गया था और क्रोध से उसके मन-प्राण जल उठे। लोग तो पहले ही उसे ले कर दस तरह की बातें करते हैं, अब तो और भी उन्हें ज़बान मिल जायेगी — नहीं, जैसे भी हो, अपनी इज़्ज़त बचा कर, उसे यहाँ से निकल जाना चाहिए, वरना जाने और किस-किस मुसीबत का सामना उसे करना पड़े।'

संजौली से छोटा शिमला की सड़क छायादार थी; बड़ी हल्की हवा रमक रही थी। सोचता-सोचता, चेतन ऊँघ गया।

०

"मास्टर जी आ गये....मास्टर जी आ गये।"

चेतन हड़बड़ा कर उठा। लाला जी का रिक्शा केनमोर कॉटेज पहुँच गया था। चेतन का, एक मोड़ पीछे था। तभी उसने देखा, नीचे गिगलू-पिगलू उसकी तरफ़ भागे आ रहे हैं। चन्द्रा भी संकुचित-सी पीछे खड़ी है। चेतन रिक्शा से उतर गया। बच्चे उससे चिमट गये। वे दोनों उससे ऐसे मिले, जैसे वह फाँसी के तख़्ते से छूट कर आया हो।

लाला जी ने चेतन के रिक्शा वाले को विदा कर दिया। अपना रिक्शा रोक लिया — "मुझे खाना दो," उन्होंने अपनी पत्नी से कहा, "दफ़्तर को देर हो गयी है।"

और वे धड़-धड़ सीढ़ियाँ चढ़ गये। बीबी जी और दोनों बच्चे भी उनके पीछे चले गये। सीढ़ियों के ऊपर से पलट कर, बीबी जी ने कहा, "आपका भी खाना भिजवाती हूँ मास्टर जी, आप खाना खा लीजिए।"

"मुझे इच्छा नहीं," चेतन ने कहा, "मैं नहा लूँ, फिर खाऊँगा।"

"नहाइएगा फिर; मैं गर्म पानी चढ़ा दूँगी। पहले खाना खा लीजिए। कल से आपने कुछ नहीं खाया।"

"ठीक है, मैं हाथ-मुँह धो लूँ, मंजन कर लूँ, आप लाला जी को खाना दीजिए, फिर मेरे लिए भेज दीजिएगा।"

और वह अपने कमरे में आया; छड़ी उसने कोने में रखी; हैट खूँटी पर टाँगा, ज़ोर की एक अँगड़ाई ली। फिर वह मेज़ से शीशा उठा कर, अपनी सूरत देखने लगा। उसका चेहरा, जैसा कि वह सोचता था, सूख गया था; होंटों पर भी पपड़ियाँ जमी थीं; चश्मा उतर

जाने से नाक की काठी की दोनों ओर गहरे निशान बने थे। शायद गन्दा हाथ लगने से दायाँ गाल और माथा मैला हो गया था। लेकिन सिर के बाल सूख कर, एकदम घुँघराले हो गये थे और उस मैले, रूखे चेहरे के बावजूद, सुन्दर लग रहे थे। चेतन ने शीशा रख दिया और दातुन करने के लिए गुसलख़ाने की ओर मुड़ा। तभी उसने देखा —चन्द्रा दरवाज़े में खड़ी, उसकी तरफ़ कुछ अजीब-सी, करुणा और स्नेह-भरी निगाहों से देख रही है।

दूसरे क्षण वह आगे बढ़ आयी। "मास्टर जी, क्या उन्होंने आपको तहख़ाने में बन्द कर दिया था।"

"हाँ!"

"कैसे तहख़ाने में ?"

"सिपाहियों के झोंपड़े के नीचे बना था —कच्चा फ़र्श, एकदम अँधेरा और सीला। पिस्सुओं ने मेरी सारी पीठ काट डाली।"

"हाय सच!"....और वह उसकी पीठ के पीछे आ खड़ी हुई।

चेतन ने दायाँ हाथ, बायें और बायाँ, दायें कर के, कमीज़ ऊपर उठा दी —"देखो।"

"हाय मास्टर जी, आपकी पीठ तो सारी छिल गयी है।" और उसने धीरे से अपना नर्म, मुलायम हाथ उस पर फेरा —"सारी पीठ पर चिकोटे उभर आये हैं।"

चन्द्रा के कोमल हाथ के स्पर्श से चेतन को रोमांच हो आया। उसने तत्काल कमीज़ नीचे कर दी और पलट कर बोला, "सारी रात मैं आँख भर कर नहीं सो सका।"

चन्द्रा उसकी ओर एक टक देख रही थी। उसकी आँखें छलछला आयी थीं —चेतन के रूखे मुँह पर स्नेह से हाथ फेरते हुए, उसने कहा, "हाय मास्टर जी, एक ही दिन में आपका मुँह कैसा सूख गया है।"

और जाने उन पनियारी आँखों में क्या था, चेतन ने उसे बाँह में ले कर हल्के से, अपने साथ दबा लिया और उसके बालों से होंट छुला दिये।

दूसरे क्षण वह उससे अलग हो कर, ऊपर को भागी जा रही थी।

"मैं अभी क्रीम और पाउडर ला कर आपके लगाती हूँ, नहीं तो पीठ पर घाव हो जायेंगे।"

चेतन ने बाहर से उसके यही शब्द सुने।

उन्नीस

चेतन दोपहर को दो-तीन घण्टे सोया रहा। लाला जी दफ़्तर को जाते-जाते, उसका चश्मा ले गये थे। एक शीशा तो टूट ही गया था। चेतन ने साबुत शीशा उन्हें दे दिया था और समझा दिया था कि दोनों का नम्बर एक ही है —माइनस तीन।....

शाम को उठते ही, उसने सबसे पहले शेव की। बीबी जी ने पानी गर्म कर रखा था।....वह अच्छी तरह नहाया। कपड़े बदल कर, वह सोच ही रहा था कि चाहे दो-तीन

घण्टे के लिए सही, चन्द्रा को कुछ पढ़ा दे; तभी पण्डित तेजभान की अर्दल में कसुम्पटी के क्लर्क लोग नमूदार हुए और पण्डित तेजभान ने कहा कि लाला जी से 'मास्टर जी' की रिहाई की ख़बर पा कर, उन लोगों को बेहद ख़ुशी हुई है; कि लाला जी तो चश्मा बनवाने शिमला चले गये, पर उन्होंने सोचा कि मास्टर जी की ख़ैर-ख़बर लेते चलें।

चेतन ने इस 'हित-चिन्ता' के लिए उनको 'हार्दिक धन्यवाद' दिया; उन्हें पढ़ाने वाले कमरे में बैठाया और बताया कि छोटे कुँवर के ट्यूटर उसके प्रशंसक थे; उन्होंने उसकी कहानियाँ पढ़ रखी थीं और वे छोटे कुँवर को ले कर, हवालात में उससे मिलने आये थे। उसे तो उसी शाम छोड़ दिया जाता, मगर सिपाही और दारोग़ा ने इसे प्रेस्टिज पॉयण्ट बना लिया, इसलिए रात तो उसे उस नरक में काटनी ही पड़ी।

तेजभान ने उस परेशानी का उल्लेख किया, जो लाला जी को और उनके साथ ही, सारी पार्टी को उठानी पड़ी थी।

"बात दरअसल क्या हुई थी ?" सहसा भोलानाथ ने कहा, "मैं तो आपको हथकड़ी में देख कर दंग रह गया।"

चेतन जानता था कि उन्हें सारी बात का ख़ूब पता है, लेकिन मजबूरन उसने शुरू से ले कर सारा किस्सा उन्हें सुनाया, पर अन्त में वह इतना जोड़ना नहीं भूला कि जब वह हवालात से चला तो दारोग़ा रामप्रताप ने बड़े अदब के साथ अपने सिपाही की बदतमीज़ी के लिए उससे क्षमा माँगी और कुँवर के ट्यूटर तो उसे पण्डाल तक छोड़ने आये और उन्होंने सबकी तरफ़ से अफ़सोस ज़ाहिर किया।

"आहो जी।" पण्डित तेजभान ने कहा, "हमने भी उन्हें समझाया था कि अगर मास्टर जी ऐसे ही बदचलन होते तो क्या लाला हाकिमचन्द अपनी जवान लड़की के लिए उन्हें ट्यूटर रखते।"

"सब किस्मत का खेल है जी! दारोग़ा रामप्रताप की किस्मत में कल शाम पाँच रुपये, मिठाई और फल लिखे थे और मास्टर जी की किस्मत में एक रात का नरक।" लाला झण्डालाल बोले!

"और तेरी किस्मत में हर वक्त किस्मत का ढिंढोरा पीटना।" पण्डित तेजभान ने लाला झण्डालाल की पीठ पर ज़ोर से हाथ जमाया, एक बेमतलब ठहाका लगाया और बोले, "उठो, अब मास्टर जी को आराम करने दो।"

उन लोगों को गये अभी मुश्किल से सात-दस मिनट हुए होंगे कि छोटा शिमला से रामभरोसे और दौलतराम आ गये। उसकी रिहाई पर ख़ुशी प्रकट करते हुए, उन्होंने उससे सीधा सवाल किया, "मास्टर जी, यह आप पर पहाड़ी औरतों को छेड़ने का इल्ज़ाम उन सालों ने कैसे लगा दिया ?"

हालाँकि यह बात कोटी के सिपाहियों को गाली देते हुए कही गयी थी, पर उन्हें यह पूछने में क्या रस मिलता है, चेतन यह अच्छी तरह समझता था। उसके जी में तो आयी कि ग़ुस्से से कहे — 'यह आप उन्हीं से जा कर पूछिए!" पर उसने बड़े धीरज से सारी बात उन्हें फिर सविस्तार बतायी और अन्त में दारोग़ा रामप्रताप की माफ़ी और कुँवर के ट्यूटर से भेंट की बात बताना भी नहीं भूला।

लेकिन इतने से उसकी जान नहीं छूटी। लाला जी के वापस आते तक कसुम्पटी या छोटा शिमला के जितने उनके मित्र-परिचित थे और जिनसे चेतन का 'नमस्कार' के आदान-प्रदान का रिश्ता था, उसकी ख़बर लेने और रिहाई पर बधाई देने आते रहे। हरेक ने, इस या उस बहाने, सीधे अथवा घुमा-फिरा कर, यही सवाल किया। जब लाला जी के साथ मेहता सोमदत्त आये और उन्होंने भी कुछ ऐसी ही बात कही तो चेतन को अपनी स्थिति पर बेहद ग़ुस्सा आया। रात को खाना खा कर, जब वह अपने गर्म-गर्म बिस्तर में सोया तो जिस सुख की कल्पना उसने तहख़ाने के उस नरक में की थी, वह उससे कोसों दूर था। क्रोध और ग्लानि से उसका तन-मन फुँका जा रहा था।

o

बाहर, पूरे चाँद की रात अपने सारे सौन्दर्य के साथ उद्‌भासित थी। सोने से पहले, चेतन देर तक केनमोर एस्टेट की वीथियों में घूमता रहा था। केलू के वृक्षों की फुनगियों में से झाँकता चाँद; परे, बड़ी कोठी तक फैला हुआ, केलुओं की छाया का अँधेरा; उनके परे, धवल चाँदनी में सोये हुए, उस प्रागैतिहासिक हाथी की चमकती पीठ —छाया और प्रकाश का अद्‌भुत खेल....चेतन को चाँदनी रातों में प्राय: नींद न आती थी। चाँदनी के नीचे, खुली छत पर सोना तो उसके लिए असम्भव ही था, पर भरे चाँद की रातों में वह अपने कमरे में भी जग जाता था।....अपने नर्म बिस्तर में लेटते ही, सहसा उसे तहख़ाने के नरक और उसमें आज उसकी जगह लेने वाले चोर की याद हो आयी। उसका मन-अजीब-सी करुणा से भर उठा। फिर एक-एक कर, दिन की सारी घटनाएँ —अँधेरे में धीरे-धीरे सरकती मुसाफ़िर-गाड़ी के डिब्बों और उनकी रोशन खिड़कियों से झाँकते हुए चेहरों की तरह — उसकी आँखों के सामने से गुज़रने लगीं।....चमकती धूप में, रिक्शा की छत उठाये, इत्मीनान से आँखें बन्द किये, सी०पी० से केनमोर एस्टेट तक की यात्रा (चेतन को यकीन था —तहख़ाने की ठण्ड से ठिठुरे अंगों का, धूप में धीरे-धीरे खुलना उसे हमेशा याद रहेगा)....उसे देखते ही बच्चों की किलकारियाँ....चन्द्रा की आँखों में वह करुणा और स्नेह....उसकी छिली पीठ पर उसका वह धीरे-धीरे हाथ फेरना....चन्द्रा को अपनी बाँह में भर, उसके बालों को कृतज्ञता के आवेग में उसका चूम लेना....

o

....चेतन ने अभी मुश्किल से मंजन कर के, हाथ-मुँह धोये थे कि चन्द्रा, एक हाथ में क्रीम की शीशी और दूसरे में पाउडर का डिब्बा लिये, आ गयी थी।

चेतन तौलिये से हाथ-मुँह पोंछ रहा था कि उसने तत्परता से कहा — "लाइए मास्टर जी, आपके चिकोटों पर क्रीम मल दूँ।"

वह मन-ही-मन अभिभूत हो उठा था, लेकिन प्रकट उदासीनता से उसने कहा था — "अरे, तुम क्यों तकलीफ़ करती हो। अपने आप ठीक हो जायेंगे। पिस्सुओं ने ही काटा है, बिच्छुओं ने तो नहीं काटा!"

और वह ज़रा-सा हँसा था।

"नहीं मास्टर जी, घाव हो जायेंगे। आपकी पीठ बुरी तरह छिल गयी है।"

वह उसके पीछे आ खड़ी हुई थी। पाउडर का डिब्बा उसके पलँग पर रख, उसने

बरबस कमीज़ का दामन उठा कर, उसकी पीठ पर बड़े कोमल हाथों से क्रीम मल कर, पाउडर लगा दिया था।

एक अपूर्व सुख की अनुभूति से, चेतन विभोर हो उठा था। "चन्द्रा, मैं तुम्हारा बड़ा एहसानमन्द हूँ।" उसने लगभग आर्द्र कण्ठ से कहा था।

चन्द्रा ने, अपना गाल उसकी पीठ से लगा दिया था —"अब तो आप मुझसे नाराज़ नहीं, मास्टर जी!"

चेतन का दिल धक-धक कर उठा। वह ज़रा-सा हट आया। कमीज़ नीचे कर, वह मुड़ा और उत्तर में चन्द्रा को बाँह में लेकर, हल्के-से दबा दिया। उसने कहा सिर्फ़ यही :

"तुम्हारे गाल पर पाउडर लग गया है।" और उसने तौलिये से उसका गाल पोंछ दिया था....

o

उस स्पर्श की स्मृति से चेतन का शरीर, लेटे-लेटे, गर्मा गया। हल्की-सी सिहरन उसके तन में दौड़ गयी।

क्या वह चन्द्रा से प्यार करने लगा है ? —सहसा उसके मन में प्रश्न उठा। क्या चन्द्रा के बालों को अनायास उसका चूम लेना, कृतज्ञता-भरे क्षणिक आवेश का द्योतक था या किसी दबी-छिपी भावना का ? —चेतन ने अपने मन को टटोला —चन्द्रा के लिए उसके मन में आकर्षण ज़रूर पैदा हो गया था —आत्म-विश्लेषण के क्षण में, यह बात उस पर साफ़-साफ़ प्रकट हो गयी। —लेकिन इस हकीकत ने उसे परेशान कर दिया।

क्यों बार-बार उसके मन में हर नयी लड़की के लिए खिंचाव पैदा हो जाता है ? —कुन्ती, नीला, प्रकाशो, केसर, मन्नी, और अब चन्द्रा!....क्या सभी पुरुषों के साथ ऐसा होता है! यह क्या मर्द की सहज कमज़ोरी है ? उसके मन में एक साथ कई प्रश्न उठे, पर उसके पास यह जानने का कोई साधन न था। अपने मित्र-परिचितों की आन्तरिक ज़िन्दगी को वह नहीं जानता। अनन्त है, सो उसका कोई नैतिक मान-दण्ड नहीं; औरत उसके लिए प्यार की नहीं, भोग की चीज़ है। हाँ, अपने बड़े भाई की ज़िन्दगी से वह अच्छी तरह परिचित है। उनके जीवन में ऐसा कोई घपला नहीं। उनकी ज़िन्दगी बिलकुल सपाट है —एकदम समतल। उनके यहाँ तो ऐसी कोई बात नहीं; चेतन की भाभी अत्यन्त कर्कशा और लड़ाकी थी, लेकिन जब तक वह ज़िन्दा रही, भाई साहब दूसरी किसी लड़की की तरफ़ खिंचे हों, ऐसा चेतन ने कभी नहीं देखा।....

लेकिन उसने किसी लड़की को भी उनके प्रति आकर्षित होते नहीं देखा था। तब क्या वह अपने भाई से अधिक सुन्दर है ? सिवा इसके कि उसके बाल घुँघराले हैं (जिन्हें उसने महीनों के श्रम से ऐसा बना लिया है) और उसका चेहरा, उनकी अपेक्षा, किंचित गोल है —उसे अपने और भाई साहब में कोई अन्तर नहीं लगता। दोनों की शक्ल में इतना साम्य था कि दूर से भी देखने वाले, उन्हें सगा भाई समझ लेते हैं।....तब कौन-सी ऐसी बात है कि लड़कियाँ उसकी तरफ़ खिंच आती हैं और भाई साहब की तरफ़ नहीं ?....लाख सोचने पर भी चेतन को कोई कारण सुझाई न दिया। शायद भाई साहब उस आकर्षण की गन्ध पा कर ही उसे काट देते हैं और वह शायद ऐसा नहीं कर पाता। वह शायद उस

आकर्षण को पसन्द करता है, उसके अहं को शायद यह कुछ सन्तुष्ट करता है। वह लड़कियों से भागता है, पर अपने पीछे उनका आना उसे पसन्द है....

तो क्या वह चन्द्रा से प्रेम करने लगा है ? उसने अपने आप से सीधा सवाल किया ? चेतन को लगा कि नहीं, इसको प्रेम का नाम तो वह नहीं दे सकता।....चन्दा और चन्द्रा के बीच अगर उसे एक को चुनना पड़े तो क्या वह चन्द्रा को चुनेगा ? उसके मन ने उत्तर दिया — नहीं....कल चन्द्रा उसके साथ भागने को तैयार हो जाये तो क्या वह भाग जायेगा ? —उत्तर मिला —नहीं! क्या वह अपनी सब महत्वाकांक्षाएँ उसके लिए छोड़ सकता है ? —नहीं! —तो फिर वह इस भावना को 'प्रेम' का नाम कैसे दे सकता है ?....प्रेम तो वह, जो सब गिनतियाँ भुला दे; हानि-लाभ के सब विचारों को उठा दे; विवेक के पहरुए को धता बता दे।....लेकिन उसे कभी ऐसा प्यार किसी से हुआ भी ? कुन्ती, नीला, केसर, प्रकाशो, मन्नी —क्या किसी के लिए भी वह अपने आपको भुला सका; अपनी गणनाएँ, अभिलाषाएँ, महत्वाकांक्षाएँ —यहाँ तक कि ज़िन्दगी का एक प्रोग्राम भी —पल भर के लिए भूल सका ?....अनन्त उसे कहा करता है कि वह चुग़द ही नहीं, डरपोक और नामर्द भी है!....तो क्या अनन्त ही की बात सच है —यह उसका हर लड़की की तरफ़ खिंचना और फिर उसके सम्पर्क से दूर भागना, क्या उसकी कमज़ोरी की निशानी तो नहीं ?....लेकिन अगर वह कमज़ोर है तो अपनी पत्नी के प्रति उसे क्यों वैसी कोई दुर्बलता महसूस नहीं होती ? उसके शारीरिक साहचर्य से तो वह नहीं भाग पाता, बल्कि उसी के कारण वह चन्दा को मन से भी चाहने लगा है।....फिर उसके मन में यह कैसा कॉम्प्लेक्स है ?....केसर, प्रकाशो और मन्नी की बात वह छोड़ भी दे; कुन्ती और नीला भी, जिन्हें वह अपने हृदय में कहीं बहुत गहरे प्यार करता रहा है, उसे अपना आप नहीं भुला सकीं। तभी उसने ख़ुद से एक और प्रश्न किया —अगर कुन्ती और नीला उसे न चाहतीं तो क्या तब भी वह उन्हें बराबर चाह सकता ? —सोचने पर इस सवाल का जवाब भी उसे इनकार में मिला। —अगर वे उससे बेरुख़ी बरततीं तो वह उनसे तत्काल कट जाता। वह उन्हें उतनी गहराई से इसीलिए चाहने लगा कि वे भी उसे गहराई से चाहती थीं....और आत्म-विश्लेषण के उन क्षणों में चेतन को लगा कि वह चन्दा को —इस बात के बावजूद कि उसे शुरू में उससे वितृष्णा थी —धीरे-धीरे, इसीलिए प्रेम करने लगा है कि वह उसे बेहद चाहती है; कि चेतन पर उसे अटूट विश्वास है और अजाने भी, वह ख़ुद इस विश्वास को बनाये रखना चाहता है; उस विश्वास को बनाये रखना, उसे अपने आप में विश्वास बनाये रखने के बराबर लगता है।....तो क्या वह सिर्फ़ अपने आपसे प्यार करता है ?....और लेटे-लेटे, चेतन पिछले कुछ वर्षों का जायज़ा लेता रहा और उसे लगा कि शायद यही सच है। वह अपने आप ही से प्यार करता है; इसलिए वह किसी दूसरे के प्यार में, अपने आपको भुला नहीं पाता। उसे जो भी चाहता है, उसे वह चाहने लगता है और उसके मन में कहीं गहरे यह इच्छा है कि लोग उसे चाहें....

चेतन ने करवट बदल ली। उसे लगा कि कहीं इस बात में सच्चाई ज़रूर है। —काली, गोरी, फूहड़, गँवार —जो भी लड़की उसे चाहने लगती है, वह उसे चाहने लगता है....इस सच्चाई को जान कर उसे तकलीफ़ हुई। उसके मन में कहीं एक लालसा थी कि वह भी एक बार खुल कर, गत-आगत, हानि-लाभ की सब चिन्ताएँ भुला कर, वैसा प्रेम

कर सके, जैसा लैला से मजनूँ को था या हीर से राँझा को अथवा शीरीं से फरहाद को।

उसने बेचैनी से करवट बदली —यह कैसी मूर्खों की-सी साध है उसकी ? ज़िन्दगी की कशमकश में उलझा, उस जैसा युवक —चन्दा से उसका विवाह न भी हुआ होता — चाहने पर भी वैसा प्रेम कैसे कर सकता ? — वैसा निर्द्वन्द्व प्रेम, सिर्फ़ राजे-महाराजे, जागीरदार किसान या वे लोग ही कर सकते हैं, जिनके सामने ज़िन्दगी का कोई आदर्श न हो। उसने तो छुटपन से ही बड़े-बड़े सपने देखने शुरू कर दिये थे; अपने वातावरण से ऊपर उठना, ज़िन्दगी को सोद्देश्य जीना, उसने अपना ध्येय बना रखा था; उसके यहाँ पागलों-ऐसे उस प्रेम के लिए कहाँ स्थान था। और उसे छठी जमात में पढ़ी, 'हाली' की नज़्म की दो पंक्तियाँ याद हो आयीं :

ऐ इश्क तूने अक्सर कौमों को खा के छोड़ा
जिस घर से सिर उठाया उसको बिठा के छोड़ा

०

चेतन ने फिर करवट बदली....'लेकिन चन्दा की जगह अगर कुन्ती या नीला होती तो ?' — उसने अपने से सवाल किया — 'अगर' — वह मन-ही-मन हँसा — 'अगर' — 'अगर' को किसने जीता है....अगर हिन्दुस्तान आज़ाद होता ?....अगर यहाँ शादी-ब्याह का यह ढंग न होता ?....रीति-नीति की ये दीवारें न होतीं ? अगर नौजवान लड़के-लड़कियाँ, पश्चिम के लड़के-लड़कियों की तरह, मनचीते से प्रेम कर सकते ? अगर अपने गुनाहों के लिए उन्हें शर्मसार न होना पड़ता....अगर ऐसे प्रेम के फल-स्वरूप पैदा होने वाले बच्चों की जगह, नालियों या अनाथालयों में न होती....उन्हें हरामियों की संज्ञा न दी जाती....अगर....लेकिन....इस 'अगर' का कहीं अन्त नहीं....वह कोशिश भी करता तो शायद कुन्ती अथवा नीला से उसका विवाह न हो पाता। कुन्ती की शादी शाम चुरासी के उस पण्डित से हुई, जिसका अपना प्रेस था; नीला का विवाह रंगून के मिलिट्री एकाउण्टेण्ट से हुआ, जो (उमर ज़्यादा हुई तो क्या) दो-ढाई सौ पाते थे; नीला की बड़ी बहन इंजीनियर को ब्याही गयी थी और चेतन कमाता था महज़ चालीस रुपये महीना....कैसे उससे ब्याह देते कुन्ती अथवा नीला को, उनके पिता....फिर ब्याह भी देते तो क्या सनद है कि सुख ही से बसर होती। वे दोनों सुन्दर सही, पर चन्दा-ऐसा उदार, सरल हृदय, उतनी शालीनता और भोलापन तो शायद लाखों में से एक में हो!....उसके पास जो है, उसे बेहतर बनाने के बदले, जो नहीं है, अथवा नहीं हो सकता, वह उसकी सोचता ही क्यों है ?....वह ऐसे एक-निष्ठ हो कर लगा रहा तो सरचश्मा-ए-ज़िन्दगी[१] की तरह एक दिन निश्चय ही अपने उद्देश्य में सफल हो जायेगा....

चेतन ने फिर करवट बदली, आँखें बन्द कीं और सोने का प्रयास किया....लेकिन नींद उसकी आँखों में नहीं थी। वहाँ फिर वही दृश्य आ गया था, जब उसकी पीठ पर क्रीम मलते-मलते, चन्द्रा ने गाल उसके कन्धे से लगा दिया था और बड़े स्नेह से पूछा था, 'मास्टर जी अब तो आप मुझ से नाराज़ नहीं ?'

उसे चन्द्रा से प्रेम नहीं, पर इस आकर्षण का वह क्या करे ? बचाव की अपनी तमाम

१. चेतन का सहपाठी, अमर नाथ महेन्द्र, जिसे वह मज़ाक में 'सर-चश्मा-ए-ज़िन्दगी' कहता था।

कोशिशों के बावजूद, वह धीरे-धीरे उसके निकट आ रही है और यह निकटता ही सारे फ़साद की जड़ है। एक बार स्पर्श-सुख पा लेने के बाद, अगर तृप्ति हो जाती तो क्या बात थी; पर तृप्ति नहीं होती, अतृप्ति बढ़ती है और ले जा कर कहीं गड्ढे में डुबो देती है....उस वक्त, जब क्षणिक आवेग में, उसने चन्द्रा को बाँह में भर कर चूम लिया था, अगर कहीं ऊपर से लाला हाकिमचन्द या बीबी जी आ जातीं तो!....उस वक्त, जब वह अपना गाल उसके नंगे कन्धे से लगाये खड़ी थी, अगर कोई आ जाता तो!....सोचने मात्र से चेतन के शरीर में झुरझुरी-सी दौड़ गयी....'ऐ इश्क तूने अक्सर कौमों को खा के छोड़ा'....कौमों को खाये या न खाये, पर चन्द्रा का यह इश्क, उसको खा जायेगा। आज उसने उसका माथा चूमा है, कल वह उसके होंट चूमेगा, उसकी वह दूधिया गर्दन चूमेगा....आज उसने उसकी पीठ से अपना गाल लगाया है, कल वह उसके सीने से आ लगेगी और....'इश्क, मुश्क और ख़ून छुपते हैं छुपाने से कहीं!'....वह पकड़ा जायेगा और जूते खायेगा....

चेतन ने फिर करवट बदली।

o

....सीपुर जाने से पहले उसने तय किया था कि वह मेले से वापस आने के बाद, लाला जी से छुट्टी माँग लेगा; लेकिन शाम को, जब वे उसका चश्मा बनवा कर लाये और उन्होंने हिसाब दिया तो चेतन को मालूम हुआ कि पचास रुपये उसके सिर और चढ़ गये हैं। वह तो समझता था कि उसके इस अनुभव का ख़र्च, सिर्फ़ उसकी टूटी ऐनक और उसका शारीरिक कष्ट ही है; लेकिन जब लाला जी ने रिक्शों का, वकील का और सिपाहियों को रिश्वत देने का हिसाब बताया तो उसके होश फ़ाख़्ता हो गये। वकील ने उन्हें पचास रुपये का बिल भेज दिया था और दिन भर रिक्शा जो उसने रखी, उसके दस रुपये रिक्शा वाला, उनके दफ़्तर से आ कर ले गया था।....ख़र्च की इतनी मोटी रकम सुन कर, चेतन हतप्रभ खड़ा रह गया था —'जिस कारन पैधा साड़ा, ओसे कारन रेया उघाड़ा'[१] —उसके मन में पंजाबी की एक कहावत घूम गयी, जो उसकी माँ कभी-कभी, ऐसी स्थिति में इस्तेमाल किया करती थी —चेतन को यह कहावत अपनी स्थिति के अनुरूप लगी। उसने यह ट्यूशन ली थी कि दाख़िले का ख़र्च जुटा लेगा; पर बिल की रकम सुन कर, उसे लगा कि जो वह जोड़ेगा, सब यहीं दे जायेगा, और ट्यूशन एक तरह बेगार ही में करेगा। उसे यूँ चुप देख कर, लाला जी ने कहा था कि वकील को वे कुछ नहीं देंगे —ज़्यादा परेशान करेगा तो दस रुपये दे कर जान छुड़ा लेंगे, "काम तो उस महाजन के बच्चे ने कुछ किया नहीं!"

लेकिन जो रुपया सिपाहियों को दिया गया और उसे छुड़ाने के लिए जो लाला जी रिक्शे लिये-लिये दौड़े, वह ख़र्च चेतन उन पर कैसे डाल देता! इसलिए उसने कहा था कि जो ख़र्च उसे मुक्त कराने पर हुआ है, उसमें से जो वाजिबी रकम वे उस के ज़िम्मे लगायेंगे, वह ट्यूशन से कटा देगा (ट्यूशन छोड़ने की बात उस परेशानी में वह यकसर भूल गया)

१. जिस कारण साड़ी पहनी, उसी कारण उघाड़ा —याने नंगा —रहा। —कोई आदमी मुसीबत भी मोल ले और उसका काम भी न बने, तब यह कहावत कहते हैं। शायद किसी पुरुष ने जल्दी में अपनी पत्नी की साड़ी कमर में बाँध ली होगी। पर वह बारीक होगी, उससे उघड़ाई कहाँ ढँकती। पंजाबी कहावत में शायद इसीलिए 'साड़ी' का 'साड़ा' हो गया है।

और लाला जी ने उसे तसल्ली दी थी कि वे उस पर कम-से-कम बोझ ही डालेंगे और वह किसी तरह की चिन्ता न करे....

....लेकिन कम-से-कम भी वे उस पर डालेंगे तो पच्चीस-तीस रुपये से कम क्या होगा ? — चेतन ने लेटे-लेटे सोचा — बहुत दया करेंगे तो रिक्शा वग़ैरा का ख़र्च न लेंगे।....पिछले महीने के बीस रुपये तो वह — यूनीवर्सिटी टेलर्ज़ का उधार चुकाने, भाई साहब को मकान का किराया भेजने और स्वेटर तथा गैलिस लेने में — ख़र्च कर चुका है।....बाकी रुपये सी०पी० के मेले की भेंट हो गये तो वह दाख़िले के लिए क्या बचायेगा ?....फिर इस ट्यूशन में तो उसकी इज़्ज़त को भी ख़तरा है....ट्यूशन करके लाला जी के पैसे उतारता हुआ, अगर वह चन्द्रा के सिलसिले में किसी घपले में पड़ गया तो जूते घाते में खायेगा। इस साले सी०पी० के मेले ने उसे बदनाम तो कर ही दिया है। कसुम्पटी और छोटे शिमले में घर-घर, इसी किस्से को ले कर, तरह-तरह की चर्चा हो रही होगी। ऊपर से लोग चाहे जो कहें, पर मन में यही समझते हैं कि इस साले मास्टर ने ज़रूर किसी पहाड़ी औरत को छेड़ा होगा; कोई नावाजिब हरकत की होगी, तभी तो पकड़ा गया और टिक्का साहब उसे इतनी मिन्नत-समाजत पर भी छोड़ने को तैयार न हुए।....चन्द्रा के सिलसिले में ज़रा-सी भी बात हो गयी तो कोई नहीं मानेगा कि लड़की उदमाती है। सब यही कहेंगे कि मास्टर ही बदमाश है; हाकिमन्द तो बेवकूफ़ है, जो उसे फिर लड़की को पढ़ाने पर लगा दिया।....इस चक्कर में वह यहाँ से जूते खा कर वापस जायेगा और वहाँ भाई साहब के जूते खायेगा....नहीं, नहीं, वह यह ट्यूशन कभी नहीं करेगा! सुबह ही छोड़ देगा....पर कैसे छोड़ देगा ? ये इतने रुपये जो उसके सिर पर, उसकी मूर्खता के कारण चढ़ गये हैं, उन्हें कैसे उतारेगा ? ट्यूशन छोड़ने के लिए बहाना क्या बनायेगा ? वह सोच-समझ कर, आधी तनख़्वाह की गारण्टी दे कर ट्यूशन पर आया है, लाला हाकिमचन्द क्या उसे यूँ ही छोड़ देंगे ?

चेतन का दिमाग़ परेशान हो गया। वह उठा। उसने स्वेटर पहना और लोई लपेट कर, वह चुपचाप कमरे से बाहर निकल गया।

०

चारों तरफ़ कुछ अजीब-सा स्वप्निल उजेला फैला था। आकाश पर बादलों के टुकड़े, किनारों पर रुपहली गोट लिये, तैर रहे थे। चाँद, कहीं ऊपर सड़क पर, पहाड़ी के पीछे चमक रहा था। वहाँ केलुओं की पंक्ति, काली दीवार-सी खड़ी थी; सिर्फ़ उनकी कोणाकार फुनगियाँ, चाँदनी के पार्श्व में, कंगूरे-सी बना रही थीं। केनमोर एस्टेट के देवदार अँधेरे में डूबे हुए थे; बड़े बँगले की छत उन के तनों में से चमकती दिखायी दे रही थी। सामने लेटा पहाड़, चाँदनी का रुपहला परिधान ओढ़े था....चेतन का मन हुआ, कसुम्पटी जा कर, इस जुन्हाई में, घाटी की बहार देखे। वह दरवाज़ा बन्द कर के, ऊपर सड़क पर आया और बायीं ओर के छोटे मार्ग से कसुम्पटी की ओर चल दिया।

रास्ता सँकरा थ।। पूरा चाँद, कहीं दायीं ओर की पहाड़ी के पीछे, चमक रहा था। भिनसारे-ऐसा, हल्का-सा उजेला उस सँकरे मार्ग पर फैला था। कुछ आगे, बायीं ओर की झोंपड़ियाँ, इस धूमिल प्रकाश में सोयी थीं। रास्ता यहाँ केवल एक पगडण्डी-जैसा रह गया था और कसुम्पटी के किनारे, उतरने के लिए, यूँ ही कुछ पत्थर रखे हुए थे। चेतन सँभल

कर, उन पर पैर रखता हुआ, बाज़ार में पहुँच गया।

दायीं तरफ़, बाज़ार में, कुछ जगह ख़ाली थी; वहाँ से घाटी, चाँदनी में धुली दिखायी दे रही थी। चाँद, ऊपर आकाश में, रुका-सा लगता था। चेतन ज़रा घाटी के किनारे की ओर को बढ़ गया। दायीं तरफ़, पहाड़ ढालुवाँ था; सामने प्रॉस्पेक्ट हिल की पहाड़ी, बीच घाटी में लेटी दिखायी देती थी और कसुम्पटी की ओर को, घाटी के कोने में केलू और बाँझ के पेड़, अँधेरी खोह-ऐसे लगते थे। घाटी में दो-तीन जगह बादलों की छाया पड़ रही थी — चेतन मुग्ध-सा क्षण भर उसे देखता रहा, फिर वह वापस आ कर, बीच-बाज़ार खड़ा, चाँदनी में सोये-सोये-से बाज़ार का नज़ारा करने लगा — दोनों तरफ़ टीन की छतें चमक रही थीं। सामने, बाज़ार के परले सिरे पर, पहाड़ी के ऊपर बने मकानों की खिड़कियाँ, जैसे अपनी उनींदी आँखों से इस चाँदनी रात का नज़ारा कर रही थीं और गगन-चुम्बी देवदार, प्रहरियों-से, गम्भीर खड़े थे।....चेतन चाहता था कि बायीं ओर की घाटी को भी देखे, पर स्वेटर और लोई के बावजूद, उसे सर्दी-सी महसूस हुई। वह वापस पलटा।

०

....इस ट्यूशन के चक्कर से वह कैसे निकले ? — घर की ओर कदम बढ़ाते ही, इस समस्या ने फिर उसे घेर लिया। तभी हवालात से रिहाई पाने के सिलसिले में उसे बधाई देने और यूँ उस अभियोग की याद दिलाने वाले क्लर्कों की सूरतें उसके सामने आ गयीं और उनके प्रकट भोलपने, लेकिन वास्तव में ख़ासे काईयाँपने से पूछे गये प्रश्न, उसके कानों में गूँज गये। उस क्रोध के बावजूद, जो उनकी उन बधाइयों के पीछे छिपी दुर्भावना के कारण उसके मन में उपजा था, चेतन को लगा कि क्यों न वह उसी के बहाने लाला जी से छुट्टी माँग ले। — सी०पी० की उस दुर्घटना के बाद, उसका वहाँ रहना और लाला जी का उसे वहाँ रखना ठीक नहीं था। फिर उसे ख़याल आया — चन्दा को इसी महीने में बच्चा होने वाला है और वह उसकी अस्वस्थता का भी बहाना बना सकता है....रुपये की बात ज़रूर है, पर वह उनसे कहेगा कि उसे सिर्फ़ लाहौर पहुँचने भर का किराया दे दें। वहाँ जा कर वह उनकी पाई-पाई चुका देगा....लाला हाकिमचन्द से यह सब कह पाना तो उसे कठिन लगता था; पर वह पत्र लिख कर, सुक्खू के हाथ, उन्हें भेज देगा और जब वे उससे बात करेंगे तो उन्हें अपनी पोज़ीशन की नज़ाकत समझा देगा....इस हल के सूझते ही उसकी चाल तेज़ हो गयी।

लेकिन कुछ ही कदम चलने के बाद, चेतन को दूसरा ख़याल आया....उसे लॉ कॉलेज में दाख़िला लेना है; उसका रुपया भी जुटायेगा, इनको भी रुपया देगा — वह इतना रुपया लायेगा कहाँ से ? और वह फिर धीरे-धीरे चलने लगा....रुपये का इन्तज़ाम तो उसे हर हाल में करना होगा। नहीं करेगा तो क्या इस कूचे से बे-आबरू हो कर ही निकलेगा!....रुपये का प्रबन्ध नहीं होगा तो वह फिर कुछ महीनों के लिए किसी समाचार-पत्र में नौकरी कर लेगा; कहीं से अनुवाद का काम ले लेगा; पत्नी के बाकी गहने गिरवी रख देगा....रुपये का प्रबन्ध वह कर लेगा, लेकिन यहाँ से हर हाल में चला जायेगा....और वह फिर तेज़-तेज़ चलने लगा....लेकिन कुछ ही कदम चलने पर फिर उसकी गति मन्द हो गयी — यदि लाला जी ने उसे न जाने दिया तो....वे हिसाबी-किताबी

आदमी हैं। मनोवृत्ति उनकी अब भी क्लर्क ही की-सी है। अगर वह किसी अंग्रेज़ अफ़सर का नौकर होता और उस पर ऐसी मुसीबत पड़ती तो क्या पुलिस को दिये गये रुपये और रिक्शे पर किया गया ख़र्च वह उससे वसूल कर लेता.... उसे पता होता कि रिक्शे का भाड़ा उसके सिर पड़ जायेगा तो वह लाख थका-भूखा सही, पैदल ही मशोबरे से वापस आता.... जो आदमी चन्द रुपये नहीं छोड़ सकता, वह इतने रुपये कैसे छोड़ देगा ?....

o

चेतन कुछ क्षण तक चुपचाप, ख़ाली दिमाग़ चलता रहा। उसे कोई भी कारगर तरीका न सूझ पा रहा था। अचानक उसे ख़याल आया कि लाला जी किसी तरह न मानेंगे तो वह उन्हें यकीन दिलायेगा कि वह चन्द्रा की ट्यूशन एकदम थोड़े ही छोड़ना चाहता है, न वह अपनी गारण्टी ही वापस लेना चाहता है; लाहौर जा कर, वह फिर ट्यूशन शुरू कर देगा और लड़की को पास कराके ही शेष रुपये लेगा; लेकिन वह उनसे प्रार्थना करेगा कि अभी वे उसे जाने दें। उसने इन दो महीनों ही में, चन्द्रा को चार महीनों जितना पढ़ा दिया है, पास वह निश्चित रूप से हो जायेगी.... और समस्या का यह हल सूझ जाने से वह फिर तेज़-तेज़ चलने लगा।

o

अपने कमरे में पहुँच कर, उसने धीरे से दरवाज़ा खोला, बिजली का बटन दबाया और पैड ले कर उसने उर्दू में पत्र लिखना शुरू किया :

> मोहतरिम लाला जी,
>
> मैं आपके साथ यहाँ चन्द्रा को तीन-साढ़े तीन महीने पढ़ाने के ख़याल से आया था। मैंने अपनी पूरी काबलियत, मेहनत और दयानतदारी से उसे पढ़ाया है। कोई दूसरा ट्यूटर चार महीने में उसे जितना पढ़ाता, उतना मैंने उसे दो महीने में पढ़ा दिया है; लेकिन परसों बदकिस्मती से सी०पी० के मेले में जो हादसा हो गया —मेरी नासमझी और बेवकूफ़ी की वजह से ही —और वहाँ मुझ पर जो इल्ज़ाम लगाया गया, उसके बाद मैं सोचता हूँ, मुझे अब चन्द्रा को नहीं पढ़ाना चाहिए। कल कसुम्पटी और छोटे शिमले के सभी दोस्त मुझसे मिलने आये और हालाँकि उन सब को मुझ पर लगाये जाने वाले इल्ज़ाम का पता था, पर उनमें से हरेक ने कुरेद-कुरेद कर मुझ से उसकी तफ़सील चाही....

और यूँ पत्र शुरू कर के चेतन ने निम्न-मध्य वर्ग के संकुचित समाज, उसकी मान्यताओं, सीमाओं और वर्जनाओं का उल्लेख करते हुए, अपने जाने बड़े युक्ति-युक्त ढंग से, अपनी बात कही, पत्नी की अस्वस्थता का भी उल्लेख किया और लाला हाकिमचन्द से प्रार्थना की कि अभी वे उसे छुट्टी दे दें, लाहौर जाने भर का किराया दे दें। उनका जितना रुपया उस पर निकलेगा, वह जाते ही भिजवा देगा।

> मैंने चन्द्रा को इतना पढ़ा दिया है कि बाकी दो महीनों में, अगर वह उसे ही दोहरा लेगी तो वह लाहौर जा कर, अपने साथ 'रतन' में पढ़ने वाली सहेलियों से आगे होगी। मैंने बुनियाद ऐसी मज़बूत कर दी है कि उसे किसी तरह की मुश्किल न हो और मेरी मदद के बिना भी, वह यकीनन पास हो जायेगी। आप मेरी आधी

तनख़्वाह भी शौक से रख लीजिएगा। और उसी वक्त दीजिएगा, जब वह पास हो जाये। जो थोड़ा-बहुत रुपया आपका मुझ पर रह जायेगा, वह मैं जाते ही भिजवा दूँगा।

ख़त लिख कर, लिफ़ाफ़े में बन्द कर के, उसने ऊपर उनका नाम लिखा और उसे मेज़ पर रख कर, उसने लोई उतार कर तह की, स्वेटर को उतार खूँटी पर टाँगा और फिर लेट गया। रज़ाई बर्फ़-सी ठण्डी थी। अच्छी तरह से उसे अपने इर्द-गिर्द लपेट कर, उसने सोचा कि अगर लाला जी उसके गारण्टी के रुपये न भी दें (उसे पूरा विश्वास था कि वे कभी नहीं देंगे) तो भी एक महीने के बीस रुपये बनते हैं, वे अपने रुपये काट भी लेंगे तो उसे मुश्किल से दस-बारह रुपये उनके देने होंगे और वह जैसे भी होगा, लाहौर जा कर इतने का प्रबन्ध कर के भेज देगा।....और यूँ इस समस्या को दिमाग़ से निकाल कर, वह सो गया।

०

लेकिन सुबह के वक्त, जब उसने सुक्खू के हाथ लिफ़ाफ़ा भेजा तो लाला जी ने, दफ़्तर को जाते-जाते, उसके कमरे में आ कर, दस मिनट में उसकी सारी किलेबन्दी तोड़ दी। वह सी०पी० के तहख़ाने की ठण्डक में अथवा आधी रात को कसुम्पटी की सैर करने के कारण, शायद सर्दी खा गया था। सुबह उससे कसरत भी न हुई थी। वह लिहाफ़ लिये, पलँग पर लेटा था कि तभी लाला जी धड़धड़ाते हुए कमरे के अन्दर आये। उसे लेटे देख कर, हठात चिन्ता से उन्होंने पूछा :

"क्या बात है मास्टर जी! तबीयत कुछ ख़राब है ?"

चेतन उठ कर बैठ गया।

"शायद मैं सी०पी० के तहख़ाने में सर्दी खा गया। बदन टूट रहा है।" उसने कहा।

लाला जी ने बढ़ कर उसकी कलाई हाथों में ली। फिर उसके माथे पर हाथ रखा — "हल्की-सी हरारत है। एस्पिरिन की दो गोलियाँ पानी से ले लीजिए और गर्म-गर्म दूध पी लीजिए। आप शाम तक ठीक हो जायेंगे। वरना कल डॉक्टर को बुला दूँगा।"

"नहीं, आप फ़िक्र न कीजिए! मैं ठीक हो जाऊँगा।"

तब लाला जी ने बाहर निकल कर सुक्खू को आवाज़ दी और उसे बीबी जी से एस्पिरीन की दो गोलियाँ ले कर, मास्टर जी को देने के लिए कहा। फिर अन्दर आ कर उन्होंने चेतन से पूछा :

"क्या आपके घर से कोई तार आया था ?"

"जी नहीं।" चेतन अचानक समझ न पाया कि क्या बात है।

"क्या कोई ख़त आता है ?"

चेतन अब समझ गया, पर झूठ न बोल सका — "जी नहीं!"

"तो आपको कैसे मालूम कि आपकी पत्नी की सेहत ठीक नहीं ?"

चेतन अचकचा गया, "जी, इसी महीने उसे बच्चा...."

"वह कहाँ है ?" लाला जी ने उसकी बात काट कर पूछा।

"जी, हमारे घर — जालन्धर!"

"वहाँ कौन है ?"

"जी, मेरी माँ है, भाई हैं।"

"तो फिर आप वहाँ जा कर क्या करेंगे। आपके भाई वहाँ हैं। आपकी माँ तजरुबेकार हैं...."

"जी....वो बात यह है कि मेरे भाई छोटे हैं; पिता जी दूर-दराज़ स्टेशनों पर रहते हैं, बड़ा आदमी घर में कोई नहीं...."

"आप बेकार फ़िक्र करते हैं। आप कहीं उजाड़-बियाबान में तो रहते नहीं होंगे, मुहल्ले ही में रहते होंगे और ऐसे मौकों पर मुहल्ले के दस आदमी तैयार हो जाते हैं। वाइफ़ की प्रेगनेंसी का तो आपको पहले से पता था, लेकिन आपने मुझे से नहीं कहा। मैं आज ही आपके घर तार दे देता हूँ, आपकी बीवी की ख़ैर-ख़बर मँगा देता हूँ और यह भी पूछ देता हूँ कि वहाँ आपकी ज़रूरत है कि नहीं ? आपकी ज़रूरत होगी तो वक्त-के-वक्त चले जाइएगा।"

और लाला जी चलने को मुड़े, फिर पलट कर उन्होंने कहा, "आज आप आराम कीजिए। ताकत हो तो लेटे-लेटे चन्द्रा को पढ़ा दीजिए और अपने घर का पता मुझे दीजिए।"

"जी, बात यह है....वो मैंने आपको लिखा है....कल जो बात हुई, उसके बाद....मेरा...."

लाला जी हँसे, "आप पागल हैं। अव्वल तो किसी क्लर्क की मजाल नहीं कि आपको कोई बात कहे, पर कोई कहे भी तो आप क्या उनके घर की ट्यूशन करते हैं! मैंने या मेरी बीवी ने आपको कुछ कहा ? इस बात की चिन्ता मुझे होनी चाहिए या आपको ? आप इत्मीनान से उसे पढ़ाइए और इन छोटी-छोटी बातों के लिए परेशान न होइए। मुझे अपने घर का पता दीजिए। मैं आपकी पत्नी की ख़बर मँगा देता हूँ।"

चेतन निरुत्तर हो गया। उसने कहा, "जी, मैं ख़ुद ही आज ख़त लिख कर पूछ लेता हूँ।"

लाला जी चल दिये फिर दरवाज़े से मुड़ कर, वापस आते हुए, उन्होंने कहा, "यह न समझिएगा कि मैं पैसे नहीं देना चाहता; पैसे की जितनी ज़रूरत हो, ले लीजिएगा और यह जो सी०पी० के झगड़े में आपका ख़र्च हो गया है, मैं अभी नहीं काटूँगा। साल के आख़ीर में हिसाब कर लूँगा। अभी तो आपको कॉलेज के दाख़िले के लिए ज़रूरत होगी न!"

और उसकी पीठ को थपथपाते और उसे यह नसीहत देते हुए कि अपने काम से ग़रज रखनी चाहिए और लोगों की बातों की चिन्ता नहीं करनी चाहिए, लाला जी खट-खट करते चले गये।

चेतन किं-कर्तव्य-विमूढ़-सा रह गया। वह उनसे कैसे कहता कि वह अपनी और चन्द्रा की ओर से आश्वस्त नहीं; कैसे कहता कि उसे चन्द्रा से प्रेम होता जा रहा है।....

आठवाँ खण्ड

बीस

हफ़्ते बाद ही चेतन अपनी पत्नी को पत्र लिख रहा था :

प्रिय चन्दा

लगता है, जैसे मैं चूहेदानी में फँस गया हूँ। भाई साहब ठीक ही कहते थे, मुझे यह ट्यूशन नहीं लेनी चाहिए थी। तब तुम ने कहा था, और मैंने भी यही समझा था, कि जब मैं कोई मौका ही न दूँगा तो यह लड़की कैसे मुझे पिटवा देगी। लेकिन मैं, इन दो-ढाई महीनों में, अच्छी तरह समझ गया हूँ —कैसे मैं, बिना कुछ किये भी, पिट सकता हूँ और किस तरह, न चाहते हुए भी, मुझसे कुछ ऐसा हो सकता है, जिसका नतीजा आख़िरकार वही हो।

....स्वामी रामकृष्ण परमहंस ने, साधकों को औरत के पैरों में निगाहें रखने और उसे माँ के रूप में देखने का उपदेश दिया है। मैंने अगर चन्द्रा के पैरों में नहीं देखा तो उससे आँखें भी नहीं मिलायीं और इसीलिए शायद मैं अब तक बचा रहा हूँ। लेकिन लगता है, अब आगे ऐसा करना कठिन है। लड़की का ध्यान पढ़ने में होता तो कोई मुश्किल न थी। मैं बड़ी आसानी से ट्यूशन पढ़ा कर, लॉ कॉलेज के दाख़िले के लिए रुपये इकट्ठे कर के लौट आता। लेकिन लड़की का ध्यान पढ़ने में नहीं है। वह सामने किताब खोले, उसमें देखने के बदले, मेरी तरफ़ मुटर-मुटर तकती रही है। मैं क्या बकता रहा हूँ, उसने नहीं समझा। इसी कारण ग़ुस्से में आ कर, मैंने एक दिन उसे ज़ोर से थप्पड़ मार दिया। उसने मेरी शिकायत नहीं की और मैं पिटा भी नहीं, पर ऐसी लड़की को पढ़ाया कैसे जा सकता है! मैंने अपना ढंग बदला कि शायद मेरे लगातार पढ़ाने से बोर हो कर, वह ध्यान नहीं देती; लेकिन अब वह दिन-ब-दिन आगे बढ़ी आ रही है। हाथों और आँखों पर उसे काबू नहीं, मेरा दिल हर वक्त धड़कता रहता है और चिन्ता-फ़िक्र के मारे मुझ नींद नहीं आती। योगी जिसे तलवार की धार पर चलना कहते हैं, कुछ वैसा ही हाल मेरा है। कब आदमी गिर जाये या घायल हो जाये, इसका कोई भरोसा नहीं।....

मैंने कोशिश की थी कि इस चूहेदानी से निकल भागूँ। अपनी इज़्ज़त के आगे पैसा कोई चीज़ नहीं; मैंने तुम्हारी बीमारी का बहाना कर के छुट्टी चाही थी, पर लाला जी माने नहीं, तुम्हें तार देने को तैयार हो गये। अब उनसे कैसे कहता कि आपकी लड़की उदमाती है, पढ़ने-वढ़ने में उसका ध्यान नहीं, अच्छा घर देख कर इसे ठिकाने लगा दीजिए। लेकिन हर मूर्ख पिता की तरह, वे अपनी लड़की को देवी समझते हैं। मेरी भलमनसी और कैरेक्टर पर भी उन्हें पूरा

विश्वास हो गया है, मगर अपने ऊपर से मेरा अपना विश्वास उठता जा रहा है। यह तो आग और घी का साथ है। मैं देवता तो हूँ नहीं, कमज़ोर आदमी हूँ; लगता है, भगवान मुझे मेरे घमण्ड की सज़ा देना चाहता है। मैं अपने आपको बहुत चतुर लगाता था, इसीलिए मैंने भाई साहब की नसीहत नहीं मानी और उसी का फल शायद मुझे भुगतना है। तुम अगर मुझे रोक देतीं तो मैं नहीं आता, पर तुमने भी मुझे नहीं रोका। तुम मुझ से भी भोली हो।....आशा एक ही बात से बँधती है कि लड़की के साथ ही, मैं अपनी कमज़ोरी भी समझता हूँ और सोचता हूँ कि तलवार की धार पर चलना सही, पर यह मुश्किल काम मैं कर ले जाऊँगा और सही-सलामत वापस पहुँच जाऊँगा। तुम्हारी दुआओं की ज़रूरत है मेरी जान। भगवान-अगवान पर तो मुझे वैसा भरोसा नहीं रहा, हालाँकि अब भी —'यथैव विधाता वधीयति, यथैव शुभाय' —मैं दोहरा लेता हूँ। पर लगता है, विधाता तो इस बात पर तुला हुआ है कि मेरी ना-समझी और बेकार की अकड़ का मुझे मज़ा चखाये।

मैंने लाला जी को तार नहीं देने दिया, पर तुम लिखो, तुम्हारी तबीयत कैसी है, अब तो तुम पूरे-दिनों से होगी। मन होता है, इस समय मैं तुम्हारे पास होता। बच्चा कम्बख़्त तो पिता पर भारी लगता है; इस चूहेदानी में तो फँसा ही हूँ, पर दस-एक दिन पहले, मैं यहाँ के एक मेले में पुलिस के चक्कर में पड़ गया और रात भर रियासती हवालात के नरक का 'सुख' भोग आया। एक ही रात में वह यन्त्रणा पायी कि ज़िन्दगी भर मेरी याद को घायल रखेगी। यूँ चिन्ता की कोई बात नहीं, दूसरे ही दिन उन्होंने मुझे छोड़ दिया और दारोग़ा ने सिपाही की बदतमीज़ी के लिए मुझ से क्षमा माँगी। यही सोचता हूँ कि जिस बच्चे ने आने से पहले अपने पिता को हवालात दिखा दी, वह माँ को दुखी न करे। अपनी सेहत का वापसी डाक पता देना, मुझे लगातार चिन्ता रहती है।....

तुम्हारा

चेतन

पुनश्च :

मेले में क्या हुआ और कैसे पकड़ा गया, तुम्हें यह जानने की उत्सुकता होगी। अब सोचता हूँ तो अपनी मूर्खता पर हँसी आती है। तुम्हारा पत्र आने पर और तुम्हारी तबियत का पता चलने पर, मैं तुम्हें रोज़ एक लम्बा पत्र लिखूँगा, जिसमें मेले में जाने से ले कर वहाँ से रिहाई पाने तक का सारा हाल विस्तार से दूँगा। कभी किसी पुस्तक के ही काम आयेगा। लेखक को यही तो सुविधा है, वह कोई भी मूर्खता करे, कैसी भी तकलीफ़ पाये, वह अपने सुख-दुख, पीड़ा-व्यथा, आराम अथवा संघर्ष — सब को भुना सकता है। वह तमाशा बनते हुए भी तमाशाई रहता है।....मैंने वहाँ मेले में इधर के पहाड़ी गीत भी इकट्ठे किये हैं। इनमें से कुछ बड़े ही प्यारे हैं। एक पत्र में तुम्हें वे भी भेजूँगा। तुम्हारा मन भी लगा रहेगा और मैं अपने इस मनोरंजक अनुभव को लिपिबद्ध भी कर लूँगा....तो

तुम वापसी डाक अपनी सेहत के बारे में ख़बर दो। मैं उस ख़बर की भी प्रतीक्षा में हूँ कि मेरे घर की एक खूँट काँपती है कि चारों। तुमने वह पंजाबी कहावत तो सुनी है न कि लड़की पैदा होती है तो घर की एक खूँट काँपती है, पर लड़का पैदा होता है तो चारों खूँट काँप उठती हैं....

चेतन

चेतन ने पत्र को लिफ़ाफे में बन्द किया। उस पर पता लिखा। पहले वह पत्र लाला जी को दे दिया करता था कि वे डाकख़ाने में डाल दें, पर इधर वह सतर्क हो गया था और जिन पत्रों में चन्द्रा, लाला जी या फिर वहाँ की स्थिति के बारे में कुछ होता, वह उन्हें ख़ुद जा कर लेटर-बक्स में डाल आता।

शाम के छै बज चुके थे। चन्द्रा को पढ़ाने के बाद ही अपने कमरे में आ कर चेतन पत्र लिखने लगा था। कई दिन से लगातार पानी बरस रहा था। चेतन ने दरवाज़े से निकल कर देखा। आकाश पर कहीं बहुत ऊँचे, बादल छाये थे और आँखों से दिखायी न देने वाली फ़ुहार, बे-आवाज़ झर रही थी। चेतन ने निक्कर-कमीज़ और स्वेटर पहना और हाथ में छाता ले कर बाहर निकल आया।

००

पिछले दिनों उसने अपनी पत्नी को कई पत्र लिखे थे, पर उनमें से एक भी न डाला था। लाला जी को त्याग-पत्र भेजने के बाद ही, उसने अपनी पत्नी को एक संक्षिप्त पत्र लिखा था कि वह यह ट्यूशन छोड़ रहा है और चन्द दिनों में उसके पास पहुँच जायेगा।....लेकिन लाला जी दफ़्तर को जाते हुए, उसके कमरे में आये तो कुछ क्षणों में ही उन्होंने उसे निरुत्तर कर दिया था। उस दिन उसने शाम को अपनी पत्नी के नाम फिर एक लम्बा पत्र लिखा था, जिसमें उसने सी०पी० के मेले में अपनी यन्त्रणा का उल्लेख किया था और वापसी पर, उसने जैसे त्याग-पत्र दिया और जो नतीजा निकला, उस सब का ज़िक्र किया था। लेकिन जब लिख कर उसने पत्र दोबारा पढ़ा तो उसे लगा कि यह नहीं भेजना चाहिए। जाने चन्दा की शारीरिक अवस्था कैसी हो ? उसे आज-कल में बच्चा होने वाला है, जाने उस पत्र का चन्दा के मन पर क्या प्रभाव पड़े। उसे बेकार की चिन्ता होगी; वह तो मुक्त हो ही गया है। क्या ज़रूरत है कि गुज़री हुई बात को ले कर वह उसे परेशान करे। इसके बाद उसने फिर दो-तीन बाद पत्र लिखने की कोशिश की थी, लेकिन ऐसा ख़त न लिख सका था, जिससे वह अपनी बात भी कह दे और उसकी पत्नी को चिन्ता भी न हो....आख़िर उसने तय किया कि वह दो-चार दिन पत्र नहीं लिखेगा। कविराज से उसने सीखा था कि अगर किसी बात पर क्रोध या चिन्ता हो और पत्र में उसे लिखे बिना नींद न आये तो पत्र लिख लेना चाहिए, लेकिन डालना न चाहिए। दिमाग़ ठण्डा होने पर यदि वह ठीक लगे तो डाल देना चाहिए; नहीं फाड़ कर रद्दी की टोकरी में फेंक देना चाहिए। और अगर दो-एक बार कोशिश करने के बाद, ठीक पत्र न लिखा जाये तो उसे कुछ दिन के लिए उठा रखना चाहिए, फिर जब भी कोशिश की जायेगी, ठीक पत्र लिखा जायेगा।

चेतन ने वे सब ख़त फाड़ कर फेंक दिये थे और तय किया था कि अब कुछ दिन बाद ही उन्हें हाथ लगायेगा। लेकिन चन्द्रा को ले कर, उसके दिमाग़ पर जो बोझ था, उसे

वह किसी से बँटाना चाहता था। शिमले में उसका कोई ऐसा मित्र नहीं था, जिससे वह अपने मन की बात कह सके। आज जो फिर उसने चन्दा को पत्र लिखना शुरू किया तो वह एक ही बार में लिखा गया। दोबारा पढ़ा तो उसे वह अच्छा लगा। सब बातें भी उसने कह दी थीं और पत्र की टोन भी गम्भीर न होने दी थी।

यूँ तो बायीं ओर, कसुम्पटी में भी लेटर-बक्स था और दायीं ओर, दोराहे पर भी; लेकिन चेतन ने तय किया कि वह छोटा शिमला के डाक-ख़ाने में ही चिट्ठी डाल आयेगा। दिन भर बैठे-बैठे थक गया था, घूम भी आयेगा।

००

चलते-चलते, उसके सामने पिछले दिनों की घटनाएँ, एक-एक कर, आने लगीं :

००

....उसको चन्द्रा के दोनों भाइयों में से गिगलू तो पहले ही बड़ा प्यारा लगता था, लेकिन इधर पिगलू भी उसके निकट आ गया था।

जिस दिन गिगलू के चोट आयी थी और लाला जी ने (बिना यह देखे कि चेतन किस सद्भावना से अपनी रक्त-सनी कमीज़ की परवाह न कर के, छोटे शिमले तक भागा-भागा डॉक्टर के गया और आया था) उस पर व्यंग्य कर दिया था, चेतन गिगलू से भी खिंचा रहने लगा था, पर उसमें कुछ ऐसी निरस्त्र-सी करती हुई, सहज अबोधता थी कि चेतन उससे खिंचा रहने का प्रयास करने पर भी सफल न हो पाता था। गिगलू का ख़याल आते ही, चेतन की आँखों में कई चित्र आ गये :

....चेतन लिख रहा है कि सहसा गिगलू लँगड़ाता-लँगड़ाता, उसके कमरे में आ जाता है और पूरे होंटों से मुस्करा कर पूछता है :

"मास्टर जी, क्या लिख रहे हैं ?"

"कहानी लिखने की कोशिश कर रहा हूँ।"

"हमें भी सुनाइए।" वह लँगड़ी टाँग पर ज़ोर देता हुआ कहता है।

"भैया, यह तुम्हारे सुनने लायक नहीं है।"

"कोई हमारे लायक सुनाइए।"

और वह उसकी गोद में तो नहीं चढ़ता कि बड़ा हो गया है, पर यूँ उसके घुटनों के साथ लग कर खड़ा हो जाता है और सिर मोड़ कर उसकी आँखों में देखते हुए, कहानी सुनाने का अनुरोध करता है कि चेतन को लगता है, जैसे वह उसकी गोद ही में आ बैठा है। न चाहते हुए भी, वह उसे अपनी बाँह में भर लेता है और अपना काम छोड़ कर, उसे 'पंचतन्त्र' की कहानी सुनाने लगता है — किस प्रकार सच्चे मित्र चूहे ने हिरन की जान बचायी, जब कि झूठा मित्र गीदड़ किसान द्वारा उसे मरवाने और उसके लज़ीज़ गोश्त में कुछ हिस्सा पाने के फेर में था।

गिगलू बड़ी तन्मयता से कहानी सुनता है। कहानी सुनाते-सुनाते, चेतन उसके बालों पर प्यार से हाथ फेरने लगता है....सोचने लगता है कि उसके लड़का होगा, गिगलू जितना बड़ा होगा और चेतन से उसी तरह कहानी सुनाने का अनुरोध करेगा तो वह एक-एक कर, 'ईसप' तथा 'पंचतन्त्र' की सभी कहानियाँ उसे सुनायेगा....उसे इच्छा होती कि उसका

लड़का, गिगलू-जैसा ही सुन्दर और भोला हो।....

(कभी गिगलू पूरी कहानी सुन कर, दूसरी की फ़रमायश करता। चेतन कहता — 'अब भैया जाओ खेलो, मैं काम कर लूँ। फिर कल इससे भी बढ़िया सुनाऊँगा।' और कभी वह दूसरी कहानी सुनाने लगता कि तभी पिगलू या चन्द्रा या उसकी माँ, बच्चे को बुला लेतीं....वह कहानी बीच ही में छोड़ कर भाग जाता....चेतन को उसका यूँ कहानी बीच में छोड़ कर चले जाना कभी बुरा न लगता....और वह जब फिर कभी फ़रमाइश करता, उसे निर्व्याज कहानी सुनाने लगता।)

....वह आ कर सोल्लास बताता है — "मास्टर जी, आज हमें स्कूल में बताया कि बादल भाप से बनते हैं। क्या आपको मालूम है ?"

चेतन काम छोड़ कर कहता है, "हाँ भाई।"

"मास्टर जी कहते थे — गर्मी से समन्दर तपता है तो भाप उठती है, जो आसमान में जा कर बादल बन जाती है।"

"हाँ भाई।"

"मास्टर जी, आपने समन्दर देखा है ?"

"नहीं भाई!"

"मास्टर जी, मैं बड़ा हो कर समन्दर देखने जाऊँगा और बादल बनते देखूँगा। तब आप मेरे साथ चलिएगा।"

वह स्काउट की वर्दी पहने आता है। चेतन को अच्छे स्काउट की प्रतिज्ञाएँ सुनाता है और पूछता है : "मास्टर जी, क्या आप भी स्काउट थे ?"

"मैं तो स्काउट मास्टर रहा हूँ भाई।"

"अच्छा-ा-ा-ा!"

गिगलू की आँखें खुली रह जाती हैं। सहसा वह अपने लँगड़े पैर को दूसरे से मिलाने का प्रयास करते हुए, अटेंशन की स्थिति में खड़ा हो कर, बाकायदा उसे 'सैल्यूट' दे देता है।

चेतन हँसता हुआ उठ कर, उसे दोनों बाँहों में भर, उसका माथा चूम लेता है।

०

लेकिन जिस दिन चेतन सी०पी० की हवालात से छूट आया, पिगलू भी अपने बड़े भाई के साथ भागा आया था और उससे चिमट गया था। हो सकता है, उसके इस सुकृत्य में चन्द्रा का हाथ हो; पर चेतन ने उसी दिन से उसमें भी परिवर्तन देखा था। चेतन कभी-कभार ही खाना ऊपर खाता था, पर उस शाम पिगलू उसे पकड़ कर ऊपर ले गया और तब से वह चेतन के साथ ही खाना खाता, बल्कि तीनों बच्चे चेतन ही के साथ खाने पर बैठते। खाना खाने के बाद — गिगलू, पिगलू और चन्द्रा, अपने डैडी के साथ, दो-एक बाज़ियाँ कैरम की खेलते। चेतन पहले जब ऊपर खाना खाता, दो क्षण उन्हें कैरम खेलते ज़रूर देखता। पिगलू था तो पिदका-सा ही, पर कैरम बड़ी अच्छी खेलता था। टैंजेण्ट और रिबाउण्ड तो ऐसे लगाता कि चेतन दंग रह जाता। लेकिन उस शाम खाने के बाद, सहसा पिगलू ने पूछा,

"मास्टर जी, आप कैरम खेलते हैं ?"

"तुम्हारे जैसी मुझे नहीं आती।"

"आइए, हमारे साथ खेलिए।"

बच्चे ने कुछ ऐसे अनुरोध से कहा कि चेतन का मन हो आया।

लाला जी ने भी कहा, "आइए मास्टर जी, खेलिए एक-आध बाज़ी!"

"मुझे तो जी, आप जैसी कैरम नहीं आती। आपका भी मज़ा किरकिरा होगा।"

"नहीं, नहीं, आइए!"

चन्द्रा कुर्सी से उठ कर, अपने पिता के पास पलँग पर जा बैठी और चेतन पिगलू के सामने बैठ गया। यह ठीक है कि उसे उन-जितनी अच्छी कैरम नहीं आती थी, क्योंकि उसको प्रैक्टिस नहीं थी, पर ऐसा भी नहीं था कि चेतन खेल से बिलकुल अनभिज्ञ हो। (....स्कूल के ज़माने ही से उसके मन में खेलों के लिए ख़ास आकर्षण था। शारीरिक दुर्बलता के कारण, चाहे वह मुहल्ले में गिल्ली-डण्डा खेलने वाले लड़कों के साथ खेल में भाग न ले पाता था, क्योंकि उनके लड़ाई-झगड़े में हिस्सा न ले सकता था और प्यारू और देबू की गुण्डई से डरता था, पर वह घण्टों उनको खेलते देखता और जब अकेला होता तो प्रैक्टिस करता और कभी जब प्यारू और देबू न होते तो वह खेला भी करता।....फ़ुटबाल के मैच देखना भी उसे प्रिय था। स्कूल के दिनों में, जब गवर्नमेण्ट हाई स्कूल, जालन्धर के विशाल मैदानों में —जहाँ एक साथ दो-तीन टीमें खेल सकती थीं — टूर्नामेण्ट होते तो चेतन भूख की परवा किये बिना, अपने स्कूल से सीधा डेढ़-दो मील चल कर वहाँ जा पहुँचता। रास्ते में कई बार कम्पनी बाग़ में टेनिस हो रही होती; वह खेल को समझता नहीं था कि कैसे बाज़ियाँ जीती जाती हैं, लेकिन मन्त्र-मुग्ध खड़ा, उन्हें देखता रहता।....कॉलेज के दिनों में उसने हॉकी में अपना नाम लिखा लिया था और किसी-न-किसी तरह पैसे जोड़ कर, वह साढ़े चार रुपये की एक हॉकी भी ले आया था। उन दिनों वह कसरत भी करने लगा था। उसका शरीर भी कुछ निकल आया था। पतला-छरहरा उसका शरीर। वह बहुत तेज़ भागता था। ड्रिबलिंग और पासिंग में उसने ख़ासी निपुणता प्राप्त कर ली थी। वह कॉलेज की इलेवन में शामिल होने के सपने लेने लगा था कि एक दिन, इमाम नासरुद्दीन के बाहर, लाल बाज़ार की भीड़ में, उसके किसी दोस्त ने, उसकी साइकिल की काठी के नीचे खुँसी हुई उसकी हॉकी, पीछे से निकाल ली। चेतन का ख़याल था, उसके पीछे वाले किसी मित्र ने मज़ाक किया है, आगे चल कर उसे दे देगा। लेकिन जब आगे चल कर उसने हॉकी माँगी तो सब मुकर गये। उनमें से एक, कॉलेज का प्रसिद्ध गुण्डा भी था। चेतन का सन्देह उसी पर था, लेकिन महज़ सन्देह के बल पर तो उससे झगड़ा मोल नहीं लिया जा सकता था। दोबारा नयी हॉकी ख़रीदना उसके बस की बात न थी। उसका मन ऐसा टूटा कि फिर वह हॉकी के मैदान में नहीं गया....लेकिन स्पोर्ट्स से ही उसे वितृष्णा हो गयी हो, यह बात न थी; अब भी उसे हॉकी हो या फ़ुटबाल, टेनिस हो या बैडमिण्टन —मैच देखने में बड़ा आनन्द आता था —खेलों को देखता हुआ, वह अपने दुख-तकलीफ़ —सब भूल जाता था। चेतन का यह निश्चित मत था —शरीर को स्वस्थ रखने के अलावा खेल मन की तकलीफ़ और चिन्ता भी भुला

देते हैं।....लेकिन तभी उसके हाथ, एक ऐसी चीज़ आ गयी, जो इस सिलसिले में उतनी ही कारगर थी —साहित्य सृजन। —अपने दुखों, तकलीफों, अज़ीयतों[1] उदासियों, पीड़ाओं और कुण्ठाओं —अपने सारी आसूदगी या अभाव को काग़ज़ पर उकेर कर उससे मुक्त हो जाना! यह अजीब बात है कि जब तक वह लिखता, उसी तरह सब कुछ भूले रहता था, जैसे हॉकी खेलते हुए। धीरे-धीरे स्पोर्ट्स में उसकी दिलचस्पी कम हो गयी और सृजन में बढ़ गयी; लेकिन बिलकुल मिटी न थी। आउट-डोर[2] खेलों में ही नहीं, इन-डोर[3] खेलों में भी उसे उतनी ही दिलचस्पी थी और शतरंज, चौपड़, कैरम, बैगाटिल —यहाँ तक कि बारह गटाल और अठारह गटाल तक वह जानता था। एक बात उसने जानी थी कि खेल में जीतने के लिए तीन बातों की ज़रूरत होती है —एकाग्रता, प्रैक्टिस और आत्म-विश्वास। इन तीनों के बल पर, उसने कमज़ोर खिलाड़ियों को अनुभवी खिलाड़ियों पर विजय पाते देखा था।....)

यद्यपि उसे कैरम की प्रैक्टिस नहीं थी, और न टैंजेण्ट और रिबाउण्ड ही वह उतने अच्छे लगा सकता था, पर जब पिगलू के सामने बैठा तो उसने ऐसी-ऐसी मुश्किल गोटें पाकिट कीं कि पिगलू कुर्सी से उछल-उछल पड़ा।

और उस दिन से वह उसे बरबस खिलाने लगा। कभी-कभी लाला जी को आने में देर हो जाती तो चन्द्रा भी उनके साथ बैठ जाती।....

००

पिछले सप्ताह की घटनाओं पर सोचते हुए, चेतन छोटे शिमले के डाकख़ाने पहुँच गया था। उसने लिफ़ाफ़ा लेटर-बक्स में डाला और सड़क पर आ गया। पानी थम गया था। घर वापस जाने को उसका मन न हुआ। छाता बन्द कर के, उसने छड़ी-सा बना लिया और ख़रामा-ख़रामा आगे को चल पड़ा।

००

एक तरह से वह लाला हाकिमचन्द के घर में अपनी स्थिति से सन्तुष्ट था। वह उनके घर का-सा व्यक्ति हो गया था। पहले जैसा खिंचा-खिंचा भी वह अब न रहता था। सी०पी० के मेले में होने वाली दुर्घटना, उसे जैसे उन सब के निकट ले आयी थी। अपने मन में लाला जी के प्रति वह कृतज्ञ भी था। उसे पूरा विश्वास था —किसी दूसरे परिवार में, लड़की के ट्यूटर के साथ ऐसी घटना हुई होती तो उसके लाख सफ़ाई देने के बावजूद, उसका ट्यूशन रखना कठिन हो जाता। —मैंने त्याग-पत्र दे कर, क्या अपनी स्थिति को बेहतर नहीं बना लिया ? —सहसा चेतन ने सोचा। उसे लगा कि अगर उसने वह त्याग-पत्र न दिया होता तो शायद उसकी स्थिति इतनी मज़बूत न होती....

लेकिन क्या लाला जी के उस विश्वास ने उस पर एक और ज़िम्मेदारी नहीं डाल दी ?....उसने सोचा....पहले उसे अपनी पत्नी के विश्वास ही का ख़याल था; पर अब उस आदमी के प्रति भी —जो उसे शिमला ले आया था; जिसने उसे हर सुविधा दी थी —

---

१. यन्त्रणाओं
२. मैदान के खेल
३. कमरे के खेल

उसे एक तरह से अपने घर का अंग ही बना लिया था —चेतन अपनी ख़ास ज़िम्मेदारी समझने लगा था।....चन्द्रा को न अपनी आँखों पर अधिकार था, न हाथों पर। उसे अपने फ़र्ज़ का भी एहसास नहीं था। चेतन को अपने फ़र्ज़ का तो पूरा एहसास था, लेकिन न जाने चन्द्रा में क्या बात थी कि उसके सारे नेक इरादे धरे-के-धरे रह जाते और उसे भले-बुरे का होश न रहता था।

००

शिमले को जाते-जाते, चेतन की आँखों के सामने कई छोटी-छोटी घटनाएँ घूम गयीं, जो छोटी हो कर भी दरअसल गम्भीर थीं और उनके नतीजे भयानक हो सकते थे....

००

चन्द्रा में और उसमें जो निकटता बढ़ती जा रही थी, उस में सबसे बड़ा कारण वह घटना थी, जब चेतन ने उसके गाल पर थप्पड़ खींच मारा था; लेकिन अगर सी०पी० के मेले में वह पकड़ा न जाता, उसकी पीठ पिस्सुओं ने काट-काट कर छलनी न कर दी होती, चन्द्रा दयार्द्र न हो जाती तो शायद वह उस निकटता को बढ़ने न देता। चन्द्रा की उस सहृदयता से वह इतना अभिभूत हो गया था —इतना कृतज्ञ —कि अपने ऊपर से उसका अधिकार एकदम उठ गया था।

लाला जी के जाने के बाद, वह लेट गया था। तभी चन्द्रा, बग़ल में किताबें, एक हाथ में पानी का गिलास और दूसरे में एस्पिरिन ले कर, आयी थी। किताबें उसने दूसरे कमरे की मेज़ पर रख दी थीं और पानी का गिलास ले कर, उसके कमरे में आ गयी थी।

"अरे, तुमने क्यों तकलीफ़ की," चेतन उठ कर बैठ गया, "सुक्खू ले आता।"

"हाय मास्टर जी, इसमें तकलीफ़ क्या है!" उसने एस्पिरिन की गोलियाँ उसे दीं। चेतन ने गोलियाँ मुँह में डालीं और गिलास ले कर पानी का घूँट भरा। पहले घूँट से गोलियाँ गले के नीचे नहीं गयीं। उसने पै-दर-पै पानी के घूँट भरे। गोलियाँ तो पेट में चली गयीं, लेकिन ज़बान पर कसैला-सा स्वाद छोड़ गयीं। दो-एक घूँट भर कर, उसने गिलास चन्द्रा को वापस दे दिया।

"चन्द्रा, तुम वहाँ अपने कमरे में पढ़ो।" उसने फिर लेटते हुए कहा, "कोई मुश्किल हो तो मुझ से पूछ लेना। मेरा जिस्म टूट रहा है। अभी मैं थोड़ी देर आराम करूँगा। हो सकता है, मैं सो जाऊँ। तब मुझे न जगाना। तुम ऊपर जा कर बीबी जी से कह आओ कि मैं अभी नाश्ता नहीं लूँगा। मुझे ज़रा भी इच्छा नहीं। दोपहर को मैं दो तोस और गर्म दूध ले लूँगा।"

चन्द्रा ख़ाली गिलास ले कर चली गयी थी और वह दरवाज़े से आने वाली रोशनी से बचने के लिए, दीवार की ओर मुँह कर के, लेट गया था।

उसे नींद आ गयी थी। दरअसल वह थक भी गया था, सर्दी भी खा गया था और उनींदा भी था। एक बजा होगा, जब चन्द्रा की आवाज़ से वह जगा।

उसने आँखें खोलीं तो वह उसके पलँग के पास खड़ी थी और उसके पीछे सुक्खू, प्लेट में तोस और दूध का गिलास लिये, खड़ा था।

"उठिए मास्टर जी! सुबह से आपने कुछ नहीं खाया। तोस और दूध ले लीजिए।"

"अरे, तुमने क्यों तकलीफ़ की, सुक्खू को...." चेतन ने कहना चाहा।

"यह मुआ तो दो बार आपको जगाने आया, पर आप इतनी गहरी नींद सोये थे...."

चन्द्रा हँसी। उसने सुक्खू से दूध का गिलास और तोस की प्लेट ले ली और कहा कि कुर्सी उठा कर, पलँग के पास रख दे।

चेतन उठ कर बैठ गया, "तहख़ाने में तो मैं पल भर को भी सो न सका था, लेकिन कल रात, मैं कसुम्पटी में देर तक घूमता रहा।" तोस खाते हुए चेतन ने कहा।

चन्द्रा कुर्सी पर बैठ गयी थी — "हाय मास्टर जी, आप रात को कसुम्पटी में क्या कर रहे थे ?"

"चाँदनी रातों में मुझे नींद नहीं आती। दिमाग़ भी परेशान था। मैं आधी रात को बाहर निकल गया था।"

"हाय मास्टर जी, आप आधी रात को वहाँ क्या करने गये थे ?"

"चाँदनी खिली थी और मैं उसमें इर्द-गिर्द की पहाड़ियों की ख़ूबसूरती का नज़ारा करता रहा।"

"हाय, आपको डर नहीं लगा।"

"डर! — किसका ?"

"बाघ-चीते या किसी जंगली जानवर का ?"

चेतन हँसा। "जंगली जानवर इतने गुंजान इलाकों में थोड़ी आते हैं!"

तोस खाते हुए, वह चाँदनी रात की ख़ूबसूरती बयान करने लगा। हालाँकि वह धीरे-धीरे बोल रहा था, लेकिन उस वक्त उसकी वाणी में अपूर्व काव्यात्मकता और रवानी आ गयी — चाँदनी रात में कसुम्पटी के सौन्दर्य की तस्वीर उसने खींच दी।

चन्द्रा एक टक उसकी ओर देखती हुई, ज़रा-से होंट खोले, मन्त्र-मुग्ध सुनती रही।

"हाय मास्टर जी, कभी मुझे भी दिखाइए!"

चेतन कहना चाहता था, 'मेरे साथ आधी रात में चाँदनी देखने जाओगी तो लाला जी दूसरे दिन जूतों से दोनों की मरम्मत कर देंगे।' लेकिन सुक्खू ज़रा परे, बर्तन ले जाने की प्रतीक्षा में, खड़ा था; इसलिए हँस कर, उसने सिर्फ़ इतना कहा था, "लाला जी से कहो — चाँदनी रात में पिकनिक रखें। तभी तुम वह ख़ूबसूरती देख सकोगी।"

उसने दूध का गिलास ले कर पिया और ख़ाली गिलास सुक्खू को वापस दे दिया।

सुक्खू चला गया तो चन्द्रा ने पूछा था, "मास्टर जी, अब कैसी तबियत है ?"

चेतन फिर लेट गया। "थक गया था। अब ठीक हूँ," वह बोला, "लाला जी ने कहा था कि तबियत ठीक हो तो लेटे-लेटे तुम्हें पढ़ा दूँ। चाहो तो आ जाओ। गद्य की पुस्तक ले आओ। एक-दो पाठ पढ़ा देता हूँ।"

चन्द्रा ने उसके माथे पर हाथ रखा। चेतन को हल्की-सी झुरझुरी आयी।

"आप का माथा तो अब ठण्डा है, पर आप काँप रहे हैं!"

"नहीं, मैं ठीक हूँ। तुम किताब ले आओ!"

....चन्द्रा पुस्तक ले आयी। वह कुर्सी पर बैठी पढ़ती रही; चेतन उसका उच्चारण

शुद्ध करता रहा और कठिन शब्दों के अर्थ उसे बताता रहा था। तभी कुछ देर बाद, चन्द्रा ने कुर्सी ज़रा पीछे को कर के, उसके पलँग की पट्टी से पाँव टिका लिये।

चेतन ने पलँग पर, ज़रा परे हो कर, करवट बदली। सहसा उसकी नज़र, उन गोरे-गोरे, सफ़ेद कबूतरों-ऐसे पैरों की ओर चली गयी। उसका जी हुआ — उन पर प्यार से हाथ फेरे।

चन्द्रा क्या पढ़ रही है, उसे सुनायी देना बन्द हो गया। वह एक टक उन गोरे, नाज़ुक पैरों की तरफ़ देखता रहा; बार-बार उसका जी होता — उन पर हाथ फेरे।

जब वह कुछ देर तक नहीं बोला तो चन्द्रा ने किताब हटा कर, उसकी ओर देखा।

"हाय मास्टर जी, क्या देख रहे हैं।"

"तुम्हारे ये गोरे पैर देख रहा हूँ।"

और चेतन ने लेटे-लेटे, प्यार से, उन पैरों को बायें हाथ से सहला दिया।

"हाय मास्टर जी, मेरे पैरों में क्या है!"

"लाहौर से चलने की सुबह, जब मैं मुलतान रोड गया था और लाला जी ने तुम्हें बुलाया था, तो मैंने तुम्हें नहीं देखा था — तुम्हारे यही गोरे-गोरे पैर देखे थे। तब मैं क्या जानता था कि ये पैर मुझे यूँ बाँध लेंगे।"

और उसने फिर उन पर प्यार से हाथ फेरा — उसके शरीर में हल्की-सी झुरझुरी उठी। "सी०पी० के मेले को जाने से पहले, मैंने तय किया था," उसने कहा, "कि मेला देख कर आने के बाद, मैं ट्यूशन छोड़ कर चला जाऊँगा। मेले में जो घटना हुई, उसके बाद तो मेरा यहाँ रहने का कोई सवाल ही नहीं था, लेकिन जिस तरह तुमने मुझे अपना लिया, मैं तुम्हारा बड़ा एहसानमन्द हूँ।"

और यह कहते हुए, चेतन ज़रा-सा पट्टी की ओर हुआ और थोड़ा मुड़ कर, उसने चन्द्रा के गोरे-गोरे पैर चूम लिये।

"हाय मास्टर जी, यह आपने क्या किया!" जैसे उसे बिजली छू गयी हो, चन्द्रा ने पैर खींच लिये — "आपने मुझ पर पाप चढ़ा दिया।"

सहसा चेतन को रह-रह कर, कँपकँपी-सी छिड़ने लगी। उसने रज़ाई को अपने गिर्द कस लिया और सीधा लेट गया।

"आप मेरे गुरू हैं। पैर तो मुझे आपके चूमने चाहिएँ।" चन्द्रा खड़ी हो गयी और उसने रज़ाई से उसके पैर खींचने की कोशिश की।

चेतन घबरा गया। कोई ऊपर से आ गया तो क्या होगा। उसने उसे लाख बरजने की कोशिश की, पर चन्द्रा पर जैसे भूत सवार हो गया था।

"तुम्हारे पैर तो दूध से धुले हैं। मेरे पैर गन्दे हैं। तुम्हारे होंट ख़राब हो जायेंगे।"

"नहीं मास्टर जी, मैं अपने सिर पाप नहीं लूँगी।" और उसने चेतन के पैर खींचे।

इस डर से कि कोई ऊपर से न आ जाय, चेतन ने अपना दायाँ पैर रज़ाई से कुछ निकाल दिया। चन्द्रा ने पागलों की तरह उसे कई बार चूम लिया और उसका अँगूठा ज़रा-सा होंटों में ले कर दाँतों से काट दिया। फिर जैसे निढाल हो कर, वह कुर्सी में धँस गयी।

चेतन ज़ोर-ज़ोर से काँपने लगा।

"हाय मास्टर जी, आप तो काँप रहे हैं। आपको बुख़ार तो नहीं चढ़ रहा।"

"नहीं, कोई बात नहीं। तुम जाओ, वहाँ उस कमरे में बैठ कर पढ़ो! तुम बहुत तंग करती हो।"

"मैं तंग करती हूँ या आप!"

"मैं वादा करता हूँ, मैं अब तुम्हें ज़रा तंग नहीं करूँगा। जाने मुझे क्या हो गया। मैं शर्मिन्दा हूँ।" रह-रह कर थरथराते और हकलाते हुए, चेतन ने ये शब्द कहे। "अब तुम जाओ, मैं ज़रा आराम करूँगा।"

"हाय मास्टर जी, आप नाराज़ हो गये। लीजिए, मैं चली जाती हूँ।"

और उसके घुँघराले बालों पर प्यार से हाथ फेरते हुए, वह चली गयी।"

"बीच का दरवाज़ा लगा दो!

चन्द्रा ने चुपचाप दरवाज़ा लगा दिया।

चेतन कुछ देर तक थरथराता रहा था। यह अनुभव उसके लिए एकदम नया था। जैसे मलेरिया की आमद पर शरीर काँपने लगता है, वैसे ही उसका शरीर काँप रहा था। अन्तर यही था कि मलेरिया की कँपकँपी लगातार जारी रहती है, जबकि यह थरथरी, लहरों-सी उठती थी।

ऐमोरस-ट्रेमर्ज़ —अचानक चेतन के दिमाग़ में एक शब्द गूँजा और उसके साथ कालिदास की एक पंक्ति —'शिरसा प्रणिपत्य याचितान्युपगूढ़ानि सवेपथूनि च।'

....चेतन जिन दिनों एफ़०ए० में पढ़ता था, उसने संस्कृत ले रखी थी और उनके पाठ्यक्रम में कालिदास के 'कुमार सम्भव' के चार सर्ग भी थे। उस ज़माने में संस्कृत, अंग्रेज़ी के माध्यम से पढ़ायी जाती थी और श्लोक की इस पंक्ति में —सवेपथूनि —के अर्थ उनके प्रोफ़ेसर ने —'विद एमोरस ट्रेमर्ज़' —बताये थे। उनके प्रोफ़ेसर ऐसे शब्दों की व्याख्या नहीं करते थे और कोई उद्दण्ड छात्र पूछता तो वे यही उत्तर देते —'यू कनस्ल्ट द डिक्शनरी ऐण्ड यू विल नो द मीनिंग।'

चेतन ने डिक्शनरी देखी थी; 'एमोरस' के अर्थ थे —विलास-भरी, कामुक; और 'ट्रेमर्ज़' का मतलब —थरथरी, कँपकँपी। चूँकि उस श्लोक में शंकर की तीसरी आँख से निकली ज्वाला से भस्म हो जाने वाले, अपने पति कामदेव की राख को देख कर, विलाप करती हुई, रति कहती है कि हे कामदेव! मुझ (रूठी हुई) के मनाने के लिए, जब तुम मेरे पैरों पर गिर कर, निगूढ़ संकेत करते और थरथराते हुए मुझे मनाते थे और मेरे साथ अनेक तरह सम्भोग करते हुए, मुझे प्रसन्न करते थे —उसकी याद कर के मेरा कलेजा फटा जाता है —इसलिए चेतन का ख़याल था कि हर सम्भोग में ऐसी ही थरथरी पुरुष के शरीर में उठती होगी। सुहागरात में उसने अपने शरीर में वैसी ही कँपकँपी के सुख की आशा की थी; पर उसे वैसा कुछ नहीं हुआ था। तब भी नहीं, कभी नहीं। और पलँग के पास उस लड़की के बैठने ही से; उसके पैरों पर हाथ फेरने की लालसा भर से, उसका शरीर थरथरा गया था और उसके पैरों से होंट छुलाते ही, न जाने थरथराहट की कैसी लहरें उसके शरीर में उठने लगी थीं।....क्या इन थरथराहटों का कारण कामेच्छा की प्रबलता थी

अथवा किसी के आ जाने का भय या कल्पना का, चौकड़ियाँ भर कर, स्थिति से आगे जा पहुँचना — चेतन कुछ न तय कर पाया था और रज़ाई में लिपटा, रह-रह कर थरथराता रहा था।

....यूँ तो बीबी जी खाना बहुत अच्छा पकाती थीं, पर मछली पकाने में उन्हें बड़ी दक्षता प्राप्त थी। सुबह वे मछली मँगाती थीं। धो-छील कर, वे उसके चौकोर टुकड़े काट, नमक लगा, धूप में रख देती थीं और शाम को उन्हें बेसन में तल कर, फिर उसका सालन पकाती थीं। जाने वे क्या मसाले डालतीं। चेतन को वह खट-मिट्ठी मछली, बड़ी स्वादिष्ट लगती थी। वह कई बार चन्द्रा से, मछली पकाने में बीबी जी की निपुणता का ज़िक्र कर चुका था — लेकिन बेहद लज़ीज़ लगने पर भी, उसने मछली कभी दोबारा न माँगी थी।....कितनी मछली आयी है, इस बात का पता उसे, दोपहर में मछली के सूखते हुए टुकड़ों को देख कर, हो जाता। मुश्किल से हरेक के हिस्से में दो टुकड़े होते, नौकर के हिस्से का कोई नहीं; सुक्खू शायद पतीला पोंछ कर ही सन्तुष्ट हो जाता था।

यूँ भी, चेतन रोटी के साथ, कम तरकारी खाने का आदी था। ऐसी शामें उसे याद थीं, जब वह स्कूल या कॉलेज से भूखा आया और घर में सालन न होने से, उसने प्याज़ के बहुत छोटे-छोटे कतले काट कर, उनमें नमक डाल, उनसे रोटी खायी थी या फिर घर में सालन इतना ही पका कि छहों भाइयों के हिस्से में एक-एक कलछी ही आयी थी। माँ उनको सदा उपदेश देती थी कि जो कुछ भी मिले, भगवान को धन्यवाद दे कर, सब्र-सन्तोष से खा लेना चाहिए। बाकी भाइयों पर तो इस नसीहत का कुछ वैसा असर न पड़ता था; लेकिन चेतन, माँ के उपदेश का, अक्षरशः पालन करता था। भगवान को धन्यवाद तो वह नहीं देता था, पर अपने पिता की शराबनोशी के कारण, घर की स्थिति और माँ की कठिनाई को वह ख़ूब समझता था। खाने के मामले में कभी लड़ता-झगड़ता न था, बल्कि कई बार अपने हिस्से की चीज़ भी झगड़ने वाले भाई को दे देता था।....उसने कभी सुक्खू से दोबारा सालन के लिए नहीं कहा था, लेकिन जब भी मछली पकती, उसका मन होता, वह एक टुकड़ा और माँग ले....

कुछ दिन पहले, शाम को मछली पकी थी; चेतन बच्चों के साथ खाने पर बैठा था। लाला जी भी पास ही पलँग पर बैठे थे। तभी सहसा, सब की नज़र बचा कर, चन्द्रा ने अपनी थाली में से मछली का एक टुकड़ा, उसकी थाली में रख दिया था....चेतन का दिल धक् से रह गया था। उसकी नज़र लाला जी पर गयी थी, पर वे अख़बार देख रहे थे। चेतन ने ग़ुस्से से चन्द्रा की तरफ़ देखा। वह चाहता था, टुकड़ा उठा कर फिर उसकी थाली में रख दे। पर तभी चन्द्रा ने अपने पिता का ध्यान अपनी ओर खींच लिया और वह उनसे बातें करने लगी।

चेतन उस शाम उनके साथ खेल में भाग न ले सका था। बाहर बूँदियाँ बरस रही थीं। वह कितनी ही देर, अपने कमरे के आगे, बरामदे में घूमता रहा था।

०

....दूसरी शाम, वह खाने के बाद जाने लगा था कि पिगलू ने उसे बरबस खेल पर बैठा लिया था। गिगलू नहीं खेल रहा था। चन्द्रा उसके सामने बैठी। कौन-सी गोट को वह पाकिट

करे; किस को किस के बल पर पाकिट में डाले — वह चेतन को बताने लगी। दो-तीन बार, चन्द्रा ने उसका हाथ पकड़ कर, इस अथवा उस गोट को पाकिट करने पर ज़ोर दिया। यहाँ तक कि लाला जी को कहना पड़ा, "तुम मास्टर जी को खेलने दो चन्दो, परेशान न करो।"

लेकिन तब वह मेज़ के नीचे से उसके पैर को दबा कर, वैसे ही आदेश देने लगी।

o

....चेतन उसे पढ़ा रहा था। उसे प्यास लगी। उसने सुक्खू को आवाज़ दे कर, पानी का गिलास मँगाया और जैसी कि उसकी आदत थी, थोड़ा-सा पी कर, मेज़ पर रख दिया और पढ़ाने में तन्मय हो गया। तभी चन्द्रा ने भी पानी मँगाया और दो घूँट भर कर, अपना गिलास उसके गिलास के साथ रख दिया। (चेतन को अब पूरा यकीन था कि उसने जान-बूझ कर, उसकी आँख बचा, गिलास बदल दिये थे) और जब चेतन ने फिर अपने ध्यान में गिलास उठा कर, दो घूँट भरे तो उसने कहा, "हाय मास्टर जी, आपने मेरा जूठा पानी पी लिया!"

और यह कहते हुए, उसने चेतन वाला गिलास अपने मुँह से लगा लिया और चेतन के रोकते-रोकते, उसे ख़ाली कर के, मेज़ पर रख दिया।

o

....चेतन ने कहा था, "चन्द्रा, तुम जहाँ पहले बैठती थीं, वहीं बैठा करो।"

"हाय मास्टर जी, क्यों ?"

चेतन क्षण भर चुप रहा था, फिर बोला था, "तुम वहाँ बैठती थीं तो मैं इस कुर्सी पर पैर फैला लेता था; लगातार बैठे-बैठे टाँगें थक जाती हैं।"

"हाय मास्टर जी, आप फैला लीजिए पैर।" और वह कुर्सी पर ज़रा परे को हो गयी थी।"

"नहीं, ठीक है।"

और चेतन पढ़ाने लगा था; लेकिन चन्द्रा ने उस वक्त तक पढ़ने से इनकार कर दिया था, जब तक वह पैर उसकी कुर्सी पर न रखे।

जब इस पर भी चेतन, उसी तरह बैठा रहा था वह ख़ुद उसके पैर उठाने लगी। तब चेतन ने अपने पैर फैला कर, उसकी कुर्सी के किनारे पर टिका लिये थे। लेकिन चन्द्रा ने उसके दोनों पैर पकड़ कर, अपनी जाँघ से सटा लिये थे कि मास्टर जी, आराम से पैर फैला लीजिए।

oo

चेतन सिर झुकाये चला जा रहा था। एक के बाद एक घटना, उसके सामने आ रही थी। सारी स्थिति पर ठण्डे दिल से सोच कर, चेतन को यही ठीक लगता था कि वह तत्काल इस ट्यूशन को छोड़ दे; लेकिन न तो वह चन्द्रा को समझा सका था, न इस ट्यूशन से छुट्टी पा सका था और अब उसे लगता था कि यह केनमोर कॉटेज एक चूहेदानी है और वह इसमें फँस गया है।....

oo

चेतन ने लम्बी साँस ली और अचानक सिर उठाया। उसकी नज़र बायीं ओर घाटी पर चली

गयी; उसकी आँखें फैल गयीं और दिल ज़ोर से धड़क उठा। —पेड़ों, पत्तों और झाड़ियों पर ऐसा पीला कचूर रंग बिखरा था, जिसमें बड़ी हल्की-सी, बेमालूम, ललाई थी और दायीं ओर के देवदारों की फुनगियाँ, डूबते सूरज की उसी पीली सुनहरी धूप से रँग उठी थीं।....ऐसा रंग तो चेतन ने कभी न देखा था; ज़रूर ही पश्चिम के क्षितिज पर बादल छँट गये होंगे। वह मरीना होटल वाले मोड़ पर था। वह अपनी सारी चिन्ताएँ भूल गया और उसकी चाल तेज़ हो गयी —'सामने हवाघर से पूरा सीन दिखायी देगा।' उसने सोचा। वह लगभग भागता हुआ वहाँ पहुँचा और बस, रेलिंग के साथ, खड़ा-का-खड़ा रह गया — किधर देखे और किधर न देखे, क्या मन पर अंकित होने दे और क्या छोड़ दे!....

बायें से दायें तक सारे-का-सारा दृश्य, जैसे जादू की छड़ी से, शत-शत रंगों में उद्भासित था। ऊपर आकाश पर बादल छाये थे और कहीं-कहीं उनमें गहरी गुलाबी लकीरें दौड़ रही थीं। दायीं ओर, माल के मकानों की पिछली तरफ़, जहाँ-जहाँ डूबते सूरज की किरणें पड़ रही थीं, ऐसी आभा फैली थी, जैसे नीचे हज़ारों वॉट्स के बल्ब लगे हों और उनकी रोशनी उन पर पड़ रही हो; उनकी खिड़कियों के शीशे ऐसे चमक रहे थे, जैसे उनमें दीये रोशन हों। उनके ऊपर वाई०एम०सी०ए० की बिल्डिंग उसी आभा से मण्डित थी और जाखू के पेड़ों पर वही पीला कचूर रंग फैला था। नीचे के बाज़ार, शाम के मटियाले अँधेरे में गुम थे और बायीं ओर तारा देवी और प्रॉस्पेक्ट हिल के बीच सूरज डूब रहा था। पश्चिम में एक सिरे से दूसरे सिरे तक, बादलों के बीच, गहरा सिन्दूरी रंग फैला था —ऊपर के बादल गहरे नीले, फिर नीले-भूरे, फिर ऐसे रंग के, जिन्हें कोई भी नाम चेतन न दे सकता था —ऐसा रंग, जिसमें नीला-जामुनी, लाल-सन्तरी, भूरा-सलेटी —सभी रंग मिले थे। फिर नीचे, दायें से बायें, लम्बी मोतिया रंग की खिड़की खुली थी; और भी नीचे, आकाश में, गहरा पीला रंग मिल गया था, फिर हल्का सिन्दूरी, फिर गहरा सिन्दूरी —वहीं, जहाँ कि शायद सूरज डूबा था, उसके नीचे गहरे नीले बादल उठ आये थे, जिनके किनारे रंगीन थे। सब से नीचे एकदम गहरा नीला रंग, धरती तक घाटी में फैला था — चेतन, मन्त्र-मुग्ध-सा, पश्चिम के नभ पर, रंगों के इस अद्भुत खेल को देख रहा था —क्या कोई कवि, कोई लेखक, कोई चित्रकार इनको अपनी लेखनी अथवा कूची की नोक पर ला सकता है ? असम्भव!....चेतन ने मन-ही-मन कहा....और आदमी अपने आपको सर्जक और स्रष्टा कहता है! वह तो इस सौन्दर्य की नकल तक नहीं उतार सकता! इस अनुपम सौन्दर्य में उसकी ज़रूरत ही कहाँ है! —सहसा चेतन को वे बाज़ार, वे दुकानें, वे मकान, वे बँगले —जो इस क्षण प्रकृति के उस संस्पर्श से सुन्दर लग रहे थे, अत्यन्त कुरूप लगे। अगर यहाँ यह सब न होता। हरी-भरी, घाटी होती तो कितना अद्भुत दृश्य होता। आदमी की ज़रूरत इस 'सुन्दर' में कहाँ है ?....

तभी उसके मन में किसी ने कहा —शायद उस अजान स्रष्टा ने आदमी को इसीलिए बनाया है कि वह उसकी इस रचना को देख कर, उसकी कारीगरी की प्रशंसा कर सके।....उसने नज़र फिरा कर, फिर दायीं ओर देखा और उसकी नज़रें वहीं चिपकी रह गयीं। कैम्बरमियर पोस्ट-ऑफ़िस की तरफ़ से, बादल घाटी में बढ़े आ रहे थे और उनका रंग एकदम गुलाबी था। चेतन ने पहले कभी, गुलाबी बादलों का ऐसा सैलाब न देखा था। उसका मन हुआ कि वह उसी गुलाबी उफान का अंग बन जाये!....पर वह तो रेलिंग से

लगा खड़ा था। कुछ भी नहीं कर पा रहा था। महज़ दर्शक था। उसने पलट कर, हवाघर में निगाह दौड़ायी —दो युवा जोड़े और दो-एक अधेड़, इस अनुपम सौन्दर्य से नितान्त बेख़बर, नाच-घर में जाती हुई अंग्रेज़ तन्वियों को ताक रहे थे....'ओ बदबख़्तो!' चेतन चिल्ला कर कहना चाहता था, 'भगवान ने तुम्हें इसीलिए बनाया है कि तुम उसकी, कारीगरी के करिश्मे देखो और तुम उधर से बिलकुल बेपरवाह बैठे हो!'....उन पर एक निहायत उपेक्षा-भरी दृष्टि डाल कर, चेतन फिर पलटा तो हैरान रह गया —न वह पीली सुनहरी आभा थी, न गुलाबी बादल —बाज़ार पर, बादल-भरी शाम की उदासी छा गयी थी और कैम्बरमियर के कोने से, उदास बादल घाटी में बे आवाज़ बह रहे थे। चेतन ने पश्चिम की ओर निगाह दौड़ायी — नीचे से नीले बादल ऊपर उठ गये थे और एक पतली-सी, पीली-सिन्दूरी लकीर, पश्चिम के क्षितिज पर फैली थी। वाइसरॉय हाउस और सेसिल होटल, केनेडी हाउस और ग्रैण्ड होटल की इमारतें, पश्चिम की रंगीनी में, बेहद उदास लग रही थीं।

चेतन को अफ़सोस हुआ कि वह पलट कर हवाघर की ओर क्यों देखने लगा। सामने के उदास वातावरण को देख कर लगता ही नहीं था कि अभी, कुछ क्षण पहले, उसने यहाँ रंगों का अभूतपूर्व करिश्मा देखा था। चेतन को लगा कि वह खिड़की केवल उसी के लिए खुली थी, उसके नास्तिक को वह चमत्कार दिखाने के लिए। उसका मन एक अपूर्व पुलक और उदासी से भर आया —उसी तरह, जैसे पश्चिमी क्षितिज पर सिन्दूरी पुलक में, नीली उदासी मिल गयी थी।

चेतन वैसे ही रेलिंग से लगा खड़ा था और उसकी हैरान निगाहें फैली थीं और दिमाग़ एकदम शून्य था, जब उसके पीछे की बेंच से, एक बुज़ुर्ग उठे और उन्होंने उसके कन्धे पर हाथ रख दिया।

चेतन मुड़ा।

"आप क्या चेतन जी हैं ?"

"जी!"

बुज़ुर्ग ने मिलाने को हाथ बढ़ाया, "मैं डॉ० गोपालदास हूँ। पहचाना ?"

लेकिन चेतन के चेहरे पर पहचान का कोई चिन्ह नहीं था।

इक्कीस

"प्रिये जी। ये चेतन जी हैं, बड़ी अच्छी कहानियाँ लिखते हैं...."

"प्रिये जी, कुछ चाय-वाय नहीं पिलायेंगी चेतन जी को ?"

"प्रिये जी...."

०

डॉ० गोपालदास के फ़्लैट से बाहर निकल, १४ नम्बर की सीढ़ियाँ चढ़ कर, चेतन माल

पर आया तो उसके दिमाग़ में डॉक्टर साहब के वाक्य गूँज रहे थे और उसके होंटों पर अजीब-सी व्यंग्य-भरी मुस्कान फैली थी।

''प्रिये जी' — उसने किसी पंजाबी के मुँह से, अपनी पत्नी के लिए, ऐसा सम्बोधन पहले कभी न सुना था और उसे विश्वास था कि कोई यू०पी० वाला भी अपनी बीवी को इस नाम से न पुकारता होगा। लेकिन डॉक्टर गोपालदास के मुँह से, हर वाक्य के पहले 'प्रिये जी' निकल जाता था; उनके होंट अजीब-सी ख़ुशामद में फैल जाते थे; निचला जबड़ा लटक जाता था और उनकी 'प्रिये जी' के माथे पर एक और लकीर बन जाती थी।

'प्रिये जी' — माल पर रुक कर, चेतन ने ज़ोर से, मन-ही-मन ठहाका लगाया — ''मैं जालन्धर पहुँच कर चन्दा को 'प्रिये जी' कहूँगा तो उसे कैसा लगेगा ?' — उसने सोचा और उसके सामने अपनी पत्नी का चकित, गोल-मटोल चेहरा और उसकी फैली हुई आँखें घूम गयीं। कल्पना-ही-कल्पना में उसने अपने आप को डॉक्टर गोपालदास और उनकी 'प्रिये जी' का परिचय देते और चन्दा के मोतियों-से दाँतों को मुस्कान में खिलते पाया।....

डॉक्टर साहब के घर में बैठे उसे देर हो गयी थी, इसलिए स्कैण्डल पॉयण्ट का एक चक्कर लगाने के बदले, वह वापस घर की ओर चल पड़ा।

o

डॉक्टर गोपालदास को चेतन बिलकुल भूल गया था। इसलिए जब हवाघर में उन्होंने उसे याद दिलायी कि वे पिछले वर्ष गाड़ी में उससे मिले थे और चेतन ने उनसे मिलने का वादा किया था, लेकिन वह कहीं भी उन्हें दिखायी नहीं दिया — तब चेतन को याद आ गया।....ग़ाड़ी कालका के निकट पहुँच रही थी; जयदेव, यादराम, मन्नी — सब उठ कर बैठ गये थे, तब चेतन को अपना नाम सुनायी दिया था।

चेतन ने आवाज़ की दिशा में आँखें घुमायी थीं तो उसे सामने, ऊपर की सीट पर, निक्कर-कमीज़ पहने, एक बुज़ुर्ग दिखायी दिये थे, जो उठ कर अपने बिस्तर पर बैठ गये थे — गोरे-चिट्टे, हृष्ट-पुष्ट — चेतन को उनके और मुसोलीनी के चेहरे में कुछ अजीब-सा साम्य लगा था — अन्तर केवल यही था कि उनका चेहरा, मुसोलीनी के चेहरे की अपेक्षा, अधिक प्रौढ़ था और नीचे का जबड़ा किंचित ढलक आया था।

''आप क्या अफ़साना-निगार हैं ?''

''जी हाँ।''

''बन्दे मातरम, भीष्म और बहार वग़ैरह में आपकी कहानियाँ निकलती हैं ?''

''जी हाँ।''

''मैंने अभी दो-एक बार आपका नाम सुना तो सोचा कि आप वही चेतन न हों, जिनकी कहानियाँ मैंने इन अख़बारों में पढ़ी हैं।''

कालका को जाने वाली गाड़ी में अचानक अपना एक पाठक पा कर, चेतन बड़ा प्रसन्न हुआ था।

''आप कहाँ रहत हैं ?'' उसने पूछा था।

''शिमला में!''

''हम भी वहीं जा रहे हैं।''

"कहाँ ठहरेंगे ?"

"यह तो मैं नहीं जानता। कविराज रामदास के साथ जा रहा हूँ।"

चेतन बताना चाहता था कि वह उनके लिए पुस्तक लिखने जा रहा है, लेकिन यह सूचना उसने मन ही में दबा ली थी।

"मैं वहीं माल पर, १४ नम्बर की सीढ़ियों के एक मकान में रहता हूँ," बुज़ुर्ग ने कहा था। "मेरा नाम गोपालदास है। मैं रिटायर्ड सर्जन हूँ। आप वहाँ ज़रूर मिलिएगा।"

कालका स्टेशन आ गया था और सब को आपा-धापी पड़ गयी थी।....चेतन का ख़याल था कि उसका वह प्रशंसक और पाठक कालका से शिमला जाने वाली गाड़ी में भी मिलेगा, पर डॉक्टर गोपालदास शायद टैक्सी से चले गये थे।

शिमले में आ कर, पंजाब के उस समर कैपिटल के नयेपन में, वह कुछ दिन तक, अपने उस प्रशंसक को भूले रहा था; फिर जब उसकी याद उसे आयी थी तो उसे अपने कपड़ों के अभाव का ख़याल आ गया था। कई दिन तक वह देखता रहा था कि कहीं वे उसे रास्ते में मिल जायें तो वह उनके साथ उनके घर जाये; यूँ क्षण भर की मुलाकात से, उनके यहाँ जा धमकना, उसे ओछापन लगा था। लेकिन वे उसे कभी दिखायी न दिये थे....और फिर चेतन उनका नाम-पता —सब भूल गया था।

०

हवाघर में जब उन्होंने अपनी याद दिलायी तो उनके निचले जबड़े को देख कर, उसे सब कुछ याद आ गया। मुसोलीनी से उनके चेहरे के साम्य की बात भी उसे याद हो आयी।....डॉक्टर साहब, पिछले वर्ष की अपेक्षा, कुछ ज़्यादा बूढ़े दिखायी देते थे। हालाँकि, न उनकी कमर झुकी थी, न कन्धे, पर उनका शरीर, जो कभी ख़ूब गठा हुआ रहा होगा, कुछ ढीला हो आया था और यह ढीलापन उनके जबड़े के निचले भाग से और भी नुमायाँ था। चेतन ने अन्दाज़ा लगाया —वे लगभग साठ के होने को आये थे —अगरचे लगते पचास-पचपन के थे।

"पिछले साल क्या आप कुछ दिन ही रह कर चले गये थे ?" डॉक्टर साहब ने पूछा था।

"जी नहीं, मैं लगभग तीन महीने रहा था।"

"आप मिले क्यों नहीं ?"

"मैं रुल्दू भट्टे में रहता था। कभी आप से मुलाकात नहीं हुई। आपके घर का पता मैं भूल गया था।"

"घर क्या, मैंने यहीं १४ नम्बर की सीढ़ियों पर एक फ़्लैट ले रखा है," डॉक्टर साहब ने कहा, "जब से रिटायर हुआ हूँ, यहीं रहता हूँ। चलिए न, यहीं कैम्बरमियर पोस्ट-ऑफ़िस के ज़रा आगे ही तो है।"

और चेतन चल पड़ा था। डॉक्टर साहब उसे अपने बारे में बताते जा रहे थे कि वे कहाँ-कहाँ नौकरी करते रहे; उनके पाँच बच्चे हैं, तीन लड़के और दो लड़कियाँ; लड़कियों की शादी हो चुकी है और रिटायर होने के बाद, वे अपनी पत्नी के साथ, स्थायी रूप से शिमले में रहते हैं। पेंशन आ जाती है और पचास हज़ार के कैश-सर्टिफ़िकेट उन्होंने ख़रीद

रखे हैं, उनका ब्याज आ जाता है....

चेतन उनकी बातें सुनते-सुनते, विलो बैंक के पास पहुँच गया था। वहाँ से दुकानों का सिलसिला कट गया था और शिमले का पूरा दृश्य दिखायी देता था। बायीं ओर को, पश्चिम के क्षितिज पर सिन्दूरी आभा बिखर रही थी और यद्यपि दायीं ओर, ऊपर से नीचे तक, बत्तियाँ टिमटिमाने लगी थीं, लेकिन मकानों पर हल्की-सी पीली आभा अभी तक बिखरी हुई थी। डॉक्टर गोपालदास से क्षमा माँग कर, चेतन पल भर को चुपचाप सान्ध्य-क्षितिज का सौन्दर्य निहारता रहा और फिर दायीं ओर की पहाड़ी पर, ऊपर-से-नीचे-तक बने मकानों पर, अन्धकार और प्रकाश के मिलाप को देखता रहा। फिर वह बिना एक भी शब्द कहे, उनके साथ चल पड़ा था।

लोअर बाज़ार जहाँ माल में आ कर मिलता है, उससे थोड़ा ऊपर, १४ नम्बर की आधी सीढ़ियाँ उतर, वे बायीं तरफ़ के एक बारजे में दाख़िल हुए। वहीं, दर्ज़ी की दुकान के साथ, एक फ़्लैट में डॉक्टर साहब उसे ले गये। जिस कमरे में वे दाख़िल हुए, वह ड्रॉइंग-रूम था। उसमें से एक दरवाज़ा, बायीं ओर के कमरे को जाता था, जिसके परे, पर्दे उठे होने के कारण, किचन की झलक मिलती थी। ड्रॉइंग-रूम काफ़ी खुला और कुशादा था। वहाँ एक काउच का सेट, एक लम्बी सेण्टर-टेबल और कुछ बेंत की आराम-कुर्सियाँ पड़ी थीं। उन्हीं में से एक पर, तीस-पैंतीस वर्ष की, गोरी-लम्बी, सुन्दर महिला, बैठी स्वेटर बुन रही थी।

कमरे में सब से पहले जिस चीज़ ने चेतन का ध्यान अपनी ओर आकर्षित किया, वह उसकी सफ़ाई और स्वच्छता थी। हर चीज़, साफ़-शफ़्फ़ाफ़ थी। दायीं तरफ़, कोने में, लिखने की एक मेज़ और कुर्सी रखी थी और उस पर पेपरवेट, कलम-दवात, ब्लॉटिंग — हर चीज़ करीने से लगी थी; लगता था कि मेज़ और उसका सामान, सिर्फ़ दिखाने के लिए है और उसे कभी इस्तेमाल नहीं किया गया।

कमरे में दाख़िल होते ही, डॉक्टर साहब ने कहा :

"प्रिये जी, एह चेतन जी ने। बड़े अच्छे कथाकार ने।"

फिर चेतन से उन्होंने कहा, "एह मेरी सहधर्मिनी अतृप्ता जी ने।"

महिला अपनी कुर्सी से उठी। उसके नुकीले चेहरे पर हल्की स्मिति, ऊपर से नीचे को उतरी और उसने कहा, "आओ भरा जी, जी आयाँ नूँ[१]।"

यद्यपि डॉक्टर साहब ने चेतन से काउच पर बैठने के लिए कहा, लेकिन वह मेज़ के साथ वाली कुर्सी खींच कर, बैठ गया।

तब महिला ने अपनी मुस्कान को कुछ और फैलाते हुए कहा, "डॉक्टर साहब ने आपकी कुछ कहानियाँ गुझे सुनायी हैं, आप बहुत अच्छा लिखते हैं।"

चेतन का मन प्रसन्नता से खिल उठा। वह दैनिक समाचार-पत्रों के सण्डे एडीशनों और साप्ताहिकों से कभी ऊपर न उठा था। उसकी कोई कहानी (उसकी अपनी ही, हद से बढ़ी हुई, भाव-प्रवणता के कारण) 'शाहकार,' 'अदबी दुनिया' अथवा 'हुमायूँ' जैसे मासिक-पत्रों में न छप पायी थी, फिर भी लोग उसे पढ़ते और पसन्द करते हैं — इस

१. आइए भाई साहब, आपका स्वागत है।

एहसास ने उसके मन में गर्व की एक अव्यक्त-सी भावना भर दी; लेकिन अपने चेहरे पर उसने उस प्रसन्नता का कोई बिम्ब नहीं आने दिया। सायास उदासीनता से उसने कहा कि उसकी कहानियाँ अभी वैसी नहीं बन पायीं, जैसी कि वह चाहता है और अभी उसे काफ़ी लम्बा रास्ता तय करना है।

डॉक्टर साहब ने कहा कि यह तो उसकी विनम्रता है; नहीं, उन्हें और उनकी 'सहधर्मिनी जी' को तो उसकी कहानियाँ बड़ी अच्छी लगती हैं। तब वे अपनी सहधर्मिनी जी की ओर पलटे और बोले :

"प्रिये जी, कुछ चाय-वाय नहीं पिलायेंगी चेतन जी को।"

अगरचे चेतन 'न, न' करता रहा कि तकल्लुफ़ की ज़रूरत नहीं, वह चाय पी कर आया है और अभी जा कर वह खाना खायेगा, लेकिन डॉक्टर साहब उठे और धड़धड़ाते हुए बाहर चले गये थे।

अतृप्ता जी जा कर किचन में चाय का पानी चढ़ा आयीं। जब वे वापस आ कर अपनी जगह बैठीं तो चेतन ने कहा, "डॉक्टर साहब ने जब बताया कि उनके पाँच बच्चे हैं — तीन लड़के और दो लड़कियाँ — और दोनों लड़कियों की शादी हो चुकी है तो मैं उनकी पत्नी के रूप में ख़ासी बूढ़ी महिला को देखने की आशा करता था, पर आपको देख कर तो मैं हैरान रह गया हूँ, आपने अपने शरीर को ऐसा सँभाल कर रखा है कि आपकी उमर तीस-पैंतीस से ज़रा ज़्यादा नहीं लगती।"

तब अतृप्ता जी ने बताया कि उनकी उम्र तो सिर्फ़ पच्चीस की है; वे डॉक्टर साहब की दूसरी पत्नी हैं, केवल दस वर्ष पहले ही डॉक्टर साहब से उनका ब्याह हुआ है।

चेतन क्या कहे, कुछ तय न कर पाया। हालाँकि अतृप्ता जी ने अपनी उमर दस वर्ष कम बतायी थी; वे निश्चित रूप से पैंतीस की होंगी; तो भी उनमें और डॉक्टर साहब में, लगभग दुगने का फ़र्क था।

"मैं तो बड़ी पतली-दुबली थी, इधर कुछ मोटी हो गयी हूँ।" और एक उदास मुस्कान उनके चेहरे पर फैल गयी।

"आपके कितने बच्चे हैं ?" सोच-सोच कर, चेतन ने पूछा।

"मेरे कोई बच्चा नहीं।" स्वेटर में सिलाइयाँ चलाते, उन्होंने कहा। पल भर रुक कर, उन्होंने लम्बी साँस ली और जैसे स्वेटर ही से बोलीं, "आप कहानियाँ लिखते हैं। कभी किसी मेरी जैसी की भी कहानी लिखी है आपने ?"

चेतन अप्रकृतिस्थ-सा हो आया। वहाँ बैठे रहने में उसे उलझन होने लगी। उसने चाहा कि डॉक्टर साहब आ जायें और वातावरण उनकी ख़ुशामद-भरी 'प्रिये जी' से कुछ हल्का हो जाये। वहीं बैठे-बैठे, उसने स्वेटर बुनती उस महिला की ओर कनखियों से देखा — वह दस वर्ष पहले, ज़रूर पतली-छरहरी और बहुत सुन्दर होगी, लेकिन उसका शरीर कुछ ढीला हो आया था। उसकी आँखों के निचले पपोटे कुछ भारी हो गये थे, गाल भरे-भरे थे और लगता था कि वह नुकीला चेहरा, भराव के कारण, अदृश्य रूप से कुछ नीचे को ढलक रहा है।....

वहीं स्वेटर में निगाहें गाड़े, अतृप्ता जी ने चेतन को बताया कि उनके माँ-बाप बचपन

ही में परलोक सिधार गये थे। उन्हें उनके मामा ने पाला था। वे मैट्रिक पास कर चुकीं तो मामा ने उनकी शादी के लिए विज्ञापन दिया। डॉक्टर साहब की पत्नी, उसी वर्ष उन्हें छोड़ कर चल बसी थीं। विज्ञापन के उत्तर में, वे स्वयं उनके मामा से मिले। वे तब सियालकोट में सर्जन थे। उन्होंने अपनी उम्र सिर्फ़ पैंतीस की बतायी, तीस हज़ार के कैश-सर्टिफ़िकेट वे साथ ले गये थे। अपने व्यस्क लड़के-लड़कियों की बात वे एकदम छिपा गये और मामा ने उनकी नौकरी और रुपये को देख कर, उन्हें वहाँ ब्याह दिया और जब वे ब्याह कर आयीं तो कितनी देर तक उन्हें इतने बड़े-बड़े लड़के-लड़कियों का पता नहीं चला। डॉक्टर साहब ने अपनी लड़कियों को गाँव और लड़कों को होस्टलों में भेज दिया था, लेकिन यह बात कभी छिपी रह सकती है....

उनके मामा के ख़िलाफ़ कुछ कहने के लिए, चेतन ने ज़बान खोली ही थी कि अतृप्ता जी ने उसकी बात बीच ही में काट दी।

"नहीं, उनका दोष क्या है ?" वे बोली, "मामा भोले-भाले आदमी, दुनिया का छल-प्रपंच वे क्या जानें! डॉक्टर साहब को मिलने गये तो वहाँ उन्हें कोई लड़का-लड़की नहीं दिखा। जाने इन्होंने कैसे सब मैनेज किया और उन्हें सन्तुष्ट कर के गाड़ी में बैठा दिया।" कुछ पल वे चुपचाप सिलाइयाँ चलाती रहीं। फिर उसी धीमे स्वर में —उसी तरह, जैसे अपने स्वेटर से बात करते हुए, उन्होंने कहा, "इनके लड़के-लड़कियाँ, सब इस शादी के ख़िलाफ़ थे, शुरू के सात वर्ष उस घर में मैंने कैसे काटे, यह मैं ही जानती हूँ। दोनों लड़कियों की शादियाँ भी कीं, लड़कों को शिक्षा भी दिलायी। पर मैं ऊब गयी, मेरा शरीर स्वाहा हो गया; तब, तीन साल पहले, जब ये रिटायर हो गये, मैं यहाँ आ गयी।"

"क्या अब भी आपके बच्चे आपके ख़िलाफ़ हैं ?" चेतन ने पूछा।

"सिर्फ़ छोटा, जो लगभग मेरी ही उमर का है, मुझ से बोलता है," अतृप्ता जी ने उत्तर दिया, "बाकी सब नाराज़ हैं। डॉक्टर साहब ने मकान बेच कर, कैश-सर्टिफ़िकेट ख़रीद लिये हैं और इनके बेटे समझते हैं, जैसे यह सब मेरे कहने से हुआ है। हालाँकि ये कैश-सर्टिफ़िकेटों को, चारे की तरह, कभी उनके आगे लटका देते हैं, कभी मेरे आगे।"

उनके पतले होंटों पर एक क्षीण-सी, तिक्त मुस्कान फैल गयी। उन्होंने फिर एक लम्बी साँस ली।

चेतन को फिर कुछ उलझन-सी हुई। वह इस औरत को कैसे तसल्ली दे ? वह चुप बैठा रहा। कमरे में दो पल को चुप्पी छा गयी और अतृप्ता जी की सिलाइयों की आवाज़ तक चेतन को सुनायी देने लगी। तब वे बोलीं :

"इन्होंने आपकी कहानियाँ सुनायीं और जब कहा कि ये आपको जानते हैं तो मैंने ही इन पर ज़ोर दिया था कि आपको लायें। शायद कभी आप मेरी ज़िन्दगी की कहानी भी लिखें। कुछ है इसमें लिखने लायक कि नहीं ?....आप लिखना चाहेंगे तो मैं आपको सब घटनाएँ विस्तार से बताऊँगी।"

चेतन क्या उत्तर दे, सोचने पर भी, उसकी समझ में कुछ नहीं आया। वह चुप बैठा, एड़ी के बल, पैर को इधर-उधर करता रहा।....तभी डॉक्टर साहब, हाथ में बड़ा-सा दोना और लिफ़ाफ़े लिये, आ गये।

"प्रिये जी, मैं मिठाई ले रहा था तो गर्म-गर्म समोसे निकल रहे थे। चेतन जी का तो मुझे पता नहीं —खाते हैं कि नहीं; इनके लिए तो रसगुल्ले और नमकीन लाया हूँ, पर आपके लिए समोसे ले आया।"

o

'स्साला प्रिये जी का।' चेतन ने लोअर माल पर लुढ़कते हुए ज़ोर से कहा।....जब पहली ही भेंट में, डॉक्टर साहब अपने जीवन का ब्योरा उसे देने लगे तो चेतन को लगा था कि वे भी, उसी की तरह, सरल आदमी हैं। उस की अपनी यह आदत थी कि अपने बारे में कहनी-अनकहनी —सब बातें कह देता था। यद्यपि उनकी उमर को देखते हुए, उसे कुछ आश्चर्य ज़रूर हुआ था, पर अतृप्ता जी की बातें सुन कर उसे लगा कि डॉक्टर उतने सीधे नहीं हैं, और हालाँकि उन्होंने उसके साथ कोई बुराई नहीं की, उसे मान से ले गये, स्वयं जा कर बाज़ार से मिठाई और नमकीन लाये और चाय पिलायी, तो भी उनके प्रति एक अव्यक्त-सी घृणा, चेतन के मन में उत्पन्न हो गयी। उनकी पत्नी के लिए अनायास उसका हृदय आर्द्र हो आया।

चेतन ने देखा था, जब वे कुछ अजीब-सी दयनीयता से होंट फैलाते हुए, 'प्रिये जी,' 'प्रिये जी' करते थे तो प्रायः उनकी पत्नी का चेहरा नितान्त निरपेक्ष रहता था। इस सम्बोधन ही से चेतन को आभास मिला था कि उनके सम्बन्धों में कुछ ऐसा है, जो 'नॉर्मल' नहीं है। यह निहायत तकल्लुफ़-भरा सम्बोधन, आत्मीयता से एकदम रिक्त था और अपनी युवा-पत्नी को प्रसन्न करने के लिए, एक बुड्ढे की असफल और भौंडी कोशिश से ज़्यादा, कोई महत्व न रखता था।

....वह ज़रूर अतृप्ता जी की कहानी लिखेगा....चेतन ने सोचा....वह उनके यहाँ जाया करेगा। धीरे-धीरे उनकी ज़िन्दगी के ब्योरे हासिल करेगा और उनको ले कर, एक करुण उपन्यास सृजेगा।

o

वह नाचघर के पास से हो कर, मरीना होटल वाले मोड़ पर पहुँच गया था। ऊपर से नाला, शोर करता हुआ उतर रहा था और बादल, नीचे घाटी से उठ कर, बेआवाज़, सड़क को लाँघते हुए, जाखू के केलुओं को समेटते, ऊपर को बढ़े जा रहे थे। चेतन जब दो-ढाई घण्टे पहले इधर से गुज़रा था तो घाटी में बादल का टुकड़ा तक न था और अब, नीचे कुछ भी दिखायी न देता था —न होटल, न मकान, न कार्ट रोड, न घाटी, न पेड़! — बस धुन्ध का एक पर्दा था —और लगता था, जैसे आसमान नीचे उतर आया है —और वह धरती पर नहीं, आसमान में चला जा रहा है....सहसा डॉक्टर गोपालदास की बात सोचते-सोचते, उसे अपनी बेवकूफ़ी का ध्यान हो आया....

डॉक्टर गोपालदास ने, जब अतृप्ता जी से शादी करने का फ़ैसला किया होगा तो उसके बाद, उनके बच्चों पर कैसी प्रतिक्रिया होगी ? उनके घर में क्या बवण्डर मचेगा ? —क्या उन्होंने यह सब सोचा होगा ?....चेतन को लगा कि इतने वर्ष अपनी पत्नी के संग रहते हुए, सहसा एकाकी हो जाने पर उन्हें अपने इर्द-गिर्द बड़ा-सा शून्य महसूस हुआ होगा और उनकी एकमात्र इच्छा, उस शून्य को भर देने की रही होगी। दूसरी

कोई बात उनके दिमाग़ में आयी ही न होगी और जब उन्होंने अतृप्ता जी के मामा का विज्ञापन पढ़ा होगा तो किसी नतीजे की चिन्ता किये बिना, अपने सारे प्रयास, सिर्फ़ उन्हें पाने के लिए लगा दिये होंगे —उन्होंने अपना मकान बेचा; अपनी लड़कियों को गाँव भेजा; लड़कों को होस्टल में दाख़िल कराया; अपने मार्ग की सब बाधाएँ दूर कीं और अपने काम्य को पाने में सफल हो गये....

....उसने ख़ुद भी तो ऐसा ही किया। जब उसे ट्यूशन का पता चला, वह एक-निष्ठ हो कर, उसे पाने के लिए तुल गया। हो सकता है, जिस तरह उसके भाई ने उसे ख़बरदार किया था, डॉक्टर गोपालदास को भी उनके किसी दोस्त ने ऊँच-नीच समझायी हो, पर आदमी अपनी इच्छा के आगे, नतीजे की परवा नहीं करता! डॉक्टर साहब ने मकान बेच कर, पचास हज़ार के सर्टिफ़िकेटों को अपने वैवाहिक जीवन की सफलता के लिए पर्याप्त समझा होगा —जैसे उसने हर तरफ़ से ध्यान हटा कर, लड़की को ज़रा भी लिफ़्ट न देते हुए, पढ़ाने ही को काफ़ी समझा था; लेकिन जैसे उनका वही धन, उनकी शान्ति के मार्ग की बाधा बन गया है, क्या उसका उस तरह एक-निष्ठ हो कर पढ़ाना ही चन्द्रा को आकर्षित करने का कारण नहीं बना ?....

....आदमी की बुद्धि कितनी सीमित है —चेतन ने सोचा —अपनी समझ में, जब वह अपनी इच्छा के मार्ग की हर बाधा पार कर लेता है, तब दूसरी कितनी रुकावटें पैदा नहीं हो जातीं! आदमी सिर्फ़ अपनी इच्छा देखता है, पर उसके सम्पर्क में आने वालों की भी तो इच्छाएँ होती हैं। हो सकता है, डॉक्टर साहब इस उमर में, सेक्स के नाते कमज़ोर न हों; यह भी हो सकता है कि अपनी उस बलवती इच्छा के कारण, उन्होंने भस्मों अथवा शक्तिवर्धक औषधियों के सेवन से अपनी उस कमज़ोरी को दूर कर लिया हो; पर क्या उतने ही से उन्हें सुख मिल जाता ?....उनके लड़के-लड़कियाँ, उनकी पत्नी और उन सब की इच्छाएँ! चेतन को लगा कि वही नहीं, डॉक्टर गोपालदास भी अपनी ही बनायी चूहेदानी में फँसे हैं और सहसा उसे उस बुज़ुर्ग पर दया हो आयी। वह ख़ुद तो शायद इससे मुक्त हो भी जाये, लेकिन डॉक्टर साहब शायद ही निकल पायें।....

'प्रिये जी।'....यह सम्बोधन उसे अत्यन्त दयनीय लगा।....जिस औरत ने पहली ही भेंट में, उसे अपने जीवन की ट्रैजिडी का आभास दे दिया, उसे इस सम्बोधन पर कितनी कोफ़्त न होती होगी! पर वह उसका विरोध नहीं करती। परम विवशता से वह सब सहती चली जाती है। वह आर्थिक रूप से स्वावलम्बी नहीं और डॉक्टर साहब ने कैश-सर्टिफ़िकेट अपने नाम से ले रखे हैं। वह कोशिश करती होगी कि उनका कुछ हिस्सा उसके नाम हो जाये अथवा व रुपया, उनके बाद, लड़कों को नहीं, उसे मिले....इस सारे दाव-पेंच में, स्नेह का सोता, न जाने कब का सूख गया होगा। एक तरफ़ कोरी वासना होगी और दूसरी तरफ़ कोरी विवशता....और वह घर को साफ़-शफ़्फ़ाफ़ रख कर, डॉक्टर को सुसंस्कृत बनाने में ही सन्तोष पा लेती होगी....

चाय पीने के बाद चेतन बाथ-रूम गया था। एक ओर छोटी-सी फ़्लश लैवेट्री थी, दूसरी ओर किचन और बीच में दीवार। वापस आ कर चेतन ने इस व्यवस्था पर आश्चर्य प्रकट किया था; तब अतृप्ता जी ने बताया कि इन फ़्लैटों में यही व्यवस्था है। फ़्लश है और वे बेहद साफ़ रखती हैं! फिर नाक-भौं चढ़ाते हुए कहा था कि इतनी सफ़ाई भी उन्हीं

ने आ कर रखी है, वरना सर्जन हुए तो क्या, वे शौचालय जाते थे तो टॉयलेट-पेपर भी इस्तेमाल न करते थे....कुछ अजीब-सी घृणा, उनकी आँखों में झलक आयी थी और डॉक्टर साहब दयनीयता से 'हें हें,' 'हें हें'करते रहे थे।

'एक बुनियादी ग़लती से, आदमी किस तरह चूहेदानी में फँस जाता है....' चेतन ने मन-ही-मन कहा।

....लेकिन आदमी चूहा नहीं। उसके दिमाग़ है। वह निकलने की राह खोज सकता है — चेतन ने सोचा — क्या ज़रूरी है कि वह फँसा-फँसा ही ख़त्म हो जाये! डॉक्टर साहब को चाहिए कि पच्चीस हज़ार रुपया अपनी पत्नी के नाम करा दें और उससे कह दें —प्रिये जी, मैंने ग़लती की है। मैं लज्जित हूँ। मैं आपके कुंवारे जीवन को वापस नहीं ला सकता। यह पच्चीस हज़ार मैं आपके नाम कर देता हूँ। आपका मन हो, मेरे साथ रहें; मैं भरसक आपको ख़ुश रखने की कोशिश करूँगा। नहीं, जो आपको अच्छा लगे, करें; मैं कुछ नहीं कहूँगा; न मुझे कोई गिला होगा, न शिकायत। —और चेतन को विश्वास था — इस एक ही कदम से, न सिर्फ़ वे अपने हमेशा के हीन-भाव और अपराध भावना से मुक्त हो जायेंगे, बल्कि अपने घरेलू झगड़ों से भी उन्हें छुट्टी मिल जायेगी — उनके लड़के भी समझ लेंगे कि इतना उनको मिलना है और सन्तुष्ट हो जायेंगे....'लेकिन डॉक्टर साहब शायद रुपया भी रखना चाहते हैं और बीवी भी,' चेतन ने सोचा, 'इस चक्कर में उन्हें शायद दोनों ही से नहीं, अपनी जान से भी हाथ धोने पड़ें....'

....लेकिन क्या उसकी भी स्थिति कुछ वैसी ही नहीं ? वह भी क्या यह नहीं चाहता कि ट्यूशन भी बनी रहे और प्रतिष्ठा भी हाथ से न जाये....अगर वह किसी तरह, किराये भर के रुपये लाला जी से ले कर, चुपचाप भाग जाये तो क्या वह इस चूहेदानी से निकल न जायेगा....

०

धुन्ध बहुत गहरी हो गयी थी। बत्तियों की रोशनी, बल्बों के गिर्द, छोटे-छोटे वृत्तों में सिमट आयी थी। चेतन के दिमाग़ में भी वैसी ही धुन्ध छायी थी, जिसमें कोई बत्ती रोशन नहीं थी। सहसा इस ख़याल के आते ही उसे लगा कि उस धुन्ध में एक बड़ा-सा बल्ब रोशन हो उठा है। कुछ क्षण तक, कल्पना-ही-कल्पना में, वह इस विचार को साकार होते देखता रहा — वह लाला जी से अपनी पत्नी को भेजने के लिए रुपये माँगता है और दूसरी सुबह तड़के उठ कर, बोरिया-बिस्तर बाँध, वह कसुम्पटी से कुली बुला लाता है और इससे पहले कि कोई उठे, सामान ले कर चम्पत हो जाता है....फिर उसने देखा कि उसे कुली नहीं मिलता; वह छोटे शिमले से रिक्शा ले आता है और शिमले के अड्डे से पहली बस पकड़ कर भाग जाता है....अपनी मेज़ पर वह एक चिट्ठी लिख कर छोड़ जाता है कि पत्नी के पत्र से वह चिन्तित हो गया है और रुपये भेजने के बदले, स्वयं जा रहा है। जल्दी ही आ जायेगा....'लेकिन कौन फँसता है एक बार इस चूहेदानी से निकल कर।' चेतन ने मन-ही-मन ख़ुश हो कर कहा और इस ख़याल से उसे ख़ासी राहत मिली....

लेकिन दूसरे क्षण, उसे अपनी इस बचकाना स्कीम पर हँसी आ गयी। उसके बड़े भाई क्या कहेंगे ? वह फिर ट्यूशन तो करेगा नहीं; माना कि वह लाला हाकिमचन्द को

रुपया वापस भी दे दे, पर उसके वचन का मोल क्या रहेगा ? और इस तरह भाग जाना कहीं उसे कायरता लगती थी।

डॉक्टर गोपालदास की और उसकी समस्या में अन्तर है —चेतन ने सोचा —उनके सामने अपने बाकी दिनों की समस्या है; उन्हें अपनी पत्नी के ही नहीं, अपने लड़के-लड़कियों के विरोध और आक्रोश और अपने बूढ़े एकाकीपन की समस्या को भी सुलझाना है....और ख़ुद उसकी समस्या, किसी मुसीबत में फँसे बिना, एक-डेढ़ महीना इस लड़की को पढ़ा ले जाने की है। जैसे उसने पिछले दो महीने काटे हैं, क्या वह एक-डेढ़ महीना और नहीं काट ले जा सकता ?....और उस तरह, सब कुछ छोड़-छाड़ कर, चोरी से भाग जाना चेतन को ऐसे ही लगा, जैसे दुनिया की उलझनों और मुसीबतों से घबरा कर, कोई आदमी संन्यासी हो जाये या आत्म-हत्या कर ले....उसके पिता के मित्र — पण्डित जुलियाराम के भाई, गण्डाराम हों, या दुर्गादास —ज़िन्दगी से भाग कर संन्यास लेने वालों से चेतन को नफ़रत थी —इस तरह चोरी से भाग जाने पर, वह समस्या को चाहे सुलटा ले, लेकिन क्या अपनी नज़रों में छोटा न हो जायेगा ?....क्या सब कुछ त्याग कर, जंगल की राह लेने वाले योगी की अपेक्षा, इस दुनिया में रहते हुए, निरपेक्ष भाव से कर्म करने वाला बेहतर नहीं है ? और उसके सामने, अपने पिता से सब कुछ सीख लेने के बाद, कुछ और सीखने के लिए, राजा जनक के दरबार में जाने वाले व्यास-पुत्र शुकदेव की कथा घूम गयी, जो उसने कर्मयोग के 'अनासक्ति प्रकरण' में पढ़ी थी....

....व्यास देव प्रसिद्ध ऋषि और 'वेदान्त सूत्र' के प्रणेता थे। उनके पिता ने पूर्णत्व प्राप्त करने का भरसक प्रयास किया था, पर असफल रहे थे। उनके पितामह तथा प्रपितामह ने भी इसी उद्देश्य से तपस्या की थी, लेकिन कामयाब न हुए थे; ख़ुद व्यास देव भी पूर्ण रूप से सफल न हो पाये थे। उनकी प्रबल इच्छा थी कि जो काम, उनके पिता, पितामह और प्रपितामह नहीं कर सके, उसे उनका पुत्र कर ले जाये! उन्होंने अपने बेटे — शुकदेव — को तत्व-ज्ञान की शिक्षा दी और इस ओर उस की रुचि देख कर, आगे ज्ञान प्राप्त करने के लिए, उसे विदेह जनक के पास जाने की सलाह दी।

जनक राजर्षि कहाते थे और 'विदेह' नाम से प्रसिद्ध थे। यद्यपि वे राजा थे, तो भी, योग-साधना के बल पर, उन्होंने अपनी इन्द्रियों पर पूरा अधिकार प्राप्त कर लिया था। भोग-विलास में रहते हुए भी, वे उससे ऊपर उठ गये थे —इन्हीं 'विदेह' के पास शुकदेव तत्व-ज्ञान की कामना ले कर आये।

जनक को यह मालूम था कि व्यास मुनि के सुपुत्र उनके पास तत्व-ज्ञान की शिक्षा प्राप्त करने आ रहे हैं। उन्होंने पहले से ही सब प्रबन्ध कर रखा था। जब शुकदेव राज-महल के द्वार पर पहुँचे तब द्वारपालों ने उनकी ओर कोई ध्यान न दिया। उन्होंने ऋषि-पुत्र को बैठने के लिए एक आसन भर दे दिया। इस आसन पर शुकदेव तीन दिन तक लगातार बैठे रहे, न उनसे कोई बोला और न किसी ने यही पूछा कि वे कौन हैं और क्या चाहते हैं ? शुकदेव इतने बड़े ऋषि के पुत्र थे, देश भर में उनके पिता का इतना सम्मान था और वे स्वयं भी ख्यात हो गये थे; लेकिन इस पर भी उन द्वारपालों ने उन्हें नज़र-अन्दाज़ कर दिया। तीन दिन बाद, सहसा राजा के मन्त्री और दूसरे प्रमुख अधिकारी वहाँ आये और उन्होंने अत्यन्त सम्मान के साथ ऋषि-पुत्र का स्वागत किया।

वे शुकदेव को राजमहल के अन्दर, एक अत्यन्त सुवासित और सुशोभित कक्ष में ले गये। सुगन्धित जल से उन्हें स्नान कराया गया; बहुमूल्य वस्त्र पहनाये गये और आठ दिन तक उन्हें हर तरह के भोग-विलास में रखा गया। इस सब आमोद-प्रमोद और सुख-सुविधा में, युवा शुकदेव उसी प्रकार निरपेक्ष रहे, जैसे एक साधारण-से आसन पर रहे थे। उनके प्रशान्त चेहरे पर किसी प्रकार का अन्तर, मन्त्रियों को दिखायी नहीं दिया। तब उन्हें राजा के सम्मुख ले जाया गया।

जनक सिंहासन पर बैठे थे और वहाँ नाच-गाना हो रहा था। राजा ने शुकदेव को, दूध से लबालब भरा, एक प्याला दिया और कहा —'इसे ले कर इस दरबार की सात बार प्रदक्षिणा कर आओ; पर देखना, एक बूँद भी दूध न गिरने पाये।'

शुकदेव ने प्याला ले लिया और मधुर संगीत की धुनों और नृत्य करती सुन्दरियों के बीच, प्रदक्षिणा करने को उठे। राजा जनक की आज्ञानुसार वे सात बार चक्कर लगा आये, लेकिन दूध की एक बूँद भी नहीं गिरी।....तब विदेह ने कहा, "बेटा, जो कुछ तुम्हारे पिता ने तुम्हें सिखाया है और जो कुछ तुमने स्वयं सीखा है, उससे अधिक मैं तुम्हें कुछ नहीं सिखा सकता। तुमने सत्य को जान लिया है। अब तुम अपने घर वापस जाओ!"

....नाचती-गाती सुन्दरियों के बीच, परम अनासक्त भाव से दूध का प्याला लिये हुए परिक्रमा करते, युवा शुकदेव का चित्र, चेतन के मन पर अंकित हो गया था। उसे लगा कि दूध का प्याला उसकी प्रतिष्ठा है और सुन्दरियों के स्थान पर चन्द्रा अपने रूप-वैभव और उच्छृंखलता के साथ बैठी है। क्या वह शुकदेव की तरह इस प्याले की रक्षा नहीं कर सकता....वह ज़रूर कर ले जायेगा। अपने ध्यान को इधर-उधर भटकने नहीं देगा और अपने फ़र्ज़ पर आँख जमाये रखेगा —उसने मन-ही-मन तय किया।

०

चेतन छोटे शिमले बाज़ार से तेज़-तेज़ उतरता चला जा रहा था। धुन्ध ने बाज़ार को कुछ अजीब स्वप्निल रूप दे दिया था। दुकानों के ख़ाके और उनमें लगी बत्तियों के सिमटे वृत्त, उस धुन्ध में आते-जाते लोगों के साये, उसे बड़े भले लग रहे थे। धुन्ध में से अचानक एक ख़ाका उभरता और चन्द कदम जा कर ग़ायब हो जाता।....चेतन तेज़-तेज़ उतरता चला गया। बाज़ार के बाद, वह क्षण भर को रुक गया। सड़क की दोनों ओर, ऊँचाई पर, केलू के दो छोटे-छोटे पेड़, उस धुन्ध में लटके-से दिखायी दे रहे थे। ऊपर साँझ की हल्की-सी रोशनी थी, जो प्रच्छन्न रूप से धुन्ध पर छायी थी और थोड़ा आगे, दायीं तरफ़, कुछ नीचे, किसी बँगले की रोशनी फैली थी....उसका मन हुआ, कोई बेंच पास पड़ी हो तो उस पर बैठ जाये। कुछ क्षण इस सुन्दर दृश्य का आनन्द ले ले! पर वहाँ कोई बेंच नहीं थी। वह चुपचाप, धुन्ध में लटके-से उन नवजात केलुओं को; ऊपर से, जैसे धुन्ध के रेशों में घुलती हुई, साँझ की अन्तिम आभा को; परे, नीचे से आते धूमिल प्रकाश को —उस अजीब-से स्वप्न संसार को, देखता रहा। फिर धीरे-धीरे, जैसे उस दृश्य को अपने मन-मस्तिष्क पर हू-ब-हू उतारता हुआ, वह चल पड़ा।

आगे सड़क पर बिजली के खम्भे काफ़ी दूर-दूर थे। धुन्ध के ऊपर आकाश में

थोड़ा-सा प्रकाश था; पर चेतन को तेज़ चलने में कठिनाई हो रही थी —ख़ास तौर पर, जहाँ घने गगन-चुम्बी देवदारों के कारण रात का अँधेरा बढ़ गया था। वह धीरे-धीरे चलने लगा और उसके सामने धुन्ध के पर्दे पर कई चित्र बनने-मिटने लगे!....

०

....उसके सामने, दूध से लबालब भरा प्याला लिये हुए, अपना ही चित्र आ गया और उसने देखा कि राजा जनक के दरबार में जो तन्वी नृत्य कर रही है —वह और कोई नहीं, चन्द्रा ही है....फिर उसके सामने, उसके जूठे गिलास से पानी पीती, चन्द्रा आ गयी। गिलास एक ही साँस में ख़त्म कर के उसने मेज़ पर रखते हुए कहा था, "पानी तो और भी मीठा हो गया मास्टर जी, गुरू के होंटों को जो छू आया है। पर आपको ज़रूर कड़वा लगा होगा।...."

शायद चन्द्रा सुनना चाहती थी —नहीं, इस गिलास का पानी तो और भी मीठा है, तुम्हारे मीठे होंटों को जो इसने छू लिया है।....लेकिन चेतन ने कुछ भी नहीं कहा था। वह चुपचाप, उसे घूरता रहा था। तब कुछ लज्जित-सी हो कर वह बोली थी, "आप का जूठा पानी मैं पी लूँ तो कोई हर्ज नहीं, आप गुरू हैं; लेकिन आपने मेरा जूठा पानी पी लिया, यह बुरा हुआ। माफ़ कर दीजिए।"

और चेतन रुद्र गम्भीर बना उसे पढ़ाने लगा था।....फिर उसके सामने वह घटना आ गयी, जब उसने चन्द्रा कुर्सी के किनारे से पैर टिका लिये थे, और चन्द्रा ने उसके पैरों को अपनी जाँघ के साथ सटा लिया था....

बीबी जी तभी ऊपर से आ गयी थीं। चेतन ने पैर ज़रा-सा खींच कर किनारे कर लिये थे, लेकिन चाहने पर भी वह उन्हें नीचे न कर सका था। बीबी जी ने एक उचटती-सी निगाह उसके पैरों पर डाली थी, पर चेतन पल भर को भी रुके बिना, पढ़ाता रहा था। बीबी जी चन्द्रा को चाबी देने आयी थीं और चाबी मेज़ पर फेंक कर वे चली गयी थीं।

तब चेतन ने कहा था, "चन्द्रा तुम मुझे पिटवाओगी।"

चन्द्रा ने सीने पर हाथ रखते हुए, ज़रा आगे को झुक कर, उसकी आँखों-में-आँखें डालते हुए, कहा था, "मास्टर जी, पहले मैं पिटूँगी।"....

०

धुन्ध के पर्दे पर चन्द्रा की वही छवि अंकित हो गयी। 'तू ही पहले पिटेगी कमबख़्त, तो इससे क्या होगा!' चेतन ने मन-ही-मन कहा, 'तेरे पिता तेरी शादी कहीं कर देंगे, पर मैं तो ग़रीब आदमी हूँ, मेरी तो आबरू मिट्टी में मिल जायेगी....'

"मैं इस प्याले से एक बूँद भी नहीं गिरने दूँगा," उसने चलते-चलते ज़ोर से कहा; फिर सहसा वह झेंप कर चुप हो गया कि कोई उसे पागल न समझ ले।

अँधेरा बढ़ रहा था। चेतन के पास टॉर्च नहीं थी। गहरी धुन्ध के बावजूद, वह तेज़-तेज़ चलने लगा।

बाईस

ए एस डी एफ़ जी/एच जे के एल;

टाइपराइटर की तीसरी पंक्ति पर दोनों हाथ रखे, चेतन एक-एक उँगली से, धीरे-धीरे, अक्षर टाइप कर रहा था। उसके दायें हाथ की उँगलियाँ ठीक से चल न रही थीं और उसकी आँखों में बार-बार वह घटना आ रही थी, जब लड़कपन में उसके दायें हाथ की ये बीच की दो उँगलियाँ चोट खा गयी थीं।....

०

चेतन के सामने वह बड़ी-सी स्लेट आ गयी, जिसके कारण वह दुर्घटना हुई थी।....उस ज़माने में लोहे की स्लेटें नहीं चली थीं और पत्थर की पतली स्लेटें, चौखटों में पत्तियाँ लगाने के बावजूद, टूट जाती थीं। जब दो पतली स्लेटें चेतन से टूट गयीं और उन्हीं दिनों चेतन के पिता जालन्धर आये तो माँ के अनुरोध पर, वे एक शाम उसे बाज़ार ले गये और एक मोटी, भारी, खुरदरी स्लेट ख़रीद लाये। घर आ कर, उन्होंने माँ के सामने उसे फ़र्श पर फेंक दिया था कि लो, यह कभी नहीं टूटेगी!

चेतन को वह प्लेट, चिन्तपुरनी और गगरेट के पहाड़ी मकानों की छतों पर लगी हुई स्लेटों-सी दिखायी दी थी। लगता था, किसी ने वहीं से प्लेट का एक छोटा-सा चौकोर टुकड़ा उठा कर, उसे चौखट में जड़ दिया है। वह चौखट स्लेट के मुकाबले में पतली-सी लगती थी। माँ ने चेतन के पिता से कहा भी था कि उस पर पत्तियाँ लगवा दें। उन्होंने वादा किया था कि अगली बार आयेंगे तो ज़रूर पत्तियाँ लगवा देंगे।....

टाइप करते-करते, चेतन के होंटों पर मुस्कान की क्षीण-सी रेखा फैल गयी। क्योंकि दूसरी बार पिता के आने से पहले ही, उस मोटी-भारी स्लेट की वह पतली-दुबली चौखट टूट गयी थी और वह रुण्ड-मुण्ड स्लेट, उस वक्त तक चेतन के पास रही थी, जब तक वह हाई स्कूल में नहीं चला गया और स्लेट की जगह कापियाँ इस्तेमाल नहीं करने लगा। बार-बार गिरने से उसके कोने टूट-घिस कर, लगभग गोल हो गये थे, लेकिन बाकी स्लेट अपनी रूखी-खुरदरी सतह को लिये हुए, सालम बनी रही थी।

वह स्लेट इतनी भारी थी कि जब चेतन उस पर किताबें रख कर, पहले दिन किला मुहल्ला के अपने प्राइमरी स्कूल गया था तो उसी बाँहें दुखने लगी थीं। दूसरे ही दिन से वह बस्ता सिर पर रख कर ले जाने लगा था। किताबें गिर न जायें, इसलिए वह कभी दायें और कभी बायें हाथ से उसे थामे रहता। यूँ भी, वह छुटपन में पगड़ी बाँधता था और पगड़ी, बस्ते के लिए, बिन्ने[१] का काम देती थी। सिर पर बस्ता ले जाने में चेतन को कुछ ऐसा अभ्यास हो गया कि वह बिना हाथ का सहारा दिये, मज़े से सिर पर बस्ता रखे, चला जाता....

तभी एक दिन स्कूल को जाते और ढिक्की[२] बकरवालाँ की चढ़ाई चढ़ते हुए

---

१. सिर पर घड़ा वग़ैरा रख कर ले जाने के लिए, रस्सियों या मूँज से बना गोलाकार उपकरण — गुड़री।

२. चढ़ाई।

(जिसका फ़र्श पतली-छोटी नानकशाही ईंटों का बना था और वर्षों के अन्तराल से, जिसमें गढ़े बन गये थे और जो ऊबड़-खाबड़ हो गया था) चेतन के पैर को ठोकर लग गयी। उसका सन्तुलन बिगड़ गया। किताबों-समेत स्लेट गिरी; उसकी वह पतली चौखट, झटके की ताब न ला कर, तत्काल अलग हो गयी और स्लेट को फ़र्श पर गिर कर टूटने से बचाने के प्रयास में, स्वयं गिरते हुए, उसने उल्टा हाथ बढ़ाया तो प्लेट का नंगा, धारदार किनारा, चेतन के दायें हाथ की अनामिका और मध्यमा को घायल कर गया....

....न जाने उसके लड़कपन की इस घटना में क्या था कि वह चेतन के दिमाग़ में नक्श हो गयी थी —शायद इसलिए कि इसी के कारण, उसने पहले-पहले झूठ बोल कर, स्कूल से घर आ जाना सीखा था। जो भी हो, जब वह घायल हाथ लिये स्कूल पहुँचा था तो मास्टर ने, अपनी पगड़ी से थोड़ा-सा कपड़ा चीर कर, उसके गीली पट्टी बाँध दी थी और उसे घर भेज दिया था। माँ ने साफ़ धोती फाड़ कर, पट्टी बदल दी थी। दो-तीन दिन में घाव भर गया था, लेकिन उसकी दोनों उँगलियाँ कुछ अकड़-सी गयी थीं। मुट्ठी तो वह बाँध लेता, लेकिन हाथ फैला कर टाइपराइटर के अक्षरों को दबाने में उसे तकलीफ़ होती....

चेतन के सामने एक दूसरी घटना घूम गयी।

....वह कपड़े धो रहा था। चूँकि उसके हाथ थक गये थे और कपड़े ज़्यादा थे, इसलिए साबुन लगाने के बाद, वह सोंटे से उन्हें कूट रहा था कि अचानक सोंटे का अगला हिस्सा, गीले कपड़ों पर पड़ने की बजाय, नीचे नंगी सिल पर ज़ोर से लगा। यह कैसे हुआ, चेतन कभी नहीं जान पाया, लेकिन सोंटे का किनारा सिल से लगते ही, बिजली की करेण्ट-सी चोट, उसकी अनामिका तक पहुँच गयी। सोंटा उसके हाथ से छूट गया। दूसरे क्षण उसने देखा कि उसकी अनामिका का नाख़ून नीला पड़ गया है।....

पहली चोट से अनामिका बीच से अकड़ गयी थी, इस चोट से उसका अगला जोड़ भी सख़्त हो गया....

o

काफ़ी कष्ट से, धीरे-धीरे टाइप करते हुए, चेतन के मन में सहसा अपने प्रति करुणा उमड़ आयी —उसके दायें हाथ की दो उँगलियाँ, चोट खा कर अकड़ गयी थीं और घर में किसी ने इसकी चिन्ता न की थी। पिता को कभी उधर ध्यान देने का ख़याल ही नहीं आया। माँ के पास फ़ुर्सत ही नहीं थी; उसने किसी तरह छै बच्चों को पाल दिया —यही बड़ा काम किया....और चेतन के सामने देश के हज़ारों-लाखों बच्चे घूम गये, जो उसी की तरह, जैसे-तैसे, पल जाते हैं; जिन के अंग, बचपन में माँ-बाप की बेपरवाही या समय अथवा धन के अभाव में, बेकार हो जाते हैं जो ज़िन्दगी के कर्म-क्षेत्र में उतरने से पहले ही, तन या मन से, पंगु हो जाते हैं....

सिर को झटका दे कर, चेतन ने उस अस्वस्थ विचारधारा को दिमाग़ से निकाल दिया। उसकी मध्यमा और अनामिका, जोड़ों से ठीक तरह न मुड़ने के कारण 'के' तथा 'एल' अक्षरों पर पूरा दबाव न दे पाती थीं। लेकिन बिना हतोत्साह हुए, होंटों-ही-होंटों में, सस्वर सभी अक्षरों को दोहराता हुआ, वह धीरे-धीरे परम निष्ठा से टाइप करने लगा —वे ही अक्षर बार-बार :

ए एस डी एफ़ जी/एच जे के एल;

००

डॉक्टर गोपालदास के यहाँ से आने के बाद, उस धुन्ध-भरी शाम में, छोटे शिमले के बाज़ार से उतरते हुए, चेतन ने — ऋषि-पुत्र शुकदेव के अनुकरण में — चन्द्रा की तमाम चंचलता, शोख़ी और उच्छृंखलता को नज़र-अन्दाज़ कर के, नितान्त असम्पृक्त बने रहने का जो फ़ैसला किया था, वह दूसरे ही दिन, यथार्थ के हल्के-से स्पर्श से, बालू की भीत-सा ढह गया था।

....सुबह, चन्द्रा के कमरे में जाते ही, उसकी निगाह कैलेण्डर पर चली गयी थी और एक बेआवाज़, लम्बी साँस उसके दिल से निकल गयी थी — एक दिन और बीत गया!

हालाँकि यह बात उसने सिर्फ़ मन में सोची थी; लेकिन चन्द्रा ने, उसे कैलेण्डर को देख कर लम्बी साँस भरते और उसकी आँखों में अरमान को उभरते, देख लिया।

"हाय मास्टर जी, दिन गिन रहे हो!" उसने वही फ़िकरा दोहरा दिया, जो इधर वह, रोज़ एक-न-एक बार, उस पर कस देती थी।

चेतन ने उसकी बात का कोई जवाब नहीं दिया; क्रोध-भरी निगाह उस पर डाली और कुर्सी पर बैठ गया।

चन्द्रा की आँखों में और होंटों में शरारत-भरी मुस्कान की एक क्षीण-सी रेखा फैल गयी थी। सिर को ज़रा-सा बायीं ओर झुका कर, उसने चेतन की ओर देखा और बड़े प्यार से (उसे दिखाते हुए) अपनी किताब की दानेदार जिल्द पर हाथ फेरने लगी।....और इतने ही से चेतन का शरीर गर्मा गया था।

दरअसल क्रोध या आवेश में, चेतन के चेहरे पर, बारीक-से रोम उभर आते थे और चन्द्रा का कहना था कि उसका चेहरा, रेक्सिन की उस दानेदार जिल्द-सा हो जाता है। चूँकि वह उसके चेहरे पर हाथ न फेर सकती थी, इसलिए जब वह ग़ुस्से होता था, चन्द्रा कुछ न कह कर, सिर्फ़ पुस्तक की उस जिल्द पर प्यार से हाथ फेरने लगती थी। चेतन का मन, ऐसे में हमेशा मुस्कराने को होता था, लेकिन वह मुस्कराने के बदले झुँझला जाता। चन्द्रा की वह हरकत, कहीं गहरे में, उसे सन्तोष भी देती थी; इसलिए उसकी उस झुँझलाहट में कुछ अजीब-सा छद्म, कुछ अनाम-सी अविश्वसनीयता आ जाती थी।

उस वक्त, उन मुस्कराती, प्यार-भरी आँखों और रेक्सिन की उस दानेदार जिल्द पर धीरे-धीरे फिरते हुए उस हाथ को देख कर, चेतन का शरीर गर्म हो आया तो वह मन-ही-मन झुँझलाया था। लेकिन पिछली शाम के अपने निश्चय के अनुसार — बिना चन्द्रा की आँखों में देखे, बिना उसकी बात का जवाब दिये, बिना उसे झिड़के या डाँटे, वह उसे पढ़ाने लगा।

एक बजे तक उसने सिर नहीं उठाया। चन्द्रा उसकी बात सुन रही है अथवा किताब की तरफ़ न देख कर, उसकी ओर देखे जा रही है — यह भी जानने की उसने कोशिश नहीं की। उसकी ट्यूशन ही जैसे वह दूध का प्याला था, जिसकी एक बूँद भी वह गिरने न देना चाहता था! उसे लगता कि यह चन्द्रा की ओर देख भर लेगा तो उसका सारा संयम धरा-का-धरा रह जायेगा।....

पूरे एक बजे वह उठा। —बिना चन्द्रा की तरफ़ देखे, उसने कहा, "तुम सुक्खू के हाथ मेरा खाना नीचे ही भिजवा देना!"

और मुड़ कर वह अपने कमरे में चला गया था।

बड़ा शुकदेव बनने चला था वह! —सहसा कमरे के बीचों-बीच खड़े हो कर, उसने अपने आपको धिक्कारा —चन्द्रा ने रेक्सिन की जिल्द पर हाथ फेरा तो उसका शरीर गर्मा गया। कहीं वह किताब के बदले उसके चेहरे पर हाथ फेर देती तो वह समूचा ही पिघल जाता!

और बेज़ारी से सिर झटक कर, वह बाथ-रूम में गया। उसने साबुन से हाथ धोये, मुँह पर छींटे मारे और कुर्सी पर आ बैठा। सुक्खू खाना ले आया। वह चुपचाप खाने लगा।

चेतन गिन कर चार फ़ल्के खाता था। हालाँकि सुक्खू एक बार आ कर पूछ जाता, लेकिन उसने, न कभी दोबारा फुल्का माँगा था, न तरकारी! —'सालन कम हो तो ग्रास छुला कर खा लो, ज़्यादा हो तो भिगो कर!' —घर में तंगी रहने से, माँ उन्हें सदा यह सीख देती थी। चेतन के भाई चाहे कभी इस सिलसिले में झगड़ते हों, पर चेतन ने माँ की सीख पल्ले बाँध ली थी और कभी उसे शिकायत का मौका न दिया था। इसीलिए जब चन्द्रा की शोख़ी और हथ-चालाकी के कारण उसने नीचे, अपने कमरे में, खाना खाने का फ़ैसला किया था तो सुक्खू चार फुल्के और मुनासिब सालन रख कर, उसकी थाली ले आता। चेतन खाना खाने में कभी दस-पन्द्रह मिनट से ज़्यादा न लगाता। सुक्खू कुछ देर बाद दोबारा आता, पूछता, 'मास्टर जी, कुछ और चाहिए!' चेतन इनकार में सिर हिला देता तो वह बर्तन उठा कर ले जाता।

खाना खाते हुए, चेतन बराबर उसी बात के बारे में सोचता रहा था। पर उसे अपनी समस्या का कोई भी हल सुझाई न दिया था।

खाना खा कर वह लेट गया था। आम तौर पर, दोपहर को खाना खाने के बाद, वह आध-एक घण्टा गहरी नींद सो जाता था। लेकिन वह लेटा तो उसे नींद न आयी थी....वह भी कितना मूर्ख है —उसने सोचा —शुकदेव की कथा पढ़ी तो उसी की तरह अनासक्त बनने का फ़ैसला कर लिया। शुकदेव के ऋषि-पिता ने, न जाने कैसे योगाभ्यास द्वारा उसे इन्द्रियों को बस में करना सिखाया होगा। तभी तो उस पर, न अनादर का कोई असर होता था, न आदर का, न अभाव का, न बाहुल्य का!....वह स्वयं तो ज़रा-से अपमान से विचलित हो जाता है, उसे भूल पाना उसके लिए असम्भव हो जाता है और चन्द्रा के शरीर के स्पर्श की बात तो दूर रही, उसकी निगाहों का स्पर्श तक उसका शरीर गर्मा देता है....वह शुकदेव जैसा अनासक्त और असम्पृक्त कैसे बन सकता है ?....अपनी कमज़ोरी को समझ कर, उसे कोई रास्ता निकालना पड़ेगा। दो महीने रह गये हैं, जिस तरह इतना समय निकल गया, यह भी किसी तरह निकाल दे तो फिर वह लाहौर में इस लड़की को नहीं पढ़ायेगा। चन्द्रा उदमाती है और ख़ुद वह कमज़ोर! और चेतन ने तय किया कि वह पूरी कोशिश से, पहली स्थिति पर पहुँच जायेगा।....शुरू का एक महीना कैसे आराम से गुजर गया था!....न वह उसके थप्पड़ मारता, न यह स्थिति पैदा होती....

बात असल में यह थी कि महीना भर तक, चोरी-छिपे, उसकी हरकतों की जासूसी

करने के बाद, बीबी जी और सुक्खू — दोनों आश्वस्त हो गये थे।

लेकिन चेतन को सुक्खू से भय था। वह कभी उसकी ओर देखता तो न जाने उसकी मूक आँखों में कैसा भाव होता कि चेतन निगाहें फिरा लेता।

लेटे-लेटे, चेतन ने सोचा कि सुक्खू की तरफ़ से उसे सदा होशियार रहना चाहिए। इधर सुक्खू कुछ चिड़चिड़ा हो गया था। न कभी उसने चन्द्रा को छेड़ा था, न चन्द्रा ने कभी उससे मज़ाक किया था या चपतियाया था और वह दो-तीन बार नौकरी छोड़ कर, वापस घर जाने की बात कह चुका था। बीबी जी चेतन से दो-एक बार कोई भलामानुस मुण्डू ढूँढ कर ला देने के लिए कह चुकी थी। यूँ भी वे कुछ अस्वस्थ और त्रस्त रहती थीं। उन्हें चिन्ता थी कि अगर सुक्खू अचानक नौकरी छोड़ कर चला गया तो उन पर काफ़ी बोझ पड़ जायेगा। वे चाहती थीं कि सावधानी के तौर पर एक और मुण्डू रख लेना चाहिए। चेतन उनसे सहमत था। उसने वादा किया था कि वह एक नया मुण्डू ला देगा। लोअर बाज़ार के खादी भण्डार में चेतन ने अपने एक पुराने मित्र से ज़िक्र भी किया था और उसने कहा था कि वह नौकर देगा!....वहीं लेटे-लेटे, चेतन ने तय किया कि वह उसी शाम खादी भण्डार जायेगा और जैसे भी हो, एक नौकर-छोकरा लायेगा ताकि उसे खाना वग़ैरा देने वही आये।....चन्द्रा की उच्छृंखलता और अपनी कमज़ोरी की वजह से वह डरता था! बार-बार वह यही सोचता कि उसे पेशबन्दी कर लेनी चाहिए। सुक्खू नीचे न आये, इसका इन्तज़ाम करना चाहिए!....

इसके अलावा उसने यह भी तय किया कि वह अपने आपको भी कसेगा। वह चन्द्रा की किसी शोख़ी के उत्तर में कभी नहीं मुस्करायेगा; धीर-गम्भीर रहेगा; ज़रूरत पड़ी तो चेहरे पर सख़्ती का भाव बनाये, उसे पढ़ायेगा और चन्द्रा लाख रेक्सिन की जिल्द पर हाथ फेरे, वह उसकी तरफ़ नहीं देखेगा।....

यही सब सोचते-सोचते, उसके आराम का समय बीत गया था। चन्द्रा कमरे में आ गयी तो चेतन उठा और यद्यपि पल भर को भी उसकी आँख नहीं लगी थी तो भी, स्वभावानुसार, उसने बाथ-रूम में जा कर, मुँह पर दो-एक छींटे मारे, गीला हाथ बालों पर फेरा। तौलिये में मुँह पोंछ, एकदम चाक-चौबन्द हो कर, वह रुद्र-गम्भीर रूप लिये, कुर्सी पर जा बैठा और बिना चन्द्रा की ओर देखे पढ़ाने लगा।

वह घण्टा-डेढ़ घण्टा, सीधा-तना, पढ़ाता रहा था कि उसका जी हुआ, ज़रा-सा ढीला हो कर बैठ जाये। लेकिन बरबस अपने पर संयम रखे, वह पढ़ाता रहा।

तभी चन्द्रा ने कहा, "मास्टर जी, देखिए मेरे दाँत में क्या फँस गया है ? दुखता है।"

चेतन ने उस पर एक उचटती-सी निगाह डाली।

"कहीं कुछ नहीं," उसने कहा, "तुम ध्यान से पढ़ो!"

"नहीं मास्टर जी, बहुत दुखता है। मैं तिनके से दाँत कुरेद रही थी — शायद वही फँस गया है।"

"कहाँ फँस गया तुम्हारे तिनका ?" चेतन झल्ला कर बोला।

"यह देखिए! यहाँ दुखता है।"

चन्द्रा ने ऊपर का होंट ज़रा-सा उठा कर, सामने के दाँत की जड़ पर उँगली रखी।

"ज़रा उँगली हटाओ!"

उँगली हटा कर, अपनी मोतियों-सी बत्तीसी खिलाते हुए, वह ज़रा आगे को झुक आयी।

चेतन ने ज़रा झुक कर, उधर देखा। अचानक उस का जी हुआ, कटे हुए अनार की तरह लाल और अध-खुले, उन होंटों पर अपने होंट रख दे। लेकिन फ़ौरन निगाहें फेर कर उसने कहा, "कहीं कुछ नहीं। सिर्फ़ चुभन होगी।"

"नहीं मास्टर जी, यह देखिए!"

और पलक झपकते, उसने चेतन के बायें हाथ की तर्जनी पकड़ कर, अपने ऊपर के दो दाँतों की जड़ में फिरायी।

"कहीं कुछ नहीं।" चेतन ने कहा।

तभी चन्द्रा ने उस तर्जनी की पोर को दाँतों और होंटों में दबा कर, ज़रा-सा काट लिया।

चेतन का सारा शरीर झनझना गया। उसने हाथ खींच लिया, झटके से उठा और अपने कमरे में चला गया।

कुछ क्षण वह चुपचाप, अपने कमरे में घूमता रहा। वह क्या करे....वह इस उदमाती लड़की का क्या करे!....

कभी चन्द्रा पर और कभी अपने आप पर झल्लाता, वह लगातार घूमता रहा। चन्द्रा जैसे डरी हुई, चुपचाप अपनी किताब पर निगाहें गाड़े, बैठी रही। अपने कमरे में कई चक्कर लगा कर, चेतन फिर उस कमरे में गया। पल भर कुर्सी पर हाथ रखे, ख़ामोश खड़ा रहा। लेकिन चन्द्रा ने सिर नहीं उठाया, उसकी निगाहें, बदस्तूर, किताब में जमी रहीं। चेतन ने धीरे से कहा :

"चन्द्रा, तुम सचमुच चाहती हो, मैं चला जाऊँ!"

चन्द्रा ने आँखें उठायीं। —उदास और पश्चाताप-भरी। चेतन ने ध्यान से देखा — कहीं शरारत की क्षीण-सी रेखा दिखायी दे जाये! पर उसे कहीं कुछ दिखायी नहीं दिया। वह चेहरा एकदम मोमना-सा, मासूम-सा लग रहा था।

"मास्टर जी, मुझे माफ़ कर दीजिए! मैं अब कुछ नहीं करूँगी।" चन्द्रा ने हाथ जोड़ते हुए कहा, "लेकिन आप ग़ुस्से हो कर न पढ़ाइए। आप इधर देखते ही नहीं और मेरी समझ में कुछ नहीं आता।"

चेतन क्षण भर गहरी नज़रों से उसकी ओर देखता रहा था। फिर वह कुर्सी पर बैठ कर, उसकी ओर झुका, "चन्द्रा, मुझे लगता है, तुम मुझसे ऐसे खेलती हो, जैसे बिल्ली चूहे से। देखो, मैं तुम्हारे हाथ जोड़ता हूँ। मुझे परेशान न करो। तुम बाज़ नहीं आओगी तो मैं चुपचाप चला जाऊँगा।"

और उसने सचमुच हाथ जोड़ दिये।

"हाय मास्टर जी, आप हाथ क्यों जोड़ते हैं!" चन्द्रा ने अपने दोनों हाथों में उसके जुड़े हुए हाथ ले लिए और बड़े आदर से उनकी पोरों को चूम कर छोड़ दिया। "मैं अब बिलकुल ध्यान से पढ़ूँगी।"

और वह किताब में ध्यान जमा कर, गम्भीरता से बैठ गयी। चेतन पढ़ाने लगा। उस दिन फिर और कोई हादसा नहीं हुआ।

०

....दो-तीन दिन, चन्द्रा ने कोई हरकत नहीं की। चेतन भी सहज भाव से पढ़ाता रहा। उसका तनाव कम हो गया। तभी चौथे दिन, जब वह दोपहर को पढ़ाने बैठा तो अजाने ही उसने टाँगें फैला कर, उसकी कुर्सी पर रख लीं। लेकिन दूसरे ही क्षण, वह सचेत हो गया। उसने टाँगें खींच लीं और सीधा तन कर बैठ गया।

"हाय मास्टर जी, आपने पैर क्यों खींच लिये," वह बोली, "फैला लीजिए न। तीन दिन से तने बैठे हैं। थक गये होंगे।"

चेतन को उसके स्वर में हल्का-सा व्यंग्य लगा। लेकिन उसके चेहरे पर वही मासूमियत थी।

"नहीं, ठीक है। तुम पढ़ने में ध्यान दो!"

"नहीं मास्टर जी, आप पहले पैर फैला लीजिए।"

"नहीं, तुम पढ़ो!"

लेकिन वह मचल गयी — "आप पहले पैर फैलाइए!"

"तुम पागल हो!" चेतन झल्लाया, "उस दिन बीबी जी आ गयी थीं...."

"मैं कुर्सी आगे सरका लेती हूँ। आप मेज़ के नीचे मेरी कुर्सी पर फैला लीजिए!"

मेज़ पर चादर बिछी थी, जो चारों ओर से काफ़ी नीचे को लटकी हुई थी और कुर्सियों पर बैठे हुए उनकी जाँघों को छूती थी। चेतन अगर मेज़ के नीचे से उसकी कुर्सी पर पैर फैलाता तो बाहर से देखने वाले को हरगिज़ दिखायी न देता। चन्द्रा ने कुर्सी आगे मेज़ के नीचे सरका ली और मेज़ के साथ एकदम सट कर बैठ गयी।

लेकिन चेतन उसी तरह बैठा रहा। "नहीं, मैं ठीक हूँ; तुम पढ़ने में ध्यान लगाओ।" उसने इतना ही कहा।

चन्द्रा नहीं मानी। उसने झुक कर, दायें हाथ से बरबस चेतन के दोनों पैर उठा कर, मेज़ के नीचे अपनी गोद में रख लिये। चेतन ने पैर खींचने चाहे तो उसने उन्हें दोनों हाथों से दबा लिया। चेतन के पैरों की एड़ियाँ उसके हाथों के दबाव से चन्द्रा की जाँघों में धँस गयीं।

चेतन ने पहले चाहा कि ज़ोर से पैर खींच ले। लेकिन उस वक्त कोई ऊपर से न आ जाये, इस भय से उसने सोचा कि पैर वहीं रहने दे। कुछ क्षण बाद, जब चन्द्रा के हाथों की गिरफ़्त ढीली हो जायेगी, वह खींच लेगा....और राजा जनक की तरह एकदम अनासक्त भाव से उसने चन्द्रा को पढ़ाने की कोशिश की। लेकिन न वह ऋषि-पुत्र शुकदेव था, न विदेह जनक। चन्द्रा के शरीर की गर्मी चेतन की एड़ियों और टख़नों से होती हुई, उसे गर्माने लगी। उसका शरीर तन गया। उसने ज़ोर से पैर खींच लिये।

पहले उसने सोचा, वह उठ कर अपने कमरे में चला जाये। वहाँ दो-चार चक्कर लगाये और कुछ संयत हो कर, वापस आये और उसे समझाये। लेकिन वह उठा नहीं, वहीं कुर्सी पर बैठा रहा।

"हाय मास्टर जी, आपने पैर क्यों खींच लिये ?" चन्द्रा ने कहा और झुक कर, उसने दायें हाथ से फिर उसके पैर उठाने चाहे।

चेतन ने उन्हें दूसरी ओर कर लिया और बायें हाथ से उसका हाथ हटा दिया।

"आराम से बैठो!"

"क्यों मास्टर जी!" —उसके स्वर में कुछ अजीब-सी ठुनकन-भरी शिकायत थी।

अब चेतन इस 'क्यों' का क्या उत्तर देता!

"मुझे तकलीफ़ होती है," उसने खीझ कर कहा, "पैर बहुत ऊँचे उठ जाते हैं। अब तुम पढ़ोगी या बातें ही करती रहोगी।"

"हाय मास्टर जी, आप कुर्सी पर टिका लीजिए!"

और वह कुर्सी का किनारा उसके लिए छोड़ कर ज़रा परे हो गयी।

"मैं रख लूँगा। अब तुम पढ़ो!"

चन्द्रा ने किताब में आँखें जमा लीं और वह पढ़ाने लगा। दो-एक बार उसने मेज़ के नीचे, कुर्सी पर, पैर टिका भी लिये। चन्द्रा ने कोई शरारत नहीं की। वह चुपचाप पढ़ती गयी।

o

चेतन ने यह देखा था कि अगर वह बहुत सख़्ती करता था या तन जाता था तो चन्द्रा एकदम पढ़ना छोड़ कर उसे परेशान करने लगती थी, लेकिन अगर वह कुर्सी पर पैर टिकाता तो वह हाथ से उसके पैरों को अपनी जाँघ से सटा लेती और कहती —'मास्टर जी, आराम से पैर फैला लीजिए!' वह कोई नोटिस न लेता तो वह चुपचाप पढ़ती रहती। चेतन थोड़ी देर बाद पैर हटा लेता तो भी वह बुरा न मानती। कभी-कभी वह उसके पैर उठा कर अपनी गोद में रख लेती। चेतन पैर न खींचता, दो क्षण बाद उन्हें उठा कर कुर्सी के किनारे पर टिका लेता और इस बीच बराबर पढ़ाये जाता। वह कोई झंझट न खड़ा करे, आराम से दिन बीत जायें, इसी ख़याल से, वह प्रतिरोध किये बिना, सहज भाव से पढ़ाये जाता और चन्द्रा भी, इसे ज़्यादा कुछ शरारत न करती।....

लेकिन इस ढिलाई से चेतन का अपना मन विचलित होने लगा। पढ़ाते-पढ़ाते, कभी वह अजाने ही, उसकी तरफ़ देखने लगता। वह आँखें उठाती तो वह फिर तल्लीनता से पढ़ाने लगता, जैसे उसने उसकी ओर नहीं, दरवाज़े के बाहर, केलू की डाल पर बैठी, किसी चिड़िया को देखा हो।

चन्द्रा जब सामने से उठ कर, खाने की उस लम्बी मेज़ पर, चेतन की बायीं ओर आ बैठी थी तो पहले वह बाहर से आने वाले दरवाज़े के सामने, मेज़ के दरमियान बैठती थी, लेकिन इस बीच वह चेतन की ओर को खिसकती हुई, मेज़ के बायें कोने पर, उसके निकट आ गयी थी। अब बाहर से गुज़रने वाला उन्हें तब तक न देख सकता था, जब तक वह दरवाज़े ही में आ कर न खड़ा हो जाये। हालाँकि चेतन ने अपनी कुर्सी, ज़रा परे को सरका ली थी, तो भी चन्द्रा के इस नैकट्य से, उसका मन कभी-कभी भटक जाता —ख़ास तौर पर उस वक्त, जब चन्द्रा का दुपट्टा गले से खिसक जाता और उसकी दूधिया गर्दन उसकी आँखों को चौंधिया जाती।

इस घटना के कुछ दिन बाद, जब एक सुबह चन्द्रा कुर्सी पर आ कर बैठी तो चेतन मन्त्र-मुग्ध-सा उसकी ओर देखता रह गया था। दो दिन पहले उसका जन्म-दिन था और लाला हाकिमचन्द ने उसे नया सूट सिलवा कर दिया था। चन्द्रा प्रायः शाम को, सोने से पहले, गर्म पानी से नहाती थी, वह भी एक दिन छोड़ कर; लेकिन उस सुबह, वह नहा-धो कर, वही नीली साटन की शलवार-कमीज़ पहने, उसी रंग की जॉर्जेट का दुपट्टा ओढ़े, आयी। उसने आने के साथ ही, कमरे में, पियर्स सोप की हल्की-सी गन्ध बस गयी।

उसे अपनी ओर एकटक देखते पा कर, चन्द्रा मुस्करायी थी :

"हाय मास्टर जी, क्या देख रहे हैं ?"

उस क्षण चेतन अपनी तमाम प्रतिज्ञाएँ भूल गया। "देख रहा हूँ, तुम्हारे पंख कहाँ हैं," सहसा वह कह गया, "लगता है, तुम सीधी आसमान से उतर कर यहाँ आ बैठी हो।"

"हाय मास्टर जी, आप तो मज़ाक कर रहे हैं।"

"नहीं, मैं मज़ाक नहीं कर रहा।" चेतन ने कहा और बरबस अपनी आँखें उसके चेहरे से हटा लीं। "अब तुम पढ़ने में ध्यान लगाओ!" यह कहते हुए वह उसे पढ़ाने लगा था।

चन्द्रा पढ़ने में ध्यान क्या लगाती, जब चेतन का अपना मन पढ़ाने में नहीं था! कभी उसकी आँखें चन्द्रा की संगमरमरी गर्दन पर जा टिकतीं, कभी उसके अध-खिले होंटों पर और उसका मन होता कि वह एक बार उठ कर उसकी लेखनी सुधारने या प्रश्न का उत्तर ठीक करने के बहाने, उसके पीछे जा खड़ा हो और चुप-से उसकी गर्दन को चूम ले या उसका मुँह अपनी ओर मोड़ कर, उसके होंटों पर अपने होंट रख दे। लेकिन अचानक किसी के आ जाने का भय, उसे अपनी कुर्सी के साथ गोंद की तरह चिपकाये हुए था।

तभी चन्द्रा की ग़लतियाँ सुधार कर, जब वह उसे कापी देने लगा और उसकी निगाह चन्द्रा के सद्य-स्नात खिले मुख और पतले-पतले, ज़रा-से खुले होंटों पर गयी तो जाने उसे क्या हुआ कि उसकी ओर ज़रा-सा झुकते हुए, आँखों-में-आँखें डाल कर, उसने तर्जनी से उसके होटों की ओर संकेत किया और उँगली को ज़रा-सी ठुनकी देते हुए, उससे अपने होंटों को छुआ।

चन्द्रा उसका आशय समझ गयी। छद्म-क्रोध से उसने भवें सिकोड़ीं और ज़ोर से इनकार में सिर हिलाया। उसकी उस भंगिमा में कुछ अजीब सा चोंचला था और उसके उस इनकार में हज़ारों स्वीकार। सिर हिलाने के बावजूद, वह ज़रा-सा आगे को झुक आयी थी।

आँखों में अपार अनुनय और उत्कण्ठा भरते हुए, होंटों से एक शब्द कहे बिना, चेतन ने तर्जनी मोड़ कर बराबर ठुनकी देते हुए संकेत किया कि वह ज़रा और आगे आये। वह ख़ुद भी कुछ और आगे को झुका।

बिजली की-सी तेज़ी से सिर घुमा कर चन्द्रा ने देखा कि दरवाज़े में कोई है तो नहीं। फिर वह सिर और आँखों से इनकार करती हुई, ज़रा-सा और आगे को झुक आयी।

और धीरे-धीरे, मुँह उठाये, होंट ज़रा-से खोले, वे आगे झुकते गये। उनके होंट पास आते गये। चेतन के होंट, उन अध-खुले उत्कण्ठित होंटों से बमुश्किल छुए होंगे कि सुख की एक अकथनीय अनुभूति से उसका सारा शरीर जैसे पिघल उठा। उसकी नसों का

ख़ून उसके सिर की ओर दौड़ा और उसकी आँखों के आगे अँधेरा-सा छा गया। वह बरबस उठा और पलट कर, लड़खड़ाता हुआ, दो ही कदमों में अपने कमरे में चला गया। अपने पीछे दरवाज़ा बन्द कर लिया।

वह उधर को पीठ किये हुए, अपने कमरे की मेज़ पर दायें हाथ की उँगलियाँ टिकाये, विभ्रमित-सा खड़ा था, जब अपने पीछे, बीच के दरवाज़े पर, उसे 'टिक-टिक' सुनायी दी।

धीरे-धीरे, लेकिन बेताबी से चन्द्रा किवाड़ खटखटा रही थी।

चेतन मुड़ा। किवाड़ों के ऊपर के पल्ले शीशे के थे। उसने चन्द्रा का उत्कण्ठा-भरा, वासना से कुछ विकृत, चेहरा देखा। वह आँखों से उसे वापस बुला रही थी....

००

ए एस डी एफ़ जी/ एच जे के एल;

चेतन, होंटों से उच्चारण करता हुआ, लगातार टाइप करता जा रहा था। उसका स्वर आपसे आप ऊँचा हो गया था; जैसे टाइपराइटर के वे अक्षर, चण्डी का कवच हों और हर विघ्न-बाधा से उसकी रक्षा करने की शक्ति रखते हों।

चेतन के दादा चण्डी के उपासक थे। यूँ वे किताब सामने चौकी पर रख लेते थे और वरक भी पलटते जाते थे, लेकिन दरअसल उन्हें सारा चण्डी-स्त्रोत कण्ठस्थ था। जब कभी गर्मियों में वे लोग ऊपर सो रहे होते और अचानक आँधी आ जाती तो चेतन और उसके भाई चादरें तान कर, सिर-मुँह ढक कर, लेटे रहते। तब, तेज़ हवा के बावजूद, अपनी धोती के पल्लू को अपने शरीर से लपेटते हुए, दादा उनकी चारपाइयों के गिर्द चक्कर लगाते और आँधी में छिपे भूत-प्रेतों को भगाने के लिए, अपने पंजाबी लहजे में 'चण्डी-कवच' पढ़े जाते :

ओम पृथमम शैल पुत्री चः दुतियम ब्रह्मचारनी
तृतियम चन्द्र घण्टे ती कुक्ख मांडे ती चतुर्थिकम[१]

बार-बार, पूरा कवच दोहराते हुए, वे उस आँधी में उनकी चारपाइयों के गिर्द, तब तक घूमे जाते, जब तक कि आँधी का ज़ोर कम न हो जाता। दादा को पूरा विश्वास था, चण्डी-कवच तमाम भूत-प्रेतों और विघ्न-बाधाओं से भक्तों की रक्षा करता है और उन्होंने वह कवच अपने पोतों को कण्ठस्थ करा दिया था। लड़कपन में, जब कभी किसी सुनसान जगह से चेतन को गुज़रना होता तो वह अनायास, सस्वर, कवच दोहराने लगता — उसे एक भी शब्द का मतलब न आता, पर वह लगातार कवच पढ़े जाता। जब वह बड़ा हुआ, एफ़०ए० में उसने संस्कृत का अध्ययन किया तो एक दिन उसने दादा की अलमारी से चण्डी-स्तोत्र भी ले कर देखा। तब उसे मालूम हुआ कि दादा पूरा-का-पूरा कवच ग़लत पढ़ते थे। जहाँ कवच में 'ति' आता था, वहाँ 'ती' कहते थे; 'च' को 'चः'; 'कुष्माण्डेति' को 'कुक्खमांडेती'; 'सिद्धिदात्री' को 'सिद्धदात्री' और 'प्रकीर्तिता' को 'परकिरतीता'....लेकिन शुद्ध शब्दों को जान लेने पर भी, चेतन ने कभी ठीक कवच पढ़ने की कोशिश नहीं की। और यद्यपि आर्य समाजी संस्था में पढ़ने के कारण, देवी-देवताओं में उसकी आस्था नहीं

---

१. ॐ प्रथमं शैल पुत्री चद्वितीयं ब्रह्मचारिणी
तृतीयं चन्द्रघण्टेति कुष्माण्डेति चतुर्थकम

रही थी, इस पर भी चण्डी-कवच को, न वह भूल सका और न कभी शुद्ध ही पढ़ सका। यह अजीब बात है कि भूत-प्रेत में किसी तरह का विश्वास न होने के बावजूद, सुनसान अँधेरी जगहों से गुज़रते हुए, संस्कारवश, हमेशा उसके होंटों पर चण्डी-कवच आ जाता :

ओ पृथमम शैलपुत्री चः दुतियम ब्रह्मचारनी

०

टाइपराइटर की तीसरी पंक्ति, चण्डी-कवच की तरह दोहराते हुए वह चौंका। उसे लगा, अजाने ही उसका स्वर ऊँचा हो गया है। अचानक वह चुप हो गया। टाइप किये हुए काग़ज़ को उसने देखा — आधे से ज़्यादा पृष्ठ, उन्हीं अक्षरों से भरा था। उसके दायें हाथ की उँगलियाँ दर्द करने लगी थीं। वह क्षण भर के लिए रुका। कुछ ढीला हो कर बैठ गया और बायें हाथ से दायें हाथ की उँगलियों को मलने लगा। उसके दिमाग़ में वही घटना आ गयी....

०

....चन्द्रा की उस उन्माद-भरी दस्तक से, वह अपने आप में आ गया था। उसने दायें हाथ से ऊपर छत की ओर इशारा करते हुए, उसे समझाया था कि उसकी ममी सुन लेगी और बायें हाथ के संकेत से, उसे वापस जा कर, अपनी मेज़ पर बैठने के लिए कहा था; खूँटी से पतलून-कमीज़ उठायी थी और बाथ-रूम में चला गया था।

कुछ देर बाद, जब वह बाहर आया था तो न सिर्फ़ कुर्ता-पायजामा बदल कर कमीज़-पतलून पहन आया था, बल्कि अपना ढीलापन भी वहीं छोड़ आया था। कमरे में आ कर, उसने चप्पल पलँग के नीचे खिसका दी और मोज़े पहन कर बूट डाट लिये। तब वह 'खट-खट' चलता हुआ, दरवाज़ा खोल कर, निहायत गम्भीर चेहरा बनाये, अपनी कुर्सी पर जा बैठा।

उसने देखा — चन्द्रा ने अपनी कुर्सी परे सरका ली थी और अब वह दरवाज़े के सामने, मेज़ के दरमियान बैठी थी। चेतन ने इस बात का कोई नोटिस नहीं लिया। अभी कुछ क्षण पहले, उनके बीच जो घट गया था, उसका कोई आभास उसने अपने चेहरे पर नहीं आने दिया। जैसे-कुछ-हुआ-ही-नहीं, इस अन्दाज़ से, वह उसे चुपचाप पढ़ाने लगा।

वह अच्छी तरह जानता था कि चन्द्रा मान कर रही है। उसकी कमज़ोरी को जान कर वह तन गयी है। चाहती है, वह उसे फिर अपने निकट बुलाये; अपने कृत्य की सफ़ाई दे; खेद प्रकट करे या अनुनय-विनय करे और तब उसे आश्वस्त करती हुई, वह उसके और निकट आ जाये।

लेकिन वह मन-ही-मन प्रसन्न हुआ था कि उसे कुछ नहीं कहना पड़ा। वह ख़ुद ही परे जा बैठी। उसने सोचा — काश! वह इसी तरह दूर बैठी रहे, उसके अपने मन में भी विकार न आये और एक-डेढ़ महीना, जो शेष रह गया है, ख़ुश-असलूबी से बीत जाये और वह अपनी इज़्ज़त-आबरू ले कर, जैसे आया था, वैसे ही लौट जाये।

चन्द्रा की मुखरता, चंचलता, उच्छृंखलता, हथ-चालाकी न जाने कहाँ चली गयी थी। वह गम्भीर और उदास भाव से बैठी पढ़ती रही थी। चेतन ने तय किया था कि वह उसकी ओर न देखेगा। न उससे व्यर्थ की बात करेगा और चुपचाप पढ़ाता जायेगा। वह उससे कापी

लेते या देते वक्त उसके स्पर्श से बचता, उसकी निगाहों से बचता और मशीन की तरह पढ़ाये जाता।....दो-तीन दिन बाद, उससे कापी ले कर, उसके प्रश्न का उत्तर ठीक करते हुए, चन्द्रा की आँखों से उसकी आँखें मिली थीं। उनमें कुछ अजीब-सी उलाहने-भरी कातरता थी। चेतन का दिल ज़ोर-ज़ोर से धड़कने लगा था। लेकिन उसने बरबस निगाहें फिरा ली थीं और बदस्तूर कठोर बना रहा था।

०

चेतन फिर टाइप करने लगा — मन-ही-मन टाइप के अक्षर दोहराते हुए! लेकिन उसका दिमाग़, बदस्तूर, पिछले पखवाड़े की घटनाओं में उलझा था। चन्द्रा तन गयी थी और वह ढीला न पड़ा था, लेकिन कई ऐसी बातें हो गयी थीं कि उसने तय किया था, वह पाँच बजे चन्द्रा की ट्यूशन ख़त्म कर के घर से निकलेगा तो फिर खाने के वक्त ही घर वापस आयेगा।

इस बीच वह एक नौकर-छोकरा ढूँढ लाया था — रामू — सीधा-सादा और गधे के बच्चे की तरह ठस! उसकी आँखों में सुक्खू-ऐसी तेज़ी नहीं थी; न उसे अच्छे कपड़े पहनने का शौक था। कमीज़-पायजामे पर, न जाने कहाँ से पाया हुआ, एक बड़ा-सा कोट पहने रहता (जो उसके घुटनों तक आता और जिसकी बाँहें वह चढ़ाये रखता।) चेतन का खाना ले कर अब वही आता। उसने रामू से कह दिया था कि अगर उसे आने में देर हो तो उसका खाना थाली से ढँक कर, मेज़ पर रख दिया करे।

खाना खाने वह ऊपर नहीं जायेगा, यह उसने तय कर लिया था — तय तो यह बात उसने पहले भी की थी, लेकिन वह ढीला पड़ जाता था। पिछले पखवाड़े में जो कुछ हुआ, उसके फलस्वरूप उसने तय किया कि इस सिलसिले में भी अब वह ढीला नहीं पड़ेगा और सिवा पढ़ने के कमरे के, चन्द्रा के सामने नहीं पड़ेगा। उसने सुबह कैलेण्डर पर निगाह डालना छोड़ दिया था, लेकिन मन-ही-मन, वह एक-एक दिन गिने जाता था।

०

शुरू के दिनों में वह, पहले से तय की हुई अपनी योजना के अनुसार, चन्द्रा को पढ़ाने के बाद, सैर को निकल जाता था। शिमला का चक्कर लगाने के बाद, आठ-एक बजे, घर वापस आता। हार्मोनियम निकाल कर, एक-दो ट्यूनें निकालता या पढ़ता-लिखता। फिर ऊपर खाना खाने जाता और कभी-कभी उनके साथ कैरम खेलता। लाला जी दस बजे सो जाते थे, लेकिन चेतन रात को ग्यारह बजे तक पढ़ता-लिखता था। इधर जैसी उसकी दूसरी प्रतिज्ञाएँ ढीली पड़ गयी थीं, इसी तरह यह भी ढीली पड़ गयी थी। वह पाँच बजे चन्द्रा को पढ़ा कर उठता तो एक घण्टा अपने कमरे में पढ़ता-लिखता और छै बजे ही सैर को जाता। चन्द्रा के सहसा गम्भीर हो जाने से, वह कुछ ज़्यादा ही आश्वस्त हो गया था।

कुछ दिन वह उसी तरह, तनाव में, पढ़ाता रहा था। लेकिन जब चन्द्रा बदस्तूर गम्भीर बनी, पढ़ती रही — उसने कोई शरारत नहीं की तो तीसरी-चौथी शाम उसे पढ़ाने के बाद, वह अपने कमरे में आ गया था। दस-पन्द्रह मिनट पलँग पर लेटा रहा फिर कुर्सी पर जा बैठा और उसने इत्मीनान से 'मंजरी' का अंक उठाया। चातक जी उसे बाकायदा 'मंजरी' भेजते थे और उसके हर अंक में उनकी एक लम्बी कविता रहती थी। यद्यपि उनकी

कविताओं में अब पहले-सा रस उसे नहीं मिलता था, लेकिन वह उनकी ताज़ा कविता पढ़ने लगा था और मन-ही-मन अन्दाज़ा लगा रहा था कि उन्होंने वह कविता किस लड़की को देख कर लिखी होगी। तभी ऊपर से गिगलू और पिगलू, चन्द्रा और रमा — सब बच्चे, किलकारियाँ मारते, उतरे और उसके दरवाज़े के ज़रा परे, खुली सड़क पर खेलने लगे। हो सकता है, वे लोग पहले भी वहाँ खेलते हों, लेकिन चेतन तो पाँच बजे ही निकल जाता था। उनकी आवाज़ों और किलकारियों से उसकी एकाग्रता भंग हो गयी। तभी गिगलू, अपनी लँगड़ी टाँग से तेज़-तेज़ चलता, उसे कमरे में आया और उसकी कुर्सी से लग कर खड़ा हो गया।

"कहो बेटे, आज यहाँ कैसे खेल रहे हो ?" चेतन ने पूछा, "शिमला नहीं गये ?"

"ममी कसुम्पटी गयी हैं।"

"सुक्खू कहाँ हैं ?"

"वह भी ममी के साथ गया है।"

"रामू ?"

"वह बर्तन मल रहा है।"

"तुम्हें रामू कैसा लगता है ?"

गिगलू के होंट भोली मुस्कान में फैल गये — "चन्द्रा कहती है, वह उजबक है।"

चेतन अनायास ठहाका मार कर हँस दिया और उसने गिगलू को प्यार से बाँह में भर लिया।

"मास्टर जी, आप क्या पढ़ रहे हैं ?" चेतन की बाँह में बँधे-बँधे, गिगलू ने पूछा।

"मैं एक कविता पढ़ रहा हूँ।"

"सुनाइए!"

चेतन ने उसकी ओर देखा — उसके गोल-मटोल, चाँद-ऐसे चेहरे पर भोली-सी मुस्कान फैली थी।

"तुम जब बड़े हो जाओगे," चेतन ने उसे बाँह में दबाते हुए कहा, "तब अगर तुम मुझ से मिलोगे तो मैं तुम्हें ढेर सारी कविताएँ सुनाऊँगा।"

और जाने उसके मन में कैसा प्यार उमगा कि उसने बाँह में दबा कर गिगलू को चूम लिया।

तभी उसने देखा — बरामदे में चन्द्रा खड़ी है। चेतन का मुख लाल हो आया। चन्द्रा धड़धड़ाती हुई अन्दर आयी और — 'अपनी बारी मास्टर जी की गोद में आ कर बैठ गया!' — कहती और आँखें मटकाती हुई, गिगलू का कान पकड़ कर उसे ले गयी।

चेतन कुछ क्षण तक मन्त्र-मुग्ध-सा बैठा रहा। उसे होंटों पर एक अव्यक्त-सी मुस्कान थी, आँखों के सामने गिगलू का खिला चेहरा और छद्म-क्रोध से मटकती, चन्द्रा की आँखें — वह उस खुले दरवाज़े में एक टक उस जगह को देख रहा था, जहाँ चन्द्रा अचानक, आँखें मटकाती हुई, आ खड़ी हुई थी।

सामने, रेलिंग के परे, शाम के साये गहरे हो गये थे और पेड़ों के तनों में से दिखायी देने वाले उस प्रागैतिहासिक हाथी की पीठ के कोने पर, सुनहरी धूप का एक चकत्ता दिखायी

दे रहा था। चेतन मुग्ध-सा उस पीली-सुनहरी धूप को देखने लगा। तभी, भागती हुई रमा उसके बरामदे में आयी, लड़खड़ायी और हाँफती हुई, उसके दरवाज़े की चौखट पकड़ कर खड़ी हो गयी। दूसरे क्षण चन्द्रा ने उसे दबोच लिया और बाँहों में भर कर हँसते हुए उसे चूम लिया। एक ग़लत अन्दाज़-सी निगाह उसने चेतन पर डाली। रमा का रंग लाल हो गया। उसने चन्द्रा को पकड़ना चाहा, लेकिन वह निबुकी दे कर, ठहाके मारती हुई भाग गयी।

चेतन का शरीर तन गया। वह झुँझला कर उठा। 'घर वाला घर नहीं, हमें किसी का डर नहीं' —उसके दिमाग़ में पंजाबी की एक कहावत घूम गयी। वह अपने कमरे में बैठा रहेगा तो ये उदमातियाँ ज़रूर कोई-न-कोई गुल खिलायेंगी। वह उठा। उसने छाता उठाया, दरवाज़ा बन्द किया और बाहर निकला। —उसके कमरे के बाहर, ऊपर को जाने वाले रास्ते के बीचों-बीच, चन्द्रा रस्सी कूद रही थी। रमा गिन रही थी और गिगलू-पिगलू तमाशा देख रहे थे।

चन्द्रा का सिर नंगा था। दुपट्टे को उसने दायें कन्धे से ला कर, चोबदार की पेटी की तरह, कमर में बाँध रखा था। जब वह रस्सी के रंगीन हैण्डल हाथों में लिये, सिर पर से घुमाती हुई नीचे लाती तो पहले बायाँ और फिर दायाँ पैर उठा कर फाँदती। पतली कमर, तना पेट, साँस की गति से ऊपर-नीचे होता हुआ, भरा वक्ष और संगमरमरी गर्दन में लिपट-लिपट जाती हुई चोटी! —कुछ क्षण पहले की अपनी सारी झुँझलाहट भूल कर, बरामदे में रुका, चेतन उसे रस्सी फाँदते देखता रहा। फिर बोला :

"यह कैसी छोटी बच्चियों की तरह रस्सी फाँद रही हो ? दोनों पैर जोड़ कर एक साथ उठाओ!"

चन्द्रा रुक गयी। "हमें वैसे नहीं आता," उसने कहा, "पैरों में अटक जाती है।"

"लाओ, मैं बताऊँ!"

"आप रस्सी फाँदते हैं," चन्द्रा हँसी।

"लाओ, बताऊँ।"

रमा ने चन्द्रा से रस्सी ले कर उसे दे दी। चेतन ने छाता दीवार के साथ टिकाया। अटेंशन की स्थिति में पैर जोड़े, पूरी साँस भरी और रस्सी फाँदने लगा। उसके पैर एक साथ उठते और रस्सी गोल दायरे में घूमे जाती। साथ-साथ वह गिनती भी किये जाता। एक ही साँस में वह सौ तक गिन गया तो रुका। रस्सी उसने उनकी तरफ़ फेंक दी, छाता उठाया और बिना एक भी शब्द कहे, ऊपर की तरफ़ चल दिया।

०

ए एस डी एफ़ जी/एच जे के एल;

वह सस्वर, अक्षरों का उच्चारण करता हुआ, टाइप किये जा रहा था। दिमाग़ में उसके, पिछले दिनों की घटनाएँ, हुड़दंग मचाये थीं। उसकी आवाज़ फिर कद्रे ऊँची हो गयी थी। तीन-चौथाई पृष्ठ टाइपराइटर की तीसरी पंक्ति के अक्षरों से भर गया था। चेतन ने घड़ी पर निगाह डाली। एक घण्टे में कुछ मिनट शेष थे। उसने अपने दायें हाथ की उँगलियों को मला और फिर टाइप करने लगा....

०

....उसे अपनी कमज़ोरी का पूरा एहसास था। रस्सी उनकी ओर फेंक कर, जब वह छाता घुमाता हुआ, ऊपर को चला था तो कुछ अजीब-सी उत्फुल्लता से, साँस रोके, बिना पीछे की ओर देखे, चला आया था। केनमोर एस्टेट के सिरे पर पहुँच कर, वह रुका था। उसने साँस दुरुस्त की थी और वह धीरे-धीरे, छोटे शिमले की ओर चल पड़ा था।

चलते-चलते, सहसा अपनी मूर्खता पर उसे हँसी आयी थी। जब उसने लाहौर से चलने के पहले, ट्यूशन के सिलसिले में, करणीय और अकरणीय कामों की सूची बनायी थी तो चन्द्रा की बात दूर रही, वह अपने आपको भी अच्छी तरह नहीं जानता था। और अब उसे लगता था कि वह चन्द्रा को आकर्षित भी करना चाहता है और जब वह उसकी ओर बढ़ती है तो डर भी जाता है। एक मिनट पहले, झुँझला कर दरवाज़ा बन्द करना और फिर चन्द्रा को रस्सी फाँदते देख, ख़ुद भी रस्सी फाँदने लगना —यह उसे आकर्षित करना नहीं तो और क्या था!....चन्द्रा दबी-दबी, घुटी-घुटी, शालीन और विनम्र नहीं थी। वह बेदिमाग़, दबंग और सुन्दर थी और उसे अपनी सुन्दरता का भान भी था और मान भी! उसकी दबंगई और बेदिमाग़ी से, चेतन को वितृष्णा होती थी; लेकिन उसका साँचे में ढला शरीर, उसे बेतरह आकर्षित करता था। मोह और भय के बीच, वह बेहद सन्त्रस्त था....सहसा कीट्स की पंक्ति उसके दिमाग़ में घूम गयी —'अ थिंग ऑफ़ ब्यूटी इज़ अ जॉय फ़ॉरएवर! —लेकिन यह सौन्दर्य कैसा था, जो उसके लिए रात-दिन की यन्त्रणा का कारण बन गया था!....

....उसे पहले की तरह, पढ़ाते ही, घर से निकल जाना चाहिए!....चेतन ने सोचा....अगर उसने शाम का कुछ वक्त घर पर गुज़ारना शुरू किया तो किसी शाम, जब लाला जी बीवी-बच्चों के साथ शिमला जाने का प्रोग्राम बनायेंगे, चन्द्रा सिर-दर्द या किसी दूसरे बहाने पीछे रह जायेगी। हो सकता है, वह रमा को भी बुला ले और दोनों लड़कियाँ, किसी-न-किसी बहाने, उसके कमरे में आ धमकें। वह शहज़ोर नहीं है। वह जान गया है कि वह बेहद कमज़ोर है, जाने क्या हो जाये....'इश्क मुश्क और ख़ून छुपते हैं छुपाने से कहीं!'....उसके दिमाग़ में फिर उर्दू शे'र की वही पंक्ति गूँजी। इस सब का परिणाम, स्कैण्डल और 'बहुत बे-आबरू हो कर तेरे कूचे से हम निकले' के सिवा कुछ और नहीं होगा। चन्द्रा मूर्ख है और बच्ची है; वह नहीं समझती; लेकिन वह तो बच्चा नहीं, वह तो समझता है....एक बार लाला जी ने पकड़ लिया तो....उस वक्त, जब चन्द्रा के और उसके होंट मिल रहे थे, कोई आ जाता तो....तो....

०

ए एस डी एफ़ जी/ एच जे के एल;

वह कवच की तरह सस्वर बोले और टाइप किये जा रहा था।....शिमला में उसका कोई अन्तरंग मित्र नहीं था; जिसे वह अपनी मुसीबत बता कर राय लेता और दिल-दिमाग़ का बोझ दूर करता। पिछले कुछ दिनों से, वह लगातार कुछ वक्त डॉक्टर गोपालदास के फ़्लैट पर गुज़ारता था। उनकी पत्नी बड़े स्नेह ने उसका स्वागत करतीं, लेकिन चेतन के बराबर लम्बी और किंचित दोहरे बदन की होने के कारण, वे उसे बड़ी बहन-सी लगतीं। कई बार

उसका मन हुआ, वह उनके सामने अपनी स्थिति रख कर, मन का भार हल्का करे और उनकी राय भी ले! लेकिन हालाँकि उससे अपरिचित होने के बावजूद, पहली ही मुलाकात में, उन्होंने अपने विवाह की ट्रैजिडी उसे सुना दी थी, पर बातों-बातों में अपने चरित्र की ऊँचाई और पवित्रता का वे ऐसा बखान करती थीं और अपने आपको ऐसे लिये-दिये रहती थीं, कि चेतन को साहस न हुआ था।

लेकिन जिस दिन वह रस्सी कूद कर आया, उसके कुछ ही दिन बाद एक ऐसी बात हुई कि न केवल चेतन ने शिमले में अपने शेष दिनों का कार्यक्रम निश्चित कर लिया, वरन उस पर टिके रहने का भी पक्का फ़ैसला किया।

०

....उस शाम, वह शिमले की सैर कर के, खाने के समय से कुछ पहले, घर पहुँच गया था। तब कपड़े बदल कर, लोई का फेंटा मार, उसने बक्स खोल कर हार्मोनियम पलँग पर रखा और गाइड की मदद से एक भजन की ट्यून निकालने लगा। अभी उसने मुश्किल से 'अस्थायी' भी न निकाली थी कि सहसा ऊपर से बीबी जी, चन्द्रा के साथ आयीं और उसके दरवाज़े में आ खड़ी हुई!

चन्द्रा ने शायद गर्म पानी से स्नान किया और बाल धोये थे। क्योंकि उसके कन्धे पर तौलिया था और बाल खुले थे। माथे पर उसकी लटें कुछ झुक आयी थीं और वहाँ बालों में एक ख़म-सा बन गया था, जो बेतरह ध्यान खींच रहा था।

"मास्टर जी, आप इसे भी कुछ 'टूँ-टाँ' सिखा दीजिए!" बीबी जी ने चौखट में खड़े-खड़े कहा।

"मुझे तो बीबी जी, कुछ गाना-वाना आता नहीं।" चेतन ने टालने की ग़रज़ से कहा, "मैं तो यूँ ही अपनी पत्नी के लिए कुछ ट्यूनें निकाला करता हूँ।"

"इसे कौन किसी म्यूज़िक कम्पीटीशन में जाना है, थोड़ा-बहुत सिखा दीजिए! मेरे पीछे पड़ी रहती है।"

'चालीस रुपल्ली में दिन भर इनकी लड़की को पढ़ाता हूँ, लेकिन ये चाहते हैं कि उसी में गाना भी सिखाऊँ!' बीबी जी की बात सुन कर, चेतन ने मन-ही-मन कहा, 'यह सीखेगी क्या, मुझे ही सिखायेगी!'

लेकिन मन की बात वह होंटों पर नहीं लाया। कहा उसने यही :

"बीबी जी, यह कहाँ बैठ कर गाना सीखेगी ? फ़र्श की दरी तो बहुत मैली है; मेज़ छोटी है; यहाँ पलँग पर बैठ कर तो सीख नहीं सकती।"

क्षण भर बीबी जी चुप रहीं। फिर उन्होंने कहा, "जा चन्द्रा, ऊपर से एक दरी ले आ।"

चन्द्रा भाग गयी और दरी ले आयी। दरवाज़े के पास, फ़र्श पर, चन्द्रा ने दरी बिछा दी। चेतन ने बाजा उठा कर उस पर रखा। चन्द्रा उसके सामने बैठ गयी। वह उसे सरगम सिखाने लगा। बीबी जी कुछ क्षण, परे सीढ़ियों के पास, खड़ी रहीं। फिर चली गयीं।

चेतन के लिए उस गाना सिखाना कठिन हो गया। उसकी नज़र बार-बार उसके बालों के उस ख़म पर, उसके धुले-निखरे चेहरे पर (जिसे कमरे के अँधेरे और बिजली की रोशनी

ने और भी सुन्दर बना दिया था) भटकने लगी। किसी तरह अपने आप पर अपार संयम रखे, वह उसे गाना सिखाता रहा। तभी ऊपर लाला जी की आवाज़ आयी। चन्द्रा फ़ौरन चली गयी।

चेतन ने राहत की साँस ली। हार्मोनियम बन्द कर, बक्से में रखा। तय किया कि वह शाम को हार्मोनियम भी नहीं बजायगा और नौ बजे से पहले कभी घर वापस नहीं आयेगा....

तभी रामू ने आ कर दरी उठायी थी और उसे तहाते हुए कहा था कि लाला जी आपको ऊपर बुलाते हैं।

चेतन क्या जवाब दे, उसकी समझ में न आया। वह चुपचाप उसके पीछे ऊपर चला गया।

"मास्टर जी, आप ऊपर खाना खाने क्यों नहीं आते ?" लाला हाकिमचन्द ने हँसते हुए पूछा, "मौसम ठण्डा हो गया है। नीचे ले जाने में खाना ठण्डा हो जाता होगा।"

"जी, मुझे कई बार शिमला से वापस आने में देर हो जाती है," चेतन ने कहा, "इसीलिए मैंने कहा था कि मेरा खाना नीचे रख दिया जाये। ठण्डे-गर्म से मुझे कोई फ़र्क नहीं पड़ता।"

वह क्षण भर चुप रहा, फिर तभी सोच कर, उसने मज़ीद[१] सफ़ाई देते हुए कहा, "आप तो जानते हैं, मैं पिछले बरस भी शिमला आया था। बहुत-से दोस्त बन गये हैं। प्रोफ़ेसर सिंह के यहाँ भी मैं गाना सीखता हूँ और इधर मैं एक घण्टा टाइप भी सीखने लगा हूँ। मुझे देर हो जाती है।"

(चेतन न प्रोफ़ेसर सिंह के यहाँ जाता था, न टाइप ही सीखता था। उसने तो डॉक्टर गोपालदास के घर के निकट, माल पर, ऊपर की मंज़िल के एक कमरे पर, 'कपूर टाइपिंग ऐण्ड शॉर्ट हैण्ड इन्स्टीट्यूट' का बोर्ड भर लगा देखा था। लाला जी को सफ़ाई देते हुए अचानक उसे उस बोर्ड का ख़याल आ गया और उसने बहाना बना दिया।)

"टाइप आप किसलिए सीखने लगे हैं ?" सहसा लाला हाकिमचन्द हँसे, "टाइप सीख कर आप क्या करेंगे ? आप तो लॉ करने जा रहे हैं न!"

चेतन क्षण भर चुप रहा। फिर उसने कहा था, "मैं शाम को शिमले तक घूमने जाता हूँ। शिमले को छू कर वापस चले आना तो मुश्किल है। आम तौर पर लोग स्कैण्डल पॉयण्ट पर खड़े रहते हैं। वही वक्त मैं टाइप सीखने में गुज़ार देता हूँ। पास में हुनर हो तो कभी काम ही आ जाता है। इसीलिए मैंने 'कपूर टाइपिंग इन्स्टीट्यूट' में दाख़िला ले लिया है।"

"आप बड़े उद्यमी हैं!" लाला हाकिमचन्द प्रभावित हुए। चेतन ने देखा कि परे खड़ी चन्द्रा एक टक उसकी ओर ताक रही है। चेतन ने मन-ही-मन तय किया कि चाहे प्रोफ़ेसर सिंह के तो वह नहीं जायेगा, क्योंकि उस कमरे में उसे वहशत होती थी, लेकिन दूसरे ही दिन से 'कपूर टाइपिंग इन्स्टीट्यूट' में भरती हो जायेगा। सिर्फ़ एक महीना और रह गया था। लाला जी को तो सितम्बर के अन्त में जाना था, लेकिन चेतन ने कह दिया था कि अगस्त ख़त्म होते ही, वह चला जायेगा। पन्द्रह सितम्बर तक लॉ कालेज के दाख़िले की

१. आगे; कुछ और।

तारीख़ थी और वह चाहता था कि समय से दाख़िल हो जाये!....किसी तरह यह एक महीना सकुशल गुज़र जाये....वह सही-सलामत शिमला से वापस चला जाये और सुख की साँस ले....!

खाना चेतन ने बच्चों के साथ ही बैठ कर खाया था। चन्द्रा वैसे ही बाल खोले, बैठी रही थी। वह चुपचाप, निगाहें झुकाये, खाना खाता रहा था। उसने एक बार भी चन्द्रा की ओर नहीं देखा। चन्द्रा ने भी कोई शरारत न की थी।

खाने के बाद यद्यपि लाला जी ने उसे कैरम की दो-एक बाज़ियाँ खेलने की दावत दी थी, लेकिन हल्के सिर-दर्द का बहाना करने, वह चला आया था। दूसरी शाम ही, डॉ० गोपालदास के घर जाने से पहले, उसने 'टाइपिंग इन्स्टीट्यूट' में दाख़िला ले लिया था।

०

ए एस डी एफ़ जी/ एच जे के एल;

वह बदस्तूर, ज़रा ऊँचे स्वर में बोलता हुआ, टाइप किये जा रहा था। टाइपराइटर में लगा फ़ुलस्केप काग़ज़ भर गया था। उसका समय भी पूरा हो गया था। एक लड़का, टाइप करने की अपनी बारी के इन्तज़ार में, उसकी मेज़ के पास आ कर खड़ा हो गया था। चेतन उठा। टाइप किया हुआ काग़ज़ निकाल कर उसने तहाया और उसे जेब में रख, हाथों की उँगलियाँ मलता हुआ, इन्स्टीट्यूट की सीढ़ियाँ उतर आया।

पहले उसने सोचा, स्कैण्डल पॉयण्ट तक जाये। क्षण भर वह दुविधा में माल पर खड़ा रहा। फिर वह पलट कर १४ नम्बर की सीढ़ियों की तरफ़ बढ़ गया।

तेईस

"क्यों भाई, डॉक्टर साहब घर में हैं ?"

१४ नम्बर की सीढ़ियाँ लगभग आधी उतर कर, बायीं ओर, डॉक्टर गोपालदास के फ़्लैट को जाने वाले लकड़ी के बरामदे में पैर रखते हुए, चेतन ने उनके पड़ोसी दर्ज़ी से पूछा, जो अपनी छोटी-सी दुकान के आगे ही, बरामदे में पटरा बिछाये, किसी बच्ची का फ़्रॉक काट रहा था।

"वो तो शायद बाहर गये हुए हैं।" दर्ज़ी ने बिना सिर उठाये हुए कहा।

"बाहर! —शिमले के बाहर ?"

दर्ज़ी ने सिर उठाया। चेतन पिछले महीने में चूँकि कई बार आया था और वह प्राय: दर्ज़ी से यह प्रश्न पूछा करता था, इसलिए उसने कहा, "ट्रंक-बिस्तर ले कर गये हैं, शिमले से बाहर ही गये होंगे।"

"मेम साहब हैं ?"

दर्ज़ी ने स्वीकार में सिर हिलाया और फिर फ़्रॉक काटने लगा।

चेतन उसके पटरे के पास से, फैले हुए कपड़े को बचाता और बरामदे के जँगले का

सहारा लेता हुआ, निकल गया और जा कर उसने डॉक्टर साहब के फ़्लैट पर दस्तक दी।

दरवाज़ा खुला तो क्षण भर के लिए, चेतन हैरान-सा रह गया। प्रायः उसकी दस्तक पर डॉक्टर साहब ख़ुद या उनकी पत्नी दरवाज़ा खोलती थीं और उसे बड़े आदर से अन्दर ड्राइंग-रूम में ले जाती थीं। लेकिन उस वक्त चेतन के सामने, चौबीस-पच्चीस वर्ष का, एक लम्बा-तगड़ा, गोरा-चिट्टा, हृष्ट-पुष्ट युवक खड़ा था। चेतन क्षण भर उसे देखता रहा, फिर उसके पास से निकल कर गैलरी में आगे बढ़ा।

"डॉक्टर साहब सियालकोट...." युवक ने कहना चाहा।

"मैं जानता हूँ।" चेतन ने उसे बात पूरी नहीं करने दी और आगे बढ़ गया। तभी 'प्रिये जी' की नज़र उस पर पड़ी। वे बैठक में खड़ी थीं। चेतन को देखते ही दो कदम आगे बढ़ आयीं। खिले माथे उसका स्वागत करते और मुस्कराते हुए उन्होंने कहा, "आओ भरा जी, जी आयाँ नूँ।"

वह युवक भी, चेतन के पीछे-पीछे, बैठक में आ गया था। उसकी ओर देख कर 'प्रिये जी' बोलीं, "किशन, एह चेतनानन्द जी ने, वड्डे शायर ते कहानीकार ने!" और फिर उन्होंने चेतन को उस युवक का परिचय दिया — "भरा जी, एह किशन ए। साड्डा सब तों छोट्टा लड़का। रुड़की इंजीनियरिंग विच्च पढ़दा ऐ।"

युवक ने एक कदम बढ़ कर, चेतन से ज़ोरदार हैण्ड-शेक करते हुए, अंग्रेज़ी में उसका हाल-चाल जाना और उससे मिलने पर ख़ुशी प्रकट की।

तब चेतन ने पहली बार उसे ध्यान से देखा। किशन — लम्बा-ऊँचा, हृष्ट-पुष्ट ही न था, गोरा और सुन्दर भी था। घुँघराले बाल, चौड़ा माथा, घनी भवें, लम्बी नाक, मोटे सेंसुअल होंट — प्रकट ही वह डॉक्टर साहब पर था। इतना ही अन्तर था कि उसका जबड़ा उनकी तरह चौड़ा न था। 'यकीनन अपने पिता की बनिस्बत यह ज़्यादा ख़ूबसूरत है!' चेतन ने उसे देख कर मन-ही-मन कहा।....

तभी किशन से हट कर, उसकी दृष्टि उसकी सौतेली माँ पर गयी। अतृप्ता जी के चेहरे पर पुरानी उदासी का कहीं नाम-निशान न था। उनका चेहरा, जो अपनी सुन्दरता के बावजूद, अनमनी-सी गम्भीरता के कारण, नीचे को ढलका-ढलका-सा लगता था — किसी आन्तरिक उल्लास से, खिला-खिला और स्निग्ध दिखायी देता था। सूफ़ियानी, लेकिन ख़ासी कीमती साड़ी उन्होंने पहन रखी थी। गले में सच्चे मोतियों की माला और कानों में मोतियों ही के सुन्दर आवेज़े थे। हल्का-सा मेक-अप भी उन्होंने कर रखा था। इस एक महीने में चेतन ने पहली बार उन्हें इस तरह सजे-सँवरे देखा था। (चेतन ने फिर कल्पना की — दस साल पहले, जब वे पतली-छरहरी होंगी, कितनी सुन्दर लगती होंगी।)

"बैठिए भाई साहब!" उन्होंने चेतन से कहा, फिर किशन से बोलीं, "बैठो किशन, अभी चलते हैं। चेतन जी के लिए चाय का एक प्याला बना दें।"

चेतन को चाय पीने की आदत न थी, लेकिन वह जितनी बार डॉक्टर साहब के घर आया था (और पिछले महीने में दस-बारह बार तो आया ही था) उन्होंने उसे बड़े स्नेह से चाय पिलायी थी। घण्टा भर टाइप करने में हाथ थका कर (शरीर तो सीधे-तने बैठे, उसका अकड़ ही गया था) जब वह इन्स्टीट्यूट से नीचे उतरा था तो उसने सोचा था कि

वह डॉक्टर साहब के घर, चाय का एक गर्म-गर्म प्याला ज़रूर पियेगा; लेकिन 'प्रिये जी' की बात सुन कर, हठात उसे एहसास हुआ कि वे कहीं बाहर जाने के लिए तैयार हैं। वह काउच पर बैठ गया था कि उछल कर उठा :

"आप कहीं बाहर जा रही हैं क्या ?" उसने पूछा।

"सनातन धर्म सभा हॉल में 'सर टीकमलाल टेक्सटाइल मिल्ज़ एण्ड इण्डस्ट्रीज़' की नुमाइश चल रही है। सेल भी है।" 'प्रिये जी' ने मुस्कराते हुए कहा, "किशन और मैं वहीं जा रहे थे। चलिए आप भी। आज आख़िरी दिन है।"

"चलिए!" और पलट कर, वह बाहर की तरफ़ चल पड़ा।

लेकिन १४ नम्बर की बाकी सीढ़ियाँ उतर कर, वे लोअर बाज़ार में पहुँचे तो 'प्रिये जी' और किशन आगे हो गये और चेतन अपने-आप पीछे-पीछे चलने लगा था।

'प्रिये जी,' अपने कद की लम्बाई के बावजूद, किशन के कन्धे तक आती थीं। दोनों, लोअर बाज़ार की भीड़ में रास्ता बनाते हुए, अपने में मगन, लगातार बातें करते हुए जा रहे थे। चेतन भी उनके दो-एक कदम पीछे चला जा रहा था — हालाँकि पास से देखने पर 'प्रिये जी' की उमर किशन से ज़रा बड़ी लगती थी, लेकिन उस वक्त आगे जाते हुए, उनकी जोड़ी सुन्दर दिखायी देती थी। अपने तमाम लड़कों में से क्यों किशन से उनकी पटती है — उन्हें साथ-साथ चलते देख कर, यह बात चेतन से छिपी न रही। वे, जो बहुत कम बोलती थीं, धीरे-धीरे बात करती थीं, नाप-नाप कर चलती थीं — अब लगातार बातें करती हुईं, निर्द्वन्द्व चली जा रही थीं — कितनी स्फूर्ति और उत्फुल्लता, किशन के आगमन के साथ ही, उनमें आ गयी थी।....

और लोअर बाज़ार में, उन दोनों पीछे-पीछे, उनकी चाल-से-चाल मिलाते और बराबर दो-एक कदम पीछे चलते हुए, चेतन की कल्पना में डॉ० गोपालदास के घर की कई मुलाकातें घुम गयीं....

००

"भरा जी, आप यहाँ हिन्दी रतन की ट्यूशन पढ़ाते हैं," एक शाम उन्होंने कहा था, "क्या ऐसा नहीं हो सकता कि मैं भी हिन्दी रतन और भूषण वग़ैरा पास कर के अंग्रेज़ी की परीक्षाएँ दे लूँ ?"

"हो क्यों नहीं सकता बहन जी," चेतन ने कहा था, "जहाँ चाह है, वहाँ राह है।"

"पहले तो मैंने नहीं सोचा था," अतृप्ता जी बोलीं, "शादी के दो-एक बरस बाद तक तो मुझे अपनी पोज़ीशन का ही ठीक से पता नहीं चला। फिर पता चला तो मैं जैसे ठगी-सी रह गयी। कुछ सूझ ही नहीं पाया। ये भी एक जगह नहीं टिके। रिटायर होने के बाद यहाँ आ गये। अब कभी-कभी बहुत अकेलापन महसूस होता है। सोचती हूँ, मेरे पास भी कोई हुनर होता तो कितना अच्छा होता। बिना किसी हुनर के, यहाँ नारी कितनी मजबूर है।"

उन्होंने लम्बी साँस ली थी और क्षण भर को चुप हो गयी थीं। फिर उन्होंने कहा था : "मेरी सब से बड़ी बदकिस्मती यह है कि मैं कुल दस जमात पढ़ी हूँ। मैट्रिक पास को तो आज कहीं नौकरी नहीं मिल सकती।"

चेतन ने उन्हें पहली बार देखा था तो उसे लगता था — वे कम-से-कम बी०ए० पास होंगी। उनके अपने पहनने-ओढ़ने और घर के सजाने-सँवारने में, कहीं ढूँढे से भी फूहड़ता का आभास न मिलता था। न उनकी बोली ही से पता चलता था कि वे कम पढ़ी-लिखी हैं। यद्यपि यह बात वे उसे पहले भी बता चुकी थीं, पर चेतन को जैसे विश्वास न होता था। वे सुशिक्षित भले ही न हों, पर सुरुचि-सम्पन्न और सुसंस्कृत ज़रूर थीं।

अपनी बात कह कर, वे चुप हो गयी थीं और स्वेटर बुनने लगी थीं। चाय पीता हुआ, चेतन उनके गोरे-गम्भीर मुख की ओर देखता रहा था — यह ख़ूबसूरत, जवान औरत, अपने बूढ़े पति के साथ, इस रौनक-भरे बाज़ार के इतने नज़दीक रहती है; सर्दियाँ भी ये लोग यहीं गुज़ारते हैं; इसे कभी-कभी तन्हाई का कितना एहसास न होता होगा! अकारण नहीं कि दस वर्ष के वैवाहिक जीवन में ही इसका शरीर फूल कर, ढल आया है।....

चेतन कितनी देर तक उन्हें समझाता रहा था कि किस तरह उन्हें ख़ुद ही हिम्मत कर के, 'हिन्दी रत्न' की तैयारी करनी चाहिए। 'मोती लाला बनारसी दास,' सैद मिट्ठा बाज़ार, लाहौर से 'हिन्दी रत्न' के पाठ्यक्रम की पुस्तकें और कुंजियाँ मँगा लें। एक शब्दकोश मँगा लें और स्वयं पढ़ें। बहुत कुछ तो कुंजियों और शब्दकोश की मदद से उनकी समझ में आ जायेगा; जो बातें समझ में न आयें, वे किसी पण्डित से, दो-एक महीने ट्यूशन रख कर, पूछ लें।

"मैं मैट्रिक में संस्कृत और हिसाब में बहुत कमज़ोर था।" उसने अपनी मिसाल दी थी, "हिसाब में तो मेरे बड़े भाई ने मुझे इस काबिल बना दिया कि मैं किसी तरह पास-मार्क्स ले लूँ, लेकिन संस्कृत उन्हें भी न आती थी और सच्ची बात यह है कि संस्कृत के कारण ही वे पढ़ाई छोड़ बैठे थे। लेकिन मैं तो फ़ेल होना एफ़ोर्ड नहीं कर सकता था। तब मैंने माँ से कहा कि जैसे भी हो, मुझे दो महीने संस्कृत की ट्यूशन रख दो। माँ ने किसी तरह दस रुपये महीने का इन्तज़ाम कर दिया। और मैंने डेढ़ महीने ही में सीखने योग्य सब कुछ सीख लिया था। सारी गर्दानें और सन्धियाँ और समास रट डाले थे और चूँकि पण्डित के पास अब बताने को कुछ न था, वे अनुवाद के लिए एक पेज दे देते और दादा जी के साथ हुक्का पीने लगते —मैंने उन्हें छुट्टी दे दी। मैं ख़ुद अनुवाद करता और जा कर स्कूल में उन्हें दिखाता। पण्डित ने टीं-पीं की, पर मैंने हेडमास्टर से शिकायत कर दी और उन्होंने पण्डित से कह दिया कि रोज़ मेरी कापी देखें और आपको यकीन नहीं आयेगा, लेकिन संस्कृत ही के कारण मैं मैट्रिक में बहुत अच्छे नम्बर ले गया था।"

यूँ सविस्तार अपनी मिसाल दे कर, उसने कहा था, "बहन जी, करने वाले के लिए, कुछ भी मुश्किल नहीं। सभी विद्याओं की तरह पढ़ाई की भी जुगत होती है। कुछ लोग पढ़ते-पढ़ते आँखें फोड़ लेते हैं, लेकिन इम्तहान पास नहीं कर पाते; कुछ लोग कम पढ़ते हैं, ध्यान से पढ़ते हैं, चुनाव कर के पढ़ते हैं और बहुत अच्छे नम्बर ले आते हैं।

'प्रिये जी,' चुपचाप सिलाइयाँ चलाती हुई, उसकी बातें सुनती रही थीं। जब वह उठ कर जाने लगा था तो उन्होंने कहा था, "मैं डॉक्टर साहब से बात करूँगी। आप भी ज़रा उनसे ज़िक्र कीजिएगा।"

....चेतन इतवार को छुट्टी करता था। इस बातचीत के बाद इतवार को वह सुबह जाखू राउण्ड लगाता हुआ डॉक्टर साहब के फ़्लैट में रुक गया था। अतृप्ता जी लोअर बाज़ार से तरकारी लेने गयी हुई थीं। तब चेतन ने बात-बात में डॉक्टर साहब से बहन जी की 'इच्छा' का उल्लेख किया था और कहा था कि उनके मन में आगे पढ़ने की बड़ी लालसा है, वे उन्हें लाहौर से पुस्तकें क्यों नहीं मँगा देते ?

"रतन या भूषण-ऊषण पास कर के ये क्या करेंगी ?" उसकी बात सुन कर डॉक्टर गोपालदास ने इतना ही कहा था।

उत्तर देने के लिए चेतन कह सकता था : 'आपकी उम्र बढ़ गयी है; आपके लड़के उन्हें पसन्द नहीं करते। कल अगर आपको कुछ हो-हवा गया तो उनके सामने काफ़ी दिक्कत उठ खड़ी होगी, इसलिए अगर पढ़-लिख कर वे अपने पैरों पर खड़ी हो सकें तो अच्छा ही है।'....लेकिन उसने कहा कुछ नहीं। वह चुप रहा। तब डॉक्टर साहब ने ख़ुद ही कद्रे सरगोशी में कहा था :

"मैंने पचास हज़ार के कैश-सर्टिफ़िकेट जो ले रखे हैं, वे इन्हीं को तो मिलेंगे। ये बेकार इन्सिक्योर फ़ील करती हैं।"

"क्या आपने बहन जी के नाम से ले रखे हैं ?" चेतन ने पूछा था।

"नहीं, नाम से तो मैंने अपने ही ले रखे हैं, लेकिन...."

हालाँकि यह उनका नितान्त व्यक्तिगत मामला था, लेकिन चूँकि वे पति-पत्नी उससे अपनी व्यक्तिगत बातें कर लेते थे, इसलिए उनकी बात काट कर चेतन ने कहा था, "आपके पाँच लड़के हैं। क्या वे उस रुपये पर अधिकार न जमा लेंगे ? उनका हक भी है। वे अपनी सौतेली माँ को कानी कौड़ी तक न दें तो कोई कुछ नहीं कह सकता। कानून बीवी को सिर्फ़ खाने-रहने की सुविधा देता है। अगर पति ख़ुद उसे कुछ नहीं दे जाता तो कानून पिता की जायदाद पर लड़कों का ही हक मानता है।"

उसकी बात सुनते हुए, डॉक्टर साहब का निचला जबड़ा कुछ लटक आया था। पूरी बात सुन कर उन्होंने कहा था, "मैं वसीयत कर जाऊँगा।"

'आप साठ को पार कर गये और अभी तक आपने वसीयत नहीं की' — चेतन ने सोचा....कल आप टीं बोल जायें; आपके लड़के बैंक से लिखा-पढ़ी कर के सारे कैश-सर्टिफ़िकेट अपने कब्ज़े में कर लें तो आपकी 'प्रिये जी' तो अधर में लटकी रह जायेंगी।....लेकिन कहा उसने इतना ही, "वसीयतों को ले कर आये दिन झगड़े चलते हैं। कोई झूठे भी कह दे की वसीयत नकली है या कुछ खिला-पिला कर लिखा ली गयी है तो जितना रुपया मिलना नहीं होता, उससे कहीं ज़्यादा अदालतों पर ख़र्च हो जाता है और हिन्दुस्तान में औरतों की मिट्टी ख़्वार होती है।"

डॉक्टर साहब ने कोई उत्तर नहीं दिया; उसी तरह मुँह लटकाये, वे चुपचाप बैठे सोचते रहे।

तब परम हितचिन्तक की तरह चेतन ने कहा था, "मैं आपसे उमर और तजरुबे में बहुत छोटा हूँ। कुछ ग़लत कह दूँ तो माफ़ कर दीजिएगा, लेकिन मेरी राय है कि आप

पाँच-पाँच हज़ार के कैश-सर्टिफ़िकेट अपने पाँचों लड़कों के साथ जॉयण्ट नाम से ले लीजिए और बाकी पच्चीस हज़ार अपनी पत्नी के साथ जॉयण्ट नाम से। तब न बहन जी इन्सिक्योर फ़ील करेंगी, न आपके लड़कों को एतराज़ होगा।"

डॉक्टर साहब ने कोई जवाब न दिया था। बस उनका जबड़ा कुछ और लटक आया था। लेकिन उन्हें कुछ कहने की ज़हमत नहीं उठानी पड़ी, क्योंकि तभी 'प्रिये जी,' अपने पीछे-पीछे कश्मीरी हातो के सिर पर तरकारी का टोकरा उठवाये, वापस आ गयीं।

o

....'ये न मेरे नाम कुछ करना चाहते हैं, न यही चाहते हैं कि मैं पढ़ूँ और कोई गुन सीखूँ," दूसरी शाम बात चलने पर 'प्रिये जी' ने चेतन को बताया था, "इनकी तो बस यही इच्छा है कि पूरी तरह इनकी दासी बनी रहूँ। पिछले साल मैंने प्रोफ़ेसर सिंह से बाजा सीखना शुरू किया था...."

वे क्षण भर को चुप हो गयीं। —शायद यह सोचने लगीं कि बात कहें या न कहें....

"प्रोफ़ेसर सिंह बहुत अच्छा गाते हैं।" चेतन ने सोत्साह कहा था, "ग़ालिब और इकबाल की ग़ज़लें तो ऐसी गाते हैं कि मैं तारीफ़ नहीं कर सकता।"

"लेकिन जब वे गाना सिखाने आते थे तो डॉक्टर साहब ऐसे बैठे रहते थे, जैसे उनके उठते ही प्रोफ़ेसर सिंह मुझे उड़ा ले जायेंगे।"

और उनके होंटों पर एक दर्द-भरी, तिक्त मुस्कान फैल गयी। फिर वे धीरे-धीरे बोलीं :

"ये चाहते थे कि वो मुझे कोई भजन वग़ैरा सिखायें। एक दिन ये रामानन्द के भजनों का गुटका और आर्य-भजन-पुष्पांजलि ले आये और प्रोफ़ेसर सिंह से कहने लगे, 'प्रोफ़ेसर साहब आप इन्हें कुछ भजन सिखाइए' !"

चेतन हँसा, "प्रोफ़ेसर साहब ग़ज़लें तो बहुत अच्छी गाते हैं," उसने कहा, "लेकिन पिछले वर्ष मैं दो-ढाई महीने उनके साथ रहा। मैंने उन्हें कभी भजन गाते नहीं सुना। शास्त्रीय संगीत तो थोड़ा-बहुत वे सिखा सकते हैं, लेकिन भजन-वजन उन्हें नहीं आते।"

"उन्होंने एक भजन मुझे सिखाना शुरू किया था —जागियो गोपाल लाल," 'प्रिये जी' बोलीं, "लेकिन जब वे आलाप सिखाने लगे तो डॉक्टर साहब ने कहा — 'ये आप क्या आ....आ....ई....ई....इन्हें सिखा रहे हैं। इन्हें किसी संगीत सम्मेलन में तो गाना नहीं। सीधे-सादे भजन सिखाइए!'....और प्रोफ़ेसर साहब ने पहले महीने की फ़ीस ली तो फिर शकल नहीं दिखायी।"

वे चुप हो गयीं। चेतन चाय पीता रहा था और वे मौन रूप से स्वेटर बुनती रही थीं। तभी सहसा चेतन ने पूछा था :

"क्यों बहन जी, आपने ख़ुद कैश-सर्टिफ़िकेट देखे हैं ? पचास हज़ार के कैश-सर्टिफ़िकेट क्या डॉक्टर साहब के पास हैं ?"

"शुरू-शुरू में मेरा मन बहुत उदास रहता था।" 'प्रिये जी' धीरे-धीरे बोलीं, "मैं ज़्यादा बात नहीं करती थी। बस पत्थर बनी रहती थी। तब ये बहुत प्यार जताते थे। नयी-नयी साड़ियाँ और गहने ला कर देते थे। एक बार इनके बड़े बेटे ने हंगामा खड़ा कर

दिया, तब इन्होंने मकान बेच दिये और मेरे और अपने नाम से पच्चीस हज़ार के कैश-सर्टिफ़िकेट ले लिये। पच्चीस हज़ार के सर्टिफ़िकेट इनके अपने नाम से थे। तीन बरस बाद जब उन्हें रिन्यू कराने की बारी आयी तो इन्होंने वो भी अपने नाम से करा लिये।"

"लेकिन वह सब तो आपके दस्तख़तों से हुआ होगा ?" चेतन ने कहा।

"इन्होंने पहले कैश-सर्टिफ़िकेटों का सारा रुपया बैंक में जमा करा दिया। कहने लगे —'इस रुपये से टाटा के शेयर्ज़ लेंगे, ज़्यादा मुनाफ़ा होगा'। लेकिन कोई शेयर-वेयर नहीं लिया, चुपचाप अपने नाम से कैश-सर्टिफ़िकेट ख़रीद लिये....मैंने आपसे कहा था न कि मेरी कहानी बड़ी दिलचस्प है। आप लिखिए!"

वे क्षण भर के लिए चुपचाप सिलाइयाँ चलाती रही थीं, फिर उन्होंने इतना और कहा था :

"अब कैश-सर्टिफ़िकेट ये सदा अपने साथ रखते हैं। दो-तीन दिन के लिए भी कहीं जाते हैं तो साथ ले जाते हैं। जैसे इनके पीछे मैं इनके कैश-सर्टिफ़िकेट खा जाऊँगी!"

००

लोअर बाज़ार का आधा हिस्सा वे पार कर आये थे। सब्ज़ी मण्डी के पास से वे लोग गंज रोड को उतरे। इसे दौरान एक बार भी 'प्रिये जी' ने पीछे मुड़ कर चेतन की ओर नहीं देखा; किशन के साथ लगातार बातें करती हुई, वे बढ़ी जा रही थीं। चेतन के दिमाग़ में दन्त-कथाओं, उपन्यासों और इतिहास के पन्नों में वर्णित, युवा सौतेली माँओं और सौतेले बेटों की कहानियाँ घूम गयीं — महारानी लूना और पूरन भगत; तिष्यरक्षिता और कुणाल....वे दोनों महारानियाँ थीं और पूरन और कुणाल, राजकुमार; इसलिए वे प्रसिद्ध हो गये और उनकी कहानियाँ आज तक लोगों की ज़बान पर हैं....चेतन ने सोचा....लेकिन संसार के आम लोगों में, वृद्ध पतियों की युवा पत्नियों और उनके जवान बेटों के सफल-असफल प्रेम की, न जाने कितनी घटनाएँ होती हैं, लेकिन वे अजानी और अलिखी रह जाती हैं।....

वे लोग 'सनातन धर्म सभा' के अहाते में पहुँच गये थे। लोअर बाज़ार के भी नीचे, आलू मण्डी के निकट बनी, 'सनातन धर्म सभा' की इमारत और हॉल को देख कर, चेतन को लोअर बाज़ार में बने 'आर्य समाज मन्दिर' का ध्यान हो आया....वह कितनी अच्छी जगह बना था !....फिर उसके सामने लाहौर और जालन्धर के आर्य समाज मन्दिर और सनातन धर्म सभाएँ और उनमें आने वालों के चित्र घूम गये और अचानक उसे ख़याल आया कि आर्य समाज का आन्दोलन पढ़े-लिखे बौद्धिक वर्ग के हिन्दुओं का धार्मिक आन्दोलन है, जबकि सनातन धर्म सभाएँ निचले तथा निम्न-मध्यवर्ग के अन्ध-विश्वासी हिन्दुओं की धार्मिक रुचियों और आवश्यकताओं को ले कर संगठित हुई हैं। चेतन को 'सनातन धर्म सभा' और 'महावीर दल,' जालन्धर की सभाओं में शामिल होने वालों की याद आयी ! —जब उन्होंने 'सनातन धर्म सभा,' माई हीराँ गेट, जालन्धर के विशाल अहाते में राधेश्याम कथा-वाचक का प्रसिद्ध नाटक —'अभिमन्यु वध' —किया था तो अभिमन्यु की भूमिका में निक्का उतरा था (जो सिर्फ़ आठ जमात तक पढ़ा था, बाँसुरी बहुत अच्छी बजाता था और लाल बाज़ार, जालन्धर में उसकी छोटी-सी कपड़े की दुकान थी।) 'महावीर

दल' के अन्य सभी स्वयं-सेवक भी छोटे-मोटे दुकानदार या क्लर्क-पेशा लोग थे। चेतन ने वहाँ कभी किसी एम०ए०, बी०ए० पास बौद्धिक को नहीं देखा था। — नेताओं में पढ़े-लिखे लोग ज़रूर थे, लेकिन स्वयं-सेवकों और सदस्यों में आम जनता थी — अर्ध-शिक्षित धर्म-भीरु, अगणित देवी-देवताओं में विश्वास रखने वाली और परम अन्ध-विश्वासी !....यही कारण था कि वे संस्थाएँ प्रायः घनी आबादियों में थीं और उन्हीं लोगों की तरह ख़स्ता-हाल थीं। जबकि आर्य समाजी संस्थाएँ, न केवल खुली जगहों में थीं, दिन-दूनी तरक्की कर रही थीं, वरन उनमें आने वाले हिन्दू पढ़े-लिखे थे।

शिमले में भी 'सनातन धर्म सभा,' गंज (मण्डी) के पास, ऐन जनता के बीच थी। इन दो वर्षों में पहली बार चेतन, माल और लोअर बाज़ार से उतर कर, वहाँ पहुँचा था। हॉल में बेहद भीड़ थी। 'प्रिये जी' और किशन के पीछे-पीछे, चेतन भी अन्दर दाख़िल हुआ।

हॉल, चारों तरफ रंग-बिरंगे कपड़ों से सजा था। धारीदार और प्रिण्टेड कपड़े के थानों से दीवारें ढँकी थीं। सिर्फ़ बायीं ओर की दीवार पर, महिषासुर-मर्दिनी, भगवती दुर्गा और सामने की दीवार पर सुदर्शन-चक्रधारी भगवान कृष्ण की तस्वीरों को छोड़ कर, हॉल की सभी तस्वीरें, लटकते हुए कपड़े के खुले थानों के पीछे छिप गयी थीं। हॉल तीन हिस्सों में बँटा था और तीनों हिस्सों में तरह-तरह के स्टॉल थे, जिनमें कई किस्म का कपड़ा प्रदर्शित था। हिन्दुस्तान में इतनी तरह का कपड़ा बनने लगा है, चेतन नहीं जानता था और चकित-सा अतृप्ता जी और किशन के पीछे, वह सब देखता हुआ, चला जा रहा था। बायीं ओर, 'टीकम लाल इण्डस्ट्रीज़' में बनने वाली बनियानें, मोज़े, रूमाल, स्वेटर इत्यादि प्रदर्शित थे। ....किशन 'प्रिये जी' को एक-एक स्टॉल दिखा रहा था। 'प्रिये जी' हर चीज़ बड़ी दिलचस्पी से देख रही थीं और कुछ-न-कुछ ख़रीद भी रही थीं।

चेतन उनके साथ आ तो गया था, पर उसे अफ़सोस था कि वह क्यों उनके साथ चला आया। एक बार भी उन्होंने उसके साथ बात नहीं की। उनके पीछे-पीछे वह चुपचाप, अनमने भाव से, स्टॉल-दर-स्टॉल घूम रहा था। वे हॉल के दूसरे भाग में थे कि अचानक चेतन ने अपने कन्धे पर किसी का हाथ महसूस किया। उसने पलट कर देखा और ख़ुशी से चिल्लाया — "अरे, नारायण!"

नारायण अपने चेचक-मारे मुख, छिदरी मूँछों और छोटी-छोटी आँखों में मुस्कराया। दोनों, एक-दूसरे का हाथ पकड़े, हॉल से बाहर आ गये!

o

"तुम्हारी तो बदली हो गयी थी ?" बाहर खुली जगह आ कर चेतन ने कहा।

"हाँ, हो गयी थी — लायलपुर," नारायण हँसा, "लेकिन मैंने छुट्टी ले ली। शिमले में रहने की आदत हो गयी है। लायलपुर में तो मैं गर्मी से मर जाता, सो तिकड़म भिड़ा कर, फिर यहीं आ गया हूँ।"

नारायण का चेचक-मारा मुख कुछ अजीब-सी ख़ुशी से खिल उठा — उसकी छोटी-छोटी, छिदरी, अनकटी मूँछें और छोटी आँखें भी — ऐनक के मोटे शीशों के बावजूद — उस पल, चेतन को भली लगीं।

"लायलपुर वाला क्लर्क शिमला नहीं आना चाहता था," उसने कहा, "और मैं शिमला से नहीं जाना चाहता था। सो हम दोनों ने कोशिश की। उसका घर जालन्धर था, सो वह जालन्धर चला गया और जालन्धर वाला लायलपुर चला गया और मैं अपनी जगह बहाल रहा।"

वह हँसा। फिर बोला, "तुम अपनी कहो, तुम कब आये ? क्या कविराज के लिए कोई दूसरी पुस्तक लिख रहे हो ?"

"नहीं, मैं एक ट्यूशन ले कर आया हूँ।"

"ट्यूशन ! लड़के की या लड़की की ?"

"लड़की की !" चेतन हँसा, "लेकिन यहाँ गंज से निकलो। चलो, माल पर चलते हैं। रिज पर बैठते हैं और मैं तुम्हें अपने बारे में सब बताता हूँ। मैं तो शिमला आते ही तुम्हारे डेरे पहुँचा था, लेकिन तुम्हारे कमरे में ताला पड़ा था। मालूम हुआ तुम्हारी बदली हो गयी। अब तुम कहाँ रहते हो ?"

"वहीं ! मकान मैंने नहीं छोड़ा !" नारायण हँसा ।

दोनों दोस्त ऊपर को चल दिये। जिस तरह 'प्रिये जी,' किशन की मौजूदगी में, चेतन को भूल गयी थीं —उसी तरह, नारायण को पा कर, चेतन को उनकी याद न रही थी।

⊠⊠⊠

नवाँ खण्ड

चौबीस

कसुम्पटी की सैर से लौटते हुए, नारायण जब चेतन के कमरे को जाने के लिए, दायीं ओर के सँकरे मार्ग की तरफ़ बढ़ा तो चेतन ने उसे रोक दिया। पहले उसने सोचा कि सुबह चन्द्रा से होने वाली बातचीत उसे बता दे, लेकिन उसे साहस नहीं हुआ। उसने सिर्फ़ इतना कहा, "अँधेरा हो गया है। चलो, खुले रास्ते से चलते हैं।"

नारायण बे-मालूम तौर पर अचकचाया, लेकिन मुड़ा नहीं। "उधर से काफ़ी चक्कर पड़ेगा," उसने कहा, "कोई वैसा अँधेरा नहीं, आओ!"

लेकिन चेतन वहीं रुक गया था। "नहीं यार, आज कमरे में नहीं बैठेंगे !" उसने ज़ोर दे कर कहा, "इतनी खिली-खिली शाम है —इस अँधेरे-उजाले में सड़क पर घूमना जितना अच्छा लगता है, कमरे में बैठना नहीं।" और जैसे उसे तसल्ली देने के लिए उसने इतना और जोड़ दिया, "चलो, तुम्हें छोटे शिमले तक छोड़ आता हूँ।"

नारायण मुड़ा। उसका मुँह ज़रा-सा उतर आया।

...."क्या चन्द्रा सच कहती थी ?" —सहसा चेतन के मन में बिजली के कौंधे-सा प्रश्न लहका। लेकिन मन की बात उसने चेहरे पर नहीं आने दी। अतिरिक्त जोश से उसने नारायण का हाथ थाम लिया और उसे झुलाता हुआ, छोटे शिमले की तरफ बढ़ चला....

००

'सर टीकम लाल इण्डस्ट्रीज़' की नुमाइश में, नारायण से चेतन की मुलाकात, उस्ताद ज़ौक के शब्दों में मसीहा और खिज़र[१] की मुलाकात से कम न थी।[२] केनमोर कॉटेज में शामें बिताने के भय से, जब चेतन भागा था तो उसके सामने चार घण्टे बिताने की समस्या थी। एक घण्टा तो उसने टाइप सीखने में लगा दिया, एक घण्टा केनमोर कॉटेज से आने-जाने में लग जाता था —बाकी दो घण्टे भी घूमते रहना उसके बस में नहीं था।

टाइप सीखने के बाद, वह तीसरे-चौथे डॉक्टर गोपालदास के चला जाता। लेकिन दो-चार बार वहाँ जा कर ही वह बोर होने लगा था। बार-बार वहाँ जाना उसे ठीक भी न लगता था। यह इस बात से डरता था कि कहीं पति-पत्नी के झगड़े में न उलझ जाये और जो आदर, सत्कार और स्नेह उसे वहाँ मिलता था, वह दोनों में से किसी की नफ़रत और घृणा में न बदल जाये !....उसे डॉक्टर गोपालदास ही अपने घर ले गये थे और उन्हीं ने अपनी 'प्रिये जी' से उसका परिचय कराया था; लेकिन पहली मुलाकात ही में, उनके प्रकट औपचारिक, स्नेह-भरे व्यवहार की पोल उस पर खुल गयी थी और चन्द मुलाकातों ही में

१. पैग़म्बर.

२. ऐ ज़ौक किसी दोस्त-ए-देरीना का मिलना
बेहतर है मुलाकात-ए-मसीहा-ो-ख़िज़र से.

उसने जान लिया था कि वहाँ एक ओर व्यवहार-कुशल और चालाक एक बूढ़ा डॉक्टर है, जो रुपये और बनावटी स्नेह के लालच में पत्नी की वफ़ादारी जीतना चाहता है; दूसरी ओर, उम्र में उसकी लड़की के बराबर, एक भले घर की अर्ध-शिक्षित, लेकिन सुन्दर और सुरुचि-सम्पन्न जवान औरत है, जिसे उस कैद से निकलने का कोई रास्ता दिखायी नहीं देता और जो धर्म और समाज की ज़ंग खायी ज़ंजीरों में जकड़ी, अन्दर-ही-अन्दर सुलगती और शायद यह तिकड़म भिड़ाती रहती है कि पचास हज़ार के कैश-सर्टिफिकेट किस प्रकार उसके नाम हो जायें।

चेतन को उस वातावरण के आदर-सत्कार और औपचारिकता में, बेहद घुटन का एहसास होता था; इसलिए, जब उस शाम नारायण से उसकी मुलाकात हुई तो उसके अन्दर रुका हुआ सक्खर डैम, जैसे अचानक भरभरा कर, टूट गया। वह उसके साथ जा कर रिज पर बैठा तो पिछले वर्ष शिमला से जाने के बाद अपने सारे संघर्ष की गाथा, किसी परम आत्मीय की तरह, उसने नारायण को सुना डाली थी।

o

नारायण रोज़ शाम को छोटे शिमले तक घूमने जाता था। (शिमले की निकटवर्ती बस्तियों में रहने वाले, घूमने के लिए, माल पर आते थे; लेकिन माल और उसके निकटस्थ बाज़ारों और गलियों के वासी, शाम को प्रायः छोटे शिमले, संजौली या समर हिल वग़ैरा की तरफ़ सैर करते थे।) रिज पर काफ़ी देर तक बैठने के बाद, जब नारायण ने कहा, "मैं शाम को छोटे शिमले तक घूमने जाता हूँ; चलो, तुम्हें छोड़ आऊँ," तब चेतन सोसाइटी के सिलसिले में लाला हाकिमचन्द से मुलाकात का किस्सा सुना रहा था। बिना अपनी बातों का प्रवाह रोके, वह उठा था और लगातार बातें करता हुआ चल पड़ा था।

हवा-घर में कुछ क्षण रुकते हुए, जब वे छोटे शिमले पहुँचे तो चेतन ने ट्यूशन के सिलसिले में सभी बातें, छोटे-से-छोटे ब्योरे के साथ, नारायण को सुना डाली थीं। उसने कुछ भी नहीं छिपाया। चन्द्रा के प्रति अपने आकर्षण-विकर्षण, आसक्ति और भय की बात सविस्तार बताते हुए, चेतन ने अन्त में कहा था :

"इतने दिन नारायण, मैंने किसी हादसे के बिना निकाल दिये हैं। बस यही एक महीना रह गया है, इसीलिए मैंने टाइप सीखना शुरू कर दिया है, लेकिन बाकी वक्त काटना मुश्किल हो जाता था। जाने कितनी रातें मैंने चिन्ता-फ़िक्र में जागते हुए काट दी हैं। यहाँ कोई ऐसा दोस्त नहीं था, जिससे मन की बात कर सकता। अब तुम मिल गये हो तो मुझे बहुत तसल्ली हुई है, कम-से-कम तुमसे मैं अपने मन की बात तो कर सकता हूँ, कोई मुसीबत पड़े तो राय ले सकता हूँ और मैं यह भी जानता हूँ कि मेरे दोस्त अनन्त की तरह, न तुम इस सारे किस्से में मेरी नामर्दी ढूँढोगे, न मेरा मज़ाक ही उड़ाओगे।"

और उसने वहीं से विदा लेने के लिए नारायण की तरफ हाथ बढ़ाया था।

उसका हाथ अपने हाथ में ही लिये हुए, नारायण ने कहा था, "तुमने शुकदेव बनने की सोची तो यह ग़लत किया। वैसे नहीं बन सके और अपने आपको धिक्कारते हो तो यह भी ग़लत करते हो। शुकदेव हों या विदेह जनक — वे हमारे भारतीय चिन्तन के आदर्श हैं — उन्हीं आदर्शों के मुताबिक लोग बनें, इसकी शिक्षा हमारे शास्त्र देते हैं, लेकिन क्या

तुम इसे आसान समझते हो ? शरीर का आकर्षण, ख़ास तौर पर उस वक़्त, जब वह पास हो और पहुँच में हो, इतना मामूली नहीं कि उसे महज़ शास्त्र पढ़ कर या प्रतिज्ञा कर के झुठला दिया जाये। बड़े-बड़े जितेन्द्रिय और तपस्वी उसके सामने विवश हो गये !"

"लेकिन जब हमारी भाषा में यह शब्द —जितेन्द्रिय —है," चेतन ने, बतरस का मज़ा लेते हुए, आपत्ति की, "तो ज़रूर ही कुछ लोगों ने इन्द्रियों को जीता होगा।"

"मैं कब कहता हूँ, नहीं जीता होगा," नारायण ने कहा, "पिछले ज़माने की बात जाने दो, इसी ज़माने में रामकृष्ण परमहंस और विवेकानन्द हुए हैं। लेकिन लाखों ही में कोई एक —संयम, तप और ज्ञान से —वह सिद्धि पाता है। फिर महर्षि विश्वामित्र तो ज्ञानी और तपस्वी थे, पर मेनका की एक चितवन और मुस्कान के आगे, उनका वर्षों का तप धरा रह गया। महर्षि पराशर भी कम ज्ञानी, तपस्वी और मनस्वी नहीं थे, लेकिन नदी पार कराती नव-यौवना केवट-बाला के युवा शरीर को इतने निकट पा कर, वे अपना सारा संयम, तप और ज्ञान भूल बैठे और उससे सम्भोग करने से अपने आपको नहीं रोक सके।"

नारायण कुछ क्षण चुप रहा फिर उसने कहा, "तुम्हारे बड़े भाई ने ठीक ही कहा था, तुम्हें यह ट्यूशन नहीं लेनी चाहिए थी —चन्द्रा के सौन्दर्य और उद्दण्डता की बात सुन कर तो बिलकुल ही नहीं लेनी चाहिए थी। आदमी आग पर अजाने ही उँगली रख दे, यह तो समझ में आता है, लेकिन जान-बूझ कर आग में हाथ झोंक दे, यह समझ में नहीं आता है।"

चेतन क्या जवाब दे, फ़ौरन उसे कुछ भी सूझ न पाया था। वैसे ही उसके हाथ में अपना हाथ दिये हुए, उसने दबी ज़बान से कहा, "अपनी ग़लती तो मैं मानता हूँ नारायण! मैं समझता था कि मैं अपनी तरफ़ से कुछ नहीं कहूँगा तो कैसे कोई घपला होगा।"

"वैसा सोचना और असहज व्यवहार करना भी तुम्हारी भूल थी; क्योंकि सवाल शरीर का ही नहीं, मन का भी है। तन से तुम उस लड़की से खिंचे रह कर भी, अजाने ही, मन से लगातार जुड़े रहे हो; यही वजह है कि तुम उसे ठीक से पढ़ा नहीं पाये।"

"मैं तो पूरे ध्यान से उसे पढ़ाता रहा," चेतन ने प्रतिवाद किया, "वही नहीं पढ़ पायी।"

"यही कह लो," नारायण हँसा, "लेकिन इसी कारण वह तुम्हारी तरफ़ खिंचती चली आयी। क्या तुम नहीं समझते कि किसी से आँख चुराने, उसकी ओर न देखने का मतलब, इनडायरेक्टली उसके अस्तित्व को स्वीकार करना है ! तुम हठपूर्वक अपनी आँखों को रोके रहे, जबकि तुम्हारा मन उधर ही लगा रहा।"

नारायण पल भर रुका। फिर उसने कहा, "गीता के तीसरे अध्याय में एक श्लोक है :

कर्मेन्द्रियाणि संयमस्य य आस्ते मनसा स्मरण
इन्द्रियार्थान्विमूढ़ात्मा मिथ्याचारः स उच्यते

"याने, जो मूरख अपनी इन्द्रियों को हठपूर्वक रोक कर, मन से उन इन्द्रियों के विषयों के बारे में सोचता रहता है वह मिथ्याचारी है !"

फिर अपनी बात जारी रखते हुए, नारायण बोला, "लेकिन दूसरे अध्याय के एक

श्लोक में लगभग यही बात कही गयी है :

विषया विनिवर्तन्ते निराहारस्य देहिनः
रसवर्जं रसोऽपस्य परं द्रष्ट्वा निवर्तते

"याने, अगर कोई व्यक्ति अपनी इन्द्रियों द्वारा विषयों को ग्रहण नहीं करता, तब उन विषयों से तो बच सकता है, लेकिन राग से नहीं बच सकता।...."

नारायण, क्षण भर को यह देखने के लिए, रुका कि चेतन उसकी बात समझ रहा है कि नहीं, फिर उसने कहा, "गीताकार के ख़याल में, राग को परमात्मा के अर्पण कर के ही स्थिर बुद्धि हुआ जा सकता है। मैं सिर्फ़ यह कहता हूँ कि भले ही आदमी राग को परमात्मा के सामने न रखे, पर अपने सामने तो रखे।

"कहना मैं यह चाहता हूँ," क्षण भर रुक कर नारायण ने कहा था, "कि अपने राग को जान कर ही, तुम सहज भाव से व्यवहार कर सकते थे। यह कोई ज़रूरी नहीं कि तुम वहाँ से भागते ही। वहाँ रह कर भी तुम मन को जीत सकते थे और नॉर्मल ढंग से व्यवहार कर सकते थे।"

चेतन ज़ोर से हँसा। "यार, तुम ज्ञानी आदमी हो; मुझे यह सब आसान नहीं लगता। मुझे न संसार छोड़ना है, न संन्यास लेना है। मुझे सिर्फ़ अगस्त का यह महीना, किसी दुर्घटना के बिना, गुज़ार देना है।"

"वह तो गुज़र ही जायेगा," नारायण भी हँसा था, "जब तुम इतने सतर्क हो। मैं सिर्फ़ तुम्हें यही बताना चाहता था कि संसार छोड़ने या जंगल जाने की ज़रूरत नहीं। सिर्फ़ कर्म-योगी बनने, अपने राग को समझने और बुद्धि को स्थिर बनाने की ज़रूरत है।"

चेतन को नारायण के साथ बहस करने में मज़ा आने लगा था। उसने कुतर्क करते हुए कहा —"अरे यार, मैंने भी गीता पढ़ी है, मैं भी कभी-कभी उसके श्लोक कोट[१] करता हूँ, लेकिन उसमें बहुत कण्ट्राडिक्शन्ज़[२] हैं और वह ज्ञान कितना भी ऊँचा क्यों न हो, प्रैक्टिकल[३] नहीं लगता।"

"कण्ट्राडिक्शन्ज तब लगती हैं," नारायण ने ज़रा गर्म हो कर कहा था, "जब आदमी एक साथ सभी योगों को साधने की सोचता है। गीता में उपनिषदों का ही सार दिया गया है। भिन्न बुद्धि वाले कैसे शान्ति और सुख पायें, इसके लिए भिन्न-भिन्न योग दिये हैं। अब तो देर हो गयी है। फिर कभी इस विषय पर चर्चा करेंगे; तुम्हें न कण्ट्राडिक्शन्ज लगेंगी और न यही कि सब इम्प्रैक्टिकल है।"

और उसने चेतन के हाथ को ज़ोर से हिलाया था। फिर उसे छोड़ने से पहले अचानक पूछा था, "तुम कसुम्पटी भी कभी गये हो।"

"कसुम्पटी तो हमारी कॉटेज के दो-चार फ़र्लांग ही परे है," चेतन ने कहा था, "एक-दो बार लाला जी के साथ भी गया हूँ। दो-चार बार अकेला भी गया हूँ। एक रात, जब मुझे नींद न आ रही थी और बाहर पूर्णमासी का चाँद रात को दिन बना रहा था, मैं

१. उद्धृत।
२. विरोधाभास।
३. व्यावहारिक।

बारह बजे के बाद कसुम्पटी गया था। उस रात की ख़ूबसूरती तो मैं बयान नहीं कर सकता।"

"शायर हो कर भी !" नारायण हँसा था, "लेकिन मैं कसुम्पटी बाज़ार की बात नहीं पूछ रहा। क्या उससे मील-आध मील आगे भी गये हो, जहाँ से रास्ता उतराई पर हो जाता है और पहाड़ियाँ छोटी होती चली जाती हैं !"

"नहीं, उधर तो नहीं गया।"

"सैर के लिए उससे बेहतर कोई जगह नहीं," नारायण ने फिर उसके हाथ को गर्मजोशी से हिलाया था। "कल मैं तुम्हारे साथ आऊँगा तो ज़रा कसुम्पटी से परे चलेंगे।"

और उसका हाथ छोड़ कर, नारायण वापस चल दिया था।

०

चेतन छोटे शिमले की ढलान पर बढ़ा तो उसने अपने आपको अचानक बेहद हल्का महसूस किया था। नारायण ने सच ही कहा था —पिछले तीन-साढ़े तीन महीने में, वह एक दिन को सहज नहीं हो पाया था। अपनी सुन्दरता, चंचलता, शोख़ी और उद्दण्डता के साथ, चन्द्रा बुरी तरह उसके दिल-दिमाग़ पर हावी रही थी और उससे बचने के प्रयास में, वह उसके चक्कर में फँसता चला गया था। उसे किसी ऐसे मित्र की बहुत ज़रूरत महसूस होती थी, जिसे साथ वह परम निर्द्वन्द्व हो कर, कुछ समय बिता सके; जो उसके मन का बोझ बँटा सके और उसे ठीक राय दे सके। ऐन उस वक्त, जब उसके लिए एक-एक दिन काटना मुश्किल था, विधाता ने नारायण को भेज दिया था। पिछले वर्ष भी उससे चेतन की ख़ूब घुटती थी। विचारों से नारायण आर्य समाजी था —स्वामी शुद्धदेव का भगत ! गीता और उपनिषदों में उसका ख़ासा दख़ल था। पिछले वर्ष भी इस सिलसिले में उससे ख़ूब चर्चा होती थी।....गीता को पढ़ने के बावजूद, चेतन के मन में कई तरह की शंकाएँ थीं। अब, जब नारायण उसे मिल गया था, उसने मन-ही-मन तय किया कि अपने सारे शक-संशय वह उसके सामने रखेगा और देखेगा, वह उनके बारे में क्या कहता है।

और हवा से उड़ते हुए रुई के गाले की तरह, वह छोटे शिमले की ढलान उतरता चला गया था।

००

...."क्या रात लाला जी ने कुछ कहा था ?" सहसा चेतन के हाथ से अपना हाथ छुड़ा कर, नारायण ने पूछा।

"नहीं....क्यों ?"

"यूँ ही।" और नारायण फिर सामने शून्य में देखता हुआ, चुपचाप चलने लगा।

केनमोर कॉटेज को जाने वाले तंग रास्ते को छोड़ कर, जब वे सीधी सड़क से छोटे शिमले की ओर चले थे तो यद्यपि नारायण का हाथ चेतन ने अपने हाथ में ले लिया था, तो भी कुछ देर तक दोनों में कोई बात न हुई थी। अचानक नारायण के सवाल से चेतन अचकचा गया था। उसने जो उत्तर दिया, वह उसे ठीक नहीं लगा। उसने सोचा, उसे पूछना चाहिए था, 'किस बारे में ?' लेकिन शायद जो बात चेतन के मन में थी, वही नारायण के मन में थी। फ़र्क यही था कि चेतन उसका कारण जानता था, नारायण नहीं। "यूँ ही," कह कर नारायण चुप हो गया तो चेतन उसके अगले प्रश्न की बाट देखने लगा। लेकिन

नारायण ने फिर कुछ नहीं पूछा। वह चुपचाप सामने शून्य में देखता हुआ चलता गया। चेतन का जी हुआ — बढ़ कर फिर उसका हाथ अपने हाथ में ले ले, लेकिन उसे साहस नहीं हुआ। बिना कोई बात किये, यह चुपचाप उसके साथ घिसटने लगा — 'क्या नारायण के व्यवहार में कुछ वैसा था, जिसकी ओर सुबह चन्द्रा ने संकेत किया था ?' चेतन ने सोचा और उसकी आँखों के सामने नारायण के साथ गुज़ारे पिछले हफ़्ते-डेढ़ हफ़्ते की शामें गुज़ार गयीं।

००

....नारायण से मुलाकात की दूसरी शाम, वह टाइपिंग इन्स्टीट्यूट से, सीधा नारायण के घर पहुँचा था।....

"आओ....आओ !" नारायण ने गर्मजोशी से स्वागत किया था, "मैं तुम्हारा ही इन्तज़ार कर रहा था। चलने से पहले एक-एक प्याला चाय हो जाये तो कैसा रहे ?"

"नेकी और पूछ-पूछ," चेतन हँसा, "डॉ० गोपालदास के यहाँ दूसरे-तीसरे जाने से मुझे भी चाय की तलब होने लगी है। मुझे तो कुछ भूख भी लग आयी है, सूखी चाय ही पिलाओगे या...."

"अपन तो यार, अकेले दम हैं। यहाँ तो कोई 'प्रिये जी' हैं नहीं, जो तुम्हें बढ़िया नाश्ता और चाय दें," नारायण हँसा, "लेकिन तुम बैठो ! माँ ने ख़स्ता मठरियाँ बना कर भेजी हैं। नींबू का पुराना अचार है। तुम्हें पसन्द भी है। तुम दो-एक मठरियाँ खाओ, मैं इतने में स्टोव पर पानी चढ़ा देता हूँ।"

तख़्त के पास ही दीवार में बनी बे-किवाड़ों की अलमारी में अख़बार के काग़ज़ बिछा कर, बड़े करीनें से कुछ किताबें रखी थीं। श्रीमद्भगवद् गीता, उपनिषद, महाभारत, काम-सूत्र, बिहारी सतसई, प्रेम चन्द्रिका और ललित ललाम, आदि....

'तो नारायण आर्य समाजी होने के बावजूद कोर-ज़ौक[१] नहीं,' उन किताबों पर निगाह डालते हुए, चेतन ने मन-ही-मन कहा। प्रकट बोला, "यार, गीता और उपनिषदों के साथ तुमने यह काम-सूत्र और पुराने श्रृंगारी कवि कैसे रख छोड़े हैं ?"

"दस बरस पहले, जब शादी हुई थी तो काम-सूत्र ख़रीदा था," ख़स्ता मठरियों की प्लेट और नींबू का अचार चेतन के सामने रखते हुए, नारायण ने कहा, "लेकिन एक तो वह ग्रन्थ हमारे लिए लिखा नहीं गया; सामन्तों के लिए लिखा गया है, जिन्हें न रोज़ी-रोटी की कोई चिन्ता थी, न औरतों की कोई कमी ! फिर, जैसा कि वात्स्यायन ने स्वयं लिखा है — रति-क्रिया में शास्त्र-विधियों और क्रमों की ज़रूरत तभी पड़ती है, जब काम-भावना शिथिल हो। जवान स्त्री-पुरुषों के लिए किसी शास्त्र-वास्त्र की ज़रूरत नहीं होती। मैं बीस का था, और बीवी अठारह की। ऊपर से परम देहाती। काम-सूत्र पढ़ना मेरे किसी काम नहीं आया।"

नारायण हँसा। फिर स्टोव पर पानी चढ़ाते हुए बोला, "वात्स्यायन ने ठीक ही कहा है :

---

१. अरसिक.

''शास्त्राणां विषयस्तावद्यावन्मन्दरसा नराः
रति चक्रे प्रवृत्ते तु नैव शास्त्रं न च क्रमः।''

"कितने बरस ज़िन्दा रही तुम्हारी बीवी ?" चेतन ने पूछा।

"सिर्फ़ एक बरस !" नारायण ने कहा, "पहले बच्चे के जन्म के साथ ही वह चलती बनी।"

"फिर तुमने शादी क्यों नहीं की ?"

नारायण हँसा — कुछ अजीब-सी उदास और व्यंग्य-भरी हँसी — "यह कह लो कि हुई ही नहीं या समझ लो कि मैं ही नहीं कर सका — जैसी बीवी मैं चाहता था, नहीं मिली; जैसी मिलती थी, उसके साथ फिर बँधना मुझे मंज़ूर नहीं हुआ।"

नारायण चुप हो गया। चेतन भी चुप हो गया। सिर्फ़ जलते स्टोव और उस पर उबलते पानी की 'शाँ-शाँ' कमरे में छायी रही। फिर चेतन ने बिहारी सतसई उठायी। उसके पृष्ठ पलटते हुए, उसने कहा, "नारायण, तुमने बिहारी और देव जैसे शृंगारी कवि अलमारी में रखे हुए हैं, लेकिन सूर, तुलसी और मीरा की यहाँ कोई किताब नहीं।"

"देखो भाई," नारायण ज़रा हँसा, "अध्यात्म के लिए तो मैं गीता या उपनिषद पढ़ता हूँ और शुद्ध काव्य-रस के लिए बिहारी। क्या बे-नज़ीर कवि है ! जैसी नाज़ुक-ख़यालियाँ उर्दू शायरों के शे'रों में हैं, उनसे कहीं ज्यादा बिहारी के दोहों में हैं। ऐसे ही तो उसने नहीं लिख दिया :

''तन्त्री नाद कवित्त रस सरस राग रति रंग
अन् बूड़े बूड़े तरै जे बूड़े सब अंग।''

चाय का पानी हो गया था। नारायण ने चमचा भर चाय और थोड़ा-सा दूध डाल कर, केतली उतार ली और प्यालों में चाय ढाल कर, तख़्त पर आ बैठा। चेतन ने कहा :

"यार, चन्द्रा की पुस्तक में कुछ दोहे बिहारी के भी हैं। यूँ तो मैंने कुँजी की मदद से उसे पढ़ा दिये हैं, लेकिन तुम ज़रा मुझे ठीक से समझा देना। दिन तो अब ट्यूशन के, थोड़े ही रह गये हैं; लेकिन जाने से पहले, मैं एक बार और उसे रिवीज़न करा दूँगा।"

"ठीक है; कसुम्पटी से आते-जाते, कभी तुम्हारे यहाँ बैठेंगे और पढ़ा देंगे।"

"इधर हिन्दी में नयी कविता होने लगी है।" चेतन ने कहा, "वे लोग अपने को छायावादी कहाते हैं। चन्द्रा की पुस्तक में भी तीन नये कवि हैं — पन्त, महादेवी और निराला। तुमने उन्हें पढ़ा है ?"

"मैंने तो नहीं पढ़ा, लेकिन मेरे दो-एक मित्र यहाँ कवि हैं, उनमें नये कवियों की चर्चा होती है। एक अरुण जी हैं, यहीं कॉलेज में पढ़ाते हैं। वे ख़ुद भी कुछ नयी कविता करते हैं और अपने आपको छायावादी कहते हैं; मेरे दूसरे मित्र अखिलेश जी, मेरी ही तरह, बिहारी के प्रेमी हैं; बहस-बहस में एक दिन कह रहे थे.... "

और नारायण ने पंजाबी में ऐसा वाक्य कहा, जिसका मतलब था कि दोनों के रस में वही फ़र्क हैं, जो सुरति में और आत्म-रति में होता है।

और वह हल्के-से हँसा था।

"क्या कहते हो," चेतन ने ज़रा गर्म हो कर कहा, "मैंने भी ज़्यादा तो नहीं पढ़ा,

लेकिन लाहौर में मेरे दोस्त चातक जी कहा करते हैं कि रीति काल की कविता महज़ बुद्धि-विलास है, जबकि छायावादी कविता में प्रकृति का अद्‌भुत चित्रण है। आत्म-रति यह हुई या वह ?"

"वह बात मैंने रस के सिलसिले में की थी।" नारायण ने कहा, "जो रस रीति-काव्य में है, वह इन छायावादियों में कहाँ। प्रकृति का चित्रण ही काव्य में देखना हो तो वैदिक ऋषियों के काव्य में देखो, कालिदास के काव्य में देखो —विराट के सौन्दर्य का जो स्पर्श वहाँ मिलता है, वह इनमें कहाँ मिलेगा ? हम तो शुद्ध रस के लिए कविता पढ़ते हैं और उसके लिए बिहारी...."

"बिहारी में — जो थोड़े-बहुत दोहे मैंने पढ़े हैं — मुझे तो कुछ वैसी ही नाज़ुक-ख़याली और ऐग्ज़ैजेरेशन दिखायी देती है, जो उर्दू शायरों में — जहाँ माशूक के पैरों की नज़ाकत का यह हाल है कि मख़मल के फ़र्श पर छिले जाते हैं.... लेकिन मैंने बी०ए० में नये कवि निराला की एक कविता पढ़ी थी, वह चन्द्रा की पुस्तक में भी है, ज़रा सुनो।"

और चेतन ने वहीं बैठ-बैठे, निराला की 'तुम और मैं,' सारी-की-सारी सुना डाली।

"ठीक है।" कविता सुन कर नारायण ने उठते हुए कहा था, "चलो, अब ज़रा घूम आयें। कभी तुम मुझ से बिहारी के भी कुछ दोहे सुनना और देखना कि महज़ नाज़ुक-ख़याली अथवा बुद्धि-विलास है या कुछ तत्व की बात भी है।"

"यार, कल शाम तुमने गीता के दो श्लोक सुनाये थे।" चेतन ने उठते हुए कहा, "मैंने भी दो-एक बार सरसरी नज़र से गीता पढ़ी है। कर्म-योग मेरे मन लगता भी है, मेरे एक शायर-दोस्त ने तो दूसरे अध्याय को उर्दू नज़्म का लिबास पहना दिया है। कोट करने को, मौके-बे-मौके, उस अध्याय के श्लोक मैं कोट भी कर देता हूँ, अपने आपको छोटा-मोटा कर्मयोगी मैं भी समझता हूँ, लेकिन दरअसल मेरी समझ में यह नहीं आता कि आदमी निष्काम हो कर कैसे काम कर सकता है ? फल की कामना ही तो हकीकत में उसकी कोशिशों के पीछे मोटिव-फ़ोर्स[१] का काम देती है। बिना कामना के, आदमी किसी काम को, पूरे मन और शक्ति से, कैसे कर सकता है ? — कोई संन्यासी नहीं, बाल-बच्चेदार गृहस्थ कैसे निरपेक्ष रह सकता है ? बिना इन्वॉल्व हुए,[२] कैसे को प्यार कर सकता है और पा सकता है ? तुम्हें तो गीता ज़बानी याद है...."

"सब नहीं, इम्पॉर्टेण्ट[३] श्लोक ही मुझे याद हैं...."

तो भी, तुमने तो उसे काफ़ी गहराई से पढ़ा है। बता सकते हो तो यह बताओ थ्यूरी[४] में नहीं, प्रैक्टिस[५] में यह सब कैसे हो सकता है ? मैं तुमसे आते ही यह पूछने वाला था लेकिन...."

"वो गीता उठा लो। मैं तुम्हें दूसरे-तीसरे, चौथे और पाँचवें अध्याय के कुछ श्लोकों

१. प्रचालन शक्ति।
२. लिप्त हुए, जुड़े।
३. महत्वपूर्ण।
४. सिद्धान्त।
५. व्यवहार।

पर निशान लगा दूँगा। तुम उन्हें दो-एक बार फिर ध्यान से पढ़ जाओ। तब इस पर चर्चा करेंगे।"

चेतन ने गीता उठा ली; नारायण ने कमरा बन्द किया और दोनों, गंज रोड से निकल कर, लोअर माल पर हो लिये थे।....

"अगर गीता का ज्ञान कोरा किताबी होता," रास्ते में नारायण ने कहा था, "और अमल में न लाया जा सकता तो गीता को लोग कब के भुला चुके होते। न जाने, हज़ारों बरसों में, कितने लोगों ने उससे लाभ उठाया है और किसी-न-किसी सूत्र को अपनी ज़िन्दगी में उतार कर, न जाने अपनी कितनी मुश्किलें आसान की हैं। तिलक ने तो जेल में, अपनी दृष्टि से गीता की व्याख्या की, जो तिलक की गीता कहाती है और नयी रोशनी देती है। महात्मा गान्धी भी कहते हैं कि जब-जब उन्हें कभी मुश्किल पड़ी है, गीता ने उन्हें रास्ता दिखाया है...."

....छोटे शिमले से आगे, दो-राहे पर पहुँच कर, नारायण ने सहसा पूछा था, "यहीं कहीं से तो जाता है न रास्ता तुम्हारी केनमोर कॉटेज को ?"

"हाँ, इसी बायें हाथ को, डेढ़-दो फ़र्लांग पर, केनमोर एस्टेट है। उसी में हमारी कॉटेज है।"

"इधर से एक छोटा रास्ता कसुम्पटी बाज़ार में भी तो जा मिलता है ?"

"हाँ !"

"तो चलो, तुम्हारा कमरा भी देख लें और तुम गीता भी अपने कमरे में रख दो। कहाँ इसे उठाये-उठाये कसुम्पटी जाओगे।"

....कमरे में पहुँच कर, नारायण कितनी ही देर गीता के श्लोकों पर निशान लगाता रहा था। फिर चलने से पहले, उसने साथ कमरे की ओर देखते हुए, चेतन से पूछा था — क्या इसी कमरे में बैठ कर वह चन्द्रा को पढ़ाया करता है ?....लेकिन चेतन का उत्तर सुने बिना, वह उस कमरे में चला गया था और मेज़ के परले किनारे की कुर्सी की तरफ़ संकेत कर, उसने कहा था, "पहले उस कुर्सी पर बैठा कर तुम चन्द्रा को पढ़ाते थे न ?"

चेतन ने स्वीकार में सिर हिलाया तो उसने बाहर के दरवाज़े की तरफ़ वाली कुर्सी की ओर संकेत कर पूछा था, "अब चन्द्रा वहाँ बैठती है ?"

स्वीकार में उत्तर पा कर, उसने पिछली ओर की सीढ़ियों पर खुलने वाले दरवाज़े की तरफ़ देखा था — "और वही दरवाज़ा ऊपर पिछवाड़े-से आने वाली सीढ़ियों पर खुलता है, जिसके पीछे छिप कर वे लोग ट्यूटरों की जासूसी करते हैं ?"

चेतन ने फिर स्वीकार में सिर हिलाया तो उसके कमरे को वापस आते हुए; हँस कर नारायण ने कहा था, "तुम बहुत ख़ुशकिस्मत हो, जो इतने महीने उसे यहाँ पढ़ाते रहे और पिटे नहीं।"

"लेकिन इस कोशिश में मेरी जो गत बनी है," चेतन भी हँसा था, "वह तो मैं तुम्हें बता चुका हूँ।"

....कमरे से बाहर निकल कर, नारायण रेलिंग के पास जा खड़ा हुआ था। नीचे केनमोर एस्टेट के घने देवदारों और सामने लेटे पहाड़ की ओर देख कर उसने कहा था, "यह कॉटेज बड़ी सुन्दर जगह बनी है। कमरा भी तुम्हारा बहुत बढ़िया है, यह जगह तो रुल्दू भट्टे के मुकाबले में स्वर्ग है।"

उसने एक-दो बार ऊपर बारजे की ओर देखा था। फिर, जैसे सरसरी तौर पर पूछा था, "क्या लोग घर में नहीं हैं ?"

'लोग' से शायद नारायण का मतलब चन्द्रा से था, लेकिन चेतन ने ध्यान नहीं दिया, उसने कहा, "शायद शिमले की सैर को गये हैं।"

....कसुम्पटी से तीन-चार फ़र्लांग परे, सड़क ढलान पर हो गयी थी। एक मोड़ पर रुक कर, चेतन ने दायीं ओर, घाटी में, निगाह डाली थी। पहाड़ियाँ छोटी हो गयी थीं और बरसात के बाद की गहरी मूँगिया हरियाली से लदी थीं। ऊपर निखरा-धुला आसमान था और डूबते सूरज की पीली-सुनहरी धूप उस हरे रंग को कुछ अजीब-सी आभा प्रदान कर रही थी।

"यार, मैं इतने दिन यहाँ रहा, "चेतन ने लम्बी साँस भर कर कहा था, "एक बार भी तो इधर नहीं आया। यह तो बहुत ही सुन्दर जगह है।"

"क्या कभी लाला हाकिमचन्द या उनके घर वाले भी इधर आते हैं ?" सहसा नारायण ने पूछा था।

"राम का नाम लो," चेतन हँसा था। फ़िर गम्भीर हो कर उसने कहा था, "लेकिन मैं अगर पहले कभी इधर आया होता तो शायद शिमले की सैर को जाना छोड़ देता।"

वह तो नीचे उतरता चला जाना चाहता था, लेकिन नारायण को वापस शिमला भी पहुँचना था। इसलिए वे मुड़े थे। दो-राहे पर, जब चेतन ने विदा लेने के लिए हाथ बढ़ाया था तो उसका हाथ अपने हाथ ही में लिये हुए, अचानक नारायण ने पूछा था, "क्यों यार, यह तुम्हारी चन्द्रा, सुलोचना जैसी है या ज़ुबैदा जैसी ?"

"क्या मतलब ?" चेतन हँसा था।

"फ़िल्मी पर्दे पर आने वाली दो ही हीरोइनें तुम्हें पसन्द हैं।" नारायण ने हँस कर कहा था, "पिछले बरस, मुझे याद है, दोनों की तारीफ़ में तुम ज़मीन-आसमान के कुलाबे मिलाया करते थे। किसी अख़बार से काट कर फ़्रेम करायी, सुलोचना की तस्वीर तुम किसी पनवाड़ी से एक रुपये में ख़रीद लाये थे, यह मैं नहीं भूला और न यही भूला हूँ कि ज़ुबैदा की पहली टॉकी —'आलम आरा' —देखने के लिए तुमने कैसे पापड़ बेले थे। मैं लगातार यही सोच रहा था कि चन्द्रा सुलोचना-सी होगी या ज़ुबैदा जैसी।"

"नहीं," चेतन ने हँसते हुए उत्तर दिया था, "वह न सुलोचना-सी है, न ज़ुबैदा-सी। या कहूँ कि कद उसका ज़ुबैदा-सा है और नाक-नक्शा सुलोचना जैसा, लेकिन मैं ने कहीं पढ़ा था कि नेचर[१] कभी अपने आपको दोहराती नहीं। जब दो फूल एक-जैसे नहीं होते तो दो इन्सान ही कैसे एक-जैसे हो सकते हैं। ज़ुबैदा, ज़ुबैदा है; सुलोचना, सुलोचना; और चन्द्रा, चन्द्रा...."

१. प्रकृति।

और हँसते हुए, उसने नारायण का हाथ हिला कर छोड़ दिया था।

०

....वे दोनों, कसुम्पटी की सैर को जाते हुए, रोज़ चेतन के कमरे में रुक जाते। तीन-चार दिन तक नारायण, गीता के श्लोक चेतन को सुना कर, अपनी समझ के मुताबिक, उनका अर्थ समझाता रहा। शाब्दिक अर्थों के पीछे छिपे गहरे अर्थ बताते हुए, नारायण कर्म-योग का व्यावहारिक पक्ष चेतन के सामने रखता। चेतन अपनी बात कहता। दोनों बहस में तल्लीन हो जाते। समय का ज्ञान न रहता। कसुम्पटी की सैर का वक्त निकल जाता और नारायण वहीं से शिमले को पलट जाता।

तभी एक शाम नारायण ने कहा, "यार, तुम कहते थे कि तुम्हें कमरे में इसलिए बैठने में उलझन हुई कि चन्द्रा अपनी सहेली को ले कर बाहर हुड़दंग मचाती थी और तुम्हें परेशान करती थी; हम यहाँ रोज़ शाम को बैठते हैं, वह तो कभी नीचे भी नहीं उतरी !"

"उसे मालूम है कि मैं शिमले चला जाता हूँ," चेतन ने कहा था, "शायद वह भी शिमले या रमा के पास चली जाती है। उसे पता चल जाये कि मैं यहाँ बैठता हूँ तो वह फिर आ कर मुझे परेशान करने लगे...."

०

....अगले ही दिन, जब वह नारायण के साथ आया था तो चन्द्रा, रमा और गिगलू-पिगलू बाहर खुले में खेल रहे थे। चेतन के साथ किसी अपरिचित को आते देख कर, रमा और चन्द्रा ऊपर भाग गयी थीं और गिगलू-पिगलू वहीं सीढ़ी से लग कर खड़े हो गये थे। उस दिन नारायण ने बड़े विस्तार से गीता के श्लोक चेतन को समझाये थे। बीच में, वह दो-एक बार, थूकने के बहाने, बाहर भी गया था। लेकिन रमा और चन्द्रा फिर नीचे नहीं आयी थीं। जब काफ़ी देर बाद, वे लोग बाहर निकले थे तो अपने पीछे बारजे से उन्हें घण्टियों-जैसी हँसी सुनायी दी थी। नारायण ने पलट कर देखा था तो वे एक बार फिर हँस दी थीं।

"बड़ी शरारती हैं !" चेतन ने कहा था, "ज़रूर ही हमें ले कर उन्होंने कोई मज़ाक किया है।"

देर हो गयी थी, इसलिए नारायण वहीं से वापस हो लिया था। चेतन उसे छोटे शिमले तक छोड़ने गया था। दो-राहे से आगे निकल कर, अचानक नारायण ने पूछा था, "सुनो यार, चन्द्रा की उमर कितनी होगी ?"

"लाला जी तो तेरह-चौदह की बताते हैं, लेकिन मुझे तो ज़्यादा की लगती है।"

"वह मुग्धा और तरुणी, दोनों नायिकाओं के सन्धि-स्थल पर खड़ी है," नारायण ने कहा था, "तुमने जब शुरू में उसका ज़िक्र किया था तो मुझे लगा था, वह मुग्धा है; लेकिन बाद की बातें सुन कर सन्देह हुआ कि नहीं, वह तरुणी है। आज उसे देख कर मेरा सन्देह, यकीन में बदल गया।"

चेतन नायिका-भेद के बारे में कुछ भी नहीं जानता था। वह चुपचाप मुँह-बाये, नारायण की बात सुनता रहा था।

"वात्स्यायन ने काम-सूत्र में, उमर के लिहाज़ से, नायिकाओं याने औरतों को चार श्रेणियों में बाँटा है," नारायण ने समझाया था, "बाला या मुग्धा; तरुणी; युवती और प्रौढ़ा।

शील-स्वभाव के लिहाज़ से भी चार तरह की नारियों का ज़िक्र काम-सूत्र में है —पद्मिनी, चित्रिणी, शंखिनी और हस्तिनी। लेकिन मैं समझता हूँ, सौ फ़ीसदी पद्मिनी और चित्रिणी, शंखिनी या हस्तिनी मुश्किल ही से मिलती है; कब किसी पद्मिनी माँ की बेटी में शंखिनी दादी या चित्रिणी नानी के गुण मिल गये हैं और शील-स्वभाव और शरीरों की बनावट में पेचीदगियाँ आती गयी हैं, नहीं कहा जा सकता। इसी तरह उमर के लिहाज़ से, भले ही कोई नायिका, बाला या मुग्धा हो, लेकिन शरीर असमय में पुष्ट हो जाने से, वह तरुणी-सी चंचल हो उठती है। चन्द्रा ऐसी ही नायिका है।"

नारायण तो वहीं दो-राहे पर खड़ा-खड़ा पूरा नायिका-भेद चेतन को पढ़ा देता, लेकिन काफ़ी देर हो गयी थी।....'रामू खाना कमरे में रख देगा और वह पड़ा-पड़ा ठण्डा हो जायेगा,' चेतन ने सोचा और नारायण का हाथ हिलाते हुए, उसने कहा था, "यार, कल तुम घर से चलते वक्त काम-सूत्र ले लेना, मैं भी ज़रा देख लूँगा। देर हो गयी है, तुम्हें अभी शिमला जाना है और लाला जी के खाने का वक्त हो गया है; अब मैं चलूँगा।"

और उसका हाथ हिला कर, वह चला आया था।

०

....दूसरे ही दिन चेतन ने प्रस्ताव किया था कि कसुम्पटी को जाते हुए, वे कमरे में नहीं रुकेंगे, शायद लड़कियों को उलझन होती है। नारायण घर से चलते समय काम-सूत्र उठा लाया था। दो-राहे पर पहुँच कर उसने कहा था कि किताब कमरे में रखते चलते हैं, लेकिन चेतन ने किताब उससे ले ली थी कि मैं उठा लेता हूँ और उस दिन से वे, शाम को लौटते वक्त, कमरे में बैठने लगे थे।

चेतन का अन्दाज़ा ग़लत नहीं था। उस शाम के बाद चन्द्रा, अपनी सहेली और गिगलू-पिगलू के साथ, रोज़ वहीं खेलने लगी थी। वे लोग कसुम्पटी से लौटते तो बच्चे खेल रहे होते। लेकिन उन्होंने नारायण का नोटिस लेना छोड़ दिया था। वे सड़क से उतर कर आते तो लड़कियाँ एक ओर हट कर, उन्हें रास्ता दे देतीं और कमरे में उनके चले जाने के बाद, तब तक खेलती रहतीं, जब तक बिलकुल अँधेरा न हो जाता....

०

....पिछली शाम दोनों लड़कियों ने फिर वही हरकत की थी, जिसकी वजह से चेतन ने कमरे में बैठना छोड़ दिया था।

नारायण बिहारी के दोहे चेतन को पढ़ा रहा था। वह चन्द्रा की पाठ्य-पुस्तक से बिहारी के दोहे पढ़ता, चेतन कुंजी वाला अर्थ बताता और नारायण ख़ुद जो समझता, चेतन को समझाता। कुंजी वाला अर्थ ठीक होता तो वह आगे बढ़ जाता।

तीसरा या चौथा दोहा था :

मेरी भव बाधा हरौ राधा नागरि सोय
जा तन की झाईं परत स्याम हरित दुति होय

चेतन ने कुंजी का अर्थ पढ़ा —"वह सुन्दर और चतुर राधा इस संसार की मेरी तमाम बाधाएँ दूर करे, जिसके तन की छाया से श्याम भी हरित-द्युति हो जाते हैं। —अर्थात कृष्ण की श्याम आभा भी राधा के गौर-वर्ण से द्युतिमान हो जाती है।"

"कुंजी में इकहरा अर्थ दिया है," नारायण ने कहा था, "दूसरी पंक्ति का एक दूसरा, और ज़्यादा गहरा अर्थ भी होता है। 'हरित' को 'स्याम' के साथ लगाओ तो देखो कि अर्थ कैसे बदल जाता है — स्याम हरित, दुति होय — याने जिसके तन की परछाँई पड़ते ही श्याम — अँधेरा — छँटता है, दुति होय — उजेला होता है।"

"यह तो वाकई सुन्दर और गहरा अर्थ है।"

"अरे भाई, बिहारी की यही ख़ूबी है, कूज़े में दरिया...."

नारायण ने अभी वाक्य भी पूरा न किया था कि चन्द्रा और रमा हँसती-खिलखिलाती हुई, भागती आयीं। रमा जैसे ठोकर खाती-सी जँगले का सहारा ले कर रुकी कि तभी चन्द्रा ने उसे दबोच, बाँहों में भर कर, चूम लिया और खिलखिलाती हुई, एक उड़ती-सी निगाह चेतन पर डाल कर, भाग गयी।

"अब कहो," चेतन ने दबे स्वर में नारायण से कहा था, "इन उदमातियों के चलते, मैं यहाँ किस तरह शान्ति से बैठ कर कोई काम कर सकता हूँ। उस कमरे में बैठ कर उसे पाँच-छै घण्टे पढ़ाने में, मुझ पर कितना स्ट्रेन[१] पड़ता होगा, इसकी भी तुम कल्पना कर सकते हो।"

नारायण ने पाठ्य-पुस्तक को एक ओर रख दिया और हँसा — "बाहर जो भी करें; लेकिन मेरे होते तुम्हें कमरे आ कर कोई परेशान नहीं करेगा। तुम उधर ध्यान नहीं दोगे तो तुम्हारी एकाग्रता भी भंग नहीं होगी।" वह क्षण भर रुका था, फिर उसने कहा, "जिन लोगों को दुनिया में बड़े काम करने होते हैं, वे पहले मन को साधते हैं। उनके गिर्द क्या होता है, इसकी वे चिन्ता नहीं करते और अपने मन की तमाम शक्तियों को वहीं जमाये रखते हैं।"

बोलते-बोलते नारायण खाँसा। जा कर बाहर रेलिंग के पार थूक आया। आ कर उसने ज़रा दबे स्वर में कहा था — तुम कहते थे — बिहारी का काव्य कोरा बुद्धि-विलास है; लेकिन अगर मैं तुमको ऐसी-ही घटना के बारे में उसका एक दोहा सुनाऊँ तो क्या कहोगे! उसने कई बार यथार्थता का बहुत ही सुन्दर चित्रण किया है।"

नारायण आराम से कुर्सी पर पसर गया और उसी दबे स्वर में बोला "चन्द्रा ने जो हरकत की है, वह कोई नयी हो और पहले किसी तरुणी नायिका ने न की हो, ऐसी बात नहीं। महाकवि केशवदास ने इसी घटना का वर्णन अपने एक कवित्त में किया है।"

और नारायण ने, लगभग सरगोशी में गाते हुए, कवित्त पढ़ा था :

"मेरो मुँह चूमे तेरी पूजि साध चूमिवे की
चाटे ओस असु क्यों सिरात प्यास डाढ़े हैं
छोटे कर मेरे कहा छ्वावति छबीली छाती
छ्वावो जा के छ्वइबे को अभिलाष बाढ़े हैं
खेलन जो आयी हो तौ खेलो जैसो खेलियत
'केसोराय' की सौं त ये कौन खेल काढ़े हैं
फूल फूल भेटति है मोहि कहा मेरी भटू

१. ज़ोर।

भेटै किन जाय वे जु भेटिबे को ठाढ़े हैं।''

"यार, यह ब्रज भाषा अपने पल्ले नहीं पड़ती।" चेतन ने कहा था, "अर्थ बताओ।"

मोटे चश्मे के अन्दर, नारायण की आँखों में चमक आ गयी, जिससे उसके चेहरे पर कुछ अजीब-सी जुगुप्सा झलक आयी। "कल्पना करो," उसने कहा, "नायक दूर खड़ा है, नायिका प्यार करना और चूमना तो चाहती है उसे, लेकिन प्यार करती और चूमती है और अपनी सहेली को !....तब सहेली कहती है कि ओस को चाटे से प्यास नहीं बुझती; उसी को जा कर चूम, जिसे चूमने की साध तेरे मन में है। मेरे छोटे हाथों से अपने वक्ष को क्यों छुआती हो, उसी से जा कर छुआओ, जिससे छुआने की अभिलाषा है; खेलने आयी हो तो ढंग का खेल खेलो, यह कैसे नये-नये खेल निकाले हैं; मुझे गलबहियाँ डालने से क्या होगा मेरी सहेली, उन्हें जा कर बाँहों में भरो, जो तुझ से भेंटने को खड़े हैं।"

कवित्त के अर्थ बता कर, जोश से नारायण ने कहा, "केशवदास ने दृश्य का सुन्दर और विस्तृत वर्णन किया है, लेकिन जिस बात को कहने के लिए उस ने आठ पंक्तियों का पूरा कवित्त लिख मारा है, उसी को पूरी व्यंजना के साथ महाकवि बिहारी ने, दो पंक्तियों में सटीक रख दिया है। ज़रा सुनो।"

और नारायण ने बिहारी का एक दोहा सुनाया था :

''वे ठाढ़े उमड़ात उत, जल न बुझै बड़वागि
जाही सों लाग्यौ हियौ, ताही के उर लागि।''

चेतन की समझ में चूँकि पंक्ति का अर्थ नहीं आया, वह मुटर-मुटर नारायण की ओर तकता रह गया था, इसलिए अर्थ समझाते हुए नारायण ने कहा :

"दृश्य वही है। सहेली नायिका से कहती है — वे (याने तेरे प्रिय) उत्कण्ठित (बादल की तरह उमड़े हुए) वहाँ खड़े हैं। समुद्र के जल से समुद्र की आग नहीं बुझती — (याने मुझे प्यार करने से तेरे हृदय-सागर की आग कैसे बुझेगी। मुझ में और तुझ में कोई फ़र्क नहीं। वह तो घनश्याम से ही बुझेगी) मुझे सीने से न लगा, जिससे मन लगा है, उसी की छाती से जा कर लग !"

०

बच्चे कब के ऊपर चले गये थे। नारायण बिहारी के काव्य में डूबा, वापस जाने का ख़याल बिलकुल भूल गया था। चेतन मुग्ध-भाव से उसकी बातें सुन रहा था। तभी सहसा बरामदे पर लाला जी के जूतों की तेज़ 'खट-खट' सुनायी दी।

"कहिए मास्टर जी, सब ठीक-ठाक है !" उन्होंने दरवाज़े ही से कहा था। लेकिन चेतन के साथ नारायण को बैठे देख कर, लाला जी वहीं दरवाज़े में रुक गये थे।

चेतन अपनी जगह खड़ा हो गया था। वह उन्हें नारायण का परिचय देने ही जा रहा था कि — "बैठिए-बैठिए !" नारायण पर एक तेज़ निगाह डाल; और सिर को ज़रा-सा झटका दे कर, वे जैसे आये थे, वैसे ही तेज़-तेज़ चले गये थे।....

(लाला जी की उस भंगिमा में कुछ अजीब-सी उपेक्षा थी, जैसे वे सोच रहे हों — मास्टर जी किस उजबक को लिये बैठे हैं !)

००

कसुम्पटी से दो-राहे तक —इतना लम्बा रास्ता —दोनों मित्र चुपचाप, साथ-साथ चलते आये थे कि सहसा दो-राहे पर ज़रा-सा रुक कर नारायण ने, (उसे वहीं से छुट्टी देने के ख़याल से) पूछा : "तुम तो सात दिन बाद लाहौर चले जाओगे न ?"

चेतन की विचार-धारा टूटी। "हाँ, बस जिस दिन लाला जी ने मुझे मेरी तनख़्वाह के बाकी रुपये दिये," उसने कहा, "मैं बोरिया-बिस्तर बाँधना शुरू कर दूँगा।"

"फिर अगले साल भी आओगे ?"

चेतन को लगा, जैसे उस प्रश्न पीछे नारायण का मन नहीं है। यूँही कुछ बात करने को उसने यह औपचारिक प्रश्न पूछ लिया है। लेकिन चेतन ने ऐसे उत्तर देना शुरू किया, जैसे नारायण ने कोई बहुत गम्भीर बात पूछी हो :

"अरे यार, दो साल ही शिमले ही ठण्डी हवाओं के मज़े ले लिये, यही क्या कम है ! कविराज रामदास या लाला हाकिमचन्द से तो उम्मीद नहीं कि अगले बरस मुझे साथ लायेंगे, कोई तीसरा सख़ी दाता मिले तो बात दूसरी है, लेकिन अपने ऐसे भाग कहाँ ! फिर मुझे तो जाते ही लॉ कॉलेज में दाख़िला ले लेना है; लगता नहीं, अब फिर कभी इधर आना होगा !"

चेतन ने लम्बी साँस ली। फिर हँस कर उसने कहा, "तुम सर्दियों में लाहौर आना। पहाड़ों की यह ख़ूबसूरती और घाटियों का यह आकर्षण तो वहाँ नहीं, लेकिन रौनक के लिहाज़ से तो लाहौर पंजाब का पैरिस कहलाता है।"

मगर 'पंजाब के पैरिस' में नारायण को वैसी दिलचस्पी नहीं थी। अनमाने भाव से, विदा लेने के लिए हाथ बढ़ाते हुए, नारायण ने कहा, "देखो, अगर घर न गया तो...."

चेतन ने उसका हाथ अपने हाथ में ले कर कदम बढ़ाते हुए कहा, "चलो, तुम्हें छोटे शिमले तक छोड़ आता हूँ !"

नारायण ने प्रतिवाद नहीं किया। चुपचाप चल दिया। दोनों में फिर कोई बात नहीं हुई।

o

चेतन के दिमाग़ में फिर वही प्रश्न गूँजा।....नारायण शिमले से चला था तो लगातार कसुम्पटी तक चहकता रहा था। संस्कृत कवियों, उर्दू शायरों और बिहारी के अन्य समकालीनों की समानार्थी रचनाएँ सुना कर, वह उनसे बिहारी के दोहों का मुकाबला करता हुआ —बिहारी के शब्द-चयन, थोड़े शब्दों में बड़ी और गहरी बात कहने, दो ही पंक्तियों में अनेक अर्थ भर देने और विषय को बेहतर ढंग से रखने की कला का बखान करता आया था। बस, ज्यों ही चेतन ने केनमोर कॉटिज को जाने से उसे रोक दिया था, वह चुप हो गया था।....'यकीनन इसका ख़याल है,' चेतन ने सोचा, 'कि लाला जी ने इस सिलसिले में मुझ से कुछ कहा है। मैं इसे कैसे बताऊँ कि लाला जी ने नहीं, चन्द्रा ने वहाँ रोज़ इसके बैठने पर एतराज़ किया है।'

और नारायण के साथ चुपचाप चलते हुए, चेतन के दिमाग़ में, चन्द्रा के साथ होने वाली बातचीत घूम गयी।

o

सुबह चन्द्रा के आने के बाद, चेतन अपनी कुर्सी पर जा कर बैठा था तो इससे पहले कि वह उसे पढ़ाना शुरू करता, नाक-भौं चढ़ाते हुए चन्द्रा ने कहा था, "मास्टर जी, यह आपने किस चीमड़ को अपने पीछे लगा लिया है !"

"चीमड़ !" एकाएकी चेतन उसका संकेत नहीं समझ पाया था !

"यही, जो रोज़ आपके साथ आ कर घण्टों बैठता है।"

चेतन मन-ही-मन हँसा था। क्या दिलचस्प नाम दिया था, उस चंचल और शोख़ लड़की ने नारायण को —चीमड़ ! लेकिन प्रकट थोड़ा नाराज़ हो कर, उसने कहा था :

"तुम्हारे मुँह में जो आता है, बिना सोचे-समझे बक देती हो। वह नारायण है। कहने को तो एक सरकारी दफ़्तर में महज़ सीनियर क्लर्क है, लेकिन बड़ा ब्रिलियेण्ट और विद्वान है। जाने कितना-कुछ उसने पढ़ रखा है। गीता पर तो उसका ख़ास अधिकार है। जितने महत्वपूर्ण श्लोक हैं —सब उसे ज़बानी याद हैं और उनकी जो व्याख्या वह करता है, सुनकर दाद देनी पड़ती है।"

"तो क्या आजकल आप गीता पढ़ने लगे हैं!"

चन्द्रा स्वर में जो प्रच्छन्न व्यंग्य था, चेतन ने उस पर ध्यान नहीं दिया। बिना उसकी ओर देखे, सहज भाव से उसने कहा :

"गीता! तो मैं ने पहले दो-एक बार पढ़ी है, श्लोकों के अर्थ मुझे आते हैं, लेकिन कई बार मुझे लगता था कि ये सब आदर्श की बातें हैं —ज़िन्दगी में नहीं उतारी जा सकतीं।....गीता में लिखा है कि आदमी को फलाफल की चिन्ता छोड़ कर, निष्काम कर्म करना चाहिए। कई बार मैं ने यह सूत्र मन-ही-मन दोहराया है, लेकिन इसे जान लेने के बावजूद, आम ज़िन्दगी में ऐसा करना मुझे सम्भव नहीं लगा। मैं हमेशा यह सोचता रहा हूँ कि ज़िन्दगी से लाभ-हानि की चिन्ता —याने सफलता की कामना ही निकल जाये तो किसी काम को सिरे चढ़ाने में आदमी का सारा उत्साह ही ख़त्म हो जाये और वह सिर-तोड़ कोशिश करने के बदले, हाथ-पर-हाथ धर कर बैठ जाये।....मैं यही समझता रहा हूँ कि कामना ही ज़िन्दगी की प्रेरणा-शक्ति है। सफलता में सुख न पाना और असफलता में दुखी न होना कैसे मुमकिन है ? निरपेक्ष आदमी अपने बाल-बच्चों के लिए कैसे खट सकता है, कैसे उन्हें प्यार दे सकता है या पा सकता है ?"

वह क्षण भर को रुका। उसने चन्द्रा से आँखें नहीं मिलायीं, लेकिन उसने जान लिया कि वह उसकी बात ध्यान से सुन रही है। वह फिर बोला :

"मैंने नारायण के सामने अपनी शंका रखी थी। उसने मुझे मिनटों में इस तरह बात समझा दी कि लगा —हाँ, प्रैक्टिस से ऐसा हो सकता है। उसने मुझे समझाया : आदमी अगर दिन में किसी वक्त भी, पाँच मिनट के लिए यह सोच ले कि यह जो मेरा सुन्दर जवान बेटा है, यह जो प्यारी पत्नी है, यह जो मेरा मकान या धन-दौलत है —हो सकता है, ये किसी दिन चले जायें, क्योंकि ये सब नाशवान हैं, तब यह विचार, बिना उसके जाने, अपने-आप उसकी सोच का अंग बन जायेगा। अब चूँकि वह रोज़ यही सोचता है, इसलिए अगर सचमुच एक दिन उसके सामने उसका जवान बेटा या बीवी मर जाये, उसका मकान ढह जाये या धन चोरी चला जाये तो उसे उतना झटका नहीं लगेगा, न उतना दुख होगा,

जितना किसी ऐसे आदमी को जिसने गीता तो पढ़ी हो, लेकिन उसमें लिखी गयी इस बात को अपनी सोच का हिस्सा न बनाया हो।....नारायण के समझाने पर मुझे लगा —हाँ, ऐसा हो सकता है। आदमी निरपेक्ष रह कर भी सब काम कर सकता है।"

चेतन रुका नहीं, यह जान कर कि उसकी बात का प्रभाव पड़ रहा है, वह अपनी रौ में बोलता चला गया :

"गीता में कृष्ण अर्जुन से कहते है कि हे धनंजय —अर्जुन —मेरे सिवा कोई दूसरी चीज़ दुनिया में नहीं है। यह सारा जगत, धागे में पिरोये हुए मनकों की तरह, मुझ में ही गुँथा है।....मैं ने अपनी माँ और दादा से दसियों बार सुना है कि दुनिया में सब कुछ, जो हमें दिखायी देता है, उसी ब्रह्म का रूप है। भगवान की माया से ही यह अलग-अलग दिखायी देता है। लेकिन मेरी समझ में कभी यह नहीं आया कि यह कैसे हो सकता है ? —कोई कहे कि मैं, तुम, यह कुर्सी, यह मेज़, यह साइड-टेबल, बाहर दिखाई देता जँगला, वो केलू के पेड़ और पहाड़ —सब दरअसल एक है तो क्या तुम मान लोगी ? मैं ने यही शंका नारायण के सामने रखी। उसने मुझे मिसाल दे कर ऐसे समझा दिया कि लगा —हाँ, ऐसा हो सकता है। उसने कहा —सोने का डला जब कुठाली में पड़ता है तो पिघल कर पानी हो जाता है, उसका रूप बदल जाता है; लेकिन रहता तो वह हकीकत में सोना ही है। फिर वह ठण्डा हो कर, ईंट की तरह ठोस हो जाता है। तब सुनार उसके तरह-तरह के गहने बना देता है और वो अलग-अलग नामों से जाने जाते हैं —चौंक, सिंगार-पट्टी, बुन्दे, बालियाँ, बाज़ू-बन्द, गोखरू, चूड़ियाँ —लेकिन होते तो वे सोना ही हैं। इसी तरह यह पृथ्वी, यह जल, यह आग, यह हवा, यह आकाश, पेड़-पौधे, मनुष्य और पशु —ये सब, अलग नाम-रूप वाले उसी ब्रह्म...."

चेतन धारा-प्रवाह बोले जा रहा था कि अचानक उसकी नज़र चन्द्रा पर चली गयी। वह मेज़ पर ज़रा-सा आगे को झुकी, सिर किंचित टेढ़ा किये, होंट ज़रा-से खोले, मुग्ध भाव से उसकी ओर देख रही थी। चेतन को लगा, शायद अजाने ही उस पर प्रभाव जमाने के लिए, वह भाषण देने लगा है। —मन में यह ख़याल आते ही, उसके भाषण का प्रवाह टूट गया। उसे भूल ही गया कि आगे वह क्या कहने जा रहा था। अपनी आवाज़ को कद्रे संयत कर, यथासम्भव सहज स्वर में, उसने कहा :

"पिछले दिनों, मैं नारायण की संगति में, गीता को जितना समझ पाया हूँ, पहले नहीं समझ पाया। धर्म-शास्त्रों ही की बात नहीं, दुनिया-जहान की किताबें नारायण ने पढ़ रखी हैं। कोई भी विषय हो, पूरे तर्क और प्रमाण के साथ वह बात कर सकता है। वह बहुत विद्वान आदमी है।"

बातों का प्रवाह रुक जाने से, चन्द्रा फिर सीधी हो कर बैठ गयी थी। चेतन चुप हो गया तो होंट ज़रा-से बिदोर कर, उसने उपेक्षा से सिर्फ़ इतना कहा —"होंगे विद्वान, लेकिन हैं चीमड़ और नदीदे!"

चेतन खीझ गया। लेकिन ग़ुस्से को बरबस दबा कर, अपनी बात पर ज़ोर देते हुए उसने कहा, "हाँ, शक्ल से नारायण इम्प्रेसिव[१] नहीं लगता, लेकिन अंग्रेज़ी में एक कहावत

१. प्रभावशाली।

है —ऑल दैट ग्लिटर्ज़ इज़ नॉट गोल्ड —याने वह सब, जो चमकता है, सोना नहीं होता। इसका उलट भी सही है —जो देखने में चीमड़ लगता है, वह अन्दर से पक्का-पुख़्ता भी हो सकता है।"

चन्द्रा ने कोई जवाब नहीं दिया। उसकी ओर देखती हुई, वह चुपचाप मुस्कराती रही। चेतन ने उसकी मुस्कान देख ली। बिना उससे आँख मिलाये, उसने कहा, "तुम ने उसे नदीदा कैसे कह दिया ? वह बहुत ही सात्विक और ऊँचे कैरेक्टर का आदमी है। मैं कमज़ोर हूँ, और मेरी कमज़ोरी तुमसे छिपी भी नहीं। लेकिन नारायण मज़बूत कैरेक्टर का है। इतनी बार हम माल से गुज़रे हैं, इतनी सुन्दर औरतें वहाँ सैर करती हैं; इतने लोग, स्कैण्डल पायण्ट पर खड़े हो कर, उन पर आवाज़ें और फब्तियाँ कसते हैं, लेकिन कोई ऐसी हरकत करना तो दूर रहा, मैं ने कभी नारायण को औरतों की तरफ़ घूरते हुए भी नहीं पाया।"

"आप न घूरते होंगे, मैं यह मान सकती हूँ," चन्द्रा ने मुस्कराते हुए कहा, "लेकिन आपका यह चीमड़ साथी भी ऐसा करता होगा, मैं यह नहीं मानती। रमा का भी यही ख़याल है। पिछले दिनों, जब-जब हम उसके सामने पड़ी हैं, हमने उसकी आँखों में नदीदापन देखा है।"

चेतन उससे बहस में नहीं उलझना चाहता था। उस दिन के बाद —जब वह एकदम उसके निकट आ गयी थी और फिर ख़ुद ही तन कर परे हो गयी थी —उनमें जो दूरी आ गयी थी, चेतन उसे बराबर बनाये रखना चाहता था। उससे बहस में उलझना, उस दूरी को कम करने के बराबर था। इसलिए चेतन ने बिना उससे आँख मिलाये, एकदम सामने शून्य में देखते हुए, निहायत ठण्डेपन, लेकिन हल्के-से क्रोध-भरे स्वर में कहा, "तुम लोगों ने उसकी तरफ़ देखा होगा, तभी तुम्हें उसकी आँखों में नदीदापन लगा होगा!"

"हाय मास्टर जी, हमने कब उसकी तरफ़ देखा! वही बाहर निकल-निकल कर हमें नदीदेपन से घूरता है।"

"ठीक है, मैं उसे यहाँ लाना बन्द कर दूँगा!" चेतन ने चिढ़ कर कहा था, "अब तुम पढ़ने में ध्यान लगाओ और बेकार की बातें मत करो।"

बिना उसे एक भी बात और करने का मौका दिये, वह उसे पढ़ाने लगा था।

००

नारायण का हाथ थामे, छोटे शिमले को जाते हुए, चेतन के कानों में चन्द्रा के शब्द गूँज गये — चीमड़ और नदीदा! उसने चोर आँख से नारायण की ओर देखा — वही चेचक-मारा चेहरा; छिदरी मूँछें; ऐनक के मोटे शीशों के पीछे से झाँकती, वही छोटी आँखें; खादी के कमीज़-पायजामे पर मोटी पट्टी का, बन्द गले वाला, कोट (जिसका कॉलर ऊपरी किनारे पर मैला हो गया था) उसी पट्टी की गान्धी टोपी (जिसके निचले किनारों पर मैल की लकीर बन गयी थी) —इस सरापे के साथ कोई रोमानी कल्पना करना चेतन को मुश्किल लगता था। उसे विश्वास न होता था कि चन्द्रा के इल्ज़ाम में कोई सच्चाई है।

'इन सुन्दर लड़कियों को यही भ्रम रहता है कि सारी दुनिया उन्हें घूर रही है,' चेतन ने मन-ही-मन कहा, 'हो सकता है, नारायण यूँ ही बाहर निकला हो और उन पर उसकी

नज़र पड़ गयी हो।'....

....'कहीं यह तो नहीं कि मुझे उलझाने के लिए, उस शोख़ लड़की ने यह तरकीब निकाली हो,' चेतन ने सोचा, 'उस खिलन्दरी के लिए कुछ भी सम्भव है।....यह हो सकता है, उन लड़कियों को नारायण का वहाँ रोज़ उसके साथ बैठना ही खला हो।'....

....'वे अगर समझती हैं कि नारायण को वे भगा देंगी तो मैं अकेला उस कमरे में बैठूँगा और वे उदमातियाँ जैसे चाहें, मुझे परेशान करेंगी, तब वे ग़लत सोचती हैं। नारायण के बिना, मैं एक शाम भी वहाँ नहीं गुज़ारूँगा....'

'लेकिन अगर चन्द्रा की बात ग़लत है तो नारायण चुप क्यों है ?' चेतन की सोच ने फिर पलटा खाया — 'इतना लम्बा रास्ता हम तय कर आये हैं और इसने एक बात भी नहीं की। ज़रूर ही इसके मन में चोर है!....लेकिन जब वह इतना पढ़ा-लिखा और ज्ञानी है; जब वह दूसरों के मन का चोर बता सकता है; ख़ुद मुझे रास्ता दिखा सकता है तो अपने मन के चोर को नहीं पहचान सकता ?....सूरत-शक्ल और सरापे से क्या होता है....यह तो दिल का मामला है....दस बरसों से बेचारा, अकेला ज़िन्दगी जी रहा है। मन बहुत परेशान होता होगा तो अध्यात्म में राहत पाता होगा और अध्यात्म से ऊबता होगा तो काम-सूत्र और शृंगारी कवियों की रचनाओं से मन बहलाता होगा....'

चेतन को लगा कि चन्द्रा की बातों में ज़रूर सच्चाई होगी। मर्द की आँखों का मैल, औरत की आँखों से छिपा नहीं रहता। वह उसके मन की बात सहज ज्ञान से जान लेती है —बिलकुल उसी तरह जैसे पशु-पक्षी हमारे दिल की बात जान लेते हैं। रास्ते में मुर्ग़ी दाना चुग रही हो और आप सोचें कि उसे पकड़ लें तो इससे पहले कि आप कदम उठायें, वह भाग जायेगी।....पिछले हफ़्ते-डेढ़ हफ़्ते पर चेतन ने निगाह दौड़ायी तो उसे लगा कि ज़रूर नारायण के मन में कुछ वैसा रहा है, वरना जब वह ख़ुद कमरे में नहीं बैठना चाहता था, नारायण उसे बातों में उलझा कर, रोज़ वहाँ बैठकी जमाना न शुरू कर देता।....

कल तक चेतन को वह सब गप-शड़ाका नितान्त सहज लगता था, लेकिन चन्द्रा की एक बात ने उसे नथो दृष्टि दे दी। उसे लगा —अपने तमाम अध्यात्म और ज्ञान के बावजूद, कितना भी कम क्यों न हो, नारायण के मन में ज़रूर कहीं चोर रहा है। बातें वह भले ही चेतन से करता रहा हो, पर कान उसके, हमेशा चन्द्रा की आवाज़ पर लगे रहते होंगे; वह उसे एक नज़र देखने को लालायित रहता होगा; बहाने से बाहर जाता होगा, वे खेलती दिखायी देती होंगी तो ज़रूर घूरता होगा।....

चेतन ने फिर एक बार नारायण पर चोर-निगाह डाली। उस विधुर के लिए कुछ अव्यक्त-सी दया उसके मन में उमड़ आयी। फिर वह मन-ही-मन व्यंग्य से मुस्कराया और उसके दिमाग़ में 'ग़ालिब' का एक शे'र गूँज गया :

ज़िक्र उस परी-वश[१] का और फिर बयाँ अपना
हो गया रक़ीब[२] आख़िर था जो राज़दाँ[३] अपना

○○

१. परी जैसी।
२. प्रतिद्वन्द्वी।
३. भेद का साथी, मित्र।

"यार, कल से हम किसी दूसरी तरफ़ सैर को जायेंगे।" छोटे शिमले का बाज़ार पार कर, शिमले को जाने वाली मुख्य सड़क पर आ कर, नारायण का हाथ हिलाते हुए चेतन ने कहा।

नारायण कुछ क्षण, मुँह-बाये, उसे देखता रहा। फिर उसने कहा, "क्यों, कुछ बात हुई है ? किसी ने कमरे में मेरे बैठने पर एतराज़ किया है ?"

चेतन का जी हुआ, हँसी-हँसी में चन्द्रा की अपत्ति का संकेत दे दे। लेकिन नारायण को तकलीफ़ पहुँचाना उसे स्वीकार नहीं हुआ।

"नहीं, वैसा कोई बात नहीं," उसने कहा, "दरअसल अब शिमले में मेरा समय ख़त्म हो रहा है। इन दो बरसों में इर्द-गिर्द की जो बस्तियाँ मैंने नहीं देखीं, मैं चाहता हूँ, बाकी सात-दस दिनों में देख लूँ। जाने फिर कभी यहाँ आना नसीब होता है या नहीं।"

"तुम कुछ छिपा रहे हो।" नारायण ने कहा।

"नहीं, बात तो कोई वैसी नहीं हुई," चेतन ने कहा, "लेकिन किसी को बात करने का मौका मिले, यह मैं नहीं चाहता। लाला जी रात, जैसे अचानक आये और चले गये, मुझे अच्छा नहीं लगा। शायद हमारा देर-देर तक बैठना, उन्हें पसन्द नहीं; लेकिन अपने वक्त में किसी तरह बँध के रहना, मुझे भी पसन्द नहीं।"

उसको चेतन की बात का यकीन आया या नहीं, उसके चेहरे से चेतन नहीं जान सका। नारायण उसकी तरफ़ क्षण भर एक टक देखता रहा, फिर बोला, "ठीक है, कल भराड़ी की तरफ़ चलेंगे।"

और बे-दिली से उसका हाथ हिला कर, वह शिमले की तरफ़ चल दिया।

चेतन कुछ क्षण वहीं खड़ा, उसे सिर झुकाये, जाते देखता रहा। फिर वह मुड़ा और तेज़-तेज़, ढालुवें बाज़ार में नीचे को बढ़ चला।

o

अपने कमरे में पहुँच कर चेतन कपड़े बदल रहा था, पतलून उसने आधी उतार ली थी कि लाला जी आ गये।

"कहिए मास्टर जी, सैर कर आये ?"

"जी!" चेतन क्षण भर उसी हालत में खड़ा रहा। फिर उसने कमीज़ दोबारा अन्दर कर पतलून पहन ली।

"मास्टर जी, कल से आप दोपहर बाद चन्द्रा को अपने ही कमरे में पढ़ाइएगा।"

चेतन चुपचाप उनकी ओर देखता रहा कि वे आगे क्या कहते हैं।

"बात यह है कि कल पिता जी शिमला पहुँच रहे हैं।" लाला जी ने कहा, "कल शाम, मैं आपको यही बताने आया था। कमरे तो ऊपर हमार पास सिर्फ़ दो हैं। उन्हें दोपहर को आराम करने की आदत है। सुबह आप चन्द्रा को उसी कमरे में पढ़ा दिया कीजिए। दोपहर को सुक्खू वहाँ दरवाज़े के पास चारपाई लगा देगा और वे आराम कर लिया करेंगे। वह कुर्सी इधर आ जायेगी और आप चन्द्रा को दोपहर बाद यहीं पढ़ा दिया कीजिए। अब तो हफ़्ता-डेढ़ हफ़्ता ही आप यहाँ हैं; उम्मीद है, आपको दिक्कत नहीं होगी।"

"नहीं जी, दिक्कत कैसी, मैं यहीं पढ़ा दिया करूँगा।"

लाला जी वापस जाने लगे। फिर मुड़ कर उन्होंने का, "मैंने सुना है, शाम को आपके कोई दोस्त आते हैं और आप घण्टों उनके साथ यहाँ बैठते हैं। अब कुछ दिन के लिए उन्हें भी टाल दीजिएगा।"

"जी, यूँ तो वे बहुत विद्वान आदमी हैं; उन्हें शास्त्रों का बहुत ज्ञान है; अध्यात्म में भी उनकी गहरी पैठ है; पिता जी को उनके साथ बातें करने में रस मिलता; लेकिन चन्द्रा ने आज कहा था, बच्चों को कुछ उलझन होती है, मैंने आज से उन्हें यहाँ लाना बन्द कर दिया है।"

लाला जी, आश्वस्त हो कर, मुड़े। तब चेतन ने दबी ज़बान से कहा, "आप कर सकें लाला जी, तो मेरी तनख़्वाह के बाकी अस्सी रुपये, आप मुझे पहली को दिलवा दें। मैं दस दिन बाद चला जाऊँगा। दो-तीन दिन मुझे जालन्धर भी लगेंगे। लाहौर जाते ही मुझे लॉ कॉलेज में दाख़िले की फ़ीस देनी होगी।...."

"ठीक है, उसका इन्तज़ाम हो जायेगा।"

और लाला जी 'खट-खट' करते चले गये।

'चन्द्रा के दादा आ रहे हैं,' चेतन ने सोचा, 'यह बहुत अच्छी बात है। उनकी मौजूदगी में चन्द्रा किसी तरह उद्दण्डता न कर सकेगी और मेरे बाकी दिन आराम से गुज़र जायेंगे।'

उसने कपड़े बदले, सुख की साँस ली और बिस्तर पर लेट गया।

पच्चीस

चेतन अपने कमरे में आया तो सबसे पहले उस की नज़र खाने की थाली पर गयी — दूसरी उल्टी थाली से ढँकी और वैसी ही अन-छुई, वह उसी तरह मेज़ पर रखी थी, जैसे कि वह उसे छोड़ गया था।....

०

पिछले आध घण्टे में चेतन, जैसे तलवार की धार पर चल आया था; अपने हवास को कायम रखने में उसके दिल-दिमाग़ पर जितना ज़ोर पड़ गया था; आशंका, भय, अपमान, क्रोध, विवशता-भरी-निडरता और चतुराई — और अन्त में रिहाई — वह एक साथ, जिन मनोभावों से हो कर गुज़रा था — उन सब से उसकी भूख यकसर ग़ायब हो गयी थी। लेकिन अपने कमरे में पहुँच कर, थाली पर निगाह पड़ते ही, वह फिर चमक आयी। उसने सोचा — खाना खा ले! लेकिन दूसरे ही क्षण उसने तय किया कि नहीं, वह खाना नहीं खायेगा।....सच्ची बात बेझिझक कह कर, उसने लाला हाकिमचन्द, उनकी पत्नी और पिता — तीनों को घपले में डाल, उनकी ग़लती का जो एहसास उन्हें कराया है, रात भर भूखा रह कर, वह उसे दुगुना कर देगा....

....उसे ऊपर बुलाने से पहले, बहाने से, लाला हाकिमचन्द ने जैसे उससे अस्सी रुपये मँगा लिये थे, चेतन को उसका बेहद ग़ुस्सा था।

'सालो! अगर मैंने तुम्हारी लड़की के साथ कुछ ऐसा-वैसा किया होता,' उसने मन-ही-मन उन तीनों को एक साथ सम्बोधित करते हुए कहा, 'तो मेरे अस्सी रुपये मार लेने से कैसे उसका बदला चुक जाता!' वह अतीव उपेक्षा से मन-ही-मन हँसा, 'लेकिन हैं तो साले आख़िर क्लर्क-पेशा ही! इससे ज़्यादा कुछ सोच ही नहीं सके। यह नहीं जानते कि मैं कोई धोती परशाद पण्डित नहीं, जो अपमान सह कर, चार महीने की तनख़्वाह गँवा, दुम दबा कर भाग जाऊँगा। एक रात की बात क्या, मुझे हफ़्ता भर भी भूख-हड़ताल करनी पड़े तो करूँगा। जो भी हो, जैसे भी हो —बिना अपने पैसे लिये, यहाँ से नहीं टलूँगा।'

और उसने पलट कर दरवाज़ा बन्द किया, कपड़े बदले, बत्ती बुझायी और बिस्तर पर दराज़ हो गया।

....चन्द्रा के दादा आ रहे हैं, यह ख़बर सुन कर वह कितना ख़ुश हुआ था!....उसने सोचा था कि अपने दादा की मौजूदगी में चन्द्रा किसी तरह की उच्छृंखलता न करेगी; शिमले में उसके जो सात-दस दिन शेष रह गये हैं, वे किसी दुर्घटना के बिना, आराम से कट जायेंगे और वह ख़ुश-ख़ुश, लाहौर वापस चला जायेगा।....वह क्या जानता था कि इतनी बचा-बचा कर रखी हुई उसकी प्रतिष्ठा पर, ऐन आख़िरी दिन, वही बुढ़ऊ पानी फेर देने का षडयन्त्र करेंगे!

चेतन ने लिहाफ़ को अच्छी तरह ओढ़ लिया। सर्दी बढ़ गयी थी। जाने कहाँ से उसकी कमर को ठण्ड लग रही थी। करवट बदल कर, उसने लिहाफ़ को अच्छी तरह कन्धे के नीचे किया। लिहाफ़ ही के अन्दर, टाँगें ज़रा उठा कर, पहले दायें और फिर बायें, झटका दे कर उसने रज़ाई दोनों तरफ़ टाँगों के नीचे की। फिर वह सीधा हो कर लेट गया।

००

उसके सामने चन्द्रा के दादा की सूरत घूम गयी —मँझला कद; भरा-भरा, दोहरा शरीर; कद्रे झुर्रियों-भरा चेहरा (जो कभी गोल रहा होगा, अब बुढ़ापे के कारण, ढलक कर चौड़ा दिखायी देता था); रंग, जो कभी लाला हाकिमचन्द ही की तरह गेहुआँ होगा, अब सँवला गया था; नंगा सिर; कैंची से बहुत छोटे कटे, खिचड़ी बाल; गंजेपन की आमद के कारण, आधी खोपड़ी-तक पहुँचता हुआ चौड़ा माथा —हफ़्ता भर पहले लाला हाकिमचन्द उन्हें ले कर, उनके आराम की व्यवस्था करने, नीचे आये थे। चेतन तत्काल कुर्सी से उठ गया था और उसने दादा को हाथ जोड़ कर 'नमस्ते' की थी।

लेकिन उसकी 'नमस्ते' का जवाब देना भूल कर, वे एक टक उसकी ओर देखते रहे थे —जब से हवा में ठण्डक बढ़ गयी थी, चेतन कमीज़-पतलून पर स्वेटर और कभी पूरा सूट पहन कर, पढ़ाने बैठता था। बाल उसके लम्बे और घुँघराले थे!....दादा की आँखों में उसे वही सन्देह दिखायी दिया था, जो शुरू-शुरू में लाला जी के क्लर्कों और मित्रों की आँखों में उसे नज़र आता था। उस सन्देह को देख कर, उस क्षण चेतन के कानों में लालाजी के क्लर्कों की वह फुसफुसाहट-भरी फब्ती गूँज गयी थी कि लाला जी ने ट्यूटर रखा है या दामाद! और उसे लगा था कि कुछ उसी तरह की बात, उसे देख कर, दादा के दिमाग़

में आ रही है।

उसने विनम्रता से आँखें झुका ली थीं। दादा कुछ क्षण चन्द्रा से उसकी पढ़ाई के बारे में पूछते रहे थे। फिर लाला जी, दोपहर को उनके सोने की जगह उन्हें दिखा कर, उन्हें साथ ही ले गये थे।

०

दादा के आगमन की ख़बर सुन कर ही, चेतन ने अपना कार्यक्रम बना लिया था। उसने तय किया था कि सात-दस दिन, जो शिमला में उसकी ट्यूशन के शेष रह गये हैं, उनमें वह चन्द्रा को इतिहास का रिवीज़न करायेगा। चन्द्रा के दादा अध्यापक थे। ज़रूर खुच्चड़ी होंगे! —जाने क्यों, लाला हाकिमचन्द की कार्य-कुशलता को देख कर, चेतन को इस बात का यकीन था कि उनके पिता, न सिर्फ़ अनुशासन के कायल होंगे, बल्कि हर बात में मीन-मेख़ भी निकालते होंगे। यही ग़नीमत था कि लाला जी की तरह हिन्दी उन्हें भी बिलकुल नहीं आती थी। चन्द्रा को वह इतिहास की पुस्तक एक बार पहले भी रिवाइज़ करा चुका था और उसे विश्वास था कि यदि वे मीन-मेख़ निकालने वाले हुए, तो भी वे उसके पढ़ाने में कोई दोष न निकाल सकेंगे।

पहली ही दोपहर को, जब चन्द्रा के कमरे से चेतन की कुर्सी हटा कर, दोनों कमरों को मिलाने वाले दरवाज़े के पारा ही, दादा की चारपाई बिछा दी गयी थी तो चन्द्रा को पढ़ाना शुरू करने से पहले, चेतन ने सरसरी तौर पर पूछा था —"दादा जी, मैं चन्द्रा को यहाँ पढ़ा रहा हूँ, आपकी नींद डिस्टर्ब हो तो मैं बीच का दरवाज़ा लगा दूँ।"

चन्द्रा के दादा ने उन्हीं गहरी, सन्देह-भरी आँखों से उसे देखा था, जो मानो कह रही थीं —बच्चू, तू अपने आपको बहुत चालाक लगाता है, दरवाज़ा भिड़ा कर, पढ़ाने के बदले, लड़की के साथ मीठी-मीठी बातें करेगा। हाकिमचन्द तो मूर्ख है। मैं तेरे-जैसे लफ़ंगों को ख़ूब समझता हूँ, पिछले तीस बरसों से स्कूल में तुझ जैसे बछेड़ों को ही चराता रहा हूँ। —लेकिन प्रकट उन्होंने यही कहा, "नहीं, मैं दोपहर को सोता नहीं, सिर्फ़ पीठ सीधी करता हूँ, तुम दरवाज़ा खुला रहने दो!"

चेतन अपनी कुर्सी पर ही बैठा था। चन्द्रा की कुर्सी उसके दायें हाथ पर ऐसे रखी थी कि दादा की ओर उसकी पीठ हो जाती थी। लेकिन अपनी चारपाई पर लेटे हुए, वे चेतन की हर गति-विधि पर नज़र रख सकते थे। चेतन भी, चाहे तो, ज़रा-सा सिर घुमा कर, उन्हें सोये (या जागते) देख सकता था।

जैसा कि उसने तय किया था, बिना इधर-उधर की बात किये, वह चन्द्रा को पढ़ाने लगा था। बीच में ज़रा-सा सिर मोड़ कर, उसने दो-एक बार दादा की ओर कनखियों से देखा था। वे सोने का बहाना कर, आँखों की बारीक-सी झिरी से उसकी ओर देख रहे थे। उससे निगाहें मिलते ही, उन्होंने आँखों की वह झिरी बन्द कर ली थी।....

'स्साला!' चेतन ने मन-ही-मन हँस कर कहा था, 'अब अपनी पोती की चौकीदारी करने आया है। पहले आया होता तो तुझे कुछ कामयाबी भी मिलती। अब मैं थोड़े ही तुझे पकड़ाई दूँगा ?'....

और इन पिछले सात दिनों में वह एकदम पत्थर बना, चन्द्रा को पढ़ाता रहा था।

दादा के शिमला आने के बाद चेतन ने दोपहर को आराम करना लगभग छोड़ दिया था। उसे दोपहर का खाना खिला कर सुक्खू दूसरे कमरे में, दादा की चारपाई, दरवाज़े के पास बिछा देता था। चेतन खाना खा कर लेटता तो बजाय एक घण्टा पूरा आराम करने के, आध घण्टे बाद ही उठ बैठता। पहले चन्द्रा दूसरे कमरे में बैठती थी, चेतन अपने कमरे में मज़े से लेटा रहता। लेकिन अब वह उसके कमरे में आती थी और चेतन नहीं चाहता था कि चन्द्रा आये तो वह या उसके दादा, उसे सोया हुआ पायें। वह उसके आने के पन्द्रह मिनट पहले ही उठ कर, तैयार हो, कुर्सी पर आ बैठता था और यूँ ही कोई पत्र-पत्रिका देखने लगता था।

दादा प्राय: चन्द्रा के साथ ही नीचे उतरते थे। वे अपनी चारपाई पर जा कर लेट जाते थे, चन्द्रा उसकी कुर्सी की दायीं ओर आ कर बैठ जाती थी और चेतन बिना एक भी बात किये, उसे पढ़ाने लगता था।

०

लेकिन अपनी ही ज़रा-सी ढिलाई के कारण, वह ग़च्चा खा गया था और दादा की वह हफ़्ते भर की चौकसी सफल हो गयी थी।

००

चेतन ने करवट बदली। हालाँकि लिहाफ़ गर्म था और सब तरफ़ से उसके नीचे दबा था; कहीं ज़रा-सी भी झिरी ऐसी नहीं थी, जहाँ से हवा आये; आँखें भी उसकी बन्द थीं, लेकिन पपोटे उसके ज़रा भी भारी न हुए थे। वह पूरी तरह जाग रहा था और मन-ही-मन उस घटना की शव-परीक्षा कर रहा था, जिसके कारण उसे यूँ अपमानित होना पड़ा और वह लगभग पिटते-पिटते बचा था....

गहराई से सोचते हुए उसे लगा कि कितनी भी छोटी क्यों न हो, ग़लती उसी से हुई। वह अपने आपको बहुत तेज़ समझता था या शायद ज़रूरत से ज़्यादा आश्वस्त हो गया था; इसीलिए ठोकर खा गया। और वह मामूली-सी घटना, अपने छोटे-से-छोटे ब्योरे के साथ, उसकी बन्द आँखों के सामने घूम गयी....

००

दो दिन पहले, अगस्त की आख़िरी तारीख़ को, चेतन ने लाला हाकिमचन्द को उनका वादा याद दिलाया था कि वे उसे पहली सितम्बर को उसकी तनख़्वाह के शेष (गारण्टी के) रुपये दे दें, ताकि वह तीन-चार तारीख़ को वापस चला जाये और समय से लॉ कॉलेज में दाख़िला ले ले!

लाला जी को पिछले दिन ही तनख़्वाह मिली थी और सुबह, दफ़्तर जाने से पहले, उन्होंने अस्सी रुपये के नोट चेतन को देते हुए कहा था, "सी०पी० के मेले में आपको छुड़ाने के सिलसिले में रिक्शों और वकील पर जो ख़र्च हुआ, वह मैंने नहीं काटा है; आप लॉ कालेज का दाख़िला दीजिए, फिर लाहौर में आपकी तनख़्वाह से मैं काट लूँगा।"

और अपने वेतन के पूरे पैसे पाते ही, चेतन को लगा था, जैसे वह उसी क्षण मुक्त हो गया है। उसके दिल-दिमाग़ से भारी बोझ उतर गया था। वह एकदम हल्का और उत्फुल्ल हो आया था।

(चेतन ने अपने मन में इस बात का फ़ैसला कर लिया था कि वह लाहौर में इस तरह की गारण्टी की शर्त नहीं मानेगा। उसे विश्वास था कि लाला हाकिमचन्द, इस गारण्टी के बिना, उसे ट्यूशन नहीं देंगे और वह उस बन्धन से मुक्त हो जायेगा। सी०पी० के मेले में उन्होंने उस पर जो ख़र्च किया था, यदि वे उसे वापस लेने पर ज़ोर देंगे तो वह किसी-न-किसी तरह प्रबन्ध कर के उसे चुका देगा; लेकिन गारण्टी दे कर, वह आगे ट्यूशन जारी नहीं रखेगा। वह चाहता था कि दोष भी उन पर रहे और वह इस दुश्चक्र से निकल भी जाये!)

सुबह, जब उसे वे सारे रुपये मिल गये थे तो उसने सोचा था कि वह उसी दिन चन्द्रा से विदा ले लेगा। उसके सहयोग के लिए उसे धन्यवाद देगा और जैसी रुखाई उसने पिछले दिनों बरती थी, उसके लिए क्षमा माँग लेगा....

बिस्तर में लेटे-लेटे, सुबह का वह क्षण चेतन की आँखों में घूम गया। उसे लगा कि उसी क्षण इतने दिनों से अपने आप पर बरबस ओढ़ा हुआ, उसका संयम ढीला हो गया था। इस बात ने कि वह दो-तीन दिन बाद चला जायेगा और फिर चन्द्रा को कभी नहीं पढ़ायेगा, अनायास उसके प्रति उसे सदय कर दिया था।

००

....बिस्तर पर लेटे-लेटे, सहसा उसके सामने चन्द्रा की वह सुन्दर सूरत और उसका वह खिला हुआ चेहरा आ गया, जो उसने सुबह देखा था....'वह चेहरा इस वक्त ज़रूर मुरझा गया होगा,' उसने सोचा, 'लाला हाकिमचन्द ने ज़रूर ही उसे पीटा होगा....वह क्या सोच रही होगी ? क्या वह भी सुबह की उस घटना के बारे में सोच रही होगी....लेकिन उस घटना में क्या था ? चन्द्रा क्या जानती थी कि उसके एक सीधे-से सवाल को ले कर उसके दादा इतना बवण्डर मचा देंगे!'

चाहे उस लड़की को, वह उसके प्रेम का प्रतिदान न दे सका हो, लेकिन उसने जैसे चेतन को चाहा था, उससे चेतन के अहं को ही सन्तोष न मिला था, उसका हृदय भी कहीं नामालूम तौर पर छू गया था।

....वह क्या जानती है — चेतन मन-ही-मन दर्द से हँसा — कि जिसको उसने अपने प्रेम का पात्र बनाया है, वह कई तरह के बन्धनों में जकड़ा हुआ, निहायत कमज़ोर आदमी है — उसके प्रेम के लिए सर्वथा अयोग्य!....शायद वह जानती भी हो (क्योंकि चेतन ने, बातों-बातों में, उसे बहुत पहले अपनी स्थिति बता दी थी।) लेकिन तो भी उसका बस न हो।....चेतन के दिमाग़ में ग़ालिब का एक शे'र घूम गया :

इश्क पर ज़ोर नहीं, है ये वो आतिश 'ग़ालिब'
कि लगाये न लगे और बुझाये न बने!

चेतन का जी हुआ, ऊँचे स्वर में इस शे'र को गुनगुनाये, गाये और अपनी आवाज़ से रात के सन्नाटों को तोड़ दे!

लेकिन वह चुप लेटा रहा। उसके हृदय की गहराई से एक लम्बी साँस निकल गयी। उसका ध्यान फिर सुबह और दोपहर, चन्द्रा से होने वाली बातचीत में जा लगा।

०

जब सबेरे चन्द्रा अपने कमरे में आ कर बैठी थी तो चेतन क्षण भर अरमान-भरी निगाहों से उसे देखता रहा था —जाने यह चेहरा उसे फिर कभी देखना नसीब न हो! क्यों न वह उसके तमाम नक्श अपने मन पर उतार ले।

अपने बन्धनों के कारण, चाहे उसने उस लड़की से प्यार न किया हो, लेकिन उसका प्यार पाया तो था और वह जानता था कि उसकी तमाम शोख़ियों, शरारतों और उच्छृंखलताओं के बावजूद, वह उसे कभी न भुला पायेगा।

उसे यूँ अपनी ओर घूरते पा कर, चन्द्रा सकपकायी थी —"हाय मास्टर जी, क्या देख रहे हो ?"

चेतन का जी हुआ कि वह उससे अपने मन की बात कह दे, लेकिन उसने कुछ नहीं कहा। मन की बात साफ़ छिपा कर बोला :

"मैं यही सोच रहा था कि मेरे बाद एक महीने में तुम क्या पढ़ो, इसके लिए न सिर्फ़ मैं तुम्हें गाइड कर दूँ, बल्कि तुम्हें कुछ प्रश्न लिखा दूँ, जिनका उत्तर तुम मेरी ग़ैर-हाज़िरी में लिख रखो।" वह क्षण भर को रुका, हालाँकि उसने मन में तय किया था कि वह लाहौर में ट्यूशन नहीं करेगा, लेकिन उसे प्रकट कहा, "मैं लाहौर में तुम्हें आगे पढ़ाना शुरू करने से पहले वह सब देख लूँगा।"

"मास्टर जी, लाहौर में तो आप मुझे सारा दिन नहीं पढ़ायेंगे न!" चन्द्रा ने पूछा।

चेतन हँसा था, "कैसे पढ़ा सकता हूँ! तुम क्या किसी स्कूल में नहीं पढ़ोगी और मैं क्या लॉ कालेज में दाख़िल नहीं हूँगा ?"

"आप इसी तरह सारा दिन वहाँ भी पढ़ाते तो मैं प्राइवेट ही परीक्षा देती!"

"लाला जी ने वहाँ तीन घण्टे पढ़ाने के लिए कहा है।"

"क्या आप और भी कोई ट्यूशन करेंगे ?"

"क्यों ?"

"मेहता साहब की लड़की है न दीपा, वह कहती थी कि यहाँ तो सारा दिन तुम मास्टर जी से पढ़ती हो, वहाँ मैं भी उनसे पढ़ूँगी।....देखिए मास्टर जी, आपको मेरी कसम, उसकी ट्यूशन न लीजिएगा। वह मुझसे बहुत जलती है।"

चेतन मन-ही-मन हँसा था।....वह बाज़ आया क्लर्कों की लड़कियों को पढ़ाने से। उसे पैसे की ज़रूरत होगी तो वह किसी अख़बार में फिर पार्ट-टाइम काम ले लेगा, लेकिन उस लोकैलिटी में किसी की ट्यूशन नहीं करेगा।....मन की बात छिपा कर उसने कहा था —"ख़ैर, तुम पढ़ो; लाहौर की लाहौर में देखी जायेगी।"

और पूरी गम्भीरता से उसने इतिहास, हिन्दी गद्य, पद्य और दूसरे विषयों के बारे में उसे प्रश्न लिखाने शुरू किये थे। बिना इधर-उधर की एक भी बात किये, वह प्रश्न लिखाता रहा। जब खाने का वक्त हो गया और वह प्रश्न लिखा चुका तो उठने से पहले उसने कहा :

" देखो चन्द्रा, मैं शिमले में सिर्फ़ दो-तीन दिन और रहूँगा; मुझे चलने की तैयारी करनी है; शिमले के मित्रों से मिलना है; इसलिए आज का दिन तुम इस पढ़ाई का आख़िरी दिन समझो! जो थोड़े-से सवाल बाकी रह गये हैं, मैं दोपहर बाद एक-डेढ़ घण्टे में तुम्हें लिखवा दूँगा। फिर मैं छुट्टी चाहूँगा।"

वह क्षण भर को रुका था, फिर उसने बड़े नर्म और प्यार-भरे लहजे में कहा था — "देखो, मैं इस बीच काफ़ी सख़्ती करता रहा हूँ। तुमसे छुट्टी लेने से पहले, मैं सिर्फ़ इतना कहना चाहता हूँ कि यह सब सख़्ती मैंने तुम्हारे हित के लिए ही की है। तुमने पिछले दिनों पढ़ने में ध्यान लगा कर मुझे जो सहयोग दिया है, उसके लिए मैं तुम्हारा बहुत आभारी हूँ।"

चन्द्रा ने कुर्सी ज़रा उसकी ओर सरका ली। वह एकदम पिघल आयी — "हाय मास्टर जी, आप कैसी बात करते हैं। आपने मुझ पर कोई सख़्ती नहीं की, जैसे आपने मुझे पढ़ाया है, वैसे पहले किसी मास्टर ने नहीं पढ़ाया। मेरा दिमाग़ ही कमज़ोर है, जो मेरी समझ में कुछ नहीं आता। मैंने रमा से आपकी तारीफ़ की थी, उसने दीपा से ज़िक्र किया; तभी तो दीपा भी आपसे पढ़ना चाहती है, लेकिन आप उसे पढ़ाइएगा नहीं...."

उस लड़की ने उस पर अपना जो अधिकार समझ लिया था, उसकी बात याद कर, चेतन हँसा था, लेकिन उसने उसका मोह-भंग नहीं किया। दीपा की बात वह गोल कर गया था और अपने स्वर में अतिरिक्त प्यार और दुलार भर कर, उसने अपनी बात जारी रखी थी :

"नहीं, तुम अगर सहयोग न देतीं, ध्यान से न पढ़ने लगतीं, तो मैं सचमुच ट्यूशन छोड़ कर भाग जाता।"

वह क्षण भर चुप रहा। फिर उसने कहा, "मैं बहुत कमज़ोर आदमी हूँ चन्द्रा — कमज़ोर और मजबूर! शादी-शुदा हूँ। मेरी पत्नी बहुत ही सरल और भोली है। अभी दो महीने पहले उसके लड़का हुआ है। तुम्हारा ठीक से पढ़ना और मेरा ठीक से पढ़ाना बहुत ज़रूरी था। लाला जी ने मेरे गारण्टी के रुपये भी मुझे दे दिये हैं। अब अगर मैं लाहौर जा कर लॉ कॉलेज में दाख़िल हो जाता हूँ और पास हो कर कम्पीटीशन में बैठता हूँ और कुछ बन जाता हूँ तो इसे मैं तुम्हारा एहसान समझूँगा।"

इतने दिनों से चन्द्रा जो हल्का-सा मान कर रही थी, वह चेतन के इन शब्दों से पिघल गया। उसे कुर्सी ज़रा और कोने की तरफ़ खिसका ली। उसके चेहरे पर कुछ ऐसी तरलता आ गयी कि चेतन को लगा : वह ज़रा-सा संकेत उसे देगा तो वह उसके वक्ष से आ लगेगी। लेकिन वह उठा। मेज़ पर उँगलियाँ टिका कर, क्षण भर रुकते हुए, उसने कहा, "मेरा यहाँ से जाने को मन तो नहीं है। मैं रह पाता तो तुम्हें एक महीना और पढ़ाता, लेकिन मुझे लॉ कॉलेज में दाख़िल होना है और मैं रुक नहीं सकता। मुझसे कोई ग़लती हुई हो तो माफ़ कर देना।"

और पलट कर, वह अपने कमरे में आ गया था।

००

चेतन ने फिर करवट बदली। 'यही एक बात थी, जिसने सारी गड़बड़ पैदा की,' उसने मन में कहा, 'अगर मैंने यह बात न कही होती तो कुछ भी न हुआ होता।'

लेटे-लेटे, उसका दम घुटने लगा। उसका जी हुआ, लोई की बुक्कल मार कर, वह कसुम्पटी का एक चक्कर लगा आये। वह उठा। उसने बत्ती जलायी। कुर्सी से लोई उठा कर, उसका फेंटा मारा। रज़ाई को सिरहाने की तरफ़ उसने ज़रा मोड़ दिया कि गर्म रहे।

फिर उसने दरवाज़ा खोला। ठण्डी हवा तीर-सी उसके चेहरे पर लगी। क्षण भर को वह बरामदे में जा खड़ा हुआ — चारों ओर घुप्प अँधेरा था — ऐसे में वह बाहर क्या टहलेगा ? वह कमरे में वापस आ गया। अपने पीछे उसने दरवाज़ा बन्द कर दिया। लोई को फ़िर से कस कर शरीर के गिर्द लपेटा और वहीं कमरे में घूमने लगा....

उसके दिमाग़ में हलचल मची थी। उसने क्यों कहा कि उसका शिमले से जाने को मन नहीं है। उस वक्त, जब वह रोज़ एक-एक दिन गिन रहा था और चन्द्रा इस बात को जानती थी, तब अगर उसने इस वाक्य का ग़लत अर्थ लगाया और समझा कि उसी के प्रेम के कारण वह शिमले से जाना नहीं चाता तो उस बेचारी का क्या दोष है ? — क्या उसे चन्द्रा से प्रेम है ? — रात के सन्नाटे में अपने कमरे में घूमते हुए, चेतन ने मन को टटोला तो उसे कहीं उस भावना का आभास नहीं मिला, जिसे वह प्रेम का नाम दे सके।....चन्द्रा बहुत सुन्दर थी। शोख़ और चंचल थी। उसकी शोख़ी चेतन को अच्छी लगती थी, (हालाँकि वह उससे डरता भी था) उसका स्पर्श, सुख देता था; उसकी सफ़ेद, संगमरमरी गर्दन से जब दुपट्टा हट जाता था तो चेतन का दिल धड़क उठता था। उसके पतले, लाल होंट उसे बेतरह लुभाते थे — यह सब था, लेकिन वह जज़्बा जिसे प्रेम का नाम दिया जाता है, उस लड़की के प्रति उसके मन में नहीं था। वह कोमल भावना, जो इधर अपनी पत्नी के प्रति उसके मन में उमग आयी थी, वह चन्द्रा के प्रति उसके मन में कहाँ थी ? — उसके निकट वह केवल एक मूर्ख, चंचल, लाडली, उद्दण्ड और उदमाती लड़की थी — केवल शरीर — लेकिन वह तो महज़ शरीर नहीं था।

चेतन ने और भी गहरे अपने मन को टटोला तो उसने पाया कि वह ख़ुद तो उससे प्रेम न करता था, लेकिन उतनी ख़ूबसूरत लड़की उसे चाहती है, यह बात उसे अच्छी लगती थी, उसके अहं को सन्तोष देती थी और अन्तर के किसी गहरे अँधेरे कोने में, वह यह भी चाहता था कि वह उससे प्रेम करती रहे....

....फिर उसने शिमला से जाने का मन न होने की बात किस ख़याल से कह दी और क्यों ख़ुद को मुसीबत में डाल लिया ?

तभी कमरे में घूमते-घूमते, दो दिन पहले कहा गया, नारायण का एक वाक्य, चेतन की स्मृति में कौंध गया। पिछले सात दिनों से वह रोज़ शाम को, नारायण के साथ, शिमले के इर्द-गिर्द की बस्तियों की सैर करता आ रहा था। बरसात के बाद शिमला के पश्चिमी क्षितिज पर सूरज डूबता तो इतने रंग खिल उठते, कि चेतन चलता-चलता रुक कर, हैरान देखता रह जाता — खुला आकाश, गहरी हरियाली और कभी-कभी रिज से दिखायी देते, चीना पहाड़ियों के रंग-बिरंगे हिम-शिखर। तभी नारायण ने कहा था — "तुम भी यार, अजब बदकिस्मत आदमी हो, जो इस मौसम में शिमले से जा रहे हो। लोग तो सितम्बर में शिमले की बहार देखने आते हैं।"

कमरे में घूमते हुए चेतन को लगा कि नारायण की यही बात कहीं उसके मन में बैठी रह गयी और उस वक्त उसके मुँह से अनायास निकल गयी; चन्द्रा ने उसका ग़लत अर्थ लगाया और उसकी उच्छृंखलता के कारण, वह चन्द्रा के दादा और माता-पिता के सन्देह का शिकार हुआ।

सिर्फ़ लोई ओढ़े, कमरे में घूमते-घूमते, उसे सर्दी लगने लगी। लोई उतार कर उसने कुर्सी पर रखी, बत्ती बुझायी और फिर रज़ाई में लेट गया। उसके दिमाग़ में शाम को चन्द्रा से होने वाली, वह साधारण-सी बातचीत घूम गयी, जिसके कारण इतना बावेला मचा था और वह लगभग पिटते-पिटते बचा था।

००

खाना खाने के बाद, जब वह आ कर बैठी थी तो जो प्रश्न रह गये थे, चेतन ने वे उसे लिखाये। फिर उसने उसे बताया कि वह कैसे उसकी ग़ैर-हाज़िरी में पढ़े। चार-पाँच निबन्धों और उतने ही ख़तों के विषय उसने उसे दिये और कहा कि महीने भर में वह सब लिख रखे। लाहौर में वह देखेगा।

इस सब काम में दो घण्टे बीत गये। उसने तय किया था कि तीन-साढ़े-तीन बजे वह उसे छोड़ देगा और नारायण को उसके दफ़्तर में जा पकड़ेगा। उसे साथ ले कर, माल या लोअर बाज़ार से अपने घर वालों के लिए छोटी-मोटी चीज़ें ख़रीदेगा और मशोबरे जायेगा। सी०पी० के मेले में, वहाँ उसने फलों की एक दुकान देखी थी; उसे मालूम हुआ था कि वहाँ सेब, शिमले की अपेक्षा सस्ते मिलते हैं और वह चाहता था, वहाँ से चार-छै दर्जन सेब लेता चले।....

तीन बजे उसने पढ़ाई बन्द कर दी और कहा, "चन्द्रा, मैं अब तुमसे छुट्टी लूँगा। मुझे कुछ सामान-आमान ख़रीदना है। उम्मीद करता हूँ, तुम मेरी ग़ैर-हाज़िरी में मन लगा कर पढ़ोगी।"

वह उठने लगा था कि सहसा चन्द्रा ने उसका हाथ पकड़ लिया, "मास्टर जी, आपने सुबह कहा था, आप का मन यहाँ से जाने को नहीं करता। क्यों नहीं करता मास्टर जी ?"

और सिर को दायीं ओर झुका कर, बड़ी प्यारी निगाहों से चन्द्रा ने उसकी आँखों में देखा था।

चेतन घबरा गया था। उसे किसी ऐसे प्रश्न की उम्मीद न थी। वह क्या उत्तर दे, हठात वह तय न कर पाया। उसने कनखियों से, दूसरे कमरे में लेटे, दादा की ओर देखा था। उनकी आँखों की झिरी, बे-मालूम तौर पर खुली थी। चेतन ने अपना हाथ छुड़ा लिया, "क्या करती हो, देखती नहीं, दादा जी सो रहे हैं!" उसने कद्रे भयभीत, दबे स्वर में कहा था।

चन्द्रा ने फिर उसकी कलाई थाम ली थी, "बताइए न मास्टर जी!"

चेतन ने फिर हाथ छुड़ा लिया। क्षणांश में सोच कर उसने बिना आवाज़ धीमी किये कहा था, "मैं तुम्हें क्या बताऊँ, मैं समझ नहीं पा रहा। मैं इधर सुबह-शाम सैर को जाता हूँ। देखता हूँ कि शिमले की पहाड़ियाँ गहरी हरी-मूँगिया हो गयी हैं। आसमान निखर आया है। बरसात के बाद सूरज डूबने से पहले पेड़ों की फुनगियों पर ऐसी पीली-कचूर धूप फैल जाती है कि मैंने पहले कभी नहीं दखी और पश्चिम के क्षितिज पर सूरज डूबता है तो हर रोज़ नये-नये रंग बिखर जाते हैं। शौकीन लोग शिमले की सैर को आ रहे हैं और मैं इतनी ख़ूबसूरती को छोड़ कर जा रहा हूँ। यही सोच कर मैंने वह बात कही थी!"

लेकिन चेतन के उत्तर से चन्द्रा की तसल्ली नहीं हुई। उसने कहा, "नहीं मास्टर जी,

आप सच-सच बताइए!"

और उसने फिर चेतन की कलाई पकड़ कर, उसे दो-एक बार, अनुरोध-भरे झटके दिये थे।

चेतन ने फिर एक उड़ती हुई नज़र चन्द्रा के दादा पर डाली थी। उनकी आँखें बन्द होते हुए भी थोड़ी-सी खुली थीं।

"देखो, तुम्हारे दादा सोये हुए हैं और तुम शोर मचा रही हो!"

और वह हाथ छुड़ाते हुए उठा था। दरवाज़े के पीछे, उसका छाता, दीवार के साथ टिका था। दो डग भर कर वह गया था। बायें हाथ से दरवाज़ा बन्द करते हुए, उसने दायें से छाता उठाया था और बाहर की तरफ़ बढ़ा था।

लेकिन चन्द्रा ने उठ कर उसका रास्ता रोक लिया था।

"मास्टर जी बता कर जाइए!" और वह उससे सट गयी थी।

चेतन को एहसास था कि दरवाज़ा पूरी तरह बन्द नहीं हुआ और उसकी झिरी से दादा उन्हें देख रहे होंगे। लेकिन वह क्या बताता। उसे हल्का-सा आभास हो गया था कि वह उत्तर में क्या सुनना चाहती है। वह शायद चाहती थी —चेतन कहे कि वह उसे चाहने लगा है; कि वहाँ से जा कर, उसका मन शिमले ही में लगा रहेगा; कि वह तो शिमले की ठण्डक के मज़े उड़ायेगी और चेतन वहाँ गर्मी में उसकी याद में तड़पेगा....या कोई ऐसी ही, प्यार और मूर्खता-भरी, रोमानी बात....लेकिन वह झूठ कैसे बोलता ? फिर उस वक्त, जब वह जानता था कि उसके दादा सिर-से-पैर तक कान बने, उनकी बातें सुन रहे हैं।....उसने ज़रा ऊँचे स्वर में कहा था :

"अब मैं तुम्हें क्या बताऊँ। बात बताने की नहीं। उसमें मेरी छोटापन ज़ाहिर होता है। मैं जब लाहौर से चला तो मैंने सोचा था कि शिमले के चार महीनों में दाख़िले के रुपयों के अलावा, मैं चालीस-पचास और जोड़ लूँगा और मुझे कुछ आसानी होगी। अब मेरे पास दाख़िले के रुपयों के अलावा कुछ ज़्यादा नहीं बचा। मैं एक लड़के का पिता भी बन गया हूँ। मेरी ज़िम्मेदारियाँ बढ़ गयी हैं। यही सोचता था कि अगर लॉ कॉलेज़ का दाख़िला, सितम्बर की बजाय, अक्तूबर में होता तो कितना अच्छा होता! मैं तुम्हें एक महीना और पढ़ाता; मुझे चालीस रुपये और मिलते और मेरे सारे काम पूरे हो जाते। इसीलिए मैंने कहा था कि मैं जा तो रहा हूँ, लेकिन मेरा मन जाने में नहीं है।"

और उसने कन्नी काट कर जाना चाहा।

चन्द्रा ने फिर उसकी कलाई थाम ली।

"हाय मास्टर जी, आप कैसा झूठ बोलते हैं। सच्ची बात बता कर जाइए!" और उसने बहुत धीरे-से कहा —"क्या आपको सच्ची बात कहने में इतना डर लगता है!"

चेतन को उस लड़की पर तरस भी आया और ग़ुस्सा भी। जो बात वह सुनना चाहती थी, सचमुच उसके मन में वही होती तो भी क्या वह बता पाता!

"और कोई बात नहीं, जो सच्ची बात थी, तुम्हें बता दी!"

यह कहते हुए, उसने बरबस अपना हाथ छुड़ाया और तेज़-तेज़ दरवाज़े से बाहर निकल गया था।

००

चेतन बिस्तर में उठ कर बैठ गया। उसने दीवार से पीठ लगा ली। दीवार ठण्डी-यख़ थी। उसने, न सिर्फ़ लिहाफ़ कन्धों तक खींच लिया, बल्कि उससे पीठ को ऐसे ढँक लिया कि दीवार की ठण्ड उसे महसूस न हो।

उसकी भूख एकदम मर गयी थी, लेकिन अपने साथ उसकी नींद भी उड़ा ले गयी थी। शरीर उसका भले ही थक गया हो, पर दिमाग़ एकदम सजग था। आँखें ऐसे खुली थीं, जैसे वह पूरी नींद सो कर उठा हो और शाम की एक-एक घटना उसके सामने मूर्त रूप धर कर आ रही थी....

००

चन्द्रा की गिरफ़्त से अपना हाथ छुड़ा कर, जब वह अपने कमरे से बाहर निकला था तो उसका मन एकदम हल्का, उत्फुल्ल और उन्मुक्त था। वह तेज़-तेज़ कदमों से केनमोर एस्टेट का घुमावदार रास्ता चढ़ता हुआ, सड़क पर आ गया था और मज़े से छोटे शिमले की ओर चल दिया था।

कुछ देर पहले, जो छोटी-सी घटना घटी थी, उसका कोई भी असर उसके दिमाग़ पर नहीं था — वह घटना बढ़ कर उसके लिए किसी तरह की मुसीबत का कारण बन सकती है, इसकी ज़रा भी आशंका उसे नहीं थी। यह ठीक है कि चन्द्रा ने उसकी कलाई पकड़ ली थी, पर ऐसा तो वह पहले भी कई बार, कैरम खेलते हुए, अपने पिता की मौजूदगी में कर देती थी।

चेतन के होंटों पर क्षीण-सी मुस्कान और उसके मन में हल्की-सी खीझ थी।....इस लड़की का अहं कितना बड़ा है और यह कितनी मूर्ख है....वह सोच रहा था....सभी ख़ूबसूरत और ख़ुदसर लड़कियों की तरह यह समझती है कि उससे प्यार किये बिना, कोई रह ही नहीं सकता....और अपने ट्यूटर पर वह इतना अधिकार समझने लगी है कि उसे किसी दूसरी लड़की की ट्यूशन लेने से रोक दे — ख़ास तौर पर ऐसी लड़की की, जिससे उसकी लगती हो!....

लेकिन अपनी तनख़्वाह के पूरे पैसे पाते ही, चेतन जैसे उसकी गिरफ़्त से बहुत दूर चला गया था। सड़क पर आते-न-आते, उसका दिमाग़ अपने घर वालों के लिए छोटे-मोटे उपहार लेने की समस्या में उलझ गया था।

जब वह लाहौर से चला था तो उसे 'यूनीवर्सिटी टेलर्ज़' के सिर्फ़ पाँच रुपये देने थे। छै रुपये महीना, मकान के किराये के खाते में, वह भाई साहब को भेजना चाहता था, ताकि पिछले साल की तरह, कहीं वे मकान न छोड़ दें। पहले महीने की आधी तनख़्वाह पाते ही उसने ग्यारह रुपये, दोनों को, मनीऑर्डर से भेज दिये थे। चेतन का ख़याल था कि शिमले में पाँच-सात रुपया महीना ऊपर का ख़र्च निकाल कर, चार महीने में दाख़िले के रुपयों के अलावा, वह कम-से-कम तीस-चालीस रुपये जोड़ लेगा। लेकिन उसे स्वेटर और गैलिस ख़रीदने पड़े। फिर कई बार, जब वह सुबह छै मील की सैर के बाद आता तो उसे बेहद भूख लगी होती। नाश्ता मिलने में काफ़ी देर होती। वह कसुम्पटी में हलवाई की दुकान पर पाव-डेढ़ पाव गर्म-गर्म दूध पी लेता। कभी शाम को, शिमले में घूमते हुए, उसे बेतरह

भूख लग आती तो पाँच नम्बर की सीढ़ियों के सामने हलवाई की दुकान पर गर्म-गर्म इमरतियाँ खा लेता। छै रुपये वह हर महीना भाई साहब को भेज देता। दो महीने पहले, जब चन्दा को लिखे गये पत्र के उत्तर में उसके घर से परसराम के हाथों लिखी माँ की चिट्ठी आयी थी (जिसमें यह ख़ुश-ख़बरी देते हुए कि उसके घर लड़का पैदा हुआ है, माँ ने कुछ रुपये माँगे थे) तो उसने दस रुपये माँ को भेज दिये थे। इस तरह चार महीने के बाद उसके पास बीस-बाईस रुपये ही बचे थे।

सुबह, जब लाला हाकिमचन्द ने उसे अस्सी रुपये दिये थे तो चेतन ने उनसे कहा था कि सी०पी० के मेले में उसे छुड़ाने की ग़रज़ से उन्होंने जो दस रुपये रिक्शों और दस वकील पर ख़र्च किये थे, वे भी काट लें, तब लाला जी बेपरवाही से हँसे थे, "आपने कहा था कि अस्सो रुपये आपका दाख़िला है। बीस रुपये मैं काट लूँगा तो आप दाख़िला कैसे देंगे ?"

"जी, मेरे पास बीस-बाईस रुपये बचे हैं," चेतन ने कहा था।

लाला जी हँसे थे, "इतने दिनों बाद आप घर जा रहे हैं, कुछ फल-मेवे और सौग़ात घर वालों के लिए न ले जायेंगे! लाहौर तक आपको जाना है, कुछ रेलगाड़ी और ताँगे-इक्के के किराये पर भी ख़र्च होगा। जाइए, वो बीस रुपये मैं लाहौर में काट लूँगा।"

चेतन कैसे कहता कि लाहौर में शायद मैं आपकी लड़की को न पढ़ा सकूँगा। वह चुप रहा था। उसने रुपये ले लिये थे और उनका शुक्रिया अदा किया था और मन में तय कर लिया था कि लाहौर में किसी-न-किसी तरह इन्तज़ाम कर के, वह उनके रुपये उतार देगा और ट्यूशन के चक्कर में नहीं पड़ेगा।

दाख़िले से वाफ़र, उसके पास जो बीस-बाईस रुपये थे, उनमें से दस, लाहौर तक पहुँचने के किराये आदि के लिए रख कर, शेष दस रुपये से वह कुछ छोटी-मोटी चीज़ें ले जाना चाहता था। उसका ख़याल था कि पोस्ट-ऑफ़िस के सामने माल की ढलान पर, 'ह्वाइट वे लेडला' के बराबर, जो दुकानें थीं, वहाँ से वह कुछ चीज़ें ख़रीदेगा और फिर मशोबरे जा कर सेब लायेगा।

उसने नारायण को उसके दफ़्तर जा पकड़ा था। वहीं से वे दोनों, पोस्ट-ऑफ़िस के सामने, माल के ढालुवाँ किनारे की दुकानों पर गये थे। चेतन जब वहाँ से गुज़रता था तो शीशों में लगे हुए पत्थरों के हार और पीतल के नक्काशीदार थाल और कटोरियाँ और दूसरा सामान उसे बहुत अच्छा लगता था। उसने चार रुपये में पीतल का एक नक्काशीदार थाल और चार कटोरियाँ, माँ के लिए ख़रीदीं (वास्तव में वे थाल और कटोरियाँ, अमीर लोगों के ड्राइंग-रूम में, सूखे फल-मेवे रखने के लिए थीं। उनमें दाल-सब्ज़ी तो खायी न जा सकती थी। कल्लोवानी के उस घर में वह थाल और कटोरियाँ किसी उपयोग में न आ सकती थीं। लेकिन चेतन को उनका नक्काशीदार काम इतना अच्छा लगा था कि वह उन्हें ख़रीदने का लोभ सम्वरण न कर सका था।) बड़े भाई के लिए उसने आठ आने के और छोटे भाइयों के लिए चार-चार आने के स्टड बटन ख़रीदे थे। बहुत छोटे भाइयों के लिए एक-एक आने वाली, छोटी ताश की गड्डियाँ ली थीं।

माल से सामान ख़रीद कर, दोनों नारायण के कमरे में गये थे। चेतन रास्ते से, चार

आने की पाव भर इमरतियाँ लेता गया था। दोनों ने, नमकीन मठरियों और इमरतियों का नाश्ता कर के, चाय पी थी। इस सब में डेढ़-एक घण्टा बीत गया था। नारायण का ख़याल था कि मशोबरे जाने का प्रोग्राम दूसरे दिन पर उठा दिया जाये, लेकिन चेतन सब कुछ ख़त्म कर के, दो दिन बाद, शिमला छोड़ देना चाहता था। स्टड-बटनों के डिब्बे उसने ओवरकोट की जेब में रख लिये थे। नारायण ने कहा था कि थाल वह उसके यहाँ रख दे, लेकिन चेतन का मन नहीं हुआ। वह रात ही को सब सामान पैक कर लेना चाहता था। इसलिए वह उसे उठाये हुए, नारायण के साथ छै-सात मील की मंज़िल मार कर, मशोबरे पहुँचा था।

शाम हो गयी थी, लेकिन उजाला शेष था, गेबल्ज़ होटल के पास वाली दुकान बन्द थी, लेकिन पूछ-ताछ कर, उन्होंने उसके मालिक को, नौकर-छोकरे समेत, घर पर जा पकड़ा था।

दुकानदार बकरोटी दाढ़ी वाला मुसलमान था — तहमद-कमीज़ और उस पर वास्केट पहने, सिर पर किश्ती-नुमा, निहायत पुरानी, काली, मख़मली टोपी लगाये, वह चारपाई पर हाथ में ख़ाली हुक्के की नय लिये, बैठा था। तभी, जब वे पहुँचे, छोकरे ने — जो न जाने उसका बेटा था या भतीजा-भांजा —चिलम ताज़ा कर के, हुक्के पर रखी थी।

चेतन और नारायण ने अपना मन्तव्य प्रकट किया तो हुक्के का लम्बा कश लेते हुए, दुकानदार ने कहा कि वह खुदरा सेब नहीं बेचता — थोक बेचता है। दो-एक दर्जन लेने हों तो वे लोअर माल से लें।

"जब दो-ढाई महीने पहले, मैं सी०पी० के मेले आया था तो तुम खुदरा फल बेच रहे थे," चेतन ने कहा था, "मुझे चार-छै दर्जन लेने हैं। इतनी दूर से हम आये हैं। अब हमें नाउम्मीद न लौटाओ। अगर तुम कभी खुदरा बेच ही दोगे तो कोई तुम्हें सज़ा थोड़ी दे देगा।"

दुकानदार ने हुक्का ताज़ा कराया था। उसने अभी दो कश भी न लिये थे कि वे लोग पहुँच गये थे। उसका मन जाने को न था, लेकिन उसे उन पर रहम आ गया। तब उसने छोकरे से कहा, "जा बे हातिम, रब्ब तैन्नूँ चकला नसीब करे! जा के ज़रा दुकान खोल, मैं वी आउना हाँ, ज़रा हुक्के दे दो कश लै लवाँ[१]।"

छोकरे ने दुकान खोली थी तो चेतन ने देखा कि दुकान के फ़र्श पर, कच्चे-पक्के सेबों का अम्बार लगा है। उसने एक सेब खा कर देखा — खटमिठा था। तभी दुकानदार भी पहुँच गया। उसने समझाया कि पकने पर वे मीठे हो जायेंगे। चेतन ने मन-ही-मन कहा कि ऐसे भी रहें तो उसके भाई उनके छोटे-छोटे कतले कर के, नमक-मिर्च लगा, मज़े से खायेंगे और ख़ुश होंगे और उसने नारायण से भाव करने को कहा।

दुकानदार ने कहा कि चुने बिना लेने पर, वह चार आने दर्जन देगा! अगर वे लोग चुन कर सेब लेना चाहेंगे तो दस आने दर्जन लगायेगा।

ढेर में सेब बहुत छोटे और काफ़ी कच्चे थे। चेतन चुन कर कुछ बड़े अपेक्षाकृत

१. जा बे हातिम, अल्लाह तुझे चकला नसीब करे, जा कर दुकान खोल! मैं भी आता हूँ। हुक्के के दो कश लगा लूँ।

पके सेब लेना चाहता था। बड़ी खिट-खिट के बाद दुकानदार आठ आने दर्जन पर देने को तैयार हो गया। उन्होंने चार दर्जन सेब चुन लिये। लेकिन जब दुकानदार से उन्होंने टोकरी माँगी तो उसने कहा कि टोकरी में सेब लोअर बाज़ार में मिलते हैं। यहाँ तो ढेरों में बिकते हैं और लोग बोरियों में ले जाते हैं।

चेतन हताश खड़ा रह गया था। इतनी मेहनत और वक्त बर्बाद हुआ। दुकानदार ने कहा कि वे बोरी नहीं लाये थे तो उसे क्यों घर से उठा लाये ? नारायण ने सलाह दी कि दूसरे दिन, लोअर बाज़ार से टोकरी ले कर, फिर आयेंगे। लेकिन चेतन को दोबारा छै-सात मील आना स्वीकार न था। तब उसकी परेशानी को देख कर दुकानदर ने उसी छोकरे से कहा था —"ओये हातिम दे पुत्तर, ख़ुदा तैन्नूँ चकला नसीब करे! ज़रा ओस माईंया ईदे नूँ बुला लेया।"

दस-पन्द्रह मिनट बाद, एक अधेड़-सा मज़दूर, मैली तहमद-कमीज़ और पुराना, तार-तार कोट पहने, सिर पर मैली-सी चादर लपेटे, आ गया।

"देख भाई ईदे, सा'ब ने चार दर्जन सेब लीत्ते ने। इन्हाँ कोल कोई टोकरी नईं। तूँ एह सेब अपनी चद्दर 'च बन्ह के लै जा। सा'ब तैन्नूँ दो-चार आने दे देणगे[१]।"

ईदे ने चेतन से पूछा कि कहाँ जाना होगा तो उस ने बताया कि कसुम्पटी और छोटे शिमले के बीच, केनमोर एस्टेट जाना है। तब ईदे ने कहा कि देर हो गयी है। वापस आने में देर हो जायेगी।

"हात्! ख़ुदा तैन्नूँ चकला नसीब करे," दुकानदार ने कहा, "देर हो जायेगी सौह्रे, ते फ़ेर की होया! रस्ते 'च कोई शेर-बघियाड़ पैन्दे ने, जो तैन्नूँ चुक्क लै जाणगे। पिच्छे कौन तेरी तरीमत बैट्ठी ए, जेह्ड़ी पलँग बिछाये तेरा इन्तज़ार करेगी। जा, बाबू सा'ब दो-चार आने दे देणगे ते दो दिन दा तेरा नशा-पानी चल जायेगा[२]।"

"अट्ठ आने देण ताँ लै जावाँगा[३]।" ईदे ने जैसे उन पर एहसान का बोझ लादते हुए कहा।

दो रुपये के सेबों की मजूरी आठ आने देना, चेतन को बहुत खला। लेकिन उनके पास सेब ले जाने का कोई साधन नहीं था। छै-सात मील की मंज़िल थी। उसने दो दर्जन सेब और ले लिये। छै आने पर ईदा मान गया। उसने सेब चादर में बाँधे और सिर पर उठा कर उनके साथ चल दिया।

०

चेतन ईदे के साथ घर पहुँचा तो रात के नौ बज गये थे। वह बहुत थक गया था, लेकिन ख़ुश था। उसने पलँगपोश उठाया, सेब डलवा कर, गठड़ी बाँध, एक तरफ़ रख दी। सोचा

१. देख भाई ईदे, साहब ने चार दर्जन सेब लिये हैं। इनके पास कोई टोकरी नहीं। तू ज़रा ये सेब अपनी चादर में बाँधा कर ले जा। साहब तुझे दो-चार आने दे देंगे।

२. हत्, ख़ुदा तुझे चकला नसीब करे। देर हो जायेगी ससुरे तो फिर क्या हुआ। रास्ते में कोई शेर या बाघ पड़ते हैं, जो तुझे उठा ले जायेंगे। तेरे पीछे कौन तेरी औरत बैठी है, जो पलँग बिछाये तेरा इन्तज़ार करेगी। जा, बाबू साहब दो-चार आने दे देंगे। दो दिन का तेरा नशा-पानी चल जायेगा।

३. आठ आने दें तो ले जाऊँगा।

कि सुबह लोअर बाज़ार से ताड़ के पत्तों की टोकरी ला कर पैक कर लेगा। ईदे को उसने रवाना किया। फिर ट्रंक खोल कर, उसने थाल, कटोरियाँ और दूसरा सामान सजाया।

वह ट्रंक बन्द कर के कपड़े उतारने जा रहा था कि सुक्खू ने आ कर कहा, "मास्टर जी, लाला जी ने सुबह आपको अस्सी रुपये दिये थे। उन्हें कुछ ज़रूरत पड़ गयी है। उन्होंने वो रुपये मँगाये हैं और कहा है कि कल आपको दे देंगे।"

चेतन का माथा ठनका। पिछले दिन ही तो उन्हें तनख़्वाह मिली थी। एक ही दिन में उन्हें ऐसी क्या ज़रूरत पड़ गयी! उसके जी में आया — बहाना बना दे कि रुपया उसने अपने भाई को मनीऑर्डर करा दिया है ताकि वे उसके नाम से दाख़िला जमा कर दें; लेकिन एक तो वैसा होता नहीं था, दूसरे उससे झूठ नहीं बोला गया। उसने चुपचाप कोट के अन्दर की जेब से अस्सी रुपये निकाल कर, सुक्खू के हाथ पर रख दिये।

सुक्खू चला गया तो कपड़े बदलने की बजाय, चेतन कुर्सी पर बैठ गया। लाला जी ने रुपये क्यों मँगा लिये — वह यही सोचने लगा। लेकिन लाख सोचने पर भी उसकी समझ में कुछ नहीं आया....'कहीं फ़्लाश-अलाश में तो वे ज़्यादा नहीं हार गये ?' चेतन ने सोचा....लेकिन उतना हारने वाले लाला जी थे नहीं कि उन्हें अपनी लड़की के ट्यूटर से रुपये माँगने पड़ें....

वह अभी इस सिलसिले में सोच ही रहा था कि सुक्खू, खाने की थाली ले कर, आ गया।

"मास्टर जी, आप खाना खा लीजिए। फिर ज़रा ऊपर चलिए, लालाजी ने आपको बुलाया है।"

'ज़रूर कुछ गड़बड़ है,' चेतन के मन में किसी ने कहा। इधर लगभग एक महीने से रामू ही उसके लिए खाना लाता था। कोई भी काम पड़ता था तो रामू ही नीचे आता था। लेकिन अचानक सुक्खू आया था। रामू होता तो वह उससे सब कुछ जान लेता और वह बता भी देता। चेतन जानता था कि सुक्खू उसे कुछ नहीं बतायेगा। न जाने सुक्खू के स्वर में क्या था कि चेतन को यकीन हो गया — कोई-न-कोई गम्भीर बात है। उसने बेपरवाही से कहा, "चलो, मैं आता हूँ। खाना फिर खा लूँगा।"

"लाला जी ने कहा है, खाना खा कर आइए!"

"तुम जाओ, मैं अभी आता हूँ। खाना फिर आ कर खा लूँगा।"

o

खाना मेज़ पर रख कर, सुक्खू चला गया तो चेतन ने शीशे में अपनी शक्ल देखी। चेहरा धूल-भरा और थका हुआ लगता था। उसने जल्दी-जल्दी मुँह पर पानी के छींटे मारे; तौलिये से पोंछा; गीला हाथ बालों पर फेर कर, उन्हें सँवारा और खाना उसी तरह मेज़ पर छोड़ कर, ऊपर को चल दिया।

सीढ़ियाँ चढ़ते हुए, क्षण भर के लिए उसकी आँखों के सामने — उसकी कलाई पकड़े हुए, उसे झकझोरती हुई — चन्द्रा और दरवाज़े के पार अधमुँदी आँखें लिये, सोने का बहाना करते हुए दादा की सूरत घूम गयी — "कहीं दादा ने शिकायत न कर दी हो ?"

उसने सोचा और धड़कते हुए दिल के साथ बारजे में कदम रखा।

उसका शक ग़लत नहीं था। बाहर के कमरे में (जो वास्तव में बच्चों का कमरा था, लेकिन जहाँ दादा का बिस्तर भी लग गया था) वे तीनों, उसके इन्तज़ार में बैठे थे —दादा, बीबी जी और लाला हाकिमचन्द! बच्चा वहाँ कोई नहीं था, न रामू ही दिखायी देता था। दरवाज़े के सामने ही, पलँग पर, बीबी जी बैठी थीं; दायीं ओर के पलँग पर, कम्बल ओढ़े, दादा बैठे थे; चारपाइयों के साथ, फ़र्श की ख़ाली जगह में, एक छोटी फ़ोल्डिंग कुर्सी पर (जैसे जज की तरह) लाला हाकिमचन्द बैठे थे। चेतन अन्दर दाख़िल हुआ तो वे बाँह कुर्सी की पीठ पर टिका कर टेढ़े हो बैठे।

चेतन को उन सब की आँखों में क्रोध या भयानक ठण्डापन या कुछ ऐसा भाव दिखायी दिया, जो किसी कातिल के पकड़े जाने पर मकतूल के रिश्तेदारों की आँखों में होता है....

'औसान ख़ता न होने दो!' चेतन के अन्तर में किसी ने कहा। उसने कमरे के अन्दर कदम रखा। लाला जी ने हाथ से ख़ाली कुर्सी की ओर संकेत किया कि बैठिए। होंटों से उन्होंने कुछ नहीं कहा।

चेतन ने लड़कपन में एक कहानी पढ़ी थी कि कालका से शिमला को जाने वाली छोटी गाड़ी का ड्राइवर मज़े से अपनी सीट पर बैठा था कि उसने सामने से, दूर मोड़ पर, रेल के दो इंजन-विहीन डिब्बों को नीचे की ओर तेज़ी से लुढ़कते पाया। ड्राइवर औसान ख़ता कर देता तो भयंकर दुर्घटना हो जाती। लेकिन उसने होश कायम रखे, क्षण भर सोचा। गाड़ी की ब्रेकें लगा दीं। इंजन को अलग किया। क्लीनर को पिछले स्टेशन, दुर्घटना की सूचना देने भेजा; फ़ायर-मैन को पैसेंजरों का ख़याल रखने को कहा और दो मिनटों में इस सब की व्यवस्था कर के, वह ख़ुद अपनी सीट पर आ बैठा और उसने इंजन चला दिया। जल्दी ही उसने उसकी स्पीड तेज़ कर दी। उधर ख़ाली डिब्बे तेज़ी से बढ़े आ रहे थे। जब वे निकट आ गये तो ड्राइवर इंजन से कूद गया। दूसरे क्षण, भयंकर धमाके के साथ, इंजन और डिब्बे, एक-दूसरे पर चढ़ गये और फिर दोनों उलट गये। ड्राइवर को थोड़ी चोट आ गयी, लेकिन ख़तरे की मौजूदगी में अपने होश-हवास कायम रख कर उसने इतने मुसाफ़िरों की जान बचा ली।

चेतन के ग्रहणशील मन पर इस कहानी और इसके उपदेश (कि बड़े-से-बड़े संकट सम्मुख, औसान न ख़ता होने दो) का बहुत प्रभाव पड़ा और उसने इसे अपना मॉटो बना लिया।

निमिष मात्र में वह कहानी और उसका उपदेश, चेतन के दिमाग़ में घूम गये। उसने लाला जी के चेहरे की ओर देखा —रुद्र गम्भीर था। बिना किसी तरह का भय या आशंका या झिझक प्रकट किये, जैसे-कुछ-हुआ-ही-नहीं के-से अन्दाज़ में, वह बेपरवाही से कुर्सी पर बैठ गया। हालाँकि लाला जी टेढ़े तने हुए थे, चेतन ने टाँगें ज़रा फैला लीं और सहज भाव से कहा, "हुकम कीजिए!"

तर्जनी उसकी ओर बढ़ाते हुए, लाला हाकिमचन्द ने कहा —"यू आर ए रोग[१]!"

रोग (rogue) का मतलब बदमाश भी होता है और रास्कल या स्काउण्ड्रल, याने हरामी भी! चेतन ने टाँगें खींच लीं और उड़ती-सी नज़र बीबी जी और दादा पर डाली।

१. तुम बदमाश हो।

उनकी आँखों में भी जैसे वही गाली थी और था एक अव्यक्त उल्लास! चेतन का चेहरा क्रोध से तमतमा गया। वह तन कर बैठ गया। कुछ बहुत तीखी बात कहना चाहता था, लेकिन अपार संयम से उसने कहा :

"देखिए लाला जी, मुँह सँभाल कर बात कीजिए। जो बात है, साफ़-साफ़ कहिए और गाली न दीजिए! मेरे लिए यह परदेश है और आपका यहाँ राज है। आपके दोस्त हैं, क्लर्क हैं, आप चाहें तो मुझे गालियाँ दे सकते हैं, पीट-पिटवा सकते हैं। लेकिन आपको भी लाहौर जाना है और मुझे भी लाहौर ही जाना है। और मैं अपमान सहने का आदी नहीं हूँ। मेरे पाँच तगड़े भाई हैं और मेरे पिता आप से भी ज़ालिम और क्रोधी हैं। हम ऊँचे कुल के ब्राह्मण हैं और पीढ़ियों तक अपमान नहीं भूलते। आपको जो शिकायत हो, साफ़ कहिए और गाली दे कर अपनी ज़बान ख़राब न कीजिए!" (हालाँकि चेतन के दो ही भाई तगड़े और लड़ाके थे — दो अभी काफ़ी छोटे थे और भाई साहब तो डॉक्टर हो गये थे — तो भी चेतन ने रोब जमाने के लिए, पाँचों के लड़ाका होने की घोषणा कर दी थी।)

लाला जी क्षण भर के लिए चुप रह गये। शायद उन्होंने चेतन से इस तेवर की उम्मीद न की थी। क्षणांश के लिए चेतन के मन में आशंका हुई की चन्द्रा ने चूमने वाली बात न कह दी हो। लेकिन उस बात को तो एक महीना हो गया था। कही भी हो तो वह पूछेगा कि वह महीना भर तक क्यों चुप रही और उलटा उन पर इल्ज़ाम लगायेगा कि और कोई बात नहीं, वे लोग सिर्फ़ उसके पैसे दबाना चाहते हैं।....दोपहर को तो कोई ऐसी अनुचित बात उसने की नहीं....और वह तना हुआ कुर्सी पर बैठा, उनके आभियोग की प्रतीक्षा करे लगा।

"तुम नहीं जानते ?" लाला जी के स्वर में काट और व्यंग्य था।

चार महीने में पहली बार उन्होंने उसे 'तुम' कह कर सम्बोधित किया था, लेकिन चेतन ने जैसे उस बात का नोटिस नहीं लिया। उसने कहा :

"मैं जानता तो आपसे क्यों पूछता ?" उसके स्वर में भी वैसी ही काट तथा ठण्डा क्रोध था, "इतने महीने मुझे यहाँ रहते हो गये, आपने कभी एक शब्द नहीं कहा, अब चलते वक्त जो आपने मुझे गाली दी है तो कोई बहुत बड़ा कारण होगा। आप ही बताइए!"

"आज शाम चन्द्रा ने तुम्हारी कलाई पकड़ी थी और वह तुमसे कुछ पूछ रही थी ?"

"हाँ!"

"क्या पूछ रही थी ?"

"चन्द्रा आपकी लड़की है, आप उसी से पूछिए!"

लाला जी गरजे, "क्या चन्द्रा ने तुम्हारी कलाई नहीं पकड़ी थी ?"

चेतन को यकीन हो गया कि दादा ने शिकायत की है और सिर्फ़ दोपहर वाली ही बात है, इसलिए मन-ही-मन वह आश्वस्त हो गया।

अपने स्वर को और भी ठण्डा और धारदार बना कर, उसने कहा, "मैं अर्ज़ कर चुका हूँ कि हाँ, पकड़ी थी ?"

"क्यों ?" लाला जी फिर गरजे।

चेतन ने और भी ठण्डे स्वर में कहा :

"यह आप उसी से पूछिए!"

"उससे पूछ लिया है, तुम बताओ!"

चेतन ने सच्ची बात दोहरा दी —"सवेरे पढ़ाते वक्त, मैंने कहीं उससे कहा कि मैं दो-तीन दिन में चला जाऊँगा, हालाँकि जाने को मेरा मन नहीं है। वह पूछ रही थी कि मैं क्यों जाना नहीं चाहता ?"

लाला जी को उम्मीद नहीं थी कि वह सच्ची बात बता देगा। प्रकट ही उन्होंने चन्द्रा से पूछा था। लेकिन चेतन ने तय कर लिया था कि वह सब सच-सच कह देगा। उस घटना में कोई ऐसी बात नहीं थी, जिस पर वे आपत्ति कर सकें, इसलिए वह थोड़ा निडर हो गया था।

"तुमने क्या कहा ?"

चेतन ने नारायण के हवाले से वही बात कह दी, जो दोपहर को उसने चन्द्रा से कही थी।

"लेकिन उसने तुम्हारी कलाई पकड़ी थी और तुमने कहा था —दादा सो रहे हैं, धीरे बोलो!"

"हाँ, वह ज़ोर से बात कर रही थी," चेतन ने बेपरवाही से कहा, "दादा जी सो रहे थे, इसलिए मैंने कहा था कि उनकी नींद डिस्टर्ब न करे! रही मेरी कलाई पकड़ने की बात तो आप ख़ुद जानते हैं, चन्द्रा बहुत 'हथ-चालाकी' करती है। आपके साथ कैरम खेलता था और उसका पार्टनर बनता था और उसकी मर्ज़ी के मुताबिक गोट न डालता था तो वह कलाई पकड़ लेती थी। इसीलिए मैंने कैरम खेलना छोड़ दिया। अब इसका मैं क्या कर सकता हूँ।"

लाला जी अप्रतिभ-से हो गये। क्षण भर वे चुप रहे। फिर उन्होंने कहा, "लेकिन कुछ और भी बातें हुई होंगी। तुम दोनों काफ़ी देर बातें करते रहे। उसने फिर तुम्हारी कलाई पकड़ी थी।"

"उसे मेरे जवाब से तसल्ली नहीं हुई। वह ज़ोर देती रही कि मैं सच्ची बात बताऊँ।"

"फिर ?"

"फिर मैं क्या कहता। सच्ची बात कुछ वैसी कहने-लायक नहीं थी। उसमें मेरा कुछ घटियापन ज़ाहिर होता था। इसलिए मुझे झिझक थी। लेकिन जब वह नहीं मानी तो मैंने वह भी बता दी।"

"क्या ?"

और चेतन ने दूसरा कारण दोहरा दिया, जो उसने चन्द्रा को दिया था।

"लेकिन तुमने बीच का दरवाज़ा बन्द कर लिया था।"

"मुझे जल्दी जाना था और उसके पीछे मेरा छाता पड़ा था। जल्दी में भिड़ गया होगा।"

(यह ठीक है कि छाता किवाड़ के पीछे, दीवार के साथ, रखा था; लेकिन उसे उठाने के लिए दरवाज़ा बन्द करने की ज़रूरत न थी। दरवाज़ा चेतन ने यकीनन इस डर से बन्द किया था कि चन्द्रा कोई वैसी बेतुकी हरकत न कर दे....इस बीच उसने सोच लिया था

कि वे दरवाज़ा बन्द करने का इल्ज़ाम लगायेंगे तो वह यही कहेगा।)

लाला जी का क्रोध, प्रकट ही, ठण्डा पड़ गया। उनके चेहरे पर औचक में पकड़े जाने का-सा अस्वस्ति-भाव झलक आया था।

"फिर क्या हुआ ?" उन्होंने ज़रा धीमे स्वर में पूछा।

चन्द्रा के बारे में कुछ भी कहने में चेतन को बुरा लग रहा था, लेकिन उसके सामने कोई चारा न था। उसने कहा, "चन्द्रा ने फिर मेरा हाथ पकड़ा था और कहा था कि मैं झूठ बोल रहा हूँ, लेकिन मैं और सच्ची बात क्या बताता। इसलिए हाथ छुड़ा कर, मैं चला गया।"

लाला जी ने अपने पिता की ओर देखा —"क्यों, बाऊ जी!"

"हाँ, ये चले गये थे।"

दादा के स्वर में सत्कार को चेतन ने लक्ष्य किया। वे अन्दर से ढीले पड़ गये थे।

कमरे में एकदम सन्नाटा छा गया। वे लोग क्या कहें, वे सोच नहीं पा रहे थे। उन तीनों में से किसी को यकीन नहीं था कि बात सिर्फ़ इतनी ही है, न यह कि मास्टर इतने सहज-भाव से सच-सच बता देगा। चेतन के यकीन हो गया था कि चन्द्रा ने और कोई बात नहीं बतायी। वह और भी तन कर बैठ गया, जैसे वह जज हो और वे तीनों मुजरिम!

लाला जी क्षण भर सोचते रहे। फिर उन्होंने धीमे स्वर में, उस पर दूसरा अभियोग लगाया :

"वाइल टीचिंग यू स्प्रेड यो'र लेग्ज़, एण्ड यो'र फ़ीट टच्ड हर थाइज़[१]। बीबी जी ने ख़ुद देखा है।"

लेकिन उनके स्वर की तुन्दी जाती रही थी और आप-से-आप उसमें सत्कार का भाव आ गया था।

"दिन भर बैठे-बैठे मेरी टाँगें थक जाती थी," चेतन ने उसी बेपरवाही से कहा, "पहले चन्द्रा सामने बैठ कर पढ़ती थी तो वह कुर्सी ख़ाली रहती थी और मैं उस कुर्सी पर पूरी टाँगें फैला लेता था। फिर उसने कहा कि उतनी दूर बैठ कर पढ़ने में उसकी समझ में कुछ नहीं आता और दरवाज़े से रोशनी का लिश्कारा उसकी आँखों में पड़ता है। तब वह कुर्सी पर आ गयी। मैं कभी किनारे से ज़रा पैर टिका लेता था। बीबी जी ने देखा था तो मुझसे कहा क्यों नहीं, मैं ध्यान रखता।"

"हमने चन्द्रा को समझा दिया था।" लाला जी ने गर्व से कहा, "कि अगर मास्टर जी कोई बदतमीज़ी करें तो चप्पल उतार कर उनकी मरम्मत कर दो!"

(चेतन को उस पिता की मूर्खता पर मन-ही-मन बेहद हँसी आयी। सभी पिताओं की तरह, वह भी सोचता था कि लड़के ही ज़्यादती करते हैं। लड़कियाँ भी पहल कर सकती हैं, इस बात को उसका दिमाग़ कबूल ही नहीं करता था। उस गधे को क्या मालूम कि उसकी लाडली और 'वीर' बेटी, चेतन के पैर ख़ुद उठा कर अपनी जाँघों पर रख लेती थी!)

---

१. आप पढ़ाते वक्त चन्द्रा की कुर्सी पर पैर फैला लेते थे और आपके पैर उसकी जाँघों को छू जाते थे।

उसने बेपरवाही से कहा, "पैर तो मैं बाद में भी फैलाता रहा हूँ। मेरी नीयत पर उसे शक होता तो वह ज़रूर चप्पल से मेरी मरम्मत करती।"

अब लाला जी क्या कहें, वे एकदम समझ नहीं पाये। क्षण भर बाद झुँझला कर उन्होंने कहा, "आप जाइए, और कल यह जगह छोड़ दीजिए!"

चेतन उठा। पूरे संयम और निहायत ठण्डेपन से उसने कहा, "देखिए लाला जी, रुपये तो आपने सारे मँगा लिये हैं। मेरे पास जो फ़ालतू रुपये थे, उनका मैं सामान ख़रीद लाया हूँ। आप ही ने राय दी थी कि मैं घर वालों के लिए तोहफ़े लेता जाऊँ। मेरी पास जाने का किराया भी नहीं और ये चार महीने की मुसीबत मैंने लॉ कॉलेज का दाख़िला जुटाने के लिए उठायी है। आपकी लड़की को मैंने इतना पढ़ा दिया है कि आगे वह मुझसे न भी पढ़ेगी तो पास हो जायेगी। आप मुझे पूरे पैसे नहीं देंगे तो मैं यहाँ से नहीं जाऊँगा!"

और यह कह कर वह तेज़ी से मुड़ा और धड़धड़ाते हुए, सीढ़ियाँ उतर आया।

○○

'स्साला हाकिमचन्द का! —'

चेतन के कानों में लाला हाकिमचन्द का आख़िरी हुक्म गूँज गया और दीवार से पीठ लगाये, बैठे-बैठे, उसने हवा में गाली दी और दाँत पीसते हुए, मन-ही-मन कहा, 'समझता है, इतने बड़े इल्ज़ाम में मैं डर जाऊँगा और चुपचाप शिमला छोड़ कर भाग जाऊँगा। नहीं जानता कि मैं जब तक दाख़िले के पूरे रुपये नहीं लूँगा, यहाँ से नहीं हिलूँगा। उसके जी में जो आये, कर ले!'

सारी घटना की याद कर, वह मन-ही-मन हँसा, 'समझता था कि उसके रोब और दबदबे और इल्ज़ाम के डर से मैं झूठ बोलूँगा, गिड़गिड़ाऊँगा और मुझको पीटने और मेरे रुपये दबा लेने का उसे मौका मिल जायेगा। शायद उसने सोचा हो कि ज़्यादा होगा तो किराया दे कर चलता कर देंगे —उसे नहीं मालूम कि मैं उसकी क्लर्काना ज़ेहनियत पहले दिन से जानता हूँ।' चेतन ने मन-ही-मन दाँत पीसे, 'अबे साले! मेरे अस्सी रुपये दबा लेने से क्या तेरे नुकसान की तलाफ़ी[१] हो जाती ? है तो आख़िर तू क्लर्क ही! सूझा तो यही सूझा कि लड़की से छेड़-छाड़ करने के इल्ज़ाम में ट्यूटर की इतनी मेहनत की कमाई मार ले!....साला सुपरिण्टेण्डेण्ट ऑफ़ इरीगेशन डिपार्टमेण्ट का....!'

तभी उसके मन में सन्देह उठा —अगर लाला ने उसके रुपये न दिये तो वह क्या करेगा ? उसका दम घुटने लगा। बिस्तर में बैठे रहना उसके लिए मुश्किल हो गया। वह उठा, उसने बत्ती जलायी, फिर लोई की बुक्कल मारी और कमरे में टहलने लगा। लाला से अपने रुपये लेने की कई तरकीबें उसके दिमाग़ में कौंध गयी....

....वह आज रात ही नहीं, कल भी खाना नहीं खायेगा और परसों भी नहीं खायेगा। वह भूख-हड़ताल कर देगा और लाला हाकिमचन्द को मजबूर कर देगा कि उसके पूरे पैसे दें और उन्होंने उसे जो गाली दी है, उसके लिए माफ़ी माँगें।

(मन में उसने सोचा कि अगर लाला, बिना माफ़ी माँगे रुपये देगा तो भी वह नहीं लेगा। रुपये उसके मुँह पर दे मारेगा और कहेगा —आपने मुझे जो गाली दी है, उसे वापस

१. पूर्ति।

लीजिए — तभी मैं रुपये लूँगा।)

....वह कसुम्पटी के बाज़ार में जा कर, पण्डित तेजभान और लाला झण्डालाल के मकानों के नीचे शोर मचायेगा कि लाला हाकिमचन्द ने चार महीने लड़की को पढ़वा कर अब मेरे पैसे मार लिये हैं....

....वह छोटे शिमले के सेक्रेटेरिएट में इरीगेशन डिपार्टमेण्ट के सामने जा कर धरना दे देगा। चिल्ला-चिल्ला कर कहेगा कि लाला हाकिमचन्द ने मेरे पैसे मार लिये हैं और ऊपर से अपनी लड़की को छेड़ने का झूठा इल्ज़ाम भी लगा रहे हैं....वह लाला की ज़िन्दगी हराम कर देगा....

चेतन के लिए कमरे में घूमते रहना कठिन हो गया। उसने लोई उतारी। स्वेटर पहन, सिर और गले में गुलूबन्द लपेटा। ऊपर से ओवरकोट डाला। बायें हाथ में छोटी-सी टॉर्च और दायें हाथ में छड़ी ली। फिर वह कमरे से बाहर निकल गया।

०

आसमान में कहीं पेड़ों के पीछे से, छोटा-सा चाँद निकल आया था। उसके इर्द-गिर्द, बेगिनती तारे झिलमिला रहे थे। नीचे, गगनचुम्बी केलू, एक-दूसरे से सटे, अँधेरे का अंग बने थे। चेतन काफ़ी देर तक वहीं बरामदे में घूमता रहा। उसकी आँखें अँधेरे की अभ्यस्त हो गयीं तो वह पास के पेड़ों को एक-दूसरे से अलग करने लगा। सामने से रास्ता दिखायी देने लगा। वह चुपचाप उस पर चल पड़ा। छोटी-सी टॉर्च की रोशनी में साँप-बिच्छू को देखता हुआ, वह एक-एक कदम बढ़ता गया। दो-तीन मोड़ पार कर, वह केनमोर एस्टेट के मुहाने पर पहुँच गया। पहले उसने सोचा, कसुम्पटी की ओर जाये; लेकिन सँकरा मार्ग था, अँधेरा पाख....उसे ख़याल आया — कोई भूला-भटका, भूखा हिंस्र पशु ही नीचे घाटियों से आ सकता है। इस अँधेरे में, दोनों ओर की घाटियों में, कुछ भी दिखायी नहीं देता....और वह दायीं ओर को छोटे शिमले की तरफ़ चल दिया।

उसके सोचने की धारा पलटी....

'मैं अस्सी रुपये के लिए इतनी हाय-तौबा मचा रहा हूँ....अस्सी रुपये से कहीं ज़्य दा का तो मैंने चन्द्रा का एक चुम्बन ले लिया है' — उसने मन-ही-मन कहा....और उस सुखानुभूति की स्मृति से उसका शरीर गर्मा गया। उसके जी में ख़याल आया कि अब, जब वह उस मुसीबत से छूट गया है, चुपचाप सवेरे अपना बोरिया-बिस्तर बाँधे — जालन्धर तक पहुँचने के रुपये उसके पास हैं, सावधानी के तौर पर पाँच रुपये नारायण से उधार ले-ले — और चल दे।....लॉ कॉलेज के दाख़िले की बात ज़रूर है....उसे पूरा विश्वास था कि वह माँ को सारी बात बतायेगा तो जैसे भी होगा, वह उसके दाख़िले का प्रबन्ध कर देगी....

लेकिन दूसरे ही क्षण उसके अन्तर में एक दूसरी आवाज़ गूँजी....'मैं क्यों छोड़ूँ अपनी इतनी मेहनत की कमाई के रुपये ?....क्या मैंने लाला हाकिमचन्द से उनकी लड़की का चुम्बन ख़रीदा है या उसने बेचा है ?....लाला अपनी किस्मत को सराहे कि मैं एक भले घर का, ग़रीब शादी-शुदा नौजवान हूँ। मैंने दो-तीन बार लाला को ख़बरदार किया, दो-तीन बार ट्यूशन छोड़ कर जाने की कोशिश की....मेरे और चन्द्रा के बीच इतना ही

हुआ — यह ग़नीमत है। मेरी जगह अनन्त होता तो लाला की उस उदमाती लड़की की सारी गर्मी निकाल देता....प्यारू होता तो उसे बहका कर, अस्सी-सौ रुपया तो दूर, सारे गहने-पत्ते उसके हाथों चोरी करा के, उसे भगा ले जाता....लाला अपनी किस्मत को सराहे कि मैंने अपनी इज़्ज़त के साथ, उसकी इज़्ज़त भी बचाये रखी है....उसे तो उलटा मुझे इनाम देना चाहिए!....और वह मेरी मेहनत की कमाई मार लेगा!....चार महीने से, बिना एक भी छुट्टी लिये, मैं उसे पढ़ा रहा हूँ....मैं क्यों छोड़ूँ अपने रुपये ?'

बार-बार वही दृश्य, वही सम्वाद, वही तर्क-वितर्क, वही दलीलें, उसके मन-मस्तिष्क में घूमती रहीं। उसके मन में कभी बेपनाह क्रोध आता रहा। कभी उसे अपने आप पर, कभी लाला पर, कभी चन्द्रा पर, तरस आता रहा....और वह सिर झुकाये, शिमले की सड़कों पर मारा-मारा फिरता रहा। रात गहरा गयी। हवा तेज़ चलने लगी। ओवरकोट के बावजूद, उसे सर्दी लगने लगी। वह वापस फिरा। ढाई-तीन बजे होंगे, जब वह अपने कमरे में पहुँचा।

दरवाज़ा खोलते ही उसकी नज़र मेज़ पर रखी थाली पर गयी। उसने सोचा, क्यों न वह खाना खा ले। ख़ाली पेट उसे नींद न आयेगी।....लेकिन खाना तो ठण्डा-यख़ हो गया होगा। रोटियाँ, सूखे चमड़े की तरह, अकड़ गयी होंगी।....'भूख हो तेज़ तो लेटी भी मज़ा देती है'....उसके दिमाग़ में हुनर साहब के शेर की पंक्ति गूँजी....ठण्डी रोटियाँ मेदे में जा कर अपने आप गर्म हो जायेंगी....लेकिन नहीं, वह खाना नहीं खायेगा — एक दिन नहीं खायेगा — दो दिन नहीं खायेगा — तीन दिन नहीं खायेगा....महात्मा गान्धी इतने-इतने दिन व्रत रख लेते हैं; उसकी माँ कई-कई दिन, उसके पिता के इन्तज़ार में, खाना नहीं खाती....क्या वह तीन दिन तक फ़ाका नहीं कर सकता ? वह मरेगा नहीं, बिना लाला हाकिमचन्द को उनकी ग़लती जनाये, वह खाना नहीं खायेगा....उसने थाली की ओर वितृष्णा से देखा, कपड़े उतारे और फिर लिहाफ़ ओढ़ कर लेट गया।....

वह शाम से घूमता रहा था, लेकिन अजीब बात है कि भयंकर तनाव के कारण, न उसे ज़रा भी थकन महसूस हो रही थी, न उसे नींद ही आ रही थी। उसने अच्छी तरह लिहाफ़ को अपने गिर्द लपेट लिया। लेकिन काफ़ी देर तक उसका शरीर गर्म नहीं हुआ। उसे नींद नहीं आयी। कुछ अजीब-सी नीम-ग़नूदगी में, अध-सपनों और अध-सच्चाइयों के बीच, उसका दिमाग़ भटकता रहा। कई बार उसने आँखें खोल कर, दरवाज़े के शीशों की तरफ़ देखा....बाहर बहुत हल्का-हल्का उजेला हो गया था और पक्षियों की चहचहाहट शुरू हो गयी थी, जब उसकी आँखें और दिमाग़ थक कर सो गये।

०

दरवाज़े पर ज़ोर से दस्तक की आवाज़ सुन कर चेतन उठा। कुर्सी से लोई उठा कर, उसने फेंटा मारा और बढ़ कर दरवाज़ा खोला। रामू खड़ा था। बर्तन लेने आया था।

उसने दोनों थालियाँ उठायीं तो चौंका। ऊपर की थाली उलट कर उसने देखा तो हैरत से बोला — "मास्टर जी, आपने खाना नहीं खाया ?"

चेतन कुर्सी पर बेतरतीबी से बिखरे हुए कपड़े उठा कर, खूँटियों पर टाँगने लगा था। उसने कहा — "नहीं!"

सुक्खू होता तो दस सवाल करता। लेकिन रामू में उतनी समझ नहीं थी। वह चुपचाप बर्तन ले कर जाने लगा तो चेतन ने उसे रोक लिया। उसके कन्धे को प्यार से थपथपाते हुए उसने पूछा :

"क्यों रामू, तुम शाम को खाना देने क्यों नहीं आये, कहीं गये हुए थे ?"

"मैं तो खाना ले कर आ रहा था मास्टर जी," रामू ने कहा, "लेकिन लाला जी ने रोक दिया।"

"क्या लाला जी ने चन्द्रा को पीटा था।"

"जी, बहुत पीटा था। बच्चे बीच में आ गये तो उनको भी पीट दिया।"

"क्या पूछते थे ?"

"कुछ पूछते थे कि क्यों कलाई पकड़ी थी....मास्टर जी क्या कहते थे तुम्हें....पर चन्द्रा बीबी पिटती रही, उन्होंने कहा कुछ नहीं। फिर दादा जी ने कहा कि बहाने से मास्टर से रुपये मँगा लो और उसे पीट कर घर से निकाल दो।....मैं आपको बताना चाहता था, लेकिन उन्होंने बच्चों के साथ मुझे भी कमरे में बन्द कर दिया।"

क्रोध की एक बेपनाह ज्वाला चेतन के अन्तर में लपकी। रामू बर्तन ले कर चला गया तो वह भूखे शेर की तरह कमरे में घूमने लगा। नित्य-कर्म से निबटने, कुल्ला करने या हाथ-मुँह धोने का भी उसे होश नहीं रहा। चन्द्रा को पढ़ाने के लिए तैयार होने की कोई जल्दी नहीं थी। दरवाज़ा उसने हल्के-से भिड़ा दिया। सिटकनी नहीं लगायी और जा कर फिर बिस्तर पर लेट गया।

उसे लेटे हुए, अभी मुश्किल से पाँच मिनट भी नहीं हुए होंगे कि दरवाज़ा खोल कर, बिल्ली की तरह दबे-पाँव, लाला हाकिमचन्द अन्दर दाख़िल हुए।

चेतन ने उन्हें देख लिया था। लेकिन चूँकि वे दरवाज़ा खोल रहे थे, उन्होंने नहीं देखा। चेतन ने झट करवट बदल, दीवार की तरफ़ मुँह कर के, घुटने मोड़ कर पेट में दबा लिये, जैसे वह थका-हारा फिर सो गया हो।

लाला जी क्षण भर उसके पलँग के पास खड़े रहे। फिर वे पट्टी पर बैठ गये और उन्होंने धीरे से आवाज़ दी —"मास्टर जी!"

चेतन चुप रहा।

उन्होंने फिर ज़रा ज़ोर से आवाज़ दी।

चेतन ने आँखें खोलीं, ज़रा-सा मुड़ कर देखा कि कौन आवाज़ दे रहा है। फिर, जैसे अचानक उसने लाला जी को देखा हो, वह हड़बड़ा कर उठा।

"रात मैं बहुत देर तक जागता रहा...." चेतन ने सफ़ाई देने की कोशिश की।

"आपने खाना नहीं खाया!" लाला हाकिमचन्द ने बहुत ही प्यार और सहलाहट-भरे स्वर में कहा।

चेतन कहना चाहता था। 'आपने मेरे साथ जो बदसलूकी की है, उसके बाद खाना खाने को मेरा मन कैसे होता ?' —लेकिन उसने यह सब तफ़सील नहीं दी। सिर्फ़ इतना कहा :

"मुझे इच्छा नहीं हुई!"

लाला जी उठ कर उसके सिरहाने आ बैठे और उन्होंने बड़े प्यार से कहा :

"रात आपको बहुत बुरा लगा होगा। मैं जानता था, आपका क्या रिऐक्शन[1] होगा, इसलिए मैंने सुक्खू से कहलाया था कि आप खाना खा कर ऊपर आइए! लेकिन आप भूखे ही चले आये...."

"मैं क्या जानता था कि आप मुझ पर...."

चेतन कहना चाहता था कि उसे क्या मालूम था वे ऐसा इल्ज़ाम लगायेंगे; उसने समझा, उन्हें कोई ज़रूरी बात करनी है —लेकिन लाला जी ने उसकी बात काट दी। उन्होंने सफ़ाई देने के अन्दाज़ में कहा :

"मेरी बड़ी मुश्किल थी। आप पर मुझे कोई वैसा शक नहीं था। होता तो क्या आप समझते हैं, मैं आपको चार महीने रखे रहता। लेकिन बाऊ जी पुराने ज़माने के आदमी हैं। उनके ख़याल में, जवान भाई-बहन को भी अकेले कमरे में नहीं छोड़ना चाहिए। उन्होंने आपके ख़िलाफ़ कुछ ज़्यादा नहीं कहा, पर चन्द्रा ने आपकी कलाई पकड़ी, आपने कहा — 'दादा सो रहे हैं,' फिर आपने उठ कर दरवाज़ा बन्द कर दिया...."

"उसके पीछे मेरा छाता पड़ा था और मुझे जाने की...."

"मैं जानता हूँ, मैं जानता हूँ...." लाला हाकिमचन्द ने उसे बात पूरी नहीं करने दी, "लेकिन यह तो आप मानेंगे कि किसी पुराने ख़याल के बुज़ुर्ग को इस सब से शक गुज़र सकता है...."

"आप तो उनकी आदत से वाकिफ़ थे। उस सूरत में आपको मुझे उनके शिमला आने से पहले ही छुट्टी दे देनी चाहिए थी। मैं किसी ऐरे-ग़ैरे घर का लड़का नहीं हूँ। ऊँचे कुल का ब्राह्मण हूँ। पिता मेरे स्टेशन मास्टर हैं और सारे डिवीज़न में अपनी उदारता और दबंगई के लिए मशहूर हैं। मेरे छोटे भाई ज़बरदस्त लड़ाके हैं, उन्हें इस बात का पता तक चल जाये कि उनके बड़े भाई को किसी ने ऐसा-वैसा कहा है तो वे...."

लेकिन लाला जी ने फिर उसे बात पूरी नहीं करने दी। तत्परता से उसकी पीठ थपथपाते हुए, उन्होंने अंग्रेज़ी में कहा :

"आई टेण्डर माई सिंसीयर अपॉलोजीज़। आय'म वेरी सॉरी....इट वॉज़ ऐन अनफ़ॉर्चुनेट मिसअण्डरस्टैण्डिंग ऑन आवर पार्ट...."

चेतन शेर हो गया था। लेकिन उसने ठण्डे लहजे में कहा, "मैं किन्हीं हालात में घर छोड़ कर चला आया और नहीं चाहता, किसी से कोई मदद लूँ। मैंने पूरी मेहनत और दयानतदारी से आपकी लड़की को पढ़ाया है —जितनी कि इस हालत में मुमकिन है, जबकि पढ़ने में लड़की का मन न हो और दिमाग़ उसका कमज़ोर हो। कभी आप उसका इम्तहान ले कर देखिए, पहले से वह कितना ज़्यादा सीख गयी है....और आपने छूटते ही मुझे गाली दे दी...."

लाला जी ने उसे बात नहीं ख़त्म करने दी। उसके कन्धे को स्नेह से थपथपाते हुए, उन्होंने फिर कहा :

"अब बस कीजिए और गुस्सा थूक दीजिए। कई बार ग़लत-फ़हमी हो जाती है। आप

---

१. प्रतिक्रिया।

उसे ख़ातिर में न लाइए। मैं चन्द्रा को भेजूँगा। आप यहाँ जितने भी दिन हैं, उसे पढ़ाते रहिए!"

(लाला जी के चेहरे से तमाम तुन्दी निकल गयी थी और कुछ ऐसी लिजलिजाहट आ गयी थी, जो शायद अपने बॉस के सामने, उनके चेहरे पर आ जाती होगी। चेतन की बातें सुन कर, वे अन्दर से हिल गये थे। वे कोई लाट-गवर्नर तो थे नहीं। महज़ एक दफ़्तर के सुपरिण्टेण्डेण्ट थे। चेतन ने अपने भाइयों के लड़ाकेपन का ज़िक्र कुछ ऐसे अन्दाज़ में किया था कि उन्हें लगा —कहीं सचमुच उसके भाई वैसे हुए तो लाहौर में उनकी ज़िन्दगी हराम कर सकते हैं। लड़की का मामला है —ख़ाह-म-ख़ाह स्कैण्डल हो सकता है। 'सॉरी' कह देने से उनकी गाँठ से क्या जाता है; उन्होंने माफ़ी माँग ली थी और यह जताने के लिए कि उनके मन में कुछ नहीं, उन्होंने उसे चन्द्रा को पढ़ाने के लिए भी कह दिया था।)

चेतन का ग़ुस्सा तो दूर हो गया था, लेकिन वह अब किसी चक्कर में फँसना नहीं चाहता था। उसने कहा —"नहीं, मैं उसे नहीं पढ़ाऊँगा!"

क्षण भर कमरे में सन्नाटा छाया रहा। फिर चेतन बोला, "आप चाहेंगे तो मैं लाहौर में ट्यूशन जारी रखूँगा, लेकिन यहाँ उसे और पढ़ाना मेरे लिए मुमकिन नहीं। मैंने जाने की तैयारी कर ली है। मैं तो गठड़ी-भर सेब भी ले आया हूँ।" उसने कोने में रखी सेबों की गठड़ी की ओर संकेत किया और अपनी बात जारी रखते हुए कहा —"फिर आपने मेरा कॉन्फ़िड़ेन्स भी शेक कर दिया है[१]।"

लाला जी ने उठ कर पलँग-पोश में बँधे सेबों में से दो-एक ले कर देखे।

"ये तो कच्चे हैं, सात-दस दिन में पकेंगे।" उन्होंने कहा। फिर सेब हाथ में ही लिये हुए, वे उसकी चारपाई के पास आये, "मेरी राय है कि आप दो-चार दिन और रहिए! आप फ़ौरन चले जायेंगे तो चन्द्रा के मन पर बुरा असर पड़ेगा। दो-तीन दिन रह कर, उसे पढ़ाइए। सेब ख़राब भी हो जायेंगे तो मैं आपको और ले दूँगा!...."

चेतन ने कोई उत्तर नहीं दिया। लाला जी फिर बोले, "आप यहाँ रहेंगे और उसे नहीं पढ़ायेंगे तो रमा वग़ैरा यहाँ आती रहती हैं —लोग दस बातें बनायेंगे। मैं नहीं चाहता कि किसी के कान में इस सिलसिले में भनक पड़े...."

"आपने मेरे सारे रुपये मँगा लिये हैं। पैसे के बिना, मैं यहाँ से हिल नहीं सकता। आप मुझे आज पैसे दे दीजिए। मैं कल चला जाऊँगा।"

"आज तो नहीं, पर कल या परसों मैं आपको रुपये दे दूँगा। आज आप आराम करें। कल मैं चन्द्रा को भेजूँगा। उसे यहाँ एक महीना और रहना है। कम-से-कम आप उसे इतना होम-वर्क दे दीजिए कि वह एक महीना बिज़ी[२] रहे। अपनी ग़ैर-मौजूदगी में पढ़ने के लिए आप उसे गाइड कर दीजिए!"

"मैंने उसे सब बता दिया है। होम-वर्क दे दिया है। मैं घर तार दे चुका हूँ...."

(चेतन के घर तार तो दूर रही, चिट्ठी भी तभी लिखी जाती थी, जब कोई ख़ास गड़बड़ हो; लेकिन लाला पर रोब डालने के लिए उसने फड़ मार दी और कहा :)

१. विश्वास भी हिला दिया है।

२. व्यस्त।

"आप मुझे जल्दी छुट्टी दे देंगे तो मैं मशकूर हूँगा। चन्द्रा के पास मेरी एक किताब और 'मंजरी' के कुछ अंक हैं। वे आप सुक्खू के हाथ भिजवा दीजिएगा।"

"मैं चन्द्रा से कह दूँगा। वह ख़ुद दे जायेगी।"

और उसके कन्धे को थपथपाते हुए बोले, "रात की बात का बुरा न मानिए। पिता जी के कारण मुझे तेज़ रुख़ अपनाना पड़ा। घर-गिरस्थी में दस तरह की बातें हो जाती हैं। मैंने चन्द्रा से पूछा है। कसूर उसी का है। खिलन्दरी है और हथ-चालाकी करती है।"

और लाला जी, सेब वहीं चारपाई पर रख कर चले गये।

०

चेतन का तनाव एकदम दूर हो गया। ख़ुशी के मारे उसके जी में आयी, उलटा हाथ मुँह पर रख कर, ज़ोर से बकरा बुला दे; लेकिन तभी रामू नाश्ता ले आया। चेतन ने उठ कर कुल्ला किया। दो टोस्ट खा कर, गर्म दूध पिया और दरवाज़ा बन्द कर के फिर लेट गया।

थोड़ी देर बाद, वह गहरी नींद सो रहा था।

☒☒☒

दसवाँ खण्ड

छब्बीस

टैक्सी कालका की तरफ़ उड़ी जा रही थी और यद्यपि रास्ते में प्राकृतिक दृश्यों की कोई कमी न थी (जिनका आनन्द लेने के उद्देश्य से चेतन ने टैक्सी की अगली सीट ली थी) लेकिन उन सुन्दर नज़ारों को देख कर भी, जैसे वह देख न रहा था। टैक्सी आगे को बढ़ी जा रही थी और उसका मन उससे बिलकुल उल्टी दिशा में, पीछे को, भागा जा रहा था।

००

पिछली शाम उसने नारायण से कहा था कि चाहे उसे थोड़ी तकलीफ़ करनी पड़े तो भी वह उसे टैक्सी पर चढ़ा दे। गंज ही से एक हातो लेता हुआ, नारायण सुबह केनमोर कॉटेज आ पहुँचा था। सारे सामान के लिए एक हातो को देख कर चेतन को हैरत नहीं हुई थी। शिमले में बोझ ढोने वाले उससे दुगुना सामान पीठ पर लाद कर मीलों पहुँचा देते थे। रास्ते में सामान रख कर सुस्ताने को, म्यूनिसिपल कमेटी ने सड़कों के किनारे, जगह-जगह सीमेण्ट के ऊँचे चबूतरे बना रखे थे। हातो ने बड़े इत्मीनान से उसका सारा सामान —ट्रंक, बिस्तर, हार्मोनियम का बक्सा और फलों की टोकरी —पीठ पर उठा लिया था और कार्ट रोड की तरफ़ से, वे दोनों टैक्सियों के अड्डे पहुँचे थे।

एक टैक्सी, सवारियों और सामान से भरी, सिर्फ़ एक मुसाफ़िर की प्रतीक्षा में खड़ी थी।

"आओ बाश्शाहो, बस इक्को सवारी चाहीदी ए[१]।" सिक्ख ड्राइवर, चेतन को देख कर, दूर ही से चिल्लाया था, "तुसीं बैट्ठो ते असीं चल्लिए[२]!"

चेतन ने एक उड़ती-सी निगाह टैक्सी की छत और डिक्की पर डाली थी। दोनों जगहें सामान से भरी थी। डिक्की का मुँह आधा खुला था और उसमें बन्द सामान बाहर तक निकला हुआ था। सामान से इस तरह भरी, अध-खुली डिक्की का मुँह चेतन को हमेशा, शिकार का जबड़ों में लिये, किसी मगरमच्छ के मुँह की याद दिला देता था और वह सोचा करता था —दोनों में इतना ही फ़र्क है कि मगरमच्छ जब मुँह खोलता है तो शिकार उसके गले की तरफ़ जाता है और जब डिक्की का मुँह खुलता है (सड़क पर लगने वाले किसी धचके से अथवा डिक्की की रस्सी टूट जाने से) तो सामान बाहर सड़क पर आ रहता है और कई बार मीलों तक इसका पता नहीं चलता।....चेतन को अपने हार्मोनियम के बक्से और फलों की टोकरी की बहुत चिन्ता थी। वह चाहता था कि वह डिक्की के अन्दर, गहरे में, उन्हें रख दे। हार्मोनियम कीमती नहीं था, लेकिन कैसरील बाजा था; उसके सुर जर्मनी में बने थे और चेतन यह जानता था कि एक बार टूट-टाट गया तो फिर बरसों दूसरा नहीं

---

१. आओ बादशाहो, एक ही सवारी दरकार है।
२. आप बैठें तो हम चलें।

ख़रीदा जा सकता। फलों की टोकरी ताड़ के पत्तों की थी और ज़रा-से दबाव से उसका हुलिया बिगड़ सकता था।

जब ड्राइवर ने, उसकी ख़ामोशी को नीम-रज़ा समझ कर, हातो से सामान उतरवाना चाहा तो चेतन ने उसे रोक दिया —"सरदार जी, आपकी टैक्सी में सामान के लिए जगह कहाँ है ?"

"बाश्शाहो, दिलाँ'च जगह होनी चाहीदी ए[१]!" सरदार साहब ने बाछें खिलाते हुए कहा, "समान दी फ़िकर न करो, इह तों दुगना समान असीं टैक्सी'च लद्द लइए[२]!"

लेकिन चेतन को अपने सामान की फ़िक्र थी। वह जानता था कि टैक्सी-ड्राइवर उसका सामान किसी-न-किसी तरह, घुसा-फँसा कर, टैक्सी पर लाद देगा; लेकिन सामान से नकानक भरी उस टैक्सी में, कालका पहुँचते-न-पहुँचते, उसके सामान की कैसी दुर्गत हो जायेगी, इसके बारे में उसे कोई अन्दाज़ा नहीं था। उसने कहा —"सरदार जी, क्या अगली सीट ख़ाली है ?"

"नहीं, बाश्शाहो, अगली सीट ताँ ख़ाली नईं," ड्राइवर ने थोड़ा हतोत्साह हो कर कहा, लेकिन फिर अतिरिक्त जोश से बोला, "पर तुसीं पिछली सीट ते बैठ जाओ, बड़े आराम नाल लै जावाँगे[३]।"

चेतन को पिछली सीट पर, दो सवारियों के बीच सैण्डविच हो कर, सफ़र करना पसन्द नहीं था। उसने बहाना बनाते हुए कहा कि उसकी तबियत रास्ते में मतला जाती है। वह बीच की सीट पर नहीं बैठेगा।

पिछली सीट पर दोनों सवारियाँ खिड़कियों में बैठी थीं। सरदार ने उनसे कहा कि एक सवारी बीच की सीट पर हो जाये ताकि वह बाबू को बैठा ले और टैक्सी फ़ौरन चल सके; लेकिन उन लोगों को, लगता है, वैसी जल्दी न थी। जवाब देना तो दूर रहा, उन दोनों में से किसी ने यह भी प्रकट नहीं होने दिया कि बात उससे कही गयी है। चेतन ने भी ज़ोर दिया कि वह अगली सीट पर ही जायेगा। तब सरदार साहब, उसका पिण्ड छोड़, कोई और सवारी देखने लगे।....

दूसरी टैक्सी में एक सवारी अगली सीट पर और एक, पिछली सीट पर बैठी थी, लेकिन उन दोनों मुसाफ़िरों का इतना सामान था कि टैक्सी भर गयी थी। नारायण को समय से दफ़्तर भी जाना था। उसने चेतन को सलाह दी कि वह इस दूसरी टैक्सी में बैठ जाये।

"ख़ाली टैक्सी में बैठोगे तो उसे भरने में देर भी लग सकती है," नारायण ने कहा था, "खिड़की के पास वाली सीट ख़ाली है। बैठो और चल दो। समय से कालका पहुँच जाओगे। खाना-वाना खाने में आसानी होगी।"

"नहीं यार," चेतन ने कहा था, "टैक्सी में सफ़र करना हो तो अगली सीट पर ही करना चाहिए। सामने के शीशे से सड़क की दोनों तरफ़ का नज़ारा किया जा सकता है।

१. बादशाहो, दिलों में जगह होनी चाहिए।
२. सामान की चिन्ता न करिए, इससे दुगुना सामान हम टैक्सी में लाद सकते हैं।
३. नहीं बादशाहो, अगली सीट तो ख़ाली नहीं; पर आप पिछली सीट पर बैठ जायें, बड़े आराम से ले जायेंगे।

कालका तक रास्ता इतना ख़ूबसूरत है, इतने सुन्दर दृश्य रास्ते में देखने को मिलते हैं कि उनका आनन्द अगली सीट पर बैठ कर ही लिया जा सकता है। पिछली सीट पर, सवारियों में भिंचे हुए, सफ़र करना हो तो फिर रेलगाड़ी ही क्या बुरी है!"

और उसने एक तीसरी ख़ाली टैक्सी में, बड़ी सावधानी से, सामान रखवाया था। फलों की टोकरी उसने अगली सीट के गढ़े में ऐसे रख दी थी कि उसकी एक तरफ़ वह पूरे पैर फैला सके। उधर से निश्चिन्त हो कर, उसने हातो को पैसे दे कर रवाना कर दिया था। तभी नारायण ने छुट्टी चाही थी और विदा लेने के लिए हाथ बढ़ाया था।

"यार, जाने अब फिर कब मिलते हैं, चलो एक-एक गिलास चाय इकट्ठे पीते हैं।" चेतन ने कहा था और नारायण के हाथ को थामे हुए, वह बरबस उसे सामने के एक ढाबे पर ले आया था। बाहर एक ख़ाली बेंच रखी थी। दोनों उस पर बैठ गये थे और चेतन ने दो चाय का आर्डर दिया था।

ढाबे की बेंच पर बैठे, चाय की चुस्कियाँ लेते हुए, वे दोनों बातें करने लगे थे। चेतन ने उसे अपने भविष्य की योजनाएँ सुनायी थीं और नारायण से वादा लिया था कि वह ज़रूर सर्दियों में लाहौर आये और उसके ही पास ठहरे। उसने न सिर्फ़ नारायण को अपने भाई की दुकान का पता लिखवा दिया था, वरन उसका नक्शा भी ऐसे समझा दिया था कि नारायण लाहौर के स्टेशन से पैदल भी चले तो सीधा बाइबल सोसाइटी के सामने, उसके भाई के क्लिनिक पर पहुँच जाये!

"सर्दियों में नारायण, हम कई बार दुकान की परछत्ती पर ही सोते हैं।" अपने भाई के क्लिनिक का नक्शा बता कर चेतन ने कहा था, "काफ़ी बड़ी परछत्ती है; लकड़ी का फ़र्श है। और किसी तरह की तकलीफ़ तुम्हें नहीं होगी, इसका मैं यकीन दिलाता हूँ।"

नारायण हँसा था। "मैं कौन-सा राजमहल में रहता हूँ यार," उसने कहा था, "लकड़ी के तख़्त और लकड़ी के फ़र्श पर सोना एक-बराबर है।"

दोनों मित्र, बातों में ऐसे ग़र्क हो गये थे कि नारायण को अपने दफ़्तर और चेतन को अपनी टैक्सी का ख़याल नहीं रहा था। तभी ड्राइवर ने उसे आवाज़ दी थी। चेतन हड़बड़ा कर उठा था। टैक्सी भर चुकी थी और इंजिन 'घर्र-घर्र' कर रहा था। वह दरवाज़ा खोल कर अपनी सीट पर जा बैठा था और खिड़की का शीशा उसने गिरा दिया था।

"अच्छा भाई, विश यू हैपी जर्नी," नारायण ने कहा था, "लाहौर पहुँच कर ख़त ज़रूर लिखना।"

और उसने विदा लेने को हाथ बढ़ा दिया था।

उसके हाथ को गर्मजोशी से अपने दोनों हाथों में लेते हुए, चेतन ने कहा था :

"सच कहता हूँ नारायण, अगर तुम मुझे उस नुमाइश में अचानक न मिल जाते तो यह पिछला महीना-सवामहीना मुझ पर कितना भारी बीतता।" उसने बड़े तपाक से उसका हाथ हिलाया था और फिर कहा था, "अब तुम सर्दियों में लाहौर ज़रूर आना।"

नारायण ने वादा किया था कि वह आ सका तो ज़रूर आयेगा और आयेगा तो उसके यहाँ ज़रूर ठहरेगा।

टैक्सी चल दी थी। चेतन कुछ देर, सिर घुमा कर, उसे देखता रहा था। फिर मुड़

कर सीट पर पसर गया था और उसके अन्तर से एक बहुत लम्बी साँस निकल गयी थी।

००

जब-जब चेतन ने अपनी इस वापसी की कल्पना थी, उसने हमेशा सोचा था कि शिमले से, टैक्सी में बैठ कर, जब वह कालका को जायेगा तो केनमोर कॉटेज की उस घुटन से मुक्त होने और ट्यूशन के उस दुश्चक्र से निकलने पर उसका मन, राहत और ख़ुशी के एहसास से, बहुत हल्का होगा; अपनी पत्नी और बच्चे को देखने की उत्कण्ठा से पुलकित होगा और उसके भविष्य का सपना, जो पंख समेट कर उस पिंजरे में सिमट गया था, उन्मुक्त हो कर पंख फैलायेगा —वह उसकी उड़ानों को देखता हुआ, सोल्लास, रास्ते के प्राकृतिक दृश्यों का नज़ारा करता चला जायेगा।....और अब वह केनमोर कॉटेज की उस चूहेदानी से मुक्त हो कर, टैक्सी की अगली सीट पर बैठा, वापस जा रहा था —जालन्धर —जहाँ चन्दा थी और उसका नवजात शिशु (जिसके बारे में चेतन ने कई तरह की कल्पनाएँ की थीं) —और लाहौर —जहाँ उसके दोस्त-मित्र थे, लॉ कॉलेज था और उसका भविष्य था (जिसकी हदें आसमानों को छूती थीं।) लेकिन उसके मन में, न राहत थी, न पुलक, न उल्लास! कुछ अजीब-सी उदासी उसके मन पर छायी थी और तेज़ अनी की नोक-सी कटुता थी, जो किसी अदृश्य काँटे-सी, रह-रह कर, मन को साल रही थी।

कटुता इस बात को ले कर थी कि लाला हाकिमचन्द ने उसके बीस रुपये काट लिये थे और उदासी इसलिए कि उनकी उस कमीनी हरकत से झल्ला कर, उसने क्षणिक आवेग में ऐसा काम किया था, जिस पर अब उसे हल्का-सा पश्चाताप था।

००

उस दिन के बाद, जब लाला हाकिमचन्द, सुबह-सवेरे, दबे पाँव आ कर उसकी चारपाई पर बैठे थे और उन्होंने अपने कृत्य के लिए उससे क्षमा माँगी थी, फिर चेतन को उनकी सूरत दिखायी नहीं दी थी। चन्द्रा ज़रूर दूसरे दिन, लाला जी के दफ़्तर जाने के बाद, दस-एक बजे के करीब, 'मंजरी' का अंक और उसकी किताब देने आयी थी।

चेतन, हमेशा की तरह, वक्त से तैयार हो गया था। कसरत उसने नहीं की थी। इसलिए नहीं कि उन लोगों के दुर्व्यवहार की वजह से उसका मन खिन्न था, बल्कि इसलिए कि बराबर की कॉटेज में एक मुसलमान सब-जज आ गये थे और चेतन ने तय किया था कि कसरत अब लाहौर जा कर ही शुरू करेगा। लेकिन वह तड़के उठा थ। जाखू का राउण्ड लगा आया था और नहा-धो कर कुर्सी पर आ बैठा था। उस वक्त वह चन्दा को पत्र लिख रहा था कि एक झंझट के कारण, वह दो-एक दिन के लिए रुक गया है; उससे निबट कर, जल्दी ही जालन्धर पहुँचेगा।

यूँ तो वह जिस परिवार में पला था, वहाँ तारों की तरह, ख़त-पत्र भी शादी-ग़मी पर ही दिये जाते थे और माना जाता था कि अगर कोई ख़त नहीं आया तो सब 'सुख-साँद' है; लेकिन चेतन अपनी पत्नी को बाकायदा पत्र लिखता था —ख़ास तौर पर इसलिए कि वह ख़ुद हिन्दी सीखने और चन्द्रा को सिखाने के लिए, पत्रों को बहुत अच्छा साधन मानता था। अपने पत्र वह कहानियों की तरह, बार-बार काट-छाँट और उनकी नोक-पलक सँवार कर, लिखता था। हल्के-से सन्देह पर शब्द-कोश में हिज्जे देख लेता था। इधर चन्दा का

तो कोई पत्र न आया था, लेकिन चेतन उसे बाकायदा सूचना देता रहा था।

हालाँकि उसका ध्यान पत्र लिखने में गया था, लेकिन जब पिछला दरवाज़ा खोल कर, चन्द्रा पढ़ने के कमरे में आयी और मेज़ के पास आ कर खड़ी हो गयी तो जैसे सहज-ज्ञान से चेतन को उसके आने का पता चल गया था। उसने सिर उठाया। चन्द्रा ने बिना होंट खोले, पत्रिका और पुस्तक वाला हाथ बढ़ा कर, संकेत किया कि वह उन्हें ले ले।

चेतन उठ कर उस कमरे में गया। लेकिन वह कुर्सी पर बैठा नहीं। बायाँ हाथ कुर्सी की पीठ पर टिकाये, वहीं खड़े-खड़े, उसने पत्रिका और पुस्तक लेने के लिए दायाँ हाथ बढ़ा दिया। उसकी आँखें, अनचाहे भी, चन्द्रा के चेहरे पर चली गयीं — बेहद सुता हुआ, उदास और लगभग रोनक्खा चेहरा — दो ही दिनों में वह कितना उतर गया था! उसकी वह चमक और शोख़ी, न जाने कहाँ चली गयी थी! जाने वह कितना पिटी और रोयी थी — उसकी आँखें भी सुती और लाल थीं! चेतन के दिल को, अन्दर-ही-अन्दर, कुछ बुरी तरह कचोट गया। दूसरे क्षण चन्द्रा ने निगाहें झुका लीं। उसका हाथ मेज़ पर टिक गया और वह एकदम मेज़ के किनारे से लग गयी।

उसके उदास और सुते हुए चेहरे पर आँखें जमाये, सहसा चेतन के मुँह से निकल गया था, "मैंने तुमसे कहा था कि तुम मुझे पिटवाओगी।"

चन्द्रा ने आँखें उठायीं। उदास-सी मुस्कान उसके होंटों पर खेल गयी। सीने पर हाथ रख कर, ज़रा-सा सिर झुकाते और चेतन की आँखें-में-आँखें डालते हुए, उसने कहा : "मास्टर जी, पिटी तो मैं ही हूँ न।"

और वह मुड़ कर, तेज़-तेज़, पिछले दरवाज़े से चली गयी थी।

चेतन क्षण भर वहीं खड़ा रह गया था। फिर वह वापस अपने कमरे में आ कर, जैसे उस दृश्य से बरबस अपने आपको अलग कर, पत्र लिखने लगा था।

o

लाला जी शायद इस बात का इन्तज़ार कर रहे थे कि चेतन अपना इरादा बदलता है या नहीं। जब चन्द्रा उसकी चीज़ें दे गयी और चेतन ने पढ़ाई शुरू नहीं की तो तीसरे दिन उन्होंने सुक्खू के हाथ साठ रुपये उसे भिजवा दिये थे।

"मास्टर जी, लाला जी ने ये रुपये भेजे हैं और कहा है कि उन्होंने सिर्फ़ वही बीस रुपये काटे हैं, जो आपको हवालात से छुड़ाने पर ख़र्च हुए थे।" उसे रुपये देते हुए सुक्खू ने कहा था, "उन्होंने कहा है — मास्टर जी से कह देना कि अगर आप छोटी बीबी को लाहौर में भी पढ़ायेंगे तो लाला जी ये बीस रुपये भी साल के आख़ीर में आपको वापस दे देंगे।"

और यह कह कर सुक्खू, उलटे-पाँव, वापस चला गया था।

चेतन ने रुपये गिने तो क्रोध का बवण्डर-सा उसके मन में उठा। उसके जी में आया था कि आवाज़ दे कर सुक्खू को वापस बुलाये, रुपये उसे वापस दे दे और कहे कि जा कर अपने लाला जी से कह दो — जब तक वे मेरे अस्सी रुपये वापस नहीं देंगे, मैं यहाँ से नहीं जाऊँगा।

लेकिन दूसरे क्षण सोचने पर उसे लगा कि लाला हाकिमचन्द अब वे बीस रुपये उसे नहीं लौटायेंगे। हो सकता है, वह अड़ जाये तो वे भी अड़ जायें और कहें कि जब आपने ट्यूशन पढ़ाना बन्द कर दिया है तो आपको यहाँ रहने-खाने का कोई हक नहीं। आपको शिमला रहना है तो कहीं दूसरी जगह जा कर रहिए!....इस अर्से में वह अच्छी तरह जान गया था कि अपनी तमाम अफ़सरियत, तमतराक और दिखावे के बावजूद, वे अन्दर से अव्वल-आख़िर सिर्फ़ एक क्लर्क थे और अपनी उस बीवी से, जिसे वे कंजूस और कमीनी समझते थे, किसी तरह बेहतर नहीं। —बीस रुपये दे कर फिर वापस ले लेने की बात उसे बीबी जी की उस हरकत जैसी लगी थी, जब उन्होंने चाट की दुकान पर, प्लेट से गिरा हुआ समोसा उठा कर, फिर प्लेट में रख लिया था।....

'साले, तूने अपनी बीवी को उस हरकत के लिए इतना पीटा था,' वह मन-ही-मन गरियाया, 'क्या तू उससे कम कमीना और कंजूस है ?....दित्ता दान दित्ता दान, फ़ेर मंगे बेईमान....' (चेतन ने मन में पंजाबी भाषा की एक कहावत दोहरायी :) '....जब तूने हातिमताई की कब्र पर लात मारते हुए, वे बीस रुपये नहीं काटे थे और यूँ ज़ाहिर किया था कि कभी नहीं काटेगा तो दो दिन बाद ही तेरी जान निकल गयी ? तुझे वे रुपये रखते शर्म नहीं आयी....क्या मैंने तुझ से कहा था कि मुझे रिक्शा में बैठा कर मशोबरे से घर ला ?....मुझे मालूम होता, तू मेरी तनख़्वाह से रिक्शा का किराया काट लेगा तो लाख थका और उनींदा सही, मैं पैदल ही घर वापस लौटता....चालीस रुपये महीने में से मैं इतने रुपये कहाँ से देता ?....'(तभी चेतन को उस वकील का ख़याल आ गया, जिसे दिन भर रिक्शा रखने के सिलसिले में, लाला जी ने चेतन के खाते में दस रुपये दे दिये थे और वह फिर बमका :) '....उस हरामज़ादे वकील को दिन भर रिक्शा ले देने के लिए मैंने कहा था ?....मुकद्दमे की पैरवी करना तो दूर रहा, उस साले ने वक्त से फ़ोन भी नहीं किया....वह फ़ोन कर देता तो कौन-सा मैं छूट ही जाता।....यह तो अच्छा हुआ, टिक्का साहब को उसका फ़ोन नहीं मिला और उन्होंने पहले ही मुझे छोड़ दिया, वरना अपने दोस्त को ख़ुश करने के लिए, जाने वे कितनी पेशियाँ रख देते और वह साला, न जाने कितने रुपये ऐंठता....दस रुपये दिन भर की रिक्शा के....' वह मन-ही-मन गरजा....'ऐसे वकील के चूतड़ों पर तो दो लात जमानी चाहिएँ....' (तभी उसके दिमाग़ में सुक्खू का अन्तिम वाक्य घूम गया और उसने मुँह बिदोर कर, मन-ही-मन, लाला हाकिमचन्द की नकल उतारी :)....'मास्टर जी छोटी बीबी को लाहौर में पढ़ायेंगे तो लाला जी वे बीस रुपये भी साल के आख़ीर में वापस दे देंगे....हाँ, दे देंगे बीस रुपये....बड़े दानी कर्ण हैं....मैं सब जानता हूँ....बीस रुपये के लालच में ज़रूर ही मैं तुझ-जैसे कमीने की कूढ़-मग़ज़ लड़की को पढ़ाऊँगा!....'

मन में उबलता-खौलता, चेतन अपने कमरे में देर तक घूमता रहा। फिर उसने रुपये रखने के लिए पलँग के नीचे रखा ट्रंक खींच कर खोला। उसके ढकने के अन्दर बने ख़ाने में रखे, 'सोसाइटी फ़ॉर यू एण्ड मी' के परिपत्रों पर सहसा उसकी निगाह चली गयी। उसने नोट उनके पीछे रख दिये। फिर अचानक एक परिपत्र निकाल कर वह पढ़ने लगा। उसकी आँखों में उन तमाम लोगों के चेहरे घूम गये, जिनसे वह सोसाइटी के सिलसिले में मिला था और अचानक उसे लाला हाकिमचन्द ही नहीं, सभी बड़े लोगों के प्रति क्रोध हो

आया।....वह अपने बीस रुपये छोड़ेगा नहीं....लाला से नहीं तो उन्हीं-जैसे किसी दूसरे से वसूल कर लेगा....और उसने साठ रुपये वहाँ से उठा कर, ट्रंक में कपड़ों के नीचे रख दिये और रसीदबुक तथा परिपत्र बाहर निकाल लिये।

ट्रंक बन्द कर के उसने पलँग के नीचे ठेल दिया; उठ कर कपड़े बदले; सूट-बूट डाट कर, सिर पर तिरछा हैट रखा; परिपत्र और रसीद-बुक जेब में डाली और दरवाज़ा भेड़ कर बाहर निकल गया।

केनमोर एस्टेट की चढ़ाई तेज़-तेज़ चढ़ कर, चेतन सड़क पर पहुँचा था तो कुछ क्षण वहाँ खड़ा सोचता रहा था। उस क्षणिक आक्रोश में उसने तय किया था कि वह सोसाइटी के दो सरपरस्त या चार मेम्बर बना कर, बीस रुपये की कसर निकाल लेगा और इस सिलसिले में सबसे पहले उसे सर तेजा सिंह का ख़याल आया था। वे नज़दीक ही रहते थे। दोराहे से जो सड़क केनमोर एस्टेट को मुड़ती थी, वहीं दायीं ओर, ऊँचाई पर, उनकी कोठी थी; यूँ कहा जाये कि उनकी कोठी के एक तरफ़ छोटे शिमले से कसुम्पटी को जाने वाला सीधा रास्ता था, दूसरी तरफ़ केनमोर एस्टेट को मुड़ने वाला, जिसके साथ-साथ, दायीं तरफ़ को, उनके बँगले की फ़सील चली गयी थी। बीच की तिकोन में कुछ ऊँची पहाड़ी थी, जिस पर कोठी बनी थी। चेतन रोज़ तीन-चार बार उसके नीचे से गुज़रता था, इसीलिए सबसे पहले उसे उन्हीं का ध्यान आया था....

सड़क पर क्षण भर असमंजस में खड़े-खड़े, वह यही सोचने लगा कि सर तेजा सिंह के यहाँ उसे कैसा व्यवहार मिलेगा ? उस क्षण उसकी आँखों के सामने, सोसाइटी के सिलसिले में, लाहौर के तूल-अर्ज़ में की जाने वाली सारी दौड़-धूप और वे तमाम मुलाकातें आ गयीं, जो उसने चन्दा लेने के लिए बड़े लोगों से की थीं।....क्या सर महोदय से मुलाकात हो भी सकेगी या नहीं ?....लेकिन दूसरे ही क्षण उसे दुविधा और आशंका को दिमाग़ से झटक दिया था और जिस आवेग में वह घर से निकल आया था, उसी में बहता हुआ, वह कोठी के अन्दर चला गया।

सर तेजा सिंह, अपनी भव्य कोठी की पोर्च के चौड़े बरामदे में, ख़ूबसूरत दीवान पर अध-लेटे हो कर, कोई फ़ाइल देख रहे थे। चेतन ने एक चिट पर अपना नाम और आगे 'जर्नलिस्ट एण्ड स्टोरी राइटर' लिख कर, उसे चपरासी के हाथ भेज दिया। उन्होंने उसे वहीं बुला लिया।

चेतन ने जा कर 'सत श्री अकाल' कहा तो उन्होंने फ़ाइल से निगाहें उठाये बिना, दीवान के बराबर रखे काउच की ओर संकेत कर दिया। चेतन बैठ गया।

मँझला कद; दोहरा बदन; गोरा रंग; शरीर पर सूफ़ियाने रंग का अचकन और चूड़ीदार पायजामा; सिर पर सफ़ेद पगड़ी और लम्बी, सफ़ेद दाढ़ी —फ़ाइल पर झुके हुए सर तेजा सिंह उसे बहुत भले लगे।....जाने कैसे, उन्हें देख कर चेतन के मन की तमाम आशंकाएँ दूर हो गयीं। क्षण भर बाद उन्होंने फ़ाइल से निगाहें उठा कर, बेहद थकी-थकी आँखों से, उसकी तरफ़ देखा तो उसे उठ कर, सोसाइटी का ब्रोशर उनके आगे रहते हुए, संक्षेप में अपना और सोसाइटी का परिचय दिया और उनसे 'दरख़्वास्त' की कि वे सोसाइटी की सरपरस्ती कबूल करें।

सर तेजा सिंह ने ब्रोशर नहीं देखा। वैसे ही लेटे-लेटे, ज़रा-सा करवट के बल हो, उन्होंने जेब से बटुआ निकाला और दस रुपये का नोट उसकी ओर बढ़ा कर, फिर फ़ाइल देखने में तल्लीन हो गये।

चेतन ने रसीद काटी, उनके सामने, फ़ाइल के पास रखी; उन्हें धन्यवाद दिया और 'सत श्री अकाल' कह कर चला आया।

०

इतनी जल्दी दस रुपये पाने पर चेतन ने इस बात का भी नोटिस नहीं लिया कि सर महोदय ने उसके 'सत श्री अकाल' का उत्तर नहीं दिया; सोसायटी का ब्रोशर तक नहीं पढ़ा; उससे बात तक नहीं की और न उसके जाने पर ही सिर उठाया था। बल्कि, वह उत्साह से भर आया। क्षण भर के लिए उसने यह भी सोचा कि शिमले में इतने बड़े-बड़े लोग रहते हैं; अगर पिछले चार महीने में अपनी शामें बेकार घूमने में बर्बाद करने के बदले, उसने उन्हें सोसाइटी के सरपरस्त और सदस्य बनाने में लगाया होता तो न सिर्फ़ बहुत से मेम्बर बना लिये होते, बल्कि ज़्यादा नहीं तो चार-पाँच सौ रुपया इकट्ठा कर लिया होता।....चेतन के सामने, पिछले साल स्कैण्डल पॉयण्ट पर, हफ़ीज़ जालन्धरी, लाला धर्मचन्द तथा महाशय जीवनलाल कपूर के साथ होने वाली मुलाकातें घूम गयीं....वे लोग इसीलिए तो हर साल गर्मियों में शिमले आते थे कि यहाँ छोटी-सी जगह में पंजाब के सारे राजे-नवाब, काउन्सिल के मेम्बर, जज और बैरिस्टर आते हैं और उनसे मिलना भी उतना मुश्किल नहीं होता....

....लेकिन सोसाइटी को आगे चलाने का ख़याल चेतन के मन में नहीं था। लाला हाकिमचन्द ने उसके बीस रुपये न रख लिये होते तो शायद उसे चार महीने पहले से ट्रंक में सहेज कर रखे गये परिपत्रों को देख कर, उनके ज़रिये, अपनी कसर निकालने का ख़याल भी न आता। उस वक्त क्रोध के आवेग में, अपने उस तर्कहीन आक्रोश में, चेतन ने उन सब को लाला हाकिमचन्द के साथ ब्रैकेट कर दिया था और वे परिपत्र, उन सब से, लाला हाकिमचन्द के घटियापन का बदला लेने का साधन बन गये थे....

दूसरा शिकार वह किसे बनाये, यही सोचता हुआ, चेतन केनमोर कॉटेज वापस आ गया। अपने कमरे को जाने के लिए, वह बरामदे की सीढ़ियाँ चढ़ रहा था, जब अचानक उसकी नज़र —बराबर की कॉटेज में आये, नये किरायेदार —रिटायर्ड सब-जज, ख़ान हिकमत अली ख़ाँ पर चली गयी।

'अगर यहीं काम बन जाये तो कहीं और ख़ाक छानने की क्या ज़रूरत है,' उसने मन में कहा, 'क्यों न कोशिश कर ली जाये!'

और अपने कमरे को जाने के बदले, उसने अपना रुख़ उधर को मोड़ लिया था।

०

ख़ान हिकमत अली, रिटायर्ड सब-जज, मँझले कद और दोहरे बदन के आदमी थे। सिर उनका गंजा था और वे ड्रेसिंग गाउन पहने, बरामदे की धूप में कुर्सी पर बैठे, अख़बार देख रहे थे।

....चार-पाँच दिन पहले, जब वे सामान के साथ आये थे तो चेतन अपने बरामदे में खड़ा था। जब उसे मालूम हुआ था कि वे साथ की कॉटेज में रहने के लिए आये हैं तो

वह उनके आगे-आगे, लगभग भागता हुआ, उस कॉटेज में गया था और उसने, दरवाज़े की चौखट में लगी मेख से लटकता हुआ, अपना लंगोट और ज़मीन पर रखी तेल की शीशी उठायी थी। (शुरू-शुरू में, कसरत करने के बाद, वह दोनों चीज़ें उठा लाता था, लेकिन इधर वह उन्हें वहीं छोड़ आया करता था।) तेल-सनी ईंटें उसने उठा कर रेलिंग के बाहर फेंक दी थीं और हँसते हुए कहा था, "मैं ज़रा इस कॉटेज की तन्हाई में, सुबह कसरत किया करता था। अभी नौकर बुला कर बरामदा साफ़ करा देता हूँ।"

वह भागा-भागा गया था। लंगोट और शीशी उसने बाथ-रूम में रखी थी और रामू से कहा था कि झाड़ू ले कर आये....और उसने रामू के साथ जा कर बरामदा साफ़ करा दिया था।

ख़ान साहब बड़े ख़ुश हुए थे। वहीं बातों-बातों में उसने अपना परिचय दिया था और उनके बारे में जाना था कि रिटायर्ड सब-जज हैं; मोची दरवाज़ा लाहौर में रहते हैं। सितम्बर का महीना शिमले में रहेंगे।.... ख़ान साहब ने इस बात पर ख़ुशी प्रकट की थी कि उन्हें एक अदीब का साथ मिला है। उन्होंने सगर्व बताया था कि उन्हें भी कुछ लिखने-पढ़ने का शौक है।

चेतन ने कहा था कि अब तो वह कुछ ही दिन बाद लाहौर चला जायेगा, उसे लॉ कॉलेज में दाख़िला लेना है, लेकिन वह लाहौर में उनसे ज़रूर मिलता रहेगा; उसकी कहानियों का पहला मजमूआ निकल गया है, वह उनकी ख़िदमत में पेश करेगा और चूँकि वह कानून पास कर के, सब-जजी के कम्पीटीशन में बैठना चाहता, इसलिए उनकी मदद भी चाहेगा।.... ख़ान साहब उस वक्त सामान रखवा रहे थे और उनके परिवार का रिक्शा आ गया था; इसलिए चेतन, उनसे रुख़सत ले कर और जाने से पहले मिलने की बात कह कर, चला आया था।....

"आदाब अर्ज़, ख़ान साहब!" चेतन ने अपनी कॉटेज की हद पार करते ही कहा, "मैं तो कल या परसों लाहौर चला जाऊँगा, सोचा आपके नियाज़ हासिल करता चलूँ और आपका पता भी ले लूँ।" वह उनसे हाथ मिला कर, बेतकल्लुफ़ी से, उनके साथ की ख़ाली कुर्सी पर बैठ गया था और अपनी बात जारी रखते हुए उसने कहा था : "उस दिन, मुख़्तसर-सी मुलाकात में आपको मैं बता नहीं सका —हम लोगों ने लाहौर में एक अदबी अंजुमन कायम की है।"

वह क्षण भर को रुका था। ख़ान साहब ने प्रश्न में आँखें उठायीं तो उसने सोसाइटी का ब्रोशर उन्हें दिया था और उसकी योजना और उद्देश्यों के बारे में उन्हें संक्षेप में बताते हुए, हफ़ीज़ जालन्धरी, अख़्तर शीरानी, मजीद मलिक, सूफ़ी तबस्सुम और प्रोफ़ेसर तासीर के नाम उछाल दिये थे....

"लाहौर का कोई ऐसा अदीब और शायर नहीं," अपनी बात ख़त्म कर के उसने कहा था, "जिसने सोसाइटी की सरगर्मियों में हिस्सा लेने का वादा नहीं किया। मियाँ बशीर अहमद, एडीटर 'हुमायूँ' और अख़्तर शीरानी, एडीटर 'रोमान' तो बाकायदा हमारी सोसाइटी के मेम्बर बन गये हैं। आप भी अगर हमारे प्रोग्रामों में हिस्सा ले सकें और सोसाइटी के सरपरस्त बन सकें तो हम बेहद मशकूर होंगे।"

चेतन को उम्मीद नहीं थी कि सरपरस्त तो दूर, ख़ान साहब मेम्बर भी बनेंगे। उसने तो सिर्फ़ चान्स लिया था। लेकिन ब्रोशर को एक नज़र पढ़ने के बाद, ख़ान हिकमत अली अन्दर कमरे में गये। वहाँ से दस रुपये का एक नोट ला कर चेतन को देते हुए, उन्होंने कहा, "मैं सितम्बर का पूरा महीना यहाँ रहूँगा। अक्तूबर में वापस लाहौर जाऊँगा। आप मुझे सोसाइटी के जलसों की इत्तला वक्त से देंगे तो ज़रूर पहुँचूँगा। मुझे भी कुछ शे'रो-शायरी का शौक है। एक छोटा-सा दीवान[1] मुरत्तब[2] कर रहा हूँ। आप चाहेंगे तो कुछ ग़ज़लें मैं भी किसी जलसे में सुनाऊँगा।"

"ब-हज़ार-शौक।" चेतन ने, सीने पर हाथ रखते और ज़रा झुकते हुए, उत्साह से कहा था, "मैं एक ख़ास मीटिंग इसी ग़रज़ से रख दूँगा, जिसमें सिर्फ़ आप ही की चीज़ें सुनी जायें।"

दस रुपये उनसे ले कर उनसे जेब के हवाले किये थे; रसीद काट कर ख़ान साहब को दी थी; उनका लाहौर का पता डायरी में लिखा था और उनसे इजाज़त ले कर चला आया था।

वह अपने कमरे में पहुँचा था तो अपनी इस कामयाबी पर बहुत ख़ुश था। क्षण भर के लिए फिर उसके मन में ख़याल आया कि दो-तीन दिन और रुक कर चार-छै और लोगों को मूँड आये....लेकिन उसका मन नहीं हुआ। अब, जब उसके रुपये पूरे हो गये थे, उसे एक दिन भी शिमले में और काटना असह्य लग रहा था। उसने ब्रोशर और रसीद-बुक फिर ट्रंक में रखी। सब सामान निकाल कर उसे फिर से सेट किया। रामू खाना ले आया था। चेतन ने खाना खाया। एक-डेढ़ घण्टा आराम किया। फिर वह तैयार हो कर सीधा नारायण के दफ़्तर पहुँचा।

०

"लो भाई, मैं तो कल यहाँ से जा रहा हूँ," उसने नारायण की सीट पर जा कर, उसके कन्धे पर हाथ मारा।

नारायण फ़ाइल पर झुका हुआ था। उसने चौंक कर सिर उठाया। दो दिन से चेतन उधर नहीं आया था। उसे प्रसन्न और उत्साह-भरा देख कर, नारायण स्वयं भी खिल आया। हँस कर उसने पूछा :

"परसों और कल तुम नहीं आये तो मैंने समझा, तुम चले गये हो। लेकिन तुम तो अभी तक यहीं हो, कहाँ रहे दो दिन ?"

"घर पर ही रहा," चेतन ने कहा, "एक घपला हो गया था, जिसकी वजह से नहीं आ सका। बताऊँगा। लेकिन सब ठीक हो गया और अब कल सुबह मैं चल देना चाहता हूँ। तुम्हारे पास आया था कि तुमसे मिल भी लूँ और तुम्हें थोड़ी मदद के लिए भी कहूँ।"

"बोलो, क्या हुक्म है ?"

"अरे यार, यह फ़िनमोर कॉटेज साली, न कसुम्पटी में है, न छोटे शिमले में —यह ऐन बीच में है। कसुम्पटी में तो हातो-वातो मिलते नहीं, छोटे शिमले में रहते हैं। मैं अभी

---

१. काव्य-संग्रह।

२. संकलित।

गया तो मालूम हुआ, सुबह-सवेरे मिलेंगे। अब, सुबह तैयार हो कर, पहले छोटे शिमले से हातो लाऊँ, फिर सामान उठा कर, वापस वहीं से होता हुआ, कार्ट रोड पकडूँ। मैं कभी उधर से गया नहीं और मुझे उस रास्ते का इल्म नहीं, इसलिए घबराता हूँ। क्या तुम ऐसा नहीं कर सकते कि सुबह, संजौली की सैर को जाने के बदले, रास्ते से एक या दो हातो लेते हुए, मेरी तरफ़ आ जाओ और मुझे टैक्सी पर चढ़ा दो। मुझे रेट-वेट भी मालूम नहीं। मुझसे एक के दो चार्ज कर लेंगे। तुम यहाँ के रहने वाले हो; थोड़ी तकलीफ़ सह कर भी इतना कर दो, मैं तुम्हारा बहुत मशकूर हूँगा।"

"ठीक है, मैं आ जाऊँगा।" नारायण ने कहा, "कितना सामान है ?"

"ट्रंक, बिस्तरा, बाजे का बक्सा और फलों की टोकरी —बड़े तो चार ही नग होंगे। अटैची, ओवरकोट, छड़ी और छाता तो हाथ में लिये जा सकते हैं।"

"तो एक हातो का सामान है! मैं सुबह गंज ही से जान-पहचान वाला एक हातो ले कर तुम्हारे यहाँ पहुँचूँगा। तुम एकदम तैयार रहना। तुम्हें टैक्सी में बैठा कर फिर दफ़्तर आऊँगा।"

"यार, एक टोकरी भी लेनी है," चेतन ने कहा, "सेब पैक करने हैं। अभी तो पलँग-पोश में ही बाँध कर रखे हुए हैं। इसी चक्कर में पलँगपोश ख़राब हो गया।"

"तुम आज काफ़ी पहले आ गये हो।" नारायण ने कहा, "बैठो; वो कुर्सी ले लो। मैं ज़रा हाथ का काम निबटा लूँ। फिर चलते हैं।"

आध-एक घण्टा चेतन वहीं दफ़्तर में बैठा रहा। फिर दोनों, हाथ में हाथ दिये, साथ-साथ नारायण के दफ़्तर से निकले थे। पहले नारायण ने लोअर बाज़ार के एक फल वाले की दुकान से दो पैसे में ताड़ के पत्तों की ऐसी टोकरी चेतन को ले दी थी, जिसमें लगभग एक सौ सेब पैक हो सकें। फिर वह उसे अपने कमरे में ले गया था। उसके घर से गाजर का हलवा आया हुआ था। नारायण ने चाय बनायी और हलवा गर्म कर के, दो प्लेटों में डाल, वह चेतन के सामने तख़्त पर आ बैठा।

हलवा शुद्ध घी में बना था और उसमें काफ़ी खोआ और बादाम पड़े थे। उसकी सुगन्ध चेतन के नथुनों में भर गयी। चम्मच मुँह में डाल कर, उसने तारीफ़ की —"यार, हलवा तो बहुत बढ़िया बना है। हलवाई कमबख़्त ऐसा लज़ीज़ हलवा क्या बनायेगा!"

नारायण ख़ुश हो गया। "माँ बहुत प्रीत से चीज़ बनाती है।" उसने कहा, "दूसरी सब चीज़ें तो हलवाई डाल देगा, लेकिन माँ का प्यार कैसे डालेगा!"

"यार, तुमने लाख रुपये की बात की है!" चेतन ने समर्थन किया, "कभी-कभी, अपनी माँ के हाथों-पकी चीज़ को चख कर, मुझे भी यही एहसास होता है।"

"तुमने दफ़्तर में कहा था कि कुछ घपला हो गया है," चाय की चुस्की लेते हुए, सहसा नारायण ने कहा, "इसीलिए तुम दो दिन इधर नहीं आ सके। क्या बात थी ?"

"अब तुम्हें क्या बताऊँ," चेतन हँसा, "मैंने तुम्हें ख़बर दी थी न कि चन्द्रा के दादा आ गये हैं और मेरे दिन आराम से गुज़र जायेंगे। सो उन बुढ़ऊ को शक गुज़रा कि चन्द्रा और मुझमें कुछ ऐसी बात है। उन्होंने लाला हाकिमचन्द से शिकायत कर दी। जब मैं ...ब ले कर, शाम को घर पहुँचा तो उन हज़रत ने, बहाने से, वे अस्सी रुपये मँगा लिये,

जो उन्होंने सुबह ही मुझे दिये थे। ऊपर से मुझ पर इल्ज़ाम लगा दिया।...."

नारायण की आँखें उत्सुकता से चमक उठीं — "क्या कुछ हुई थी चन्द्रा में और तुममें ऐसी बात ?" उसने पूछा।

"अरे नहीं यार!" चेतन हँसा और उसने शुरू से ले कर आख़िर तक, ख़ासा नमक-मिर्च लगा कर, नारायण को सारा किस्सा सुना दिया। अन्त में उसने कहा, "लेकिन साले ने माफ़ी माँगने के बावजूद, मेरे बीस रुपये काट लिये!"

"क्या मतलब ?" नारायण ने पूछा।

"बात यह है," चेतन ने कहा, "अगर मैं उसका कहना मान कर चन्द्रा को फिर पढ़ाने लगता और उसे यकीन हो जाता कि मैं लाहौर में भी ट्यूशन जारी रखूँगा तो वो बीस रुपये छोड़ देता। लेकिन जब मैंने सनद नहीं दी तो उसने, आख़िर है तो बुनियादी तौर पर क्लर्क ही, वे बीस रुपये काट लिये, जो उसने परम उदारता से छोड़ दिये थे। सोचने पर उसे लगा होगा कि अगर मैं चन्द्रा की ट्यूशन नहीं जारी रखता तो वे बीस रुपये यूँ ही गये। हिसाबी-किताबी आदमी है, ख़ुद तो उसे मेरे सामने पड़ने का हौसला नहीं हुआ, लेकिन नौकर के हाथ उसने सुबह साठ रुपये भिजवा दिये।...."

"अजीब कमीना आदमी है!"

"उसने नौकर से कहलवाया कि अगर मैं लाहौर में ट्यूशन जारी रखूँगा तो साल के आख़िर में मुझे ये बीस रुपये भी मिल जायेंगे। लेकिन वह हज़ार रुपया भी दे तो मैं उस लड़की की ट्यूशन नहीं करने का!"

"लेकिन तुम्हारे दाख़िले के लिए रुपये कम पड़ जायेंगे।" नारायण ने खेद प्रकट किया।

"लाला हाकिमचन्द ने मुझे मूँडा," चेतन ने बेपरवाही से कहा, "मैंने उसी-जैसे दो दूसरों को मूँड लिया।"

और सोसाइटी के बहाने, सर तेजा सिंह और ख़ान हिकमत अली से, दस-दस रुपये हथियाने की बात, चेतन ख़ूब मज़ा ले कर नारायण को सुना दी।

नारायण के चेहरे पर कुछ ऐसा भाव आ गया, जैसे वह कोई अनहोनी बात सुन रहा हो।

"यह तो तुमने ठीक नहीं किया," सारी बात सुन कर उसने कहा, "लाला हाकिमचन्द की कमीनगी का बदला दूसरों से लेने की बात मेरी समझ में नहीं आयी। यह तो ऐसे ही हुआ कि कोई डाकू हमें लूट ले, हम उसका तो कुछ बिगाड़ न पायें और जा कर अपने बेकसूर पड़ोसी के घर में डाका डाल दें।"

चेतन थोड़ा अप्रतिभ हुआ।

"बस मुझे ग़ुस्सा ही आ गया," उसने किंचित खेद-भरे स्वर में कहा।

"इसीलिए तो गीता में क्रोध को बुद्धि का नाश करने वाला कहा है," नारायण ने कहा :

"क्रोधादभवति सम्मोहः सम्मोहात्स्मृतिविभ्रमः
स्मृतिभ्रंशादबुद्धिनाशो बुद्धिनाशात्प्रणश्यति

"इस रुपये से तुम अपना दाख़िला दोगे तो तुम्हारी शिक्षा को दाग़ न लग जायेगा।"

"नहीं, मैं यह रुपये दाख़िले में ख़र्च नहीं करूँगा।" चेतन ने हठात कहा, "लाहौर जा कर हुनर साहब को दे दूँगा।"

"हुनर तो नम्बरी ठग है," नारायण हँसा, "तुम्हीं ने मुझे सोसाइटी का सब किस्सा बताया था; उसे देने से तो बेहतर है, अपने ही पास रखो और शिक्षा ग्रहण करने में लगाओ।" उसने परम हितचिन्तक की तरह चेतन को समझाया।

"ठीक है, मैंने जिनसे रुपये लिये हैं, उन्हें वापस कर दूँगा।" चेतन ने निश्चयात्मक स्वर में कहा।

नारायण आश्वस्त हो गया। उठते हुए बोला, "चलो, ज़रा घूमते हैं। हातो को भी अभी पक्का कर आते हैं।"

दोनों बाहर निकले थे। पहले नारायण ने, हातो के ठिकाने पर जा कर, उसे पक्का किया कि सुबह समय से उसके कमरे पर पहुँच जाये; वहाँ से कसुम्पटी जा कर सामान लाना है। फिर दोनों, लोअर बाज़ार में घूमते हुए, माल की तरफ़ चल दिये थे।

सहसा चेतन कपड़े की एक दुकान के आगे रुक गया था। शो-केस में, खिले लाल रंग की, एक बूटेदार रेशमी साड़ी लटक रही थी; चेतन की आँखों में खुब गयी। उसने बढ़ कर दुकानदार से कीमत पूछी तो उसने बीस रुपये बतायी। न जाने चेतन के मन में क्या आया, उसे जेब से वही बीस रुपये निकाल कर दुकानदार को दिये और उससे कहा कि साड़ी पैक कर दे।

"यार, मैंने घर में सब के लिए कुछ-न-कुछ लिया है," नारायण की आँखें प्रश्न में फैली देख कर, चेतन ने कहा था, "सिर्फ़ अपनी पत्नी के लिए कुछ नहीं लिया। यह साड़ी मुझे भा गयी है। उस पर ख़ूब खिलेगी।"

और साड़ी का पैकेट बग़ल में दबा कर, चेतन मस्ती से चल दिया था। उस क्षण, लॉ कॉलेज का दाख़िला और उसका भविष्य, उसकी आँखों से दूर चला गया। वहाँ, लाल बूटेदार रेशमी साड़ी पहने, चन्दा का खिला मुख आ गया —उसे इस बात का भी एहसास नहीं रहा कि वह नारायण के साथ, लोअर बाज़ार की भीड़ और गहमा-गहमी में, चला जा रहा है।

००

टैक्सी अचानक रुक गयी। चेतन को झटका लगा। वह सीधा हो बैठा। दायीं तरफ़, सड़क के किनारे, पहाड़ी से एक पतला-सा झरना फूट रहा था। दरअसल वहाँ झरना नहीं था, सिर्फ़ पहाड़ से पानी सिम रहा था। जाने किसने वहाँ एक लम्बा-सा पत्ता ऐसे खोंस दिया था कि सिमता हुआ पानी, उस पर से हो कर, एक पतली-सी धार में गिर रहा था। शायद पीछे बैठी सवारी को प्यास लगी थी; पहाड़ से पानी झरता देख कर, उसने ड्राइवर को टैक्सी रोकने के लिए कहा था और टैक्सी झटके से रुक गयी थी।

खट से पिछली सीट का दरवाज़ा खुला। बन्द गले का कोट और क्रिस्टी टोपी पहने, बायें हाथ में पीतल का गिलास लिये, दायें से खुले पायजामे की सिलवटें ठीक करते हुए, एक लाला जी, पिछली सीट का दरवाज़ा खोल कर उतरे और झरने से गिलास भर के ले

आये। टैक्सी फिर चल दी।

चेतन चुपचाप, कुछ अजीब-सी, अपरिचित निगाहों से, थोड़ी देर तक खिड़की के बाहर सरकते दृश्यों को देखता रहा। लेकिन वे दृश्य, उसकी आँखों के पर्दे पर, जैसे फिसलते जा रहे थे; उन पर कोई नक्श न छोड़ रहे थे....फिर वह सीट पर पीछे को लेट गया; पैर उसने सेबों की टोकरी की दायीं तरफ़ फैला लिये।

उसे ख़याल आया कि जब वह अपनी माँ और भाइयों के लिए चीज़ें ख़रीद रहा था तो उसे क्यों अपनी पत्नी के लिए कोई चीज़ ख़रीदने का ध्यान नहीं आया ?....क्या वह चन्द्रा की मौजूदगी में चन्दा को भूल गया था ?....अपने अन्तर में टटोलने पर उसे लगा कि नहीं, उसकी पत्नी की तस्वीर तो हमेशा वहाँ मौजूद रही थी और शायद उसी के कारण वह किसी गहरे गड्ढे में गिरने से बच गया था....तोहफ़ों के सिलसिले में पहले चन्दा का ख़याल न आने का कारण शायद यही था कि वह चन्दा को अपने से अलग नहीं समझता था —जिस तरह उसने सब के लिए चीज़ें ख़रीदीं, लेकिन अपने लिए कुछ नहीं ख़रीदा, इसी तरह शायद उसने चन्दा के लिए भी कुछ नहीं लिया। लेकिन उस बूटेदार लाल साड़ी को देख कर, अचानक उसे ख़याल आया था कि जब वह घर में सब को कुछ-न-कुछ देगा तो यह देख कर कि उसका पति चार महीने बाद घर आया, लेकिन उसके लिए एक टिकुली भी नहीं लाया, चन्दा को ज़रूर दुख होगा। यह ठीक है कि वह कुछ माँगती नहीं, कुछ कहती नहीं, लेकिन वह कुछ महसूस भी नहीं करती, ऐसा तो शायद नहीं है....उसके हँसते-मुस्कराते चेहरे पर एक हल्का-सा बादल आ जायेगा —चेतन के सामने अपनी पत्नी का मासूम और उदास चेहरा आ गया था और क्षणिक आवेश में उसने साड़ी ख़रीद ली थी....

....बीस रुपये साड़ी पर ख़र्च कर दिये....चेतन ने सोचा....अब उसे दाख़िले के लिए बीस का और प्रबन्ध करना पड़ेगा....उसे यकीन था कि जब वह माँ के सामने सारी स्थिति रखेगा और यह बतायेगा कि ऐन वक्त पर लाला हाकिमचन्द ने बीस रुपये रख लिये; कि लाला अगर अपना इरादा पहले प्रकट कर देते, तब वह सब तोहफ़े-ओहफ़े न ख़रीदता तो माँ, जैसे भी होगा, बीस रुपये का इन्तज़ाम कर देगी....

....दाख़िले का प्रबन्ध तो हो जायेगा, इस में चेतन को किसी तरह का शक-संशय नहीं था; लेकिन ये बीस रुपये, जो उसने साड़ी पर ख़र्च कर दिये, ये तो उसे सर तेजा सिंह और ख़ान हिकमत अली ख़ाँ को वापस भेजने थे....जब उसने नारायण से इस बात का वादा किया था तो चेतन ने सोचा था कि लाहौर जा कर एक प्यारा-सा पत्र सर महोदय को लिखेगा कि जिस साथी से कन्धों पर वह सोसाइटी का बोझ छोड़ गया था, वह सोसाइटी नहीं चला सका और चूँकि सोसाइटी बन्द हो गयी है, इसलिए वह उनके रुपये, शुक्रिये के साथ, वापस कर रहा है। उसने यह भी सोचा था कि ख़ान हिकमत अली को, मोची दरवाज़े में उनके घर जा कर, वह रुपये वापस कर आयेगा। अपने इस सुकृत्य पर उसने पेशगी गर्व भी महसूस कर लिया था....और क्षणिक आवेग में उसने वही रुपये साड़ी पर ख़र्च कर दिये....

तभी चेतन को ख़याल आया कि उसने तो उन पैंतिस रुपयों में से भी एक पैसा नहीं वापस किया, जो उसने 'शातिर' और 'फ़िगार' से कर्ज़ लिये थे....भले ही उन लोगों ने उसे

यकीन दिलाया था कि रुपये वापस करने की ज़रूरत नहीं, लेकिन कर्ज़ तो कर्ज़ ही है। उन लोगों ने रुपये देते वक्त जो भी समझा हो, ख़ुद उसने तो उन्हें कर्ज़ समझ कर ही लिया है; उसे तो बहरहाल वह रकम उन्हें वापस देनी है। उन लोगों को न देगा तो हुनर साहब को देगा....जब एक बार उसने हुनर साहब को रुपये देने की बात कह दी है तो चेतन जानता था कि वे कभी-न-कभी उससे रुपये माँग ही लेंगे....

....पैंतिस दस पैंतालिस दस पचपन....उसने मन-ही-मन हिसाब लगाया। शिमले के इन चार महीनों की मेहनत के, वह सिर्फ़ साठ रुपये बचा कर लाया है और पचपन उसे अभी देने हैं, तो कुल कमाई उसकी पाँच रुपये हुई....चेतन के दिमाग़ में पंजाबी की एक कहावत गूँज गयी — नौ दिन नौधा बाहर रिआ ते नौ नौधे दे आये, घर बैठ के हिसाब कीत्ता, ना कोई गये ते ना कोई आये — चेतन मन-ही-मन हँसा....कर्ज़ तो उसने शातिर और फ़िगार से ले ही लिया था....उसने सोचा....क्या यह अच्छा न होता कि वह उन रुपयों का सूट न बनवाता और लाहौर ही में रह कर, कुछ दूसरा काम कर के, लॉ कॉलेज के दाख़िले का जुगाड़ कर लेता और शिमले के इन चार महीनों की तकलीफ़ और तनाव से बच जाता....

सहसा चेतन क मन उदास हो आया।....पिछले साल वह कविराज के साथ सेहत बनाने आया था; दिन-रात मेहनत कर के, उनको किताब लिख कर दे गया और अपनी सेहत गँवा कर चला गया था। इस साल वह लॉ कॉलेज के दाख़िले का प्रबन्ध करने के लिए लाला हाकिमचन्द के साथ आया। बिना एक दिन की भी छुट्टी किये, (उनकी लड़की की तमाम उच्छृंखलता के बावजूद) वह उसे लगन से पढ़ाता रहा। वह तो पास हो जायेगी, लेकिन उस की समस्या लगभग वैसी ही है।....वह सोसाइटी नहीं चला सका....ट्यूशन नहीं जारी रख सका; क्या उसके हर प्रयास के भाग्य में विफलता ही लिखी है....उसके यहाँ क्या दोष है कि वह कहीं भी नहीं टिकता, कहीं भी फ़िट नहीं होता ?....

o

वह उठ कर बैठ गया और यूँ ही, बेमन से, खिड़की के बाहर सरकते नज़ारों को देखने लगा — बायीं ओर उथली, ऊबड़-खाबड़ घाटी में नंगा, कटा-फटा पहाड़ था; बड़ी-बड़ी चट्टानें उससे टूट कर बिखरी हुई थीं — बेगिनती चट्टानें और पत्थर — कहीं-कहीं, वे एक-दूसरे पर अटके हुए, अजीब-सी शक्लें बना रहे थे — तभी चेतन की नज़र, बायीं ओर एक बड़ी चौड़ी चट्टान पर, सफ़ेदी से बड़े-बड़े अक्षरों में लिखे, कविराज की पुस्तक 'विवाहित-आनन्द' के जहाज़ी विज्ञापन पर गयी....कैसी शानदार जगह कविराज ने अपनी पुस्तक के विज्ञापन की ख़ातिर चुनी है....चेतन ने सोचा....सड़क की तरफ को सीना फैलाये इतनी बड़ी चट्टान और इतना बड़ा विज्ञापन!....टैक्सी आगे निकल गयी, लेकिन वह विज्ञापन जैसे उसकी आँखों में नक्श हो गया....हो ही नहीं सकता कि टैक्सी या कार में सफ़र करते हुए, किसी मुसाफ़िर की निगाह उस पर न पड़े....चेतन ने मन में कहा और वह सोचने लगा....क्या कविराज शिमले से इतनी दूर इस जगह ख़ुद आये हैं और उन्होंने अपने सामने यह विज्ञापन लिखवाया है ?....

....चेतन को विश्वास था कि जयदेव अथवा यादराम — कविराज के दोनों मुलाज़िमों के बस की यह बात न थी कि उनमें से कोई, विज्ञापन के लिए ऐसी उपयुक्त

और शानदार जगह ढूँढ सके। चूँकि गत वर्ष उनके साथ रहने से चेतन कविराज के सोचने और काम करने का ढंग जान गया था, इसलिए उसे यकीन था कि शिमले को जाते अथवा वहाँ से आते वक्त, उन्होंने इस विशाल चट्टान को देखा होगा, जो शायद पहाड़ से अलग हो कर, करवट के बल ऐसे लेटी थी कि उसका चौड़ा सीना, ऐन सड़क के सामने पड़ता था। उसे देख कर, कविराज ने मन-ही-मन, उसे विज्ञापन के लिए चुन लिया होगा। फिर किसी छुट्टी के दिन वे अपने मुलाज़िमों को, प्रकट सैर कराने के लिए, टैक्सी में लाये होंगे और ऐन चलते वक्त उन्होंने प्रस्ताव किया होगा कि क्यों न चूना और कूची साथ लेते चलें, कहीं 'विवाहित आनन्द' का विज्ञापन ही लिख देंगे। 'आराम और काम' के आर्ट पर उन्होंने छोटा-मोटा भाषण दिया होगा और यूँ घाते में यह विज्ञापन लिखवा कर, वापस चले गये होंगे।....

....चेतन के सामने, क्रोध के क्षणिक आवेग में, कविराज को लिखा गया —तानों, कोसनों और गालियों से भरा हुआ —अपना पत्र घूम गया....उसने कविराज के व्यक्तित्व का, चतुर, व्यावहारिक, तेज़, छल-कपट-भरा पक्ष ही देखा, जिसके कहीं बहुत नीचे उनका वह सहज इन्सान दब गया था। इस व्यावहारिक, चतुर व्यक्ति की ख़ामियों को तो उसने देखा, उसकी ख़ूबियाँ नहीं देखीं —वे ख़ूबियाँ, जिनके बल पर, बिना बाकायदा वैद्यक पढ़े, न सिर्फ़ उन्होंने डिग्री ली, वरन इतनी बड़ी प्रैक्टिस जमा ली....क्या कोई आम आदमी, वैसा गालियों-भरा पत्र पा कर, वैसा संयत उत्तर दे सकता, जो कविराज ने, उसके पत्र के टुकड़े वापस भेजते हुए, उसे दिया था....उस पत्र को फाड़ कर, उन्होंने अपना क्रोध भी शान्त कर लिया और वह संयत उत्तर दे कर, उसे शर्मसार भी कर दिया....

....जहाँ तक उसका अपना सवाल है, चेतन जानता था कि चाहे ग़लती उसी की होती, अगर किसी ने उसे वैसा पत्र लिखा होता तो बदले में वह उसे भयंकर उत्तर देता। न दे पाता तो ज़िन्दगी भर सुलगता रहता और कल्पना-ही-कल्पना में, दिनों-महीनों, उस उत्तर के मसौदे तैयार करता रहता।

....कविराज ने अपने उत्तर में उसे लिखा था कि वह इन्तहा-पसन्द है; उसके यहाँ संयम नहीं है; वह एकदम इस या उस सीमा पर पहुँच जाता है....टैक्सी की अगली सीट पर पसरे हुए, बाहर के दृश्यों की तरफ़ से आँखें बन्द किये, अपनी असफलताओं और अपने किरदार का जायज़ा लेते हुए, चेतन ने पाया उसके कैरेक्टर की सबसे बड़ी ख़ामी, उसकी इम्पलसिवनेस —उसकी आवेगशीलता है। उसे लगा कि वह इन्तहा-पसन्द हो या न हो, इम्पलसिव ज़रूर है; क्षणिक आवेग में वह —भले-बुरे, हानि-लाभ की —सब गिनतियाँ भूल जाता है....वह तल्ख़ ख़त उसने कविराज को अपनी इन्तहा-पसन्दी के कारण नहीं, इसी क्षणिक आवेगशीलता के बस लिखा था....और यही उसके किरदार की सबसे बड़ी ख़ामी है....

पिछले चार महीनों की अपनी ज़िन्दगी पर उसने निगाह डाली तो उसे लगा कि एक बार नहीं, बार-बार वह अपनी इस आवेगशीलता का शिकार हुआ है; बिना आगा-पीछा सोचे, क्षणिक आवेग में, उसने ग़लत हरकतें की हैं और फ़ुर्सत से नतीजे भुगते हैं....

....अगर उसने क्षणिक क्रोध में, चन्द्रा के गाल पर चाँटा न जड़ दिया होता तो क्या वैसी पेचीदगियाँ पैदा होतीं और क्या उसे वह यातना भुगतनी पड़ती, जो उसने बाकी तीन

महीनों में भोगी....अगर उसने सी०पी० के मेले में, चौकीदार की गाली सुन कर, बिना देश-काल का ख़याल किये, उस पर छड़ी से वार न कर दिया होता तो क्या उसे उस हवालात के नरक की यातना भोगनी पड़ती ?....बिना विचारे जो करे, वह पाछे पछताय....उसे लगा कि वह अपने अनुभव से कुछ नहीं सीखता, बार-बार आवेग के अधीन, ग़लत कदम उठाता है और नतीजे भोगता है और पछताता है....

लाला हाकिमचन्द ने उसके बीस रुपये रख लिये तो उसे क्यों ग़ुस्सा आया ? यह ठीक है कि वे रुपये उन्होंने उसे दे दिये थे और शायद उनके मन में उन्हें वापस लेने की बात भी नहीं थी, लेकिन जब उसने आगे ट्यूशन करने से इनकार कर दिया — इनकार नहीं भी किया, लेकिन उसके वतीरे से उन्हें लगा कि वह लाहौर जा कर ट्यूशन नहीं करेगा, तब अगर उन्होंने वे बीस रुपये रख लिये तो क्या ग़लत किया ?....वे क्यों छोड़ते अपने रुपये ?....वे कोई राजा-नवाब, ज़मींदार या बैरिस्टर तो नहीं हैं — एक सरकारी दफ़्तर के मामूली सुपरिण्टेण्डेण्ट हैं; बहुत होगा तो ढाई-तीन सौ पाते होंगे....उन्होंने रुपये रख लिये थे तो उसे उनकी नज़र से उस मामले को देखना चाहिए था और उसने क्षणिक क्रोध में, बिना सोचे-विचारे, जा कर दूसरे दो शरीफ़ आदमियों को ठग लिया....दस रुपये की वकअत — सर तेजा सिंह या ख़ान हिकमत अली के लिए — कुछ न हो, पर ठगी तो ठगी ही है — दस की हो या दस हज़ार की।....और सितम यह कि तय करने के बावजूद, अपने पास अमानत के तौर पर रखने के बदले, उसने वे रुपये, एक क्षणिक आवेग में, साड़ी पर ख़र्च कर दिये....वह यकीनन इम्पलसिव है — बहुत ही इम्पलसिव है....अगर उसे दुनिया में आगे बढ़ना है, तरक्की करना है, सफल होना है तो उसे अपनी इस ख़ामी पर अंकुश लगाना होगा; उस पर काबू पाना होगा; वरना अपनी आवेगशीलता में यह ग़लतियाँ करेगा, नतीजे भुगतेगा, बार-बार असफल होगा और कोई बड़ी बात नहीं, अगर कभी किसी बहुत बड़े, गहरे गड्ढे में जा पड़े और भविष्य के उसके तमाम सपने धरे-के-धरे रह जायें....

०

चेतन उठ कर बैठ गया और खिड़की से बाहर देखने लगा। केलू के पेड़ पीछे रह गये थे। बायीं ओर, घाटी में, बेशुमार छोटी-छोटी झाड़ियाँ और पेड़ बेतहाशा उगे हुए थे; बीच-बीच में, अपनी डालियों पर सुइयों के गुच्छे-से फुलाये, चीड़ के पेड़ खड़े थे — चेतन उन्हीं अपरिचित निगाहों से वह सब देखता रहा, फिर वह पीछे को लेट गया — वैसा ही कटु और उतना ही उदास — उसका दिमाग़ फिर वहीं जा लगा....

....क्या उसने सिर्फ़ लाला हाकिमचन्द से बदला लेने के लिए सर तेजा सिंह और ख़ान हिकमत अली से दस-दस रुपये ऐंठ लिये थे ?....उसने मन-ही-मन सवाल किया....सोचने पर उसे लगा कि लाला हाकिमचन्द की वह हरकत तो आख़िरी तिनका थी, जिसने ऊँट की कमर तोड़ दी....उसके मन में कहीं बहुत गहरे, लाहौर के कई महीनों की बेकार दौड़-धूप और उन बड़े लोगों के दर पर जा कर अपमानित होने का गुस्सा था और उस क्षणिक आवेग में, बिना अपने कृत्य का औचित्य-अनौचित्य विचारे, वह लाला हाकिमचन्द का बदला उनसे लेने चल दिया था....

....यह अजीब बात थी कि तब उसे क्षण भर के लिए भी नहीं लगा, उसने कोई

अनुचित हरकत की है। वह तो बल्कि बड़ा प्रसन्न हुआ था कि उसने उन सालों को मूँड कर, यूँ फुर्ती से, अपना घाटा पूरा कर लिया —और यह हरकत उसने की, जो साधारण स्थिति में उसकी कल्पना भी न कर सकता था!....क्या दूसरे लोग भी, इसी तरह की स्थितियों में, ऐसी हरकतें नहीं करते ?....उसने सोचा....तो वह भी क्या उन सभी की तरह है ?....

चेतन का मन सहसा और भी उदास हो आया....यह कैसी दुनिया है, जहाँ चन्द लोग हर तरह की सुख-सुविधा का आनन्द लूट रहे हैं और उस-जैसे हज़ारों-लाखों, धूप में इंच भर जगह पाने के लिए, अनन्त अँधेरों में भटकने को मजबूर हैं....चेतन के सामने नारायण का हैरान चेहरा आ गया।....सर तेजा सिंह और ख़ान हिकमत अली से दस-दस रुपये ठग लेने पर, जब चेतन ने ख़ुशी प्रकट की थी तो नारायण के चेहरे पर कैसा आहत-सा भाव आ गया था —लगता था, उसने कोई ऐसी बात देख ली हो, जिसकी उसे कल्पना तक न थी।....चेतन के कानों में नारायण के शब्द गूँज गये : 'यह तो ऐसे ही हुआ कि कोई डाकू हमें लूट ले, हम उसका तो कुछ बिगाड़ न पायें और जा कर अपने बेकसूर पड़ोसी के घर में डाका डाल दें।'

नारायण ठीक कहता है....चेतन ने मन-ही-मन कहा....तभी तो उसकी बात सुन कर, उसने तत्काल रुपये वापस करने का फ़ैसला कर लिया था।....लेकिन इस स्थिति का एक दूसरा पहलू भी है....जब वह बेकसूर पड़ोसी एक व्यापक साज़िश में शामिल होता है या ऐसे निज़ाम या वर्ग का अंग होता है, जिसका शिकार बेगिनती लोगों को बनना पड़ता है, तो कई बार वह बेकसूर भी मारा जाता है। ज़रूरी नहीं कि वह कत्ल ही करे और मारा जाये; कातिलों के साथ रहने की सज़ा भी कई बार उसे भुगतनी पड़ती है —विशेषकर उस वक्त, जब न्यायकर्ता भीड़ हो....अब तो उसका अकेला ग़ुस्सा नारायण की एक बात से दब गया था; लेकिन जब उस-जैसे बेगिनती आदमियों का क्रोध मिल कर भीड़ का ग़ुस्सा बन जाता है और अपने बेपनाह जोश में, सदियों से किये जाने वाले ज़ुल्मों का बदला लेने के लिए, चल पड़ता है, तो किसी एक की बात, न उसे सुनायी देती है, न सुझायी देती है और उसके रास्ते में कसूरवार और बेकसूर —सब-के-सब पिस जाते हैं....

चेतन की आँखों के सामने फ्रांस और रूस की क्रान्तियाँ घूम गयीं —क्या उनमें सदियों से पिसते हुए ऐसे ही लोगों का आक्रोश — सोच-विचार, हानि-लाभ, औचित्य-अनौचित्य की तमाम सीमाएँ लाँघ कर —प्रतिशोध के लिए न चल पड़ा होगा और क्या उसका शिकार, बहुत-से कसूरवारों के साथ, बेकसूर न हो गये होंगे।

....क्यों यह ऐसी व्यवस्था है, जहाँ उस-जैसे युवक के लिए फ़ीस और किताबों और खाने-रहने की बात दूर रही, सिर्फ़ दाख़िले के अस्सी रुपये जुटाने के लिए इतने पापड़ बेलने ज़रूरी हों —चेतन के सामने, 'भूँचाल' की नौकरी छोड़ने के बाद, इतने सारे महीनों का अपना संघर्ष घूम गया। क्या ऐसा संघर्ष सर तेजा सिंह, ख़ान हिकमत अली ख़ाँ, लाला हाकिमचन्द, मियाँ बशीर अहमद, प्रोफ़ेसर तासीर, राजा महेन्द्रनाथ, लाला हरकिशन लाल और उन-जैसे चन्द हज़ार लोगों या उनके बेटों के सामने भी आया होगा या आयेगा ?....फिर वह तो एक स्टेशन मास्टर का लड़का है, उसके सामने लॉ कॉलेज के दाख़िले और पढ़ाई ही की समस्या है, लेकिन इस देश के लाखों-करोड़ों लोगों और उनके

बेटों-पोतों को ता, दो जून रोटी पाने के लिए, कमर-तोड़ मेहनत करनी पड़ती है....तो क्या कोई ऐसा निज़ाम मुमकिन नहीं, जब सब के लिए रोज़ी-रोटी, शिक्षा-दीक्षा और तरक्की के समान साधन और सहूलतें सम्भव हों....

चेतन का मन बेचैन हो उठा। वह फिर उठ कर बैठ गया और खिड़की में बाहर सरकती हरियाली को देखने लगा। तभी, उस हरियाली के पर्दे पर, उसके पिता का चित्र आ गया —वह उन्हें सारा किस्सा सुनाता है; वे उसकी पीठ ठोंकते हैं कि तूने बहुत अच्छा किया; और भी अच्छा होता, अगर तू उस साले हाकिमचन्द ही से रुपये वसूल करता; उसका बीस-तीस का सामान उठा कर चला आता और लाहौर पहुँच कर उसे बता देता कि साले, तूने मेरे बीस रुपये रख लिये थे, मैं उतने का सामान उठा लाया हूँ; अब बिगाड़ ले मेरा, जो बिगाड़ सकता है....

....लेकिन दूसरे क्षण वहीं उसकी माँ का चेहरा आ गया....वह बड़े ही मीठे, लेकिन दुख और डाँट-भरे स्वर में कहती है —नहीं बेटे, तूने ठीक नहीं किया, हाकिमचन्द ने बीस रुपये रख लिये थे तो तुझे ग़ुस्सा नहीं करना चाहिए था। वे रुपये उसने तुझी पर तो ख़र्च किये थे। क्या तू चाहता था कि वे तुझे उस नरक में सड़ने देते और तुझे छुड़ाने की कोशिश न करते। वे रात-भर दौड़ते रहे। तुझे तो उनका एहसानमन्द होना चाहिए था। फिर दे कर उन्होंने रुपये ले भी लिये थे तो उनसे लड़ता — तूने जा कर दूसरों को क्यों ठगा ?....

....चेतन माँ के सामने उस अन्याय का ज़िक्र करता है, जो समाज का एक वर्ग दूसरे पर करता है; अपनी दौड़-धूप का ज़िक्र करता है, जो उसे सोसाइटी के सिलसिले में करनी पड़ी; उस अपमान का ज़िक्र करता है, जो उसे लगातार सहना पड़ा — जो उस-जैसे लाखों-लाखों लोगों को, नित सहना पड़ता है....

....माँ उसी धीर-गम्भीर स्वर में उसे शान्त करती है....दुनिया में बड़ी बुराई है बेटे, बड़ा अन्याय है — वह कहती है —छल-कपट, झूठ-फ़रेब, अत्याचार-ज़ुल्म है; पर इसका यह तो मतलब नहीं कि आदमी ख़ुद भी बुरा बन जाये; छली-कपटी, जालिया और फ़रेबी हो जाये; अत्याचार और ज़ुल्म करे!....और वह अपने पंजाबी लहजे में कबीर का वही दोहा सुनाती है, जो वह सदा अपने बेटों को सुनाया करती थी :

कबिरा तेरी झोंपड़ी गल-कटियन के पास
करणगे सो भरणगे तूँ क्यों भया उदास

चेतन लाजवाब हो जाता है; अपने कुकृत्य के लिए, माँ से माफ़ी माँगता है और कहता है कि उसने फ़ैसला किया है —वह लाहौर जा कर, जैसे भी होगा, बीस रुपये पैदा कर के, देर-सबेर, उन लोगों को वापस भेज देगा।....

०

चेतन, खिड़की से हट कर, फिर सीट पर पीछे को लेट गया —उसकी विचारधारा फिर बदली....वह किसी अन्धी, विवेकहीन भीड़ का अंग नहीं, — पढ़ा-लिखा, विचारवान, लेखक और कवि है; उसने कैसे अपने आपको भीड़ के स्तर पर उतार दिया! —लेखक का तो धर्म है कि समाज के (और निज़ाम उसमें शामिल है) झूठ और फ़रेब, तंग-नज़री

और कट्टरता, अन्याय और ज़ुल्म पर उँगली रखे। चूँकि समाज और निज़ाम, भ्रष्ट और फ़रेबी है; बे-इन्साफ़ और ज़ालिम है, इसलिए उसकी ख़ामियों पर उँगली रखने के बदले, लेखक ख़ुद भी वैसा हो जाये, यह तो कोई बात ही न हुई। तब उसमें और एक मामूली जालिये में क्या फ़र्क रह गया ? वह किस बिरते पर समाज या निज़ाम पर व्यंग्य कर सकता है — लेखक के नाते उसका यह धर्म है कि अगर ख़ुद उससे कुछ अन्याय होता है तो उसको भी अनदेखा न करे — वह उसे जाने और कलम की नोक पर रखे।....उसने नीलामकारों के दो रुपये अपने पास रखने से इनकार कर दिया था, वह ये बीस रुपये अपने पास कैसे रख सकता है ? उसे कितनी भी तकलीफ़ क्यों न सहनी पड़े, वह उन्हें वापस कर देगा, वरना ज़िन्दगी भर यह बोझ, उस के सीने पर, पत्थर की तरह, धरा रहेगा।....

....उसने तय किया कि वह अपना ध्यान इन छोटी-छोटी बातों, छोटे-छोटे अपमानों से नहीं भटकने देगा। जैसे भी होगा, वह कानून पढ़ेगा; कम्पीटीशन में बैठेगा; जज बनेगा और न्यायपूर्ण फ़ैसले देगा।....वह ऐसी ज़िन्दगी अपनायेगा, जिसमें उसे स्वयं बुरा काम न करना पड़े और अपने अवकाश के समय में वह कहानियाँ लिखेगा, जिनमें वह अपने इर्द-गिर्द फैले ज़ुल्म और अत्याचार और एक्स्प्लॉयटेशन का पर्दाफ़ाश करेगा —यही नहीं, वह उस माहौल में रचे-बसे दुख-दर्द और ग़म का भी चित्रण करेगा....

o

....चेतन की कटुता और उदासी कम हो गयी। वह सीट पर और फैल कर लेट गया। उसकी आँखों के सामने नारायण की सूरत आ गयी, जो अपने तमाम ज्ञान के बावजूद, अन्तर में कहीं, अकेला और भूखा था —किसी की एक प्यार-भरी नज़र का भूखा!....जब चन्द्रा ने उसके नदीदेपन की शिकायत की थी, तो चेतन को विश्वास नहीं आया था और शिमले में अपने अन्तिम दिन तक उसके मन में जिज्ञासा बनी रही थी कि चन्द्रा का इल्ज़ाम सच्चा था या झूठा; लेकिन टैक्सी की अगली सीट पर पसरे हुए, दृष्टि के ज़रा फैलते ही, उसे विश्वास हो गया कि अपने तमाम ज्ञान के बावजूद, नारायण के अन्तर में एक बहुत बड़ा अभाव है, जिसकी पूर्ति का भी कोई इमकान नहीं —और चेतन का मन अपने उस मित्र के लिए करुणा और हमदर्दी से भर आया....

....लेकिन नारायण ही के लिए नहीं, दूसरों के लिए भी उसका मन उदास हो आया....

....वह पतला-छरहरा, गोरा, नाज़ुक संगीतज्ञ —प्रोफ़ेसर सिंह —जो डाल से छूट कर गिरे हुए पत्ते की तरह, इधर-उधर डोलता फिरता है और ऐसे व्यवहार करता है, जैसे वह जमा हुआ दरख़्त हो —जबकि लगता है, उसके भाग्य में उखड़े, उड़ते पत्ते की तरह भटकना ही लिखा है....चेतन ने सोचा....उस की आँखों में, पिछले वर्ष प्रोफ़ेसर सिंह के साहचर्य में गुज़ारे हुए दिन, घूम गये....वह नफ़ीस सूट-बूट, वह मैच करती हुई टाई और मेहनत से सजी दस्तार....उनके होंटों की प्यारी मुस्कान और उनके दायें गाल में बनता हुआ गढ़ा देख कर और उनके लोच और सोज़-भरे स्वर में ग़ज़ल के शे'र सुन कर, चेतन का दिल कैसे धड़क उठता था!....और अब....लक्कड़ बाज़ार के उस झोंपड़े-नुमा 'म्यूज़िक कॉलेज' में, पुरानी अचकन और चूड़ीदार पायजामा पहने और बेपरवाही से लटकेदार पगड़ी बाँधे हुए, प्रोफ़ेसर सिंह के उस सरापे की याद उसे हो आयी....इस एक ही वर्ष में उस

चेहरे की लुनाई, उस मुस्कान का जादू — न जाने कहाँ चला गया था ?....लगता था, असफलता जैसे धीरे-धीरे, अदृश्य रूप से, अपने ज़ालिम पंजे उस चेहरे पर फैला रही है....उन पंजों के निशान, दिनों-दिन, और भी गहरे होते जायेंगे....प्रोफ़ेसर सिंह, न सिर्फ़ आप ख़ुदफ़रेबी में मुब्तिला रहेंगे, बल्कि दूसरों को भी धोखे में रखेंगे और असफलता मौन रूप से उनके चेहरे पर गहरी लकीरें बनाती चली जायेगी....

और वह सुन्दर, सुघड़, सलीके वाली, मानिनी युवती, जो कोई और युवा साथी न पा सकने के कारण, अपने सौतेले लड़के को चाहती है और बूढ़े पति के साथ रहने को विवश है।....अगर वह ख़ूब पढ़-लिख जाती तो क्या उस अनचाहे बन्धन को काट कर, अपना जीवन न जीती ?....अब वह क्षणिक उल्लास, जो उस हम-उम्र छोटे लड़के की मौजूदगी में, चेतन ने उसके चेहरे पर देखा था, छुट्टियाँ बिता कर उसके चले जाने पर, वहाँ से बिला जायेगा; पचास हज़ार की रकम पर साँप की तरह बैठा हुआ, उसका सतर्क पति, शक्ति-वर्द्धक दवायें खायेगा; अपनी गुं[illegible]कें उसके गिर्द कसता जायेगा; अभी जल्दी उसका पीछा नहीं छोड़ेगा और अपनी औपचारिक 'प्रिये जी' से उसके माथे पर हल्के-से तेवर बनाता रहेगा....वह इसी तरह चिढ़ती, कुढ़ती, घुटती, अन्तर में नितान्त अकेली, शिमले में थका देने वाले दिन बिताती रहेगी; यहाँ तक कि उमर उसके नाज़ुक तन की तमाम रेखाओं को मिटा देगी और उसे बेडौल और थुल-थुल, पिल-पिल बना देगी....

....और चन्द्रा....चेतन उसको उच्छृंखल, उद्दण्ड, उदमाती और न जाने किन-किन नामों से पुकारता आया है — वह अपनी स्थितियों और अपनी संकुचित दृष्टि से उसे देखता आया है, जबकि उसे चाहिए कि उसके माहौल में रख कर उसे देखे....अगर वह अपनी पत्नी से, रोज़ी-रोटी के संघर्ष से अथवा अपने सपनों और महत्वाकांक्षाओं से बँधा था और वैसे खुले प्यार के काबिल नहीं रहा था तो क्या यह ज़रूरी है कि दूसरा भी वैसा प्यार न कर सके....उसने लाला हाकिमचन्द के इल्ज़ाम का जवाब देते हुए, सारा दोष चन्द्रा पर रख दिया....लेकिन उस लड़की ने — जिसे वह उच्छृंखल, उदमाती और उद्दण्ड समझता था — उसके ख़िलाफ़ ज़बान नहीं खोली; वह पिटती रही, पर बोली नहीं....अगर चन्द्रा भी उसी की तरह सोचती तो क्या उसे पिटवा न देती ?....

....चेतन के सामने उससे अपनी आख़िरी मुलाकात आ गयी — वह सुता हुआ, उतरा और रोनक्खा चेहरा और वे भरी-भरी, भारी, किंचित लाल आँखें — चेतन के कानों में उसका वह अन्तिम वाक्य गूँज गया — 'मास्टर जी, पिटी तो मैं ही हूँ न!'....

....और उसका अपना मन सहसा बेहद उदास हो आया। उसने उस लड़की और उसके अल्हड़ प्यार को अपने ऊपर हावी नहीं होने दिया; उसने सख़्ती के अपने आपको उससे काट लिया; लेकिन टैक्सी में बैठे हुए, चेतन को लगा कि वह उसको कभी भुला न पायेगा....

उसके दिमाग़ में केनमोर कॉटेज के अन्तिम क्षण घूम गये....

....जब वह सुबह चलने लगा था तो उसके मन में पल भर के लिए तीव्र इच्छा हुई थी कि वह ऊपर जा कर बीबी जी और चन्द्रा से विदा ले आये। हमेशा के लिए अलग होने से पहले, उस लड़की की एक अन्तिम झलक पा ले....तभी अचानक, बाँह पर डाले

हुए ओवरकोट के अन्दर की जेब से बाहर को निकलते हुए, एक काग़ज़ पर उसकी नज़र चली गयी थी। — चलने की जल्दी में, उसने ओवरकोट उठा कर बायीं बाँह पर डाल लिया था; निचला हिस्सा ऊपर आ गया था और झटके से जेब का काग़ज़ ज़रा बाहर को खिसक आया था। चेतन ने उस तह किये काग़ज़ को निकाला। खोला। चन्दा का पहला पत्र था, जो उसने पढ़ कर जेब में डाल लिया था और जो तब से वहीं पड़ा था....

....चेतन वहीं खड़ा-खड़ा, उसे फिर पढ़ने लगा था। अन्तिम पंक्ति पर उसी निगाहें टिक गयी थीं —'आप समझिए कि वह नहीं, मैं ही आपके सामने बैठी हूँ'....और चेतन की आँखों में अपनी भोली-भाली, हँस-मुख पत्नी का चेहरा घूम गया था।....उसने ऊपर जाने का इरादा छोड़ दिया था। सुक्खू को आवाज़ दे कर बुलाया था, उससे कहा था कि कमरा बन्द कर ले, वह जा रहा है और बिना एक भी शब्द कहे, वह चल दिया था....और उसने अपने आपको जैसे उस कॉटेज, उसके वासियों और उसके सारे माहौल से काट लिया था....

o

चेतन उठ कर बैठ गया। दायीं ओर पीछे सीट पर रखे हुए ओवरकोट की जेब टटोल कर, उसने चन्द्रा का पत्र निकाला। वह फिर उसे शुरू से आख़िर तक पढ़ गया। क्षण भर वैसे ही उस परिचित लेखनी को देखता रहा। फिर उसने पत्र को तहा कर अपने कोट की, अन्दर की जेब में सँभाल कर रख लिया। ओवरकोट को फिर ठीक से सीट पर डाल दिया और खिड़की से बाहर की तरफ़ देखने लगा।

सामने सड़क, दूर तक, साँप की तरह बल खाती, उतर रही थी। एक टैक्सी, दो-तीन मोड़ आगे, जैसे सड़क पर फिसलती हुई, चली जा रही थी। चेतन की निगाहें कितनी देर तक उसका पीछा करती रहीं, फिर बायीं ओर की घाटी में जैसे लटके हुए बादल के टुकड़ों ने उसका ध्यान खींच लिया।

हवा नहीं थी और बादल के तीन टुकड़े, घाटी के बीचों-बीच, अदृश्य तारों से लटके दिखायी देते थे — बीच का टुकड़ा काफ़ी बड़ा था; इर्द-गिर्द के, छोटे थे। तीनों टुकड़े बीच से काले थे; फिर मटमैले होते-होते, किनारों पर सफ़ेद हो गये थे। चेतन देर तक उन्हें देखता रहा। आकाश और घाटी के बीच, वे तस्वीर-ऐसे खिंचे लगते थे।

चेतन के देखते-देखते, दोनों तरफ़ के छोटे टुकड़े, बड़े टुकड़े के साथ आ लगे और बड़ा नीचे को फैल गया....सहसा चेतन को लगा, जैसे घाटी में कुँआरी मरियम, गोद में गोल-गुलगोथने बच्चे को लिये, खड़ी है।....उसने किसी कैलेण्डर पर वह चित्र देखा था — सामने घाटी में बिलकुल वैसा ही ख़ाका बन गया था — मरियम का लबादा नीचे घाटी तक फैल आया था; दायीं ओर का बादल, नन्हा-सा बच्चा बन गया था; बायीं ओर का बादल मरियम की मुड़ी हुई बाँह-ऐसा लगता था — चेतन मन्त्र-मुग्ध-सा उस दृश्य को देखता रहा....उसकी स्मृति में लड़कपन के दिन आ गये, जब बरसात के दिनों में, वे अपने तिमंज़िले मकान की छत पर शहनशीनों पर बैठे होते, सामने आकाश में बादल उठते और देखते-देखते, वे तरह-तरह की तस्वीरें बनाने लगते — शेर; हाथी; लड़ते हुए गैंडे; कमर झुकाये चलता बूढ़ा; घड़े उठाये हुए औरतें....और वे मुग्ध भाव से उन्हें देखा करते।

चेतन मरियम के उस ख़ाके को देख रहा था कि सहसा उसे लगा — वहाँ मरियम नहीं — चन्दा, अपने नवजात शिशु को लिये, खड़ी है; वह लबादा उसकी लाल बूटेदार साड़ी बन गया है; उसका हँसता चेहरा अजीब-सी दीप्ति से खिला है और बच्चा, मुटर-मुटर, उसकी ओर ताक रहा है....

....तभी टैक्सी पहाड़ के किनारे पहुँच कर मुड़ गयी। घाटी और उसमें लटके हुए बादल पीछे रह गये। चेतन कुछ अजीब-सी सुखानुभूति से, लम्बी साँस ले कर, पीछे को लेट गया....उसकी आँखों में अभी तक वही चित्र था....उसका बेटा कैसा होगा ? क्या गोल-गुलगोथना होगा ? उसका रंग माँ या दादी पर पड़ेगा — गेहुँआ, या दादा पर — श्याम, या पिता पर — मुश्की, या परदादा पर — गोरा ?....वह कई चित्र बनाता रहा....चन्दा लाल साड़ी में कितनी सुन्दर लगेगी!

और चेतन ने तय किया — दाख़िले का प्रबन्ध कर के, फ़ीस, किताबों और खाने-रहने की व्यवस्था कर, जैसे भी होगा, वह बीस रुपये जोड़ेगा और सर तेजा सिंह और ख़ान हिकमत अली के रुपये वापस कर देगा....वरना, जब-जब वह उस साड़ी को देखेगा, उसे अपने इस गुनाह का ख़याल आ जायेगा — दाग़ी रुपयों से आयी साड़ी वह किस तरह अपनी पत्नी को पहनने देगा....वह रुपये वापस नहीं करेगा तो यह सारा दुखद प्रसंग, ज़िन्दगी भर, उसकी याद को घायल करता रहेगा।....

'आप समझिए कि वह नहीं, मैं ही आपके सामने बैठी हूँ'....चेतन की आँखों में चन्दा के पत्र की अन्तिम पंक्ति आ गयी....उसे लगा कि चन्दा हमेशा उसके सामने रही है....यह ठीक है कि चन्द्रा की, अनायास लुभा लेने वाली, ख़ूबसूरती ने उसकी पत्नी की तस्वीर को उसकी आँखों के सामने से हटा दिया था; लेकिन वह उसके अन्तर-मन में कहीं गहरे जा कर बैठ गयी थी....तभी तो चन्द्रा का तमाम आकर्षण उसका कुछ नहीं बिगाड़ सका; लड़खड़ा कर वह फिर सीधा खड़ा हो गया और सही-सालम वापस चला आया....

चेतन ने तय किया कि वह चन्दा को सारी बातें सच-सच बता देगा और कहेगा — 'चन्दी, तुमने वह एक लाइन न लिखी होती तो न जाने मैं कितना भटक जाता....दामन तो तब भी मैं नहीं बचा पाया....दो-चार छींटे तो उस पर पड़ ही गये हैं....लेकिन मैं अपनी मुहब्बत से उन्हें धो दूँगा।'

वह अपनी सरल भाली-भाली पत्नी को जानता है। वह कुछ भी नहीं कहेगी। उसे बाँह में भर कर, अपने गर्म-गुदाज़ सीने से लगा लेगी....वह उसके सीने पर सिर रख कर, एकदम ढीला और तनावहीन हो कर, लेट जायेगा....और उसने आँखें मूँद लीं।

०

टैक्सी नीचे की ओर तेज़ी से बढ़ी जा रही थी। दोनों तरफ़ दसियों सुन्दर दृश्य सरकते जा रहे थे, लेकिन चेतन — जिसने सिर्फ़ उन दृश्यों का नज़ारा करने को टैक्सी की अगली सीट ली थी — उनसे बेख़बर, एकदम पसरा हुआ, सो रहा था।

२८/१२/६२ से २४/१/७४

संशोधन २६/१/७४

⊠⊠⊠

बड़ी-बड़ी आँखें

आशंसाएँ

इस पत्र की प्रेरणा 'बड़ी-बड़ी आँखें' उपन्यास पढ़ने से मिली है। आज एक मित्र के पास इसे देखा तो एक बैठक में पढ़ गया। वाणी की बड़ी-बड़ी पनियारी आँखें सचमुच ही हृदय की आँखें बन जाती हैं -- वे दूसरों का दुख-दर्द महसूस करने की सम्वेदनाशीलता देती हैं, मौन हो कर सब को सहते हुए भी ढोंग के विरोध की शक्ति देती है।

–नामवर सिंह

बड़ी-बड़ी आँखें एक 'फैंटेसी' – उपन्यास कहा जा सकता है। लेखक ने एक ऐसे नगर की कल्पना की है जिसके अधिष्ठाता, राग-द्वेष से मुक्त एक मानव-परिवार का निर्माण करना चाहते हैं। जैसा कि नामों से ही ध्वनित होता है, वे मनुष्य को 'देवता' बना देना चाहते हैं। सामान्य जीवन-प्रसंगों और घटनाओं से लेखक ने इसके कथा-भाग का विकास किया है। किशोरी और युवक के प्रेम के प्रसंग अत्यन्त रसमय रूप में चित्रित हुए हैं। पूरा चित्रण रूमानियत से पूर्ण और रोचक है। 'अश्क' की भाषा की सजीवता और शैली की रवानी तथा कथा के रूमानी रंग ने उपन्यास को रोचक और पठनीय बना दिया है।

'अश्क' की सधी 'हुई' सजीव लेखनी का कमाल सर्वत्र दिखता है।

–वसुधा, जबलपुर

क्या कला, शिल्प तथा विचार-संयम की दृष्टि से, क्या रचना-सौष्ठव, चरित्र-चित्रण, अनुभूति तथा भाषा के निखार की दृष्टि से 'बड़ी-बड़ी आँखें' अश्क जी के उपन्यासों में निःसन्देह अपना एक विशिष्ट स्थान रखता है। मानव-स्वभाव के अनुशीलन में तथा यथार्थ के उद्‌घाटन में जहाँ अश्क जी को सूक्ष्म दृष्टि का वरदान मिला है, वहाँ प्रकृति-निरीक्षण तथा उसके रूप-वैचित्र्य के अंकन में भी उन्होंने प्रस्तुत उपन्यास में अद्‌भुत क्षमता का परिचय दिया है। निःसन्देह 'बड़ी-बड़ी आँखें' समझने के लिए पाठकों के पास मन की बड़ी-बड़ी आँखें होनी चाहिएँ।

–सुमित्रानन्दन पन्त

अश्क जी का उपन्यास 'बड़ी-बड़ी आँखें' शैली, शिल्प और भाव-विन्यास की दृष्टि से हिन्दी के सर्वश्रेष्ठ उपन्यासों की पंक्ति में स्थान बना लेगा। श्री सुमित्रानन्दन पन्त ने जो इसे 'गीति-उपन्यास' कहा है, सचमुच सार्थक है। 'बड़ी-बड़ी आँखें,' अन्त में पाठकों के हृदय में एक टीस-सी छोड़ जाता है। लेकिन समझदार पाठक रोष से भी भर जायेगा। सामन्ती रूढ़ियों और

पूँजीवादी मान्यताओं को नष्ट किये बिना, उनके ख़िलाफ़ निर्मम रूप से संघर्ष किये बिना, समाजवादी ढंग का समाज बनाने के प्रयत्न उसी तरह विफल हो जायेंगे, जैसे कि देवाजी का देवनगर !

–राजीव सक्सेना

'बड़ी-बड़ी आँखें' जहाँ तक आधार-शिला का सम्बन्ध है, 'गिरती-दीवारें' और 'गर्म राख' से भिन्न नहीं। वही निम्न-मध्यवर्ग का चरित्र चित्रण, जो अश्क ने अपने बृहद उपन्यासों में किया है, 'बड़ी-बड़ी आँखें' में भी मिलता हे। अन्तर केवल शैली और कला में है। अश्क ने बड़े सूक्ष्म, लेकिन सुस्पष्ट ढंग से यह बताया है कि किसी व्यक्तिवादी आदर्श और सुधारवादी संस्था के उद्देश्य चाहे जितने महान हों, उसकी नींव खोखली ही होती है। जिन उद्देश्यों को ले कर देवा जी ने 'देवनगर' की स्थापना की है, उन्हीं का गला देवनगर में घोंटा जा रहा है, और यों प्रकट में रोमानी लगने वाला यह उपन्यास, अपनी तमाम गीतिमयता के साथ अश्क के दोनों बृहद उपन्यासों की तरह ठोस धरती पर खड़ा है। शैली उसकी संस्मरणात्मक और गीतिमय है, जिससे उसमें सच्चे और खरेपन के साथ अजब-सा माधुर्य आ गया है।

–भैरव प्रसाद गुप्त

सचमुच इस उपन्यास का मुझ पर उतना ही प्रभाव हुआ है, जितना रूसी उपन्यासकार तुर्गनेव के उपन्यास 'नेस्ट ऑफ़ द जेण्ट्री' को पढ़ने से। आपकी भोली-भाली, फूल जैसी सुकुमारी वाणी, तुर्गनेव की 'लीज़ा' जैसी है और ख़लील जिबरान की 'सलमा' से बहुत कुछ मिलती-जुलती है। कालिदास ने नारी की तुलना फूल से की थी और मुझे ऐसा लग रहा है कि आपने भी उसी फूल के त्रिमल सौन्दर्य की सोलह वर्षीय साध का चित्रण अपने इस उपन्यास में किया है।

–केशु, लखनऊ

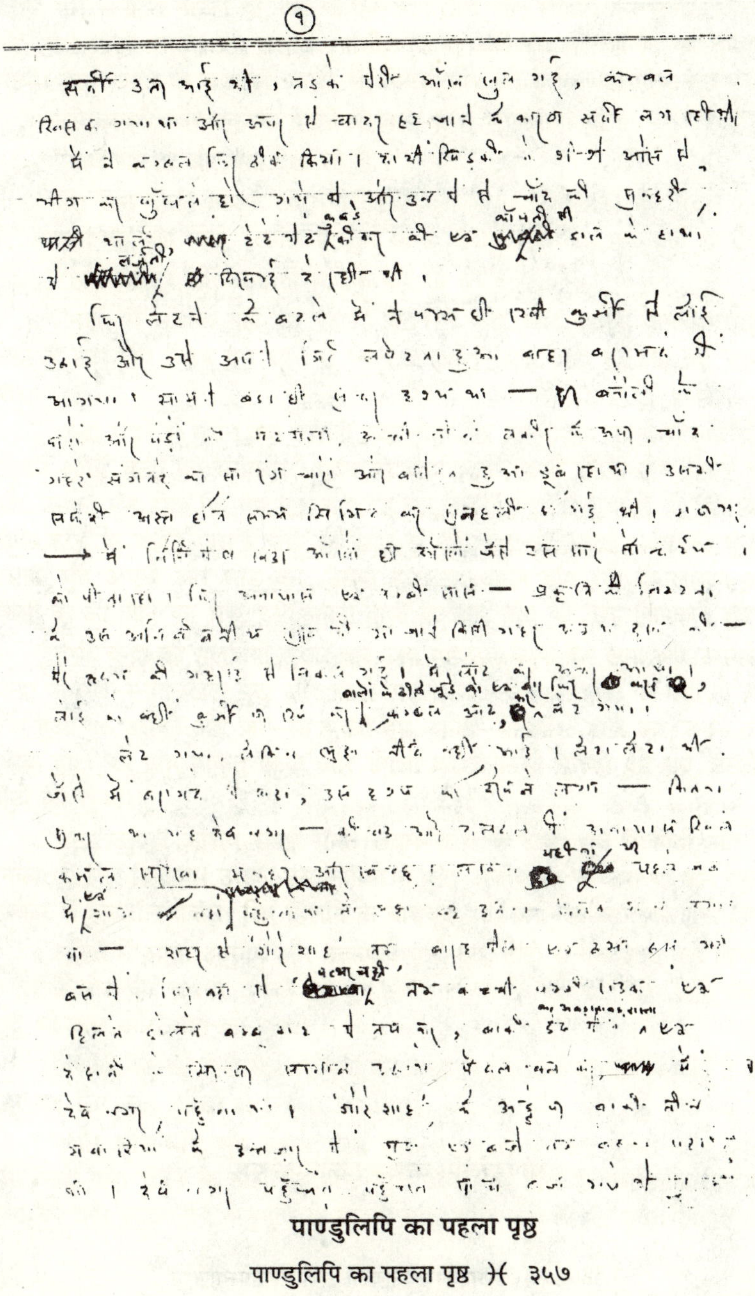

पाण्डुलिपि का पहला पृष्ठ

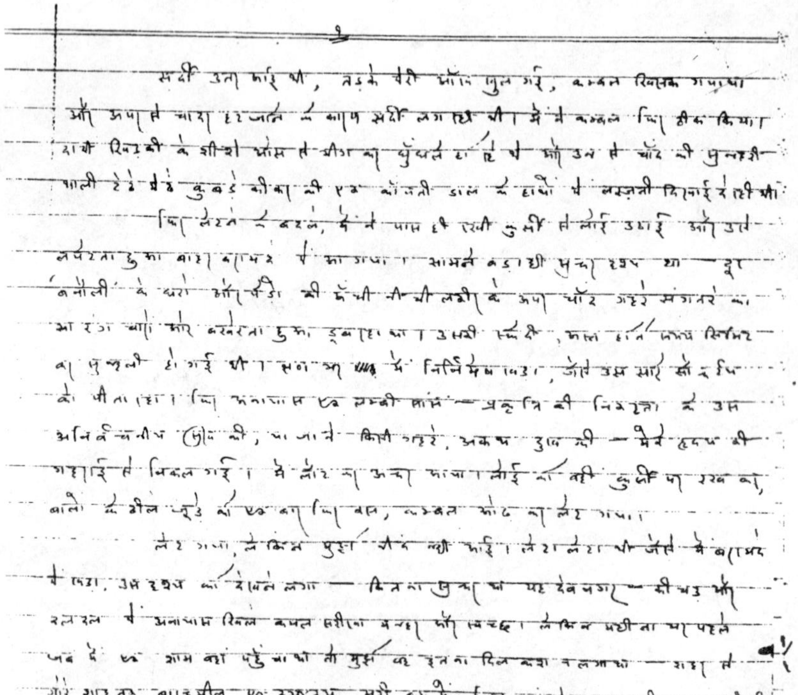

पाण्डुलिपि के अन्त का एक पृष्ठ

एक

सर्दी उतर आयी थी। तड़के मेरी आँख खुल गयी। कम्बल खिसक गया था और ऊपर से चादर हट जाने के कारण सर्दी लग रही थी। कम्बल ठीक करने के लिए मैं उठ कर बैठ गया। बायीं खिड़की के शीशे ओस से भीग कर धुँधले हो रहे थे और उनमें से सामने के कुएँ का बरगद एक बड़ा-सा गीला-गीला स्याही का धब्बा-सा लग रहा था और चाँद की सुनहली थाली निकट के टेढ़े-मेढ़े कुबड़े कीकर की एक काँपती-सी डाल के हाथों में लरज़ती दिखायी दे रही थी।

फिर लेटने के बदले, मैंने पास ही रखी कुर्सी से लोई उठायी और उसे लपेटता हुआ बाहर बरामदे में आ गया। सामने बड़ा ही सुन्दर दृश्य था, दूर 'बनौली' के घरों और पेड़ों की ऊँची-नीची लकीर के ऊपर चाँद गहरे सन्तरे का-सा रंग चारों ओर बिखेरता हुआ डूब रहा था। उसकी सफ़ेदी, अस्त होते समय सिमट कर सुनहली हो गयी थी। क्षण भर मैं निर्निमेष खड़ा, जैसे उस सारे सौन्दर्य को पीता रहा। फिर अनायास एक लम्बी साँस -- प्रकृति की निकटता के उस अनिर्वचनीय सुख की, या जाने किसी गहरे, अकथ दुख की -- मेरे हृदय की गहराई से निकल गयी। मैं लौट कर अन्दर आया, लोई को वहीं कुर्सी पर रख कर बालों के ढीले जूड़े को एक बार फिर कस, कम्बल ओढ़, लेट गया।

लेट गया लेकिन मुझे नींद नहीं आयी। लेटा-लेटा भी जैसे मैं उस दृश्य को देखने लगा — कितना सुन्दर था यह देवनगर — कीचड़ और दलदल में अनायास खिले कमल-सरीखा मनहर और स्वच्छ! लेकिन महीना भर पहले, जब मैं एक शाम वहाँ पहुँचा था तो वह मुझे इतना दिलकश न लगा था —शहर से 'गोरेशाह' तक बारह मील तक एक ठसाठस भरी बस में, फिर वहाँ से 'पथरचट्टी' तक दस मील कच्ची-पक्की सड़क एक हिलते-डुलते बम्बूकाट में तय कर, बाकी डेढ़ मील का ऊबड़-खाबड़ रास्ता एक देहाती के सिर पर सामान उठवाये, पैदल चल कर, मैं देवनगर पहुँचा था। गोरेशाह के अड्डे पर बाकी तीन सवारियों की प्रतीक्षा में मुझे एक बजे तक बैठना पड़ा था। देवनगर पहुँचते-पहुँचते पाँच बज गये थे। आसमान पर बादल घिरे थे। देहाती साँझ अपने विशाल सूनेपन के साथ उतर आयी थी। मैं थका, ऊबा और भूखा था। ऐसे में देवनगर की दस, एक-जैसी कोठियों की कतार मुझे वीराने में व्यर्थ ही अपना वैभव लुटा कर खिन्न मन हो बैठ जाने वाली देहाती युवती-सी उदास और बेरौनक लगी।

शायद वहाँ मेरे आने की प्रतीक्षा थी, क्योंकि पहली कोठी के बरामदे ही में मुझे तीरथराम मिल गया। उसके ज़िम्मे उन दिनों अतिथि-सेवा का काम था। जब मैंने उसे अपने आने का प्रयोजन बताया तो वहीं बरमदे में मेरा बिस्तर उतरवा कर वह मुझे बीच की कोठी में ले गया। उस कोठी के बायें कमरे पर नीले रंग का पर्दा पड़ा था, जो उस समय एक

ओर ज़रा-सा हटा हुआ था। पर्दे की उस झिरी में से 'देवनगर' के संस्थापक, 'देववाणी' के सम्पादक, 'देव-मंडल' के संचालक और 'देवसेना' के प्रधान सेनापति —श्री देवा जी (सरदार देवेन्द्र सिंह, जो अपने पाठकों, अनुयायियों और स्नेहियों में इसी नाम से प्रसिद्ध थे) एक डेस्क पर बैठे दिखाई दे रहे थे। उनकी पीठ हमारी ओर थी और दूध-से सफ़ेद कपड़े उन्होंने पहन रखे थे। मैंने कभी उन्हें देखा न था, पर अपने पिता जी के चित्रकार-मित्र श्री निरंजन सिंह से उनकी बड़ी प्रशंसा सुनी थी। अतिथि-सेवक तीरथराम ने बरामदे में बढ़ कर किवाड़ पर धीरे से दस्तक दी। देवा जी लिखने में निमग्न थे। उन्होंने नहीं सुना। फिर टिक-टिक करने पर उन्होंने सिर उठाया। घूम कर हमारी ओर देखा। पहचानने में कुछ असुविधा होने से डेस्क पर पड़ा हुआ चश्मा उठा कर आँखों पर लगा लिया। तभी तीरथराम अन्दर गया। दूसरे क्षण मैं उनके पास काउच पर बैठा था और देवा जी मेरी कुशल-क्षेम पूछ रहे थे।

सफ़ेद चूड़ीदार पायजामे और अचकन में ढँका, पतला-छरहरा (लेकिन अब कद्रे मोटापे की ओर मायल) सुगठित शरीर, तीखी ठोढ़ी, छोटी-छोटी ख़ुशनुमा मूँछें, गहरी एहसास-भरी आँखें और सिर पर बड़ी मेहनत से सजी दस्तार —अमरीका जाने से पहले देवा जी दाढ़ी भी रखते थे और बाल भी। अमरीका से आने के बाद (अथवा वहीं) उन्होंने दोनों से मुक्ति पा ली थी, शायद अमरीका में टोप पहनते हों, पर हिन्दुस्तान में आने पर वे दस्तार ही सजाते थे —पहली दृष्टि में वे मुझे बड़े अच्छे और सहृदय लगे।

"रास्ते में कुछ तकलीफ़ तो नहीं हुई ?"

यह पूछते हुए उन्होंने फ़ाउण्टेनपेन का ढकना बन्द किया और कुर्सी मेरे निकट सरका ली।

"पहुँच ही गया हूँ," एक मजबूर-सी मुस्कान मेरे होंटों पर आ गयी।

'पथरचट्टी तक तो सड़क ग़नीमत है," वे बोले, "यह डेढ़ मील का रास्ता ज़रा परेशान करता है। बरसात ख़त्म हो गयी है। इन सर्दियों में हम ज़रूर सड़क बना देंगे।"

"हाँ, सड़क बन जाये तो इक्का-ताँगा यहाँ तक आ सकता है।"

"यहाँ आने वाले तो शहर से सुबह चलते हैं," वे बोले।

"चला तो मैं भी सुबह ही था," मैंने कहा, "पर गोरेशाह के अड्डे पर देर लग गयी, एक बजे तक इक्के पर बैठा रहा।"

"तो कुछ खाना-वाना खाया है या नहीं आपने ?" और फिर मेरा उत्तर सुने बिना उन्होंने अन्दर की ओर शायद अपनी लड़की को आवाज़ दी —"वीणी।"

दूसरे क्षण छोटी-छोटी दो लड़कियाँ दरवाज़े पर आ खड़ी हुईं। बुलाया एक को ही गया था, पर अपने पिता के आदेश को पालने की उत्सुकता दोनों को एक-दूसरी से बढ़ कर थी।

"इनके लिए कुछ नाश्ते-वाश्ते का प्रबन्ध करो, वाणी!"

'वाणी....वीणी....याने वीणा!' मैंने सोचा, 'यह तो हिन्दुआना-सा नाम है। बलवंत या सतवंत कौर की तरह पुल्लिग के साथ 'कौर' लगा कर स्त्रीलिंग बनाये गये हमारी सिख लड़कियों के नामों-सरीखा बिलकुल नहीं। 'वाणी कौर' तो हो ही नहीं सकता। वैसा

हिन्दुआना नाम शायद उन्होंने अपने उसी मत के अनुसार रखा है, जिसके अधीन बाल कटवा दिये हैं —जो मत इन्सान-इन्सान के मध्य नामों, जातियों और पोशाकों की खाइयाँ पसन्द नहीं करता।"

तभी उन्होंने पूछा, "आप देववाणी पढ़ते हैं ? देवसेना के बारे में कुछ जानते हैं ?"

"जी नहीं, बाकायदा तो नहीं पढ़ता रहा। इधर निरंजन सिंह जी ने कुछ अंक दिये हैं और मैं आपकी लेखनी से बहुत प्रभावित हुआ हूँ।"

"यहाँ तो अभी वीरान ऊसर है, आप तो शहर की गहमा-गहमी के आदी हैं।"

"जी, मन की कभी ऐसी दशा भी होती है, जब शहर अपनी गहमा-गहमी के बावजूद वीराना लगता है," मैंने कहा, "मेरा मन बड़ा अशान्त है। मैं शान्ति की खोज में गाँधी आश्रम जा रहा था। कांग्रेस के एक-दो नेताओं से मेरा अच्छा परिचय है; वहाँ शिक्षा की जो नयी योजना चलने वाली है, उसमें मेरे काम करने की बात भी तय हो गयी थी, लेकिन जब यह बात मैंने निरंजन सिंह जी को बतायी तो उन्होंने कहा —शान्ति की तलाश में इतनी दूर जाने की क्या ज़रूरत है, पास ही देवनगर बस रहा है, वहाँ जाओ, तुम्हें न केवल मन की शान्ति, बल्कि सच्ची ख़ुशी भी मिलेगी। वे मेरे पिता जी के मित्र हैं। लेकिन उनका व्यवहार मेरे साथ भी सदा मित्रों-सरीखा रहा है। उन्होंने मुझे आपके और मण्डल के बारे में बहुत कुछ बताया, देववाणी के अंक भी पढ़ने को दिये और मेरे मन में आपके आदर्शों पर चलने की प्रबल साध भर दी। अशान्ति तो मेरी दूर नहीं हुई, पर उसके दूर होने की आशा बँध गयी है। शहर की गहमा-गहमी मुझे न खींचेगी, आप विश्वास रखें।"

o

पत्नी की मृत्यु के बाद सहसा मेरा मन जो शहर से भाग चलने को बेताब हो उठा तो उसका कारण यही न था कि मुझे अपनी बीवी से बेहद मुहब्बत थी और बड़ी लम्बी तकलीफ़देह बीमारी से उसका देहान्त हुआ था, बल्कि बहुत छोटी, लगभग नज़र-अन्दाज़ कर दी जाने वाली, एक घटना थी, जिसे मैं भुला न सका था।

उसके मरने के तीन दिन पहले, जब मैं उसकी चारपाई की पट्टी पर बैठा उसके बालों पर स्नेह-सिक्त करुणा से हाथ फेर रहा था और देख रहा था कि उस लम्बी कष्टप्रद बीमारी ने कैसे अपने अदृश्य दाँतों से, बिना किसी प्रकार के घाव किये, उसे अन्दर-ही-अन्दर खा डाला है; और, सोच रहा था कि यदि मैं सम्पन्न होता तो क्या उसे स्विटज़रलैण्ड न ले जाता ?....कि अचानक उसने अपनी बेआवाज़ हँसी के साथ बड़े ही धीमे स्वर में पूछा -- "दारजी,[१] नरक और स्वर्ग में क्या आपका ज़रा भी विश्वास नहीं ?"

स्विट्ज़रलैण्ड की मनमोहिनी घाटियों और विज्ञान के आधुनिक साज़-सामान से लैस उसकी स्वास्थ्यशालाओं पर मँडराता हुआ मेरा मन जैसे एक ही झटके से वहीं वापस आ गया।

मुझसे तत्काल कुछ जवाब न बन पड़ा। चुपचाप उन हँसते हुए दाँतों, नीले-नीले-से रक्तहीन होंटों, जबड़े की उभरी हुई हड्डियों, गहरे-धँसे कल्लों, ऊँचे मस्तक और उन पर बिखरे हुए उलझे बालों को मैं देखता रहा।

---

१. सरदार जी।

मेरी बीवी ने मौत की छाया देख ली थी। मेरे निकट हो कर भी, वह मुझसे कोसों दूर, ज़िन्दगी और मौत के पार, स्वर्ग-नरक की न जाने किन अनजानी घाटियों में भटक रही थी। मैंने देखा, उसकी आँखों में भय न था, जिज्ञासा थी; मेरे आश्वासन-भरे शब्द सुनने की उत्सुक गहराई थी। लगा कि जैसे किसी अदृश्य डोरी को पकड़े वह गहरी खोह के दहाने पर लटक रही है। डर के पड़ाव को वह पार कर गयी है। अपनी होनी से उसने समझौता कर लिया है, पर यह जानना चाहती है कि गहरे-अँधेरे गर्त्त के तल में उसे उबलता लावा मिलेगा या नर्म-नर्म मिट्टी की सोंधी-सोंधी शान्ति-भरी गोद ? और जैसे, मैं उसे जो बताऊँगा वह ठीक ही होगा, वह डोरी को छोड़ कर मेरे उस आश्वासन के सहारे मज़े से उस खोह में डूबती चली जायेगी।

लेकिन मैं वैसा कुछ आश्वासन न दे सका। मैं उस प्रश्न के लिए तैयार न था। स्वर्ग-नरक में मेरा विश्वास नहीं। स्वर्ग तो, नरक तो, मैं इसी दुनिया की चीज़ मानता हूँ। लेकिन इस दुनिया में जिसने लम्बी, कष्टदायक बीमारी की यन्त्रणा का नरक देखा हो, वह दूसरी दुनिया में कुछ सहारा चाहता है। स्वर्ग एक सपना नहीं, बिलकुल हकीकत बन कर उसके सामने आता है। इसी कारण मैं चुप रहा था, पर जब उसकी प्रश्न-भरी आँखें मेरे चेहरे से न हटीं तो मैंने कहा था —"पित्तो, स्वर्ग-नरक के बारे में तुम मेरे विचार जानती हो, लेकिन तुमने अपना कर्तव्य पूरी तरह निभाया है, यदि कोई स्वर्ग है तो वह अवश्य तुम्हें मिलेगा।"

तीसरे दिन वह मर गयी थी। उसे चिता के हवाले करके जब मैं घर आया और सगे-सम्बन्धियों, मित्र-शत्रुओं के शोक-प्रदर्शन से छुट्टी पा कर बिस्तर पर लेटा तो दूसरी बीसियों स्मृतियों को पीछे धकेल कर, वही तीन दिन पहले की उसकी सूरत मेरी आँखों में घूम गयी और वही प्रश्न कानों में गूँज उठा —'दार जी, क्या स्वर्ग-नरक में आपका ज़रा भी विश्वास नहीं ?'

तब सूझा कि मुझसे बड़ी भूल हुई। यह ठीक है कि वह दो साल से बीमार थी, यह भी ठीक है कि मेरे और उसके घरवाले, वह और मैं —सब जानते थे कि उसका रोग असाध्य है और उसकी दवा अब मौत के सिवा किसी और के पास नहीं, तो भी मुझे उसके सवाल का कुछ और जवाब देना चाहिए था। मुझे कहना चाहिए था —'तुम ऐसी बातें क्यों सोचती हो पित्तो ? तुम ठीक हो जाओगी और हम यहीं स्वर्ग-सी सुन्दर दुनिया बसायेंगे....'

और आत्म-ग्लानि और धिक्कार से मेरा मन भर आया था। वास्तव में उसकी बीमारी उस हद को पहुँच गयी थी, जहाँ हीले-बहाने बेकार हो जाते हैं और मेरे मुँह से सच्ची बात निकल गयी थी। उस समय लगा था, जैसे मेरी उस बात से उसे सान्त्वना भी मिली है। लेकिन उसके देहावसान के बाद, वही बात मेरे दिमाग़ को परेशान करने लगी।....'वह सच कितना क्रूर था,' मैंने सोचा, 'जब तक साँस है तब तक आस है। क्या यह बेहतर न होता कि उस क्रूर सत्य के बदले मैं प्यारा-सा, मीठा-सा झूठ बोल देता और उसका मन इसी दुनिया में लगाये रहता ? मेरे उस उत्तर से उसने प्रतिक्षण अपनी मौत को देखा होगा। तिल-तिल कर वह मरी होगी....'

सोच-सोच कर मेरा दिमाग़ घूम गया। मेरी नौकरी, बीवी की बीमारी ही में छूट गयी थी। घर से जाने की कोई जल्दी न थी, लेकिन उन स्मृतियों से परेशान हो कर कस्बा छोड़,

मैं शहर आ गया। ख़याल था, उसकी गहमा-गहमी में मैं अपने ग़म को भुला दूँगा, पर शहर के सारे शोर-शराबे और चहल-पहल में मेरे दिल का वह सूनापन और दिमाग़ की परेशानी कई गुना बढ़ गयी। कई बार ऐसा भी होता है कि एक आवाज़ को दबाने के लिए दूसरी आवाज़ और भी बुलन्द हो उठती है। शहर के उस शोर में मेरे मन के धिक्कार की वह आवाज़ उच्च-से उच्चतर होती गयी। उस आवाज़ को दबाने और अपने मन को पत्नी की बीमारी, मौत और बीते दिनों की यादों से हटाने के लिए मैंने गाँधी-आश्रम जाने की ठान ली। मेरा परिचय जिन नेता से था, उन्होंने वहाँ के शान्त वातावरण, वहाँ की बाँस और फूस से छायी छतों और मिट्टी से लिपी-पुती, साफ़-सुथरी, मन्दिरों-सी पवित्र झोपड़ियों, वहाँ की सादी ज़िन्दगी और ऊँचे विचारों —वहाँ के सारे वातावरण की बड़ी प्रशंसा की। 'जीवन की उपादेयता वहीं रह कर महसूस होती है,' उन्होंने कहा था और वहाँ पत्र-व्यवहार करके मेरे लिए तय कर दिया। लेकिन जब मैंने निरंजन सिंह जी को अपने फ़ैसले की बात सुनायी तो वे कुछ क्षण चित्र बनाते-बनाते रुक कर, ब्रश की पिछली नोक दाँतों में लिये हुए, चुपचाप बैठे रहे। हालाँकि वे मेरे पिता के मित्र थे, लेकिन यह अजीब बात थी कि पिता के अन्य मित्रों से मुझे जो हिचक थी, वह उनसे न थी। भाई, चाचा या ताऊ के सामने जो संकोच होता है, वह उनके सामने एकदम ग़ायब हो जाता था। कुछ अजीब तरह की मैत्री उनके व्यवहार में थी और मन की सब बातें मैं उनसे निःसंकोच कह देता था। वे भी एक हमदर्द, लेकिन अनुभवी मित्र की तरह, मुझे परामर्श देते थे।

क्षण भर तक ब्रश की पिछली नोक दाँतों में लिये हुए वे सोचते रहे, फिर अचानक उन्होंने कहा —"तुम देवनगर क्यों नहीं चले जाते ?"

"देवनगर ?" मैंने कुछ हैरान हो कर आँखें उठायीं।

"तुमने देवनगर का नाम नहीं सुना ?" वे चकित-से बोले, "प्रान्त के पढ़े-लिखे वर्ग पर तो देवनगर के संचालक का बड़ा प्रभाव है। यह लो, इस पत्रिका के कुछ अंक पढ़ो!" और उन्होंने आलमारी से 'देववाणी' के कुछ अंक उठा कर मेरे सामने फेंक दिये और बोले —"देवनगर का वातावरण तुम्हें पसन्द आयेगा। गाँधी-आश्रम बहुत दूर है और वहाँ जिस कड़ाई की मैं बात सुनता हूँ, वह हर किसी के बस की नहीं। फिर वहाँ गाँधी जी के व्यक्तित्व के सामने तुम्हें अपना आप एक तृण सरीखा लगेगा। तुम देवनगर जाओ! देवनगर में अपना विकास कर सकोगे। यहाँ से निकट भी है। केवल बाईस मील। रास्ते में तकलीफ़ ज़रूर होगी, पर एक बार जब पहुँच जाओगे तो आने को मन न होगा।"

"मैं वहाँ करूँगा क्या ?" मैंने पूछा।

"काम की वहाँ कमी नहीं," वे बोले, "मैं पिछले दिनों वहाँ गया था। देवा जी से मिला था। वे मुझे वहाँ चाहते हैं। जगह ऐसी सुन्दर है कि मेरा मन भी है, पर अभी कुछ वर्ष तक मैं यहाँ से नहीं जा सकता।" पल भर को निरंजन सिंह जी रुके, फिर बोले, "बातों-बातों में मुझे पता चला कि वे 'देववाणी' सीरीज़ की कुछ पुस्तकें हिन्दी और उर्दू में प्रकाशित करना चाहते हैं। तुम इलाहाबाद के पढ़े हो। दोनों ज़बानें जानते हो। यह काम तुम बख़ूबी कर सकते हो। फिर वहाँ दसियों और काम हैं। 'देववाणी' के हिन्दी-उर्दू संस्करण निकालने की उनकी स्कीम है। नये ढंग का एक प्रैक्टिकल स्कूल वे खोलना चाहते हैं, फ़ार्म भी चलाना चाहते हैं। सपने उनके बड़े हैं, उन्हें अमली जामा पहनाने के लिए

सैनिक तो दरकार होंगे ही।"

"मुझे तो वे जानते भी नहीं और मैं भी वहाँ के बारे में कुछ नहीं जानता," मैंने कुछ संकोच से कहा।

"देववाणी के ये अंक पढ़ लो, बहुत कुछ जान लोगे, रही देवा जी की बात, सो मैं उन्हें चिट्ठी लिख दूँगा, तुम्हें भी उनके नाम चिट्ठी दे दूँगा।"

उस शाम मैं दुविधा में पड़ा चला आया था, पर ज्यों-ज्यों मैं 'देववाणी' के अंक पढ़ता गया, मेरी दुविधा मिटती गयी। देवा जी का दर्शन, उनके सामाजिक और राजनीतिक विचार और उनके रहन-सहन का ढंग मुझे आकर्षित करने लगा। वे अन्धविश्वास के, सनक के, टोने-टोटके, भाग्य-भगवान, भीख या दान के विरुद्ध थे। प्रकृति की महान सत्ता को मानते हुए भी वे किसी व्यक्तिगत भगवान के कायल न थे। किस्मत को मानना उन्हें मानव के अहं का अपमान लगता था। दिखावा उन्हें ज़रा भी पसन्द न था। मैं कई नेताओं को जानता था, जो सत्य-अहिंसा को व्यावहारिक रूप देने में चाहे महात्मा गाँधी से पीछे हों, पर जहाँ तक दिखावे का सम्बन्ध है, कहीं आगे बढ़े हुए थे। एक केवल सिंघाड़े और दही खाते थे। दूसरे केवल फल और दूध। तीसरे साग-सब्ज़ी पर रहते थे। एक चौथे थे, जो सुबह उठते ही राम-नाम लेने के बाद, किसी तरह का प्रकट पाप न करने पर भी, आत्म-सुधार के हेतु सात थप्पड़ अपने मुँह पर मारते थे और सदा शीर्षासन करते थे, चाहे मुसाफ़िरों से भरी गाड़ी में ही क्यों न यात्रा कर रहे हों। एक पाँचवे थे, जो दिन के अधिकांश में तकली कातते थे और जब तकली कातते थे तो किसी से बोलते न थे....इन सब के मुकाबले में 'देववाणी' का फ़लसफ़ा मुझे अधिक व्यावहारिक और बेहतर लगता था।

—सातवें दिन मैंने निरंजन सिंह जी से कहा कि मुझे चिट्ठी लिख दीजिए।

उन्होंने चिट्ठी लिख दी और मुझे लिफ़ाफ़ा देते हुए कहा, "मैंने देवा जी को उसी दिन लिखा था। उन्होंने उत्तर दिया है कि मैं तुम्हें भेज दूँ। आज मैं तुम्हारे जाने के बारे में लिख देता हूँ। तुम बेझिझक वहाँ जाओ और अपनी सेवाएँ देवसेना को अर्पित कर दो। गाँधी-आश्रम की रुखाई और कड़ाई तुम्हें देवनगर में न मिलेगी; पर उद्देश्य की उच्चता, वातावरण की स्वच्छता, कलाकारिता और समाज-सेवा की लगन तुम वहाँ भरपूर पाओगे। देवसेना की बढ़ती हुई सरगर्मियों में हिस्सा लोगे तो तुम्हारे मन की अशान्ति बढ़ती पछुआ के आगे उड़ने वाली पपोली-सी हवा हो जायेगी।

o

चाय पीते-पीते मैंने देवा जी को यह सब बताया तो वे मुस्कराये। निरंजन सिंह जी की कला, उनके स्नेह और सौहार्द की उन्होंने बड़ी प्रशंसा की और कहा —"देवनगर आपका स्वागत करता है, आप जब तक मन हो, रहिए; इसके कामों में हाथ बटाइए, हमारे सुख-दुख में हिस्सा लीजिए ; लेकिन भाई, जहाँ तक आपके मन की शान्ति का सम्बन्ध है, उसका स्रोत न गाँधी-आश्रम में है, न देवनगर में। वह तो आपके अन्तर ही में है, वहीं आपको खोजना होगा। गाँव से शहर और शहर से भाग कर गाँव में रहने, साम्राज्य छोड़ कर संन्यास लेने अथवा संन्यास तज कर साम्राज्य पाने में शान्ति नहीं; जीवन के ये परिवर्तन अशान्ति के कारणों को हटाते नहीं, उन्हें आगे-पीछे कर देते हैं। अशान्ति का कारण है

अनुभवहीनता, अनिश्चय और अहं का आधिक्य! सम्राट यदि गद्दी छोड़ कर कुटिया को अपना लेता है तो इन बुराइयों को वह साथ ही ले जाता है। इसलिए विचारवान सभी दशाओं में शान्त और प्रसन्न रहता है!"

देवा जी की बात मेरे अशान्त मन पर ठण्डे लेप-सरीखी लगी। मैंने कहा, "मैं आपकी बात मानता हूँ। आपके मुकाबले में तो मैं अभी बच्चा हूँ, मेरा अनुभव ही क्या है, कुछ वर्ष अपने पास रहने दीजिए, अनुभव प्राप्त करने दीजिए, मन अपने-आप शान्त हो जायेगा।

"निरंजन सिंह जी ने आपको सेना में लेने की सिफ़ारिश की है," वे बोले, "आप कुछ दिन रहिए, देवमण्डल के बारे में जानिए। आपका मन होगा तो आपको सेना में भी लेंगे। अभी जो आप चाहेंगे, आपको मिल जायेगा।" फिर कुछ रुक कर बोले, "अभी कितने से आपका काम चल जायेगा ?"

पत्नी के देहान्त के बाद यह समस्या मेरे लिए कुछ वैसे महत्व की न रह गयी थी। मैंने कहा, "आप जो भी दे सकें, मुझे स्वीकार होगा।"

"रहने-खाने का प्रबन्ध हम कर देंगे और पचास रुपये आपको जेब-ख़र्च के लिए मिल जायेंगे। चल जायेगा इतने से ?"

"जी, मज़े से।"

"तो ठीक है, अब आप जा कर आराम कीजिए, थके हुए हैं।"

और उन्होंने तीरथराम को बुला कर मुझे उसके हवाले कर दिया।

o

देवनगर में एक-सरीखी दस कोठियों के अतिरिक्त एक ड्योढ़ी, एक कम्यूनिटी किचन, एक डाइनिंग हॉल और एक अठकोना गुम्बद भी था। ड्योढ़ी नौ कोठियों के बाद थी। कोठियों के नम्बर उल्टे थे। पथरचट्टी से देवनगर पहुँचें तो पहले दस नम्बर की कोठी पड़ती थी। गुम्बद दस नम्बर की कोठी के पीछे था। मुझे तीरथराम से मालूम हुआ कि छुट्टी का दिन न हो तो देवा जी यहीं बैठते हैं। छुट्टी के दिन प्रायः वे घर पर ही काम करते हैं।

ड्योढ़ी से परे केवल एक कोठी थी —नम्बर एक, जिसके बाद खेत थे और रास्ता एक ओर नहर को और दूसरी ओर बनौली को निकल जाता था।

ड्योढ़ी के पीछे से एक रास्ता, जिसके दोनों ओर मेंहदी की कटी-छँटी बाड़ थी, कम्यूनिटी किचन को जाता था। किचन के साथ फूस की छत का एक बड़ा, मँडुवे-जैसा, हॉल था, जो साँझ के उस धुँधलके में उस स्थान को और भी सुनसान बना देता था।

खाना खाने के लिए तीरथराम मुझे उसी बड़े मँडुवे में ले गया। वह आम भाषा में तो लंगर कहलाता था, पर था बिलकुल नये ढंग का डाइनिंग हॉल। उस समय उसमें केवल एक गैस जल रहा था। रात की उस तारीकी में बिजली की अभ्यस्त मेरी आँखों को वह हॉल अँधेरा, सूना और उदास लगा। सामने एक पक्की पटरी बनी थी, जिस पर ख़ाली थालियाँ, कटोरियाँ, चमचे, आदि रखे थे। बराबर के किचन से खाना पक कर वहाँ आ जाता। खाने वाले लोग पटरी से थाली-कटोरी ले लेते। पटरी के पीछे खड़ी स्त्रियाँ खाना परस देतीं और लोग अपनी-अपनी मेज़ों पर आ बैठते। दूसरी बार स्त्रियाँ स्वयं रोटियों की

थाली या सब्ज़ी-तरकारी के डोंगे लिये मेज़-मेज़ हो आतीं।

खाना खाते समय तीरथराम ने बताया कि देवा जी ने स्त्रियों को रसोई की ग़ुलामी से नजात दिला दी है। देवनगर में एक-दो घरों को छोड़ कर सब इस साझे की रसोई में खाना खाते हैं। पकाने वाले रसोइये हैं और परसने वाली स्त्रियाँ। बारी-बारी से देवनगर की देवियाँ यह कर्तव्य निभाती हैं और अपना शेष समय उपादेय कामों में लगाती हैं।

खाना खाने के बाद थालियाँ उठा कर हम किचन के नल पर रख आये और तीरथराम मुझे ड्योढ़ी की छत पर सोने के लिए ले गया। वह लम्बा-तगड़ा, हृष्ट-पुष्ट जवान था, लेकिन उस लहीम-शहीम देह में दिल एक कवि का है, इसका पता उसकी बातों से मुझे तत्काल चल गया। लंगर से आने और सोने की तैयारी करते हुए उसने मुझे बताया कि देवनगर जिस ज़मीन पर है, वह कभी मुग़लों के ज़माने में एक बड़ी जागीर थी। इस ड्योढ़ी के साथ एक ऊँचे परकोटे के खँडहर थे और लोगों का कहना था वहाँ प्रेत रहते थे और लोग दिन को भी उसके पास जाते डरते। जागीर का स्वामी दिल्ली का एक पण्डित था, जिसने अपनी सारी जायदाद शराब और वारांगनाओं को भेंट कर दी थी। उसी ने कुछ दोस्तों के उकसाने पर वहाँ ट्यूबवेल लगाया था कि फ़ार्म चलायेगा, पर उसे न कृषि का अनुभव था, न कारोबार का, मेहनत की उसे आदत न थी और शराब में वह धुत पड़ा रहता था। इसीलिए फ़ार्म न चल सका, उजड़ गया और वहाँ प्रेतों के अस्तित्व पर लोगों का विश्वास और भी पक्का हो गया। देवा जी ने उससे यह ज़मीन सस्ते में ले ली तो परकोटे की ईंटों से, बाहर से पक्की और अन्दर से कच्ची दीवारें खड़ी करके सस्ते में ये दस कोठियाँ और लंगर बनवा लिया। ड्योढ़ी और गुम्बद का जीर्णोद्धार कर उन्होंने नहर की मिट्टी मँगवा, कोठियों के आगे घास के लॉन, मेंहदी की बाड़ें और बाग़ लगवा दिये। नयी खाद डाल कर उन्होंने ऊसर धरती को उर्वर बना लिया और प्रेतों को ऐसा भगाया कि फिर उन्होंने इधर को मुँह नहीं किया।

लेकिन पुनरुद्धार हो जाने के बाद भी ड्योढ़ी की बे-मुँडेर की छत आसमान की ओर फैली हुई खुली, सपाट हथेली की तरह लगती थी। शहरी मकानों की छतों पर चारों ओर जो एक पर्दा-सा होता है, वैसा कुछ वहाँ नहीं था। देवा जी ने ड्योढ़ी में कुछ बढ़ाया न था, सीमेंट की परत और सफ़ेदी के दूध से उसका रंग बदल दिया था। उस शाम के मलगजे अँधेरे में कम-से-कम मुझे ऐसा ही लगा।

तीरथराम कवि था, उस समय बड़े अच्छे मूड में था और यदि मैं बेहद थक न गया होता और कम्बल न तान लेता तो वह शायद मुझे दो-एक कविताएँ भी सुनाता, लेकिन बस और इक्के की यात्रा ने मेरे शरीर की पोर-पोर को झकझोर दिया था, इसलिए मैं देवनगर की स्थापना के सम्बन्ध में तीरथराम की काव्यमयी प्रशस्ति के बावजूद लेटते ही सो गया।

लेकिन मुझे गहरी नींद सोना नसीब नहीं हुआ। रात बड़े ज़ोर की आँधी आयी और लगा कि हम कम्बल समेत उड़ जायेंगे। तीरथराम शायद मरु की उन आँधियों का अभ्यस्त था, इसलिए पहला झोंका आते ही चारपाई उठा कर, वह सीढ़ियों में चला गया। कुछ देर बाद जब मैं चारपाई समेट कर चला तो आँधी के झोंके से लगभग उखड़ कर छत के किनारे जा पहुँचा। चारपाई छत के नीचे जा रही और मैं....जाने मेरे होंटों से भय-सूचक

कैसी चीख़ निकली कि तीरथराम ने भाग कर मुझे थाम लिया। मेरी आस्तीन पकड़ कर वह मुझे घसीट न लेता तो चारपाई के साथ मैं भी नीचे जा पहुँचता।

देवनगर की पहली रात का यह क्षण मेरे स्मृति-पट पर कुछ ऐसा अंकित हुआ कि बाद में वर्षों तक, जब भी मैं बिस्तर पर लेटता, एक-न-एक बार वह ज़रूर मेरी आँखों में घूम जाता —आँधी के ज़ोर से 'शाँ-शाँ' करते हुए, शेषनाग के भयानक फनों जैसे बनौली के गहरे काले पेड़, धूल-गर्द के पीछे छिपे चाँद की पीली रोशनी में चादर-दर-चादर आते हुए बावली आँधी के हरहराते झपाके और चारों ओर छाये हुए अन्धकार के आलिंगन में जैसे भिंचती हुई-सी वह ड्योढ़ी की छत....इन्सान कितना बुद्धिमान, बलवान! लेकिन कितना बेबस और मजबूर!....जब-जब मुझे अपनी उस बेबस चीख़ का ध्यान आता है, मेरी आँखों के सामने वैसा ही एक और क्षण घूम जाता है....

....सोलन की एक पहाड़ी पगडण्डी पर मैं एक महान नेता के साथ जा रहा था — वे धीर-गम्भीर, ज्ञानी और दार्शनिक थे। रमण महर्षि के आश्रम से हो जाने के बाद, मृत्यु पर विजय पाने के लिए योग-साधना किया करते थे और उनके श्रद्धालु प्रचार करते थे कि उन्होंने सचमुच मृत्यु के भय को जीत लिया है।.... बातों में निमग्न मेरे साथ चलते-चलते, वे एकदम भयार्त्त स्वर में चिल्ला कर उछले। मैं एक कदम पीछे हट गया। दूसरे क्षण सरसराता हुआ एक साँप हमारे सामने से गुज़र गया। शायद उनका पैर साँप पर आ गया था। उनकी वह चीख़, मेरी ही चीख़ की तरह, बयान से बाहर थी। किसी तरह के शब्द या उपमा में उसे बाँध लेना एकदम असम्भव है —अन्तस्तल के कहीं बहुत नीचे से निकली हुई भयातुर आवाज़!....

o

लेकिन दूसरे दिन सुबह के उजियाले में देवनगर को देखा तो वही एक-जैसी कोठियों की कतार, जो नींद के मरु में सपनों के शाद्वल-सी सुन्दर लगती थी; वही भव्य ड्योढ़ी, जिसके फ़र्श पर नगीनों-से चमकते हुए रंग-बिरंगे पत्थर ऐसे जड़े थे कि आँखें चौंधिया जाती थीं; ड्योढ़ी से कम्यूनिटी किचन को जाती हुई वही चौड़ी रविश, जिसके दोनों ओर बड़ी ख़ूबसूरत बाड़ थी; किचन के साथ का वहीं डाइनिंग हॉल, जिसका फ़र्श, और मेज़ें सब उस नगीनों-जड़े सीमेंट की बनी थीं और साफ़ इतनी थीं कि निगाहें फिसल जाती थीं — वह सारे-का-सारा देवनगर मुझे बड़ा ही आकर्षक लगा।

ड्योढ़ी वास्तव में पुरानी जागीर का सिंहद्वार थी। ऐसा लगता था कि उसके इर्द-गिर्द ऊँची फ़सील थी, जिसके चारों कोनों पर चार बुर्ज बने थे। तीन बुर्ज टूट गये थे, चौथे को ड्योढ़ी के साथ-साथ देवा जी ने नया रूप दे दिया था। उसमें दो खिड़कियाँ और दो रोशनदान बनवा दिये थे। पर्दे, ग़ालीचे, और फ़र्नीचर की सहायता से उसे बड़ा ही सुन्दर बना दिया था।

ड्योढ़ी में देव-सैनिकों के सम्मिलन-स्थल और देवमण्डल के दफ़्तरों की व्यवस्था थी। दफ़्तर ऊपर की मंज़िल —मंज़िल क्या, म्यानी में था। वहाँ कभी पहरेदार दीवार के छेदों में संगीनें ताने चौकस खड़े रहते होंगे। पर अब देवा जी ने चारों ओर खिड़कियों की व्यवस्था करके उसे सेक्रेटेरिएट का दर्जा दे दिया था। निचली मंज़िल में एक हॉल बन गया

था। दफ़्तर की खिड़कियों से नीचे होने वाली प्रत्येक सभा का नज़ारा किया जा सकता था। वहाँ देव-सैनिक सप्ताह में हर रविवार की सुबह को इकट्ठे होते थे और देवाजी प्रवचन देते थे।

ड्योढ़ी के परे जो अकेली कोठी थी —नम्बर एक —उसी में मुझे एक कमरा मिल गया। खुला और हवादार। कोठी के आगे, सभी कोठियों की तरह, अर्धगोलाकार लॉन था, जिसमें बड़ी अच्छी घास और फूल लगे थे। सामने मेंहदी की कद-आदम बाड़ सड़क से आने वाली गर्द को रोकती थी। खिड़की के बाहर कीकर का एक कुबड़ा-सा पेड़ था, परे सरवन सिंह के खेत, रहँट, बरगद, और बनौली का गाँव था। उस पहली रात के कटु अनुभव के बावजूद, सूरज की धूप से चमकता हुआ देवनगर मुझे भा गया। मैं शहर वापस जा कर अपना सामान ले आया। देवा जी ने एक किताब मुझे अनुवाद को दे दी और मैं जम गया।

o

o

"संगीत जी, संगीत जी," मेरे सोये हुए कानों में आवाज़ आयी। लगा जैसे कोई दरवाज़ा तोड़ रहा है।

मैं हड़बड़ा कर उठा। न कीकर की डाल वैसी सुन्दर थी, न उसमें चाँद लटक रहा था। न बाहर स्वप्निल वातावरण था, न अन्दर प्यारा-प्यारा धुँधलका। उगते सूरज की किरणें सारे कमरे में हुड़दंग मचा रही थीं और कम्बलों के कारण शरीर पर हल्का-सा पसीना आ गया था और बाहर तीरथराम बराबर 'संगीत जी' की रट लगाये हुए था।

"चलो आओ तीरथराम!" मैंने बालों को एक बार खोल, उलझी-बिखरी लटों को समेट, जूड़ा बनाते और सिरहाने की ओर तिपाई पर रखी हुई पगड़ी को सिर पर रखते हुए कहा, "दरवाज़ा खुला है।"

तीरथराम अन्दर आ गया। मैंने ज़रा खिसक कर उसके बैठने को जगह बना दी।

"उठो भाई! कब तक यों मुर्दा बने लेटे रहोगे ? मैं तो नहर तक हो आया।" यह कहते हुए वह किंचित संकोच के साथ चारपाई पर बैठ गया। बेतकल्लुफ़ी से बैठता तो शायद पट्टी दो हो जाती।

"मेरी आँख तड़के खुल गयी थी, फिर बहुत देर तक नींद नहीं आयी इसलिए...."

लेकिन अपना वाक्य पूरा करने से पहले मैं उचक कर उठा और चन्द मिनट में आने की बात कह कर स्नानगृह के दरवाज़े में ग़ायब हो गया।

देवनगर की कोठियों के स्नानगृह इतने खुले थे, जितने शहरों के छोटे-छोटे गोल कमरे होते हैं। यद्यपि शहर में, जहाँ मैं रहता था, फ़्लश नहीं था, लेकिन देवनगर के विधाता ने देवनगर की कोठियों में लगभग फ़्लश-ऐसा प्रबन्ध कर रखा था।

दस मिनट में नित्य-कर्म से निवृत्त हो कर मैं स्नानगृह में वापस आया। ब्रश करते हुए मैंने सुना —तीरथराम धीरे-धीरे अपनी कविता गुनगुना रहा है :

जीवन के सूने नभ में है
नयी तारिका जागी,

औ' सभी उदासी भागी।

हाथ-मुँह धो कर मैं बाहर आया। मैंने कपड़े बदले और कमरा बन्द कर हम बाहर निकले। मीठी-मीठी धूप देवनगर की कोठियों, ड्योढ़ी, डाइनिंग हॉल और आस-पास बिखरे हुए खेतों और मैदानों को नया सौन्दर्य प्रदान कर रही थी। रसोइया हरगोविन्द गर्म-गर्म दूध की बाल्टी भर कर कोठियों की ओर चल दिया था। हम दोनों अपने-अपने कमरों में नहीं, बल्कि कम्यूनिटी किचन में जा कर गर्म-गर्म दूध की चुस्कियाँ लेते थे और बातें करते थे।

तीरथराम कवि था। देवा जी का भक्त और उन्हीं की तरह अशरीरी, वायवी प्रीति में उसका विश्वास था। देवा जी प्रेम के बड़े भारी समर्थक थे —उस प्रेम को प्रीति कहा जाये तो ठीक होगा —मीठी-मीठी, हल्की-हल्की, आँच-सी गर्मी पहुँचाने वाली; एक-दूसरे की भावनाओं का ध्यान रखने वाली; एक-दूसरे को बढ़ावा देने वाली प्रीति! लपलपा कर प्रिया को या अपने आपको जला लेने वाले प्रेम में देवनगर के संचालक का विश्वास न था। 'यह देवताओं का नहीं, राक्षसों का प्रेम है,' वे कहा करते, 'फूहड़, उजड्ड, असंस्कृत!' प्रीति का काम उनके ख़याल में जलाना नहीं, गर्मी पहुँचाना था —देवनगर के सैनिक उसी प्रीत-लड़ी के मनके बन जायें, यह उनका उद्देश्य था और देवनगर के वासी इसी उद्देश्य की माला जपते थे।

तीरथराम की कविताओं में उसी प्रीति का उल्लेख था। उसके प्रेम का पक्षी फड़फड़ाता हुआ अपने प्रिय के चारों ओर घूमता, बादल की तरह उमड़-घुमड़ कर उसे छा लेना चाहता; पर उसके शरीर से छू न जाये, इस डर से परे ही रहता। कम-से-कम अपनी कविताओं में वह प्रिय के शरीर को नहीं, उसकी आत्मा को चाहता।

किचन के बरामदे की कुर्सी अथवा डाइनिंग हॉल की किसी खुली खिड़की की सिल पर बैठे अथवा योंही खड़े-खड़े मैं तीरथराम की कविताएँ सुनता। कविता सुनाते-सुनाते उसी प्रीति के झीने आवरण को भेद कर कभी-कभी दूर क्षितिज के अँधेरों में कौंध उठने वाली बिजली-सरीखी वासना उसकी आँखों में चमक जाती और कविता सुना कर वह सदा बड़ी लम्बी, गहरी साँस छोड़ता।

देवनगर के अपने सात-आठ दिनों में मैं तीरथराम के सिवा किसी से न खुल सका था। देवनगर एक ऊँचे आदर्श को ले कर अस्तित्व पा रहा था और वहाँ के वासियों को बिना जाने, उनसे घुल-मिल जाना मेरे लिए असम्भव था। कुछ अजीब तरह का आतंक-सा मेरे मन पर छाया रहता। देव-सैनिकों के मीठे बोल, उनका तकल्लुफ़, स्नेह और सौहार्द मुझे अचानक सशंक और सतर्क कर देता था, लेकिन तीरथराम से मैं खुल गया था और रात तक उसके साथ घूमता रहता था।

चाँदनी रातें थीं। बड़ा-बड़ा सुनहरी चाँद नहर की ओर के आम की घनी शाखाओं के पीछे से अपना जादू बिखेरता हुआ निकलता। माँझे पर बैठी किसी गोरी दुल्हन की तरह पीला होता हुआ, वह ज्यों-ज्यों ऊपर उठता, उसका पीलापन धुल कर दूधिया हो जाता, यहाँ तक कि दस बजते-बजते उसकी चाँदनी अँधेरे कोनों-अँतरों को रोशन कर देती — देवनगर की वह ड्योढ़ी उस धवल-पाण्डुर चाँदनी में ऐसी जगमगा उठती कि हम दोनों

उसे देखते न अघाते —उस विशाल सूनेपन में वह भव्य ड्योढ़ी, वे चन्द नयी-बनी, नयी-पुती कोठियाँ और बस —स्वप्न भी इतने सुकुमार और ललित नहीं होते!

देवनगर के देवता सरेशाम ही अपनी कोठियों में बन्द हो जाते। नौ-साढ़े नौ तक बत्तियाँ भी बुझ जातीं, पर हम दोनों गयी रात तक देवनगर की सड़कों और रविशों पर घूमा करते। कभी जब मन होता, तीरथराम मेरे साथ मिल कर बेतहाशा ठहाके लगाता। अपने बाज़ुओं के पट्ठों पर घूँसे मारता हुआ वह मेरे पतले-छरहरे शरीर का मज़ाक उड़ाता। कभी जब मैं नंगे सिर होता या बाल सँवारता तो कहता —'तुम्हें औरत होना चाहिए था, ऐसे सुनहरे रेशमी लम्बे बाल औरत के भी नहीं होते।' लेकिन कई बार वह एकदम चुप हो जाता और यदि मैं मज़ाक करके हँसता तो मेरी वह हँसी निपट अकेली रहती; उसके होंटों पर मुस्कान तक न आती। धीरे-धीरे मैं भी चुप हो जाता। तीरथराम बार-बार आहें भरता। जब मैं कारण पूछता तो चुप रहता या केवल मुस्करा देता —एक क्षीण-सी उदास मुस्कान! मेरे बहुत पूछने पर एक दिन उसने संकेत किया कि गाँव में एक लड़की से उसका प्यार है और उसकी याद कभी-कभी चाँदनी रातों में उसके जी को जलाती है।

०

किचन से दूध के गिलास ले कर हम डाइनिंग हॉल की एक खिड़की के पास जा पहुँचे। मैं चौखट पर बैठ गया और वह खड़ा रहा। दूध ख़त्म करके चिलग़ोज़े छीलते हुए तीरथराम ने कहा —"रात भर मैं बिलकुल नहीं सोया, कम्बख़्त यह चाँदनी ऐसी थी कि लगता था जैसे कहीं कुछ भी छिपा नहीं, सब कुछ खुला है, दिल का तारीक-से-तारीक कोना चमक उठा है।"

वह कुछ क्षण चुप रहा। फिर बोला, "जाने मुझे इन रातों में क्या हो जाता है। नींद बिलकुल ग़ायब हो जाती है। सुनता हूँ, चाँदनी का पागलपन के साथ बड़ा सम्बन्ध है, इसलिए अंग्रेज़ी में पागल को ल्यूनैटिक याने 'चाँदमारा' कहते हैं। कहीं मैं पागल न हो जाऊँ!"

और वह ज़ोर से हँसा। ख़ाली, खोखली हँसी! फिर कुछ क्षण चुप रह कर उसने अचानक कहा —"जब आँखें ज़ोर से बन्द करने और उन पर तौलिया रखने के बावजूद मुझे नींद न आयी तो मैंने उठ कर कविता लिखी।"

"पूरी ?"

"हाँ। नींद ही नहीं आयी। ख़त्म करके ही सोया।"

और वह कविता सुनाने लगा।

"देखो तीरथराम," कविता सुन कर मैंने कहा, "तुम्हें जिससे प्यार है, वह यहीं कहीं है।"

तीरथराम ने ठहाका लगाया —

"अरे नहीं यार! यहाँ क्या है, सिवा बाहर और भीतर की वीरानी के।" और 'भीतर' कहते हुए दिल की ओर संकेत कर उसने लम्बी साँस ली।

लेकिन न उसके ठहाके ने मुझे विश्वास दिलाया और न दिल की वीरानी के बारे में उसकी ग़प ने। मैंने कहा —"तुम न बताओगे तो मैं ख़ुद ढूँढ लूँगा।"

तब उसने वापस आते-आते अपने गाँव की एक लड़की की कहानी सुनायी, जो उससे प्यार करती थी, पर जिसकी शादी कहीं और हो गयी थी। तीरथराम जब भी गाँव जाता, उससे मिलने को छटपटाता। कभी-कभी वह भी मैके होती। तब दृष्टियों का विनिमय हो जाता, लेकिन तीरथराम की पत्नी उसका वहाँ जाना पसन्द न करती।

"तुम्हारे पत्नी भी है ?" अचानक मैंने पूछा।

"हाँ, मेरी शादी तो लड़कपन ही में हो गयी थी।"

"बच्चे भी हैं ?"

"हाँ।"

"कितने ?"

"दो —दोनों लड़के। एक दस वर्ष का, एक चार का।"

"तुम उन्हें यहाँ क्यों नहीं लाते ?"

"अभी जगह नहीं। यहाँ दस कोठियाँ हैं। एक विवाहित सैनिक और उनके साथ एक कुँवारा या बे-बीवी का —इस तरह एक-डेढ़ कुटुम्ब हर कोठी में रहता है। कुछ और कोठियाँ बनें तो ले आऊँगा।"

और हम वापस कोठी पर पहुँच गये। आ कर अभी मुश्किल से कमरे का दरवाज़ा खोला होगा कि देवा जी हमारी ओर आते दिखायी दिये।

हम हड़बड़ा कर उठे। उन्होंने लॉन की गोल सड़क ही से मुझे आने का संकेत किया।

मैं 'नमस्कार' करता हुआ उनके पास चला गया। दायें हाथ से मुझे बग़ल में लेते हुए उन्होंने बड़े मीठे स्वर में कहा —

"देखो भाई, आपके बारे में तरह-तरह की बातें मेरे कान में पड़ती हैं। अभी सेक्रेटरी ने आपकी शिकायत की है कि आप तीरथराम के साथ आधी-आधी रात तक दीवानों की तरह घूमते रहते हैं। यहाँ केवल अठारह-बीस घर हैं। उन सबसे मिल कर न रहोगे तो यहाँ रहना कठिन होगा। लोग तीरथराम को दीवाना समझते हैं। वे उससे ख़ुश भी नहीं। आप उससे मिलेंगे और उनसे न मिलेंगे तो वे आपसे भी नाराज़ हो जायेंगे। आप सबसे मिल-जुल कर रहिए।"

"जी, बहुत अच्छा।"

और मुझे स्नेह-से ज़रा-सा भींच कर और मेरे कन्धे को थपथपाते हुए, जैसे अपने मनोरथ में सफल, ख़ुश-ख़ुश देवा जी चले गये।

उसी शाम किसी से दियासलाई की डिबिया, किसी से सुई-तागा, किसी से बटन और किसी से ब्लाटिंग लेने अथवा किसी दूसरे बहाने से मैं सब घरों में हो आया और गृहणियों से बहन, भाभी, चाची और ताई का रिश्ता भी स्थापित कर आया।

०

लेकिन देवा जी के परामर्श पर अमल करने से ज़्यादा मैं यह जानना चाहता था कि इन अठारह-बीस घरों में ऐसी कौन-सी युवती है, जो तीरथराम की आहों का कारण बनी हुई है।

दो

सारे नगर में तीन स्त्रियाँ थीं, जिनकी ओर किसी की निगाह जा सकती थी। सुन्दर मैं इसलिए नहीं कहता कि मुझे उन तीनों में से एक भी सुन्दर नहीं लगी।

उनमें से एक तो ड्योढ़ी के साथ वाली कोठी में रहने वाले देवसेना के मन्त्री गुरबचन सिंह की बीवी थी —जीत। उम्र ज़्यादा न थी। बच्चा अभी उसके हुआ न था। थी भी खुली तबीयत की। नाक-नक्शा तीखा न था, पर बुरा भी नहीं। वह ज़रूर सुन्दर लगती, यदि बात करके वह कुछ नीम-पागलों की तरह हँस न देती। उसकी वह हँसी कुछ अजीब थी। सदा ऐसा लगता था कि इसके दिमाग़ का कोई पुर्ज़ा ढीला है।

इसी बँगले के एक कमरे में सुदर्शन सिंह रहता था। ठिगने-से कद का गोरा-गोरा युवक, जिसकी पीठ पर बड़ा हल्का-सा कूबड़ था। स्त्रियों की तरह उसके गालों पर बाल न थे, केवल ठोढ़ी पर बकरे की-सी दाढ़ी थी। देवनगर में वह सुन्दर समझा जाता था और सरदार पाला सिंह आर्टिस्ट की पत्नी ने उसे धर्म-भाई बना रखा था।

दूसरी स्त्री, जो ध्यान आकर्षित करती थी और जो देवनगर में ख़ासी सुन्दर समझी जाती थी, इन्हीं पालासिंह आर्टिस्ट की अर्धांगिनी थीं। उम्र तो उनकी पच्चीस से तीस के अन्दर-अन्दर थी, पर कुछ तो आर्टिस्ट की पत्नी होने और फिर बूढ़े आर्टिस्ट (बूढ़े तो नहीं थे, पर जवान भी नहीं, उम्र उनकी पचास की होने आयी थी) की दूसरी पत्नी होने के कारण नख़रा उनका बड़ा था। भरे-खुले देहाती वातावरण में पले अंगों वाली। सुन्दर-सुगठित, गोरा-गदराया तन और देवनगर की प्रीत-भरी फ़िज़ा में साँस ले कर उड़ने और अरमान देखने के सपने लेने वाला मन। आर्टिस्ट महोदय रात को सोते समय चारों मग़ज़, ख़शख़ाश और बादामों का हरीरा पीते थे —यों तो दिमाग़ को मज़बूत करने के लिए, पर यदि दिमाग़ के साथ जिस्म भी कुछ शक्ति पा ले तो क्या बुरा है! पहली बीवी से सौभाग्यवश कोई बच्चा न था! तीन बच्चे दस वर्ष के वैवाहिक जीवन में इनसे थे! लेकिन बच्चे गोद के होने की स्टेज को पार कर गये थे, माँ भी शेख़ूपुरा के संकुचित वातावरण से निकल कर देवनगर के स्वच्छन्द वायु-मण्डल में साँस लेने लगी थीं। शिक्षा के नाम पर कभी किसी विद्यालय या पाठशाला की चौखट के पार न गयी थीं, पर बातचीत ऐसे करती थीं, जैसे बड़ी पढ़ी-लिखी और फ़ॉरवर्ड, याने नयी रोशनी की हों। सुदर्शन सिंह चाय के समय प्राय: वहीं आया करता था।

तीसरी महिला, जिसकी ओर किसो की नज़र जा सकती, बिल्डिंग डिपार्टमेंट के इंचार्ज नन्दलाल की पत्नी सावित्री थी। दो बड़े ही सुन्दर बच्चे थे उसके। एक का नाम था मदन और दूसरे का रीता —देवा जी की दो कहानियों के नायक-नायिका से उन्होंने ये नाम लिये थे। सावित्री पतले-छरहरे शरीर की कद्रे लम्बी स्त्री थी। आँखें उसकी भूरी और आकर्षक थीं। होंटों पर सदा हल्की मुस्कान रहती थी। लेकिन एक तो उसके कल्ले ज़रूरत से कुछ ज़्यादा अन्दर धँसे हुए थे और निचला होंट कुछ अधिक लटका रहता था, दूसरे न केवल उसके बच्चे सुन्दर थे, बल्कि उसका पति भी सुन्दर था और घर में भरी-पूरी थी।

बाकी दस घरों में ज्ञानी दिलावर सिंह की पत्नी थी, अवतार सिंह की पत्नी थी,

मधवार साहब की पत्नी थी, खोसला साहब की पत्नी थी, हरनाम सिंह की पत्नी थी और ख़ुद देवा जी की पत्नी थी —लेकिन वे न जाने कब की उस हद को पार कर गयी थीं, जब कोई युवती किसी कवि के निश्वासों का कारण बनती है। वे प्रायः घर पर रहतीं। डाइनिंग हॉल में खाना परसने पर भी उनकी ड्यूटी न लगती। दो-एक तो खाना भी घर में ही पकाती थीं। लड़की देवनगर में कोई न थी। वाणी और मधु —देवा जी की दो लड़कियाँ थीं और मधवार साहब के थी श्यामा —पर वे तो बच्चियाँ थीं।

और मुझे उन सब में एक भी ऐसी न लगी, जो तीरथराम की आहों और रतजगों का कारण होती। तो क्या तीरथराम ठीक कहता है कि उसके गाँव के अतीत में खोयी उसकी प्रीति देवनगर की इन चाँदनी रातों में उसका दिल दुखाती है ?

o

लेकिन नहीं, तीरथराम की प्रीत वहीं बसी थी। दो महीने के बाद अचानक मुझे इसका पता चल गया।

o

दिसम्बर का महीना था। बड़े दिन की शाम। तीरथराम से मुझे पता चला कि देवनगर में बड़े दिन की शाम को बड़ा समारोह होता है और उसने अनुरोध किया मैं ज़रूर ही उसमें भाग लूँ। उसने यह भी बताया कि उसने इस अवसर के लिए विशेष रूप से एक कविता लिखी है और वह उसे सुनायेगा। "हिन्दी की कविता यहाँ कोई समझता ही नहीं," उसने कहा, "तुम अकेले आदमी हो, जिसे अपनी कविता सुना कर मुझे ख़ुशी होती है।"

मेरा मन न जाने क्यों कहीं भी जाने को न हो रहा था। दिसम्बर के इन्हीं दिनों में मेरी पत्नी बीमार हुई थी। शहर में अखिल भारतीय प्रदर्शनी चल रही थी। कई दिनों से वह उसमें जाने को कह रही थी, लेकिन प्रदर्शनी नवम्बर के तीसरे सप्ताह में शुरू हुई थी और वेतन सारे-का-सारा तब तक समाप्त हो चुका था। उसके पास चन्द-एक रुपये जमा थे, पर उन्हें ले कर ख़र्च कर देने को मेरा मन नहीं हुआ। वेतन कुछ देर से मिला, लेकिन जिस दिन मिला, उसी शाम घर पहुँचते ही मैंने कहा —"प्रीतम, बस तैयार हो जाओ जल्दी, आज नुमाइश चलेंगे।"

"मैंने कितनी बार कहा कि मुझे प्रीतम न बुलाया करो," वह तिनकी, "प्रियतम तो तुम मेरे हो।"

"यह तो तुम अपने माता-पिता से कहो, जिन्होंने तुम्हारा यह नाम रखा। उनका दिया नाम बिगाड़ने वाला मैं कौन होता हूँ!"

"तुम मुझे पित्तो कहा करो, बस।"

"पित्तो तो कहता ही हूँ, पर कभी-कभी प्रीतम कहने को भी मन हो आता है। प्रीतम का मतलब है, प्रिय —और इस शब्द में दोनों समा जाते हैं —पर तुम नाम की बहस छोड़ो, बस पलक झपकते तैयार हो जाओ।"

"थके आये हो, चाय का एक प्याला...."

लेकिन मैंने उसे बात नहीं ख़त्म करने दी। उसका हाथ थामे, लगभग खींचता हुआ-सा मैं उसे अन्दर ले गया और ट्रंकों पर टिके बड़े शीशे के आगे उसे ले जा कर

खड़ा कर दिया। फिर उसके बालों को हल्के-से थपथपाते और शीशे में उसके गालों को गुलाब बनते देख, मैंने कहा —"चाय-वाय सब वहीं होगी। बस, तुम तैयार हो जाओ।"

मेरी बीवी छोटे-से कद की थी, पर उसका रंग गोरा और तन सुडौल था। अंग-अंग उसका जैसे साँचे में ढला था। वह खड़ी होती तो उसकी कमर में हल्का-सा ख़म आ जाता —बिलकुल जैसे अजन्ता की कोई युवती! मुस्कान और हँसी उसकी बड़ी प्यारी थी, क्योंकि दाँत प्यारे थे —न कोई ऊँचा, न नीचा, और सफ़ेद, जैसे मोती! वह हँसती तो मैं प्राय: तान लगाता :

दन्द मोतियाँ दे दाने
न हस्स जान, डिग जाणगे

वह और भी ज़ोर से ठहाका मार देती और उसके दोनों गालों में हल्के-हल्के गढ़े बन जाते और मैं प्यार से उसे 'डिम्पल'[१] या 'डिम्प' कह कर पुकारा करता।

वह मुझे बड़ा प्यार करती। उस प्यार में कुछ अजीब-सी ममता थी। कद में वह मुझसे छोटी थी, पर उस वक्त अचानक बड़ी हो कर जैसे वह मेरे सारे अस्तित्व पर छा जाती। मेरे रेशमी-सुनहरे बाल और मेरे पतले होंट उसे बड़े प्यारे लगते थे। कई बार मेरे बाल खोल देती और बाँहों में भर लेती। कहती —'इतना रेशम तुमने कहाँ से पा लिया ?' और मज़ाक करती कि मेरे दादा या नाना ज़रूर रेशम का व्यापार करते होंगे। उसे खेद था कि उसके बाल न मुलायम थे, न सुनहरे, न घुँघराले —रूखे और घने; जिनमें मनों तेल लगाया जाये तो भी उस कोमलता का शतांश तक न आये, जो मेरे बिना-तेल-लगे, बालों में होती। वह अपने माता, पिता और भाई-बहनों के बालों का ज़िक्र करती कि किसी एक के बाल भी मेरे जैसे न थे और कभी-कभी अपनी दो उँगलियों से वह मेरे होंटों को प्यार से बिलकुल ऐसे छूती, जैसे किसी नन्हे-से बच्चे के....

वह तैयार हो गयी तो मैं क्षण भर खड़ा उसे देखता रह गया। इस डर से कि भीड़ में कोई गहने के साथ कान भी न खींच कर ले जाये, उसने कानों में कोई गहना न पहना था; केवल काले-पीले मोतियों के कर्णफूल उसके कानों में लटक रहे थे। लेकिन उसके गोरे-गोरे मुख पर वे काले मोतियों के कर्णफूल....मैंने चलते वक्त कहा, "पित्तो, मैं तुम्हारा पति हूँ। जब तुम्हें देख कर मेरा दिल धड़कने लगता है तो दूसरों की न जाने क्या गति होगी ?"

"शरम नहीं आती तुम्हें ऐसी बातें करते," मुझे ठहोका दे कर वह आगे निकल चली।

"नज़र न लग जाये, बस यही सोचता हूँ," मैंने कदम बढ़ाते हुए कहा।

"इसीलिए तो पीले मोतियों के साथ काले पहने हैं!" वह हँसी।

पर न जाने कितनी नज़रें उस मुखड़े पर पड़ीं कि वे काले मोती कुदृष्टि से उसे बचा न सके। लगभग आधा वेतन नुमाइश की भेंट करके, खा-पी और मन-पसन्द चीज़ें ख़रीद कर, जी-भर ख़ुशी मनाने के नशे से चूर, एक-दूसरे की प्यार-भरी नज़रों पर जैसे झूलते हुए, जब हम घर पहुँचे ता प्रीतम ने कुछ सिर-दर्द की शिकायत की —"मेरा जी कुछ घुट-सा रहा है," उसने कहा। और उन्हीं कपड़ों समेत वह बिस्तर पर लेट गयी। कुछ देर

---

१. हँसते समय गालों में बन जाने वाला हल्का-सा गड्ढा।

बाद उसे क़ै हुई। कलाई पर मैंने हाथ रखा तो वह बेतरह तप रही थी।

और जैसे प्याला जब लबालब भर जाता है तो छलक उठता है, मेरी ख़ुशी का प्याला भी छलक उठा। उस रात वह बीमार हो कर जो बिस्तर पर पड़ी तो फिर नहीं उठी।

दिसम्बर की उन रातों में बार-बार मेरे सामने बीते दिनों की उल्लासमयी स्मृतियाँ घूम जातीं और मन कुछ अजीब-सी उदासी से भर उठता। तीरथराम के ज़ोर देने पर मैं कहना चाहता था कि भाई जाओ, मुझे न छेड़ो, अपने इस अँधेरे एकान्त में पड़ा रहने दो — यह फूल बाग़ में खिला है; हवा की चंचल बालाओं के संग मस्त झूमा है; तितलियों के रंगीन होंट इसने चूमे हैं; ओस की आँखों में झाँका है और उषा के स्पन्दनों से अपने दिल की धड़कनें मिलायी हैं; लेकिन अब यह डाली से टूट कर मुरझा गया है; इस पर आगत का गहरा कोहरा छा गया है; इसे चुपचाप पड़ा रहने दो; अकेलेपन के कोहरे-भरे अँधेरों को इस पर छा जाने दो....पर मैं तो कवि नहीं था कि अपनी उदासी को इस तरह स्पष्ट व्यक्त कर पाता। मैंने केवल इतना कहा, "तीरथराम, मेरा मन नहीं होता कहीं जाने को। तुम जाओ।"

लेकिन तीरथराम इस तरह कब मानने वाला था। मुझे बरबस वह ड्योढ़ी में ले गया और अन्यमनस्क-सा मैं कोने में बिछी एक आरामकुर्सी पर जा बैठा।

०

खाना क्योंकि ख़त्म हो चुका था, इसलिए डाइनिंग हॉल में जलने वाला गैस ड्योढ़ी में आ गया था। देवनगर के सब वासी धीरे-धीरे उस में आ इकट्ठे हुए। लेकिन कार्यक्रम उस समय तक रुका रहा, जब तक कि देवा जी नहीं आ गये। खाना खाने के बाद वे आध-एक घण्टा देवनगर की रविशों पर घूमा करते थे। वे प्रायः पहली बारी में खाना खा लेते थे और जब तक तीसरी पाँत खाना समाप्त करती, वे घूमने से फ़ारिग़ हो जाते थे।

पूछने पर पता चला कि वे अब भी दिलजीत की प्रतीक्षा कर रहे हैं। वह उनका लड़का था। शहर के गवर्नमेंट कॉलेज में पढ़ता था। बड़े दिनों की छुट्टियों में आ रहा था और प्रतिपल उसकी प्रताक्षा थी। सुबह से माता ज़ी उसकी बाट देख रही थीं। पर न जाने वह मित्रों में उलझ गया था, या उसे कोई काम हो गया था कि उस समय तक वह आया न था।

देव-सैनिक अपने परिवारों-समेत इकट्ठे हो गये थे, लेकिन देवा जी अभी तक न आये थे। मैं कोने की अपनी कुर्सी पर लगभग पीछे को लेटा, मौन रूप से उन सबको देख रहा था —इतनी औरतें और इतने आदमी किसी दूसरी जगह त्योहार के अवसर पर इकट्ठे होते तो न जाने कैसी हँसी-ठिठोली से हॉल को गूँजा देते, पर देवनगर के वासियों से वैसी आशा नगर के संचालक को न थी। वैसी हँसी-ठिठोली तो आसुरी ठहरी! देवनगर के वासियों से तो सभ्य, सुसंस्कृत, देवता-सुलभ हँसी-ठिठोली की अपेक्षा थी। शायद यही कारण था कि देवा जी के आने से पहले वहाँ जो बातचीत और हँसी-मज़ाक हो रहा था, वह बड़ा ही नपा-तुला, तकल्लुफ़-भरा और औपचारिक था। कहीं अनौपचारिकता थी भी तो लगता था कि वह भी देववाणी का अंग है —ऐसे अदा किया जाता था उसे....

"कहिए जीत जी," सेक्रेटरी साहब को अपनी पत्नी के साथ सीढ़ियाँ चढ़ते देख कर

सुदर्शन सिंह ने कहा, "दो ही बने रहने का इरादा है आपका क्या ?"

जीत जी नीम-पागलों की तरह हँस दीं। लेकिन उनके पति महोदय, आयुर्वेद-प्रेमी श्री खोसला साहब की ओर देख कर बोले, "खोसला साहब हमारी कुछ मदद ही नहीं करते। ये हमारी कुछ सहायता करें तो हम भी दो से चार हो जायें!"

इस पर एक हल्का-सा ठहाका पड़ा और 'सिद्ध मकरध्वज खाओ तो दो से चार क्या, दस हो जाओ।' खोसला साहब का यह उत्तर किसी ने नहीं सुना!

"कहिए चक्रवर्ती जी," हरनाम सिंह ने उनकी गंजी चाँद की ओर संकेत किया, "भृङ्गराज तेल कुछ लाभ कर रहा है कि नहीं ? खोसला साहब ने तो जान लगा दी उसे तैयार करने में।"

"कनपटियों के पास तो बाल काले हो रहे हैं," सुदर्शन सिंह ने कहा और हरनाम सिंह की ओर देख कर अर्थ-भरे ढंग से मुस्कराया!

"बस, अब एक शीशी सिद्ध मकरध्वज की खा लें, बाल आने भी लगेंगे," सेक्रेटरी साहब बोले।

इस पर फिर एक हल्का-सा ठहाका पड़ा।

इस टोली से हट कर चन्द मित्रों के साथ ज्ञानी दिलावरसिंह शिलौंग के अपने फ़ार्म के किस्से सुना रहे थे। वे पहले देवमण्डल के सेक्रेटरी थे, फिर देवा जी से आशीर्वाद ले कर असम में (जहाँ उनके एक सम्बन्धी की कुछ ज़मीन थी) देवमण्डल की शाखा खोलने की घोषणा कर, चले गये थे। लेकिन मलेरिया ने चार ही महीनों में उनका जोश ठण्डा कर दिया था और असमवासियों को देवता बनाने का मोह छोड़ कर वे वापस आ गये थे। सुना जाता था कि अब वे फिर उसी पद को पाने के लिए लालायित हैं और सुबह-शाम देवा जी की अरदल में सैर को जाते हैं। असम-प्रवास उनका प्रिय विषय था और उन्हें जब समय मिलता था, उसकी कोई-न-कोई घटना सुनाते थे और जब कभी हँसते थे तो अपने दोनों ओर बैठे साथियों की बग़लों में हाथ दे कर ज़ोर से 'हिं हिं' 'हिं हिं' करते हुए अर्ध-विराम के स्थान पर उन्हें ऐसे झटके देते थे कि उन्हें अपनी बाँहें स्कन्ध-मूलों से उखड़ती-सी प्रतीत होने लगती थीं।

उनसे ज़रा हट कर देवनगर के एकाउण्टेण्ट मधवार साहब किसी योगी की तरह निर्लिप्त बैठे थे और नन्दलाल और कुलबीर सिंह आपस में कुछ मिसकोट कर रहे थे।

०

तीरथराम मुझे वहाँ बैठा कर चला गया था। ड्योढ़ी में बैठी किसी टोली के हास-परिहास या मिसकोट में शामिल न हुआ था। एक-दो बार मैंने ड्योढ़ी से बाहर उसे इधर-से-उधर चक्कर लगाते देखा। उसकी गति में विह्वलता थी। शायद वह अपनी कविता दोहरा रहा था। तभी देवा जी अपनी पत्नी, बच्चियों, देवनगर के भूतपूर्व स्वामी पण्डित हज़ारीलाल मिश्र, किचन तथा डेयरी के इंचार्ज हरमोहन सिंह के साथ आये। हरमोहन दूर के रिश्ते में उनका भतीजा था, लेकिन उनकी तरह 'मोना' न था। वह सजी-सँवरी दाढ़ी और लम्बे-लम्बे केश रखता था, जो बड़ी मेहनत से बँधी दस्तार में बन्द रहते थे। दाढ़ी को क्रीम लगा कर मुँडासे से वह ऐसे बाँध रखता था कि उसके गोरे मुख पर वह बड़ी सुन्दर लगती थी।

देवा जी के आते ही सब लोग खड़े हो गये। वे बीच में आ कर बैठ गये। उनकी पत्नी, जो मोटापे की ओर को मायल, मझोले कद की गोरी-गोरी स्त्री थीं और अपने-आपको देवनगर के साम्राज्य की एकमात्र साम्राज्ञी समझती थीं, अपने पति के पास बैठ गयीं। साथ ही दोनों लड़कियाँ बैठी।

और तब सबके पीछे तीरथराम अन्दर आया और हॉल के एक स्तम्भ से लग कर चुपचाप खड़ा हो गया।

मेरे साथ एक आरामकुर्सी ख़ाली पड़ी थी, मैंने तीरथराम को संकेत किया कि वह मेरे पास आ बैठे।

उसने हाथ के इशारे बताया कि मैं बैठा रहूँ, वह ठीक है वहीं।

उस समय, जब कार्रवाई का एजेण्डा बन रहा था, देवा जी की बड़ी लड़की वाणी अचानक अपनी जगह से उठी और मेरे बराबर की ख़ाली कुर्सी पर आ कर बैठ गयी।

मैं तनिक-सा चौंका और ज़रा-सा परे हट गया।

वह मेरी कुर्सी की बाँह पर झुक गयी और बड़े प्यारे, मीठे स्वर में धीमे से बोली, "संगीत जी आप बहुत अच्छा गाते हैं।"

"मैं बहुत अच्छा गाता हूँ ?" मैंने जैसे उसी से प्रश्न किया।

मैं गाता भी हूँ, मेरा ख़याल था कि देवनगर में किसी को यह बात मालूम नहीं। कभी किसी के सामने गाना तो दूर, मैं गुनगुनाता तक न था। और-तो-और तीरथराम तक को मेरे गाने का पता न था।

मेरा दायाँ हाथ कुर्सी के हत्थे पर टिका था और वाणी के यों मेरे पास आ बैठने की किं-कर्तव्य-विमूढ़ता में वहीं टिका रह गया था। वाणी ने अपना नन्हा-सा, पतली-पतली सुकोमल उँगलियों वाला, कलाकार के चित्र-सरीखा हाथ, उसके पास रख दिया। वह धीरे-धीरे मेरे हाथ के इतना निकट आ गया कि मुझे लगा, यदि मैंने एकदम हटा न लिया तो अपना हाथ उसके हाथ पर रख दूँगा।

और मैंने अपना हाथ हटा लिया और उसे अपनी पीठ के पीछे कर लिया।

इस प्रक्रिया में मैं पीछे को झुक गया और मेरी आँखें ऊपर उठ गयीं। एक साथ मेरी दृष्टि देवा जी, हरमोहन और तीरथराम से मिली। वाणी के पिता, चचेरे भाई और तीरथराम को उसके यों मेरे पास आ बैठने पर हैरत थी। देवनगर की खुली फ़िज़ा में यह बात हैरत का विषय न थी, पर वह मेरे पास आ बैठी, इस बात पर उन्हें आश्चर्य था। यह ठीक है कि मुझे देवनगर आये तीन महीने हो गये थे और मैं देवा जी के आदेशानुसार दूसरे घरों में आने-जाने भी लगा था, पर नन्दलाल के घर को छोड़ कर मैं कहीं भी न जाता था और वाणी से तो मेरा कभी साक्षात्कार भी न हुआ था।

यह सब जैसे एक निमिष में हो गया। मेरे आँखों से मिलते ही जब उन्होंने आँखें फिरा लीं और मैंने फिर निगाहें नीची की तो वाणी ने मेरे प्रश्न के उत्तर में मेरी ओर देखा।

उसकी वे निगाहें कैसी थीं। सिर तनिक दायीं ओर को और मुँह नीचे को झुका था। वहीं से वे मेरी निगाहों में झाँक रही थीं। नीचे को झुके मुख की वह ऊपर को उठी दृष्टि न जाने कैसे मेरे अन्तर तक उतरती चली जा रही थी।

'इसने इस छोटी-सी उम्र में कहाँ से ऐसे देखना सीख लिया ?' धड़कते हुए दिल से मैं सोच रहा था और वह कह रही थी, "मैंने कई बार सुना है आपको गाते। इस आशा में कि आप गायेंगे, मैं गयी-गयी रात तक जागा करती हूँ।" और फिर अचानक नमित रह कर भी उसी उर्ध्वगा दृष्टि से मेरे हृदय को बेधते हुए उसने पूछा, "आप दिन को कभी क्यों नहीं गाते ?"

मैं हँसा। "मैं कोई गवैया नहीं," मैंने कहा, "यों ही जब कभी नींद नहीं आती, एक-आध बोल अलाप उठता हूँ। कोई सुनता भी है, यह जानता तो शायद न गाता।"

वह हँसी, "क्यों ?"

लेकिन इससे पहले कि मैं उसे 'क्यों' का उत्तर देता, देवा जी बोलने लगे थे।

"आज से साल भर पहले इस जगह, जहाँ हम मिल कर बड़े दिन की ख़ुशी मना रहे हैं," उनकी गहर-गम्भीर, लेकिन मिठास और विश्वास-भरी आवाज़ गूँजी, "दिन को भी कोई न आता था और इस ड्योढ़ी के खँडहर अपने पार्श्व में टूटी-फूटी फ़सील की भयानकता लिये हुए भाँय-भाँय किया करते थे। उन दिनों जब मैंने 'देववाणी' के कुछ अंकों में 'देवमण्डल' और 'देवसेना' की योजना दी थी तो स्नेहियों ने इसके पक्ष और विपक्ष में दोनों तरह के विचार रखे थे। मैंने अपना मन्तव्य और भी साफ़ करके प्रकट किया तो स्नेहियों ने बड़े उत्साह से उसका स्वागत किया था। मुझे आज एक वर्ष बाद भी एक स्नेही के पत्र की याद आती है। इतने मित्रों को मैंने वह सुनाया है कि मुझे लगभग सारे-का-सारा याद हो गया है। स्नेही ने लिखा था —'आपका कृपा पत्र मिला, संशय दूर हुआ, कृपा कर देवमण्डल का झण्डा जितनी भी जल्दी हो, खड़ा कर दीजिए।' और न केवल उन्होंने देवमण्डल के अविलम्ब अस्तित्व पाने की इच्छा प्रकट की, बल्कि बड़े अरमान-भरे ढंग से उसकी रूप-रेखा भी लिख भेजी थी। 'मन में बड़े-बड़े अरमान हैं,' उन्होंने लिखा था, 'बड़ी हसरतें हैं। मज़हबी झगड़े देख कर मन में विचार आता है कि कमर कस के उठ खड़े हों और इन्सान को इन्सान की पहचान करायें। अन्ध-विश्वासों का पाखण्ड चारों ओर फैला हुआ है। लोग दूसरों के साथ ही नहीं, अपने साथ भी धोखा कर रहे हैं। व्यापार गन्दा करते हैं; वोट ग़लत डालते हैं; विद्या ऐसी देते हैं कि वह हमारे दिमाग़ को रोशन करने के बदले तारीक बनाती है, हमारे दिलों को बड़ा करने के बदले संकुचित करती है। यदि हमारी बुद्धि और बल को ठीक-ठीक विकास करने के साधन मिलें तो हम समझदार, रोशन-दिमाग़ और उदार हृदय हों। फिर तंग मकानों के पास गन्दी नालियाँ न बहें, बाग़ों की छाया में सुन्दर भवन हों, ग़रीबों में घिरा कोई अकेला मालदार, सोने की ईंटों को छिपाये, चोरों से लुकता न फिरे, बल्कि सभी पेट भर खायें और विकास के सपने देखें। दिन चढ़े किरणों के सुस्पर्श से लोग जागें; खुले माथे, मुस्कराती आँखों और फैली बाँहों से एक-दूसरे का स्वागत करें, प्रभात में जगी चिड़ियों की तरह एक-दूसरे को बुलायें; हँसे-खेलें और अपने-अपने स्वभाव के अनुसार जीवन का उद्देश्य ढूँढें...."

देवा जी का भाषण सुनते-सुनते अनजाने मेरा हाथ पीठ के पीछे से फिर कुर्सी के हत्थे पर आ गया था। सहसा मैंने हल्का-सा स्पर्श और उस स्पर्श से बिजली की-सी लहर अपने शरीर में दौड़ती महसूस की। मेरा ध्यान बँटा —देखा, वाणी निरन्तर मेरी ओर देख रही थी और उसका हाथ मेरे हाथ को छू रहा था।

मैं अपना हाथ फिर पीछे कर लिया। सामने के स्तम्भ से लगे तीरथराम से मेरी आँखें चार हुईं। वह निर्निमेष हमारी ओर देख रहा था —भौंहें चढ़ी और आँखें तनी थीं और उसके चेहरे पर काला-सा बादल घिर आया था।

और देवा जी कह रहे थे....

"....स्वर्ग इस संसार पर उतर आये, यह बैकुण्ठ हो जाये और इसके पवित्र आनन्द ही से परमानन्द की प्राप्ति हो। लेकिन परमानन्द की प्राप्ति तभी हो सकती है, जब अतिरिक्त बन्धन न हों। न दिखावा हो, न धोखा हो। सहज-स्वभाव, सच्चे प्रेम और भक्ति की तरंगें उठें। ख़ूब अवकाश हो। अवकाश में आनन्द हो। भरे-पूरे अवकाश में ही ज्योतिष, हिकमत, इत्यादि का विकास हो सकता है।

"उस स्नेही की चिट्ठी," देवा जी ने निमिष भर रुक कर कहा, "मेरे ही अरमानों का प्रतिबिम्ब थी। मैंने देवमण्डल की स्थापना कर दी। लेकिन अपने और अपने स्नेहियों के उत्साह के बावजूद, मैं इस बात से अनजान न था कि हमारे देश में कुकुरमुत्तों की तरह सिर निकाल कर अलोप हो जाने वाले मण्डलों, संघों, सभाओं, समाजों और संस्थाओं ने जनता को काफ़ी शक्की बना दिया है। पाठशालाओं, मन्दिरों, गौ-शालाओं और अनाथालयों को चन्दे दे कर लोग थक गये हैं और इसलिए हर नये आन्दोलन को टेढ़ी नज़र से देखते हैं। लेकिन इस पर भी मैं जानता था कि जो कोई देवमण्डल की रूप-रेखा, उसके आशयों और उद्देश्यों पर विचार करेगा, वह जान लेगा कि मण्डल का आह्वान उन्हीं आत्माओं के लिए है, जो प्रीति के पंखों पर उड़ कर आसमान को छूने की साध रखती हैं। और मैं जानता था, जो एक बार भी स्वार्थ की कठोर धरती से उड़ कर प्रीति के आकाश में दो चक्कर लगा आयेंगे, वे बेकरार हो जायेंगे कि भ्रमों में जकड़े, ग़रीबी के दलदल में फँसे भाइयों की आँखें मिट्टी से हटा कर सितारों की ओर लगा दें और यदि इस काम में उन्हें कुछ देना भी पड़े तो वे अपना सौभाग्य समझें। तब मैंने लिखा था कि इस मण्डल को चन्दे की चिन्ता नहीं। हमें एक ऐसा मण्डल बनाना है, जिसकी हवा हल्की और पवित्र होगी, उसके दरवाज़े खुले और कुशादा होंगे, जिसमें साँस लेने वालों के हृदय विशाल और उदार होंगे। यदि मण्डल में कोई खिंचाव रहेगा तो आने वाला ठहरेगा, नहीं किसी दूसरी योग्य संस्था में चला जायेगा। और जो रहेगा, वह जो चाहे दे दे, और जो चाहे ले ले। मेरी अपील पर प्रीति के शैदाइयों ने, राक्षस-नगरियों में देवनगर क़ायम करने के सपने लेने वालों ने, मुझे अपने सहयोग का बल दिया और आज आपकी आँखों के सामने इस देश में, जिसका हर कोना स्वर्ग था, इस देश में, जिसका हर कोना अब नरक है, पहला देवनगर क़ायम हो गया है। आज इस सुनसान खँडहर में मेरे और आपके सपने साकार हो उठे हैं...."

मैंने सुना था —देवा जी की लेखनी में जादू है, पर उन्हें बोलते देख कर मैंने जाना कि लेखनी ही में नहीं, उनकी वाणी में भी जादू है। वे अपने उसी धीर-गम्भीर, पर मिठास और विश्वास-भरे स्वर में बोले जा रहे थे और देव सैनिक, जैसे उनके मुख से निकलने वाले प्रत्येक शब्द को आँखों और कानों से पी रहे थे।

लेकिन वाणी बराबर मेरे चेहरे पर आँखें जमाये थी और तीरथराम की निगाहें बराबर उस पर लगी थीं। वाणी की उन झुकी-झुकी आँखों की ऊर्ध्वगा दृष्टि में न जाने कैसा पैनापन था कि मैं उसका परस तक महसूस कर रहा था उसी दृष्टि-स्पर्श से विवश हो कर आख़िर

मैंने उस ओर देखा।

मुझे यों अपनी ओर देखने पर मजबूर करके जैसे वह प्रसन्न हुई। उसके होंटों पर मुस्कान की एक क्षीण-सी रेखा उदित हो कर उसकी आँखों में फैल गयी।

"दार जी के भाषण के बाद आप गायेंगे ?" उसने मेरी दृष्टि को अपने इस प्रश्न में समो लिया।

लेकिन मेरी नज़रें तीरथराम की ओर उठ गयीं। उसके मुख पर छाया हुआ हल्का स्याह बादल गहरी घटा बन चुका था।

....और देवा जी बता रहे थे कि किस प्रकार अपने पाठकों से चन्दा माँगने के बदले जब उन्होंने उनके सामने असली योजना रखी कि उन्हें ऐसे पाँच सौ स्नेही चाहिएँ, जो अपने सौ-सौ रुपये दस वर्ष के लिए उनको दे दें और बदले में वे उन्हें दस वर्ष न केवल 'देववाणी' मुफ़्त पढ़ने को देंगे, बल्कि साल भर किताबें भी देंगे, तो किस प्रकार तीन महीने के अन्दर-अन्दर पाँच सौ नहीं, छै सौ ऐसे स्नेही उन्हें मिल गये थे।

उनका रुपया डूबेगा नहीं, अपने स्नेहियों को यह विश्वास दिलाने के लिए देवा जी ने साठ हज़ार का बीमा करा लिया —इस शर्त के साथ कि दस साल से पहले उनकी मृत्यु हो जाये तो उसका रुपया उन लोगों को मिल जाये।

तब देवा जी का इरादा शहर में एक प्रेस खोलने और देव-साहित्य का प्रसार और प्रचार करने का था, पर हाथ में साठ हज़ार रुपया आते ही एक दूसरा सपना उनकी आँखों में लहरा गया —देवमण्डल को केवल साहित्य द्वारा ही अपने विचारों का प्रसार नहीं करना चाहिए, बल्कि एक ऐसा नगर बसाना चाहिए, जहाँ देवमण्डल के सपनों को साकार किया जाये। दिल्ली के एक बिगड़े रईस से केवल बाईस हज़ार में वह ऊसर धरती उन्होंने मोल ले ली। परकोटे की ईंटों से बाहर पक्की, पर अन्दर से कच्ची, लेकिन ख़ूब लिपी-पुती दस कोठियाँ बना लीं। उनके चित्र 'देववाणी' में छाप दिये और 'देववाणी' द्वारा अफ्रीका, अमरीका, मलाया और बर्मा के अमीर, लेकिन वहाँ की स्वार्थ-भरी पूँजीवादी फ़िज़ा से ऊबे हुए अपने हिन्दुस्तानी पाठकों से अपील की कि वे देवनगर के आदर्श वातावरण में एक-एक कोठी बनायें, छुट्टियों के दिन वहीं गुज़ारें और रिटायर हो कर वहीं निवास करें।

"हमारे कन्धों पर एक बहुत बड़ी ज़िम्मेदारी है," देवा जी कह रहे थे, "देवनगर में हमें एक ऐसा आदर्श वातावरण उत्पन्न करना है कि बाहर का जो स्नेही एक बार यहाँ आ कर कुछ दिन रहे, वह उन चन्द दिनों की याद को फिर कभी न भुला सके। आओ, आज के शुभ दिन हम फिर अपने इरादों को पक्का करें कि इस दुनिया में सचमुच का देवनगर बनाने के अपने सपने को हम साकार कर दिखायेंगे।"

और तालियों के शोर में वे बैठ गये।

इसके बाद ज्ञानी दिलावर सिंह और सेना के मन्त्री गुरबचन सिंह ने देवमण्डल के संचालक को विश्वास दिलाया कि देव-सैनिक उस सपने को सच्चा कर दिखाने में अपनी-सी कर देंगे। जिस नगर की नींव उन जैसे महान द्रष्टा के हाथों से पड़ी है, वह क्यों न देश में एक आदर्श नगर साबित होगा।

इस भाषणों के बाद मन्त्री ने तीरथराम से प्रार्थना की कि वह अपनी कविता सुनाये।

लेकिन तीरथराम ने कहा कि उसकी तबियत ठीक नहीं और वह उसी तरह उमड़ा-घिरा स्तम्भ से लगा खड़ा रहा।

मन्त्री जी ने ज़ोर दिया कि उसने इसी अवसर के लिए कविता लिखी थी।

"लिखी थी, पर मेरा सिर बेतरह दर्द कर रहा है।" तीरथराम बोला और उसने वाणी की ओर करुण निगाहों से देखा। मुझे विश्वास है, यदि वाणी एक बार भी कह देती — 'तीरथ जी, आप सुनाइए न कविता,' तो तीरथ के चेहरे पर घिरी हुई घटाएँ छँट जातीं और वह प्रफुल्लित हो कर चमकने लगता। पर वाणी ने उससे कविता पढ़ने का अनुरोध करने के बदले अपने पिता से कहा, "दार जी, संगीत जी से कहिए, गाना सुनायें। बहुत अच्छा गाते हैं ये।"

निमिष भर के लिए मेरी निगाहें तीरथराम की ओर उठीं। मैं उसकी दृष्टि का मुकाबला न कर सका, पर तभी मैंने अपने-आपको लगभग सारी सभा की निगाहों का केन्द्र पाया।

"दार जी, कहिए न संगीत जी से गायें, ये बहुत अच्छा गाते हैं," वाणी जा कर अपने पिता से चिमट गयी।

तीरथराम स्तम्भ से हटा और चुपचाप बाहर निकल गया।

देवा जी ने कहा —"हमें तो मालूम ही न था कि आप गाते भी हैं; सुनाइए न कोई गाना।"

मैं कुर्सी से उठा, "जी, मैं तो बिलकुल नहीं गाता।"

"नहीं दार जी, ये गाते हैं। मैंने अपने कानों से सुना है। परसों रात ये अपने कमरे में गा रहे थे। बड़ा ही मीठा स्वर है इनका।"

मैं सिर्फ़ वही एक गाना —'दन्द मोतियाँ दे दाने' —कभी-कभी गाया करता था। उसे इन सब के सामने सुनाना अपने घाव को बीच-बाज़ार छेड़ने के बराबर लगा। लगा, जैसे मैं अपने निजी भेद को उन सब की अपात्रता के आगे रखने जा रहा हूँ। लेकिन मैं नौकर था। वह भी नया-नया। देवा जी ने फिर अनुरोध किया। तब लगभग हकलाते हुए मैंने कहा .

"मैं कभी नहीं गाता। कम-से-कम किसी दूसरे के सामने तो नहीं ही। लेकिन आप लोगों का अनुरोध है तो मैं सुना देता हूँ। एक ही गाना मुझे आता है, शहरों के गुण्डे इसे गाते हैं, इसलिए मुझे और भी संकोच होता है, लेकिन गाने के बोल एकदम मेरे अपने निजी बन गये हैं और अपनी ज़रूरत के मुताबिक मैंने उनमें फेर-बदल कर दिया है।"

इतना कह कर मैं गाने लगा :

दन्द मोतियाँ दे दाने
न हस्स जान, डिग जाणगे
ओ तेरे दन्द मोतियाँ दे....
लायी ऐ नज़र किस डाढी
सुफ़नेयाँ'च ज़हर बो दित्ता
ओ जान लायी ऐ नज़र....
तोड़ के प्रीताँ जानिए

सानू वी कोई राह दस्स जा
ओ तोड़ के प्रीताँ....

प्रीतम की हँसती हुई मोतियों की वह बत्तीसी मेरी आँखों में घूम गयी और फिर धीरे-धीरे मैंने उन्हीं मोतियों को मन्द हो कर अपनी आब खोते पाया....मेरी सोने की वह दुनिया कैसे उजड़ गयी, क्यों उजड़ गयी....और मैं करुण स्वर में चिल्ला उठा :

तेरे हत्थ की आया रबा दस्स दे,
उजाड़ मेरी सोन-दुनिया ?

गीत ख़त्म हो गया। मैंने वाणी को रूमाल से अपने आँसू पोंछते देखा। लेकिन मैं वहाँ नहीं रुका। मुड़ा और ड्योढ़ी से बाहर निकल गया। आवाज़ मेरी भर आयी थी। वहाँ रहता तो मैं सचमुच रो उठता।

बाहर आधा चाँद आसमान से सिमटा अपनी मटियाली चाँदनी फैला रहा था। आकाश से धरती तक छाये हल्के-हल्के कोहरे ने उसकी ज्योत्स्ना को और भी मन्द कर दिया था और सामने 'बनौली' के पेड़ अन्धकार की मटियाली दीवार पर बड़े-बड़े धब्बे लग रहे थे। ग़ज़ब की सर्दी थी और देवनगर के पेड़-पौधे और रविशें जैसे सन्न हो कर सर्दी में ठिठुर गयी थीं।

मेरा ख़याल था कि अपनी आकुलता को तीरथराम उन रविशों पर घूम-घूम कर मिटा रहा होगा। लेकिन जब पूरे देवनगर का एक चक्कर लगाने पर भी कहीं उसका निशान न मिला तो मैं उसके कमरे में गया। दरवाज़ा बन्द था, पर कुण्डी नहीं लगी थी। धीरे से मैंने उसे खोला —अन्दर मेज़ पर लैम्प जल रहा था और अपनी चारपाई पर तीरथराम औंधे मुँह लेटा हुआ था।

"तीरथराम!"

"मेरी तबियत ठीक नहीं, संगीत! इस वक्त तुम जाओ!"

उसकी आवाज़ भर्राई हुई थी। मैंने सोचा, चारपाई पर बैठ कर उसकी पीठ थपथपाऊँ, उसका सिर दबाऊँ, उसके किसी काम आऊँ। लेकिन मैं जानता था, मेरी हमदर्दी उसके जले पर नमक छिड़कने के बराबर होगी। मेरा अपना मन ठीक न था, इसलिए मुझ में उसकी ज़रा-सी बात सहने की शक्ति न थी। तो भी मैंने एक बार कहा :

"कहो तो ऐस्प्रो लाऊँ ?,"

उसने जवाब नहीं दिया। उसी तरह औंधे मुँह लेटा रहा।

मैं पलटा। धीरे-से मैंने किवाड़ भेड़ दिये और बाहर निकल आया।

चाँद ऊपर उठ आया था। ज्योत्स्ना ओस की तरह निःस्वन झर रही थी। कुछ ऐसा मौन चारों तरफ़ छाया था कि किसी पत्ते के हिलने या कुत्ते के भौंकने की आवाज़ भी सुनाई न दे रही थी। ड्योढ़ी ख़ाली हो चुकी थी। देवता अपने-अपने बिस्तरों की नर्म-नर्म गर्मी में दुबक गये थे, लेकिन मैं ओवरकोट को अपने सीने से दबाये, चुपचाप देवनगर की सड़कों पर घूम रहा था। जाने इस समय कोई जाग भी रहा था या नहीं ? शायद तीरथराम जाग रहा था। अपनी चारपाई पर पड़ा करवटें बदल रहा था या शायद लैम्प के आगे झुका काग़ज़ों पर अपने दिल का गुबार निकाल रहा था और शायद वाणी भी....क्या वाणी जाग

रही है ? जाग रही है तो क्या कर रही है ?....शायद अपने बिस्तर पर लेटी चुपचाप छत को ताक रही है! शायद उसके कान मेरी आवाज़ की ओर लगे हैं!....और अचानक रात के उस सन्नाटे, उस फैलते कोहरे और सिमटी चाँदनी में अचानक मैं गा उठा —दिल के सारे दर्द और गले की पूरी आवाज़ के साथ —

दन्द मोतियाँ दे दाने
न हस्स जान, डिग जाणगे।

लेकिन जैसे अचानक मैं गा उठा था, वैसे ही अचानक मौन हो गया। पित्तो के हँसते हुए मोती मेरी आँखों के आगे कौंध गये।

दिशाओं में मेरी आवाज़ की गूँज अभी थर्रा रही थी कि मैं मुड़ा और अपनी कोठी की ओर चल पड़ा।

तीन

वाणी, जिसे मैं केवल बारह-तेरह बरस की समझता था, वास्तव में पन्द्रह-सोलह-बरस की लड़की थी। छोटे कद की पतली-दुबली, बीमार-बीमार सी! बोलती तो उसके मुख पर कुछ अजीब-सा सहम-भरी लुभावनापन आ जाता और आँखें कुछ ऐसे फैल जातीं कि जी को कुछ होने-सा लगता। जब पहले दिन मैं देवनगर आया था और अपने पिता का आदेश पालने की उत्सुकता में वाणी फुदकती हुई-सी अपनी छोटी बहन के साथ दरवाज़े में आ खड़ी हुई थी तो मैंने उसकी ओर ध्यान भी न दिया था। वही चाय लायी थी, लेकिन उसमें कोई भी ऐसा आकर्षण न था कि देवा जी की बातें सुनते या उन्हें अपनी बातें सुनाते समय मेरी ध्यान उसकी ओर चला जाता। इसलिए यह ठीक ही था कि जब मैं तीरथराम की प्रेयसी की तलाश में देवनगर के घर-घर घूमा तो वाणी की ओर मेरा ध्यान भी नहीं गया। लेकिन उस शाम के बाद यह नन्ही बीमार-सी लड़की अचानक मेरी सोच का केन्द्र बन गयी।

डाइनिंग हॉल में खाना मैं पहले भी खाता था और कई बार उस पाँत में भी खाता था, जिसमें देवा जी और उनका परिवार रहता। लेकिन उस घटना के बाद दूसरे दिन जब मैं दोपहर का खाना खाने गया तो अचानक मेरी आँख अगली मेज़ों की ओर उठ गयी, जहाँ प्राय: देवा जी आ कर बैठते थे। देवा जी नहीं थे, न उनकी पत्नी थीं —शायद वे पहली पाँत में खाना खा गये थे —लेकिन दूसरे बच्चों में घिरी वाणी बैठी थी। मैंने निगाह उठायी तो मौन रूप से उसे अपनी ओर ताकते पाया। नज़र मिलते ही उसने आँखें झुका लीं, लेकिन जब मैंने फिर उसकी ओर देखा तो मेरी निगाहें फिर उससे जा मिलीं।

खाना समाप्त करते-न-करते कई बार उसकी और मेरी निगाहें चार हुईं, लेकिन जब खाना ख़त्म करके अपनी प्लेट को रसोई के बाहर नल पर रख, मैं चला तो अपनी मूर्खता पर मुझे अनायास हँसी आ गयी। यह तीरथराम के दुख का निदान करते-करते मैं स्वयं

किस बीमारी में फँसता जा रहा था ? और लंगर से अपने कमरे तक आते-आते मैंने तय कर लिया कि यह सब मैं तीरथराम के लिए ही छोड़ दूँगा। मैं शान्ति चाहता हूँ, जिसमें कुछ पढ़ सकूँ, समझ सकूँ। यह आसक्ति —वह भी मन की इस स्थिति में —मेरे बस की बात नहीं!

मैं नहीं जानता, पित्तो जैसी सुन्दर लड़की होती तो मेरा मन क्या कहता ? क्या वैसे ही ठण्डे-से, निरपेक्ष भाव से सोचता रह सकता ? शायद नहीं, या शायद हाँ। क्योंकि अव्वल तो पित्तो जैसी सुन्दर लड़कियाँ आम नहीं होतीं, फिर कोई वैसी सुन्दर हो भी तो वैसी समझदार होगी, इसका क्या ठिकाना है।

लेकिन उस ओर से हटा लेने पर भी मन दूसरी ओर नहीं लगा। क्षण भर बाद फिर सोचने लगा कि वाणी मेरी ओर क्यों खिंची ? मैं तो उसके घर भी ज़्यादा नहीं गया। कहीं ऐसी जगह नहीं बैठा, जहाँ वह भी हो। तो क्या रात की तन्हाइयों में मेरे वे दर्द-भरे बोल ही उसके खिंचाव का कारण न थे ? शायद हों, पर मैं जानता था कि मेरी सूरत को भी उसमें कम दख़ल नहीं। तीरथराम मेरे पतले-छरहरे शरीर पर चाहे हँसे, लेकिन सभी उस पर हँसते हों, ऐसी बात न थी। अपने हमजोलियों में मैं सुन्दर समझा जाता था। पित्तो स्वयं कहती थी कि मुझमें बड़ा आकर्षण है और उसकी सहेलियाँ उसके भाग्य से ईर्ष्या करती थीं।

मैं सीधा कमरे में गया और जा कर शीशे के सामने खड़ा हो गया। वही गहरी, भूरी-भूरी आँखें, पतले-पतले होंट, गोरा रंग, ज़रा-ज़रा-से धँसे कल्ले और छोटी-छोटी दाढ़ी-मूँछें, जिन्हें मैंने बड़े जतन से बैठा रखा था। कितनी ही देर तक मैं विमुग्ध-सा अपनी सूरत देखता रहा। फिर अचानक मैंने सिर से पगड़ी उतार कर चारपाई पर फेंक दी। मेरे सुनहरे बालों का जूड़ा धूप में चमक उठा। माथे पर पगड़ी के कारण एक निशान बन गया था। दो-चार बार मैंने उसे मला। दाढ़ी के मुलायम बाल मुँडासे से कसे सुन्दर लग रहे थे। कल्लों के गढ़े उनसे भर गये थे और मेरे गोरे रंग और तीखे नाक-नक्शे पर दाढ़ी-मूँछें बड़ी अच्छी लग रही थीं। मुँह पर, माथे पर और सिर पर दोनों हाथ फेरते हुए मैंने लम्बी साँस भरी, ज़ोर की अँगड़ाई ली और चारपाई पर जा लेटा। इस लड़की ने एक ही निगाह से मुझे कैसी परेशानी में डाल दिया था....

०

लेकिन मैं अपने फ़ैसले पर अडिग रहा। रात मैं सबसे अन्तिम पाँत में खाना खाने बैठा। वह भी उस जगह, जहाँ गैस की रोशनी कम जाती थी।

इसके बाद मैं लगातर तीसरी पाँत में जाने लगा और सबसे अन्त में बैठने लगा। किन्तु शाम को कोठियों के सामने अपेक्षाकृत पक्की सड़क पर या बाग़ की रविशों पर अनायास वाणी मेरे सामने पड़ जाती। मैं निगाहें झुका लेता या दूसरी ओर देखने लगता। अपने ध्यान को उधर से हटाने के लिए मैंने काम की मात्रा बढ़ा दी —देवा जी की आठ-दस कहानियाँ उलथा कर डालीं। उन कहानियों को पढ़ते और उनका अनुवाद करते हुए सहसा एक बात मुझ पर स्पष्ट हो गयी। कई दिन से मैं सोचता आ रहा था कि इस ज़रा-सी लड़की ने इस उम्र में इन आँखों से देखना, इन मीठे शब्दों में बोलना, इस

मनमोहक ढंग से मुस्कराना कहाँ से सीख लिया ? देववाणी की फ़ाइलें पढ़ते-पढ़ते यह राज़ मुझ पर खुल गया —वाणी ने अपने पिता की कहानियों से यह सब सीखा था। देवा जी ने बीसियों दार्शनिक, सामाजिक, राजनीतिक लेख लिखे थे —ऐसी पुरअसर, प्रभावमयी, प्रवहमान भाषा और शैली में कि उनसे मतभेद रखने वाला भी प्रभावित हुए बिना न रहता। लेकिन इन लेखों के अतिरिक्त उन्होंने बीस-तीस कहानियाँ भी लिखी थीं। अति भावुक, रोमानी, आदर्श-प्रेम से ओत-प्रोत!....आज इतने वर्षों के बाद भी मैं मानता हूँ कि देवा जी की लेखनी में अपूर्व आकर्षण था। उनमें शब्दों के सही चुनाव और सूक्ष्म भावों को व्यक्त करने की, अपने पाठक को अपने साथ आदर्श-प्रेम के ऊँचे, वायवी वातावरण में उड़ा ले जाने की, उसके पाँव धरती से उखेड़ देने की, अपूर्व प्रतिभा थी। हिन्दी शब्दों की क्लिष्टता के कोने रेत कर, उन्होंने पंजाबी में उन्हें ऐसे मिला दिया था कि उस भाषा में अपूर्व मिठास आ गयी थी। उनके नायक अपनी नायिकाओं को सदा बड़े मीठे शब्दों में बुलाते थे — बल्लिए, चन्निए, सोह्निए, गोरिए —और जब वे प्रेम की भावना से अभिभूत होते थे तब प्यार और सत्कार के साथ केवल उनका हाथ छूते थे और प्रायः जब अपने आदर्श या कर्तव्य से प्रेरित हो (अपनी प्रेमिका के प्रियजनों अथवा अपने माता-पिता के दुख या विरोध के कारण) अपनी प्रेमिका से विवाह-सम्बन्ध न कर पाते थे तो आजीवन कुँआरे रह कर अपनी कुँवारी मुहब्बत की रक्षा करते थे। देवा जी की उन कहानियों का प्रेम निराला था — यथार्थ से कहीं दूर, भावना के सहारे जीवन के सागर में तैरने और कभी ग़ोते न खाने वाला —अभिन्न, अडिग, अडोल प्रेम!

वाणी ने छुटपन से ये कहानियाँ पढ़ी थीं और तभी से उसने उस प्रेम के सपने देखे थे। उन्हीं कहानियों की नायिकाओं से उसने देखना, बोलना हृदय की भावनाओं को आँखों में भरने और अपने सामने बैठे व्यक्ति के हृदय में अपनी दृष्टि को उतार देना सीखा था।

'इस लड़की ने ज़रूर कभी तीरथराम को जाने-अनजाने अपनी इन आँखों से देखा है और उसके हृदय में (जो शरीर की लम्बाई-चौड़ाई के बावजूद कवि-सुलभ सुकोमल है) ऐसा मीठा घाव कर दिया है कि वह उसे सब की आँखों से छिपाये पाल रहा है,' मैंने सोचा....यह अजीब बात है कि बड़े दिन की उस शाम के बाद तीरथराम ने मेरे यहाँ आना बिलकुल बन्द कर दिया था। दूसरे ही दिन सुबह मैं उसके यहाँ गया था, लेकिन वह उससे भी पहले कदाचित नदी की सैर को निकल गया था। देवनगर के उत्तर-पूर्व में एक बड़ा रजबहा था। सब उसे नहर कहते थे। तीरथराम देवनगर की रविशों पर घूमने के बदले सुबह-शाम रजबहे पर घूमता, गीत बुनता और शायद लम्बी साँसें भरता। न जाने उस नदी-तट के वीराने में उसकी कितनी गर्म साँसें आवारा घूम रही थीं! एक दिन सुबह वह मुझे मिल गया। मैं दूध पीने किचन को जा रहा था।

"आओ चलें!" मैंने उसे आमन्त्रण दिया।

"मैंने दूध पीना छोड़ दिया है।"

"क्यों ?"

"बड़ा मोटा हो रहा था। आजकल ज़माना पतले-छरहरों का है!" और लम्बी साँस को दबाते तथा मेरी ओर कुछ अजीब, व्यंग्य-भरी दृष्टि से देखते हुए वह चला गया!

बेचारा तीरथराम!....लेकिन उसकी बेचारगी पर विचार करते हुए सहसा मुझे अपनी स्थिति बड़ी अजीब-सी लगी। यदि तीरथराम को वाणी से प्रेम न होता और वाणी ने कभी उसकी ओर देखा न होता तो वह यों अचानक मेरे यहाँ आना न छोड़ देता। कहीं ऐसा तो नहीं कि तीरथराम और वाणी में थोड़ा-चाहे दृष्टि-विनिमय अथवा मुस्कानों के आदान-प्रदान तक सीमित —प्रेम हो, और तीरथराम को पहले ही इसका आभास हो गया हो कि वाणी मेरी ओर खिंची है। हो सकता है, वाणी ने उससे मेरे बारे में कुछ पूछा हो और इसीलिए सारे देवनगरियों में वही मुझसे चिमटा रहता हो, मेरी शरीर के छरहरेपन या मेरे बालों की बंगालिनों-सी लम्बाई या मेरे होंटों के औरतों के-से कट को ले कर उसके मज़ाक करने की तह में क्या उसका अपने-आपको यह तसल्ली देना तो न था कि वाणी उसके इस हृष्ट-पुष्ट, कसरती, सुगठित शरीर को तज कर मुझ-जैसे पतले छरहरे-से सिखड़े की ओर आकर्षित नहीं हो सकती। और जब बड़े दिन के उस उत्सव की रात को उसने देख लिया कि वाणी मेरी ओर आकर्षित है तो उसने अचानक मेरे यहाँ आना छोड़ दिया।

मेरे बारे में देवनगर में जो तरह-तरह की बातें उड़ गयी थीं, क्या उसमें तीरथराम ही का हाथ न था —और यह ख़याल आते ही मेरे मुँह का ज़ायका कड़वा हो गया। कब दूध पी गया; वह मीठा था, फीका था, गर्म था या ठण्डा था, इसका कुछ ध्यान नहीं रहा। सुबह की सर्दी में डाइनिंग हॉल के बरामदे में धूप की ओर पीठ किये गर्म दूध पीना, चिलग़ोज़े या मूँगफली गटकना मुझे बड़ा प्रिय था। लेकिन उस दिन लगा जैसे अनुभूति की सारी शक्तियाँ उस चिन्ता के आगे बेकार हो गयी हैं। गिलास को किचन के बाहर नल के आगे फेंक कर मैं चला तो तीरथराम की कई ऐसी बातें, जिनकी ओर मैंने ध्यान न दिया था, नये रूप में मेरे सामने आयीं और मैं परेशान हो उठा। लेकिन कमरे में पहुँच कर मैंने बरबस अपने मन को उधर से हटाया और देवा जी ने जो नये लेख दिये थे, उनमें से एक के अनुवाद में निमग्न हो गया। एक-दो बार मन भटका, लेकिन फिर देवा जी की लेखनी के प्रवाह में बह चला....

"जो सुख छज्जू दे चौबारे
ओह न बल्ख़ न बुख़ारे"

प्रसिद्ध पंजाब सूफ़ी कवि छज्जू के बोल से लेख शुरू करके देवा जी ने लिखा था :

"बल्ख़ और बुख़ारे में क्यों छज्जू को अपने चौबारे जैसा सुख नहीं मिलता ? क्योंकि बल्ख़ या बुख़ारे में छज्जू या ग़ुलाम होगा या मेहमान, पर अपने चौबारे में उसका अपना राज है! इस चौबारे में बल्ख़ के ग़ालीचे नहीं और न बुख़ारे की मेहमान-नवाज़ियाँ हैं, पर इसमें छज्जू जब चाहे आ सकता है, जिस दीवार पर चाहे खूँटियाँ गाड़ सकता है और जिस खिड़की में से चाहे झाँक सकता है। उसे इस चौबारे की कुंजी किसी से लेनी नहीं और न इसमें रहने के लिए किसी का आभार मानना है।

"अंग्रेज़ कहता है, तुम्हारा चौबारा ठीक नहीं, मैं इसे ईंट-पत्थर का नहीं, संगमरमर का बना कर तुम्हें दूँगा! इसमें डाकुओं का डर है, मैं न रहा तो तुम लुट जाओगे —मैं इसे मज़बूत बना कर तुम्हें सौंपूँगा। हम कहते हैं कि महाराज. जीर्ण तो, जर्जर तो, जैसा भी है, यह हमें पसन्द है, हम इसे ले कर रहेंगे। आक्रमणकारियो का ख़तरा है, हम उसे सह लेंगे, आपको इसकी चिन्ता क्यों हो ? घने जंगलों में क्या वहाँ के पशुओं को भूख या बाघ का

डर नहीं होता ? पर क्या वे अपने आरक्षित स्थानों को छोड़ कर आपके भरे-पुरे सुरक्षित स्थान पसन्द करते हैं ? कोई बड़ी-से-बड़ी पनाह भी पराधीनता को सुखकर नहीं बना देती। इन्सान की आत्मा जन्म तक का बन्धन स्वीकार नहीं करती। उसकी अन्तिम माँग मुक्ति है।"

इस तरह स्वराज्य की ज़रूरत बताते हुए देवा जी ने उन आन्दोलनों का उल्लेख किया, जो देश की नर्म या गर्म पार्टियाँ देश में चला रही थीं और लिखा था कि आज़ादी के स्वर्ण-मृग ने उनका अपना मन भी मोह रखा है, वे भी देश को आज़ाद और ख़ुशहाल देखना चाहते हैं, लेकिन उनका रास्ता दूसरा है। कांग्रेस और गर्म दल अपने-अपने आन्दोलन चलायें, लेकिन स्वयं वे समझते हैं कि देशवासी अभी स्वराज्य के योग्य नहीं और उनको इसके योग्य बनाने का काम भी उतना ही अहम है, जितना स्वराज्य प्राप्त करने का।

"पोलिटिकल आन्दोलन भी चलते रहें," उन्होंने लिखा था, "पर एक ग्रुप आज़ादी के ऐसे दीवानों का भी होना चाहिए, जो अपने भाइयों में जा कर उन्नति का सन्देश दें, उनकी ज़िन्दगी को सँवारें; सरल साहित्य प्रकाशित करें, भ्रम दूर करें; भाई को भाई से अलग करने वाले धर्म की जगह सच्चे, शाश्वत और साझे ईश्वरीय धर्म का प्रचार करें। हमारी बीमारियाँ अनगिनत हैं — बुरी रस्में, अशिक्षा, साम्प्रदायिकता, पक्का हो जाने वाला दास-स्वभाव, बेसमझ जातियाँ, चहारदीवारी में बन्द, निकम्मी करके बैठा दी गयी स्त्रियाँ, बेपरवाही का शिकार, रोते-बिलखते, मिट्टी में रुलते बच्चे — यह लिस्ट बड़ी लम्बी है, लेकिन हमें काम में जुट जाना है और जितनी भी बुराइयाँ हम दूर कर सकें, उन्हें दूर करके देशवासियों को आज़ादी के योग्य बनाना है। याद रखिए कि आप बड़े बुद्धिमान हों या आपका धन अपार हो, आप निर्भीक हों या व्यक्तिगत रूप से स्वतन्त्र; पर जब तक आपके इर्द-गिर्द भूख, नंग, अशिक्षा और ग़रीबी है, आप कभी सुखी नहीं रह सकते...."

और मेरे सामने देवनगर के रूप में देवा जी का सपना घूम गया। सच ही उन्होंने अपने आदर्शों के अनुसार देवनगर को बनाया था — खुली-खुली फ़िज़ा; खुले-खुले, एक-दूसरे की सहायता, एक-दूसरे के प्रोत्साहन को लालायित वासी; औरतों को किचन की ग़ुलामी से उन्होंने नजात दिला दी थी। वे अपने समय के उपादेय कामों में लगा सकती थीं, आज़ादी से हँस-बोल सकती थीं। बच्चों के लिए वे प्रैक्टिकल स्कूल खोलने जा रहे थे, जहाँ बच्चे अपनी रुचि के अनुसार व्यावहारिक शिक्षा पायें। जहाँ से शिक्षा पा कर वे निकलें तो इस विभाग या उस विभाग, इस व्यवसाय या उस व्यवसाय में ठोकरें खाने के बदले, किसी तरह की दुविधा या उलझन के बिना अपने मनचाहे विभाग या व्यवसाय में जगह पायें और देश के जीवन को बिगाड़ने के बदले उसे सजायें, और समृद्ध बनायें। स्कूल की नींव पड़ चुकी थी और नये साल ही से देवा जी उसे चालू कर देने की सोच रहे थे।

o

....उन लेखों को पढ़ते-पढ़ते देवनगर मुझे कल्पना की स्वप्निल घाटियों में उड़ते-उड़ते धरती पर उतर कर रम जाने वाले स्वप्न-सरीखा लगा — जब देश आज़ाद होगा तो हर सूबे में ऐसे बीसियों नगर-उपनगर बस जायेंगे और ज़िन्दगी खुली, कुशादा, स्वच्छ और संस्कृत होगी।

खाने की घण्टी दो बार बज चुकी थी, पर मैं काम में ऐसा रत था कि नहीं उठा। तीसरी और अन्तिम पाँत की घण्टी जब बजी तो मैं उठा। दिमाग़ में अभी तक देवा जी के शब्द गूँज रहे थे। एक वृद्ध को, जो देवमण्डल में आना चाहता था, पर अपने बुढ़ापे से डरता था, उन्होंने लिखा था :

"देवमण्डल सच ही जवानों का मण्डल है, पर जवानी सिर्फ़ छोटी उम्र का नाम नहीं। जवानी उस मानसिक अवस्था का नाम है, जिसमें नवीनता की चाह ख़त्म न हो गयी हो। काले बालों की कोई शर्त नहीं, पर गर्म लहू की शर्त ज़रूर है। ठण्डा लहू इस मण्डल में हरकत न कर सकेगा। न कदम मिला सकेगा, न चल सकेगा। ख़तरों से निडरता, होनहार से मिलने का उत्साह, धन की उपेक्षा, शारीरिक सुखों की ओर से लापरवाही, निश्चिन्तता, हवाई किलों में विश्वास, सपनों से प्रेम, उल्लसित मन और मुस्कराते होंट —देवमण्डल के साथ चलने की पहली शर्त हैं...."

और मुझे लगा जैसे मेरी नसों में नया —एकदम गर्म —लहू दौड़ने लगा है, मेरा व्यक्तिगत दुख क्षण भर को उस गर्म ख़ून की रवानी में बहने लगा है और मैं देवा जी के साथ ही सपने देखने लगा हूँ, कदम-से-कदम मिला कर चलने लगा हूँ।

सामने से तीरथराम आ रहा था —दोनों हाथों को बग़लों में दिये, सिर झुकाये, जाने किन चिन्ताओं में लीन! 'इसके मन का उल्लास कहाँ गया ? देवनगर की इस खुली फ़िज़ा में यह क्यों अपने-आप में सिकुड़ गया है ?' मैंने मन-ही-मन कहा और जब वह मेरे पास से गुज़रा तो मैंने अपने उल्लास में पुकारा, "सत श्री अकाल तीरथ भाई।"

वह रुका, जैसे कहीं बहुत दूर से उसने मेरे अभिवादन का उत्तर दिया।

"किस सोच में ग़र्क हो ? किधर रहते हो ? तुम्हारे यहाँ जाता हूँ तो मिलते नहीं, मेरे यहाँ आते नहीं।" मैं अपने उल्लास में पूछ गया।

"इधर कुछ मेहमान ज़्यादा आ गये हैं, उन्हीं की आव-भगत में लगा रहता हूँ। आऊँगा।"

और उसने कदम बढ़ाया। लेकिन मेरे उल्लास का जोश उस एक ही ठण्डे छींटे से क्या बैठता। मैंने मुड़ कर पूछा, "कविताएँ कैसी चल रही हैं आज कल ?

"लिख रहा हूँ, सुना दूँगा।"

इस बार तीरथराम ने मुड़ना भी उचित नहीं समझा। गहर-गम्भीर, उमड़े घिरे बादल-सरीखा वह बढ़ता चला गया।

देवा जी के लेखों के आकाशीय सपनों में विचरता मेरा मन, इंजिन ख़राब हो जाने वाले हवाई जहाज़-ऐसी तेज़ी से धरती की ओर गिर चला।

लेकिन किसी बड़े ही कुशल चालक की तरह मैंने उसे रोक लिया। 'देवा जी ने तो कहा था कि तीरथराम को लोग पसन्द नहीं करते।" मैंने सोचा —'शायद वह इस खुली फ़िज़ा में पनप नहीं पा रहा है, इसीलिए घुटा-घुटा रहता है। वाणी अपने पिता की प्रेरणा से बढ़ रही है। उसे घर की चार-दीवारी में बन्द रह कर निकम्मी नहीं हो रहना —वह स्वच्छन्द वातावरण में तितली-सी उड़ेगी और जब बड़ी होगी तो न जाने बड़ी लेखिका बने, कलाकार बने, गायिका बने, क्या बने! उसे किसी दूसरे की ओर आँख उठा कर भी देखते

हुए यह तन कर बैठ गया है, घुट कर रह गया है। जाने इसके मन में मेरे लिए कितना क्रोध है....और यह देवनगर में एक बड़े खुले, विशाल, विराट और पावन जीवन का सपना ले कर आया है'....और मैं तीरथराम के मन की संकुलता पर मन-ही-मन हँसा....

सामने किचन की ओर से देवा जी खाना खा कर अपनी पत्नी के साथ आ रहे थे। ड्योढ़ी से जो रविश डाइनिंग हॉल को जाती थी, उसमें देवा जी की कोठी से घूम कर आने वाली एक दूसरी पगडण्डी मिल जाती थी। देवा जी प्रायः इसी से आते-जाते थे। दूर से हाथ जोड़ कर मैंने दोनों को 'नमस्कार' किया। आदत तो मेरी 'सत श्री अकाल' कहने की ही थी, पर देवा जी की पत्नी 'नमस्कार' ही पसन्द करती थीं। मेरे निकट पहुँचने से पहले ही वे मुड़ गये। मधु तो थी, पर वाणी उनके साथ न थी। मैंने सामने डाइनिंग हॉल की ओर देखा। दूसरी पाँत वाले लगभग जा चुके थे, तीसरी पाँत वाले हमाम के नल से हाथ धो कर अन्दर जा रहे थे। वाणी वहीं मधवार साहब की लड़की श्यामा के साथ खड़ी बातें कर रही थी। मैं गुज़रा तो बातें करते-करते उसने मेरी ओर देखा। मैंने निगाह नहीं हटायी, बल्कि आँखों में अभिवादन करते हुए मैं मुस्कुरा दिया। वाणी का चेहरा एकदम खिल गया और श्यामा से उसकी बातें और भी सरगर्मी से होने लगीं। नल से हाथ धो कर उनके पास से निकला तो फिर एक उड़ती नज़र उसने मेरी ओर डाली और जैसे श्यामा की बात के उत्तर में मुस्करायी।

मैं खाने के कमरे में गया। तीसरी पाँत में प्रायः नौकर-पेशा लोग, प्रेस के ऐसे कर्मचारी, जिनके घर खाना न पकता था और लेट-लतीफ़ किस्म के देव-सैनिक आते थे। मैंने पैण्ट्री से अपनी थाली-कटोरी ली और कोने में अपनी मेज़ पर जा बैठा। सावित्री और जीत परस रही थीं। मेज़ पर प्रेस के मैनेजर आ बैठे थे। मैं उनसे बातें करने लगा। सावित्री जब दाल का डोंगा ले कर आयी तो मैंने सिर उठाया —दिल धक्क से रह गया। मेरी आँखों के बिलकुल सामने अगली पंक्ति की मेज़ पर वाणी बैठी थी। इस तरह कि मैं सिर उठाऊँ तो अनायास वह सामने पड़ जाये। शायद वह बाहर खड़ी मेरी ही राह देख रही थी। इतने दिन से शायद वह चुपचाप मेरी गतिविधि निरख रही थी। मेरे बैठने के बाद ही शायद वह उस मेज़ पर आ बैठी थी। इतने दिन मुझे भी आये हुए हो गये थे, मैंने उसे कभी इस पाँत में खाना खाते न देखा था।

लेकिन मैं घबराया नहीं। मैंने तय कर लिया कि यह चोरी-छिपे देखने की बात देवनगर के सिद्धान्तों के विरुद्ध है। वाणी से क्यों न मैं खुल जाऊँ ताकि मेरे बारे में उसकी सारी जिज्ञासा, सारी उत्सुकता मिट जाये और वह अपने ध्यान को दूसरे उपादेय कामों में लगाये। देवा जी ही के एक लेख में मैंने पढ़ा था कि निम्न-मध्य वर्ग का प्रेम इसलिए दबा-घुटा और बीमार रहता है कि लड़के-लड़कियों में खुली बात, तो दूर रही, दृष्टि-विनिमय तक वर्जित है। लड़कियाँ-लड़के खुले रूप से मिलें-जुलें तो बहुत-से युवक-युवतियाँ, जो दूर से अच्छे लगते हैं, मिलने-जुलने पर बेकार साबित हों और प्रेम अच्छी और स्थायी बुनियादों पर कायम हो, इसलिए क्यों न मैं इस लड़की से मिल कर बता दूँ कि मैं इसके योग्य नहीं। (मन में मैंने सोचा कि वह मेरे योग्य नहीं।)

०

खाना खाने के बाद थाली ले कर जब मैं बाहर निकला तो इस तरह हुआ कि वाणी और

मैं लगभग एक साथ नल पर पहुँचे। मैं थाली रख कर हमाम की टोंटी के नीचे हाथ धोने जा ही रहा था कि वाणी थाली रख कर आ गयी। मैं पीछे हट गया कि वह पहले हाथ धो ले। तभी मेरी नज़र सामने ड्योढ़ी की ओर चली गयी। तीरथराम उसी तरह हाथ बग़लों में दबाये घूम रहा था। उसकी निगाह हमारी ओर थी, पर मुझे देखते ही वह सिर झुका कर मुड़ गया।

बड़े मीठे स्वर में 'थैंक यू' कहते हुए वाणी हाथ धोने लगी। साबुन मलते और धोते हुए उसने अपनी चंचल, पर गहरी दृष्टि मुझ पर डाली और ज़रा-सा मुस्कराते हुए बोली, "आप उस दिन गाते ही बाहर क्यों चले गये थे ?"

हाथ धो कर वह पीछे हट गयी और रूमाल से उन्हें पोंछने लगी। मैं हाथ धोने लगा! इस बीच लगातार मैं उसके प्रश्न का उत्तर सोचता रहा।

"बताइए न संगीत जी ?" उसने फिर आग्रह के साथ कहा।

हाथ धो कर मैं चलने लगा, उसी तरह असमंजस में पड़ा, तब वह भी मेरे साथ-साथ बढ़ी।

"मैं तुम्हें क्या बताऊँ," मैंने कहा, "वे बोल बीते दिनों की कुछ ऐसी याद ताज़ा कर देते हैं कि मन अनायास भर-सा आता है। दिल के घाव को दूसरों के सामने छेड़ना यों भी कोई अच्छी बात नहीं। छेड़ दिया तो उसके रिसने को लगातार उनकी आँखों में रखना, उनके और अपने साथ ज़ुल्म करना है।"

मैं चुप हो गया और हम मौन चलने लगे। तभी वह मोड़ आ गया, जहाँ से देवा जी की कोठी को रास्ता जाता था। लेकिन वह उधर को नहीं मुड़ी।

"अच्छा तो वाणी, मैं फिर शाम को आऊँगी, नमस्ते!" हमारे पीछे पतली-सी आवाज़ आयी।

हम मुड़े। देखा —श्यामा हमारे पीछे-पीछे आ रही है।

वाणी चौंकी। लेकिन तत्काल अपनी उन्हीं बड़ी-बड़ी सुन्दर, गहरी आँखों में उसको डुबाते हुए बोली —"अच्छा, आना!"

वह रुकी नहीं, मेरे साथ चलती रही।

कुछ पग चलने पर उसने कहा, "मैंने आप पर नाहक उस दिन गाने के लिए इतना ज़ोर दिया। आपका दिल दुख जायेगा, यह जानती तो कभी ऐसा न करती।"

यह कहते-कहते उसने एक अपराधी दृष्टि से मेरी ओर देखा। उसका नन्हा-सा मुख पीला-सा हो गया और आँखों में पछतावा भर आया।

उसके उस मुख में कवियों द्वारा वर्णित कोई भी गुण न था, लेकिन उस पीले-सफ़ेद, पश्चाताप-भरे नन्हे-से चेहरे और उन करुणा-भरी आँखों को देखते हुए मन को कुछ होने-सा लगा।

मैंने कहा, "तुम्हें कैसे मालूम होता ? मैंने तो कभी किसी से कुछ कहा ही नहीं। फिर गीत के बोलों में तो दर्द नहीं। इसका पहला बोल तो मैं कई बार ख़ुशी की चरम सीमा पर पहुँच कर गाया करता था।"

और अपने किसी आत्मीय की तरह मैं उस लड़की को अपने जीवन की वह सारी

दुख-गाथा सुना गया — कैसे जब मेरी बीवी हँसा करती थी और उसके दाँतों के मोती जगमगाने लगते थे, मैं मस्त हो कर गा उठता था — 'तेरे दन्द मोतियाँ दे दाने, न हस्स जान डिग जाणगे —' फिर किस तरह उन्हीं जगमगाते दाँतों को मैंने मौत के अँधेरे में कब्र के बुझते दियों की तरह टिमटिमाते देखा और फिर कैसे उनकी वह अन्तिम लौ मेरे सीने में सदा के लिए घाव करती हुई अचानक मौत के अँधेरों में बिला गयी। और उस बोल ने, जो ख़ुशी के किसी अल्हड़ क्षण की यादगार था, एक करुण रूप धर लिया। वे ही बोल, जिनको गाते हुए मैं एकदम मतवाला हो उठता था, ख़ून के आँसू रुलाने लगे। गाते हुए मैंने उनमें कुछ और पद जोड़ दिये। मैं गवैया नहीं, न किसी ने (मेरी बीवी के सिवा) मेरे गाने की कभी ख़ास तारीफ़ ही की है, लेकिन जब कभी रात को नींद नहीं आती और मेरी कल्पना पिछले कुछ वर्षों की ऊँची-नीची घाटियों में भटकती फिरती है तो मैं ये टप्पे गाता हूँ! जाने कैसे, जाने क्यों, दो-एक बार इनको गाने के बाद मुझे अजीब-सी शान्ति मिल जाती है और मेरी पलकें झप जाती हैं।

हम जा कर ड्योढ़ी में एक बेंच पर बैठ गये थे और मैं उसे अपनी कहानी सुनाता रहा था। वाणी का मुख मेरी बात सुनते-सुनते एकदम सफ़ेद हो गया और उसकी आँखें न जाने कैसी बड़ी-बड़ी-सी हो गयीं। क्षण भर मैं उसकी ओर देखता रहा। जाने उस नन्हे-से सफ़ेद मुख को देखते-देखते जी को कैसा कुछ होने लगा। लेकिन इससे पहले कि कुछ होता, मैं उठा और ड्योढ़ी के चमकते रंगीन फ़र्श पर अपने जूतों की आवाज़ करता हुआ घूमने लगा।

सहसा मेरी निगाह सामने के बड़े दरवाज़े के बाहर रविश पर घूमते हुए तीरथराम पर गयी। कनखियों से उसने हमारी ओर देखा और फिर सिर झुकाये वह चलता गया। मन सहसा एक अजीब वितृष्णा से भर आया। जब हम किचन के बाहर खड़े थे तो मैंने उसे ड्योढ़ी के दरवाज़े पर रुके अपनी ओर निगाहें गड़ाये पाया था। झुँझलाहट हुई कि क्या इस देवनगर में भी वही ऊबा देने वाली आदिम तिकोन हमें बाँध लेगी, जो फ़िल्मों से ले कर उपन्यासों और कहानियों तक में नायक-नायिकाओं को बाँधती आयी है और क्या मैं भी उस तिकोन का एक कोण बन कर रह जाऊँगा ? 'लेकिन नहीं, मैं इस तिकोन को तोड़ कर निकल जाऊँगा,' मैंने झुँझला कर मन में कहा और जिस आकुलता के अधीन मैं बेंच से उठ कर बड़े मेहराबदार दरवाज़े तक बढ़ आया था, उसी के अधीन मैं फिर मुड़ा।....

वाणी मेरा रास्ता रोके खड़ी थी। वह अपनी जगह से उठ आयी थी।

"क्यों संगीत जी, आपकी पत्नी का देहान्त कब हुआ ?" मेरे मन की अवस्था से नितान्त अनभिज्ञ, मेरे जीवन की ट्रैजडी ही में उलझे हुए, बड़े भोलेपन से उसने पूछा।

तीरथराम को जासूसों की तरह अपनी गतिविधि पर निगाह रखते हुए देख कर मेरे मन में जो क्रोध उठा था, उसने मुझे जहाँ पहुँचा दिया था, वहाँ से फिर वाणी के साथ बात शुरू करने की नीचाई तक उतरना मेरे लिए एकदम असम्भव हो गया। मैं बिना उत्तर दिये उसके पास से निकल कर ड्योढ़ी के दूसरे दरवाज़े तक गया। इस बीच में मैंने अपने आपको संयत कर लिया। वाणी मेरे पास पहुँची तो मैंने कहा —"यही चार-एक महीने हुए हैं। मेरे यहाँ आने से एक महीना पहले!"

हम बाहर निकल कर आये। तीरथराम घूम कर सामने डाइनिंग-हॉल को जाने वाली रविश पर हो गया।

"जभी आप इतने उदास-उदास, खोये-खोये रहते हैं," तीरथराम की ओर ध्यान दिये बिना वाणी ने बड़े हमदर्द-स्वर में कहा, "आप हमारे यहाँ आया कीजिए। रेडियो सुना कीजिए। चलिए, आज सहगल के गाने होने वाले हैं आपको सुनवायें।"

मैं अनुवाद के लिए लेख या कहानी लेने या अनुवाद की हुई चीज़ें देने के सिलसिले में एक-आध बार ही देवा जी के पास गया था —वह भी उनके दफ़्तर में। उनके घर बस वही पहले दिन गया था, फिर नहीं गया। ज़रूरत ही नहीं पड़ी। एक-आध बार कोठी से गुज़रते समय देवा जी की पत्नी से 'नमस्कार' का आदान-प्रदान हुआ और बस।

वाणी के साथ-साथ जब मैं कोठी पर पहुँचा तो देवा जी के कमरे से रेडियो पर सहगल के गाने की आवाज़ आ रही थी —'झुलना झुलाओ....' बरामदे में वाणी की माँ खड़ी अपने नौकर धीर सिंह से जूतों पर पालिश करा रही थीं। बिलकुल ऐसा लगता था जैसे बूट-पालिश का नहीं, किसी सैनिक मोर्चे का निरीक्षण कर रही हों।

"श्यामा किधर है ?" उन्होंने वाणी से पूछा।

"फिर आने को कह गयी है। आज सहगल के गाने हो रहे हैं दिल्ली से, संगीत जी को बड़ा शौक है गाने का, मैं इन्हें ले आयी।"

उन्होंने मेरी ओर निगाह उठायी और मैंने एक कदम बढ़ कर कहा —"नमस्ते, माँ जी!"

"माँ जी!" वाणी की माँ ने क्रोध और आश्चर्य की एक दृष्टि मुझ पर डाली —"क्या मैं इतनी बूढ़ी हूँ कि माँ जी कहलाऊँ ?"

क्रोध और हँसी —दोनों ही भाव बिजली की एक-दूसरी को काटती-सी लहरों के समान मेरे दिमाग़ में कौंध गये। मैं अपनी माँ को, जो शायद उम्र में उन देवी जी से दो-एक साल छोटी ही होंगी, स्नेह से माँ जी कहता था और तब से कहता आया था, जब उनकी उम्र बीस-पच्चीस वर्ष की रही होगी।

"मुझे यहाँ सब माता जी कहते हैं," उन्होंने कहा।

"जी, मैं तो अपनी माता जी को भी माँ जी ही कहता हूँ।"

लेकिन उन्होंने यह नहीं सुना और धीर सिंह को साबुन से ब्रश धो कर धूप में रखने का आदेश दिया।

उनका पहलू काट कर वाणी देवा जी के कमरे की ओर बढ़ी और उसने मुझे भी अपने पीछे आने का संकेत किया।

o

अन्दर कमरे में देवा जी रेडियो के पास लम्बे काउच पर आराम से लेटे थे। पैर उनके निकट की तिपाई पर टिके थे, आँखें बन्द थीं और सहगल का गीत श्रवणों में अनवरत मधु घोल रहा था।

हमारे आने पर उन्होंने आँखें खोलीं। वाणी ने वही बात दुहरा दी। उन्होंने पास के काउच की ओर संकेत किया और पूर्ववत आँखें बन्द कर लीं।

तभी दूसरा गीत शुरू हुआ :

'सुनो-सुनो रे कृषण काला'

और जैसे उसके साथ ही दिल की धड़कन तेज़ हो गयी। मैं न कृष्ण का भक्त, न रास-लीलाओं का कायल। गुरु नानक की वाणी और दसवें बादशाह के आदेशों में विश्वास रखने वाला, अपनी हल्की-सी नास्तिकता के बावजूद पाँचों ककारों (कच्छ, कड़ा, केश, कृपाण, कंघा) को धारण करने में कभी चूक न करने वाला —कृष्णलीला मेरे लिए कोई कशिश न रखती थी। पर न जाने क्यों, जब भी लय, लोच, करुणा और मधु से भरे सहगल के गहरे, भंरे, काँपते-से स्वर में 'सुनो-सुनो रे कृषण काला' सुनता तो जाने मुझे क्या हो जाता। मैं बाज़ार में जाता-जाता रुक जाता और बिना पूरा गीत सुने आगे न बढ़ता। एक बार मैंने इसके बोल भी लिखे थे। काग़ज़ पर लिखे उन बोलों में न वह रस था, न जादू! 'सुनो-सुनो रे कृष्ण काला' —लिखी हुई यह पंक्ति अच्छी न लगती थी। 'रे' की जगह 'ओ' और 'काला' की जगह 'काले' होता तो शायद मेरे पंजाबी कानों को वह बोल अच्छा लगता, लेकिन सहगल के मुँह से चार-छै बार सुन कर अब यही अच्छा लगने लगा था। गाना चल रहा था :

कहे राधा भी मोहे कलंकिनी
काहे राधा भी मोहे....'

गीत में कलंकिनी शब्द....लेकिन उस मधु-घुले स्वर में यह इतना अच्छा लगता था कि जी होता, वह शब्द बार-बार दुहराया जाये। उसे सुनते-सुनते मन अघाता न था।

और फिर वह तान —वह लरज़ती, काँपती, हृदय को बेधती हुई वह तान :

'चण्डीदास कहे —सखी हे-ऽ-ऽ
जिस तन लागे, वही तन यह दुखड़ा जाने।'

गीत चलता गया और मन चाहता गया कि वह क्षण, वह तान, वह सोज़, वह कम्प थम जाय। सहगल गाता रहे और मैं सुनता रहूँ।

पर गीत तो समाप्त हो गया। हाँ, उसका जादू फ़िज़ा में छाया रहा। नहीं जानता कोई गाना मुझे कभी इतना अच्छा लगा होगा, स्वयं भी सहगल ने कोई गीत इतना अच्छा गाया होगा! तभी सुना, रेडियो बोल रहा था :

"हम लाहौर से बोल रहे हैं। अब हमारा तालीमी प्रोग्राम शुरू होता है।"

देवा जी ने रेडियो का स्विच घुमा दिया।

मैं उठा, उसी तरह मन्त्र-मुग्ध!

"क्यों!" वाणी ने होंटों में पूछा।

"गाने तो शायद...." कुछ अस्फुट-सा मेरे होंटों से निकला।

"दार जी, दिल्ली ही लगा दो। अभी सहगल के गाने हो रहे हैं!" मेरी बात पूरी सुने बिना वह अपने पिता से लगभग चिमट गयी। मैं ठिठका खड़ा रहा।

"यह एक ज़रूरी टॉक (वार्ता) हो रही है।"

"दार जी, दिल्ली ही लगा दो!" और वाणी मचल कर उनसे और भी चिमट गयी।

देवा जी के मस्तक पर क्षीण-से तेवर बन गये। उन्होंने एक ऐसी दृष्टि मुझ पर डाली,

जिसमें हल्की-सी चिड़चिड़ाहट और विवशता थी। फिर सयत्न उस पर संयम पा कर उन्होंने रेडियो का स्विच घुमा दिया और सहसा सहगल का वह मीठा लरज़ता स्वर कमरे में गूँज उठा। और वाणी के ज़ोर देने पर कुछ अजीब-सी खिन्नता और प्रसन्नता मन में लिये हुए मैं बैठ गया।

चार

यह मान लेने में मुझे कुछ भी संकोच नहीं कि उन चार महीनों में देवनगर से मुझे बेहद प्यार हो गया था। वहाँ वाणी थी और उसकी मुग्ध, चकित आँखों में मेरे लिए अपार स्नेह और सहानुभूति थी; या वहाँ देवा जी थे, जो मेरे सन्तप्त मन को शान्ति प्रदान करते थे; या फिर देवनगर-वासियों में वैसी सहृदयता, स्नेह और प्यार था, जैसा कहीं देखने में नहीं आता —नहीं, इनमें से कोई बात न थी। वाणी के उस स्नेह और सहानुभूति ने मेरी उस स्थायी शान्ति को, जो देवनगर के उन पहले दिनों में मुझे प्राप्त हुई थी, एक अजीब-सी बेचैनी में बदल दिया था। देवा जी के लेखों की बड़ी-बड़ी बातें भी मेरे मन के सागर पर तैरती हुई वृन्तहीन कमलिनियों-सी बहने लगती थीं। और देवनगर के वासी! जैसे-जैसे मैं उन्हें जानता गया, मुझे लगता गया ऊपर से नज़र आने वाली मुस्कानों और प्रकट सुनायी देने वाले प्रेम और परस्पर प्रोत्साहन के दावों के नीचे वही ईर्ष्या-द्वेष का विष छिपा हुआ है। लेकिन देवनगर के आस-पास की सुन्दरता; उन देहाती सुबहों और शामों का वह सोने, गुलाब और केसर से घुला हुआ लावण्य; नदी-तट का वह एकान्त; करील की उन ठिगनी, भरी-पुरी झाड़ियों के फूलों की वह जलते अंगारों की-सी लाली —सब मेरे मन को कुछ इस तरह बाँधे था कि जब दिमाग़ कहता, 'मैंने देवनगर आ कर ग़लती की' तो मन वहाँ से जाने के विचार-मात्र से उदास हो जाता।

देवनगर में मेरा रह पाना कठिन है, यह विचार अचानक उस दोपहर को पहले-पहल मेरे मन में कौंधा, जब वाणी रेडियो सुनाने के बहाने मुझे अपने घर ले गयी थी —उसकी माँ ने 'माँ जी' कहने पर मुझे डाँट दिया था और वाणी ने सहगल के गाने फिर से लगाने के लिए अपने पिता से अनुरोध किया था तो अपनी लड़की के उस तरह ज़ोर देने पर देवा जी ने यद्यपि रेडियो का स्विच घुमा दिया था, पर मेरी ओर देखते हुए उनके माथे पर चिड़चिड़ाहट-भरे तेवर बन गये थे —और देवनगर के उस खुलेपन के ऊपर पड़ने वाले दबाव और उस प्रकट विशालता के अन्तर में छिपी संकीर्णता की एक झलक मुझे मिल गयी थी।

देवा जी के यहाँ मैं फिर न गया था। यह ठीक है कि वाणी डाइनिंग हॉल में ज़रूर उसी मेज़ पर बैठती —उसी कुर्सी पर, जहाँ से वह मेरी ओर देख सके और कोशिश करती कि मेरे उठते ही उठे, पर मैंने उस दिन जैसा अवसर फिर न आने दिया था। शाम को कोठियों के सामने की सड़क पर टहलना छोड़ कर मैं नदी-तट पर जाने लगा था और सच्ची बात तो यह है कि नदी-तट की वे अकेली सैरें देवनगर की सुखद-तम स्मृतियों में

से हैं।

पित्तो की मौत के बाद शहर की भीड़-भाड़ में मेरा दम घुटने लगा था। असल में पित्तो के ज़िन्दा रहते मुझे नगर के उस शोर-शराबे और भीड़-भब्भड़ का कभी एहसास न हुआ था। उस सारे शोर के ऊपर जैसे पित्तो की प्यारी-प्यारी बातें मेरे कानों में गूँजती रहती थीं और वह सारी भीड़ पित्तो की सूरत के आगे एकदम लुप्त हो जाती थी। दफ़्तर में काम करते, मित्र-शत्रुओं, अफ़सरों या चपरासियों से बातें करते हुए भी आँखें उसको देखती रहती थीं। दो-चार बच्चे हो जाते तो सम्भव है कि नोन, तेल, लकड़ी और कपड़े की यथार्थता विवाह के उन शुरू के वर्षों की व्यामोहावस्था को भंग कर देती, लेकिन तीन वर्षों के उन, तीन पल बन कर बीत जाने वाले, दिनों के साहचर्य के बाद जब वह मीठी आवाज़ और वह मनमोहक सूरत मौत के हाथों क्षीण और विकृत हो कर चली गयी तो लगा जैसे शहर का शोर मेरे कानों के पर्दे फाड़ रहा है और भीड़ मेरा गला घोंटे दे रही है। देवनगर के उन वीरानों का वह मौन मुझे इतना अच्छा लगता कि कभी-कभी जी चाहता उसी में विलीन हो जाऊँ, घुल जाऊँ, शरीर को छोड़ कर उसके कण-कण में समा जाऊँ।

कभी नहर भरी होती। पुल के पास पानी क़यामत का शोर करता। पर मील भर आगे वह ऐसे बहता कि बहता दिखायी न देता। मैं पैर नीचे पसार कर उसके किनारे बैठ जाता। पेड़ों के साये लहरों के बहाव पर तिरते हुए काँपते और मैं मुग्ध-सा देखता। तभी पश्चिम का सूरज आकाश के बादलों को गुलाबी कर देता और वह रंग लहरों पर प्रतिबिम्बित हो कर चमक उठता।

कभी नहर का पानी बन्द होता। रेतीला तल साँझ के अँधेरे में चमकता तो मैं नीचे उतर जाता। ठण्डी रेत पर भागता चला जाता। कभी किनारे पर बैठे-बैठे गाने लगता अथवा भेड़-बकरियों के रेवड़ को इस पार से उस पार जाते हुए देखता। अगली भेड़ें जिधर को जातीं, शेष सब भी उन्हीं के पीछे उधर ही को चल पड़तीं और कभी अगली भेड़ों को ग़लत रास्ते पर चलते देख कर गड़रिये कान पकड़-पकड़ कर उन्हें ठीक मार्ग पर चलाते। डण्डे से पीट देते तो वे 'बा....बा' करती हुई भागतीं।

o

लेकिन कुछ दिन बाद मुझे नहर की सैर छोड़नी पड़ी और वे रंगीन, अकेली उदास-उदास शामें अपनी ख़ूबसूरती के साथ केवल मेरी स्मृति की संगिनी बन कर रह गयीं।

o

शाम का वक्त था। नहर पर पहुँचा तो पश्चिम में सूरज डूब रहा था। सर्दी सरे-शाम ही उतर आयी थी और मैं ओवरकोट पहने था। तभी पश्चिम की ओर आँखें उठाते ही दिल की धड़कन जैसे थम गयी! कितना अकथ, कितना सुन्दर दृश्य था। दूर, बहुत दूर, खजूर के एकाकी पेड़ के पीछे, जो उस निर्जन के सूनेपन को चुनौती देता हुआ-सा खड़ा था, सूरज डूब रहा था। बड़ा-बड़ा और पीला-पीला —पेड़ का ऊपर का सिरा ऐसा लग रहा था, जैसे उस पीली कुन्दनी थाली पर अंकित हो। नहर के पानी पर सूरज का बिम्ब, ऊपर आकाश के हल्के श्वेत बादलों पर उसका रंग उस रंग से रंजित दूर तक फैली नहर की पटरी और अकेला मैं।....कुछ दूर चल कर मैं बैठ गया और अचानक गाने लगा। वही

अपना चिर-परिचित गीत —'दन्द मोतियाँ दे दाने' नहीं, सहगल के मधुमय स्वर में सुना वह कृष्ण के प्रेम में पागल गोपी का गीत, जो ज़रूर ही अल्हड़ रही होगी, छोटी उम्र की होगी। गीत विरह का था। पर जाने क्यों मुझे करुण नहीं लगा। मन की उमंग में जैसे उस प्राकृतिक सौन्दर्य और सुनसान को भरता हुआ मैं गा उठा :

सुनो-सुनो रे कृषण काला।
सुनो-सुनो रे कृषण काला।।

तभी कहीं निकट ठहाके की आवाज़ आयी —सूने में सहसा बज उठने वाली घण्टियों-सरीखी, युवा लड़कियों के ठहाके की आवाज़। मैं चौंक उठा। पटरी पर वाणी, श्यामा और मधु न जाने किस बात पर हँसती-हँसती दोहरी होती जा रही थीं, साथ उनके अठारह-बीस वर्ष का एक युवक था।

उन्हें गुज़रने के लिए राह देने को मैं एक ओर हट गया। पर चारों की टोली मेरे पास आ कर रुक गयी।

"दिलजीत, ये हैं संगीत जी, बड़ा ही अच्छा गाते हैं।" अपनी बड़ी-बड़ी आँखों को फैलाते और शब्दों के साथ झूमते हुए, वाणी ने अपने साथी युवक को मेरा परिचय दिया और फिर मुझसे बोली, "यह है दिलजीत, मेरा वीर (भाई) गवर्नमेण्ट कॉलेज में पढ़ता है, छुट्टियों में आया है।"

क्षण भर मैं वाणी की एकदम फैल जाने वाली उन बड़ी-बड़ी आँखों को और 'बड़ा ही अच्छा गाते हैं' कहते हुए दोनों ओर झूल जाने को देखता रहा। कहना चाहता था — 'दिलजीत तो तुम्हारा नाम होना चाहिए था। वाणी....यह भी कोई नाम है ?' —लेकिन, मैंने कुछ नहीं कहा, सिर्फ़ मुस्कुरा कर हाथ बढ़ा दिया।

"आप तो आगे जा रहे होंगे," हाथ मिलाते, मुस्कुराते और कन्नी काट कर निकलने को पैर बढ़ाते हुए मैंने कहा।

"हम भी मुड़ रहे हैं," स्वयं मुड़ते और मधु और श्यामा को साथ ही मोड़ते हुए वाणी बोली।

कुछ क्षण हम चुपचाप चलते रहे। तभी सामने तीरथराम आता दिखायी दिया!

"आओ भाई तीरथराम," पास आने पर मैंने उससे कहा।

"नहीं, आप लोग चलिए। मैं अभी आगे जाऊँगा।"

हम चले। तभी सहसा दिलजीत ने वाणी से कहा, "संगीत जी से गाना ही सुनवाओ ?"

वाणी क्या उत्तर देती ? उसने मेरी ओर देखा। उसकी आँखें फैल गयीं और चेहरा उदास हो गया। वे आँखें जैसे कह रही थीं —मैं जानती हूँ, आपको दुख होगा, मैं कैसे अनुरोध करूँ, पर मेरा वीर कह रहा है। काश आप गा सकते!

और मैं गाने लगा....

०

लेकिन दूसरे दिन से मैंने नहर पर जाना छोड़ दिया। सर्दियों की शाम समय से पहले उतर आती। दिन भर काम करता। शाम को जी कमरे में बैठने को न होता। सड़क पर घूमना

पहले छोड़ चुका था, अब नहर पर जाना भी छोड़ दिया तो सवाल सामने आया कि आख़िर शाम को कहाँ जायें ? तब मैंने शाम को नन्दलाल के यहाँ जाना शुरू कर दिया। सारे घरों में नन्दलाल के यहाँ जाना मुझे क्यों पसन्द आया ? शायद इसलिए कि वही एक घर था, जिसमें मुझे सचमुच खुला व्यवहार मिला। सावित्री ने जो एक बार मुझे 'आओ भरा जी'[1] कहा तो फिर सदा बहनों —वह भी बड़ी बहनों —का-सा व्यवहार किया। शाम को जब मैं वहाँ जाता तो वह सदा स्टोव जला कर चाय बना देती। यदि मुझे चाय के समय पहुँचने में देर हो जाती तो वह नन्दलाल को मुझे बुलाने भेज देती। समय काटने और कुछ उस कृतज्ञता के बोझ को हल्का करने के विचार से मैं उसे अंग्रेज़ी पढ़ाने लगा था। भरा-पूरा परिवार। किसी प्रकार की कुण्ठा नहीं। तपते रेगिस्तान में अचानक हरियाली और पानी देख कर उस ठण्डक में शरीर को ढीला छोड़ देने में जो सुख मिलता है, वही मुझे उस परिवार में मिलता। देवनगर के रेगिस्तान में नन्दलाल का घर मेरा शाद्वल बन गया।

लेकिन मुझे और सावित्री को, और यों मुझे और नन्दलाल को, निकट लाने वाली एक दूसरी चीज़ थी —देवनगर की माता जी (देवा जी की पत्नी) के प्रति गहरी नफ़रत! सावित्री, उसका पति और मैं, वाणी की माँ की नज़रों में कोई ऊँचा दर्जा न रखते थे। अपने प्रति उनकी भावना का पता मुझे सिर्फ़ उसी दिन न चला था, बल्कि बाद में मुझे देखते ही उनके माथे पर जो तेवर पड़ जाते थे, उन्होंने भी मेरे उस सन्देह को विश्वास में बदल दिया था। सावित्री की बातों से भी पता चल गया था कि उन्हें भी माता जी कुछ उतना अच्छा नहीं समझतीं।

माता जी अरोड़ा वंश से सम्बन्ध रखती थीं। एक मध्य-वर्गीय व्यापारी की वे लड़की थीं। देवा जी रुड़की पास कर जब इंजीनियर हुए तो उनके मकान का एक हिस्सा किराये पर ले कर रहने लगे थे। वहीं उनमें प्यार हो गया। यद्यपि देवा जी को बड़े-बड़े घरों के रिश्ते आते थे और वे व्यापारी महोदय अपनी लड़की का विवाह एक सिक्ख युवक से करने को कदापि तैयार न थे तो भी देवा जी ने सब बाधाओं को पार कर, उनसे विवाह कर लिया था। सावित्री का कहना था कि माता जी ही के प्रभाव से देवा जी ने दाढ़ी और बाल कटवा दिये थे और माता जी ही के कारण उन्होंने लड़कियों के नाम वाणी और मधु रखे थे।

"देवा जी जब कभी दिलजीत के साथ अकेले होते हैं, तो प्यार से उसे दिलजीत सिंह कहते हैं," सवित्री ने एक दिन बताया, "माता जी उसे सदैव दिलजीत कुमार कह कर पुकारती हैं।"....हालाँकि यह बात उसे अच्छी लगनी चाहिए थी, पर लगता था सावित्री को इस बात का दुख है कि देवा जी ने बाल क्यों कटवाये या क्यों उन्होंने लड़के-लड़कियों के नाम हिन्दुआना रखे। जैसे देवा जी पर उनकी पत्नी के आधिपत्य से उसे चिढ़ थी।

"देवा जी तो बड़े भले आदमी हैं —बड़े-बड़े आदर्शों के सपने लेने वाले, लेकिन यह माता जी उन्हें सदा उसी कीचड़ में ला घसीटती हैं, जहाँ से वे उठ कर उड़ना चाहते हैं।" एक दिन सावित्री ने मुझसे कहा, "देवा जी ने देवनगर बसाया कि वे दुनिया के सामने एक ऐसा आदर्श नगर प्रस्तुत कर सकें, जहाँ इन्सान-इन्सान में अन्तर न हो। न छूत-छात हो, न घृणा-द्वेष हो, न रू-रियायत, न ख़ुशामद और न चापलूसी हो! लोग खुले और

---

१. आइए भाई साहब!

स्वच्छ वातावरण में ऊँचे आदर्शों के लिए काम करें। अगर देवा जी की चलती तो शायद सचमुच ऐसा नगर बस जाता। लेकिन यहाँ चलती तो माता जी की है और उन्हें जो सुबह उठ कर 'नमस्ते' न करे, दिन में दो-एक बार जा कर उनके दरबार में हाज़िरी न दे, वे उसकी दुश्मन बन जाती हैं।"

उसने यह भी बताया कि आठ सैनिक इसी कारण त्याग-पत्र दे कर जा चुके हैं। उनकी जगह देवा जी ने इन्हीं माता जी के कहने पर अपने रिश्तेदार भर लिये हैं। देवनगर, 'देववाणी' के ग्राहकों और 'देवमण्डल' के मेम्बरों के धन से बना है, पर माता जी अपने आपको इसकी एकछत्र साम्राज्ञी समझती हैं।

"इस समय भी हम, मधवार साहब और कुलवीर सिंह उनकी आँख में खटकते हैं," सावित्री बोली, "हम में से किसी को भी न लल्लो-पत्तो आती है, न ख़ुशामद सुहाती है। यहाँ वही रह सकता है, जो इन सब में दक्ष हो। सो वे हमसे नाराज़ हैं और वह जन्म-जन्म का भूखा तीरथराम सारा दिन वहीं चिमटा रहता है। इतना बड़ा स्कैण्डल हो गया लेकिन...."

"स्कैण्डल ?" मैंने हैरानी से पूछा।

"हाँ, आपके आने के कुछ ही दिन पहले यहाँ देवनगर का वार्षिक सम्मेलन हुआ था। उसमें देवा जी का लिखा नाटक 'राजकुमारी वीरा' खेला गया। तीरथराम राजा बना था और वाणी राजकुमारी। उस नाटक के बाद ही वाणी और तीरथराम को ले कर कई तरह की बातें होने लगीं। अच्छा-ख़ासा स्कैण्डल हो गया। सबने बड़ा बुरा माना। उसे सेना से निकालने का प्रस्ताव भी रखा गया। लेकिन वह जा कर माता जी के चरणों पर गिर पड़ा कि वाणी तो मेरी लड़की-जैसी है। मैंने बच्ची समझ उसे गोद में ले लिया था। और माता जी के कहने से देवा जी ने वह प्रस्ताव नहीं पास होने दिया!"

कुछ क्षण हम दोनों चुप बैठे रहे। फिर सावित्री बोली —"और तभी से तीरथराम किसी दूसरे घर में ज़्यादा आता-जाता नहीं। न जाने उसकी आँखों में कैसा नदीदापन है, कोई उसे पसन्द नहीं करता। बस माता जी की ख़ुशामद में लगा रहता है या भूत-प्रेतों की तरह यहाँ की सड़कों पर घूमता रहता है।"

लेकिन तीरथराम वहाँ अपनी निन्दा की धार कुन्द करने के लिए ही न बना रहता था। उसका उद्देश्य माता जी और देवा जी को मेरे विरुद्ध भड़का कर वाणी के हितचिन्तक के रूप में अपनी खोयी हुई प्रतिष्ठा भी पाना था।

०

मुझे मधवार साहब से इस बात का पता चला। नन्दलाल से मैंने कुलवीर सिंह और मधवार साहब की इतनी प्रशंसा सुनी थी कि देवा जी, माता जी और कुछ दूसरे देवसैनिकों की उपेक्षा मोल लेते हुए भी मैं मधवार साहब के यहाँ आने-जाने लगा था। नन्दलाल के घर आते-जाते मैं जान गया था कि देवसैनिकों में, जो ऊपर से सेना के सिपाहियों की तरह एक-जैसे लगते हैं, वास्तव में धीरे-धीरे एक खाई बन रही है। दो पार्टियाँ हो गयी हैं। एक का बहुमत है और दूसरी का अल्पमत! बहुमत में देवा जी और उनके चापलूस शामिल हैं, जो देवसेना के सिद्धान्तों का नहीं, देवा जी अथवा देवी जी की (नन्दलाल मज़ाक से माता

जी को देवी जी कहा करता था) इच्छाओं का ध्यान रखते हैं। अल्पमत में वे सैनिक हैं, जो देवमण्डल के सिद्धान्तों की रक्षा करना अपना कर्तव्य समझते हैं और मधवार साहब इस अल्पमत के नेता हैं।

एक दिन मैं उनसे मिलने गया तो वे फट पड़े, "बड़े-बड़े इरादे और उम्मीदें ले कर हम देवमण्डल के मेम्बर बने थे, धन-मान का लालच हमें नहीं था। हम तीनों अच्छी नौकरियों पर लगे थे। लेकिन कम-से-कम अपनी निजी ज़रूरतों से एकदम निश्चिन्त हो कर ऊँचे आदर्शों के लिए जीवन को लगा देना और ऐसे वायुमण्डल में साँस लेना, जहाँ सहृदय साथियों की संगति हमारे दिलों को कुशादा और व्यक्तित्व को मज़बूत बनाये — इसी आदर्श ने हमें खींचा था। लेकिन यहाँ साल भर गुज़ारने के बाद लगता है कि इस नगर का बाहर चाहे सुन्दर सही, पर इसकी आत्मा वैसी ही तंग, सीली और गन्दी है।"

"आत्मा की बात तो मैं नहीं कहता, मेरा यहाँ के वासियों से कुछ वैसा घनिष्ट परिचय भी नहीं, पर इसके बाहर तो बड़ा सुन्दर और स्वच्छ है।"

"तभी तो पड़े हैं," वे बोले थे, "नहीं तो कभी के चले जाते। देववाणी में लेख पढ़ कर हम समझते थे कि देवा जी बड़े पैमाने पर सैनिक चाहते हैं, जो देश ही नहीं, संसार भर में चरित्र-निर्माण का आदर्श रखेंगे; मानव-मानव को समझने में सहायता देंगे; दिमाग़ों का कूड़ा-कचरा हटा कर, उसमें नयी रोशनी का प्रकाश भर देंगे; लेकिन देखता हूँ, ऐसा कुछ नहीं होगा। हो सकता है, इस वीराने में हम एक बड़ा नगर बसाने में सफल हो जायें, जहाँ नयी दिल्ली के ऐश-आराम मयस्सर हों, लेकिन वे आदर्श, जिन्हें सामने रख कर यह नगर बसाना शुरू किया गया था, शायद इसकी नींवों में ही दफ़्न हो जायेंगे!"

मधवार साहब लम्बे-ऊँचे आदमी थे। पैंतालीस-पचास वर्ष की उम्र, गोरे-चिट्टे, लेकिन सुन्दर उन्हें नहीं कहा जा सकता। उनका माथा बहुत छोटा था। सिर के बाल यद्यपि वे पीछे को सँवारते थे, तो भी तीन-चार अंगुल से अधिक माथा न निकलता था। तीखी नाक, उभरे कल्ले, लम्बा कद और घुँघराले, पीछे को बने हुए, खिचड़ी बाल। तन पर कमीज़ के साथ धोती। उनके चेहरे पर कुछ संन्यासियों की-सी रुखाई थी। उनके पिता के पास कैलटेक्स की एजेन्सी थी। उन्होंने कमाया भी बहुत था। बड़े भाई के साथ वे भी काम देखें, ऐसी उनके पिता की इच्छा थी; पर मधवार साहब १९२१ के आन्दोलन में जो एक बार जेल गये तो सत्य की खोज करते हुए कई आश्रमों से हो कर देवनगर आ पहुँचे। देवसेना के हिसाब-किताब की देख-रेख उनके ज़िम्मे थी, जिसमें कुलवीर सिंह उनका हाथ बँटाता था। ज़िन्दगी की अनगिनत ठोकरें और एक के बाद दूसरी नौकरी करने के बावजूद अब भी उनके अन्तर की आग वैसी ही जल रही थी। वे अब भी वैसे ही आदर्शवादी, आशावादी और उत्साही थे — कहीं समझौता नहीं, कहीं असत्य नहीं, सुख-दुख से लापरवाह हो कर वे जो मार्ग चुनते, उस पर बढ़े जाते। लेकिन कोरे आदर्श, कवि की कल्पना में हों तो हों, दुनियादार की कल्पना में नहीं होते। फूल तक पहुँचने के लिए काँटों से हाथ नहीं बचाये जा सकते। काँटों से हाथ छलनी हो जायें, इसकी परवाह मधवार साहब को न थी, पर जहाँ फूल की इच्छा ही धुँधली हुई, अथवा आदर्श के रंग में रँगे फूलों की जगह काग़ज़ी फूलों से गुलदान सजाने का आदर्श बना, उन्होंने संस्था छोड़ दी। वे आदर्श पुष्प की खोज में एक के बाद दूसरी संस्था को छोड़ते चले आये थे।

मधवार साहब से मिलने के बाद उनके प्रति ऐसी ही धारणा मेरे मन में बनी। "अच्छे सैनिकों को, कार्यकर्ताओं को ये नहीं चाहते," मधवार साहब ने कहा था, "अपनी ही बात लीजिए। आप आये थे तो स्वयं देवा जी ने आपके काम और स्वभाव की प्रशंसा की थी, पर अभी जनरल मीटिंग में आपके विरुद्ध प्रस्ताव आया है।"

"मेरे!"

"हाँ, तीरथराम और हरमोहन ने रखा है।"

"मेरे विरुद्ध क्या शिकायत है ?"

"यही कि आप देवमण्डल की आज़ाद फ़िज़ा के योग्य नहीं, अपने में बन्द रहते हैं देवमण्डल की सरगर्मियों में भाग नहीं लेते।"

"फिर क्या तय हुअ ?"

"देवा जी ने उस प्रस्ताव को फिर कभी विचार करने के लिए स्थगित कर दिया। स्थगित तो कर दिया, लेकिन लगता है कि आपसे वे प्रसन्न नहीं। शायद आपने उनके यहाँ कम हाज़िरी दी है या आपसे उनकी पत्नी नाख़ुश हैं। देखिए, यदि आपको यहाँ रहना है तो आपको माता जी, हरमोहन सिंह, तीरथराम, सुदर्शन सिंह आदि से बना कर रखनी चाहिए। नन्दलाल या हमसे वे ऐसे ख़ुश नहीं।"

o

मेरा मन बड़ा खिन्न हो रहा था। तीरथराम क्यों नाराज़ है, यह मैं अब जान गया था, लेकिन उसकी शिकायत को दूर कर देना मेरे वश की बात न थी। रहीं माता जी, जाने क्यों उन्हें 'नमस्कार' करना भी मुझे अरुचिकर लगता था। उस नारी का अहं मुझे बड़ा छोटा, बड़ा थोथा लगता था। नौकरों के क्वार्टरों में एक दिन मैं प्रेस के फ़ोरमैन-मैनेजर सन्तोख सिंह के पास बैठा था कि माता जी की बात चल पड़ी।

"माता जी को तो थापा ने ठीक उत्तर दिया था," सन्तोख सिंह ने कहा।

"थापा ने ? थापा कौन ?"

"रामा थापा।"

"चौकीदार ?"

"हाँ-हाँ! माता जी यहाँ के सब देवसैनिकों और मुलाज़िमों को अपना व्यक्तिगत नौकर समझती हैं," सन्तोख सिंह ने कहा, "और आशा करती हैं कि जब भी वे उनके सामने पड़ें, उन्हें 'नमस्कार' करें —एक बार नहीं, जितनी भी बार मिलें। चाहते देवा जी भी यही हैं, पर उनका ढंग दूसरा है। यदि कोई सैनिक या नौकर उन्हें 'नमस्कार' न करे तो वे सदा उसे 'नमस्कार' करते हैं, बार-बार उसे 'नमस्कार' करते हैं, यहाँ तक कि वह उन्हें देखते ही हाथ जोड़ देता है। लेकिन माता जी को यदि कोई 'नमस्कार' न करे तो उनके माथे पर बल पड़ जाते हैं। सैनिकों अथवा बड़े नौकरों से तो वे कुछ भी नहीं कहतीं, पर छोटों को डाँट देती हैं। रामा थापा को एक दिन उन्होंने डाँट दिया कि तू अपने आपको नवाब समझता है, सलाम नहीं करता। 'हम काम का नौकर है, सलाम का नहीं।' थापा पटाख से बोला और तब से माता जी चुप रहती हैं, पर जो उन्हें 'नमस्कार' नहीं करता, उसके विरुद्ध हो जाती हैं। उन्होंने रामा थापा को निकालने की बड़ी कोशिश की। कई बार

आधी-आधी रात को जासूस छोड़े कि देखें कि सोता तो नहीं, पर वह सैनिक नियन्त्रण में पला आदमी —सदा मुस्तैद रहा। एक बार महीने की छुट्टी पर गया तो उन्होंने एक सिक्ख जवान को रखा। उसी महीने दो चोरियाँ हो गयीं। थापा अब भी कभी माता जी को 'नमस्कार' नहीं करता, लेकिन जब तक उसकी रगों में जान है और हाथ में बन्दूक, वह यहीं रहेगा।"

रामा थापा की इस बात का मुझ पर ऐसा प्रभाव पड़ा कि उस दिन से मैंने माता जी को 'नमस्कार' करना छोड़ दिया। वे देवा जी के साथ होतीं तो मैं दोनों को एक साथ 'नमस्कार' कर देता, पर यदि वे अकेली सामने पड़ जातीं तो बिना उधर देखे, आँखें झुकाये अथवा दूसरी ओर लगाये गुज़र जाता। रहा हरमोहन सिंह, सो इधर तीरथराम उसके साथ हर वक्त चिपका रहता था। हरमोहन के सच्चे ठहाके (क्योंकि प्रायः वह तीरथराम से मज़ाक किया करता) और तीरथराम के खोखले अट्टहास (क्योंकि वह हरमोहन को प्रसन्न करने के लिए हँसता) भी यदा-कदा सुनायी दे जाते। और मुझे हरमोहन से मिलने और उस मुलाकात को सन्निकटता से बदलने में बड़ा संकोच होता।

हरमोहन सिंह ख़ासा सुन्दर व्यक्ति था। मँझला कद, गोरा रंग, दहकते हुए गाल और स्वस्थ शरीर! पर वह लगभग अनपढ़ था। सदा भौंडे मज़ाक करता था और चूँकि दूर के रिश्ते में वह देवा जी का भतीजा लगता था और डेयरी उसके अधीन थी, इसलिए उसकी स्थिति इस साम्राज्य के सूबेदार से कम न थी। वैसा ही उसका दिमाग़ था। रही उसकी सरदारनी, सो जितना हरमोहन सुन्दर था उतनी ही वह कुरूपा थी। कद में हरमोहन से एक-डेढ़ बित्ता लम्बी, उतनी ही मोटी, बड़े-बड़े बाहर को निकले दाँत और चुँधी आँखें। दिन के किसी समय भी देखो, लगता जैसे अभी सो कर उठी है। एक-दो बार मैं गया भी, पर समझ ही न आयी कि उन देवी जी से क्या बात की जाय ? सो हरमोहन से भी राब्ता बढ़ाना कठिन था। मधवार साहब की बात तो मेरे दिमाग़ में गूँज रही थी, सो मैंने तय किया कि यदि ये लोग नहीं चाहते तो मैं यहाँ क्यों रहूँ ? क्यों न मैं वापस शहर चला जाऊँ। अव्वल तो इस वातावरण से शहर का वातावरण बुरा नहीं, फिर यदि वहाँ मन न लगा तो गाँधी आश्रम चला जाऊँगा। रुपये की तो उतनी चिन्ता नहीं, यह काम न रहा तो कोई दूसरा कर लूँगा।

०

पर जब मैंने तय किया और मैं देवा जी से मिलने चला तो हठात मेरा मन उदास हो गया। देवनगर के उन वीरानों का शान्त सौन्दर्य सहसा मुझे चारों ओर से बाँधने लगा। बरसात के बाद की रंगीन शामें और सुबहें, चाँदनी रातों का जादू और अँधेरी रातों का सन्नाटा और फिर शिशिर के धुँधियाले आकाश पर सूरज की पीली-पीली धूप और ओस से भीगी सुबह-शाम की पगडण्डियाँ —उन्हें छोड़ कर फिर उसी भीड़-भब्भड़ में जाने को जी न होता था। लेकिन मैं जानता था कि यदि मैं अपमान सहता हुआ यहाँ रहूँगा तो यह सब सौन्दर्य मुझे काट खाने को आयेगा और मेरी रातों की नींदें हराम हो जायेंगी....और मैं देवा जी से मिलने के लिए चल पड़ा।

०

देवा जी उस समय गुम्बद में बैठे थे। गुम्बद के दरवाज़े पर पर्दा पड़ा था। नीचे फ़र्श पर टाट, उस पर दरी, उस पर ग़ालीचा और उस पर काउच! मैंने पर्दा ज़रा-सा हटा कर देखा। देवा जी अपनी कुर्सी पर सीधे बैठे लिखने में व्यस्त थे। मधवार साहब ने मुझे उनके लेखों के प्यारे-प्यारे मानववाद के स्रोत का भी पता बता दिया था। वे प्रायः 'रीडर्स डाइजेस्ट' से लेख अनुवाद कर 'देववाणी' में देते थे। 'डेल कार्नेगी' भी उन्हें पसन्द था, जिसने मित्रों, पड़ोसियों तथा समाज को जीतने की मनोवैज्ञानिक युक्तियाँ बतायी हैं।

पर्दा छोड़ कर मैं क्षण भर वहीं रुका रहा। देवा जी के ड्रॉइंग-रूम अथवा ऑफ़िस में जाने में मुझे बड़ा संकोच होता था। माता जी को सफ़ाई की सनक थी, घर के काम में हाथ बटाने को नौकर था। वे दिन का अधिक भाग कमरों, दरवाज़ों, कपड़ों, ब्रशों —इस या उस चीज़ की सफ़ाई में लगी रहती थीं। देवा जी के ऑफ़िस की सफ़ाई तो वे दो बार स्वयं अपने हाथों से करती थीं। दरी पर यदि कोई जूता ले जाता था तो उनके माथे पर बल पड़ जाते थे। एक बार देवा जी से पत्थरचट्टी के नम्बरदार मिलने आये थे। उन्होंने जूते बाहर उतार दिये थे, तो भी उनके पाँवों के निशान दरी पर बन गये थे। इस बात को ले कर माता जी महीनों उनका मज़ाक उड़ाती रहीं। कुछ इन्हीं कारणों से मुझे वहाँ बैठने में बड़ी उलझन होती थी।

आख़िर आगे बढ़ कर मैंने पर्दा उठाया और जूते उतारते हुए अन्दर आने की आज्ञा चाही।

देवा जी ने मेरी ओर देखा। शायद वे अत्यधिक व्यस्त थे। उनके माथे पर हल्की-सी रेखाएँ बन गयीं। पर मैं जूते उतार कर अन्दर बढ़ गया था। मेरे चेहरे पर अवश्य ही अन्तर के क्रोध और निश्चय की झलक होगी। उनके माथे से तेवर मिट गये और एक बड़ी ही प्यारी मुस्कान उनके होंटों पर फैल गयी।

"आइए, कैसे आये ?"

क्षण भर मैं चुप खड़ा रहा। भाव कुछ ऐसे ज़ोर मार रहे थे कि अपने क्रोध या क्षोभ को व्यक्त कर पाना कठिन हो रहा था।

"बैठिए, बैठिए।"

मैं बैठ गया।

"कहिए, कैसे आये ?"

"मेरे विरुद्ध कोई प्रस्ताव मीटिंग में पास हुआ है," मैंने जैसे बम फेंका। देवा जी चुप रहे और मेरी ओर देखते रहे।

"मुझे अभी पता चला है कि देवसैनिक मुझे पसन्द नहीं करते," मैं कह चला, "और मेरी उपस्थिति यहाँ अच्छी नहीं समझी जाती।"

मैं क्षण भर को रुका। देवा जी फिर भी चुप रहे।

"मैंने आपसे पहले ही दिन कारण बता दिया था मैं यहाँ क्यों आया हूँ ? निरंजन सिंह जी ने आपकी बड़ी प्रशंसा की थी और मैं शान्ति चाहता था। काम में मैं सुस्ती नहीं करता। आपने जो का[illegible] दिया, उसे जल्द-से-जल्द और अच्छे-से-अच्छे ढंग से निबटाने की मैंने पूरी कोशिश की है। बाकी यह कि मैं अपने में रहता हूँ, अहंवादी हूँ या दुश्चरित्र

हूँ, ये सब अभियोग ग़लत हैं। तो भी मैं आपको किसी धर्म-संकट में नहीं डालना चाहता। आप यदि मुझसे सन्तुष्ट नहीं तो मैं कल ही चला जाऊँगा।"

एक और भी प्यारी मुस्कान देवा जी के होंटों पर फैल गयी।

"हाँ, एक रेज़ल्यूशन कमेटी के सामने आया है," वे बोले, "लेकिन रेज़ल्यूशन आने ही से तो पास नहीं हो जाता।"

"पर सैनिकों के कोप की तलवार तो मेरे सिर पर सदा लटकती रहेगी," मैंने कहा, "ऐसे वातावरण में शान्ति से कैसे काम हो सकता है।"

देवा जी की मुस्कान कुछ और फैली, "भाई आप कहीं भी जायें, शान्ति आपको पड़ी-पड़ी नहीं मिलेगी। आपको उसे स्वयं अपनी कोशिशों से प्राप्त करना होगा। आप जंगल में भी चले जायें, जहाँ आदमी की शक्ल तक नज़र न आये तो भी आपको अकण्टक शान्ति प्राप्त न होगी। प्रकृति से समझौता करके अथवा उस पर विजय पा कर आपको अपनी शान्ति पानी या जीतनी पड़ेगी। फिर इन्सानों की बस्ती में, जहाँ पर हर एक अपनी शान्ति के लिए संघर्ष करता है और सब की कोशिशें एक-दूसरे से टकराती रहती हैं, आपको भी प्रयत्न करना पड़ेगा।"

वे उसी प्रकार मुस्कराते हुए निमिष भर को रुके। लेकिन मैं चुप रहा और सुनता रहा।

"मैंने आपको एक दिन पहले भी कहा था कि यहाँ अठारह-बीस घर हैं। आपको सबसे मिल-जुल कर रहना पड़ेगा। नहीं तो आपका रहना कठिन हो जायेगा।"

"मैंने तो कोशिश की! नन्दलाल के यहाँ मैं जाता हूँ, एक-दो बार और सब के यहाँ भी गया हूँ, पर यह तो आप मानेंगे कि मैत्री इकतरफ़ा तो नहीं हो सकती। कोई मुझे चाहेगा तो मैं क्यों न चाहूँगा।"

देवा जी हल्के-से हँसे। बहुत ही हल्के-से। ऐसे कि उनकी हँसी कमरे के बाहर सुनायी न दे।

"यहीं तो आप ग़लती पर हैं। कोई आपको चाहे....लेकिन इसे उलट दीजिए तो....आप किसी को चाहें तो क्या वह आपको न चाहेगा ?"

निमिष भर के लिए मुझे कोई उत्तर न सूझा। फिर मैंने कहा, "लेकिन मैं तो बाहर से आया हूँ, देवमण्डल और देवनगर के लिए नया हूँ! देवनगर का तो सिद्धान्त ही प्रीति और प्यार के घेरे को बढ़ाना है। यदि देवनगर के वासी उपेक्षा और घृणा से काम लेंगे तो उनका मिशन कैसे सफल होगा। उन्हें तो हर आने वाले को अपने घेरे में लेना चाहिए। मेरी बात छोड़िए। मैं तो बाहर से आया हूँ। यहाँ तो मैं देवमण्डल के सदस्यों में भी वह प्रीति नहीं देखता, जो देवमण्डल का ध्येय है।"

मेरी बात सुन कर देवा जी के चेहरे पर हल्की-सी छाया दौड़ गयी और उनके माथे पर बड़े हल्के-से, चिड़चिड़ाहट-भरे तेवर बन गये। पर दूसरे क्षण फिर वही मुस्कान उनके मुख पर खेलने लगी।

"देखो भाई," उन्होंने कहना शुरू किया, "देवनगर के वासी सचमुच तो किसी देवनगर से आये नहीं। उन्हीं तंग, अँधेरी गलियों और मुहल्लों से आये हैं, जहाँ सारा

हिन्दुस्तान बसता है। वही उपेक्षा-घृणा, वही ईर्ष्या-डाह, नफ़रत-कुदूरत, ख़ुशामद और बदगोई, अहं और अहंकार उनमें भी है। एकदम वह दूर न होगा। धीरे-धीरे उसे दूर करना होगा।"

कुछ क्षण वे चुप रहे। जेब से रूमाल निकाल कर उन्होंने अपने चश्मे को पोंछा, फिर वे मेज़ की ओर मुड़े और उन्होंने फ़ाउण्टेनपेन उठा लिया।

लेकिन मैं अभी बैठा था। वे फिर मेरी ओर झुके। "आप जाइए और शान्ति के साथ काम कीजिए!" वे बोले, "कमेटी में क्या होता है, क्या नहीं होता, इसकी चिन्ता न कीजिए। सबसे मिल-जुल कर रहिए, सेना की सरगर्मियों में दिल से भाग लीजिए! आप रेडियो सुनने आने लगे थे, मैं ख़ुश हुआ था। फिर आया कीजिए। तीरथराम आदि के साथ आप ख़ुश नहीं तो यहाँ चले आया कीजिए। दिलजीत आ रहा है —वाणी है, मधु है —उनके साथ खेलिए। अपने ख़ोल से बाहर निकलिए। एक-दूसरे के विरुद्ध लोग क्या कहते हैं, उसे न सुनिए। एक-दूसरे की प्रशंसा में जो कहा जाता है, उस पर ध्यान दीजिए। दोषों के बदले उनके गुण देखिए। दिल से उन्हें स्नेह देना, प्यार करना और उनके काम आना सीखिए! निश्चय ही आपको सुख भी मिलेगा और शान्ति भी।"

और वे अपने आगे रखे मसौदे को देखने लगे। मैं उठा, "मैं आपका बड़ा आभारी हूँ," मैंने कहा, "इस आश्वासन के लिए भी और इस नसीहत के लिए भी। आपकी नसीहत पर मैं चलने की कोशिश करूँगा।"

और 'नमस्कार' करके मैं बाहर निकल आया।

०

गुम्बद से बाहर निकला तो मेरे अन्दर का क्षोभ लगभग मिट गया था। देवा जी की बातों से पूर्णतः मेरी तसल्ली हो गयी हो —ऐसी बात न थी। मेरी दशा शिशिर के उस आकाश की-सी थी, जिस पर सुबह गहरे-काले बादल और धुन्ध छायी हो, लेकिन दोपहर होते-होते बादल हट जायें, धुन्ध छँट जाये और झीनी-झीनी धूप सूर्य के अस्तित्व का परिचय दे। सामने नये बने बैडमिण्टन-कोर्ट में खेल ज़ोरों से चल रहा था और हरमोहन तथा गुरबचन में ज़ोरों की बाज़ी लगी थी। शटल-कॉक जाल के ऊपर-ही-ऊपर इधर-से-उधर उड़ रही थी। साथ के कोर्ट में वाणी अपनी सहेलियों के साथ खेल रही थी। मन हुआ कि जाऊँ, पर मेरी दृष्टि चुपचाप खड़े तीरथराम पर गयी और न जाने मन को किस अनजाने संकोच ने बाँध लिया। क्षण भर ऊपरी मुस्कान की झलक दिखाने वाले शिशिर के सूर्य पर फिर से धुन्ध का गहरा काला बादल छा गया।

तभी एक ताँगा बीच की कोठी में पास आ कर रुका और बैडमिण्टन-कोर्ट में खेल चलते देख कर ख़ुशी की एक किलकारी मारता हुआ दिलजीत उसमें से कूदा। माता जी अपने कोठी के बरामदे में खड़ी शायद उसकी प्रतीक्षा कर रही थीं। उसके उतरते ही वे उस ओर भागीं, लेकिन दिलजीत माँ की ओर नहीं गया, बाँहों से कोट उतारता हुआ, सीधे बैडमिण्टन-कोर्ट की ओर भागा।

तब चकित हो मैंने देखा कि सारे देवनगर को अपनी जायदाद और देवनगर-वासियों को अपना ग़ुलाम समझने वाली वह अभिमानिनी नारी एकदम दासियों की तरह आगे बढ़

कर अपने बेटे का उतरता हुआ कोट थामने बढ़ी और उसका कोट लेते-लेते वह कई कदम उसके साथ भागती चली गयी।

कोट अपनी माँ के हाथों सौंप दिलजीत रुका नहीं, वह भागता चला गया। हरमोहन ने आगे बढ़ कर उसे अपना रैकेट दे दिया और गुरबचन तथा दिलजीत में खेल शुरू हो गया और शटल-कॉक और भी ज़ोरों से जाल के ऊपर उड़ने लगी।

"नाश्ता कर लो, फिर खेलना। नाश्ता कर लो, फिर खेलना," कहते हुए माता जी ज़रा दूरी पर खड़ी आग्रह करती रहीं और फिर दिलजीत के खेल में रत होने पर कोट को झाड़ते हुए वापस आ गयीं।

जाने क्यों मेरा मन एक साथ ही सुख और दुख के मिले-जुले भावों से भर गया। शिशिर का वही आकाश और धुँधयाली के झीने पर्दे से झाँकते हुए सूर्य की कान्ति....

०

सारे देवनगर का चक्कर लगा कर प्रेस और ट्यूब-वेल में अटकता-भटकता देवनगर के सामने की मरुभूमि में अकेले खड़े महान बरगद के नीचे सुस्ताता, परे कपास के छितरे खेत की परिक्रमा करता हुआ जब मैं पूरे देवनगर का चक्कर लगा कर लौटा तो खेल में और भी सरगर्मी आ गयी थी। गुरबचन देवनगर का बैडमिण्टन चैम्पियन था, पर दिलजीत भी शहर के गवर्नमेण्ट कॉलेज में पढ़ता था। उसका खेल गुरबचन से घट कर न था। देवा जी भी पहुँच गये थे और कई दूसरे देवसैनिक बैडमिण्टन-कोर्ट के इर्द-गिर्द खड़े खिलाड़ियों को बढ़ावा दे रहे थे। लेकिन मैंने देखा —दिलजीत के 'शॉट' या 'प्लेसिंग' पर जो शोर बुलन्द होता, गुरबचन के खेल पर उसमें कमी आ जाती। प्रोत्साहन की धुनकी एक के लिए अपनी टंकार से रुई को छत तक उड़ा देती, लेकिन दूसरे की बारी पर 'वाह वा' के फाहे ज़रा-सी ऊँचाई तक ही उड़ कर रह जाते।

मैं चुपचाप एक ओर खड़ा यह सब देख रहा था कि किसी ने हल्के से मेरी बाँह को छुआ।

मैं चौंक कर मुड़ा। वाणी थी —हाथ में रैकेट और आँखों में वही फैलाव, गहराई और निमन्त्रण!

"आइए न संगीत जी। हमारी बाज़ी ख़त्म हो गयी। अब आप खेलिए।"

"लेकिन मुझे तो बैडमिण्टन वैसा आता ही नहीं। रैकेट भी मेरे पास...."

लेकिन वाणी ने मेरी किसी आपत्ति पर ध्यान नहीं दिया। मेरी आस्तीन थामे हल्के-से मुझे खींचते हुई वह ले गयी।

कोर्ट में पहुँच कर अपना रैकेट उसने मेरे हाथ में दिया और एक ओर खड़ी हो कर वह मेरे अटपटे खेल पर मुझे बढ़ावा देने लगी।

०

शायद दूसरी बाज़ी शुरू थी, जब मेरा ध्यान दूर बरगद की ओर चला गया। जाने कब तीरथराम वहाँ से खिसक गया था और दूर कहीं क्षितिज पर तनी हुई घटा-सा घिरा था।

पाँच

शिशिर के शीत और पाले के कारण डेयरी की भैंसों और गायों का दूध सूख गया और दूध के साथ मक्खन की मात्रा कम हो गयी। किचन में हर दूसरे-तीसरे शलजम की तरकारी बनती थी। देवसेना प्रति व्यक्ति आठ रुपये खाने के लेती थी। युद्ध अभी शुरू ही हुआ था और कीमतें चढ़ी न थीं। आठ रुपये में दो रुपये प्रति व्यक्ति सेना बचा लेती थी। कारण कि जो तरकारी देवनगर के खेतों में लगती थी, वही किचन में पकती थी। मूलियों और शलजमों की बहार थी और देवताओं को हर दूसरे-तीसरे विटामिनों से भरपूर इन तरकारियों का स्वाद मिलता था। शुरू-शुरू में जो भी चाहता, एक आना दे कर एक आउंस मक्खन की टिकिया ले लेता। शलजम की तरकारी बिलकुल हलवे की तरह पकती। मैंने भी पहली बार दूसरों की देखा-देखी उसमें मक्खन की टिकिया डाली तो सचमुच बड़ा स्वाद आया। फिर तो मैं हर दूसरे-तीसरे जब भी शलजम की तरकारी पकती, उसमें मक्खन की टिकिया ज़रूर डालता; लेकिन ज्यों-ज्यों भैंसों और गायों का दूध घटता गया, मक्खन की टिकिया कम होने लगी। इसको या उसको 'इनकार' होने लगा। तब नन्दलाल और मधवार साहब ने मेरा ध्यान इस ओर दिलाया कि मक्खन के वितरण से ही पता चला जायेगा, कौन देवा जी के निकट है और कौन दूर! जो निकटस्थ लोग थे, उनको मक्खन की टिकिया (होने पर) ज़रूर मिलती। पहले देवा जी और उनका परिवार, फिर हरमोहन सिंह, फिर गुरबचन सिंह, फिर हरनाम सिंह, फिर तीरथराम —कुछ इस क्रम से मक्खन का वितरण होता।

धीरे-धीरे गायों का दूध भी कम हो गया। जिसे सेर भर मिलता था, उसे तीन पाव मिलने लगा। छँटनी का कुठार पहले उन्हीं लोगों पर गिरा, जो अल्पसंख्यक थे —दूसरे शब्दों में, जिनसे हरमोहन सिंह अथवा उनके चापलूस प्रसन्न न थे।

बातें बड़ी छोटी-छोटी थीं —दूध, मक्खन, सब्ज़ी-तरकारी, खेल-कूद —पर इन्हीं बातों से दिलों में दरारें पड़ती जा रही थीं और मण्डल के उद्देश्यों पर सैनिकों की आस्था कम होती जा रही थी। मुझे व्यक्तिगत रूप से कोई कष्ट न था, पर यह बात ठीक थी कि देवनगर में वैसा ही भेदभाव था और जिन उद्देश्यों को सामने रख कर देवनगर की स्थापना हुई थी, वे रेगिस्तान में सूखती हुई जलधारा सरीखे दीखते थे। मुझे लगता था कि मैं देवनगर में नाहक आया। निरंजन सिंह भी यहाँ आ कर कुछ दिन रहते तो उन्हें देवनगर के प्रेम और प्यार की हकीकत मालूम होती। और मेरी सहानुभूति धीरे-धीरे उन लोगों के साथ होती जा रही थी, जिन्हें देवनगर में अच्छा न समझा जाता था, जो देवा जी और उनके चापलूस रिश्तेदारों और सैनिकों के कृपाभाजन न थे, लेकिन जो सिद्धान्त पर चलने को समझौता करने से कहीं अच्छा समझते थे।

o

लेकिन देवनगर के संचालक और उनके प्रिय सैनिक जहाँ मेरे मन से दूर होते गये, वहाँ उनकी बेटी धीरे-धीरे, लगभग मेरे अनजाने-अनचाहे —मेरे निकट आती गयी! फिर एक ऐसी बात हुई कि उसके और अपने मध्य जो दूरी मैंने सयत्न बना रखी थी, वह सहसा जाती रही।

०

हुआ यों कि उन्हीं दिनों मैंने एक छोटा-सा मुसलमान नौकर रखा। मुझे नौकर की कुछ वैसी आवश्यकता न थी, पर देवा जी ने 'देववाणी' का उर्दू संस्करण भी निकालना शुरू कर दिया था और मुझे उसका सम्पादक बना दिया था। सम्पादक तो क्या, मैं वास्तव में अनुवादक था, क्योंकि अधिकतर मेरा काम उनके पुराने लेखों के अनुवाद करके एक-आध उर्दू कविता अथवा कहानी की चटनी के साथ उन्हें 'देववाणी' के उर्दू पाठकों के समक्ष रख देना था कि यदि देवा जी के मधु-मीठे हलवे जैसे लेखों के आधिक्य से पाठक को अरुचि हो तो वह अपने मुँह का स्वाद बदल ले।

देवमण्डल और 'देववाणी' का दफ़्तर ड्योढ़ी की बीच की म्यानी में था। दफ़्तर में मेरे बैठने की जगह न थी। उर्दू संस्करण के लेख लिखने वाला कातिब भी नीचे कोने के तहख़ाने में बैठता था, जिसमें देवा जी ने रोशनदान बनवा दिया था। वहीं एक मेज़ मेरे लिए लगवा दी थी। लेकिन उस रोशनदान के बावजूद दिन को वहाँ बत्ती जलानी पड़ती थी। इसलिए मैं अपने कमरे में ही सम्पादन अथवा अनुवाद का सब काम करता था।

शिशिर जवानी पर था —धुन्ध, हवा और बूँदनियाँ न हों तो कोहरा और ओस! सुबह उठता तो बरामदे भीगे होते और पगडण्डियों पर पाँव फिसलते। कई बार दिन-दिन भर झड़ी लगी रहती। मुझे देवा जी से लेख लेने के लिए दस नम्बर की कोठी के गुम्बद तक जाना पड़ता था, फिर अपने कमरे में आ कर मैटर तैयार करके कातिब को पहुँचाना, लिखे जाने पर कापियों को पढ़ना और उन्हें चार फ़र्लांग की दूरी पर ट्यूब-वेल के पास प्रेस में पहुँचाना पड़ता। इस सब में मुझे बड़ी परेशानी होती। तब सोचता कि यदि कोई चपरासी छोकरा होता तो मेरा बहुत-सा समय बेकार जाने से बच जाता। अपनी बात मैंने यों ही एक दिन नन्दलाल से कही। वह बोला, "आजकल दफ़्तर की व्यवस्था भी हरमोहन सिंह के अधीन है। तुम पर वह ख़ुश होता तो इसकी कुछ-न-कुछ व्यवस्था कर देता, पर अब यह मुश्किल है। हाँ, तुम चाहो तो एक देहाती छोकरा इस काम के लिए रख लो। दो-तीन रुपये महीने पर मिल जायेगा।"

"सिर्फ़ दो-तीन रुपये पर ?" मैंने चकित हो कर पूछा।

"और क्या!"

"तो भाई प्रबन्ध कर दो, बड़ा आभार मानूँगा।"

हालाँकि मैंने नन्दलाल से कह दिया था, पर जाने मुझे उसकी बात पर विश्वास नहीं आया या मुझे नौकर की वैसी आवश्यकता न थी, इसलिए वह बात मेरे मन से उतर गयी।

जनवरी के शायद आठ-दस दिन बीत चुके थे। शिशिर का आकाश उन दिनों प्रायः मेघाच्छन्न रहता था। सुबह आसमान पर बादल और ज़मीन पर कोहरा छाया होता। दोपहर के करीब धुन्ध और बादल छँटते। सूरज यक्ष्मा के रोगी-सी श्वेत मुस्कान होंटों पर ला कर जैसे कुछ क्षण को झाँकता, फिर उन्हीं बादलों में छिप जाता। देहाती कहते कि सूरज निकलता पीछे है, अस्त पहले हो जाता है।

दिन के दस बजे होंगे। मैं कमरे में खिड़की के पास बैठा लिख रहा था। एक रात पहले वर्षा हुई थी, पर दिन भर पानी बन्द रहा था और वे पगडण्डियाँ जिन पर सुबह पाँव

फिसलने लगे थे, शाम होते-होते ठीक हो गयी थीं। पिछली रात आसमान बिल्कुल साफ़ था और एक-डेढ़ बजे रात के करीब चाँद और दो-एक तारे भी निकल आये थे। लेकिन सुबह हुई तो आकाश फिर मेघाच्छन्न! सूरज कब निकला, इसका पता नहीं चला। तभी पूरब दिशा एकदम गहरी नीली हो गयी और देखते-देखते वह नीलिमा बढ़ कर हमारे सिरों पर छा गयी और पानी बरसने लगा।

मेरी कोठी के पश्चिम की ओर खेत-ही-खेत थे। नज़दीक ही पत्थरचट्टी का सरवन सिंह अपना खेत जोत रहा था। बैलों की घण्टियाँ सन्नाटे को भर रही थीं और सरवन सिंह जाने किस बारहमासी कविता की केवल एक ही पंक्ति बार-बार गा उठता था :

माघ, मारिया दसरथ फिरे भौंदा
कित्थों लियाये ते उन्हाँ पिलाये पानी

लेकिन पानी ज़ोर से पड़ने लगा और राजा दसरथ की व्यथा भूल कर वह बैलों को पनाह की खोज में हाँक ले चला और देखते-देखते जहाँ उसके हल ने लीकें डाल दी थी, वहाँ पानी भर आया।

बाहर कोठी का लॉन तालाब बन गया और उसमें बुलबुले फूटने लगे। बुलबुले फूटने के सम्बन्ध में नन्दलाल के अधीन काम करने वाले किसान-मज़दूर कहते थे कि बुलबुला तभी फूटता है जब हवा नहीं होती और हवा नहीं होती तो बादल घुल जाते हैं और जब बादल घुल जाते हैं तो झड़ी लग जाती है और पानी पर बुलबुले फूटने लगते हैं।

मैं कम्बल ओढ़े दरवाज़े में आ खड़ा हुआ। सामने बनौली के आम, जामुन और बेर —सब ख़ामोश खड़े थे। पूरब की ओर कुएँ के बरगद पर तीन गिद्ध अपनी नंगी गर्दनों को पंखों में छिपाये जैसे सो गये थे। वट के नीचे एक भैंस खड़ी चुपचाप जुगाली कर रही थी। वट के घने पत्तों की छतरी को भेद कर पानी उसकी पीठ पर गिरने लगा था। वह कभी-कभी फुरेरी लेती थी और कभी घुमा कर दुम पीठ पर झटक देती थी, पर ऊपर से गिरती धारें मक्खियाँ तो थीं नहीं कि हट जातीं, इसलिए वह दुम हिलाना छोड़ कर फिर जुगाली करने लगती।

वहीं खड़ा, चौखट से टेक लगाये, मैं शिशिर की इस देहाती बरसात का आनन्द ले रहा था कि सामने सड़क पर हल्की-सी झुकी हुई कमर लिये हुए एक बुढ़िया और उसके साथ एक छोटा-सा बारह-तेरह साल का लड़का आते दिखायी दिये।

'वर्षा में भीगे-ठिठुरे ये किस मुसीबत में घर से निकल पड़े हैं ?' मैंने सोचा।

लेकिन तभी वे मेरी कोठी के फाटक में दाख़िल हुए। मैं चौंका। मेरे देखते-देखते वे बरामदे में आ गये। दोनों ने झुक कर सलाम किया। लड़के ने खेस के नीचे सेना के बड़े-से ओवरकोट का छोटा कराया हुआ एक कोट पहन रखा था। उसके अन्दर की जेब से उसने एक पुर्ज़ा निकाल कर मेरी ओर बढ़ाया।

उसके गीले हाथों से रुक्के के कुछ अक्षर मिट गये थे। तब भी मैंने पढ़ लिया। नन्दलाल ने भेजा था कि इस छोकरे को नौकर रख लो। तीन जमात पढ़ा है। ग़रीब विधवा माँ का लड़का है। मन लगा कर काम करेगा। सूखे तीन रुपये महीना दे देना।

क्षण भर के लिए मैंने लड़के की ओर देखा —गोरा-चिट्टा रंग, तीखे नक्श, ज़रा

झुकी गर्दन और नमित आँखें।

"क्या नाम है ?"

"गुलाम नबी!"

"आगे क्यों नहीं पढ़ते ?"

उत्तर माँ ने दिया कि घर में तो खाने को भी नहीं है, पढ़े कहाँ से ?

"जो तीन रुपया महीना तुम इसके लिए चाहती हो, वह मैं दे दूँगा। हर महीने की पहली तारीख़ को यह आ कर ले जाया करे, पर तुम इसे स्कूल भेजती रहो," मैंने कहा।

लेकिन समस्या इतनी सरल न थी। माँ ने बताया, पढ़ाई की फ़ीस और किताबें वह सब कहाँ से लायेगा ? अच्छा है कि जितनी जल्दी हो, कमाने लगे।

तभी मेरे दिमाग़ में प्रैक्टिकल स्कूल की याद हो आयी, जो देवा जी ने बाकायदा तो नहीं (क्योंकि बिल्डिंग पूरी न हुई थी) पर बेकायदा ढंग पर खोल दिया था और उसमें देवसैनिकों ही के नहीं, नौकरों के बच्चे भी दाख़िल थे। मैंने मन-ही-मन कहा —लड़का होनहार है, क्यों न इसे उस स्कूल में भरती करा दिया जाये और मैं कुछ निश्चिन्त हो कर बोला —"माई, तुम फ़िक्र न करो, इसकी नौकरी का भी प्रबन्ध हो जायेगा और पढ़ाई का भी। कल से इसे भेज देना।"

वे दोनों सलाम करके मुड़े। बुढ़िया ने सलाम करने के साथ मुझे दुआएँ भी दीं।

"अभी रुको। बरखा थम जाये तो जाना।"

"हमें तो अभी तीन मील जाना है सरदार जी। अब पानी कुछ कम हो गया है। बढ़ गया तो मुश्किल होगी।"

और वे दोनों चले गये।

झड़ी लगी हुई थी, पर पानी बेहद नन्ही-नन्ही बूँदियों में बरस रहा था। मैं वहीं बरामदे में खड़ा उन दोनों को जाते देखता रहा। और उस समय तक खड़ा रहा, जब तक दोनों माँ-बेटा काले-से दो बिन्दु बन कर आँखों से ओझल नहीं हो गये।

o

देवनगर का वह रिमझिमाता शीतल प्रभात सदा के लिए मेरे मस्तिष्क में अंकित हो गया, क्योंकि शिशिर के उस भीगते दिन में उस माँ-बच्चे ने केवल तीन रुपये महीने की नौकरी के लिए तीन मील से आ कर मेरी आँखों से पर्दा हटा दिया था। जैसे शीशों की बड़ी-बड़ी खिड़कियों वाले खुले, रोशन, हवादार कमरों में रहने वाले कभी कल्पना भी नहीं कर सकते कि ये खिड़कियाँ —मामूली लकड़ी और शीशे की बनी खिड़कियाँ —टुण्ड्रा के बर्फ़ीले मरु में चर्बी की मोमबत्ती से रोशन दड़बों के अँधेरों में रहने वाले चुकचियों के लिए विभूतियों का दर्जा रखती हैं, उसी तरह मेरे लिए यह बात लगभग अचम्भे के बराबर थी कि एक महीने बाद सूखे तीन रुपये पाने की उम्मीद में, उस पानी और ठण्ड में कोई तीन मील कीचड़-भरा मार्ग तय करके आ सकता है।

यह ठीक है कि इर्द-गिर्द के गाँवों से छै आना, आठ आना रोज़ पर काम करने मज़दूर आते थे। किसान प्रात: के अँधेरे में उठ कर खेतों को चल देते थे। नूर के तड़के — जब अभी ओस पड़ रही होती और शिशिर का चाँद प्रात: के कोहरे में अपनी किरणों को

समेट कर सिकुड़ा हुआ-सा अम्बर में ठिठुरा दिखाई देता और चिड़ियाँ तक अपने घोंसलों की गर्मी में सोयी होतीं और शीत पक्की दीवारों को भेद कर अन्दर चला आता —सरवन सिंह माघ महीने की महिमा गाता अपने बैलों को लिये हुए खेत जोतने आ जाता। लेकिन यह सब मुझे बड़ा रोमानी लगता —रोमानी और दिलकश! किन्तु उस बरसते पानी में सिर्फ़ तीन रुपये महीने की सूखी (बिना खाने-कपड़े की) नौकरी के लिए ग़ुलाम नबी और उसकी बुढ़िया माँ के चले आने से, गाँव और उसकी भयानक ग़रीबी का पहला एहसास जैसे मेरी नसों में दौड़ गया।

जा कर कमरे में काम करना मेरे लिए दुष्कर हो गया। पानी फिर ज़ोर गिरने लगा था। 'वे दोनों अभी कहीं रास्ते में होंगे' —मैंने सोचा और उठ कर मैं कमरे में घूमने लगा। बाहर एक कौआ इस गिरते पानी से बेपरवाह, भूख से अथवा अन्तर की आकुलता से कभी इधर-से-उधर, कभी उधर-से-इधर उड़ जाता और लॉन की गोंदनी में छिपी कोई चिड़िया कभी ज़ोर से एक लम्बी सीटी भर देती। दृष्टि की सीमा तक महीन बूँदों की चादर, पीले खेत, ठिठुरे-सिकुड़े, ख़ामोश पेड़-पौधे, सोये गिद्ध और जुगाली करती भैंसें....

शाम से कुछ पहले ही पानी थम गया। मैंने कम्बल चारपाई पर फेंक, सूट पहना। पतलून के पाँयचे मोज़ों में दिये, एक हाथ में छड़ी और दूसरे में टॉर्च उठायी और फिसलन से बचता हुआ मधवार साहब की कोठी की ओर चल दिया। वे प्रैक्टिकल स्कूल के सेक्रेटरी नियुक्त हुए थे और मैंने देवा जी से मिलने के पहले उनसे बात करना ठीक समझा।

कोठी पर जा कर मैंने दस्तक दी तो उन्होंने कहा —"दरवाज़ा खुला है, आ जाइए।" मैं अन्दर गया। वे तूश ओढ़े अपनी बेटी को पढ़ा रहे थे। मेरे जाते ही उन्होंने किताब रख दी। उनकी बेटी ज़रा परे हो गयी।

"कहिए, इस समय कैसे ?"

मैंने ग़ुलाम नबी की बात कह कर अपनी इच्छा प्रकट की कि लड़का होनहार लगता है, कुछ पढ़ जायेगा तो उसकी ज़िन्दगी सँवर जायेगी, आदि-आदि....

मधवार साहब मुस्कराये। फिर उन्होंने कहा, 'प्रैक्टिकल स्कूल ग़ुलाम नबी जैसे लड़कों के लिए नहीं है।"

मैं चुप रहा। वे अपनी बात की सफ़ाई देंगे, इस उत्सुकता में बैठा रहा। इस बीच में श्यामा ने दो-एक बार कनखियों से मेरी ओर देखा। जब मैं ग़ुलाम नबी की बात कह रहा था, वह निरन्तर मेरी ओर देख रही थी। अन्तिम बार उसे मेरी ओर देखते हुए मधवार साहब ने देख लिया। लड़की से उनकी निगाहें मिलीं, वह अचकचा कर उठी और कापी-किताबें लिये दूसरे कमरे में चली गयी।

कुछ क्षण बाद मधवार साहब फिर बोले, "देवमण्डल के पुराने उद्देश्य यदि कायम रहते, इसके काम का घेरा फैलता, शहर-शहर और कस्बे-कस्बे सैनिक बनते तो ग़ुलाम नबी या उस जैसे होनहार देहाती लड़कों को पढ़ाना मुश्किल न होता, पर इस प्रैक्टिकल स्कूल में सम्भव नहीं।"

क्षण भर चुप रह कर वे फिर बोले, "मैंने तो पिछले दिनों त्याग-पत्र दे दिया था कि मैं यहाँ कोई उपादेय काम नहीं कर रहा, मुझे छुट्टी दे दी जाये। पर देवा जी माने नहीं।

उन्होंने कहा कि मैं प्रैक्टिकल स्कूल का मन्त्री बन जाऊँ। स्कूल के बच्चों में काम करने का, उनकी रुचि-अभिरुचि को पहचान कर उनकी शिक्षा को ठीक ढर्रे पर लगाने का, माता-पिता को उनके बच्चों के बारे में ठीक परामर्श देने और यों भारत के भावी नागरिकों के चरित्र को ढालने का अवसर मिलेगा। मैं मान गया। लेकिन जो कीड़ा देवनगर की जड़ों को उनके जमने से पहले खा रहा है, वह प्रैक्टिकल स्कूल को भी लग गया है। माता जी स्कूल के होस्टल की मेट्रन बन गयी हैं और अध्यापकगण दूसरों के बच्चों की अपेक्षा देवा जी के बच्चों के साथ बेहतर सलूक करते हैं। उन्हें ध्यान से पढ़ाते हैं। क्लासों की जितनी कमेटियाँ हैं, उनकी गद्दियों पर या तो देवा जी के बच्चे जमे हैं या देवनगर में कमेटियाँ बनवाने के लिए ज़मीन लेने वाले अमीर लोगों के।"

"लेकिन रामा थापा का बच्चा तो...."

"वह देवनगर में आने वालों को दिखाने के लिए है। जैसे नेता कुछ काम केवल वोटरों और चुनावों को सामने रख कर करते हैं, इसी तरह प्रैक्टिकल स्कूल में थापा के बच्चे का प्रवेश भी केवल दिखावे के लिए है। जब बाहर का कोई अमीर आदमी देवनगर देखने आता है तो जहाँ देवा जी अपने बच्चों को दिखाते हैं, वहीं रामा थापा के बच्चे को भी आगे ला खड़ा करते हैं कि प्रैक्टिकल स्कूल कूढ़-मग़ज़ों को भी चतुर और मेधावी बना देता है। नतीजा यह होता है कि जब अतिथि प्रैक्टिकल स्कूल को देख कर देवा जी के पास गुम्बद में जाता है तो वे उसके हाथ ज़मीन के दो टुकड़े बेच देते हैं और इस तरह देवसेना के एक महीने के ख़र्च की व्यवस्था हो जाती है।"

और मधवार साहब मुस्कराये। फिर बोले :

"देवा जी के सामने इस समय सबसे बड़ा आदर्श, इस सस्ती-ख़रीदी ज़मीन को ऊँचे दामों बेचना है, लेकिन इस वीराने में कोई क्यों आयेगा और क्यों मँहगी ज़मीन मोल लेगा ? इसीलिए उन्होंने प्रैक्टिकल स्कूल शुरू किया है कि मध्यवर्ग के लोग, जो अपने बच्चों को शिमला, मसूरी और नैनीताल नहीं भेज सकते, यहाँ भेजें और रिटायर होने पर यहीं बस जायें। यही उनका उद्देश्य है। मैं पूछता हूँ कि यदि वे इसमें सफल भी हो जायें तो क्या होगा ? दूसरे नगरों और इसमें क्या अन्तर होगा ? इससे हमारे इर्द-गिर्द के देहातों को क्या लाभ पहुँचेगा ? क्या यह कूड़े के ढेर पर इत्र की शीशी नाक से लगा कर बैठना न होगा ?"

किचन में खाने की पहली घण्टी बज गयी। बातों में हमें समय का ज्ञान न रहा। मधवार साहब उठे। "आप इस चिन्ता को छोड़िए, उस बच्चे को नौकर रख लीजिए।" उन्होंने कहा, "ग़ुलाम नबी ऐसे लक्खोखा बच्चे हमारे देहात में पड़े अपनी प्रतिभा गँवा रहे हैं। एक प्रैक्टिकल स्कूल बनने या उसमें एक नबी के भरती होने से क्या होगा ? यहाँ तो कस्बे-कस्बे और गाँव-गाँव प्रैक्टिकल स्कूल खुलने चाहिएँ, पर क्या यह काम कोई एक आदमी या एक संस्था कर सकती है ? यह काम सरकार का है। मैं समझता हूँ, हमें सबसे पहले विदेशी सरकार को निकालना चाहिए, फिर कुछ हो सकता है। मैं तो फिर जा कर देश की आज़ादी के संग्राम में जुट जाना चाहता हूँ।"

o

लेकिन मधवार साहब की बातों और अपने मन में बढ़ते हुए सन्देह के बावजूद देवा जी

के महान आदर्शों और उनकी गहरी मानव-सम्वेदना में मेरा विश्वास अडिग था। वे अपने स्कूल में एक बच्चे को दाख़िल न कर सकेंगे, इस बात पर मुझे विश्वास न हुआ।

नबी दूसरे दिन सुबह ही एक पोटली में सूखी रोटी और अचार बाँधे आ गया। उसे सफ़ाई का सब काम समझा कर, नया लेख लेने के बहाने मैं गुम्बद में पहुँचा और लेख लेने के बाद मैंने नबी की बात चला दी।

"स्कूल की फ़ीस तो पच्चीस रुपये महीना है," देवा जी ने कहा, "उसको पच्चीस रुपया कौन देगा ?"

"लेकिन रामा थापा का लड़का...." मैंने कहना चाहा।

"उसको पच्चीस रुपये सेना देती है और सेना इतनी अमीर नहीं कि इन देहातों के सारे ग़रीब लड़कों को इस स्तर की शिक्षा दे।"

"पर नबी के होस्टल में रहने की ज़रूरत नहीं, वह केवल स्कूल में पढ़ लिया करेगा," मैंने कहा, "उसकी कापियों-किताबों का प्रबन्ध मैं कर दिया करूँगा।"

तभी वाणी न जाने कहाँ से हमारे निकट आ कर खड़ी हो गयी। वास्तव में उस कमरे में जाते समय मैं बूट और गीली जुराबें उतारने और रूमाल से पैर पोंछ कर दरी पर रखने की घबराहट में यह न देख पाय था कि वाणी उस अठकोने गुम्बद के एक गोशे में चुपचाप बैठी कोई किताब देख-देख कर नोट ले रही है।

देवा जी के माथे पर हल्की-सी खिजलाहट-भरी लकीर बन गयी। पर वे कहते गये, "बात किताब-कापियों की नहीं, प्रैक्टिकल स्कूल और दूसरे स्कूलों में यह फ़र्क है कि यहाँ बच्चों को कोई ख़ास कोर्स न पढ़ाया जायेगा और जिस-जिस विषय में उनकी रुचि होगी, उस-उस में उन्हें शिक्षा दी जायेगी। खड्डियाँ, बढ़ईगीरी, चित्रकला, निर्माण-कला, गायन-विद्या, इंजीनियरी, राजगीरी —इस सब में बड़ा ख़र्च है। फिर स्कूल के सारे लड़कों की वर्दी एक-सी होगी।"

जैसे नबी के स्कूल में दाख़िल होने के रास्ते में यही एक रुकावट हो, मैंने कहा, "वर्दी मैं बनवा दूँगा।"

देवा जी के होंटों पर बेज़ारी की एक मुस्कान फैल गयी। मेरी मूढ़ता पर जैसे उन्हें तरस हो आया। उनकी खिजलाहट माथे पर कई तेवरों में प्रकट हो गयी, पर अपने ऊपर सयत्न संयम रख कर उन्होंने कहा, "बात सिर्फ़ वर्दी की नहीं, और बहुत-सी बातें हैं। स्कूल में अधिकतर अमीरों के बच्चे जायेंगे। नबी उतना ख़र्च नहीं कर सकेगा, उसमें हीन-भाव उत्पन्न हो जायेगा, नबी जैसे बच्चों के लिए एक अलग स्कूल होना चाहिए।"

प्रकट ही देवा जी टाल ही नहीं, साफ़ इनकार कर रहे थे, पर मुझे कुछ बच्चों का-सा हठ हो आया। मैंने कहा, "लेकिन रामा थापा का बच्चा दुर्गा...."

बेसब्री से मेरी बात काट कर देवा जी ने कहा, "थापा का बच्चा काफ़ी समय से हम सब में रहने के कारण अपनी स्थिति से परिचित है, फिर वह एक अपवाद है।"

तब जाने मुझे क्या हुआ, मैंने मधवार साहब की बात दोहरा दी और पूछा कि जिस स्कूल में हमारे पड़ोसी गाँव का एक ग़रीब, होनहार बच्चा जगह नहीं पा सकता, उस स्कूल से क्या लाभ होगा ? इर्द-गिर्द के गाँवों के लिए यह सब क्या अमीरी का दिखावा न होगा ?

देहात के बच्चों को उन सब के भाग्य से ईर्ष्या न होगी ? क्या उन सब के मन में हीन-भाव और अमीरों के प्रति विद्वेष पैदा न होगा ? उन्हीं की बात दुहराते हुए मैंने कहा, "आप ही कहते थे कि जब तक हमारे इर्द-गिर्द के लोग समृद्ध और ख़ुशहाल न होंगे, हम सुखी नहीं रह सकते।"

देवा जी मेरी बात सुनते रहे, पर बेसब्री और अन्तर का क्रोध उनके चेहरे पर साफ़ प्रकट था। प्रैक्टिकल स्कूल के निर्माण पर उन्हें बड़ा मान था। 'देववाणी' में उसकी प्रशंसा में उन्होंने कई लेख लिखे थे। अमरीका में चलने वाले ऐसे कई स्कूलों का उल्लेख कर उन्होंने दावा किया था कि प्रैक्टिकल स्कूल उनसे किसी तरह कम न होगा। जैसे कलाकार को अपनी कृति की बुराई नहीं भाती, वैसे ही देवा जी को मेरी आलोचना अच्छी न लगी। फिर मैं उनका एक साधारण नौकर। मुझे क्या अधिकार था उनकी आलोचना करने का ?

लेकिन बड़े यत्न से उन्होंने अपने क्रोध को अन्दर ही रोक लिया और जब बोले तो उनके माथे पर एक भी लकीर न थी और वे मुस्करा रहे थे।

"प्रैक्टिकल स्कूल के महत्व को आप समझे नहीं," उन्होंने कहना शुरू किया, "हमारे शहरी नागरिकों को गाँवों का कोई ज्ञान नहीं और शायद आप नहीं जानते कि सच्चा हिन्दुस्तान गाँवों में बसता है। आने वाली पढ़ी-लिखी पौध के लिए गाँवों का ज्ञान पाना ज़रूरी है। प्रैक्टिकल स्कूल के बच्चे शिक्षा पाने के साथ-साथ इर्द-गिर्द के गाँवों में जायेंगे, वहाँ का ज्ञान पायेंगे और देश-सेवा का काम और भी दक्षता से कर सकेंगे। मैं स्कीम बना रहा हूँ कि गाँवों का अध्ययन करने के साथ-साथ बड़े बच्चे गाँवों में जा कर सेवा भी करें।"

देवा जी बात करने में दक्ष थे और प्रैटिकल स्कूल उनका प्रिय विषय था। वे इस विषय पर निरन्तर बोलते गये। लेकिन उनकी बातें जैसे मेरे कानों में नहीं पड़ीं। प्रैक्टिकल स्कूल की फ़िज़ा में देशभक्त पैदा होंगे, इसका मुझे विश्वास न था। होंगे तो देहात का वैसा ऊपरी ज्ञान पा कर वे उससे कुछ लाभ उठा सकेंगे, इसमें मुझे सन्देह था। मेरे ख़याल में इससे कहीं अच्छा था कि देवा जी गाँव के छात्रों का एक स्कूल खोलते। बाहर से आ कर गाँवों का ऊपरी ज्ञान प्राप्त करने वाले छात्रों की अपेक्षा गाँवों की मिट्टी में पलने वाले छात्र उनको अधिक लाभ पहुँचाने की क्षमता रखते हैं।

पर अपनी शंका मैंने उनके सामने नहीं रखी, सिर्फ़ इतना कहा कि यदि मेरे नम्र निवेदन का कोई महत्व हो तो इर्द-गिर्द के गाँवों का भी एक-न-एक छात्र प्रैक्टिकल स्कूल में ले लेना चाहिए और नबी मेरे ख़याल में अच्छा छात्र साबित होगा।

मेरे हठ और नासमझी पर देवा जी की खिजलाहट फिर उनके माथे पर नये तेवरों के रूप में प्रकट हुई, पर बरबस अपने ऊपर संयम रख कर उन्होंने कहा, "स्कूल की तो एक कमेटी है भाई —प्रिन्सिपल, सेक्रेटरी, मेट्रन और दो प्रोफ़ेसर —सब कुछ उन्हीं के हाथ में है। मेरे अकेले के करने से थोड़े ही कुछ होगा।"

और उन्होंने अपने काम की ओर मुड़ने का अभिनय किया।

इस प्रकार टाले जाने पर भी मुझे जैसे अपनी हार गवारा न हुई। मैंने कहा, "जी, मैं सेक्रेटरी साहब से बात करूँगा।" और नमस्कार करके उठ खड़ा हुआ।

कितनी ही देर से मुझे लग रहा था, वाणी मेरी ओर निरन्तर ताक रही है। पर न जाने क्यों, उससे आँखें मिलाने में मुझे बड़ी झिझक लगी। दरवाज़े पर जा कर जूतों से मोज़े निकाल कर मैं पहनने लगा। तभी वह बाहर जाने के लिए आयी और मुझे रास्ते में देख कर रुक गयी। मोज़े पहनता-पहनता मैं एक पैर के सहारे फुदक कर एक ओर को हट गया। वह बदन बचा कर मेरे पास से निकल गयी।

गुम्बद से चला तो मैं सोच रहा था कि मैंने सेक्रेटरी से मिलने की बात देवा जी से क्यों कही ? सेक्रेटरी तो मधवार साहब हैं और मधवार साहब से मैं मिल आया हूँ। फिर यदि देवा जी चाहें तो नबी को स्कूल में दाख़िल करने से उन्हें कौन रोक सकता है ? यह ठीक है कि उनकी पत्नी का उन पर ज़ोर है, पर देवा जी जब चाहते हैं, उनसे अपनी बात मनवा लेते हैं। रामा थापा के बच्चे को उन्होंने दाख़िल करा दिया, तो नबी को क्यों नहीं करा सकते ? लेकिन जब वे नहीं चाहते, फिर मैं क्यों अड़ गया ? क्या वाणी की उपस्थिति तो इसका कारण न थी। क्या उसके सामने अपनी हेठी ही तो मुझे असह्य न थी ?

'जब मधवार साहब ने मुझे बता दिया था कि यह प्रैक्टिकल स्कूल नबी जैसे बच्चों के लिए नहीं है, तब मैं क्यों गया देवा जी के यहाँ ?' सहसा मेरे विचारों ने पलटा खाया....पर अन्तर के किसी गोशे में मुझे ख़याल था कि शायद विरोधी गुट में होने के कारण मधवार साहब अत्युक्ति से काम लेते हैं। देवा जी एक बच्चे के लिए कुछ-न-कुछ प्रबन्ध अवश्य कर देंगे।

कभी देवा जी और कभी अपने आप पर खीझता-झुँझलाता मैं चला जा रहा था कि मेरे कानों में बाँसुरी के धीमे-मीठे स्वर जैसी आवाज़ आयी —"संगीत जी!"

मैं चौंका। देखा —अपनी कोठी के पीछे —रास्ते से हट कर, वाणी खड़ी है। शायद वह मेरे आगे-आगे आ कर वहाँ खड़ी हो गयी थी। उस दिन से ले कर, जब उसने बरबस मेरे हाथ में बैडमिण्टन का रैकेट थमा दिया था और मैंने उससे दो-एक बाज़ियाँ खेली थीं, उसमें और मुझमें कोई विशेष घनिष्टता न बढ़ी थी। एक-दो बार मैं और बैडमिण्टन खेलने गया था और दो-एक बार चलते-चलते रास्ते में उससे अभिवादन का आदान-प्रदान हुआ था, लेकिन हम पहले जितनी दूर थे, अब भी उतनी ही दूर बने थे। यदि मैं उसके घर आता-जाता, माता जी मुझसे ख़ुश होतीं, तीरथराम की ईर्ष्या की छाया सदा सिर पर न मँडराया करती और मैंने अपनी पत्नी की मृत्यु को इतने निकट और इतनी दुखद परिस्थिति में न देखा होता तो शायद हमारे मध्य का अन्तर कुछ कम हो गया होता। पर तब एक ओर नये विधुर का निराश संकोच था और दूसरी ओर मुग्धा बाला का चकित प्रेम! और दोनों का अन्तर वैसे-का-वैसा बना था।

वाणी की आवाज़ से मैं रुक गया, पर उसकी ओर बढ़ा नहीं। वह सकुचाती-सकुचाती चन्द कदम आगे आ गयी। अपनी बड़ी-बड़ी आँखें उसने मेरी ओर उठायीं। वर्षा थम गयी थी, पर सारे आकाश पर हल्के-हल्के बादलों के छोटे-छोटे टुकड़े उड़ रहे थे। उस ठण्डे मटियाले प्रकाश में वाणी का मुख मुझे एकदम श्वेत लगा। कुछ अन्तर के उद्वेग और कुछ ठण्ड से उसके कण्ठ-भाग पर रोम उभर आये थे। उस श्वेत उद्वेलित मुख को देखते-देखते कुछ अजीब-से-दया भाव से मेरा मन आप्लावित हो गया। उसकी बात सुनने को उत्सुक मैं खड़ा रहा।

"आप घबराइए नहीं," मेरे पास आ कर उसने बड़े धीरे से —जैसे अपने-आप ही से —कहा, "मैं दार जी से कह कर उस लड़के को स्कूल में ऐडमिशन ले दूँगी।"

निमिष भर को वह रुकी, अपनी उन बड़ी-बड़ी गहरी-भोली आँखों को मेरे अन्तर की गहराइयों में उतारते हुए उसने कहा —"आप कितने अच्छे हैं, संगीत जी! एक अपरिचित देहाती छोकरे के लिए इस पाले में मारे-मारे फिरते हैं। मुझे श्यामा ने बताया कि आप मधवार साहब के पास भी गये थे।"

यदि वह निमिष ज़रा तूल खींचता तो न जाने क्या हो जाता! निश्चय ही मैं उस नन्ही-सी बाला को दोनों बाँहों में भर कर उठा लेता। पर पूरे संयम से उन बड़ी-बड़ी आँखों के जादू से अपने आपको तोड़ते हुए मैंने उस क्षणिक उद्वेग पर अधिकार पा लिया, यद्यपि इस प्रयास में नख से शिख तक मैं हिल गया। "मैं बड़ा आभारी हूँ!" एकदम सूखे कण्ठ से मैंने बड़े धीमे से कहा और दोनों हाथ माथे पर ले जाते हुए लम्बे डग भरता हुआ मैं चल दिया।

सामने हरमोहन सिंह के कमरे की खिड़की में तीरथराम खड़ा हमारी ओर देख रहा था। मेरी आँखों के उठते ही वह खिड़की से हट गया। अब मालूम हुआ कि वाणी पगडण्डी से हट कर कोठी की दीवार से क्यों लगी खड़ी थी।

o

रात काफ़ी बीत गयी थी। सोने का निष्फल प्रयास कर मैं बाहर बरामदे में चला आया।

आसमान एकदम साफ़ हो गया था और तारे टिमटिमा रहे थे, लेकिन धरती और आकाश के बीच चारों ओर धुन्ध छायी हुई थी! पूरब की ओर अम्बर में चाँद की तीन-चौथाई टिकिया दो प्रभामण्डलों के मध्य चमक रही थी। एक मण्डल किंचित गुलाबी और दूसरा नीला-नीला श्वेत और उसके बाद मटियाली धुन्ध! दूर कुएँ का वट-वृक्ष उसी धुन्ध में लिपटा हुआ था और खिड़की के पास का बबूल ठिठुरा खड़ा था और चाँद की किरणें धुन्ध को चीर कर धरती पर बिखरे जल को चमका रही थीं।

मैं चुपचाप बरामदे में घूमने लगा और मेरे दिमाग़ में बार-बार घूमने लगीं वही बातें, वही दृश्य, वही बहस, सफ़ेद गर्दन पर उभरे रोम और पीला-श्वेत मुख!

मैं सोचता था पहले कभी मेरे मन में ग़रीबों के प्रति उस तरह सहानुभूति का सागर क्यों नहीं उमड़ा ? गाँवों को मैं न जानता सही; पर मेरे कस्बे में ग़रीबी की कमी न थी। मेरे अपने मुहल्ले में उतने ग़रीब लोग न सही, पर काफ़ी ग़रीब लोग थे और उन्हें बड़ी मुसीबतों में घिरे हुए मैंने देखा था। तब क्यों अचानक नबी और उसकी माँ को उस तरह पानी में भीगते देख कर मैं एकदम द्रवित हो उठा!

पर शायद मैं पहले देख कर भी न देखता था। अपने सुख में मस्त, मेरी आँखों को अपने इर्द-गिर्द, सिवा अपने, कुछ भी दिखायी न देता थ। पर पित्तो की मौत ने, फिर कभी उस तरह न भरने वाले उस अभाव ने, अचानक मुझे वे आँखें दे दी थीं, जो दूसरों का दुख भी देख सकें....कैसी अजीब बात है कि आँखें रहते हुए भी मनुष्य बहुत कुछ नहीं देखता — लोग मरते हैं, भूख से बिलखते हैं, बीमारी से तड़पते हैं, कमर तोड़ देने वाले संघर्ष में रत रहते हैं, पर आँखे रखते हुए भी हमें वह सब दिखायी नहीं देता। फिर अचानक कोई

व्यक्तिगत दुख या अभाव हमारी आँखों पर छाया हुआ पर्दा उठा देता है और ग़रीबी, भूख और मौत को रोमानी दृष्टि से देखने वाली हमारी आँखें रोमानी दृश्यों के पीछे छिपे दुख को भी देखने लगती हैं....

....या शायद वह देवनगर की फ़िज़ा का, या देवा जी के लेखों को पढ़ने, या उनके प्रवचन सुनने का असर था कि मैं वह सब देखने लगा था, जो पहले कभी न देखता था; वह सब सोचने लगा, जो पहले कभी न सोचता था....देवा जी ने कहा था, बड़े सपने देखने के लिए बड़ी आँखें चाहिएँ। तो क्या मुझे वे बड़ी आँखें मिल गयी थीं कि मैं देश की ग़रीबी को दूर करके, उसकी अशिक्षा को मिटाने, ग़ुलामी से नजात दिला कर उसे समृद्ध और ख़ुशहाल देखने के सपने ल्नेने लगा था और वह घोर ग़रीबी मुझे खलने लगी थी ?....

....या यह मधवार साहब के पास बैठने का फल था —सत्य के उस अन्वेषी की संगति का —कि मैं देवनगर और उसकी सरगर्मियों का आलोचक बन गया था। मैं (जिसने कभी इन बातों की ओर ध्यान भी न दिया था, कांग्रेसी नेताओं के बीच रह कर भी, जो देश की समस्याओं के बारे में कभी न सोचता था) अब अचानक उन सबके बारे में जागरूक हो उठा था, सत्य का अन्वेषी बन बैठा था....

....या यह वाणी की उन बड़ी-बड़ी आँखों का —उन गहरी-भोली आँखों का प्रताप था, जो सदा कुछ अजीब-सी श्रद्धा और स्नेह से मुझे देखती थीं! क्या उन भोली-भाली, ठहरी-निथरी झील-सी ख़ामोश, लेकिन इस पर भी शत-शत वाणियों में मुखर उन बड़ी प्यारी आँखों ने मेरी चेतना की मूर्च्छना को दूर कर सजग कर दिया था ? क्या उन आँखों में ऊपर उठ जाने की आकांक्षा मेरे उपचेतन में अनजाने ही न समा गयी थी ?

हर प्रेम के तल में कहीं ज़रूर वासना की हल्की धारा होती है। लेकिन ऐसा प्रेम भी है, जो गिराता नहीं, उठाता है; जो मन को वे आँखें दे देता है, जो अनजाने भेद जान लेती हैं और शरीर को वह शक्ति प्रदान करता है कि आदमी हँसते-हँसते अनजानी मुसीबतों से जूझ जाता है।....क्या वाणी का प्रेम ही मुझे ऊपर न उठा रहा था ?

....बेल पेड़ का सहारा पाने, उससे लिपट जाने को विवश है; उसकी उस बेबसी से पेड़ अपनी महत्ता पर गर्व कर सकता है; पर उससे लिपट कर वह असहाय विवश बेल —उसे कितनी स्निग्धता, कितनी पूर्णता प्रदान कर देती है, यह बात तो कुछ-कुछ वह ठूँठ ही जानता है, जिससे लिपटी बेल को निर्दय झंझावात ने उड़ा दिया हो....और मेरे अस्तित्व को अपनी स्नेहसिक्त, स्निग्ध, गर्म श्रद्धा में आच्छन्न करता हुआ उन बड़ी आँखों का परस उस बरामदे के नीम अँधेरे में निरन्तर मुझे छूने लगा।

तभी रामा थापा ने बारह का गजर बजाया। घड़ियाल की टन-टन....टन-टन सर्दियों की रात के उस ठिठुरे, सिकुड़े, स्तब्ध सन्नाटे को झकझोरती हुई चारों दिशाओं को गुँजा गयी।

पर धुन्ध घनी हो कर प्रभा-मण्डल की उस गुलाबी आभा को निगल गयी और ठूँठ-सा चाँद आकाश में मुटर-मुटर तकने लगा। लम्बी साँस खींच कर मैं अन्दर चला गया और लिहाफ़ पर कम्बल डाल कर लेट गया।

०

वाणी ने अपनी बात पूरी कर दी। दो दिन बाद जब मैं खाना खाने जा रहा था तो देवा जी ने रास्ते में रोक कर मुझे बताया कि उन्होंने नबी की सिफ़ारिश स्कूल के सेक्रेटरी मधवार साहब और मेट्रन महोदया (उन्होंने मुस्कराते हुए माता जी की ओर देखा) से कर दी है। नबी का सारा दिन वहाँ रहना ज़रूरी नहीं। अंग्रेज़ी, उर्दू, भूगोल, इतिहास और गणित के पीरियड वह पढ़ लिया करेगा। भूगोल और इतिहास एक दिन छोड़ कर बारी-बारी से आते हैं, इसलिए चार ही पीरियड उसे पढ़ने होंगे। दो कमीज़ों और दो निकरों से काम चल जायेगा। जब वह कुछ पढ़ जायेगा तो उसे कोई दस्तकारी सिखा दी जायेगी। "बाकी समय आप उससे काम लीजिए," उन्होंने कहा, "ताकि उसे एहसास हो कि वह किसी की दया से नहीं, अपनी मेहनत से पढ़ रहा है। चार पीरियड दो घण्टों के होते हैं। दिन में दो घण्टे भी पढ़ लेगा तो काफ़ी होगा।"

मैंने अपना आभार प्रकट किया और पहली बार सच्चे दिल से माता जी को हाथ जोड़ कर 'नमस्कार' करते हुए कृतज्ञता प्रकट की।

वाणी मेरी वाली पाँत में खाने को बैठी। वह उस दिन बड़ी ख़ुश थी। सहेलियों के साथ बड़ी सरगर्मी से बातें करती, हँसती-हँसाती, खाना खाती और परसने वालियों से मज़ाक करती रही। इस बीच उसकी निगाहों का वह स्नेह-भरी श्रद्धा से भीगा स्पर्श निरन्तर मुझे छूता रहा।

जब मैं थाली ले कर नल पर पहुँचा तो वह भी आ गयी। मैं हमाम के नीचे हाथ धोने लगा, पर उसके लिए जगह छोड़ कर एक ओर हो गया।

"थैंक्यू!" उसने होंटों में कहा।

वह हाथ धो रही थी जब मैंने धीरे से कहा, "नबी के लिए तुमने जो किया है, उसके लिए मैं बड़ा आभारी हूँ।"

वह रूमाल से हाथ पोंछ रही थी और उसका वह सफ़ेद-सफ़ेद मुख एकदम लाल-लाल हो रहा था।

छः

नबी के आने के बाद का महीना-डेढ़ महीना मेरे जीवन की कभी न भूलने वाली स्मृतियों में से है। डाइनिंग हॉल की मेज़ों पर बैठे-बैठे वाणी में और मुझमें दृष्टियों का विनिमय चाहे कितना भी क्यों न होता हो और देवनगर की रविशों पर एक-दूसरे के पास से गुज़रते समय संकोच-भरी निगाहें एक-दूसरे को क्यों न देख लेती हों, पर बातचीत हममें कम ही होती थी। लेकिन नबी जैसे वाणी को मेरे निकट लाने का एक सहारा बन गया और उस बारीक-से तार को थामे वाणी मेरी ओर खिंचती चली आयी। उसके उस स्नेह ने, जो बातों की अपेक्षा उसकी बड़ी-बड़ी आँखों में अधिक झलकता था, अप्रत्यक्ष रूप से अपनी आँच से मेरे हृदय के जमाव को धीरे-धीरे गर्मा कर पिघला दिया।

शिशिर की उन धुँधियाली, अँधेरी शामों में —जब सैर करना मुश्किल था —मैं खाने के पहले और खाने के बाद का अधिक समय नन्दलाल के यहाँ ही बिताता था। सावित्री को पढ़ाता, उसके बच्चों से खेलता, नन्दलाल से देवनगर की राजनीति की बातें सुनता और कुछ न होता तो चुपचाप उनके बड़े कमरे में बैठा रहता। किसी भरे-पूरे परिवार का ख़ाली कमरा भी कितना भरा-पूरा रह सकता है और किसी की उपस्थिति के बिना भी मेरे जैसे किसी एकाकी को कितनी तसल्ली दे सकता है, इसका भी आभास मैंने पहले-पहल वहीं पाया।

वाणी पहले कभी वहाँ न आयी थी, पर नबी के स्कूल में दाख़िल होने के दूसरे दिन ही वह घूमती-घामती अपनी छोटी बहन के साथ वहाँ आयी थी और सावित्री आण्टी और नन्दलाल अंकल से दो-चार मज़ाक करने के बाद चलते समय, जैसे अचानक याद आने पर, उसने नबी की बात चलायी कि वह दाख़िल हो गया है कि एक पीरियड ख़ाली होने पर उसने स्वयं उसे पढ़ाया है और वह आगे भी ऐसा ही करेगी और जहाँ तक नबी की शिक्षा का सम्बन्ध है, मैं ज़रा भी चिन्ता न करूँ!

उस दिन के बाद वाणी प्रायः रोज़ ही कुछ-न-कुछ मिनटों के लिए वहाँ आने लगी। सावित्री या नन्दलाल से बातें करते-करते या बच्चों से खेलते-खेलते वह यों ही मुझसे बातें करने लगती....

"आपने देखा, नबी कैसा पढ़ रहा है ?" वह पूछती....और बात शुरू हो जाती।

....या कहती —"आज नबी ने घर के लिए दिया हुआ काम नहीं किया, क्या आपके यहाँ काम ज़्यादा था या उसने ध्यान नहीं दिया ?"....और बात शुरू हो जाती।

....या घोषणा करती —"नबी की लिखावट तो बड़ी सुन्दर है, संगीत जी! ऐसी तो मेरी अपनी भी नहीं। मास्टर जी बड़ी प्रशंसा कर रहे थे।" और बात शुरू हो जाती।

नन्दलाल के घर की उन संक्षिप्त उड़ती-उड़ती मुलाकातों की याद आती है तो सोचता हूँ कि उनमें क्या था, जो उनको इतना मधुर बना देता था ? वाणी ज़्यादा देर न रुकती। दो-चार बातें करके उसे जाने की जल्दी हो जाती। इस जल्दी में जो बातें होती, उनमें न प्यार होता, न मुहब्बत....नबी कैसे आया ? कैसे मेरे मन में उसे पढ़ाने की बात पैदा हुई ?....अच्छा ही किया, जो मैंने उसे पढ़ाने की सोची....गाँव में एक भो लड़का पढ़ जाये तो वह गाँव की किस्मत पलट सकता है....आदि-आदि....लेकिन यही बातें दिल की धड़कन को कुछ तेज़ कर देतीं और वह चली जाती तो कटुता के साथ-साथ ढेर-सी मिठास छोड़ जाती।

कटुता का कारण यह न था कि वह आती तो कुछ ही देर बाद चली जाती, बल्कि यह कि वह आती तो कुछ ही देर बाद तीरथराम या हरमोहन, 'कहिए सावित्री जी, कुछ चाय-वाय हमें भी पिलाइए!' या 'अच्छा सावित्री जी, अकेले-अकेले ?' कहते हुए आ जाते। वाणी डरी हुई हिरनी-सी चौंक पड़ती और फिर उसके मुख पर क्रोध और खेद का बादल-सा छा जाता और वह 'सावित्री आण्टी' को नमस्कार कर या बच्चों के गाल पर चुटकी लेती या उन्हें चूमती हुई भाग जाती।

वाणी तो शायद तीरथराम और हरमोहन सिंह के बावजूद आती, पर मैंने वह

सिलसिला तोड़ दिया।

हुआ यह कि एक दिन सावित्री ने कहा —"भरा जी, आजकल वाणी बहुत आने लगी है यहाँ।" और उसने मेरी ओर बड़ी भेद-भरी, शोख़ और मुस्कराती हुई आँखों से देखा, पर मैं एकदम भावनाहीन बना बैठा रहा। होंट तो दूर, मैंने आँखों तक में मुस्कान की छाया नहीं आने दी। फिर सावित्री ने स्वयं कहा, "और वाणी आती है तो तीरथराम या हरमोहन भरा जी ज़रूर आते हैं।"

मैंने इसका भी उत्तर नहीं दिया। सिर्फ़ यह किया कि शाम को नन्दलाल के यहाँ जाना बन्द कर दिया।

o

दो-चार दिन यों ही डोलता रहा। इस बीच ज्ञानी दिलावरसिंह से मैंने असम के उनके फ़ार्म की कहानियाँ सुनीं; खोसला साहब से सिद्ध-मकरध्वज, मृगांक रस, लाक्षादि और भृंगराज तेल के गुणों का श्रवण किया; मधवार साहब से राजनीतिक और सामाजिक गुत्थियों का समाधान पाया, लेकिन कहीं भी मेरा मन नहीं टिका। उस तरह मैं कहीं न जा पाया, जैसे नन्दलाल के यहाँ जाता था। मधवार साहब के यहाँ बौद्धिक भूख बहुत हद तक मिट जाती, उनकी बातें मन पर असर भी ख़ूब करतीं, उनके प्रति मन में श्रद्धा भी ढेर उपजती, पर जाने क्यों उनके यहाँ कुछ ऐसा रूखा-रूखा वातावरण मिलता कि मन आसूदा न होता।[१] तब भी मेरा अधिक समय वहीं कटता।

लेकिन तभी वह टूटा तार वाणी ने फिर जोड़ लिया....

o

खाना खाने के बाद एक शाम मैंने देखा कि जहाँ मैं खाना खाने बैठा करता था, वहीं पैण्ट्री पर वह रेडियो आ गया है, जो देवा जी के कमरे में रखा रहता था। पैण्ट्री पर आगे सब्ज़ी-तरकारी के डोंगे, रोटियों की चँगेर, थालियाँ-कटोरियाँ, चम्मच, आदि पड़े रहते थे। इसलिए रेडियो पिछली मेज़ों के निकट रखा गया था। अभी मैं खाना खा ही रहा था कि वाणी खाने-वाने से निबट, थाली-वाली हमाम पर रख, हाथ-मुँह धो कर आ गयी। उस रेडियो लगा दिया और दूसरे ही क्षण सहगल के सुरीले कण्ठ से निकला वही गीत रात के सन्नाटे में गूँजने लगा :

सुनो-सुनो हे कृष्ण काला।
आयी तुम्हरे द्वार।
सुनो मेरी पुकार।
सुनो सुनो हे बाँसुरी वाला।

हाथ का कौर हाथ में ही रह गया। थाली वहीं सामने रखे, धड़कते दिल से मैं वह गाना सुनता रहा। कब बाहर बूँदियाँ रिमझिमा उठीं, इसका भी पता नहीं चला। जब रिकॉर्ड ख़त्म हुआ तो बाहर ज़ोर से पानी बरस रहा था।

गाना ख़त्म होते ही दूसरा रिकॉर्ड बजने लगा। शमशाद बेगम ढोलक पर पंजाबी गीत गा रही थी।

---

१. मन न भरता; सन्तुष्ट न होता।

तभी वाणी मेरे पास वाली कुर्सी पर आ बैठी। "अब रेडियो यहीं रहा करेगा।" उसने कहा, "आज 'लिस्नर' में मैंने देखा कि आपके प्रिय गाने का रिकॉर्ड बज रहा है। दार जी फ़ैसला कर चुके थे, इसलिए रेडियो तो डाइनिंग हॉल में आता ही, मैंने सोचा, क्यों न समय से आपको सुनवा दिया जाये!"

चुप रहना चाहता था, पर मुँह से निकल गया, "बड़ा ही आभारी हूँ।"

लेकिन दूसरे दिन से रेडियो वहाँ से उठ गया।

हुआ यह कि वर्षा के कारण वाणी वहीं बैठी रही। जिनके पास छाते और टॉर्च थे, वे तो चले गये; पर जिनके पास ये दोनों साधन नहीं थे, वहीं बैठे रेडियो सुनते रहे। घण्टे-पौन घण्टे बाद जब हरमोहन छाते और बरसातियाँ लिये हुए तीरथराम के साथ आया तो वाणी को मेरी मेज़ पर बैठे देख कर लाल-भभूका हो गया। "चलो, देर हो रही है, माता जी चिन्ता कर रही हैं," उसने कहा।

और वाणी चली गयी।....दूसरे दिन सुबह ही रेडियो खाने के कमरे के बदले ड्योढ़ी में था।

०

शिशिर के उन दिनों में, जब सूरज प्रायः पाँच-साढ़े पाँच बजे छिप जाता और छै बजे अँधेरा छा जाता, देवसैनिक साँझ प्रायः अपने घर में ही गुज़ारते।....देवा जी उन दिनों ठीक चार बजे लिखना बन्द कर देते। चाय पीने के बाद एक-डेढ़ घण्टा सैर करते। सैर के समय उनके साथ बाहर से देवनगर देखने को आये हुए मेहमान या दूसरे दो-चार चापलूस रहते। देवा जी को अपनी आवाज़ बड़ी प्यारी लगती थी। वे सैर को जाते तो उनके सिवा कोई न बोलता। अपने बचपन के, या स्कूल-कॉलेज के दिनों के, या जहाज़ की यात्रा के, या विलायत के किस्से वे नित्य सुनाया करते। शुरू-शुरू में मैं उनके साथ हुआ करता था और मैंने देखा था —कई बार वे भूल जाते थे कि जो किस्सा वे सुना रहे हैं, वह किस्सा वे दो दिन पहले ही सुना चुके हैं और सुनने वाले भी लगभग वे ही पुराने लोग हैं।

उनके किस्से प्रेम के अधिकार के बारे में होते और उनका आग्रह रहता था कि अधिकार शरीर का नहीं, मन का होना चाहिए। सफ़ाई के बारे में होते, जो उनके विचार में सभ्यता की पहली शर्त थी। सच्चे धर्म, सच्ची मानवता, सहिष्णुता, स्वाभिमान, न्याय, सत्य, अहिंसा और दैनिक जीवन में आदमी को आगे बढ़ाने वाले गुणों के बारे में होते। इन्हीं सब के सम्बन्ध में दृष्टान्त-स्वरूप वे किस्से सुनाया करते। उनका सुनाने का ढंग कुछ ऐसा रहता कि उनके भक्त सदा किस्से के नायक से देवा जी का सम्बन्ध जोड़ लेते। एक बार मैं उनसे लेख लेने गुम्बद में गया। वे दफ़्तर में नहीं थे। कोई बड़ा अफ़सर आया हुआ था, जिसे वे देवनगर दिखाने ले गये थे। उनकी मेज़ पर एक अमरीकी पत्रिका खुली पड़ी थी। समय काटने के लिए मैं उसे पढ़ने लगा। मेरे आश्चर्य की सीमा न रही, जब मैंने वही किस्सा उसमें पढ़ा, जो उन्होंने दो दिन पहले अपने नाम से सुनाया था और जिसे उनके भक्तों ने सुन कर शेष लोगों में चालू कर दिया था। दूसरे ही दिन से मैंने उनके साथ शाम की सैर को जाना बन्द कर दिया।

सैर से आ कर देवा जी कुछ देर आराम करते। इतने में खाने की घण्टी बज जाती।

खाना खाने के बाद वे बिस्तर पर लेटे-लेटे कुछ पढ़ते, या अगर कुछ चापलूस आ इकट्ठे होते तो उनसे बातें करते। बातें करने का मतलब यह है कि उन्हें अपने जीवन के किस्से सुनाते। जब तक रेडियो उनके कमरे में था वे कभी-कभार कोई टॉक सुन लेते, लेकिन ड्योढ़ी में वे कभी नहीं गये।

....मधवार साहब शाम को अपनी बेटी को पढ़ाते थे, या हरमोहन सिंह और देवा जी के चापलूसों की हरकतों से तंग आये मुलाज़िमों अथवा देवसैनिकों की शिकायतें सुनते और सत्य पर अड़े रहने, नैतिक बल पैदा करने, मीठे-मधुर शब्दों में लिपटे हुए झूठ को पहचानने, ख़ुशामद करके पेट भरने के बदले स्वाभिमान से भूखे रहने और ऐसे ही विषयों पर प्रवचन देते। देवा जी अपनी प्रेरणा यदि अंग्रेज़ी और अमरीकी मानववादी पत्र-पत्रिकाओं से लेते और वहीं से उद्धरण देते तो मधवार साहब गीता, उपनिषदों और महात्मा गाँधी की जीवनी से दृष्टान्त पेश करते। सुनने वालों में से कुछ दूसरे ही क्षण जा कर हरमोहन के कान भर देते और इस सेवा के बदले कोई छोटी-मोटी सुविधा प्राप्त कर लेते और कुछ उस मुलाकात के बाद घण्टों जा कर सुलगते रहते।

इन दूसरी तरह के लोगों का तमाशा उस समय देखने को मिलता जब कोई बाहर से देवनगर देखने आता और दिखाने का काम उनके ज़िम्मे पड़ता। वे देवनगर की व्यवस्था, उसके बाह्य सौन्दर्य और कलाकारिता के अन्दर छिपी अपरूपता और अनगढ़ता की भरपूर निन्दा करते। सरगोशियों में —केवल सुनने वालों की हित-चिन्ता और लाभ के ख़याल से उन्हें समझाते कि यह सब धोखा है, फ़रेब है, अपने संकुचित वातावरण से तंग आये हुए आदर्श-प्रिय भोले-भाले लोगों को ठगने का साधन-मात्र है....पर यदि ऐसे समय में कहीं देवा जी, हरमोहन या उनका कोई चापलूस सैनिक निकट से गुज़रता या इतने पास होता कि उनकी बातें सुन सके तो वे तत्काल किंचित ऊँचे स्वर में देवा जी की सूझ-बूझ और उनके आदर्शों की प्रशंसा शुरू कर देते...."चौदह सौ रुपये," वे कहते, "चौदह सौ रुपये में तो शहर में एक कमरा तक नहीं बनता, लेकिन देवा जी ने ये दसों कोठियाँ चौदह-चौदह सौ रुपयों में बनवा दी हैं, अभी ऐसी सौ कोठियाँ बनवाने का उनका इरादा है और वे चाहते हैं कि अपने समाज की संकीर्णता से तंग आये हुए मध्य-वर्गीय यहाँ खुले वातावरण में आ कर रहें और नये समाज की नींव रखें...." और जब सुनने वाले दूर निकल जाते तो वे स्वर को धीमा करके फिर कहते, "ये ही धोखे की टट्टियाँ हैं, जिनके पीछे से देवा जी शिकार खेलते हैं। यहाँ एक फ़सील थी, उसकी ईंटों से ये कोठियाँ बनी हैं। दीवारों के बाहर एक ईंट पक्की है, अन्दर से सब कच्ची हैं। लीप-पोत कर सुन्दर बना दी गयी है। दो-तीन बरसात बाद मिट्टी नमक बन कर झड़ जायेगी और यदि कोई गृह-स्वामी घर में न रहा और दो बरस बाद आया तो कोठी की जगह उसे मिट्टी का तोदा[१] मिलेगा। इस वीराने में कौन रहेगा, क्या खायेगा, क्या काम करेगा ? आप अभी ज़मीन न लीजिए, ज़मीन ख़रीदी तो आप फँसे, इसे कुछ बसने दीजिए....हम आप की ही तरह यहाँ बड़े-बड़े सपने ले कर आये थे। सब मिट गये। हमारी तरह और भाई यहाँ न फँसें, इसलिए हम यहाँ बने हुए हैं...."

---

१. दूह

....मधवार साहब के साथ पाला सिंह आर्टिस्ट रहते थे। स्कूल की लड़कियों को वे अपने चित्रागार में ही पढ़ाते थे। देवनगर की राजनीति से उन्हें कोई सरोकार न था। 'काहू के लेने में, न काहू के देने में।' उनकी पत्नी और सुदर्शन सिंह स्वीप की बाज़ियाँ लगाते, बच्चे कैरम खेलते और चित्रकार महोदय किसी काल्पनिक परी को तूलिका से कैनवस पर उतारा करते।

....उनके बराबर की कोठी में इस जगह के भूतपूर्व स्वामी और जगीरदार (अब केवल एक देवसैनिक) पण्डित हज़ारीलाल मिश्र रहते थे। देवा जी पहले-पहल उनसे मिलने आये थे तो उन्होंने बड़े प्यारे-मीठे ढंग से मिश्र जी को विश्वास दिलाया था कि ज़मीन एक महान उद्देश्य की पूर्ति के लिए चाहिए। ज़मीन का इससे अधिक अच्छा उपयोग हो नहीं सकता और स्वयं मिश्र जी को इस महान कार्य में देवा जी के साथ रहना चाहिए। वे इस बात की व्यवस्था कर देंगे कि पण्डित हज़ारीलाल मिश्र और उनके बच्चे देवसेना के आजीवन सदस्य बने रहें। मिश्र जी उस समय पिये हुए थे, अपने वंश की दरियादिली का बखान करते हुए उन्होंने बड़े सस्ते में ज़मीन देवा जी को दे दी और लाल परी की संगति में उनका और भी ज़्यादा वक्त गुज़रने लगा। दिन में वे कुछ देर के लिए नाम को दफ़्तर में बैठते, कुछ काम-वाम भी देखते, पर शाम को घर में बोतल खोल कर बैठ जाते। अधिक पी लेते तो ज़ोर से चिल्लाते कि उन्हें लूट लिया गया है, देवनगरियों ने उनकी सोने-सी धरती कौड़ियों के मोल उनसे छीन ली है और गलियाँ बकते। जब उनका नशा उतर जाता तो हरमोहन उन्हें डाँटता कि देवा जी उन्हें दया करके रखे हुए हैं, नहीं कानून के अनुसार उनका कोई हक नहीं। वे यों बकेंगे तो मण्डल उन्हें निकाल देगा। तब वे अगले दो-चार दिन शाम को वहाँ पीने के बदले पत्थरचट्टी और गोरेशाह चले जाते और कभी एक की और कभी दूसरे की नालियों में, नशे में धुत्त, बेहोश पड़े मिलते।

....रहे ज्ञानी दिलावर सिंह, खोसला साहब और हरमोहन, इत्यादि, तो सेक्रेटरी होने के नाते (उन्होंने फिर अपना पुराना पद पा लिया था) ज्ञानी जी, या तो देवा जी की चापलूसी में लगे रहते, या फिर अपनी कोठी में बैठे अपने गुरु के पदचिन्हों पर चलते हुए बिलकुल उन्हीं की तरह प्रेस के मुलाज़िमों, ठेकेदारों और दूसरे नौकरपेशा भक्तों के सामने अपने किस्से सुनाते और प्रवचन देते और कभी जब वे हँसते तो अपने इर्द-गिर्द बैठने वालों की बग़लों में हाथ दे कर ट्यूब-वेल से भभकों में निकलने वाले जल की तरह ठहाके लगाते। इन ठहाकों के मध्य, विरामस्वरूप ऐसे झटके देते कि भक्तों को अपनी बाँहें स्कन्धमूलों से उखड़ती महसूस होतीं। खोसला साहब आयुर्वेद का उद्धार करने, मुफ़्त दवा बाँटने और आयुर्वेद की महिमा से देवनगरियों को विज्ञ बनाने के शुभ काम में निरत रहते और हरमोहन और उनके साथी एक-दूसरे के घर चाय उड़ाते, रमी और ह्विस्ट-ड्राइवों की व्यवस्था करते और मौज मनाते।

शिशिर की उन शामों में ड्योढ़ी और भी सर्द हो जाती। पूरब-पच्छिम बड़े मेहराबदार दरवाज़े, उत्तर-दक्खिन खिड़कियाँ और सीमेंट का फ़र्श; हवा बेरोक-टोक आती और फ़र्श यख़ हो जाता। उस सख़्त सर्दी में अपने आरामदेह कमरों को छोड़ कर ड्योढ़ी में रेडियो सुनना देवनगरियों के बस की बात न थी। कभी कोई प्रेस का मुलाज़िम, जिल्द या प्रकाशन-विभाग का कोई कर्मचारी, बस का ड्राइवर या क्लीनर और इसी तरह का कोई

व्यक्ति रेडियो सुनने या लाइब्रेरी में (ड्योढ़ी में एक ओर को बड़ी मेज़ पर कुछ समाचार-पत्र और 'देववाणी' के ताज़ा अंक पड़े रहते और वह मेज़ 'लाइब्रेरी' कहाती थी) कोई पत्र-पत्रिका पढ़ने आ जाता।

दूसरी शाम मैं खाना खा कर लंगर से बाहर निकला तो सोचने लगा कि किधर जाऊँ। आकाश पर बादल घिरे थे, अँधेरे में सैर करना कठिन था। नन्दलाल के घर जाने को मन था, पर वह सप्ताह भर की छुट्टी ले कर बीवी-बच्चों समेत बाहर गया हुआ था और खाना खाते ही जा कर लेट रहने या लिखने-पढ़ने को मेरा मन न हो रहा था। इसी असमंजस में खड़ा था कि वाणी ने आ कर अपनी दो सहेलियों से मेरा परिचय कराया। ड्योढ़ी की ओर चलते-चलते उसने बताया कि उनके माता-पिता ने देवनगर में ज़मीन ख़रीदी है, बड़ी कोठियाँ बनायेंगे और वे अभी कुछ दिन को आयी हैं; जब उद्घाटन के बाद स्कूल बाकायदा चलने लगेगा तो नये सेशन से वे पढ़ने लगेंगी। उसने मेरा परिचय भी दिया। मेरे कण्ठ और मेरे स्वभाव की बड़ी प्रशंसा की और जब ड्योढ़ी के निकट पहुँच कर मैं अपनी कोठी की ओर मुड़ने लगा तो उसने बड़े अरमान-भरे स्वर में कहा, "ड्योढ़ी में न बैठिएगा संगीत जी, कुछ मिनट के लिए ?"

"नहीं, मैं चलूँगा।"

"आइए न, पाँच-सात मिनट बाद चले जाइएगा!" और उसने मेरा हाथ ज़रा-सा खींचा।

पहली बार उसकी नर्म-नर्म, ठण्डी, यख़ उँगलियाँ रात के उस अँधेरे में मेरे हाथ से छुईं। उस ठण्डे परस में न जाने कौन-सी शक्ति थी कि एक मीठी-सी गर्म सिरहन मेरी नसों में दौड़ गयी। चाहने पर भी मैं आगे न जा सका।

हम ड्योढ़ी में एक बेंच पर बैठ गये। वाणी ने आगे बढ़ कर रेडियो लगा दिया। कोई महाशय अटक-अटक कर तकरीर कर रहे थे। सामने लिखा शायद साफ़ न था या उनकी पहली-पहली तकरीर थी —गला उनका सूखा जा रहा था, चार सतरें पढ़ने पर हकला जाते थे —वाणी ने स्विच घुमा दिया। रेडियो बन्द हो गया। वह मेरे निकट आ बैठी।

कुछ क्षण सन्नाटा सा-छाया रहा। बाहर ड्योढ़ी के दरवाजे के सामने से कोई छाया गुज़र गयी।

तब बड़े संकोच से —इस प्रयास में उसका मुख तक सफ़ेद हो गया —वाणी ने कहा कि उसकी सहेलियों की बड़ी इच्छा है कि मैं एक....

मैं न जाने दरवाज़े के बाहर उस छाया के गुज़र जाने के कारण या वाणी के यों मुझे बरबस वहाँ ले जाने के कारण या न जाने किस कारण खीझ उठा था। उसने बात ख़त्म भी न की थी कि मैं बोल उठा, "मेरी तबीयत ठीक नहीं!"

वाणी का मुँह और भी उतर गया। वह कुछ बोली नहीं। उसने अपनी उन्हीं बड़ी-बड़ी उदास आँखों से मेरी ओर देखा, जैसे कह रही हो, मैं आपको तंग नहीं करना चाहती, पर यहाँ रुकने का मेरे पास कोई बहाना नहीं, आप क्रोध न कीजिए, मैं चली जाती हूँ। और दोनों हाथ माथे की ओर ले जाते हुए वह चलने लगी।

तब न जाने मन कैसा हो आया। मैंने हाथ बढ़ा कर उसे रोक लिया। "आप नाराज़

हो गयीं, मेरी तबीयत सचमुच ठीक नहीं।"

निमिष भर को वे बड़ी-बड़ी पनियारी[१] आँखें मेरी ओर उठीं। गैस की रोशनी में उनमें छलछलाये आँसू चमक उठे। दूसरे क्षण उन्हें दूसरी ओर हटाते हुए उसने कहा, "जभी तो जा रही हूँ। आप आराम कीजिए।"

मैंने बरबस उसे फिर बैठा दिया और उसके साथ ही उठ जाने वाली सहेलियों से क्षमा माँगते हुए मैंने कहा, "आप माफ़ कीजिएगा, मेरी तबीयत ठीक नहीं थी। आप बैठिए, मैं सुनाता हूँ।"

और मैं गाने लगा। दरवाज़े के बाहर किसी आकुल प्रेतात्मा की तरह वह छाया बराबर चक्कर लगाती रही। वाणी और उसकी सहेलियाँ और समाचार पढ़ते हुए दो-एक व्यक्ति एकटक मेरी ओर देखते रहे और मैं गाता रहा।

अपने कमरे के एकान्त में जब मैं सोचता तो मुझे बड़ी खीझ होती कि मैं क्यों वाणी के सामने अशक्त हो जाता हूँ। उसकी ओर न देखने के मेरे सारे इरादे, उससे बात करने का अवसर न आने देने के मेरे सारे संकल्प, क्यों हवा हो जाते हैं ? वह कोई अनिन्द्य सुन्दरी नहीं। मेरी पत्नी के मुकाबले में तो वह कहीं भी नहीं ठहरती, फिर क्यों वह मुझे आकर्षित करती है ? यदि मैं वाणी की ओर बिलकुल देखना बन्द कर दूँ तो वह मेरी ओर कैसे देखेगी ? जब मैं उधर आँखें उठाऊँगा ही नहीं तो उसकी आँखें कैसे मेरी आँखों से चार होंगी ? दो आँखें एक ओर देखती रहें तो अपने ही से तो चार न हो जायेंगी! चार होने के लिए चार ही आँखों की ज़रूरत है। और मैंने फ़ैसला कर लिया कि मैं डाइनिंग हॉल में उसकी ओर बिलकुल न देखूँगा।

....मैं न देखता! चुपचाप नीची निगाहें किये खाना खाता, लेकिन बहुत देर तक उधर न देखने से मैं समझ लेता कि अब वह मेरी ओर नहीं देखती (या जिज्ञासा होती कि देखूँ, वह देख रही है कि नहीं) और मैं मुड़ता और हमारी आँखें चार हो जातीं।

....कभी मैं बिलकुल उधर न देखता, दूसरी ओर को मुँह किये तना बैठा रहता या किसी साथी से बातें करता, लेकिन लगता जैसे मेरी कनपटी में बड़ी-बड़ी दो आँखें छेद करके दूसरी ओर निकल जायेंगी और मैं मुड़ता और मेरी आँखें उन आँखों से चार हो जातीं।

अपने कमरे के उस एकान्त में मेरी पत्नी का चित्र मेरी आँखों के सामने घूम जाता और मैं खीझ उठता कि क्यों यह ज़रा-सी दो बित्ते की बीमार-बीमार-सी लड़की बरमे-सरीखी मेरी सोच तक में छेद किये जा रही है; जब-तब मैं क्यों उसके बारे सोचने लगता हूँ ?....और मैं फिर अनजाने अपनी स्वर्गीया पत्नी से उसकी तुलना करता और मुझे लगता कि मैं झख मार रहा हूँ। शान्ति की खोज में देवनगर आ कर अशान्ति मोल ले बैठा हूँ और मुझे देवनगर छोड़ कर शहर चले जाना चाहिए। खुले वातावरण में, सख़्त किस्म के काम में अपने आपको लगा देना चाहिए, जिससे मैं इतना थक जाऊँ कि रात को सोऊँ तो न पित्तो के बारे में सोचूँ और न वाणी के बारे में और पत्थर की तरह पड़ जाऊँ!....एक दिन इसी तरह की उलझन में मैं देवा जी के पास फिर गया और बोला —"मैं जाना चाहता

१. पनीली; सजल।

हूँ।"

उन्होंने समझा, मैं छुट्टी जाना चाहता हूँ, बोले, "कितने दिन के लिए ? यहाँ पाँच अप्रैल को प्रैक्टिकल स्कूल का उद्घाटन होने वाला है, तब तक...."

"जी नहीं, मैं जाना चाहता हूँ!"

देवा जी चुपचाप मेरी ओर देखते रहे।

"जी, मेरा दिल यहाँ नहीं लगता। मन भी अशान्त रहता है। आप जानते हैं, मैं शान्ति की खोज ही में आया था।"

"दिल तो भाई लगाने से लगता है, और मन की शान्ति भी बाहर से नहीं मिलती," उन्होंने कहा, "शान्ति को अपने अन्दर खोजना पड़ता है। अपने आस-पास के जीवन को साफ़, स्वच्छ, सम्पन्न और ख़ुशहाल रख के हासिल करना होता है। दूसरों की ख़ुशी-ग़मी में हिस्सा लेना सीखो, तुम्हारा मन लग जायेगा।"और उन्होंने बताया देवनगर में बिजली न होने से सर्दियों की शामें बड़ी लम्बी हो जाती हैं, अँधेरा पाख तो और भी तकलीफ़देह होता है। जहाँ सर्दियाँ गुज़रीं, बहार आयी, दिन बड़े हुए कि मन आप-से-आप लग जायेगा।

कुछ क्षण चुप रह कर उन्होंने कहा, "और कहीं मन न लगे तो हमारे यहाँ आ जाया करो। किताबें पढ़ो, बातें करो, वाणी को भी गाने का बड़ा शौक है, मधु भी सीख रही है, कुछ उन्हीं से सुनो-सुनाओ। बसन्त के बाद दो महीने भी देख लो। स्कूल का उद्घाटन भी हो जायेगा। तब मन न लगे तो चले जाना। देवनगर से और शिकायतें चाहे हों, पर मन न लगने की शिकायत कभी किसी ने नहीं की।"

और मैं चला आता था और वाणी से मेरा सम्बन्ध पहले-जैसा चल रहा था। न बहुत दूर, न बहुत निकट। रास्ते में आते-जाते, रेडियो के पास बैठे, रविशों पर सैर करते, वाणी नबी की बात पूछ लेती। नबी कैसी प्रगति कर रहा है, यह बताने के बहाने वह क्षण भर रुक जाती और अपनी निगाहों को मेरे अन्तर में दूर तक उतार देती। बातें करते-करते उसका रंग उड़-उड़ जाता, डरी हुई हिरनी-सी वह चौंक-चौंक जाती और ज्योंही उसे हरमोहन या तीरथराम दिखायी देता, वह चल देती और वह संक्षिप्त-सी निरर्थक मुलाकात पीछे ढेर-सी मिठास छोड़ जाती।

o

जब मैंने इस आकर्षण पर और भी विचार किया तो पाया कि इस आकर्षण की तह में तीन-चार बातें काम करती हैं —देवनगर के अनुपम सौन्दर्य के बावजूद उसकी वीरानी, मेरा अकेलापन और तीरथराम की ईर्ष्या। इस अन्तिम बात ने वास्तव में उस हल्की-सी जिज्ञासा को, जो मुझे तीरथराम की प्रेयसी को जानने के बारे हुई थी, इस आकर्षण में बदल दिया था।

तीरथराम की ईर्ष्या दिनों-दिन बढ़ रही थी और हरमोहन का विरोध भी, शायद इसीलिए वाणी मेरी ओर अधिकाधिक खिंच रही थी। वह मुझे देखने के, मुझसे मिलने के, मुझसे (कितनी भी संक्षिप्त क्यों न हो) बात करने के बहाने ढूँढ लेती थी।

o

इसी बीच में एक और बात हुई, जिससे मेरा सन्देह विश्वास में बदल गया। हुआ यों कि

देवा जी ने मुझे एक दिन बुलाया और पूछा कि मैं हिन्दी जानता हूँ ?

"जी!" मैं उत्तर दिया।

"मैं चाहता हूँ कि अपनी कहानियों का संग्रह हिन्दी में प्रकाशित करूँ।"

"जी!"

"आप ज़रा कुछ कहानियाँ करके दिखाइए, अच्छी हुईं तो छाप देंगे।"

और मैं चला आया। लेकिन जब मैं हिन्दी में उन्हें करने लगा तो मुझे बड़ी कठिनाई पड़ी। इलाहाबाद में पढ़ा था और हिन्दी मैंने सीखी भी थी, पर तब इलाहाबाद क्या और लखनऊ क्या —सब जगह उर्दू का ज़ोर-शोर था —उर्दू मेरी अच्छी थी और हिन्दी उतनी अच्छी न थी। तब मैंने सोचा कि तीरथराम से क्यों न मदद ले लूँ। वह आर्य समाज के स्कूल में पढ़ा था। हिन्दी में कविता करता था, संस्कृत भी उसने पढ़ी थी। यह ठीक है कि उसके और मेरे सम्बन्धों में कुछ खिंचाव था, पर यह काम मेरा तो था नहीं, देवा जी का था —और मैंने उससे मदद लेने का निश्चय कर लिया। लेकिन तीरथराम के पास जाने से पहले मैंने हरमोहन से मिलना ज़रूरी समझा। उससे कहा, "देवा जी ने मुझे कुछ कहानियाँ हिन्दी में करने को दी हैं, मैं कर रहा हूँ, लेकिन कहीं-कहीं कठिनाई पड़ रही है। शब्द-कोश यहाँ है नहीं, आप ज़रा तीरथराम से कह दीजिए कि वह मेरी मदद कर दे!"

हरमोहन क्षण भर मेरी ओर देखता रहा, फिर उसने कहा, "आप उससे मेरा नाम ले कर कहिएगा, वह फ़ौरन कर देगा।" फिर क्षण भर रुक कर उसने कहा, "मैं भी उससे कह देता हूँ।"

दोपहर के बाद मैं तीरथराम के यहाँ गया। मैंने उससे कहा कि ज़रा उसकी मदद की ज़रूरत है। हरमोहन का नाम ले कर मैंने उसे स्थिति समझा दी।

"कविता करना और है और अनुवाद करना और," तीरथराम बोला — "हरमोहन मुझसे मिले थे, मैंने उनसे भी कह दिया था कि अनुवाद मेरे बस का नहीं।"

"आपको ज़रा भाषा ही देखनी है। अनुवाद तो मैंने कर लिया है।"

वह अडिग रहा।

मन-ही-मन बड़ा क्रोध कर मैं मुड़ने लगा था कि उसने कहा, "यदि वाणी कह दे तो मैं कर दूँगा, बल्कि आप चाहेंगे तो मैं सारी कहानी स्वयं कर दूँगा।"

"सारी कहानी करने की ज़रूरत नहीं, कहानी तो मैंने कर रखी है, आप को सिर्फ़ मेरे साथ देख भर लेनी है।"

"वाणी कहे तो...."

"पर वाणी से इसका क्या सम्बन्ध ?"

"सम्बन्ध क्या होगा, पर वह कहे तो मैं कर दूँगा।"

"यह काम देवा जी का है।"

"पर मेरा नहीं! मैं देव-सैनिक हूँ, नौकर नहीं। देवा जी कहेंगे तो मैं कह दूँगा, मुझे हिन्दी नहीं आती।"

और वह उद्दण्डता से हँसा।

क्रोध से लाल हो, मैं धड़धड़ाता चला आया।

शाम को वाणी मिली तो मैंने उससे इस बात का ज़िक्र किया, "तीरथराम ने क्यों यह कहा," मैं बोला, "यह मैं नहीं जानता, पर अच्छा काम हो जाय, इसकी मुझे चिन्ता है, यदि उचित समझो तो उससे कह देना।"

"तीरथराम गुण्डे हैं!" सहसा वाणी ने दाँत पीसते हुए होंटों में कहा।

वह गुण्डा कैसे है ? यह बात मैं उससे न पूछ सका, क्योंकि वह तत्काल चली गयी। देवनगर के वातावरण में, शिष्ट पिता की छाया-तले पली उस लड़की के मुँह से एक देव-सैनिक के प्रति क्यों गाली निकल गयी ? तीरथराम में और उसमें क्या बात हुई ? इस पर मैं घण्टों सोचता रहा....शायद इसी कारण वह नन्ही-सी, बीमार-बीमार, बड़ी-बड़ी आँखों वाली लड़की मेरी सोच में खुबती चली गयी।

जाड़े की वह तीखी लहर जैसे ज़ोर के कुछ चक्कर खा कर निकल गयी। धरती ने शूल के उस रोगी-सी आराम की साँस ली, जिसकी पीड़ा लहरें खा कर धीरे-धीरे मन्द पड़ गयी हो। दिन बड़े होने लगे, किचन के सामने लगे अनार के सूखे पौधों में अंकुर आ गये थे। कार्तिक में बोयी गेहूँ बालियाँ ले आयी, सरसों की पीली चुनरी लहरा उठी। बरसात के अधिक दिन तक अटके रहने के कारण हवा में चाहे ठण्डक थी, पर शिशिर की वह घुटन, वह सीलन ख़त्म हो गयी थी। धरती जैसे अंगड़ाई ले कर जाग उठी थी और सुबहें और शामें अकथ उदासी के बदले एक नयी उमंग से मन-प्राण भरने लगी थीं। मैंने शाम को नन्दलाल के यहाँ जाना या ड्योढ़ी में बैठना छोड़ दिया और नहर पर पश्चिम के ऊसर में योगी-से खड़े विराट बरगद के नीचे अथवा किसी निकटस्थ गाँव में जाने लगा।

देवनगर के उस प्रवास में, वहाँ की सुबह-शामों से मेरा घनिष्ट नाता रहा था। उस वीराने के एकाकी दिनों में सुबह-शाम की उन तन्वंगियों ने मेरा ख़ूब साथ दिया और उनके अंग-प्रत्यंग के हर शृंगार और उनकी प्रत्येक भाव-भंगी से मैं परिचित हो गया था।

o

....आख़िरी बरसात की वे सुबहें मेरे मानस-पट पर अंकित हैं, जब बरस चुकने के बाद स्वप्न-सी सुकुमार धुन्ध खेतों पर छायी होती और अरुणा सन्तरी रंग की साड़ी पहने, प्राची के सिंहासन पर आ विराजती....और शामें, जो ऊसर के उन ख़जूरों के पीछ से सिन्दूरी सुधा लुटातीं तो नीले-नीले बादल जैसे सुधा-पान को लालायित कतार-दर-कतार आ खड़े होते। पर वे चिर-चंचल मदमातियाँ, उनके सिरों के ऊपर सुधा लुटाती हुई, दूर पूरब के प्यासों तक पहुँचा देती और सिन्दूरी सुधा की उस वर्षा से सारे आकाश की नस-नस में जैसे नशे की लाली दौड़ जाती।

....शीतारम्भ के दिनों की मुझे याद है, जब आग की लपट ऐसी आभा ले कर सुबहें जगतीं तो उनकी द्युति पूरब के नीले बादलों तक को तपा देती और जब दिन ढलता तो सूर्यास्त से पहले क्षितिज के नीले बादलों में सफ़ेदी छा जाती और उसमें अपनी किरमिज़ी आँखें फटफटा कर सूरज ओझल हो जाता। आकाश में जहाँ-जहाँ बादल होते, पहले किरमिज़ी, फिर सन्तरी, फिर पीला-सा रंग काफ़ी देर तक रहता। फिर जब सारा आकाश तिमिराछन्न हो जाता, तब भी वह उजली-उजली सफ़ेदी पश्चिम में बड़ी देर तक उस जगह छायी रहती, जहाँ सूरज ओझल हुआ था। लगता, जैसे साँझ अब भी सूरज की बाट देख

रही हो कि वह फिर आयेगा....और उस जगह से हटने का नाम न लेती हो।

....और गहरे शीत में जब सन्तरे और सिन्दूर में स्वर्ण आ मिलता तो सुबह की तन्वी सोना लुटाती, रहँट के बरगद के पीछे से उठती। रहँट के गिर्द बैलों के चलने से जो धूल उड़ती, वह एकदम सुनहरी भाप-सरीखी दिखती और बहते बरहों में जहाँ-जहाँ उसकी किरणें पड़तीं, पानी पिघला सोना बन जाता। और शाम को कभी जब पश्चिम का क्षितिज कुछ साफ़ होता और बादल बरगद पर छाये होते, उस समय डूबते सूरज की गहरी लाल रोशनी छन-छन कर वट के घने पत्तों से आती और ऐसा लगता जैसे पिघले हुए सोने का समुद्र ठाठें मारता हुआ, उस विराट बरगद तक आता है, पर उसे पार नहीं कर पाता!

प्रातः उठते ही मैं सदा अपने बरामदे में आ जाता और प्राची के सिंहासन पर विराजने वाली अरुणा का स्वागत करता और दिन ढले नहर पर या ऊसर में बरगद के नीचे जा कर शाम को विदा कर आता। वाणी मेरी इस आदत को न जाने कब जान गयी थी। उन सुबह-शामों में (अपनी बहन या सहेलियों या दिलजीत या मम्मी और पापा के साथ जाते हुए) उसकी एक-न-एक झलक मुझे अवश्य मिल जाती और शायद इसीलिए वे सुबहें-शामें और भी रंगीन और मादक हो जातीं।

लेकिन यह तो मैं अब सोचता हूँ। उस समय तो वह जितना मेरी ओर खिंचती, मैं उससे भागने की कोशिश करता। मैं एक विधुर परदेशी और वह एक नन्ही कुमारी, जिसकी माँ, जिसके भाई और दूसरे रिश्तेदार मेरे विरुद्ध! उसमें और मुझमें कैसी ममता ? कैसा स्नेह ? मोह का वह जाल जितनी जल्दी टूट जाये उतना ही अच्छा। 'देवनगर में कोई स्वाभिमानी नहीं रह सकता,' मधवार साहब की इस बात से मैं सहमत था और चाहे मैं वहाँ रहता था, काम करता था, पर मैंने अपना मन वहाँ से उठा लिया था। मेरा मन वहाँ से समूचा उठ जाये, उसका कोई भाग वहाँ पड़ा न रह जाये, मैं इसका ख़याल रखता था और इसलिए जब बहार की उन शामों में मैंने फिर सैर के लिए जाना शुरू किया तो इस बात का ख़याल रखा कि मैं जिस ओर एक दिन जाऊँ, उधर दूसरे दिन न जाऊँ और यों वाणी से मिलने के अवसर कम-से-कम हो जायें, उसका मोह भंग हो जाये और वह मेरा ख़याल छोड़ दे।

कुछ दिन लगा कि शायद मैं सफल हो गया हूँ। अपने उस हठ पर खेद भी हुआ, उदासी भी हुई, पर मन को कुछ शान्ति भी मिली। बेचैनी के उस हल्के-से एहसास के बावजूद, जो उन बड़ी-बड़ी आँखें को न पाने से हुआ, कहीं गहरे में यह भी लगा कि मैंने ठीक रास्ता अपनाया है। इस मोह-जाल को तोड़े बिना कोई चारा नहीं।

लेकिन तब वाणी बच्चों को ले कर ड्योढ़ी की छत पर जाने और यह देखने लगी कि मैं किस ओर सैर को जाता हूँ। फिर साथ में टीचर को ले कर बच्चों को सैर कराने के बहाने वह भी उधर ही चल पड़ती। वापसी पर ज़रूर ही मेरा उससे साक्षात्कार हो जाता। जहाँ मैं मिलता, प्रायः वहीं से वह किसी-न-किसी बहाने पलट जाती। मेरे आगे-आगे अथवा मेरे पीछे-पीछे वह बच्चों से, सहेलियों से, या अध्यापक जी से बातें करती हुई आती। उसके नन्हे-नन्हे ठहाकों की घण्टियाँ बराबर मेरे कानों में बजती रहतीं। उसकी निगाहें अपने अदृश्य जाल मेरे गिर्द बुनती रहतीं और मैं सोचता —'मैं देवनगर से जा भी सकूँगा, इन जालों से निकल भी सकूँगा ?'

०

अब सोचता हूँ तो पाता हूँ कि उस दिन जब मैंने देवा जी से कहा था, "मैं जाना चाहता हूँ" तो यदि मैं उनकी बातों के जादू में आ कर वहाँ बने रहने के बदले चला जाता तो बहुत ही अच्छा होता। तब शायद मुझे या वाणी को वैसी यन्त्रणा न सहनी पड़ती।

सात

पाँच अप्रैल को स्कूल का उद्‌घाटन और देव-सम्मेलन होने वाला था, पर देवनगर में कई दिन पहले से ही तैयारी शुरू हो गयी थी। प्रैक्टिकल स्कूल का भवन अभी पूरा तो क्या, आधा भी न बना था। देवा जी की कोशिश थी कि सम्मेलन के अवसर पर कम-से-कम भवन इतना बन जाये कि देखने वालों के सामने उसकी रूप-रेखा स्पष्ट हो सके। बनने पर उसकी शक्ल अंग्रेज़ी के उलटे 'वाई' अक्षर सरीखी होती। देवा जी चाहते थे कि सामने का भाग याने दो विंग बन जायें, ताकि सम्मेलन में आने वालों को उसकी भव्यता का कुछ आभास मिल सके। नन्दलाल उन दिनों प्रातः से सायं तक व्यस्त रहता। शाम को आता तो इतना थका रहता कि उसे मोज़े उतारना और हाथ-पैर धोना भी दुष्कर लगता। वह धप्प से ज़मीन पर बिछे जाजम पर बैठ जाता, मोज़े उतार कर एक ओर फेंक देता और कम्बल ओढ़, लेट कर सो जाता। सावित्री अँगूठे और उँगली की चोंच बना कर, मरे हुए चूहों की तरह, उन मोज़ों को उठाती और खदबदाती हुई उन्हें गुसलख़ाने के कोने में फेंक, साबुन से हाथ धो लेती। नन्दलाल लंगर में खाना तक खाने न जाता। सावित्री वहीं ले आती और उसे उठा कर बच्चों की तरह खाना खिला और कपड़े बदलवा कर सुला देती।

बाहर के लोग सम्मेलन में शामिल होने के बारे में पूछ-ताछ कर रहे थे। देवसैनिकों के कुछ सगे-सम्बन्धी आ भी गये थे। इसलिए तीरथराम आवभगत में और हरमोहन आने वाले लोगों के लिए चाय, दूध, नाश्ता और खाने-पीने की व्यवस्था में लगा हुआ था।

ज्ञानी दिलावर सिंह के ज़िम्मे, आने वालों को देवा जी के बदले देवनगर की सैर कराने और देवमण्डल के सपने और सिद्धान्त समझाने का काम था। देवा जी केवल विशिष्ट व्यक्तियों को स्वयं देवनगर दिखाते, बाकी लोगों को ज्ञानी जी सँभालते।

पाला सिंह आर्टिस्ट थे, इसलिए उनके कन्धों पर देवनगर और सम्मेलन-स्थल को कलापूर्ण ढंग से सजाने का काम था। कोठियों के आगे मेंहदी की ऊँची-ऊँची बाड़ें इस प्रकार काटी गयी थीं कि उनमें छोटे-छोटे मेहराब बन गये थे। हर कोठी के बरामदे में गमले रखवा दिये गये थे। किचन को जाने वाली रविशों की बाड़ें बड़े अच्छे ढंग से छँटवा दी गयी थीं। गढ़े भरवा दिये गये थे। स्कूल का गेट बड़े ही कलापूर्ण ढंग से बनाया जा रहा था और उस पर सरदार पाला सिंह आर्टिस्ट के आर्ट की स्पष्ट छाप थी।

स्कूल के सेक्रेटरी की हैसियत से, अपने तमाम मतभेदों के बावजूद, मधवार साहब अध-बने कमरों की लीपा-पोती के बाद, उन्हें सँवारने-सजाने और उनकी सूरत निकालने

में निमग्न थे। 'बच्चों को पीटना उनकी आत्मा को हमेशा के लिए कुचल देना है!'....'बच्चों की समझ का इलाज करने से पहले अपनी समझ का इलाज कीजिए!'....'उलझे दिमाग़ बच्चे ही नहीं होते, माँ-बाप भी होते हैं!'....'अपनी रुचि बच्चे पर न लादिए!'....'बालक मानव का पिता है!'....और ऐसे ही दसियों आदर्श-वाक्य लाल कपड़ों पर स्वर्ण-रजत अक्षरों में लिखे विभिन्न कमरों की दीवारों और सभा-स्थल के बरामदों में चमचमा रहे थे। एक विंग में कक्षाएँ थीं, दूसरे में व्यावहारिक शिक्षा के लिए खड्डियों, बढ़ईगीरी, चित्रकारी, बच्चों के अपने बैंक, डाकख़ाने और सहयोगी स्टोर का प्रबन्ध था। कमरों के बाहर सुन्दर अक्षरों में उनके नामों की तख़्तियाँ लिखवा कर टँगवायी जा रही थीं। धरती क्योंकि ऊसर थी, इसलिए नहर से मिट्टी मँगा कर स्कूल के बाहर के अहाते में फूलों की रविशें बना दी गयी थीं। सुबह से शाम तक, गहर-गम्भीर बने मधवार साहब इस सब व्यवस्था में निरत रहते थे।

अध्यापक लोग इस विराट प्रदर्शन के लिए दर्शनीय छात्र तैयार करने में लगे थे। देवा जी चाहते थे कि जब सम्मेलन हो तो दर्शकों को लड़के बैंक और खड्डियों आदि में काम करते दिखायी दें। इसलिए जल्दी-जल्दी कुछ लड़के तैयार कर लिये गये थे। बच्चों का छोटा-सा बैण्ड भी तैयार किया गया था, जिन्हें किसी-न-किसी तरह अभियान-गान की धुन सिखा दी गयी थी। कोठियों के सामने ऊसर में धरती समतल करके एक ग्राउण्ड बना दी गयी थी। लड़कों के लिए हॉकियाँ आ गयी थीं। शाम को वहाँ खेल होता। सुबह बाकायदा कवायद होती। दो-तीन बार बड़े लड़के गाँवों में जा कर बेलन पर गन्ने को पेरे जाते और बड़े-बड़े कड़ाहों में गुड़ बनते देख आये थे। इन सब बातों के सम्बन्ध में अध्यापकों ने उन्हें बड़े सुन्दर नोट लिखा दिये थे और वे सब कापियाँ प्रदर्शनी के लिए रख दी गयी थी। ड्रॉइंग और किंडरगार्टन के कमरों की दीवारों पर श्री पाला सिंह आर्टिस्ट की सहायता से बच्चों के बनाये चित्र टाँग दिये गये थे, जिनमें बच्चों का प्रयास कम और श्री पालासिंह का ज़्यादा था। इसमें एक चित्र रामा थापा के बच्चे का भी था। चित्र और रामा थापा का बच्चा, दोनों सम्मेलन की दर्शनीय चीज़ें थीं और अध्यापकों को आदेश था कि उन दोनों की ओर आने वालों का ध्यान विशेष रूप से आकर्षित करें।

उन दिनों नबी की भी बड़ी पूछ थी! उसे राजगीरी का काम आता था। उसने पुरानी फ़सील की बची-खुची छोटी-छोटी ईंटों की मदद से प्रैक्टिकल स्कूल का एक आदम-कद मॉडल बाहर स्कूल के अहाते में बना दिया था। जो भी व्यक्ति देवनगर आता, उसे प्रैक्टिकल स्कूल, उसके बच्चों की सरगमियाँ, रामा थापा के बच्चे की तस्वीर, नबी का मॉडल और साथ ही उन दोनों बच्चों को भी दिखाया जाता।

देवा जी ने इस अवसर के लिए विशेष रूप से कुछ लेख लिखे थे, जिन्हें वे ट्रैक्टों के रूप में हिन्दी, उर्दू और गुरमुखी —तीनों भाषाओं में छपवाना चाहते थे। उन सारे लेखों का एकमात्र उद्देश्य यह था कि देवमण्डल के अनुयायी और 'देववाणी' के पाठक धड़ाधड़ अपने बच्चों को प्रैक्टिकल स्कूल में भरती करायें, कि इसी में उनकी निष्कृति है। इन लेखों को उर्दू-हिन्दी में करने का काम मुझे सौंपा गया। और मैं दिन-रात उनका अनुवाद करने में संलग्न रहने लगा।

एक नम्बर की कोठी के बड़े हिस्से में एक नये देवसैनिक, जो नये-नये वकील हुए

थे, आ गये। देवमण्डल की कानूनी सरगर्मियों का काम उन्हें सौंपा गया था। उनके विवाह को पाँच साल हो गये थे, पर उनके कोई बच्चा न हुआ था और उनकी पत्नी की आँखों में सब के लिए उत्साह उमड़ा पड़ता था। न जाने क्यों, मेरा वहाँ रहना उन्हें अच्छा न लगा। तीरथराम और हरमोहन ने आते ही उन्हें अपने स्नेह की छाया में ले लिया। एक दिन देवा जी ने कहा कि मैं ज्ञानी दिलावरसिंह के यहाँ उठ आऊँ, क्योंकि नौनिहाल सिंह —यही उन नये वकील साहब का शुभ नाम था —चाहते हैं कि तीरथराम उनके निकट रहे। नये-नये देवसैनिक बने थे। उनके पिता ने दो कोठियों के लिए ज़मीन देवनगर में ख़रीदी थी। उनकी दो बहनें और दो भाई प्रैक्टिकल स्कूल में दाख़िल हो गये थे और इसलिए उनकी इच्छा आदेश का दर्जा रखती थी। मैं अपना बोरिया-बिस्तर उठा कर नौ नम्बर की कोठी में ज्ञानी दिलावर सिंह के साथ आ गया। स्कूल वहाँ से बड़ा निकट पड़ता था। काम करता-करता मैं एक-आध चक्कर वहाँ भी लगा आता और ज़रूरत पड़ने पर मधवार साहब की सहायता कर आता।

वाणी उन दिनों बड़ी व्यस्त थी। देवा जी की बड़ी लड़की और स्कूल की बड़ी छात्रा होने के कारण उसकी सरगर्मियों का अन्त न था। हर वक्त, हर जगह वह दिखायी देती थी। लेकिन इन सब सरगर्मियों में भी वह मुझे नबी की गतिविधि से परिचित कराना न भूलती थी। उसके मॉडल की एक-एक ईंट कैसे रखी गयी, इसका रत्ती-रत्ती ब्योरा उसने मुझे दिया था। उन दिनों मेरे अपने मन में न जाने कैसा उत्साह अकबका कर जग उठा कि मैं अपने काम के अतिरिक्त दूसरे सभी कामों में योग देने लगा था और हिंस्र आँखों के भय से साँझ-सबेरे धुँधलकों में मिलने वाली दृष्टियाँ इस आम उत्साह के दिवा प्रकाश में मुखर हो उन्मुक्त खेलने लगी थीं।

o

लेकिन तभी उनके बीच एक अभेद्य दीवार आ खड़ी हुई।

o

सम्मेलन में अभी पाँच दिन शेष थे। अप्रैल की पहली तारीख़ थी। मेरे कस्बे से दो-एक परिचित और मित्र मेरे भाई के साथ देवनगर देखने आ गये थे। उनके आगमन ने मेरा उत्साह और भी बढ़ा दिया। मैं उन्हें अपने साथ देवनगर, उसकी कोठियाँ, ड्योढ़ी, लंगर, प्रेस, गुम्बद, उसमें बैठने वाले देवा जी, प्रैक्टिकल स्कूल, उसमें नबी का मॉडल और रामा थापा के बच्चे का चित्र —सब दिखाता फिरा। यह कहने की ज़रूरत नहीं कि देवा जी की दोनों लड़कियों के बनाये हुए बड़े सुन्दर चित्र भी वहाँ लगे हुए थे और अमीरों के जितने बच्चे स्कूल में आये थे, उनका कुछ-न-कुछ दर्शनीय काम वहाँ मौजूद था। मैंने अपने कस्बे के मित्रों को एक-एक चीज़ दिखायी। देवनगर से असन्तुष्ट लोगों की तरह नहीं, देवनगर के प्रशंसक देवसैनिक की तरह। असन्तोष यदि कहीं था तो वह इस उत्साह में दब गया था। ज़बान पर वह नहीं आया। मेरे कस्बे के मित्र इतने प्रसन्न और प्रभावित हुए कि उन्होंने पाँच तारीख़ को सम्मेलन में आने का पक्का इरादा कर लिया और एक ने तो देवा जी को इस बात का वचन भी दे दिया कि वे अपने पिता से कह कर देवनगर में एक कोठी बनवायेंगे।

सुबह का वक्त था। दस बजे होंगे। नहा-धो कर और नाश्ता करके मैं बस पर अपने मित्रों को छोड़ने जा रहा था कि सामने हरमोहन के साथ पत्थरचट्टी के थाने का हेड-कॉन्स्टेबल आता दिखायी दिया। देवा जी सदा इस बात की घोषणा करते थे कि वे पुलिस को रिश्वत देने के विरुद्ध हैं। पुलिस द्वारा गाँव वालों पर जो अत्याचार होते थे, वे उनका मुकाबला करने, ज़रूरत पड़े तो न्याय की माँग में हर कुर्बानी करने का भी उपदेश दिया करते थे, लेकिन देवनगर का कोई भी त्योहार या उत्सव हो, वे पत्थरचट्टी के थानेदार और हेड-कॉन्स्टेबल को निमन्त्रित करना न भूलते थे। देव-सम्मेलन से पाँच दिन पहले पत्थरचट्टी के यमदूत को देवनगर में देख कर मैं मुस्कराया और मुझे विश्वास हो गया कि सम्मेलन के अवसर पर सारा थाना ज़रूर आयेगा।

मैं उनके पास से निकला जा रहा था कि हेड-कॉन्स्टेबल ने पूछा —"आपका नाम संगीत सिंह है ?"

मैं रुक गया।

"आपके नाम का एक वारण्ट है।"

"वारण्ट!" मेरा दिल धक से रह गया। "काहे का वारण्ट ?"

"एक लड़की भगाने का इल्ज़ाम है।"

"क्या ?"

"आप हो आइए," हरमोहन ने मुझसे कहा, "अपने साथियों को बस पर चढ़ा आइए। मैं सारजेंट साहब को ड्योढ़ी में बैठाता हूँ।"

"लेकिन मेरे नाम वारण्ट कैसे हो सकता है ?" मैंने कहा, "किसी दूसरे के नाम होगा। ग़लती से इधर आ गया होगा।"

"यही मैंने इनसे कहा है," हरमोहन बोला, "ज़रूर ग़लती हुई है। आप मित्रों को चढ़ा आइए बस पर!"

"जी नहीं," सारजेंट ने कहा, "यह देखिए —संगीतसिंह, देव नगर, लिखा है।"

"हाँ, हाँ...." हरमोहन ने हेड-कॉन्स्टेबल को शान्त करते और उसके कन्धे को थपथपाते हुए कहा, "इनके मित्र आये हुए हैं, इन्हें बस पर चढ़ा आने दीजिए, ये कहीं न जायेंगे, इनकी मैं गारण्टी लेता हूँ।"

o

मैंने एक उड़ती-सी निगाह वारण्ट पर डाली। मेरी आँखों ने अपना नाम देखा, पर उसके बाद सामने कुछ अँधेरा-सा छा गया। चेहरा शायद उतर गया। सूखे गले से मैंने अपने मित्रों से कहा, "आप चलिए, बस निकल जायेगी," और मैं मुड़ा।

"नहीं नहीं, आप इन्हें बस पर चढ़ा आइए!" हरमोहन ने कहा, "मैं सारजेंट साहब को बैठाता हूँ। अपने ही आदमी हैं।"

लेकिन न जाने क्यों, मित्रों के सामने आँख उठाना तक मेरे लिए दुष्कर हो गया। बिना उनकी ओर देखे मैंने कहा, "आप चलिए, बस निकल जायेगी, मैं ज़रा इनसे निपट लूँ।"

और मैं उनके साथ वापस फिरा।

शायद मेरे उतरे हुए मुख अथवा सारजेंट की उपस्थिति के कारण मेरे साथी गये नहीं। कुछ अन्तर पर पीछे-पीछे आने लगे। लेकिन मैंने उनकी ओर फिर नहीं देखा। चलते-चलते दो-एक बार मैंने वारण्ट पर नज़र डालने की कोशिश की, पर हर बार आँखों के सामने अँधेरा-सा छा गया।

अब इतने दिन बाद सोचता हूँ तो हँसी आती है कि मेरा दिमाग़ उस समय कहाँ घास चरने चला गया था ? क्यों मैंने ध्यान से वारण्ट को नहीं पढ़ा ? पर कस्बे की फ़िज़ा में पलने और सदा पुलिस के अत्याचारों के किस्से सुनते रहने के कारण शायद अनजाने ही कुछ ऐसा आतंक-सा मन में बैठ गया था कि वारण्ट का नाम सुनते ही दिल धड़क उठा और समझ की सारी शक्तियाँ जवाब दे गयीं। मेरे भाई और मेरे कस्बे के मित्रों की उपस्थिति भी शायद मेरी उस घबराहट का कारण थी। मैं शान्ति के साथ कमरे में बैठा होता और पुलिस सारजेंट आता तो मैं बड़े धीरज से वारण्ट को पढ़ता, पर ख़ुशी के उस मूड में, बस पर अपने कस्बे के साथियों, अपने मित्रों को चढ़ाने जाते हुए, इस बात की घोषणा कि मुझ पर लड़की को भगाने का अभियोग है —इतनी अप्रत्याशित थी कि मैं एकदम घबरा गया।

चलते-चलते मैंने ड्योढ़ी के रास्ते में फिर दो-एक बार वारण्ट पर नज़र दौड़ाने की कोशिश की, पर अपने नाम से आगे मेरी निगाहें नहीं गयीं।

"किस लड़की को भगाने का इल्ज़ाम है ?" मैंने कुछ रुक कर पूछा।

"यह तो आप जानते होंगे।"

"जानता तो क्यों पूछता ?"

"तेरह-चौदह बरस की छोटी-पतली, छरहरी-नाबालिग़ लड़की है। नाम लिखा है।"

मैंने लड़की का नाम पढ़ने की कोशिश की पर आँखों के आगे फिर अँधेरा छा गया।

ड्योढ़ी में पहुँच कर मैं रेडियो के साथ वाली बेंच पर बैठ गया और फिर मैंने एक बार वारण्ट पढ़ने की कोशिश की, लेकिन फिर असफल रहा। होंटों ही में मैंने जो कहना चाहा, उसका मतलब कुछ यह था कि किसी ने ग़लत रिपोर्ट कर दी है, मैं किसी लड़की को नहीं जानता।

"यदि कोई आपकी ज़मानत दे दे तो यह बाद में तय हो जायेगा, नहीं तो आप को मेरे साथ चलना होगा।"

तभी मेरी नज़र दरवाज़े पर खड़े अपने मित्रों पर पड़ी, जो वापस आ गये थे और मेरा साहस बँधा। "मेरे मित्र मेरे गाँव से आये हुए हैं, बड़े अमीर घराने के हैं," मैंने कहा, "वे ज़मानत दे देंगे।"

"पर हम उन्हें नहीं जानते। देवा जी या हरमोहन ज़मानत दे दें तो ठीक है।"

मैं कुछ क्षण को दोनों हाथों में सिर दे कर बैठ गया।

जब कुछ देर बाद मैंने सिर उठाया कि हरमोहन से ज़मानत देने को कहूँ और देखूँ कि उसकी आँखों में हमदर्दी है या उपेक्षा; तब मैंने देखा, सारा देवनगर धीरे-धीरे आ कर ड्योढ़ी में इकट्ठा हो गया है। न सिर्फ़ सब देवसैनिक हैं, वरन उनकी पत्नियाँ भी हैं। और-तो-और ज्ञानी दिलावर सिंह और पण्डित हज़ारीलाल के घर से भी स्त्रियाँ आ गयी हैं और अजीब-सी खुसर-फुसर हो रही है। यदि वाणी भी इनमें हुई!....और इस विचार से

ही कि वह मुझे इस दशा में देख कर क्या सोचेगी, मेरा दिल बैठ गया। पर एक नज़र देखने पर मुझे सन्तोष हुआ —उन सब तमाशाइयों में वाणी मौजूद न थी।

तभी माता जी से मेरी निगाहें चार हुई। उनमें अजीब-सी उल्लास-भरी चमक थी। और सावित्री! उसके होंटों पर मुस्कान और आँखों में शरारत थी।....फिर मैंने जिस-जिस चेहरे को देखा, उसे अपने साथ हमदर्दी रखने के बदले मुस्कराते पाया, यहाँ तक कि हेड-कॉन्स्टेबल की आँखों में भी क्षीण-सी-मुस्कराहट थी।....न जाने इस घबराहट में कब तीरथराम ने मेरे हाथ से वारण्ट ले लिया था। जब मैंने उसकी ओर देखा तो वह ऊँची आवाज़ से सब उपस्थित लोगों को वारण्ट की धारा और अभियोग सुना-सुना कर उसकी व्याख्या कर रहा था।

तब जाने कैसे अचानक बिजली के कौंधे की लपक-सा सब कुछ मेरे सामने स्पष्ट हो गया। मैं एकदम उठा और मैंने सारजेंट को डाँटा कि इस मज़ाक का फल उसे भुगतना पड़ेगा, मैं सुपरिण्टेण्डेण्ट को रिपोर्ट करूँगा। और मैं बगूले-सा ड्योढ़ी से निकला। बाहर मेरे साथी और मित्र खड़े थे। चेहरे उनके उतरे थे। "यह सब मज़ाक है, आप लोग जाइए, आपकी बस चली जायेगी," यह कहता हुआ मैं उसी तेज़ी से अपने कमरे की ओर बढ़ा। अपने पीछे मैंने 'एप्रिल फ़ूल,' 'एप्रिल फ़ूल' की आवाज़ें सुनीं। मैंने पलट कर नहीं देखा। बढ़ता हुआ मैं अपनी कोठी में आया और दरवाज़े की चिटख़नी चढ़ा कर धम से कुर्सी पर जा बैठा।

देर तक देवसैनिक मेरे किवाड़ खटखटाते और 'एप्रिल फ़ूल,' 'एप्रिल फ़ूल,' चिल्लाते रहे। लेकिन मैं टस-से-मस न हुआ। मेज़ पर बाज़ू रखे, सिर को उनसे टिकाये, औंधे मुँह बैठा रहा।

o

दोपहर का खाना खाने मैं नहीं गया। ज्ञानी दिलावर सिंह एक-दो बार आये, पर मैंने दरवाज़े नहीं खोले। कस्बे के दोस्तों के सामने वह मज़ाक मुझे बेहद क्रूर लगा। अपने कमरे की तनहाई में मेज़ पर बैठे-बैठे उस अभियोग की वास्तविकता मुझ पर खुल गयी। तेरह-चौदह वर्ष की पतली-सी, छोटी-सी लड़की....उनका संकेत निश्चय ही वाणी की ओर था। ज़रूर यह षड्यन्त्र तीरथराम और हरमोहन की सहायता से हुआ....और मुझे याद आया कि ड्योढ़ी में इकट्ठे होने वालों में और सब थे, लेकिन वाणी न थी....अप्रैल की पहली तारीख़ को उन्हें मेरा मज़ाक उड़ाना था तो कोई और अभियोग लगा सकते थे, पर अपने मन का ज़हर उन्होंने उस अभियोग द्वारा प्रकट कर दिया था....तेरह-चौदह वर्ष की पतली, छरहरी, नाबालिग़ लड़की....और मुझे तीरथराम की व्याख्या याद आयी —'संगीत जी को छोटी, नाबालिग़ लड़कियों को भरमाना ख़ूब आता है।' कमरे में मेरा दम घुटने लगा। मैं उठा। किवाड़ बन्द कर मैंने ताला लगाया और बाहर निकल, मैं उस विराट बरगद के नीचे पहुँचा, जहाँ सन्नाटा था, अँधेरा था और शान्ति थी। घने सायों में सील की कुछ अजीब-सी बू थी। पत्ते बिखरे पड़े थे। लम्बी-लम्बी दाढ़ियाँ लटक रही थीं। नीचे धरती पर सफ़री बनजारों ने ईंटें इकट्ठी कर जगह-जगह चूल्हे बना रखे थे। न जाने आग कब जली थी —राख उड़ चुकी थी, केवल उसकी स्याही बाकी थी। ऊपर घनी शाखाओं में ढेर-सी चमगादड़ें उलटी लटकी हुई थीं। मेरे जाने से वे एक साथ 'शाँ-शाँ' कर चीख़ उठीं। दो-एक तोते अपने

कोटरों से बाहर निकले और उड़ गये। बड़ी देर तक मन-ही-मन जलता-सुलगता मैं घूमता रहा। बरगद के परे कपास का खेत बिलकुल सूख गया था। कपास झड़ चुकी थी। केवल सूखे डण्ठल काटे जाने की प्रतीक्षा में खड़े थे। परे, दूर तक, कार्तिक में बोयी गेहूँ की फ़सल पकी खड़ी थी। हवा के हल्के-से झोंके से सुनहरी बालियाँ आमूल सिहर जातीं और हवा का तेज़ झोंका आता तो उसके रुख़ को झुक जातीं।

न जाने मैं कितनी देर तक घूमता रहा, लेकिन सूरज बरगद के ऊपर था कि पश्चिम के क्षितिज पर गहरा पीला बादल उठा। 'शायद आँधी है," मैंने सोचा। 'लेकिन आँधी के दिन कहाँ ?' —मन ने कहा। सोच ही रहा था कि बादल का वह टुकड़ा तेज़ हवा के पंखों पर उड़ता हुआ बढ़ कर सारे आकाश पर छा गया। 'यह तो ओलों का बादल है।' मन-ही-मन सोचता मैं तेज़ी से पलटा।

कोठी में पाँव रखा ही था कि सूखे अम्बर से पत्थर पड़ने लगे। देखते-देखते सारी धरती सफ़ेद हो गयी। कभी-कभी कोई मोटा पत्थर बरामदे के फ़र्श पर ज़ोर से आ गिरता और चूर-चूर हो कर बिखर जाता। तेज़ हवा चल रही थी और ख़ासी ठण्ड हो गयी थी। कुछ देर तक मैं बरामदे में खड़ा पत्थर पड़ते देखता रहा, फिर अन्दर कमरे में चला गया।

अभी मुश्किल से बैठा हूँगा कि देवा जी का नौकर छाता ताने एक चिट्ठी लाया।

"वाणी बीबी ने दी है।" उसने कहा।

वाणी की चिट्ठी! मेरा दिल धड़क उठा। मैंने चिट्ठी ले ली। नौकर चला गया। छोटे-छोटे, पर बड़े साफ़ अक्षरों में लिखा था :

संगीत जी,

आज देवनगर में आपके साथ जो सलूक हुआ है, उसके लिए मन बड़ा दुखी है। दुनिया बेदार नहीं। दुनिया नहीं चाहती कि जिधर से वाणी गुज़रती है उधर से संगीत जी गुजरें, या वे वाणी-जैसी नाचीज़ हस्ती से दो बाज़ियाँ बैटमिण्टन खेलें। इस नगर का नाम चाहे देवनगर है, पर यह वास्तव में राक्षसनगर है। दार जी के उपदेश ऊसर में गिरी बूँदों सरीखे हैं। चाहे आपने मुझे जो स्नेह दिया है, वह एकदम पवित्र है, पर जिनके दिलों में मैल है, वे इसे अपवित्र समझते हैं। आज से हरमोहन भरा जी, सुदर्शन और तीरथराम जी हमारे पीछे लगे हैं। आपने जैसे अब तक व्यवहार किया है, वैसे ही और दो-तीन वर्ष करेंगे, यह मैं आपसे प्रार्थना करूँगी। आपकी और अपनी इज़्ज़त के ख़याल से मैं ये चन्द पंक्तियाँ लिख रही हूँ। इस पत्र को पढ़ कर फाड़ दें।

आपकी

वाणी

पत्र को पढ़ कर सुबह का सारा अपमान और क्लेश धुल गया, लेकिन साथ ही एक अजीब-से पीड़ामय आक्रोश से मन भर उठा। 'यह देवनगर नहीं, राक्षसनगर है।' जब देवनगर के संचालक की पुत्री यह कह सकती है तो औरों की बात दूर रही। फिर हरमोहन, तीरथराम और सुदर्शन सिंह का वह क्रूर षडयन्त्र!....देवा जी वहाँ नहीं थे, होते तो शायद उसी समय जा कर मैं त्याग-पत्र दे आता।

०

शाम को भी जब मैं खाने नहीं गया और सूखे रस्क खा कर और पानी पी कर लेट गया तो ज्ञानी जी ने मेरा दरवाज़ा खटखटाया। उठना न चाहता था, बात भी करना न चाहता था, पर उनके बार-बार दस्तक देने पर उठा। मेरे पास चारपाई पर आ कर वे बैठ गये। सुबह की घटना का उल्लेख कर उन्होंने कहा, "तुमने न सुबह खाना खाया, न शाम, मुझे बड़ी चिन्ता हो गयी है। भाई, तुम्हें मज़ाक का यों बुरा न मानना चाहिए।"

"मैं मज़ाक का बुरा नहीं मानता," सहसा मैं बोल उठा, "लेकिन इस मज़ाक की तह में जो बात है, उसका मुझे दुख है।"

"क्या बात है ?" ज्ञानी जी मेरे निकट ही बैठे और उन्होंने मेरी पीठ को बड़े स्नेह से थपथपा दिया।

मैं चुप रहा।

"क्या बात है ?" उन्होंने फिर पीठ थपथपायी।

तब न जाने मुझे क्या हुआ, ज्ञानी जी के उस प्रश्न में, घनी सफ़ेद दाढ़ी-मूँछों से भरे उनके उस मुख में, बड़ी-बड़ी जिज्ञासापूर्ण उनकी आँखों में क्या बात थी, कैसा विश्वासोत्पादक स्नेह था या न जाने मेरा ही मन कैसा भरा था कि छलक उठना चाहता था। मैंने पहले दिन से ले कर उस दिन तक तीरथराम, अपने और वाणी के सम्बन्ध की सारी बातें उन्हें बता दीं। कहीं कुछ भी नहीं छिपाया।

ज्ञानी जी, देवा जी के अन्ध-भक्तों में से थे। उनकी बड़ी लड़की ने न केवल मुझ-जैसे एक साधारण मुलाज़िम को चाहा है, बल्कि उस देवनगर के बारे में ऐसा घातक पत्र लिखा है, यह सुन कर उनके मुख पर चिन्ता का गहरा बादल छा गया। कुछ क्षण वे चुप रहे, फिर उन्होंने बड़ी गहर-गम्भीर वाणी में कहा —"आपकी बातें अस्सी प्रतिशत ठीक हैं...."

"मैंने एक प्रतिशत भी झूठ नहीं बोला।" बात काट कर मैंने कहा।

"आपने झूठ नहीं बोला, आपका अनुमान ग़लत था।"

मैं चुप रहा।

कुछ क्षण बाद ज्ञानी जी फिर बोले, "तीरथराम ईर्ष्या से आपके पीछे नहीं रहता था, हरमोहन ने उसे नियुक्त कर रखा....!"

"मेरे विरुद्ध अण्ट-सण्ट बातें कह कर उसने अपने-आपको नियुक्त करा लिया था, यों कहिए।"

ज्ञानी जी ने मेरी बात की ओर ध्यान नहीं दिया। कुछ क्षण बाद उन्होंने कहा, "आप वह पत्र मुझे दिखा सकते हैं!"

"मैं आपको दिखा सकता हूँ!"

"दिखाइए!"

और मैंने अपने दोनों हाथों में पत्र थाम कर उन्हें जल्दी-जल्दी पढ़ा दिया और यद्यपि इस बात की ज़रा भी सम्भावना न थी तो भी इस बात का मैंने ध्यान रखा कि वे छीन न लें।

"यह पत्र आपको मुझे देना चाहिए," उन्होंने फिर उसी अनुरोधपूर्ण स्वर में कहा। फिर क्षण भर बाद बोले, "और आपको त्याग-पत्र दे देना चाहिए।"

"पत्र मेरा व्यक्तिगत है, मैं आपको क्यों दूँ ?" मेरे स्वर में हल्की-सी झल्लाहट थी, "मैं इसका कोई अनुचित लाभ न उठाऊँगा, इसका वचन मैं आप को देता हूँ। रहा त्याग-पत्र, तो मेरा क्या दोष है कि मैं त्याग-पत्र दूँ ?"

ज्ञानी जी फिर चुप हो गये। वास्तव में वे उस पत्र को देख कर बड़े चिन्तित हो उठे थे। बहुत देर तक वे मुझसे पत्र माँगते रहे, पर मैंने पत्र देने से एकदम इनकार कर दिया। उन्हें चिन्ता थी कि देव-सम्मेलन होने जा रहा है, पत्र की बात का पता चला तो जाने विरोधियों के हाथ में वह कैसे गुल खिला दे! आख़िर लगभग रात के बारह बजे मुझसे वचन ले कर मैं किसी से भी उस पत्र का ज़िक्र न करूँगा, वे चले गये।

लेकिन सुबह ही वे फिर आ गये। रात भर मैं सोया न था, पर वे भी सोये न थे। आते ही उन्होंने फिर वही रट लगा दी। मैंने उस रात चिट्ठी की एक प्रतिलिपि करके रख ली थी। मैंने उनसे कहा —"मैं चिट्ठी आपको दूँगा नहीं, पर आपको यह बताने के लिए कि मेरा इरादा न तो उसे विरोधियों को दिखाने का है और न किसी और को देने का, आप चाहें तो मैं उसे जला देता हूँ।"

"हाँ, आप उसे जला दीजिए!" उन्होंने जैसे सुख की लम्बी साँस ली!

और मैंने उस पत्र को तीली दिखा दी। कुछ क्षण तक जलता और मुड़ता वह पत्र मेरे हाथ में रहा, फिर जब मेरी उँगलियाँ जलने लगीं तो मैंने उसे छोड़ दिया और जलता हुआ वह लाल सीमेंट के फ़र्श पर जा गिरा।

ज्ञानी जी सन्तुष्ट हो कर चले गये, तो मेरी नज़र उस जलते हुए पत्र पर चली गयी — काग़ज़ का एक कोना राख से अलग हो कर पड़ा था और राख कमरे में उड़ रही थी। मैंने वह काग़ज़ का टुकड़ा उठाया, केवल एक शब्द जलने से रह गया था —वाणी।

आठ

मन में एक तूफ़ान-सा मचा था। उद्वेग था कि लेखनी में समा न पा रहा था। शब्दों से कहीं आगे विचार भागे जा रहे थे और उन्हें पकड़ने के भरसक प्रयास में लेखनी उनके पीछे सरपट दौड़ी जा रही थी। आधी रात के सन्नाटे में, लैम्प जलाये, मैं अपने कमरे के एकान्त में काग़ज़ रँगे जा रहा था....चार दिन पहले ज्ञानी जी ने मुझे त्याग-पत्र देने को कहा था तो मैंने इनकार कर दिया —'मैं क्यों त्याग-पत्र दूँ, मेरा क्या दोष है ?' मैंने कहा था, लेकिन अब ज्ञानी जी के लगातार रोकने पर भी, 'त्याग-पत्र न दूँगा,' ऐसा वचन उन्हें देने पर भी, बिस्तर छोड़, लैम्प जला, मैं त्याग-पत्र लिखने बैठ गया था।

अब सोचता हूँ तो पाता हूँ कि यदि ज्ञानी जी पहली अप्रैल को मुझे त्याग-पत्र देने को न कहते तो शायद मैं उस घटना के बाद अपने आप त्याग-पत्र दे देता, लेकिन जब

उन्होंने वाणी का पत्र पढ़ कर कहा कि मुझे त्याग-पत्र दे देना चाहिए तो उनकी यह माँग मुझे सर्वथा अन्यायपूर्ण लगी और मैं चिल्ला उठा —'मैं क्यों त्याग-पत्र दूँ, मेरा क्या दोष है ?'

लेकिन त्याग-पत्र न देने के बावजूद, उस घटना के बाद मेरा मन देवनगर से कुछ उखड़ गया था। वहाँ रह कर भी जैसे वहाँ नहीं था।

दूसरी सुबह ही पत्थरचट्टी, बनौली, चक हाशिम मिस्त्री और शुल्लर से गेहूँ की फ़सल के बरबाद हो जाने की ख़बरें आने लगीं। प्रैक्टिकल स्कूल के उद्घाटनोत्सव पर आने वालों के मनोरंजनार्थ देवा जी ने निकटवर्ती देहातियों के नृत्य, गान तथा खेलों का प्रोग्राम रखा था। इसके आयोजन की ड्यूटी पत्थरचट्टी के थानेदार की मदद से स्वयं हरमोहन ने अपने ज़िम्मे ले ली थी। लेकिन जब शाम को हरमोहन वापस आया तो मालूम हुआ कि ओलों का बादल जिस गाँव के ऊपर से हो कर गया, उसे बरबाद करता गया। पक्की खड़ी फ़सल पत्थर की मार से तबाह हो गयी थी। गाँवों में त्राहि-त्राहि मच गयी थी। ऐसे में नाच-गाने और खेल-कूद को किसका मन था ? हरमोहन बड़े-से प्रोग्राम की जो स्कीम बना कर गया था, वह एकदम चौपट हो गयी थी। दिन भर दौड़-धूप के बाद पत्थरचट्टी के थानेदार के कोप की धमकी और काफ़ी पैसों के लोभ की मदद से वह कुछ टूटी-फूटी मण्डलियाँ तैयार कर पाया था।

तब मधवार साहब ने परामर्श दिया कि उद्घाटनोत्सव एक महीने के लिए स्थगित कर दिया जाये। "इर्द-गिर्द के गाँवों में जब हाय-हाय मची हुई है तो हमें ख़ुशी मनाना शोभा नहीं देता," उन्होंने कहा था : देवा जी पहले तो मधवार साहब से सहमत दिखायी दिये। और उन्होंने एक बड़ा ही भावुकता-भरा लेख भी 'दैवी विपत्ति से गाँवों की तबाही' पर लिखा और ऐसी स्थिति में कुछ भी सहायता न कर सकने के लिए कांग्रेस तथा सरकार दोनों की निन्दा की, पर शायद देवसैनिक तैयार न हुए (कम-से-कम मधवार साहब से उन्होंने यही कहा) या शायद उन्होंने स्वयं इरादा बदल दिया। लेख चूँकि बन गया था, इसलिए अन्त में उन्होंने एक पैरा और जोड़ दिया :

"देहात की इस तबाही को देख कर मन नहीं होता कि हम प्रैक्टिकल स्कूल के उद्घाटन का उत्सव मनायें, लेकिन मौत का एक ही जवाब है —ज़िन्दगी! नाश का एक ही उत्तर है —निर्माण! इसलिए हम आस-पास की इस तबाही में घिरे रह कर भी जीवन और निर्माण के इस पर्व को स्थगित नहीं कर रहे। लेकिन इस ख़ुशी में हमारी सारी वृत्तियाँ अपने इन्हीं भाइयों, साथियों और पड़ोसियों की ओर लगी हुई हैं, जो इस दैवी विपत्ति में अपनी सारी कमाई लुटा बैठे हैं...."

और उस समय जब इर्द-गिर्द के गाँव उस दैवी विपत्ति में लुटे-पुटे थे और देवनगर में उत्सव की तैयारियाँ हो रही थीं, जाने क्यों मेरा मन निरन्तर उन्हीं देहातियों की बात सोचता था, जिन्होंने दिन-रात जोत-गोड़ कर, माघ-पूस की सर्दी में सिंचाई करके सोना उगाया था और जिनके इतने दिनों के श्रम को दैव ने यों कुछ क्षणों में बर्बाद कर दिया था।

मैं देवा जी से लेख लेने गया, जब पत्थरचट्टी के कुछ किसान आये हुए थे। उनसे मालूम हुआ कि न केवल गेहूँ की बालियाँ ओलों की मार से बिछ गयी हैं, बल्कि डण्ठल भी सड़ रहे हैं। उनको ही नहीं, उनके पशुओं को भी फ़ाकों का सामना करना है और वे

ग़रीब देहाती देवनगर के बादशाह से मदद माँगने आये हैं।

बादशाह ने उनकी दशा पर बड़े मीठे शब्दों में अपनी ओर से ही नहीं, सारे देवनगर की ओर से सहानुभूति प्रकट की, लेकिन साथ ही तत्काल कुछ सहायता देने में असमर्थता जतायी, "देवमण्डल के स्थायी फ़ण्ड का बहुत-सा रुपया प्रैक्टिकल स्कूल बनाने में लग गया है," उन्होंने कहा, "पाँच को स्कूल का उद्घाटन हो रहा है। उधर से निबट जायें तो आपके लिए कुछ सहायता की व्यवस्था करें।"

और किसान चले गये थे। मैं देवा जी को अनुवाद सुना कर और नया लेख ले कर वापस आ गया था। मैं जानता था, उन्होंने केवल टालने के लिए मीठे शब्दों में उन्हें आश्वासन दे दिया है। उन किसानों की दुरावस्था से द्रवित मेरा मन जाने क्यों एकदम उस देवनगर से भाग जाने को होता था। देवा जी बड़े ऊँचे आदर्शवादी, बड़े मृदुभाषी और बड़े सज्जन लगते थे, पर जब उनके मिठास-भरे शब्दों के पीछे मैं कृत्य के नाम पर एक बड़ा-सा शून्य पाता तो मन सहसा वितृष्णा से भर उठता और लगता कि यह सब ढोंग है और वहाँ काम करना उस ढोंग में योग देना है।

यह अजीब बात है कि अपनी नौकरी के सम्बन्ध में अच्छे-बुरे उद्देश्य की बात मैंने पहले कभी न सोची थी —उसी तरह, जैसे मैं ग़रीबी के सम्बन्ध में पहले कभी न सोच पाया था। लेकिन पहले शायद मैं यों सोचने के योग्य ही न था। देवा जी के लेखों ने ही मुझे उस तरह सोचना सिखाया था, पर जब मैं उन लेखों द्वारा सीखी हुई बातों को देवसैनिकों के कृत्यों से मिलाने लगा तो मुझे निराशा होने लगी। फिर वाणी....जाने क्यों उसकी दृष्टि में उठ जाने की आकांक्षा मेरे मन में अनजाने ही आ बैठी। श्यामा से पता पाने पर उसने जब नबी को स्कूल में दाख़िल कराने का वचन दिया और किसी ग़रीब देहाती के लिए उस तरह चिन्ता करने पर मेरी प्रशंसा की तो चाहे मैंने अपने मुख पर उसका आभास नहीं आने दिया, पर गर्व से मेरा हृदय फूल उठा और उस किशोरी की दृष्टि में हिमालय-सा ऊँचा उठ जाने की आकांक्षा सहज ही वहाँ समा गयी थी।

वाणी की वह चिट्ठी यद्यपि ज्ञानी जी को मैंने दिखा-पढ़ा दी थी, लेकिन उसकी बात मैंने किसी से न कही थी। एप्रिल-फ़ूल सम्बन्धी अपने उस अपमान के बाद क्रोध के पहले आवेग में यद्यपि मैं देवा जी को सब कुछ बता देना चाहता था, तो भी जब वे दूसरे दिन आ गये तो मैंने उनसे कुछ नहीं कहा। मेरे मन में इतना क्षोभ और दुख है, इसका भी पता मैंने उन्हें नहीं चलने दिया —चुपचाप लेख ले आया, उनके आदेश सुन लिये, 'जी हाँ, जी हाँ' कहा और बस —शायद ज्ञानी जी को सब कुछ बता देने पर क्रोध का आवेग शान्त हो गया था।

लेकिन उस घटना के बाद मैं देवनगर के उस आम उत्साह में भाग नहीं ले सका, देवनगर की हँसी-ख़ुशी में शामिल नहीं हो सका और न जाने क्यों वाणी से भी आँख न मिला सका। यद्यपि ज्ञानी जी ने बहुतेरा कहा, लेकिन मैं खाना खाने डाइनिंग हॉल में नहीं गया। ज्ञानी जी दोनों वक्त खाना ला कर देते रहे और मैं कोठी पर ही खाता रहा। आख़िर चौथे दिन जब मैंने जाना कि मैं अपेक्षाकृत स्वस्थ हो गया हूँ, मैंने खाना खाने के लिए शाम को डाइनिंग हॉल में जाने का फ़ैसला किया।

०

लेकिन यह मेरा भ्रम था। मेरा घाव भरा न था। ऊपर से चाहे उस पर हल्का-सा खुरण्ड आ गया था, पर भीतर से वह उसी तरह कच्चा था —ज़रा-सी ठेस पर दुख उठने और रिस-बहने वाला! और उसी शाम क्रोध का वह आवेग फिर उसी ज़ोर से उमड़ उठा।

०

कृष्णपक्ष की अँधेरी शाम थी। तीसरी पाँत की घण्टी बजी तो बाहर अन्धकार काफ़ी घना हो गया था। मैं सब लोगों के बैठ जाने के बाद हॉल में पहुँचा। बिना किसी से आँख मिलाये, थाली-कटोरी उठा कर पिछली कतार में अपनी मेज़ पर जा बैठा। जल्दी-जल्दी खाना ख़त्म कर सब से पहले उठ गया और उसी तरह जल्दी-जल्दी हमाम से हाथ धो कर अपनी कोठी की ओर चल पड़ा। अभी चन्द ही कदम बढ़ा था कि मुझे अपने पीछे रुँधी-घुटी आवाज़ सुनायी दी :

"संगीत जी!"

वाणी की आवाज़ थी। तेज़-तेज़ चलने से उसकी साँस किंचित फूल आयी है, यह मैंने बिना मुड़े जान लिया।

"संगीत जी!"

वह रुँधी-घुटी अनुरोध-भरी आवाज़! चाहता था, बिना मुड़े, बिना रुके बढ़ जाऊँ, लेकिन पाँव जैसे वहीं जम गये। कदम जैसे आगे नहीं उठे। वाणी मेरे बराबर आ गयी। पीछे से आने वाले डाइनिंग हॉल के धीमे प्रकाश में उसकी हल्की-सी छाया ही दिखायी दी।

"संगीत जी, आप मुझसे नाराज़ हैं ?"

मैं चुप रहा। हम साथ-साथ चलने लगे।

"चार दिन हो गये हैं, मैं आपसे दो बातें करने को तरस रही हूँ, पर आपकी सूरत तक दिखायी नहीं दी। मैं जानती हूँ, आपके मन में बड़ा क्रोध है, क्षोभ है, लेकिन दूसरों की छुटाई देख कर क्या आप अपनी बड़ाई छोड़ देंगे ? तीरथराम, हरमोहन और सुदर्शन भरा जी ने जो कुछ किया है, उसके लिए आप मुझे क्षमा कर दें!"

उसकी आवाज़ रुँध गयी थी, कण्ठ आर्द्र हो आया था। उस अँधेरे में कुछ दिखायी नहीं दिया, पर मेरी आँखों के सामने उसकी बड़ी-बड़ी, छलछलायी, पनियारी आँखें; सफ़ेद, उड़ा-उड़ा मुख और कण्ठ-भाग के उभरे लोम-रन्ध्र घूम गये। इससे पहले कि मैं कुछ कहता, हमारे पीछे से तेज़-तेज़ चलते और बातें करते तीरथराम, हरमोहन और सुदर्शन सिंह आये और वैसे ही बातें करते-करते हमसे ज़रा अन्तर पर आगे-आगे चलने लगे। वाणी चुप हो गयी, उत्तर सुने बिना ज़रा आगे बढ़ गयी, जैसे वह मेरे साथ न चल रही हो! 'आज से तीरथराम, हरमोहन और सुनदर्शन भरा जी भी हमारे पीछे लगे हैं,' वाणी के पत्र की यह पंक्ति मेरे दिमाग़ में कौंध गयी और क्रोध का बगूला मेरे मन में उठ कर मेरे दिमाग़ की नस-नस में छा गया। मैंने अपनी चाल तेज़ कर दी। पहले वाणी और फिर तीरथराम और सुदर्शन को पीछे छोड़ता हुआ मैं आँधी-सा चलता, अपने कमरे में आया; लैम्प जलाया; पैड उठाया; और देवा जी के नाम चिट्ठी लिखने बैठ गया....

"कहो भाई, क्या हो रहा है ?" मुझे आया हुआ जान, ज्ञानी जी दरवाज़े में प्रकट हुए।

मैं अपने आवेग में किवाड़ तक लगाना भूल गया था। बिना सिर उठाये मैंने उत्तर दिया —"त्याग-पत्र लिख रहा हूँ।"

"त्याग-पत्र!" चकित-से वे मेरे सामने कुर्सी पर आ बैठे।

"जी!" मैंने क्षण भर कलम रोक कर कहा, "आपने मुझसे त्याग-पत्र देने को कहा था। मैंने फ़ैसला किया है कि आप ठीक कहते हैं, मुझे त्याग-पत्र दे देना चाहिए।"

ज्ञानी जी चुप मेरी ओर देखते रहे —लेकिन मैं बोलता गया :

"तब मैंने सोचा था, मेरा क्या दोष है, मैं क्यों त्याग-पत्र दूँ ? पर अब मैं सोचता हूँ, मेरा दोष है कि मैं ऐसी जगह बसा हुआ हूँ, जहाँ किसी स्वतन्त्र वृत्ति के आदमी के लिए कोई जगह नहीं, जहाँ वास्तव में ईर्ष्या-द्वेष, संकीर्णता और ओछेपन का राज है, जहाँ प्रेम के स्थान पर नफ़रत और विश्वास के स्थान पर सन्देह है और मैंने तय किया है कि मैं देवनगर के वासियों और अपने आप पर दया करूँ और त्याग-पत्र दे दूँ।"

देवनगर की निन्दा सुनने पर ज्ञानी जी का चेहरा लाल हो गया, पर बरबस संयत रह कर उन्होंने कहा, "तो आप यह सब त्याग-पत्र में लिखने जा रहे हैं ?"

"हाँ!"

"आप यह नहीं सोचते कि इससे देवा जी को कितना दुख होगा। कल उद्घाटन-समारोह है, बाहर से इतने आदमी आये हैं। आपके इस त्याग-पत्र को पा कर देवा जी कितने परेशान होंगे।"

"मेरे लिए अब यहाँ एक दिन भी रहना मुश्किल हो गया है।"

और मैंने ज्ञानी जी को कुछ क्षण पहले की घटना सुना दी।

ज्ञानी जी पल भर बैठे चुपचाप सोचते रहे। फिर उन्होंने बड़े धैर्य के साथ कहना शुरू किया, "अव्वल तो यह आपका भ्रम है कि लोग आपके पीछे लगे हैं। वाणी बच्ची है। उसने यदि बचपने में वैसा लिखा है तो यह नहीं कि वह सोलहो आने सच है। तीरथ और सुदर्शन चाहे वैसे ही खाना खा कर निकले हों, पर क्योंकि आपके मन में सन्देह है, आपको लगा कि वे आपका पीछा कर रहे हैं।"

"भ्रम की बात नहीं, यह सच है और इसे मैं ही जान सकता हूँ।"

"सच भी हो," ज्ञानी जी ने उसी धीर-गम्भीर वाणी में कहा, "तो भी आपको इतना अनुदार न होना चाहिए। देवनगर तीरथराम, हरमोहन और सुदर्शन सिंह का नहीं, देवा जी का और हमारा सपना है और इसके टूटने से उन्हीं को नहीं, हमें भी दुख होता है। आप यह सब लिखेंगे तो आप नहीं जानते, देवा जी को कितनी तकलीफ़ होगी। आपको तीरथ, हरमोहन या सुदर्शन से शिकायत है, देवा जी से तो नहीं, फिर आप उनका दिल क्यों दुखायें ? अव्वल तो मैं आपसे यह कहूँगा कि अब त्याग-पत्र देने की ज़रूरत नहीं। आपने मुझे सब कुछ बता दिया है। आप मुझे सब बताते रहें तो आपको कोई कष्ट न होगा, लेकिन यदि आपको किसी तरह भी यहाँ रहना स्वीकार न हो तो आप इस तरह दुख पहुँचा कर क्यों जायें ? रंग में भंग डाल कर क्यों जायें ? शत्रु बन कर अलग होने से मित्र बन कर अलग होना अच्छा। उत्सव होने दीजिए, न मन लगे तो चुपचाप सीधे त्याग-पत्र दे कर चले जाइएगा। इस घटना के बारे में देवा जी को कुछ मालूम नहीं। उन्हें यह सब बता कर

आपको क्या मिलेगा ?"

और मैं चुप रह गया। ज्ञानी जी की इस बात का कोई उत्तर मुझसे न बन पड़ा। 'शत्रु बन कर बिछुड़ने से मित्र बने रह कर बिछुड़ना अच्छा है,' यह कहावत मैंने सुन रखी थी। मैंने लिखा हुआ काग़ज़ फाड़ दिया और ज्ञानी जी से वादा किया कि मैं त्याग-पत्र न दूँगा, दूँगा भी तो उत्सव के गुज़र जाने की प्रतीक्षा करूँगा।

ज्ञानी जी देर तक देवनगर के बारे में अपने सपने, उन सपनों की पूर्ति के रास्ते की रुकावटों, देवसैनिकों की त्रुटियों और उन त्रुटियों के रहते भी देवनगर के सपने को सच कर दिखाने में देवा जी के अडिग विश्वास का उल्लेख करते रहे। उन्होंने मुझसे वचन ले लिया कि मेरे जैसा 'समझदार' आदमी कम-से-कम उन कठिनाइयों को बढ़ायेगा नहीं।

ज्ञानी जी सन्तुष्ट हो कर चले गये तो मैं लैम्प बुझा कर चारपाई पर लेट गया।

लेट गया, लेकिन सो नहीं सका। लेटते ही ज्ञानी जी के साथ अपनी सारी बातचीत फिर से मेरे कानों में गूँज गयी और मुझे लगा कि ये लोग ठीक स्थिति से देवा जी को सदा अपरिचित रखते हैं। देवनगर के जिस विराट सपने के शिखर पर वे बैठे हैं, उन्हें मालूम नहीं कि उसकी नींव उनके अनजाने ही में खिसकी जा रही है। उन्हें मालूम नहीं कि उसकी नाक के नीचे उनके प्रिय नगर में नफ़रत और विद्वेष का बाज़ार गर्म है और उन्होंने जो सिद्धान्त बनाये हैं, वे उनके सामने ही तोड़े जा रहे हैं। उन्हें मालूम नहीं कि उनकी अपनी लड़की पिंजरे में बन्द चिड़िया-सरीखी तड़पती है। वाणी की चिट्ठी के शब्द बार-बार मेरी आँखों के सामने घूमने लगे। डाइनिंग हॉल से आते-आते अभी कुछ घण्टे पहले उसने कहा था —'चार दिन हो गये हैं, मैं आपसे दो बातें करने को तरस रही हूँ।'....

और मैं उछल कर चारपाई से उठ बैठा....

....नहीं, यह नहीं होगा, देवा जी को सब-कुछ बताना होगा। बताना होगा कि उनका देवनगर राक्षसनगर बन रहा है, उनकी अपनी लड़की उन राक्षसों के चंगुल में फँस कर क्षण-क्षण घुटी जा रही है....न बताना कायरता होगी, बददयानती होगी.... उद्घाटनोत्सव ?....वे बड़े-बड़े भाषण देंगे और उनकी अपनी लड़की मन में उन पर हँसेगी। इससे बड़ी विडम्बना और क्या होगी ? इस विडम्बना से उन्हें बचाना होगा।....मीठा सच ? लेकिन सच क्या कभी मीठा भी होता है ? सच हमेशा कड़वा होता है और सत्यवादी को कभी उससे कतराना न चाहिए। ऐसा करना बददयानती ही नहीं, कायरता भी होगी। और मैंने उठ कर लैम्प जलाया, लोई ओढ़ी, मेज़ पर जा बैठा और काग़ज़-कलम उठा कर सर्र-सर्र लिखने लगा :

आदरणीय देवा जी,

आधी रात के सन्नाटे में अन्तर का गला घोंट देने वाले आवेग से विवश हो कर मैं चन्द पंक्तियाँ आपको लिखने जा रहा हूँ। मैं जानता हूँ, इन्हें पढ़ कर आपको दुख होगा। ज्ञानी जी ने मुझे यह सब अभी लिखने से रोका है। लेकिन मैं समझता हूँ कि यह सब न लिखना आपके और अपने साथ धोखा करना है। मैंने बहुत सोचा है, इतना कि मेरी रात की नींद हराम हो गयी है और मैं इस नतीजे पर पहुँचा हूँ कि स्थिति जैसी भी है, उसमें एक दिन भी और यहाँ रहना

मेरे लिए असम्भव है। मुझे तत्काल अपना त्याग-पत्र दे देना चाहिए और आपसे प्रार्थना करनी चाहिए कि आप मुझे ऐसी स्थिति में एक दिन भी यहाँ और रहने को विवश न करें।

लेकिन इससे पहले कि मैं आपसे, आपके आश्वासन के बाद भी छुट्टी माँगू, मैं इस त्याग-पत्र का कारण लिखना चाहूँगा। ज्ञानी जी कहते हैं —इससे आपको दुख होगा। मैं जानता हूँ, लेकिन सत्य कटु है और यह कटु सत्य मुझे आपके सामने रखना है। इसलिए कि मैं इसे अपना एक कर्तव्य समझता हूँ।

और यों शुरू करके मैंने देवनगर में अपने आने, तीरथराम से मिलने, सबसे पहले उसका स्नेह पाने, उसकी आहों और एकाकीपन का कारण जानने की जिज्ञासा से ले कर बड़े दिन की शाम और उसके बाद की प्रत्येक घटना का उल्लेख कर दिया। यहाँ तक कि वाणी की चिट्ठी, उसके मन में उठने वाले उफान और उसी शाम खाने के कमरे की घटना को भी नहीं छिपाया और अन्त में लिखा :

आपने एक बार देवनगर के जीवन का सपना बयान करते हुए कहा था — 'और फिर तंग मकानों के पास गन्दी नालियाँ न बहें; बाग़ों की छाया में सुन्दर भवन हों, ग़रीबों में घिरा कोई अकेला मालदार सोने की ईंटों को छिपाये चोरों से बचता न फिरे, बल्कि सभी पेट भर खायें और विकास के सपने देखें — दिन-चढ़े किरणों के सुस्पर्श से लोग जागें; खुले माथे, मुस्कराती आँखों और फैली बाँहों से एक-दूसरे से मिलें; प्रभात में जगी चिड़ियों की तरह एक-दूसरे को बुलायें और अपने स्वभाव के अनुसार जीवन का उद्देश्य ढूँढें....

मैं पूछता हूँ क्या देवनगर में ऐसा है ? क्या इर्द-गिर्द की ग़रीब दुनिया में देवनगर का अस्तित्व सोने की ईंटों को छिपाये वैभवशाली व्यक्ति जैसा नहीं ? क्या बाहर की सारी संकीर्णता, बैर, विद्वेष, डाह, चाटुकारिता, चापलूसी यहाँ नहीं ? जब आपकी अपनी लड़की इसे राक्षसनगर समझती है तो हमारी कौन बात ? ऐसी स्थिति में आपसे प्रार्थना करूँगा कि आप मुझे तत्काल छुट्टी दे दें, ताकि इस घुटे-घुटे वातावरण से निकल कर मैं आज़ादी के दो साँस लूँ और ज़िन्दगी का जो विशाल दृष्टिकोण मैंने आपसे पाया है, बाहर जा कर उसके अनुसार जीवन बिताने का प्रयास करूँ।

०

सुबह देवनगर में बड़ी चहल-पहल, बड़ी रौनक और बड़ा शोर था। प्रातः देव-सम्मेलन था और शाम को उद्घाटनोत्सव। सभी देवनगर-वासी सम्मेलन को सफल बनाने में जुटे थे। मेहमान वहाँ से लौटें तो देवनगर के वातावरण, उसके वासियों के मीठे स्वभाव, सज्जनता और सौहार्द्र गुण गाते जायें, सभी को इसकी चिन्ता थी। किन्तु मैं अपने कमरे से बाहर तक न निकला। सम्मेलन-स्थल में क्या हो रहा है, देवा जी और ज्ञानी जी कैसे भाषण दे रहे हैं; आगत जनों में कौन बोल रहा है; कौन कवि तथा गायक, देवनगर अथवा उसके संचालक की प्रशंसा में कविता या गीत सुना रहा है, मुझे यह सब जानने की इच्छा न हुई। बिस्तर से उठ कर सबसे पहले मैंने रात के लिखे त्याग-पत्र को दोबारा लिखा, काट-छाँट

कर और भी प्रभावोत्पादक बनाया और सफ़ाई से तह कर, एक लम्बे लिफ़ाफ़े में बन्द कर दिया। फिर नहा-धो और कपड़े बदल कर मैं खाना खाने के लिए चलने को तैयार हो गया। जाते समय मैंने लिफ़ाफ़े पर लाल रोशनाई से अंग्रेज़ी के दो शब्द 'अरजेण्ट-पर्सनल' याने 'अत्यावश्यक-व्यक्तिगत' लिखे और मुख को यथा-सम्भव निर्विकार बना कर मैं डाइनिंग हॉल को चल दिया।

हॉल के बाहर बड़ी रौनक थी। सभी आगत टोलियों के साथ एक-न-एक देवसैनिक अथवा कर्मचारी चिपका था, धनी-मानी अथवा अफ़सर किस्म के मेहमानों को देवा जी, ज्ञानी जी, सरदार पाला सिंह आर्टिस्ट, मधवार साहब अथवा हरमोहन सँभाले हुए थे। अन्दर मेज़ें उठा दी गयी थीं। सीमेण्ट के चमचमाते फ़र्श पर चादरों की पाँतें बिछी थीं और अतिथियों को बारातियों की तरह भोजन कराया जा रहा था। मैं न किसी टोली में शामिल हुआ, न किसी अतिथि के साथ बातों में लगा। यदि किसी ने कुछ पूछा भी तो मैंने न केवल बड़े मीठे देवनगरिया ढंग से उसे टाल दिया, बल्कि उसे किसी-न-किसी दूसरे कर्मचारी की ओर भेज दिया और स्वयं तनिक हट कर देवा जी की गतिविधि लेने लगा। कुछ देर बाद वे एक धनी-मानी लहीम-शहीम सरदार के साथ बातें करते हुए हॉल में पहुँचे। मैं भी उसी पाँत में जा बैठा और जल्दी-जल्दी खाने से निबट कर बाहर आ गया और उनके बाहर निकलने की प्रतीक्षा करने लगा।

देवा जी गिना-मिथा भोजन करते थे। भोजन जीने के लिए है और जीना ऊँचे कामों के लिए, इसमें उनका विश्वास था। पर उनके साथ देवता बनने की इच्छा से बैठने वाले सरदार जी शायद जीना खाने के लिए ही समझते थे। देवा शिष्टाचारवश उनका साथ निबाह रहे थे और जब उनके मित्र स्वादिष्ट खाने पर हाथ साफ़ कर रहे थे, वे उन्हें अपने जीवन के मनोरंजक किस्से सुना रहे थे और खाने के नाम पर कभी रोटी का ज़रा-सा टुकड़ा कुतर लेते थे, कभी तरकारी चम्मच की नोक पर रख कर मुँह में डाल लेते थे।

उनकी प्रतीक्षा में खड़े-खड़े मैं लगभग उकता गया। कुछ देर बाद दरवाज़े में जा कर उन सरदार जी को खाने पर हाथ साफ़ करते देख आता और फिर बाहर आ कर प्रतीक्षा करने लगता। आख़िर लगा, जैसे एक युग के बाद वे अपने साथी के साथ इस बात पर बहस करते हुए हॉल के दरवाज़े में नमूदार हुए कि वे अपने मेहमान की थाली उठायें अथवा मेहमान उनकी! कुछ देर की तकल्लुफ़-भरी छीना-झपटी के बाद आख़िर दोनों अपनी थालियाँ ले कर हमाम की ओर बढ़े।

वास्तव में देवा जी और उनके सैनिकों का यह पुराना तरीका था। बाहर से आने वालों को खाना खाने के बाद, अपनी थाली उठा कर नल पर ले जाना बुरा न लगे, इस ख़याल से वे सदा उनकी थाली उठा कर चल देते थे। समझदार मेहमान अपनी थाली ले लेते थे और यदि कोई एक बार न समझता था तो दूसरी बार समझ जाता। हाथ धो कर देवा जी अपने साथियों के साथ पूर्ववत बातें करते चले। तभी मैंने बढ़ कर लिफ़ाफ़ा उनके हाथ में दे दिया। ऊपर लिखे दो शब्द उन्होंने पढ़े, उसे जेब में रखते हुए सिर हिलाया कि 'अच्छा' और अपनी बात का तार जहाँ से उन्होंने छोड़ा था, वहीं से पकड़ लिया।

०

दूर घिरे तूफ़ान की गन्ध पा कर जैसे कोई नन्हा-सा पक्षी उसके पहले झोंके को झेलने के लिए अपने घोंसले की निस्तब्धता में उत्सुक, उत्कण्ठित तना बैठा हो, वैसे ही मैं अपने कमरे की उस नीरवता में कुर्सी पर तना बैठा था। दो बजने को थे। देवनगर की चहल-पहल और शोर भी कुछ देर को थम गया था। लोग अपने विश्राम-स्थलों में गप लगा रहे थे, या देवनगरियों के प्रवचन सुन रहे थे, जो प्राय: देवा जी के प्रवचनों की कार्बन-कापी होते थे —या सरगोशियों में देवनगर अथवा देवनगरियों की आलोचना कर रहे थे, या फिर केवल सुस्ता रहे थे। मैं प्राय: दोपहर को एक-आध घण्टा सोता था, पर सोने का तो दूर, लेटने तक का ध्यान मुझे नहीं आया। कुर्सी पर बैठा मैं प्रकट देवा जी के लेख का अनुवाद करने की कोशिश करता रहा, किन्तु आँखें मेरी बार-बार खिड़की की ओर उठ जाती थीं और कान दरवाज़े की ओर लग जाते थे। देवा जी, जैसा कि मैं इस बीच उन्हें जान गया था —मुझे पूरा विश्वास था कि उस पत्र को पढ़ेंगे। पढ़ेंगे तो ज़रूर आयेंगे। उनकी प्रतिक्रिया क्या होगी, यह भी मैं जानता था और वही प्रत्यक्ष देखने की उत्सुकता मुझे थी।

देर तक बैठे-बैठे अचानक मुझे ख़याल आया कि मैंने उन्हें तत्काल छुट्टी देने के लिए कहा है, यदि उन्होंने मेरा त्याग-पत्र स्वीकार कर लिया।....और मैं कुर्सी से उठा....'मुझे अपना सामान तैयार कर लेना चाहिए'....लगभग खदबदाते हुए मैं बड़ी तेज़ी से सामान समेटने लगा। जाने कहाँ से मुझमें इतनी स्फूर्ति आ गयी। अपनी किताबें-काग़ज़ मैंने समेटे। देवनगर की पुस्तकें-पत्रिकाएँ अलग कीं। कपड़े तह कर ट्रंक में रखे। रात चाहे मुझे गोरेशाह में बितानी पड़े, पर मैं आज यहाँ से चला जाऊँगा, बार-बार यही प्रण मैं मन-ही-मन करता रहा।

मैं अपना बिस्तर बाँध रहा था, जब दरवाज़े पर टिक-टिक हुई। मैं तैयारी में इतना मग्न था कि बाहर देखना अथवा दरवाज़े की ओर ध्यान देना एकदम भूल गया था। टिक-टिक फिर हुई। 'आ जाइए,' बिस्तर बाँधते हुए मैंने कहा।

दरवाज़ा खुला। देवा जी माथे पर हल्के-से तेवर लिये खड़े थे। बिस्तर का एक स्ट्रैप बँधा-का-बँधा रह गया और मैं मन्त्र-मुग्ध-सा बिस्तर पर घुटना टिकाये आधा झुका खड़ा रहा।

देवा जी मुझे बिस्तर बाँधते देख कर मुस्कराये। उनके माथे के तेवर मिट गये। बढ़ कर उन्होंने मेरी पीठ को थपथपाया और कहा —"आपको न बिस्तर बाँधने की ज़रूरत है, न सामान तैयार करने की, आप यहाँ रहिए! वाणी आपको या आप वाणी को प्यार करते हैं तो कोई बुरा नहीं करते। अभी वह नाबालिग़ है। बालिग़ होने पर वह जिस किसी से भी शादी करना चाहेगी, मुझे आपत्ति न होगी। आप तो सिक्ख हैं, पर वह चाहे तो किसी मुसलमान से शादी कर सकती है।"

"माता जी के रहते वह सिर्फ़ हिन्दू से शादी करेगी," मैंने कटुता से कहा।

देवा जी के माथे पर फिर हल्के-से तेवर उभर आये, पर सयत्न उन्हें मुस्कान में बदल कर उन्होंने कहा —"आप हमारे यहाँ आने लगे थे, मैं ख़ुश हुआ था। आप आया कीजिए। कोई आपसे ईर्ष्या करता है तो वह अपना ख़ून जलायेगा, आप क्यों परेशान हों; सीधे रास्ते चलते जाइए और मुझ पर विश्वास रखिए। आपको कष्ट न होगा।"

और मेरी पीठ थपथपाते हुए वे चल दिये। दरवाज़े पर कुछ याद आ जाने से वे मुड़े —"आपको वाणी का पत्र किसी दूसरे को न दिखाना चाहिए था।" उन्होंने अचानक कहा।

"मुझे जितनी यन्त्रणा दी गयी, उसमें दिमाग़ कैसे ठीक काम करता ?" मैं बोला। तनाव के एकदम हट जाने से मेरा गला सहसा भर आया था और मेरी आँखों से झर-झर आँसू बहने लगे। देवा जी फिर मुड़ आये। उसी तरह भरे गले और बहते हुए आँसुओं से मैंने कहा, "मैंने वाणी के बदले आप की ओर अपना कर्तव्य पहले समझा और वह पत्र जला दिया।"

"इसी का मुझे दुख है," सामने शून्य में देखते हुए देवा जी ने कहा। और फिर निमिष भर रुक कर बोले, "ख़ैर, आप आया कीजिए। वाणी से पहले की तरह मिला कीजिए।"

"मैं तीरथराम नहीं," मैं बोला, "मैं वाणी का रास्ता भी न काटूँगा। उसे, आपको, माता जी, हरमोहन या तीरथराम —किसी को भी मैं परेशान नहीं करना चाहता। बस, मैं शान्ति चाहता हूँ। काम चाहता हूँ। कोई मुझे न छेड़े, न परेशान करे, चुपचाप काम करने दे।"

"आपको कोई परेशान नहीं करेगा," और मेरी पीठ थपथपाते हुए देवा जी चले गये।

न जाने क्या-क्या तर्क-वितर्क मैंने मन में सोच रखे थे। कैसी आलोचना और कैसे क्रोध और क्षोभ से भरे वार्तालाप तैयार कर रखे थे। पर देवा जी ने मुझे एक शब्द भी कहने का अवसर नहीं दिया। चुपचाप आँसू पोंछता मैं बिस्तर पर बैठा रह गया।

ऐसी उम्मीद तो न थी, फिर भी उनके आने से पहले कभी-कभी ख़याल आता था कि वे क्रोध करेंगे, मुझ पर या तीरथराम पर ग़ुस्सा होंगे। लेकिन नहीं, अपनी भावनाओं को देवा जी ने पूरी तरह काबू में कर रखा था। शायद वे मेरी ओर आने से पहले अपने प्रत्येक वाक्य और भाव-भंगिमा तक के बारे में सोच कर चले थे। मेरे कमरे में जाते समय क्रोध को यों दबा सकने की उस क्षमता पर मन-ही-मन उन्हें सन्तोष हुआ होगा, लेकिन मैं बड़ी देर तक जलता-भुनता बिस्तर पर बैठा रहा।

अच्छा होता यदि वे मेरा त्याग-पत्र स्वीकार कर लेते। उस घोर यन्त्रणा से मुझे छुटकारा मिल जाता, वह तनाव ख़त्म हो जाता और मैं मुक्ति की साँस लेता। देवा जी के चले जाने के बाद, बार-बार मैं सोचने लगा कि चाहे उन्होंने मेरा त्याग-पत्र स्वीकार नहीं किया, मुझे लटकता छोड़ दिया, पर मुझे बरबस इस डोरी को काट कर मुक्त हो जाना चाहिए। उस सारे स्कैण्डल के बाद, मेरा वहाँ रहना कैसे होगा ?

लेकिन दूसरे क्षण मैं सोचता —स्कैण्डल होने की सम्भावना कहाँ है ? क्या ज्ञानी जी और देवा जी मेरी और वाणी की बात सबसे कहते फिरेंगे! मेरे तने हुए मस्तक ने न जाने क्या-से-क्या सोच लिया! ज्ञानी जी चाहे कितने भी क्यों न घबराये हों, पर देवा जी ने तो उस सारी घटना को कोई महत्व ही न दिया था। तब क्या इस तरह अचानक चले जाना ठीक होगा ? वाणी से बिना मिले, बिना उसे देखे ?

पर वाणी का ध्यान आते ही हृदय में दूर तक कुछ उतरता चला जाता। उसके प्रति मैंने कैसा अपराध किया है, यह तो मैंने सोचा ही न था। उसने लिखा था —इस चिट्ठी को

पढ़ कर फाड़ देना, पर मैंने वह ज्ञानी जी को दिखा दी थी, उसकी प्रतिलिपि देवा जी को पढ़ा दी थी। शायद उसका वह पहला प्रेम-पत्र था। उसे जला देने पर जब देवा जी ने खेद प्रकट किया तो पहली बार अपने कृत्य का अनौचित्य मेरे सामने स्पष्टतर हो कर आ गया। अन्तर में कहीं गहरे मैं समझता था कि ज्ञानी जी अथवा देवा जी को चिट्ठी पढ़ा कर, अपने कर्तव्य का पालन करके, मैंने बहुत बड़ा काम किया है। उसके प्रेम को कुचल कर, वह सब लिख कर, जैसे मैंने देवा जी की आँखें खोल दी थीं और उस कर्तव्य-पालन के लिए नौकरी का बलिदान करने को तैयार हो कर जैसे मैं अपनी आँखों में कहीं ऊँचा उठ गया था। लेकिन देवा जी की उस हल्की-सी डाँट के बाद लगा कि वाणी के उस पत्र को फाड़ कर, जला कर, उसे ज्ञानी जी को दिखा कर, देवा जी को पढ़ा कर, उसके भेद को उन सब पर प्रकट करके मैंने निहायत बुरा काम किया है। उसके प्रति भी तो मेरा कुछ कर्तव्य था, मुझे चाहिए था कि ज्ञानी जी की बात मान लेता और चुपचाप त्याग-पत्र दे कर चला जाता। कसक उसके मन में होती। कसक मेरे मन में रहती। पर वह कसक कितनी मीठी होती और उस पीड़ा-भरी स्मृति में कितना सुख, कितना पुलक होता!

लेकिन उस कर्तव्य को मैंने कर्तव्य न समझा। अपने छोटे अकिंचन अहं को ले कर मैं तन गया। शायद मेरे हृदय का पात्र बहुत ही छोटा था, प्रेम के अमृत को अपने में सँजो पाने की सामर्थ्य उसमें न थी और अपनी अपात्रता से मैंने उसे छलका दिया था....इस सब के बाद मैं वाणी से कैसे आँखें मिला पाऊँगा ? लेकिन उस कृत्य के लिए उससे क्षमा माँगे बिना जी कैसे सकूँगा ?....और अचानक वहीं बिस्तर पर बैठे-बैठे मैं अपनी दृष्टि में आप ही बहुत छोटा हो गया और मेरा शरीर जैसे बिस्तर से चिपक गया और बाहर शाम धीरे-धीरे बढ़ आयी।

प्रैक्टिकल स्कूल में समारोह शुरू हो गया, लेकिन मैं अपने कमरे में, बँधे बिस्तर से जैसे चिपका-सा बैठा रहा।

o

न जाने मैं कब तक वैसा ही बैठा रहता, यदि ज्ञानी जी अचानक दरवाज़ा खोल कर अपनी लम्बी दाढ़ी पर हाथ फेरते हुए अन्दर न आ जाते।

"अरे भाई संगीत, तुम यहीं बैठे हो, और वहाँ सब तुम्हारी बाट देख रहे हैं।"

"मेरी ?"

"हाँ, तुम्हारी!" अपनी लम्बी-खिचड़ी दाढ़ी पर फिर प्यार से हाथ फेरते हुए उन्होंने कहा, "पिछले दिसम्बर में कुछ लोगों ने तुम्हारा गाना सुना था, उनका अनुरोध है कि तुम ज़रूर एक गाना आगत सज्जनों को सुनाओ।"

"मेरा मन ठीक नहीं है, मैं गा न सकूँगा। मैं वापस शहर जाने की सोच रहा हूँ।"

"देवा जी से बात करने के बाद भी ?"

"देवा जी ने आपसे बात की ?"

मेरी बग़ल में हाथ दे कर उठाते, मेरी बाँह को पकड़े ज़ोर से हँसते और विराम-स्वरूप बड़ी बेतकल्लुफ़ी से झटके दे कर उसे स्कन्ध-मूल से उखाड़ते हुए ज्ञानी जी बोले, "तुम देवा जी को ज़रा भी नहीं जानते। उनका-सा उदार, विशाल हृदय विरलों

के पास है। उन्होंने मुझे सब कुछ बता दिया है। तुम यदि समारोह में भाग न लोगे तो उन्हें दुख होगा। स्वयं उन्होंने मुझे तुम्हारे पास भेजा है।"

मैंने दो-एक बार फिर भी इनकार किया। लेकिन देवा जी का आदेश पालन किये बिना ज्ञानी जी कैसे जाते ? उन्हें प्रसन्न करने का कोई भी अवसर कैसे छोड़ते ? बिना मुझे लिये, उन्होंने जाने से इनकार कर दिया। "मेरा समारोह में रहना बड़ा ज़रूरी है," वे बोले, "तुम न जाओगे तो मैं भी न जाऊँगा और जो हर्ज होगा, उसका सब दोष तुम्हारे ऊपर होगा।"

हार कर मैं तैयार हो गया। हाथ-मुँह धो कर उनके साथ चल पड़ा। उद्घाटन अभी नहीं हुआ था। जिन बड़े अफ़सर को उद्घाटन करना था, वे शायद अभी लंच के बाद आराम फ़रमा रहे थे। इस बीच आगत अतिथियों के मनोरंजनार्थ कंसर्ट किस्म की कोई चीज़ हो रही थी।

मैं ज्ञानी जी के साथ एक ओर जा कर खड़ा हो गया। मेरे देखते-देखते प्रैक्टिकल स्कूल की लड़कियों ने वृन्द-वादन का प्रोग्राम दिया। मैंने ध्यान से देखा —वाणी उनमें न थी, हालाँकि वह सदैव अगली दो लड़कियों में होती थी। फिर एक समवेत गान हुआ। उसमें भी वह न थी, हालाँकि सदा वह पहली पंक्ति में होती थी। फिर एक-दो कविताएँ हुई। तीरथराम ने देवनगर के उच्च उद्देश्यों पर एक कविता पढ़ी, जिसमें देवनगर के संचालक की भरपूर प्रशंसा थी और जिसके दौरान में आगत लोगों ने कम और देवनगरियों ने ख़ूब तालियाँ बजायीं। फिर अचानक किसी ने मेरा नाम लिया। मैं भूल गया था कि मुझे ज्ञानी जी गाने के लिए ही लाये हैं। मैंने कहना चाहा कि मेरी तबीयत ठीक नहीं, पर ज्ञानी जी ने मुझे आगे धकेल दिया।

"मैं कौन-सा गाना गाऊँ ? इस अवसर के उपयुक्त कोई भी गाना मेरे पास नहीं," बिना आगे बढ़े मैंने कहा।

"आप कोई भी गा दीजिए," यह कहते और धकेलते हुए ज्ञानी जी मुझे मंच पर ले आये।

"आप गाइए —सुनो-सुनो रे कृषन काला।"

मैंने सामने देखा। रंगमंच के सामने, नीचे दरी पर बैठे अतिथियों में दिलजीत बैठा था और मेरी ओर देख कर मुस्करा रहा था। निकट ही उसके वाणी भी थी। मुख उसका एकदम सफ़ेद था। लगता था, जैसे हफ़्तों से बीमार है। आँखों के गिर्द हल्के-से गढ़े थे और उतरा हुआ चेहरा नीचे को झुका था। 'माता जी या हरमोहन या देवा जी ने उसे ज़रूर परेशान किया है,' मैंने मन-ही-मन सोचा। वहीं से उसने उसी तरह सिर झुकाये-झुकाये ऊपर को मेरी ओर देखा। जाने उस निगाह में क्या था, जो दूर तब अन्तर में उतरता चला गया....और मैं गाने लगा....

सुनो-सुनो हे कृषण काला
आयी तुम्हरे द्वार, सुनो मेरी पुकार
सुनो-सुनो हे बाँसुरी वाला।

सहगल का अमृत-घुला कण्ठ, वह सोने का-सा स्वर, वह लोच, वह लय कुछ भी

मेरे पास न था, पर न जाने वाणी के सामने रंगमंच पर खड़े कैसी तन्मयता आ गयी कि अपनी सारी भावना से, भूत-भविष्य-वर्तमान की सुध-बुध भुलाये, मैं गाता रहा। मेरा कण्ठ आर्द्र हो गया, मेरी आवाज़ काँपने लगी, प्रेम की मारी उस गोपी के हृदय का सारा दर्द मेरी उस पुकार में आ गया। आँखें बन्द किये पूर्णरूप से तन्मय हो कर मैं गा रहा था :

जैसी जो चाहे बातें बनाये।
बातें बनाये जैसी जो चाहे।
कहे राधा भी मोहे कलंकिनी....

कि हल्की-सी सिसकी मुझे सुनायी दी। देखा, रूमाल से आँखें पोंछती और नाक साफ़ करती वाणी उठी और चुपचाप निकल गयी।

o

किसी-न-किसी तरह गीत ख़त्म करके मैं मंच से हटा। मेरी कुछ वैसी ज़रूरत भी न थी। ज्ञानी जी ने भी मुझे परामर्श दिया कि मैं थक गया हूँ, मेरी तबीयत भी ठीक नहीं है, मैं आराम करूँ। और मैं चुपचाप अपने बँगले की ओर बढ़ा। लेकिन सभा-मण्डल के बाहर ही हरमोहन ने मेरा कन्धा थाम लिया।

"किधर चले यार ?"

अचानक पहली बार वैसी बेतकल्लुफ़ी से उसने मुझे पुकारा। मेरे रुकने पर मेरी गर्दन में बिलकुल जिगरी दोस्तों की तरह हाथ डाले, वह मुझे स्कूल के पिछवाड़े ले गया।

"मुझे तुम्हारे जाने की इच्छा का पता चला है,' उसने कुछ दूर जा कर कहा, "तुम किसी तरह की चिन्ता न करो। मुझे सब मालूम है। मैंने वाणी से पूछा है। तुम्हारा कुछ भी दोष नहीं। तुम अपना काम करो और मस्त रहो।" कुछ कदम और चल कर वह सहसा बोला —"एक बात पूछूँ ?"

मैंने केवल सिर हिलाया कि पूछो।

"क्या तुम्हें भी वाणी से प्रेम है ?"

o

यदि उत्तर के लिए हरमोहन मेरे होंटों की ओर देखने के बदले मेरे हृदय पर हाथ रखता तो उसे तत्काल ठीक-ठीक उत्तर मिल जाता। लेकिन वह तो मेरे मुँह की ओर तक रहा था।

"यदि मैं उससे सचमुच प्रेम करता तो क्या मैं उसकी चिट्ठी ज्ञानी जी को देता या उसे तीली दिखा देता ?"

हरमोहन सन्तुष्ट हो गया। हालाँकि वह सुबह मुझसे यही प्रश्न पूछता तो मैं कभी यह दलील न दे सकता। यह तो देवा जी ही ने मुझे सुझा दी थी और मन-ही-मन मैं इस पर ख़ुश हुआ। मैंने रद्दा जमाते हुए आगे कहा —"सवाल यह नहीं कि मैं वाणी से प्रेम करता हूँ, या नहीं। अपने मन में तो कोई साम्राज्ञी से प्रेम कर सकता है। सवाल यह है कि मेरा व्यवहार उसके या देवसेना के प्रति आपत्तिजनक तो नहीं!"

"हाँ, हाँ! सो तो है," हरमोहन ने कहा, "तुम ज़रा भी चिन्ता न करो! अपने काम से काम रखो और मस्त रहो।"

और उसने मुड़ कर सरदार पाला सिंह आर्टिस्ट द्वारा तैयार किये हुए गेट के पास

मुझे छोड़ दिया।

o

o

रूमाल से सिसकी को दबाती और आँखें पोंछती वाणी मेरे गाने की पहुँच के बाहर हो गयी तो मुझे लगा कि फिर नहीं लौटी। उसकी उन आँखों में झाँकना फिर मुझे नसीब न हुआ, उसकी वह दूर जाती पीठ ही सदा मुझे दिखायी दी।

उद्घाटनोत्सव के दूसरे दिन ही माता जी उसे और मधु को स्कूल के होस्टल में ले गयीं। वह होस्टल में रहने वाले दूसरे बच्चों के साथ ही खाना खाती, उनके साथ ही सोती और खेलती। दूर से उसकी झलक मिलना भी कठिन हो गया। स्कूल का अहाता बड़ा खुला था, अहाते के गिर्द चारदीवारी थी। उसी में बच्चे खेलते थे। कभी जब वे प्रातः सैर को जाते या शाम को हॉकी खेलते तो वाणी भी चारदीवारी के बाहर निकलती, पर वह कोठियों की ओर न आती। वहीं ग्राउण्ड के परे, अपनी किसी सहेली के साथ बातें करती हुई टहला करती।

तब मुझे पहली बार महसूस हुआ कि मेरा क्या कुछ खो गया है। दोपहर और शाम को डाइनिंग हॉल की वह गहमा-गहमी और शोर दिल के सूनेपन को और भी वीरान कर देता। आँखें बार-बार पहली मेज़ों की ओर उठ जातीं, असफल और नाकाम लौटतीं और खिड़कियों, दरवाज़ों और उनके बाहर देवनगर की रविशों पर बेकरार भटकतीं। दमकती सुबहें आँखों में चुभने लगतीं और गर्म शामें अपने बोझ से सीने को ऐसे दबातीं कि जी घुटने लगता।

उस दिन का गया दिलजीत पन्द्रह दिन बाद फिर आया। तब वाणी भी उस कैदख़ाने की चार-दीवारी से बाहर निकली। शाम के वक्त कोठियों के बाहर सड़क पर अपने भाई के साथ-साथ आती हुई वह मुझे मिल गयी। दिलजीत ने 'नमस्कार' किया। वह रुका, लेकिन वाणी बढ़ती गयी और कुछ दूर पर हमारी ओर पीठ किये जा खड़ी हुई।....मैं फिर सैर नहीं कर सका, चुपचाप अपने कमरे में लौट आया। दूसरे दिन मैंने देवा जी से विनय की कि किचन के परे तीन-तीन कमरों की जो छोटी-छोटी नयी कोठियाँ बन रही हैं, उनमें से मुझे एक दे दें।

अब तक कमरे का किराया मुझसे न लिया जाता था। जब मैंने वह छोटी-सी कोठी देने के लिए कहा तब मुझसे कहा गया कि उसका आठ रुपया किराया देना होगा। बाहर के लोग देवनगर में कोठियाँ बनवा रहे हैं, उन्हें उनके रुपये का कम-से-कम ब्याज ज़रूर मिल जाये, यह ज़िम्मेदारी देवसेना की थी और देवा जी की योजना थी कि स्कूल के अध्यापक आदि सब नयी कोठियों में रहें। ज्यों-ज्यों नयी कोठियाँ बनती जायें, देवनगर की सरगर्मियाँ बढ़ा दी जायें ताकि उन कोठियों में लगा रुपया डूब न जाये।

आठ रुपया देना मैंने स्वीकार कर लिया और दूर उस अकेली कोठी में उठ गया। पहले कभी-कभी ज्ञानी जी आते थे, लेकिन उतनी दूर वे क्या आते ? मैं एकदम अकेला पड़ गया। ख़ूब काम करता और ख़ूब सोचता। साँझ को सैर करते-करते कभी वाणी की एक-आध झलक मिल जाती, लेकिन दिनों उसकी सूरत दिखाई न देती। उसका चांचल्य न

जाने कहाँ चला गया! न जाने उन चन्द दिनों में वह कितनी बड़ी और गम्भीर हो गयी! बच्चों को सैर के लिए ले जाते समय कभी नहर के रास्ते में वह दिखायी पड़ जाती — सुता-सुता गम्भीर चेहरा, गहरी उदास आँखें। वह मेरी ओर न देखती। मुँह फेर लेती और उसके बाद दिनों तक देवनगर का वह रसा-बसा वीराना मुझे काट खाने को दौड़ा करता।

पहले कभी मैं नन्दलाल के यहाँ चला जाता। लेकिन उस घटना के बाद न जाने कैसा संकोच मेरे मन में आ बैठा कि मैंने एकदम वहाँ जाना छोड़ दिया। जाने क्यों मुझे विश्वास हो गया कि मैं वहाँ जाऊँगा तो सावित्री मुझसे त्याग-पत्र की बात पूछेगी। उसकी स्नेह-भरी जिज्ञासा को किसी झूठ से शान्त करना मेरे बस में न होगा और सच्ची बात कहना वाणी के राज़ को फैलाना होगा। वह पहले ही कितनी चुप, कितनी उदास, कितनी गम्भीर हो गयी थी। न जाने मुझ पर उसे कितना क्रोध था। एक बार भी तो उन बड़ी-बड़ी आँखों से उसने मेरी ओर न देखा था। गर्मी बढ़ गयी थी। चाँद धीरे-धीरे सुलगता हुआ अपनी बेचैन आँखें खोले उस वीराने को मुटर-मुटर तका करता और मैं अपनी उनींदी आँखों में शत-शत प्रश्न लिये हुए उन सुनसान रविशों पर घूमा करता। कभी-कभी तीरथराम मुझे मिल जाता, पर हम में दुआ-सलाम तक का आदान-प्रदान न होता। वह अपने रास्ते चला जाता और मैं अपने।

मैंने गाना तक छोड़ दिया। लगा कि गाना ओछापन है और मेरे अहं को यों ओछा होना स्वीकार न था। अपने हृदय की टीस को हृदय में दबाये अपने एकाकीपन को जैसे चादर-सा अपने ऊपर ओढ़े, मैं उस सूनी कोठी में जा बैठा।

नौ

उद्घाटनोत्सव का दिखावा समाप्त हो जाने के बाद रामा थापा के बच्चे हीरा और नबी का अस्तित्व माता जी को प्रैक्टिकल स्कूल के मक्खन में बाल सरीखा खटकने लगा। प्रैक्टिकल स्कूल में दाख़िल होने वाले बच्चे उच्च-मध्यवर्ग से सम्बन्ध रखते थे —डॉक्टरों, अफ़सरों, ठेकेदारों और व्यापारियों के बच्चे थे —चुस्त, चाक-चौबन्द, साफ़-सुथरे और लाडों पले। अधिकांश उनमें बिगड़े हुए थे। वे दोनों ग़रीब बच्चे उनसे पिट जाते, अपमानित होते और माता जी दूसरे बच्चों को समझाने के बदले उन्हीं पर खीझतीं और निरन्तर देवा जी से अनुरोध करतीं कि वे हीरा को स्कूल से हटा दें। जब देवा जी किसी तरह तैयार न हुए, तब माता जी ने उन्हें उन्हीं की भाषा में कहा कि बच्चा हीन-भाव से जीवन भर दबा रहेगा, उसका व्यक्तित्व उभर न पायेगा, आप स्कूल के एक टीचर को अलग से पढ़ाने के लिए चाहे लगा दें, पर उसे स्कूल में न रखें।

देवा जी माता जी के इस निरन्तर कोंचने से परेशान हो गये थे। स्कूल से वे जो चाहते थे, उन्हें मिल गया था, काफ़ी बच्चे आ गये थे और उनकी शिक्षा-दीक्षा उनकी आँखों के सामने हो सके, इस विचार से कुछ माता-पिताओं ने वहाँ प्लाट भी ले लिये थे और छोटी-बड़ी कोठियाँ दिन-रात बन रही थीं। देवा जी का दिमाग़ अब ऐसी स्कीमों में लगा

हुआ था, जिनसे वे उस वीराने में रहने वालों के लिए रोज़गार जुटा सकें। माता जी ने उस बच्चे के लिए अलग से ट्यूशन का परामर्श दिया तो देवा जी प्रसन्न हुए और उन्होंने रामा थापा को बुला कर बड़े प्यार से समझा दिया कि वे हीरा की उन्नति से प्रसन्न हैं, स्कूल में टीचर व्यक्तिगत रूप से उस पर ध्यान नहीं दे सकते और वे चाहते हैं कि हीरा सब लड़कों को पीछे छोड़ जाये और देवनगर का नाम रोशन करे। इसलिए उन्होंने यह सोचा है कि एक अध्यापक उसे व्यक्तिगत रूप से घर पर पढ़ाये। "घर पर शायद जगह न हो!" उन्होंने कहा, "मैं दोपहर को ड्योढी में उसके पढ़ने का प्रबन्ध कर दूँगा।"

और एक टीचर हीरा को ड्योढ़ी में पढ़ाने लगा। सप्ताह भर वह ड्योढ़ी में पढ़ा, फिर देवा जी ने कहा कि वहाँ उसके पढ़ने से पुस्तकालय में बैठने वाले देवसैनिकों को असुविधा होती है और बच्चे की पढ़ाई में भी ख़लल पड़ता है और यह कह कर उसे वहाँ से हटा दिया। दो-चार दिन अध्यापक उसे घर पर पढ़ाने जाता रहा, फिर बीमार पड़ गया और इसके साथ ही हीरा की प्रतिभा के सिलसिले में देवनगरियों का जोश ठण्डा हो गया।

इधर ग़ुलाम नबी के बारे में दबे-दबे यह अफ़वाह फैली कि उसे चोरी की आदत है। वाणी ने तो कभी ऐसी शिकायत न की थी, पर उद्‌घाटनोत्सव के बाद ही माता जी ने उसे नबी को पढ़ाने से रोक दिया था। स्नेह के अभाव में शायद वह भटक गया और आख़िर एक दिन वह किताबें ले कर सुबह-सुबह चला आया। पूछने पर पता चल कि माता जी ने उसे स्कूल से निकाल दिया है।

माता जी से मेरा 'नमस्कार' का भी नाता न था कि मैं उनसे जा कर पूछता। देवा जी से लेख लेने गया तो मैंने उनसे पूछा कि नबी को क्यों स्कूल से निकाल दिया है ? स्कूल का तो उद्देश्य ही बच्चों को सुधारना है! क्या नबी की इस आदत को सुधारा न जा सकता था ?

"उस बच्चे के लिए स्वयं मेरे मन में बड़ी हमदर्दी है," देवा जी बोले, "मैं स्कूल का प्रिंन्सिपल होता तो उसे कभी स्कूल से न निकालता और सुधार कर सबको दिखा देता। प्यार के अभाव में बच्चे चोरी करने लगते हैं। मैं निश्चय ही उसकी आदत छुड़ा देता। लेकिन वर्तमान प्रिंन्सिपल और माता जी के बस का यह रोग नहीं और नबी की बुरी आदत का असर दूसरे लड़कों पर पड़ना ज़रूरी है, इसलिए माता जी ने सिफ़ारिश की है कि उसे घर पर पढ़ाया जाये। मैंने एक टीचर को उसे दो घण्टे पढ़ाने के लिए कह दिया है।"

"ख़ैर, उसकी कोई वैसी ज़रूरत नहीं, दो घण्टे तो मैं भी पढ़ा सकता हूँ।"

और उस दिन से मैं नबी को पढ़ाने लगा। दो-तीन दिन बाद हीरा भी आ गया और मेरी शामों का सूनापन ग़ायब हो गया। वाणी के होस्टल चले जाने के बाद जी का गला घोंटती-सी उदासी, हार-बेकार जीने और वीरान-से-वीरानतर होने का जो एहसास मन-प्राण पर छाया जा रहा था, वह एकदम हवा हो गया। मैं जी-जान से दोनों बच्चों को पढ़ाने लगा। जब वे चले जाते तो मैं उन्हीं के बारे में सोचता। शहर जा कर मैं बच्चों की शिक्षा-प्रणाली के सम्बन्ध में पुस्तकें ख़रीद लाया और मिशनरियों के-से जोश से उन दोनों बच्चों को पढ़ाने लगा।

०

लेकिन नबी को सचमुच चोरी की आदत थी। पहले तो मैंने समझा था कि माता जी ने उसे स्कूल से निकालने के ख़याल से उस पर यह अभियोग लगाया है, लेकिन जब नबी पूरे दिन बँगले पर रहने लगा तो कुछ ही दिनों में मुझे पता चल गया कि आदत चाहे पहले से हो, चाहे स्नेह के अभाव में पड़ गयी हो, पर वह थी उसमें ज़रूर। मैं खाने के लिए कभी चिलग़ोज़े, कभी मूँगफली, कभी बादाम और कभी रस्क लाता। नबी उनमें से कुछ उड़ा ले जाता। जिस ग़रीब बच्चे ने वह सब न देखा हो, खुली चीज़ें पाने पर उसका मन ललचा जाना स्वाभाविक है, जब तक कि उसे अन्यथा शिक्षा न दी गयी हो। लेकिन माता जी के अभियोग को सुन कर मैंने तय कर लिया था कि यह शिक्षा मैं उसे दूँगा, उसकी आदत सुधार दूँगा और पहले ही दिन से मैं सावधान हो गया था।

'देववाणी' में बच्चों की इस आदत के बारे में स्वयं देवा जी के कई लेख मैंने पढ़े थे, उनके पुस्तकालय से ले कर बच्चों के मनोविज्ञान पर कुछ पुस्तकें भी मैंने देखी थीं और मुझे पूरा विश्वास था कि उस बच्चे की आदत सुधर सकती है। सावधानी के तौर पर मैं हर चीज़ गिन लेता। यदि मैं उस सावधानी से काम न लेता तो मैं नबी को न पकड़ पाता, न उसका सुधार कर पाता, क्योंकि वह बड़ी सफ़ाई से चोरी करता था। इस मामले में वह एकदम कलाकार था।

....एक दिन मैं एक सेब खा रहा था कि देवा जी ने मुझे बुला भेजा। आधा सेब मेज़ पर ही छोड़ कर मैं उनसे मिलने चला गया। वे एक लेख के बारे में मुझे कुछ समझाना चाहते थे; पर ढूँढने पर उन्हें मालूम हुआ कि लेख वे मुझे पहले ही दे चुके हैं। उन्होंने मुझे वह लेख लाने के लिए कहा ताकि वे समझा सकें कि क्या चाहते हैं।

मैं उलटे पाँव वापस आया। कोठी पर आ कर मैंने लेख उठाया। चलते-चलते मेज़ पर पड़े सेब पर निगाह गयी, लगा कि जैसे एक ओर कुछ कम है। मैंने तो एकदम बीच से काटा था, पर उसे देख कर लगा, जैसे एक ओर से किसी ने ज़रा-सी फाँक काट ली है। लेकिन मैं जल्दी में था, उस ओर ध्यान न दिया। जब मैं लेख समझ कर वापस आया और मेज़ पर बैठ कर सेब खाने लगा तो मैंने देखा वह दोनों ओर से बराबर है। मैंने उसे उठा लिया। वह आधे से कुछ कम था, जब कि मैं आधे से कुछ बड़ा छोड़ गया था। नबी ने दोनों ओर से बड़ी सफ़ाई से बराबर-बराबर टुकड़े काट लिये थे। बादाम और चिलग़ोज़े भी वह एक साथ ज़्यादा न चुराता था। कभी चार, कभी छै। उसके सब्र और सन्तोष की मैं दाद देता हूँ। सामने पड़ी चीज़ को देख कर, चोरी की आदत है तो, इतने संयम से काम लेना बड़ा कठिन है। मैं एक काग़ज़ पर रोज़ नोट कर लेता कि आज उसने इतने बादाम चुराये हैं, आज इतने चिलग़ोज़े, इतने रस्क या इतने मूँगफ़ली के दाने। छै दिन तक मैं यह हिसाब लिखता रहता, सातवें दिन बड़े प्यार से उसे समझाता कि उसे चोरी न करनी चाहिए, चीज़ें दरकार हों तो माँग कर लेनी चाहिएँ। जब वह कसमें खाता और कहता कि वह कभी चोरी नहीं करता, तो मैं उसे बता देता कि उसने किस दिन क्या चोरी की। नबी की आँखें हैरत से खुल जातीं। मैं उससे कहता, "तुम चोरी करते हो तो मुझे पता चल जाता है, फिर तुम क्यों चोरी करते हो ?" और उसे चिलग़ोज़े, बादाम, रस्क या मूँगफली —जो भी उस समय होता —खाने को दे देता।

कुछ दिन नबी चोरी न करता। लेकिन मैं बराबर गिनती करता रहता और पाँचवें-छठे

दिन देखता, फिर चीज़ें ग़ायब होने लगी हैं। मैं फिर वैसे ही नोट करना शुरू कर देता। इसके साथ ही मैं कोनों-अँतरों में पैसे फेंक रखता और देखता कि किस दिन वे ग़ायब होते हैं, इधर-उधर मिश्री की डलियाँ रख देता और ध्यान रखता कि किस दिन कौन डली उठी और उसकी सभी चोरियाँ मैं सातवें दिन उसे बता देता। इसके साथ ही पढ़ाई के समय मैं उसे ऐसे महान लोगों की बातें सुनाता, जो बहुत ही विपन्न परिवारों में जन्म ले कर महान कहलाये। धीरे-धीरे नबी की चोरी की आदत कम होते-होते बिलकुल मिट गयी। मैं बड़ा ख़ुश हुआ और एक अनिर्वचनीय गर्व की भावना से मेरा सीना भर उठा।

o

मई का दूसरा हफ़्ता जा रहा था। दिन तप उठे थे और वीरानों में बगूले उठने लगे थे। देवनगर में गर्मी गुज़ारने का यह मेरा पहला अवसर था। आठ बजे ही धूप ऐसे दमकने लगती कि आँखें खोलना मुश्किल हो जाता। प्रेस और दफ़्तर तो नबी ही जाता, लेकिन देवा जी से लेख लेने मुझे ही जाना होता। कई बार जब कातिब या कम्पोज़ीटर लिखित आदेश न समझते तो उन्हें समझाने के लिए दफ़्तर और प्रेस जाना पड़ता। न जाने धूल पड़ गयी, या धूप लग गयी कि मेरी आँखें आ गयीं। पत्थरचट्टी के हकीम साहब को बुलाया गया। उन्होंने रसौंत, धनिया, मुश्क-काफ़ूर इत्यादि की पोटली बना कर पानी में भिगो, आँखों पर टकोर करने के कहा और आदेश दिया कि रात को रुई के फाहों पर मलाई रख कर बाँधूँ। देवनगर की कोठियाँ और उनके कमरे काफ़ी हवादार और रोशन थे। दुखती आँखें, चमकती-दमकती तपती दोपहरें....उनमें से किसी कमरे में भी लेटना मुश्किल दिखायी देता। मैं स्नानागार में (क्योंकि वही अपेक्षाकृत ठण्डा और अँधेरा था) शीतलपाटी बिछा कर दोपहर भर लेटा रहता और आँखों पर टकोर किया करता।

उस दिन सुबह मेरे गाँव से कुछ मेहमान आ गये। उन्होंने दो छोटी-छोटी कोठियों के लिए जगह ली थी और उन्हें बनवाने के सिलसिले में वे नन्दलाल से ठेके की बात करने आये थे। वे सीधे मेरे यहाँ आये और हैण्ड-बैग ड्रॉइंग-रूम में रख कर नन्दलाल से मिलने चले गये। मैं दस बजे ही स्नानगृह में शीतल पाटी पर जा लेटता। खाना मेरा नबी ले आता और मैं वहीं स्नानगृह में खाना खाता। उनके साथ मैं नहीं जा सका। खाना खाने के बाद वे आये और मुझसे विदा ले, अपना बैग उठा कर चले गये।

नबी प्रायः मुझे खाना खिला कर बाहर कमरे में बैठा पढ़ता रहता था। उस दिन वह मेरे पास आ बैठा, मेरी आँखों पर टकोर उसी ने की।

"बाहर खिड़की खुली है," सहसा टकोर करते-करते उसने कहा —"कोई उस रास्ते बाहर से आ कर कुछ उठा न ले जाये।"

मैं हँसा। "दरवाज़ा खुला छोड़ कर चला जाता हूँ, कभी एक पैसे की चीज़ नहीं गयी, हमारे अन्दर रहते कौन उठा ले जायेगा ?"

पर वह उठा और ख़िड़की बन्द कर आया। वह मुझसे कुछ डरता था और मेरे पास कम ही बैठता था, पर खिड़की बन्द करके वह फिर आ बैठा और टकोर करके उसने मेरे पैर भी दबाये और मुझे एक पंजाबी देहाती गीत भी सुनाया, यहाँ तक कि मेरी आँखों में गनूदगी छाने लगी और मैं सो गया! जागा तो नन्दलाल मेरे सिरहाने खड़ा था। शायद उसी

ने मुझे जगाया था।

"मैं तुम्हें कभी न जगाता," उसने कहा, "तुम ऐसी गहरी नींद सोये थे, पर बात कुछ वैसी हो गयी है।"

मैं उठ कर बैठ गया।

"जसवन्त सिंह तुम्हारे गाँव से आये हुए हैं न...."

"हाँ-हाँ मेरे ही यहाँ तो आये थे। मेरी आँखें ख़राब थीं, नहीं तो मैं उन्हें स्वयं ले कर आता...." मैंने बेसब्री से कहा।

"उन्होंने अपना बैग तुम्हारे यहाँ रखा था, चलते वक्त तुम्हारे यहाँ से बैग ले कर गये तो उन्हें मालूम हुआ कि उसमें से मनी-बैग गुम है। पचास रुपये थे उसमें। वे तो बड़े संकोच में पड़े थे।"

अचानक मुझे नबी का खिड़की लगाना, मेरी आँखों पर अपने-आप टकोर करना, मेरे पैर दबाना, मुझे गाना तक सुनाना याद आ गया और मैंने कहा —"नबी ने उठाये होंगे। कहाँ है वह ?"

नन्दलाल ने धीरे से कहा, "मुझे ख़ुद उस पर शक हुआ था। उसे पकड़ मँगा कर मैंने उसे डाँटा तो उसने मान लिया कि उसने उठाये थे, पर एक मज़दूर ने उससे ले लिये। मैंने घण्टे भर से सब मज़दूरों को बैठा रखा है। वह कभी किसी का नाम लेता है, कभी किसी का। सब कसमें खाते हैं। वह झूठ बोलता है। किसी और ने नहीं उठाये, उसी ने उठाये हैं।"

मैंने कहा —"ज़रा उसे बुला दीजिए!"

०

मैं उठ कर बाहर बैठक में आया। नबी बाहर बरामदे ही में था, नन्दलाल ने उसे आवाज़ दी। वह अन्दर आया। चेहरा उसका सुता हुआ था और आँखें डरी हुई थीं।

'नबी भाई, तुमने बटुआ उठा लिया। वे आदमी हमारे मेहमान हैं, उनकी चीज़ न उठानी चाहिए थी। लाओ, दे दो।"

वह मेरे कदमों पर गिर पड़ा। एक साँस में कई कसमें खा गया। "ख़ुदा दी सौंह[१] दार जी, रब्ब दी सौंह, माँ दी सौंह दार जी, कुरान मजीद दी सौंह दार जी, मैंने नहीं उठाये।"

वह कसमें खाता गया कि उसने रुपये उठाये हों तो वह खड़ा-खड़ा मर जाये, उसकी माँ मर जाये, उसे साँप सूँघ जाये और मैं चुपचाप आँखों पर हाथ रखे, खिड़की से आने वाली रोशनी की चमक से उन्हें बचाता हुआ, उसके मुँह की ओर ताकता रहा। फिर मैंने अंग्रेज़ी में नन्दलाल से कहा कि वह मुझे अकेले में उससे बात करने दे।

नन्दलाल चला गया तो मैंने नबी के सिर पर हाथ फेरते हुए कहा, "देखो भाई, मुझे तो पहले से ही पता है कि तुमने आज कुछ उठाया है, मेरी कोई कीमती चीज़ उठायी है, मेरा ऐसा ख़याल था। पर किसी मेहमान का बटुआ उठा लिया है, इसकी कल्पना भी न थी...."

"दार जी, कसम खाता हूँ, मेरी माँ मर जाये अगर...."

---

१. सौंह॰ सौगन्ध

"देखो नबी, कसमें न खाओ, चुपचाप बटुआ ला दो, ख़ुद परेशान होगे, मुझे परेशान करोगे, तुम्हारी बुढ़िया माँ है, वह परेशान होगी, अपने साथ उसे थाने में धक्के खिलवाओगे, तुम्हें शर्म न आयेगी ?"

क्षण भर मैं चुप रहा। वह भी चुप रहा। उसने और कसम नहीं खायी, फ़र्श की ओर तकता रह गया।

मैंने उसके कन्धे को थपथपाया। "देखो, जब बटुआ इस कमरे से गया है, तब या तुमने उठाया है या मैंने। मैं तो, तुम जानते हो, उनके आने के पहले से अन्दर लेटा हूँ। बटुआ न मिलेगा तो मेरी भी बदनामी होगी। तुम्हारे साथ जो मैंने थोड़ी-बहुत नेकी की है, उसका यही इनाम तुम दोगे मुझे ?"

वह फिर चुप रहा। मैंने फिर कहा, "देखो, तुमने जब-जब चोरी की है, मुझे पता चल गया है, आज भी पता चल गया कि रुपये तुमने चुराये हैं। तुम्हारे मन में सुबह से ही चोर था। रोज़ खिड़की खुली रहती है, पर तुम्हें कभी उसे बन्द करने की चिन्ता नहीं हुई। तुम मेरे पास भी ऐसे कभी नहीं बैठे। तुम्हारी इन हरकतों को देख कर मुझे शुबहा हो गया था कि तुमने ज़रूर चोरी की है।"

नबी फिर भी चुप रहा।

"तुम तो बहुत छोटे हो! पुलिस बड़े-बड़ों से इकबाल करवा लेती है। ऐसी सज़ा देती है कि आदमी बिलबिला उठता है और बरसों के लिए बेकार हो जाता है। तुम्हारी माँ तुम्हें इस मुसीबत में देख कर ही मर जायेगी।"

नबी चुप रहा और पाँव के अँगूठे से सीमेण्ट का फ़र्श कुरेदता रहा।

"देवनगर में ही नहीं, तुम्हें कहीं भी नौकरी न मिलेगी। तुम तो समझदार हो, जानते हो कि तुम्हारे घर का ख़र्च तुम्हारी पगार से चलता है।"

क्षण भर हम दोनों चुप रहे। फिर मैंने उसके कन्धों को थपथपाया और कहा :

"देखो, मुझे बटुआ दे दो। मैं तुमसे वादा करता हूँ, तुम्हें नौकरी से नहीं निकालूँगा, तुम्हारी माँ से भी नहीं कहूँगा और चाहे देवनगर वाले कितना भी शोर मचायें, तुम्हें अपने पास रखूँगा।"

"मैं कल दे दूँगा।" अचानक उसने कहा।

"घर तो तुम गये नहीं, तुमने यही कहीं छिपाया है। देखो, बटुआ दे दो। तुम्हें कोई घर न जाने देगा। सीधे यहाँ से हवालात ले जायेंगे —तुम्हारी माँ रो-रो कर मर जायेगी। मुझे बटुआ दे दोगे तो तुम पर ज़रा भी आँच न आने दूँगा।"

"चलिए!"

"कहाँ ?"

"वहाँ खेत में छिपा रखा है।"

बाहर दुपहरी नाच रही थी। धूप इतनी तेज़ थी कि आँखें न उठती थीं। वीराने में लहरिये बनते और धूल उड़ती। अच्छी-भली आँखों वाले उन्हें ढँक कर चलते। मेरी आँखें यों भी आयी हुई थीं। मैंने एक रोएँदार मोटा तौलिया उठा कर सिर-आँखों को ढँक लिया और नबी के पीछे हो लिया।

स्कूल की ग्राउण्ड के पार, बनौली की ओर, खड़े गेहूँ के एक पके खेत में, जो अभी कटा न था, वह मुझे ले गया। वहीं एक कोने ज़रा-सी धरती खोद, बटुआ निकल कर उसे अपनी कमीज़ के दामन में झाड़, उसने मुझे दे दिया। उसे तौलिये के अन्दर ले जा कर, अपनी आँखें धूप से बचाते हुए, उसे खोल कर मैंने नोट गिने। पाँच-पाँच के दस थे। मैंने सुख की साँस ली और सहसा नबी को बग़ल में ले कर स्नेह से दबा लिया। "घबराओ नहीं, तुम्हें कोई कुछ न कहेगा।" उसे शाबाशी देते हुए मैंने कहा, "न मैं तुम्हें नौकरी से जवाब दूँगा, न तुम्हारी माँ से कहूँगा और न पढ़ाना बन्द करूँगा!"

लेकिन मेरे प्रण की परीक्षा का समय जल्दी ही आ गया —इतनी जल्दी कि मैंने कल्पना भी न की थी।

o

तीसरे ही दिन दोपहर को हरमोहन पत्थरचट्टी के हकीम साहब के साथ आया। बोला :

"दिलजीत को देखने हकीम साहब आये थे, चलते समय मैंने कहा कि संगीत जी को देखते चलिए...."

"दिलजीत को क्या हुआ...."

"कुछ नहीं पित्त बढ़ गयी है न," हकीम साहब ने कहा, "ठीक हो जायेगा जल्दी।" फिर मेरी आँखों के पलक उठा कर उन्होंने कहा कि पहले से आराम है और परामर्श दिया कि मैं पोटली की टकोर जारी रखूँ।

और वे चल दिये।

हरमोहन क्षण भर को रुक गया, "तुमने अभी तक नबी को रख छोड़ा है!" वह बोला।

"क्यों ?" मैंने उसकी बात समझने के बावजूद पूछा।

"वह चोर है, तुम्हें फिर चकमा देगा।"

"बच्चा है, ठीक हो जायेगा।"

"अरे, भला ये आदतें भी कभी जाती हैं ?"

"आप शायद 'देववाणी' नहीं पढ़ते। देवा जी तो सदा इस पर ज़ोर देते हैं कि बच्चों की ये आदतें दूर की जा सकती हैं।"

हरमोहन ने इसका कोई उत्तर नहीं दिया। "माता जी ने कहला भेजा है," उसने कहा, "कि नबी यहाँ नहीं रह सकता।"

इसका मैंने कोई उत्तर नहीं दिया।

"ऐसी जल्दी नहीं, तुम्हारी आँखें ठीक हो जायें, तब उसे जवाब दे देना, लेकिन उसके रहने से तुम्हें ही नहीं, हमें भी डर है।"

उत्तर में मैंने करवट बदली और मुँह दीवार की ओर कर लिया। तभी हकीम जी ने आवाज़ दी और हरमोहन माता जी के आदेश को सुनाता हुआ चला गया।

दूसरे दिन अभी सुबह मैं स्नानगृह में शीतलपाटी बिछा कर लेटा ही था कि देवा जी आ गये। मैं शीतलपाटी पर बैठ गया।

उन्होंने नबी से कहा कि बाहर बरामदे में जा कर बैठे, कोई उनके सम्बन्ध में पूछे

तो उन्हें अन्दर आ कर ख़बर दे।

नबी चला गया तो उन्होंने मेरी आँखों का हाल पूछा। मैंने कहा, "दो-एक दिन में ठीक हो जायेंगी, पहले से आराम है।"

"आराम है तो ठीक है," वे बोले, "नहीं मैं सोचता था कि पत्थरचट्टी के अस्पताल के डॉक्टर को बुलवायें।"

" जी नहीं, ख़याल है दो-एक दिन में बिलकुल ठीक हो जायेंगी। हल्की-सी लाली अभी है। आज रात रुई के फाहों पर मलाई रख कर बाँधने का ख़याल है। हकीम साहब ने कहा था, पर मैं बाँध नहीं सका।"

"मैं हरगोविन्द को कहला देता हूँ, शाम को मलाई तुम्हें दे जायेगा। उससे आँखें भी न रिसेंगी और उनमें नमी भी रहेगी।"

"काम का ज़रूर कुछ हर्ज हो रहा है," मैंने कहा, "लेकिन आँखें ठीक हो जाने पर दिन-रात बैठ कर पूरा कर दूँगा।"

"कि फिर आँखें ख़राब हो जायें!" देवा जी हँसे, "अरे भाई, काम की परवाह न करके अपनी आँखें ठीक करो, काम फिर हो जायेगा।"

और मेरे कन्धे को थपथपाते हुए वे उठे। फिर जैसे चलते-चलते उन्हें कुछ याद आ गया हो, उन्होंने पूछा, "मैंने सुना है कि तुम्हारे कुछ रुपये चले गये।"

"जी नहीं, मेरे गाँव से मेहमान आये थे, उनका बटुआ खो गया था।"

"मिल गया न!"

"जी"!

"कितने रुपये थे उसमें ?"

"पचास!"

"यहाँ तो कभी चोरी हुई नहीं, किसने उठाया था।"

मैं जानता था कि उन्हें सब मालूम है, फिर भी अनजान बनते हुए मैंने कहा, "आपने देववाणी में ठीक ही लिखा है कि यदि आप अपने रुपये-पैसे सँभाल कर नहीं रखते, ट्रंक या आलमारी की चाबी नहीं लगाते तो नौकरों को चोरी करने की प्रेरणा देते हैं। जसवन्त सिंह हैण्ड-बैग के ऊपर ही मनीबैग रख कर चले गये। नबी को कुछ उतना काम तो रहता नहीं, बैठे-बैठे उसने बैग खोला। ऊपर ही बटुआ पड़ा था। लालच हो आया। लेकिन मैंने समझाया तो उसने बटुआ दे दिया।"

"चच्, चच्" उन्होंने खेद प्रकट किया और बोले, "देवनगर में कभी चोरी नहीं हुई। बाहर वाले मेहमान क्या कहते होंगे! तुम्हारी आँखें ठीक हो जायें तो तुम इस बच्चे को जवाब दे देना। मैं इसे कहीं और काम दिलवा दूँगा। घरों में इसका रहना ठीक नहीं।"

और बिना मुझे उत्तर देने का अवसर दिये, देवा जी चले गये।

नबी शायद बाहर बरामदे में न गया था, ड्राॅइंग-रूम ही में था। उसने देवा जी की बात सुन ली अथवा उसे किसी दूसरे नौकर से पता चल गया कि माता जी इत्यादि उसके ख़िलाफ़ हैं और उसे आभास हो गया कि देवा जी उसी को ले कर बातें करने आये हैं। उनके जाते ही वह आ गया, घुटनों के बल मेरे पास बैठ गया और उसने धीरे से पूछा :

"दार जी, आप मुझे जवाब दे देंगे ?"

देवा जी के जाते ही मैं फिर लेट गया था। क्रोध का कुछ ऐसा ज्वार-सा मन में उठा और नसें सहसा कुछ ऐसी तन गयी कि चुपचाप आँखों पर टकोर करने लगा। देवा जी की कथनी और करनी में क्यों इतना अन्तर है ? इसी बात पर मन खीझ रहा था। नबी इतने धीरे-से आया कि मैंने उसके पदचाप सुनी नहीं।

उसकी आवाज़ सुन कर मैंने करवट बदली, रूमाल से पलकें साफ़ कर आँखें खोलीं। बच्चे की आँखों में अजीब-सा सहम था। जाने वह बाहर क्या-क्या सुनता रहा था, वह कितना डर गया था!

"दार जी मैं कभी चोरी न करूँगा। आप मुझे निकालिए नहीं।"

मन कुछ अजीब-सा भर आया। बायें हाथ से खींच कर मैंने उसे सीने से लगा लिया और उसकी पीठ थपथपाते हुए कहा :

"तुम फ़िक्र न करो। जब तक मैं यहाँ हूँ, तुम मेरे साथ रहोगे।"

o

तीसरे दिन मेरी आँखें ठीक हो गयीं और मैं खाना खाने डाइनिंग हॉल में गया। नबी ने तो कहा था कि वह खाना वहीं ला देगा, पर मैं स्नान-गृह में लेटा-लेटा इतना ऊब गया कि मैंने लंगर में जा कर खाना खाने का फ़ैसला कर लिया। तीसरी पारी में, मैं उसी चिर-परिचित अन्तिम मेज़ पर जा बैठा। लू चलने लगी थी, हॉल के सब दरवाज़े बन्द थे, केवल दो खिड़कियाँ खुली थीं तो भी हॉल में काफ़ी रोशनी थी। सीमेंट के चमचमाते नगीनों-जड़े फ़र्श पर धूल की एक हल्की सी परत जमी हुई थी, जिस पर आने-जाने वालों के पाँवों के निशान बन-बन जाते थे। किचन का छोकरा पैण्ट्री को गीले कपड़े से बार-बार पोंछ कर चमका देता था, इसलिए हॉल के फ़र्श के मुकाबले में वह बड़ी निखरी-निखरी लग रही थी।

गर्मी के कारण बहुत से देवसैनिक खाना नौकरों के हाथ अपनी कोठियों में ही मँगा लेते थे, तीसरी पारी में केवल तीन-चार व्यक्ति ही खाने को आये थे। मैं अपने ध्यान में मग्न नबी के बारे में सोचता खाना खा रहा था कि अचानक छोटे-छोटे लड़कों की एक फ़ौज हॉल में घुस आयी। देख कर भी जैसे मैंने उन्हें नहीं देखा। चुपचाप खाना खाता रहा और सोचता रहा —आँखें जब ठीक हो गयी हैं तो नबी का सवाल फिर उठेगा, माता जी जब उसको निकालने पर तुल गयी हैं तो उसे रखना देवनगर से बैर मोल लेना है, नबी का तो बहाना है; मतलब तो मुझे तंग करने से है। तीरथराम या हरमोहन ने चोरी की इस घटना के सम्बन्ध में माता जी के कान भरे होंगे, वे तो पहले ही खार खाये बैठी हैं, उन्होंने उसे निकलने का नादिरशाही हुक्म दे दिया होगा, जितने दिन नबी मेरे यहाँ रहेगा, वे सीख़ का कबाब बनी रहेंगी। लेकिन चाहे जो हो, चाहे मुझे देवनगर छोड़ना पड़े, मैं नबी को कभी न निकालूँगा....

तभी कुछ लड़कों ने आ कर मेरी मेज़ को घेर लिया।

"चन्दा दीजिए संगीत जी, परसों हमारी कंसर्ट होने वाली है। उसमें हम एक नाटक करेंगे।"

"मैं चन्दा-वन्दा कभी नहीं देता।" नबी की समस्या में उलझे और बिना उनकी ओर देखे, बिना उनकी पूरी बातें सुने मैंने कहा।

लड़कों ने मुड़ कर निराशा-भरी आँखें से पीछे को देखा। निरपेक्ष भाव से मेरी निगाहें भी उनके साथ उठीं। परे दरवाज़े में वाणी खड़ी थी।

लड़कों ने इशारे से बताया कि कुछ नहीं देते।

वाणी हॉल के मध्य आ गयी और मेरी आँख बचाते हुए उसने हाथ के संकेत से कहा कि इनसे फिर कहो।

हालाँकि वाणी अपनी आँख बचा गयी थी, फिर भी जिस आत्मीयता के साथ उसने लड़कों को मुझसे अनुरोध करने के लिए कहा था, उसने मेरे हृदय की गति को तेज़ कर दिया।

मैंने बच्चों से कहा, "मेरे पास इस समय कुछ नहीं। शाम को मेरी कोठी पर आओगे तब मैं दे दूँगा।"

एक लड़का बोला, "कितने देंगे ?"

मैंने किंचित मुस्करा कर कहा, "एक।"

आप बड़े कंजूस हैं।"

अभी मुश्किल से लड़के के मुँह से शब्द निकले होंगे कि बढ़ कर वाणी ने हल्की-सी चपत उसके मुँह पर लगा दी। "ऐसा नहीं बोलते।" उसने दाँतों में कहा और उसकी निगाहें तब मुझसे मिलीं; जैसे कह रही हों —'लड़कों की उद्दण्डता के लिए मुझे क्षमा कर दीजिए।'

एक दूसरे लड़के ने कहा —"हम पाँच रुपये लेंगे।"

"चलो, चलो!" कहते हुए वाणी उन्हें ले चली। मैंने उसी लड़के से कहा, "शाम को आना, जो भी हो सकेगा, दूँगा।"

मेरा ख़याल था कि वाणी मुड़ कर देखेगी। उसके मुड़ने की आशा ही से मेरा दिल धड़क रहा था, पर सामने किचन के दरवाज़े पर तीरथराम नमूदार हुआ और वाणी बिना मुड़े, लड़कों के पीछे-पीछे चली गयी।

o

साँझ के साये गहरे हो गये थे। दिन भर लू चलती रही थी, लेकिन दिन ढलते ही हवा थम गयी थी। तपिश, जो दिन भर हवा के पंखों पर उड़ रही थी, जैसे अदृश्य घटा-सी सारे वातावरण पर छा गयी थी। लैम्प उठा कर मैं बाहर बरामदे में आया। अभी चिमनी साफ़ ही कर रहा था कि गहरे दुख में मधुर-स्मृति ऐसा हवा का एक हल्का झोंका आया, पसीने से तर बदन में हल्की-सी फुरेरी दौड़ गयी। बत्ती काट कर, चिमनी ठीक से रख, मैं लैम्प उठा कर अन्दर चला ही था कि मैंने सामने के मोड़ पर लड़कों का झुण्ड देखा। वाणी उनके साथ थी। दिल ज़ोर से धड़क उठा। लेकिन शायद यह कहना ठीक नहीं, क्योंकि धड़क तो वह उसी वक्त से रहा था, जब मैं लंच के बाद वापस लौटा था और मैंने वाणी की आँखों में पुराना-सा कुछ फिर से देखा था और मुझे लगा था कि वह शाम को ज़रूर आयेगी:

मैं रुका नहीं। ड्राइंग-रूम में गया। मेज़ पर लैम्प रखा, फिर दियासलाई लेने के लिए

मैं छोटे कमरे में गया। पहले मैं छोटे कमरे ही से लैम्प जला कर ड्रॉइंग-रूम में रखता था, पर व्यस्त दिखायी देने के प्रयास में वह क्रम मैं भूल गया। फिर मन की गति विचित्र है। वह परेशानी में भी कई बार बड़ी तेज़ी से योजनाएँ बना लेता है। दियासलाई की डिबिया शायद इसीलिए मैं छोड़ गया था कि उसे लेने फिर आऊँ और जान सकूँ कि वे लड़के मेरी ओर ही आ रहे हैं या कहीं घूमने जा रहे हैं। मेरा ख़याल ठीक था। बच्चे इधर ही आ रहे थे। दियासलाई ले कर बिना उधर देखे मैं वापस आया। लैम्प जला रहा था, जब बच्चे दनदनाते अन्दर आ गये। मैं चुपचाप लैम्प जलाता रहा। एक-दो तीलियाँ बुझीं भी, पर लैम्प जला कर ही मैंने पीठ फेरी। जान-बूझ कर वाणी सबसे पीछे बरामदे ही में रुक गयी थी। जान-बूझ कर वह साँझ ढलने के बाद आयी थी। निमिष भर हम एक-दूसरे की ओर देखते रहे, फिर मैं डिबिया वहीं छोटे कमरे में रखने के बहाने चल दिया। दरवाज़े में रुक कर मैंने कहा —"तुम क्यों आयी हो ? मैंने कह दिया था, रुपये मैं पहुँचा देता।"

वाणी का रंग एकदम श्वेत हो गया। वह कोई जवाब न दे सकी। केवल अपनी बड़ी-बड़ी आँखों से मुटर-मुटर मुझे तकती रही। मैं कन्नी काट कर छोटे कमरे में गया। यद्यपि उस छोटे बच्चे ने पाँच रुपये माँगे थे, पर मैंने पाँच के साथ दो के नोट और मिलाये और वापस आ कर वाणी के नहीं, उसी लड़के के हाथ पर रख दिये।

"इनको थैंक्स कहो, बलवन्त!" वाणी ने सहसा कहा और लड़का बोला, "थैंक यू!"

बच्चे जैसे आये थे वैसे ही दनदनाते चल दिये।

उनके पीछे क्षण भर रुक कर सहसा वाणी ने पूछा, "आप नबी को निकाल रहे हैं ?"

"तुमसे किसने कहा ?"

"माता जी हरमोहन भरा जी से कह रही थीं। नबी कल बड़ा उदास था।"

"नहीं, मैं उसे नहीं निकाल रहा।"

"हाँ, उसे न निकालियेगा!" और अपनी उन्हीं बड़ी-बड़ी गहरी आँखों में निमिष भर को मुझे डुबोते हुए वह भाग गयी।

०

वाणी चली गयी, बरामदे में रुका मैं उस देखता रहा। मोड़ पर पहुँच कर उसने फिर एक बार मुड़ कर देखा। इतनी दूर से आँखें तो नहीं दिखायी दीं, पर लगा कि जैसे उस दृष्टि ने दिखायी न दे कर भी, मुझे छू लिया है और उसके स्पर्श ने मन की सारी उदासी और सूनापन हर लिया है।

दिन में गर्मी के कारण काम कुछ ज़्यादा न कर सका था। ख़याल था कि साँझ पड़े कुछ ठण्डक होने पर कोशिश करूँगा। लेकिन लैम्प के पास ज़रा भी बैठने को मन नहीं हुआ। लंगर में खाना खाने के बाद, बहुत देर तक वहीं कोठी के बाहर सड़क पर घूमता रहा, फिर अन्दर से चारपाई निकाल, बाहर बिछा कर लेट गया। अँधेरा चारों ओर से बढ़ आया था, लेकिन आकाश में बेगिनती तारे टिमटिमा रहे थे और बायीं ओर आम और जामुन के पीछे उदय होने वाली कृष्ण पक्ष के चाँद की ज्योति नमित रह कर भी वाणी की ऊर्ध्वगा दृष्टि-सरीखी पेड़ों के ऊपर से आकाश में उजाला भर रही थी।

साँझ को वाणी से की गयी वे ही दो बातें बीसियों बार कानों में गूँज गयीं। उसकी

वे पहले डरी-डरी, फिर प्रसन्न और फिर प्रशंसा-भरी निगाहें बार-बार हृदय के तारों को छूती रहीं। सोचता रहा —बार-बार वही एक बात —कि वाणी की प्रत्यक्ष उपेक्षा को उसकी सच्ची उपेक्षा समझने में मैंने कितनी भूल की ? यदि वह सचमुच मुझसे नफ़रत करने लगती तो क्या उसका यों प्रदर्शन करती ? क्या वह मुझे देख कर मुँह फेर लेने अथवा वहीं खड़े-खड़े अपनी उन निगाहों की एक हल्की-सी जुम्बिश से, माथे के हल्के-से तेवर से, मेरे प्रति घृणा न प्रकट कर सकती थी ? सामने किसी को देखते हुए भी न देखना, दूसरे को इस बात का एहसास दिला देना कि वह एकदम हेय है, इन आँखों का एक अदना करिश्मा है। इसके लिए इतने कदम चल कर सिर या पीठ फेरने की क्या ज़रूरत थी ? और वाणी के उस व्यवहार पर, जिससे मन कटुता से भर गया था, सहसा प्यार हो आया। मेरे उस कृत्य पर उसे कितना क्रोध न आया होगा। वह मुझसे नफ़रत करती तो बेजा न होता। पर नहीं, वह नफ़रत न करती थी। उसके मन में मेरे लिए स्नेह था, इसीलिए वह जता देती थी कि मेरी बात से उसे दुख पहुँचा है और वह मुझसे ग़ुस्सा है।

....'मैं नबी को नहीं निकालूँगा....मैं नबी को हरगिज़ नहीं निकालूँगा....' मैं मन-ही-मन प्रण कर रह था....'मैं उसे और भी अच्छी तरह पढ़ाऊँगा। उसे योग्य बना कर देवनगरियों को दिखा दूँगा कि उनकी धारणा ग़लत थी। देवा जी को बता दूँगा कि जिन लेखों को लिख कर वे अपने कर्तव्य की इतिश्री समझ लेते हैं, मैं उन्हीं पर अमल करना, उन्हें लिखने से ज़रूरी समझता हूँ। वाणी को जता दूँगा कि यदि उसने मुझ पर विश्वास किया तो मैं उस विश्वास के सर्वथा योग्य हूँ....

तभी ख़याल आया कि वाणी से मैंने कुछ रूखा व्यवहार किया है। जाने क्यों मन की तमाम शक्तियों से चाहने पर भी मुँह से वही रूखे-सूखे बोल निकले थे। अब मन मसोसने लगा कि वाणी आयी और उससे ढंग की दो बातें भी न कर सका....न जाने मैं कब तक इसी तरह सोचता रहता, लेकिन कृष्ण पक्ष का चौथाई चाँद झाँकने लगा, हवा रमकने लगी, पलक भारी हो गये और मैं सो गया।

०

सुबह नबी आया तो मैंने पूछा, "क्या तुमने वाणी से कुछ कहा था ?"

मेरे अकस्मात यह प्रश्न करने पर वह एकदम सहम गया और चुप बना रहा।

मैंने प्रश्न बदला।

"क्या तुम वाणी से मिलते हो ?"

वह फिर भी चुप रह और मुटर-मुटर मेरी ओर ताकता रहा।

मैंने दूसरी तरह प्रश्न किया।

"क्या वाणी तुमसे मिलती है ?"

"जी !"

"क्या कहती है ?"

"जी कुछ नहीं, पढ़ने-लिखने के बारे में पूछा करती है।"

"देखो, तुम नौकरी छोड़ना नहीं चाहते तो मन लगा कर पढ़ो, अच्छे लड़के बनो और देवनगरियों को, जो तुम्हें चोर समझते हैं, दिखा दो कि तुम कितने अच्छे हो।"

नबी ने स्वीकृति में सिर हिलाया कि हाँ, वह ऐसा ही करेगा। मैंने बड़े जोश से उसे और हीरा को उस दिन पढ़ाया और जब देवा जी से लेख लेने गया तो एक नयी उत्फुल्लता मेरी नस-नस में दौड़ रही थी।

देवा जी ने मुझे लेख दे दिया और जब मैं चलने लगा तो उन्होंने कहा, "भई, वह हरमोहन ने तुम्हारे लिए नौकर छोकरे का प्रबन्ध कर दिया है।"

"जी, नौकर छोकरे का ?"

"वह....नबी को तुमने जवाब दे दिया न ?"

"जी नहीं!"

उन्होंने संकेत किया कि ज़रा बैठो।

जब मैं बैठ गया तो उन्होंने कहा, "देखो भाई, मैं समझता हूँ कि तुम्हें यह बात बुरी लगती है, सच पूछो तो मैं स्वयं इसे अच्छा नहीं समझता, लेकिन बड़ी बुराई के मुकाबले में इस छोटी बुराई को चुन लेना बेहतर है।"

चुप रहना मेरे लिए मुश्किल हो गया। मैंने कहा, "वह छोटी बुराई है, यह कैसे मान लिया जाये ?"

देवा जी के माथे पर तेवर बन गये, पर दूसरे क्षण एक चौड़ी मुस्कान का हैंगा उन पर फेरते हुए उन्होंने कहा, "यह बात भाई रेलेटिव —सापेक्ष —है। तुम्हारे लिए वह बड़ी बुराई हो सकती है, क्योंकि इसके मुकाबले में बड़ी बुराई तुम्हें दिखायी नहीं देती, पर मेरे सामने अपने साथियों के क्रोध और असहयोग के रूप में वह दिखायी देती है। देवसैनिकों का बहुमत चाहता है कि उस लड़के को देवनगर में न रहने दिया जाये। अब यदि मैं ज़ोर देता हूँ तो वे सब-के-सब यह समझेंगे कि मैं उनकी एक ज़रा-सी इच्छा भी पूरी नहीं करता। वे कहेंगे कुछ नहीं, पर उनका काम करने का, सहयोग देने का उत्साह जाता रहेगा और उनके सहयोग के बिना मेरे लिए देवनगर का सपना सिर्फ़ सपना बन कर रह जायेगा।"

मैं चिढ़ गया, बोला "देवनगर आप क्यों बनाना चाहते हैं ? क्या ईंटें, गारा और चूना ही देवनगर है ? उसकी नींव और निर्माण में क्या कोई सिद्धान्त नहीं। उन सिद्धान्तों का बलिदान करके ईंट, गारे और चूने के चन्द मकान खड़े कर लेना आप बड़ी सफलता समझते होंगे, मैं इसे घोर असफलता मानता हूँ। यह बड़ी चीज़ के लिए छोटी चीज़ की कुरबानी नहीं, बल्कि एक बहुत ही छोटी चीज़ के लिए एक बहुत ही बड़ी चीज़ की कुरबानी है।"

देवा जी के माथे पर चिड़चिड़ाहट की इतनी बड़ी लकीरें बन गयीं कि मुस्कान और संयम का हैंगा भी उन्हें न मिटा सका। किसी तरह अपने-आप पर काबू रखते हुए उन्होंने कहा, "मैं तो भाई तुम्हारे ही लिए कहता हूँ। सब लोगों को नाराज़ करके, सब की छाती पर मूँग दलते हुए, सब की मर्ज़ी के ख़िलाफ़ उस चोर छोकरे को रख कर...."

"वह चोर नहीं," मैंने देवा जी की बात काटते हुए क्रोध और जोश से कहा, "और फिर यह आप भी जानते हैं और मैं भी जानता हूँ कि गहना-पत्ता या नकद रुपया यहाँ कोई नहीं रखता और जितना लोग रखते हैं, उतना अगर किसी का चला जाये तो मैं भर दूँगा, आप मेरे वेतन से काट लीजिएगा।"

देवा जी चुप रहे, केवल मौन रूप से मेरी ओर देखते रहे।

"नबी मेरा रिश्तेदार नहीं," मैंने उसी ज़ोश से कहा, "लेकिन मैं उसे वचन दे चुका हूँ कि मैं उसे नहीं निकालूँगा। उसकी बुढ़िया माँ है। नबी जो कमाता है, उसी से उनका गुज़ारा चलता है। उसे निकाल दूँगा तो दोनों भूखों मर जायेंगे।"

देवा जी हँसे, "तुम बड़े भोले हो भाई, यहाँ नबी ही अकेला भूखा नहीं, आस-पास के गाँवों में ऐसे बीसियों बच्चे और उनके माँ-बाप भूख के शिकार हो रहे हैं। देवनगर द्वारा हम उसी भूख की बीमारी का तो इलाज करने की सोच रहे हैं। देवनगर बन गया तो यहाँ बीसियों उद्योग-धन्धे खुलेंगे और यहाँ की भूख-ग़रीबी मिटेगी।"

मैं तत्काल कोई उत्तर न दे सका। क्षण भर रुक कर मैंने कहा, "बात भूख ही की नहीं, आपने देववाणी में लगातार बच्चों के मनोविज्ञान पर लिखा है कि बच्चे क्यों चोरी करते हैं, नौकर क्यों चोरी करते हैं और कैसे उनकी बुरी आदतें हटायी जा सकती है। मैं आप ही के कहे पर अमल कर देखना चाहता हूँ। यदि उसमें मुझे कुछ हानि भी उठानी पड़ी तो मैं तैयार हूँ।"

देवा जी ने कुछ नहीं कहा। "तुम्हारी इच्छा!" वे विवश भाव से बोले, "मैंने तुम्हारे ही लाभ के लिए कहा था, अपने साथियों को नाराज़ करके तुम शान्ति नहीं पा सकते।"

और माथे पर जैसे चिन्तन की कई लकीरें खींच, वे अपने काम में रत हो गये।

आ कर लेखों का अनुवाद करना मेरे लिए कठिन हो गया। हो सकता है, समझौता ज़िन्दगी की शर्त हो, लेकिन आदमी के पास कुछ तो ऐसा हो, जहाँ वह किसी से समझौता न करे। घास अपनी कोमलता को तूफ़ान के नीचे बिछा देती है और उसके गुज़र जाने के बाद फिर उठ खड़ी होती है। ज़िन्दा रहती है। लेकिन बरगद झुकता नहीं, चाहे टूट जाता है। तो क्या घास बरगद से अच्छी है ? थके-हारे मुसाफ़िरों को जब कोई छाया देना और आराम पहुँचाना चाहेगा, अपने किसी प्रिय सिद्धान्त पर आरूढ़ रहना चाहेगा, तब उसे बरगद ही बनना पड़ेगा, भले ही तूफ़ान के मुकाबले में उसे उखड़ कर गिर जाना पड़े। नहीं, मसलहतों के पाँव उसकी सूरत बिगाड़ देंगे। ज़िन्दा वह रहेगा, लेकिन वह ज़िन्दगी मौत ही का दूसरा नाम होगी।

समझौता करते हुए देवा जी अपने आदर्श की ऊँचाई से जहाँ आ पहुँचे थे, उसे देख कर मुझे घोर ग्लानि हुई। कहाँ देववाणी के वे आदर्श, वह न्यायप्रिय बालक की कहानी, वह अपने अधिकार के लिए लड़ मरने वाले क्लर्क का किस्सा, और कहाँ हर सिद्धान्त को सुविधा के लिए छोड़ देना! मैं झुँझला कर उठ बैठा। लगा कि इस आज़ाद, स्वच्छन्द फ़िज़ा में मेरा दम घुट रहा है। टहलता-टहलता मैं मधवार साहब की ओर गया। वे अभी प्रैक्टिकल स्कूल ही में थे। मैं स्कूल की ओर चल पड़ा।

बरामदे में वाणी एक विंग से दूसरे की ओर जाती दिखायी दी। जाते-जाते निमिष भर को रुक कर, उसने मेरी ओर गहरी प्यार-भरी दृष्टि से देखा —उसका सारा आक्रोश मिट चुका था। मुझे न सफ़ाई देने की ज़रूरत पड़ी, न क्षमा माँगने की। शायद नबी के मामले में मेरे हठ की बात उस तक पहुँच गयी थी और उसी ने मेरी खोयी जगह उसकी आँखों में पुनः बना दी थी। फिर जैसे उसकी शलवार का पायँचा उसके टख़ने में फँस गया,

वह उसे अलग करने को झुकी। वहीं से झुके-झुके मुड़ कर उसने फिर अपनी उन्हीं निगाहों से मुझे शराबोर कर दिया। और फिर पायँचे को टख़नों से अलग करती हुई, वह दूसरी ओर मुड़ गयी और जैसे अपने सिद्धान्त पर अडिग रहने के मेरे निश्चय को और भी दृढ़ बनाती गयी।

मधवार साहब किसी महान तपस्वी की तरह अपनी कुर्सी पर बैठे फ़ाइलें देखने में निरत थे। मेरे कदमों की चाप से उनकी समाधि भंग हुई। किसी दूसरे संसार में जैसे वे मुस्कराये और आँखों की हल्की-सी जुम्बिश से उन्होंने पूछा कि कहिए, कैसे आये और आँखों ही से संकेत किया कि बैठिए।

मैं कुर्सी पर बैठ गया और मैंने नबी की बात चलायी। माता जी, हरमोहन और देवा जी के आदेश का उल्लेख किया। और अपनी स्थिति और भावनाओं को उनके सामने रखते हुए कहा, "यह एक मामूली नौकर को हटाने का प्रश्न नहीं, यह अपने वचन और सिद्धान्त तोड़ने का, आदर्श-च्युत होने का प्रश्न है। मैं नबी को कैसे निकाल सकता हूँ!"

"यदि आप देवनगर में रहना चाहते हैं तो उसे निकालना होगा!" उन्होंने जैसे किसी धर्म-ग्रन्थ का सूत्र प्रकाशित किया।

"जब मैं हरजाना देने को तैयार हूँ, किसी की चोरी हो जाये, भरने को तैयार हूँ, तो फिर आप लोगों को क्या शिकायत है ?"

मधवार साहब का तनाव कुछ हल्का हुआ। शरीर को ज़रा ढीला छोड़ते हुए उन्होंने कहा, "मुझे तो भाई, कोई शिकायत नहीं। मैं तो बल्कि विश्वास रखता हूँ कि वह बच्चा न केवल चोरी की आदत छोड़ सकता है, बल्कि प्रैक्टिकल स्कूल के अधिकांश बच्चों के मुकाबले में योग्य और बुद्धिमान साबित हो सकता है। लेकिन उसके लिए स्नेह और सम-दृष्टि की ज़रूरत है, जो यहाँ सम्भव नहीं। मैं उसे कभी प्रैक्टिकल स्कूल से निकालने न देता, पर जिस लड़के पर माता जी की कुदृष्टि हो और वह किसी धनाधीश का बच्चा न हो तो उसे यहाँ रखना उसकी आत्मा को कुचल देने के बराबर है, इसीलिए मैंने दोनों बच्चों को यहाँ से चले जाने दिया।"

और मधवार साहब ने बताया कि किस प्रकार प्रैक्टिकल स्कूल के खाने और दिखाने के दाँत अलग-अलग हैं। "देवा जी ने 'देववाणी' में बड़े तमतराक से घोषणा की है," मधवार साहब बोले, "कि स्कूल में बच्चों को हर तरह की आज़ादी है; उनका व्यक्तित्व पूरी स्वच्छन्दता के वातावरण में बन रहा है; पर तथ्य यह है कि वे घर को जो चिट्ठियाँ लिखते हैं, वे सब खोल ली जाती हैं और जिन चिट्ठियों में स्कूल की आलोचना होती है, वे कभी नहीं भेजी जातीं। जिस लड़के के असन्तोष का पता चल जाता है, उस पर ख़ास ध्यान दिया जाता है और हर कोशिश से उससे स्कूल के पक्ष में चिट्ठी लिखवायी जाती है।"

"आपके रहते यह सब होता है ?"

"मैं न रहूँ तो न जाने और क्या-क्या हो, प्रिन्सिपल पूरा ख़ुशामदी है; ऐसे-वैसे जितने काम हैं, देवा जी सब उसी से कराते हैं।"

"मेरा तो दम घुट जाये धोखा-धड़ी के ऐसे वातावरण में, आप कैसे रहते हैं ?"

"मैं गाँधी-आश्रम में रह आया हूँ, कीचड़ में रह कर भी कमल बने रहना मैं अच्छी

तरह जानता हूँ। महात्मा गाँधी ने बड़े-बड़े शठों से देवता-तुल्य काम कराये हैं। जब तक मुझे उम्मीद है कि बुराई को बढ़ने से रोक रहा हूँ, तब तक हूँ। जब देखूँगा, मेरा कोई उपयोग नहीं, चल दूँगा।"

और उन्होंने बिलकुल देवा जी की तरह कलम उठायी और अकड़ कर बैठ गये।

'देवा जी ने मन्त्री बना कर इस व्यक्ति के अहं को सन्तुष्ट कर दिया है और यह समझौते के लिए अपने आपको धोखा देने लगा है,' मैंने दिल-ही-दिल में कहा और 'नमस्कार' कर, मैं मधवार साहब के पास से उठ आया।

०

नन्दलाल से मिलने के लिए जाने का मन था। पर नहीं गया। न जाने कैसी वितृष्णा हो गयी कि देवनगरियों की सूरत तक से चिढ़ होने लगी। किसी से भी मिलने को मन न होता था। दोपहर को खाना खाने भी नहीं गया, नबी के हाथ मँगा लिया। भूख भी वैसी कोई ख़ास न थी। दो-चार कौर खा कर उठ गया। कुल्ला कर हाथ-मुँह धो रहा था कि बाहर टिक-टिक हुई। नबी ने दरवाज़ा खोला, ज्ञानी जी थे।

"अरे, आप इस टीक दोपहरी में कहाँ ?" स्नानगृह से बाहर निकलते हुए मैंने कहा।

"आप आज खाने के लिए नहीं आये। नबी को खाना ले जाते देख कर सोचा कि फिर दुश्मनों की आँखें न आ गयी हों।" और अपनी दाढ़ी पर हाथ फेरते हुए वे किंचित हँसे।

मैंने उनकी हँसी में योग नहीं दिया। "दुश्मनों की आँखें ख़राब नहीं हैं, पर मिज़ाज ज़रूर गर्म है।" मैंने उत्तर दिया।

मेरी बाँह को स्कन्ध-मूल से उखाड़ते हुए ज्ञानी जी ने अपनी वही गाँठदार ठहाका लगाया, "आप भी ख़ूब हैं, संगीत भाई!" और वे मुझे साथ ही ले कर चटाई पर बैठ गये। "दुश्मनों का मिज़ाज क्यों गर्म है ?" उन्होंने पूछा।

मैंने नबी को दूसरे कमरे में जा कर हीरा के साथ पढ़ने के लिए कहा, ज्ञानी जी को नबी का किस्सा और देवा जी का आदेश सुनाया और अपनी स्थिति समझायी।

"तुम बिलकुल ठीक कहते हो भाई," ज्ञानी जी ने अपनी दाढ़ी पर हाथ फेरते हुए कहा, "पर तुम्हारा यह ख़याल ग़लत है कि देवा जी ऐसा चाहते हैं। देवा जी तो देवता पुरुष हैं। उनका हृदय बड़ा उदार है, यह तो उनके इर्द-गिर्द कुछ छोटे दिल के लोग हैं, उन्हीं के कारण देवा जी यह सब करने को विवश हैं।" और निमिष भर रुक कर उन्होंने कहा, "मैं तुम्हें सलाह दूँगा कि तुम नबी को अभी निकाल दो, मैं उसे फिर नौकर करा दूँगा। इसका मैं तुम्हें विश्वास दिलाता हूँ।"

"उसे तो मैं हरगिज़ जवाब नहीं दे सकता।"

"मैं तो तुम्हारे ही फ़ायदे के लिए कहता हूँ। जब माता जी उसके विरुद्ध हैं तो उसे रखना बुद्धिमानी नहीं। तुम रखोगे तो ये तुम्हें तंग करेंगे। हरमोहन कह रहा था कि 'देववाणी' के हिन्दी-उर्दू संस्करण बड़ा घाटा दे रहे हैं। तुम अपनी ज़िद पर कायम रहे तो वे उन्हें बन्द कर देंगे और तुम्हें देवनगर छोड़ना पड़ेगा।"

"देवनगर चाहे मुझे छोड़ना पड़े, पर मैं नबी को जवाब नहीं दे सकता।" मैंने कहा।

"देखो भाई, कोई ऐसा काम न करना चाहिए, जिससे विरोधियों के हाथ मज़बूत हों।

'झुक कर झुकाने' का मुहावरा सुना है या नहीं ? कभी-कभी जीतने के लिए झुक जाना चाहिए।"

"यह देवा जी की फ़िलासफ़ी है," मैंने कहा, "मेरी नहीं। मैंने अपनी प्रेरणा उनकी करनी से नहीं ली —प्राय: हर अवसरवादी की करनी वैसी ही होती है —मुझे प्रेरणा उनकी कथनी से मिली है, जिसने मेरी सोयी हुई रूह को जगा दिया है, मुझे अ..र की आँखें और उन आँखों को सपने दिये हैं।"

ज्ञानी जी निराश हो गये। लेकिन गये नहीं। बड़ी देर तक बैठे मुझे दुनियादारी की बातें समझाते रहे और देवा जी की सफ़ाई देते रहे। मैंने कहा, "देवा जी का कोई दोष नहीं है, यह मैं नहीं मानता। वे भविष्य-द्रष्टा हो सकते हैं, शायद हैं भी, पर अपनी कथनी को करनी का जामा पहनाने के लिए जिस दृढ़ता की ज़रूरत है, वह उनमें नहीं। वे एक ढुल-मुल नेता हैं। मैं अच्छी तरह समझ गया हूँ कि वे अब क्यों देवसैनिक नहीं बनाते। मैं यदि देवसैनिक होता तो वे या उनके साथी काम को बन्द करके मुझे निकालने की कभी न सोच पाते। तन और मन की निपट ग़ुलामी उनके साथ काम करने की पहली शर्त है। मुझे किसी के नेतृत्व में तन और मन को ग़ुलाम बना देना अस्वीकार नहीं, पर शर्त यही है कि मेरा नेता अपने आदर्शों से गिरता तो नहीं। आदर्शहीन नेता की ग़ुलामी मेरे बस की नहीं। मैं नबी को निकालूँगा तो मुझे लगेगा कि मैं एक आदर्शहीन नेता की ग़ुलामी कर रहा हूँ....कि उस ग़ुलामी में मुझे रोटी मिलती है....कि मैं ऐसा केवल पेट के लिए कर रहा हूँ। 'देववाणी' को पढ़ने के बाद, मैं ऐसा नहीं कर सकता, क्योंकि देवा जी के ही कथनानुसार पेट तो कौवे और गधे भी भरते हैं और सुख-सुविधा तो वेश्याओं को भी प्राप्त होता है।"

शाम हुए ज्ञानी जी गये, उनके जाते ही मैंने नबी को बुलाया। हीरा जा चुका था "देखो भाई, ये सारे लोग इस बात पर ज़ोर दे रहे हैं कि मैं तुम्हें निकाल दूँ," मैंने बड़े प्यार से उसे समझाया, "पर मैंने वचन दिया था, इसलिए मैंने तुम्हें निकालना मंज़ूर नहीं किया। मैं तुम्हें निकालूँगा नहीं, लेकिन मैंने तय कर लिया है कि मैं स्वयं निकल जाऊँगा। कल सुबह मैं यहाँ से चला जाऊँगा। तुम कल से न आना।

और मैने जेब से पाँच रुपये निकाल कर उसे दिये और उसे बग़ल में ले कर प्यार करते हुए कहा, "अपनी अम्मा को मेरा सलाम देना और सारी बात समझा देना।"

नबी की आँखें भर आयीं। लगभग रोते हुए उसने कहा, "दार जी, आप मुझे साथ ही ले चलिए।"

"अभी तो कुछ पता नहीं, कहाँ-कहाँ भटकता रहूँ," मैंने कहा,"पर यदि कहीं टिक गया तो लिखूँगा, चले आना।"

और मैंने उसकी पीठ थपथपा कर उसे तसल्ली दी और प्यार किया।

नबी ने अपना बस्ता, किताबें और कापियाँ सँभालीं, दूसरा छोटा-मोटा सामान लिया और मेरे पाँव छू कर वह चल दिया।

"ठहरो, गुम्बद तक मैं भी चलता हूँ!" मैंने कहा, और कोठी में ताला लगा कर मैं भी उसके साथ हो लिया। चाहता था कि किसी को मेरे जाने की बात मालूम न हो। जब वे अपने क्रोध में मुझे नोटिस देने की सोचें तो पायें कि मैं जा चुका हूँ। नबी से कोई

ऊल-जलूल सवाल न पूछे, इसलिए मैंने उसके साथ जाना उचित समझा।

०

साँझ अभी पूरी तरह उतरी न थी, लेकिन हवा में गर्मी कम थी। देवनगर छोड़ने के ख़याल से वे रविशें, वे बाड़ें, वह हॉल, वह ड्योढ़ी, वे कोठियाँ, वे आम, जामुन और बरगद के पेड़, वे बनौली के घरों की लकीर —सब एकदम नया-नया लगा। जी हुआ कि देवनगर छोड़ने के पहले एक बार अच्छी तरह घूम कर देख लूँ, उसकी हर रेखा को मन के पट पर उतार लूँ।

नबी को मैंने कोठियों के आगे छोड़ दिया। परे मैदान में स्कूल के बच्चे हॉकी खेल रहे थे। और भी परे शायद वाणी अपनी किसी सहेली के साथ घूम रही थी। कुछ क्षण वहीं खड़ा मैं नबी को चुपचाप सिर झुकाये जाते देखता रहा, फिर मेरी दृष्टि मैदान से परे किसी सहेली के साथ टहलती हुई वाणी पर गयी और दिल की गहराई से एक लम्बी साँस निकल गयी।

देवनगर के वीराने में यदि किसी चीज़ ने मुझे बाँध रखा था —उसकी सुन्दरता के अतिरिक्त —तो वह था वाणी का स्नेह, नहीं तो मेरा सपना कब का टूट चुका था। लेकिन अब देवनगर में और रहने तथा वाणी का स्नेह पाने के लिए जो कीमत चुकानी पड़ती, वह उस स्नेह ही को ख़त्म कर देती। वाणी के उस स्नेह का तकाज़ा था कि मैं अपने फ़ैसले पर अडिग रहूँ और तत्काल देवनगर छोड़ दूँ।

मैं चुपचाप सड़क पर हो लिया। ख़याल आया कि जाऊँ, ज़रा नहर का एक चक्कर लगा आऊँ।

सड़क एक नम्बर की कोठी के पास नहर की ओर मुड़ती थी। उधर मुड़ने से पहले मैंने एक बार फिर मैदान की ओर निगाह दौड़ायी; सहसा मैं ठिठक गया। वाणी ने नबी को जाते-जाते रोक लिया था और वह उससे बातें कर रही थी। नबी को मैंने और किसी से मिलने न दिया था। और किसी से उसने मेरे जाने की बात न बतायी थी, 'पर वाणी से वह ज़रूर कह देगा!' और यह सोचते ही मेरा दिल धड़क उठा। मैं मुड़ा, नगर की ओर जाने के बदले पत्थरचट्टी गया। वहाँ एक इक्का तय कर आया, उसे साथ ला कर अपनी कोठी बता दी कि सुबह साढ़े पाँच बजे वहाँ आ जाये। समझा दिया कि कोठियों के आगे से हो कर, ड्योढ़ी की ओर से आने के बदले कोठियों के पीछे से आये। मैं न चाहता था कि कोठियों के आगे सोये हुए देवसैनिक इक्के की खड़खड़ाहट से उठ खड़े हों, मुझे फिर देवा जी का सामना करना पड़े और उनसे औपचारिक बातें कहनी-सुननी पड़ें।

इक्के वाले ने आश्वासन दिया कि वह पाँच बजे ही आ जायेगा।

"बस, मैं मुँह-अँधेरे निकल जाना चाहता हूँ," मैंने उसे एक बार फिर ताकीद की।

इक्के वाला चला गया और मैं अपना सामान समेटने में तल्लीन हो गया।

०

सुबह जब इक्का गुम्बद के पास से हो कर डाकख़ाने के निकट पहुँच गया तो मैंने सुख की साँस ली। अब किसी देवसैनिक से मिलने की आशा न थी। जब मैं इक्के पर सामान लाद रहा था, गुम्बद के पास बच्चों का झुण्ड देख कर मेरा माथा ठनका था, डरा कि प्रातः के इस धुँधलके में कहीं वाणी बच्चों को ले कर इधर ही तो नहीं आ रही। पर दो-दो की

कतार बाँध कर 'लेफ़्ट-राइट' करते हुए वे भट्ठे की ओर चले गये। इधर ऊसर में से एक पगडण्डी नहर को जाती थी। बच्चे शायद उधर ही से नहर को जा रहे थे। शायद पूरा चक्कर लगा कर एक नम्बर की कोठी के पास आ निकलेंगे, मैंने मन-ही मन सोचा और मेरी जान-में-जान आयी।

इक्का पत्थरचट्टी की ओर बढ़ा तो ठण्डी हवा के झोंके ने मन का सारा सन्ताप हर लिया। लगा, जैसे मुद्दतों के बाद जेल से छूट कर आज़ाद फ़िज़ा में आया हूँ। सड़क के दोनों ओर कटे हुए खेत थे, जिनमें खलिहान बने हुए थे। किसान तड़के ही अपने काम पर आ जुटे थे। कहीं सूपों की मदद से भूसा अलग किया जा रहा था, कहीं बैलों के खुरों तले दाने अपना जामा उतार रहे थे, कहीं गोल-गोल 'कुप्प' बन रहे थे। छल-कपट, धोखे-धड़ी से आज़ाद सीधी-सादी ज़िन्दगी रवाँ-दवाँ थी। मैंने सीना फुला कर लम्बे-लम्बे साँस लिये और सुबह की उस स्वच्छ वायु को अपने सीने में भर लिया।

अपने कमरे की मेज़ पर मैं देवा जी की किताबों और लेखों के साथ एक चिट्ठी भी उनके नाम छोड़ आया था।

"मैं बाकायदा त्यागपत्र देता," मैंने लिखा था, "पर मुझे विश्वास नहीं कि मैं छुट्टी पा जाता। इस सिलसिले की मेरी पहली दो कोशिशें असफल रही हैं और मैं देवनगर एकदम छोड़ देना चाहता हूँ, क्योंकि शान्ति पाना तो दूर, मुझे इतनी यन्त्रणा अपने इस प्रवास में मिली है कि जीवन भर मेरी याद को घायल रखेगी। इसीलिए मैंने अब की बार ख़तरा मोल नहीं लिया। आप भी मुझे नहीं चाहते, आपके सैनिक भी नहीं चाहते —फिर इस तकल्लुफ़ से आप या मैं क्यों यन्त्रणा सहें ? देवनगर में मेरी उपस्थिति का काँटा आपके ही नहीं, मेरे भी गड़ा है। क्यों न इसे निकाल कर चैन पायें। आपके लेख, जिनका अनुवाद हो गया या नहीं हुआ, सब मेज़ पर रखे हैं, जो किताबें आप से ली थीं, वे भी रखी हैं। मेरे वेतन का प्रश्न है, आपका मन हो तो निरंजन सिंह जी के पते पर भेज दीजिएगा, न मन हो तो नोटिस के बदले में काट लीजिएगा।

"अनुचित होगा यदि मैं अपने कुछ खोने की शिकायत करता हुआ, उस 'पाने' का आभार न मानूँ जो 'देववाणी' की फ़ाइलें और आपके लेख पढ़ कर मुझे मिला। मेरी सोयी हुई रूह जैसे वर्षों की नींद से जाग गयी है, क्योंकि ज़िन्दा रूह ही घायल भी हो सकती है, मुर्दा रूह को तो कचोके भी नहीं लगते। फिर आपने उस रूह को आँखें दीं, सपने दिये—इस सबके लिए मैं आभारी हूँ।

"कुछ जगहों से मुझे स्नेह भी मिला और उसी ने किसी तरह देवनगर का प्रवास सह्य भी बनाये रखा। अनुचित होगा यदि मैं चलते समय उसे भूल जाऊँ, उस स्नेह की स्मृति इस घायल रूह को सदा मरहम लगाती रहेगी, इसकी मुझे पूरी आशा है...."

स्नेह देने वालों का उल्लेख करते हुए मन में सबसे पहले आये नन्दलाल और सावित्री, फिर वाणी और ज्ञानी जी।

यह अजीब बात है कि अब, जब मैं देवनगर छोड़ रहा था, मुझे लगा कि ज्ञानी जी के मन में भी मेरे लिए कुछ-न-कुछ स्नेह था। देवनगर के प्रति मेरे सपने एकदम छिन्न-भिन्न न हो गये होते तो मैं उनके इतना ज़ोर देने पर ज़रूर रह जाता। चार घण्टे वे बैठे मुझे समझाते रहे। हो सकता है, वे ठीक कहते हों। देवा जी सचमुच उदार स्वप्न-द्रष्टा

हों, लेकिन देवा जी की इच्छा और उदारता के बावजूद देवनगर का कुछ बनने वाला नहीं, इसका मुझे विश्वास हो गया था। देवनगर मुझे उस देश-सा लगता, जिसका प्रधानमन्त्री उदाराशय, स्वप्नशील और भविष्य-द्रष्टा हो, पर जिसके सहकारी अवसरवादी, चाटुकार और ख़ुशामदी हों और जिसके दफ़्तरों में भ्रष्टाचार और स्वजन-पालन का दौर-दौरा हो। उस प्रधानमन्त्री की अच्छाई, स्वप्नशीलता और भविष्यदर्शन के बावजूद उस देश का क्या बन सकता है ? यदि वह एक सिरे से ले कर दूसरे तक सारे निज़ाम को नहीं बदल सकता तो उसे एक के बाद एक समझौता करना पड़ेगा। उसके सपने और आदर्श धरे-के-धरे रह जायेंगे और देश रसातल में चला जायेगा।....इसीलिए उस सारे स्नेह के बावजूद ज्ञानी जी मुझे देवनगर में न रख सके थे।

नन्दलाल और सावित्री का घर मरु का शाद्वल था, पर शाद्वल का अस्तित्व ही तो आदमी को मरु से बाँधे नहीं रख सकता।

रही वाणी — तो शायद देवनगर में उसकी उपस्थिति मेरे अनजाने भी मुझे वहाँ रहने के लिए विवश किये हुए थी। उन आँखों और उनमें तैरते स्नेह की याद, देवनगर की मधुरतम स्मृतियों में से है और उस स्नेह को उस नन्हीं-सी बाला के हृदय में बनाये रखने की भावना ही से मैं यों अचानक यहाँ से भाग उठा था। यदि उसे पता चलता कि मैंने देवनगर में बने रहने की ख़ातिर नबी को जवाब देना स्वीकार कर लिया है तो वह मेरे बारे में क्या सोचती ? 'इस तरह भागने के लिए मुझे माफ़ कर दो, वाणी।' मैंने मन-ही-मन कहा, 'तुम नहीं जानतीं, तुम्हें खो देने का ख़याल कितना तकलीफ़देह है, कितना दम घोंटने वाला है। लेकिन तुमने जो आँखें मुझे बख़्शी हैं, दूसरे के दुख-दर्द को महसूस करने की जो शक्ति प्रदान की है, वह उसी का तक़ाज़ा था कि मैं यों भाग जाऊँ। लेकिन मैं तुम्हें विश्वास दिलाता हूँ, तुम्हारी उन बड़ी-बड़ी आँखों की याद, जिन्होंने मेरी आत्मा को आँखें दी हैं, 'देववाणी' के आदर्श पर चलने की प्रेरणा दी है, जीवन भर मेरा पथ उजेला रखेगी।'

"अरे, वे संगीत जी आ रहे हैं।"

अचानक मैं चौंका। इक्का पोगाँवा के पुल पर से गुज़र रहा था। लबालब भरी नहर, खेतियों को जीवन-दान देने वाला जीता-जागता लोहू (अजीब बात है कि उसका नाम पानी था) अपने किनारों में लिये चली जा रही थी। किनारे पर कतार बाँधे बच्चे खड़े थे। शायद भट्ठे की ओर से मार्च करते हुए मुझसे पहले यहाँ आ पहुँचे थे। तभी निगाहें उस छोटी-सी, बीमार-बीमार लड़की पर जम गयीं, जिसका मुख एकदम श्वेत था, बड़ी-बड़ी पनियारी आँखें फैल गयी थीं और जिसने मुझे देखते ही दोनों हाथ जोड़ कर मस्तक पर रख लिये थे। एक गहरी, लम्बी साँस हृदय की गहराइयों में से निकल गयी, लेकिन मेरे अपने दोनों हाथ मस्तक पर चले गये और ताँगा पुल पार कर गया।

o

सामने पोगाँवा के घरों के पीछे सूरज निकल आया था। किरणों के तीर आकाश के अँधेरे को भेद रहे थे और सुबह का नूर जैसे अँधेरे में चारों ओर अपना प्रकाश भर रहा था।

☒☒☒

अश्क रचनावली

३

समग्र उपन्यास

अश्क रचनावली : समग्र रूप में

खण्ड : १ – ८
उपन्यास

खण्ड : ९ – ११
कहानियाँ

खण्ड : १२ – १४
नाटक-एकांकी

खण्ड : १५ – १६
काव्य

खण्ड : १७ – १९
संस्मरण तथा आत्मकथ्य

खण्ड : २० – २१
आलोचना

खण्ड : २२ – २३
वैचारिक गद्य

खण्ड : २४ – २५
ललित गद्य

वाणी प्रकाशन

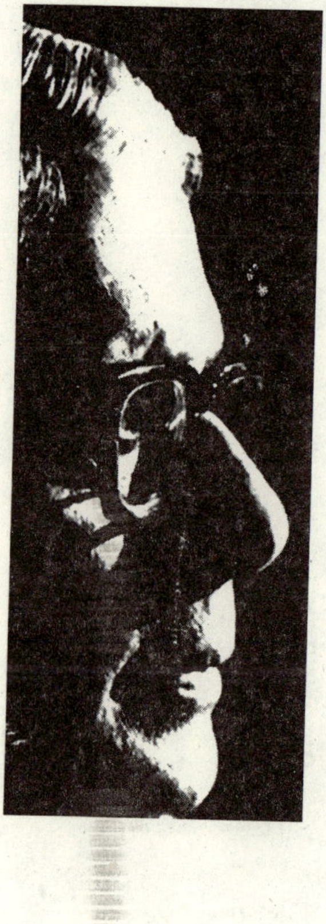

अश्क रचनावली

३

समग्र उपन्यास

एक नन्हीं किन्दील

सम्पादक :

नीलाभ

वाणी प्रकाशन
4695, 21-ए, दरियागंज, नयी दिल्ली 110 002

शाखा

अशोक राजपथ, पटना 800 004

फ़ोन: +91 11 23273167 फ़ैक्स: +91 11 23275710

www.vaniprakashan.in
vaniprakashan@gmail.com

Ashk Rachnawali : Samagra Upanyas-3
Edited by Neelabh

ISBN: 978-93-5000-940-6
Rachnawali

प्रथम संस्करण

मूल्य : ₹ 850 (अश्क रचनावली प्रत्येक खण्ड)

न्यू कृष्णा ऑफ़सेट, दिल्ली 110 093 में मुद्रित

वाणी प्रकाशन का लोगो मक़बूल फ़िदा हुसेन की कूची से

सम्पादक की ओर से

'अश्क रचनावली' के तीसरे खण्ड में अश्क जी के वृहद महाकाव्यात्मक उपन्यास 'गिरती दीवारें' का तीसरा खण्ड शामिल है जो दिसम्बर १९६९ में प्रकाशित हुआ था। 'गिरती दीवारें' के नायक चेतन की कथा को आगे बढ़ाने के क्रम में अश्क जी ने ज़िन्दगी के कुछ बुनियादी जज़्बों को और आम मध्यवर्गीय मनुष्यों के जीवन में उनकी भूमिका को परखने का उद्देश्य अपने सामने रखा था। इन बुनियादी जज़्बों में पेट की, सेक्स की और अहम की भूख तो शामिल थी ही, प्रेम और स्त्री-पुरुष सम्बन्धों के विभिन्न पहलू भी शामिल थे। समाज और उसके विधि-निषेध भी इस दायरे में आते थे। इन सबकी विभिन्न छवियों और छटाओं को चित्रित करते हुए अश्क जी उन्हें जाँचना-परखना और मनुष्य के जीवन में उनकी भूमिका जायज़ा लेना चाहते थे।

'एक नन्हीं किन्दील' में अश्क जी ने अहम के विभिन्न रूप चित्रित किये हैं और लाहौर के अख़बारी और हिन्दी-उर्दू साहित्यिक जगत का एक विहंगम चित्र पेश किया है। इस जगत में विचरने वाले कुछ व्यक्तित्व तो अपने वास्तविक रूप में आये थे, जैसे शायर अख़्तर शीरानी, मगर बहुत-से ऐसे भी थे जो ऊपरी ब्योरों के बदल दिये जाने के बावजूद बख़ूबी पहचाने जा सकते थे। ज़ाहिरा तौर पर, 'एक नन्हीं किन्दील' पर मिश्रित प्रतिक्रियाएँ हुई थीं। कुछ लोगों ने इस बात पर एतराज़ किया था कि अश्क जी नाहक चेतन ही की गाथा के पीछे पड़े हुए हैं, उन्हें कुछ और लिखना चाहिए। कुछ की आपत्ति उपन्यासों में नाम वग़ैरह बदल कर चित्रित पात्रों को ले कर थी।

सबसे उल्लेखनीय प्रसंग दिल्ली पब्लिक लाइब्रेरी का था जिसने उपन्यास में आये कुछ शब्दों और प्रसंगों को अश्लील करार देते हुए उपन्यास पर प्रतिबन्ध लगा दिया। शक्तिनगर, दिल्ली के किन्हीं बी० के० नागपाल ने इस पर आवाज़ उठायी और धीरे-धीरे दिल्ली पब्लिक लाइब्रेरी के निर्णय के ख़िलाफ़ एक आन्दोलन खड़ा हो गया। ख़्वाजा अहमद अब्बास ने 'ब्लिट्ज़' में तीखी टिप्पणियाँ कीं, पर्चेबाज़ी हुई, अमृत राय ने 'नयी कहानियाँ' में सम्पादकीय लिखा और दिल्ली पब्लिक लाइब्रेरी का विरोध करने वालों में 'फ़िराक़' गोरखपुरी से ले कर सुमित्रानन्दन पन्त भी शामिल हो गये। अन्त में दिल्ली पब्लिक लाइब्रेरी को यह स्वघोषित सेंसर रद्द करना पड़ा।

लेकिन इन सारी प्रतिकूल प्रतिक्रियाओं के बावजूद 'एक नन्हीं किन्दील' को सुधी पाठकों और विवेकपूर्ण विद्वानों की भरपूर पक्षधरता हासिल हुई। यूत्रेख़्त विश्वविद्यालय, हॉलैण्ड के प्रोफ़ेसर ग्याफ़्के ने 'गिरती दीवारें' और उसके दो उत्तरवर्ती खण्डों पर एक लम्बा शोध-पत्र तैयार किया। दूसरी ओर ड्यूक युनिवर्सिटी, ऐरिज़ोना (अमरीका) के प्रोफ़ेसर आर० के० शौनक ने इन तीनों उपन्यासों को अपने शोध-प्रबन्ध का आधार बनाया। उपन्यास पर कुछ सन्तुलित समीक्षाओं में 'संचेतना', दिल्ली में महाराजकृष्ण जैन की समीक्षा उल्लेखनीय है जिसमें न केवल 'एक नन्हीं किन्दील' का विस्तृत निरीक्षण था, बल्कि अश्क जी की कहानी-कला के विभिन्न पहलुओं पर भी रोशनी डाली गयी थी। इसके अलावा लन्दन में जा बसे हिन्दी-सेवी और ब्रॉडकास्टर श्रीराम विद्यार्थी ने अपनी एक पदयात्रा के दौरान ख़ुर्रमशहर (ईरान) से लिखा –

> " 'किन्दील' – जन-सामान्य के 'स्व' का संघर्ष! सृष्टि के पटल पर अपने 'स्व' को मान्यता दिलवाने, उसे एक एण्टिटी (entity) के रूप में स्थापित करने की जन-सामान्य की चेष्टाओं का संवेदनशील चित्रण है, प्रेरक भी और मोहक भी, क्योंकि सारी कृति आईनों की मीनाकारी से तैयार किया गया एक ऐसा गुम्बद लगती है, जिसके आईनों में उभरते हुए बिम्ब, हम सब के अपने ही बिखरे हुए बिम्ब हैं। छितरी हुई संज्ञाएँ हैं। हम सब इनमें से कुछेक को चुन कर अपनी-अपनी मनमानी तस्वीर खड़ी कर सकते हैं और अपने आपको 'महत्वपूर्ण' महसूस कर सकते हैं, क्योंकि हम उन 'टुकड़ों' को पढ़ कर महसूस करते हैं कि जो कुछ हम रोज़ भोगते हैं, उसका कुछ अर्थ होता है।"

इस समय तक हिन्दी जगत के जो विद्वान साहित्य, समाज और इतिहास के अन्तर्सम्बन्ध से परिचित थे, वे 'गिरती दीवारें' और उसके भिन्न खण्डों की समाज-शास्त्रीय उपयोगिता से परिचित होने लगे थे। उन्हें धीरे-धीरे यह एहसास होने लगा था कि अश्क जी सिर्फ़ चेतन और उसके अत्यन्त सामान्य जीवन का ही चित्रण नहीं कर रहे, बल्कि एक समूचे युग का भी चित्र पेश कर रहे हैं–एक ऐसा युग जो न केवल काल की दृष्टि से ओझल हो चुका है, बल्कि बँटवारे के कारण देश की दृष्टि से भी।

'एक नन्हीं किन्दील' ने हिन्दी के साहित्यिक जगत में जो भनभनाहट पैदा की थी, उसमें एक हद तक उस भूमिका का भी हाथ था जो अश्क जी ने बतौर आमुख 'एक नन्हीं किन्दील' के आरम्भ में प्रकाशित की थी। अनेक प्रासंगिक और अवान्तर घटनाओं और ब्योरों से भरी इस भूमिका में अश्क जी ने अपने आलोचकों का उत्तर दिया था, अपनी रचना-प्रक्रिया और उपन्यास लिखने के दौरान हुई घटनाओं का ज़िक्र किया था। प्रकट ही, उपन्यास पर आयी प्रतिकूल प्रतिक्रियाओं का उत्स कुछ सीमा तक इस भूमिका में भी था। लेकिन हमेशा की तरह अश्क जी के पाठकों ने उन्हें निराश नहीं किया। उपन्यास पर एक लम्बे समय तक अश्क जी को पाठकों की प्रतिक्रियाएँ पत्रों की शक्ल में प्राप्त होती रहीं। इनमें से कुछ पत्र तो पाठकों की प्रतिक्रियाओं से बढ़ कर लगभग समीक्षाएँ ही थे।

सबसे बड़ी बात यह थी कि 'एक नन्हीं किन्दील' के प्रकाशन के बाद अश्क जी को पूरा विश्वास हो गया कि 'गिरती दीवारें' को उन्होंने जिस इरादे और उद्देश्य से लिखना शुरू किया था, वह बिलकुल सही था। यही वजह है कि इसके बाद उन्होंने अपना अधिक-से-अधिक समय इसे ही आगे बढ़ाने में लगाया। नतीजे के तौर पर १९६९ के बाद अश्क जी ने अपनी दो प्रमुख विधाओं – नाटक और कहानी – से ध्यान खींच लिया।

१९६८ में छपी लम्बी कहानी 'अजगर' के आद अश्क जी ने १९९६ में अपने निधन तक लगभग तीस वर्षों के अर्से में केवल दो कहानियाँ लिखीं। यही हाल नाटकों का था। उनका नाटक 'बड़े खिलाड़ी' भी १९६७-६८ में लिखा गया था। उसके बाद अश्क जी ने केवल पाँच-छै एकांकी नाटक लिखे जो 'मुखड़ा बदल गया' में संकलित हुए और एक नाटक 'विद्रोही' वे अप्रकाशित ही छोड़ गये। चूँकि हर वक्त उपन्यास पर ही ध्यान को केन्द्रित करना सम्भव नहीं था, इसलिए बीच-बीच में तरो-ताज़ा होने के लिए वे लेख, टिप्पणियाँ, ललित और वैचारिक गद्य या फिर कविताएँ लिखते। अलबत्ता, अट्ठाईस-तीस वर्ष के इस अर्से में अगर उन्होंने 'गिरती दीवारें' के अगले खण्डों को छोड़ कर कथा की विधा को हाथ लगाया भी तो 'निमिषा' लिखने के लिए। शायद इसलिए कि आत्मकथात्मक होते हुए भी 'निमिषा' की कथा उस काल खण्ड से सम्बन्धित थी जो 'गिरती दीवारें' और उसके अन्य खण्डों की परिधि से परे था, मगर जिसका ख़याल अश्क जी को वर्षों से घेरे हुए था। इसीलिए १९७४ में 'गिरती दीवारें' के अगले दो खण्ड 'बाँधो न नाव इस ठाँव' में संयुक्त रूप से प्रकाशित करने के बाद दिमाग़ को राहत देने के तौर पर उन्होंने 'निमिषा' लिखा। इसके बाद फिर उन्होंने चेतन की महागाथा का तार वहीं से पकड़ लिया जहाँ वह 'बाँधो न नाव इस ठाँव' के दूसरे हिस्से में छूटा था।

–नीलाभ

एक नन्हीं किन्दील

आशंसाएँ

मेरे सामने यह प्रश्न कभी नहीं रहा कि मेरे उपन्यास में सार्वभौमिकता कितनी है और विदेशों में इसका कैसा स्वागत होगा – जिसकी चिन्ता मेरे कुछ समकालीनों को सदा रहती है। मेरा उपन्यास, मेरे परिवेश को बारीकी से, उसकी पूरी यथार्थता, विविधता और आद्यन्तता के साथ प्रस्तुत करे और आदमी के आधारभूत जज़्बों को छुए और पाठकों को अपने आपको तथा अपने परिवेश को समझने में सहायता दे, इससे ज़्यादा अपने उपन्यास से मैंने कुछ नहीं चाहा। प्रकट ही इसके कुछ खण्ड इतने भारतीय हैं कि उनका अनुवाद कठिन है।

– अश्क

अश्क जी बड़े ज़िन्दादिल और फ़ितूरी आदमी रहे हैं। वे इस बात के लिए भारत-प्रसिद्ध हो गये हैं कि कैसे किसी का नाम बदल कर उसका हू-ब-हू ख़ाका खींचा जाये। ज़ाहिर है उपन्यास ७८० पृष्ठों का है और लम्बे-लम्बे वर्णन खिंचे चले आते हैं जैसे यह लाहौर का सीनारियो हो कि कौन गली कहाँ घूमती है और किस कोने पर किस आकार के हलवाई की दूकान है। शैली ख़ूब रोचक है – फिर भी बच्चन की आत्मकथा अगर 'उपन्यास जैसी रोचक' है तो अश्क का यह उपन्यास 'आत्मकथा' जैसा पठनीय है। इस उपन्यास के कुछ टुकड़े पढ़ें तो तबियत ख़ुश हो जायेगी और पूरा उपन्यास पढ़ें तो आप धन्य हुए बग़ैर नहीं रहेंगे।

– हिन्दी शंकर्स वीकली, नयी दिल्ली

बीते दिनों की अनुभूतियों से जुड़े हुए सन्दर्भों को पकड़ने के लिए अश्क जी ने अभिनव शैली का प्रयोग किया है। 'स्ट्रीम ऑफ़ कॉन्शसनेस' वाली शैली का सुथरा रूप इस उपन्यास में देखने को मिलता है। पूर्वानुभूति तथा वर्तमान की वास्तविकता दोनों साथ-साथ चलती हैं और लेखक दोनों स्तरों पर पाठक की चेतना केन्द्रित रखता है। लगभग आठ सौ पृष्ठों के विस्तार में पाठक को कहीं ऊब का अहसास नहीं होता। काश, यह उपन्यास हिन्दी के उन लाखों पाठकों को उपलब्ध हो पाता जो इसमें अपना प्रतिरूप देख कर 'दृष्टि' पा सकते थे।

–कादम्बिनी, दिल्ली

किन्दील–जन-सामान्य के 'स्व' का संघर्ष। सृष्टि के पटल पर अपने 'स्व' को मान्यता दिलवाने, उसे एक एण्टिटी (entity) के रूप में स्थापित करने की जन-सामान्य की चेष्टाओं का सम्वेदनशील चित्रण है, प्रेरक भी और मोहक भी, क्योंकि सारी कृति आईनों की मीनाकारी

से तैयार किया गया एक ऐसा गुम्बद लगती है, जिसके आईनों में उभरते हुए बिम्ब, हम सब के अपने ही बिखरे हुए बिम्ब हैं। छितरी हुई संज्ञाएँ हैं। हम सब इनमें से कुछेक को चुन कर अपनी-अपनी मनमानी तस्वीर खड़ी कर सकते हैं। और अपने आपको 'महत्वपूर्ण' महसूस कर सकते हैं। क्योंकि हम उन 'टुकड़ों' को पढ़ कर महसूस करते हैं कि जो कुछ हम रोज़ भोगते हैं, उसका कुछ अर्थ होता है।

–श्रीराम विद्यार्थी, ईरान

अश्क जी ने अपनी एक किताब – 'ज़िन्दगी के नाम – जो अपने तमाम सुख-दुख के बावजूद दिलचस्प है' –समर्पित की है। 'एक नन्हीं किन्दील' उस समर्पण की ज़िन्दगी का वर्णन है – सुख-दुख से भरा, पर बहुत दिलचस्प भी।

– मुक्तधारा, दिल्ली

अश्क जी की सधी-मँजी कलम का चमत्कार क़दम-क़दम पर महसूस होता है, यद्यपि इसमें आधुनिकतम उपन्यासकारों की लटकेबाज़ियाँ नहीं है, मिथ्या मनोविज्ञान (स्यूडो साइकॉलोजी) की करामातें नहीं हैं, किन्तु सारे उपन्यास में एक ऐसा ज़बर्दस्त बहाव है, जो कुन्द-से-कुन्द दिल-दिमाग़ को अपने साथ ले जा सकता है। सात सौ अस्सी पृष्ठ की यह 'एक नन्हीं किन्दील,' हिन्दी साहित्य की एक नयी उपलब्धि है – अवश्य पठनीय और संग्रहणीय।....

– अणिमा, जयपुर

इस उपन्यास में नित्य प्रति के जीवन को साहित्य का विषय बना दिया गया है। यह काम इतना सरल नहीं है जितना समझा जाता है। जीवन के सामान्य प्रवाह से अपने पाठकों को बाँधना सचमुच कठिन काम है। अतः 'एक नन्हीं किन्दील' निरन्तर संघर्ष के भीतर से विकसित होने वाली जीवन-यात्रा का एक आलोकित अंश है। यह हल्के प्रकाश की वह लौ है, जो एक निम्न-मध्यवर्गीय युवक की अपनी परिस्थितियों और चारों ओर के समाज की रगड़ से उत्पन्न होती है। यद्यपि लेखक ने इसे 'ख़ुदी' या 'अहं' के रूप लिया है, पर इसका दूसरा नाम 'जीवनी शक्ति' है। व्यक्ति में निहित जीवनी-शक्ति क्या चमत्कार उत्पन्न कर सकती है, 'अश्क' के उपन्यास इस सत्य का बहुत अच्छा उदाहरण प्रस्तुत करते हैं।

– विश्वम्भर मानव

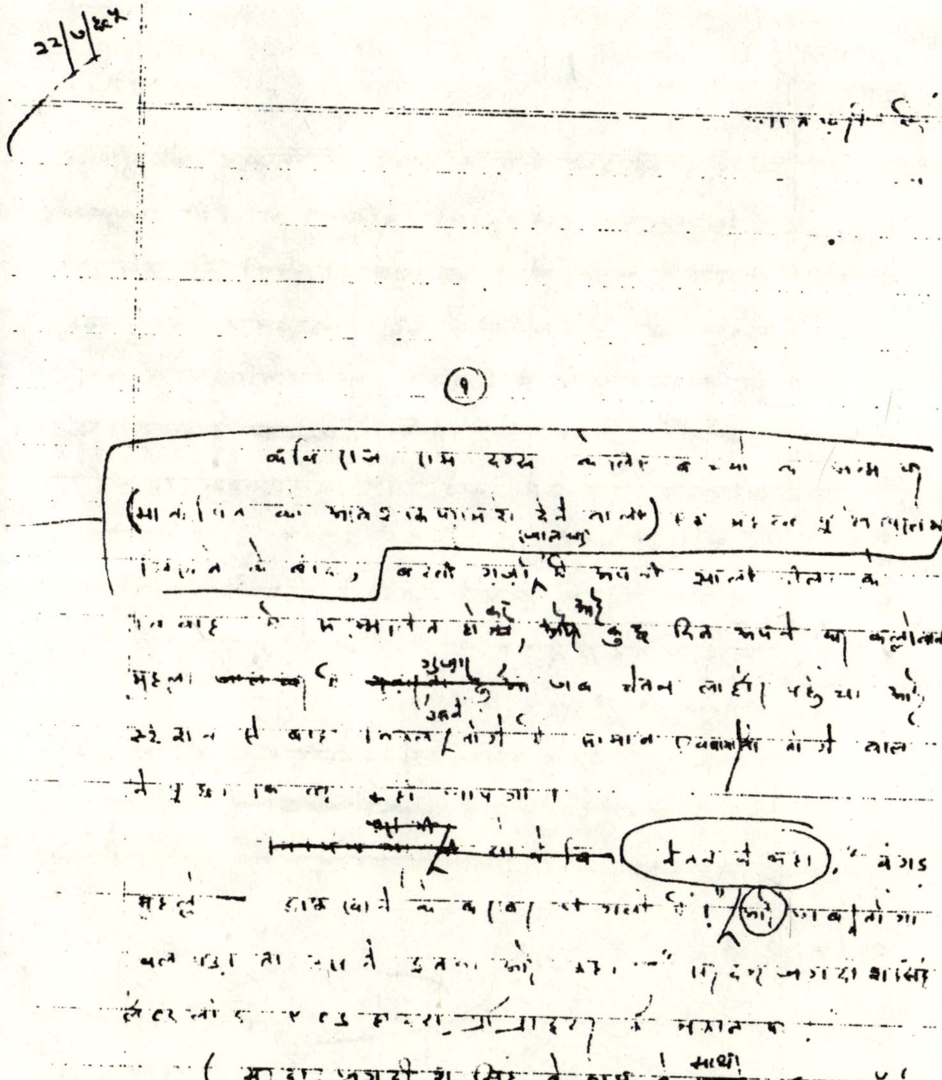

पाण्डुलिपि का पहला पृष्ठ

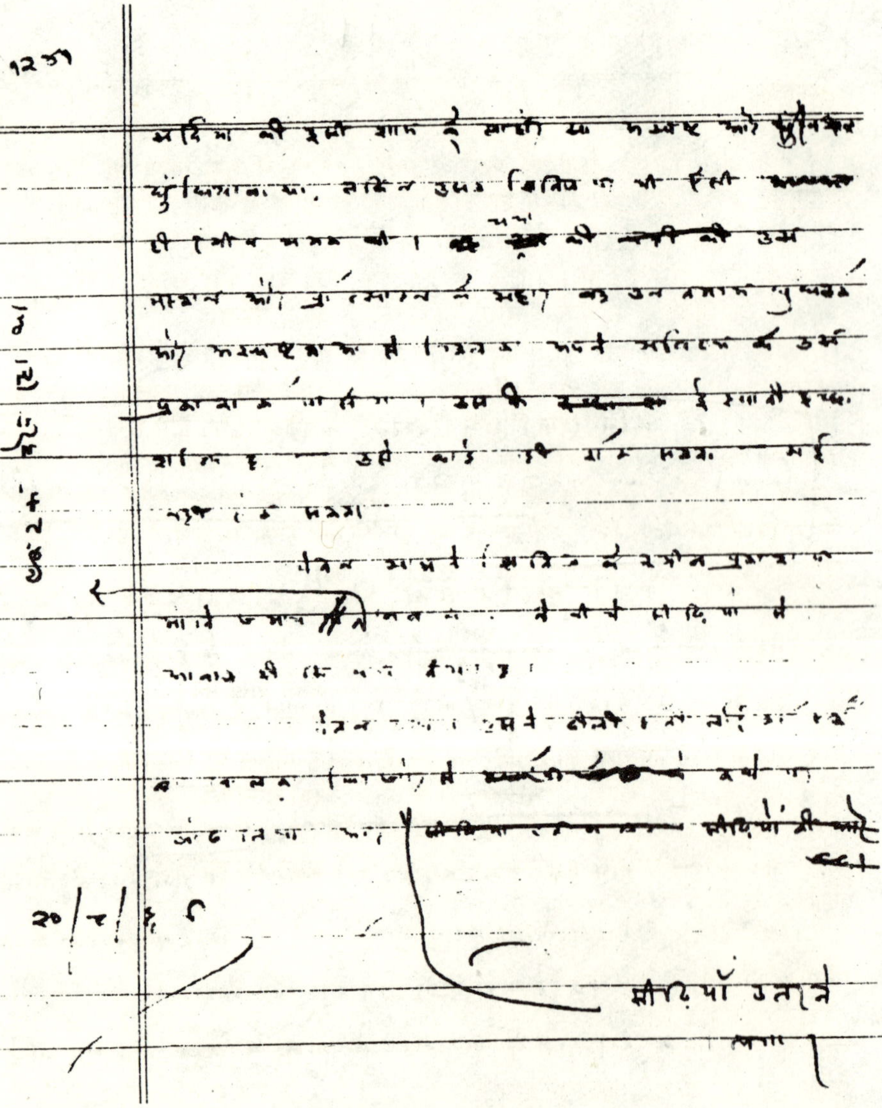

पाण्डुलिपि का अन्तिम पृष्ठ

आमुख

'गिरती दीवारें' मैंने पूरे तीस वर्ष पहले अक्तूबर, १९३९ में शुरू किया था और अब अक्तूबर, १९६९ में इसका तीसरा खण्ड 'एक नन्हीं किन्दील' मैं ख़त्म कर पाया हूँ।

यहाँ तक पहुँचने में मुझे तीन दशकों का लम्बा अर्सा न लगता, यदि 'गिरती दीवारें' ख़त्म करने के दूसरे वर्ष ही मुझे दिक की तकलीफ़ न हो जाती और १९४८ में इलाहाबाद आने के बाद पुनर्वास के भयंकर संघर्ष का सामना न करना पड़ता।

लेकिन उस बीमारी और संघर्ष के अलावा भी एक बात थी, जो मैं 'गिरती दीवारें' के बाद दस वर्ष तक इसे हाथ नहीं लगा सका। जब मैंने तीस वर्ष पहले उपन्यास की योजना बनायी थी, तो इसमें क्या लिखना है, यह मेरे सामने स्पष्ट था; कैसे लिखना है, यह स्पष्ट नहीं था। और लाख सोचने और सिर पटकने पर भी मैं दूसरे खण्ड – 'शहर में घूमता आईना' में जो लिखना चाहता था, उसके लिए उपयुक्त पैटर्न नहीं ढूँढ पाया। चूँकि चेतन के संघर्ष और विकास से उस ज़िन्दगी और परिवेश का गहरा सम्बन्ध है, इसलिए बिना उसे लेखनी-बद्ध किये, मैं आगे नहीं बढ़ सका। एक बार जब उसका पैटर्न मिल गया तो फिर लगातार हर वर्ष मैं इसके थोड़े-बहुत परिच्छेद लिखता आ रहा हूँ।

०

'गिरती दीवारें' पर लिखते हुए शमशेर बहादुर सिंह ने अपने लेख का शीर्षक दिया था – 'अश्क आधी मंज़िल पर' – तब तो नहीं, पर इस खण्ड को ख़त्म करने के बाद मैं कह सकता हूँ कि मैंने उपन्यास को आधी, कहूँ कि दो-तिहाई मंज़िल पर पहुँचा दिया है। अब मुझे इसके केवल दो खण्ड और लिखने हैं। चौथा – 'बाँधो न नाव इस ठाँव' – तो आधा लिखा पड़ा है। दो वर्ष उसे चाहिएँ और पाँचवें और अन्तिम खण्ड के लिए पाँच-सात वर्ष और! यदि उमर ने साथ दिया तो अगले दस वर्ष में मैं अपने इस वृहद उपन्यास को ख़त्म कर ले जाऊँगा।

०

जैसा कि मैं लिखने का आदी हूँ, यह खण्ड कम-से-कम अभी दो वर्ष और ले जाता और मैं इसे मज़े-मज़े लिखता। 'एक नन्हीं किन्दील' मैंने १९६५ में शुरू किया था। चार वर्ष बाद मैंने इसे समाप्त कर दिया है। इसके लेखन-काल के दौरान मैंने एक बड़ा नाटक, तीन कहानियाँ और दो बड़ी आलोचनात्मक पुस्तकें लिखी हैं।....मैं क्यों उपन्यास लिखते-लिखते दूसरी वैसी चीज़ें लिखने लगता हूँ, इसके उत्तर में कोई एक कारण बता सकना मेरे लिए कठिन है। मैं चंचल तबियत का आदमी हूँ और साठ को पहुँच कर भी मेरे स्वभाव में कोई अन्तर नहीं आया। किसी रचना पर बहुत लम्बी बैठक देना मेरे लिए कठिन है। फिर मैं कई बार बीमार हो जाता हूँ और कुछ ऐसी रचना करने लगता हूँ, जो बीमारी के दौरान

या उसके बाद सम्भव हो सके। लेकिन सबसे बड़ा कारण यह है कि मैं कभी किसी चीज़ को बरबस नहीं लिखता। जब जैसी तबियत होती है, लिखता हूँ। मैं यह मानता हूँ कि यदि किसी भी कारण लिखते-लिखते हाथ रुक जाय, दिमाग़ थक जाय, आगे कुछ न सूझे, चीज़ मन-मुताबिक न बने अथवा वैसी एकाग्रता मयस्सर न हो, जिसकी माँग उपन्यास जैसी लम्बी और गम्भीर रचना करती है, तो उसे कुछ समय के लिए छोड़ देना चाहिए। चूँकि मैं निश्चल नहीं बैठ सकता, इसलिए कोई ऐसी चीज़ लिखने लगता हूँ, जो मन में पक चुकी होती है। उसे लिखने के बाद मेरा थका मन फिर ताज़ा-दम हो कर उपन्यास में लग जाता है। मैंने यह देखा है कि विधा बदल लेने से लिखने का अभ्यास भी बना रहता है; थका हुआ मन स्वस्थ भी हो जाता है और उपचेतन मन लगातार रुकी हुई रचना पर सोचते रहने से रास्ता भी पा जाता है।

मेरा यह अनुभव है कि लम्बे उपन्यासों के पहले बारह-पन्द्रह परिच्छेद लिखने में मुझे सदैव कठिनाई होती है। १९६७ के शुरू तक मैंने प्रस्तुत उपन्यास के आठ-नौ परिच्छेद लिख लिये थे। तब हाथ रुकने पर, उसे एक तरफ़ कर, मैं बीच ही में 'हिन्दी कहानी : एक अन्तरंग परिचय' लिखने लगा। बड़ी पुस्तक है। ख़त्म करके मैं सितम्बर-अक्तूबर में दिल्ली चला गया। वहाँ कुछ ऐसी बात हुई कि मैं अजाने नैशनल स्कूल ऑफ़ ड्रामा के निदेशक, इब्राहीम अलकाज़ी के चक्कर में पड़ गया। जब मैं उस चक्कर से निकला और वापस इलाहाबाद आया तो मेरा मन ऐसा खिन्न था कि उसे भुलाने के प्रयास में मुझे वह अपार एकाग्रता मिल गयी, जिससे मैं एक ही वर्ष में उपन्यास ख़त्म कर ले गया। यह घटना यद्यपि दुखद है, पर दिलचस्प है, इसलिए मैं उसका संक्षेप में उल्लेख करता हूँ।

o

उस वर्ष हमारे मैनेजर ने मुझसे कहा, 'आपके नाटक 'कैद और उड़ान' का नया संस्करण होना है, आप जो परिवर्तन उसमें करना चाहते हैं, कर दें ताकि पुस्तक प्रेस में दी जा सके।'

'कैद' मेरा प्रिय नाटक है और मेरे एक अन्य नाटक, 'उड़ान' के साथ पुस्तक-रूप में छपा है। कुछ वर्ष पहले यह 'प्रयाग रंगमंच' के स्टेज पर हुआ था तो नाटक की प्रस्तुति, सफलता और सम्भावनाएँ देखने पर मुझे लगा कि भाषा में (जो अभी तक अनुवाद की भाषा लगती है) तथा दृश्य-विधान में कुछ परिवर्तन किये जायें तो वह और भी अच्छा बन सकता है। माथुर साहब (श्री जगदीशचन्द्र माथुर) उसे मेरा सबसे अच्छा नाटक मानते हैं। यह पहला आधुनिक हिन्दी नाटक है, जो उन्होंने आकाशवाणी के नैशनल प्रोग्राम में लिया और सभी भाषाओं में प्रसारित किया था। मैं दिल्ली गया तो मैंने उनसे इस सन्दर्भ में राय माँगी। उन्होंने मुझे सलाह दी कि मैं अलकाज़ी से परामर्श लूँ। वे प्रतिभाशाली निर्देशक हैं, और एक्सपर्ट राय दे सकते हैं। मैं अलकाज़ी से कभी मिला नहीं था। माथुर साहब शायद उसी शाम उनसे कहीं मिलने वाले थे। उन्होंने कहा कि मैं अलकाज़ी साहब से इसका ज़िक्र करूँगा।

बहरहाल, कुछ दिन बाद मैं बलराज पण्डित से मिलने नैशनल स्कूल ऑफ़ ड्रामा गया तो मैंने सोचा कि अलकाज़ी से भी मिलता चलूँ। मैं अभी उनके सचिव के कमरे में बात ही कर रहा था कि गैलरी की दूसरी ओर, अपने कमरे से अलकाज़ी आये। अपना परिचय देते हुए उन्होंने बड़े तपाक से हाथ मिलाया और बड़े आदर और स्नेह से मुझे अपने

कमरे में ले गये। मुझे सुखद आश्चर्य हुआ, क्योंकि मैं कभी उनसे मिला नहीं था। लेकिन कुछ ही वर्ष पहले मुझे संगीत नाटक अकादेमी का पुरस्कार मिला था, मैंने सोचा कि उन्होंने उस फ़ंक्शन में मुझे देखा होगा और पहचान लिया होगा।....उस दिन उन्होंने बड़ी देर तक नाटक और रंगमंच पर बातें कीं और मुझे साथ ले जा कर नैशनल स्कूल ऑफ़ ड्रामा का निरीक्षण कराया और अपनी कार्य-पद्धति के बारे में बताते रहे। चलते वक्त मैंने उनसे अपने मन की बात कही। उन्होंने सहमति प्रकट की और मैं बड़ा ख़ुश-ख़ुश लौटा। इलाहाबाद आ कर मैंने उन्हें उर्दू-हिन्दी दोनों पुस्तकें भेज दीं कि यदि हिन्दी पढ़ने में उन्हें कठिनाई हो तो उर्दू वर्शन पढ़ लें और मुझे राय दे दें।

डेढ़-दो महीने बाद दिसम्बर में मुझे फिर दिल्ली जाना पड़ा। मेरा छोटा भाई 'मुक्तधारा' निकाल रहा था और मुझे शुरू के चार अंकों में उसकी सहायता करनी थी। चलने से पहले मैंने अलकाज़ी को अपने दिल्ली पहुँचने की सूचना दे दी और अनुरोध किया कि वे वक्त निकाल कर मेरा नाटक पढ़ रखें।

दिल्ली पहुँच कर मैं पहले की तरह बिना अपॉयण्टमेण्ट लिये चला गया। मुझे वहाँ के नौकरशाही सेट-अप और स्नॉबरी का ज़रा भी गुमान नहीं था। नैशनल स्कूल ऑफ़ ड्रामा और उसके निदेशक का वही पहला सुखद अनुभव मेरे मन में सुरक्षित था। लेकिन वहाँ पहुँच कर मालूम हुआ कि बिना वक्त लिये, उनसे मिलना मुश्किल है। मुझे याद नहीं, पर दूसरी या तीसरी कोशिश में मैं अलकाज़ी से मिला। मेरी किताबें उनकी मेज़ पर रखी थीं। अलकाज़ी ने कहा कि उन्होंने 'उड़ान' पढ़ा है। 'कैद' अभी नहीं पढ़ा। वे पढ़ कर बतायेंगे।....वे अभिनय-कुशल आदमी हैं, तो भी उनके व्यवहार में मुझे हलकी-सी खीझ और रुखाई लगी। बहरहाल, उस नाटक में मुझे जो दोष लगते थे, (जिनके बारे में मैं उनकी राय जानना चाहता था) उनका ज़िक्र कर मैं चला आया। चलते वक्त उन्होंने मुझे फ़ोन नम्बर दिया और कहा, 'आप बारह से एक के बीच फ़ोन करके टाइम ले लीजिएगा, तभी आइएगा।'

इसके बाद मैं दो-तीन हफ़्ते तक कोशिश करता रहा, पर टाइम नहीं मिला। स्कूल में गया। टाइम नहीं मिला। तब मैंने पत्र लिखा। उत्तर नहीं मिला। इस बीच महीना-सवा महीना बीत गया। मैंने दूसरा पत्र लिखा, तब उनका उत्तर आया कि मैं बुरा न मानूँ, पर वे नाटककारों को राय देने में विश्वास नहीं रखते और यदि मैं चाहूँ तो वे अपने स्कूल में तीन दिन उस नाटक पर डिस्कशन रख सकते हैं। वहाँ स्कूल के छात्र सभी कोणों से उस नाटक पर बहस करेंगे। मुझे झल्लाहट हुई कि यह बात थी तो उन्हें पहले ही हामी न भरनी चाहिए थी। तो भी मैंने लिखा कि यद्यपि मैं उनकी राय चाहता था, पुराना लेखक हूँ, विरोधी आलोचना से नहीं डरता, पर स्कूल में नाटक पर बहस हो तो और भी अच्छा है। मेरा उद्देश्य पूरा हो जायेगा। वे बतायें कि कब बहस रखेंगे ?

एक महीना और बीत गया। जब फ़ोन पर कोई सुन-गुन न मिली तो मैं फिर एक दिन स्कूल गया। मालूम हुआ कि वे बर्लिन चले गये हैं। मुझे बहुत बुरा लगा कि एक पंक्ति में सूचित कर जाते। मेरा दिल्ली का काम लगभग ख़त्म हो गया था और सिर्फ़ यही काम रह गया था। जब उन्हें बर्लिन से आये एक-डेढ़ हफ़्ता हो गया और कोई ख़बर न मिली तो मैंने उन्हें एक सख़्त पत्र लिखा। मेरी पत्नी भी दिल्ली आ गयी थी, उसने कहा कि आप

बेकार वक्त बरबाद कर रहे हैं। वापस चलिए। मैं सीट बुक करा रही हूँ।

इसके कुछ ही दिन बाद की बात है, एक शाम मुझे एक मित्र साहित्य अकादेमी के एक नाट्य-सम्बन्धी सेमिनार में पकड़ ले गये, जो अकादेमी के पुरस्कार-विजेताओं के सम्मान में किया जा रहा था और अलकाज़ी जिसका विषय-प्रवर्तन कर रहे थे। राजधानी के ही नहीं, देश के गण्यमान्य साहित्यकार और बौद्धिक वहाँ मौजूद थे। अलकाज़ी ने अपने प्रवर्तन-भाषण में और अमृतलाल नागर ने उनके समर्थन में कुछ ऐसी बातें कह दीं जो मुझे निहायत ग़लत लगीं। अलकाज़ी ने दूसरी बातों के अलावा यह कहा कि मंच पर नाटककार का योग ज़्यादा महत्व नहीं रखता, वहाँ अभिनेता, निर्देशक, प्रकाश-योजना और सेटिंग का प्रबन्ध करने वाले दसियों कार्यकर्ता महत्व रखते हैं और अमृतलाल नागर ने कहा कि हिन्दी में नाटकों का इसलिए अभाव है कि हमारे दर्शक मुफ़्तल्लू हैं और टिकट ले कर नाटक देखना नहीं जानते।

मैं जब वहाँ गया था तो मेरा बोलने का कोई इरादा नहीं था, पर एक तो अलकाज़ी की स्नॉबरी और नाटककार के लिए उनकी प्रकट उपेक्षा और दूसरे नागर जी की सरासर ग़लत बातें....जब मुझसे किसी ने बोलने को कहा तो मैं मंच पर चला गया और जैसे कि लाग-लपेट न रख कर मन की बात कह देने की मेरी आदत है, मैंने अलकाज़ी, उनकी स्नॉबरी, नौकरशाही और उनके विचारों की निहायत कड़ी आलोचना की और अपनी मिसाल देते हुए कहा कि मैं संगीत नाटक अकादेमी का पुरस्कार-विजेता हूँ; चालीस वर्षों से नाटक के क्षेत्र में काम कर रहा हूँ; अलकाज़ी साहब से नाटक के सिलसिले में ज़रा-सी राय चाहता था, इसी में ढाई महीने लग गये और उन्होंने वक्त नहीं दिया। जब मेरे जैसे व्यक्ति से वे ऐसा सलूक कर सकते हैं तो आम लेखकों से उनका कैसा व्यवहार होगा ? ऐसे में अच्छे नाटककार कहाँ से आयेंगे ? और अच्छे नाटकों की ग़ैर-मौजूदगी में यह उनका कुशल निर्देशन और साज़-सामान और प्रकाश-योजना क्या करेगी ? जब नाटककारों के लिए उनके मन में उपेक्षा के ऐसे भाव हैं तो वे किनसे नाटक लिखायेंगे और क्या निर्देशन करेंगे! क्या पश्चिमी नाटककारों के अनुवाद मंच पर खेल कर ही देश के रंगमंच का उत्थान करेंगे ?....

नागरजी की बात का विरोध करते हुए मैंने कहा कि मेरे अनुभव उनसे भिन्न हैं। हिन्दी में न नाटकों का वैसा अभाव है, न हिन्दी-भाषी मुफ़्तल्लू हैं।....

मैंने उन्हीं दिनों नैशनल स्कूल ऑफ़ ड्रामा में चैख़व का नाटक 'तीन बहनें' देखा था। निर्देशन बहुत अच्छा था, लेकिन मुश्किल से दो सौ दर्शक होंगे, जिन्हें निमन्त्रण भेज कर बुलाया गया था – उसका उल्लेख करते हुए मैंने कहा कि पश्चिमी नाटकों का रूपान्तर कराने के बदले, अलकाज़ी हमारी जनता की समस्याओं को छूने वाले नाटक चुनें या लिखवायें; दीवान हॉल जैसी केन्द्रीय जगह में खेलवायें, चाँदनी चौक में टिकट बेचें; दस-बीस-पचास दिन वही नाटक दिखायें तो नाटककार की और उनके निर्देशन की सफलता का पला चले। अब वे सरकार का लाखों रुपया बर्बाद करते हैं और उनके प्रयासों से कुछ ज़्यादा नहीं होने का, क्योंकि वे अपने ही जैसे स्नॉब और नौकरशाह डायरेक्टर और ऐक्टर तैयार करेंगे, जो न अच्छे नाटक लिखवा सकेंगे, न जनता को दिखा सकेंगे। ऊपर के वर्ग से भले ही स्नॉबरी-भरी वाहवाही लूट लें और अख़बारों में धुआँधार प्रचार

करा लें।....

साहित्य अकादेमी का वह फ़ंक्शन ख़ासा औपचारिक और ठस चल रहा था। मैंने भाषण ख़त्म किया तो हॉल तालियों से गड़गड़ा गया। प्रकट ही मैं आवेश और क्रोध में बोला था, लेकिन बातें मेरी सच थीं। बहुत-से लोग वह सब महसूस करते थे, पर कोई कहता नहीं था। कई लोगों ने आ कर मुझे बधाई दी। लेकिन अलकाज़ी का रंग एकदम सफ़ेद हो गया। बहस का समापन किये बिना, वे उठे और हॉल से चले गये।

उसी शाम या दूसरे दिन मुझे उनका पत्र मिला कि वे एक दिन बाद ही स्कूल में मेरे नाटक पर डिस्कशन रख रहे हैं और मैं तत्काल स्वीकृति भेजूँ। (यह पत्र शायद उन्होंने मेरे पत्र के उत्तर में लिखा था, लेकिन दो-दिन घर से बाहर रहने के कारण मुझे देर से मिला।) उस प्रसंग के बाद वहाँ जाने की कोई तुक नहीं थी, लेकिन मैं ग़लती कभी अपने सिर नहीं लेता और यूँ भी अलकाज़ी की प्रतिक्रिया देखने को मन था। चूँकि डाक में उत्तर नहीं पहुँच सकता था, इसलिए मैं स्वयं गया। उनके सचिव को चिट्ठी दे रहा था कि अलकाज़ी ने देख लिया। पुछवाया कि क्या मैं उनसे मिलना चाहूँगा। मैंने कहा कि वे चाहेंगे तो मैं मिल लूँगा।

बहरहाल, इस बार बिना अपॉयण्टमेण्ट के, उन्होंने बुला लिया और हाथ मिला कर बैठने के बाद ही अपना सारा पोज़-वोज़ भूल कर वे बमकने लगे। दो घण्टे तक हम दोनों में बड़ी सख़्त कहनी-अनकहनी बातें हुईं, जो किसी संस्मरण ही में लिखी जा सकती हैं। तभी मुझे पता चला, वे इस भ्रम में थे कि मैं अपना नाटक उनके निर्देशन में नैशनल स्कूल ऑफ़ ड्रामा के मंच पर करवाना चाहता हूँ और हिन्दी के बहुत-से लेखकों की तरह उन्हें परेशान किये हूँ। यद्यपि उन्होंने यह कहा नहीं, पर मैंने जाना कि इसी कारण उनके व्यवहार में परिवर्तन आ गया था। नौकरशाह तबियत के लोगों की यह आम ख़ासियत है (ज़िन्दगी में बार-बार मुझे यह अनुभव हुआ है) कि यदि उनसे कोई काम न हो तो वे बड़े प्रेम, आदर और मिलनसारी से पेश आते हैं। फिर यदि उनसे कोई काम आ पड़े तो उनका सारा व्यवहार बदल जाता है और वे अफ़सर बन जाते हैं। (अलकाज़ी उस दिन जैसे मुझ पर बमके, मुझे लगा कि नहीं, यह आदमी आर्टिस्ट भी है, कोरा नौकरशाह नहीं। उन्होंने कई बार कहा कि मैं ब्यूरोक्रैट नहीं हूँ, लेकिन दूसरे दिन उन्होंने डिस्कशन में जैसे बलराज पण्डित को डाँट दिया, मुझे लगा, नहीं यह आदमी नौकरशाह भी है और डिक्टेटर भी।) बहरहाल, मैंने उन्हें विश्वास दिलाया कि मुझे केवल उनकी राय चाहिए थी और उन्होंने मुझे ग़लत समझा है, मेरे साथ दुर्व्यवहार किया है और मेरा इतना वक्त बरबाद किया है। उन्होंने कहा, 'आप इसीलिए तो दिल्ली में नहीं बैठे!' मैंने उन्हें समझाया कि मेरा मुख्य काम यही है। यों मैं दस महीने रह जाऊँ तो दस तरह के काम कर लूँ। लेकिन 'मुक्तधारा' के अलावा मेरे आने की प्रेरणा यही थी कि नाटक आप से डिसकस कर लूँ। सम्भव हो तो यहीं बैठ कर दोबारा लिख लूँ। माथुर साहब भी हैं, आप भी हैं। नाटक बेहतर बन जायेगा। बहरहाल, वे अपनी ग़लती मान गये और मैंने अफ़सोस ज़ाहिर किया कि मुझे भरी-मजलिस में इस तरह उनकी पत नहीं उतारनी चाहिए थी और हमने हाथ मिला लिये।

दो दिन तक उनके छात्र नाटक पर पिले रहे, तीसरे दिन मैंने अपनी बात कही। फिर मैंने उनको नाटक के वे दोष बताये, जिन पर उनकी नज़र नहीं गयी थी, उनके कुछ परामर्श मैंने स्वीकार किये और कहा कि अब, जब मैं नाटक लिखूँगा तो वह निश्चय ही बेहतर

बन जायेगा। जब हम बाहर आये तो अलकाज़ी ने पेशकश की कि यदि मैं वहीं बैठ कर नाटक लिखना चाहूँगा तो वे सभी सुविधाएँ देंगे – मेज़-कुर्सी लगवा देंगे, टाइपिस्ट देंगे – और उन्होंने संकेत किया कि वे नाटक को हाथ में भी ले सकेंगे।

सच्ची बात यह है कि मेरे मन में ज़रा-सा लालच भी हुआ। उस दिन मैं तय नहीं कर पाया। मैंने कहा मेरी सीट बुक्ड है, मेरी पत्नी वापस चलने के लिए ज़ोर देती है, मैं कल बताऊँगा। और मैं चला आया।....मुझे दिल्ली में तीन महीने से कुछ दिन ऊपर हो गये थे, एक-डेढ़ महीना तो ख़ैर मैं 'मुक्तधारा' के सिलसिले में रहा, लेकिन शेष समय बिलकुल उसी मूर्खता में नष्ट हो गया। घर आ कर मैंने सोचा तो लगा कि अलकाज़ी की बात मान कर वहीं नाटक लिखूँगा तो मुझे दो महीने और रहना पड़ेगा। दिसम्बर ही में वह सब हो जाता तो वहीं बैठ कर नाटक लिख डालता। फिर जैसा कि मैंने अलकाज़ी को जान लिया था, मुझे लगा कि कई तरह से अपमानित होना पड़ेगा। उन जैसे स्नॉब और नौकरशाह के साथ राकेश और डॉ० लक्ष्मीनारायण लाल की तो पट सकती है, पर मेरे जैसे हस्सास और भावप्रवण की नहीं पट सकती। सो, मैं दूसरे दिन नैशनल स्कूल ऑफ़ ड्रामा गया। अलकाज़ी से मिला। बड़ी विनम्रता से इनकार करके और ड्रामा डिसकस करने के लिए उन्हें धन्यवाद दे कर चला आया। सीट तो बुक थी ही। उसी शाम या दूसरे दिन, इलाहबाद की गाड़ी पकड़, वापस आ गया।

c

यह सारा प्रसंग इतना दुखद है और उस तीन महीने में मैंने संगीत नाटक अकादेमी, नैशनल स्कूल ऑफ़ ड्रामा, वहाँ पनपने वाले भयंकर हिन्दी-विरोध, वहाँ होने वाले देशी और विदेशी नाटकों के अनुवादों और दूसरी दसियों बातों के सिलसिले में इतना कुछ जाना कि वह सब बहुत लम्बे संस्मरण की अपेक्षा रखता है। प्रस्तुत उपन्यास के सन्दर्भ में इतना ही कि जब मैं इलाहाबाद पहुँचा तो 'कैद और उड़ान' को छूने का भी मेरा मन नहीं हुआ। अपने मैनेजर से मैंने कहा कि नाटक को वैसे ही छाप लें, संशोधन मैं अगले संस्करण में करूँगा, नाटक की फ़ाइल पर विस्तार से नोट लिखे और रैक के हवाले कर दिया। मन ऐसा खिन्न और विक्षुब्ध था और बार-बार अपने ऊपर ग़ुस्सा आ रहा था कि मैं क्यों उस चक्कर में इतना कीमती समय बरबाद कर आया। मन की उस स्थिति में किसी तरह का रचनात्मक काम करना कठिन था। तब मूड को बदलने के लिए मैंने 'नयी कहानियाँ' में लेखकों की समस्याओं पर लिखे अपने लेख निकाले और अपनी पुस्तक 'कुछ....दूसरों के लिए!' लिखने में संलग्न हो गया। उसे लिखने के दौरान मेरी खिन्नता दूर हो गयी और उसे ख़त्म कर, मैं उपन्यास पर जुट गया।

इस बार न मेरा मन भटका, न दिमाग़ थका, न मेरी कलम रुकी। कुछ अजीब और अप्रत्याशित एकाग्रता मुझे मिल गयी। '६८ में मैं इसे बीस परिच्छेदों तक ले गया। फिर दो-तीन महीने का व्यवधान हुआ। उसके बाद ५ अप्रैल से मैं इस पर बैठा हूँ तो आठ-दस घण्टे रोज़ की औसत से काम करता चला आ रहा हूँ। छै महीने तक तो स्वास्थ्य ने साथ दिया। मौसम बदलते ही मेरी तबियत ख़राब हो गयी। ये पंक्तियाँ मैं ख़ासी अशक्ति में लिख रहा हूँ।

थकन और अशक्ति के इस आलम में जैसा संशोधन-परिवर्धन मैं उपन्यास में करना

चाहता था, कर नहीं पाया। यूँ अपने स्वभाव के मुताबिक मैंने इसे दो-तीन बार देखा है, लेकिन मैं जानता हूँ, इसमें छोटी-मोटी त्रुटियाँ रह गयी होंगी। मेरे पाठकों ने मेरी त्रुटियों की ओर हमेशा ध्यान दिलाया है और आशा करता हूँ कि अब भी वे मुझे इस सन्दर्भ में सहयोग देंगे ताकि जब उपन्यास के आगामी दोनों खण्ड लिखे जायँ तो शुरू से ले कर अन्त तक इसे फिर से सुधारते हुए, मैं उनके सुझावों से लाभ उठा सकूँ।

जहाँ तक प्रस्तुत खण्ड का सम्बन्ध है, यह 'गिरती दीवारें' और 'शहर में घूमता आईना' से अविच्छेद रूप से जुड़ा हुआ है, लेकिन मैंने इस तरह इसे लिखा है, कि यदि किसी पाठक ने इसके पहले दोनों भाग न पढ़े हों, तो भी इसके रसास्वादन में बाधा न पड़े।

उपेन्द्रनाथ अश्क

२२-११-१९६९

इनमें हर शख़्स के सीने के किसी गोशे में
एक दुल्हन-सी बनी बैठी है
टिमटिमाती हुई नन्हीं-सी ख़ुदी की किन्दील।।

—राशिद

पहला खण्ड

एक

शिमले में कविराज रामदास के चतुराई-भरे शोषण का शिकार हो कर और बस्ती ग़ज़ाँ में अपनी सुन्दर और प्यारी साली नीला को, सुदूर रंगून के एक अधेड़ और विधुर मिलिट्री एकाउण्टेण्ट की जीवन-संगिनी के रूप में विदा कर, मन में दसियों घाव लिये चेतन कल्लोवानी मुहल्ला, जालन्धर में अपने घर आ गया था। तब उसने सोचा था कि वह कुछ दिन के लिए एकदम आराम करे, कच्चे घावों को भर जाने दे और तन-मन से स्वस्थ हो कर ही लाहौर जाये।

लेकिन माँ और पत्नी के तमाम स्नेह के बावजूद जालन्धर में उसका मन नहीं लगा। वह शहर में भटकता रहा। उसके मन की वीरानी बढ़ती रही। आख़िर एक दिन तंग आ कर उसने टिकट कटाया और लाहौर आ गया।

०

हिन्दुस्तान की गर्मी से बचने के लिए अंग्रेज़ों ने बड़े-बड़े शहरों के स्टेशन — विशेषकर जहाँ सेना की छावनियाँ थीं — ऊँची मेहराबदार छतों से ढँक दिये थे। जालन्धर छावनी का हो या लाहौर का, गाड़ी जब बाहर की चुभती धूप से छते हुए ठण्डे स्टेशन के अन्दर जाती और ठण्डी हवा के झोंके आते तो चेतन को बहुत अच्छा लगता। लेकिन बरसात के दिन, तेज़ धूप, लाहौर के प्लेटफ़ार्म पर बेहद भीड़ और उमस, हवा का ज़रा भी स्पर्श नहीं था और जी घुट रहा था। चेतन जल्दी-जल्दी स्टेशन से बाहर निकला। ताँगे वालों की छीना-झपटी और मोल-भाव के बाद जब उसने एक ऊँचे पेशावरी ताँगे में सामान रखवा दिया और दूसरे क्षण ताँगा हवा से बातें करने लगा तो चेतन ने राहत की लम्बी साँस ली।

उसने ताँगे वाले से चंगड़ मुहल्ला जाने की बात कही थी। क्षण भर बाद उसने इतना और जोड़ दिया — चंगड़ मुहल्ले में डाकख़ाने की बराबर की गली में जायेंगे, सरदार जगदीश सिंह, लैण्डलॉर्ड ऐण्ड हाउस प्रोप्राइटर के मकान पर।

(सरदार जगदीश सिंह के नाम के साथ 'लैण्डलॉर्ड ऐण्ड हाउस प्रोप्राइटर' जोड़ना कोई ज़रूरी नहीं था और उस अफ़रा-तफ़री में भी मन-ही-मन उसे इस बात पर हँसी आ गयी थी, पर ताँगे वाले पर रोब पड़ जायेगा, इस ख़याल से उनके नाम के साथ उसने उनकी प्रिय उपाधियाँ भी लगा दी थीं।)

जब ताँगा मोहनलाल रोड से होता हुआ पैसा अख़बार स्ट्रीट पार कर डाकख़ाने के बराबर वाली गली में मुड़ा तो मुन्शी गिरजाशंकर उसे पीपल वेहड़ा से गली की सीढ़ियाँ उतरते दिखायी दिये। चेतन ने ताँगे में बैठे-बैठे उन्हें 'नमस्कार' किया। इससे पहले कि अपनी दरियाई घोड़े की-सी मूँछों में प्रस्फुटित होती पान की लाली-भरी मुस्कान से मुन्शी जी उसके 'नमस्कार' का उत्तर देते, चेतन ने ताँगे वाले को आदेश दिया कि वह तन्दूर के

पास बड़े दरवाज़े के आगे रुक जाये।

ताँगा रुक गया तो ताँगे वाले के सिर पर ही सामान लदवा कर, अटैची हाथ में लिये, चेतन खट-खट सीढ़ियाँ चढ़ता ऊपर पहुँचा। सामने बरामदे में ढेर से नंग-धड़ंग सिक्ख बच्चे खेल रहे थे। 'हेऽय! यहाँ क्या शोर मचा रहे हो! भागो नीचे।' उन्हें धमकाते हुए उसने कदम बढ़ा कर ज़ोर से आवाज़ दी —'भाभी!'

बच्चे (चेतन से समझा था कि पड़ोसियों के हैं और ऊपर खेलने चले आये हैं) सहम गये, लेकिन नीचे की ओर नहीं भागे। तभी रसोई-घर से भाभी के बदले केवल कच्छा पहने, नंगे बदन, धुले हुए लम्बे काले, और बेहद रूखे केश नाभि तक फैलाये, एक सरदार साहब नमूदार हुए। आँखें तरेर कर उन्होंने उसकी ओर ऐसे देखा कि वह एक कदम पीछे हट कर सीढ़ियों की चौखट में आ गया।

'भाई साहब....मेरा मतलब है डॉक्टर रामानन्द....'

'केहड़ा डॉक्टर रामानन्द!' उसकी बात काट कर सरदार साहब ने कुछ ऐसे टेढ़े, ठेठ पंजाबी लहजे में प्रश्न किया कि चेतन क्षण भर को मुटर-मुटर उनकी ओर ताकता रह गया। फिर उनके कंघी, फ़िक्सो, डोरी और ठाठे की कैद से एकदम आज़ाद बालों में दृष्टि जमाये (क्योंकि उनके चेहरे पर सिवा बालों के और कुछ दिखायी न देता था) उसने बताया कि वह अपने भाई के साथ अभी तीन महीने पहले यहीं रहता था। वह शिमला चला गया था। वहाँ प्रसिद्ध वैद्य कविराज रामदास के लिए उसे एक पुस्तक लिखनी थी....

लेकिन प्रकट ही सरदार साहब को उस पुस्तक से किसी तरह की दिलचस्पी नहीं थी, 'जी तुसीं जाके मकान-मालिक तों पुच्छो!' उसकी बात पूरी सुने बिना उन्होंने कहा, 'असाँ एत्थे किसे नूँ नईं पछाणदे! दस दिन पहलाँ ही आये हाँ!'

और वे पहले सीने के घने बालों में, फिर बायीं पसली के नीचे खुजलाते हुए अन्दर चले गये।

चेतन ने ताँगे वाले से कहा, 'भई, कुछ घपला हो गया है। तुम सामान ले जा कर ताँगे में रखो। हमें शायद पुरानी अनारकली जाना पड़े।'

'चार आने होर देने पैणगे तुहाणूँ।'

'हाँ, हाँ, तुम सामान ले जा कर रखो!'

और पलट कर वह उसके आगे तेज़-तेज़ सीढ़ियाँ उतरा। नीचे पहुँच कर पीछे को मुड़, उसने ताँगे वाले से कहा, 'मैं ज़रा मकान-मालिक से पता कर आऊँ। मिनट भर में आता हूँ।'....और निचले बरामदे में से होता हुआ वह सरदार जगदीश सिंह वाले पोर्शन की सीढ़ियाँ चढ़ गया। सरदार साहब, उनकी बीवी या बच्चा — कोई भी घर पर नहीं था। नौकर ने बताया कि चेतन के शिमला जाने के दस-पन्द्रह दिन बाद ही उसके भाई मकान ख़ाली कर गये थे।

'दस-पन्द्रह दिन बाद ही!' चेतन ने हैरत से नौकर की बात ही दुहरा दी। लेकिन दूसरे क्षण उसे अपने शिमला-प्रवास के पहले पखवाड़े की एक बात याद आ गयी और बिना नौकर से कुछ और पूछे, पलट कर, वह जैसे ऊपर चढ़ा था, वैसे ही धड़धड़ाता हुआ सीढ़ियाँ उतर गया। बाहर आ कर ताँगे में बैठ गया और ताँगे वाले को चलने का आदेश

देते हुए उसने कहा :

'पुरानी अनारकली, बाइबल सोसाइटी के सामने!'

दो

पैसा अख़बार स्ट्रीट से जब ताँगा लॉ कॉलेज की ओर चला तो सहसा अपना वह चिर-परिचित इलाका छोड़ते हुए चेतन का मन उदास हो आया। पीपल वेहड़ा में लाला दीवानचन्द हलवाई की वे सीली-अँधेरी कोठरियाँ; वे उपलों से अटी दीवारें, वे बदबूदार नालियाँ, चंगड़ानियों की वे कुफ्रतोड़ गालियाँ; वह धूल और गर्द-ग़ुबार-भरी स्ट्रीट; उसमें रहने वाले वे ग़रीब लोग —वह सारे-का-सारा माहौल, जिसके बीच उसने दो वर्ष बिताये थे, उसे हठात प्रिय हो आया....सरदार जगदीश सिंह (लैण्ड लॉर्ड एण्ड हाउस प्रोप्राइटर) के मकान का वह हवादार कमरा....चेतन को विश्वास नहीं था कि उसे फिर ऐसा साफ़ और सुन्दर कमरा रहने को मिल सकेगा....

भाई साहब मकान क्यों छोड़ गये, इसका कुछ-कुछ आभास उसे था। उनके सामने सबसे बड़ी मुसीबत दुकान के किराये की थी। बत्तीस रुपये दुकान का किराया उन्हें देना पड़ता था। प्रैक्टिस से आते दो-दो, चार-चार थे (जो ख़र्च हो जाते थे) और किराये की रकम इकट्ठी देनी पड़ती। शिमला जाने से पहले चेतन यह करता था कि वेतन मिलते ही, चालीस में से बत्तीस रुपये, दुकान के किराये के खाते, भाई साहब को दे देता। खाने-पीने और घर के किराये की व्यवस्था भाई साहब के सिर थी और रोते-झींखते वे अपनी ज़िम्मेदारी निभाये जाते थे। बीच में दो-एक बार घपला हुआ था तो चेतन ने अतिरिक्त काम करके व्यवस्था कर दी थी।....उसके शिमला चले जाने के बाद भाई साहब कठिनाई में पड़ गये थे। शिमला पहुँचे अभी उसे चार-पाँच ही दिन हुए थे कि चेतन को भाई साहब का पत्र मिला —'दुकान का किराया देना है, रुपये भिजवाओ।' —चेतन कविराज जी के पास गया था कि वे कृपा कर उसके वेतन से उसे चालीस रुपये पेशगी दे दें....

कविराज जी ने पूछा था कि वह इतने रुपये क्या करेगा। तब उसने बताया था कि उसके भाई का पत्र आया है, उन्हें रुपये भेजने हैं। मन में उसने सोचा था कि बत्तीस रुपये भाई साहब को भेज देगा और शेष अपने लिए रख लेगा।....कविराज कुछ सोच में पड़ गये थे तो उसने उन्हें बताया था कि किस प्रकार उसके ये बड़े भाई कुछ वर्ष पहले ताश-शतरंज और चौपड़ में वक्त बरबाद करते थे; कैसे उन्होंने शतरंज के पीछे अपनी लॉण्ड्री चौपट कर दी, कैसे घर में कलह रहने लगी, कैसे उसने एक डेण्टिस्ट मित्र से कह कर उन्हें दन्दानसाज़ी की शिक्षा दिलायी और कैसे अब वह डेढ़-एक वर्ष से उन्हें लाहौर में जमाने का प्रयास कर रहा था।....सब कुछ उसने सविस्तार बताया था और कहा था, 'एकाध वर्ष का संघर्ष और है वैद्य जी; सामान अब उनकी दुकान में पूरा हो गया है; अन्दर पार्टीशन और बाहर बड़ा जहाज़ी बोर्ड लग गया है; कुछ ही महीने और मदद की ज़रूरत होगी, फिर वे अपने पैरों पर खड़े हो जायेंगे....'

तब कविराज जी ने पूछा था : 'तुम सचमुच चाहते हो कि तुम्हारे भाई अपने पैरों पर खड़े हो जायें ?'

चेतन चुप उनकी ओर ताकता रह गया था।

'देखो अज़ीज़, यदि तुम ऐसा चाहते हो तो उन्हें लिख दो कि भाई साहब, मैं अब आपकी कोई मदद नहीं कर सकता।'

'लेकिन वैद्य जी....'

'लेकिन वैद्य जी कुछ नहीं।' कविराज जी ने ऐसे स्नेह-भरे स्वर में कहा था, जिसके नीचे कहीं गहरी चिड़चिड़ाहट छिपी थी, 'जब तक तुम चम्मच से उन्हें दूध पिलाते रहोगे, वो ख़ुद हाथ हिलाना नहीं जानेंगे। तुम चालीस रुपये उन्हें भेज दोगे....'

'जी मैं बत्तीस भेजूँगा और आठ....'

'बत्तीस उन्हें भेज दोगे,' कविराज जी ने बिना रुके कहा था, 'सिर्फ़ पचास रुपया तुम्हारा वेतन है, बाकी अट्ठारह में से तुम होटल वाले को क्या दोगे और दूसरे ख़र्च कहाँ से करोगे ?....'

क्षण भर को वे उसकी प्रतिक्रिया जानने को रुके थे। जब वह कुछ नहीं बोला और पूर्ववत, मुटर-मुटर उनकी ओर ताकता रहा तो उन्होंने फिर कहना शुरू किया था :

'वैद्य जी का कुछ नहीं जाता। वैद्य जी तुम्हें चालीस रुपये अभी दे देंगे, लेकिन मेरे अज़ीज़, तुम अपना तन-पेट काट कर अपने भाई की सहायता करोगे —इस उद्देश्य से कि वो लाहौर में जम जायें, जबकि असर इसका बिलकुल उलटा होगा। ज़िन्दगी में कभी अपने प्रिय जनों को कड़वी गोलियाँ भी खिलानी पड़ती हैं। अपने भाई को लिख दो कि शिमला जैसी मँहगी जगह में मेरा अपना ख़र्च ही पचास में जाने कैसे चलेगा, मैं आपको कैसे भेजूँ!....या यह लिख दो कि अभी तो मैं यहाँ आया हूँ, अभी तो मैंने काम भी शुरू नहीं किया, मैं आपको रुपये कैसे भेज सकता हूँ....'

क्षणांश को चुप रह कर उन्होंने फिर कहा था :

'नहीं, यह मत लिखो। यही लिख दो कि पचास रुपये तो शिमला ऐसी मँहगी जगह में मेरे लिए ही कम हैं। मैं आपकी मदद नहीं कर सकता....और तुम देख लेना कि तुम्हारे भाई साहब कोई-न-कोई रास्ता निकाल लेंगे और फिर तुम्हें तंग नहीं करेंगे।'

जब इस पर भी चेतन वैसे ही मुटर-मुटर उनकी ओर ताकता रहा था तो उन्होंने कहा था :

'तुम्हें लिखने में संकोच होता है! लाओ, अपने भाई का पता दो, मैं उन्हें पत्र लिख दूँगा। हो सकता है, अभी उन्हें कुछ बुरा लगे, पर आख़िर को देखोगे कि इस कड़वी गोली से उन्हें लाभ ही हुआ है।'

प्रकट ही चालीस रुपये देने की बात कह कर कविराज पलट गये थे, पर उनके मुँह से सच्ची बात निकल गयी थी और चेतन समझ गया था कि अभी उसने काम शुरू नहीं किया और वे उसे इतने रुपये नहीं देना चाहते। कोई चारा न देख कर उसने अपने भाई का पत्र और पता उन्हें दे दिया था।

वापसी डाक भाई साहब का (जो पत्रोत्तर देने में निहायत सुस्त थे) एक क्रोध-भरा

उत्तर चेतन को मिला था। न जाने कविराज जी ने क्या लिख दिया था कि भाई साहब ने सख़्त बुरा माना था। उनका ख़याल था कि उसे रुपये देने से इनकार करना था तो पत्र स्वयं लिखना चाहिए था। उसने कविराज द्वारा पत्र लिखवा कर उन्हें क्यों अपमानित किया। उन्होंने रुपये उससे माँगे थे, कविराज से नहीं....आदि.... आदि....अन्त में उन्होंने लिखा था कि वह चिन्ता न करे, उनका भी भगवान है और उनका काम किसी-न-किसी तरह चल ही जायेगा।

भाई साहब का पत्र पढ़ कर चेतन को बहुत दुख हुआ था....हमेशा उन्होंने जो चाहा, उसने कर दिया —बिना कहे कर दिया —बिना माँगे कर दिया। एक बार वह नहीं कर सका और उन्होंने वह सब लिख मारा.... कविराज जी रुपये देते तभी तो वह भेजता। जब टाल गये तो वह क्या करता ? उसने भाई साहब का पत्र फिर पढ़ा था। उसे फिर क्रोध आया था। दोपहर के बाद जब खाना खाने और थोड़ा आराम करने के बाद कविराज दवाख़ाने आये थे तो उसने कहा था :

'भाई साहब का पत्र आया है। वे बहुत नाराज़ हैं।' —और उसने पत्र उनके सामने रख दिया था।

पत्र को एक नज़र पढ़ कर कविराज मूँछों में मुस्कराये थे।

'तुम्हें अज़ीज़, इसका बुरा लगा है। —मैं न कहता था कि तुम्हारे भाई साहब तुम्हारी मदद के बिना भी काम चला लेंगे। यही तो उन्होंने लिखा है। तुम और क्या चाहते हो! तुम्हारा ख़याल था कि तुम रुपया न भेजोगे तो उनकी दुकान बन्द हो जायेगी। विश्वास रखो, कहीं कुछ नहीं होगा। वो अपने दिमाग़ से सोचेंगे, अपने पाँव पर खड़ा होना सीखेंगे और तुम देख लेना, वो कोई-न-कोई रास्ता निकाल लेंगे।'

चेतन चुप उनकी बातें सुनता रहा था।

'तुम्हें शायद इस बात का बुरा लगा है,' सहसा कविराज जी ने कहा, 'कि वो अब तुम्हारी मदद के बिना भी दुकान चला लेंगे। यही न ?'

'जी, यह बात नहीं, भाई साहब के क्रोध को देख कर....'

'तुम्हें यह लगता है कि वो कृतघ्न हैं,' कविराज जी ने अपने जाने जैसे उसके मुँह की बात छीन कर कहा था, 'कि तुम्हारे एहसानों का कुछ भी ख़याल न कर उन्होंने ऐसा पत्र लिख दिया है।....देखो अज़ीज़। कृतज्ञता आम आदमी का गुण नहीं है, वह तो सुसंस्कृत व्यक्ति की विशेषता है। आम लोग निहायत कृतघ्न होते हैं। तुम यदि लगातार किसी की सहायता करो तो वह यह नहीं सोचेगा कि तुम उस पर कोई एहसान कर रहे हो, बल्कि वह तुम्हारे इस सद्व्यवहार के पीछे कोई प्रयोजन ढूँढ निकालेगा। —वह सोच लेगा कि उसकी मदद करके तुम्हें सुख मिलता है, तुम्हारे अहं की तुष्टि होती है और यों वह अपनी मदद करने का अवसर प्रदान कर, उलटा तुम्हीं पर एहसान कर रहा है....अथवा यह कि तुम नितान्त मूर्ख हो और वह परम चतुर होने के नाते तुम्हें बेवकूफ़ बना रहा है, कि मूर्खों को मूर्ख बनाना चतुर लोगों का जन्म-सिद्ध अधिकार है!....या फिर यह कि उसमें अतुल प्रतिभा है और उसकी सहायता करना तुम्हारा परम कर्तव्य है। —तुम उसे सहायता न दोगे तो वह बुरा मान जायेगा और तुम्हारे सारे पिछले एहसान भूल कर तुम्हें गालियाँ देने

लगेगा....सो मेरे अज़ीज़, अपने भाई के इस क्रोध की तुम चिन्ता न करो....'

'जी नहीं, यह बात नहीं,' उनके उपदेश को परम धैर्य से सुन कर चेतन ने कहा था, 'मैं यह कहने जा रहा था कि यदि आप मुझे कुछ रुपये दे देते तो मैं उन्हें भेज देता, बत्तीस न सही, बीस ही सही!'

'यानी तुम नहीं चाहते कि तुम्हारा बड़ा भाई कभी तुम्हारी मदद से बेनियाज़ हो सके! देखो अज़ीज़, तुम्हें मेरी बात अच्छी तो नहीं लगेगी, लेकिन इतना याद रखो कि अच्छा मददगार वह नहीं होता, जो ज़िन्दगी भर किसी की मदद करता रहे, बल्कि वह होता है, जो यह देखता रहे कि मदद लेने वाला अपने पाँवों पर खड़ा हो गया या नहीं। और जब यह देख ले कि वह अपने पैरों पर खड़ा हो गया है तो उसे चलने दे। तुम क्या इसे ठीक नहीं समझते ?'

चेतन चुप खड़ा रहा था।

'मेरी राय लो तो इस पत्र का उत्तर मत दो,' और उन्होंने भाई साहब का पत्र चेतन की ओर बढ़ा दिया और बिना उसकी ओर देखे अपना काम करने लगे।

चेतन बाहर आ कर अपनी मेज़ पर बैठ गया था। उसने भाई साहब का पत्र एक ओर रख दिया था और कविराज जी की पुस्तक के लिए पंजाब पब्लिक-लाइब्रेरी से लायी हुई पुस्तकों में से एक पुस्तक उठा कर पढ़ने लगा था। लेकिन काम में उसका मन नहीं लगा। उसने फिर भाई साहब का पत्र निकाला, पढ़ा और काग़ज़ उठा कर उनको एक पत्र लिखा :

> *'आपका पत्र मिला। यह जान कर ख़ुशी हुई कि आपका भी भगवान है और वह आपकी सहायता करेगा। मैंने तो कभी अपने को आपका भगवान नहीं माना। मैं तो आपका छोटा भाई हूँ। जो मुझसे हो सकता है, सदा करता हूँ। अभी दस दिन पहले यहाँ आया हूँ। कविराज जी से मैंने रुपये माँगे थे, वे मेरी बात झूठ न समझें, इसलिए आपका पत्र भी उन्हें दिखा दिया था। उन्होंने रुपये तो दिये नहीं, आपको पत्र लिख दिया। अब इसमें मैं क्या कर सकता हूँ ? मेरे पास तो लाहौर वापस आने तक के लिए रुपये नहीं हैं। जब तक इनका कुछ काम न करूँगा, ये पैसे नहीं देंगे। अभी तो मैं काम शुरू भी नहीं कर सका। दुकान पर ही उन्होंने काम करने के लिए कहा है और यहाँ मूड ही नहीं बन पाता.... ।'*

और यह पत्र उसने डाक में डाल दिया था। उसका ख़याल था कि महीने बाद भाई साहब का पत्र आयेगा और वे रुपये मँगायेंगे, पर फिर उन्होंने पत्र नहीं लिखा।....उसे लगा था कि शायद कविराज जी की ही बात ठीक है, उसे भाई साहब को स्वयं अपने पैरों पर खड़ा होने के लिए छोड़ देना चाहिए!

०

सरदार जगदीश सिंह के नौकर की बात सुन कर चेतन को लगा था कि भाई साहब ने उसका पत्र पा कर सबसे पहला यही कदम उठाया होगा कि मकान छोड़ दें और दस रुपये

महीना बचा लें। वास्तव में यही एक नहीं, इस सन्दर्भ में चन्द और भी महत्वपूर्ण कदम उन्होंने उठाये थे :

• पहला तो यह कि चेतन की भाभी को उसकी बुआ के पास भेज दिया। (चेतन की पत्नी उसके शिमला जाने से कहीं पहले माँ के साथ जालन्धर जा चुकी थी।)

• दूसरा यह कि बराबर के पड़ोसी डॉक्टर (जो थे तो केमिस्ट, पर अपने नाम के साथ डॉक्टर लिखते थे) के परामर्शानुसार लाहौर के प्रसिद्ध अंग्रेज़ी दैनिक 'ट्रिब्यून' में ऐसे शागिर्द की ज़रूरत का विज्ञापन दिया, जो उचित फ़ीस दे कर दाँतों का काम सीखे। उसे प्रैक्टिकल शिक्षा का समुचित सुयोग मिलेगा, इस बात का उल्लेख विज्ञापन में विशेष रूप से था। (वास्तविक उद्देश्य ऐसा सहायक पाना था, जो पैसे भी दे और काम सीख कर उनका हाथ भी बँटाये।)

• तीसरा यह कि एक चारपाई दुकान के अन्दर परछत्ती पर चढ़ा दी और एक अपने लिए रख ली। बाकी बेच दीं। कुछ सामान परछत्ती पर रख दिया और कुछ अपने एक मित्र के यहाँ डम्प कर दिया, जो अनारकली की एक गली में एक कमरा ले कर रहता था। वहीं भाई साहब ने रात को सोने की व्यवस्था भी कर ली।

चेतन का ताँगा जब भाई साहब की दुकान पर पहुँचा तो वे दुकान के बाहर तख़्ते पर खड़े बराबर के डॉक्टर (केमिस्ट) से बातचीत कर रहे थे। चेतन ने ताँगे ही में बैठे उन्हें 'नमस्कार' किया और वहीं से चिल्लाने लगा कि उन्हें मकान छोड़ना था तो उसे सूचित तो कर दिया होता, वह बेकार ही ताँगा ले कर चंगड़ मुहल्ले की धूल फाँकता फिरा।

भाई साहब ने उसकी चिल्लाहट का कोई उत्तर नहीं दिया, लेकिन केमिस्ट ने अपना चौड़ा जबड़ा हँसी में फैला कर दाँत चियारते हुए कहा, 'अरे भाई, ताँगे से उतरो, सामान रखवाओ, फिर ग़ुस्से हो लेना।'

चेतन ने जैसे उनकी बात नहीं सुनी। वहीं बैठे-बैठे उसने पूछा कि उन्होंने मकान कहाँ लिया है।

भाई साहब ने इसका भी कोई जवाब नहीं दिया। जवाब कुछ था भी नहीं। उन्हें यदि मकान ही लेना होता तो वे इतना अच्छा और सस्ता घर ही क्यों छोड़ते!

चेतन क्षण भर उत्तर की प्रतीक्षा में वहीं बैठा रहा, फिर उचक कर उतरते हुए उसने पूछा, 'यह सामान कहाँ जायेगा ?'

तब भाई साहब ने जैसे दुकान के तख़्ते ही को जवाब देते हुए धीरे से कहा, 'अभी यहीं उतरवा लो, गुप्ता आता है तो कोई प्रबन्ध करते हैं। मेरे पास मकान-वकान अभी कोई नहीं!'

यह गुप्ता कौन है ? —चेतन पूछना चाहता था, पर उसने कुछ नहीं कहा। ताँगे से सामान उतरवा कर दुकान के तख़्ते पर रखवाने लगा। तभी पुरानी अनारकली की ओर से सफ़ेद कमीज़-पतलून पहने, साँवले रंग का एक युवक आता दिखायी दिया —चौड़ा, आयताकार चेहरा, मोटे होंट और सिर के बाल टॉमियों के बालों-ऐसे कैंची से बहुत छोटे कटे हुए। न जाने क्यों अपने साफ़-सुथरे लिबास के बावजूद वह चेतन को कुछ सनकी-सा लगा।

भाई साहब उसे देखते ही दुकान के नीचे उतर गये और उसकी ओर बढ़ते हुए बोले, 'चेतन आ गया है गुप्ता, जब तक हम नया मकान नहीं लेते, उसके सोने की समस्या है।'

गुप्ता वहीं-का-वहीं खड़ा सोचने की मुद्रा बनाये शून्य में तकता रहा।

चेतन को वह ख़ासा उजबक लगा। लेकिन उस मुद्रा की मूर्खता के बावजूद उसके पहरावे तथा आचरण में कुछ ऐसा आभिजात्य था कि चेतन चुप रहा।

तब डॉक्टर साहब ने गुप्ता का परिचय चेतन को दिया कि अमुक बड़े इंजीनियर का बेटा है, उनका शागिर्द है —उनसे दन्दानसाज़ी की शिक्षा लेने आया है।

तब जैसे गुप्ता की ज़बान खुली, 'मैंने तो डॉक्टर साहब से मकान देखने को कहा था, पर ये कहने लगे —हमारा देखा मकान चेतन को पसन्द आये न आये। वह स्वयं आ कर देखेगा।'

और जैसे यह कोई मज़ाक की बात हो, वह 'हिं-हिं' कर हँस दिया।

चेतन की भृकुटी तन गयी, 'आप कहाँ रहते हैं ?' उसने 'आप' शब्द पर ज़ोर देते हुए भाई साहब से पूछा।

उत्तर गुप्ता ने दिया :

'यहीं अनारकली में एक कमरा है, वहीं रात को सोते हैं।'

भाई साहब घबराहट में झटके से दोनों हाथ आगे बढ़ाते हुए बोले, 'मेरा कमरा नहीं है, एक मित्र का है, वहीं मैं रात को जा सोता हूँ।'

ताँगे वाले ने सामान उतार कर रख दिया था, सहसा उसने कहा, 'साब, मेरे पैसे चुका दीजिए मुझे जल्दी है।'

चेतन बेतरह खिजला गया था। उसने ताँगे वाले को पैसे दिये और अपने भाई से बोला, 'आप मुझे वह कमरा दिखाइए, जहाँ आप सोते हैं।'

भाई साहब ने ज़रा भी विरोध नहीं किया, 'आओ!' उन्होंने कहा और पलट कर अनारकली की ओर बढ़ चले। जाते-जाते बिना रुके उन्होंने गुप्ता से केवल इतना कहा, 'मैं इसे कमरा दिखा कर अभी आया गुप्ता साहब!'

०

वह कमरा, जिसमें भाई साहब अपने एक मित्र के साथ रहते थे (या कहा जाये कि रात बसर करते थे) अनारकली में जानकीनाथ आयरन मर्चेण्ट्स की दुकान के बराबर की गली में था। गली में खुलने वाले बारजे से वहाँ कुछ प्रकाश आता था। शेष तीनों ओर उसमें कोई खिड़की तो दूर, झरोखा तक न था। बारजा गली की ओर खुलता था और उसमें दो खुर्री चारपाइयाँ बिछी थीं। उनके बिस्तर गोल किये हुए कमरे के एक कोने में फ़र्श पर ढेर पड़े थे। कमरे में हफ़्तों से किसी ने झाड़ू न दी थी। लगता ही न था कि वहाँ इन्सान बसते हैं। वहीं एक कोने में चेतन ने आबनूस की अपनी सेकेण्ड हैण्ड मेज़-कुर्सी लगी देखी। मेज़ पर एक बोरा पड़ा था, जिसमें उसकी किताबें और काग़ज़-पत्र भरे थे। बोरे का मुँह खुला था और काग़ज़-पत्र मेज़ पर बिखर आये थे और उन पर बेतरह धूल जमी थी....

सहसा चेतन का ख़ून खौल उठा। मन-ही-मन उसने तय कर लिया कि रात होने से पहले-पहले वह अपना सामान (पुस्तकें और काग़ज़-पत्र) वहाँ से उठा लेगा और फिर

कभी ज़्यादा दिन को बाहर जायेगा तो उनका प्रबन्ध करके जायेगा। रही रात को सोने की बात तो यदि बारजे में तीसरी चारपाई आ भी जाती, तो भी चेतन वहाँ न सो पाता....

और वह पलट कर खट-खट सीढ़ियाँ उतर आया। जब दोनों भाई वापस दुकान पर पहुँचे और गुप्ता के साथ सिर जोड़ कर इस समस्या का हल ढूँढने बैठे तो गुप्ता ने पहले इस बात पर खेद प्रकट किया कि वह स्वयं अपने चाचा के यहाँ रहता है, वह आज़ाद होता और अलग से व्यवस्थित होता तो चेतन जी को ज़रा भी दिक्कत न होने देता। फिर उसने सुझाया कि उसका एक मित्र पुरानी अनारकली में रहता है, यदि डॉक्टर साहब कहें और चेतन चाहे तो वह अपने उन मित्र पर ज़ोर दे कर, कुछ दिन के लिए उसके वहाँ रहने-सोने की व्यवस्था कर सकता है।

डॉक्टर साहब ने अपने शिष्य के इस प्रस्ताव का सोत्साह स्वागत किया। चेतन से कहा कि वह गुप्ता के साथ जा कर उसी वक्त वह जगह देख आये।

यद्यपि चेतन ने सुबह से नाश्ता न किया था और उसे कुछ भूख लग आयी थी, पर वह उसी क्षण गुप्ता के साथ चल दिया। गुप्ता ने कहा भी कि आप सफ़र से आये हैं, कुछ आराम कर लीजिए, नाश्ता-वाश्ता कर लीजिए, फिर चलेंगे, पर चेतन नहीं माना।

पुरानी अनारकली की एक गली में गुप्ता के सहपाठी का मकान था। वहाँ पहुँचे तो जिस जगह को बार-बार 'मकान' कहा जाता रहा था, वह यथार्थ में एक छोटा-सा अँधेरा-सीला कमरा निकला। गुप्ता का सहपाठी गर्मी के कारण रात को कमरे बाहर ही, खुले अहाते में, सोता था। किसी तरह की प्राइवेसी न थी और चेतन ने देखा कि दो गधे उस समय भी वहाँ मज़े से लोटनियाँ लगा रहे थे। 'शायद धोबियों या कुम्हारों का मुहल्ला है।' मन-ही-मन चेतन ने कहा और वहीं उसने तय किया कि वह पण्डित श्यामलाल 'रत्न' के यहाँ जायेगा। सम्भव हुआ तो दो-चार दिन वहीं रहेगा, न हो सका तो गुप्ता साहब के सहपाठी का एहसान लेने के बदले वह एक चारपाई ला कर भाई साहब की दुकान के बाहर तख़्ते पर डाल लेगा।

वापस दुकान पहुँच कर उसने सारा ग़ुस्सा भाई साहब पर उतारा और बिना इस बात की परवाह किये कि उनका शागिर्द सुन रहा है, वह चिल्लाने लगा कि बिना उसे सूचित किये, उन्होंने क्यों मकान छोड़ा! उसकी किताबें, कीमती काग़ज़, अमूल्य फ़ाइलें और दूसरा सामान क्यों वैसी बेदर्दी और बेपरवाही से डम्प कर दिया। अब वह कहाँ सोयेगा, कहाँ काम करेगा....आदि....आदि....

वह ताँगे से उतरा हुआ अपना सामान दुकान की परछत्ती पर ले जाता रहा था और चिल्लाता रहा था। भाई साहब इस बीच चुप बने रहे थे। किसी बात का कोई जवाब उन्होंने नहीं दिया। बस इतना किया कि बैठे-बैठे उठे, पिछली पार्टीशन में रखी मेज़ पर से उन्होंने एक डेंचर उठाया था और चुपचाप डेण्टल इंजन पर पाँव रखे उस पर पालिश करने लगे।

जब सामान रख कर चेतन बाहर जाने लगा तो उन्होंने केवल इतना कहा कि वह लंच के वक्त आ जाये।

वैसे ही तने हुए स्वर में चेतन ने पूछा, 'आप खाना कहाँ खाते हैं ?'

'खाना तो वहीं पुरानी अनारकली के ढाबे पर खाता हूँ, पर तुम आ जाओगे तो सिन्धी

होटल चले चलेंगे।'

'नहीं, आप दोपहर के खाने पर मेरा इन्तज़ार न कीजिएगा।' चेतन ने कहा और चिक उठा कर बाहर हो गया। फिर कुछ याद आ जाने पर वहीं रुक कर, चिक के बाहर खड़े-खड़े उसने कहा, 'मैं शाम को दुकान बन्द होने से पहले पहुँच जाऊँगा। हो सकता है, मैं आते-आते गणपत रोड से एक चारपाई ख़रीद लाऊँ। जब तक मकान नहीं मिलता शायद मुझे बाहर इसी तख़्ते पर सोना पड़े। आप ज़रा बलराम से कह दीजिएगा कि चार-छै दिन मुझे पीछे वाला बाथरूम इस्तेमाल कर लेने दे। हो सके तो उससे चाबी ले रखिएगा।'

और भाई साहब का उत्तर सुने बिना वह पलट कर सीढ़ियाँ उतर गया।

तीन

चेतन को बेहद भूख लग आयी थी। अपने क्रोध में उसने नाश्ते के लिए भाई साहब से नहीं कहा था और खाने तक को मना कर दिया था। दुकान से उतर कर वह किसी पूर्व निश्चय के बिना अनारकली की ओर चल पड़ा। लस्सी पिये अथवा कहीं खाना ही खा ले, इसी दुविधा में वह चला जा रहा था। दस-सवा दस बजे होंगे। खाने का समय नहीं था। उसे भूख भी लगी थी और उसका गला भी सूख रहा था। अनारकली के दूसरे सिरे पर हलवाइयों की मशहूर दुकानों में से किसी एक में लस्सी पियेगा, दो पेड़े डलवायेगा ताकि डेढ़-दो बजे तक की छुट्टी हो जाये, यही उसने तय किया।

उसका मन बेहद दुखी था। बिजली के पंखे से लैस, सरदार जगदीश सिंह के मकान का वह स्वच्छ, हवादार कमरा अपने सरदई रोग़न वाले दरवाज़ों के साथ बार-बार उसकी आँखों में आता था। लेकिन अजीब बात है कि अपने बड़े भाई के बदले उसे कविराज जी पर ज़्यादा गुस्सा था। यदि वे चालीस न सही, बीस ही रुपये उसे दे देते, रुपये न देते भाई साहब को वैसा पत्र न लिखते, तो भाई साहब वह मकान न छोड़ते। भाई साहब में कुछ अजीब-सी रुखाई, कुछ निर्मम-सी दीखने वाली निरपेक्षता चेतन ने शुरू ही से देखी थी। घर के झगड़ों-टण्टों में वे सदा कमल के पत्ते की तरह रहते थे। माँ या पत्नी के ताने-तिश्ने उन्हें छू न पाते थे और पिता की मार-पीट....'दो पइयाँ विस्सर गइयाँ, सदका मेरी दूई दा' —चेतन को पिता के मुँह से उनके बारे में सुनी कहावत याद आ गयी। भाई साहब ने जो किया, उसकी आशा उनसे की जा सकती थी, लेकिन यदि कविराज रुपये दे देते तो उनकी कौन बड़ी हानि हो जाती। काम तो वह उन्हें कर ही देता, पर वे परम व्यावहारिक आदमी, किसी तरह का जोखिम उठाना उनके गुरु ने शायद उन्हें सिखाया नहीं था। 'तुम्हारे भाई साहब कोई-न-कोई रास्ता निकाल लेंगे और तुम्हें तंग नहीं करेंगे!' —चेतन के कानों में कविराज के शब्द गूँज गये। एक तिक्त मुस्कान चेतन के होंटों पर फैल गयी....क्या रास्ता निकाला उन्होंने और कैसे तंग नहीं करेंगे ? हो सकता है, शागिर्द की फ़ीस से उन्होंने दुकान के किराये की व्यवस्था कर ली हो, पर बाक़ी....अच्छा-भला मकान छोड़ दिया, बीवी को तीन महीने से गाँव भेज रखा है और स्वयं मज़दूरों से भी गयी-बीती हालत में

रहते हैं....चिन्ता तो उसे झख मार कर करनी पड़ेगी। वह क्या उनकी तरह निर्मम और निरपेक्ष हो सकता है! उसे जल्द-से-जल्द मकान खोजना पड़ेगा। यदि वह फिर से अपनी नौकरी पर नहीं जाना चाहता (कविराज जी के साथ शिमला जाते वक्त उसने मन में तय कर लिया था कि वह समाचार-पत्र की वह नौकरी छोड़ देगा, जिसमें दिन-रात उसे तेरह-तेरह घण्टे खटना पड़ता था) तो उसे फ़ौरन कोई दूसरा काम खोजना पड़ेगा....दूसरी क्या-क्या समस्याएँ इस बीच न उठ खड़ी होंगी....वह भाई साहब के साथ बैठता तो उसे पता चलता।....और चेतन को फिर कविराज जी के उस शुभ परामर्श पर क्रोध आने लगा....

गर्मी बेहद थी। गर्मी और घुटन! हवा का स्पर्श तक नहीं था। पसीना आये कि उससे पहले सूख जाता था। हज़ारों अदृश्य भट्टियाँ जैसे फ़िज़ा में दहक रही थीं और उनका ताप नस-नस को जला रहा था। लेकिन इस बेपनाह गर्मी के बावजूद अनारकली में भीड़ थी। चाहे साँझ जितनी नहीं थी तो भी ताँगों और हथ-गाड़ियों में रास्ता बनाना पड़ता था और दुकानों में क्रय-विक्रय की बराबर धूम थी। चेतन शो-केसों में निगाहों को आमन्त्रण देती चीज़ों की ओर देखे बिना, मन-ही-मन कविराज जी से या भाई साहब से या अपने आप ही से उलझता हुआ अनारकली का दो-तिहाई भाग पार कर आया था। दायीं ओर हस्पताल रोड और बायीं ओर गणपत रोड पीछे रह गयी थीं। चेतन बायें हाथ के फ़ुटपाथ पर चला आ रहा था। गणपत रोड जहाँ अनारकली में मिलती थी, वहीं इस गर्मी के बावजूद तारपोलियन की छाया किये, एक सरदार साहब कुल्चे-भटूरे और आलू-छोले बेच रहे थे। सहसा चेतन के मुँह में पानी भर आया। सम्भव था कि वह दूसरे कुछ ग्राहकों के साथ वहीं खड़ा हो कर छोले-कुल्चे खाने लगता, पर तभी उसकी नज़र सामने कुछ दूर अपनी दुकान में बैठे सरदार दिलावर सिंह हलवाई पर चली गयी और बायीं पटरी से उतर, बाज़ार को पार करता हुआ वह उधर को चल पड़ा।

हस्पताल रोड से लोहारी के चौरस्ते तक अनारकली के उस टुकड़े में हलवाइयों की दो दुकानें थीं। दोनों सिक्ख हलवाइयों की थीं। 'केसरी' के आगे दिलावर सिंह की थी और दैनिक 'देश' वाली गली जहाँ अनारकली में मिलती थी, वहीं ख़ालसा होटल के आगे, कोने पर हरबिन्दर सिंह की। दिलावर सिंह की बहुत पुरानी थी और हरबिन्दर सिंह की अपेक्षाकृत नयी। चेतन प्रायः हरबिन्दर की दुकान से लस्सी पीता था। लेकिन उसे इतनी भूख लग आयी थी कि वह दिलावर सिंह की दुकान पर ही रुक गया।

दूध के चौड़े कड़ाहों के पीछे, दुकान जितना ही पुराना दिलावर सिंह किसी प्राचीन मन्दिर के उतने ही प्राचीन महन्त की तरह, चौड़े पटरे पर फसकड़ा मारे, निर्विकार भाव से लस्सी बना रहा था। पैंतालीस-पचास को पहुँचती उम्र, मोटा पेट, उसी के कारण किंचित अन्दर को धँसा दीखता सीना, नाभि को छूती लम्बी, नोकदार दाढ़ी, सिर पर बड़ा-सा मैला पग्गड़ — उसके चेहरे पर चेतन को समाधि में निरत किसी संन्यासी की-सी निरपेक्षता दिखायी दी थी। क्षण भर को उसे लगा कि जानदार हाथ नहीं, बेजान हाथ मथनी को बिलोये जा रहे हैं। चेतन को याद नहीं कि उसने कभी दिलावर सिंह को हँसते या मुस्कराते देखा हो। दुकान उसकी मौके से भी। बहुत पुरानी थी। ख़ूब प्रसिद्ध थी और ग्राहकों की रुचि-अभिरुचि, इच्छा-अनिच्छा से बेपरवा वह लस्सी बिलोते जाता था। शुरू-शुरू में चेतन

ने पण्डित 'रत्न' के साथ एक बार दिलावर सिंह के यहाँ लस्सी पी थी। दही खट्टा था और मलाई अच्छी तरह मरी न थी। दूसरी बार चेतन फिर अकेला आया था तो उसने विशेष रूप से कहा था कि भगोने में बर्फ़ डालने से पहले दही को अच्छी तरह मथ लिया जाये और मलाई मार ली जाये। सरदार दिलावर सिंह के चेहरे से यह भी पता न चला था कि उन्होंने उसकी बात सुनी भी है कि नहीं। जब लस्सी का गिलास उसने थामा और दो घूँट भरे तो उसे बड़ी वितृष्णा हुई थी। हर घूँट के साथ उसके मुँह में मलाई के टुकड़े आ गये थे और उसे लस्सी के खट-मिट्ठेपन में उनके फीके स्वाद से बड़ी कोफ़्त हुई थी।

दुकान पर उस वक्त भी बड़ी भीड़ थी। तारपोलियन के छप्पर के नीचे बाज़ार में लगी सभी लोहे की कुर्सियाँ भरी थीं। सरदार दिलावर सिंह ने चेतन को संकेत किया कि वह अन्दर जा बैठे। चेतन सीढ़ी के रूप में रखी गयी, जूतों के तलवों से काली पड़ जाने वाली, खोखे की पेटी पर पाँव रख कर कड़ाहों के पास से हो, अन्दर कमरे में गया। लेकिन मैल की मोटी-काली परत वाली मेज़-कुर्सियों पर बैठने को उसका मन नहीं हुआ। छत पर, धुएँ और मक्खियों के निरन्तर बैठने के कारण सियाह पड़ जाने वाले लम्बे-लम्बे दो परों वाला पंखा अपने स्वामी ही की तरह मन्थर गति से हवा को बिलो रहा था। —तीनों ओर से बन्द कमरे की उमस, दरवाज़े के बाहर कड़ाहों के नीचे दहकती भट्टियों के ताप से द्विगुणित हो रही थी और पंखे की निर्विकार गति उसे छू तक न रही थी। चेतन का जी घुटने लगा। वह मुड़ा और पेटी पर पैर रख कर बाज़ार में कूद आया और दायीं ओर आगे हरबिन्दर सिंह की दुकान की तरफ़ बढ़ चला।

सरदार दिलावर सिंह ने आँखें उठा कर भी उसकी ओर नहीं देखा।

o

हस्पताल रोड वास्तव में वह सड़क थी, जो गणपत रोड के सामने ज़रा आगे को अनारकली से निकल कर 'आत्माराम एण्ड सन्ज़' तथा 'हिन्दी पुस्तक भवन' के सामने से होती, मेयो हस्पताल के साथ-साथ जाती हुई रत्नचन्द रोड और रेलवे रोड से मिल जाती थी। लेकिन इसके साथ की दो-तीन गलियों को भी इसी नाम से पुकारा जाता था। एक गली 'पुस्तक भवन' के ज़रा आगे से निकलती थी और ख़ालसा होटल के पास अनारकली में जा मिलती थी। यह भी हस्पताल रोड ही कहलाती थी, लेकिन इधर कुछ लोग उर्दू के प्रसिद्ध आर्य समाजी दैनिक के नाम पर इसे 'देश रोड' कहने लगे थे। इसी गली में अंग्रेज़ी का एक पुराना प्रेस 'लायन प्रेस' के नाम से था और वे लोग अपने फ़ॉर्म पर इसे 'लायन प्रेस रोड' लिखते थे —बहरहाल, जहाँ यह रोड या गली अनारकली में मिलती थी, वहाँ ख़ालसा होटल था और उसके आगे कोने पर हरबिन्दर सिंह की दुकान थी। इस दुकान के सामने ही अनारकली का बाज़ार स्टेशन से आने वाली सरक्युलर रोड में मिल जाता था। दिलावर सिंह की दुकान से यहाँ तक मुश्किल से आध फ़रलाँग का अन्तर होगा। लेकिन भूख की बेताबी में चेतन को बहुत ज़्यादा लग रहा था।

दुकान पर यहाँ भी ख़ूब भीड़ थी। हरबिन्दर सिंह तीस-एक वर्ष का जवान था। साफ़-सुथरे कपड़े, गोरा चमकता रंग, फ़िक्सो से जमी, ठाठे से कसी दाढ़ी, बायीं ओर लटकता पगड़ी का सुबुक शमला, सिर पर तुर्रा —बिजली की-सी गति से उसके हाथ दही बिलोते थे और हर ग्राहक की रुचि-अभिरुचि का उसे ध्यान रहता था। बाहर लगी कुर्सियाँ

यहाँ भी भरी थीं। चेतन एक ओर जा कर खड़ा हो गया तो हरबिन्दर ने सिर उठा कर उसकी ओर एक मुस्कान फेंक दी।

'मुझे पाव भर दही में दो पेड़े डाल कर लस्सी बना दीजिए। मलाई एकदम मर जाये, तभी बर्फ़ डालिएगा।' चेतन ने कहा।

'रत्ती भर फ़िकर न करो बाश्शाहो! तुहाडे मन मुताबिक बनेगी, ज़रा अन्दर तशरीफ़ रक्खो!' हरविन्दर ने मुस्कान में सोने के दाँत दिखा दिये।

बाहर बाज़ार ही से दुकान के अन्दर दीवारों से लगी संगमरमर की मेज़ें और लकड़ी की कुर्सियाँ दिखायी दे रही थीं। चूँकि दुकान ऐन कोने पर थी, इसलिए अन्दर कमरे का एक दरवाज़ा अनारकली और दूसरा सरक्युलर रोड की ओर खुलता था। गर्मी भी अन्दर उतनी नहीं होगी, यह बाहर ही से महसूस होता था, लेकिन चेतन को अन्दर जा कर बैठने की ताब नहीं थी। उसने कहा, 'मैं यहीं खड़ा हूँ, मुझे सख़्त भूख लगी है, ज़रा जल्दी लस्सी बना दीजिए!'

हरबिन्दर सिंह ने भगोने में दूध डाल रखा था, 'लओ बाश्शाहो, हुणें बन जान्दी ए। अन्दर आराम नाल बैठो, एत्थे की खड़े रओगे ?' उसने हँसते-माथे कहा।

चेतन को उसकी मुस्कान और उस मुस्कान को उद्भासित करते हुए सोने के दाँत बहुत भले लगे। पर वह अन्दर नहीं गया। उसे विश्वास था, वह अन्दर जा कर बैठेगा तो उसे देर से लस्सी मिलेगी। उसने हँस कर कहा :

'नहीं, मैं यहीं खड़ा हूँ, आप बनाइए!'

'बस एहणाँ पहलवानाँ नूँ बना देआँ, फ़ेर तुहानूँ देन्ना हाँ।'[१]

और उसने दुकान के बाहर लोहे की कुर्सियों पर बैठे दो लहीम-शहीम सिक्खों की ओर संकेत किया। क्षण भर को चेतन की नज़र उन पर गयी — लम्बे-तगड़े, चालीस-बयालीस इंच चौड़े सीनों वाले सिक्ख, मलमल के कुर्ते और लट्ठे की तहमदें पहने जैसे उस सारी जगह को भरे दे रहे थे —उस धरती के प्रति चेतन का सीना एक अनोखे गर्व से भर गया, जहाँ ऐसे दर्शनीय इन्सान पैदा होते हैं। दूसरे क्षण उसका मन उदास हो आया। जाने ये लोग क्या करते हैं ? माझे-मालवे के होंगे, जहाँ अशिक्षा और जहालत का एकछत्र साम्राज्य है, बात-बात पर कृपाणें निकल जाती हैं, छींकते-खाँसते कत्ल हो जाते हैं और पीढ़ियों तक विद्वेष पलते हैं....क्या कभी वह दिन आयेगा, जब यह अपार शक्ति देश या समाज या व्यक्ति की भलाई के काम आयेगी!....

तभी उसका ध्यान हलवाई ने खींच लिया। इस बीच उसने भगोने में पड़ा दूध क्षण भर को हिलाया था, फिर बायें हाथ में एक ख़ाली भगोना ले कर दोनों को जैसे किनारों से छुलाते हुए, वह दूध वाला भगोना ऐसे ऊँचा करता गया था कि दूध की धार ख़ाली भगोने में अजस्त्र गिरने लगी थी। दायें हाथ को ऊपर करता हुआ वह उसे बाँह की पूरी ऊँचाई तक ले गया। दूध की धार अनवरत निचले भगोने में गिरती रही, मजाल है कि बूँद भर दूध भी बाहर गिरा हो। जब भगोना ख़ाली हो गया तो उसने उसे नीचे कर लिया और उसी तरह दोनों को छुलाते हुए बायें हाथ वाले भरे भगोने को ऊपर ले जाने लगा और उसी तरह

१. बस, इन पहलवानों को बना दूँ, फिर आपको देता हूँ।

दूध की धार ऊपर होती हुई ख़ाली भगोने में गिरती रही और जब बायाँ हाथ पूरी ऊँचाई तक चला गया तो भगोना ख़ाली हो गया!....चेतन वहीं खड़ा मुग्ध रूप से इस प्रक्रिया को देखता रहा। उस तन्मयता में उसे अपनी भूख का एहसास भी नहीं रहा। उस समय ही नहीं, जब भी चेतन बाज़ार में जा रहा होता और कोई हलवाई इस तरह दो भगोनों में दूध ठण्डा कर रहा होता, चेतन हमेशा रुक कर देखने लगता। उसको हाथों के इस सधाव और दक्षता पर आश्चर्य होता था कि हाथ उठता चला जाता, दूध की धार ऊँची होती हुई भगोने में गिरती जाती, एक भी कतरा बाहर न गिरता और मिनटों में खौलता हुआ दूध बर्फ़-सा हो जाता।

दूध ठण्डा कर हरबिन्दर ने लस्सी वाले बड़े भगोने में चार पेड़े डाले, कुछ देर उन्हें मथनी से पीसा; फिर ठण्डा दूध डाल कर पाँच-सात हाथ ज़ोर-ज़ोर से मारे और ख़ूब अच्छी तरह बिलो कर हाथ-हाथ भर के दो गिलास भर कर उन सरदारों को दिये। गिलासों पर मक्खन और झाग की वैसी ही मोटी परत थी, जिसकी कल्पना चेतन करता आया था। उसके मुँह में पानी भर आया। उसे लगा कि सरदारों ने पेड़े ही नहीं, दही में पानी के स्थान पर भी दूध डलवा कर लस्सी बनवायी है। उसका जी हुआ कि वह भी पाव भर दही में दो पेड़े और पाव भर दूध डलवा ले....लेकिन उसके आमाशय में इतनी शक्ति नहीं थी। वह जानता था कि यदि वह गाढ़ी और भारी लस्सी पी लेगा तो दिन को नहीं, रात को भी उसे भूख नहीं लगेगी और उसका सारा सिस्टम बिगड़ जायेगा।

तभी हरबिन्दर ने पेड़े डाल कर उसकी लस्सी बना दी और उसी तरह मक्खन पर चम्मच टिका कर गिलास उसे थमा दिया।

चेतन ने पहले चम्मच से मक्खन खाया, फिर मज़ा ले कर लस्सी पीने लगा। वहीं खड़े-खड़े घूँट-घूँट लस्सी पीते हुए सहसा उसकी नज़र एकदम सामने दुकान पर लगे हुए, धुएँ से किंचित सियाह पड़ जाने वाले, 'विवाहित आनन्द' के बोर्ड पर गयी। पुस्तक के नाम के नीचे लिखा था 'कविराज रामदास बी० ए०, गोल्ड मेडलिस्ट'....आदि आदि....और लस्सी का गिलास ख़त्म कर, हलवाई के पैसे चुका कर चेतन सरक्युलर रोड पर कविराज जी के औषधालय की ओर बढ़ चला....

o

भाई साहब ने जो स्थिति पैदा कर दी थी, उसे देखते हुए उसके लिए अलग से मकान लेना निहायत ज़रूरी था। पुरानी अनारकली के उस खुले चौक अथवा दुकान के तख़्ते पर वह कितने दिन सो सकेगा ? सोता वह चंगड़ मुहल्ले के पीपल वेहड़े में भी बाहर ही था, पर वहाँ दीवार का एक पर्दा तो था, लेकिन पुरानी अनारकली के उस अहाते में तो उसने गधों को लोटनियाँ लगाते देखा था। उसके सामने दो ही रास्ते थे — या तो वह अपने समाचार-पत्र में वापस चला जाये अथवा कहीं दूसरी नौकरी कर ले। 'बन्दे मातरम' की उस नौकरी से उसका मन उचट गया था। वह अनुवाद भी करता था, हफ़्ते-पखवाड़े कहानी भी देता था; कभी-कभार दशहरे-दीवाली या बसन्त पर नज़्म भी लिखता था और ज़रूरत पड़ने पर हास्य-रस के शे'र, लेकिन उसके वेतन में एक पैसे की वृद्धि तक न हुई थी। फिर चार सम्पादकों में से एक सदा बीमार रहता था। महाशय धनपत राय डमी एडीटर होने के रोब में तिनका न तोड़ते थे। बाकी दो पर काम का अधिक बोझ पड़ता था....चेतन के

सामने वे रातें आ गयीं, जब नींद और थकन के मारे उससे कुर्सी पर बैठा न जाता था। वह बाहर जाता था और सुराही से पानी का गिलास ले कर आँखों में छींटे मार आता था....जब बिल्डिंग के मुख्य द्वार की चौखट के बाहर बने चबूतरे के साथ लग कर खड़ा हो जाता था और वहीं दीवार के साथ सिर लगाये, पाँच-सात मिनट को ऊँघ जाता था....जब रात को डेढ़-दो बजे दफ़्तर से घर की तरफ़ चलता, बादल बरस रहे होते और मोहनलाल रोड पर घुटनों तक पानी होता। वह बन्दे मातरम प्रेस के बग़ल से गन्दी सँकरी बदबूदार गलियों से होता पैसा अख़बार स्ट्रीट से हो कर घर आता। रास्ते में एक कुतिया हमेशा उसका टख़ना पकड़ने की कोशिश करती। एक बार चेतन ने उसे छड़ी से पीट दिया था, और वह जाने उसकी बू सूँघ कर, दूर ही से भूँकने लगती थी.... जब दफ़्तर से छुट्टी पाता तो प्रातः का झुटपुटा हो चुका होता और नगरपालिका के भंगी सड़कें साफ़ कर रहे होते!....फिर यही नहीं, चालीस रुपये भी आराम से मिल जायें तो बात थी। पत्र चूँकि घाटे पर चलता था, इसलिए समय से वेतन न मिलता था। चेतन को दस झूठ बोल कर और दस बहाने बना कर, दस-दस बीस-बीस पेशगी लेने पड़ते। जो लोग वक्त से तनख़्वाह पाने की उम्मीद में चुप रहते, उन्हें पहली के बदले कभी दूसरे महीने की पन्द्रह, कभी बीस को तनख़्वाह मिलती....नहीं, वह वापस न जाना चाहता था। यह ठीक है कि वह तीन महीने की छुट्टी ले कर गया था और अख़बार वालों को उसकी प्रतीक्षा थी, पर यदि उसे कोई दूसरा काम मिल जाये —बीस-तीस रुपये महीने का पार्ट टाइम ही, तो वह कर लेगा और मैनेजिंग डायरेक्टर से जा कर कह देगा कि डॉक्टर ने उसे रात का काम करने से मना कर दिया है.... उसका ख़याल था कि वह अब दैनिक पत्र की नौकरी नहीं करेगा! लेकिन भाई साहब ने मकान छोड़ कर, उसकी चीज़ों को अपने मित्र के उस कबाड़ख़ाने-ऐसे कमरे में यों बेदर्दी से डम्प करके जो स्थिति पैदा कर दी थी, उसे देखते हुए चेतन को लगा कि कुछ न होगा तो वह जा कर 'बन्दे मातरम' के दफ़्तर में हाज़िरी दे देगा लेकिन इससे पहले कि वहाँ जाये, वह सभी कोशिशें कर देखेगा। 'बन्दे मातरम' में नौकरी करते ही उसकी मैत्री पण्डित श्यामलाल 'रत्न' से हो गयी थी। वे उसे अपने बेटे की तरह चाहते थे। वह जा कर उनसे भी कहेगा कि मुझे किसी दूसरी जगह काम ले दीजिए। बहुत लोगों तक उनकी पहुँच थी।....

हलवाई की दुकान से लस्सी का गिलास पी कर चेतन ने सोचा था कि वह इन्फ़र्मेशन ऑफ़िस में जायेगा, जहाँ पण्डित 'रत्न' ट्रांसलेटर थे। वहीं से उनके साथ उनके घर जायेगा और बातों-बातों में अपनी समस्या उनके सामने रखेगा। लेकिन हरबिन्दर सिंह की दुकान से कविराज का बोर्ड देख कर उसे उनका वादा याद आ गया। शिमला को चलते वक्त उन्होंने कहा था कि यदि लाहौर पहुँचने पर वह अपने समाचार-पत्र में काम न करना चाहेगा तो वे उस वक्त तक उसे पार्ट टाइम काम दे देंगे, जब तक कि उसकी नौकरी कहीं दूसरी जगह नहीं लग जाती।

शिमले के प्रवास में उसका मन कविराज जी की ओर से खट्टा हो गया था। लेकिन वह उनको उनका वचन याद दिलायेगा, यदि महीने-दो-महीने के लिए उन्होंने कुछ काम दे दिया तो इस बीच वह कोई दूसरा काम ढूँढ लेगा।....लेकिन यदि फिर उन्होंने उसे कोई उपन्यास वुपन्यास लिखने के लिए कहा तो ? —उसने मन-ही-मन सवाल किया।.... वह

उपन्यास आदि नहीं लिखेगा। उनसे कहेगा कि वे कोई दूसरा काम दे दें —अपने मासिक पत्र में, अपने लड़के को पढ़ाने का या कोई और।....और तब उसने सोचा कि जैसे भी हो उसे कविराज के आने तक प्रतीक्षा करनी चाहिए।....इसी उधेड़-बुन में वह उनके औषधालय के नीचे पहुँच गया था। क्यों न वह ऊपर जा कर पूछ ले कि कब तक उनके आने की सम्भावना है।....और वह सीढ़ियों की ओर बढ़ा। विभिन्न औषधियों की मिश्रित गन्ध में साँस लेता हुआ सीढ़ियाँ चढ़ कर चेतन ऊपर पहुँचा तो क्षण भर को वह चौखट में ठिठका खड़ा रह गया। सामने जालीदार पर्दे के पीछे अपने कमरे में कविराज स्वयं विराजमान थे। वह जा कर एक ओर कुर्सी पर बैठ गया।

जब दूसरे रोगी और मिलने वाले निबट गये तो कविराज ने उसे बुलवाया।

'मैं तो सोचता था अभी आप महीना बाद आयेंगे। मैं तो यों ही आपकी कुशल-क्षेम जानने चला आया था।' 'नमस्कार' करने के बाद उसने ज़रा हँसते हुए कहा, 'इतनी जल्दी तो आपके आने की उम्मीद नहीं थी।'

कविराज ने कुर्सी की ओर हाथ बढ़ाते हुए उसे बैठने का संकेत किया और बोले, 'पहले तो यही इरादा था, पर तुम चले आये तो हमारा भी मन नहीं लगा। बीबी जी ने भी कहा कि चेतन जी के चले जाने के बाद लगता है, जैसे घर की रौनक ही चली गयी है। (चेतन मन-ही-मन हँसा। शिमले में रुल्दू भट्टे के उस मकान की सीढ़ियों से उतरते हुए कभी-कभी जैसी टेढ़ी नज़र से वे उसकी ओर देखा करती थीं, उसे वह भूला न था, लेकिन उसने कविराज जी की बात नहीं काटी और वे कहते गये :) बीबी जी ने दो-तीन बार ऐसा कहा तो हमने भी बोरिया-बिस्तर उठाया और चले आये। कल ही लाहौर पहुँचे हैं और आज ड्यूटी पर हाज़िर।'

और उन्होंने प्रशंसा की इच्छुक निगाहों से उसकी ओर देखा।

चेतन ने उन्हें निराश नहीं किया, 'लेकिन आपने एक दिन आराम तो कर लिया होता।' उसने कहा और इस एक ही वाक्य से उसने उन्हें दाद भी दी और खुला मस्का भी लगाया।

(मन-ही-मन उसे एहसास भी हुआ कि वह मस्का लगा रहा है और उसे अपनी इस प्रतिभा पर, जिससे वह नितान्त अनभिज्ञ था, हैरत भी हुई और ख़ुशी भी।)

'आराम मेरे अज़ीज़, उन लोगों के लिए नहीं, जो जीवन में किसी उद्देश्य को ले कर चलते हैं। आराम तो उन लोगों के लिए है....'

चेतन के अनुमानानुकूल ही कविराज जी 'कर्मयोगियों के लिए कर्म ही विश्राम है' के अमूल्य सिद्धान्त पर उसे उपदेश देने लगे थे। बातों-बातों में वे इस विषय को 'अपने' उद्देश्य और 'अपने' संघर्ष और फिर 'मैं' पर ले आये और उन्होंने अपनी अपार कर्मठता, निष्ठा और लगन के कई किस्से चेतन को सुनाये। अन्त में उन्होंने सहसा उससे पूछा, 'कहो अज़ीज़, अब तुम्हारे क्या इरादे हैं ? क्या कर रहे हो आजकल ?'

चेतन ने ऐसे दर्शाया, जैसे वह कविराज जी के उपदेश को बड़े ध्यान से सुन रहा था। (हालाँकि वह बुरी तरह बोर हो रहा था, क्योंकि शिमला के प्रवास में उसने वे किस्से कविराज जी से कई बार सुने थे, पर वह परम तन्मयता से उनके मुखारबिन्द की ओर ध्यान लगाये था।) उनके प्रश्न को पूरी तरह सुनने के बावजूद सहसा उसने ऐसे अचकचाने

की-सी भंगिमा बनायी, जैसे उसने प्रश्न सुना ही न हो और उसने मात्र यह कहा :

'जी!'

'मैं यह पूछ रहा था,' कविराज जी ने किंचित ख़ुश हो कर कहा, 'कि तुम आजकल क्या कर रहे हो। अख़बार की चक्की के उसी हत्थे को फिर सँभाल लिया है अथवा कोई दूसरा काम ले लिया है ?'

'जी, मैं तो आज ही जालन्धर से आया हूँ। वहाँ अपनी साली की शादी में शामिल हुआ, फिर अपने घर कुछ दिन रहा।' चेतन ने कहा, और क्षण भर रुक कर बोला, 'यहाँ भाई साहब को जब आपका पत्र मिला तो उन्होंने क्रोध में मकान छोड़ दिया। अपना तो अपना, साथ में मेरा सामान —किताबें, फ़ाइलें, रचनाएँ, ज़रूरी काग़ज़-पत्र —सब अपने एक मित्र के यहाँ यों ही खुले में डम्प कर दिया। अपनी उस पुरानी नौकरी पर मैं जाना तो नहीं चाहता, पर दो-चार दिन में मुझे कहीं-न-कहीं रहने का इन्तज़ाम करना है। मेरी इतने श्रम से लिखी हुई रचनाएँ वहाँ कूड़े की तरह पड़ी हैं, जहाँ न बैठने की जगह है, न सोने की। पढ़ने-लिखने की तो बात ही दूर रही। फिर मेरी पत्नी का समय व्यर्थ में बर्बाद हो रहा है। 'हिन्दी रत्न' उसने पास कर लिया है और मैं चाहता हूँ कि 'हिन्दी भूषण' अथवा 'प्रभाकर' में वह दाख़िल हो जाये। अगर मुझे अभी कहीं बीस रुपये की भी पार्ट टाइम नौकरी मिल जाये तो मैं वहाँ अपनी सेहत ख़राब न करूँ और इस बीच कहीं दूसरी जगह नौकरी ढूँढ लूँ।'

'इतनी ही बात है अज़ीज़ तो तुम कल से दो घण्टों के लिए मेरे यहाँ आ जाया करो। जब तक तुम्हें कहीं नौकरी नहीं मिलती, मैं तुम्हें बीस रुपया महीना दे दिया करूँगा। अख़बार के दफ़्तर में दिन-रात ख़ून जला कर सेहत तबाह करने की सलाह मैं नहीं देता।'

चेतन उन्हें धन्यवाद देता और 'नमस्कार' करता हुआ नीचे उतरा तो सीधा गणपत रोड गया। वहाँ से उसने चारपाई ख़रीदी। मज़दूर के सिर पर लदवा कर दुकान पहुँचा। चारपाई को बराबर की महीलाल स्ट्रीट में रखवा दिया। भाई साहब को साथ ले कर पड़ोस में शीशों का कारबार करने वाले बलराज के पिता को कहलवाया कि वे पिछली गली में अपना स्टोर वाला बाथरूम कुछ दिन इस्तेमाल कर लेने दें। फिर वह मकान देखने निकल पड़ा। भाई साहब ने लाख कहा कि खाना खा कर जाना, पर उसने एक नहीं सुनी।....पहले उसने सोचा था कि औषधालय से कविराज जी के आने की तारीख़ पूछ कर फिर पण्डित श्याम लाल 'रत्न' के यहाँ जायेगा, पर जब कविराज जी ही मिल गये और उन्होंने उसे पार्ट टाइम काम भी दे दिया तो उसने तय किया कि वह सबसे पहले मकान ढूँढेगा, फिर पण्डित 'रत्न' को जा कर अपने आने की ख़बर देगा।

चार

सातवें ही दिन चेतन जल्दी-जल्दी पण्डित 'रत्न' से मिलने जा रहा था —उन्हें मात्र अपने

लाहौर आ जाने की ख़बर देने नहीं, उनसे यह अनुरोध करने कि जैसे भी हो, उसे कोई और नौकरी ले दें।

o

o

चेतन को मकान मिल गया था — कृष्णा गली नम्बर-१ में। ठीक ही मिल गया था। ठीक —याने बिसात के मुताबिक —और उसी इलाके में, जहाँ कि वह चाहता था। पिछले छै दिन में उसने लगातार भाग-दौड़ कर, नीला गुम्बद से मील-डेढ़-मील इधर-उधर सभी जगह मकान देख डाले थे, लेकिन कोई भी उसे पसन्द न आया था —मकान अच्छा होता तो किराया बिसात से बाहर होता; किराया कम होता तो मकान की हालत देख कर तबियत झक हो जाती।

बात यह है कि जिस प्रकार चेतन समाचार-पत्र की अपनी नौकरी से ऊब गया था, उसी तरह चंगड़ मुहल्ले के उस इलाके से भी उसकी तबियत (उसे छोड़ते समय किंचित उदास होने के बावजूद) भर गयी थी। अब, जब भाई साहब की कृपा से उस इलाके से उसे मुक्ति मिली थी, वह किसी ऐसी जगह घर लेना चाहता था, जो ग्वालमण्डी और नीला गुम्बद दोनों के नज़दीक हो। चन्दा को आगे पढ़ना था। वह श्रीमती कृपाल देवी के विद्यालय में पढ़ती थी और वह ग्वालमण्डी में था। चेतन की इच्छा थी कि उस इलाके के इर्द-गिर्द उसे कोई सस्ता मकान मिल जाये। उसकी पत्नी को समय से विद्यालय और भाई साहब को वक्त से क्लिनिक पहुँचने में आसानी हो। चंगड़ मुहल्ला चन्दा के विद्यालय से बहुत दूर था। फिर चेतन ने उस इलाके को बहुत अच्छी तरह देख लिया था और अब उसके लेखक को वहाँ कोई नया अनुभव प्राप्त होगा, इसकी अधिक सम्भावना नहीं थी। इसके अलावा बड़े भाई के बारे में 'दाँतों का प्रसिद्ध डॉक्टर होने' की बात भी उस मुहल्ले का बच्चा-बच्चा जान गया था और अब चेतन चाहता था कि नये इलाके में जाये; नये लोगों से मिले, नये अनुभव सँजोये; उसके भाई का प्रचार नये लोगों में हो; और नये-नये मरीज़ उनसे इलाज कराने आयें!

वास्तव में, जब लाहौर पहुँच कर चेतन को सरदार जगदीश सिंह वाले ख़ूबसूरत, रोशन, हवादार मकान के छूट जाने का पता चला था तो उसे पहले अफ़सोस हुआ था, फिर स्वभावानुसार 'यथा विधाता वधीयते तदैव (मद्यम) शुभाय' की अपनी पुरानी नीति के अनुसार उसने उस बुराई से (अपने लिए) भलाई निकालने की तरकीब सोच ली थी।....नया इलाका हो, चेतन इतना ही न चाहता था, पहले से कद्रे अच्छा हो, यह भी चाहता था। कृष्णा गली का इलाका रेलवे रोड पर नया-नया बना था। रत्नचन्द रोड के साथ, मेयो हस्पताल के चौरस्ते से सब्ज़ी मण्डी के चौरस्ते तक रेलवे रोड की बायीं ओर ख़ाली जगह पड़ी थी। उसी में पिछले कुछ वर्षों से मकान बनने लगे थे। रेलवे रोड की ओर से सीधी गलियाँ अन्दर को जाती थीं, जिन्हें रत्नचन्द रोड की ओर से एक चौड़ा रास्ता ऐन बीचों-बीच काटता था। यह सारी नयी बस्ती कृष्णा गली कहलाती थी। मेयो हस्पताल के चौरस्ते की ओर से रेलवे रोड पर पहली गली थी। उस पर नम्बर-१ का बोर्ड लगा था। इसके बाद २, फिर ३, फिर ४। मकानों के पृष्ठ-भाग मिले हुए थे और प्रवेश-द्वार गलियों में थे। तीन ओर से बन्द और गली की ओर खुले होने के कारण अधिकांश मकान अँधेरे

थे। तो भी कृष्णा गली निम्न-मध्यवर्गीय सफ़ेदपोश लोगों की बस्ती थी। चंगड़ मुहल्ले की तरह चंगड़ों, गूजरों और मज़दूर लोगों की नहीं। फिर चेतन ने जो जगह ली, वह अँधेरी नहीं थी। —रत्नचन्द रोड और गली नम्बर-१ के बीच कुछ जगह ख़ाली पड़ी थी। वहाँ शायद नक्शे के मुताबिक दुकानें बनने वाली थीं, पर चूँकि वह लम्बा टुकड़ा लकड़ी के टाल, पत्थर के कोयले तथा बाँस-बल्ली वालों ने ले रखा था और वहाँ कहीं लकड़ियों की मदद से, कहीं तख़्तों या चादरों के सहारे और कहीं ऊँचे-ऊँचे बाँस-बल्लियाँ धरती में गाड़ कर अहाते बना लिये गये थे, इसलिए वह जगह अपेक्षाकृत खुली थी। चेतन ने मकान का जो हिस्सा लिया, उसके सामने थोड़ी-सी जगह एकदम ख़ाली थी। जिसके पास किराये पर थी, उसने उसे घेरा न था अथवा वह किराये पर ही न चढ़ी थी, जो भी हो, इस खुली जगह के कारण चेतन के पोर्शन की बैठक ख़ासी रोशन थी।....दिन भर इन गलियों में, एक-एक घर में दस्तक देने पर भी जब उसे कोई पोर्शन ख़ाली न मिला था और वह थक कर जाने लगा था तो उसे इस मकान का पता चला था और दस मिनट में उसे मकान पसन्द आ गया था। मकान नया-नया बना था और इसके निचले दोनों पोर्शन ख़ाली थे। उनमें से दायें वाला चेतन ने लेना तय कर लिया था।

ये दोनों पोर्शन डेवढ़ी तथा आँगन के दायें-बायें थे। डेवढ़ी में प्रवेश करते ही दोनों ओर बैठकें थीं, आँगन में दोनों तरफ़ लम्बे-लम्बे रसोई-घर थे और पिछली ओर एक-एक कमरा। पिछले कमरे यद्यपि कोठरियों से किंचित बड़े थे और 'कमरे' कहला सकते थे, पर न तो उनमें कोई खिड़की थी, न झरोखा। वे ख़ूब अँधेरे थे और दिन को भी वहाँ बत्ती जलानी पड़ती थी। हाँ, दिन की गर्मी में बाहर से आने पर उनमें कुछ राहत मिल सकती थी। दोनों खण्डों के लिए गर्मी में बाहर सोने के लिए वही छोटा-सा आँगन था — उस गर्मी में, दो-मंज़िले मकान के उस छोटे-से आँगन में सोना, नरक की यातना भुगतने के बराबर था। (दूसरी मंज़िल के एक खण्ड में मालिक-मकान रहता था और दूसरा किराये पर था। छत पर वही लोग सो सकते थे।) तभी चेतन पर उन खण्डों के ख़ाली होने का राज़ खुला था।....लेकिन बरसात बीतने को थी। सितम्बर के महीने में लाहौर की हवा में हलकी-सी ठण्डक आ जाती है और दुकान के तख़्ते पर सोने के बदले चेतन ने इस आँगन में सोना पसन्द किया था। मन में उसने यह भी सोच लिया था कि ज़्यादा गर्मी लगेगी तो गली और सड़क के बीच खुले अहाते में सो जायेगा। रहे भाई साहब तो वे गर्मियों भर अपनी उसी बाल्कनी का आनन्द ले सकते थे।....अपेक्षाकृत रोशन होने के कारण चेतन ने दायाँ पोर्शन चुना था। बिजली के बिना (यदि कोई हरिकेन जलाना चाहे तो) किराया ग्यारह रुपये था और बिजली समेत कुल तेरह रुपये। उस दिन सुबह ही चेतन ने भाई साहब को मकान दिखा दिया था। वहीं यह भी तय हो गया था कि चेतन किराया देगा और भाई साहब खाने-पीने का ख़र्च देंगे और चेतन ने तेरह रुपये मालिक-मकान को पेशगी दे कर रसीद ले ली थी।

०

मकान की व्यवस्था हो गयी थी और चेतन इन सात दिनों में बराबर कविराज जी के यहाँ दो घण्टे के लिए जाता भी रहा था। लेकिन इन सात दिनों में ही उसे इस बात का भी आभास हो गया था कि कविराज जी के साथ ज़्यादा दिन उसकी चलेगी नहीं और उसे

कहीं-न-कहीं दूसरी जगह नौकरी ढूँढनी होगी। वास्तव में उसने जो पुस्तक उन्हें लिख कर दी थी, उसका एक परिच्छेद उनसे गुम हो गया था और उन्होंने उससे कहा था कि जब तक वे उसके लिए कोई दूसरा काम निकालते हैं, वह उस परिच्छेद को पुनः लिख दे।

कविराज जी जिस सफ़ाई और सलीके से काम करने के आदी थे, उसमें पूरे एक चैप्टर का गुम हो जाना एकदम अचम्भे की बात थी। चेतन ने हामी तो भर दी थी, पर कैसे वह परिच्छेद उनसे गुम हो गया था, यह बात वह उनसे पूछ न सका था। उत्सुकता उसकी बराबर बनी रही थी। दो दिन पहले उसने यादराम से पूछा था तो मालूम हुआ था कि बीबी जी की ग़लती से छोटे बाबा ने वैद्य जी की किताब ख़राब कर दी थी।

'कैसे ? —कैसे ख़राब कर दी ?' चेतन ने बेसब्री से पूछा था।

तब यादराम ने मन्नी के हवाले से जो बताया, उससे चेतन सिर्फ़ यही जान सका कि उसके शिमला छोड़ने के बाद, कविराज जी अपनी चारपाई उसके कमरे में ले आये थे। एक मेज़ भी उन्होंने वहाँ लगवा ली थी और उस कमरे में बैठ कर वे पुस्तक के मसौदे में संशोधन- परिवर्धन किया करते थे। कुछ परिच्छेद जो उन्होंने ठीक कर लिये थे, उनकी मेज़ पर ही पड़े थे। जाने खिड़की खुली रह जाने से आँधी के कारण अथवा वैसे ही एक परिच्छेद के पन्ने नीचे फ़र्श पर गिर गये। मन्नी बर्तन मल रही थी, नन्हा अपनी माँ के पास था। न जाने बीबी जी क्या काम कर रही थीं, बच्चे को उन्होंने फ़र्श पर छोड़ रखा था। वह घुटनों के बल चलता दूसरे कमरे में गया और उसने पहले ज़मीन पर पड़े काग़ज़ों को दोनों हाथों में ले कर उनका रसास्वादन करने का प्रयास किया। फिर जब इस प्रयास में उसका मुँह कड़वा और ज़बान नीली हो गयी तो काग़ज़ों को फ़र्श पर रख कर वह उन पर बैठ गया और उसने फ़र्श को गन्दा करने के बदले उन्हें गन्दा करना उचित समझा। लेकिन जब उसने (ऐसा मन्नी ने मज़ाक में कहा) देखा कि फ़र्श भी गन्दा हो रहा है तो उसने उसे पोंछने का प्रयास किया। जब सब गड़बड़ा गया तो ज़ोर-ज़ोर से रोने लगा।....बीबी जी ने जा कर देखा तो काग़ज़ ही नहीं, बच्चे के हाथ-पैर, टाँगें —सब बुरी तरह गन्दे हो गये थे। झुँझला कर उन्होंने बच्चे को पीट दिया। उसकी चीख़ें सुन कर मन्नी राख-सने हाथ लिये हुए किचन से भागी-भागी आयी और उसने बच्चे को उनके चंगुल से छुड़ाया, उसे धोया, उसके कपड़े बदले, फिर आ कर फ़र्श साफ़ किया और काग़ज़ उठा कर बाहर कूड़े पर फेंक आयी।

शाम को जब कविराज जी घर आये और खाना खा कर मेज़ पर बैठे तो उन्हें पूरा एक परिच्छेद गुम मिला। बीबी जी के माथे पर चढ़े तेवर देख कर उन्हें उनसे कुछ पूछने का साहस नहीं हुआ। उन्होंने मन्नी को बुला कर पूछा। तब यह जान कर कि अपनी ग़लती पर बीबी जी ने उस नन्हें बच्चे को पीट दिया, उन्हें अपार विक्षोभ हुआ। लेकिन सदा की तरह बरबस अपने क्रोध पर विजय पा कर उन्होंने इस बात पर प्रसन्नता प्रकट की कि भगवान ने अपनी असीम अनुकम्पा से नन्हें की रक्षा की। यदि काग़ज़ों में लगा आलपिन उसके मुँह में चुभ जाता या कहीं खुल कर अन्दर ही चला जाता या जब वह काग़ज़ पर बैठा था, उसके चूतड़ में चुभ जाता तो ?....और भगवान को कोटिशः धन्यवाद देते हुए वे उस जगह गये थे, जहाँ मन्नी काग़ज़ फेंक आयी थी कि मसौदे का कुछ हिस्सा बच सकता हो तो बचा लिया जाये। इस बात को असम्भव जान, वे लौट आये। घर आ कर

उन्होंने साबुन से हाथ धोये। बीबी जी को तसल्ली दी कि क्रोध करने की कोई ज़रूरत नहीं, जिसने इतनी बड़ी किताब लिखी है, वह चन्द पन्ने फिर लिख देगा। इसकी ख़ैर मनाओ कि बच्चे का अहित नहीं हुआ।.... और इसी प्रसन्नता में बच्चे के सिर से वार कर दस रुपये का एक नोट उन्होंने उसी वक्त मन्त्री, आर्य समाज को इस चिट के साथ भेज दिया कि नन्हें को भगवान ने एक दुर्घटना से बचाया है, ये दस रुपये आप भगवान के नाम से किसी ज़रूरतमन्द बच्चे की माँ को दे दीजिए....दूसरे दिन वे सारे काग़ज़-पत्र उठा कर दफ़्तर ले गये। लेकिन तीसरे ही दिन उन्होंने घोषणा की कि वे लाहौर जा रहे हैं।

यादराम ने अपनी अनगढ़ देहाती भाषा में यह किस्सा ऐसे सुनाया था कि चेतन को मज़ा आ गया। बहरहाल, उसने फिर से उपयोगी सामग्री इकट्ठी की थी और औषधालय के पिछले कमरे में उसकी मेज़ लगा दी गयी थी, जहाँ कविराज जी के सहयोगी (कविराज जी के निदान के बाद औषधियाँ तजवीज़ करने वाले और छपे हुए फ़ॉर्मों पर ऐन-मैन कविराज जी की तरह हस्ताक्षर करने वाले) वैद्य त्रिलोक चन्द अग्रवाल बैठते थे। वे ही कविराज जी की अनुपस्थिति में उनकी जगह रोगियों को देखते भी थे। चेतन वहीं दो घण्टे बैठ कर काम करता था। इस बार वैद्य जी ने खुले फ़ुलस्केप काग़ज़ नहीं, एक कापी उसे ला दी थी और कहा था कि वह अन्तिम मसौदा उसी पर तैयार करे।

लेकिन इन थोड़े ही दिनों में कविराज जी को महसूस होने लगा था कि चेतन को दो घण्टों में जितना काम करना चाहिए, उतना वह कर नहीं रहा —याने दस-ग्यारह आने रोज़ पाने पर उसे वैद्य जी को जितना काम देना चाहिए था, वह नहीं दे रहा और हँसते-हँसते उन्होंने कहा था, 'भई, अज़ीज़ राजकुमार बड़ी ज़िद कर रहा था कि मुझे चेतन भाई से अंग्रेज़ी में निबन्ध लिखना सीखना है, वे बहुत अच्छा सिखाते हैं। मैंने उससे कहा था कि बेटा, तुम उनके घर जा कर एकाध घण्टा पढ़ लिया करना, यहाँ तो उन्हें टाइम नहीं मिलता।'

चेतन का माथा ठनका था। शिमला के तीन महीने के प्रवास में वह कविराज जी की हर बात और हर भंगिमा का अर्थ समझने लगा था। वह जानता था कि कविराज जी बीस रुपये देंगे तो चालीस का काम लेंगे। पिछले ही दिन उसने उन्हें बताया था कि उसे कृष्णा गली नम्बर-१ में दो कमरे का एक पोर्शन मिल गया है और वह कल से वहाँ चला जायेगा। अपने उत्साह में उसने मकान का नम्बर और मालिक मकान का नाम भी बता दिया था कि यदि वैद्य जी को ज़रूरत पड़े तो उसे चपरासी के हाथ नोट भेज कर बुलवा लें और सबेरे जब भाई साहब को मकान दिखाने के बाद, अपने पुराने मित्र रहीम चंगड़ की बैलगाड़ी ले कर अनारकली के उस कमरे और दुकान की परछत्ती से सारा सामान लाद कर वह कृष्णा गली पहुँचा तो अभी वह सामान उतार ही रहा था, जब कविराज जी का सुपुत्र राजकुमार रत्नचन्द रोड से साइकिल पर जाता हुआ उतरा और दाँत निकोसते हुए उसने कहा — 'अच्छा भाई साहब, यहाँ मकान लिया है आपने ?'....यद्यपि उसने पढ़ने-पढ़ाने की कोई बात न की थी, लेकिन चेतन इतने ही से जल-भुन गया था और उसने तय कर लिया था कि उसी वक्त जा कर पण्डित 'रत्न' से कहेगा कि उसे किसी दूसरी जगह कोई काम दिला दें। पण्डित जी दफ़्तर से घर आ कर फिर जल्दी ही निकल जाते थे। चेतन साढ़े पाँच तक उनके घर पहुँच जाना चाहता था, इसलिए वह बिना सामान को ठीक ढंग से रखे, कमरा

बन्द कर, मुँह-हाथ धो और कपड़े बदल कर चला आया था।

○

○

अपने ध्यान में मग्न चेतन लोहारी के चौरस्ते पर पहुँच गया। उसका मन था कि सीधे सड़क-सड़क जाने के बदले लोहारी की ओर को ज़रा मुड़ कर, गोल बाग़ में हो जाये। तभी सहसा दायीं ओर 'उर्दू बुक स्टाल' से उठ कर मिर्ज़ा नईम बेग चग़ताई ने छड़ी से उसका रास्ता रोक लिया।

चेतन ने आँखें उठायीं तो हँस कर अभिवादन किया, 'आदाब मिर्ज़ा!'

'आदाब नहीं, आदाब-अर्ज़ बच्चे!' मिर्ज़ा ने कहा और फिर छड़ी वाला हाथ माथे पर ले जाते हुए बड़ी संजीदा अदा से गर्दन को ज़रा-सा झुका कर बोले, 'तस्लीमात अर्ज़!'....फिर उसका बाज़ू थाम कर सड़क से ज़रा एक ओर करते हुए मिर्ज़ा ने कहा, 'उर्दू में लिखते हो, तो सही बोलना भी सीखो! यहाँ वाले लोग ग़लत उर्दू बोलते हैं, इसीलिए ग़लत लिखते हैं।....अब मैंने तुम्हारा बाज़ू थाम कर तुम्हें ज़रा सड़क के किनारे किया है। तुम लोग लिखोगे — 'मिर्ज़ा ने चेतन को बाज़ू से पकड़ कर सड़क के किनारे किया।' ग़लत! सरासर ग़लत। बाज़ू से कभी किसी को पकड़ा जाता है! पकड़ा जाता है, हाथ से!'

और मिर्ज़ा ने छड़ी की मूठ पर दबाव देते हुए गर्दन को ज़रा ख़म दे कर दाद पाने के अन्दाज़ में चेतन की ओर देखा।

'पंजाबियों की किस्मत में ज़बान को ग़लत-उल-आम-फ़सीह[१] बनाना ही लिखा है।' चेतन ने पीछा छुड़ाने के उद्देश्य से कहा।

'क्या मतलब!' मिर्ज़ा की बड़ी-बड़ी आँखें बेतरह फैल गयीं।

'पंजाबी ग़लत उर्दू बोलते और ग़लत लिखते हैं,' चेतन ने कहा, 'लेकिन वे ग़लतियाँ आम हो जायेंगी तो उस्ताद लोग उसी भाषा को आम-फ़हम और इसीलिए सही मान लेंगे।'

मिर्ज़ा को चेतन से इस जवाब की उम्मीद न थी। निमिष भर को वे चुप रह गये। फिर उन्होंने झुँझला कर कहा, 'पर तुम्हारे यार पण्डित 'रत्न' तो ऐसा नहीं सोचते। वे तो अपनी ज़बान मुझसे ठीक कराते हैं — कैसी बामुहावरा और फ़सीह ज़बान लिखते हैं!'

'आपके इल्म का फ़ायदा तो मैं भी उठाऊँगा,' चेतन हँसा, 'वो तो मैंने उन पंजाबियों की बात की थी, जो आपके इस इल्म का फ़ायदा नहीं उठा सकते।'

मिर्ज़ा ख़ुश हो गये। फिर उन्होंने ज़माने की कोरज़ौकी[२] और नाकदर-शनासी[३] पर एक लम्बी साँस ली और सिर को झुका कर तर्जनी ऊपर आसमान की ओर उठा दी — कि सब ऊपर वाले की मर्ज़ी है।

चेतन को लगा जैसे मिर्ज़ा खड़े-खड़े ही मराक़बे[४] में चले गये हैं।

उसने उन्हें नहीं टोका। पल भर बाद उन्होंने स्वयं ही, और भी लम्बी साँस लेते हुए

---

१. वे ग़लत प्रयोग, जो जनता की बोली में दाख़िल हो कर सही मान लिये जाते हैं।

२. अरसिकता।

३. गुणग्राहकता का अभाव।

४. समाधि।

सिर उठाया, आँखें खोल दीं और चेतन से पूछा, 'इस वक्त किधर जा रहे हो ?'

'पण्डित जी के यहाँ।'

'इधर से कैसे ?'

'मैं गोल बाग़ में से हो कर फिर भाटी की सड़क पकड़ लूँगा।' चेतन ने कहा।

'अपने यार को मेरा सलाम देना।'

और छड़ी को माथे तक ले जा कर सलाम करते हुए मिर्ज़ा अनारकली की ओर बढ़ गये और चेतन गोल बाग़ को हो लिया।

पाँच

चेतन को जब भी अनारकली और लोहारी गेट के चौरस्ते से मोरी या भाटी गेट की ओर जाना होता, वह सीधा सरक्युलर रोड से जाने के बदले, लोहारी दरवाज़े की ओर से, गोल बाग़ में से हो कर जाता।

पुराने लाहौर के चारों ओर बड़ी चौड़ी ख़न्दक थी। अंग्रेज़ों ने उसे पाट कर, उसमें पेड़-पौधे लगा दिये थे। वह नहर, जिससे ख़न्दक में पानी आता था, छोटे-से पक्के रजबहे के रूप में परिवर्तित कर दी थी, जो इस बाग़ के बीचों-बीच बहती थी। जहाँ शहर के दरवाज़े आते, यह नहर सड़क के नीचे हो कर फिर बाग़ में जा निकलती थी। चूँकि यह बाग़ शहर के चारों तरफ़ था, इसलिए नाम गोल बाग़ पड़ गया था।....कभी जब चेतन रेलवे स्टेशन से आता तो सरक्युलर रोड के साथ ही दायीं ओर शुरू हो जाने वाली गोल बाग़ की हरी पट्टी अनायास उसका ध्यान खींच लेती। नहर पर कहीं कुछ औरतें कपड़े धो रही होतीं; कहीं बच्चे नहा रहे होते; कहीं बगुले मछलियों की ताक में बड़े धैर्य से बैठे होते। लेकिन चेतन कभी उधर से हो कर न आता, क्योंकि गोल बाग़ का यह भाग ख़ासा सूना और बेरौनक था। लेकिन लोहारी गेट से मोरी गेट तक वाले हिस्से में बड़ी रौनक होती — कहीं पेन्शनर बुड्ढे बैठे तात्कालिक राजनीति पर बहस कर रहे होते और महात्मा गाँधी की मूर्खता का बखान करते हुए, नये ज़माने को कोस रहे होते। उनकी समझ में यह न आता कि तोपों-तलवारों से लैस सेनाओं वाली अंग्रेज़ी सरकार को यह नंगा फ़कीर महज़ चर्ख़े के बल पर कैसे हरा देगा।....कुछ, जिन्हें दूसरों के साथ बैठना नहीं भाता था, चुपचाप बैठे यादों के मनके पिरो रहे होते। कहीं आवारा बेकार युवक बैठे ताश खेल रहे होते। कहीं चौपड़ अथवा शतरंज बिछी होती। एक छोटा-सा मन्दिर भी बना था, वहाँ कुछ लोग घुँघरुओं वाले सोंटे से भाँग घोंट रहे होते!....मोरी दरवाज़े के बाहर काँग्रेस अथवा दूसरी सभा-सोसाइटियों की सभाएँ होतीं। कुछ लोग यों ही घास में अधलेटे आराम कर रहे होते। कहीं बच्चे पतंग उड़ा रहे होते.... चेतन इन सबका नज़ारा करता बढ़ा जाता....

मिर्ज़ा नईम बेग चग़ताई से (जिन्हें पण्डित 'रत्न' मज़ाक में चहीम बेग नग़ताई कहा करते थे) मिलने के बाद जब चेतन गोल बाग़ में दाख़िल हुआ तो वह इर्द-गिर्द के

वातावरण से एकदम बेख़बर हो गया। मिर्ज़ा का पूरे-का-पूरा सरापा उसके साथ चला आया — लम्बा छरहरा कद, नुकीला चेहरा, पचास-पचपन की उम्र, कटी-छँटी नुकीली खिचड़ी दाढ़ी, कद्रे मोटी, पर चेहरे पर सजती नाक, बड़ी-बड़ी, एहसास और हैरत-भरी आँखें —मिर्ज़ा जवानी में ख़ासे सुन्दर रहे होंगे। इधर उम्र और संघर्षों के बोझ से वे किंचित झुक कर चलने लगे थे, जिसके उनकी गुद्दी के नीचे, कन्धों के बीच एक छोटा-सा कोहान बन जाता था और मिर्ज़ा कुछ कम लम्बे लगते.... चेतन गोल बाग़ की ओर मुड़ने से पहले क्षण भर को उन्हें जाते देखता रहा था। वह जब-जब उनसे मिलता था, उन्हें ऐसे ही देखने लगता था, क्योंकि घोर ग़रीबी के बावजूद उनके चेहरे से कुछ विचित्र-सा आभिजात्य झलकता था। उनके आचार-व्यवहार में सुरुचि-सम्पन्नता और बोल-चाल में नज़ाकत और नफ़ासत थी। इस सब के बावजूद उनकी तबियत में एक अजाना फक्कड़पना था और यह दिलचस्प बात है कि उस तमाम फक्कड़पने के साथ ही उनके यहाँ कुछ अजीब-सी गम्भीरता थी।

०

०

और बाग़ में से जाते हुए चेतन की आँखों ने सहसा उन दृश्यों को देखना छोड़ दिया, जिनके कारण सीधी सड़क छोड़ कर उसने बाग़ का मार्ग अपनाया था। उनके बदले मिर्ज़ा से सम्बन्ध रखने वाली गत दो वर्षों की कई झाँकियाँ उसकी आँखों में प्रोद्भासित हो उठीं।

०

०

....समाचार पत्र में आये हुए कुछ ही महीने हुए हैं। वह दफ़्तर में खिड़की के पास बैठा प्रकट खिड़की के प्रकाश में प्रूफ़ पढ़ रहा है, पर उसकी आँखें बार-बार गली के पार, सामने दो-मंज़िले मकान के खुले झरोखे में खड़ी युवती की ओर उठ जाती हैं —युवती दफ़्तर के लम्बे सींकिया खज़ानची की बीवी है — काले पत्थर की सुडौल, सुगढ़ मूर्ति ऐसी! तीखी सुतवाँ नाक, नुकीली ठोड़ी, भरे गाल, चौड़ा माथा और देवियों-सी बड़ी-बड़ी आँखें! श्याम रंग की कोई युवती भी इतनी सुन्दर हो सकती है, यदि चेतन ने उसे न देखा होता तो सुनने पर कभी विश्वास न कर पाता। उसकी आवाज़ अपने तीखेपन के बावजूद इतनी मीठी है कि जब वह कभी खिड़की में आती है और नीचे खोंचे वाले अथवा किसी पड़ोसिन से बतियाती है तो चेतन का दिल बेतरह धड़क उठता है।

....वह पड़ोसिन से बतिया रही है। उसके स्वर की मिठास चेतन के कानों में निरन्तर रस उँडेल रही है। उसकी निगाहें बार-बार उधर को उठ जाती हैं। तभी दफ़्तर के आँगन में बड़े ज़ोरों का शोर उठता है। चेतन क्षण भर तक कुछ भी नहीं सुनता। उसके कान उस काले पत्थर की बोलती हुई मूर्ति की बातें सुनने में लगे हैं। पर जब शोर बढ़ता ही जाता है और सम्पादक के अलावा सभी लोग आँगन की ओर भागते हैं तो चेतन भी अनिच्छापूर्वक उधर जाता है। देखता है कि मिर्ज़ा नईम बेग ख़ज़ानची को और सम्पादक को और मैनेजिंग डायरेक्टर की बेतहाशा मल्लाहियाँ सुना रहे हैं। खज़ानची अपना सींकिया, लम्बा शरीर लिये, उन्हें समझाने की कोशिश करता है, पर वे और भी बिफर जाते हैं।....पूछने पर चेतन

को मालूम होता है कि मिर्ज़ा ने कुछ ही दिन पहले साम्प्रदायिक संस्थाओं —अहरार पार्टी तथा आर्य स्वराज्य सभा —के आन्दोलनों पर व्यंग्य करते हुए छद्म नाम से जो कविता लिखी थी, उसके पाँच रुपये उन्हें नहीं मिले। ख़ज़ानची ने आज रुपया देने का वादा किया था पर पैसे देने के बदले उन्हें मैनेजिंग डायरेक्टर से जा कर शिकायत करने को कहता है। (चेतन के समाचार-पत्र में ऐसी कोई-न-कोई घटना लगभग रोज़ होती है —ख़ज़ानची के पास पैसे न हों तो वह बेचारा क्या करे!) जब मिर्ज़ा का क्रोध किसी तरह शान्त नहीं होता और लगता है कि अगर तत्काल उन्हें चुप नहीं कराया जाता तो सारी गली इकट्ठी हो जायेगी, तब अख़बार के (डमी) सम्पादक लाला धनपत राय बी० ए० (नैशनल) अपनी लम्बी-पतली नाक और गोरे-चिट्टे महाशयी चेहरे के साथ नथुने फड़काते और तुनकते हुए बाहर आते हैं और अपनी खादी की कमीज़ से पाँच रुपये का नोट निकाल कर उन्हें देते हैं। मिर्ज़ा नोट को तहा कर अँगरखे की जेब में रखते हुए कहर-भरी नज़र से सब की ओर देखते हैं और भुनभुनाते चल देते हैं।

....चेतन फिर दफ़्तर में आता है। कुर्सी पर बैठने से पहले वह क्षण भर को खिड़की में जा खड़ा होता है। देवी (कदाचित अपने देवता की प्रशंसा में मिर्ज़ा की उपाधियाँ सुन कर) अन्तरधान हो गयी हैं। मिर्ज़ा कन्धे झुकाये तेज़-तेज़ चले जा रहे हैं। उनका कूबड़ और भी उभर आया है —चेतन उपेक्षा से मुँह फेर कर कुर्सी पर जा बैठता है। उस कवि के लिए, जो दूसरों के आदेश पर महज़ रुपयों के लिए कविता लिखता है, उसके मन में कोई आदर नहीं, फिर ऐसा कवि, जो पाँच रुपल्ली के लिए इतना ज़मीन-आसमान एक कर दे —उँह।

और वह फिर प्रूफ़ पढ़ने में तल्लीन हो जाता है।

०

.... एफ़० सी० कॉलेज के हॉल में मुशायरा है। चेतन भी आमन्त्रित है और सभा के अध्यक्ष की कुर्सी के पीछे लगी कुर्सियों की पंक्ति में एक किनारे बड़े ही नामालूम ढंग से कुर्सी पर बैठा है। लाहौर के मुशायरों से उसे बड़ी घबराहट होती है। लड़के कब किसी शायर की लू-लू बोल दें, इसका कोई ठिकाना नहीं। चेतन ने ऐसे अवसरों के लिए ख़ास प्रबन्ध कर रखा है। उसने एक हास्य-रस की ग़ज़ल लिख रखी है :

शेख़ की दाढ़ी सफाचट हुई मिस की ख़ातिर
रंग आलम का बदलता नज़र आता है मुझे।

इस ग़ज़ल के दो शे'र हैं, जिन्हें सुन कर लाहौर के युवक अनायास ठहाके मारते हुए 'मुकर्रर,' 'मुकर्रर' चिल्लाने लगते हैं। पहला शे'र है :

आज कल बूट मेरे घिस के बने हैं जूता
रात को ख़्वाब में 'भल्ला' नज़र आता है मुझे।

(भल्ला —याने कॉलेज के छोकरों की चहेती, फ़्लेक्स के जूतों की प्रसिद्ध दुकान 'भल्ले दी बसन्ती हट्टी' का मालिक लाला धनीराम भल्ला —उसी की ओर चेतन का इशारा है।) दूसरा शे'र है :

सर से फ़ौरन ही उछल पड़ती है मेरी पगड़ी
उनके जब हाथ में....

चेतन शे'र कहता हुआ यहाँ निमिष भर को रुकता है कि लड़के चिल्ला उठते हैं :

....जूता नज़र आता है मुझे।

और ठहाके और तालियाँ और 'मुकर्रर इरशाद' के नारे।

और उस वक्त जब लड़के ठहाके मार रहे होते हैं, वह एक गम्भीर ग़ज़ल के चन्द अशआर जल्दी-जल्दी पढ़ कर अपनी जगह सकुशल आ बैठता है।....एफ़० सी० कॉलेज के उस मुशायरे में जब उसकी बारी आती है तो वह यही करता है और किसी दुर्घटना के बिना अपनी कुर्सी पर वापस आ जाता है....

मिर्ज़ा आगे की पंक्ति में अध्यक्ष के साथ ही बैठे हैं। उनका गर्म अचकन और टोपी धुली तो नहीं, पर उन्होंने उसे इस्त्री ज़रूर कराया है और पायजामा भी धोबी-धुला पहन रखा है। छड़ी को तख़्त पर ज़रा टेढ़ी टेके, उसकी मूठ पर दोनों हाथ टिकाये, उस पर ठोड़ी रखे, वे अत्यन्त गम्भीर भाव से मुशायरे की कार्रवाई देख रहे हैं। बीच में सिर उठा कर किसी अच्छे शे'र पर 'मरहबा,' 'सुबहान अल्लाह' कहते हुए दाद भी दे रहे हैं।....अपनी बारी पर वे उठते हैं। छड़ी पर दोनों हाथों का ज़ोर कुछ और बढ़ा कर, हॉल की छत के कोने को जैसे अपने दिल का महरम[१] बनाते हुए वे बड़ी अदा से अपनी ग़ज़ल की पहली पंक्ति पढ़ते हैं :

नहा के आज वो निकले बदन चुराये हुए

कि हॉल में एक बेपनाह शोर बुलन्द हो जाता है। चेतन की नज़र सामने पहली पंक्ति में बैठे एक लड़के पर जाती है —लगता है जैसे उसे चाबी लगी हुई है। पंक्ति ख़त्म होते ही वह अपनी जगह घुटनों के बल बैठता है। दाद देने के अन्दाज़ में हाथ आगे बढ़ाता है। ठोडी को आगे करके और मुँह को अजीब तरह टेढ़ा करते हुए वह पहले मिसरा उठाता है —नहा के आज वो निकले बदन चुराये हुए —फिर निमिष भर का अन्तराल दे कर चिल्लाता है, 'वाह....ववाह....सुबहान अल्लाह....क्या कहने हैं....ज़रा फिर पढ़िए.... (स्वयं ही झूमते हुए) क्या मिसरा कहा है....नहा के आज वो निकले बदन चुराये हुए....वाह, ववाह.... वाह मुकर्रर....मुकर्रर....'

लगता है जैसे वह अपनी सदा और अपनी अदा पर ख़ुद ही लट्टू है और उसे हॉल में किसी और के होने का होश नहीं। अनवरत वह टेढ़ा-सीधा हो कर, झूम-झूम कर चिल्लाये जा रहा है....और हॉल में ऐसे और भी लड़के हैं।

मिर्ज़ा कुछ क्षण हतप्रभ से वैसे ही खड़े रहते हैं। फिर दोबारा वही पंक्ति पढ़ते हैं।

अबकी लड़का उचक कर खड़ा हो जाता है। 'वाह.... ववाह....वाह। अबद[२] तक पढ़ते जाइए, क्या मिसरा है —नहा के आज वो निकले (रुक कर और आँख दबा कर और बदन चुराने की नकल करके) बदन चुराये हुए....'

मिर्ज़ा छत से नज़रें हटा कर हॉल में बैठे श्रोताओं पर डालते हैं। वहाँ अजीब हड़बोंग

---

१. राज़दान।

२. सृष्टि के अन्त तक।

मचा है। क्षण भर वे उसी तरह खड़े रहते हैं, फिर जैसे उठे थे, वैसे ही पीछे रखी कुर्सी पर बैठ जाते हैं, और दोनों हाथों पर ठोड़ी टिका कर मुटर-मुटर तकने लगते हैं।

लड़के लाख शोर मचाते हैं। अध्यक्ष अपनी सीट पर खड़े हो कर उनसे पूरी ग़ज़ल पढ़ने की 'इस्तदुआ'[१] करते हैं। लेकिन मिर्ज़ा टस-से-मस नहीं होते। पंजाबी छोकरों की इस कोरज़ौकी पर वे हॉल से उठ कर चले जाते हैं।

०

....चेतन पैसा अख़बार स्ट्रीट से घर की ओर जा रहा है कि डाकख़ाने के पास अपनी फ़ार्मेसी में बैठे हुए मुन्शी गिरिजाशंकर अपनी दरियाई घोड़े की-सी मूँछों में मुस्कराते और पान तथा तमाखू की कालिमा से काले पड़ जाने वाले अपने दाँत दिखाते हुए उसे आवाज़ देते हैं — 'चेतन जी, ज़रा इधर तशरीफ़ लाइए! आपको हिन्दुस्तान के अज़ीम शायर से मिलायें!'

चेतन सीढ़ियाँ चढ़ कर फ़ार्मेसी में जा पहुँचता है। वहाँ धोबी का धुला चुन्नटदार मलमल का कुर्ता और लट्ठे का पायजामा पहने, गले में ताज़ा, इस्त्री किया हुआ अँगरखा सजाये और सिर पर दुपल्ली लगाये मिर्ज़ा बड़ी शान से बैठे 'नासिख़' और 'आतिश' की झोड़ का कोई किस्सा सुना रहे हैं....चेतन ने उन्हें कई बार अपने दफ़्तर में नज़्म देने आते, 'फ़ज़ल बुक डिपो पर पत्र-पत्रिकाओं के पृष्ठ पलटते, उसी की तरह लाहौर के गलियाँ-बाज़ार पैदल नापते, मुशायरे में सम्मिलित होते देखा है। उसके मन में उन्हें कुछ और जानने की आकांक्षा भी इधर बलवती हो उठी है, पर किसी ने उसका परिचय उनसे नहीं कराया।

वह कमरे में जा कर दोनों को 'आदाब अर्ज़' करता है। मुन्शी गिरिजाशंकर मिर्ज़ा को उसका परिचय देते हैं और फिर चेतन को बताते हैं कि मिर्ज़ा हिन्दुस्तान के मशहूर अदीब तथा यू० पी० के प्रसिद्ध अदब-नवाज़ खानदान के जगमगाते रुक्न[२] हैं और उन्हें नज़्म और नस्र पर यकसाँ दस्तरस हासिल[३] है....वग़ैरह.... वग़ैरह....

मिर्ज़ा बड़े रंग में हैं। उनके चेहरे पर जोश की लाली और आँखों में चमक है।

'हाँ तो मैं कह रहा था, मुन्शी साहब,' चेतन की 'आदाब अर्ज़' के जवाब में सरसरी-सी 'तस्लीमात अर्ज़' दाग़ कर अपनी बात जारी रखते हुए मिर्ज़ा कहते हैं, 'जब उस्ताद नासिख़ महफ़िल में पहुँचे तो जल्सा करीब-करीब ख़त्म हो चुका था, लेकिन ख़्वाजा हैदर अली 'आतिश' और कुछ दूसरे शायर अभी मौजूद थे। वो जा कर बैठे तो रस्मी ता'ज़ीम और मिज़ाज-पुरसी के बाद[४] उन्होंने पूछा, "क्यों भई क्या बहुत देर हो गयी ?"

' "हाँ," किसी ने कहा, "सब को आपका इश्तियाक[५] रहा।"

'तभी शमअ उनके सामने आयी और उस्ताद 'नासिख़' ने उन साहब की तरफ़ देखते

---

१. प्रार्थना

२. स्तम्भ।

३. पद्य तथा गद्य पर समान अधिकार प्राप्त है।

४. औपचारिक अभिवादन और मिज़ाज का हाल पूछने के बाद।

५. औत्सुक्य

हुए मतला पढ़ा :

'जो ख़ास हैं, वो शरीके-गुरोहे आम नहीं

(एक मिसरा कह कर मिर्ज़ा अपनी ही बात काटते हुए कहते हैं, 'यहाँ पंजाब में आम लोग गुरोह को गिरोह या गरोह कहते हैं, हालाँकि सही लफ़्ज़ गुरोह है!') और अपनी बात जारी रखते हैं, 'हाँ तो पहलवाने-सुख़न उस्ताद 'नासिख़' ने मतला पढ़ा :

'जो ख़ास हैं, वो शरीके-गुरोहे-आम नहीं
'शुमार दाना-ए-तस्बीह में इमाम नहीं।[१]

'ख़्वाजा आतिश को लगा कि उन पर चोट की गयी है। उन्होंने ग़ज़ल पढ़ी तो एक मतला फ़िलबदीह[२] जोड़ दिया :

'ये बज़्म वो है कि लाख़ैर का मुकाम नहीं
हमारे गंजिफ़ा में बाज़ि-ए-ग़ुलाम नहीं।[३]

'शेख़ 'नासिख़' ग़ुलाम नहीं थे, लेपालक (दत्तक) थे, लेकिन चोट करने वाले उस बारीकी की कब परवा करते हैं। 'आतिश' ने 'लाख़ैर' याने जिनकी कोई ख़ैर-ख़बर लेने वाला न हो और 'ग़ुलाम' —याने पाले हुए —इन दो अलफ़ाज़ से उस्ताद 'नासिख़' के वालिद की ग़रीबी और दूसरे बाप के ज़रिये परवरिश पाने पर चोट की।....लेकिन बाद में पढ़ने वाले, 'नासिख़' के एक शागिर्द ने उसी मुशायरे में 'आतिश' के उस हमले का जवाब दिया और हकीकत यह है, और जैसा कि मौलाना आज़ाद ने अपने 'आबेहयात' में ज़िक्र भी किया है, लाजवाब दिया। 'नासिख़' के शागिर्द ने मतला पढ़ा और उस्ताद 'आतिश' को सुना कर पढ़ा :

'जो ख़ास बन्दा है, वो बन्दा-ए-अवाम नहीं
हज़ार बार जो यूसुफ़[४] बिके ग़ुलाम नहीं।'

मिर्ज़ा जब किस्सा ख़त्म कर चुकते हैं और मुन्शी गिरजाशंकर दाँत निकोसते हुए उनकी प्रशंसा कर लेते हैं तो चेतन कहता है कि उसने मिर्ज़ा का नाम तो बहुत सुना है, लेकिन मुलाकात का शरफ़ हासिल नहीं हुआ।[५] उर्दू तो उसने बाकायदा नहीं पढ़ी, लेकिन उसे भी कुछ शे'र-ो-शायरी और अफ़साना-नवीसी का शौक है, उनकी सोहबत में बैठ कर वह कुछ सीख सकेगा।

तब मुन्शी गिरजाशंकर बताते हैं कि मिर्ज़ा उसी बाज़ार के एक अहाते में आ गये हैं और उन लोगों के पड़ोसी हो गये हैं और चेतन उसी वक्त उनके साथ जा कर उनका निवास-स्थान देख आता है —बड़े से दरवाज़े के अन्दर एक अहाते में टाट के पर्दे का

---

१. जो विशिष्टता लिये हुए हैं, वे जनता की भीड़ में शामिल नहीं, ऐसे ही जैसे नमाज़ पढ़ाने वाले इमाम की गिनती माला के मनकों में नहीं होती।

२. उसी वक्त —आशु काव्य के रूप में।

३. हमारी ताश में ग़ुलाम का कोई खेल नहीं।

४. एक पैग़म्बर थे, जो बेहद ख़ूबसूरत थे। उनके भाइयों ने उन्हें कुएँ में डाल दिया था, जिन लोगों ने निकाला, उन्होंने ग़ुलाम बना कर बेच दिया। मिस्र की साम्राज्ञी ज़ुलेख़ा ने उन्हें ख़रीदा। वह सम्राट को भूल उनसे प्रेम करने लगी थी।

५. इज़्ज़त नहीं मिली।

एक घेरा दिखा कर मिर्ज़ा बताते हैं कि उसी में रहते हैं, चेतन जब आये, वहीं से आवाज़ दे ले।

०

.... शाम का वक्त है, चेतन दफ़्तर से आता हुआ उनके यहाँ जा पहुँचता है। मिर्ज़ा टाट की बनी चार दीवारी में टाट ही के पर्दे के दरवाज़े में से उसे अन्दर आने को कहते हैं। अन्दर जा कर चेतन देखता है कि पक्की ईंटों की दो पुरानी कोठरियाँ हैं। उनके सामने बाँसों और टाट की मदद से थोड़ी जगह घेर कर दो अलग-अलग अहाते बना लिये गये हैं। इधर के अहाते और कोठरी में मिर्ज़ा निवास करते हैं, दूसरे में कोई दूसरा परिवार रहता है। अन्दर कोठरी से कपड़े की एक पुरानी ईज़ी चेयर निकाल कर मिर्ज़ा बाहर अहाते में बिछा देते हैं। स्वयं वे ज़रा-सी लोहे की अँगीठी सुलगा कर शाम के लिए एलमोनियम की छोटी-सी पतीली में सालन पकाने का प्रबन्ध करते हैं — कुछ अजीब-सी, गोबर, मूत्र, बकरियों की मेंगनियों, कीचड़, सीलन और न जाने किस-किस चीज़ की बू वातावरण में बसी हुई है। लेकिन चंगड़ मुहल्ले में रहने से चेतन के नथुने इस मिली-जुली बू के अभ्यस्त हैं।....चेतन को मिर्ज़ा की ग़रीबी देख कर अफ़सोस होता है। मिर्ज़ा सालन पकाने की भी व्यवस्था किये जा रहे हैं और चेतन पर फब्तियाँ भी कसे जा रहे हैं। चेतन अनायास ज़ोर से हँस देता है। सहसा पर्दे के दूसरी ओर सूराख़ में से दो जवान आँखें झाँकती हैं। चेतन का हृदय एक धड़कन मिस कर जाता है।

०

....कुछ दिन बाद फिर शाम को चेतन उसी अहाते में उस कुर्सी पर बैठा है। उसे हैरत होती है कि हिन्दुस्तान का एक अज़ीम (अज़ीम न भी सही) शायर, जिसकी उम्र शे'र कहते गुज़र गयी, इस कोठरी और गन्दे अहाते में रहने को विवश है। क्या जब वह इस उम्र को पहुँचेगा, वह भी उन्हीं की तरह चंगड़ मुहल्ले की ग़लाज़त में सड़ रहा होगा।....नहीं, वह इससे निकल जायेगा।....तभी बड़े ही चंचल मीठे स्वर में कोई लड़की उधर बतियाने लगती है। जब चेतन मिर्ज़ा की किसी बात पर ज़ोर से हँसता है और उधर लड़की का चंचल स्वर लहराता है तो मिर्ज़ा सालन छौंकते हुए मुँह-आँख दबा कर कहते हैं, 'बच्चे! ज़रा ख़याल रखना, ख़ून बड़ा मीठा है हमारी पड़ोसिन का....' और उनकी आँखों में कुछ अजीब-सी शरारत चमक जाती है।

०

....उसी टाट से घिरे अहाते में शाम के वक्त चेतन उसी ईज़ी चेयर पर बैठा है और मिर्ज़ा साहब 'जुर्अत' (शेख़ कलन्दर बख़्श जुर्अत) के किस्से सुना रहे हैं। — जुर्अत किस तरह अपने अन्धे होने का स्वाँग धर कर अमीरों की हरमसराओं में जाने लगे और अपने चुटकुलों और नकलों से नाज़नीनों का मन बरमा कर उनके हुस्न से लुत्फ़ उठाने लगे और किस तरह उस प्रक्रिया में सचमुच अन्धे हो गये — इस सब का उल्लेख करने के बाद मिर्ज़ा चेतन को बताते हैं, कैसे जुर्अत नवाब शुजाउद्दौला के साथ मुर्शिदाबाद चले गये और मशहूर भाँड 'करेला' से उनकी नोक-झोंक हुई।

चेतन के सामने मिर्ज़ा एक खोखे की पेटी को उल्टा करके उस पर बैठे क़िस्सा सुना

रहे हैं कि करेला की बात चलते ही सहसा उठ कर खड़े हो जाते हैं —'करेला, पुराना ख़ुर्राट,' वो कहते हैं, 'दिल्ली का मशहूर भाँड़, नवाब के साथ मुर्शिदाबाद गया था। एक दिन महफ़िल में उसका तायफ़ा हाज़िर था। शेख़ जुर्अत भी वहाँ मौजूद थे। उसने नकल की। एक हाथ में लकड़ी ले कर दूसरा अन्धों की तरह बढ़ाया। टटोल-टटोल कर काँपते-लरज़ते चलने लगा और बोला, 'हूज़ूर मुलाहिज़ा हो, शायर भी अन्धा, शे'र भी अन्धा, मज़मून भी अन्धा :

'सनम सुनते हैं तेरे भी कमर है
कहाँ है, किस तरफ़ को है, किधर है।'

और 'कहाँ है,' 'किस तरफ़ को है,' 'किधर है' कहते और अन्धे की तरह टटोलते हुए मिर्ज़ा नईम बेग 'करेला' की ऐसी नकल दिखाते हैं कि चेतन को मज़ा आ जाता है।

फिर वे उसी पेटी पर आ बैठते हैं और बात जारी रखते है —उनकी आँखों में वही पुरानी चमक आ जाती है, चेहरे पर नया रंग दौड़ जाता है —'शेख़ साहब नकल सुन कर बहुत नाराज़ हुए, लेकिन थे तो 'इन्शा' और 'कतील' की टोली के। घर आ कर उन्होंने उसकी हज्व[1] कह दी और ख़ूब ख़ाक उड़ायी। सुन कर 'करेला' बहुत कड़बड़ाया। दूसरे जल्से में उसने फिर अन्धे की नकल की। उसी तरह लाठी ले कर फिरने लगा और लुत्फ़ यह कि ग़ज़ल भी जुर्अत ही की चुनी :

'इमशब किसी काकुल की हिकायात है वल्लाह[2]
क्या रात है, क्या रात है, क्या रात है वल्लाह
आलम है जवानी का जो उभरा हुआ सोना
क्या गात है, क्या गात है, क्या गात है वल्लाह
ज़ुर्अत की ग़ज़ल जिसने सुनी उसने कहा वाह
क्या बात है, क्या बात है, क्या बात है वल्लाह।'

और ग़ज़ल सुनाने के बाद मिर्ज़ा उठ खड़े होते हैं और हाथ बढ़ा, लाठी ले कर अन्धे की तरह चलने की नकल करते हुए बताते हैं कि कैसे 'करेला' ने इस ग़ज़ल को जल्से में पढ़ा और कैसे पहले शे'र में हर बार 'क्या रात है' कहते हुए लकड़ी का सहारा बदला। 'करेला' की नकल करने में मिर्ज़ा हाथ और टाँगों को अन्धे की तरह से ऐसे कँपाते हैं कि चेतन 'वाह वा' कर उठता है।

तभी उसकी नज़र (और अजीब बात है कि ऐन उस वक्त मिर्ज़ा की नज़र भी) सामने टाट के छेद पर जाती है। दो आँखें उस छेद पर लगी हुई हैं।

मिर्ज़ा ग़ज़ल के दूसरे शेर भी उसी तरह पढ़ते हैं। और भी जोश से 'क्या गात' और 'क्या बात' पर लाठी का सहारा बदलते हैं, काँपते-लरज़ते हैं और चेतन दुगने जोश से दाद देता है।

वे आँखें पर्दे से हट जाती हैं, मिर्ज़ा उसी खोखे पर आ बैठते हैं और 'जुर्अत' का एक दूसरा किस्सा सुनाने लगते हैं :

---

१. किसी की निन्दा में लिखी कविता
२. आज रात किसी की ज़ुल्फों के किस्से हैं।

'एक दिन इन्शा जुर्अत की मुलाकात को आये। देखा तो सर झुकाये बैठे कुछ सोच रहे हैं। उन्होंने पूछा कि हज़रत किस फ़िक्र में बैठे हो ? जुर्रत ने कहा —एक मिसरा हुआ है और ख़ूब हुआ है, लेकिन जब तक दूसरा मिसरा न होगा, न सुनाऊँगा, नहीं तो तुम मिसरा लगा कर छीन लोगे। इन्शा ने बहुत ज़ोर दिया तो आख़िरकार 'जुर्अत' मान गये और उन्होंने मिसरा पढ़ा :

'उस ज़ुल्फ़ पे फब्ती शबे-देजूर[१] की सूझी

इन्शा ने फौरन कहा :

'अन्धे को अँधेरे में बहुत दूर की सूझी।'

चेतन ज़ोर से ठहाका मार कर हँसता है। वे आँखें फिर छेद से आ लगती हैं। चेतन का ध्यान बँट जाता है। निमिष भर उधर देख, वह फिर मिर्ज़ा पर निगाहें जमा देता है। सहसा उसे उन पर तरस आने लगता है। —इतना बड़ा शायर, इतना बड़ा लतीफ़ा-गो। इन्शा और जुर्अत के ज़माने में होता तो क्या उनकी तरह शाही दरबारों में इज़्ज़त न पाता और हठात उसके मन की बात उसके होंटों पर आ जाती है —'मिर्ज़ा आप इस नाकद्रशनास अंग्रेज़ी ज़माने में पैदा हुए, वरना अगर आप उस ज़माने में होते तो यकीनन 'जुर्अत' और 'इन्शा' से ज़्यादा कद्र-ो-मंज़िलत[२] पाते।'

अचानक मिर्ज़ा एक लम्बी साँस लेते हैं और पैर भी खोखे पर रख, घुटनों को बाँहों में बाँध कर बैठ जाते हैं। चेतन चाहता है वे कोई बात करें, पर वे कोई बात नहीं करते, उसी तरह घुटने बाँहों से बाँधे सिर नेहुड़ाये मौन बने रहते हैं। वे आँखें पर्दे से हट जाती हैं, मिर्ज़ा वैसे ही उदास बैठे रहते हैं, उनका मुँह सहसा सुत कर लम्बा-सा हो जाता है। कुछ देर यूँ ही बैठे रह कर अचानक कहते हैं, 'ख़्वाजा मीर दर्द की एक ग़ज़ल है। सुनोगे ?'....और बिना उसका जवाब सुने हलके तरन्नुम[३] से सुनाने लगते हैं :

'तुहमतें चन्द अपने ज़िम्मे धर चले
जिस लिए आये थे, सो हम कर चले।
ज़िन्दगी है या कोई तूफ़ान है
हम तो इस जीने के हाथों मर चले।
दोस्तो देखा तमाशा याँ का बस
तुम रहो अब हम तो अपने घर चले।
शमअ की मानिन्द हम इस बज़्म में
चश्मे-तर आये थे दामन-तर चले।
जो शरर[४] है हस्ती-ए-बे-बूद[५] याँ
बारे हम भी अपनी बारी भर चले।
साकिया याँ लग रहा है चल चलाओ

---

१. अमावस की रात
२. आदर सत्कार
३. गाना
४. चिनगारी
५. ऐसी हस्ती, जिसका कोई ठिकाना न हो।

'दर्द' जब तक बस चले, साग़र चले।'

चेतन वहाँ से चलता है तो उसका मन सहसा उदास हो आता है। उसे अपने आप पर अफ़सोस होने लगता है कि उसने ऐसी बात क्यों कह दी, जिससे उनको अपने वर्तमान की याद हो आयी! वे हँसी-ख़ुशी, गप्पों-चुटकुलों में जिस वर्तमान को भुलाये हुए थे, उसने क्यों उन्हें उसकी याद दिला दी।

शमअ की मानिन्द हम इस बज़्म में
चश्मे-तर आये थे, दामन-तर चले

चेतन यही शेर गुनगुनाता हुआ घर तक चला आता है।

o

o

और यही गम्भीर मिर्ज़ा चेतन की शादी की ख़बर सुन कर एक निहायत शरारत-भरा इश्तेहार बनाते हैं और न केवल उसे 'बन्दे मातरम' के दफ़्तर के बाहर चिपका देते हैं, वरन हाथ ही से उसकी कापियाँ तैयार कर मित्रों में बाँट आते हैं। —गोल बाग़ की रविश पर चलते हुए उस विज्ञापन की मुख्य पंक्तियाँ चेतन की आँखों के सामने कौंध जाती हैं :

लौण्डा-ए-ख़ुदरंग
की
शादी-ए-ख़ाना-आबादी

दफ़्तर बन्दे मातरम के सामने
उश्शाक[१] के
मातमी जुलूस
पंडित श्यामलाल 'रत्न' की बेपनाह सरासीमगी[२]

छः

चेतन मोरी दरवाज़े से फिर सरक्युलर पर हो लिया और सड़क पार कर, बायें हाथ के फ़ुटपाथ पर चलने के बदले, गोल बाग़ के जँगले के साथ-साथ दायें हाथ के फ़ुटपाथ पर ही चलने लगा।

मिर्ज़ा द्वारा बनाये गये उस विज्ञापन की याद आ जाने से चेतन के होंटों पर क्षीण-सी मुस्कान आ गयी। यदि जालन्धर में कोई उससे कहता कि वह भी लौण्डों में गिना जा सकता है और उस पर भी कोई मर सकता है, तो क्या उसे विश्वास होता। कॉलेज में वह भी कुछ

---

१. प्रेमियों
२. परेशानी

समझा जाता था।

उन दिनों की दो घटनाएँ, अनायास उसकी आँखों में घूम गयीं।

०

०

....जब वह एफ़० ए० पास करके थर्ड ईयर में दाख़िल हुआ तो काँग्रेस आन्दोलन ज़ोरों पर था। चेतन का कॉलेज आर्य समाजी था और उसके प्रिन्सिपल राजनीतिक आन्दोलनों में युवकों का भाग लेना बहुत बुरा समझते थे। उनसे शिक्षण-संस्थाओं में जो अनुशासनहीनता आ गयी थी, उसके ज़बरदस्त विरोधी थे और अपने कॉलेज पर उनकी छाप तक न पड़ने देना चाहते थे। प्रिन्सिपल की इच्छा थी —उनके छात्र ब्रह्मचर्य-व्रत पालन करते हुए पुराने ब्रह्मचारियों की तरह अपना जीवन बितायें। तड़के चार बजे उठ कर, नित्यकर्म से निबट, व्यायाम करें, नहायें, फिर मन लगा कर सन्ध्या-वन्दन करें, वक्त पर कॉलेज आयें। सादा कपड़े पहनें, कोई व्यसन न पालें, ख़ूब पढ़ें, बड़े आदमी बनें। —यूँ वे अपने उपदेशों में बड़े आदमियों के नाते लाला लाजपतराय और पण्डित लखपतराय का भी उल्लेख करते थे, पर उनकी दृष्टि में आई० सी० एस० सबसे बड़ा आदमी था और उनके कॉलेज के कितने आई० सी० एस० और पी० सी० एस० हुए, इसका उल्लेख वे हर वार्षिकोत्सव में बड़े गर्व से किया करते थे। यद्यपि वे स्वयं सादा कपड़े पहनते थे, पर यदि कोई लड़का खादी के कपड़े पहने तो उन्हें लगता था कि वह काँग्रेस में शामिल हो गया है और उसके प्रति वे सशंक और कठोर हो उठते थे —पायजामा, कमीज़, कोट और पगड़ी उनके निकट आर्य समाजी कॉलेज के छात्रों की आदर्श भूषा थी। उन्हें पतलून-कोट पहनने वाले से उतनी चिढ़ न थी, जितनी खादी पहनने वालों से।

सेकेण्ड ईयर तक चेतन वही कपड़े पहनता और बाकायदा पगड़ी बाँधता रहा था, लेकिन थर्ड ईयर में कुछ दिन बैठने के बाद ही उसने एक दिन अचानक पगड़ी को तिलांजलि दे दी और खादी के कुर्ते-पायजामे में कॉलेज चला गया।

बात यह थी कि कॉलेज में अमीरों के लड़के ही नहीं, मध्य-वित्त परिवारों के लड़के भी चेतन से अच्छे कपड़े पहनते थे। अपने पुराने और अनफ़िट कोट-पतलून को देख कर उसे बुरी तरह हीन-भाव का एहसास होता। खादी के कपड़े सस्ते और देर-पा भी थे और उन्हें घर धोया भी जा सकता था और स्वतन्त्रता-संग्राम के कारण उन्हें पहन कर कॉलेज के सूट-बूट-धारी छात्रों की अपेक्षा विशिष्ट भी बना जा सकता था। फिर यद्यपि अपने बड़े भाई के राजनीतिक कारनामों की प्रतिक्रिया में उसे राजनीति से चिढ़ थी, लेकिन आज़ादी की उस लड़ाई में कम-से-कम इतना योग देना वह अपना धर्म समझता था। इसके अलावा सबसे बड़ी और महत्वपूर्ण बात यह थी कि प्रिन्सिपल की तानाशाही उसे बेहद अखरती थी। छात्रों के साथ वे ऐसा अपमानजनक व्यवहार करते, जैसे न उनकी कोई रीढ़ हो, न हस्ती। सोच-सोच कर चेतन ने उनके दुर्व्यवहार के प्रति मौन विद्रोह के रूप में खादी के कपड़े पहनने का फ़ैसला कर लिया। और जब यह फ़ैसला कर लिया तो उसने पगड़ी से भी मुक्ति पा ली।

इसमें सन्देह नहीं कि कॉलेज में नंगे सिर जाने की बात कुछ महीने पहले वह स्वप्न

में भी न सोच सकता था। बी० ए० की पढ़ाई शुरू होने से पहले तक उसके कॉलेज की स्थिति उनके हाई स्कूल से बेहतर नहीं थी। क्योंकि न केवल उसके त्यागमूर्ति प्रिन्सिपल पहले उसी हाई स्कूल के हेडमास्टर थे, बल्कि कुछ अध्यापक भी (जो एम० ए० थे और संस्था के आजीवन सदस्य थे) सीधे वहीं से कॉलेज में पढ़ाने लगे थे। उनका व्यवहार लड़कों के प्रति वही पुराना था — क्रूरतापूर्ण, असंस्कृत और तानाशाही! इतिहास के अध्यापक तो लड़कों को बेंचों पर खड़े होने का दण्ड तक दे दिया करते थे। लेकिन कॉलेज में डिग्री कक्षाएँ खुलते ही वातावरण में अनायास कुछ खुलापन आ गया था। हुआ यह कि सरकारी ग्राण्ट की शर्तों के अनुसार प्रिन्सिपल को बाहर से कुछ अध्यापक लाने पड़े। जो नये अध्यापक आये, उनमें दो गवर्नमेण्ट कॉलेज, लाहौर के पढ़े हुए थे और एक बंगाली था। वे तीनों नंगे सिर आते। प्रिन्सिपल ने दबी ज़बान से कहा भी कि आर्य समाज की संस्था है, उन्हें नंगे सिर कॉलेज न आना चाहिए। लेकिन उन लोगों को सिर ढँकने की आदत नहीं थी। गवर्नमेण्ट कॉलेज, लाहौर का यों भी बड़ा रोब था, इसलिए प्रिन्सिपल चुप रह गये। दक्षिण भारत का एक छात्र भी नंगे सिर आता था। इसके अलावा खादी के पायजामे-कुर्ते पर पगड़ी यों भी अच्छी नहीं लगती। वह जानता था कि प्रिन्सिपल जल-भुन कर रह जायेंगे, लेकिन उसे इस बात का भी यकीन था कि वे कुछ कर भी नहीं सकेंगे।

उसका अनुमान ग़लत नहीं था। कॉलेज में एक पीरियड धर्म-शिक्षा का भी होता था, जिसमें अनुपस्थिति जघन्य पाप मानी जाती थी। चेतन की कक्षा में हफ़्ते में छै दिन यह पीरियड संस्कृत के अध्यापक लेते —पतले-दुबले, लम्म-सलम्मे, गम्भीर और सख़्तगीर! वे बाकायदा सुन कर देखते कि छात्रों को सन्ध्या कण्ठस्थ है कि नहीं। जो भूल जाता, उसे जुर्माना कर देते। धर्म-शिक्षा के सन्दर्भ में उनकी संस्था में कितनी प्रगति हो रही है और उनके छात्र उनके उपदेशों पर कितना चलते हैं, यह जानने के लिए प्रिन्सिपल भी हफ़्ते में किसी दिन धर्म-शिक्षा के पीरियड में स्वयं आ धमकते और तत्काल रजिस्टर उठा कर हाज़िरी लेने लगते। जो लड़के ग़ैरहाज़िर होते, उनको सख़्त जुर्माना कर देते। हाज़िरी लेते वक्त रजिस्टर से आँख उठा-उठा कर वे हर लड़के को देखते कि वह स्वयं हाज़िरी बोल रहा है अथवा उसका कोई साथी उसकी प्रॉक्सी दे रहा है।....पहले ही दिन जब चेतन खादी के बुर्राक कुर्ते-पायजामे में अपने घुँघराले बाल बेपरवाही से बिखेरे कॉलेज पहुँचा तो दुर्भाग्य से प्रिन्सिपल धर्म-शिक्षा के पहले ही पीरियड में स्वयं आ धमके और हाज़िरी लेते वक्त जब उनकी निगाहें चेतन पर गयीं तो उसने देखा कि उनकी दृष्टि उस पर क्षण भर तक जमी रही। उस वक्त वे कुछ नहीं बोले, लेकिन उन्हें बुरा लगा है, इसका आभास चेतन को हो गया। क्योंकि जब वे फिर लड़कों की हाज़िरी लेने लगे तो उनकी आवाज़ में हल्की-सी चिड़चिड़ाहट और क्रोध था।

उस दिन उन्होंने अपना उपदेश सादा जीवन जीने और ऊँचा सोचने की प्राचीन भारतीय परम्परा पर दिया और बताया कि ऋषि-मुनियों ने कैसे जंगलों में रह कर और कन्द-मूल-फल खा कर उपनिषदों-जैसे गहन ग्रन्थों का प्रणयन किया। चेतन को सबसे दिलचस्प बात यह लगी (और वह उसकी प्रतीक्षा ही कर रहा था) कि अपने उपदेश में घुमा-फिरा कर वे अपनी बात को पगड़ी पर ले आये। उन मूर्खों को, जो विदेशी सभ्यता के प्रभाव में अपनी भूषा तक तज रहे थे, उन्होंने पगड़ी के लाभ बताये कि किस प्रकार

उत्तर भारत में पगड़ी सर्वोचित शिरोवस्त्र है। लू के दिनों में न केवल सिर को, बल्कि शमले के माध्यम से गर्दन को भी बचाती है। और सर्दियों में ठण्ड नहीं लगने देती। जो लड़के शौकीनी में नंगे सिर रहना पसन्द करते हैं, उनकी भर्त्सना करना भी वे नहीं भूले। और उन्होंने बताया कि भारतीय परम्परा में देवी-देवता, माता-पिता और बुज़ुर्गों के सामने नंगे सिर जाना उनका अपमान करना है।

०

लेकिन प्रिन्सिपल साहब का उपदेश बहरे कानों पर पड़ा था। क्योंकि दूसरे ही दिन से चेतन की देखा-देखी, कुछ अन्य छात्र भी नंगे सिर आने लगे थे। प्रिन्सिपल को यह सब कितना बुरा लगा, इसका आभास भी चेतन को जल्दी ही मिल गया।

०

दिसम्बर का महीना था। नौमाही परीक्षाएँ चल रही थीं। शीत हड्डियों के अन्दर गूदे तक को सन्न कर रहा था, पर चेतन के पास गर्म कोट नहीं था। वह खादी का कुर्ता-पायजामा पहने परीक्षा देने चला आया था। कॉलेज के खुले हॉल में डेस्कें लगी थीं और वहाँ ख़ासी ठण्ड थी। शुरू-शुरू में उससे होल्डर न पकड़ा जाता था, पर एक बार जब दोनों हाथों को ज़ोर से मल कर वह पेपर करने बैठा था तो उसे किसी चीज़ का बोध न रहा था। उसे नहीं मालूम —कब प्रिन्सिपल हॉल में आये, कब अपनी डेस्कों पर खड़े हो कर दो-एक लड़कों ने कापियाँ माँगी, कब प्रिन्सिपल स्वयं इनविजिलेटर से तख़्त से कापियाँ उठा कर बाँटने लगे थे। (कापियाँ बाँटना चपरासियों का काम था, लेकिन प्रिन्सिपल कभी-कभी ये अदाएँ दिखाया करते थे।) चेतन की कापी ख़त्म हो गयी थी। तभी प्रिन्सिपल कापियाँ लिये हुए उसकी डेस्क के पास से गुज़रे तो चेतन ने बिना उनकी ओर देखे, बैठे-बैठे ही कापी के लिए हाथ बढ़ा दिया।

कापी उसे देते हुए प्रिन्सिपल उसके डेस्क पर झुके और दाँत पीसते हुए बोले :

'वेल लाला जी!' (कोई भले ही ब्राह्मण हो अथवा शूद्र, प्रिन्सिपल उसे लाला जी कह कर ही पुकारते थे —क्योंकि वे स्वयं लाला थे।) 'इज़ दिस योर स्वराज्य ? यू कैन नॉट ईवन स्टैण्ड, ह्वेन योर प्रिन्सिपल कम्ज़ टु यू।'

चेतन खड़ा हो गया। दिल में डर के बावजूद, सभी लड़कों के सामने डाँटे जाने के कारण, क्रोध में किंचित काँपते हुए बोला :

'सर! इट इज़ नॉट योर जॉब टु डिस्ट्रिब्यूट द आंसरबुक्स। इट्स ए प्यून्ज़ जॉब! बट इफ़ यू हैव टेकेन इट, यू शुडण्ट एक्स्पेक्ट योर स्टूडेण्ट्स टु गेट अप ह्वेन दे आर एब्जॉर्ब्ड इन डूइंग देयर पेपर्स।'

सारे हॉल में सन्नाटा छा गया। लड़के सवाल करना छोड़ कर धड़कते हुए दिलों के साथ उधर देखने लगे —ग्रे रंग की पट्टी का बन्द गले का कोट और उसी कपड़े का घुटन्ना पायजामा पहने और सिर पर पगड़ी बाँधे, पतले-छरहरे, पस्त कद, क्रोधी, क्रूर प्रिन्सिपल शहर ही नहीं, प्रान्त भर में तानाशाह प्रसिद्ध थे। कॉलेज में ज़बरदस्त अनुशासन रखते थे; उसे राजनीतिक आन्दोलनों की सर्दी-गर्मी से बचाये रखते थे और अवसर पड़ने पर राजनीति में भाग लेने वाले छात्रों को उनकी योग्यता और भविष्य का विचार किये बिना, कॉलेज से

निकाल देते थे।....लड़कों को पक्का विश्वास था कि इस बदतमीज़ी के लिए वे चेतन को उसी वक्त हॉल के बाहर निकाल देंगे।

लेकिन प्रिन्सिपल यह अप्रत्याशित उत्तर सुन कर क्षण भर के लिए किं-कर्तव्य-विमूढ़ रह गये। इससे पहले कि वे कुछ कहते, चेतन होंटों ही में. 'यू'ल एक्स्क्यूज़ मी सर!' कहता हुआ बैठ गया और प्रकट उनकी उपस्थिति को भूल कर पेपर करने लगा।

तब प्रिन्सिपल साहब बमक उठे। चेतन ही को नहीं, सारे हॉल में लड़कों को सुनाते हुए अपने तीखे कर्कश स्वर में चिल्लाने लगे :

'वेल लाला जी, यू थिंक, यू हैव ऑलरेडी गॉट योर स्वराज्य एण्ड यू डोण्ट केयर टु रेस्पेक्ट योर पेयरेण्ट्स, योर टीचर्ज़, ईवन योर प्रिन्सिपल! बट यू डोण्ट नो एबाउट लाला लाजपतराय — दैट ग्रेट लीडर विद अ टर्बन, आर्य समाज हैज़ प्रोडयूस्ड। दैट ग्रेट फ़िलैन्थ्रॉपिक पण्डित लखपतराय, दैट-ग्रेट सेज महात्मा हंसराज.... '

और कैसे वे महान लोग आज़ादी के लिए लड़ते हुए ख्यात हो कर या बड़े ओहदों पर पहुँच कर अथवा लाखों कमा कर, अपनी परम्पराओं का आदर करना, अपने बड़ों का सम्मान करना नहीं भूले, इस पर प्रकाश डालते हुए प्रिन्सिपल ने महानता के होते हुए भी विनम्रता, आत्मानुशासन और संयम पर आध घण्टा लेक्चर दिया था।

चेतन इस बीच निरन्तर अपनी कापी पर झुका रहा था। उसकी देखा-देखी दूसरे लड़के भी कापियों पर झुक गये थे। तब प्रिन्सिपल को सहसा भान हुआ कि वे धर्म-शिक्षा के पीरियड में नहीं, परीक्षा-हॉल में भाषण दे रहे हैं और हठात भाषण को ख़त्म कर, वे झल्लाये हुए हॉल से निकल गये।

०

०

चेतन भाटी दरवाज़े के बाहर सिनेमा-हॉलों के सामने से निकला जा रहा था। शाम का वक्त था। दोनों हॉलों के अन्दर ख़ूब रौनक थी और यद्यपि उनके बाहर शो-केसों में लगे हुए, इन दिनों चलने वाली तथा आगामी फ़िल्मों के स्टिल देखना उसे बहुत प्रिय था, पर वह रुका नहीं। किसी सिनेमा-हॉल की ओर उसकी निगाह नहीं गयी। अपने ध्यान में मग्न वह बाग़ के जँगले के साथ-साथ बढ़ा चला गया।

तभी उस ज़माने की एक और घटना उसे याद आ गयी और किंचित मुस्कान में फैले उसके होंट और भी फैल गये।

० ०

स्कूल के दिनों में चेतन को व्यायाम अच्छा न लगता। लंगोट लगा कर शरीर को तेल मलना और डण्ड पेलना उसे उजड्ड गँवारों का काम लगता — लड़ने-भिड़ने और शारीरिक काम करने वालों का! वह तो कवि बनना चाहता था और कवि को, उसका ख़याल था, कोमल शरीर, कोमल भावनाओं और स्वतन्त्र प्रकृति वाला, मस्त और बेपरवाह व्यक्ति होना चाहिए।....तब यह अजीब बात है कि कॉलेज में दाख़िल होते ही उसने अपने शरीर की ओर ध्यान देना शुरू कर दिया। उसका माथा बहुत छोटा था। मैट्रिक तक पिता के आदेशानुसार वह सिर मुँड़ाता और माथे पर उस्तरे से ख़त बनवाता आया था। (इसी कारण

उसका माथा छोटा और भद्दा हो गया था और शीशे में अपनी शक्ल उसे यतीमों-ऐसी लगती थी। उन्हीं दिनों उसके एक साथी के गाल पर उस जगह बाल आ गये, जहाँ प्रायः बाल नहीं होते। तब उसने मोचने से उन्हें उड़ा दिया। फिर आये तो फिर उड़ा दिया और तीन-चार बार उड़ाने से बाल आने बन्द हो गये। उसने चेतन को यह गुर बताया तो चेतन ने तय किया कि वह इसी तरह अपना माथा बड़ा कर लेगा। —दो साल में उसका माथा बड़ा हो गया और किसी ने इस परिवर्तन पर ध्यान तक न दिया था। परम निष्ठा से वह रोज़ दो-तीन नये बाल हटा देता और यदि पहले आये हुए बालों की जगह फिर कोई उग आता तो उसे भी हटा देता। माथा उसने इतना चौड़ा बना लिया था, जो अच्छा लगे। कॉलेज में जाते ही उसने लम्बे-लम्बे बाल रख लिये थे। पगड़ी की नोक से वह बालों की लट को काले चाँद-सी खींच लेता तो उसे अपना चेहरा बहुत अच्छा लगता। फ़र्स्ट ईयर में ही कुन्ती से उसकी निगाहें चार हो गयी थीं और जाने कैसे वह अपने आप कसरत करने लगा था। अपने पिता की नसीहत उसे याद थी —'एकदम ज़्यादा कसरत मत करो,' वे समझाया करते थे, 'पट्ठे दुखने लगेंगे। एक दिन ज़्यादा कसरत कर लोगे तो दूसरे दिन मन नहीं करेगा। पहले दिन केवल दस डण्ड और दस बैठकें निकालो। फिर हर रोज दो-दो बढ़ाते जाओ। मालूम भी नहीं होगा और तुम जितनी चाहो, कसरत कर सकोगे....'

जब चेतन थर्ड ईयर में पहुँचा तो उसे कसरत करते हुए दो वर्ष हो गये थे। लेकिन वह अपने छोटे भाई की तरह डण्ड-बैठकों को बढ़ा कर एक-एक हज़ार तक नहीं ले गया, वरन जब पचास पर पहुँचा तो रुक गया था —उसके सीने की हड्डियाँ वैसे ही दिखायी देती थीं और पट्ठों का माँस वैसे ही ढीला था, लेकिन दो वर्ष लगातार मालिश करके व्यायाम करने से उसने महसूस किया था कि उसके सीने पर माँस की तह ज़रा मोटी हो गयी है, बाँह मोड़ने पर पट्ठा उभरने लगा है, पैर जोड़ कर खड़े होने पर दोनों जाँघों के बीच थोड़ी-सी जगह शेष रह जाती है। उसे विश्वास हो गया कि यदि वह कसरत कुछ और बढ़ा देगा तो उसका वक्ष माँसल हो जायेगा, पट्ठे सुदृढ़ हो जायेंगे और उसकी जाँघें (पैर मिला कर खड़े होते समय) आपस में मिल जायेंगी। तब न केवल दो-दो डण्ड बैठक रोज़ बढ़ा कर वह उन्हें सौ तक ले गया था, बल्कि पिता के ज़माने के जो दो मुगदर पड़े थे, वह उन्हें भी फेरने लगा था। आध-आध मन के मुगदर, जिन्हें साधारण लड़के उठा न सकते थे, वह (उसी तरह दो-दो से शुरू करके) तीस-तीस फेरने लगा था। यूँ तो इस सब के बाद भी वह रहा पतला-छरहरा ही, लेकिन मालिश करने से उसकी जिल्द चमकने लगी, धीरे-धीरे उसके शरीर में कसाव आ गया और उसके अंग माँसल हो गये। चेतन कभी लंगोट लगा कर मालिश और कसरत करके नीचे दालान में जा कर छोटे-से शीशे के आगे खड़ा होता तो पहले बायीं और फिर दायीं भुजा के पट्ठे को फुला कर देखता। (पूरे शरीर को एक साथ देखने की गुंजाइश उस आईने में नहीं थी) तब उसे बहुत अच्छा लगता और उसके मन में इच्छा होती —काश! उसके घर में आदमकद आईना होता —डण्ड-बैठक निकाल और मुगदर फेर कर वह उसके सामने आ खड़ा होता और अपने पट्ठों पर नियन्त्रण करने का अभ्यास करता। अपना एक-एक अंग वह अपनी इच्छा के अनुसार कमा लेता!

अपने छोटे भाई जितना न सही, पर लगातर व्यायाम करने से उसमें कुछ अजीब-सा आत्म-विश्वास पैदा हो गया था —वह सचमुच उसके सुगठित होने वाले सुन्दर शरीर के

कारण था अथवा कुन्ती की आँखों में उसके प्रमाण की झलक के कारण, यह तो वह नहीं जानता, लेकिन यह सच है कि वह पहले की अपेक्षा कहीं अधिक बाह्योन्मुख, बेपरवा, हँसमुख, फक्कड़, हाज़िर-जवाब और दिलेर हो गया था।

०

उन्हीं दिनों कॉलेज का एक प्रसिद्ध गुण्डा चेतन से नाराज़ हो गया और उसी आत्म-विश्वास के कारण चेतन ने उसे पीट दिया और इतने प्रसिद्ध गुण्डे को पीट देने से वह कॉलेज ही में नहीं, शहर भर में नाम पा गया।

०

उस गुण्डे का नाम राजकिशोर था, पर वह मित्रों में 'गोगा' के नाम से प्रसिद्ध था। खत्रियों का लड़का था और कल्लोवानी मुहल्ले के आगे कोट पश्का में रहता था। डील-डौल में गोगा गुण्डा न लगता था, पर उसका दबदबा ऐसा था कि कॉलेज के माने हुए गुण्डे और उसकी अपेक्षा कहीं ताकतवर लड़के उसकी अर्दल में रहते थे।....डेढ़-एक वर्ष पहले जब वे लोग फ़र्स्ट ईयर में पढ़ते थे, जालन्धर छावनी में एक हॉकी टूर्नामिण्ट हुआ था। दोआबा हाई स्कूल की टीम में कोट किशनचन्द के दो सुन्दर लड़के रजत और उसका छोटा भाई जगत भी थे। गोगा जगत पर मरता था। लेकिन वही अकेला उस पर न मरता था, शहर के दूसरे गुण्डों की भी उस पर आँख थी। उसकी टीम ही में उसके चाहने वाले भी थे। मैच के ख़त्म होने पर उनसे गोगा का झगड़ा हो गया। उसने आव देखा न ताव, खींच कर विरोधी नेता को चाकू दे मारा। (सौभाग्य से बाँह पर लगा, नहीं बड़ी मुश्किल होती।) झगड़े में चाकू चलते ही वहाँ भगदड़ मच गयी। कॉलेज के दो अन्य जाट लड़के —बसन्त सिंह और दिलबाग़ सिंह —भी वहाँ गये हुए थे। वे गुण्डे तो नहीं थे, लेकिन लहीम-शहीम और हथछोड़ थे। अपने कॉलेज के लड़के का झगड़ा दूसरी संस्था के लड़कों से होता देख वे राजकिशोर के साथ हो गये। तब दूसरी पार्टी के लोग भाग गये। यों भी शोर मच गया कि एक लड़के का ख़ून हो गया है। घायल लड़के को ताँगे में डाल कर लोग हस्पताल की ओर भागे और गोगा अपने साथियों के साथ चौड़े-दिहाड़े खिसक गया। किसी को उसे पकड़ने की हिम्मत न हुई। पुलिस घटना-स्थल पर पहुँची तो गोगा शहर पहुँच चुका था। बाद में चेतन ने सुना था कि पुलिस कोट पश्का तक आयी थी, लेकिन गोगे का बाप अमीर था। वह घटना-स्थल पर तो पकड़ा नहीं गया था, इसलिए मामला रफ़ा-दफ़ा हो गया।

मामला कैसे रफ़ा-दफ़ा हुआ, यह तो चेतन को मालूम नहीं था, लेकिन उस घटना के भिन्न-भिन्न और अत्यन्त अतिशयोक्तिपूर्ण वृत्तान्त शहर भर में फैल गये —और राजकिशोर एक ही दिन में शहर का ज़बरदस्त गुण्डा मशहूर हो गया। उसके साथ कॉलेज के दूसरे गुण्डे आ मिले और उसका दल ख़ासा मज़बूत हो गया, यहाँ तक कि प्रोफ़ेसर भी उससे भयभीत रहने लगे। जब उसकी इच्छा होती, क्लास में आता; जब इच्छा होती, उठ कर चला जाता। न कोई प्रोफ़ेसर उसे टोकता, न जुर्माना करता, न उसकी शिकायत करता। कहा तो यह भी जाता था कि वह पेपर तक उड़ाने की शक्ति रखता है। उसकी बहादुरी और गुण्डई के दसियों किस्से कॉलेज में प्रचलित थे।

चूँकि राजकिशोर के घर का निकटवर्ती रास्ता चेतन के मुहल्ले से हो कर जाता था,

इसलिए कई बार ऐसा होता कि चेतन और अनन्त उसके साथ ही आते। अनन्त यों भी चेतन की अपेक्षा फक्कड़ और बेपरवाह था। उसके स्वभाव में किंचित आवारगी भी थी, इसलिए राजकिशोर से उसकी ख़ूब घुटती थी।....उन्हीं दिनों चेतन के मुहल्ले में चौधरियों के दीसे (जगदीश) नक्शा-नवीस की शादी हुई। बीवी उसकी न केवल सुन्दर थी, वरन चंचल भी थी। सबेरे-शाम दो-मंज़िले की खिड़की में बैठ कर और दोपहर को ऊपर खुली बरसाती में जा कर मुहल्ले के जवान लड़कों से आँखें लड़ाती। एक दिन चेतन और अनन्त ऊपर शहनशीन पर बैठे थे कि वह बरसाती में आ गयी और घूँघट उठा कर बैठ गयी। अनन्त उस दिन के बाद रोज़ आने लगा, लेकिन माँ तथा अपने छोटे भाई परसराम के डर से चेतन ने ऊपर बैठना छोड़ दिया। तब वह कम्बख़्त नीचे दो-मंज़िले की खिड़की में आ कर बैठने लगी। अनन्त ने एक दिन गोगे से दीसे की दुलहिन के सौन्दर्य और चांचल्य का उल्लेख किया। गोगे ने बड़ हाँकी कि उसे एक बार दिखा दिया जाये, वह चार दिन में उसे ऐण्टी करके दिखा देगा (ऐण्टी का शब्द वो लोग उड़ाने के अर्थों में इस्तेमाल करते थे। — गोगे ने चुटकी बजा कर समझा दिया कि कितनी सफ़ाई से और कितनी जल्दी वह उसे उड़ा ले जायेगा।)

उस दिन गोगा बरबस चेतन के साथ मुहल्ले में आ गया।....चेतन को पहले तो यही बात बुरी लगी कि दूसरे मुहल्ले का कोई लड़का उसके मुहल्ले की किसी लड़की या बहू के बारे से कोई ऐसी-वैसी बात कहे या करने की सोचे, फिर वह सब उसके माध्यम से हो, उसके घर से हो, यह बात उसे ठीक नहीं लगी। उसके पिता मुहल्ले की बहू-बेटियों को अपनी बहू-बेटियाँ समझते थे, कहीं उनके कान में भनक पड़ जाये तो कत्ल तक करने को तैयार हो जायेंगे, यह बात चेतन भली-भाँति जानता था।....उसने टालना चाहा, लेकिन राजकिशोर नहीं माना। 'बस, तुम एक बार उससे आँख मिलवा दो।' उसने कहा और साथ चला आया।

चेतन ने उसे बैठक के बाहर ज़रा रुकने को कहा और बोला कि मैं अन्दर से जा कर दरवाज़ा खोलता हूँ। भाग कर वह ऊपर गया और जब उसे इस बात का सन्तोष हो गया कि सब लोग ऊपर छत पर हैं तो उसने अन्दर से जा कर दरवाज़ा खोला। राजकिशोर बैठक की सीढ़ियों में खड़ा, भरे मुहल्ले में, बड़ी दबंगई से दीसे की खिड़की की ओर ताक रहा था। दरवाज़ा खुलते ही उसने चेतन से पूछा, 'कहाँ है वो।'

चेतन को बेहद ग़ुस्सा आया। उसने कदरे सख़्ती से कहा, 'अन्दर आ जाओ, बाहर मुहल्ले में खड़े हो कर मत इशारे करो।'

'मैं किसी साले चौधरी-औधरी की परवा नहीं करता।' गोगे ने प्रकट ही दीसे के अफ़ीमची बाप चौधरी सुलक्खा राम की ओर संकेत किया।

'लेकिन मैं करता हूँ।' चेतन ने किंचित दृढ़ता से कहा और उसका हाथ पकड़, उसे अन्दर खींच लिया, 'यहाँ बैठ जाओ। आयेगी तो वह सामने उस खिड़की में आयेगी। यहाँ बैठे-बैठे भी नज़र आ जायेगी। इस समय वह ऊपर छत पर होती है।'

राजकिशोर उठ कर खिड़की में जा खड़ा हुआ।

'खिड़की में मत खड़े हो,' चेतन ने कहा, 'यहाँ कुर्सी पर बैठ जाओ।'

गोगे के तेवर चढ़ गये, 'ऊपर छत पर चलो।'

'ऊपर छत पर हम नहीं जा सकते। मेरे छोटे भाई और माँ वहीं हैं।'

'माँ के यार उस अनन्त को ले जा सकते हो, हमें नहीं ले जा सकते।'....और गोगा तिनतिनाता, होंटों में बड़बड़ाता हुआ बाहर निकल गया।

'माँ का यार' साधारण पंजाबी गाली थी। गोगे ने वह अनन्त को दी थी या उसे, यह चेतन तय नहीं कर पाया और होंटों में उसने जो गालियाँ दीं, वे चूँकि चेतन ने सुनी नहीं, इसलिए उसने उनका कोई नोटिस नहीं लिया। उसी दिन से चेतन ने मार्क किया कि उसे सामने पाते ही गोगे के माथे पर तेवर चढ़ जाते हैं। लेकिन चेतन ने उन्हें देख कर भी अनदेखा कर दिया और सहज भाव से मित्रों में उठता-बैठता रहा।....कांग्रेस-आन्दोलन का ज़माना था। नित्य स्ट्राइकें और भूख-हड़तालें होतीं। शहर के कई गुण्डे हमेशा के लिए गुण्डई छोड़ कर स्वातन्त्र्य संग्राम में कूद गये थे और जेलें काट रहे थे। राजकिशोर को और उसके साथियों को सिवा तमाशा देखने के, आन्दोलन से कुछ लेना-देना न था, लेकिन वे कहीं पीछे रहें, यह भी उन्हें स्वीकार न था, इसलिए राष्ट्रीय आन्दोलन सम्बन्धी कॉलेज की सरगर्मियों में वे भी आगे बढ़ कर हिस्सा लेते थे।

मुहल्ले की उस घटना के चार-छै रोज़ बाद ही की बात है। अर्थशास्त्र के अन्तिम पीरियड से पहले एक पीरियड ख़ाली था और कॉलेज की सरगर्मियों में भाग लेने वाले प्रमुख लड़के प्रिन्सिपल के ऑफ़िस से बायीं ओर ज़रा दूर बाग़ में बैठे थे। गोगा भी था, बसन्त भी, दिलबाग़ भी। बात गोलमेज़ कॉन्फ़्रेंस की हो रही थी। महात्मा गाँधी इंग्लिस्तान से वापस आने वाले थे और यह तय था कि ज्यों ही उनके पाँव भारत की धरती को छुएँगे, उन्हें गिरफ़्तार कर लिया जायेगा और उस दिन देश भर में हड़ताल होगी। सब लड़कों की यह इच्छा थी कि किसी-न-किसी बहाने प्रिन्सिपल अपने आप कॉलेज बन्द कर दें — महात्मा गाँधी की गिरफ़्तारी के दिन भी और सार्वजनिक देशव्यापी विरोध के दिन भी — ताकि लड़कों को न स्ट्राइक करने या धरना देने की ज़रूरत पड़े और न प्रिन्सिपल को जुर्माने करने या लड़कों को कॉलेज से बाहर निकालने की। बहस इस बात पर हो रही थी कि कौन जा कर यह बात प्रिन्सिपल से कहे। बहुत सोच-विचार के बाद यह तय हुआ कि आठ-दस लड़के मिल कर एक प्रतिनिधि-मण्डल की सूरत में जायें। तब उस मण्डल की भेंट के लिए प्रिन्सिपल से समय लेने की समस्या सामने आयी। कौन उनसे जा कर कहे कि एक प्रतिनिधि-मण्डल उनसे मिलना चाहता है। वे अव्वल नम्बर के चिड़चिड़े, पल में तोला, पल में माशा किस्म के परम नियन्त्रण-प्रिय तानाशाह! यदि समय लेने को जाने वाले से पूछ बैठे कि प्रतिनिधि-मण्डल किस विषय में मिलना चाहता है ? कि उसे किसने भेजा है ? इस सब की प्रेरणा किसने दी है ? कौन-कौन रिंग लीडर हैं ? आदि....आदि....तब क्या कहा जायेगा ?

लड़के चाहते थे कोई ऐसा आदमी जाये, जो प्रिन्सिपल से डरे नहीं और यदि प्रिन्सिपल कोई ऐसा-वैसा प्रश्न करें तो घबराये नहीं और कहे कि मुझे तो केवल समय लेने के लिए आपके पास भेजा गया है। आपके सभी प्रश्नों का उत्तर प्रतिनिधि-मण्डल ही देगा। कौन-कौन उसमें हैं, यह आप देख ही लीजिएगा।

अभी सब लोग गम्भीरता से इस समस्या पर सोच ही रहे थे कि गोगे ने अपनी जगह बैठे-बैठे निहा़यत बेतुकेपन से कहा, 'चेतन को भेजो ना! यह सारी क्लास का वो है' — क्या वो है इसके लिए उसने बाँह खड़ी करके उसे हिलाते हुए निहायत भद्दा संकेत किया।

इस पर उसके मित्र बसन्त और दिलबाग़ ने परम सन्तोष से ठहाका लगाया।

तब गुरु-गम्भीर बातचीत में उस अगुरुता और बेतुकेपन पर चेतन को बड़ा क्रोध आया। गोगे के विद्वेष का कारण वह जानता था। उसने पलट कर कहा, 'नहीं, गोगे को भेजो। यह तो सारे कॉलेज का वो है —' क्या वो है, यह दर्शाने के लिए उसने बाँह को लटकाते और हिलाते हुए और भद्दी भंगिमा बना दी।

और इस हाज़िर-जवाबी का मज़ा लेते हुए सब-के-सब अनायास हँस दिये।

गोगे का चेहरा काला पड़ गया। इसके पहले कि चेतन का लटका हुआ हाथ अपनी जगह आता, वह उठा और पूरे ज़ोर से बाँह घुमा कर उसने चेतन की कनपटी पर एक जड़ाऊ मुक्का दे मारा।

चेतन का ध्यान उधर नहीं था। मुक्का उसकी बायीं कनपटी के पास माथे पर बैठा। उसका चश्मा दूर जा गिरा और उसके माथे पर गुमटा उभर आया। उछल कर उसने राजकिशोर को पकड़ लिया और एक-दो मुक्के भी मारे, लेकिन तभी सब लोग बीच में आ गये और ऐन उस वक्त घण्टी बज गयी। सब क्लास की ओर भागे।

अर्थशास्त्र का पीरियड था। अर्थशास्त्र चेतन का प्रिय विषय था और प्रोफ़ेसर भाटिया उसके प्रिय अध्यापक थे। लेकिन जब चश्मा उठा कर आँखों पर लगाते हुए चेतन पहली बेंच पर अपनी जगह जा कर बैठा और उसने कनखियों से दूसरी ओर अगली बेंच पर गोगे को बसन्त और दिलबाग़ सिंह के मध्य बैठते और अपनी ओर देखते पाया तो एक दुर्वार क्रोध से उसकी आँखों में अँधेरा छा गया। प्रोफ़ेसर, क्लास रूम और छात्र उसे दिखायी देने बन्द हो गये। उसकी आँखों में गोगे का विकृत चेहरा, बिजली की गति से उसकी कनपटी पर बैठता हुआ उसका मुक्का और वहाँ उभरता हुआ गुमटा आ गया। उसका ख़ून खौल उठा।....प्रोफ़ेसर क्या भाषण दे रहे हैं, उसे कुछ सुनायी नहीं दिया.... फिर पूरे पीरियड में यह कितनी ही बार हुआ — उसका हाथ उस गुमटे को सहलाता, उसकी आँखों में पूरी-की-पूरी घटना फिर से घटती, उसका ख़ून खौल उठता और उसकी आँखों में अँधेरा छा जाता....

कब घण्टी बजी और कब प्रोफ़ेसर का भाषण समाप्त हुआ, चेतन को कोई ज्ञान नहीं। उसे तब होश आया, जब लड़के क्लास से निकल रहे थे और उसके बेंच वाले उसके उठने की प्रतीक्षा में थे। वह उठा। साइकिल स्टैण्ड पर आया तो उसने देखा कि साइकिल नहीं है। उसका हृदय धक् से रह गया —। कहीं गोगे के इशारे से उसके साथियों ने उसकी साइकिल ही तो ऐण्टी नहीं कर दी....तभी उसे याद आया कि सुबह वह देर से कॉलेज आया था और साइकिल-स्टैण्ड पर जाने के बदले सीधा क्लास रूप में बरामदे की सीढ़ियों के पास जा रुका था और वहीं साइकिल टिका कर ऐन उस वक्त क्लास में पहुँचा था, जब प्रोफ़ेसर उसका नाम पुकार रहे थे। 'येस सर! हियर सर!' कहता हुआ वह अपनी जगह जा बैठा था। फिर क्लास ख़त्म होने पर उसे साइकिल को स्टैण्ड पर रखने की सुध न रही

थी।....इस बात की याद आते ही उसकी जान-में-जान आयी। लेकिन दूसरे ही क्षण फिर उसे ख़याल आया, वह जल्दी में साइकिल को ताला लगाना भूल गया था। किसी ने उड़ा न ली हो....उसके दिल में फिर धुकड़-पुकड़ होने लगी। वह जल्दी-जल्दी उस विंग में गया, जहाँ सबेरे उसने साइकिल रखी थी।....चेतन ने सन्तोष की एक लम्बी साँस ली — साइकिल सीढ़ी से वैसे ही अडोल टिकी हुई थी, जैसी कि वह सबेरे टिका गया था। फिर उसने साइकिल का हैण्डल थामा और मुड़ा। इस बीच काफ़ी लड़के साइकिलों पर चढ़ कर चल दिये थे। सहसा उसकी नज़र हॉल के बाहर (प्रकट ही उसकी प्रतीक्षा में खड़े) राजकिशोर तथा उसके दोनों मित्रों पर गयी। पल भर को चेतन के जी में आयी कि वह साइकिल पर पैर रख के भाग चले और गेट के बाहर अनन्त तथा अन्य मित्रों के साथ जा मिले।....लेकिन राजकिशोर ने उसका रास्ता रोक लिया तो ?....रास्ता न भी रोका (क्योंकि कॉलेज की हद में शरारत करने का साहस वह शायद न करता) पर यदि वह साथ हो लिया तो ?....नहीं यह कायरता उससे न होगी। फिर जो होना है, सो हो....और दायें हाथ से पूर्ववत साइकिल का हैण्डल थामे, बड़ी बेपरवाही से ख़रामाँ-ख़रामाँ चलता वह उनके पास से निकल चला। (मन में उसने सोच रखा था कि यदि वह सब उसके मन का भ्रम हुआ और वे लोग यूँ ही किसी दूसरे साथी की प्रतीक्षा में खड़े हुए तो वह चन्द कदम आगे जा कर साइकिल पर सवार हो जायेगा।) पर तभी वे तीनों चुपचाप उसके साथ हो लिये। चेतन के बायीं ओर दिलबाग़ सिंह, फिर बसन्त सिंह, फिर राजकिशोर! चेतन ने कनखियों से गोगे की ओर देखा — उसकी आँखें एकदम शून्य में टिकी थीं और वह जैसे नींद में चला जा रहा था। चेतन को विश्वास हो गया कि रेलवे फाटक के उस पार ही वह चेतन को पकड़ लेगा। (रेलवे फाटक के इस ओर को प्रिन्सिपल कॉलेज और होस्टल की हद मानते थे। वहाँ लड़ने वालों को कॉलेज से निकाल देते थे और फिर किसी की सिफ़ारिश नहीं सुनते थे।) राजकिशोर की उस टकटकी से उसके दुर्वार क्रोध का पता चलता था। चेतन ने जैसे पहली बार उसे सिर से पैर तक नापा — उसका कद चेतन से इंच-दो-इंच कम ही था; शरीर पतला-दुबला था; दुर्व्यसनों के कारण उसके कल्ले अन्दर धँस गये थे; जबड़े की हड्डियाँ उभर आयी थीं और उसके चेहरे पर लम्बी नाक ही नुमायाँ दिखायी देती थी या फिर कमीज़ के खुले कॉलर में से ज़रूरत से ज़्यादा बढ़ा हुआ टेंटुआ। तन पर खुले कॉलर की रेशमी कमीज़ और कमर में महीन किनारे की बढ़िया धोती उसने पहन रखी थी। उसकी यह आदत थी कि वह अपनी शान दिखाने को कभी कोई लिबास पहन आता, कभी कोई....'मैं इस साले को पीट दूँगा।' चेतन ने मन-ही-मन कहा — 'अगर दिलबाग़ और बसन्त सिंह में से कोई इसकी मदद को न आया, तो मैं इस साले को पीट दूँगा।' उसने एक बार फिर विश्वास से मन-ही-मन यह वाक्य दोहराया।

दिलबाग़ सिंह ने चेतन से कुछ बात करने का प्रयास किया। चेतन ने 'हाँ हूँ' में जवाब भी दिया, लेकिन वह अपनी दृष्टि निरन्तर गोगे पर जमाये रहा और आने वाली विपत्ति से जूझने की स्कीम मन-ही-मन तेज़ी से बनाता रहा।....

'अव्वल मारे सो गुरु का चेला,' चेतन के कानों में उसके पिता का उपदेश गूँज गया, 'शत्रु तुमसे कितना भी तगड़ा क्यों न हो, पर यदि तुम उससे पहले भरपूर वार करोगे और जितने में वह तैयार होगा, दो-चार ज़ोर की उसके लगा दोगे तो सौ में से पचहत्तर बिसवे

वह भाग खड़ा होगा।....वह न भागे और भारी पड़े तो शोर मचा दो। लोग इकट्ठे हो जायेंगे और इससे पहले कि वह तुम्हें पीटे, बीच-बचाव कर देंगे। जीत तुम्हारी रहेगी। तुम कमज़ोर हो,' उसके पिता ने एक बार उसे समझाया था, 'मौका देख कर लड़ो। प्रतिद्वन्द्वी को बाज़ार की भीड़ में पकड़ो और दे एक, दे दो —इससे पहले कि वह चौंके —उसका सिर फोड़ दो, जब तक वह प्रतिकार करेगा, लोग इकट्ठे हो जायेंगे।'

चेतन को अपने पिता के परामर्श का एक-एक शब्द याद आ गया। बाज़ार की भीड़ तो थी नहीं। सड़क लगभग सुनसान थी, केवल इक्का-दुक्का लड़के आ-जा रहे थे। उसके साथी साइकिलों पर आगे निकल गये थे। लड़ाई के स्थल का चुनाव उसके हाथ में नहीं था। ज्यों ही रेलवे का फाटक पार हुआ कि गोगा उस पर टूट पड़ेगा। कॉलेज के गेट से रेलवे का फाटक कोई डेढ़-फ़रलाँग था और वे आधा रास्ता पार कर आये थे। जिस प्रकार दिलबाग़ सिंह ने चेतन से बात करने की कोशिश की थी, उसी तरह बसन्त सिंह ने गोगे से। लेकिन बातचीत चल न पायी थी। चारों चुपचाप जैसे आने वाली घटना के बारे में ही सोचते चले जा रहे थे —राजकिशोर के तेवर चढ़े थे, नाक उठी हुई थी और वह उसकी सेध में बराबर टकटकी लगाये हुए था। चेतन की एक आँख बराबर उस पर लगी थी। वह मन-ही-मन अपना कार्यक्रम दोहरा रहा था।....अगर राजकिशोर अकेला उस पर झपटा तो इससे पहले कि वह वार करे, वह उसकी भुगत सवार देगा। बाग़ में वह बेध्यान था। अब वह उसे यों वार नहीं करने देगा....और अगर दिलबाग़ या बसन्त उसकी मदद को आये तो उनमें से जिसका हाथ या बाँह या रान या टाँग, जो भी अंग उसके काबू में आयेगा, पकड़ लेगा, छोड़ेगा नहीं। काट कर रख देगा। वे भी क्या याद करेंगे कि किसी से पाला पड़ा है। यह नहीं कि मार कर ख़ुश-ख़ुश घर चले जायें। उसके पिता ने उसे एक बार समझाया था, 'बस न चले तो दुश्मन की पिंडली की अगली हड्डी पर अथवा उसके नाज़ुक अंग पर ज़ोर की ठोकर मारो। वह बेहोश हो कर गिर पड़ेगा।'....

तभी रेलवे का फाटक आ गया। कोई गाड़ी गुज़र रही थी और फाटक बन्द था। राजकिशोर उसी तरह सामने देखता हुआ रुक गया। चेतन को बड़ी झुँझलाहट हुई। जो होना है, हो जाये। यह असमंजस उसे मारे डाल रहा था। उसकी एकाग्रता नष्ट कर रहा था। पूरी यकसूई से उसने एक आँख गोगे पर लगा दी और मन-ही-मन सारी प्रक्रिया को दोहराया। तभी फाटक खुल गया। उसी तरह ख़रामाँ-ख़रामाँ चलते, वे उसके पार हुए। चेतन जैसे अनजाने ही सड़क के किनारे हो गया ताकि फेंकते वक्त चश्मा न टूट जाये। वे लोग भी जैसे अजाने उसके साथ दायीं ओर हो गये। ज्यों ही उन्होंने गेट पार किया और चन्द कदम आगे आये कि तभी राजकिशोर ने ज़रा बायीं ओर को झुक कर साइकिल सड़क पर टिका दी और, 'आ तो मादरचोद!' कहता हुआ मुक्का भींचे बसन्त और दिलबाग़ के आगे से चेतन की ओर लपका। तभी चेतन ने (राजकिशोर के साइकिल धरती पर टिकाते ही जिसने एक ही स्विंग में दायाँ हाथ साइकिल से उठा कर चश्मा फ़ुटपाथ की रेत में फेंक, पाँव से जूता उतार लिया था) जूते का एक भरपूर वार उसकी कनपटी पर दिया। गोगा इसके लिए तैयार नहीं था। चेतन ने इस ज़ोर से वार किया कि वह लड़खड़ा गया। उसका पाँव धोती में उलझ गया। एक अन्धे क्रोध से पागल हो कर चेतन ने दो जूते और उसके रसीद कर दिये। राजकिशोर गिरा, लेकिन दूसरे क्षण ही उठ कर उसने ज़ोर का मुक्का चेतन को मारा।

तभी कॉलेज की ओर से आते हुए कुछ लड़कों ने बीच-बचाव करने की कोशिश की। दिलबाग़ ने अपनी लम्बी मज़बूत बाँह उनके आगे कर दी :

'बराबर का जोड़ है, होने दो।'

और लड़के दोनों के गिर्द घेरा बाँध कर खड़े हो गये। दिलबाग़ सिंह की यह बात सुन कर कि दूसरा कोई बीच में नहीं पड़ेगा, चेतन का साहस दुगना हो गया। राजकिशोर मुक्का कस कर, दायीं ओर किंचित पीछे को झुक, पूरे ज़ोर से घुमा कर लाता, लेकिन इस बीच में चेतन को उससे बचने का मौका मिल जाता। उसका मुक्का बचा कर वह दायें-बायें दोनों हाथों से गोगे के तीन-चार मुक्के जड़ देता। दुर्भाग्य से राजकिशोर धोती पहन कर आया था। दूसरी बार फिर उसकी धोती पैर में फँस गयी और वह चेतन के मुक्के से लड़खड़ा कर गिर पड़ा। चेतन का जी हुआ उछल कर उसकी छाती पर सवार हो जाये और मार-मार कर उसके होश ठिकाने कर दे। लेकिन वह कमर पर हाथ रख कर खड़ा हो गया। ज्यों ही मुक्का घुमाता हुआ राजकिशोर उठा कि चेतन ने एक मुक्का उसकी कनपटी पर फिर जड़ दिया।

गोगा वाही-तबाही बक रहा था और बेपनाह गालियाँ दे रहा था। चेतन उसका वार बचाते हुए, पूरी एकाग्रता से चुपचाप लड़े जा रहा था। उसके कानों में कोई शब्द सुनायी न दे रहा था। उसकी सारी वृत्तियाँ उस एक बात पर सिमट आयी थीं कि कैसे गोगे का वार बचा कर उसके दो-चार जमा दे। उसे इस बात का एहसास था कि वह उसे पीट रहा है यद्यपि उसका अपना कुर्ता फट गया था, माथे पर गुमटे उभर आये थे, होंट कट गये थे, उसके बायें हाथ की छिंगुली चोट खा गयी थी, लेकिन दुर्निवार क्रोध के अधीन, एकदम अन्धा हो कर, वह दोनों हाथों से उस पर मुक्के बरसा रहा था।

बाद में आने वाले लड़के तमाशा देखने को रुक गये थे। आगे साइकिलों पर जाने वाले, राजकिशोर की गालियाँ और शोर सुन कर वापस आ गये थे। उनके गिर्द तमाशियों का दायरा बहुत बड़ा हो गया था। घूँसों और मुक्कों से पार पड़ता न देख कर अपने जोश में गोगे ने चेतन को गर्दन से पकड़ लिया। लेकिन वह कभी कुश्ती लड़ा न था, जबकि चेतन कई बार अखाड़े हो आया था; अपने छोटे भाई परसराम और देबू काने को प्रायः कुश्ती लड़ते देखता रहा था और कई दाँव जानता था। ज्योंही गोगे ने दोनों हाथों से चेतन की गर्दन को पकड़ा कि उसे झकझोरे, चेतन ने अपने दोनों हाथ ऊपर ले जा कर उँगलियों में उँगलियाँ फँसा ऊपर से उसकी दोनों बाँहों को झटका दे कर दबाना शुरू किया और दूसरे क्षण राजकिशोर के घुटने ज़मीन पर लग गये और चेतन ने पलक झपकते उसी दाँव से उसे चित कर दिया और उसके सीने पर चढ़ बैठा। उसकी गर्दन को दोनों हाथों में पकड़, वह उसका सिर सड़क पर ज़ोर-ज़ोर से पटकने जा रहा था कि दिलबाग़ सिंह ने उसकी एक बाँह को अपने मज़बूत हाथ से पकड़ कर उसे उठा दिया। राजकिशोर उठ कर गालियाँ देता हुआ उसे फिर चिमटने वाला था कि दिलबाग़ ने दूसरे हाथ से उसे थाम लिया और चेतन को छोड़ कर वह उसे परे ले गया।

राजकिशोर गालियाँ देते हुए झुका और हारे हुए बच्चे की तरह ज़मीन से एक पत्थर उठा कर उसने चेतन को दे मारा।

पत्थर की ज़द से बचते हुए चेतन ने ललकारा, 'आ साले, मैदान में। कायरों की तरह ईंट-रोड़े क्या चलाता है।' राजकिशोर की धोती खुल गयी थी। धोती बाँधते हुए वह चाकू से चेतन का पेट चाक कर देने, उसकी आँतें बाहर निकाल देने, उसे कत्ल कर देने की धमकियाँ देता हुआ, गालियों के अर्ध विराम और पूर्ण विराम लगा रहा था।....लेकिन उसे स्वयं मालूम नहीं था कि वह रो रहा है और उसकी आँखों से लगातार आँसू बह रहे हैं।

०

इस घटना से कॉलेज में राजकिशोर का दबदबा ख़त्म हो गया था। यद्यपि उसने चाकू मारने की धमकी दी थी, लेकिन चेतन दूसरे दिन से स्काउटिंग की वर्दी पहन कर कॉलेज जाने लगा था, जिसकी पेटी के साथ उसने एक बड़ा-सा चाकू लटका रखा था। यह चाकू उसके पिता कोयटा के एक पठान से लाये थे। हाथ भर लम्बा उसका फल था और उसके दस्ते में पुश्त की ओर एक लटका लगा था, जिसे अँगूठे से दबाते ही खट् से चाकू खुल जाता था। चेतन ने कई मित्रों को चाकू खोल कर दिखाया था और कहा था कि राजकिशोर चाकू मार के बच कर नहीं जा सकता —हमारे मुहल्ले के सामने से गुज़रता है, मैं तो उसका घर से निकलना बन्द कर दूँगा।

चेतन ने प्रकट ही बड़ हाँकी थी, लेकिन राजकिशोर घबरा गया था। न केवल वह उस जगह न आता, जहाँ वे सब बैठे होते, वरन उसने कल्लोवानी की ओर से घर जाना भी छोड़ दिया था। वह लाल बाज़ार, जौड़ा दरवाज़ा, रैनक बाज़ार और सैयदाँ गेट से हो कर लगभग मील भर चक्कर मार कर कोट पश्का जाता।

०

०

पण्डित श्यामलाल 'रत्न' के घर को जाते हुए चेतन के होंटों पर मुस्कान और भी फैल गयी। राजकिशोर से लड़ाई होने के बाद अपने कॉलेज में चेतन स्वयं एक ग्रूप का नेता हो गया था। यद्यपि उसकी टोली के लड़के भले थे तो भी वे उसे नेता मानने लगे थे। किसी प्रोफ़ेसर से कुछ कहना हो, प्रिन्सिपल से कहना हो, चेतन ही आगे होता। उसकी हँसमुखता और हाज़िर-जवाबी बढ़ गयी थी। कॉलेज की सरगर्मियों में वह हिस्सा लेने लगा था। 'बज़्मे-अदब' और 'नाटक-क्लब' का वह महत्वपूर्ण सदस्य बन गया था। कॉलेज के नाटकों में उसने महत्वपूर्ण भूमिकाएँ निभायी थीं। श्रीमती मंजरी में उसने एक अमीर शराबी का पार्ट किया था। 'अभिमन्यु-वध' में वह जयद्रथ बना था।....और लाहौर में लोग उसी पर मरने लगे....वह मन-ही-मन हँसा। पर तभी उसने देखा कि वह पण्डित 'रत्न' के घर के आगे खड़ा है —कब वह भाटी गेट और राबी रोड पार कर शीशमहल रोड पर आ गया और कब सारी-की-सारी सड़क पार कर पण्डित जी के मकान तक पहुँचा, उसे कुछ भी होश नहीं....

उसने दरवाज़े पर हलके से दस्तक दी।

सात

कुछ क्षण तक अन्दर से कोई सुन-गुन नहीं मिली।

चेतन को डेढ़-पौने-दो वर्ष पहले उस पहली शाम की याद हो आयी जब वह पण्डित जी के साथ उनके घर आया था। यही मौसम था; यही शाम का दिये-बाती का वक्त था, वह पण्डित जी के साथ था, जब उन्होंने दरवाज़े पर आ कर दस्तक दी थी।

कुछ क्षण तक कोई अन्दर से दरवाज़ा खोलने का प्रयास करता रहा था। नये दरवाज़ें थे। बरसात के कारण फूल आये थे। अन्दर से किसी ने ज़ोर लगाया था। इधर से पण्डित जी ने धक्का दिया था। दोनों किवाड़ भयानक आवाज़ के साथ खटाक् से खुल गये और चेतन ने देखा कि कमीज़-सलवार पहने, सोलह-सत्रह वर्ष की साँवली-सी नाज़ुक लड़की (जो कदाचित किवाड़ों को भरसक अपनी ओर खींच रही थी) अपने ही ज़ोर से धड़ाम डेवढ़ी के फ़र्श पर दोनों हाथों के बल पीछे जा गिरी है।

पण्डित जी ने बढ़ कर उसे उठाया। 'अरे प्यारी, चोट तो नहीं लगी।' और उसे उठा कर बाँह में भरते हुए उन्होंने उसके सिर को प्यार से चूम लिया था।

'मेरी बेटी।' उन्होंने चेतन को उसका परिचय दिया था।

दुपट्टा सँभालते हुए लड़की की आँखें निमिष भर को उठी थीं। फिर वह शरमा कर आँगन की ओर भाग गयी थी। और वह क्षण और वह शर्मीली निगाह हमेशा के लिए चेतन के मन पर नक्श हो गयी थी।

वहीं खड़े-खड़े उसने चाहा —प्यारी ही दरवाज़ा खोले।

लेकिन वह खड़ा रहा और किसी ने दरवाज़ा नहीं खोला तो उसने बड़े ज़ोर से दस्तक दी।

अन्दर से किसी ने एक बार ही ज़ोर लगा कर दरवाज़ा खोल दिया।

बीबी जी थीं। पण्डित जी की पत्नी को चेतन 'बीबी जी' कह कर पुकारता था। उनकी उम्र पैंतीस वर्ष की होगी, पर लगती चालीस-पैंतालीस की थीं। दोहरा बदन। लम्बी-तगड़ी, लेकिन ढीली। उनका रंग जवानी में ज़रूर गेहुँआ रहा होगा, लेकिन पाँच बच्चों के बाद (जिनमें बड़े का देहान्त हो गया था और दूसरा चेतन से दो ही तीन साल छोटा होगा) अब सँवला गया था....उनका चेहरा तना हुआ था, लेकिन चेतन को देखते ही वह खिल गया।

'कहो, कैसा रहा शिमले में! कब आये ?'

और दरवाज़ा बन्द करके वे आगे-आगे चल दीं। चेतन अपना हाल-चाल देता हुआ उनके पीछे-पीछे जा कर उनके सामने (अपनी सुरक्षित जगह) रसोई-घर में रखे रंगीन पीढ़े पर बैठ गया।

आँगन में पण्डित जी का सबसे छोटा लड़का पोगलू दो पहियों वाली साइकिल चलाने का प्रयास कर रहा था और उससे बड़ी बहन भड़ोली उसकी मदद कर रही थी।

वह तेरह वर्ष की लड़की थी। मिट्टी की बड़ी बोरसी-ऐसी मोटी, इसीलिए पण्डित जी प्यार से उसे 'भड़ोली' कहते थे। पोगलू की साइकिल में पिछले पहिये के साथ दोनों ओर छोटे-छोटे पहिये लगे थे। साइकिल दायें या बायें झुकती तो उन पर टिक जाती और

पोगलू गिरता नहीं और पाँव धरती पर लगा लेता था। लेकिन तो भी भड़ोली साइकिल के पीछे-पीछे भाग रही थी कि यदि वो गिरे तो वह उसे थाम ले।

पोगलू छै वर्ष का था। वह ठीक तरह से बोल न सकता था। जन्म से कमज़ोर था। तीन वर्ष तक तो वह कुछ भी नहीं बोल पाता था। उसकी राल बहती रहती थी। और वह आल्थी-पाल्थी मारे, नंग-धड़ंग कमरे में या आँगन में बैठा रहता था। लेकिन पण्डित जी उसे बेहद प्यार करते थे। दफ़्तर से आते ही, अपने धोबी-धुले और कलफ़ लगे नफ़ीस कपड़ों के बावजूद वे उसे उठा लेते थे, रूमाल से उसका मुँह पोंछ कर उसे चूम लेते। इधर दो वर्ष में उसमें कुछ शक्ति आ गयी थी। वह बोलने भी लगा था, लेकिन था वैसा ही, जिसे पंजाबी में 'लोल्ला' कहते हैं। उसका नाम रामचन्द था, पर पण्डित जी प्यार से उसे पोगलू कह कर बुलाते थे।....उस समय वह कमीज़ और स्लैक्स पहने था और इधर-से-उधर साइकिल चला रहा था। प्यारी से भड़ोली तीन-चार साल छोटी थी। वह प्रकट ही अपनी माँ पर गयी थी —मोटी और भद्दी —स्कर्ट के नीचे उसकी मोटी-मोटी पिंडलियाँ चेतन को ख़ासी भद्दी लगती थीं। पोगलू की साइकिल के पीछे-पीछे जब वह खुले आँगन में इधर-उधर भागती, तो छोटी-सी हथिनी-ऐसी लगती।

किचन की ओर आते-आते चेतन ने एक उड़ती-सी निगाह कमरे के अन्दर डाली थी —उसे लगा था, जैसे प्यारी लेटी है। जब वह बीबी जी को शिमले और जालन्धर में अपने प्रवास और निवास तथा वापस आ कर लाहौर में अपने मकान ढूँढने की बात बता चुका तो सहसा उसने पूछा :

'अन्दर क्या प्यारी लेटी है ?'

हठात बीबी जी का खिला मुख उदास हो गया। एक लम्बी साँस उनके होंटों से निकल गयी, 'प्यारी तो दो महीने से बीमार है।'

'दो महीने से।' चेतन खेद-भरे स्वर में केवल बीबी जी के शब्द दोहरा कर रह गया।

'रीढ़ की हड्डी पर फोड़ा हो गया था।' बीबी जी उसी उदास स्वर में बोलीं। 'हमने समझा मामूली फोड़ा है। चार-छै दिन तो पुल्टिस बाँधी, जब आराम नहीं आया तो डॉक्टर को दिखाया। महीना भर इलाज करने पर जब कोई लाभ नहीं हुआ तो ये (पण्डित जी) हस्पताल ले गये। उन्होंने प्लास्टर बाँध दिया है। हिलना-डुलना मना है। बेचारी पड़ी रहती है।'

बीबी जी का ढीला-सा मुँह और भी ढीला हो गया था। चेतन ने देखा उनकी आँखों के नीचे माँस लटक आया है। गालों का गोश्त हलका-सा नीचे को झुका मालूम होता है और ठोड़ी पर गोदने का निशान, जो कभी छोटा-सा होगा, अब बड़ा-सा लगता है। उनकी आँखें भर आयीं और उन्होंने दुपट्टे के छोर से उन्हें पोंछ डाला।

चेतन के जी में आया उठ कर अन्दर चला जाये। प्यारी (राम प्यारी) बड़ी ही सीधी-सादी, भोली-भाली लड़की थी। ज़्यादा बोलती नहीं थी। लेकिन जब कभी शनि या इतवार को पण्डित जी स्वयं गोश्त या कोफ़्ते अथवा गोश्त वाला पुलाव पकाते और स्वयं ही परोसते, (कि यह उनकी हॉबी थी और चूँकि बीबी जी न गोश्त खातीं, न उसे हाथ लगातीं, न रसोई-घर में आने देतीं, इसलिए पण्डित जी आँगन में अँगीठी जला कर स्वयं

वह सब पकाते और सच्ची बात यह है कि बहुत अच्छा पकाते) तो प्यारी रोटी या तरकारी देने आती।.... कभी चेतन रात वहीं रह जाता तब दूसरी सुबह जब वह नित्य कर्म से निबट कर आता तो प्यारी पानी का लोटा ले कर उसके हाथ धुला देती। ऐसे में जब वह कभी उसकी ओर देखती तो उसकी आँखों में स्नेह भी होता, विश्वास भी, हुलास भी। चेतन उसे छोटी बहन-सा मानता। उसके बहन तो थी नहीं और वह बहन के प्यार से अनभिज्ञ भी था, पर उसे देख कर उसके मन में कुछ वैसा ही प्यार उमगता, जैसा कभी अपनी मृत नन्हीं बहन के लिए उमगा करता था। चेतन की बहन जीवित होती तो प्यारी जितनी ही बड़ी होती....और चेतन के सामने ढाई वर्ष की एक छोटी-सी बच्ची की शक्ल घूम जाती जो बड़ी प्यारी बातें करती थी और समझदार इतनी थी कि सभी दंग रह जाते। एक ही बार चेतन के दादा ने उसे समझाया था और वह कभी कमरे गन्दे न करती थी, सीढ़ियाँ चढ़ कर ऊपर जाती और अपनी दो ईंटों पर बैठती थी।

o

चेतन की इस बहन का नाम सावित्री था, पर घर में सब उसे मुन्नी कह कर पुकारते थे। शिवशंकर जब पाँच वर्ष का हुआ था तो चेतन के दादा दुर्गाष्टमी को परिवार समेत माता चिन्तपुरनी के मेले में गये थे। जालन्धर के हिन्दू मुण्डन और यज्ञोपवीत संस्कार माता चिन्तपुरनी के दरबार ही में करते हैं। वहाँ जब शिवशंकर का सिर मूँड़ा गया तो मुन्नी का सिर भी मूँड़ दिया गया। जब शंकर के कान छेदे गये तो साथ ही उसके भी छेद दिये गये। जाने क्या हुआ कि दोनों के कान पक गये। चिन्तपुरनी के मेले से लौट कर जालन्धर आते-आते बेतरह सूज गये और उनमें पीप पड़ गयी। दादा दोनों को रेलवे हस्पताल के डॉक्टर को दिखाने ले गये। उस अहमक ने जाने क्या दवा लगा दी कि बच्ची तड़फड़ा गयी। उसका सारा मुँह सूज गया। तकलीफ़ तो शंकर को भी ज़्यादा हो गयी, पर मुन्नी तो तड़पने लगी, सूजन उसके मुँह से शरीर की ओर बढ़ने लगी। तब दादा दोनों बच्चों को डॉक्टर महाराजकृष्ण के यहाँ ले गये।

भैरो बाज़ार में डॉक्टर महाराजकृष्ण की दवाइयों की बड़ी दुकान थी और वे चेतन के पिता —पण्डित शादीराम के घनिष्ठ मित्र थे। डॉक्टर महाराजकृष्ण की दुकान में दाख़िल होते ही दवाइयों की मिली-जुली बू दिमाग़ में भर जाती थी। लम्बी गली-सी आयताकार दुकान के अन्दर दूसरे सिरे पर सीढ़ियाँ चढ़ कर ऊँचाई पर एक कमरा था, जिसमें डॉक्टर महाराजकृष्ण बैठते थे —सूट-बूट पहने, अंग्रेज़ों-से गोरे-चिट्टे और काफ़ी मोटे! उस कमरे का दरवाज़ा बाहर ढिक्की पर खुलता था, जो प्रकट ही बाज़ार से ऊँची थी। इसलिए कमरा भी ऊँचे पर था। चेतन भी दादा के साथ गया था। डॉक्टर साहब ने बच्चों को देख कर बहुत डाँटा कि इतनी देर से क्यों लाये ? ज़हर बहुत फैल गया है। बहरहाल, उसने दोनों को दवा दे दी। लेकिन मुन्नी नहीं बची। तीसरे दिन वह बेहोश हो गयी और मर गयी।....चेतन को जब भी अपनी उस नन्हीं-सी बहन की याद आती, उसका मन बुरी तरह कचोट जाता। यों तो मरने वाला कैसा भी क्यों न हो, प्रायः सभी उसकी तारीफ़ करते हैं और उसमें दुनिया-ज[illegible]न के गुण ढूँढ लेते हैं, लेकिन चेतन की उस नन्हीं बहन में सचमुच ही कुछ गुण थे, जो चेतन के दादा, चेतन की माँ और (यह हैरत की बात है कि) स्वयं चेतन के पिता को भी याद आते और उदास कर जाते।

....माँ को कन्यादान के पुण्य से वंचित रह जाने का खेद था। पाँच लड़कों के बाद उसने चाहा था, लड़की हो और लड़की हुई थी। चेतन के पिता से अनुरोध कर माँ ने बाजे बजवाये थे, मुहल्ले में लड्डू बाँटे थे और गोटे-कनारी वाले न जाने कितने ही तिकोने रेशमी रूमाल, टोपियाँ, फ़राक, जाँघिये माँ ने बच्ची के लिए सी लिये थे। वह दिन-रात कुछ-न-कुछ उसके लिए बनाती ही रहती। चेतन को याद नहीं, माँ ने अपने किसी बेटे के लिए इस साध से कुछ भी बनाया हो और जिसके लिए इतने आयोजन हो रहे थे, वह उन सब का मोह छोड़ कर चली गयी थी। माँ की आँखों का पानी सूखता ही न था। जब उसको वे रेशमी कपड़े काटने लगे तो उसने सब उठा कर मुहल्ले की एक ग़रीब ब्राह्मणी को उसकी बच्ची के लिए दे दिये। मुन्नी के बाद माँ के फिर लड़का ही हुआ — चेतन का छठा भाई महेन्द्र। और माँ को बेटी का तथा भाइयों को बहन का अभाव हमेशा खलता रहा।

....चेतन के पिता पण्डित शादीराम मुन्नी की मृत्यु के कई महीने बाद तक जब शराब पीने बैठते तो मुन्नी का ज़िक्र ज़रूर करते कि जब से वह आयी थी उनकी आय तिगुनी हो गयी थी। शराब भी उन्होंने कम कर दी थी। मुन्नी बड़ी भाग्यवान थी। और यह कहने के बाद वे लम्बी साँस भरते हुए शराब की कटोरी मुँह से लगा लेते।

....चेतन जानता था कि बात ग़लत न थी। उसके ज़ालिम पिता भी बच्ची को प्यार करते थे। आय भी उनकी बढ़ गयी थी और शराब भी उन्होंने कम कर दी थी। (यह सब आकस्मिक था, या मुन्नी के भाग्य से, चेतन नहीं कह सकता, पर ऐसा था ज़रूर।) स्वयं अपने बारे में वह इतना जानता था कि मुन्नी के देहान्त के बाद (केवल ढाई वर्ष की बच्ची के देहान्त के बाद) वह सन्न-सा रह गया था। सात दिन तक घर में खाना न पका। मुहल्ले वाले ज़ोर दे-दिला कर कुछ खिला-पिला जाते। घर सूना हो गया था। उसके बाद चिन्तपुरनी फिर कोई नहीं गया — चेतन के सबसे छोटे भाई महेन्द्र के मुण्डनों पर भी नहीं, न बड़े भाई साहब के बड़े लड़के के मुण्डनों पर। दुर्गा माता पर से सब का विश्वास उठ गया था....

o

चेतन ने सुना था कि रीढ़ की हड्डी का नासूर तो बहुत बुरा होता है। सहसा उसके सामने अपनी नन्हीं-सी बहन का चेहरा घूम गया — कान से ठोड़ी तक बायीं ओर घाव बढ़ गया है, चेहरा सूज गया है और वह सूजन प्रतिदिन बढ़ कर शरीर को ग्रस लेती है....उसका मन उदास हो उठा। उसके जी में आया — जा कर प्यारी को देखे, उसे तसल्ली दे....वह उठने की सोच ही रहा था कि तभी बाहर दस्तक हुई।

बीबी जी ने कहा, 'पण्डित जी आ गये हैं,' और उन्होंने भड़ोली से दरवाज़ा खोलने को कहा।

लेकिन चेतन उठा, 'मैं खोलता हूँ!' उसने कहा और जा कर दरवाज़ा खोला — पण्डित जी और उनका बड़ा लड़का चन्द्रमोहन थे।

चेतन उन्हें नमस्ते कहने ही जा रहा था कि हर्ष-मिले उल्लास के साथ उन्होंने कहा — 'अरे चेतन!' और बढ़ कर उसे बाँहों में भर लिया।

आठ

इससे पहले कि चेतन कुछ कहता, पोगलू साइकिल चलाता दोनों के बीच आ गया। पण्डित जी ने चेतन को छोड़, उसे उठा लिया, प्यार किया और उतार दिया। फिर वे अपने कमरे में गये। चेतन उनके पीछे-पीछे गया।

अन्दर जाते ही पण्डित जी ने प्यारी के गाल थपथपाये और उसका हाल-चाल पूछा। फिर वे चेतन की ओर पलटे :

'मैं ज़रा ऊपर हो आऊँ। तुम बैठो।' उन्होंने पगड़ी और वास्केट उतारते हुए कहा और कमरे से निकल गये। तभी प्यारी ने हाथ जोड़ कर चेतन को 'नमस्ते' की।

'नमस्ते' का जवाब दे कर चेतन ने पूछा, 'कैसी तबियत है ?'

उदास मुस्कान प्यारी के होंटों पर फैल गयी कि अच्छी हूँ। कहा उसने कुछ नहीं। चेतन चुपचाप क्षण भर खड़ा रहा। क्या कहे, उसे कुछ नहीं सूझा। वह बाहर आ गया और उसी रंगीन पीढ़े पर जा बैठा। पण्डित जी पानी का लोटा ले कर ऊपर चले गये थे। तभी चन्द्रमोहन कुछ पुस्तकें लिये हुए कमरे से निकला और बिना इधर-उधर देखे दूसरे कमरे में चला गया।

०

पण्डित 'रत्न' पेशावर की तरफ़ के मोह्याल ब्राह्मण थे। मोह्याल ब्राह्मण, जो गोश्त खाना या शराब पीना बुरा नहीं मानते और अपने आप को पठानों से कम नहीं समझते। न लम्बा, न मँझला कद, गठा दोहरा बदन, गोरा रंग, चौड़ा माथा, चौड़े, लेकिन सुन्दर पठानी नक्श, किंचित अन्दर को झुकी धवल दन्तावली, तन पर कमीज़-शलवार, उस पर काली जैकेट, सिर पर कुल्लेदार मुशद्दी पगड़ी, पैरों में फ़्लेक्स के पम्प शू — पण्डित जी निश्चय ही सुन्दर थे — सुन्दर और हँसमुख! लेकिन उनके किसी बच्चे को न उनका रंग-रूप मिला था, न बुद्धि और न स्वभाव!

चेतन क्षण भर तक मन-ही-मन पिता-पुत्र के रूप-गुण की तुलना करता रहा। फिर वहीं बैठे-बैठे उसके सामने पण्डित जी की तरह शलवार, कमीज़, कुल्लेदार पगड़ी पहने हुए, वैसा ही एक और चेहरा घूम गया, जो वास्तव में पण्डित जी से उसके परिचय और फिर उस परिचय के प्रगाढ़ मैत्री में बदल देने का कारण बना। यह चेहरा मंगतराम 'बलोची' का था और बलोची दैनिक 'भीष्म' का फक्कड़ और अक्खड़ सम्वाददाता था।

०

जब सनातन धर्म सभा जालन्धर के दफ़्तर में (जिसकी नाट्य समिति का वह उपमन्त्री था) चेतन लाहौर के प्रसिद्ध सनातनी दैनिक पत्र 'भीष्म' के सम्पादक (जिसे उर्दू लिपि में लिखा होने के कारण सब 'भीषम' कह कर पुकारते थे) तथा उर्दू के प्रसिद्ध शायर, पण्डित राम लुभाया 'फ़िदा' से मिला था; उसने उन्हें अपनी कुछ ग़ज़लें सुनायी थीं; उन्होंने उसे लाहौर चलने की दावत दी और अपने स्कूल तथा घर के वातावरण से खिन्न और अपनी सगाई से अत्यन्त विक्षुब्ध चेतन उनके साथ चला आया था, तो उसने यही समझा था कि 'फ़िदा' साहब उसकी प्रतिभा के प्रति आकृष्ट हो कर एक भावी महाकवि के प्रोत्साहन और सहायता

के लिए उसे अपने साथ लाहौर ले जा रहे हैं। लेकिन जब उन्होंने समाचार-पत्र के कार्यालय के निकट ही 'पंजाब हिन्दू होटल' में उसके रहने-खाने, ग्वालमण्डी चौरास्ते के हलवाई से उसके लिए डेढ़ पाव दूध और सब्ज़ी मण्डी के नाई, धोबी से उसकी हजामत और कपड़ों की सफ़ाई की व्यवस्था कर दी और वह दफ़्तर जाने लगा, तो चन्द ही दिनों में उसको पता चल गया कि दाल में कुछ ही नहीं —बहुत कुछ काला है।

'फ़िदा' साहब का कमरा विभाग से अलग था। वहाँ एक कुर्सी और मेज़ लगी थी। 'फ़िदा' साहब शक्ल से ज़रा भी कवि नहीं लगते थे। कॉलर-विहीन कमीज़, घुटन्ना पायजामा, पैरों में पुराने देशी जूते, सिर पर पगड़ी (जो वे प्राय: उतार कर मेज़ पर रख देते थे) एक आँख दबी हुई और नज़र कमज़ोर। वे काग़ज़ को बिलकुल आँखों के पास ले जा कर ही पढ़ पाते थे। कुर्सी के बराबर ही दायें हाथ को उन्होंने हुक्का रख छोड़ा था। दिन भर वे मेज़ पर टाँगें पसारे, कुर्सी पर पीछे को टेक लगाये हुक्का गुड़गुड़ाया करते थे। समाचार-पत्र पर नाम उनका जाता था, पर काम 'महात्मा' करते थे। इन महात्मा का असली नाम ज्ञानचन्द था, पर 'प्रीतम बारबटनी' के नाम से प्रसिद्ध थे। किसी ज़माने में ज़रूर सुन्दर होंगे, क्योंकि रंग उनका गोरा और नक्श तीखे थे, लेकिन उस समय तो वे पैंतीस के दिखायी देते थे। अगस्त का महीना था। बेपनाह उमस हो जाती थी। दिन को तो 'प्रीतम जी' किसी तरह कपड़े पहने रहते थे, पर रात को बनियान उतार, पंखे के नीचे बैठ कर पत्र का सम्पादन करते थे। उनके बायीं ओर मेज़ पर एक पहाड़ी युवक बैठते थे, जिनका नाम तो दिलीपचन्द था, पर वे डोगरा कहलाते थे। थे तो कहीं काँगड़े की ओर के रहने वाले, पर 'फ़िदा' साहब ने उन्हें 'क्यों बे डोगरे ?' कहना शुरू किया तो वे डोगरा हो गये।....डोगरा भी गोरे-चिट्टे, सुन्दर, नैन-नक्श वाले युवक थे। चेतन से चार-पाँच साल बड़े होंगे। ज़रूरी ख़बरों का अनुवाद वही करते थे। कभी-कभी साप्ताहिक संस्करण में 'डोगरा' के नाम से हास्य-व्यंग्य का कॉलम भी लिखते थे। उनके अलावा चेतन ही के समवयस्क कोमल कान्त दो युवक और थे, जो महात्मा और डोगरा के सामने मेज़ की शेष दो ओर बैठते थे। वे अख़बार का काम करने के साथ-साथ, ज़रूरत पड़ने पर 'फ़िदा' साहब के लिए चिलम भी भर लाते थे। बीस मिनट या आधे घण्टे बाद 'फ़िदा' साहब इन दोनों में से एक या दूसरे को अपने कमरे में बुलाते और उनकी कोई-न-कोई ग़लती दिखा कर 'क्यों बे गूँगे ?' कहते हुए उनके गालों पर प्यारी-प्यारी चपतें लगाया करते थे। उन लौण्डों के गालों पर चपतें लगाते हुए उनके चेहरे पर कुछ अजब-सी प्यार और डाँट-भरी मुस्कान खेल जाती। उनकी दबी आँखों में रोशनी आ जाती, दाँत भिंच जाते और नथुने और होंट फड़क उठते —'क्यों बे गूँगे ?'

डोगरा भी एकाध बार आ कर एक-आध चपत खा जाते थे, हाँ प्रीतम जी के चपत लगाने 'फ़िदा' साहब को स्वयं वहाँ जाना पड़ता। रात को जब कमीज़-बनियान उतारे पंखे के नीचे बैठे 'प्रीतम जी' ख़बरों का अनुवाद कर रहे होते या प्रूफ़ पढ़ रहे होते या कॉपी लगा रहे होते तो 'फ़िदा' साहब अपने कमरे से आते और उनके पास जा कर उनकी नंगी पीठ पर एक प्यारी-सी चपत लगा कर कहते —'क्यों बे महात्मा ?'....चेतन ने दो-तीन दिन यह सब देखा तो उसे लगा कि यदि वह यहीं रहा तो उसे भी 'गूँगा' बन कर चपतें खानी पड़ेंगी।

यद्यपि चेतन बी० ए० तक अंग्रेज़ी पढ़ा हुआ था और अच्छी कहानियाँ लिख लेता था, पर 'फ़िदा' साहब ने उससे कहा था कि वह 'डोगरा' के साथ बैठ कर अंग्रेज़ी ख़बरों का अनुवाद करना सीखे। तब वह दिन-रात दोनों समय (कि उस ज़माने में समाचार-पत्रों के सम्पादकगण दिन-रात काम करते थे और शिफ़्ट सिस्टम चालू नहीं हुआ था) दफ़्तर जाने लगा था। उन दो-तीन दिनों में उसने जितनी ख़बरों का अनुवाद किया था, 'डोगरा' ने सब काट दी थीं, जिससे वह बड़ा हतोत्साह हुआ था। इसके अलावा तीसरे या चौथे दिन जब वह एक समाचार का अनुवाद करने का प्रयास कर रहा था, तो 'फ़िदा' साहब आये थे। 'प्रीतम जी' की नंगी पीठ पर एक चपत जमाते और 'क्यों बे महात्मा ?' कहते हुए दबी आँखों से उन्होंने चेतन की ओर देखा था। चेतन को लगा था, अभी वे एक हलकी-सी चपत उसके गाल पर जड़ देंगे और पूछेंगे, 'क्यों बे गूँगे! कुछ तरजुमा-अरजुमा आया कि नहीं ?'....लेकिन क्षण भर वे उसे देखते रहे थे। चेतन तना बैठा रहा था! फिर कुछ अस्वस्ति भाव से वह हिला था और वे चले गये थे। चेतन के वहाँ बैठे-बैठे वे दो-तीन बार आये थे। उसे वे उस बाज़ सरीखे लगे थे, जो झपट्टा मारने के पहले शिकार पर मँडरा रहा हो....उसे कल्पना-मात्र से घिन आने लगी थी।....उनके मुहल्ले से ज़रा दूर बनियों की गली में, उसी मकान में, जहाँ उसका मित्र लालू बनिया रहता था, एक चुँगी का मुहर्रिर दयाल ढोढा रहा करता था —वह बाज़ार पापड़ियाँ की गली के एक लड़के निरंजन पर मरता था। निरंजन चेतन की दृष्टि में सुन्दर न था —पतला, छरहरा, आँखें बिल्ली-सी भूरी। कानों में वह छोटी-छोटी बालियाँ पहनता था। चेतन जिन दिनों फ़र्स्ट ईयर में था, निरंजन आठवीं कक्षा का छात्र था। दयाल ढोढा अपना सारे-का-सारा वेतन उसे खिलाने-पिलाने और घुमाने में ख़र्च कर देता था। जब कभी निरंजन रूठ जाता तो दयाल उसे मनाने के लिए —खुले गिरेबान वाली मैली कमीज़, मैली धोती, सिर के बिखरे खिचड़ी बाल, धँसे-कल्ले, बढ़ी-दाढ़ी, और अधेड़ उम्र के साथ —बड़े दयनीय भाव से उसके पीछे गली-गली, बाज़ार-बाज़ार मारा-मारा फिरता। वह सब देख कर चेतन को कभी-कभी हैरत होती।....किन्तु दयाल विधुर था। उसकी पत्नी उसकी जवानी में मर गयी थी। उसकी बुढ़भसता समझ में आती थी, लेकिन 'फ़िदा' साहब के तो बीवी थी, बच्चा था और वे दोनों उनके दफ़्तर के साथ वाले पोर्शन में ही रहते थे और 'फ़िदा' साहब बीवी से डरते भी थे....

०

वहीं बैठे-बैठे चेतन के सामने उनकी पत्नी का चित्र आ गया, और एक किस्से की याद हो आयी, जो उसने उन्हीं दिनों 'डोगरा' से सुना था।

०

'भीष्म' कार्यालय के ऐन सामने रेलवे रोड पर ही एक मकान के दोतल्ले पर उर्दू के प्रसिद्ध कथाकार महाशय 'देवदर्शन' रहते थे। नाम तो उसका सोहनलाल था, पर मुन्शी चन्द्रशेखर की नकल में (जिन्होंने अपना असली नाम कामताप्रसाद छोड़ कर चन्द्रशेखर रख लिया था) महाशय सोहनलाल चोपड़ा ने भी अपना नाम 'देवदर्शन' रख लिया था और इसी नाम से वे प्रसिद्ध हो गये थे। किसी ज़माने में आर्यसमाज के वैतनिक प्रचारक थे, फिर धीरे-धीरे लिखने लगे। चन्द्रशेखर यदि किसी आधारभूत विचार को देहात के वातावरण में रख कर

कहानी लिखते तो महाशय देवदर्शन झट उसी विचार को शहरी वातावरण में रख कर कहानी गढ़ देते। उन दिनों पंजाब में हिन्दी का वैसा प्रचार न था। कोई न जान पाता कि उन्होंने कहानी चुरायी है। भाषा वे बड़ी सीधी-सादी और मीठी लिखते थे। पंजाब के उर्दू भाषी हिन्दुओं में वे बड़े लोकप्रिय कथाकार थे। पंजाब के चन्द्रशेखर कहलाते थे और अपने नाम के साथ 'अदीबे-फ़ितरत-निगार' — याने प्रकृति का सच्चा ख़ाका खींचने वाला साहित्यकार —लिखते थे।

इधर महाशय जी ने पंजाब के प्रसिद्ध धनाधीश और दानी सरदार डिंगा सिंह को उनके विलायत पलट मोने (सिर मुँडे) युवक-पुत्र के माध्यम से अपना भक्त बना लिया था। वे जो नयी कहानी लिखते, स्वयं जा कर सरदार डिंगा सिंह को सुना आते। उन्हीं की आर्थिक सहायता से उन्होंने उच्च कोटि की एक उर्दू मासिक पत्रिका 'मन्दिर' प्रकाशित करनी शुरू की थी, जो पंजाब की ही नहीं, देश की उर्दू पत्रिकाओं में प्रथम श्रेणी की मानी जाती थी।

'मन्दिर' का साइनबोर्ड 'भीष्म' के ऐन सामने लगा हुआ था और महाशय देवदर्शन बरामदे में खड़े हों तो 'फ़िदा' साहब से बात कर सकते थे। 'फ़िदा' साहब महाशय जी के वतनी थे। दोनों साथ-साथ पढ़े थे। फिर महाशय जी आर्य समाजी और 'फ़िदा' साहब सनातनी हो गये, लेकिन दोस्ती दोनों में बरकरार रही। पहले 'देवदर्शन' दूर कृष्णनगर में रहते थे, पर जब उन्हें आर्थिक सहायता मिली और उन्होंने दैनिक 'भीष्म' के सामने दो-मंज़िले पर 'मन्दिर' के लिए दफ़्तर लिया तो तिमंज़िले पर दो कमरों में अपने रहने की व्यवस्था भी कर ली।

नये दफ़्तर में आने और सामान वग़ैरह जमाने के दूसरे ही दिन वे अपनी पत्नी को ले कर 'फ़िदा' साहब से मिलने आये!

'फ़िदा' साहब की पत्नी उस समय बर्तन मल रही थीं, धोती उनकी न केवल सिर से हटी थी, बल्कि घुटनों से भी उठी थी। तब देवदर्शन जी के दस्तक देने पर 'फ़िदा' साहब ने दरवाज़ा खोला और महाशय देवदर्शन को देखा तो 'नमस्कार' के आदान-प्रदान के बाद उन्होंने वहीं से चिल्ला कर अपनी पत्नी से कहा, 'अरे भाई, सिर पर कपड़ा कर लो, देवदर्शनजी आये हैं।'

उनकी पत्नी ने जल्दी से धोती ठीक की, हाथ धोये और कमरे में, जो बैठक और शयन-कक्ष दोनों का काम देता था, जा खड़ी हुईं। तभी 'फ़िदा' साहब के पीछे-पीछे महाशय देवदर्शन आये और उन्होंने कहा, 'भाभी जी नमस्कार!'

'फ़िदा' साहब की पत्नी ने ज़रा-सा घूँघट खींच लिया था। किंचित परिचित स्वर सुन कर उन्होंने सिर उठाया और महाशय जी को देख कर बोलीं :

'हाय-हाय, इह ते मोइया सोहनलाल है, एह हुण देवदर्शन हो गया है! मैं वी आक्खाँ केहड़ा देवदर्शन आया है ?'[१]

०

---

१. हाय-हाय यह तो मुआ सोहन लाल है। यह अब देवदर्शन हो गया है। मैं भी कहूँ कौन देवदर्शन आया है।

डोगरा चेतन को बात सुना कर देर तक हँसते रहे थे और उन्होंने चेतन को बताया था कि स्वयं 'फ़िदा' साहब से उन्हें यह किस्सा मालूम हुआ था।.... ऐसी दबंग पत्नी का पति और एक भोले-से बच्चे का बाप दफ़्तर ही में लौण्डे रखे हुए था, यह देख कर चेतन को हैरत होती थी, लेकिन उनकी पत्नी बेचारी बाहर दफ़्तर में तो आती न थी और अन्दर जाते समय अज़ीम शायर पण्डित रामलुभाया 'फ़िदा,' भीगी बिल्ली बन जाते थे। स्वयं चाहे वे असुन्दर थे, पर हृदय उन्हें सौन्दर्योपासक मिला था और वैसी दबंग मर्द-औरत उनकी सौन्दर्य-भावना को ख़ासी ठेस पहुँचाती थी इसीलिए यथासम्भव वे अपने इर्द-गिर्द सौन्दर्य की सृष्टि किये रहते थे —लेकिन चेतन को तब इस मनोवैज्ञानिक सत्य का ज्ञान न था। वह दयाल ढोढा से पण्डित रामलुभाया की तुलना करता तो जहाँ दयाल के लिए उसके मन में सहानुभूति जगती, पण्डित जी के लिए घृणा।.... तो भी शायद वह काफ़ी दिनों तक 'भीष्म' में बना रहता यदि वहाँ मंगतराम बलोची न होता और वह बदतमीज़ी न करता।

o

मंगतराम पण्डित श्यामलाल 'रत्न' ही की तरह शलवार-कमीज़ और कुल्लेदार पगड़ी पहनता था। अन्तर यही था कि उसकी शलवार ज़्यादा घेरदार थी, कमीज़ के ऊपर वास्केट के बदले वह कोट पहनता था और कुल्ले पर मुसद्दी पगड़ी के बदले साधारण मलमल की पगड़ी बाँधता। उसके सभी कपड़े काफ़ी मैले रहते —बलोची का रंग गोरा था। चेहरा उसका कभी ज़रूर सुन्दर रहा होगा, लेकिन चेतन को वह निहायत उजड्ड, गँवार और बर्बर लगता था। वह बर्बरता उसके जबड़े और मुँह की बनावट में थी, या इसका कारण पान-रँगे दाँत दिखाते हुए उसका निहायत बेतुकेपन से हँसना था, चेतन यह कभी तय नहीं कर पाया। लेकिन प्रकट ही उसकी इसी बर्बर आकृति के कारण 'फ़िदा' साहब उसे 'बलोची' कहने लगे थे, वरना जैसे 'डोगरा' का काश्मीर से कोई सम्बन्ध न था, वैसे ही मंगतराम को बलोचिस्तान से कुछ लेना-देना न था। बलोची पान खाता था तो उसके होंट ही नहीं, ठोड़ी तक रँग जाती थी और बातें करते हुए पान की पीक उसके होंटों के कोनों से बहने लगती थी। वह शायद ठर्रा पीता था और धार्मिक दैनिक में काम करने के कारण मुँह की बदबू को रोकने के लिए बेतहाशा पान चबाता था, जिससे उसके दाँतों की जड़ें और सन्धें काली पड़ गयी थीं। कभी कोई गन्दा-सा मज़ाक करते हुए वह मुँह चियारता तो चेतन को वह निहायत बुरा और घृणास्पद लगता। वह दिन भर घूमता था। कुछ समाचार एजेंसियों के संचालकों से उसकी मैत्री थी, कचहरी के सरिश्तेदारों से उसका परिचय था (शायद खाना-पीना भी था) वकीलों के यहाँ उसका आना-जाना था और चेतन ने सुना था कि वह पुलिस विभाग में भी रहा है। उसे समाचार इकट्ठे करने में कठिनाई न होती।.... 'फ़िदा' साहब जब चेतन को ले कर पहले दिन दफ़्तर में आये थे और उन्होंने सब को उसका परिचय दिया था तो बलोची मौजूद था। महात्मा और डोगरा काम में तल्लीन थे। उन्होंने क्षण भर को सिर उठाया था और माथे का पसीना पोंछते हुए उनींदी आँखों में थकी-सी मुस्कान लिये, उसके 'नमस्कार' का उत्तर दिया था। 'फ़िदा' साहब ने डोगरा की ड्यूटी लगायी थी कि वह चेतन को अनुवाद सिखाये और घोषणा की थी कि जब तक चेतन जी अनुवाद नहीं सीख जाते, हर सप्ताह सण्डे एडिशन में कहानी दिया करेंगे।....डोगरा ने ज़रा-सी औपचारिक ख़ुशी भी प्रकट न की थी और पूर्ववत ख़बरों का अनुवाद करते हुए

हामी भर ली थी। चेतन के समवयस्क शेष दो सम्पादकों ने उसकी ओर ऐसे देखा था, जैसे चिड़िया-घर के पुराने बन्दर नये आने वाले अपने जातीय भाइयों को देखते हैं। सिर्फ़ बलोची ने अतिरिक्त मुस्कान में अपना मुँह चियार दिया था। उसकी आँखों में एक वहशी चमक आ गयी थी और उसने बढ़ कर चेतन की पीठ थपथपाते हुए 'फ़िदा' साहब से कहा था, 'पण्डित जी, आप इसे रिपोर्टिंग पहले सिखाइए और मेरे हवाले कीजिए। पन्द्रह दिन में ताक न कर दूँ तो बलोची नाम नहीं।'

'ओए महात्मा, तूँ पहलाँ अपना कम्म ताँ ठीक कर, दूज्जेयाँ दी फ़िकर फ़ेर करीं।'[१] फ़िदा साहब ने उत्तर दिया था और वे उसे अपने साथ ले गये थे....

पाँच-सात दिन बाद ही जब चेतन शाम को दफ़्तर का काम ख़त्म करके सीढ़ियाँ उतर रहा था तो अभी वह आधी सीढ़ियाँ भी उतर न पाया था कि बलोची तेज़-तेज़ पीछे से उतरा और जब चेतन उसे रास्ता देने के लिए दीवार के साथ सिमट गया तो उस तंग जगह से गुज़रते हुए बलोची ने दोनों कन्धों से पकड़ उसे चूम लिया था और मुँह चियारता हुआ खट-खट सीढ़ियाँ उतर गया था। बदबू का हलका-सा भभका चेतन के नथुनों में समा गया था। उसने कमीज़ की आस्तीन से मुँह पोंछ लिया और क्रोध और घृणा से उसका तन-मन सुलग उठा था।

चेतन इस बू से परिचित था। उसके पिता कभी उसे चूमते थे तो उसके नथुनों में ऐसी ही बू का भभका आता था। बलोची की उम्र उसके पिता-जितनी नहीं तो सात-आठ वर्ष ही कम होगी।....उसने अपने पिता में सब ऐब देखे थे, पर यह ऐब उसे उनमें दिखायी न दिया था।....अभी दस-बारह दिन पहले वह जालन्धर में था। जब अमीरचन्द ने भागो को पीट दिया था और अपने वचन में बँधे उसके पिता जब अमीरचन्द की तलाश करने निकले थे, उसके मामा के चौबारे पहुँचे थे और वहाँ उसके पलँग पर उन्होंने एक बारह-तेरह बरस के लड़के को सोते पाया था तो उन्होंने उसे जो मल्लाहियाँ सुनायी थीं, वे चेतन को उस वक्त भी याद थीं। लेकिन न अमीरचन्द के मामा, न दयालचन्द ढोढा न हरबल्लब के मेले में इकट्ठे होने वाले बैतबाज़ — (जो लौण्डों के इश्क में बैत कहते थे।) — उनमें से कोई भी किसी धार्मिक संस्था से सम्बन्धित न था। इस सनातन धर्मी अख़बार में दिन भर यही कुछ होता देख, चेतन को घोर वितृष्णा हुई थी। उसे लगा था कि जालन्धर में अपने हाई स्कूल की नौकरी छोड़ कर, लाहौर के उस अख़बार में आना आसमान से गिर कर खजूर में अटकने के ही बराबर है।

०

अभी चेतन 'भीष्म' के उस दम-घोंटू वातावरण से निकलने की कोई योजना न बना पाया था कि बलोची ने उसे फिर परेशान किया था और चेतन ने, अपने से कहीं ज़्यादा बड़े और वहशी कुत्ते के चंगुल में फँसे पिल्ले की तरह अपने पैने दाँत दिखा दिये थे।

०

डिग्री लेने के बाद भी चेतन ने कसरत करना नहीं छोड़ा था। वह बाकायदा तेल की मालिश करके प्रातः सौ डण्ड और सौ बैठकें लगाया करता था और लाहौर आने पर भी उसने

---

१. अरे महात्मा, तू पहले अपना काम तो ठीक कर, दूसरों की चिन्ता फिर करना।

अपना यह क्रम जारी रखा था।....पंजाब हिन्दू होटल, दैनिक 'भीष्म' के निकट ही रेलवे रोड और सब्ज़ी मण्डी के चौरस्ते में स्थित था। भरी घनी आबादी में ढाबानुमा निम्न-मध्यवर्गीय होटल —उसकी इमारत भी सदियों पुरानी थी। नीचे होटल था और ऊपर कुछ छोटे-छोटे कमरे थे। पाँच रुपये एक कमरे का किराया। कमरों के आगे थोड़ी खुली छत थी, जहाँ कमरों में रहने वाले सोते थे। वहाँ कसरत करने के लिए कोई जगह नहीं थी। छत पर जाने को एक बाँस की सीढ़ी थी। इसी से चढ़ कर चेतन छत पर जा कर कसरत किया करता था। बिना इस बात की परवा किये कि लँगोट लगा कर और मालिश करके होटल की छत पर कसरत करते हुए उसे चारों ओर की छतों से लोग देखते हैं, चेतन रोज़ बाकायदा वहाँ सौ डण्ड और सौ बैठकें लगाता। कसरत के लिए जाते और उसके बाद आते हुए उस सीढ़ी से उतरते समय चेतन को कुछ अस्वस्ति-बोध तो होता, पर वह किसी बात की चिन्ता किये बिना अपना दैनिक क्रम जारी रखे था।

एक दिन सुबह जब चेतन लंगोट लगाये, हाथ में तेल की शीशी लिये, नंगे बदन बाँस की सीढ़ी उतर रहा था तो ऐन उस वक्त बलोची आ गया और जब चेतन निचली सीढ़ी पर था, उसने उसे कलाबे में भर लिया। लेकिन छत पर पैर रखते ही, बलोची के हाथ को अपने दायें ख़ाली हाथ से पकड़, उसे ज़रा परे हटा, घूम कर, चेतन उसकी गिरफ़्त से आज़ाद हो, उसके सामने आ गया।

'बड़ी कसरत हो रही है, ख़ूब जिस्म कमा लिया है,' बलोची ने दाँत चियारते हुए उससे हाथ मिलाया था और फिर वह चेतन के पंजे को वहशियों की तरह अपने हाथ में दबाने लगा था। चेतन सतर्क न होता तो बलोची उसकी हड्डियाँ चटख़ा देता। लेकिन चेतन ने स्कूल और कॉलेज के गुण्डों से अपने हाथ को मसल जाने से बचाने का एक गुर अपने पिता से सीख रखा था। उसने बलोची के हाथ में तत्काल अपना हाथ ढीला छोड़ दिया — ऐसे कि उसका अँगूठा और छिंगुली आपस में मिल गये। बलोची ने बड़े ज़ोर से चेतन का हाथ मसला — यह सोच कर कि अभी चेतन बिलबिला उठेगा, लेकिन जब उसके चेहरे पर दर्द का कोई चिह्न प्रकट नहीं हुआ और चेतन उसके हाथ में वैसे ही अपना हाथ ढीला छोड़े हुए मन्द-मन्द मुस्कराता रहा तो बलोची ने चेतन के हाथ की पुश्त पर अँगूठे का ज़ोर दे कर उसके हाथ को सीधा करने और फिर मसल कर उसकी हड्डियाँ चटख़ाने का प्रयास किया, लेकिन चेतन ने अपने हाथ को और भी गोल कर लिया और बलोची दाँत पीस कर ज़ोर लगाने के बावजूद उसके हाथ को सीधा न कर सका।

तब चेतन ने एक झटके से अपना हाथ छुड़ा लिया और बोला, 'मुझे ज़रा एक जगह जाना है, आप दिलजंग के पास बैठिए! मैं ज़रा कपड़े बदल लूँ।'

दिलजंग एक सिक्ख युवक था, जो चेतन के कमरे से एक कमरा छोड़ कर कोने वाले कमरे में डेरा जमाये था। वह कचहरी में क्लर्क था। पढ़ने का बड़ा शौकीन —उसकी बड़ी-बड़ी आँखें बाहर को निकली पड़तीं और उनमें अजीब-सा उनींदापन रहता। दाढ़ी उसकी बेपरवाही से बँधी रहती थी। शायद उसके पास फ़िक्सो लगा कर ठाठा बाँधने का समय ही नहीं था। जो वक्त मिलता, उसमें किताबें पढ़ा करता और बुद्धिजीवी क्लर्कों की आँखों में जो थकान, उनींदापन, ऊबाहट, उदासी और पहुँचे-हुओं का-सा भाव आ जाता है, वह दिलजंग सिंह के यहाँ प्रचुर मात्रा में था। लाहौर के बहुत-से पत्रकारों और लेखकों

से उसकी मैत्री थी और वह बलोची का भी मित्र था।

लेकिन बलोची दिलजंग के कमरे में नहीं गया। वह चेतन के पीछे-पीछे उसके कमरे में चला आया। —छोटा-सा कमरा। सामने खिड़की, उसके नीचे मुश्किल से अटी हुई चारपाई। दरवाज़े के पास दायीं ओर दीवार से लगी छोटी-सी मेज़ और कुर्सी; उसके पीछे दीवार में बिना किवाड़ों की एक मामूली-से पर्दे से ढँकी अलमारी और बायीं ओर खूँटियाँ, जिन पर चेतन ने कपड़े टाँग रखे थे।

चेतन लंगोट उतार कर कमीज़-पतलून, या कुर्ता-पायजामा पहनता, लेकिन बलोची की आँखों में बेपनाह भूख और वासना को देख कर उसे क्षण भर को भय हुआ —परदेश का मामला है, यह आदमी उससे बड़ा है, तगड़ा है और वहशी है। दयाल ढोढा की तरह दयनीय नहीं, राजकिशोर की तरह दबंग है। लेकिन भय का कोई चिह्न चेतन ने अपने चेहरे पर नहीं आने दिया। खूँटी से तौलिया उठा कर उसने ज़ोर से अपना बदन रगड़-रगड़ कर तेल और पसीना पोंछा, फिर बिना लंगोट उतारे, कमीज़-पतलून पहन ली। शीशे में देख कर बाल बनाये और जूते पहन कर वह बाहर निकल आया।....मंगतराम बलोची, जो लगातार उसकी ओर देख रहा था, यन्त्र-चालित-सा उसके पीछे चला आया।

चेतन को कहीं जाना नहीं था। वह तो वास्तव में चाहता था कि यह मरदूद टल जाये तो वह कुछ आराम करके पसीना सुखाये, नहाये-धोये और कुछ लिखने-पढ़ने का प्रयास करे। लेकिन जब उसे लगा कि यह पाजी उसके साथ ही चल देगा तो उसने ताला लगाया और सीढ़ियाँ उतरने से पहले सहसा उसने दायें हाथ की मुट्ठी बन्द की और फिर उसे उलट कर उभरे हुए गट्टों की ओर संकेत किया :

'अपने गट्टों से मारिए —जितने ज़ोर से आप मार सकते हैं।' चेतन ने कहा।

बलोची ने क्षण भर उसकी ओर देखा। फिर मुट्ठी बन्द कर पूरे ज़ोर से अपने गट्टे उसके गट्टों पर मारे।

चेतन का हाथ टस-से-मस नहीं हुआ।

'अब आप अपने गट्टे बढ़ायें, मैं मारता हूँ!'

बलोची ने मुट्ठी बन्द कर, उल्टा हाथ उसके आगे कर दिया।

चेतन ने मुट्ठी बाँधी, दायीं ओर उसे किंचित घुमा कर बाँह को मरोड़ता हुआ वह उसे सिर से ऊपर ले गया और तब ज़रा-सा झटका देते हुए उसने इतने ज़ोर से वार किया कि दर्द के मारे बलोची कितनी देर तक हाथ झुलाता रहा।

'तुम्हारी हड्डियाँ हैं या लोहा!'

चेतन ने मुट्ठी बन्द करके हाथ आगे बढ़ा दिया। 'आप मेरी कलाई पकड़ कर जितने ज़ोर से चाहें, मेरे गट्टे दीवार से मारिए।'

'क्या तुमने गट्टे दीवार से मार कर प्रैक्टिस कर रखी है ?'

'एक बार आप मारिए।' चेतन ने वैसे ही कलाई आगे बढ़ाते हुए कहा, 'एक बार मैं मारूँगा।'

लेकिन बलोची टाल गया। 'तुम जाओ, तुम्हें देर हो जायेगी,' उसने कहा और दिलजंग सिंह के कमरे की ओर चला गया।

०

यदि बलोची दिलजंग सिंह के पास जा कर न बैठता और उसके साथ होटल के नीचे उतर जाता, तो चेतन उसे जुल दे कर वापस आ जाता, और अपने काम में लग जाता। लेकिन उसे दिलजंग सिंह के कमरे को जाते देख कर चेतन नीचे उतर गया था। यद्यपि अभी सुबह के आठ बजे थे, पर चौरस्ते पर बेपनाह भीड़ थी। उस सब से बेपरवाह चेतन सीधा रेलवे रोड और हस्पताल रोड को पार कर 'विश्व साहित्य प्रकाशन' और 'हिन्दी पुस्तक भवन' के पास से होता हुआ अनारकली पहुँच गया। दुकानें अभी खुल ही रही थीं। सारी अनारकली का चक्कर लगा कर उसने एक चाकू ख़रीदा और वापस फिरा।

उसने अपना पुराना नुस्ख़ा आज़माया था। उसके पिता उससे कहा करते थे, 'तू कमज़ोर है, तगड़े लड़कों से लड़ नहीं सकेगा। दीवार से पहले धीरे-धीरे, फिर ज़ोर-ज़ोर से गट्टे मार कर उन्हें लोहे-सा बना ले और गट्टे लड़ाने में महारत[1] पैदा कर। मैं भी तेरी तरह पतला-दुबला था, पर अपने कहीं हृष्ट-पुष्ट लड़कों को एक ही चोट में तारे दिखा देता था। और अपने पिता के सत्परामर्श पर चलते हुए उसने अपने गट्टे लोहे-ऐसे बना लिये थे और वह अपने से कहीं मज़बूत लड़कों को गट्टे लड़ा कर हरा देता था।

चेतन ने उस वक्त तो बलोची को धता बता दी थी, लेकिन उसे भय था कि वह उसे तंग करने से बाज़ न आयेगा और वह उसकी रोज़ की बदतमीज़ियों को सह न सकेगा। चाकू उसने बढ़िया, खटके से तत्काल खुल जाने वाला लिया था और उसने सोचा था कि एक-दो बार जब बलोची दफ़्तर में होगा, वह चाकू खोल कर दिखायेगा और किस्सा सुनायेगा कि कैसे एक बार वह गुण्डों से घिर गया था और इस चाकू ने उसकी रक्षा की थी और कैसे प्रतिद्वन्द्वी के ख़ासा घाव आ गया था और वह जेल जाता-जाता बचा था (मन में उसने तय किया कि जालन्धर छावनी में चाकू चलाये जाने वाले राजकिशोर के किस्से में कुछ पत्ते लगा कर वह सुना देगा) और यदि उसका इच्छित प्रभाव न पड़ा तो ज़रूरत पड़ने पर वह चाकू का प्रयोग करने में भी नहीं हिचकिचाएगा।

०

लेकिन उसे चाकू चलाने की ज़रूरत नहीं पड़ी, क्योंकि महीने के अन्दर-अन्दर उसे लाला लाजपत राय के प्रसिद्ध राष्ट्रीय दैनिक 'बन्दे मातरम' में नौकरी मिल गयी।

०

एक दिन चेतन 'फ़िदा' साहब के दफ़्तर में बैठा उन्हें नयी लिखी कहानी सुना रहा था, जब महाशय देवदर्शन वहाँ आ गये। चेतन ने अभी कहानी सुनानी शुरू ही की थी। उनके आने पर वह चुप हो गया। 'फ़िदा' साहब ने उसका परिचय दिया और बताया कि वे उसकी नयी कहानी सुन रहे थे। महाशय देवदर्शन ने उसे कहानी जारी रखने को कहा। चेतन ने उसे फिर शुरू से सुनाना आरम्भ किया। समाप्ति पर देवदर्शन जी ने कहानी की भूरि-भूरि प्रशंसा की, चेतन की ख़ूब पीठ ठोंकी, उसे अपने यहाँ आने की दावत दी और यह भी कहा कि वह उनकी पत्रिका के लिए भी कहानी लिखे।

उस रात चेतन को ख़ुशी के मारे नींद न आयी थी। महाशय देवदर्शन पंजाब के

---

१. निपुणता

चन्द्रशेखर थे और चेतन को तो उनकी भाषा मुन्शी चन्द्रशेखर से भी सरल और सुगम लगती थी। वे कैसे मुन्शी जी की जेबें सफ़ाई और चाबुकदस्ती से काटते हैं, तब उसे यह सब मालूम नहीं था। वह उनका भक्त था। जब महाशय जी ने उसकी कहानी की प्रशंसा की तो चेतन को लगा जैसे उसे तीनों लोकों का साम्राज्य मिल गया है। फिर उन्होंने महज़ शिष्टाचारवश प्रशंसा न की थी, उससे अपने 'मन्दिर' के लिए कहानी भी माँगी थी। वह रात के एक बजे के लगभग दफ़्तर से आया था, पर वह सो न सका। घण्टा-डेढ़ घण्टा करवटें बदलने के बाद वह उठा था और मेज़ पर बैठ गया।....तीसरे दिन वह नयी कहानी ले कर उनके पास पहुँच गया था।

वह उन्हें कहानी सुनाना चाहता था, पर ऐन उस वक्त महाशय जी ने स्वयं नयी कहानी ख़त्म की थी और बिना इस बात की परवा किये कि वह कहानी सुनना भी चाहता है या नहीं, वे उसे कहानी सुनाने लगे थे। —दो बहुत गहरे मित्र हैं। उनमें से एक मित्र अपनी विधवा भाभी के साथ रहता है, जो अपने देवर के उस मित्र को (जो उसके पति का भी मित्र था) बहुत मानती है। जायदाद के बँटवारे को ले कर देवर-भाभी में झगड़ा हो जाता है। झगड़े की जड़ हैं —गहने! भाभी का कहना है कि सास के मरने पर जो गहने घर में हैं, उनमें उसके भी गहने शामिल हैं, क्योंकि देवरानी तो अपने सब गहने सास के रहते ही ले चुकी है, लेकिन उसे जो गहने मायके से पड़े, वे उन्हीं में हैं। उन्हें पहले निकाल दिया जाये, फिर बँटवारा हो। देवर उसके लिए तैयार नहीं। वह अपने मित्र को बुलाता है। दोनों में षड्यन्त्र होता है कि भाभी को समझायें —मुकदमेबाज़ी से कोई लाभ नहीं, एक मध्यस्थ तय कर लें। चूँकि उस व्यक्ति पर भाभी को बड़ा विश्वास है, वह उसके पति का घनिष्ट मित्र रहा है, इसलिए वह उसे मध्यस्थ बनाना स्वीकार कर लेगी। मित्र तैयार हो जाता है और देवर को यह आश्वासन देता है कि वह फ़ैसला उसी के हक में करेगा। लेकिन जब वह मध्यस्थ के आसन पर बैठता है और सारे गहने उसके सामने आते हैं तो वह अपने मित्र से किया हुआ वादा भूल जाता है। वह उस पर बुरी तरह जिरह करता है और दूध-का-दूध और पानी-का-पानी अलग कर देता है।....कहानी का मर्म यही था कि जज का आसन भगवान का आसन है और मध्यस्थ के मुँह से सत्य ही निकलता है।

कहानी सुनते समय भी चेतन को लग रहा था (और कहानी ख़त्म होने पर तो विश्वास हो गया) कि उसने यह कहानी पहले पढ़ रखी है। अन्तिम पंक्तियाँ सुनने के बाद उसे याद भी हो आया कि उसने 'पंच भगवान' के बारे में मुन्शी चन्द्रशेखर की एक कहानी पढ़ी थी और उसे वह बड़ी अच्छी लगी थी। महाशय देवदर्शन ने उसी का आधारभूत विचार उठा कर उसे शहरी वस्त्र पहना दिये थे।

लेकिन चेतन ने मन की बात नहीं कही। उसने कहानी की थीम, उसकी कला तथा सरल प्रवहमान भाषा की ख़ूब प्रशंसा की और अपनी कहानी उन्हें दे कर चला आया। दूसरे ही दिन उन्होंने उसे बताया कि न केवल उन्हें उसकी कहानी पसन्द आयी है और वे उसे ताज़ा अंक में छाप रहे हैं, वरन वे उस पर नोट भी दे रहे हैं।

और इस बात को सात दिन भी नहीं बीते थे कि उन्होंने एक दोपहर को उसे दफ़्तर में बुलाया।

चेतन दफ़्तर ही में था। चूँकि उसकी रुचि अनुवाद में नहीं थी, इसलिए उसने 'फ़िदा'

साहब से कहा कि जब तक वह अनुवाद नहीं सीख लेता, हर हफ़्ते साप्ताहिक संस्करण के लिए एक कहानी लिखा करेगा और केवल दिन ही को आया करेगा। वह सुबह नौ बजे दफ़्तर चला जाता। दोपहर को एक घण्टा लंच की छुट्टी करता और फिर शाम को बलोची के आने से पहले उठ आता। दिन को वह कुछ वक्त अनुवाद सीखने की कोशिश करता, शेष समय कहानी लिखता। महाशय देवदर्शन ने चिट भेजी थी — 'ज़रूरी काम है, पाँच मिनट को अभी चले आइए।'

चेतन तत्काल चला गया था। वहाँ महाशय धनपतराय बी० ए० (नैशनल) बैठे थे। महाशय देवदर्शन ने उन्हें चेतन का परिचय दिया। धनपतरायजी ने उससे कई तरह के प्रश्न पूछे कि वह कितना पढ़ा है, कब से लिखता है, ग़ज़ल में उसके उस्ताद कौन हैं, उसने कितनी कहानियाँ लिखी हैं, 'भीष्म' में वह क्या काम करता है ? आदि....आदि....चेतन ने सब प्रश्नों के उत्तर में सच-सच सब कुछ बता दिया था। अनुवाद के सम्बन्ध में अपनी अज्ञता भी उसने नहीं छिपायी और यह भी कहा कि वह सीखना चाहता है और यदि कोई थोड़ी-सी भी मदद करे तो वह सीख लेगा।

तब महाशय धनपतराय ने देवदर्शनजी से कहा, 'ठीक है, इनका मन हो तो आ जायें। आप इनसे पैसों की बात कर लीजिएगा। बाकी यदि ये चाहेंगे तो हम सब कुछ सिखा लेंगे।'

उनके नथुने किंचित फड़के थे और जैसे नाक ही में मुस्करा कर और हाथ जोड़ कर, दोनों को एक साथ नमस्ते करते हुए, वे चले गये थे।

उनके जाने के बाद महाशय देवदर्शन ने कहा, 'देखो भाई, बन्दे मातरम (जिसे उर्दू वाले 'बन्दे मात्रम' बोलते थे)में एक उप-सम्पादक की जगह ख़ाली हुई है। धनपत मेरे मित्र हैं। चाहते थे मैं किसी का नाम सुझाऊँ। मुझे तुम्हारा ध्यान आ गया। यहाँ भीष्म में तो तुम्हें कुछ मिले-विलेगा नहीं। वहाँ तुम्हें चालीस रुपये महीना मिलेंगे। जैसे हर सप्ताह यहाँ कहानी लिखते हो, वैसे ही वहाँ लिखना। अनुवाद सीख लोगे तो पैसे बढ़ जायेंगे।'

चेतन को ऐसे लगा, जैसे छप्पर फाड़ कर लक्ष्मी छम-छम करती उतर आयी है। महाशय देवदर्शन का धन्यवाद किन शब्दों में करे, यह उसकी समझ में न आ रहा था।

'मैं आपका बहुत-बहुत मशकूर हूँ,' उसने कहा था और पूछा था, 'मुझे कब जॉयन करना होगा ?'

'यह बात तुम कल जा कर उनसे तय कर लेना।'

और दूसरे दिन चेतन 'बन्दे मातरम' के दफ़्तर जा पहुँचा था और महाशय धनपतराय से बात करके अगले दिन से आने के लिए 'हाँ' कर आया था — ख़ुशी उसे वास्तव में 'बन्दे मातरम' में मुलाज़मत मिलने की नहीं थी, बलोची की सन्निकटता से मुक्ति पाने की थी।

और जिस दिन उसने 'बन्दे मातरम' में अपनी मुलाज़मत शुरू की थी, उसी शाम को उसने पहले-पहल पण्डित 'रत्न' के दर्शन किये थे और महीना भी नहीं बीता था कि उन्होंने उसे अपनी छत्र-छाया में ले लिया था।

०

वहीं पीढ़े पर बैठे-बैठे 'बन्दे मातरम' की मुलाज़मत के वे पहले दिन चेतन की आँखों में घूम गये।

नौ

'बन्दे मातरम' के दफ़्तर में चेतन और महाशय धनपतराय बी० ए० (नैशनल) के अलावा दो और सहकारी सम्पादक थे। एक थे असिस्टेण्ट एडिटर मलिक मुहम्मद यूसुफ़ और दूसरे — चिश्ती साहब! चेतन को मलिक साहब का नाम अत्यन्त उपयुक्त लगता था, क्योंकि वे यूसुफ़[१] — ऐसे ही सुन्दर थे — तीस-एक वर्ष की उम्र, न लम्बा, न मँझला कद, दोहरा बदन, भरा-भरा तिकोना चेहरा, सुतवाँ नाक, बड़ी-बड़ी आँखें, ग़िलाफ़ी पलकें — उनकी शक्ल ईरानियों जैसी लगती थी। हो सकता है उनका कोई पुरखा ईरान से आ कर पंजाब में बस गया हो। चेतन को वे बहुत अच्छे लगते थे। केवल एक बात से वह परेशान रहता था। मलिक साहब बड़े गम्भीर थे। चेतन ने कभी ही उनको हँसते या मुस्कराते देखा था। वे अनवरत काम करते और उनके चौड़े गोरे माथे पर प्रायः हलके-से तेवर बने रहते। उनकी इस मौन और गम्भीर प्रकृति के सन्दर्भ में चेतन को जो बात सबसे दिलचस्प लगी, वह यह थी कि मलिक साहब पत्र का हास्य-व्यंग्य का कॉलम भी लिखते थे। यह कॉलम अग्रलेख वाले पृष्ठ पर ही छपता था। इसका शीर्षक था — 'नमकदाँ' — और मलिक साहब 'नमकपाश'[२] के नाम से यह कॉलम लिखा करते थे। इसमें वे सरकार की अनीतियों, सरकार के पिट्ठुओं की ख़ुशामदपरस्तियों, साम्प्रदायिक संस्थाओं की ज़्यादतियों और दूसरी राजनीतिक और सामाजिक कुरीतियों पर हास्य-व्यंग्य-भरी (हास्य-भरी कम, व्यंग्य-भरी ज़्यादा) नमकपाशी करते थे।

नौकरी स्वीकार करने के बाद चेतन पहले दिन दफ़्तर पहुँचा था, तो उसने कमरे में दो मेज़ें रखी देखी थीं। एक अपेक्षाकृत बड़ी थी, दूसरी छोटी। बड़ी मेज़ दरवाज़े से चन्द कदम के अन्तर पर ही थी — मेज़ की लम्बी तरफ़ लाला धनपतराय बी० ए० (नैशनल) बैठे थे। उन्होंने चेतन को अपने सामने की कुर्सी पर बैठने के लिए कहा था। लाला जी की बायीं तरफ़ — दरवाज़े के ऐन सामने — मँझले कद और दोहरे शरीर के एक मौलाना-सूरत व्यक्ति बैठे थे। उन्होंने कमीज़-शलवार पहन रखी थी। घनी काली दाढ़ी और मूँछों ने उनका सारा चेहरा छिपा रखा था। उनकी आँखों में कुछ अजीब-सी बर्बरता थी। वे पैड पर झुके, काम में तल्लीन थे। अख़बार के दफ़्तर में सम्पादक की मेज़ पर बैठे थे,

---

१. एक मशहूर पैग़म्बर, जो सुन्दरता में अपना सानी न रखते थे। उनके भाइयों ने उन्हें बेच दिया। मिस्र के सम्राट ने उन्हें ख़रीद लिया था और मिस्र की साम्राज्ञी, ज़ुलेख़ा उनसे प्रेम करने लगी थी :

> कमाल बन्दगी-ए-इश्क है ख़ुदावन्दी
> कि एक ज़न ने महे-मिस्र सा ग़ुलाम लिया — सौदा

२. उर्दू शायरी में 'नमक,' 'नमकदाँ' और 'नमकपाश' का बड़ा महत्व है। महबूब को दुख देने वाला, घावों पर नमक छिड़कने वाला याने नमकपाश कहा गया है। लेकिन चूँकि व्यंग्य भी चुभता है, इसलिए उसको भी नमक का दर्जा दिया गया है और व्यंग्य करने वाले को नमकपाश का। इसी सन्दर्भ में व्यंग्य का कॉलम 'नमकदाँ' (नमक का बर्तन) कहलाया :

> ऐ 'नमकपाश' ख़ुदा के लिए चुटकी न रुके
> कोई दम और तड़पने का मज़ा रहने दे। — अमीर

इसलिए सम्पादक लगते थे। पैसा अख़बार स्ट्रीट में किसी दुकान पर बैठे होते तो चेतन उन्हें कसाई ही समझता। लाला धनपतराय के दायीं ओर एक अधेड़ उम्र के पतले छरहरे मुसलमान — मौलाना चिश्ती — बैठे काम कर रहे थे।

दूसरी मेज़ सामने दीवार से लगी थी। उस पर अकेले मलिक मुहम्मद यूसुफ़ चेतन ही की तरह गली में खुलने वाली खिड़कियों की ओर पीठ किये बैठे थे। वहीं बैठे वे लाला धनपतराय से बात कर सकते थे और पूछने वाली बात पूछ सकते थे।

कमरा बहुत बड़ा था। दरवाज़ों पर बढ़िया सरदई रोग़न था। गली की ओर जँगलेदार खिड़कियाँ खुलती थीं। इन खिड़कियों के साथ कातिबों[1] के तख़्त लगे थे। तीन कातिब चेतन की ओर बैठे थे और दो मलिक साहब की मेज़ के सामने। लाला धनपतराय की पीठ के पीछे एक दरवाज़ा दूसरे कमरे में खुलता था, जहाँ अख़बार के मैनेजिंग डायरेक्टर और असली सम्पादक लाला दीवानचन्द बैठते थे।

तीन-चार दिन बाद ही चेतन को पता चल गया कि घनी दाढ़ी-मूँछों वाले कसाई-सिफ़त हज़रत, अल्लामा रफ़ीउद्दीन हैं, जिन्हें सब 'अल्लामा बटेर' कहते हैं। वे बड़े आलिम हैं। उन्हें जवाब दे दिया गया है और उन्हीं की जगह चेतन को रखा गया है।

'अल्लामा बटेर' अरबी-फ़ारसी के विद्वान थे। इधर वे 'अहरार पार्टी में शामिल हो गये थे। 'अहरार पार्टी' लाहौर की 'आर्य स्वराज्य सभा' की तरह अर्ध-साम्प्रदायिक-अर्ध-राष्ट्रीय पार्टी थी और उसका सदस्य 'बन्दे मातरम' जैसे राष्ट्रीय दैनिक में काम न कर सकता था। उन्होंने हास्य-रस की एक नज़्म लिख रखी थी, जो चेतन ने एफ़० सी० कॉलेज के एक मुशायरे में उनके मुँह से सुनी थी। वह नज़्म कॉलेज के लड़कों में ख़ूब लोकप्रिय थी। चेतन को उसकी पहली पंक्तियाँ तत्काल याद हो गयी थीं :

बटेर की जो मौत है
वो कौम की हयात है

और इसके बाद मुजाहिदों को तलकीन की गयी थी[2] कि वे कैसे कोरमे और रोग़न जोश और मुर्ग़ मुसल्लम की प्लेटों पर टूट पड़ें और उन्हें चट कर जायें।

नज़्म पढ़ते-पढ़ते 'अल्लामा बटेर' की आवाज़ में जो जोश और आँखों में चमक आ गयी थी, उसी के कारण उनका चेहरा, उसके दिमाग़ में नक्श हो गया था और दफ़्तर में दाख़िल होते ही उसने उन्हें पहचान लिया था....

०

चेतन को हैरत हुई थी कि ऐसी हिंस्र वृत्ति का आदमी उस अहिंसावादी राष्ट्रीय दैनिक के सम्पादन-विभाग में कैसे काम करता है। लेकिन उसने सुना था, अल्लामा नैशनल कॉलेज में अरबी-फ़ारसी पढ़ाते रहे हैं और कॉलेज बन्द होने पर 'बन्दे मातरम' में आ गये थे। देखने में वे बेफ़िक्र, बेपरवाह, मस्त-मलंग आदमी लगते थे। बहुत देर बाद चेतन को मालूम

---

१. लीथो की छपाई में, कम्पोज़िंग नहीं होती। कातिब (लिखने वाले) लोग सुन्दर अक्षरों में ऐसी सियाही से पीले या सफ़ेद काग़ज़ पर लिखते हैं, जो पत्थर या प्लेट पर नक्श हो जाती है। कम्पोज़ किये फ़ॉर्म की जगह वही प्रेस में फ़िट होती हैं और उनसे फ़ॉर्म छपते हैं।

२. सत्परामर्श दिया गया था।

हुआ कि वास्तव में इसी फक्कड़पने के कारण उन्हें अपनी नौकरी से हाथ धोने पड़े थे। कुछ लोगों का यह भी कहना था कि 'अहरार पार्टी' में तो वे 'बन्दे मातरम' की नौकरी के बाद शामिल हुए थे। हुआ वास्तव में यह था कि उनसे गाँधीजी की जीवनी को उर्दू का जामा पहना कर 'बन्दे मातरम' के साप्ताहिक संस्करण में धारावाहिक रूप से देने को कहा गया था। इंग्लिस्तान में पढ़ाई के दिनों में अपने अनुभवों का उल्लेख करते हुए गाँधीजी ने कहीं लिखा था कि एक बार उन्होंने गोश्त चखा तो था, पर उन्हें अच्छा नहीं लगा। अल्लामा बटेर ने अनुवाद करते हुए उसके आगे ब्रैकेट में लिख दिया — 'अच्छा न पका होगा' और वह उसी तरह छप गया। काँग्रेस का मुखपत्र और परम राष्ट्रीय दैनिक!....मैनेजिंग डायरेक्टर ने वह पढ़ा तो न केवल मौलाना को बुला कर इस ग़ैर-ज़िम्मेदारी के लिए डाँटा, वरन उन्हें आदेश दिया कि वे तत्काल त्याग-पत्र दे दें, नहीं तो उन्हें निकाल दिया जायेगा। उन्होंने त्याग-पत्र दे दिया। उस वक्त उन्हें ९० रु० मासिक मिलते थे। अख़बार को उसका यह लाभ हुआ कि उनकी जगह (चेतन के रूप में) ४० रु० मासिक का आदमी रख लिया गया और उन दिनों जब समाचार-पत्र की आर्थिक स्थिति अच्छी न थी, यह प्रबन्ध लाभकर ही था। 'नमकदाँ' पहले वे ही लिखते थे। उनके चले जाने के बाद (और अल्लामा बटेर चेतन के आने के कुछ दिन बाद ही चले गये थे) वह कॉलम मलिक मुहम्मद यूसुफ़ लिखने लगे। वे १९२१ में पढ़ना छोड़ कर राष्ट्रीय आन्दोलन में कूद पड़े थे। फिर आन्दोलन के मन्द होने पर नैशनल कॉलेज में दाख़िल हो गये थे। लेकिन इससे पहले कि वे बी० ए० की डिग्री लेते, कॉलेज टूट गया और वे 'बन्दे मातरम' में आ गये। छै वर्ष से वे यहीं काम करते थे।

चेतन को लाला धनपतराय ने अपनी शागिर्दी में ले लिया। चेतन हर सप्ताह एक कहानी लिखता और साथ ही अनुवाद सीखने की कोशिश करता।

अख़बार में सरकारी तौर पर तो दिन के डेढ़ बजे से साढ़े चार बजे शाम और रात को साढ़े नौ बजे से डेढ़ बजे तक ड्यूटी देने का नियम था, लेकिन पूरे महीने में एक दिन भी ऐसा नहीं आया, जब शाम को साढ़े छै और रात को ढाई से पहले चेतन दफ़्तर से निकला हो। अनुवाद उसे करना आता नहीं था। फिर महाशय धनपतराय स्वयं कुछ ज़्यादा करते नहीं थे। लोग कहते थे कि वे काम की नहीं, अख़बार पर डमी सम्पादक के नाते अपना नाम देने की तनख़्वाह पाते हैं। उस ज़माने में सभी अख़बारों में दो-दो सम्पादक होते थे — एक असली और एक नकली। असली सम्पादक अग्रलेख और सम्पादकीय टिप्पणियाँ लिखता और नकली सम्पादक केवल नाम देता। 'बन्दे मातरम' जैसे राष्ट्रीय पत्र पर सम्पादक के रूप में नाम देने वाले डमी सम्पादक के लिए जोखिम भी काफ़ी था। जाने कब किस अग्रलेख अथवा टिप्पणी पर सरकार मुकदमा चला दे और सम्पादक को दो से दस साल की सज़ा हो जाये। नकली सम्पादक तो अन्य पत्रों के भी थे, पर मुसलमानों अथवा हिन्दुओं के दैनिक पत्रों को वैसा भय न था। मुसलमानों के दैनिक पत्र — 'इंकलाब' और 'सियासत,' सरकार-परस्त थे और हिन्दुओं के पत्र, 'देश,' 'समाज,' 'भीष्म,' इत्यादि — सब सरकार का विरोध करते थे, लेकिन इस तरह कि उन पर कोई विपत्ति न आये। 'बन्दे मातरम' के सम्पादक की स्थिति दूसरी थी, इसलिए डमी सम्पादक होने के बावजूद उनके त्याग का महत्व था और लाला धनपतराय बी० ए० (नैशनल) इसे

भली-भाँति जानते थे। दस-पन्द्रह दिन काम करने पर ही चेतन को मालूम हो गया कि महाशय धनपतराय केवल नाम देने के ही पैसे लेते हैं। अग्रलेख तो मैनेजिंग डायरेक्टर लाला दीवानचन्द स्वयं लिखते। और लाला धनपतराय दोपहर तो दो बजे से चार तक, कभी मेज़ पर बाँहें रख कर उनमें सिर रखे ऊँघे जाते, कभी दोनों पैर कुर्सी पर उठा लेते; घुटनों को बाँहों में ले लेते; दायें कन्धे पर सिर न्योढ़ा लेते और हलके-हलके ख़र्राटे लेने लगते। रात को बारह बजे से दो बजे बजे तक भी वे उसी प्रकार सोते। जब कभी न्यूज़ एजेंसी का चपरासी तार[1] लाता तो वे चौंक कर उठते, हस्ताक्षर करते और तार ले कर मलिक साहब की ओर फेंक देते। मलिक साहब तार पढ़ कर स्वयं रख लेते अथवा दूसरे सम्पादकों को बाँट देते।

चेतन की बायीं ओर मौलाना चिश्ती बैठते थे। पतले, छरहरे। पचपन-साठ की उम्र। उनके चेहरे को देख कर लगता था, जैसे बिना नहाये-धोये बिस्तर से सीधे उठ कर चले आये हैं। मलिक साहब तार उनकी तरफ़ फेंक देते तो वे अपने आगे पहले से लगी तारों की गड्डी के नीचे उसे भी करीने से सजा लेते और फिर सिर झुकाये, एक पैर कुर्सी पर रखे, बायें हाथ की कोहनी मेज़ पर टिकाये, उस पर बायाँ गाल रखे, पूर्ववत अनुवाद करने लगते।

मलिक साहब 'नमकदाँ' न लिख रहे होते तो वे भी बराबर ख़बरों का अनुवाद करते और प्रूफ़ पढ़ते। दोपहर हो या रात, चेतन ने उन्हें कभी पलक झपकते, हँसते, मुस्कराते या बात करते नहीं देखा था। मशीन की तरह वे चुपचाप काम किये जाते।

महाशय धनपतराय ने पहले ही दिन चेतन को बता दिया था कि उसे सुबह उठ कर सबसे पहले अख़बार पढ़ना चाहिए; नये-नये शब्दों को नोट करना चाहिए; कैसे ख़बरों की सुर्ख़ियाँ दी जाती हैं, यह देखना चाहिए; अंग्रेज़ी शब्दों के लिए जो सरस उर्दू शब्द प्रयुक्त होते हैं, उन पर ध्यान देना चाहिए।....'हमें 'ज़मींदार' और 'इंकलाब' जैसे अख़बारों की नकल नहीं करनी है।' उन्होंने कहा था, 'ज़मींदार ने अभी हाल ही में ह्वाइट पेपर का तरजुमा 'क़रतासे-अबियज़' किया है, लेकिन हमने 'कोरा काग़ज़' लिख कर ही काम चला लिया है।....इन बातों का ख़याल रखोगे तो तुम्हें बड़ी ज़ल्दी अंग्रेज़ी से उर्दू में ठीक-ठीक अनुवाद करना आ जायेगा।'

o

लेकिन रोज़ घण्टा-डेढ़ घण्टा अख़बार पढ़ने, समाचारों के शब्दों और शीर्षकों पर ध्यान देने के बावजूद चेतन को लगा कि लाला धनपतराय बी० ए० (नैशनल) की छत्र-छाया में काम करते हुए वह ठीक से अनुवाद करना तो दूर रहा, 'बन्दे मातरम' में काम तक नहीं कर सकेगा।

o

स्थिति वास्तव में यह थी कि अनुवाद-कला से तो चेतन नितान्त अनभिज्ञ था। जब महाशय जी उसे कोई तार देते तो वह यथासम्भव उसका अनुवाद करके उन्हें दे देता। (चूँकि वे चेतन को अपना शागिर्द समझते थे, इसलिए यह कहना ठीक होगा कि जब वह ख़बर कर

---

१. आज टेलिप्रिण्टर से अख़बारों के दफ़्तरों ही में समाचार मिल जाते हैं, पर तब विभिन्न समाचार एजेंसियाँ अपने चपरासियों के हाथ ख़बरों के तार भेजा करती थीं।

लेता तो वे परम उत्साह से स्वयं उससे ले लेते।)....शुरू-शुरू में वे सारी-की-सारी ख़बर काट कर स्वयं लिख देते थे और चेतन से कहते थे कि वह अपनी ख़बर से उसे मिलाये। दो-चार बार ऐसा हुआ कि जल्दी में उन्होंने जो संशोधन किया, वह ठीक नहीं था। चेतन ने संकोचवश कुछ न कहा। कातिब ने बिना किसी तरह की शंका उठाये, मक्खी-पर-मक्खी मार दी। वैसे ही प्रूफ़ पढ़े गये और वैसे ही वह ख़बर छप गयी। जब मैनेजिंग डायरेक्टर ने शिकायत की तो महाशय धनपतराय बी० ए० (नैशनल) ने वह ग़लती चेतन के सिर मढ़ दी।

उन्हीं दिनों चेतन को लगा कि उसके पास एक ऐसा शब्दकोश होना चाहिए, जिससे वह अंग्रेज़ी शब्दों के अर्थ जान सके। पहले कुछ दिन वह कठिन शब्दों के अर्थ लाला धनपतराय से पूछता रहा, फिर जब उन्होंने बेरुख़ी बरती और झुँझलाने लगे तो वह बड़े विनम्र और अनुनय-भरे स्वर में चिश्ती साहब से पूछने लगा। (मलिक साहब से पूछने का तो उसे साहस ही न हुआ।) एक दिन काम ज़्यादा था, उसे चार-पाँच बार जब शब्दों के अर्थ पूछने पड़े तो चिश्ती साहब चिढ़ गये। उसी शाम चेतन जा कर ढाई रुपये में फ़ैलन की डिक्शनरी ख़रीद लाया। उसमें रोमन अक्षरों में अंग्रेज़ी शब्दों के अर्थ उर्दू और पंजाबी में दे रखे थे। चेतन को यह शब्दकोश बहुत अच्छा लगा। उसने अर्थ पूछना बन्द कर दिया। लेकिन बात केवल ठीक या ग़लत अर्थों की ही न थी, शैली, मुहावरों तथा लाला धनपतराय बी० ए० (नैशनल) के दर्प और तुनुक-मिज़ाजी की भी थी।

और एक महीने के अन्दर-अन्दर यह हुआ कि न केवल बी० ए० (नैशनल) साहब का सारा उत्साह मन्द पड़ गया, वरन वे दफ़्तर में सब के सामने चेतन को डाँटने भी लगे। एक दिन जब चेतन को पूरा विश्वास था कि उसकी ग़लती नहीं थी और जब महाशय जी ज़रूरत से ज़्यादा ही अपनी डमी एडिटरी का रोब गाँठने लगे तो न जाने उसके मन में क्या बगूला उठा, चेतन सीधा मैनेजिंग डायरेक्टर के कमरे में गया और उसने जा कर कहा कि वह नया-नया उस काम पर लगा है, जी-जान से मेहनत करता है और दिल लगा कर काम सीखने का प्रयास कर रहा है और महाशय धनपतराय उसे बेकार डाँटते रहते हैं। 'मैं एक भी ख़बर का तरजुमा बिना महाशय जी को दिखाये कातिब को नहीं देता,' उसने कहा, 'जब महाशय जी उसे ठीक कर देते हैं, तो वह अनुवाद मेरा नहीं रहता, उन्हीं का हो जाता है। छप जाने के बाद मुझे डाँटने की तुक मेरी समझ में नहीं आती। डाँटना हो तो उन्हें उस समय डाँटना चाहिए, जब मैं ख़बर का अनुवाद करके उन्हें देता हूँ!'....चलते-चलते यों ही अति सामान्य ढंग से उसने इतना और कहा, 'सारा वक्त तो महाशय जी ऊँघते रहते हैं, ग़लतियाँ नहीं होंगी तो और क्या होगा ?' और उसने मैनेजिंग डायरेक्टर से निवेदन किया, 'आप चाहे मुझे छुट्टी दे दें, पर महाशय जी से कह दें कि मुझे बेकसूर मत डाँटा करें।'

मैनेजिंग डायरेटर, लाला दीवानचन्द शान्त प्रकृति के गाँधीवादी थे। विवाह उन्होंने किया न था और अपना जीवन देश के हित में अर्पित कर दिया था। उन्हें किसी ने ज़ोर से बोलते न सुना था। उन्होंने बड़े धीरे से, जैसे अपनी मेज़ को आदेश देते हुए, चेतन से कहा कि वह जाये, जा कर काम करे और वे महाशय जी को समझा देंगे।

न जाने उन्होंने महाशय धनपतराय से क्या कहा कि महाशय जी चेतन को और भी परेशान करने लगे। इस बीच चेतन उनके दर्प और घोर अहम्मन्यता का कारण जान गया

था, यह भी समझ गया था कि वे उतने योग्य नहीं हैं, और डमी सम्पादक होने का संकट मोल लेने का वेतन पाते हैं। इसी कारण चेतन भी शेर हो गया और तुर्की-ब-तुर्की जवाब देने लगा। दफ़्तर का वातावरण अत्यन्त कलुषित हो गया। एक दिन तो उनकी झों-झों सुन कर मैनेजिंग डायरेक्टर अपने कमरे से निकल आये और उन्होंने दोनों को डाँट दिया।

मलिक यूसुफ़ इस बीच नितान्त निरपेक्ष बने रहे थे। लेकिन उस दिन उन्होंने महाशय धनपतराय से कहा, 'आप चेतन को निकम्मा समझते हैं, आप उन्हें मुझे दे दीजिए, आप चिश्ती साहब को ले लीजिए। हम दिन को काम करेंगे, आप रात को कीजिए। महाशय जी ने 'ना-नुच' की तो मलिक साहब ने कहा, 'ठीक है, आप चेतन को ले लीजिए और दिन को आइए, मैं चिश्ती साहब को ले लेता हूँ और हम दोनों रात को आयेंगे।' महाशय धनपतराय चेतन से कुछ ऐसे तंग आ गये थे कि उन्होंने चिश्ती साहब के साथ रात में आना स्वीकार कर लिया, लेकिन व्यंग्य से उन्होंने हँस कर कहा, 'मलिक साहब, आप तीन दिन में तंग आ जायेंगे और फिर यही सिस्टम चालू करने को कहेंगे।'

'मैं नहीं कहूँगा! आप निशा-ख़ातिर रहें।' मलिक साहब ने बिना सिर उठाये कहा।

तब तय यह हुआ कि दिन वाले सम्पादक एक बजे से आठ बजे तक आयेंगे और रात वाले आठ से डेढ़ बजे तक।

चेतन यद्यपि रात की ड्यूटी से मुक्ति पा कर बड़ा प्रसन्न हुआ था, पर उसे मलिक साहब के साथ काम करना पड़ेगा, इससे वह मन-ही-मन बेतरह डर भी गया था। लेकिन महाशय जी से वह इस हद तक चिढ़ गया था कि उसने मलिक साहब के साथ काम करना स्वीकार कर लिया। मलिक साहब ने जिस आत्म-विश्वास के साथ उस नौसिखिए को अपने साथ ले लिया था, उससे चेतन को सन्तोष हुआ था कि आख़िर दफ़्तर में कोई तो है, जो उसे कुछ समझता है।

o

उन्हीं दिनों उसने मलिक साहब को अच्छी तरह जाना और पण्डित श्यामलाल 'रत्न' से उसका परिचय हुआ, जो बाद में समस्त प्रवादों के बावजूद गाढ़ा होता गया।

o

उस व्यवस्था के बाद जब वह पहले दिन दफ़्तर में गया (मलिक साहब अपनी कुर्सी पर बैठे रहे और वह अपनी कुर्सी पर जा बैठा) तो उन्होंने मुँह ज़रा-सा उसकी ओर घुमा कर कहा, 'देखिए, मैं लाला धनपतराय की तरह आपका तरजुमा ठीक-वीक नहीं करूँगा। मैं सिर्फ़ ग़लतियाँ बता दूँगा, ठीक करना या उसे दोबारा-सहबारा लिखना आप ही का काम है। आप हौसला न छोड़ेंगे, और मेहनत से काम सीखेंगे तो एक महीने में आपको तरजुमा करना आ जायेगा, वरना अल्लाह मालिक है।'

'जी मैं इमकान[१] भर कोशिश करूँगा।' चेतन ने सिर्फ़ इतना ही कहा....

और उस दिन एक ख़बर उसे सात बार करनी पड़ी थी, लेकिन वह झुँझलाया नहीं। वह अनुवाद करता, मलिक साहब रद्द कर देते। वह फिर करता। चौथी बार ख़बर का अनुवाद उन्होंने पास कर दिया, लेकिन शीर्षक ठीक न था। तीन बार उसने मलिक साहब

---

१. भरसक

की हिदायत के अनुसार शीर्षक भी बदला। आख़िर जब उन्होंने शीर्षक समेत अनुवाद पास कर दिया तो उसे बड़ी ख़ुशी हुई।

उस दिन आठ घण्टे में उसने केवल पाँच ख़बरें कीं। लेकिन दूसरे दिन जब उसने उन ख़बरों को अख़बार में छपे देखा तो उसे इतनी ख़ुशी हुई, जितनी अपनी मौलिक कहानी को छपे देख कर न हुई थी। — ये सारे-के-सारे समाचार उसने स्वयं अंग्रेज़ी से किये थे, उनके शीर्षक उसने स्वयं जमाये थे। उन पाँच ख़बरों में से एक पर दो-कॉलमी सुर्ख़ी जमी थी। चेतन उन ख़बरों को बार-बार पढ़ता, पर उसका जी न भरता।.... एक महीने के अन्दर-अन्दर मलिक साहब ने उसे अनुवाद में निपुण कर दिया था।

लेकिन इस एक महीने में उन्होंने बड़ी सख़्ती से काम लिया था। कई बार उसे इस बुरी तरह डाँट दिया कि उसके आँसू आ गये। लेकिन एक बार भी पलट कर उसने कुछ नहीं कहा, क्योंकि जब भी उसने ठीक अनुवाद किया अथवा उपयुक्त शीर्षक लगाया, उन्होंने सदा उसकी पीठ ठोंकी।....यद्यपि महाशय धनपतराय का साधारण-सा व्यंग्य भी उसे लग जाता था, पर मलिक साहब के डाँटने अथवा क्रोध में गाली तक दे देने का वह बुरा न मानता।

पण्डित 'रत्न' मलिक साहब के पास प्रायः हर दूसरे-तीसरे आते थे, पर जब से मलिक साहब की ड्यूटी दिन की हुई थी और वे शाम आठ बजे तक बैठने लगे थे, पण्डित जी प्रतिदिन आने लगे थे। पहले वे मलिक साहब को 'कॉलियर्ज़ वीकली' अथवा 'स्ट्रैण्ड' आदि अंग्रेज़ी पत्रिकाएँ देने आते। पाँच-सात मिनट उनकी मेज़ के कोने पर बैठते, फिर चले जाते। पर चेतन को इतने से ही आभास मिल गया था कि वे मलिक साहब को बहुत मानते हैं। उनसे बातें करते हुए उनकी आँखों में कुछ अजीब-सी कोमलता आ जाती थी।

पण्डित 'रत्न,' प्रेस इन्फ़र्मेशन ब्यूरो में प्रमुख अनुवादक थे। अख़बारों के महत्वपूर्ण समाचारों अथवा सम्पादकीय टिप्पणियों का अनुवाद अंग्रेज़ी में करके निदेशक के सामने पेश करना उनका काम था। अंग्रेज़ी और उर्दू — दोनों भाषाओं पर उन्हें समान अधिकार था। वे 'गुमनाम जर्नलिस्ट' के छद्म नाम से पत्र-पत्रिकाओं में कहानियाँ भी देते थे। उनके दफ़्तर में इंग्लिस्तान तथा अमरीका से जो मासिक और साप्ताहिक आते, उसमें जो कहानी उन्हें अच्छी लगती, उसको वे उर्दू में रूपान्तरित कर देते। उनकी कहानियों की बड़ी माँग थी। उस ज़माने में जब लेखों अथवा कहानियों के पारिश्रमिक की कोई प्रथा न थी, पण्डित 'रत्न' पाँच से दस रुपये प्रति कहानी ले लेते और किसी-किसी महीने तो उनकी आय चालीस-पचास रुपये हो जाती। अंग्रेज़ी कहानियों का रूपान्तर करने में उन्हें सिद्धि प्राप्त थी। और चेतन उनकी कहानियाँ शौक से पढ़ता था। उनकी उर्दू मँजी-धुली और टकसाली थी। शहर के बड़े-बड़े उर्दू अदीब उनका लोहा मानते थे। उन्हीं दिनों उर्दू के प्रसिद्ध नाटककार इम्तियाज़ अली 'ताज' और कवि मजीद मलिक ने मिल कर एक वार्षिकी — कारवाँ — के नाम से निकाली थी — रॉयल साइज़, अत्यन्त उत्कृष्ट काग़ज़, सुन्दर लिखाई-छपाई, पंजाब के एकमात्र प्रसिद्ध आर्टिस्ट अब्दुल रहमान चग़ताई के चित्र और तिरंगा मुखपृष्ठ! उसमें चेतन ने उनकी कहानी पढ़ी थी और वह दंग रह गया था — मुन्शी चन्द्रशेखर, महाशय देवदर्शन, कौशिक और राजेश्वर प्रसाद सिंह की कहानियों से वह कितनी भिन्न थी! (बाद में जब उसे मालूम हुआ कि वह उनकी मौलिक कहानी नहीं,

रूपान्तरित है, तो उसे किंचित निराशा हुई थी, लेकिन पण्डित जी की विद्वता में उसका जो विश्वास था, उसमें ज़रा भी कमी न आयी थी।)

जब से 'बन्दे मातरम' के सम्पादकीय विभाग में नयी व्यवस्था हुई थी, और पण्डित 'रत्न' रोज़ शाम को आने लगे थे, यूसुफ़ साहब की मेज़ के कोने पर बैठने के बदले वे महाशय धनपतराय की ख़ाली कुर्सी पर बैठ जाते और कभी चेतन की अनूदित ख़बरों को ठीक करके शीर्षक लगा देते, कभी मलिक साहब को 'नमक़दाँ' लिखने में सहायता देते — शहर के हंगामों की ख़बरें देते, कभी कोई नया विषय सुझाते और कभी काम ज़्यादा होता तो स्वयं एकाध नोट लिख देते।

पण्डित 'रत्न' हँसमुख प्रकृति के व्यक्ति थे और व्यंग्य-विनोद से काम लेना, बात-बात पर चुटकले छोड़ना, उनके स्वभाव का अंग था। नयी व्यवस्था के शुरू के दिनों की बात है, (चेतन अभी पूरी तरह अनुवाद करने के योग्य न हुआ था) एक दिन काम ज़्यादा होने के कारण मलिक साहब 'नमकदाँ' न लिख सके थे। पण्डित जी शाम को आये और मलिक साहब को परेशान देखा तो चेतन के सामने मेज़ पर बैठ कर 'नमकदाँ' लिखने लगे। उस दिन उन्होंने साम्प्रदायिक नेताओं के आग उगलने वाले भाषणों पर कालम लिखा। गुरुद्वारा शीशगंज का कुछ झगड़ा चल रहा था, नमकपाश शहर के दूसरे साम्प्रदायिक अड्डों से होता हुआ गुरुद्वारा शीशगंज पहुँच जाता है और वहाँ के एक भाषण की बानगी प्रस्तुत करता है....डेढ़-पौने दो वर्ष बीत जाने पर भी चेतन को उस टिप्पणी की अन्तिम पंक्ति शब्दशः याद थी :

> 'ओये भरावो सिक्खो! की तुसी इह्णाँ हिन्दुआँ नाल मिलवर्तन करोगे,
> जिन्हाँ दे सिर रंगीन मिंजी दे पावेयाँ वाँगू होंदे ने।'[1]

और 'नमकपाश' की टिप्पणी थी कि मुँडे हुए सिरों और तआवन (सहयोग) में क्या रिश्ता है, यह सोचने की ज़रूरत नहीं, क्योंकि इन भोले बदशाहों के भाषणों में तर्क को ढूँढ़ना रेत में तेल खोजने के बराबर है।

o

चेतन ने उर्दू केवल छठी कक्षा तक पढ़ी थी। वह उर्दू में कहानियाँ भी लिखता था और ग़ज़लें और नज़्में भी, लेकिन उसका उच्चारण ख़ासा अशुद्ध था। साधारणतः समाचार-पत्रों और पुस्तकों में ज़ेर-ज़बर[2] न रहने से उच्चारण में उसे बड़ी कठिनाई होती थी, फिर उर्दू लिपि के 'वाओ' और 'दाल' —ये दो अक्षर कातिब ऐसे लिखते थे कि उर्दू न जानने वाला 'दाल' की जगह 'वाओ' और 'वाओ' की जगह 'दाल' पढ़ जाता।

चेतन दिल से चाहता था कि अख़बार में जितने प्रचलित शब्द हैं, उनका उच्चारण उसे आ जाये, लेकिन दफ़्तर में पूछते हुए उसे संकोच होता था और बाहर किससे पूछे, यह बात उसकी समझ में नहीं आती थी। तभी उसकी नज़र में एक शब्द आया, जो अख़बार में बार-बार प्रयुक्त होता था। चेतन को उसके अर्थ का भी आभास था, लेकिन उसका ठीक

---

१. अरे सिक्ख भाइयो, क्या तुम इन हिन्दुओं के साथ सहयोग करोगे, जिनके सिर रंगीन चारपाई के पायों-जैसे (मुण्डे हुए) होते हैं।

२. मात्राएँ

उच्चारण न आता था। एक दिन उसने मलिक साहब का अच्छा मूड देख कर डरते-डरते उनसे कहा, 'मलिक साहब यह लफ़्ज़ क्या है — तादकतीका — जिसका मतलब शायद होता है....'

उसकी बात काटते हुए, बिना सिर उठाये उन्होंने कहा — 'यह तादकतीका ही है।'

जिस लहजे में मलिक साहब ने यह बात कही और जैसे उनके नथुनों में क्षीण-सी मुस्कान पैदा हुई, चेतन को लगा कि शब्द का उच्चारण ठीक नहीं, यह भी कि मलिक साहब को इस बात का बुरा लगा है कि ऐसे रोज़मर्रा के शब्द का उच्चारण भी उसे नहीं आता और वह घर से चला आया है, दैनिक अख़बार में एडिटरी करने!

सारा दिन चेतन मलिक साहब से आँखें नहीं मिला पाया। पूरे मनोयोग से ख़बरों का अनुवाद करता रहा। यद्यपि उसने शब्दकोश की सहायता से, यथाशक्य ठीक-ठीक अनुवाद किया था तो भी मलिक साहब ने उस दिन उससे कई ख़बरें दोबारा-सहबारा करायीं और एक जगह, जहाँ उसने मक्खी-पर-मक्खी मार दी थी, उसे बेतरह डाँट दिया....चेतन को हर बार यही लगा कि उनकी यह डाँट उसके उसी बेतुके प्रश्न के कारण है।

शाम को जब पण्डित 'रत्न' आये तो मलिक साहब ने हलकी-सी मुसकान के साथ (जो पहले उनकी नासिका में झलकती थी और फिर होंटों पर प्रकट हो कर ग़ायब हो जाती थी) कहा, 'देखिए पण्डित जी, आपका यार ता-वक्ते-कि को 'तादकतीका' पढ़ता है।'

पण्डित जी मलिक साहब की मेज़ के कोने पर एक पैर ज़मीन से टिका कर बैठ गये और चेतन की ओर को रुख़ करके उन्होंने कहा, 'साहब, जब तक आप उर्दू का बाकायदा मुतालआ नहीं करते, यह मसला आपके लिए लायबख़ुल ही रहेगा।' और मलिक साहब की ओर मुड़ कर बोले, 'ये हज़रत लायनहल[1] को भी लायबख़ुल पढ़ा करते हैं।'

मलिक साहब उस महीने में पहली बार हँसे।

चेतन कहना चाहता था, 'मैं कब 'लायनहल' को 'लायबख़ुल' पढ़ता हूँ। मैंने तो यह लफ़्ज़ ही नहीं सुना....'

लेकिन मलिक साहब को हँसते देख कर वह चुप रह गया। बल्कि उसने चाहा कि वह एक-दो और ऐसी बेवकूफ़ियाँ करे, मलिक साहब उसकी बेवकूफ़ियों पर हँसें और उसके प्रति उनका रुख़ कुछ और नर्म हो जाये।

पण्डित जी उसी तरह मेज़ पर झुके बैठे उर्दू शब्दों के उच्चारण और उनके सन्दर्भ में अच्छे-अच्छे पढ़े-लिखों की ग़लतियों के किस्से सुनाने लगे।

'....एक बार मेरा छोटा साला (साला ख़ासा बेवकूफ़ है) बाहर से एक हैण्ड बिल लिये हुए भागा आया और सब को सुना कर चिल्लाने लगा — ख़ुशंजरी, ख़ुशंजरी, ख़ुशंजरी....

'मैंने इश्तहार उसके हाथ से ले कर देखा, ऊपर दोनों कोनों पर और मिडल में मोटे कलम से लिखा था ख़ुशख़बरी.... ख़ुशख़बरी.... ख़ुशख़बरी — चूँकि 'ख़ुश' और 'ख़बरी' अलग-अलग नहीं, इकट्ठे लिखे थे, इसलिए वह अकलमन्द उन्हें ख़ुशंजरी पढ़ रहा था....

'....एक बार हमारे एक पंजाबी नेता अलीगढ़ के एक जल्से में तकरीर कर रहे थे।

---

१. जो हल न हो सके।

तकरीर करते हुए वो पूरे जोश से बोले, 'रौलेट ऐक्ट के ख़िलाफ़ महात्मा गाँधी ने जब इहतजाज[1] की सदा बुलन्द की तो पंजाब के बच्चे-बच्चे ने उस आवाज़ पर लीबक कहा....'

'वो इसके बाद जलियाँ वाला बाग़ के ख़ूनी हादिसे का ज़िक्र करने वाले थे, पर अचानक सुनने वाले ज़ोर से ठहाका मार कर हँस दिये।....बाद में उन्हें किसी ने बताया कि साहब लफ़्ज़ लीबक नहीं लब्बैक[2] है।

'....एक अच्छे पढ़े-लिखे साहब मिय़गाँ का मिसरगाँ पढ़ रहे थे और मुय़दा का मुसरदा। अब उन्हें कौन बताता कि साहब उर्दू रस्मुलख़त[3] में एक हर्फ़ 'य़' भी है। कभी आपने इस अमर पर ग़ौर फ़रमाया कि यह हर्फ़ भी कहीं इस्तेमाल होता है कि नहीं — मिय़गाँ और मुय़दा में यही 'य़' इस्तेमाल होता है।'

पण्डित जी किस्से-पर-किस्सा सुनाते और मलिक साहब को हँसाते जा रहे थे और चेतन सोच रहा था कि वह अंग्रेज़ी लिपि को ही बेतुकी समझता था। उर्दू लिपि तो उससे भी गयी-बीती है। ज़ेर ज़बर न लगाओ तो बलवन्त सिंह को बलूनत सिंह, बलौनत सिंह, बिलवुन्त सिंह, बुलवुन्त सिंह, बुलवून्त सिंह, बिलौंत सिंह, बिलोनत सिंह, बिलूनत सिंह — कुछ भी पढ़ लो। नीचे-ऊपर की बिन्दियाँ ज़रा इधर-उधर हो जायें तो ख़ुशख़बरी का ख़ुशंजरी, लब्बैक का लीबक और लायनहल का लायीख़ल या लायबख़ुल हो जाये....देवनागरी लिपि में इस तरह की ग़लती कभी नहीं हो सकती। उसने सुना था कि मुन्शी चन्द्रशेखर उर्दू से हिन्दी में आये थे (मन-ही-मन उसने सोचा कि इसी कठिनाई के कारण आये होंगे) और उसे अफ़सोस हुआ कि उसने हिन्दी क्यों नहीं सीखी, वह हिन्दी में लिखता तो उसे यह कठिनाई पेश न आती। जैसे बड़े-से-बड़ा भारतीय अंग्रेज़ीदाँ न अंग्रेज़ी बोल सकता है, न लिख सकता है, चेतन ने सोचा, इसी तरह बड़े-से-बड़ा पंजाबी उर्दूदाँ, दिल्ली अथवा लखनऊ वालों की तरह उर्दू नहीं बोल सकता। और पण्डित जी कह रहे थे :

'जभी तो कहा जाता है कि : आती है उर्दू ज़ुबाँ आते-आते!'

०

लेकिन इस डाँट-फटकार और मज़ाक का यह प्रभाव हुआ कि वह न केवल मलिक साहब का, बल्कि पण्डित जी का भी प्रिय पात्र हो गया। वह मलिक साहब के ही नहीं, पण्डित जी के घर भी जाने लगा और जब कुछ महीने के बाद फिर व्यवस्था बदली और पहले की तरह चारों सम्पादक दिन-रात आने लगे तो वह रोज़ शाम को बिला नागा पण्डित जी के साथ घूमने लगा।

पण्डित जी से उसकी घनिष्टता इस हद तक बढ़ गयी कि मंगतराम बलोची और दूसरे लोगों ने प्रवाद फैला दिया और जब उसकी शादी हुई तो मौलाना नईम बेग चग़ताई ने हाथ से लिख कर वह इश्तहार दफ़्तर 'बन्दे मातरम' के बाहर दरवाज़े के बराबर चिपका दिया,

---

१. विरोध
२. समर्थन किया।
३. लिपि।

जिसकी सुर्ख़ी थी :

लौण्डा-ए-ख़ुदरंग
की
शादी-ए-ख़ाना-आबादी

दस

रसोई-घर के सामने आँगन में रंगीन पीढ़े पर बैठा हुआ चेतन कल्पना-ही-कल्पना में पिछले वर्ष-डेढ़ वर्ष की अँधेरी-उजेली गलियों में भटकता रहा और बीबी जी उसके सामने (आँगन की ओर से एकदम खुली रसोई में) बैठी खाना पकाती रहीं।

शिमला जाने से पहले चेतन जब कभी पण्डित जी के यहाँ, उनके दफ़्तर से आने के पहले पहुँचता था तो बीबी जी सदा उसे अपने सामने पीढ़े पर बैठा कर घर-द्वार की बातें किया करती थीं। लेकिन उस शाम उनका मन शायद अपनी बेटी की बीमारी के कारण उदास था; एकाध बात करके वे चुप हो गयी थीं और पण्डित जी लोटा ले कर ऊपर चले गये थे तो चेतन फिर अपने विचारों में गुम हो गया था।

वे ऊपर से वापस आये तो चेतन लपक कर उठा और इससे पहले कि वे अपने लड़के अथवा लड़की को हाथ धुलाने के लिए आवाज़ देते, वह नल पर गया और बाल्टी से पानी का साफ़ लोटा भर कर उनके हाथ धुलाने को तैयार जा खड़ा हुआ।

पण्डित जी से उसका परिचय, जो मलिक यूसुफ़ के मज़ाक से शुरू हुआ था, इस साल-डेढ़ साल में न केवल घनिष्ट हो गया था, वरन पण्डित जी का घर उसे अपना घर प्रतीत होने लगा था। बीबी जी का हो अथवा पण्डित जी का, कोई भी काम करने में उसे हिचकिचाहट न होती थी।

पण्डित जी लोटे को मिट्टी से मल रहे थे, जब चेतन ने प्यारी की बीमारी का ज़िक्र चलाना चाहा, 'प्यारी को देख कर बड़ा अफ़सोस हुआ,' उसने कहा, 'क्या कहते हैं डॉक्टर ?' उसने पूछा।

पण्डित 'रत्न' के सदैव हँसते हुए मुख पर एक हलका-सा बादल आ कर चला गया, 'रीढ़ की हड्डी का नासूर है।' उन्होंने किंचित बेपरवाही से कहा, 'हस्पताल में दिखाया था। डॉक्टरों ने प्लास्टर लगा दिया है।' और फिर उस तकलीफ़देह प्रसंग को हटा कर किंचित हँसते हुए उन्होंने पूछा, 'तुम कहो, कैसा रहा शिमले में ?'

'अच्छा ही रहा,' चेतन ने उनका लोटा और मिट्टी-सने हाथ धुलाते हुए कहा, 'कविराज जी बज़ाहिर तो मेरी सेहत के ख़याल से मुझे शिमला ले गये थे, लेकिन वहाँ जा कर मालूम हुआ कि उनका असल मकसद मुझसे एक किताब लिखवाना था। शिमला भी देख आया और उन्हें एक किताब लिख कर भी दे आया।'

'कैसी किताब ?' पण्डित जी ने आँगन में आर-पार बँधी रस्सी पर सूखने के लिए

डाला हुआ तौलिया खींच कर उससे हाथ पोंछते हुए पूछा।

'बच्चे की पैदाइश से पहले और उसके जन्म के बाद माँ-बच्चे की देख-रेख और पाँच साल तक के बच्चे की बीमारियों और उनके इलाज-उपचार के बारे में।'

'लेकिन तुम इस सिलसिले में क्या जानते हो ?'

और पण्डित जी दीवार के साथ रखा पटरा उठा कर रसोई के सामने आ बैठे। चेतन के लिए उन्होंने दूसरा पटरा रख दिया और उसे अपने साथ खाना खाने का आदेश दिया।

चेतन रात को ज़रा देर से खाने का आदी था और पण्डित जी दफ़्तर से आ कर खाना खा लेते थे। चेतन को भूख नहीं थी। लेकिन कभी ऐसा नहीं हुआ था कि वह खाने के वक्त पहुँचा हो और उन्होंने बिना खाना खाये उसे जाने दिया हो, इसलिए वह बैठ गया।

बीबी जी ने थालियाँ परस दीं और खाना खाते हुए चेतन पण्डित 'रत्न' को सविस्तार अपने शिमला-प्रवास और वहाँ कविराज के लिए पुस्तक लिखने की कहानी सुनाने लगा। कविराज रामदास के मिठबोलेपन, चतुराई और धूर्तता का उल्लेख करते हुए उसने सभी घटनाएँ सुनायीं; वापस लाहौर पहुँचने पर भाई साहब की बेपरवाही के कारण अपनी परेशानी, कविराज से भेंट और उनके यहाँ पार्ट-टाइम काम करने की बात भी उसने कही और अन्त में अपना मन्तव्य प्रकट किया।

'काम तो मैंने उनका ले लिया है। दो घण्टे के बीस रुपया महीना देना उन्होंने तय किया है, पर साथ में अपने साहबज़ादे को थोड़ा-बहुत पढ़ाने की बात भी उन्होंने कह दी है। जैसा कि मैं उन्हें जान गया हूँ, उनसे मेरी ज़्यादा दिन पटेगी नहीं। आप कहीं दूसरी जगह ही कोई काम ले देते तो बहुत अच्छा होता। पार्ट-टाइम भी मिल जाये तो मैं कर लूँगा।'

पण्डित 'रत्न' चुपचाप उसकी बातें सुनते रहे थे, बीच में दो-तीन बार हँसे भी और होंटों-ही-होंटों में उन्होंने दो-चार गालियाँ भी कविराज को दीं, लेकिन जब चेतन ने अपनी बात ख़त्म की तो खाना ख़त्म करके उठते हुए उन्होंने कहा, 'तुम 'बन्दे मातरम' क्यों नहीं जाते ? कल ही मैं वहाँ गया था। युसुफ़ कह रहे थे — सुना है चेतनानन्द आ गये हैं, लेकिन दफ़्तर नहीं आये और उनके इन्तज़ार में कोई नया आदमी नहीं रखा गया।'

'पण्डित जी, अब मैं वहाँ काम नहीं करना चाहता।' चेतन ने ऐसे स्वर में कहा, जिसमें विवशता-मिला अनुरोध था। 'इस डेढ़-दो साल में मेरी सेहत चौपट हो गयी है। रात को काम करने से मुझे एतराज़ नहीं, अगर दिन को दो-तीन घण्टे सोने को मिल जायें, लेकिन 'बन्दे मातरम' में दिन-रात काम करना पड़ता है और आराम ज़रा नहीं मिलता।'

पण्डित 'रत्न' ने कोई उत्तर नहीं दिया। चुपचाप नल पर हाथ धो कर तौलिये से पोंछते रहे। चेतन ने भी हाथ धोये और रूमाल से पोंछते हुए उसने इतना और कहा, 'फिर मैं चालीस रुपये पर आया था। तरजुमा करना मुझे ज़रा नहीं आता था। महाशय धनपतराय ने मुझसे वादा किया था कि मैं तरजुमा सीख लूँगा तो मेरी तनख़्वाह बढ़ जायेगी। डेढ़ बरस से ऊपर मुझे अख़बार में काम करते हो गया है। 'नमकदाँ' और लीडिंग आर्टिकल छोड़ कर सभी काम मैं करता हूँ। अफ़साने लिखता हूँ; नज़्में लिखता हूँ और अब तो कापी भी लगाता हूँ, लेकिन एक पैसे की तरक्की उन्होंने मुझे नहीं दी। दूसरी कोई जगह न मिली और कविराज से न पटी तो झख मार कर मुझे वहीं जाना पड़ेगा। लेकिन मैं चाहता नहीं।'

पण्डित जी इस बीच कमरे में आ गये थे। चेतन भी उनके पीछे-पीछे अपनी बात कहता चला आया था। उसकी बात सुनते हुए उन्होंने तहमद उतार कर फिर शलवार पहन ली थी। कमीज़ पर वास्केट पहन कर सिर पर कुल्लेदार पगड़ी रखी, पैरों में पम्प शू पहने और कोने से मैला कपड़ा उठा कर उन्हें पोंछा। फिर बाहर की ओर चलते हुए बोले :

'ठीक है, अभी चलते हैं। जा कर देखते हैं। कहीं-न-कहीं काम मिल ही जायेगा। 'भीष्म' तो बन्द हो गया है। उसे उसके ऐडवरटाइज़िंग मैनेजर पण्डित गणेशलाल ने ख़रीद लिया है। वो नया परचा निकालने जा रहे हैं। 'ज़ख़्मी' उसके एडीटर होंगे। वहाँ भी सब-एडिटर की ज़रूरत होगी। 'देश' या 'समाज' में भी कोई जगह ख़ाली हो सकती है। घबराओ नहीं, कहीं-न-कहीं कुछ हो जायेगा।'

बातें करते हुए वे आँगन पार कर गये थे। डेवढ़ी में पलट कर उन्होंने अपनी पत्नी से कहा, 'मुझे आज वापसी पर कुछ देर हो जायेगी।'

और वे बाहर निकल गये। चेतन भी उनके पीछे लपका। बाहर गली में निकल कर उन्होंने ज़ोर से आवाज़ दी :

'भड़ोली, डेवढ़ी का दरवाज़ा बन्द कर लो!'

☒☒☒

दूसरा खण्ड

ग्यारह

५ दिसम्बर, १९३१

'कल मलिक साहब बहुत ख़ुश हुए और इसीलिए जब ड्यूटी ख़त्म होने पर महाशय धनपतराय को काम सँभाल बाहर निकले तो बोले — चलो, ज़रा अनारकली तक मेरे साथ।'

o

कृष्णा गली की अपनी बैठक में चेतन एक ईज़ी चेयर पर नोट-बुक लिये बैठा था। पण्डित 'रत्न' ने सात-दस दिन लगा कर दौड़-धूप करके उसे 'वीर भारत' में पार्ट टाइम काम ले दिया था। उसे केवल रात की शिफ़्ट में काम करना था और वेतन उसका तीस रुपये तय हुआ था। दिन-रात दोनों वक्त काम करके ४० रु० पाने के मुकाबले में एक ही वक्त के तीस रुपये चेतन को बहुत ज़्यादा लगे। दिन भर वह अपना लिखे-पढ़ेगा, रात को 'वीर भारत' में काम करेगा, यह उसने फ़ैसला किया। सामान वग़ैरह करीने से सजा कर उसने सोचा कि पिछले चन्द दिनों में वह जिन लोगों से मिला है, उनके ख़ाके वह अपनी नोट-बुक में दर्ज कर ले। लेकिन लिखने से पहले उसने यूँ ही कापी खोली तो वह पाँच दिसम्बर पर खुल गयी और वह पढ़ने लगा :

> 'मलिक साहब की यह आदत है कि जिस दिन वो मुझ पर बहुत ग़ुस्से होते हैं, उस दिन शाम को साथ चलने का हुक्म देते हैं। जिस दिन मैं ठीक काम करता हूँ और वो ग़ुस्से नहीं होते, वे दफ़्तर से निकलते ही आँगन से साइकिल उठा, डेवढ़ी की सीढ़ियों से उतार, उस पर पैर रखते हैं और बायाँ हाथ ज़रा सिर के ऊपर उठाते हुए, 'अच्छा तो चल दिये!' कहते हैं और यह जा, वो जा, नज़रों से ओझल हो जाते हैं।'

एकदम सीधी पंक्तियों में लिखे हुए उर्दू के निहायत सुन्दर छोटे-छोटे शब्द और वाक्य! चेतन को नोट-बुक में लिखी अपनी ख़ुशख़त इबारत बड़ी अच्छी लगी और तीसरी कक्षा के उस टीचर की याद उसे हो आयी, जिसने गणित में चाहे उसे नाकारा बना दिया हो, पर ख़ुशख़ती के लिए उसके मन में पर्याप्त रुचि पैदा कर दी थी। नोट-बुक में लिखे हुए शब्द उसे कातिबों की लिखाई-ऐसे ही सुन्दर लगे — एकदम नगीनों जैसे। वह आगे पढ़ने लगा :

> 'मैं मलिक साहब के साथ हो लिया। अनारकली तक वे चुपचाप चले आये। एक भी बात उन्होंने नहीं की। लेकिन इस तरह चुपचाप चलते हुए भी न जाने कैसा अपनापे का एहसास उनके साथ-साथ चलने में हुआ। लगा, जैसे वो अब ज़रा भी नाराज़ नहीं हैं।

'यूँ कहने को महाशय धनपतराय भी सुन्दर हैं। रंग भी उनका गोरा है, नाक-नक्शा भी तीखा है। काँग्रेस के स्वयं-सेवक-दल में भी रहे हैं, भाषण भी ज़ोरदार दे लेते हैं और मुझे यह नौकरी भी उन्हीं ने दिलवायी है, पर जाने क्यों, जब-जब मैं उनकी तरफ़ देखता हूँ, कुछ अजीब-सी घमण्ड-भरी मूर्खता उनके चेहरे पर साफ़ दिखाई देती है, जो मन में नफ़रत पैदा करती है। लेकिन युसुफ़ तो यूसुफ़ ही हैं — उनके माथे के तेवर, उनकी आँखों की लाली; उनका ग़ुस्सा — सब अच्छा लगता है और उनके नथुनों में फूट कर होंटों पर झलक उठने वाली वह मुस्कान....

'अनारकली में तराज़ू-जैसे दो झाबे लगाये, उनमें सफ़ेद रंग की पपड़ियाँ-सी भरे एक ख़ोंचे वाला आवाज़ लगा रहा था — ख़स्ता करारि-ए-ख़ुरमाँ- एँ-गज़ेक — मैंने इस ख़ोंचे वाले को कई बार देखा था। कई बार इसकी आवाज़ भी सुनी थी, लेकिन मैं यह न जान पाया था कि आख़िर यह बेच क्या रहा है। कई बार मेरा मन हुआ, दो पैसे की गज़क ख़रीद कर देखूँ, लेकिन इस डर से कभी हौसला न कर पाया कि अगर चीज़ मँहगी हुई तो आने-दो पैसे की माँगने पर ख़ोंचे वाला मज़ाक न कर दे — 'क्यों, घर में क्या मेहमान आ गये हैं।'....पंजाबी ख़ोंचे वालों की मज़ाकिया तबियत से मुझे डर लगता था।

'मलिक साहब ने दो आने की गज़क ली तो काफ़ी चढ़ गयी। तब मन-ही-मन मैंने तय किया कि आज मैं भी गज़क चख कर देखूँगा। और जब मलिक साहब को हस्पताल रोड पर छोड़ कर मैं पलटा तो मैंने दो पैसे की गज़क ख़रीद ली। चख कर देखी तो मालूम हुआ कि धुले हुए तिलों की मिठाई है। तिल तो मुझे गर्मी करते हैं। मैं इतनी सारी कैसे खाता ? सो मैंने सामने मनिहारी वाले की दुकान से शीशे की एक गुम्बदनुमा ढक्कन वाली सफ़ेद कटोरी ख़रीदी, उसमें गज़क रख, घर आ कर उसे ताक में सजा दिया।

'आज मैंने मलिक साहब को कल शाम की गज़क वाली बात सुनायी तो उनके नथुनों में बड़ी प्यारी-सी मुस्कान झलक उठी....'

o

चेतन ने डायरी के पृष्ठ उलटे। एक जगह फिर उसकी निगाह चिपक गयी। लिखा था :

'कल ईद थी। हम (मैं और पण्डित 'रत्न') मेक्लोड रोड पर ग़ुलाम नबी बिल्डिंग में मलिक साहब को ईद की मुबारक देने गये। पुरानी अनारकली की कमर्शियल बिल्डिंग्ज़ की तरह ही ग़ुलाम नबी बिल्डिंग भी बनी हुई है। नीचे बड़ी दुकानें हैं। ऊपर फ़्लैट। इन सब में ज़्यादातर मुसलमान रहते हैं। 'अदबी दुनिया' के एडिटर और मालिक, मशहूर शायर 'ताजवर' नजीबाबादी भी वहीं रहते हैं और गवर्नर की काउन्सिल में मेम्बर सर ज़फ़रुल्लाह ख़ाँ के नज़दीकी रिश्तेदार, 'दौरे-जदीद' के मालिक और एडिटर, चौधरी अफ़ज़ल बेग भी! इन दो नामी हस्तियों के अलावा कुछ अदीब-किस्म के गुमनाम लेखक भी इसी बिल्डिंग में रिहाइश रखते

हैं। पण्डित जी रास्ते में ताजवर साहब और हफ़ीज़ जालन्धरी के बीच होने वाली नोक-झोंक के किस्से सुनाते रहे।

'मलिक साहब घर पर ही थे। सफ़ेद बुर्राक शलवार और हलके सरदई रंग की कमीज़ पहने वो बाहर निकले और पण्डित जी से गले मिले। उस बग़लगीरी में मुझे कुछ अजीब-सी मुलायमत का एहसास हुआ। गर्मजोशी भी और बेहद नर्मी भी। पंजाबी हमागोशी[१] की वह शिद्दत नहीं, जो हड्डियों को कड़कडा देती है। पण्डित जी ने जब उन्हें बाँहों में भरा तो ऐसे, गोया किसी ऐसी नाज़ुक चीज़ को कुलाबे में ले रहे हैं जो छूते ही टूट जायेगी। बड़ी एहतियात से उन्होंने मलिक साहब को सीने से लगाया —ऐसे कि मुश्किल से सीने-से-सीना छुआ होगा। पहले दायें सीने से बायाँ फिर बायें से दायाँ —पण्डित जी के चेहरे पर लाली झलक आयी और मलिक साहब के चेहरे पर कुछ अजीब-सा हिजाब।[२]

'मलिक साहब हमें बैठक में ले गये। कमरा तो काफ़ी बड़ा था, पर फ़र्निचर के नाम पर उसमें सिर्फ़ एक दरी बिछी थी। वहीं हम जा बैठे....पण्डित जी अपने साथ कुछ परचे[३] ले आये थे, जो उन्होंने मलिक साहब को दिये। कुछ क्षण बैठे, दोनों उनमें छपने वाली कहानियों पर बातचीत करते रहे। फिर पण्डित जी उठे।

'अरे, आप ईद की सेवैयाँ तो चखते जाइए।' मलिक साहब ने वैसे ही नाक में मुस्करा कर कहा। फिर वहीं आलमारी से निकाल कर एक दस्तरख़्वान फ़र्श पर बिछा दिया। उसके बाद वो अन्दर जा कर एक ट्रे में सेवैयों से भरा तामचीनी का काफ़ी गहरा कटोरा और तीन बड़े चम्मच ले आये जिन्हें उन्होंने उस दस्तरख़्वान पर बीचों-बीच रख दिया।

'मेरा ख़याल था कि वो अब जा कर कटोरियाँ या तश्तरियाँ लायेंगे। लेकिन वो और कुछ नहीं लाये और ख़ुद बैठ गये और उन्होंने एक चम्मच उठा लिया।

'आइए!'

'पण्डित जी ने भी चम्मच उठा लिया और वो मलिक साहब के साथ सेवैयाँ खाने लगे।

'हालाँकि मलिक साहब की 'आइए' में मैं भी शामिल था, लेकिन मैं वैसे ही बैठा रहा....मुसलमान के साथ खाने में मुझे झिझक न थी। मैं कॉलेज के ज़माने में हमीद के घर खा-पी लिया करता था। लेकिन मुसलमान तो दूर रहा, किसी हिन्दू के साथ भी एक थाली में बैठ कर मैंने कभी न खाया था। माँ तो कभी हम भाइयों को भी एक थाली में खाने की इजाज़त न देती थी.... लेकिन

१. आलिंगन
२. लज्जा
३. पत्रिकाएँ

जब पण्डित 'रत्न' ने कहा, 'आओ चेतन!' तो मैं इनकार न कर सका, न कोई बहाना बना सका। चुपचाप मैंने चम्मच उठा लिया।

'लेकिन मैंने दो चम्मच ही लिये होंगे कि मलिक साहब ने बुरी तरह डाँट दिया।

'बात यह हुई कि पण्डित जी और मलिक साहब कटोरे में से चम्मच भर कर उसके नीचे बायाँ हाथ रखे हुए चम्मच मुँह में डालते थे। जबकि मैंने चम्मच के नीचे हाथ नहीं रखा और दोनों बार मुँह ज़रा-सा आगे कटोरे पर करके चम्मच मुँह में डाल लिया।

'चम्मच के नीचे भी हाथ रखो। यह कैसे गँवारों की तरह खाते हो। — उन्होंने ख़ासे कड़े लहजे में कहा।

'जी चाहा, उसी वक्त चम्मच रख कर उठ जाऊँ और बाहर बरामदे में जा कर पण्डित जी का इन्तज़ार करूँ। लेकिन जिस तरह दफ़्तर में ग़लतियाँ करने पर जब मलिक साहब डाँटते हैं तो मैं कभी पलट कर कुछ नहीं कह पाता, इसी तरह उस वक्त भी कुछ नहीं कह सका और चुपचाप चम्मच से ज़रा नीचे बायें हाथ का कप बनाते हुए (कि अगर चम्मच से सवैयाँ या दूध गिरे तो हाथ पर पड़े) सवैयाँ खाने लगा।

'बार-बार सोचने पर भी यह बात मेरी समझ में न आ रही थी कि अगर मैंने चम्मच के नीचे हाथ न रखा तो क्या बुरा हुआ ? जब चम्मच मुँह में ले कर उसी में फिर सवैयाँ भरी जाती हैं, तब सुच्चे-जूठे का तो सवाल ही न रहा। सोचते-सोचते यही समझ में आया कि मलिक साहब की डाँट का यही सबब था कि अगर भरे हुए चम्मच से सवैयाँ का कोई तार छलक जाये तो खाने वाले या उसके साथियों पर ज़रूर छींटे पड़ेंगे। इसीलिए मलिक साहब ने मुझे डाँट दिया था।

'रास्ते भर पण्डित जी बमकते आये, लेकिन मैं चुपचाप चला आया....जाने मुहज़्ज़ब[1] लोगों के तौर-तरीके मुझे कब आयेंगे।'

०

फिर एक पृष्ठ पर लिखा था।

०

'पण्डित जी के साथ लगभग रोज़ घूमता हूँ। उनके सभी दोस्तों से मिला हूँ। सभी अड्डों पर गया हूँ। यह देख कर हैरत होती है कि उनके यारों में दयाल ढोढों की कमी नहीं। यूँ कहूँ तो ठीक होगा कि उनके दोस्तों में ज़्यादातर दयाल ढोढे जैसे हैं....

'....उनके एक दोस्त हैं —ज्ञानचन्द! ऑडिट ऑफ़िस में हेड क्लर्क हैं। मोरी दरवाज़े और भाटी दरवाजे के बीच सरक्युलर रोड के एक चौबारे में रहते हैं। उनके पास एक कमरा और रसोई-घर है। उनके चौबारे के सामने खुला

१. सभ्य

आँगन है। वहाँ जाने पर ऐसा लगता है, से किसी पहुँचे हुए फ़कीर के तकिये पर आ गये हैं। उनकी सूरत भी फ़कीरों-जैसी है। रंग गोरा है। सिर के बालों को मेंहदी लगाते हैं। उनको देख कर लगता ही नहीं कि ये किसी दफ़्तर के ज़िम्मेदार अफ़सर हैं। सुनता हूँ किसी ज़माने में ग़ज़ल कहा करते थे और 'सीमाब' तख़ल्लुस[१] रखते थे, मगर अब वह शौक कब का चुक गया है। नौकरी करते उन्हें बाईस-एक बरस हो चुके हैं और अब वे रिटायर होने को हैं।

'शाम को उनके चौबारे पर कुछ दोस्त आ इकट्ठे होते हैं। बादाम और पिस्ता डाल कर सिल-बट्टे पर बड़ी लगन से भाँग घोटी जाती है और एक लोटा पी कर वो बड़े प्रेम से गाया करते हैं —पण्डित जी से मालूम हुआ है कि उन्होंने एक लड़का (लौण्डा वे नहीं कहते, पर जब वो बात करते हैं तो लगता यही है) पाला था। उसे लिखाने-पढ़ाने की कोशिश की, पर सफल नहीं हुए। तब उसे उन्होंने गाना-बजाना सिखाया। उसकी शादी की। लेकिन शायद बहू से उनकी पटी नहीं। भाटी दरवाज़े के अन्दर जिस मकान में रहते थे, वह उन्हें दे कर ख़ुद उस चौबारे पर उठ आये हैं, पहले कभी दिन-त्योहार पर बूटी छनती थी, अब यह रोज़ का शग़ल हो गया है।

'....एक दूसरे दोस्त हैं। एग्ज़ेकटिव इंजीनियर हैं। उन्होंने शादी नहीं की। अभी एस० डी० ओ० थे कि एक दिन अनारकली में एक मुसलमान छोकरा उन्हें भा गया। वह छाता खोले उसकी हर तीली से एक-एक रूमाल बाँधे आवाज़ लगाता और लोगों का ध्यान अपनी तरफ़ खींचता था। कभी वह छाते की डण्डी को दोनों हाथों से घुमा देता। रूमाल हवा में लहराते और वह आवाज़ लगाता। पण्डित जी के दोस्त को वह इतना प्यारा लगा कि उन्होंने उस दिन उसके सारे रूमाल ख़रीद लिये। दो-तीन दिन यही होता रहा, फिर उन्होंने उस लौण्डे को ही ख़रीद लिया —ख़रीद लिया कहना ग़लत है। असल में वो उसके वालिद के घर गये। उसे समझाया कि लड़का उसका ज़हीन[२] है, वह उसे उनको दे दे। दस रुपया महीना उन्होंने उसके वालिद को देना शुरू कर दिया और लड़के को घर ले आये। उसका नाम उन्होंने लाल मुहम्मद की बजाय लाल चमन रख दिया और उसे पढ़ाया-लिखाया। उसकी शादी की और उसे बैरिस्ट्री पढ़ने के लिए विलायत भेज दिया। वहाँ वह पिछले सात वर्षों से है। इस साल या अगले साल आयेगा और उन्होंने उसके लिए छावनी की सड़क पर एक कोठी बनवा दी है।

०

'....उनके एक और दोस्त हैं। पुराने जर्नलिस्ट हैं। हाल ही में उनकी जान-पहचान एक हसीन लड़के से हुई, जिसने जालन्धर के उसी कॉलेज से बी० ए० किया है, जहाँ से मैंने। मेरा ख़याल है वह मुझसे एक बरस जूनियर था। कॉलेज में उसके पीछे गुण्डे लगे रहते थे। पण्डित जी के इन दोस्त ने अपनी सारी जमा-पूँजी

---

१. उपनाम

२. मेधावी

लगा कर एक सिने-मैगज़ीन शुरू की है और उसे अपना पार्टनर बना लिया है।

०

'....गुरू घण्टाल' के मालिक-सम्पादक लाला जीवनलाल कपूर अपने और डोगरा के फ़ोहश[1] किस्से सदा नमक-मिर्च लगा कर सुनाया करते हैं।

०

'....महाशय धर्मचन्द, सम्पादक और मालिक 'बहार' (जो 'गुरु घण्टाल' के बाद सबसे ज़्यादा बिकने वाला अहम हफ़्तावार है) हर दूसरे-तीसरे बरस एक नया एडिटर रख लेते हैं, जो 'भीष्म' के गूँगों का-सा दर्जा रखता है। महाशय धर्मचन्द 'महात्मा' नहीं पालते। जहाँ 'एडीटर' 'गूँगे' से 'महात्मा' बना, वे उसे धता बता देते हैं।'

०

फिर एक पृष्ठ पर लिखा था :

'मुझे उर्दू रोज़नामों और हफ़्तावारों के अकसर एडिटरों, ट्रांसलेटरों और अख़बार के 'अपने शायरों' पर तरस आता है। ये लोग कितने भूखे हैं ? भूखे और नदीदे! ये समाज को सुधारने, उसमें और उसके निज़ाम में इन्कलाब लाने के सपने लोगों को देते हैं, बड़े जोशीले मज़मून लिखते हैं, लेकिन ख़ुद उनकी समझ, सोच और अमल का दायरा इतना तंग और महदूद[2] है कि मुझे कभी-कभी लगता है — मैं कहाँ आ फँसा। इस माहौल से स्कूल की फ़िज़ा कैसे बुरी है ? ऐसी एडिटरी से मास्टरी क्या बेहतर नहीं ?....लेकिन अब अगर मैं इस दलदल में आ फँसा हूँ तो इससे कुछ पाये बिना इसे नहीं छोड़ूँगा! हाँ, मैं इसमें सदा नहीं रह सकूँगा। भाई साहब लाहौर आ ही गये हैं। जिस दिन उनकी दुकान चल निकली और मेरे सिर पर छत का सहारा हुआ, मैं इस दमघोंटू माहौल से निकल जाऊँगा। इस अख़बारी ज़िन्दगी के तजरुबे घाते में रहेंगे। मुझे अगर अदीब[3] बनना है तो ज़िन्दगी के बुरे और तकलीफ़देह तजरुबात से कन्नी काट कर काम नहीं चलेगा। जो कुछ भी रास्ते में आयेगा, उसे आँखें खोल कर देखूँगा फिर चाहे वह कितना भी भयानक, घिनावना, ग़लीज़ और नफ़रत-अंगेज़ क्यों न हो....'

०

चेतन ने पृष्ठ पलटे : एक पृष्ठ पर फिर उसकी निगाहें जम गयीं।

०

'बलोची को मेरी और पण्डित जी की दोस्ती से बेपनाह हसद[4] है। पण्डित जी से वह डरता है। उनके ओहदे और काबलियत — दोनों के कारण! उसने मेरे ख़िलाफ़ ख़ासा स्कैण्डल फैला दिया है।

---

१. अश्लील।
२. सीमित
३. लेखक
४. ईर्ष्या

'इस स्कैण्डल का असर ज़ायल[1] करने का यही तरीका है कि पण्डित जी के साथ खुले आम घूमूँ और लोगों को बकने दूँ। लोग सच की खोज नहीं करते। करना नहीं चाहते। वे अपना एक निजी सच (जो सौ फ़ीसदी झूठ होता है) गढ़ लेते हैं और उसी को सच मान कर उसका प्रचार किया करते हैं। उनको असली बात बताने, उनके झूठ का पर्दा फ़ाश करने, उनके सामने सच्चाई के ढोल पीटने से कुछ हासिल नहीं....उन्होंने जिस झूठ को सच समझ रखा है, उसे वो कभी नहीं छोड़ेंगे। अगर एक छोड़ भी देगा तो कोई दूसरा उसे थाम लेगा.... मैंने तय किया है कि पहले अगर हफ़्ते में दो-तीन बार पण्डित जी के जाता था तो अब रोज़ जाऊँगा — उनके हाथ-में-हाथ दिये घूमूँगा! उनके साथ बेझिझक सभी दोस्तों के यहाँ जाऊँगा....पण्डित जी के मन में मेरे लिए वैसी बात नहीं है, जैसी बलोची के मन में। उन्होंने एक-दो बार प्यार से मेरा माथा ज़रूर चूमा है, पर जाने क्यों मुझे बुरा नहीं लगा। शायद इसलिए कि उनकी आँख में मैल नहीं था। अजीब-से प्यार का जज़्बा था, जो कहीं एकदम सच्चा महसूस होता था। जब से उन्होंने अपने मरहूम[2] बड़े लड़के का फ़ोटो दिखाया है (अजीब बात है कि उसकी शक्ल मुझ से थोड़ी-बहुत मिलती है) और कहा है कि मुझे देख कर पहले दिन ही उन्हें उसकी याद आ गयी थी, मुझे पण्डित जी का साथ अच्छा लगता है। उनकी बीवी भी मुझे बेटे की तरह मानती है और वैसा ही प्यार देती है....मैं पण्डित जी के मन की बात क्या जान सकता हूँ ? हो सकता है, अपने अकसर दोस्तों की तरह उनमें भी यह कमज़ोरी हो और उन्होंने उसको सबलीमेट कर लिया हो[3]....यह भी हो सकता है कि उन्हें मेरी कहानियाँ पसन्द हों और वो मेरा हौसला बढ़ाना चाहते हों....या फिर यही सच हो कि उन्हें सचमुच मुझे देख कर अपने बड़े बेटे की याद आ जाती हो।....जो भी हो, अगर उनके मन में कुछ होगा भी तो इस खुले ब्योहार से ख़त्म हो जायेगा, इसका मुझे पूरा यकीन है।'

०

चेतन यों ही अनमने भाव से कापी के पृष्ठ पलटता गया। एक जगह ख़ाली पृष्ठ में केवल चन्द पंक्तियाँ लिखी थीं :

०

'आज चौधरी अफ़ज़ल बेग ने रुपये भिजवा दिये। शाम को मैं जिससे भी मिला, मैंने इस बात का ज़िक्र किया। सब ने इस बात पर हैरत ज़ाहिर की। क्योंकि सब का यह ख़याल था कि उस मूज़ी से पन्द्रह रुपये तो दूर, पन्द्रह पैसे भी नहीं मिल सकते। कई दोस्तों ने बताया कि उनके रुपये उसने मार रखे हैं।....दोस्तों की हैरत देखता हूँ तो मुझे कॉलेज के ज़माने की याद आ जाती है, जब मैंने गोगे को पीट दिया था और साथियों को इस बात पर हैरत न थी कि राजकिशोर पिट गया, बल्कि इस पर कि वह मुझसे पिटा।

---

१. नष्ट
२. दिवंगत
३. उन्नयन कर लिया हो

०

चेतन ने इसके बाद नोटबुक में कई पृष्ठ ख़ाली रख छोड़े थे —शायद इस ख़याल से कि वह उस घटना को विस्तार से उसमें लिखेगा, पर शायद उसे समय नहीं मिला या जाने क्या व्याघात उपस्थित हुआ कि वह उस घटना को वहाँ नहीं लिख सका। उस पैरे को पढ़ते-पढ़ते सहसा सारी-की-सारी घटना चेतन की आँखों में कौंध गयी....

०

....किस्सा वास्तव में यह था कि भाई साहब की दुकान पर एक बड़े जहाज़ी साइनबोर्ड की ज़रूरत थी। उस पर उस मन्दी के ज़माने में भी चौदह-पन्द्रह की लागत का अनुमान था। चेतन का वेतन दुकान और घर के किराये में निकल जाता था और भाई साहब मुश्किल से घर का ख़र्च चला पाते थे। तब चेतन ने पण्डित 'रत्न' से कहा था कि उसे कुछ अतिरिक्त काम कहीं से ले दें, जिससे कुछ आय हो जाये!

उन्हीं दिनों चौधरी अफ़ज़ल बेग ने पंजाब के किसानों के लिए एक साप्ताहिक —दौरे-जदीद —निकाला था। सरकार से उन्हें उस पत्र के लिए कुछ अनुदान मिलता था। पण्डित 'रत्न' ने एक दिन चेतन से कहा कि चौधरी साहब को एक सहकारी की ज़रूरत है, जो काम चाहे घर पर करे, पर उनका अंक वक्त से तैयार कर दे।

'इतना समय तो मेरे पास नहीं,' चेतन ने कहा, 'कि मैं पूरा साप्ताहिक तैयार कर दूँ, पर यदि वे चाहें तो हर हफ़्ते मैं उन्हें एक कहानी अथवा लेख दे सकता हूँ।'

और चेतन पण्डित जी के साथ ग़ुलाम नबी बिल्डिंग, मैक्लोड रोड पहुँचा था। चौधरी घर ही पर थे। बिल्डिंग की दूसरी मंज़िल में सभी फ़्लैटों के सामने लम्बा खुला बरामदा था। चौधरी साहब ने बाहर बरामदे ही में कुर्सियाँ लगा दीं और पण्डित जी ने उन्हें चेतन का परिचय दिया।

चौधरी अफ़ज़ल बेग लम्बे-ऊँचे, मोटे-तगड़े, लहीम-शहीम, पले हुए रीछ-सरीखे आदमी थे। दायीं बाँह उनकी न जाने कैसे कट गयी थी, लेकिन बायीं इतनी मज़बूत थी कि यदि वे बायीं बाँह की धौल किसी को जमा दें तो वह वहीं ज़मीन में धँस जाये।

पण्डित जी की बात सुन कर चौधरी साहब हँसे, 'आपके इस अज़ीज़ को कौन नहीं जानता!'

उन्होंने 'अज़ीज़' शब्द पर कुछ ऐसे ज़ोर दिया कि चेतन का चेहरा क्रोध से तमतमा गया। उसका जी हुआ कि उठ कर चल दे। लेकिन वह चुपचाप बैठा रहा।

तब चौधरी साहब ने जिज्ञासा प्रकट की कि वह 'दौरे-जदीद' के लिए क्या कर सकता है?

चेतन ने हर हफ़्ते कहानी अथवा लेख लिखने की बात की।

उन्होंने बताया कि कहानी या लेख जो भी वह लिखे, कृषि-सम्बन्धी लिखे। और जब कातिब कापी तैयार कर दे तो उनके प्रूफ़ भी वह पढ़ दे। वे उसे तीस रुपया महीना दे दिया करेंगे। तीन महीने वह काम करके दिखाये, फिर वे वेतन बढ़ा देंगे।

चेतन ने कहा कि वह यथासम्भव मेहनत और दयानतदारी से काम करेगा। उसकी शर्त केवल एक है कि उसे हर हफ़्ते अनुपात के अनुसार पारिश्रमिक दे दिया जाये।

'वह हो जायेगा।' चौधरी साहब ने अपनी कुल्लेदार पगड़ी सिर से उतार कर बराबर की कुर्सी पर रखते और खलवाट पर हाथ फेरते हुए कहा।

०

चेतन ने 'दौरे-जदीद' के लिए तीन कहानियाँ और तीन लेख लिखे, पर जब उसे तीसरे हफ़्ते तक पहले सप्ताह का पारिश्रमिक न मिला तो उसने चौथे सप्ताह काम नहीं किया।

इसके बाद वह कई बार दो-ढाई मील की मंज़िल मार कर पारिश्रमिक के लिए मैक्लोड रोड गया, पर रुपया देना तो दूर रहा, वे उल्टा उससे मज़ाक करते कि जिसका यार पण्डित 'रत्न' हो, उसे चन्द रुपयों की क्या ज़रूरत है, कि दस-बीस रुपये की क्या बात है, हज़ारों उस पर न्योछावर किये जा सकते हैं। और वे आँखें दबाते और अपने आप ठहाके लगाते।

चौदह-पन्द्रह घण्टे दफ़्तर में काम कर, किसी तरह के आराम के बिना चेतन ने 'दौरे-जदीद' के लिए काम किया था और चौधरी साहब थे कि पैसा देना तो दूर, उल्टा उससे भौंडे मज़ाक करते थे। उसके सब्र का प्याला एकदम भर गया। एक दिन जब पण्डित जी मलिक साहब को मिलने मैक्लोड रोड जाने लगे तो चेतन उनके साथ हो लिया। जब वे सीढ़ियाँ चढ़, बिल्डिंग के बरामदे में पहुँचे तो चौधरी साहब अपने फ़्लैट के सामने बरामदे के चौड़े जँगले पर एक टाँग नीचे लटकाये बैठे थे। पण्डित जी मलिक साहब के यहाँ जाने से पहले चौधरी साहब की ओर चले गये और उचक कर उनके पास जा बैठे।

चेतन ने चौधरी साहब से कहा कि वे एक मिनट को उसकी बात सुन लें।

'बोलो, बोलो, यहीं बोलो।'

'नहीं, सिर्फ़ एक मिनट को मेरी बात सुन लीजिए।'

चौधरी साहब का एक पाँव ज़मीन के साथ लगा था, उसी के बल वे उतर आये और चन्द कदम बरामदे में बढ़ गये।

'बोलो!'

जल्दी में चेतन को कुछ न सूझा कि क्या कहे।

'आप मेरे पैसे देंगे या नहीं ?' उसने कहा।

चौधरी साहब क्रोध से पागल हो उठे। 'क्या कहा — देंगे या नहीं ? नहीं देंगे तो क्या कर लोगे ?' और वे मुड़ कर पण्डित जी की ओर आये। 'देखिए पण्डित जी, यह आपका लौण्डा बहुत सिर चढ़ गया है। मुझे धमकी देता है — देंगे या नहीं!'

अपनी पूरी आवाज़ से गरजते हुए पूर्ववत एक टाँग लटकाये दूसरी रान के सहारे जँगले पर अपनी जगह जा बैठे और चिल्लाने लगे :

'तीन महीने की बात करके तीन हफ़्ते से काम नहीं किया, इसके भरोसे मेरा इतना नुकसान हो गया और ऊपर से धमकी देता है — देंगे या नहीं ? नहीं देंगे तो क्या कर लेगा ?'

चेतन का चेहरा क्रोध से तमतमा गया। अपने आप पर पूरा संयम रख के उसने कहा, 'मेरी मेहनत के पैसे हैं, मैं सिर्फ़ इतना कहता हूँ कि मैं ले कर छोडूँगा।' यह कह कर वह मुड़ा और तेज़-तेज़ सीढ़ियों की ओर बढ़ गया। चौधरी साहब क्या चिल्लाते रहे, उनके मुँह

से कैसे झाग निकलने लगी, उनका सारा ख़ून कैसे उनके चेहरे पर आ कर जमा हो गया, वे क्या वाही-तबाही बकने लगे, उसने यह सब नहीं सुना।

०

बिल्डिंग से नीचे उतर कर क्षण भर के लिए चेतन रुका कि यदि पण्डित जी आ रहे हों तो उनकी प्रतीक्षा कर ले। फिर दूसरे ही क्षण वह वापस घर की ओर चल पड़ा। पण्डित जी साथ होते तो शायद वे दोनों बातें करते हुए सीधे मैक्लोड रोड पर जाते और निस्बत रोड के किनारे पर लक्ष्मी मैन्शन्ज़ से मुड़ते, लेकिन क्रोध में वह चन्द कदम आगे चल कर बायीं ओर को ग्वालमण्डी से आने वाली सड़क की ओर मुड़ गया।

वह निस्बत रोड से दयाल सिंह कॉलेज के बराबर हो कर गन्दे नाले को आने वाली सड़क के पास पहुँच गया था जब पण्डित जी ने पीछे से उसके कन्धे पर हाथ रखा।

उनकी साँस फूल रही थी और माथे पर हलका-सा पसीना आ गया था। लगता था, जैसे वो भागते हुए वहाँ तक आये थे।

'तुमने तो एकदम फ्रण्टियर मेल ही चला दी!' पण्डित जी ने कद्रे हँस कर कहा।

चेतन सहज गति से चलने लगा।

कुछ क्षण दोनों चुप रहे, फिर पण्डित जी ने कहा, 'तुम्हें चौधरी साहब को यों धमकी न देनी चाहिए थी।'

'पण्डित जी, आप भी मुझी को इल्ज़ाम देते हैं,' चेतन फट पड़ा, 'उस साले से कुछ नहीं कहते, जो मेरे रुपये दबाये बैठा है। मुझे इस बात का यकीन न हो गया होता कि वो पैसे नहीं देगा तो मैं यों न बमकता।'

'तो तुम्हारा ख़याल है कि इस तरह चौधरी से पैसे ले लोगे ?'

'यह आप देख लीजिएगा। अगर उसने मेरी मेहनत के पैसे न दिये तो मैं बीच-बाज़ार उसकी पत उतार दूँगा, फिर चाहे मुझे जो भी भुगतना पड़े। आप सिर्फ़ इतना कीजिएगा कि अबके चौधरी से मिलें तो उसे कह दीजिएगा कि जिस दिन वो दोस्तों के साथ मुझे अनारकली में मिल गया, खींच कर दो जूते मैं उसके लगा दूँगा।'

'तुम उन्हें नहीं जानते, बायाँ हाथ उनका इतना मज़बूत है कि उनके एक ही वार में तुम ज़मीन पर लोटते नज़र आओगे।'

'मैं ज़मीन के अन्दर ही चाहे न धँस जाऊँ, पर जूते मैं उसके ज़रूर मारूँगा; और तभी मारूँगा, जब वह कुल्लेदार साफ़ा बाँधे, चमचम करती कमीज़-शलवार पहने, अपने दोस्तों के बीच अनारकली की सैर करता दिखायी देगा!'

०

उस दिन के बाद चेतन ने यह क्रम बना लिया कि हर रोज़ चौधरी साहब के जान-पहचान वाले किसी-न-किसी पत्रकार से मिलता। अपनी दुख-गाथा उसे सुनाता, अपनी धमकी दोहराता और उससे कहता कि वह चौधरी साहब से मिले तो उन्हें चेतावनी दे दे।

'इससे पहले कि वह जाने या सँभले, मैं उछल कर एक ही बार में उसकी पगड़ी और कुल्ला अनारकली में गिरा दूँगा,' उसने 'बहार' के मालिक और सम्पादक महाशय धर्मचन्द से कहा, 'आप उनसे मिलें तो उन्हें समझा दीजिएगा।'

'अरे, वो तुम्हें कैद करा देंगे। वो ज़फ़रुल्लाह ख़ाँ के नज़दीकी रिश्तेदार हैं।'

'ज़फ़रुल्लाह ख़ाँ तो दूर रहे, वह सिकन्दर हयात ख़ाँ का भी रिश्तेदार हो, मैं जूता उसको ज़रूर मारूँगा। एक तो मेरे पैसे दबाये बैठा है, दूसरे माँगने जाता हूँ तो ऊपर से भद्दे मज़ाक़ करता है। आ जाये मुझे कहीं नज़र अनारकली में, फिर मैं उसे बताऊँगा।....कैद की मैं परवा नहीं करता।'

०

चेतन ने इतने लोगों से यह कहा कि उसे स्वयं विश्वास हो गया, वह चौधरी को जूता मार सकेगा। कई बार कल्पना-ही-कल्पना में चेतन वह दृश्य देखता कि चौधरी का कुल्लेदार साफ़ा उड़ कर अनारकली बाज़ार में गिर गया है और इससे पहले कि कोई उसे गिरफ़्तार करे, वह भाग गया है....कभी वह देखता कि चौधरी ने उसे पकड़ लिया है और चेतन शोर मचा रहा है कि उसके रुपये मार लिये हैं, माँगने पर उसे निर्दोष पीट रहे हैं। भीड़ इकट्ठी हो जाती है, और उसे छुड़ा देती है....कभी देखता कि उसे पुलिस पकड़ कर ले गयी है। और वह अदालत में चौधरी अफ़ज़ल बेग का पर्दा फ़ाश कर रहा है....कभी देखता कि चौधरी उसे बेतरह पीट रहा है और वह चिल्ला रहा है, भीड़ इकट्ठी हो जाती है और हिन्दू-मुस्लिम दंगे के डर से चौधरी घबरा जाता है....

लेकिन ज्यों-ज्यों वह इस सन्दर्भ में सोचता, चौधरी को सबक सिखाने का इरादा उसके मन में ज़ोर पकड़ता जाता। वह रोज़ शाम को अनारकली में एक-दो चक्कर लगाने लगा।

तभी जब एक दिन चेतन लोहारी के चौक में फ़ज़ल बुक डिपो से नयी मासिक पत्रिकाओं पर एक दृष्टि डाल कर वापस लौट रहा था कि अचानक केसरी की दुकान के निकट उसे चौधरी अफ़ज़ल बेग अपने दो-तीन कुल्लाधारी साथियों के साथ ख़रामाँ-ख़रामाँ आते दिखायी दिये।

चेतन का दिल ज़ोर-ज़ोर से धड़क उठा, लेकिन अपने-आप पर पूरा काबू पा कर, किंचित व्यंग्य-भरे स्वर में दायें हाथ को हवा में सीधा कर उसे हिलाते हुए उसने दूर ही से पूछा :

'क्यों चौधरी साहब, कुछ हम पर भी नज़रे-इनायत होगी कि नहीं ?'

चौधरी साहब का रंग उड़ गया। इससे पहले कि वह कोई कदम उठाता, चौधरी साहब ने उसे इशारे बुलाया और उसके कान में कहा, 'पुत्तर दी सौंह, कल तैन्नूँ रुपये मिल जानगे!'[१]

और सचमुच दूसरे ही दिन उनका एक आदमी उसे दफ़्तर में लिफ़ाफ़ा दे गया। चेतन ने खोल कर देखा —१५) के नोट थे और एक रुक्का —'पन्द्रह रुपये भेज रहा हूँ। मेरे ख़याल में इससे ज़्यादा का तुमने काम नहीं किया था।'

काम तो उसने ख़याल में ज़्यादा का ही किया था, पर उन्होंने पन्द्रह ही भिजवा दिये, यही बड़ी बात थी। वह जानता था कि शायद ही कोई ऐसा पत्रकार लाहौर में होगा, जिसके कुछ-न-कुछ रुपये उन्होंने न मार रखे हों। चेतन को वह लिफ़ाफ़ा पा कर इतनी ख़ुशी हुई

१. बेटे की सौगन्ध, तुझे कल रुपये मिल जायेंगे।

कि वह उसी शाम सभी मित्र-परिचितों को वह ख़बर दे आया था।

बारह

हालाँकि चेतन का मन नोट-बुक में लगा हुआ था, पर जैसी कि उसकी आदत थी, अपने आपको बरबस उससे हटा कर, कापी के कुछ पृष्ठ छोड़, वह उन व्यक्तियों और घटनाओं को नोट करने लगा, जिनसे वह गत सात-दस दिन में दो-चार हुआ था। यूँ भी नोट-बुक पढ़ते-पढ़ते उसका मूड बन गया था, लिखने में उसे कोई दिक्कत नहीं हुई। जिस क्रम से वह उन लोगों से मिला था, उसी क्रम से उसने उनके नोट लेने शुरू किये और पहला शीर्षक लिखा :

चौधरी ईशरदास

'चौधरी ईशरदास (ईश्वरदास), आर्य समाज के मशहूर रोज़ाना अख़बार, 'समाज' के एडिटर हैं — लम्बे, ऊँचे, छै फ़ुट तीन इंच के मज़बूत जवान। दफ़्तर में दाख़िल होते ही सामने मेज़ पर अपनी अलसायी आँखों को लिये हुए, सीधे सतून[१]-से जमे दिखायी देते हैं। अगर वो कुछ और लम्बे होते या कमरे की छत कद्रे नीची होती तो लगता कि वही छत को थामे हुए हैं। क्रिकेट के खिलाड़ी हैं। छुट्टी के दिन लाज़िमी तौर पर मैच खेलने जाते हैं। लेकिन अख़बार की नौकरी और मुतवातिर रतजगों ने उनकी आँखों में दायमी[२] अलसाहट भर दी है। मैंने सुन रखा था कि वो किसी क्रिकेट टीम के कप्तान भी रहे हैं, इसलिए उन्हें यों थके, अलसाये बैठे देख कर मुझे उन पर दया हो आयी। अंग्रेज़ अफ़सर वर्नैक्युलर प्रेस को नफ़रत और तंज़[३] से 'गटर प्रेस' कहते हैं — गटर प्रेस — याने नाली के अख़बार। मतलब उनका लफ़्ज़ी नहीं, बल्कि यह है कि वे सब-के-सब दुकड़िया हैं। लेकिन अपने तजरुबे को देखता हूँ तो मुझे लफ़्ज़ी माने ही ठीक लगते हैं। उर्दू का प्रेस — वह चाहे मुस्लिम लीग का हो, चाहे आर्य समाज का (जहाँ तक इन्टलेक्चुअल मेयार[४] का ताल्लुक है) गटर से बेहतर नहीं — कहाँ क्रिकेट के मैदान की आज़ाद खुली फ़िज़ा और कहाँ फ़िरकापरस्त[५] उर्दू रोज़नामे का दमघोंटू माहौल। चौधरी साहब दिन-रात इसी कुर्सी पर बैठे हुए मैले-पुराने, ख़स्ता और बोसीदा[६] बल्ले की तरह हो जायेंगे, जिससे टकरा कर तजरुबात के गेंद किसी तरह की रद्दे-अमल[७] के बग़ैर फिच्च

---

१. स्तम्भ
२. स्थायी
३. व्यंग्य
४. स्तर
५. साम्प्रदायिक
६. जीर्ण जर्जर

से वहीं गिर जाया करेंगे और एक दिन इस बैट की गर्दन टूट जायेगी और वह कूड़े के ढेर पर फेंक दिया जायेगा।'

०

इतना लिख कर चेतन कुर्सी पर पीछे को लेट गया और उसकी आँखों में 'समाज' के मालिक महाशय प्रभु दयाल 'मस्त' से अपनी भेंट कौंध गयी।

चेतन को कहीं दूसरी जगह नौकरी दिलाने के प्रयास में पण्डित 'रत्न' उसे सबसे पहले मस्तजी से ही मिलाने ले गये थे। चौधरी ईशरदास को एक 'आदाब अर्ज़' फेंक कर वे दायीं ओर के पार्टीशन में से होते हुए अन्दर एक खुले, रोशन और हवादार कमरे में पहुँचे थे, जहाँ एक तख़्त और कुछ कुर्सियाँ बिछी थीं। तख़्त पर गद्दा था, जिस पर ताज़ा धोबी-धुली चादर बिछी थी और वैसे ही दूधिया गिलाफ़ में मढ़ा एक गोल तकिया पड़ा था, जिसके सहारे महाशय प्रभुदयाल 'मस्त' बैठे थे। उनके शरीर पर केवल खादी का सफ़ेद बुर्राक तहमद और बण्डी थी और बड़ी सफ़ाई से तह किया लम्बा साफ़ा उनके बायें कन्धे से लटक रहा था। पण्डित 'रत्न' ने चेतन का परिचय दिया और उसने 'नमस्कार' में हाथ उठाये तो उन्होंने मुस्कान में होंट फैलाते हुए हाथ जोड़ कर 'नमस्कार' का उत्तर दिया और उन्हें कुर्सियों पर बैठने का संकेत करते हुए बताया कि उन्होंने चेतन की कुछ कहानियाँ देखी है और उन्हें पसन्द आयी हैं। इस पर जब पण्डित जी ने प्रोत्साहित हो कर अपने आने का मन्तव्य प्रकट किया तो उनकी वह खुली मुस्कान सिकुड़ गयी और उन्होंने सूचना दी कि वे अब वानप्रस्थी हो गये हैं। संसार के माया-मोह से उन्होंने हाथ खींच लिया है। समाचार-पत्र का सब कार्य-भार उन्होंने अपने बड़े लड़के को सौंप दिया है। और यह कह कर उन्होंने आँखें बन्द कर लीं और धीरे-धीरे झूमते और उपनिषदों के श्लोक सुनाते हुए, समय रहते संसार के माया-मोह को त्यागने पर प्रवचन देने लगे। उन्होंने बताया कि इसी वर्ष से वे वानप्रस्थ आश्रम में प्रवेश कर गये हैं। वे अब पच्चीस वर्ष तक घूम-घूम कर आर्य समाज की सेवा करेंगे और जब ७५ के होंगे तो संन्यास ले कर हरिद्वार अथवा ऋषीकेश में कुटिया बसा लेंगे।

उसी भावी महर्षि के मुखारविन्द से झरने वाली अमृत-वर्षा में आकण्ठ शराबोर, और यों बोर हो कर, जब वे बाहर निकले तो दरवाज़े के बाहर के पार्टीशन में उनके सुपुत्र श्री शत्रुघ्नलाल 'तीर' से भेंट हो गयी।

०

'तीर' जी कॉलेज के ज़माने में क्रान्तिकारियों की काल्पनिक रूमानी कहानियाँ लिखते थे। बड़ी भावुकतापूर्ण और प्रवहमान उनकी शैली थी। चेतन को वे कहानियाँ बड़ी अच्छी लगा करती थीं। वह 'समाज' के साप्ताहिक संस्करण में बड़े चाव से उन कहानियों को पढ़ा करता था और सपनों में उन कहानियों के नायक उसे अपने साथ जंगलों के अँधेरे कोनों में षड्यन्त्र करते मिलते थे। वह स्वयं वैसा नायक बन जाता और प्रेयसियों की मुहब्बत ठुकरा कर देश के लिए कुर्बान हो जाता। चेतन ने कल्पना-ही-कल्पना में 'तीर' जी की बड़ी सुन्दर छवि बना रखी थी और जब उसने सुना था कि 'तीर' जी अपने कई साथियों

७. प्रतिक्रिया

के साथ एक षड्यन्त्र में धर लिये गये हैं तो उसका हृदय बुरी तरह कचोट गया था। 'समाज' के साप्ताहिक संस्करण में जेल से लिखी उनकी भावुक रूमानी कहानियाँ छपती रही थीं और अंक पाते ही जैसे एक साँस में वह उन्हें पी जाया करता था। लाहौर आने पर चेतन ने सुना था कि एक प्रसिद्ध कांग्रेसी नेता की सुपुत्री, जो स्टुडेण्ट यूनियन की सरगर्म सदस्या थी और बड़े ओज-भरे भाषण देने वाली थी और जिसके साँवले-सलोने मुख और घुँघराले बालों पर विश्वविद्यालय के आधे युवक फ़िदा थे, 'तीर' जी के प्रेम में फँसी है और दोनों ने तर्जनी छील कर अपने लोहू से प्रतिज्ञा की है कि न केवल एक-दूसरे के लिए अपने आप को न्योछावर कर देंगे, वरन यदि अवसर आया तो देश के नाम पर एक दूसरे का बलिदान दे देगें। उनके प्रेम के इतने किस्से प्रचलित थे कि चेतन 'तीर' जी के दर्शनों का बड़ा इच्छुक था। उन दिनों उन पर हाई कोर्ट में मुकदमा चल रहा था। सेशन जज ने उन्हें उनके दो साथियों के साथ फाँसी की सज़ा दे दी थी, जिसकी अपील हाई कोर्ट में चल रही थी। चेतन जिन दिनों लाहौर पहुँचा था, दैनिक 'समाज' के पहले पृष्ठ पर मोटे शीर्षकों के नीचे इस मामले का वृत्तान्त छपता था। 'तीर' जी के पिता ने अपने समाचार-पत्र में उनका ऐसा प्रचार किया था कि भगत सिंह और दत्त उनके मुकाबले में निरीह कबूतर लगते थे। बहरहाल लाहौर के सबसे बड़े वकीलों की मदद से उनका केस लड़ा गया। उसके प्रचार के कारण 'समाज' की ग्राहक-संख्या में हज़ारों की वृद्धि हो गयी। लेकिन 'तीर' जी बेदाग़ छूट गये। जिस दिन उनका स्वागत हुआ, चेतन भी उनके दर्शनों को गया और जब उसने किसी सुन्दर, सुकुमार, तीखे, भावप्रवण युवक के स्थान पर एक निहायत काले-कलूटे, भैंसे-ऐसे मुच्छड़ युवक को देखा तो उसे बड़ी निराशा हुई। उनकी प्रेयसी उनके विरह में स्वतन्त्रता संग्राम में भाग लेती हुई जेल चली गयी थी। वह अभी जेल ही में थी, जब उसने सुना कि 'तीर' जी की शादी अनारकली के एक प्रसिद्ध व्यापारी की बदनाम लड़की से हो रही है और उन्हें पचास हज़ार नकद दहेज़ में मिला है। लड़की सुन्दर होती तो शायद चेतन उन्हें क्षमा कर देता, पर वह वैसी ही मोटी भदभद थी, जैसे 'तीर' जी। और एक बार अख़बारों तक में यह ख़बर छप गयी थी कि वह अपने नौकर के साथ भाग गयी थी। फिर जब छै महीने बाद ही चेतन ने सुना कि उनकी भूतपूर्व प्रेयसी को जेल में यक्ष्मा हो गया है तो उस कैरियरिस्ट विद्रोही की रचनाओं से चेतन को प्रबल घृणा हो गयी थी। उनके पिता ने कैसे उन्हें व्यापारी की उस लड़की से शादी करने को राज़ी कर लिया, यह चेतन के लिए एक पहेली थी। प्रकट ही उन्होंने अपने प्रेम का बलिदान किया था, लेकिन देश के लिए नहीं, धन के लिए! अब वे अपने पिता की जगह पत्र के अग्रलेख लिखने लगे थे और उनकी कहानियों की वह काट ख़त्म हो गयी थी।

o

पण्डित जी ने 'तीर' जी को चेतन का परिचय दिया, उसकी बड़ी प्रशंसा की और अपने आने का मन्तव्य प्रकट किया। यह भी बताया कि 'मस्त' जी ने सब कुछ उन्हीं पर छोड़ दिया है।

उनके अधीन काम करने का विचार ही चेतन के लिए प्राणघातक था, वह पण्डित 'रत्न' को रोकना चाहता था, पर वे नाराज़ न हो जायें, इसलिए चुप बना रहा।

'तीर' जी ने बताया कि स्टाफ़ में पहले ही ज़रूरत से ज़्यादा आदमी हैं. चेतन की

कहानियाँ और कविताएँ उन्होंने पढ़ी हैं और उन्हें पसन्द भी हैं, उनके यहाँ जगह होती तो वे ज़रूर उन्हें रख लेते, लेकिन मजबूर हैं।

तब पण्डित जी ने कहा, 'आप इनकी कहानियाँ ही 'समाज' में छाप दिया करें, इनकी कुछ सहायता हो जायेगी।'

'हाँ, यह हो सकता है!' उन्होंने सोत्साह कहा। 'मैं अभी चौधरी साहब से कहता हूँ, वे ही इसका निर्णय करते हैं।'

और पार्टीशन पार कर वे चौधरी साहब के कमरे में आये। उन्होंने चौधरी साहब को चेतन का परिचय दिया और उनसे अनुरोध किया कि उसकी कोई कहानी अवश्य छापें।

चौधरी साहब ने चेतन की ओर नहीं देखा। अपनी अलसायी आँखें मेज़ पर रखी अख़बार की कापी से उठा कर (जिसे वे तैयार कर रहे थे) बायीं ओर कुर्सी के निकट ही रखी छोटी अलमारी पर डाली और बोले — 'यह कहानियों से ही भरी है।'

इतनी देर तक चेतन चुप रहा था। चौधरी साहब की यह बात सुन कर जाने क्या गोला-सा उसके मन में उठा कि उसने तीखे स्वर में कहा, 'लेकिन इसमें चेतनानन्द की एक भी कहानी न होगी!'

चौधरी साहब जैसे झटका खा गये। तब उन्होंने पहली बार चेतन की ओर देखा। लेकिन चेतन सीढ़ियों की ओर मुड़ गया था। वहीं से उसने कहा, 'आइए पण्डित जी!'

o

चेतन ने आँखें खोलीं और नोटबुक में चौधरी ईशरदास के बारे में लिखे नोट के नीचे थोड़ी जगह छोड़ कर लिखा :

> 'महाशय प्रभुदयाल 'मस्त' के भी दर्शन किये। मुझे वे रँगे हुए सियार-से लगे। वहीं उनके बड़े साहबज़ादे श्री शत्रुघ्न 'तीर' से भी भेंट हो गयी और इतने बरसों से मेरे मन ने उनकी जो मूर्ति बनायी थी, वह भरभरा कर गिर गयी। वहाँ रुकना मेरे लिए मुश्किल हो गया।....पण्डित जी को मेरे सुलूक से बड़ी कोफ़्त हुई। रास्ते भर मुझे दुनियादारी की बातें समझाते रहे और मैं उस लड़की के बारे में सोचता रहा, जिसने अपने जज़्बाती प्यार में दिक मोल ले लिया था। दुनियादारी का मतलब क्या अपने हर सच्चे जज़्बे को झूठे और खोटे पर कुर्बान करते जाना नहीं क्या ?'

o

फिर कुछ जगह छोड़ कर चेतन ने शीर्षक लिखा :

जीवनलाल कपूर

और उसके सामने पंजाब के प्रसिद्ध साप्ताहिक 'गुरु घण्टाल' के मालिक-सम्पादक से अपनी भेंट का चित्र आ गया।....जब वह पण्डित 'रत्न' के साथ उनके यहाँ पहुँचा तो वे कुर्सी पर सीधे बैठे 'ट्रू स्टोरी' मैगज़ीन पढ़ने में निमग्न थे। 'नमस्कार' के आदान-प्रदान के बाद वे कुर्सियों पर बैठे ही थे कि कपूर साहब पण्डित जी को शिमला की माल पर चेतन से अचानक भेंट हो जाने का किस्सा सुनाने लगे कि किस प्रकार वे सम्पादक-'बहार,' महाशय धर्मचन्द के साथ माल पर जा रहे थे कि चेतन उन्हें आगे से आता हुआ मिल

गया। उसने बताया कि उसी शाम 'गेटी थियेटर' में 'अनारकली' खेला जाने वाला है, वह उसमें अभिनय कर रहा है और उसने उन्हें नाटक देखने की दावत दी....

(चेतन कहना चाहता था कि मैंने दावत नहीं, केवल नाटक होने की सूचना और उसे देखने की सलाह भर दी थी, लेकिन वह चुप रहा।)

'....अजी पण्डित जी! हम समझे कि यह शहज़ादा सलीम का पार्ट कर रहा होगा और हम शाम को थियेटर पहुँचे और इससे मिलने की ख़्वाहिश ज़ाहिर की। पहले तो कोई इन हज़रत को बुलाने के लिए ही तैयार न हुआ। जब हमने मैनेजर को बताया कि हम पंजाब के मशहूर हफ़्तावारों के मालिक और एडिटर हैं, चेतन हमारे मित्र हैं, वो नाटक में अहम रोल कर रहे हैं और उन्होंने हमें नाटक देखने की दावत दी है तो मैनेजर ने कहा कि वह किसी चेतन-वेतन को नहीं जानता; फ्री पास बिलकुल बन्द हैं और किसी भी ऐक्टर को पहले दिन फ्री पास नहीं दिया गया। तब हमने कहा कि हम खेल नहीं देखेंगे, सिर्फ़ चेतन से मिल कर चले जायेंगे। तब बा-दिले नाख़्वास्ता[१] वह अन्दर गया और दूसरे क्षण रेशमी ग़रारा और जम्पर पहने, सिर पर अरबी औरतों की तरह चुनरी बाँधे, नाक में कील और कानों में आवेज़े लटकाये छम-छम करती एक बाँदी हमारे सामने आ खड़ी हुई। पहली नज़र में तो हम पहचान भी नहीं पाये कि यही हज़रत हैं....सीने पर ये मोटी मोटी छातियाँ....'

और महाशय जी हाथों से हवा में बड़े-बड़े गोले बनाते हुए सिर पीछे को फेंक कर ज़ोर से ठहाका मार कर हँसने लगे। चेतन को उनकी इस बदतहज़ीबी और फूहड़ता पर बड़ा क्रोध आया था। वह पण्डित जी से कहना चाहता था कि वे चलें और उसकी नौकरी के सन्दर्भ में उनसे कोई बात न करें, लेकिन ठहाका बन्द कर, सीधे हो कर बैठते ही कपूर साहब डोगरा का किस्सा सुनाने लगे कि कैसे उसे बवासीर हो गयी थी। वे उसे हस्पताल देखने गये तो वह पतलून नीचे खिसकाये चूतड़ आगे किये, दूसरे मरीज़ों के साथ एक पंक्ति में खड़ा था और डॉक्टर बारी-बारी सबके चूतड़ों का निरीक्षण कर रहा था....

और जैसे उन्होंने बड़े मज़ाक की बात की हो, वे सिर पीछे किये फिर छत-फाड़ ठहाका लगा उठे थे।

०

चेतन को डर था कि पण्डित जी उसके सिलसिले में बात करेंगे तो कहीं वे कोई और भद्दा मज़ाक न कर दें, लेकिन पण्डित जी ने स्वयं ही उनके उस मूड में बात करना उचित न समझा था। उसके बाद लाला जी ने कमज़ोर जुलाहे और उदमाती जुलाही का एक अश्लील किस्सा सुनाया था और हँसते-हँसते उन्हें उच्छू लग गया।

यद्यपि उस वक्त तो चेतन को बेहद ग़ुस्सा आया था, पर अपने कमरे में ईज़ी चेयर पर नोट-बुक घुटनों पर लिये बैठे-बैठे पहले चेतन के सामने गेटी थियेटर के विंग में ज़ाफ़रान की वेश-भूषा में अपनी सूरत घूम गयी और फिर मेयो हस्पताल के गलियारे में गोरे-काले नंगे चूतड़ों की पंक्ति में झुके हुए डोगरा साहब की आकृति और वह अनायास मुस्करा उठा और शीर्षक के नीचे लिखने लगा :

---

१. अनिच्छापूर्वक

'लम्बा कद, बन्द गले का घुटनों तक लम्बा ग्रे कोट और उससे मैच करती पतलून, सिर पर क्रिस्टी टोपी —कपूर साहब के चेहरे पर सदा कामयाब शख़्स का इत्मीनान, ख़ुशी और ख़ुद-एतमादी[1] झलकती है। वो हफ़्तावार 'नौजवान' के स्टाफ़ में असिस्टेण्ट एडिटर थे कि एक दिन उन्होंने आज़ाद लाला को ऐसा हफ़्तावार निकालने की बात करते सुन लिया, जिसमें 'ट्रू स्टोरी' की तरह के दिलचस्प किस्से हों। आज़ाद लाला तो सोचते ही रह गये, कपूर साहब ने अपने एक साथी लभ्भूराम 'दर्द' को साथ मिला कर 'गुरु घण्टाल' शुरू कर दिया —और अख़लाकी कद्रों[2] की गिरावट के मारे हुए रू-ब-तनज़्ज़ुल[3] यूरोप की सच्ची कहानियों के साथ उन्होंने अपने अख़बार में धार्मिक भारत के आदर्शों की कुछ ऐसी चटनी पेश की कि पहले अंक की एक कापी भी नहीं बची। तब दूसरे ही इशू से दोनों साझीदारों में झगड़ा हो गया। लभ्भूराम ने अलग हो कर 'कुक्कड़ू घूँ' निकाला, लेकिन 'दर्द' साहब शायर थे और लाला जी खत्री, सो, 'गुरु घण्टाल' चल रहा है और 'कुक्कड़ू घूँ' की एक अंक के बाद की 'कुक्कड़ू घूँ' बोल गयी।

'कपूर साहब को इस बात का फ़ख़्र है कि उनका हफ़्तावार बैलगाड़ी पर लद कर डाकख़ाने जाता है.... कभी-कभी मैं सोचता हूँ कि अगर कोई दूसरा अख़बार उनके परचे से बेहतर निकल आया जिसमें यूरोप वालों की सच्ची कहानियों के बदले हमारी ज़िन्दगी की सच्ची कहानियाँ भी छपने लगीं या रोज़ाना अख़बारों के सण्डे एडीशनों के कारण (जो 'गुरु घण्टाल' की नकल में निकलने लगे हैं) परचा ख़रीदने वालों की तादाद घट गयी और किसी दिन परचा ठप्प हो गया तो उनके चेहरे पर कैसे भाव होंगे ? क्या वो तब भी इसी तरह के फूहड़ और ग़लीज़ किस्से सुनाते हुए छत-फाड़ ठहाके लगा सकेंगे....'

०

लाला जीवनलाल कपूर पर नोट लिख कर चेतन क्षण भर को रुका। थोड़ी देर सोचता रहा। फिर उसने शीर्षक दिया :

पण्डित टेकराम 'शाही'[4]

और लिखने लगा :

'मँझला ठिगना कद, पतला-छरहरा शरीर, लगभग चौकोर चेहरा, गोरा रंग और बड़े-बड़े कान —पण्डित टेकराम 'शाहीं,' एडिटर 'देश' को देख कर लगता है कि पण्डित जी जब बढ़ने लगे तो किसी जिन्न ने उनके सिर पर हाथ रख कर दबाते हुए कहा —'रुक जा!' और वे रुक गये। उनका चेहरा चौकोर हो गया। तब जिन्न ने उनके दोनों कान पकड़ कर बाहर खींच लिये। और अब उनके चेहरे पर कान-ही-कान दिखायी देते हैं।'....

---

१. आत्मविश्वास

२. नैतिक मूल्यों

३. पतनशील

४. उकाब = बाज़

इतना लिख कर चेतन रुका — उसके सामने शाहीं पण्डित का ठिगना-सा कद, तीखी नाक, पतले-पतले भिंचे होंटों वाला गोरा चेहरा घूम गया। जब वे लाला जीवनलाल कपूर से मिल कर लाला धर्मचन्द, सम्पादक 'बहार' की ओर जाने की सोच रहे थे तो हस्पताल रोड के तिराहे पर उन्हें आज़ाद लाला अपने प्रेस की ओर जाते हुए मिल गये थे। पण्डित 'रत्न' उनके साथ चन्द कदम बढ़ गये थे और उन्हें प्रेस में छोड़ कर लौटे थे तो उन्होंने कहा था, 'चलो, ज़रा शाहीं साहब की तरफ़ चलें। इस वक्त वे घर ही पर होंगे। आज़ाद लाला से मालूम हुआ कि शायद 'देश' में कोई जगह ख़ाली है। दस-पन्द्रह दिन पहले महाशय वेदव्रत ने उनसे ज़िक्र किया था। भर न गयी हो तो आज़ाद लाला से सिफ़ारिश करायी जा सकती है।'

और वे दोनों 'बहार' के दफ़्तर जाने का ख़याल छोड़, पण्डित टेकराम 'शाहीं' से मिलने चल दिये।

चेतन शाहीं साहब को पत्र-व्यवहार के माध्यम से जानता था। जब वह जालन्धर ही में था और उर्दू ग़ज़लें लिखते-लिखते सहसा कहानियाँ लिखने लगा था तो उसकी आरम्भिक कहानियाँ पण्डित शाहीं ने लगातार 'देश' के साप्ताहिक संस्करणों में छाप कर उसे प्रोत्साहन दिया था। 'देश' के हर सण्डे एडिशन में पण्डित जी एक राजनीतिक ग़ज़ल, एक धारावाहिक उपन्यास और व्यंग्य-कालम लिखते थे। सत्याग्रह का आन्दोलन मन्द पड़ चुका था, पर साम्प्रदायिक दंगे भारत के शरीर पर नित नये फोड़ों की तरह फूट निकले थे। एक ओर 'तब्लीग़'[१] और 'तंज़ीम'[२] तथा दूसरी ओर 'शुद्धि' और 'संगठन' का ज़ोर-शोर था। 'गुरु घण्टाल' ने एक बड़ी आक्रामक नज़्म 'धर रगड़ा' छापी थी, जिसका बड़ा शोर मचा था और कई मुसलमान पत्र-पत्रिकाओं ने उसका उत्तर दिया था। पण्डित शाहीं अपने समाचार-पत्र के रविवासरीय अंक में डॉ० किचलू और मौलाना ज़फ़र अली ख़ाँ पर अपनी ग़ज़लों के माध्यम से हमले करते थे, जिसका जवाब मौलाना ज़फ़र अली ख़ाँ दैनिक 'ज़मींदार' में और मौलाना अब्दुल मजीद सालिक दैनिक 'इन्कलाब' में देते थे। कुछ ही वर्ष पहले ख़िलाफ़त आन्दोलन में जब महात्मा गाँधी ने सत्याग्रह का बिगुल बजाया था तो डॉ० किचलू और ज़फ़र अली ख़ाँ कांग्रेस के साथ थे, पर मोपला काण्ड के बाद सत्याग्रह आन्दोलन के मन्द पड़ते ही 'तंज़ीम' और 'तब्लीग़' का शोर उठा, साम्प्रदायिक दंगों की आग देश में फैल गयी, तब यद्यपि मौलाना मुहम्मद अली और शौकत अली तो कांग्रेस के साथ रहे, पर मौलाना ज़फ़र अली ख़ाँ और डॉ० किचलू उस साम्प्रदायिक आन्दोलन में बह गये। हिन्दू साम्प्रदायिकों ने जवाब में शुद्धि और संगठन के आन्दोलन चलाये और 'देश' तथा 'समाज,' जो आर्य समाज के प्रमुख पत्र थे — उनके साथ हो गये। इनमें भी 'देश' प्रमुख था। स्वामी श्रद्धानन्द जैसे नेता (जो सत्याग्रह आन्दोलन में शामिल थे) शुद्धि आन्दोलन में आगे आ गये। 'गुरु घण्टाल' हो या 'देश' या 'समाज' — ये सब-के-सब पत्र निम्न-मध्यवर्गीय हिन्दुओं में, जिनमें अधिकांश दुकानदार और छोटे-छोटे नौकरी-पेशा लोग

---

१. ख़ुदा का हुक्म दूसरों तक पहुँचाना

२. संगठन-मुसलमान साम्प्रदायिकों के दो आन्दोलन! तब्लीग़ के द्वारा वे ग़ैर-मुस्लिमों को मुसलमान बनाते और तंज़ीम से अपना संगठन करते। इन आन्दोलनों के जवाब में हिन्दुओं ने शुद्धि और संगठन (संघटन) के आन्दोलन चलाये।

थे —अत्यन्त लोकप्रिय थे। अंग्रेज़ी पढ़ा-लिखा वर्ग 'ट्रिब्यून' पढ़ता था। तब शाहीं साहब की साम्प्रदायिक ग़ज़लें बड़े शौक से पढ़ी जाती थीं और दुकानदार एक-दूसरे को सुना कर उनका रस लेते। चेतन उर्दू में ग़ज़लें लिखता था। उसके उस्ताद जालन्धर के मशहूर उर्दू शायर थे। उसके पिता के मित्रों में कई मुसलमान थे। इसलिए उसे यह साम्प्रदायिकता ग़लत लगती थी। हमीद और हुनर साहब की संगति में वह शाहीं साहब की ग़ज़लों के जवाब में मौलाना ज़फ़र अली ख़ाँ की ग़ज़लें भी पढ़ा करता था। उसकी दिलचस्पी साहित्यिक थी और कई बार शाहीं पण्डित की ग़ज़ल के जवाब में मौलाना ज़फ़र अली ख़ाँ की पूरी-की-पूरी ग़ज़ल उसे याद हो जाती थी। जब डॉक्टर किचलू ने पंजाब में तंज़ीम के आन्दोलन का साथ दिया और ज़फ़र अली ख़ाँ ने तब्लीग़ का तो शाहीं पण्डित ने 'देश' के सण्डे एडिशन में एक ग़ज़ल लिखी :

पंजाब की हवा ही सरासर गयी बदल
किचलू नये-नये हैं ज़फ़र ख़ाँ नये-नये।

यद्यपि चेतन को उस ग़ज़ल का तो यही एक शेर याद था, लेकिन मौलाना ज़फ़र अली ख़ाँ की ग़ज़ल के कई शेर उसे याद रह गये थे। न केवल यह, उसने उन्हें अपनी डायरी में नोट भी कर लिया था और कठिन शब्दों के अर्थ उस्ताद से पूछ कर लिख लिये थे :

भारत में खुल गये हैं दबिस्ताँ[१] नये-नये
जिनसे निकल रहे हैं ज़बाँ-दाँ नये-नये
शुद्धी और संगठन हैं मज़ामीं की सुर्ख़ियाँ
आरायिशे-कलाम[२] हैं उनवाँ[३] नये-नये
औराक[४] 'देश' के हों और 'शाहीं' का हो कलम
फिर क्यों तराशे जायें न बुहताँ[५] नये-नये
इस्लाम अपने कासा-ए-सर[६] की मनाये ख़ैर
बाँधे हैं ख़िश्तो-संग[७] ने पैमाँ[८] नये-नये
सुबहे-वतन में शामे-ग़रीबाँ की है नुमूद[९]
लायी है रंग गर्दिशे-दौराँ[१०] नये-नये
है तुक से तुक मिलाने का जिनको नहीं शऊर
शायर नये-नये हैं ग़ज़लख़्वाँ नये-नये!

---

१. स्कूल
२. लेखनी का अलंकार
३. शीर्षक
४. पृष्ठ
५. अभियोग
६. सिर के प्याले की
७. ईंट-पत्थर
८. प्रतिज्ञाएँ
९. आविर्भाव, उगना
१०. ज़माने का चक्कर

हुनर साहब चेतन के उस्ताद भाई थे और 'देश' के विरोधी आर्य समाजी पत्र 'समाज' में काम करते थे। वे कभी-कभी जालन्धर आते और शाहीं साहब का मज़ाक उड़ाया करते। उन दिनों वे आये हुए थे और दोस्तों की मजलिस में दोनों ग़ज़लें पढ़ी गयी थीं। 'अदबी मेयार[१] से मौलाना की ग़ज़ल भारी पड़ती है।' हुनर साहब ने फ़तवा दिया और चेतन उनसे सहमत था कि मौलाना की ग़ज़ल का यह शेर :

सुबहे-वतन में शामे-ग़रीबाँ की है नुमूद
लायी है रंग गर्दिशे-दौराँ नये-नये

व्यापक सन्दर्भों को छूता है और शुद्धि-संगठन से हट कर अंग्रेज़ों के ज़ुल्म पर और टोडियों के हमलों पर भी लागू होता है।

मौलाना ज़फ़र अली ख़ाँ ऊँचे दर्जे के शायर थे। राजनीतिक ग़ज़लों में भी वे बड़ी अनोखी और नादिर ज़मीनें[२] निकालते थे। उसी ज़माने की एक ग़ज़ल के चार शेर भी चेतन को याद रह गये थे। पण्डित शाहीं ने एक ग़ज़ल में मौलाना के रंग बदलने पर हमला किया था और उन्होंने 'ज़मींदार' में अपनी सफ़ाई दी थी :

यक रंग है सफ़ीना[३]-ए-इस्लाम का सवार
होंगे वो और जिनके हैं दो किश्तियों में पाँव
मैं वो नहीं कि मुँह हो सफ़ेद और दिल सियाह
हो और ही किसी को मुबारक ये धूप-छाँव
मैं शेर हूँ जो गूँज रहा हूँ कछार में
बिल्ली नहीं जो घर ही में करती है म्याँव-म्याँव
कहती है यह पुलिस कि निकल जाओ शहर से
अब जा के हम बसायेंगे जंगल में कोई गाँव!

प्रकट ही पण्डित टेकराम का नाम लिये बग़ैर मौलाना ने उन पर ज़बरदस्त चोट की थी।....लेकिन चेतन की कहानियाँ दैनिक 'देश' के सण्डे एडिशनों में छपती थीं और जब कभी शाहीं साहब की कलम से कोई अच्छा शेर निकलता था तो वह पत्र में उसकी दाद भी देता था और उसके मन में उनसे मिलने की भी उत्कट इच्छा थी।....लेकिन वह लाहौर पहुँचा पण्डित रामलुभाया 'फ़िदा' के संग, जो सनातन धर्मी अख़बार निकालते थे और लाहौर में उन दिनों जहाँ एक तरफ़ हिन्दू और मुसलमान अख़बारों में चपकलश[४] रहती थी, वहाँ दूसरी ओर आर्य समाज के दोनों मुख-पत्रों और सनातन धर्म के मुख-पत्र 'भीष्म' में झौं-झौं रहती। अपने दैनिक 'भीष्म' में फ़िदा साहब, जो उर्दू के बहुत अच्छे शायर थे, 'ख़ास शायर के कलम से' धार्मिक और राजनीतिक नज़्में लिखते। फ़िदा साहब शाहीं पण्डित को मौलाना ज़फ़र अली ख़ाँ ही की तरह शायर नहीं, तुक्कड़ मानते थे। और चेतन उनसे मिलने की इच्छा मन-ही-मन दबाये रह गया था। लेकिन 'भीष्म' को छोड़ कर वह 'बन्दे-मातरम' में चला गया, और वहाँ उसे पण्डित 'रत्न' और मलिक यूसुफ़ की संगति मिली और शाहीं

---

१. स्तर
२. अनोखी और नयी तुकें
३. किश्ती
४. ले-दे, नोक-झोंक

साहब की साहित्यिक विद्वत्ता के बारे में उसका रहा-सहा भरम भी टूट गया और उनके शेरों की त्रुटियाँ उस पर पूरी तरह उजागर हो गयीं।....चूँकि पण्डित 'रत्न' प्रेस इन्फ़ॉरमेशन ब्यूरो में काम करते थे इसलिए हर अख़बार पढ़ते। मलिक यूसुफ़ 'नमकदाँ' लिखते और उस कारण सभी अख़बारों के व्यंग्य-कालम पढ़ते। उन दिनों, जब वह मलिक यूसुफ़ के साथ दिन को काम करता था, एक शाम जब पण्डित 'रत्न' आ कर बैठे तो मलिक साहब ने 'इन्कलाब' के व्यंग्य-कालम, 'अफ़कारो-हवादिस'[१] में पण्डित टेकराम 'शाहीं' के जवाब में लिखा सालिक साहब का एक नोट सुनाया और दोनों इतना हँसे कि पण्डित 'रत्न' की आँखों में आँसू निकल आये। एक ही दिन पहले, पण्डित शाहीं ने 'देश' में एक ग़ज़ल लिखी थी, जिसमें 'करने,' 'मरने' क़ाफ़ियों[२] के साथ 'लग पड़े' रदीफ़[३] रखी थीं चेतन को उसका मकता[४] ही उस वक्त याद था :

'शाहीं' के ज़ोरे-कलम ने ज़ोर वो बाँधा है अब।
वाह-वा का शोर दुश्मन भी तो करने लग पड़े।

सालिक साहब ने इस 'लग पड़े' पर आपत्ति करते हुए पण्डित शाहीं की उर्दू-दानी का मज़ाक उड़ाया था और लिखा था, 'पण्डित ढेकराम 'साही' ने (सालिक साहब टेकराम को सदा पंजाबी गाली 'ढेका' की निस्बत से 'ढेकराम' और 'शाहीं' को 'साही' लिखते थे) अपनी ग़ज़ल में रदीफ़ 'लग पड़े' रखी है। यह 'लग पड़े' किस ज़बान का मुहावरा है ?' और उनकी ज़बान-दानी और शायरी का मज़ाक उड़ाते हुए लिखा था कि शायरी पण्डित जी के बस का रोग नहीं। अपने नोट का अन्त सालिक साहब ने जिस वाक्य से किया था, वह अपनी फूहड़ अश्लीलता के बावजूद ऐसा सटीक था कि उसी को पढ़ कर पण्डित 'रत्न' और मलिक यूसुफ़ हँसते-हँसते लोट-पोट हो गये थे। सालिक साहब ने नोट के अन्त में लिखा था :

> '....हाँ अगर पण्डित जी 'पड़ने' का वादा करें तो हम 'लगने' का वादा करते हैं।'

और इस वाक्य से 'लगने' और 'पड़ने' के अर्थ उन्होंने शाहीं पण्डित पर प्रकट कर दिये थे।

०

शाहीं साहब के घर को जाते हुए एक के बाद एक ग़ज़ल, शेर, घटना, किस्सा चेतन के सामने आता रहा। वह शौक, जो उन्हें कहानियाँ भेजते हुए, उनसे मिलने के सिलसिले में चेतन के मन में था, पण्डित 'रत्न' और मलिक यूसुफ़ की संगति में एकदम ख़त्म हो गया था। उनकी कहानियों, धारावाहिक उपन्यासों और ग़ज़लों की बेशुमार त्रुटियाँ उस पर प्रकट हो गयी थीं। फिर पत्रकारों की एक-दो मजलिसों में उसने पण्डित शाहीं को देखा भी था। वे सदा अपने में सिकुड़े-सिमटे दिखायी दिये थे। न वे दूसरे पत्रकारों की तरह हँसी-ठहाके लगाते थे, न मज़ाक करते थे। बड़ी मुश्किल से उनके पतले-पतले होंटों पर तीखी-सी

१. चिन्ताएँ-दुर्घटनाएँ, रचनाएँ-आलोचनाएँ
२. तुकों
३. ग़ज़ल में तुक के बाद आने वाला अन्तिम शब्द
४. ग़ज़ल का अन्तिम शेर

मुस्कान खेलती थी। चेतन को लगा कि वे प्रबल हीन-भाव से ग्रसित हैं — वे एक चतुर पत्रकार थे और घटिया कवि और उससे भी घटिया कथाकार।....उनके साथ काम करने के ख़याल ही से चेतन को बड़ी घबराहट हुई थी, लेकिन पण्डित 'रत्न', जो उसे कहीं-न-कहीं अच्छी जगह दिलाने के लिए इतने परेशान थे, उसे डाँट न दें, इसलिए वह चुप रहा।

पण्डित जी उसे बहुत मानते थे, पर ज़रा-सी बात पर डाँट भी देते थे। चेतन ने बस इतना किया कि 'देश' की उस जगह के लिए किसी तरह का उत्साह प्रकट नहीं किया, पण्डित शाहीं, महाशय वेदव्रत, आज़ाद लाला अथवा उस रिक्त स्थान के बारे में कोई प्रश्न नहीं किया और चुपचाप पण्डित 'रत्न' के साथ चलता गया। पण्डित जी शायद उसके मन की बात भाँप गये, इसलिए वे सहसा पण्डित शाहीं की प्रशंसा करने लगे। उनके आरम्भिक संघर्ष का उल्लेख कर, 'देश' को उसकी वर्तमान प्रतिष्ठा तक पहुँचाने में उन्होंने कितना श्रम किया था और किस विरोध का सामना किया था, पण्डित 'रत्न' ने सविस्तार उस दिन चेतन को बताया। पण्डित जी की बातें सुनते-सुनते शाहीं साहब का एक दूसरा ही रूप चेतन के सम्मुख खुलता चला गया।

o

शाहीं पण्डित रावलपिण्डी के निवासी थे। वे 'अफ़ग़ान युद्ध' में सेना के एक विभाग में काम करते थे, लेकिन साथ ही 'प्रकाश,' 'आर्य गज़ट,' 'सनातन धर्म प्रचारक' और 'नौजवान,' आदि, लाहौर के प्रमुख साप्ताहिकों में धार्मिक नज़्में और कहानियाँ भी लिखते थे। १९१९ में जब कांग्रेस का अधिवेशन अमृतसर में हुआ तो पंजाब की राजधानी लाहौर में केवल दो अख़बार निकला करते थे — 'हिमालय' (साप्ताहिक) और 'पैसा अख़बार' (दैनिक)। दोनों सरकार-परस्त थे। रौलेट ऐक्ट के विरोध में जब कांग्रेस आन्दोलन ने ज़ोर पकड़ा; जलियाँ वाला बाग़ हत्याकाण्ड हुआ; लाहौर, गुजरात, और कसूर में गोलियाँ चलीं और प्रबल दमन-चक्र चला और उसके फलस्वरूप सारे देश में राजनीतिक चेतना दौड़ गयी, तभी शाहीं पण्डित भी नौकरी छोड़ कर पत्रकार हो गये। दमन रुकते और सरकार के जाँच-कमेटियाँ नियुक्त करते ही लाहौर में पत्र-पत्रिकाओं की बाढ़ आ गयी। प्रसिद्ध पत्रकार और देशभक्त चौधरी बाँकेदयाल ने झंग से 'झँग सियाल' निकाला और उनकी कविता :

पगड़ी सम्हाल ओ जट्टा
पगड़ी सम्हाल ओये
लुट्ट लेया माल तेरा
लुट्ट लेया माल ओये

पंजाब के बच्चे-बच्चे की ज़बान पर चढ़ गयी। तभी मौलाना ज़फ़र अली ख़ाँ ने अपने जन्मस्थान करमाबाद से साम्प्रदायिक साप्ताहिक 'सितारा-ए-सुबह' निकाला, जिस पर सूत्र-वाक्य लिखा रहता था :

इस्लाम ज़िन्दा रहता है हर करबला के बाद

फिर उन्होंने करमाबाद से ही साप्ताहिक 'ज़मींदार' निकाला, जो बाद में लाहौर आ गया और राजनीतिक दैनिक बन गया। लाला दीनानाथ जो तब तक 'हिमालय' निकालते थे, 'आज़ाद' उपनाम रख कर 'नौजवान' निकालने लगे, कुछ समय तक जिसका बड़ा ज़ोर रहा।

पण्डित टेकराम ने भी उन्हीं दिनों रावलपिण्डी में साप्ताहिक 'शान्ति' को ले कर उसे दैनिक बनाया और न केवल उसे चलाया, बल्कि चमकाया। इधर लाहौर में गुरुकुल आर्य समाज के अनुवर्तियों के लिए महाशय वेदव्रत ने 'आर्य प्रकाश' के साथ-साथ 'देश' निकाला। वे लाला दीनानाथ 'आज़ाद' के साप्ताहिक 'नौजवान' में काम कर चुके थे और उनसे पत्रकारिता की शिक्षा ले चुके थे। वे बी० ए० तक पढ़े हुए थे, इसलिए दूसरे पत्रकारों की अपेक्षा विद्वान थे। एक ही वर्ष बाद आर्य समाज के दूसरे सेक्शन की ओर से भी महात्मा हंसराज के प्रयास से 'समाज' निकल आया और लाहौर में पत्रकारों का ख़ासा जमावड़ा हो गया। महाशय वेदव्रत अपना धार्मिक साप्ताहिक 'प्रकाश' भी अपने एक आर्य समाजी मित्र लाला निश्चिन्तराम की सहायता से चलाते थे और उन्हीं की सहायता से उन्होंने 'देश' जारी किया। धार्मिक साप्ताहिक तो वे स्वयं सम्पादित कर लेते थे, परन्तु राजनीतिक दैनिक बिना अनुभवी सम्पादक का सहयोग लिये, चलाना कठिन था। तब उन्होंने आज़ाद लाला से कहा कि वे सम्पादक के लिए कोई परिश्रमी युवक दिलायें। आज़ाद लाला भी पिण्डी के रहने वाले थे। 'शाहीं' की पहली रचनाएँ छाप चुके थे। उन्होंने शाहीं पण्डित को सानुरोध बुला लिया और 'देश' का सम्पादक बनवा दिया। शाहीं पण्डित के आते ही 'देश' दिन-दूनी रात-चौगुनी उन्नति करने लगा।

'उस ज़माने में,' पण्डित 'रत्न' ने अपनी रौ में कहा, 'डेली अख़बार आज के आधे होते थे। सिर्फ़ एसोसियेटेड प्रेस एक ख़बर-रसाँ एजेंसी[१] थी। उर्दू अख़बार शाम को निकला करते थे। रात को जो ख़बरें आतीं, उन्हें 'कल की बची हुई ख़बरें' की सुर्ख़ी के नीचे छापा जाता।....शाहीं पण्डित में हज़ार ख़ामियाँ हों, पर आदमी वह धुन का पक्का है। एक शाम वह अख़बार की अन्तिम कापी के प्रूफ़ पास करके प्रेस को भेज चुका था, और दफ़्तर बन्द करके जाने की सोच रहा था कि 'एसोसिएटेड प्रेस' के तार में उसे स्वामी श्रद्धानन्द की हत्या का समाचार मिला। 'शाहीं' को यह समाचार दूसरे दिन, कल की बची हुई ख़बरों में छापना गुनाह के बराबर लगा। वहीं खड़े-खड़े उसने तय किया कि 'देश' का 'मॉर्निंग एडिशन' निकलेगा।'....और पण्डित 'रत्न' ने चेतन को बताया कि महाशय वेदव्रत लाहौर से बाहर गये हुए थे और यह फ़ैसला बड़ा महत्वपूर्ण फ़ैसला था, पर उन्होंने अपनी ज़िम्मेदारी पर कातिबों को रोक लिया; उन्हें वहीं खाना खिलाने का प्रबन्ध किया; लीथो प्रेस को जा कर तैयार किया कि वे रात को संस्करण छापें; उस्ताद फ़ीरोज़ की मिन्नत की, जो पत्थर पर कापी लग जाने के बाद ग़लतियाँ दुरुस्त करते थे और जितनी ख़बरें रात को बारह बजे तक आयीं —सब का अनुवाद करके स्पेशल मॉर्निंग एडिशन तैयार किया। दो-ढाई बजे तक प्रेस में संस्करण छपता रहा। एजेण्टों को कह दिया गया था कि एक संस्करण सुबह छपेगा। सो अभी लोगों ने आँखें भी न खोली थीं कि अख़बार बेचने वाले, 'देश का मॉर्निंग एडिशन' —'स्वामी श्रद्धानन्द का बुज़दिलाना कत्ल' का शोर मचाते हुए सारे शहर में फैल गये।....उर्दू अख़बारों की दुनिया में तहलका मच गया। शाहीं पण्डित ने दूसरे दिन सुबह ही, अख़बार का मॉर्निंग एडिशन स्पेशल मैसेंजर द्वारा महाशय वेदव्रत को भेजा। वे बड़े प्रसन्न हुए। आ कर उन्होंने लाला निश्चिन्त राम और उनकी पत्नी से सलाह की। उन्होंने रुपये की व्यवस्था कर दी। अख़बार को शाम की बजाय सुबह निकालने का फ़ैसला किया

१. समाचार भेजने वाली एजेंसी

गया। पहले दफ़्तर सुबह दस से ले कर छै बजे तक लगता था। अब दिन को साढ़े बारह से साढ़े चार बजे और रात को नौ से साढ़े बारह बजे तक खुलने लगा और 'देश' अंग्रेज़ी अख़बारों की तरह सुबह-सुबह निकलने लगा। दूसरे अख़बार वालों को बहुत बुरा लगा। एक प्रतिद्वन्द्वी ने अपने ख़ास शायर की कलम से 'वफ़ादार कुत्ता' नाम की एक ग़ज़ल भी छापी, जिसका मतला था :

है मालिक का बेहद वफ़ादार कुत्ता
यह रहता है रातों को बेदार[१] कुत्ता

और उसमें शाहीं पण्डित पर दबी-छिपी चोटें कीं। लेकिन शाहीं साहब बदस्तूर डटे रहे। नियमित रूप से हर सुबह अख़बार निकालते रहे। झख मार कर सभी अख़बारों को अपने समाचार-पत्र सुबह-सबेरे निकालने पड़े।

'यहीं नहीं,' अमृतधारा बिल्डिंग के सामने से शाहीं साहब की गली की ओर मुड़ते हुए पण्डित 'रत्न' ने कहा, 'गुरु घण्टाल' की हर दिल अज़ीज़ी[२] से प्रभावित हो कर शाहीं साहब ने सब से पहले 'देश' का सण्डे एडिशन निकालना शुरू कर दिया। उससे पहले इतवार को सभी अख़बारों के दफ़्तरों में एक दिन छुट्टी रहती थी। पत्रकारों ने बड़ी मुख़ालिफ़त[३] की पर फिर पहले की तरह सब ने हफ़्तावार एडिशन छापने शुरू किये। 'समाज' और 'बन्दे मातरम' ने सोम के दिन मण्डे एडिशन; और मुसलमान अख़बारों ने 'जुमा' और 'जुमेरात' को स्पेशल एडिशन निकालने शुरू कर दिये!'

o

पण्डित टेकराम 'शाहीं' का घर आ गया था। पण्डित 'रत्न' ने बढ़ कर दस्तक दी।

दरवाज़ा शाहीं पण्डित ने स्वयं खोला। वे केवल कमीज़ और पायजामे में थे। उनके ऊपर के होंट पर मक्खी-जैसी मूँछें थीं। पण्डित जी को देख कर बड़ी दबी-सी मुस्कान उन मूँछों में फैल गयी और उन्होंने उन लोगों से पलँग पर बैठने के लिए कहा।

छोटा-सा कमरा था, जो स्टडी भी था, बैठक भी और सोने का कमरा भी। खिड़की के साथ छोटी-सी मेज़-कुर्सी लगी थी। खिड़की बन्द थी। मेज़ और खिड़की काग़ज़ों, मसौदों और अख़बारों के तराशों से भरे लिफ़ाफ़ों से अटी पड़ी थी। दूसरी दीवार के साथ पलँग लगा था, जिस पर खादी का पलँगपोश बिछा था। कमरे में कोई कलाकृति नहीं थी, कलाकृति लगाने के लिए जगह भी नहीं थी। क्योंकि दीवारों में छोटे-छोटे रैक फ़िट थे, जिनमें दो तो किताबों से भरे थे और तीसरे में कुछ घरेलू सामान था।

'मैं तो परवाज़े शाहीं[४] लिख रहा था।' बड़ी महीन-सी मुस्कान से शाहीं पण्डित ने कहा।

'मैं जानता था कि आप बिज़ी होंगे,' पण्डित 'रत्न' बोले, 'लेकिन इधर से जा रहा

---

१. जागृत
२. लोकप्रियता
३. विरोध
४. बाज़ की उड़ान

था, सोचा, नियाज़[१] हासिल करते जायें। अगर कालम लिख लिया हो तो सुनाइए।'

'पूरा तो नहीं लिखा, पर जितना लिखा है, सुन लीजिए।' शाहीं पण्डित ने कहा और बड़ी मीठी-सी, संकोच-भरी मुस्कान उनके होंटों पर खेल गयी।

'परवाज़े-शाहीं' याने बाज़ की उड़ान, दैनिक 'देश' के व्यंग्य-कालम का शीर्षक था, जो पण्डित शाहीं हर रोज़ लिखते थे। हालाँकि चेतन को कालम ख़ासा फीका लगा, पर पण्डित 'रत्न' ने (कि वे दुनियादारी जानते थे) उसकी बड़ी प्रशंसा की। शाहीं बड़े प्रसन्न हुए और उन्होंने पण्डित जी को कोई नयी कहानी 'देश' के लिए देने का अनुरोध किया। पण्डित 'रत्न' ने कहा कि वे बहुत अच्छी कहानी देंगे और शाहीं साहब से छुट्टी ले कर उठे। शाहीं उन्हें दरवाज़े तक छोड़ने आये। वहीं पण्डित 'रत्न' से सरसरी तौर पर पूछा कि क्या 'देश' में कोई जगह ख़ाली हुई है ?

'एक ट्रांसलेटर की जगह ख़ाली है! क्या किसी को रखाना है ?'

तब पण्डित जी ने बताया कि चेतन ने अपने अख़बार की नौकरी छोड़ दी है और वे सोचते हैं कि उनके साथ काम करने में उसे ख़ुशी भी होगी और वह सीख भी सकेगा।

शाहीं पण्डित ने कहा कि उनकी तरफ़ से कोई आपत्ति नहीं, वे ज़रा वेदव्रत जी अथवा उनके बड़े सुपुत्र से मिल लें।

पण्डित 'रत्न' ने पूछा कि आज़ाद लाला से कहलवा दें तो कैसा रहे ? महाशय वेदव्रत तो उनका कहना मोड़ते नहीं।

'इससे अच्छा क्या होगा।' शाहीं की मक्खी-ऐसी मूँछों के नीचे वही संकोच और कृपणता-भरी मुस्कान खेल गयी।

o

और वे उन्हें 'आदाब अर्ज़' कह कर चले आये।

चेतन यही सब सोचते-सोचते उठ कर कमरे में घूमने लगा था। सहसा वह फिर आ कर कुर्सी पर बैठ गया। उसने अपने लिखे नोट को फिर पढ़ा और नीचे इतना और लिखा :

> 'खादी के कुर्ते-पायजामे, लम्बे कोट और गाँधी टोपी में अपने ठिगने-से कद के साथ पण्डित शाहीं, बाज़ के बदले बिज्जू-ऐसे लगते हैं। उनका तख़ल्लुस[२] उन पर ठीक नहीं बैठता। लेकिन उनकी आँखों में बाज़ जैसी चमक है और उनकी ज़िन्दगी को देखता हूँ तो लगता है कि उनमें झपट्टा मारने की शक्ति भी है और अपने शिकार को पंजे में दबाये रखने की ताकत भी।
>
> 'उन्होंने 'देश' के लिए जो कुछ किया है, उसे जान कर उनके रहने की जगह को देखते हुए, उन पर दया हो आयी। किया तो सब कुछ उन्हीं ने है, पर महाशय वेदव्रत की बिल्डिंग बन रही है और पण्डित शाहीं के लिए रहने का ठीक-ठिकाना नहीं। कोई दिन ऐसा भी आ सकता है, जब महाशय वेदव्रत को उनकी ज़रूरत न रहे और वो उन्हें दूध की मक्खी की तरह निकाल कर अलग

---

१. दर्शन
२. उपनाम

कर दें और शाहीं पण्डित फिर किसी दूसरी जगह इतनी ही जद्दोजेहद[1] करने को मजबूर हों!

'पण्डित शाहीं की शख़्सियत, उनकी कहानियों और नज़्मों को देख कर मुझे मौलाना ज़फ़र अली ख़ाँ की ग़ज़ल का मिसरा याद आ जाता है :

बिल्ली नहीं जो घर ही में करती है म्याँव-म्याँव।

'उनकी तंज़िया[2] ग़ज़लें बिल्ली की म्याँव-म्याँव से ज़्यादा हकीकत नहीं रखतीं। उनकी तहरीरों[3] और शायरी में कुछ अजीब-सी लिजलिजी चिपचिपाहट महसूस होती है। उनके तंज़ में दाल-भात की बू आती है। गोश्त खाने और शराब पीने वालों और शराब की तारीफ़ में दीवान-के-दीवान सियाह कर देने वालों का मुकाबला दाल-भात वाली शायरी से नहीं हो सकता — मक्खन-मिश्री, पिस्ते-बादाम वाली शायरी से भले ही हो। पठानों के नज़दीक रह कर भी वे आख़िर ग़रीब ब्राह्मण ही हैं....शुक्र है लाला दीनानाथ 'आज़ाद' नाराज़ हो गये और मैं उस बिज्जू के साथ काम करने से बच गया।'

आज़ाद लाला

'आज़ाद लाला सूट-बूट में लैस, चाक-चौबन्द कुर्सी पर बैठते हैं। उम्र उनकी साठ को पार कर गयी है। उनकी आँखों के पपोटों पर दोहरे ग़िलाफ़ चढ़ गये हैं और नीचे थिगलियाँ लटक आयी हैं। उनकी बड़ी-बड़ी मूँछें और घनी भवें एकदम सफ़ेद हो गयी हैं। नीली टूटल टाई, वास्केट वाले बढ़िया ग्रे सूट और बड़ी-सी शमलेदार पगड़ी में सजे अपने दफ़्तर में बैठे, वो किसी प्रेस या अख़बार के मालिक नहीं, किसी स्कूल के हेड मास्टर लगते हैं। आज़ाद लाला कभी ज़रूर हेड मास्टर रहे हैं। जब उन्होंने तनख़्वाह के बारे में मेरे झूठ बोलने पर मुझे डाँटा तो उनकी डाँट में किसी स्कूल के हेड मास्टर का-सा लहजा था....लेकिन सोचता हूँ तो मुझे लगता है कि उन्होंने मेरे झूठ का महज़ बहाना बनाया और इसीलिए उनके लहजे में तल्ख़ी और तुन्दी आ गयी....बहरहाल, लाला जी महाशय वेदव्रत से मेरी सिफ़ारिश करने से बच गये और मैं शाहीं पण्डित की घुटन और एहसासे-कमतरी[4] से भरी सोहबत में दोनों वक्त काम करने से....इस दुनिया में कैसे-कैसे फ्रॉड हैं। अजीब बात यह है कि वही लोगों में इज़्ज़त पाते हैं।'

०

नोट-बुक में लिखते-लिखते चेतन सहसा रुक गया। अपने अपमान की वह सारी-की-सारी घटना उसके सामने आ गयी।

जब पण्डित 'रत्न' को शाहीं साहब से मालूम हो गया था कि 'देश' में एक ट्रांसलेटर

---

१. संघर्ष
२. व्यंग्य-भरी
३. रचनाओं
४. हीनभाव

की जगह ख़ाली है तो दूसरे ही दिन पण्डित जी आज़ाद लाला से कह आये थे कि वे चेतन के लिए महाशय वेदव्रत से बात कर लें। उन्होंने दो दिन बाद आने को कहा था, सो तीसरे दिन पण्डित जी चेतन को ले कर उनके यहाँ पहुँचे।

आज़ाद लाला का पूरा नाम देशभक्त लाला दीनानाथ 'आज़ाद' था। पहले न वे 'आज़ाद' थे, न 'देशभक्त'। वे 'हिमालय' नाम का सरकारपरस्त साप्ताहिक निकालते थे। फिर १९२१ के आन्दोलन में जब उसकी ग्राहक संख्या एकदम घट गयी तो वे कांग्रेस के समर्थक हो गये। अपना उपनाम उन्होंने 'आज़ाद' रख लिया और 'हिमालय' को बन्द करके 'नौजवान' निकाला। महाशय वेदव्रत ही नहीं, पंजाब के अधिकांश प्रसिद्ध पत्रकार 'नौजवान' के पन्नों में ही छप कर आगे बढ़े। कुछ ही वर्ष बाद जब कांग्रेस की तहरीक[१] मन्द हुई और साम्प्रदायिक आन्दोलनों का ज़ोर बढ़ा तो आज़ाद लाला ने 'नौजवान' को बन्द कर दिया और हफ़्तावार 'केसरी' निकाला। बीच में कुछ वर्ष उन्होंने पट्टी का कोट-पतलून ज़रूर पहना था, पर वह उनसे चला नहीं। 'गुरु घण्टाल' के आगमन से पहले उनका पत्र ख़ूब चलता था। अब वे उम्र में भी बढ़ गये थे। प्रेस और पत्र का काम उनका लड़का सँभालता था। वे कुछ वक्त के लिए ही आते थे।

हस्पताल रोड पर प्रेस के अहाते से लगी दो-मंज़िली इमारत के निचले बरामदे में बायीं ओर को ऊपर सीढ़ियाँ चढ़ती थीं। पण्डित 'रत्न' के पीछे-पीछे चेतन उन्हीं से ऊपर जँगलेदार बरामदे में पहुँचा था। वहाँ सीढ़ियों से ज़रा आगे, बायीं ओर का दरवाज़ा आज़ाद लाला के दफ़्तर को जाता था। वह पण्डित रतन के पीछे उसमें दाख़िल हुआ तो उसने देखा कि एक छोटा-सा आयताकार कमरा है। दायीं ओर की दीवार में अँगीठी बनी है, जिसके नीचे मेज़-कुर्सी लगी है। अँगीठी और मेज़ पर एक ही रंग का, घर ही में किसी स्त्री के हाथों का कढ़ा मेज़पोश और अँगीठी-कवर है। कमरे में दरी बिछी है। मेज़ के पीछे आज़ाद लाला बैठे हैं —सूट-बूट पहने, वही बड़ी-सी पगड़ी बाँधे और मोटा चश्मा लगाये।

उनके सामने की कुर्सियों में से एक पर पण्डित जी जा बैठे। चेतन से किसी ने कुर्सी पर बैठने के लिए नहीं कहा, इसलिए वह पण्डित जी के पीछे खड़ा रहा।

तब आज़ाद लाला ने सहसा चेतन से पूछा, 'तुम्हें बन्दे मातरम में क्या मिलता था ?'

'पचास रुपये!' चेतन ने उत्तर दिया।

'लेकिन मेरी इन्फ़र्मेशन है कि तुम्हें वहाँ महज़ चालीस रुपये मिलते थे।' आज़ाद लाला के स्वर में तल्ख़ी थी, 'पण्डित 'रत्न' ने जैसा कहा, मैंने तुम्हारे लिए पचास रुपये ही की बात की थी, लेकिन जब मैंने शाहीं साहब से पूछा तो उन्होंने कहा कि चेतन को वहाँ सिर्फ़ चालीस मिलते थे।'

'मुझे चालीस मिलते थे, पर साल बाद उन्होंने दस रुपये तरक्की देने की बात कही थी। आप महाशय धनपतरायजी से पूछ लीजिएगा।'

(प्रकट ही चेतन ने झूठ बोला था —लेकिन उस प्रक्रिया में उसका चेहरा उतर गया।)

'तुम झूठ बोलते हो!' आज़ाद लाला ने अपनी तर्जनी उसकी ओर बढ़ा दी, जैसे उसने

---

१. आन्दोलन

कोई भारी गुनाह किया हो।

'जी, अगर मुझे चालीस ही लेने होते तो मैं वहीं न काम करता!'

आज़ाद लाला का चेहरा विकृत हो गया और उनकी बड़ी-बड़ी मूँछें काँपने लगीं।

'तुम्हें 'देश' में पचास रुपये ही मिलते, पर मेरे सवाल के जवाब में तुम्हें कहना चाहिए था कि तुम्हें मिलते तो चालीस हैं, पर तुम पचास चाहते हो। जो आदमी इस ज़रा-सी बात पर झूठ बोल सकता है, मैं उसकी सिफ़ारिश महाशय वेदव्रत से नहीं कर सकता।'

चेतन अपनी जगह स्तम्भित खड़ा रह गया। उसकी ज़बान गुंग हो गयी। कोई भी उत्तर उससे न बन पड़ा। एक भयानक सन्नाटा कमरे में छा गया। जब पण्डित 'रत्न' कुछ क्षण बाद उठे तो चेतन ने चाहा था कि उसके पाँव नीचे की छत फट जाये और वह उस में समा जाये!....

o

'जो आदमी ज़रा-सी बात पर झूठ बोल सकता है, मैं उसकी सिफ़ारिश महाशय वेदव्रत से नहीं कर सकता।' —चेतन के कानों में आज़ाद लाला के वे शब्द गूँज गये। —साले, सच्चाई और पारसाई के! चेतन मन-ही-मन खौल उठा। उसका दम अपने कमरे में घुटने लगा। उसने बैठक का दरवाज़ा लगाया और बाहर निकल गया। —शाम धीरे-धीरे उसके अनजाने, शहर पर उतर आयी थी, लेकिन बत्तियाँ जलने में अभी बहुत देर थी। कई दिन की सख़्त उमस के बाद आसमान पर बादल घिर गये थे और हवा का कोई आवारा झोंका ख़ाक उड़ाता हुआ गुज़र जाता था। चेतन जैसे यन्त्र-चालित-सा उस उड़ती धूल के पीछे कृष्णा गली पार करके रेलवे रोड पर आ गया। गली के मुहाने पर वह क्षण भर असमंजस में खड़ा रहा कि किस तरफ़ जाये। फिर दायें हाथ को मुड़ कर मेयो हस्पताल के आगे से होते हुए वह निस्बत रोड की तरफ़ मुड़ गया, क्योंकि न केवल वह सड़क पक्की थी, वरन चौड़ी भी थी। रेलवे रोड के मुकाबले में उस पर बहुत कम भीड़ होती थी। भीड़ हो तो भी आदमी अपने में अकेला उस पर घूम सकता था।

चेतन फ़ुटपाथ पर चला जा रहा था — इर्द-गिर्द के वातावरण से एकदम अनभिज्ञ!....पण्डित 'रत्न' ने उससे एक शब्द भी न कहा था और जैसे उस घटना को भुलाने के लिए वे 'कोलियर्ज़ वीकली' में छपी एक दिलचस्प कहानी सुनाने लगे थे। लेकिन वे क्या सुनाते रहे, चेतन ने नहीं जाना। उसने कुछ नहीं सुना। उसके सामने निरन्तर उसकी ओर तनी हुई आज़ाद लाला की तर्जनी आती रही और उसके कानों में उनके शब्द गूँजते रहे कि ऐसे झूठे आदमी की सिफ़ारिश वे महाशय वेदव्रत से नहीं कर सकते। पण्डित जी को घर छोड़ कर जब वह वापस आया तो तमाम रात उसे नींद न आयी थी।....उसे अपने आप पर ग़ुस्सा आता रहा था कि उसने क्यों झूठ बोला! आज़ाद लाला पर क्रोध आता रहा था कि उस ज़रा-से झूठ पर उन्होंने उसे पण्डित 'रत्न' के सामने क्यों डाँटा ? वह पण्डित 'रत्न' पर झुँझलाता रहा था कि उन्होंने आज़ाद लाला और उनकी आदत और ख़सलत[१] के बारे में उसे विस्तार से क्यों नहीं बताया ?....

वहीं निस्बत रोड के फ़ुटपाथ पर मन-ही-मन उबलते-खौलते हुए चेतन की आँखों

१. स्वभाव = प्रकृति

के सामने वह घटना आ गयी, जो पण्डित 'रत्न' ने शाहीं साहब से किसी कमज़ोर क्षण में सुनी थी और उन्होंने चेतन को सुनायी थी :

महाशय वेदव्रत और लाला निश्चिन्तराम दोनों आर्य समाजी युवक थे। महाशय वेदव्रत छोटा-सा धार्मिक साप्ताहिक निकालते थे और लाला निश्चिन्तराम डिब्बी बाज़ार में किनारी बेचते थे। दोनों साथ-साथ पढ़े थे और दोनों बड़े गहरे मित्र थे। महाशय वेदव्रत, पतले-छरहरे, श्याम वर्ण के निहायत तेज़ पत्रकार थे और लाला निश्चिन्तराम गोल-मटोल, गोरे-चिट्टे, चुटियाधारी, सीधे-सादे धर्मपरायण आर्य समाजी थे। १९१९ के बाद, जब पंजाब में पत्र-पत्रिकाओं की बाढ़ आयी और उन्होंने देखा कि आर्य समाज के जिस सेक्शन के वे नेता थे, उसका काम एक साधारण साप्ताहिक से नहीं निकलता और उसे एक दैनिक मुखपत्र की आवश्यकता है तो लाला निश्चिन्तराम ने पूँजी का प्रबन्ध किया और वेदव्रत ने श्रम और मेधा का और दो-वरका[१] 'देश' निकल आया। शुरू-शुरू में दफ़्तर लाला निश्चिन्तराम के निवास-स्थान के एक बाहरी हिस्से में रखा गया।

लाला निश्चिन्तराम की पत्नी बड़ी सुन्दर थीं और महाशय वेदव्रत में श्याम वर्ण के बावजूद कुछ वैसा आकर्षण था, जिसने राधा को परकीया बना दिया होगा। शाहीं पण्डित का तो यह भी कथन था कि दोनों मित्रों के सहयोगी प्रयास से जो पत्र निकला, उसके पीछे श्रीमती निश्चिन्तराम की ही प्रेरणा थी। लाला जी तो दुकान पर चले जाते और जगह की तंगी के कारण अग्रलेख तथा सम्पादकीय टिप्पणियाँ लिखने के लिए महाशय जी उनकी बैठक में चले जाते। दफ़्तर और बैठक के बीच छोटा-सा बरामदा था। एक दिन कोई ज़रूरी बात पूछने के लिए शाहीं पण्डित सहज भाव से अन्दर गये। दरवाज़ा खोला तो उल्टे पाँव वापस फिर आये — सामने तख़्त पर राइटिंग पैड-वैड एक ओर रखे महाशय वेदव्रत और श्रीमती निश्चिन्तराम एक-दूसरे के आलिंगन में बद्ध दीन-दुनिया से बेख़बर थे....खटका होते ही महाशय जी दूसरे कमरे में भाग गये, लेकिन दूसरे ही क्षण उन देवीजी ने शाहीं पण्डित को बुलवाया और उनसे कहा कि इस बात को अपने तक ही रखें।

उसी महीने शाहीं पण्डित की तरक्की भी हो गयी।.... चेतन ने जब से यह बात सुनी थी, उसकी कल्पना में वह दृश्य कई बार आया था। उसने अपनी छोटी-सी ज़िन्दगी में जो अनुभव प्राप्त किया था — अपने मित्रों के जीवन और उनकी बातों से, पुस्तकें पढ़ कर अथवा खुली आँखों अपने इर्द-गिर्द देख कर — उससे उसने यही जाना था कि सुन्दर स्त्री एस्सेट (आदेय) से कहीं ज़्यादा लायबिलिटी (प्रदेय) है, कि उसे अपने वश में रखने का कर्तव्य पति का है, इसलिए उसे पहले लाला निश्चिन्तराम पर क्रोध आया कि वे अपनी सुन्दर पत्नी को वश में नहीं रख सके....लेकिन जब उसने इस समस्या पर कुछ और सोचा तो उसे महाशय वेदव्रत पर ग़ुस्सा आने लगा....पत्नी आख़िर बर्तन-भाण्डा तो नहीं कि उसे अलमारी या सन्दूक में बन्द करके रखा जाये....फिर सुन्दर पत्नी....आदमी सौन्दर्य के आगे कितना विवश हो जाता है। एक मुस्कान, प्यार-भरा एक शब्द, एक लज्जा-भरा आलिंगन — पति की सारी शंकाएँ दूर कर देता है और आँखें रखते हुए भी वह अन्धा हो जाता है....कभी-कभी अपने पिता की परकीया लच्छमा को ले कर माँ में और चेतन में

---

१. दो पन्नों यानी चार पृष्ठों का

बहस चलती थी तो चेतन के पुरुष को लच्छमा के सार्जेण्ट पति देवीदास पर ग़ुस्सा आता था कि वह क्यों अपनी बीवी को अपने मित्र के पास जाने देता है। तब वह सोचा करता था कि वह होता तो ऐसी बीवी अथवा ऐसे मित्र की हत्या कर देता।....

पर माँ सारा दोष चेतन के पिता का समझती थी। उसके ख़याल में मित्र की प्रतिष्ठा को बनाये रखना मित्र ही का काम है। नारी दुर्बल हो सकती है, पर यदि पुरुष दुर्बल हो जाये तो फिर यह धरती रसातल को चली जाये....फिर लच्छमा तो छोटी जाति की थी और देवीदास की पत्नी बनने से पहले उसके सम्बन्ध चेतन के पिता से थे, लेकिन श्रीमती निश्चन्तराम तो अच्छे घराने की थीं। चेतन के पिता तो शराबी जुआरी थे, महाशय वेदव्रत तो न केवल धर्मपरायण थे, वरन अपने अख़बार में नित्य धर्म की दुहाई देते थे।.... जो अपने मित्र को ठगता है, वह कहाँ का धर्मपरायण! उसके पिता जो करते थे, खुले आम करते थे, इस तरह चोरी से सेंध नहीं लगाते थे....अपनी माँ की बातों से धीरे-धीरे उसका यह मत बन गया था कि पुरुष-स्त्री के सन्दर्भ में पुरुष को दृढ़ होना चाहिए —महाशय वेदव्रत को अपने मित्र की पत्नी में कुछ कमज़ोरी दिखायी दी थी तो उन्हें स्वयं दृढ़ होना चाहिए था। अपने मित्र को कॉन्फ़िडेन्स में ले लेना चाहिए था, मित्र-पत्नी को बता देना चाहिए था कि उसे हृदय से चाहते हुए भी मित्र की प्रतिष्ठा के नाते वे उससे किसी तरह का सम्बन्ध नहीं रख सकते, ऐसा करना मित्र से विश्वासघात के बराबर होगा। —(पहल तो पुरुष ही करता है, वही उस स्थिति को बचा सकता है —चेतन का ऐसा ख़याल था) अपनी भावना का उन्हें उन्नयन कर लेना चाहिए था।

चेतन अपने ध्यान में मग्न लक्ष्मी इन्श्योरेंस बिल्डिंग तक आ गया। उसे शाम को 'वीर भारत' भी जाना था। वह वापस मुड़ा।

'मैं ऐसे आदमी की सिफ़ारिश महाशय वेदव्रत से नहीं कर सकता।' चेतन के कानों में आज़ाद लाला का वाक्य पिघले सीसे-सा तन-मन जलाता चला गया —जिस व्यक्ति की सारी ज़िन्दगी, व्यापार, कारबार, उतने बड़े झूठ और मित्र-द्रोह पर टिकी है (चेतन जानता था कि जब कुछ ही वर्ष पहले लाला निश्चिन्तराम का सहसा देहान्त हो गया था तो उनके हिस्से के बदले कुछ रुपया उनकी पत्नी को दे कर महाशय वेदव्रत पत्र के एकमात्र स्वामी हो गये थे) उससे आज़ाद लाला ज़रा-से उस झूठ के कारण उसकी सिफ़ारिश नहीं करना चाहते थे.... साले सत्यवादी हरिश्चन्द्र के!....

०

चेतन बिफरता हुआ वापस अपने कमरे में आया। उसने आज़ाद लाला पर लिखा नोट पढ़ा और फिर उसके नीचे लिखने लगा :

> 'यह ठीक है कि आदमी दग़ा-फ़रेब, बददयानती और रियाकारी से भरी झूठी और दोहरी ज़िन्दगी जीते हुए, समाज में इज़्ज़त और मान पा लेता है। लेकिन आदमी से जवाब-तलब करने वाला महज़ समाज ही तो नहीं, उसकी अपनी आत्मा भी तो है। आदमी अपने भले-बुरे के लिए उसके आगे जवाबदेह है। यही वजह है कि दुनिया भर का दुख और इल्ज़ाम सहते हुए भी लोग अपनी आत्मा की ख़ुशी

और तस्कीन[1] के लिए सूली पर चढ़ गये —सब तरह के ऐश-आराम में रहता हुआ कोई शख़्स अपनी आत्मा के कोड़ों की मार का नरक भोग सकता है और सब तरह के दुख सहता हुआ भी कोई सुख और सन्तोष महसूस कर सकता है।'

चेतन ने यहाँ तक लिखा था कि सहसा उसके दिमाग़ में एक ख़याल कौंधा — महाशय वेदव्रत कैसे हैं, इससे उसे क्या लेना-देना है ? आज़ाद लाला यदि नौकर रखाने की मुसीबत से बचना चाहते हों तो किसी दूसरी तरह भी बच जाते, लेकिन कितना निरीह और बे-ज़रर[2] भी क्यों न हो, उसने झूठ तो बोला। अगर वह कहता कि वह चालीस रुपया महीना पा रहा है, इसीलिए वहाँ नौकरी छोड़ना चाहता है, उसे पचास मिल जायें तो वह बड़ा शुक्रगुज़ार होगा, तब आज़ाद लाला उसे पण्डित 'रत्न' के सामने यूँ ज़लील न करते। वह अपने आपको जो भी समझता हो, पर उम्र में तो वह उनके लड़के से भी छोटा है।

और थोड़ी स्पेस छोड़ कर उसने नोट बुक में इतना और लिखा : 'मैंने आज तय किया है कि छोटा भी क्यों न हो, मैं कभी झूठ नहीं बोलूँगा, ताकि मुझे इस तरह अपने या किसी दूसरे के सामने नदामत[3] का शिकार न होना पड़े!'

ज़ख़्मी

'पतले-छरहरे, गोरे, मँझला कद, पैंतीस-चालीस की उम्र, बात-बात पर मज़ाक करने और हँस कर मज़ाक सह जाने वाले शिवप्रसाद 'ज़ख़्मी' मुझे बहुत अच्छे लगते हैं। जब पण्डित 'रत्न' उनसे कोई मज़ाक करते हैं, उनके गोरे चेहरे पर लाली दौड़ जाती है और दायें गाल पर डिम्पल बन जाता है। मुझे 'ज़ख़्मी' के साथ काम करना पसन्द है।'

०

चेतन ने नोट-बुक बन्द करके अलमारी में रखी। उसे रात को आठ बजे 'वीर भारत' के दफ़्तर पहुँचना था। खाना वह साढ़े नौ बजे वहीं नीचे ढाबे में जा कर खा आता था। बैठक को उसने ताला लगाया और दफ़्तर को चल दिया।

दो ही दिन पहले उसे 'वीर भारत' में रात की शिफ़्ट में काम करने की नौकरी मिल गयी थी। आज़ाद लाला से मिल कर आने के दूसरे दिन ही जब शाम को वह पण्डित जी के यहाँ गया तो उन्होंने उसे बताया कि 'भीष्म' के विज्ञान व्यवस्थापक पण्डित गणेशलाल ने नये सनातनी दैनिक 'वीर भारत' का डेक्लेरेशन ले लिया है। 'पण्डित गणेशलाल आज पत्र का पहला अंक ले कर दफ़्तर आये थे,' पण्डित 'रत्न' ने कहा, 'मैं था नहीं। वे ज़ुत्शी साहब को अंक दे गये। ज़ुत्शी साहब ही से मालूम हुआ कि 'ज़ख़्मी' उसके एडिटर होंगे। 'ज़ख़्मी' आदमी बढ़िया है, हमारा यार है। वहाँ अगर जगह ख़ाली हो और तुम्हें मिल जाये तो बहुत अच्छा हो।'....

और पण्डित जी जल्दी-जल्दी उसे ले कर 'ज़ख़्मी' साहब से मिलने को चल दिये थे।

---

१. तुष्टि
२. जो कोई नुकसान न पहुँचा सके।
३. ग्लानि

जब वे दोनों गली पार कर सड़क पर आ गये तो सहसा चेतन ने पूछा, 'भीष्म अब नहीं निकलेगा ?'

'अब क्या निकलेगा। उसे 'फ़िदा' साहब के गूँगे ले डूबे!' और पण्डित जी हँसे, 'इतनी देर भी गणेशलाल की वजह से चलता रहा।' फिर कुछ क्षण रुक कर उन्होंने कहा, 'आदमी गणेशलाल मेहनती है। 'भीष्म' जितना कम छपता था, उसके मुकाबले में जितने इश्तेहार उसे मिलते थे, वह उसी की हिम्मत थी।'

'ज़ख़्मी' लोहारी दरवाज़े के अन्दर रहते थे, पर अनारकली और सरक्युलर रोड के चौराहे पर ही वे उन्हें मिल गये। 'फ़ज़ल बुक डिपो' पर वे पत्र-पत्रिकाएँ पलट रहे थे कि चेतन की निगाह उन पर पड़ गयी और उसने पण्डित जी का ध्यान उधर आकर्षित किया।

पण्डित जी ने जा कर 'ज़ख़्मी' की पीठ थपथपायी और उन्हें 'वीर भारत' के सम्पादक बनने पर बधाई दी।

'गणेशलाल आज दफ़्तर में आये थे।' उन्होंने कहा, 'मैं था नहीं, ज़ुत्शी साहब से मालूम हुआ था कि गणेशलाल ने नया डेक्लेरेशन दिया है और आप एडिटर हो कर आ रहे हैं। मैंने ज़ुत्शी साहब से कहा था कि पण्डित गणेशलाल इससे बेहतर चुनाव नहीं कर सकते।'

और पण्डित जी ने फिर 'ज़ख़्मी' साहब की पीठ ठोंकी। उनका रंग लाल हो गया और दायें गाल में गढ़ा बन आया। तब सहसा पण्डित जी ने पूछा :

'कहिए, स्टाफ़ पूरा रख लिया ?'

'नहीं, अभी पूरा नहीं रखा।' ज़ख़्मी साहब ने कहा, 'गणेशलाल ने 'भीष्म' बन्द होने से पहले नये अख़बार के डेक्लेरेशन की दरख़्वास्त दे दी होती तो मुश्किल पेश नहीं आती। लेकिन 'भीष्म' को बन्द हुए दो महीने हो चुके हैं। डोगरा तो 'देश' में चले गये और वहाँ जम गये। प्रीतम बारबटनी रात को 'समाज' में जाते हैं, चौधरी ईशरदास की सेहत ख़राब हो गयी है। वो सिर्फ़ दिन ही को आते हैं। बाकी दो गूँगों में से एक को तो 'फ़िदा' साहब अपने साथ ही रखे हुए हैं, सुनता हूँ कि उसे कोई न्यूज़ एजेंसी खोल कर देने वाले हैं, दूसरे को गणेशलाल ले आये हैं। वह और प्रीतम जी दिन को आते हैं और मैं रात को। मुझे अभी कोई काम का आदमी नहीं मिला।'

'तुम चेतन को क्यों नहीं रख लेते।' सहसा पण्डित जी ने सुझाव दिया। 'यह 'बन्दे मातरम' को छोड़ रहा है। काम ख़ूब मेहनत से करेगा।'

'जो आपका हुक्म!' ज़ख़्मी साहब ने उत्तर में सिर नवा दिया।

और चेतन उसी शाम से ३० रु० मासिक पर दैनिक 'वीर भारत' में सब-एडिटर हो गया। 'बन्दे मातरम' में उसे दिन-रात दोनों वक्त काम करने के केवल चालीस मिलते थे, 'वीर भारत' में महज़ रात की ड्यूटी के ३० रु०, और यह व्यवस्था चेतन को अच्छी लगी थी। यद्यपि रात की नौकरी उसे पसन्द न थी —जब से उसकी शादी हुई थी, वह रात को दो बजे से पहले कभी घर न पहुँच पाया था, पर अब उसका सारा दिन ख़ाली होगा और वह जैसे चाहे, उसका इस्तेमाल कर सकेगा। ख़ूब लिखे-पढ़ेगा। फिर अभी कविराज की नौकरी उसने छोड़ी नहीं थी। जितने दिन वह उनके यहाँ काम करेगा, उसे २० रु० महीना

मिलते रहेंगे —यह सब सोच कर वह मन-ही-मन बड़ा प्रसन्न हुआ था और उसने नौकरी स्वीकार कर ली थी।

चेतन चुपचाप चला जा रहा था। कविराज के बारे में उसने जो सोचा था, वह ग़लत साबित हुआ था। कल ही उसने कविराज का परिच्छेद ख़त्म किया था। वह कापी ले कर उनके पास गया था और उसे उनके सामने रखते हुए उसने उन्हें बताया था कि परिच्छेद उसने ख़त्म कर दिया है। उसे रात की नौकरी मिल गयी है, दिन उसका अपना है, यदि कोई काम उसके ज़िम्मे हो तो वे उसे बता दें, वरना वह छुट्टी कर ले।

कविराज ने नौकरी मिल जाने पर बड़ी ख़ुशी प्रकट की और उसे बधाई दी और कहा कि यदि उसे नौकरी न मिलती तो वो कोई-न-कोई काम उसके लिए निकालते, पर अभी उसे दिन को ख़ूब सोना और आराम करना चाहिए, वरना रात-दिन काम करने से पहले की तरह उसकी सेहत ख़राब हो जायेगी।

और इतना कह, वे अपने काम में लग गये। चेतन क्षण भर खड़ा रहा तो उन्होंने सिर उठा कर कहा, 'फिर तुम्हें कभी ज़रूरत पड़े अज़ीज़, तो तुम बेझिझक चले आना।'

और इतना कह कर वे फिर काम पर झुक गये।

यद्यपि चेतन स्वयं उनसे छुट्टी पाना चाहता था और पिछले सात-दस दिन से बराबर पण्डित जी को ले कर जगह-जगह घूम रहा था तो भी उसे वैद्य जी से ऐसे रूखे व्यवहार की अपेक्षा न थी। उसने उन्हें 'नमस्कार' किया और मन-ही-मन उबलता हुआ घर चला आया था और अपने उद्विग्न मन को शान्त करने के लिए पुराने काग़ज़-पत्रों को ठीक करके अलमारी में रखने लगा था। तभी उसकी दृष्टि अपनी कहानियों के संग्रह की फ़ाइल पर गयी थी, जिसके लिए कविराज काग़ज़ ले कर देने वाले और उनकी इस उदारता से अभिभूत हो कर जिस पर चेतन ने समर्पण लिखा था :

कविराज रामदास बी० ए० के नाम
जिनसे पहली ही मुलाकात मन में
बेपनाह अक़ीदत[1] पैदा कर देती है।

चेतन ने फ़ाइल खोल कर समर्पण देखा। निमिष भर को उसके मन में आयी कि जा कर कविराज को उनके वचन की याद दिलाये। पर वह जानता था कि अब, जब उनका काम निकल गया है, वे टाल जायेंगे। न टालेंगे और पचास रुपये काग़ज़ के खाते देंगे तो डेढ़ सौ रुपये का काम उससे लेंगे। 'साले, हातिमताई के!' मन-ही-मन उसने कहा और क्रोध के प्रबल वेग से वह पन्ना फ़ाइल से खींच कर निकाल दिया और मुट्ठी में बुरी तरह मसल कर उसे टुकड़े-टुकड़े करके कोने में फेंक दिया था।

०

'वीर भारत' का दफ़्तर आ गया था। चेतन ने सिर को झटका दिया और दफ़्तर की सीढ़ियाँ चढ़ गया।

---

१. श्रद्धा

तेरह

रात दो बजे, अख़बार की अन्तिम कापी के प्रेस में चले जाने के बाद, जब ज़ख़्मी साहब को 'आदाब अर्ज़' कर, चेतन दफ़्तर की सीढ़ियाँ उतरा और घर की तरफ़ मुड़ा तो सहसा उसकी तरफ़ उठी आज़ाद लाला की तर्जनी और नोटबुक में लिखी अपनी प्रतिज्ञा उसके सामने आ गयी। उसने यह तय कर लिया था कि अब आगे के लिए वह झूठ नहीं बोलेगा, लेकिन इतनी ज़रा-सी बात के लिए उसके होंटों से सहसा झूठी बात निकली कैसे ? वह यही सोचने लगा। उसके पिता नम्बरी दबंग और फक्कड़ थे। वे बुरे-से-बुरा काम कर आते और आ कर माँ से सच्ची-सच्ची बात कह देते और माँ उनकी इस सत्यवादिता पर गर्व करतीं और प्रकारान्तर से अपने बेटों को सच बोलने का उपदेश देतीं। अपने पिता के प्रति समस्त क्रोध और नफ़रत के बावजूद उनके कुछ गुणों के लिए चेतन के मन में एक अजीब-सी श्रद्धा-मिली ईर्ष्या थी और उन गुणों में एक गुण था — उनकी दबंगई-मिश्रित सच्चाई! उनका बेटा होने के नाते उसमें यह दुर्गुण कहाँ से आ गया कि वह एक ज़रा-सी बात लिए झूठ बोल गया; उसे पण्डित 'रत्न' के सामने आज़ाद लाला की डाँट सुननी पड़ी और ग्लानि का शिकार होना पड़ा!

और जैसे खुले मैदान में साँप का पीछा करता हुआ कोई व्यक्ति किसी अँधेरी गुफा में चला जाये, चेतन उस झूठ के स्रोत को खोजता हुआ लड़कपन के अँधेरे ग़ारों में खो गया।

बेहद उमस थी, आसमान पर बादल का निशान तक न था और दिन भर की गर्द वायु-मण्डल में छायी हुई थी, जिसमें बड़ा-सा चाँद हस्पताल के ऊपर आकाश और धरती के बीच निस्पन्द लटका दिखाई दे रहा था। चेतन ने एक नज़र उस चाँद पर डाली। कोई और रात होती तो वह लगातार उसे देखता घर तक चला जाता, पर तब उसने देख कर भी उसे नहीं देखा। वह निरन्तर उसी साँप का पीछा करता हुआ बढ़ा चला गया।

आज़ाद लाला के दफ़्तर की उस घटना के बाद उसने पिछले दिनों का जायज़ा लिया तो उसने पाया कि वह तो बिना जाने, महज़ मज़ाक अथवा शरारत में, 'बन्दे मातरम' के दफ़्तर में समय पर वेतन लेने के लिए अथवा अपनी अर्जित छुट्टी पाने के लिए प्रायः झूठ बोलता रहा है और वह समझता था कि आज़ाद लाला के सामने महज़ संयोगवश उसके मुँह से झूठ निकल गया था।

चूँकि उसके पुराने धर्म-निरपेक्ष राष्ट्रीय समाचार-पत्र की आर्थिक स्थिति अच्छी न थी, इसलिए महीने की पहली तारीख़ को तनख़्वाह मिलने की बजाय, प्रायः किस्तों में पन्द्रह-बीस तक मिलती थी, लेकिन चेतन को बत्तीस रुपये तो अपने भाई के मालिक-मकान को देने होते थे और छै रुपये अपने मालिक-मकान को और पहली को वेतन पाये बिना उसका काम नहीं चलता था। उसे महीने की पहली तारीख़ को ही वेतन मिल जाये, इसलिए एक महीने का वेतन पाने के दस पन्द्रह दिन बाद ही वह इस या उस बहाने कुछ पेशगी के लिए तगादा शुरू कर देता था और चूँकि सम्पादन-विभाग में उसकी तनख़्वाह सब से कम थी, इसलिए उसके बार-बार के तगादों से तंग आ कर मैनेजिंग

डायरेक्टर ने ख़ज़ानची को स्थायी आदेश दे दिया था कि चेतन की तनख़्वाह उसे पहली तारीख़ को मिल जाये। किन्तु चेतन किसी तरह का रिस्क न लेता था और मैनेजिंग डायरेक्टर के पास जाने के बदले पन्द्रह दिन पहले ख़ज़ानची से तगादा शुरू कर देता था और पैसे माँगने के लिए नये-से-नया (प्रकट ही झूठा) बहाना गढ़ लेता था।

इसके अलावा समाचार-पत्र में स्टाफ़ भी कम था और चूँकि स्टाफ़ कम था, इसलिए सभी को अपनी बिसात से ज़्यादा काम करना पड़ता था और एक-न-एक उप-सम्पादक बीमार रहता था, इसलिए महीने में जो ढाई दिन की छुट्टी सम्पादकों को मिलती थी, उसे बिना किसी बहाने के ले पाना कठिन था। वहीं हस्पताल रोड पर जाते-जाते चेतन के सामने अपने कई झूठ आ गये और एक घटना विशेष रूप से उसकी आँखों में कौंध गयी।

....शुरू गर्मियों का मौसम था। दिन यद्यपि कद्रे गर्म होने लगे थे, पर शाम-सबेरे ख़ासी ठण्ड हो जाती थी। चन्दा लाहौर आयी हुई थी। पिछली सर्दियों में जब वह लाहौर आयी थी और एक रात लाला श्यामलाल ऐडवोकेट का इण्टरव्यू लेने के साथ-साथ चेतन ने उसे लॉरेन्स की सैर कराने का जो प्रयत्न किया था और रात ज़्यादा हो जाने के कारण वह जैसे डर गयी थी, वह बात चेतन को निरन्तर सालती रही थी और उसका मन था कि आते इतवार को उसे ले कर पूरा दिन लॉरेन्स में गुज़ारे और उसे पहाड़ी पर ले जाये और शाम को लॉरेन्स की सैर कितनी पुरलुत्फ़ होती है, इसका एहसास कराये। लेकिन वह जानता था कि माँगने पर उसे कभी छुट्टी नहीं मिलेगी। तब उसने यह किया कि कई दिन पहले से हजामत बनाना बन्द कर दिया और दफ़्तर में काम करते हुए एक-आध बार अपनी तबियत की ख़राबी का ज़िक्र करता रहा। शुक्र और शनि को उसने स्नान भी नहीं किया और इतवार की सुबह आठ बजे के करीब गर्म लोई से शरीर को ढाँपे, दाढ़ी बढ़ाये और सिर के लम्बे बाल बिखराये, महीनों का मरीज़ बना, दफ़्तर चला गया। मैनेजिंग डायरेक्टर दफ़्तर के ऊपर ही रहते थे। ठिगने-से गोल-मटोल आदमी। खादी के कुर्ते-धोती पर वैसी ही गोल-सी टोपी पहनते थे। 'पीपल्ज़ बुक सोसाइटी' के आजीवन सदस्य। बहुत कम और बहुत धीरे बात करने वाले।.... ऊपर पहुँच कर उसे मालूम हुआ कि वे अनारकली में उस प्रेस में गये हैं, जहाँ 'पीपल्ज़ बुक सोसाइटी' का मुख-पत्र, अंग्रेज़ी साप्ताहिक 'पीपल्ज़' छपता था, जिसके वे अवैतनिक सम्पादक थे। चेतन उनके पीछे प्रेस में जा पहुँचा। वे बाज़ार के किनारे ही प्रेस के तंग दरवाज़े में लोहे की कुर्सी पर बैठे प्रूफ़ देख रहे थे। सहसा उसे सामने खड़ा देख, वे चौंके। चेतन ने मिनमिनाते हुए कहा कि उसे कई दिन से हल्की-हल्की हरारत है, इसके बावजूद वह दफ़्तर आता रहा है, लेकिन आज उसका सारा शरीर टूट रहा है, उसे छुट्टी चाहिए और उसने कलाई आगे बढ़ा दी कि देख लीजिए, उसे बुख़ार है।....लाला जी ने उसकी कलाई नहीं देखी। सिर्फ़ उसके चेहरे पर ऊबी और चिड़चिड़ाहट-भरी दृष्टि डाली और उसे छुट्टी दे दी।....चेतन होंटों ही में उनका शुक्रिया अदा कर मुड़ा। पैसा अख़बार स्ट्रीट तक मरी-मरी बीमार चाल से चलता आया। लेकिन ज्योंही पैसा अख़बार स्ट्रीट में दाख़िल हुआ, उसने लोई को उतार कर कन्धे पर डाला और सरपट भागता हुआ घर पहुँचा और जोश में अपनी पत्नी को बाँहों में भर कर उसने एक चक्कर दे दिया।.... चन्दा चकित उसकी ओर देखती रह गयी थी। तब उसने पत्नी से कहा था कि वह कुछ पराँठे और सूखे आलू बना ले, वह इतने में बाल कटवा और हजामत बनवा आता है, वे आज लॉरेन्स बाग़

की सैर को जायेंगे। और वह जैसे आया था, कुछ आने जेब में डाल कर वैसे ही हजामत बनवाने निकल गया था....

रात के सन्नाटे में हस्पताल के साथ-साथ घर की ओर जाते हुए लॉरेन्स की वह सैर उसके सामने घूम गयी थी। यद्यपि घर से चलने में उन्हें देर हो गयी थी और सूरज की धूप तेज़ हो गयी थी, लेकिन जब पैदल दो-ढाई मील की मंज़िल मार कर वे बाग़ के घने पेड़ों की छाया में पहुँचे थे और ठण्डी हवा के झोंके हलके पसीने से तर उनके शरीरों पर ठण्डे लेप सरीखे लगे थे तो उनकी सारी थकान दूर हो गयी थी। वहीं चिड़ियाघर के बाहर से अपनी पत्नी को जल-पक्षी दिखा कर, वह उसे सड़क के दूसरी ओर घने छतनार गगनचुम्बी पेड़ों की छाया में ले गया था। वहाँ उन्होंने कुछ पल विश्राम किया था। फिर वह चन्दा को चिड़ियाघर दिखाने ले गया था। दोपहर का खाना बाग़ के घने पेड़ों के नीचे खा कर, वहीं दरी बिछा कर वे लेट गये थे। शाम को वह उसे पहाड़ी पर ले गया था। इतवार का दिन! बाग़ में ख़ूब रौनक थी। चन्दा बड़ी ख़ुश थी। एक बार पूरे बाग़ का चक्कर लगा कर और जैसे तृप्त हो कर जब वे घर लौटे थे तो चंगड़ मुहल्ले की अपनी उस कोठरी में पहुँच कर चेतन ने अपनी पत्नी को बाँहों में भर कर चूम लिया था।....

उस दिन अपने उस झूठ और चतुराई पर उसे बड़ी प्रसन्नता हुई थी और डेढ़-पौने दो वर्ष की अपनी नौकरी में उसने एक-दो नहीं, कई बार ऐसे ही बेज़रर झूठ बोले थे। चेतन के सामने वे सारे-के-सारे झूठ, जिन पर वह बड़ा ख़ुश हुआ था, एक दूसरे ही रूप में आ गये। यह ठीक है कि उन्हें बोलने में कुछ औचित्य भी था और उसे किसी तरह की ग्लानि न उठानी पड़ी थी, पर यदि उस तरह झूठ बोल कर छुट्टी लेने के बाद बाग़ की सैर करते हुए उसके मैनेजिंग डायरेक्टर उसे देख लेते! वे आज़ाद लाला की तरह उसकी ओर तर्जनी नहीं उठाते; शायद कुछ भी नहीं कहते, पर उनकी निगाहों में जो अभियोग होता, मात्र उसी से वह ज़मीन में गड़ जाता।....

o

और चेतन अपने झूठ का पीछा करता हुआ मन की एक ही छलाँग में चौथी कक्षा में पहुँच गया —किला मुहल्ला, जालन्धर के प्रइमरी स्कूल में —जब अपने जाने उसने पहला झूठ बोला था।

o

रात उसके पिता जालन्धर आये थे और सुबह जब वह स्कूल गया था तो वे सोये हुए थे, पर शाम को जब वह आया तो उन्होंने उसे बुलाया था और उसे सलेट निकालने का आदेश दिया था कि वे उसके गणित की परीक्षा लें। लेकिन चेतन के पास (उसके सौभाग्य से) सलेट नहीं थी। पिछली बार जो सलेट वे ले कर दे गये थे, वह तड़क गयी थी और यद्यपि उसकी चौखट में उसने पत्तियाँ लगवायी थीं, पर वह बहुत दिन न चली थी। उस ज़माने में लोहे की सलेटों का चलन न था। सलेटें सीधी शिवालक की पहाड़ियों से आती थीं और चौखटों में जड़ कर छात्रों के पास पहुँच जाती थीं। पतली और चिकनी काली सलेटें देखने में अच्छी लगती थीं, पर ज़्यादा दिन न चलती थीं। पहले चौखटे अलग होते, फिर सलेटें ज़रा-सी ठेस से दो या तीन हो जातीं। प्राय: छात्र टूटी हुई सलेटों के टुकड़ों ही से काम

चलाते। चेतन के पिता को जब इस बात का पता चला तो वे उसी वक्त उसे साथ ले कर बाज़ार गये थे। उन्होंने उसे एक मोटी और भारी सलेट और पेंसिलों का एक डिब्बा ख़रीद दिया था। सलेट उसे दे कर वे बाज़ार शेख़ाँ[१] की तरफ़ बढ़ गये थे और फिर दो दिन जो वे जालन्धर रहे, उन्हें उसकी गणित की परीक्षा लेने का ध्यान नहीं आया। सुबह जब वह स्कूल जाता, वे धुत्त सोये होते और शाम को जब वह स्कूल से आता, वे अपने मित्रों के साथ बाज़ार शेख़ाँ अथवा किसी दूसरे अड्डे पर मौज उड़ा रहे होते।

उन्होंने उसे जो सलेट ले कर दी, वह न चिकनी थी, न काली। भारी थी और सचमुच के सलेटी रंग की थी। उसके वज़न के मुकाबले में उसकी चौखट बड़ी नाज़ुक और हलकी मालूम देती थी। चेतन ने सोचा था कि वह उसके कोनों पर पत्तियाँ लगवा लेगा, लेकिन इससे पहले कि वह यह सावधानी बरतता, न केवल उसकी चौखट टूट गयी, वरन उसकी दो उँगलियों को घायल भी करती गयी।

जब वह पहले ही दिन नयी सलेट पर कापियाँ और किताबें रख, उन्हें बग़ल में दबा कर चला तो भारी सलेट और किताबों के बोझ से पापड़ियाँ बाज़ार तब पहुँचते-पहुँचते उसकी बाँह दुखने लगी। तब उसने उन्हें दूसरी बग़ल में दबा लिया। पर सलेट इतनी भारी थी कि जल्दी ही उसकी दूसरी बाँह भी दुखने लगी। तब उसने बस्ता सिर पर उठा लिया। उसे बड़ी राहत मिली। पहले वह सलेट के साथ हलका-सा हाथ लगाये किताबों को थामे रहा। कभी इस हाथ से, कभी उस हाथ से। लेकिन पगड़ी पर टिके हुए बस्ते को सहारे की भी ज़रूरत न थी। जब उसका हाथ थक जाता तो वह उसे नीचे कर लेता। धीरे-धीरे उसे इतना अभ्यास हो गया कि सिर पर बिना हाथ के सहारे, घड़े उठाये मटकती चली जाती गुजरियों की तरह, वह रोज़ सिर पर सलेट और किताबें उठाये स्कूल जाने लगा। लेकिन चन्द ही दिन बाद वह एक सुबह इसी तरह किताबें उठाये अपने ध्यान में मस्त चला जा रहा था कि बकरवालों की ढिक्की[२] पर उसे हलकी-सी ठोकर लगी। उसके सिर का सन्तुलन बिगड़ गया। किताबें गिरीं और सलेट की चौखट किताबों के भार से सिर से गिरते ही अलग हो गयी। चेतन ने सलेट को अपने उल्टे हाथ से थामने का प्रयास किया तो उसके नुकीले किनारे से उसके दायें हाथ की बीच की दो उँगलियाँ पिछली ओर से कट गयीं। यही भला हुआ कि सलेट नहीं टूटी। केवल उसका एक कोना थोड़ा-सा भुर गया। ढिक्की के फ़र्श पर पुरानी नानकशाही[३] ईंटें लगी थीं। यदि उसका हाथ बीच में न आ जाता तो अपनी मज़बूती और मोटाई के बावजूद सलेट टूक-टूक हो जाती।

चेतन की उँगलियों पर घाव आ गया। ख़ून बहने लगा। लेकिन वह न रोया, न चिल्लाया और न घर की ओर भागा। उसने किताबें उठायीं, उन्हें बायीं बग़ल में दबाया और यद्यपि उसके हाथ से ख़ून बह रहा था, पर बकरवालों के चौक के आगे ही स्कूल था, इसलिए वह स्कूल को भागा —'गिरते हैं शहसवार ही मैदाने जंग में' —अपने पिता का उपदेश उसने मन-ही-मन दोहराया। गिरने या चोट खाने पर रोने से अपने बेटों को बरजने के लिए वे प्रायः उन्हें —एक नारे की तरह —यह उपदेश दिया करते थे। जैसे गिर जाना

---

१. वेश्याओं का बाज़ार

२. ढलान

३. पुराने ज़माने में मोटी ईंटें न होती थीं। बहुत छोटी ईंटें बनती थीं जिन्हें नानकशाही ईंटें कहते थे।

दुख की नहीं, ख़ुशी की बात हो —और चाहते थे कि उनके बेटे गिर जाने पर यह नारा लगायें और रोने की बजाय हँसें। 'खेल-कूद और दौड़-भाग में चोटें तो आयेंगी। बहादुर लोग रोया नहीं करते।' वे समझाया करते और यद्यपि चेतन बच्चा था और उस शेर की दूसरी पंक्ति, 'वह तिफ़्ल'[१] क्या गिरेगा जो घुटनों के बल चले' उस पर पूरी तरह उतरती थी, (क्योंकि वह घुटनों के बल चाहे न चलता हो, लेकिन था तो बच्चा ही) तो भी अपने पिता के उपदेश के अधीन वह शहसवार बना, ज़ख़्मी हाथ लिये, स्कूल पहुँचा।

चौथी के उस्ताद और प्रइमरी स्कूल के मुख्याध्यापक, लाला नानकचन्द बड़े ही अच्छे स्वभाव के व्यक्ति थे। यूँ वे लड़कों को सज़ा देते थे, पर सज़ा देते हुए लगता था, जैसे वे स्वयं सज़ा पा रहे हों। चेतन का ख़याल था कि नयी सलेट तोड़ने पर वे उसे डाँटें-फटकारेंगे, क्योंकि वह उस बेपरवाही से बस्ता उठाये बेध्यानी से चल रहा था, पर जब उन्होंने उसका हाथ ख़ून से लथपथ देखा तो झट अपनी पगड़ी से एक छोटा-सा टुकड़ा फाड़ कर उसे पानी से भिगो, पट्टी बाँध दी और घर जाने का आदेश दे दिया।

चेतन घर को चला तो उसे इस बात का डर था कि इतनी ज़रा-सी बात पर स्कूल से छुट्टी कर लेने पर उसे माँ बुरा-भला कहेगी, क्योंकि न केवल माँ ही उसे बाकायदा स्कूल जाने का उपदेश देती थी, वरन उसके पिता भी स्कूल से बे-मतलब ग़ैर-हाज़िर रहने को जघन्य अपराध समझते थे। यही कारण था कि उँगलियाँ कट जाने के बावजूद चेतन घर वापस आने के बदले सीधा स्कूल चला गया था। उसने मन में सोच लिया था कि वह इसका सारा दोष हेड मास्टर को देगा और कह देगा कि उसने छुट्टी नहीं माँगी, उन्होंने बरबस घर भेज दिया।

जब घर पहुँचने पर माँ ने कुछ नहीं कहा, वरन सन्दूक से धुला कपड़ा निकाल कर फिर से उसकी उँगलियों पर पट्टी बाँध दी तो मन-ही-मन चेतन को बड़ा आश्चर्य और सन्तोष हुआ। शाम को यद्यपि मुहल्ले के ही एक साथी लड़के ने माँ से शिकायत कर दी कि चेतन गुजरियों की तरह सिर पर बस्ता उठाये जा रहा था, इसीलिए सलेट गिर गयी, तो भी माँ ने कुछ न कहा था। चेतन ने सारी बात सच-सच बता दी कि भारी सलेट से उसकी बाँहें दुखने लगी थीं, इसलिए उसने सलेट और किताबें सिर पर रख ली थीं। तब माँ ने सलेट का नाप ले कर एक बस्ता सी दिया कि यदि फिर कभी किताबें गिरें तो न बिखरें, न फटें और न यूँ चोट लगे।

चेतन पहली बार स्कूल से ग़ैर-हाज़िर हुआ था। उँगलियों में हलके से दर्द के अतिरिक्त वह एकदम स्वस्थ था। मन लगाने को वह अपने बड़े भाई के कोर्स की पुस्तक, 'हिकायाते शीरीं' (मीठी-मधुर कहानियाँ) पहला भाग पढ़ने लगा और उनमें उसे ऐसा रस मिला कि दिन कब गुज़र गया, उसे मालूम नहीं हुआ। स्कूल की पढ़ाई की बोरियत के मुकाबले में उसे घर में बैठ कर 'हिकायाते शीरीं' पढ़ना बहुत अच्छा लगा।

हेड मास्टर और माँ की दयालुता का यह प्रभाव हुआ कि कुछ ही दिन बाद वह झूठ बोल कर फिर घर वापस आ गया।

वह गणित में बहुत कमज़ोर था। पाँच वर्ष का था, जब उसके पिता उसे घर ही पर

---

१. बच्चा

पढ़ाने लगे थे। दो-एक वर्ष में उन्होंने उसे इतनी अंग्रेज़ी पढ़ा दी थी कि कई बार वह मैट्रिक पास लड़कों के मुकाबले में जीत जाता था। उर्दू की लिखाई भी उसकी बहुत अच्छी थी, पर गणित पर उन्होंने ध्यान न दिया था। वे जब पढ़ाने लगते तो अंग्रेज़ी से शुरू करते और चूँकि बात हमेशा कुटम्मस पर टूटती, इसलिए दूसरे किसी विषय की बारी ही न आती। फिर जब उनकी बदली रिलीविंग में हो गयी और माँ जालन्धर आ गयी तो वे उसे ले कर किला मुहल्ला के प्रइमरी स्कूल पहुँचे। चेतन यदि दूसरी कक्षा में दाख़िल होता तो शायद वह गणित में कमज़ोर न रहता, पर पिता को यह स्वीकार नहीं हुआ कि अंग्रेज़ी में मैट्रिक पास लड़कों को हरा देने वाला उनका मेधावी सुपुत्र केवल दूसरी कक्षा में प्रवेश पाये। उन्होंने उसे तीसरी कक्षा में दाख़िल करा दिया और गणित में कमज़ोरी दूर करने को तीसरी कक्षा के अध्यापक की ट्यूशन लगा दी। वे स्कूल के एक कमरे में रहते थे और चेतन स्कूल के बाद एक घण्टा उनसे गणित पढ़ता और ख़ुशख़ती[१] सीखता। ख़ुशख़ती तो उसकी बहुत अच्छी हो गयी, क्योंकि उसमें दिमाग़ नहीं लगाना पड़ता था, पर गणित उसका बदस्तूर कमज़ोर रहा। रहता भी क्यों न ? अध्यापक महोदय स्वयं ही तीसरी-चौथी कक्षा को गणित पढ़ाते थे। उसे पास-फ़ेल करना उन्हीं के हाथ में था। सो पढ़ाने के बदले वे उससे चिलम भरवाते अथवा सौदा-सुलुफ़ मँगाते। सवाल लिखा कर हुक्का गुड़गुड़ाने लगते और हुक्का पीते-पीते ऊँघ जाते। और यद्यपि चेतन का गणित कमज़ोर रहा, पर वह पास हो गया। अध्यापक ने उसे परीक्षा के एक दिन पहले जो सवाल कराये और अच्छी तरह समझाये थे, वही दूसरे दिन परीक्षा में पूछे। पाँच में से दो सवाल फिर भी चेतन ने ग़लत कर दिये तो भी वह पास हो गया। माँ ने यह सोच कर कि उसे गणित आ गया है, ट्यूशन बन्द कर दी और वही अध्यापक, जो उस पर ख़ासे मेहरबान थे, चौथी कक्षा में उसकी कुटम्मस करने लगे और गणित की घण्टी में चेतन के प्राण निकलने लगे।

सलेट के गिरने, उससे चेतन की उँगलियों के ज़ख़्मी होने और यूँ स्कूल से छुट्टी पाने के सात-एक दिन बाद, वह एक दिन स्कूल गया तो गणित के जो सवाल घर से करके लाने के लिए दिये गये थे, वे उसने नहीं किये थे। करता भी क्या, गणित उसका इतना कमज़ोर था कि उसे कुछ समझ ही नहीं आता था। प्रायः वह अपने बड़े भाई की मदद से सवाल कर ले जाया करता था, लेकिन उसके भाई कोई जासूसी उपन्यास पढ़ रहे थे और उन्होंने चेतन की मिनमिन पर क़ोई ध्यान न दिया था और स्वयं उससे सवाल निकले नहीं थे और गणित की घण्टी में कुटम्मस की पूरी सम्भावना थी। तभी जब पहले ही पीरियड में लाला नानकचन्द क्लास में आये और उसकी ख़ुशख़ती की कापी देख कर उन्होंने उसकी प्रशंसा की तो चेतन के मन में न जाने क्या आया कि उसने कहा, 'मास्टर जी, मेरे पेट में बड़ा दर्द हो रहा है!'

मास्टर जी ने उसे छुट्टी दे दी। अपने इस झूठ पर चेतन का दिल बे-तरह धड़कने लगा। वह डरता-डरता घर की तरफ़ चल दिया। जो रास्ता वह मिनटों में तय कर लेता था, उसे तय करने में उसने घण्टा-डेढ़-घण्टा लगा दिया —स्कूल के पास उन दिनों किला मुहल्ला के चौक में एक रँहट चला करता था, जिसका निर्मल पानी नाली में बहता था तो

१. सुलेख

स्कूल के लड़के उसी से अपनी तख़्तियाँ साफ़ करके गाचनी (पीली मिट्टी) मल-मल कर स्कूल की दीवार से सूखने को रख देते थे। रँहट म्यूनिसिपल कमेटी का था और उसकी देख-रेख करने वाले ने बतख़ें पाल रखी थीं। एक बतख़ ने छोटे-छोटे चूज़े दे रखे थे, जो रँहट के चौड़े चहबच्चे में तैरते तो बड़े भले लगते थे। चेतन स्कूल से घर की ओर चला तो देर तक खड़ा चहबच्चे में तैरते उन चूज़ों को देखता रहा। वहाँ से चला तो बकरवालों के चौक में अटक गया। चौक बहुत बड़ा था। उसमें रेठों के काले-काले नन्हें गोल बीजों-सी मींगनियाँ जगह-जगह बिखरी हुई थीं और बकरियाँ बैठी जुगाली कर रही थीं और मेमने ख़रमस्ती करते मैदान भर में कुदकड़े मार रहे थे। देर तक चेतन उन्हें देखता रहा। वहाँ से चला तो एक ढिक्की के पार दूसरी ढिक्की के दायीं ओर अहाते में रेशम रँगा जा रहा था। रँगे हुए रेशम की गुच्छियाँ ढिक्की में ऊपर से नीचे तक रस्सियों पर लटकी थीं और नालियों में नीला पानी बह रहा था। ताँबे के बड़े-बड़े देगनुमा कड़ाहों से रँगे रेशम की गुच्छियाँ निकाल, उन्हें अच्छी तरह निचोड़ कर रँगरेज़ अपनी औरतों को थमाते जा रहे थे, जो उन्हें एक बार फिर निचोड़ और फटक कर रस्सियों पर डालती जाती थीं। जब देग से सब गुच्छियाँ ख़त्म हो जातीं तो देग का रंगीन माँड़-सा पानी रँगरेज़ नाली में बहा देते, जो चौरस्ती अटारी तक नाली को रँगता और बू फैलाता चला जाता। अहाते के पास जाते ही चेतन की नाक में रेशम की बू बस गयी थी। —अजीब-सी दमघोंटू बू —लेकिन जाने क्यों चेतन को वह अच्छी लगती थी। बहुत देर तक खड़ा वह यही कार्य-व्यापार देखता रहा था। ज़ब कड़ाहों की सब गुच्छियाँ ख़त्म हो गयीं और पानी नाली में बहा दिया गया तो वह चल पड़ा।....आगे पापड़ियाँ बाज़ार के तिकोने चौक में वह देर तक खड़ा साल्हो पापड़िए को पापड़ बेलते और उसके लड़के मेलाराम को पिता के पास रखी पापड़ों की गड्डी उठा कर एक-एक पापड़ परे धूप में चटाई पर फैलाते देखता रहा।....और यों घण्टा-डेढ़-घण्टा बिता कर जब वह धड़कते हुए दिल के साथ घर पहुँचा और माँ ने पूछा कि वह इतनी जल्दी क्यों आ गया तो उसने दबी ज़बान से वही बहाना दोहरा दिया। उसकी आशा के विपरीत माँ ने कुछ नहीं कहा। कटोरी में थोड़ा पानी गर्म किया। अन्दर से वह हाथ की तली पर अजवायन ले आयी, उसे मसल और फटक कर उसने चेतन से कहा कि वह उसे फाँक ले और ऊपर से दो घूँट पानी पी ले।

चेतन अजवायन निगल नहीं सका। वह उसके मुँह में बिखर गयी। दाँतों के नीचे आ गयी। उसने चबाया तो उसका मुँह कड़वा गया। उसने जल्दी-जल्दी गर्म पानी पिया, पर मुँह की कड़वाहट दूर न हुई। लेकिन थोड़ी-सी कड़वाहट के बदले उसे सारा दिन मौज मनाने और मज़े से 'हिकायाते शीरीं' पढ़ने को मिल गया और यह सौदा उसे बुरा नहीं लगा।

o

इसके बाद चेतन का पेट प्रायः दुखने लगा और बेज़रूरत दवाएँ खाने से उसे सचमुच पेचिश हो गयी, लेकिन उसके इन झूठों का क्रम तब तक चलता रहा, जब तक वह आठवीं कक्षा में दो वर्ष बिता कर 'भूतना' के चंगुल से नहीं निकल गया और गणित की कमी उसने रेखा गणित से पूरी नहीं कर ली।

o

चेतन को मालूम नहीं हुआ कि वह कब हस्पताल रोड पार कर रेलवे रोड पहुँचा और

कृष्णा गली में मुड़ गया। सहसा उसने अपने आपको घर के सामने खड़े पाया। गर्मी के कारण उसके भाई ने बिस्तर बाहर की उस थोड़ी-सी खुली जगह में लगा रखे थे, जो बाँसों के टाल के साथ ख़ाली थी। स्वयं वे गहरी नींद सोये हुए थे। चेतन ने उनके तकिये के नीचे से चाबी उठायी। बैठक खोल कर उसने कपड़े बदले और फिर ताला बन्द कर सिरहाने रखी सुराही से पानी का गिलास पी कर और चाबी को भाई साहब के सिरहाने रख कर वह अपने बिस्तर पर लेट गया।

लेट गया, पर उसकी आँखों में ज़रा भी नींद नहीं थी। उसका दिमाग़ बदस्तूर अपने झूठ के पीछे लगा था। चौथी में गणित पढ़ाने वाले अध्यापक के स्थान पर उसकी आँखों में अड्डी चुक्क भूतना का चित्र आ गया। भूतना का —जो यद्यपि आठवीं को पढ़ाते थे, परं जिनका आतंक चौथी कक्षा ही से चेतन के दिमाग़ में बस गया था।

चौदह

चौथी कक्षा से ही जो चेतन के मन में अड्डी चुक्क भूतना[1] का आतंक बस गया तो इसका कारण चेतन से चार वर्ष और चेतन के बड़े भाई से दो वर्ष बड़ा मुहल्ले ही का एक ब्राह्मण लड़का कश्मीरी लाल था, जो बहुत दूर के रिश्ते में चेतन का सम्बन्धी भी था और जिसे चेतन के पिता बहुत मानते थे और अपना सातवाँ पुत्र बनाये हुए थे।

गर्मियों की दोपहर थी। पिछले कमरे में भाई साहब कश्मीरी लाल से (जो चेतन के पिता के अनुरोध पर भाई साहब को परीक्षा की वैतरणी पार कराने आ जाते) अंक गणित पढ़ रहे थे। चेतन दरवाज़े के पास ही बाहर दालान में बैठा, भाई साहब की इतिहास की पुस्तक देख रहा था। 'हिकायते शीरीं' के अलावा उसे अपने भाई की इतिहास की पुस्तक पढ़ने में बड़ा रस मिलता था। उसका मन रामायण, महाभारत के साथ साथ अशोक, चन्द्रगुप्त, बाबर, हुमायूँ, शाहजहाँ और मुमताज़ महल की कहानियों में ख़ूब रमता। बार-बार पढ़ने पर भी वे उसे अच्छी लगतीं। वह राजाओं और रानियों और युद्धों और सन्धियों में रमा हुआ था कि तभी सहसा कश्मीरी लाल की मीठी डाँट उसके कानों में पड़ी :

'गणित में मेहनत न करोगे तो 'भूतना' मुर्ग़ा बना कर होश ठिकाने कर देगा।'

इसके बाद जब दो-तीन बार यही शब्द 'भूतना' चेतन के कानों में पड़ा तो उसका ध्यान इतिहास की कहानियों से हट कर उधर जा लगा। भाई साहब ने शायद कुछ जिज्ञासा प्रकट की थी और उत्तर में कश्मीरी लाल 'भूतना' के सम्बन्ध में उनकी ज्ञान-वृद्धि कर रहे थे :

'एक बार अंग्रेज़ी का पीरियड ख़ाली था,' कश्मीरी लाल कह रहे थे, 'मास्टर आया न था। लड़के शोर मचा रहे थे कि इतने में क्लास में भूतना घुस आया और एक सिरे से दूसरे सिरे तक बेंचों के किनारों पर बैठे हुए लड़कों की पीठ पर ज़ोर से एक-एक मुक्का

---

१. एड़ी उठा कर चलने वाला भुतना (भूत)।

मारता चला गया। लड़के तो उसकी शक्ल देख कर ही सहम गये थे, लेकिन हमला करते समय सिर नीचा किये भागते हुए सुअर की तरह, दोनों ओर की डेस्कों के किनारों पर बैठे हुए लड़कों की पीठ दोहरी कर, कमरे का पूरा चक्कर लगा कर, हल्ले का ज़ोर ख़त्म होने पर ही भूतना कुर्सी पर बैठा। बैठते ही उसने मॉनीटर से पूछा, 'दस्स ताँ बदा काहदी घण्टी ऐ ?'[१]

'जब मॉनीटर ने बताया कि अंग्रेज़ी का पीरियड है तो उसी से अंग्रेज़ी की पुस्तक ले कर भूतना ने उसे खोला और लड़कों को आदेश दिया, 'भूतनी देयो पुत्तरो, कड्ढो ते कापियाँ।'[२]

'हम ने कापियाँ निकाल लीं और भूतने ने डिक्टेशन[३] बोलनी शुरू की। कुर्सी पर बैठे-बैठे उसे शायद वहशत होने लगी थी। फिर उठ कर कमरे में घूमने लगा और डिक्टेशन लिखाते-लिखाते लड़कों की लिखाई का निरीक्षण भी करने लगा।

'मैं बड़ी तन्मयता से लिख रहा था कि सहसा लगा जैसे कनपटी से कान उखड़ गया हो। साथ ही पीठ पर एक ज़ोर का घूँसा पड़ा।

'भूतनी देया पुत्तरा, जे तेरा सिर कट्ट के इक पासे रख लेया जावे ते धड़ ओस पासे, ते अच्छा लग्गेगा ?'[४]

कश्मीरी लाल मुस्कराये और बोले, 'दुर्भाग्य से मैने लाइन ख़त्म होने के कारण एक शब्द को आधा उसी पंक्ति में और आधा अगली पंक्ति के शुरू में लिख दिया था।

'अभी मैं अपनी पीठ सहला ही रहा था,' कश्मीरी लाल फिर बोले, 'कि एक दूसरे लड़के की पीठ पर एक और धमाका हुआ।

'भूतनी देया पुत्तरा, जे तेरा सिर ऐड्डा वड्डा होवे ते जिस्म ऐन्ना कु जेहा ते चंगा दिस्सेगा ?'[५] भूतना कह रहा था। अपनी झल्लाहट में उसने कापी उठा कर क्लास को दिखायी कि किस प्रकार उस मूर्ख लड़के ने 'ऐफ़' (F) के ऊपर का हिस्सा मोटा और नीचे का तला बना दिया था।

'लड़कों की किस्मत अच्छी थी कि अंग्रेज़ी के अध्यापक आ गये, नहीं जाने किस-किस का भुरकस बनता।'

कश्मीरी लाल फिर हँसे और चेतन के हृदय में पूरी तरह 'भूतना' नाम के अध्यापक का आतंक बैठ गया। भूतना आठवीं कक्षा में अध्यापक थे और उनका असली नाम रामचन्द था। प्रायः ऐसा होता है कि बचपन की बातें, नाम और शक्लें भूल जाती हैं; पर कुछ बातें, नाम और शक्लें ऐसी भी होती हैं, जो सदा-सदा के लिए मन के पर्दे पर अंकित हो जाती हैं। बचपन की एक तुकबन्दी, जिस में लड़कों ने सभी मास्टरों के नाम गिन रखे थे, चेतन को तब तक भी पूरी-की-पूरी याद थी :

---

१. बता रे बद, किस विषय का पीरियड है ?
२. भुतनी के बच्चो निकालो तो कापियाँ
३. श्रुत लेखन
४. भुतनी के बच्चे, यदि तेरा सिर काट कर इस ओर रख दिया जाये और धड़ उस ओर तो क्या अच्छा लगेगा ?
५. भुतनी के बच्चे, अगर तेरा सिर इतना बड़ा हो और धड़ इतना ज़रा-सा तो क्या अच्छा लगेगा ?

घण्टी वज्जी टन टन टन
विच्चों निकलिया मेहरचन्न
मेहरचन्न ने खाया दाना
विच्चों निकलिया मूला काना
मूले काने रिद्धी दाल
विच्चों निकलिया नन्द लाल
नन्द लाल घुमाया हाथ
विच्चों निकलिया बिशेशरनाथ
बिशेशरनाथ ने खोलेया बुक्क
बिच्चों निकलिया अड्डी चुक्क[1]

वहीं बाँसों के टाल के पास, पूरे चाँद की सुलगती चाँदनी के नीचे लेटे-लेटे, जिसकी वजह से चेतन की नींद और भी ग़ायब हो गयी थी, उसके कानों में यह तुकबन्दी गूँज गयी, जिसे आधी छुट्टी के बाद घर को जाते हुए लड़के समवेत स्वर से गाते थे और इसके साथ ही उन अध्यापकों के गुण-दोष चेतन के सामने आ गये, जिनका नामोल्लेख इस तुकबन्दी में लड़कों ने किया था — मेहरचन्द ('चन्द' पंजाबी भाषा में 'चन्न' हो जाता है।) जो स्कूल के प्रिन्सिपल थे, लड़कों के प्रति जिनकी क्रूरता और दानियों से दान लेने की क्षमता बड़ी प्रसिद्ध थी। मूलाराम, जो पाँचवीं में गणित और उर्दू पढ़ाते थे, आँखों से जिन्हें कम दिखायी देता था, कापी हो या सलेट, बायीं आँख के एकदम निकट ला कर देखते थे और दायें हाथ से थप्पड़ रसीद करते वक्त बायाँ सदा दूसरे गाल पर रख लेते थे कि लड़का मुँह फेर कर थप्पड़ के पूरे आनन्द से वंचित न रह जाये। नन्दलाल, जो छठी में अंग्रेज़ी पढ़ाते थे, गोरे-चिट्टे, पतले-छरहरे, मँझला कद, दरियाई शेर की तरह ऊपर के होंट पर छायी हुई मूँछें — कुर्सी पर बैठे हुए खँखारा करते थे और बलग़म थूकने की बजाय मुँह में पपोलते रहते थे। बिशेशरनाथ, जो मँझले कद और गठे हुए बदन के भारी-भरकम आदमी थे, सीधा रूल मारने के बदले, मुट्ठी में रूल का ऊपरी सिरा पकड़ कर निचले से पीठ पर ऐसे ठहोके देते थे कि रीढ़ की हड्डी तक में दर्द की लहर दौड़ जाती थी। कभी-कभी दो उँगलियों के बीच पेंसिल रख कर उँगलियाँ दबाते थे अथवा चाबी कान के पीछे रख कर उसके छेद में वहाँ का नर्म माँस ले कर ऐसे मरोड़ते थे कि लड़कों की चीख़ें निकल जाती थीं और अड्डी चुक्क....वे तो क्रूरता में लासानी थे और चेतन के दिमाग़ पर

---

१. घण्टी बाजी टन टन टन
बीच से निकला मेहर चन्द
मेहरचन्द ने खाया दाना
बीच से निकला मूला काना
मूला काना पकायी दाल
बीच से निकला नन्दलाल
नन्दलाल फैलाया हाथ
बीच से निकला बिशेशरनाथ
बिशेशरनाथ ने खोला बुक्क (ओढ़ी हुई चादर का फेंटा)
बीच से निकला अडडी चुक्क।

सदा-सदा के लिए नक्श हो गये थे।

०

चेतन जिस स्कूल में पढ़ता था, उसकी दो शाखाएँ थीं। एक किला मुहल्ला में और दूसरी वहाँ से डेढ़ मील के अन्तर पर करतारपुर रोड के ज़रा इधर, पुलिस लाइन्ज़ के सामने। पहली में चौथी तक पढ़ाई होती थीं, दूसरी में पाँचवीं से दसवीं तक। पहली में छात्र टाट पर बैठते थे, दूसरी में बेंचों पर। टाट से उठ कर बेंचों पर बैठना, क्लर्की छोड़ डिप्टी क्लेक्टरी पाने के बराबर था। चेतन को चौथी कक्षा पास करने के बाद बड़े स्कूल में जाना अच्छी तरह याद था। अजीब-सा उल्लास और ख़ुशी मन में समायी हुई थी। लड़के बेंचों को ऐसे देखते थे, जैसे मख़मल की बनी हों। कभी उन पर हाथ फेरते थे, कभी एक बेंच पर बैठते थे, कभी वहाँ से उठ कर दूसरी पर। किला मुहल्ला के खुरदरे टाटों के मुकाबले में लकड़ी की लम्बी-लम्बी, गहरे नीले रंग वाली डेस्कें — जिनमें तीन-तीन छात्रों के बैठने, किताबें रखने और थक जाने पर पीछे पीठ लगा कर बैठने की व्यवस्था थी, किला मुहल्ला के सील-भरे, छोटे, अँधेरे, टपकते हुए कमरों के मुकाबले में हाई स्कूल के खुले, रोशन, हवादार कमरे — चेतन को लगा था, जैसे नरक से उठ कर वे स्वर्ग में आ गये हों।

लेकिन इस सारे उल्लास और ख़ुशी में एक अजीब-से औत्सुक्य-मिले भय का भी अंश था। चेतन के मन में 'भूतना' को देखने की बड़ी साध थी। जब नये स्कूल में आने के हर्ष का प्रथम आवेग ख़त्म हुआ तो आधी छुट्टी में चेतन ने भाई साहब को जा ढूँढा और उनसे भूतना को दिखा देने का अनुरोध किया। भाई साहब उस समय सातवीं कक्षा में पढ़ते थे। भूतना से वे भी डरते थे। लेकिन बड़े स्कूल में आ कर भूतना को देखना इन्द्र के दरबार में काले देव को देखने की उत्कण्ठा से कम न था। चेतन के बड़े भाई उसके आग्रह को देख, उसे ले कर उस बरामदे में गये, जो स्कूल के बड़े गेट के सामने पड़ता था। उसकी प्लिन्थ (चौकी) काफ़ी ऊँची थी और उसकी सारी लम्बाई तक सीढ़ियाँ चढ़ती थीं। एक बड़ी-सी मेज़ और आठ-दस कुर्सियाँ वहाँ रखी रहती थीं, जहाँ आधी छुट्टी अथवा ख़ाली घण्टों में अध्यापक लोग बैठते थे। भाई साहब ने दूर ही से क्षण भर को उस तरफ़ देखा और बोले, 'यहाँ नहीं है, जाने कहाँ है, फिर दिखा देंगे।'

चेतन उस वक्त तक 'भूतना' के बारे में इतनी बातें सुन चुका था कि उसे 'भूतना' को एक नज़र देखने की बड़ी उत्सुकता थी। तभी जब वे निराश हो कर मुड़ने वाले थे, बरामदे की बायीं ओर वाली कक्षा से निकल कर एक अध्यापक कुछ अजीब ढंग से उचकता हुआ-सा, जैसे अपने आप बदबदाता आया और कुर्सी में धँस गया। भाई साहब ने संकेत किया कि यही 'भूतना' है!

साधारणत: आधी छुट्टी की घण्टी बजते ही, अध्यापकों के कुर्सी छोड़ने से पहले ही, लड़के क्लासें छोड़ देते थे और शोर मचाते, हँसते-हँसाते अध्यापकों से भी आगे कमरों से निकल जाते थे। पर 'भूतना' टीचर्ज़ रूम (यद्यपि वह कमरा नहीं, बरामदे का केन्द्रीय भाग था, जहाँ अध्यापकों के बैठने के लिए एक बड़ी-सी मेज़ और कुर्सियाँ लगी थीं, लेकिन जो टीचर्ज़ रूम ही कहाता था) में जा कर अपनी जगह बैठ गये तो जिस क्लास को वे पढ़ा कर आये थे, उसके लड़के कमरे से निकले और उनका चांचल्य उस समय तक नहीं

उभरा, जब तक वे उनके पास से हो कर, बरामदे की सीढ़ियाँ उतर, मैदान में नहीं आ गये।

भाई साहब चेतन को वहीं छोड़ कर अपने साथियों से जा मिले, पर चेतन चुपचाप जैसे सम्मोहित-सा, अपने उस भावी जल्लाद को निर्निमेष ताकता रहा —मँझला कद, उड़ते हुए बगुले की-सी कुछ अजीब तरह से आगे को बढ़ी हुई गर्दन, उसी कारण गुद्दी के नीचे बना ज़रा-सा कूबड़, चौड़ा-चकला जबड़ा, ज़रा-सा बाहर को लटकता हुआ निचला होंट, ऊपर की दन्त-पंक्ति में सामने के दाँतों में काफ़ी अन्तर, कठोर आकृति —चेतन को विश्वास था कि यदि ढीली-ढाली पगड़ी के स्थान पर उनके सिर पर दो सींग होते तो 'भूतना' किसी राक्षस से कम भयानक न दिखायी देते। फ़र्क यही था कि उनका रंग गोरा था, बल्कि जब वे क्रोध में होते तो लाल चुकन्दर हो जाता।

चूँकि वे बात-बात में छात्रों को 'भूतना,' 'भूतनी दा पुत्तर' ऐसी गालियाँ देते थे, इसलिए लड़कों ने उन्हीं को 'भूतना' की उपाधि दे दी थी, जो उन पर पूरी तरह फ़िट भी बैठती थी और चूँकि वे एड़ियाँ उठा कर उचकते हुए चलते थे, इसलिए भूतना के साथ 'अड्डी चुक्क' और जोड़ दिया था। उनका असली नाम —रामचन्द —तो बहुत-से लड़के न जानते थे, पर 'भूतना' से स्कूल का प्रत्येक छात्र भली-भाँति परिचित था।

०

कई बार ऐसा होता है कि आदमी जिस चीज़ से डरता है, वही उसके सामने आ जाती है। चेतन कश्मीरी लाल के छोटे भाई को जानता था। जब कश्मीरी लाल का देहान्त यक्ष्मा से हो गया, फिर उसकी बड़ी भाभी यक्ष्मा से मर गयी तो छोटे भाई के मन में यक्ष्मा का ऐसा आतंक समाया कि उसने न केवल कसरत करना शुरू किया, वरन खाने-पीने में भी पूरा परहेज़ रखने लगा। वह चेतन ही की उम्र का था, 'मौत से मैं नहीं डरता,' एक बार उसने चेतन से कहा था, 'एकदम आ जाये तो मैं उसे पसन्द भी करता हूँ, पर तिल-तिल कर मरना, दूसरों को और अपने आपको असहनीय परिस्थिति में देखना, मुझे पसन्द नहीं।' और प्रातः उठना, सुबह-शाम सैर को जाना, व्यायाम करना और गरिष्ठ पदार्थों से अपने आमाशय को बचाना —कौन-सी सावधानी थी, जो छोटू ने नहीं अपनायी। एक बार जब उसे शूल रोग हुआ तो हफ़्तों उबली हुई सब्ज़ियाँ खाता रहा —पर उस व्यक्ति की तरह, जो होनहार से बचने के लिए भागा था और सीधा उसकी बाँहों में जा गिरा था, छोटू भी यक्ष्मा से बचने की अतिरिक्त सतर्कता के कारण उसके चंगुल में जा फँसा —उस वक्त, जब उसे घी, मक्खन, दूध वग़ैरह लेना चाहिए था, वह उबली सब्ज़ियाँ लेता रहा, उसकी आँतें कमज़ोर हो गयीं और अन्ततोगत्वा यक्ष्मा ने उसे धर दबाया।

'भूतना' सम्बन्धी चेतन के भय का भी यही हुआ —उनसे बचने के प्रयास में वह एक वर्ष के बदले दो वर्ष उनके चंगुल में फँसा रहा।

वास्तव में बिना ज़रूरत दवाएँ खाने से चेतन का मेदा सचमुच ख़राब हो गया था। यों भी वह अपने सभी भाइयों के मुकाबले में कमज़ोर था। नितान्त क्षीणकाय और दुर्बल! भूतना की मार सहना तो दूर, वह तो उनकी सूरत तक से सन्त्रस्त था। लेकिन पाँचवी कक्षा में दाख़िल होते ही भूतना के दर्शन करने से ले कर आठवीं कक्षा में पहुँचने तक तीन वर्षों में अपने बड़े भाई की सहायता से चेतन भूतना के स्वभाव की हर गतिविधि से परिचित

हो गया था और उनकी कुटम्मस से बचने के सभी गुर उसे पूरी तरह कण्ठस्थ हो गये थे। चेतन भूतना के हाथों बहुत पिटा नहीं, लेकिन इसी प्रयास में एक के बदले दो वर्ष उनके 'मधुर वचन' सुनते रहने का पर्याप्त 'सौभाग्य' उसे प्राप्त हुआ।

पढ़ने पर शायद यह बात उतनी भयप्रद न लगे —विशेषकर उस सूरत में जब उनसे पिटने की अधिक नौबत नहीं आयी —लेकिन वास्तव में स्थिति उतनी सरल नहीं थी। चेतन की दशा उस व्यक्ति की-सी थी, जो जंगल में सीधे मार्ग चलते-चलते एक अन्धे बाघ के सामने पड़ जाये और उससे बचने के प्रयास में न केवल भय से उसके बाल सफ़ेद हो जायें, वरन उसे जंगल को पार करने में अधिक समय लग जाये।

आठवीं के वे दो वर्ष और उनकी एक-एक यातना चेतन के मन-मस्तिष्क पर बड़ी गहरी रेखाएँ छोड़ गयी थीं। उन दिनों का एक-एक ब्योरा उसके स्मृति-पट पर ऐसे अंकित था, जैसे कल घटा हो।

o

भूतना जब क्रोध में आते थे तो जो छात्र पहले सामने पड़ जाये, उसी पर अपना सारा गुस्सा निकाल देते थे। अंजाम प्रायः यह होता था कि अयोग्य लड़कों के बदले योग्य लड़के ही उनके हाथों ज़्यादा पिटते। चेतन उनके पीरियड में पिछली बेंचों पर बैठता था और दो वर्षों में उसे कुछेक ही दिन ऐसे याद थे, जब वे वहाँ तक पहुँचे हों और चेतन पिट गया हो।

प्रायः दर्जे में आते ही (यदि उन्हें गणित की कोई नयी विधि न सिखानी होती तो) वे मॉनीटर से सवाल लिखाने को कहते। वह उनके आदेशानुसार चक्रवर्ती अंक गणित निकाल, चालू परिच्छेद में से प्रश्न लिखाता। प्रायः मॉनीटर अथवा कोई दूसरा योग्य छात्र पहले सवाल निकाल कर उन्हें दिखाने ले जाता। अकसर योग्य लड़कों के उत्तर ठीक होते, पर यदि दुर्भाग्य से किसी का उत्तर कभी ग़लत होता तो उसकी कुटम्मस शुरू हो जाती।

जब सब लड़के सवाल कर चुकते तो भूतना मॉनीटर को सब की कापियाँ देखने का आदेश देते। वह लड़कों की कापियों पर ग़लत अथवा ठीक के चिह्न लगा देता। तब भूतना जुनूनियों की तरह कुर्सी से उठते हुए कहते —'हो जाण ताँ ज़रा बेंचाँ ते खड़े भारत दे सितारे।"[१]

'भारत के सितारों' से उनका मतलब उन लड़कों से होता, जिनके जवाब ग़लत निकलते। 'भारत के सितारे' बेंचों पर खड़े हो जाते। भूतना निकटतम लड़के को आ दबोचते और उसकी ठुकाई शुरू कर देते।

उनको निकट आते देख कर लड़के के चेहरे पर जो हवाइयाँ उड़तीं और शिकार को निकट पा कर भूतना की आँखों में जो अमानुषिक चमक आ जाती, उनका मुख जैसे तमतमा जाता और जैसे वे दाँत किचकिचाने लगते, उनकी स्मृति मात्र से बिस्तर पर लेटे-लेटे चेतन के रोंगटे खड़े हो गये।

पीटते समय भूतना बेइख़्तियार हो जाते। अपने आप पर उनका कोई अधिकार न रहता। एक बार अपने शिकार को पीट कर वे दोनों ओर की बेंचों के बीच की जगह में चक्कर लगाते। बेंचों पर खड़े छात्रों के दिल धड़क उठते कि अब उनकी बारी आयी, पर

---

१. भारत के सितारे ज़रा बेंचों पर खड़े हो जायें।

किसी दूसरे को कुछ कहे बिना, 'भूतना' बकते-झकते, एक चक्कर लगा कर फिर उसी ग़रीब के सिर पर जा सवार होते और उसे पीटने लगते। बोलते-बकते उनके मुँह से झाग निकलने लगती और कई बार पीटते-पीटते थक कर वे एक दो-हत्थड़ अपने सिर पर भी मार लेते।

अपने बड़े भाई के और अपने अनुभव से चेतन ने जान लिया था कि जो प्रश्न वे सेक्शन 'ए' में एक दिन पहले करवाते, वही वे दूसरे दिन सेक्शन 'बी' में (जो द्वितीय-तृतीय श्रेणी के छात्रों से बना था और जिस में चेतन भी था) करवाया करते। सेक्शन 'ए' सब से अच्छे लड़कों का सेक्शन था। उसी में कोट पश्का का एक लड़का कुलबीर खन्ना भी पढ़ता था। सातवीं में वह चेतन की बेंच पर बैठा करता था और उससे चेतन की गहरी दोस्ती हो गयी थी —हो सकता है उसके अर्ध-चेतन ने एक वर्ष पहले ही से यह सावधानी बरती हो। जब आठवीं में कुलबीर 'ए' सेक्शन में चला गया तो चेतन स्कूल से आ कर सब से पहले खन्ना के यहाँ जाता और उसकी गणित की कापी देख कर जो दो-एक सवाल 'भूतना' ने कराये होते, उन्हें बड़े सुन्दर अक्षरों में नकल कर लाता।

बात तो अजीब लगती है, लेकिन भूतना को सफ़ाई और ख़ुशख़ती की सनक थी। जिस प्रश्न का उत्तर सुन्दर ढंग से लिखा गया होता, उस पर वे 'गुड' (अच्छा) देते और यदि प्रश्न विशेषकर सुन्दर अक्षरों और मुकम्मल ढंग से किया गया होता तो कभी-कभार 'वेरी गुड' भी देते। तिमाही और छमाही परीक्षाओं में इन 'गुड्ज़' का भी असर पड़ता।

चेतन सब से पिछली बेंच के परले कोने में, जहाँ अनायास भूतना की दृष्टि न पड़े, बैठा करता था। जब भूतना सवाल लिखाते अथवा उनके आदेश पर मॉनीटर लिखवाता, तो प्रकट चेतन सिर झुकाये बड़ी तन्मयता से सवाल किया करता, पर सवाल तो वह प्रायः घर ही से करके ले जाता। कुछ देर तक सवाल हल करने का बहाना करके वह कापी ले जाता। (इस बात का ख़याल रखता कि दो-चार लड़के पहले दिखा लें तो वह भी दिखाये और व्यर्थ में भूतना की निगाहों में न चढ़े।) सवाल लिखा कर भूतना प्रायः कुर्सी पर ऊँघने लगते। वे प्रायः ऊँघते-ऊँघते ही प्रश्नों के उत्तर भी देखते और यदि किसी का उत्तर ग़लत न हो तो उस पर एक बड़ा-सा अंग्रेज़ी का अक्षर 'आर' लिख देते। ग़लत हो तो फिर उनकी नींद ग़ायब हो जाती, कापी के पृष्ठ पर बड़ा-सा क्रास बना कर वे उचक कर उठते और लड़के की शामत आ जाती। चेतन हमेशा इस बात का ख़याल रखता कि वे ऊँघ रहे हों, जब वह कापी ले कर जाये। जाग कर वे चेतन की कापी पर बड़े सुन्दर अक्षरों में हल किया हुआ प्रश्न देखते और बड़ा-सा 'गुड' लिख देते। चेतन गणित में यद्यपि सबसे कमज़ोर था, पर उसकी कापी में 'गुड्ज़' की संख्या कक्षा में सबसे ज़्यादा थी। जब कोई प्रश्न नया होता याने पहले दिन 'ए' सेक्शन में कराया गया न होता तो चेतन 'लघु शंका,' 'दीर्घ शंका,' पेट अथवा सिर दर्द का बहाना करके चला जाता और फिर संकट की सम्भावना टल जाने पर ही आता।

o

वहीं बिस्तर पर लेटे-लेटे चेतन की आँखों में एक घटना विशेष रूप से कौंध गयी।

o

शहर में उन दिनों सरकस आया हुआ था। स्कूल से कुछ ही दूरी पर एक बहुत बड़ा मैदान था। वहीं सरकस ने डेरे डाले थे। चेतन भूतना की मार से बचने के लिए झूठा बहाना करके निकलता तो सीधा सरकस के मैदान में जा कर शेरों, हाथियों और बन्दरों को देखा करता। सरकस प्रायः शाम को साढ़े तीन बजे शुरू होता। दोपहर में कई बार ऐक्टर अभ्यास कर रहे होते। धरती से कुछ ही ऊपर रस्सा बाँध कर उस्ताद युवा शागिर्दों को उस पर चलना अथवा कलाबाज़ियाँ लगाना सिखा रहे होते। चेतन भूतना अथवा उनके गणित को भूल कर पूरी तन्मयता से वह सब देखा करता और जब वापस स्कूल पहुँचता तो कई बार दूसरे टीचर की घण्टी भी ख़त्म हो चुकी होती।

एक दिन जब चेतन पशु-अनुसन्धान और सरकस-दर्शन के अपने उस मिशन से लौटा तो भूतना ने दूसरी क्लास से एक छात्र को उसे बुलाने भेजा।

चेतन के तो जैसे प्राण ही निकल गये। सीता के कष्ट को हरने के लिए धरती फट गयी थी। लेकिन चेतन को याद था कि यद्यपि उसने भी उस समय कुछ उसी तरह की अभिलाषा की थी, पर फटना तो दूर रहा, वह उसे पैरों के नीचे और भी सख़्त लगी थी। लेकिन मुश्किल कितनी भी क्यों न पड़े, चेतन की सोच-समझ की शक्तियाँ शिथिल न पड़ती थीं। अपनी माँ की ही तरह मुसीबत के वक्त वह और भी तेज़ी से सोचना सीख गया था। इतिहास की घण्टी थी। इतिहास उसका प्रिय विषय था। उस पीरियड में वह अगली बेंचों पर बैठता था अध्यापक उससे प्रसन्न थे। उन्होंने पानीपत के पहले युद्ध के सम्बन्ध में एक प्रश्न लिखाया था। निमिष भर में उसने तय कर लिया कि क्या करना चाहिए। उसने मास्टर साहब की ओर देखते हुए लड़के से कहा कि अभी प्रश्न करके आता हूँ। अध्यापक ने उस छात्र से वही बात दोहरा दी कि सवाल ख़त्म कर ले तो अभी भेजता हूँ। यद्यपि चेतन सवाल का जवाब लगभग लिख चुका था, फिर भी जितना ज़्यादा-से-ज़्यादा समय वह उसमें लगा सकता था, उसने लगाया और अध्यापक को दिखा कर और उनसे शाबाशी पा कर, जब वह भूतना की क्लास में पहुँचा तो घण्टी प्रायः ख़त्म होने वाली थी।

'पहुँचा' कहने में जिस त्वरा का आभास मिलता है, वह चेतन के जाने में बिलकुल न थी। वह तो रेंगता हुआ-सा वहाँ पहुँचा था। दरवाज़े में दाख़िल हुआ तो भूतना ब्लैक-बोर्ड पर कोई प्रश्न समझा रहे थे। चेतन चुपचाप कुछ क्षण तक खड़ा रहा। 'क्या आज्ञा है ?' या 'जी आपने बुलाया था ?' ऐसा कोई वाक्य उसके मुँह से नहीं निकला। ब्लैक-बोर्ड से ज़रा दृष्टि हटने पर जब उन्होंने उसे देखा तो सवाल समझाना छोड़, मानों एक ही डग में उन्होंने चेतन को आ दबोचा और जैसे छिपकली किसी बड़े-से पतंगे को दबोच कर सिर को ज़ोर से हिला कर उसे झिंझोड़ा देती है, भूतना ने दायें हाथ से उसकी गर्दन को झिंझोड़ा और दाँत पीसते हुए कहा, 'दस्स ताँ बदा, तूँ कित्थे गया सैं।'[१]

सहमे हुए स्वर में चेतन ने बताया कि उसके पेट में दर्द था, इसलिए वह ज़रा बाहर गया था।

झल्ला कर और ज़ोर का एक घूँसा उसकी पीठ पर दे कर भूतना ने कहा, 'तैन्नूँ

---

१. बता रे बद, तू कहाँ गया था ?

पेट-दर्द मेरे ई पीरियड विच्च हुन्दा ई। फड़ ते भूतनियाँ ज़रा कन्न।'[१]

और चेतन ने एक ओर हो कर कान पकड़ लिये। यह कान पकड़ना कितनी बड़ी सज़ा है, इसे साधारणतः जान पाना कठिन है। इस कान पकड़ने को आम भाषा में 'मुर्ग़ा बनना' भी कहते हैं। इस 'आसन' में धरती पर उकड़ूँ बैठ कर, दोनों हाथ घुटनों के नीचे से ला कर कानों को पकड़ा जाता है। उस दशा में पिछला हिस्सा अनायास उठ जाता है। भूतना उसके निरन्तर उठे रहने पर ज़ोर देते थे। उस प्रकार दो-तीन मिनट से ज़्यादा बड़े-से-बड़ा मज़बूत लड़का भी कान न पकड़ सकता था। चेतन को ऐसे कई लड़कों की शक्लें याद थीं, जिन्होंने इस प्रकार कान पकड़ रखे थे और उनके मुख नसों के तन जाने से लाल हो गये थे और दर्द के मारे जिनके गालों पर अनायास आँसू बह रहे थे, पर जो कान छोड़ने अथवा अपना पिछला भाग नीचा करने का साहस न कर पाते थे।

चेतन ने कभी कान न पकड़े थे। उसने कभी इसकी नौबत ही न आने दी थी। पर उसने लड़कों को कान पकड़े और पिछला हिस्सा ज़रा नीचे होने पर भूतना को उनकी पीठ पर घूँसे लगाते देखा था। वह जानता था कि ज़रा भी ठीक तरह कान न पकड़े तो घूँसा पीठ पर पड़ेगा। दाँत भींच कर उसने कान पकड़े और जितना वह ऊँचा उठा सकता था, उठा। क्योंकि लड़के ठीक तरह कान न पकड़ते थे, इसलिए कान पकड़ते ही उनकी पीठ पर भूतना का घूँसा बजता था। निमिष भर भूतना ने चेतन को कान पकड़े देखा और सन्तुष्ट हो, फिर ब्लैक-बोर्ड की तरफ़ पलटे।

चेतन का रक्त उसके चेहरे की नसों में आ गया था, माथा फटने-फटने को होने लगा था, पिंडलियाँ कसाव की शिद्दत और दर्द से काँपने लगी थीं। यदि उसे वैसे ही मुर्ग़ा बने ज़्यादा देर तक रहना पड़ता तो वह अचेत हो जाता अथवा विवश हो, उसे पीठ पर घूँसा सहना होता। पर तभी घण्टी बज गयी। वह पहुँचा ही देर से था और उसकी इस सावधानी ने उसकी रक्षा की थी।

लेकिन उसके बाद वह कई दिनों तक स्कूल नहीं गया और सचमुच बीमार पड़ गया।

o

छात्रों को पीटने में भूतना के स्वभाव की बेइख़्तियारी और बेतुकेपन के कई दृश्य चेतन के सामने कौंध गये। एक तो इतना स्पष्ट था जैसे सुबह ही घटा हो।

o

प्रश्न लिखा कर भूतना कुर्सी पर सो गये थे। मॉनीटर ने प्रश्न हल करके कापी जब उनके सामने रखी तो उन्होंने ऊँघते-ऊँघते उठ कर उसे देख लिया और मॉनीटर को दूसरे छात्रों की कापियाँ देखने का आदेश दे कर फिर ऊँघने लगे।

जब मॉनीटर सारी क्लास में घूम कर छात्रों की कापियों पर 'ग़लत' और 'सही' के निशान लगा चुका तो भूतना को ऊँघते देख कर उसने ही 'भारत के सितारों' को बेंचों पर खड़े होने का आदेश दे दिया और स्वयं अपनी सीट पर जा बैठा।

भूतना ने स्वयं लड़कों की मरम्मत करने के बदले कुर्सी पर बैठे-बैठे मॉनीटर को

---

१. तुझे पेट दर्द मेरी ही घण्टी में होता है। पकड़ तो भुतने ज़रा कान!

आदेश दिया, 'दो-दो मुक्के ज़ोर नाल मार सरियाँ दे।'[१]

भारत का पहला सितारा उस रोज़ दुर्भाग्य से मॉनीटर की डेस्क पर ही उदित हो गया था। कुछ मैत्री का लिहाज़, कुछ रोज़ की संगति का, मॉनीटर ने मुक्का ज़रा धीरे-से लगाया। तभी भूतना लपक कर उठे और गरजे :

'भूतनी देया पुत्तरा, इह ज़ोर नाल मुक्का मारिया ई, जाँ प्यार कीत्ता ई। आ ते मैं तैन्नूँ दस्साँ मुक्का किंज मारीदा ऐ।'[२]

और गर्दन से दबोच कर उन्होंने मॉनीटर की पीठ को एक ज़ोरदार घूँसे से गुँजा दिया।

'मास्टर जी मैं....' मॉनीटर ने कहना चाहा।

'ओए, मैं देया पुत्तरा....ज़रा ऐद्धर ते हो, मैं तैन्नूँ मुक्का मारना सिखावाँ।'[३]

और दाँत किचकिचाते और दाद पाने के लिए छात्रों की ओर देखते हुए भूतना ने ज़ोर से एक मुक्का उसकी पीठ पर और जमा दिया।

'जी मैं....' मॉनीटर ने कहना चाहा।

'ओए, जी मैं की ? तूँ मॉनीटरी करना ऐं कि दोस्तियाँ निभाउँदाँ ऐं ? ओए बदा, तूँ बकरा ऐं, ते मैं कसाई आँ। चल ते, किद्धर नूँ चलना ऐं।'[४]

साथ ही उन्होंने एक थप्पड़ और दो घूँसे उसे और प्रदान किये।

मॉनीटर के बड़प्पन की चीख़ें निकल गयीं। लेकिन भूतना ने उसे नहीं छोड़ा। दाँत पीसते और मुक्कों से दोहरी हो जाने वाली कमर को सीधा करने का अवसर देते हुए उन्होंने उसे दोनों कानों से पकड़ कर झकझोरते हुए बताया कि उन्होंने बड़े-बड़े बद सीधे कर दिये हैं और वे उसे ऐसी 'दोस्ती निभाना' सिखायेंगे कि उम्र भर उसे याद रहेगा। जब उन्होंने उसे और दो-चार थप्पड़ रसीद किये तो मॉनीटर बिलबिला उठा और भूतना कमरे का चक्कर लगाने चले। पिछली बेंचों के लड़के सीधे मॉनीटर की गत बनती न देख सकते थे। तनिक टेढ़े हो कर अथवा उचक कर देख रहे थे। अपने उस चक्कर में एक-एक घूँसा उन सब की पीठ पर रसीद करते हुए भूतना फिर मॉनीटर से जा भिड़े। इस बीच में वे बड़े ज़ोरों से अपने कसाई होने की घोषणा करते गये।

चेतन को अच्छी तरह याद था, जब दूसरा चक्कर लगा कर उन्होंने तीसरी बार मॉनीटर को जा पकड़ा तो एक दो-हत्थड़ उसके जमाते हुए अपने सिर पर भी जमा लिया था। उस समय उनका चेहरा देख कर भय आता था। मुँह लाल हो रहा था, होंटों से झाग निकल रही थी, जबड़े और भी उभरे दिखायी देते थे और गर्दन आगे को निकली पड़ती थी।

---

१. सब को ज़ोर के साथ दो-दो घूँसे जमा।

२. भुतनी के बच्चे, यह तूने घूँसा लगाया है या प्यार किया है ? आ तो मैं तुझे बताऊँ कि घूँसा कैसे लगाया जाता है।

३. ओ, मैं के बच्चे, ज़रा इधर हो, तुझे मुक्का मारना सिखाऊँ।

४. अरे, 'जी मैं' क्या, भुतनी के बच्चे, तू मॉनीटरी करता है या मैत्री निभाता है ? अरे, तू बकरा है तो मैं कसाई हूँ। चल तो, किधर को चलता है!

तभी जब वे जा कर कुर्सी पर धँसने के लिए मुड़े, घण्टी बज गयी। मॉनीटर बेंच पर दोहरा हो कर, बाँहों में सिर दिये रोने लगा और 'भारत के सितारे' सुख की साँस लेते हुए नीचे उतरे।

०

रोज़ क्लास में बदों को सुधारने के अलावा वर्ष में ऐसे दिन भी आते, जब भूतना ख़ास तौर पर 'बिगड़े हुए बदों' के सुधारार्थ तैयार रहते। जब परीक्षाफल निकलता तो फ़ेल होने वालों की वे अतिरिक्त ठुकाई करते। जब बड़े दिन की, ईस्टर की अथवा गर्मियों की छुट्टियाँ होतीं तो वे चालीस-पचास से सौ-दो सौ तक, छुट्टियों की संख्या के अनुसार, घर से प्रश्न हल कर लाने के लिए देते। जो लड़के घर का काम करके न लाते, उनकी वे पूरी ख़बर लेते और उनकी सारी बदी निकाल दें, पूरी निष्ठा से इस प्रयास में जुट जाते। इस बीच वे बार-बार अपने कसाई और उनके बकरे होने की घोषणा करते जाते।

रेखा-गणित तो चेतन ने भाई साहब से सीख लिया था। तिकोने, आयत और वर्गादि वह बड़े श्रम और साधना से बनाता और उसे वह काम बड़ा अच्छा लगता, पर अंक-गणित अथवा बीज-गणित का वह एक भी प्रश्न न कर पाता। दो-चार सवाल होते तो कुलबीर की मदद भी ले लेता, पर सौ-दो सौ सवाल नकल करना उसके बस में नहीं था और फिर कई बार 'ए' और 'बी' सेक्शनों के होम-वर्क में अन्तर भी होता। लेकिन चेतन अपने बड़े भाई से यह जान चुका था कि वे छुट्टियाँ ख़त्म होते ही 'होम वर्क' की कापियाँ नहीं लेते। बात यह थी कि जो लड़के 'होम वर्क' न करते, वे प्रायः छुट्टियों के बाद तीन-चार दिन तक ग़ायब रहते। भूतना उन 'बदों' को आ जाने का अवसर देते और छुट्टियों के पाँच-छै दिन बाद, जब वे सब, यह समझ कर कि बला टल गयी होगी, वापस आते तो भूतना मॉनीटर से कापियाँ इकट्ठी करने को कहते। फिर जो लड़के बिलकुल कोरे निकलते अथवा जिनका काम अधूरा होता अथवा जिन्होंने सफ़ाई से अपना काम न किया होता और बेगार टाली होती, उनकी सारी बदी भूतना निकालने पर कटिबद्ध हो जाते।

चेतन दो वर्ष उनकी क्लास में रहा था, पर एक बार भी उसने गणित का होम-वर्क नहीं किया था। छुट्टियों के बाद स्कूल जाने से उसकी आत्मा काँपती, पर वह उनके स्वभाव के एक-एक पेच-ो-ख़म से वाकिफ़ था। इसलिए छुट्टियों के बाद दो-तीन दिन तक वह बराबर क्लास में बना रहता। हाज़िरी का जवाब भी बड़े जोरों से देता और किसी-न-किसी प्रकार भूतना को अपनी शक्ल भी दिखा देता। भूतना रोज़ मॉनीटर से कापियाँ लेने को कहते, लेकिन फिर टाल जाते और सभी लड़कों को दूसरे दिन कापियाँ लाने का आदेश देते और दाँत पीसते हुए घोषणा करते कि सभी 'भारत के सितारे' आ जायेंगे तभी वे कापियाँ देखेंगे। जब वे कापियाँ लेने को कहते तो चेतन का दिल बे-तरह धड़क उठता, लेकिन वे कापियाँ न लेते। तीन दिन हाज़िरी दे कर चेतन ग़ायब हो जाता। बीमार तो रहता ही था। पन्द्रह दिन तक फिर तह वापस न आता और इस बीच 'भारत के सितारों' की पूरी बदी निकल चुकी होती और भूतना भूल चुके होते कि और कौन बद ग़ायब था और किसने कापी नहीं दी थी।

०

उमस बेहद थी। चेतन जिस करवट लेटता, चादर पसीने से तर हो जाती। उसकी आँखें किरकिरा रही थीं, पर दिमाग़ तना था और नींद ग़ायब थी। अपने झूठ, चालाकी, चतुराई, भय और सन्त्रास का एक-एक क्षण उसकी आँखों में सजीव हो उठा था। आँखें बन्द कर, जब उसने मस्तक में ध्यान जमा कर नींद को बुलाने का प्रयास किया तो उसके सामने लड़कपन के उन सन्त्रस्त दिनों के साथ उस कसाई अध्यापक की ज़िन्दगी भी घूम गयी और एक घटना की याद से अनायास वह मन-ही-मन मुसकरा उठा।

o

भूतना गणित के अध्यापक ही न थे, बोर्डिंग के सुपरिण्टेण्डेण्ट भी थे और उन्हें इस बात का गर्व भी था कि उन्होंने बोर्डिंग के बड़े-बड़े 'बदों' को सीधा कर दिया है।

स्कूल का बोर्डिंग नगर से तीन मील बाहर उजाड़-बियाबान जगह में बना था — सैनिकों की अधबनी बैरकों-सरीखा। मन-बहलाव का वहाँ कोई साधन न था। यों भी आर्य समाजी स्कूल। वहाँ के सारे छात्र ब्रह्मचारी। और ब्रह्मचारियों के लिए मन-बहलाव घोर पाप। उनसे आशा रखी जाती कि सर्दी हो या गर्मी, वे प्रातः चार बजे उठें। गर्मियाँ हों तो तत्काल शौचादि से निवृत्त हो, व्यायाम करें। सर्दियाँ हों तो पहले दो घण्टे पढ़ें, फिर नित्य कर्म से निवृत्त हों और चाहे कैसा भी कड़ाके का जाड़ा क्यों न पड़ रहा हो, प्रतिदिन ठण्डे पानी से स्नान करें। स्नानादि के लिए स्नान-गृहों की तब व्यवस्था न थी। रँहट चला दिया जाता था और लड़के बोर्डिंग की पवित्र जल-वायु का आनन्द लेते हुए दिसम्बर-जनवरी की सर्दी में उसकी धारा के नीचे नहाते। इसके बाद सब सन्ध्या-भवन में इकट्ठे होते और 'सन्ध्या' मन्त्रों का समवेत स्वर उस वीराने को गुँजा देता।

लेकिन इस कलिकाल में विज्ञान ने सुख-सुविधा के सामान पैदा करके छात्रों को आराम तलब बना दिया है। व्रत-उपवास, नियम और निष्ठा का धार्मिक जीवन बिताने और ब्रह्मचर्य के अपने पुरातन आदर्श पर चलने की सहज रुचि उन में नहीं रही। माता-पिता जिस आदर्श के विचार से अपने बच्चों को उस आर्य समाजी स्कूल में भेजते थे, स्कूल के अधिकारियों का कर्तव्य था कि उस आदर्श पर लड़कों को चलायें और चूँकि पुरानी कहावत है कि लातों के भूत बातों से नहीं माना करते और छात्रों से बढ़ कर 'लातों के भूत' और कौन होंगे, इसलिए उन भूतों को सीधे रास्ते पर डालने का सत्कार्य भूतना को सौंपा गया था। इस बात की ज़िम्मेदारी उनकी थी कि गाँवों से आ कर जो छात्र शहर के प्रलोभनों में फँसने वाले हों, उन्हें रोकें, नियम-निष्ठा का जीवन बिताना सिखायें और पूर्ण ब्रह्मचारी और पक्के आर्य समाजी बनायें।

भूतना अपना यह कर्तव्य जुनूनियों के जोश से पूरा करते। चार के बदले प्रातः साढ़े तीन बजे उठते। स्वयं जा कर सुबह उठने की घण्टी बजाते और उस समय तक बजाये जाते, जब तक बिस्तरों में दुबके छात्र तो क्या, इर्द-गिर्द के पेड़ों पर अपने घोंसलों में सोये पक्षी तक उठ कर चहचहाने (या फ़रियाद करने) न लगते। इसके बावजूद जो छात्र इस लम्बी घण्टी की आवाज़ न सुनते, उन्हें गर्दनों से पकड़ कर वे उनके लिहाफ़ों से जा निकालते। नहाने, व्यायाम करने अथवा सन्ध्या-वन्दन में जो छात्र सुस्ती दिखाता, उसकी मरम्मत करते। चूँकि इस प्रयास में उन्हें सतत आधी रात को उठ कर निरन्तर सजग रहना पड़ता, इसलिए कक्षाओं में जा कर वे कुर्सी पर पड़े ऊँघा करते।

बोर्डिंग में खेलों के लिए हॉकी और फ़ुटबाल की व्यवस्था थी और व्यायाम के लिए पैरेलल बार और मुगदर थे। इनडोर खेलों की नितान्त मनाही थी। ताश-शतरंज पकड़ी जाती तो पिटाई होती और यदि किसी की जेब से सिगरेट निकल आते तो जिस प्रकार पिछले ज़माने में अपराधी का मुँह काला करके उसे नगर में घुमाते थे, भूतना अपराधी को गर्दन से पकड़ कर सारी बैरक में घुमाते और प्रत्येक कमरे के सामने रुक कर एक घूँसा अथवा थप्पड़ उसे रसीद करते ताकि दूसरे छात्रों को शिक्षा मिले।

लेकिन जिस प्रकार दो वर्ष आठवीं में रह कर चेतन उनके चंगुल से बचता रहा, उसी प्रकार ऐसे लड़कों की कमी न थी, जो ऐन उनकी नाक के नीचे सब कुछ करते थे। इस निरोध और दमन की प्रतिक्रिया के फलस्वरूप चेतन जानता था, कि वहाँ वह सब होता था, जिसकी रोक के लिए अधिकारियों ने भूतना को बोर्डिंग की उस जेल का सुपरिटेण्डेण्ट बना रखा था।

लेकिन उस चोरा-छिपी के अतिरिक्त, जो भूतन्ना की ऐन नाक के नीचे चलती, लड़के कभी-कभी भूतना के उस ज़ुल्म का बदला खुले आम लेने से भी न चूकते।

एक बार गर्मियों के दिनों में जब नगर में ऐलफ्रेड नाटक कम्पनी आयी हुई थी, रात की हाज़िरी के बाद लड़के चुपचाप थियेटर देखने खिसक जाते थे और ढाई-तीन बजे वापस आते थे। नाटक रेलवे रोड के मँडवे[१] में होता, जो बोर्डिंग से लगभग चार मील दूर था। कई बार नाटक देर से ख़त्म होता तो लड़के सुबह की घण्टी के बाद आते। भूतना जब हाज़िरी लेने जाते तो अनुपस्थित लड़कों के साथी कह देते कि वे नित्य-कर्म से निवृत्त होने गये हुए हैं। न जाने कैसे भूतना को इस बात की भनक मिल गयी। दूसरी ही रात वे झल्लाये हुए दो लड़कों को साथ ले, रेलवे रोड पहुँचे और मँडवे के बाहर जा खड़े हुए। ज्योंही लड़के थियेटर से निकले, भूतना ने उन्हें धर दबोचा। फिर जो दुर्गति उनकी हुई, उसकी चर्चा कई दिन तक स्कूल में होती रही।

लेकिन उन लड़कों में से, जो थियेटर देखने जाते थे, अधिकांश धनी-मानियों के लड़के थे, जो स्कूल में पढ़ने नहीं, मौज मनाने आते थे और जिनका सदा यह प्रयास रहता था कि जितनी देर यह मौज मनायी जा सके, अच्छा है, फिर चाहे अधिकारी अथवा दूसरे 'दब्बू' अथवा रट्टू लड़के उन्हें 'गुण्डों' की उपाधि ही से क्यों न विभूषित करें। दुर्भाग्य अथवा सौभाग्य से भूतना का हाथ जिस लड़के की गर्दन पर पहले पड़ा, वह उन लड़कों का रिंग लीडर, पन्नालाल था। अपनी आदत के अनुसार उसे पकड़ लेने के बाद भूतना ने फिर किसी को नहीं छुआ और तीन-चार मील उसकी 'रिंग लीडरी निकालते' चले आये।

o

दो-एक दिन तो पन्नालाल अपनी चोटें सहलाता रहा, फिर उसने भूतना से ऐसे बदला लिया कि कुछ अर्से के लिए वे बोर्डिंग छोड़ने पर विवश हो गये।

o

बात, जैसी कि चेतन ने सुनी थी, यूँ हुई कि उन दिनों कृष्ण पक्ष की काली रातें थीं और उन्हीं का लाभ उठा कर लड़के थियेटर देखने ज़ाते थे। चाँदनी रातों में इस बात का डर

---

१. थियेटर हॉल

रहता कि बाहर मैदान में सोये हुए भूतना कहीं जाग कर पकड़ न लें। सोते वे गहरी नींद थे, पर चाँदनी रातों में थियेटर देखने को जाने का साहस लड़कों को न होता। जिस रात पन्नालाल की सारी 'रिंग लीडरी' भूतना ने निकाली, उसके तीन दिन बाद भी अमावस थी। आकाश में उस दिन कुछ मेघ भी छाये थे। उन्होंने रात की सियाही पर ऐसा पर्दा डाल दिया था कि तारों की टिमटिमाहट से जो थोड़ा प्रकाश होता, वह भी मिट गया था। उस सूचीभेद्य अन्धकार में न जाने कहाँ से आधी रात को पन्नालाल एक टट्टू पकड़ लाया। न जाने वह उसी वक्त लाया था अथवा पहले ही से ला कर उसने वीराने में बाँध रखा था। बोर्डिंग के चारों ओर दो-ढाई मील के घेरे में गाँव थे; उन्हीं में से वह ले आया होगा। रात, जब भूतना मुहावरे की भाषा में घोड़े बेच कर सोये हुए थे, उसने एक बहुत लम्बी मज़बूत रस्सी ले कर, उसका एक सिरा उनकी चारपाई के पाये से बाँध दिया और दूसरा टट्टू की गर्दन से। लेकिन इससे पहले उसने भूतना की पगड़ी से, जो उनके सिरहाने एक स्टूल पर पड़ी थी, एक-दो हलके लपेटे दे कर उन्हें चारपाई से भी उलझा दिया।

तभी उसका संकेत पा कर, अपने कमरों के बाहर दूसरे लड़कों के साथ मैदान में चारपाइयाँ बिछाये लेटे हुए पन्नालाल के साथी शोर मचाने लगे, 'पकड़ लो,' 'जाने न पाये!' 'जाने न पाये,' 'पकड़ लो!' 'मारो मारो! जाने न पाये'। पन्नालाल ने टट्टू के एक छाँटा रसीद किया, सारे बोर्डिंग में लड़के उठ कर बेतहाशा भागने लगे, 'पकड़ो,' 'मारो,' 'जाने न पाये' का शोर मच गया। टट्टू डर कर बगटुट भागा और पन्नालाल और उसके साथियों ने उसे भागने में पूरी मदद दी तो भूतना चारपाई से उलझे दूर तक घिसटते चले गये और उनकी हड्डी-पसली बराबर हो गयी। पन्नालाल के साथी, भूतना को उठा कर उनकी मरहम-पट्टी कराने ले गये और उसने इस बीच में रस्सी और टट्टू का निशान तक मिटा दिया।

दूसरे दिन सारे शहर में यह ख़बर फैल गयी कि घोड़ों पर चढ़ कर डाकू बोर्डिंग को लूटने आये थे। भूतना को उन्होंने उन्हीं की पगड़ी से चारपाई के साथ बाँध दिया था। पन्नालाल और उसके साथियों ने उनका डट कर मुकाबला किया और उन्हें भगा दिया। एक डाकू का घोड़ा जो मास्टर रामचन्द की चारपाई से टकराया तो उसे उलटाता गया। मास्टर जी को बड़ी चोटें आयी हैं। पन्नालाल को भी चोटें आयी हैं (जिनमें से अधिकांश वही थीं, जो मास्टर जी ही के हाथों आयी थीं) लेकिन उसकी निर्भयता और बहादुरी के कारण बोर्डिंग लुटने से बच गया।

पन्नालाल स्कूल का सबसे बदमाश लड़का था, और कई वर्षों से मैट्रिक में डटा था, लेकिन इस घटना ने उसे हीरो बना दिया। हेडमास्टर ने सारे स्कूल के छात्रों को मैदान में बुला कर उन्हें कर्तव्य-पालन, साहस तथा वीरता पर एक छोटा-मोटा भाषण दिया, आर्य वीरों के गुण गाये और पन्नालाल की पीठ ठोंकी। और पास के गाँवों में जा कर निश्चय ही डाकुओं का पता लगाने की प्रतिज्ञा करके पन्नालाल और उसके साथियों ने सप्ताह भर के लिए स्कूल से छुट्टी ले ली और ख़ूब मौजें उड़ायीं।

लेकिन दुर्भाग्य से महीने-पन्द्रह दिन बाद एक ख़ूबसूरत लौण्डे के पीछे अपने ही एक साथी से पन्नालाल का झगड़ा हो गया और धीरे-धीरे इस षड्यन्त्र का भाण्डा फूट गया। पन्नालाल स्कूल से निकाल दिया गया और जिस मैदान में उसे शाबाशी मिली थी,

वहीं स्कूल के सभी छात्रों के सामने पन्नालाल और उसके साथियों को बारह-बारह बेंत लगाये गये। कहीं पन्नालाल और उसके साथी में झगड़ा न हुआ होता तो पन्नालाल और उसके साथियों की बहादुरी स्कूल के इतिहास में स्वर्णाक्षरों में लिखी जाती और नित नये दिन उस कहानी पर रंग चढ़ा करता।

इस घटना के बाद प्रिन्सिपल ने भूतना को कुछ अर्से के लिए बोर्डिंग की सुपरिण्टेण्डेण्टी से अवकाश दे दिया। इसलिए नहीं कि भूतना डर गये। वे शहीद लेखराम और मुन्शीराम के परम अनुयायी, उन गुण्डों से क्या डरते, पर अधिकारियों ने ही उनको कुछ आराम देना आवश्यक समझा

o

भूतना का पैत्रिक मकान किला मुहल्ला में था। उनका परिवार वहीं रहता था — पत्नी, लड़की और लड़का — होस्टल के उस वीराने में उनकी पढ़ाई की व्यवस्था न थी (हाई स्कूल वहाँ से ढाई मील था और प्राइमरी स्कूल साढ़े तीन-चार मील।) इसलिए बच्चों की शिक्षा-दीक्षा के विचार से भूतना अपने परिवार को होस्टल न लाये थे। सुपरिण्टेण्डेण्ट के लिए बोर्डिंग में जो अलग क्वार्टर था, वह उन्होंने एक दूसरे अध्यापक को सहर्ष दे रखा था और स्वयं वहीं एक साधारण कमरे में रहते थे।

उनकी लड़की किला मुहल्ला की एक पाठशाला की सातवीं कक्षा में पढ़ती थी। लड़का वहीं की प्राइमरी शाखा में पढ़ता था। भूतना कभी-कभी वेतन देने अथवा बाज़ार से होस्टल का राशन ख़रीदने के दिन घर का चक्कर लगाते। घबराये हुए-से, पागलों की तरह आते और उसी तरह एड़ियाँ उचकाते तेज़-तेज़ वापस चले जाते। उनका प्यार तो बच्चों को क्या मिलता, पर उनकी क्रूरता से वे अवश्य बचे रहते।

होस्टल से अवकाश पाने पर जब भूतना घर आ गये तो सप्ताह भर लगातार सोते रहे। जब उनकी चोटें कुछ ठीक हो गयीं तो उन्हें फिर होस्टल की याद सताने लगी। वहाँ उतनी जल्दी जाना सम्भव न हुआ तो उन्होंने अपना ध्यान अपने बच्चों की ओर फेरा और एक को ब्रह्मचारिणी और दूसरे को बाल ब्रह्मचारी बनाने के महत कार्य में संलग्न हो गये। उनके इस प्रयास का फल ठीक-ठीक क्या हुआ, इसका पता तो चेतन को बहुत देर बाद चला, परन्तु उनके इस प्रयास की सरगर्मी का प्रमाण चेतन को उन्हीं दिनों मिल गया।

वह शाम को जाने किसी काम से, अथवा यूँ ही टहलने, इमाम नासरुद्दीन जा रहा था। छत्ती गली के बाहर निकला ही था कि भीड़ के आगे-आगे एक युवक की गर्दन पकड़े, क्रोध से दाँत निकाले, निचला होंट लटकाये, आँखें लाल-अंगारा किये, अपनी चिरपरिचित भंगिमा में भूतना भागम-भाग आते दिखायी दिये।

'मास्टर जी, क्या बात है ?' सुक्खू बिस्कुट वाले ने सहसा दुकान से नीचे उतरते हुए पूछा।

भूतना क्षण भर के लिए उसकी दुकान के आगे रुके। एक घूँसा उस युवक की पीठ पर जमाते हुए उन्होंने सुक्खू को बताया कि वह 'भूतनी दा पुत्तर' उनकी लड़की से छेड़ख़ानी कर रहा था और वे कई दिनों से देख रहे थे। आख़िर आज उन्होंने उसको पकड़ लिया और अब वे उसकी सारी बदी निकाल कर दम लेंगे। दाँच किचकिचा कर उन्होंने घोषणा

की — 'बद देया पुत्तरा! तूँ बकरा ऐं ते मैं कसाई आँ, चल ते किद्धर नूँ चलना ऐं।' और उसकी पीठ पर एक और घूँसा जमाते हुए उसी प्रकार गर्दन से दबोचे, धकेलते हुए-से, वे उसे ले चले।

प्रतिवाद में युवक क्या मिनमिनाया, यह चेतन की समझ में नहीं आया। तमाशाइयों में किसी की समझ में आया होगा, इसमें भी चेतन को सन्देह था।

इतने वर्ष बाद, उस रात चेतन को उस युवक की शक्ल याद नहीं आयी, उस समय मास्टर रामचन्द का जो रौद्र रूप उसने देखा, वह उसकी स्मृति पर वैसे-का-वैसा अंकित था। उस लड़के को गर्दन से पकड़े, अपने किसी परिचित दुकानदार अथवा मित्र को अपनी उस मुहिम की कैफ़ियत देते और उस युवक को पीटते हुए, जिस प्रकार वे किला मुहल्ला से चल कर, 'भैरो बाज़ार' और 'बोहड़ वाला बाज़ार' से होते हुए छत्ती गली तक आये थे, उसी प्रकार 'लाल बाज़ार' पार कर 'बाँस बाज़ार' के दूसरे सिरे पर वे उसे पण्डित राधाराम वकील की कोठी पर ले गये। भीड़ को उन्होंने अन्दर जाने से मना कर दिया और स्वयं कोठी के बड़े फाटक में दाख़िल हो गये।

पण्डित राधाराम आर्य समाज के प्रधान और नगर के प्रतिष्ठित वकील थे। चेतन भी भीड़ के साथ उस युवक का अंजाम जानने के लिए गयी रात तक उनकी कोठी के बाहर खड़ा रहा, पर न वह युवक निकला, न मास्टर रामचन्द। हार कर भीड़ धीरे-धीरे छँट गयी और वह भी घर चला आया।

कुछ दिन बाद पता चला कि पण्डित राधाराम ने उस युवक को डाँट-डपट कर कोठी के पिछले दरवाज़े से निकाल दिया था और भूतना को समझाया था कि उन्होंने उस युवक को जो इतना पीटा है, यदि वह अदालत में जा कर भारतीय दण्ड विधान की धारा ३२३ अथवा ३२६ के अधीन फ़ौजदारी का मामला चला दे तो वे क्या करेंगे ? यदि उसने कहा कि मैंने लड़की को नहीं छेड़ा तो वे क्या प्रमाण देंगे ? वकील साहब ने उन्हें समझाया कि आपको अपनी लड़की को कचहरी में हाज़िर करना पड़ेगा। वकीलों के नामाकूल प्रश्नों के उत्तर उसे देने होंगे। मुफ़्त में उसकी बदनामी होगी।

यह सब सुन कर भूतना शान्त हो गये। वकील साहब ने उन्हें समझाया कि लड़की सयानी हो गयी है तो उसकी शादी कर दें और उन्होंने उस वक्त तक भूतना को कोठी से बाहर नहीं जाने दिया, जब तक बाहर इकट्ठे तमाशाइयों में सभी-के-सभी एक-एक कर नहीं चले गये।

उनकी सुपुत्री की वय तब बारह-तेरह वर्ष की थी, पर उसे पूर्ण ब्रह्मचारिणी बनाने का विचार छोड़ कर भूतना ने उसका ब्याह कर दिया। रहा लड़का तो वह कैसा बाल ब्रह्मचारी बना, इसका पता चेतन को तब लगा जब किसी-न-किसी तरह किला मुहल्ला के स्कूल से चौथी पास कर वह पाँचवीं कक्षा में हाई स्कूल आया। मास्टर रामचन्द उसे सुधार सके या नहीं, पर यह बात सोलह आने सच है कि उसने उन्हें एकदम सुधार दिया।

०

चेतन उस समय नवीं कक्षा में पढ़ता था। दो वर्ष आठवीं में लगा कर वह किसी-न-किसी प्रकार अपने भाई की सहायता से आठवीं का वह दुर्गम नद पार कर आया था। चूँकि

रेखा-गणित में उसकी रुचि थी, इसलिए भाई साहब ने उसे उसमें ऐसा ताक कर दिया कि जब दूसरे वर्ष उसने परीक्षा दी तो असफल नहीं रहा। इसी रेखा-गणित के सहारे उसने मैट्रिक पास किया, नहीं गणित में जैसा वह कमज़ोर था, उसे देखते हुए दस वर्ष तक दसवीं से उसका निकल पाना असम्भव था।

एक दिन आधी छुट्टी का समय था। लड़के स्कूल के मैदान में खेल रहे थे कि बरामदे में, जहाँ टीचर लोग बैठते थे, ज़ोर-ज़ोर से भूतना के चिल्लाने की आवाज़ सुनायी दी। कुतूहलवश लड़के उधर भागे। चेतन भी उनके पीछे जा कर खड़ा हो गया —ऐसे कि यदि भूतना उधर लपकें तो उस पर उनका हाथ न पड़े। तब उसने देखा कि वे एक छोटे-से मैले गन्दे लड़के को बेतरह धुन रहे हैं और बड़े ज़ोरों से अपने कसाई और उसके बकरा होने की घोषणा कर रहे हैं और वह लड़का है कि न रोता है, न चिल्लाता है, बस रेत के बेजान बोरे की तरह पिट रहा है।

पूछ-ताछ करने पर चेतन को मालूम हुआ कि वह उनका लड़का बिरजू है। पिछले दिन घर से भाग गया था। बोर्डिंग के लड़के उसे सारे शहर में ढूँढ़ कर हार गये। अभी मिला है। श्मशान में छिपा हुआ था। रात भर वहीं रहा।

रात भर जो निडर लड़का मरघट में छिपा रहा, चेतन के मन में उसे अच्छी तरह देखने की उत्सुकता हुई। छुट्टी मिलते ही वह पाँचवीं कक्षा की गैलरी के आगे जा खड़ा हुआ। बिरजू जब बस्ता लिये हुए निकला तो चेतन ने उसे ध्यान से देखा। छोटे-से कद का, गन्दा-मैला लड़का था। नाक तीखी थी, पर चेहरा पिचका-सा लगता था। मुख पर चेचक के मद्धम-से दाग़ थे। नाक से निरन्तर लेस बह रही थी, जिसे वह जब-तब अपनी आस्तीन से पोंछ लेता था। कुछ अजीब तरह की भावनाहीन शून्यता उसकी आकृति पर बिराज रही थी।

(चेतन ने उस छोटी-सी ज़िन्दगी में भी अनेकानेक चेहरे देखे थे। टिमटिमाते तारों का जैसे आभास रहता है, पहचान नहीं रहती, इसी तरह उनमें से अधिकांश को वह तब देखता तो पहचान न पाता। लेकिन कुछ ऐसी आकृतियाँ भी होती हैं, जिनकी प्रत्येक रेखा मानस-पट पर अंकित हो जाती है। मास्टर रामचन्द और उनका सुपुत्र ऐसी ही आकृतियों में से थे। मास्टर रामचन्द से तो ख़ैर चेतन दो वर्ष तक पढ़ा था, उन्हें बहुत निकट से उसने देखा था। बिरजू को तो ज़्यादा देर तक देखने का अवसर उसे नहीं मिला। फिर भी न जाने उसकी सूरत में क्या था कि उसकी याद उसी प्रकार बनी हुई थी।)

दूसरे दिन जब चेतन स्कूल पहुँचा तो सारा स्कूल इस चर्चा से भिनभिना रहा था, कि भूतना का लड़का साँझ ही से फिर भाग गया है। स्कूल से वह घर गया ही नहीं, रास्ते ही से रफ़ूचक्कर हो गया।

इस बार वह तीसरे दिन पकड़ा गया। भूतना अपनी लड़की की शादी के बाद फिर होस्टल में आ गये थे और पूर्ववत अवैतनिक सुपरिण्टेण्डेण्ट बना दिये गये थे। लड़की के पठन-पाठन की चिन्ता उन्हें रही न थी, बिरजू हाई स्कूल में आ गया था, इसलिए वे किला मुहल्ला छोड़, अपने बीवी-बच्चे के साथ होस्टल उठ आये थे। जब बिरजू स्कूल से चलने के बाद होस्टल नहीं पहुँचा और वहाँ पहुँचने पर भूतना को पता चला कि वह बद फिर

ग़ायब हो गया है तो उन्होंने फिर लड़कों को दौड़ा दिया। मन्दिर, मस्जिद, श्मशान और कब्रिस्तान — लड़कों ने सब देख डाले, पर वह कहीं नहीं मिला। तीसरे दिन होस्टल का एक लड़का अपने गाँव फगवाड़ा जा रहा था, रास्ते में फिलौर के स्टेशन पर उसे बिरजू दीख पड़ा। वह उसे बरबस ले आया।

इस बार भूतना ने होस्टल के सभी लड़कों के सामने बेंत से उसकी मरम्मत की। इसलिए भी कि न केवल बिरजू को नसीहत हो, वरन छात्रों को भी कान हो जायें कि जब उनका सुरिंटेण्डेण्ट अपने लड़के को उसके दोष पर धुन कर रख सकता है तो उनको भी क्षमा न करेगा। चेतन ने बिरजू को उस दिन पिटते नहीं देखा, पर उसने सुना था कि कई बेंत टूट गये थे। स्कूल में कई दिन उस सज़ा की चर्चा रही। भूतना गर्वस्फीत स्वर में उसका ज़िक्र करते रहे और अपने सहकारियों के सामने घोषणा करते रहे कि वे उस बिरजू की सारी बदी निकाल देंगे।

लेकिन इस बात को महीना भी पूरा नहीं हुआ कि बिरजू फिर भाग गया। इस बार वह ऐसा भागा कि महीनों तक उसकी खोज-ख़बर न मिली। भूतना कभी बहराम जाते, कभी बंगा, कभी इलावलपुर, कभी फगवाड़ा। दूर-पार जहाँ कहीं भी कोई सगा-सम्बन्धी रहता था, भूतना ने अपने सुपुत्र की खोज की, लेकिन उस 'बद' का पता न चला। भूतना लगभग पागल हो गये। उन्हें देख कर पहली बार चेतन को इस बात का एहसास हुआ कि उस कसाई के पहलू में माँस का वह नाज़ुक लोथड़ा भी है, जिसे दिल कहा जाता है।....लड़की अपनी ससुराल चली गयी थी। उसके बाद उनके घर बस यही लड़का था। उन्हीं की मार के भय से भागा है, यह बात बीस प्रकार से भूतना के कान में पड़ी। और शायद ज़िन्दगी में पहली बार उन्हें इस बात का एहसास हुआ कि मार-पीट की लाठी सभी गधों को नहीं हाँक सकती, कोई अड़ियल हठ करके बीच बाज़ार बैठ भी सकता है। एक-डेढ़ महीने बाद एक आर्य समाजी भजनीक ने लुधियाने से उन्हें कार्ड लिखा कि उन्होंने बिरजू को एक हलवाई के यहाँ बरतन मलते देखा था, वे उसे अपने साथ घर ले आये हैं और उसे तत्काल मँगा लिया जाये।

उसका बेटा हलवाई की दुकान पर जूठे बर्तन मल रहा था, यह बात सुन कर भूतना की पत्नी इतना रोयी कि अपनी तमाम डाँट-डपट के बावजूद भूतना उसे चुप न करा सके और पहली गाड़ी से लुधियाने को चल दिये।

इस बार भूतना ने बिरजू को नहीं पीटा। लड़का भी ऐसे रहने लगा जैसे सदा के लिए सुधर गया। लेकिन भूतना अपनी आदत इतनी जल्दी कैसे छोड़ सकते थे! परीक्षा में वह फ़ेल हो गया तो भूतना ने स्कूल से आ कर उसका कान पकड़ लिया और लगातार चार घूँसे उसकी पीठ पर रसीद करते हुए घोषणा की कि वह बकरा है और वे कसाई हैं और वे उसे कच्चा चबा जायेंगे और नमक भी नहीं लगायेंगे।

लेकिन उस पितृ-भक्त ने अपने पिता को यह कष्ट नहीं दिया। आधी रात को, जब मास्टर जी मुँह खोल कर ज़ोर-ज़ोर से ख़र्राटे ले रहे थे, वह दबे पाँव उठा और चुपचाप होस्टल से निकल गया।

इसके बाद क्या हुआ, बिरजू कब आया, चेतन को याद नहीं। मैट्रिक की परीक्षा के

बाद परिणाम सुनने वह स्कूल नहीं गया। वह बी० ए० में था, जब उसने बिरजू को एक दिन भैरो बाज़ार में पुरानी पुस्तकों की एक छोटी-सी दुकान सजाये देखा। उसके कपड़े उतने ही गन्दे और मैले थे, चेहरा उसी प्रकार बैठा-बैठा था और उसकी नाक उसी तरह बह रही थी।

चेतन का छोटा भाई शिवशंकर उन दिनों आठवीं कक्षा में पढ़ता था। उससे पूछने पर चेतन को पता चला कि बिरजू को विद्वान बनाने के समस्त प्रयास कर देखने के बाद भूतना हार कर बैठ गये थे और आख़िर उन्होंने उसे दुकान खुलवा दी थी।

'क्या अब भी वे उतना ही पीटते हैं ?' उसने पूछा था।

'आतंक तो उनका उतना ही है,' शिव ने कहा था, 'पर अब वे पीटते नहीं। ज़्यादा वक्त क्लास में ऊँघते रहते हैं।'

०

इसके बाद भूतना से चेतन का साक्षात्कार नहीं हुआ। वह बी० ए० पास करके लाहौर चला आया। तीन वर्ष बाद, जब वह अपने छोटे भाई को कॉलेज में दाख़िल कराने गया तो उसने प्रिन्सिपल के कमरे के बराबर क्लर्क की मेज़ पर भूतना को बैठे छात्रों की फ़ीस लेते देखा। पूछने पर मालूम हुआ कि भूतना को स्कूल से हटा दिया गया है। चूँकि पुराने समर्पित टीचर हैं, इसलिए दया करके प्रिन्सिपल ने क्लर्क की नौकरी दे दी है।

प्रिन्सिपल से मिल कर जब चेतन बाहर आया तो भूतना बरामदे में खड़े थे। उनके चेहरे की वह भयानकता जाने कहाँ ग़ायब हो गयी थी और उसका स्थान कुछ अजीब-सी बेबसी ने ले लिया था। चेतन ने आँख भर कर उन्हें देखा — उनके दाँत वैसे ही मज़बूत और खुले-खुले थे, निचला होंट वैसे ही लटका था, पर इन दोनों से जिस क्रूरता का आभास मिलता था, उसका कहीं निशान तक नहीं था। चेतन ने उनकी आँखों को देखा। हाँ, अन्तर वहीं आया था। उनकी वह वहशत और बर्बरता चुक गयी थी — बुझी-बुझी, दयनीय आँखें। चेतन ने लक्ष्य किया — उनके सिर पर पगड़ी भी नहीं थी। बाल एकदम सफ़ेद हो गये थे। कन्धे झुक गये थे और उनकी गुद्दी के नीचे कूबड़ कुछ और उभर आया था। और इन दोनों ने उन बुझी-बुझी आँखों के साथ मिल कर उनके चेहरे को कुछ अजीब-सा निरीह बना दिया था। चेतन ने उनके पास से गुज़रते हुए उन्हें 'नमस्कार' किया।

यद्यपि चेतन (जब वह परीक्षा न दे पाने के कारण दूसरे वर्ष आठवीं में उनके चंगुल में फँस गया था) एक बार उनसे पिट जाने पर अपने बुड्ढे दादा को स्कूल ले गया था और उनकी गरज से हेडमास्टर तक लरज़ गये थे और उन्होंने भूतना को बे-भाव की सुनायी थीं और चेतन का चेहरा उन्हें याद रहना चाहिए था, लेकिन भूतना ने उसको नहीं पहचाना। एक अजीब-सी दयनीय मुस्कान उनके होंटों पर फैली और भूतना ने बिना उसे देखे, धरती में निगाहें गाड़े उसके 'नमस्कार' का उत्तर दे दिया।

उस तमाम ज़ुल्म के बावजूद, जो उनके हाथों उसे सहने पड़े थे, चेतन का हृदय उनके प्रति कुछ विचित्र-सी सहानुभूति से भर आया। वह सहानुभूति इस जानकारी के बाद कुछ बढ़ी ही कि अधिकारियों ने इसलिए उन्हें अलग कर दिया था कि लड़के अब उनका आतंक नहीं मानते थे।

विडम्बना यह है कि जब वे सचमुच बच्चों को पढ़ाने के योग्य हुए थे, अधिकारियों ने उन्हें स्कूल से निकाल बाहर किया था।

पन्द्रह

चेतन की आँखें भारी होने लगी थीं, जब एक बड़ी-सी कार रात के तीसरे पहर सड़क के सूनेपन का लाभ उठाती हुई फुल-स्पीड में ज़न्नाटे से गुज़र गयी। उसकी तेज़ बत्तियों का एक क्षणिक लिश्कारा सामने सड़क के टुकड़े पर जैसे उड़ता चला गया। बराबर के टाल पर एक दूसरे पर रखे बाँस के ढेर धरती की लरज़िश से खड़खड़ाये; ज़रा आगे मेयो हस्पताल के चौराहे पर कार की पों-पों रात के सन्नाटे को चीरती चली गयी। फिर सब कुछ वैसे ही शान्त और निस्तब्ध हो गया।

चेतन आँखें बन्द किये निश्चेष्ट पड़ा था। उसकी आँखें इस बीच कई बार भारी हुई थीं, लेकिन दिमाग़ का तनाव कम न हुआ था और नीम गनूदगी में भी बदस्तूर उसके दिमाग़ के पर्दे पर एक के बाद एक चित्र बनता रहा था। अपने झूठ का पीछा करता हुआ वह चौथी से आठवीं कक्षा तक और अपने घर से भूतना के घर तक पहुँच गया था। भूतना के प्रसंग से छुट्टी पा, उसने करवट बदल कर सोने का प्रयास किया था, ध्यान को मस्तक में लगाया था। उसकी आँखें भी भारी हो गयी थीं और वह ऊँघा भी गया था, लेकिन तभी कार के ज़न्नाटे ने उसकी नींद को झकझोर दिया।

कार के मालिक को मन-ही-मन एक कुफ्रतोड़ गाली दे कर चेतन ने फिर करवट बदली और सोने का प्रयास किया। नींद उसकी आँखों पर उतर भी आयी, पर तभी उसका ध्यान अपनी नाभि के नीचे मसाने के तनाव पर चला गया। उसने लाख यत्न किया कि उधर से ध्यान हट जाये, लेकिन नहीं हटा और उसकी आँखों में उतरती हुई नींद फिर जाने कहाँ ग़ायब हो गयी। वह उठा और जा कर गली की नाली पर बैठ गया।

निवृत्त हो कर वापस आया तो उसने बायें हाथ से सुराही को टेढ़ा कर हाथ धोया। फिर अनजाने पानी का गिलास भरा। क्षण भर वह उसे हाथ ही में लिये रुका रहा। पिये न पिये, इसी असमंजस में! वह पानी का गिलास पियेगा, तो फिर जब सोने लगेगा, उसे लघुशंका होगी, उससे निबट कर इत्मीनान से सोये, इस ख़याल से वह फिर उठेगा, फिर सोने से पहले पानी पी लेगा और यह दुश्चक्र चलता रहेगा....चेतन की यह आदत थी कि उसका दिमाग़ तना न हो और वह पड़ते ही सो जाये तो एक-आध बार तड़के उठे तो उठे, वरना वह गहरी नींद सोता था — न उसे पेशाब सताता था, न प्यास। और अगर कहीं उसकी नींद उचट जाये तो जब तक दिमाग़ को सब तरफ़ से हटा कर वह नींद को बुलाता था, उसे मसाने में तनाव का एहसास हो जाता था। वह उठता था, निबट कर और पानी पी कर फिर लेटता था तो उसकी नींद उड़ जाती थी और उसका दिमाग़ भटक जाता था। कई बार वह रात-रात भर जग जाता था और इसी कारण दोपहर भर सोता था।

तीन कब के बज चुके थे। उसने सोचा कि पानी न पिये ताकि उसका मसाना भारी न हो और उसे नींद आ जाये! लेकिन वह जानता था कि वह पानी न पियेगा तो उसका गला सूखने लगेगा और जब तक वह उठ कर पानी न पी लेगा, उसे चैन न आयेगा.... और वहीं गिलास हाथ में लिये-लिये उसके सामने उसके दादा का चित्र घूम गया, जिनके कारण बचपन ही से उसे सोने से पहले पानी पीने की आदत पड़ गयी थी।

चेतन ने गिलास मुँह से लगा लिया, लेकिन आधा पी कर शेष गिरा दिया, ताकि उसका गला भी तर हो जाये और उसके मसाने पर ज़ोर भी न पड़े।

हमेशा ऐसे में उसे दादा की याद आ जाती थी। उस कहानी की भी, जो प्रायः वे स्वयं सोने से पहले पानी पीने के सिलसिले में अपने पोतों को सुनाया करते थे। —मँझला कद, पतला-छरहरा, लेकिन गठा हुआ बदन, गोरा रंग, सन की तरह सफ़ेद औरंगज़ेबी दाढ़ी, गोल सिर पर कैंची की मदद से कटे हुए बहुत छोटे बाल —पटवारगीरी से रिटायर हो कर जब वे घर आ गये थे तो वे रात को छत पर सोते वक्त चेतन और उसके भाइयों को —चन्दा राजा : तारा राजा; लल्लू करे कवल्लियाँ, रब सिद्धियाँ पावे;[१] निखट्टू रुल्दू और तीन परियाँ तथा ऐसी ही कई-कई कहानियाँ सुनाते। सोते वक्त वे पानी का गिलास ज़रूर पीते और तब उस राजकुमार की कहानी भी सुनाते थे, जो प्यासा सो गया था और जिसका प्यासा भौर (रूह) शरीर को छोड़ कर पानी की तलाश में उड़ता फिरा था और एक घड़े में बन्द हो गया था।

चेतन बिस्तर पर लेटा तो उसके दिमाग़ में वह कहानी घूम गयी। कौन राजकुमार था ? कहाँ का राजकुमार था ? चेतन यह सब भूल गया था। उसे बस इतना स्मरण था कि एक राजकुमार था। उसकी रानी माँ ने बाँदी को आदेश दे रखा था कि हमेशा सोने से पहले उसे पानी पिला दिया करे। एक दिन बाँदी का यार आ गया। वह उससे बातों में ऐसी निमग्न हुई कि राजकुमार को पानी पिलाना भूल गयी। सोते में राजकुमार को बड़ी प्यास लगी तो उसकी रूह शरीर को छोड़ कर प्यासी भटकने लगी। किसी गाँव में एक औरत पानी पीने उठी थी। उसने घड़े का ढक्कन उठा रखा था। प्यासी रूह उसमें चली गयी। औरत ने पानी पी कर ढक्कन घड़े पर रख दिया और रूह वहीं बन्दी हो गयी। और सुबह जब राजकुमार न उठा तो रानी पछाड़ें खाने लगी....

कहानी का अन्त क्या हुआ था, चेतन को याद नहीं। लेकिन दादा ने उन्हें यह कहानी इतनी बार सुनायी थी कि चेतन के बालक-मन में प्यासे सोने के बारे में एक दहशत पैदा हो गयी थी। उसे लगता कि वह पानी पी कर न सोयेगा और नींद में उसकी प्यासी रूह छटपटाती घूमेगी और कहीं वह किसी घड़े या सुराही में बन्द हो गयी तो.... इस विचार मात्र से उसका दिल बैठने-सा लगता....और उसे याद नहीं, वह कब सोने से पहले पानी पीने लगा था....

कैसी हास्यास्पद कहानी के कारण उसके मन में दहशत बैठ गयी थी और उसने यह वाहियात आदत डाल ली थी ? —चेतन ने मन-ही-मन सोचा और अपने उस पटवारी दादा के भोलेपन पर उसे हँसी आ गयी —चण्डी के उपासक, तमाम देवी-देवताओं में

---

१. मूर्ख लल्लू उल्टी बातें करे, लेकिन भगवान सब सीधी कर दे।

विश्वास रखने वाले, परम आस्थावान और सादालौह! और मस्तिष्क की जिस चिन्तन-प्रक्रिया से वह अपने झूठ का पीछा करता हुआ, भूतना और भूतना से अपने दादा तक पहुँचा था, उसी से वह दादा की सादालौही से फिर भूतना तक पहुँच गया और उसकी उनींदी आँखों में वह घटना घूम गयी, जब भूतना ने एक बार उसे बेकसूर पीटा था और वह अपने बूढ़े दादा को स्कूल ले गया था।

०

पहले वर्ष में भूतना के भय, स्कूल से अनुपस्थिति और बीमारी के कारण चेतन परीक्षा में नहीं बैठा था। यद्यपि मन-ही-मन उसे इस बात का दुख हुआ था कि उसके साथ पढ़ने वाले लड़के एक कक्षा आगे चले गये हैं और उसे अपने से एक कक्षा पीछे वाले छात्रों के साथ बैठना पड़ेगा और वह कुलबीर खन्ना की सहायता से भी वंचित हो जायेगा, लेकिन परीक्षा में न बैठने के कारण दूसरा कोई चारा न था और उसके सामने आठवीं कक्षा में नये आने वाले छात्रों के साथ बैठने की मजबूरी थी। तब सबसे पहले उसने यह तय किया कि वह 'ए' सेक्शन के किसी मेधावी छात्र को खोजे। चेतन के सौभाग्य से उसकी यह समस्या उसके मुहल्ले ही में हल हो गयी। लाला मनिराम का मँझला लड़का अमींचन्द, जो उससे एक वर्ष पीछे था, उसके साथ आ मिला और चूँकि वह सातवीं में सभी विषयों में फ़र्स्ट आया था, इसलिए 'ए' सेक्शन में गया। अमींचन्द से चेतन की दोस्ती नहीं थी। वह दिन-रात पढ़ने वाला, अपने में बन्द, निहायत असामाजिक, रट्टू लड़का था — उसके व्यवहार में चेतन को हल्के-से दम्भ का भी आभास होता था। उसके मुकाबले में वह उसी वर्ष आठवीं में आने वाले अपने ही मुहल्ले के दूसरे लड़के अनन्त को पसन्द करता था। पहले ही से दोनों में कुछ दोस्ती थी, जो आठवीं में समकक्ष हो जाने के कारण और भी गहरी हो गयी।....लेकिन अमींचन्द के निकट होने का मौका वह निरन्तर ढूँढता रहा।

नया सत्र शुरू होते ही स्कूल का वार्षिक अधिवेशन हुआ। अमींचन्द को हर विषय में प्रथम रहने कारण ढेर सारे पुरस्कार मिले। कॉलेज में सब से अच्छे चरित्र के लिए अलग से इनाम मिला। उसके पास इतनी किताबें हो गयीं कि अकेले उन्हें घर ले जाना उसके लिए कठिन हो गया। तब मुहल्ले के सभी फिसड्डी लड़के, ऐसे ख़ुशी-ख़ुशी उसके साथ किताबें उठा कर चले, जैसे पुरस्कार उन्हीं को मिले हों। क्षणांश को चेतन के मन में आया कि अमींचन्द के निकट होने का यह सब से अच्छा अवसर है। पर उसके अहं को यह स्वीकार न हुआ। चाहे वह परीक्षा न देने के कारण उसके साथ आ मिला हो, पर था तो वह उससे एक साल बड़ा ही। फिर वह पण्डित शादीराम का बेटा था, जिनसे सारा मुहल्ला थर्राता था, जबकि अमींचन्द के पिता मामूली सब-पोस्ट-मास्टर थे और ऐसे दबे पाँव आते-जाते थे कि किसी को उनके अस्तित्व का भी पता न चलता था। दूसरे लड़कों की तरह अमींचन्द की पुस्तकें उठाये-उठाये उसके साथ जाना चेतन को नहीं रुचा।

पर चाहे उसे अच्छा लगे या बुरा, अमींचन्द के बिना उसका काम न चल सकता था, इसलिए चेतन ने कभी कोई सवाल पूछने के बहाने, कभी किसी शब्द का उच्चारण जानने का ग़रज़ से अमींचन्द के यहाँ आना-जाना शुरू कर दिया। घाते में उसकी भाभी और माँ के ढेरों काम किये और आख़िरकार वह उसे अपनी रविश पर ले आया और 'ए' सेक्शन में एक दिन पहले कराये गये प्रश्न नकल करने लगा और आठवीं कक्षा के दूसरे

वर्ष में उसका काम पुराने ढर्रे पर चल निकला।

o

लेकिन इस तमाम सावधानी के बावजूद वह एक दिन भूतना के हत्थे चढ़ गया और उस वक्त जब उसका कोई दोष न था, बुरी तरह पिट गया।

o

वह चार-पाँच दिन बीमार रहने के बाद स्कूल आया था। (और सचमुच बीमार रह कर आया था) एक दिन पहले भूतना ने टाइम-टेबल बदल दिया था और आदेश दिया था कि रेखा-गणित की पुस्तक के बदले सब लड़के अपना चक्रवर्ती गणित लायें। चेतन पुराने टाइम टेबल के अनुसार रेखा-गणित ही की पुस्तक ले गया था। भूतना क्लास में आये तो रोज़ की तरह मॉनीटर को सवाल लिखाने का आदेश देने के बदले उन्होंने गोली दाग़ी कि सब लड़के अपने हाथों में अपनी-अपनी किताब ले कर खड़े हो जायें और वे स्वयं पुस्तकें देखेंगे।

बात यह थी कि पिछले दिन भूतना ने कई 'भारत के सितारों' की मरम्मत की थी और चूँकि पूरा पीरियड इसी में बीत गया था, इसलिए उन्होंने आदेश दिया था कि दूसरे दिन भी वे गणित ही करायेंगे और सब अपनी गणित की पुस्तक ले कर आयें। जिन छात्रों के पास पुस्तक नहीं थी, वे उनके पीरियड में ग़ायब हो गये थे।....चेतन भूतना की बात नहीं समझा। अपनी तरफ़ की डेस्कों की कतार में केवल उसी के पास चक्रवर्ती गणित नहीं था। जब भूतना पुस्तक देखते हुए उसकी डेस्क पर आये तो उसने रेखा-गणित की पुस्तक आगे बढ़ा दी। भूतना ने गर्दन से पकड़ कर एक घूँसा उसकी पीठ पर रसीद करते हुए कहा, 'भूतनिया, इह चक्रवर्ती हिसाब ऐ ?'[१]

हालाँकि चेतन की पीठ दोहरी हो गयी थी और उसकी आँखों में आँसू उमड़ आये थे, उसने कहा, 'मास्टर जी, आज रेखा-गणित का पीरियड है, इसलिए मैं यही लाया हूँ।'

'ओ भूतनी देया पुत्तरा! कल जद मैं चक्रवर्ती लियाण नूँ किहा सी ताँ तूँ सुत्ता पिया से ?'[२]

और यह कहते हुए उन्होंने उसके दोनों कान पकड़ कर उसे झिंझोड़ा और फिर बायाँ कान पकड़े-पकड़े दन् से दायें हाथ का एक थप्पड़ उसके जड़ दिया।

चेतन की ग़लती होती तो शायद वह चुपचाप मार खा जाता अथवा रो कर माफ़ी माँगता, पर उसे अपना दोष कहीं नज़र नहीं आया, इसलिए इस बात के बावजूद कि भूतना के थप्पड़ से उसका गाल और कनपटी जल उठे और सिर चकरा गया और आँसू अनायास उसके दोनों गालों पर बहने लगे थे, वह चुप नहीं रहा। उसने कहा, 'मास्टर जी, मैं तो बीमार था, पाँच दिन की छुट्टी पर था, मुझे कल की बात का पता नहीं।'

भूतना ने दायें हाथ से उसकी गर्दन दबा कर उसे दो-तीन झटके दिये और जैसे सारी क्लास को सुनाते हुए बोले, 'ओए बदा, तैनूँ कदीं पता वी होया ए, स्कूल आण लग्गेयाँ

---

१. अरे भुतने, यह चक्रवर्ती गणित है ?

२. ओ भुतनी के बच्चे, कल ज़ब मैंने चक्रवर्ती गणित लाने का आदेश दिया था, तब तू क्या सोया हुआ था ?

किसे कोलों पुच्छ लैणा सी।"[१]....और एक मुक्का उसके और जमा कर वे आगे बढ़ गये।

जाने चेतन के मन में क्या गोला-सा उठा। एक सात्विक क्रोध से उसका तन-मन सुलग उठा और यह अजीब बात है कि पल भर में उसने सोच लिया कि भूतना के ज़ुल्म से नजात पाने का इससे बेहतर मौका फिर हाथ नहीं आयेगा और ज्योंही भूतना ने पीठ फेरी, वह बस्ता-वस्ता वहीं डेस्क पर छोड़ कर तेज़-तेज़ कमरे से बाहर निकल गया। भूतना किसी लड़के को उसे वापस लाने न भेज दें, इसलिए गैलरी पार कर सीढ़ियाँ उतरते ही वह सरपट भागा। स्कूल का गेट पार कर वह टिक्का के बाग़ तक भागता चला गया। जब इतनी दूर तक उसे अपने पीछे किसी के आने का आभास नहीं मिला तो क्षण भर को रुक कर उसने पीछे देखा और आश्वस्त हो कर भागना छोड़ दिया, लेकिन उसके पैरों की गति मन्द नहीं हुई —दरवाज़ा ख़ाकरूबाँ में से हो कर चौक महेन्द्रुआँ तक बिजली के कौंधे-सा लपकता हुआ और फिर वहाँ से मुहल्ला महेन्द्रुआँ को मुड़ कर मिट्ठा बाज़ार, बोहड़ वाला चौक, लाल बाज़ार, बाज़ार पटफेरियाँ, पापड़ियाँ और बाजियाँ वाले बाज़ार चीरता हुआ वह आनन्दों के चौक में अपने घर पहुँचा और उसी तेज़ी से धड़-धड़ाता हुआ सीढ़ियाँ चढ़ गया।

माँ ऊपर आँगन के बीचों बीच (नीचे आँगन में प्रकाश के लिए) बने हुए लोहे के जँगले के पास रसोई-घर के आगे बैठी बर्तन मल रही थी। इस तरह उसे परेशान हाल आते देख कर वह घबरा गयी।

'क्या हुआ।' उसने भयभीत स्वर में पूछा और माँ की बात के उत्तर में चेतन की आँखों से धार-धार आँसू बहने लगे —उसकी पीठ, कानों, गालों और कनपटियों का दर्द, जिसका इस बीच उसे ख़याल तक न आया था, कई गुना हो आया और ज़ार-ज़ार रोते हुए (इस एहसास के साथ कि दादा बैठक में हैं, पाठ ख़त्म कर चुके हैं और चण्डी स्तोत्र अलमारी में रख रहे हैं) हिचकियाँ लेते हुए उसने कहा, 'मुझे भूतना ने बेकसूर पीटा है, मुझे गालियाँ दी हैं। मैंने लाख कहा कि मैं बीमार था, मुझे मालूम नहीं कि चक्रवर्ती हिसाब लाना है, पर मेरी एक नहीं सुनी और मार-मार कर मुझे अधमरा कर दिया।'

तभी माँ का ध्यान उसके कानों की लाल लवों और तमतमाये गालों पर गया और उसका कलेजा मुँह को आ गया। उसने पानी से हाथ धोये कि उठ कर अपने बेटे को सीने से लगा ले कि तभी धोती के ऊपर कमीज़ पहनते हुए उसके दादा सक्रोध बैठक से निकले (सर्दी हो या गर्मी, वे केवल धोती पहने, नंगे तन चण्डी की पूजा करते थे।) और, 'आ ते मैं पुच्छाँ तेरे ओस मास्टर नूँ, क्यों ओस ने तैन्नूँ बेकसूर मारेया ऐ।'[२] —कहते हुए उसकी बाँह पकड़े उसे लगभग पीछे घसीटते हुए वे सीढ़ियाँ उतर गये।

चेतन के दादा बहुत तेज़ चलते थे। उन्हें इस बात का गर्व था कि (पटवारगीरी के ज़माने में) पीठ पर कभी मकई के भुट्टों की, कभी बाजरे की और कभी बासमती चावलों की गठरी लादे, वे सुबह कपूरथला से चलते थे तो शाम को चेतन की परदादी के चरण छू कर ही पानी पीते थे।....'किस तराँ ओस भैंडीयाह्वे ने बेकसूर बच्चे नूँ मारेया। ओस

---

१. अरे बद! तुझे कभी पता भी हुआ है ? स्कूल आते वक्त किसी से पूछ लेना था।
२. आ तो मैं पूछूँ तेरे मास्टर को कि उसने क्यों तुझे निर्दोष पीटा है।

अन्हें नूँ नज़र नहीं आया कि बच्चा बीमार ऐ ?'[१] चेतन के दादा आगे-आगे बड़बड़ाते जा रहे थे और चेतन उनके पीछे-पीछे भागा जा रहा था। जिस तरह वह बाज़ारों को चीरता घर आया था, उसी तरह अपने दादा के पीछे-पीछे भागम-भाग वह स्कूल पहुँचा। गेट ही से उसने देखा कि हेडमास्टर हॉल के दरवाज़े में खड़े हैं। चेतन ने अपने दादा को बता दिया कि वे हेडमास्टर हैं और वहीं दरवाज़े के दायीं ओर हॉल में बैठते हैं।

तभी हेडमास्टर अन्दर चले गये। चेतन ने अपने दादा को बरामदे की सीढ़ियों के पास छोड़ा और बोला, 'दादाजी, मैं अपनी क्लास में जाता हूँ। ज़रूरत पड़ी तो मुझे वहाँ से बुलवा लीजिएगा। आप हेडमास्टर से मिलिए।'....इतना कह कर वह दायीं ओर को खिसक गया। और दादा धड़धड़ाते सीढ़ियाँ चढ़ चले।

०

स्कूल की बिल्डिंग आयताकार थी। बीच में एक बहुत बड़ा हॉल था। दायें-बायें गैलरियाँ, जिनको जाने वाले दरवाजे हॉल की दायीं-बायीं दीवारें के ऐन बीचों बीच थे। गैलरियों के दोनों ओर दो-दो कमरे। इन आठ कमरों में पाँचवीं से आठवीं तक चार क्लासों के दो-दो सेक्शन। नवीं और दसवीं के लिए इस बिल्डिंग के पीछे स्कूल की पिछली हद पर एक नया ब्लॉक बना था। वहीं साइंस की प्रयोगशाला थी। ड्रॉइंग की क्लास हॉल में लगती थी। बरामदे से हॉल में दाख़िल होते ही दायीं तरफ़ हेडमास्टर की मेज़ थी, बायीं ओर क्लर्क और ख़ज़ानची की। उनके सामने वाले कोने में ड्रॉइंग की क्लास लगती। हॉल इतना बड़ा था कि ड्रॉइंग मास्टर की आवाज़ से (यद्यपि वे धीरे बोलते थे) हेडमास्टर के काम में कोई विघ्न न पड़ता।

चेतन की क्लास दायीं गैलरी के बायें कोने पर थी। वह दायीं ओर को चला कि आगे से मुड़ कर गैलरी में से होता हुआ अपनी क्लास को जाये, लेकिन अभी वह बरामदे की सीढ़ियों के ज़रा आगे, सातवीं कक्षा के पास ही पहुँचा था कि उसके कानों में दादा की गरजदार आवाज़ पड़ी, 'ओह केहड़ा मास्टर ए तुहाडा जेहड़ा बच्चेयाँ नूँ बेकसूर कुट्टदा ए ते ओहना दे वालदैन नूँ गालियाँ कड्डदा ए। ओसनूँ बुलाओ न मेरे सामने। ओहदे च एन्नाँई ज़ोर ए ते मेरे नाल ज़रा दो-दो हत्थ कर वेक्खे।'[२]

दादा की गरज सुन कर और हेडमास्टर के अवाक और स्तम्भित चेहरे की कल्पना करके चेतन के होंटों पर अनायास मुस्कान दौड़ गयी। वह अपना अपमान और पीड़ा भूल गया। 'अब उस 'भूतनी दे पुत्तर' को पता चलेगा कि कैसे किसी को बेकसूर पीटा जाता है।' उसने मन-ही-मन कहा और भाग कर बिल्डिंग के कोने से मुड़, वह गैलरी की सीढ़ियाँ चढ़ गया। इतिहास का पीरियड शुरू हो गया था। उसने अपनी डेस्क से किताब उठायी और चुपचाप अगली डेस्क पर जा बैठा।

उसे अभी आ कर बैठे मुश्किल से दस मिनट हुए होंगे कि हेडमास्टर का बुलावा

---

१. किस तरह उस बहन.... ने तुझे निर्दोष पीटा है। उस अन्धे को दिखायी नहीं दिया कि बच्चा बीमार है।

२. वह आपका कौन-सा अध्यापक है, जो बेकसूर बच्चों को मारता है और उनके माता-पिता को गालियाँ देता है। उसे ज़रा मेरे सामने बुलाइए। उसमें इतना ही ज़ोर है तो मेरे साथ ज़रा दो-दो हाथ करे।

आ गया।

'हेडमास्टर साब चेतन को बुला रहे हैं।' चपड़ासी के मुँह से ये शब्द सुनते ही उसका दिल धड़क उठा। वह अपनी जगह खड़ा हो गया। अध्यापक ने सर के इशारे से उसे चपरासी के साथ जाने का आदेश दिया। गैलरी में चपरासी के पीछे-पीछे चलते हुए चेतन डरा, कहीं हेडमास्टर उसे इस बात के लिए सज़ा न दें कि उसने अपने दादा से जा कर क्यों शिकायत की। हेडमास्टर बड़े कठोर और शासन-प्रिय व्यक्ति थे। उनके पिता तो अंग्रेज़ी सरकार के किसी दफ़्तर में मामूली क्लर्क थे और उन्हें लड़कपन ही में छोड़ कर परलोक सिधार गये थे। लेकिन वे हमेशा कक्षा में सर्वप्रथम रहते हुए छात्र-वृत्ति पाते, और पढ़ने के साथ-साथ पढ़ाते हुए एम० ए० की ऊँची कक्षा तक जा पहुँचे थे। चूँकि प्रिन्सिपल के ख़ास शागिर्द थे और उनकी सहायता से इतनी ऊँची शिक्षा प्राप्त कर पाये थे, इसलिए उनके अनुरोध पर उन्होंने आर्य समाज को अपना जीवन दान कर दिया था। स्कूल के वे लाइफ़ मेम्बर हो गये थे और एम० ए० करते ही उन्हें हेडमास्टर का पद मिल गया था। छै फ़ुट ऊँचे, दोहरे बदन के गोल-मटोल गोरे आदमी थे। उनके चेहरे पर न मूँछें थीं, न दाढ़ी और लड़के उपेक्षा से उन्हें 'खोदा'[१] कहते थे। चेहरे पर सुनहरा चश्मा लगाते थे, पतलून-कोट और सिर पर पण्डिताऊ पगड़ी बाँधते थे और जवानी के बावजूद (कदाचित रौब डालने को) हाथ में छड़ी ले कर चलते थे।....गैलरी से हॉल में कदम रखते ही चेतन ने कोने की ओर निगाह दौड़ायी। हेडमास्टर अपनी मेज़ पर बैठे काग़ज़ों पर झुके हुए थे और उसके दादा का कहीं नाम-निशान न था। उसका दिल बेतरह धड़कने लगा।

हेडमास्टर की मेज़ के पास जा कर उसने हाथ जोड़ कर होंटों में ही उन्हें 'नमस्कार' किया और अदब से एक ओर खड़ा हो गया।

'तुमने अपने बूढ़े दादा को क्यों तकलीफ़ दी।' सहसा हेडमास्टर ने सिर उठा कर उस पर आधी निगाह डालते हुए सख़्ती से कहा और वे उठे।

चेतन को लगा, वे कोने से छड़ी उठा कर उसे अभी पीटेंगे। वह अपने आप में सिमट गया और उससे कोई उत्तर नहीं बन पड़ा।

लेकिन हेड मास्टर ने छड़ी नहीं उठायी। उन्होंने उसके सिर पर हाथ रखा — 'तुम्हें मास्टर रामचन्द ने बेकसूर पीटा था तो घर जाने के बदले तुम्हें मेरे पास आना चाहिए था। अपने बूढ़े दादा को तकलीफ़ नहीं देनी चाहिए थी।'

और उन्होंने उसकी कन्धे को थपथपाया, 'समझे!'

'जी!'

'आगे को कभी कोई ऐसी बात हो तो फौरन मेरे पास आओ।'

और चेतन के कन्धे पर हाथ रखे-रखे वे उसे बाहर बरामदे में लाये। चेतन ने देखा — सामने मैदान में बायीं ओर शीशम के पेड़ के नीचे (जहाँ सभी क्लासों के लड़के बारी-बारी आ कर ड्रिल किया करते थे और उस वक्त किसी क्लास के लड़के गोल दायरा बनाये बैठे थे।) एक बेंच पर उसके दादा ड्रिल मास्टर हरिराम के साथ बैठे बातें कर रहे हैं।

---

१. जिसके चेहरे पर दाढ़ी-मूँछ न उगे।

हरिराम, ड्रिल मास्टर, न केवल उसके पिता के मित्र थे, वरन उन्हीं की तरह गठे बदन, कठोर चेहरे पर नींबू-टिकाऊ मूँछें रखते थे और रोज़ पीते थे। अन्तर केवल यही था कि वे पी कर उसके पिता की तरह शोर नहीं मचाते थे, बल्कि और भी चुप हो जाते थे। चेतन ने कई बार उन्हें नशे में धुत्त, नाक की सेध में देखते हुए, हल्की-सी लड़खड़ाहट में शाम के वक्त बाज़ार शेख़ाँ की ओर से आते देखा था। उस वक्त वे नमस्ते का जवाब भी नहीं देते थे। लेकिन चूँकि न केवल उसके पिता से, वरन कभी-कभार उनकी अनुपस्थिति में दादा से कह कर माँ से भी रुपये 'उधार' ले जाते थे और चेतन जानता था कि उसके पिता से उधार लेने वाले कभी न लौटाते थे, इसलिए मास्टर हरिराम की सख़्तगीरी के बावजूद वह उनसे डरता नहीं था। यद्यपि वे क्रोध में होते तो बुरी तरह पीट देते थे, सारे ज़िले में सब से अच्छे एथलीट थे और दबदबा उनका इतना था कि सारा स्कूल इकट्ठा होता और लड़कों के शोर के मारे कान पड़ी आवाज़ न सुनायी देती और वे एक सीटी बजा कर ज़ोर से 'सायलेंस' कह देते तो मौत का-सा सन्नाटा छा जाता। पर, उन्होंने चेतन को कभी न पीटा था और उसकी कमज़ोरी और बीमारी के ख़याल से वे उसे कठिन व्यायाम से भी छुट्टी दे देते थे।

हेडमास्टर चेतन के कन्धे पर हाथ रखे ड्रिल मास्टर के पास आये। मास्टर हरिराम उन्हें देख कर तुरन्त खड़े हो गये। चेतन के दादा भी खड़े हो गये। इससे पहले कि वे कुछ कहते, हेडमास्टर ने मास्टर हरिराम को संकेत किया कि वे लड़कों को छुट्टी दे दें।

मास्टर हरिराम ने गरजदार आवाज़ में आदेश दिया, 'बॉयज़! स्टैण्ड अप!'

लड़के तत्काल अपनी-अपनी जगह खड़े हो गये।

'अटेन —शन!'

और लड़के अटेंशन में तन गये।

'डिस्पर्स एण्ड गो टु योर क्लास!'

और लड़के एकदम उड़नछू हो गये!

तब हेडमास्टर ने दादा से कहा, 'पण्डित जी, मैंने बच्चे को समझा दिया है। इसे मेरे पास आना चाहिए था। मैं हेडमास्टर हूँ, मैं आख़िर किस मर्ज़ की दवा हूँ ?'

'लेकिन मैं ज़रा ओस मास्टर नूँ वेक्खना चाहुना हाँ,' दादा गरजे, 'जीन्हें इस निक्के जेहे बीमार बच्चे नूँ मार के अपनी बहादुरी दस्सी ऐ। ओह वड्डा बहादुर है ते मेरे नाल कुश्ती लड़े।'[१] और दादा ने अपनी आस्तीनें चढ़ायीं।

'वो आपके चरण छूएँगे या आप से कुश्ती लड़ेंगे ?' हेडमास्टर ने बड़े संयम और टैक्ट से दादा को शान्त किया, 'वो काम से होस्टल चले गये हैं, वरना मैं अभी बुलवा कर उनसे माफ़ी मँगवाता। अब आप घर जाइए। आपके बच्चे को अब कोई कुछ नहीं कहेगा।'

और उन्होंने मास्टर हरिराम से कहा कि वे दादा को छोड़ आयें। और वे चेतन को साथ लिये हुए वापस हॉल में आ गये। तभी उन्होंने चेतन से घटना का ब्योरा जाना। चेतन ने उन गालियों समेत, जो भूतना ने दी थीं, सारी घटना कह सुनायी और उस मार का ज़िक्र

---

१. लेकिन मैं ज़रा उस मास्टर को देखना चाहता हूँ, जिसने इस छोटे-से बीमार बच्चे को पीट कर अपनी बहादुरी दिखायी है। इतना बड़ा बहादुर है तो मेरे साथ कुश्ती लड़े।

करते-करते वह रो पड़ा। दिल-ही-दिल में उसे डर था कि अब, जब उसके दादा चले गये हैं, हेडमास्टर उसे सज़ा देंगे।

लेकिन हेड मास्टर ने उसे तसल्ली दी। उसे आश्वासन दिया कि अब कभी ऐसा नहीं होगा और उसे आदेश दिया कि कभी फिर ऐसी बात हो तो घर जाने के बदले वह उनके पास आये और उसकी पीठ थपथपा कर उन्होंने उसे वापस क्लास में भेज दिया।

०

रात जब वे सब खाने-पीने के बाद छत पर अपनी-अपनी चारपाइयों पर जा लेटे थे, दादा ने बड़े गर्व से हेडमास्टर से अपनी झोड़ का किस्सा सुनाया था कि कैसे उनकी बात सुन कर हेडमास्टर का रंग फ़क हो गया और उसके हाथों के तोते उड़ गये। 'ओह ताँ हरिया मास्टर ओथे आ गया ते ओहने मेरे पैर फड़ लये,' चेतन के दादा ने कहा, 'नहीं ताँ मैं ओस हेड मास्टर दी सारी हेडमास्टरी कड्ड सुट्टनी सी। मेरे सामने ताँ ओसने भूतने नूँ बुलाण लई मुण्डा भेजेया सी, पर भैंडीयाह्वा नट्ठ गया होणा ऐ।[१]

यद्यपि चेतन के पिता तो हर वाक्य के साथ कुफ्र-तोड़ गाली देते थे और उन्हें नयी-से-नयी गालियाँ ईजाद करने का गर्व था, पर चेतन के दादा सिर्फ़ यही एक गाली देते थे। यह गाली उनका तकिया कलाम बन गयी थी और कई बार वे दूसरों के साथ बेध्यानी में अपने को भी गाली दे लेते थे। और यद्यपि माँ को पुरुषों का गाली देना अत्यन्त बुरा लगता था, लेकिन चेतन को अपने दादा के मुँह में यह गाली बड़ी अच्छी लगती थी और नितान्त अकेले में वह होंटों-ही-होंटों में इसे दोहरा भी लिया करता था।

'अव्वल ताँ ओह भैण्डीयाह्वा हुण तैन्नूँ कुछ कहेगा नहीं, पर जे कदीं ओह फेर तैन्नूँ बेकसूर मारे तो मैंन्नूँ दस्सीं। मैं ओसनूँ हमेशा लई सिद्धा कर देयाँगा।'[२]

लेकिन चेतन को फिर कभी अपने दादा को कष्ट देने की ज़रूरत नहीं पड़ी, क्योंकि न केवल उसे भूतना ने, वरन किसी दूसरे अध्यापक ने भी मैट्रिक तक फिर कभी कुछ नहीं कहा। और चूँकि भूतना की मार का डर उसे न रहा था, इसलिए उसने स्कूल से ग़ैर हाज़िर रहना भी छोड़ दिया और वह आठवीं का दुस्तर नद पार भी कर गया। मैट्रिक तक तो उसने रेखा-गणित की सहायता से किसी तरह परीक्षाएँ पास कीं। कॉलेज में पहुँचा तो उसने गणित को सदा के लिए नमस्कार कर दिया, बल्कि किसी अन्य विषय के सम्बन्ध में उसने सुना कि उसमें गणित की ज़रूरत पड़ती है तो उसके निकट भी वह नहीं फटका।

---

१. वह तो हरिराम मास्टर वहाँ आ गया और उसने मेरे पैर पकड़ लिये, वरना मैं उस हेडमास्टर की सारी हेडमास्टरी निकाल देता। उसने भूतना को बुलाने के लिये लड़के को भेजा था, पर वह बहन के साथ ज़िना करने वाला भाग गया होगा।

२. अव्वल तो वह अपनी बहन के साथ ज़िना करने वाला अब तुझे कुछ कहेगा नहीं, पर यदि वह फिर कभी तुझे बेक़सूर पीटे तो मुझे बताना। मैं उसे हमेशा के लिए सीधा कर दूँगा।

सोलह

जाने किधर से हलकी ठण्डी हवा चलने लगी थी। चेतन की आँखों में नींद उतर आयी। झूठ-सच, भूतना और दादा, बचपन और लड़कपन —सब कुछ उसके दिमाग से लुप्त हो गया। लेकिन तभी सहसा ज़ोर की खड़खड़ाहट होने लगी। एक बार उसने करवट बदली। जब लगातार थोड़े-थोड़े अन्तराल के बाद ज़ोर का खड़ाका और फिर बेपनाह खड़खड़ाहट होती रही तो उसने ऐसे आँखें खोल दीं, जैसे वह रात भर सो कर उठा हो। गर्मियों की भोर का धुँधलका आसमान में फैल रहा था और चाहे सड़क की बत्तियाँ अभी जल रही थीं, पर मकानों के ख़ाके साफ़ दिखायी देने लगे थे। दायीं ओर टाल के सामने बाँसों के गट्ठों से ऊपर तक लदी दो-तीन बैलगाड़ियाँ आ खड़ी हुई थीं। मज़दूर उन पर चढ़े हुए थे और वहीं से एक-एक गट्ठा दोनों ओर से थाम और ज़रा झुला कर बाँसों के ढेर पर फेंक रहे थे। गट्ठा खड़ाक से गिरता और नीचे पड़े बाँसों को खड़खड़ाता चला जाता। कभी वह गिरते ही खुल जाता और बाँस भयानक शोर करते हुए छितर जाते। इस खड़खड़ाहट में सो पाना उसके लिए असम्भव था। वह उठ कर बैठ गया। उसने अपने भाई की चारपाई की तरफ़ निगाह डाली। वे विसुध सोये हुए थे। यद्यपि वे प्रातः उठने के आदी थे, पर चेतन जानता था कि पाँच बजे से पहले सड़क पर यदि ढोल भी बजने लगें तो उनकी नींद में ख़लल नहीं आयेगा और ठीक पाँच बजे वे अपने आप उठ जायेंगे।.... चेतन को अपने भाई से ईर्ष्या हो आयी। काश, वह भी उनकी तरह निश्चिन्त सो सकता! बैठे-बैठे उसने ज़ोर की अँगड़ाई ली। तभी सड़क की ओर से धूल का बादल आया। कमेटी के भंगी सड़क साफ़ कर रहे थे। चेतन उछल कर उठा। उसने बिस्तर गोल किया। भाई साहब के सिरहाने के नीचे से चाबी उठायी। तभी उसकी दृष्टि उनकी कमर पर गयी। उनका तहमद खुल गया था। वैसे ही कन्धे पर बिस्तर उठाये-उठाये, चाबी वाले हाथ से उसने उसे ठीक कर दिया। फिर घर के अन्दर आ कर उसने बिस्तर कुर्सी पर रखा। जा कर चारपाई उठा लाया। उसे कमरे की बायीं दीवार के साथ सटा कर लगाया और उस पर बिस्तर बिछा दिया। फिर वह सुराही उठा लाया और रसोई-घर का ताला खोल, उसने उसे यथास्थान रखा। ऊपर की मंज़िल पर लोग जग गये थे। वह पानी का लोटा ले कर तीसरी मंज़िल पर गया। शौचादि से निबट कर उसने तहमद बाँधा और कमीज़ पहनने के बदले उसकी दोनों बाँहें गले में लपेटे, वह घर से निकल गया। मन-ही-मन उसने तय किया कि वह निस्बत रोड से होता हुआ, धुर शिमला पहाड़ी तक जायेगा ताकि लौटते-लौटते उसका शरीर थक जाये। तब ग्वालमण्डी के चौरस्ते से दो पेड़े डलवा कर लस्सी का बड़ा गिलास पियेगा और आ कर सो जायेगा और एक बजे तक सोता रहेगा।

०

मेयो हस्पताल के चौरस्ते से जब चेतन निस्बत रोड की तरफ़ मुड़ा तो उसके मन में सारी-की-सारी घटनाएँ फिर एक बार घूम गयीं। उसके दिमाग़ ने फिर रात का छोड़ा हुआ तार पकड़ लिया और झूठ-सच की समस्या में उलझ गया। यह उद्घाटन उसे काफ़ी विक्षुब्ध कर गया था कि वह चौथी कक्षा ही से झूठ बोलता रहा है। और वह समझता था कि आज़ाद लाला के सामने उसने सहसा पहली बार झूठ बोला था।....बायीं ओर के

फ़ुटपाथ पर चलते-चलते सुबह की ठण्डी हवा और (आसमान पर छायी हुई धूल के बावजूद) खिली फ़िज़ा से बेख़बर वह उसी साँप के पीछे लड़कपन से भी दूर —अपने बचपन की अँधेरी गुफाओं में चला गया और उसने पाया कि झूठ तो शायद वह तभी से बोल रहा है, जब से उसने होश सँभाला है। वही नहीं, उसकी माँ भी पिता की क्रूरता से उसे बचाने के लिए झूठ बोल देती थी।....वह पाँच-सात वर्ष का रहा होगा, जब सैला ख़ुर्द के स्टेशन पर पिता उसे अंग्रेज़ी पढ़ाने लगे थे। उन्होंने ज़बानी ही उसे सारी प्राइमर कण्ठस्थ करा दी थी। चूँकि वे ज़रा-सी ग़लती पर बेतरह पीटते थे, इसलिए उसकी माँ ने अंग्रेज़ी की प्राइमर स्वयं पढ़ ली थी और जो पाठ उसके पिता रात को उसे सिखाते, वह दिन को उसे याद करा देती। वे शाम की अन्तिम गाड़ी रवाना कर के घर आते थे; प्रायः स्टेशन ही से पी आते थे और खाना खाते हुए उसे पढ़ाते। शुरू-शुरू में चेतन को ज़्यादा कठिनाई नहीं हुई। उसकी स्मरण शक्ति बचपन से ही बहुत अच्छी थी, लेकिन जल्दी ही वे उसे अंग्रेज़ी में वाक्य रचना सिखाने लगे। वे एक वाक्य बोल देते और उसकी अंग्रेज़ी बनाने को कहते। हर बार वाक्य में कुछ-न-कुछ बढ़ा देते।

राम जाता है।

राम स्कूल को जाता है।

राम श्याम के साथ स्कूल को जाता है।

राम चार पैसे ले कर श्याम के साथ स्कूल को जाता है।

और ऐसे में एक दिन जब उससे ग़लती हो गयी, उन्होंने उसे बुरी तरह पीट दिया।

दूसरे दिन माँ ने उसे शाम ही को खिला-पिला कर उनके आने से पहले ही सुला दिया। जब वे अन्तिम गाड़ी रवाना करके आये और उन्होंने चेतन के बारे में पूछा तो माँ ने कहा कि वह सो गया है।

रज़ाई के अन्दर आँखें पूरी तरह खोले सिर से पैर तक कान बना, चेतन भय के कारण सिमटा हुआ सुन रहा था। अपने पिता की प्रतिक्रिया जानने को उत्सुक, उसका नन्हा-सा दिल बे-तरह धड़क रहा था —यह सोच कर कि कहीं वे उसकी रज़ाई उठा कर उसे जागते हुए न पा लें और कान पकड़ कर उसे उठा न दें और फिर कल का पढ़ाया पाठ पूछने न लगें, उसने झूठ-मूठ ज़ोर से आँखें बन्द कर ली थीं।

लेकिन सौभाग्य से उसके पिता ने रज़ाई न उठायी थी और वह कुछ क्षण कमरे की हर गतिविधि का पता कानों के माध्यम से लेता हुआ अन्त में सो गया था।....

चेतन को याद आया कि जब उस दिन के अनुभव से लाभ उठा कर वह कई दिन तक ऐसे ही पिता के आने से पहले सोता रहा था तो एक रात, जब वे कुछ ज़्यादा पिये हुए लौटे थे, उन्होंने भद्दी-सी गाली देते हुए माँ को डाँटा था कि वह क्यों उसे उनके आने से पहले सोने देती है और उन्होंने उसकी रज़ाई उलट दी थी, कान पकड़ कर उसे उठा दिया था और उसे अपनी अंग्रेज़ी की प्राइमर लाने के लिए कहा था और जब वह प्राइमर ले कर काँपता-काँपता चारपाई के पास आ खड़ा हुआ था तो वे उससे प्रश्न करने लगे थे।

उस दिन उसके पिता देर से घर आये थे। चेतन सचमुच सो गया था। पिता ने क्या प्रश्न पूछा, उसके निद्रालस मस्तिस्क ने ग्रहण नहीं किया। उसने जो उत्तर दिया, वह ग़लत

था। उसके पिता ने दूसरी बार क्रोध से प्रश्न दोहराया तो यद्यपि उसने ग़लती सुधार ली, पर पहली बार ही ठीक उत्तर क्यों नहीं दिया, इस कारण पिता ने दन् से एक थप्पड़ उसके जड़ दिया था —इतने ज़ोर से कि वह धरती पर गिर गया था....फिर तो उसे इतना याद है कि पिता उससे प्रश्न पूछते रहे थे और वही सब, जो वह अपनी माँ को कई बार सुना चुका था, उसे भूलता रहा था और उसके पिता उसे पीटते रहे थे —उसी रात नहीं, उसके बाद की दो रातों तक। तीसरी रात उन्होंने उसे इतना पीटा था कि उसका पायजामा दोनों तरफ़ से गीला हो गया था और न केवल माँ उसे बचाने में पिट गयी थी, वरन परदादी गंगादेई भी और उसके बाद जो वह बीमार पड़ा था तो महीनों तक न उठा था।

उन भयानक रातों की याद आने पर अपने उस बालक रूप के लिए चेतन का हृदय अपार दया और करुणा से भर आया। न जाने वे रातें उसकी याद को कितनी बार घायल कर चुकी थीं और कितनी बार वह उनके बारे में सोच चुका था —तब यदि उस क्रूर पिता अथवा भूतनाथ ऐसे कसाई अध्यापक की मार से बचने के लिए वह झूठ बोलता रहा तो उसका क्या दोष था ? चेतन ने सोचा —उन झूठों पर यदि किसी को ग्लानि होनी चाहिए थी तो उसे नहीं, वरन उसके क्रूर पिता अथवा उसके निर्दयी अध्यापक को अथवा उस धर्म-व्यवस्था को, जिसमें ऐसे कसाई पनपते हैं और जो सत्य बोलने का उपदेश देते हुए झूठ बोलने को बाध्य करते हैं। उसके पिता सच बोलते थे। अपने तमाम पाप उसकी माँ के सामने स्वीकार कर लेते थे —इसीलिए न कि वह पतिव्रता कोई विरोध न कर सकती थी और उन्हें दण्ड पाने का भय न होता था। और यदि आज़ाद लाला के सामने उसके मुँह से झूठ निकल गया तो क्या उसी को ग्लानि होनी चाहिए —उस मालिक को अथवा उसके समर्थक को नहीं, जो अपने पत्र की इमारत एक उतने बड़े झूठ और कर्मचारियों के घोर शोषण पर खड़ी किये हुए था —हर पिता, हर अध्यापक, हर मालिक सत्य बोलने का उपदेश देता है —शास्त्रों में लिखा है —सत्यमेव जयते —सत्य की जय होती है —कहाँ ? चेतन को उत्तर नहीं मिला —किस सत्य की जय होती है ? विजेता अपने पक्ष को सत्य का पक्ष बना लेते हैं....चेतन का दिमाग़ चकरा गया....उसने एक ही दिन पहले नोटबुक में लिखा था कि अब कभी झूठ नहीं बोलेगा ताकि उसे नदामत न उठानी पड़े.... लेकिन उस व्यवस्था में वह कैसे झूठ नहीं बोलेगा ? हाँ, यह हो सकता है कि झूठ बोलने से पहले वह इस बात की सावधानी बरत ले कि उसका झूठ पकड़ा न जाये और उसे ग्लानि न उठानी पड़े।

चेतन मुश्किल से मैक्लोड रोड के चौरस्ते तक पहुँचा था कि सहसा रुक गया। घर से चला था तो उसने सोचा था कि वह शिमला पहाड़ी तक जायेगा, पर जैसे ही उसकी सोच का मार्ग अवरुद्ध हुआ, उसके पैर आगे नहीं बढ़े। वह वापस मुड़ा। उसने अपनी कापी में ग़लत प्रतिज्ञा लिखी थी। रात भर के अपने चिन्तन के फलस्वरूप उसे कुछ और लिखना चाहिए था। वह सच-झूठ की समस्या में उलझा, तेज़-तेज़ वापस आया। ग्वालमण्डी के चौरस्ते पर हलवाई की दुकान से उसने हाथ भर का लस्सी का गिलास पिया, लेकिन घर आ कर वह सोया नहीं। लेटने से पहले उसने फिर नोट-बुक निकाली। कुछ क्षण ईज़ी चेयर पर बैठा सोचता रहा, फिर उसने लिखा :

'सच बोलना आम आदमी के बस की बात नहीं।

'सच बोलना कमज़ोर आदमी के बस की बात भी नहीं।

'सच बोलने के लिए किसी शाहंशाह या डिक्टेटर की शक्ति चाहिए या फिर दुनिया को अँगूठे पर रख कर जंगल जा बसने वाले किसी संन्यासी या फ़कीर की फक्कड़ई।

कबिरा खड़ा बाज़ार में लिये लुकाठी हाथ
जो घर फूँके आपना चले हमारे साथ

'चले हमारे साथ —कहाँ ? —सच के रास्ते पर! लेकिन उस राह पर चलने के लिए घर फूँकना ज़रूरी है।'

और चेतन ने आगे लिखा :

'मैं न शाहंशाह बन सकता हूँ, न डिक्टेटर। फ़कीरी मुझे पसन्द नहीं, न संन्यासी बनने की तरफ़ मेरा झुकाव है, क्योंकि जहाँ तक ख़ुदग़रज़ी का ताल्लुक है, संन्यासी किसी तानाशाह से कम नहीं, मैं सिर्फ़ अपनी अना की तस्कीन[1] के लिए सारे जग से ऊपर उठ कर जंगल की गहरी गुफा या पहाड़ की कन्दरा में डेरा नहीं जमा सकता —इस पर भी मुझे झूठ से सख़्त नफ़रत है। उस नदामत की वजह से नहीं, जो झूठ के खुल जाने से उठानी पड़ती है, बल्कि इस कारण कि झूठ मुझे छोटा कर जाता है, वह मेरा सुभाव नहीं है। बच्चा सब कुछ सच-सच कह देता है, जब तक कि माता अथवा पिता का डर उसे झूठ बोलना नहीं सिखाता। झूठ मुझे अपनी बेबसी का एहसास दिलाता है, बताता है कि मैं कितना कमज़ोर और लाचार हूँ, कि ज़रा-ज़रा-सी बात के लिए झूठ मेरे होंटों पर आ जाता है। दुनिया में सच का नहीं, झूठ का राज है और इसीलिए आदमी की रूह बग़ावत करती है। सच कहने के लिए छटपटाती है। साईं बुल्हे शाह ने कहा है :

झूठ आक्खाँ ते कुछ बचदा ऐ
सच आक्खाँ ते भांबड़ मचदा ऐ
दिल दोहाँ गलां तों जचदा ऐ
जच-जच के जिह्वा कहंदी ऐ
मुँह आयी बात न रहंदी ऐ

'जच-जच कर जबान इसीलिए कहती है कि यही वह कहना चाहती है। बिना रुके वह सच इसलिए नहीं कह सकती कि सीधे सच से शोले लपकते हैं और झूठ से बचाव होता है, लेकिन चूँकि इतने झूठ में आदमी की रुह घुटती है, इसलिए वह रुक-रुक कर सच कहता है और शायद यही 'सत्य की विजय' है —दुनिया की सारी बग़ावतें, सारे इन्कलाब सदियों से इकट्ठे होते झूठ को उखाड़ फेंकने के लिए ही बरपा होते हैं।

'क्या मैं दुनिया में दिन-रात झूठ बोलने वाला हकीर इन्सान बन कर रह जाऊँगा ? क्या झूठ से मुझे मुक्ति नहीं मिलेगी ? क्या मुझे आने वाले इन्कलाब का आसरा तकते रहना पड़ेगा ? दुनिया को तर्क करके जंगल में जा बसने अथवा

---

१. अहं के सन्तोष

दुनिया को लताड़ कर डिक्टेटर बन जाने के अलावा क्या दूसरा कोई रास्ता नहीं है ?

'ज़रूर होगा। मैं उस राह की खोज करूँगा। ऐसा काम अपनाऊँगा, जिसमें अपनी रोज़ी-रोटी के लिए मुझे झूठ न बोलना पड़े और मैं बेबस और लाचार हो कर न जिऊँ।'

o

अपने अव्यवस्थित विचारों को चेतन लगातार नोट-बुक में लिखता चला गया था। अपने नये निर्णय की अन्तिम पंक्ति लिख कर उसने सहसा कापी बन्द की। अपनी उलझन को काग़ज़ पर उँडेल कर वह एकदम हलका हो आया। गाढ़े मट्ठे के प्रभाव में उसकी आँखों पर गनूदगी छा रही थी। वह पिछले अँधेरे कमरे में गया। भाई साहब तैयार हो कर दुकान पर चले गये थे, वह उनके बिस्तर से तकिया ले कर वहीं ठण्डी खुर्री चारपाई पर लेट गया।

दूसरे ही क्षण उसके अंग शिथिल पड़ गये और वह गहरी नींद सो गया।

सत्रह

चेतन सुबह का सोया डेढ़ बजे उठा। टेबल पर रखे टाइम-पीस पर उसने निगाह डाली तो यह जान कर उसे सन्तोष हुआ कि वह पूरे पाँच घण्टे सोया रहा है। उसने कहीं पढ़ा था कि दिन के एक घण्टे की नींद रात के दो घण्टे की नींद के बराबर होती है। वह ख़ुश हुआ कि उसने सारे रतजगे की कसर निकाल ली है। तभी सहसा दायीं पसलियों पर उसे ज़ोर की खुजली हुई। उसने देखा, नंगी जिल्द पर चारपाई की बुनावट के निशान बन गये हैं — जाने वह कितनी देर एक ही करवट सोया रहा था — चारपाई का बाध जैसे अपनी सारी बुनावट समेत वहाँ नक्श हो गया था और जिल्द का रंग लाल हो आया था।.... धीरे-धीरे उस जगह को सहलाता हुआ वह बैठक में आया कि कपड़े उठा कर नहा आये। भूख उसे नहीं थी। यूँ भी लंच के पहले सो जाने पर हमेशा उसकी भूख मर जाती थी। तो भी थोड़ी-बहुत पेट-पूजा ज़रूरी थी। उसने खूँटी से तौलिया और बनियान उठायी। तभी उसकी दृष्टि मेज़ के कोने पर रखी नोट-बुक पर गयी। कन्धे पर तौलिया और बनियान डाले, वहीं मेज़ के कोने से लगा खड़ा वह सुबह का लिखा हुआ पढ़ने लगा। ख़त्म करते ही वह सहसा कुर्सी पर बैठ गया। उसने कलम उठाया और ज़रा-सी जगह छोड़ कर फिर लिखने लगा। शायद सो जाने के बावजूद उसका अवचेतन मन उसी समस्या में उलझा था :

'मैं जिस सच के पीछे पड़ा हूँ, वह बुनियादी सच नहीं है, शायद अज़ली[१] सच भी नहीं है। चाहे युधिष्ठिर ने अपनी फ़तह को सच की फ़तह कहा हो, पर 'सत्यमेव जयते' का हरगिज़ यह मतलब नहीं हो सक़ता। ये सारे दुनियावी

१. अनादि काल से चला आने वाला।

सच-झूठ रेलिटिव[1] हैं, इज़ाफ़ी हैं। एक फ़रीक[2] का सच दूसरे का झूठ होता है और जो हार जाता है, वह ज़रूरी नहीं कि हमेशा झूठा हो। जीत जाने वाले हमेशा हकीकत को अपना सच साबित करने के लिए तोड़-मरोड़ लेते हैं। शास्त्र जब कहते हैं —-सत्यमेव जयते —तो वो दुनियावी सच्चाइयों को ले कर कभी ऐसा नहीं कह सकते। उनका मतलब यकीनन ऐसे सच से होगा; जो बुनियादी है। जो बस सच है, जिसके मुकाबले में झूठ नहीं है, जिसकी कोई रेलिटिविटी[3] नहीं है।

'तब बुनियादी सच क्या है ? मौत ? हाँ मौत एक बुनियादी सच्चाई है। लेकिन मौत की कोई इज़ाफ़त[4] नहीं है, शायद ऐसा न कहा जा सके। ऐसी मौत भी हो सकती है, जो ज़िन्दगी से बेहतर हो।....तब ज़िन्दगी ? हाँ ज़िन्दगी भी एक बुनियादी सच्चाई है। किसी ने लिखा है कि मौत के तन पर ही सदा ज़िन्दगी के फूल खिलते हैं। लेकिन रेलिटिविटी ज़िन्दगी की भी है —ऐसी ज़िन्दगी, जो मौत से बदतर हो। अज़ली सच्चाई शायद इन दोनों से परे होगी। जब न ज़िन्दगी थी, न मौत, तब क्या था ? और जब न ज़िन्दगी रहेगी, न मौत, तब क्या रहेगा ? जो था और जो रहेगा, उसे ब्रह्म कहा जाये या अज़ली शक्ति — या महज़ ख़ला[5] —वही ग़ैर-इज़ाफ़ी ख़ालिस सच है —बुनियादी, अज़ली, चिरन्तन — उसी की जय का ज़िक्र शास्त्रों ने किया होगा। वही सच है, बाकी सब झूठ है।'

o

चेतन ने नोट-बुक बन्द कर दी और नहाने चला गया। सुबह उसने सोचा था कि सोने के बाद वह दुकान जायेगा और भाई साहब के साथ खाना खायेगा, लेकिन बहुत देर हो गयी थी। वे उसकी प्रतीक्षा करके कब के खाना खा चुके होंगे। नहा कर और कपड़े बदल कर वह बाहर निकला। ग्वालमण्डी के एक ढाबे से उसने खाना खाया और पुरानी अनारकली की तरफ़ चल पड़ा।

भाई साहब दुकान पर नहीं थे। अपने शागिर्द गुप्ता के आसरे क्लिनिक छोड़ कर वे माल रोड पर दन्दानसाज़ी का सामान लेने गये हुए थे। चेतन पार्टीशन के बाहर वेटिंग रूम में बैठ गया। कुछ पत्रिकाएँ उसके नाम आयी हुई थीं। दैनिक 'ट्रिब्यून' तिपाई पर रखा हुआ था। गुप्ता ने उसके नाम जालन्धर से आया एक पत्र दिया। चन्दा का था। उसने लिखा था कि अब, जब चेतन की नौकरी लग गयी है, उसे मकान भी मिल गया है तो वह उसे बुला ले। वह अपनी पढ़ाई जारी रखना चाहती है।

चन्दा की लिखाई और अभिव्यक्ति बेहतर हो गयी थी। पढ़ाई के लिए उसकी लगन देख कर उसे ख़ुशी हुई। पत्र को जेब में रख कर वह उस दिन का अख़बार पढ़ने लगा। फिर उसने पत्रिकाएँ उलट-पलट कर देखीं। जब इस पर भी भाई साहब न आये और साढ़े चार बज गये तो चेतन उठा। उसने गुप्ता से कहा, 'भाई साहब से कहिएगा, दुकान से सीधे

---

१. सापेक्ष
२. पक्ष
३. सापेक्षता
४. सापेक्षता
५. शून्य

घर आयें, मैं उनकी प्रतीक्षा करूँगा।' और वह उठा, बाहर निकला और दुकान की सीढ़ियाँ उतर, पण्डित 'रत्न' की ओर चल दिया। उन्हें शीशमहल रोड से ले कर उनके साथ घूमता-घामता, उन्हें अनारकली में छोड़ कर वह सात बजे के करीब घर पहुँचा। थकन मिटाने के लिए नहा-धो कर तहमद लगाये, नंगे बदन वह ईज़ी चेयर पर आ बैठा और यूँ ही फिर नोट-बुक देखने लगा। दोपहर को उसने जो दो पैरे लिखे थे, उसके नीचे उसने फिर लिखना शुरू किया :

> 'यह बुनियादी सच और ऊपरी सच, वक्ती सच और दायमी सच — ये सब बहुत उलझा हुआ है और ज़िन्दगी और शास्त्रों का मेरा इल्म बहुत थोड़ा है। इस तरह सोचने से मैं किसी पक्के नतीजे पर नहीं पहुँच सकता....अभी मुझे इस चक्कर में न पड़ कर वक्ती हकीकत — याने अपनी ज़िन्दगी की मौजूदा कशमकश —से ही जूझना होगा। दिन के ख़ाली समय को ऐसे फ़ायदेमन्द काम में लगाना होगा, जिससे मैं ज़िन्दगी की मुसीबतों से लड़ता हुआ इनमें से रास्ता बना सकूँ और आख़िरकार ऐसा काम अपना सकूँ, जिसे मैं अपने दिल-दिमाग़ की सारी ताकत और ज़िन्दगी के सारे सपने दे सकूँ। जरनलिज़्म से तीस-चालीस, पचास-सौ या पाँच सौ कमा लेना महज़ मेरी ज़िन्दगी का मकसद नहीं हो सकता।'

नोट-बुक को बन्द करके चेतन ईज़ी चेयर पर पीछे को लेट गया। उसे लगा कि वह बहुत सोचता है। और प्रायः बेकार सोचता है। वह अत्यधिक भावप्रवण है और ऐसी अतिशय भावप्रवणता को ले कर वह कैसे दुनिया में रास्ता बना पायेगा ? कदम-कदम पर उसे घाव लगेंगे, ख़राशें आयेंगी। उसका वक्त बेकार की सोच में नष्ट होगा। आज़ाद लाला की एक ज़रा-सी बात उसका चैन और नींद हराम कर गयी। जाने ज़िन्दगी में उसे कितनी ही ऐसी बातों का सामना करना होगा। लेकिन जो भी हो, वह ऐसा निरर्थक झूठ फिर नहीं बोलेगा और इस सारे छल-प्रपंच में रास्ता बनायेगा।....अब, जब उसे नौकरी मिल गयी है। मकान की समस्या हल हो गयी है, आज़ाद लाला का एहसान नहीं लेना पड़ा और पण्डित शाहीं-ऐसे मिडियाकर के अधीन काम नहीं करना पड़ा, उसे इस सारे प्रसंग को भुला देना चाहिए। उसे अपनी पत्नी को लाहौर बुला लेना और 'प्रभाकर' में प्रवेश दिला देना चाहिए। सितार और दिलरुबा वह शिमला से ले आया है। उसे चन्दा को किसी संगीत विद्यालय में दाख़िल करा के, उसे पूरी तरह सुशिक्षित और सुसंस्कृत बनाना चाहिए और स्वयं दिन का ख़ाली वक्त साहित्य-सृजन में लगाना चाहिए — यही मार्ग है, जिस पर चल कर वह पत्रकारिता के इस बीहड़ जंगल से निकल सकता है। उसकी पत्नी बी० ए० कर लेगी, उस पर बोझ बनने के बदले उसका हाथ बँटायेगी और वह साहित्य के कला-शिल्प पर अधिकार पा कर सुन्दर कहानियाँ, कविताएँ और उपन्यास लिखेगा — वह ज़िन्दगी कितनी दिलचस्प, कितनी सुखद, कितनी सोद्देश्य और जीने योग्य होगी — वह दिन-दिन भर लिखेगा और क्षण भर को भी नहीं ऊबेगा।

०

भविष्य के सपनों में विचरता हुआ वह यूँ ही नोट-बुक के पिछले पृष्ठ बे-पढ़े पलटता रहा। सहसा एक पृष्ठ पर उसकी निगाहें टिक गयीं। वह पढ़ने लगा :

o

'कल रात जालन्धर गया था। चन्दा ने न कोई सवाल किया, न एतराज़, चुपचाप अपने दोनों भारी गहने ला कर मेरे हाथ पर रख दिये।....और मैं गाड़ी में बैठा, लाहौर से जालन्धर तक न जाने कितने सवाल-जवाब दोहराता गया था ?....चन्दा की बात सोचता हूँ तो अचानक भाभी की सूरत आँखों में घूम जाती है — उसी की तरह दो-दो रुपये के लिए लड़-मरने वालियों की सूरत आँखों में घूम जाती है....जाने चन्दा ने किस माँ का दूध पिया है! दुनिया की ज़रा-सा हवा भी उसे नहीं लगी। अंग्रेज़ी से शब्द उधार लूँ तो कहना चाहता हूँ : शी इज़ ए ट्रेज़र — शी इज़ ए प्राइसलेस ट्रेज़र (treasure)!'....

o

नोट-बुक पढ़ते-पढ़ते चेतन उस नीम-अँधेरे कमरे को भूल गय.। बाहर गली में बेपनाह शोर मचाते बच्चों को भूल गया। बाहर बाँसों के टाल से आती हुई कर्कश ध्वनि को भूल गया — भूल गया कि उसे भूख लग आयी है और कुछ ही क्षण पहले उसने सोचा था, घर बैठ कर भाई साहब की प्रतीक्षा करने से बेहतर है कि वह भाई साहब की दुकान पर जाये और उन्हें ले कर वहीं सिन्धी होटल में खाना खाये।....वहीं अपने कमरे के नीम-अँधेरे में बैठा-बैठा वह कुछ ही महीने पहले की उस घटना में खो गया, जब शिमला जाने से पहले, सहसा वह एक रात जालन्धर गया था।....

o

तब 'बन्दे मातरम' में काम करते हुए उसे साल के लगभग हो गया था और वे अभी चंगड़ मुहल्ले में ही रहते थे। चन्दा को माँ जालन्धर ले गयी थी और भाई साहब ने भाभी को लाहौर बुला लिया था। चेतन का आम दस्तूर था कि वह भाई साहब के आने की प्रतीक्षा करता। दोनों इकट्ठे खाना खाते। फिर चेतन सवा नौ के करीब दुकान की चाबी ले कर दफ़्तर चला जाता। चन्दा होती तो वह आवाज़ देता था और वह उठ कर किवाड़ खोलती, पर भाई साहब को रात डेढ़-दो बजे उठ कर दरवाज़ा खोलना नापसन्द था, इसलिए चेतन दुकान पर सोता था....उस शाम भाई साहब को दुकान से आने में देर हो गयी थी और चेतन ने भाभी से कहा था कि वह उसे खाना परस दे। वह खाना खा रहा था कि भाई साहब आ गये थे। दुकान की चाबी उन्होंने उसकी ओर फेंक दी थी और अन्दर जा कर कपड़े बदलने की बजाय वहीं खड़े-खड़े कपड़े बदलने लगे थे।

खाना खाते-खाते चाबी उठा कर चेतन ने जेब में रख ली थी तो वहीं कपड़े बदलते हुए भाई साहब ने सोल्लास बताया कि आज उनकी दुकान पर डी० टी० एस० आया था।

'डी० टी० एस० !' चेतन के हाथ का ग्रास होंटों के पास ही रुक गया था — डी० टी० एस० — याने डिवीज़नल ट्रैफ़िक सुपरिण्टेण्डेण्ट — चेतन के पिता के टी० आई० और ए० टी० एस० आदि अफ़सरों का भी अफ़सर!....

'हाँ!' भाई साहब की पतलून धरती पर ढेर पड़ी थी। उनकी पतली-पतली लम्बी टाँगों पर बाल ख़ासे भद्दे लग रहे थे, लेकिन पतलून में से पैर निकाल कर उसे उठाना और तहमद लगाना वे भूल गये थे और वैसे ही खड़े-खड़े बेध्यानी में टाई की गिरह खोलने

लगे थे। 'रिटायर्ड डी० टी० एस०!' उन्होंने कहा।

'यूँ ही पूछने आया था या कुछ काम भी करा गया है ?'

'दाँत बनवा रहा है। आज ही मैंने इम्प्रेशन लिया है।'

'अब और क्या चाहिए!' चेतन ने सोल्लास कहा था, 'आप तो यूँ ही घबराने लगते हैं। मैंने आपसे कहा था न, कि जल्द ही बड़े-बड़े अफ़सर आपके यहाँ आने लगेंगे।'

भाई साहब ने पतलून से पैर निकाल कर उसे धरती से उठाया और जा कर उसे खूँटी पर केंचुल-सा लटका दिया था और वहाँ से तहमद उठा कर उसे कमर के गिर्द लपेटते हुए उदास भाव से बोले थे, 'अफ़सर तो आने लगेंगे, लेकिन....'

लेकिन क्या ? —इसकी उन्होंने व्याख्या नहीं की। लम्बी साँस भर कर चुप हो गये थे और हाथ-मुँह धो कर उसके पास ही बिछे टाट पर आ बैठे थे।

तब चेतन ने वही प्रश्न दोहराया था।

'कुछ नहीं,' भाई साहब जैसे कुएँ में से बोले थे, 'वह डी० टी० एस० जब इम्प्रेशन देने को कुर्सी पर बैठा और मैंने साँचे में मोम भर कर उसके ऊपर के दाँतों का इम्प्रेशन लिया तो उसने कहा, 'यहा कुर्सी कैसी है ? लगता है, जैसे मुझे फाँसी लग रही है।'....कुछ क्षण भाई साहब चुप रहे थे, फिर उन्होंने कहा था, 'आज पहली बार मुझे लगा कि मेरे पास इस सेकेण्ड हैण्ड पुरानी देसी कुर्सी के बदले नयी विलायती डेण्टल चेयर होनी चाहिए!'....

सहसा चेतन उठा खड़ा हुआ था। भाभी उसकी थाली में एक फुल्का और रखने जा रही थी, पर चेतन ने मना कर दिया था। वह नाली पर कुल्ला करके वहीं घूमने लगा था।....कई बार उसके मन में ख़याल आया था कि भाई साहब की दुकान में नयी कुर्सी होनी चाहिए, पर वह हमेशा यह सोच कर इस विचार को दिमाग से निकाल देता था कि उनकी प्रैक्टिस कुछ चल जाये तब नयी डेण्टल चेयर ख़रीदने की बात सोची जायेगी। भाई साहब के प्रोत्साहनार्थ उसने जो भी कहा हो, पर उसने सपने में भी यह न सोचा था कि यह समस्या उसके सामने हठात यूँ आ खड़ी होगी —मन-ही-मन उसे गर्व हुआ। उनकी दुकान चलाने के लिए उसने जो प्रचार किया था, आख़िर वह रंग ला रहा था। उनके यहाँ बड़े-बड़े अफ़सर आने लगे थे। अब तो जैसे भी हो, डेण्टल चेयर का प्रबन्ध करना चाहिए।....सहसा उसने पूछा :

'नयी डेण्टल चेयर कितने को आयेगी भाई साहब ?'

'ढाई सौ रुपये में!'

'अगर ढाई सौ रुपये का प्रबन्ध हो जाये तो आपका काम चल जायेगा ?'

'डेण्टल चेयर आयेगी तो डेण्टल इंजन न आयेगा ?' भाई साहब ने कहा, 'फिर कुछ दूसरा सामान भी तो चाहिए।'

'कितने में यह सब हो जायेगा ?'

'सौ रुपये तो इस सब के लिए और चाहिएँ।'

चेतन फिर कमरे में घूमने लगा। भाई साहब चुपचाप खाना खाने लगे।

'ठीक है,' उनके पास क्षण भर को रुक कर उसने कहा, 'दो-एक दिन में मैं प्रबन्ध कर दूँगा। आप फ़िक्र न कीजिए।'

और वह कमरे से निकल गया। आध घण्टे बाद वह घर वापस आया। भाई साहब सोने की तैयारी कर रहे थे। उन्होंने कुण्डी खोली तो चेतन ने दुकान की चाबी उनके हाथ पर रख दी।

'मैं इसी गाड़ी से जालन्धर जा रहा हूँ।'

'दफ़्तर.... ?'

'दफ़्तर से मैंने आज रात की छुट्टी ले ली है। कल मैं वापस पहुँच जाऊँगा।'

और वह पलट कर तेज़-तेज़ चल दिया था।

०

भाई साहब ने न उसे रोका, न उससे कुछ पूछा। उन्हें पूरा विश्वास था कि जब उसने डेण्टल चेयर का प्रबन्ध करने को कहा है तो वह ज़रूर कर देगा।

०

घास मण्डी से ताँगा ले कर चेतन स्टेशन पहुँचा था। नौ बजे की गाड़ी कब की निकल गयी थी, लेकिन दस बजे वाली मेल पकड़ने में वह सफल हो गया था। उसे मुश्किल से खड़े होने भर को जगह मिली थी। लेकिन वह इस भीड़ का या इस तरह खड़े-खड़े जालन्धर पहुँचने का आदी था। प्रायः (जब चन्दा जालन्धर होती) वह महीने में एक बार शनि की रात दस बजे वाली गाड़ी पकड़ता, एक-डेढ़ बजे रात जालन्धर पहुँचता, इतवार को घर रहता और सोमवार तड़के फ्रंण्टियर मेल पकड़ कर समय से दफ़्तर पहुँच जाया करता। घर जाने की जल्दी उसे भीड़, उमस, गर्मी या लू —सब कुछ भुला देती।

उसके बड़े भाई की दुकान यद्यपि चल निकली थी, लेकिन उनके पास अच्छी डेण्टल चेयर न थी। दुकान शुरू करते समय उन्होंने ८० रु० की जो देसी कुर्सी ख़रीदी थी, वह न घूम सकती थी, न ऊपर-नीचे हो सकती थी और न उसकी पीठ को एकदम सीधा करके पायदान को उठा कर मरीज़ को (अचेत हो जाने की स्थिति में) उस पर लिटाया जा सकता था। उसमें न स्पिटून था, न स्लाइवा इंजेक्टर, न वॉटर सिरिंज —बस उसमें केवल टाँगे फैला कर बैठा जा सकता था। लेकिन चूँकि कुर्सी की पीठ आगे पीछे न हो सकती थी, इसलिए उसमें बैठने वाले की कमर में दर्द होने लगता था।....गाड़ी के डिब्बे में संडास वाली दीवार से पीठ लगाये चेतन अपने ध्यान में मग्न था —सहसा उसके सामने भाई साहब की बेढंगी, खुर्री, लम्बी, बेतुकी कुर्सी पर लेटा एक मोटा गंजा अफ़सर आ गया — भाई साहब स्टील के साँचे में गर्म-गर्म मोम भर कर हाथ को छुला कर, यह देखते हुए ज़्यादा गर्म तो नहीं, मरीज़ से कहते हैं कि सिर पीछे करके पूरा मुँह खोले। जब वह सिर पीछे लगा कर मुँह खोल देता है तो भाई साहब उसे और ज़्यादा मुँह खोलने का आदेश देते हैं। वह इतने ज़ोर से मुँह चियारता है कि उसके होठों के कोने दर्द करने लगते हैं। तब भाई साहब बायें हाथ के अँगूठे से उसका ऊपर का होंट उठा कर साँचे को दायें हाथ से दाँतों के नीचे रख कर पूरे ज़ोर से ऊपर को दबाते हैं —ताकि टूटे दाँतों का इम्प्रेशन मोम में आ जाये। डी० टी० एस० को लगता है जैसे उसकी गर्दन की हड्डी तड़क जायेगी — वह पैरों पर ज़ोर दे कर कमर और पुट्ठे उठा कर विरोध में चिल्लाना चाहता है, पर उसके कण्ठ से, भू-गर्भ में होने वाली भूचाल की गरगराहट जैसी कुछ आवाज़ निकल कर रह

जाती है। तभी भाई साहब सँभाल कर साँचे को नीचे खींच लेते हैं।....गाड़ी के डिब्बे की दीवार के सहारे खड़ा चेतन अपने-आप हँस पड़ता है। लेकिन वह दूसरे क्षण गम्भीर हो जाता है।....उसके मन में पहले भी कई बार भाई साहब को डेण्टल चेयर ले कर देने का ख़याल आया था। लेकिन उस शाम जब भाई साहब ने डी० टी० एस० वाली घटना सुनायी तो उसने तत्काल उन्हें डेण्टल चेयर ले कर देने का फ़ैसला कर लिया था —कैसे उसका प्रबन्ध करेगा, यह भी सोच लिया था।

वह डेढ़ बजे घर पहुँचा था। माँ से मिल कर वह ऊपर बरसाती में अपनी पत्नी के पास गया था। माँ, चेतन की आवाज़ पहचान कर, नीचे डेवढ़ी में आने से पहले, चन्दा को जगा गयी थी। चेतन ऊपर पहुँचा तो चन्दा बिस्तर पर बैठी उसकी प्रतीक्षा कर रही थी!

'मैं सिर्फ़ तुमसे मिलने आया हूँ —ज़रूरी काम से।' उसके पास बैठते ही चेतन ने कहा था, 'फ्रंण्टियर मेल से सुबह वापस चला जाऊँगा।'

'जी!'

'बात यह है,' अपनी बात जारी रखते हुए उसने कहा था, 'भाई साहब के पास डेण्टल चेयर नहीं है और अच्छी कुर्सी के बिना उनकी प्रैक्टिस नहीं चल सकती। मैंने उनका इतना प्रचार किया है कि अब उनके यहाँ बड़े-बड़े अफ़सर आने लगे हैं।' और उसने संक्षेप में डी० टी० एस० वाला किस्सा सुनाया और बोला, 'मैं चाहता हूँ कि भाई साहब फ़ौरन एक नयी डेण्टल चेयर ले लें। तुम ऐसे करो कि तुम्हें अपने मायके की ओर से जो गहने पड़े हैं उनमें से जो सबसे भारी गहना है, वह मुझे ला दो।'

'भारी तो रानी हार है। आठ तोले का होगा।' चन्दा ने तनिक भी प्रतिवाद किये अथवा कोई प्रश्न पूछे बिना भोलेपन से कहा।

'आठ नहीं, मुझे लगभग दस तोले सोना दरकार होगा!' चेतन ने कहा था, 'आजकल सोने का भाव पैंतीस-छत्तीस रुपये तोला है। दस हों तो लगभग तीन-साढ़े-तीन सौ मिल जायेंगे।'

'तो कानों के दो बुन्दे भी ले लीजिए। वो भी तो मेरी माँ ने डाले हैं।'

'जाओ, ला दो! मैं तड़के फ्रंण्टियर मेल से वापस चला जाऊँगा।'

और चन्दा ने बिना आवाज़ किये, धीरे से नीचे जा कर दोनों गहने चेतन को ला दिये थे। यह भी नहीं पूछा था कि आख़िर जेठानी के पास भी तो गहने हैं, उन्हे बेच कर भाई साहब क्यों नहीं कुर्सी ले लेते ?

चेतन का जी चाहा था —अपनी पत्नी को बाँहों में भर कर चूम ले। उसके सामने वह दृश्य घूम गया था, जब भाई साहब ने लाल बाज़ार के एक सर्राफ़ के यहाँ नौकरी की थी और पहले महीने का वेतन —पन्द्रह रुपये —वे लाये थे और घर में हंगामा हो गया था। उस दिन आटा ख़त्म हो गया था, माँ ने केवल दो रुपये माँगे थे और भाई साहब ने पहली तनख़्वाह लाने के ज़ोम में पत्नी को आदेश दिया था कि माँ को दो रुपये दे दे। पत्नी ने उनकी बात नहीं सुनी थी। माँ दालान में पीढ़े पर बैठी सूत अटेर रही थी। तब भाभी पास ही रखी मेज़ के कोने पर टाँगे नीचे लटकाये बैठ गयी थी और उसने माँ और भाई साहब को सुना कर वो पुराने गड़े मुर्दे उखाड़ने शुरू किये थे और ऐसी-ऐसी बातें कही

थीं, जो न सुनी जा सकती थीं, न सही जा सकती थीं। माँ रोने लगी थी। भाई साहब झट कोट पहन कर भीगी बिल्ली की तरह सीढ़ियाँ उतर गये थे और स्वयं चेतन का ख़ून खौल-खौल उठा था।....

इस बात के बावजूद कि शादी के बाद नीला चेतन के मन-मस्तिष्क पर छायी हुई थी, और चन्दा की सुस्ती और फूहड़ता के कारण वह अत्यन्त विक्षुब्ध रहता था, अपनी पत्नी की सरलता और अपने प्रति उसके अगाध विश्वास को देख कर चेतन अभिभूत रह गया था। हलके-से उसे बाँह में भर कर उसने कहा था, 'देखो चन्दी, अव्वल तो मैं भाई साहब से शर्त कर लूँगा कि दस रुपया महीना वे इस खाते में मुझे वापस करते जायें, पर जैसा मैं उन्हें जानता हूँ, हो सकता है, वे एक भी पाई न दें। लेकिन तुम फ़िक्र न करना। मैं जो हूँ। तुम्हें सोने में पीली कर दूँगा।'

'मैं कुछ कहती हूँ।' चन्दा ने बड़े ही अभिभूत भाव से सिर्फ़ इतना कहा था।

जाने उस स्वर में क्या था ? कैसा स्पर्श, कैसी प्यार-भरी सहलाहट कि चेतन ने बाँह को कस कर उसे अपने सीने से लगा लिया था....

उस गहरी निथरी झील में जी भर ग़ोता लगाने के बाद, जब वह उसके सुखद स्निग्ध किनारे लेटा हुआ ऊपर आकाश में मन्द होते सितारों को देख रहा था, चेतन को लगा था — वह कभी उस झील की थाह न पा सकेगा। उस अगाध स्नेह, उस अपार विश्वास को कभी न माप सकेगा.... तभी बरने पीर पर मुर्ग़ ने दूसरी बार बाँग दी थी। चेतन ने सारी रात चन्दा के वक्ष से लगे बातें करते गुज़ार दी थी। मुर्ग़ की बाँग के साथ ही वह उठ बैठा था और झट-पट निबट-नहा कर तैयार हो गया था। चलते समय उसने अपनी पत्नी को आदेश दिया था कि वह किसी से इस बात का ज़िक्र न करे। यदि माँ कभी पूछे तो कह दे कि दोनों गहने लाहौर ही में पड़े हैं।

चन्दा ने सिर की हल्की-सी जुम्बिश से स्वीकृति दी थी कि वह ऐसा ही करेगी और चेतन क्षणिक आवेश में उसे एक बार और बाँहों में भींच कर अलग हो गया था और लगभग भागता हुआ स्टेशन को चल दिया था। हरलाल पंसारी की दुकान के पास वह क्षण भर को रुका था। सैदाँ गेट से जाये या चौरस्ती अटारी से, ताँगा मिलने की कोई सम्भावना न थी, इसलिए वह चौरस्ती अटारी की ओर से लगभग भागता हुआ पंज पीर पहुँचा था। और वहाँ उसे अड्डा होशियारपुर से आने वाले एक ताँगे में जगह मिल गयी थी।

०

यद्यपि वह रात भर जागता रहा था तो भी अपनी सफलता पर वह बड़ा प्रसन्न था। लाहौर पहुँच कर वह स्टेशन से सीधा भाई साहब की दुकान पर पहुँचा था और दोनों ज़ेवर उसने भाई साहब के हाथ पर रख दिये थे। 'आप इन्हें बेच पर डेण्टल चेयर और औज़ार ले आइए।' उसने सोल्लास कहा था, 'मैं चन्दा से वही गहने लाया हूँ, जो उसके माता-पिता ने दहेज में दिये थे। कोई ऐसा गहना ले आता, जो इधर से पड़ा है तो माँ को पता चल जाता। और मैं यह नहीं चाहता। आप एक ही बार में तो इतना रुपया लौटा नहीं सकेंगे। धीरे-धीरे देते जाइएगा। मैं फिर उसे दोनों गहने बनवा दूँगा।'

और चेतन ने उन्हें समझाया कि वे दस रुपया महीना वापस करते जायें।

भाई साहब बड़े प्रसन्न हुए थे और परम उदारता से उन्होंने दस रुपया महीना देने का वादा कर लिया था। बाज़ार जा कर गहने बेचने में उन्हें बड़ी उलझन हुई। उन्होंने जा कर अपने पड़ोसी शीशों वाले बलराम के पिता से सलाह ली। वे उन्हें ले कर सर्राफ़े में गये। दो-तीन जगह उन गहनों का मोल डलवाया और स्वयं साढ़े तीन सौ रुपया दे कर दस तोले के दोनों गहने उन्होंने रख लिये और भाई साहब डेण्टल चेयर और इंजन ही नहीं, दूसरे औज़ार भी ले आये थे।

वहीं कृष्णा गली के अपने नये कमरे में बैठे-बैठे चेतन के सामने सारी घटना घूम गयी। भाई साहब ने अभी उसे एक पैसा भी वापस नहीं दिया था। जो पैसा उन्हें आता था, उससे वे और सामान ले आते थे, केवल खाने का ख़र्च वे करते थे और चेतन अपना वेतन भी उन्हें दे देता रहा था। शिमले से वह रुपये नहीं भेज सका था और वे नाराज़ हो गये थे। वह स्वार्थी होता तो साल भर पहले अपना कहानी संग्रह छपवा लेता। उन गहनों से, जो उसने भाई साहब को तब ला कर दिये थे उसके तीन संग्रह छप जाते। वह शिमला से वापस आया था तो चन्दा ने पूछा तक न था कि भाई साहब ने दस रुपया महीना देना शुरू किया या नहीं। चेतन जानता था कि वह कभी उससे नहीं पूछेगी....वहीं बैठे-बैठे उसने सोचा कि अब, जब उसकी नौकरी लग गयी है, वह चन्दा को बुला लेगा। 'हिन्दी रत्न' उसने पास कर लिया था, वह उसे 'हिन्दी भूषण', सम्भव हुआ तो 'प्रभाकर' में दाख़िल करा देगा। साथ ही वह उसे संगीत की शिक्षा दिलायेगा और वह 'प्रभाकर' पास कर गयी तो उसे तीन साल के अन्दर-अन्दर केवल अंग्रेज़ी में बी० ए० करा देगा। वह बी० ए० कर ले, तब कोई बात नहीं। भाई साहब अब अपना ख़र्च स्वयं करने लगे थे, वही रुपया, जो वह उन पर ख़र्च करता था, चन्दा की पढ़ाई पर ख़र्च करेगा। उसे योग्य बनायेगा। गहनों का क्या है। अव्वल तो भाई साहब रुपये देंगे, न भी देंगे तो वह स्वयं कमायेगा और उसे दो के बदले दस गहने बनवा देगा।....तभी उसने सोचा कि जब तक भाई साहब आते हैं, वह चन्दा के पत्र का उत्तर दे दे और उसे लिखे कि उसका पत्र मिल गया है, वह चली आये।

वह उठ कर बत्ती जलाने वाला था कि भाई साहब बैठक में दाख़िल हुए।

'क्या बात है, तुम अँधेरे में क्यों खड़े हो ?'

'बस, बत्ती जलाने ही जा रहा था।' चेतन ने कहा और बढ़ कर बत्ती जला दी।

भाई साहब ने जेब से एक चिट्ठी निकाल कर उसे दी।

चेतन ने पढ़ने की कोशिश की, पर न जाने कैसे कीड़े-मकोड़े-से काग़ज़ पर बने थे, उससे एक पंक्ति भी नहीं पढ़ी गयी।

'किसका है ?' उसने पूछा।

'बुआ का है।' भाई साहब ने कहा, 'श्रीरामपुर से आया है ?'

'बुआ....श्रीरामपुर....कौन बुआ!'

'अरे चम्पा की बुआ!'

'पर वे तो कपूरथला रहती थीं।'

'नहीं, आज कल वे अपने मायके श्रीरामपुर में हैं। तुम शिमला चले गये तो मैंने

चम्पा को वहीं भेज दिया था।'

और भाई साहब चुप हो गये।

'क्या लिखा है ?' चेतन ने पूछा।

'तुम्हारी भाभी बीमार है। शायद सर्दी-वर्दी खा गयी है। खाँसी-बुख़ार है। बुआ ने लिखा है कि श्रीरामपुर में इलाज की व्यवस्था नहीं। गाँव के वैद्य-हकीम की दवाओं से कुछ लाभ नहीं हुआ, उसे बुला लिया जाये।'

चेतन भूल गया कि वह चन्दा को पत्र लिखने जा रहा था।

'तो मैं ले आऊँ जा कर ?'

भाई साहब चुप रहे।

'कहाँ है श्रीरामपुर ?'

'मैं तो नहीं जानता। लाहौर से चालीस मील दूर है। एक फ़्लैग स्टेशन है। बुआ कपूरथला से अपने गाँव जाती हुई चम्पा को देखने आयी थीं। मैंने उन्हीं के साथ तुम्हारी भाभी को भेज दिया था।'

'ठीक है। मैं जा कर ले आऊँगा। ज़्यादा होगा, एक दिन की छुट्टी ले लूँगा। वहाँ गाँव में बीमारी बढ़ गयी तो बाद में मुश्किल होगी। झूठ और बीमारी को कभी बढ़ने नहीं देना चाहिए।' चेतन ने बिलकुल बुज़ुर्गों की तरह दादा से सुनी हुई कहावत दुहरा दी।

चेतन के भाई सन्तुष्ट हो गये। उन्होंने सिर्फ़ इतना कहा :

'इस ख़त पर बुआ का पूरा पता लिखा है। इसे सँभाल कर रख लो।' और दूसरी ही साँस में इतना और, 'मुझे आज दुकान बन्द करने में देर हो गयी। ऐन वक्त पर एक मरीज़ आ गया। तुम खाना खा आते।'

'नहीं, कोई बात नहीं।' चेतन ने कहा, 'चलिए, इकट्ठे खाते हैं।'

पत्र सँभाल कर उसने जेब में रख लिया और बाहर निकल कर बैठक का ताला लगा दिया।

⊠⊠⊠

खण्ड तीन

अठारह

मेयो हस्पताल के लम्बे-चौड़े बरामदे में जँगले से लगी एक बेंच चेतन पर बैठा था। उसके बराबर ही सिर पर दुपट्टा ओढ़े-लपेटे उसकी भाभी बैठी थी। सामने कमरे के दरवाज़े पर स्टूल रखे, बड़ी मुस्तैदी से चपरासी डटा था।

चेतन के पीछे जँगला था, फिर नीचे पक्की सड़क, उसके परे बहुत लम्बा-चौड़ा मख़मली घास का आयताकार लॉन, जिसमें ज़ीनिया, बालसम और कॉक्सकोम्ब की क्यारियाँ थीं और तारकोल के पीपों को बीच से काट कर बनाये गये गमलों में जामुनी, उन्नाबी और गुलाबी बिगनबेलिया के रंगारंग फूल अनायास ध्यान आकर्षित करते थे। लॉन को बीचों बीच काटती हुई सड़क मेयो रोड वाले गेट की तरफ़ गयी थी, जिसके दोनों बाज़ू चारदीवारी थी और परे हस्पताल के मेन गेट से घूम कर आने वाली ढालुवीं सड़क चारदीवारी के साथ-साथ नीला गुम्बद तक चली गयी थी।.... भाई साहब की दुकान को जाते अथवा वहाँ से आते हुए चेतन प्रायः रोज़ उस सड़क से गुज़रता हुआ नज़र अन्दर डालता था। उसे वह गेट, वह लॉन, उसमें खिले फूल और हस्पताल की बिल्डिंग, वह लम्बा बरामदा और उसमें मरीज़ों की भीड़ बहुत अच्छी लगती थी। लेकिन अब, जब से वह आया था, उसने एक बार भी पलट कर उधर नहीं देखा था।

हस्पताल का मेन गेट उसके घर के निकट ही हस्पताल रोड और 'रत्न' चन्द रोड के चौरस्ते, या कहा जाये कि पँचरस्ते, पर था। वहाँ हस्पताल रोड और 'रत्न' चन्द रोड आ कर मिलती थीं। रेलवे रोड और निस्बत रोड फूटती थीं और 'रत्न' चन्द रोड सीधी मेडिकल कॉलेज और फिर पटियाला हाउस के साथ होती हुई मैक्लोड को पार कर हॉल रोड में जा मिलती थी। उसी पर ज़रा आगे हस्पताल की चारदीवारी के साथ एक सड़क नीला गुम्बद को उतरती थी और मेयो रोड कहलाती थी। आउट डोर मरीज़ इधर ही से आते थे, क्योंकि सामने के बरामदे में बायीं ओर इंचार्ज डॉक्टर खन्ना का कमरा था। लेकिन चेतन इधर के गेट से नहीं, पँचरस्ते वाले मेन गेट से हो कर आया था और जब से आया था, बिना हिले-डुले कुछ अजीब-से तनाव में बैठा था। उसके मन की स्थिति उस वकील जैसी थी, जो अपने मुवक्किल के लिए सरतोड़ कोशिश करने के बावजूद यह जान गया हो कि वह उसे मृत्युदण्ड से न बचा सकेगा। इस पर भी एक अस्पष्ट-सी आशा से जज के आने की प्रतीक्षा कर रहा हो।....चेतन की निगाहें कभी चपरासी की निगाहों से जा मिलतीं और उसके चेहरे पर अनायास दयनीयता मिली मिस्कीनी उतर आती और कभी वे भाभी के चेहरे पर जा टिकतीं और उसके अन्तर की दया और करुणा उसकी आँखों में उमड़ आती।

चेतन की भाभी बिना इधर-उधर देखे, जड़वत बैठी थी — हलके-से घूँघट के

बावजूद उसकी लम्बी नाक, जो उसके धँसे कल्लों और उभरे जबड़ों में और भी नुमायाँ हो गयी थी, काली-काली छाइयों-भरे सँवलाये चेहरे पर साफ़ दिखायी देती थी। श्रीरामपुर के आँगन में पहली बार भाभी को इस हालत में देखने के बाद, जब-जब उसकी दृष्टि उस चेहरे पर गयी थी, उसके हृदय में एक तीव्र कचोट उठी थी। इसी जून में जब वह कविराज के साथ शिमला गया था तो उसे हमेशा की तरह गोरी-चिट्टी. हट्टी-कट्टी छोड़ गया था। यह तीन महीने के अन्दर-अन्दर उसे क्या हो गया ?....और उसके सामने अनायास कई दृश्य घूम जाते....बार-बार वही दृश्य!

....चेतन नवीं कक्षा में पढ़ता है, जब भाई साहब दुल्हन ब्याह कर लाते हैं। ऊपर का दालान मुहल्ले की लड़कियों और युवतियों से खचाखच भरा है। कँगने की रस्म होने जा रही है। चेतन दरवाज़े की चौखट में खड़ा सब कौतुक देख रहा है। कश्मीरी लाल की बहन शान्ति (जिसे बेटी के अभाव में माँ अपनी बेटी बनाये है) ननद के नाते एक थाली में लस्सी-चावल इत्यादि डाल कर लाती है। तब दूल्हा दुल्हन की कलाई से मंगल सूत्र खोलता है और दुल्हन दूल्हे की कलाई से। शान्ति माँ से अँगूठी ले कर उसे मंगल सूत्र में बाँधती है और उसे मुट्ठी में ले कर एक चक्कर दे कर थाली में फेंक देती है। चेतन देखता है कि बिजली की-सी तेज़ी से भाभी का गोरा मज़बूत हाथ भाई साहब से पहले उसे झपट लेता है। भाई साहब उसे छीनना चाहते हैं, पर छीन नहीं पाते। भाभी अँगूठी मुट्ठी में ले लेती है। भाई साहब (कि जिन्हें अपने कसरती होने पर नाज़ है) ज़ोर लगा कर हार जाते हैं, पर मुट्ठी नहीं खोल पाते। कुछ लड़कियाँ उन्हें उकसाती हैं। कुछ भाभी को प्रोत्साहित करती हैं। भाई साहब के माथे पर पसीना आ जाता है, पर उनसे भाभी की मुट्ठी नहीं खुलती। तब वे उसकी कलाई थाम, दायें हाथ का अँगूठा उसकी नस पर रख कर ज़ोर से दबाना चाहते हैं कि भाभी उन्हें शर्मसार करती हुई, मुट्ठी खोल कर अँगूठी उनके आगे फेंक देती है।

....कँगने की रस्म हो चुकी है। मुहल्ले की बड़ी-बूढ़ियाँ और पड़ोसी महिलाएँ लड़कियों की भीड़ में रास्ता बनाती हुई आती हैं। दुल्हन का घूँघट उठा कर देखती हैं। उसे शगुन और माँ को बधाई देती हैं और घोषणा करती हैं कि रामानन्द पिछले जन्म में मोतियों का दान करके आया है। चेतन इस कहावत का मतलब समझता है और उसका मन अपनी भाभी का सुन्दर मुख देखने को लालायित हो उठता है।

....एकान्त है। चेतन ज़रा-सा घूँघट उठा कर अपनी भाभी का चेहरा देखता है — लम्बी नाक, नुकीला चेहरा, भरे-भरे कल्ले, गालों पर कश्मीरी सेबों की-सी हलकी स्वाभाविक लाली और भरपूर जवानी का चिह्न —छोटे-छोटे कील! भाभी सुकोमल चाहे न हो, पर बड़ी सुन्दर और स्वस्थ है।

....भाई साहब, जो वर्षों से रोज़ तीन-तीन सौ डण्ड-बैठक पेलने के आदी हैं, भाभी से शरीर पर ज़रा मालिश करने को कहते हैं। भाभी इतने ज़ोर से मालिश करती है कि भाई साहब का सारा बदन लाल हो उठता है। वह अन्धाधुन्ध मालिश किये जाती है और वे दाँत भींचे रहते हैं। उनके पौरुष पर आँच न आ जाये, इस भय से वे उसे हाथ ज़रा नर्म करने को भी नहीं कह पाते। यह और बात है कि बाद के आठ वर्षों में फिर वे कभी भूले से भी उसे मालिश करने को नहीं कहते।....

एक के बाद एक चित्र चेतन की आँखों के सामने घूम जाता है। पिछले आठ वर्षों में यद्यपि भाभी को तीन बच्चे भी होते हैं (लड़का रह जाता है, जो दादी के पास जालन्धर पढ़ता है और बच्चियाँ परलोक सिधार जाती हैं) तो भी, न उसकी देह के सोने में कोई अन्तर आता है, न उसके शरीर की गठन में, लेकिन जाने इन पिछले तीन महीनों में क्या होता है कि उसका भरा-गठा शरीर सूख कर काँटा हो जाता है; आँखों के नीचे गढ़े पड़ जाते हैं; गालों पर काली छाइयाँ उभर आती हैं और गोरा-चिट्टा चेहरा एकदम सँवला जाता है।....

भाभी के सौन्दर्य के कारण उसके प्रति चेतन के मन में जो आकर्षण था, वह धीरे-धीरे, इन आठ वर्षों में उसके कर्कश, ज़िद्दी स्वभाव और उसकी वज्र-मूर्खता के कारण घोर विकर्षण में बदल गया था। लेकिन जब वह श्रीरामपुर के छोटे-से स्टेशन से उतर कर, चार कोस की मंज़िल मार, बुआ के आँगन में दाख़िल हुआ था और रसोई-घर में बैठी बुआ ने भाभी को बुलाया था और वह आ कर बराबर की कोठरी की चौखट में बैठ गयी थी तो भाभी की सूरत देख कर चेतन का हृदय धक् से रह गया था।

०

वहीं बेंच पर बैठे-बैठे चेतन के सामने श्रीरामपुर स्टेशन के बाद गाँव तक का वह चार कोस का सपाट रास्ता घूम गया।.... स्टेशन से उतर कर कटे हुए खेतों की मेड़ों और पगडण्डियों पर से होता हुआ वह गाँव पहुँचा था। दो-चार सूनी, वीरान, कच्ची दुकानों वाले तथाकथित बाज़ार और भूलभुलैयाँ-सी गलियों में से हो कर, जब वह बुआ के घर में दाख़िल हुआ था तो वह रसोई-घर के आगे बैठी चूल्हा झोंक रही थी। रसोई-घर विशाल कच्चे आँगन के कोने में कोठरे के आगे बना था —मिट्टी की घुटनों तक ऊँची, मेंड़-ऐसी दीवार से घिरा हुआ और बे-छता! लकड़ियाँ शायद गीली थीं। बुआ झुकी हुई निरन्तर फूँकें मार रही थी और धुआँ उठ कर अन्दर कोठरे में जा रहा था। चेतन ने लक्ष्य किया —इन आठ वर्षों में बुआ का मोटा शरीर काफ़ी दुबला गया है। उसका श्याम रंग एकदम सियाह पड़ गया है। लकड़ियों के धुएँ के कारण उसकी आँखों में पानी भर आया है। चेतन ने जा कर प्रणाम किया तो बुआ ने कोठरे की ओर मुड़ कर कहा था, 'चम्पा, देख तेरा देवर आया है।'

उत्तर में थोड़ी देर तक कोठरे में कोई खाँसता रहा था। बाहर की रोशनी के कारण उस कच्चे कोठरे में पहले चेतन को कुछ दिखायी न दिया था। फिर जो पतली-दुबली बीमार स्त्री उस अँधेरे में नमूदार हुई, उसे पहली दृष्टि में चेतन अपनी सुन्दर, गोरी, हृष्ट-पुष्ट भाभी के रूप में ले नहीं पाया। जब वह दहलीज़ में आ कर ज़रा-सा घूँघट खींच कर बैठ गयी और बैठ कर खाँसने लगी और चेतन ने उसे ग़ौर से देखा तो यह जान कर उसे ज़बरदस्त धक्का लगा कि वह उसकी भाभी ही है! उसने यह भी देखा कि भाभी अभी तक उससे घूँघट निकालती है। शुरू में वह ऐसा नहीं करती थी, लेकिन एक बार चेतन से नाराज़ हो कर उसने उससे घूँघट करना शुरू कर दिया था। फिर चाहे चन्दा ने अपने जेठ के सामने घूँघट उठा दिया, लेकिन भाभी अपने देवर से घूँघट करती रही।

निमिष भर को चेतन अवाक खड़ा रह गया था, फिर उसने भाभी को प्रणाम करते हुए कृत्रिम हँसी के साथ उसका हाल-चाल पूछा था।

भाभी क्षण भर खाँसती रही थी। फिर उसने वहीं दहलीज़ में आँखें गाड़े कहा था, 'ठीक हूँ।'

चेतन ने मुड़ कर बुआ से पूछा था कि भाभी को क्या तकलीफ़ है ?

'खाँसी-बुख़ार है।' बुआ ने चूल्हे में फूँक मारना छोड़, दुपट्टे से आँखों का पानी पोंछते हुए कहा था, 'गाँव के वैद से बहुतेरा इलाज कराया है, पर कोई लाभ नहीं हुआ। यहाँ यह कुछ खाती है, न पीती है। ठीक से दवा-दारू नहीं करती। बस गुम-सुम बैठी खाँसती रहती है। तुम अब इसे ले जाओ और वहाँ ठीक से इसका इलाज कराओ।

चेतन रात वहीं रह गया था। सारी रात भाभी रह-रह कर खाँसती रही थी। चेतन उस खाँसी से ख़ूब परिचित था। मुहल्ले में न जाने कितनी जवान लड़कियाँ, औरतें, युवक उस खाँसी का शिकार हो चुके थे। एक बार किसी परिवार में यह खाँसी घर कर जाती थी तो परिवार-का-परिवार साफ़ कर देती थी।.... दूसरे दिन वह भाभी को ले कर वापस लाहौर आ गया था। गाँव में सवारी का कोई प्रबन्ध न था। चार कोस की मंज़िल! भाभी बार-बार खाँसती और दो फ़र्लांग चल कर बैठ जाती। घण्टे भर का रास्ता उन्होंने ढाई-तीन घण्टे में तय किया था। लाहौर पहुँच कर अपना कमरा खोल, भाभी को वहाँ बैठा, वह अन्दर की चाबी लाने दुकान गया था। तब उसने भाई साहब को अपना सन्देह प्रकट किया था, 'मेरा ख़याल है, भाभी को टी० बी० हो गयी है।'

'टी० बी०!' भाई साहब मुँह बाये खड़े रह गये थे और भय से उनका चेहरा सफ़ेद पड़ गया था।

'घबराने की ज़रूरत नहीं,' चेतन ने उन्हें तसल्ली दी थी। 'पहले तो मैं अभी जालन्धर पत्र लिखता हूँ कि ख़त देखते ही माँ चन्दा को ले कर फौरन यहाँ आ जाये। यूँ तो मैंने सामने सड़क पार के पंसारी से परिचय कर लिया है। अभी जा कर उससे आटा-दाल और दूसरा सामान उधार ले आऊँगा, पर भाभी की जैसी हालत है, खाना-वाना उससे ज़्यादा दिन पकेगा नहीं।'

'क्या बहुत कमज़ोर हो गयी है ?' भाई साहब ने पूछा था।

'मैं तो पहचान ही नहीं सका।' और चेतन ने श्रीरामपुर पहुँचने और भाभी को देख कर चकित रह जाने की बात सविस्तार कही। लेकिन दूसरे ही साँस में उसने उन्हें तसल्ली दी :

'आप घबराइए नहीं। मैं आज या कल मेयो हस्पताल जाऊँगा। पता चलाऊँगा कि वहाँ कैसे क्या होता है। फिर भाभी को ले जाऊँगा। सारे टेस्ट करवाऊँगा। बीमारी का पता चल जाये तो इलाज किया जा सकता है। हो सकता है, मेरा सन्देह ग़लत हो। पर भाभी जैसे खाँसती है....'

'तुम माँ को अभी पत्र लिख दो।' भाई साहब ने सहसा उसकी बात काट कर कहा था।

चेतन ने वहीं से पैड ले कर पत्र लिखा था। उसे लिफ़ाफे में बन्द करके वह स्वयं डाकख़ाने डाल आया था। वापस दुकान पर पहुँचा तो भाई साहब कुर्सी पर बैठे, मेज़ पर पत्री फैलाये उसमें डूबे हुए थे।

'क्या देख रहे हैं ?' चेतन ने दुकान में पैर रखते ही कहा।

भाई साहब ने सिर उठाया, 'मेरे भाग्य में दो शादियाँ लिखी हैं,' उन्होंने कहा, 'चम्पा को देख कर कभी न लगता था कि उसे ऐसा रोग लग सकता है।'

'मेरा इन पत्रियों-वत्रियों में कोई विश्वास नहीं,' चेतन किंचित हँसा था, 'माँ हर साल किला मुहल्ला के उस बुढ़ऊ पण्डित को पिता जी की पत्री दिखाती और वर्ष-फल बनवाती रही। कोई पूजा-पाठ और व्रत-नियम उसने नहीं छोड़ा, लेकिन न पिता जी ने शराब छोड़ी, न जुआ। इन ज्योतिषियों की भविष्यद्वाणियाँ अँधेरे के तीर होती हैं और संयोग से निशाने पर लगती हैं।'

भाई साहब ने कोई उत्तर नहीं दिया। क्षण भर रुक कर उन्होंने कहा, 'मैंने कई लोगों की पत्रियाँ देखी हैं। कई बार मेरी बातें सौ-फ़ीसदी सच निकली हैं और लोग ही नहीं, मैं भी दंग रह गया हूँ।'

'सच भी हो तो हाथ-पर-हाथ रखे थोड़े बैठा जा सकता है।' चेतन ने ज़ोर दे कर कहा, 'हमारा काम कोशिश करना है। फलाफल की चिन्ता करना नहीं। आप पत्री बन्द कीजिए और मुझे चाबी दीजिए। मैं कल ही भाभी को ले कर हस्पताल जाऊँगा, उसे वहाँ दिखाऊँगा और उसका पूरा इलाज-उपचार कराऊँगा।'

भाई साहब ने चाबी दे दी। चेतन घर वापस आया था। फिर वह ढाबे से दो थालियाँ ले आया। भाभी को खिला और स्वयं खा कर उसने सड़क पार के पंसारी की दुकान से उधारी आटे-दाल का प्रबन्ध किया। राशन कनस्तरों और डिब्बों में डाल, घड़ों में पानी भर दिया और धूल-जमे बर्तनों को टोकरे से बाहर निकाल, उन्हें धो-माँज कर फिर सजा दिया। तब वह अपने कमरे में जा कर बिस्तर पर लेट गया था।

पिछले २४ घण्टों में वह आठ कोस चल चुका था। और जब से आया था, लगातार पैदल घूम रहा था। रात श्रीरामपुर के उस आँगन में उसे नींद न आयी थी। आधी रात में पानी आ गया था। उन्होंने चारपाइयाँ कोठरे में कर ली थीं। धुएँ, उमस और सील की बू से उसका जी घुट गया था। मच्छर उसे बेतरह काटते रहे थे, भाभी लगातार खाँसती रही थी और वह सारी रात बिस्तर पर करवटें बदलता रहा था। रात को उसे अपने समाचार-पत्र में ड्यूटी देनी थी। वह चाहता था कि दो-एक घण्टे उसे नींद आ जाये पर जब लाख प्रयत्न करने पर भी उसे नींद नहीं आयी त़ो वह उठा। उसने हाथ-मुँह धोया। भाभी थकी हुई सो रही थी। उसे जगाना उसने ज़रूरी नहीं समझा। ऊपर मकान-मालकिन से कह आया कि उसकी भाभी आ गयी है। बीमार है। थकी हुई सो रही है। वह हस्पताल जा रहा है। यदि वह पूछे तो वे उसे बता दें। वह दो-एक घण्टे में वापस आ जायेगा।

यद्यपि दो-एक दिन पहले ही उसने तय किया था कि अब न केवल वह रोज़ नोट-बुक लिखेगा, वरन कहानियाँ लिखना भी शुरू करेगा। पर उस वक्त सारा लिखना-पढ़ना उसके दिमाग़ से एकदम विलुप्त हो गया था। वहाँ केवल भाभी का बीमार चेहरा था और उसके रोग का निदान जानने की बेचैनी।

मकान-मालकिन से मिल कर वह नीचे आया था, उसने अपने कमरे को ताला लगाया था और हस्पताल की ओर चल दिया था।

o

हस्पताल के मुलाज़मीन को रिश्वत देना मना है।

सहसा चेतन की निगाह सामने दरवाज़े के दायीं ओर लगी लाल पट्टी पर चली गयी। वह मन-ही-मन हँसा और उसके कानों में उसके पिता का एक कथन घूम गया — तेल तमा जिसको मिले, तुरत नरम हो जाये — जिसे उसके पिता प्रायः कहा करते थे। और इसी सिद्धान्त पर खुले हाथों अमल करते हुए उन्होंने अच्छे-से-अच्छे स्टेशनों पर बदली करायी थी और अपने नित नये झगड़ों और लड़ाइयों और उनके फलस्वरूप होने वाले मामलों-मुकदमों और जाँच-पड़तालों में फ़तह पायी थी और बार-बार मुअत्तल हो कर बहाल हो गये थे।.... 'जहाँ ऐसी पट्टियाँ लगी हुई हैं, वहीं सबसे ज़्यादा रिश्वत चलती है,' चेतन ने सोचा और उसके दिमाग़ में किसी शेर की एक पंक्ति घूम गयी :

मस्जिद के ज़ेरे-साया ख़राबात चाहिए

'आदमी की यह कैसी प्रकृति है कि जिस चीज़ से उसे मना किया जाये, वही करने की प्रबल इच्छा उसके मन में रहती है — चूँकि यहाँ रिश्वत देने की मनाही है, इसलिए मुलाज़िम और मरीज़ — दोनों को रिश्वत ले-दे कर देखने की प्रबल उत्कण्ठा होती है। जल्दी काम निकालने के अलावा कानून तोड़ने का सुख अचेतन रूप से उन्हें प्राप्त होता है।'

चेतन जब हस्पताल पहुँचा था तो पूछने पर, वहाँ से लौटते हुए एक आदमी ने उसे बताया था कि वह समय से डॉक्टर को दिखाना चाहता है तो सुबह-सुबह पहुँच कर चपड़ासी की मुट्ठी गर्म कर दे, तब वह उसकी पर्ची सब से पहले डॉक्टर की मेज़ पर रख देगा।.... लेकिन चेतन को अभी पहले महीने का वेतन भी नहीं मिला था और उसका हाथ बेहद तंग था। तब उसने तमा के बदले तेल से निकालने की सोची थी। उसने कहीं पढ़ा था कि वक्त वास्तव में धन है और जो आदमी वक्त बर्बाद करता है, वह धन ही बर्बाद करता है। चेतन के पास धन नहीं था। सो उसने सोचा कि थोड़ा वक्त ही बर्बाद कर लेना बेहतर है। पूछता-पूछता वह इसी बरामदे में आया था। डॉक्टर और मरीज़ जा चुके थे और चपरासी को अपेक्षाकृत फ़ुर्सत थी। वह एक टाँग स्टूल पर रखे और एक लटकाये ऊँघ रहा था। चेतन के जूतों की चाप से वह चौंका तो चेतन ने बड़े तपाक से कहा था :

'आदाब अर्ज़ मियाँ साहब।'

मियाँ साहब की टाँग नीचे आ गयी और वे स्टूल पर आधे बैठे आधे खड़े हो गये थे।

'मैं यहाँ के मशहूर कौमी अख़बार 'बन्दे मातरम्' में काम करता रहा हूँ।' चेतन ने कहा, 'इधर कुछ बीमार हो गया था। इसलिए मुझे नौकरी छोड़नी पड़ी। अब मैं रोज़नामा 'वीर भारत' में सिर्फ़ रात की ड्यूटी देता हूँ। रात के दो बजे लौटता हूँ और दिन को देर से उठता हूँ। मैं तो सुबह ही आना चाहता था, पर रात तीन बजे आया और देर तक सोता रहा।....'

इन ब्योरों की प्रकट कोई ज़रूरत न थी, पर आत्मीयता स्थापित करने के लिए चेतन ने सविस्तार अपना परिचय दिया और बोला, 'एक मुसीबत में फँस गये हैं मियाँ साहब,

इसलिए, आपकी ख़िदमत में आया हूँ।'

चपरासी ने किंचित रुखाई से पूछा कि क्या बात है ?

'मेरी भाभी गाँव गयी हुई थी,' चेतन ने कहा, 'वह बहुत बीमार है। मैं चाहता हूँ कि उसकी बीमारी का पता चल जाये।'

चेतन की लम्बी भूमिका सुन कर चपड़ासी घबरा गया था कि जाने क्या काम वह उससे लेना चाहता है। लेकिन बात इतनी ही-सी है, जिसके लिए अख़बार का एडिटर उसके पास आया है, यह जान कर उसने सोत्साह कहा, 'आप उन्हें सुबह हस्पताल ले आइए, एडिटर साहब। डॉक्टर खन्ना बहुत लायक हैं, तशख़ीस[१] हो जायेगी।'

'हम आपके बड़े मशकूर होंगे,' चेतन ने कृतज्ञता से कहा, 'मेरे बड़े भाई बाइबल सोसाइटी के सामने प्रैक्टिस करते हैं। दाँतों के डॉक्टर हैं, पर नयी-नयी प्रैक्टिस है। आप जानते हैं, लाहौर में प्रैक्टिस जमा लेना आसान नहीं। सो हम ज़रा तंगी में हैं।....'

'आप फ़िक्र न कीजिए। आप उन्हें ले आइए।'

क्षण भर रुक कर चेतन ने पूछा, 'ऐक्स-रे तो यहाँ नहीं होता ?'

'क्यों ऐक्स-रे का केस है ?' मियाँ साहब ने चिन्ता से पूछा।

'मालूम नहीं। उसे खाँसी-बुख़ार है। कमज़ोर बहुत हो गयी है। शायद एक्स-रे कराना पड़े।'

चपरासी को रिश्वत देने वाले मिलते थे और वह उनका काम करके उन्हें सलाम ठोंकता था। गिड़गिड़ाने वाले ग़रीब मिलते थे जिन्हें वह डाँटता-फटकारता और धकियाता था। चेतन की बातों से उसे कुछ अजीब-से अपनत्व और बराबरी का एहसास हुआ। उसने तपाक से कहा, 'कोई फ़िक्र नहीं एडिटर साहब, आप उन्हें ले आइएगा। ज़रूरत पड़ी तो ऐक्स-रे हो जायेगा।'

'आप ज़रा एक्स-रे डिपार्टमेण्ट के चपरासी से कह दीजिएगा।'

'अरे साहब, आप मेरा नाम लीजिएगा। कोई दिक्कत नहीं होगी। रफ़ी मियाँ को यहाँ सारा हस्पताल जानता है।' और चपरासी ने अपने सीने पर हाथ मार कर अपना महत्व जताया।

'रफ़ी मियाँ,' चेतन ने आजिज़ी से कहा, 'मुझे ज़रा आज उनसे मिलवा देते तो आपका एहसान होता। सुबह तो आपको दम मारने की भी फ़ुर्सत नहीं होगी.... '

चपरासी क्षण भर असमंजस में रुका रहा, फिर बोला, 'आप कल आइएगा। ऐक्स-रे कराना होगा तो मैं ख़ुद साथ चला जाऊँगा।'

'अरे रफ़ी मियाँ।' चेतन ने ज़रा हँस कर परम पुराने परिचितों की तरह कहा, 'कल आपको हमारी तरफ़ देखने की भी फ़ुर्सत नहीं होगी।'

तब जाने चपरासी के मन में क्या आया। वह उठा और चेतन को एक्स-रे डिपार्टमेण्ट में चपरासी के पास ले गया और उसने कहा, 'हमीद भाई, यह एडिटर साहब अपने ही आदमी हैं। कल अगर ये किसी मरीज़ को ऐक्स-रे के लिए लायें तो इनका काम ज़रा जल्दी करा दीजिएगा।'

---

१. निदान।

चेतन ने दोनों का बहुत शुक्रिया अदा किया था। रफ़ी मियाँ को वापस उनके स्टूल पर छोड़ कर और मन में कुछ हलका हो कर हस्पताल से लौटा था। घर आ कर उसने भाभी से कहा था कि वह सुबह-सुबह तैयार हो जाये। वह उसे हस्पताल ले जायेगा। फिर कपड़े उतार कर केवल तहमद पहने वह अपने कमरे में लेट गया था। और यद्यपि चार बज चुके थे और शाम उतर आयी थी, वह पड़ते ही सो गया था।

०

चेतन की दृष्टि फिर अपनी भाभी के चेहरे पर चली गयी। वह उसी तरह निर्विकार बैठी थी। क्या इसका दिमाग़ एकदम ठस है ? —उसने मन-ही-मन सोचा —तीन-चार बार वह उसे ले कर हस्पताल आया है। पिछले सात दिनों से उसने हस्पताल और घर एक कर दिया है। रफ़ी मियाँ ही की नहीं, उसने कई डॉक्टरों की भी हमदर्दी हासिल कर ली है। उसने अपनी भाभी का स्टूल और स्प्यूटम टेस्ट कराया है। एक्स-रे कराया और एक डिपार्टमेण्ट से दूसरे डिपार्टमेण्ट में दौड़ता फिरा है। दो दिन पहले माँ चन्दा को ले कर आ गयी है। और घर के सब लोग आतंकित हैं, लेकिन उसकी इस भाभी ने एक बार भी अपनी बीमारी के बारे में उससे कोई प्रश्न नहीं किया।

माँ के आने से एक दिन पहले उसे उनका पत्र मिल गया था। परसों सुबह वह उसे और चन्दा को लेने स्टेशन गया था। माँ ने आँगन में दाख़िल होते ही जब अपनी बड़ी बहू को देखा था तो यद्यपि उस वक्त उसने कुछ भी नहीं कहा था पर निराशा से ऐसे सिर हिलाया था कि कहने को कुछ भी न रह गया था। चन्दा ने रसोई-घर का काम सँभाल लिया था। माँ नहाने-धोने और पूजा-पाठ में लग गयी थी। और चेतन हस्पताल चला आया था। जब दोपहर को वह चारपाई पर लेटा था तो माँ उसके पास आ बैठी थी। तब चेतन ने उसे सविस्तार बताया था कि डॉक्टर ने ऐक्स-रे और स्प्यूटम-स्टूल टेस्ट[१] के लिए कहा है। २४ घण्टे की बलग़म वह टेस्ट के लिए दे आया है। तब माँ ने कहा था, 'एक्स-रा जो दस्सेगा, मैं तैन्नूँ हुणेई दस्स देन्नी हाँ। इहनूँ, पुराना बुख़ार ए, इह खाँसी ह दस्सदी ए।'[२]

और उसने चेतन को समझाया था कि वह चन्दा से ज़रा बच के रहने को कहे। 'मैं रामानन्द नूँ कहाँगी,' चेतन की माँ ने कहा, 'कि एन्नूँ आदमपुर भेज देवे। तुसीं लोग अपना देखोगे कि इहदा अग्गा-तग्गा करोगे ? मैं लै जान्दी, पर मेरे नाल एस लड़ाकी दी इक दिन नहीं बनदी!'[३]....

यद्यपि चेतन से भी कभी इस भाभी की नहीं पटी थी, पर माँ की इस निठुरता से उसे बड़ा दुख हुआ था। लगातार भाग-दौड़ करके उसने सारे टेस्ट कराये थे और रफ़ी मियाँ की सहायता से सबकी रिपोर्टें प्राप्त की थीं और वे सब भाभी के कार्ड के साथ डॉक्टर की मेज़ पर सब से ऊपर रखवा दी थीं। वह भाभी को ले कर समय से बहुत पहले आ गया

---

१. बलग़म और पाख़ाने का निरीक्षण।

२. ऐक्स-रे जो बतायेगा, मैं तुझको अभी बता देती हूँ। इसे पुराना बुख़ार है। यह बात खाँसी ही बताती है।

३. मैं रामानन्द से कह दूँगी कि इसे आदमपुर (भाभी के मायके) भेज दे। तुम लोग अपना देखोगे कि इसके आगे-पीछे फिरोगे। मैं इसे ले जाती, पर मेरे साथ इस लड़ाकी की एक दिन नहीं बनती।

था। बरामदे में मरीज़ों के बैठने के लिए कोई कुर्सी और बेंच न थी। मरीज़ बरामदे के फ़र्श पर, सीढ़ियों पर, लॉन में बिखरे हुए थे। अधिकांश गन्दे, मैले, फटे कपड़ों में अपना नंगापन ढाँपे ग़रीब मज़दूर-किसान थे। बीच-बीच में निम्न-मध्यवर्गीय सफ़ेदपोश भी थे, जो फ़र्श पर बैठने की बजाय जँगले से लगे खड़े थे, अथवा अपना एक-आध आदमी वहाँ छोड़ कर लॉन में जा बैठे थे। चेतन जब पहले दिन भाभी को लाया था तो वे भी उन्हीं की तरह जँगले से टिक कर खड़े हो गये थे, पर भाभी बहुत देर खड़ी न रह सकी थी और वहीं फ़र्श पर बैठने लगी थी। तभी रफ़ी मियाँ उठ कर गये थे और किसी वॉर्ड-बॉय की मदद से एक बेंच उठा लाये थे और उसे उन्होंने जँगले के साथ बिछा दिया था और कहा था, 'आप इधर बैठिए एडिटर साहब।'

सुबह चेतन अपनी भाभी को ले कर जब आया था तो एक भी मरीज़ वहाँ नहीं था, लेकिन इस एक घण्टे में सारा बरामदा मरीज़ों से पट गया था। बेंच के निकट ही जँगले से पीठ लगाये एक जलोदर का मरीज़ आ बैठा था जिसका शरीर सूख कर काँटा हो गया था और पेट बहुत फूल आया था। उसकी ओर दृष्टि जाते ही चेतन के शरीर में एक सिहरन दौड़ जाती थी। परे, आँखों पर पट्टी बाँधे एक बुढ़िया कराह रही थी। बाहर जँगले के नीचे सड़क पर रखी चारपाई पर एक स्त्री लगभग बेहोश पड़ी थी, कण्ठ तक उसका शरीर चादर से ढँका था और वह रह-रह कर कराह रही थी। उसकी चारपाई से कुछ अजीब-सी गला-घोंटती बू आ रही थी —'जाने उसे क्या तकलीफ़ है ?' —चेतन ने मन-ही-मन सोचा —'उसके कोई भयानक घाव है, जो सड़ रहा है। आदमी अपनी तकलीफ़ को बहुत समझता है, पर हस्पताल में आने पर पता चलता है कि एक-से-एक भयानक रोग के मारे इस दुनिया में पड़े हैं। कभी-कभी आदमी को हस्पताल में आ कर जनरल वॉर्ड में चक्कर लगा जाना चाहिए। दुख में और भी ज़्यादा दुखियों का ख़याल मन को तसल्ली देता है।'

चेतन इतनी देर से अपने ध्यान में गुम बैठा था, पर जब से वह चारपाई नीचे सड़क पर आयी थी और उसके साथ ही गला-घोंटती-सी बू उस तक आने लगी थी, चेतन का ध्यान रह-रह कर उधर जाता था और उस चारपाई से होता हुआ अन्य मरीज़ों पर चला जाता और वह चाहता था कि डॉक्टर आ जाये तो वह उसका फ़ैसला सुन कर घर जाये। फ़ैसला उसे लगभग मालूम था। तो भी एक हलकी-सी आशा का तार बँधा था —लेकिन इतना हलका कि उसके होने का भी उसे आभास नहीं था।

लेकिन भाभी ने इस एक घण्टे में ज़रा भी इधर-उधर न देखा था। न कोई बात पूछी थी। न कही थी। वह एकदम निर्विकार बैठी थी।

तभी परे बरामदे के मरीज़ों में हलचल हुई। फ़र्श के बीचों-बीच बैठे मरीज़ और उनके सम्बन्धी किनारों पर हो गये। कुछ बैठे खड़े हो गये और मेडिकल कॉलेज के दो छात्रों को जिलौ में लिये डॉक्टर खन्ना खट-खट चलते हुए आते दिखायी दिये।

रफ़ी मियाँ उठ कर मुस्तैदी से खड़े हो गये।

चेतन ने ज़रा आगे बढ़ कर 'नमस्कार' किया।

डॉक्टर खन्ना बिना उसकी ओर देखे, सिर कीं हलकी-सी जुम्बिश से उसके 'नमस्कार' का उत्तर देते हुए कमरे के अन्दर चले गये।

मरीज़ों का रेला सब तरफ़ से कमरे की ओर उमड़ा। रफ़ी मियाँ बीच दरवाज़े के खड़े हो गये। उन्होंने सब को परे रहने का आदेश दिया और कहा कि वे बारी-बारी सबको बुलायेंगे। फिर क्षण भर को वे अन्दर गये और आ कर उन्होंने चेतन से कहा :

'आइए एडिटर साहब।'

उन्नीस

अपनी भाभी को लिये हुए जब चेतन हस्पताल से घर आया तो उसका उतरा हुआ चेहरा देख कर ही माँ समझ गयी थी कि उसका सन्देह ग़लत नहीं था। जब भाभी पिछले कमरे में जा कर चित लेट गयी और चेतन अपने कमरे में आ गया और माँ उसके पीछे-पीछे आयी तो चेतन ने बिस्तर पर ढहते हुए लगभग रुद्ध स्वर में कहा, 'तुम ठीक कहती थी माँ, भाभी को टी० बी० है, तीसरी स्टेज में है और उसके दोनों फेफड़े खोखले हो गये हैं।'

प्रत्याशित होने के बावजूद चेतन की बात सुन कर क्षण भर माँ कुछ नहीं कह सकी। वह कुर्सी पर बैठ गयी, दायाँ पैर उसने ऊपर उठा लिया, घुटना मोड़ लिया और उस पर हाथ और हाथ पर ठोड़ी टिका कर बैठी शून्य में देखने लगी।

चेतन के सामने हस्पताल का कमरा और उसमें डॉक्टर खन्ना की गम्भीर, व्यस्त, तत्पर सूरत घूम गयी। चपरासी की आवाज़ सुनते ही वह भाभी के साथ अन्दर गया था। बड़ी तत्परता से उसने अपना परिचय देते हुए भाभी का नाम बताया था। तब चपरासी ने मेज़ पर रखा कार्ड, स्टूल और स्प्यूटम की रिपोर्टें और एक्स-रे का फ़ोल्डर डॉक्टर के आगे कर दिया था।

डॉक्टर ने रिपोर्ट देखी। उनके माथे पर हल्के-से तेवर बन गये। फिर उन्होंने पीले फ़ोल्डर से एक्स-रे फ़ोटो का नेगेटिव निकाला। बायें हाथ में ले कर उसे दरवाज़ें की रोशनी में देखा। उसके साथ नत्थी ऐक्स-रे विशेषज्ञ की रिपोर्ट देखी, फिर नेगेटिव पर नज़र डाली और उसे फ़ोल्डर में वापस रखते हुए अंग्रेज़ी में चेतन को बताया था कि उसकी भाभी को यक्ष्मा है, ख़ासी एडवान्स्ड[१] स्टेज में है, उसके दोनों फेफड़े अफ़ेक्टेड[२] हैं और उसे फ़ौरन किसी सैनेटोरियम में पहुँचाना चाहिए।

'सैनेटोरियम,' चेतन मन-ही-मन हँसा था। 'भोजन के संसे पड़े धन की कैसी आस ?' उसने माँ से सुनी हुई कहावत मन में दोहरायी और डॉक्टर से कहा कि सैनेटोरियम में जाने की सकत उनमें नहीं है, वे कोई दवाई दे दें और खाने-पीने का परहेज़ बता दें।

उस ज़माने में स्टेप्टोमाइसिन-पेनिसिलिन जैसी अचूक औषधियाँ और एड्हीयन

---

१. विकसित
२. ग्रस्त

फ़्रेनिक और पसलियों के ऑपरेशन तो दूर, ए० पी० और पी० पी०[१] तक का चलन न हुआ था और साधारण डॉक्टर यह तक न जानते थे कि यक्ष्मा ख़ूराक की कमी, कमज़ोरी और फ़ाकाकशी के कारण होता है। लेकिन डॉक्टर खन्ना हस्पताल के प्रसिद्ध डॉक्टर थे। उन्होंने कहा कि मरीज़ को फ़ौरन किसी पहाड़ी पर ले जाया जाये। स्वच्छ हवा और अच्छी ग़िज़ा दी जाये। ले सके तो प्याज़ और लहसुन का रस उसे एक चम्मच रोज़ दिया जाये! खाँसी-बुख़ार के लिए एक मिक्स्चर लिख दिया और पुर्ज़ा उसे दे कर वे दूसरे मरीज़ों की तरफ़ मुड़ गये। (चेतन ने ध्यान नहीं दिया था, जब डॉक्टर निरीक्षण करने के बाद उसकी भाभी के लिए नुस्ख़ा लिखने लगे थे तो चपरासी ने एक साथ मरीज़ों की पूरी-की-पूरी पलटन अन्दर बुला ली थी।)

o

माँ को डॉक्टर की रिपोर्ट सुना कर चेतन हताश चारपाई पर लेट गया। माँ ने घुटने से हाथ हटा लिया और उस पर ठोड़ी टेक, अपने विचारों में गुम बैठी रही।

o

उस वक्त भी, जब हस्पताल में चेतन को मालूम हुआ था कि उसकी भाभी को यक्ष्मा है और काफ़ी बढ़ी हुई अवस्था में है और इस वक्त भी, जब चेतन ने माँ के सामने वही बात दोहरायी थी, उसने सोचा था कि इतने कम अर्से में भाभी का रोग इतना बढ़ कैसे गया ? यद्यपि उसे श्रीरामपुर में ही सन्देह हो गया था कि उसकी भाभी को यक्ष्मा है, पर रोग इतना बढ़ गया है, यह उसने कभी नहीं सोचा था। एक शक यह भी था कि शायद उसे पुराना बुख़ार और खाँसी है और अगर फ़ौरन इलाज न कराया गया तो बीमारी यक्ष्मा में परिणत हो जायेगी। उसने पढ़ रखा था कि इस बीमारी के कीड़े महीनों और कई बार वर्षों अन्दर-ही-अन्दर पलते रहते हैं और प्रकट होने के बाद भी बीमारी महीनों ले जाती है। उसकी भाभी तो तीन महीने पहले हट्टी-कट्टी थी। यह तीन ही महीनों में कैसे हुआ कि बीमारी इस हद तक बढ़ गयी और उसके दोनों फेफड़े छलनी हो गये ? फिर रोग के स्वाभाविक कष्ट के अलावा भाभी के चेहरे पर किसी तरह की शिकायत का भाव न था। कुछ अजीब-सी निरपेक्षता से वह अपनी बीमारी को ले रही थी। किसी मूक हठी पशु की तरह जैसे, वह अपनी यातना बे-आवाज़ सहन किये जा रही थी और चेतन के मन में बार-बार प्रश्न उठता था कि वह, जो इतनी कर्कशा थी, लड़ाकी थी, ऐसे मौन, निःशब्द कैसे हो गयी —क्या इसका दिमाग़ ठस्स हो गया है ? क्या यह कुछ नहीं सोचती ? कुछ नहीं महसूस करती ?

सहसा पिछले कमरे में भाभी की खाँसी ने माँ-बेटे दोनों का ध्यान भंग कर दिया। 'मैं ताँ पहले ई जानदी सी,' माँ ने कहा, 'लच्छन ही दस्सदे सन।'.... फिर कुछ क्षण चुप रह कर उसने वही चिन्ता प्रकट की,'इहनूँ एत्थे किद्दाँ रक्खोगे ? कौन इहदा इलाज-उपचार करेगा ?' वह कुछ क्षण चुप रही फिर बोली, 'इह बीमारी ताँ घर-दे-घर साफ़ कर जान्दी

---

१. ए० पी०, पी० पी० —क्रमशः फेफड़े के बाहर प्लूरा में और पेट में हवा भर कर कृत्रिम रूप से फेफड़े और डायफ्राम को दबाना ताकि फेफड़ा फैल न सके और बीमारी के कीड़े वहीं-के-वहीं मर जायें।

ए।'[१]

चेतन इसका क्या जवाब दे, वह सहसा तय नहीं कर पाया। भाई साहब आयें तो उनकी सलाह से कुछ हो। माँ ठीक कहती थी, लेकिन इस हालत में उसे बाहर तो नहीं फेंका जा सकता। पिछले एक सप्ताह में भाभी ने एक शब्द भी अपनी बीमारी के सन्दर्भ में नहीं कहा था। बस खाँसती रहती थी। या कभी-कभी कराह उठती थी। वह पूछता था, 'भाभी, कैसी तबियत है ?' तो कहती थी, 'ठीक हूँ।'

चेतन के सामने मुहल्ले की कई लड़कियों और युवतियों के चित्र आ गये, जो यक्ष्मा के चंगुल में फँस कर हकीमों और वैद्यों की सस्ती दवाओं के सहारे इस भवसागर के पार लग गयी थीं। यदि किसी घर में एक बहन को रोग लगा तो दूसरी भी उसका शिकार हुई। पति को लगा तो पत्नी को भी लगा। एक भाई उसके चंगुल में फँसा तो दूसरे का भी वही हश्र हुआ। चेतन के अपने घर में तो किसी को यह रोग नहीं था। चेतन की दादी उस समय परलोक सिधार गयी थी, जब चेतन के पिता सिर्फ़ तीन बरस के थे, पर उसे टी० बी० नहीं थी। प्लेग का प्रकोप हुआ था और चेतन के दादा, पड़दादी और तीन वर्ष के उसके पिता को छोड़ कर शेष घर-का-घर साफ़ हो गया था। एक बचे थे चूनी चाचा, जो पागल थे। याने जब से चेतन ने होश सँभाला था, उन्हें पागल ही देखा था। माँ कहती थी कि चूनी चाचा ही क्यों, पागलपन का एक तार सारे परिवार में विद्यमान है। लेकिन यक्ष्मा —यह बीमारी उसके घर में नहीं थी। उसके ननिहाल में भी नहीं थी। फिर भाभी को कहाँ से आ लगी ? क्या उसके मायके में किसी को यह बीमारी थी ? लेकिन चेतन को भाभी के मायके के बारे में कुछ भी मालूम नहीं था। भाई साहब को और भी कम था, क्योंकि वे गौना लेने गये सो गये, फिर ससुराल नहीं गये। रहे पिता जी, सो जब भाभी के पिता पण्डित गिरधारीलाल (जो उन्हीं के डिवीज़न में स्टेशन मास्टर थे और जिनके स्थान पर पण्डित शादीराम रिलीविंग के दिनों में दो महीने काम कर चुके थे और अपनी उदारता के कारण मित्र भाव स्थापित कर चुके थे) एक दिन उनके यहाँ अपनी लड़की के लिए झोली पसार कर आ खड़े हुए तो पण्डित जी ने कुछ पूछने की ज़रूरत नहीं समझी और कहा कि आप जालन्धर जा कर मेरा लड़का देख आइए, आपको पसन्द है तो मुझे कोई एतराज़ नहीं। लड़का, पण्डित गिरधारीलाल पहले ही देख आये थे, इसलिए पण्डित शादीराम ने शगुन का रुपया ले लिया। केवल एक शर्त रखी कि बरात के डेढ़-दो सौ आदमियों का वे प्रबन्ध करें, देने-लेने में उनका विश्वास नहीं, बस उनके मित्रों का आदर-सत्कार कर दें। लड़की कैसी है, उसकी माँ कैसी है, घर कैसा है, उन्होंने कुछ नहीं जाना। लड़का तो क्या देखता, माँ ने भी आदमपुर जा कर लड़की नहीं देखी। और पिता आदमपुर गये तो डेढ़ सौ के बदले तीन सौ बराती ले कर! उन दिनों वे दुसूआ के स्टेशन पर नियुक्त थे। दुसूआ बहुत बड़ी मण्डी है। मौसम में गेहूँ और आम की ख़ूब निकासी होती है। उन्हें ऊपरी आमदनी भी ख़ूब थी। पहले लड़के की शादी! दुसूआ, जालन्धर और होशियारपुर से तमाम सगे-सम्बन्धियों, मित्रों और दोस्तों को वे ले गये। आदमपुर (दोआबा) छोटा-सा कस्बा। डेढ़ सौ की जगह जब बरात में तीन सौ आदमी पहुँच गये तो पण्डित गिरधारीलाल को ख़ासी परेशानी हुई।

---

१. मैं तो पहले ही जानती थी। लक्षण ही बताते थे। इसको यहाँ कैसे रखोगे ? कौन इसका इलाज-उपचार करेगा ? यह बीमारी तो घर-के-घर साफ़ कर जाती है।

लेकिन वे पण्डित जी की आदत से परिचित थे, इसलिए उन्होंने अपनी ओर से भरसक कोशिश की कि उन्हें कष्ट न हो। ....चेतन तब नवीं जमात में पढ़ता था। उसे इतना याद है कि पिता अपने दोस्तों के साथ शराब में मस्त थे और शेष लोग ताश और शतरंज खेलने, खाने और सोने में। भाई साहब के कुछ दोस्त जनवासे से दूर एक पेड़ की छाया में बैठे फ़्लाश खेलते रहे थे और चार घण्टे बाद जब बुलाहट पड़ने पर उठे थे तो न कोई जीता था, न हारा था।....एक घटना उस शादी की चेतन के दिमाग़ पर बेतरह नक्श हो गयी थी। कोई रस्म थी और पण्डित गिरधारीलाल दूल्हे को लेने आये थे। भाई साहब लाहौर के गवर्नमेण्ट कॉलेज में पढ़ने वाले अपने मित्र की संगति में दुल्हा बने, उस रस्म पर नाक-भौं सिकोड़ रहे थे और नख़रा कर रहे थे और लड़की वाले परेशान थे, तभी पण्डित शादीराम के कानों में उसकी भनक पड़ी। वहीं मित्रों में बैठे पण्डित जी ने दूल्हे को बुला कर हुक्के की नली उसकी पीठ पर दी और भाई साहब के लाहौरी मित्र की चिन्ता किये बिना भद्दी-सी गाली देते हुए कहा कि चल, जैसे पण्डित जी कहते हैं, कर; साला दूल्हा बना फिरता है!....भाई साहब की आँखें भर आयी थीं (और ऐसा चेतन को उन्होंने बाद में बताया) उनका जी चाहा था कि शादी-वादी को बीच ही में छोड़ कर वे भाग जायें, पर कहाँ, यह उस क्षण वे तय न कर पाये थे और आँसू पोंछते हुए अपने लाहौरी मित्र से आँखें मिलाये बिना, वे अपने ससुर के साथ चले गये थे....

वहीं चारपाई पर लेटे-लेटे चेतन के सामने पूरी-की-पूरी घटना आ गयी। भाई साहब की उस सूरत पर उसे हँसी भी आयी, दया भी और अपने पिता के उस व्यवहार के प्रति क्रोध भी।.... यह सब करने के बदले उन्होंने यदि लड़की के स्वभाव के बारे में, उसके सम्बन्धियों के स्वभाव के बारे में जाँच-पड़ताल की होती तो कितना अच्छा होता।

और चेतन की याद के पर्दे पर भाई साहब के आरम्भिक वैवाहिक जीवन की एक घटना कौंध गयी, जब उन्हें मालूम हुआ था कि पण्डित शादीराम ने अपनी बेपरवाही में अपने बड़े लड़के के गले में कितना बड़ा चक्की का पाट बाँध दिया है।

....शादी तो भाई साहब की हो गयी थी, पर वे कुछ कमाते-धमाते नहीं थे। पढ़ाई उन्होंने छोड़ दी थी। नौकरी कोई मिली न थी और सारा दिन ताश-शतरंज में वे मस्त रहते थे। शुरू के कुछ दिन उन्होंने पत्नी के साहचर्य में नव-विवाहित की तरह गुज़ारे सो गुज़ारे, फिर वे अपने मित्रों में जा शामिल हुए और भाभी ने ज़रा-ज़रा-सी बात पर लड़-लड़ा कर घर भर का जीना दूभर कर दिया। एक बार वह ऐसे ही लड़ कर चली गयी और जब दो महीने नहीं आयी तो अपने भाई की इच्छा और माँ के आदेश पर वह भाभी को लेने आदमपुर गया था। तब भाभी ने आने से इनकार कर दिया था। उसका भाई मेल ट्रेन ड्राइवर हो गया था। उस ज़माने में ४०० रु० उसका वेतन था। और आठ सौ तक उसके जाने की सम्भावना थी। — भाभी ही की तरह लम्बा-तगड़ा, खुले-खुले अंगों वाला और वैसा ही ठस्स— चेतन को भाभी से मालूम हुआ कि उसकी पत्नी पागल हो गयी है। बच्चा हुआ था। उसी के बाद जाने क्या हुआ कि वह पागल हो गयी। यद्यपि अपनी इस भाभी से (जो डील-डौल में उसी की तरह हट्टी-कट्टी, परम देहातिन और वैसी ही लड़ाकी थी) चेतन की भाभी की कभी नहीं बनी, पर उस समय जब उसे अपनी सुध-बुध न थी, उसके बच्चे के पालन-पोषण का प्रश्न था। सास तो बहुत पहले स्वर्ग सिधार गयी थी। इसलिए भाभी न

केवल नवजात शिशु, वरन उसके बड़े भाई और बहन को भी सँभाले हुए थी, इसलिए उसने अपनी विवशता प्रकट की थी।

चेतन को एक झलक उसकी उस पागल भाभी की भी मिली थी। आँगन के बायीं ओर के कमरे में वह बन्द थी। डेवढ़ी से आते हुए गलियारे की ओर को खुलने वाली, कमरे की खिड़की से चेतन ने उसे देखा था। वह कमरे के बीचों-बीच अलिफ़ नंगी खड़ी थी। उसकी भरी-पुरी देह सूख कर काँटा हो गयी थी; मैली-सी, छोटी-छोटी छातियाँ बेहिस लटक रही थीं और सिर के बाल जटाएँ बन गये थे और वह मर्दों के मुँह पर चढ़ी रहने वाली बेहद अश्लील, गन्दी, कुफ़्र-तोड़ गालियाँ बक रही थी। क्षण-भर के लिए चेतन ने उसे देखा था और वह पतली-दुबली, सूखी, कृश, नंगी, तनी देह जैसे हमेशा के लिए उसके दिमाग़ पर नक्श हो गयी थी।

उसी शाम वह जालन्धर वापस आ गया था।

लेकिन जब इस बात को दो महीने हो गये और भाभी नहीं आयी और माँ को पिता जी के पास जाना था और उसकी अनुपस्थिति में खाना पकाने की समस्या थी — भाभी आ जाती तो दादा चूल्हा झोंकने से बचते —तब चेतन ने भाभी को लिखा कि वह तत्काल आ जाये। जब एक सप्ताह तक कोई उत्तर नहीं आया तो चेतन ने फिर किंचित कड़ी ताकीद की। तब भाभी के ड्राइवर भाई का पत्र आया, जिसे पढ़ते ही चेतन के तन-बदन में आग लग गयी। पत्र लम्बा था। उसमें भाई साहब की आवारगी और बेकारी का सविस्तार वर्णन था और अन्त में लिखा था कि जब उसका पति कमाने लगेगा और उसके योग्य होगा, तभी उसकी बहन जालन्धर जायेगी।

माँ रसोई-घर में बैठी खाना पका रही थी। चेतन उसके सामने मोढ़े पर बैठा था। भाई साहब तभी बाहर से आये थे और यह जान कर कि उनकी ससुराल से पत्र आया है, चेतन के ऊपर झुके हुए (जब वह पत्र पढ़ कर माँ को सुना रहा था तो) उससे भी आगे-आगे, उसे मन-ही-मन बाँच रहे थे। उनकी प्रशंसा में जो दो-चार सटीक वाक्य पत्र में उनके साले साहब ने लिखे थे, उन्हें बाँच कर आगे पढ़ने अथवा चेतन के मुँह से सुनने का सारा चाव और औत्सुक्य भाई साहब का समाप्त हो गया और वे सीधे खड़े हो कर सिर कुरेदने लगे थे।....चेतन ने सारा पत्र पढ़ कर माँ को सुना दिया और वह बमकने लगा — 'ठीक है, वह अपनी बहन को नहीं भेजना चाहता। मत भेजे। ज़िन्दगी भर उसे वहाँ रखे। अब वह आयेगी तो अपने-ही-आप आयेगी। यहाँ से उसे न बुलाया जायेगा, न कोई लेने जायेगा।'

भाई साहब चुप खड़े सिर कुरेदते रहे थे। उनके मन में क्षण भर को यह बात आयी थी और वे कहना भी चाहते थे (जैसा कि उन्होंने बहुत दिन बाद चेतन को बताया था) कि यह पत्र चम्पा ने नहीं लिखा, उसके भाई ने लिखा है; हो सकता है, बिना उससे पूछे उसने लिख दिया हो। पर उन्होंने कुछ कहा नहीं। वे कुछ कहना अथवा प्रतिवाद भी करना चाहते तो चेतन उन्हें बोलने न देता। भाई साहब की आवारगी और बेकारी के कारण चेतन ने छोटा होते हुए भी घर में बड़े भाई की-सी स्थिति बना ली थी। भाई साहब यूँ भी पत्र लिखने में चोर थे। उन्हें अपनी शतरंज, चौपड़ और पतंगबाज़ी से फ़ुर्सत ही न मिलती थी कि इन घरेलू कामों की ओर ध्यान दें। इसीलिए चेतन ही माँ की तरफ़ से पत्र लिखता था

और मुखिया के कर्तव्य निभाता था।

माँ ने पत्र सुन कर जो कुछ कहा, उसका यह तात्पर्य था कि बहू की मति तो मारी ही गयी है, पर साथ ही उसके भाई की अकल भी घास चरने चली गयी है। लड़कियों का स्थान उनके पति का घर होता है। जब बड़े-बड़े राजे-महराजे लड़कियों को अपने घर नहीं बैठा सके तो वे लोग किस बाग़ की मूली हैं। बैठाना चाहते हैं, ज़िन्दगी भर बैठायें अपनी बहन को घर।

और चेतन ने उसी दिन माँ की ओर से भाई साहब की ससुराल पत्र लिख दिया था कि ठीक है, आप अपनी बहन को अपने ही घर रखिए। हमें कोई आपत्ति नहीं। अब यहाँ से न कोई उसे बुलायेगा, न लेने जायेगा।

तब इस अपमान की कोई प्रतिक्रिया भाई साहब के मन पर हुई हो तो घर वालों को पता नहीं चला। वे ताश, शतरंज, पतंगबाज़ी और सरदार नन्दा सिंह की सोडावाटर फ़ैक्टरी में मस्त रहे।....

वहीं अपने कमरे में चारपाई पर लेटे-लेटे चेतन को याद आया कि तब भाभी डेढ़ साल तक मायके रही थी। इसलिए नहीं कि वह रहना चाहती थी, वरन इसलिए कि फिर उसे बुलावा नहीं गया। इस बीच में उसके ड्राइवर भाई की बीवी का पागलपन दूर हो गया था। उसकी कृश देह फिर भर आयी थी। वह फिर हट्टी-कट्टी हो गयी और ननद की वहाँ कुछ वैसी ज़रूरत न रह गयी। ननद-भौजाई में फिर पुराने 'मधुर सम्बन्ध' स्थापित हो गये और दोनों में आये दिन तकरार और 'मधुरतम वचनों' का आदान-प्रदान होने लगा। जब साल भर तक ससुराल से किसी ने उसकी ख़बर न ली और इधर चेतन ने अपने डेण्टिस्ट मित्र डॉक्टर सत्य प्रकाश वर्मा की मिन्नत-समाजत करके अपने बड़े भाई को उनकी शागिर्दी में दे दिया और वे भावी डेण्टिस्ट की अदा से सूट-बूट पहन और घुटी पगड़ी बाँधे रोज़ क्लिनिक जाने लगे, तभी सहसा एक दिन उन्हें भाभी का पत्र मिला। भाई साहब पढ़ कर हँसे और उन्होंने पत्र चेतन को दे दिया। टेढ़े-सीधे और ग़लत-सलत अक्षरों में (कि भाभी दो-तीन जमात ही पढ़ी थी) उसने शिकायत की थी कि पूरे एक बरस से उन्होंने उसकी कोई ख़बर नहीं ली। वे बड़े निर्मोही हैं। वह अपनी भाभी के हाथों तंग आ गयी है। उसने किसी से सुना है कि वे डॉक्टर बन गये हैं। उसका मायके में जी नहीं लगता। इसलिए अब वे उसे अविलम्ब बुला लें।

जब चेतन ने पत्र पढ़ लिया था तो हँस कर भाई साहब ने कहा था, 'इसने मुझे अभी से डॉक्टर बना दिया है। इस अकलमन्द का भी कोई जवाब नहीं।'

'जभी तो आपकी याद भी आयी है।' चेतन ने तिक्त स्वर में कहा, 'आप इस सिलसिले में क्या कहते हैं ?'

'किस सिलसिले में ?' भाई साहब ने पूछा था।

'भाभी को लाने के सिलसिले में।'

'अब वह बेसमझ औरत है, उसे क्या कहा जाये।' और भाई साहब ने लम्बी साँस को अन्दर-ही-अन्दर दबा लिया था।

यद्यपि चेतन का विवाह नहीं हुआ था, पर वह भाई साहब की तकलीफ़ समझता

था। तो भी उसने साल भर पहले आये हुए उग्र अपमानजनक पत्र का हवाला दे कर घर की, माता-पिता की, और पति के नाते स्वयं उनकी इज़्ज़त का वास्ता दिलाया था और कहा था कि उन्हें इसका कोई उत्तर नहीं देना चाहिए। उत्तर देना भी होगा तो वह स्वयं दे देगा। वे फ़िक्र न करें और काम सीखने में मन लगायें।

और पत्र ले कर वह माँ के पास आया था और उसने उसे भाभी का पत्र सुनाया था। माँ को पत्र सुन कर प्रसन्नता हुई थी। वास्तव में जब पिछले पत्र-व्यवहार के छै महीने बाद तक भाभी की ओर से कोई पत्र न आया था तो माँ ने शिकायत की थी कि कैसी कठकरेज औरत है और कैसा कठकरेज उसका भाई है! वह पत्नी कैसी, जो पति की तकलीफ़ में साथ न दे! सुख के साथी तो सभी होते हैं, दुख का साथी जो हो, वही सच्चा साथी है।....इसके बाद भी अपनी बड़ी बहू को ले कर माँ कभी उसके ज़िद्दी स्वभाव की, कभी उसकी जड़-बुद्धि की, कभी उसके कठकरेजपन की शिकायत करती थी और कहती थी कि वह भी देखेगी, कितने दिन भाई के द्वारे पड़ी रहती है और भाई-भाभी उसे राज कराते हैं!....यह पत्र सुन कर माँ बड़ी प्रसन्न हुई थी कि आ गयी न राह पर! खिला कर ऊब गये न भाई-भाभी!....और जब चेतन ने अपना फ़ैसला सुनाया था कि पत्र का कोई नोटिस न लिया जाये तो माँ ने व्यंग्य से कहा था, 'नहीं, लिख दो कि अभी तुम्हारा पति तुम्हारे योग्य नहीं हुआ। जब होगा तो आ कर ले जायेगा।'

यद्यपि चेतन ने यह तय किया था कि इस पत्र का उत्तर देने की ज़रूरत नहीं और इसका जवाब एक लम्बी चुप है, लेकिन उस रात देर तक वह सो नहीं सका था और मन-ही-मन कई तरह से भाभी के पत्र का उत्तर देता रहा था। जब दूसरी रात भी उसे नींद न आयी और वह बिस्तर पर लेटा, मन-ही-मन निरन्तर भाभी को तरह-तरह से पत्र लिखता रहा तो तीसरे दिन सुबह उठते ही उसने सबसे पहला काम यह किया कि भाभी को उत्तर दे दिया।....'उत्तर दे दिया' कहना या सोचना जितना आसान है, उतना वास्तव में वह था नहीं। उसने कई पत्र लिखे और फाड़े थे। असल में उसका क्रोध उस पर हावी हो जाता था और वह भाभी को पत्र ही में भाषण देने लगता था — उसके पुराने व्यवहार को ले कर व्यंग्य करने लगता था और उसे पुनः यह समझाने लगता था कि अपने भाई से वह पत्र लिखवा कर उसने अपने पति तथा उसके परिवार का अपमान किया है, लेकिन किसी पत्र में वह मन की पूरी बात न कह पाया था। आख़िर जब उसने तीसरी या चौथी बार एक लम्बा पत्र लिखा था और अपने जाने अपना सारा आक्रोश, सव्यंग्य उसमें व्यक्त कर दिया था तो उसे सुन कर माँ हँस दी थी। 'बेटा, अन्धे के आगे रोना अपने नयन खोना है।' उसने कहा था, 'वह अकलमन्द यदि तुम्हारी इन बातों को पल्ले बाँधने की समझ रखती तो यह नौबत ही क्यों आती ?'

चेतन को लगा, माँ ठीक कहती है और तब उसने इतने श्रम से लिखा हुआ वह पत्र भी फाड़ दिया था और माँ ने पहले दिन जो बातें कही थीं, वे ही कुछ और व्यंग्यपूर्ण बना कर लिख भेजी थीं।

पत्र लिख कर वह डाकख़ाने में डाल आया था। इसके बाद अगले छै महीने में न केवल भाभी के, वरन उसके पिता की ओर से भी पत्र आये थे। माँ और चेतन का रुख़ बदस्तूर तना रहा था। उनका ख़याल था कि यदि उसे आना है तो अपने आप आ जाये,

यह उसका घर है, उसे यहाँ से कोई निकालेगा नहीं, पर लेने अब उसे कोई नहीं जायेगा।....लेकिन चेतन ने यह भी देखा था कि जब उनके ससुराल से चिट्ठी आती है तो भाई साहब बड़े उत्साहित हो जाते हैं और उसे पढ़ने के लिए भी पहले की अपेक्षा कहीं ज़्यादा व्यग्र दीखते हैं। एक बार उन्होंने दबी ज़बान से कहा था, 'बहुत अकड़ती थी, अब उसे अपनी ग़लती अच्छी तरह समझ में आ गयी है।'

'ठीक है, ग़लती समझ में आ गयी है तो भाई को ले कर चली आये, उसे कोई निकालेगा नहीं। पर लेने भी उसे अब कोई नहीं जायेगा।' चेतन ने कहा था, 'उसने आपका इतना अपमान किया है, मैं आपकी जगह होता तो ज़िन्दगी भर ऐसी औरत की शक्ल न देखता।' (मन में उसने कहा — मैं होता तो ऐसी नौबत ही क्यों आने देता कि मेरी पत्नी को मेरी योग्यता में सन्देह हो।)

भाई साहब का मुँह उतर गया था। जब दो-तीन बार उनकी ओर से उसे ऐसे ही संकेत मिले तो फिर जब उनकी ससुराल से पत्र आया, शाम को क्लिनिक से उनके लौटते ही चेतन उनके साथ डेवढ़ी की सीढ़ियों पर अँधेरे ही में बैठ गया और उनके मन की बात करते हुए उसने कहा था, 'आज फिर आदमपुर से पत्र आया है। मेरा ख़याल है, भाभी को काफ़ी सज़ा मिल गयी है। आप चाहें तो जाइए, जा कर उसे ले आइए। मैं माँ से कहे देता हूँ।'

भाई साहब प्रसन्न हो गये थे। लेकिन उन्होंने कहा था, 'नहीं, मैं नहीं जाऊँगा। लाने की सोचते हो तो तुम्हीं जा कर ले आओ।'

'यूँ तो भाई साहब यदि आप छै महीना और सब्र करते,' चेतन ने कहा था, 'तो आपको ज़िन्दगी भर के लिए आराम हो जाता। भाभी के घर वाले उसे झख मार कर छोड़ने आते और फिर न कभी वह ऐसी बात करती, न माँ को और आपको तंग करती। पर ठीक है, काफ़ी हो गया है। मैं जा कर ले आऊँगा।'

और चेतन ने माँ से सलाह की थी। यद्यपि वह स्वयं अपनी बड़ी बहू के हाथों तंग थी तो भी डेढ़ वर्ष बाद उसका रवैया बड़ा नर्म हो गया था। माँ को अपने बड़े लड़के की भावनाओं का भी ख़याल था और 'छड़े उठाई पूँछड़ी गया सौदाई हो' — (अविवाहितों अथवा पत्नी-विहीनों के बारे में) अपना यह तकिया कलाम उसने दोहरा दिया था। माँ को भय था कि सारा दिन डॉ० वर्मा के क्लिनिक में काम करने के बाद पत्नी की अनुपस्थिति में उसका वह बड़ा बेटा कोई ख़ुराफ़ात न करे। इसलिए माँ ने चेतन से कहा कि वह ठीक सोचता है। बहू मूर्खता कर सकती है, पर हमें तो समझदारी से काम लेना चाहिए। देर ही से हो, पर यदि उसे समझ आ गयी है तो उसे बुला लेना चाहिए।....

और कुछ दिन बाद चेतन जा कर भाभी को ले आया था।

०

वहीं चारपाई पर लेटे-लेटे, न सिर्फ़ यह सारी-की-सारी घटना चेतन के दिमाग़ में घूम गयी, वरन वे कुछेक अवसर भी, जब वह भाभी को लेने या छोड़ने आदमपुर दोआबा गया था। अजीब बात है कि एक बार भी उसने भाभी की माँ के बारे में कोई जानकारी प्राप्त नहीं की, कि वह किस बीमारी से मरी थी अथवा परिवार में किसी को कोई ऐसी-वैसी

बीमारी तो नहीं थी। चेतन को विश्वास हो गया कि ज़रूर भाभी की माँ को यक्ष्मा था और उसी से यह बीमारी भाभी को लगी है।

चेतन इस सोच में ग़र्क था और याद करने की कोशिश कर रहा था कि जितनी बार वह आदमपुर गया, कभी कोई ऐसी भनक उसके कान में पड़ी या नहीं और माँ इस चिन्ता में लीन थी कि टी० बी० के रूप में यह जो विपत्ति उसके घर पर आयी थी, कैसे उससे अपने बच्चों की रक्षा करे ? यदि बड़ी बहू लाहौर रहती है तो उसके बड़े दोनों लड़कों और छोटी बहू को ख़तरा है। जालन्धर रहती है तो तीन छोटे लड़के वहाँ स्कूल में पढ़ते हैं (केवल चेतन से छोटा नौकर हो कर धर्मशाला चला गया था) और उसे अपने इन सभी लड़कों की चिन्ता थी।....तो भी जालन्धर के घर में बहुत-से कमरे थे और बहू को एक कमरे में अलग रखा जा सकता था, इसलिए वह कुछ समय के लिए उसे जालन्धर ले जाने को तैयार थी, पर उसे भय था कि उसकी यह ज़िद्दी बड़ी बहू कभी जालन्धर जाने को तैयार न होगी।

दोनों माँ-बेटे इस एक ही समस्या पर चुपचाप सोच रहे थे कि चेतन को खिड़की में से बाहर गली में भाई साहब साइकिल से उतरते दिखायी दिये। जिस दिन से चन्दा आयी थी और उसने रसोई-घर का काम सँभाल लिया था, भाई साहब दोपहर का खाना खाने घर आ जाते थे।

साइकिल डेवढ़ी में खड़ी कर भाई साहब चेतन के कमरे में आये और उन्होंने उत्सुकता से पूछा कि डॉक्टर ने क्या बताया ?

चेतन ने सविस्तार उनसे डॉक्टर की बात कही। (रिपोर्ट देख कर उसके माथे पर जो तेवर बन गये थे, उनका उल्लेख करना भी वह नहीं भूला।) तब भाई साहब क्षण भर के लिए चुप खड़े रहे। फिर उन्होंने कहा, 'बड़ी मुश्किल से यह मकान मिला था। ऊपर वालों को इस बात का पता चला तो वे लोग कमरे ख़ाली करने का नोटिस दे देंगे। तुम मकान-मालिक से ज़िक्र न करना।'

इतना कह कर वे फिर चुप हो गये। कुछ क्षण बाद फिर बोले, 'यहाँ तो इसका रहना नहीं हो सकता। इसका इलाज और देख-भाल यहाँ कौन करेगा ? चन्दा खाना पकायेगी, स्कूल जायेगी या इसकी तीमारदारी करेगी। मैं सुबह आठ का गया शाम आठ बजे घर आता हूँ। तुम ख़ाली हो, पर अगर तुम्हें कहीं दिन की नौकरी मिल गयी तो इसकी तीमारदारी कैसे होगी ? मैं इसके भाई को लिखता हूँ कि इसे आ कर ले जाये।'

अब माँ ने होंट खोले, 'मैं तो चाहती थी कि मैं ही इसे ले जाऊँ, पर बहू मेरे साथ जायेगी नहीं।'

'चलो. खाना खा लें,' सहसा भाई साहब ने कहा, 'फिर मैं उससे पूछता हूँ। जालन्धर में तो नीचे अथवा ऊपर की बैठक में, निचले अथवा ऊपर वाले पिछले कमरे में —कहीं भी इसे रखा जा सकता है, पर यहाँ तो एक ही कमरा है, जिसमें यह भी सोयेगी, मैं भी सोऊँगा और यदि सुरेश (भाई साहब का छै वर्षीय बड़ा लड़का) कभी आया तो वह भी यहीं सोयेगा।'

माँ ने कहा, 'यही मैं सोचती थी। यह बीमारी तो घर-का-घर खा जाती है। खई

(क्षय) रोग वाले को अलग कमरे में तो रखना ही चाहिए। कश्मीरी लाल की बात तो तुम जानते ही हो। अपनी भाभी से उसका बड़ा प्रेम था। भाभी को यह रोग हुआ, वहाँ से कश्मीरी को हुआ, फिर उसके बाद उससे छोटे पन्ने को हुआ। एक भी नहीं बचा। आजकल पन्ने की बहू पड़ी खाँसती रहती है।'

तभी चन्दा ने आ कर कहा कि खाना परस दिया है।

चेतन उठा और दोनों भाई जा कर रसोई-घर में बैठ गये।

खाना खाते समय कोई नहीं बोला। पिछले कमरे में भाभी खाँसती रही और चेतन के सामने कश्मीरी लाल की बीमारी का चित्र चलता रहा — कितना होनहार कवि था, कितना मेधावी, चेतन की रचनाओं को कितना पसन्द करता था और उसकी मृत्यु से उसे स्वयं कितना धक्का लगा था — उसकी बीमारी और मौत उसके मन पर कैसे अमिट नक्श छोड़ गयी थीं!....

बीस

कश्मीरी लाल 'दाग़' उसके मुहल्ले ही के झमान (ब्राह्मण) युवक थे। वे चेतन के बड़े भाई से दो कक्षा आगे पढ़ते थे और चेतन से चार। उम्र में भी वे चेतन से चार-पाँच वर्ष बड़े थे। नज़ाकत और नफ़ासत पसन्द! — नोकदार नाज़ुक जूता, लट्ठे का उटुंग पायजामा, गबरून की धारीदार कमीज़, चारख़ाना मोटी खादी का कोट और लटकेदार पगड़ी — रंग गोरा, शरीर लम्बा और छरहरा; होंट पतले; आँखों में अजीब-सी चमक और होंटों पर उदास मुस्कान। — जिन दिनों चेतन ने छठी जमात पास की, वे मैट्रिक पास कर चुके थे।

चेतन जिस माहौल में पैदा हुआ और पला, उसमें बड़ा भाई पिता-तुल्य समझा जाता था। उसके सामने बात करने में अदब का लिहाज़ रखना ज़रूरी था। उसी प्रकार मुहल्ले के बड़े लड़के बड़े भाई के समान होते थे और उनसे बात करने में भी आदर का भाव आवश्यक समझा जाता था। फिर मुहल्ले में लड़कों की श्रेणीबद्ध टोलियाँ होती थीं और वयस्क लड़के अपनी-अपनी टोलियों ही में घूमते थे। एकाध कक्षा ऊपर-नीचे के लड़के आपस में मिल-जुल भी लेते थे, पर चौथी कक्षा का लड़का आठवीं कक्षा के लड़कों के साथ घूमता फिरे, ऐसा अपवाद-स्वरूप ही होता था। इस स्थिति में कश्मीरी लाल की सन्निकटता पाना चेतन के लिए लगभग असम्भव था। जिस व्यक्ति का सत्कार उसके बड़े भाई करते थे, उससे तो बात तक करने में चेतन को संकोच होता था। लेकिन कुछ ऐसे कारण हुए कि उन दोनों में दूरी अनायास कम हो गयी और एक बार तो चेतन को कुछ महीने उनके सम्पर्क में बिताने का भी अवसर मिला।

०

पहला कारण तो यह हुआ कि छठी श्रेणी ही से चेतन ज़ोर-शोर से कविता करने लगा। कश्मीरी लाल उर्दू में शेर कहते थे और 'दाग़' उपनाम रखते थे। यद्यपि चेतन उन दिनों

पंजाबी में कविता करता था, पर इतना ही ज्ञान कि वे शायर हैं, उनके प्रति उसके हृदय में विशेष श्रद्धा उत्पन्न करने को पर्याप्त था। जिस दिन चेतन को अपने बड़े भाई से उनके शायर होने का पता चला था, उसी दिन से न केवल उनके प्रति चेतन के सहज आदर-भाव में श्रद्धा का समावेश हो गया था, वरन उनकी गतिविधि में भी उसकी दिलचस्पी बढ़ गयी थी। वे जहाँ खड़े होते, किसी-न-किसी बहाने चेतन भी वहाँ जा खड़ा होता। उनकी बातों को सुनने का प्रयास करता और उनका कोई-न-कोई काम कर देने का सौभाग्य पाने की प्रतीक्षा किया करता।

इसके बावजूद उस वातावरण और संस्कृति में कश्मीरी लाल और चेतन के बीच की दूरी बदस्तूर बनी रहती, यदि आठवीं कक्षा में जाते ही चेतन सचमुच बीमार और कमज़ोर न हो जाता; और हवा-पानी बदलने के लिए उसे अपने पिता के पास दुसूआ न जाना पड़ता —और उन्हीं दिनों कश्मीरी लाल भी वहाँ न पहुँच जाते।

०

जब चेतन आठवीं कक्षा में होमवर्क न कर पाने के कारण भूतना के भय से बीमारी का बहाना बना कर घर रह जाता और माँ जो दवाई देती, वह चुपचाप खा जाता, तो पहले उसका पेट ख़राब हुआ, फिर पेचिश हुई, फिर संग्रहणी और वह बेहद कमज़ोर हो गया। तभी उसे सर्दी दे कर ताप आने लगा, जो लगातार महीनों आता रहा। पहले तो उसने कुछ दिन हकीम नबी जान की दवा की। जब उससे आराम न आया तो सत-गिलो खाता रहा। फिर कोट पश्का के डॉक्टर जीवाराम की शरण पहुँचा (जो मेयो हस्पताल के रिटायर्ड कम्पाउण्डर थे और डॉक्टरी प्रैक्टिस करते थे।) उस ज़माने में इन्जेक्शन और कैप्स्यूल कोई जानता न था। मलेरिया आम था और उसके लिए फ़ीवर-मिक्स्चर और कुनीन-मिक्स्चर आम दवाएँ थीं। उन्हीं दोनों से चेतन का पाला पड़ा। ज्वर ने ऐसा तूल खींचा कि महीनों कुनीन-मिक्स्चर पीते-पीते वह परेशान हो गया। कुनीन-मिक्स्चर की कटोरी देख कर ही उसका जी मतलाने लगता और कई बार माँ और दादा की आँख बचा कर वह उन्हें गिरा देता।

०

खाना खाते-खाते चेतन के सामने अपनी बीमारी के कई चित्र आ गये।

०

....शाम का वक्त है। वह अपनी बैठक में बैठा है कि उसे ज़ोर की कँपकँपी छिड़ती है। वह लोई ले लेता है, पर उसकी सर्दी दूर नहीं होती। वह उठ कर अन्दर दालान में बिस्तर पर जा लेटता है। माँ उसके ऊपर रज़ाई ओढ़ा देती है। उसका सिर दर्द से फटने लगता है और कँपकँपी है कि बन्द ही होने में नहीं आती। माँ दूसरी रज़ाई उसके ऊपर डाल देती है और उसकी दोनों कनपटियाँ दबाती है। उसे ज़ोर का बुख़ार हो आता है। माँ उसे फ़ीवर-मिक्स्चर की ख़ुराक पिलाती है। दवाई से उसका मुँह बेतरह कड़वा और बेमज़ा हो जाता है। भूख उसे बिलकुल नहीं लगती। माँ उसे दूध-चावल देती है। किसी तरह वह चन्द चम्मच खाता है। उसका जी थोड़ा अचार खाने को होता है, पर उसे कोई अचार नहीं देता। सारी रात वह बुख़ार से जलता झुलसता रहता है।....रात के पिछले पहर उसे ज़ोर का पसीना

आता है। उसके कपड़े भीग जाते हैं। माँ रज़ाई के अन्दर हाथ डाल, खादी के धुले साफ़े से उसका पसीना पोंछती है और रज़ाई के अन्दर ही उसे कपड़े बदलवा देती है। सुबह उसका माथा देखती है। उसे बुख़ार नहीं है। उसका माथा भी ठण्डा है। पेट भी ठण्डा है। माँ उसे कुनीन-मिक्स्चर की ख़ुराक कटोरी में डाल कर देती है। चेतन पीने के बदले ज़ोर से कटोरी बाहर आँगन में फेंक देना चाहता है, पर वह कुछ नहीं कर पाता। आँखें बन्द कर वह दवा पी जाता है और कटोरी धरती पर फेंक देता है। माँ उसे पानी का गिलास देती है। वह दो-तीन कुल्ले वहीं फ़र्श पर करता है और बेपनाह थकान से लेट जाता है।....

....कोट पश्का के डॉक्टर जीवाराम की दवा से जब कुछ आराम नहीं आता तो पिता उसे ले कर इमाम नासरुद्दीन के आगे नौहरिया बाज़ार में डॉक्टर मोती राम के यहाँ जाते हैं। इस बाज़ार में मारवाड़ी सेठों की दुकानें हैं और उन्हीं में से एक सेठ के नाम पर बाज़ार का नाम पड़ गया है। खुला, चौड़ा और कम भीड़-भरा बाज़ार! अपेक्षाकृत शान्त! चेतन जब वहाँ से गुज़रता है, सेठ नौहरियाराम की दुकान पर उनके मोटे-मुटल्ले बदसूरत पोते को बही पर झुके देखता है। आधे बाज़ार की दुकानों का वह अकेला मालिक है, शहर के बाहर डी० ए० वी० कॉलेज के आगे उनका बाग़ीचा है, जिसमें सेठ नौहरियाराम की मूर्ति उन्हीं दिनों प्रस्थापित हुई है और चेतन दो-एक बार मुहल्ले के लड़कों के साथ उनके रँहट में नहा आया है....नौहरिया सेठ की दुकान के काफ़ी आगे डॉक्टर मोतीराम बैठते हैं। उनके बारे में प्रसिद्ध है कि पुराने रोगों का इलाज करने में माहिर हैं। मोती वे ज़रूर हैं, लेकिन अनबिंधे और टेढ़े-मेढ़े! चेतन उन्हें देखता है —पचास-साठ की उमर, सूखा-सड़ा शरीर, पायजामा-कमीज़ और कोट, नंगा सिर, कैंची से कटे छोटे-छोटे खिचड़ी बाल —चेतन को वे सनकी लगते हैं। वे उसकी नब्ज़ देखते हैं और कहते हैं कि आजकल के लौण्डे मुश्तज़नी (हस्त मैथुन) में अपनी शक्ति नष्ट कर देते हैं, बीमारियाँ उन्हें न घेरें तो क्या हो। और वे उसके लिए कही फ़ीवर-मिक्स्चर और कुनीन-मिक्स्चर तजवीज़ करते हैं। खट्टे तथा मिर्च आदि से परहेज़ बताते हैं और रुखाई से कहते हैं कि उसे ब्रह्मचर्य का पालन करना चाहिए।

चेतन को बहुत बुरा लगता है। उसे डॉक्टर मोतीराम निहायत असभ्य और फूहड़ दिखायी देते हैं। लेकिन यद्यपि दवा के तौर पर वे डॉक्टर जीवाराम वाला वही फ़ीवर और कुनीन-मिक्स्चर तजवीज़ करते हैं और कोई नयी दवा नहीं देते, चेतन के पिता उनके कायल हो जाते हैं और वे रास्ते भर उसे ब्रह्मचर्य व्रत पालन करने पर भाषण देते चले आते हैं।

....डॉक्टर मोतीराम की दवा से भी उसे कोई लाभ नहीं होता। बुख़ार कुछ दिन बन्द हो जाता है, फिर बारी दे कर आने लगता है। परहेज़ करते-करते चेतन ऊब जाता है। हर सातवें दिन उसे डॉक्टर को दिखाने जाना पड़ता है। वह इमाम नासरुद्दीन को जाते हुए लाल बाज़ार से गुज़रता है तो फलों की दुकानों के पास उसका मन बेतरह ललचा उठता है। दीवाली की मिठाइयों की तरह टोकरों में लाल रंग के काग़ज़ बिछा कर दुकानों में सीढ़ी-दर-सीढ़ी लगभग छतों तक फल लदे हुए हैं। एक दिन वह डॉक्टर के पास से घर आ कर माँ से कहता है कि डॉक्टर ने कहा है : थोड़े अंगूर खाया करो। माँ उसे रोज़ एक आने के छटाँक अंगूर मँगा देती है और नमक-काली मिर्च लगा कर खिलाती है। —पहली

बार चेतन को अपनी बीमारी कुछ अच्छी लगती है।

....चेतन फलों की दुकानों के सामने से गुज़रता है तो हर बार उसकी निगाहें ऊपर की सीढ़ियों पर छोटी-छोटी तश्तरीनुमा सुबक टोकरियों पर चली जाती हैं, जिनमें रुई बिछी है और हर एक में चन्द स्ट्रॉबेरी के लाल-लाल दाने रखे हैं। चेतन को वह फल बहुत लुभाता है। उसने कभी किसी हिन्दुस्तानी को वह फल लेते नहीं देखा। निक्करें और सफ़ेद कमीज़ें पहने हुए गोरे साहब और स्कर्ट पहने हुए गोरी मेमें अपने बेयरों और ख़ानसामों के साथ आती हैं और वे ही ये टोकरियाँ ले जाती हैं....और एक दिन वह माँ से कहता है, डॉक्टर ने कहा है, तुम ब्रहुत कमज़ोर हो, 'शटाबरी' खाया करो। 'शटाबरी' कौन-सा फल है, माँ को मालूम नहीं। वह भाई साहब को 'शटाबरी' लाने भेजती है। आठ आने की टोकरी आती है — चन्द दाने — चेतन एक दाना खाता है। अजीब-सा खटमिट्ठा स्वाद है। उसे अच्छा नहीं लगता। सिवा इस गर्व की अनुभूति के कि उसने वही फल चखा, जिसे अंग्रेज़ लोग ही खाते हैं, उसे कोई लुत्फ़ नहीं आता और वह मन-ही-मन सोचता है — इन अंग्रेज़ों का भी कोई टेस्ट है ? यह 'शटाबरी' भी कोई खाने की चीज़ है ? केला, आम, अंगूर, अनार तो फल हुए, यह 'शटाबरी' कैसा फल है ? चार आने में पाव भर अंगूर आ जाते हैं और ये आठ आने में आठ दाने। वे भी खटमिट्ठे! कैसा टेस्ट है और कैसी लूट है....वह टोकरी परे हटा देता है। भाई साहब सब-के-सब दाने खा जाते हैं और कहते हैं कि बुख़ार ने उसकी ज़बान सीठी कर दी है। 'शटाबरी' के ज़ायके की क्या बात है!....और वे चटख़ारा लेते हैं।

....वह कुनीन-मिक्स्चर पीते-पीते उकता गया है। उसका मन अचार खाने को है। वह दिन को मर्तबान से आम के अचार की एक काश काग़ज़ में छिपा कर रख लेता है। रात को बैठक में जा कर उसे चूसता है। सहसा बाहर आँगन में माँ पूछती है कि वह अँधेरे में क्या कर रहा है। वह अचार को बाहर चौक में फेंक देता है और नाली पर बैठ जाता है, जैसे पेशाब करने आया हो....

....माँ को डर है कि कहीं उसे पुराना बुख़ार न हो। मुहल्ले में लाला मुकन्दीलाल की लड़की पूरो आयी हुई है। वह माँ को सलाह देती है कि नकोदर के बाबा मल्ल की मन्नत माँगे। माँ मन्नत माँगती है। चेतन का बुख़ार टूट जाता है। — प्रकट ही दवाओं का प्रभाव हुआ है, पर माँ इसे बाबा मल्ल ही की कृपा मानती है। चेतन पूरो के साथ नकोदर जाता है। बरसात के दिन हैं, बाहर झींसी पड़ रही है। वह अन्दर कमरे में चौखट के पास ज़मीन पर सोता है। रात भर उसे मच्छर काटते हैं। सबेरे वह रँहट पर जाता है। वहीं नहाता है। बाबा मल्ल की समाधि पर सवा रुपया चढ़ाता है और बदले में गुड़ का प्रसाद और राख की चुटकी ले आता है।

....पिता एक दिन को आते हैं। उनके साथ मोटा, ठिगना, चपटी नाक और साँवले रंग का एक व्यक्ति कोट-पतलून पहने है। पिता उसे डॉक्टर कह कर पुकारते हैं। (बाद में उसे माँ से मालूम होता है कि वह दुसूआ के नये सिविल सर्जन हैं) पिता चेतन को उसे दिखाते हैं। डॉक्टर उसकी नब्ज़ देखते हैं, आँखों के पपोटे नीचे ऊपर करके देखते हैं। उसकी बीमारी का अहवाल सुनते हैं और राय देते हैं कि बच्चे को सिर्फ़ कमज़ोरी है। उसकी जल-वायु बदल दी जाये। वे चेतन के पिता को परामर्श देते हैं कि वे उसे दुसूआ बुलवा

लें, वहाँ की जल-वायु बहुत अच्छी है। दवाई वे दे देंगे, बच्चा ठीक हो जायेगा। पिता माँ को आदेश देते हैं कि उसे ले कर दुसूआ पहुँच जाये। और उसकी सेहत ठीक होने के बाद वापस चली आये।

और माँ उसे वहाँ ले जाती है।

०

०

चेतन की आँखों में सामने दुसूआ के वे दिन घूम गये और उनके साथ ही वहाँ कश्मीरी लाल से अचानक भेंट पर अपना आश्चर्य!

०

०

दुसूआ यद्यपि बड़ा स्टेशन है, पर नगर से डेढ़-दो मील दूर होने के कारण तब उस पर अधिक रौनक न थी। गाड़ी आने के समय काफ़ी भीड़ हो जाती थी। तभी चेतन स्टेशन पर जा पहुँचता और साधारणतः जब कोई अफ़सर न आ रहा होता और टिकट बाबू कहीं व्यस्त होते तो वह गेट पर खड़ा हो कर उतरने वाले मुसाफ़िरों से टिकट लेता। टिकट बाबू स्वयं टिकट ले रहे हों तो चेतन बेटिकट यात्रा करने वालों को पकड़ा करता। स्टेशन मास्टर उस ज़माने में स्टेशन का बादशाह होता था। चेतन के पिता का दबदबा तो लाइन भर में था। हालाँकि चेतन की उम्र बहुत कम थी, पर उसे याद था कि उस वक्त उसके अपने स्वर में कुछ ऐसा रोब होता कि बेटिकट यात्रा करने वाले सदा घबरा जाते। जाने क्यों बेटिकट लोगों को पकड़ने में चेतन को बड़ा आनन्द मिलता। पण्डित शादीराम किसी अपराधी को कभी चार्ज न करते। सदा दो-एक गालियाँ दे कर छोड़ देते। फिर भी इस काम में उसकी मुस्तैदी कम न होती और गाड़ी के खड़े होते ही वह प्रायः उसके पिछवाड़े भाग जाता और पीछे से उतरने वालों को जा पकड़ता। कई बार जहाँ इंजन रुकता, वहाँ पहले से जा खड़ा होता और गाड़ी रुकते ही इंजन के साथ वाले डिब्बों से उतर कर प्लेटफ़ार्म से बाहर होने वाले बेटिकटों से टिकट माँगता। फिर कई बार वह गार्ड के डिब्बे की ओर जा खड़ा होता और पीछे से निकलने वालों को जा दबोचता। गाड़ी रुकते ही इंजन अथवा ब्रेकवैन के साथ वाले डिब्बों से उतर कर प्लेटफ़ार्म के बाहर हो जाने वाले मुसाफ़िरों में ९५ प्रतिशत बेटिकट होते।

चेतन अपनी उस मुस्तैदी का कारण ढूँढता (विशेषकर उस सूरत में, जब उसके पिता किसी यात्री को चार्ज न करते) तो उसे लगता कि जालन्धर की रौनक से दूर, उस सूने स्टेशन पर जाने के कारण यह सब मन लगाने का बहाना-मात्र था। या फिर चूँकि चेतन अपने पिता से बहुत डरता था। वे क्रोध में होते तो बेतरह पीटते। शायद इस बहाने वह उन पर अपनी कार्यपटुता का सिक्का जमा देता और उनकी व्यस्तता में उनके सामने बने रह कर फिर कभी सामने न पड़ता।

एक दिन स्टेशन पर गाड़ी आते ही चेतन ने तय किया कि वह थर्ड का टिकट ले कर इण्टर में यात्रा करने वालों को पकड़े। इण्टर के डिब्बे में अत्यन्त साधारण कपड़े पहने एक धान-पान-सा युवक बैठा था। इससे पहले कि गाड़ी पूरी तरह खड़ी होती, चेतन डिब्बे

में चढ़ गया।

'टिकट!' उसने अधिकारपूर्ण स्वर में पूछा।

'मैं....मैं....मेरे....' वह युवक कुछ घबरा कर उत्तर देने ही जा रहा था कि चेतन की दृष्टि उसके मुख पर गयी और उसके होंटों से आश्चर्य-भरे स्वर में निकला —'भरा जी![१] पैरीं पैणा हाँ।'[२]

वह युवक कश्मीरी लाल 'दाग़' थे। उनका मुख आश्वस्त और प्रफुल्ल हो गया। सचमुच वे बेटिकट थे। क्यों ? इसका पता चेतन को बाद में लगा।

०

चेतन के मुहल्ले (कल्लोवानी) में ब्राह्मणों और खत्रियों में पुरानी चली आ रही थी। ब्राह्मणों की आर्थिक दशा अच्छी न थी। खत्री उन्हें दबाते थे। और उनका यह ज़ुल्म ऋषियों के नाम-लेवाओं को पसन्द न था। इसलिए खत्रियों से लड़ाई-झगड़े के समय ब्राह्मण इकट्ठे हो जाते थे। यजमानों की नाराज़गी से यदि कोई खुला विरोध न करता तो भी सहानुभूति उसकी सदैव अपनी जाति वालों के साथ रहती। चेतन के दादा, परदादा पटवारी थे, पर उसका वंश ब्राह्मणों का ऊँचा वंश था। पुरखे भारद्वाज के आश्रम में शिक्षा पाये हुए थे। पण्डित शादीराम ने उस हीनावस्था में मैट्रिक तक संस्कृत पढ़ी थी और अपने बेटों के नाम शुद्ध संस्कृत में रखे थे। यद्यपि जहाँ तक कर्मों का सम्बन्ध है, उनमें ब्राह्मणों की-सी कोई बात न थी। वे ख़ूब पीते और ख़ूब उड़ाते थे। धर्म-कर्म की कोई बात उन्होंने कभी जानी न थी और जात-पाँत का बन्धन माना न था, लेकिन उनकी सहानुभूति सदा मुहल्ले के विपन्न और दुर्बल ब्राह्मणों के साथ रहती। मुहल्ले के ब्राह्मण युवकों को वे सदा पुरोहिताई की गिड़गिड़ाहट छोड़ कर, दूसरे धन्धे अपनाने और स्वाभिमान से जीवन बिताने का उपदेश दिया करते। रिलीविंग के अपने दौरों पर जाते हुए जब भी वे घर आते, ब्राह्मण युवकों की कुश्तियाँ कराते, उन्हें खिलाते-पिलाते और इनाम देते और छै बेटों से सन्तुष्ट न हो कर किसी-न-किसी को अपना सातवाँ पुत्र घोषित कर जाते।

कश्मीरीलाल मैट्रिक कर चुके थे। घोर मन्दी का ज़माना था। नौकरी उनकी कहीं लगी न थी। भावुक और भावप्रवण थे। बेकारी और इश्क का घुन उन्हें अन्दर-ही-अन्दर खाये जाता था। हलका-हलका ज्वर भी रहने लगा था। उन्हीं दिनों कहीं पण्डित शादीराम जालन्धर गये। वे कश्मीरी लाल को बहुत मानते थे। वे उन्हें मुहल्ले के ब्राह्मण युवकों में सबसे योग्य और सुशील समझते थे। उनकी यह दशा देख पण्डित जी ने स्नेह से दो-चार गालियाँ दीं, उन्हें अपना सातवाँ पुत्र घोषित किया और दुसूआ आने का निमन्त्रण दे दिया। कहा कि टिकट लेने की ज़रूरत नहीं, कोई टिकट चेकर टिकट माँगे तो कह देना कि पण्डित शादीराम का लड़का हूँ और उनके पास दुसूआ जा रहा हूँ। मैं तुम्हें तार देना सिखा दूँगा। तार देना आ जाये तो सिगनेलरी की परीक्षा में बैठ जाना।

और पण्डित जी के परामर्शानुसार कश्मीरी लाल बेटिकट चले आये थे।

चेतन के प्रणाम के उत्तर में 'जिउन्दे रहो!' कह कर और उसकी पीठ को हलके-से

---

१. भाई साहब

२. प्रणाम करता हूँ।

थपथपाते हुए वे नीचे उतरे।

चेतन अपने उल्लास में लगभग उनके आगे-आगे चलता हुआ उन्हें दफ़्तर में ले आया। पण्डित शादीराम लाइन क्लियर दे चुके थे। कश्मीरी लाल ने उनके पाँव छुए। पण्डित जी ने आर्शीवाद दिया और वहीं बैठने के लिए कह कर गार्ड के साथ चले गये। उनके वापस आने पर कश्मीरी लाल ने बताया कि उनकी तबीयत कुछ ज़्यादा ख़राब रहने लगी थी, इसलिए उनके आदेशानुसार वे चले आये हैं।

०

कश्मीरी लाल वहाँ दो महीने रहे। आये तो उनका रंग कालिमा लिये हुए पीला-पीला था। होंट सूखे और कल्ले धँसे हुए थे। हाँ, आँखों में वही चमक थी और होंटों पर वही उदास-उदास मुस्कान! दूसरे दिन स्टेशन पर दातौन करते-करते उन्होंने बलग़म थूकी तो उसमें रक्त की बारीक लकीर थी। लेकिन वहाँ दो महीने के प्रवास ही से उनका रंग निखर आया था, कल्ले भर आये थे और गोरे गालों पर सुर्ख़ी दौड़ गयी थी।

दुसूआ बहुत प्राचीन कस्बा है। चेतन ने सुना था कि राजा विराट वहीं राज्य करते थे और पाण्डव अपने बनवास का तेरहवाँ वर्ष पूरा करने वहीं आये थे। कश्मीरी लाल के साहचर्य में चेतन ने कस्बे का चप्पा-चप्पा देख डाला। कस्बा स्टेशन के सामने की दिशा में लाइन के पार, एक-डेढ़ मील की दूरी पर, एक विशाल पहाड़ी नाले के किनारे काफ़ी ऊँचाई पर बसा था। राजा विराट के समय का एक टूटा-फूटा पुराना दुर्ग भी वहीं नाले के तट पर खड़ा था। दुर्ग के खँडहरों से नगर के मकानों, नाले की गहराई तथा रेतीले विस्तार का बड़ा मनोहर दृश्य दिखायी देता था। वहीं एक तरफ़ सरकारी हस्पताल था, जहाँ डॉक्टर ख़ुशीराम नये-नये सिविल सर्जन नियुक्त हो कर आये थे।

स्टेशन के मुसाफ़िरखाने के बाहर टाण्डा उड़मड़ से आने और मुकेरियाँ को जाने वाली चौड़ी सड़क थी, जिसके दोनों ओर शीशम के सायेदार पेड़ खड़े थे। इसी सड़क पर स्टेशन से दो-तीन फ़र्लांग आगे, बायीं ओर, पहले काँजी हाउस, फिर थाना और तहसील थी। आगे दायीं ओर कचहरी। यहीं सड़क पर दोनों ओर बड़ी रसीली रा-जामुनों के ऊँचे गगनुचम्बी पेड़ थे। कचहरी के पीछे आमों का एक बाग़ और उसके परे एक विशाल गहरा अठकोना तालाब था। वहाँ के लोगों का कहना था कि उसे पाण्डवों ने बनवाया है। तालाब इतना विशाल था कि एक किनारे खड़े हो कर चेतन सामने देखता तो दूसरे किनारे पर शहतूत के विशाल गगनचुम्बी पेड़ छोटे-छोटे दिखायी देते। सारा-का-सारा तालाब कमल के पत्तों से अटा पड़ा था। केवल दो-एक जगह नहाने के लिए थोड़ा-सा स्थान ख़ाली था, जहाँ कस्बे के मनचले नहाते, तैरते और किनारे बने मन्दिर के चबूतरों पर चढ़ कर छलाँगें लगाते। बहार का मौसम था और तालाब में बड़े-बड़े कमल खिले हुए थे। पत्ते और कमल —बस उनके सिवा उस मील-डेढ़ मील की परिधि में और कुछ दिखायी न देता।

अनाज की बड़ी मण्डी होने कारण दुसूआ के स्टेशन पर ख़ूब माल चढ़ता-उतरता। इसलिए चेतन के पिता की आय यथेष्ट थी। दो गायें और एक भैंस उन्होंने पाल रखी थी। दूध, घी, दही और छाछ का बाहुल्य था। खाने-पीने और घूमने के सिवा कोई काम न था। चेतन कश्मीरी लाल के साथ तालाब पर चला जाता, कभी मण्डी, कभी हस्पताल और कभी

शहर। पण्डित जी ने प्लेटलेयर से कह कर कश्मीरी लाल के लिए तार का एक देशी यन्त्र बनवा दिया था जिसे वे सदा साथ रखते और अभ्यास के लिए 'गट, गर-गट' करते रहते।

०

पहले-पहले कश्मीरी लाल से बात करने में चेतन को संकोच रहा। वे घूमने जाते तो वह यूँ ही साथ हो लेता। फिर जब उन्हें पता चला कि चेतन को भी कुछ शेर-ो-शायरी का शौक है तो वे कभी-कभी उसे शेर सुनाने लगे। शेरों का अर्थ पूरे तौर पर चेतन की समझ में न आता, लेकिन कश्मीरी लाल धीमे स्वर में बड़ी दर्द-भरी लय में गाते और उसे उनका स्वर बहुत अच्छा लगता।

पंजाबी में कविता करते-करते चेतन को उर्दू में शेर कहने का जो शौक हो गया, उसमें दूसरे कारणों के अलावा कश्मीरी लाल के उस दर्दीले स्वर का भी हाथ था। उन दो महीनों में कई बार उसने उन्हें उस दर्द-भरी लय में उर्दू के शेर गाते सुना। स्कूल की पुस्तकों में उर्दू नज़्में पढ़ कर चेतन का मन कई बार उर्दू में शेर कहने को होता था, लेकिन पंजाबी में कविता करना उसे सुगम लगता। कश्मीरी लाल के मुँह से शेर सुन कर उसके मन में स्वयं शेर कहने की प्रबल साध उत्पन्न हो गयी।

दुसूआ का वह विशाल अठकोना तालाब कश्मीरी लाल को ज़्यादा पसन्द न था। चेतन को अच्छी तरह याद था, एक बार किनारे के चबूतरे पर आम की छाया में लेटे-लेटे उन्होंने कहा कि उस तालाब में यदि कमल न होते तो वह विशाल जलराशि आँखों को बहुत भाती।

उनकी बात बहुत हद तक ठीक थी। यद्यपि तालाब में बेगिनती कमल खिले हुए थे, पर वह दृश्य, जैसा कि चेतन को अब तक याद था, कुछ वैसा सुन्दर न था। सारा तालाब कमल के बड़े-बड़े गोल पत्तों से अटा पड़ा था। शायद वर्षों से, कौन जाने सदियों से, उसकी सफ़ाई न हुई थी। बेशुमार पत्ते सड़ रहे थे, मील-डेढ़ मील के घेरे के उस तालाब में कहीं पानी दिखायी न देता था। कमल के पत्तों में कहीं जगह थी भी तो हरी-हरी काई छायी हुई थी। कवि कश्मीरी लाल को यह दृश्य कुछ वैसा सुन्दर न लगता था। उनका विचार था कि यदि अनगिनत कमलों की अपेक्षा सारे तालाब में आँखों को ठण्डक पहुँचाने वाला नीला-नीला जल होता, उसकी सफ़ाई होती रहती तो किनारे के आम और शहतूत के पेड़ों में उसकी छटा निराली ही होती। इतने अनगिनत फूलों और पत्तों के बदले यदि तालाब के बीचों बीच कुछेक फूल खिले होते तो कितने चित्ताकर्षक लगते! उनको पाने के लिए मन कितना लालायित रहता! लोग तैर-तैर कर वहाँ जाते और फूल लाने में गर्व और सुख पाते। अब कमल खिलते, मुरझाते और सड़ जाते। कोई उन्हें न पूछता। कभी सुबह-शाम कुछ लोग अवश्य आते और डुबकी लगा कर ताल के कीचड़ और गढ़ों में पैठ, कमल की जड़ें काट कर ले जाते। उनकी तरकारी बनती। मुरब्बा और अचार बनता। अजीब-सा नाम दे रखा था पंजाबियों ने उन जड़ों को —भें! 'भेड़ की 'भें' 'भें' से कमल की जड़ का क्या सम्बन्ध ?' कश्मीरी लाल कहते और वही व्यंग्यमयी दर्दीली मुस्कान उनके होंटों पर फैल जाती।

कश्मीरी लाल को तालाब में नहाना और तैरना ज़रा न रुचता। पर किनारे के आमों

और शहतूतों की छाया में लेटना उन्हें बहुत अच्छा लगता। कभी-कभी वे बाग़ की घनी छाया में छोटी-सी दरी बिछा कर बैठते। पके हुए आमों की सुगन्ध वातावरण में बसी होती। वे एक ढेरी टपके आम ले आते। उन्हें चूसते और फिर बैठे अथवा अधलेटे वे अनायास शेर गुनगुनाने लगते।

चेतन को उन शेरों की याद न थी। कश्मीरी लाल मैट्रिक पास थे और पंजाब के अधिकांश हिन्दू छात्रों की तरह छठी तक उर्दू और मैट्रिक तक हिन्दी पढ़े थे। उर्दू शायरी से उनका परिचय अधिक न था। 'ग़ालिब' की एक ग़ज़ल —वह भी शायद किसी से सुनी हुई —उन्हें याद थी :

दिल ही तो है न संग-ो-ख़िश्त दर्द से भर न आये क्यों
रोयेंगे हम हज़ार बार कोई हमें सताये क्यों।

और इस दर्द-भरी ग़ज़ल को वे बड़े ही सोज़-भरे स्वर में गाया करते।

कुछ वर्ष बाद चेतन को अपने भाई से मालूम हुआ था कि वे एक असफल प्रेमी थे। एक जगह उनकी सगाई हुई थी। वे लड़की को चोरी से देख भी आये थे। वह उन्हें बड़ी सुन्दर लगी थी और कदाचित दृष्टि-विनिमय के अतिरिक्त एक-आध बार बात-चीत भी हुई थी, लेकिन जब मैट्रिक पास किये उन्हें दो वर्ष हो गये और नौकरी उन्हें कहीं न मिली तो लड़की वालों ने रिश्ता तोड़ दिया। यह बात कश्मीरी लाल को खा गयी। जीवन में उन्हें कुछ उत्साह ही न रहा। माँ ने दो-तीन बार उनकी दूसरी सगाई करने का भी प्रयास किया, पर कश्मीरी लाल लड़की वालों को सूरत तक दिखाने को तैयार न हुए। जब लोग उन्हें देखने आते, वे घर से खिसक जाते।

उनके शेरों में यही बात और यही ग़म किसी-न-किसी तरह आ जाता। उन दिनों दैनिक और साप्ताहिक पत्रों में 'आ'सी'[१] गयावी की बहुत ग़ज़लें छपा करती थीं। कश्मीरी लाल को 'आ'सी' के शेर बेहद पसन्द थे। एक शेर वे बराबर गुनगुनाया करते थे। चेतन को उसका पहला मिसरा भूल गया था, पर चूँकि उसे मतलब याद था, इसलिए उसने स्वयं मिसरा बना लिया था :

रीत है इश्क के दरिया की अनोखी कैसी
डूबते हैं वही जो पार उतर जाते हैं।

शेर कोई बहुत अच्छा न था, पर कश्मीरी लाल को यह अपनी मनोदशा का पूरा चित्रण करता दिखायी देता। —इश्क के दरिया के पार उतरना इश्क के लिए कुर्बान हो जाने का ही दूसरा नाम है। इश्क के लिए कुर्बान होने का मतलब है इश्क के ग़म में ख़त्म हो जाना। जो पार उतरते हैं वे ही डूब जाते हैं' कैसी नाज़ुक-ख़याली है! कश्मीरी लाल सिर धुना करते।

चेतन को कभी जब कश्मीरी लाल की याद आती, उसे लगता कि यही शेर उन्हें खा गया। वे उन धान-पान युवकों में से थे, जिनकी जीवनी-शक्ति सदा किसी सहारे की मोहताज रहती है। जिनमें पुरुषोचित दृढ़ता, इच्छा-शक्ति और मुसीबतों और असफलताओं को झेल जाने की चट्टानी क्षमता नहीं होती, बल्कि सहारे की नारी-सुलभ आकांक्षा होती

१. आ'सी = गुनाहगार

है। कश्मीरी लाल बड़े मेधावी, ज़हीन और भावुक युवक थे। यदि उन्हें अपने पहले प्रेम में असफलता न मिलती तो वे निश्चय ही उस स्नेहमयी की छाया में नयी स्फूर्ति पा कर जीवन में अपना मार्ग ढूँढ निकालते। लेकिन जवानी के प्रभात में जब नयी वय सपने देखती है, रोमानी इश्क करती है और पंजाब की हर युवती हीर और हर युवक राँझा बन जाता है, उस पहले प्रेम की असफलता कश्मीरी लाल को ले डूबी।

चेतन उन दिनों कहानी लिखने का भी असफल प्रयास किया करता था। उसे कहानी लिखते देख कर कश्मीरी लाल ने स्वयं भी कहानी लिखने अथवा लिखवाने (क्योंकि वे चेतन को कहानियाँ लिखवाते थे) का प्रयास किया। वे कहानियाँ कभी सिरे नहीं चढ़ीं। उनकी शुरू की कहानियों के आरम्भिक वाक्य ले कर चेतन ने बाद में कहानियाँ लिखीं।

पहली कहानी जो उन्होंने चेतन को लिखवायी, उसके आरम्भिक वाक्य चेतन को तब भी याद थे। वह कुछ यों शुरू होती थी :

> 'कल जो शख़्स तरक्की के सातवें आसमान पर सिर उठाये हुए धन-दौलत और मान-सम्मान में अपना सानी न रखता था, वही आज तनज़्ज़ुली[१] के गहरे गढ़े में गिरा हुआ गुमनामी के धुँधलकों में खो गया है। कल जो फूल महारानी की आरामगाह में नर्म गदेलों पर मज़े से आराम कर रहा था, आज सख़्त राह पर पड़ा कुम्हला कर, आने-जाने वालों के पैरों-तले रौंदा जा रहा है। कल जो तारा आसमान की ऊँचाइयों में सिर उठाये दिप-दिप कर रहा था, वही आज टूट कर ख़ला[२] में गुम हो रहा है'....आदि....आदि।

इस प्रकार की उपमाओं से कापी का पहला पृष्ठ भरा था और कहानी का आधारभूत विचार वही था, जो शेर का :

डूबते हैं वही जो पार उतर जाते हैं।

एक लड़के की सगाई एक जगह होती है। वह भेस बदल कर लड़की को देखता है। दोनों में प्रेम हो जाता है। लड़की की शादी कहीं दूसरी जगह हो जाती है। लड़का घुल-घुल कर मर जाता है।

जहाँ तक चेतन का सम्बन्ध है, उसने छठी कक्षा में 'हाली' की नज़्म पढ़ी थी :

ऐ इश्क तूने अकसर कौमों को खा के छोड़ा
जिस घर से सर उठाया उसको बिठा के छोड़ा

और उसके मन में इश्क के प्रति एक अनाम भय था और इसीलिए कश्मीरी लाल के प्रति उसके मन में दया का भाव भी था।

एक और शेर था, जो कश्मीरी लाल बड़ा पसन्द करते थे। (बाद में तो चेतन को वह शेर बड़ा हास्यास्पद लगता और उसकी याद आते ही उसके होंटों पर मुस्कान फैल जाती, पर कश्मीरी लाल को न जाने उस शेर में क्या लगता था कि वे उसे पढ़ कर एक लम्बी साँस भर लिया करते थे। शेर उन्हीं 'आ'सी' गयावी का था)

---

१. अवनति
२. शून्य

एक 'आ'सी' ही नहीं तालिबे-दीदार तिरा

तालिबे अब्रे-करम 'नरबदा परशाद' भी है

अर्थात तेरे दर्शकों का अभिलाषी केवल 'आ'सी' ही नहीं, वरन तेरी कृपा की वर्षा का आकांक्षी नर्बदा प्रसाद भी है।

(नर्बदा प्रसाद उर्दू में नरबदा परशाद ही लिखा जाता है, जो श्री 'आ'सी' का असली नाम था। वे गया के रहने वाले थे, इसलिए गयावी कहलाते थे। उपनाम 'आ'सी' रखते थे, जिसका अर्थ होता है —गुनहगार!)

शायर को यदि शेर पर गर्व हो (चेतन नहीं जानता था कि उन्हें था या नहीं) तो इसका यही कारण हो सकता है कि उन्होंने एक ही शेर में न केवल अपना उपनाम दिया था, वरन पूरा नाम भी रख दिया था। लेकिन जहाँ तक अर्थ का सम्बन्ध है, चेतन को इसमें किसी तरह का चमत्कार दिखायी न देता था। किसी शेर में नरबदा परशाद नाम ही उसे बड़ा हास्यास्पद लगता था। चेतन को वह शेर अब तक याद था, लेकिन चमत्कार के कारण नहीं, अपनी हास्यास्पदता के कारण। उसे किसी पार्टी अथवा दावत में किसी का ध्यान अपनी ओर आकर्षित करना होता तो वह कहता कि 'हुज़ूर, तालिबे-अब्रे-करम नरबदा परशाद भी है!' याने एक नज़र इधर भी अथवा एक पूरी इधर डाल जाइए अथवा चाय का एक प्याला हमारे लिए भी बना दीजिए।

लेकिन चेतन को याद था कि कश्मीरी लाल इस शेर को बड़े दर्द से पढ़ते थे। चेतन कश्मीरी लाल के भावों का विश्लेषण करता तो सोचता कि पहली पंक्ति में 'आ'सी' को वे अपना रकीब अथवा प्रतिद्वन्द्वी समझते होंगे और दूसरी पंक्ति में 'नरबदा परशाद' अपने को। नर्बदा प्रसाद जब नरबदा परशाद हो जाता है तो उस पर ख़ासी यतीमी बरसने लगती है। लगता है जैसे अपनी स्थिति की निराशा, दुख और बेबसी उन्हें इस नाम में मूर्तिमान लगती थी और शायद मन-ही-मन अपनी प्रेयसी को सम्बोधित कर, वे पुकार उठते थे।

तालिबे अब्रे करम नरबदा परशाद भी है।'

०

दो महीने बाद कश्मीरी लाल स्वस्थ हो कर लौट गये। चेतन की माँ पहले चली गयी थी। चेतन कुछ महीने बाद लौटा। दुसूआ के जलवायु ने उसे भी बड़ा लाभ पहुँचाया था। ज्वर तो उसका पहले ही टूट गया था। डॉक्टर ख़ुशीराम ने दवाइयाँ दे कर उसकी तन्दरुस्ती बहाल कर दी। उस साल तो चेतन परीक्षा न दे सका था। नया सत्र शुरू हो गया था, सो वह आठवीं कक्षा में पुनः प्रवेश पाने के लिए जालन्धर पहुँचा। पहली बात जो उसने माँ से सुनी, वह यह थी कि कश्मीरी लाल को यक्ष्मा हो गया है।

'लेकिन वे तो बिलकुल ठीक थे।' चेतन ने कहा

'जैसे बिल्ली चूहे को खेला कर खाती है, ऐसे ही यह बीमारी आदमी को खाती है।' माँ ने कहा था, 'बाहर से आदमी अच्छा-भला लगता है, पर अन्दर-ही-अन्दर यह उसे खा जाती है।'

'उनका तो चेहरा लाल हो गया था।' चेतन ने जैसे अपने-आप-से कहा था।

'भले लाल हो जाये, पर इस बीमारी से भाग्य वाला ही बचता है।'

चेतन को जालन्धर पहुँचते ही कश्मीरी लाल से मिलने का शौक था। उसने उर्दू में ग़ज़ल लिखी थी और वह उसे कश्मीरी लाल को सुनाना चाहता था। उनकी बीमारी का और यक्ष्मा की-सी बीमारी का सुन कर उसे बड़ा दुख हुआ।

उन दिनों यक्ष्मा के सम्बन्ध में चेतन कुछ ज़्यादा न जानता था, लेकिन मुहल्ले में हर वर्ष एक-दो मौतें इस बीमारी से हो जाती थीं और इसकी भयानकता उस पर सुस्पष्ट थी। फिर वह यह भी जानता था कि जिस घर में इस बीमारी का रोगी हो, वहाँ ज़्यादा न जाना चाहिए। मन में वह उनसे प्रतिदिन मिलना चाहता, पर घर वालों के डर से उनके यहाँ जाने का साहस उसे न होता था और उन में और चेतन में जो दूरी कम हो गयी थी, वह अनायास इस बीमारी के कारण और भी बढ़ गयी। दो-चार बार उसने कश्मीरी लाल को बाज़ार में अथवा हकीम के यहाँ आते-जाते देखा — रंग उनका काला पड़ता जा रहा था, शरीर सूख रहा था और मुस्कान की तिक्तता बढ़ रही थी। वह उनके घर न जाता, पर बाज़ार या गली में मिलने पर प्रायः उनके साथ हो लेता। अपने जोश में अपनी कविताएँ सुनाता। वे दाद भी देते, लेकिन प्रायः चुप रहते। कभी मन होता तो वही एक पंक्ति गाते :

डूबते हैं वही जो पार उतर जाते हैं।

उनका स्वर क्षीण हो गया था। आवाज़ का दर्द बढ़ गया था। वह सोज़-भरा दर्दीला स्वर किसी तीक्ष्ण छुरे की तरह अप्रयास चेतन के हृदय को भेदता चला जाता।

वह तब छोटा था। प्रेम के लिए कोई व्यक्ति अपने जीवन को यों नष्ट कर सकता है, यह बात उसे रूमानी तो लगती थी, पर उसकी समझ से परे थी। उसके अपने अन्दर तो अपर-सेक्स के लिए प्रेम भी नहीं जगा था। सुन्दर लड़के उसे अच्छे लगते थे, लेकिन किसी के लिए वह जी-जान से गुज़र सकता है, अपने अन्दर टटोलने पर उसे यह असम्भव लगता था। उसे प्रेम की वह बात समझ में भले ही न आये, लेकिन उसे कश्मीरी लाल के साथ सहानुभूति थी। उसे यह भी लगता था कि शायद प्रेम की चिन्ता के साथ बेकारी का ग़म भी उन्हें अन्दर-ही-अन्दर खाये जा रहा है।

धीरे-धीरे कश्मीरी लाल ने बाहर निकलना बन्द कर दिया और वे बिस्तर के बन्दी हो गये।

o

चेतन स्कूल से आ कर खाना खा रहा था कि उसने माँ को पड़ोसिन से कहते सुना, 'थोड़े ही दिन का मेहमान है। अब बिस्तर तो धरती पर कर दिया है बसन्ती ने।'

बसन्ती कश्मीरी लाल की माँ का नाम था। चेतन के लिए भोजन करना मुश्किल हो गया। मुँह का स्वाद कड़वा गया। किसी-न-किसी तरह चार कौर निगल कर वह उठा। माँ से बिना पूछे उस गली में गया, जिसे 'भुवाड़ा' कहते थे और जिसके अन्त में कश्मीरी लाल का मकान था। कश्मीरी लाल का मकान....लेकिन वह मकान नहीं था, एक पुराने, अँधेरे, सीले दुमंज़िले मकान का एक खण्ड था। एक कोठरी निचली मंज़िल में अँधेरे कुएँ-से आँगन में थी। रसोई-घर तथा उसके पीछे एक कोठरी दूसरी मंज़िल पर और एक चौबारा छत पर। इन तीनों कोठरियों में सारा कुटुम्ब रहता था। माँ-बाप, बड़े भाई की बीवी, एक बच्ची और दो छोटे-भाई — सब वहीं गुज़र करते थे। ऐसे ही दो हिस्से उस मकान में

और थे, जिनमें — उनके शरीक रहते थे — कश्मीरी लाल के पिता के दोनों भाइयों के परिवार। तीन तरफ़ से उस मकान की दीवारें दूसरे मकानों से जुड़ी थीं। न कहीं कोई झरोखा था, न खिड़की और चौथी ओर दरवाज़ा उसी छोटी-सी गली में खुलता था। तीनों तरफ़ से बन्द होने के कारण वह तीन मंज़िला मकान आँगन के मोघे[१] के बावजूद ऐसे अँधेरे कुएँ-सा लगता था, जिसमें कबूतरों के काबुक बने हुए हों। उस अँधेरे मकान और कुएँ में कुछ ज़्यादा अन्तर नहीं था, न उन कोठरियों और काबुकों में और न उस मकान के वासियों और निरीह कबूतरों में। गली भी अँधेरी थी और सीढ़ियों में टटोल कर चढ़ना पड़ता था। नीचे आँगन में कश्मीरी लाल के चाचा की भैंस बँधी रहती थी, जिसके गोबर की बू आँगन के मोघे से ऊपर के सभी कमरों में व्याप्त हो जाती थी।

चेतन एक-दो बार पहले भी माँ से बिना पूछे कश्मीरी लाल को देख आया था। दूसरी मंज़िल में रसोई-घर के पीछे जो कोठरी थी, उसमें एक पलँग बिछा रहता था। उसी पर वे लेटे रहते थे। सिरहाने की ओर मिट्टी का एक प्याला राख से भरा रहता था, जिसमें वे थूकते थे। कोठरी में पलँग से ज़्यादा जगह न थी। बस इतनी ही जगह थी कि आने वाला खड़ा रह सके।

चेतन वहाँ पहुँचा तो देखा कि पलँग उठा दिया गया है। कच्चे फ़र्श पर बिस्तर बिछा है और उस पर कश्मीरी लाल का कंकाल लेटा है।

कश्मीरी लाल पहले भी कोई मोटे न थे, पर उनका कद लम्बा था। बिस्तर पर जिस व्यक्ति को चेतन ने लेटे देखा, लगता था जैसे दो बित्ते का है।

चेतन को देख कर मुस्कान की अत्यन्त क्षीण-सी रेखा कश्मीरी लाल के होंटों पर फैल गयी थी। उस आकृति पर वह मुस्कान चेतन को बड़ी भयानक लगी। उसने प्रणाम में सिर झुका कर हाथ जोड़े और वहीं दहलीज़ पर उकड़ूँ बैठ गया। कुछ क्षण ठहर कर यूँ ही कुछ बात करने को चेतन ने पूछा था, 'कैसा जी है, भराजी ?'

कश्मीरी लाल बोले नहीं। हड्डी-सा हाथ तनिक उठा कर उन्होंने हवा में बहा दिया कि चल रहा हूँ। फिर कुछ रुक कर तिक्त-क्षीण मुस्कान के साथ उन्होंने कहा :

डूबते हैं वही जो पार उतर जाते हैं।

चेतन वह पंक्ति उनके मुँह से कई बार सुन चुका था, इसलिए समझ गया कि उन्होंने यह पंक्ति कही है। कोई दूसरा होता तो कभी न समझ पाता कि उन्होंने क्या कहा है। ऐसी क्षीण आवाज़ थी उनकी।

चेतन के कण्ठ में कुछ गोला-सा उभर आया। सान्त्वना देने की कोई बात न थी, रुकना और चुपचाप बैठे उनके कंकाल को दया-भरी निगाहों से मुटर-मुटर तकना उसे असह्य लगा। वह उठा। दोनों हाथ मस्तक पर ले जा कर उसने उन्हें प्रणाम किया।

'तुम महान लेखक बनोगे!' उन्होंने आशीर्वाद दिया और मुस्कान उनके होंटों पर फैल गयी। चेतन ने देखा — उसमें तिक्तता का लेश न था। चेतन के मन में पाँचवीं कक्षा ही से कवि तथा लेखक बनने की आकांक्षा थी। कश्मीरी लाल से आशीर्वाद पा कर उसे लगा कि उसके महान लेखक बनने के मार्ग में अब कोई बाधा नहीं।

---

१. रोशनी के लिए आँगन के बीचों-बीच बना लोहे का जँगला।

तीसरे दिन उनका देहान्त हो गया।

०

अपनी और कश्मीरी लाल की बीमारी, दुसूआ में उनके साथ बिताये कुछ दिनों की सुखद और उनके अन्तिम दिनों की दुखद स्मृतियों में उलझा चेतन कब खाना ख़त्म करके उठा, कब उसने नल पर हाथ धोये, पोंछे और कब वह अपने कमरे में आ कर बिस्तर पर लेट गया, उसे मालूम नहीं हुआ। भाई साहब खाना खाते ही भाभी से बात करने पिछले कमरे में चले गये और दोनों भाइयों के खाना खाने के बाद चन्दा ने अपने और माँ के लिए खाना परस लिया।

बिस्तर पर लेटे-लेटे चेतन की आँखों के सामने कश्मीरी लाल का कंकाल आ गया और धीरे-धीरे उस कंकाल पर एक दूसरी सूरत बनने लगी और चेतन ने देखा कि उसकी हृष्ट-पुष्ट गोरी भाभी कश्मीरी लाल ही की तरह हड्डियों का महज़ दो बित्ते का पिंजर बनी, धरती पर बिछे एक मैले-गन्दे बिस्तर पर लेटी है और वह इतनी कमज़ोर हो गयी है कि उसे खाँसने तक में कष्ट हो रहा है। यद्यपि इस भाभी से चेतन को रंच-मात्र भी स्नेह न मिला था; जालन्धर में भी उसने माँ का जीना मुहाल कर दिया था और जब-जब लाहौर आयी थी, उसके हठ और कर्कशता के मारे दोनों भाई परेशान रहे थे। लेकिन इसके बावजूद टी० बी० के चंगुल में फँस कर देर-सबेर मृत्यु के मुँह में उसके चले जाने की सम्भावना से चेतन एक बार अपने अन्तरतम तक काँप गया। बिस्तर पर लेटे रहना उसके लिए कठिन हो गया। वह उठा और कमरे में घूमने लगा। फिर वह खिड़की में जा खड़ा हुआ और गली तथा टाल के बराबर की खुली जगह के पार रत्नचन्द रोड पर आते-जाते लोगों को देखने लगा। आँखें उसकी वहीं थीं, पर दिमाग़ में अभी तक वही, भाभी का कंकाल था। तभी सड़क पर देखते-देखते भीड़ इकट्ठी हो गयी और चेतन को लगा कि साम्प्रदायिक दंगा हो जायेगा।

हुआ यूँ कि मच्छी हट्टा की ओर बड़ी तेज़ी से साइकिल चलाता एक पगड़ी वाला साइकिल सवार एक बच्चे को बचाने की कोशिश में, सामने से आते हुए एक मुसलमान बुड्ढे से जा टकराया और बुरी तरह अपनी साइकिल के ऊपर गिर पड़ा। बुड्ढा भी चारों ख़ाने चित गिरा और वहीं सड़क पर लेटा-लेटा, बिना उठने का प्रयास किये, बेतहाशा गालियाँ बकने लगा। साइकिल सवार के बायें कूल्हे पर चोट आयी थी, वह कुछ बड़बड़ाता और लँगड़ाता हुआ उठा। उसने साइकिल उठायी। हैण्डल उसका टेढ़ा हो गया था। उसे दोनों जाँघों में ले कर वह उसे ठीक करने लगा। तभी पीछे से एक युवक आया। जाने वह बुड्ढे का लड़का था, या भतीजा, कोई अन्य सम्बन्धी या महज़ राह चलता मुसाफ़िर, जिसे यह देख कर क्रोध आ गया था कि साइकिल सवार युवक ने चोट खा कर गिरे हुए बुड्ढे को उठाया क्यों नहीं। उसने आव देखा न ताव एक रैपटा साइकल सवार की गुद्दी पर जड़ दिया। साइकिल सवार की पगड़ी सड़क पर गिर गयी और साइकिल छोड़ कर वह उस युवक से गुँथ गया। तभी रत्नचन्द की सराय और सामने की दुकानों से कुछ हिन्दू लाले साइकिल सवार की मदद को दौड़े और बाँस के टालों से मुसलमान उस युवक की मदद को पहुँचे और हवा में गालियाँ और घूँसे उछलने लगे।

तभी बच्चे के साथ वाले ख़ाँ साहब ने, जो लगता था किसी दफ़्तर में आला अफ़सर

थे, आगे बढ़ कर उन दोनों को अलग-अलग हटाया और उस मुसलमान युवक और उस बुड्ढे को समझाया कि साइकिल सवार का कसूर नहीं। उनका बच्चा उनका हाथ छोड़ कर सड़क पर बढ़ गया था, जिसे बचाने की कोशिश में वह बेचारा उनसे जा टकराया।

यद्यपि वे लोग उस साइकिल सवार को यूँ सस्ता छोड़ने को तैयार न थे और उनकी शिकायत थी कि वह साइकिल बहुत तेज़ चला रहा था, लेकिन उन ख़ान साहब की आवाज़ में कुछ ऐसा रोब और मतानत[1] थी कि मामला रफ़ा-दफ़ा हो गया। बुड्ढा और वह लड़का युवक मच्छी हट्टा की ओर बढ़ गये और साइकिल सवार ने पहले ज़मीन से पगड़ी उठा कर उसे झाड़ा और सिर पर बाँधा, फिर वह साइकिल के अगले पहिए को जाँघों में कस कर उसका हैण्डल ठीक करने लगा।....

यह घटना पंजाब के गली-बाज़ारों की साधारण धटना थी। वर्षों से साम्प्रदायिक नेताओं और समाचार-पत्रों ने हिन्दू-मुसलमानों के दिलों में इतना ज़हर भर दिया था कि ज़रा-ज़रा-सी बात पर दोनों तरफ़ के लोग मरने-मारने पर तुल जाते थे।....वहीं खिड़की में खड़े-खड़े चेतन के सामने बचपन के दिन घूम गये, जब मुहर्रम के दिनों में ताज़िये निकलते थे और वे दादी (पड़दादी गंगादेई —जिसे अपने पिता के अनुकरण में चेतन और उसके भाई भी दादी ही पुकारते थे) के साथ चौक कादेशाह में उन्हें देखने जाते। दादी बच्चों के साथ ताज़ियों की परिक्रमा करती, उनके नीचे से स्वयं गुज़रती और बच्चों को गुज़ारती और उन पर कौड़ियाँ चढ़ाती और जिन बाज़ारों से ताज़िये निकलते, उनमें हिन्दू दुकानदार मीठे शर्बत और लस्सी की सबीलें लगाते और साल में एक बार गुग्गे नवमी को मुसलमान भराई बड़े-बड़े ढोलक गले में लटकाये, उनसे कपड़े बाँधे, उन्हें बजाते और गुग्गे पीर के गीत गाते हुए आते। पड़दादी देग भर कर दलिया पकाती, भराइयों को खिलाती, मुहल्ले में बाँटती और उन्हें कपड़े दे कर विदा करती। चेतन को याद था कि वसन्त का त्योहार मुसलमान भी उतने ही शौक से मनाते, जितना कि हिन्दू। पीली पगड़ियाँ बँधती और कनकौए उड़ते।....लेकिन १९२१ के बाद इधर स्वतन्त्रता आन्दोलन ने ज़ोर पकड़ा, उधर अंग्रेज़ों ने दोनों जातियों के बीच नफ़रत का बीज बोना शुरू किया। पहले मुस्लिम लीग की हिमायत की, फिर हिन्दू महासभा की — दोनों सरकार-परस्त संस्थाएँ, दोनों स्वतन्त्रता-विरोधी, दोनों साम्प्रदायिकता फैलाने वाली और वही डॉक्टर इकबाल, जिन्होंने कभी लिखा था :

मस्जिद तो बना दी शब भर में ईमाँ की हरारतवालों ने।
दिल अपना पुराना पापी है बरसों में नमाज़ी बन न सका।

'सर' का ख़िताब पा कर कट्टर मुसलमान हो गये और साम्प्रदायिकता के ज़बरदस्त स्तम्भ बन गये और हफ़ीज जालन्धरी, जिन्होंने प्रीत के गीत लिखे थे, शाहनामा इस्लाम लिखने और मस्जिदों में जा कर पढ़ने और दाद पाने लगे....'इस देश का क्या बनेगा ?' चेतन मन-ही-मन सोचने लगा।....

तभी भाई साहब अन्दर के कमरे से आये और माँ भी उनके पीछे-पीछे आ गयी। चेतन खिड़की से पलटा।

---

१. संजीदगी

'वह जालन्धर जाने को तैयार नहीं।'

भाई साहब ने जैसे यह किसी एक को न सुना कर सारे कमरे को सुनाते हुए कहा। क्षण भर वे रुके फिर बोले, 'वह आदमपुर जाने के लिए भी तैयार नहीं।' वे फिर चुप हो गये। लेकिन प्रत्युत्तर में जब न माँ ने कुछ कहा और न चेतन ने, तो उन्होंने बायाँ पैर चारपाई के पाये पर टिकाया और बायाँ हाथ घुटने पर रखते हुए कहा, 'वह कहती है कि अब वह यहीं रहेगी और यहीं इलाज करायेगी।'

अब चेतन ने ज़बान खोली, 'हस्पताल से दवाई लाने का ज़िम्मा तो मैं ले सकता हूँ।' उसने सोत्साह कहा।

भाई साहब ने उसकी ओर (शायद इन वर्षों में पहली बार) ऐसे देखा, जैसे उसने निहायत बेवकूफ़ी-भरी बात कही हो और वह भोला-भाला बच्चा हो। फिर वे बोले :

'हस्पताल कोई सेंनेटोरियम नहीं और न लाहौर कोई पहाड़ी जगह है। यहाँ उसका इलाज कैसे हो सकता है ? दवा तो तुम हस्पताल से ला दोगे, बाकी उसकी देख-भाल कौन करेगा ?' और फिर उन्होंने निश्चयात्मक स्वर में कहा, 'यहाँ उसका इलाज नहीं हो सकता। उसे अपने भाई के यहाँ आदमपुर अथवा अपने पिता के पास फ़िरोज़पुर जाना होगा। मैं आज ही दोनों जगह अर्जेण्ट पत्र लिखता हूँ।'

और चलने के लिए तैयार हो, उन्होंने चारपाई से पैर नीचे रख लिया।

'अब अगर चम्पा को मेरे साथ नहीं जाना तो मैं कल जालन्धर चली जाऊँगी।' सहसा माँ ने कहा, 'बच्चे वहाँ अकेले हैं, उन्हें खाना पकाने में तकलीफ़ होती होगी।'

और वह उठी।

जब इस पर दोनों भाई चुप रहे तो माँ ने चेतन के कन्धे पर हाथ रख कर कहा कि वह उसे शाम को ग्वालमण्डी में ज़रा मोहनलाल वैद्य के घर ले चले। वह चेतन की मौसी पूरनदेई का सन्देश भी दे आयेगी और रामरक्खी से मिल भी आयेगी। वैद्य की मौत के बाद वह उससे एक बार भी नहीं मिली।

'ठीक है माँ, शाम को चलेंगे।' चेतन ने इतना कहा और अपने भाई को मेयो हस्पताल के चौरस्ते तक छोड़ आने के विचार से वह उनके साथ ही बाहर निकल गया।

माँ ने वहीं खड़े-खड़े मुड़ कर खिड़की से दोनों भाइयों के सिर साथ-साथ जाते देखे।

इक्कीस

'मोहन दग्धहरण मरहम' के आविष्कारक, 'मोहन फार्मेसी' के संचालक स्व० वैद्य मोहनलाल का घर कृष्णा गली से दो ही फ़लाँग दूर, ग्वालमण्डी में था।

ग्वालमण्डी की आबादी भी कृष्णा गली ही की तरह नयी थी। इसके तीन तरफ़ तीन सड़कें थीं —चेम्बरलेन रोड, उसी में गन्दे नाले पर जा निकलने वाली ग्वालमण्डी रोड

और तीसरी ओर निस्बत रोड! चौथी तरफ़ एक चौड़ी गली थी। बीच में समानान्तर गलियों में यह आबादी बसी थी। यद्यपि यह आबादी कृष्णा गली से कुछ पुरानी थी तो भी अभी तक इसकी अन्तिम गली में मकान बन रहे थे। श्री वेदव्रत का तिमंज़िला मकान अभी-अभी बना था, जिनका अगवाड़ा निस्बत रोड पर था और पिछवाड़ा ग्वालमण्डी की अन्तिम गली में। ग्वालमण्डी रोड से आबादी के अन्दर को जाने वाली चौड़ी गली के कोने पर स्वर्गीय मोहनलाल वैद्य का मकान था।

उन्हें मरे साल भर हो गया था। उनके घर को जाते-जाते चेतन की माँ ने बताया कि उनकी शत्रुता किसी वैद्य से थी, जिसने उन पर मूठ चलवा दी और वे एक दिन खड़े-खड़े गिर पड़े और फिर नहीं उठे। माँ की बात पर चेतन को हँसी आ गयी थी, क्योंकि उसने अख़बार में भी पढ़ा था और कविराज रामदास के सहयोगी कविराज त्रिलोकन्द अग्रवाल ने भी उसे सविस्तार बताया था कि वैद्य मोहनलाल की मृत्यु दिल के दौरे से हुई है। वे अपने प्रतिस्पर्धी वैद्य गोपालदास से झगड़ रहे थे कि सहसा चक्कर खा कर गिर पड़े और फिर नहीं उठे।....चूँकि अन्तिम समय उनके होंटों पर अपने प्रतिद्वन्द्वी के लिए गाली थी और उनका प्रतिद्वन्द्वी अभी जीवित था, इसलिए चेतन ने सोचा कि या तो उनकी आत्मा ने अभी कहीं जन्म नहीं लिया और वह प्रेत योनि में पड़ी वैद्य गोपालदास के मरने की बाट जोह रही होगी कि वे मरें तो इकट्ठे कहीं एक ही मुहल्ले में जन्म लें, प्रतिस्पर्धी बनें और अपनी इस लोक की लड़ाई उस लोक में भी जारी रखें अथवा यदि उसने कहीं जन्म ले लिया है, वह वैद्य गोपालदास की प्रतीक्षा कर रही है कि वे मर कर जन्म धारण करें तो अपना बदला चुकाये।

जादू-टोने में चेतन का विश्वास नहीं था। उसे पूरा यकीन था कि वैद्य जी की मृत्यु दिल के दौरे से हुई थी। चूँकि दिल की बीमारी तब आम नहीं थी। याने लोग दिल के दौरे से मरते थे, पर उनके सगे-सम्बन्धी नहीं जानते थे कि दिल की हरकत बन्द हो जाने से मरने वाले की आत्मा इहलोक से विरक्त हो, परलोक सिधार गयी है, इसलिए जब कोई हृष्ट-पुष्ट, हँसता-खेलता व्यक्ति अचानक गिर पड़ता, बेहोश हो जाता और दूसरे क्षण चल बसता तो लोग प्रायः यही समझते कि उसके किसी शत्रु ने मूठ चलवा दी है अथवा टोना कर दिया है। वे मरने वाले के शत्रु का नाम, शत्रुताई के कारण और अन्य सारे ब्योरे ढूँढ निकालते। एक से दूसरे के कान तक पहुँचते-पहुँचते उनमें वृद्धि होती रहती और कहानी की त्रुटियाँ धीरे-धीरे दूर हो जातीं, नोक-पलक दुरुस्त हो जाती और वह ऐसी बन जाती कि सुनने वालों को विश्वास हुए बिना न रहता....लेकिन वैद्य मोहनलाल की मृत्यु चाहे दिल की बीमारी से हुई हो, इसमें कोई सन्देह नहीं कि उनके पुराने मेहरबान और मित्र तथा बाद के प्रतिस्पर्धी और शत्रु वैद्य गोपालदास का हाथ उसमें ज़रूर था।

o

वैद्य मोहनलाल और वैद्य गोपालदास, जिनकी फ़ार्मेसियाँ सूत्र मण्डी बाज़ार में आमने-सामने चौबारों पर थीं, किसी आयुर्वेदिक कॉलेज के डिग्री-याफ़्ता वैद्य नहीं थे। वे दोनों बचपन और लड़कपन में वच्छोवाली की एक गली में आमने-सामने घरों में रहने वाले, एक ही स्कूल में पढ़ने वाले और बाद में एक ही दफ़्तर में क्लर्की करने वाले मित्र थे। मोहनलाल तो वैद्य के बेटे थे, इसलिए वैद्य हो गये, लेकिन एक छोटी-सी बात ने न केवल गोपालदास

को वैद्य बना दिया, बल्कि उनका घोर प्रतिद्वन्द्वी बना कर उनके सामने फ़ार्मेसी खोलने पर विवश कर दिया।

०

मोहनलाल के पिता नारायणदास वैद्य तो थे, लेकिन वैद्यक से उन्हें इतनी आय न थी कि वे अपने लड़के को भी वैद्य बनाने की सोचते। वे तो चाहते थे कि उनका लड़का पढ़-लिख कर कहीं बड़ा अफ़सर बने, पर जब अपने पिता के इस इकलौते पुत्र ने थर्ड डिवीज़न में मैट्रिक पास करने के बाद आगे पढ़ने अथवा औषधालय में बैठ कर औषधियाँ खरल करने से इनकार कर दिया तो वैद्य नारायणदास ने वच्छोवाली में अपने सामने वाले पड़ोसी लाला दयालदास सुपरिण्टेण्डेण्ट जल-कल विभाग, नगर-पालिका, लाहौर की सिफ़ारिश से अपने सुपुत्र को उनके दफ़्तर में क्लर्क रखवा दिया। मोहनलाल की इस मुलाज़मत में चाहे प्रकट रूप में दयालदास के घर जा कर उनके पिता राजवैद्य पण्डित नारायणदास की प्रार्थना और लाला दयालदास की उदारता का हाथ था, किन्तु परोक्ष रूप में मोहनलाल के लड़कपन के साथी और मित्र तथा लाला दयालदास सुपरिण्टेण्डेण्ट जल-कल विभाग के सुपुत्र गोपालदास का ज़ोर भी कम नहीं था, जिन्होंने अपने बेकार मित्र को यह राह सुझायी थी कि एक ओर वह अपने पिता को उनके पिता के पास भेजे, दूसरी ओर वे अपने पिता पर ज़ोर देंगे। बाहर-भीतर की इस दोहरी नाकेबन्दी के आगे सुपरिण्टेण्डेण्ट महोदय कहाँ टिकते। हालाँकि उनके दफ़्तर की हर रीती कुर्सी भरने और यूँ गर्म होने के उपलक्ष्य में उनकी जेब गर्म कर जाती थी, पर इस मामले में उन्होंने अपनी जेब को रीती और ठण्डी रहने दिया। यह और बात है कि वैद्यराज ने इस कृपा के लिए अपने औषधालय में स्वयं अपने हाथों तैयार किये अव्वल दर्जे के सिद्ध मकरध्वज की पूरी एक शीशी उन्हें चुपके से थमा कर उनकी सारी सर्दियाँ गर्म कर दीं।

यद्यपि मोहनलाल और गोपालदास साथ-साथ ही खेले और पढ़े थे, लेकिन मोहनलाल उनसे उम्र में एक वर्ष बड़े थे, इसलिए वे अपने आप को (बड़े भाई के नाते) ज़रा ऊँचा समझते थे और ज़रा ऊँचाई से बात करते थे। लेकिन गोपालदास ने उन्हें नौकरी दिलायी थी। उनकी ख़ातिर अपने पिता का जीना मुहाल कर दिया। उन्होंने मोहनलाल को यह जता भी दिया था कि यदि वे लगातार अपने पिता पर ज़ोर न देते तो घोर बेकारी के उस ज़माने में कभी उन्हें वह नौकरी न मिलती। गोपालदास चाहते थे कि मोहनलाल न केवल उनके पिता की ख़ुशामद करें, बल्कि उन्हें भी थोड़ा-बहुत मस्का लगायें और सिद्ध मकरध्वज न सही तो लवणभास्कर या हिंग्वाष्टक चूर्ण ही उन्हें अपने औषधालय से ला कर दें।

०

इसमें कोई सन्देह नहीं कि अपने बचपन और लड़कपन के मित्र और सहपाठी और कृपालु की इच्छापूर्ति के लिए पण्डित मोहनलाल ने औषधालय में आना-जाना शुरू किया, लेकिन एक दूसरे ही कारण से उनकी रुचि धीरे-धीरे उधर बढ़ गयी।

०

बात यह हुई, उनकी नौकरी लगे मुश्किल से दो वर्ष भी न हुए होंगे, जब उनके पिता ने

होशियारपुर के मिश्रा मुहल्ले के एक ब्राह्मण परिवार में उनकी शादी कर दी। (मायके के घरों में साथ-साथ रहने के कारण ही चेतन की माँ लाजवती, मोहनलाल की पत्नी रामरक्खी और चेतन के मुहल्ले में झमानों की पूरनदेई सहेलियाँ थीं।) जब शादी के बाद सात वर्ष तक मोहनलाल के यहाँ कोई बच्चा न हुआ तो वैद्य नारायणदास को चिन्ता हुई और तभी मोहनलाल का मन आयुर्वेद की ओर झुका और वे दफ़्तर से आ कर शाम को औषधालय में जाने लगे। यद्यपि अपनी माँ को, और यों माँ के द्वारा अपने पिता को, उन्होंने यही कहा कि वे इतनी जल्दी बच्चा नहीं चाहते, पर मन में उन्हें बच्चे की बड़ी लालसा थी।

मोहनलाल स्वयं ही औषधालय न जाते, वरन गोपालदास को भी ले जाते। बेज़ायका दवाइयों को तो वे छूते भी नहीं, पर ज़ायकेदार और स्वादिष्ट चूरन गोपालदास चख कर देखते और 'चन्द्रवटी' की एक-दो गोलियाँ ज़रूर चूसते। मोहनलाल अपने पिता को औषधियाँ बनाने में मदद देते, औषधियाँ तैयार होती देखते, पर चोरी-चोरी वे आयुर्वैदिक ग्रन्थों का अध्ययन करते और कई बार आँख बचा कर कुछ माशा शक्तिवर्धक औषधियाँ गोल भी कर देते — लेकिन ऐसे कि उनके पिता को आभास तक न हो। इस दौरान मोहनलाल ने शिलाजीत भी खायी, कामिनी विद्रावण भी और सिद्ध मकरध्वज भी। लेकिन उन शक्तिवर्धक औषधियों के प्रयोग से उनकी नसों में तनाव भले आ गया हो और उन्होंने बार-बार अपनी पत्नी को परेशान किया हो, पर वे उसे गर्भवती बनने का सुख प्रदान नहीं कर पाये। तब उन्होंने माँ को संकेत दिया कि वह उनके पिता से कह कर पत्नी का इलाज कराये। (उन्हें पूरा विश्वास था कि दोष उनकी पत्नी ही में था।) माँ ने पति से कहा और पति ने दोनों की नाड़ी देखी। पत्नी द्वारा बहू से कुछ जानकारी प्राप्त की और इधर मूसली पाक और बंग भस्म दे कर अपने पुत्र का वीर्य पुष्ट किया और उधर शिवलिंगी और अशोकारिष्ट आदि के प्रयोग से अपनी बहू के योनिदोष दूर किये। पूरे तीन महीने तक बहू को उसकी सास के पास सुलाया और स्वयं अपने पुत्र के कमरे में सोये।....यूँ एक वर्ष के भीतर मोहनलाल के यहाँ उनकी एकमात्र सन्तान कमला ने जन्म लिया।

कमला के बाद मोहनलाल के यहाँ कोई बच्चा नहीं हुआ, लेकिन आयुर्वेद में उनकी आस्था सुदृढ़ हो गयी। उन्हीं दिनों लाहौर में कविराज रामदास का प्रादुर्भाव हुआ। उन्होंने ऐसी विज्ञापनबाज़ी की कि लगा जैसे सारे लाहौर में कविराज रामदास के अलावा दूसरा कोई वैद्य नहीं है। मोहनलाल चाहते थे कि उनके पिता, जिनके पास अद्वितीय औषधियाँ थीं, कविराज रामदास की तरह अपने औषधालय का प्रचार करें, लेकिन वैद्य नारायणदास पुराने ज़माने के आदमी थे और उनके मरीज़ उनके यजमानों के सामान थे, जिनका इलाज वे पूरी निष्ठा से करते और अपने श्रम के लिए जैसे दान-स्वरूप कुछ पा जाते। वैद्यक को वे बनियागीरी नहीं बनाना चाहते थे। उनके यजमान स्वस्थ और प्रसन्न रहें, इससे ज़्यादा उन्हें कुछ दरकार न था। उनके मरीज़ (यजमान)उन्हें श्रद्धा से 'वैद्यराज' अथवा 'राजवैद्य' कह कर पुकारते थे, लेकिन सूत्रमण्डी बाज़ार में उनके औषधालय पर जो बोर्ड टँगा था, उस पर केवल 'नारायणदास वैद्य' लिखा रहता था। विज्ञापनबाज़ी से उन्हें चिढ़ थी। मोहनलाल के मन में आता कि यदि वे वैद्यक करें तो औषधालय के साथ फ़ार्मेसी भी चलायें; कूटने-पीसने की आधुनिक मशीने लगायें और कविराज रामदास की तरह विज्ञापनबाज़ी करें।

उन्हीं दिनों मोहनलाल को कण्ठमाला और जले की दवाइयों के दो अचूक नुस्खे मिल गये। उन्होंने अपने पिता को बताये बग़ैर वे दवाइयाँ बनायीं और आज़मायीं। इस बीच वे अपने पिता के काम में ख़ूब मदद करते रहे और आख़िर एक दिन उन्होंने अपने पिता से आज्ञा ले ली और ऊपर औषधालय को चढ़ने वाली सीढ़ियों पर अपने नाम की छोटी-सी पट्टी भी लगा दी।

उन्होंने छोटे-छोटे हैण्ड-बिल छपवाये कि शाम को छै से आठ तक वैद्य मोहनलाल कण्ठमाला और जले हुए की औषधियाँ बाँटते हैं। जो दे सकते हैं, उनसे केवल ख़र्च भर लेते हैं, वरना मुफ़्त दवा देते हैं। एक कम्पाउण्डर से उन्होंने घाव धोना और पट्टी बाँधना सीख लिया। शाम को छै से आठ तक वे औषधालय पें बैठते और दवाइयाँ बाँटते। शुरू-शुरू में तो इक्का-दुक्का मरीज़ आते और मोहनलाल ख़ाली समय में आयुर्वेद का अध्ययन करते अथवा अपने पिता की सहायता करते, पर धीरे-धीरे उनका नाम और उनके 'कण्ठमाला नाशक' और 'दग्धहरण' मरहम की ख्याति फैलने लगी और स्वयं उनके पिता को आश्चर्य हुआ, जब उनके बेटे के पास उनसे ज़्यादा मरीज़ आने लगे और इसी कारण उनका अपना काम भी किंचित बढ़ गया।

०

'कण्ठमाला नाशक' का नुस्ख़ा तो वैद्य मोहनलाल को अपने दफ़्तर ही में मिल गया था। उनके एक सहयोगी थे शम्भुनाथ। उनकी पत्नी एक बच्चा छोड़ कर यक्ष्मा से मर गयी थी। उसकी मृत्यु के साल भर बाद ही उनके बच्चे को, जो ढाई-तीन वर्ष का था, कण्ठमाला निकल आयी। पहले एक मोटी-सी गिल्टी बायें कान के नीचे निकली। वह अपनी नानी के पास अबोहर मण्डी गया हुआ था। वहाँ हस्पताल के डॉक्टर ने बिना निदान किये, उसे चीरा दे दिया। जब फोड़ा ठीक न हुआ और सारे गले में गिल्टियाँ निकल आयीं तो लड़के के मामा ने उसके पिता को लिखा। शम्भुनाथ बच्चे को लाहौर ले आये। वहाँ उसे मेयो हस्पताल में दिखाया तो मालूम हुआ, कण्ठमाला है। ऑपरेशन होगा। शम्भुनाथ ऑपरेशन कराने की सोच रहे थे कि एक दूसरे मित्र ने रोका —'अरे, कहीं ऑपरेशन न कराना। मेरे बड़े लड़के को कण्ठमाला निकल आयी थी। मैंने उसका ऑपरेशन कराया। वह फिर निकल आयी और लड़का हाथ से जाता रहा।'

शम्भुनाथ डर गये। किसी ने लाहौरी मण्डी के एक जर्राह का पता दिया। शम्भुनाथ बच्चे को जर्राह के दिखाने ले गये। जर्राह ने कहा कि छै महीने लगेंगे और १०० रु० ख़र्च होंगे। सौ रुपये की बात न थी, पर शम्भुनाथ को लगा कि जर्राह ने ज़्यादा फीस और लम्बी अवधि बता कर अपनी अक्षमता ही सिद्ध की है। लड़के को बड़ी तकलीफ़ थी' उसे हलका-हलका बुख़ार रहने लगा था। वे बड़े परेशान थे। तभी एक दिन उनकी माँ ने कहा कि बेटे, तुम आजकल के लड़के पुरानों को मूरख समझते हो। छींक आ जाये तो डॉक्टर के भागते हो, वरना मैं तुम्हें गुरदासपुर से एक नुस्ख़ा ला देती और महीने भर में बच्चा ठीक हो जाता। गुरदासपुर शम्भुनाथ की ननिहाल थी।

'कैसा नुस्ख़ा ?' शम्भुनाथ ने पूछा।

'कण्ठमाला का। वहाँ डाक ख़ाने मुहल्ले में एक रिटायर्ड तहसीलदार नुस्ख़ा देते हैं।

हज़ारों को लाभ हुआ है।'

ऑपरेशन से लाभ के बदले हानि की सम्भावना थी और जर्राह ने टाल दिया था। शम्भुनाथ निराश हो गये थे। उन्होंने माँ से कहा कि वह जाये और अपने मायके से नुस्ख़ा ला दे। माँ गयी और नुस्ख़ा ले आयी। मामूली-सा सस्ता नुस्ख़ा! चार चीज़ें। दवा शुरू करने से पहले वे मुहल्ले ही के वैद्य के पास गये। उसने कहा, कि देने में हर्ज नहीं। कण्ठमाला को लाभ होगा, यह तो वह नहीं कह सकता, पर ख़ून साफ़ करने वाली चीज़ें हैं। सो शम्भुनाथ ने अपनी माँ से कहा कि वह बच्चे को दवाई देना शुरू करे।

'माँ ने कहा था कि हफ़्ते में लाभ दिखायी देगा।' शम्भुनाथ ने एक दिन लंच टाइम में मोहनलाल, गोपालदास तथा अन्य मित्रों को यह किस्सा सुनाते हुए बताया, 'हफ़्ते में तो नहीं, पर हाँ, पन्द्रह दिन बाद लगा कि कुछ लाभ हुआ है और तीन-साढ़े तीन महीने में एक भी गिल्टी न रही।'

सहसा मोहनलाल ने पूछा, 'वो चार चीज़ें क्या थीं ?'

'मुण्डी बूटी, रत्नजोत की जड़, जल नीम और काली मिरच।'

'मिकदार[१] क्या थी ?'

'मैंने तो पाव-पाव भर चारों चीज़ें माँ को ला दी थीं।'

'देने की विधि क्या थी ?'

'छै-छै माशे चारों चीज़ें ले कर रात को भिगो दी जातीं। सबेरे कुण्डी-सोटे से रगड़ कर कपड़छान कर, कटोरी में पिला दी जातीं। दवा कड़वी है। लेकिन छोटे भाई के डर से बबलू पी लेता था।

'परहेज़ ?'

'बस, यही मुश्किल है।' शम्भुनाथ ने कहा, 'मीठा-नमक बन्द। खाने को फीकी चूरी[२] दवा बड़ी ख़ुश्क है ना ?'

मोहनलाल ने तत्काल डायरी में नुस्ख़ा नोट कर लिया। फिर बोले, 'लेकिन वह एक गिल्टी को डॉक्टर ने चीरा दे दिया था! उसका क्या हुआ ?'

'कुछ नहीं। हम उस पर स्पिरिट का फाहा रख कर बाँध देते थे। धीरे-धीरे बाकी गिल्टियों की तरह वह भी अन्दर-ही-अन्दर बैठ गयी....।' फिर कुछ क्षण रुक कर उन्होंने स्वयं ही कहा, 'एक ख़ास बात देखी कि जब गिल्टी सूखती तो ख़शख़ास के दाने-ऐसी सफ़ेद-सी कुछ चीज़ गिल्टी पर उभर आती और झड़ जाती और गिल्टी अन्दर को दब जाती।'

'अब कैसी हालत है बबलू की ?' गोपालदास ने पूछा था।

'एकदम ठीक है। कण्ठमाला ठीक होती है तो निहायत भद्दे निशान गले पर छोड़ जाती है, पर तुम बबलू को देखना। कहीं निशान तक नहीं।'

लेकिन मोहनलाल ने सुनी-सुनायी बात पर विश्वास नहीं किया। उन्होंने एक बार अपने मुहल्ले ही में कण्ठमाला के एक रोगी को यह दवा खिलायी और जब उन्हें यह

---

१. मात्रा

२. गर्म-गर्म रोटी को शुद्ध घी में गूँथ लिया जाता है। उसे चूरी कहते हैं।

विश्वास हो गया कि नुस्ख़ा अचूक है तो उन्होंने अपने पिता को बताया। वैद्य नारायणदास ने कोई ख़ास उत्साह प्रकट नहीं किया। उन्होंने बेटे को बताया कि आयुर्वेद में कांचनार गुगुलू कण्ठमाला की बढ़िया दवा है।....जब उनके बेटे ने उनकी बात पर कान नहीं दिया और अपने नाम की पट्टी लगाने के बाद दवाई देने लगा तो उन्होंने सलाह दी कि बेटे, 'गन्दबाँवरी' उसमें और मिला ले, पर उनके बेटे ने उनके परामर्श को सुन कर भी अनसुना कर दिया। वह चारों चीज़ें सेर-सेर भर ले आया। उसने उन्हें छान-फटक कर रख लिया और दो-दो तोले की पुड़ियाँ बना कर वह दवा बाँटने लगा। मरीज़ धनी-मानी होता तो वह कुछ दान-दक्षिणा भी ले लेता, वरना मुफ़्त बाँटता।

जब कोई खाता-पीता मरीज़ दवा ले कर पूछता कि क्या सेवा करे तो मोहनलाल कहते, 'जो आप की श्रद्धा हो! आप जो भी देंगे, उससे ग़रीबों को दवा बँटेगी। मैं दवा का कुछ नहीं लेता। अभी चाहे कुछ न दीजिए। आराम आने पर दे जाइएगा।'

और मरीज़ जो भी देता, वे ले लेते और बड़े ठहराव से उसे दवा लेने की विधि तथा पथ्य बताते।

o

'दग्धहरण मरहम' के नुस्ख़े का पता उन्हें अपनी एक दूर की चचेरी बहन की शादी पर मिला था। उसके गुण-प्रभाव को देख कर तो वे दंग रह गये थे और जिस दिन उनकी चाची ने उन्हें वह नुस्ख़ा बताया था, उन्हें आभास हो गया था कि उनके हाथ सोने की खान आ गयी है।

o

बात उन दिनों की है, जब पण्डित मोहनलाल को नगरपालिका में काम करते हुए पाँच-सात वर्ष हो गये थे, उनके कोई बच्चा न हुआ था, आयुर्वेद में नयी-नयी उनकी आस्था जगी थी और अपने मित्र और सहयोगी लाला गोपालदास के साथ वे औषधालय में जाने लगे थे। सहसा उनके पिता के नाम उनके चचेरे भाई का पत्र आया कि सुलेखा की शादी है और वे अपने परिवार के साथ शादी के सात दिन पहले वनीके पहुँच जायें और इस शुभ कार्य में हाथ बटायें।

अपने भाई से वैद्य नारायणदास की कुछ ज़्यादा नहीं पटती थी। वैद्य जी के निकट वे ब्राह्मण नहीं, बनिया थे। मोहनलाल को अपने उस चाचा के प्रति अपने पिता के क्रोध का कारण सिवा इसके कोई नज़र न आता था कि वैद्य जी की अपेक्षा वे सफल थे। वनीके में उनकी एक दुकान थी, जिस पर वे स्वयं बैठते थे। अन्य कई दुकानें थीं, जिनके वे मालिक थे। गाँव के पास ही दस एकड़ में सन्तरों का एक बाग़ उनका था। वे साहुकारा भी करते थे और गाँव की दो-चार पक्की हवेलियों में एक उनकी भी थी।

भाई से चाहे वैद्य नारायणदास की न पटती हो, पर भाभी को वे पसन्द करते थे। साल में दो-तीन बार वे गाँव से ज़रूर लाहौर आती थीं। तब, मोहनलाल ने देखा था, उनके पिता आयुर्वेद की मोटी किताबों, भस्मों, पर्पटियों, आसवों, अरिष्टों, वटियों, चूर्णों, सुर्मों और घृतों को छोड़ कर, कुछ दिन अपनी इस भाभी के संग गुज़ारते। उसे और उसके बच्चों को अपने बीवी-बच्नों के साथ चिड़िया-घर और लॉरेन्स बाग़ दिखाने ले जाते। अनारकली की

सैर कराते और जब वह वापस जाती तो कुछ-न-कुछ उपहार स्वरूप उसे भेंट करते। मोहनलाल ने यह भी देखा था कि उसके पिता ही नहीं, माँ भी वनीके की अपनी देवरानी को पसन्द करती है। वे जब लाहौर आतीं, अपने साथ काफ़ी तोहफ़े लातीं। आमों के मौसम में आमों का टोकरा। सन्तरों के मौसम में सन्तरों की पेटी। फिर गुड़ और बादाम मिली राब, सरसों का साग और गन्नों का गट्ठा; सफ़ेद शक्कर और शुद्ध घी का डिब्बा। जाने कितनी चीज़ें गाँव से नित्य आया करतीं। चाची का आना कभी न अखरता।....इसलिए वैद्य जी का बस चलता तो वे शादी में स्वयं शामिल होते, पर वे पक्षाघात के एक रोगी यजमान का इलाज कर रहे थे, इसलिए उन्होंने अपनी पत्नी को मोहनलाल के साथ भेज दिया। ससुर और बहू पीछे रह गये।

इसी विवाह में एक ऐसी दुर्घटना हो गयी कि यदि मोहनलाल ने उसे अपनी आँखों न देखा होता तो उन्हें कभी विश्वास न होता।

०

वनीके, अटारी और चौगाँवा के रास्ते में है। सड़क के किनारे! चाचा की बड़ी हवेली में ख़ूब रौनक थी। चूँकि बरात अमृतसर से आने वाली थी, इसलिए अमृतसर से हलवाई बुलाये गये थे ताकि समधी को भोजन और मिठाइयों से किसी तरह की शिकायत न हो। फ़रवरी का महीना था। हवा में काफ़ी ठण्डक थी। बड़े, चौड़े, खुले आँगन में एक ओर बरात के भोज का प्रबन्ध था, दूसरी ओर ऊपर को जाने वाली सीढ़ियों के निकट, एक कनात लगा कर, हलवाई को बैठा दिया गया था, जो एक बड़े कड़ाह में शुद्ध घी के कनस्तर उँडेल कर बीदाना, बूँदी, इमरितियाँ, शीरनी और शकरपारे तल रहा था। पन्द्रह दिन पहले से ढोलक रख दी गयी थी और दिन-रात सारे-का-सारा गाँव ब्याह के गीतों से गूँजता रहता। मोहनलाल जब अपनी माँ के साथ इक्के पर पहुँचे थे तो सड़क ही से उन्हें ढोलक पर ब्याह के गीत सुनायी दिये थे।

लेकिन बरात आने और भाँवरें पड़ने के दूसरे दिन ही वह सारी गहमागहमी और गीत-गाने एक भयावह सन्नाटे में बदल गये, जिसे चाची का दबा-दबा रोना भंग कर जाता।

बरात आने के दूसरे दिन दोपहर को बरात खाना खा चुकी थी और ऊपर छत पर स्त्रियाँ सिट्ठिनियाँ[1] दे रही थीं। अन्दर दालान के पीछे कमरे में दुल्हन बनी सुलेखा, उन्हें सुन कर अनायास मुस्करा देती थी। आधे बराती जूते पहन कर आँगन से निकल चुके थे और बाहर बैण्ड बजने लगा था। तभी सहसा कुछ लड़कियाँ दूल्हे को छन्द सुनाने के लिए रोकने अथवा उसका जूता छिपाने के लिए तेज़-तेज़ छत से उतरीं। उनके पीछे-पीछे सुलेखा का दस वर्षीय छोटा भाई गोचू भी दूसरे छोकरों के साथ उतरा। जाने उसे ठोकर लगी अथवा दूसरे बच्चे ने धक्का दिया, वह घी के जलते कड़ाह में जा गिरा, चीख़ा और दूसरे क्षण तड़प कर आँगन के फ़र्श पर जा गिरा और बेतरह छटपटाने लगा।

'मैं नहीं गिरा, मुझे कूकी ने धक्का दिया है।' बार-बार वह यही कहे, रोये और तड़पे जाता था।

हलवाई के हाथ-पाँव फूल गये। घी के छींटे उसके अपने शरीर पर कई जगह पड़े

१. ब्याह में लोक-गीतों के माध्यम से दूल्हे और उसके परिवार वालों को दी जाने वाली गालियाँ।

थे और उसे बेहद दर्द था, पर अपनी परवाह न करके उसने बच्चे की कमीज़ फाड़नी चाही।

'मेरी नयी कमीज़ न फाड़ो।' गोचू ने कहा और बेहोश हो गया।

हलवाई ने जल्दी से कमीज़ पलट कर उतार दी, पर साथ ही चमड़ी उतर आयी और जगह-जगह सफ़ेद चर्बी, जिसमें नसें तक नज़र आ रही थीं, दिखायी देने लगी।

तब जाने कौन भाग कर कैंची ले आया। पायजामे का नाड़ा काट दिया गया। लेकिन पायजामा टाँगों के साथ चिपक गया था। उसे उतारने के प्रयास में चूतड़ों से ले कर टाँगों तक जगह-जगह चमड़ी उतर गयी। किसी ने पाँत के लिए बिछी चादर वहाँ से उठा कर फ़र्श पर बिछा दी और बच्चे को उस पर लिटा दिया गया। मोहनलाल हाथ में तरकारियों का डोंगा लिये अन्दर जा रहे थे कि चीख़ सुन कर भागे। पलक झपकते जैसे सब हो गया और मोहनलाल जब आपे में आये तो सब तरफ़ हाहाकार मचा हुआ था।....चाची ऊपर से भागी आयीं और स्वय कड़ाह में गिरती-गिरती बचीं। वे चाहती थीं, बच्चे को गोदी में ले लें। पर उसकी उतरी चमड़ी देख कर वहीं छाती पीटने लगी थीं। स्वयं मोहनलाल की माँ ज़ोर-ज़ोर से रो रही थी।....बराती जाते-जाते पलट आये और ऊपर झुके पड़ते थे।....'जगह छोड़ो, जगह छोड़ो!'....'हवा आने दो!'....'शोर न मचाओ!'.... 'डॉक्टर मुन्शी राम को बुलाओ!' 'डॉक्टर मुन्शीराम को बुलाओ!'....लोग एक साथ चिल्लाये जा रहे थे....मोहनलाल ने देखा — लड़के के पैर, टाँगें, चूतड़, पीठ — सब बुरी तरह जल गये हैं। दायीं बाँह कोहनी के ऊपर तक झुलस गयी है। कुछ छींटे उसके नथुनों पर भी पड़े हैं और वहाँ छाले पड़ गये हैं — हाँ, आँखें बच गयी थीं और वे बेहोशी में बन्द थीं।

तभी, जब हर जगह बेपनाह शोर बरपा था और लगता था कि सारा गाँव पण्डित भगवानदास की हवेली की ओर भागा आ रहा है, आँगन में क्षण-क्षण भीड़ बढ़ रही थी, मोहनलाल ने अपने चाचा की गरजदार आवाज़ सुनी। पहले उन्होंने बरातियों से कहा, 'महाराज, आप डेरे पर जाइए! यहाँ भीड़ न कीजिए।' फिर उन्होंने औरतों को डाँटा कि वे एकदम चुप हो जायें। न रोयें, न चिल्लायें। फ़िलहाल सब अपने-अपने घर चली जायें। पत्नी और भाभी (मोहनलालजी की माँ) को उन्होंने आदेश दिया कि जा कर दालान ख़ाली करें और उस पर एक नर्म बिस्तर बिछा दें, और किसी दुर्गादास को उन्होंने साइकिल पर डॉक्टर मुन्शीराम के यहाँ जाने के लिए कहा।

उस आवाज़ में कुछ ऐसी गरज और दबदबा था कि बराती चुपचाप सिर झुकाये चले गये। बाजे वाले (जिन्होंने पहली चीख़ के साथ ही बाजा बजाना बन्द कर दिया था) अपने बाजे लटकाये, चुपचाप उनके पीछे हो लिये। यद्यपि औरतें आँगन ख़ाली न करना चाहती थीं, पर मर्दों ने ज़बरदस्ती उन्हें वहाँ से खदेड़ दिया। बच्चे को बड़े हल्के हाथों उठा कर अन्दर आँगन में लिटा दिया गया। और चाचा भगवानदास ओसारे में खड़े हो गये कि कोई आदमी अन्दर न आये।

किसी का इस ओर ध्यान न गया कि गहनों-कपड़ों में लदी दुल्हन अन्दर से भाग आयी है और चारपाई के पाये से सिर लगा कर और अपने भाई के शरीर को देख सकने की ताब न ला कर, चुपचाप रो रही है।

तभी डॉक्टर मुन्शीराम आ गये और उन्होंने पानी उबलवा कर और उसे एकदम ठण्डा

करके उसमें दो-तीन रंग-बिरंगी दवाइयाँ मिलायीं और रूई के हलके-से फाहे से उन्हें बच्चे के सारे शरीर पर पोत दिया। बाद में पूछने पर डॉक्टर मुन्शीराम ने बताया कि जेनशियन वायोलेट, ब्रिल्येण्ट ग्रीन —दो रंगों तथा एक्रेफ़्लेविन १/२ प्रति सहस्र का लोशन था।

पूरे पन्द्रह दिन पण्डित मोहनलाल अपनी माँ के साथ वनीके रहे थे। लड़की के भाँवरें तो पड़ गयी थीं और यद्यपि वह जाना न चाहती थी, पर बड़े कड़े दिल के साथ चाचा ने और चाची ने रोती-बिलखती लड़की को डोली चढ़ा दिया —और शेष सारा काम निबटा दिया था। गोचू इतना जल गया था कि किसी को आशा नहीं थी, वह दो-तीन दिन से ज़्यादा बचेगा। लेकिन डॉक्टर मुन्शीराम रोज़ आते और वही रंगीन लोशन लगा जाते। हफ़्ते बाद लगा कि कुछ आराम आ रहा है। सुलेखा न केवल तीसरे दिन वापस आ गयी, बल्कि दामाद अमृतसर से एक बड़े डॉक्टर को लाया। डॉक्टर मुन्शीराम वहीं थे। उसने डॉक्टर साहब द्वारा लगायी जाने वाली दवाओं का समर्थन किया। कैथीटर से पेशाब ख़ारिज करने को कहा। पन्द्रहवें दिन लड़के ने ज़रा गर्दन हिलायी। उसी शाम पण्डित मोहनलाल अपनी माँ के साथ वापस लाहौर आ गये।

०

मोहन लाल ही को नहीं, उनकी माँ और पिता को भी इस बात का विश्वास था कि किसी दिन भी गोचू के देहान्त की ख़बर आ जायेगी। वास्तव में वनीके में जो पन्द्रह दिन रह गये तो इसका कारण भी यही सन्देह था कि शायद दो-चार दिन बाद गोचू के देहान्त पर फिर आना पड़े, क्यों न कुछ दिन और रह कर शादी और मौत दोनों से छुट्टी पा कर ही घर जायें।

वैद्य नारायणदास को इस बात का भी अफ़सोस था कि उन्हें किसी ने पूछा ही नहीं। 'अलसी के तेल में यदि चूने का पानी काँसे के बर्तन में फेंटा जाता और राल पीस और कपड़-छान करके उसमें घोंट दी जाती तो ऐसा लेप तैयार हो जाता कि गोचू को न केवल उससे शान्ति मिलती, वरन निश्चित रूप से आराम भी आ जाता।' उन्होंने फ़तवा दिया था, 'लेकिन भगवानदास के पास पैसा आ गया है, डॉक्टरों के बिना उसका काम नहीं चलता। इतने जले हुए को बचा लेना डॉक्टरों के बस का रोग नहीं।'

जब एक महीना बीता, दो महीने बीते, तीन महीने बीते और गोचू के मरने की ख़बर न आयी तो मोहनलाल ने चाचा को ख़त लिखा और इधर-उधर की बातें लिखने के बाद गोचू की बीमारी का उल्लेख किया और उसके स्वास्थ्य के बारे में चिन्ता प्रकट करते हुए उसका हाल-चाल पूछा। उत्तर चाची ने दिया कि डॉक्टर की दवाई से कुछ आराम तो है, पर घाव अभी भरे नहीं, बड़ी तकलीफ़ है। मोहनलाल ने अपने पिता द्वारा बताया हुआ लेप लिख भेजा।....

उत्तर में चाची ने लिखा कि वह उनका भेजा लेप का नुस्ख़ा आज़मायेगी। वह इतना लिख भेजे, कितने अलसी के तेल में कितने चूने का पानी मिलाना है और राल का अनुपात क्या है ? मोहनलाल ने अपने पिता से पूछ कर तीनों चीज़ों की मात्राएँ लिख भेजीं। एक महीने बाद चाची का पत्र आया कि लेप लगाया है, लेकिन उससे कुछ फ़ायदा नहीं हुआ। गोचू की हालत ख़राब हो गयी है। जाने भगवान उस बेचारे को कितना कष्ट देना चाहते

हैं।....

फिर तीन महीने बीत गये। तभी वनीके से आने वाले एक सम्बन्धी से पता चला कि गोचू अभी तक चारपाई से लगा है। खाल उसकी भैंस की तरह काली हो गयी है। ऊपर से तो सख़्त है, पर अन्दर से पस पड़ गयी है। बहुत कमज़ोर हो गया है। तब माँ ने कहा कि बेटा मौत भी क्या अपने चाहे से आती है। जाने उस बच्चे अथवा उनके माता-पिता ने पिछले जन्म में कौन कुकर्म किये हैं, जब तक उनका रत्ती-रत्ती भुगतान नहीं हो जाता, इस शरीर से मुक्ति नहीं मिल सकती।

०

लेकिन सहसा तीन महीने बाद, एक दिन चाची उनके मकान के आगे ताँगे से उतरी तो उसके पीछे निक्कर और कमीज़ पहने छलाँग लगा कर गोचू भी उतरा। तब हठात न मोहनलाल को अपनी आँखों पर विश्वास आया, न उनकी माँ को। वे ऊपर बालकनी में खड़े थे और उन्हें ताँगे से उतरते देख कर भागते हुए नीचे उतरे थे। गोचू का रंग पहले की तरह गोरा-चिट्टा था और निक्कर के नीचे उसकी टाँगों को देख कर लगता ही न था कि वे कभी जली भी थीं या कभी भैंस-ऐसी काली थीं।

उस वक्त दोनों ने गोचू के ठीक हो जाने पर चाची को ढेर-सी बधाइयाँ दीं। लेकिन जब खाना खा-पी कर चाची आराम करने को लेटीं तो मोहनलाल ने उत्सुकता प्रकट की कि किस दवा से गोचू को उस भयानक कष्ट से मुक्ति मिली।

'अरे बेटा, मैं तुम्हें बताऊँगी तो तुम्हें यकीन नहीं आयेगा।'

'यकीन क्यों नहीं आयेगा, जब सामने गोचू मौजूद है। प्रत्यक्ष को प्रमाण कैसा ?'

'मीठे तेल, लौंग, छत्ते के मोम और सिन्दूर से!' चाची ने कहा, 'इतना रुपया हमारा ख़र्च हो गया और इतना कष्ट बच्चे ने और हमने पाया और जब आने को हुआ तो इसी मामूली दवा से आराम आ गया।'

'किस वैद्य-हकीम ने बताया यह नुस्ख़ा ?' मोहनलाल ने पूछा।

'वैद्य-हकीम ने नहीं, गाँव के हलवाई ने।'

'हलवाई ने ?'

'वो गाँव का हलवाई है न, रुल्दू,' चाची ने सविस्तार बताना शुरू किया, 'वह हमसे नाराज़ था कि हमने लड़की के ब्याह में उसे न बुला कर, अमृतसर से हलवाई मँगाया। जाने उसकी बीवी गोचू को देख कर गयी और उसने उसे बताया अथवा तुम्हारे चाचा ने बाज़ार में बात की कि डॉक्टर की दवा से कुछ आराम नहीं आया और जाने बच्चे को अभी कितना दुख भोगना बदा है। तब रुल्दू ने कहा कि जी, आपने इतना इलाज किया है, एक इलाज हमारा भी कर देखिए। हमारे काम में तो जलना-जलाना रोज़ की बात है। हमारे उस्ताद ने एक मरहम बता रखा है। सख़्त-से-सख़्त जले को ठीक कर देता है और जिल्द पर दाग़ तक नहीं पड़ने देता।

'हम तो बेटा निराश हो चुके थे। एक रुपया उसने माँगा और तीन पाव-आध सेर मरहम बना कर दे गया। तीन-चार दिन लगाने के बाद ही लगा कि लाभ हो रहा है। जहाँ-जहाँ घाव रह गया था, वहाँ पीप निकलने लगी और उस काली चमड़ी के नीचे माँस

आने लगा। सात दिन बाद मैंने उसे बुलाया कि भाई वह मरहम तो ख़त्म हो गया, तुम और बना दो। एक रुपया वह और ले गया और फिर मरहम बना कर दे गया। पर इतने-से मरहम से क्या होता है, सारे शरीर पर लगाना पड़ता था।....जब तीसरी बार फिर उससे और मरहम के लिए कहा तो वह बोला, 'अरे बीबी जी, आपको सेरों मरहम चाहिए। मैं आपको नुस्ख़ा ही बता देता हूँ। मैं तो आपसे उतना ही पैसा लेता रहा हूँ, जितना दवाइयों पर लगा है। आप स्वयं चीज़ें, ख़रीदिए और अपनी ज़रूरत के मुताबिक मरहम बना लीजिए।

'बस, मैंने नुस्ख़ा ले लिया। चीज़ें मँगायीं और मरहम बना लिया। और देख लो, तीन महीने में गोचू ठीक हो गया है। कोई इसे देख कर कह सकता है कि यह उबलते घी के कड़ाह में जल गया था।'

उस मरहम में न केवल चीज़ें सस्ती थीं, वरन उसके बनाने की विधि भी बड़ी आसान थी। एक सेर मीठा तेल ले कर आग पर चढ़ा दिया जाता, फिर जब वह गर्म हो जाता तो उसमें एक छटाँक लौंग डाल दिये जाते। लौंग जल जाते तो झरने से उन्हें अलग कर लिया जाता और उसमें एक पाव छत्ते का मोम डाल दिया जाता। मोम घुल जाता तो तेल को नीचे उतार लिया जाता और उसमें आध पाव बढ़िया सिन्दूर डाल कर उस वक्त तक घोंटा जाता, जब तक वह ठण्डा हो कर गाढ़ा मरहम न बन जाये।

मोहनलाल ने न केवल नुस्ख़ा चाची से ले लिया, वरन उन चीज़ों का अनुपात और उन्हें बनाने की विधि भी लिख ली। शाम को जब वे गोपालदास के साथ पिता के औषधालय में गये तो उन्होंने अपने पिता को उस चमत्कारी मरहम की बात बतायी, जिसने गोचू की ज़िन्दगी बचा दी थी, उसमें पड़ने वाली चीज़ों के नाम और बनाने की विधि भी बतायी। दोनों मित्र इस बात पर आश्चर्य प्रकट करते रहे कि कैसी अचूक औषधियाँ शहरों और देहातों में आम लोगों के पास हैं, जो जानने वालों के साथ ही विस्मृति के गर्त में चली जाती हैं। यह दवा यदि किसी अंग्रेज़ के पास होती तो वह इसे पेटेण्ट करा के बढ़िया डिब्बियों में बन्द करके बेचता अथवा किसी कम्पनी को बेच देता और वह मरहम बनाती, लाखों कमाती और लाखों लोगों को लाभ पहुँचाती।

इस घटना के दस-बारह साल उपरान्त जब वैद्य नारायणदास के देहावसान के बाद मोहनलाल नगरपालिका की नौकरी छोड़ कर पूरा वक्त औषधालय में बैठने लगे, उन्होंने पत्नी के ज़ेवर बेच कर कूटने-पीसने और गोलियाँ बनाने की मशीन लगा ली और फ़ॉर्मेसी खोल ली। तब कण्ठमाला की दवाई का नाम 'मोहन कण्ठमाला नाशक' और मरहम का नाम 'मोहन दगधहरण मरहम' रख कर उन्होंने दोनों को रजिस्टर्ड करा लिया और धड़ल्ले से बेचने लगे। 'कण्ठमाला नाशक' तो नहीं, लेकिन 'दग्धहरण मरहम' ख़ूब चला और उसी के बल पर उन्होंने ग्वालमण्डी में नया मकान बनवा लिया, एक फ़िटन रख ली और उनका नाम प्रान्त ही नहीं, देश भर में प्रसिद्ध हो गया।

लेकिन इसमें भी शक नहीं कि इसी मरहम के कारण उनके पुराने मित्र गोपालदास नाराज़ हो गये और अन्ततोगत्वा यह मरहम ही उनकी उस दुखद मृत्यु का कारण बना।

०

गोपालदास तरक्की करते-करते इस बीच अपने विभाग के सुपरिण्टेण्डेण्ट हो गये थे। उनके

रिटायर होने में कुछ ही वर्ष शेष थे और रिटायर होने के बाद कुछ काम करने और अपने बड़े परिवार को पालने की समस्या उनके सामने थी। इसलिए रिटायर होने से कुछ वर्ष पहले ही अपने मित्र के अनुकरण में उन्होंने भी कुछ महत्वपूर्ण औषधियाँ तैयार कीं और वैद्य कहाने लगे। उनके पिता का देहान्त कुछ वर्ष पहले हो चुका था, लेकिन अपने जीवन-काल में ही उन्होंने कृष्णा नगर की नयी आबादी में एक मकान बनवा लिया था। वहीं गोपालदास अपने दो लड़कों और चार लड़कियों के साथ रहते थे। एक लड़के और एक लड़की की शादी वे कर चुके थे और शेष की शादियाँ उन्हें करनी थीं। दो लड़कियाँ तो अभी बहुत छोटी थीं। अपने कृष्णा नगर ही के मकान की बैठक में उन्होंने 'गोपाल आयुर्वैदिक औषधालय' का बोर्ड लगा दिया और सुबह-शाम बैठने लगे।

कुछ वर्षों से उन्होंने आयुर्वेद की ओर उतना ध्यान नहीं दिया था, पर रिटायरमेण्ट सामने दिखायी देते ही उन्होंने आयुर्वेद की पुरानी किताबें निकालीं, जो उन्होंने कभी मोहनलाल की संगति के कारण ख़रीदी थीं। उनकी धूल-गर्द झाड़ी, उनका अध्ययन शुरू किया और कुछ ऐसी शक्तिवर्धक दवाइयाँ तैयार कीं, जिनकी ज़रूरत जवान और बुड्ढों को बराबर रहती है —रस सिन्दूर, सिद्ध मकरध्वज, मूसली पाक, बादाम पाक, छुहारा पाक, आदि। साथ ही लवण भास्कर, हिंग्वाष्टक, आदि चूर्ण और वटियाँ बना लीं। इसके अलावा एक दवा उन्होंने काली खाँसी की तैयार की और एक सोखे की और धीरे-धीरे कृष्णा नगर और उसके इर्द-गिर्द बस्तियों और गाँवों के लोग उनका नाम पूछते हुए उनके यहाँ आने लगे।

तभी उनके एक रोगी की लड़की बुरी तरह जल गयी। गोपालदास ने आयुर्वेद में पढ़े के अनुसार कुमारी (घीकँवार) का गूदा निकाल कर उसका लेप किया, पर वह कुछ इतना जल गयी थी कि उससे ज़्यादा लाभ न हुआ। तब उन्हें अपने पुराने मित्र मोहनलाल की याद आयी। वे सूत्रमण्डी पहुँचे। इधर अर्से से दोनों मित्रों में भेंट न हुई थी। गोपालदास ने कहा, 'मेरे एक रोगी की लड़की जल गयी है, तुम ज़रा मुझे मरहम का वो नुस्ख़ा बता दो, मैं मरहम बना कर उसका इलाज कर दूँ।'

मोहनलाल भूल गये कि बारह-पन्द्रह वर्ष पहले उन्होंने गोचू के बुरी तरह जल जाने और उस मरहम से उसके ठीक होने की बात स्वयं उन्हें बतायी थी और यह भी बताया था कि किस प्रकार गाँव के हलवाई ने वह नुस्ख़ा उनकी चाची को दिया और कैसे उन मामूली चार चीज़ों से उस बच्चे की जान बच गयी। वे भूल गये कि उन्होंने नुस्ख़ा तक गोपालदास को बताया था। अब नुस्ख़ा बताने के बदले उन्होंने अपने पुराने मित्र को वही गढ़ी-गढ़ायी कहानी सुना दी, जो वे आम मरीज़ों को बरसों से सुनाते आ रहे थे कि उस वक्त, जब उनके चचाज़ाद भाई की जान ख़तरे में थी, उत्तर काशी से चाचा के यहाँ आये हुए एक संन्यासी ने १७ जड़ी-बूटियों से मरहम तैयार कर दिया, विशेष पूजा और मन्त्रों से उसे परिशोधित किया, जिससे बच्चे की जान बच गयी और परम आस्तिक जान कर वह नुस्ख़ा वे उनको दे गये। 'तुम नास्तिक आदमी ठहरे,' उन्होंने गोपालदास से कहा, 'इसे बना पाना तुम्हारे बस की बात नहीं। तुम चार-पाँच डिबिया मरहम की ले जाओ!'

गोपालदास को अपने पुराने मित्र के इस झूठ पर बड़ा क्रोध आया, लेकिन उन्होंने कुछ नहीं कहा। अपने मित्र को याद नहीं दिलाया कि उसने स्वयं उन्हें हलवाई द्वारा मरहप

दिये जाने की बात बतायी थी। उन्होंने चुपचाप डिबिया ले ली और एक रुपया दे दिया।

वैद्य मोहनलाल ने रुपया वापस कर दिया कि यार, क्यों शर्मिन्दा करते हो, लेकिन गोपालदास ने उसे वापस नहीं लिया और बोले कि भाई, तुम्हारा तो व्यवसाय है, अपने पिता की तरह तो तुम वैद्यक करते नहीं। यदि हलवाई अपने मित्रों को ही मिठाई बाँटने लगेगा तो कमायेगा क्या और खायेगा क्या!....

मोहनलाल ने जैसे विवश हो, रुपया रख लिया। गोपालदास को उनकी कृतघ्नता पर बड़ा क्रोध आया और जब उन्हें याद आया कि अपने इस मित्र को नगरपालिका की नौकरी दिलाने में उन्होंने अपने पिता पर कितना ज़ोर दिया था तो मोहनलाल के इस झूठ पर उनके मुँह का ज़ायका कड़वा गया। घर आ कर उन्होंने सभी पुराने काग़ज़ छाने, लेकिन उन्हें वह नुस्ख़ा नहीं मिला। वच्छोवाली से कृष्णा नगर घर बदलने में शायद वह काग़ज़ कहीं गुम हो गया था। लेकिन उन्हें चारों चीज़ों के नाम याद थे। उनका अनुपात याद नहीं था। तब उन्होंने विभिन्न अनुपातों में थोड़ा-थोड़ा मरहम तैयार किया। वे एक डिबिया मोहन मरहम लगाते और एक डिबिया अपने बनाये हुए एक अनुपात वाली। फिर कुछ ठीक होने पर दूसरे अनुपात वाली। इस तरह उन्होंने ठीक मरहम तैयार कर लिया —ऐन-मैन उसी रंग का और उन्हीं गुणों वाला। यही नहीं, जब उन्होंने कई रोगियों पर आज़मा कर देख लिया और उन्हें विश्वास हो गया कि उनका तैयार किया मरहम उतना ही अचूक है, जितना वैद्य मोहनलाल वाला तो उन्होंने 'गोपाल संजीवनी मरहम' के नाम से उसे रजिस्टर्ड करा लिया। और 'गोपाल संजीवनी' के नाम से धीरे-धीरे उसकी प्रसिद्धि भी होने लगी। कुछ ही वर्षों में लाहौर के हर बाज़ार-मुहल्ले और गली में 'गोपाल संजीवनी' का बोर्ड लगा दिखायी देने लगा, जिसमें बड़े-बड़े अक्षरों में 'गोपाल संजीवनी' और छोटे अक्षरों में 'मरहम' लिखा रहता। इसीलिए मरहम के बदले 'गोपाल संजीवनी' घर-घर प्रसिद्ध हो गयी।

इधर गोपालदास नगरपालिका से रिटायर हुए, उधर संयोग से सूत्रमण्डी में ऐन मोहन फ़ार्मेसी के सामने उनके एक मित्र के मकान का एक पोर्शन ख़ाली हो गया। उस मित्र का वे इलाज करते रहे थे और वह उनका बहुत आभारी था। गोपालदास ने तत्काल वह पोर्शन किराये पर ले कर 'गोपाल फ़ार्मेसी' का बोर्ड लगा दिया।

यही नहीं, अपनी आधी पेंशन कम्यूट करा के उन्होंने सभी प्रसिद्ध पत्र-पत्रिकाओं मे पूरे-पूरे पृष्ठ का विज्ञापन दिया। वैद्य मोहनलाल के भाई के जलने का किस्सा बदल कर स्टोव जलाते हुए बुरी तरह जल जाने वाली अपनी भांजी का किस्सा गढ़ा और संन्यासी वाले लटके में यह विशेषता रखी कि संन्यासीजी ने शिवजी की पूजा करके भभूत में से एक चुटकी मरहम में डाल दी, जिससे उसकी शक्ति कई गुना अधिक बढ़ गयी। गोपालदास ने जो विज्ञापन दिया, उसने मरहम को एकदम दैवीय वरदान का पद दे दिया और भगवान शंकर की भभूत ने उसे चामत्कारिक महत्व प्रदान कर दिया।

वैद्य मोहनलाल के सामने चूँकि प्रतिद्वन्द्विता नहीं थी, उनका नाम भी पहले काफ़ी प्रसिद्ध हो गया था, इसलिए उन्हें इतने लम्बे विज्ञापन देने की आवश्यकता न पड़ी थी। राख की चुटकी ने धर्म-भीरु, अन्धविश्वासी निम्न-मध्यवर्गीयों तथा अपढ़ देहातियों पर विशेष प्रभाव डाला और प्रायः कहा जाने लगा कि 'मोहन दग्धहरण' से 'गोपाल संजीवनी' बेहतर है।

जिस दिन 'गोपाल फ़ार्मेसी' का बोर्ड 'मोहन फ़ार्मेसी' के ऐन सामने बाज़ार की दूसरी तरफ़ लगा, दोनों मित्रों में 'नमस्कार' का आदान-प्रदान भी ख़त्म हो गया। गोपालदास ने तो प्रयास किया, लेकिन मोहनलाल से सनद नहीं दी। जैसे-जैसे 'गोपाल फ़ार्मेसी' की ख्याति फैलने लगी, मोहनलाल की छाती पर मूँग दले जाने लगे। तभी उनके हितचिन्तकों ने बताया कि गोपालदास ने कुछ एजेण्ट ऐसे भी रखे हैं, जो बाज़ार के दोनों सिरों पर खड़े रहते हैं और 'मोहन फ़ार्मेसी' में आने वाले लोगों को बहकाते हैं। मोहनलाल आग-बबूला हो गये और अपने इस पुराने मित्र से हिसाब साफ़ करने का अवसर ढूँढ़ने लगे।

अभी एक वर्ष पहले गोपालदास को न जाने क्या सूझी। उन्होंने अपनी फ़ार्मेसी की एक नयी दवा का बोर्ड बाज़ार के बीचों-बीच टाँगना चाहा। बोर्ड पर दृष्टि पड़ते ही मोहनलाल को ज़बरदस्त धक्का लगा। यह बोर्ड 'गोपाल फ़ार्मेसी' की नयी औषधि 'कण्ठमाला विनाशक' का था। प्रकट ही गोपालदास ने शम्भुनाथ से नुस्ख़ा ले लिया था। विशेषता यह कि उन्होंने चारों बूटियों के अर्क निकलवा लिये थे और औषधि बोतलों में बेचते थे। बोर्ड पर दायीं ओर 'कण्ठमाला विनाशक' की बोतल भी बनी थी। गोपालदास ने मोहनलाल के मकान-मालिक से इजाज़त ले ली थी और उसे एक रुपया महीना बोर्ड टाँगने के खाते देना स्वीकार कर लिया था।

मोहनलाल के क्रोध का वार-पार न रहा। उन्होंने बोर्ड की तार को कटवा दिया। और अपनी बाल्कनी में जा कर उनको गालियाँ देने लगे।

गोपालदास के मन में भी न जाने कब से ज़हर इकट्ठा हो रहा था। वे भी अपनी बाल्कनी में मुकाबले पर आ डटे और दोनों ओर से भीषण 'मधुर वचनों' की वर्षा होने लगी। उस वक्त, जब दोनों पुराने मित्र एक दूसरे को मल्लाहियाँ सुना रहे थे और जैसा कि अंग्रेज़ी में कहते हैं — एक दूसरे की अलमारियों से निकाल-निकाल कर कंकाल बाहर फेंक रहे थे, मोहनलाल के सीने में बायीं ओर ज़ोर का दर्द उठा, जो उनके बायें कन्धे के नीचे बाँह तक सरकता चला गया। उन्हें अपना दम घुटता मालूम हुआ। वे एक बार खाँसे और दूसरे क्षण औंधे मुँह जँगले पर गिर पड़े। क्षणांश के लिए वहीं आधे अन्दर, आधे बाहर लटके रहे। फिर सहसा, उनके पाँव ऊपर उठ गये और दूसरे क्षण वे निचली दुकान के बोर्ड पर से कलाबाज़ी खाते हुए अपने भारी-भरकम शरीर के साथ नीचे बाज़ार में चित जा पड़े।

इससे पहले कि कोई उन्हें उठाता, वे इस मित्रघाती संसार को छोड़ कर परलोक सिधार गये थे।

बाईस

चेतन ने जा कर दरवाज़ा खटखटाया तो सादी शलवार-कमीज़ पहने एक गोरी-गोरी गम्भीर और संकोची लड़की ने किवाड़ खोले।

'तूँ की जमना एें ?'[१] सहसा चेतन की माँ ने पूछा।

उत्तर में लड़की ने स्वीकार में ज़रा-सा सिर हिलाया. पर इतने ही से वह लाल हो आयी।

'जा के अपनी मासी नूँ आक्ख, जालन्धरों लाजवती आयी ऐ।'[२] चेतन की माँ ने कहा।

'आओ-आओ मौसीजी, अन्दर आ जाओ!' और जमुना आगे-आगे, बैठक पार कर, सामने के दरवाज़े से आँगन में निकल गयी। चेतन ने आँगन से उसकी आवाज़ सुनी, 'मौसी, जालन्धर से लाजवती मौसी आयी हैं।'

क्षण भर के लिए चेतन अपनी माँ के पीछे बैठक में रुका रहा। तभी उसकी दृष्टि सामने की दीवार में अँगीठी पर लगे वैद्य मोहनलाल के तैल-चित्र पर चली गयी। चित्र के नीचे यद्यपि उनका नाम नहीं लिखा था, पर उसने वैद्य त्रिलोकचन्द अग्रवाल से उनके बारे में इतना कुछ सुन रखा था — विशेषकर अपने प्रतिद्वन्द्वी से झगड़ते हुए उनकी मृत्यु हो जाने के बारे में — कि निगाह पड़ते ही वह उन्हें पहचान गया था — दोहरा शरीर, चौड़ा माथा, तीखी रोमन नाक, नुकीली ठोड़ी, भरे-भरे कल्ले, बन्द गले का कोट और घुटी हुई महाशयी पगड़ी। चित्र ही से वे किसी कॉलेज के प्रिन्सिपल, कोई प्रसिद्ध वैद्य अथवा आर्य समाज या सनातन धर्म सभा के नेता लगते थे। रंग उनका गोरा था या काला, यह चित्र को देख कर जान पाना कठिन था।

चेतन वैद्य जी का चित्र अच्छी तरह देख न पाया था कि माँ आँगन के दरवाज़े तक बढ़ गयी और दूसरे क्षण एक दोहरे बदन की मोटी-लम्बी औरत ने आँगन से आ कर दरवाज़े ही में चेतन की माँ को बाँहों में भर लिया।

उस मोटी स्त्री की बाँहों में माँ को भिंचे देख कर पहली बार अपनी माँ के अत्यधिक पतले-दुबले शरीर का एहसास चेतन को हुआ। उसके पिता की मद्यपता, विलासिता, उद्दण्डता और घर की बेगिनती चिन्ताओं ने उसकी माँ को सुखा कर कैसा तिनका-सा बना दिया था।

जब दोनों सहेलियाँ गले मिल चुकीं तो रामरक्खी (कि वह मोटी स्त्री स्व० वैद्य मोहनलाल की विधवा पत्नी के सिवा कोई और न थी) उन दोनों को अन्दर आँगन में ले गयीं।

शाम का वक्त था और यद्यपि उमस काफ़ी थी, पर पक्का आँगन पानी से ख़ूब धुला होने के कारण ठण्डा था। बैठक से आँगन में प्रवेश करते ही बायीं ओर स्नानागार और शौचालय था, दायीं ओर बरामदा था, जिसमें खाने की मेज़ लगी थी। बरामदे में दायीं ओर रसोई-घर था। सामने दरवाज़ा था, जो अन्दर कमरों को जाता था।

बरामदे की तरफ़ को आँगन में चार आराम कुर्सियाँ और उसके बीच एक गोल मेज़ सजी थी और ज़रा परे एक तिपाई पर टेबल-फ़ैन रखा था। मौसी रामरक्खी ने उन दोनों को कुर्सियों पर बैठाया और स्वयं भी चेतन की माँ के साथ वाली कुर्सी पर प्रतिष्ठित हो

---

१. क्या तू जमुना है ?

२. जा कर अपनी मौसी से कह कि जालन्धर से लाजवती आयी है।

गयीं।

कुर्सी पर बैठते ही मौसी ने जमुना से पंखे का स्विच ऑन करने के लिए कहा और दूसरे क्षण पंखा इतने ज़ोर से घरघरा उठा कि तिपाई ज़ोर-ज़ोर से हिलने लगी। जमुना ने उसकी गति किंचित मन्द की। तब मौसी ने उसे आदेश दिया कि अपनी 'मासी' लाजवन्ती तथा अपने भाई के लिए ताज़ा शिकंज्वी[१] बनाये।

चेतन की माँ ने धीमे स्वर में, लेकिन किंचित दृढ़ता से इनकार किया और कहा कि वे घर से लस्सी पी कर चले हैं। लेकिन उसकी सहेली ने जैसे यह बात नहीं सुनी और जमुना से, जो वहीं ठिठकी खड़ी थी, कद्रे तुर्शी से कहा कि खड़ी क्या देखती है, जा कर मनोहर को बाज़ार से बर्फ़ लाने के लिए भेज!

जमुना अन्दर चली गयी। चेतन ने लक्ष्य किया कि उसके संकोच में थोड़े भय और सहम का समावेश है और यद्यपि चेतन को उसका कारण मालूम नहीं था, उसके मन में जमुना के लिए कुछ अजीब-सी सहानुभूति उमग आयी।

चेतन की दृष्टि जमुना का अनुसरण करती हुई बरामदे के पार अन्दर कमरे की चौखट तक हो आयी। तभी अनायास उसे उमस का एहसास हुआ। यूँ कहा जाये कि जमुना की उपस्थिति में उमस की ओर उसका ध्यान ही नहीं गया था। यद्यपि माँ-बेटा कृष्णा गली ही से आये थे, पर उमस के कारण उनके कपड़े पसीने से तर थे। चेतन ने कॉलर का बटन खोल दिया। पंखे की हवा के साथ ठण्डी सरसराहट उसके शरीर में दौड़ गयी।

तभी एक पतला-छरहरा युवक कमीज़ और पायजामा पहने अन्दर से निकला और चेतन और उसकी माँ को 'नमस्कार' करता हुआ सिर को ज़रा बायीं ओर झुकाये बग़ल काट कर तेज़-तेज़ बाहर निकल गया।

पहली नज़र में चेतन को लगा कि वह जमुना का भाई है और उसका अनुमान ग़लत नहीं था, क्योंकि जब उसने उधर से ध्यान हटा कर अपनी माँ और उसकी सहेली को देखा तो दोनों अपनी साड़ियों के आँचल से आँखें पोंछ रही थीं। चेतन की माँ अपनी सहेली की तारीफ़ कर रही थी, जिसने अपनी विधवा बहन के मरने पर उसके अनाथ लड़के-लड़की को अपने यहाँ आश्रय दिया और पढ़ाया-लिखाया। रामरक्खी अपनी बहन निक्की[२] की प्रशंसा कर रही थी कि वह कितनी नेक थी, अपने बहन-भाइयों से कितना प्यार करती थी और अपने पति के मरने पर उसने कितने दुख पाये। 'निक्की' की बातें करती हुई दोनों सहेलियाँ इस परिणाम पर पहुँचीं कि भगवान सदा भले लोगों की परीक्षा लेता है और उन्हें दुख देता है।....तब रामरक्खी ने बताया कि किस प्रकार जब निक्की का काल आ गया तो वह उसके पास ही थी और कैसे उसने अपने दोनों बच्चों का हाथ उसके हाथ में दे कर उससे कहा कि अब से तू ही उनकी माता है और तू ही पिता है। इन अनाथों का अब तेरे सिवा कोई नहीं है।....और यह कहते-कहते उसका कण्ठ भर आया और वही नहीं, चेतन की माँ भी रोने लगी और दोनों बारी-बारी जा कर नाली पर नाक साफ़ कर आयीं।

उन दोनों की बातें सुनते हुए चेतन का अपना मन उदास हो आया, क्योंकि उनकी

---

१. ताज़े नींबू का शर्बत।

२. निक्की = छोटी, नन्हीं।

बातों से चेतन को जमुना के उस सहम-भरे संकोच के कारण का पता चल गया था। अपनी मरणासन्न माँ की चारपाई से लगी उस लड़की के दुख की उसने कल्पना की और यह भी सोचा कि अपनी उस दबंग मौसी के यहाँ उसे कितना दबना और सहना पड़ता होगा — चेतन ने देखा था कि जमुना के गोरे चेहरे पर किसी तरह के पाउडर और क्रीम का निशान न था और उसके होंट सूखे थे और उन सुर्ख़ी तो दूर, दन्दासे का रंग तक नहीं था। दातौन भी वह बबूल अथवा पलाश ही की करती होगी। दन्दासा नहीं मलती होगी। यद्यपि उसकी चोटी लम्बी थी, पर उसके केश रूखे-सूखे और उदास थे।

हलका-सा ठहराव, संकोच और गाम्भीर्य चेतन को मनोहर के यहाँ भी दिखायी दिया था। लेकिन मनोहर लड़का था और पुरुषस्य भाग्यं दैवो न जानाति....लेकिन जमुना तो लड़की थी — उसका भाग्य अपनी मौसी की प्रसन्नता के साथ जुड़ा था। तभी वह सहानुभूति, जो उस मातृ-पितृ-विहीन लड़की के लिए उसके दिल में पैदा हुई थी, और भी गहरे उतर गयी।

जमुना की मौसी और चेतन की माँ फिर कुर्सियों पर जा बैठीं और बात स्वर्गीय वैद्य जी और उनकी उदारता तथा सहृदयता को ले कर होने लगी। आँखों को फिर-फिर भर लाते हुए मौसी रामरक्खी बताने लगीं कि किस प्रकार बिना उनसे पूछे, बिना उनकी आज्ञा लिये वे अपने अनाथ भांजे और भांजी को घर ले आयीं तो वैद्य जी ने एक बार भी नहीं टोका। अपनी बच्ची की तरह उन दोनों को गले लगा लिया। मनोहर को तो वे अपने लड़के की तरह मानते थे, अपने साथ औषधालय में भी बैठाते थे। 'अब यही फ़ार्मेसी का काम देखता है,' मौसी कह रही थीं, 'जमुना 'रत्न' और 'भूषण' करके केवल अंग्रेज़ी में एफ़० ए० कर चुकी है। अब चाहती हूँ कि किसी तरह इसके हाथ पीले कर दूँ। वे रहते तो दोनों को पढ़ाते-लिखाते, लेकिन अब....'

और मौसी रामरक्खी ने आँचल का कोना आँखों को लगा लिया। उनकी आँखों में तो पानी नहीं था, पर चेतन की माँ की आँखें भर आयीं।

'अभी उनकी कोई जाने की उम्र थी ?' चेतन की माँ ने कहा, 'पूरनदेई ने बताया था कि किसी शत्रु ने मूठ चला दी और वे एक दिन खड़े-खड़े गिर गये और फिर नहीं उठे।'

तब बराबर आँखें पोंछते, सिसकते और एक बार फिर उठ कर नाली पर नाक साफ़ करते हुए रामरक्खी ने बताया कि डॉक्टरों ने तो कहा था कि उन्हें दिल का दौरा पड़ा है, पर वे एकदम हृष्ट-पुष्ट थे, कभी उन्हें दिल-विल की कोई तकलीफ़ नहीं हुई थी। गोपाल वैद्य से पुरानी दुश्मनी थी, उसी ने कुछ कर दिया....

०

मौसी रामरक्खी गोपाल वैद्य और उनके पुरखों को भयंकर बददुआएँ दे रही थीं, जब मनोहर बाज़ार से लौट आया। उनके पास से गुज़र कर बरामदे में गया। उसने बर्फ़ अपनी बहन को दी और दूसरे क्षण जमुना ट्रे में शिकंज्वी के गिलास रखे आ गयी और पूर्ववत फ़र्श पर निगाहें गाड़े, ट्रे उसने चेतन के आगे रख दी। — गिलास उठाते समय क्षणांश को उसने ज़रा-सी आँखें उठायीं और वह निगाह, जिसे ग़ालिब ने निगाह से कम कहा है, चेतन की आँखों से मिली और उसके अन्तर में जा कर गड़ गयी। जमुना ने निगाह झुका ली और

चेतन ने जब गिलास उठा लिया तो वह उसकी माँ की ओर मुड़ गयी —वह सीधा-सादा, पाउडर सुर्खी-क्रीम-विहीन, रूखा-सूखा, गोरा, संकोच-भरा चेहरा चेतन की आँखों में हमेशा के लिए खुब गया। उस मातृ-पितृ विहीन चेहरे के लिए चेतन के हृदय में अपार ममता उमड़ आयी। ममता और चुभन....तेरे तीरे नीम-कश को कोई मेरे दिल से पूछे[१] ....चेतन के मन में ग़ालिब का शेर कौंध गया। 'किसी ऐसी ही संकोच-भरी निगाह को देख कर ग़ालिब ने यह शेर लिखा होगा,' उसने सोचा।

तभी बाहर दस्तक हुई। मनोहर ने जो बरामदे के स्तम्भ से लगा खड़ा था, बैठक की ओर को बढ़ते हुए कहा, 'कमला है।'....और उसने जा कर दरवाज़ा खोल दिया।

दूसरे क्षण एक लम्बी, साँवली, स्वस्थ लड़की दायीं बाँह के नीचे लाल-नीले ग़िलाफ़ में बन्द सितार दबाये खट-खट करती आयी।

'कमला, देखो तुम्हारी मौसी लाजवती आयी है!' आँगन में उसके कदम रखते ही मौसी रामरक्खी ने कहा।

और सितार वाला हाथ ज़रा-सा उठा, उसे दूसरे हाथ से मिला कर लड़की ने नमस्ते की। फिर वह सितार अन्दर रख कर आयी और चेतन के साथ वाली ख़ाली कुर्सी पर निःसंकोच बैठ गयी।

चेतन ने उसे निगाह भर कर देखा! कमला सुन्दर नहीं थी, पर साँवले रंग के बावजूद उसके चेहरे पर दर्प-भरी चमक और ठस्सा था। उसकी चाल-ढाल में कुछ ऐसी चीज़ थी, यद्यपि चेतन उस पर उँगली नहीं रख पाया, जो पुरुषोचित थी।

'किस क्लास में पढ़ती है ?' सहसा चेतन की माँ ने पूछा।

'प्रभाकर में!' मौसी रामरक्खी ने कहा, 'साथ-साथ ग्वालमण्डी के एक विद्यालय में संगीत भी सीखती है।'

'यहाँ कोई संगीत-विद्यालय भी है ?' सहसा चेतन ने प्रश्न किया।

'हाँ, बराबर ही की गली में।' उत्तर कमला ने दिया, 'एक दक्षिणी गायक चलाते हैं। बहुत अच्छा सिखाते हैं।'

चेतन को उसके स्वर में आत्म-विश्वास और व्यवहार में निःसंकोचता लगी।

'फ़ीस कितनी है ?' उसने पूछा।

'पाँच रुपये।....क्यों किसी को दाख़िल कराना है ?'

'मेरी पत्नी का स्वर अच्छा है, उसे गाने का भी शौक है। सोचता हूँ, दाख़िल करा दूँ।'

'ज़रूर कराइए। शास्त्रीय संगीत सिखाते हैं। बहुत अच्छे गुरु हैं।'

'मैं एक दिन अपनी पत्नी को यहाँ लाऊँगा। फिर आप उसे दाख़िल करा दीजिएगा।'

'हाँ-हाँ, ज़रूर लाइएगा।'

'उसने हिन्दी 'रत्न' भी पास कर लिया है। मैं सोचता हूँ, 'भूषण' के चक्कर में न

---

१. कोई मेरे दिल से पूछे तेरे तीरे-नीम कश को
यह ख़लिश कहाँ से होती, जो जिगर के पार होता

पड़ कर उसे सीधे 'प्रभाकर' में दाख़िल करा दूँ।'

'किस विद्यालय में करा रहे हैं ?'

'कृपाल देवी विद्यालय में।'

'वहीं तो कमला पढ़ती है।' सहसा मौसी रामरक्खी ने कहा।

'क्या दाख़िला ख़त्म हो चुका है ?' चेतन ने कमला से पूछा।

'हो ही चुका है, पर लड़कियाँ तो सितम्बर तक आती रहती हैं।'

'मैं दो-एक दिन में आऊँगा। आप लोगों का साथ हो जायेगा तो उसका भी मन लगा रहेगा।'

'ज़रूर, ज़रूर! आप जिस दिन भाभी को लाइएगा, उसी दिन साथ जा कर मैं दाख़िल करा दूँगी।'

'बहुत-बहुत धन्यवाद।' चेतन ने कहा और उठने की कोशिश की, लेकिन उसकी माँ मासी पूदनदेई का सन्देश दे रही थी कि बच्चे की बीमारी के कारण वह घी तैयार नहीं कर सकी। आती सर्दियों में वह घी तैयार करेगी और कनस्तर भर घी उन्हें भेजेगी।.... और दोनों सरगोशियों में मासी पूरनदेई की बातें करने लगी थीं।....विवश हो कर चेतन फिर कुर्सी से चिपक गया।

कमला बड़े ठस्से से बैठी रही। बाहर से आयी थी, इसलिए जमुना ने उसके लिए भी शर्बत बनाया। उसने एक छोड़, दो गिलास शिकंज्वी के पिये। चेतन जब तक बैठा रहा, वह कमला से उसकी तुलना करता रहा। वे इतनी देर से बैठे थे, जमुना एक बार भी वहाँ आ कर नहीं बैठी। न उसने कोई बात ही की। जब वे लोग नींबू का शर्बत पी चुके तो वह परे बरामदे में चली गयी। उसने अपने भाई को शर्बत का एक गिलास दिया, पर स्वयं उसने पिया हो तो चेतन ने नहीं देखा। कमला आयी तो उसने उसे शर्बत पिलाया। स्वयं फिर भी नहीं पिया। न मौसी ने उसे पीने के लिए ही कहा।

जब काफ़ी देर बाद चेतन की माँ उठी और वह भी चलने को उद्यत हुआ और उसने हाथ जोड़ कर 'नमस्ते मौसी जी,' 'नमस्ते कमला' कहा, तब वह 'नमस्ते जमुना' भी कहना चाहता था। उसने बरामदे की ओर देखा। इससे पहले कि वह कुछ कहता, जमुना ने नीचे सिर झुकाये-झुकाये उसकी ओर देखा और दोनों हाथ जोड़ दिये। 'नमस्ते' यदि उसने कहा तो चेतन ने सुना नहीं। हाँ, उसके होंट ज़रूर हिले और उसकी आँखों में चेतन को मुस्कान की एक अत्यन्त क्षीण रेखा का आभास मिला, जो क्षणांश के लिए उसके होटों पर भी उतर आयी।

लेकिन चेतन को वह अपना भ्रम ही लगा। हाँ, जब वह वैद्य मोहनलाल के घर से चला तो वह संकोच-भरा सहमा-सहमा चेहरा उसके साथ-साथ आया —और वह निगाह भी, जो निगाह से कम थी और वह तीर, जो नीम-कश था और जिगर में गड़ गया था और वह मन-ही-मन गुनगुना उठा :

'तेरे तीरे-नीम कश को कोई मेरे दिल से पूछे।'

तेइस

'कल शाम भाभी चली गयी —अपने मेल ट्रेन ड्राइवर भाई के साथ और आज पूरे दो हफ़्ते बाद मैं नोट-बुक को हाथ लगा रहा हूँ।

'भाभी चली गयी, लेकिन इन पन्द्रह-बीस दिन के कयाम[१] ही में अपनी बदगुमानी, हसद'[२] डाह, हिमाकत, ज़िद और बीमारी की निहायत तल्ख़ याद हमेशा के लिए मन पर छोड़ गयी।'

'मैं चन्दा की बात नहीं जानता। वह भोली-भाली, हँसमुख औरत है और किसी के लिए मन में हसद पालना उसके बस में नहीं। मैं भाई साहब के मन की बात भी नहीं जानता। हालाँकि जब मैं भाभी को स्टेशन पर छोड़ कर आया तो उन्होंने बड़ी तल्ख़ी से कहा था, 'मैं अब कभी इस गधी का मुँह नहीं देखूँगा!' उनमें कुछ अजीब-सी बेनियाज़ी[३] है। बेनियाज़ी लफ़्ज़ शायद उनके सिलसिले में मौज़ूँ[४] नहीं, अंग्रेज़ी शब्द कैलसनेस (callousness) उनकी इस बेहिसी और बेरहमी को ठीक-ठीक बयान करता है, जो दूसरों के लिए उनके यहाँ दिखायी देती है। अपनी फ़ौरी[५] ग़रज़ के आगे कुछ भी देखना उनके 'सुभाव' में नहीं। भाभी के लिए उनके मन में ठीक-ठीक क्या जज़्बा है, मैं नहीं जानता।.... मैं तो अपनी बात जानता हूँ। उस तमाम भाग-दौड़ के बावजूद जो मुझे पिछले दिनों करनी पड़ी और उस सारी ज़ेहनी और जिस्मानी तकलीफ़ के बावजूद, जो उसकी वजह से मुझे उठानी पड़ी (और शायद आगे भी उठानी पड़े, क्योंकि अगर माँ की बात ही सच निकले तो चन्दा को और मुझे भयानक नतीजे भुगतने पड़ सकते हैं) जब मैं भाभी के बारे में सोचता हूँ तो मुझे उस पर दया आती है। क्योंकि अपनी ज़बरदस्त हिमाकत के सबब एक भयानक ग़लतफ़हमी का शिकार हो कर उसने चन्दा को अपनी बीमारी देने की ही कोशिश नहीं की, मेरा दिमाग़ी तवाज़ुन[६] ही नहीं बिगाड़ दिया, ख़ुद भी अपने साथ कम ज़ुल्म नहीं किया। —अपना कुन्दन-सा जिस्म उसने ख़ाक कर लिया है और दिक जैसे मोहलक[७] मर्ज़ को गले लगा लिया है।....'

क्षण भर के लिए नोट-बुक को घुटनों पर खुला छोड़ कर चेतन ईज़ी चेयर पर पीछे को लेट गया और पाँव उसने चारपाई पर टिका लिये। धीरे-धीरे गत पखवाड़े की घटनाएँ एक के बाद एक उसके सामने आने लगीं।

०

---

१. प्रवास
२. ईर्ष्या
३. निरपेक्षता
४. उपयुक्त
५. तात्कालिक।
६. मानसिक सन्तुलन
७. घातक

वह माँ के साथ पण्डित मोहनलाल वैद्य के घर से आया था तो उन्होंने देखा था कि भाभी किचन के आगे आँगन में चारपाई पर लेटी है और चन्दा उसके कन्धे और पीठ दबा रही है।

चेतन को लगा कि डेवढ़ी में दाख़िल होते ही यह देख कर माँ की भृकुटि तन गयी है। वह अपने कमरे को मुड़ा तो माँ भी उसके पीछे-पीछे उसके कमरे में चली गयी और उसने धीरे से अपनी उसी अनगढ़ पंजाबी में कहा था, 'तुम बहू को समझा दो। वह उसके इतना निकट न बैठा करे। यह रोग तो उड़ कर लगता है।'

चेतन को अपनी पत्नी का यूँ अपनी जेठानी की सेवा करना अच्छा लगा था। वह झल्ला गया, 'तो क्या उसे चुपचाप मरने के लिए छोड़ दें। तुम्हें तो ख़ुश होना चाहिए कि तुम्हारी छोटी बहू बड़ी की इतनी सेवा कर रही है।'

'लेकिन तुम तो जानते हो उसे कैसी बीमारी है।'

चेतन और भी झल्ला गया :

'कल अगर यही रोग मुझे हो जाये तो क्या मेरे निकट कोई नहीं आयेगा ?'

चेतन का ख़याल था कि उसने माँ को निरुत्तर कर दिया है। लेकिन माँ हतप्रभ नहीं हुई। बोली, 'मैंने तुमसे पहले नहीं कहा, पर मुझे लगता है कि तुम्हारी पत्नी बच्चे से है और ऐसी हालत में इन बातों का और भी ख़याल रखना चाहिए। स्त्री का शरीर इन दिनों बहुत कमज़ोर हो जाता है।'....

चेतन कुछ नहीं बोला। दीवार से लगी खड़ी बन्द ईज़ी चेयर खींच कर उसने खोली और उसमें धँस गया।

माँ गयी नहीं। उसके निकट ही चारपाई पर बैठ गयी और वहीं बैठे-बैठे वह अपने पहले लड़के के जन्म का दुखद प्रसंग ले बैठी, जो शैशव में ही चल बसा था।

'मैं जिन दिनों बच्चे से थी,' माँ ने उसी धीमे स्वर में कहना शुरू किया, 'अनन्त की बड़ी बहन तोषो के बच्चा हुआ था। उसका सिर जन्म ही से फोड़ों और छालों से गला हुआ था। वह उसे ले कर मेरे यहाँ आ जाती थी। पड़दादी की आँखें तब उतनी ख़राब न हुई थीं। जब वह दो-तीन बार आयी तो पड़दादी ने चेताया कि मैं उसके पास न बैठूँ। पर मैं जहाँ भी होती, वह वहीं चली आती और मेरे साथ बैठ कर बतियाने लगती। मैं नयी-नयी ब्याही आयी थी, कैसे उसे टोकती ? आख़िर एक दिन पड़दादी ख़ूब बोली-बकी। तब उसने आना छोड़ा। लेकिन टोना तो वह उतने ही से कर गयी थी। जब मेरे बच्चा हुआ तो उसके सिर पर ऐन-मैन वैसे ही फोड़े थे। तोषो का लड़का तो बच गया, लेकिन मेरा जाता रहा।'

और अपने उस मृत ज्येष्ठ शिशु की दुखद याद में माँ की आँखें भर आयीं।

चेतन क्षण भर तक कुछ न कह सका। जादू-टोने में उसका ज़रा भी विश्वास न था। माँ को भ्रम हुआ है अथवा उसने चन्दा को भाभी के पास बैठने से बरजने के लिए झूठी बात गढ़ी है, यह भी चेतन को नहीं लगा, क्योंकि अपने उस मृत ज्येष्ठ भाई के शैशव में ही जन्म जात रोग से ग्रसित होने की बात वह पहले भी सुन चुका था। कैसे उस शिशु का सिर जन्म ही से उसी तरह गला हुआ निकला, जैसे अनन्त के भांजे का, यह बता पाना चेतन के लिए कठिन था। हो सकता है अनन्त के बड़े जीजा और चेतन के पिता को कोई

एक-सी बीमारी हो, जिसका असर नवजात शिशुओं पर पड़ा हो। उनमें न सही, पुरखों में से किसी में वैसा रोग हो। चेतन ने कविराज रामदास के लिए शिशुओं के लालन-पालन पर पुस्तक लिखते हुए कहीं पढ़ा था कि ऐसी बीमारियाँ हैं, जो सात पीढ़ियों तक मार करती हैं —सूज़ाक, उपदंश आदि....हो सकता है, वैसी ही किसी बीमारी का प्रताप हो।....लेकिन उसके बाद चेतन की माँ के छै बेटे हुए, किसा को फिर वैसी बीमारी क्यों नहीं हुई ? सहसा इस प्रश्न का उत्तर दे पाना उसके लिए कठिन था। उसने माँ से सिर्फ़ इतना ही कहा, 'टी० बी० के बारे में मैं कुछ ज़्यादा नहीं जानता, पर जितना कुछ मैंने सुना है, वह जन्म से नहीं लगती।'

'बेटा घर-के-घर इसने साफ़ कर दिये।' माँ बोली, 'हमारे परिवार में यह किसी को नहीं हुई, चम्पा इसे अपने साथ ले आयी है। ज़रूर इसकी माँ को होगी। मैं तो तुम्हारे ही भले के लिए कहती हूँ, तुम्हें अपनी बीवी को समझाना चाहिए।'

चेतन को माँ से बहस करना बेकार लगा। विशेषकर उस वक्त, जब वह दूसरे ही दिन वापस जालन्धर जा रही थी। उसने सिर्फ़ इतना कहा, 'अच्छा माँ, मैं चन्दा को समझा दूँगा।'

०

माँ सन्तुष्ट हो कर रसोई में चली गयी तो चेतन के जी में आया कि वह अपनी पत्नी को बुला कर पूछे —क्या सचमुच वह बच्चे से है ? —लेकिन उसने आवाज़ नहीं दी। वह ईज़ी चेयर से उठा। कमरे में दो-एक चक्कर उसने लगाये और फिर चारपाई की पट्टी पर आ बैठा। उसके दफ़्तर जाने का समय हो रहा था, उसने वहीं से चिल्ला कर चन्दा को आदेश दिया कि वह उसके खाने का प्रबन्ध करे और वहाँ से उठ कर वह आबनूस की उसी सेकेण्ड हैण्ड मेज़ के साथ लगी सेकेण्ड हैण्ड कुर्सी पर जा बैठा, जो चंगड़ मुहल्ले और अनारकली होती हुई वहाँ आ पहुँची थी। कोहनियाँ उसने मेज़ पर रख लीं और दोनों हाथों पर ठोड़ी टिका ली।

अजीब बात है कि पिता बनने की सम्भावना से उसके मन में ज़रा भी उल्लास नहीं जगा। इसके विपरीत उसे वहाँ ख़ासे बोझ का आभास हुआ। चन्दा ने उसे बताया क्यों नहीं ? सहसा उसे ख़याल आया —इससे पहले भी चंगड़ मुहल्ले के दिनों में, जब उसकी पत्नी 'हिन्दी रत्न' की तैयारी कर रही थी, दो बार उसके दिन ऊपर हुए थे। तब इतनी जल्दी पिता बनने की सम्भावना के विरुद्ध चेतन की इच्छा जान कर एक बार चन्दा ने मेथे उबाल कर पी लिये थे और दूसरी बार चेतन ने उसे कुनीन की कई गोलियाँ एक साथ खिला दी थीं और यद्यपि उस मुसीबत से छुटकारा मिल गया था, पर चन्दा की हालत ख़स्ता हो गयी थी, उसे चक्कर आने लगे थे, रक्त में लोथड़े निकले थे और वह एकदम पीली पड़ गयी थी। तब चेतन ने तय किया था कि वह अपनी पत्नी के पास नहीं जायेगा। उन दिनों में तो बिलकुल ही नहीं, जब उसके बच्चे से हो जाने की सम्भावना हो, पर नीला के विवाह के बाद, जालन्धर में उस रात दिन भर की भटकन के बाद जब वह हारा-थका ऊपर बरसाती में अपनी पत्नी के बराबर सोया था और दिन भर की घटनाओं के बारे में सोचते हुए उसकी नींद उड़ गयी थी और लालटेन उठा कर पत्नी का चेहरा देखने के प्रयास में उसे आभास मिला था कि उसने हलका-सा श्रृंगार कर रखा है और जब उसका जी हुआ था कि वह

उन बड़ी-बड़ी मुँदी पलकों को चूम ले तो प्रकट गहरी नींद सोयी हुई उसकी पत्नी ने आँखें खोल दी थीं और उसके सिर को वक्ष से लगा लिया था और तब उसके वक्ष से लगे-लगे चेतन अपनी सारी प्रतिज्ञाएँ भूल गया था। वे सारे भावुकता-भरे आदेश भूल गया था, जो कभी कविराज रामदास ने इस सन्दर्भ में उसे दिये थे....और शायद उसकी पत्नी अबके कुनीन नहीं खाना चाहती, इसलिए वह अब तक चुप रही है —चेतन ने सोचा —शायद चन्दा अब माँ बनना चाहती है।

लेकिन क्या वह स्वयं भी पिता बनना चाहता है ? चेतन ने अपने मन को टटोला तो उसे वहाँ कुछ अजीब-सी निरपेक्षता महसूस हुई —यदि चन्दा चाहती है तो वह इस बार उसे टोकेगा नहीं, पर यदि उसे कोई पूछे तो वह उस वक्त तक पिता नहीं बनना चाहता, जब तक वह आर्थिक रूप से अपने होने वाले बच्चे के उचित लालन-पालन और शिक्षा-दीक्षा के योग्य न हो। अपने बचपन, लड़कपन और जवानी की स्मृतियों ने चेतन के मन में भारी कुण्ठा भर दी थी। अपना ही नहीं, मुहल्ले के सभी बच्चों का लालन-पालन उसे मानवोचित नहीं लगता था। जैसे जंगल में पशु-शावक जन्म लेते हैं, मरते-खपते-पलते और बड़े होते हैं, वैसे मुहल्ले के बच्चे पलते और बड़े होते थे। उनके लालन-पालन और शिक्षा-दीक्षा के पीछे कोई योजना नहीं थी। कोई ही घर ऐसा होगा जिसमें दो-चार बच्चे जन्मते ही अथवा जन्म से कुछ महीने या वर्ष बाद मर न गये हों। जहाँ तक शिक्षा का सम्बन्ध है, अधिकांश दो-चार जमात पढ़ कर पैतृक काम-धन्धों में लग आते थे। कई, उमर भर आवारा और गुण्डे बने घूमते थे। मैट्रिक तक पहुँचने वालों की संख्या उँगलियों पर गिनी जा सकती थी और शिक्षा उन्हें वही मिलती थी, जो ज़्यादा-से-ज़्यादा क्लर्क बना सकती थी। एक अमींचन्द था, जो पी० सी० एस० बना था, पर चेतन की दृष्टि में डिप्टी कलेक्टर एक ऊँचे दर्जे का ग़ुलाम था, जो अपने भाई-बन्धुओं को ग़ुलाम रखने में फ़िरंगी को मदद देता था और डिप्टी कलेक्टर बनते ही उसने जैसे आँखें सामने रख के चलना और मुहल्ले वालों को पहचानने से इनकार करना शुरू कर दिया था, उससे चेतन के मन में उसके प्रति तीव्र घृणा पैदा हो गयी थी।....चेतन चाहता था, उसके कोई बच्चा हो तो शैशव ही से उसे कोई अभाव न हो। कविराज के लिए पुस्तक लिखते समय चेतन ने पढ़ा था कि उसी वक्त से, जब बच्चा माँ की कोख में गर्भ धारण करता है, उसकी देख-देख शुरू हो जानी चाहिए और विज्ञान ने वे साधन जुटा दिये हैं, जिनसे बच्चा न केवल स्वस्थ पैदा हो, वरन जन्मोपरान्त भी उसे किसी तरह की तकलीफ़ न हो। न उसकी आँखें आयें, न पेचिश और अतिसार उसे परेशान करें; न दाँत निकलते वक्त उसे दस तरह के कष्ट हों, और न बाद ही अनजानी बीमारियाँ उसे परेशान करें। वह स्वस्थ और सुन्दर दीखे। उसे गोद में लेने को, प्यार करने को जी चाहे....

चेतन चाहता था, उसी आर्थिक स्थिति कम-से-कम ऐसी हो कि वह अपने बच्चे को शुरू ही से कोई तकलीफ़ न होने दे और बाद में भी उसे ऐसी शिक्षा-दीक्षा दे कि वह कोई मामूली क्लर्क अथवा शोषक होने के बदले विद्वान और स्वतन्त्र विचारों का बने और बिना ग़ुलामी किये हर परिस्थिति में ज़िन्दगी से अपना दाय प्राप्त कर सके।....लेकिन वह केवल पार्ट टाइम नौकरी करता था और तीस रुपये मासिक पाता। तीस रुपल्ली में अपना ही पेट पालना उसके लिए मुश्किल था, बच्चे के पालन-पोषण की तो बात ही दूर

रही।....लेकिन चन्दा चाहती है तो वह बाधा नहीं देगा।....

चेतन उठा और बाहर डेवढ़ी में घूमने लगा। उसने मन-ही-मन हिसाब लगाया — यदि वह चन्दा को अभी विद्यालय में दाख़िल करा देगा तो आठवें महीने ही में वह 'प्रभाकर' की परीक्षा दे लेगी। एक-दो वर्ष वह जालन्धर में आराम कर लेगी और वह कोई जुगाड़ करके एम० ए० कर लेगा। किसी कॉलेज में अध्यापक हो जायेगा और तब अपने बच्चे को अपनी इच्छा के अनुसार बढ़िया शिक्षा-दीक्षा दे सकेगा।

वह डेवढ़ी में घूम रहा था, जब चन्दा ने उसे खाना खाने के लिए आवाज़ दी।

दूसरे दिन जब चेतन माँ को स्टेशन पर छोड़ कर घर आया था और उसने अपनी पत्नी को फिर अपनी जेठानी के कन्धे और कूल्हे दबाते देखा था तो उसने उसे बहाने से बुला कर माँ से जानी हुई बात का समर्थन चाहा था। चन्दा लजा गयी थी। और उसके लाल हो आये गालों और झुकी पलकों ने उसके मन का चोर बता दिया था। चेतन ने अतिरिक्त उत्साह दर्शाते हुए उसकी पीठ थपथपा दी थी और कहा था कि वह तो उर्दू ही नहीं जानती, ज्योंही कविराज रामदास की पुस्तक छपी, वह एक प्रति लायेगा और उसे पढ़ कर सुनायेगा ताकि उसे जब माँ बनना है तो उन सब बातों को वह अच्छी तरह जान ले, जो नवशिशु के सन्दर्भ में माँ के लिए जाननी ज़रूरी हैं....और तब उसने चन्दा को माँ की चेतावनी दी थी और कहा था कि यद्यपि उसे अपनी जेठानी की सेवा करते हुए देख कर चेतन को प्रसन्नता होती है, पर चन्दा को अपने होने वाले बच्चे का ही नहीं, अपने स्वास्थ्य का भी ध्यान रखना चाहिए और अपनी जेठानी के निकट सम्पर्क से यथा सम्भव बचना चाहिए।

चन्दा चली गयी थी तो उसने तय किया था कि वह भाई साहब पर ज़ोर देगा कि जैसे भी हो, वे जल्दी-से-जल्दी भाभी को मायके भिजवायें।

o

भाई साहब ने बिना उसके कहे एक के बाद एक तीन पत्र अपनी ससुराल लिखे थे। एक अपने ससुर को — कोयटा, एक अपने साले को — फिरोज़पुर और एक चम्पा के चाचा को — आदमपुर! चाचा को उन्होंने लिखा कि यदि पण्डित गिरधारीलाल के परिवार से कोई भी अपने घर के मकान में हो तो उन्हें सूचना दे दें कि चम्पा सख़्त बीमार है, उसे तत्काल बुला लिया जाये; कि डॉक्टरों का परामर्श है, उसे पहाड़ अथवा गाँव की खुली स्वच्छ हवा में रखा जाये। चेतन के कहने पर भाई साहब ने एक-एक और अर्जेण्ट पत्र तीनों पतों पर छोड़ दिया।

उसके बाद चेतन ने इस बात का ख़याल रखा था कि वह चन्दा को भाभी के निकट कम-से-कम जाने दे। जब भाभी उसे सिर, कन्धे या पिण्डलियाँ दबाने के लिए कहती, चेतन किसी-न-किसी बहाने उसे बुला लेता और स्वयं भाभी की सेवा करने को जा प्रस्तुत होता, लेकिन अतीव थकान के बावजूद पैर और पिण्डलियाँ तो दूर, भाभी उससे सिर या कन्धे तक दबवाने को तैयार न होती और झख मार कर उसकी सख़्त कमज़ोरी को देखते हुए उसे चन्दा को अपनी जेठानी की सेवा-शुश्रूषा की इजाज़त देनी पड़ती। तो भी चेतन ने प्रयास किया कि ऐसे अवसर कम-से-कम आयें। दवा वह भाभी के लिए हस्पताल से स्वयं

लाता था, लेकिन भाभी के कपड़े चन्दा को धोने पड़ते। वास्तव में अगस्त की भयानक गर्मी के बावजूद भाभी को ठण्डे पसीने आते थे, रात को उसके कपड़े एकदम ग़च हो जाते और दो-दो बार वह कपड़े बदलती। चूँकि धोबी को उतने कपड़े देने की सकत उनमें नहीं थी, इसलिए पहले महीने ही के वेतन के खाते पेशगी पाँच रुपये ले कर चेतन पीतल की एक बड़ी इस्त्री ख़रीद लाया था। चन्दा कपड़े धो देती। वह उन्हें अच्छी तरह निचोड़, बड़ी बाल्टी में भर कर ऊपर छत पर ले जाता और फटक कर उन्हें रस्सी पर डाल आता। कभी जब ऊपर रस्सी ख़ाली न होती तो वह फिर बाल्टी नीचे ले आता और कपड़े बाहर धूप में टाल की लकड़ियों पर डाल देता, कुर्सी डेवढ़ी में खींच कर उनकी निगरानी करता, सूख जाते तो बड़ी निष्ठा से उन्हें इस्त्री करता। लड़कपन में चेतन ने पापड़ियाँ बाज़ार के धोबी को रेशमी कपड़े इस्त्री करने से पहले अपने मुँह में पानी भर कर उसकी फुहार से उन्हें गीला करते देखा था। रेशमी कपड़े हलके-से सीले हों और पूरी तरह सूखे न हों तो उन पर इस्त्री बहुत अच्छी होती है। चेतन प्रायः ऐसे कपड़ों को तभी उठा लाता, जब वे पूरी तरह सूखे न हों, पर यदि कोई ब्लाउज़ या साड़ी सूख जाती और तुड़-मुड़ जाती तो चेतन मुँह में पानी भर कर दायें हाथ की ओट करके बढ़िया फुहार से कपड़े सीले कर लेता और जब वह उन पर इस्त्री करता तो अपनी दक्षता पर वह अपनी पीठ आप ही ठोंक लेता। जब से उसकी शादी हुई थी, रेशमी कपड़ा तो दूर, वह एक मामूली धोती तक अपनी पत्नी के लिए न ला सका था; पर उसे मायके से जो रेशमी कपड़े मिले थे, वही वह पहनती थी। जहाँ तक भाभी का सम्बन्ध है, बीमारी के बावजूद भाभी रेशमी कपड़े पहन लेती थी, जो पसीने से ग़च हो जाते। चन्दा सनलाइट के चूरे से कपड़े धो देती। चेतन सूती-रेशमी — सब कपड़े बड़ी दक्षता से इस्त्री कर देता।

चन्दा को इन सब कामों में लगाने के अलावा चेतन ने यह भी कोशिश की कि वह उसके साथ खाना खा लिया करे। एक दिन उसने भाभी को सुना कर कहा कि वह पहले भाभी को खिला कर फिर उसके साथ खाना खाया करे। लेकिन भाभी ने पहले खाना खाने से इनकार कर दिया। अपनी देवरानी को उसने यह शुभ उपदेश दिया कि वह दोनों भाइयों को एक साथ खाना खिलाया करे और वे दोनों बाद में साथ-साथ खाना खाया करेंगी। हिन्दू पत्नी का यह पहला कर्तव्य है कि पति को खिला कर तब खाये। चेतन ने सुना तो उसे बड़ा ग़ुस्सा आया, पर वह जानता था कि भाभी को समझा पाना भगवान के लिए भी कठिन है, इसलिए वह कोई दूसरी तरकीब सोचने लगा।

दोनों भाइयों को खाना खिला कर चन्दा चाहती थी कि वह अपनी जेठानी को कमरे ही में खाना खिला दिया करे। लेकिन भाभी गर्मी का बहाना बना कर आँगन में आ जाती और चन्दा के साथ बैठ कर खाना खाती। एक दोपहर चेतन ने देखा कि वह जान-बूझ कर चन्दा की कटोरी में से सालन खा रही है। यद्यपि चन्दा ने उधर ध्यान नहीं दिया, पर वैसा करते हुए भाभी की आँखों में कुछ ऐसा भाव था कि चेतन का दिल दहल उठा और माँ की चेतावनी उसके कानों में गूँज गयी। उसने तय कर लिया कि चाहे उसे सख़्ती ही क्यों न करनी पड़े, वह अपनी पत्नी को उसके साथ खाना नहीं खाने देगा।

नोट-बुक घुटनों पर रखे-रखे चेतन की आँखों के सामने भाभी का सूखा-सड़ा, बड़ी-बड़ी आँखों और लम्बी-सी नाक वाला सँवलाया चेहरा और उन आँखों की वह चमक

आ गयी।....चेतन डेवढ़ी में था और भाभी ने घूँघट उठा रखा था और उसे नहीं मालूम था कि कोई उसे देख रहा है। जब वह अपनी थाली से खाना खाते-खाते चन्दा की थाली से सालन या दाल लेने लगती तो उसकी आँखों में कुछ ऐसी चमक आ जाती, जो शरारत की द्योतक न थी। उनमें कुछ अजीब-सा उल्लास था — चेतन को उन चमकती आँखों और उस सूखे बीमार चेहरे पर प्रकट होने वाले उल्लास और सन्तोष को देख कर किसी ऐसी प्रेतात्मा का गुमान हुआ था, जो अपने शिकार का रक्त चूसने में सफल हो गयी हो। — भाभी उसे चुड़ैल-ऐसी लगी थी, जो उसकी भोली पत्नी को ग्रस लेना चाहती थी। और उसने चन्दा को आवाज़ दी थी कि वह अपनी थाली ले कर ज़रा कमरे में आ जाये, उसे एक ज़रूरी बात करनी है। जब चन्दा आ गयी तो उसने कहा था — 'वहाँ मेज़ पर बैठ कर खाना खाओ,' — और यह कह कर वह बिना कुछ कहे लगातार घूमता रहा था।

चन्दा खाना खा चुकी तो उसने कहा — 'अभी जाओ, मैं फिर बताऊँगा।'

वह जूठे बर्तन लिये हुए हैरान वापस रसोई-घर को चली गयी थी। भाभी अपनी कमरे में जा चुकी थी। वह बर्तन समेटने लगी।

०

भाई साहब को पत्र लिखे सात दिन हो गये थे और कोई उत्तर न आया था और चेतन जानता था कि भाभी अपने हठ से बाज़ नहीं आयेगी, तब सोच-सोच कर उसने भाई साहब से कहा, 'मालूम नहीं कोई वहाँ से भाभी को लेने आता है या नहीं, मैं यदि चन्दा को इसी महीने 'प्रभाकर' में दाख़िल नहीं कराता तो उसका यह साल व्यर्थ जायेगा। वह सबेरे खाना पका कर चली जाया करेगी। मैं आपको और भाभी को खिला दिया करूँगा। मैं तो सारा दिन घर ही पर रहता हूँ। इसलिए भाभी को किसी तरह का कष्ट नहीं होगा।'

भाई साहब ने इस पर कोई आपत्ति नहीं की, बल्कि परम उदारता से यह प्रस्ताव किया कि जितने दिन चम्पा लाहौर में है, वे दोपहर का खाना वहीं सिन्धी होटल अथवा पुरानी अनारकली के ढाबे में खा लिया करेंगे।....भाई साहब ने तो शाम का खाना भी वहीं से खा कर आने की बात कही, पर चेतन को यह स्वीकार नहीं हुआ।

दूसरे दिन चेतन ने अपनी पत्नी को ले जा कर 'कृपाल देवी हिन्दी विद्यालय' में दाख़िल करा दिया। चन्दा ने यद्यपि 'हिन्दी रत्न' की परीक्षा प्राइवेट तौर पर पढ़ाई करके ही पास की थी, पर फ़ार्म वग़ैरा 'कृपाल देवी हिन्दी विद्यालय' की ओर ही से भरा था। पहले विद्यालय ग्वालमण्डी में कुमारी कृपाल देवी के मकान की बैठक में ही था, लेकिन अब विद्यालय में 'रत्न,' 'भूषण' और 'प्रभाकर' की क्लासों के साथ-साथ अंग्रेज़ी में मैट्रिक, एफ़० ए० और बी० ए० की पढ़ाई भी होती थी, इसलिए विद्यालय निस्बत रोड पर एक बिल्डिंग में चला आया था। चंगड़ मुहल्ले से चन्दा के लिए वहाँ पढ़ने के लिए आना कठिन था, पर अब तो विद्यालय निकट ही निस्बत रोड पर आ गया था, और चन्दा अकेली भी वहाँ आ-जा सकती थी, इसलिए चेतन बड़े उत्साह से उसे विद्यालय में दाख़िल करा आया था।

चेतन तो चाहता था कि दूसरे दिन अपनी पत्नी को ग्वालमण्डी के संगीत विद्यालय में भी दाख़िल करा दे, पर चन्दा ने उसे समझाया कि एकाध महीने की बात है, उसकी

जेठानी चली जायेगी तो वह संगीत विद्यालय में दाख़िल हो जायेगी, वरना वह किसी दिन कह देगी कि मैं तो मर रही हूँ, इनको गाने-बजाने की पड़ी है।

विद्यालय से आ कर चन्दा कपड़े बदल रही थी और चेतन चारपाई पर सुस्ता रहा था, जब चन्दा ने अपनी बात कही थी। चेतन क्षण भर को अपनी पत्नी की ओर अपलक देखता रह गया था। किसी तरह का भय अथवा सन्त्रास उन भोली आँखों में नहीं था। वह अपनी सास की तरह नहीं सोचती थी। माँ की चेतावनी के उत्तर में चेतन ने झल्ला कर जो कहा था, वही उसने एकान्त में पत्नी के सामने दोहरा दिया था। और अब, जब सात-दस दिन बीत जाने पर भाभी के व्यवहार से वह स्वयं घबरा उठा था और उसने चन्दा को भी थोड़ा बचने के लिए कहा था, उसकी पत्नी के व्यवहार में किसी तरह का परिवर्तन न आया था। यदि समय की कैद न होती तो वह 'प्रभाकर' में भी जेठानी के चले जाने के बाद ही प्रवेश लेती। जब चेतन ने कृपाल देवी विद्यालय में दाख़िल होने का प्रस्ताव किया था तो उसकी पत्नी ने एक बार धीरे से कहा भी था : 'कुछ दिन और रुक जाते तो अच्छा था। मैं विद्यालय चली जाया करूँगी तो बहन जी अकेली रह जायेंगी और उन्हें कौन देखेगा, कौन उन्हें दवा पिलायेगा, कौन खाना खिलायेगा ?'.... अपनी पत्नी के उस भोले निर्विकार विश्वासी चेहरे को देखते हुए चेतन के मन में आया था कि वह उसे माँ की सारी शंकाएँ बता दे। यही नहीं, भाभी के व्यवहार के प्रति उसके अपने मन में जो शंकाएँ पिछले चन्द दिनों से उठ रही थीं, वे सब उसके सामने रख दे। लेकिन सोचने पर चेतन को लगा कि उसे अपनी पत्नी का विश्वास नहीं तोड़ना चाहिए, उसके मन में विद्वेष नहीं भरना चाहिए। उसने तय किया कि वह उसे बिना बताये, ऐसा प्रबन्ध करेगा कि यदि भाभी के मन में सचमुच कुछ वैसी बुरी बात हो तो वह कुछ भी न कर पाये। उसने कहा था, 'मैं सारा दिन घर में रहता हूँ। उसे समय से दवा भी पिलाऊँगा, उसकी देख-भाल भी करूँगा, तुम चिन्ता न करो।'

और सचमुच चन्दा के विद्यालय चले जाने के बाद चेतन ने भाभी की सारी सेवा-शुश्रूषा अपने ज़िम्मे ले ली थी। वह रात को दो बजे दफ़्तर से आता, इसलिए सुबह कुछ देर से उठता। चन्दा उससे पहले उठ कर नित्य कर्म से निबट, रात के बर्तन मलती, फिर खाना पकाती और स्वयं खा कर चेतन और भाभी के लिए सहेज कर विद्यालय चली जाती। चेतन ही भाभी को दवा पिलाता और खाना खिलाता। फिर स्वयं खा कर सारे बर्तन मलता, उन्हें टोकरे में सजा कर रसोई धोता और पिछले दिन के धोये कपड़े प्रेस करता। फिर वह सो जाता। वह तो भाभी का सिर अथवा पैर भी दबाना चाहता था, पर भाभी तो उससे घूँघट काढ़ती थी। जब चेतन ने उसके कन्धे दबाने चाहे थे तो भाभी ने उसका हाथ झटक दिया था। चेतन को बुरा लगा था, पर उसकी इस हरकत को भाभी के हठ और रोग-जनित चिड़चिड़ाहट का परिणाम समझ कर वह चुप लगा गया।

वह सोया होता, जब चन्दा विद्यालय से वापस आती। और आते ही वह काम में जुट जाती। सबसे पहले उस दिन के मैले कपड़े धोती। इस बीच चेतन उठ जाता। वह चाय बनाती और वे दोनों चाय पीते। चूँकि चन्दा दस बजे की विद्यालय गयी होती, इसलिए उस वक्त एकाध बासी रोटी ले लेती। लेकिन कई बार चेतन उठ चुका होता, जब वह आती। तब वे पहले चाय और नाश्ता करते। फिर कपड़े धोते। समय होता तो चन्दा अपनी जेठानी

की सेवा-शुश्रूषा करती, वरना रात के खाने की व्यवस्था में जुट जाती। चेतन तो खाना खाते ही दफ़्तर चला जाता। चन्दा पहले अपने जेठ को खाना खिलाती, फिर अपनी जेठानी के साथ स्वयं खाती। फिर बर्तन वग़ैरह उठा कर अपने कमरे में आ जाती और पढ़ते-पढ़ते सो जाती।

लेकिन चेतन इस स्थिति से सन्तुष्ट नहीं था। दो-तीन दिन बाद ही उसने भाई साहब से कहा, 'भाई साहब चन्दा सुबह दस बजे खाना खा कर विद्यालय जाती है। शाम को उसे जल्दी भूख लग आती है। आप बुरा न मानें तो वह मेरे साथ ही खाना खा लिया करे।'

'हाँ हाँ, इसमें बुरा मानने की क्या बात है ?'

और उसी शाम चेतन ने अपनी पत्नी से कहा कि विद्यालय से आ कर चाय के साथ बासी रोटी खाने के बदले, खाना जल्दी पका ले। वह स्वयं भी ज़रा जल्दी खाना खा लेगा। वह भी उसी के साथ खाना खा ले और फिर भाई साहब और भाभी को इकट्ठे परोस दिया करे।

लेकिन यद्यपि इस व्यवस्था से चेतन को सन्तोष हुआ, भाभी रुष्ट हो गयी। पहली बात तो यह कि भाई साहब ने अपनी पत्नी के साथ इकट्ठे खाना खाने से इनकार कर दिया। अपनी पत्नी से उन्होंने दुकान से आते ही निहायत रुखाई से कहा, 'तुम्हें किचन में आ कर खाना खाने की ज़रूरत नहीं। चन्दा तुम्हें तुम्हारे बिस्तर पर ही खाना दे देती है।' और चन्दा से बोले, 'तुम पहले चम्पा को खाना खिला दो। मैं इतने में नहा लेता हूँ। फिर मैं खा लूँगा।'

भाभी को यह बात पसन्द नहीं आयी। उसने पति से पहले खाना खाने से इनकार कर दिया। चन्दा ने भाई साहब से कहा तो वे चुप रहे और चौके में बिछे मूढ़े पर चन्दा के सामने जा बैठे।

जब चन्दा ने जेठ को खाना खिला दिया तो वह अपनी जेठानी की थाली ले कर गयी। भाभी ने थाली परे ठेल दी और कहा कि मेरा जी ठीक नहीं।

दूसरे दिन भी भाभी ने अनशन रखा। सिर्फ़ इतना किया कि चेतन से दो लिफ़ाफ़े ले कर अपने पिता और भाई को पत्र लिखे और चेतन से कहा कि उन्हें डाक में डाल आये। और उसी शाम भाभी ने ऐसी बात कह दी और ऐसा तनाव पैदा हो गया कि भाई साहब ने अपनी ससुराल अर्जेण्ट तार दिये और भाभी का ड्राइवर भाई तीसरे दिन पहुँच गया और उसे ले गया।

०

चेतन ईज़ी चेयर पर पीछे को लेटे-लेटे पिछले दिनों की स्मृतियों में खो गया था। सहसा उस घटना के याद आने पर वह उठ कर बैठ गया, उसने गिरेबान में लगा कलम खींचा और नोट-बुक पर ध्यान जमाये बैठा रहा, लेकिन उसने कुछ लिखा नहीं। कापी को उसी तरह घुटनों पर रखे हुए और कलम को हाथ में लिये-लिये वह पीछे को लेट गया और तीन दिन पहले की वह घटना अपनी तमाम कटुता और हास्यास्पदता के साथ उसके दिमाग़ में घूम गयी।

०

इतवार की शाम थी। भाई साहब प्रायः इतवार को दोपहर बाद दुकान नहीं खोलते थे और

शाम को पिक्चर देखने जाया करते थे। लेकिन जब से भाभी आयी थी, वे प्रायः इतवार को भी क्लिनिक खोल लेते थे। चेतन प्रकटतः समझता था कि वे अपनी पत्नी के नैकट्य से जितना भी हो सके, दूर रहना चाहते हैं और चेतन को उनकी इस निठुरता पर खेद भी होता था। वे उसके पति थे और चेतन की दृष्टि में पत्नी की बीमारी में उसके पास बैठना, उसकी दवा-दारू, सेवा-सुश्रूषा करना; उसका मन बहलाना उनका कर्तव्य था। जब देवर होते हुए, भाभी से अवहेलना पाने के बावजूद, वह उसकी देख-भाल करता था (उसने पहले दिन चन्दा के थके होने के कारण भाभी के कपड़े तक धो दिये थे) तो वे पति हो कर क्यों उससे दूर भागते थे ? चेतन ने दबी ज़बान से इस बात की शिकायत भी की थी, पर भाई साहब झल्ला उठे थे :

'वह कुछ बोलती ही नहीं। सीधे मुँह किसी बात का जवाब नहीं देती —दुन्न वट्टा[1] बनी रहती थी। मैं क्या करूँ उसके पास बैठ कर।' उन्होंने जल कर कहा था। और चेतन चुप हो गया था।

लाहौर में सिनेमा हॉल तो भाटी दरवाज़े के बाहर भी थे, पर भाई साहब कभी उधर न जाते। वे मैक्लोड रोड के 'कैपिटल' अथवा निस्बत रोड पर लक्ष्मी इन्श्योरेंस कम्पनी के आगे शिमला पहाड़ी की तरफ़ को नये खुले 'निशात' सिनेमा में पिक्चर देखते थे। ये दोनों सिनेमा हॉल कृष्णा गली से काफ़ी दूर पड़ते थे। दुकान से आ कर वे नहाते, चेतन के साथ खाना खाते, फिर चेतन दफ़्तर चला जाता और भाई साहब छड़ी हाथ में लिये ख़रामाँ-ख़रामाँ टहलते हुए पैदल रात को शो देखने चल देते।.... भाभी की बीमारी में उनका क्रम नहीं रुका। पिछले इतवार भी वे सिनेमा देखने गये थे। वे तो चाहते थे कि चेतन भी साथ जाये, पर उसका समाचार-पत्र सण्डे के बदले मण्डे संस्करण निकालता था और उसे छुट्टी इतवार के बदले सोम को होती।

भाई साहब प्रायः रोज़ दुकान से आ कर, औपचारिक रूप से अपनी पत्नी की तबीयत का हाल-चाल पूछते, कपड़े उतारते, नहाते, खाते और सोने से पहले छड़ी उठा कर सैर को निकल जाते। सैर से आ कर वे कपड़े बदलते और बाहर जा कर सो जाते। भाभी जब से श्रीरामपुर से आयी थी, पति-पत्नी में कोई बात हुई है, चेतन को इसमें सन्देह था।

बहरहाल, इस इतवार को भाई साहब रोज़ की अपेक्षा जल्दी आये थे। उन्होंने चन्दा से पूछा कि चम्पा ने सुबह कुछ खाया है या नहीं। चन्दा ने बताया कि मूँग की पतली दाल के साथ एक फुल्का खाया है और वह भी उसने बड़ी मिन्नत-समाजत से खिलाया है।

भाई साहब कुछ नहीं बोले। उन्होंने सिर्फ़ इतना कहा कि चन्दा उसे खाना खिला दे। यह आदेश दे कर वे अन्दर गये। उन्होंने कपड़े बदले और नहाने चले गये। चन्दा ने जा कर जेठानी से पूछा कि उसका मन हो तो लौकी से फुल्का खा ले अथवा वह बाज़ार से डबलरोटी मँगा देती है और उसे दूध-डबलरोटी बना देती है।

उसकी जेठानी ने पहले तो कोई उत्तर ही नहीं दिया। वह पूर्ववत 'दुन्न वट्टा' बनी लेटी रही। जब चन्दा ने बहुत ज़ोर दिया तो उसने सिर्फ़ इतना कहा कि उसे वह तंग न करे और जा कर अपने जेठ ही को खाना खिलाये।

---

१. मूक पत्थर

चन्दा ने आ कर पति से कहा तो चेतन गया। उसने जा कर उसे समझाया कि इस तरह फ़ाके करने से उसकी रही-सही शक्ति भी जाती रहेगी। जब उसके लाख समझाने पर भाभी ने मुँह नहीं खोला और घूँघट काढ़े मौन बैठी रही, चेतन उस कमरे में है और कुछ कह रहा है, इसकी सनद भी उसने नहीं दी तो न चाहते हुए भी चेतन अपना सन्तुलन खो बैठा और चिल्ला कर उसने कहा कि उसे भूख-हड़ताल ही करनी है तो जा कर अपने मायके में करे। वे दिन-रात काम करते हैं, उनके पास उसके नख़रे सहने को वक्त नहीं।

जब इसका भी कोई उत्तर इस नेकबख़्त ने नहीं दिया तो बड़बड़ाता और पैर पटकता हुआ चेतन बाहर आया। भाई साहब बाथरूम में नहा रहे थे, दरवाज़े पर आ कर चेतन ने उन्हें बताया कि भाभी ने फिर भूख-हड़ताल कर दी है।

भाई साहब ने कोई जवाब नहीं दिया। वे इतमीनान से नहाते रहे। फिर जब वे निकले तो क्षण-भर बाथरूम के बाहर खड़े रहे। फिर उन्होंने वहीं से चन्दा को आदेश दिया कि वह अपना, चेतन का और उनका खाना परस दे। चन्दा ने कहा, 'आप खा लीजिए। हम ज़रा ठहर कर खायेंगे।'

(वास्तव में उसे यह अच्छा नहीं लगा कि उसकी जेठानी भूख-हड़ताल किये बैठी रहे और वे तीनों मज़े से इकट्ठे मिल कर खाना खायें।)

तब भाई साहब ने कहा, 'अच्छा, मेरा खाना परस दो।' और चेतन को उन्होंने आदेश दिया कि वह भाग कर ग्वालमण्डी से डेढ़ पाव दूध और छोटी डबलरोटी ले आये। 'मैं उसे ख़ुद दूध-डबलरोटी खिला दूँगा। तुम चिन्ता न करो।' उन्होंने चन्दा से कहा और रसोई-घर में बिछे मूढ़े पर जा बैठे।

चन्दा ने खाना परसते हुए कहा, 'इनका दूध पड़ा है. वही ले लीजिए।'

'नहीं,' भाई साहब बोले, 'इसका दूध रहने दो। यह भाग कर ले आयेगा। डबलरोटी भी तो लानी है।'

जितने में चेतन दूध-डबलरोटी ले आया, भाई साहब ने खाना ख़त्म कर लिया। दूध यद्यपि गर्म था, फिर भी चन्दा ने उसे गर्म किया। एक बड़े कटोरे में डबलरोटी के टुकड़े और चीनी डाल कर गर्म-गर्म दूध डाला। चम्मच से मिलाया और एक पतीले के ढक्कन पर कटोरा रख कर भाई साहब को दे दिया।

भाई साहब चले गये तो चन्दा ने अपने पति के लिए खाना परस दिया।

चेतन ने कहा कि वह अपने लिए भी परस ले तो चन्दा ने कहा कि आप खा लीजिए, मैं बाद में खा लूँगी। तब चेतन ने थाली और पानी का गिलास उठा कर कहा कि मैं इधर कमरे में खाता हूँ, तुम साथ-साथ मुझे अपना निबन्ध सुनाती जाओ।

वह खाना खा रहा था, चन्दा निबन्ध सुना रही थी कि भाई साहब पैण्ट-कमीज़ पहने एक हाथ में छड़ी और दूसरे में दूध-डबलरोटी से भरा वही कटोरा (जिसे लगता था कि भाभी ने छुआ तक नहीं) लिये हुए आये और कटोरा उन्होंने चन्दा की ओर बढ़ा दिया।

'इसे रख आओ। वह नहीं खाती।'

चन्दा अभी चौखट ही में थी कि भाई साहब बमके, 'जानते हो, इस गधी ने क्या किया है ?'

चेतन ने खाना खाते-खाते केवल आँखें उठा दीं।

'उसने अभी मुझे उलाहना दिया है कि मैं अपनी छोटी भाभी को पसन्द करता हूँ। उसी के साथ बैठ कर खाना, सैर-तमाशे जाना और उसी के साथ रहना पसन्द करता हूँ। उसके जालन्धर जाने के बाद इसीलिए मैंने घर छोड़ दिया था ताकि वह श्रीरामपुर में पड़ी सड़ती रहे। इसीलिए उसने फ़ाके करके यह बीमारी लगा ली है। और वह इसी तरह फ़ाके करके, मेरे सामने प्राण दे देगी।'

भाई साहब चुप हो गये। चेतन क्या कहे, वह समझ नहीं पाया। तभी उसकी निगाह अपनी पत्नी पर गयी। वह हाथ में डबलरोटी का कटोरा लिये, वहीं चौखट में अवाक खड़ी थी। उसका मुख रुलाई में विकृत हो गया था और उसकी फटी-फटी आँखों में अनायास आँसू बह रहे थे।

चेतन हँसा, (उसे अपनी हँसी स्वयं कृत्रिम लगी) 'दत्त पगली!' दायें हाथ में रोटी का ग्रास पकड़ा होने के कारण उसने बढ़ कर बायें से उसकी पीठ थपथपायी, 'भाभी अगर बेवकूफ़ी करती है तो इसका यह मतलब तो नहीं कि तुम भी बेवकूफ़ी करो।'

'मैं सिनेमा जाने की सोच रहा था,' 'भाई साहब ने सहसा व्यस्त होते हुए कहा, 'लेकिन मैं अब सीधा जनरल पोस्ट ऑफ़िस जाऊँगा और पण्डित गिरधारीलाल और सतपाल (भाभी का ड्राइवर भाई) को अर्जेण्ट तार दे कर आऊँगा कि चम्पा चन्द दिन की मेहमान है, वे जल्दी पहुँचें।'

और छड़ी उठा कर, जैसे वह डाकख़ाने पर आक्रमण करने जा रहे हों, भाई साहब बाहर निकल गये थे।

चेतन की समझ में न आया था कि वातावरण में जो तनाव आ गया था, उसे कैसे दूर करे। उसने शेष खाना किसी तरह जल्दी-जल्दी निगला था और चन्दा की कापी ले कर बैठ गया और उसे सामने बैठा कर उसका निबन्ध ठीक करने लगा। उसने फिर भाभी की बात का ज़िक्र तक नहीं किया और अपने जोश में उसने निबन्ध में इतने परिवर्तन कर दिये कि उसमें चन्दा का एक भी पूरा वाक्य नहीं बचा।

'इसे दोबारा लिखो।' कापी मेज़ पर रख कर दफ़्तर जाने के लिए जल्दी-जल्दी कपड़े पहनते हुए चेतन ने कहा था, 'पाँच निबन्ध तुम इस तरह मेरे साथ लिख लोगी तो तुम्हें निबन्ध लिखना आ जायेगा।'

उसकी पत्नी का चेहरा अभी तक उदास था। उसकी स्वाभाविक उत्फुल्लता उस पर नहीं लौटी थीं। चलते-चलते उसकी पीठ फिर थपथपाते हुए चेतन ने माँ द्वारा सुनी हुई कहावत दोहराई थी, 'अपनी ओड़ निभाइए ओहदी ओह जाने —।[१] हमें अपना कर्तव्य करना चाहिए, दूसरे की चिन्ता हम क्यों करें। तुम खाना खा लेना और जी हो तो थोड़ा-बहुत निबन्ध दोबारा लिखने की कोशिश करना।' और पत्नी की पीठ एक बार और थपथपा कर वह दफ़्तर चला गया था।

चन्दा जा कर खाना खाने बैठी तो उससे दो कौर भी न निगले गये। वह

---

१. अपना फ़र्ज़ पूरा करो, दूसरे का दूसरा जाने। (दूसरा शब्द यहाँ भगवान के लिए भी आता है और अन्य व्यक्ति के लिए भी।)

दूध-डबलरोटी का कटोरा ले कर फिर जेठानी के कमरे में गयी थी। उसने लाख मिन्नत-समाजत की थी पर भाभी ने सनद नहीं दी थी। वह मौन लेटी रही थी और फिर मुर्दा बोलेगा तो कफ़न फाड़ेगा के अनुसार जब उसने ज़बान खोली तो यही कहा था, 'अभी तुम्हारा जेठ आयेगा तो उसी को खिलाना।'

और चन्दा रुलाई को बरबस रोकती हुई बाहर आ गयी थी। अपना खाना भी उसने उठा दिया था। किचन बन्द करके वह कमरे में चली गयी थी और निबन्ध लिखने लगी थी। वह लगभग पूरा निबन्ध लिख चुकी थी जब एक-डेढ़ के करीब भाई साहब लौटे थे। यद्यपि उन्होंने कहा था कि वे अब पिक्चर नहीं देखेंगे, पर पोस्ट ऑफ़िस में अपनी ससुराल अर्जेण्ट तार देने के बाद उन्होंने घड़ी पर निगाह डाली थी तो पौने नौ ही बजे थे, तब वे चुपचाप 'कैपिटल' की ओर बढ़ गये थे।

आ कर उन्होंने चेतन के कमरे ही में कपड़े उतारे थे और जा कर बाहर अपनी चारपाई पर सो गये थे। चेतन जब दफ़्तर से ढाई बजे लौटा था तो उसकी पत्नी अभी जाग रही थी।

o

चेतन उठ कर फिर सीधा बैठ गया। उसने एक नज़र नोट-बुक पर लिखे हुए पैरों पर डाली, फिर आगे लिखना शुरू किया :

> 'सोचता हूँ तो मुझे इसमें भाभी की ज़बरदस्त हिमाकत के साथ-साथ भाई साहब का कसूर भी कम दिखायी नहीं देता। भाई साहब ने जब काम शुरू किया था तो भाभी का एक गहना बेच कर वह पुरानी कुर्सी ख़रीदी थी (जिसके बदले चन्दा के मायके के गहने बेच कर नयी कुर्सी लायी गयी है।) उनका काम कितना बढ़ा, उन्हें किन मुश्किलों का सामना करना पड़ा है, उन्होंने कभी भाभी को नहीं बताया। उसे कभी अपने भेद का साझीदार नहीं बनाया।
>
> 'ख़त लिखने में वे बड़े चोर हैं। भाभी को श्रीरामपुर छोड़ कर फिर उन्होंने तीन महीने तक उसकी खोज-ख़बर नहीं ली। कभी वहाँ नहीं गये। कभी उसे नहीं बताया कि क्यों वे सरदार जगदीश सिंह (लैण्डलॉर्ड एण्ड हाउस प्रोप्राइटर) का मकान छोड़ने को मजबूर हुए। चन्दा के खुलेपन को ले कर — उनके सामने घूँघट न करने के कारण — पहले भी भाभी के मन में शक था। अगर भाई साहब ने अपने ख़ामोश और रूखे व्यवहार से उसको यकीन में बदल दिया और भाभी ने फ़ाके कर-कर के दिक मोल ले लिया, तो क्या इसमें भाई साहब का कोई कसूर नहीं था ? शायद बीवी को यह बताना उनकी अना[१] को मंजूर नहीं हुआ कि अपने छोटे भाई और भाभी की मदद करने के बदले, वे उनसे मदद लेते हैं। अगर उन्होंने अपनी बीवी को अपना भेद बता दिया होता तो इतनी बड़ी ट्रैजिडी क्यों होती ?'

o

चेतन इतना लिख कर फिर ईज़ी चेयर पर पीछे को लेट गया। सहसा उसके मन में दूसरा

---

१. अहं

विचार आया —। यदि वह शिमले से अपने बड़े भाई को दुकान का किराया भेज देता, यदि कविराज चालीस रुपये पेशगी दे देते, तब क्या भाई साहब सरदार जगजीत सिंह का वह खुला हवादार मकान छोड़ने को विवश होते ? तब क्या वे भाभी को श्रीरामपुर से न ले आते ? तब क्या भाभी के मन में भ्रम का वह बीज विषवृक्ष बनता और तब क्या वह अपने हाथों यों अपने प्राण लेने को तैयार होती ?....कविराज ने कहा था, 'तुम देख लेना, तुम्हारे भाई कोई-न-कोई रास्ता निकाल लेंगे और फिर तुम्हें तंग नहीं करेंगे।'....अच्छा रास्ता निकाला उन्होंने! चालीस रुपये की एक निकम्मी रकम के लिए एक औरत की जान पर बन गयी....।

चेतन का दम घुटने लगा। वह उठा। नोट-बुक को उसने मेज़ पर रखा और कमरे में घूमने लगा। उसे कविराज की उस कृपणता पर बेहद क्रोध आया। उस एक छोटी-सी घटना ने उनकी ज़िन्दगियों में कितनी बड़ी ट्रैजिडी उपस्थित कर दी थी।

....चेतन की आँखों के सामने स्टेशन पर गाड़ी के डिब्बे में बैठी, बुरी तरह खाँसती हुई अपनी भाभी का पतला-दुबला, यक्ष्मा का मारा, एकदम सियाह पड़ जाने वाला चेहरा आ गया....इस एक पखवाड़े में उसका शरीर और भी सूख गया था। गाड़ी के डिब्बे में ज़रा-सा घूँघट खींचे बैठी, वह बहुत छोटी-सी लगती थी। चेतन के सामने भाई साहब की शादी और स्वास्थ्य और सौन्दर्य से दग-दग करती अपनी भाभी का रूप घूम गया। उसके सामने वह चित्र भी आया, जब भाई साहब अपनी पहली और अन्तिम नौकरी की तनख़्वाह के पन्द्रह रुपये लाये थे। घर में आटा नहीं था; माँ ने दो रुपये माँगे थे और भाई साहब ने भाभी को आदेश दिया था कि वह दो रुपये माँ को दे दे। भाभी माँ के सामने मेज़ के कोने पर आ बैठी थी (माँ दालान के दरवाज़े में पीढ़े पर बैठी सूत अटेर रही थी) और उसने ऐसा रौद्र रूप धारण किया था और वो-वो गड़े मुर्दे उखाड़े थे कि माँ रोने लगी थी....वही उसकी भाभी गाड़ी के डिब्बे में बैठी कितनी छोटी-सी, कितनी असहाय और निरीह-सी लगती थी — किसी ऐसे ठठरी अड़ियल पशु-सी, जो हठ करके बैठ जाता है, खाना-पीना छोड़ देता है और चुपचाप मर जाता है....चेतन का मन हुआ था, उसकी पीठ थपथपा कर उसे तसल्ली दे कि वह जल्दी ही स्वस्थ हो कर पहले की तरह दग-दग करती हुई वापस लौटेगी। पर उससे झूठ नहीं बोला गया। उसके मन में कचोट उठती रही और वह चुप खड़ा रहा था। जब उससे वैसे चुप खड़ा न रहा गया तो भाग कर वह दो पैसे की सुराही ले आया। नल पर जा कर उसने उसे अच्छी तरह धोया। एक-दो बार भर कर और ख़ाली करके (ताकि उसमें से मिट्टी की गन्ध चली जाये) फिर तीसरी बार भर कर वह ले आया था और उसने उसे भाभी की सीट के नीचे रख दिया।

गाड़ी चलने को थी और इंजन ने सीटी दे दी थी, सहसा भाभी ने वैसे ही खाँसते हुए, ज़रा-सा साँस रोक कर केवल इतना पूछा था;

'तुम्हारे भाई साहब नहीं आये क्या ? उन्होंने कहा था कि स्टेशन पर पहुँचेंगे।'

चेतन जानता था, भाई साहब नहीं आयेंगे। इसीलिए तो उन्होंने उसे भेजा था। पर उससे सच्ची बात नहीं कही गयी। उसने न चाहते हुए भी झूठ बोल दिया, 'आने को उन्होंने कहा होगा, पर ऐन वक्त पर कोई पेशेण्ट आ गया होगा।'

भाभी ने इस पर कुछ नहीं कहा। चेतन बाहर प्लेटफ़ार्म पर आ गया। गाड़ी ने सीटी दी तो भाभी ने खिड़की से सिर ज़रा बाहर निकाल कर, घूँघट को बायें हाथ की अनामिका और अँगूठे से ज़रा उठा कर दूर प्लेटफ़ार्म के गेट तक निगाह डाली। गाड़ी सरकने लगी थी। उसने सिर अन्दर कर लिया और अपनी सीट पर झुक कर खाँसने लगी। चेतन ने ज़ोर से 'नमस्कार' किया। भाभी ने कोई उत्तर दिया हो तो चेतन ने नहीं सुना।

०

वहीं कमरे में घूमते हुए चेतन की आँखों में खिड़की के बाहर सिर निकाल कर ज़रा-सा घूँघट उठाये प्लेटफ़ार्म पर दूर तक भटकती हुई उसकी भाभी की वे बड़ी-बड़ी घायल आँखें घूम गयीं —लम्बी-सी नाक और काले-काले गड्ढों में धँसी हुई वे उदास, निराश, घायल आँखें....वह चेहरा उस प्रतिशोध-भरे चेहरे से कितना भिन्न था, जिनकी झलक चन्दा के साथ खाना खाते हुए चेतन ने देखी थी। चेतन को लगा —वे आँखें और उनकी वह सूनी, मर्माहत, घायल दृष्टि हमेशा के लिए उसके मन पर अंकित हो गयी है।....उसे अफ़सोस हुआ, वह क्यों उस पर ग़ुस्से हो आया था, क्यों उसके मुँह से झल्लाहट में कटु शब्द निकले थे। बेदिमाग़ अड़ियल पशु में और उसकी भाभी में कोई अन्तर नहीं —यही सब सोचता हुआ वह स्टेशन से बाहर निकल कर ताँगे पर आ बैठा था और शाह आलमी के अड्डे पर आ उतरा था।

चेतन ने मेज़ से नोट-बुक उठायी। वह फिर ईज़ी चेयर पर आ बैठा। कापी उसने घुटनों पर फैला दी। एक बार उसने शुरू से अन्त तक अपने लिखे को पढ़ा। फिर थोड़ी-सी जगह छोड़ कर वह लिखने लगा :

> 'इस ट्रैजिडी की ठीक वजह क्या है, मैं तय नहीं कर पाता। कुछ भी साफ़-साफ़ समझ में नहीं आता। क्या इसके पीछे चन्दा से मेरे उस इसरार[१] का हाथ नहीं, जो मैंने उससे भाई साहब के सामने घूँघट उठा देने के लिए किया था और जिसके सबब वह उनके सामने खुले मुँह आने और हँसने-बोलने लगी।
>
> 'या इस ट्रैजिडी का सही कारण कविराज का वह शातिर, अपने मुलाज़िमों का नाजायज़ फ़ायदा उठाने वाला, ख़बीस और कंजूस सुभाव है, जिसके बस उन्होंने मुझे चालीस रुपये पेशगी देने से इनकार कर दिया था और भाई साहब ने भाभी को श्रीरामपुर सड़ने भेज दिया।
>
> 'लेकिन भाई साहब के इस रूखेपन और खामोशी का क्यों नहीं, जिसने भाभी के शक को यकीन में बदल दिया। जिस ख़ामोश तबीयत के कारण उन्हें भाभी को यह बताना मंज़ूर नहीं हुआ कि वो अपने भाई को खिलाते-पिलाते नहीं, बल्कि ख़ुद उससे मदद लेते हैं।
>
> 'लेकिन शायद सबसे बड़ी वजह भाभी की अपनी बदगुमानी और ग़लतफ़हमी है, जिसके बस हो कर उसने मौत का रास्ता अपना लिया।
>
> 'इस दर्दनाक ट्रैजिडी की वजह जो भी हो, लेकिन इससे यह तो पता चलता है कि शक के ज़हरीले बीज को अगर फूटते ही सख़्ती से कुचल न दिया

---

१. अनुरोध

जाये तो वह इतना बड़ा पेड़ बन जाता है कि अपने भयानक साये से ज़िन्दगी को एकदम सुखा डाले।'

चेतन रुका। सहसा उसके मन में आया —शायद भाई साहब ने भाभी को बता दिया हो कि उन्होंने अपने छोटे भाई से ले कर अपनी छोटी भाभी के दस तोले सोने के गहने बेचे हैं और भाभी ने अपनी कूढ़मग़ज़ी में इसका यही अर्थ लगाया हो कि चन्दा भाई साहब पर मरती है, तभी तो उसने इतने भारी गहने उनके लिए दे दिये....

यह ख़याल आते ही चेतन ने मन-ही-मन एक विद्रूप-भरा ठहाका लगाया। फिर हठात उसका मुँह कड़वा गया। उसने एक लम्बी साँस ली और कापी में लिखा :

'जाने तकदीर दिखायी न देने वाले किन तारों के ज़रिये ज़िन्दगी को चलाती है और मौत आ कर किन ग़ैरमरई[१] हाथों से उसे दबोच लेती है!'

०

चेतन ने नोट-बुक बन्द कर दी और उठ खड़ा हुआ। उसे तब क्या मालूम था कि तीन महीने बाद ही उसी पृष्ठ पर उसे लिखना पड़ेगा :

'आज पण्डित गिरधारीलाल का ख़त आया है (शायद पाँचवाँ या छठा) कि चम्पा बस चन्द ही दिन की मेहमान है और उसके प्राण अपने पति के दर्शनों के लिए ही अटके हुए हैं....लेकिन भाई साहब ने पहले के ख़तों की तरह इसका भी कोई जवाब नहीं दिया।'

और भाभी की मृत्यु के छै महीने बाद उसी पृष्ठ पर लिखना पड़ेगा :

'अभी-अभी भाई-साहब मुझे बता कर गये हैं कि रात अचानक सपने में उन्हें भाभी दिखायी दी और वो बेतरह डर गये कि यह चुड़ैल कहाँ से आ गयी और उठ कर बैठ गये और बहुत देर तक नहीं सो सके।'

☒☒☒

---

१. अदृश्य

चौथा खण्ड

चौबीस

भाभी को गये हुए एक पखवाड़ा हो गया था। चेतन की पत्नी 'कृपालदेवी हिन्दी विद्यालय' जाने लगी थी और चेतन अपने कमरे के काग़ज़-पत्रों को व्यवस्थित कर एक नयी कहानी लिखने की सोचने लगा था तभी एक सुबह उसके मन में न जाने क्या आयी कि पत्नी के स्कूल जाने के बाद, उसने नहा-धो कर कपड़े बदले, अपनी कहानियों का मसौदा तथा प्रकाशित रचनाओं की फ़ाइल उठायी और प्रकाशक की तलाश में चल पड़ा।

o

उर्दू साहित्य के अधिकांश प्रकाशक उन दिनों लोहारी गेट के अन्दर थे। यों कहा जाये कि जिन प्रकाशकों के यहाँ चेतन की पुस्तक छपने की रंचमात्र भी सम्भावना थी, उन सब की दुकानें लोहारी गेट के अन्दर थीं। तीन उनमें प्रसिद्ध थे — 'सन्त सिंह बुक डिपो,' 'नारायणदत्त सहगल एण्ड सन्ज़' तथा 'लखनपाल ब्रदर्ज़!'

'सन्त सिंह बुक डिपो' वाले सस्ती पुस्तकें छापने के लिए प्रान्त भर में ख्यात थे। चेतन पाँचवीं कक्षा ही से उनके नाम से परिचित था क्योंकि न केवल उन्होंने उर्दू के शेक्सपियर, आग़ा 'हश्र' कश्मीरी से ले कर उस ज़माने के लॉरेन्स ऑलिवियर, प्रसिद्ध रूमानी अभिनेता मास्टर रहमत तक के नाटक छाप रखे थे, वरन मिल्खीराम, मोतीराम, टी० सी० गुजराती और उस्ताद हमदम जैसे लोकप्रिय पंजाबी कवियों के किस्से भी वहीं छापते थे। चेतन ने स्कूल के दिनों ही में इस सारे-के-सारे साहित्य का पारायण कर लिया था और इसीलिए यह बात उससे छिपी न रही थी कि उनकी पुस्तकों का प्रकाशन निहायत रद्दी होता है। उनका काग़ज़ और छपाई ही नहीं, मुखपृष्ठ भी घटिया होता था। सस्ते आर्ट पेपर पर लाल अथवा नीली रोशनाई में लेखक का जो भौंडा-सा फ़ोटो उन पर छपा रहता था, वह चेतन की सौन्दर्यानुभूति को बड़ी ठेस पहुँचाता था। 'सन्त सिंह बुक डिपो' की किसी पुस्तक पर कभी कपड़े अथवा गत्ते की जिल्द उसने नहीं देखी। किस्से तो प्रायः अख़बारी काग़ज़ पर छपे होते थे — न कटे, न सिले — लेकिन पुस्तक का नाम धराने वाली रचनाएँ भी पेपर कवर और फ़्लैशकट में, नितान्त रद्दी काग़ज़ और उससे भी रद्दी लिखाई-छपाई के साथ मार्केट में बिकती थीं। ऐसे घटिया प्रकाशकों के यहाँ अपना कथा-संग्रह देना चेतन के अहं को स्वीकार न था। हालाँकि उसके उस्ताद भाई, कवि टीकमचन्द 'अख़्तर' ने जालन्धर के दिनों में ही 'तनवीरे-अख़्तर' के नाम से अपना दीवान वहाँ से छपवा लिया था, लेकिन चेतन के मन में एक बार भी वहाँ से अपनी पुस्तकें छपवाने की इच्छा नहीं हुई। आदमी को भूख लगेगी तो क्या मैला खा लेगा, उसने मन-ही-मन उपेक्षा से कहा था और तय किया था कि चाहे उसे देर लग जाये, पर अच्छे प्रकाशक के यहाँ से ही अपनी पुस्तक छपवायेगा।....लाहौर आ कर दैनिक पत्र की नौकरी

करने के बाद महज़ उत्सुकतावश वह एक-दो बार 'सन्त सिंह बुक डिपो' के आगे से गुज़रा था। लेकिन अन्दर निहायत ही प्राचीन काल के जीर्ण-जर्जर लोगों को, और भी पुरानी-धुरानी मेज़-कुर्सियों पर बैठे देख कर, दुकान के अन्दर जाने अथवा उनका परिचय पाने की भी इच्छा उसे नहीं हुई।

'नारायण दत्त सहगल एण्ड सन्ज़' के यहाँ से तीर्थराम फ़ीरोज़पुरी की बड़ी मोटी-मोटी पुस्तकें छपती थीं, जिन्हें आठवीं कक्षा से वह बराबर पढ़ता आ रहा था। वे सब-की-सब जासूसी थीं। उनके रचयिता सर आर्थर कॉनन डॉयल तथा रेनल्ड्स आदि प्रसिद्ध लेखक थे, जिनका अनुवाद तीर्थराम फ़ीरोज़पुरी ने बड़े श्रम और कौशल से किया था। इनमें सर आर्थर कॉनन डॉयल द्वारा रचित शरलॉक होम्ज़ की सारी-की-सारी ग्रन्थ-माला उर्दू में अनूदित हो चुकी थी। रेनाल्ड्स का प्रसिद्ध उपन्यास —'मिस्ट्रीज़ ऑफ़ द कोर्ट ऑफ़ लण्डन' —'असरारे दरबारे लन्दन'[१] के नाम से कई जिल्दों में छपा था। इनके अतिरिक्त जासूस सेक्स्टन ब्लेक के कारनामों की कई पुस्तकें भी छपी थीं, जिनका अनुवाद केदारनाथ ख़ुर्शीद नाम के किन्हीं महानुभाव ने किया था। 'नारायणदत्त सहगल' इन सभी लोकप्रिय पुस्तकों के प्रकाशक थे। लेकिन चेतन की कहानियाँ जासूसी नहीं थीं। कभी आठवीं कक्षा में जासूस ब्लेक के कारनामों की तर्ज़ पर उसने ज़रूर एक जासूसी उपन्यास लिखना शुरू किया था पर अभी वह उसे ख़त्म भी नहीं कर पाया था कि महाशय देवदर्शन और मुन्शी चन्द्रशेखर की तर्ज़ पर आदर्शोन्मुख समाजवादी कहानियाँ लिखने लगा था। मुन्शी चन्द्रशेखर का वास्तविक नाम तो कामताप्रसाद था। वे यू० पी० के कायस्थ थे। अपना जीवन उन्होंने स्कूल-अध्यापक के रूप में शुरू किया था और उन्नति कर, स्कूल इन्स्पेक्टर हो गये थे। कहानियाँ वे बी० ए० पास करते ही लिखने लगे थे और तभी अपना साहित्यिक नाम उन्होंने चन्द्रशेखर रख लिया था। स्वतन्त्रता संग्राम में उन्होंने सरकारी मुलाज़मत छोड़ दी थी। वर्षों उर्दू में लिखने के बाद वे हिन्दी में लिखने लगे और उस समय वे उर्दू-हिन्दी के प्रमुखतम कथाकार और उपन्यास लेखक थे। चेतन की कहानियों को न केवल महाशय देवदर्शन ने सराहा और अपने कहानी मासिक 'मन्दिर' में छापा था, वरन मुन्शी चन्द्रशेखर ने भी उनकी प्रशंसा की थी। इसलिए जासूसी पुस्तकों, उनके लेखकों और इसी कारण उनके प्रकाशकों के लिए चेतन के मन में उपेक्षा और दया का हलका-सा भाव था।....लाहौर आने पर वह 'नारायणदत्त सहगल एण्ड सन्ज़' के यहाँ भी गया था, अपनी कहानियाँ छपवाने के ख़याल से नहीं, अपने स्कूली दिनों के प्रिय लेखक (अनुवादक) तीर्थराम फीरोज़पुरी का पता लेने। सहगल साहब स्वयं दुकान पर बैठे थे। वे काफ़ी बुढ़ा गये थे। उनका रंग भले ही कभी गोरा रहा होगा (क्योंकि उनका गोरा-चिट्टा लड़का दुकान पर बैठा उसकी गवाही देता था) अब काफ़ी सँवला गया था। उनके चेहरे पर बेगिनती झुर्रियाँ थीं और उनके कन्धे किंचित झुक आये थे। चेतन ने उनसे अपने संग्रह के प्रकाशन की बात नहीं की। सिर्फ़ तीर्थराम फीरोज़पुरी का पता पूछा था। उसे यह जान कर दुख हुआ था कि लड़कपन के उसके प्रिय लेखक (अनुवादक) श्री तीर्थराम फ़ीरोज़पुरी का देहान्त कुछ ही दिन पहले हो गया था। न जाने उस व्यक्ति ने इन मोटी-मोटी पुस्तकों का अनुवाद करने में कितना श्रम किया है, चेतन ने दुकान की तरफ़ चलने से पहले मन-ही-मन सोचा था, 'जब मौलिक

१. लन्दन-दरबार के रहस्य।

पुस्तकों पर रायल्टी का चलन नहीं तो अनुवाद पर उन्हें क्या मिला होगा ?' और उसने तय किया था कि यदि वे लाहौर ही में निवास कर रहे होंगे तो वह उनसे भेंट करेगा और अपने दैनिक के साप्ताहिक अंक के लिए सर आर्थर कॉनन डॉयल के उपन्यासों अथवा अंग्रेज़ी भाषा से अनुवाद की समस्या और उसकी कठिनाइयों पर उनसे इन्टरव्यू लेगा (कि उस ज़माने में वह रिपोर्टर था और लाहौर के तूल-अर्ज़ में इन्टरव्यू लेता घूमा करता था।) उनकी मृत्यु का समाचार सुन कर अपनी हसरत दिल ही में लिये, वह चुपचाप दुकान से उठ आया था।

जहाँ तक 'लखनपाल ब्रदर्ज़' का सम्बन्ध है, चेतन के मन में उस प्रकाशक के प्रति प्रबल पूर्वाग्रह था। मुन्शी चन्द्रशेखर और महाशय देवदर्शन की कुछ पुस्तकें उनके यहाँ से छपी थीं, इसलिए जब वह महाशय देवदर्शन के यहाँ, उनके 'मन्दिर' के लिए कहानी देने गया था तो बातों-बातों में उसने 'लखनपाल ब्रदर्ज़' के बारे में उनकी राय जाननी चाही थी कि वे कैसे प्रकाशक हैं और लेखकों के प्रति उनका कैसा व्यवहार है ? तब महाशय देवदर्शन ने हँसते हुए जो किस्सा सुनाया था, उसने न केवल चेतन की सभी आशाओं पर पानी फेर दिया था, वरन उसके मन में घोर वितृष्णा भर दी थी। 'तुर्गनेव के प्रसिद्ध उपन्यास 'नेस्ट ऑफ़ द जेण्ट्री' का एक-एक परिच्छेद उन्होंने विभिन्न लेखकों को बाँट दिया था कि वे अपने-अपने अनुवाद की बानगी दिखायें,' महाशय देवदर्शन ने चेतन को बताया था। और यों पूरी-की-पूरी पुस्तक, किसी को एक भी पैसा दिये बिना, उन्होंने अंग्रेज़ी से उर्दू में उल्था करवा ली थी। महाशय जी क्षण भर चुप रहे थे, फिर हँस कर बोले, 'पहला परिच्छेद मैंने ही किया था। जब वह पुस्तक छप कर बाज़ार में आ गयी तो एक शाम 'फ़ज़ल बुक डिपो' पर मैंने उसे उठा कर देखा। पहला चैप्टर वही था, जिसका अनुवाद मैंने किया था। बाद में मालूम हुआ कि पण्डित 'रत्न', वकार अम्बालवी, दीनानाथ ज़ुत्शी, राजा मेहदी अली ख़ाँ आदि कितने ही लोगों ने उसका एक-एक परिच्छेद किया था। तब मैं लाला लखनपाल के सिर पर जा सवार हुआ और उनका टेंटुआ दबा कर मैंने बड़ी मुश्किल से अपने पैसे वसूल किये। लेकिन और किसी को एक भी पैसा उन्होंने दिया हो तो मैंने नहीं सुना।'

चेतन कॉलेज में पढ़ता था तो उसके मन में लखनपाल ब्रदर्ज़ के यहाँ से अपनी पुस्तकें छपवाने की बड़ी साध थी। लेकिन लाहौर आ कर इस प्रसिद्ध प्रकाशक के सम्बन्ध में भी उसका भरम खुल गया था और यद्यपि लोहारी दरवाज़े के अन्दर थोड़ी ही दूर पर बायीं ओर को उनकी दुकान थी और पण्डित 'रत्न' के साथ घूमता हुआ वह प्रायः उसके सामने से गुज़रता था, लेकिन एक बार भी उसके मन में उसके अन्दर जाने की इच्छा नहीं हुई थी।

०

सो, चेतन जब अपने कहानी-संग्रह का मसौदा और पत्र-पत्रिकाओं में छपी कहानियों के तराशों की फ़ाइल बग़ल में दबाये कृष्णा गली से निकला तो उसके मन में इन तीनों प्रसिद्ध प्रकाशकों में से किसी के यहाँ जाने का ख़याल नहीं था। उसकी मंज़िल 'चमन बुक डिपो' थी और उसका सहज-ज्ञान कह रहा था कि यदि वह टैक्ट से काम लेगा तो उसका काम निश्चय ही बन जायेगा।

०

इधर कुछ ही महीने पहले नगरपालिका ने लोहारी दरवाज़े के बाहर दायीं तरफ़ को आठ-दस बड़ी-बड़ी दुकानें बनवा दी थीं और उनमें से तीन में प्रकाशक आ गये थे। 'अन्दरून लोहारी'[१] की तंग छोटी-छोटी दुकानों की अपेक्षा 'बीरून लोहारी'[२] की ये दुकानें आँखों को बहुत भली लगती थीं। इनमें से पहली दुकान पर एक आयताकार बोर्ड बाहर के तख़्ते के छज्जे के नीचे लटक रहा था और एक बहुत बड़ा जहाज़ी बोर्ड छज्जे के ऊपर लगा था। निचले बोर्ड पर 'उर्दू बुक स्टॉल' लिखा था, ऊपर 'मकतबा जामिया दिल्ली।' 'उर्दू बुक स्टॉल' का मालिक चौधरी ज़हीर चेतन ही की उम्र का नौजवान था —खुले गले की रेशमी कमीज़, घेरदार शलवार और पैरों में पेशावरी चप्पल पहने, वह चेतन को बहुत अच्छा लगता था। उसका कद मँझला, रंग गेहुआँ, नाक-नक्शा तीखा और शरीर के अंग खुले और गठे-गठे थे। प्रकट ही उसकी शिराओं में पठानी रक्त था। उसने दो-एक पुस्तकें भी छापी थीं, लेकिन घाटे की सम्भावना से उसने दिल्ली के 'मकतबा जामिया' से कुछ ऐसा सौदा कर लिया था, जिससे दुकान का किराया 'मकतबा जामिया' वहन करता था और 'उर्दू बुक स्टॉल' लाहौर में मकतबा का सोल एजेण्ट बन गया था। चूँकि मकतबा वाले पसन्द नहीं करते थे कि चौधरी ज़हीर अपना प्रकाशन भी करे, इसलिए फ़िलहाल उसने अपना प्रकाशन स्थगित कर दिया था। चेतन ने ज़हीर से राह-रस्म बढ़ा ली थी और उसे मालूम था कि पाँव जम जाने के बाद चौधरी ज़हीर धड़ल्ले से अपना प्रकाशन करने की सोचता है।

परले कोने में लोहारी दरवाज़े के साथ 'नारायण दत्त सहगल' अन्दरून लोहारी से उठ आये थे। दुकान नयी थी, पर पकवान पुराने और बासी थे। उन दोनों के बीच 'चमन बुक डिपो' नयी-नयी खुली थी। चेतन ने 'चमन बुक डिपो' अमृतसर का नाम सुन रखा था। वहाँ से प्रकाशित एक-दो पुस्तकें भी देखी थीं, जो बहुत अच्छी छपी थीं। कभी-कभी वह उसके प्रोप्राइटर से मिलने के लिए अमृतसर जाने की भी सोचा करता था। उस बोर्ड को देख कर एक दिन उसने पण्डित 'रत्न' से पूछा था कि क्या यह नयी दुकान 'चमन बुक डिपो' अमृतसर की ब्रांच है ? तब पण्डित जी ने बताया था कि नहीं, लाला चमनलाल अपनी दुकान अमृतसर से उठा कर राजधानी में ले आये हैं। तब लाला चमनलाल से राह-रस्म बढ़ाने के पहले, चेतन दो-चार बार यूँ ही दुकान के आगे से गुज़रा था। हर बार उसने कमीज़-पायजामा पहने, सिर पर गोल क्रिस्टी टोपी लगाये, शक्ल ही से लाला दीखने वाले एक तीस-पैंतीस वर्ष के गोरे-चिट्टे बबुआ-से व्यक्ति को वहाँ बैठे देखा था और जब उसे मालूम हुआ था कि ये ही लाला चमनलाल हैं तो उसके सहज-ज्ञान ने उससे कहा था कि दाल यहाँ गल सकती है।

चेतन घोर परिश्रमी, प्रबल महत्वाकांक्षी और इस्पाती इच्छा-शक्ति का स्वामी था — इस पर भी सहज विश्वासी, भावुक और भावप्रवण! उसके पिता ने अपनी तमाम मद्यपता, बेपरवाही और अत्याचारों के बावजूद अपने इस लड़के को बड़े-बड़े सपने देखना और उन्हें पूरा करने के लिए अथक परिश्रम करना सिखा दिया था। लेकिन इन तमाम गुणों के अलावा एक गुण उसे प्रकृति से मिला था और वह था —जन्म ही से विकसित उसका सहज-ज्ञान।

१. लोहारी दरवाज़े के अन्दर की।
२. लोहारी दरवाज़े के बाहर की।

किसी सुबह यदि अचानक उसके मन में कोई इरादा उठता अथवा कोई काम करने का उद्रेक होता तो यदि वह सुस्ती न कर जाता और उस काम को पूरा करने का बीड़ा उठा लेता (और वह प्रायः ऐसा करता) तो हमेशा उस इरादे में अथवा उस काम में उसे सफलता मिलती।

चमनलाल को देखते ही उसके मन ने कहा था, यह व्यक्ति प्रकाशक होते हुए भी भोला है। तब चेतन ने दुकान में जा कर अपना परिचय दिया था और लाला चमनलाल से राह-रस्म बढ़ा ली थी। दिन में एक-न-एक बार जब वह उधर से गुज़रता तो चौधरी ज़हीर और चमनलाल से मिलना न भूलता और यदि इस बीच उसने 'चमन बुक डिपो' की दो पुस्तकों के प्रूफ़ पढ़ दिये थे —बिना एक भी पैसा लिये —लेकिन अपने कहानी-संग्रह का ज़िक्र तक न किया था। हाँ, मन-ही-मन उसने योजना बना ली थी कि मामला कैसे पटायेगा।

o

कविराज का जो यथार्थ रूप उसने शिमला में तथा बाद में लाहौर आ कर देखा था, उसने उसके अन्तर में किसी पवित्र चीज़ को हमेशा-हमेशा के लिए तोड़ दिया था। उसका सहज विश्वासी मन उनके प्रति अनायास शंका से भर उठा था —शंका से और क्रोध से —और उसने तय किया था कि वह अपना कथा-संग्रह छपवाने में उनसे किसी तरह की सहायता नहीं लेगा। उसने क्रोध के उस आवेग में वह समर्पण भी फाड़ दिया था, जो आरम्भिक श्रद्धा के आवेग में उसने लिखा था।

समर्पण पढ़ते हुए निमिष भर को उसके सामने अपने उस कथासंग्रह के कहीं भी छप न पाने की सम्भावना भी आयी थी, लेकिन समर्पण फाड़ने के लिए बढ़ा हुआ अपना हाथ उसने रोका नहीं था। और मन-ही-मन उसने तय कर लिया था कि चाहे उसका संग्रह अनछपा रह जाये, पर वह उस ढोंगी की सहायता नहीं लेगा।

पर उसका संग्रह सचमुच अनछपा रह जायेगा, इसका चेतन को पल भर के लिए भी विश्वास नहीं था। उसी क्षण से उसका अवचेतन मन इस समस्या पर सोचने लगा था। प्रकट अपनी घरेलू परेशानियों में उलझा, भाभी की बीमारी का इलाज-उपचार करता हुआ भी वह अपने संग्रह को छपवाने के सम्बन्ध में निरन्तर सचेत था।

जिस क्षण चमनलाल को देखते ही उसके मन ने कहा था कि यहाँ मामला पट सकता है, तभी उसने मुन्शी चन्द्रशेखर को लिख दिया था कि यदि वे उसके संग्रह के लिए दो-तीन पृष्ठों की भूमिका लिख दें तो वह ज़िन्दगी भर उनका एहसान मानेगा। उन्होंने वापसी डाक उत्तर दिया था कि वह संग्रह भेज दे, वे यथासम्भव जल्दी भूमिका लिख देंगे। उसकी तीन-चार कहानियाँ तो उन्होंने पढ़ रखी हैं, पर भूमिका लिखने से पहले एक नज़र उन्हें फिर से देख लेंगे। और न केवल उसने अपनी कहानियाँ भेज दी थीं, वरन वे कहानियाँ मँगा कर अपनी व्यस्तता में भूमिका लिखना भूल न जायें, इस ख़याल से 'फ़ज़ल बुक डिपो' के मालिक से मिल कर उनकी मासिक पत्रिका 'वीणा' और साप्ताहिक 'जागृति' की एजेन्सी उसे दिलवा दी थी।

पंजाब में हिन्दी-पत्र-पत्रिकाओं की खपत नहीं थी और जब तीन-चार दिन बाद

उसने देखा कि 'जागृति' के सब अंक वैसे ही पड़े हैं तो एक शाम उसने सब अंक उठाये थे और आवाज़ लगा कर अनारकली के एक चक्कर में ही उन्हें बेच आया था। 'वीणा' की पाँचों प्रतियाँ अपने आप बिक गयी थीं। दो सप्ताह उसने यह किया था और अपने काम की रिपोर्ट वह मुन्शी चन्द्रशेखर को भेजना नहीं भूला और यों महीने भर के अन्दर उसने अपने कहानी-संग्रह पर उनसे भूमिका लिखवा ली थी।....घर से निकलते वक्त उसकी बग़ल में जो मसौदा था, उसमें लाइनदार काग़ज़ों पर बड़े ही सुन्दर अक्षरों में लिखी कहानियों के ऊपर 'वीणा' के लेटर पैड के डेढ़ पृष्ठ पर मुन्शी चन्द्रशेखर के हाथ से लिखी हुई भूमिका थी, जिसके सिलसिले में उसने शब्द गिन कर देख लिये थे कि पुस्तक के पूरे तीन पृष्ठों पर आयेगी।

यद्यपि इस बीच उसने चमन भाई को (उसने चन्द मुलाकातों ही में उनसे यह रिश्ता कायम कर लिया था) अपनी साहित्यिक सरगर्मियों के सिलसिले में बता रखा था, पर सावधानी के लिए उसने साथ में वह फ़ाइल भी ले ली थी, जिसमें उसने अपनी तमाम प्रकाशित रचनाओं के तराशे लगा रखे थे। चेतन जानता था कि सुन कर जिस बात का विश्वास नहीं होता, आँखों से देख कर तत्काल उस पर विश्वास हो जाता है। उसे यकीन था कि जब लाला चमनलाल स्वयं अपनी आँखों से देखेंगे कि उसकी कहानियाँ 'देश,' 'समाज,' 'बन्दे मातरम,' 'भीष्म' और 'वीर भारत' जैसे दैनिक पत्रों के रविवासरीय अंकों और 'बहार' और 'गुरु घण्टाल' जैसे साप्ताहिकों में ही नहीं छपीं, बल्कि महाशय देवदर्शन के 'मन्दिर' तक में स्थान पा चुकी हैं तो निश्चय ही उन पर रौब पड़ेगा और जब वह मुन्शी चन्द्रशेखर की अपनी लेखनी में लिखी भूमिका दिखायेगा तो फिर लाला चमनलाल को पटा लेना कठिन न रहेगा।

'मन्दिर' उच्चकोटि का मासिक था और महाशय देवदर्शन पंजाब के मुन्शी चन्द्रशेखर कहलाते थे और चेतन को 'मन्दिर' में छपी तीनों कहानियों का बड़ा मान था। सच्ची बात यह है कि उन्हीं में से एक को ले कर मुन्शी चन्द्रशेखर से उसका पत्र-व्यवहार शुरू हुआ था और उसने मुन्शी जी को अपना गुरु मान लिया था।

हुआ यह कि महाशय देवदर्शन के आदेश पर उसने 'मन्दिर' के लिए जो पहली कहानी लिखी थी, उस पर स्थानीय फ़ॉर्मन क्रिश्चियन कॉलेज की किन्हीं दो छात्राओं ने महाशय जी को एक सख़्त पत्र लिखा कि ऐसी आदर्शहीन कहानी 'मन्दिर' में छपने योग्य नहीं। कहानी यद्यपि नितान्त काल्पनिक थी, पर उसमें एक यथार्थ नुक्ता था, जिसका निभाव चेतन ने अपने जाने बड़ी चतुराई से किया था। उसकी थीम और उसके ट्रीटमेण्ट की दाद महाशय देवदर्शन ने भी दी थी।

०

उस कहानी की याद आते ही भरे बाज़ार में चेतन नितान्त अकेला हो गया और अपनी कहानी उसके दिमाग़ में ऐसे आ गयी कि वह स्वयं उसका नायक हो गया।

०

कहानी का नायक एक फ़िल्मी अभिनेता था, जिसकी नयी शादी हुई थी। तभी उसने एक दिन पत्रिका में पढ़ा कि नारी अपने संगी को बेहद प्यार कर सकती है, पर यदि उसका पति

उससे निरन्तर उपेक्षा का व्यवहार करे तो वह अपने प्यार के लिए कोई दूसरा आश्रय ढूँढ लेती है — फिर चाहे वह दूसरा पुरुष हो अथवा कोई निरीह पशु-पक्षी। जड़ हो अथवा जंगम!

अभिनेता को जाने क्या सनक सवार होती है कि वह लेख में दिये गये उस सत्य की परीक्षा करने का फ़ैसला करता है। वह अकारण अपनी पत्नी से दुर्व्यवहार करता है, उसे डाँटता है, फिर घर से ग़ायब रहने लगता है। स्टूडियो के काम से उसे दिन में जो कुछेक क्षण मिलते हैं, उन्हें घर में गुज़ारता है, लेकिन शाम को कभी नहीं आता। अपने फ़्लैट के सामने वह एक फ़्लैट किराये पर ले लेता है और भेष बदल कर वहीं रहने लगता है।

उसकी पत्नी अपने अकेलेपन को भरने के लिए सितार बजाने लगती है। वह उधर की खिड़की खोल कर बैठ जाता है। सुन्दर तरशी हुई दाढ़ी-मूँछों और कन्धों पर लहराते लम्बे बालों के कारण उसकी नवपरिणीता पत्नी उसे पहचान नहीं पाती। एक दिन जब उसकी पत्नी सितार बजाती है तो वह गीत गुनगुनाने लगता है। फिर यह रोज़ का क्रम बन जाता है और अन्ततोगत्वा एक दिन गाते-गाते वह नीचे उतर आती है। वह दीवार फाँद, उसके पास आ जाता है और जब वह उसकी गोद में बैठी होती है, वह दाढ़ी-मूँछें उतार देता है और हँस कर कहता है — 'देखा हमारा बहुरूप उर्मिला!'

लेकिन पत्नी उसे पहचान कर भाग जाती है और दूसरे क्षण पश्चाताप के आवेग में कपड़ों पर तेल छिड़क कर जल मरती है।

कहानी इतनी ही थी — नितान्त काल्पनिक, मेलोड्रैमैटिक और लगभग असम्भव, पर तब ऐसी ही कहानियों का प्रचलन था और चेतन इसे अपना मास्टरपीस समझता था। जब महाशय देवदर्शन ने उसे सुना था तो थीम के अनोखेपन की प्रशंसा की थी। जब उसके छपने के बाद कॉलेज की लड़कियों ने उन्हें पत्र लिखा तो महाशय जी ने अगले ही अंक में उस पत्र के हवाले से कहानी पर नोट दिया।

लड़कियों के पत्र का पूरा उद्धरण दे कर उन्होंने लिखा :

> 'इस कहानी में लेखक ने मर्दों को बताया है कि अगर तुम औरत की ओर से बेपरवाही बरतोगे तो वह भी इन्तकाम[१] को तैयार हो जायेगी और जिस तरह वह रोती है, तुम भी अपनी ग़फ़लतों का मातम करोगे।
>
> 'यह कहानी मर्दों को बेदार[२] करती है। उन्हें दोनों कन्धों से पकड़ झँझोड़ती है और उनको ठीक रास्ते पर चलने के लिए मजबूर करती है। और फिर कहानी का आख़िरी हिस्सा औरत के किरदार[३] को किन ऊँचाइयों पर पहुँचा देता है ? जब उसे मालूम होता है, वह ग़लत रास्ते पर चलती रही है तो वह दुनिया की हर दिलफ़रेब शै को अपने ऊपर हराम कर लेती है और अपनी ज़िन्दगी का अपने हाथों ख़ात्मा कर लेती है — उसके सामने उसका शौहर खड़ा सोचता है —

---

१. प्रतिशोध
२. जगाती है
३. चरित्र

औरत ज़िन्दगी को हेच[१] समझती है। शौहर महज़ सोचता है — यहाँ लेखक ने औरत के मुकाबले में मर्द का कैरेक्टर कितना हलका और काबिले-मलामत[२] दिखाया है।'

'मन्दिर' का अंक जब चेतन को मिला था और उसने यह नोट पढ़ा था तो वह अत्यन्त उद्वेलित हो उठा था। उसके मन में कहीं शंका उठी थी कि पत्र-वत्र किसी लड़की ने नहीं लिखा (क्योंकि उर्दू पत्रिका कोई हिन्दू लड़की पढ़ती होगी और 'मन्दिर' नाम की पत्रिका मुसलमान लड़कियों में मकबूल होगी, इसका विश्वास चेतन को नहीं था।) उसका ख़याल ही नहीं, पूरा विश्वास था कि उनकी पत्नी ने कहानी पढ़ कर उसके बारे में उनसे शिकायत की है। वे उर्दू पढ़ लेती थीं, पक्की आर्यसमाजिन थीं और ऊपर से तानाशाह! चेतन को लगा, उन्होंने महाशय जी को डाँटा है कि ऐसी आदर्शच्युत कहानियाँ 'मन्दिर' जैसी उच्चकोटि की सामाजिक पत्रिका में आप क्यों छापने लगे हैं.... और महाशय जी ने अपनी पत्नी को प्रसन्न करने के लिए क्रिश्चियन कॉलेज की लड़कियों के हवाले से कहानी की निन्दा भी कर दी और फिर लेखक के नाते चेतन के आँसू भी पोंछ दिये थे।

चेतन उन दिनों महाशय जी की सिफ़ारिश से 'बन्दे मातरम' में काम करने लगा था। रात को डेढ़-दो बजे जब वह दफ़्तर से आ कर लेटा तो उसे नींद न आयी थी। तब जाने उसके मन में क्या उबाल उठा था, उसने एक पत्र मुन्शी चन्द्रशेखर को लिखा था। उसी अंक में उसकी एक और कहानी छपी थी। साथ ही मुन्शी जी की भी एक कहानी थी। चेतन ने उसकी प्रशंसा की थी, फिर अपनी कहानी के सम्बन्ध में उनकी राय माँगी थी। साथ ही उसने 'मन्दिर' के पिछले अंक की अपनी कहानी का उल्लेख किया था और कॉलेज की लड़कियों की आलोचना और महाशय देवदर्शन के नोट का हवाला दे कर उसने उस कहानी के बारे में मुन्शी जी की राय माँगी थी — क्या वह कहानी आदर्शच्युत है ? क्या उसकी थीम में कुछ भी यथार्थता नहीं ? और अन्त में उसने लिखा था :

> 'रात बहुत हो गयी है, पर यह सब सोच-सोच कर मुझे नींद नहीं आ रही। मैं जानता हूँ, आप बहुत मसरूफ़[३] होंगे, पर अगर एक नये लेखक की हौसला-अफ़ज़ाई[४] और दिमाग़ी शान्ति के लिए आप अपनी सच्ची राय देंगे तो मुझे बहुत ख़ुशी और इतमीनान होगा। आपकी इस मेहरबानी के लिए मैं ज़िन्दगी भर आपका एहसानमन्द रहूँगा।'

चेतन को ज़रा भी विश्वास नहीं था कि उसके पत्र का कभी उत्तर मिलेगा। लेकिन जब वापसी डाक उसे मुन्शी चन्द्रशेखर का एक कार्ड मिला, जिसमें न केवल उन्होंने उसकी दोनों कहानियों की तारीफ़ की थी, बल्कि यह भी लिखा था कि वे तो उसे कोई कोहना-मश्क अदीब[५] समझते थे और कहानी की प्रशंसा करते हुए अन्त में लिखा था — 'मेरे ख़याल में कोई नयी चीज़ कहने से कहीं बेहतर है कि फ़ितरत[६] का सच्चा ख़ाका खींच

---

१. हेय

२. भर्त्सना-योग्य

३. व्यस्त

४. प्रोत्साहन

५. प्रौढ़ लेखक

दिया जाये!'

चेतन ने पहली बार पत्र पढ़ा था तो उसे अपनी आँखों पर विश्वास न आया था। डाकिये से पत्र लेने के बाद वहीं खड़ा-खड़ा वह कई बार कार्ड पढ़ गया था....'मुझे दोनों कहानियाँ बेहद पसन्द आयीं.... मैं तो तुम्हें कोई कोहना-मश्क अदीब समझता था'.... 'मेरे ख़याल में कोई नयी चीज़ कहने से कहीं बेहतर है कि फ़ितरत का सच्चा ख़ाका खींच दिया जाये'....मुन्शी जी के कार्ड का एक-एक वाक्य उसके कानों में गूँज रहा था। कुछ भी करना उसके लिए असम्भव हो गया था। तब उसने साइकिल उठायी थी और लाहौर के तूल-अर्ज़ में अपने तमाम मित्र-परिचितों को मुन्शी जी का पत्र कुछ इस अन्दाज़ में दिखाता फिरा था, जिसके बारे में ग़ालिब ने लिखा है : कोई पूछे कि यह क्या है तो छुपाये न बने।

मुन्शी चन्द्रशेखर की इस प्रशंसा पर उसने उन्हें धन्यवाद दिया था और अपनी आगामी कहानियों के सिलसिले में उनका पथ-निर्देश चाहा था। और इसके बाद मुन्शी जी के साथ निरन्तर चलते रहने वाले पत्र-व्यवहार का यह परिणाम हुआ था कि न केवल उन्होंने उसके कहानी-संग्रह की भूमिका लिखना स्वीकार किया था, वरन सचमुच लिख भी दी थी।

o

चेतन की बग़ल में अपनी कहानियों के मसौदे पर सबसे ऊपर मुन्शी चन्द्रशेखर की भूमिका थी; फिर हर कहानी का सार उसने एक-एक ऐसे गद्य गीत में दिया था, जो न सिर्फ़ अपने में एक छोटी-सी कहानी था, वरन जिसे कहानी लीफ़ पर दिया गया था और जो उस कहानी का सार भी प्रस्तुत करता था। उसने अपनी कहानियों के ये गद्य गीत इतने परिचितों-अपरिचितों को सुनाये थे कि उसी तरह वे उसे कण्ठस्थ हो गये थे, जैसे कभी अपने पंजाबी बैत और उर्दू ग़ज़लें बार-बार सुनाने पर उसे याद हो जाती थीं।

वह कृष्णा गली से निकल कर शाह आलमी से होता हुआ शीतला मन्दिर के पास से गुज़र रहा था और मन-ही-मन उन गद्य गीतों का चुनाव कर रहा था, जो वह 'चमन भाई' कहाने वाले उस लाला को सुनाने की सोचता था — जो इतना मूर्ख था कि अपने पिता अथवा माता के नाम पर प्रकाशन का नाम रखने के बदले अपने ही नाम से उसे चला रहा था। 'यह भोला-भाला दिखायी देने वाला लाला कहीं घोर अहं-वादी है' — चेतन ने मन-ही-मन कहा, 'वह उसे पहला ही गद्य गीत सुनायेगा, जो उसने पाठकों, आलोचकों, मित्रों और स्नेहियों को सम्बोधित करते हुए लिखा है और उसके अर्थ समझायेगा और जब उसका दिल गर्म लोहे की तरह उदारता की ऊष्णता से फैला जायेगा तो वह चोट करेगा — और उसने मन-ही-मन वह गद्य गीत दोहराया :

प्यासा मुसाफ़िर तेरा दरवाज़ा खटखटा रहा है।
उसे अपने ठण्डे कमरे में बुला ले, जो
ख़स की टट्टियों से आने वाली हवा के कारण
जाँफ़िज़ा और सरूर-अंगेज़[1] बन गया है और

---

११. प्रकृति
१. सुखद और नशीला

जहाँ बर्फ़ में बियर की बोतलें लगी
हैं और पानी यख़[1] हो गया है।
और जहाँ ठण्डे शर्बत
किसी पाक दिल के नेक ख़यालात की तरह
ख़ूबसूरत बोतलों में बन्द पड़े हैं।
तू उसे बुला और अगर अपनी कीमती
शराब और शर्बतों से दो बूँद नहीं दे सकता
तो तसल्ली के दो अलफ़ाज़ के साथ
ख़ाली पानी पिला दे। बटोही
प्यासा न रहेगा। नदी अपने पहलू में
फ़राख़[2] दिल लिये
उसकी प्यास बुझा देगी। और
तेरा यह सामाने-राहत
मिट जायेगा। और तेरी ख़ाली झोली
मुसाफ़िर की दुआ तक से महरूम[3]
आसमान की ओर ताकेगी।

चेतन मन-ही-मन अपने इस गद्य गीत पर झूम गया। उसे विश्वास हो गया कि इसका पर्याप्त प्रभाव लाला चमनलाल, प्रोप्राइटर 'चमन' बुक डिपो' पर पड़ेगा....

अपनी कहानियों और भूमिका स्वरूप उनके फ़्लाई लीफ पर दिये गये गद्य गीतों में रमा चेतन, मंज़िल पर पहुँच गया था। चौखट में लगे चित्र की तरह लाला चमनलाल अपनी बुक डिपो में सजे हुए थे। चेतन ने बढ़ कर 'आदाब अर्ज़ चमन भाई' कहा और उनके सामने कुर्सी पर जा डटा।

पच्चीस

लेकिन जितनी बातें लाला चमनलाल से करने के लिए चेतन ने रास्ते भर में सोची थीं, उनमें से वह एक भी नहीं कर पाया।

जब उसके 'आदाब' के उत्तर में खीसें निपोरते हुए 'चमन भाई' ने 'तस्लीम,' 'तस्लीम,' कहा तो न जाने चेतन ने उनकी आँखों में क्या देखा कि सिर को ज़रा-सा उनके निकट ले जाते हुए वे सब बातें भूल कर बड़े भेद-भरे स्वर में उसने कहा, 'चमन भाई

---

१. हिम
२. उदार
३. वंचित

एक ज़रूरी सलाह के लिए मैं आपके पास आया हूँ!'

चमन भाई की आँखें यह सम्मान पा कर एकदम फैल गयीं और उन्होंने अपने सारे वुजूद को जैसे उसकी सेवा में प्रस्तुत करते हुए कहा, 'कहिए-कहिए, क्या हुक्म है ?'

'बात यह है चमन भाई कि मुझे कहानियाँ लिखते हुए लगभग छै बरस हो गये हैं और लाहौर का कोई भी रोज़नामा, हफ़्तावार या माहाना[१] ऐसा नहीं, जिसमें मेरी कहानियाँ न छपी हों। आप ही देखिए (इस मरहले पर चेतन ने फ़ाइल खोल कर अपनी कहानियों के तराशे उनके सामने रख दिये और एक-एक को उलट कर दिखाते हुए बोला :) कोई भी ऐसा अहम पर्चा नहीं, जिसमें मेरे अफ़साने नहीं छपे, लेकिन आज तक मेरा एक भी मजमुआ मंज़रे-आम पर नहीं आया।'[२]

लाला चमनलाल की आँखों में शंका की हलकी-सी सिकुड़न पैदा हुई कि चेतन कहीं उन्हीं से तो संग्रह छापने को नहीं कहने जा रहा। चेतन ने उस शंका को लक्ष्य किया और उसने बिना रुके अपनी बात आगे बढ़ायी।

'मैं कविराज रामदास के साथ इस बार शिमला गया था। मुझ पर उनकी बड़ी इनायत[३] है। उनके लिए मैंने बच्चों की देख-रेख पर किताब लिखी है। उन्होंने मुझ पर ज़ोर दिया कि मैं अपने चुने हुए अफ़सानों का एक मजमुआ तरतीब दूँ और वे उसे छपवा देंगे।'

यहाँ चेतन क्षण भर को रुका कि यह बात लाला चमनलाल के उस ठस दिमाग़ में घर कर जाये। फिर बोला :

'आप तो जानते हैं कि कविराज अपने दवाखाने से एक माहनामा निकालने लगे हैं, जिसमें उन्होंने कुछ सफ़हात[४] अदब के लिए भी वक़्फ़[५] कर रखे हैं और उस सिलसिले में मैं ही उनकी मदद करता हूँ। छोटे-छोटे अफ़साने और मज़मून लिखता हूँ। कविराज को मेरे मज़मून और अफ़साने बेहद पसन्द हैं। उन्होंने पिछले महीने यह पेशकश की कि वे काग़ज़ ले देंगे और मजमुआ[६] छपवाने में मेरी मदद करेंगे। बदले में उतने की किताबें मैं उन्हें दे दूँगा। वो अपने पर्चे के नये ग्राहकों को इनाम के तौर पर अपने 'विवाहित आनन्द' और मेरी कहानियों के मजमुए की एक-एक किताब देंगे।'

चेतन फिर यहाँ क्षण भर रुका। तब अपने स्वर को कुछ और धीमा करके उसने कहा, 'अब मेरे सामने मसला यह है चमन भाई कि अपने रुपये के बदले वो तो किताबें ले लेंगे और अपने ग्राहकों में बाँट देंगे। मैं उन छपी हुई किताबों का क्या करूँगा ?(और इससे पहले कि चमन भाई कुछ कहें, उसने आगे कहा) यूँ मैं जानता हूँ कि मैं आपको दे दूँगा तो आप मेरा ख़र्च और रायल्टी निकाल ही देंगे, लेकिन जो बात मेरे मन में खटकती है, वो यह है कि जो किताब मुफ़्त बँटती है उसकी कोई अहमियत नहीं रह जाती।'

'हाँ, यह तो आप ठीक कहते हैं।' चमन भाई ने कहा।

---

१. मासिक पत्रिका
२. एक भी संकलन आम लोगों के देखने में नहीं आया।
३. कृपा
४. पृष्ठ
५. नियत
६. संग्रह

'अब मेरे चुने हुए अफ़सानों की किताब है। इसमें तीन तो महाशय देवदर्शन के 'मन्दिर' ही में छपे हैं, जिनमें पहले ही पर ख़ूब हंगामा मचा है।'

और चेतन ने फ़ाइल खोल कर न केवल फ़ॉर्मन क्रिश्चियन कॉलेज की लड़कियों का पत्र पढ़ कर सुनाया, वरन महाशय देवदर्शन का नोट और मुन्शी जी का कार्ड भी उन्हें दिखाया।

सहसा चमनलाल की आँखें फैल गयीं, 'मुन्शी जी ने कहानी की तारीफ़ की है ?'

'पढ़ लीजिए!' और चेतन ने फ़ाइल अपनी ओर करके पूरा कार्ड चमनलाल को पढ़ कर सुनाया। फिर बोला, 'यही नहीं, तब से मुन्शी जी के साथ बाकायदा मेरी ख़तो-किताबत है। महाशय देवदर्शन ने मेरी कहानियों की सिफ़ारिश 'लखनपाल ब्रदर्ज़' से की थी। उन्होंने कहा कि अगर महाशय देवदर्शन या मुन्शी जी उसका दीबाचः[१] लिख दें तो वे छाप देंगे और १५ प्रतिशत रायल्टी देंगे।' (प्रकट ही चेतन झूठ बोल रहा था और यह भी भूल गया कि महीना भर पहले ही एक सुबह उसने फिर कभी झूठ न बोलने का प्रण किया था।)

वह क्षण भर चुप रहा। फिर उसने कहा, 'महाशय जी तो चाहते ही थे कि भूमिका लिखें, मैं एक बार कहता तो वे लिख देते, पर मैं मुन्शी जी को लिख चुका था।'

'क्या मुन्शी जी भूमिका लिखने को तैयार हो गये हैं ?' लाला चमनलाल ने उत्साह से कहा। प्रकट ही चेतन की योजना सफल हो रही थी और उसके कहानी-संग्रह में लाला चमनलाल की दिलचस्पी बढ़ रही थी।

'लिखने को तैयार होने की बात नहीं,' चेतन ने सोल्लास कहा, 'उन्होंने लिख दी है और हक यह है कि बहुत अच्छी लिखी है। लेकिन मेरे मन में शक पैदा हो गया है और इसीलिए मैं आपसे राय लेने आया हूँ।'

और यहाँ चेतन ने लखनपाल ब्रदर्ज़ का वह किस्सा सुनाया, जो उसने महाशय देवदर्शन से सुना था कि कैसे उन्होंने एक भी पैसा दिये बिना तुर्गनेव के उपन्यास का अनुवाद बानगी-बानगी ही में करवा लिया था।

'जो प्रकाशक इतना बददयानत है चमन भाई, उसके यहाँ अपनी किताब देने को मेरा जी नहीं होता। मुझे रॉयल्टी की फ़िक्र नहीं, पर कोई कहे कि रॉयल्टी देंगे और न दे तो मैं उसे ज़िन्दगी भर माफ़ नहीं कर सकता।'

'ज़रा मुन्शी जी का दीबाचः तो दिखाइए!' लाला चमनलाल ने कहा।

'उन्होंने इस पर उन्वान[२] दिया है —तआरुफ़[३]!' चेतन ने कहा और फ़ाइल लाला चमनलाल के आगे कर दी। लाला चमनलाल भूमिका पढ़ने लगे। ज्यों-ज्यों उनकी निगाहें सतरों पर फिसलती जातीं, चेतन के सामने वे शब्द, वाक्य और पंक्तियाँ मूर्तिमान होती जातीं। मुन्शी जी के पत्र की तरह उनकी भूमिका भी उसे कण्ठस्थ थी :

'दीगर असनाफ़े सुख़न[४] की तरह अफ़साने की कामयाबी का राज़ भी उसकी

---

१. भूमिका

२. शीर्षक

३. परिचय

४. साहित्यिक विधाओं

तासीर[1] में है।' मुन्शी जी ने लिखा था। 'और तासीर क्या है ? जब दिलचस्पी कमाल का दर्जा हासिल कर लेती है तो वह तासीर बन जाती है। दिलचस्पी के कई अरकान[2] हैं — मसलन ज़बान की नमकीनी और ज़राफ़त,[3] ख़यालात की जिद्दत-ओ-नुदरत,[4] मशाहदात की वाकईयत और असलीयत[5] — और वह ख़ुदादाद मलका,[6] जिससे मुसन्नफ़[7] इन्सान के जज़्बात की गहराई तक पहुँचता है....'

और यूँ 'तासीर' के विभिन्न अवयवों का उल्लेख कर, मुन्शी जी ने लिखा था कि इन सब के साथ अभिव्यक्ति में अनायासता और सादगी का होना ज़रूरी है। जिस प्रकार कोई नाज़ुक शेर आँखों के सामने आते ही दिल में हलचल मचा देता है, इसी तरह कहानी भी वही प्रिय होती है, जिसको पढ़ कर हमारे दिल में एक मीठा दर्द, एक सरूर-भरी बेचैनी पैदा हो जाये, जैसे हमारी कोई प्यारी चीज़ खो गयी हो, जैसे हम क़िसी स्वर्गिक घाटी में गुम हो गये हों!

प्रभाव की इस प्रकार व्याख्या करके मुन्शी जी ने आगे लिखा था कि चेतन उनके प्रिय मित्र हैं। वे बराबर उनकी कहानियों को शौक और रग़बत[8] से पढ़ते रहे हैं और उन्हें चेतन की अधिकांश कहानियों में तासीर का एहसास हुआ है।

चेतन नया कथाकार था। उसकी कहानियों में न वह प्रभाव था, न वे सारे गुण, जो मुन्शी जी ने प्रभाव के अंग बताये थे। उन्होंने लिख दिया था तो उसे अपनी कहानियों के इन गुणों में पूरा यकीन हो गया था। भूमिका पढ़ते हुए चमनलाल की आँखों में जो भाव पैदा हो रहे थे, वह पूरी एकाग्रता से मन-ही-मन उनका विश्लेषण कर रहा था। उसे लगा कि भूमिका को पढ़ते हुए चमनलाल पर पर्याप्त प्रभाव पड़ रहा है।

तासीर की व्याख्या करके और चेतन के कथाकार की प्रशंसा करके मुन्शी जी ने एक-एक कहानी के गुण बताये थे। उनकी याद करके सहसा चेतन के मन में थोड़ी-सी चुभन हुई। अपने पहले कार्ड में जिन दोनों कहानियों की प्रशंसा मुन्शी जी ने की थी और लिखा था कि वे मानव-स्वभाव का सच्चा ख़ाका खींचती हैं, उन्हीं की आलोचना उन्होंने भूमिका में कर रखी थी। 'मन्दिर' में छपने वाली पहली कहानी के बारे में उन्होंने लिखा था कि उसमें यथार्थता तो है, पर उनके विचार में लेखक ने उसे बेदर्दी से, कहा जाये कि बेज़रूरत रौंद डाला है। जिस कहानी का अन्त उस यथार्थता की सुखद स्वीकृति में होना चाहिए था, उसे दुखद दुर्घटना बना दिया गया है और दूसरी कहानी के बारे में उन्होंने लिखा था कि उसमें एक दुश्चरित्र और पत्थर-दिल पति की आत्मा तो है, पर आवश्यकता से कहीं ज़्यादा भयानक और डरावनी; कि यथार्थ जगत में पश्चाताप का कोई मोल भले ही

---

१. प्रभाव
२. अंग, अवयव
३. हास्य
४. मौलिकता और नवीनता
५. अनुभूतियों की यथार्थता और सच्चाई
६. दैवी सामर्थ्य
७. लेखक
८. दिलचस्पी और लगाव

न हो, पर कहानी के जगत में हम उसे असफल नहीं देखना चाहते!

प्रकट ही मुन्शी जी ने जब पहला कार्ड लिखा था तो नये लेखक का प्रोत्साहन उनका ध्येय था, पर जब भूमिका की ज़िम्मेदारी उन्हें निभानी पड़ी तो जिन कहानियों की उन्होंने प्रशंसा की थी, उनकी एक-एक त्रुटि भी उन्होंने दिखा दी।

लेकिन चेतन उस उम्र से गुज़र रहा था, जब नये लेखक को आलोचना सह्य नहीं होती। जब उसकी अनुभवहीनता और आत्म-विश्वास की कमी उसे मरकहे बछेड़े-ऐसा बना देती है और वह पुट्ठे पर हाथ नहीं रखने देता। चेतन ने मन-ही-मन तय कर लिया था कि यदि उसके कथा-संग्रह की छपाई का डौल कहीं बैठा तो वह 'तासीर,' 'हफ़ीज़' जालन्धरी, 'तबस्सुम,' हरिचन्द 'अख़्तर' अथवा किसी अन्य सशक्त कवि अथवा आलोचक से उन दोनों कहानियों के सिलसिले में अपने पक्ष का समर्थन करवायेगा। कोई तैयार न हुआ तो वह पण्डित 'रत्न' ही से कहेगा कि इस सन्दर्भ में कुछ पंक्तियाँ लिख दें।

लाला चमनलाल जब भूमिका पढ़ रहे थे तो चेतन को भय था कि मुन्शी जी के कार्ड की पंक्तियाँ और भूमिका की पंक्तियों में उन्हें कुछ विसंगति लगेगी, लेकिन जब लाला ने भूमिका पढ़ कर फ़ाइल उसकी ओर बढ़ायी तो उनके चेहरे पर किसी तरह की शंका अथवा शुबहे का आभास न था। तब चेतन ने स्वयं ही कहा :

'मुन्शी जी ने उन्हीं दो कहानियों की तनकीद[१] की है, अपने कार्ड में उन्होंने जिनकी तारीफ़ की थी। शायद दीबाचः लिखते वक्त उन्हें लगा कि एकदम नये लेखक की उन्हें इतनी तारीफ़ नहीं करनी चाहिए, इसलिए उन्होंने वहाँ भी ख़ामियाँ दिखा दीं, जहाँ वे नहीं हैं। मैंने ये कहानियाँ अपने चन्द दोस्तों को सुनायी हैं और मेरे दोस्त उर्दू के मशहूर अदीब और शायर हैं। उनका ख़याल है कि वे एकदम मुकम्मल हैं। मजमुए के छपने की बात तय हो जाये तो मैं इस पर एक और मज़मून लिखवाऊँगा, जिनमें इन शाहकार (मास्टरपीस) कहानियों पर मुफ़स्सल[२] बहस रहेगी।'

लेकिन लाला चमनलाल ने जैसे चेतन की कोई बात नहीं सुनी, क्योंकि जब वे बोले तो जो बात उन्होंने की, उसमें चेतन की कहानियों अथवा मुन्शी जी की भूमिका का कहीं ज़िक्र नहीं था। उन्होंने बताया कि जब अपने वालिदे-बुज़ुर्गवार[३] से उन्होंने 'चमन बुक डिपो' की ज़िम्मेदारी ली थी तो उसमें कच्चा माल छपता था। जन्त्रियाँ, पंचांग, किस्से और धार्मिक पुस्तकें! उनके पिता ने यही सब कच्चा माल छाप कर अमृतसर में बिल्डिंग खड़ी कर ली थी, जिसका तीन सौ रुपया महीना किराया उन्हें आ रहा था। लेकिन लाला चमनलाल को शुरू से ही कुछ शेर-ो-शायरी का शौक था। अमृतसर के प्रसिद्ध उर्दू शायर, उस्ताद सादिक के सामने उन्होंने ज़ानु-ए-तलम्मज़ तह किया[४] और ऐसी ग़ज़लें लिखीं, जिनकी दाद सभी हमअसरों[५] ने दी (और यह सब सुनाते हुए लाला जी ने उठ कर रैक से बहुत ही ख़ूबसूरत गेट-अप में आवृत्त एक पुस्तक चेतन के हाथ में ला कर रखी —चमनिस्ताँ —)। 'मेरी

---

१. आलोचना
२. सविस्तार
३. समादरणीय पिता
४. शागिर्दी का घुटना टेका
५. समकालीनों

ग़ज़लों और नज़्मों का यह पहला मजमुआ छपा है,' उन्होंने कहा, 'जिसकी तम्हीद[1] हज़रत नूह नारवी ने लिखी है और दीबाचः सीमाब अकबराबादी ने!'

चेतन ने कहा कि उसने यह मजमुआ देख रखा है और इसी से प्रभावित हो कर वह उनकी ओर आकर्षित हुआ था (मन में उसने कहा कि उसकी लिखाई-छपाई, काग़ज़ और गेट-अप के कारण ही वह प्रभावित हुआ था, वरना ग़ज़लें तो जैसी हैं, वैसी ही हैं और शायर से पारिश्रमिक ले कर ही उनकी दाद दी जा सकती है —पर अपने ये भाव उसने अपने चेहरे पर नहीं आने दिये और लाला चमनलाल प्रसन्न हो गये।)

'पिता जी की वफ़ात[2] के बाद मैंने चमन बुक डिपो का काम सँभाला,' लाला चमनलाल ने गर्व-स्फीत स्वर में कहा, 'तो मैंने यह किया कि जन्त्री-फन्त्री, पंचांग-वंचांग और रद्दी किस्से छापने के बजाय मैं ऊँचे दर्जे का अदब छापूँगा और उर्दू पब्लिशिंग में एक इन्कलाब बरपा कर दूँगा।'

चेतन ने दाद देते हुए कहा कि उन जैसे दो-एक पब्लिशर मैदान में आ जायें तो उर्दू पुस्तकों के प्रचार-प्रसार में अभूतपूर्व उन्नति हो। यह उन्होंने अच्छा किया कि अपने प्रकाशन को अमृतसर से लाहौर ले आये। उनके लिए उचित मैदान यहीं है।

और तब सहसा लाला चमनलाल ने वह बात कही, जिसकी प्रतीक्षा चेतन इतनी देर से कर रहा था। उन्होंने कहा, 'आपने लखनपाल ब्रदर्ज़ से बात कर ली है, वरना आप चाहते तो आपका यह मजमुआ मैं छाप देता!'

सहसा चेतन का दिल ज़ोर से धड़क उठा। उसके हृदय का रक्त उसके चेहरे की ओर दौड़ चला, लेकिन पूरे संयम से अपनी प्रसन्नता पर अधिकार पा कर, अपने शब्दों को अतिरिक्त उल्लास से बचाते और इस प्रयास में स्वर को और भी धीमा करते हुए उसने कहा, 'चमन भाई, आप मेरी किताब छापें तो इससे बढ़ कर ख़ुशी की बात मेरे लिए और क्या हो सकती है। मैंने तो जब से आपको देखा है, आपकी शख़्सियत[3] से मुतासिर[4] हुआ हूँ और आपके हुस्ने-सुलूक[5] ने तो मेरा मन मोह लिया है। लखनपाल-ब्रदर्ज की बात महाशय देवदर्शन ने कही थी और सच्ची बात है कि मेरा मन भी था, पर उनकी बददयानती की बात सुन कर मेरा हौसला पस्त हो गया है। नौकरी मेरी लग गयी है, काम चलने लगा है। बस आप किताब बढ़िया छाप दीजिए....'

'उस तरफ़ से आप निशाख़ातिर रहें! मैं इसका गेट-अप इतना बढ़िया दूँगा कि आपकी और आपके दोस्तों की तबियत ख़ुश हो जायेगी। डस्ट-कवर बढ़िया आर्टिस्ट से बनवाऊँगा और इसरार कदीमी प्रेस में छपने को दूँगा। लेकिन रॉयल्टी का आप ज़रूर तय कर लीजिए। मैं अपने किसी दोस्त को शिकायत का मौका नहीं देना चाहता। पन्द्रह नहीं मैं दस फ़ीसदी रायल्टी दूँगा, लेकिन जो कहता हूँ, वह दूँगा ज़रूर!'

'अरे चमन भाई, आप इसकी फ़िक्र न करें।' चेतन का सारा तनाव ख़त्म हो गया

---

१. भूमिका
२. देहान्त
३. व्यक्तित्व
४. प्रभावित
५. सदव्यवहार

और वह ढीला हो कर कुर्सी पर पीछे को पसर गया।' रॉयल्टी के खाते में मुझे अपने यहाँ की कुछ किताबें दे दीजिएगा। अगर एक फ़ीरोज़ल्लुग़ात दे दें तो क्या बात है। उर्दू डिक्शनरी की मुझे बड़ी ज़रूरत है। रही बाकी पैसों की बात, तो आप उतने की मेरी ही किताब की कापियाँ दे दीजिएगा। वादा करता हूँ कि बेचूँगा नहीं, न ऐसे दोस्तों में बाटूँगा, जो किताब ख़रीद सकते हैं।'

'नहीं, नहीं आप बेच भी सकते हैं, मुझे इसमें कोई एतराज़ नहीं। किताबें लेना चाहें, किताबें ले लीजिएगा; रॉयल्टी लेना चाहें, रॉयल्टी!'

और औदार्य की परम अनुभूति के साथ फूल कर लाला चमनलाल भी कुर्सी पर फैल गये।

'तो यह बात पक्की हो गयी ?' चेतन ने उठ कर हाथ बढ़ाते हुए कहा, 'मैं अपने दोस्तों को बता दूँ —पण्डित 'रत्न' और महाशय देवदर्शन चाहते हैं कि मेरे अफ़सानों का मजमुआ जितनी जल्दी हो, छप जाये!'

लाला चमनलाल ने अपना हाथ उसके हाथ पर रख दिया। 'आप शौक से ऐलान कर दीजिए। आप मसौदा मुझे दीजिए, मैं आज ही कातिब के हवाले करता हूँ।'

'लेकिन मैं चाहता था, मुन्शी जी के 'तआरुफ़' के साथ एक तम्हीद भी रहे।' चेतन ने कहा, 'मैं पण्डित 'रत्न', तबस्सुम साहब, अख़्तर साहब —किसी से भी लिखवा लूँगा। थोड़ा वक्त लगेगा। जब आप छापने ही लगे हैं तो ज़रा ढंग से छपे।'

'उस सब के लिए कुछ वरक छोड़ देते हैं और कहानियों की किताबत शुरू करा देते हैं। आपके पास अपनी कहानियों के तराशे तो हैं ही। उनकी मदद से आप तम्हीद लिखवा लीजिए।'

चेतन ने मसौदा चमन भाई की ओर बढ़ा दिया और उठा, 'अच्छा, तो अब इजाज़त दीजिए। आज ही से मैं इसकी तम्हीद के पीछे पड़ता हूँ और इंशाअल्लाह हफ़्ते-पखवाड़े में लिखवा लूँगा!'

चमन भाई ने उसके बढ़े हुए हाथ को बड़े तपाक से अपने दोनों हाथों में दबा लिया। उनके हाथ को आभार से दबा कर और हिला कर चेतन पलटा और दुकान की सीढ़ियाँ उतर आया।

छब्बीस

हालाँकि सीढ़ियों से उसके पैर नीचे बाज़ार की ठोस धरती पर ही पड़े, लेकिन चेतन वास्तव में इतना हलका-फुलका महसूस कर रहा था कि जैसे वह चल नहीं रहा, उड़ रहा हो। 'चमन बुक डिपो' से निकलते ही उसके जी में आयी, पण्डित 'रत्न' के जाये और उन्हें बताये कि उसका कहानी संग्रह छप रहा है, जिस पर स्वयं मुन्शी जी ने भूमिका लिखी है। 'लेकिन पण्डित जी तो दफ़्तर में होंगे,' उसने सोचा। दफ़्तर में वह उनसे बहुत कम मिलता

था। फिर उसने चाहा कि भाई साहब को जा कर यह सुसमाचार दे। वह 'चमन बुक डिपो' से चन्द कदम ही अनारकली की ओर आया होगा कि सहसा उसकी नज़र बायीं ओर 'उर्दू बुक स्टॉल' के बोर्ड पर गयी। उसने उधर को निगाह दौड़ायी तो दुकान से तख़्ते पर रखे बुक-केस के ऊपर से उसने देखा —अन्दर चौधरी ज़हीर कुछ लोगों में घिरा है। सूट-बूट में लैस एक व्यक्ति पर उसकी निगाह गयी। तब बिना कुछ सोचे-समझे वह दुकान के तख़्ते पर चढ़ गया और वहीं से उत्साह और उल्लास-भरे स्वर में चिल्लाया :

'लो भई ज़हीर, मेरी कहानियों का मजमुआ तो छप रहा है।'

उस सूट-बूट धारी व्यक्ति ने पलट कर उसकी ओर देखा तो चेतन ने दोनों हाथ माथे की ओर ले जाने का संकेत-सा करते हुए होटों ही में 'नमस्कार' किया।

यद्यपि गर्मी के बावजूद सूट-बूट में कैद उस व्यक्ति ने उसके 'नमस्कार' के उत्तर में ज़रा-सा सिर हिला दिया, पर उसने चेतन को पहचाना है, इसका कोई आभास उसकी आँखों में नहीं मिला। अथवा यों कहा जाये कि उन आँखों में पहचान लेने की नहीं, पहचान सकने की कोशिश भर थी।

उसका संग्रह कहाँ छप रहा है अथवा कौन छाप रहा है ? —चेतन को ज़हीर से किसी ऐसे ही प्रश्न की अपेक्षा थी, लेकिन ज़हीर ने जैसे उसकी बात नहीं सुनी, उसके बढ़े हुए हाथ को तनिक औपचारिकता से दबा कर वह उसे अपने सामने खड़े लोगों का परिचय देने लगा।

'ये हैं मौलाना चिश्ती — अंजुमन जमीअतुल-एलमा-ए-हिन्द के सेक्रेटरी। ये हैं मिस्टर मणि भाई गोबिल, इंजीनियर हैं। अंजुमन की तरफ़ से उर्दू का लाइनो टाइप ईजाद करने आये हैं।' और ज़हीर ने तीसरे व्यक्ति की ओर संकेत किया —'ये हैं मिस्टर धर्मदेव वेदालंकार —मिस्टर गोबिल के मेज़बान! हिन्दी के बहुत बड़े अदीब हैं और यहीं हस्पताल रोड पर इनका इदारा (प्रकाशन) है....लेकिन इन्हें तो तुम जानते होगे।'

'हाँ, मैं जानता भी हूँ, इनसे मिला भी हूँ।' कहते हुए चेतन ने उनकी ओर हाथ बढ़ाया।

औपचारिक गर्मजोशी से चेतन के हाथ को अपने हाथ में लेते हुए वेदालंकार जी ने साश्चर्य पूछा, 'मुझसे ? कहाँ ?' और उनकी आँखें निरन्तर उसे पहचानने का प्रयास करती रहीं।

चेतन ने उनसे हाथ मिलाते हुए कहा, 'छोड़िए उस मुलाकात को। लेकिन मैंने आपकी कहानियाँ भी पढ़ी हैं और मैं आपको अर्से से जानता हूँ।'

तब वेदालंकारजी ने उसका परिचय जानने की ग़रज़ से पूछा, 'और आप ?'

'मैं एक मामूली उर्दू अफ़साना-निगार हूँ।' चेतन ने कहा। पर जैसे उसने कहा, उससे लगता था कि वह मामूली नहीं, ख़ासा ग़ैरमामूली कथाकार है।

तब चौधरी ज़हीर ने जैसे चेतन के उस भाव को अभिव्यक्ति देते हुए कहा, 'मामूली नहीं, चेतनानन्द उर्दू के मुमताज़[१] अफ़साना-निगार हैं। रोज़नामा 'वीर भारत' में असिस्टेण्ट एडिटर हैं। अभी इनकी कहानियों का पहला मजमुआ छपने जा रहा है और मुन्शी चन्द्रशेखर

१. प्रतिष्ठित

ने उसका दीबाचः लिखा है।'

श्री धर्मदेव वेदालंकार ने जैसे चेतन को नये सिरे से देखा और बड़े तपाक से फिर उससे हाथ मिलाते हुए कहा, 'आप से मिल कर बहुत ख़ुशी हुई।'

o

चेतन ने उनकी उस ख़ुशी की ओर कोई ध्यान नहीं दिया। क्षणांश में उसके सामने वह घटना घूम गयी, जब वह उनसे मिलने गया था और उन्हें मिल कर न केवल उसे घोर निराशा हुई थी, वरन उसके मुँह का स्वाद कड़वा गया था और हिन्दी-लेखकों के लिए उसके मन में पूर्वाग्रह बन गया था।

o

साल भर हुआ होगा। मुन्शी चन्द्रशेखर से उसका सम्पर्क घनिष्ट हो गया था। उसने उन्हें दो-एक कहानियाँ भेजी थीं, जिन पर उन्होंने उसे सुधार के लिए कुछ परामर्श दिये थे। तभी उन्होंने उससे कहा था कि वह उनके साप्ताहिक 'जागृति' के लिए कुछ भेजे। चेतन ने एक छोटा-सा अफ़साना भेजा था, जिसे उस ज़माने में अफ़सानचा या लघु कथा कहा जाता था। रूसी लेखक सोलोगब की तर्ज़ पर महाशय देवदर्शन ने कुछ अफ़सानचे लिखे थे। उनकी देखा-देखी चेतन ने भी कई छोटे-छोटे अफ़सानचे लिख डाले थे। उनमें से एक उसने मुन्शी जी को भेजा, जिसे उन्होंने स्वयं हिन्दी में करके 'जागृति' में दे दिया था। तब चेतन ने एक बड़ी कहानी भेजी। मुन्शी जी ने लिखा कि भाई हिन्दी में कर के भेजो। उर्दू में ले कर मैं क्या करूँ। इतनी लम्बी कहानी हिन्दी में करने का मेरे पास कहाँ समय है ? तब चेतन ने सोचा कि लाहौर-निवासी किसी हिन्दी लेखक से सम्पर्क बढ़ाये और उसकी सहायता से अपनी शाहकार कहानियों को हिन्दी का लिबास पहनाये। तभी 'विशाल भारत' में पण्डित धर्मदेव वेदालंकार की एक कहानी उसने पढ़ी। नीचे पता लिखा था — 'विश्व साहित्य प्रकाशन, हस्पताल रोड, लाहौर!' चेतन रोज़ हस्पताल रोड से गुज़रता था। इधर आत्माराम पुरी से आगे हस्पताल रोड पर दो हिन्दी पुस्तकों की दुकानें खुल गयी थीं। एक गैराज को परिवर्तित कर 'हिन्दी पुस्तक भण्डार' खुल गया था; उससे कुछ आगे एक नयी दुकान-नुमा बिल्डिंग पर 'विश्व साहित्य प्रकाशन' का बोर्ड लगा था। चेतन दूसरे ही दिन वहाँ पहुँचा। मालूम हुआ कि वेदालंकार जी वहाँ नहीं बैठते, नीला गुम्बद में 'लॉ रिपोर्टर' के दफ़्तर में बैठते हैं। दुकान से पता ले कर चेतन नीला गुम्बद की ओर चल दिया था।

चेतन पण्डित धर्मदेव के नाम से वर्षों पहले से परिचित था। यद्यपि वह आठवीं कक्षा ही से उर्दू में लिखने लगा था, पर वह हिन्दी पत्र-पत्रिकाएँ भी पढ़ता था। पंजाब में उन दिनों (अंग्रेज़ी सरकार की सोची-समझी नीति के अनुसार ही) पंजाबियों की मातृभाषा पंजाबी का कहीं भी प्रवेश न था। न कचहरियों में, न सरकारी दफ़्तरों में, न स्कूल-कॉलेजों में। लोग बोलते पंजाबी थे, पढ़ते-लिखते उर्दू या अंग्रेज़ी थे। पंजाबी भाषा सिक्खों की गुरुवाणी तथा ग्रामीण जाटों के पत्र-व्यवहार की भाषा थी। आम स्कूलों में पहली से पाँचवीं तक अनिवार्यतः उर्दू पढ़ायी जाती थी, बाद में सरकारी स्कूलों में तो लड़के अगली कक्षाओं में भी उर्दू-फ़ारसी पढ़ते, पर आर्य समाजी या सनातनी स्कूलों में, विशेषकर हिन्दुओं को, पण्डित लोग हिन्दी-संस्कृत लेने पर विवश करते। कॉलेज में हिन्दी केवल पचास नम्बर

की थी और उसे लेना, न लेना छात्रों की इच्छा पर निर्भर था। उसके नम्बर डिवीज़न में शामिल न होते थे। चेतन ने भी दूसरे हिन्दू छात्रों की तरह छठी तक उर्दू, फिर हिन्दी-संस्कृत ली थी, पर वह आठवीं से ही उर्दू में ग़ज़लें और कहानियाँ लिखने लगा था और हिन्दी लिखने का उसे अभ्यास नहीं था। हाँ, वह पढ़ता ख़ूब था। जालन्धर में दोआबा आर्य समाज, अड्डा होशियारपुर के पुस्तकालय में जा कर वह हिन्दी की मासिक पत्रिकाएँ पढ़ता था। जिन दिनों वह लाहौर आया, 'विशाल भारत' में पण्डित धर्मदेव वेदालंकार की कहानियाँ छपने लगी थीं —सीधी-सादी, सरल और रूमानी! प्रकट ही वेदालंकार जी पर रूसी उपन्यासकार तुर्गनेव का प्रभाव था। लेकिन चेतन ने तब तक तुर्गनेव को ज़्यादा नहीं पढ़ा था और वेदालंकार जी की कहानियाँ उसे बहुत अच्छी लगती थीं।.... जब वह नीला गुम्बद के पास पहुँचा तो मन-ही-मन उसने उनकी कुछ कहानियों को याद कर लिया। उसकी बग़ल में अपनी उर्दू कहानियों के तराशों की फ़ाइल थी और उसने तय किया था कि उनकी कहानियों की प्रशंसा कर के वह अपनी कहानियों का उल्लेख करेगा। महाशय देवदर्शन और मुन्शी चन्द्रशेखर ने उसकी जो प्रशंसा की है, उसका ज़िक्र करेगा। मुन्शी जी से अपने पत्र-व्यवहार की बात कहेगा। यदि वेदालंकार जी ने रुचि प्रकट की तो उन्हें अपनी दो-एक कहानियाँ सुनायेगा और उन्हें हिन्दी का लिबास पहनाने में उनकी सहायता चाहेगा। चूँकि उनके नाम के साथ वेदालंकार लगा था, जिससे प्रकट था कि वे गुरुकुल कांगड़ी (हरिद्वार) के स्नातक हैं, इसलिए चेतन ने खादी के धोती-कुर्ते या कुर्ते-पायजामे में सुशोभित, लम्बे-लम्बे बालों वाले, अपने से उम्र में बड़े किसी युवक की कल्पना की थी।

'लॉ रिपोर्टर' का दफ़्तर नीला गुम्बद के पीछे एक बड़े-से-हॉल में था। पार्टीशन के पीछे एक तरफ़ प्रेस था। दूसरी तरफ़ कई कैबिन बने हुए थे। पण्डित धर्मदेव के पार्टनर प्रोफेसर ज्योतिस्वरूप बहुत विद्वान, बहुधन्धी आदमी थे। वे संस्कृत और इतिहास में एम० ए० थे। दोनों बार उन्होंने टॉप किया। फिर कानून में दाख़िल हो गये तो उसमें भी डिस्टिंकशन ले कर पास हुए थे। तभी उनका विवाह हाईकोर्ट के एक जज की सुपुत्री से हो गया था और अपने ससुर की सहायता से प्रोफेसर ज्योतिस्वरूप ने प्रेस कायम किया था और लॉ-रिपोर्टर निकालते थे। वे लॉ कॉलेज में एक पीरियड भी लेते थे और पण्डित धर्मदेव के साथ मिल कर उन्होंने प्रकाशन भी खोल रखा था और उनकी लिखी पुस्तकें मैट्रिक के पाठ्यक्रम में स्वीकृत थीं और लाखों बिकती थीं।

गले में कमीज़, कमर में तहमद और पैरों में पेशावरी चप्पल पहने और बग़ल में बड़ी-सी फ़ाइल दबाये, किंचित घबराहट में अपने लम्बे घुँघराले बालों पर हाथ फेरता हुआ जब चेतन लॉ रिपोर्टर के दफ़्तर पहुँचा तो हॉल के बड़े दरवाज़े में स्टूल पर बावर्दी चपड़ासी को बैठे देख कर ठिठक गया। बाहर सड़क से ही अन्दर भव्य हॉल में बर्मा टीक से बना पार्टीशन और कैबिन तथा उनका नया चमचम करता पालिश हॉल के रोब को द्विगुणित करता था। चेतन घर से चला था तो बड़े जोश में था, पर हॉल की भव्यता और बड़े दरवाज़े पर बैठे हुए चपड़ासी को देख कर उसका वह जोश हवा हो गया। वह क्षण भर खड़ा हॉल को देखता और अपने घुँघराले बालों पर हाथ फेरता रहा। फिर साहस बटोर कर उसने चपरासी से कहा कि वह पण्डित धर्मदेव वेदालंकार से मिलना चाहता है।

बिना स्टूल से उठे, चेतन पर सिर से पैर तक एक दृष्टि डाल कर और उसकी बग़ल

में दबी फ़ाइल को निमिष भर घूरते हुए, चपड़ासी ने पूछा, 'क्या काम है, कोई नौकरी चाहिए ?'

'नहीं, मैं 'वीर भारत' में असिस्टेण्ट एडीटर हूँ, ज़रा वेदालंकारजी से मिलना है।'

चपरासी को उसकी बात का यकीन नहीं आया। उसने कहा, 'ज़रा चिट पर अपना नाम और काम लिख दीजिए!'

चेतन ने किसी कारोबारी संस्था में मुलाकात पर इस तरह का प्रतिबन्ध पहले कभी नहीं देखा था। कई वर्ष बाद उसे मालूम हुआ था कि बाह्य ठस्से और शान-शौकत के बावजूद अन्दर से प्रोफेसर ज्योतिस्वरूप का हाल पतला था, उन्हें जगह-जगह का कर्ज़ देना था। 'विश्व साहित्य प्रकाशन' को भी लेखकों, कर्मचारियों, काग़ज़ और प्रेस वालों का काफ़ी पैसा देना था और यह सावधानी वे दोनों पार्टनर इसलिए बरतते थे कि लेनदारों का नाम पहले ही पता चल जाये और वे उन्हें टाल सकें अथवा उनसे मिलने को तैयार हो सकें।....लेकिन तब चेतन इस स्थिति से अनभिज्ञ था और उसे चपड़ासी का यूँ चिट पर नाम और काम लिखने के लिए कहना बुरा लगा। पहले उसके मन में आया कि वह वापस चला जाये, लेकिन फिर उसने एक चिट पर अपना नाम और उसके नीचे अंग्रेज़ी में 'स्टोरी राइटर एण्ड जर्नलिस्ट' लिख दिया।

चपरासी चिट ले कर अन्दर गया और दूसरे क्षण बाहर आ कर वहीं स्टूल पर बैठते और चेतन को अन्दर जाने की इजाज़त देते हुए, उसने तर्जनी से अन्तिम कैबिन की ओर संकेत कर दिया कि वेदालंकार जी वहाँ बैठते हैं।

चेतन जब कैबिन में पहुँचा तो अपने प्रिय कथाकार को सूट-बूट पहने, छोटे-से कैबिन में बड़ी-सी मेज़ के पीछे बैठे देख, उसे बड़ी निराशा हुई। उसके सामने सूट-बूट में लैस चौकोर मुँह पर मोटी-सी नाक लिये जो व्यक्ति बैठा था, वह यद्यपि असुन्दर न था, पर कहीं से भी कवि अथवा कथाकार न लगता था। वह तो किसी सरकारी दफ़्तर का सचिव अथवा उप-सचिव दिखायी देता था। नथुने की दायीं ओर गाल पर एक छोटा-सा मस्सा, जो किसी युवती के गाल पर होता तो ब्यूटी-स्पॉट कहलाता, उनके मुँह पर चेतन को बेहदा भद्दा लगा था।....चेतन जब उनके सामने मेज़ के पास जा कर खड़ा हुआ तो एक उड़ती निगाह पण्डित धर्मदेव वेदालंकार ने उस पर डाली। न वे अपनी जगह से उठे, न उन्होंने हाथ बढ़ाया, न उसे कुर्सी पर बैठने को कहा। उसके 'नमस्कार' के उत्तर में सिर को ज़रा-सा हिला कर उन्होंने आँखें उठा दी कि क्या काम है ?

चेतन घर से चला था तो हिन्दी के अपने इस प्रिय कथाकार से पहली मुलाकात का बहुत ही सुखद चित्र उसके मन में था। रास्ते भर वह उनसे बातचीत करने की रूप-रेखा बनाता आया था, लेकिन सामने मेज़ पर उस नौकरशाह किस्म के व्यक्ति को आँखें उठाये देख कर सारे सम्वाद उसके दिमाग़ से उड़नछू हो गये। उनकी कहानियों तक के नाम उसे भूल गये। उस क्षणांश में उसने उन्हें याद करने की लाख कोशिश की, पर उसे एक भी कहानी का नाम याद नहीं आया। तब जल्दी-जल्दी होटों-ही-होटों में वह जो मिनमिनाया, उसका कुछ यही अभिप्राय था कि वह दैनिक 'वीर भारत' के सम्पादक मण्डल का एक अहम सदस्य है। उर्दू में कहानियाँ लिखता है। उसकी कहानियाँ महाशय देवदर्शन के

'मन्दिर' में छपी हैं और मुन्शी चन्द्रशेखर ने भी उनकी प्रशंसा की है।....(चूँकि पण्डित धर्मदेव की कहानियों के नाम तक वह भूल गया था, इसलिए उनकी प्रशंसा करना भी वह भूल गया।)....वेदालंकार जी ने उसकी मिनमिनाहट का कोई नोटिस नहीं लिया। अपनी आँखें उन्होंने झुका लीं, और व्यस्त भाव से सामने पड़ी फ़ाइल में लगे मसौदे पर एक दृष्टि डाल (जिसमें शायद कुछ संशोधन वे कर रहे थे) उन्होंने बड़े औपचारिक लहजे में पूछा, 'मैं आपके लिए क्या कर सकता हूँ ?'

कुर्सी पर उसे बैठने के लिए उन्होंने फिर भी नहीं कहा।

तब न जाने चेतन के मन में क्या बगूला-सा उठा, उसने कहा, 'मैं केवल आपके दर्शन करने आया था! नमस्कार!' और दोनों हाथ माथे की ओर ले जाने का उपक्रम-सा करते हुए वह पलटा और तेज़-तेज़ कैबिन के बाहर निकल गया। उसी तेज़ी से चप्पल फटफटाता हुआ वह हॉल के बाहर निकला और सड़क पर पहुँच कर उसने सुख की साँस ली। तब क्षण भर रुक कर बड़े ज़ोर से एक गाली वेदालंकार जी के लिए हॉल की ओर फेंक कर वह चप्पल फटफटाता हुआ घर की ओर चल दिया।

o

'चमन बुक डिपो' से वापसी पर 'उर्दू बुक स्टाल' के तख़्ते पर चढ़ते हुए वहीं से चिल्ला कर उसने ज़हीर को जो अपने संग्रह के छपने की सूचना दी थी तो वह वास्तव में वेदालंकार जी के कानों के लिए ही थी और जब उसकी आवाज़ पर पलट कर उन्होंने उसकी ओर देखा था और उनकी आँखों में अजीब-सा परिचय-अपरिचय का भाव आया था, उससे चेतन प्रसन्न हुआ था। लेकिन जब चौधरी से उसका परिचय पा कर उन्होंने उससे पुनः हाथ मिलाते हुए ख़ुशी प्रकट की तो चेतन ने किसी तरह की प्रतिक्रिया न व्यक्त करते हुए श्री गोबिल से अंग्रेज़ी में पूछा, 'डिड यू सक्सीड इन इन्वेण्टिंग लाइनो-टाइप फ़ॉर उर्दू स्क्रिप्ट!'[१]

'आई डोंट थिंक इट पॉसिबल टु मेक अ डाई फ़ॉर नस्तलीक स्क्रिप्ट!' मिस्टर गोबिल ने उसके उत्तर में कहा, 'ऑफ़ कोर्स इट इज़ पॉसिबल टु मेक इट फ़ॉर द अरेबिक स्क्रिप्ट!'[२]

तब चेतन ने अंग्रेज़ी में फिर अपना परिचय दिया और उन इंजीनियर महोदय को बताया कि वह उर्दू के प्रसिद्ध दैनिक 'वीर भारत' का असिस्टेण्ट एडिटर है और उसने इच्छा प्रकट की कि इस सन्दर्भ में वह अपने दैनिक के लिए उनके विचार जानना चाहेगा और उनसे इन्टरव्यू के लिए समय माँगा।

यह विचार भी चेतन को उसी समय आया और इसका उद्देश्य भी पण्डित धर्मदेव को अपना महत्व जताना था। तभी सहसा पण्डित जी को उस क्षणिक भेंट की स्मृति हो आयी और जैसे अपने उस व्यवहार का प्रतिकार करने के विचार से अथवा अपने मेहमान के द्वारा अपना महत्व जताने के लिए आगे बढ़ कर उन्होंने अंग्रेज़ी ही में कहा।

'आज शाम साढ़े पाँच बजे मैंने अपने यहाँ कुछ मित्रों को बुला रखा है। वहाँ मिस्टर

---

१. क्या आप उर्दू लिपि में लाईनो टाइप ईजाद करने में सफल हुए!

२. मैं नहीं समझता कि उर्दू की नस्तलीक लिपि के लिए लाइनोटाइप बन सकती है। हाँ, उर्दू की अरबी लिपि के लिए उसे बनाना सम्भव है।

गोबिल लिपि–सम्बन्धी अपने विचार रखेंगे। आप भी पधारिए।'

'शाम को मुझे दफ़्तर जाना होता है,' चेतन ने कहा, 'लेकिन मैं आऊँगा। आप मुझे ज़रा अपने घर का पता दे दीजिए।'

'ब्रैडलॉ हॉल के पहले ही गली है — टैप रोड, उसी में १८–ए प्रोफ़ेसर गुलबहार सिंह का मकान है। वहीं पिछले फ़्लैट में रहता हूँ।' किसी से भी पूछ लीजिएगा। आपको दिक्कत नहीं होगी।' और क्षण भर रुक कर उन्होंने कहा, 'डेवढ़ी के बाद आँगन है, उसके परे बायीं ओर को ऊपर सीढ़ियाँ चढ़ती हैं, जो मेरे ही फ़्लैट को जाती हैं।' फिर कुछ संकोच से उन्होंने कहा, 'प्रोफ़ेसर गुलबहार के लड़के को अनोखे शौक हैं। एक कुतिया, एक घोड़ी और एक भैंस उन्होंने पाल रखी है और ये तीनों आँगन में बँधी रहती हैं। ज़रा बायीं दीवार के साथ हो कर जाइएगा तो दिक्कत नहीं होगी।'

'मैं ज़रूर आने की कोशिश करूँगा,' चेतन ने कहा, फिर वह ज़हीर की तरफ़ पलटा, 'अच्छा चौधरी, तुम इस वक्त बिज़ी हो, फिर हाज़िर हूँगा।'

और सब के साथ हाथ मिला कर विदा लेने के बदले, उसने आदाब अर्ज़ के लिए दायाँ हाथ माथे की ओर बढ़ाया और सिर को सब की तरफ़ घुमाते और 'आदाब अर्ज़' में बार–बार हाथ माथे से लगाते हुए वह पलट कर दुकान से नीचे उतर आया।

सत्ताईस

सुबह उसे जो प्रेरणा हुई थी, वह ग़लत नहीं थी। न केवल उसके संग्रह के प्रकाशन की समस्या हल हो गयी थी, वरन पण्डित धर्मदेव के यहाँ उसका परिचय लाहौर के तमाम हिन्दी साहित्यकारों से हो गया, जिनमें बहुतों के नाम से भी वह अपरिचित था। साथ ही अपनी सरगर्मियों के लिए सहसा एक नया और विशाल क्षेत्र चेतन के सामने खुल गया।

o

हालाँकि चेतन वेदालंकार जी के यहाँ दस मिनट ही लेट पहुँचा था, लेकिन उनके माथे के तेवर और चेहरे के किंचित विकुंचन से उसे लगा जैसे वह एक घण्टा देर से पहुँचा हो।

वेदालंकार जी कमरे के बाहर छते बराभदे में खड़े थे। नीचे आँगन में बँधे पशुओं से जान बचा कर पसीने में लथ–पथ, जब चेतन ऊपर पहुँचा तो भारतीयों में टाइम–सेन्स के नितान्त अभाव पर घोर वितृष्णा के कारण वेदालंकार जी के चेहरे पर जो सलवट आ गयी थी, उसे सायास हमवार करते हुए उन्होंने कहा, 'आप ही की प्रतीक्षा है। मणि भाई को सात बजे फिर मीटिंग में जाना है, उनके भाषण के बाद चाय होगी। चलिए–चलिए!'

और दायें हाथ से कमरे का पर्दा उठा कर, बायें से उन्होंने जैसे उसे ड्राइंग–रूम में धकेल दिया। स्वयं वे बाहर दरवाज़े पर ही खड़े रहे। शायद वही देर से नहीं पहुँचा था, और भी किसी की उन्हें प्रतीक्षा थी।

क्षण भर के लिए ड्राइंग–रूम की भव्यता देख कर चेतन वहीं खड़ा रह गया। फिर

दायीं ओर की दीवार के साथ ख़ाली स्थान देख कर, चप्पल उतार और पैर पायदान पर अच्छी तरह झाड़ कर वह जा बैठा।

ड्राइंग-रूम आयताकार था। सारे कमरे में एक बड़ा ग़ालीचा बिछा था। जहाँ चेतन जा कर बैठा था, उसकी बायीं ओर मैण्टलपीस के नीचे एक भारी काउच का सेट पूरी दीवार को घेरे था। लेकिन उस पर कोई बैठा नहीं था। प्रकट ही आगत अतिथियों के लिए ग़ालीचे पर बैठने की व्यवस्था थी। इतने सारे लोग काउच पर नहीं बैठ सकते थे, इसलिए उसे दीवार के साथ खिसका दिया गया था। मैण्टलपीस पर बड़े सुन्दर फ़ोटो रखे थे। उनके ऊपर एक बड़े सुन्दर चौखटे में साड़ी के पल्लू से सिर और वक्ष को पूरी तरह ढँके एक युवती का फ़ोटो था, जिसके बारे में चेतन को बाद में मालूम हुआ कि वेदालंकार जी की दिवंगत पत्नी का फ़ोटो है। मैण्टलपीस के दोनों ओर चेतन के पीछे ओर बायीं दीवार में शीशे की अलमारियाँ थीं, जिनमें पुस्तकें करीने से सजी थीं। छत पर पंखे के दोनों ओर बिल्लौरी फ़ानूस थे। चेतन ने दीवार के साथ टेक लगायी और तहमद के उल्टे छोर से पसीना पोंछा। अच्छा हुआ वह कमीज़ और तहमद धो कर इस्त्री कर लाया था, नहीं उसको वहाँ बैठने तक में संकोच होता।

चौधरी ज़हीर के यहाँ पण्डित धर्मदेव वेदालंकार जी से मिल कर जब वह घर पहुँचा था तो क्षण भर के लिए उसने सोचा था, दो घड़ी को भाई साहब से अपना सूट माँग ले, जो उसे दो वर्ष पहले शादी पर मिला था और जो उसने भाई साहब को दे दिया था; लेकिन फिर उसके सामने 'लॉ रिपोर्टर' के दफ़्तर में पण्डित धर्मदेव वेदालंकार से अपनी भेंट का चित्र आ गया। शायद तहमद-कमीज़ में होने के कारण ही उन्होंने उससे बात करना पसन्द न किया था। चेतन ने चित्रों में देखा था कि बर्मी और दक्षिण भारतीय प्रायः तहमद पहनते हैं और बड़े-बड़े जज, वकील, बैरिस्टर और मिनिस्टर उन्हें पहनने से नहीं हिचकिचाते। यह अलग बात है कि बर्मा में तहमद को सारोंग और दक्षिण भारत में मुण्डू कहा जाता है, पर था तो वह तहमद ही। फिर उसे यह बात समझ में नहीं आती थी कि पंजाबी पढ़े-लिखों को अपनी उस राष्ट्रीय भूषा से क्यों चिढ़ थी। उसने सिक्ख जाटों को तहमद-कुर्ते और वॉस्केटों में देखा था और वह भूषा सदा उसे पंजाबी खुलेपन का प्रतीक लगती थी। गर्मियों में तो वह भूषा इतनी आरामदेह थी कि और कुछ भी पहनना उसे खलता था; लेकिन पण्डित धर्मदेव वेदालंकार को, जो गुरुकुल कांगड़ी में पढ़े होने के बावजूद, रंग-ढंग और बोल-चाल में अंग्रेज़ों के कान काटते थे, कदाचित वह भूषा गँवारू लगती थी और चेतन ने तय किया कि वह जायेगा तो अब भी उसी भूषा में जायेगा। उसने एक नज़र तहमद और कमीज़ पर डाली थी। वह सात दिन बाद इतवार-के-इतवार कपड़े धोता था, लेकिन इधर चूँकि उसका सारा दिन ख़ाली रहता था, इसलिए हफ़्ते में दो बार उन्हें धो कर घर ही में नील दे कर इस्त्री कर लेता था। लेकिन गर्मियों के दिन थे। लाहौर की आधी सड़कें तब कोलतार-विहीन थीं। दिन भर धूल उड़ती। शाम होते-होते आसमान का नीला रंग मटमैला हो जाता और कपड़े एक दिन में मैले हो जाते। हालाँकि चेतन ने एक दिन पहले ही कपड़े धोये थे और उस दिन धोने की बारी नहीं थी, लेकिन घर जाते ही उसने दोनों कपड़े उतार कर उन्हें धोया, नील दिया और फिर सुखा कर इस्त्री किया था और नहा-धो कर समय से चला पड़ा था।

उसने पसीना पोंछ कर सफ़ेद तहमद का वह कोना देखा। मैला हो गया था। चेतन ने ज़रा परे से फिर अच्छी तरह चेहरा और गर्दन पोंछी। पहले मैले धब्बे के साथ एक और धब्बा बन गया। उसने कोना फिर उलट दिया और इतमीनान से बैठ गया।

तभी दरवाज़े से दूध-धुले खादी के धोती-कुर्ते में सुशोभित गोल-मटोल चेहरे वाले, मँझले कद के, न पतले, न मोटे, एक महानुभाव प्रकट हुए और फीकी-सी मुस्कान से उन्होंने अपने देर से आने पर अस्फुट शब्दों में क्षमा-माँगी, पर उनकी आवाज़, 'आइए चातक जी!' 'आइए कवि जी!' में गुम हो गयी।

चेतन ने देखा, कवि की मुखाकृति गर्मी के कारण किंचित लाल हो आयी है और होंट सूख गये हैं। उन पर ज़बान फेरते हुए उन्होंने सभी को समवेत 'नमस्कार' किया और यद्यपि बहुत-से लोग उनके लिए जगह बना रहे थे, पर वे चेतन के पास ख़ाली जगह में आ कर बैठ गये और जैसे थकान से अभिभूत, धोती के पल्लू से चेहरा और गर्दन का पसीना पोंछते हुए उन्होंने दीवार से पीठ लगा ली।

तभी पण्डित धर्मदेव वेदालंकार अन्दर आ गये। उन्होंने बैरे से आगत अतिथियों के लिए शर्बत लाने को कहा और जब कमरे में उपस्थित लोगों में से अधिकांश ने एक के बदले दो-दो गिलास पी लिये तो वेदालंकार जी ने सब को मुख्य अतिथि का परिचय दिया कि मणि भाई गोबिल यूँ तो गुजराती हैं, पर उनके पुरखे सौ वर्ष पहले कलकत्ता में बस गये थे, बंगालियों में शादी-ब्याह हुए और वे पूरे बंगाली हो गये हैं। इंजीनियर हैं, विदेश हो आये हैं। लिपियों के सम्बन्ध में उनका अध्ययन गहरा है और लाइनो टाइप के माहिर हैं। यह सूचना दे कर उन्होंने उर्दू के नस्तलीक टाइप के आविष्कार के सन्दर्भ में उनके लाहौर आने का उल्लेख किया और बताया कि मणि भाई का विचार है, नस्तलीक लिपि में —(यहाँ पण्डित धर्मदेव ने इस कठिन शब्द के अर्थ उपस्थित लोगों को समझाये — उस लिपि में, जिसे कातिब लिखते हैं, जो लिथो प्रेस में छापी जाती है और जिसमें साधारण उर्दू पुस्तकें छपती हैं) —लाइनो टाइप नहीं बन सकता। वेदालंकारजी ने यह भी बताया कि श्री गोबिल कई प्रान्तीय भाषाओं के लिए लाइनो टाइप ईजाद कर चुके हैं। और आज वे उनके अनुरोध पर देश में प्रचलित लिपियों के सम्बन्ध में अपने विचार उपस्थित सज्जनों के सम्मुख रखेंगे।

मणि भाई गोबिल चेतन के सामने बैठे थे। वे उठे और उन्होंने सब को 'नमस्कार' किया। यद्यपि चेतन ने सुबह ज़हीर के बुक स्टॉल पर उन्हें एक नज़र देखा था, पर तब उसका ध्यान पण्डित धर्मदेव वेदालंकार की ओर ज़्यादा था और सिवा इसके कि श्याम रंग का एक लम्बा-तगड़ा आदमी आस्तीनें चढ़ाये कमीज़-पैण्ट में खड़ा है, मणि भाई का और कुछ भी उसने नहीं देखा। लेकिन अब चातक जी के साथ ज़रा-सा दीवार से पीठ लगाये उसने उन पर नख-से-शिख तब निगाह डाली। मणि भाई लम्बे ही न थे, काफ़ी लम्बे थे। छै फुट से निकलता हुआ कद, हृष्ट-पुष्ट गठा हुआ दोहरा बदन, गोल चेहरा, श्याम वर्ण, कमीज़ की आस्तीनें पूर्ववत चढ़ी हुईं, जिनसे लम्बी पुष्ट बाँहें और बालों-भरी मज़बूत कलाइयाँ उनकी शक्ति का पता देती थीं।

इससे पहले कि मणि भाई अपनी बात शुरू करते, वेदालंकार जी ने आगत अतिथियों का परिचय देना शुरू किया। चेतन के लिए लगभग सभी चेहरे नये थे। वह बड़े ध्यान से

हरेक का परिचय हृदयंगम करता रहा। कुछ अध्यापक थे, कुछ अंग्रेज़ी के पत्रकार थे, कुछ अफ़सर थे, अधिकांश हिन्दी के साहित्यकार थे। चेतन मन-ही-मन नोट करता रहा कि उनमें से कौन-कौन ऐसा है, जिससे वह सम्पर्क स्थापित कर सकता है। जब उसकी बारी आयी तो वेदालंकार जी ने बताया कि चेतनानन्द 'वीर भारत' के सम्पादन विभाग में काम करते हैं, उर्दू के समर्थ कथाकार हैं और मुन्शी चन्द्रशेखर ने उनके कथा-संग्रह की भूमिका लिखी है। तब अपने आपको अधिकांश लोगों की निगाहों का केन्द्र पा कर चेतन को बड़ी प्रसन्नता हुई। प्रकट ही ज़हीर के स्टॉल से उसके चले आने के बाद वेदालंकार जी ने उसके बारे में ज़हीर से पूछा था और चौधरी ने यह सब उन्हें बताया था और वेदालंकार जी ने किंचित बढ़ा-चढ़ा कर उसका परिचय दिया था। उसकी कोई कहानी उन्होंने कभी पढ़ी होगी, इसकी कोई सम्भावना नहीं थी। लेकिन वेदालंकार जी जिस तरह आगत अतिथियों का परिचय देते थे, उससे लगता था, जैसे वे मुख्य अतिथि पर अपने विशाल सरकल का रोब डाल कर अपना महत्व बढ़ा रहे हैं। तो भी चेतन को बड़ा अच्छा लगा और उसने मन-ही-मन उन्हें उस पहले अपमान के लिए क्षमा कर दिया।

इस परस्पर परिचय के बाद मणि भाई ने अपना भाषण शुरू किया। उनका स्वर गम्भीर और भारी था। वे अंग्रेज़ी में बोल रहे थे और उनके उच्चारण में बंगला लहजे का मिश्रण था। उनका भाषण सुनते हुए चेतन के सामने जैसे एक नयी दुनिया खुल गयी। अपने तमाम साथियों की तरह वह भी समझता था कि उर्दू सारे भारत में बोली और समझी जाती है और यदि भारत की राष्ट्र-भाषा बनने की शक्ति और सामर्थ्य किसी भाषा में है तो वह उर्दू है, जिसे सौ वर्षों तक उस्तादों ने माँज-धो कर निखार दिया है। लेकिन मणि भाई गोबिल के भाषण से चेतन ने जाना कि देश के चार बड़े प्रान्तों —बिहार, यू० पी०, मध्य भारत और राजस्थान में हिन्दी और हिन्दी की प्रादेशिक बोलियाँ बोली जाती हैं जो सब-की-सब देवनागरी लिपि में लिखी जाती हैं। पंजाब, दिल्ली के साथ लगने वाले भाग और कांगड़ा आदि पहाड़ी प्रदेशों में भी हिन्दी बोली और समझी जाती है। उर्दू लिपि के मुकाबले में देवनागरी लिपि देश की अधिकांश लिपियों के निकट है, क्योंकि वे भाषाएँ हिन्दी ही की तरह संस्कृत से निकली हैं। ग्यारह प्रान्तों में से (उस समय भारत के ग्यारह प्रान्त थे) केवल दो प्रान्तीय भाषाएँ उर्दू लिपि में लिखी जाती हैं — पश्तो और सिन्धी। और यद्यपि कश्मीरी रियासत में भी वहाँ की भाषा उर्दू लिपि में लिखी जाती है, पर कश्मीरी भाषा जिस दक्षता से अपनी मौलिक शारदा लिपि में लिखी और समझी जा सकती है, वैसी उर्दू में नहीं और शारदा की लिपि देवनागरी है। फिर चारों बड़े हिन्दी प्रान्तों के अतिरिक्त, जहाँ हिन्दी का प्रचलन है, अन्य प्रान्तों की लिपियाँ भी देवनागरी के निकट हैं। —मराठी की लिपि देवनागरी है, केवल एकाध अक्षर का अन्तर है, गुजराती और बंगला, गोरखाली और गुरुमुखी लिपियाँ भी देवनागरी के निकट हैं। कुछ अक्षरों के अन्तर से वर्णमाला भी वही है। इस प्रकार देश के बड़े भू-भाग में देवनागरी समझी जा सकती है। इस सब से मणि भाई गोबिल ने यह निष्कर्ष निकाला कि यदि देश की स्वतन्त्रता के बाद कोई भाषा राष्ट्रभाषा हो सकती है तो वह हिन्दी ही है।

यह सब बताते हुए उन्होंने भारत का एक नक्शा खोल कर दीवार पर फैला दिया और पेंसिल से बताया कि देवनागरी अथवा उसकी सहोदरा लिपियाँ देश के कितने बड़े

भाग पर फैली हैं। अन्त में उन्होंने कहा, 'प्रायः यह समझा जाता है कि दक्षिण की भाषाएँ और लिपियाँ भिन्न हैं, लेकिन मलयालम और तेलुगु भाषाएँ संस्कृत के एकदम निकट हैं और तमिल और कन्नड़ भाषाओं में चालीस प्रतिशत संस्कृत के शब्द हैं।'

इतना कह कर लिपि-विशेषज्ञ के नाते उन्होंने एक ऐसा सुझाव दिया, जो चेतन को बहुत अच्छा लगा। उन्होंने कहा कि अंग्रेज़ी लिपि तीन-चार तरह लिखी जाती है और उसमें चित्रात्मकता है, जिससे उसके शीर्षक बहुत सुन्दर हो जाते हैं। यदि गुजराती और बंगला लिपियों के कुछ अक्षर देवनागरी लिपि में ले लिये जायें तो देवनागरी की चित्रात्मकता बढ़ जायेगी। 'उदाहरण के लिए,' उन्होंने कहा, 'देवनागरी का 'अ' दो तरह लिखा जाता है — अ, अ। अब यदि गुजराती और बंगला लिपि के 'अ' भी ले लिये जायें तो वे दोनों 'अ' लिपि की चित्रात्मकता बढ़ा देंगे। शीर्षकों तथा पैरों के पहले अक्षरों की सुन्दरता के काम आ सकेंगे। ऐसे ही उन प्रान्तीय लिपियों के कुछ अन्य अक्षर भी उपयोगी रूप से लिये जा सकते हैं।'

और सहसा नक्शा गोल करके हाथ जोड़ कर वे बैठ गये और ड्रॉइंग-रूम तालियों की गड़गड़ाहट से गूँज उठा। तब वेदालंकार जी ने नौकर को चाय लाने का आदेश दिया।

o

चेतन मणि भाई के मुख से निकले हुए हर शब्द को जैसे पी रहा था और नक्शे के आगे खड़ा वह छै फ़ुट लम्बा हृष्ट-पुष्ट इंजीनियर उसे किसी औलिये[1] से कम न लगा था। उसकी बात सुनते-सुनते मन-ही-मन उसने तय किया था कि वह जितनी जल्दी हो सके, निरन्तर अभ्यास से, हिन्दी में पर्याप्त क्षमता प्राप्त कर लेगा; अपनी तमाम कहानियों को हिन्दी का लिबास पहनायेगा और इस भाषा में इतनी निपुणता प्रात कर लेगा कि तमाम समकालीन लेखकों से लोहा ले सके। वह लाहौर की तंग परिधि से निकल कर भारत के करोड़ों हिन्दी भाषियों तक अपनी आवाज़ पहुँचायेगा.... और जितने में नमकीन-मीठे की तश्तरियाँ और चाय की ट्रे रखी जाती रहीं, वह उस परिगोष्ठी में उपस्थित स्थानीय हिन्दी साहित्यिकों का जायज़ा लेता रहा।

o

सबसे पहले उसने पण्डित धर्मदेव वेदालंकार को जैसे नये सिरे से देखा। वह जब से आया था, एक-एक व्यक्ति का — उसकी हर भंगिमा और हर बात का — गहरी दृष्टि से अध्ययन कर रहा था। पण्डित धर्मदेव के बारे में वह ज़्यादा नहीं जानता था, पर इतने में उसने उनका जो रूप देखा, उससे चेतन को लगा कि यह व्यक्ति घोर अहंवादी है, पर इसका अहं झूठा है, दिखावटी है और उसे आसानी से पटाया जा सकता है। चूँकि वह कलकत्ते की प्रसिद्ध हिन्दी पत्रिका के उतने ही प्रसिद्ध सम्पादक के अन्तरंग गुट में था, इसलिए चेतन ने मन-ही-मन तय किया कि वह उसे पटायेगा।

फिर उसकी दृष्टि आचार्य देशबन्धु पर गयी — वे अपने छोटे-से पतले-दुबले शरीर को लिये हुए चुपाचाप कोने में बैठे थे। उस गर्मी के बावजूद उन्होंने बन्द गले का कोट और चूड़ीदार पायजामा पहन रखा था। उनकी दाढ़ी और मूँछें सफ़ाचट थीं और उनके सिर

---

१. वली, ऋषि

पर घुटी हुई आर्य समाजी पगड़ी बँधी थी। उनके चेहरे पर उस अपार मेधा और विद्वत्ता का कोई लक्षण नहीं था, जिसके लिए वे प्रसिद्ध थे। केवल उनकी आँखों में गहराई, गम्भीरता और चमक थी। वेदालंकारजी ने उनका परिचय देते हुए उनकी ख़ूब प्रशंसा की थी। —वे बाल ब्रह्मचारी थे। आर्य समाज के आजीवन सदस्य थे। वेदों के प्रकाण्ड पण्डित थे। उनके अधीन एक पूरे-का-पूरा विभाग वेदों पर शोध-कार्य कर रहा था और उनके कई महत्वपूर्ण ग्रन्थ प्रकाशित हो चुके थे। यद्यपि वे जाति से बनिया थे, लेकिन वेदालंकारजी ही की तरह कर्मण: पण्डित कहलाते थे। आर्य समाज (कॉलेज सेक्शन) के पिछले वार्षिक अधिवेशन में जब उन्होंने घोषणा की थी कि वेदों का अवतरण किसी दैवीय शक्ति द्वारा नहीं हुआ, वरन ऋषियों ने उनमें आर्यों के गीत, प्रार्थनाएँ, आदर्श और उनकी विजय का इतिहास संकलित कर दिया है तो उनकी इस मान्यता पर घोर वाद-विवाद उठ खड़ा हुआ था। चेतन ने वह सब वृत्तान्त पत्रों में पढ़ा था और उस सत्यान्वेषी पण्डित के प्रति उसके मन में सहज श्रद्धा थी। यद्यपि उस दिन से पहले उसने उन्हें देखा-जाना न था, उनके बारे में सुना और पढ़ा ही था, पर उन्हें देख कर उसे लगा कि उसे कभी-कभी उनसे मिलना चाहिए।

आचार्य देशबन्धु के बाद उसकी दृष्टि नीरव जी पर रुकी, जो अपने पाँच फ़ुट आठ-दस इंच लम्बे दोहरे बदन पर खादी का कुर्ता-धोती पहने, सिल्क का तहाया साफ़ा कन्धे पर रखे, बायीं ओर की पंक्ति में ऐन बीचों-बीच, काउच से कोहनी टिकाये बैठे थे। —गोरा मुख, तीखी नाक, प्रशस्त ललाट, पान के रस से सिक्त होंट और उनके दायें कोने पर एक स्थायी मुस्कान! वेदालंकारजी ने बताया था कि वे मॉडर्न स्कूल के हिन्दी अध्यापक हैं। उच्च कोटि के कवि और नाटककार हैं। उन्होंने प्रसाद की नाट्य परम्परा को आगे बढ़ाया है और उनके नाटक पंजाब विश्वविद्यालय की कक्षाओं में पढ़ाये जाते हैं....चेतन ने वहीं बैठे-बैठे उन्हें ध्यान से देखा तो स्थायी मुस्कान के बावजूद, जो उनके होंटों के दायें कोने पर जमी हुई-सी थी, उसे उनके चेहरे पर जैसे 'यह आम रास्ता नहीं है' का बोर्ड लगा हुआ दिखायी दिया। इस बात के अलावा कि वे उम्र में उससे सात-दस वर्ष बड़े थे, उसे लगा कि उस व्यक्ति में कुछ ऐसी सायास ओढ़ी गम्भीरता है कि वह कभी उनके निकट नहीं हो पायेगा।

उनके साथ लम्बाई में उनसे कुछ सिर निकालते हुए तपे हुए ताँबे-से रंग के तीखे नाक-नक्शे वाले एक व्यक्ति बैठे थे, जो मणि भाई के भाषण के दौरान लगातार एकटक दीवार की ओर देखते रहे थे। मणि भाई की बातें वे सुन भी रहे थे, इसका ज़रा भी आभास चेतन को उनके चेहरे से नहीं मिला था। उसे लगा था, तमाम वक्त वे अन्तर ही में होते किसी नाटक अथवा वार्तालाप के भागीदार रहे थे। वेदालंकार जी ने उनके परिचय में कहा था कि वे अध्यापक रामेश्वर 'करुण' हैं। दोहे लिखने में सिद्ध और अभी-अभी उन्होंने 'करुण सतसई' नामक एक महत्वपूर्ण ग्रन्थ पूरा किया है, जो छप गया तो करुणजी देव, वृन्द, रसखान और बिहारी की पंक्ति में जा बैठेंगे। डील-डौल से 'करुणजी' ज़रा भी करुण नहीं लगते थे, लेकिन जाने बचपन के संघर्षों अथवा संस्कारों ने या फिर उनके मन की अत्यधिक भावप्रवणता ने उन्हें 'करुण' बना दिया था। देखने पर लगता कि यह आदमी सारी दुनिया से रुष्ट है और चेतन को नहीं लगा कि उस करुण कवि से उसका सम्पर्क कभी घनिष्ट हो सकता है।

उनके साथ ही, चेतन से कुछ ही परे बैठे थे शुक्ला जी (एम० डी० शुक्ल)। वे एक स्थानीय सनातनी हिन्दी साप्ताहिक के सम्पादक थे। पाँच-सवा पाँच फ़ुट के छरहरे व्यक्ति। मैल-ख़ोरे गहरे जोगिया रंग का कुर्ता और खादी की धोती उन्होंने पहन रखी थी और खैनी खाने के शौकीन थे। जब वे किसी बात पर मुस्कराते तो उनकी मुस्कान में अनजानी कुटिलता झलक उठती, जो उनके होंटों से कहीं ज़्यादा उनके नथुनों की फड़कन में दिखायी देती। कविराज रामदास के सम्पर्क में रहने के कारण यद्यपि कुटिल, चतुर, चालाक और बद लोगों के लिए चेतन के मन में अज्ञात-सा घृणा का भाव था, पर जाने क्यों इधर वह ऐसे व्यक्तियों को चुनौती के रूप में स्वीकार करने लगा था। एक बार उसके विश्वास का अनुचित लाभ कविराज ने उठा लिया था, लेकिन उन्होंने उसे ऐसी आँखें दे दी थीं, जो व्यक्ति के अन्दर-बाहर देखने की क्षमता रखती थीं और ऐसी सतर्कता कि कोई फिर उसे उल्लू बना सकता है, इसका उसे विश्वास नहीं था। इसीलिए कुटिल अथवा शातिर व्यक्ति उसे आकर्षित करता था और चेतन ने मन-ही-मन सोचा कि वह उनसे ज़रूर मिलेगा। उनके साथ दो-तीन युवक थे, जिनमें एक दुबले-पतले 'किसलय जी' थे, एक रूखड़-से 'कण्टक' थे और एक, जो ऐंचाताने थे, कवि थे और 'भारती' उपनाम रखे थे —ये सब शुक्ला जी के गुट के लोग थे।....सभी उपस्थित लोगों में जिस व्यक्ति ने सर्वाधिक उसका ध्यान खींचा, वे उसके पास बैठे कवि चातक थे।

शिमला से लौटने के बाद चेतन जब-जब हस्पताल रोड से गुज़रा था, 'हिन्दी पुस्तक भवन' के ऊपर दो-मंज़िले पर उसे 'मंजरी' का ख़ूबसूरत बोर्ड लटकता दिखायी दिया था, जिस पर पत्रिका के नाम के नीचे लिखा था —साहित्य और संस्कृति का हिन्दी मासिक। चेतन के मन में यूँ ही औत्सुक्य-वश कई बार सीढ़ियाँ चढ़ कर ऊपर दफ़्तर में जाने और सम्पादक से मिलने की इच्छा हुई थी, पर शिमला से वापस आने पर घर और बाहर के घोर संघर्ष के कारण वह हमेशा अपनी इच्छा को मन-ही-मन दबा गया था। मणि भाई की बातें सुनने के बाद हिन्दी सीखने का पूरा इरादा करके जब उसने गोष्ठी में उपस्थित हिन्दी साहित्यकारों का जायज़ा लिया तो उसने तय किया कि वेदालंकार जी के साथ-साथ उसे चातक जी से भी सम्पर्क बढ़ाना चाहिए। उनके चेहरे पर उसे कुछ ऐसा भाव दिखायी दिया था, जिसमें शिशु-सुलभ भोलापन और किंचित मूर्खता की झलक थी। वेदालंकार जी ने उनके बड़े सरस कवि होने की भी घोषणा की थी। सरस का मतलब चेतन ने प्रकट ही रूमानी कवि लगाया और उसने मन-ही-मन तय किया कि वह इसी गोष्ठी में उनसे सम्पर्क बढ़ायेगा।

०

और मणि भाई के भाषण के बाद चाय पीते-पीते उसने बातचीत का सिलसिला शुरू कर दिया।

०

यद्यपि वेदालंकार जी ने भरी गोष्ठी में उसका परिचय दे दिया था तो भी उनकी ओर झुक कर अपना संक्षिप्त परिचय देते हुए चेतन ने कहा कि वह हमेशा उनके दफ़्तर के नीचे से गुज़रता हुआ उनसे मिलने की इच्छा रखता रहा है। उसके मन में हिन्दी क्षेत्र में उतरने की प्रबल साध है और वह इस सिलसिले में उनसे सहायता की अपेक्षा रखता है। वे सहृदय

और सरस कवि हैं और उसे पूरा विश्वास है कि वे उसकी मदद करेंगे।

बस उसने इतना ही कहा। फिर उसे कुछ और कहने की ज़रूरत नहीं पड़ी। चाय पीते और मीठा-नमकीन टूँगते हुए चातक जी लगातार पंजाब के उस अहिन्दी क्षेत्र में 'मंजरी' के नाम से जो नन्हा-सा पौधा लगा था, उसे वट वृक्ष बनाने के अपने सपनों का उल्लेख करते रहे। कैसे उस नन्हे-से पौधे को पाल-पास कर वे इतना बड़ा कर देंगे कि पंजाब के सभी उदीयमान कवि-कथाकार और नाटककार ही नहीं, हिन्दी क्षेत्र के नये लेखक और कवि भी उसकी शीतल-सुखद छाया में त्राण पा सकें, इसका सविस्तार उन्होंने उल्लेख किया। और उसे आश्वासन दिया कि वह जब चाहे, उनसे दफ़्तर अथवा घर पर मिले। उनके घर के दरवाज़े ही नहीं, उनके दिल के दरवाज़े भी उसे सदैव खुले मिलेंगे।

o

चाय ख़त्म हो गयी। सात बजा ही चाहते थे और चेतन को पता था कि मणि भाई को एक मीटिंग में जाना है, पर तभी उसने एक ऐसी बात की, जो कवि चातक का हृदय जीत लेने के लिए काफ़ी से ज़्यादा थी।

चाय के बाद पण्डित धर्मदेव, मुख्य अतिथि और आगत अतिथियों को धन्यवाद देने जा रहे थे, जब चेतन ने अपनी जगह उठ कर कहा कि वेदालंकारजी के परिचय से मालूम हुआ है, उपस्थित सज्जनों में एक सरस और सहृदय कवि भी हैं। बंगाल तो कविता और कला का प्रांगण ही है। क्या यह अच्छा न होगा कि मणि भाई को दो-एक सरस कविताएँ सुनायी जायें। वह वेदालंकार जी से प्रार्थना करेगा कि वे चातक जी से अपनी सरस कविताएँ सुनाने का अनुरोध करें।

इस पर गोष्ठी में कई लोगों ने उसके प्रस्ताव का समर्थन किया। एक कोने से आवाज़ आयी कि 'नीरव जी' भी अपनी नयी रचना से आगत सज्जनों को विमुग्ध करें। तब शुक्ला जी ने, जो चाय के बाद बायें हाथ की तली पर खैनी फटक रहे थे, सहसा रुक कर खैनी को मुट्ठी में बन्द कर, नथुनों और मूँछों में मुस्कराते हुए कहा कि उनके बीच आधुनिक युग को वाणी देने वाले सशक्त कवि-अध्यापक रामेश्वर करुण भी हैं और वे चाहेंगे कि वे अपने कुछ दोहे सुना कर युग की सम्वेदना को वाणी दें।

चेतन ने तो चातक जी को प्रसन्न करने के लिए वह प्रस्ताव किया था, लेकिन उसकी प्रतिक्रिया में यह जान कर कि इस छोटे-से हिन्दी-संसार में भी तीन गुट हैं, उसका बड़ा मनोरंजन हुआ और वह तरह-तरह के काव्य का रसपान करने की आशा से चौकन्ना हो कर बैठ गया।

शुक्ला जी ने अपनी बात कह कर खैनी को एक बार फिर फटक कर निचले होंट में रख लिया और परम सन्तोष से उसका रसास्वादन करने लगे।

चेतन ने देखा कि उनके प्रस्ताव से वेदालंकार जी के माथे पर हलके-से तेवर बन आये हैं। उन्होंने कलाई की घड़ी पर एक उड़ती-सी निगाह डाली और बोले, 'आप सज्जनों के प्रस्ताव नितान्त उचित और समीचीन हैं। किसी गोष्ठी में तीन-तीन कवि हों और वहाँ कविता-पाठ न हो, यह कुछ अटपटा-सा लगता है, लेकिन समय बहुत हो गया है और मुख्य अतिथि को सात बजे एक मीटिंग में जाना है।'.... यह कह कर उन्होंने घोषणा की

कि वे फिर एक गोष्ठी का आयोजन करेंगे, जिसमें कविता-पाठ होगा और उन्होंने मणि भाई और आगत अतिथियों को धन्यवाद दिया।

तब सहसा कवि चातक अपनी जगह उठ खड़े हुए। उन्होंने मणि भाई का स्वागत और समर्थन किया और बंगाली होते हुए हिन्दी का पक्ष लेने के लिए उनके साहस, दयानतदारी और उदारता की प्रशंसा की। उन्होंने आगत सज्जनों को याद दिलाया कि राष्ट्रभाषा पर बंगाल का बड़ा एहसान है। हिन्दी की दो प्रमुख पत्रिकाएँ बंगालियों के हाथों निकल रही हैं और कहा कि मणि भाई का सपना एक दिन सच होगा, इसमें तनिक भी सन्देह नहीं है। इसके बाद चातक जी ने पण्डित धर्मदेव वेदालंकार की साहित्य-सेवा और उनके अतिथि-सत्कार की प्रशंसा की, जिन्होंने मणि भाई जैसे विद्वान को सुनने का अवसर दिया; इतनी अच्छी चाय पिलायी और इस सब के लिए सभी आगत सहित्यकारों की ओर से उन्हें धन्यवाद दिया। साथ ही उन्होंने आशा प्रकट की कि वेदालंकार जी इस अहिन्दी प्रान्त के हिन्दी वालों की बिखरी शक्तियों को एक स्थान में संगठित करने में पहल करेंगे और किसी ऐसी स्थायी गोष्ठी का प्रबन्ध करेंगे, जिसके अन्तर्गत वे सब लोग महीने में एकाध बार मिल बैठें, साहित्य-चर्चा भी करें और उसका आस्वादन भी। और वे एक बार फिर उन्हें धन्यवाद दे कर बैठ गये।

चातक जी के प्रस्ताव पर ख़ूब करतल-ध्वनि हुई और सभी ने उनका अनुमोदन किया और गोष्ठी समाप्त हो गयी।

o

हालाँकि गोष्ठी में कवि चातक ने कविता नहीं पढ़ी, लेकिन चेतन के प्रस्ताव का प्रभाव उसकी गणना के अनुकूल ही हुआ।

o

वेदालंकार जी से विदा ले कर सभी हिन्दी साहित्यकार लगभग एक साथ नीचे उतरे। नीरव जी तो अपने चेले के साथ डेवढ़ी ही से प्रोफ़ेसर गुलबहार सिंह से मिलने चल दिये (जिनके फ़्लैट की सीढ़ियाँ डेवढ़ी से ही चढ़ती थीं। प्रोफ़ेसर साहब हिन्दी बोर्ड के महत्वपूर्ण सदस्य थे। उनके मकान के पिछले फ़्लैट में आयें और प्रोफ़ेसर साहब के दरबार में हाज़िरी न दें, यह उनके मज़हब में कुफ़्र था।) शेष सभी ख़रामाँ-ख़रामाँ चल दिये। गली के बाहर निकलते ही शुक्ला जी ने मणि भाई गोबिल की प्रशंसा की कि उन्होंने बहुत पते की बात कही है। तब कवि चातक ने उन्हें बताया कि यह बात तो वे शुरू ही से जानते हैं कि हिन्दी के भाग्य में इस देश की राष्ट्रभाषा का गौरव लिखा है। इसीलिए वे मालवा की उर्वर भूमि को छोड़, इस मरु में आये हैं। और यह कर वे पंजाब की उस मरुभूमि में हिन्दी के उद्यान खिलाने के सिलसिले में अपने सपनों और संकल्प का उल्लेख करने लगे। शुक्ला जी उनकी हाँ में हाँ मिलाते रहे। कवि करुण पूर्ववत अपने ध्यान में मग्न रहे। तभी घोड़ा हस्पताल आ गया। सब-के-सब अनायास रुक गये, क्योंकि यहाँ से उनके रास्ते अलग होते थे।

सहसा शुक्ला जी ने प्रस्ताव किया कि चातक जी उन लोगों के साथ गोपाल नगर चलें और एक-एक गिलास ठण्डाई पी कर वापस लौटें।

चातक जी चेतन से बातें करना चाहते थे। उन्होंने कहा कि उन्हें ज़रा चेतन से काम

है। इतवार को वे पहुँचेंगे और हमेशा की तरह काव्य और विजया की दोहरी छानेंगे। इस पर शुक्ला जी और उनके साथियों ने उन्हें अभिवादन किया और वे सब-के-सब ऋषिनगर की ओर को मुड़ गये, जहाँ से गोपाल नगर को सीधा रास्ता जाता था। दूसरा दिन होता तो चातक जी उनके साथ जाते अथवा शुक्ला जी उन्हें ठण्डी सड़क तक छोड़ने आते और वहाँ से चक्कर दे कर गोपाल नगर को पलटते, लेकिन चेतन के कारण चातक जी उनके साथ नहीं गये और कवि को साथी मिल गया है, यह सोच कर शुक्ला जी अपने साथियों के साथ वहाँ से विदा हो गये।

जब वे कुछ दूर निकल गये तो किसी आत्मीय की तरह चातक जी ने चेतन का हाथ अपने हाथ में ले लिया और पूछा कि वह कहाँ रहता है।

चेतन ने कहा कि वह रहता तो कृष्णा गली में है, पर उसे देर हो गयी है, इसलिए वह सीधा हस्पताल रोड पर अपने दफ़्तर जायेगा और उसने बताया कि उसका दफ़्तर 'मंजरी-कार्यालय' के सामने की गली — लायन प्रेस रोड — में है।

चातक जी ने इस बात पर प्रसन्नता प्रकट की और बताया कि वे भी कृष्णा गली में ही रहते हैं। उन्होंने घोषणा की कि वे उसे उसके दफ़्तर में छोड़ कर आगे जायेंगे और किसी पुराने मित्र की तरह वे उसके हाथ को धीरे-धीरे झुलाते हुए चलने लगे।

o

पूर्णमासी की शाम थी। आकाश में गर्मियों की साँझ का हलका-सा उजेला अभी शेष था, पर नीचे सड़क पर बत्तियाँ जल उठी थीं। ऊपर गर्द-भरे आकाश में चाँद की पूरी थाली (जिसकी किरणों को आसमान में चढ़ी धूल और गर्द ने ग्रस लिया था) किसी सहारे के बिना निश्चल लटकी दिखायी दे रही थी। नीचे सड़कों पर नगरपालिका की मोटर छिड़काव कर रही थी। गोल बाग़ के पेड़ों से हो कर आने वाली गर्म हवा हलकी-सी ख़ुनकी लिये हुए थी, जो पसीने से तर उनके शरीरों में सुखद-सी सिहरन दौड़ा जाती थी।

कवि चातक ने चेतन से उसका हाल-चाल जाना था। वह कब लाहौर आया; उसने कहाँ-कहाँ काम किया; उसने क्या-क्या लिखा और वह कहाँ-कहाँ छपा — सब उन्होंने चेतन से सुना था। चेतन भी सविस्तार उन्हें सुनाता चला गया था। जब चातक जी को मालूम हुआ कि वह कथाकार ही नहीं, कवि भी है तो उन्होंने उससे अपनी कोई कविता सुनाने का अनुरोध किया।

'मैं तो दो-एक वर्ष पहले तब उर्दू में ग़ज़लें और नज़्में कहता था,' चेतन ने कहा, 'पर इधर ग़ज़ल लिखना मैंने एकदम छोड़ दिया है। एक-दो गीत अपने दैनिक पत्र के लिए ज़रूर लिखे हैं, लेकिन हिन्दी गीतों के मुकाबले में वे आपको क्या जचेंगे!'

वे दोनों, बातें करते हुए गोल बाग़ पार कर माल पर आ गये थे। तभी कवि चातक ने प्रस्ताव किया कि वे अनारकली के सिरे पर बाइबल सोसाइटी और सड़क के बीच कोने के लॉन में कुछ पल बैठें। यद्यपि चेतन को देर हो रही थी, उसे अभी खाना भी खाना था, पर उसने मन-ही-मन तय किया कि वह अपने दफ़्तर के साथ ख़ालसा होटल में खाना खा लेगा और वह कवि चातक के साथ लॉन में जा बैठा। कवि के अनुरोध पर उसने एक गीत सुनाया। लेकिन गीत सुनाना शुरू करने के पहले वह ज़रा-सी भूमिका बाँधना नहीं

भूला। 'मेरे उस्ताद से चातक जी, मेरा झगड़ा हो गया था,' उसने कहा, 'इसलिए ग़ज़ल लिखना छोड़, मैं कहानियाँ लिखने लगा, वरना आज मेरी ग़ज़लों और नज़्मों की धूम सारे पंजाब में होती। यह तो अपने सम्पादक के ज़ोर देने पर मैंने ख़ास त्योहारों पर गीत लिखे हैं, वरना मैं अपने समाचार-पत्र के सण्डे एडिशनों में कहानियाँ ही लिखता रहा हूँ। इसी पिछले बसन्तोत्सव पर मैंने 'बसन्त एडिशन' के लिए एक गीत लिखा था। आप यह देखिए कि उर्दू में लिखने के बावजूद मैंने कैसे हिन्दी के कठिन शब्द उसमें नगीनों की तरह जड़ दिये हैं।....गीत का शीर्षक है — 'बिरहन की बसन्त!'

और यों भूमिका बाँध कर उसने गीत सुनाना शुरू किया :

पतझड़ बीती, मौसम बदला, सब ओर है शोर बसन्त आयी
मन बाँवरे देखने लायक है यह छटा निराली सरसों की
उठ देख ज़रा पगले मन तू, संसार है पीताम्बर ओढ़े
आँखों में खुबती है सूरत यह भोली-भाली सरसों की
देहात के बाहर सब सखियाँ मस्ती से झूला झूलती हैं
कुछ तोड़ती हैं फूलों को और कुछ अपने मन में फूलती हैं

गीत ख़ासा लम्बा, भावुकता-भरा और बचकाना था। चेतन ने बड़े हाव-भाव के साथ सुनाया और अन्तिम पंक्तियाँ सुनाते हुए उसका कण्ठ लगभग आर्द्र हो आया। कवि चातक ने कहा कि गीत बहुत सुन्दर है। 'निराली' और 'भोली-भाली' तुकों के बाद लगातार चार बार 'डाली' की तुक आने पर उन्होंने आपत्ति की और बोले कि यदि वे गीत लिखते तो उसमें 'काली' की तुक किसी तरह ज़रूर बैठाते और चमत्कार पैदा करते। तो भी उन्होंने उसकी पीठ को थपथपाते हुए घोषणा की, 'तुममें महान कवि बनने की पूरी सम्भावनाएँ हैं और यदि तुम हिन्दी लिखने का अभ्यास कर लो और मुझे ज़रा अपनी कविताएँ दिखाते रहो तो थोड़े ही दिनों में तुम बहुत आगे आ जाओगे।'

चेतन इतना उत्साहित हो आया कि उसका जी हुआ, अपनी सारी ग़ज़लें और नज़्में कवि चातक को सुना डाले, लेकिन कवि चातक स्वयं अपनी नयी कविता सुनाना चाहते थे और इसलिए उन्होंने पहले उससे कविता सुनाने का अनुरोध किया था। हिन्दी और उर्दू छन्दों का भेद उसे बताते हुए और यह समझाते हुए कि खड़ी बोली के काव्य में शब्द पूरे-के-पूरे आते हैं, उर्दू की तरह शब्द के अन्त का 'आ' या 'ई' या 'ए' या 'ह' नहीं मरता। 'मेरे,' मेरे ही पढ़ा जायेगा, 'मिरे' नहीं। 'बाँवरे' को पूरा बाँवरे पढ़ा जायेगा, 'बाँवर' नहीं। इसी तरह 'झूलती हैं' में भी 'ई' की मात्रा मरेगी नहीं, पूरी-की-पूरी आयेगी।....और यह सब बता कर उदाहरणार्थ वे अपनी कविता सुनाने लगे। छोटी-सी भूमिका देना उन्होंने भी उचित समझा।

'हिन्दी काव्य में चातक स्वाति की बूँद का प्यासा कहा जाता है,' उन्होंने कहा, 'स्वाति की प्यास मानव-जीवन में स्नेह की तृषा का प्रतीक है। मेरा तो उपनाम ही चातक है और मैं प्रेम के गीत लिखता हूँ। मेरे गीत हृदय से आते हैं और हृदयों को छूते हैं।'

और माथे से बालों की लट को पीछे हटा, मख़मली घास पर इतमीनान से पाँव फैला और यह घोषणा करके कि जो कविता वे सुनाने जा रहे हैं वह उनकी नितान्त नयी कविता

है, चातक जी बड़े तन्मय भाव से कविता सुनाने लगे :

मुझे बुलाया देवि भला क्यों, तुमने अपने स्वर्ण-महल में
सुख के अनजाने अम्बर में, मैं उड़ चला तभी उस पल में
तुम अग-जग का आकर्षण, मैं दीन दुखी हूँ एक भिखारी
पैरों की ज़ंजीर बन गयी इसीलिए लज्जा बेचारी
प्राण लिये लेते हैं मेरे
प्राण, तुम्हारे मौन इशारे
कभी बढ़ाता पैर, हटाता,
प्रेम नदी, मैं खड़ा किनारे

कवि चातक आत्म-विभोर हो कर कविता पढ़ रहे थे कि सहसा चेतन उचक कर उठा। लॉन में कहीं परे नगरपालिका के माली ने नल खोल रखा था और लम्बी घास में धीरे-धीरे अदृश्य बढ़ता हुआ पानी उन तक आ पहुँचा था। चेतन ने बैठते वक्त गर्मी के कारण तहमद घुटनों के ऊपर उठा लिया था, इसीलिए ज्यों ही पानी ने उसकी पिण्डली को छुआ, वह उचक कर उठा, पर कवि चातक तब चेते, जब उनकी सारी धोती गीली हो चुकी थी। वे उठे तो वह बोरे-सी नीचे लटक गयी।

उनका बस चलता तो वे इसके बावजूद उसे कविता सुनाये जाते, पर चेतन ने कहा कि उसे दफ़्तर को देर हो रही है, वह फिर उनके घर आयेगा और पूरे इतमीनान से उनकी कविता सुनेगा। कवि ने सोचा था कि वे अनारकली से होते हुए हस्पताल रोड पर चेतन को उसके दफ़्तर छोड़ कर अपने घर जायेंगे, पर अपने कुर्ते के दामन और भीगी धोती की दशा देख कर उन्होंने बाइबल सोसाइटी के सामने माहीराम स्ट्रीट में से हो कर मेयो हस्पताल रोड की तरफ़ से घर जाने का निश्चय किया।

चेतन ने उन्हें गली के सिरे पर विदा दी और वह भागता-हुआ-सा अपने दफ़्तर की ओर चल दिया।

अट्ठाईस

चेतन जब दफ़्तर के बाद रात को घर पहुँचा तो उसे तत्काल नींद नहीं आयी। यद्यपि रात का तीसरा पहर शुरू हो चुका था, लेकिन गर्मी और उमस में ज़रा भी कमी न आयी थी। इसके अलावा चेतन के दिमाग़ को दिन भर के इम्प्रेशन घेरे हुए थे — कभी लाला चमनलाल के साथ अपनी बातचीत; कभी पण्डित धर्मदेव वेदालंकार के साथ अपनी पहली मुलाकात; कभी चौधरी का बुक स्टॉल और वहाँ अचानक वेदालंकार जी का साक्षात्कार; कभी १८-ए, टैप रोड में उनके मकान की गोष्ठी और मणि भाई गोबिल का भाषण; कभी कवि करुण का सुता हुआ आत्म-केन्द्रित मुख; कभी चातक जी की प्रोत्साहन-भरी बातें और उनके अत्यन्त सुकोमल, लगभग बेजान-से, बे-हड्डी-के-से लिजलिजे हाथ का

संस्पर्श — सब कुछ, कभी आगे-पीछे, कभी पीछे-आगे और कभी गडमड हो कर उसके दिमाग़ को परेशान किये हुए था। अजीब बात है कि चातक जी के सन्दर्भ में उनके हाथ की अपार कोमलता, हड्डी-विहीन-सा लिजलिजापन ही उसके दिमाग़ में आता।

जब तक वे उसके हाथ को अपने हाथ में लिये रहे थे, उसे उनके हाथ की उस निर्जीवता का वैसा एहसास नहीं हुआ था, पर जब माहीराम स्ट्रीट पर खड़े हो कर उसने उनसे हाथ मिलाया था तो उसे लगा था जैसे एक बेजान माँस का लोथड़ा-सा उसके हाथ में आ गया है। चेतन ज़ोर से हाथ मिलाने और उसे झटका दे कर हिलाने का आदी था। जिसे उर्दू में गर्मजोशी से मिलाना कहते हैं, वह कुछ उसी तरह मित्र-परिचितों से हाथ मिलाता था। लेकिन उस बेजान-से हाथ को ज़ोर से दबा कर हिलाना उससे नहीं हुआ। अपनी गर्मजोशी को उसने कुछ संयत कर लिया और हुनर साहब की तरह उसने अपना दूसरा हाथ भी उस पर रख दिया था और फिर दोनों हाथों से ज़रा-सा अपनी ओर खींच कर छोड़ दिया था। हुनर साहब की तरह दाँत उसने नहीं निपोरे, पर उस तरह हाथ मिलाते समय कुछ वैसा भाव उसके चेहरे पर ज़रूर आ गया होगा।.... लेकिन किसी बेजान चीज़ को हाथ में लेने का वह एहसास उसके साथ दफ़्तर तक आया था और ख़बरों का अनुवाद करते और शीर्षक तथा उप-शीर्षक जमाते हुए रह-रह कर उसे उस संस्पर्श की अनुभूति हो आती थी।....

०

चेतन इस बीच दो बार उठ कर पानी पी चुका था। जब दिन ने रात में भी उसका पीछा न छोड़ा तो वह चुपचाप उठा। तकिये के नीचे से उसने चाबी उठायी और डेवढ़ी में जा कर बैठक का दरवाज़ा खोला। उसकी पत्नी गर्मी के बावजूद आँगन में बेसुध सोयी थी। एक नज़र उस पर डाल कर वह बैठक में चला गया। कमरा बेहद गर्म था। उसने बत्ती जलायी। तहमद के उल्टे छोर से गर्दन और सीने का पसीना पोंछा। फिर वह मेज़-कुर्सी पर बैठ गया और अपनी छपी हुई उर्दू कहानियों के तराशों की फ़ाइल उसने निकाली। उसमें से अपनी ताज़ी लिखी और काफ़ी पसन्द की जाने वाली कहानी — 'कुर्बानगाहे-इश्क' छाँटी। सामने पड़ी तख़्ती पर काग़ज़ लगाये। पसीने से सीझ न जायें और सियाही फैलने न लगे, इस ख़याल से उसने कलाई के नीचे एक साफ़ मोटा काग़ज़ रखा और एकाग्र चित्त हो कर कहानी का अनुवाद करने लगा।

वह कहानी उसे विशेष प्रिय थी। उसकी थीम और उसके निभाव पर वह मुग्ध था। कहानी नितान्त रूमानी, अयथार्थ और काल्पनिक थी। लेकिन पण्डित 'रत्न' वैसी ही कहानियाँ 'स्ट्रैण्ड,' कॉलियर्ज़ वीकली,' 'टू' स्टोरीज़' आदि अंग्रेज़ी पत्र-पत्रिकाओं से रूपान्तरित करते थे और उन्होंने इसकी थीम की ख़ूब दाद दी थी। जब उसने लिखी थी और उन्हें सुनायी थी तो वह उन्हें इतनी पसन्द आयी थी कि उन्होंने 'बहार' के सम्पादक महाशय धर्मचन्द से उसे छापने की विशेष सिफ़ारिश की थी और स्वयं सम्पादक की ओर से कहानी पर विशेष नोट दिया था। कहानी इतनी लोकप्रिय हुई थी कि दो-तीन स्थानीय तथा निकटस्थ नगरों की पत्र-पत्रिकाओं में भी उद्धरित हुई थी और चेतन अपनी उस कहानी को न केवल मास्टरपीस समझता था, वरन उसे विश्व-साहित्य की कोटि की गिनता था। कहानी कुछ यों थी :

दो संन्यासी शाम के वक्त एक पहाड़ी पगडण्डी पर चले जा रहे हैं। आगे एक पहाड़ी नाला आता है। वहाँ एक तरफ़ गगनचुम्बी पहाड़ खड़ा है। उसके नीचे भयानक गहरा खड्ड है। पुल के बराबर पहाड़ की एक चट्टान खड्ड की ओर को बढ़ गयी है, जिस पर एक युवक और युवती बैठे हैं। वह स्थल इतना ख़तरनाक और उस चट्टान के नीचे इतना भयानक खड्ड है कि सहसा उनका ध्यान उधर चला जाता है। संन्यासी थक गये हैं। बराबर ही में एक गाँव है। वे पुल के ज़रा आगे पगडण्डी के किनारे बैठ जाते हैं और तभी दोनों में जो बूढ़ा है, अपने युवा साथी को खड्ड की ओर बढ़ी हुई चट्टान के बारे में बताता है : —उधर के लोगों में उसके सम्बन्ध में यह किम्वदन्ती प्रसिद्ध है कि वह हर दस वर्ष बाद दो प्रेमियों की बलि लेती है। संन्यासी वर्षों वहाँ रहता रहा है और वह अपने युवा साथी को उस चट्टान के सम्बन्ध में एक घटना सुनाता है :

दस वर्ष पहले —वह कहता है —इस गाँव में एक युवा ग्वाला रहता था। उसका नाम था माधो। उसका बड़ा भाई उसे बहुत चाहता था और उसकी छत्र-छाया में मस्त माधो दिन-दिन भर गायें चराता और बाँसुरी बजाता घूमता था। उसे गाँव ही की एक लड़की मिन्नो से प्यार हो गया। उन्हीं दिनों गाँव का धनी ज़मींदार बीमार हो कर उस पहाड़ी गाँव के अपने बँगले में स्वास्थ्य-लाभ के लिए आ गया। उसके साथ उसकी ग्रैजुएट लड़की राजरानी भी आयी। ज़मींदार बीमारी से मुक्त नहीं हो सका और उसका देहान्त हो गया। लेकिन उसकी लड़की वापस लाहौर नहीं गयी। वह वास्तव में माधो को चाहने लगी थी। माधो मिन्नो से विवाह करना चाहता था, पर वह कोई काम-धन्धा न करता था और मिन्नो के घर वाले उसे एक बेकार आवारा लड़के के हाथ सौंपने को तैयार नहीं थे। तभी राजरानी ने माधो को अपने यहाँ नौकर रख लिया और देखते-देखते माधो बड़ी शान से रहने लगा। मिन्नो बड़ी प्रसन्न हुई, क्योंकि अब उसके घर वालों को उसके विवाह में आपत्ति न थी। लेकिन माधो का मन तो कहीं और लग गया था। जब मिन्नो माधो से मिली और माधो ने उसे बताया कि राजरानी उससे प्यार ही नहीं करती, शादी भी करना चाहती है, तब उसने माधो से एक दिन की भीख माँगी। उसने कहा कि तुम एक दिन मेरे साथ गुज़ारो, उसके बाद तुम्हें राजरानी से शादी करने की छूट होगी। माधो मान गया और दिन भर दोनों घूमते रहे। उन ठिकानों पर गये, जो उनके प्रेम के साक्षी थे और जब शाम तक माधो पर कोई प्रतिक्रिया नहीं हुई और वह पत्थर-सा बना रहा तो डूबते सूरज के साथ मिन्नो उसे इस चट्टान पर ले आयी और वहाँ उसने माधो से एक बार जुदाई की शाम का वह प्रसिद्ध लोकगीत सुनाने का अनुरोध किया, जो न जाने कब से उन पहाड़ों में गाया जाता था। माधो ने बाँसुरी होंटों से लगायी। गीत की तान से शाम का सन्नाटा गूँज उठा। मिन्नो बाँसुरी की तान पर धीरे-धीरे गुनगुनाने लगी। गीत का मतलब कुछ यों था :

हमने कई सुनहरी सुबहें इकट्ठे जा कर सूरज
का स्वागत करने में बितायीं।
और कई रुपहली शामें साथ-साथ उसे
विदा करने में गुज़ारीं।
प्रेम की दुनिया भी कैसी अजीब दुनिया है।

जिसमें रात और दिन क्षण बन जाते हैं और साँझ-सबेरे उनकी सीमाएँ।

हमने ये क्षण उल्लास से बिताये हैं

इस छोटे-से अर्से में इन घाटियों की सैर की है।

बाँसुरी बजाते रहे हैं।

गायें चराते रहे हैं।

और अब प्रेम के सुखद-मधुर क्षण बीत गये हैं और जुदाई की लम्बी दुखद घड़ियाँ शुरू होंगी।

यह तो मौत है, यह तो मौत है। आओ हम असली मौत का स्वागत करें!

और जब माधो यह गीत गा चुका तो मिन्नो ने अनायास उसे बाँहों में भींच लिया और फिर ज़रा परे हट कर बोली :

'माधो, मालूम है तुम्हें इस गीत के साथ कौन-सी कहानी जुड़ी है ?'

माधो ने कुछ उत्तर नहीं दिया। केवल उसके साथ कुछ और सट कर बैठ गया।

मिन्नो बोली :

'दस वर्ष पहले की बात है, यहाँ रणिया नाम का एक ग्वाला रहता था। वह सुन्दर और सजीला था और उसके कण्ठ में अमृत था। गाता था तो जादू जगाता था। वह गाँव की एक लड़की गिरिजा से प्यार करने लगा था, पर गिरिजा उसकी ओर देखती भी न थी। वह स्वयं बड़ी सुन्दर थी और उसके घर वाले उसे किसी बड़े ज़मींदार के यहाँ ब्याहने की बात सोचते थे। रणिया शहर चला गया। वहाँ वह एक सरकस में भरती हो गया। कुछ वर्ष बाद वह गाँव वापस आया तो गाँव वालों को उसने ऐसे खेल दिखाये कि लोग चकित रह गये। तभी गिरिजा ने भी उसे निकट से देखा और वह उस पर मोहित हो गयी। रणिया उस पर मर मिटा। वह वापस शहर नहीं गया। महीनों दोनों एक-दूसरे के प्यार में मदहोश रहे, लेकिन तभी कागी नाम की एक सुन्दर धनी विधवा युवती ने रणिया को अपने जाल में फाँस लिया और एक दिन ससंकोच रणिया ने गिरिजा को बता दिया कि वह कागी से शादी करने जा रहा है। तब हमेशा के लिए अलग होने से पहले गिरिजा उसे इस चट्टान पर ले आयी और उसने उससे वही गीत सुनाने के लिए कहा, जो वे दोनों प्रायः साथ-साथ गाया करते थे।

'रणिया ने गीत गाया। अन्तिम पंक्ति पर गिरिजा ने अपनी बाँहें उसके गले में डाल दीं और उसके स्वर-में-स्वर मिला कर गाने लगी :

'और अब प्रेम के सुखद मधुर क्षण बीत गये हैं....'

'और इससे पहले कि रणिया चौंकता, वह उसे ले कर खड्ड के अन्धकार में कूद गयी।'

मिन्नो अपनी कहानी समाप्त करके बोली, 'तभी से यह गीत इतना लोकप्रिय हो गया है और यह चट्टान प्रेमियों का तीरथ।'

और मिन्नो विसुध हो कर गीत का अन्तिम बन्द गाने लगी और इससे पहले कि माधो चौंकता, उसने गीत के अन्तिम बोल के साथ उसे बाँहों में भींच लिया और खड्ड में लुढ़क गयी।'

संन्यासी अभी मुश्किल से अपनी कहानी ख़त्म कर पाया था कि एक चीख़ फ़िज़ा में गूँजी। उन्होंने मुड़ कर देखा — चट्टान पर बैठा जोड़ा एक-दूसरे के आलिंगन में बँधा खड्ड में लुढ़का जा रहा था। केवल जुदाई की शाम का वह प्रसिद्ध गीत वायु मण्डल में गूँज रहा था :

और अब प्रेम के सुखद मधुर क्षण बीत गये हैं....

o

चेतन एक घण्टे तक बिना रुके कहानी का अनुवाद करता रहा। उसे उर्दू से हिन्दी अनुवाद करने में ख़ासी कठिनाई पेश आ रही थी। चूँकि उर्दू का उसे अभ्यास हो गया था इसलिए उसकी उर्दू ख़ासी मुश्किल थी। कठिन उर्दू शब्दों के उपयुक्त हिन्दी पर्याय उसे मिल नहीं रहे थे। फिर हिन्दी लिखने का उसे ज़रा भी अभ्यास न था। कई शब्दों के सन्दर्भ में उसके मन में शंका थी कि शायद वह हिज्जे ठीक नहीं लिख रहा, पर वह रुका नहीं बराबर अनुवाद करता रहा। जहाँ उसे हिन्दी शब्द नहीं सूझा, उसने उर्दू ही रहने दिया। हिज्जों के लिए उसने शब्दकोश नहीं देखा (उसके पास था भी नहीं)। वह बिना रुके निरन्तर लिखता गया। लगभग एक घण्टा अनुवाद करने के बाद उसे लगा कि उसका दिमाग़ एकदम ख़ाली हो गया है। उसकी आँखें झपने लगीं। वह उठा। उसने बत्ती बन्द की। कमरे को ताला लगाया और सुराही से पानी का गिलास पी कर अपने बिस्तर पर जा लेटा। दूसरे क्षण वह गहरी नींद सो गया।

o

सबेरे उठा तो सबसे पहले उसे ख़याल आया कि अपनी कहानियों के तराशों की फ़ाइल ले कर चेतक जी के पास जाये, उन्हें उर्दू में छपी अपनी दो-तीन बढ़िया कहानियाँ सुनाये और पूछे कि अनुवाद के लिए उसने जो कहानी चुनी है, वह हिन्दी के लिए उपयुक्त है या नहीं, लेकिन फिर क्षण भर सोच कर उसने तय किया कि वह उस कहानी को हिन्दी में परिवर्तित करके ही चातक जी के पास जायेगा। वह उन्हें पहले दो-तीन उर्दू कहानियाँ ही सुनायेगा और यदि उन्होंने भी 'कुर्बानगाहे-इश्क' ही पसन्द की और उसे हिन्दी में अनूदित करने का परामर्श दिया तो वह दूसरी फ़ाइल से अनुवाद निकाल कर उन्हें दे देगा कि ज़रा इसकी हिन्दी ठीक कर दीजिए, बहुत ग़लतियाँ हुई हों तो वह उसे पुनः कापी करके उन्हें दे जायेगा और कहेगा कि यदि वे 'मंजरी' के ताज़ा अंक में उसे छाप देंगे तो वह अत्यन्त आभारी होगा।

यह ठीक है कि मुन्शी चन्द्रशेखर ने उससे हिन्दी में कहानियाँ माँगी थीं, पर वह उन्हें तब कहानी भेजना चाहता था, जब उसे हिन्दी में लिखना अथवा अच्छी तरह अनुवाद करना आ जाये। फिर चेतन ने सोचा कि 'मंजरी' में एक-दो रचनाएँ छप जायें तो मुन्शी जी पर उसकी प्रतिभा का रोब भी पड़ेगा और वे सहर्ष 'वीणा' में उसकी कहानी छाप देंगे। 'मंजरी' इस सिलसिले में उसे पहली सीढ़ी-ऐसी दिखायी दी। पहला ही पैर उसका ओछा न पड़े,

यही प्रयास वह करना चाहता था।

'मंजरी' का अंक उसने अनारकली के चौरस्ते पर 'फ़ज़ल बुक डिपो' में देखा था। सुन्दर काग़ज़, बढ़िया टाइप, निर्दोष छपाई और आकर्षक मुखपृष्ठ। सामग्री का चयन देख कर उसे कलकत्ता की प्रमुख हिन्दी मासिक पत्रिकाओं —'विशाल भारत' और 'विश्वामित्र' की याद हो आयी थी। प्रकट ही चातक जी ने उसी आदर्श को सामने रखा था। यदि उसकी कहानी 'मंजरी' में छप जाये तो कितना अच्छा हो। 'चातक जी प्रेमी जीव हैं,' उसने सोचा, 'मेरी इस प्रेम-कहानी को वे ख़ूब पसन्द करेंगे।'.... और नित्य कर्म से निबट, लस्सी का गिलास पी कर, वह मेज़ पर बैठ गया और एक-डेढ़ बजे तक उसने पूरी-की-पूरी कहानी हिन्दी में कर डाली। फिर उसने स्नान किया। चन्दा खाना पका कर रख गयी थी। (भाभी के जाने के बाद उसने फिर खाने का पुराना क्रम बना लिया था)। उसने खाना खा कर पतली लस्सी का डेढ़ गिलास पिया और बैठक में ज़मीन पर चटाई बिछा कर सो गया।

पत्नी के पैरों की चाप के साथ ही वह उठा। चन्दा ने मुँह-हाथ धो कर दूध की लस्सी बनायी। पी कर उसने चन्दा को अपनी कारगुज़ारी सुनायी और बोला, 'मैं यह सोचता हूँ कि यदि बहन कृपालदेवी मेरी कहानी के हिन्दी हिज्जों की ग़लतियाँ ठीक कर दें तो मैं उसे फिर से साफ़ लिख कर चातक जी के पास ले जाऊँ। हिन्दी शब्दों की ग़लतियाँ तो वे सुधार देंगे, पर यदि उन्हें हिज्जे भी ठीक करने पड़ें तो शायद उन्हें उलझन हो और मेरी कहानी पड़ी ही रह जाये।'

'जैसा आप कहें,' चन्दा ने कहा, 'मैं कल इसे ले जाऊँगी।'

लेकिन चेतन को इतनी ताब कहाँ! उसने कहा, 'तुम नहा कर कपड़े बदल लो, अभी दे आते हैं। मैं स्वयं इस सिलसिले में उनके यहाँ जाऊँगा तो उन पर और भी असर पड़ेगा। हो सकता है, वे इसे आज ही देख रखें। तब तुम कल उनसे ले आना। मैं परसों कहानी ले कर चातक जी से मिलने जाऊँगा। यदि वह 'मंजरी' के ताज़ा अंक में छप जाये तो क्या बात है!'

और जैसे उसकी कहानी सचमुच 'मंजरी' में छप रही हो, वह उत्साह से कमरे में घूमने लगा और बिना किसी चेतावनी के उसने खुली खिड़कियों और खुले दरवाज़े अपनी पत्नी को बाँहों में भर कर चूम लिया, 'मेरी जान, तुम जल्दी तैयार हो जाओ। अभी चलते हैं और यह काम निबटा आते हैं।'

चन्दा सिर से पैर तक लाल हो आयी, पर उसने न कोई विरोध किया, न अपने पति को इस बदतमीज़ी पर डाँटा। वह चुपचाप तैयार होने चली गयी।

o

जैसा कि चेतन ने सोचा था, बहन कृपालदेवी सचमुच उसके आने से प्रसन्न हुईं। वे आर्य समाज, अड्डा होशियारपुर (जालन्धर) के प्रधान की बेटी थीं। चेतन कॉलेज के दिनों में समाज के पुस्तकालय में हिन्दी-उर्दू पत्र-पत्रिकाएँ पढ़ने नित्य जाता था। कुन्ती की खिड़की में एक नज़र झाँकता हुआ और यदि उसके दर्शन हो जाते तो उस पुलक के कारण धरती से कुछ ऊपर ही चलता हुआ, वह आर्य समाज की लायब्रेरी तक एक गति से चला जाता था। कई बार कोट किशनचन्द में रजत के यहाँ चला जाता, पर जाते अथवा आते हुए वह

पुस्तकालय में सदा एकाध घण्टा पत्र-पत्रिकाएँ देखता। गर्मियों में हर वर्ष आर्य समाज के वार्षिक अधिवेशन के दिनों में स्वामी सत्यदेव की कथा होती, जिसे चेतन ज़रूर सुनता (यह और बात है कि स्वामी जी की कथा से ज़्यादा उसकी दृष्टि का केन्द्र कुन्ती ही होती।) बहन कृपालदेवी के पिता को उसने कई बार देखा था। वे लम्बे, ऊँचे, गोल-मटोल चेहरे वाले, दोहरे बदन के गम्भीर, लेकिन हँसमुख व्यक्ति थे। उनके ऊपर के दाँत ज़रा बाहर को निकले हुए थे। यह अजीब बात है कि उनकी चारों बेटियाँ पिता पर गयी थीं — चारों मोटापे की ओर को मायल थीं। चारों के दाँत ज़रा बाहर को निकले हुए थे और चारों का रंग साँवला था; जबकि उनके दोनों बेटे (जो प्रकट ही माँ पर थे) पतले, छरहरे और सुन्दर थे। चेतन कॉलेज ही में पढ़ता था, जब उनकी मँझली लड़की दयालदेवी का अन्तर्जातीय, अन्तरप्रान्तीय विवाह लाहौर के एक अंग्रेज़ी पत्रकार से हो गया था। वह एम० ए० पास करके लाहौर के एक कॉलेज में पढ़ाने लगी थी, जब उस पत्रकार से उसका प्रेम हो गया। पिता ने कोई अड़चन नहीं डाली और बड़ी धूम-धाम से विवाह हो गया। लेकिन तभी दिल के दौरे से पिता की मृत्यु हो गयी। बहन कृपालदेवी पर छोटे भाई-बहनों की लिखाई-पढ़ाई का बोझ आ पड़ा। पिता की मृत्यु के बाद वे लाहौर आ गयीं। उन्होंने वहाँ 'हिन्दी विद्यालय' कायम किया (जो बाद में उन्हीं के नाम से जाना जाने लगा।) छोटे भाई को उन्होंने प्रेस फ़ोटोग्राफ़र बनाया। जीजा की सहायता थी ही, उसका काम चल निकला था। उसकी शादी भी उन्होंने कर दी थी, पर अभी दो छोटी बहनों और एक भाई का भविष्य उनके सामने था। यद्यपि उनकी अपनी उम्र कब की विवाह योग्य हो चुकी थी, पर चूँकि माँ पहले ही दिवंगत हो गयी थीं, इसलिए अपने भाई-बहनों के प्रति माता-पिता — दोनों के कर्तव्यों को निभाने में वे उसे भूली हुई थीं। वे पढ़-लिख जायें, उनके शादी-ब्याह हो जायें तो वे अपनी भी देखें!....जालन्धर के नाते से चेतन उन्हें बड़ी बहन-सा मानता था। उसके मन में उनके त्याग और बलिदान के लिए अव्यक्त श्रद्धा थी। जब वह अपनी पत्नी के साथ उनके यहाँ पहुँचा तो वे अपने सुरुचिपूर्ण ड्रॉइंग-रूम में काउच पर अधलेटी-अधबैठी कापियाँ देख रही थीं। चेतन के साथ चन्दा को देख कर उन्होंने समझा कि वह शायद उसकी पढ़ाई-लिखाई के बारे में पूछने आया है और बिना उसे बात करने का अवसर दिये, उन्होंने चन्दा की पीठ थपथपाते हुए उसके सरल, हँसमुख स्वभाव और तीक्ष्ण बुद्धि की प्रशंसा की। 'इसे छोटी-छोटी लड़कियों में बैठने में संकोच था,' उन्होंने अपने सारे-के-सारे दाँत दिखाते हुए कहा, 'आज कल तो बालिश्त भर की लड़कियाँ 'प्रभाकर' में पढ़ने आती हैं। पर मैं इसे सदा अपने निकट बैठाती हूँ, मुझे तो यह बिलकुल अपनी छोटी बहन-सी लगती है।'.... और उन्होंने उसे बाँह में ले कर अपने साथ काउच पर बैठा लिया। चेतन सामने बैठा तो उसने अपना मन्तव्य प्रकट किया। जब उन्हें मालूम हुआ कि चेतन 'म्लेच्छ भाषा' त्याग कर 'मातृभाषा' में लिखना चाहता है तो वे बड़ी प्रसन्न हुईं।.... चेतन को उर्दू काव्य और उर्दू भाषा बड़ी अच्छी लगती थी और उर्दू के सन्दर्भ में 'म्लेच्छ भाषा' का प्रयाग बुरा लगता था, पर बहन कृपालदेवी आर्य समाजी बाप की बेटी थीं। चेतन स्वयं आर्य समाजी संस्था में पढ़ा था और उर्दू के लिए अपने पण्डितों के मुँह से उसने प्रायः यह शब्द सुना था और वह बहन कृपालदेवी का मनोविज्ञान समझता था। वह हिन्दी को भी अपनी मातृभाषा नहीं मानता था। पंजाबियों की मातृभाषा उसके मत से केवल पंजाबी थी। उसे

कभी-कभी यह सोच कर दुख होता था कि वे लोग घर में जो भाषा बोलते हैं, वह लिखते नहीं। लेकिन अंग्रेज़ों ने पंजाबियों पर उर्दू लाद दी थी और चूँकि सिक्ख गुरुमुखी को केवल गुरुवाणी बनाये थे और उसके प्रचार-प्रसार के लिए कोई प्रयास न करते थे, इसलिए उर्दू की प्रतिक्रिया में पंजाबी हिन्दुओं ने, चाहे वे आर्य समाजी हों अथवा सनातनी, हिन्दी को मातृभाषा बना लिया था। हिन्दी के प्रति मातृभाषा के मोह ने चेतन को हिन्दी की ओर प्रवृत्त न किया था, वह तो देश की विशाल जनता तक अपनी रचनाएँ पहुँचाना चाहता था और मणि भाई गोबिल के भाषण और मुन्शी चन्द्रशेखर के परामर्श से प्रभावित हो कर उसने तय कर लिया कि वह हिन्दी में लिखना सीखेगा। लेकिन भाषा के सम्बन्ध में उसने बहन कृपालदेवी के साथ किसी तरह की बहस में उलझना उचित नहीं समझा। उसने उनके त्याग और बलिदान के लिए अपनी श्रद्धा प्रकट की और कहा कि जैसे वे अपने छोटे भाइयों की सहायता कर रही हैं, वैसे ही अपना छोटा भाई समझ कर (जालन्धर के नाते इतना तो अधिकार उसका है ही) वे उसकी कहानी की हिन्दी ठीक कर दें।

'मंजरी के सम्पादक मेरी कहानी चाहते हैं।' उसने रद्दा जमाया, 'यदि आप इसे आज ही देख दें तो मैं कल इसे फिर से कापी करके उन्हें दे आऊँ। (यहाँ चेतन को ख़याल आया कि जाने कहानी चातक जी को पसन्द आये, न आये, वे 'मंजरी' में छापें, न छापें, इसलिए उसने इतना और बढ़ा दिया) हो सकता है, उन्हें पसन्द आ जाये और वे इसे 'मंजरी' के लिए स्वीकार कर लें।'

यह कहते हुए चेतन ने कहानी का मसौदा उन्हें दिया और बोला, 'हिन्दी में यही मेरी पहली कहानी है। यूँ कहूँ कि यही पहली कहानी मैंने उर्दू से हिन्दी में की है, क्योंकि अभी सीधे हिन्दी में लिखने के लिए मुझे बहुत अभ्यास करना होगा। मुझे हिन्दी में लिखने की आदत नहीं। इसे उर्दू से हिन्दी में करते हुए मुझे लगा है कि जो थोड़ी-बहुत हिन्दी मैंने सीखी थी, उसे भी भूल गया हूँ। आप ज़रा मेरे हिज्जे ठीक कर दीजिएगा। हो सकता है, मैंने छोटी की जगह बड़ी और बड़ी की जगह छोटी मात्रा लगा दी हो। लघु-गुरु मात्राओं का ज्ञान मुझे वैसा नहीं रहा। मिश्रित अक्षरों में भी ग़लती हो सकती है। आपको कष्ट तो होगा, पर यदि आप मेरी दो-एक कहानियाँ ठीक कर देंगी तो मैं चल निकलूँगा। एक बार जो ग़लती आप ठीक कर देंगी, वह दोबारा नहीं होगी, इसका मैं आपको विश्वास दिलाता हूँ।'

बहन कृपालदेवी ने कहानी सोत्साह ले ली और बोली कि उन्हें कापियाँ तो देखनी हैं, पर सोने से पहले वे उसकी कहानी एक नज़र देख लेंगी और वह कल दस के करीब उसे विद्यालय से ले ले।

तब चेतन ने कहा कि यदि किसी शब्द की जगह उन्हें अच्छा शब्द सूझे तो वह भी हाशिये में लिख दें। और वह उठा।

लेकिन बहन कृपालदेवी इतनी प्रसन्न हो गयी थीं कि उन्होंने अपनी छोटी बहन को शर्बत बनाने के लिए कहा और स्वयं उठ कर दो तश्तरियों में मीठा-नमकीन ले आयीं। चेतन ने लाख कहा कि वे घर से लस्सी पी कर चले थे, लेकिन उन्होंने बिना नाश्ता किये उन्हें उठने नहीं दिया।

उनतीस

दूसरे दिन चेतन सुबह ज़रा जल्दी उठ गया। बहन कृपालदेवी ने दस बजे आने को कहा था। तब सहसा उसके मन में आया कि क्यों न वह पण्डित 'रत्न' के जाये और अपने उर्दू कहानी-संग्रह की भूमिका के बारे में उनसे परामर्श कर आये! विचार आया कि उसे कार्य रूप में परिणत करने को वह उतावला हो उठा! जल्दी-जल्दी नित्य कर्म से निबट, वह पैदल ही शीशमहल रोड की तरफ़ चल पड़ा। पण्डित 'रत्न' के घर पहुँचा तो वे दफ़्तर को जाने की तैयारी कर रहे थे। उनके सामने उसने सारी स्थिति रखी। पण्डित जी ने उसे सलाह दी, वह 'हफ़ीज़,' 'तासीर' और 'तबस्सुम' आदि बड़े नामों के फेर में न पड़े। वे लोग निहायत मसरूफ़ हैं। उसका मसौदा रख लेंगे और महीनों सनद नहीं देंगे। वे उसे पण्डित हरिचन्द 'अख़्तर' के नाम चिट्ठी दे देते हैं। वे बहुत अच्छे कवि और निबन्धकार हैं। उन्हीं ने 'हफ़ीज़' जालन्धरी के काव्य-संग्रह की भूमिका लिखी है। वे पंजाब लेजिस्लेटिव काउन्सिल के पुस्तकालयाध्यक्ष हैं। उनके पास काफ़ी समय है। चेतन यदि उन्हें चिट्ठी दे देगा तो वे उसका काम कर देंगे!

और चेतन उनसे चिट्ठी ले कर उलटे पाँव वापस फिरा। यद्यपि गर्मी में तीन-चार मील का चक्कर पैदल तय करने से वह थक गया था, पर वह घर में रुका नहीं। पत्नी उसकी विद्यालय चली गयी थी। मकान-मालकिन से अपने पोर्शन की चाबियाँ ले कर (जिन्हें वे एक-दूसरे की अनुपस्थिति में ऊपर दे आते थे) चेतन नीचे आया। रसोई-घर खोल कर उसने पानी का गिलास पिया। पण्डित जी की चिट्ठी को सँभाल कर दराज़ में रखा और कमरा बन्द करके निस्बत रोड 'कृपालदेवी विद्यालय' गया। बहन कृपालदेवी ने उसकी कहानी देख रखी थी। वे कथाकार तो थीं नहीं, शब्दों में उन्होंने अधिक संशोधन नहीं किया था। हिज्जों की अशुद्धियाँ उन्होंने ठीक कर दी थीं। उन्हें हार्दिक धन्यवाद दे कर चेतन वापस आया। रास्ते में वह मसौदा देखता आया था। ग़लतियाँ ज़्यादा नहीं थीं। (चेतन को इस बात का सन्तोष हुआ।) पहले उसने सोचा कि इसी तरह उसे चातक जी के पास ले जाये, पर वह किसी काम को बेदिली से करने में विश्वास नहीं रखता था। घर आ कर बैठक खोल, कमीज़ और बनियान उतार, वह मेज़ पर बैठ गया। सामने उसने तख़्ती रखी और कलाई के नीचे काग़ज़ रख कर कहानी को सुन्दर अक्षरों में साफ़-साफ़ कापी करने लगा।

दो बज गये थे, जब वह अन्तिम पंक्ति लिख कर उठा। पहले उसने सोचा कि नहा-धो और खाना खा कर सो जाये। पर वह चाहता था कि उसकी कहानी चातक जी को पसन्द आ जाये और वे 'मंजरी' के ताज़ा अंक में छाप देंगे तो उसका श्रम सफल हो जायेगा। इसलिए दोपहर को सोने का लोभ उसने सम्वरण किया। नहा कर हलका खाना खाया ताकि उसे नींद न आये। नये कपड़े बदले। कहानी का मसौदा और तराशों की फ़ाइल उठायी और कमरे से बाहर निकला। वह डेवढ़ी ही में था कि उसे ख़याल आया, यदि चातक जी दफ़्तर में न मिले, उसकी दोपहर ही बर्बाद हो जायेगी। तब फिर बैठक का

दरवाज़ा खोल उसने मेज़ की दराज़ से पण्डित 'रत्न' की चिट्ठी निकाली कि चातक जी से भेंट न होगी तो वह पण्डित अख़्तर के दफ़्तर चला जायेगा और अपने कहानी-संग्रह की दूसरी भूमिका वाला काम निबटा आयेगा।

०

लेकिन चेतन को यह मालूम नहीं था कि अगर वह जल्दी में है तो यह ज़रूरी नहीं कि सारी दुनिया भी जल्दी में हो। वह 'हिन्दी पुस्तक भवन' पहुँचा और उसने ऊपर 'मंजरी' के दफ़्तर की ओर निगाह डाली तो खिड़की खुली थी। वह खटखट सीढ़ियाँ चढ़ गया। सामने खिड़की के आगे दूध-धुली खादी के कुर्ते-धोती में सुशोभित कवि चातक मेज़-कुर्सी सजाये बैठे काम में रत थे। उसने अभिवादन किया तो उन्होंने बैठे-बैठे और पूर्ववत सामने रखा मसौदा देखते हुए कहा, 'आओ, आओ! मैं कल ही तुम्हारी प्रतीक्षा कर रहा था, तुम आये नहीं तो मैंने समझा कि भूल गये।'

'दिन को मैं काम करता रहा,' चेतन ने कहा, 'रात की ड्यूटी है। दोपहर को सो जाता हूँ। आज तो केवल आपसे मिलने के लिए सोने का मोह छोड़ कर चला आया हूँ। आपका घर देखा होता तो ऐसी शिखर-दोपहरी में नहीं आता।'

'अरे भाई,' चातक जी ने मसौदे से निगाह उठा कर उसकी ओर देखा, 'मेरा घर तो तुम्हारे घर के बिलकुल पास है। शाह आलमी से रत्नचन्द रोड की ओर चलो तो जहाँ कृष्णा गली के मकान शुरू होते हैं, वहीं दो मकान आमने-सामने बने हैं। उधर बाकी गलियों में अभी कोई मकान नहीं बना। दायें वाले मकान के ऊपर हम रहते हैं।'

'मैं आज ही आपके साथ जा कर देख आऊँगा,' चेतन ने कहा। फिर क्षण भर रुक कर उसने अपना मन्तव्य प्रकट किया, 'यह मेरी प्रकाशित उर्दू कहानियों की फ़ाइल है, मैं आपको दिखाने के लिए लाया था।'

और बिना उनका उत्तर सुने अथवा उनके चेहरे की ओर देखे, उसने फ़ाइल उनके सामने मेज़ पर रखी और उनके बराबर खड़े हो कर वह एक-एक कहानी दिखाता गया कि कौन कहाँ छपी है और किस पत्र अथवा पत्रिका का कितना महत्व है।....(कहानियाँ उर्दू में थीं। उर्दू की पत्र-पत्रिकाओं में छपी थीं। चातक जी उर्दू नहीं जानते थे, पर चेतन का उद्देश्य केवल उन्हें अपने कथाकार का महत्व जनाना था। मुन्शी चन्द्रशेखर ने जिन कहानियों की प्रशंसा की थी, उन्हें दिखाना और उनके बारे में मुन्शी जी की सम्मति का उल्लेख करना भी वह नहीं भूला।).... फ़ाइल दिखा कर उसने कहा, 'यदि आप थोड़ा समय दें तो मैं अपनी एक-दो उर्दू कहानियाँ सुनाऊँ। जो कहानियाँ आपको पसन्द होंगी, उन्हें मैं हिन्दी में कर दूँगा।' और बिना रुके उसने इतना और जोड़ दिया, 'दरअसल एक कहानी तो मैंने हिन्दी में कर भी ली है! आप समय देंगे तो वह भी सुनाऊँगा।'

अपनी ही रौ में जब चेतन इतना कह चुका और फ़ाइल खोल कर उनके सामने कहानी सुनाने को उद्यत बैठ गया तो उसने सुना, वे अपने सामने रखे मसौदे की ओर संकेत करते हुए कह रहे थे :

'कल इतवार है, लेकिन प्रेस खुलेगा, मुझे कम-से-कम चार फ़र्मों का मैटर आज प्रेस को दे देना है। दो का मैं दे चुका हूँ, लेकिन अभी दो का शेष है। मैं तो खाना खाने

भी घर नहीं गया। तुम अभी बैठो। दो-तीन घण्टे में इस काम से छुट्टी पा लेता हूँ, फिर घर चलेंगे।'

और वे उसका उत्तर सुने बिना मसौदे पर झुक गये।

चेतन का सारा उत्साह मन्द हो गया। तीन घण्टे चुपचाप बैठना उसके अत्यन्त क्रियाशील मस्तिष्क के लिए घोर यातना के बराबर था। तब उसने सोचा कि क्यों न वह इस बीच काउन्सिल की लायब्रेरी जा कर कहानी-संग्रह की भूमिका का डौल बैठा आये। पण्डित अख़्तर मिल जायें तो उनको वे दोनों विवादास्पद कहानियाँ सुना आये और फ़ाइल से उन कहानियों के तराशे भी निकाल कर दे आये, जो उसने कहानी-संग्रह में संकलित की हैं। साथ ही मुन्शी जी की भूमिका भी उन्हें सहेज दे, जिसकी एक प्रतिलिपि सावधानी के लिए उसने कर ली थी। तब जेब में उसने टटोल कर देखा, पण्डित 'रत्न' की चिट्ठी मौजूद थी।

(इस तेज़ी और तत्परता पर उसने मन-ही-मन अपनी पीठ ठोंक ली।)

चातक जी पूर्ववत मसौदे पर झुके हुए थे। उस कमरे में अपना व्यक्तित्व चेतन को एकदम बेकार और निरर्थक लगा। वह उठा, 'मैं ज़रा काउन्सिल की लायब्रेरी हो आऊँ' उसने कहा, 'आप इतने में अपना काम ख़त्म कर लीजिए।'

क्षण भर को उन्होंने कलम रोकी। सिर उठाया, 'ठीक है। मैं पाँच-एक बजे तक काम ख़त्म कर लूँगा। तब तक तुम आ जाना। फिर इकट्ठे घर चलेंगे और सुने-सुनायेंगे।'

चेतन ने उन्हें 'नमस्कार' किया और फ़ाइल को बग़ल में दबा कर सीढ़ियाँ उतर गया।

o

लेकिन जब पाँच के बदले वह चार ही बजे नितान्त असफल, थका और पसीने से तर 'मंजरी' के कार्यालय में वापस आया तो चातक जी मेज़ पर नहीं थे। कुछ क्षण वह इस आशा में कुर्सी पर बैठा रहा कि शायद प्रेस गये हों और कुछ देर बाद आ जायें। जब वह दस-पन्द्रह मिनट तक बैठा रहा और चातक जी के आने की उसे कोई सुन-गुन न मिली तो वह उठ कर प्रेस गया। मालूम हुआ कि चातक जी सभी फ़ार्म दे गये हैं और वहाँ किसी को पता नहीं, कहाँ गये हैं। तब चेतन 'हिन्दी पुस्तक भवन' गया। वहाँ मैनेजर से उसने चातक जी के बारे में पूछा। पता चला कि शुक्लाजी आये थे और एक ज़रूरी काम से उन्हें साथ ले गये हैं।

'क्या वे दफ़्तर वापस आयेंगे ?' चेतन ने मरी हुई आवाज़ में सूखे गले से पूछा।

'शुक्ला जी के साथ गये हैं। उम्मीद तो नहीं।' मैनेजर ने कहा।

चेतन को विश्वास नहीं हुआ कि उसे आश्वासन देने के बावजूद चातक जी बिना उसकी प्रतीक्षा किये चले गये हैं। पहले उसने सोचा कि वह पाँच बजे तक उनकी प्रतीक्षा करे, लेकिन जब भरी दोपहरी में मील-डेढ़मील चल कर काउन्सिल के पुस्तकालय पहुँच और पण्डित 'अख़्तर' के साथ मिल कर भी उसके हाथ निराशा ही लगी तो उसे हठात यह इलहाम हुआ कि आज उसका काम नहीं होगा। वह बेकार बैठा झींखता रहेगा। वह ऊपर 'मंजरी' के दफ़्तर को जाने वाली सीढ़ियों के पास क्षण भर को रुका, फिर चातक जी की प्रतीक्षा करने का ख़याल छोड़, सिर झुकाये भारी कदमों से घर की ओर चल पड़ा।

०

चेतन का मन बेहन खिन्न और उदास था। उसकी आँखों के सामने गर्म तवे की तरह तपता ठण्डी सड़क का वह टुकड़ा घूम गया, जिस पर उस भरी दोपहरी में उसे जाना-आना पड़ा था।

चातक जी से छुट्टी ले कर जब वह नीचे आया था तो क्षण भर हस्पताल रोड पर खड़े-खड़े उसने सोचा था — वह काउन्सिल की लायब्रेरी न जाये। महीने का अन्तिम शनिवार है, हो सकता है, 'अख़्तर' साहब चले गये हों। इतनी तेज़ धूप में उसका जाना बेकार हो जायेगा। वह वापस 'मंजरी' के दफ़्तर चला जाये, चातक जी का काम ख़त्म होने की प्रतीक्षा करे और आज यही काम निबटाये! —उसे अफ़सोस हुआ कि वह दोपहरी को दो घण्टे सो कर चातक जी से मिलने क्यों नहीं आया। नींद भी ख़राब की और काम भी नहीं हुआ।....लेकिन काम कुछ तो होना चाहिए। उसकी जेब में पण्डित 'रत्न' की चिट्ठी थी। क्यों न वह एक चांस ले ले! 'मंजरी' के दफ़्तर में बैठा चातक जी के बबुओं-ऐसे मुख की ओर देखता हुआ वह क्या करेगा ? नींद तो उसकी ख़राब हो ही गयी है, क्यों न वह इस समय का उपयोग कर ले!....और वह चल दिया था।

गनपत रोड पार कर, एस० पी० एस० के० हॉल की भारी बिल्डिंग के बराबर से सरक्युलर रोड पर होता हुआ वह मोहनलाल रोड पर आ गया था। किताबों की दुकानों पर सन्नाटा था। धूप से बचने के लिए अधिकांश दुकानदारों ने बाँसों की सहायता से टाट के पर्दे फैला रखे थे। चेतन अपने ध्यान में मग्न पण्डित 'अख़्तर' से अपनी भेंट और बातचीत के बारे में सोचता हुआ ठण्डी सड़क पर आ गया। उसी सड़क पर लगभग आध मील के फ़ासले पर, जहाँ माल रोड ठण्डी सड़क से मिलती थी, काउन्सिल हाउस का बड़ा फाटक था। चेतन अनारकली पार कर लोअर माल और गोल बाग़ से होता हुआ भी जा सकता था, पर वह रास्ता लम्बा था, इसलिए वह मोहनलाल रोड से हो कर आया था। ठण्डी सड़क का यह भाग वास्तव में ग्रैण्ड ट्रंक रोड का हिस्सा था। शाम को नगरपालिका की मोटर उस पर पानी का छिड़काव कर जाती थी और रात होते-न-होते कोलतार की वह सड़क सचमुच ठण्डी हो जाती थी, लेकिन उस वक्त तो वह जलते तवे-सी गर्म थी। जगह-जगह तपिश के कारण कोलतार पिघल गया था। एक जगह चेतन की चप्पल उसमें चिपक गयी और उसका नंगा पैर उसमें से निकल कर जलती सड़क पर जा पड़ा, झुलस गया और जलन की एक लहर उसकी रीढ़ की हड्डी से होती हुई उसकी गर्दन के पीछे तक दौड़ गयी। एक पैर के बल खड़े हो, झुक कर उसने हाथ से चप्पल खींची और उठे हुए पैर में डाल दी। लेकिन उसके बाद भी पैर का तलुआ चप्पल में देर तक जलता रहा। जब कुछ दूर तक चलने के बाद दूसरी बार फिर उसका पैर चप्पल से निकल गया तो चेतन ने अपने ध्यान को सब बातों से हटा कर सड़क पर लगा दिया और इस बात का ख़ास ख़याल रखा कि जहाँ कोलतार फूला हो, वहाँ उसका पाँव न पड़े।

बरसात के मौसम में आम तौर पर पंजाब में दो-एक झड़ियाँ कस कर लग जाती हैं, लेकिन पूरा मौसम बीत चला था, बादल उमड़-घुमड़ कर ख़ुश भी कर गये थे, पर दो-एक घड़ी को भी किसी दिन जम कर पानी न बरसा था और गर्मी में सारा शहर, बाग़-बगीचे और सड़कें बेतरह झुलसने लगी थीं। चेतन की आँखों के सामने शून्य में

लहरिये-से बनते नज़र आ रहे थे। कभी दूर सड़क पर पानी बिछा दिखायी देता था, लेकिन वहाँ पहुँचने पर मालूम होता कि सड़क तो वैसी ही जलती तपती है और पानी का वह आभास तो मरीचिका था। रेगिस्तान में यात्रियों को ऐसे ही पानी दिखायी देता होगा —चेतन ने मन-ही-मन सोचा और एक दीर्घ-निःश्वास अनायास उसके होंटों से निकल गया।

सड़क पर जगह-जगह फूला कोलतार, शून्य में बनते लहरिये और हमेशा दूर-दूर होता पानी का लिश्कारा देखते हुए चेतन काउन्सिल हाउस के निकट पहुँच गया था। दो ख़ूबसूरत लेकिन मज़बूत स्तम्भों के बीच बड़े ऊँचे जालीदार गेट के दोनों ओर सन्तरी सख़्त धूप के बावजूद, चाक-चौबन्द खड़े पहरा दे रहे थे। चेतन ने किंचित दूर ही से कुर्ते के दामन की उल्टी तरफ़ से मुँह और गर्दन का पसीना पोंछा। फिर आगे बढ़ कर सन्तरी से काउन्सिल लायब्रेरी का पता पूछा। सन्तरी के पूछने पर उसने अपना परिचय दिया और पण्डित हरिचन्द 'अख़्तर' से मिलने की इच्छा प्रकट की। सन्तरी ने उसे अन्दर जा कर बायीं ओर पहली बिल्डिंग में जाने के लिए कहा और समझाया कि बरामदे में दायीं ओर के कमरे में 'अख़्तर' साहब बैठते हैं।

बरामदे में मोटे सरकण्डों से बनी और एक ओर नीली मारकीन से मढ़ी चिकों के पर्दे लगे थे, जो गरारियों की मदद से खोले और गोल किये जा सकते थे। चेतन वहाँ पहुँचा तो पसीने से तर उसके शरीर में ठण्डक की प्यारी-सी सरसराहट दौड़ गयी। कुर्ते के उल्टे दामन से उसने फिर मुँह और गर्दन का पसीना पोंछा। बरामदे में स्टूल पर बैठे चपरासी से उसने 'अख़्तर' साहब का कमरा पूछा तो उसने बायीं ओर संकेत कर दिया। चेतन ने उधर निगाह डाली। उस दरवाज़े पर भी नीले कपड़े से मढ़ी बाँस की चिक लटक रही थी। चेतन ने बढ़ कर, एक तरफ़ से उसे ज़रा-सा उठा, अंग्रेज़ी में अन्दर आने की इजाज़त चाही।

पण्डित अख़्तर बड़ी-सी मेज़ के पीछे खड़े कोई काग़ज़ ढूँढ रहे थे। बिना उसकी ओर देखे सिर के इशारे से उन्होंने उसे अन्दर आने के लिए कहा और पूर्ववत काग़ज़ ढूँढते रहे।

लम्बे और छरहरे। चौकोर मुख, कल्लों की हड्डियाँ किंचित उभरीं। उनके चेहरे से उनकी मेधा और वाकपटुता का ज़रा भी अनुमान न होता था। मित्रों की महफ़िलें उनके चुटकुलों, तलीफ़ों, हाज़िर-जवाबी, और शेरों की पैरोडीज़ के कारण गुलज़ार रहती थीं। वे बहुत कम लिखते थे, लेकिन उनके कुछ शेर बड़े प्रसिद्ध थे और वे बड़े अच्छे आलोचक माने जाते थे। जब वे सीधे किसी की ओर देखते तो उनकी आँखों में हलकी-सी चमक उस शरारत की चुग़ली खाती, जो उनकी गम्भीर मुखाकृति के नीचे कहीं छिपी रहती थी। उनका एक प्रयोग लाहौर के अदबी हलकों में बड़ा प्रसिद्ध था :

कहा —ऊँट पे चढ़ जायें
कहा —ऊँट पे चढ़ जाओ।
कहा —कोहान का डर है
कहा —कोहान तो होगा।।
कहा —सरहद पे जा बैठें
कहा —सरहद पे जा बैठो।

कहा —अफ़ग़ान का डर है
कहा —अफ़ग़ान तो होगा।।
कहा —चीन को जायें
कहा —चीन को जाओ।
कहा —जापान का डर है
कहा —जापान तो होगा।।
कहा —लेडी को चूमें
कहा —लेडी को चूमो।
कहा —चालान का डर है
कहा —चालान तो होगा।।

पण्डित 'रत्न' से उसने यह प्रयोग सुना था। बाद में जब कोई मित्र कोई काम करना भी चाहता था और साथ ही शंका भी प्रकट करता तो चेतन कहता कि भाई कोहान तो होगा! और साथी के चकित होने पर 'अख़्तर' साहब की यह कविता सुना देता था और अन्तिम बन्द के ख़त्म होते-न-होते दोनों ठहाका मार कर हँस पड़ते। इस तरह अख़्तर साहब की कविता का 'कोहान' संकट का पर्याय बन गया था। लोग इस कविता में अपनी इच्छा और ज़रूरत के अनुसार और बन्द जोड़ लेते थे।....लेकिन अख्तर साहब ने कुछ बहुत अच्छे शेर भी कहे थे और चेतन को उनके दो शेर :

मैं अपने दिल का मालिक हूँ मेरा दिल एक बस्ती है
कभी आबाद करता हूँ, कभी बरबाद करता हूँ!
मुलाकातें भी होती हैं मुलाकातों के बाद अक्सर
वे मुझको भूल जाते हैं, मैं उनको याद करता हूँ!

बहुत अच्छे लगे थे।

लेकिन वहाँ बड़ी-सी कुर्सी और मेज़ के बीच क्रीम रंग के सूट में जो लम्बा-सा व्यक्ति खड़ा था, वह कवि नहीं, दफ़्तर का कोई उप-सचिव ऐसा लगता था।

आख़िर अख़्तर साहब को वह काग़ज़ मिल गया। तब उसे एक नज़र पढ़ कर उसे हाथ में लिये हुए वे चल पड़े। प्रकट ही अपनी तन्मयता में वे चेतन के अस्तित्व तक को भूल गये थे।

चेतन वहीं दरवाज़े के अन्दर खड़ा था कि उनसे नज़रें मिलें तो 'आदाब' कहे और आगे बढ़ कर उन्हें चिट्ठी दे। वह उनसे अपरिचित नहीं था, वे भी उसे जानते थे। दो-तीन बार महाशय धर्मचन्द के यहाँ पण्डित 'रत्न' के साथ वह गया था तो उनसे भी भेंट हुई थी, लेकिन उस समय पुस्तकालयाध्यक्ष के उस कमरे की भव्यता और वहाँ बसी हुई नौकरशाही की बू अथवा अपनी हीन ग्रन्थि के कारण चेतन आगे बढ़ कर कुर्सी पर नहीं बैठा था।....जब वे दरवाज़े की ओर को आये तो अचानक उनकी निगाह उस पर पड़ी और उनके मुँह से अचानक निकला.... 'अरे आप....'

तब चेतन ने उन्हें 'आदाब' किया और चिट्ठी दी।

बिना उसके 'आदाब' का जवाब दिये, जल्दी में चिट्ठी खोल कर उस पर एक

सरसरी दृष्टि डाल, उन्होंने कहा, 'मैं इस वक्त बहुत जल्दी में हूँ। मुझे काउन्सिल हाउस में बुलावा आया है। आप फिर किसी वक्त आइए! बात करेंगे।'

और बिना उसका उत्तर सुने उसे काटते हुए वे तेज़-तेज़ दरवाज़े से निकल गये।

चेतन वहीं निश्चल खड़ा रहा। बाहर क्षण भर को बरामदे में उनके जूतों की खटखट सुनायी दी, फिर बरामदे के पर्दे के हटाये जाने की आवाज़ आयी और सन्नाटा छा गया।

छत पर लगा हुआ पंखा पूरे ज़ोर से चल रहा था। शायद उसके बॉल-बेयरिंग घिस गये थे और अजीब-सी 'खुटर-खुट्ट,' 'खुटर-खुट्ट,' की आवाज़ निकल रही थी।....मोटी चिकों के कारण ठण्डे उस बरामदे में पैर रखते ही चेतन ने सोचा था कि वह पण्डित अख़्तर के साथ कम-से-कम दो घण्टे बितायेगा और सारी थकन मिटा कर फिर वापस 'मंजरी' से दफ़्तर की ओर पलटेगा। लेकिन अख़्तर साहब चले गये थे और उनके कमरे का पंखा जैसे उसका मज़ाक उड़ा रहा था। चेतन का जी हुआ मेज़ पर से शीशे का मोटा-सा पेरवेट उठा कर ज़ोर से पंखे को दे मारे और उसकी वह 'खुटर-खुट्ट' बन्द कर दे। लेकिन उसने कोई ऐसी हरकत नहीं की थी। हलका-सा झोल दे कर चलते हुए उस पंखे पर एक तेज़ निगाह डाल कर वह बाहर निकल आया था। क्षण भर वह बरामदे में रुका रहा था — तपती-जलती ठण्डी सड़क पर बनते हुए लहरिये उसकी आँखों में घूम गये थे — लेकिन फिर सिर को झटका दे कर, पर्दा उठा, बरामदे की सीढ़ियाँ उतर, वह आग-बरसाती धूप में तेज़-तेज़ वापस चल पड़ा था।

०

कृष्णा गली को वापस आते हुए वह सारा-का-सारा दृश्य उसकी आँखों में घूम गया। उसका कण्ठ बेतरह सूख रहा था और मुँह का ज़ायका कड़वा गया था। मेयो हस्पताल के पँचरस्ते पर पहुँच कर वह रत्नचन्द रोड की ओर मुड़ गया कि ऊपर कृष्णा गली नम्बर-१ से हो कर जाने के बदले बाँसों के टाल के बराबर खुली जगह से हो कर सामने से घर जाये!

अभी वह सड़क पर ही था कि उसे सामने डेवढ़ी में चन्दा खड़ी दिखायी दी। उसका ध्यान सामने नहीं था, वह बायीं ओर गली में देख रही थी। चेतन को यह देख कर सन्तोष हुआ कि चन्दा ने उसकी बात पर ध्यान दिया है। उसके आने के दूसरे या तीसरे दिन जब चेतन एक सुबह सब्ज़ी मण्डी से तरकारी ले कर आया था तो उसने उसे नंगे सिर ब्लाउज़ और पेटीकोट में परम देहातिनों की तरह डेवढ़ी के दरवाज़े में खड़े देखा था। उसके ब्लाउज़ का ऊपर का हुक टूटा हुआ था और उसे अपना होश नहीं था। तब चेतन का दिमाग़ ख़राब हो गया था। वह बहुत बोला-बका था और उसने डाँटा था कि फिर कभी उसने चन्दा को नंगे सिर और उधड़े तन डेवढ़ी में खड़े देख लिया तो वह ख़ून कर देगा। चन्दा ने आँखें भर ली थीं और वह चुप हो गया था। फिर उसने उसे समझाया था कि मेरी जान, यह बस्ती ग़ज़ाँ की बेरी वाली गली का तुम्हारा चौक नहीं। यह लाहौर की कृष्णा गली है और सामने चलती सड़क है। डेवढ़ी की चौखट में जब जाओ तो पूरी तरह तन ढाँक कर जाओ!

चन्दा ने कपड़े तो ठीक पहने थे, पर वे उतने साफ़ नहीं थे। 'जब यह कॉलेज में जाने लगेगी, तभी इसे ठीक से पहनना-ओढ़ना आयेगा,' चेतन ने मन-ही-मन सोचा और क्षण भर को वहीं रुक कर उसने अपनी पत्नी के चेहरे पर निगाह डाली। गोल-मटोल, पर

ध्यान-मग्न होने के कारण कुछ सुता हुआ आभाहीन मुख, लेकिन सौन्दर्य की उस कमी को उस चेहरे पर अनायास खिले भोलेपन ने पूरा कर दिया था। चेतन आगे बढ़ा। तभी चन्दा की निगाह उस पर पड़ी। उसकी पूरी बत्तीसी खिल गयी। मोतियों की उन दो पंक्तियों ने क्षण भर पहले आभाहीन दीखने वाले उस मुख को कुछ अजीब-सी द्युति से उद्भासित कर दिया और उन निर्जीव-सी दीखने वाली बड़ी-सी आँखों में अचानक चमक आ गयी। लेकिन चेतन जब डेवढ़ी में पहुँचा तो उसके थके-चिढ़े, उतरे मुख को देख कर अचानक चन्दा का चेहरा उतर गया।

वह उसके पास से निकल कर बैठक में गया। फ़ाइलें उसने मेज़ पर रखीं, कुर्ता-बनियान उतार कर कुर्सी पर फेंक दी और धरती पर चटाई बिछा कर चित लेट गया।

चन्दा भाग कर सिरहाना ले आयी। उसके सिर के नीचे सिरहाना रख कर वह वहीं फ़र्श पर बैठ गयी और उसके पसीने से तर घुँघराले बालों में हाथ फेरते हुए उसने पूछा कि क्या बात है, वह दोपहर को सोया क्यों नहीं, कहाँ गया था। खाना भी लगता है, उसने नहीं खाया।

'मेरा गला सूख रहा है, तुम मुझे ज़रा लस्सी या शिकंज्वी पिलाओ!'

'नींबू तो नहीं है, मैं लस्सी बनाती हूँ।' और चन्दा उठ कर भाग गयी और दो मिनटों में दूध की लस्सी का बड़ा-सा गिलास ले आयी।

लगभग एक ही साँस में गिलास ख़त्म करके उसे वापस देते और फिर लेटते हुए चेतन ने पूछा, 'इसमें तो बर्फ़ थी। कहाँ से आयी ?'

'मैं विद्यालय से आते-आते लेती आयी थी।' चन्दा ने मोतियों की लड़ियाँ बिखेरते हुए कहा, 'गल रही थी, तभी मैं चौखट में खड़ी आप की राह देख रही थी।'

चेतन की सारी थकन और खीझ हवा हो गयी। उसने वहीं चटाई पर लेटे-लेटे पत्नी का सिर अपने सीने पर रख लिया और धीरे-धीरे दिन भर की अपनी सारी बेकार भटकन की गाथा उसे कह सुनायी।

'सुबह से ले कर अब तक सात-आठ मील का चक्कर तो हो ही गया होगा।' बात ख़त्म करके उसने कहा, 'दोपहर तो इसी फ़िराक में सोया नहीं। दोनों जगह नाकाम रहा। पिण्डलियाँ और टख़ने बेतरह दुख रहे हैं और मन में बड़ी झल्लाहट हो रही है।'

चन्दा धीरे से उठी। 'आप बहुत उतावले हैं,' उसने पति की पिण्डली दबाते हुए कहा, 'नाहक काउन्सिल हाउस गये। एक काम आज हो जाता, दूसरा फिर हो जाता। धूप में इतनी दूर जाने की क्या ज़रूरत थी! कल इतवार है, आराम से जाइएगा और कहानी चातक जी को दे आइएगा।'

चेतन हँसा, 'मैं अपनी आदत से मजबूर हूँ।' और उसने करवट बदल ली।

चन्दा धीरे-धीरे उसकी पिण्डलियाँ दबाने लगी। दोनों पिण्डलियाँ दबा कर उसने टख़ने और पैर दबाये और यद्यपि पाँच बज गये थे तो भी चेतन गहरी नींद सो गया।

पैर दबाते हुए चन्दा की उँगलियों में कोलतार लग गया था। पहले उसने सोचा, जा कर रगड़ कर उतार दे। फिर वह उठ कर पंखा लायी और चुपचाप अपने पति के पास बैठी पंखा करने लगी।

तीस

यद्यपि चेतन ने भी कहा था और चन्दा ने भी तय किया था कि वह इतवार को जा कर चातक जी को अपनी कहानी दे आयेगा, लेकिन उस इतवार की बात तो दूर रही वह उसके अगले इतवार भी उनके यहाँ नहीं जा सका।

o

शाम को घण्टा भर सोने के बाद जब वह उठा था तो उसकी सारी चिन्ता दूर हो चुकी थी। आसमान पर इस बीच जाने किधर से बादल घिर आये थे और ठण्डी-ठण्डी हवा रमकने लगी थी। चेतन के लिए घर में बैठे रहना कठिन हो गया था। उसने चन्दा से तैयार होने को कहा था और स्वयं नहाने चला गया था। नहा कर और कपड़े बदल कर वह चन्दा के साथ बाहर निकला। तय हुआ कि वे निस्बत रोड पर सैर को जायेंगे, 'क्रिस्टल' में रोज़ क़ी एक-एक बोतल पियेंगे और वापसी पर अगर मन हुआ, तो कुछ क्षण को कमला के जायेंगे।

यह कमला के यहाँ जाने का प्रस्ताव उसकी पत्नी ने रखा था। जब वे घर से निकले थे और मेयो हस्पताल के चौक में आ गये थे तो पँचरस्ते पर क्षण भर रुक कर चेतन ने पूछा था, 'किधर चलोगी चन्दा ?'

'आपका मन उदास है, चलिए, ज़रा दो घड़ी कमला के यहाँ हो आयें!'

माँ के जाने के बाद वे दो-चार बार मौसी रामरक्खी के यहाँ हो आये थे। चूँकि कमला भी कृपालदेवी विद्यालय में पढ़ती थी, इसलिए चन्दा के लिए वह घर कमला का हो गया था। लेकिन कमला के यहाँ उसके पति के आकर्षण का केन्द्र जमुना है, यह चन्दा से छिपा न था और जब उसने कमला के यहाँ जाने की बात कही तो उसका अभिप्राय जमुना के यहाँ जाने ही से था। जमुना उसे अच्छी लगती है और उसके मन में उस अनाथ के लिए स्नेह और सहानुभूति है, यह बात चेतन ने अपनी पत्नी से छिपायी भी नहीं थी।....कमला के यहाँ जाने की बात सुनते ही चेतन ने एक तेज़ निगाह चन्दा के मुख पर डाली। लेकिन व्यंग्य का उस भोले चेहरे पर आभास तक न था। उसके बदले एक बड़ी मीठी, त्यागमयी मुस्कान वहाँ खेल रही थी।....चेतन ने क्षणिक आवेश में अपनी पत्नी को बाँह में भर लिया। वे उस पँचरस्ते पर न खड़े होते तो वह उसे चूम भी लेता। फिर उसने कहा, 'नहीं, क्रिस्टल से लक्ष्मी मैन्शन्ज़ तक तो जायेंगे, फिर समय रहा तो कमला के जायेंगे।' (मन-ही-मन उसने तय कर लिया कि कमला के नहीं जायेंगे।)

कृष्णा गली से निकल कर ख़रामाँ-ख़रामाँ टहलते हुए दोनों क्रिस्टल पहुँचे थे। निस्बत रोड उन दिनों पूरी नहीं बनी थी। बीच-बीच में दुकानों के लिए काफ़ी प्लॉट ख़ाली पड़े थे और दिनों-दिन उनकी कीमतें आसमान छू रही थीं। लगभग आधे रास्ते पहुँच कर दायीं ओर पाँच दुकानों का एक ब्लॉक बना था, जिनमें 'क्रिस्टल रेस्तराँ' नया-नया खुला था और अपनी आधुनिक बनावट तथा प्रकाश-व्यवस्था के कारण (जो उस ज़माने में कहीं-कहीं ही देखने को मिलती थी) अनायास आँखों को आकर्षित करता था। चेतन जब उधर से गुज़रता, उसके मन में वहाँ जाने की इच्छा होती थी, लेकिन वह कभी चन्दा को साथ ले कर वहाँ आयेगा, यह सोच कर वह अपनी उस इच्छा को मन-ही-मन दबा लेता।

इसलिए उस शाम जब वे बहुत दिनों के बाद इकट्ठे सैर को निकले थे, चेतन ने 'क्रिस्टल' चलने का प्रस्ताव किया था।

मेयो हस्ताल के सामने से वे निस्बत रोड की ओर को मुड़े तो चेतन अपनी पत्नी को उन सभी हिन्दी साहित्यकारों के बारे में बताने लगा, जिनसे उसका नया-नया परिचय हुआ था। लॉ रिपोर्टर के दफ़्तर और 'उर्दू बुक स्टॉल' में धर्मदेव वेदालंकार से अपनी दोनों मुलाकातों का ब्योरा दे कर उसने उनके घर होने वाली गोष्ठी का सविस्तार (अपनी ओर से नमक-मिर्च लगा कर कमेण्ट करते हुए) वर्णन किया। जब उसने माल और अनारकली के चौरस्ते पर दायीं ओर के लॉन में चातक जी के कविता सुनाने, उनकी धोती के भीग कर बोरी-ऐसी लटक आने और उनके सारे उत्साह के यकसर काफ़ूर हो जाने की बात कही तो चन्दा अनायास हँस दी — 'बेचारे!' उसने सिर्फ़ इतना कहा।

तब जाने चन्दा के स्वर में ही कुछ ऐसा था अथवा चेतन के अपने मन के किसी गहरे स्तर के नीचे अभी तक अपनी दिन भर की भटकन और विफलता की खिन्नता मौजूद थी या चातक जी की बात सुनाते हुए उसे सहसा अपनी मूर्खता का ध्यान हो आया था और चन्दा का वह रिमार्क उसे अपने लिए भी उपयुक्त लगा था, कारण जो भी हो, उस पर आत्म-भर्त्सना का मूड सवार हो गया।

'चातक जी की बात नहीं,' सहसा उसने कहा,'हम सभी लेखक और कवि एक-जैसे हैं। घोर अहंवादी और इसके बावजूद अन्तर में कहीं निहायत बच्चे। अपनी रद्दी रचनाएँ भी हमें अच्छी लगती हैं और दूसरों की उत्कृष्ट भी रद्दी। अपनी रचनाएँ सुनाने और उनकी दाद पाने का मोह हमसे न जाने कैसी-कैसी बचकानी हरकतें करा देता है!....अब मैं सुबह से ले कर क्यों इतना परेशान रहा हूँ। मैं चातक जी को अपनी उर्दू कहानियाँ सुनाना चाहता था। उनके पास समय नहीं था तो तपती धूप में काउन्सिल-हाउस जा पहुँचा। यह महज़ बचपना नहीं तो क्या था!'

चन्दा ने महसूस किया, उसका पति फिर ग़लत राह पर मुड़ गया है। वह फिर उदास हो जायेगा। उसने चेतन की बात बीच ही में काट दी, 'पर आप कहानियाँ सुनाने तो इसलिए गये थे कि आपको अनुवाद के लिए कहानी चुननी थी और अख़्तर साहब को आपके संग्रह पर भूमिका लिखनी थी।'

लेकिन चेतन उस डगर पर दूर तक निकल गया था और रुकना या पलटना उसके लिए मुश्किल था। 'कहानी तो मैंने चुन ही ली थी,' उसने लगभग आक्रोश-भरे स्वर में कहा, 'उसका अनुवाद भी कर लिया था। मैं तो चातक जी को कहानियाँ 'सुनाना' चाहता था कि उन पर मेरा कुछ रोब पड़े। वे उनकी प्रशंसा करें। फिर अख़्तर साहब तो उर्दू पढ़ सकते हैं। लेकिन मेरे मन में तो उन्हें भी सुनाने ही की इच्छा थी। तब चाहे न सही, पर अब तो मैं अपनी नीयत की जाँच-परख कर ही सकता हूँ। मैं चाहता था —मुन्शी जी ने मेरी कहानियों की जो आलोचना की है, अख्तर साहब उन्हें सुन कर उससे उलट बात कह दें!' (चन्दा उसकी बात काट कर कुछ कहने जा रही थी कि चेतन ने आवाज़ को और तेज़ कर दिया)'हाँ....हाँ....यही इच्छा मेरे मन में थी। अख़्तर साहब उन कहानियों की वैसी तारीफ़ न करते तो मैं उन्हें अपनी बात समझाता और उनसे अपने कहानी-संग्रह की भूमिका उसी ऐंगल से लिखवाता।....चिलचिलाती धूप में ठण्डी सड़क पर चलते हुए मैं यही सब

सोच रहा था। तभी मेरी चप्पल गर्मी से फूले हुए कोलतार में चिपक गयी और मेरा पैर जल गया था।'

चन्दा क्या कहे, अपने पति को कैसे तसल्ली दे, वह समझ नहीं पायी। कुछ क्षण दोनों चुपचाप चलते रहें। फिर सहसा चेतन फट पड़ा :

'हम सारे लेखक और कवि जो दूसरों के मनोविज्ञान को जानने और उकेरने का दम भरते हैं, दूसरों की मूर्खताओं का मज़ाक उड़ाते हैं और उन पर ठहाके लगाते हैं, ख़ुद कैसी हिमाकतें करते हैं, यह तुम नहीं जान सकतीं।'

आत्म-भर्त्सना के उस दुर्वार मूड में चेतन और न जाने क्या-क्या कहता कि वे 'क्रिस्टल' पहुँच गये।

o

उन नयी बनी दुकानों की कुर्सी काफ़ी ऊँची थी। उनके सामने ऊँचा चौतरा था, जिस पर जाने के लिए अलग-अलग सीढ़ियाँ बनी थीं। चौतरा चार फ़ुट से ज़्यादा नहीं था, उसके बाद एक-एक बड़ा कमरा था। क्रिस्टल के मालिक ने बाहर के चौतरे पर दोनों ओर लकड़ी की पार्टीशन लगा कर ऊपर से छत लिया था और बाहर स्लाइडिंग दरवाज़े लगा दिये थे। यह चौतरा एक छोटा-सा आयताकार कमरा बन गया था, जिसके दायीं ओर काउण्टर बना था और बाकी हिस्से में फ़र्श पर रंगीन टाट बिछा था। एक छोटा-सा पंखा काउण्टर पर और दो अन्दर के कमरे में लगे थे। तीनों नये थे। रोशनी का इतना बढ़िया प्रबन्ध था कि बाहर से देखने वाले को सब कुछ लक-दक, चाक-चौबन्द, सुन्दर और आकर्षक लगता था। चूँकि अन्दर के कमरे में उतनी जगह नहीं थी और यूँ भी सख़्त गर्मी और उमस थी, इसलिए रेस्तराँ के मालिक ने फ़ुटपाथ और दुकान के बीच की जगह में ख़ूब छिड़काव करा दिया था और वहाँ छोटी मेज़-कुर्सियाँ लगवा दी थीं।

रेस्तराँ पर एक निगाह डालते ही चेतन का मूड बदल गया। पहले उसका मन हुआ कि बाहर ही सड़क के किनारे खुले में बैठें, लेकिन जब-जब वह उधर से गुज़रा था, उसके मन में अन्दर जा कर बैठने की इच्छा हुई थी, इसलिए वह अपनी पत्नी के आगे-आगे अन्दर बढ़ गया और एक कुर्सी पर बैठते और अपनी पत्नी को सामने मेज़ की दूसरी ओर बैठने का आदेश देते हुए मस्ती से उसने बैरे से पूछा, 'क्यों भाई कुछ ठण्डा-वण्डा है ?'

साफ़ वर्दी पहने बैरे ने तत्काल मीनू उसके हाथ में दे दिया। चेतन घर से चला था तो उसने तय किया था कि दोनों पति-पत्नी रोज़ (rose) की एक-एक बोतल पियेंगे, लेकिन जब उसने देखा कि रोज़ में दूध मिला कर मिल्क-रोज़ लेने में दो आने ही ज़्यादा लगते हैं तो उसने बड़ी उदारता से उसी के लिए आर्डर दे दिया।

लेकिन जितने में मिल्क-रोज़ बन कर आता, उसे अन्दर कमरे में अपना दम घुटता-सा लगा। नफ़ासत और सजावट चाहे वहाँ जितनी हो, पंखे भी चाहे फ़ुल स्पीड से चल रहे हों, लेकिन ज़्यादा रोशनी के कारण उमस और गर्मी बढ़ गयी थी और चेतन ने मन-ही-मन तय किया कि उन्हें बाहर चल कर खुले में बैठना चाहिए।

तभी बैरा ट्रे पर दो गिलास रखे हुए आया। चेतन को गिलासों का दूधिया गुलाबी पेय देखने में बहुत अच्छा लगा। उसने एक गिलास अपनी पत्नी को दिया, एक स्वयं लिया

और बोला, 'यहाँ बहुत उमस है, चलो, बाहर चल कर बैठते हैं।'

और यह कहते ही वह उठा और गिलास में रखी नली से गुलाबी पेय सिप करता हुआ बाहर की तरफ़ चल दिया।

उसकी पत्नी भी उठी, गिलास और अपना आप सँभालते हुए वह उसके पीछे चल दी।

दोनों बाहर एक मेज़ के दाये-बायें पड़ी दो कुर्सियों पर आ बैठे।

वहाँ ताज़े छिड़काव के कारण धरती से मिट्टी की सोंधी-सोंधी ख़ुशबू आ रही थी। आकाश पर एक बड़ा-सा बादल का टुकड़ा झूल रहा था और ठण्डी-ठण्डी हवा रमक रही थी। दोनों धीरे-धीरे मिल्क रोज़ सिप करने लगे।

चेतन का मूड बिलकुल बदल गया था। वह अपनी पत्नी को भविष्य की अपनी योजनाएँ सुनाने लगा। 'मैं कल सुबह ही चातक जी के जाऊँगा।' उसने कहा, 'उर्दू कहानियाँ उन्हें सुनाने की कोई ज़रूरत नहीं। में उन्हें 'कुर्बानगाहे-इश्क' का हिन्दी वर्शन दूँगा कि वे ज़रा पढ़ कर देखें। यदि कहानी उन्हें पसन्द हो और भाषा वे ठीक कर दें तो मैं उसे कापी करके उन्हें दे आऊँगा और यदि वे 'मंजरी' के लिए स्वीकार कर लें तो फिर क्या बात है!'

कुछ क्षण चुपचाप मिल्क रोज़ सिप करने के बाद उसने कहा, 'मुझे मुन्शी जी ने लिखा है कि वे उर्दू में कहानी ले कर क्या करेंगे; कि मैं उन्हें अपनी कहानी हिन्दी में करके भेजूँ, लेकिन हिन्दी मेरी अभी अच्छी नहीं और अनगढ़ भाषा में उन्हें कहानी भेजने में मुझे संकोच होता है।

तभी चन्दा ने प्यारी-सी मुस्कान से कहा (जिसके बारे में चेतन ख़याल था कि ऐसे प्यारेपन से केवल चन्दा ही मुस्करा सकती है और उस मुस्कान में भी वह मोती बिखरा देती थी।) 'लेकिन बहनजी ने आपकी कहानी देख तो दी है। उसे ही मुन्शी जी को भेज दीजिए।'

चेतन क्षण भर अपनी पत्नी की ओर देखता रहा। उसकी निगाह की तेज़ी से चन्दा का मुख लज्जारुण हो गया और उसने आँखें झुका लीं।

चेतन हँसा। उसकी पत्नी कितनी भोली थी!

'तुम्हारी बहनजी ने कहानी ठीक तो कर दी है, पर वे लेखक या आलोचक नहीं हैं। उन्होंने ज़्यादा-से-ज़्यादा हिज्जे ठीक कर दिये हैं, लेकिन भाषा केवल शुद्ध हिज्जों से तो नहीं बनती। भाषा मुनासिब शब्दों से बनती है। उर्दू शब्दों की जगह ठीक प्रचलित हिन्दी शब्द हों तो कहानी हिन्दी की लगेगी, वरना अनूदित मालूम होगी। मैंने हिन्दी में कहानी पढ़ी है। उसमें वह ज़ोर और रवानी नहीं, जो उर्दू में है। इसी लिए मैं चाहता हूँ कि दो-एक कहानियाँ चातक जी ठीक कर दें और उन्हें 'मंजरी' में छाप दें। जैसी कहानियाँ मैं आजकल लिख रहा हूँ, मुन्शी जी के पत्र में तो वैसी एक भी नहीं छपती। वे आदर्शवादी कहानियाँ छापते हैं और पण्डित 'रत्न' कहते हैं कि ज़रूरी नहीं, अच्छी कहानी आदर्शवादी हो। उनका कथन है कि कहानी वही अच्छी है, जिसमें कोई अछूता ख़याल कला की पूरी बारीकी और चतुराई के साथ निभा दिया जाये। पण्डित जी को 'कुर्बानगाहे-इश्क' बेहद पसन्द है। पर ये हिन्दी वाले दाल-भाती लोग हैं, उन्हें एग्रेसिव इश्क की यह कहानी जाने पसन्द आती है

या नहीं ?'

चेतन ने इस बात की चिन्ता नहीं की कि उसकी पत्नी को उसकी बात समझ आयी है या नहीं। वह क्षण भर तक मिल्क रोज़ सिप करता रहा। फिर उसने कहा, 'दो-एक कहानियाँ 'मंजरी' में छप जायें तो तुम देख लेना हिन्दी की कोई ऐसी पत्रिका नहीं होगी, जिसमें मेरी कहानियाँ न छपें। उर्दू पत्रिकाएँ सिर्फ़ लाहौर में छपती हैं, एकाध दिल्ली या लखनऊ से भी निकलती हैं, लेकिन हिन्दी पत्रिकाएँ लाहौर ही से नहीं, लखनऊ, इलाहाबाद, बनारस, कलकत्ता और इन्दौर से निकलती हैं। वक्त आयेगा कि वो देश के हर प्रान्त से निकलेंगी और तब देश का कोई ऐसा कोना न होगा जो मेरे नाम या मेरी रचनाओं से अपरिचित रह जाये!'

चेतन हवा के घोड़े पर सवार था और जाने अपनी पत्नी को और क्या-क्या योजनाएँ सुनाता कि सहसा एक चंचल-सी युवती ने पीछे से आ कर चन्दा की आँखें बन्द कर लीं।

गोरा रंग, गदराया बदन, लेकिन कमर का ख़म सुस्पष्ट, माथे पर बड़ी-सी बिन्दी, ढेर से गहने और गहरे नीले रंग की तारों-टँकी मुकैश की साड़ी। वे लोग चेतन के सामने परे कोने में बैठे थे। लड़की की पीठ चन्दा की पीठ की तरफ़ थी और उसका पति चेतन के सामने बैठा था। चेतन ही की उमर का था, पर उसकी अपेक्षा कहीं ज़्यादा हृष्ट-पुष्ट। उसके चेहरे पर चेचक के हलके-से दाग़ थे और ऊपर के होंट पर पम्प-शू की बो-ऐसी मूँछें थीं। चेतन ने उसको पहले कभी नहीं देखा था, लेकिन उस युवती को देख कर उसे लगा कि यह चेहरा उसने पहले कहीं देखा है। उस क्षण जब वह चन्दा की आँखें दबाये थी और चन्दा विवश-सी उसके हाथों पर हाथ फेरती हुई उसे पहचानने का प्रयास कर रही थी, चेतन सोचता रहा कि उसने इस सुन्दर लड़की को कहाँ देखा है। तभी जब अपने हाथ हटाते, चन्दा के हाथों को अपने दोनों हाथों में लेते, हँसते और आँखें नचाते हुए उसने कहा, 'क्यों री चन्दो, दो ही साल में अपनी सहेली की छोह[१] भूल गयी!' तो सहसा चेतन को बिजली के कौंधे की लपक-सा ख़याल आया कि यह तो वही लड़की है, जो गहनों में लदी और ब्याह के लाल जोड़े में सजी चेतन की शादी के दिन पण्डित वेणीप्रसाद के आँगन में आयी थी, जिसने दरवाज़े ही से आँखें नचा कर चेतन के इर्द-गिर्द बैठी अपनी सहेलियों को सुना कर कहा था, 'आया नी पुत्त नटनी दा' और जब चेतन ने ऐन-मैन उसकी भंगिमा और स्वर की नकल उतारते हुए वही वाक्य दोहरा दिया था तो वह लजा कर उल्टे पाँव भाग गयी थी — मोहिनी! — चेतन को हठात उसका नाम भी याद हो आया।....अपनी पत्नी से वह उस चंचला का नाम पूछना नहीं भूला था और यद्यपि उसके विवाह को दो वर्ष हो गये थे और मोहिनी कुछ मोटी हो गयी थी, पर वह उसे पहचान गया था, क्योंकि वह घटना अपने नन्हें-से-नन्हें ब्योरे के साथ उसके दिमाग़ में सुरक्षित थी। मोहिनी यदि मुँह न खोलती और शरीर को बल देती हुई आँखें न नचाती तो शायद चेतन उसे पहचान न पाता, पर ज्योंही आँखें और शरीर मटकाते हुए उसने वह बात कही, चेतन के दिमाग़ में उसका नाम कौंध गया।

०

१. स्पर्श

दोनों सहेलियाँ ज़रा परे हो कर बतिया रही थीं। चेतन वहीं बैठा अपने ध्यान में मग्न था। गिलास उसने ख़ाली कर दिया था और सिर्फ़ स्ट्रॉ मुँह में लिये हुए बर्फ़ का पानी चूस रहा था कि उसने देखा —मोहिनी का पति हाथ बढ़ाये उसके पास आ गया है और अंग्रेज़ी में कह रहा है —'मैं लेखराज भाटिया हूँ —मोहिनी का पति!'

चेतन ने घबराहट में गिलास बायें हाथ में लिये-लिये उठ कर अपनी स्वाभाविक गर्मजोशी से लेखराज भाटिया से हाथ मिलाया। तब उन्होंने बताया कि वे लोग गुरदासपुर में थे। इधर उनके भाई लक्ष्मी इन्श्योरेंस कम्पनी के हेड ऑफ़िस में मैनेजर हो गये हैं। सो वे भी इन्सपेक्टर हो कर यहीं आ गये हैं और निकट ही ग्वालमण्डी में रहते हैं! श्री लेखराज भाटिया ने जेब से अपना विज़िटिंग कार्ड निकाला, उस पर अपने घर का पता लिख कर चेतन को दिया और कहा कि वे कभी उसके यहाँ भी दर्शन दें।

चेतन उनसे कार्ड ले रहा था कि उसकी दृष्टि परे, मोहिनी से बातें करती हुई अपनी पत्नी के चेहरे पर गयी —उसने देखा कि चन्दा का मुस्कराता-हँसता मुख सहसा अजीब तरह से भयाक्रान्त और विवर्ण हो कर रुलाई में विकृत हो रहा है। विज़िटिंग कार्ड जेब में रखते हुए चेतन उधर बढ़ा। चन्दा दोनों हाथों से मुँह ढाँप सुबक-सुबक कर रोने लगी थी।

'क्या हुआ मोहिनी ?' चेतन ने चिर-परिचित की तरह तीखे, शंका-भरे स्वर में पूछा।

'मैंने तो कुछ नहीं कहा।' मोहिनी ने पश्चाताप-भरे स्वर में कहा, 'मैंने तो सहज-स्वभाव पूछा था कि तुम्हारे पिता की अब कैसी तबियत है ? मैं लाहौर आने के पहले बस्तीग़ज़ाँ गयी थी। मुहल्ले में काँव-काँव हो रही थी कि चन्दा का पिता पागल हो गया और आप दोनों में से कोई वहाँ ख़बर लेने नहीं पहुँचा। मैंने यही बात दोहरा दी। पर इसे तो पता ही नहीं।'

चेतन के दिल में कुछ धक् से हुआ। जब वह बोला तो उसका स्वर लड़खड़ा गया।

'कौन पागल हो गया।! प....प....पण्डित दीनबन्धु ?' और फिर मोहिनी की आँखों में स्वीकार का भाव देख कर उसने कुछ और तीखे और ऊँचे स्वर में पूछा —'कब ?....कैसे ?'

'नीला की शादी के बाद ही।' मोहिनी ने कहा, 'उन्हें तो चन्दा के ताऊ लाहौर के पागलख़ाने में दाख़िल करा गये हैं और इसकी माँ यहीं अमृतधारा के पीछे गोविन्द गली में सेठ वीरभान सर्राफ़ के यहाँ रसोई का काम देखती है।'

'माँ ने न चिट्ठी लिखी, न यहीं आ कर मिली।' चेतन ने अपनी पत्नी की तरफ़ से सफ़ाई दी। 'किसी ने भी तो हमें कुछ नहीं बताया।' फिर उसने बढ़ कर चन्दा की पीठ थपथपायी। उसे तसल्ली दी कि वह घबराये नहीं। वे अभी सीधे गोविन्द गली जा कर माँ से मिलेंगे और ठीक हालत का पता लगायेंगे। उसके पिता पागलख़ाने में होंगे तो भी उन्हें कष्ट न हो और उनका पूरा इलाज-उपचार हो सके, वह इस सब का भरसक प्रयास करेगा। शहर का कोई बड़ा नेता नहीं, जिसे वह नहीं जानता और जिस तक उसकी पहुँच नहीं। उप-सम्पादक है तो क्या हुआ, उसके मित्र तो सम्पादक हैं और पत्रकार आर्थिक रूप से भले ग़रीब हो, पर रुसूख़ के लिहाज़ से ग़रीब नहीं होता है।

चन्दा चुप हो गयी। तब उसने पलट कर हाथ का गिलास तिपाई पर रखते हुए मिस्टर

लेखराज भाटिया की तरफ़ हाथ बढ़ाया और उनसे छुट्टी चाही। उन्होंने लाख कहा कि कुछ पल उनके साथ भी बैठें, पर चेतन ने कहा कि पता तो उनका उसने ले ही लिया है, ज़रा शान्ति से आयेगा। उसने उनसे गोविन्द गली की लोकेशन मालूम की। भूल न जाये, इसलिए उन्हीं से पेन ले कर उसी कार्ड पर वीरभान सर्राफ़ का पता नोट किया, काउण्टर पर जा कर पैसे चुकाये और एक बार फिर उन पति-पत्नी को 'नमस्कार' कह कर चल दिया। चन्दा उसके पीछे-पीछे घिसटती-सी चलने लगी।

०

निस्बत रोड पार कर वे महाशय वेदव्रत की कोठी के बराबर से चेम्बर लेन रोड को मुड़े। उनका ख़याल था कि ग्वालमण्डी बाज़ार की ओर से गोविन्द गली को जायेंगे, लेकिन वे मुश्किल से फ़र्लांग भर बढ़े होंगे कि बारिश आ गयी। तब वे ज़रा आगे बढ़ कर सब्ज़ी मण्डी के चौरस्ते से रेलवे रोड की ओर को —अपने घर की तरफ़ —मुड़ गये।

चेतन अकेला होता तो भाग कर घर पहुँच जाता, क्योंकि वहाँ से उनका घर एक फ़र्लांग से ज़्यादा दूर नहीं था, पर चन्दा उसके साथ थी और हमेशा की तरह तेज़ न चल पा रही थी। वह पीछे रह जाती। अपनी खीझ में चेतन चिल्लाता। वह भरसक कदम बढ़ाती। चेतन फिर आगे हो जाता और वह घिसटती हुई पीछे चली जाती! घर पहुँचे तो दोनों के कपड़े ग़च्च हो गये थे।

यद्यपि कपड़े बदल कर उन्होंने कुछ देर प्रतीक्षा की कि पानी थम जाये तो वे हो आयें, लेकिन बादल का वह बड़ा-सा टुकड़ा, जो निस्बत रोड पर 'क्रिस्टल' के बाहर बैठे उन्हें आकाश पर झूलता-सा लगता था, बढ़ कर सारे आसमान पर छा गया था। पानी धारासार बरस रहा था। चेतन को दफ़्तर भी जाना था। तब उसने तय किया, कल इतवार है, सबसे पहला काम वे यही करेंगे कि सेठ वीरभान के जा कर माँ से मिल आयें। तब चन्दा ने कपड़े बदले और रसोई के प्रबन्ध में जुट गयी।

रास्ते भर चेतन ने उस सिलसिले में पत्नी से कोई बात न की थी। पानी की बौछार कमरे में न आये, इसलिए उसने खिड़कियाँ बन्द कर दीं। कमरे में भयानक उमस हो गयी। वह बाहर डेवढ़ी में आ कर घूमने लगा। कभी-कभी हवा के साथ फुहार के बहुत बारीक कण उसके मुँह को भिगो जाते। लेकिन चेतन ने उनकी परवा नहीं की। वह निरन्तर घूमता रहा। खाना पक गया तो उसने चुपचाप रसोई में जा कर खा लिया। एक-डेढ़ घण्टा ज़ोर से बरस कर पानी थम गया था, लेकिन आकाश पूर्ववत मेघाछन्न था। चेतन ने नेकर-कमीज़ पहनी, छाता लिया और दफ़्तर के लिए चल दिया।

इकतीस

जब रात को दो बजे के करीब भीगता हुआ चेतन वापस घर पहुँचा तो चन्दा जाग रही थी।

चेतन दफ़्तर के लिए चला था तो पानी रुक गया था और काफ़ी देर तक रुका रहा,

लेकिन जब एक बजे काम ख़त्म करके वह चलने की तैयारी करने लगा तो फिर मूसलाधार बरसने लगा। वह दफ़्तर में काफ़ी देर रुका रहा, लेकिन जब पानी के थमने का कोई आभास नहीं मिला तो अनिच्छापूर्वक वह दफ़्तर की सीढ़ियाँ उतरा।

गली में टख़नों तक पानी था। यही ग़नीमत है कि वह तहमद-कमीज़ की बजाय नेकर-कमीज़ में दफ़्तर आया था। उसने पैर से चप्पलें उतार कर दायें हाथ में ले ली, छाता खोल कर बायें में थामा और गली में उतर गया। जिस रास्ते को पार करने में उसे केवल दस मिनट लगते, उसे बड़ी मुश्किल से वह आध घण्टे में पार कर पाया।

हमेशा की तरह मूसलाधार वर्षा होते ही नगर-पालिका की बत्तियाँ बुझ गयी थीं। घुप्प अँधेरा था। उसका चश्मा फुहार से भीग गया था। चेतन ने उसे उतार कर कमीज़ की जेब में रख लिया। उसे दिखायी देना लगभग बन्द हो गया। तब नितान्त अन्धों की तरह पैर से टटोल-टटोल कर क़दम-क़दम चलता हुआ, जैसे एक युग के बाद, उस छोटी-सी गली को पार कर, वह चौड़ी पक्की हस्पताल रोड पर आया। जब उसने चौड़ी सड़क पर कदम रखा तो मूसलाधार वर्षा के बावजूद, सख़्त तनाव और भय के कारण, उसकी कमीज़ अन्दर पसीने से तर हो चुकी थी।

चेतन कुछ क्षण वहीं रुका रहा। खुलेपन के एहसास के बावजूद उसे तब भी कुछ दिखायी न दे रहा था। तभी पानी का ज़ोर कम हो गया। वर्षा हल्की-हल्की बूँदियों में बरसने लगी। ऊपर आकाश में बादल हलके हो गये। चेतन ने सन्तोष की साँस ली। जेब से चश्मा निकाल कर कमीज़ के सूखे कॉलर से उसे पोंछा और नाक पर रख लिया, चप्पलें पहनीं और आश्वस्त हो कर वह धीरे-धीरे चलने लगा। कुछ दूर चलने पर वह बायीं ओर अथवा बीच सड़क चलने के बदले दायीं ओर हो गया। हस्पताल की फ़सील दायीं तरफ़ लगातार रत्नचन्द रोड के चौरस्ते तक चली गयी थी। चेतन ने दायें हाथ से उसका सहारा ले लिया और उसका दिमाग़, जो गली के घुप्प अँधेरे में परम एकाग्र हो कर उसकी आँखों और पैरों की मदद कर रहा था, जानी-पहचानी सड़क के खुलेपन और हस्पताल की दीवार से मिलने वाली सुरक्षा के कारण फिर उसी लीक पर चल दिया, जिसे उसे अपने ससुर के पागल होने की बुरी ख़बर सुनने के बाद क्षण भर को भी नहीं छोड़ा था। दफ़्तर में वह बरबस काम करता रहा था, लेकिन बीच-बीच उसका दिमाग़ भटक जाता था और कई ख़बरों का अनुवाद उसे दोबारा करना पड़ा था। ज़ख़्मी साहब ने उससे पूछा भी था। चेतन ने इतना ही कहा था कि उसने एक बुरी ख़बर सुनी है और उसका दिमाग़ हाज़िर नहीं और वे उसकी ख़बरों को एक नज़र देख कर ही कातिब को दें। जैसे इतना कह देने से उसे कुछ एकाग्रता मिल गयी थी और वह ठीक से काम करने लगा था। तो भी ख़बरों को बार-बार पढ़ कर और अनुवाद के बाद दोबारा देख कर ही वह ज़ख़्मी साहब को देता रहा था।

....वह स्टेशन मास्टर का लड़का, एक प्रतिष्ठित समाचार-पत्र का उप-सम्पादक, रिपोर्टर के नाते शहर के सभी गण्यमान्य लोगों से परिचित और कथाकार के नाते छोटी-मोटी ख्याति का स्वामी, और उसकी सास वहीं लाहौर में एक सेठ की रसोई करती है और बर्तन-भाँडे मलती है, बार-बार यही बात उसे काउच रही थी। उसका ससुर पागल हैं और लाहौर के पागलख़ाने में बन्द है, यह उसे वैसा भयानक न लगता था। पागलपन तो बीमारी है, किसी को भी हो सकती है। चेतन ने बचपन से पागलों को देखा था। उसका

अपना छोटा दादा (उसके सगे दादा का छोटा भाई चुन्नी) पागल था। चुन्नी का लड़का भी पागल था। फिर गली-बाज़ार नंगे-उघड़े घूमने की बजाय यदि उसका ससुर शहर से तीन-चार मील दूर पागलख़ाने में बन्द, डॉक्टरों की देख-देख में है तो यह और भी अच्छा है कि वह किसी के लिए न्यूसेंस तो नहीं बनता — पर उसकी सास — उसकी पत्नी की माँ — वहीं निकट ही किसी सेठ के यहाँ चौका-बर्तन करती है और खाना पकाती है, यह चेतन के लिए लगभग असह्य था। उसके किसी मित्र-परिचित को पता चलेगा तो क्या होगा! वह कैसे मित्रों से आँख मिला पायेगा! इस स्थिति से समझौता करना उसे एकदम असम्भव लगता था। वह क्या करे ? क्या करे ?....वह सोच न पाता था। और तब फिर-फिर आपने पिता की बेपरवाह, फक्कड़, मनमौजी और लाउबाली तबियत पर उसे क्रोध आता था, जो यार-दोस्तों में खाने-पीने और उड़ाने के सिवा अपने बीवी-बच्चों के वर्तमान और भविष्य के बारे में ज़रा भी नहीं सोचते थे। भला यह भी कोई बात हुई कि बाज़ार शेख़ाँ से आते हुए चौक सूदाँ में उन्हें पण्डित वेणीप्रसाद अपने भाई के साथ मिल गये। उन्होंने चन्दा के लिए उनके बेटे का हाथ चाहा और नशे की तरंग में उसके पिता शगुन का एक रुपया लेते आये। आदमी लड़की के बारे ही में नहीं, उसके माता-पिता, घर-द्वार, नाते-रिश्तेदारों के बारे में सौ पूछ-ताछ करता है। इसी तरह उन्होंने भाई साहब की ज़िन्दगी बरबाद की, इसी तरह उसकी। क्यों नहीं उन्होंने सोचा कि शादी ज़िन्दगी भर का रिश्ता है। उन्हें सोच-समझ कर, देख-भाल कर करना चाहिए। लेकिन उसके विरोध के बावजूद उन्होंने उसे वहीं शादी करने पर विवश किया, पत्नी के रूप में मोटी-मुटल्ली, गँवार उसके गले में बाँध दी, जिसे दो वर्ष में वह ठीक से कपड़े पहनना और सफ़ाई से रहना ही सिखा पाया। (क्रोध और विक्षोभ के उस क्षण में चेतन अपनी पत्नी के तमाम गुण भूल गया, जो उसे बहुमूल्य लगते थे।) ख़ैर, पत्नी को सुशिक्षित और सुसंस्कृत बनाने की उसने लम्बी योजना बना ली थी और उसे विश्वास था कि वह अपने उद्देश्य में देर-सबेर सफल हो जायेगा.... लेकिन अब उसकी माँ निकट ही आ कर किसी सेठ के यहाँ चौका-बर्तन करने लगी है। उसने तो उसे किसी के सामने मुँह दिखाने योग्य नहीं रखा। उसे झख मार कर पत्नी को विद्यालय से उठा लेना पड़ेगा और दूर कहीं सन्तनगर, ऋषिनगर या गोपालनगर जा कर बसना पड़ेगा।

बरसती बूँदियों में दीवार के सहारे चलते-चलते उसके सामने गत दो वर्ष का जीवन घूम गया।

....विवाह के पहले ससुराल के सम्बन्ध में, वहाँ के स्नेह और उत्साह-भरे व्यवहार के सम्बन्ध में उसने कितनी मधुर कल्पनाओं के गढ़ बनाये थे — सास का माँ से भी अधिक गहरा, स्निग्ध, खुला प्रेम, अपने दामाद की प्रशंसा करते समय गर्व से खिला मुख, खाते-खिलाते समय के अनुरोध, मीठी झिड़कियाँ और सहज हँसी-मज़ाक — कैसी सुखद कल्पनाओं में वह बसा करता था। पर कितनी जल्दी उसके वे हवा-महल हवा हो गये। विवाह के दिन ही उसे लगा था कि वातावरण कुछ कठिन-कठिन-सा है। बारात को खाना अच्छा खिलाया गया था; दान-दहेज भी (यद्यपि चेतन ने उसके दिखावे की मनाही कर दी थी) अच्छा दिया गया था; पण्डित वेणीप्रसाद के व्यवहार में कोई त्रुटि नहीं थी और नीला ने उसका मन लगाये रखा था। लेकिन उसके सास-ससुर ने दो पल को भी उससे बात नहीं की थी और यद्यपि नीला की उपस्थिति ने उसे महसूस न होने दिया था, पर उसे लगा था

कि वातावरण में कुछ बोझीलापन-सा ज़रूर है और व्यवहार में शिष्टाचार और औपचारिकता ज़्यादा है। सास को उसने देखा — दबी-दबी, घुटी-घुटी, डरी-डरी और ससुर को उसने पाया गुप-चुप, गम्भीर, सहमा-सहमा और भावना-विहीन। बस एक बार जब विदाई का समय आया था और चन्दा ऊँचे स्वर में रोती हुई अपने पिता के गले चिमट गयी थी तो उसने अपने ससुर के चेहरे पर एक करुण हँसी देखी थी और सुना था — 'हैं....हैं! बचपना न करो! बस....बस....चलो अब बैठो ताँगे में!'

इसके बाद दो-एक बार जब वह गया तो पण्डित बेणीप्रसाद ही के घर में ऊपर चौबारे में ठहरा था और सिवा जाते और आते समय प्रणाम करने और आशीर्वाद पाने के, सास-ससुर से और कोई बात नहीं हुई थी।

फिर जब वह मामा चिरंजीतलाल की पोती कान्ता की शादी में शामिल होने के लिए इलावलपुर जाने से पहले बस्ती ग़ज़ाँ एक रात को रुका तो उसे मालूम हुआ कि उसके सास-ससुर दूसरे घर में उठ गये हैं। रात वह उसी दूसरे घर में ठहरा था। तब उसे मालूम हुआ था कि बेरी वाली गली के जिस मकान को वह अपने ससुर और उसके बड़े भाई का साझा मकान समझता था, उसमें उसके ससुर का कोई हिस्सा नहीं। वे किराये के उन दो कमरों में रहते थे। अपने ससुर को उसने दीवार का सहारा लिये, ज़मीन पर ही चुपचाप उकड़ूँ बैठे देखा था। उसके प्रणाम के उत्तर में उन्होंने करुणा से मुस्करा कर जो कहा था, वह चेतन को सुनायी नहीं दिया था। यद्यपि उसकी सास ने उसे अण्डे की तरकारी बना कर खिलायी थी, पर दामाद के आने पर जो ख़ुशी होती है, उसका वहाँ लेश भी न था, और तब काठिन्य तथा बोझीलेपन का वह एहसास, जो उसे अपनी शादी में हुआ था, और भी गहरा हो आया था।.... शादी के पहले उसे बताया गया था, उसके ससुर का ईंटों का भट्ठा है, लेकिन अँगनाई की दीवार का सहारा लिये, मैली-सी खादी के तहमद और बण्डी में ससुर नाम का जो व्यक्ति ख़ामोश, खोया-खोया-सा बैठा था, वह उसे किसी भट्ठे का मालिक न लगा था। उसने एक भी बात अपने दामाद से नहीं की थी। उसके चेहरे पर चेतन को अजीब-सी करुणा-मिश्रित मूकता दिखायी दी थी। सच्ची बात यह है कि वह तभी उसे कुछ पागल-ऐसा दिखायी दिया था — बाद में उसकी पत्नी ने रुँधे गले से चेतन को सब कुछ बता दिया था और कहा था कि वह उसके माता-पिता को क्षमा कर दे। उसने अपने पिता के अच्छे दिनों का चित्र खींचते हुए उसे बताया था कि जो कुछ उनके पास था, उन्होंने अपनी लड़की के विवाह में लगा दिया है और अब उनके पास न मकान अपना है, न दुकान। भट्ठे पर भी अब उन्हें कोई अधिकार नहीं, इसलिए वे अब अपने दामाद से बात करते शरमाते हैं।....और तभी चेतन ने तय कर लिया था कि वह कभी ससुराल नहीं जायेगा और उन्हें उलझन में नहीं डालेगा। उसने अपनी पत्नी को भी कभी नहीं भेजा था। उन्होंने कभी लिखा भी नहीं था और चन्दा ने भी कभी मायके जाने की उत्कण्ठा न प्रकट की थी।

उसके ससुर तब भी ज़रुर पागल रहे होंगे — चेतन ने सोचा — कविराज के लिए पुस्तक लिखते हुए इस पागलपन के बहुत-से कारणों का उसे पता चल गया था और बरसती बूँदियों में घर को जाते हुए उस पर प्रकट हो गया कि चन्दा के सिवा (जिसे गूजरी ने पाला था) क्यों उनके पाँचों लड़के जन्म के बाद मर जाते रहे थे — चेतन के सारे पुराने सपने कब के धराशायी हो गये थे, लेकिन उसने जो नये सपने बनाये थे, उनकी जड़ें भी

उखड़ जायेंगी और वह भी उसके सास-ससुर के हाथों — यह उसने कभी न सोचा था....मौसी रामरक्खी को, कमला को, जमुना को पता चल जायेगा कि उसकी सास यहीं निकट ही चौका-बर्तन करती है....तब वह कैसे उनके यहाँ जा पायेगा, कैसे अपनी पत्नी को विद्यालय में पढ़ा पायेगा, कैसे कृष्णा गली में रह पायेगा ....और अपने पिता, अपने ससुर, अपनी सास और अपनी पत्नी के विरुद्ध एक दुर्वार क्रोध और झुँझलाहट से उसके मन-प्राण सुलग उठे थे — उसे पता नहीं चला, कब उसने मेयो हस्पताल की दीवार का सहारा छोड़ा और कब रत्नचन्द रोड पार कर कृष्णा गली में दाख़िल हुआ। वह तब चौंका जब वह अपने घर के सामने खड़ा था।

रोज़ तो उसकी पत्नी आँगन में सोती थी और वह भाई साहब के साथ टाल के बराबर खुली जगह में, लेकिन उस रात पानी पड़ रहा था। भाई साहब अपने कमरे में सोये होंगे और चन्दा अन्दर बैठक में। वह बड़ी गहरी नींद सोती थी। चेतन के सामने चंगड़ मुहल्ले के वे दिन घूम गये जब वह सरदार जगदीश सिंह (लैण्डलॉर्ड ऐण्ड हाउस प्रोप्राइटर) के मकान में रहता था और रात को डेढ़-दो बजे आता था, सीढ़ी के किवाड़ों पर दस्तक देता था और जब वह न जागती थी तो पीछे गली में जा कर उसकी खिड़की के नीचे आवाज़ें देता था। गली जग जाती थी, पर उसकी नींद न खुलती थी। चेतन ने डेवढ़ी में जा कर छाता बन्द किया। उसे दीवार के साथ खड़ा कर वह ज़ोर से किवाड़ खटखटाना और आवाज़ देना चाहता था कि तभी अन्दर बत्ती जल उठी।

चन्दा जाग रही थी।

दूसरे क्षण दरवाज़े की सिटकनी खुलने की आवाज़ आयी। चेतन ने छाता उठा कर उसकी नोक से दरवाज़ा खोला। उसकी दृष्टि अपनी पत्नी पर गयी। उसका चेहरा उदास और सुता हुआ था और आँखें लाल थीं। लगता था जैसे वह काफ़ी रोती रही है। चेतन को अपनी पत्नी का उदास चेहरा कभी अच्छा न लगता था और उस वक्त तो वह उसे कद्रे कुरूप ही लगी। लेकिन न उसका अपना वैसा मूड था, न अवसर कि वह कोई मज़ाक करता, चन्दा की हँसी मोती बिखेरती और उसके चेहरे को उद्‌भासित करती हुई खिल पड़ती और उसे कुछ अजीब-सा भोला सौन्दर्य प्रदान कर जाती।....चेतन ने किवाड़ बन्द किये। छाते को वहीं दरवाज़े के कोने में रख कर सिटकनी चढ़ा दी। फिर पलट कर उसने अपनी पत्नी के कन्धे को हलके से थपथपाया — 'क्यों, सोयी नहीं ?'

अजीब है कि उसके स्वर में उस क्रोध का लेश तक न था, जो कुछ ही क्षण पहले उसके दिल-दिमाग़ को खौला रहा था।

एक उदास मुस्कान चन्दा के चेहरे पर फैल गयी, 'बत्ती बुझा कर सोने जा रही थी कि आपके पैरों की चाप सुनायी दी।'

चेतन ने देखा — रसोई-घर वाली दीवार की तरफ़ दो चारपाइयाँ साथ-साथ बिछी हैं और उनके बिस्तरों पर सिलवट भी नहीं।

'क्या लेटी भी नहीं ?'

'नहीं, पढ़ने लगी थी।'

'लेकिन दो बजने को आये हैं।'

चन्दा ने इसका जवाब नहीं दिया। क्षण भर रुक कर उसने कहा, 'कपड़े बदल डालिए। भीग गये हैं।'

और उसने बिस्तर से तहमद उठा कर अपने पति को दे दिया।

तहमद पहन और नेकर-कमीज़ उतार कर कुर्सी पर फैलाते हुए चेतन ने फिर अपनी पत्नी की पीठ थपथपायी, 'तुम बेकार चिन्ता करती हो, सब ठीक हो जायेगा।'

चन्दा जैसे उस थपकी ही की राह देख रही थी। वह बेआवाज़ आँसू बहाने लगी।

लेकिन चेतन का ध्यान उधर नहीं था। वह देख रहा था कि खिड़कियाँ बन्द हैं और अन्दर उमस है। उसने बढ़ कर दोनों खिड़कियाँ खोल दीं और पर्दे गिरा दिये। वर्षा-भीगी हवा पुरानी धोती के उन पर्दों को फड़फड़ाती हुई उसके शरीर में ठण्डी सरसराहट दौड़ा गयी। चेतन जा कर चारपाई पर ढह गया और भीगी नेकर से पिण्डलियाँ और पैर अच्छी तरह पोंछ कर उसने टाँगें बिस्तर पर फैला दीं।

तभी उसका ध्यान चन्दा की ओर गया। वह उसी तरह खड़ी चुपचाप रोये जा रही थी। चेतन ने उसे अपने पास बुलाया। उसका सिर अपने सीने से लगा कर वह प्यार से बार-बार उसे थपथपाने लगा।

'क्या कहा मोहिनी ने,' उसने बड़े स्नेह से, लगभग पुचकार में उसे चूमते हुए पूछा। 'मोहिनी की बात सुनते ही मैं इतना परेशान हो गया कि फिर तुमसे बात नहीं कर सका। क्या कहा था मोहिनी ने ?' उसने दोहराया, 'कैसे वे पागल हो गये ? कैसे उन्हें इतनी जल्दी पागलख़ाने भेज दिया गया ?'

चन्दा कुछ नहीं बोली। बस बेआवाज़ आँसू बहाती रही।

चेतन ने प्यार से आँखों के नीचे उसके गाल चूम लिये। उसके मुँह का स्वाद नमकीन हो गया। लेकिन उसकी परवाह न कर वह बार-बार उसे सीने से लगा कर चूमता और उससे सब कुछ बताने का अनुरोध करता रहा।

चन्दा के आँसू थम गये। वह उसके साथ सट गयी और मोहिनी ने उसे जो बताया था, वह सब उसने चेतन को बता दिया। —मोहिनी ने कहा था मुहल्ले में कुछ लोगों का ख़याल है, चन्दा के पिता सचमुच पागल हैं, लेकिन दूसरे ऐसे भी हैं, जो इससे सहमत नहीं, और उनका कहना है कि उनके भाई-भतीजों ने ज़बरदस्ती उन्हें पागलख़ाने में बन्द करवा दिया है।

'लेकिन हुआ यह सब कैसे ?' सहसा चेतन ने पूछा।

'मोहिनी कहती है कि एक सुबह वे ताया जी के घर गये और उन्होंने ताया जी को गालियाँ देनी शुरू कीं, अपने सभी कपड़े फाड़ डाले और मरने-मारने पर तैयार हो गये। इतना ज़ोर उनमें आ गया कि चार-छै आदमियों ने बड़ी मुश्किल से उन्हें पकड़ कर बाँधा। लेकिन शाम को छूट कर उन्होंने फिर वही सब किया और सारे बाज़ार में उपद्रव मचाते दौड़े। जब दो-तीन दिन तक यही हुआ तो ताया जी ने अपने मित्रों और कुछ मुहल्ले वालों की मदद से थाने में रपट लिखायी और पुलिस की सहायता ले कर उन्हें पागलख़ाने दाख़िल करा गये।'....

वह क्षण भर चुप रही। फिर उसने कहा :

'लेकिन दूसरे लोग कहते हैं कि बड़े भाई ने औने-पौने में जो मकान का हिस्सा उनसे लिया है और भट्ठा मामा के लड़के हरमोहन की मार्फ़त हथिया लिया है, उसी के दुख से वे पागल हो गये हैं।'

और चन्दा फिर सिसकने लगी।

'मेरे पिता तो चींटी तक पर हाथ नहीं उठाते। किसी ने उन्हें ऊँची आवाज़ से बोलते नहीं सुना। जाने सचमुच उन्होंने गालियाँ दीं और ताया जी पर हाथ उठाया या लोगों ने यूँ ही उड़ा दिया। मुझे तो न इस पर विश्वास आता है कि पिता जी ने ताया जी को गालियाँ दीं और न इस पर कि ताया जी या रणवीर ने वैसी ज़्यादती की। मैं तो वहीं पली हूँ और ताया जी को पिता-समान और उनके बेटे-बेटियों को अपने सगे भाई-बहनों से बढ़ कर मानती रही हूँ।'

चेतन ने उसी की धोती के छोर से चन्दा की आँखें पोंछीं और बोला, 'यहाँ उनसे कोई मिला है ?'

'माँ हफ़्ते में दो बार जाती है। उसका ख़याल है कि अब वे ठीक हो गये हैं।'

'तब फिर घबराने की क्या बात है ?' सहसा अपनी पत्नी को दोनों बाँहों में भर कर उसे अपने सीने से लगाते और प्यार करते हुए चेतन ने कहा, 'हम उन्हें पागलख़ाने से ले आयेंगे। मैं डॉ० सत्यपाल और डॉ० गोपीचन्द भार्गव से चिट्ठियाँ ले लूँगा। कोशिश करूँगा कि डोगरा की मदद से सर छोटूराम अथवा गोकुलचन्द नारंग से वहाँ के इंचार्ज डॉक्टर के नाम चिट्ठी ले लूँ। हम उन्हें छोटी-सी दुकान खोल देंगे। तुम्हारी माँ को किसी के यहाँ चौका-बर्तन करने की ज़रूरत नहीं होगी। मैं ग्राहक लाने में, उनकी दुकान का प्रचार करने में उनकी सहायता करूँगा। मेरा दिन ख़ाली रहता है। मैं स्वयं दुकान पर बैठूँगा। उन्हें किसी तरह की तकलीफ़ न होने दूँगा। मैंने अपने भाई की प्रैक्टिस जमा दी है तो उनकी जमाने में मुझे क्या देर लगती है! तुम क्यों घबराती हो, सब ठीक हो जायेगा।'

उसके सीने से लगे-लगे झलमलाती आँखों से चन्दा ने अपने पति की ओर देखा और जैसे कृतज्ञता से अभिभूत हो कर उससे लिपट कर उसने रोते-रोते उसे ज़ोर से चूम लिया — 'आप कितने अच्छे हैं!' उसने रुँधे गले से कहा और उसके सीने पर सिर रख कर बेआवाज़ सुबकने लगी।

दो वर्ष में यह पहली बार था कि चन्दा ने अपने पति को चूमा था। चेतन को रोमांच हो आया। उसने दोनों बाँहों में उसे बेतरह भींच लिया।

०

सबेरे इतवार था। भाई साहब आधे दिन के लिए दुकान खोलते थे। जब आठ बजने को आये और चेतन के कमरे का दरवाज़ा न खुला तो दुकान को जाते हुए उन्होंने ज़ोर से उसके दरवाज़े पर दस्तक दी।

चेतन हड़बड़ा कर उठा। उसने दस्तक का उत्तर दिया, पर उठ कर दरवाज़ा नहीं खोला।

'आठ बजने को आये हैं और तुम लोग अभी सोये हो। मैं दुकान को जा रहा हूँ। उधर का कमरा खुला है।'

'रात भाई साहब दो बजे लौटा था, देर से सोये, अभी उठते हैं।'

भाई साहब चले गये तो उस सुख की अव्यक्त अनुभूति से अभिभूत हो कर, जो रात गहन दुख से उस करुण क्षण में अपनी पत्नी के साहचर्य में उसे मिला था, चेतन ने अपनी सोयी हुई पत्नी के बासी होंटों को प्यार से चूम लिया।

'चन्दो उठो। हमें अभी तुम्हारी माँ से मिलने गोविन्द गली जाना है।'

बत्तीस

सात दिन बाद इतवार ही को —निहायत तपती दोपहरी में नया सूट-बूट और हैट पहने और नयी टाई लगाये —चेतन अपनी पत्नी और सास के साथ पैदल ही अपने ससुर को देखने पागलख़ाने जा रहा था।

उसकी जेब में न केवल कांग्रेस के प्रधान, डॉक्टर सत्यपाल, पीपल्ज़ सोसाइटी के मन्त्री डॉक्टर भार्गव की चिट्ठियाँ थीं, वरन उसने डोगरा की सहायता से (जो 'भीष्म' के बन्द होने पर 'देश' में आ गया था और हास्यरस का अत्यन्त लोकप्रिय कॉलम लिखता था) हेल्थ मिनिस्टर डॉक्टर नारंग के सचिव से भी एक चिट्ठी ले ली थी कि पण्डित दीनबन्धु के सिलसिले में उनके दामाद की दरख़्वास्त पर हमदर्दी से विचार किया जाये और जो भी मदद हो सकती हो, इस सम्बन्ध में उसे दी जाये!

उन दिनों बड़ी सरकारी संस्थाओं के इंचार्ज या तो अंग्रेज़ होते अथवा इंग्लिस्तान-पलट अंग्रेज़ी-ज़दा[१] हिन्दुस्तानी। ऐसे किसी डॉक्टर से तहमद-कमीज़ या कुर्ते-पायजामे में मिलना चेतन को ठीक न लगा था। हफ़्ते के अन्दर-अन्दर निरन्तर दौड़-धूप करके, न केवल उसने सिफ़ारिशी चिट्ठियाँ प्राप्त कर ली थी, वरन कुछ वेतन दफ़्तर से पेशगी ले कर और चार कहानियों के अनुवाद 'गुरु घण्टाल' के लिए करके दरम्याने दर्जे के कपड़े का एक सूट सिलवा लिया था, और एक टाई, हैट और नया जूता भी ख़रीद लिया था।

दो वर्ष पहले शादी पर उसे जो सूट मिले थे, वे उसने भाई साहब को दे दिये थे, क्योंकि उन्हें प्रैक्टिस करनी थी और उनके पास कपड़े नहीं थे जबकि वह स्वयं राष्ट्रीय उर्दू दैनिक में काम करता था और सूट की उसे कोई वैसी ज़रूरत न थी। हाँ, रेशमी रूमाल उसके पास दहेज का पड़ा था, जो उसने तह करके कोट के बाहर की जेब में रख लिया था और मोज़े भाई साहब से माँग लिये थे। वह यह बात अच्छी तरह जानता था कि यह नया सूट भी वह ज़्यादा हन नहीं सकेगा। आख़िर उसे ट्रंक की शोभा ही बढ़ानी होगी अथवा भाई साहब के शरीर पर सजना होगा, पर इस अवसर के लिए अंग्रेज़ी पोशाक उसे निहायत ज़रूरी लगी थी, ताकि हस्पताल के डॉक्टर पर उसका पर्याप्त रोब पड़े और उसके ससुर पागलख़ाने की कैद से आज़ाद हो जायें।

---

१. अंग्रेज़ी के काटे हुए

उसकी पत्नी गर्मी के बावजूद रेशमी साड़ी पहने हुए थी। अपने संघर्ष में चेतन कभी इतने पैसे नहीं बचा पाया कि उसके लिए साधारण साड़ियाँ ख़रीद सके और वह वक्त-बेवक्त दहेज में मिली कीमती साड़ियाँ पहने रहती थी। अपने बढ़िया सूट और पत्नी की बढ़िया साड़ी के कारण चेतन चाहता था कि वे पागलख़ाने ताँगे में जायें। इस काम के लिए उसने रुपये भी बचा रखे थे और एक ताँगे वाले से आने-जाने के ढाई रुपये तय भी कर लिये थे, लेकिन उसकी सास ताँगे में बैठने को तैयार न हुई थी। उसे चेतन के इस प्रस्ताव पर हैरत हुई थी। वह लड़की का कोई पैसा कैसे छू सकती है अथवा अपने ऊपर ख़र्च करवा सकती है। जब किसी तरह भी उसकी सास ताँगे पर बैठने के लिए न मानी तो चेतन ने सोचा कि वह पत्नी को ले कर ताँगे पर पागलख़ाने चला जाये और वहाँ अपनी सास की प्रतीक्षा करे। लेकिन उसे अपना यह विचार ख़ासा क्रूर लगा। वह जानता था, उसकी पत्नी नहीं मानेगी, वह उसे ताँगे पर जाने को कहेगी और स्वयं अपनी माँ के साथ पैदल ही आयेगी और ताँगे पर अकेले जाने पर वह स्वयं अपने आप को कभी क्षमा नहीं कर पायेगा।....हफ़्ता पहले ही तो उसकी पत्नी उसकी अच्छाई से अभिभूत हुई थी। अब उसकी आँखों में क्रूर और कैलस (callous) दीखना चेतन के अहं को स्वीकार न हुआ। विवश हो, नये सूट और रेशमी साड़ी की चिन्ता छोड़, (जिनके कारण वे दोनों उस गर्मी और भयानक उमस में बेहाल हो रहे थे) वे पैदल ही चल पड़े थे।

चल तो वे पड़े थे, पर जैसे वे चल रहे थे, उसे चलना नहीं कहा जा सकता, घिसटना ही कहा जा सकता है। गर्मी और धूप के बावजूद चेतन अपनी आदत के अनुसार तेज़-तेज़ चलता, लेकिन उसकी सास और पत्नी बहुत पीछे रह जातीं। किसी पेड़ की छाया में दम लेने लगतीं और चेतन अपनी गति पर रोक लगा कर उनकी प्रतीक्षा करता। उनके साथ-साथ चलता, फिर वह अपने ध्यान में मग्न आगे बढ़ जाता और वे पूर्ववत घिसटती हुई पीछे चली आतीं।

लॉरेन्स रोड तक वे इसी तरह आये थे, आगे चौड़ी सड़क पर कोई पेड़ नहीं था। केवल बँगलों की फसीलें थीं। लेकिन वे छायादार तो थीं नहीं। धूप में चलते-चलते तीनों बेहाल हो गये थे। चेतन की गति भी अपेक्षाकृत मन्द हो गयी थी। वह भी उनसे चन्द कदम आगे घिसटता चल रहा था। अचानक उसकी सास एक बँगले की अपेक्षाकृत ऊँची चहारदीवारी की छाया में जा खड़ी हुई। चेतन और उसकी पत्नी भी उसके पास चले गये। कुछ पल दम ले कर तीनों फिर कड़कती धूप में चल पड़े।

चेतन अपने विचारों में गुम हो गया। पिछले हफ़्ते की भाग-दौड़ और घटनाएँ एक-एक कर उसके सामने आने लगीं।

o

यद्यपि गत शनि की भीगती रात चेतन ने अपनी पत्नी से वादा किया था कि इतवार सुबह उठते ही वे गोविन्द गली जायेंगे, लेकिन वे सुबह जा नहीं सके थे। उठने में उन्हें बहुत देर हो गयी थी। फिर चेतन ने सोचा था कि उसकी सास तो घर भर की रोटी पकाती और चौका-बर्तन करती होगी, सुबह-सुबह जाने से उसे असुविधा होगी और उसके काम में बाधा पड़ेगी, इसलिए दोपहर का खाना खा कर दोनों घर से चले थे। रेलवे रोड पर (जो सब्ज़ी मण्डी के बाद अमृतधारा रोड भी कहलाती थी) अमृतधारा बिल्डिंग के दोनों तरफ़

चौड़ी गलियाँ थीं। पहले ग्वालमण्डी बाज़ार में जा कर मिल जाती थी, दूसरी नयी बसी आबादी में से होती हुई गन्दे नाले पर जा कर निकलती थी। श्री लेखराज की सूचना के अनुसार चेतन अपनी पत्नी के साथ पहली गली के अन्दर को मुड़ा तो उसने देखा, काफ़ी खुली और चौड़ी गली है। इस गली से अमृतधारा के पीछे बसी ऊँची-ऊँची बिल्डिगों वाली पुरानी आबादी को काफ़ी खुली-चौड़ी गलियाँ जाती थीं। दूसरी गली पर गोविन्द गली की पट्टी लगी थी। चेतन ने वहीं गली के अन्दर से आने वाले एक व्यक्ति से सेठ वीरभान के मकान का पता पूछा। उसने गली के बीचों-बीच बनी एक तिमंज़िली लाल हवेली की ओर इशारा कर दिया।

दोनों क्षण भर को वहाँ जा कर हवेली के सामने रुक गये थे। सड़क से हवेली की कुरसी काफ़ी ऊँची थी। तीन सीढ़ियों के बाद पुराने शीशम का नक्काशीदार बड़ा ऊँचा (कदाचित डेवढ़ी में खुलने वाला) दरवाज़ा था। दरवाज़े के बाहर सीढ़ी के दोनों ओर लाल सीमेण्ट के चबूतरे बने थे। डेवढ़ी के दोनों ओर दो बड़े-बड़े कमरे थे, जिनकी नीले रंग की बड़ी-बड़ी खिड़कियाँ बन्द थीं। ऊपर भी ऐसे ही कमरे थे, जिनमें से दायीं ओर के कमरे की खिड़कियाँ खुली थीं।

क्षण भर दरवाज़े पर नीचे की बन्द और ऊपर की खुली खिड़कियों पर दृष्टि डाल कर चेतन ने अपनी पत्नी से कहा कि वह नहीं जायेगा। वह उधर गली के सिरे पर खड़ा रहेगा। वह जाये और अपनी माँ को बुला लाये। वहीं वे उससे बात करेंगे।

चन्दा जब मकान की सीढ़ियाँ चढ़ी और उसने बड़े दरवाज़े पर दस्तक दी तो चेतन चुपचाप वापस आ कर गली के किनारे अमृतधारा से आने वाली गली में आ खड़ा हुआ, ऐसे कि गोविन्द गली की उस हवेली पर उसकी नज़र रहे। किसी को किसी तरह की जिज्ञासा न हो, इसलिए वह मकानों की छाया में टहलने लगा और यों टहलता हुआ वह गली के सिरे पर जा कर देख लेता कि दरवाज़ा खुला है या नहीं ?

एक युग के बाद — ऐसा चेतन को लगा — हवेली का दरवाज़ा खुला। लेकिन उसकी पत्नी अन्दर नहीं गयी। क्षण भर बात करके वह सीढ़ियाँ उतरी। उसके पीछे हवेली का दरवाज़ा बन्द हो गया। चेतन उतावली में अपनी पत्नी से मिलने चल दिया। वह सीढ़ियाँ उतर कर गली में आ गयी थी।

'क्या हुआ ?' चेतन ने उसके निकट जा कर पूछा।

'माँ पिता जी से मिलने पागलख़ाने गयी हुई है। वह हर बृहस्पत और इतवार को जाती है।'

'कब आयेगी ?'

'पागलख़ाना चार बजे खुलता है। बहुत दूर जेल रोड पर है। माँ पैदल आती-जाती है। दिया-जले लौटती है।'

'यथा विधाता विधीयते तदैव शुभाय।' चेतन ने हितोपदेश की वही उक्ति मन-ही-मन दोहरा ली जो वह ऐसे अवसरों पर दोहराया करता था और उसमें 'मेरे लिए' (मह्यम) उसने अपनी ओर से जोड़ लिया। उसे दिन के उजाले में गली में खड़े हो कर भी अपनी सास से बात करने में संकोच था। उसका कोई मित्र-परिचित ही उसे अपनी सास से बातें करते देख

सकता था। पूछने पर वह क्या जवाब देता! व्यर्थ में उसे झूठ बोलना पड़ता। वे शाम को छै बजे के करीब आयेंगे और माँ को गली ही में मिल लेंगे। हवेली पर दस्तक देने या सेठ अथवा सेठानी से मिलने के अस्वस्ति-बोध से मुक्ति मिलेगी और गली के नीम अँधेरे में चन्दा की माँ से बात करना भी आसान होगा।

और दोनों चुपचाप वापस चल दिये। पहले उन्होंने सोचा कि दो-तीन घण्टे वे कमला के यहाँ गुज़ारें और वापस अमृतधारा की ओर पलटने के बदले वे सीधे ग्वालमण्डी की तरफ़ चल दिये। लेकिन वैद्य मोहनलाल के मकान पर पहुँच कर चेतन ने फिर अपना इरादा बदल दिया।

'इतवार है, गर्मियों की दोपहरी है,' चेतन ने कहा, 'वे लोग खा-पी कर आराम कर रहे होंगे। उन्हें दोपहर में जा कर बोर करना अच्छा नहीं। रात भर के जगे हैं, चल कर एकाध घण्टा सो लेते हैं।'

लेकिन घर जा कर लेटने के बावजूद वे सो नहीं सके थे और बातें करते रहे थे। चेतन अपनी पत्नी को समझाता रहा था कि किस प्रकार वह उसके पिता की दुकान जमा देगा। 'पंसारी की दुकान का काम बड़ा झंझटिया है।' उसने कहा था, 'चाहिए यह कि रोज़ाना ज़रूरत की ऐसी चीज़ें रखी जायें जिनके रखने-रखाने में दिक्कत न हो — साबुन, तेल, क्रीम, पाउडर, टूथब्रश, डेण्टल क्रीम, माचिस, सिगरेट और बीसियों ऐसी चीज़ें हैं, जिनके बिना किसी का काम नहीं चलता और जिन्हें बेचने में आसानी होती है। यदि मौके की छोटी-सी दुकान मिल जाये तो मैं सब कर दूँगा। लोगों के घरों में जा कर आर्डर लाऊँगा, बाज़ार से दो पैसे सस्ता दूँगा और तुम देख लेना कि मैं छै महीने के अन्दर-अन्दर दुकान जमा दूँगा।'

और उसने उस ज़रूरी सामान की एक लम्बी लिस्ट बना डाली थी, जो वह शुरू-शुरू में दुकान में रखना चाहता था।

'इसके बाद यह जानना ज़रूरी है,' उसने चन्दा को समझाया था, 'कि ये सारी चीज़ें थोक में कहाँ मिलती हैं और किन थोक-फ़रोशों के पास इनकी एजेंसियाँ हैं। — तुम्हारे पिता को देख आयें, घर ले आयें तो मैं एक हफ़्ते के अन्दर-अन्दर सारी सूचना प्राप्त कर लूँगा और कोशिश करूँगा कि ज़्यादा रुपया ख़र्च न करना पड़े और चीज़ें उधार मिल जायें। लोगों को उनका रुपया उनकी दुकानों पर मिल जाये तो साख बढ़ती है और साख जेब में रुपये के बराबर होती है।'

यूँ अपनी पत्नी को कारबार की बुनियादी बातें समझाने और स्कीमें बनाने में लेटे-लेटे, बिना ज़रा भी पलक लगाये, उसने दोपहर गुज़ार दी थी और सचमुच जब चन्दा की माँ छै-सात मील की मंज़िल पार कर थकी-हारी हस्पताल से वापस आ रही थी, वे उसकी प्रतीक्षा में गोविन्द गली के सिरे पर खड़े थे। चेतन ने दूर से अपनी सास को आते देखा — मैली-सी धोती और ब्लाउज़, पैरों में घिसे हुए स्लीपर, धूल-भरे रूखे-सूखे बाल, नीम अन्धी आँखें, ढलकते हुए पपोटे, ढीली-लटकती झुर्रियाँ, खुरदरे हाथ और जैसे दुख और मेहनत, धूल और पसीने से काला पड़ा हुआ चेहरा — (उसके कवि-मन में अपनी सुन्दर पत्नी के साथ गर्वीली, रोबीली और सम्भ्रान्त सास के बारे में कैसी-कैसी सुखद

कल्पनाएँ थीं!) —उसने अपनी पत्नी से कहा कि वही बढ़ कर उससे बातें करे। चन्दा ने सुबह वाली ही रेशमी साड़ी पहन रखी थी। वह भाग कर अपनी माँ से लिपट गयी।

चेतन ने ज़रा दूर ही से अपनी सास को 'नमस्कार' किया और वहीं खड़ा रहा।

दोनों माँ-बेटियाँ देर तक रोती और बातें करती रही थीं (और चेतन ज़रा परे घूमता रहा था। फिर चन्दा अपनी माँ को पति के पास ले आयी थी और चन्दा की माँ ने अपने दामाद को बताया था कि उसका ससुर पागल-वागल कुछ नहीं। 'उनके सिर को कुछ ख़ुश्की चढ़ गयी थी, बेटा,' उसने कहा, 'इसी करण उन्होंने बड़े भाई से झगड़ा कर लिया और उन सब ने मिल कर उन्हें पागलख़ाने में डाल दिया।' यह सब बता कर उसने कहा कि उसका बस चलता तो वह पागलख़ाने ही में रहती।) वह लाहौर आ कर पागलख़ाने गयी भी थी, पर उसे वहाँ रखने को कोई तैयार नहीं हुआ। सो उसने इन बेचारे सेठ का आसरा ले लिया। अब वह हफ़्ते में दो बार बादाम की गिरियाँ और दूध ले कर जाती है, अपने पति को खिला कर आती है और अब वे ठीक हो गये हैं।

तब चेतन ने कहा था, 'माँ तुम नौकरी करना छोड़ दो। हमारे पास चल कर रहो।'

चन्दा की माँ ने उसकी तरफ़ ऐसे देखा जैसे वह बड़ी ही मूर्खता-भरी बात कर रहा हो। फिर उसने कहा था कि यह कैसे हो सकता है! लड़की के घर का तो वह पानी भी नहीं पी सकती। हाँ पण्डित जी पागलख़ाने से आ जायें, कोई काम कर लें तो वह नौकरी छोड़ देगी।

तब चन्दा ने रुँधे गले से पूछा था, 'माँ, तुम्हें यहाँ कोई तकलीफ़ तो नहीं ?'

'नहीं बेटी, यह सेठ और सेठानी बड़े भले हैं,' उसकी माँ ने उसे तसल्ली दी, 'बच्चा-वच्चा कोई है नहीं। इतनी बड़ी हवेली भायँ-भायँ करती है। कुछ दिन पहले अपनी बहन की लड़की को उन्होंने गोद में लिया है। पन्द्रह-सोलह वर्ष की गुटकनी-सी लड़की है —कृष्णा! मुझे माँ-ऐसा मानती है। भगवान सेठानी की गोद भर दे, जिसने मुझ ग़रीब को मुसीबत में सहारा दिया है।'

और चन्दा की माँ ने अनायास भर आने वाली आँखों को आँचल से पोंछ लिया था।

लेकिन चेतन ने जैसे अपनी सास की कोई बात नहीं सुनी। उसने कहा, 'लेकिन तुम इन सेठ के यहाँ आ कैसे गयीं ?'

'अरे बेटे, इनके मुनीम की ससुराल बस्ती ग़ज़ाँ में है। मेरा वहाँ आना-जाना है। उसे मेरी विपद का पता चला तो अपने साथ ले आया। सेठानी के घर कोई दूसरी औरत नहीं। शरीर उसका काम नहीं देता। बरसों पहले बच्चे से हुई थी तो कुछ गड़बड़ हो गयी। बच्चा मरा हुआ जन्मा। तब से शरीर फूल गया। उससे कुछ होता नहीं। नौकर के हाथ का खाना सेठ खाता नहीं। उसको खाने की तकलीफ़ थी। उस बेचारे ने तो कुछ नहीं कहा, पर उन्होंने मुझे आसरा दिया तो मैंने रसोई-घर का काम अपने ज़िम्मे ले लिया। दो रोटियाँ अपने लिए पकाती थी, चार उनकी पका देती हूँ। मेरे क्या हाथ घिसते हैं। ऊपर से सेठानी सात रुपये महीना देती है।'

और यह कहते हुए चन्दा की माँ बढ़ कर हवेली की निचली सीढ़ी पर बैठ गयी। प्रकट ही वह बहुत थक गयी थी और वह ज़्यादा देर खड़ी-खड़ी बातें न कर सकती थी।

चेतन और उसकी पत्नी उसके निकट हो गये। चेतन ने कहा :

'माँ, हम पण्डित जी को पागलख़ाने से ले आयेंगे। उन्हें दुकान खुलवा देंगे। तुम विश्वास रखो, मैं छै महीने के अन्दर-अन्दर उनकी दुकान चलवा दूँगा। कहीं दूसरी जगह कमरा ले कर रहना और यह नौकरी छोड़ देना।'

'अरे बेटा, नौकरी काहे की है।' चन्दा की माँ ने कहा था, 'वो लोग तो मुझे घर ही की मानते हैं। हर बात में मेरी सलाह लेते हैं।'

'नहीं, पण्डित जी की दुकान चल गयी तो तुम नौकरी छोड़ देना,' चेतन ने हठ से कहा था।

'क्यों नहीं छोड़ दूँगी बेटा,' चन्दा की माँ ने कहा था, 'आते बृहस्पत या इतवार को हम चलेंगे। तुम किसी तरह डॉक्टर से मिल-मिला कर उन्हें उस जेल से निकलवाओ। वे कोई काम कर लें तो मुझे और क्या चाहिए। काम शुरू करने के लिए मैं सेठानी से कुछ रुपये उधार ले लूँगी।'

'वह सब हो जायेगा। मैं कल ही से इसके लिए कोशिश करूँगा। बृहस्पत नहीं, अगले इतवार को चलेंगे। इस बीच मैं पूरी तैयारी कर लूँगा। यहाँ के बड़े-बड़े नेताओं से मेरा परिचय है। डॉक्टर के नाम सिफ़ारिशी चिट्ठियाँ लेने में कठिनाई नहीं होगी। मैं ख़ुद जा कर पागलख़ाने के डॉक्टर से मिलूँगा और हम उन्हें ले आयेंगे।'

और वह वापस चलने को तैयार हुआ। चन्दा की माँ घुटनों पर हाथ रख कर उठी। उसने बहुतेरा कहा कि वे ज़रा ऊपर चल कर बैठें। आये हैं तो पानी-वानी पी कर जायें। सेठानी कई बार उनको पूछ चुकी है। उन्हें मिल कर वह ख़ुश होगी, पर चेतन ने उसकी बात नहीं सुनी। सहसा उसने कद्रे सख़्ती से पूछा, 'पर तुमने हमें पता क्यों नहीं दिया ? इतनी बड़ी घटना हो गयी। तुमने अपनी लड़की तक को दो शब्द नहीं लिखे!'

'बेटा, मुझे तुम लोगों का पता मालूम नहीं था। नहीं मैं यहाँ आ कर तुमसे न मिलती! फिर मुनीम ने साथ ही चलने को कहा तो मैं कल्लोवानी से भी पता न कर सकी।'

'पर भाई साहब का पता तो वहाँ था। रणवीर तो दुकान पर आ चुका है। तुम सीधी दुकान पर आ जातीं।'

'मैं तो उन लोगों को बता कर नहीं आयी। जब इनके दिमाग़ को ख़ुश्की चढ़ी और चेठ इन्हें यहाँ छोड़ गये तो उन्होंने मुझसे कहा था कि चन्दा की माँ, तुम किराये का मकान छोड़ दो और अपने घर आ कर रहो। तुम्हारे ही बच्चे हैं। तुम्हीं ने उन्हें पाला-पोसा है। कोई तकलीफ़ न होगी। पर जिन्होंने इतना ज़ुल्म तोड़ा, ज़रा झगड़ा करने पर उन्हें पागलख़ाने पहुँचा दिया, मैं उनकी और उनके बच्चों की ग़ुलामी करती! बहुत कर ली मैंने ग़ुलामी! छोटा नरिन्दर गोद में था जब जेठानी मर गयी थी। मैंने ही छोटे-छोटे बच्चे पाले और बड़े किये। अब मुझसे और ग़ुलामी नहीं होती। दस उँगलियों से मेहनत करती हूँ, किसी का दिया क्यों खाऊँ —फिर वहाँ रहती तो इनको कैसे देखती!'

चेतन पण्डित वेणीप्रसाद की बड़ी इज़्ज़त करता था। सच्ची बात यह है कि उन्हीं के कारण वह चन्दा से विवाह करने को तैयार हो गया था। वह उन्हीं को अपना ससुर मानता था। क्षण भर के लिए भी उसे विश्वास न होता था कि उन्होंने अपने छोटे भाई के साथ

कोई ज़ुल्म किया है। चन्दा से उसने सुना था कि देवरानी-जेठानी की कभी नहीं पटी। हो सकता है अपने बड़े लड़के-लड़की के कारण उन्होंने वैसा किया हो, यद्यपि नीला और रणवीर ऐसा कर सकते हैं, उसका मन न मानता था। यह भी हो सकता है कि शरीकों ने उसकी अपढ़ सास के कान भरे हों। वह बस्ती ग़ज़ाँ में होता, पण्डित वेणीप्रसाद से मिलता तो उसे वास्तविक स्थिति का पता चलता। वह उनके पक्ष में कुछ कहना चाहता था, लेकिन वह चुप बना रहा।

चन्दा की माँ उन्हें गली के सिरे तक छोड़ने आयी। सहसा चेतन ने पूछा,' माँ, सेठ की दुकान कहाँ है ?'

'डिब्बी बाज़ार में!'

'कब तक आते हैं ?'

'पहले तो नौ-साढ़े-नौ बजे तक आते थे, पर आजकल उनकी तबियत ठीक नहीं। आते ही होंगे।'

तब, यद्यपि चन्दा अपनी माँ से कुछ और बातें करना चाहती थी, चेतन के लिए वहाँ खड़े रहना कठिन हो गया। अपनी सास को उसने तसल्ली दी कि जो हो गया, सो हो गया, उसे वापस नहीं लाया जा सकता। पीछे की छोड़, उन्हें आगे की चिन्ता करनी चाहिए। भगवान ने चाहा तो सब कुछ ठीक हो जायेगा।....और उसने छुट्टी चाही। चन्दा माँ से फिर लपक कर गले मिली। और दोनों पलट कर तेज़-तेज़ ग्वालमण्डी की ओर से निकल आये थे।

o

धूप के बावजूद चेतन काफ़ी आगे निकल गया था। लॉरेन्स रोड ख़त्म हो गयी थी। जेल रोड शुरू हो गयी थी। एक बँगले के गेट पर बिगन बेलिया अन्दर लगे पेड़ पर चढ़ गयी थी और उसके लाल-लाल फूलों के गुच्छे जैसे सूरज को चुनौती देते हुए भरपूर खिले थे। सड़क पर गेट के पास छाँह का एक बड़ा-सा चकत्ता बन गया था। चेतन वहाँ जा खड़ा हुआ। उसका नया जूता धूल से भर गया था। पहले उसने सोचा कि रूमाल निकाल कर उससे जूता झाड़ ले, लेकिन अभी पूरी जेल रोड पड़ी थी। जूते तो फिर धूल से भर जायेंगे। तब उसने सोचा कि डॉक्टर से मिलने को जाने से पहले वह उन्हें साफ़ कर लेगा। लेकिन पसीने से उसका बुरा हाल था। उसने रूमाल निकाल कर मुँह और गर्दन का पसीना पोंछा। फिर हैट उतार कर, इस बात का ध्यान रखते हुए कि बाल बिगड़ न जायें, उसने उन पर रूमाल फेरा। हैट के अन्दर बुर्जी काग़ज़ पर पसीने के कतरे चमक रहे थे। उसने हैट को अन्दर से साफ़ किया। रूमाल एकदम गीला हो गया। उसने हैट का बैण्ड खोल कर उसे कलाई में डाल लिया और रूमाल हाथ के उल्टी तरफ़ फैला कर उसे सुखाने के लिए हिलाने लगा।

उसकी सास और पत्नी चुपचाप घिसटती हुई चली आ रही थीं, 'ये कुछ सोच भी रही हैं या बेज़बान जानवर की तरह चुपचाप चली आ रही हैं' —चेतन ने मन-ही-मन कहा। लेकिन नहीं, वे बोलती चाहे ज़्यादा न हों, पर सोच से ख़ाली नहीं थीं।

उसकी सास सोचती आ रही थी —संसार में किसके दिन एक-जैसे रहे हैं, जो

उनके रहते। चढ़ना-गिरना —यह तो मनुष्य के साथ लगा ही है। फिर चढ़ने-गिरने वाला मनुष्य कौन ? यह तो वह सर्व-व्यापक, सर्वशक्तिमान खिलाड़ी है, जो चाहता है तो अपने खिलौनों को सिंहासन पर बैठा देता है; चाहता है तो दर-दर की ठोकरें खिलवाता है। फिर दुख कैसा ? जो उसे मंज़ूर होगा, वह करेगा। उसकी इच्छा के आगे सर नवाने के सिवा कोई चारा नहीं।

और बार-बार यही सोचती हुई, वह अपने मन को धीरज बँधाती, घिसटती चली जा रही थी। प्रायः ऐसा होता था। प्रायः वह इसी तरह अपने दुखी मन के उद्वेगों का शान्त करने का प्रयास किया करती थी। लेकिन उस वक्त, उस चिलचिलाती धूप में, जब सर का पसीना पैरों से बह रहा था, सड़क पर कहीं कोई पेड़ नहीं था और आगे कठिन मंज़िल बाकी थी, उसके मन में कई तरह के विचार उठ रहे थे —खिलाड़ी को सुख-दुख का यह खेल देखना है तो शौक से देखे, पर वह दुख के बाद सुख दे कर भी यह खेल देख सकता है। पहले सुख देने के बाद फिर दुख के कोल्हू में पीस डालना कितनी बड़ी सज़ा है। ऐसा करने के बदले वह आदमी को उठा ही क्यों नहीं लेता। पर यहीं जैसे उसे अपने प्रश्न का उत्तर मिल जाता। यदि वह आदमी को उठा ले तो पिछले जन्म में उसने जो कर्म किये हैं, उन्हें कौन भोगे ? कई बार दुख से परेशान हो कर उसने मौत को बुलाया था। पर मौत किसी के बुलाये तो आती नहीं। जब तक पिछले जन्म के कर्मों का शतांश भी बाकी है, कोई नहीं मर सकता। तो फिर उसे ही कैसे मौत आ जाती! —पाँच-पाँच लड़कों को जन्म दे कर उसने अपने हाथों श्मशान की ठण्डी गोद में जा सुलाया। बढ़ा-चढ़ा कारबार अपने सामने बरबाद होते देखा। जेठ के जिन बेटे-बेटियों को अपना ख़ून सुखा कर पाला था, उनके तानों के डंक सहे और बेघर-बेदर होने के बाद पति की यह दुर्दशा! —जाने अभी क्या कुछ देखना बदा है, किन कर्मों का फल भोगना बाकी है —एक लम्बी साँस उसके हृदय की गहराई से निकल गयी। चेतन के पास पहुँच कर वह धम् से धूल में बैठ गयी। दूध का लोटा उसने एक ओर रखा और बादामों की पोटली दूसरी ओर, और धोती के छोर से गर्दन और सीने का पसीना पोंछ कर, वह उसी से हवा करने लगी।

चन्दा को लेकिन माँ पर ग़ुस्सा था —बहुत ग़ुस्सा था! पिता पागल हो जाये और लड़की को पता न दिया जाये। यह भी कोई बात हुई। उसका पति ठीक ही तो कहता है। यह और बात है कि पिछले सात दिनों में उसने अपने पति को कई तरह से समझाया है — 'दुखों और तकलीफ़ों ने माँ को भला-बुरा सोचने लायक नहीं रखा। उसका दिमाग़ ठीक नहीं। उसकी ग़लती पर ध्यान न दीजिए।'....'माँ मुझे बहुत प्यार करती है। पाँच लड़कों के बाद सिर्फ़ मैं ही बची हूँ और उसने कभी मुझे दुख नहीं पहुँचने दिया। इसीलिए उसने बताया नहीं होगा।' ....'उसे संकोच होता है। क्या वह नहीं जानती कि लाहौर में ही, जहाँ हम रहते हैं, ऐसी नौकरी करने में हमारी हेठी होती है। इसीलिए शायद वह चुपचाप आ कर नौकरी करने लगी। अगर सहसा मोहिनी से हमारी भेंट न हो जाती तो हम महीनों इस बात का पता न पा सकते और पिता जी इस बीच स्वस्थ हो कर लौट भी गये होते।'

....उसने पति को ऐसी ही दलीलों से समझा-बुझा दिया, पर वह स्वयं अपने आप को नहीं समझा सकी। उसकी माँ ने उसे क्यों नहीं बताया ?....क्यों नहीं बताया ? यदि वह गूजरी के दूध पर पली है तो क्या अपने माँ-बाप की बेटी नहीं! उनके दुख से उसे दुख

नहीं होता।

....और उसकी आँखें झलमला आतीं, पर वह बरबस आँसुओं को बहने से रोक लेती —बचपन के उल्लास-भरे दिन —जिनमें केवल उसके पिता का अपार स्नेह, उसकी याद के आकाश पर शुक्र तारे की तरह चमकता था —उसके सामने घूम जाते....भोगपुर में उसके पिता का ईंटों का भट्ठा था। ख़ूब चलता था। गाँव में उनकी अच्छी प्रतिष्ठा थी। वह बहुत छोटी थी, इतने बच्चों के बाद तरस-तरस कर पायी गयी इकलौती सन्तान! उसके पिता उसे गोद में उठाये फिरते। तब भोगपुर के 'चो'[१] पर रेलवे लाइन का पुल न बना था। बरसात में पहाड़ों पर वर्षा होती, तब 'चो' जैसे अपनी खोयी हुई जवानी पा कर उन्मत्त हो उठता और प्राय: रेलवे लाइन को बहा ले जाता। उसके मदमस्त नर्तन को देख कर चन्दा मुग्ध हो जाती। (वह खेतियाँ और गाँव बर्बाद भी कर देता है, तब यह बात वह नहीं जानती थी।) फिर ट्रांसमिशन देखने में तो उसे बड़ा मज़ा आता। जब भी लाइन बह जाती, वह अपने पिता को 'चो' पर चलने के लिए विवश कर देती। लाइन के नीचे से पत्थर और मिट्टी बह गये होते और लटकती हुई रेलवे लाइन पानी के थपेड़े खाती या कभी टूट कर दोनों किनारों से टेढ़ी लटक रही होती। चन्दा बड़े चाव से देखती कि किस तरह एक किनारे खड़ी गाड़ी से उतर कर यात्री सिर पर गठरियाँ, बिस्तर या ट्रंक उठाये, पायजामे और धोतियाँ कमर में खोंसे, एक दूसरे के सहारे परले किनारे खड़ी गाड़ी पर सवार होते।....दोपहर को शीशम के पेड़ की घनी छाया में बैठे वे हिसाब-किताब देख रहे होते। वह खेलती-खेलती आ जाती, उनके रजिस्टर बन्द कर देती, कई बार उठा कर फेंक देती। उनकी गोद में चढ़ जाती और मचल उठती कि ठण्डी-ठण्डी हवा में, शीशम के पेड़ों की घनी छाया में, उसके साथ खेला जाये।उसके पिता चुपचाप उसके साथ जा कर लम्बी सड़क पर दोनों ओर लगे पेड़ों की छाया में खेलने लगते। ऐसे मौकों पर सदा उनके होंटों पर एक गम्भीर मुस्कान खेल जाती और हँस कर वे सिर्फ़ एक ही वाक्य दोहराते —'तुम बहुत तंग करती हो चन्दो!'

इसके बाद उनकी आर्थिक स्थिति यद्यपि बदलती गयी, चन्दा के पास उन्होंने दुख की छाया भी नहीं फटकने दी। उसे याद था, जब वह पाठशाला जाती थी तो उसके पास इतने गहने होते, जितने बड़ी लड़कियों के पास भी नहीं थे। छोटी उम्र से ही माँ उसके दान-दहेज की व्यवस्था करने लगी थी।....फिर उसे वे दिन भी याद थे, जब कारबार में उसके पिता को घाटा आ गया और उसके वे गहने एक-एक करके ग़ायब हो गये और उसने पाठशाला जाना बन्द कर दिया। उन्हीं दिनों उसके पिता को पैतृक मकान का हिस्सा बड़े भाई के हाथ बेचना पड़ा था....तभी से उसके पिता खोये-खोये-से रहने लगे थे। उन्हीं दिनों उसकी ताई का देहान्त हो गया। उसकी माँ उसे ले कर बस्ती ग़ज़ाँ आ गयी और तभी ताया ने उसे स्कूल में दाख़िल करा दिया था।....उसे अपने विवाह की भी याद थी, जब उसके पिता ने सस्ते में अपना भट्ठा ममेरे भाई हरमोहन के हाथ बेच दिया था और उसकी शादी में दान-दहेज की कमी नहीं होने दी थी और स्वयं उस बुढ़ौती में बेकारी के अजगर का शिकार होना स्वीकार कर लिया था....

---

१. पहाड़ी नाला।

वही उसके स्नेही पिता जब इतने बीमार हुए कि होश-हवास तक खो बैठे तो उसे पता न दिया गया। वह अपने पति के साथ लाहौर की दिलचस्पियों के मज़े उड़ाती रही....चन्दा का गला भर आया और आँखें छलछला आयीं....

(उसने वाकई लाहौर की दिलचस्पियों के मज़े लिये हों, ऐसी बात न थी। इतने दिन तो वह अपनी बीमार, कर्कशा और ईर्ष्यालु जेठानी की देख-भाल और तीमारदारी ही करती रही थी, पर अपने माता-पिता की दुखद स्थिति की तुलना में लाहौर में अपना वह अभाव-भरा जीवन भी उसे कहीं बेहतर लगता था —विशेषकर अपनी भावुकता की उस अतिरंजित स्थिति में।)

चन्दा अपनी माँ के पास ही गेट की छाया में आ कर खड़ी हो गयी। आँचल से उसने अपनी भर आने वाली आँखों को पोंछा। क्षण भर वह इसी दुविधा में खड़ी रही कि बैठे या न बैठे। उसे चलने का वैसा अभ्यास न था — विद्यालय से घर और घर से विद्यालय, और कभी जब उसके पति का मूड हो, तो ज़्यादा-से-ज़्यादा लक्ष्मी मैन्शन्ज़ या शिमला पहाड़ी या फिर साम्राज्ञी विक्टोरिया की मूर्ति अथवा लॉरेन्स बाग़ तक —लेकिन वह भी शाम के वक्त। ऐसी चिलचिलाती और उमस-भरी दोपहरी में वह कभी इतना नहीं चली थी और बेहद थक गयी थी। उसका जी हुआ —माँ ही की तरह धम् से धूल में बैठ जाये, पर उसका पति खड़ा था और उसके शरीर पर कीमती साड़ी थी —उसे माँ की तरह बैठने का साहस नहीं हुआ। तो भी वह खड़ी न रह सकी। अच्छी तरह साड़ी को समेट, वह पैरों के बल चहारदीवारी के साथ सट कर बैठ गयी और पुनः आश्वस्त होने के लिए उसने अपनी माँ से वही प्रश्न किया, जो वह पिछले हफ़्ते में न जाने कितनी बार कर चुकी थी :

'माँ, सच कहो, अब पिता जी को बिलकुल होश है ?'

चेतन की सास जैसे सोते-सोते जगी।

'हाँ बच्ची, पिछले बृहस्पत को जब मैं गयी थी तो तुम्हारे पिता सब को पहचानते थे। चौकीदार और सन्तरी के साथ हँस-हँस कर बातें कर रहे थे।'

चन्दा ने फिर पूछा, 'माँ, उनसे मशक्कत तो नहीं करायी जाती ?'

'नहीं बेटा, वे काम करते ही नहीं। चौकीदार ही उस दिन कह रहा था कि और सब काम करते हैं, पण्डित जी नहीं करते।'

'और माँ उनकी सेहत कैसी है ?'

'पहले से तो अच्छे ही दीखे बेटी!'

और चन्दा फिर अपने विचारों में गुम हो गयी। तीनों चुपचाप अपने-अपने ध्यान में मग्न सुस्ताते रहे। फिर चेतन की सास लम्बी साँस भर कर और घुटनों पर हाथ रख कर उठी। उसने दूध का लोटा और बादामों की पोटली उठायी और तीनों चल पड़े।

o

सामने पागलख़ाने का मज़बूत सीख़चों वाला, बड़ा ऊँचा, मेहराबदार गेट अभी बन्द था। चेतन ने अपनी सास और पत्नी को वहीं एक पेड़ की छाया में रुकने को कहा और स्वयं जा कर सन्तरी से पूछा तो मालूम हुआ कि अभी उसके खुलने में देर है। तब उसने डॉक्टर

का पता किया। सन्तरी ने बताया कि लंच के बाद अभी तक नहीं आये। चार बजे के बाद आयेंगे। चेतन वापस आ गया और तीनों दरवाज़े के सामने पागलख़ाने के विशाल अहाते में बने छोटे-से बाग़ीचे में आ कर बैठ गये।

दिन ढल रहा था। हलकी-सी हवा बहने लगी थी। पेड़ों की घनी छाया और घास का मख़मली लॉन। वहाँ जाते ही पसीने से तर उनके शरीरों में ठण्ड की हलकी-सी सिरहन दौड़ गयी।

चेतन की सास ने दूध का लोटा एक ओर रखा, बादामों की पोटली दूसरी ओर और वह घास में लेट गयी। चेतन ने बैठने से पहले जेब से रूमाल निकाला। पहले उससे मुँह, गर्दन, बालों और हैट के अन्दर बुर्जी काग़ज़ का पसीना पोंछा, फिर उसे ज़रा हवा में सुखा कर उससे जूते झाड़े। तब उसे घास पर बिछा कर वह उस पर बैठ गया और हाथ उसने पीछे टिका लिये। उसके बराबर ही चन्दा साड़ी समेट कर बैठ गयी।

चेतन की सास चुपचाप आम के पेड़ पर लगे हरे-पीले, कच्चे-पके आमों को देखती हुई भविष्य की कल्पनाओं में डूब गयी —यदि सुख के बाद दुख और दुख के बाद सुख का नियम है तो इतना दुख भोगने के बाद सुख के दिन अवश्य आयेंगे। हफ़्ते में दो बार उसे अपने पति से मिलने की आज्ञा थी। तब नौकरी करके जो वह बचा पाती, उससे बादाम ख़रीद, उनकी गिरियाँ निकाल, दूध और मिश्री ले कर दोपहर की कड़ी धूप में पैदल इतनी लम्बी, सपाट, तपती-जलती सड़कें पार कर आती थी और बड़े प्रेम तथा श्रद्धा से अपने पति को बादाम खिला, दूध में मिश्री घोल कर पिलाती थी (चीनी की अपेक्षा मिश्री की तासीर ठण्डी होती है, इसलिए वह सस्ती चीनी के बदले मँहगी मिश्री ख़रीद कर लाती।) अच्छे पौष्टिक भोजन की कमी और निकट सम्बन्धियों के दुर्व्यवहार के कारण उसके पति के दिमाग़ को ख़ुश्की चढ़ गयी है, इस बात का उसे पक्का विश्वास था। जिन्हें सदा दूध, मलाई, दही और छाछ मिली हो, उन्हें इतने दिन फाकों से रहना पड़े, बेघर-बेदर हो कर किसी दूसरे काम में सफलता न पा सकने के कारण सगे-सम्बन्धियों की बदली हुई आँखों और व्यवहार के अपमान की निरन्तर सुलगती आग में तन-मन जलाना पड़े —वे पागल न होते तो आत्महत्या कर लेते। वह उन्हें पाव-पाव भर गिरियाँ खिला कर, सेर-सेर भर दूध पिला जाती और कल्पना करती कि जब वे अच्छे हो कर बाहर आ जायेंगे तो कुछ रुपया बचा कर उन्हें पंसारी की दुकान खुलवा देगी और ज़िन्दगी के जो थोड़े दिन शेष हैं, आराम से गुज़र जायेंगे.... इन लगभग दो महीनों में अपनी तपस्या के फलस्वरूप उसे पूरा यकीन हो गया था कि उसके पति को आराम आ रहा है। पिछली बार जब वह आयी थी तो उन्होंने उसे पहचान लिया था और जब उसने बताया था कि उनकी लड़की और दामाद आते इतवार को उनसे मिलने आयेंगे तो वे बड़े ख़ुश हुए थे।

....और वहाँ पाग़लख़ाने के बाग़ीचे में आम की घनी छाया के नीचे घास पर लेटे-लेटे वह कल्पना कर रही थी कि आज वे उनको घर ले जायेंगे। उसने सेठानी से बात कर रखी थी। सेठानी ने उसे विश्वास दिलाया था कि दुकान खोलने के लिए वह रुपये से सहायता करेगी। सेठ ने कहा था कि जब तक दुकान नहीं शुरू होती, वे उन्हें अपने साथ दुकान पर ऊपर के काम के लिए रख लेंगे और चेतन की सास सन्तुष्ट थी। उसने यह बात अपने दामाद को नहीं बतायी थी। उसे वह कुछ सनकी लगता था। वह उससे बहुत डरती

थी। वह रास्ते में पल भर को भी नहीं बैठा और मख़मली घास के बावजूद इतनी दूर से चल कर आने के बाद भी नहीं लेटा। हाथ पीछे टिकाये, आसमान में निगाहें गाड़े न जाने वह क्या सोच रहा था। एक बार पण्डित जी बाहर आ जायें, फिर जैसे होगा, वह उसे समझा लेगी। वह सेठ-सेठानी का आश्रम नहीं छोड़ेगी। न जेठ की सहायता लेगी, न दामाद का पैसा ख़र्च करायेगी। वह उन्हें दे नहीं सकती तो क्या ऐसी भी गयी-गुज़री हो गयी कि धी-जमाई के सामने हाथ पसारे....

इससे ज़रा परे अपनी पत्नी के बराबर टाँगें पसारे, हाथ पीछे टिकाये बैठा हुआ चेतन मन-ही-मन उस सम्वाद को दोहरा रहा था, जो वह अपने ससुर को देखने के बाद हस्पताल के इन्चार्ज डॉक्टर से करना चाहता था। उसके पास सिफ़ारिशी चिट्ठियाँ तो थीं, इस पर भी वह जानता था कि उसे डॉक्टर को बताना होगा, क्यों पण्डित जी को पागलख़ाने से निकाल कर घर ले जाना ज़रूरी है और वह कई तरह की युक्तियाँ, अंग्रेज़ी के चुस्त वाक्य अपने मन में दोहरा रहा था। जब कई बार और कई तरह, अपने मन में काट-छाँट कर, उसने अन्तिम वर्शन तैयार किया और फाटक तब भी न खुला तो उसका मन पिछले हफ़्ते की घटनाओं और परेशानियों में भटक गया। उसने और सब प्रबन्ध कर लिया था, लेकिन वह अपने ससुर के लिए मौके की जगह कोई दुकान नहीं खोज पाया था — पाँच-सात रुपये महीने के किराये की दुकान! उसका ससुर उसके साथ रहेगा, इसका उसे ज़रा भी भरोसा नहीं था। उसके रहने-खाने का क्या प्रबन्ध होगा, यह वह तय न कर पाया था। सहसा सीधे बैठ कर उसने दायीं ओर लेटी अपनी सास ने पूछा, 'माँ, आज हम चन्दा के पिता जी को ले जायेंगे तो वे रहेंगे कहाँ ?'

'तुम चिन्ता न करो बेटा। सेठ की बड़ी हवेली है। बाल-बच्चे हैं नहीं, बहुत-से कमरे ख़ाली पड़े हैं, सेठानी ने एक कमरा मुझे दे रखा है, उन्हें कोई तकलीफ़ नहीं होगी।'

चेतन आश्वस्त हो गया और जाने कैसे पिछले दिनों की स्मृतियों में उसकी याद उस बरसाती भीगी रात पर अटक गयी, जब शाम को उसने अपने ससुर के पागल होने का समाचार सुना था; वह रात के दो बजे बरसते पानी में घर पहुँचा था और इससे पहले कि वह दस्तक देता, अन्दर बत्ती जल उठी थी। उसकी पत्नी जाग रही थी। जब वह रोते-रोते उससे लिपट गयी थी तो एक अपार करुणा, जिसे वह सिवा प्यार के दूसरा नाम न दे पाता था, चेतन के अणु-अणु में भर गयी थी और दो वर्षों में पहली बार अपनी पत्नी के संसर्ग में उसने उस शारीरिक पुलक का आभास पाया था, जिसका संकेत कविराज ने शिमला छोड़ते समय उसे अपने उपदेश में दिया था और जो शब्द चेतन के दिमाग़ में हमेशा के लिए अंकित हो गये थे।

'हमारे देश में अस्सी प्रतिशत स्त्री-पुरुष पाँच-पाँच बच्चे पैदा करने पर भी नहीं जान पाते कि वैवाहिक जीवन का यथार्थ आनन्द क्या है और स्त्री-पुरुष का सफल संसर्ग किस सुख और पुलक की सृष्टि कर सकता है। सफल वैवाहिक जीवन सफल यौन-सम्बन्ध पर निर्भर है और सफल यौन-सम्बन्ध स्वस्थ शरीर और पति-पत्नी के संगी भाव पर!'

और शिमला से चलते वक्त चेतन ने तय किया था कि वह अपनी पत्नी के साथ उस पुलक और आनन्द की अनुभूति पायेगा, जिससे वह दो वर्षों के वैवाहिक जीवन के बावजूद वंचित था।

'हमारे देश के अधिकांश वासी उस आनन्द को नहीं जानते,' कविराज ने कहा था — 'भावनाहीन मशीन के पुर्ज़ों की तरह, वासना की करेण्ट से प्रचालित, वे उस सम्बन्ध को निभाये जाते हैं।'

और चेतन के सामने अपनी पत्नी के निकट संसर्ग में बिताये कई अवसर घूम गये। कहाँ था उस सम्बन्ध में संगी भाव। वह तो अपनी पत्नी के शरीर तक को नहीं जानता था, क्योंकि दिन की रोशनी अथवा लैम्प या बिजली के प्रकाश में उसने उसे देखा ही नहीं था। उसकी पत्नी ने कभी उसका साथ ही नहीं दिया था। प्रतिरोध नहीं किया था, यह ठीक है, लेकिन पलट कर उसने कभी उसे प्यार नहीं किया था।....और उसका अपना प्यार — वह कभी करुणाजन्य रहा था, कभी क्रोध के बाद पश्चाताप से जनित और कभी वासना की करेण्ट से परिचालित। उसकी पत्नी सदैव लज्जालु और निरपेक्ष बनी रही थी।

लेकिन यदि पत्नी निरपेक्ष न हो, लज्जालु भी न हो, उसका कुछ भी न छिपा हो और वह पहल करने की भी क्षमता रखती हो, तब क्या वैसा संगी भाव उत्पन्न हो सकता है, जो अपार पुलक की सृष्टि कर सके ? चेतन को इसमें सन्देह था। शरीरों के साथ दिलों और दिमाग़ों का एकाकार होना भी अनिवार्य है। तन का तन से और मन का मन से एकाकार हो जाना — वही सम्मिलन उस सुख की सृष्टि कर सकता है, जिसकी अनुभूति उस रात चेतन ने पायी थी और जिसकी स्मृति से वहाँ बाग़ में अध-बैठे, अध-लेटे उसे रोमांच हो आया था।

अजीब बात है कि उनके तन और मन का यह सम्मिलन उतना काम-वश नहीं था, जितना एक ओर उस बुरी ख़बर से उपजने वाले दुख और भय और दूसरी ओर उस स्थिति से उत्पन्न होने वाली अपार करुणा तथा सहानुभूति के कारण — और उस रात के तीसरे पहर जब बाहर केवल टपटपाती बूँदियों के सिवा कोई आवाज़ नहीं थी, और अन्दर अपार करुणा और स्नेह से भर कर उसने अपनी पत्नी के आँसू अपने होंटों से पोंछ दिये थे और उसके पिता की ओर से उसे आश्वस्त कर दिया था और दो वर्षों में पहली बार चन्दा ने कृतज्ञता से अभिभूत हो कर उसे बाँहों में भर कर चूम लिया था तो उसके बाद उसकी पत्नी का जो रूप उसके सामने आया था, वह उसके लिए एकदम नया था। न उसने बत्ती बुझाने पर ज़ोर दिया था, न वह लज्जा से निस्पन्द बनी रही थी। कभी वह उसे ठहरे-निथरे पानी की बेकिनार झील-ऐसी लगी थी, जिसमें वह डूब कर अपने उत्तप्त मन को शान्त कर लेता था। लेकिन उस रात चन्दा उसे उत्तरी ध्रुव के उस बर्फ़ानी घर ऐसी लगी, जो चर्बी की बत्ती से रोशन और गर्म हो और बाहर की ठण्ड में अजानी ऊष्णता देता हो। जो धीरे-धीरे पिघलता हुआ उसे अपने में समा लेना चाहता हो।....

यह फ़िनॉमेना चेतन की समझ से परे था कि चन्दा के पिता के पागल होने की ख़बर, जो उन्हें अन्तरतम तक हिला गयी थी — उन दोनों के शरीरों को — उनके हृदयों और आत्माओं तक को कैसे एकदम मिला गयी। और यह उस वक्त, जब चन्दा का पिता पागलख़ाने में था, उसकी माँ एक सेठ के यहाँ बर्तन मलने पर विवश थी, उसका मायका उससे छिन गया था, वह भयाक्रान्त और दुखी थी!....तो क्या दो शरीरों के उत्कट आकर्षण के अलावा, वासना अथवा प्रेम के अलावा दुख और उसमें भागीदारी भी उस संगी भाव को पैदा कर उस पुलक की सृष्टि कर सकती है ?....चेतन कुछ भी समझ नहीं पा रहा

था —केवल उस रात की सुखद स्मृति में वह उस क्षण अपने इर्द-गिर्द से कहीं बहुत दूर चला गया था।

उसके पास ही आलथी-पालथी मारे बैठी उसकी पत्नी की निगाहें फाटक पर टिकी थीं, जिस पर एक सन्तरी पहरा दे रहा था और वह सोच रही थी —इसके अन्दर न जाने कितनी बेगिनती कोठरियाँ हैं और न जाने कौन-सी कोठरी में उसका पिता पागल बना कर बन्द कर दिया गया है। न जाने किस तरह इस भयानक गर्मी में अपनी कोठरी में लेटा वह अपने बीते दिनों की याद कर रहा है! उसे ज़रूर ही अपनी लड़की की याद आती होगी। वह ज़रूर उसे कठकरेज समझता होगा। इतने दिनों से पिता पागलख़ाने की जेल में बन्द है और बेटी उसे देखने तक नहीं आयी!.... और बेटी को इस सब का पता भी नहीं। किसी ने उसे ख़बर ही नहीं दी।....चन्दा का गला भर आया और वह आँचल में मुँह छिपा कर चुपचाप रोने लगी।

०

तभी पागलख़ाने के घण्टे में चार का गजर बजा। बड़ा फाटक खुल गया। पागलों की एक टोली, मोटे, खुरदरे कपड़ों की लम्बी-ढीली कमीज़ें और टख़नों से ऊँचे तंग पायजामे पहने निकली —कोई अपने आप से बातें कर रहा था, कोई हवा में कत्ले-आम मचा रहा था, कोई यूँ ही अपने आप हँसता अथवा बातें करता जा रहा था। उनके साथ एक सन्तरी था, जिसने उन्हें एक जगह से गमले उठाने का आदेश दिया। सब ने एक-एक गमला उठा लिया और वह सन्तरी उन्हें दूसरी जगह रखवाने के लिए चला गया। फिर दूसरी टोली निकली और सन्तरी के आदेश पर गमलों की निराई करने लगी। दो पागल क्यारियों में पानी देने लगे।

....सब-के-सब पागल थे। अजीब-अजीब हरकतें करते थे। फिर भी हिले हुए पशुओं की तरह सब काम किये जाते थे। देखते-देखते चन्दा विह्वल हो उठी। उसका हृदय जैसे कण्ठ में आ गया। उसके पिता को भी ज़रूर काम करना पड़ता होगा....और ये ज़ालिम सन्तरी —जाने कैसे मार-मार कर इन पागलों को काम पर लगाते हैं ? —बिलकुल ऐसे ही, जैसे जंगली जानवरों को जो दिमाग़ से काम नहीं ले सकते, फिर भी दण्ड के भय से काम सीख जाते हैं।....वह अपने पिता को एक पल भी यहाँ नहीं रहने देगी।....यह सोचते ही, पीछे हाथ टिकाये, आकाश में मुटर-मुटर तकते हुए किसी गहरी सोच में तल्लीन अपने पति का कन्धा हिला कर उसने कहा, 'सन्तरी से कहिए, हमें ज़रा उनसे मिला दे।'

चेतन चौंक कर उठा। उसने नीचे घास पर पड़ा रूमाल उठाया, जिसमें बैठने के कारण एक गड्ढा-सा बन गया था। झाड़ कर उसने फिर उससे अपने जूते पोंछे और अकारण ही उसे झाड़ कर और तहा कर पतलून की जेब में रख लिया। अपना कॉलर और टाई ठीक कर, उसने सर पर हैट रखा, ऊपर की जेब से रेशमी रूमाल निकाल कर हाथ में लिया और उससे अपने चेहरे का पहले से सूखा हुआ पसीना सुखाने का उपक्रम-सा करता हुआ पागलख़ाने के फाटक तक गया। उसने सन्तरी को अपना परिचय दिया और कहा कि उसे पण्डित दीनबन्धु से मिलना है। यह कहते हुए तनिक ओट में हो कर उसने एक रुपया सन्तरी के हाथ में थमा दिया।

चार दीनबन्धु उस समय पागलख़ाने में थे। सन्तरी ने सूची देख कर चौकीदार को बताया कि जालन्धर वाले पण्डित दीनबन्धु को बुला लाये। इस बीच कुछ अन्य पागलों के रिश्तेदार भी आ गये थे और सन्तरी दूसरे पागलों को बुलवा रहा था। रिश्तेदारों को गेट के अन्दर जाने की इजाज़त नहीं थी। सीख़चों के बाहर से वे अपनी सम्बन्धी पागलों को देख या उनसे बातचीत कर सकते थे। पर चेतन, उसकी पत्नी और उसकी सास को सन्तरी ने ज़रा-सा गेट खोल कर अन्दर कर लिया। चेतन अपनी पत्नी के साथ एक बेंच पर बैठ गया। उसके लाख ज़ोर देने के बावजूद उसकी सास वहाँ धरती पर पैरों के बल सहमी-सी बैठ गयी। तभी चौकीदार के साथ उन्होंने पण्डित जी को आते देखा। चेतन ने मार्क किया —उसके ससुर ने भी दूसरे पागलों-ऐसे मोटे, खुरदरे कपड़े पहन रखे हैं। कई दिन से हजामत न बनी होने के कारण उनके चेहरे पर दाढ़ी बढ़ आयी थी। दूर से वे उसे पहले-ऐसे ही स्वस्थ लगे। उनके चेहरे पर वही मूकता थी और उनकी आँखें शून्य में टिकी थीं।

चन्दा का जी हुआ अपने पिता से जा कर लिपट जाये। पर जब उसे देख कर भी उन्होंने नहीं देखा तो जाने क्या गोला-सा अन्दर से उठ कर उसके गले में आ गया और उसने आँचल से आँखें ढाँप लीं।

जब पण्डित जी निकट आ गये तो चौकीदार ने कहा, 'बैठ जाओ!'

वे उन लोगों के सामने दीवार के साथ ज़मीन पर पैरों के बल बैठ गये और चूतड़ उन्होंने फ़र्श पर टिका दिये। फिर चौकीदार तथा उन तीनों की ओर देख कर वे अकारण हँस दिये।

चेतन की सास ने बादामों की पोटली खोल कर गिरियों का काग़ज़ उनकी ओर बढ़ाया।

तब चेतन ने उन्हें ध्यान से देखा और उसने जाना कि उसके ससुर पहले से आधे भी नहीं रहे। उनका चेहरा, जो बढ़ी हुई दाढ़ी के कारण दूर से भरा-भरा लगता था, चेतन को एकदम पीला और विवर्ण लगा। उनके दाँतों पर पीली-पीली मैल चढ़ी हुई थी और जब उसकी सास ने बादामों की पोटली उनके आगे बढ़ायी तो चेतन ने देखा —बादाम लेते हुए उसके ससुर का हाथ काँप रहा है।

पण्डित जी ने दो-तीन फंकों ही में मकई के भुने हुए दानों की तरह गिरियाँ चबा डालीं। तब चेतन की सास आँचल से मिश्री की डली खोल कर दूध में घोलने लगी।

लेकिन चन्दा चुप न रह सकी। हृदय में अनायास उठ आने वाले आवेग को दबा कर और आँखें पोंछ कर, उसने अपनी माँ से पूछा, 'माँ, क्या ये हमें पहचानते नहीं ?'

अपनी नीम-अन्धी आँखों से अपने पति को देख कर चेतन की सास ने कहा, 'क्यों नहीं बेटी!' और फिर सिर का पल्ला तनिक नीचे कर उसने चन्दा की ओर संकेत करते हुए अपने पति से पूछा, 'क्यों, इसको पहचानते नहीं ?'

'पहचानता क्यों नहीं।' हँसते हुए पण्डित जी ने कहा।

'भला कौन है यह ?'

'मेरी बीवी, और कौन है!'

चन्दा ने फिर आँचल से मुँह ढाँप लिया और चेतन ने उसकी सिसकी सुनी।

तब चेतन की सास ने उसकी ओर संकेत किया और पूछा,'भला यह कौन है ?'

'हमारे भाई ही तो हैं।' यह कह कर पण्डित जी ने सब की तरफ़ इस तरह देखा, जैसे कह रहे हों, क्या तुम लोगों ने मुझे पागल समझ लिया है। और बोले, 'यही तो मुझे यहाँ पागलख़ाने में छोड़ गये हैं।'

रोनक्खी-सी हो कर चेतन की सास ने कहा, 'क्या मुझे भी नहीं पहचानते ?'

'वाह!' चेतन के ससुर अपने पीले दाँत दिखाते हुए कुछ अजीब-सी करुणा से हँसे, 'अपनी माँ को भी न पहचानूँगा, जो मुझे रोज़ बादाम खिलाती और दूध पिलाती है।'

यह कहते हुए उन्होंने ज़ोर से ठहाका लगाया और दूध का बर्तन अपनी पत्नी के हाथ से लगभग छीन कर गट-गट पीने लगे।

⊠⊠⊠

पाँचवाँ खण्ड

तैंतीस

दूसरे दिन चेतन नोट-बुक में लिख रहा था :

> 'मैं क्या करूँ ? मेरी समझ में कुछ नहीं आता। स्थिति वहीं है, जहाँ मोहिनी से मुलाकात की शाम थी। मेरा ससुर धुत्त पागल है, मेरी सास नज़दीक ही सेठ वीरभान के घर चौका-बर्तन कर, सात रुपये महीना पा रही है और मैं स्टेशन मास्टर पण्डित शादीराम का बेटा ही नहीं, लाहौर का प्रसिद्ध जर्नलिस्ट और अफ़साना-निगार हूँ। मेरी सास कभी मेरे यहाँ न आयेगी और न ही मैं इस सूरतेहाल[१] से समझौता कर सकूँगा। मैं क्या करूँ। मुहल्ला छोड़ दूँ ? शहर छोड़ दूँ ? मैं क्या करूँ! कहाँ जाऊँ!'

कापी को वहीं घुटनों पर रखे चेतन ईज़ी चेयर पर पीछे को लेट गया। उसके दिमाग़ में तूफ़ान मचा था और उसे शान्त करने का कोई उपाय उसे सूझ न पा रहा था।

यूँ तो अपने ससुर को देख कर ही उसे पता चल गया था कि वह एकदम पागल है और उसके ठीक होने की बात उसकी सास की कल्पना में चाहे हो, यथार्थ से उसका कोई सम्बन्ध नहीं है और पागलख़ाने के बड़े मेहराबदार सीख़चों वाले गेट से बाहर निकलते ही चेतन के जी में आया था कि टाई को उतार, जेब में रख ले, कमीज़ के कॉलर का बटन खोल दे; कोट को उतार कर कन्धे पर डाल ले; हैट को बाँह में लटका ले; मोज़े उतार कर पतलून की जेबों में ठूँस ले; जूतों के तस्मे ढीले कर ले और कमीज़ को पतलून से बाहर निकाल कर शाम की अपेक्षाकृत ठण्डी हवा का आनन्द लेता हुआ वापस लौटे! लेकिन ऐसा करने से पहले, महज़ अपनी तसल्ली के लिए, वह उसी तरह सूट-बूट कसे और बड़ी नफ़ासत से हैट दो उँगलियों और अँगूठे की मदद से थामे इंचार्ज डॉक्टर से मिला था। उसने सब चिट्ठियाँ नहीं, केवल हेल्थ मिनिस्टर के सचिव की चिट्ठी (जो उसने सावधानी के लिए बाहर की जेब में रख ली थी) डॉक्टर को दी थी और कहा था कि वह घर से तो यह तय करके चला था कि अपने ससुर को पागलख़ाने से ले जायेगा, पर शायद अभी उनकी बीमारी दूर नहीं हुई, क्योंकि वे अपनी पत्नी और बेटी तक को पहचान नहीं सके।

तब डॉक्टर ने कहा था कि वे ठीक होते तो बिना किसी सिफ़ारिश के उन्हें डिस्चार्ज कर दिया जाता।

'मेरी सास का ख़याल था कि बड़े भाई ने दुश्मनी करके उन्हें पागलख़ाने में दाख़िल करा दिया है ?'

'दाख़िल तो किसी को यहाँ कराया जा सकता है, पर वह पागल न हो तो उसे रखा

---

१. वस्तुस्थिति

नहीं जा सकता। आपके ससुर का मर्ज़ लाइलाज है। वे सिफ़्लेटिक[१] ही नहीं हैं, उनका दिमाग़ भी डैमेज्ड[२] है। उन्हें बहुत सेडेटिव्ज़[३] दिये गये हैं, वरना वे वायोलेण्ट[४] हो जाते।'

सुन कर चेतन ने डॉक्टर से प्रार्थना की थी —जैसे भी हो, उन्हें इस काबिल कर दिया जाये कि उनकी पत्नी उन्हें वापस उनके घर जालन्धर ले जाये। उसने डॉक्टर को बताया कि उसकी सास जालन्धर से आ कर लाहौर बैठी है। वे कोई धनी-मानी लोग नहीं है। ख़र्च चलाने के लिए उसे परेशानी का सामना करना पड़ रहा है। वह पुराने ख़याल और ऊँचे ब्राह्मण कुल की है। इसी कारण अपने दामाद से किसी तरह की आर्थिक सहायता नहीं ले सकती और वह बहुत परेशान है। उसका ससुर कुछ भी ठीक हो जाये तो वह अपनी सास के साथ उसे फ़ौरन जालन्धर भेज दे।

डॉक्टर ने भरसक प्रयास करने का वचन दिया था। कुछ नयी औषधियों के प्रयोग की बात भी की थी, लेकिन कुल मिला कर उसे यही समझाया था कि पण्डित जी के जल्दी ठीक होने की सम्भावना नहीं, हस्पताल से जाने के बाद वे फिर वायोलेण्ट हो सकते हैं और किसी का सिर फोड़-फोड़वा सकते हैं, इसलिए उनकी मानसिक अथवा शारीरिक स्थिति में प्रकट कुछ सुधार भी दिखायी दे तो डॉक्टर की हैसियत से वे उन्हें हस्पताल से ले जाने की राय नहीं देंगे। 'आप डॉक्टर नारंग के सेक्रेट्री की चिट्ठी लाये हैं,' उन्होंने कहा था, 'इसलिए मेरी ज़िम्मेदारी और भी बढ़ जाती है। मैं डिस्चार्ज कर दूँगा तो दस दिन बाद आपको फिर पुलिस की सहायता से उन्हें यहाँ लाना पड़ेगा। आने-जाने का ख़र्च और परेशानी ऊपर से होगी। फिर अगर कोई मर्डर-वर्डर हो गया तो पुलिस आपको ही नहीं, हमें भी परेशान करेगी। हमारा जवाब-तलब होगा कि यदि केस ठीक नहीं था तो हमने डिस्चार्ज कैसे दे दिया।'

चेतन ने डॉक्टर की इस राय के लिए उसे बहुत-बहुत धन्यवाद दिया और फिर कभी आने, हस्पताल और उसकी कार्य-प्रणाली को देखने और उस पर एक सुन्दर लेख अपने पत्र में लिखने की बात कह कर, हैट को ज़रा-सा सिर से छुलाता हुआ, वह चला आया था।

चन्दा और उसकी माँ वहीं आमों के नीचे उसकी प्रतीक्षा कर रही थीं। उसे वापस आते देख कर वे पार्क से बाहर सड़क पर आ गयीं और जब वह निकट आ गया तो उसकी सास ने पूछा, 'क्या कहा डॉक्टर ने ?'

चेतन का मन हुआ, कहे कि वे नितान्त पागल हैं और उनका मर्ज़ लाइलाज है। लेकिन उसने कुछ नहीं कहा और चुपचाप उनके आगे-आगे चलने लगा।

चन्दा समझ गयी कि डॉक्टर ने कोई उत्साहवर्धक बात नहीं कही, इसीलिए उसका पति ख़ामोश और खिन्न है, लेकिन चेतन की सास ने आगे बढ़ कर उसके कन्धे को छूते हुए फिर वही प्रश्न दोहरा दिया।

---

१. उपदंश के रोगी

२. क्षत-विक्षत

३. नसों को सुलाने वाली दवाइयाँ

४. उग्र

तब अपने क्रोध और खीझ पर बरबस संयम रखते हुए चेतन ने सिर्फ़ इतना कहा, 'डॉक्टर उन्हें अभी घर वापस भेजने के ख़िलाफ़ हैं। अभी काफ़ी दिन उनका इलाज होगा।'

'पर वे पहले से ठीक तो हो रहे हैं। क्या कहा डॉक्टर ने ?'

चेतन ने इसका कोई जवाब न दिया था और कदम बढ़ा लिये थे।

उसकी सास पीछे घिसटती हुई, उत्तर की प्रतीक्षा में कुछ क्षण तेज़-तेज़ चलती रही थी, फिर ढीली पड़ गयी थी और दोनों माँ-बेटी साथ-साथ चलने लगी थीं।

०

चेतन का मन इतना खिन्न था कि डॉक्टर से मिल कर आने के बाद उसने न टाई खोली, न मोज़े उतारे,न जूते ढीले किये, न कमीज़ पतलून के बाहर निकाली। उसी तरह कसा-कसाया तेज़-तेज़ चलता, अपनी सास और पत्नी के लिए रुकता और उनके निकट आने पर फिर कदम बढ़ाता हुआ, उनसे एक भी बात किये बिना वह चला आया था। दयाल सिंह कॉलेज के पास से उसकी सास गन्दे नाले को मुड़ गयी थी कि उधर से गोविन्द गली को चली जायेगी। तब उसने एक जाते हुए ताँगे को आवाज़ दी थी। ताँगा रुक गया था तो उसने कृष्णा गली तक के पैसे तय कर अपनी पत्नी को उसमें बैठने का आदेश दिया था। जब चन्दा बैठ गयी थी तो वह उचक कर अगली सीट पर जा बैठा था और कृष्णा गली नम्बर-१ के बाहर आ कर उतर गया था। ताँगे वाले को पैसे दे कर बिना अपनी पत्नी से एक भी बात किये, वह तेज़-तेज़ चलता घर पहुँचा था। बैठक का दरवाज़ा और खिड़कियाँ खोल, बिना कपड़े बदले वह बिस्तर पर ढह गया था।

उसकी पत्नी ने अन्दर कमरे में जा कर रेशमी साड़ी उतार, काम-काज की एक मैली-सी धोती पहन ली थी। फिर चुपचाप वह बैठक में आयी थी। उसने अपने पति के जूते और मोज़े उतारे थे। कोट उतारने लगी तो चेतन ने चुपचाप बाँहें पीछे को फैला दी थीं और उसने कोट खींच लिया था। फिर चन्दा ने उसकी टाई खोली थी और दोनों को खूँटी पर टाँग दिया था। तब धीरे से उसने कहा था, 'आप बहुत थक गये हैं, गर्मी भी है, यह कसी हुई पतलून उतारिए, नहाइए और तहमद पहन, फिर आराम कीजिए।'

चेतन ने कोई जवाब न दिया था। पत्नी थकी होने के बावजूद मुँह-हाथ धो कर रसोई में जुट गयी थी और चेतन ने पतलून के बटन ढीले कर, टाँगें ऊपर कर ली थीं और ठीक से लेट गया था। फिर क्षण भर बाद उसने दीवार की ओर करवट बदल ली थी।.... उसकी खिन्नता कई गुना बढ़ कर उसके मन-प्राण पर छा गयी थी। उसने अपने ससुर के ठीक होने को ले कर कैसी-कैसी योजनाएँ बनायी थीं; कितने दिन से भाग-दौड़ करता फिरा था, बेकार ही सूट पर पैसे ख़र्च किये थे। यदि उसे पहले ही से पता होता कि उसके ससुर का मर्ज़ लाइलाज है तो वह इतना क्यों परेशान होता....उसकी सारी योजनाएँ, सारे सपने, यथार्थ स्थिति के एक हलके-से स्पर्श से हवा हो गये थे और समस्या वहीं-की-वहीं थी और उसकी तोप साहित्यकारी और पत्रकारी किसी काम न आ रही थी, बल्कि उसके मार्ग की बाधा बनी हुई थी। यदि वह शहर का छोटा-मोटा (यों वह अपने आप को ख़ासा बड़ा समझता था) कथाकार और पत्रकार न होता, कोई छोटा-मोटा क्लर्क या दुकानदार होता तो शायद वह यों परेशान न होता। वह क्या करे, कौन-सी सूरत निकाले! उसकी समझ में

कुछ न आ रहा था। उसका दिमाग़ एक दलदल-सा बना हुआ था, जिसमें कोई भी विचार स्थिर न हो रहा था। और वह उदास, परेशान, खीझा और थका हुआ लेटा था। जाने कितनी देर वह उसी तरह लेटा रहा। पसीने से उसके कपड़े तर हो गये थे। बाहर अँधेरा उतर आया था। बत्तियाँ जल आयी थीं। कमरे में भी गहरा अँधेरा छा गया था, पर बिना रोशनी जलाये चेतन उसी तरह दीवार की ओर को मुँह किये निस्पन्द लेटा पड़ा था।

तभी चन्दा ने आ कर बत्ती जलायी थी, कहा था कि खाना तैयार है, दफ़्तर का समय हो गया है, वह उठे, नहा कर खाना खा ले।

चेतन चुपचाप उठा था। उसने पतलून उतार कर तहमद पहन ली थी। नहाने को उसका जी न हुआ था। वैसे ही वह रसोई में जा बैठा था और खाना खा कर दफ़्तर चला गया था।

०

रात जब वह लौटा था तो आकाश पर बादल घिरे हुए थे, तेज़ ठण्डी हवा झोंके-दर-झोंके बह रही थी। चेतन ने डेवढ़ी में पाँव रखा था तो बूँदियाँ बरसने लगी थीं। दिन की थकी-हारी उसकी पत्नी गहरी नींद सो गयी थी। उसने दो-एक बार दस्तक दी तो वह उठी। उसने दरवाज़ा खोला। अन्दर जा कर चेतन ने चिटखनी लगायी, बत्ती बन्द की और चुपचाप बिस्तर पर जा लेटा।

लेट गया, लेकिन बेहद थका होने के बावजूद उसे नींद नहीं आयी। चन्दा प्रायः पड़ते ही सो जाती थी। लेकिन कुछ देर तक अपने बिस्तर पर लेटे रहने के बाद चेतन को लगा कि वह भी जाग रही है। एक-दो बार चेतन ने उसके करवट लेने और लम्बी साँस खींचने की आवाज़ सुनी। लेकिन वह अपने बिस्तर पर निस्पन्द पड़ा, कमरे के अँधेरे में तकता रहा। एक-दो बार उसके जी में आया, अपनी पत्नी को इस तरह छुए कि वह उसके बिस्तर पर आ जाये, लेकिन वह निश्चल पड़ा रहा। पड़ा रहा और टुकुर-टुकुर अँधेरे में तकता रहा। सात दिन पहले बरसती रात के उस करुणा-भरे क्षण में उसकी पत्नी उसके कितने निकट आ गयी थी। वे दोनों एक-दूसरे में जैसे विलीन हो कर एक हो गये थे और अब सात दिन बाद ही वह उससे कितनी दूर हो गयी थी! वह नहीं हो गयी थी, चेतन ही दूर खिंच आया था, जैसे उसके पिता के पागल होने और सेठ वीरभान के यहाँ उसकी माँ के नौकरी करने में सभी दोष चन्दा का हो। पागलख़ाने से आने के बाद वह एकदम पत्थर बन गया था। सान्त्वना का एक शब्द भी उसने पत्नी से न कहा था।

....चन्दा ने भी उस सिलसिले में ज़बान न खोली थी। वह पूछती तो वह बक-बका कर नॉर्मल हो जाता। लेकिन वह चुप रहा था तो उसने भी होंट सी लिये थे। अपने पिता की हालत तो उसने देख ही ली थी, वह क्या पूछती ? फिर अपने पति की तकलीफ़ वह समझती थी।

आँखें बन्द किये दोनों देर तक जागते रहे थे। करवटें बदलते रहे थे और फिर बिना एक भी बात किये सो गये थे।

०

लम्बी साँस भर कर चेतन फिर सीधा हो कर बैठ गया। उसने घुटनों से नोट-बुक उठायी।

लिखा हुआ पैरा पढ़ा और फिर नये पैरे से लिखने लगा :

'घर में मेरा मन नहीं लगता। बीवी से बात करने को जी नहीं होता।....यथा विधाता वधीयते तदैव शुभाय।....लेकिन इस सूरते-हाल में शुभ क्या है ? मेरा क्या भला होगा ? मैं इस सूरते-हाल से क्या फ़ायदा उठा सकता हूँ ?....

'मैं समझता हूँ, मुझे अपने आपको काम के समन्दर में ग़र्क कर देना चाहिए। मेरे पास न वक्त होगा, न मैं सोचूँगा। मैं अपनी उर्दू किताब छपवाऊँगा। अपनी कहानियाँ हिन्दी में करूँगा। हिन्दी वालों की गोष्ठियों में जाऊँगा। जिस्मानी तौर पर मैं चाहे घर से बँधा रहूँ, पर मन से बहुत दूर चला जाऊँगा। शायद विधाता को यही मंज़ूर है। शायद इसी में कोई बेहतरी हो। इसके सिवा कोई चारा नहीं। मैं इसी मसले पर सोचता रहूँगा तो पागल हो जाऊँगा।'

पागल....और चेतन की आँखों के सामने उसके ससुर की सूरत घूम गयी और उस ठण्डी झुरझुरी-सी उसकी रीढ़ की हड्डी में होती हुई चली गयी।

उसने नोट-बुक बन्द की और घर से बाहर निकल गया।

चौंतीस

पन्द्रह दिन के अन्दर-अन्दर अनथक परिश्रम से न केवल चेतन ने अपने मन मुताबिक पण्डित हरिचन्द 'अख़्तर' से अपने संग्रह की भूमिका लिखवा ली, वरन पुस्तक छपवा भी डाली। यूँ तो उसे रॉयल्टी के बदले पुस्तकें ही लेनी थीं, पर वह इतनी पुस्तकें घर ले जा कर कहाँ रखेगा, यह सोच कर उसने लाला चमनलाल से केवल पच्चीस पुस्तकें लीं और जैसे आसमान में उड़ता हुआ-सा घर आया।

'लो मेरी जान, किताब का पहला नुस्ख़ा[१] ! तुम्हारी ही नज़र करता हूँ।'[२] घर पहुँच कर उसने किताब पर अपनी पत्नी के लिए एक पंक्ति लिखने को होल्डर उठाते हुए कहा।

पिछले पन्द्रह दिन में यह पहला अवसर था, जब वह चन्दा से सीधे मुँह बोला था, वरना पागलख़ाने से आने के बाद से वह लगातार घर से बाहर रहा था। कभी-कभार दोपहर को सोने के लिए वह घर आ जाता (और घर आता तो साथ में ढेर-सा काम लाता) वरना दोपहर को एक-दो घण्टे के लिए सोना भी, जो रात की ड्यूटी देने के कारण उसके लिए बहुत ज़रूरी था, वह गोल कर जाता।

o

पन्द्रह दिन पहले नोट-बुक बन्द करके जब वह घर से बाहर निकला था तो क्षण भर गली में खड़ा सोचता रहा था — वह किधर जाये ? कवि चातक के जाये, पण्डित 'रत्न' के, पण्डित अख़्तर के अथवा 'चमन बुक डिपो'। उसने तय किया था कि उसे बारी-बारी से

१. प्रति

२. भेंट करता हूँ।

अपने सारे काम साधने चाहिएँ और पागलों की तरह हर तरफ़ नहीं भागना चाहिए। 'एके साधे सब सधे, सब साधे सब जाये!' अपनी माँ से सुनी हुई कहावत उसके ज़ेहन में घूम गयी थी और यद्यपि पहली तरंग में वह चातक जी के दफ़्तर की ओर जाने को मुड़ा था, पर यह सोच कर कि हिन्दी में कहानियाँ करने से पहले उसे अपना उर्दू संग्रह छपवा लेना चाहिए, वह मुड़ कर 'चमन बुक डिपो' की ओर चल दिया था।

वहाँ कुछ कहानियों के प्रूफ़ आये हुए थे। चेतन ने वहीं बैठ कर बड़े ध्यान से उन्हें पढ़ा और लाला चमनलाल से कातिब का पता ले, वह उसकी बैठक पर पहुँचा और सब ग़लतियाँ उसने उसे समझायीं और वहीं बैठ कर अपने सामने ठीक करवायीं। तब वह प्रूफ़ ले कर वापस आया और एकाध घण्टा पीठ सीधी करके अपनी कहानियों की फ़ाइल ले, पण्डित अख़्तर के यहाँ पहुँचा। सौभाग्य से उन्हें फ़ुर्सत थी। उसने उन्हें कहानियाँ सुनायीं और दफ़्तर बन्द होने के बाद उनके साथ बातें करता हुआ (उनके संस्मरण, चुटकुले और लतीफ़े सुनता हुआ) उनका घर देख आया।

और यों लगातार पन्द्रह दिन तक दौड़-धूप कर के, न केवल उसने अपने कहानी-संग्रह की भूमिका लिखवायी, कातिब से कहानियों की किताबत करायी, प्रेस में किताब छपवायी और नईम जिल्दसाज़ के यहाँ धरना दे कर जिल्द बँधवायी, बल्कि एक प्रति 'चमन बुक डिपो' ही में बैठ कर पत्र के साथ मुन्शी चन्द्रशेखर को भी भिजवायी थी। पत्र में उसने और बातों के अलावा यह भी लिखा था कि उसने अपनी एक कहानी हिन्दी में लिखी है, वह उन्हें भेजेगा और उनकी राय के लिए शुक्रगुज़ार होगा।

दो-तीन बार इधर-उधर भागते हुए कवि चातक से उसका साक्षात्कार हुआ था। पहली बार कवि मिले थे तो उन्होंने पूछा था कि वह फिर आया क्यों नहीं। उन्होंने सफ़ाई दी थी कि उस शाम शुक्ला जी आ गये थे और सिर्फ़ आध घण्टे के लिए वे उनके साथ गये थे, जब आये तो मालूम हुआ था कि वह आया था। वे शुक्ला जी के साथ छै बजे तक दफ़्तर में बैठे उसकी बाट देखते रहे थे, लेकिन फिर वह नहीं आया। जब इतने दिन गुज़र गये तो उन्हें विश्वास हो गया कि वह नाराज़ हो गया है।

चेतन ने उन्हें विश्वास दिलाया था कि ऐसी बात नहीं है। वह कई घरेलू कारणों से परेशान रहा है, इसके अलावा उसकी उर्दू कहानियों का संग्रह छप रहा है, जिसकी वजह से वह बेहद व्यस्त है। ज्यों ही वह छप गया, वह उनके यहाँ आयेगा।....फिर जब-जब वे मिले थे, उसके संग्रह की गतिविधि के बारे में उन्होंने पूछा था और उनकी जिज्ञासा शान्त करके और जल्दी ही आने का वादा करते हुए चेतन अपने काम पर बढ़ गया था।....उस वक्त, जब अपनी पुस्तक की पच्चीस प्रतियाँ उसके पास थीं, उसने तय किया था कि भले ही वे पढ़ न पायें, एक प्रति वह चातक जी को ज़रूर भेंट करेगा।

o

पहले चेतन ने

अपनी प्यारी चन्दो के लिए

या

अपनी चन्दो के लिए पहला नुस्ख़ा

या

चन्दा के लिए, जो झील की तरह वसीअ[1] और गहरी है

और धरती की तरह बुर्दबार[2]

या

अपने दुख-सुख की रफ़ीक[3] चन्दा के लिए

एक-के-बाद-एक ही कई रूमानी पंक्तियाँ सोची थीं, लेकिन दो-एक वाक्य सोचते-न-सोचते पुस्तक प्रकाशन के उल्लास में वह अपनी जिस कठिन स्थिति को भूले हुए था, (जिसका कारण उसकी यही संगिनी थी) वह उसके ज़ेहन में लौट आयी। तब रफ़ीक से वह रफ़ीका-ए-हयात[4] तक पहुँच गया और उसने एक निहायत ग़ैर-रूमानी रूखा-फीका वाक्य लिखा :

अपनी रफ़ीका-ए-हयात चन्दा के लिए

पहला नुस्ख़ा

और दस्तख़त करके उसने पुस्तक अपनी पत्नी को दे दी।

लेकिन चन्दा शायद उसके इसी उल्लास के क्षण की प्रतीक्षा कर रही थी। किताब ले कर उसकी लिखाई-छपाई की प्रशंसा करते हुए उसने चेतन से कहा कि वह उसे भी उर्दू पढ़ा दे ताकि वह भी उसकी कहानियों को पढ़ सके।

चेतन उत्साहित हो आया और उसने अपनी पत्नी को उर्दू पढ़ाने की योजना बना डाली। तभी चन्दा ने धीरे से कहा कि वह अपनी माँ से मिलने जाना चाहती है।

चेतन का सारा उत्साह भंग हो गया और इतने दिनों से दबा हुआ उसका क्रोध फिर उभर आया। 'मैं वहाँ जाना पसन्द नहीं करता और न यही पसन्द करता हूँ कि तुम वहाँ जाओ,' उसने रुखाई से कहा, 'अपनी माँ से कहो कि वह तुम्हें यहीं आ कर मिल जाया करे।' और क्षण भर रुक कर उसने कहा, 'जाने हमको यह मकान भी छोड़ देना पड़े और दूर कहीं ऋषिनगर या गोपालनगर घर ढूँढना पड़े।'

चन्दा ने जैसे अन्तिम बात नहीं सुनी। उसने आँखें फ़र्श में गाड़े सिर्फ़ इतना ही कहा, 'मेरी माँ ने यह घर नहीं देखा, नहीं वह कब की आ कर मिल जाती।'

'ठीक है!' चेतन ने और भी रुखाई से कहा, 'आज तो देर हो गयी है, कल उसे आ कर घर दिखा देंगे।' और फिर सहसा अकारण झुँझलाते हुए उसने चन्दा की मैली-सी धोती की ओर संकेत करते हुए कहा, 'यह कैसी मैली-चीकट धोती तुमने पहन रखी है। क्या तुम्हारे हाथ टूट गये हैं, जो तुमसे अपने कपड़े भी साफ़ नहीं होते।'

और क्रोध का एक उबाल-सा उसके अन्दर उमड़ पड़ा। उसे विश्वास था, वह घर पर रहेगा तो उसका सारा क्रोध उसकी पत्नी पर बरस पड़ेगा। दफ़्तर जाने में अभी काफ़ी समय था। उसने अपने कहानी-संग्रह की कुछ प्रतियाँ उठायीं और अपने उर्दू साहित्यकार

---

१. विशाल

२. सहिष्णु

३. संगिनी

४. जीवन-संगिनि।

मित्रों में बाँटने के लिए चल पड़ा। दूसरी प्रति वह पण्डित 'रत्न' को देगा, यह उसने तय किया और तीसरी महाशय देवदर्शन को। मन-ही-मन अपने मित्रों की सूची बनाता हुआ, वह शीशमहल रोड की ओर चल पड़ा कि दफ़्तर से आते ही पण्डित 'रत्न' को पकड़ ले, उन्हें एक प्रति दे और फिर उनके साथ जा कर महाशय देवदर्शन, ज़ख़्मी साहब, लाला जीवनलाल कपूर आदि को प्रतियाँ दे आये। एक प्रति 'उर्दू बुक स्टॉल' के मालिक चौधरी ज़हीर के लिए भी उसने ले ली।

o

महाशय देवदर्शन तो उसके निकट रेलवे रोड पर ही रहते थे। पण्डित 'रत्न' को पुस्तक दे कर वह उनके साथ उनके यहाँ गया। जब उन्हें पुस्तक दे कर वे उनके मकान से नीचे उतरे तो चेतन ने कहा कि यदि दो मिनट उसके घर रुकें तो वह खाना खा कर उनके साथ ही दफ़्तर चल दे। उसे पण्डित जी के घर देर हो गयी थी। 'उर्दू बुक स्टॉल' जाने का ख़याल उसने छोड़ दिया था। कपूर साहब शायद 'वीर भारत' के दफ़्तर ही आ जायें, उसने सोचा था, वे प्रायः सिनेमा का शो देख कर ज़ख़्मी साहब से मिलने आते थे, वहीं उनको और ज़ख़्मी साहब को किताबें देगा। पण्डित 'रत्न' मान गये थे। वह उनके साथ घर आया था। पाँच मिनट में खाना खा कर वह ज़ख़्मी साहब और कपूर साहब के लिए पुस्तकें ले कर दफ़्तर चला गया था। पण्डित 'रत्न' कुछ देर बैठे थे, तभी महाशय जीवनलाल कपूर आ गये थे और पण्डित जी के यार की पहली पुस्तक को उलट-पलट देखते और बाँछें खिलाते हुए उन्होंने पण्डित जी को बधाई दी थी और चेतन की पीठ पर ज़ोर से शाबाशी का हाथ जमाया था। 'पीर जिन्हाँ दे टप्पने, चेले जान छड़प्प,'[१] पंजाबी कहावत दोहराते हुए उन्होंने ज़ोर से ठहाका लगाया था और पण्डित जी को साथ ले कर चले गये थे।

o

रात सोने से पहले चेतन ने नोट-बुक में चन्द पंक्तियाँ लिखीं :

> 'आज चन्दा ने अपनी माँ से मिलने की बात कही तो अचानक मेरा दिमाग़ ख़राब हो गया। पन्द्रह दिन से लगातार मैं अपने आपको दूसरे कामों में लगाये रहा हूँ, लेकिन मन के किसी पोशीदा गोशे[२] में अपनी सूरते-हाल पर एक नामालूम झुँझलाहट दबी रहती है। अगर मेरी सास वहाँ से नौकरी छोड़ दे तो कितना अच्छा हो। कल मैं उसे घर दिखाने के लिए लाऊँगा और एक बार फिर कोशिश करूँगा, अगरचे मुझे उम्मीद नहीं कि वह मानेगी।'

o

दूसरे दिन दस बजे के करीब चेतन अपनी पत्नी को ले कर गोविन्द गली गया। चन्दा से उसने कह दिया कि वह पहले की तरह गली में खड़ा रहेगा और वह भी ऊपर न जाये। अपनी माँ को बुला कर समझा दे कि आध घण्टे की छुट्टी ले कर आये और घर देख जाये!

वह गली में खड़ा रहा था और चन्दा जा कर अपनी माँ को ले आयी थी! घर तक

---

१. जिनके उस्ताद कूदने वाले होते हैं, उनके चेलों को छलाँग लगाने में दिक्कत नहीं होती। पलक झपकते वे छलाँग लगा देते हैं।

२. छिपे कोने में।

चेतन अपने आपको किसी तरह रोके रहा था, लेकिन घर पहुँच कर अभी वह आराम से बैठी भी न थी कि चेतन ने बात शुरू कर दी थी।

हालाँकि बात करने से पहले भी उसे लगता था कि इस सन्दर्भ में बात करना, बात गँवाने के बराबर है, लेकिन कह कर वह मन का बोझ हलका कर लेना चाहता था।

उसकी सास पूर्ववत फ़र्श पर बैठ गयी थी, चन्दा चारपाई पर बैठी थी और चेतन कुर्सी पर। बात उसने सीधे नहीं रखी। घुमा कर उसने कहा :

'अम्मा, मैंने डॉक्टर से पूछा था। पण्डित जी को अभी पागलख़ाने में बहुत दिन लगेंगे। तुम्हारी उमर अब मेहनत-मशकत करने की नहीं ? तुम क्यों वहाँ इतनी तकलीफ सहती हो। नौकरी छोड़ कर यहाँ आ जाओ। दामाद और बेटे में आख़िर क्या फ़र्क होता है। मैं तुम्हारे बेटे के बराबर ही तो हूँ....'

लेकिन उसकी अनपढ़ और भोली सास उसका मन्तव्य नहीं समझी। उसे तसल्ली देते हुए बोली, 'नहीं बेटे, कोई वैसी मेहनत-मशक्कत मुझे वहाँ नहीं करनी पड़ती। सेठ, सेठानी और कृष्णा तीन ही तो जने हैं। जहाँ अपने लिए दो रोटियाँ पकाती हूँ, चार उनके लिए भी उतार देती हूँ। सेठ बहुत सीधा-सादा खाना खाते हैं। मुझे वहाँ कोई तकलीफ़ नहीं, तुम चिन्ता न करो।'

अब चेतन उसे कैसे समझाता कि तकलीफ़ तुम्हें नहीं, मुझे है। तुम्हारे वहाँ काम करने से मेरा अहं आहत होता है। मेरी प्रतिष्ठा पर आँच आती है। सो उसने घुमा कर कहा, 'अम्मा, डॉक्टर ने बताया है, पण्डित जी के इलाज को अभी बहुत देर लगेगी। इलाज तो उनका वहाँ हो ही रहा है। तुम वापस बस्ती ग़ज़ाँ चली जाओ और अपने घर, अपने सगे-सम्बन्धियों, जेठ-जेठीयों[१] में रहो.... '

लेकिन उसकी सास ने उसकी बात काट दी और कहा, 'बेटा, मेरा घर वहीं है, जहाँ मेरा पति है। जेठ और उनके बेटे-बेटियों की ग़ुलामी मैंने बहुत कर ली है। उनकी ग़ुलामी करने और बदले में दो 'टुक्कर' और दस ताने-मेहने पाने के बदले दस उँगलियों से कमाती हूँ, अपना पेट पालती हूँ और चन्दा के पिता की सेवा करती हूँ। मुझे और कुछ नहीं चाहिए। भगवान यही चाहता है तो मैं इसी में ख़ुश हूँ। मैं उनकी कोई मदद नहीं कर सकती, पर हफ़्ते में दो बार उन्हें देख तो आ सकती हूँ और कौन जानता है, मेरी सेवा से भगवान ख़ुश हो जाये और उन्हें ठीक कर दे। उनके दिमाग़ की ख़ुश्की दूर हो जाये....'

चेतन चिल्ला कर कहना चाहता था — 'उनके दिमाग़ में ख़ुश्की नहीं। वे पागल हैं। धुत्त पागल हैं!'

लेकिन वह चीख़ा, न चिल्लाया। उसने अपनी उर्दू कहानियों की फ़ाइल, अपने नये उर्दू कहानी-संग्रह की एक प्रति और 'कुर्बान-गाहे-इश्क' का हिन्दी अनुवाद उठाया और माँ-बेटी को बातें करता छोड़ घर से निकल गया।

---

१. जेठ तथा जेठ के बच्चों।

पैंतीस

चातक जी खाना खाने के लिए घर जाने को दफ़्तर की सीढ़ियाँ उतर रहे थे, जब चेतन ने नीचे खड़े-खड़े उन्हें 'नमस्कार' किया।

मुस्करा कर और बायें हाथ से बालों की लट हटाते हुए चातक जी ने वहीं से उसके 'नमस्कार' का उत्तर दिया।

वे अभी सीढ़ी पर ही थे कि चेतन ने कहा, 'मैं आपको कहानी सुनाने के लिए आया था।'

नीचे आ कर उसके कन्धे को थपथपाते हुए चातक जी ने हँस कर कहा, 'चलो घर चलते हैं और वहीं सुनते-सुनाते हैं। खाने का समय हो गया है और मैं सुबह आठ बजे से दफ़्तर में बैठा हूँ। भूख लग आयी है।'

तब चेतन ने अपना उर्दू संग्रह उनकी ख़िदमत में पेश किया :

'यह मेरी उर्दू कहानियों का संग्रह है। कल ही छप कर बाहर आया है। मुन्शी चन्द्रशेखर ने इसकी भूमिका लिखी है।'

चातक जी ने चलते-चलते रुक कर संग्रह लिया। क्षण भर जिल्द पर छपे नाम को देखते रहे। उर्दू की वे अबजद[१] तक नहीं जानते थे।

'क्या नाम है ?' उन्होंने पूछा।

'सीरत की पुतली!'

तब उन्होंने मुख-पृष्ठ पलटा। अन्दर पोस्तीन पर चेतन ने लिखा था :

'अपने प्यारे मेहरबान दोस्त चातक जी के लिए
मुहब्बत और ख़ुलूस के साथ'

उसने दोनों पंक्तियाँ पढ़ कर सुनायीं।

चातक जी ख़ुश हो गये। किताब बन्द करके उन्होंने उसकी पीठ थपथपाते हुए उसे बधाई दी। फिर चलते हुए बोले :

'तुम खाना खा कर चले थे या अभी फिर घर जाओगे।'

'खा कर तो नहीं चला,' चेतन ने उनके साथ चलते-चलते कहा, 'पर मुझे भूख नहीं और मैं खाना गोल कर जाने का आदी हूँ।'

'खाना गोल करोगे तो क्या लिखोगे। भूखे भजन न होई गोपाला! भोजन और चोदन इन्हीं दो पर तो दुनिया का सारा कारोबार निर्भर है। भोजन ही नहीं करोगे तो लिखोगे क्या ?'

और कवि अपनी इस फूहड़ उक्ति पर आत्मतोष से हँसे, 'हम तो भाई दोनों का भरपूर रसास्वादन करते हुए लेखनी हाथ में लेते हैं। संसार की महान रचनाएँ पेट और सेक्स की भूख ही से निःसृत हुई हैं।'

'लेकिन चातक जी, तॉल्स्तॉय को न तो पेट की वैसी चिन्ता थी न सेक्स की।' चेतन ने कहा, 'काउण्ट थे। हर तरह की उन्हें सहूलत थी। मज़े से दूसरे काउण्टों की तरह ज़िन्दगी

---

१. उर्दू वर्ण माला के आरम्भिक अक्षर —अलिफ़-बे-जीम-दाल! अर्थात उर्दू का क-ख-ग।

गुज़ार देते। तब वह कौन-सी शक्ति थी (प्रकट ही पेट या प्रेम की नहीं थी) जिसने उनसे वर्षों के लगातार श्रम से 'युद्ध और शान्ति' जैसा महान उपन्यास लिखवाया। संसार के इतिहास में दसियों ऐसी मिसालें मिल जायेंगी, जब पेट और प्रेम की भूख से भी किसी बलवती भूख ने लोगों को प्राणों का मोह छोड़ कर अजाने ख़तरों का सामना करने को मजबूर कर दिया।'

कवि केवल मैट्रिक पास थे। तॉल्स्तॉय का नाम तो उन्होंने सुना था, पर उनकी कोई रचना नहीं पढ़ी थी। तॉल्स्तॉय का महान उपन्यास चेतन ने भी नहीं पढ़ा था, पर उसने अनन्त से उसके बारे में सुन रखा था और उसके सपनों में एक सपना यह भी था कि जब उसको सुविधा मिलेगी, वह विश्व के महान ग्रन्थ ख़रीदेगा, अपनी निजी लायब्रेरी बनायेगा, और उन महान ग्रन्थों को मनोयोग से पढ़ेगा। उनसे लिखना सीखेगा और साहित्य-क्षेत्र में बहुत ऊँचे उठेगा। वह जिन पुस्तकों को पढ़ना चाहता था, उनकी सूची में तॉल्स्तॉय का उपन्यास सब से ऊपर था।

'हम भाई तॉल्स्तॉय-फॉल्स्तॉय नहीं पढ़ते,' माथे पर की लट को दायें हाथ से पीछे हटाते हुए कवि ने कहा, 'लोग विदेशी साहित्य पढ़ कर उसका अनुवाद कर देते हैं और समझते हैं कि बड़ा तीर मार रहे हैं। हमारे गुरु ने हमें यह नहीं सिखाया। हम जो महसूस करते हैं, वही लिखते हैं, इसीलिए मौलिक लिखते हैं! हमारी कविताएँ स्वानुभूति से जन्म लेती हैं, इसलिए वे किसी दूसरे की नहीं, हमारी और केवल हमारी हैं।'

चेतन कहना चाहता था कि बी० ए० में हमारे टीचर कहते थे, पढ़ने-लिखने से आदमी का दृष्टि-फलक विस्तृत होता है। वह अपनी सोच के तंग घेरे से निकलता है, अपने और दूसरों के कृतित्व के पीछे झाँकना और उसका विश्लेषण करना सीखता है।....कि मौलिकता अपने में कोई वैल्यू नहीं। यदि रचना मौलिक होते हुए भी कूड़ा है तो उसका क्या महत्व है ? फिर कौन-सी ऐसी अनुभूति है, कौन-सा ऐसा सुख-दुख है, जो हमसे पहले हज़ारों-लाखों इन्सानों ने नहीं भोगा ? अपनी अनुभूतियों को युग और उसकी समस्याओं के परिपार्श्व में रख कर ही हम उनका सफल चित्रण कर सकते हैं और जब हमारी दृष्टि गहरी, सूक्ष्म और अणुवीक्षक होती है, तभी हमारी चीज़ मौलिक बनती है। अनुभूति मौलिक नहीं होती, उसे रखने का, चित्रित करने का ढंग हमारा अपना होता है और इसीलिए मौलिक होता है।

चेतन के दिमाग़ में ये विचार अंग्रेज़ी में आये, क्योंकि यह सुन कर कि वह कविताएँ और कहानियाँ लिखता है, बी० ए० में उसे अंग्रेज़ी पढ़ाने वाले एक बंगाली टीचर ने (जो नये-नये कलकत्ता से जालन्धर आये थे) यह उपदेश दिया था।

लेकिन चेतन ने कवि चातक को कुछ भी नहीं कहा। वह चुपचाप उनकी बातें सुनता, उनके साथ चलता गया। कवि चातक ने उसकी चुप से यह जाना कि उनकी बातों का उस पर गहरा प्रभाव पड़ रहा है, इसलिए अपनी रौ में वे कहते गये। 'कवि के लिए सबसे पहले ज़रूरी है — देखने वाली आँख! और फिर महसूस करने वाला दिल! किसी की एक प्यार-भरी दृष्टि अथवा मुस्कान कवि के सामने प्यार का संसार बसा देती है। हम तो किसी को मुस्कराते भर देख लें तो एक लम्बी कविता लिख सकते हैं....'

और मन-ही-मन उसे अपना नया चेला मान कर वे उस पर काव्य और कला के भेद खोलते गये और चेतन चुपचाप सुनता गया। तभी उनका घर आ गया।

ऊपर पहुँचते ही कवि ने उसका परिचय अपनी लम्बी-तगड़ी, नितान्त अनपढ़ और अनगढ़ पत्नी को दिया और कहा कि उनके साथ ही चेतन जी के लिए भी खाना परस दे।

चेतन ने एक-दो बार इनकार किया और कहा कि वे उसके खाने की चिन्ता न करें। पर कवि ने पानी का लोटा ले कर उससे कहा कि वह हाथ-मुँह धो ले। चेतन ने हाथ-मुँह धो लिये तो कवि ने स्वयं मुँह पर छींटे मारे और धोती के छोर के मुँह-हाथ पोंछते हुए चौके में आसन पर आ बिराजे। उनके बराबर एक दूसरा आसन बिछा था। उन्होंने चेतन को उस पर बैठने के लिए कहा।

कवि-पत्नी ने दो थालियाँ परोस कर दोनों को दीं। चेतन ने देखा —थाली में अरहर की दाल से भरी कटोरी, थोड़ा आम का अचार, एक कटा हुआ नींबू, नमक की एक चुटकी और भिण्डी की तरकारी थी। यद्यपि चेतन को बिना अच्छे घी और प्याज़ से छौंकी हुई दाल खाने की इच्छा नहीं हुई, पर उसे बेहद भूख लग आयी थी, इसलिए जब चातक जी की देखा-देखी उसने दाल में नींबू निचोड़ा और पहला ग्रास आम के अचार से छुला कर और दाल में डुबो कर खाया तो उसे वह अच्छी लगी। फिर कवि-पत्नी ने —जो लम्बी-तगड़ी होने के बावजूद नकिया कर कुछ अजीब-सी लटकती आवाज़ में बोलती थी, जिसके श्याम वर्ण, अनगढ़ और असुन्दर सरापे को देख कर चेतन पर कवि के 'चातकपन' का भेद अनायास खुल गया था —चेतन को साग्रह एक-दो रोटियाँ ज़्यादा खिला दीं और यह सोच कर कि उसे बराबर वहाँ आना पड़ेगा, चेतन ने तुरन्त उससे देवर-भाभी का नाता जोड़ लिया। खाने के दौरान वह 'नहीं भाभी, और नहीं!' 'बस भाभी, मैं चार फुल्कों से ज़्यादा नहीं खाता,' 'भाभी, ज़रा पानी दीजिए!' 'भाभी, आप तो खिला-खिला कर मार डालेंगी।' जैसे वाक्य बोलता रहा था। कुल मिला कर उसे यूँ चातक जी के साथ रसोई में बैठ कर खाना अच्छा ही लगा था। (खाना खाते हुए उसे एक-दो बार यह ख़याल ज़रूर आया था कि उसकी पत्नी भूखी बैठी रहेगी, पर चन्दा उसकी आदत से अभ्यस्त थी। फिर चेतन ने यह भी सोचा कि वह किसी तरह उसे सन्देश भिजवा देगा कि उसने खाना खा लिया है और वह भूखी न बैठी रहे।)

o

लेकिन जिस कारण उसने खाना वहीं खाना स्वीकार कर लिया, उसका वह मनोरथ सिद्ध नहीं हुआ। वह उस दिन कवि को अपनी कहानी नहीं सुना सका।

o

खाना खाने के बाद चातक जी उसे अपने कमरे में ले गये थे। कमरा काफ़ी खुला और हवादार था। फिर छत पर पंखा लगा था। यों भी कई दिन तक वर्षा होने के बाद उतनी गर्मी न रही थी। सामने फ़र्श पर दरी और जाजम बिछा था और उस पर गोल तकिये लगे थे। भर-पेट खाना खाने के बाद चेतन की आँखें करकरा रही थीं, उनमें गनूदगी उतर आयी थी और उसका जी होता था कि वहीं पसर जाये और दो पल आँख लगा ले। पर उसे अपनी कहानी सुनानी थी, इसलिए वह बरबस बैठा था।

लेकिन इससे पहले कि वह फ़ाइल खोलता और कहानी सुनाता चातक जी उसे अपना खण्ड-काव्य सुनाने लगे।

अपने खण्ड-काव्य के सम्बन्ध में स्वयं कुछ कहने के बदले उन्होंने उसकी भूमिका चेतन को सुना डाली। खण्ड-काव्य का नाम था — 'मायाविनी!' अपने उत्साह में वे प्रकाशक का वक्तव्य तक पढ़ गये।....'मायाविनी' का प्रकाशन एक सहयोगी संस्थान की ओर से हुआ था —यह संस्थान पहले ग्वालियर में (जहाँ कवि उन दिनों रहते थे) कायम हुआ था और उसने कवि की एक पुस्तक 'नयनों में' प्रकाशित की थी। फिर वहाँ से कवि जोधपुर चले गये तो सहयोगी संस्थान भी उन्हीं के साथ वहाँ प्रस्थान कर गया। इस स्थानान्तरण के कारण उस संस्थान का नाम बदल गया। प्रकाशकीय वक्तव्य में इसका ब्योरा था और यह सूचना थी कि नयी संस्था की ओर से छपने वाली तमाम पुस्तकों का वितरण दिल्ली के प्रसिद्ध प्रकाशन गृह, 'साहित्य संस्थान' से होगा (जिसे एक प्रसिद्ध कांग्रेसी नेता ने अपने सगे-सम्बन्धियों के हितार्थ और गाँधी साहित्य के प्रचारार्थ खोला था।) और यह सूचना दे कर, घोषणा की गयी थी :

'हमें आशा है कि अब हमारी प्रकाशन संस्था को विविध रुचि के सहायक पाठकों के साथ-साथ विभिन्न विषयों के विद्वान एवं प्रतिभाशाली लेखकों की सेवा करने का यथेष्ट अवसर मिलेगा और हम सुरुचि, तत्परता और ईमानदारी के साथ उसके लिए सदा प्रयत्नशील रहेंगे।'

और यह घोषणा करके प्रकाशकीय वक्तव्य में लिखा था :

''नयनों में' के बाद चातक जी की यह दूसरी और सम्भवतः सर्वश्रेष्ठ पुस्तक प्रकाशित करने का हमें अवसर मिल रहा है। हिन्दी में यह अपने ढंग की बिलकुल नयी चीज़ है!'

और इस 'बिलकुल नयी चीज़' को स्वयं व्याख्यायित करते हुए चातक जी ने अलग प्राक्कथन लिखा था, जिसमें शुरू में कबीर की वाणी दी थी :

माया महा ठगिनी हम जानी
तिरगुन फाँस लिये कर डोले बोले माधुरी बानी

और यह पूरा गीत दे कर उन्होंने लिखा था कि इसी माया को मैंने 'मायाविनी' कहा है और इस जादूगरनी के विविध रूपों को शब्दों द्वारा चित्रित किया है। इसने अपने जादू से सकल ब्रह्माण्ड को मोह लिया है और इस सौन्दर्य का वर्णन करना बुद्धि से परे है।

यह भूमिका बाँध कर कवि ने लिखा था कि यह मायाविनी प्रत्येक घर में नारी बन कर अपनी अभिराम छवि का आलोक बिखेरती रहती है....कि माया के इस व्यापक रूप का वर्णन हिन्दी में पहले किसी ने नहीं किया। ब्रजभाषा के कुछ कवियों ने ज़रूर नारी-रूप के वर्णन में अपनी कलम और दिमाग़ का सारा ज़ोर लगा दिया है, लेकिन उन्होंने रस में इतना विष घोल दिया है कि उस विषय का सारा साहित्य ही विकृत हो उठा है। फिर जिन इने-गिने प्राचीन कवियों ने इस विषय में सुरुचि की रक्षा की है, उन्होंने एक ही प्रवाह में इतने विस्तार से नहीं लिखा।

और इस प्रकार अपने खण्ड-काव्य को 'एकदम नयी और सर्वश्रेष्ठ' चीज़ घोषित कर, कवि चातक ने अपने प्राक्कथन में एक व्यंग्य स्वयं अपने अथवा अपने मित्रों द्वारा अपना

विज्ञापन कराने वालों पर किया था और कहा था कि वैसी प्रतिष्ठा पाने की न उनके पास शक्ति है, न इच्छा। चूँकि उन्हें अपनी पुस्तक से बेहद सन्तोष हुआ है, इसलिए उन्हें पूरी आशा है कि साहित्य-मर्मज्ञों को भी उससे प्रचुर सन्तोष मिलेगा।

अन्त में उन्होंने दो शब्द अपने प्रान्त के प्रसिद्ध कांग्रेसी नेता के लिए कहे थे, जिन्होंने सदा सरपरस्ती का हाथ उनके सिर पर रखा और उन्हें प्रोत्साहन दिया। पुस्तक उन्होंने एक बड़े मारवाड़ी सेठ को भेंट की थी, जो उनके काव्य के अनन्य प्रशंसक थे। अपने उन अभिभावकों की रसज्ञता के सम्बन्ध में उन्होंने सविस्तार चेतन का ज्ञान-वर्धन किया कि किस प्रकार उन्होंने जो लिखा, अपने उन अभिभावकों तथा उनके मित्रों को सुनाया; कैसे वे प्रसन्न हुए और कैसे उन्होंने घोषणा की कि यदि स्वराज्य मिल गया तो निश्चय ही वे प्रान्त के राजकवि के पद पर विराजमान होंगे।

इतना सब कह कर वे नितान्त आत्म-विभोर हो कर काव्य पढ़ने जा रहे थे कि चेतन ने कुछ अप्रकृतिस्थ हो कर उठने का उपक्रम करते हुए कहा कि यदि वे इजाज़त दें तो वह भाग कर पत्नी से कह आये कि उसने खाना खा लिया है और वह उसकी प्रतीक्षा न करे।

लेकिन उस मरहले पर कवि उसे छोड़ने के लिए तैयार न थे। 'अरे, कवियों की पत्नियाँ जितनी जल्दी इसकी आदत डाल लें, उतना ही अच्छा है,' उन्होंने कहा, 'बैठो बैठो!'

और जब इस पर भी चेतन अधबैठी-अधखड़ी अवस्था में रुका रहा तो उसी रौ में उन्होंने कहा, 'बैठो भाई, अभी चपरासी दफ़्तर से प्रूफ़ ले कर आयेगा तो सन्देश भिजवा देंगे।' और वे काव्य पढ़ने लगे।

चेतन के मन में इस बात का हलका-सा क्षोभ था कि उसकी कहानी न सुन कर, वे अपना पूरे-का-पूरा खण्ड-काव्य सुनाने जा रहे हैं, पर वह लाचार बैठ गया।

०

चातक जी का खण्ड-काव्य वास्तव में चार-चार पंक्तियों के चौदह-चौदह बन्दों में बँधा था। उसके हर बन्द के पहले उन्होंने उस 'मायाविनी' को कुछ ऐसी पंक्तियों से याद किया था :

जब तू करती पागल प्राण
जब तू करती है आह्वान
जब तू छिप कर गाती गान
जब तू देती दर्शन दान
जब तू छिटकाती मुस्कान
जब तू करती है पहचान
जब तू बनती है नादान
जब तू खिलती पुष्प समान
जब तू पल भर होती म्लान
जब तू बनती स्वर्ण विहान
जब बनती अबला अनजान
जब तू झुकती महिमावान

और गुणवान, तूफ़ान, वाण, अम्लान, द्युतिमान, कल्याण, सुजान, महान, अन्तर्धान, आदि सारे तुक उन पहली पंक्तियों पर ख़र्च कर दिये थे। 'जब' से पंक्ति शुरू करके और ऐसी ही किसी तुक से उसे ख़त्म कर कवि शेष बन्द में बताते कि 'तब' क्या होता है। फिर अन्त में वही पंक्ति दोहरा देते। केवल पहला और अन्तिम बन्द उन्होंने 'हे री मायाविनि छविमान' से शुरू और ख़त्म किया था, शेष सारे बन्द 'जब' से शुरू होते थे।....चातक जी बिना रुके, बिना साँस लिये खण्ड-काव्य सुनाते गये। पहले उन्होंने खादी का कुर्ता उतारा, फिर बनियान उतार दी। उनका गोरा शरीर पसीने से तर हो गया और उनके पेट की सिलवटों और नाभि के गर्त से होता हुआ पसीना उनकी धोती में समाने लगा। लेकिन वे उस सब से विसुध काव्य सुनाते रहे। कपड़े उतारते समय भी अपनी वाणी पर उन्होंने रोक नहीं लगायी और जहाँ तक पसीने का सम्बन्ध है, वे काव्य-पाठ करते-करते कभी कमर में, कभी पसली पर, कभी कन्धे के पीछे खुजला लेते। काव्य सुनाते हुए उनके होंटों के कोनों पर फिचकू आ गया, कण्ठ सूख गया, पर वे बिना रुके, तन्मय भाव से काव्य पढ़ते रहे....चार बजने को आ गये थे, जब काव्य समाप्त हुआ। तब कुर्ता उठा कर उसके दामन से शरीर का पसीना पोंछ वे तकिये पर ढह गये और उसी अवस्था में उन्होंने चिल्ला कर पत्नी को आदेश दिया कि वह नींबू का शर्बत बनाये।

०

काव्य सुनना शुरू करने के पहले ही चेतन की आँखें करकरा रही थीं। काव्य सुनते-सुनते उसे कई बार झपकी आ गयी। तब उसके सुनने का भरम कवि पर खुल न जाये, इस ख़याल से उसने पीठ और सिर दीवार से टेक लिये थे और परम तन्मय भाव से आँखें बन्द कर ली थीं। दो-एक बार उन्होंने पूछा भी था कि वह सुन रहा है ना ? तब पूर्ववत आँखें बन्द किये, केवल सिर के इशारे से उसने संकेत किया कि वे पढ़ते जायें, वह दत्त-चित्त हो कर सुन रहा है।

चातक जी बड़ी सीधी-सरल भाषा में कविता करते थे, लेकिन उनके काव्य ने कहीं भी चेतन के मन को स्पर्श नहीं किया। उसे वह सारा-का-सारा काव्य केवल दिमाग़ी कसरत लगा। इसलिए यद्यपि वह सयत्न जागता, सुनता और कभी-कभी 'वाह!' 'क्या बात पैदा की है!' 'कितने सुन्दर भाव हैं!' आदि वाक्यों में दाद भी देता रहा था, पर वास्तव में वह कई बार ऊँघ भी गया था और कुल मिला कर आह्वान, द्युतिमान, महिमावान, म्लान, स्वर्ण विहान आदि तुकों के अलावा उसके पल्ले कुछ नहीं पड़ा था। मन-ही-मन वह सोचता रहा था कि जब हिन्दी भाषा पर उसका अधिकार हो जायेगा तो वह इन तुकों का बेहतर इस्तेमाल करेगा।

लेकिन जब कवि ने काव्य समाप्त किया तो उसने भी आँखें खोल दीं। तकिये के सहारे लेट कर और पत्नी को नींबू के शर्बत का आदेश दे कर कवि करवट के बल उसकी ओर हो बैठे। प्रकट ही वे चेतन से प्रशंसा के दो शब्दों की अपेक्षा रखते थे। लेकिन चेतन सचमुच अन्त में ऊँघ गया था और उसे भय था कि कवि जान न गये हों कि वह काव्य सुनता नहीं, सोता रहा है।

जब चेतन ने दाद नहीं दी तो कवि स्वयं ही बोले, 'इस काव्य को लिखने की प्रेरणा मुझे तब हुई थी, जब मैंने अपनी स्वर्गगता छोटी-सी दुधमुँही बच्ची स्नेहलता को एक बार

गोद में लिया था और किसी अकथनीय आनन्द से मेरा मन विभोर हो उठा था। लेकिन अभी यह काव्य आधा भी न लिखा गया था कि वह मुझे छोड़ कर चली गयी। तब से टूटे हुए दिल की तरह यह मेरा काव्य भी अधूरा पड़ा रहा। फिर मैंने एक दिन अपनी उस स्वर्गगता बच्ची से आशीर्वाद माँगा कि वह मुझे अपनी इस यादगार को पूरी करने की सामर्थ्य दे और सहसा एक दिन मेरी लेखनी अबाध गति से बह चली और काव्य पूरा हो गया। मैं अपनी बच्ची को इतना प्यार करता था, जितना कोई नहीं कर सकता। इसी तरह मेरी इस 'मायाविनी' को भी मेरे जितना कौन पसन्द कर सकता है।'

'हरगिज़ नहीं!' सहसा चेतन ने कहा।

कवि चौंके और चेतन भी चौंका। लड़खड़ाते शब्दों में अपनी उस उद्धतता को छिपाते हुए उसने कहा, 'आपने....दरअसल....सच ही कहा। इतने सुन्दर काव्य से प्यार करना ख़ुद उस क्षण को छू लेना है जब कवि को उसे लिखने की प्रेरणा मिली और ज़ाहिर है कि यह हर किसी के बस की बात नहीं, लेकिन जो भी इसे दोबारा पढ़ेगा, वह इसे आपसे भी ज़्यादा प्यार करने लगेगा। एक साथ दिल और दिमाग़ को झँझोड़ देने वाली चीज़ लिखी है आपने।'

तब कवि के थके म्लान मुख पर हठात बड़ी प्यारी-सी मुस्कान खेलने लगी। चेतन ने एक और रद्दा जमाया :

'यह हमारी बदकिस्मती है,' उसने कहा, 'कि देश गुलाम है, विदेशी लेखकों के सामने हिन्दुस्तान की अहमियत कुछ भी नहीं, वरना क्या रवीन्द्रनाथ ठाकुर के बाद यहाँ एक भी लेखक को नोबल पुरस्कार न मिलता।'

चेतन पूरी तरह प्रकृतिस्थ हो गया था। अपनी इस बात पर वह मन-ही-मन बड़ा प्रसन्न हुआ। उसने चातक जी को यह आभास दे दिया कि उनका खण्ड-काव्य विश्व साहित्य के समकक्ष रखा जा सकता है।

चातक जी ने प्रसन्न हो कर कहा कि उनके एक स्नेही ने भी यही बात कही थी। वे इसका अंग्रेज़ी अनुवाद कराने की सोच रहे हैं।

चेतन ने चाहा कि अपनी भी एक-दो कहानियाँ उन्हें सुना डाले, पर चातक जी इतने उत्साह में थे कि कमरा उन्हें बहुत छोटा-सा लगने लगा। वे उठे। उनकी पत्नी दो गिलास नींबू का शर्बत ले आयी थीं। उन्होंने खड़े-खड़े शर्बत का गिलास पिया और उससे बोले कि वह नये कपड़े निकाल दे। वे इतने में नहा लेते हैं।

चेतन ने पूछा, उन्हें कहीं जाना है क्या ?

'आज इतवार है। 'शुक्ल साहित्य सदन' और 'करुण काव्य कुटीर' में इतवार को छना करती है,' उन्होंने कहा, 'वहीं चलेंगे। नीरव जी भी होंगे और दूसरे हिन्दी साहित्यकार भी। मौज रहेगी।'

चेतन का चेहरा उतर गया, पर अपनी निराशा को बरबस छिपाते हुए उसने कहा, 'मैं आपको अपनी दो-एक कहानियाँ सुनाना चाहता था। एक कहानी मैं हिन्दी में भी करके लाया था।'

'अरे भाई, तुम्हारी कहानियाँ सुनेंगे, देखेंगे, उन्हें सब पत्र-पत्रिकाओं में छपवायेंगे। घबराते क्यों हो। अभी तो चलो, तुम्हें गोपालनगर ले चलें। एक-दो ठण्डाई के गिलास

पिलायें। कुछ कविताएँ सुनायें।'

चेतन पहले ही कविता सुन कर अघा गया था, उसने सिर्फ़ इतना कहा, 'मैं तो कोई नशा नहीं करता!'

'फिर तुम कवि क्या बनोगे ?'

और हँसते हुए कवि स्नानागार में चले गये। चेतन भागा-भागा घर गया। फ़ाइल और कहानी उसने मेज़ पर रख दी। चन्दा को बताया कि खाना उसने चातक जी के यहाँ खा लिया था और वह चातक जी के साथ गोपालनगर जा रहा है। हो सकता है, उसे कुछ देर हो जाये। फिर मुँह-हाथ धो कर और बालों में कंघी करके वह चातक जी के घर पहुँचा। वे अभी नहा कर नहीं निकले थे। यों ही मन लगाने को उसने उनका काव्य 'मायाविनी' उठाया। (मन में उसने तय किया कि चातक जी से उस छन्द का नाम पूछेगा, जो उन्होंने खण्ड-काव्य में इस्तेमाल किया है और उसे देख कर हिन्दी में कविता लिखने का प्रयास करेगा।) यह सोच कर वह उसका एक छन्द डायरी में नोट करने लगा :

जब तू छिटकाती मुस्कान।
विश्व-रूप-सर के फूलों के
अरुण लोक की आयी रानी,
तेरे एक अधर कम्पन में
बनती दुनिया दीवानी।

अरी परी तू स्वर्ण लोक से
छिटकाती सोने का हास,
तीन लोक रंजित हो उठते
अनुगुंजित होता मधुमास।
प्राणों में झंकृत हो उठते
प्रेम, प्रकाश, मधुरिमा, मोद,
सुधा-सुरभि, मधु-मद, शीतलता
शक्ति, तृप्ति, उल्लास, प्रमोद।

चेतन ने अभी यहाँ तक ही लिखा था कि दूध-धुली खादी के धोती-कुर्ते में लैस, तह किया रेशमी साफ़ा कन्धे पर रखे और बालों की लट माथे पर डाले कवि चातक आ गये। चेतन ने पृष्ठ पलट कर झट से अन्तिम बन्द लिखा ;

प्रीति, पुण्य, वरदान, अमृत, सुख
आशा, अभिलाषा, कल्याण
मुक्ति, योग-साधन-सा पावन
दिखता तेरा रूप महान
जब तू छिटकाती मुस्कान।

उसने डायरी बन्द की और बोला, 'यों ही आपके खण्ड-काव्य से मैं एक बन्द नोट कर रहा था। मैं भी शायद कभी हिन्दी में कविता करने लगूँ। ज़रा मुझे इसके छन्द और मात्राओं

के बारे में बताइएगा।'

'बतायेंगे....बतायेंगे!' कवि ने उल्लास से फूल कर कहा, 'ये छन्द-वन्द तो गौण चीज़ हैं। मुख्य चीज़ है हृदय। हृदय अगर अनूभूति-प्रवण है, उसमें सौन्दर्य और प्रेम की चाह है तो कविता आपसे आप लेखनी से झरती चली जाती है। तुममें लगता है, प्रतिभा है। ज़रा दिल और आँखों के कपाट खोले रखो, कविता का निर्झर अपने आप फूट बहेगा।'

और वे अपने इस नये चेले को काव्य और कला के राज़ समझाते हुए मस्ती से चल पड़े। चेतन चुपचाप उनकी बातें सुनता, उनके साथ हो लिया। निन्दा हो या प्रशंसा, बात बुरी हो या भली, उसके मन मुताबिक हो या विपरीत, वह उसे ध्यान से सुनता था और फिर एकान्त में उसे तर्क और अनुभव की तुला पर तोल कर निष्कर्ष निकालता था और तय करता था कि कौन बात हितकर है, कौन अहितकर। उसे क्या अपनाना चाहिए और क्या छोड़ना। अपनाने लायक जो लगता था, उसे वह तत्काल अपना लेता था। इसलिए वह चातक जी की बातें भी ध्यान से सुनता रहा था।

कवि बड़े मूड में थे। उन्हें अपने महाकवि होने का पूरा विश्वास था और महाकवि कैसे बनता है, इस पर वे अपने बहुमूल्य विचार प्रकट करते हुए चल रहे थे। 'साधना-वाधना की बात महाकवियों के लिए नहीं।' उन्होंने कहा, 'कवि बनता नहीं, पैदा होता है। हम दसवीं कक्षा में थे जब काँग्रेस आन्दोलन में शामिल हो गये और जेल गये।' (यहाँ उन्होंने बताया कि उनके बड़े भाई प्रान्त के बड़े नेता हैं और कभी जब स्वराज्य मिला तो वे निश्चय ही प्रान्त की मिनिस्ट्री में होंगे।) 'लेकिन हमारी प्रकृति राजनीति के अनुकूल नहीं। छल-छन्द हमारे वश का नहीं, कविता स्वयं हमारी कलम की नोक पर आ जाती है।'

और कवि ने चेतन को बताया कि किस प्रकार वे आठवीं कक्षा में थे, जब उनका विवाह हो गया और अपने ससुराल में एक सुन्दरी को देख कर उन्होंने पहले खण्ड-काव्य की रचना की।....और यों शुरू करके कवि चातक उसे एक-के-बाद-एक अपने प्रेम-प्रसंग सुनाते रहे।

'लॉर्ड बायरन के बारे में प्रसिद्ध है कि औरतें उस पर बेतरह मरती थीं,' कवि ने कहा, 'हम तो न लॉर्ड हैं, न एरिस्टोक्रैट और न हमारे पास उतनी धन-सम्पदा है, पर हमारे सभी मित्र हमें हिन्दी का बायरन कहते हैं।'

चेतन ने अपने भाई की दुकान के निकट अंग्रेज़ी पुस्तकों के प्रसिद्ध विक्रेता, 'रामाकृष्णा एण्ड सन्ज़' की दुकान पर एक पुस्तक में बायरन की तस्वीर देखी थी। बायरन के जीवन पर बनी एक फ़िल्म भी देखी थी। मन-ही-मन, घुँघराले बालों, प्रशस्त ललाट, नुकीली नाक और एहसास-भरी आँखों वाले उस सुन्दर व्यक्ति से इस ठिगने-से कद, बबुए-से चेहरे और बेहड्डी के लिजलिजे हाथों वाले 'हिन्दी के बायरन' की तुलना करते हुए चेतन के होंटों पर अनायास एक मुस्कान दौड़ गयी, लेकिन उसने कुछ कहा नहीं।....तब कवि ने उसे बताया कि सच्चे कवि की आँखें सौन्दर्य की पहचान रखती हैं और उसका सम्वेदनशील हृदय उससे प्रभावित हो कर अमर काव्यों की सृष्टि करता है।

'हम तो वहाँ भी सौन्दर्य खोज लेते हैं, 'चातक जी ने कहा, 'जहाँ आम आँखों को वह दिखायी नहीं देता। इसीलिए हमारी लेखनी अबाध चलती है।'

०

बातें करते हुए वे नीला गुम्बद, माल रोड, गोल बाग़, ठण्डी सड़क और गोपाल रोड को पार कर गोपालनगर की शिवा जी स्ट्रीट में पहुँच गये थे। शुक्ला जी अपने 'शुक्ल साहित्य सदन' के बाहर ही खड़े खैनी फटक रहे थे। तब कवि चातक ने अपने उस नये चेले की दीक्षा को बीच ही में रोक कर दूर ही से उन्हें 'नमस्कार' किया और शुक्ला जी खैनी को निचले होंट में रख, मूँछों में मुस्कराते हुए दोनों हाथ बढ़ाये उनकी ओर बढ़े।

छत्तीस

दूसरे दिन चेतन सुबह नोट-बुक में लिख रहा था :

'मेरा ज्योतिष वग़ैरह में कुछ वैसा विश्वास नहीं, पर यदि उस शास्त्र में कुछ सच्चाई है और हमारे दिन अच्छे-बुरे नक्षत्रों के अनुसार बीतते हैं और हम लाख कोशिश करें, होता वही है, जो उन्हें स्वीकार होता है तो कल निश्चय ही मेरा कोई बुरा नक्षत्र टेढ़ी आँख से मेरे भाग्य को देख रहा होगा। काम में सफलता मिली नहीं, उलटे दिन भर बोर होना पड़ा।

'चातक जी ने पूरा-का-पूरा खण्ड-काव्य सुना डाला और करुण जी ने सतसई। वे सब तो भाँग के गिलास चढ़ा कर नशे में झूमते हुए सुनते रहे। लेकिन मैं तो नशा नहीं करता। बैठा बोर होता रहा। दफ़्तर में छुट्टी न होती तो उसी बहाने उठ आता, पर चातक जी से कह चुका था कि आज छुट्टी है, सो रात दस बजे लौटा और सपने में भी कभी चातक जी की 'मायाविनी' परेशान करती रही, कभी करुण जी के श्रमिक, कृषक, बेकार और देश की विषम व्यवस्था के मारे कोटि-कोटि दीन-हीन जन!'

०

'शुक्ल साहित्य सदन' और 'करुण काव्य कुटीर' दोनों के बोर्ड वास्तव में एक ही मकान के दायें-बायें हिस्सों पर लगे थे। यह मकान दोमंज़िला था। निम्न-मध्यवर्गीय बाबुओं, दुकानदारों और पेटी बुर्जुआ लोगों द्वारा बसायी हुई, ऋषिनगर से गोपालनगर तक फैली, चारों बस्तियों में बने हुए लगभग एक जैसे मकानों में से एक! उसकी डेवढ़ी से तंग ज़ीना ऊपर को जाता था और दायें-बायें दो छोटे-छोटे रास्ते दो तंग अँगनाइयों को। डेवढ़ी ही में दायें-बायें से एक-एक दरवाज़ा दोनों ओर की बैठकों में भी खुलता था। इन बैठकों का एक-एक दरवाज़ा बाहर सड़क पर था जो अभी कच्ची थी और जिसमें अभी नालियाँ भी नहीं बनी थीं और हौदियों का गन्दा पानी सड़क पर फैल कर वातावरण को गँधाया करता था।

दोनों हिस्सों में नीचे की इन बैठकों में पीछे को एक-एक दरवाज़ा था, जो छोटे-से बरामदे में खुलता था। उसी में एक ओर रसोई-घर था। बरामदे के बाद छोटी-सी अँगनाई

और उसके बाद एक-एक छोटा गोदाम और स्नान-गृह था। ऊपर की मंज़िल में बैठकों के ऊपर खुली छत थी बरामदों के ऊपर दो-दो छोटे कमरे बने थे (शौचालय लाहौर के सब निम्न-मध्यवर्गीय मकानों की तरह छत के सड़क की ओर वाले कोने पर बने रहते थे, ताकि नाली का पानी सीधा हौदियों में गिरे और चाहे तो प्रेम भाव से सड़क पर फैल जाये।)

शुक्ला जी ने नीचे का पोर्शन अपने पास रखा हुआ था और ऊपर के कमरे अपने ही साप्ताहिक के एक उप-सम्पादक को किराये पर दे रखे थे। उसने अपने साथ एक और मित्र को मिला रखा था और दोनों ढाई-ढाई रुपये माहवार शुक्ला जी की ख़िदमत में पेश कर देते थे। करुण जी ने नीचे का पोर्शन किराये पर दे रखा था और स्वयं अपनी अध्यापिका पत्नी के साथ ऊपर एक कमरे में रहते थे और दूसरे में रसोई करते थे। जितना किराया उन्हें मालिक-मकान को देना होता था, उतना वे नीचे के किरायेदारों से ले लेते थे। शुक्ला जी अपने वेतन के अलावा अनुवाद और प्रूफ़ रीडिंग से अतिरिक्त आय कर लेते थे और घर का ख़र्च चला कर कुछ रुपया बचा भी लेते थे। करुण जी कवि थे। उनकी पत्नी कमाती थीं और वे निरन्तर काव्य-साधना में निरत रहते और मज़दूर-किसानों की मीटिंगों में अपने दोहे सुनाते।

o

'आज गोष्ठी ऊपर करुण जी के यहाँ जमेगी।' शुक्ला जी ने खैनी का पहला रस वहीं गली में फिच् से थूक कर कहा और वे उन दोनों को ऊपर की मंज़िल में बायीं ओर की छत पर ले गये। छत की तपिश को निरन्तर पानी डाल कर कम कर दिया गया था और वहाँ एक मैली-सी बड़ी दरी और कुछ चटाइयाँ बिछी हुई थीं। एक-दो गोल तकिये भी लगे थे। वे दोनों ज़रा देर से पहुँचे थे, क्योंकि नीरव जी अपने होंटों के दायें कोने पर शाश्वत मुस्कान लिये, पान से होंट रँगे बैठे थे। किसलय जी थे, कण्टक जी थे, स्वदेश भारती थे, आकुल जी थे, विकल जी थे। इनमें अधिकांश से मणि भाई गोबिल की गोष्ठी में चेतन का परिचय हो चुका था, लेकिन चार-पाँच ऐसे चेहरे भी थे, जिन्हें उसने पहले कभी नहीं देखा था।

सीढ़ियों से चातक जी के नमूदार होते ही नीरव जी को छोड़ कर शेष सभी उठ खड़े हुए और उन्होंने एक साथ भिन्न-भिन्न स्वरों में 'आइए चातक जी,' 'आइए चातक जी,' 'बड़ी देर कर दी आपने कविवर,' 'आपकी ही प्रतीक्षा है,' आदि वाक्यों से उनका स्वागत किया। (यह गर्मजोशी चातक जी के कवि के लिए कितनी थी और उनके सम्पादक के लिए कितनी, चेतन यह तय नहीं कर पाया।) वह उनके पीछे-पीछे जा कर एक 'नमस्कार' नीरव जी की ओर फेंक कर दरी पर बैठ गया।

यद्यपि मणि भाई गोबिल को गोष्ठी में पण्डित धर्मदेव वेदालंकार ने चेतन का परिचय दे दिया था तो भी अपने इस समवेत स्वागत के उत्तर में कुछ कहने से पहले कवि चातक ने उपस्थित सज्जनों को पुनःचेतन का परिचय देते हुए बताया कि वह उर्दू का एक उदीयमान कथाकार है और उसकी कहानियाँ और कविताएँ प्रसिद्ध उर्दू पत्र-पत्रिकाओं में छपती हैं और मुन्शी चन्द्रशेखर ने उसके नव-प्रकाशित कथा-संग्रह की भूमिका लिखी है। इतना सब बता कर उन्होंने कहा :

'चेतन जी बहुत दिनों से आग्रह कर रहे थे कि मैं अपना खण्ड-काव्य 'मायाविनी'

इन्हें सुनाऊँ। 'मंजरी' के सम्पादन में उतना समय नहीं मिलता था। आज इन्हें भी छुट्टी थी और मुझे भी। सो जम कर बैठे। इसलिए यहाँ पहुँचने में थोड़ी देर हो गयी!'

और यूँ देर से पहुँचने का कारण बता कर चातक जी ने बेपरवाही से कहा, 'मैं तो अपनी उस कृति से अब उतना सन्तुष्ट नहीं हूँ, पर चेतन जी का कहना है कि उसका शीघ्रातिशीघ्र अंग्रेज़ी में अनुवाद होना चाहिए। यदि अंग्रेज़ी में उसका अनुवाद हो जाये तो लोग देखेंगे कि वह गीतांजलि से आगे की रचना है।'

चेतन को चातक जी के इस सफ़ेद झूठ पर पहले थोड़ा ग़ुस्सा आया, फिर उसे मन-ही-मन हँसी आ गयी। उसने कवि का प्रतिवाद नहीं किया, सिर्फ़ उसके होंटों पर एक व्यंग्य-भरी मुस्कान खेल गयी, लेकिन ठण्डाई की प्रतीक्षा में बैठे उन साहित्यकारों में किसी ने उस मुस्कान के व्यंग्य को नहीं देखा। उनकी चोर नज़रें रह-रह कर रसोई-घर के आगे धोती का लंगोट बनाये, अपने काले भुजंग शरीर को बनियान की कैद से आज़ाद किये, कवि विकल की ओर उठ जातीं, जो नितान्त तन्मय भाव से सिल-बट्टे के साथ जूझ रहे थे। जाने वे कब से इस सत्कार्य में लीन थे, क्योंकि उनके वहाँ पहुँचने के कुछ ही देर बाद उन्होंने आ कर उसी तरह गाँधी-मार्का लंगोट में खड़े-खड़े अपने मैले यज्ञोपवीत को आगे-पीछे से पकड़ उसे ऊपर-नीचे, इधर-उधर खींच, मैल और पसीने के कारण पीठ पर होने वाली खुजली को शान्त करते हुए, परम प्रसन्न भाव से घोषणा की कि विजया देवी अवतरित हो गयी हैं और भक्तों का मन प्रसन्न करने को अत्युत्सुक हैं।

तब शुक्ला जी ने कहा कि पहले यही योजना थी कि ठण्डाई पीने से पहले करुण जी के काव्य का रस पान किया जाये, पर चूँकि विजया देवी तत्पर हैं और उनकी संगति से भक्तों को ज़्यादा देर वंचित रखना श्रेयस्कर नहीं, इसलिए उनका प्रस्ताव है कि ठण्डाई का एक दौर अभी हो जाये, फिर करुण जी अपनी सतसई के कुछ महत्वपूर्ण खण्ड सुनायें, उसके बाद फिर विजया देवी की संगत की जाये ताकि करुण जी के काव्य की कटुता और तिक्तता कुछ कम हो जाये।

इस मरहले पर शुक्ला जी मूँछों और नथुनों में मुस्कराये और बोले, 'करुण जी इधर पूरे कामरेड हो गये हैं। आप देख ही रहे हैं, धोती-कुर्ते को उन्होंने नमस्कार करके पतलून-कोट पहन लिया है, दाढ़ी-मूँछों का सफ़ाया कर दिया है और उन्होंने पुरानी रीति-कालीन परम्परा को तज कर आधुनिक युग को वाणी देने वाले अत्यन्त सशक्त और तीखे दोहे सृजे हैं। देव और बिहारी के काव्य-रस की मिठास के जो अभ्यासी हैं, उनके मुँह का ज़ायका निश्चय ही कड़वा जायेगा, लेकिन उनकी बात की सच्चाई से कोई विरला ही इनकार कर सकेगा।' यह सब कहते-कहते शुक्ला जी की मुस्कान कुछ और फैल गयी और उन्होंने कहा, 'हमें यही भय है कि हमारे करुण जी कामरेड ज़्यादा हो गये हैं और कवि — याने वैसे कवि, जैसे हमारे चातक जी अथवा नीरव जी हैं — कम! इसीलिए उनके काव्य के तिक्त गरल को पान करने से पहले और पीछे विजया देवी का संसर्ग लाभप्रद ही रहेगा।'

और शुक्ला जी ने परम तत्परता से खड़े विकल जी को एक-एक गिलास ठण्डाई लाने का आदेश दिया।

ठण्डाई के गिलास देख कर उपस्थित सज्जनों में से अधिकांश की आँखों में जो चमक आ गयी, उससे चेतन को साफ़ लगा कि उनके लिए करुण जी का काव्य गौण है और विजया का संसर्ग प्रमुख, लेकिन शुक्ला जी ने बड़ी बुद्धिमत्ता से करुण-काव्य के पहले और पीछे भाँग के दौर रख दिये थे।

ठण्डाई का गिलास हाथ में थामे नीरव जी ने विकल जी की प्रशंसा की थी कि जिस निष्ठा और प्रीति से और जैसी ठण्डाई वे तैयार करते हैं, वैसी लाहौर में दूसरा कोई तैयार नहीं करता और उनकी तैयार की हुई ठण्डाई मधुर काव्य के समान मीठी और मदिर होती है। फिर उन्होंने होंटों के दायें कोने से मुस्कराते हुए कहा, 'पंजाब के मरु में यह स्थल हमारा शाद्वल है। ये पंजाबी जाने किस मिट्टी से बने हैं, न पान चबाते हैं, न तमाखू खाते हैं, न विजया का सेवन करते हैं। यह शुक्ला जी और करुण जी के दम ही से है कि इस मरु में भी हरी पत्ती के दर्शन हो जाते हैं।'

चातक जी को लगा कि पंजाबियों पर यह चोट उनके नये चेले को अखरेगी। यों भी नीरव जी को वे अपना प्रतिद्वन्द्वी मानते थे और उनका विरोध उनका जन्मसिद्ध अधिकार था। उन्होंने ठण्डाई के गिलास को एक घूँट में कण्ठ के नीचे उतारा और होंटों पर ज़बान फेर कर बोले :

'भाई, विजया देवी उत्तर प्रदेश के ग़रीबों की देवी है। पंजाबी लोग धन-सम्पन्न हैं। वे सुरा-सुन्दरी का साहचर्य पसन्द करते हैं।'

यह कहते और हँसते हुए उन्होंने समर्थन पाने को चेतन की पीठ पर हाथ मारा और बोले, 'क्यों भाई चेतन ?'

चेतन ने कोई उत्तर नहीं दिया! उसने ठण्डाई का गिलास लेने के बदले पानी का एक गिलास माँगा।

नीरव जी ने अपनी ग़लती सुधार ली और बोले, 'ठीक कहते हो!'

करुण जी ने ठण्डाई नहीं पी। उन्होंने कहा कि पहले वे इसे छूते भी नहीं थे। पर पीने-पिलाने और ऐश-आराम का अधिकार सम्पन्न वर्ग को ही नहीं, निम्न वर्ग को भी है। एक समय आयेगा, जब जनता का राज होगा और जिन लोगों ने ह्विस्की, ब्राण्डी का नाम भी नहीं सुना, ज़िन्दगी के दूसरे सुखों से जो नितान्त अपरिचित हैं, वे भी उनके आनन्द से वंचित न रहेंगे।'

क्षण भर रुक कर उन्होंने उपस्थित सज्जनों की ओर देखा। इस पर शुक्ला जी ने नथुनों और मूँछों में मुस्कराते और, 'निश्चय....निश्चय' कहते हुए उनकी बात का समर्थन किया। तब करुण जी ने बताया कि वे स्वयं पहले धोती-कुर्ता पहनते थे और संन्यासियों की तरह दाढ़ी बढ़ाये थे। अब उन्होंने वह ढोंग छोड़ दिया है। अब वे कोट-पतलून पहनते हैं और पीने-पिलाने को भी गुनाह नहीं समझते, लेकिन चूँकि उन्हें सतसई के कुछ खण्ड सुनाने हैं, इसलिए काव्य-पाठ के बाद ही ठण्डाई का सेवन करेंगे।

'भाई, यद्यपि हमको तुम्हारा कवि-सुलभ पुराना ही वेष अच्छा लगता था,' शुक्ला जी ने अपनी उसी मुस्कान के साथ कहा, 'पर तुम सुन्दर व्यक्ति हो, पतलून-कमीज़ में भी जमते हो, बल्कि हम तो कहते हैं कि हैट भी लगाया करो। तब और भी रोब पड़ेगा।'

इस पर उपस्थित सज्जनों में हलकी-सी नशीली हँसी गूँज गयी।

तभी ठण्डाई पीने के बाद तृप्त हो कर और एक ज़ोर की डकार ले, तकिए पर अधलेटे हो कर नीरव जी ने कहा, 'तो फिर अब करुण जी शुरू कीजिए!'

०

करुण जी अपने लम्बे ऊँचे शरीर के साथ तन कर बैठ गये। उनकी पहले से गम्भीर मुख-मुद्रा और भी गम्भीर हो गयी। काव्य-पाठ आरम्भ करने से पहले उन्होंने दो शब्द शुक्ला जी के उत्तर में कहना ज़रूरी समझा।

'शुक्ला जी ने मेरे काव्य की कटुता और तिक्तता का उल्लेख करते हुए मेरे कामरेड होने पर व्यंग्य किया है। मुझे कामरेड कहलाने में आपत्ति नहीं। मैंने अपने संघर्षमय जीवन में सनातन धर्म सभा, आर्य समाज, देव समाज और कांग्रेस में रह कर देख लिया है और भुक्त-भोगी के नाते मुझे लगा है कि जो आदमी आज की विषम स्थितियों को बदलना चाहता है, उनमें आमूल परिवर्तन करना चाहता है, उसके लिए कामरेड होने के सिवा कोई चारा नहीं। मैं तो किसी समाजवादी पार्टी का मेम्बर नहीं, पर विचारों से मैं कामरेड ही हूँ। रही मेरे काव्य के कटु और तिक्त होने की बात, तो यह सच है! मेरा काव्य तिक्त भी है और कटु भी। मैं सिर्फ़ इतना ही कहना चाहता हूँ कि वह तिक्त और कटु इसलिए है कि वह सच्चा और ईमानदार है। यदि कोई सच्ची और ईमानदारी-भरी बात कहेगा तो वह अपने आप तीखी और कटु हो जायेगी।'

इस वक्तव्य के बाद करुण जी ने सतसई का मसौदा उठाया और बोले :

'मैंने इसमें एक छोटी-सी भूमिका भी दी है, मैं उसे न पढ़ता, यदि शुक्ला जी ने मेरे कामरेड होने पर व्यंग्य न किया होता। उस कामरेड का अतीत कैसा है, ज़रा उसे जान लीजिए। वह क्यों तीखा और कटु है और क्यों वह यथार्थ बात कहने का आग्रह करता है, इस भूमिका से आप बन्धुओं पर पूरी तरह स्पष्ट हो जायेगा।' और वे पढ़ने लगे :

'इस सतसई के कवि ने एक अति सामान्य गाँव के एक अति सामान्य हल-बैल-विहीन ब्राह्मण किसान के घर जन्म लिया था। उस खण्डहर को घर इसलिए कहा जा सकता था कि उसमें उस ब्राह्मण किसान का 'बिबिध-कुटुम्बी जिमि धन हीना' की सच्चाई प्रमाणित करने वाला परिवार रहता था, वरना उसकी अवस्था खण्डहर से बदतर थी। चारों ओर की दीवारें वर्षातप के निरन्तर प्रहारों से कहीं आधी, कहीं सारी गिर गयी थीं, जिस कारण कुत्ते-बिल्लियाँ निर्द्वन्द्व उसे अपना आखेट-स्थल बनाये थे। मुख्य द्वार पर दो-तीन तख़्ते अपनी टूटी टाँगों के साथ खड़े, किवाड़ों का नाम धराने पर अड़े थे। भीतरी भाग में एक ओर फूस की छानी थी और दूसरी ओर एक अधपटा बरोठा। फूस की छानी अन्नविहीन मिट्टी के बर्तनों से अटी थी और बरोठा टूटी हुई खाटों और फटी हुई कथड़ियों का अपूर्व संग्रहालय था। पशु-धन का इस ब्राह्मण परिवार में सर्वथा अभाव था। कभी कोई सूखी-मारी बछिया यदि इस 'बाह्मन परिवार' में आ जाती तो उसे भी बरोठे ही में आश्रय मिलता था।'

करुण जी का स्वर उत्तरोत्तर भावुक और जोशीला होता गया :

'इसी बरोठे में एक दीन-हीन माता की कोख से इस सतसई के मन्दभाग्य कवि ने

जन्म लिया था। घर में खाने को दाना तक न था। बालक के पिता उस क्षण घर पर नहीं थे। उनके पधारने पर जब उन्हें पुत्र-रत्न की प्राप्ति का शुभ समाचार सुनाया गया तो कहने लगे, 'अरे, जे तौ रोज जुई स्वाँग बनाये बैठी रहत हैं। हम कहाँ लौं रोज-रोज धनकुन बुलाय बैठारें।'

'बालक के पिता निपट निरक्षर होते हुए भी भावुक ब्राह्मण थे, लेकिन जीवन-संग्राम में सदा परजित होते रहने पर उनके अन्तर का सोता सूख गया था। अपने जीवन में गिनती के अवसरों पर ही दोनों समय उन्हें भरपेट भोजन प्राप्त हुआ होगा। इस पर कोढ़ में खाज के समान बढ़ती हुई सन्तति अब उनके जी का जंजाल बन गयी थी।

'अपनी विरक्ति के बावजूद समय पर पिता ने नव शिशु का नाम परमेश्वर रखा। पर उन्हीं दिनों एक समीपस्थ गाँव के सम्पन्न ज़मींदार घराने में एक बालक का भी यही नाम रखा गया था। तब उस निर्धन पिता की उस अनधिकार चेष्टा पर उसे इतनी डाँट पिलायी गयी थी कि विवश हो उसे अपने पुत्र का नाम बदल कर रामेश्वर कर देना पड़ा।

'ऐसी प्रतिकूल परिस्थिति में पलने वाले बालक की शिक्षा-दीक्षा कहाँ तक समुचित रूप से हो पाती ? जहाँ पाँच-छै व्यक्तियों का भरण-पोषण पिता की दरिद्रता, निष्ठुर समाज की कुव्यवस्था, श्रम-शक्ति और साधनों के असमान विभाजन के कारण बड़ी कठिनाई से हो रहा हो; जहाँ एक सद्य-प्रसूता जननी चक्की पीस, गोबर पाथ और कपास बीन कर अपने पति और पुत्रों का पेट पाल रही हो, वहाँ उस नवागन्तुक सन्तान की उच्च शिक्षा कहाँ से हो सकती थी। उसके लिए यह सौभाग्य की बात थी कि वह किसी-न-किसी तरह जीवित तो रह सका।'

और उस भूमिका से अपने जन्म और आरम्भिक जीवन का यह वृत्तान्त सुना कर कवि करुण ने कहा :

'वही बालक रामेश्वर, 'करुण सतसई' नाम की इस क्षुद्र कृति के रूप में आज आपके सम्मुख उपस्थित है। उसके शब्द कैसे भी हों, उसके काव्य की भाषा भले ही शुद्ध ब्रज न हो, उसमें अवधी और भोजपुरी के शब्द भी हों, भले ही उसने छोटे मुँह बड़ी बात कही हो, पर उसने जो कहा है, वह है सब बावन तोले पाव रत्ती ठीक। उच्च शिक्षा-दीक्षा के अभाव में केवल अपने ही अनुभव पर एक भुक्त-भोगी ने जो देखा, सुना और समझा, चाहे वह खरा हो या खोटा, प्रिय हो या अप्रिय, सत्य हो या असत्य, सात सौ दोहों द्वारा स्पष्टता और निर्भीकता पूर्वक उसने ईमानदारी और सच्चाई के साथ केवल इस आशा पर रख दिया है कि :

संत हंस गुण गहहिंगे
परिहरि बारि बिकार!'

और यूँ भूमिका से कुछ पन्ने पढ़ कर कवि ने बताया कि उनकी सतसई के पहले शतक में कवि, नेता, रोटी और हरिजन सम्बन्धी और दूसरे शतक में अन्नदाता, उत्तम खेती, कृषिजीवी, श्रमजीवी और भावी शासक वर्ग के बारे में सटीक दोहे हैं। 'मैं चाहता तो यही था,' उन्होंने कहा, 'कि शुरू ही से दोहे सुनाऊँ, लेकिन देर हो गयी है, इसलिए मैं पहले 'बिसमता' और फिर यदि समय रहा तो 'दासता' खण्ड के दोहे सुनाऊँगा।'

चेतन ने डायरी निकाल ली कि यदि कोई दोहा अच्छा लगे तो उसे तत्काल नोट कर ले। उसका ख़याल था कि कवि चातक की तरह करुण जी भी धारा प्रवाह पढ़ते जायेंगे, लेकिन उन्होंने पहला दोहा पढ़ा :

बरसावहिं बैसम्य के बारिद दारिद गाज
कबहुँ कि बेल सुमेल की सरसावहिं सुखसाज

और शुक्ला जी के अनुरोध पर दोबारा पढ़ा तो अगला दोहा पढ़ने से पहले उन्होंने मसौदे ही से उसकी व्याख्या भी पढ़ी। पढ़ी कहना ग़लत होगा, क्योंकि वह तो उन्हें कण्ठस्थ थी। यों ही वे बीच-बीच में मसौदे पर नज़र डाल लेते थे :

'विषमता कितने जघन्य पापों की जननी है, इसका अनुमान हम में से कम व्यक्ति करते होंगे। हमारे बीच आज जो लड़ाई-झगड़े, मार-काट, लूट-खसोट, मुक़दमेबाज़ी तथा जालसाज़ी का बाज़ार गर्म है, इसका एकमात्र कारण यही विषमता राक्षसी है! बात के तथ्य को न समझने की हमारी कुछ ऐसी आदत पड़ गयी है कि हम कभी इसका अनुमान भी नहीं करते कि हमारे दुख-दारिद्र्य का एकमात्र कारण यही विषमता राक्षसी है। किन्तु ध्यान से देखने पर आपको पता चलेगा कि यह विषमता हमारी अपनी पैदा की हुई है —ईश्वर, धर्म, पुनर्जन्म अथवा कलियुग, आदि का उससे कोई सम्बन्ध नहीं। ये बातें उन लोगों ने हमें बहकाने के लिए उड़ा रखी हैं, जो हमारी बेवकूफ़ी से सदा अपना उल्लू सीधा करते रहे हैं और जिनके पौ बारह इसी में हैं कि वे बड़े ऊँचे, पूज्य और कुलीन बन कर हमें नीच और नालायक समझते रहें।'

और यूँ लम्बी व्याख्या सुना कर (जो चेतन ने बाद में देखा कि उन्होंने फ़ुटनोट में दे रखी थी और जो उस सीधे-सादे दोहे के सन्दर्भ में चेतन को नितान्त बेतुकी और असंगत लगी थी) कवि करुण ने दो दोहे एक साथ पढ़े :

एक अकेले डील हु गाड़हिं लाख हजार
बिबिध कुटुम्बी एक के घूमहिं अन्न पुकार
एक महा मन्दागि तें मरत अभागे रोय
एकहिं जड़ जठरागि की औषधि लहै न कोय

चेतन का ख़याल था, अब करुण जी लगातार दोहे पढ़ते हुए 'विषमता' खण्ड को समाप्त कर देंगे, पर वे रुक गये और उन्होंने फिर एक लम्बा भाषण झाड़ दिया :

'देखते जाइए, विषमता क्या-क्या गुल खिला रही है। क्या यह सच नहीं है कि आज जो इतने ज़्यादा वैद्य-हकीम, ऐलोपैथ, होम्योपैथ आदि दिखायी पड़ रहे हैं —जिन्हें सैकड़ों मील से औषधि-निर्माण-कला अथवा चिकित्सा-विधि केवल डाक द्वारा सिखला कर डिप्लोमे दे दिये जाते हैं और जिनके बेगिनती साइनबोर्ड शहरों की गन्दी गलियों में लटके दिखायी दे रहे हैं —इसी विषमता द्वारा फलते-फूलते हैं। सेठ जी के पास ऐसा तो काम होता नहीं कि जिसमें उन्हें अपने हाथ-पैर हिलाने पड़ें, उनकी रोटी पच जाये और उनका पेट-पिरामिड पिचका रहे। उनका धन कैसे बढ़े, बस यही चिन्ता उन्हें रहती है। उनकी अट्टालिकाएँ, उनकी मोटर-कारें तथा उनके कारोबार तो उन श्रमजीवियों की कठिन कमाई का अपहरण-मात्र हैं जो अपना ख़ून-पसीना एक कर, दिन-रात दुख-दारिद्र्य की ज्वाला

से जलते रहते हैं। फिर वे भला मन्दाग्नि के शिकार क्यों न हों।'

'वाह वा! विषमता की क्या सच्ची और तथ्यपरक तस्वीर खींची है।' शुक्ला जी ने नथुनों और मूँछों में मुस्कराते हुए ताली बजायी, जिसमें लगभग सभी ने योग दिया।

केवल पीछे बैठे एक युवक ने (जिसे चेतन नहीं जानता था) कहा —'आपने जिस सेठ का चित्र अभी खींचा है, निश्चय ही उसके पिता धन-सम्पदा और व्यापार छोड़ गये होंगे, लेकिन जो लोग व्यापार शुरू करते हैं, वे तो दिन-रात एक कर देते हैं।'

तब उसी के पास बैठे दूसरे युवक ने कहा, 'कुंज भाई, करुण जी का इशारा तुम्हारे सेठ की तरफ़ नहीं है। वह तो सच्चा श्रमजीवी है।'

इस पर गोष्ठी में एक नशीला ठहाका पड़ा।

लेकिन शुक्ला जी की प्रशंसा से करुण जी उदार हो गये थे। उन्होंने मसौदे में कुछ नोट किया और बोले, 'अभी यह पृष्ठ नहीं छपा, मैं प्रेस-कापी में संशोधन कर दूँगा। आपका सुझाव यथार्थ है। मेरी कलम से किसी के प्रति अन्याय हो, मैं इसके पक्ष में नहीं।'

चेतन को वह सब कुछ एक फ़ार्स-सरीखा लग रहा था। करुण जी के दोहों में न उसे कोई ऐसी पेचीदगी दिखायी दी, न दुरूहता, न गहराई कि उन्हें समझाने के लिए उतनी लम्बी व्याख्याओं से श्रोताओं को बोर किया जाये। सीधे-सरल दोहे थे। उनमें किसी प्रकार का चमत्कार भी नहीं था। न अलंकार, न उपमाएँ, न उत्प्रेक्षाएँ। दो दोहों की व्याख्या ही से वह ऊब गया था। सच्ची बात यह है कि दूसरे भी उबिया गये थे और अतिरिक्त प्रशंसा से कवि करुण का मज़ाक उड़ाने लगे थे। कवि दो-तीन दोहे पढ़ने के बाद भाषण देने लगते और यह भूल जाते कि वे दोहे सुना रहे हैं और श्रोता स्कूली छात्र नहीं, स्वयं कवि और कथाकार हैं। लेकिन वहाँ पर उपस्थित मण्डली उनके स्वभाव से परिचित थी और विजया के सेवन का भरपूर दाम चुका रही थी। वे लोग उनके दोहों और व्याख्याओं की ख़ूब प्रशंसा करते और, 'कितना ठीक कहा है।' 'कटु है, लेकिन यथार्थ है!' 'वाह वा, कैसा सटीक चित्रण किया है!' 'कोई भुक्त-भोगी ही यह सब लिख सकता है!' करुणाजी, ज़रा यह दोहा फिर पढ़िए, वाह वा, वाह वा!'....आदि वाक्यों से उनका उत्साह बढ़ाते, एक-दूसरे की ओर देख कर आँखें दबाते, और मुस्कराते! लेकिन कवि करुण, जो सतसई लिख कर मन-ही-मन अपने को महाकवि समझने लगे थे, इन व्यंग्योक्तियों को यथार्थ प्रशंसा समझ कर और भी जोश में आते गये। यहाँ तक कि वे उठ कर खड़े हो गये और न केवल दुगने जोश से दोहे पढ़ने लगे, वरन व्याख्याएँ पढ़ते समय भाषणकर्ताओं की तरह एड़ियाँ उठाने और हाथ से हवा को चीरने अथवा मुक्कों से तहस-नहस करने लगे। वे एकदम ओज से भर गये और अपनी ही वाणी सुनते हुए अपने इर्द-गिर्द से एकदम विसुध हो गये। 'बिसमता' खण्ड के जिन और दोहों की उन्होंने व्याख्याएँ कीं और उनमें से जिन कुछ को चेतन ने डायरी में नोट कर लिया, वे इस प्रकार हैं :

इक एम० ए०, आचार्य इक, कला-कुमार, कहाय
कारो अक्षर भैंस सो, एकहिं किन्तु लखाय

('कला कुमार' उन्होंने अंग्रेज़ी शब्द 'बैचलर आफ़ आर्ट्स' के लिए इस्तेमाल किया है, यह बताते हुए उन्होंने अंग्रेज़ी शब्दों को ज्यों-का-त्यों अपनाने पर लम्बा भाषण दिया और राष्ट्र

भाषा का महत्व जताया!)

इक शतरंजन में रमै, मन रंजन के हेत
एकहिं घोर कठोर श्रम, साँसहू लेन न देत

(इस दोहे की व्याख्या में उन्होंने श्रम के समान-विभाजन से श्रमिकों के लिए आराम और मनोरंजन की समान सुविधा पर बल दिया।)

होत पुष्ट एक पुष्टई, कर सेवन हर साल
एक चिकित्साहीन ह्वै, त्यागहिं प्राण अकाल

(इस दोहे की व्याख्या में, 'क्या आपने कभी दीन-हीन ग्रामीण जनों की दुर्दशा उस समय देखी है, जब ग्रामों में हैज़े, प्लेग अथवा चेचक का प्रकोप हुआ हो! हाय हाय, बेचारों के लिए न कहीं कोई वैद्य होता है, न डॉक्टर, न हस्पताल, न औषधालय,' से भाषण शुरू करके करुण जी ने इस सन्दर्भ में गाँवों की भयंकर दुर्दशा का बखान किया और अन्त में वहाँ के नीम-हकीम वैद्य-डॉक्टरों के बारे में एक और दोहा पढ़ा : वैद्य अनारी निर्दयी, अनुभवहीन, अशील। नाड़ी देखन जात, लै इक मुद्रा प्रति मील।।)

फिरत अभय बर पाय इक, करि दुष्कर्म अकूत
करि सेवा हू एक नित, समझे जात अछूत

(इस दोहे की व्याख्या में, 'क्या आप जानना चाहते हैं, ये कौन सज्जन हैं ? वह देखिए महफ़िल लगी हुई है'....से शुरू करके उन्होंने शराब के ठेकेदार पण्डित त्रिवेदी के कुकर्मों का सविस्तर पर्दाफ़ाश किया, जिनकी विधवा बहू ने हाल ही में विधवा-आश्रम में पनाह लेते हुए बयान दिया कि मेरे ससुर ने दो बार मेरा गर्भ गिरवा दिया। अब की बार भी गिरवाने वाले थे कि मैं भाग कर आश्रम में चली आयी। और इसके बाद उन्होंने रमल्ला चमार की दुख-गाथा सुनायी, जो सब की सेवा करते हुए भी अछूत समझा जाता है।)

रहैं चिरन्तन लौं न क्यों, दीन मलीन अधीन
इक उद्योग विहीन ह्वै, ह्वै इक साधन-हीन

(की व्याख्या में कवि ने पूरा मार्क्सवाद श्रोताओं को पढ़ा दिया, जिस पर श्रोताओं ने उनका बड़ा उत्साह बढ़ाया।)

एकन के नित श्वान हू, दूध जलेबी खाहिं
अन्न बिना सुत एक के, हा रोटी रिरिआहिं
एकन के सेवहिं सुतन, नित्य अनेकन धाय
दूध बिना सूखहिं सदा, एकन के सुत हाय

(सुना कर कवि ने असमानता के राजनैतिक और धार्मिक कारण बताये।)

और ऐसे कितने ही दोहे और व्याख्याएँ सुना कर, (चेतन को लगा, जैसे एक युग के बाद) कवि ने कहा, 'बिसमता खण्ड का अन्तिम दोहा है :

एक 'महा बाम्हन' बनो माल हरामी खाय
करत सुसेवा हू न इक पैसा पूरे पाय'

०

चेतन ने सुख की लम्बी साँस भरी, क्योंकि करुण जी ने इस दोहे की कोई व्याख्या नहीं

की। यह भी हो सकता है कि शुक्ला जी ने उन्हें व्याख्या करने की मोहलत नहीं दी और ज़ोर से ताली बजायी, जिसमें सब ने योग दिया। तब इससे पहले कि करुण जी दूसरा खण्ड शुरू करते, शुक्ला जी ने हँस कर कहा, 'कवि महाराज, आप भी थक गये हैं, गला तनि तर कर लीजिए और आपकी इस यथार्थवादिता ने जिन मित्रों का नशा हरण कर दिया है, उन्हें भी ज़रा उसकी पूर्ति का अवसर दीजिए।'

तब करुण जी बैठ कर जेब से एक मैला रूमाल निकाल, उससे मुँह और गर्दन का पसीना पोंछने लगे और शुक्ला जी ने विकल जी से कहा, 'तो विकल जी उठिए और कुछ प्यास बुझाने का प्रबन्ध कीजिए।'

तभी नीरव जी तकिये का सहारा छोड़ कर उठे और आँखें खोल, उन्हें मुलमुलाते हुए उन्होंने कहा, 'भाई करुण जी, ऐसी दयानतदारीभरी, सच्ची, खरी बातें लिखना आप ही जैसे भुक्त-भोगी का वश है। लगता है, आपने जो सहा है, सब सतसई के पन्नों में उँडेल दिया है। पुस्तक को बाहर आने दीजिए, यह समाज-सुधारकों, मज़दूरों, कृषकों और नेताओं में धूम मचा देगी। इसकी एक प्रति महात्मा गाँधी को ज़रूर भेजिएगा ताकि वास्तव स्थिति उनसे छिपी न रहे।'

तब करुण जी ने गद्‌गद् हो कर कहा, 'जितने में ठण्डाई आती है, मैं आपको भूमिका की अन्तिम चन्द पंक्तियाँ सुनाना चाहता हूँ, जिनमें मैंने गाँधीजी के पद्-चिन्हों पर चल कर, उन सभी लोगों से क्षमा माँग ली है, जिनका विरोध मैंने सतसई के दोहों अथवा व्याख्याओं में किया है।'

और वे मसौदे के पन्ने उलट कर एक जगह से पढ़ने लगे :

'अब उन साधु-सन्तों, महन्तों, वर्ण-व्यवस्थापकों, समाज के संचालकों, ज़मींदारों, साहूकारों, पूँजीपतियों, सत्ताधारियों तथा मज़हब-परस्तों आदि से विनम्र शब्दों में क्षमा-याचना करना मैं अपना पवित्र कर्तव्य समझता हूँ, जिनके कुकृत्यों की ओर मुझे भर्त्सनापूर्ण शब्दों में संकेत करना पड़ा है। अवश्य ही स्थान-स्थान पर उनके कृत्यों की कटुतापूर्ण आलोचना की गयी है, किन्तु सच्चाई, ईमानदारी और नेकनीयती के साथ, सदाशयतापूर्वक — सब की हित-कामना को लक्ष्य में रख कर! यह निश्चय है कि काल-चक्र का तीव्रगामी प्रवाह हमें किसी नये-निराले लक्ष्य की ओर लिये जा रहा है। आज नहीं तो कल, युग बदलने वाला है। तो क्यों न हम समय रहते अपना हृदय-परिवर्तन करें, अपने को बदलें और ऐसे नेक समाज का निर्माण करें, जहाँ न कोई ब्राह्मण हो, न अछूत; न ज़मींदार हो, न पूँजीपति; न शासक हो, न शासित — सब एक समान हों।'

'साधुवाद। साधुवाद!' नीरव जी ने कहा, 'आपने बड़े सुन्दर शब्दों में अपनी बात कही है। महात्मा गाँधी भी हृदय-परिवर्तन में विश्वास रखते हैं। ये लोग भले ही आपको कामरेड कहें, मैं तो गाँधीवादी ही कहूँगा।'

इस पर करुण जी के संजीदा होंटों पर बड़ी प्यारी मुस्कान खेलने लगी।

विकल जी देर से उनके लिए ठण्डाई के गिलास लिये खड़े थे। नीरव जी ने यह सब कह कर गिलास की ओर हाथ बढ़ाया और एक ही घूँट में पी गये। होंटों पर ज़बान फेरते हुए कवि करुण ने भी गिलास लिया और यद्यपि उनका कण्ठ सूख रहा था, पर वे संयम

से घूँट-घूँट पीने लगे।

०

चेतन के सामने पिछली शाम की गोष्ठी अपने नन्हें-से-नन्हें ब्योरे के साथ आ गयी। उसे कवि करुण पर दया हो आयी, जिन्होंने ज़िन्दगी में इतना दुख पाया था और इतना कष्ट सह कर, सात सौ दोहों और लम्बी-लम्बी व्याख्याओं से भरपूर, इतना वृहद ग्रन्थ लिखा था; जिसे छपवाने में उनकी पत्नी की सारी जमा-पूँजी ख़र्च हो गयी थी; उसका आधा वेतन ऋण-दाताओं की भेंट हो रहा था और उन्हें एक जून खाना पड़ रहा था। (ये सब बातें उसे वापसी पर चातक जी से मालूम हुई थीं।) लेकिन इस सब के बाद चेतन को लगा था कि उस सारे यथार्थ-चित्रण और उन लम्बी, ऊबाऊ व्याख्याओं के बावजूद उनकी सतसई और चाहे जो हो, काव्य नहीं है। एक दोहे ने भी उसके मन को नहीं छुआ था। चेतन के दिमाग़ में रसखान, वृन्द, कबीर, बिहारी के अनेक दोहे गूँज गये, जो उसने बी० ए० में पढ़े थे और उसे आज भी कण्ठस्थ थे। करुण जी का एक भी दोहा उसे वैसा न लगा था।....गोष्ठी में उनके मित्र जो रिमार्क कस रहे थे, उससे चेतन को साफ़ लगा था कि उन्होंने भाँग की उस गोष्ठी में करुण जी को विदूषक का दर्जा दे रखा है और वे स्पष्ट ही उनका मज़ाक उड़ाते हैं और यह सब देख कर चेतन को बड़ी तकलीफ़ हुई थी, क्योंकि बातें करुण जी की ठीक थीं। शब्द, छन्द, तुक वग़ैरह, सब ठीक थे —बस कविता नाम की चीज़ का वहाँ अभाव था। चातक जी को उनके घर छोड़ कर फिर दूसरे दिन आने और अपनी कहानी सुनाने का वादा करके, जब वह रात को दस बजे के करीब घर लौटा था और खाना खा कर लेटा था तो गयी रात तक यही सब सोचता रहा था।

०

उसने घुटनों पर रखी हुई नोट-बुक उठायी और थोड़ी जगह छोड़ कर लिखा :

> 'कवि चातक और करुण निश्चय ही अपने आपको महान कवि समझते हैं। इसमें सन्देह नहीं कि शब्दों और छन्दों पर भी उनका अधिकार है, पर उनके यहाँ वह चीज़ नहीं, जो दिल अथवा दिमाग़ को छू ले और उन्हें बराबर कोंचती रहे और जिसका कोई प्रभाव हमेशा के लिए मन पर रह जाये!
>
> 'पता नहीं, मेरी रचनाओं में अभी वह चीज़ आयी कि नहीं। जैसे उन्हें अपनी रचनाएँ पसन्द हैं, वैसे ही मुझे भी हैं, लेकिन कवि की महज़ अपनी पसन्द इस सिलसिले में शायद कोई माने नहीं रखती।
>
> 'लेकिन मैं यह अच्छी तरह जानता हूँ कि मेरी ये रचनाएँ आरम्भिक रचनाएँ हैं। भाषा और छन्दों पर मेरा अधिकार हो जाये तो इन सभी कवियों को मैं बहुत पीछे छोड़ जाऊँगा। क्योंकि मैं यकीनन अपनी रचनाओं में वह गुण पैदा करूँगा, जो मेरे अनुभव को सब का बनाये और मैं जैसे महसूस करता हूँ, वैसे ही पाठक भी महसूस करें। करुण जी जैसे महसूस करते हैं, यदि उनके दोहे वह सब अभिव्यक्त कर पाते तो उन्हें इतनी लम्बी व्याख्याओं और भाषणों की ज़रूरत न पड़ती।'

कुछ जगह छोड़ कर चेतन ने फिर लिखा :

'मुझे लिखने में जितना सुख मिलता है, उतना किसी चीज़ में नहीं मिलता। दुनिया के तमाम झगड़े-झंझट और दुख-दर्द से भाग कर मेरा मन साहित्य में पनाह ढूँढता है। मैं लिखता हूँ तो सब कुछ भूल जाता हूँ। मुझे किसी चीज़ में इतना रस नहीं मिलता, जितना अपने भावों को काग़ज़ पर उकेरने में। मैं निश्चय ही अपनी सारी ज़िन्दगी इसके अर्पण कर दूँगा और जैसा कि पिता उपदेश देते थे, इसी फ़न में कमाल हासिल करूँगा और एक दिन महान लेखक और कवि बन कर रहूँगा।'

०

चेतन ने नोट-बुक में इतना ही लिखा था कि चन्दा विद्यालय से आ गयी। चेतन उठा। उसने नोट-बुक दराज़ में रखी। अपनी उर्दू कहानियों की फ़ाइल उठायी। बिना उसकी ओर देखे उसने कहा, 'मैं ज़रा चातक जी को कहानी सुनाने जा रहा हूँ। हो सकता है, मुझे देर हो जाये। तुम फ़िक्र न करना। वे मेरा काम कर नहीं रहे। उनके सिर पर सवार होना ज़रूरी है।'

और इतना कह कर वह बाहर निकल गया।

चन्दा कहना चाहती थी, 'आप चातक जी के यहाँ जितना चाहे धरना दीजिए, पर आप मुझसे क्यों रूठे हैं। आँख तक नहीं मिलाते!'

पर उसने कुछ नहीं कहा। चुपचाप अपने पति को जाते देखती रही। वह उसकी व्यथा समझती थी, पर उसके पास उसका कोई इलाज नहीं था। वह चारपाई की पट्टी पर बैठ गयी और कुछ देर धोती के आँचल से हवा करती रही। फिर लम्बी साँस भर कर उठी और घर के काम-काज में लग गयी।

सैंतीस

कवि चातक पंजाब विश्वविद्यालय की 'हिन्दी रत्न' परीक्षा के लिए एक काव्य-संकलन की भूमिका लिख रहे थे और चेतन परम उत्सुक भाव से उनके पास बैठा था।

काव्य-संकलन 'हिन्दी पुस्तक भवन' से छपने जा रहा था और संकलन सम्पादित करने के लिए चातक जी को ढाई सौ रुपया पेशगी मिला था और ढाई सौ, पुस्तक छपने पर मिलने वाला था। पाठ्य-क्रम में उसके स्वीकृत हो जाने की पूरी उम्मीद थी, क्योंकि कवियों को कुछ देना नहीं था और पुस्तक की सारी रॉयल्टी हिन्दी बोर्ड के एक महत्वपूर्ण सदस्य को मिलने वाली थी। चातक जी को रॉयल्टी का मोह नहीं था। वे उस पर ऐसी भूमिका लिखना चाहते थे, जो उनके कवि को प्रतिष्ठित कर दे। बात यह थी कि पंजाब विश्वविद्यालय में उस वक्त तक जितने काव्य-संकलन पढ़ाये जा रहे थे, उनमें कवि के रूप में उनका नाम नहीं आया था। और भी किसी प्रान्त के काव्य-संकलन में उनका नाम नहीं था, इसलिए बोर्ड के उस महत्वपूर्ण सदस्य ने राय दी थी कि वे अपने सम्पादन में

तैयार होने वाले काव्य-संकलन में अपनी कविता न दें और एक लम्बी भूमिका जमा कर लिखें।

चेतन इसलिए परम औत्सुक्य से उनके पास बैठा था कि चातक जी उसकी एक छोटी गल्प अपनी उस लम्बी भूमिका में जमाने जा रहे थे।

०

चेतन इधर कई दिनों से बाकायदा उनके घर आता था, बल्कि उसके ख़ाली समय का अधिकांश उनकी संगति में गुज़रता था। उन्होंने उसकी उर्दू कहानियाँ सुनी थीं। उसकी हिन्दी कहानी देख भी दी थी, उसकी ग़लतियाँ सुधार दी थीं, लेकिन 'मंजरी' में छापने की बात वे साफ़ टाल गये थे। जब अपने साहित्यकार के अहं को ताक पर रख कर और उन्हें अच्छे मूड में पा कर उसने कहा था कि वे उसकी कहानी 'मंजरी' में क्यों नहीं छाप देते तो उन्होंने उसे समझाया था कि 'मंजरी' अभी नयी-नयी निकली है। अभी उसको उन्हें जमाना है, इसलिए पहले कुछ अंकों में वे पुराने और जमे हुए लेखकों की रचनाएँ ही छापेंगे। उन्होंने उसे सलाह दी थी कि वह अपनी कहानी लखनऊ, इलाहाबाद, बनारस अथवा कलकत्ता की किसी पत्रिका को भेजे। जब उसकी कहानियाँ कुछ अन्य पत्र-पत्रिकाओं में छप जायेंगी तो फिर वे भी छाप देंगे

०

चेतन ने मन-ही-मन कहा था —तब छाप कर आप कौन-सा एहसान करेंगे ? —लेकिन प्रकट वह चुप रहा था। अपनी निराशा को उसने कहीं गहरे में दफ़न कर दिया था और चुपचाप कुछ और कहानियाँ हिन्दी में करने लगा था। उसने तय किया था कि वह पाँच-छै कहानियाँ हिन्दी में कर लेगा और बारी-बारी से उन्हें विविध हिन्दी पत्रिकाओं में भेजेगा। एक भी छप गयी तो उसके लिए रास्ता खुल जायेगा।

घर में उसका मन न लगता था, इसलिए वह ज़्यादा वक्त चातक जी के ही यहाँ गुज़ारता। भाभी के छोटे-मोटे काम कर देता। चातक जी की कविताएँ सुन लेता, उनकी लनतरानियाँ सुन लेता, किसी उर्दू शब्द की हिन्दी उसे न आती तो उसका भाव बता कर दो-तीन शब्दों में कौन-सा उपयुक्त है, यह पूछ लेता था। जैसे उसका ख़ाली वक्त कभी पण्डित 'रत्न' के साथ बीतता था, अब चातक जी के साथ घूमने में बीतने लगा था।

इसी बीच उसने उन्हें अपनी कुछ लघुकथाएँ सुनायी थीं, जो उसने रूसी कथाकार 'सालोगब' की एक लघुकथा से प्रभावित हो कर लिखी थीं। उनमें से एक, जिसे स्वयं हिन्दी में करके मुन्शी चन्द्रशेखर ने अपने साप्ताहिक में छापा था, चातक जी को बड़ी पसन्द आयी थी। वे अपने काव्य-संकलन की कविताएँ चुन चुके थे और उस पर एक बहुत लम्बी भूमिका लिख रहे थे। वह लघुकथा सुन कर उन्होंने अचानक कहा था, 'लो, मैं तुम्हारी यह गल्प अपनी भूमिका में जमा देता हूँ। लाहौर के हिन्दी बोर्ड के सभी सदस्य और 'हिन्दी रत्न' के सारे परीक्षार्थी तुम्हारे नाम से परिचित हो जायेंगे ?' और उसकी पीठ थपथपाते हुए उन्होंने इतना और जोड़ दिया था,'तुम घबराओ नहीं, मैं धीरे-धीरे तुम्हें हिन्दी में इन्ट्रोड्यूस कर दूँगा।'

काव्य-संकलन की भूमिका वे बहुत लम्बी लिख रहे थे। रोज़ जितना लिखते, चेतन

को सुनाते। उस दिन जो खण्ड वे लिख रहे थे, उसी में उसकी कहानी को वे जमाने जा रहे थे और चेतन यह देखने के लिए उत्सुक था कि वे किस प्रकार उसकी लघुकथा को काव्य-संकलन की भूमिका में जमाते हैं और वह भूमिका के उस खण्ड की समाप्ति का बेताबी से इन्तज़ार कर रहा था।

०

चातक जी ने अपनी भूमिका के अलग-अलग खण्ड किये थे और हर खण्ड के अलग शीर्षक और उप-शीर्षक दिये थे। उस वक्त तक वे — 'कविता की परिभाषा,' 'कवि कौन है ?' 'कविता की स्फूर्ति,' 'कविता का विषय,' 'हिन्दी कविता' तथा 'छायावाद' नामक शीर्षकों पर लिख चुके थे। 'छायावाद' शीर्षक के अधीन उन्होंने एक उप-शीर्षक दिया था — 'आधुनिक कविता में करुण रस का आधिक्य!' इसी शीर्षक के अन्तर्गत उन्होंने उसकी लघुकथा देने की बात कही थी।

लगभग एक-डेढ़ घण्टा वे धाराप्रवाह लिखते रहे और चेतन प्रकट 'मंजरी' का ताज़ा अंक पढ़ता हुआ परोक्ष रूप से खण्ड के समाप्त होने की बाट देखता रहा। आख़िर कवि ने कलम रखा और बोले, 'लो देखो, कैसी सफ़ाई से तुम्हारी लघुकथा मैंने भूमिका में जमा दी है ?' और वे नये लिखे पन्ने उसे सुनाने लगे।

भूमिका का यह खण्ड उन्होंने कवि पन्त की उक्ति से आरम्भ किया था :

'वियोगी होगा पहला कवि
आह से उपजा होगा
गान'

और ये दो पंक्तियाँ लगभग गा कर वे पूरी भावना से आगे पढ़ने लगे :

'कुछ लोगों को हमारे कविता-साहित्य की विकल बाँसुरी से बड़ी घबराहट होती है। वे इसे घातक समझ रहे हैं। साथ ही अस्वाभाविक भी। उनका कहना है कि व्यक्तिगत दुख हाट-बाज़ार में रखने की चीज़ नहीं। वे कबीर के शब्दों में कहना चाहते हैं :

कबिरा निज मन की बिथा मन ही राखो गोय
सुनी इठलैहैं लोग सब, बाँटि न लैहैं कोय!

व्यथा उनके निकट मन में छिपा कर रखने की चीज़ है। उनका ख़याल है कि सच्चे कवि को रोना नहीं चाहिए! परन्तु आज तक कोई ऐसा कवि नहीं हुआ, जिसने एक बूँद भी आँसू न गिराया हो। यह हृदय की सात्विक दुर्बलता है। कवि जान-बूझ कर कभी नहीं रोता। वह बेहोशी ही में रोता है। भला यह कौन कह सकता है कि कोई होश में अनमोल हीरों की दुकान लगा कर बैठेगा। कवि दुकान नहीं लगाता। उनका मोल नहीं लेता। लोग उसकी आँखों के आँसुओं को चुरा कर ले जाते हैं। जो लोग आँसुओं की दुकान लगा कर बैठते हैं, वे सच्चे मोती नहीं दे सकते। उन्हें मोम के मोती अथवा पानी की बूँदें ही समझिए। संसार उन्हें एक दिन अपने आप परख लेता है। हमारे कवियों में किन-किन के आँसू झूठे हैं, यह भविष्य अपने आप बता देगा। परन्तु यह कहना कि रोना अस्वाभाविक है, ठीक नहीं। यह कहना, हृदय के सुकुमार भाव का अपमान करना है।'

और यूँ आँसुओं की महत्ता बतला कर कवि चातक ने तीन पैरे नये कवियों के रोदन

की यथार्थता पर लिखे थे और सिद्ध किया था कि ये आँसू कवियों की निर्बलता के नहीं, सबलता के ही द्योतक हैं, क्योंकि सक्षम कवि ही आँसुओं के सच्चे मोती रोल सकता है। अक्षम कवि का रोना किसी के मन पर प्रभाव नहीं डालता।....इस सब के बाद उन्होंने लिखा था :

'कविता संसार का हृदय है। कवि का हृदय स्वयं एक विश्व है। जिस प्रकार संसार में दुख-सुख, अवसाद-आनन्द, निराशा-आशा, शूल-फूल, शिशिर-वसन्त — अनेक परस्पर-विरोधी वस्तुएँ मिलती हैं, उसी प्रकार काव्य में 'आह' और 'वाह' दोनों मिलेंगी। कवि प्रेमी है, प्रियतम नहीं। उसका हृदय विश्व है, विश्वपति नहीं। उसकी वाणी प्रेम की बाँसुरी है, हँसी-मज़ाक की सारंगी नहीं। कवि दिल वाला है, हृदय-विहीन नहीं। सौन्दर्योपासक है, सौन्दर्य-निन्दक नहीं। वह हँसता है, रोता भी है।'

और यूँ कवि के रोने की स्वाभाविकता सिद्ध कर, उसका कारण ढूँढते हुए वे 'अतृप्ति' पर आ गये थे, जो कि चेतन की लघु-कथा का शीर्षक था। तब उन्होंने दो-तीन पैरे अतृप्ति पर लिखे थे, और अन्तिम पैरे में कहा था :

'न तो हृदय अपने हृदय-धन को पा कर सन्तोष करता है और न खो कर। हमें मिलन में भी विरह का अनुभव होता है। हम जो चाहते हैं, उसे पा कर भी हमें सन्तोष नहीं होता, शान्ति नहीं मिलती, पाये हुए को खो देने का भय अथवा और पाने की इच्छा हमारे साथ लगी रहती है। यही तो अतृप्ति का उन्माद है। इसी अतृप्ति के कारण हमारे दिलों में अवसाद घर कर लेता है और जब उसका आधिक्य होता है तो आँखों में आँसू उमड़ आते हैं।'

इस प्रकार अतृप्ति की व्याख्या कर कवि चातक ने चेतन की लघुकथा को जमाया था :

'इसी अतृप्ति और उससे पैदा होने वाली बेचैनी और उन्माद को उर्दू के प्रख्यात गल्पकार श्री चेतनानन्द ने अपनी एक छोटी-सी गल्प में दर्शाया है। शीर्षक है —'अतृप्ति!' लिखते हैं :

> 'जब पतझड़ का राज्य था और बेलों के गहने हवा में छिपे हुए अज्ञात डाकुओं ने लूट लिये थे। जब पेड़ अपने नंगेपन, अपनी कंगाली को हसरत-भरी निगाहों से ताक रहे थे और बाग़ों में पागल बयार को सुगन्ध के बदले पौधों के दीर्घ निःश्वास मिलते थे, मुझे रूप और प्रेम किसी की तलाश में भटकते नज़र आये।
>
> उनके बाल बेपरवाही के आलम में बिखरे थे, चेहरे ज़र्द थे, होंट ख़ुश्क थे और उनकी आँखों की मस्ती अस्त हो चुकी थी।
>
> मैंने उन्हें रोक लिया और पूछा, 'तुम्हें किस चीज़ की तलाश है ?'
>
> 'वसन्त की।' उन्होंने उत्तर दिया और अपनी तलाश में संलग्न हो गये।
>
> o
>
> 'जब वसन्त की हुकूमत थी और लताएँ फूलों के गहनों से लदी, झूले झूल रही थीं। जब पेड़ अपनी हरिताभ भूषा को देख कर फूले नहीं समाते थे और बाग़ों में मस्त बयार जी भर सुगन्ध से अपनी झोलियाँ भर रहा था, मुझे रूप और प्रेम

फिर दिखायी दिये।

उनके केश सयत्न सँवरे थे। मुख उषा-से लाल थे, अधरों से सुधा टपक रही थी और आँखों में हज़ारों मदिरालय छिपे हुए थे।

लेकिन वे अब भी किसी की खोज में भटक रहे थे।

मैंने उन्हें रोक लिया और पूछा —'अब तुम्हें किस चीज़ की तलाश है ?'

'अनन्त वसन्त की।' उन्होंने उत्तर दिया और अपनी उस अनन्त खोज में चल पड़े!'

o

'क्यों ?' खण्ड सुना कर कवि ने दाद पाने की इच्छा से उसकी ओर देखा।

चेतन को कवियों के रुदन सम्बन्धी उनकी युक्तियाँ कुछ वैसी उपयुक्त न लगी थीं। उन्हें सुनता हुआ वह निरन्तर अपने पिता की नसीहत के बारे में सोचता रहा था। उसके पिता ने उसे हमेशा 'सर्वाइवल ऑफ़ द फ़िटेस्ट' का पाठ पढ़ाया था और वे उसे सदैव शक्ति-सम्पन्न होने का उपदेश देते थे। अव्वल तो उनका यह विश्वास था कि पतला-दुबला व्यक्ति भी यदि चाहे तो सैण्डो जैसा पहलवान बन सकता है, पर यदि किसी में शारीरिक बल न हो तो उनका ख़याल था कि वह दिमाग़ की शक्ति से दुनिया को ज़ेर कर सकता है और वे चेतन को हमेशा यही उपदेश देते थे। उनका यह उपदेश उसके ग्रहणशील मन में बद्धमूल हो कर बैठ गया था और वह सोचता था कि जो शक्तिशाली होगा, वह रोयेगा क्यों ? और उसके सामने अपनी माँ की सूरत आ गयी थी....कैसी भी विपत्ति क्यों न टूटे, उसने माँ को कभी रोते नहीं देखा था —और पिता की मद्यपता और दूसरे अत्याचारों के कारण उनके घर पर सदा मुसीबतों के पहाड़ टूटते रहते थे। लेकिन उसकी माँ रोने और हाय-हाय करने की बजाय पूरे सोच-विचार के बाद उस विपदा से जूझने का रास्ता निकाल लेती थी। —चेतन के सामने प्रथम महायुद्ध के वे दिन घूम गये, जब नये मकान के कारण पिता के सिर पर काफ़ी कर्ज़ चढ़ गया था और अतिरिक्त वेतन के लालच में उन्होंने रिलीविंग की ड्यूटी ले ली थी और सुदूर कोयटा डिवीज़न में चले गये थे। उनके वेतन का अधिकांश ऋणदाताओं की भेंट हो जाता था। घर के ख़र्च के लिए बहुत थोड़ा बचता। महीने के अन्तिम दिनों में प्रायः ऐसा होता कि शाम को वे स्कूल से आते तो प्याज़ के छोटे-छोटे कतले काट कर उनमें नमक-मसाला डाल कर उन्हीं से रोटी खा लेते और माँ के उपदेशानुसार :

'दिल वट्ट ज़माना कट्ट, भले दिन आणगे'

गाते-नाचते दालान में कुदकड़े मारा करते।.... कुछ वैसे भले दिन कभी नहीं आये, पर समय तो कट गया था और उन्हें शक्ति दे गया था। इसलिए कवियों के रोने और चातक जी द्वारा उस निर्बलता को सबलता बताने की बात चेतन की समझ में नहीं आयी। उसे वह भूमिका अजीब रिगमारोल[१]-सी लगी। लेकिन इस रिगमारोल से उन्होंने उसकी कहानी तो अपनी भूमिका में फ़िट कर ही दी थी और इससे न केवल उसे ख़ुशी हुई थी, वरन वह उनका कृतज्ञ भी था।

---

१. घुमाव-फिराव वाली अललटप्प बात

'क्या सोच रहे हो ?' कवि ने उसे कोई उत्तर न देते देख कर पूछा।

चेतन ने अपने भावों का ज़रा भी आभास कवि को नहीं दिया। बोला, 'सोच रहा हूँ कि आपने किस कारीगरी से मेरी यह छोटी-सी गल्प अपनी भूमिका में नगीने-सी जड़ दी है।'

कवि प्रसन्न और उत्साहित हो आये।

'भूमिका ही में नहीं,' उन्होंने कहा, 'मैं इसी गल्प की तरह तुम्हें हिन्दी-क्षेत्र में नगीने-सा जड़ दूँगा।'

कवि कुछ क्षण रुके। फिर उन्होंने आवाज़ को ज़रा धीमा करके और चेतन को अपने भेद का साझीदार बनाते हुए कहा, 'इस संकलन में मैंने अपने तमाम मित्रों की कविताएँ रखी हैं। नीरव जी तक की दो कविताएँ दी हैं, हालाँकि जहाँ तक हिन्दी काव्य-क्षेत्र का सम्बन्ध है, उन्हें पंजाब, कहें कि विश्वविद्यालय की पाठ्यक्रम-निर्धारिणी-समिति के बाहर कोई नहीं जानता। अब यह मेरे मित्रों का कर्तव्य है कि मुझे यहाँ जमने में वे मेरी मदद करें।'

वे सहसा चुप हो गये। चेतन भी इस बात की राह देखता, मौन बना रहा कि वे कहना क्या चाहते हैं।

तब उन्होंने और भी धीरे से, जैसे उसे समझाते हुए, कहा, 'यद्यपि तुम यहाँ के रहने वाले हो और उर्दू-क्षेत्र में तुम्हें सभी जानते हैं, लेकिन यहाँ के हिन्दी वालों के लिए तुम नितान्त अपरिचित हो। इसी तरह हमें अपने प्रान्त के सभी हिन्दी वाले जानते हैं, लेकिन पंजाब का क्षेत्र हमारे लिए एकदम नया है।'

और वे क्षण भर को रुके। चेतन ने कहा, 'हाँ, यह तो आप ठीक कहते हैं।'

'हम दोनों ही यहाँ के हिन्दी क्षेत्र के लिए अपरिचित हैं,' कवि ने अपनी बात आगे बढ़ायी, 'नीरव जी पहले से जमे हुए हैं। उनके नाटक 'भूषण' और 'प्रभाकर' में पढ़ाये जाते हैं। हमें इस क्षेत्र में धँसना है। अभी तो मुझे यहाँ आये हुए कुछ ही महीने हुए हैं और मैंने अपने प्रान्त के एक स्नेही नाटककार का नाटक 'हिन्दी रत्न' में भिड़ा दिया है और अपने लिए यह संकलन ले लिया है। लेकिन वह समय दूर नहीं, जब हमारे भी नाटक पंजाब में पढ़ाये जायेंगे।'

'लेकिन मैं तो नाटक लिखता नहीं।' चेतन ने कहा।

हालाँकि जब चातक जी ने 'हमारे' शब्द का प्रयोग किया था तो चेतन उस 'हमारे' में शामिल नहीं था, लेकिन उन्होंने उसका भरम बना रहने दिया। मस्ती से बोले, 'लिखोगे, लिखोगे —सब लिखोगे —कहानी भी, नाटक भी, कविता भी। और अगर मेरे साथ रहोगे तो तुम्हारी रचनाएँ पंजाब विश्वविद्यालय में पढ़ायी भी जायेंगी।'

०

चेतन के मन में पाठ्य-पुस्तकों में पढ़े-पढ़ाये जाने की कुछ वैसी आकांक्षा नहीं थी। अपने कोर्स की उर्दू पुस्तकों में उसने जिन मुन्शी सूरजनारायण 'मेहर' की न जाने कितनी कविताएँ पढ़ी थीं, लाहौर आने पर उसे मालूम हुआ था कि उर्दू कवियों में उन्हें कोई भी नहीं जानता। पाठ्य-पुस्तकों की उसे चिन्ता नहीं थी, पर देश की प्रमुख हिन्दी पत्रिकाओं में छपने की

उसके मन में बड़ी साध थी। इसीलिए वह चाहता था कि किसी तरह उसकी दो-एक कहानियाँ 'मंजरी' में छप जायें तो विशाल हिन्दी क्षेत्र तक पहुँचना उसके लिए कुछ सुगम हो जाये।.... लेकिन जब चातक जी ने हामी नहीं भरी तो उसने अपनी कहानी, 'कुर्बानगाहे-इश्क' का मसौदा मुन्शी चन्द्रशेखर को भेजा था कि यदि उन्हें पसन्द हो तो अपनी मासिक पत्रिका में छाप दें। मुन्शी जी ने कहानी की थीम और उसके निभाव को सराहा था। 'साहबे-किताब'[१] होने पर उसे बधाई दी थी और भविष्यवाणी की थी कि इसी तरह लिखता जायेगा तो एक दिन चोटी पर जा पहुँचेगा। 'कुर्बान-गाहे-इश्क' की भी उन्होंने तारीफ़ की थी। उसका शीर्षक काट कर 'प्रेम की वेदी' कर दिया था; एकाध पैरे की भाषा सुधारने की भी कोशिश की थी, लेकिन फिर ज़्यादा कष्टसाध्य काम समझ कर उसे छोड़ दिया था और परामर्श दिया था कि उसे काफ़ी हिन्दी कहानियाँ पढ़नी चाहिएँ और भाषा पर अधिकार पाना चाहिए; कि अभी उसके हिन्दी-अनुवाद में ग़लतियाँ हैं। 'शब्द चाहे उर्दू, फ़ारसी, अंग्रेज़ी, हिन्दी — किसी भाषा से भी लो,' उन्होंने लिखा था, 'ख़याल सिर्फ़ यह रहे कि विचारों का क्रम और भाषा का प्रवाह न टूटने पाये।' और यह परामर्श दे कर उन्होंने कहानी लौटा दी थी और अपने लिए कोई सामाजिक कहानी माँगी थी।....

दुर्भाग्य से चेतन ने पण्डित 'रत्न' के संसर्ग में वैसी ही रूमानी कहानियाँ लिखी थीं, जो अन्त में झटका देती थीं और पाठकों को चौंकाती थी। लेकिन चेतन को वे बहुत पसन्द थीं और कोई नयी सामाजिक कहानी लिखने की अपेक्षा वह पहले उन्हीं को पत्र-पत्रिकाओं में छपवाना चाहता था।

o

लेकिन चातक जी को उसने यह सब नहीं बताया और अपने आप को उनके हवाले करने का फ़ैसला कर लिया। उनके साथ रहने पर हिन्दी क्षेत्र के कुछ लोग तो उसे जान ही जायेंगे — उसने सोचा — और देर-सबेर उसे हिन्दी ठीक से लिखनी भी आ ही जायेगी। मुन्शी जी को तो वह उर्दू में पत्र लिखता था, पर अन्य सम्पादकों को उर्दू में लिखने से काम न चल सकता था। कुछ दिन पहले उसने कलकत्ता के एक सम्पादक के नाम हिन्दी में पत्र लिख कर चातक जी को दिखाया था। पहले ही शब्द के हिज्जे ग़लत थे। 'प्रिय' को उसने 'प्रीय' लिख दिया था। चातक जी ने पत्र रख लिया था और कहा था कि वे पत्र लिख देंगे और वह उसे कापी करके कहानी के साथ उन्हें भेज दे।....सो उनकी सहायता और परामर्श हर हाल में उसके लिए ज़रूरी था। इसलिए जब उन्होंने आश्वासन दिया कि वह उनके साथ रहेगा तो वे उसे साहित्य-क्षेत्र में जमा देंगे तब चेतन ने कहा कि वे जैसा कहेंगे, वह करेगा!

तब कवि ने उसे जो समझाया, उसका सार यह था कि उसे नीरव जी से हेल-मेल बढ़ाना चाहिए और बातों-बातों में उन्हें बताना चाहिए कि चातक जी ने 'हिन्दी रत्न' के लिए जो संग्रह संकलित किया है, उसमें उनको हिन्दी के कई नये कवियों से पहले स्थान दिया है और नीरव जी 'हिन्दी भूषण' के लिए जो संग्रह तैयार कर रहे हैं, उसमें उन्हें चातक जी की कुछ कविताएँ ज़रूर रखनी चाहिएँ।

---

१. ऐसा लेखक जिसकी पुस्तक छप गयी हो।

'वे शायद आपत्ति करें,' चातक जी ने उसे समझाया, 'कि चातक की कविताएँ लम्बी और प्रेम-भरी हैं और पाठ्य-पुस्तक के उपयुक्त नहीं। तब तुम उनसे कहना कि 'मायाविनी' के एक-दो वैसे खण्ड उसमें दिये जा सकते हैं, जिनमें कि उस जादूगरनी के प्रकृति-रूप का अद्‌भुत चित्रण है।'

चेतन उनकी बात भली-भाँति समझ गया और उसने सहर्ष उनका यह काम अपने ज़िम्मे ले लिया। चातक जी प्रसन्न हो गये और उन्होंने चेतन को बताया कि शीघ्र ही श्री धर्मदेव वेदालंकार की दूसरी शादी दिल्ली में होने जा रही है। नीरव जी जायेंगे, वे स्वयं भी जायेंगे और वे चेतन को साथ ले जायेंगे ताकि वह न केवल नीरव जी और धर्म जी से घनिष्टता प्राप्त कर सके, वरन दिल्ली के हिन्दी कवियों और कथाकारों से भी हेल-मेल बढ़ा सके।

'लेकिन मैं बिन-बुलाये क्यों जाऊँगा ?' चेतन ने कहा।

'धर्मदेव जी से तुम्हारी घनिष्टता नहीं, पर वह पैदा तो की जा सकती है,' चातक जी ने समझाया, 'अभी तो निमन्त्रण-पत्र हमारे प्रेस में छप रहे हैं। आजकल वहाँ दिल्ली से कथाकार मुनीन्द्र जी आये हुए हैं। वे धर्म जी ही के यहाँ ठहरे हैं। दो-तीन दिन रहेंगे और उनके सम्मान में एक गोष्ठी होगी। सुबह धर्मदेव जी का फ़ोन आया था। उन्होंने मुनीन्द्र जी के आने की सूचना दी है और मुझे बुलाया है। तम चलो तो हो आयें वहाँ, कुछ तिकड़म भिड़ायें और उनसे तुम्हारे लिए निमन्त्रण-पत्र हथियायें।'

'मेरे पास तो दिल्ली जाने का किराया भी नहीं।'

'किराये की क्या ज़रूरत है ? टिकट वेदालंकार जी लेंगे। ज़्यादा बराती यहाँ से जा नहीं रहे। उनके पिता और अन्य सगे-सम्बन्धी सब दिल्ली में इकट्ठे हो रहे हैं। बस यहाँ से तो धर्मदेव जी और कुछ मित्र ही जायेंगे।'

'पर मैं तो उनका मित्र नहीं।'

'सब होगा। इतना जान लो कि हम चलेंगे तो तुम भी चलोगे।' क्षण भर रुक कर उन्होंने कहा, 'तुमने मुनीन्द्र जी की कोई कहानी पढ़ी है ?'

'एकाध देखी है, पर चली नहीं।'

'अत्यन्त शक्तिशाली कल्पना का लेखक है यह मुनीन्द्र।' चातक जी ने कहा, 'बहुत आगे जायेगा। अच्छा होता, तुमने उनकी कोई अच्छी कहानी पढ़ ली होती और तुम उसका उल्लेख कर देते।'

'उनकी कोई किताब आपके पास है ?'

'मेरे पास तो नहीं, पर पुस्तक-भवन में एक संग्रह आया है।'

'मैं कल पढ़ लूँगा।'

चातक जी कुछ क्षण सोचते रहे, फिर सहसा उनकी आँखें चमक उठीं, 'तुम तो उर्दू में ग़ज़ल-वज़ल कहते रहे हो।'

'हाँ दो-तीन वर्ष पहले बाकायदा ग़ज़लें लिखता था और मेरे कुछ शेर तो लोकप्रिय भी हुए थे।'

'तुम धर्मदेव जी की शादी पर एक सेहरा नहीं लिख सकते ?'

'कभी लिखा तो नहीं है और न लिखना अच्छा ही लगता है। शक्ल दूल्हे की बन्दर-जैसी हो तो सूरज और चाँद से तशबीह[1] देनी पड़ती है....'

'लेकिन धर्मदेव जी तो सुन्दर व्यक्ति हैं।'

'सुन्दर तो क्या हैं, हाँ, असुन्दर नहीं हैं। सूरत-शक्ल से लेखक तो ज़रा भी नहीं लगते, नौकरशाह लगते हैं। आप कहेंगे तो लिख दूँगा।'

'तो बस तुम एक सेहरा लिखो और दिल्ली की तैयारी करो!'

'पर सेहरा लिखने के लिए उनके पिता का नाम और दूसरी डिटेल्ज़ चाहिएँ।'

'अभी चलते हैं धर्म जी के यहाँ, डिटेल्ज़ भी लेंगे और मुनीन्द्र जी के दर्शन भी कर आयेंगे।'

और चातक जी काग़ज़ समेट कर उठे और मुँह-हाथ धोने और तैयार होने चले गये। उनके जाने के बाद चेतन ने चुपके से वे काग़ज़ उठाये और वह खण्ड फिर से पढ़ा, जहाँ उसके नाम के साथ उसकी लघु-कथा चातक जी ने लिखी थी। एक बार पढ़ कर उसने दूसरी बार उसे पढ़ा —कवियों के रुदन और अतृप्त के बारे में चातक जी ने विचारों के जो मोती बिखेरे थे, उसमें उसकी दिलचस्पी नहीं थी। उसे तो बस अपने नाम और अपनी कहानी में दिलचस्पी थी। वह खण्ड को तीसरी बार पढ़ने जा रहा था कि चातक जी आ गये।

o

जब दोनों गुरु-चेला ख़रामाँ-ख़रामाँ टहलते और भविष्य की स्कीमें बनाते (चातक जी स्कीमें बनाते और चेतन मौन रूप से उन्हें श्रवण करता) १८-ए टैप रोड पर धर्म जी के फ़्लैट में पहुँचे तो शाम गहरी हो आयी थी और बिजली की बत्तियाँ रोशन हो गयी थीं। मुनीन्द्र जी पण्डित धर्मदेव वेदालंकार के ड्रॉइंग-रूम की भव्यता और साज़-सामान की सुरुचि और आभिजात्य से नितान्त बेपरवा केवल खादी की बण्डी और घुटनों तक कच्छा पहने, काउच पर पसरे हुए उनसे बातें कर रहे थे।

ड्रॉइंग-रूम में उनके प्रवेश करते ही मुनीन्द्र जी उठ बैठे, लेकिन पैर उन्होंने काउच से नीचे नहीं किये। दायाँ पैर बायें घुटने पर रख, अर्ध-पद्मासन हो, वे सीधे तन कर बैठ गये और नाक उन्होंने ज़रा-सी झुका ली।

चेतन को उनका यह पोज़ बहुत अच्छा लगा। अपनी उस अदा से जैसे वे उस कमरे, उसके ग़ालीचे और काउच, दूसरे साज़-सामान और अपने सामने बैठे साहित्यकारों से ऊपर उठ गये।

पण्डित धर्मदेव ने चातक जी का परिचय दिया और चातक जी ने अभिवादन में 'नमस्कार' किया तो मुनीन्द्र जी ने बड़ी ऊँचाई से ज़रा-सा सिर झुका कर उनके 'नमस्कार' का उत्तर दिया। जब चातक जी ने चेतन का परिचय दिया तो उन्होंने इतना भी ज़रूरी नहीं समझा। इसके बाद वे तीनों जन बातों में ऐसे रत हो गये कि चेतन नाम का व्यक्ति वहाँ बैठा भी है, इसका उन्हें होश नहीं रहा।

धर्म जी ने बताया कि मुनीन्द्र जी जैन महासभा के वार्षिक अधिवेशन में सिलायकोट

---

१. उपमा

गये थे, वापसी पर वे उन्हें गाड़ी से उतार लाये हैं। अब वे आये हैं तो वेदालंकार जी चाहते हैं कि लाहौरवासियों को भी उनके दर्शनों और विचारों का लाभ मिले।

चातक जी ने उनके इन भावों का समर्थन किया और कहा कि लाहौरवासियों को यह सौभाग्य ज़रूर मिलना चाहिए।

तब वेदालंकार जी ने सविस्तार बताया कि कितनी मुश्किलों से मुनीन्द्र जी तीन दिन के लिए रुकने को तैयार हुए हैं। 'बात यह है,' वह सब ब्योरा दे कर उन्होंने कहा, 'हिन्दी कहानी के सन्दर्भ में मुनीन्द्र जी के विचार हमसे बड़े भिन्न हैं। यहाँ गोष्ठी भी हो जायेगी और इनसे सविस्तार विचार-विनिमय भी हो जायेगा। आज काफ़ी देर से हम इसी विषय पर बातचीत कर रहे हैं। ये तो कहानी के शिल्प-इल्प को कुछ मानते ही नहीं और हम समझते हैं कि यूरोप के प्रख्यात कथाकारों ने कथा-शिल्प को ऐसे उन्नत शिखर पर पहुँचा दिया है कि उसकी अवहेलना नहीं की जा सकती।'

'मुनीन्द्र तो अवहेलना की बात नहीं करता।' हठात धर्म जी की बात को जैसे लोक कर मुनीन्द्र जी बोले, 'यह और बात है कि शिल्प उसको बिना छुए रह जाता है। यही मानो कि उसकी पकड़ उस पर नहीं है। वह तो कहानी में सम्वेदना और सम्वेद्य को समझता है। शिल्प उसकी समझ में नहीं आता।'

उसी पोज़ में बैठे हुए हाथ को टेढ़ा कर तर्जनी से हवा को ठकोरते हुए मुनीन्द्र जी कुछ ऐसे लहजे में बोल रहे थे, जो चेतन को महात्मा गाँधी के धीरे-धीरे शब्दों को टिका-टिका कर बोलने की याद दिला गया। 'तो' उनकी बोली में कुछ खिंच कर आता था और उसके बाद क्षणांश को वे रुक जाते थे। फिर वे अपने लिए प्रथम पुरुष का प्रयोग न कर, उत्तम पुरुष का प्रयोग करते थे, जो चेतन ने पहली बार सुना और उसे अजीब लगा।

'पर शिल्प के बिना कहानी की कल्पना कैसे हो सकती है ?' वेदालंकार जी ने कहा।

'हो सकती है।' मुनीन्द्र जी बोले, 'क्या कोई बच्चा ऐसा होगा, जिसके अन्दर यह जटिल यन्त्र न हो, जिसे मानव-यष्टि कहते हैं, लेकिन एक अबोधा भी माता बन जाती है। मुनीन्द्र को आप उस अबोधा जैसा ही मानिए!'

वेदालंकार जी बग़लें झाँकने लगे। चेतन को उनकी इस निरुत्तरता पर बड़ा मज़ा आया। चेतन कहना चाहता था कि अबोधा यदि अपने होने वाले बच्चे के जटिल यन्त्र को जान ले; गर्भाधान के बाद, ख़ुराक, आराम और व्यायाम का ख़याल रखे तो वह शिशु उसकी कोख से स्वस्थ और सुन्दर हो कर निकल सकता है। (कविराज के लिए बच्चों पर लिखी गयी पुस्तक के हवाले से वह इस विषय पर युक्ति-युक्त ढंग से बात कर सकता था।) पर वह चुप रहा और वेदालंकार जी की निरुत्तरता का मज़ा लेता रहा। उसे कथाकार मुनीन्द्र अपने तमाम पोज़ और अहं के बावजूद दिलचस्प लगा और उसने मन-ही-मन तय किया कि यदि किसी तरह वह वेदालंकार जी के विवाह में दिल्ली जा सका तो इस व्यक्ति से ज़रूर मिलेगा और सम्पर्क बढ़ायेगा।

'ख़ैर, इस सन्दर्भ में कल गोष्ठी में बात करेंगे।' वेदालंकार जी जान छुड़ाते हुए चातक जी की ओर मुड़े, 'क्यों चातक जी अब सौभाग्य से मुनीन्द्र जी हमारे बीच हैं तो क्यों न एक गोष्ठी इनके सम्मान में यहाँ रखी जाये।'

चातक जी ने इस पर प्रसन्नता व्यक्त की और पूछा कि धर्म जी गोष्ठी कहाँ रखना चाहते हैं, अपने यहाँ अथवा कहीं और ?

'आप 'मंजरी' के कार्यालय में रखिए!' उत्तर मुनीन्द्र जी ने दिया। 'आपके पास तो काफ़ी लम्बा-चौड़ा कमरा है।'

'हमें तो ख़ुशी ही होगी,' चातक जी ने कहा, 'मैं शिवजी से कहूँगा।'

चेतन ने देखा — वेदालंकार जी का चेहरा कुछ उतर गया है। वे शायद अपने यहाँ गोष्ठी करने की सोच रहे थे। लेकिन यदि उन्हें निराशा हुई तो उन्होंने उसे प्रकट नहीं होने दिया। बोले, 'ठीक है, एक नोटिस लिख कर नीचे सबके नामों की सूची बना कर चपरासी के हाथ घुमा दीजिए। या मैं अंग्रेज़ी में मज़मून बना देता हूँ, आप टाइप करा लीजिए।'

'हिन्दी की गोष्ठी का निमन्त्रण क्या अंग्रेज़ी में भेजना समीचीन होगा ?' मुनीन्द्र जी ने सीधा खड़ा हाथ हवा में आगे बढ़ा कर कहा, 'पचास-सौ निमन्त्रण पत्र छपवा क्यों नहीं लेते ? 'मंजरी' का तो अपना प्रेस है।'

'यदि वेदालंकार जी मेरे साथ चलें और ज़रा शिव जी से कह दें,' चातक जी ने कहा, 'तो आज रात ही छप सकते हैं। कल के पूरे और परसों के आधे दिन में बँट जायेंगे। कुछ चेतन जी को दे देंगे, अपने मित्रों में धर्म जी बँटवा देंगे, बाकी प्रेस और पत्रिका के चपरासी दे आयेंगे।'

'ठीक है, मज़मून बना लेते हैं।' धर्मजी ने कहा, 'निमन्त्रण-पत्र किसकी ओर से जायेगा ?'

'आप 'मंजरी' की ओर से भेजिए।' किसी को कुछ भी कहने का मौका दिये बिना मुनीन्द्र जी ने कहा, 'अपना नाम दीजिए, वेदालंकार जी का दीजिए। तीसरा नाम आप शिव जी का दीजिए। लिखिए, मैं मज़मून लिखवा देता हूँ।'

चेतन उन्हें हैरत से देखता रह गया और वे चातक जी को मज़मून लिखवाने लगे, जिसमें उन्होंने अपने ही मुँह से मुनीन्द्र को हिन्दी कथा के नये युग का संवाहक और मुन्शी चन्द्रशेखर का उत्तराधिकारी कहा और लाहौर के हिन्दी भाषियों के सौभाग्य से वेदालंकार जी तथा 'मंजरी'-सम्पादक के अनुरोध पर जैसे उन्होंने लाहौर रुकना स्वीकार कर लिया है और उनके विचार सुनने से लाहौर के हिन्दी भाषियों को जो लाभ होने वाला था, उसका उल्लेख करते हुए, लोगों को गोष्ठी में शामिल होने का निमन्त्रण दिया।

'या तो यह व्यक्ति नितान्त सरल है, अथवा नम्बरी शातिर,' चेतन ने मन-ही-मन कहा, लेकिन जैसा भी है, है प्रतिभाशाली।'

०

रात सोने से पहले चेतन नोट-बुक ले कर बैठा तो पहले उसने उर्दू में दो एक पंक्तियाँ लिखीं। फिर उसने उन्हें काट दिया। अब, जब वह हिन्दी में लिखने की तैयारी कर रहा है — उसने सोचा — तो उसे नोटबुक भी हिन्दी में लिखनी चाहिए। तब वह पृष्ठ उसने छोड़ दिया और नये पृष्ठ से धीरे-धीरे सोच-सोच कर हिन्दी में लिखने लगा। उसे कई बार शब्दकोश देखना पड़ा। (जो वह अपनी कहानियों को हिन्दी में करने की ग़रज़ से ख़रीद लाया था।) लेकिन उसने उस कष्ट की परवाह नहीं की और हतोत्साह हुए बिना लिखता

चला गया :

'हालाँकि चातक जी ने अपने खण्डकाव्य 'मायाविनी' की भूमिका में ख़ुद ही या अपने दोस्तों के ज़रिये से अपना इश्तेहार करने वालों पर व्यंग्य कर रखा है और अगरचे उन्होंने संकलन में अपनी कोई कविता नहीं रखी, पर उसकी लम्बी भूमिका में उन्होंने अपना इतना प्रचार किया है और अपनी कविताओं से इतने उद्धरण दिये हैं कि लगता है, उनके सिवा बाकी सब कवि घास ही छील रहे हैं। भोलपने और मूर्खता के साथ चतुराई और व्यावहारिकता का कुछ अजीब-सा मेल मुझे चातक जी यहाँ के दिखायी पड़ा। यह शख़्स बहुत दूर तक जा सकेगा, मुझे इसमें शक है। लेकिन ख़ुद चाहे बहुत आगे न जाये, इस सिलसिले में मेरी मदद ज़रूर कर सकता है। धर्म जी से बड़ी सफ़ाई से कवि चातक ने मेरे सेहरा लिखने की बात कर दी और शादी में शामिल होने के लिए उनसे मुझे कहलवा दिया।'

थोड़ी स्पेस छोड़ कर चेतन ने फिर लिखा :

'आज कथाकार मुनीन्द्र के भी दर्शन किये —सुन्दर, सुदर्शन, तेज़; कलाकार का अदभुत पोज़ और ज़बरदस्त अहं — कोई आदमी अपने बारे में इस दबंगई से बात कह सकता है, यह मैंने पहली बार देखा। यह शख़्स अहं के शिखर पर बैठा लगता है। लेकिन है दबंग और प्रतिभाशाली। दिल्ली गया तो इससे ज़रूर मिलूँगा।'

अड़तीस

खिड़की के बराबर, जहाँ चातक जी की मेज़-कुर्सी रहती थी, एक बड़ी दरी और उस पर जाजम बिछा था। वहीं तीन गोल तकिये और एक छोटी-सी चौकी लगी थी। चौकी पर लाल रंग का छोटा-सा कढ़ा हुआ मेज़पोश था, जिसके किनारों पर बने हुए फूल जाजम को छूते थे। चातक जी की मेज़-कुर्सियाँ बराबर के कमरे में पहुँचा दी गयी थीं, जहाँ प्रेस के ऊपर बड़े-बड़े तीन कमरों में प्रेस, पत्रिका और 'पुस्तक भवन' के मालिकान — नागपाल ब्रदर्ज़ — (महाशय शिवचन्द नागपाल, महाशय कर्मचन्द नागपाल और महाशय विष्णुचन्द नागपाल) का आवास था। चूँकि जाजम दरी जितना बड़ा नहीं था, इसलिए उस के बाद सफ़ेद चादरें थीं, जो सीढ़ियों से आने वाले दरवाज़े तक बिछी थीं। दरवाज़े के सामने दीवार के साथ ख़ाली फ़र्श की एक पट्टी छोड़ दी गयी थी ताकि अन्दर से आने वाले लोगों को कष्ट न हो और आगत सज्जन वहाँ अपने जूते उतार सकें।

चेतन जब पहुँचा तो वह लम्बा-चौड़ा कमरा आधे से ज़्यादा भर गया था। करुण जी और शुक्ला जी तो थे ही, करुण जी की पत्नी तथा 'करुण काव्य कुटीर' और 'शुक्ल साहित्य सदन' के सभी अन्य सदस्य भी मौजूद थे। नागपाल ब्रदर्ज़ में केवल बड़े भाई

महाशय शिवचन्द नागपाल आतिथेय के कर्तव्य निभा रहे थे। (मँझले 'पुस्तक भवन' में बैठते थे और छोटे प्रेस देखते थे।) गर्मी और उमस के बावजूद शिव जी (कि विद्यालंकार होने के बाद वे इसी नाम से पुकारे जाते थे।) अचकन और चूड़ीदार पायजामा पहने थे और कभी इस प्रोफ़ेसर के साथ कुछ क्षण बैठते, कभी उस व्यक्ति के पास जा कर खुसर-फुसर करते। वे लम्बे, ऊँचे, पाँच फ़ुट दस इंच के हृष्ट-पुष्ट व्यक्ति थे। उतने मोटे तो नहीं थे, पर पतले भी नहीं थे —लकीरदार मोटी खादी के अचकन और कुर्ते के कारण दोहरे बदन का आभास देते थे। चेतन जब भी उनके चेहरे की ओर देखता था, उसकी रीढ़ की हड्डी में बे-नाम-सी सिहरन दौड़ जाती। उनका चेहरा अजीब-सा फूला-फूला लगता था और बायीं आँख के नीचे ऐसे उभरा रहता था, जैसे अभी-अभी किसी ने वहाँ घूँसा जड़ दिया हो! इस पर वे सदा मुस्कराते रहते थे। उनका सिर सदा नंगा और रूखे बाल बिखरे रहते थे। उन रूखे और खड़े-खड़े बालों और एक ओर से उभरे उस चेहरे पर उनकी वह ठकुरसुहाती मुस्कान चेतन को सदा सिहरा देती थी। लेकिन वे बड़े व्यवहार-कुशल थे। कांग्रेस कार्यकारिणी से ले कर पीपल्ज़ सोसाइटी, हिन्दी साहित्य सम्मेलन, हिन्दी परिषद के अधिवेशनों तथा नगर की तमाम साहित्यिक और अर्ध-साहित्यिक गोष्ठियों में शामिल होते थे और यह उन्हीं के दम से था कि कुछ ही वर्षों में 'हिन्दी पुस्तक भवन' की पुस्तकें कई प्रान्तों के पाठ्य-क्रमों में स्वीकृत हो गयी थीं और 'पुस्तक भवन' का अपना प्रेस और मासिक पत्रिका थी।....शिव जी बेहद व्यस्त थे। सभी महत्वपूर्ण लोगों के पास जा कर उनकी और उनके परिवार की कुशल-क्षेम पूछ रहे थे और बदले में अपने परिवार के कुशल-मंगल के प्रश्न पर 'हिं हिं,' 'हिं हिं' करते हुए 'आपकी कृपा है,' 'आपका अनुग्रह है,' 'आपका आशीर्वाद है'....आदि वाक्य बोलते हुए इधर-से-उधर फिरकी की तरह आ-जा रहे थे। चेतन ने लाहौर में उर्दू साहित्यकारों की किसी भी मजलिस में पान का प्रबन्ध नहीं देखा था, पर नीरव जी, शुक्ला जी, किसलय तथा कण्टक जी और उत्तर अथवा मध्य प्रदेश से आने वाले हिन्दी साहित्यकार पान का शौक रखते थे, इसलिए चाँदी की एक ख़ूबसूरत तश्तरी में पान-तम्बाकू भी था और पंजाबियों के लिए दूसरी तश्तरी में सौंफ़-इलायची और कूज़ा-मिश्री! नीरव जी मज़े से पान चबाते हुए होंटों के दायें कोने से मुस्करा रहे थे और चातक तथा शुक्ला जी ने भी होंट लाल कर रखे थे।

चेतन ने पहले सोचा था कि वह कोट-पतलून पहन कर गोष्ठी में जाये, पर उसे मालूम था कि बैठक दरी पर होगी, इसलिए उसने धुली हुई तहमद-कमीज़ पहन ली थी। तब पहली बार उसे ख़याल आया था कि उसके पास एक जोड़ा धोती-कुर्ता होना चाहिए। वह चातक जी को धोती-कुर्ता पहनते देखता था तो उसे हैरत होती थी कि वे किस प्रकार बिना गाँठ के धोती बाँधते हैं। उसने मन में तय किया था कि जब उसके पास पैसे होंगे तो वह भी धोती-कुर्ता लेगा और चातक जी से धोती बाँधना सीखेगा।.... जब वह तहमद-कमीज़, पहने मंजरी के दफ़्तर पहुँचा तो उसे कुछ देर हो गयी थी। असल में चातक जी ने उसके ज़िम्मे इस गोष्ठी के कुछ निमन्त्रण-पत्र बाँटने का काम लगा दिया था और वह दोपहर तक साइकिल लिये, इर्द-गिर्द के इलाकों में उन्हें बाँटता रहा था।

जब वह सीढ़ियाँ चढ़ कर कमरे में दाख़िल हुआ था तो सामने खिड़की की बायीं ओर बैठे चातक जी पर उसकी नज़र गयी थी, जो नीरव जी के बराबर पान से होंट रँगे

बैठे थे। बालों की एक लट हमेशा की तरह उनके माथे पर आ गयी थी।

चेतन ने एक साथ दोनों कवियों को 'नमस्कार' किया। वह सीढ़ियों के पास ही दरी पर बैठने जा रहा था, जब चातक जी ने हाथ के इशारे से उसे सानुरोध अपने पास बुलाते हुए वहीं से कहा, 'बड़ी देर कर दी। आओ-आओ, इधर आओ!'

चेतन बैठ ही गया था कि उनके अनुरोध पर उठा और जा कर उनके और नीरव जी के बीच उस जगह बैठ गया, जहाँ आमने-सामने प्रतिष्ठित लोग बैठे थे।

'मुनीन्द्र जी नहीं आये ?' उसने एक नज़र दायीं ओर चौकी के निकट बैठे लोगों पर डाली।

'वे धर्म जी के साथ आयेंगे,' चातक जी ने कहा।

चेतन का ख़याल था कि मुनीन्द्र जी की अनुपस्थिति में उनकी कहानियों पर बातचीत होनी चाहिए। पिछले दिन जब वह निमन्त्रण-पत्र लेने आया था तो दुकान से उनकी किताब निकलवा कर उसने वहीं बैठ कर उनकी दो-तीन कहानियाँ पढ़ डाली थीं और उसका ख़याल था, कोई उन पर बात करेगा तो कथाकार के नाते वह उस बातचीत में भाग लेगा। पर वहाँ दो-दो, तीन-तीन की टोलियों में बँटे लोग आपस में इधर-उधर की बातें कर रहे थे। चेतन ने इस बीच चातक जी से दो-तीन नये चेहरों का परिचय पाया। — उनमें से एक निहायत पतला-दुबला, लम्बी-सी नाक और काफ़ी बाहर को निकले हुए टेंटुवे वाला व्यक्ति था। सूरत-शक्ल से आँतों के व्रण का मरीज़ लगता था। कोट-पतलून पहने और टाई लगाये हए था। महत्वपूर्ण लगता था, क्योंकि शिव जी देर से उसके साथ चिपके थे। चेतन को मालूम हुआ कि वह सनातन धर्म कॉलेज का हिन्दी प्रोफ़ेसर है और हिन्दी बोर्ड का नया-नया मेम्बर हुआ है। दूसरा, गोरा-चिट्टा, ठिगना-सा व्यक्ति था। वह भी सूट-बूट पहने था। पतले-दुबले व्यक्ति के पास से उठ कर शिव जी उसके पास चले गये थे। चेतन को मालूम हुआ कि वह फ़ॉर्मेन क्रिश्चियन कालेज का संस्कृत विभागाध्यक्ष है। पहले का नाम प्रोफ़ेसर हरबंसलाल था। दूसरे का प्रो० इन्द्रजीत। दूसरे महाशय यद्यपि संस्कृत पढ़ाते थे, तो भी उन्होंने हिन्दी में दो नाटक लिख रखे थे, जो पाठ्य-क्रम में लगे हुए थे। इस वर्ष वे भी हिन्दी बोर्ड के सदस्य मनोनीत हो गये थे और इसीलिए उनका महत्व बढ़ गया था। चौकी के निकट ही दीवार की तरफ़ एक सम्भ्रान्त अधेड़ व्यक्ति बैठे थे, जिनका सिर लगभग गंजा था और सामने के दो दाँत टूटे हुए थे और वे बात करते हुए बार-बार जीभ को दाँतों में ले लेते थे। चेतन को मालूम हुआ कि वे ओरियेण्टल कॉलेज में संस्कृत विभाग के अध्यक्ष हैं और हिन्दी बोर्ड के भी चेयरमैन हैं।

'ये लोग कथा-गोष्ठी में क्या करेंगे ?' चेतन ने होटों में ही जैसे अपने आप से कहा। चातक जी ने उसकी बात सुन ली, लेकिन इससे पहले कि वे कुछ कहते, सीढ़ियों में पण्डित धर्मदेव वेदालंकार नामूदार हुए।

उनकी साँस फूल रही थी। माथे पर पसीने की बूँदें झलक आयी थीं। आते ही जूते उतारते हुए उन्होंने कहा कि उन्हें ज़रा देर हो गयी है। डायरेक्टर्ज़ की एक ज़रूरी मीटिंग थी, वे उसी में उलझ गये।

'मुनीन्द्र जी कहाँ हैं ?' सहसा दो-तीन लोगों ने एक साथ पूछा।

'कोई उन्हें लेने नहीं गया!' सहसा धर्म जी ने हैरत से शिव जी की ओर देखा।

'हमारा ख़याल था, वे आपके साथ आयेंगे!' शिवजी ने सफ़ाई दी।

'वे आपके मुख्य अतिथि हैं। आपको उन्हें लाना चाहिए था।'

'हम यही समझते रहे कि आप ही अपने साथ उन्हें लेते आयेंगे।'

'लेकिन मैं तो दफ़्तर जाता हूँ,' धर्मजी के स्वर में खिजलाहट थी। 'सुबह उनकी ख़ातिर रह गया था। लंच के बाद उनसे कहा भी था कि साथ ही चलिए। उधर ही से गोष्ठी में चले चलेंगे। लेकिन उन्होंने कहा —आप तो डायरेक्टर्ज़ की मीटिंग में जायेंगे। मैं क्या करूँगा। मैं लंच के बाद थोड़ा आराम कर लूँ!'

तभी शुक्ल साहित्य सदन वाली टोली में से एक लड़के ने कहा, 'उन्हें यहाँ का पता तो मालूम है ?'

वेदालंकार जी कुछ कहने जा रहे थे, लेकिन उनके होंट कुछ खुले और फ़ैले रह गये और उनके चेहरे क्रोध और आश्चर्य मिला हुआ ऐसा भाव आ गया, जैसे कह रहे हों —'कैसी बेवकूफ़ी की बात करते हैं आप ?' पर उन्होंने कुछ कहा नहीं। वहीं खड़े-खड़े एक तेज़ निगाह से जैसे उसे चुप कराके वे महाशय शिवचन्द से बोले कि देख क्या रहे हैं, फ़ौरन ताँगा ले कर जायें और मुनीन्द्र जी को ले आयें।

तब वहीं से शिवजी ने कहा, 'आइए चातक जी!'

वेदालंकार जी आ कर डॉ० घनानन्द के पास बैठ गये थे। उन्होंने लगभग आदेशपूर्ण स्वर में कहा, 'आपको वापस आने में बीस मिनट आध घण्टा लग जायेगा। यहाँ सब लोग आ गये हैं। कुछ कार्यक्रम यहाँ भी होना चाहिए!'

और महाशय शिवचन्द विद्यालंकार बिना पीछे की ओर देखे, अकेले ही सीढ़ियाँ उतर गये।

०

चेतन दीवार से पीठ लगाये यह कौतुक देख रहा था। मुनीन्द्र जी के समय पर न आने में सिर्फ़ इतनी ही बात है, उसे इसका विश्वास नहीं हुआ। दो दिन पहले चातक जी के साथ वह वेदालंकारजी के यहाँ गया था तो उसने कथाकार मुनीन्द्र का जो पोज़ और तेज़ी देखी थी, वह उस क्षण उसकी आँखों में साकार हो उठी। निश्चय ही उनके यहाँ राजनीतिक नेताओं-ऐसा कुछ था —स्वयं गोष्ठी रखवा कर, स्वयं उसके बारे में समय और स्थान निश्चित करके, स्वयं निमन्त्रण-पत्र का आलेख तैयार करके, समय पर न पहुँच कर और आतिथेय को ताँगा ले कर उन्हें निवास-स्थान से गोष्ठी-स्थल पर लाने को विवश करके उन्होंने अपना महत्व जमाया और बढ़ाया था और साथ ही अपने अहं को सन्तुष्ट किया था....कितना अच्छा होता यदि यह बात महाशय शिवचन्द को स्वयं सूझ गयी होती और वे स्वयं ताँगा ले कर उन्हें ले आये होते।....यदि गोष्ठी स्वयं उन्होंने रखी होती तो शायद वैसी चूक उनसे होती भी नहीं। लेकिन मुनीन्द्र जी ने एक तरह गोष्ठी रखने के लिए उन्हें मजबूर किया था, इसलिए उनका समय पर न पहुँचना चेतन को उचित नहीं लगा।....उसे पूरा विश्वास था कि मुनीन्द्र जी ने धर्म जी को ताँगा भिजवाने के लिए कहा होगा। चेतन को इस बात का भी यकीन था कि धर्मजी को उनका यह पोज़ बुरा लगा होगा, इसीलिए

उन्होंने इस सिलसिले में समय से शिव जी को सूचित नहीं किया और डायरेक्टरों की ज़रूरी मीटिंग में सम्मिलित होने की बात से कमरे में बैठे लोगों पर अपना महत्व जता दिया। लेकिन अपने साथी कथाकार और मेहमान की हेठी न हो, इस ख़याल से उन्होंने महाशय शिवचन्द को ताँगा ले कर उन्हें लाने के लिए भेज दिया और इस आध घण्टे में ताँगे की प्रतीक्षा में मुनीन्द्र जी के मन में ऊहापोह को जन्म दे कर, उन्हें आशा-निराशा के उद्वेलन में छोड़ कर, अपने अहं पर की जाने वाली चोट का प्रतिकार भी कर लिया।.... वेदालंकार जी ने अपने घर पर गोष्ठी न रखे जाने का बदला चाहे ऐसे चुकाया हो, पर महाशय शिवचन्द ताँगा ले कर चले गये थे और बात बहरहाल मुनीन्द्र जी की ही रही थी। उस घटना से चेतन को पक्का विश्वास हो गया कि मुनीन्द्र नाम के उस कथाकार ने लाहौर के हिन्दी साहित्यकारों को पूरी तरह अपने काबू में कर लिया है और वे जैसा चाहेंगे, उनका उपयोग करेंगे। गोष्ठी में मुश्किल से तीस-पैंतीस लोग उपस्थित थे, पर उतने भर के लिए प्रेस से निमन्त्रण-पत्र छपा था, तीन प्रतिष्ठित लोगों की ओर से निमन्त्रण दिया गया था और यों कथाकार मुनीन्द्र का महत्व उस अहिन्दी प्रदेश के हिन्दी साहित्यकारों पर पूरी तरह उजागर हो गया था। जो कसर रह गयी थी, वह ताँगा भेज कर बुलाये जाने की फ़रमाइश करके उन्होंने पूरी कर ली थी।

०

शिवजी सीढ़ियाँ उतर गये तो वेदालंकार जी ने चौकी के आस-पास बैठे लोगों से मन्त्रणा शुरू की कि मुनीन्द्र जी के आने तक क्या कार्यक्रम रखा जाये। कहानी पर बातचीत मुनीन्द्र जी के आने पर ही शुरू होनी चाहिए, ऐसा उनका विचार था। तब तक यदि कविता का प्रोग्राम हो तो कैसा रहे ?

कविता की बात सुनते ही सहसा चेतन चौकन्ना हो गया। वह अपनी जगह उठा और उसने जैसे सभी आगत सज्जनों की ओर से कहा, 'इधर चातक जी ने कुछ बड़ी सरस और भावनापूर्ण कविताएँ लिखी हैं। हम उनसे अनुरोध करेंगे कि जितने में मुनीन्द्रजी आते हैं, वे अपनी दो-एक ताज़ा कविताएँ सुना कर हमें कृतज्ञ करें।'

और यह कह कर वह बैठ गया। मन-ही-मन वह बड़ा प्रसन्न हुआ कि इतनी बात वह बेझिझक हिन्दी में कह गया।

चातक जी के चेहरे पर प्रसन्नता, संकोच और असमंजस का मिला-जुला भाव आ गया। उन्होंने होंटों पर ज़बान फेरी। बालों की लट को पीछे हटाया और अपनी जगह खड़े हो कर दायें पैर से बायें के टखने की खुजली मिटाते हुए उन्होंने कहा कि उनके बड़े भाई के समान कवि नीरव जी सभा में उपस्थित हैं। उन्हें स्वयं तो कविताएँ सुना कर ख़ुशी होगी, पर वे चाहेंगे कि सबसे पहले नीरव जी अपनी कोई नयी कविता सुनायें।

और यह कह कर वे बैठ गये।

'मैं तो कथा-गोष्ठी में आया था, इसलिए कोई कविता साथ नहीं लाया।' नीरव जी ने पान-रँगे होंटों के दायें कोने से मुस्कराते हुए बैठे-बैठे कहा।

'कोई छोटी-सी ही सुना दीजिए।' चेतन ने जैसे चातक जी के अनुरोध में अपना अनुरोध मिला दिया।

वहाँ उपस्थित अधिकांश लोगों के लिए वह नया था। इसलिए दोनों बार जब वह बोला, सब का ध्यान उसकी ओर गया।

नीरव जी शायद तब भी संकोच कर जाते, पर उस वक्त कई तरफ़ से इस सिलसिले में आवाज़ उठी, जिसमें शुक्ला जी का स्वर सबसे ऊँचा था। तब जैसे विवश हो कर नीरव जी ने बैठे-बैठे ही एक छोटी-सी कविता सुनायी :

देखा सखि जीवन का मेला
एक अनोखा सपना री
आयी छोटा-सा दिल ले कर वह भी हुआ न अपना री
खड़ी उपेक्षा अचल यहाँ पर साहस मेरा भोला है
हाथ लगा अपने तो इस जीवन में सदा कलपना री
एक अनोखा सपना री
देख लिया जीवन का मेला

तीन बन्दों की छोटी-सी कविता पढ़ कर और श्रोताओं के पल्ले 'कलपना' बाँध कर नीरव जी चुप हो गये तो चातक जी उठे। उन्होंने जेब से दस-ग्यारह लम्बी-लम्बी स्लिपों पर लिखी अपनी कविता निकाली। 'मेरी कविता का शीर्षक है — आयी हो मुस्कान लिये तुम — !' उन्होंने कहा और परम तन्मय भाव से कविता पढ़ने लगे।

चेतन वह कविता सुन चुका था, इसलिए दीवार से पीठ लगाये वह अपने विचारों में खो गया।

दो दिन पहले वह शाम को चातक जी के साथ धर्म जी के यहाँ गया था तो उस वक्त जब मुनीन्द्र जी कवि चातक को गोष्ठी के निमन्त्रण-पत्र का मज़मून डिक्टेट कर रहे थे, 'मंजरी प्रिण्टिंग प्रेस' से चपरासी वेदालंकार जी के विवाह के निमन्त्रण-पत्र का प्रूफ़ ले कर आया था।

तब चातक जी ने पूछा था, 'कहिए, किस-किस को बरात में ले जा रहे हैं ?'

'हमारे सब लोग तो दिल्ली ही में इकट्ठे होंगे। यहाँ से बस आप चन्द मित्र चलेंगे।'

'नीरव जी से कह दिया है ?'

'बस, ये निमन्त्रण-पत्र आ जायें तो स्वयं जा कर दे आऊँगा।'

'ये हमारे चेतन जी उर्दू के बड़े अच्छे शायर हैं। हमने इनको आपका सेहरा लिखने के लिए तैयार कर लिया है, इन्हें साथ ले चलना है।'

तब वेदालंकार जी ने पहली बार चेतन की तरफ़ देखा था। 'आप तो मणिभाई गोबिल की मीटिंग में आये थे ना!'....उन्होंने कहा और फिर सहसा उत्तर सुने बिना चातक जी से बोले, 'ज़रूर-ज़रूर, ये भी चलेंगे।'

चेतन के मन में आयी थी, कहे कि वह सेहरा-वेहरा नहीं लिखता। उसने कभी किसी का सेहरा नहीं लिखा। पर चातक जी से उसने वादा कर लिया था, फिर मुनीन्द्र जी से दिल्ली में मिलने और उनके निकट सम्पर्क में आने का उसने तय कर लिया था, इसलिए उसने मन की बात धर्म जी से नहीं कही। बोला, 'मुझे ज़रा अपने पिता जी का तथा उन सम्बन्धियों का नाम बता दीजिए, जिनका ज़िक्र आप ख़ास तौर पर सेहरे में चाहते हैं।'

'बस, पिता जी का नाम दे दीजिएगा।' वेदालंकार जी ने कहा और काग़ज़ पर नाम लिख कर चिट चेतन के आगे बढ़ा दी — 'लाला चूहड़राम।' चेतन ने मन-ही-मन नाम पढ़ा। तब वेदालंकार जी कह रहे थे, 'उनके नाम के साथ कहीं पण्डित न लगा दीजिएगा। हम तो कर्मणा अपने आपको पण्डित लिखते हैं, पर पिता जी कोट मौदू के साहूकार हैं और 'लाला' ही कहाना पसन्द करते हैं।'

चेतन क्षण भर चिट पर लिखे नाम को देखता रहा, फिर उसने लाला चूहड़राम के इस सूट-बूट-धारी पुत्र पर एक नज़र डाली। वेदालंकार जी की साहबियत और तुनक-मिज़ाजी का ख़याल करके वह मन-ही-मन हँसा।

तभी कुछ सोच कर वेदालंकार जी ने कहा था, 'आप पूरे नाम के बदले केवल लाला सी० राम लिखिएगा।'

'जी बहुत अच्छा, मैं रफ़ लिख कर आपको दिखा दूँगा।'

'तो आप तैयार रहिएगा, आज के पूरे सात दिन बाद चलेंगे।'

चातक जी कविता ख़त्म करके बैठने लगे तो चेतन ने बड़े ज़ोरों से दाद दी और कहा, चातक जी वह 'बेचैनी के बीज' वाली कविता सुनाइए। इधर वर्षों से ऐसी सुन्दर कविता नहीं सुनी।'

बिना इस बात की प्रतीक्षा किये कि कोई दूसरा भी उनसे अनुरोध करता है, चातक जी बोले, 'मेरी यह कविता मेरे मित्रों को बड़ी पसन्द है, कुछ मित्रों ने सुनी भी है, आपका अनुरोध है तो सुनाता हूँ!'

और वे कविता सुनाने लगे :

'बीज बो दिये बेचैनी के
तू ने मन-प्रांगण में बाले
खेल तुम्हारे लिए रहा यह
यहाँ पड़े जीवन के लाले'

और चेतन का मन दिल्ली के लाल किले और कुतुब की सैर करने लगा।

०

चातक जी कविता की अन्तिम पंक्तियाँ पढ़ रहे थे, जब महाशय शिवचन्द हाँफते हुए, पसीने से तर सीढ़ियों में नमूदार हुए। उनके बाल और भी बेतरतीब हो गये थे, बायीं आँख के नीचे गाल का उभार कुछ और बड़ा दिखायी दे रहा था। चेहरे की मुस्कान और भी दयनीय हो गयी थी। आते ही उन्होंने घोषणा की कि वे मुनीन्द्र जी को ले आये हैं।

उनके पीछे धुली खादी के धोती-कुर्ते में सुशोभित, कन्धे पर तह किया साफ़ा रखे, मुनीन्द्र जी एकदम नेताओं की अदा से दाख़िल हुए। चातक जी को कविता पढ़ते देख, उन्होंने हाथ से लोगों को इशारा किया कि वे सब अपनी-अपनी जगह बैठे रहें और चातक जी को कविता समाप्त कर लेने दें। स्वयं वे सीढ़ियों की चौखट के पास वहीं कोने में जा खड़े हुए।

दूसरे क्षण चातक जी की कविता ख़त्म हो गयी और करतल-ध्वनि के मध्य वे बैठ गये तो मुनीन्द्र जी आगे आये और चौकी के पीछे रखे गोल तकिये पर कोहनी टेक कर

बैठ गये। तब श्री धर्मदेव ने उठ कर उपस्थित बन्धुओं को उनका परिचय दिया कि किस प्रकार उनके आगमन के साथ हिन्दी कथा-साहित्य में हवा का एक स्वच्छ झोंका आया है और कैसे बाह्योन्मुख, आदर्शवादी, लेकिन लगभग सपाट कहानियों के स्थान पर अन्तर्मन की गहराइयों का उद्घाटन करने वाली मनोवैज्ञानिक और पेचीदा कहानियों का सूत्रपात मुनीन्द्र जी ने किया है।

'यह हमारा सौभाग्य है,' उन्होंने स्वर को ज़रा ऊँचा करते हुए कहा, 'कि वे जैन सभा के सियालकोट अधिवेशन में भाग ले कर दिल्ली वापस जाते हुए लाहौर से गुज़र रहे थे और उनके एक पत्र से मुझे इस बात का पता चल गया। तब स्टेशन पर पहुँच कर मैंने उन्हें बरबस उतार लिया और मेरे अनुरोध पर वे तीन दिन के लिए रुक गये और उन्होंने गोष्ठी में अपने विचार लाहौर के हिन्दी-वासियों के सम्मुख रखना स्वीकार कर लिया। उनके विचार, जैसा कि आप अभी देखेंगे, बड़े मौलिक हैं। उन्हें रखने का ढंग और भी मौलिक है। यद्यपि सभी उनसे सहमत हों, यह ज़रूरी नहीं। मैं स्वयं उनकी धारणाओं से सहमत नहीं, इसलिए मैं इस विषय पर और कुछ न कह कर आदरणीय डॉ० घनानन्द से प्रार्थना करूँगा कि वे सभापति का आसन ग्रहण कर, मीटिंग की कार्रवाई शुरू करें।'

सभापति के सन्दर्भ में वेदालंकार जी के प्रस्ताव का समर्थन चातक जी ने तत्काल उठ कर किया और डॉक्टर घनानन्द अपने सामने के टूटे हुए दो दाँतों में जीभ दबाये मुनीन्द्र जी के साथ आ बैठे।

तब प्रधान की आज्ञा से वेदालंकारजी उठ कर बोले, 'चूँकि पहले ही काफ़ी देर हो गयी है, इसलिए और ज़्यादा समय नष्ट न कर, अब मैं मुनीन्द्र जी से प्रार्थना करूँगा कि वे कहानी पर अपने विचार दें। फिर यदि समय रहेगा तो उन पर विचार-विनिमय किया जायेगा।'

इस पर डॉक्टर घनानन्द ने बैठे-बैठे ही मुनीन्द्र जी से प्रार्थना की कि अब वे आगे आयें और उपस्थित सज्जनों को अपने बहुमूल्य विचारों से लाभान्वित करें।

मुनीन्द्र जी बड़े अलस भाव से ज़रा आगे खिसक कर चौकी के पीछे उसी तरह अर्द्ध-पद्मासन हो, सीधे तन कर बैठ गये। नाक उन्होंने ज़रा-सी नीचे कर ली और दोनों हाथ घुटनों पर रख कर उन्हें ज़रा-सा दबाते हुए, वे पूर्ववत शब्दों के अन्तिम अक्षरों पर ज़ोर देते, उन्हें ज़रा लम्बा करते और शब्दों को टिका-टिका कर बोलते हुए कहने लगे :

'अभी जब हम यहाँ आये तो कविता हो रही थी। हमारी चलती तो कविता ही होती और कहानी की बात नहीं भी होती तो कोई हर्ज नहीं होता। रचना छन्दोबद्ध हो, कि मुक्त, कि गद्य, साहित्य की आत्मा सब जगह एक है, मुनीन्द्र तो यही मानता है। संसार को जब कोई अपना दान करने चलता है तो सम्भ्रम से आँखें खोल कर देखता है कि संसार यह है, मैं यह हूँ, किन्तु फिर भी कहीं गहरे प्राणों में वह पाता है कि सब कुछ एक ही है। जब संसार की लीला में उसे आश्चर्य होता है और आह्लाद भी और हठात जब वह उसी की परिभाषा में अपने को देख उठता है, समस्त के साथ अविच्छेद रूप में जड़ित महागान के समारोह में एक जैसा अपने को पाता है, तब सहसा उसके प्राणों में काव्य का उन्मेष होता है। और जब वह उस विश्व से हट कर अपनी इकाई की खोज करता है और देखता है कि

यह विश्व है, यह देश है, यह समाज है और यह मैं हूँ। और जब वह अपने इस 'मैं' को गहरे में टटोलना चाहता है —तो उसे अदबदा कर गद्य की शरण लेनी पड़ती है।'

कठिन शब्दों में लपेटे गये इस महादार्शनिक प्रवचन से चेतन के पल्ले कुछ नहीं पड़ा। वह तो मुनीन्द्र जी के सीधे तने शरीर, सुतवाँ झुकी नाक, प्रशस्त ललाट, गहरे विचारों के कारण अधमुँदी आँखें तथा कभी घुटनों को दबाते, कभी चौकी पर आ जाते, कभी धीरे-धीरे आगे को बढ़ते, कभी पीछे को हटते उनके हाथ ही देखता रहा। अपना भाषण देते हुए उन्होंने कई आसन बदले, पर उनके स्वर के सधाव और वाणी के बहाव में अन्तर नहीं आया।

कहानी की बात चला कर उन्होंने कहा —'मुनीन्द्र अपने कहानीकार की बात क्या बताये। वह तो कहानी के क्षेत्र में यूँ ही अनजाने, अनचाहे आ गया। न तो उसने कहानी के विधि-विधान को जाना, न शिल्प-विज्ञान को। एफ़० ए० में था कि स्वातन्त्र्यान्दोलन में पढ़ाई छोड़ बैठा, जेल भी हो आया और इस बीच जो पुस्तक हाथ लगी, पढ़ भी ली, पर कहानी लिखेगा, ऐसा मुनीन्द्र ने कभी नहीं सोचा था। तब एक क्लास-फ़ेलो ने हस्तलिखित पत्रिका निकाली। उन्होंने मुनीन्द्र से भी लिखने को कहा, सो लीजिए जैसा भी, जो भी उसके मन में आया, मुनीन्द्र ने लिख कर भेज दिया। तब लोगों को कहते पाया गया कि मुनीन्द्र में तो कहानी लेखक बनने की जन्मजात प्रतिभा है। इसी हस्तलिखित पत्रिका में छपी दो-तीन कहानियों के बल पर, एक मित्र ने, जो एक लोकप्रिय कहानी-पत्रिका निकालते थे, मुनीन्द्र से कहानी का नाम धराने वाली रचना माँगी। अपनी अक्षमता बताते हुए मुनीन्द्र ने कहा कि भाई, कहानी-वहानी तो मुनीन्द्र समझता नहीं, हाँ मित्र के आदेश का पालन करने में जो उससे बन पड़ेगा, वह करेगा। और लीजिए जो उसके मन में आया, जैसे-तैसे एक साथी को उसने लिखा दिया और पत्रिका के दफ़्तर में दे आया। रचना छप गयी तो जहाँ-तहाँ सुनने में आया कि मुनीन्द्र तो अद्भुत कथाकार है, कि वह तो मुन्शी जी के भी आगे की बात करता है। स्वयं मुन्शी जी ने उसकी रचना को सराहा और आशीर्वाद दिया और लीजिए मुनीन्द्र कथाकार हो गया।'

यहाँ मुनीन्द्र जी क्षण भर रुके। फिर बोले, 'वेदालंकार जी शिल्प की बात करते हैं। जो आलोचक हैं, रचना का निरीक्षण-परीक्षण करना जिनका काम है, वे लोग यह सब कर सकते हैं, पर मुनीन्द्र बेचारे को तो आप इस सबसे माफ़ ही रखिए। वह तो इतना जानता है कि जब एकाएकी उसका लिखना शुरू हुआ, वह बहुत बेहाल था। बेकार था। कहीं अच्छी नौकरी मिले, इतना पढ़ा नहीं था। और कभी-कभी आत्म-हत्या तक की भी सोचता था। ऐसे में कोरा तत्व काम नहीं देता। हर तत्ववाद को सम्वेदन की कसौटी पर उतरना और अपने को खरा साबित करना होता है। सबसे प्रथम और मूल तत्व है —दुख! इसी की अनिवार्यता से विचारों को समझिए, कहानी बनना पड़ गया।.... रहा शिल्प, तो वह मुनीन्द्र के ऊपर से हो कर गुज़र जाता है। उसके बारे में उसने पढ़ा नहीं है, यह वह नहीं कहता। जो अपनी रचना को शिल्प में बाँधते हैं, उनके प्रति वह अविनयी भी नहीं है, कहें कि उसे उन पर श्रद्धा ही है, पर अपनी वह कह सकता है। उसे शिल्प-इल्प की ख़बर नहीं कि वह किधर से कहानी में आता है और कैसे उसके शब्द-शब्द को बाँध लेता है। मुनीन्द्र उस शिल्प को नहीं जानता। वह तो बीज को जानता है और जानता है कि बीज अंकुरित

होता है और बढ़ कर पेड़ बन जाता है। उसे अंकुरित होने के लिए कितने माशे खाद और कितने तोले पानी चाहिए और वे दोनों किस अनुपात में और कब उसे मिलें, इसे न बीज जानता है और न धरती ही समझती है। विचार का वह बीज मानस की धरती के अन्दर कब जन्म लेता है, कब तक पकता रहता है और पक चुकता है तो कब अंकुरित होता है, इसे धरती नहीं जानती। वह तो बस इतना समझती है कि बीज उसकी मिट्टी में कहीं से आ गिरता है। उसके गर्भ में पकता है, अनुकूल खाद, पानी उससे लेता है और एक दिन अंकुरित होता है और पेड़ बन जाता है और धरती उससे मुक्त हो जाती है। लोग जब पेड़ की हरियाली से आँखों की तृषा बुझाते हैं, उसकी छाँह से अपने मन का ताप हरते हैं, तब वे उससे ज़्यादा जानने की वांछा क्यों रखते हैं। वे मान लें कि धरती के पास इसका उत्तर नहीं है। वे उससे यह प्रश्न पूछें तो क्यों पूछें ?'

चेतन के मन में इस प्रश्न के कई उत्तर एक साथ कौंधे, पर वह चुप बना रहा। उसे इस कथाकार का वह आत्म-विश्वास और वह पोज़, जिससे कि वह बोल रहा था, बहुत अच्छा लगा। लगता था, जैसे वह अपनी हर भंगिमा के प्रति सजग है। जैसे वह बोल भी रहा है और दर्शकों में बैठा ख़ुद को बोलते देख और सुन भी रहा है।....पूरे एक घण्टे बीस मिनट के बाद, जब मुनीन्द्र जी ने अपना भाषण समाप्त किया तो जो करतल ध्वनि हुई, उसमें चेतन की ताली का स्वर सबसे ऊपर सुनायी पड़ता था।

०

मुनीन्द्र जी के भाषण के बाद वेदालंकार जी ने बैठे-बैठे आगत लोगों से पूछा कि कोई कुछ कहना चाहेगा। तब नीरव जी ने उनसे कहा कि हमारे तो आप ही प्रतिनिधि कथाकार हैं। आप ही कुछ कहिए!

वेदालंकार जी अपनी जगह उठे। (पतलून-कोट में बैठे हुए उन्हें कष्ट होता था और यूँ भी भाषण खड़े हो कर ही देना उन्हें पसन्द था) बायाँ हाथ उन्होंने पतलून की जेब में डाला और बड़ी ऊँचाई से बोलना शुरू किया :

'इधर मैंने हिन्दी पाठकों को विश्व साहित्य से परिचित कराने के लिए 'विश्व कथा साहित्य माला' की एक योजना बनायी है, जिसके अन्तर्गत मैं संसार के सभी देशों की सर्वश्रेष्ठ कहानियाँ हिन्दी में प्रकाशित करने जा रहा हूँ। इसी सिलसिले में मुझे संसार की सभी विकसित भाषाओं की श्रेष्ठ कहानियों को पढ़ने और कहानी-कला को जानने-समझने का अवसर मिला है। और यदि आप बुरा न मानें तो मैं कहना चाहूँगा कि कला के वर्ल्ड-स्टैण्डर्ड से देखें तो हिन्दी की अधिकांश कहानियाँ शिथिल और कमज़ोर दिखायी देंगी। यह कमज़ोरी इसलिए है कि हमारे लेखक कहानी के विकसित शिल्प से अनभिज्ञ हैं। अभी पिछले दिनों मुनीन्द्र जी की ही कहानी 'छोटा-सा पिल्ला' छपी है। कहानी वहाँ समाप्त हो जाती है, जहाँ बच्ची मालती कुत्ते का नन्हा-सा पिल्ला पा कर छोटे भाई की मृत्यु को भूल जाती है और ज़िन्दगी जीना शुरू कर देती है। पीछे से वह मोटी हो गयी (क्षमा कीजिएगा। मुनीन्द्र जी ने यही लिखा है, कोई पूछ सकता है क्या वह पीछे से ही मोटी हुई, आगे से नहीं, 'पीछे से' के बदले 'बाद में' होना चाहिए) हाँ तो पीछे से वह मोटी हो गयी तो बाद में वह चार बच्चों की माँ हो गयी और मर गयी, इससे किसी को ग़रज़ नहीं, क्योंकि मूल कहानी से इन ब्योरों की कोई संगति नहीं बैठती और अन्तिम बिन्दु के बाद तो ये ब्योरे

बेकार और निरर्थक हो जाते हैं।'

वेदालंकार जी धीरे-धीरे जोश में आ रहे थे, पर यह सुन कर न जाने चेतन को क्या हुआ। वह अपनी जगह उठा और बोला, 'क्षमा कीजिएगा। मैंने कल ही वह कहानी पढ़ी है। वह दिल को कहीं बहुत गहरे छू लेने वाली कहानी है। और अन्तिम पैरा रहे न रहे, इससे कोई फ़र्क नहीं पड़ता। पंजाबी और उर्दू वालों को 'पीछे से' का प्रयोग भद्दा लग सकता है, पर कथाकार जहाँ का रहने वाला है, वहाँ शायद ऐसा ही बोलते होंगे। रहा शिल्प, तो उस लिहाज़ से कहानी में कोई दोष नहीं। आपने संसार की सभी कहानियाँ पढ़ी हैं या अनुवाद किया या छापा है, इससे आप शिल्प के माहिर नहीं हो जाते और आपको यह हक नहीं मिल जाता कि एक निहायत मर्मस्पर्शी कहानी की यूँ खिल्ली उड़ायें।'

वेदालंकार जी का चेहरा सहसा विकृत हो गया। क्रोध से उन्होंने कहा, 'आप बैठिए, आपको कहानी की क्या समझ है।'

चेतन बैठने जा रहा था कि फिर उठते हुए उसने कहा, 'मैं कैसी कहानी लिखता हूँ, वह तो आप पढ़िएगा जभी जानिएगा, लेकिन मैं आपको आपके सारे विश्व-साहित्य के ज्ञान के बावजूद कहानी लिखना सिखा सकता हूँ। अभी पिछले ही महीने 'विशाल भारत' में मैंने आपकी कहानी 'अ-ई-ऊ' पढ़ी है। क्या है वह ? वैसी कहानियाँ तो....'

वह न जाने और क्या-क्या कहता, पर चातक जी ने उठ कर उसके मुँह पर हाथ रख कर उसे बैठा दिया और प्रकट वेदालंकार जी को, लेकिन उस बहाने सभी उपस्थित सज्जनों को सुनाते हुए बोले, 'आपने चेतन जी की कहानियाँ नहीं पढ़ीं। ये बड़े सफल कथाकार हैं। मुन्शी चन्द्रशेखर और महाशय देवदर्शन ने इनकी कहानियों की प्रशंसा की है।' और उन्होंने आगे बढ़ कर वेदालंकार जी के कान में कहा, 'और यह तो आपके लिए सेहरा लिख रहे हैं, आपको इस तरह किसी का अपमान नहीं करना चाहिए!'

'आय'म सॉरी!'[१] वेदालंकार जी ने चेतन की ओर देख कर होंटों ही में कहा। लेकिन वे क्या बोल रहे थे, वे एकदम भूल गये। अचकचा कर उन्होंने मुनीन्द्र जी को धन्यवाद दिया (जिनके कारण इतनी सुन्दर और महत्वपूर्ण गोष्ठी का आयोजन हो सका) और सभा बरख़्वास्त कर दी।

०

मुनीन्द्र जी लोगों में घिर गये। जब धीरे-धीरे लोग चले गये तो वे स्वयं ही टहलते हुए वहाँ आ गये, जहाँ चेतन कवि चातक के साथ खड़ा था। चातक जी ने सविस्तार उसका परिचय दिया। चेतन ने कहा कि उसने उनकी ज़्यादा कहानियाँ नहीं पढ़ीं। दो-ही-तीन पढ़ी हैं, पर उसे वे पसन्द आयी हैं। ''छोटा-सा पिल्ला' के अलावा उसे 'बेचारा फनियर' भी पसन्द आयी। उसमें बात तो ज़रा-सी है, लेकिन....

मुनीन्द्र जी ने उसकी बात काट कर अधमुँदी आँखों से छत की ओर देखते हुए कहा, 'वह सर्जक ही क्या, जो राई को ले तो पहाड़ न बना दे!'

चेतन मन-ही-मन हँसा। इस व्यक्ति के अहं का भी वार-पार नहीं। पर उसने कहा, 'मेरी भी कहानियों का एक संग्रह छपा है, लेकिन उर्दू में है। मुन्शी चन्द्रशेखर ने उसकी

---

१. मुझे अफ़सोस है। क्षमा कीजिए!

भूमिका लिखी है। यदि मैं दिल्ली आया तो एक प्रति यहाँ से लेता जाऊँगा और वहीं आपको भेंट करूँगा।'

मुनीन्द्र जी ने कहा कि वह ज़रूर-ज़रूर दिल्ली आये। वे प्रतीक्षा करेंगे।

'आपके भाषण देने के ढंग को देख कर अचानक महात्मा गाँधी की याद आ गयी....'

उन्होंने उसे बात नहीं ख़त्म करने दी। बड़ा मोमना-सा मुँह बना कर बोले, 'हाँ — आँ — आँ! अहमदाबाद में भी किसी ने यही बात कहीं थी। अपने राम तो परम अज्ञ हैं। न लिखना जानें, न बोलना। जैसे राम भरोसे लिखते हैं, वैसे राम भरोसे बोलते हैं। अब लोग हैं कि कहते हैं कि मुनीन्द्र बोलता है तो महात्मा गाँधी की याद दिला देता है....'

तभी वेदालंकार जी डॉक्टर घनानन्द को नीचे छोड़ कर आ गये और बोले, 'ताँगा आ गया है। अब चलें!'

o

घर जा कर चेतन ने नोट बुक में लिखा :

> 'आज गोष्ठी में मुनीन्द्र जी और धर्म जी के भाषण सुने। दोनों घोर अहंवादी हैं। लेकिन जहाँ वेदालंकारजी का अहं छोटा है, वहाँ मुनीन्द्र का बड़ा है और शायद इसलिए अपने तमाम ज्ञान के बावजूद वेदालंकार जी छोटे कथाकार हैं और अपने तमाम अज्ञान (?) के बावजूद मुनीन्द्र जी बड़े!'

उन्तालीस

पण्डित धर्मदेव वेदालंकार की शादी को केवल तीन दिन रह गये थे, जब चेतन लगभग दस बजे के करीब सुनहरे फ्रेम में जड़ा सेहरा लिये, १८-ए टैप रोड पहुँचा।

o

'मंजरी' के दफ़्तर में कथाकार मुनीन्द्र की गोष्ठी के दिन धर्मजी से उसकी जो झोड़ हो गयी थी, उससे सेहरा लिखने के सिलसिले में चेतन का सारा उत्साह मन्द हो गया था और उसने 'मंजरी' के दफ़्तर की सीढ़ियाँ उतरते ही चातक जी से कह दिया था कि वह न उनका सेहरा लिखेगा और न दिल्ली जायेगा। तब चातक जी ने उसे समझाया था कि इतनी छोटी बात पर उसे नाराज़ नहीं होना चाहिए। सेहरा तो उसने लगभग लिख ही लिया है, दो-चार शेर उनके पिता जी के नाम-धाम सम्बन्धी उसमें फ़िट करके, अपने दफ़्तर ही के कातिब से लिखवा कर उसे फ्रेम में जड़वा ले। जब एक प्रोग्राम तय किया है तो उसे क्यों तोड़ता है।

'इधर मेरी आर्थिक स्थिति ठीक नहीं चातक जी,' चेतन ने कहा था, 'मेरे सिर पर कुछ कर्ज़ भी चढ़ गया है। फ़ालतू ख़र्च के लिए मेरे पास एक भी पैसा नहीं।'

'अरे भाई, तुम्हारा ख़र्च क्या होगा ? बरात के साथ तो तुम जाओगे।'

'किराया तो माना नहीं लगेगा। पर दिल्ली जायेंगे। तीन-चार दिन रहेंगे, कुछ रुपये तो दरकार होंगे ही।'

'वहाँ की तुम चिन्ता न करो, वहाँ का ख़र्च हम पर छोड़ो!'

'चेतन निरुत्तर हो गया, पर उसका मन जाने को नहीं था। वेदालंकारजी के लिए उसके मन में कुछ अव्यक्त-सा विरोध-भाव था। उनके लेखक में अहं था। अपने को बहुत लगाने और दूसरों को नगण्य समझने की जो भावना, ऊपरी टीम-टाम-भरा जो दिखावा था, वह अनायास चेतन के मन में क्रोध और विकर्षण जगाता था। उनका आभिजात्य थोथा और खोखला दिखायी देता था। उसे नहीं लगता था कि उनके साथ आत्मीयता का सम्बन्ध हो सकता है। चेतन न केवल अपनी आर्थिक स्थिति के कारण तहमद-कमीज़ या कमीज़-नेकर पहनता था, वरन उस लिबास को बेहतर भी समझता था और उसमें बहुत आज़ादी और सुविधा महसूस करता था। वेदालंकार जी हर वक्त सूट-बूट कसे रहते थे और प्रकट ही बाकी सब को असभ्य और गँवार समझते थे, जबकि चेतन को उनकी वेश-भूषा और रहन-सहन ग़ुलामी का प्रतीक लगता था। जब उसने उनके सजे-बजे ड्रॉइंग-रूम में केवल बण्डी और कच्छा पहने मुनीन्द्र जी को मज़े से बैठे देखा था तो उसे बहुत ख़ुशी हुई थी और केवल इसी एक बात से मुनीन्द्र जी का व्यक्तित्व वेदालंकार जी के मुकाबले उसकी आँखों में उठ गया था। दिल्ली जाने और मुनीन्द्र जी से सम्पर्क बढ़ाने को उसका मन था। अपने तमाम पोज़ के बावजूद वे कहीं अन्तर में उसे सहज लगे थे, लेकिन वह दिल्ली जाना चाहता था तो उसके लिए वेदालंकार जी का सेहरा लिखना ज़रूरी था और सेहरा लिखने को उसका मन ज़रा भी नहीं था।

ग़ज़ल लिखने की आदत उसकी छूट गयी थी और सेहरा लिखने में उसे कोई कठिनाई हो रही थी, यह बात न थी। हुनर साहब ने नीला की शादी पर रंगून के उस अधेड़ कैप्टन की प्रशंसा में जो सेहरा लिखा था, उसकी एक प्रति चेतन के पास सुरक्षित थी और उसमें कुछ फेर-बदल करके वह उस सेहरे को वेदालंकार जी के विवाह पर भी बड़ी आसानी से पढ़ सकता था, उसके कुछ शेर उसने चातक जी को सुनाये भी थे, पर भरी मीटिंग में जिस तरह वेदालंकार जी ने उसे डाँट दिया था, उससे उनके प्रति उसका पहला क्रोध द्विगुणित हो उठा था। इसलिए चातक जी की बात सुन कर उसने न 'हाँ' की, न 'ना' और चुप बना रह गया।

लेकिन चातक जी उसे यूँ छोड़ने वाले नहीं थे। उसमें उन्हें एक आक्रामक सहयोगी के दर्शन हुए थे, जो लाहौर के साहित्यिक संघर्ष में उनका दायाँ हाथ बन सकता था। मुनीन्द्र जी वाली मीटिंग में उनसे कविताएँ पढ़ने का अनुरोध करने में उसने जो भूमिका अदा की थी, उससे वे मन-ही-मन बड़े प्रसन्न हुए थे और दिल्ली की यात्रा में वे उसे अपने साथ रखना चाहते थे। इसीलिए जब वेदालंकार जी की शादी के निमन्त्रण छप गये तो चपरासी के हाथ भिजवाने के बदले चातक जी उन्हें स्वयं ले कर टैप रोड पहुँचे थे। उन्होंने चेतन के सेहरे की बड़ी प्रशंसा की थी, पर साथ में यह भी कहा था कि वह बहुत सीधा-सादा, भावप्रवण और नितान्त अव्यावहारिक युवक है। उस दिन वेदालंकार जी ने भरी मीटिंग में उस पर जो रिमार्क कस दिया था, उससे वह बड़ा खिन्न है और वेदालंकार जी को निमन्त्रण-पत्र उसे स्वयं जा कर देना चाहिए और एक बार फिर कह देना चाहिए कि बहस के जोश में कही गयी बात को वह दिल में न लगाये।

यूँ तो शायद वेदालंकार जी कभी न जाते, पर एक तो सेहरे का लालच, फिर चातक

जी का अनुरोध और सबसे ऊपर चेतन की दबंगई—उनकी व्यावहारिक बुद्धि ने उन्हें सुझाया कि उस युवक को विरोधी नहीं बनने देना चाहिए। चातक जी के लाहौर आ जाने से शहर में हिन्दी वातावरण तैयार हो गया था और उन्हें लगता था कि हिन्दी बोर्ड में उनका जो एकाधिकार है, उस पर भी आँच आ सकती है। चेतन को एक भावी विरोधी के बदले मित्र बनाना ही उन्हें श्रेयस्कर लगा था और वे लिफ़ाफ़े में निमन्त्रण-पत्र डाल कर चातक जी के साथ स्वयं चेतन के यहाँ पहुँचे थे। न सिर्फ़ उन्होंने उसे स्वयं कार्ड दिया था और बरात में शामिल होने का अनुरोध किया था, वरन पिछली शाम के रिमार्क के लिए फिर क्षमा माँग ली थी।

और चेतन का भोला अहं उतने से न केवल सन्तुष्ट, वरन अभिभूत हो गया था। उसने मिन-मिन करते हुए कहा था कि वह कई घरेलू कारणों से परेशान है, इसलिए उसके मन में दिल्ली जाने के सिलसिले में दुविधा थी, पर चातक जी भी कह रहे हैं और वेदालंकारजी भी स्वयं कहने आये हैं तो वह ज़रूर बरात में शामिल होगा। सेहरा तो उसने लगभग लिख रखा है, जब वे आये हैं तो ज़रा देख-सुन कर पास करते जायें। फिर वह कातिब से लिखवा कर उसे फ्रेम करवा लेगा।

और उनसे दस मिनट की इजाज़त ले कर चेतन मेज़ पर जा बैठा था। डायरी में लिखे हुए शेर उसने साफ़ काग़ज़ पर नोट किये थे। एक शेर में उनके गाँव कोट मौदू और उसके उदार हृदय साहूकार लाला सी० राम का नाम भी जड़ दिया था और खड़े हो कर वहीं से पूरी भाव-भंगिमा के साथ सेहरा सुनाया था।

वेदालंकार जी को कठिन उर्दू में लिखे हुए शेर पूरी तरह समझ में आ गये हैं, यह बात तो वह जान नहीं पाया, क्योंकि वे पंजाबी होने के बावजूद गुरुकुल में शिक्षा पाये हुए थे और इसीलिए उर्दू से बिलकुल कोरे थे, लेकिन उस तरह उसके सेहरा पढ़ने से वे बड़े प्रभावित हुए थे। उठ कर उन्होंने उससे हाथ मिलाया था। इतना सुन्दर सेहरा लिखने पर उसे धन्यवाद दिया था और बताया था कि लाहौर से सब मित्र रात को फ्रण्टियर मेल से जायेंगे और वह तैयार रहे।

यूँ उसके अहं को सन्तुष्ट कर, उससे बड़ी गर्मजोशी से हाथ मिला कर स्वयं भी प्रसन्न और सन्तुष्ट, वेदालंकार जी कवि चातक के साथ चले गये थे।

चेतन के मन का कलुष धुल गया था। उसकी दुविधा दूर हो गयी थी। उनके जाने के बाद उसने फिर से सेहरे को पढ़ा था। एक-दो शेर काटे, एक-दो जोड़े थे और पूरी तरह सन्तुष्ट हो कर वह गणपत रोड पर गया था। वहाँ से उसने एक शीट आर्ट पेपर ख़रीदा था, कातिब के चौबारे पर जा कर लिखवाया था और लोहारी के अन्दर एक फ्रेम मेकर के यहाँ से सुनहरे फ्रेम में उसे जड़वा लिया था। चेतन अपने साथ सिर्फ़ एक छोटी-सी ट्रंकी ले जा रहा था। दरी, खेस और दो चादरें, उसने तय किया था कि चातक जी के बिस्तर ही में रख लेगा। सेहरे का फ्रेम उस ट्रंकी में समा नहीं रहा था। खुला ले जाने में शीशे के तड़क जाने का भय था, इसलिए वह उन्हें सेहरा देने आया था कि वे अपने सामान के साथ सहेज कर उसे दिल्ली ले जायें। वहाँ समय पर उनसे ले कर वह उसे पढ़ देगा।

०

लेकिन जब वह ड्रॉइंग-रूम में पहुँचा तो उसने वेदालंकार जी को सूट-बूट समेत काउच पर पेट के बल बाँहों में सिर दिये लेटे हुए कराहते पाया।

चेतन क्षण भर को दरवाज़ें में ही स्तम्भित खड़ा रह गया।

'वेदालंकार जी!' उसने धीरे से आवाज़ दी।

वे शायद बड़े कष्ट में थे। हिले तक नहीं। केवल उनकी कराहट का क्षीण स्वर उसे सुनायी दिया।

चेतन का सारा उत्साह भंग हो गया। उसने बढ़ कर सेहरा बराबर के छोटे काउच की पीठ पर टिका दिया और फिर उन्हें ज़रा-सा छू कर आवाज़ दी :

'वेदालंकार जी, क्या बात है ?'

उन्होंने बड़ी तकलीफ़ से ज़रा-सा हिल कर सिर मोड़ा और ज़ोर से कराहे।

'क्या हुआ ?' चेतन ने बड़ी हमदर्दी से उनके कन्धों को थपथपाया।

वेदालंकार जी की आँखों से अनायास आँसू बहने लगे, 'परसों शादी है और मैं तो हिल भी नहीं सकता।'

'बात क्या हुई ?'

'जाने क्या हुआ। बड़ा ट्रंक एक जगह से उठा कर दूसरी जगह रखने जा रहा था। भारी था, ज़रा झटके से उठाया कि कमर में कुछ कड़क-सा हुआ और मैं वहीं झुका-का-झुका रह गया। बड़ी मुश्किल से घिसट कर यहाँ तक पहुँचा और लेट गया।'

और किसी तरह जेब से रूमाल निकाल कर उन्होंने आँसू पोंछ डाले।

'आपको परसों रात गाड़ी चढ़ना है।' चेतन ने जैसे अपने आप से कहा।

वेदालंकार जी फिर बाँहों में सिर दे कर लेट गये थे।

'आपका कोई सगा-सम्बन्धी यहाँ नहीं आया ?'

'वे सब दिल्ली पहुँच रहे हैं। मैंने तो नौकर को भी आज चार रोज़ के लिए छुट्टी दे दी।'

वे नौकर को शादी में क्यों नहीं ले जा रहे और ऐसे ख़ुशी के मौके पर उन्होंने उसे छुट्टी क्यों दे दी ? सहसा चेतन के मन में यह सवाल उठा। लेकिन उसने उनसे कुछ नहीं पूछा। वेदालंकार जी बड़ी तुनक-मिज़ाज तबियत के आदमी थी और उसने सुन रखा था कि नौकर उनके यहाँ मुश्किल ही से टिकता था। उन्होंने नौकर को छुट्टी न दे दी होती तो क्या उन्हें इतना भारी ट्रंक स्वयं उठाना पड़ता और उनके यूँ 'चुक्क' पड़ जाती[१] ?

चेतन को पूरा यकीन था कि उनके 'चुक्क' पड़ गयी है। उसने कहा, 'लगता है आपकी नस चढ़ गयी है।'

'शायद!' उन्होंने कराह कर कहा, 'पर यह तो कई दिन में जा कर ठीक होगी और हमें तो परसों जाना है।'

दर्द के मारे उनका चेहरा विकृत हो गया और उनकी आँखों में फिर आँसू आ गये।

चेतन को सदा हवा में उड़ने वाले, शेष सब को अपने सामने हेय समझने वाले उस

---

१. चुक्क पड़ जाना = पठ्ठा या नस चढ़ जाना।

अहंवादी की बेबसी पर अनायास दया हो आयी। पल भर के लिए उसके मन में यह भाव भी आया कि शायद वे दिल्ली न जा पायें। तब उसकी सारी मेहनत व्यर्थ हो जायेगी। और तत्काल उसने तय कर लिया कि उसे क्या करना चाहिए।

'मैं एक बार कॉलेज में फ़ुटबॉल खेल रहा था,' उसने कहा, 'मैंने बॉल को ज़ोर से किक मारी तो मेरा निशाना चूक गया और मेरी टाँग ऊपर-की-ऊपर रह गयी। नस चढ़ गयी और टाँग को नीचे करने में जो तकलीफ़ हुई, मैं बयान नहीं कर सकता। कॉलेज से घर तक आने में मुझे जैसे कदम-कदम चलना, कहिए कि घिसटना पड़ा, उसकी याद मात्र से आज भी रोंगटे खड़े हो जाते हैं। मैं घर आया और किसी तरह सीढ़ियाँ चढ़ कर वहीं आँगन में लेट गया। जब माँ को पता चला तो उसने उसी वक्त अँगीठी सुलगा कर उस पर तवा रखा और घुटने पर नींबू और नमक की टकोर की और रूहड़ रख कर बाँध दिया। दो बार ही की टकोर से दर्द जाता रहा। आप घबराइए नहीं, मैं अभी आपको टकोर कर देता हूँ। एक-आध घण्टा तो लग जायेगा लेकिन भगवान ने चाहा तो परसों शाम आप हँसी-ख़ुशी हमारे साथ दिल्ली जा रहे होंगे।'

वेदालंकार जी कुछ क्षण चुप सोचते रहे।

'यूँ आप कहिए तो मैं डॉक्टर को बुला लाता हूँ,' चेतन ने कहा, वे लोग लिनामेण्ट-विनामेण्ट तजवीज़ करते हैं, पर उससे इतनी जल्दी आराम नहीं आता। दस-बीस वर्ष बाद नस या पट्ठा चढ़ने की कोई फ़ौरी दवा निकल आये तो मैं कह नहीं सकता, लेकिन अभी तो कोई नहीं। आप डॉक्टरों के चक्कर में पड़ेंगे तो दिल्ली जाने से रह जायेंगे। मेरा आज़माया हुआ टोटका है। मैं अभी आपको नींबू की टकोर कर देता हूँ। शाम को दफ़्तर जाने से पहले मैं फिर आऊँगा। शाम तक आराम न आया तो डॉक्टर को बुला लाऊँगा और यदि कुछ आराम आ गया तो एक बार फिर टकोर कर जाऊँगा। कल तक आप एकदम भले-चंगे हो जायेंगे।'

वेदालंकार जी चुप रहे तो उनकी ख़ामोशी को नीम-रज़ा समझ कर उसने उन्हें नींबू की टकोर करने का फ़ैसला कर लिया। वह नींबू बाज़ार से ले आयेगा, यह उसने तय कर लिया था। नौकर की ग़ैर-मौजूदगी में किचन में कोयला वग़ैरह है या नहीं, यह देखने के लिए वह किचन में गया तो वहाँ एक प्लेट में दो रस-भरे नींबू देख कर वह बड़ा ख़ुश हुआ। किचन से एक छोटी अँगीठी और कोयले ले कर उसने बाहर आँगन में आ कर अँगीठी सुलगायी। फिर उसने कमरे में जा कर वेदालंकार जी से पूछा, 'नींबू तो किचन में है, अँगीठी मैंने सुलगा दी है। घर में कुछ रूहड़ होगा ?'

'रूहड़ तो नहीं, पर मेडिकेटेड रूई का पैकेट सोने के कमरे की अलमारी में पड़ा है।' उन्होंने किसी तरह कराहट को रोक कर बताया।

चेतन ने सारी स्थिति को कुशल निर्देशक की तरह अपने हाथ में ले लिया। वह सोने के कमरे में गया। अलमारी खोल उसने रूई का गोल पैकेट निकाला। उसमें से रूई निकाल कर उसके दो पैड बनाये। फिर वहाँ से मेडीकेडेट पट्टी का बण्डल ले कर बाहर आया और ये चीज़ें उसने काउच के पास एक तिपाई खींच कर, उस पर रख दीं। तब वह फिर किचन में गया। एक नींबू बीच से काट कर उसने उसके बीज निकाले। दोनों टुकड़ों में नमक भरा।

फिर नमकदानी का ढक्कन खोल कर तीन-चार चुटकी नमक प्लेट में नींबू के दोनों टुकड़ों के साथ रखा और आ कर प्लेट तिपाई पर रख गया। तब उसने किचन से पीतल का एक थाल निकाला और उसे तिपाई के पास ग़ालीचे पर रख दिया। उस पर उसने अँगीठी ला कर रख दी और अँगीठी पर तवा टिका दिया। अँगीठी के नीचे थाल रखने की सावधानी उसने इसलिए बरती कि कोई चिनगारी नीचे ग़ालीचे को न जला दे।

यह सब तैयारी करके वह वेदालंकार जी की टाँगों के पास काउच पर बैठ गया। उनकी कमीज़ पतलून से निकाल कर उसने कमर नंगी की। नींबू का एक टुकड़ा उलट कर तवे पर रख दिया। टोह कर देखा कि उनके कहाँ दर्द होता है। जहाँ उँगली रखते ही वे तड़प उठे, वहाँ धीरे-धीरे हाथ फेरते हुए, उसने तवे से नींबू उठाया, अपने बायें हाथ की पुश्त पर उसे छुला कर देखा कि सहा तो जा सकता है, तब उसने उनकी कमर पर उस जगह छुलाया, जहाँ उन्हें बेपनाह दर्द था। लेकिन शरीर से नींबू लगते ही वेदालंकार जी बेतरह तड़प गये। चेतन ने तो नींबू छुलाया भर था।

'घबराइए नहीं, मैं सहती-सहती टकोर करूँगा!' उसने कहा और धीरे-धीरे छुलाता और फ़ौरन उठाता हुआ वह पूरा नींबू शरीर पर रखने लगा। जब वह दर्द वाली जगह पर एक गोल दायरे में टकोर कर चुका और नींबू का टुकड़ा ठण्डा होने लगा तो उसने रूई का पैड तवे पर रख दिया और हाथ से उसे जलने से बचाते हुए गर्म करने लगा। गर्म हो गया तो बायें हाथ से उसने नींबू का टुकड़ा उठाया और दायें से रूई का पैड उस जगह पर रख दिया। तब उसने नींबू का दूसरा टुकड़ा तवे पर रखा और पहले में चुटकी भर नमक और डाल कर उसे तैयार कर लिया। तवे पर रखा हुआ टुकड़ा गर्म हो गया तो रूई का पैड हटा कर वह उससे टकोर करने लगा।

नमक बारीक नहीं पिसा था। उसका कोई-कोई कण अंगारे की तरह जिल्द पर लगता था और वेदालंकारजी तड़प उठते थे। यूँ तो चेतन हर बार अपने बायें हाथ की पुश्त पर हलका-सा छुला कर देख लेता था, तो भी नींबू में पड़ा हुआ नमक ज़्यादा गर्म हो जाता और वेदालंकार जी तड़प उठते।

चेतन बड़े सब्र के साथ टकोर और सेक करता गया। एक-दो बार उसने जल्दी में बायें हाथ पर नींबू छुलाये बिना उनकी कमर पर रख दिया। तब वेदालंकारजी कुछ इस तरह तड़पे कि चेतन को अजीब-सी शैतानी ख़ुशी हुई। उसके बाद उसने एक-दो बार जान-बूझ कर ऐसा ही किया और उनके तड़पने का मज़ा लिया।....लेकिन उन्हें प्रकट ही आराम महसूस हो रहा था। उनकी कराहट कब की ख़त्म हो गयी थी और वे हिलने-डुलने लगे थे। जब चेतन ने दूसरी या तीसरी बार वही हरकत की तो उन्होंने कहा, 'देखिए, एक जगह चुभता है, जिल्द जल न जाये!'

'वहीं नस चढ़ी है,' चेतन ने कहा। वह मुस्कराया भी, लेकिन उसकी वह मुस्कराहट उन्होंने नहीं देखी। उस जगह उसने कुछ ज़्यादा टकोर शुरू कर दी! नींबू बहुत रस-भरा था, फिर नमक उसका रस ऊपर भी ले आता था। एक नींबू की टकोर करने में एक घण्टा लग गया। जब वे दोनों टुकड़े सूख गये तो चेतन ने टकोर बन्द कर दी और रूई के फाहे से नींबू और नमक की लेस साफ़ की। तब उसने देखा कि शरारत से जिस जगह वह कभी-कभी कुछ ज़्यादा गर्म नींबू लगा देता था, वहाँ चवन्नी बराबर जिल्द काली पड़ गयी

थी। चेतन क्षण भर को उसे विमोहित देखता रहा। फिर उसने रूई का दूसरा फाहा गर्म कर उस पर रखा। शायद कुछ ज़्यादा गर्म हो गया। वेदालंकार जी उसी से छटपटा गये। लेकिन दूसरे क्षण वे सहज हो आये। चेतन ने रूई के ऊपर पट्टी बाँधी और कमीज़ उसके ऊपर करके पतलून के अन्दर कर दी। वेदालंकार जी को घण्टे भर के सेक और टकोर ही से इतना आराम आ गया कि वे चेतन के सहारे उठ कर बैठ गये और उन्होंने स्वयं कमीज़ को अच्छी तरह पतलून के अन्दर करके बटन लगा लिये!

चेतन ने किचन से सड़सी ला कर उससे गर्म तवा उठाया और उसे सिंक में रख आया। फिर उसने अँगीठी ले जा कर किचन में रखी। फिर वह थाल वहीं रख आया। तब उसने बाहर वॉश-बेसिन में जा कर अच्छी तरह हाथ धोये, वहीं पड़े तौलिये से पोंछे और वापस आ कर वेदालंकार जी से छुट्टी चाही।

वेदालंकार जी ने बड़ी कृतज्ञता प्रकट की और लगभग दयनीय स्वर में कहा कि वह शाम को एक बार ज़रूर आये!

'अव्वल तो अब दोबारा टकोर की ज़रूरत नहीं, पर आप चाहेंगे तो मैं शाम को एक बार और कर जाऊँगा।' और वह हँसा, 'परसों आप हमारे साथ गाड़ी में बैठे होंगे, यह तय है। ट्रंक-वंक अब आप मत उठाइएगा।' फिर क्षण भर रुक कर उसने पूछा, 'आपने नौकर को क्यों छुट्टी दे दी ? आपको तकलीफ़ तो नहीं होगी।'

'हो जाती, पर अब नहीं होगी।' और वे दयनीयता से मुस्कराये।

चेतन ने फ्रेम किया हुआ सेहरा काउच से उठा कर उन्हें सौंपा और 'नमस्कार' कर चला आया।

रास्ते भर उनकी वह दयनीय मुस्कान और उनकी कमर पर चवन्नी बराबर बना वह गोल-सा दाग़ उसकी आँखों में आता रहा। 'आदमी का मन कितना पेचीदा है,' वह सोचता रहा, 'क्या उन्हें आराम देने के सारे प्रयास में भी जलते नमक के स्पर्श से उनका तड़पना देख, उसे ख़ुशी न होती थी! और क्या वह इस तरह लॉ-रिपोर्टर के दफ़्तर में उनके द्वारा किये गये अपमान का बदला न चुका रहा था ?'

o

लेकिन शाम को वह फिर उनके यहाँ गया। यद्यपि उन्हें काफ़ी आराम था, पर वे लेटे हुए थे। उन्होंने ज़ोर दिया कि एक बार और टकोर कर दे। और यद्यपि वह दिन भर अपनी इस सादियत[१] के लिए अपने आप को कोसता रहा था, पर जब वह उन्हें टकोर करने लगा तो फिर कभी-कभी अनजाने, अनचाहे उससे वही हरकत होने लगी। एक बार टकोर करते-करते उसने नींबू की गर्म बूँद वहाँ टपका दी और वेदालंकार जी एड़ी से चोटी तक तड़फड़ा गये। चेतन का मन उस नौकरशाह लेखक की इस तड़फड़ाहट पर हँसने को हुआ। 'घबराइए नहीं, घबराइए नहीं।' उसने अपने आप पर संयम रखते हुए कहा और फिर वह अपने बायें हाथ की पुश्त से गर्म नींबू छुला कर और कभी उसे फूँक मार कर कद्रे ठण्डा कर के, सहती-सहती टकोर करने लगा।

चेतन के अपने हाथ की पुश्त, जहाँ वह गर्म-गर्म नींबू छुला कर देखता था, लाल

---

१. सैडिज़्म।

हो गयी थी। टकोर ख़त्म करके और रूई बाँध कर उसने वेदालंकार जी को हाथ की पुश्त दिखायी। 'असल में नमक जितना बारीक होना चाहिए, नहीं है,' उसने कहा, 'और कोई-कोई दाना इतना गर्म हो जाता है कि जिल्द को जला देता है। मैं तो पहले अपने हाथ पर छुला कर फिर आपके टकोर करता रहा हूँ। आप ज़रा ठीक हो जायें तो ज़ैम्बुक अथवा 'मोहन दग्धहरण मरहम' की एक डिबिया ले कर उसे ज़रा-सा लगा लीजिएगा। दर्द तो आपका आज रात ही काफ़ूर हो जायेगा और भगवान ने चाहा तो परसों आप हमारे साथ मज़े से सफ़र कर रहे होंगे।'

और चेतन ने छुट्टी चाही।

वेदालंकार जी ने उसे धन्यवाद दिया, समय से स्टेशन पर पहुँचने की ताकीद की और चेतन उन्हें 'नमस्कार' कर चला आया।

o

घर आ कर उसने नोट-बुक में वेदालंकार जी की नस चढ़ने, उनके कराहने और उन्हें टकोर करने का पूरा ब्योरा नोट किया और अन्त में लिखा :

> 'यद्यपि मैं दिन भर अपने आपको अपनी उस सादियत के लिए कोसता रहा हूँ, लेकिन फिर जब शाम को उन्हें टकोर करने लगा तो फिर मैंने वही हरकत की।'

(यद्यपि उर्दू में 'सैडिज़्म के लिए सादियत' प्रचलित था, पर चेतन को हिन्दी के लिए यह शब्द उपयुक्त नहीं लगा। उसने डिक्शनरी उठायी और चाहे 'सैडिज़्मश के जो अर्थ शब्दकोश में लिखे थे, वे कठिन थे तो भी उसने 'सादियत' को काट कर उसकी जगह 'पर-यन्त्रणा-प्रियता' लिख दिया। यह परिवर्तन करके उसने नोट-बुक में लिखा :)

> 'मैं जो अपने आपको बहुत हस्सास और भावप्रवण समझता हूँ, कैसे उस तरह पर-यन्त्रणा-प्रिय हो सका। क्या यन्त्रणा-प्रियता हमें आदिम युग की देन नहीं है ? क्या हम अब भी अपने अन्तर में वैसे ही पशु नहीं हैं ?....लेकिन मुझे कोई पशु कह दे तो मुझे कितना बुरा लगेगा ? हालाँकि मेरी वह हरकत इन्सान की हरकत नहीं, हैवान ही की हरकत थी। मुझे अपने अन्तर के इस हैवान से लगातार लड़ना होगा।'

चेतन ने नोट-बुक बन्द कर दी और वहीं ईज़ी चेयर पर बैठा बहुत देर तक अपने अन्तर के इस हैवान का पीछा करता रहा।

o

हालाँकि वेदालंकार जी की कमर में, जहाँ चवन्नी भर जिल्द जल गयी थी, उन्हें काफ़ी चुभन और तकलीफ़ थी, लेकिन तीसरे दिन वे नीरव जी, चातक जी, शुक्ला जी और चेतन के साथ फ्रण्टियर मेल में बैठ गये और उनको देख कर सपने में भी यह कल्पना नहीं की जा सकती थी कि केवल दो दिन पहले दर्द के मारे यह व्यक्ति हिल-डुल नहीं सकता था और उस स्थिति में अपनी बेबसी पर रोने लगा था। उनकी पुरानी शान-बान, ठस्सा और साहबियत लौट आयी थी और वे फिर वही पुराने पण्डित धर्मदेव वेदालंकार, डायरेक्टर, 'विश्व-साहित्य प्रकाशन' बन गये थे।

चालीस

तीन दिन बाद वेदालंकार जी तथा अन्य साथियों के साथ चेतन वापस आ गया। चातक जी पीछे रह गये थे। उनकी एक प्रशंसिका ने उन्हें दिल्ली में रोक लिया था। वे तो चाहते थे कि चेतन भी रुक जाये, पर वह दफ़्तर से छुट्टी ले कर न गया था, इसलिए रुक नहीं सका। घर पहुँच, नहा-धो, वह नोट-बुक ले कर बैठ गया और भूल न जाये, इसलिए दिल्ली के अपने इम्प्रेशन नोट करने लगा :

o

• 'भाई साहब जब एफ़० ए० में घर से दिल्ली भाग गये थे और बाद में दिल्ली से पाँच मील के फ़ासले पर रायसीना गाँव के निकट बनने वाले नये सेक्रेटेरिएट और गवर्नर जनरल की कोठी का उन्होंने ज़िक्र किया था तो वहाँ एक बड़े गोल दायरे में बनने वाली एक भव्य मार्केट की भी बात उन्होंने की थी। इन आठ वर्षों में रायसीना का कहीं ढूँढे से भी निशान नहीं मिलता। रायसीना गाँव नयी दिल्ली बन गया है और गोल मार्केट एक नहीं, दो हैं। एक छोटी, दूसरी बड़ी। छोटी पंचकुइयाँ रोड के आगे है और गोल मार्केट ही कहलाती है। बड़ी भी गोल है, लेकिन उसका नाम कनॉटप्लेस है। उसके अन्दर और बाहर दुकानें हैं। दुकानों के आगे छते हुए गलियारे हैं। उनके बाद चौड़ी सड़क है और अन्दर के दायरे में घास का विशाल गोल लॉन है, जिसमें गुलमुहर के छतनार पेड़ और रंग-बिरंगे फूलों के पौधे लगे हैं। मैंने इतनी बड़ी और भव्य मार्केट कभी नहीं देखी!.... लेकिन मैंने अभी दुनिया में देखा ही क्या है ?

• लाल किला, जुमा मस्जिद, पुराना किला और कुतुबमीनार देखा। —जुमा मस्जिद की सीढ़ियाँ और विशाल प्रांगण, लाल किले का दीवाने आम और दीवाने-ख़ास और जमुना की ओर बेगमों के महल और उनके हमाम, जहाँ कभी गुलाब के इतर वाला पानी भरा रहता था।.... पुराने किले की टूटती फ़सीलें और कंगूरे और आसमान को भेदता-सा कुतुबमीनार! इनमें आराम से तो कुतुबमीनार ही देखा, बाकियों के तो बस दर्शन किये।....हलके-हलके बादल घिरे थे और बड़ी हलकी फुहार पड़ रही थी, जब दोपहर के बाद ताँगा ले कर हम वे सब देखने गये। हम से मतलब है —नीरव जी, चातक जी और मैं!....नन्हीं-नन्हीं बूँदियाँ बरसती रहीं और ताँगा टिपर-टिपर चलता रहा। उस सैर में बड़ा लुत्फ़ आया। कुतुब तक पहुँचते-न-पहुँचते पानी थम गया। हम कुछ देर नीचे मख़मली घास के मैदान में लेटे रहे। गीली-गीली घास से कपड़े गीले हो गये, लेकिन उस उमस में बड़ा मज़ा आया। नीचे लेटे हुए निगाह ऊपर को उठायी तो कुतुब के शिखर पर खड़े लोग नन्हें-नन्हें खिलौनों-से लगे और जब कुछ देर सुस्ता कर हम कुतुब पर चढ़े तो ऊपर से देखने पर नीचे खड़े अथवा बैठे लोग चीटियों-से दिखायी देने लगे — जाने इसे किसी हिन्दू राजा ने इसलिए बनवाया था कि उस पर चढ़ कर उसकी माँ अथवा पत्नी हर प्रातः जमुना के दर्शन कर सके अथवा किसी मुसलमान राजा ने अपनी विजय की ख़ुशी में इसकी

बुनियाद रखी थी या फिर इसकी ऊँचाई से मीलों परे से शत्रुओं की टोह लेने के लिए इसे बनवाया गया हो; लेकिन इस वक्त यह अकेला मीनार उस वीराने को ज़िन्दा रखे हुए है और इसे देख कर सदियों पहले उस वीराने में बसी दिल्ली की कुछ कल्पना होती है, जिसके खण्डहर दूर-दूर तक फैले हुए हैं! कहते हैं कि कुतुब पर चढ़ो तो पूरी दिल्ली ही नहीं, जमुना की धारा भी दिखायी देती है। आकाश पर छाये बादलों के कारण हमें कुछ भी दिखायी न दिया — सिवा चारों तरफ़ फैले वीराने, झाड़ियों और बेगिनती खण्डहरों के। कैसे-कैसे भव्य भवन न होंगे, जो मिट गये....और उन भवनों के वासी....

ख़ाक में क्या सूरत होंगी जो पिन्हाँ हो गयीं[१]

कुतुब के बराबर ही खण्डहरों में सदियों से खड़ी अशोक की लोहे की लाट भी देखी। न जाने किस धातु की बनी है कि सदियाँ गुज़र जाने पर भी उसे ज़ंग नहीं लगा। और वह गगनचुम्बी मेहराबदार दरवाज़ा — जो शायद इतना ऊँचा इसलिए है कि हाथी पर बैठा सम्राट सीधा उसके अन्दर आ जाये!

• दिल्ली में लाहौर की अपेक्षा कहीं ज़्यादा गर्मी थी। जिस दिन पहुँचे, धूप चमक रही थी और आँखें नहीं खुलती थीं। नयी दिल्ली की जिस कोठी में ठहरे, उसमें अव्वल तो नलों में पानी आता नहीं था। आता था तो इतना गर्म कि शरीर जल जाता था।

• वेदालंकार जी ने बताया कि उनकी कमर में दर्द नहीं, पर जिल्द जहाँ जल गयी है, वहाँ टीसती है। वे ज़ैम्बुक लगा रहे हैं। बरसात के दिन हैं, कहीं पस न पड़ जाये और उनकी सुहागरात का सारा मज़ा किरकिरा न हो जाये!

• सेहरा पढ़ना कितना बोर और ज़लील काम है, इसे मैं पहले भी जानता था, लेकिन वेदालंकार जी का सेहरा पढ़ते हुए मुझे फिर इस बात का एहसास हुआ। शायर जब अपने सुख़न के मोती बिखेर रहा होता है, तब औरतें दूल्हे को देखने, उसे छेड़ने, उससे छन्द सुनने के पीछे पड़ी होती हैं और बराती खाने-पीने के, और बेचारा शायर चिल्ला-चिल्ला कर सेहरा पढ़ रहा होता है और शादी के उस नक्कारख़ाने में उस तूती की आवाज़ कोई नहीं सुनता। बहरहाल, किसी तरह मैंने अपना फ़र्ज़ पूरा किया और कसम खायी कि सेहरा लिखने से दिल्ली के नहीं, स्वर्ग के द्वार भी खुल जाने वाले हों तो मैं नरक में रहना स्वीकार कर लूँगा, पर सेहरा नहीं लिखूँगा।

• दिल्ली में, जहाँ मैंने दर्शनीय स्थल देखे, दिल्ली के कई छोटे-बड़े साहित्यकारों से परिचय पाया, चातक जी की प्रशंसिका देखी, वहाँ मुनीन्द्र जी से भी मुफ़स्सल मुलाकात की। मैं इसे ही दिल्ली प्रवास की उपलब्धि मानता हूँ। मुनीन्द्र जी कश्मीरी गेट के एक बँगले की छोटी-सी अनेक्सी में दो-मंज़िले पर रहते हैं। दो कमरे हैं और एक छोटा-सा आँगन! पत्नी है, सुन्दर बच्चे हैं और उनका एक भांजा है। उनकी पत्नी और भांजे ने मेरी बड़ी ख़ातिर की।

मुनीन्द्र जी से दिल्ली में पहली बार तो मैं वेदालंकार जी की बरात में, चातक जी और नीरव जी की मौजूदगी ही में मिला और उन्होंने संक्षेप में मेरा हाल-चाल पूछ लिया था, लेकिन कल तीसरे पहर चातक जी को उनकी प्रशंसिका के पास छोड़, मैं अकेले उनसे

---

१. छिप गयीं।

मिलने गया। बाहर के कमरे में दरवाज़े के समाने कोने में लगी एक मेज़-कुर्सी और शेष कमरे में फ़र्नीचर के नाम पर सीमेण्ट के फ़र्श पर बिछी केवल एक शीतलपाटी। उसी पर मुनीन्द्र जी खादी की बण्डी और नेकर ऐसा कच्छा पहने बैठे थे — मुझे उनमें कुछ अजीब-सी सरलता और उस सरलता के बावजूद कुछ अजीब-सी पेचीदगी लगी — बनावटहीनता और बनावट, विनम्रता और अहंकार, बेतकल्लुफ़ी और तकल्लुफ़ का कुछ अजीब-सी सम्मिश्रण मुझे उनके यहाँ दिखायी दिया।....चटाई पर हम दोनों बैठे थे और मुनीन्द्र जी दोनों बाँहों में घुटने लिये, बिना किसी पोज़ के, मज़े से बात कर रहे थे कि सहसा उनका भांजा नीचे से हाँफता हुआ आया और उसने कहा कि प्यारेलाल आ रहे हैं और पूछ रहे हैं श्यामा जी तो यहाँ नहीं आयीं।

'उनके आने की बात तो थी,' मुनीन्द्र जी ने कहा, 'पर आयीं नहीं। तुम प्यारेलाल जी को लिवा आओ!'

भांजा जैसे आया था, वैसे चला गया। मुनीन्द्र जी ने घुटनों को बाँहों की कैद से आज़ाद किया, अर्द्ध-पद्मासन हो, वे सीधे तन कर बैठ गये। पास पड़ा तह किया साफ़ा उन्होंने कन्धे पर रख लिया और नाक ज़रा-सी नीची कर ली —एकदम उसी पोज़ में, जो 'मंजरी' की गोष्ठी में मैंने देखा था।

(पूछने पर मालूम हुआ कि प्यारेलाल उत्तर प्रदेश के प्रसिद्ध काँग्रेसी नेता हैं और एक-दो वर्ष में आने वाली काँग्रेस मिनिस्ट्री में मन्त्री होंगे और श्यामा जी प्रसिद्ध नेत्री हैं।)

लेकिन प्यारेलाल जी नहीं आये। यह जान कर कि श्यामा जी ऊपर नहीं हैं, वे उल्टे पाँव वापस चले गये। मुनीन्द्र जी के चेहरे पर निराशा का हलका-सा बादल आया, पर दूसरे क्षण वे सहज हो गये।

मैंने कहा कि अब आप आराम से बैठिए तो उन्होंने साफ़ा परे रख दिया और वे सचमुच उसी तरह घुटनों को बाँहों में ले कर निहायत बेतकल्लुफ़ी से बैठ गये। बिना पूछे मेरे मन की बात भाँप कर उन्होंने सफ़ाई दी कि ये राजनीतिज्ञ लेखक को कुछ महत्व ही नहीं देते और वे ऐसा बर्ताव लेखकों की प्रतिष्ठा के लिए ही करते हैं।....

यह लेखक मुझे बेहद दिलचस्प लगा है। दिलचस्प, पेचीदा और प्रतिभा-सम्पन्न। आज तक जितने हिन्दी लेखकों से मेरा परिचय हुआ है, उनमें यह सबसे अलग दिखायी देता है।

मुनीन्द्र जी ने मुझे दिल्ली आने और कुछ दिन अपने साथ गुज़ारने का निमन्त्रण दिया है। जाने कब यह सुयोग मिलता है। लेकिन जब भी मिला, मैं वहाँ जाऊँगा और कुछ दिन उनके यहाँ बिताऊँगा।

• वेदालंकारजी की शादी में सिवा सेहरा पढ़ने और एक बार बरात के साथ खाना खाने के मैंने ज़्यादा हिस्सा नहीं लिया। उनके पिता को देखा —सुथनी जैसा ढीला चूड़ीदार पायजामा, बन्द गले का लम्बा कोट और बड़ी-सी पगड़ी बाँधे, पतले-छरहरे, लेकिन उम्र के बोझ से कद्रे झुके सीधे-सादे परम देहाती साहूकार! उन्हें देख कर मालूम हो गया कि क्यों वेदालंकारजी ने कभी लाहौर के किसी मित्र को उनकी शक्ल नहीं देखने दी। उनके दादा के बच्चे होते थे, पर बचते नहीं थे, इसलिए पंजाबी प्रथा के अनुसार उन्होंने

वेदालंकारजी के पिता का नाम चूहड़राम रख दिया। वेदालंकारजी का बस चलता तो जैसा कि उन्होंने अपना नाम बदल लिया (मुझे वहीं मालूम हुआ कि उनका असली नाम गुरदासराम है और उनके पिता उन्हें इसी नाम से पुकारते हैं) वे अपने पिता का नाम भी बदल देते, लेकिन उनके पिता को अपना यह हकीर नाम पसन्द है और उनका विश्वास है कि न केवल उस नाम के कारण (अथवा यों कहा जाये कि वह नाम जिस भीषण विनम्रता का प्रतीक है, उस कारण) उन्हें ज़िन्दगी मिली है, वरन उनका धन-वैभव भी पुरखों की अपेक्षा बढ़ा है....और मैं सोचता हूँ कि जो लेखक अपने पिता को नकारता है, वह यथार्थ में अपने आपको, अपनी मिट्टी को नकारता है, क्योंकि भले-बुरे हम जो भी हैं, अपने माता-पिता और उनके ही ख़ून के कारण हैं। —अपनी मिट्टी और अपने ख़ून को नकारने वाला लेखक क्या महान लेखक बनेगा। वह सच्चा नहीं, झूठा ही लेखक बन सकता है।....

• सब्ज़ी मण्डी के एक दो-तल्ले पर चातक जी की प्रशंसिका के भी दर्शन हुए। हम पहुँचे तो बारह-तेरह वर्ष के लड़के ने दरवाज़ा खोला, चातक जी को देख कर सोत्साह 'नमस्कार' किया और हमें ले जा कर बैठक में बैठाया। चातक जी ने उसके गाल पर हलकी-सी चिकोटी काट कर उसका और उसकी दीदी का हाल-चाल पूछा और उससे कहा कि दीदी को उनके आने की ख़बर दे!....हम मुश्किल से दस-पन्द्रह मिनट बैठे होंगे कि घुँघरुओं की झंकार के साथ एक पतली-छरहरी, हलके-से चेचक के दाग़ों और चुँधी-सी आँखों वाली साँवली लड़की नाचती हुई कमरे में दाख़िल हुई और बेंत के काउच के सामने (जिस पर कि हम बैठे थे) ख़ाली जगह में नाचती रही और फिर एक तोड़े के साथ वहीं फ़र्श पर बैठ गयी और उसकी मुस्कान, जो निरन्तर उसके चेहरे पर बनी रही थी, और भी फैल गयी।

चातक जी ने उसके नाच की ख़ूब प्रशंसा की, कहा कि उसने पहले से बहुत महारत हासिल कर ली है। फिर उन्होंने मुझे उसका परिचय दिया —'निम्मा सूरी, मेरी सहोदरा — बी० ए० में पढ़ती है। कविता लिखती है और नृत्य का शौक रखती है।' इसके बाद उन्होंने उसे मेरा परिचय दिया। फिर काउच से उठ कर उसके पास जा बैठे। उसका हाथ अपने हाथ में ले लिया और बातों में मेरा तो क्या ज़िक्र, दुनिया-जहान से बेख़बर हो गये। तब मैंने उनसे छुट्टी ली। मुझे मुनीन्द्र जी से मिलना था, इसलिए मैं चला आया। वहाँ मुनीन्द्र जी के भांजे से 'सहोदरा' का मतलब पूछा तो मालूम हुआ कि बहन को कहते हैं —लेकिन निम्मा तो उनकी बहन नहीं लगती। न रंग-रूप से, न सूरत-शक्ल से! शायद चातक जी उसके वैसे ही सहोदर होंगे, जैसे हमारे निम्न-मध्यवर्ग में धर्म-भाई।....सीधे प्रेमी को यह वर्ग बरदाश्त नहीं करता। भाई के पर्दे में चाहे प्रेमिका का हाथ अपने हाथ में लिये घण्टों बैठे रहो!

• चातक जी अपनी सहोदरा के साथ हमें गाड़ी पर छोड़ने आये। वहीं उन्होंने बताया कि उनकी उस सहोदरा ने ज़ोर दिया है कि दिल्ली आये हैं तो उसके यहाँ दो दिन रह कर जायें। उन्होंने यह भी बताया कि वे कोशिश करेंगे, उसको कुछ दिन के लिए लाहौर लेते आयें। ऊपरी तौर से उन्होंने मुझसे भी रुकने के लिए कहा। मैं तो ख़ैर दफ़्तर के कारण रुक न सकता था। —कहीं मैं आज़ाद होता और रुक जाता तो कविवर का सारा रोमांस धरा रह जाता। पर मैं ही दाल-भात में मूसरचन्द क्यों बनता ? हालाँकि ऐसी स्थिति का

अपना मज़ा है — लेकिन है वह दूसरों की यन्त्रणा से सुख पाने-ऐसा ही। यह अजीब बात है कि अनजाने-अनचाहे आदमी वह सुख भी कभी-कभी पाना चाहता है। लेकिन वह इन्सान का नहीं, हैवान का सुख है।

स्टेशन पर धर्मजी की नयी पत्नी को देखा — गोरी-चिट्टी, बॉब्ड बालों वाली — आज़ाद ख़याल और मॉडर्न। दाँत उसके ज़रा बाहर को हैं। हँसती है तो पूरी बत्तीसी बाहर दिखायी देती है। लगता ही नहीं कि उसने किसी गाँधीवादी, स्वातन्त्र्य-संग्राम में सतत लगे, जेल की यातनाओं को सहने वाले परिवार में जन्म लिया है। सुर्ख़ी-पाउडर और ग़ाज़े का इतना इस्तेमाल तो उच्चवर्गीय युवतियाँ भी नहीं करतीं। उसे देख कर मेरी आँखों में धर्म जी की पहली पत्नी का सौम्य और सम्भ्रान्त चित्र घूम गया, जो उनके ड्राइंग-रूम में अँगीठी के ऊपर लगा रहता है — साड़ी के आँचल से सिर और सीने को पूरी तरह ढँके, गोल-मटोल चेहरा, चश्मे के पीछे बड़ी-बड़ी गहरी, गम्भीर और नम्र आँखें — जाने अब वह चित्र वहाँ रहता भी है या नहीं! यदि उस पत्नी के सम्पर्क में धर्म जी साहित्यकार बन गये थे तो उनकी यह पत्नी उन्हें निश्चय ही साहित्य की ऊँचाइयों से नीचे ले आयेगी। — उसके फ़ैशन का पेट भरने में यदि वेदालंकार जी साहित्य-वाहित्य छोड़ कोरे व्यावसायिक बन जायें या किसी बड़ी कुर्सी पर जा बैठें तो मुझे हैरत नहीं होगी। और उन जैसे नौकरशाह तबियत के साहित्यकार की यही सज़ा है।'

०

चेतन ने इतना ही लिखा था, जब पण्डित 'रत्न' का चपड़ासी उनकी चिट ले कर आया। चेतन ने चिट पढ़ी। लिखा था कि बहुत दिन से वह मिला नहीं। उससे एक ज़रूरी बात करनी है, वह आ कर मिल जाये।

इकतालीस

जब पण्डित जी शलवार-कमीज़ और उस पर वास्केट पहन, सिर पर मुसद्दी कुल्ला रख, और पैरों में चमचमाते पम्प शू पहन कर बाहर निकले और मुहल्ला पार कर शीशमहल रोड पर आ गये, तब उन्होंने उस सिलसिले में बात शुरू की, जिसके लिए चिट भेज कर उन्होंने चेतन को बुलवाया था।

'कहो, कैसा चल रहा है 'वीर भारत' में तुम्हारा काम ?' उन्होंने पूछा।

'मज़े से चल रहा है।' चेतन ने उत्तर दिया, 'ज़ख्मी साहब बहुत अच्छे आदमी हैं। कोई ग़लती भी हो जाती है तो समझा देते हैं, कभी दफ़्तर पहुँचने में देर भी हो जाती है तो डाँट-डपट नहीं करते। बहुत ही भले आदमी हैं।'

'हाँ, ज़ख्मी भला आदमी है!'

और इतना कह कर पण्डित 'रत्न' चुपचाप चलने लगे। सड़क पर एक रोड़ा पड़ा था। सहसा जूते की नोक से उन्होंने उसे दूर फेंक दिया। फिर जब उसके पास पहुँचे तो ज़ोर

की एक ठोकर उसे और लगायी और वे तब तक उस कौतुक में उलझे रहे, जब तक कि अन्तिम ठोकर खा कर रोड़ा नाली में नहीं जा गिरा।

चेतन उनके पीछे-पीछे चलता हुआ लगातार यह सोचता रहा कि आख़िर उन्होंने उसे क्यों बुलाया ?

०

वह शाम को उनके घर पहुँचा था तो वे कुछ देर पहले ही दफ़्तर से आये थे और नहा-धो कर आँगन में एक ओर अँगीठी रखे, गोश्त भून रहे थे। (उनकी पत्नी गोश्त नहीं छूती थीं और न रसोई में आने देती थीं, इसलिए पण्डित जी किचन से ज़रा हट कर आँगन में बैठ, स्वयं गोश्त पकाते थे।) चेतन जा कर उनके सामने पीढ़े पर बैठ गया था।

'सुनाओ भई, तुम्हारी तो शक्ल ही दिखायी नहीं देती,' पण्डित जी ने पतीले में बदस्तूर कलछी हिलाते हुए कहा था, 'एकदम ईद के चाँद हो गये हो। पहले कभी शनिश्चर-इतवार आते थे, अब उससे भी गये। बस किताब देने आये सो आये, फिर शक्ल नहीं दिखायी।'

इससे पहले कि चेतन कुछ जवाब देता, उनकी पत्नी ने बराबर ही रसोई-घर में बैठे, रोटियाँ सेंकते हुए कहा, 'हमने तो सोचा था, चन्दा आ गयी है, उसे ले कर आओगे, लेकिन तुम तो ख़ुद भी एक बार नहीं आये।'

उनकी शिकायत बजा थी। लेकिन चेतन यह भी जानता था कि इतना भर कहने को उन्होंने नहीं बुलाया। मन-ही-मन वह इस बुलाने के कारण का अनुमान लगा रहा था, लेकिन उसने स्वयं कुछ नहीं पूछा और वहीं बैठे-बैठे इतने दिन न आ सकने की सफ़ाई दी। अपनी भाभी की दुखद बीमारी से ले कर अपने ससुर के पागल होने और पत्नी को साथ ले कर पागलख़ाने जाने तक की सब घटना वह सविस्तार सुना गया। उसने पण्डित जी और बीबी जी को विश्वास दिलाया कि अपनी परेशानी के कारण, चाहने के बावजूद वह उनकी तरफ़ नहीं आ सका।

पण्डित जी इस बीच उसकी बातें सुनते हुए पूरे मनोयोग से गोश्त पकाते रहे थे। स्वयं उन्होंने सिवा हुँकारा भरने के एक बात भी नहीं की। जब गोश्त तैयार हो गया तो उन्होंने पत्नी को दो थालियाँ लगाने के लिए कहा। चेतन से उन्होंने पूछना ज़रूरी नहीं समझा। उसने एक बार भी इनकार नहीं किया। क्योंकि जब से वह पण्डित 'रत्न' के घर आने-जाने लगा था, कभी ऐसा नहीं हुआ कि वह दोपहर या शाम को खाने के वक्त पहुँचा हो, पण्डित जी ने स्वयं रोग़न जोश, कीमा, कोफ़्ते, गोश्त या गोभी वाला पुलाव पकाया हो और उन्होंने चेतन को खिलाये बिना आने दिया हो।

खाना खाते समय भी उन्होंने चिट के सिलसिले में कुछ नहीं कहा और खाना खा कर बाहर चलने के लिए तैयार होने लगे थे।

०

उनके पीछे चलता हुआ चेतन अपने बुलाये जाने के सम्बन्ध में अनुमान लगाता रहा। उसे हलका-सा आभास था कि शायद उन्होंने उसे महाशय जीवनलाल कपूर के नये हफ़्तावार के सिलसिले में बुलाया है। लेकिन बहुत हलका-सा ही। यकीन के साथ वह नहीं कह

सकता था, इसलिए वह इस बात की प्रतीक्षा कर रहा था कि वे स्वयं ही कुछ कहें।

जब रोड़े को ठोकरें मारते हुए पण्डित जी रावी रोड पार कर सनातन धर्म प्रतिनिधि सभा के पास पहुँच गये और रोड़ा नाली में जा गिरा तो सहसा रुक कर उन्होंने कहा।

'रात की ड्यूटी करने में तुम्हें तकलीफ़ तो नहीं होती ? तुम्हारी सेहत पर बुरा असर तो नहीं पड़ता ?'

'इधर मैं कुछ परेशान हूँ,' चेतन ने उनके साथ-साथ चलते हुए कहा, 'दिन को बराबर सो नहीं पाता। इसीलिए मेरी सेहत भी कुछ बिगड़ गयी है। वरना दिन को सो लूँ तो मुझे ज़रा भी तकलीफ़ नहीं होती, बल्कि रात की नौकरी मुझे अदबी[१] काम में मदद ही देती है।'

पण्डित जी कुछ नहीं बोले। कुछ क्षण वे चुपचाप उसके साथ चलते रहे।

०

अपनी सास को ले कर चेतन में और उसकी पत्नी में जो तनाव आ गया था, उसकी बात चेतन ने पण्डित जी को नहीं बतायी थी। यह भी नहीं बताया था कि उसकी सास लाहौर ही में किसी सेठ के यहाँ सात-आठ रुपये महीने पर रसोई और चौका-बर्तन करती है। लेकिन सच्ची बात यह है कि उसकी वह रात की नौकरी उस स्थिति में उसे बेहद सूट करती थी।

सबेरे वह देर से उठता। चन्दा तब तक उठ कर, दोपहर का खाना पका कर (स्वयं खा कर और पति के लिए सहेज कर) विद्यालय जाने के लिए तैयार हो जाती। चेतन नित्य-कर्म से निबट कर कसरत करता। सब्ज़ी मण्डी के चौक में हलवाई की दुकान से जा कर लस्सी का एक बड़ा गिलास पीता। फिर आ कर नहाता, पढ़ता-लिखता या घूमने निकल जाता। दोपहर को खाना खा कर सो जाता। पत्नी के वापस आते ही और कई बार उसके आने से पहले ही बाहर निकल जाता। कई बार खाना चातक जी के यहाँ खा लेता और वहीं से सीधा दफ़्तर चला जाता। और कई बार जब खाना खाने के लिए घर आता तो बिना उससे ज़्यादा बात किये, चार कौर जल्दी-जल्दी निगलता और दफ़्तर भाग जाता। रात को आता और चुपचाप अपने बिस्तर पर जा सोता। जहाँ तक उससे बनता, वह पत्नी से बात करना टाल जाता।

स्थिति जो भी हो और चाहे उसमें चन्दा का कोई दोष न भी हो, पर चेतन मन-ही-मन अपनी पत्नी से बेहद ग़ुस्से था —वह क्यों अपनी माँ को नहीं समझाती कि सेठ वीरभान के यहाँ नौकरी करके वह अपने दामाद को बेहद मानसिक कष्ट पहुँचा रही है। चेतन उसे बार-बार समझा चुका था कि उसकी माँ लाहौर रह कर उसके पिता की कोई सहायता नहीं कर सकती। वह अपनी माँ को क्यों नहीं समझाती कि उसे वह नौकरी छोड़ कर वापस जालन्धर चले जाना चाहिए और इज़्ज़त से अपने घर रहना चाहिए — जेठ पराया नहीं, अपना ही सम्बन्धी है। किसी अपरिचित के यहाँ चौका-बर्तन करने से, चेतन के ख़याल में, अपने जेठ और उसके बच्चों की देख-भाल कहीं बेहतर थी। घर और परिवार की आबरू पर तो आँच नहीं आती।....और चूँकि चन्दा ने यह सब अपनी माँ से नहीं कहा

---

१. साहित्यिक

था, कहा था तो उसका कोई प्रभाव नहीं हुआ था, इसलिए चेतन घर से बेहद उखड़ा हुआ था। ऐसी मनः स्थिति में रात की नौकरी करना और दिन का अधिकांश सो कर, दोस्तों-मित्रों के साथ घूम कर अथवा निरन्तर काम करते हुए बिता देना उसे बेहतर लगता था।

०

पण्डित जी कुछ देर तक चुपचाप चलते रहे, फिर सहसा उन्होंने कहा, 'तुम रात के दो बजे तक ड्यूटी देते हो और तुम्हें तीस रुपया महीना मिलते हैं। अगर तुम्हें दिन की नौकरी मिल जाये और वह भी किसी हफ़्तावार की एडिटरी तो कैसा रहे ?'

चेतन का दिल धक् से हुआ। ज़रूर वे महाशय जीवनलाल वाली बात ही कहना चाहते हैं। लेकिन उसने अपने मन की बात नहीं कही और बोला :

'किस दफ़्तर की बात करते हैं आप ?'

'किसी पुराने की नहीं,' पण्डित जी ने कहा, 'पर तुम एडिटर बनना मंज़ूर करो, एक नया हफ़्तावार निकाला जा सकता है।'

चेतन मन-ही-मन मुस्कराया। ज़रूर ही पण्डित जी महाशय जीवनलाल कपूर के नये हफ़्तावार की बात करने जा रहे हैं, क्योंकि उसके सिलसिले में एक प्रस्ताव ज़ख़्मी साहब के माध्यम से उसके पास आ चुका था। लेकिन हो सकता है, उसका अन्दाज़ा ग़लत हो, और मन की बात न कह कर चेतन ने पूछा, 'नये हफ़्तावार को फ़नांस कौन करेगा ?'

चेतन का अन्दाज़ा ठीक था। पण्डित जी ने कहा :

'दरअसल महाशय जीवनलाल कपूर अपने हफ़्तावार के लिए जितना मसाला इकट्ठा करते हैं, उसमें से काफ़ी बच जाता है। वो सोचते हैं कि एक और परचा निकाल दें।'

महाशय जी के अलावा पण्डित जी ने किसी दूसरे मालिक की बात की होती तो चेतन फ़ौरन मान जाता, क्योंकि रात के तीस रुपयों के मुकाबले में दिन के चालीस बहरहाल अच्छे थे। 'बन्दे मातरम' में वह दिन-रात खटता था, डबल ड्यूटी देता था और उसे सिर्फ़ चालीस रुपये मिलते थे। इसलिए यह प्रस्ताव बुरा नहीं था। ठीक है कि अब सिर्फ़ रात की ड्यूटी में पूरा दिन ख़ाली होने के कारण वह काफ़ी काम कर लेता था, लेकिन उसमें कठिनाई भी कम नहीं थी। दफ़्तर समय पर पहुँचने के ख़याल से शाम का घूमना-फिरना उसे छोड़ देना पड़ता था। मुद्दत से उसने एक भी पिक्चर नहीं देखी थी। केवल मैटिनी वह देख सकता था, लेकिन वही टाइम उसके सोने का होता था। दिन की नौकरी में हफ़्ते-पखवाड़े वह एकाध पिक्चर तो देख ही सकता था और दफ़्तर से आ कर घूम-फिर सकता था। रात को इत्मीनान से अपना लिख-पढ़ सकता था। उस सूरत में दोपहर को सोने की आदत उसे छोड़ देनी होगी, लेकिन यह इतनी दुनिया जो दफ़्तरों, दुकानों या कारख़ानों में काम करती है, कब दोपहर को सोने की सुविधा पाती है।....और यह सब सोचते हुए उसे दिन की नौकरी बुरी न लगती थी। लेकिन महाशय जीवनलाल के अख़बार में नौकरी करने में उसे घबराहट थी। इसीलिए जब ज़ख़्मी साहब के माध्यम से प्रस्ताव आया था तो उसने इनकार कर दिया था। पण्डित जी की बात के जवाब में उसने बेपरवाही से कहा :

'कुछ अदबी हफ़्तावार हो तो कोई चार्म भी है, वरना तरजुमा ही करना है तो 'वीर

भारत' ही क्या बुरा है।'

'इसीलिए तो महाशय जी तुम्हें चाहते हैं।' पण्डित जी ने कहा, 'तुम्हारी कहानियों का मजमुआ उन्होंने पढ़ा है। उन्होंने तुमसे कई कहानियाँ अंग्रेज़ी से उर्दू में कराके भी देखी हैं और तुम्हारे काम से वो मुतमईन[1] हैं। कल ही उन्होंने इस सिलसिले में मुझसे बात की है। मेरा तो ख़याल है, कोई हर्ज नहीं।'

चेतन कुछ क्षण चुप रहा। फिर उसने कहा, 'ज़ख़्मी साहब ने इस सिलसिले में बात की थी। लेकिन मुझे तो वहाँ काम करना कुछ वैसा पसन्द नहीं!'

'क्यों' ?'

चेतन ने तत्काल उत्तर नहीं दिया लेकिन उसके सामने महाशय जीवनलाल को ले कर कई बातें और छोटी-छोटी घटनाएँ घूम गयीं, जिनके कारण उस व्यक्ति के लिए उसके मन में कुछ अजीब-सी वितृष्णा थी।

०

चेतन ने जब से 'वीर भारत' में काम करना शुरू किया था, लाला जीवनलाल कपूर शाम को दूसरे-चौथे कुछ क्षण के लिए उसके दफ़्तर आ जाते थे। कपूर साहब के साप्ताहिक में जिन सिनेमा-घरों के विज्ञापन छपते थे, उनमें चलने वाली फ़िल्मों के फ्री-पास उन्हें मिलते थे। उनके यहाँ छपने वाले विज्ञापनों में अधिकांश भाटी गेट और अन्दरून शहर के सिनेमा हॉलों के होते थे, क्योंकि उनका अख़बार निम्न-मध्यवर्गीय अनपढ़ और अधपढ़ हिन्दुओं में ही लोकप्रिय था। चेतन ने कॉलेज के दिनों में बाज़ार पापड़ियाँ के देसराज सुनार की दुकान पर उसका समवेत वाचन होते हुए कई बार देखा था। देसराज साप्ताहिक ख़रीदता था और बाज़ार के शेष अनपढ़ दुकानदार इकट्ठे हो कर और चटख़ारे ले कर उसके लेख, कहानियाँ और आक्रामक साम्प्रदायिक नज़्में सुनते और उन पर टीका-टिप्पणी किया करते। चेतन को याद था —उन दिनों बीडन रोड के एक सेठ का कत्ल हो गया था और पुलिस की रिपोर्ट थी कि सेठ की बीवी लाजो, नौकर से लगी थी, सेठ ने उन्हें कुछ वैसी स्थिति में देख लिया था और नौकर को बेइज़्ज़त करके घर से निकाल दिया था। नौकर पहाड़ी था। उसने सेना में मुलाज़िम अपने एक दोस्त से बन्दूक ली थी, सामने की मकान की सीढ़ी में छिप कर सीढ़ियों से उतरते हुए सेठ की हत्या कर दी थी और भाग गया था। महाशय जीवनलाल कपूर ने उस ललायिन के किस्से को ख़ूब नमक-मिर्च लगा कर उछाला था। वे अपने साप्ताहिक में हर हफ़्ते पुलिस की जाँच-पड़ताल के सिलसिले में उस किस्से का कोई-न-कोई नया ब्योरा छापते। लोगों को उस किस्से में कुछ ऐसा रस मिलता कि उनका अख़बार हाथों-हाथ बिक जाता। उन दिनों उनके अख़बार की ग्राहक संख्या बहुत बढ़ गयी थी। लाहौर आ कर चेतन ने सुना था कि सेठ की बीवी से पाँच सौ रुपये ले कर उन्होंने वह अभियान बन्द कर दिया था।....इसके अलावा वे देशी रियासतों की कलंक-कहानियों को अपने पत्र में उछालते थे और जिन सिनेमा के मालिकों से उन्हें विज्ञापन नहीं मिलते थे, उनमें चलने वाली फ़िल्मों की कटु आलोचना करते थे। शोर मचाते थे कि वे फ़िल्में अश्लील हैं अथवा धर्म पर प्रहार करती हैं अथवा देश के युवकों का चरित्र बिगाड़ती हैं।

---

१. सन्तुष्ट

उन फ़िल्मों के ख़िलाफ़ वे बड़े सात्विक क्रोध-भरे लेख तथा पाठकों के पत्र छापते थे। फिर रजवाड़ों और फ़िल्मी डिस्ट्रीब्यूटरों से दान-दक्षिणा पा कर उनका पक्ष छाप देते थे और उनके विरोध में अभियान बन्द कर देते थे।

महाशय जीवनलाल सिद्धहस्त ब्लैक मेलर थे, लेकिन इसके बावजूद मैक्लोड रोड अथवा निस्बत रोड के सिनेमा-घरों से उन्हें विज्ञापन नहीं मिलते थे, क्योंकि अव्वल तो वहाँ ज़्यादातर अंग्रेज़ी फ़िल्में लगती थीं, फिर वहाँ फ़िल्म देखने जो लोग जाते थे, वे 'गुरु घण्टाल' नहीं पढ़ते थे। महाशय जी का कार्य-क्षेत्र भाटी के सिनेमा-घरों तक सीमित था। वहीं से उन्हें बाकायदा विज्ञापन और फ्री-पास मिलते थे।

जिन दिनों वे भाटी दरवाज़े में पिक्चर देखने जाते तो वापसी पर 'वीर भारत' के दफ़्तर भी आते। कई बार ऐसा भी होता कि दफ़्तर में मित्रों से बातचीत करते और गप्पें लगाते उन्हें देर हो जाती। तब घर जा कर खाना-वाना खा कर वे नौ बजे के शो में सिनेमा देखने जाते और जाते समय वे कुछ क्षण को 'वीर भारत' की सीढ़ियाँ चढ़ आते। दो-चार मिनट को ज़ख़्मी साहब की मेज़ के पास खड़े हो कर उनका हाल-चाल पूछते, दो-चार चुटकुले छोड़, ज़ख़्मी साहब की पीठ पर बायें हाथ से थाप जमाते और ठहाके मारते हुए चले जाते।....चेतन ने यह मार्क किया था कि जाते-जाते वे एक चोर नज़र उस पर भी डालते हैं और उसे सदा लगता था कि उसकी पीठ पर भी ज़ोर का एक हाथ जमा कर वे कोई भद्दा मज़ाक करेंगे और सिर को पीछे फेंक कर छत-फाड़ ठहाका लगायेंगे। सीढ़ियों की ओर को जाते हुए जब वे उसके पास से गुज़रते तो चेतन एकदम तन कर बैठ जाता। लेकिन एक लिजलिजी-सी दृष्टि उस पर डालते हुए, दाँत चियारे वे गुज़र जाते और जब तक नीचे गली से उनका ठहाका न सुनायी देता (प्रकट ही वे अपने हाली-मवालियों को नीचे छोड़ आते) तब तक चेतन का तनाव कम न होता।....यह अजीब बात है कि पहले कभी चेतन को उनकी आँखों में मैल न दिखायी दी थी, लेकिन इधर जब से वे उसके दफ़्तर में आने लगे थे तो एकाध मज़ाक 'पण्डित रत्न के यार' को ले कर भी करने लगे थे और चेतन को उनकी आँखों में वह चीज़ दिखायी देने लगी थी, जो कभी उसने बलोची की आँखों में देखी थी।....चेतन ने कभी उनके किसी मज़ाक, आवाज़े या फब्ती की सनद नहीं दी थी। जब वे दफ़्तर में आते तो वह और भी तन्मयता से काम में जुट जाता और उनके वुजूद तक से ग़ाफ़िल हो जाता। ग़ाफ़िल हो जाता, यह कहना शायद ग़लत होगा। वह ग़ाफ़िल होने का अभिनय करता। प्रकट रूप से एकदम तना, वह काम में तल्लीन रहता, लेकिन परोक्ष में वह उनकी हर भाव-भंगिमा का जायज़ा लेता और इस बात का ख़याल रखता कि वे उसके साथ ज़रा-सी आज़ादी भी न ले सकें।....वास्तव में जिस प्रकार शिमला के गेटी थियेटर में 'अनारकली' के खेले जाने की सूचना पा कर और यह जान कर कि चेतन भी उसमें अभिनय कर रहा है, वे महाशय धर्मचन्द के साथ थियेटर हॉल में घुस आये थे और उन्होंने बाँदी के लिबास ही में उसे बुलवा भेजा था और बाद में जैसे उसी भेंट के कारण उसका अभिनय चौपट हो गया था, उसकी तल्ख़ याद अब भी उसके मन में कहीं गहरे में टीसती थी।....फिर जब उसने कविराज का काम छोड़ देने का तय किया था और पण्डित रत्न उसे कहीं काम दिलाने की फ़िराक में जगह-जगह घुमाते उनके यहाँ पहुँचे थे और उन्होंने शिमले की उस घटना का उल्लेख कर, छत-फाड़ ठहाके लगाते

हुए उसका मज़ाक उड़ाया था, तब वह समझ गया था कि बन्द गले के लम्बे कोट-पतलून और गोल क्रिस्टी टोपी के अपने सम्भ्रान्त महाशयी पहरावे और साफल्य-जनित शाश्वत मुस्कान और हँसमुखता के बावजूद वे अन्तर में कहीं नितान्त फूहड़ और संस्कारहीन हैं।

जब महीना भर तक दूसरे-चौथे वे सिनेमा देखने जाते अथवा वहाँ से आते हुए उसके दफ़्तर भी हाज़िरी देते रहे और दो-चार बार पण्डित 'रत्न' के साथ भी आये और उसने उनके आगमन की कोई सनद नहीं दी तो उन्होंने आना कम कर दिया। लेकिन लगता है, जैसे चेतन में अपनी दिलचस्पी उन्होंने कम नहीं की। उसे पागलख़ाने जाने और डॉक्टर से मिलने के लिए जब सूट सिलवाने की ज़रूरत महसूस हुई और उसने ज़ख़्मी साहब से कहा कि यदि वे उसे कहीं से काम ले दें तो अच्छा हो, तब ज़ख़्मी साहब ने महाशय जीवनलाल से उसे अंग्रेज़ी पत्र-पत्रिकाओं के कुछ कटिंग ला दिये थे कि वह उन्हें 'गुरु घण्टाल' के लिए आसान उर्दू में लिख दे। ज़ख़्मी साहब ने उसे यह भी समझाया था कि महाशय जी चाहते हैं, वह उनका तरजुमा करते हुए मक्खी-पर-मक्खी न मारे और उन्हें पढ़ कर अपनी ज़बान में कहानियाँ-सी बना दे —ऐसे कि लगे, वह सब 'गुरु घण्टाल' के लिए ही लिखा गया है। चेतन ने तीन-चार दिन के अन्दर-अन्दर वह सब काम निबटा दिया था और यद्यपि ज़ख़्मी साहब ने कहा था कि वह स्वयं जा कर कहानियाँ उन्हें दे आये और पारिश्रमिक ले आये, पर चेतन ने रचनाएँ ज़ख़्मी साहब को दे दी थीं और दूसरे ही दिन उन्होंने चेतन को उनके पैसे ला दिये थे।....ज़ख़्मी साहब ही ने चेतन को यह बताया था कि महाशय जी उसके काम से बड़े प्रसन्न हुए हैं और रचनाएँ छप जायें तो वे उसे और काम भी देंगे। पिछले महीने ही उन्होंने ज़ख़्मी साहब के माध्यम से कुछ और कटिंग भेजे थे और चेतन ने बड़े परिश्रम से उन्हें उर्दू का जामा पहना दिया था। ज़ख़्मी साहब ने फिर उसे अनुवाद स्वयं ले जा कर उन्हें दे आने का परामर्श दिया था, लेकिन चेतन फिर टाल गया था।....महाशय जी फिर कभी उसके दफ़्तर नहीं आये। सिर्फ़ दो-तीन दिन पहले वे चन्द मिनट के लिए ज़ख़्मी साहब के पास आये थे और उनसे कुछ खुसुर-फुसुर करके चले गये थे। उनके जाने के बाद ज़ख्मी ने सरसरी तौर पर उसे बताया था कि वे एक नया साप्ताहिक निकालने की सोच रहे हैं और उनसे कोई योग्य और मेहनती सम्पादक तजवीज़ करने के लिए कहते थे।

चेतन ने ज़ख्मी साहब की बात सुन ली थी और कोई उत्तर नहीं दिया था।

तब ज़ख़्मी साहब ने कहा था, 'मैंने तुम्हारा नाम लिया था तो उन्होंने कहा था — उससे पूछना, वह नये हफ़्तावार का काम सँभाल सकता है ? और यह भी कि कितने रुपये महीना चाहेगा।'

'मैं तो आपके ज़ेरे-साया ही अच्छा हूँ।' चेतन ने उत्तर दिया था और नये साप्ताहिक की सम्पादकी के लिए ज़रा भी उत्सुकता प्रकट नहीं की थी।

०

पण्डित 'रत्न' के साथ चुपचाप चलते और उनकी बात पर ग़ौर करते हुए चेतन भाटी गेट पार कर आया था। तब सहसा पण्डित जी ने पूछा, 'क्या सोच रहे हो ?'

'मैं तो कुछ सोच नहीं पा रहा,' चेतन ने विवशता से कहा था, 'वीर भारत की नौकरी

में अगर दिन को दो घण्टे सो लूँ तो अपना लिखने-पढ़ने के लिए काफ़ी वक्त मिल जाता है।' क्षण भर वह चुप रहा। फिर उसने कहा, 'आप क्या राय देते हैं ?'

'ज़ख़्मी आदमी प्यारा है।' पण्डित 'रत्न' बोले, 'उसके साथ काम करना ज़रा भी मुश्किल नहीं। लेकिन तीस रुपल्ली से क्या होता है ? फिर रात का बेहतर हिस्सा तो दफ़्तर की मेज़ पर ख़बरों का तरजुमा करने में गुज़र जाता है। आज नहीं तो कल, इन रतजगों का असर तुम्हारी सेहत पर पड़ेगा। सेहत के लिहाज़ से इन अख़बारों के सभी एडिटर अन्दर से एकदम खोखले हैं। इसके अलावा ट्रान्सलेटर की नौकरी से फुल-फ़्लेजेड (full fledged) एडिटर की नौकरी बहरहाल अच्छी है। एक साल भी परचा कामयाबी से निकाल ले जाओगे तो कहीं बेहतर जगह एडिटर की नौकरी पा जाओगे। तरक्की करने के लिए रिस्क तो लेना ही पड़ता है ?'

चेतन कुछ क्षण सोचता हुआ चुपचाप उनके साथ चलता रहा। महाशय जी के खिलाफ़ चेतन के मन में जो था, उसे पण्डित जी के सामने रखना उसे स्वीकार नहीं हुआ। अचानक उसने मन-ही-मन तय किया कि वह नौकरी करने से इनकार नहीं करेगा, बल्कि ऐसी शर्तें रखेगा, जो कपूर साहब को स्वीकार ही न हों। और उसने पण्डित जी से पूछा, 'क्या कपूर साहब एडिटर के तौर पर मेरा नाम परचे पर देंगे ?'

'चलो, अभी चल कर पूछ लेते हैं।'

'अगर वो नया परचा गुरु घण्टाल ही की तरह महज़ सनसनीख़ेज़ टैब्लॉयड (tabloid) न बना दें और उसमें अदब के लिए भी कुछ गुंजाइश रखें और मेरा नाम एडिटर के तौर पर देना मंज़ूर करें तो मैं कर लूँगा। चाहता तो मैं यह भी हूँ कि कम-से-कम मुझे पचास रुपये तनख़्वाह दें।'

'देखो, पचास-वचास वो नहीं देंगे।' पण्डित जी ने कहा, 'रही बाकी शर्तें तो चलो अभी चल कर तय कर लेते हैं। न मानेंगे, न करना। ज़रा जल्दी कदम उठाओ। हमारे जाने से पहले वो दफ़्तर से चले न जायें।'

पण्डित जी ने यह कहने के साथ कदम तेज़ कर दिये। चेतन लगभग भागता हुआ-सा उनके साथ चल पड़ा।

o

वे अभी दफ़्तर 'गुरु घण्टाल' के नीचे ही पहुँचे थे कि ऊपर से बड़े ज़ोरदार छत-फाड़ ठहाके की आवाज़ सुनायी दी।

'कपूर साहब अभी हैं!' पण्डित रत्न ने अस्फुट स्वर में कहा और सीढ़ियों की ओर लपके।

जब वे मैनेजर और क्लर्कों का कमरा पार कर कपूर साहब के दफ़्तर में दाख़िल हुए तो महाशय जी दूसरी बार सिर पीछे फेंक कर ठहाका मारने जा रहे थे।

जब उस छत-फाड़ ठहाके का ज़ोर कुछ कम हुआ तो पण्डित 'रत्न' ने पूछा, 'किस बात पर ठहाके लगाये जा रहे हैं कपूर साहब ?'

'आप भी सुन लीजिए।' उन्होंने फिर सीधे हो, मेज़ पर बैठते हुए कहा। और बिना इस बात की चिन्ता किये कि पहले से उपस्थित सज्जनों ने उसे अभी-अभी सुना है, वे

फिर वही लतीफ़ा सुनाने लगे :

'जुलाहों के एक गाँव में एक बड़ा पाकबाज़ और नेकनियत मुल्ला आ गया। उसने पहले दिन गाँव के सभी जुलाहों को इकट्ठा करके सच्चाई, नेकनियती और पाकबाज़ी पर तकरीर की और कहा कि मुसलमीन के नाते उन्हें दुरोग़,[१] शराबनोशी और ज़ना[२] से बचना चाहिए कि ज़ानी[३] की जगह दूसरी कोई नहीं, जहन्नुम है।

'जुलाहे मौलवी की तकरीर से बड़े मुतासिर[४] हुए और उन्होंने अपनी बीवियों के पास जाना छोड़ दिया और मौलवी के हवाले से उन्हें बताया कि ज़ानी जहन्नुम में जाते हैं। तब जुलाहियों ने मिल कर मुल्ला को जा पकड़ा। उसकी ख़ूब मरम्मत की कि भड़वे, हमारे मर्द हमारे पास न आयेंगे तो क्या हम चकले में जा बैठें ? और उन्होंने मुल्ला का हलवा-माण्डा बन्द करने और उसकी दाढ़ी नोच कर उसके हाथों में दे देने की धमकी दी। मुल्ला बेतरह घबरा गया। उसने दूसरे दिन फिर जुलाहों को इकट्ठा किया; फिर एक तकरीर झाड़ी और उन्हें बताया कि उन्होंने उसके वाअज़[५] का ग़लत मतलब लगाया है। उसके उपदेश का तो यह मतलब था कि परायी औरत के साथ ज़ना करना गुनाह है, अपनी औरत से ज़ना करना तो एक काफ़िर मारने के बराबर है और ऐन सवाब[६] है।

'अब गाँव में एक जुलाही थी उदमाती और उसका मियाँ था ज़रा कमज़ोर। रात को खाना-वाना खा कर वह बिस्तर पर लेटी तो बोली, 'आओ मियाँ, ज़रा एक काफ़िर मार लें।' और मियाँ ने कफ़िर मारा और सो गया। बारह-एक बजे उस साली ने फिर जगा दिया कि आओ मियाँ, एक काफ़िर और मार लें। मियाँ थका था, पर लग गया। उसके बाद दो घण्टे पर जब फिर एक काफ़िर मारा गया तो मियाँ का हाल पतला हो गया। लेकिन जुलाही की तसल्ली नहीं हुई। जब तड़के उसने फिर मियाँ को जगा दिया कि आओ, ज़रा और सवाब कमा लें तो उस वक्त जब जुलाही लहँगा उठाये पड़ी थी, लगने की बजाय मियाँ ने दियासलाई जलायी, 'हय हय क्या कर रहे हो ?' जुलाही चिल्लायी तो मियाँ ने जल कर कहा, 'साले इन काफ़िरों की मण्डी ही जला देता हूँ।'

और बात ख़त्म करने के पहले महाशय जी सिर को पीछे फेंक, ठहाका मार कर हँसे।

पहले से बैठे मित्रों ने 'कन्दे मुकर्रर'[७] का मज़ा पाते हुए उनके ठहाके में योग दिया और साथ ही उठ खड़े हुए। पण्डित जी बारीक-सी तकल्लुफ़-भरी हँसी हँसे। चेतन मौन बैठा रहा। उसके होंटों पर मुस्कान भी नहीं आयी। जब वह पिछली बार नौकरी के सिलसिले में पण्डित रत्न के साथ महाशय जी से मिलने आया था तो उस दिन भी महाशय जी ने यही लतीफ़ा सुनाया था। किसी साप्ताहिक के मालिक-सम्पादक और आर्य समाजी महाशय

---

१. झूठ
२. सम्भोग
३. कामी
४. प्रभावित
५. उपदेश
६. एकदम पुण्य का काम
७. दो-बारा मिठाई खाने

का वैसा अश्लील और फूहड़ लतीफ़ा सुना उसे बेहद अखरा। लेकिन वह महाशय जी की आदत से वाकिफ़ था। वह पण्डित जी से कहना चाहता था कि वह उनके यहाँ नौकरी नहीं करेगा। लेकिन उसे बात करने का मौका नहीं मिला। अपने दोस्तों को महाशय जी दरवाज़े तक छोड़ने गये और पलट कर वे मेज़ के किनारे खड़े हो गये और बाछें खिलाते हुए उन्होंने कहा, 'कहिए पण्डित जी ?'

पण्डित 'रत्न' ने अपने आने का मन्तव्य प्रकट किया और चेतन की शर्तें बतायीं।

महाशय जीवनलाल ने वहीं खड़े-खड़े क्षण भर को गहरी-तिरछी नज़र से नख-से-शिख तक चेतन को ऐसे देखा, जैसे वे सम्पादक नहीं ग़ुलाम रखने जा रहे हों। चेतन निगाहें नीची किये चुपचाप बैठा रहा। महाशय जी फिर जा कर कुर्सी पर बैठ गये और उन्होंने कहा, 'ठीक है पण्डित जी, आपके यार की इतनी भी बात हम न मानें, यह कैसे मुमकिन है। इसका नाम हफ़्तावार पर एडिटर के तौर पर ज़रूर जायेगा और उसमें अदबी हिस्सा भी रहेगा। एकाध नज़्म या अफ़साना भी हर हफ़्ते यह उसमें दे सकता है। बस, ज़रा मेहनत से बढ़िया परचा निकाले, फिर मैं जल्दी ही तनख़्वाह भी बढ़ा दूँगा।'

और यह कहते हुए वे उठे। पण्डित जी भी उठे।

चेतन ने भी उनके साथ ही उठते हुए सोचने के लिए कुछ वक्त और पाने की गरज़ से कहा, 'मुझे ज़ख़्मी साहब को पन्द्रह दिन-महीने का नोटिस देना पड़ेगा।'

'उसकी तुम फ़िक्र न करो,' दफ़्तर से साथ-साथ निकलते और उसके कन्धे को थपथपाते हुए उन्होंने कहा, 'मैं ज़ख़्मी से बात कर लूँगा। तुम पहली से आना शुरू कर दो।'

'लेकिन पहली तो दो दिन बाद ही है।'

'मैं ज़ख़्मी से बात कर लूँगा। वो मेरी बात रद्द नहीं कर सकता। दो-तीन हफ़्ते की तैयारी के बाद परचा शुरू हो जाना चाहिए। मैं इसी हफ़्ते के 'गुरु घण्टाल' में 'भूँचाल' (भूचाल) का ऐलान कर दूँगा। बस, ऐसा परचा निकालो कि अख़बारी दुनिया में भूँचाल आ जाये!'

और उन्होंने ज़ोर से ठहाका लगाते हुए चेतन के कन्धे पर एक हाथ मार दिया।

कपूर साहब भाटी गेट के 'स्टार' में पिक्चर देखने जा रहे थे। उन्होंने पण्डित जी को साथ ले लिया। वे तो चाहते थे कि चेतन भी वहाँ तक साथ दे, पर चेतन ने उनसे छुट्टी ले ली और घर की तरफ़ पलटा।

०

दफ़्तर जाने से पहले, खाना पकने की प्रतीक्षा में चेतन ने नोट-बुक में लिखा :

> 'आज, न चाहते हुए भी, मैंने 'भूचाल' का सम्पादक होना मंज़ूर कर लिया। मामूली ट्रांसलेटर से मैं एडिटर होने जा रहा हूँ, लेकिन मेरे मन में ख़ुशी का ज़रा भी एहसास नहीं। महाशय जीवन-लाल मुझे निहायत फूहड़ और अनपढ़ लगते हैं। हालाँकि वे बी० ए० हैं; एक कामयाब हफ़्तावार के मालिक और सम्पादक हैं; पोशाक भी हमेशा मुहज़्ज़ब लोगों की पहनते हैं और अपने आपको व्यक्ति नहीं, संस्था मानते हैं; पर उनके दिमाग़ का घेरा बहुत छोटा है और अन्दर से वे निहायत ग़ैर-मुहज़्ज़ब हैं। फिर मैं सोचता हूँ कि 'भूँचाल' का नाम 'गुरु घण्टाल'

से कैसे बेहतर है और कैसे अदबी है ? सनसनीख़ेज़ है, लेकिन उसमें अदबी संजीदगी नहीं। और मैं तो किसी अदबी परचे का एडिटर होना चाहता था।....बहरहाल, अब तो मैं 'हाँ' कर आया हूँ। इनकार नहीं करूँगा। तजरुबा कर देखूँगा। न चलेगा तो छोड़ दूँगा। जाने विधाता को इसी में मेरी क्या बेहतरी मंज़ूर हो।'

⊠⊠⊠

ਛਠਾ ਖਂਡ

बयालीस

पागलख़ाने से आने के बाद, अपनी सास के हठ की वजह से चेतन अत्यन्त विक्षुब्ध था। सास को अपना घर दिखा देने और यह जान लेने बाद कि उसकी मन:स्थिति उस की सास की समझ में नहीं आती और उसकी हर बात उसकी सास के मस्तिष्क पर से पत्थर की बूँद-सरीखी फिसल जाती है, वह न फिर कभी स्वयं गोविन्द गली गया था और न उसने अपने पत्नी को वहाँ जाने दिया था। उसकी सास ही हफ़्ते में एकाध बार आती थी और अपनी बेटी से मिल जाती थी, लेकिन इस तमाम अर्से में वह एक बार भी उसके सामने नहीं पड़ा था। पत्नी से ज़्यादा बात करने से वह कन्नी काटता रहा था, और ख़ाली वक्त को उसने दूसरी सरगर्मियों से भर लिया था — इतना कि अपनी व्यक्तिगत समस्या उसके अन्तर की गहराई में कहीं बहुत नीचे चली गयी थी।

बहुत नीचे चली गयी थी, लेकिन एकदम ख़त्म हो गयी हो, ऐसी बात नहीं।....उसकी पत्नी चुप और उदास रहती थी तो चेतन को वह असुन्दर लगती थी। पहले की तरह उसे हँसा देने और उसके चेहरे को खिला देने की मानसिक स्थिति में वह नहीं था। वह न उससे बात करता, न घुमाने ले जाता। चन्दा के स्वभाव में जो सफ़ाई और स्फूर्ति अपने पति के स्नेह के कारण आ गयी थी, वह न जाने कहाँ चली गयी। वह निर्जीव और निस्पन्द, यन्त्रवत सारे काम किये जाती। अपने पहनने-ओढ़ने की तरफ़ से वह नितान्त बेपरवाह हो गयी थी और उसे देख कर चेतन को वही मोटी-मुटल्ली, सुस्त लड़की याद आने लगी थी, जिसे स्कूल से आते देख कर, अपनी पत्नी के रूप में उसने नापास कर दिया था। वह इतनी उदास और इसीलिए असुन्दर, सुस्त और फूहड़ लगती थी कि चेतन को उसकी सूरत तक से वहशत होने लगी थी। वह उसके नैकट्य से भागता था और बदले में उसे उदास और कुरूप और निर्जीव बना जाता था। चूँकि इस तमाम अर्से में वह अपनी उस समस्या का कोई समाधान न पा सका था, इसलिए तमाम पलायन के बावजूद उसका तनाव बढ़ता गया था, वह चिड़चिड़ा और रूखा हो आया था।

यद्यपि महाशय जीवनलाल कपूर चाहते थे कि चेतन तत्काल 'भूँचाल' का सम्पादन सँभाल ले और वे अख़बार का डेक्लेरेशन दे दें, उन्होंने ज़ख्मी से कह भी दिया, लेकिन चेतन ने फ़ैसला करने में लगभग एक महीना लगा दिया। उसके मन में कोई चीज़ वहाँ नौकरी करने का सख़्त विरोध करती थी, पर महाशय जी ने 'गुरू घण्टाल' में 'भूँचाल' का ऐलान कर दिया था। सम्पादक के रूप में उसके नाम का विज्ञापन भी दे दिया था। तब ज़ख़्मी साहब ने ज़ोर दिया, पण्डित 'रत्न' ने समझाया और आख़िर वह 'वीर भारत' छोड़ कर 'भूँचाल' में चला गया। लेकिन रात की नौकरी की बजाय दिन की नौकरी करने की दूसरी सुबह ही इतने दिन से चला आने वाला उसका मानसिक तनाव ज़्यादा कसे तार की

तरह हलके-से स्पर्श से टूट गया।

अपनी पत्नी और सास के खिलाफ़ इतने दिन से रुका हुआ उसका क्रोध एक निहायत मामूली घटना के कारण —बेमालूम-सी चिनगारी से बारूद के अम्बार की तरह —संयम, सीमा और शिष्टाचार की सीमाओं को लाँघता हुआ फट पड़ा।

०

लाहौर में गुलाबी जाड़ा उतर आया था। दिन भर गर्मी पड़ती, लेकिन शाम ख़ुनक हो जाती और रात के तीसरे पहर कम्बल या रज़ाई लेने की ज़रूरत महसूस होती। चेतन और उसकी पत्नी रात को दो चारपाइयाँ बैठक में बिछा लेते। सुबह उठ कर एक चारपाई और बिस्तर उठा कर पिछले कमरे में रख देते, एक चारपाई पर बिस्तर सँवार कर पलँगपोश बिछा देते और मेज़ (जो रात को घसीट कर खिड़की के पास कर दी जाती) अपनी जगह करके बैठक को टिप-टॉप कर देते। लेकिन जितने दिन तक चेतन 'वीर भारत' में रात की ड्यूटी पर जाता रहा, यह सब आठ-साढ़े आठ बजे, उसके जगने के बाद ही होता। चन्दा सुबह उठ कर दबे पैरों चलती हुई इस तरह चिटखनी खोलती कि ज़रा भी आवाज़ न हो। दरवाज़ा खोल कर बाहर चली जाती और अपने पीछे दरवाज़ा भिड़ा जाती कि आँगन अथवा ड्योढ़ी की किसी आवाज़ से चेतन की नींद न खुल जाये! लेकिन दिन की नौकरी के कारण चेतन रात ग्यारह बजे ही सो गया था। वह रात की ड्यूटी देता था तो चन्दा शाम को खाना-वाना और चौका-बर्तन ख़त्म करने के बाद एक-डेढ़ घण्टा पढ़ कर दस बजते-न-बजते सो जाती थी। चेतन के साथ वह भी ग्यारह बजे तक जागती रही थी। चेतन तो सुबह साढ़े पाँच बजे ही उठ गया, लेकिन चन्दा गहरी नींद सोयी रही।

चेतन की आदत थी कि वह छै घण्टे से ज़्यादा कभी न सोता। वह दो बजे रात को सोता तो सुबह आठ-साढ़े आठ बजे उठ जाता। ग्यारह बजे सोता तो पाँच बजे उठ जाता। इसके विपरीत चन्दा को नींद प्यारी थी। आम दिनों में चूँकि चेतन देर तक सोया रहता, इसलिए चन्दा उसे हमेशा जगी और काम-काज में लगी मिलती, पर उस दिन वह साढ़े पाँच बजे ही उठ गया था —सर्दियों के दिन, अभी बाहर अँधेरा था, इसलिए उसे पत्नी सोयी मिली।....चेतन का जी हुआ, रज़ाई हटा कर उठे, ओवरकोट पहने और सुबह की ठण्डी स्वच्छ हवा में लॉरेन्स तक सैर को जाये! सुबह को सैर किये उसे एक अर्सा हो गया था। लेकिन अभी अँधेरा था, सर्दी थी और वह यह जानता था कि चन्दा गहरी नींद सोती है और उसके लिए इतनी सुबह उठना मुश्किल है।

वह चुपचाप रज़ाई लिये लेटा रहा। लेकिन उसकी नींद पूरी तरह खुल गयी थी। बेकार लेटे रहना उसके स्वभाव के विपरीत था। लेटे-लेटे वह 'भूँचाल' के लिए कहानी सोचने लगा। काफ़ी देर सोचने और निरन्तर करवटें लेने के बावजूद पहले कोई थीम उसके दिमाग़ में नहीं आयी, लेकिन फिर उसने कहानी सोच ली।

चेतन तब नहीं जानता था कि कहानियाँ तो उसके गिर्द बिखरी पड़ी हैं, कि उसका अपना जीवन और संघर्ष दसियों कहानियों की सामग्री दे सकता है। वह देर तक शिमला की पहाड़ियों, केलू के छतनार पेड़ों और कलकल बहते झरनों में भटकता रहा और आख़िर उसने शिमला के एक निकटवर्ती गाँव के एक निठल्ले प्रेमी की कहानी सोच निकाली, जो

गाँव की एक युवती से प्यार करता है, पर जब वह उस निठल्ले के बदले एक कमाऊ युवक को चाहने लगती है तब अपने मार्ग से उस प्रतिद्वन्द्वी का काँटा दूर करने के लिए वह पहाड़ के शिखर पर जा चढ़ता है और जब उसका प्रतिद्वन्द्वी नीचे से गुज़र रहा होता है, वह ऊपर से चट्टान लुढ़का देता है।....लेकिन उसका प्रतिद्वन्द्वी बच जाता है और उसके हाथ असफलता ही आती है।

चेतन इस कहानी में सबसे ज़्यादा ज़ोर उस प्रेमी की कुण्ठा और उससे जनित क्रोध पर देना चाहता था —प्रातः के भिनसारे में कुण्ठित प्रेमी कई कोस की मंज़िल मार, पहाड़ की चोटी पर जा चढ़ता है, प्रतिद्वन्द्वी की बाट देखता है। जब उसका प्रतिद्वन्द्वी नीचे से गुज़रता है तो चट्टान को लुढ़का कर वह एक शैतानी कहकहा लगाता है। चेतन को कहानी में वह कहकहा बड़ा महत्वपूर्ण लग रहा था और उस वक्त उसके कानों में उसकी गूँज तक आने लगी थी।

जब सारी-की-सारी कहानी चेतन ने सोच ली तो उसके लिए लेटे रहना कठिन हो गया। रोशनदान से सुबह का उजला प्रकाश आने लगा था। बाहर सड़क पर आवा-जाई शुरू हो गयी। डेवढ़ी से किसी के तेज़-तेज़ गुज़रने की आवाज़ आयी। चेतन ने रज़ाई हटा दी और उठ बैठा। चन्दा बराबर में अब भी गहरी नींद सोयी थी। रज़ाई से उसने मुँह-सिर ढँक रखे थे। चेतन ने उसे ठहोका दिया। जब वह नहीं उठी तो उसने रज़ाई झटके के साथ उसके चेहरे से हटा दी। वह अब भी विसुध सोयी थी। उसके बासी चेहरे को देख कर चेतन की वितृष्णा और झल्लाहट बढ़ गयी। उसने उसे फिर ठहोका दिया कि उठे, दिन चढ़ आया है।

चन्दा नहीं उठी। कुनमुना कर उसने करवट बदल ली और रज़ाई उसने फिर मुँह पर खींच ली। चेतन बिफर गया, चिल्लाने लगा और रज़ाई उसने फिर हटा दी।

चन्दा उठी। उसने निहायत मैली-चीकट धोती पहन रखी थी, रूखे बाल उसके माथे और गर्दन पर बिखरे थे, सुरमे के बिना बड़ी-बड़ी आँखें बुझी हुई दिखती थीं, होंट सूखे और श्रीहीन थे —आज कई महीने बाद सुबह उठते ही उसने अपनी पत्नी का बासी चेहरा देखा था। रोज़ तो जब वह उठता था, चन्दा नहा-धो कर काम में लगी होती थी। —अपने पति की गहरी नज़र को देख कर चन्दा मुस्करायी —एक दयनीय और उदास मुस्कान, जो उसके चेहरे के बासीपन और कुरूपता को और भी उभार गयी —काश! चेतन कोई मज़ाक कर सकता और चन्दा की बत्तीसी खिल जाती और उसे दाँतों के मोती उसके चेहरे को उद्भासित करते हुए उसकी कुरूपता हर लेते! लेकिन चेतन ने सिर्फ़ इतना कहा :

'जल्दी करो, यह चारपाई और बिस्तर उठायें, कमरा ठीक करें। मैंने अभी एक कहानी सोची है और मैं उसे रफ़ लिख लेना चाहता हूँ।'

और उठ कर उसने डेवढ़ी का दरवाज़ा और बाहर सड़क पर खुलने वाली खिड़कियाँ खोल दीं। चन्दा ने बिस्तर गोल करके कन्धे पर रखा और दूसरे हाथ से चेतन के साथ मिल कर चारपाई टेढ़ी खड़ी की। वे उसे बाहर निकालने जा रहे थे कि सहसा चेतन की नज़र चारपाई के दूसरी ओर खड़ी अपनी पत्नी की मैली-चीकट धोती पर गयी। वह बमका :

'यह बिस्तर और चारपाई छोड़ो, पहले जा कर यह मैली, गन्दी धोती बदलो। कोई आ ही जाता है।'

'चलिए, इसे बाहर निकालिए!' चन्दा ने हाथ से चारपाई का पाया उठाते हुए कहा, 'झाड़ू -बुहारी करके बदलूँगी। इतनी सुबह कौन आता है!'

और जैसे उसकी बात को झुठलाने के लिए ही होनी की तरह बाहर से चातक जी की आवाज़ आयी, 'कहो भाई चेतन, कैसे हो। निम्मोजी कल ही आयी हैं दिल्ली से। बड़ा प्यारा मौसम है। इन्हें लॉरेन्स तक घुमाने जा रहा हूँ। इधर से निकला तो सोचा, तुम दोनों को भी ले लूँ।'

चेतन चौंक कर पलटा। डेवढ़ी में चातक जी और उनके पीछे वही चंचला खड़ी थी, जिसका नृत्य उसने सब्ज़ी मण्डी, दिल्ली के फ़्लैट में देखा था। यद्यपि मुश्किल से सवा छै-साढ़े छै का समय था, पर चातक जी एकदम दूध-धुली खादी का धोती-कुर्ता पहने, उस पर सफ़ाई से तूश ओढ़े, बालों को सँवारे और उस सरकश लट को माथे पर बिखेरे थे और निम्मो अपनी चुँधी आँखों को नीले चश्मे में और चेचक के हलके दाग़ों को बड़े हलके पाउडर की तह में छिपाये, अपनी पतली-छरहरी देह पर जोगिया रंग की साड़ी और उसी रंग की कश्मीरी शाल ओढ़े थी और ख़ासी ख़ूबसूरत लग रही थी।

चेतन को देख कर उसने दोनों हाथ जोड़ कर बड़ी अदा से माथे पर रख दिये।

चेतन उसके 'नमस्कार' का उत्तर देना भूल गया। उन दोनों पर एक नज़र डाल कर उसने कन्धे पर बिस्तर उठाये, टेढ़ी चारपाई का पाया पकड़े, मैली-चीकट धोती पहने अपनी पत्नी को देखा। उसका ख़ून खौल उठा। दाँत पीसते हुए दबे स्वर में उसने अपनी पत्नी के पास जा कर कहा, 'आ गया कि नहीं कोई सुबह-सुबह!' और कुर्सी पर पड़ी लोई उठाते और उसे कन्धों पर डालते हुए डेवढ़ी में निकल आया, 'इसको तैयार होने में बहुत देर लगेगी,' उसने पीछे को सिर का संकेत करते हुए कहा, 'चलिए, मैं चलता हूँ।'

और वह उन दोनों से पहले बाहर निकल गया।

o

चेतन आध घण्टे बाद ही लौट आया — बेहद उखड़ा और झल्लाया हुआ! चातक जी निम्मो की उपस्थिति को न केवल स्वयं महसूस कर रहे थे, वरन चेतन को भी उसका एहसास दिला रहे थे। वे बड़े मूड में थे। अपने काव्य की सविस्तार चर्चा करते हुए वे लगातार अपने प्रशंसकों के किस्से सुना रहे थे कि कैसे और कहाँ उनकी किस कविता की किसने प्रशंसा की। चेतन का ध्यान उनकी बातों में नहीं था। वह खादी की कमीज़ और लट्ठे की तहमद और पैरों में पेशावरी चप्पल पहने था और कन्धों पर उसने घर के बने मोटे ऊन की गहरे भूरे रंग की लोई ओढ़ रखी थी। बार-बार उसकी निगाह चातक जी की लकदक वेश-भूषा और उन पर निगाहें टिकाये और जैसे उनकी बातों को पीती हुई-सी उस युवती पर चली जाती थी और उनके साथ अपना अस्तित्व उसे ज़िन्दा शरीर के साथ लगे लुंज-पुंज अंग-ऐसा लगता। फिर बार-बार उसके सामने कन्धे पर बिस्तर उठाये, चारपाई का पाया पकड़े, मैली-चीकट धोती पहने, निहायत फूहड़ अन्दाज़ में खड़ी अपनी पत्नी की सूरत आ जाती और बार-बार उसे ख़याल आता कि चातक जी की वह 'सहोदरा' उनके

बारे में क्या सोचती होगी। उसका ख़ून खौलने लगता और चातक जी क्या कह रहे हैं, उसे सुनायी न देता। जब उनके साथ और चलना उसके लिए दूभर हो गया तो उसने 'क्रिस्टल' के पास उनसे छुट्टी ले ली और मन–ही–मन उबलता–खौलता, चप्पल फटफटाता तेज़–तेज़ घर लौट आया।

चन्दा रसोई–घर में वही मैली–चीकट धोती पहने बर्तन मल रही थी। चेतन आँगन में जा कर बमकने लगा कि वह इतनी गन्दी और मैली धोती क्यों पहने रहती है....कि उसका कौन मर गया है, जिसका वह सोग मना रही है....कि जब चेतन ने कहा था, पहले जा कर धोती बदल ले तो उसने क्यों फ़ौरन उसकी बात नहीं मानी....क्यों उसके मित्रों के सामने उसे बेइज़्ज़त किया ?....वह निम्मो दिल्ली के कॉलेज में पढ़ती है, काव्य और कला में रुचि लेती है, वह उनके बारे में क्या सोचती होगी ? यही न कि यह कवि और कथाकार बनने वाला व्यक्ति और उसकी पत्नी निहायत गन्दे, ग़लीज़ और फूहड़ हैं।....

चेतन बमक रहा था, जब भाई साहब क्लिनिक को जाने के लिए तैयार हो कर अपने कमरे से निकले और बिना एक भी शब्द कहे, चुपचाप उसके पास से हो कर बाहर चले गये।

उनके जाते ही चेतन के क्रोध का पारा जैसे सातवें आसमान पर जा चढ़ा। वह दाँत किचकिचाता हुआ बोला, 'यह तुमने धोती पहन रखी है, लगता है, जैसे कीचड़ लपेट रखा हो! तुम्हारी माँ ने क्या तुम्हें सफ़ाई–अफ़ाई का ज़रा भी ख़याल रखना नहीं सिखाया!....गूजरी ने तो तुम्हें दूध पिलाया है, पर क्या पाला भी गूजरी ने ही है ? कभी ब्लाउज़ के नीचे अँगिया नहीं पहनतीं, पेटीकोट के नीचे अण्डरवियर नहीं पहनतीं, पागलों और गँवारों की तरह डेवढ़ी में जा खड़ी होती हो।'(चेतन अपने क्रोध में यह भूल गया कि उसकी पत्नी ये दोनों चीज़ें पहनने लगी है और अब वह डेवढ़ी में उस तरह नहीं खड़ी होती, पर दुर्वार क्रोध के अधीन उसने उसके पिछले गुनाह भी नयों के साथ शामिल कर लिये।) 'तुम्हें इस बात का ज़रा भी ख़याल नहीं कि तुम बस्ती ग़ज़ाँ के किसी टुच्चे दुकानदार की बीवी नहीं हो, बल्कि एक मशहूर पत्रकार और कथाकार की बीवी हो। तुम क्यों मेरी सारी इज़्ज़त धूल में मिलाने पर तुली हो....'

बिना इस बात की परवाह किये कि उसकी आवाज़ ऊपर तक जाती है, चेतन गुस्से से पागल हो कर चिल्लाता रहा। जब उसकी पत्नी ने उत्तर में एक भी शब्द नहीं कहा तो वह और भी झल्ला गया। 'मैं इतनी देर से बक रहा हूँ और तुम मुँह में घुंघनियाँ डाले बैठी हो,' वह और भी ज़ोर से चिल्लाया, 'मैं क्या कुत्ता हूँ, जो भूँक रहा हूँ ? क्या तुमने मुझे भी अपने पिता की तरह पागल समझ लिया है ?....क्या मैं झूठ–मूठ चिल्ला रहा हूँ.... ग़लत चिल्ला रहा हूँ ? तुम मुँह से कुछ तो फूटो!....'

लेकिन जब इस पर भी उसकी पत्नी ने कोई जवाब नहीं दिया और वह चुपचाप उसी मन्द गति से बर्तन मलती रही तो चेतन वहीं रसोई–घर की चौखट में बैठ गया। सहसा उसका ध्यान रसोई–घर की नाली की ओर गया, जिसके खुरे[१] पर बैठी वह बर्तन मल रही

१. पंजाबी रसोई–घरों में नाली पर प्रायः नल के नीचे बना छोटा सा हौज़, जिसमें बर्तन मले जाते हैं।

थी। जाने कितने दिनों से नाली और ख़ुरा साफ़ नहीं किये गये थे। तह-दर-तह उनमें राख और कीचड़ जमा था। चेतन का क्रोध उधर मुड़ गया....'यह ब्राह्मणों की रसोई है ? मेहतरों की रसोई भी इससे साफ़ होगी!'....और उसने मँजी-धुली एक कटोरी और गिलास उठाया।....'ये तुमने बर्तन साफ़ किये हैं ? किसी पर ज़रा भी तो चमक नहीं....क्या तुम्हारी माँ ने तुम्हें बर्तन मलना या रसोई-घर साफ़ करना भी नहीं सिखाया!'

चेतन के सिर पर जैसे जुनून सवार हो गया। उसने अपनी पत्नी की बाँह पकड़ कर उसे उठाया और रसोई-घर के बाहर धकेल दिया —'हटो, मैं तुम्हें बर्तन मल कर दिखाता हूँ।'

और वह बाल्टी ले कर, उसे माँज-धो, ग़ुसलख़ाने के नल से ताज़ा पानी भर लाया। फिर उसने सारे बर्तन दोबारा मले। धोये। और जब वह उन्हें टोकरे में सजाने गया तो उसने देखा कि वहाँ जो बर्तन रखे हुए हैं, उन पर धूल की मोटी परत जम गयी है। तब जैसे दुगने जोश और क्रोध से बड़बड़ाता और अपनी पत्नी और उसकी फूहड़ माँ को कोसता हुआ (जिसने उसे घर-गिरस्ती का कुछ भी नहीं सिखाया) वह टोकरे के सारे बर्तन नाली पर ले आया। वे सारे बर्तन उसने बड़े मनोयोग से माँजे-धोये और पोंछे। फिर टोकरे को धोया-पोंछा और उसमें वे सारे-के-सारे बर्तन करीने से सजाये। इस काम से छुट्टी पा कर उसने बाल्टी के शेष पानी को खुरे में बहा दिया। जा कर फिर बाल्टी भर लाया और खुरा धोने लगा, लेकिन न जाने कितने दिनों की राख, मैल और कीचड़ वहाँ जमा था। एक बाल्टी भर पानी से वह क्या साफ़ होता! वह बाल्टी भर-भर लाता रहा और उसने सारी रसोई धो डाली। हाथ डाल कर खुरा और नाली साफ़ की और बाल्टियों पानी बहा कर आँगन और डेवढ़ी की नाली के रास्ते सारी गन्दगी बाहर गली की नाली में बहा दी। उस गन्दगी बस चलता तो अपने जुनून में वह गली की नाली भी रेलवे रोड तक साफ़ कर आता, पर उसने किचन की गन्दगी को आँगन और डेवढ़ी से बहा देने और दो-चार बाल्टियाँ उसके पीछे गली की नाली में छोड़ देने पर ही बस की।

उसकी पत्नी इस बीच राख-सने हाथ लिये आँगन में मर्माहत-सी खड़ी रही। डेवढ़ी से वापस आ कर चेतन बमका, 'अब क्या सारी उम्र यही खड़ी रहोगी, जा कर कमरे साफ़ करो और अपनी यह बेशकीमती पोशाक बदलो।'

चन्दा ने कुछ नहीं कहा। उसने नल पर जा कर हाथ धोये और झाड़ू ले कर अन्दर कमरा साफ़ करने चली गयी।

चेतन ने बाल्टी को अच्छी तरह माँजा-धोया। कोहनियों तक अपने हाथ साबुन से साफ़ किये। फिर बाल्टी भर कर रसोई-घर की नाली पर रख आया और जा कर बैठक में बिस्तर पर ढह गया। उसका क्रोध, जो इतना बकने-झकने के बावजूद शान्त नहीं हुआ था, ऐसी आँधी की तरह उसके दिमाग़ पर छा गया, जिसका वेग छत और छप्पर उड़ाने के बाद कम हो जाये, पर जो और भी ऊँची हो कर आकाश की गहराइयों में फैल जाये और उसे धुँधला दे!

तभी उसकी पत्नी अन्दर वाला कमरा साफ़ करके आ गयी और बैठक में झाड़ू देने लगी। चेतन वैसे ही लेटा रहा। न उसकी पत्नी ने उसे उठने को कहा, न वह स्वयं उठा।

चन्दा ने धीरे से बाँह बढ़ा कर चारपाई के नीचे से मिट्टी बुहार ली और चुपचाप, बिना धूल उड़ाये, धीरे-धीरे कमरे में झाड़ू देने लगी।

चेतन ने दीवार की ओर करवट बदल ली। सहसा उसकी दृष्टि कोनों में जमी धूल पर गयी, जहाँ चारपाई के नीचे चन्दा के हाथ का झाड़ू पहुँच नहीं सका था। उसने चारपाई के नीचे सिर झुका कर देखा। खिड़की से आने वाली रोशनी में फ़र्श पर दो-तीन जगह धूल के चकत्ते दिखायी दिये और जैसे उसका सारा क्रोध वापस आ गया। वह दुगने क्रोध से उछल कर उठा — 'यह झाड़ू दे रही हो या बेगार टाल रही हो।' वह चिल्लाया, 'किसी ने तुम्हें कमरा बुहारना भी नहीं सिखाया! यह कोनों-अँतरों को किस ख़ैरात में बख़्शा जा रहा है। बस्ती ग़ज़ाँ में क्या कोने-अँतरे नहीं झाड़े-बुहारे जाते ?'

और वही जुनून फिर उसके सिर पर सवार हो गया। उसने पागलों की तरह बिस्तर गोल किया। उसे जा कर पिछले कमरे में रख आया। फिर उससे चारपाई को एक पहलू खड़ा किया। अपनी पत्नी से झाड़ू छीन कर उसने एक-एक कोना-अँतरा अच्छी तरह बुहारा। चारपाई के नीचे वाली जगह दो-तीन बार बुहारी। फिर उसने चारपाई बिछा दी। उसे धकेल कर दीवार के साथ सटा दिया और वहीं एक ओर किं-कर्तव्य-विमूढ़-सी खड़ी अपनी पत्नी की ओर देख कर एक विषैली और व्यंग्य-भरी मुस्कान के साथ बिछी हुई चारपाई की ओर संकेत करते हुए कहा, 'अब यहाँ विराजिए!'....चन्दा निगाहें झुकाये निर्विकार वहीं खड़ी रही तो उधर से पीठ मोड़ कर वह फिर कमरा बुहारने में जा लगा।

वह मेज़ के नीचे बैठ कर कन्धे के ज़ोर से उसका एक पाया उठा कर उसके नीचे से फर्श साफ़ कर रहा था, जब उसकी सास अपनी बेटी से मिलने आ गयी। अपने दामाद को कमरा बुहारते और बेटी को एक ओर चुपचाप खड़ी देख कर उसने ड्योढ़ी ही से कहा,'तेरा मर्द कमरा साफ़ करे और तू चुपचाप खड़ी देखे, बेटी यह क्या अच्छी बात है!'

इससे पहले कि चन्दा कुछ कहती, चेतन ने व्यंग्य और विष से बुझी हँसी के साथ कहा, 'अच्छी तो नहीं है अम्मा, पर तुमने अपनी इस लाडली को अच्छा कुछ सिखाया भी है ? झाड़ू-बुहारी यह नहीं कर सकती, बर्तन ठीक से यह नहीं मल सकती, खाना-पकाना और सीना-पिरोना इसे नहीं आता, और-तो-और ठीक से पहनने-ओढ़ने और कपड़ों की साज-सँभाल करने की भी इसे तमीज़ नहीं। बस यह खाना और सोना जानती है — चाहे इसे छत्तीस घण्टे सुला लो!'

चेतन वहीं मेज़ के नीचे से बमके जा रहा था कि चन्दा ने अपनी माँ से अन्दर आने और चारपाई पर बैठने को कहा। माँ ने अन्दर आ कर अपनी बेटी के दोनों कन्धों से थाम उसे चारपाई पर बैठा दिया और स्वयं नीचे साफ़ फर्श पर बैठ गयी।

तब चेतन मेज़ के नीचे से निकला, बाँह से पत्नी को पाँयते की ओर धकेल कर अपनी सास के सामने चारपाई की पट्टी पर आ बैठा और अपने क्रोध की मुहार[१] उसने अपनी सास की ओर (कि जो वास्तव में उसका कारण थी) मोड़ दी।

'कुत्ता भी बैठता है तो पूँछ हिला कर जगह साफ़ कर लेता है,' उसने तीखे व्यंग्य से कहा, 'लेकिन तुम्हारी लाडली साहबज़ादी धूल-भरे गन्दे फ़र्श पर रेशमी साड़ी पहने बैठने

---

१. लगाम

में नहीं हिचकती। जब यह दिनों-हफ़्तों अपनी और अपने कपड़ों की सफ़ाई नहीं करती तो यह कमरे और रसोई क्या साफ़ करेगी। लड़की को दूसरे घर भेजना था तो कुछ सिखा कर तो भेजा होता कि न इसे तकलीफ़ होती, न उस कम्बख़्त को जिसके पल्ले इसे बाँध दिया है।'

उसकी सास अपने झुर्रियों वाले चेहरे को उसके ओर उठा कर नीम-अन्धी आँखों से उसे देखती हुई दोनों हाथ जैसे फ़रियाद की सूरत में उठाये हुए बोली, 'हमने तो बेटा, अपनी तरफ़ से सब कुछ सिखाया है....'

चेतन ने उसे बात नहीं ख़त्म करने दी। उसने बायें हाथ से पत्नी की मैली-चीकट धोती का आँचल खींच कर अपनी सास की नीम-अन्धी आँखों में झोंकते हुए कहा, 'यह देखो, यही सिखाया है तुमने इसे। ऐसी मैली-चीकट धोती तो मेहतरानियाँ भी नहीं पहनतीं!'

'बेटा, इसके पास धोतियाँ कम हैं। स्कूल जाती है, घर का काम करती है, बार-बार बदल नहीं पाती। बाप ने लाड़-प्यार में पाला है। रोज़-रोज़ कपड़े इसने कभी नहीं धोये....'

चेतन के सिर ख़ून सवार हो गया। बात चूँकि सच्ची थी, उसके कलेजे जा लगी। तमक कर वह उठा और बोला, 'तो कोई गवर्नर ढूँढते अपनी इस लाडली के लिए, जिसके पास बँगला होता, रसोइए, बैरे और धोबी होते; दाइयाँ और नौकरानियाँ होतीं, जो तुम्हारी लाडली के मालिश करतीं, इसे नहलातीं, कपड़े पहनातीं और इसका साज-श्रृंगार करतीं। क्यों मुझ ग़रीब के पल्ले बाँध दिया इस बेचारी को!'

और वह कमरे में घूमता हुआ वाही-तबाही बकता और कहनी-अनकहनी बातें कहता रहा।

उसकी सास कुछ नहीं बोली। वह घुटनों पर कोहनियाँ रखे और हाथों में सिर दिये अपने दामाद की मल्लाहियाँ सुनती रही।

बोल-बोल कर चेतन थक गया, पर चुप होने से पहले क्रोध के उस तूफ़ान में उसने मन की बात सीधे कह डाली। अपनी सास के सिर पर खड़े हो कर हवा को तर्जनी के ठहोके देता हुआ वह बोला, 'जब तुम्हें ही मेरी इज़्ज़त का ख़याल नहीं और तुम उसी शहर में, जहाँ तुम्हारा दामाद अख़बार का एडिटर और जाना-माना कहानी-लेखक है, एक सेठ का चौका-बर्तन करने लगी हो और उसके लाख इशारे करने पर भी नहीं समझीं तो तुम्हारी बेटी ही क्या समझेगी! आदमी रात को मैला कपड़ा धो कर डाल देता है और सुबह साफ़-सुथरा पहन लेता है। घर में लोग चने चबाते हैं और बाहर कहते हैं कि हम बादाम खाते हैं। तुम लोग तो सब होते-सोते मेरी इज़्ज़त लेने पर तुले हो। अब इसके कपड़े मैं धोऊँ, इस्त्री मैं करूँ, बर्तन मैं मलूँ, रसोई मैं साफ़ करूँ, कमरों में झाड़ू-बुहारी मैं दूँ और यह महारानी बनी बैठी रहे। इतना लाड इसे लडाया था तो मुझ-जैसे ग़रीब से इसकी शादी क्यों की ?'

बकते-झकते चेतन का गला सूख गया था, होंटों पर पपड़ियाँ जम गयी थीं। मुँह पर फिचकू आ गया था। जब वह एकदम थक गया और उसके कोसनों और उलाहनों का ख़ज़ाना ख़ाली हो गया और न उसकी पत्नी सनकी, न सास तो वह फिर झाड़ू ले कर मेज़ के नीचे जा बैठा और कन्धे से उसके पाये उठा कर धूल साफ़ करने लगा।

०

उसकी सास अपनी बेटी से न जाने क्या दुख-सुख की बातें करने आयी थी। लेकिन बात करना तो दूर, बैठना भी उसके लिए मुश्किल हो गया। घुटनों पर हाथ रख कर वह उठी।

तभी चन्दा ने भरे गले से कहा, 'माँ, आज से तुम यहाँ फिर कभी न आना।'

उसकी आवाज़ में न जाने कैसी भर्राहट थी कि मेज़ का एक कोना कन्धे से उठाये-उठाये चेतन की निगाहें उधर उठ गयीं।

उसकी सास डेवढ़ी में निकल गयी थी। चन्दा निर्विकार वहीं बैठी थी और आँसू ख़ामोश उसके गालों पर बह रहे थे।

तैंतालीस

हफ़्ते बाद ही इतवार की शाम को चार साढ़े चार बजे के करीब चेतन अपनी पत्नी को ले कर अपनी सास से मिलने जा रहा था।

चेतन ने यह निर्णय अचानक नहीं लिया था, वरन उसके इस निर्णय के पीछे सात दिन का घोर आत्म-मन्थन, यन्त्रणा, भटकन और अपने अहं से पार पाने की वह तकलीफ़देह कोशिश थी, जिसने उसके दिन-रात बींध दिये थे। उसके निर्णय के पीछे उसकी पत्नी भी थी, जिसके अन्दर की ख़ूबसूरती का कोई-न-कोई नया रूप अजाने ही उसकी आँखों के आगे खुल जाता और उसे चकित बना जाता।

गोविन्द गली को जाते-जाते, जब वह ज़रा आगे-आगे चला जा रहा था और उसकी पत्नी बदस्तूर पीछे चली आ रही थी, पिछले सप्ताह की तमाम घटनाएँ एक-एक कर उसके आगे आने लगी।

०

....उस दिन अपनी पत्नी और सास पर नाराज होने के बाद वह घर नहीं रुका था। चन्दा की आँखों से मूक बहते आँसुओं को देख कर, यद्यपि उसका क्रोध हवा हो गया था, लेकिन न तो उसने सान्त्वना का ही एक शब्द उससे कहा था, न अपने कृत्य की सफ़ाई दी थी। झाड़ू-बुहारी ख़त्म करके नहा-धो कपड़े बदल, वह घर से निकल गया था और कहता गया था कि वह दफ़्तर जा रहा है, खाना वहीं खा लेगा, चन्दा फ़िक्र न करे और ख़ुद भी खा ले। मन हो तो विद्यालय जाये, वरना छुट्टी कर ले।

लेकिन दफ़्तर में उसका मन न लगा था।

'गुरु घण्टाल' के दफ़्तर में दो बड़े और एक छोटा कमरा था। बड़े कमरे अंग्रेज़ी के अक्षर 'टी' की तरह बने थे। सीढ़ियाँ चढ़ कर लोग जिस कमरे में दाख़िल होते थे, वह एक लम्बा आयताकार कमरा था। उसमें मैनेजर, एकाउण्टेण्ट, क्लर्क और डिस्पैचर की मेज़ें और सीढ़ियों के पास चपरासी का स्टूल था। इस कमरे के अन्त पर कपूर साहब का लम्बा दफ़्तर अंग्रेज़ी अक्षर 'टी' की ऊपर की लाइन की तरह लेटा था। इन दोनों की बायीं काँख

में एक छोटा-सा कमरा था, जिसमें 'गुरु घण्टाल' की पुरानी फ़ाइलें और बचे हुए अंकों के ढेर पड़े रहते थे। महाशय जी ने उसे चेतन के लिए ख़ाली करा दिया था और वहाँ उसकी मेज़-कुर्सी लगा दी थी।

चेतन तेज़-तेज़ चलता दफ़्तर पहुँच गया था। लेकिन वह समय से बहुत पहले चला था, इसलिए दफ़्तर की सीढ़ियों का दरवाज़ा उसे बन्द मिला। लगातार बोलने-बकने, बर्तन मलने और कमरे की सफ़ाई करने के कारण उसे भूख लग आयी थी और सब्ज़ी मण्डी के हलवाई की दुकान से मठे का गिलास (जो वह नाश्ते में लेता था) पीना वह भूल गया था। तब पहले उसने हरबिन्दर की दुकान पर जा कर लस्सी का बड़ा गिलास पिया था। फिर यूँ ही अनारकली का चक्कर लगाने निकल गया था।

बाज़ार अभी पूरी तरह खुला नहीं था। दुकानें खुल रही थीं। सफ़ाई हो रही थी। हलकी-सी धूल बाज़ार में जगह-जगह उड़ रही थी। शाम को गुलज़ार लगने वाला बाज़ार बेरौनक और उदास था। आवा-जाई की कमी न थी। लेकिन वे लोग अधिकांशतः ख़रीद-फ़रोख़्त करने वाले नहीं, बाज़ार के आर-पार जाने वाले थे। चेतन को न खुलती दुकानों से ग़रज़ थी, न जहाँ-तहाँ उड़ती धूल से और न इधर-से-उधर जाने वालों से। घर से चलने के बाद लगातार उसकी आँखों के सामने उसकी पत्नी की झिलमिलाती आँखें और उसके गालों पर बहते आँसू आते रहे थे। अपना वह क्रोध उसे नितान्त पाशविक लगता रहा था और मन-ही-मन वह अपने से उलझता, बिना इधर-उधर देखे, घर से चला आया था। अपने आप से बराबर उलझते हुए उसने लस्सी का गिलास पिया था और उसी मनःस्थिति में वह अनारकली में चला जा रहा था।

वह जानता था कि उसे चन्दा पर ग़ुस्सा नहीं है। उसे अपनी सास पर ग़ुस्सा था। सच पूछा जाये तो उसे सास पर भी नहीं, उस सारी-की-सारी परिस्थिति पर ग़ुस्सा था। पागलख़ाने से आने के बाद वह पिंजरे में बन्द शेर की तरह छटपटाता रहा था। उसका दिमाग़ बेहद परेशान और तना रहा था और आख़िर उस तनाव को बरदाश्त न कर सकने के कारण वह अन्ततः फट पड़ा था। अपनी नसों पर से उसका अधिकार एकदम उठ गया था और वह क्रोध की बहिया में तिनके-सा बह गया था — नितान्त विवश और निरुपाय।

चन्दा की वे मूक, मर्माहत, उदास पनियारी आँखें चेतन के सीने में दूर तक उतर गयी थीं और उसका वह इतने दिनों से जमा हुआ और आख़िर फट पड़ने वाला दुर्वार क्रोध उन आँखों से निकल कर चुपचाप उसके गालों पर बहती हुई उन दो बूँदों से एकदम पानी-पानी हो गया था। उस क्रोध की जगह आ गयी थी, वही पुरानी करुणा — अपनी और चन्दा, दोनों की स्थिति पर....

तभी चेतन की सोच ने दूसरा मोड़ ले लिया। — यदि चन्दा का पिता पागल हो गया है; उसकी माँ अपने जेठ की रोटियों पर पड़े रहने के बदले, स्वाभिमान से जीने और अपने पति की सेवा करने के लिए लाहौर आ कर नौकरी करने लगी है तो इसमें बेचारी चन्दा का क्या कसूर है ?....आत्म-ग्लानि और पश्चाताप का मारा चेतन बार-बार यही सोचने लगा।.... वह तो कथाकार और कवि है। उसे तो अपनी सास के इस साहस और स्वाभिमान की प्रशंसा करनी चाहिए और वह अपने उस निम्न-मध्यवर्गीय, टुच्चे अहं का मारा, उन माँ-बेटी की ज़िन्दगी हराम किये जा रहा है। उसकी सास झूठ नहीं बोलती, धोखा-धड़ी,

चोरी-चकारी नहीं करती, तन नहीं बेचती, अपने दो हाथों के श्रम से वह पति-सेवा के लिए पैसे जुटाती है और तीन मील की मंज़िल मार कर उसे देखने जाती है। जेठ अथवा उसके बेटे-बेटियों की दया-माया पर रहने के बदले अपने छोटे-से अहं को जिलाये रख कर, स्वाभिमान से जीने और (कितनी भी निष्फल क्यों न हो) अपने पति को स्वस्थ बनाने की वह उसकी कोशिश, क्या श्लाघ्य और स्तुत्य नहीं है ? क्या चेतन को इस कर्मठता की प्रशंसा नहीं करनी चाहिए, इस पर गर्व नहीं करना चाहिए! अपने दामाद के झूठे अहं और झूठी प्रतिष्ठा की रक्षा के लिए यदि अपने पति को उस बेबसी में अकेला और निराश्रित छोड़ कर वह वापस बस्ती ग़ज़ाँ चली जाये और जेठ-जेठियों की ग़ुलामी करे तो क्या वह अच्छा होगा! क्या चेतन को उसे उस स्थिति में पहुँचाने के कारण शर्म न आयेगी!

अपनी पत्नी के उस मूक विरोध ने, जो भर्राये हुए स्वर में कहे गये उस एक वाक्य में छिपा था, चेतन को अन्तर तक मथ दिया था। वह इतना बोला-बका, उसने चन्दा को इतनी कहनी-अनकहनी, भद्दी-फूहड़ बातें कहीं, लेकिन उत्तर में उसने विरोध का एक शब्द भी नहीं कहा। सब अभियोग, सब अपराध, मूक भाव से सह लिये, लेकिन जब चेतन ने उसकी माँ को उलाहने देने शुरू किये और अपने इतने दिनों के रुके आक्रोश को शब्दों की एक प्रबल बहिया में मुक्त कर दिया —क्रोध के उस प्रबल आवेग में दुखों और ग़मों की मारी अपनी सास के थके-हारे दुखी चेहरे की ओर भी नहीं देखा, यह भी नहीं पूछा कि वह इतनी सुबह-सुबह कैसे आयी है और सारे अदब-आदाब भूल कर, वह धारा-प्रवाह मल्लाहियाँ सुनाता रहा —तब शायद चन्दा के संयम का बाँध टूट गया और भर्राये गले से वह फट पड़ी —'माँ, तुम यहाँ फिर कभी न आना!'

वह एक वाक्य चेतन को एक ज़बरदस्त तमाचे की तरह अपने मुँह पर लगा महसूस हुआ था — इस एक वाक्य से जाने-अनजाने चन्दा ने उसकी तमाम मल्लाहियों का जवाब दे कर उसे चुप करा दिया था।

०

अनारकली का एक पूरा चक्कर लगा कर चेतन अपने दफ़्तर पहुँचा था। दफ़्तर खुल गया था। अभी सिर्फ़ मैनेजर और चपड़ासी आये थे। मैनेजर को 'नमस्कार' करता हुआ वह अपने कमरे में जा कर बैठ गया। काग़ज़ और तख़्ती उसने अपने सामने रखी और सुबह की कष्टप्रद घटना को अपने दिमाग़ से एकदम निकाल कर वह तड़के सोची हुई कहानी लिखने लगा।

उसने पूरा एक पैरा लिख लिया और आगे सोचने के लिए कुर्सी पर पीछे को झुक गया, लेकिन तभी शिमले के उस पहाड़ी गाँव की जगह चन्दा की वही पनियारी आँखें और उसके गालों पर ख़ामोश बहते हुए आँसू उसके सामने आ गये और वह आत्म-ग्लानि और पश्चाताप से भर आया।

उसकी कहानी कहीं पीछे छूट गयी थी और वह आत्म-मन्थन के उन्हीं भँवरों में डूबने-उतराने लगा था।

जब बार-बार ज़ोर लगा कर वह उबरा और फिर उन्हीं भँवरों में डूब गया, सिर को झटक कर उसने बार-बार कहानी को आगे बढ़ाने की कोशिश की और चार पंक्तियाँ भी

नहीं लिखी गयीं और डेढ़-दो घण्टे वह बेकार बैठा झख मारता रहा, तो वह झल्ला कर उठा था। उसने मैनेजर से जा कर कहा था कि उसके सिर में सख़्त दर्द है, वह कहानी लिखने जा रहा था, पर घर ही से लिख कर लायेगा, वे महाशय जी को बता दें। और तख़्ती साथ ही लिये हुए वह दफ़्तर से नीचे उतर आया था।

पहले उसने सोचा था कि घर चला जाये और अपनी पत्नी के साथ उसने सुबह-सुबह जो ज़्यादती की है, उसकी माफ़ी माँग ले —जैसे भी हो, उसे बता दे कि उसे अपनी ज़्यादती पर अफ़सोस है। उसे पूरा विश्वास था कि चन्दा उसे माफ़ कर देगी, लेकिन सोचने में यह बात जितनी सहल लगती थी, करने में उसे उतनी ही कठिन लगी और घर जाने के बदले वह चातक जी की ओर चला गया था।

०

उसका यह ख़याल कि रात ही उनकी 'सहोदरा' आयी है और वे जल्दी दफ़्तर न गये होंगे, सच निकला था। जब वह पहुँचा तो वह चंचला जाजम पर गोल तकिये से सहारे कम्बल ओढ़ कर लेटी हुई थी और चातक जी उसके पास बैठे अपना खण्ड-काव्य सुना रहे थे।

चेतन जा कर चुपचाप, चातक जी के बराबर लेटी हुई उनकी सहोदरा के दूसरी ओर, ज़रा अन्तर पर, बैठ गया था।

चातक जी रुके नहीं थे, वे बराबर पढ़ते रहे। उस तन्वी की आँखों में देखते हुए उन्होंने कई बन्द सुनाये। चेतन ने देखा कि बीच-बीच में वे पृष्ठ छोड़ते जाते हैं और उन बन्दों को पढ़ रहे हैं, जिनमें 'मायाविनी' के उस जादू का वर्णन है, जिससे वह लोगों के दिल ले कर उन्हें खिलौने समझती है अथवा उस रूप का, जिसके जादू में संसार बँधा हुआ है। जब उन्होंने खण्ड-काव्य समाप्त किया तो निम्मो से बोले, 'इस काव्य में बहुत-से बन्द ऐसे हैं, जिन्हें लिखते हुए मेरे सामने तुम्हारी सूरत रही है।'

और यह कह कर चेतन की उपस्थिति की परवाह किये बग़ैर उन्होंने किताब एक ओर रख कर उसका हाथ अपने हाथ में ले लिया था और उसे प्यार से सहलाने लगे।

तब जाने अपनी तमाम परेशानी के बावजूद चेतन के मन में क्या शरारत आयी कि उसने कहा, 'आपने तो भूमिका में लिखा है कि इस काव्य को लिखने की प्रेरणा आपको अपनी दुधमुँही दिवंगता बच्ची से मिली है!'

'यही मैं निम्मो को बता रहा था।' चातक जी ने कहा, 'कवि को प्रेरणा एक पात्र अथवा घटना से मिलती है, पर जब उससे प्रेरित हो कर वह लिखता है तो उस पात्र अथवा घटना में अपने आप दूसरे कई पात्रों और घटनाओं का समावेश हो जाता है। काव्य लिखने का उद्रेक मुझे तभी हुआ, जब मैंने अपनी दुधमुँही बच्ची को गोद में लिया था, पर लिखने के क्रम में कई ऐसे खण्ड मैंने लिखे, जो इसी जादूगरनी को सम्बोधित हैं।'

और उन्होंने बड़े प्यार से जाजम पर लेटी हुई अपनी उस 'सहोदरा' की ठोडी को ठहोका दे दिया।

निम्मो ने चश्मा आँखों से उतर रखा था और उसके बिना उसकी चुँधी-सी आँखें श्रीहीन लग रही थीं। उसके चेहरे का पाउडर भी उस वक्त तक उतर गया था, हलके-से चेचक के दाग़ उसके साँवले चेहरे पर दिखायी दे रहे थे और कुल मिला कर कम्बल के

नीचे लेटी हुई वह तरुणी बीमार-बीमार-सी लग रही थी और जादूगरनी ज़रा भी दिखायी न दे रही थी।

तब यूँ ही बात करने को चेतन ने पूछा था, 'क्या इनकी तबियत ख़राब है। ये ऐसे क्यों लेटी हैं ?'

उसके हाथ को और भी प्यार से सहलाते हुए चातक जी ने कहा था, 'निम्मो कुछ थक गयी है। हम सुबह बहुत दूर निकल गये। लॉरेन्स तक जा कर लौटे। इसको इतना चलने की आदत नहीं। दिल्ली में घर के आगे ट्राम मिल जाती है। जब से आयी है, कम्बल ओढ़ कर लेटी है। सोचा था, इसकी नयी कविताएँ सुनेंगे, पर यह लेट गयी तो सोचा हमीं इसका मनोरंजन करें।'

'आपने अपनी नयी कविताएँ नहीं सुनायीं ?'

चेतन के स्वर में जो व्यंग्य था, उसकी ओर कवि ने ध्यान नहीं दिया। वे उत्साहित हो आये। तन्वी का हाथ छोड़, उन्होंने किताबों के नीचे पड़ी कविताओं की स्लिपें ढूँढी और निम्मो से बोले, 'पहले की लिखी कुछ कविताएँ तो तुम्हें दिल्ली में सुनायी थीं, इधर कुछ और लिखी हैं, कहो तो सुनाऊँ; बोर तो नहीं हो गयीं ?'

निम्मो लेटी-लेटी कुछ अजीब चांचल्य से मुस्करायी, 'हम तो बोर नहीं हुए, लेकिन लगता है भैया ख़ासे बोर हो गये हैं।' और उसने चेतन की ओर इशारा किया।

'नहीं, मैं बोर नहीं हुआ, मैं तो यह खण्ड-काव्य पहले भी सुन चुका हूँ।' चेतन ने कहा, 'मेरा मन सुबह से कुछ ठीक नहीं। दफ़्तर गया था, वहाँ भी काम में नहीं लगा सो इधर चला आया।'

'अच्छा किया जो चले आये।' चातक जी जाने क्यों हँसे और उन्होंने माथे की लट परे हटायी। 'सवेरे तुम निस्बत रोड से लौट आये तो निम्मो को शक था कि तुम उससे नाराज़ हो गये हो ? मैंने कहा था —नहीं, तुमसे भला कोई नाराज़ हो सकता है! वह आज ही आयेगा।' और वे निम्मो की ओर पलटे,'देखो, तुम्हारी ख़ातिर यह दफ़्तर छोड़ कर चला आया है।'

मन से दुखी होने पर भी चेतन के होंटों पर व्यंग्य-भरी मुस्कान खेल गयी। उसका मन हुआ, उठे और चल दे। अपनी उस मनःस्थिति में वह कैसे वहाँ वह सब बकवास सुन सकता है। वह उठा।

'मैं अब चलूँगा।' उसने कहा।

कवि ने उसे हाथ पकड़ कर बैठा लिया। 'बैठो, बैठो। खाना खा कर जाना।'

वे कविता सुनाने के लिए पर तोल रहे थे कि रसोई से उनकी पत्नी अपने लम्बे-तगड़े शरीर के साथ आ कर दरवाज़े में खड़ी हो गयीं और नकिया कर बोलीं, 'अँब उँठ कर खाँओ-पिंयोगे भी याँ अँपनीं इंन सँहो-दराँजीं का पेंट इँस मुँई कँविंता हीं सें भरोंगे।'

चातक जी का रंग पल भर को लाल हो आया। चेतन का ख़याल था कि इस बदतमीज़ी पर वे कस कर भाभी को डाँट देंगे, लेकिन दूसरे क्षण उन्होंने बड़े धैर्य से कहा कि वह जा कर तीन थालियाँ लगाये, चेतन भी उनके साथ ही खायेगा, वे पाँच मिनट में नहा आते हैं।

और चेतन को पुनः खाना खा कर जाने और इस बीच निम्मो का मन बहलाने के लिए कह कर वे चले गये।

चेतन उनकी इस सहोदरा का कैसे मन बहलाये, उसकी समझ में नहीं आया। उसके चले आने के बाद चन्दा क्या करती होगी, वह मन-ही-मन यही सोचता रहा था। क्या चुपचाप लेटी रो रही होगी ? क्या विद्यालय चली गयी होगी ? उसने तो सुबह लस्सी भी पी ली है और अब यहाँ खाना भी खा लेगा, वह बेचारी भूखी ही बैठी कुढ़ती होगी....

तभी, जब वह इसी चिन्ता में ग्रस्त चुप बैठा था, सहसा वह चंचला कम्बल हटा कर उठ बैठी और उसने दोनों हाथों की उँगलियाँ एक-दूसरी में फँसा कर ज़ोर की हड्डी-तोड़ अँगड़ाई ली और हाथों को सिर के ऊपर ले जा कर और आँखें छत में गड़ा कर क्षण भर को उसी अवस्था में तनी बैठी रही —सिर के ऊपर हाथ ले जा कर उसने कलाइयों को कुछ ऐसे मरोड़ लिया कि चेतन को वह नृत्य की किसी भंगिमा में विसुध बैठी दिखायी दी। उसका ध्यान सहसा उसकी तनी हुई छाती के छोटे-छोटे उभारों पर चला गया, जो उस पोज़ में ख़ासे नुकीले हो आये थे। कोई दूसरा वक्त होता तो शायद उस पोज़ से वह बेतरह उत्तेजित हो उठता, पर अपनी उस मन-स्थिति में वह मन-ही-मन हँसा —इस साली को अपने अलावा कुछ सूझता ही नहीं; दूसरा किस मनःस्थिति में बैठा है, इसकी इसे कोई फिक्र नहीं!

क्षण भर उसी तरह तने रह कर निम्मो ने बाँहें एकदम ढीली छोड़ दीं और वे धप्प से उसके सामने आ गिरीं, 'जिस्म बेतरह टूट रहा था।' उसने कहा और सहसा उसने अपनी कलाई चेतन की ओर बढ़ा दी, 'देखना भैया, मुझे बुख़ार तो नहीं।'

'मुझे नाड़ी नहीं देखनी आती।' चेतन ने निहायत ठण्डे स्वर में कहा। (मन-ही-मन उसने दाँत पीसते हुए सोचा —कमबख़्त मुझे भी चातक ही समझती है) लेकिन साथ ही वह तत्परता से उठा —'मैं जा कर भाभी से थर्मामीटर लाता हूँ।'

और वह उठ कर किचन में चला गया था। और उसने भाभी से थर्मामीटर माँगा।

'थँर्मांमींटर से क्याँ होंगा,' भाभी ने कहा था, उँस कें सिंर पँर काँम चढ़ाँ है। उँन सँहोंदरजीं सें कहों कि अँपनीं इँस सँहोंदराँ काँ कहीं बियाँह कराँ दें तो इँसका बुँखार उँतरे।'

०

अपनी पत्नी के आगे-आगे चुपचाप गोविन्द गली को जाते हुए चेतन सहसा मन-ही-मन हँस उठा। क्षण भर को वह रुक गया। अपनी पत्नी के साथ आ मिलने की प्रतीक्षा करता रहा। फिर वह चल पड़ा। उसका मन फिर वहीं जा लगा। हाँ, मन ही हँसी का बिम्ब उसके होंटों पर एक मुस्कान की सूरत में कितनी ही देर तक बना रहा।

०

कोई दूसरा वक्त होता तो वह भाभी के उस सटीक व्यंग्य पर ठहाका मार कर हँस पड़ता, पर उस वक्त उसे हँसी नहीं आयी। भाभी के लिए उसके मन में करुणा उमग आयी थी और अपनी स्थिति पर उसे कुछ अस्वस्ति-बोध हुआ था। वह यूँ ही किचन में इधर-उधर थर्मामीटर ढूँढता रहा था। कमरे में जाने का उसे साहस नहीं हुआ। लेकिन कुछ क्षण बाद ही वह चंचला, एकदम चाक-चौबन्द, आँखों पर चश्मा चढ़ाये, साड़ी का पल्लू बड़ी अच्छी

तरह सिर पर लिये और कन्धों पर शाल ओढ़े किचन में आ गयी थी और, 'हमको तो बड़ी भूख लग आयी है, भाभी,' कहते हुए धप् से एक आसन पर बैठ गयी थी और चेतन से उसने कहा था, 'आइए बैठिए, भैया अभी आते ही होंगे।'

और उसने हलके-से उसका हाथ खींचा था।

चेतन नहीं बैठा था, लेकिन दूसरे क्षण चातक जी आ गये तो वह बैठ गया। निम्मो लगातार चहकती रही थी। लेकिन चेतन का ध्यान उधर नहीं था। वह यही सोचता रहा था कि जाने चन्दा ने खाना खाया कि नहीं और भाभी के लाख ज़ोर देने पर भी वह पूरी तरह खा नहीं सका था। तब यद्यपि उसका मन हुआ था कि वह खाना खाते ही चातक जी से छुट्टी ले ले, पर वैसा करना उसे शिष्ट न लगा था। वह कुछ देर वहीं कमरे में आ कर बैठ गया था और निम्मो अपनी कविताएँ सुनाने लगी थी। कविताएँ तो वास्तव में चातक जी अपनी सुनाना चाहते थे, पर जब निम्मो जाजम पर बैठते ही, 'लो भैया तुम कहते थे, मैं अपनी कुछ नयी कविताएँ सुनाती हूँ,' कहते हुए कापी खोल बैठी तो उनके लिए कोई चारा नहीं रहा। 'पहली कविता का शीर्षक है —उपालम्भ!' निम्मो ने एनाउंस किया और कविता पढ़ने लगी थी :

'जब नदिया सूख गयी तन की
तब ओस से प्यास बुझाने से क्या
जब प्राण पपीहे ने दे ही दिये
तब स्वाति-सुधा बरसाने से क्या
सर्वस्व लुटा दिया जब हम ने
तब दूर से यूँ भरमाने से क्या
जब नेह का नाता निबाहा नहीं
तब प्रीति की रागिनी गाने से क्या।'

चेतन ने इतनी ही पंक्तियाँ सुनी थीं कि उसे लगा कि कुछ ऐसे भाव उसने 'हिन्दी पुस्तक भवन' में एक नयी कवयित्री, 'चकोरी' के संग्रह 'किंजल्क' में पढ़े हैं और यह याद आते ही चातक जी की उस सहोदरा की कविताओं में (कि जिनमें छन्द भी ठीक न थे) चेतन की सारी दिलचस्पी चुक गयी — 'प्रेम के प्रति यह लड़की कितनी सीरियस है,' चेतन ने मन-ही-मन कहा था, 'यह तो मैं नहीं कह सकता, हालाँकि प्रेमिका की अपेक्षा यह फ़्लर्ट अधिक है। संगीत हो, नृत्य हो या काव्य — उन सब में इसकी दिलचस्पी ऊपरी है। यह कम्बख़्त अपनी इन्हीं अदाओं से चातक जी जैसे किसी चुग़द को फँसा लेगी, और गिरस्ती के चक्कर में सारी कविता और कला भूल जायेगी।'

दो-तीन कविताएँ तो चेतन ने किसी तरह सुनी थीं, फिर उसने चातक जी से क्षमा माँग ली थी कि उसकी पत्नी की तबियत ठीक नहीं, वे अभी उसे छुटटी दें, वह फिर आयेगा।

और यह कह कर वह चला आया था

०

जब ढाई-तीन के करीब वह घर पहुँचा तो उसने देखा कि उसकी पत्नी विद्यालय नहीं गयी।

उसने इस बीच सारे कपड़े धो और सुखा लिये हैं और वह उन्हें इस्त्री करने का प्रयास कर रही है। चन्दा को इस्त्री करना नहीं आता था। चेतन की कमीज़ को वह पहले दामन की ओर से इस्त्री कर रही थी। चेतन ने जाते ही अपनी पत्नी के हाथ से इस्त्री ले ली थी और कन्धे से उसे ज़रा परे हटा दिया था — उसकी भंगिमा में किंचित त्वरा और रुखाई थी। लेकिन पत्नी के हाथ से इस्त्री लेते और उसे परे धकेलते हुए जब उसने कहा था, 'हटो, मैं कर देता हूँ। तुम हाथ-वाथ जला लोगी।' तो उसके स्वर में जो चिन्ता और स्नेह था, वह उसकी पत्नी से छिपा नहीं रहा था।

'आप दफ़्तर से आज जल्दी आ गये ?' चन्दा ने पूछा था।

'मेरा मन नहीं लगा,' बिना उसकी ओर देखे, चेतन ने उत्तर दिया था। और वह कपड़ों पर इस्त्री करने में तल्लीन हो गया था।

कमीज़ पर कुछ सिलवट रह गये थे। चन्दा ने ठीक से छींटे नहीं दिये थे। तब चेतन ने इस्त्री ज़मीन पर खड़ी कर दी और पत्नी से एक कटोरे में पानी लाने को कहा। जब पानी आ गया तो एक-एक कपड़े पर पानी छिड़कते और उनके गोले-से बना कर और उन्हें दबा कर (कि वे अच्छी तरह नम हो जायें) उन्हें एक ओर एक-दूसरे के ऊपर रखते हुए उसने सहज भाव से पूछा था :

'तुम ने खाना खा लिया ?'

'क्या आपने खा लिया ?'

'दफ़्तर में मेरा मन नहीं लगा। मैं चातक जी के चला गया था। वहाँ उनकी वही सुबह वाली मेहमान आयी हुई हैं। उन्होंने ज़बरदस्ती खिला दिया!'

'मैंने भी दो बासी रोटियाँ खा ली थीं।'

'क्या तुम्हारा बीमार पड़ने का इरादा है ?' उसने अतिरिक्त चिन्ता-भरे स्वर में कहा, 'मैं पहले ही बेहद परेशान हूँ। जाओ जा कर खाना खा लो। तीन बजने को हैं। मैं इस बीच इन सब को इस्त्री कर देता हूँ। फिर घूमने चलेंगे।'

और चेतन के होंटों पर क्षमा माँगती हुई-सी बड़ी हलकी सुलह-कुल[१] मुस्कान आ गयी थी।

उत्तर में चन्दा उदासी से मुस्करायी थी। लेकिन उसने कुछ कहा नहीं था। वह चुपचाप खाना खाने चली गयी थी।

तब चेतन ने जैसे पहली बार मार्क किया था कि उसने साड़ी-ब्लाउज़ घर में धो कर और इस्त्री करके पहन रखे हैं। बाल भी सँवारे हैं और शायद मुँह पर उबटन भी मला है। बस केवल किसी ऐसी बात की ज़रूरत थी, जो उन उदास होंटों में छिपे हुए मोती चमका दे और उनकी आभा उस चेहरे को ही नहीं, सारे घर को उद्भासित कर जाये।

लेकिन चेतन को कोई ऐसी बात न सूझी थी।

अपने पति की अशिष्टता और क्रूरता के प्रति कोई शिकायत नहीं, कोई उलाहना, कोई गिला-शिकवा नहीं — चेतन का हृदय अपनी पत्नी के इस स्वीकार, सहिष्णुता और सहनशीलता पर अनायास द्रवित हो आया और वह नम कपड़ों को बारी-बारी उठा कर,

---

१. सन्धि की अपेक्षा रखने वाली।

उन पर जल्दी-जल्दी इस्त्री करने लगा।

इस्त्री करते-करते मन-ही-मन चेतन ने तय किया कि सुबह-जैसी घटना वह फिर नहीं होने देगा। इसमें कोई सन्देह नहीं कि उसे अपनी सास पर ग़ुस्सा था, लेकिन इसमें भी कोई शक नहीं कि उसकी तमाम कोशिशों के बावजूद चन्दा सफ़ाई का उतना ख़याल न रखती थी और मैली-कुचैली बनी रहती थी। उसके हाथों और पैरों पर मैल की परत चढ़ी रहती थी। चेतन ने उससे कई बार कहा था कि ख़ूब गर्म पानी से हाथ-पैर धोये! थोड़ी देर में मैल उगल (फुल) जायेगी। तब उन्हें रगड़-रगड़ कर मैल साफ़ करे और फिर वैज़लीन लगाये। वैज़लीन की शीशी भी उसने ला कर रखी थी, पर बिना इस्तेमाल उस पर भी मैल की वैसी ही परत चढ़ गयी थी। रंग चन्दा का गेहुआँ था। साफ़-सुथरे कपड़े पहनती और हँसती-मुस्कराती तो सुन्दर लगती थी, लेकिन अपनी जन्मजात सुस्ती और काहिली के कारण वह मैली-कुचैली बनी रहती। बस उसका दिल सोने का था। चेतन को विश्वास था कि उसका तन भी सोने का हो सकता है। वे ग़रीब हैं और पाउडर-क्रीम और श्रृंगार के दूसरे प्रसाधन उन्हें सुलभ नहीं, पर वह उबटन तो मल सकती है और उबटन में तो कोई ख़र्च नहीं आता। चेतन ने उसे बेसन में तेल डाल कर उसमें दो पत्ती केसर छोड़ कर, उसका उबटन बनाना, उसे चेहरे पर मल कर मैल की बट्टियाँ उतारना और जिल्द को मुलायम और सुन्दर बनाना सिखाया भी था। उसने अपनी माँ को दसियों बार उबटन मलते देखा था। बचपन में उनकी माँ उनके चेहरों को भी उबटन मल कर चमका देती थी। जिल्द साफ़ और मुलायम हो जाती थी। चेतन को ख़ुशी हुई कि चन्दा ने ख़ूब सफ़ाई की थी और चेहरे पर उबटन भी मला था।....तब कपड़ों पर इस्त्री करते हुए उसने तय किया कि वह अपनी पत्नी को संगीत विद्यालय में दाख़िल करा देगा। वह 'कृपालदेवी हिन्दी विद्यालय' में तो पढ़ती थी, पर वहाँ अच्छे घरों की लड़कियों के साथ बेहद ग़रीब घरों की लड़कियाँ भी पढ़ती थीं। केवल विद्यालय में पढ़ने से चन्दा साफ़-सुथरा रहना नहीं सीख सकती थी। लेकिन संगीत विद्यालय में मध्य और उच्च वर्ग की लड़कियाँ ही पढ़ने आती थीं और चेतन को विश्वास था कि उनमें रह कर चन्दा ज़रूर ही उनकी तरह साफ़-सुथरी रहना सीख जायेगी। न सीखेगी तो वह कमला और जमुना की मदद से उसे यह सब सिखा देगा। वह यह सब कैसे करेगा, उसे मालूम था।

चन्दा खाना खा कर और रसोई का काम निबटा कर आ गयी और चेतन इस्त्री कर चुका तो उसने चन्दा को तैयार होने के लिए कहा कि चलो ज़रा 'क्रिस्टल' तक घूम आयें और वापसी पर कुछ क्षण कमला के हो आयें।

०

अपनी पत्नी के साथ गोविन्द गली को जाता और यही सब सोचता हुआ चेतन सब्ज़ीमण्डी का चौक पार गया था।

उसके सामने निस्बत रोड की वह शाम घूम गयी। सुबह की घटना का उसने शाम को ज़िक्र तक नहीं किया था, लेकिन उसने यह कोशिश ज़रूर की थी कि वह किसी तरह अपनी पत्नी की मौन उदासी तोड़ दे, उसे हँसा दे और उसने चातक जी की उन सहोदरा का किस्सा छेड़ दिया था। सब्ज़ी मण्डी दिल्ली के उस फ़्लैट में घुँघरुओं की झंकार के साथ उस चंचला ने जैसे ड्रॉइंग-रूम में प्रवेश किया था, उसका साभिनय और सव्यंग्य

वर्णन कर, चातक जी की उस सहोदरा से उनके लिजलिजे व्यवहार पर उसने टिप्पणी की थी।....चातक जी के जाते ही उसने अँगड़ाई में जिस तरह नृत्य की मुद्रा बनायी थी और कलाई उसके आगे कर दी थी और जैसे वह टेम्परेचर देखने के लिए थर्मामीटर लेने भागा था और भाभी ने व्यंग्य किया था — उस सबका ज़िक्र करते और नकियाते हुए उसने भाभी के स्वर की नकल भी उतारी थी। उसने उनका वाक्य कुछ ऐसे दोहराया कि उसे आशा थी कि चन्दा खिलखिला कर हँस पड़ेगी। लेकिन जब इतने पर भी एक करुण, उदास मुस्कान ही उसके होंटों पर उदय हुई तो चेतन के मन में आया — वह सुबह के अपने कृत्य के लिए उससे क्षमा माँग ले और उसे सहज कर दे, लेकिन वह दुनिया-जहान की बातें करता रहा था, सिर्फ़ उसने सुबह की घटना ही का ज़िक्र नहीं किया था।

o

'क्रिस्टल' के सामने से वे लौट पड़े थे तो चेतन उसे कमला के यहाँ ले गया था। दरवाज़ा हमेशा की तरह जमुना ने ही खोला था और उन्हें देख कर उसके होंटों पर लज्जा और संकोच-भरी वही मुस्कान खेल गयी थी, जो चेतन को हमेशा अच्छी लगती थी। वे जा कर बैठे थे तो मौसी रामरक्खी ने उन्हें बरबस चाय पिलायी थी। तभी चेतन ने चन्दा को संगीत विद्यालय में दाख़िल कराने की इच्छा प्रकट की थी। कमला इस पर बड़ी प्रसन्न हुई थी। वे उसी वक्त उठ कर बीच की चौड़ी गली में संगीत विद्यालय गये थे। वहाँ अचकन और चूड़ीदार पायजामा पहने और रागियों जैसी लटकेदार बिजली रँगी पगड़ी बाँधे एक लम्बे-ऊँचे, श्याम वर्ण के दक्षिण भारतीय गुरु वेंकटरमण से मिले थे, जो विद्यालय चला रहा था। पाँच रुपये महीना फ़ीस थी। चेतन ने अपनी पत्नी को उसी वक्त भरती करा दिया।

जब चेतन मौसी रामरक्खी के सामने कुर्सी पर बैठा था तो क्षण भर के लिए उसके मन में ख़याल आया था कि क्यों न मौसी से अपने ससुर के पागल होने और निकट ही गोविन्द गली में अपनी सास के नौकरी करने की बात कह कर अपने मन के बोझ को हलका कर ले। उसने तब तक अपनी सास की उस नौकरी का ज़िक्र किसी से नहीं किया था और अन्दर-ही-अन्दर वह बेतरह घुट कर रह गया था।.... लेकिन चाहने पर भी वह कह नहीं सका था। चेतन निम्न-मध्यवर्गीय परिवारों के मनोविज्ञान से परिचित था। अव्वल तो इस स्थिति ही से उस परिवार की निगाहों में उसकी और उसकी बीवी की प्रतिष्ठा कम हो जाने की सम्भावना थी (हालाँकि उसे विश्वास था कि जमुना को उनके साथ हमदर्दी ही होगी) फिर मौसी इस बात पर भी ताना दे सकती थी कि जिसका पिता पागलख़ाने में पड़ा है, उसे कैसे गाने-बजाने की सूझ सकती है।

जब वह चन्दा को संगीत विद्यालय में दाख़िल कराके लौटा तो जैसे मन-ही-मन मौसी की उस सम्भावित आपत्ति का उत्तर देते हुए उसने अपनी पत्नी से कहा था, 'मैंने हारमोनियम बड़े शौक से तुम्हारे लिए ख़रीदा था। शिमले से मैं बड़ी मुश्किल से पैसे बचा कर सितार और दिलरुबा लाया हूँ। सभी पर बेकार में धूल जम रही है। इधर तुम्हारे पिता की अस्वस्थता के कारण तुम्हारा मन भी अस्वस्थ रहता है। इसीलिए मैंने सोचा कि शाम को तुम एक-आध घण्टा टूँ-टाँ कर लोगी तो तुम्हारा मन बहला रहेगा। आवाज़ तुम्हारी सुरीली है। 'प्रभाकर' पास करने के साथ-साथ संगीत विशारद का भी डिप्लोमा ले लो तो क्या कहने हैं!'

और यूँ लाख चाहने पर भी चेतन मुख्य बात पर न आ सका था। सुबह की अपनी ज़्यादती का उसने ज़िक्र नहीं किया। हाँ, घर आ कर उसने हारमोनियम, सितार और दिलरुबा —तीनों साज़ निकाले, उन्हें झाड़ा-पोंछा और फिर अन्दर के कमरे में करीने से रख कर मेज़ पर आ बैठा था। चन्दा रसोई में जा लगी और वह सुबह की छोड़ी कहानी लिखने लगा और वह चल भी पड़ी थी।

०

तीन दिन बाद चन्दा का मन बहलाने को वह उसे मोहिनी के ले गया था। वे दोनों सहेलियाँ आपस में बातें करने लगी थीं तो मोहिनी के पति मिस्टर लेखराज उसे अपने कमरे में ले गये थे। उनका कमरा बहुत बड़ा नहीं था, इस पर उसमें सामान ज़रूरत से ज़्यादा था। वह कुछ क्षण उनके साथ चुपचाप बैठा रहा था। अपनी तात्कालिक मनःस्थिति में बीमा कम्पनी के उस इंस्पेक्टर से वह क्या बातें करे, उसकी समझ में न आ रहा था। सामने एक हारमोनियम रखा था, जिसके 'बेलो' पैरों से चलते थे। चूँकि उस पर एक रंगीन चादर पड़ी थी, जो फ़र्श को छू रही थी, इसलिए चेतन ने उसे सिंगर मशीन समझा और यों ही बात चलाने के लिए पूछा, 'क्या यह सिंगर मशीन है ? मोहिनी के जहेज़ में आयी होगी।'

'मशीन नहीं,' लेखराज ने सोत्साह कहा था, 'यह बाजा है। आया तो मोहिनी के जहेज़ ही में है, पर मैंने अनारकली में मिल्खीराम बाजे वाले से इसके नीचे बेलो भी लगवा लिये हैं। अब न केवल मज़े से कुर्सी पर बैठ कर इसमें पैरों से हवा भरी जा सकती है, बल्कि एक हाथ के बदले दोनों हाथों से बजाया जा सकता है। एक संगीत मास्टर सिखाने आता है। पहले उससे मैं सीख लेता हूँ, फिर मोहिनी को सिखाता हूँ।'

०

लेखराज की बात याद आ जाने से बाज़ार में जाता-जाता चेतन हँस दिया। 'वह भी मेरा ही भाई है,' उसने मन-ही-मन कहा और दिमाग़ में उन दिनों की एक घटना घूम गयी, जब शुरू-शुरू में सरदार जगदीश सिंह (लैण्डलॉर्ड ऐण्ड हाउस प्रोप्राइटर) के मकान में वे उनके साथ ही के कमरे में रहते थे और उसने चन्दा को हारमोनियम सिखाने के लिए एक म्यूज़िक-टीचर रख दिया था। वह म्यूज़िक-टीचर, पण्डित 'रत्न' के उन्हीं मित्र ज्ञानचन्द का मुँह-बोला बेटा था, जो सरक्युलर रोड के चौबारे में रहते थे। वह अपराह्न ही को आ सकता था, क्योंकि दूसरे तमाम वक्त के लिए उसके पास ट्यूशनें थीं। तभी एक दिन सरदार जगदीश सिंह ने उसे बुला कर कहा कि वे अपने दोस्तों को एक पार्टी दे रहे हैं और वे सोचते हैं कि यदि उसकी पत्नी पार्टी में दो-एक गीत सुना सके तो बहुत अच्छा हो।

चेतन उस मूर्ख सिखड़े की ओर देखता रह गया था। उसने उसकी पत्नी को क्या समझा है। उसके जी में आया कि उसे दो-चार मल्लाहियाँ सुनाये, पर वह नया-नया उस मकान में आया था, इसलिए अपने क्रोध पर बरबस संयम रख के उसने सिर्फ़ इतना ही कहा था, 'आपके मित्रों को न मैं जानता हूँ और न मेरी पत्नी, वह उनमें बैठ कर कैसे गा सकती है ?'

तब सरदार साहब ने कहा था, 'आप चाहें तो हम कुछ फ़ीस दे देंगे। मैं चाहता था कि पार्टी में कुछ रौनक आ जाये!'

क्रोध के मारे चेतन थर-थर काँपने लगा था और तीखे स्वर में उसने कहा था, 'आप कुछ सोच-समझ कर बात कीजिए। आपने हमें क्या समझ रखा है! हम आपके किरायेदार हैं, पर आपको हमारा इस तरह अपमान करने का कोई अधिकार नहीं। बहुत रौनक करने और फ़ीस देने का आपको शौक है तो टिब्बी बाज़ार[1] से कोई रण्डी बुला लीजिए।'

सरदार जगदीश सिंह (लैण्डलॉर्ड ऐण्ड हाउस प्रोपाइटर) का मुँह घनी दाढ़ी के बावजूद उतर गया था। तब उनकी सरदारनी ने धीरे से कहा था, 'तुम्हारी ग़ैरहाज़िरी में वह पराये मर्द के सामने बैठी बाजा बजाती है.... !'

बात पूरी करने का अवसर दिये बिना चेतन ने कहा था, 'वह पराया मर्द नहीं, मेरे मित्र का बेटा है और वह उसके सामने बाजा नहीं बजाती, उससे सीखती है। वह मशहूर म्यूज़िक-टीचर है।'

तब यद्यपि सरदार ने माफ़ी माँग ली थी और वह तिनकता हुआ वापस आ गया था, पर महीना ख़त्म होने के बाद उसने ट्यूशन छुड़वा दी थी और स्वयं सरक्युलर रोड के चौबारे पर संगीत सीखने जाने लगा था। जितना वह सीख कर आता, आ कर चन्दा को सिखा देता।

चेतन के सामने सारी घटना घूम गयी। सरदार जगदीश सिंह की बात याद आ जाने से इतना समय बीत जाने पर भी क्रोध का शोला-सा उसके मन में लपका, लेकिन उसका उत्तर सुन कर उनका मुँह जैसे लटक गया था, उसकी याद आ जाने से उसके होंटों पर मुस्कान भी आ गयी।

'लेखराज भी यही करता है,' उसने मन-ही-मन कहा।

०

चन्दा मोहिनी के साथ काफ़ी देर बैठी रही थी और वह लेखराज के साथ बैठा बोर होता रहा था। अपने उत्साह में लेखराज ने बाजे का कपड़ा उठा कर दोनों हाथों से हारमोनियम बजाते हुए उसे अपनी निहायत कनसुरी मोटी आवाज़ में बेवक्त के भजन सुनाये थे। कोई दूसरा वक्त होता तो वह वहीं बैठा-बैठा अपनी पत्नी को आवाज़ देता कि चले, देर हो रही है। लेकिन चन्दा का मन बहल रहा था, इस ख़याल से वह चुपचाप बैठा अपने कानों पर अत्याचार सहता और मिस्टर लेखराज को तानसेन की कब्र पर बेदर्दी से लात मारते देखता रहा था। आख़िर मोहिनी और चन्दा वहीं आ गयीं। चन्दा अपनी सहेली के साथ हँसती-हँसाती रही हो तो वह नहीं जानता। चेतन के साथ जब वह लेखराज के घर से चली तो बदस्तूर चुप और गम्भीर थी।

दूसरे ही दिन अनारकली जा कर वह अपने हारमोनियम में पैरों से चलने वाले बेलो लगवा लाया और दो-तीन शाम न सिर्फ़ ख़ुद, बल्कि चन्दा को भी दोनों हाथों से बाजा बजाने की प्रैक्टिस कराता रहा था।

०

लेकिन उसके इन सब सद्प्रयासों बावजूद वह संकोच, जो पति-पत्नी के बीच आ गया था, ज़रा भी दूर नहीं हुआ था। चन्दा को तकलीफ़ न हो और स्वयं उसे चिल्लाने का अवसर

१. लाहौर में वेश्याओं का प्रसिद्ध बाज़ार।

न मिले, इसलिए वह बैठक ख़ुद साफ़ करता। किचन को धोने और बर्तन साफ़ करने में भी वह चन्दा की मदद करता। वह कपड़े धोती तो वह इस्त्री कर देता। शाम को प्राय: रोज़ वह उसे घुमाने ले जाता। लेकिन इस पर भी एक दीवार थी, जो दोनों के बीच आ गयी थी। शाम को थक-हार कर दोनों अपनी-अपनी चारपाई पर सोते तो चन्दा जल्द ही नींद में विसुध हो जाती और चेतन गयी रात करवटें बदलता रहता। कई बार उसका मन होता, वह हलके-से स्पर्श से उसे अपने पास बुलाये। लेकिन एक संकोच था, जो हमेशा उसका हाथ रोक लेता। चन्दा सो जाती और वह तब तक करवटें बदलता हुआ अपने से उलझता रहता, जब तक कि उसकी आँखें बरबस बन्द न हो जातीं।

चन्दा पूर्ववत चुपचाप अपना काम किये जाती। चेतन उसके व्यवहार से ज़रा भी न जान पाया कि उसके मन में आक्रोश है अथवा उसके उस घटना के लिए उसे दिल से क्षमा कर दिया है। चन्दा की माँ फिर उससे मिलने न आयी थी। चेतन चाहता था, उसकी पत्नी एक बार भी इच्छा प्रकट करे और वह उसे उसकी माँ से मिलाने ले जाये और अपने उस दिन के क्रोध की सफ़ाई दे दे। लेकिन वैसी इच्छा प्रकट करना तो दूर, चन्दा ने भूले से भी कभी उस दिन की घटना का ज़िक्र न किया था और ऊपर से समतल उनकी ज़िन्दगी में अन्दर-ही-अन्दर एक अदृश्य खाई खिंच गयी थी।

o

तभी एक ऐसी घटना हुई, जिससे चेतन का संकोच टूट गया और उसने अपनी पत्नी से क्षमा माँग ली और स्वयं उसे मजबूर करके उसकी माँ से मिलाने चल दिया।

o

हुआ यूँ कि जब उसने कृष्णा गली नम्बर-१ में ये कमरे किराये पर लिये थे तो उसमें और भाई साहब में यह तय हुआ था कि चेतन मकान का किराया देगा और क्योंकि भाई साहब के लिए किराये के इकट्ठे रुपये देना मुश्किल है, इसलिए वे रोज़-के-रोज़ सब्ज़ी-तरकारी और राशन की व्यवस्था कर दिया करेंगे और जब तक भाभी रहीं, यही प्रबन्ध रहा था। भाभी के जाने के बाद भी महीना भर यही व्यवस्था चली, लेकिन दो महीने पहले भाई साहब ने कहा कि चेतन तो तेरह रुपये एक बार दे कर महीने भर के लिए छुट्टी पा लेता है और वे थोड़ा-थोड़ा करके ज़्यादा ख़र्च कर देते हैं। तब चेतन ने कहा था, 'ठीक है, मकान का किराया आप अपने ज़िम्मे ले लीजिए और घर का ख़र्च मैं करूँगा।'

और तीन महीने से वह घर ख़र्च चला रहा था। सामने सड़क पार के बनिये से उसने उधार ला कर महीने भर का राशन घर में डाल दिया और वेतन मिलने पर चुका दिया था। लेकिन भाई साहब ने मालिक-मकान को सिर्फ़ एक महीना किराया दिया, फिर चुप लगा गये। जब दूसरे महीने भी यही हुआ तो मालिक-मकान ने चेतन को बुला कर कहा कि दो महीने का किराया उनके सिर चढ़ गया है। वे किराया जमा कर दें, वरना मकान छोड़ दें!

शाम को भाई साहब आये तो उसने मालिक-मकान के नोटिस की चर्चा की और किराये के रुपये देने को कहा। भाई साहब ने जेबें झाड़ दीं कि उनके पास कानी कौड़ी भी नहीं। तब चेतन ने कहा कि उन्होंने स्वयं यह ज़िम्मेदारी अपने ऊपर ली थी, क्यों उन्होंने दो महीने किराये नहीं दिया तो भाई साहब ने कहा कि कुछ बहुत ज़रूरी औज़ार और सामान

चाहिए था। जो रुपये दुकान के किराये के बाद बचे, उनकी ख़रीद में लग गये। औज़ार और ज़रूरी सामान न हो तो वे एक दिन भी काम नहीं कर सकते।

'लेकिन सिर पर छत न होगी तो क्या सड़क पर सोयेंगे।' चेतन चिल्लाया, 'आपको किराया नहीं देना था तो आपने यह ज़िम्मेदारी अपने ऊपर क्यों ली थी ? आप ही को शिकायत थी, वरना मैं तो निहायत बाकायदगी से किराया दे रहा था। अब मेरे पास तो एक भी पैसा नहीं। बनिये का उधार सिर पर है और इसके अलावा मुझे पन्द्रह-बीस रुपये दूसरों के देने हैं। तीस मुझे आज कल में 'वीर भारत' से मिलेंगे, शेष की जुगाड़ के लिए अनुवाद करना पड़ेगा। किराये के खाते में तो मैं एक पैसा भी नहीं दे सकता। और अगर हम आज ही मालिक-मकान को किराया नहीं देते तो हमें यह मकान छोड़ देना पड़ेगा।'

चेतन चिल्लाये जा रहा था, लेकिन भाई साहब चुप बने हुए थे। एक बार अपनी बात कह कर फिर उन्होंने ज़बान भी नहीं खोली। जब चेतन का क्रोध बढ़ता गया और समस्या का कोई समाधान होता दिखायी न दिया तो सहसा चन्दा ने (अपने पति से नहीं, अपने जेठ से) कहा कि वे घबरायें नहीं, रुपये का वह प्रबन्ध कर देती है।

चेतन हठात चुप हो गया था। उसने अपनी पत्नी पर एक तेज़ निगाह डाली थी — यह कहाँ से रुपये दे देगी! —उसने मन-ही-मन सोचा। लेकिन चन्दा अन्दर के कमरे में गयी। दोनों भाई उसकी प्रतीक्षा में चुप खड़े रहे। कुछ क्षण बाद वह एक मैली-सी पोटली लायी और उसे खोल कर उसने भाई साहब के सामने चारपाई पर उलट दिया —अठन्नियाँ, चवन्नियाँ, दुवन्नियाँ, आने, अधन्ने, पैसे —'गिन लीजिए!' उसने कहा, 'मकान के किराये जितने तो होंगे ही।'

और वह ज़रा पीछे हट कर खड़ी हो गयी।

भाई साहब सोत्साह गिनने लगे —सवा सत्ताइस रुपये की रेज़गारी निकली, उन्होंने दोबारा गिना। सवा सत्ताइस रुपये। भाई साहब बड़े प्रसन्न हुए; उन्होंने सवा रुपया उठा कर चन्दा के हाथ रख दिया और शेष छब्बीस रुपये पोटली में डाल कर चेतन की ओर ऐसे बढ़ाये, जैसे वे अपने पास से दे रहे हों और बोले, 'जाओ, जा कर मालिक-मकान को दे आओ।'

चेतन ने पोटली ले कर कहा, 'लेकिन ये रुपये तो हमारे हैं। मुझे अभी बनिये का बिल देना है, बाजे वाले को देना है,' और जैसे वह रेज़गारी उसी ने चन्दा को दी हो, उसने पत्नी से कद्रे तीखे स्वर में कहा, 'तुमसे किसने कहा था, यह रेज़गारी यहाँ ला कर उलट दो।'

चन्दा ने उसका कोई उत्तर नहीं दिया। अपने पति के कन्धे को स्नेह से छूते हुए उसने सिर्फ़ इतना ही कहा, 'जाइए, मालिक-मकान को रुपये दे आइए।'

'भई, मैं रुपये चन्दा को वापस कर दूँगा,' भाई साहब ने बड़ी उदारता से कहा।

'पहले भी तो आपने गहनों के सिलसिले में दस रुपया महीना देने की बात की थी।'

भाई साहब ने इसका कोई उत्तर नहीं दिया।

'ठीक है, मैं रुपये मालिक-मकान को दे आता हूँ।' चेतन ने झल्लाये हुए स्वर में कहा था, 'लेकिन कल से आप पहले ही की तरह घर के ख़र्च का ज़िम्मा लीजिए! किराया

मैं ही दूँगा। घर का ख़र्च भी मैं करूँ और मकान का किराया भी मैं दूँ, यह नहीं हो सकता।'

और परम उदारता से (प्रकट ही जान छुड़ाते हुए) भाई साहब ने तत्काल उसकी बात मान ली थी।

चेतन ने अपनी पत्नी को एक साफ़ रूमाल लाने का आदेश दिया था, 'यह पोटली इतनी गन्दी है कि इसमें रुपये ले जाते मुझे शर्म आती है।' उसने कहा था।

चन्दा साफ़ रूमाल ले आयी थी। चेतन ने सारी रेज़गारी उसमें डाली थी और जा कर मालिक-मकान को किराया दे आया था।

भाई साहब अपने कर्तव्य से छुट्टी पा कर कपड़े बदलने चले गये थे।

रात चेतन जब बिस्तर पर लेटा तो उसे नींद न आयी थी। वह लगातार चन्दा के बारे में सोचने लगा — यह उसके बराबर चारपाई पर लेटी हुई उसकी पत्नी, जिसे वह सीधी-सादी, फूहड़ और गँवार समझता रहा है अन्दर से कितनी गहरी, सभ्य और सुसंस्कृत है! वह प्रायः उसका बाहर का रूप देखता रहा है। जब-जब उसके अन्तर की झलक उसे मिली है, वह चकित रह गया है।

उसने चन्दा की ओर देखा। रज़ाई लिये हुए वह चुपचाप आँखें बन्द किये पड़ी थी। सहसा चेतन ने उसे हलके से अपनी ओर खींचा।

चुपचाप वह उसकी चारपाई पर आ गयी और बिना किसी भूमिका के, चेतन ने उस दिन की ज़्यादती के लिए उससे क्षमा माँग ली।

'उस दिन बेकार ही मेरा दिमाग़ ख़राब हो गया था,' उसने कहा, 'तुम रोज़-रोज़ साड़ियाँ कहाँ से बदल सकती हो। दो साल के अर्से में चार धोतियाँ भी तो मैं तुम्हें ला कर नहीं दे सका और जहेज़ की साड़ियाँ कब तक चल सकती हैं। फिर तुम सफ़ाई करो, खाना पकाओ, स्कूल जाओ, कपड़े धोओ — क्या-क्या कर सकती हो!'

'नहीं, आपका ग़ुस्सा ठीक था।' चन्दा ने कहा, 'मुझे सफ़ाई की आदत ही नहीं। गूजरी ने पाला है, किसी सभ्य पढ़ी-लिखी माँ ने मुझे भी पाला होता तो मैं सब कुछ सीख जाती।'

चेतन को शक हुआ, उसकी पत्नी उस पर व्यंग्य कर रही है और यूँ उसकी ज़्यादती का बदला चुका रही है। लेकिन नहीं, उसके चेहरे अथवा उसके स्वर में कहीं व्यंग्य का आभास तक न था।

'लेक़िन आप घबराइए नहीं,' उसी सरलता से चन्दा ने कहा, 'मैं धीरे-धीरे सब सीख जाऊँगी। आप ठीक कहते हैं। कपड़े भले ही कम हों, पर दूसरे-तीसरे धो कर साफ़ तो रखे ही जा सकते हैं। उस दिन अचानक चातक जी और उस लड़की के आ जाने से आपको ज़रूर बुरा लगा होगा।'

चेतन ने अपनी पत्नी को बाँह में भर लिया। 'नहीं, उस दिन मुझ पर बेकार ग़ुस्से का भूत सवार हो गया था। मुझे तुम्हारी मैली धोती पर ग़ुस्सा नहीं था, मैं कौन-सा साफ़ रहता हूँ। हफ़्ता-हफ़्ता वही कमीज़ और तहमद पहने रहता हूँ और मेरी नेकर लगातार पहनने से बे-क्रीज़ कच्छे-जैसी दिखायी देने लगती है। नंगे बदन रहता हूँ, इसलिए कपड़े उतने मैले नहीं होते, पर तुम तो मेरी तरह नंगे बदन नहीं रह सकतीं।' कुछ क्षण रुक कर उसने फिर कहा, 'यह सफ़ाई-अफाई भी सब भरी जेब के चोंचले हैं। आज मेरे पास कहीं

वाफ़र रुपया आ जाये तो कल दर्जन भर जोड़े सिल जायें। हफ़्ते-हफ़्ते धोबी आये और हम रोज़ धोबी-धुले साफ़ कपड़े पहनें। ग़ुस्सा असल में मुझे तुम्हारी माँ पर था कि वह क्यों महाराजिन की नौकरी कर रही है, क्यों यहाँ नहीं आ जाती ?'

'माँ पुराने ख़याल की है,' चन्दा ने कहा, 'मैंने एक दिन उससे यही कहा था तो वह रोने लगी थी —धीए! मैं तेरा कुझ नहीं कीत्ता, ते की मैं हुण ऐन्नी गयी-गुज़री हो गयी आँ कि तेरे दर ते आके र'वाँ। मेरे हत्थ पैर चलदे ने। रब मेतों एह पाप न करावे![१] — अब आप की कहिए, इसके बाद मैं उस पर क्या ज़ोर देती।'

'उसे नहीं बदला जा सकता,' चेतन ने जैसे इतने दिन की अपनी उलझन को सुलझाते हुए वाणी दी, 'उसके लिए हमें ही बदलना होगा। मैं बेकार ही परेशान हूँ कि लोग क्या कहेंगे ? मैंने इतने दिन लगातार इस समस्या पर सोचा है और मैं तुम्हारी माँ के इस हठ का कायल ही नहीं हो गया, बल्कि उसके लिए मेरे मन में श्रद्धा हो आयी है। किसी की दया पर ज़िन्दा रहने से कहीं बेहतर है कि आदमी अपने दो हाथों से मेहनत करे और किसी की धौंस न सहे। हमारे यहाँ तो टट्टू भी शरीकों का नहीं करते, फिर नौकरी या ग़ुलामी की तो बात ही दूर रही।....यह हमारी ग़लती है कि हम सेठ वीरभान के यहाँ उससे मिलने नहीं जाते। (ग़लती तो सिर्फ़ चेतन ने की थी, चन्दा को वही रोके हुए था, पर चन्दा ने उसे नहीं टोका) तुम कल ही चलना। हम दोनों उससे मिल कर आयेंगे। मैं इस तथ्य को किसी से छिपाऊँगा भी नहीं। जो कोई इस बात पर नाक-भौं चढ़ायेगा कि मेरी सास कहीं मेहनत-मशक्कत करके दो कौर खाती है, मैं उस साले से कभी बात नहीं करूँगा।'

चन्दा अपने पति से लिपट गयी थी और उसकी आँखों में ख़ुशी के आँसू उमड़ आये थे। वह बेइख़्तियार रोने लगी थी। इतने दिनों का जमाव स्नेह के हलके-से स्पर्श से पिघल कर बह निकला था।

०

मन का बोझ एकदम हलका कर देने वाली पिछली रात की सुखद, करुण स्मृतियों में चेतन गुम था कि वे गोविन्द गली पहुँच गये। उसकी पत्नी ज़रा पीछे रह गयी थी। गली के मुहाने पर वह क्षण भर को रुक गया। लेकिन वह पहले की तरह वहीं रुका नहीं रहा अपनी पत्नी के साथ-साथ वह आगे बढ़ा। सेठ वीरभान की हवेली के पास पहुँच कर वह कुछ आगे हो गया और डेवढ़ी की सीढ़ियाँ चढ़ कर उसने स्वयं दरवाज़े पर दस्तक दी।

चवालीस

दरवाज़ा खुला तो चेतन का हृदय ज़ोर से धड़क उठा। क्षण भर वह चकित-सा वहीं खड़ा रह गया —डेवढ़ी के अँधेरे को जैसे अपने सौन्दर्य से प्रदीप्त करती हुई, मँझले कद की

१. बच्ची, मैंने तेरा कुछ नहीं किया (याने दिन-त्योहार पर तुझे कुछ दिया-लिया नहीं) और क्या मैं ऐसी गयी-गुज़री हो गयी हूँ कि तेरे दर पर आ कर रहूँ। भगवान मुझसे यह पाप न कराये।

एक सुन्दर गोरी लड़की दोनों किवाड़ों पर हाथ रखे प्रश्नवाचक चंचल निगाहों से उसकी ओर देख रही थी।

चेतन क्षण भर कुछ भी नहीं कह सका। चुपचाप वह उस लड़की के गोरे मुख और चंचल आँखों की ओर देखता रहा। फिर जब उसकी तीखी नज़र की ताब न ला कर लड़की ने आँखें झुका लीं तो उसने अस्फुट स्वर में कहा कि वह सेठ वीरभानजी के यहाँ रसोई करने वाली महाराजिन से मिलना चाहता है।

लड़की ने अपनी चंचल आँखें उठा कर निमिष भर चेतन को, फिर उसके पीछे सीढ़ियों पर खड़ी चन्दा को देखा; दरवाज़े के किवाड़ पूरे खोल दिये और बिना कुछ पूछे अपने पीछे आने का संकेत करती हुई वह भाग गयी। चेतन ने डेवढ़ी ही में उसकी उत्तेजित आवाज़ सुनी....'माँ जी....माँ जी....देखो, कौन आये हैं!'

जैसे किसी चुम्बकीय शक्ति से खिंचता हुआ चेतन उस लड़की के पीछे डेवढ़ी पार कर आँगन की चौखट पर जा खड़ा हुआ।

वह उल्लास से, 'माँ जी....माँ जी....देखो, कौन आये हैं!' चिल्लाती हुई एक-एक के बदले जैसे दो-दो सीढ़ियाँ चढ़ती भागी जा रही थी।

तभी चेतन ने देखा —नीचे बहुत बड़ा आँगन है, जिसकी फ़र्श पर पत्थर की चौकोर सिलें लगी हैं। डेवढ़ी की तरफ़ वाली दीवार में बैठक को जाने वाले दो दरवाज़े हैं। आँगन की दायीं ओर भी एक कमरा है, उसके दोनों दरवाज़ों पर ज़हरमोहरे रंग का रोग़न है और आँगन में खुलने वाले वे चारों दरवाज़े बन्द हैं। बायीं ओर परे कोने की सीढ़ियाँ हैं, जहाँ वह लड़की ग़ायब हुई थी। उसका अनुसरण करती हुई चेतन की निगाह ऊपर गयी तो उसने देखा कि वहाँ चारों ओर लकड़ी की रेलिंग और लोहे की सलाख़ों वाला कमर तक ऊँचा जँगला है। दूसरे क्षण वह लड़की जँगले के कोने पर आ खड़ी हुई और चंचल निगाहों से उसकी ओर देखने लगी। उसके चेहरे पर उल्लास खिला पड़ता था। तभी चेतन की सास ने वहीं जँगले पर से अपनी नीम अन्धी आँखों से उनकी ओर देखा और चेतन ने वहीं से हाथ जोड़ कर उसे प्रणाम किया। उसी क्षण वह लड़की दायीं ओर जँगले से परे किसी को सम्बोधित करती हुई उल्लसित स्वर में बोली कि माँ जी के दामाद आये हैं और उत्तर में कुछ संकेत पा कर उसने वहीं से चेतन और उसकी पत्नी से कहा कि वे ऊपर चले आयें। इतना कहने में ही उसका मुख लज्जा से लाल हो आया।

चेतन जैसे स्वप्न-चालित-सा सीढ़ियाँ चढ़ गया। चन्दा भी उसके पीछे गयी। जब वह ऊपर पहुँचा तो उसने देखा, सीढ़ियाँ जँगले के साथ चारों ओर बनी ढाई-तीन फ़ुट की पट्टी पर खुलती हैं, जिस पर लाल सीमेण्ट का फ़र्श है। सीढ़ियों की तरफ़ ही बायीं ओर आगे कोने में रसोई-घर है। वह लड़की रसोई-घर के आगे ही रेलिंग के कोने पर खड़ी है और चन्दा की माँ भी रसोई-घर ही से उठ कर जंगले पर आ गयी है।

चन्दा वहीं रसोई-घर की चौखट में अपनी माँ के पास जा खड़ी हुई तो उस लड़की ने चेतन को अपने पीछे आने का इशारा किया।

उसके संकेत का अनुसरण करते हुए चेतन ने देखा कि नीचे आँगन की दायीं ओर जो बन्द कमरा था, उसके ऊपर भी एक बड़ा कमरा है। अन्तर यही है कि उसकी तीन

दीवारें तो पूरी हैं, केवल आँगन की ओर कोई दीवार नहीं, वहाँ ऊपर छत के नीचे शहतीर पड़ा है और ओसारा-सा बन गया है। इस खुले कमरे का फ़र्श भी चम-चम करते लाल सीमेण्ट का है। उस पर दायीं ओर दीवार के साथ एक बड़ा-सा तख़्त बिछा है। शेष खुली जगह में सरकण्डे के गद्देदार आरामदेह मूढ़े और एक बहुत ख़ूबसूरत पुरानी तर्ज़ की गोल मेज़ रखी है। तख़्त पर ग़ालीचा बिछा है, गोल तकिया लगा है, जिसके सहारे एक लहीम-शहीम, गोरी औरत पसरी हुई है। चेतन को देखते ही वह उठ कर बैठ गयी।

चेतन को वहीं एक मूढ़े पर बैठने के लिए कह कर लड़की गलियारे में भाग गयी और वहीं जँगले के कोने पर जा कर रेलिंग पर कोहनियाँ टिकाये, जा खड़ी हुई और उसे चोर आँखों से देखने लगी।

उस लहीम-शहीम गोरी महिला पर नज़र पड़ते ही चेतन के दिमाग़ में अपने पिता की पुरानी किताबों में से निकले, उर्दू कोक-शास्त्र में छपा हुआ 'हस्तिनी जात की औरत' का चित्र घूम गया। लगभग छै फ़ुट लम्बी मोटी-तगड़ी — चेतन को लगा कि उसके स्कन्ध-मूल के नीचे उसकी बाँह की मोटाई उसकी अपनी जाँघ जितनी होगी — साड़ी के नीचे टख़नों के ऊपर दिखायी देती मोटी-मोटी पिण्डलियाँ, पहाड़-सा वक्ष, दो ठोड़ियाँ, भरे-भरे डबल रोटियों से गाल, मोटे होंट, बेडौल दाँत — गोरे रंग के बावजूद वह औरत चेतन को ख़ासी कुरूप लगी। ज़रूर पन्द्रह-बीस वर्ष पहले, जब वह ब्याह कर आयी होगी, तो सुन्दर रही होगी, पर ख़ूब खा-खा कर और दिन-दिन भर लेट कर उसने मनों चरबी चढ़ा ली थी। तभी चेतन के दिमाग़ में अपनी सास की वह बात घूम गयी कि पहले बच्चे के मृत पैदा होने के बाद उसने शरीर छोड़ दिया है। — छोड़ा नहीं — चेतन मन-ही-मन हँसा — उसे धकेल दिया कि वह हर तरफ़ मज़े से बेतरतीब बढ़ जाये।

चेतन ने समझ लिया कि यही सेठानी है। इसलिए ज्योंही वह तख़्त पर उठ कर बैठी, मूढ़े पर बैठने से पहले चेतन ने दोनों हाथ जोड़ कर उसे 'नमस्कार' किया।

'हम तो इतनी बार माँ जी से कह-कह कर हार गये कि आपको बुलायें, पर आप आये नहीं।'

और चेतन को लगा कि देखने ही में वह मोटी, भद्दी हथिनी-सी लगती है, उसकी आवाज़ तो बड़ी मीठी है। उस पहले वाक्य की मिठास के साथ ही चेतन के दिमाग़ से कोक-शास्त्र की वह 'हस्तिनी जात की औरत' निकल गयी और उसके स्थान पर एक दयामयी, सम्वेदनशील कदाचित अपने बाँझपन से दुखी और विनम्र सेठानी आ बैठी। यह अजीब बात है की उत्तर में वह कोई भी झूठी बात न कह सका।

'चन्दा ने तो कई बार कहा,' चेतन बोला, 'अम्मा ने भी ज़ोर दिया, लेकिन मुझे ही संकोच रहा।'

'संकोच काहे का बेटा!' सेठानी ने बड़े आदर और स्नेह-भरे स्वर में कहा, जैसे वह उसी घर का बेटा अथवा दामाद हो, 'तुम समझो, यह तुम्हारा ही घर है।'

वहीं से उन्होंने उस लड़की को आवाज़ दी, 'कृष्णा बेटी, चेतन जी के लिए चाय और नाश्ता लाओ।'

'नहीं बीबी जी, चाय-वाय की मुझे आदत नहीं।' चेतन ने अभिभूत स्वर में कहा,

'आप कष्ट न कीजिए!'

'कष्ट काहे का बेटा,' सेठानी उसी मीठे स्वर में बोली, 'हम तो इतने दिन से तुम्हारी बाट देख रहे हैं। कृष्णा इतनी बार माँ जी से कह चुकी है, पर माँ जी ने कहा कि तुम्हें काम रहता है। रात की ड्यूटी देते हो।'

'हाँ रात की ड्यूटी तो थी,' चेतन को बहाना मिल गया। वह ज़रा हँसा, 'अब कुछ दिन से दिन की ड्यूटी हो गयी है। एक हफ़्तावार अख़बार का एडिटर हो गया हूँ। तभी पहली फ़ुर्सत में आया हूँ।'

'यह तो बड़ी ख़ुशी की बात है। रात की ड्यूटी में सेहत ख़राब हो जाती है।' सेठानी ने कहा। फिर क्षण भर रुक कर बोलीं, 'हमने सुना है, तुम कहानियाँ लिखते हो और तुम्हारी कोई किताब भी छपी है। कृष्णा तुम्हारी किताब देखना चाहती थी।'

चेतन यह सुन कर मन-ही-मन बड़ा प्रसन्न हुआ, लेकिन उसने अपने चेहरे पर उस ख़ुशी का कोई आभास नहीं आने दिया। वह हीन-भाव, जो इतने दिनों से उसे बेतरह परेशान हुए था, एकदम हवा हो गया और वहाँ मूढ़े पर बैठे-बैठे अपने कलाकार के सामने वह सेठानी और उसका धन-वैभव उसे नितान्त अकिंचन लगा। हिम-शिखर पर खड़े व्यक्ति को जैसे नीचे घाटी के मुहीब पेड़ भी नन्हें-नन्हें, नगण्य पौधे दिखायी देते हैं, उसी तरह अपने साहित्यकार की ऊँचाई से उसे वह धन और तन — दोनों से मोटी सेठानी बहुत छोटी दिखायी दी और अपना आकार उसकी अपेक्षा उसे कहीं बड़ा महसूस हुआ।

'अभी-अभी मेरी कहानियों का पहला संग्रह छपा है,' चेतन ने बड़ी ऊँचाई से कहा, 'उर्दू-हिन्दी के उपन्यास सम्राट मुन्शी चन्द्रशेखर ने उसकी भूमिका लिखी है। मैं उसकी एक प्रति आपके लिए लाऊँगा।' कुछ क्षण रुक कर उसने इतना और जोड़ा, 'लेकिन आप लोग पढ़ पायेंगे, इसमें मुझे सन्देह है। मैं अभी तक उर्दू में लिखता रहा हूँ। पिछले महीने मैंने हिन्दी में लिखना शुरू किया है। लेकिन अभी मेरी कोई कहानी हिन्दी में नहीं छपी। छपेगी तो उसे मैं आपको पढ़ाऊँगा।'

'तुम उर्दू की पुस्तक ही दिखाना बेटा,' सेठानी ने कहा, 'कृष्णा उर्दू पढ़ लेती है। वह हमें भी पढ़ कर सुनायेगी।'

कृष्णा-ऐसी सुन्दर पाठिका को प्रशंसिका के रूप में पाने की सम्भावना मात्र से चेतन का हृदय एक अनिर्वचनीय सुख से भरपूर हो उठा और वह हवेली, जिसमें पाँव तक रखने में चेतन को इतना संकोच हो रहा था, उसे एकदम अपनी-सी महसूस होने लगी। 'मैं अगली बार आऊँगा तो अपनी पुस्तक की एक प्रति ज़रूर आपके लिए जाऊँगा।' उसने सोत्साह कहा।

तभी कृष्णा एक ट्रे में चाय, मठरियाँ और उरद की पिन्नियाँ (छोटे लड्डू) ले आयी और उसे गोल मेज़ पर रख कर और एक चंचल मुस्कराती निगाह चेतन पर डाल कर भाग गयी।

'अरे, चन्दा को भी इधर ही भेज देतीं।' सेठानी ने कहा।

'दीदी माँ जी के पास ही चाय पी रही हैं!' कृष्णा ने बड़ी ही लुभावनी मटक के साथ मुड़ कर सेठानी से कहा और एक चंचल दृष्टि चेतन पर भी फेंक दी।

यद्यपि चेतन को मालूम था तो भी पिन्नी का ज़रा सा टुकड़ा लेते हुए, बात चलाने की ग़रज़ से चेतन ने पूछा, 'कृष्णा आपकी बेटी है ?'

सेठानी ने एक गहरी लम्बी साँस छोड़ी। उत्तर देने में उन्हें क्षण भर की देर लगी। 'मेरी भांजी है, मेरी छोटी बहन की लड़की। पर अब तो यह मेरी ही बेटी है। हमने इसे बाकायदा गोद ले लिया है। सेकेण्ड ईयर में पढ़ती है। बड़ी प्यारी बच्ची है।'

वे चुप हो गयीं और उदासी का एक सियाह बादल उनके चेहरे पर छा गया।

अजाने ही चेतन का अपना चेहरा उतर गया। आगे क्या बात करे, वह समझ नहीं पाया, इसलिए चुपचाप एक मठरी खा कर चाय पीता रहा। एक-दो बार पहलू बदलने के बहाने उसने ज़रा-सी पीठ मोड़ कर गलियारे पर क्षणिक निगाह दौड़ायी। कृष्णा जँगले पर बदस्तूर कोहनियाँ टिकाये उधर ही देख रही थी। उससे निगाहें मिलते ही वह मुस्करा कर दूसरी ओर देखने लगती।

तब सेठानी अपने आप बताने लगीं कि पन्द्रह वर्ष पहले उनके बच्चा हुआ था, लेकिन भगवान को यही स्वीकार था कि वह इस संसार में एक साँस भी न ले। तब वे जितनी पतली-छरहरी थीं, आज उन्हें देख कर कोई इस बात की कल्पना भी नहीं कर सकता। लेकिन इसके बाद जाने क्या हुआ, शरीर एकदम फूलना शुरू हो गया और आज तो यह हालत है कि उठने-बैठने में भी कठिनाई होती है।

चेतन का हृदय सेठानी के कष्ट से द्रवित हो आया। उसने कहा, 'पर आपने कोई इलाज नहीं कराया ?'

'पूछो, कौन-सा इलाज है, जो नहीं कराया! लेकिन भगवान को शायद इस आँगन को सूना ही रखना था!' (सेठानी भूल गयीं कि उनका आँगन अब सूना नहीं, एक चिड़िया-सी चंचल बाला उसे क्षण-क्षण मुखरित किये है।) 'पन्द्रह वर्ष तक मैंने इलाज-उपचार, जन्त्र-मन्त्र, व्रत-उपवास —सब किये। जब इतनी बड़ी हवेली काटने लगी तो मैंने अपनी बहन से से कहा —बहना, तेरा घर सन्तान से भरा-पूरा है, अपनी छोटी कृष्णा मुझे दे दे। —मेरी बहन के तीन लड़के और तीन लड़कियाँ हैं! कृष्णा सबसे छोटी है। सो उसने कृष्णा मुझे दे दी।'

'आपने बहुत अच्छा किया,' चेतन ने उनके उस सुकृत्य के लिए उनका समर्थन करते हुए कहा, 'लड़कियाँ अपने माता-पिता, सगे सम्बन्धियों और सरपरस्तों से जितना प्यार करती हैं, लड़के नहीं करते। कृष्णा बड़ी सीधी-सरल लगती है।'

'मैं तो डरती थी,' सेठानी ने कहा, 'इतनी बड़ी लड़की। मौसी के यहाँ कभी-कभार आना और बात है, हमेशा इतने बड़े घर में रहना दूसरी। लेकिन माँ जी आ गयीं और इसका दिल लग गया। इतनी प्यारी बच्ची है, मुझे इतना प्यार देती है कि अपने बच्चे भी क्या देते होंगे।'

और सेठानी ने आँखें भर लीं। सहसा चेतन ने पूछा, 'सेठ जी की कोई पत्री नहीं!'

'क्यों, तुम देख लेते हो क्या ?'

'नहीं, भाई साहब कुछ देखा करते हैं, पत्री भी, हाथ भी। और कभी-कभी तो ऐसी पते की बात बता देते हैं कि आदमी दंग रह जाता है। मैं सोचता था, ज़रा सेठ जी की

कुण्डली उन्हें दिखाता।'

सेठानी उठीं और गलियारे से हो कर ऊपर वाली बैठक में चली गयीं।

चेतन के बड़े भाई कोई सिद्ध-ज्योतिषी नहीं थे। वे शौकिया ज्योतिष और पामिस्ट्री पढ़ने लगे थे। गर्मियों के दिनों में जब दोपहरें ख़ाली होतीं, वे अपने क्लिनिक में बैठे अपने मित्रों की कुण्डलियाँ देखा करते।....चेतन की सास ने एक दिन कहा था —वह भगवान से यही प्रार्थना किया करती है कि सेठानी की गोद भर जाये और उसकी सूनी हवेली बच्चे की किलकारियों से गूँज उठे। सेठानी को देख कर चेतन को नहीं लगता था कि वह अब फिर बच्चा पैदा कर सकती है। उसकी उम्र ज़्यादा नहीं थी। मुश्किल से बत्तीस-पैंतीस की होगी, लेकिन शरीर इतना मुटा गया था कि उसकी कोख में बच्चे के बढ़ने की जगह बची होगी, इसका विश्वास नहीं होता था। लेकिन एक तो बातचीत में अचानक रुकाव आ जाने से चेतन ने यह बात शुरू कर दी थी, दूसरे सेठानी शरीर से भले ही हिडिम्बा लगती हो, पर स्वभाव से वह उसे बड़ी सहृदय और मिलनसार लगी थी और चेतन चाहता था कि उससे आत्मीयता का सम्बन्ध स्थापित हो जाये।

सेठानी के जाते ही चेतन ने ज़रा-सा सिर घुमा कर देखा —कृष्णा उसकी पत्नी से हँस-हँस कर बातें कर रही थी। उसकी सास ने प्रकट ही इस ख़स्ता हालत में भी अपना महत्व जताने के लिए अपने दामाद की अतिरंजित प्रशंसा कर रखी है —चेतन ने सोचा —इसीलिए पहली बार आने पर ही इस घर में उसे इतना आत्मीय व्यवहार मिला है। प्रकट ही उसकी सास को लाहौर में इससे अच्छा आश्रय नहीं मिल सकता। यदि वह ज़रूरतमन्द है तो ये लोग भी ज़रूरतमन्द हैं।

सेठानी पत्री ले आयीं। चेतन ने उसे कोट की जेब में रख लिया और बोला कि वह भाई साहब को दिखा कर दो-चार दिन में उन्हें बता जायेगा।

o

उन्हें आये हुए काफ़ी देर हो गयी थी और चेतन उठने की सोच ही रहा था कि तभी नीचे दस्तक हुई। कृष्णा इस बीच जा कर ज़रूर डेवढ़ी का दरवाज़ा बन्द कर आयी थी। वह बिजली की गति से भाग गयी। कुछ क्षण बाद उसके पीछे-पीछे एक गोरी, सुन्दर सम्भ्रान्त महिला आयी। सेठानी ने चेतन को बताया कि वह उसकी छोटी बहन और कृष्णा की माँ है।

वह निकट आयी तो चेतन ने उठ कर कृष्णा की माँ को 'नमस्कार' किया। सेठानी ने अपनी बहन को चेतन का परिचय दिया। कृष्णा की माँ ने हँस कर कहा कि उसने कृष्णा से उसकी बड़ी तारीफ़ सुनी है। भगवान उसे ख़ुश रखे, तरक्की दे और उसके ससुर को जल्दी आराम पहुँचाये।

चेतन को कृष्णा की माँ हँसमुख और मिलनसार लगी। वह पतला-छरहरी नहीं थी। दोहरे बदन की थी, पर उसके चेहरे का कट नुकीला और सुन्दर था। वह मुस्कराती थी तो फूल खिलाती थी। वह तख़्त पर अपनी बहन के पास बैठ गयी और वह दोनों बातें करने लगीं तो चेतन उठा। उसने हाथ जोड़ कर इजाज़त चाही।

'अब के गये महीनों न लगा देना।' सेठानी ने हँस कर कहा, 'इसे अपना ही घर

समझना और हफ़्ते में एकाध बार ज़रूर आते रहना।'

'जी, मैं जल्दी ही आऊँगा।'

एक बार फिर 'नमस्कार' करके चेतन मुड़ा। उसकी पत्नी कृष्णा के साथ जँगले पर खड़ी थी। वहीं से उसने उसे चलने का इशारा किया।

चन्दा अपनी माँ से गले मिल कर अलग हुई तो अपनी सास को प्रणाम करके चेतन सीढ़ियों की तरफ़ बढ़ा। चन्दा ने वहीं से सेठानी को हाथ जोड़ कर 'नमस्कार' किया और अपने पति के पीछे चल दी। कोई दूसरा अवसर होता तो वह धड़धड़ाता हुआ सीढ़ियाँ उतर जाता और चन्दा घिसटती हुई उसके पीछे चली जाती, लेकिन कृष्णा की ओर एक दृष्टि डाल, उसने बड़े मुलायम स्वर में अपनी पत्नी को आगे चलने के लिए कहा। वह उसके पीछे-पीछे उतर रहा था तो उसने एक बार पीछे मुड़ कर देखा।

मुस्कराते हुए कृष्णा ने दोनों हाथ माथे पर रख दिये।

o

वापसी पर चेतन बड़ा उत्फुल्ल था। उसने चन्दा से कहा कि ये लोग बड़े भले हैं, उसकी माँ को इससे अच्छा आश्रय सारे लाहौर में कहीं नहीं मिल सकता। उसकी सास कहीं चौके-बर्तन की नौकरी करे, इससे चेतन को परेशानी तो होती है, पर यह नौकरी-जैसी नौकरी नहीं है। इस घर में लोग उसे घर के-से व्यक्ति जैसा आदर-सम्मान देते हैं। चेतन ने सेठानी की बड़ी प्रशंसा की कि उसने उससे नौकरानी के दामाद का-सा उपेक्षापूर्ण व्यवहार नहीं किया, वरन बराबर का आदर-सम्मान दिया और उसने चन्दा से कहा कि वे हफ़्ते में एकाध बार स्वयं आ कर चन्दा की माँ से मिल जाया करेंगे और उसके पिता की तबियत का हाल-चाल भी पूछ जाया करेंगे।

घर को वापस आते हुए चन्दा ने कृष्णा की ख़ूब तारीफ़ की थी कि बड़ी अच्छी लड़की है, बिलकुल छोटी-बहन का-सा व्यवहार उसने किया, ज़ोर दे कर नाश्ता कराया, चाय पिलायी और लगातार चेतन के बारे में पूछती रही। अपनी एक मुसलमान सहेली से उसने उर्दू पढ़नी भी सीख रखी है। अगली बार आयेंगे तो एक किताब उसके लिए ज़रूर लेते आयेंगे।

o

शाम को जब भाई साहब दुकान से आये तो चेतन ने कहा कि उसके एक ग़रीब दुखी मित्र ने उसे अपनी पत्री दी है, वे ज़रा देख दें।

भाई साहब ने पत्री खोल कर जन्म-कुण्डली देखी। दूसरे क्षण टेढ़ा सा मुँह बना कर विश्वास और व्यंग्य से बोले, 'यह किसी ग़रीब की कुण्डली नहीं है। यह किसी बड़े धनाढ्य की कुण्डली है।'

चेतन चुप रहा।

'पहले यह बताओ कि मैं ठीक कह रहा हूँ कि नहीं ?'

चेतन ने स्वीकार में सिर हिला दिया।

'यह व्यक्ति धातु का व्यापार करता है। लोहे का व्यापारी हो सकता है। सोने-चाँदी का व्यापारी हो सकता है। बर्तन-भाँडे की दुकान कर सकता है, पर मामूली व्यापारी नहीं,

बड़ा व्यापारी है....'

चेतन ने फिर स्वीकार में सिर हिलाया, 'मशहूर सर्राफ़ है।'

'लेकिन यह दुखी ज़रूर हो सकता है। इसके भाग्य में सन्तान का सुख नहीं है। यह किसी को गोद लेगा तो वह भी जाता रहेगा।' और उन्होंने पत्री लौटा दी। 'बाकी बातें ग्रहों की चाल देख कर ही बतायी जा सकती हैं।'

लेकिन चेतन को और कुछ नहीं पूछना था। रात को वह सोया तो उसे नींद नहीं आयी। उसके कानों में भाई साहब के शब्द गूँज गये कि सेठ यदि किसी को गोद लेगा तो वह भी नहीं बचेगा। उसकी आँखों में फूल-सी सुकुमार और पड़कुलिया-सी चंचल उस बाला का चित्र घूम गया। यदि भाई साहब की बात सच हुई तो....! चेतन ने उस विचार को बरबस अपने दिमाग़ से झटक दिया। ये ज्योतिषी यों ही बे-पर की उड़ा देते हैं। चेतन की शादी से पहले माँ ने जालन्धर के ज्योतिषी को पत्री दिखायी थी तो उसने कहा था कि यह लड़की बहुत सौभाग्यवती है और चेतन के भाग्य में पत्नी से बड़े लाभ की सम्भावना है.... चेतन ने व्यंग्य से सिर हिलाया —ख़ूब लाभ हुआ उसे इस पत्नी से....लेकिन भाई साहब ने पत्री देखते ही तीन बातें कैसे ठीक बता दीं ? क्या ज्योतिष विद्या सच है ? क्या ग्रहों का हमारे जीवन पर प्रभाव पड़ता है ? यदि सब कुछ पहले से तय है तो 'आदमी कर्मों में स्वतन्त्र है,' इस बात का क्या मतलब है ? चेतन का दिमाग़ परेशान हो गया — तभी उसके दिमाग़ में फलादेश के सम्बन्ध में कहीं पढ़ी एक कहानी घूम गयी....एक सेठ ने ज्योतिषी से बाकायदा मुहूर्त निकलवा कर एक भव्य भवन बनवाया। ज्योतिषी ने उसके बारे में भविष्यवाणी की कि वह भवन बच्चों की किलकारियों से गूँजेगा। सेठ के घर बच्चा नहीं होता था। उसने झट दूसरी शादी की। बच्चा नहीं हुआ। तीसरी शादी की। बच्चा नहीं हुआ। उसने पै-दर-पै सात शादियाँ कीं, पर सन्तान का सुख उसके भाग्य में नहीं था। (सम्भवत: उसके वीर्य में जीवाणु ही नहीं थे।) बहरहाल, सेठ इसी ग़म में भगवान का प्यारा हो गया। उसकी जायदाद का प्रबन्ध करने वाले ट्रस्ट ने वहाँ एक बाल-भवन खोल दिया और वह सूना भवन बच्चों की किलकारियों से गूँज उठा....इस कहानी की याद आ जाने से चेतन मन-ही-मन हँसा। यदि इस कहानी के माध्यम से कोई ज्योतिष-विद्या की सच्चाई सिद्ध करना चाहे तो कर सकता है, पर ऐसी विद्या और उसके फलादेश की चिन्ता करना नितान्त मूर्खता है....और उस प्रसंग को दिमाग़ से हटा कर चेतन कृष्णा के बारे में सोचने लगा : जब वह उसकी कहानियाँ पढ़ेगी तो उसकी आँखों में महाराजिन का वह दामाद कितना ऊँचा उठा जायेगा....

उस सुखद कल्पना में रमे हुए कब उसे नींद आ गयी, चेतन को पता नहीं चला।

पैंतालीस

लेकिन चेतन का यह सुख-सन्तोष बहुत दिन नहीं रहा। खिली धूप में गिरने वाली बिजली

सरीखी एक घटना जैसे उसका वह सुख-संसार नष्ट कर गयी।

०

उस पहली मुलाकात के बाद चेतन सप्ताह में कम-से-कम दो बार, कभी पत्नी के साथ और कभी अकेले, गोविन्द गली जाता रहा। शायद ही कभी ऐसा हुआ हो कि कृष्णा की आदर और श्रद्धा-भरी आँखें उससे चार न हुई हों। यह ठीक है कि इतनी बार वहाँ जाने के बावजूद कृष्णा जँगले के खम्भे से हट कर ज़रा भी उसके निकट नहीं आयी। वहीं से निगाहों की बिजलियाँ गिराती रही। लेकिन उतनी दूर से उसकी चंचल मादक दृष्टि का संस्पर्श चेतन को निहाल कर जाता रहा।

उसने अपना कहानी-संग्रह सेठ वीरभान की भेंट कर दिया था। बाद में जब वह उनके यहाँ गया था तो सेठानी ने कहा था कि उन सब ने मिल कर उसकी कहानियाँ पढ़ी हैं; उन्हें बहुत अच्छी लगी हैं और वह तो उनकी आशा से कहीं ज़्यादा अच्छी कहानियाँ लिखता है। चेतन यह सुन कर बड़ा प्रसन्न हुआ था और उस क्षण वह असुन्दर सेठानी उसे सुन्दर, सदय और सहृदय दिखायी दी थी। अपनी रचना की प्रशंसा सुनने पर किसी नये लेखक का सुख उस नयी माँ के सुख-सरीखा होता है, जो पात्र-कुपात्र से अपने शिशु की प्रशंसा सुनती है और अघाती नहीं। बाद की बात और है। प्रौढ़ लेखक सन्तति-बहुल प्रौढ़ा माँ-ऐसा ही अभ्यस्त और उदासीन हो जाता है। सेठानी की बात सुन कर चेतन प्रकट ही बेहद ख़ुश हुआ।

उस घर में अपनी सास की स्थिति से चेतन ने समझौता कर लिया था। उसे पूरा विश्वास हो गया था कि उसकी सास को उस घर में जो सुख मिल सकता है, वह कहीं और मयस्सर नहीं हो सकता; वह अपने अहं का मारा, बेकार ही अपनी सास और अपनी पत्नी को परेशान कर रहा है। सोचने पर उसे लगा कि उसकी सास का हठ, साहस और निष्ठा तो उन पतिव्रता हिन्दू देवियों की-सी है, जो केवल किस्से-कहानियों में मिलती हैं....और वह उसे उस ऊँचाई से खींच कर नीचे खड्ड में गिराना चाहता है! चाहता है कि वह अपने जेठ की ग़ुलामी करे और रोज़-रोज़ का अपमान सहे!

और उसकी सोच दूसरी डगर पर चल निकली थी। यदि उसके दोस्तों अथवा सगे-सम्बन्धियों को इस बात का पता चल जायेगा तो क्या होगा ? क्या वे उसे दुत्कार देंगे ? जो उसे इस कारण दुत्कारेगा या उससे घृणा करेगा, वह हरगिज़ मित्र अथवा सम्बन्धी कहाने का हकदार नहीं। वह उससे हमेशा के लिए तमाम सम्बन्ध काट लेगा।

और उसने तय किया, इससे पहले कि कोई यह बात जाने, वह स्वयं जा कर सब को इस स्थिति से आगाह कर देगा।

और महीने भर के अन्दर-अन्दर वह अपनी सास की दुख-गाथा अपने आप अपने मित्र-परिचितों को बता आया था।

....सबसे पहले उसने पण्डित 'रत्न' की पत्नी को यह बात बतायी थी। वह एक शाम उनके यहाँ गया था। पण्डित जी उसके जाने से पहले निकल गये थे। बीबी जी अभी खाना का रही थीं। वह रसोई के सामने पीढ़े पर बैठ गया था। बात-बात में उसने फिर अपने ससुर के पागल होने की बात चलायी थी और कहा था कि उनको ले कर उसका दिमाग़

बेहद परेशान रहा है, क्योंकि उसकी सास लाहौर आ गयी है और एक सेठ के यहाँ रसोई का काम देखने लगी है।....चेतन ने सविस्तार बताया था, किस प्रकार उसकी सास अपनी दस उँगलियों की मेहनत से कुछ पैसे पैदा करके बादाम और दूध ले कर पागलख़ाने जाती है; नौकरी नहीं छोड़ती और उसके पास आ कर नहीं रहती।

'शाबाश ए ओस पति दी प्यारी नूँ!' बीबी जी ने कहा था, 'जेहड़ी घर-द्वार छड्डु के परदेस आ गयो ए ते हत्थाँ-पैराँ दी मेहनत करके पति दी सेवाकर दी ए। हुण दे ज़माने नूँ ताँ अग्ग लग्गी होई ए। अज्ज कल ऐहो जेहियाँ देवियाँ दीया लैके ढूँढेयाँ वी नहीं मिलदियाँ।'[१]

कुछ दिन बाद उसने लाला जीवनलाल कपूर को यही बात बतायी थी। उसे दफ़्तर में आते हुए बारह-पन्द्रह दिन हो गये थे। 'भूँचाल' की रीति-नीति क्या होगी, उसमें क्या-क्या छपेगा, इस बारे में उन्होंने चेतन को कुछ भी नहीं बताया था। सिर्फ़ इतना कहा था कि पत्र का साइज़ बीस-तीस-आठ होगा और उसे पहला अंक तैयार करने के लिए छोड़ दिया था। पहला अंक निकल जाये, रजिस्ट्रेशन हो जाये, एल० नम्बर मिल जाये, फिर वे देखेंगे।.... चेतन ने पत्र के लिए विशेष रूप से एक कविता मौलाना नईम बेग़ चग़ताई से लिखवायी। एक कहानी पत्र के पहले अंक के लिए उसने ख़ुद लिखी थी। वह उसे महाशय जी को सुनाने गया था तो उन्होंने उसे पसन्द किया था और समझाया था कि दो-एक सामाजिक तथा ऐतिहासिक लेख भी दे और सम्भव हो तो किसी महान ऐतिहासिक व्यक्ति का कोई मनोरंजक जीवन-खण्ड भी शामिल कर ले। परचा बाकायदा शुरू हो जाये तो महीने में एक कहानी वह पण्डित 'रत्न' से लिखवा लिया करे, 'अब वो तुम्हारे गुरू हैं।' उन्होंने हँस कर कहा 'परचा निकालने में तुम्हें उनसे लगातार मदद लेनी चाहिए!'....और यह परामर्श दे कर उन्होंने उससे कहा कि यदि वह चाहे तो आज उनके साथ भाटी गेट के 'स्टार' में पिक्चर देखने चले। इनकार कर सकने की शक्ति के अभाव में चेतन ने हामी भर दी थी। नयी-नयी नौकरी थी। वह कोई ऐसी बात न करना चाहता था, जिससे शुरू-शुरू ही में उसका इम्प्रेशन बिगड़ जाये अथवा वे नाराज़ हो जायें।

शाम को दफ़्तर के बाद वे अपना वही लम्बा कोट, पतलून और क्रिस्टी टोपी पहने, छड़ी हाथ में लिये, ख़रामाँ-ख़रामाँ चल दिये थे — रास्ते में हरेक से 'नमस्कार' का आदान-प्रदान करते, फब्तियाँ और आवाज़ें कसते और ठहाके लगाते — चेतन चुपचाप उनके साथ चलता रहा था।

के० पी० एस० के० हॉल के पास जब भीड़ ज़रा कुछ कम हुई तो वे चेतन की तरफ़ मुड़े और उन्होंने कहा कि दफ़्तर में तो उन्होंने उससे बात नहीं की, पर पिछले दिनों वह उन्हें कुछ परेशान-परेशान लगा है। दो दिन दफ़्तर आ कर चला गया है....क्या बात है, क्या काम में उसका मन नहीं लगता ?

तब चेतन को अपनी बात कहने का मौका मिला था। अवसर को उपयुक्त जान,

---

१. उस पति से प्रेम करने वाली को शाबाश है, जो उसके लिए घर-द्वार छोड़ कर परदेश आ गयी है और हाथ-पैरों की मेहनत से कमा कर अपने पति की सेवा करती है। आज के ज़माने को तो आग लग गयी है। आज कल ऐसी देवियाँ चिराग़ ले कर ढूँढे भी नहीं मिलतीं।

उसने अपने ससुर के पागल होने, उधार ले कर सूट सिलाने, पागलख़ाने जाने और मना करने के बावजूद एक सेठ के घर अपनी सास के काम करने की बात सविस्तार कह सुनायी थी। 'आपके काम में मैंने हर्ज नहीं होने दिया,' उसने अन्त में कहा था, 'लेकिन यह भी ठीक है कि मेरा दिमाग़ बेहद परेशान रहा है।'

सुन कर महाशय जी ने (चेतन को यह जान कर हैरत भी हुई और सन्तोष भी) न कोई फूहड़ मज़ाक किया था, न फब्ती कसी थी, बल्कि उसकी सास के हठ की प्रशंसा करते हुए, ससुर की बीमारी और चेतन की परेशानी के सिलसिले में उसे तसल्ली दी थी कि मर्दों के सामने ही ऐसे मुश्किल वक्त आते हैं और मर्द ही उनसे पार पाते हैं। और उन्होंने उससे कहा था कि यदि अब भी उसे किसी का कुछ देना हो तो कल उन्हें दफ़्तर में याद दिलाये, वे उसकी तनख़्वाह से उसे कुछ पेशगी दिला देंगे।....

दूसरे दिन शाम को चेतन चातक जी के यहाँ गया था। रात का खाना भी उसने वहीं खाया था। खाना खाते वक्त उसने अपने ससुर के पागलपन और अपनी सास के बलिदान की कहानी कही थी और उस दुखद प्रसंग में अपनी स्थिति की नज़ाकत का उल्लेख किया था।

चातक जी सुन कर इतने उत्साहित हो आये कि उन्होंने उसी वक्त घोषणा की थी कि वे इस थीम को ले कर एक महा नाटक का सृजन करेंगे। उन्होंने चेतन से कहा था कि अपने सास-ससुर के जीवन-सम्बन्धी कुछ और ब्योरे वह उन्हें लिखवा दे, ताकि नाटक की इमारत वे यथार्थ की पक्की बुनियादों पर उठा सकें। 'यह इतनी करुण, और इस पर भी सशक्त थीम है कि इस पर कोई भी महान रचना लिखी जा सकती है,' उन्होंने कहा था, 'तुम चाहो तो इस पर एक बहुत बढ़िया कहानी अथवा लघु-उपन्यास लिख सकते हो, पर यदि तुम न लिखो तो अपने सास-ससुर के बारे में कुछ विस्तृत ब्योरे मुझे देना। मैं ऐसा शानदार नाटक लिखूँगा कि लोग दंग रह जायेंगे।' और चेतन का ज्ञान बढ़ाते हुए उन्होंने कहा, 'दुख और पीड़ा ज़िन्दगी के अनिवार्य अंग हैं। वे कई बार तन और मन को झँझोड़ और तोड़ जाते हैं। पर कलाकार उसी पीड़ा और दर्द की नींव पर महान रचना की इमारत उठाता है और अपने अथवा अपने सम्बन्धी के दर्द को इस तरह प्रामाणिक और सार्वजनीन बना कर पाठकों के सामने रख देता है कि उससे अपना तादात्म्य स्थापित कर, वे स्वयं उस दर्द को महसूस करने लगते हैं।'

खाना खा कर वे दोनों कमरे में आ गये थे, लेकिन चातक जी के भाषण-प्रवाह में ज़रा भी रुकाव न आया था। 'अब मेरी दुधमुँही बच्ची मर गयी,' उन्होंने कहा था, 'जाने रोज़ उस-जैसी कितनी कलियाँ काल-कराल के हाथों नोच-खसोट कर फेंक दी जाती हैं, पर सब बच्चियों के पिता तो कलाकार नहीं होते। आम इन्सानों की पीड़ा, बेज़बान जानवर की पीड़ा होती है। अपने दर्द को अभिव्यक्ति देने की शक्ति उनके यहाँ नहीं होती। जबकि मैंने उस नन्हीं-सी दुधमुँही बच्ची में उस महान जादूगरनी की झलक देखी और ऐसा काव्य सृजा, जो वक्त आयेगा कि देश ही में नहीं, विदेश में भी सराहा जायेगा उसे पढ़ कर लोग हैरान होंगे कि उस माया, उस मायाविनी, उस जादूगरनी के अनेकानेक रूप दिखाने वाले उस काव्य को लिखने की प्रेरणा मुझे अपनी दुधमुँही बच्ची से मिली थी।'

चेतन कहना चाहता था कि आप तो निम्मो से कह रहे थे कि उसके कई खण्ड

आपने उसे सामने रख कर लिखे हैं, पर वह चुप रहा। कवि धाराप्रवाह बोल रहे थे और चेतन के सामने एक नयी दुनिया खुल रही थी —अपने वैयक्तिक दुख को कहानी-कविता का विषय भी बनाया जा सकता है, यह उसने तब तक न जाना था। वह कल्पना की उड़ानें भर कर, अजाने रूमानी प्रदेशों में बसने वाले अनजाने प्रेमियों के किस्से लिखता था। जालन्धर अथवा लाहौर के परिवेश को ले कर भी यदि वह कोई कहानी लिखता था तो उसके पात्र जालन्धर के नहीं होते थे, वे उसकी कल्पना के संसार में जन्म लेते थे और वहीं से वह उन्हें काग़ज़ पर उतार देता था। चातक जी की बात सुन कर उसे लगा कि उसके पास तो अनुभवों का बेमिसाल ख़ज़ाना है और यदि वह अभिव्यक्ति पर अधिकार पा ले तो अद्वितीय रचनाओं की सृष्टि कर सकता है। वह अपनी दौलत चातक जी को क्यों दे ? जब उसके यहाँ ज़िन्दगी के यथार्थ को कला में उतार देने की सामर्थ्य पैदा होगी, वह इन स्रोतों से प्रेरणा और वस्तु प्राप्त करेगा। और यही सोच कर उसने चातक जी से कहा था।

'आप बिलकुल ठीक कहते हैं। मैं स्वयं इन अनुभवों को सँजो रहा हूँ। कभी इनको कलम की नोक पर उतारूँगा।'

(मन में उसने कहा —और मैं इस स्थिति पर दुखी था। यह अनुभव मुझे निहायत तकलीफ़देह लगता था, जबकि विधाता इसी के माध्यम से मुझे बड़ा लेखक बनाना चाहता है। और चेतन ने हितोपदेश के श्लोक की पंक्ति मन-ही-मन दोहरायी — यथा विधाता वधीयते तदैव शुभाय और उसे दोहराते हुए उसने 'मेरे लिए' उसमें जोड़ दिया — यथा विधाता वधीयते तदैव मह्यम शुभाय!)

....चेतन को उस स्थिति के सिलसिले में सबसे ज़्यादा भय मौसी रामरक्खी, कमला और जमुना की ओर से था। मौसी रामरक्खी उसकी माँ की सहेली और कहीं दूर के रिश्ते में बहन लगती थीं और लाहौर में उनका अस्तित्व चेतन के लिए सगे-सम्बन्धी जैसा था। चेतन के सामने जब-जब उसकी सास की स्थिति आती थी, वह इसी बात से डरता था कि जब मौसी को पता चलेगा तो वे उसके बारे में क्या सोचेंगी ? या कमला की नज़रों में चन्दा की क्या वकअत रह जायेगी अथवा जमुना की निगाहों में क्या वह गिर न जायेगा ? लेकिन दुनिया की परवाह न करने और मित्र-शत्रुओं को उस स्थिति की कसौटी पर कसने का जो फ़ैसला उसने किया था, उसके जोश में उसने तय किया कि मौसी रामरक्खी, उनकी लड़की कमला और उनकी भांजी जमुना को भी वह अपनी सास की विपद-कहानी स्वयं ही सुना देगा। उसने महाशय जीवनलाल से दो फ्री पास लिये और एक इतवार मौसी के घर की ओर चल पड़ा

जब से चेतन 'भूँचाल' का सम्पादक नियुक्त हुआ था, वह सिर्फ़ एक बार ही महाशय जीवनलाल के साथ पिक्चर देखने गया था। उसका अनुभव सुखद नहीं था। बाहर ठण्डक के बावजूद अन्दर हॉल में बड़ी उमस और बू थी। महाशय जी यद्यपि गैलरी में बैठे थे, लेकिन पिक्चर देखने की ओर उनका ज़रा भी ध्यान नहीं था। दो-तीन बार सिनेमा का मैनेजर आया था और न जाने किस बात पर उससे ज़ोर-ज़ोर की बहस होती रही थी। फिर एक टख़ियाई-सी दिखायी देने वाली औरत पाउडर और सुर्ख़ी से लिपी-पुती मैनेजर-समेत उनके साथ सोफ़े पर जा बैठी थी। चेतन दूसरे सोफ़े पर चला गया था और महाशय जी

उसके साथ मज़ाक करते रहे थे। इतनी ही ग़नीमत थी कि चेतन से उन्होंने कोई मज़ाक नहीं किया था, लेकिन कुल मिला कर उसे बड़ी कोफ़्त हुई थी और उसने तय किया था कि वह फिर कभी उनके साथ पिक्चर देखने नहीं जायेगा।

लेकिन मौसी रामरक्खी के यहाँ जाने से पहले उसने नयी फ़िल्म के दो पास उनसे माँग लिये थे। बिना किसी बहाने वहाँ जाना उसे अजीब लगा था।

दरवाज़ा जमुना ही ने खोला, नीची निगाहें किये, उसने 'नमस्कार' किया और आगे-आगे चली गयी। आँगन में अभी धूप थी। शायद कमला और जमुना वहाँ बैठी थीं, क्योंकि जब चेतन पहुँचा तो केवल कमला बैठी हुई थी। उसने उठ कर चेतन को 'नमस्कार' किया और माँ को आवाज़ दी। चेतन बैठ गया तो मौसी आ गयीं। उन्होंने शिकायत की कि इतने दिन से उसने सूरत नहीं दिखायी और वे उसके बराबर की कुर्सी पर आ बैठीं।

चेतन ने बड़े उदास और चिन्ता-भरे स्वर में अपने ससुर के पागल होने का वृत्तान्त कह सुनाया था। उनके बड़े भाई की निर्ममता (यद्यपि चेतन को उसका विश्वास नहीं था।) और अपनी सास की कर्मठता तथा त्याग का वर्णन उसने कुछ अतिरंजित स्वर में किया था, और यह देख कर वह चकित रह गया था कि उसकी बातें सुनते हुए मौसी रामरक्खी की आँखें भर आयी थीं। उसने यह भी देखा था कि उसकी बातें सुनते हुए जमुना की आँखों में कुछ ऐसा भाव आ गया है, जैसे इस दुखद प्रसंग का शिकार होने से चेतन औसत युवकों से कुछ अलग व्यक्ति हो गया है। उसकी आँखों में चेतन के प्रति जो सहानुभूति थी, उसमें कुछ अजीब तरह का आदर-भाव आ गया था।

मौसी रामरक्खी ने आँखें पोंछ कर ज़माने के कठकरेजपन पर दुख प्रकट किया था, उसकी सास की तारीफ़ की थी और चेतन से कहा था कि उसे किसी तरह की ज़रूरत हो तो वह संकोच न करे और उस घर को अपना ही समझे।

कमला को केवल चन्दा का ख़याल आया था। 'कई दिन से मैं देख रही थी,' उसने कहा, 'कि भाभी चुप-चुप रहती हैं। कभी हँसती-हँसाती नहीं। मैं हैरान थी कि क्या बात है। अपने पिता की तकलीफ़ से उनका मन कितना दुखी होगा, पर एक बार भी उन्होंने अपने दुख का साझीदार मुझे नहीं बनाया।'

चेतन ने कमला से अनुरोध किया था कि वह चन्दा से इस प्रसंग का ज़िक्र न करे और कहा था कि वह एक शाम उसे लायेगा ताकि उसका मन ज़रा बहल जाये और वह अन्दर-ही-अन्दर कुढ़ती न रहे।

उठने से पहले उसने यह भी बताया था कि वह एक साप्ताहिक का सम्पादक हो गया है, उसे फ़िल्मों के पास मिलने लगे हैं और वह उनके लिए नयी फ़िल्म के दो पास लाया है। उसने दोनों पास कमला को दिये थे, फिर आने और चन्दा को साथ लाने का वादा करके वह उठ आया था।

०

इस तरह अपने तमाम मित्र-परिचितों को अपनी उस ट्रैजिडी से आगाह करके चेतन सहज हो गया था।

सेठ तीरभान की पत्री वह दूसरी बार ही वापस लेता गया था। सेठानी को पत्री लौटाते

हुए उसने कहा था कि उन्हें कृष्णा को पा कर ही सन्तोष करना चाहिए और उसके स्वास्थ्य का विशेष ध्यान रखना चाहिए, क्योंकि उनके सन्तान-सुख पर कुछ ग्रहों की टेढ़ी नज़र है।

सेठानी शायद कुछ और प्रश्न करतीं, पर उसने प्रसंग बदल दिया था और अपने उस संकोच का ज़िक्र किया था, जो उसे वहाँ आने में था। लेकिन पहली बार वहाँ आने पर ही सेठानी के व्यवहार ने जैसे उसका वह संकोच दूर कर दिया, उसकी चेतन ने बड़ी प्रशंसा की। सेठानी ख़ुश हो गयीं और उनका ध्यान बँट गया।

इसके बाद वह हफ़्ते में दो बार सपत्नीक अथवा अकेला वहाँ जाता रहा था; अपने सास-ससुर का हाल-चाल लेता रहा था; सेठानी के घर-द्वार की बातें करता रहा था; आदर और श्रद्धा-भरी कृष्णा की निगाहों का संस्पर्श पाता रहा था और यद्यपि वह उस स्थिति से पूर्णतः प्रसन्न नहीं था, पर उसने मन में उससे समझौता कर लिया था। क्योंकि उसका मानसिक तनाव ख़त्म हो गया था, काम में उसका मन लगने लगा था और वह सन्तुष्ट था।

o

लेकिन तभी वह घटना घटी और चेतन ने पाया कि वह उसी स्थिति में है, जहाँ से चला था, बल्कि उससे भी कहीं ज़्यादा कष्टकर स्थिति में है और उससे निकलने का वैसा कोई आसान रास्ता भी नहीं है

o

उस शाम दफ़्तर से वह कुछ पहले ही आ गया था और अकेला ही अपनी सास से मिलने गया था। हवेली पर जा कर उसने दस्तक दी तो दरवाज़ा खुलने में कुछ देर हुई और जब दरवाज़ा खुला तो डेवढ़ी में कृष्णा नहीं, उसकी सास खड़ी थी। चूँकि उसे ज़्यादा दिखायी नहीं देता था और सीढ़ियाँ उतरने-चढ़ने में तकलीफ़ होती थी, इसलिए प्रायः कृष्णा ही दरवाज़ा खोलती थी। पर उस शाम कृष्णा कहीं भी दिखायी न दी — न आँगन में, न ऊपर जँगले पर और न किसी कमरे से ही उसकी आवाज़ चेतन को सुनायी दी।

'कृष्णा नहीं है ?' सहसा डेवढ़ी में दाख़िल होते हुए उसने सास से पूछा।

'उसकी सगाई हो गयी है,' उसकी सास ने कहा, 'ऊपर लड़का आया हुआ है। चलो तुम ऊपर। सेठानी को बधाई दे देना।'

चेतन का हृदय धक् से रह गया। उसने मन-ही-मन सेठानी को बधाई देने के सिलसिले में कुछ वाक्य तैयार कर लिये और भारी कदमों से ऊपर पहुँचा। जँगला पार कर उस ओसारे-नुमा कमरे में पैर रखते ही उसने देखा, सेठानी तख़्त के बदले सरकण्डे के मूढ़े पर दोनों हाथ गोद में लिये, बड़े विनम्र भाव से बैठी है और तख़्त पर उसकी जगह एक युवक पसरा हुआ है। चेतन को आते देख कर वह कोहनियों के बल ज़रा-सा उठा....

अमीचन्द!....चेतन के अन्दर कोई ज़ोर से च्चीखा और एक तेज़ छुरा जैसे उसके दिल में दूर तक उतरता चला गया। क्षण भर के लिए उसका एक पैर जँगले पर और एक कमरे में रुका रह गया और उस एक क्षण में शिमला की वह घटना उसके दिमाग़ में कौंध गयी, जब अमीचन्द को स्कैण्डल पॉयण्ट की रेलिंग पर कोहनी टिकाये देख कर, उसने नीचे माल ही से पुकारा था — अरे अमीचन्द, तुम कहाँ!' और यह कहता हुआ वह सोल्लास उसकी ओर लपका था।

तब एक सुदूर मुस्कान के साथ अमीचन्द ने चेतन की ओर देखा था और जैसे उतनी ही दूर से बोला था, 'कहो' तुम कहाँ ?' और फिर यह देख कर कि चेतन ने हाथ बढ़ा दिया है, उसने भी उदासीनता से हाथ बढ़ा दिया था।

उत्तर देने के बदले चेतन ने पूछा था, 'तुम यहाँ कैसे ? किताबों की सैर से मिल गयी तुम्हें शिमला देखने की फ़ुर्सत।'

उतनी ही दूर से अमीचन्द ने बताया था कि वह ज़रा डिप्टी क्लेक्टरी के इम्तहान में बैठने आया है।

'साला, डिप्टी कलेक्टरी का' —चेतन ने मन-ही-मन कहा था —'और कोई रह जो नहीं गया था डिप्टी कलेक्टर बनने के लिए' —लेकिन प्रकट उसने यही कहा था, 'तो भाई डिप्टी कलेक्टर हो कर हम ग़रीबों को न भूल जाना।'

तभी अमीचन्द के एक मित्र ने नीचे से पुकारा था और उसने न चेतन की बात का उत्तर दिया था, न यों अचानक चल देने के लिए क्षमा माँगी थी। उसकी वह सुदूर मुस्कान कुछ और फैली थी और चेतन के हाथ को ज़रा-सा हिला कर वह चला गया था....

'तो अमीचन्द कृष्णा का होने वाला दूल्हा है,' चेतन ने मन-ही-मन कहा, 'अमीचन्द —जो डिप्टी कलेक्टर होते ही, न केवल ख़ुद बौरा गया था, बल्कि जिसके घर वाले भी बौरा गये थे।'

और वहीं खड़े-खड़े युगों-ऐसे उस एक क्षण में चेतन के सामने कुछ ही महीने पहले की घटना घूम गयी थी, जब वह नीला के दुख से दुखी, बाहर जाने के लिए अपने मकान से उतरा था और उसे जगदीश नक्शा-नवीस मिला गया था, जो अमीचन्द को डिप्टी कलेक्टर होने के सिलसिले में बधाई देने जा रहा था। तभी भुवाड़े से सफ़ेद पैण्ट-कमीज़ में अमीचन्द आता दिखायी दिया था और दीसा (जगदीश) चेतन को छोड़ कर उसकी ओर लपका था और उसने बाछें खिलाते हुए कहा था, 'भराजी, नमस्ते। बधाई हो।'

बिना उसकी ओर देखे, ज़रा-सा होंट हिला कर अमीचन्द ने दीसा की 'नमस्ते' का जवाब दिया था और बिना रुके उसके पास से निकल गया था।

उसी शाम अमीचन्द के भाई अमीरचन्द ने तेलू झमान के घर जा बैठने वाली खत्रानी भागवन्ती को पीट दिया था और मुहल्ले में कोहराम मच गया था.... 'यह साला तो डिप्टी बनने से पहले ही डिप्टी हो गया था,' चेतन ने मन-ही-मन कहा....

वहीं जँगले के गलियारे में वह न जाने कितनी देर खड़ा अपने ध्यान में गुम रहता, पर दूसरे ही क्षण सेठानी ने उसे पुकारा, 'आओ बेटा, आओ। इनसे कृष्णा की सगाई की है। तुम्हारे तो साथ ही पढ़ते रहे हैं। पहचानते हो न इनको ?'

खोखली-सी हँसी हँसता और उससे भी खोखले स्वर में, 'क्यों नहीं, क्यों नहीं!' कहता हुआ चेतन आगे बढ़ा। और उसने होने वाली सास और भावी दामाद दोनों को बधाई दी।

अमीचन्द ने वैसे ही पसरे हुए, महज़ बायीं कोहनी के बल हो कर, दायाँ हाथ ज़रा-सा उसकी ओर बढ़ा दिया।

चेतन उससे हाथ मिलाता हुआ बेतकल्लुफ़ी से तख़्त पर ही बैठ गया, जिसकी वजह

से अमीचन्द पसरे-पसरे ही ज़रा परे खिसक गया।

'कब की तय की है शादी ?' चेतन ने बैठते ही सेठानी से पूछा।

'हम तो जल्दी चाहते हैं, पर ये मानते ही नहीं। ठाका[1] दे दिया है। ये चाहते हैं कि कृष्णा बी० ए० कर ले तब शादी करेंगे।'

'पर इसमें तो दो-तीन साल लग जायेंगे।'

'मुझे एक डिपार्टमेण्टल इम्तहान देना है।' जवाब अमीचन्द ने दिया था। 'तैयारी करनी होगी। पास हो जाऊँगा तो देर-सबेर डिप्टी कमिश्नर हो जाऊँगा, वरना सारी उमर डिप्टी कलेक्टरी करते ख़त्म हो जायेगी।'

'वो तो है।' चेतन ने कहा। उसे हैरत थी कि अमीचन्द ने इतनी बात भी कैसे कर ली। शायद हीन-भाव का जो एहसास उसे तुनकमिज़ाज बनाये हुए था, और जिसकी पूर्ति वह अपने हमजोलियों और मुहल्लावासियों पर रौब जमा कर किया करता था, अब पद-प्रतिष्ठा पा कर कम हो गया था। ऊँचे ओहदे पर पहुँच कर नीचे वालों के प्रति शायद वह सहृदय हो आया था।

'फिर कृष्णा की उमर भी कम है।' अमीचन्द ने कहा था।

'हाँ चौदह--पन्द्रह की होगी।' और चेतन सेठानी की तरफ़ मुड़ा था 'क्यों बीबी जी ?'

'नहीं, सोलह की है।'

'लगती तो चौदह-पन्द्रह की है।' चेतन ने मत दिया था। 'दो-तीन वर्ष रुकने में कोई हर्ज नहीं। वह भी बी० ए० कर लेगी, अमीचन्द भी इम्तहान दे लेगा। डिप्टी कमिश्नर की बीवी के लिए (अजाने चेतन ने उसे तभी डिप्टी कमिश्नर बना दिया) कम-से-कम बी० ए० तो होना ज़रूरी है। बराबर के अफ़सरों से मिलना-जुलना और पार्टियों में आना-जाना रहता है। बी० ए० तो उसे होना ही चाहिए।'

और वह उठा।

'बैठो बेटा, अभी कुछ देर,' सेठानी ने कहा था, 'अभी आये और चल दिये।'

'बस आपके दर्शन करने और माँ जी का हाल-चाल लेने आया था।' चेतन ने कहा, 'अब चलूँगा।' और वह अमीचन्द की ओर मुड़ा था।

'अच्छा भाई अमीचन्द, चल दिये!' उसने हाथ बढ़ाया, 'फिर मेरी बधाई लो।'

अमीचन्द ने उससे हाथ मिलाया और उसके हाथ को हाथ में लिये हुए ही, उसके सहारे उठा।

'तुम बैठो, बैठो।' चेतन ने हाथ छुड़ाने का प्रयास करते हुए कहा।

'नहीं, नीचे तक चलते हैं।'

'इस साले को पता चल गया है कि मेरी सास यहाँ रसोई में काम करती है और इसे डर है कि हम भैंगी न मार दें।' चेतन ने सोचा, 'या हो सकता है, यह साला उदारता ही दिखा रहा हो।' लेकिन वह बोला कुछ नहीं। उसने बीबी जी को 'नमस्कार' किया और अमीचन्द के साथ नीचे को चल दिया। उसकी सास किचन के दरवाज़े में खड़ी थी। उसने

---

१. तिलक से पहले लड़का रोकने के लिए कुछ शगुन। वरेच्छा।

बिना रुके कहा, 'अच्छा माँ जी प्रणाम, फिर आऊँगा।

और वह अमीचन्द के आगे-आगे सीढ़ियाँ उतर गया।

०

डेवढ़ी के बाहर दहलीज़ के बायीं ओर लाल सीमेण्ट के चबूतरे का सहारा लिये, अमीचन्द कुछ क्षण खड़ा रहा। उसने चेतन और उसकी पत्नी का, उसके माता-पिता और भाइयों का हाल-चाल जाना और फिर उसकी नौकरी और लिखने-पढ़ने के बारे में प्रश्न किया।

चेतन ने बताया कि वह साप्ताहिक 'भूँचाल' का सम्पादक हो गया है; उसकी कहानियों का पहला संग्रह छप गया है और हिन्दी-उर्दू के कथा-सम्राट मुन्शी चन्द्रशेखर ने उसकी भूमिका लिखी है और वह एक प्रति उसके लिए वहीं दे जायेगा। उसने यह भी बताया कि अब वह हिन्दी में लिखने लगा है और शीघ्र ही उसकी रचनाएँ सारे हिन्दुस्तान में छपने लगेंगी।

यह सब बताते हुए जैसे वह अमीचन्द से कद में कहीं ऊँचा उठ गया और जैसे उसी ऊँचाई से उसके हाथ को झटका दे कर और फिर कभी उससे वहीं मिलने की आशा करता हुआ, वह सीढ़ियाँ उतर गया और बिना एक बार भी पीछे को देखे, तेज़-तेज़ गली पार कर आया।

छियालीस

गली पार करते ही चेतन की चाल धीमी हो गयी। उसके पाँव जैसे मन-मन भर के हो गये। उसका कद, जो क्षण भर पहले आसमानों को छूने लगा था, पिद्दी-ऐसा हो आया और उसके दिमाग़ में रुका हुआ बवण्डर दिशा-ज्ञान खो कर भटकने लगा।

यह ठीक है कि अमीचन्द ने उससे प्रकट आत्मीयता से बात की थी; वह उसे नीचे तक छोड़ने भी चला आया था; और इस बात की आशा —उस अमीचन्द से, जिसे वह लड़कपन से जानता था —चेतन को हरगिज़ नहीं थी। लेकिन चेतन के मन में कहीं सन्देह था कि अमीचन्द ने उदारता दिखा कर उसे हेय बनाना चाहा है और गोविन्द गली पार करते ही यह बात उसके दिल में बेतरह टीसने लगी।....क्षण भर के लिए चेतन के मन में ख़याल आया था कि उसकी उदारता के पीछे यह डर न हो कि चेतन या उसकी सास इस मामले में भैंगी मार देंगे। लेकिन सोचने पर उसे लगा कि यह बात नहीं। वह आज डिप्टी कलेक्टर है और कल डिप्टी कमिश्नर हो सकता है। ऐसे अफ़सर-युवकों से अपनी लड़कियों का रिश्ता करने वाले ग़रज़मन्द लोग पड़ोसियों या शरीकों की भैंगियों का ख़याल नहीं करते। वे उनके लिए तैयार होते हैं।....नहीं, अमीचन्द अपना बड़प्पन ही दिखाना चाहता था। तख़्त पर चेतन के आ कर बैठने के बाद भी वह उठ कर न बैठा था, बदस्तूर पसरा रहा था और जब वह उसे नीचे तक भी छोड़ने आया था तो उससे बातें करते हुए वह इधर-उधर देखता रहा था और एक बार भी उसने आत्मीय की तरह उससे आँखें नहीं मिलायी थीं....

....और चेतन को अपने आप पर क्रोध आने लगा —क्यों वह तख़्त पर बैठ कर लपर-लपर बतियाने लगा ? क्यों नहीं वह तत्काल उठ आया ? जिस तरह अमीचन्द ने पहले शिमले में और फिर कुछ ही महीने बाद जालन्धर में उसकी ओर देखना भी स्वीकार न किया था, क्या वह स्वयं भी उसी तरह निहायत रुखाई के साथ, बिना उससे हाथ मिलाये, बिना उसे बधाई दिये, गलियारे ही से लौट न आ सकता था ?

....और कल्पना-ही-कल्पना में चेतन ने देखा कि वह सेठ वीरभान की हवेली में जाता है; ऊपर ओसारे में अमीचन्द को पसरे हुए देखता है तो वह उसका कोई नोटिस नहीं लेता। सेठानी को 'नमस्कार' करता है और इससे पहले कि वे उसे बैठने के लिए कहें और कृष्णा की सगाई की सूचना दें, उल्टे पाँव लौट आता है। सेठानी बुलाती है तो गलियारे ही से यह कह कर कि वह माँ जी से ज़रूरी बात पूछने आया था, उसे जल्दी है, फिर आयेगा, वह चला आता है।

....फिर उसने देखा कि वह फ़ौरन नहीं पलटता। तख़्त पर नहीं, वहीं सेठानी के सामने दूसरी कुर्सी पर जा बैठता है। कृष्णा की सगाई के बारे में उनकी बातें सुनता है। उन्हें बधाई देता है। लेकिन न अमीचन्द की ओर देखता है, न हाथ मिलाता है, न बात करता है, बस उठ कर वापस आ जाता है।

....फिर उसने देखा कि अमीचन्द के पसरे होने की चिन्ता नहीं करता। उसके बढ़े हुए हाथ को दो ऊँगलियों से छूते हुए वह निहायत दबंगई से उसे कोहनी से ज़रा परे ठेल तख़्त पर जा बैठता है। जब वह सेठानी से बात करता है और अमीचन्द बीच में सफ़ाई देने लगता है तो वह बिना उसकी ओर देखे या उससे हाथ मिलाये अथवा उसे अपना बड़प्पन या उदारता दिखाने का अवसर दिये, उठ कर चला आता है....

लेकिन कल्पना में चाहे वह अब उस दृश्य को किसी तरह भी देखे, वह अपनी कमज़ोरी तो प्रकट कर ही आया था। घटना के बाद शहज़ोरी की कल्पना कमज़ोरी ही का दूसरा नाम है। सिवा अपना ख़ून जलाने के ऐसा कल्पनाओं से कुछ नहीं बनता।

कल्पना के इस कष्टप्रद विलास से जब वह चौंका तो चेतन ग्वालमण्डी की सड़क पर पहुँच गया था। यद्यपि शाम हो गयी थी और बत्तियाँ जल गयी थी, लेकिन घर जाने को उसका ज़रा भी जी नहीं हुआ। चेम्बरलेन रोड से हो कर वह निस्बत रोड की तरफ़ निकल गया।

दिन को यद्यपि धूप की तेज़ी के कारण उतनी सर्दी न थी, लेकिन शाम काफ़ी खुनक हो गयी थी। चेतन तहमद-कमीज़ के ऊपर लोई अथवा पुराना ओवरकोट पहनने के बदले, वही नया ठण्डा सूट पहने था, जो उसने पागलख़ाने के डॉक्टर से मुलाकात की ग़रज़ से सिलवाया था। तीखी ठण्डी हवा चलने लगी थी, लेकिन चेतन को सर्दी की परवाह नहीं थी। उसके दिमाग़ में जैसे लावा खौल रहा था। कॉलर ऊँचे किये, सीने को ठण्डी हवा से बचाये, दोनों हाथ जेबों में डाले, आगे को ज़रा झुका हुआ, वह ध्यान-मग्न चला जा रहा था।....वह क्या करे ?.... कैसे इस नयी स्थिति से पार पाये ?....बार-बार यही प्रश्न उसके मन में उठ रहा था और उसका कोई हल उसे सूझ न पा रहा था....अमीचन्द की सगाई वहीं हुई है, जहाँ चेतन की सास महाराजिन का काम करती है। अमीचन्द की वह ठिगनी,

नाटी, निहायत विद्वेष-भरी माँ वहाँ आयेगी, उसका बड़ा भाई अमीरचन्द आयेगा, उन्हें इस स्थिति का पता चलेगा। वे लोग मुहल्ले में घर-घर यह बात बताते घूमेंगे। तब चेतन के माता-पिता को कैसा लगेगा ?.... कृष्णा की शादी होगी। चेतन की सास उसमें महाराजिन के कर्तव्य निभायेगी। वह इस स्थिति को कैसे सहन कर पायेगा ?....चन्दा वहाँ किस हैसियत से जायेगी ? —महाराजिन की बेटी की हैसियत ही से ना! सेठानी शादी की ख़ुशी में उसे कोई सस्ती-सी साड़ी और रुपया-दो रुपया नेग देना चाहेगी — वह कैसे यह स्वीकार कर पायेगा ?....काश, उसकी सास सेठानी के यहाँ काम छोड़ सकती।.... लेकिन चेतन इस एक महीने ही में देख चुका था कि वह उस घर में बड़ी प्रसन्न और सन्तुष्ट है। अपने अहं की तुष्टि के लिए अपनी सास को मुसीबत में डालना, उसे किसी दूसरे घर नौकरी करने के लिए मजबूर करना —फिर वही स्थायी तनाव की स्थिति पैदा करना —अब चेतन के लिए असम्भव था।....वह चन्दा का वहाँ जाना मना कर सकता था। वह चन्दा को आदेश दे सकता था कि जब कृष्णा की शादी हो, वह न जाये। लेकिन उससे चेतन की तकलीफ़ किसी तरह भी कम न हो सकती थी। कृष्णा की शादी उसके किसी साधारण मित्र अथवा परिचित से नहीं, उसके सहपाठी, मुहल्लावासी और प्रतिद्वन्द्वी से होने वाली थी, जिसकी स्नॉबरी के कारण वह उससे बेहद नफ़रत करता था।

....चेतन कृष्णा की आँखों में एक महत्वपूर्ण लेखक था —दुख-दर्द-भरी रूमानी कहानियों का सर्जक —लेकिन कृष्णा का विवाह तो एक डिप्टी कलेक्टर से होने जा रहा है, जो अव्वल दर्जे का रट्टू और मेहनती है; निश्चय ही वह सारी विभागीय परीक्षाएँ पास कर लेगा —कृष्णा का पति ज़िले का हाकिम होगा और चेतन —एक मामूली साप्ताहिक का महज़ चालीस रुपये महीने पाने वाला टुटपुँजिया सम्पादक!.... चन्दा भले ही उस घर में अपनी माँ से मिलने जाती रहे, पर चेतन के लिए अब वहाँ पाँव भी रखना मुहाल था — वह कैसे पुराने विश्वास के साथ उसके यहाँ जा सकेगा ? कैसे उससे आँखें मिला सकेगा ?....

तभी सहसा चेतन के मन में साध उठी —काश वह डिप्टी कलेक्टरी के कम्पीटीशन में बैठ सकता! लेकिन उसकी उम्र ज़्यादा हो गयी थी। उम्र ज़्यादा न भी हो, वह गणित और विज्ञान में कमज़ोर था और नम्बर तो यही विषय ज़्यादा दिलाते थे। चेतन ने एक लम्बी साँस ली। काश, उसकी उम्र ज़्यादा न होती। काश, उसका गणित कमज़ोर न होता! तब वह निश्चय ही कम्पीटीशन में बैठता!....लेकिन वह तो चौबीस साल का होने को आया है।....जिनके पिता अपने लड़कों को कम्पीटीशनों में बैठाना चाहते हैं, वे शुरू ही से उनकी उम्र दो-एक वर्ष कम लिखवाते हैं। दो-दो पत्रियाँ बनवाते हैं। शुरू ही से उनके मन में कम्पीटीशनों में सफल होने की आकांक्षा भरते हैं। सत्रह-अठारह साल में वे लड़के बी० ए० कर लेते हैं और चौबीस की उम्र तक पहुँचते-न-पहुँचते पी० सी० एस०, आई० सी० एस० हो जाते हैं। उनके पिता ने तो सिवा यह चाहने के कि उनके लड़के महान बनें और कुछ नहीं किया। उनकी शिक्षा-दीक्षा की कोई चिन्ता नहीं की। घाते में जब अवसर मिला, बेरहमी से मारा-पीटा। बस एक गुरु-मन्त्र दिया कि जो एक माई के लाल ने किया है, दूसरी माँ का बेटा भी कर सकता है —आदमी कोई भी काम अपनाये, उसे कमाल तक पहुँचा दे तो अपने आप लोकप्रिय हो जाता है। और यह गुरु-मन्त्र दे कर वे अपने कर्तव्य

से छुट्टी पा गये। लेकिन वह इस गुरु-मन्त्र का क्या करे! वह इसके बल पर डिप्टी कलेक्टर तो नहीं हो सकता। वह बी० ए० में अच्छा डिवीज़न नहीं ले सका, जो काम एक माई के लाल ने किया है, वह स्वयं उसे कैसे कर सकेगा ? उस उद्देश्य के सन्दर्भ में इस माई के लाल के पिता का भी तो कुछ कर्तव्य था, जो चेतन के पिता ने नहीं निभाया।

यदि वह कहीं पी० सी० एस० के कम्पीटीशन में बैठ सकता और डिप्टीकलेक्टर बन सकता तो उसे इस बात की ज़रा भी चिन्ता न होती कि उसकी सास अमीचन्द की ससुराल में चौका-बर्तन करती है। उसकी पत्नी की स्थिति ग्वालमण्डी में भी और कल्लोवानी में भी सुस्थिर और सुरक्षित रहती।....यदि कृष्णा डिप्टी कलेक्टर की पत्नी होती तो चन्दा भी डिप्टी कलेक्टरानी होती। तब कृष्णा की शादी में शिरकत करने और चन्दा को वहाँ भेजने में चेतन को ज़रा भी आपत्ति न होती और तब न कृष्णा के सामने स्वयं उसकी आँखें झुकतीं और न कृष्णा की आँखों में चेतन की इज़्ज़त ही कम होती। क्योंकि जहाँ अमीचन्द महज़ डिप्टी कलेक्टर होता, वहाँ चेतन डिप्टी कलेक्टर होने के साथ ही एक उच्च कोटि का कवि और कथाकार भी कहाता!.... चेतन ने दिल से फिर एक बड़ी लम्बी साँस निकल गयी।....नहीं, चन्दा को वहाँ जानने से रोकने अथवा स्वयं कभी वहाँ न जाने का फ़ैसला करने से स्थिति की विकटता में किसी तरह का अन्तर नहीं पड़ता। कृष्णा की शादी अमीचन्द के बदले किसी दूसरे डिप्टी से होती। डिप्टी कलेक्टर छोड़ डिप्टी कमिश्नर से होती तो उसे शायद ज़रा भी दुख न होता। शायद ख़ुशी ही होती। अमीचन्द से भी होती और अमीचन्द उसका सहपाठी और मुहल्लावासी और लाला मणिराम सब-पोस्ट मास्टर का लड़का न होता, तब भी ठीक था। यह सब भी होता तो वह उसका प्रतिद्वन्द्वी और नकचढ़ा न होता, उसके डिप्टी कलेक्टर होते ही उसके घर वालों का दिमाग़ आसमान पर न चढ़ जाता; वह मिलनसार और विनम्र होता, तब भी शायद वह स्थिति चेतन के लिए कष्टकर न होती। लेकिन अब अमीचन्द के उदार होने से कोई फ़र्क नहीं पड़ता। अब उसके घर वाले सारे कल्लोवानी में यह बात फैला देंगे कि चेतन की सास अमीचन्द की ससुराल में चौका-बर्तन करती है।....चेतन के सामने कुछ ही महीने पहले जालन्धर के कल्लोवानी मुहल्ले की वह घटना घूम गयी, जब अमीचन्द के बड़े भाई अमीरचन्द ने उसके डिप्टी कलेक्टर होने की ख़बर सुनते ही भागवन्ती को पीट दिया था और चेतन के पिता ने उसे ढूँढने के लिए उसके मामा की बिसाती की दुकान पर धावा बोल दिया था और मुहल्ले के खत्री पण्डित शादीराम की उस दबंगई पर दम साध कर रह गये थे। अब उन्हें उस अपमान का भरपूर बदला चुकाने का मौका मिलेगा। घर-घर वे चेतन की सास की ग़रीबी का ढिंढोरा मज़े ले-ले कर पीटेंगे। चेतन के पिता, जिनके सामने मुहल्ले का कोई व्यक्ति चूँ भी नहीं करता, इस स्थिति को जानेंगे तो कैसे बरदाश्त कर पायेंगे।....वह स्वयं सेठ के यहाँ जाना बन्द कर भी दे तो क्या होगा! चन्दा शादी में भाग न ले तो भी क्या होगा! मुहल्ले में उसके माता-पिता और स्वयं उसका सिर उठा कर चलना तो कठिन हो ही जायेगा।....हो सकता है, उसके उदार-हृदय पिता इस स्थिति को कोई महत्व न दें। अपनी सफ़ाई में मुहल्ले के खत्रियों को दस गालियाँ दे कर चेतन की सास को पतिव्रता देवी के आसन पर बिठा दें। लेकिन चेतन यह जानता था कि यह स्थिति उसकी माँ के लिए और स्वयं उसके लिए असह्य होगी। —काश, उसकी सास सेठ वीरभान की नौकरी छोड़ सकती! काश, वह स्वयं

ही लाहौर छोड़ कर कहीं दूर कलकत्ता-बम्बई जा सकता!!काश, वह अपनी मिट्टी से कट सकता!!!....लेकिन वह लाहौर में 'भूँचाल' का सम्पादक है, उसकी पत्नी ग्वालमण्डी के विद्यालय में पढ़ती है, उसकी सास गोविन्द गली के सेठ के यहाँ चौका-बर्तन करती है और सेठ की लड़की के साथ उस अपस्टार्ट अमीचन्द की सगाई हो गयी है....इस स्थिति से वह कैसे पार पाये....कैसे पार पाये!

o

चेतन शुतर-बे-मुहार की तरह सड़कों पर मारा-मारा फिरता रहा — बार-बार वह बातें सोचता हुआ, घूम-फिर कर वही दृश्य देखता हुआ — उसका दिमाग़ एक दलदल बन गया था, जिसमें उसकी चेतना बराबर धँसती चली जाती थी। उस दलदल से अपनी चेतना को निकाल पाने का कोई रास्ता उसे सुझायी न दे रहा था।....अजीब बात है कि न उसे अपने पत्नी पर क्रोध था, न सास पर, न कृष्णा पर और न अमीचन्द पर! उसे रह-रह कर अपने भाग्य पर क्रोध आता था, जिसने उसे ऐसी दुस्सह स्थिति में डाल दिया था। हर तरह से बेबस, लाचार और मजबूर कर दिया था!.... वरना क्या अमीचन्द डिप्टी कलेक्टर हो कर एक अनपढ़ सर्राफ़ की लड़की ही से शादी करता! चेतन ने तो सुना था कि उसे बड़े-बड़े कलेक्टरों और कमिश्नरों के यहाँ से रिश्ते आ रहे हैं। लेकिन उसके पिता आख़िर एक छोटे शहर के, एक और भी छोटे मुहल्ले के, सब-पोस्ट मास्टर ही थे न! किसी बड़े अफ़सर की आधुनिक पढ़ी-लिखी लड़की से वे बेहद घबराते थे। फिर ये अफ़सर जितने ही बड़े होते हैं, उतना ही बड़ा उनका ख़र्च होता है। शान-शौकत और मान-प्रतिष्ठा वे जितनी चाहें, दामाद को दे दें, धन-सम्पत्ति कारोबारियों जितनी नहीं दे पाते! और अमीचन्द के पिता को शायद नकद माल की ज़्यादा ज़रूरत थी। उन्होंने अपनी आधी पेंशन कम्यूट करके उसे पढ़ाया था। सेठ वीरभान ने एक हज़ार से कम क्या ठाके में दिया होगा। चेतन को याद था, एक दिन कृष्णा की शादी के सिलसिले में सेठानी ने चेतन को किसी उपयुक्त लड़के पर नज़र रखने के लिए कहा था और ठाके तथा शगुन[१] पर क्या देंगे, इसका उल्लेख किया था।....शादी दो वर्ष बाद होने वाली थी। इस अर्से में दिन-त्योहार पर अमीचन्द के माता-पिता, भाई-भाभी — सब लड़की को मिलने आयेंगे, सेठ-सेठानी उनकी झोलियाँ भरेंगे और शादी से पहले ही वे लोग कई हज़ार पा जायेंगे। चेतन निम्न-मध्यवर्गीय खत्रियों की इस क्षुद्र मनोवृत्ति से अच्छी तरह वाकिफ़ था। उनमें एक भी उसके पिता-ऐसा उदार न था कि रास्ते में मिलने वालों से सवा रुपया शगुन का ले कर अपने लड़के की सगाई कर देता — शराब के नशे में भी नहीं! लाला मणिराम और उनकी बीवी को, जिन्होंने न जाने कैसी तकलीफ़ें सह कर तीन लड़कों में से एक को डिप्टी कलेक्टर बना दिया था, प्रतिष्ठा नहीं, पैसा चाहिए था। इसीलिए उन्होंने किसी अफ़सर की लड़की न चुन कर, अनपढ़ सर्राफ़ की लड़की चुनी थी! उनको किसी धनी-मानी की लड़की से अपने लड़के की शादी करनी थी, यह तय था, लेकिन वह धनी-मानी वही हो, जिसके यहाँ चेतन की सास रसोई देखती हो, इसमें तो चेतन को विधाता ही का हाथ दिखायी देता था।....यथा विधाता वधीयते तदैव शुभाय!....अब इसमें क्या शुभ था ? स्थिति पहले भी कोई वैसी सुखकर नहीं थी, पर

१. तिलक

चेतन ने अपने मन में उससे समझौता कर लिया था। विधाता को शायद उसका उतना चैन भी पसन्द न था। तभी तो बैठे-बैठाये उसने स्थिति को ऐसा विकट बना दिया....वह विधाता के इस वार को कैसे बचाये!.... कैसे इस स्थिति से पार पाये....

०

रात के दस बजने वाले थे, जब चेतन घर पहुँचा —निस्बत से मैक्लोड, मैक्लोड से हॉल रोड, माल रोड, फिर वापस पोस्ट ऑफ़िस, नीला गुम्बद और मेयो हस्पताल रोड से होता हुआ वह वापस घर आया था — सर्दी काफ़ी थी, पर न उसे ठण्ड का एहसास था, न थकन का, न भूख का।

उसके बड़े भाई खा-पी कर सो गये थे। चन्दा शायद उसकी प्रतीक्षा करते-करते ऊब कर सितार बजाने लगी थी। खिड़कियाँ-दरवाज़े बन्द थे और सितार का मद्धम-सा स्वर बाहर गली में सुनायी दे रहा था। चन्दा को बहुत दिन सितार सीखते नहीं हुए थे। एक ही सरगम को वह बार-बार बजा रही थी। चेतन ने जा कर दरवाज़े पर दस्तक दी तो उसने एक हाथ में सितार लिये-लिये, दरवाज़ा खोल दिया।

वह साफ़ धुले कपड़े पहने थी और उसके चेहरे पर एक बड़ी ही प्यारी भोली मुस्कान खेल रही थी।

'बड़ी देर कर दी। क्या वहीं इतनी देर बैठे रहे ?'

लेकिन पति के चेहरे पर नज़र पड़ते ही उसकी वह मुस्कान विलुप्त हो गयी और उसका चेहरा उदास हो आया।

चेतन ने कोई उत्तर नहीं दिया। कमरे में जाते ही उसने कपड़े उतारे। खादी का कुर्ता और तहमद पहना और लोई का फेंटा मार कर बिस्तर पर बैठ गया।

'क्या बात है ?'

'तुम जल्दी खाना लाओ!'

उसकी पत्नी खाना गर्म करके लायी तो चेतन रज़ाई पैरों पर ले कर लेटा हुआ था और चुपचाप छत की ओर ताक रहा था।

उसकी पत्नी ने कुर्सी पर बैठ कर अपनी गोद में थाली रख ली।

'उठिए, खाना खा लीजिए!'

चेतन उठा। लपक कर बाथरूम में हाथ धो आया। थाली ले कर उसने अपनी गोद में रखी और चुपचाप खाना खाने लगा।

'क्या कोई ऐसी-वैसी बात किसी से हो गयी ?' चन्दा ने पूछा।

चेतन कुछ क्षण चुप रहा, फिर उसने कहा, 'कृष्णा की सगाई अमीचन्द से हो गयी है।'

लेकिन उस भोली नारी ने इस सूचना की माहीयत को बिलकुल नहीं समझा।

'यह तो बड़ा अच्छा है,' चन्दा ने कहा, 'अमीचन्द तो डिप्टी कलेक्टर है। ख़ुश रहेगी कृष्णा।'

'ख़ुश क्या रहेगी!' चेतन के स्वर में प्रकट ही चिड़चिड़ाहट और कटुता थी। 'सेठ वीरभान के लाड़-चाव में पली लड़की उन चपड़कनातियों के घर जायेगी। तुम अमीचन्द

की माँ को नहीं जानतीं। एक ही बिस की गाँठ है बीबड़ी!' (अमीचन्द अपनी माँ को 'बीबी' कह कर बुलाता था। उसकी देखा-देखी लड़के भी उसे बीबी कह कर पुकारते थे और जब उससे नाराज होते थे तो उसे 'बीबड़ी' कहते थे।)'वह तो कृष्णा का जीना मुहाल कर देगी।'

चेतन कुछ क्षण चुप रहा। फिर उसने सिर उठाया और पत्नी की आँखों में देखते हुए बोला :

'तुमने मेरी और अपनी पोज़ीशन का भी कभी ख़याल किया है!'

चन्दा चुप रही।

'अमीचन्द हमारे मुहल्ले में खत्रियों का लड़का है।' चेतन ने बात जारी रखी, 'और हमारे मुहल्ले के खत्री-ब्राह्मणों में हमेशा से चलती आयी है। अमीचन्द की ससुराल में मेरी सास रसोई देखती है —यह ख़बर तो सारे मुहल्ले में आग की तरह फैल जायेगी। गोविन्द गली ही नहीं, मैं तो अपने मुहल्ले में भी कभी नहीं जा सकूँगा।'

अब चन्दा अपने पति के सुते हुए मुख का कारण समझी। पर वह इस सिलसिले में क्या उत्तर देती!

चेतन खाना खा चुका तो चन्दा बर्तन ले गयी। रसोई-घर में बैठ कर उसने खाना खाया। बर्तन वग़ैरह मल कर और रसोई बन्द करके जब वह आयी तो ग्यारह बज चुके थे। उसका ख़याल था कि उसका पति सो गया होगा, लेकिन चेतन चुपचाप लेटा छत की तरफ़ ताक रहा था।

'बत्ती बुझा दूँ ?'

चेतन ने सिर के इशारे से कहा कि बुझा दो।

दरवाज़े की चिटखनी लगा कर और बत्ती बुझा कर चन्दा उसके बिस्तर में आ गयी। अपनी बाँह पति की गर्दन के नीचे करके उसने उसे अपने सीने से लगा लिया।

'अब सो जाइए!'

चेतन ने कोई उत्तर नहीं दिया। न प्रतिरोध ही किया। वह चुपचाप अपनी पत्नी के सीने से लगा, लेटा रहा। उसकी पत्नी सो गयी, लेकिन उसे नींद नहीं आयी।

०

दूर कहीं घड़ियाल ने एक का गजर बजाया, जब चेतन सहसा उठ बैठा।

चन्दा जग गयी, लेकिन उठी नहीं।

'चन्दा!' उसने ज़रा-सा उसे हिलाया।

वह उठ बैठी।

चेतन ने हाथ बढ़ा कर बत्ती जला दी। 'देखो,' उसने कद्रे उत्तेजित स्वर में कहा, 'मुझे इस स्थिति से निकलने का हल सूझ गया है। —इस वर्ष तो देर हो गयी है, पर अगले वर्ष मैं लॉ कॉलेज में दाख़िल हो जाऊँगा।'

चन्दा कुछ भी नहीं समझ पायी। वह मुटर-मुटर अपने पति की ओर देखती रही।

'बात यह है,' चेतन ने उसे समझाते हुए कहा, 'मैं तुम्हारी माँ को परेशान नहीं करना चाहता। सेठ और सेठानी उसे इज़्ज़त से रखे हुए हैं और वह बड़ी ख़ुश है। लेकिन मैं यह भी नहीं चाहता कि केवल इसी कारण मेरी-तुम्हारी स्थिति उस घर में ज़रा भी ऑकवर्ड हो

जाये। मैं दो साल में लॉ कर लूँगा और लॉ करते ही सब-जजी के कम्पीटीशन में बैठ जाऊँगा। मैं तुम्हें आज बता देता हूँ कि दुनिया की कोई ताकत मुझे सब-जज बनने से नहीं रोक सकती। मैं सब-जज बना तो फिर डिस्ट्रिक्ट और सेशन्ज़-जज बन कर दम लूँगा।....लॉ कॉलेज का दाख़िला जुटाने की मुश्किल है, तो जैसे पहले हम तीस रुपये महीने में काम चलाते रहे हैं, वैसे ही आठ-दस महीने और चलायेंगे और हर महीने दस रुपया बचायेंगे। बस दाख़िले के पैसे हो जायें, किताबों और फ़ीस का मैं कर लूँगा। बी० ए० में चाहे मुझे थर्ड-डिवीज़न मिला हो, लेकिन एल० एल० बी० में न केवल मैं फ़र्स्ट डिवीज़न लूँगा, बल्कि डिस्टिंक्शन ले कर दिखा दूँगा।....मैं तुम्हें बता देता हूँ, मुझे सब-जज बनने से कोई नहीं रोक सकता। अमीचन्द जब डिप्टी कमिश्नर की कुर्सी पर बैठेगा, तब मैं भी सेशन्ज़ जज की कुर्सी पर बैठा हूँगा।....उस सूरत में तुम्हें कृष्णा की शादी में आँख नहीं झुकानी पड़ेगी और न मैं ही मुहल्ले के लोगों से मुँह चुराऊँगा।'....उसने उत्साह में चन्दा के कन्धे को थपथपाया, 'कृष्णा का पिता यदि डिप्टी कलेक्टर है तो तुम्हारा पति भी सब-जज होगा।

चन्दा ने श्रद्धा, प्रेम और विश्वास-भरी आँखों से अपने पति की ओर देखा। 'आप ज़रूर सब-जज हो जायेंगे,' उसने कहा, 'पर बड़ी देर हो गयी है। अब आप सो जाइए।'

चेतन लेट गया। चन्दा ने चारपाई पर ज़रा-सा उठ कर बत्ती बुझा दी, बाँह बढ़ा कर अपने पति को फिर पहलू से सटा लिया और धीरे-धीरे उसके बाल सहलाने लगी।

दूसरे ही क्षण चेतन सो गया। चन्दा बड़ी देर तक जागती, अपने पति के बालों पर हाथ फेरती रही। अजाने उसकी आँखों में आँसू झलक आये। अपने दुपट्टे के छोर से उसने उन्हें पोंछा और फिर अपने सोये पति को ज़ोर से अपने सीने से भींच लिया।

सैंतालीस

पिछली रात चेतन तन और मन दोनों से थक गया था। वह बहुत देर से सोया था, इसलिए सुबह काफ़ी देर से उठा। अंग-अंग उसका दर्द कर रहा था और सिर बेहद भारी था। उसका बस चलता तो वह दफ़्तर न जाता। लेकिन 'भूँचाल' को डेक्लेरेशन मिल गया था। उसे बाकायदा एक तिथि पर निकालना था और एक सप्ताह ही का नहीं, दो-तीन सप्ताह का मैटर उसके हाथ में होना ज़रूरी था। चेतन जल्दी-जल्दी तैयार हुआ और खाने पर जा बैठा।

जब से उसने 'भूँचाल' के दफ़्तर जाना शुरू किया था, वह खाना सुबह ही खा जाया करता था। चार कौर किसी-न-किसी तरह कण्ठ से नीचे उतार, वह दफ़्तर की ओर भागा।

लेकिन इस पर भी उसे कुछ देर हो गयी। क्योंकि जब वह सीढ़ियाँ चढ़ रहा था, लाला जी के दफ़्तर से एक छत-फाड़ ठहाके की आवाज़ सुनायी दी। चेतन नहीं जानता था, पर मौलाना नईम बेग चग़ताई कपूर साहब से उसी को ले कर मज़ाक कर रहे थे।

०

चेतन भूँचाल का एक ही अंक निकाल पाया था। दूसरे अंक की भी तैयारी उसने कर रखी थी, पर लाल जीवनलाल कपूर ने उसे रोक दिया था कि रजिस्टर्ड एल० नम्बर मिल जाये तभी बैठ कर अगला अंक प्लान करेंगे। पहले अंक के लिए चेतन ने स्वयं तो एक कहानी लिख ही ली थी, पर एक नज़्म मौलाना नईम बेग चग़ताई से भी लिखवायी थी और उस सिलसिले में उसे ख़ासी परेशानी हुई थी।

भूँचाल का सम्पादक बनने के बाद पहला अंक स्वतन्त्र रूप से निकालने का आदेश मिलते ही चेतन यह सूचना देने मौलाना नईम बेग चग़ताई के तबेले पहुँचा था। यह ख़ुशख़बरी देने के साथ-साथ उसने साधिकार उनसे कहा था कि वे पहले अंक के लिए एक बढ़िया नज़्म लिख कर दें। अपने कहानी-संग्रह की एक प्रति भी उसने उन्हें दी थी और उस पर भी चन्द शब्द लिखने का अनुरोध किया था। मौलाना ने कहानी-संग्रह पर लिखने का वादा कर लिया था, लेकिन बिना पारिश्रमिक के, भूँचाल के लिए नज़्म लिखना अस्वीकार कर दिया था।

चेतन ने दूसरे दिन महाशय जीवनलाल से बात की थी कि मौलाना से भूँचाल के पहले अंक के लिए एक ज़ोरदार नज़्म लिखने के लिए कहा है। मौलाना नज़्म तो लिखने को तैयार हैं, लेकिन पारिश्रमिक माँगते हैं। रोज़ी-रोटी का उनके पास दूसरा कोई सहारा नहीं। कुछ रुपये उन्हें दे दिये जायें।

'उस मुसलमण्टे के अलावा दूसरा कोई शायर ही तुम्हें नहीं मिला!' सहसा कपूर साहब ने व्यंग्य से होंट बिचका दिये।

अपने जोश में चेतन भूल ही गया था कि 'गुरु घण्टाल' का मालिक-एडिटर आर्य समाजी कट्टर हिन्दू है। उसे अफ़सोस हुआ कि उसने मौलाना से नज़्म लिखने के लिए क्यों कह दिया। लेकिन चंगड़ मुहल्ले के उस टाट से घिरे अहाते में मौलाना के साथ गुज़ारे गये कुछ पल हमेशा के लिए उसकी याद के पर्दे पर नक्श हो गये थे। उनकी प्रतिभा और उनकी घोर ग़रीबी हमेशा चेतन के सामने घूम जाती थी और अब, जब वह मुकम्मल एडिटर हो गया था, वह उनकी कुछ मदद करना चाहता था। हमेशा दूसरों से मदद माँगने के बदले, किसी की मदद कर सकने के एहसास से उसके अहं को भी कुछ सन्तोष मिला था।....लेकिन यह कट्टर लाला, उसने उसके सारे उत्साह पर ही पानी फेर दिया था।

उनके प्रश्न के उत्तर में चेतन उनकी मेज़ पर चुपचाप हाथ रखे हुए खड़ा रह गया था। उसने कोई उत्तर न दिया था। तब कपूर साहब ने पूछा था कि मौलाना नज़्म के कितने पैसे माँगता है ?

चेतन ने बताया कि 'बन्दे मातरम' में उन्हें एक नज़्म के पाँच रुपये मिलते थे।

लाला जीवनलाल कपूर ने यह सुन कर एक छत-फाड़ ठहाका लगाया 'पाँच रुपये!' हँसी ख़त्म होने पर उन्होंने कहा था, 'तुम बड़ी मुश्किल से दिन भर में अंग्रेज़ी से एक कहानी या लेख उर्दू में तरजुमा करते हो और एक रुपया मुआविज़ा[१] पाते हो और उस मुसलमण्टे को पाँच मिनट में चन्द शेर हाज़िर करने के एवज़ पाँच रुपये दिलाना चाहते

१. पारिश्रमिक

हो।'

'लेकिन 'बन्दे मातरम' में....'

'बन्दे मातरम' का क्या है, किसी साले की गिरह का पैसा तो उस में लगा नहीं। इसी तरह पैसा न उड़ाते तो आज यह नौबत न आती कि मुलाज़िमों की तनख़्वाह तक के लाले पड़े हैं।'

'लेकिन नस्र[१] और नज़्म में तो फ़र्क है,' चेतन ने पैंतरा बदल कर कहना चाहा।

'गुरु घण्टाल में इतनी नज़्में छपती हैं, कभी किसी का एक पैसा नहीं दिया गया, जब कि मज़मून लिखवाने या तरजुमा कराने के पैसे देने पड़ते हैं।'

इस नितान्त स्वयं-सिद्ध और सर्वज्ञ किस्म के मूर्ख व्यक्ति से साहित्यिक बात करना चेतन को समय नष्ट करने के बराबर लगा। वह चुप हो गया और मन-ही-मन उनके यहाँ नौकरी स्वीकार करने के लिए अपने आप को कोसता हुआ अपने कमरे में आ बैठा।

कुछ देर बाद लाला जी ने फिर उसे बुलाया और पूछा, 'काहे पर नज़्म लिखवा रहे हो 'चहीम बेग नग़ताई' से ?'

'मैंने कोई टॉपिक तो नहीं दिया,' चेतन ने कहा, 'मौसम की नज़्म लिखने को कहा था। 'मौसमे-सरमा की बातें' उनवान कैसा रहेगा ?'

'मौसमे-सरमा की माँ की वो,' लाला जी चिल्लाये, 'तुम उससे कहो —भूँचाल की आमद-आमद[२] के सिलसिले में एक बढ़िया भूँचाली नज़्म लिखे, जिसमें 'गुरु घण्टाल' की 'शोहरत और हरदिल-अज़ीज़ी[३] का भी ज़िक्र हो और इस बात की उम्मीद की जाये कि भूँचाल उस रवायत[४] को जारी रखेगा।'

सुते हुए चेहरे से चेतन ने कहा था, 'बिना मेहनताने के मौलाना नज़्म नहीं लिखेंगे।'

'एक रुपया मैं उसके लिए दफ़्तर से दिलवा दूँगा।'

चेतन चुप रहा। उसके मन में हलकी-सी उम्मीद जगी। और कुछ नहीं तो वह मौलाना के सामने सुर्ख़रू तो हो जायेगा। लेकिन मन की भावना का कोई भी आभास दिये बग़ैर, बदस्तूर सुते हुए चेहरे से उसने कहा, 'दो रुपये भी आप दिलवाने को तैयार हों तो मैं मौलाना के पास जाऊँ, वरना नहीं। मैंने मौलाना से एक रिव्यू लिखने के लिए भी कहा है। परचे को अदबी रंग देना है तो उसमें एक कॉलम रिव्यू का भी रहना चाहिए।'

लाला जीवनलाल कपूर ने मुँह खोला। उनके चेहरे ने एक मरोड़ा लिया। वे कोई बहुत ही भद्दी बात कहने जा रहे थे कि सहसा उन्होंने बरबस अपने आप को रोक लिया। क्षण भर वे चुप बैठे सोचते रहे। चेतन ने वापस अपने कमरे को जाने के लिए पैर उठाया ही था कि उन्होंने हँस कर कहा, 'अच्छा, मैं तुम्हारी ख़ातिर उस 'मुसलमरान की लुआद' को दो रुपये दे दूँगा!'

'मुसलमरान की लुआद' —याने मुसलमान की औलाद —उनका ताज़ा लतीफ़ा

---

१. गद्य

२. आगमन, आविर्भाव

३. लोकप्रियता

४. परम्परा

था। चेतन उसे सुन चुका था और उसकी याद मात्र से उसका ख़ून खौल उठता था। लेकिन लाला जीवनलाल अपनी फूहड़ता में दूसरों की भावनाओं को देखना कुछ वैसा ज़रूरी नहीं समझते थे।

चेतन का ख़याल था कि दो रुपये पर नज़्म लिखने के लिए मौलाना हरगिज़ तैयार न होंगे, लेकिन वे मान गये थे। वास्तव में चेतन ने कपूर साहब की दलीलें मौलाना के आगे दोहरा दी थीं कि 'बन्दे मातरम' को तो एक ट्रस्ट चलाता है, उसमें किसी एक व्यक्ति का पैसा नहीं लगता, जबकि 'गुरु घण्टाल' एक फ़र्दे-वाहिद[१] की मिलकियत है, कि स्वयं उसे लाला जी फ़ी अफ़साना महज़ एक रुपया देते हैं, नज़्में तो वे मुफ़्त छापते हैं, चूँकि वे नज़्म 'भूँचाल' के इफ़तेताह[२] पर चाहते हैं, इसलिए दो रुपये तक देने को तैयार हो गये हैं। मौलाना मान गये थे और उन्होंने घोषणा की थी कि वे ऐसी भूँचाली नज़्म लिखेंगे, जो अदबी दुनिया में सचमुच ज़लज़ला[३] ला दे, लेकिन पैसे उन्हें नज़्म छपते ही मिल जायें।

चेतन को दो-तीन बार मौलाना के तबेले जाना पड़ा था, पर नज़्म उसने लिखवा ली थी और बड़ी शान से पहले अंक के पहले पृष्ठ पर छापी थी। मौलाना ने उसकी किताब का रिव्यू भी लिख दिया था और चेतन ने वह भी छाप दिया था। 'भूँचाल' के पहले अंक पर छपा अपना नाम और अपनी पुस्तक की समीक्षा, न जाने चेतन ने कितनी बार पढ़ी थी। लेकिन चूँकि माँगने पर भी लाला जी ने रुपये नहीं दिये थे, इसलिए यद्यपि अंक की एक प्रति तो वह छपते ही मौलाना को दे आया था, पैसे वह नहीं पहुँचा सका था और आख़िर मौलाना स्वयं रुपये लेने आये थे। कपूर साहब ने रुपये के लिए उन्हें चिट लिख दी थी; मौलाना प्रसन्न हो कर गप लगाने लगे थे और चेतन को ले कर उन्होंने मज़ाक किया था।

'लौण्डा-ए-ख़ुदरंग को आप 'वीर भारत' से अग़वा कर लाये!' मौलाना ने कहा था, 'पण्डित 'रत्न' या ज़ख़्मी को बुरा तो नहीं लगा।'

महाशय जी ज़ोर से ठहाका लगा कर हँसे थे। 'उन्हीं की मदद से लाया हूँ।' उन्होंने कहा था, 'बड़ा तुनक-मिज़ाज लौण्डा है। पुट्ठे पर हाथ ही नहीं रखने देता।'

'सहज पके सो मीठा हो!' मौलाना ने आँख दबा कर कहा था और पूछा था, 'काम कैसा करता है लौण्डा ?'

'लड़का ज़हीन है,' महाशय जी ने कहा था, 'लेकिन अव्वाम में हरदिल-अज़ीज़ होने वाला अख़बार निकालने की अभी उसमें समझ नहीं। यह परचा उसने निकाला है।' और महाशय जी ने मेज़ पर से भूँचाल का अंक उठा कर मौलाना के सामने फेंक दिया, 'बेचने जायेंगे तो सौ कापियाँ भी इसकी नहीं बिकेंगी। अव्वाम में हरदिल-अज़ीज़ होने वाले परचे में अदब-वदब से काम नहीं चलता। मुँह का ज़ायका बदलने के लिए एकाध अदबी कहानी या नज़्म दी जा सकती है। हज़ार में एक आदमी साला अदबी चीज़ समझ पाता है। आम लोगों को चाहिए सनसनी, प्यार और सेक्स —फ़िल्म नायिकाओं, मशहूर तारीख़ी हस्तियों और डिक्टेटरों की ज़िन्दगी के किस्से! या फिर जान हथेली पर रख कर आसमानों, समन्दरों

---

१. एक व्यक्ति

२. समारम्भ

३. भूचाल

और सहराओं की खोज करने वालों की कहानियाँ दीजिए; चोरों, डाकुओं और जासूसों के कारनामे दीजिए; शेरों, हाथियों, गैण्डों, मगरमच्छों के शिकार का आँखों-देखा-हाल छापिए या फिर कुछ धार्मिक लेख —योगियों के, हठयोगियों के, संन्यासियों और उनके मोजज़ों[१] के —और लीजिए आपका अख़बार हाथों-हाथ बिकता है।'

'लौण्डा तो मेहनती है, ज़रा सँभाल कर रास्ते पर लगाइएगा तो लग जायेगा।' मौलाना ने आँख दबा कर कहा और फिर पूछा, 'अगले ईशू के लिए कोई चीज़ चाहिए ?'

'कोई मज़ाहिया[२] नज़्म आज के हालात पर लिखिए। आज ज़रा इतमीनान से बैठ कर अगला प्रोग्राम बना लें। तब आपको तकलीफ दूँगा। अब आपके 'लौण्डा ए-ख़ुदरंग' ने आपकी पुरज़ोर सिफ़ारिश की है, नज़्म तो आप हर ईशू में लिखेंगे।'

महाशय जी ज़ोर से ठहाका मार कर हँसे और उन्होंने चेतन को आवाज़ दी।

चेतन दफ़्तर से गुज़र कर अपने कमरे में जा रहा था। उसके कानों में शब्द 'लौण्डा-ए ख़ुदरंग' की हलकी-सी भनक पड़ी। उसने जान लिया कि उसी को ले कर कोई मज़ाक चल रहा है। इसलिए वह निहायत तना हुआ लाला जी के कमरे में दाख़िल हुआ। उसकी ओर मौलाना की पीठ थी, लेकिन कमरे में उसके दाख़िल होते ही मौलाना ने पलट कर देखा। चेतन ने एक ही बार में माथे तक हाथ ले जा कर, ज़रा-सा सिर को घुमाते हुए दोनों महानुभावों को 'आदाब अर्ज़' किया।

'आप अपना सामान इस मेज़ पर ले आइए!' महाशय जी ने बायीं ओर इशारा करते हुए कहा।

चेतन ने देखा कि बाहर बाज़ार में खुलने वाली खिड़की के निकट, जहाँ महाशय जी ने अपने मित्रों के साथ बैठने के लिए चार कुर्सियाँ और एक छोटी-सी गोल मेज़ लगा रखी थी, एक लम्बी-सी मेज़ और कुर्सी लगी है। मेज़ महाशय जी की मेज़ की सीध में रखी है, एकदम ख़ाली है और कुर्सी जैसे उसी की प्रतीक्षा कर रही है। प्रकट ही महाशय जी ने चारों कुर्सियाँ और गोल मेज़ घर भिजवा दी थी और वहाँ से यह मेज़ मँगा ली थी।

चेतन क्षण भर खड़ा, उस मेज़ को देखता रहा, फिर वह अपने कमरे में गया। उसने तख़्ती, काग़ज़, कलम-दवात, ब्लॉटिंग-पैड और 'भूँचाल' का पहला अंक तथा फ़ाइलें उठायीं और उस मेज़ पर जा बैठा।

मौलाना ने एक नज़र उस पर डाली और उठते हुए बोले, 'बच्चे, ऐसा काम करके दिखाओ कपूर साहब को कि पण्डित 'रत्न' को फ़ख़्र[३] हो!'

चेतन ने न उनकी ओर देखा और न कोई उत्तर ही दिया।

उसने तख़्ती सामने रखी और चुपचाप काम करने लगा।

तब मौलाना ने कपूर साहब की ओर देखा। 'अच्छा तो हुज़ूर, चल दिये। आज आपके लतीफ़े से हम महरूम[४] ही रहे।'

---

१. चमत्कारों।

२. हास्य रस की।

३. गर्व

४. वंचित

'लीजिए, अभी आपको 'मुसलमरान दी लुआद' वाला लतीफ़ा सुनाते हैं। बैठिए, बैठिए! आपने सुना तो नहीं ?'

'मुसलमरान दी लुआद — क्या मानी ?' मौलाना ने हैरत से कहा।

'अनपढ़ पंजाबी औलाद को लुआद और मुसलमान को मुसलमरान कहते हैं। यानी — मुसलमान की औलाद!'

और महाशय जी ने सिर को पीछे फेंक कर छत-फाड़ ठहाका लगाया। मौलाना उठते-उठते बैठ गये और महाशय जी लतीफ़ा सुनाने लगे :

'एक मुसलमान अमीरज़ादा था,' लाला जी कोहनियों को मेज़ पर टेक, दोनों हाथों की मुट्ठियों पर ठोड़ी टिका कर, अत्यन्त उत्साहित भाव से बैठ गये। उनकी आँखों की चमक बढ़ कर उनके चेहरे पर फैल गयी। 'परले सिरे का हरामी और फक्कड़! वह एक बार अपने एक दोस्त के साथ उसके एक हिन्दू मित्र के घर गया। वे लोग डेवढ़ी में ही कुछ देर खड़े बात करने लगे। तभी हन्दा (अग्राशन) लेने वाली ब्राह्मणी आयी। अगरचे उसने पराये लोगों को देख कर ज़रा-सा घूँघट खींच लिया, लेकिन एक ही झलक में वह उसका दीवाना हो गया। दिन-रात वो इस बात की फ़िक्र करने लगा कि कैसे उसे बस में करे, लेकिन वह मुसलमान और वह अनपढ़ ब्राह्मणी! आख़िर उसने चोटी रख ली, टीका लगा लिया, यज्ञोपवीत पहन लिया, नाम बदल लिया और पूरा पण्डित बन कर उसी मुहल्ले में एक बढ़िया मकान किराये पर ले कर रहने लगा और उसने उसी ख़ूबसूरत ब्राह्मणी को हन्दा लेने पर लगा दिया। दान-दक्षिणा से उसकी ख़ूब झोली भरी। आख़िर एक दिन वह उसे अपने बिस्तर पर ले आया। जब वह अपनी मुराद पूरी कर चुका तो ब्राह्मणी ने देखा कि जिसे वह ब्राह्मण समझती थी, वह तो अहले-सुन्नत[१] है तो माथे पर हाथ मार कर बोली — हाय-हाय मुसलमरान दी लुआद! मेरा जनम भरिष्ट कर दित्ता।' और लाला जी ठहाका मार कर हँसे। फिर जब उनके ठहाके का ज़ोर ख़त्म हुआ तो बोले, 'किसी के नीचे पड़ने से उस साली का जन्म भ्रष्ट नहीं हुआ, मुसलमान की रोटियाँ लेने से हो गया। हरामज़ादी!' और वे फिर पीछे को सिर किये, ठठा कर हँस उठे।

o

अपनी मेज़ पर बैठे-बैठे चेतन का ख़ून खौल उठा। ये साले खत्री, ब्राह्मणों को बदनाम करने का कोई मौका नहीं छोड़ते। ब्राह्मणी की जगह अगर खत्रानी होती तो उसका जन्म भ्रष्ट नहीं होता! और ये लाला आर्य समाजी हैं और कट्टर हिन्दुओं का प्रतिनिधित्व करते हैं, लेकिन ब्राह्मणों को बदनाम करने वाला लतीफ़ा गढ़ कर उसमें रस पाने से ये भी नहीं चूकते। चेतन के दिमाग़ में अपने बचपन से ले कर जवानी तक होने वाले मुहल्ले के खत्रियों-ब्राह्मणों के झगड़े घूम गये और खत्रियों के उस ज़ुल्म पर, जो उन्होंने उसके पागल दादा पर तोड़े थे, उसका मन तीव्र घृणा से भर आया।....

o

मौलाना चले गये थे और लाला जीवनलाल मेज़ पर टाँगें पसारे, एक ओर रखी अंग्रेज़ी पत्रिकाओं को पढ़ने लगे थे। चेतन ने कोशिश की कि उस अश्लील लतीफ़े को दिमाग़ से

१. ख़तने वाला मुसलमान।

निकाल कर, काम में मन लगाये। लेकिन वह रात का जगा था। उसके सिर में हलका-हलका दर्द था, आँखें करकरा रही थीं, फिर अपने कमरे में बैठने की बजाय वह लाला के कमरे में बैठा था। उसका ध्यान फिर उसी लतीफ़े की ओर चला गया। 'ये लाला जी कैसे कट्टर हिन्दू हैं कि किसी ब्राह्मणी के बारे में ऐसा गन्दा लतीफ़ा गढ़ कर सुना सकते हैं।' वह सोचने लगा। और वह मौलाना को पाँच रुपये नज़्म के देना चाहता था तो उन्होंने एतराज़ किया था। चेतन ने ज़रा गहराई से सोचा तो उसे लगा कि वे हों अथवा महाशय धर्मचन्द, उनकी सारी कट्टरता ऊपरी है। वे अपने पत्रों के द्वारा कट्टर हिन्दुओं की भावनाओं का लाभ उठाते थे, वरना उनके मित्रों में ऐसे मुसलमान लेखकों और शायरों की कमी न थी, जो छद्म नाम से रुपये-दो रुपये के लिए उनके पत्रों में नज़्में लिखते थे। स्वयं मौलाना नईम बेग 'बन्दे मातरम' ही में नहीं, 'देश' और 'समाज' तक में भी नज़्में लिखते थे। फ़र्क यही था कि उन पर नाम किसी हिन्दू का होता था। ये सारे-के-सारे लोग हिन्दू-मुसलमान जनता के भावों से खेलते थे —ये सारे पेशेवर लेखक, कवि और पत्रकार हिन्दू-मुसलमान जनता को उल्लू बनाते थे। चेतन ने मौलाना नईम बेग से नज़्म लिखवानी चाही थी तो लाला जी ने उसे डाँटा था और अब उन्हीं को एक भद्दे लतीफ़े से प्रसन्न करके शायद वे उनसे लगातार नज़्में लिखवाने वाले थे। प्रकट ही लाला जी ने वह लतीफ़ा अपने किसी मुसलमान मित्र से सुना था और वे उससे अपने मित्रों का मनोरंजन करते थे। उस लतीफ़े में जो सूक्ष्म सामाजिक व्यंग्य था, उसकी ओर चेतन का ध्यान नहीं गया। उसे बार-बार क्रोध आने लगा कि उस खत्री लाला ने ब्राह्मणों का मज़ाक क्यों उड़ाया। यह लतीफ़ा अगर मौलाना ने सुनाया होता तो चेतन को क्रोध न आता, पर उसे 'गुरु घण्टाल' के सम्पादक लाला जीवनलाल कपूर ने सुनाया —इसी बात पर चेतन को गुस्सा था। —वह कैसे फूहड़, बे-उसूल, बेतुके आदमी के यहाँ आ फँसा! —चेतन का मन हुआ उसी वक्त उठे और उन्हें और उनकी नौकरी को 'नमस्कार' करके चला जाये। वह उनके यहाँ रहेगा तो निरन्तर उसे इस फूहड़ता को बरदाश्त करना पड़ेगा। यही नहीं, उसे स्वयं उसका शिकार बनना पड़ेगा। जाने वह उसकी ग़ैर-हाज़िरी में उसके बारे में क्या-क्या बातें करते हैं! जब वह दफ़्तर के पास से हो कर अपने कमरे जा रहा था तो उसके कानों में 'लौण्डा-ए-ख़ुदरंग' शब्द पड़ा था। ज़रूर वे उसी को ले कर मज़ाक कर रहे होंगे।....नहीं, उसके लिए यहाँ काम करना कठिन होगा! वह कुछ फ़ैसला करने ही वाला था कि सहसा उसके कानों में आवाज़ पड़ी :

'चेतन!'

और वह आवाज़ कमरे के बाहर दफ़्तर में गूँजती चली गयी।

चेतन को उनका यूँ पुकारना अच्छा नहीं लगा। लेकिन वह चुपचाप उठा और उनकी मेज़ के पास बा-अदब जा खड़ा हुआ।

महाशय जी ने मेज़ से टाँगें उठा कर नीचे कीं। कैंची ले कर हाथ के पत्र का पृष्ठ काटा और उसे चेतन की ओर चढ़ाते हुए बोले, 'यह जंगे-अज़ीम की मशहूर जासूस, 'ग़दाम रिकी' पर एक निहायत दिलचस्प मज़मून है। इसे भूँचाल के लिए उर्दू में कर डालो।'

चेतन कटिंग ले कर अपनी मेज़ पर आ बैठा और अजाने ही लेख पढ़ने लगा। लेख

बेहद दिलचस्प था। उसे पढ़ते-पढ़ते उसका ध्यान बँट गया। जब वह लेख पढ़ चुका तो उसने काग़ज़ों वाली तख़्ती अपने आगे खिसकायी।

वह वास्तव में ज़रूरत से ज़्यादा हस्सास है — उसने सोचा — ज़रा-ज़रा-सी बात पर उसका दिमाग़ तन जाता है और चैन-आराम हराम हो जाता है। इतनी भाव-प्रवणता से भला दुनिया में काम चल सकता है! उसने पिछली रात ही फ़ैसला किया है कि वह कानून पास करके सब-जजी के कम्पटीशन में बैठेगा। साल भर तक तो उसे किसी-न-किसी तरह नौकरी करके दाख़िले का प्रबन्ध कर लेना है। वह बेकार ही इन लोगों की बातों को महत्व देता है। उसे क्या ज़िन्दगी भर इस वाहियात वातावरण में रहना है ? एक बार वह इससे निकला तो पलट कर इधर झाँकेगा भी नहीं। वह सब-सज होगा, सेशन्ज़ जज होगा और कौन जाने कभी हाईकोर्ट का जज हो जाये....और वह चुपचाप लेख का अनुवाद करने लगा।

लेकिन अभी मुश्किल से उसने दो-तीन पंक्तियाँ ही लिखी थीं कि उसे फिर आवाज़ पड़ी :

'चेतन!'

वह कलम हाथ ही में लिये हुए उठा और जा कर चुपचाप मेज़ के पास खड़ा हो गया।

लाला जी ने उसे फिर एक कटिंग थमा दिया। 'यह हूणों के ज़ालिम फ़ातेह[1] अटीला पर लेख है, जिसने पूरब से पच्छिम तक अपनी फ़तह का डंका बजाया और जो आख़िर सुन्दरी इलडिवो से अपनी शादी की रात ही मर गया! ज़बरदस्त लेख है। इसे भूँचाल के लिए कर डालो।'

चेतन कटिंग ले कर अपनी मेज़ पर आ बैठा और अटीला की विजय-यात्रा और भयंकर क्रूरता का वृत्तान्त पढ़ने लगा। पूरा लेख पढ़ कर उसने कटिंग एक ओर रख दिया और पहले लेख का अनुवाद करने लगा। उसने दो-चार पंक्तियाँ ही और जोड़ी थीं कि उसे फिर आवाज़ पड़ी। अब की वह उठ कर गया तो लाला जी ने उसे 'छुपे खज़ानों की खोज' पर एक लेख दिया और घोषणा की कि वह बेहद दिलचस्प है और वह उसे पढ़ कर 'भूँचाल' के लिए उर्दू में करे।

चेतन चुपचाप अपनी मेज़ पर आ बैठा और अनुवाद वाली तख़्ती हटा कर, 'छुपे ख़ज़ानों की खोज़' में तल्लीन हो गया।

०

शाम के साढ़े चार बज गये थे और पाँच बजे दफ़्तर में छुट्टी हो जाती थी। लेकिन चेतन 'मादाम रिकी' वाले लेख का एक पैरा भी पूरा नहीं कर सका था। उसकी बायीं ओर पेपर-वेट के नीचे दस-बारह लेखों, संस्मरणों और सच्ची कथाओं के अंग्रेज़ी कटिंग थे, जो महाशयजी ने पूरे-के-पूरे पढ़ कर, हर बार उसे अपनी मेज़ पर बुला कर दिये थे। उनमें अधिकांश सनसनीखेज़ घटनाओं, महान ऐतिहासिक, राजनीतिक अथवा सांस्कृतिक हस्तियों के बारे में थे — उनके जीवन, उनके गुप्त प्रेम-प्रसंगों, उनकी दुःसाहसिकता आदि के बारे

---

१. विजेता

में — कुछ यूरोप की महान नर्तकियों, अभिनेत्रियों और सौन्दर्य-साम्राज्ञियों के जीवन की ट्रैजिडियाँ थीं। दो-एक लेखों में संसार के अजीबो-ग़रीब स्थलों की यात्राओं के विवरण थे।....चेतन उन सब को बड़े ध्यान से पढ़ता गया था, मुश्किल अंग्रेज़ी शब्दों पर निशान लगाता गया था कि अनुवाद करते समय शब्दकोश की सहायता से उनके उर्दू अर्थ जान सके।

जब महाशय जी के सामने पत्र-पत्रिकाओं का अम्बार ख़त्म हो गया और उन्होंने अपनी पसन्द और ज़रूरत के लेख काट और छाँट लिये तो चपरासी को बुला कर शेष कटे-फटे अख़बार और रिसाले उठा ले जाने का आदेश दिया। तब चेतन को लगा कि अब वे कटिंग नहीं देंगे। हाथ का अन्तिम तराशा पढ़ कर उसने बायीं ओर पेपर-वेट के सामने रखा और फिर तख़्ती आगे करके मादाम रिकी वाले लेख का अनुवाद करने लगा।

पूरी तल्लीनता से वह लेख का अनुवाद कर रहा था। उसने लगभग एक फ़ुलस्केप पृष्ठ लिख लिया था कि महाशयजी अपनी मेज़ ठीक-ठाक करके, तमाम काग़ज़-पत्र सँभाल कर, अपनी कुर्सी से उठे और पतलून की जेब में हाथ डाले, (जिससे पीछे से कटी उनके लम्बे कोट की टेल कुछ उठ गयी) टहलते हुए उसकी मेज़ तक आये और पेट को ज़रा-सा आगे किये, सिर को तनिक-सा ख़म दिये, खड़े हो गये।

चेतन ने हाथ रोक कर सिर उठाया।

'कहिए, कितना काम हुआ आज ?' महाशय जी ने पूछा।

'अभी मादाम रिकी वाले लेख का एक कॉलम किया है।'

'यह तो कोच्छ नहीं हुआ।' और लालाजी ने वैसे ही पेट आगे को किये, सिर को ख़म दिये, पतलून में हाथ डाले, मुँह बिचका दिया।

चेतन ने एक तेज़ निगाह उन पर डाली। तब जाने उसे क्या हुआ। वह अपनी जगह उठा। उसने बायीं तरफ़ पड़े हुए सारे कटिंग उठाये और उनके सामने पटक दिये।

'आप ये अपने कटिंग सँभालिए, मैं आपके यहाँ काम नहीं कर सकता।'

महाशय जी हतप्रभ उसकी ओर देखते रह गये। उनकी समझ में कुछ भी नहीं आया।

'मैं निहायत दयानतदार वर्कर हूँ।' चेतन ने तमतमाये चेहरे से कहा, 'जिससे पैसा लेता हूँ, उसे पूरा काम देता हूँ और आप मेरी दयानत पर शक करते हैं। सुबह से आप मुझे लेख-पर-लेख दे रहे हैं। यह इतना बड़ा थब्बा आपने लेखों का दिया है। दस बार मैं उठ कर आपकी मेज़ पर गया हूँ और दस बार आ कर बैठा हूँ। जितने वक्त में आपने इन्हें पढ़ा है, उतना वक्त ही मैंने इन्हें पढ़ने में लगाया है। आध घण्टा पहले आपने छुट्टी दी है, सो यह एक सफ़ा तरजुमा किया है। और मैं क्या करता। आप अपना काम सँभालिए और मुझे छुट्टी दीजिए।'

महाशय जी स्तब्ध और अवाक खड़े रह गये। उनका हमेशा खिला रहने वाला मुख कुछ अजीब तरह से अनाश्वस्त हो आया, 'यू हैव पुट मी इन ए फ़िक्स।' उन्होंने फीकी-सी मुस्कान से कहा, 'मैंने तुम्हारे ही लिए यह हफ़्तावार निकाला था।

'आपका हर्ज मैं नहीं होने दूँगा।' चेतन ने कहा, 'जब तक आपको दूसरा आदमी नहीं मिलता, मैं पहले की तरह एक रुपया फ़ी मज़मून तरजुमा कर दूँगा। आपको यह सौदा

सस्ता ही रहेगा। पर मैं काम अब आपके यहाँ नहीं कर सकता। यह मज़मून मैं लिये जाता हूँ। कल शाम आ कर दे जाऊँगा।'

और उसने तख़्ती से काग़ज़ निकाले। मादाम रिकी वाला कटिंग उठाया। उन्हें 'आदाब अर्ज़' कह कर और उसी तरह किं-कर्त्तव्य-विमूढ़ खड़े छोड़ कर, वह कमरे से निकल आया। बाहर दफ़्तर में मैनेजर और क्लर्क काम समेट कर घर जाने की तैयार कर रहे थे। चेतन ने किसी से आँख नहीं मिलायी। खट-खट सीढ़ियाँ उतर गया।

नीचे सड़क पर पहुँच, उसने रिहाई की लम्बी साँस ली और तेज़-तेज़ घर की तरफ़ चल पड़ा।

अड़तालीस

चेतन दफ़्तर से तेज़-तेज़ चला था, लेकिन रत्नचन्द रोड का चौरस्ता पार कर, अपनी गली में दाख़िल होने तक उसकी चाल चींटी की-सी हो गयी थी। —वह अपनी पत्नी से क्या कहेगा ? उससे क्या बहाना बनायेगा ? इस सूचना से उस पर कैसी प्रतिक्रिया होगी ? —वह बार-बार यही सोच रहा था और उसका मन घर जाने को न हो रहा था, लेकिन इस पर भी उसके पैर उसी तरफ़ बढ़े जा रहे थे।

०

वह दफ़्तर से नीचे उतरा था तो उसने रिहाई की साँस ली थी। वह तेज़-तेज़ चला भी था, लेकिन जब सामने हस्पताल रोड की ओर से ठण्डी हवा का तेज़ झोंका उसके चेहरे को छीलता चला गया तो उसके स्पर्श से उसके दिमाग़ का तनाव सहसा हलका पड़ गया था और उसकी आँखों के सामने उसकी पत्नी का हँसता हुआ चेहरा आ गया था।....रात जब उसने दस रुपया महीना बचा कर लॉ कॉलेज में दाख़िले के लिए रुपया जुटाने की बात कही थी तो वह कितनी उत्साहित हो उठी थी और अब वह जा कर उसे सूचना देगा कि वह नौकरी छोड़ आया है तो उसका चेहरा कैसा उदास हो जायेगा!....दुर्वार आवेग के उस क्षण में बिना कुछ भी आगा-पीछा सोचे, उसने नौकरी छोड़ दी थी।....अपनी पत्नी के उदास और निराश मुख की कल्पना से उसका दिल बैठने लगा था और उसकी चाल आप-से-आप धीमी हो गयी थी।

क्षण भर वहीं रुक कर उसने सोचा था —वह वापस चला जाये और अपने आवेग के लिए लाला जी से क्षमा माँग ले। उन्होंने उसी के लिए साप्ताहिक निकाला था। प्रकट ही उन्होंने पण्डित रत्न से उस सिलसिले में परामर्श किया होगा, भूँचाल की योजना बनाने में पण्डित रत्न ने लालाजी की मदद की होगी और उसने बिना सोचे-समझे, बिना पण्डित जी की राय लिये, काग़ज़-पत्र उठा कर लालाजी के सामने पटक दिये थे....

लेकिन दूसरे क्षण वह फिर तेज़-तेज़ चल पड़ा।....नहीं, उससे माफ़ी नहीं माँगी जायेगी और दोबारा उनके यहाँ काम भी नहीं किया जायेगा। वह ज़्यादा-से-ज़्यादा उनके

लिए हैक-वर्क ही कर सकता है; उनके अधीन नौकरी नहीं कर सकता। दिन भर उनके गन्दे लतीफ़े और फूहड़ मज़ाक नहीं सुन सकता। उनका वह सर्वज्ञता का पोज़ बरदाश्त नहीं कर सकता। उस ब्राह्मणी को ले कर सुनाये गये उस लतीफ़े की याद पुनः उसका तन-मन खौला गयी। उसे लगा जैसे उसी की किसी माँ-बहन को ले कर उन्होंने वह लतीफ़ा गढ़ा हो।....किसी खत्रानी को ले कर उन्होंने वह लतीफ़ा क्यों नहीं सुनाया ? क्या उस स्थिति में ब्राह्मणी ही का जन्म भ्रष्ट होता ? खत्रानी का नहीं होता ? बार-बार यही बात उसके दिमाग़ को ठकोरने लगी। उस लतीफ़े की सूक्ष्मता चेतन के मन को छुए बिना निकल गयी। हँसी आना तो दूर, वह मन-ही-मन कपूर लाला को बे-नुत्क गालियाँ देने लगा....

लेकिन चेतन के क्रोध का असली कारण हन्दा लेने वाली ग़रीब ब्राह्मणी को ले कर सुनाया गया वह फूहड़ और अश्लील लतीफ़ा नहीं था। क्योंकि बौद्धिक रूप से वह हिन्दू-मुसलमान और खत्री-ब्राह्मण में कोई अन्तर न मानता था। उसे मुसलमानों से भी नफ़रत नहीं थी। वह कॉलेज के दिनों में हमीद के घर ही नहीं खा-पी लेता था, लाहौर आ कर पण्डित जी के साथ मलिक यूसूफ़ के यहाँ ईद की सवैयाँ भी एक ही कटोरे से उसने खायी थीं और मौलाना नईम बेग के सालन का भी स्वाद उसने चखा था।....जब वह शीशे में कभी अपनी सूरत और साँवला रंग देखता था तो उसका दिमाग़ सदियों पहले के उस ज़माने में चला जाता था, जब चारों वर्णों की व्यवस्था करने वाले गोरे-चिट्टे सुन्दर आर्य भारत में आये थे। फिर कब यहाँ के आदिम निवासियों का रक्त उनके रक्त में मिल गया, कब यहाँ के वासियों ने उनके वेद-पुराण अपना लिये, इसका कोई ठिकाना नहीं। चेतन जानता था कि उसकी नसों में आर्य ब्राह्मणों का शुद्ध रक्त नहीं और रक्त की शुद्धि की बात समाज को आगे नहीं बढ़ाती। खत्रियों के प्रति भी उसके मन में कोई विद्वेष नहीं था, लेकिन बचपन से उसने मुहल्ले के ग़रीब ब्राह्मणों पर खत्रियों के अत्याचारों के जो किस्से सुने थे, उनसे उसके मन में सहज भाव से उन लोगों के प्रति आक्रोश भर गया था, जो ब्राह्मणों का अपमान करते थे, उन्हें कुत्ते कहते थे, और अपने आदर योग्य पुरोहितों से हुक्के भरवाते थे। चेतन को इस बात का गर्व था कि उसक पिता ने घर से पुरोहिताई की भीख को हमेशा के लिए ख़त्म कर दिया था। चाणक्य का वह दुर्दम आक्रोश उसे सर्वथा स्तुत्य लगता था, जिसने नन्द से अपमानित हो कर चोटी की गाँठ खोल दी थी और प्रण किया था कि उसके रक्त ही से उसे फिर बाँधेगा। वह इन्सान ही क्या जो अपमान सहता हुआ जिये ? उसमें और पशु में क्या अन्तर है ? वह महाशय जीवनलाल के यहाँ नौकरी करता तो उसे नित्य अपमानित होना पड़ता। हो सकता है, हमीद ने उसे यह लतीफ़ा सुनाया होता तो वह ठहाका मार कर हँस देता, पर उसका अपमान करने वाले उस लाला ने सुनाया, इसलिए उसका तन-मन खौल उठा।....इस लतीफ़े ने मन-ही-मन सुलगती उसके क्रोध की आग पर घी का काम किया था। क्रोध तो उसे उसी वक्त आया था, जब उसने दरवाज़े के पास से हो कर अपने कमरे में जाते हुए उनके मुँह से 'लौण्डा-ए-ख़ुदरंग' शब्द सुना था और उसे लगा था कि लाला जी उसी को ले कर कोई मज़ाक मौलाना से कर रहे हैं।.... यह अजीब बात है कि जब डेढ़-दो वर्ष पहले उसकी शादी के वक्त मौलाना नईम बेग चग़ताई ने 'लौण्डा-ए-ख़ुदरंग की शादी-ए-ख़ाना आबादी' का वह इश्तहार हाथ से लिख कर उसके दफ़्तर की दीवार पर चिपका दिया था तो चेतन ने बुरा नहीं माना था, बल्कि

वह मौलाना की इस चुहलबाज़ी पर ख़ुश हुआ था। लेकिन शायद मौलाना की आँख में मैल नहीं था और महाशय जीवनलाल की आँख में उसे खोट दिखायी दिया था।....इसीलिए जब वह कुर्सी पर जा कर बैठा था और उन्होंने वह लतीफ़ा सुनाया था तो उसके मन में उसी वक्त वह नौकरी छोड़ देने का विचार आया था।....

चेतन तेज़-तेज़ चला जा रहा था और उसके मन में क्रोध का तूफ़ान उमड़ रहा था। — कैसे कपूर लाला दिन भर मेज़ पर पाँव फैलाये, कुर्सी पर पीछे को लेटे हुए बिग-बॉस बने उसे बार-बार बुलाते रहे — जैसे वह उनका सम्पादक न हो, ज़रख़रीद ग़ुलाम हो। साले बिग-बॉस के! एक भारी और भद्दी गाली चेतन ने लाला के लिए हवा में फेंक दी।.... उसके कानों में लाला का एक-एक वाक्य गूँज गया। अपनी सर्वज्ञता, दूर-अन्देशी, कार्य-पटुता, 'गुरु घण्टाल' को उर्दू का प्रसिद्ध बहुसंख्यक और लोकप्रिय अख़बार बनाने के सिलसिले में अपने श्रम, साधना और सूझ-बूझ का बखान करते हुए वे अपने मित्रों में गर्व से कहा करते थे, 'जीवनलाल इज़ नॉट ऐन ऑर्डिनरी एडिटर ऐण्ड प्रोप्राइटर ऑफ़ ए वीकली, जीवनलाल इज़ ऐन इन्स्टीट्यूशन[१]'....'जीवनलाल इज़ ऐन इन्स्टीट्यूशन' — चेतन ने मन-ही-मन दोहराया — साले इन्स्टीट्यूशन के! — एक फूहड़, ग़लीज़, सनसनीखेज़ साप्पताहिक निकाल कर, जनता की कुण्ठित वासनाओं और धार्मिक भावनाओं के साथ खेल कर, बड़े 'संस्था' बने फिरते हैं। कल कोई उनसे भी भद्दा और सनसनीखोज़ पत्र निकाल देगा और लाला का सारा संस्थापन पेट की नाकिस हवा की तरह निकल जायेगा।....बने फिरते हैं आर्य समाजी और कट्टर हिन्दू! वाहियात सिनेमा देखते हैं, टख़ियाइयों के साथ मेल-मुलाकात रखते हैं, सारा दिन बैठे गन्दे और फूहड़ लतीफ़े सुनाते और छत-फाड़ ठहाके लगाते हैं, निम्न-मध्यवर्ग के अधपढ़े, निरीह पाठकों को एक्स्प्लॉयट करते हैं। देश का सचमुच भला चाहने वाली आज़ाद हुकूमत हो तो ऐसा साम्प्रदायिक और भौंडा अख़बार निकालने वालों को काले पानी की सज़ा दे दे!....जीवनलाल इज़ एन इन्स्टीट्यूशन....वह उनसे जा कर माफ़ी माँगेगा! उनके यहाँ नौकरी करेगा! इसकी अपेक्षा वह टोकरी ढोना बेहतर ख़याल करेगा!....जीवनलाल इज़ एन इन्स्टीट्यूशन....

लेकिन तभी उसे ख़याल आया कि उसके घर तो दो रुपये भी नहीं हैं। उसकी पत्नी ने पैसा-पैसा जोड़ कर इकट्ठे किये हुए रुपये भी भाई साहब को मकान के किराये के लिए दे दिये हैं। उसके पास छोटी-मोटी दैनिक ज़रूरतों के लिए भी एक पैसा नहीं है और उसने तो लॉ कॉलेज में दाख़िल होने का प्रण किया है....उसके सामने उसकी पत्नी का उदास चेहरा आ गया था और उसकी चाल फिर धीमी हो गयी थी।

यह अजीब बात है कि चन्दा से राय लेने की तो बात दूर रही, चेतन ने तो उस वक्त तक उस बेचारी की भावनाओं का भी कभी ख़याल न किया था। उसकी पत्नी को क्या भला-बुरा लगता है, इसकी कभी चिन्ता न की थी। लेकिन उसके अनजाने ही उसके दिल-दिमाग़ के बड़े हिस्से पर चन्दा ने अधिकार कर लिया था। चन्दा क्या कहेगी ? चन्दा

---

१. जीवनलाल किसी साप्ताहिक का मामूली सम्पादक और मालिक नहीं। जीवनलाल एक संस्था है।

क्या सोचेगी ? चन्दा की क्या प्रतिक्रिया होगी ? उसका हँसता चेहरा कैसे उदास हो जायेगा ? उसकी उस उदास मुखाकृति को देख कर उसे स्वयं कितनी ग्लानि होगी ? वह निरन्तर यही सोच रहा था। अपनी आवेगशीलता पर उसे अफ़सोस हो रहा था और उसकी चाल मन्द से मन्दतर हो गयी थी....यह तो ठीक है कि वह उस जगह ज़्यादा दिन नौकरी नहीं कर सकता था, लेकिन क्या उसे तत्काल यह कदम उठाना चाहिए था ? विशेषकर जब वह जानता है कि उसके घर में पैसे की तंगी है। क्या अपने क्रोध पर संयम रख के वह लाला जी को अपनी बात न समझा सकता था ? लालाजी ने उससे काम कम होने की ही शिकायत की थी, काम छोड़ने को तो नहीं कहा था। उन्हें क्या मालूम था कि वह उन्हीं की तरह हर लेख बाकायदा पढ़ कर रखे जा रहा है। उनका शिकायत करना क्या स्वाभाविक नहीं था ?....तभी चेतन के सामने शिमला के रुल्दू भट्टे का वह क्षण घूम गया, जब उसे बाज़ार से खाना खा कर आने में कुछ देर हो गयी थी, कविराज रामदास खाना खा कर आराम करने के बाद औषधालय को जाते हुए उसे रुल्दू भट्टे की ढलान पर मिले थे और उन्होंने हँस कर कहा था, 'घोड़िया, तूँ अज कल कम्म कुछ ज़्यादा नहीं कर रिहा!' और उसने दूसरी सुबह उनसे छुट्टी माँग ली थी।....उस स्थिति और इस स्थिति में कोई अन्तर नहीं था। लेकिन शिमला में चन्दा उसके साथ नहीं थी कि जिसकी भावनाओं की उसे चिन्ता होती। फिर कविराज लाला जैसे फूहड़ नहीं थे। लाख चाहने के बावजूद उन्होंने उसे नौकरी नहीं छोड़ने दी थी। वे उसे जाकू की सैर को ले गये थे, उन्होंने उसे दूध में अण्डे मिला कर खिलाये थे, वे उसे चैडविक प्रपात दिखाने ले गये थे और आख़िर उन्होंने उसे मना कर ही दम लिया था।....हो सकता है कि वह नौकरी छोड़ने की धमकी देता और उनके व्यवहार की शिकायत करता तो लाला जीवनलाल भी उसे समझाते। जब उसने काम छोड़ देने की बात कही थी तो उनका चेहरा कैसा हतप्रभ हो कर लटक आया था। —'यू हैव पुट मी इन ए फ़िक्स!' निराशा-भरे उनके शब्द चेतन के कानों में गूँज गये।....लेकिन कैसी शान के साथ, हाथ पतलून की जेब में डाले वे उससे पूरे दिन के काम की कैफ़ियत तलब करने आये थे और कितनी ऊँचाई से उन्होंने उससे वह कैफ़ियत माँगी थी। वह साप्ताहिक का सम्पादक था या दिहाड़ी[१] पर काम करने वाला कोई मज़दूर! —सारे दिन बार-बार उनकी मेज़ पर जा कर कटिंग लेने की बेइज़्ज़ती सहने के बाद, उनके उस पोज़ को देख कर वह कैसे संयम रख पाता! वह इतनी देर बैठा रहा और शान्त भाव से कटिंग पढ़ता रहा, यही बड़ी बात थी। वरना दूसरी बार, जब उन्होंने महज़ कटिंग देने के लिए उसे मेज़ पर बुलाया था, उसका जी हुआ था कि उन्हें 'आदाब अर्ज़' कहे और चल दे। कविराज की बात में उलाहना था, जबकि महाशयजी की बात में शिकायत-भरी डाँट। उसने उसी क्षण तय कर लिया था कि वह ऐसे टुच्चे व्यक्ति की ग़ुलामी नहीं करेगा, इसलिए उसने छुट्टी नहीं चाही थी —कटिंग उनके सामने पटक कर चला आया था....यदि वह छुट्टी चाहता और वे नर्म पड़ जाते तो भी क्या फ़र्क पड़ता ? अदबी अख़बार तो वे निकालते नहीं। उसे बरबस उस कूड़े पर सम्पादक के रूप में अपना नाम देना पड़ता। वे दो दिन चुप रहते, तीसरे दिन फिर उसका मज़ाक उड़ाते या अपमान करते। वह चुप रहता तो जितने दिन वह नया काम न खोज पाता, उसे यन्त्रणा सहनी पड़ती। उसने ठीक किया कि वह नौकरी छोड़

१. रोज़ाना पर।

आया।

वह फिर तेज़-तेज़ चलने लगा था। लेकिन कृष्णा गली में दाख़िल होते ही उसकी चाल फिर धीमी पड़ गयी थी। वह अपनी पत्नी से क्या कहेगा ? कैसे यह ख़बर उसे सुनायेगा ? —विशेषकर रात की उत्साह-भरी प्रतिज्ञा के बाद! चेतन को कुछ भी सूझ न रहा था। अपने घर के बाहर वह कुछ क्षण के लिए रुक गया। पहले उसने तय किया, वह अपनी पत्नी से सीधे कह देगा, उससे यह ज़लील नौकरी नहीं होती। वह जालन्धर चली जाये, जब वह नयी नौकरी ढूँढ लेगा, उसे बुला लेगा।....फिर उसने सोचा —नहीं, उसे जालन्धर भेजने की ज़रूरत नहीं, उसकी पढ़ाई का हर्ज होगा। वह सात-दस दिन में कोई-न-कोई दूसरा काम खोज लेगा, जिससे महीने में पच्चीस-तीस रुपये मिल जायें।....फिर उसने तय किया वह कुछ भी नहीं कहेगा। वह ऐसे व्यवहार करेगा, जैसे कुछ भी नहीं हुआ। रोज़ दफ़्तर के समय घर से निकल जाया करेगा और शाम को वापस आ जाया करेगा। कपूर साहब चाहेंगे तो कुछ दिन उन्हीं के लिए अनुवाद कर देगा। उन्हीं के यहाँ बैठ कर, कर देगा —लेकिन नौकर की हैसियत से नहीं, स्वतन्त्र और फ्रीलान्सर लेखक की हैसियत से! चन्दा को वह कुछ भी पता न चलने देगा। जब दूसरा काम मिल जायेगा तो सरसरी तौर पर इसका ज़िक्र कर देगा। न चन्दा को पता चलेगा, न उसकी नौकरी छूटने पर वह उदास होगी।....

और यह सब तय करके, दुविधा छोड़, उसने बढ़ कर डेवढ़ी में कदम रखा।

o

चन्दा बैठक ही में बैठी विद्यालय का काम कर रही थी। पति को देखते ही उसकी बत्तीसी खिल गयी, किताबें उसने एक ओर रख दीं और उठ खड़ी हुई।

चेतन चुपचाप ईज़ी चेयर में धँस गया।

'क्या बात है,' सहसा चन्दा ने पूछा, 'आपका चेहरा क्यों उतरा हुआ है ?'

और चेतन क्षण भर पहले के सारे फ़ैसले भूल गया। झूठ बोलना उसके लिए असम्भव हो गया, 'मैंने नौकरी छोड़ दी है।' उसने उदासी से कहा।

चन्दा की मुस्कान और फैल गयी, 'फिर क्या हुआ!' जैसे अपनी आँखों और वाणी से ही वह उसे दुलारती हुई बोली, 'और दस नौकरियाँ मिल जायेंगी।'

चेतन चुपचाप अपनी पत्नी की ओर देखता रह गया।

'आप कुछ देर ईज़ी चेयन पर लेटिए! मैं इतने में कुछ नाश्ता और गर्म-गर्म चाय बना लाती हूँ। फिर हम बाहर सैर को चलेंगे। आप चाहेंगे तो जमुना की तरफ़ हो आयेंगे। आपका मन बहल जायेगा।'

'नहीं, हम जमुना की तरफ़ नहीं जायेंगे।' चेतन ने कद्रे तल्ख़ी से कहा, 'तुम चाय बना लाओ, फिर ज़रा अनारकली घूमने चलेंगे।'

उसकी पत्नी चली गयी। चेतन के दिल का सारा बोझ हलका हो गया। यद्यपि दफ़्तर से आते ही वह आराम-कुर्सी में धँस गया था, लेकिन अब वहाँ बैठे रहना उसके लिए कठिन हो गया। कमरा उसे बहुत छोटा और घुटन-भरा लगा। वह उछल कर उठा। उसने दफ़्तर के कपड़े उतार कर खूँटी पर टाँगे, तहमद और कुर्ता पहना और गर्म लोई ओढ़ता

हुआ बाहर निकला। पहले उसने सोचा, वह बाहर गली में घूमे, फिर ऊपर जाने वाली सीढ़ियों की ओर बढ़ा। 'मैं ज़रा ऊपर छत पर जा रहा हूँ। चाय बन जाये तो मुझे आवाज़ दे देना,' उसने पत्नी से कहा और वह खट-खट सीढ़ियाँ चढ़ता हुआ ऊपर तिमंज़िले की छत पर चला गया और गली की ओर को बनी छोटी-सी शहनशीन पर जा बैठा।

शाम के झुटपुटे में, उस ठण्डी शहनशीन पर बैठे चेतन ने फिर राहत और रिहाई की लम्बी साँस ली। घर आते समय वह चन्दा की प्रतिक्रिया से कितना डर रहा था, पर उसने तो नौकरी छोड़ने का ज़रा भी बुरा नहीं माना। वह तो ऐसे ख़ुश है, जैसे उसकी नौकरी छूटी नहीं, लगी हो। अगर उसने मुँह फुला लिया होता तो....! चेतन को कितनी ग्लानि होती! ओह! शी इज़ अ ट्रेयर! शी इज़ अ प्राइसलेस ट्रेयर![१] उसने मन-ही-मन वह वाक्य दोहराया, जो उसने भाई साहब की कुर्सी के लिए उससे गहने लाने के बाद नोट-बुक में लिखा था।....वह ऐसी पत्नी के लिए क्या नहीं कर सकता! नौकरी हासिल करना बहुत मामूली बात है, वह आसमान के तारे तक उसके लिए तोड़ कर ला सकता है!....वह कल ही से काम की तलाश करेगा। उसे काम नहीं मिलेगा तो वह अनारकली के थोक-फ़रोशों से दो-तीन दर्जन रूमाल ख़रीद लायेगा और अनारकली के चौरस्ते में आवाज़ लगा कर बेच देगा। रुपया-डेढ़ रुपया कमा लेना कौन मुश्किल बात है! 'अपने पाँव धोती हुई कोई बाँदी नहीं कहाती' —माँ के शब्द उसके कानों में गूँज गये। 'दुनिया की परवाह मूर्ख करते हैं। तुम अपना भला करते हो, दुनिया गले लगाती है, तुम अपना नुकसान करते हो, दुनिया दुत्कारती है,' उसकी माँ समझाया करती थी। वह सफल हो जायेगा तो कोई नहीं कहेगा कि उसने बाज़ार में रूमाल बेच कर घर का ख़र्च चलाया था। उसे किसी की फ़िक्र नहीं। ज़रूरत पड़े तो वह टोकरी तक ढो सकता है....अ मैन कैन डू व्हॉट अ मैन हैज़ डन....अपने पिता का उपदेश उसके दिमाग़ में घूम गया। वह लॉ कॉलेज में ज़रूर दाखिल होगा। वह डिस्टिंक्शन से लॉ पास करेगा। सब-जजी के कम्पीटीशन में बैठेगा और कामयाब हो कर दम लेगा। अपनी पत्नी की और अपनी पोज़ीशन को ज़रा भी आँच नहीं आने देगा। उसे सब-जज बनने से कोई नहीं रोक सकता....कोई नहीं रोक सकता।

o

शाम के छै बजने वाले थे, लेकिन अँधेरा अभी से छा गया था और नीचे बाज़ारों और सड़कों की बत्तियाँ जल उठी थीं। सर्दी के कारण नीवे से उठा हुआ धुआँ जैसे मकानों के ऊपर लटक आया था। दूर तक शहर कोहरे और धुएँ में इस तरह लिपटा था कि ऊँची-नीची, बड़ी-छोटी इमारतें शाम के धुँधलके में कुछ अजीब तरह से एक दूसरी में गडमड हो गयी थीं और उन्हें अलग से पहचानना मुश्किल था। चेतन ने दूर तक आपस में गड-मड होते हुए मकानों के उन ख़ाकों पर नज़र डाली। उसकी निगाह उन अस्पष्ट ख़ाकों के ऊपर से छिछलती हुई परे, दूर पश्चिम के क्षितिज में लाली की गहरी रेखा और उसके ऊपर फैले हलके-से उजेले पर चली गयी। चेतन को लगा उसका निकट भविष्य भी सर्दियों की शाम के इसी लाहौर-सा अस्पष्ट और धुँधला है, उसके क्षितिज पर भी लाली की वैसी ही क्षीण रेखा झिलमिला रही है। तभी उसे महसूस हुआ कि लाली की वह रेखा वहाँ से

१. वह एक निधि है, वह एक अमूल्य निधि है।

उठ कर उसके अन्तर में चली आयी है और चन्दा की उस मुस्कान, प्रोत्साहन और स्नेह के सहारे क्षण-क्षण फैल रही है। फैल रही है और उसके भविष्य के आकाश को उजला बना रही है। उसे विश्वास हो गया कि वह उसकी रोशनी में तमाम धुँधलकों और अस्पष्टताओं से निकल कर अपने उद्देश्य को पा लेगा। उसमें इस्पाती इच्छा-शक्ति है।....उसे कोई नहीं रोक सकता....कोई नहीं रोक सकता।

वह सामने क्षितिज के रंगीन प्रकाश पर आँखें जमाये एक टक देख रहा था, जब चन्दा ने नीचे सीढ़ियों से आवाज़ दी कि चाय तैयार है।

वह उठा। उसने ढीली होती लोई को एक बार खोल कर फिर से उसका फेंटा मारा और सीढ़ियाँ उतरने लगा।

४-१-१९६५
२०-८-१९६९
५-११-१९६९

☒☒☒

अश्क रचनावली

२

समग्र उपन्यास

अश्क रचनावली : समग्र रूप में

खण्ड : १ - ८
उपन्यास

खण्ड : ९ - ११
कहानियाँ

खण्ड : १२ - १४
नाटक-एकांकी

खण्ड : १५ - १६
काव्य

खण्ड : १७ - १९
संस्मरण तथा आत्मकथ्य

खण्ड : २० - २१
आलोचना

खण्ड : २२ - २३
वैचारिक गद्य

खण्ड : २४ - २५
ललित गद्य

वाणी प्रकाशन

अश्क रचनावली

२

समग्र उपन्यास

शहर में घूमता आईना / निमिषा

सम्पादक :

नीलाभ

वाणी प्रकाशन

4695, 21-ए, दरियागंज, नयी दिल्ली 110 002

शाखा

अशोक राजपथ, पटना 800 004

फ़ोन: +91 11 23273167 फ़ैक्स: +91 11 23275710

www.vaniprakashan.in
vaniprakashan@gmail.com

Ashk Rachnawali : Samagra Upanyas-2
Edited by Neelabh

ISBN: 978-93-5000-940-6
Rachnawali

प्रथम संस्करण

मूल्य : ₹ 850 (अश्क रचनावली प्रत्येक खण्ड)

न्यू कृष्णा ऑफ़सेट, दिल्ली 110 093 में मुद्रित

वाणी प्रकाशन का लोगो मक़बूल फ़िदा हुसैन की कूची से

सम्पादक की ओर से

'अश्क रचनावली' के इस दूसरे खण्ड में अश्क जी के दो उपन्यास 'शहर में घूमता आईना' और 'निमिषा' शामिल हैं।

'शहर में घूमता आईना' अश्क जी के पहले चर्चित उपन्यास 'गिरती दीवारें' का दूसरा खण्ड है – अपने आप में सम्पूर्ण, लेकिन 'गिरती दीवारें' की कथा को ही आगे बढ़ाता हुआ। 'गिरती दीवारें' अगर १९४६ में प्रकाशित हुआ था तो 'शहर में घूमता आईना' १९६२ में प्रकाशित हुआ; कारण, जैसा कि अश्क जी ने अपनी भूमिका में बताया है, यह था कि उन्हें 'गिरती दीवारें' की कथा को – और जो ज़िन्दगी वे इसके फलक पर चित्रित करना चाहते थे, उसे – आगे बढ़ाने के लिए उपयुक्त शिल्प नहीं सूझा था। जब वह सूझ गया तो फिर न तो उन्हें दूसरा खण्ड लिखने में कोई दिक्कत हुई, न आगे के अन्य खण्ड।

'शहर में घूमता आईना' के प्रकाशन के लगभग पचास वर्ष बाद पीछे मुड़ कर उन प्रतिक्रियाओं को देखना-परखना एक दिलचस्प अनुभव है जो इस उपन्यास के सिलसिले में व्यक्त की गयीं। भरपूर सराहना और तीखी आलोचना ने इतना तो साबित कर ही दिया था कि उपन्यास अपने पहले खण्ड की तरह एक मील का पत्थर है। जिन पाठकों, साहित्य-प्रेमियों और आलोचकों को हिन्दी की 'शास्त्रीय' यानी अकादमीय, कहें कि 'गुरुकुलीय' जड़ता ने सम्वेदनहीन नहीं बना दिया था, उन्होंने इस नये प्रयोग का भरपूर स्वागत किया। कुल बारह घण्टों के अर्से में एक समूचे शहर को, उसकी धड़कती हुई ज़िन्दगी को, अंकित करने वाला यह उपन्यास, शैली और शिल्प की दृष्टि से एक नया प्रयोग था।

जैसे नदियाँ अपने प्रवाह में कभी-कभी थोड़ा रुक कर झीलों में तब्दील हो जाती है और फिर आगे बह निकलती हैं, उसी तरह 'गिरती दीवारें' की ज़िन्दगी की बहती धारा 'शहर में घूमता आईना' में आ कर एक सरोवर बन गयी और जब उसके किनारे भर चुके तब वह आगे, अगले खण्डों की दिशा में बढ़ गयी। अलबत्ता, हिन्दी के जिन आलोचकों ने अपने गवाक्ष बन्द कर रखे थे, वे हवा के इस ताज़े झोंके से, सरोवर के इस मनोहारी दृश्य से वंचित रहे।

'शहर में घूमता आईना' ने पहली बार यह भी सिद्ध किया कि उपन्यास सिर्फ़ कथा ही नहीं कहते, वे आने वाली पीढ़ियों के लिए एक अभिलेख भी तैयार करते हैं। वे, कहा

य तो, 'इतिहास की वस्तु' होते हैं। इसीलिए 'शहर में घूमता आईना' ने पाठकों और लोचकों के अलावा इतिहासकारों और समाजशास्त्रियों का भी ध्यान खींचा। इतिहासकार र समाजशास्त्री डॉ० सुषमा अब्बी ने अपना शोध-प्रबन्ध ही 'शहर में घूमता आईना' र उसमें वर्णित जीवन को केन्द्र में रख कर लिखा। दूरदर्शन ने 'शहर में घूमता आईना' आधार पर जालन्धर शहर का एक वृत्त-चित्र तैयार किया। और, इसके प्रकाशन के बाद रती दीवारें' और उसके अगले खण्डों में जितनी दिलचस्पी साहित्यिक जगत ने दिखायी, नी ही इतिहासकारों और समाजशास्त्रियों ने। यह मेरे ख़याल में इस उपन्यास की दोहरी फलता है।

o

'निमिषा' अश्क जी के उपन्यासों में एक अलग ही स्थान रखता है। पहली बात तो यह है के 'बड़ी बड़ी आँखें' की तरह यह भी एक प्रेम कथा है। अश्क जी के लगभग सभी उपन्यासों की तरह इसमें भी आत्मकथा का-सा तत्व है। इसमें चित्रित जीवन भी पंजाब ही का है, ख़ासकर लाहौर का। अन्तर यह है कि जहाँ 'गिरती दीवारें' और उसके विभिन्न खण्डों में अश्क जी ने मध्यवर्गीय जीवन को उसकी समग्रता में चित्रित किया, और जहाँ 'बड़ी बड़ी आँखें' की प्रेम-कथा में एक राजनैतिक अभिप्राय भी अन्तर्निहित था, वहीं 'निमिषा' इस सब से अलग एक विशुद्ध प्रेम-कथा है। इसीलिए अश्कजी को इस पर भरपूर सराहना मिली।

यों, जब उपन्यास 'साप्ताहिक हिन्दुस्तान' में धारावाहिक प्रकाशित हो रहा था तो पाठकों की प्रतिक्रियाएँ भी कम दिलचस्प नहीं थीं। पाठक उपन्यास के विभिन्न पात्रों के साथ सम्वेदनात्मक स्तर पर जुड़ते हुए लेखक से इस या उस प्रसंग अथवा घटना के बारे में सवाल कर रहे थे। कुछ पाठकों ने तो अपने परिवार में नवजात बालिकाओं का नाम ही निमिषा रख दिया। आज तो वे अड़तीस-चालीस साल की गृहस्थिनें होंगी। बहरहाल, 'निमिषा' को शायद अश्क जी के ऐसे एकमात्र उपन्यास के रूप में अलग करके देखा जा सकता है जिसे आलोचकों की प्रतिकूल प्रतिक्रियाओं से रू-ब-रू नहीं होना पड़ा।

– नीलाभ

शहर में घूमता आईना

आशंसाएँ

अश्क हिन्दी का पहला उपन्यासकार है, जो कभी भी अपने उपन्यासों की कहानी को वर्ग, समाज और तत्कालीन परिस्थितियों में एकदम काट कर अपने पात्रों में, उनके ड्राइंग-रूमों, कमरों, या रेल के डिब्बों में से ले जाते हुए भी, केवल उन तक सीमित नहीं रखना जानता... वह हर समय आपको अनुभव कराता रहेगा कि यह ऐसे लोगों की कहानी है, जो आदमियों के बीच में रहते हैं, जिनके कुछ सामाजिक सम्बन्ध और सम्पर्क हैं, स्तर और स्थितियाँ हैं और जिनका जीवन 'नदी के द्वीप' का जीवन नहीं है।

–राजेन्द्र यादव

`For those who care to look, the work of Ashk has much to offer. Urdu readers have long been familiar with his short stories and the needle - pinching account of life with Manto. What awaits a rediscovery is evocative and naturalistic fiction of the slice-of-life kind written in a manner and with an elan not found elsewhere in the meagre world of the Urdu novel. There are very few writers who can match Ashk for his range and the sheer poise of his fiction.

—Asif Aslam Farrukhi, Karachi

आपके आईने में जालन्धर के बिम्ब देखते-देखते जेम्ज़ जॉयस के 'युलिसीज़' की याद आयी और उसी के 'डबलिनर्स' की। उसने डबलिन नगर के तटस्थ वर्णनों के पीछे एक ऐसी आत्मीयता की झाँकियाँ दी हैं जिन्हें पाने के लिए पाठक को गहरे में उतरना पड़ता है। आपका भटकता हुआ नायक भी एक साथ दो तरह की दृष्टियाँ फेंकता है। एक में तो वह समेट लेता है मुखड़ों और मुखौटों को, गलियों और भवनों को, रंगीनियों और संघर्षों को। और दूसरी अँधेरे में खोये उस धागे को थामती चलती है, जो व्यक्ति की अनुभूतियों में अकुलाहट, उदासी और चुनौती को जोड़े हुए है, पर जिसके जोड़ने वाले रेशों का आसानी से पता नहीं चलता, आप व्यक्तिवादी भी हैं और समष्टिवादी भी। भूमिका में आपने लिखा है कि क्या इस हीन मध्यवर्ग के ऊपर इतनी मेहनत करना मुनासिब था ? कभी-कभी पढ़ते-पढ़ते मेरे मन में यही शंका उठी। लेकिन आपके इस मध्यवर्ग के पैर धरती पर हैं। इसलिए उसकी विरूपता, मस्ती और लाचारियों में शायद सारे समाज की धड़कन है।....

–जगदीशचन्द्र माथुर

जीवन के विभिन्न अध्यायों पर अश्क जी ने जिस तरह के अन्य उपन्यास लिखे हैं, उनसे 'शहर में घूमता आईना' की टेकनीक भिन्न होते हुए भी उसकी प्रेरक शक्ति लगभग उन्हीं की श्रेणी की है। इस उपन्यास में भी समाज की 'गिरती दीवारें' दिखायी देंगी, भूतकाल की 'गर्म राख' की ऊष्मा पाठक को अनुभव होगी। 'शहर में घूमता आईना' के पात्र थोड़ी-थोड़ी देर के लिए पाठक के सम्मुख आते हैं, पर उनकी सजीवता पाठक को प्रभावित करती है। सब मिला कर समाज के एक अंश की अच्छी झलक 'शहर में घूमता आईना' में मिलती है।

–चन्द्रगुप्त विद्यालंकार, सारिका, बम्बई

प्रत्येक श्रेष्ठ उपन्यास परम्परा से जुड़ा रह कर भी उससे भिन्न होता है। यह भिन्नता सामान्य समीक्षक को चौंकाती है। सम्भवतः यही भिन्नता उसकी श्रेष्ठता का प्रतिपादन है। विवेच्य उपन्यास की शैली नवीन है और यही उसकी विशेषता तथा शक्तिमत्ता है। अनेक पात्र, अनेक स्थितियाँ, अनेक घटनाएँ, अनेक गलियाँ तथा मुहल्ले, अतीत और वर्तमान इसी शिल्प से जुड़ सकते थे और जुड़े हुए हैं। उपन्यास के क्षेत्र में इसे एक नवीन प्रयोग – सफल प्रयास कहा जाना चाहिए। यदि उपन्यास मानव-जीवन का चित्र देता है तो उस शिल्प की खोज को, जो उसे उसकी अधिकाधिक पूर्णता तथा वैविध्य में प्रस्तुत करने का प्रयास करे स्तुत्य ही कहा जायगा। इतने अल्पकाल में इतना देखना और दिखाना इस 'आईने' की सफलता है।

– आलोचना, दिल्ली

अश्क जी का यह उपन्यास, जैसा कि आवरण पृष्ठ पर मुद्रित है, ठीक अर्थों में सैरबीन ही है। सुबह से शाम तक इस सैरबीन में सैकड़ों चित्र चढ़ते-बदलते हैं। न जाने कितने पात्र हैं जो ज़िन्दगी के न जाने कितने पक्षों का उद्‌घाटन करते हैं। राजनीति और योगविद्या से ले कर औरतों के भागने-भगाने तक, न जाने कितनी कहानियाँ एक-दूसरे से गुँथी पड़ी हैं। ढेरों कहावतों और लोकगीतों से भरा यह उपन्यास एक ज़िन्दा धड़कता हुआ शहर अपने में सँजोये है, जो पाठक के समक्ष प्रतिबिम्बित होता है चेतन के माध्यम से। इस उपन्यास की सबसे बड़ी विशेषता यह है कि शिल्प इसमें आरोपित नहीं लगता।

– कैलाश वाजपेयी, कल्पना, हैदराबाद

Ashk's latest novel `Shahar Men Ghoota Aina' might be considered as a challenge to the new egoists. Like Joyce's Ulysses, Ashk's novel presents subjective and objective experiences of an ill-fated wayfarer Chetan (incidentally this word in Hindi means `the conscious' and can be taken as a symbol), in a town within twelve hours from dawn to dusk. In this novel, while there is clever use of `flashback' and `stream of consciousness' devices, the realism and regard for detail might make French naturalists envious.

— The Century, Delhi

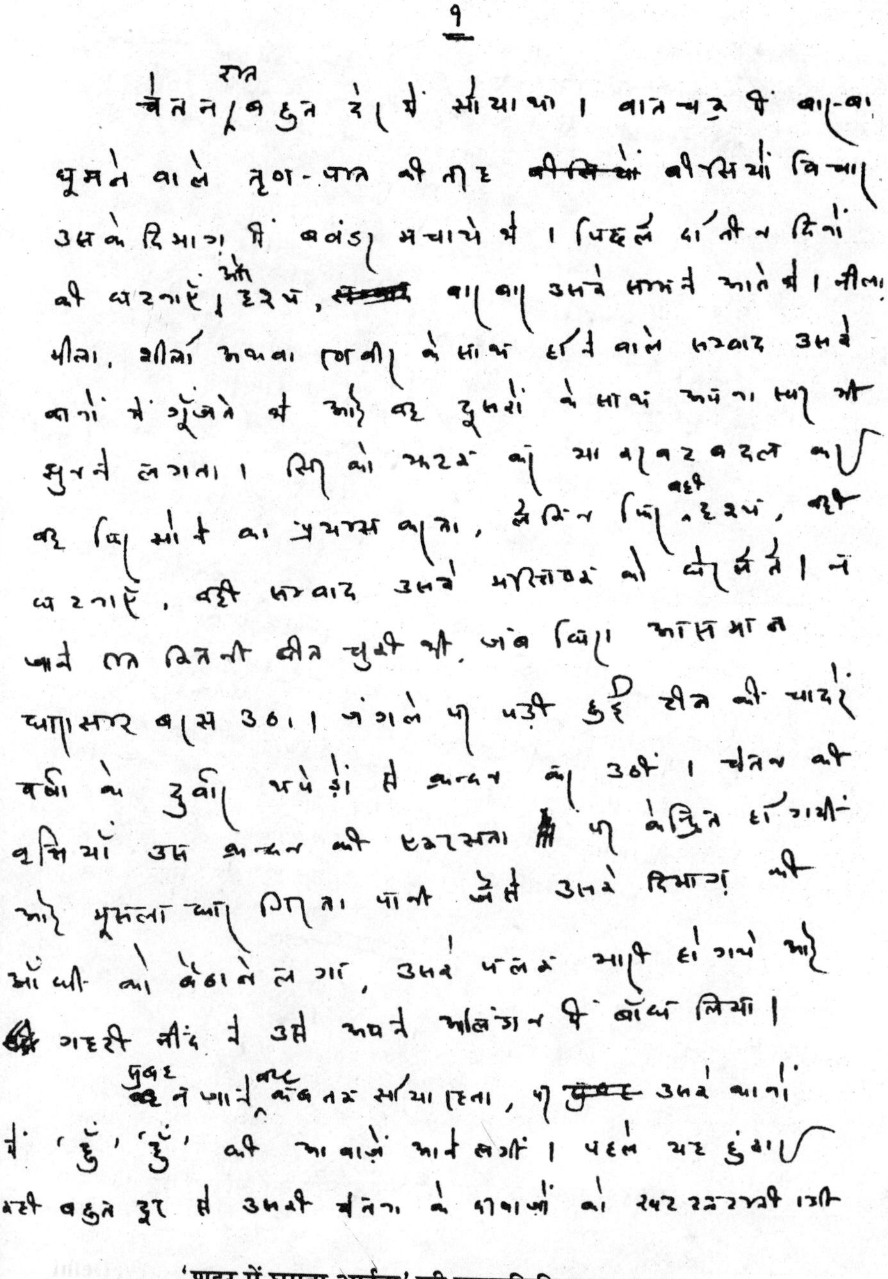

१

चेतन रात बहुत देर में सोया था। बात-चक्र में बार-बार घूमने वाले तृण-पात की तरह बीसियों विचार उसके दिमाग़ में बवंडर मचाये थे। पिछले दो-तीन दिनों की घटनाएँ, दृश्य और बार-बार उसके सामने आते थे। नीला, नीला, शीला अथवा [illegible] के साथ होने वाले व्यवहार उसके कानों में गूँजते थे और वह दूसरों के साथ अपना प्यार भी सुनने लगता। सिर को झटके [illegible] बार-बार बदल कर वह सिर ओर का प्रयास करता, लेकिन फिर वही दृश्य, वही घटनाएँ, वही व्यवहार उसके मस्तिष्क को घेर लेते। न जाने रात कितनी बीत चुकी थी, जब फिर आसमान [illegible] बरस उठा। बंगले पर पड़ी हुई टीन की चादरें वर्षा के दुर्वार थपेड़ों से क्रन्दन कर उठीं। चेतन की वृत्तियाँ उस क्रन्दन की एकरसता पर केन्द्रित हो गयीं और मूसला धार गिरता पानी जैसे उसके दिमाग़ की आँधी को बहाने लगा, उसके पलकें भारी हो गयीं और गहरी नींद ने उसे अपने आलिंगन में बाँध लिया।

वह न जाने कब तक सोया रहता, पर उसके कानों में 'हुँ', 'हुँ' की आवाज़ें आने लगीं। पहले यह हुँकार कहीं बहुत दूर से उसकी चेतना के द्वारों को खटखटाती रही

'शहर में घूमता आईना' की पाण्डुलिपि का पहला पृष्ठ

'शहर में घूमता आईना' की पाण्डुलिपि का पहला पृष्ठ

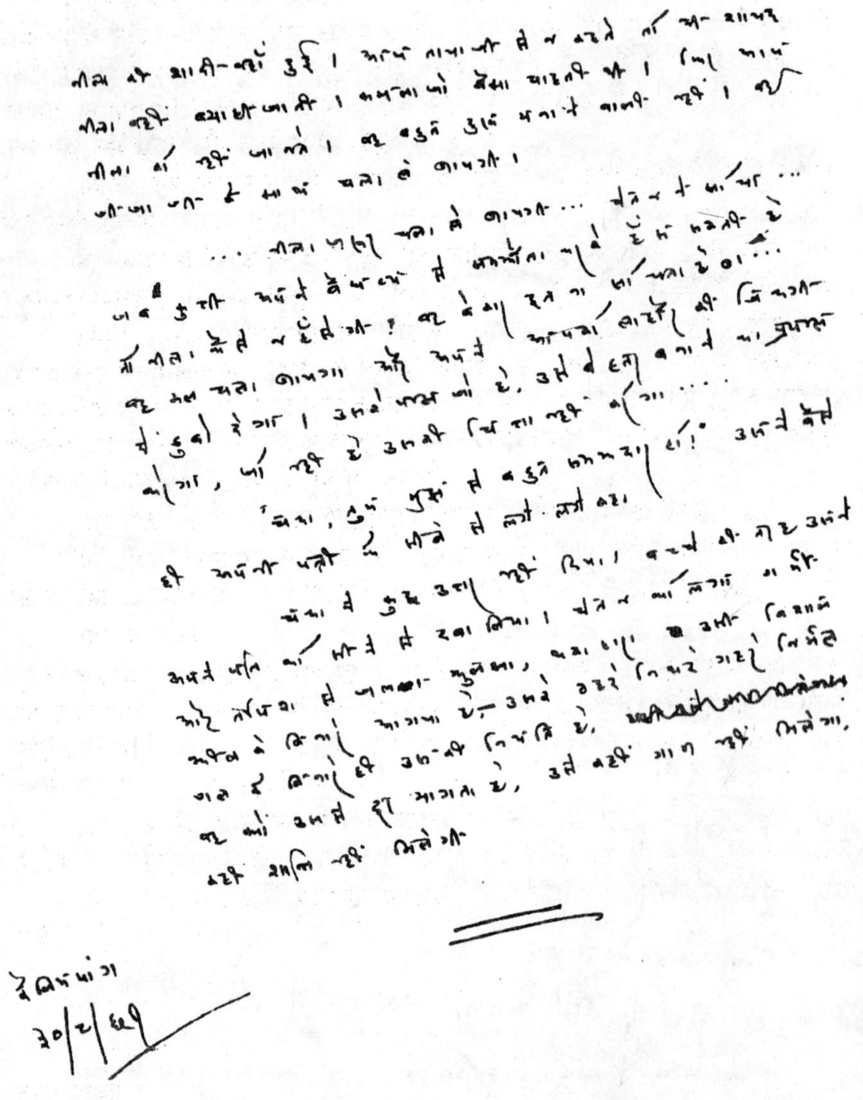

'शहर में घूमता आईना' की पाण्डुलिपि का अन्तिम पृष्ठ

ज़िन्दगी की पुर-पेच राहों के नाम

My novel is a mirror of life and it reflects, while it journeys down the highway, the blue of skies and the mire in the road below

—Standhal

मेरे पैरों के निशाँ अब भी परेशाँ हैं यहाँ
ख़ाक छानी है इन्हीं राहों की बरसों मैंने

आलेख

[पहले संस्करण का आमुख]

'शहर में घूमता आईना' के पात्र वर्षों से मेरे दिमाग़ को घेरे थे। कहूँ कि मेरे लिखने के मार्ग की बाधा थे। मैं जब भी कोई नया उपन्यास लिखने की सोचता, ये सदैव मेरा मार्ग अवरुद्ध कर देते। मुझे सन्तोष है कि आज उन्हें काग़ज़ पर उतार कर मैं कुछ हल्का हुआ हूँ।

उपन्यास मैंने १९५७ में लिखना आरम्भ किया था। उस वर्ष मैं इसी आशा से डलहौज़ी गया था कि इसे लिख लाऊँगा। पर वहाँ के सौन्दर्य ने मुझे कुछ ऐसा बाँधा कि मैं कविताएँ लिखता रह गया। तो भी, जब वह मूड चुक गया, तो मैंने इसे हाथ लगा दिया। पाँच परिच्छेद मैंने वहाँ लिखे। लेकिन अगले तीन वर्षों तक मैं इसे, चाहने पर भी, ज़्यादा आगे नहीं बढ़ा सका। हर साल मैंने कोशिश की, पर केवल सात परिच्छेद और लिख पाया।

उपन्यास की इस मन्द गति से मैं इतना परेशान था कि जब मैं १९६१ में 'असम हिन्दी साहित्य सम्मेलन' का अध्यक्ष हो कर तिनसुकिया (असम) गया तो मैं इसकी पाण्डुलिपि साथ लेता गया। सोचा यह था कि असम का दौरा ख़त्म करके कैलिम्पौंग में रुक जाऊँगा और उपन्यास पूरा करके ही लौटूँगा। लेकिन असम की जलवायु मुझे रास नहीं आयी। शिलौंग ही में मैं बीमार पड़ गया और कैलिम्पौंग पहुँचते-न-पहुँचते ज्वरग्रस्त हो गया। मेरी पत्नी चाहती थी कि मैं वापस चलूँ और स्वस्थ हो कर फिर कहीं दूसरी जगह जा कर इसे लिखूँ। लेकिन मैं वहीं रह गया और बीमारी के बावजूद मैंने इसे पौने दो महीने में ख़त्म कर डाला। रात को खाँसी के मारे नींद न आती थी, इसलिए मैं दिन को सो लेता और रात-रात भर लिखता। मूर्खता-भरे अपने उस हठ से यद्यपि मैं और भी बीमार पड़ गया हूँ और मेरी पुरानी यक्ष्मा की बीमारी फिर कुछ सक्रिय हो गयी है, पर मुझे अफ़सोस नहीं है। मुझे पूरा विश्वास है कि यदि मैं इसे ख़त्म किये बिना वापस आ जाता, तो फिर वर्षों तक इसे न लिख पाता और लगातार मेरा दिमाग़ परेशान रहता।

लेकिन क्या इस हेय, अकिंचन, मीडियॉकर, निम्न-मध्यवर्गीय जीवन के चित्रण के लिए इतना बड़ा जोखिम उठाना ठीक था ? हो सकता है, मेरे आलोचक इसे पढ़ कर व्यंग्य

और विद्रूप से मुस्कराते हुए यह प्रश्न करें। मैं इसका उत्तर नहीं दे सकता। इसे लिखने के लिए अपनी विवशता का उल्लेख भर कर सकता हूँ।

साथी सुरेन्द्रपाल, वीरेन्द्रनाथ मण्डल तथा कौशल्या का मैं हृदय से आभारी हूँ, जिन्होंने प्रेस-कापी तैयार करने में मेरी बड़ी सहायता की है और अमूल्य झुकाव दिये हैं। मुझे खेद है कि अपनी वर्तमान अस्वस्थता के कारण मैं इस पर उतना श्रम नहीं कर सका, जितना मैं प्राय: करता हूँ। निश्चय ही इसमें कुछ त्रुटियाँ रह गयी हैं। आशा है, सहृदय पाठक मेरी विवशता को देखते हुए छोटी-मोटी त्रुटियों को ख़ातिर में न लायेंगे। सदा की तरह उनके सुझावों का मैं स्वागत करूँगा।

—उपेन्द्रनाथ अश्क

२५-३-६३

• जो पाठक हर कलाकृति से यह आशा रखते हैं कि वह कुछ सिखाये भी, उनसे निवेदन है कि अच्छी कलाकृति सीधे कुछ नहीं सिखाती, पर सीखने वाले उससे बहुत कुछ सीख लेते हैं। पंजाबी में कहावत है :

इक्कनाँ नूँ दित्ती रब्ब ने
इक्कनाँ ने सिक्ख लयी
इक्कनाँ नूँ जो न आयी
ज्यूँ पत्थर बूँद पयी

यानी एक तरह के लोग भगवान से सब कुछ ले कर पैदा होते हैं, दूसरे (देख या पढ़ कर) सीख लेते हैं, लेकिन तीसरे ऐसे भी होते हैं, ज्ञान जिनके दिमाग़ पर से पत्थर की बूँद सरीखा फिसल जाता है।

• दूसरे के इम्प्रेशन्ज़ और अनुभूतियों से कुछ पाने के लिए मन का ग्रहणशील होना ज़रूरी है। जो लोग सब कुछ ले कर पैदा हुए हैं, अथवा कुछ भी नहीं ले सकते, उनके लिए इस उपन्यास में बहुत कुछ नहीं है। यह केवल बीच के लोगों के लिए है (जिनमें कि लेखक अपने आपको भी मानता है) और उसने पाया है कि अधिकांश पाठक उसी कोटि में आते हैं। उन्हीं के हाथों में यह उपन्यास ससंकोच समर्पित है।

पहला खण्ड
सुबह

एक

चेतन रात बहुत देर में सोया था। वातचक्र में लगातार घूमने वाले तृणपात की तरह बीसियों विचार उसके दिमाग़ में बवण्डर मचाये थे। नीला की शादी में होने वाली बीसियों बातें, दृश्य, प्रकट महत्वहीन, पर वास्तव में मन को झकझोरने वाले नन्हे-नन्हे ब्योरे, बार-बार उसके सामने आते थे....नीला, मीला, शीलो अथवा रणवीर के साथ होने वाले सम्वाद उसके कानों में गूँजते थे और वह दूसरों के साथ अपना स्वर भी सुनने लगता। सिर को झटक कर या करवट बदल कर वह फिर सोने का प्रयास करता, लेकिन फिर वही दृश्य, वही घटनाएँ, वही सम्वाद....

न जाने रात कितनी बीत चुकी थी, जब घिरा आसमान धारासार बरस उठा था। जँगले पर पड़ी हुई टीन की चादरें वर्षा के दुर्वार थपेड़ों से क्रन्दन कर उठीं। चेतन की वृत्तियाँ उस क्रन्दन की एकरसता पर केन्द्रित हो गयीं और मूसलाधार गिरता पानी जैसे उसके दिमाग़ की आँधी को बैठाने लगा। उसकी पलकें भारी हो गयीं और गहरी नींद ने उसे अपने आलिंगन में बाँध लिया।

o

सुबह न जाने वह कब तक सोया रहता, पर उसके कानों में 'हुँ', 'हुँ' की आवाज़ आने लगी। पहले यह हुँकार कहीं बहुत दूर से उसकी चेतना के दरवाज़े खटखटाती रही, फिर उसे सपना-सा आने लगा और उसने देखा कि एक अजीब-सा भयानक पशु, जिसका सिर भेड़िए का है, धड़ और चाल रीछ की है, उसके पीछे हुँकारता हुआ आ रहा है। उसकी चेतना के कपाट सहसा खुल गये और वह हड़बड़ा कर उठ बैठा।

न जाने कब पानी थमा, कब बादल छँटे, पर तेज़ वर्षा की बौछारों से निखरी-धुली छत पर ऐसी धूप खिली हुई थी, जो मूसलाधार पानी बरसने के बाद, बरसात के नीले, निरभ्र आकाश में, सूरज के सहसा खिलखिला उठने पर ही फैलती है। रात ज़ोर का पानी पड़ने से हवा सीली और ठण्डी हो गयी थी और चेतन ने खेस से सिर-मुँह —सब ढँक लिया था। हड़बड़ा कर उठते ही उसने खेस मुँह पर से हटाया तो धूप से उसकी आँखें चौंधिया गयीं। उसकी गर्दन पर हल्का-सा पसीना आ गया था। गर्दन के आगे-पीछे हाथ फेरते हुए उसने क्षण भर के लिए बरसाती में चारों ओर निगाह दौड़ायी। दायें-बायें दोनों ओर बनी बड़ी-बड़ी महराबदार झिलमिलियों से हवा झर रही थी और ऊपर छत की ईंटों पर पानी रिस आया था। उसकी बग़ल में उसकी पत्नी चन्दा गहरी नींद सोयी हुई थी।

क्या वह पत्नी के ख़र्राटों की आवाज़ से जग उठा है, उसने सोचा। लेकिन वह तो

कभी खर्राटे नहीं लेती। तो भी उसने दायीं ओर को झुक कर उसकी नाक के पास कान लगाया —चन्दा की साँस एक-सी गति से चल रही थी। उसमें हल्की-सी खरखराहट भी न थी।

चेतन ने खेस को परे हटा दिया, पर वह बिस्तर से उतरा नहीं। उसकी निगाहें अपनी सोयी हुई पत्नी पर जमी रहीं —चन्दा की बड़ी-बड़ी आँखें मुँदी थीं, रूखे बाल मस्तक पर बिखरे थे, होंटों पर सूखी पपड़ियाँ जमी थीं, गोल गुलगोथने-गाल बासी बन्नों[१]-से मुरझाये थे और होंटों के बाँयें कोने पर हल्की-सी लार जमी थी....चेतन की आँखों में सहसा डोली चढ़ने से पहले गहनों-कपड़ों से लदी, छम-छम उससे मिलने को आती हुई नीला का दमकता मुख घूम गया। लम्बी साँस को दिल ही में दबाते हुए वह उचक कर उठा और बरसाती से बाहर निकल गया।

उस झटके से चन्दा चौंकी, पर उठी नहीं, करवट बदल कर वह फिर सो गयी।

बाहर दो छतों को मिलाने वाली, किंचित ऊँची उठी मेंड़ पर दो ईंटें पड़ी थीं। (तीसरी मंज़िल उठाने के ख़याल से मेंड़ बनी थी, पर तीसरी मंज़िल बनने की नौबत ही न आयी थी और उस मेंड़ का उपयोग केवल दो छतों को अलग करना ही रह गया था।) चेतन ने देखा, ईंटों पर तेल-सने हाथों के निशान बने हैं और दालान की छत पर कुछ बूँदें पड़ी हैं। चेतन समझ गया, वह कैसे जगा और वह हुँकार क्या थी! —उसका छोटा भाई परसराम ज़रूर ही वहाँ कसरत कर रहा होगा। वह रोज़ सुबह एक-एक हज़ार डण्ड-बैठक निकालता था। ये बूँदे शायद उसके माथे पर के पसीने की बूँदे थीं और वह हुँकार शायद उसकी थकी साँस की आवाज़ थी। चेतन भाग कर शहनशीन[२] पर गया और अपने सन्तुलन को ठीक करते हुए उसने झुक कर नीचे मुहल्ले के कुएँ पर निगाह दौड़ायी। उसका अनुमान ठीक था। परसराम अपने सुदृढ़, सुडौल, नंगे, गोरे शरीर पर लँगोट लगाये, चर्ख़ी पर पानी भर रह था। कसरत ख़त्म करते ही वह घड़ा उठा कर कुएँ पर चला जाता था और घर का सारा पानी भर कर तब आराम करता था। कसरत करते समय वह होंट बन्द ही रखता था और डण्ड पेलते वक्त नीचे को हल्ला मारते हुए अखाड़िए पहलवानों की तरह ज़ोर से हुँकार भरता था। शायद इसी हुँकारे के स्वर से चेतन जाग उठा था।

वह पीछे हटा। गच किये चमकते सीमेण्ट की शहनशीन गीली नहीं थी, पर बड़ी ठण्डी थी। वह पेट के बल उस पर लेट गया। अपना बायाँ गाल उसने सीमेण्ट की उस ठण्डी शहनशील पर टिका दिया। एक सुखद सिहरन उसकी रीढ़ की हड्डी में दौड़ती हुई उसके पाँवों तक चली गयी। दायीं बाँह को उसने शहनशीन के साथ नीचे को ढीला छोड़ दिया। उसकी बग़ल शहनशीन के गोल किनारे से सट गयी और फिर एक ठण्डी सरसराहट उसके शरीर में दौड़ गयी। लेकिन चेतन को बड़ा सुख मिला। वह उसी तरह चुपचाप बे-हिले-डुले लेटा रहा। सुख की अनुभूति से उसकी आँखें मुँद गयीं....पर सुख की वह अनुभूति नीला से जुड़े हुए सुख के क्षणों को उसके सामने ले आयी और वहीं लेटे-लेटे आँखें मूँदे-मूँदे वह उनमें खो गया....

---

१. बन (bun) = गोल मीठी डबल रोटी।

२. छतों के किनारे बैठने और शहर का नज़ारा देखने के लिए सीमेण्ट की पक्की जगह, पंजाबी में रौंस।

०

....बस्ती के अड्डे पर वह अपने मित्र मुल्कराज के साथ खड़ा है। स्कूल से आती अपनी भावी पत्नी को चोरी से देखने आया है। तभी छुट्टी हो जाती है, लड़कियों की टोलियाँ आने लगती हैं....तेरह-चौदह वर्ष की एक लड़की हाथ में किताबें थामे, मानो माप-माप कर कदम रखती हुई, जैसे अपनी सुन्दरता से अभिज्ञ, सहेलियों से घिरी आती है। जाते-जाते वह एक उड़ती-सी चंचल दृष्टि चेतन पर डाल देती है। चेतन का दिल धड़क उठता है....वह अपने मित्र मुल्कराज की ओर आशा-भरी निगाहों से देखता है। मुल्कराज संकेत से बताता है कि वह नहीं....और चेतन का जी चाहता है कि अपनी होने वाली पत्नी को देखे बिना वापस चला जाये।

....अपनी उस मोटी-मुटल्ली भावी पत्नी को देख कर और नापास करके भी वह अपने पिता के आदेश पर औपचारिक रूप से उसे फिर देखने जाता है —समाज-सुधारक मास्टर नन्दलाल के घर! शर्म और संकोच से झुकी अपनी आँखों को वह उठाता है तो उसका हृदय फिर धक् से रह जाता है —उसकी होने वाली पत्नी के निकट वही लड़की बैठी है ....वह माप-माप कर कदम रखने वाली चंचल, चपल किशोरी....उस निमिष-मात्र में चेतन को उसके मुख का एक भाग; उस भाग को दमकता हुआ मोतियों का कर्णफूल; उन चंचल आँखों की एक रसीली चितवन ही दिखायी देती है।

....वह अपनी बारात के भोज में बैठा है, पर उसका ध्यान खाने में नहीं (सुधारक मास्टर नन्दलाल ने औरतों को विवाह की सिट्ठनियाँ —गालियों-भरे गीत —गाने से मना कर दिया है।) वह सूनी मुँडेरों के रेगिस्तानों में शीतल जल की लकीर सरीखी उस रसीली चितवन को खोजता है।

....अधिकांश बाराती खाना खा कर उठ जाते हैं। चेतन को कोई लड़का मज़ाक नहीं करता; कोई लड़की उसका कोट दरी से नहीं सीती; कोई उसका नया जूता नहीं छिपाता। वह भी अनमने भाव से उठता है। ज़िन्दगी में पहली बार ख़रीदा हुआ पेटेण्ट लेदर का पम्प शू पहनने लगता है कि उसे रोक लिया जाता है। सामने बरामदे की चिक उठा कर वही किशोरी मुस्कराहटों के फूल बिखेरती निकलती है....और उसके पीछे सहेलियों का झुण्ड....'जीजाजी छन्द सुनाओ!'....'जीजाजी छन्द सुनाओ!'....और उसे मालूम हो जाता है कि छन्द सुनाने का अनुरोध करने वाली वह लड़की उसकी साली है —उसकी पत्नी चन्दा के ताऊ की लड़की —नीला!

....और वह नीला की आँखों में देखता हुआ छन्द सुनाता है :

छन्द परागे आइए-जाइए, छन्द परागे तीला,
छन्द गया मैं भुल्ल सभै, जद सामने आयी नीला![१]

....इला ह्वीलर विलकॉक्स की कविता उसे याद हो आती है :

मैं अगर सागर सुमुखि, तू चाँद है मेरे लिए

....विवाह के बाद वह अपनी ससुराल में चौबारे में लेटा है। नीला आती है, उसकी गोद में एक पत्रिका रख देती है।

---

१. मैं सभी छन्द भूल गया जब मेरे सामने नीला आ गयी।

"यह पढ़िए....यह!"

वह पृष्ठ की एक पंक्ति पर उँगली रख देती है। चेतन पढ़ता है —किसी कहानी के सम्वाद का एक वाक्य :

"मैं कैसे कहूँ कि मैं तुमसे प्रेम नहीं करती।"

वह मन-ही-मन यह वाक्य पढ़ता है। नीला उसकी ओर कुछ अजीब-सी —हृदय की गहराइयों में डूब जाने वाली —दृष्टि से देखती है और इससे पहले की चेतन कुछ समझ पाये, पत्रिका को वक्ष से लगाये एक बार मुड़ कर उसकी ओर देखती हुई भाग जाती है।

....चाँदनी रात और दिन भर बरसने के बाद तीतर के पंखों-सी बदली! बहती हुई शीतल बयार। वह अपनी ससुराल में छत पर लेटा हुआ है। नीला उसके पास बैठी है और वह मोहित-सा उसे एकटक देख रहा है....फिर वह उसके बालों पर धीरे-धीरे उँगलियाँ फेरने लगती है। अपनी कोमल उँगलियों से उन्हें प्यार के साथ सुलझाते हुए, अनायास कहती है, "जीजा जी तुम्हारे बाल कितने कोमल हैं —कितने लम्बे और कितने घुँघराले!"

चेतन कोई उत्तर नहीं देता। नीला का हाथ अपने हाथ में ले लेता है और कुछ क्षण आँखें बन्द करके, चुपचाप पड़ा रहता है, फिर कहता है —"मैं सोचा करता हूँ नीला, मैं दो बार चन्दा को देखने आया और दोनों बार मैंने तुम्हें देखा।"

"मैंने भी आपको दोनों बार देखा और मैं यह भी बता सकती हूँ कि पहले दिन जब आप बस्ती के अड्डे पर खड़े थे, आपने कौन-सा सूट पहन रखा था।"

....लाहौर से प्रकट अपनी पत्नी को, किन्तु परोक्ष में नीला को लिखे गये पत्र....

> *'....मेरा हृदय चिर दिन के सूखे सागर-सा, अभाव का मारा निरन्तर आकाश की ओर ताका करता था। फिर तुम बदली-सी झाँकीं और यह किनारे तोड़ कर उमड़ पड़ा....'*

और :

> *'....अपने समस्त मौन को तोड़ कर मैं गा उठा। ऐसा उल्लास मेरी नस-नस में समा गया, जो सहसा एक अमूल्य निधि पाने पर किसी भिखारी के मन-प्राण पर छा जाता है। क्या मैंने निधि नहीं पायी ? पर मैं भय से सिहर उठता हूँ —कहीं यह निधि मुझ से छिन न जाये!'*

०

चेतन सहसा शहनशीन पर कोहनियों के बल अधलेटा हो उठा। —उसका मन ज़ोर-ज़ोर से चिल्ला उठा —कमबख़्त वह निधि तुझ से छिन गयी, वह निधि तुमसे छिन गयी कमबख़्त! इसलिए कि तू अपात्र था, कायर था, कमज़र्फ़[१] था। अपनी ही मूर्खता से तूने उसे छिन जाने, दूसरे के हाथ चली जाने दिया। उसके जी में आयी कि ज़ोर से सिर शहनशीन पर दे पटके!....पर कुछ क्षण उसी तरह लेटे रह कर वह सामने शून्य में तकता रहा। फिर लम्बी साँस ले कर उसी तरह लेट गया....उसके सामने इलावलपुर में अपनी दूर की साली के विवाह की घटना घूम गयी और उसका छोटे-से-छोटा ब्योरा कई गुना बड़ा

१. छोटे दिल वाला, क्षुद्र।

हो कर उसकी आँखों में मूर्तिमान हो उठा।

o

....चेतन चौबारे में बीमार पड़ा है। उसे ज़ोर का बुख़ार है। गला सूज गया है। उसकी पत्नी उसके पास आ नहीं पाती। वह नीला ही को भेज देती है। बच्चे चौबारे में शोर मचाते हैं। चेतन का सिर फटा जा रहा है। "भगवान के लिए इनको यहाँ से भगाओ!" वह किसी-न-किसी तरह कहता है।

नीला बच्चों को झिड़क-डाँट कर भगा देती है। किवाड़ भेड़, कुण्डी चढ़ा देती है और चेतन के सिरहाने आ बैठती है। चेतन दर्द से कराह रहा है। वह धीरे-धीरे उसका सिर दबाने लगती है। चेतन पर कुछ नीम-बेहोशी-सी छा जाती है। नीला का स्वर जैसे कहीं बहुत दूर से आते हुए मीठे-मद-भरे संगीत की शान्तिप्रद तान-सा उसके कानों में रस उँडेलता रहता है।

....उसके लम्बे-लम्बे, घुँघराले बालों में अपनी कोमल उँगलियाँ फेरते हुए नीला कहती है —"जीजा जी आपके बाल कितने सुन्दर हैं, लम्बे, काले, घुँघराले!"

और फिर पूछती है —"क्यों जीजा जी। ये घूँघर आपने कैसे बनाये हैं ? आपने बनाये है या स्वयं ही बन गये हैं ? मेरे बाल तो ऐसे नहीं बन पाते। लम्बे तो हैं, पर घुँघराले नहीं।"

और वह अपनी वेणी ले कर अपने जीजा को दिखाती है कि उसके बाल कैसे कोमल हैं, लम्बे हैं, पर घुँघराले नहीं।

चेतन ज्वर के कारण तपते-जलते अपने हाथों में वे कोमल ठण्डे केश ले लेता है, धीरे-धीरे वेणी को खोल डालता है और वे लम्बे, काले, सुकोमल, सुवासित, शान्तिप्रद केश उसके मुख पर बिखर जाते हैं। और नीला कह उठती है —"जीजा जी आपने मेरी वेणी खोल दी!...."

वह बाल खींचती है, पर चेतन उन्हें नहीं छोड़ता। न नीला ही उन्हें मुक्त करने का प्रयास करती है। उन लम्बे, घनु, सुकोमल केशों को चेतन अपने दोनों हाथों में ले लेता है, अपने मुख पर बिखरा लेता है —नीला उस पर झुक आती है....इतनी....इतनी....कि एक बार उसे प्रबल आकांक्षा होती है कि उसके गले में बाँहें डाल कर उसे चूम ले। पर वह बालों को ही चूमता है। वह भी इस तरह कि नीला को आभास तक नहीं होता और वह उसी तरह बातें करती रहती है कि वह शादी नहीं करेगी, कि जब लोग शादी करके पछताते हैं तो क्यों करते हैं शादी ? और वह अपनी बड़ी बहन मीला की शादी की ट्रैजिडी बताती और सहसा वह उसके चेहरे पर हाथ फेरती है —"जीजा जी, दाढ़ी आपकी बढ़ आयी है। आप हजामत क्यों नहीं बनवा लेते ?" और वह हँसती है —"मैं बना दूँ उस्तरा ले कर ?"

और अपना एक हाथ वह उसके होंटों पर फेरती है —"जीजा जी आपके होंटों पर पपड़ियाँ जम गयी हैं। इन पर ज़रा-सा मक्खन लगा दूँ ?"

चेतन उसके हाथ पर अपना हाथ रख देता है और उसे अपने होंटों से तनिक-सा दबा देता है।

....किंचित स्वस्थ और ढंग से सोचने योग्य होते ही वह चन्दा को बुलवाता है :

"मैं आज चार-पाँच दिन से बीमार हूँ। इतना ज्वर चढ़ आया है। तुमने पूछा भी आ कर ?" वह कहता है।

"क्यों, मैं तो बराबर आपकी ख़बर रखती हूँ। कोई तकलीफ़ हुई आपको ? नीला जो थी...."

"नीला जो थी....नीला जो थी....नीला...." झल्ला कर वह लगभग चीख़ते हुए कहता है, "तुम मेरे पास बैठो!"

अत्यन्त विनीत और आर्द्र स्वर में चन्दा कहती है, "आप नहीं जानते, मैं आपके पास आ बैठी तो बीस तरह की बातें होंगी। कुटुम्ब की स्त्रियाँ जो मुँह में आया, बकेंगी। नीला...."

"मैं कहता हूँ चन्दा, तुम पागल हो," वह खीझ उठता है, "नीला अब बच्ची नहीं। चौदह-पन्द्रह वर्ष की हो गयी है और मैं —देखती नहीं हो इन्सान हूँ, कमज़ोर इन्सान!"

चन्दा ज़ोर से हँस पड़ती है। "आपने तो मुझे डरा ही दिया था। मुझे इस बात का डर नहीं। वह मेरी छोटी बहन है। ताऊ की लड़की हुई तो क्या ? मैंने उसे बहन ही की तरह माना है। उसकी इज़्ज़त आपके हाथ में है। वह चंचल है, छोटी-मोटी ग़लती कर सकती है, पर आप तो नहीं कर सकते।"

और एक असीम, अपार, उदार विश्वास के साथ वह अपने पति को देखते हुए उसके मस्तक पर हाथ फेरती है।

....और इस विश्वास का यह फल होता है कि जब नीला फिर दूध ले कर उसके पास आती है और फिर लड़कों को भगा कर उसके सिरहाने आ बैठती है और उसकी पीठ से सट कर अपनी बाँह के सहारे दूध पिलाती है और क्षणिक आवेश में वह उसे बाँह में ले कर चूम लेता है तो वह आपने आपको क्षमा नहीं कर पाता। साँझ को जब नीला के पिता आते हैं तो वह इशारों-इशारों में उन्हें सब कुछ बता देता है।

और जल्दी में नीला की शादी बर्मा के अधेड़ मिलिट्री अकाउण्टेण्ट से हो जाती है और चेतन अपने हाथों प्यार के उस ख़ज़ाने को, जो अयाचित ही उसके पास आ गया था, दूसरे के हाथों में जाते देखता है। देखता है, पर कुछ कर नहीं पाता।

....उसकी आँखों में आँगन की नाली पर अपनी पतली, गोरी बाँह बढ़ाये हुए नीला आ जाती है, जिसकी कलाई पर लगी हुई जोंकों ने उसका रक्त चूस लिया है —पहले से पतली-दुबली, कद्रे पीली....लेकिन इस पर भी पहले से कहीं सुन्दर....कली कैसे उस कीड़े-सी हो जाती है, जो पत्थर में घर करके वहीं बैठ जाता है....उसने अपने जाने नीला को भुला दिया था....पर वह तो उसक अन्तस में कहीं गहरे जा कर बैठ गयी थी....नीला ने उसे एक रूखी-सी 'नमस्ते' की थी। इवावलपुर की घटना के बाद यही उनका साक्षात्कार था....क्या वह इतनी दूर से —शिमला से —यही सूखी 'नमस्ते' सुनने आया था....पर जब उसने सुना था कि उसका विवाह रंगून के विधुर मिलिट्री एकाउण्टेण्ट से हो रहा है तो जाने कौन-सी चीज़ लगातार उसके मन को कचोटने लगी थी। उसने नीला से बात करने की कोशिश भी की थी, लेकिन दो-एक संक्षिप्त शब्दों से अधिक उत्तर में उसे कुछ न मिला था।

"नीला, कैसी हो ?"

"अच्छी हूँ!"

"नीला, तुम तो कुछ कमज़ोर हो गयी हो ?"

"नहीं जीजा जी!"

"नीला, अब तो तुम बड़ी दूर चली जाओगी।"

"हाँ, जीजा जी!"

"नीला तुम मुझसे नाराज़ हो ?"

"नहीं जीजा जी!"

वह चाहता था —नीला से जुदा होने से पहले उससे खुल कर बात कर ले; उससे क्षमा माँग कर जी हल्का कर ले....पर वह अवसर उसे नहीं मिला और झल्ला कर वह ऊपर चौबारे में चला गया। फिर उसने नीला से बात करने का प्रयास नहीं किया।

....विदाई। बाहर बाजे बजने लगे। चन्दा कई बार आयी कि नीला जा रही है, वह उसे शगुन दे आये। पर वह टस-से-मस न हुआ। उसने सोचा कि जब वे ज़रा परे निकल जायेंगे तो वह चुपचाप जा कर घूँघट में लिपटी, ताँगे में दुल्हन बनी बैठी नीला के हाथ में शगुन दे आयेगा....कि सहसा उसका दिल धक् से रह गया —गहनों-कपड़ों में लदी छम-छम करती नीला ऊपर आ रही थी।

"जीजा जी, नमस्ते! मेरी भूल-चूक क्षमा कर दीजिएगा!"

"नीला, मुझे माफ़ कर दो...." और वह उसके पाँव पर झुक जाता है।

"जीजा जी, आप क्या करते हैं!" —वह उसे उठा लेती है और सिसकी को दबाती भाग जाती है।

o

चेतन ने दो-तीन बार सिर को शहनशीन पर धीरे-धीरे पटका —एक छुरा-सा उसके अन्तर में दूर तक उतरता चला गया। करवट बदल कर वह सीधा लेट गया। पर सुबह के सात-साढ़े-सात बजे ही तीखी, चमकती धूप सारी छत पर फैली थी। उसमें आँखें न टिकती थीं। वह फिर पलट कर वैसे ही पेट के बल लेट गया और उसने अपनी बाँह उसी तरह शहनशीन के साथ ढीली छोड़ दी। फिर वही दृश्य, वही सम्वाद, वही बातें उसके दिमाग़ में चक्कर लगाने लगीं। लेकिन शहनशीन का वह भाग पर्दे के कारण छाया में था। तेज़ बरसाती धूप की सन्निकटता में पर्दे की छाया सीमेण्ट की उस शहनशीन को बड़ा शीतल-सुखद बनाये थी। उसका थका, तना, उनींदा दिमाग़ उस शीतल स्पर्श के सुख से ढीला पड़ गया। वह ऊँघ गया।

लेकिन वह ज़्यादा देर सोया न रह सका। अचानक वह फिर हड़बड़ा कर उठा और क्षण भर को टाँगें लटकाये, मूर्खों की तरह बैठा रह गया। उसने फिर सपना देखा....

उसने देखा....उसने देखा....शहनशीन नहीं....नीला वहाँ लेटी है —उन्हीं झमझमाते कपड़ों में और चेतन का गाल उसके गोरे गाल पर टिका है....और वह उठ बैठा।

धूप शहनशीन के उस भाग पर भी आ गयी थी और उसका शरीर तपने लगा था।

वह यहाँ नहीं रह सकता....वह यहाँ नहीं रह सकता....वह लाहौर भाग जायेगा....

वह उठ कर बरसाती में भाग गया और और कुछ अजीब-सी खिजलाहट से उसने अपनी सोयी हुई पत्नी को झकझोर कर जगा दिया।

"दिन पहाड़-सा निकल आया है। तुम अभी तक सोयी हुई हो, माँ क्या कहेगी ?"

अपने अस्त-व्यस्त कपड़ों को सँभालते और बिस्तर से उतरते हुए चन्दा ने कहा, "कई रातों की जगी हूँ, होश ही नहीं रहा।"

और एक हल्की, ग्लानि-भरी, पर लजीली मुस्कान उसके होंटों पर फैल गयी।

उस थके-मुरझाये चेहरे और उन सूखे होंटों पर उस क्षीण-सी शर्मायी हुई खिन्न मुस्कान को देख कर न जाने चेतन को क्या हुआ कि उसने चन्दा का सिर अपनी गोद में ले कर, करुणा की एक दुर्निवार भावना से अभिभूत हो कर, उसके मस्तक को चूम लिया।

दो

चेतन ने अपनी बीबी को चूम लिया और वह उसे सहारा दे कर नीचे भी ले गया और माँ को उसने सफ़ाई भी दे दी कि नीला के विवाह की बेपनाह थकावट के कारण वे लोग देर से उठे हैं और यह कहते हुए वह हँसा भी, लेकिन उसके अन्तर की झुँझलाहट दूर न हुई। घर में पल भर को भी रहना उसे कठिन लगा। जल्दी-जल्दी तैयार हो कर वह बाहर निकल गया।

कुएँ के पास ही चौधरियों का दीसा (जगदीश) बड़ी मूर्खता से मुँह चियारे आता मिल गया। कभी ज़माना था कि चौधरियों का बड़ा दबदबा था। चौरस्ती अटारी में मुरादाबादी बर्तनों की उनकी दुकानें थीं और आय भी ख़ूब थी, पर अब चौधरी बधावा राम और उनके छोटे भाई चौधरी सुलक्खा मल मुहल्ले क्या, शहर के प्रसिद्ध अफ़ीमची थे। सुलक्खा मल के कोई सन्तान न थी और बधावा राम के चार लड़कियाँ और दो लड़के थे। लड़कियों के विवाहों ने उनकी कमर तोड़ दी थी, लड़के कुछ पढ़े-लिखे न थे। दीसा कचहरी में नक्शा-नवीस था और उसका छोटा भाई सरना देबू की अर्दल में आवारा घूमता था और गुण्डई के गुर सीखता था। चेतन दीसे से बच कर निकल जाना चाहता था, पर दीसे ने बढ़ कर उसके गले में बाँह डाल दी।...."कब आये, भापा जी[१] ?"

चेतन ने अभी उत्तर भी न दिया कि जगदीश ने कहा, "अमीचन्द तो हो गये डिप्टी! कल अख़बार में कम्पीटीशन का रिज़ल्ट निकला है। मुझे तो कचहरी में पता चला।"

चेतन ने जैसे उसकी बात नहीं सुनी, "तुम्हारी नक्शा-नवीसी का क्या हाल है ?" उसने पूछा।

पर जगदीश ने चेतन की बात नहीं सुनी, "चलिए, उन्हें बधाई दे आयें।" उसने कहा और उसके गले में बाँह डाले-डाले उसने चेतन को भुवाड़े[२] की ओर को मोड़ने का

१. भाई साहब।
२. एक पतली-सी बन्द गली।

प्रयास किया।

चेतन के सामने शिमले के स्कैण्डल पॉयण्ट पर अमीचन्द से भेंट का दृश्य घूम गया, जब उसके व्यवहार से लगा था कि रिज़ल्ट निकलने से पहले ही वह डिप्टी हो गया है....(चेतन ने उसे देखते ही 'अरे अमीचन्द, तुम कहाँ ?' कहते हुए बढ़ कर बड़े तपाक से हाथ बढ़ाया था, पर एक सुदूर-सी मुस्कान के साथ, अनिच्छापूर्वक, अमीचन्द ने हाथ की दो पोरें उसके हाथ से छुला दी थीं)....चेतन कोई बड़ी ही कड़वी बात कहना चाहता था कि भुवाड़े की ओर से अमीचन्द सफ़ेद कमीज़-पैण्ट पहने आता दिखायी दिया। उसकी गर्दन कुछ अकड़ी थी, निगाहें एकदम सामने थीं, पर जैसे वे उन्हें देख कर भी न देख रही थीं। यदि पहला ज़माना होता तो चेतन बढ़ कर उससे हाथ मिलाता, उसे बधाई देता। पर अब उसने एक उड़ती-सी दृष्टि उसकी ओर डाल कर निगाह दूसरी ओर कर ली।

लेकिन दीसा उसे छोड़ कर अमीचन्द की ओर बढ़ गया। चाहता तो वह यही था कि बढ़ कर उसके भी गले में बाँह डाल दे, पर 'अमिया' से अचानक 'अमीचन्द' हो जाने वाले भावी डिप्टी कलेक्टर को न जाने कैसा कवच प्राप्त हो गया था कि उस नक्शा-नवीस को वैसी बेतकल्लुफ़ी का साहस नहीं हुआ। उसने बाँछें खिलाते हुए इतना ही कहा — "भरा जी, नमस्ते! बधाई हो!!"

बिना उसकी ओर देखे, ज़रा-सा होंट हिला कर अमीचन्द ने दीसे की 'नमस्ते' का जवाब दिया और बिना रुके उसके पास से निकल चला। बधाई के उत्तर में कुछ कहना उसने उचित नहीं समझा। लेकिन दीसा उसके पीछे हो लिया। यद्यपि उसके दुम नहीं थी, लेकिन चेतन को लगा कि वह दुम हिला रहा है।

"साला ऐद्दाँ झोली चुक्क रिहा ऐ, जिवें अमिया ऐस माईंया नक्शा-नवीस नूँ तहसीलदार बना दयेगा।"[१] कोई उन दोनों के पीछे सव्यंग्य हँसा।

चेतन ने पलट कर देखा — भुवाड़े से झमानों का श्यामा आ रहा था। झमान ब्राह्मण थे। अमीचन्द का भाई अमीरचन्द भुवाड़े में जहाँ रहता था, उससे थोड़ा आगे उस बन्द गली के आख़िरी सिरे पर दो मकान ब्राह्मणों के थे। तिमंज़िले मकान में, जिसका एक दरवाज़ा गली खोसलियाँ में भी खुलता था, झमानों के तीन परिवार रहते थे। दूसरा एक-मंज़िला पण्डित गुरदासराम का था, जिनका लड़का प्यारू और पोता देबू मुहल्ले ही के नहीं, शहर भर के नामी गुण्डे थे। झमान अमीचन्द के पड़ोसी थे (और इसीलिए उससे नफ़रत करते थे) और यों भी मुहल्ले में खत्रियों-ब्राह्मणों की शुरू से लगती आयी थी।

श्यामा आगे बढ़ आया —

"यह अमिया साला डिप्टी क्या हुआ है, ये लोग आसमान पर जा बैठे हैं।" उसने चेतन को लक्ष्य कर, सक्रोध उसी तरह तेज़-तेज़ चलते, जैसे अपने आप से कहा, "रात अपने कोठे पर चढ़ कर अमीरचन्द हमें सुना रहा था कि चाचा तेलू मुहल्ले में आयेगा तो उसका सिर पोला कर देगा! मैं भी जा रहा हूँ मण्डी चाचे को लाने! देखें किसका सिर पोला होता है!...."

---

१. साला इस तरह ख़ुशामद कर रहा है, जैसे अमीचन्द इस साले नक्शा-नवीस को तहसीलदार बना देगा।

चेतन बहुत दिन पर जालन्धर आया था। मुहल्ले की तत्कालीन सरगर्मियों से अनभिज्ञ था। वह उसे रोक कर पूछना चाहता था कि उनमें और अमीरचन्द में क्या झगड़ा है, पर एक तो श्यामा जल्दी में था, दूसरे अमीचन्द-अमीरचन्द के ज़िक्र ही से उसे कोफ़्त होती थी। फिर वह सब से पहले अपने पुराने सहपाठी और मित्र अनन्त से मिलना चाहता था, इसलिए उसने श्यामे को नहीं रोका। जब वह हरलाल पंसारी की ओर मुड़ गया तो चेतन अनन्त से मिलने गली बढ़इयाँ की ओर बढ़ा।

०

अपनी खुली छत पर चारपाई बिछाये अनन्त अभी लेटा हुआ था कि चेतन ने उसे जा जगाया। जाग तो वह चेतन की दस्तक ही से गया था, पर जब तक उसकी माँ जा कर कुण्डी खोले और चेतन ऊपर आये, वह करवट बदल कर फिर ऊँघ गया था। चेतन ने ऊपर पहुँच कर उसे झकझोरा तो चादर लपेट और तहमद ठीक कर, वह चारपाई ही पर फसकड़ा मार कर बैठ गया।

"सुना बे, कब आया शिमले से ?"

"आया तो तीन दिन पहले था, पर मेरी साली की शादी थी। आते ही बस्ती चला गया! कल शाम ही लौटा हूँ।"

"तो दे गयी तुम्हें दाग़े-जुदाई वो भी ?"

चेतन चुप बैठा खुले आकाश में तकता रहा। ऊपर, बहुत ऊँचे, एक चील बार-बार चक्कर लगा रही थी और हर बार चक्कर को छोटा कर रही थी। चेतन की निगाहें जैसे उसी का पीछा करती रहीं।

लेकिन उस विषय को चेतन की दुखती रग समझ कर अनन्त ने बात बदल दी। किंचित हँसते हुए बोला —

"कैसा रहा शिमले में ? अमीचन्द नहीं मिला वहाँ.... ?"

चेतन की निगाहें अभी चील पर जमी थीं। उसने जैसे उतनी ही दूर से कहा, "ठीक ही रहा!" अमीचन्द वाली बात का उसने जवाब नहीं दिया।

"वो तो आ गया कम्पीटीशन में!"

चेतन ख़ामोश आसमान में तकता रहा।

"क्या हाल है तुम्हारी उस 'महान आत्मा' का ?"

"किस महान आत्मा का ?" चेतन ने सहसा निगाहें आसमान से हटा कर पूछा।

"अरे, उसी कविराज रामदास का, जिससे पहली ही भेंट में तुम्हारा मन श्रद्धा से प्लावित हो गया था और जिसे तुम अपनी पुस्तक भेंट...."

अनन्त ने अपनी बात पूरी भी न की थी कि चेतन ने एक ठहाका लगाया — "उस महान आत्मा की...." चेतन एक बड़ी-सी गाली देने जा रहा था कि सहसा उसकी दृष्टि कमर पर हाथ रखे पास ही खड़ी अनन्त की माँ पर चली गयी। "कहो चाची, कैसी हो ?" उसने बात पूरी किये बिना, हल्की-सी खिन्न हँसी के साथ उसकी ओर पलट कर कहा।

और वह तनिक मुस्करा दिया।

"अरे, तू शिमले में तीन महीने लगा आया, पर सेहत तो तेरी पहले से भी चौपट

लगती है।"

चेतन शिमले के हवा-पानी को दो-चार 'मधुर वचन' सुनाना चाहता था, पर कहा उसने केवल इतना ही —

"नहीं चाची, वहाँ का पानी सबको माफ़िक नहीं आता, बहुत भारी होता है, मेरी तो भूख ही मर गयी, पेट सदा ख़राब रहा।"

"अब यहाँ कुछ दिन आराम कर! बड़ा पहाड़ हो कर आया है। कल्ले धँस गये हैं।"

"अच्छा-भला तो है।" अनन्त ने कहा। और फिर चेतन की ओर मुड़ कर बोला, "हमारी माँ-बहनों का ख़याल है, किसी की सेहत को अच्छा कह देंगी तो उसे नज़र लग जायेगी, सो अच्छे-भले भैंसे को कहेंगी कि तिनका-सा लगता है।"

और उसने ठहाका लगाया।

लेकिन अनन्त की माँ जैसे अपने कर्तव्य से छुट्टी पा, बिना अनन्त की आलोचना सुने, अन्दर दालान में चली गयी।

चेतन को लगा, जैसे उसे चाची की वह हमदर्दी चाहिए, अनन्त का व्यंग्य नहीं। उसके सामने शिमले के तीन महीने की ज़िन्दगी घूम गयी....जब वह बाहर ठण्ड में नहाता था और दिन-दिन, और कई बार गयी रात तक उसी बन्द अँधेरे कमरे में काम करता था। उसकी सैर बस इतनी ही होती थी कि घर से ढाबे, या ढाबे से घर; विशेषकर उन दिनों में जब वह कविराज जी के लिए पुस्तक लिखने में निरत था....और उसका स्वास्थ्य अच्छा न रहा था।

"नहीं, मेरी सेहत तो कुछ गिरी ही है," उसने उदासी से कहा, "चाची ठीक कहती है।"

और चेतन ने वहीं बैठे-बैठे अपने शिमले के प्रवास की सारी कहानी अनन्त को सुना डाली।

अनन्त ने और भी ज़ोर से ठहाका लगाया, "तुम पुराने चुग़द हो!" वह बोला। फिर पल भर रुक कर उसने पूछा, "तुम्हारे उस कहानी-संग्रह का क्या हुआ, जिसे तुम कविराज की सहायता से छापना और उन्हीं को समर्पित करना चाहते थे।"

"सबसे पहले काम लाहौर जा कर मैं यही करने वाला हूँ कि उस समर्पण को फाड़ डालूँगा।"

"फिर तुम्हारा वह कहानी-संग्रह कैसे छपेगा ?"

"कहानी-संग्रह चाहे उम्र भर न छपे, पर न मैं कविराज की सहायता से छपवाने वाला हूँ, न उन्हें भेंट करने वाला।" और वह उठा।

अनन्त भी उठा। "तुम पाँच मिनट बैठो," उसने कहा, "मैं अभी तैयार होता हूँ। मुझे चौक सूदाँ जाना है। अटारी तक साथ रहेगा।"

तभी चाची ने आ कर पूछा, "लस्सी पियोगे या दूध ?"

इससे पहले कि चेतन कुछ कहता, अनन्त ने कन्धे पर तौलिया रखे बाथरूम को जाते-जाते रुक कर कहा, "नहीं माँ, लस्सी हम रामदित्ते की दुकान से पी लेंगे। तुम फ़िक्र न करो!"

"इतने दिन पर आये हो, कुछ दिन रहोगे न ?" चाची ने उसी तरह कमर पर हाथ रखे, खड़े-खड़े कहा।

"नहीं चाची, मैं तो आज ही चला जाता, पर माँ ने कहा है कि पिता जी शायद आज आयें। सो आज भर तो रहूँगा। पर कल चला जाऊँगा।"

"हाँ भाई तू शिमला लाहौर रहने वाला, तेरा दिल अब जालन्धर में क्या लगेगा ?"

और चाची फिर रसोईघर को चल दी। चेतन के लिए बैठना मुश्किल था। वहीं छत पर वह टहलने लगा, लेकिन एक ही चक्कर लगा कर वह घबरा उठा....उसका दिमाग़ फिर उसी भँवर में जा उलझा —बरबस उस भँवर से निकल, वह रसोईघर में चला गया। चाची कड़छुल में घी और प्याज़ डाल कर बैठी उनके लाल होने की प्रतीक्षा कर रही थी। चेतन ने घी में धीरे-धीरे फूलते, फिर किनारों से लाल होते, फिर सूखते और भूरे पड़ते प्याज़ के टुकड़ों पर आँखें जमा दीं, जैसे वह कोई ऐसा दृश्य हो, जिसे उसने कभी न देखा हो....चाची अपनी कमर के दर्द की बात कर रही थी, जब अनन्त आ गया और चेतन ने सुख और निष्कृति की लम्बी साँस ली और उठा।

तीन

"कहो भाई चेतन, कैसे हो ?"

चेतन ने मुड़ कर देखा —बद्दा था।

वह और अनन्त खोसलों की गली के सामने से निकल कर बाज़ार की ओर जा रहे थे कि बद्दा लपक कर आया था और उसने चेतन के कन्धे पर अपना बड़ा-सा, चौड़ा हाथ मारते हुए उसका हाल-चाल पूछा था। चेतन बद्दे से मिलने के मूड में न था। उसका मन एकदम उखड़ा हुआ था। अनन्त को तो चौक सूदाँ जाना था, चेतन ने सोचा था कि वह अपने पुराने दोस्तों से मिलने चला जायेगा और हो सकेगा तो पुरियाँ मुहल्ले और कोट किशनचन्द का भी एक चक्कर लगा आयेगा।

"कब आये शिमले से ?" बद्दे ने फिर पूछा।

चेतन रुक गया, "कहो बद्दे, कैसे हो ?"

बद्दे का असली नाम निहालचन्द था। चेतन के बराबर कद, पर किंचित चौड़ा शरीर, बड़ा-चौड़ा मस्तक, चौड़ी आकृति, जवानी के बावजूद अधपके बाल, तन पर मैली कमीज़ और पैवन्द लगा तहमद! ज़रा-सा मुस्करा कर उसने कहा, "तुम्हारी मेहरबानी है।"

आगे बढ़ते हुए चेतन ने पूछा, "कहो, इस बार फिर मैट्रिक में बैठे ?"

"बैठे!" अनन्त से शरारत से हँसते हुए कहा, "इस पट्ठे ने तो कमाल कर दिया। सेकेण्ड डिवीज़न मार लिया।" और उसने बद्दे की पीठ पर ज़ोर का प्रशंसा-भरा हाथ जमाया।

बद्दे ने दाँत निकोस दिये। चेतन उसे बधाई देने ही वाला था कि पीछे से किसी ने

कहा —

"इससे पूछो, इसका रोल नम्बर क्या है ?"

तीनों ने पलट कर देखा — झमानों का हन्सा था, जो बद्दे ही की गली में रहता था।

"क्यों, ४२२९ है।" बद्दे ने तपाक से उत्तर दिया।

"और देबू काना कहता है कि पहले तुमने उसे ४२२३ बताया था। जब उसने छान-बीन करके पता लगाया कि वह नम्बर तो किसी दूसरे का है, तब तुमने यह नम्बर बता दिया।"

सहसा बद्दा रुक गया। उसके चौड़े माथे पर तेवर खिंच आये, नथुने कुछ फूल गये, होंट फड़फड़ाने लगे। एक बड़ी-सी गाली देबू काने को देते हुए उसने कहा, "वह माईंया....झूठ बकता है।"

वे लोग गली से बाज़ार की ओर मुड़ आये थे, जहाँ हरलाल पंसारी के सामने ही रामदित्ते हलवाई की दुकान थी। वास्तव में कल्लोवानी मुहल्ले में तीन गलियाँ और दो चौक थे। और एक बड़ी लम्बी गली, जिसके बीचोंबीच छोटी-सी नाली बहती थी। बाजेयाँ वाला बाज़ार के ख़त्म होते ही यह गली बायीं ओर को मुड़ती थी। शुरू ही में एक ओर रामदित्ते हलवाई और दूसरी ओर हरलाल पंसारी की दुकान थी। उन दोनों दुकानों के बाद दो और दुकानें थीं, जिनमें हरलाल पंसारी ही का सामान — अनाज की बोरियाँ, घी और तेल के कनस्तर आदि — रहता था। उनके बाद बायें हाथ को पहला चौक, अन्दों (आनन्दों) का था। इसी में चेतन का घर था। यहीं से गली दायें हाथ तनिक सँकरी होती हुई मुड़ गयी थी। शुरू में एक भट्ठी थी, जिसमें ज्वाली महरी शाम को चने और मकई के दाने भूना करती थी। उससे ज़रा आगे, बाँयें हाथ को एक लम्बी-सी बन्द गली, 'गली खोसलेयाँ' थी, जिसमें बद्दे का घर था, और आगे गली में दायें हाथ को दूर, बरने पीर तक, दीवारों का सिलसिला चला गया था, जिसके पीछे मुसलमानों के मकान थे, पर उनका कोई दरवाज़ा उधर गली में न खुलता था। गली खोसलेयाँ के बाद बायीं ओर को एक मकान था, जिसमें दो परिवार रहते थे। शरीक थे। एक विधवा थी, जिसके पाँच लड़के थे। चूँकि विधवा बड़ी लड़ाकी थी, इसलिए मुहल्ले वाले उसे 'गीदड़ी' और उसके बच्चों को 'गीदड़ी के बच्चे' कहते थे। दूसरी विधवा सधवा थी। (अमीर घराने की थी। छोटी उम्र ही में विधवा हो गयी थी। पिता ने ग़रीब लड़का देख कर दूसरी शादी कर दी थी। पुनर्विवाह के बाद इस मुहल्ले में आ गयी थी।) पति तो साधारण गिरदावर था; पर पत्नी पढ़ी-लिखी थी; गला बड़ा सुरीला पाया था; रंग काला था, इसलिए 'कोयल' कहलाती थी। तीन लड़कियाँ और दो लड़के थे, जो 'कोयल के बच्चे' कहलाते थे। इसी घर की बग़ल में बढ़इयों की गली थी, जिसके सिरे पर अनन्त का मकान था। कुछ आगे दायीं ओर एक बड़े-से नीम के नीचे बरने पीर की कब्र थी, जिसका गुम्बद दीवार में बना था। उसमें दीये रखने के लिए ताक थे और रात को श्रद्धालु वहाँ एक साथ कई दीये जला जाते थे। बायीं ओर चौक चड्ढेयाँ था। परे, गली इस चौक के मकानों के गिर्द होती हुई रास्ता बाज़ार में जा मिली थी। बरने पीर से एक रास्ता सीधा मुसलमानों के मुहल्लों से होता हुआ कादेशाह के चौक में जा निकलता था। यहीं चौक चड्ढेयाँ में बरने पीर के ऐन सामने ज्योतिषी दौलतराम का मकान था, जिनका लड़का

देबू मुहल्ले का प्रसिद्ध गुण्डा था। आँखों से ज़रा ऐंचा था, इसलिए 'काना' कहलाता था। बरने पीर से आगे, जहाँ गली चौक के ऊपर से होती हुई मुड़ी थी, गली का नाम 'बनियों की गली' हो गया था, जिसमें चेतन का एक पुराना सहपाठी लालू बनिया रहता था।

रामदित्ते की दुकान पर पहुँच कर चेतन ने आध पाव बर्फ़ी ली और हलवाई को दो बड़े गिलास लस्सी के बनाने का आदेश दिया, यह समझा दिया कि मलाई अच्छी तरह मार ले, तब बर्फ़ और पानी डाले।

बर्फ़ी का दोना अनन्त के आगे करते हुए, चेतन ने एक टुकड़ा मुँह में रखा और बद्दे पर नख से शिख तक एक दृष्टि डाली। उसका मन हुआ कि हन्से और अनन्त, दोनों से कहे कि क्यों इस ग़रीब को तंग करते हो, पर बद्दे के सामने वह कुछ भी न कह सका।

तभी बर्फ़ी का टुकड़ा मुँह में रखते हुए अनन्त बोला, "कल लालू बनिया कह रहा था कि ४२२९ नम्बर तो अख़बार में था ही नहीं," फिर चेतन की ओर देखते हुए अनन्त बोला, "तुम तो यार अख़बार में काम करते हो, क्या तुम ने मैट्रिक के रिज़ल्ट में ४२२९ रोल नम्बर देखा था ?"

'क्या बकते हो!' चेतन कहना चाहता था, 'क्या अख़बार के एडीटर सारे नम्बरों को याद रखते हैं,' लेकिन उसने देखा, अनन्त की आँखों में शरारत है और चेतन से निगाहें मिलाते हुए उसने आँख ज़रा-सी दबा भी दी है।

"था कैसे नहीं ?" बद्दा ज़ोर से बोला, "मैं अभी ला कर दिखाता हूँ।"

और वह गली की ओर भाग गया।

चेतन क्षण भर उसे जाते देखता रहा, फिर उसने ज़रा-सा हँसते हुए कहा, "बद्दा वैसा-का-वैसा है, इसमें कुछ भी तो फ़र्क नहीं आया, सिवा इसके कि पास हो गया है।"

"कौन साला पास हो गया है ?" सहसा झमानों का हन्सा बोला और उसने ज़ोर का ठहाका लगाया, "इस बार जब बद्दा इम्तहान में बैठा तो पट्ठे ने अपना रोल नम्बर अपनी माँ तक को नहीं बताया। जब मैट्रिक का रिज़ल्ट निकला तो उसने माँ को आ कर ख़ुशख़बरी सुनायी कि वह सेकेण्ड डिवीज़न में पास हो गया है। माँ 'ए' और 'बी' में तमीज़ नहीं कर सकती। ख़ुशी से उसकी बाछें खिल गयीं, 'तुम्हारा नाम है अख़बार में ?' उसने पूछा। ....'नाम नहीं, रोल नम्बर छपे हैं,' बद्दे ने कहा, 'यह देखो मेरा रोल नम्बर!' और पट्ठे ने लिस्ट में एक जगह उँगली रख दी। इसकी माँ ने खोसलों से रुपये उधार ले कर सारे मुहल्ले में लड्डू बाँट दिये।"

"रण्डी का पूत सौदागर का घोड़ा, खायेगा बहुत और चलेगा थोड़ा!"

सहसा रामदित्ते ने लस्सी बिलोते-बिलोते उस बेज़ारी से, जो उसके चेहरे पर स्थायी ख़ोल सरीखी चढ़ी रहती थी, उनके ज्ञान में वृद्धि की। यह कहते हुए रामदित्ता हँसा भी, लेकिन उसकी बेज़ारी उसकी सूरत पर वैसे ही चिपकी रही।

किसी ने उसकी ओर ध्यान नहीं दिया। अनन्त बोला, "तुम देबू काने को तो जानते ही हो, नम्बरी हरामज़ादा है। उसने न जाने कैसे पता लगा लिया कि वह रोल नम्बर, जो यह अपना बताता था, किसी दूसरे का है। उसने सचमुच छान-बीन की अथवा यों ही ब्लफ़ किया, लेकिन बद्दा झट मुकर गया कि उसने तो वह नम्बर बताया ही नहीं।"

झमानों का हन्सा इस बात पर ज़ोर से हँसा और उसने अपने बायें हाथ पर ज़ोर से दायाँ हाथ मारा।

०

बद्दा चेतन से दो बरस बड़ा था और उसी के स्कूल में उससे दो कक्षा आगे पढ़ता था। उसकी माँ प्रसिन्नी (प्रसन्न कुमारी) जवानी ही में विधवा हो गयी थी और मुहल्ले की अन्य विधवाओं की तरह साधु-सन्तों में उसकी बड़ी आस्था थी। कितने ही उसके धर्म के भाई थे। कुछ उनकी सहायता से और कुछ सूत कात-अटेर कर वह अपने इस लड़के को पढ़ा-लिखा कर बड़ा अफ़सर बनाने के स्वप्न देखा करती थी। उसके ख़याल में उसका यह लड़का मुहल्ले के सब लड़कों की अपेक्षा अधिक बुद्धिमान और मेधावी था। जब वह अपनी गली में बैठी, पड़ोसिनों के साथ सूत कात या अटेर रही होती तो अपनी अथवा पड़ोसिन की दहलीज़ पर बैठा बद्दा उसे और उसकी पड़ोसिनों को अपनी बुद्धि के चमत्कार से हैरत से डाल दिया करता। मुहल्ले में किसका कब जन्म हुआ; किसकी कब शादी हुई; कौन कब मरा — सब दिन, तारीख़ें, बल्कि हर घटना और दुर्घटना का समय तक उसे याद था। गाड़ियों के टाइम-टेबल, दिन-त्योहारों की तारीख़ें, मुहल्ले के लोगों की गतिविधि, हर चीज़ के बारे में उसे पूरा-पूरा इल्म था। कई बार जब किसी दिन-त्योहार की तारीख़ या मुहल्ले की कोई घटना या दुर्घटना सन्देह अथवा विवाद का विषय बन जाती तो बद्दा सप्रमाण अपनी बात सिद्ध कर देता और उसकी माँ की पड़ोसिनें उसकी बुद्धि तथा स्मृति की प्रखरता से चकित रह जातीं। उसमें किसी तरह का ऐब नहीं था और उसकी माँ कहा करती थी कि निहालचन्द तो लड़कियों जैसा लड़का है। इसमें कोई सन्देह नहीं था। दिन-दिन भर वह अपनी माँ की सहेलियों में बैठा रहता और उसकी माँ समय-समय पर अपने निहाले के इस या उस गुण का बखान करती रहती। इसलिए जब वह पहली बार मैट्रिक में फ़ेल हुआ और आ कर उसने माँ से कहा कि मेरे पेपर तो बड़े अच्छे हुए थे, लेकिन इनविजिलेटर से मेरा झगड़ा हो गया था; उसने मेरा पेपर या तो आगे भेजा नहीं या उसकी जगह कोई ख़ाली कापी रख दी है तो उसकी माँ तुरन्त मान गयी और उसने सारे मुहल्ले में घोषणा कर दी कि उसका लड़का तो बड़े अच्छे नम्बरों से पास होता, पर 'इंजीलेटर' (बद्दे की माँ अपने लड़के से सुने हुए अंग्रेज़ी शब्द अपनी बातचीत में इस्तेमाल करने की बड़ी शौकीन थी) ने उससे दुश्मनी करके उसकी कापी बदल दी।

लेकिन बद्दा दूसरे साल फिर रह गया। तब उसने सारा दोष अपने स्कूल-टीचरों के मत्थे मढ़ दिया कि वे उसके ख़िलाफ़ हैं और उसे ठीक से कुछ बताते नहीं। उसने माँ से कहा कि अब वह स्कूल की फ़ीसें नहीं भरेगा, प्राइवेट इम्तहान देगा और फ़र्स्ट डिवीज़न में पास हो कर दिखा देगा। और तब वह या घर ही में पढ़ता रहता या गली की औरतों में बैठा रहता। तभी से उसका नाम बद्दा पड़ गया।

पहली प्राइवेट परीक्षा उसने उसी वर्ष दी, जिस साल चेतन ने मैट्रिक किया। अंग्रेज़ी के पर्चे में एक कहानी आयी, जिसमें ख़ाली जगहें छोड़ी गयी थीं और उन्हें भर कर कहानी को पूरा करना था। कहानी का सार यह था — 'जिसे राम रक्खे उसे कौन चक्खे।' — कहानी कुछ यों थी :

राजकुमार हीरासिंह एक सख़्त लड़ाई में शत्रुओं से हार कर भागा। रास्ते में उसका

घोड़ा मर गया। लेकिन रात हो गयी थी, इसलिए वह एक पहाड़ी गुफा में छिप गया। पीछे शत्रु उसे ढूँढते हुए वहाँ पहुँचे, लेकिन भगवान की कृपा से इस बीच एक मकड़ी ने गुफा के मुहाने पर जाला बुन दिया। शत्रु के दो सैनिक उधर भी निकले। एक ने गुफा में राजकुमार को ढूँढने का प्रस्ताव किया, पर दूसरे ने मशाल की रोशनी में जब गुफा के मुहाने पर जाला बुना हुआ देखा तो उसने यह कह कर प्रस्ताव रद्द कर दिया कि अगर राजकुमार गुफा में गया होता तो यह जाला टूटा होता। वे दोनों दूसरी जगह राजकुमार को ढूँढने चले गये और राजकुमार की जान बच गयी।

जिस पाठ्य-पुस्तक से यह कहानी प्रश्न-पत्र में दी गयी थी, उसमें मकड़ी और मक्खी का सम्वाद भी छपा था। मकड़ी सुन्दर जाल बुन कर मक्खी को बुलाती है, उसके सुन्दर पंखों और उसके मनमोहक स्वर की प्रशंसा करती है, पर वह उसके जाल में नहीं फँसती।

शाम को यहीं रामदित्ते की दुकान के सामने उसे बद्दा मिल गया तो चेतन ने पूछा, "कैसा कर आये पेपर ?"

ख़ुशी से दाँत निकोसते और चेतन के हाथ-पर-हाथ मारते हुए बद्दे ने कहा, "एकदम आसान था। वह मकड़ी और मक्खी की गुफ़्तगू आ गयी। मैंने सबसे पहले वही सवाल किया। दस में से नौ नम्बर कहीं नहीं गये।" (बद्दे ने सवाल में शब्द स्पाइडर (spider) पढ़ा और कहानी लिख डाली। बाकी सवाल उसने कैसे किये होंगे, इसकी कल्पना की जा सकती है।)

बद्दे की बात सुन कर चेतन मन-ही-मन मुस्कराया था, पर प्रकट बद्दे के हाथ को तपाक से हिलाते हुए उसने केवल यही कहा, "तुम बाज़ी मार ले गये दोस्त, हम तो राजकुमार हीरासिंह वाली कहानी लिख आये हैं।"

चेतन ने बद्दे का यह कारनामा अनन्त तथा अपने दूसरे सहपाठियों को भी सुना दिया, जो उसी के साथ मैट्रिक की परीक्षा में बैठे थे। उन सबने बद्दे की पीठ ठोंकी और उसे विश्वास दिला दिया कि उसका यह पेपर सबसे अच्छा हुआ है और वे सब लोग सवाल ग़लत कर आये हैं और बद्दे ने अपनी माँ को यह सुसमाचार सुनाया और बद्दे की माँ ने सोल्लास गली खोसलेयाँ की औरतों को यह ख़बर सुनायी और उसी दिन से बरने पीर पर दीया जलाने लगी।

लेकिन बद्दा उस साल भी फ़ेल हो गया।

इसके बाद उसने जालन्धर के सभी स्कूलों में दाख़िल हो कर मैट्रिक करने का प्रयास किया था, पर जिस साल चेतन ने बी०ए० किया, उस साल भी वह फ़ेल हो गया था। यह आठवाँ बरस था जब उसने फिर मैट्रिक की परीक्षा दी थी। नौकरी वह कोई करता न था और उसका मुख्य काम वहीं अपनी माँ की सहेलियों में बैठ कर मुहल्ला-राजनीति पर अपने अमूल्य विचार प्रकट करना और विभिन्न विषयों पर गली की स्त्रियों का ज्ञान बढ़ाना और उनके छोटे-मोटे काम करना था। गली में वह 'धीयाँ वरगा पुत्त'[१] और अन्दाँ के चौक

---

१. बेटियों जैसा बेटा।

में 'रन्नाँ विच्च धन्ना'[1] प्रसिद्ध था, पर इन दोनों उपाधियों की ओर से बेपरवा, वह अपने मस्त रहता था। इधर उसने ताश और चौपड़ में महारत हासिल कर ली थी और प्रायः लालू बनिये के घर, पण्डित बनारसीदास की दुकान पर, बाज़ार पापड़ियाँ के चौक में अथवा धर्मशाला में शिव जी के मन्दिर के आगे खुले पक्के चबूतरे पर ताश या चौपड़ की महफ़िलों में वह शामिल हुआ करता। शत्रु के वार ख़ाली करने वाले सेनानायक के यहाँ उतनी तल्लीनता न होती होगी, जितनी ताश या चौपड़ खेलते वक्त बद्दे की आँखों में होती।

०

रामदित्ते ने लस्सी बना कर एक-एक गिलास चेतन और अनन्त को दे दिया और स्वयं दूध के बड़े कड़ाहे में खुर्पी चलाने लगा।

तब झमानों का हन्सा कह रहा था, "मज़े की बात यह है कि रिज़ल्ट को निकले इतने महीने हो गये हैं, लेकिन पट्ठा अपना सर्टिफ़िकेट कभी नहीं दिखाता। चाचा तेलूराम ने मण्डी में लाला जालन्धरी मल जी योगी से कह कर एक नौकरी का प्रबन्ध किया, बद्दे की बड़ी प्रशंसा की और यह भी कहा कि सेकेण्ड डिवीज़न में मैट्रिक पास किया है, पर जब लाला जालन्धरी मल जी ने सर्टिफ़िकेट माँगा तो वो दिन सो आज का दिन, फिर बद्दे ने कभी उन्हें सूरत नहीं दिखायी।"

"लो देखो, मेरा रोल नम्बर अख़बार में छपा है कि नहीं।" मोड़ ही से बद्दे ने चिल्ला कर कहा।

लस्सी पी कर गिलास को एक ओर रखते हुए चेतन ने अख़बार ले कर देखा। 'ट्रिब्यून' का पुराना अंक था, पर बड़ी सावधानी से तह किया हुआ था। मैट्रिक के प्राइवेट रोल नम्बरों की लिस्ट में एक जगह लाल पेन्सिल से निशान लगा हुआ था। चेतन ने पढ़ा, लिखा था —४२२९।

"देखो, है कि नहीं ४२२९।" बद्दे ने उँगली से बार-बार संकेत करते हुए कहा।

तब यद्यपि कुछ ही क्षण पहले वह स्वयं अनन्त से कहना चाहता था कि क्यों बेचारे को तंग करते हो, चेतन ने हाथ बढ़ाते हुए कहा, "मेरी बधाई लो!"

और उसके हाथ को अपने हाथों में लेते हुए बद्दे ने दाँत निकोस दिये। उसके नथुने फूल गये और उसकी आँखों में अपूर्व चमक आ गयी और उसने बड़े गर्व से झमानों के हन्से की ओर देखा।

"यह अख़बार ले जा कर अमीचन्द को दिखाओ, वह मैजिस्ट्रेट बनेगा तो तुम्हें अपना सरिश्तेदार बना लेगा।" हन्से ने व्यंग्य से कहा।

"सर्टिफ़िकेट की भी ज़रूरत न पड़ेगी।" अनन्त बोला।

"जाऊँगा, जाऊँगा क्यों नहीं ?" बद्दे ने गर्दन अकड़ा कर कहा।

"अरे, वह चपरासी रख ले तो भी बड़ी बात है।"

और सभी ठहाका मार कर हँसे।

तभी दूध में सनी लोहे की खुर्पी उठाये, गालियाँ देता हुआ रामदित्ता छलाँग मार कर दुकान से उतरा और किसी के पीछे भागता हुआ, गली ख़रादियाँ में ग़ायब हो गया।

---

१. मेहरियों में मेहरा।

"बात क्या हुई ?" चेतन ने अनन्त से पूछा। लेकिन अनन्त स्वयं न जानता था।

सभी उधर को लपके।

चार

चेतन ने जब से होश सँभाला, रामदित्ते को इसी दुकान पर बैठे देखा। पिछले कुछ वर्षों में उसकी कनपटियों के पास बाल सफ़ेद हो गये थे, उसके चेहरे की बेज़ारी बढ़ गयी थी और सामने का एक दाँत कमज़ोर हो कर टूट गया था, नहीं शेष सब कुछ वैसा ही था- सिर पर सभी ओर से पिचकी-दबी, गोल टोपी, गले में लट्ठे की मैली कमीज़ और कमर में लट्ठे ही का मैला, उटंग पायजामा —और दिन-दिन भर बैठे रहने के कारण परकार की तरह किंचित बाहर को मुड़ी टाँगें, कुछ अजीब तरह से अकड़ी कमर और बेढंगी चाल....इस सरापे से उसके कपड़ों का —बड़ा ही साम्य था। चेतन किसी और तरह के कपड़ों में चाचे रामदित्ते की कल्पना ही न कर सकता था।

चेतन रामदित्ते को बचपन से 'चाचा' कह कर पुकारता आया था। कुछ इसलिए कि वह भी ब्राह्मण था और कुछ इस कारण कि उसकी माँ ने उसे और उसके भाइयों को सिखा रखा था कि उसके पिता के बराबर अथवा उनसे दो-चार बरस कम जितने भी मुहल्ले वाले हैं, उन्हें चाचा कह कर पुकारना चाहिए। चेतन उसे चाचा कह कर पुकारता था, इसीलिए उसके मन में रामदित्ते के प्रति थोड़ा अपनत्व का भाव भी था और जब लोग रामदित्ते को छेड़ते थे तो उसे बुरा लगता था।

लेकिन जैसे न चाहते हुए भी वह बद्दे को बनाने लगा था, इसी तरह रामदित्ते को 'चाचा' कहने के बावजूद, उसके प्रति मन में सहानुभूति रखने के बावजूद, चेतन कभी-कभी उसके साथ किये जाने वाले मज़ाक में शामिल हो जाता था।

बचपन ही से उसने रामदित्ते के पहले जीवन के सम्बन्ध में बहुत-सी बातें सुन रखी थीं, जिनमें से दो उसके मन-मस्तिष्क पर अंकित हो कर रह गयी थीं। पहली तो यह कि उसकी पत्नी बड़ी ही सुन्दर और भोली-भाली थी। रामदित्ता उसे ख़ूब पीटता था, लेकिन जब वह पहले ही बच्चे के जन्म पर (बच्चा मरा हुआ पैदा हुआ था) प्रसूति के ज्वर का शिकार हो कर मर गयी तो वह दीवारों से सर पटक-पटक कर बच्चों की तरह रोता रहा। दूसरी यह कि जब उसकी दूसरी शादी होने लगी तो पण्डित गुरदासराम ने भाँजी मार दी। बात यह थी कि कुछ तो रामदित्ता पहले शादी करना ही न चाहता था, घर में कोई बड़ा-बूढ़ा न होने से किसी ने ज़ोर नहीं दिया और फिर जब हरलाल के प्रयास से एक-दो बार लोग उसे देखने आये तो पण्डित गुरदासराम ने कुछ ऐसी बात कह दी कि न सिर्फ़ उस वक्त शादी रुक गयी, बल्कि आगे के लिए भी उस ग़रीब पर शादी के दरवाज़े बन्द हो गये।

चेतन बहुत छोटा था, जब उसने माँ से रामदित्ते की यह कहानी सुनी थी और तभी से पण्डित गुरदासराम के प्रति उसके मन में कुछ अजीब-सी नफ़रत पैदा हो गयी थी।

o

पण्डित गुरदासराम के चार लड़के थे। बड़ा, जिसकी कुछ ही दिन पहले मृत्यु हो गयी थी, बिलगा में रहता था (जहाँ से कि उनके दादा जालन्धर आये थे)। दूसरा ज्योतिषी था, तीसरा मैट्रिक करके ऑडिट ऑफ़िस दिल्ली में नौकर हो गया था और चौथा मुहल्ले ही नहीं, शहर भर का प्रसिद्ध गुण्डा था।

पण्डित गुरदासराम मँझोले कद के, निहायत गठे हुए बदन के आदमी थे। गोरा रंग और बड़ी-बड़ी मूँछें। हाथ में उनके हमेशा एक मज़बूत लाठी रहती थी। चेतन ने अपनी माँ ही से सुन रखा था कि वे बड़े भारी लठैत थे। उनकी उम्र काफ़ी हो गयी थी और चेतन ने उनकी लाठी के कमाल न देखे थे, पर उसने अपनी माँ से सुना था कि एक बार वे अपने यजमानों की एक बारात के साथ जा रहे थे, जब डाकुओं ने उन्हें आ घेरा। तब पण्डित गुरदासराम ने अकेले दम अपनी लाठी से उनका मुकाबला किया और न केवल बारात को लुटने से बचा लिया, वरन कई डाकुओं को घायल भी कर दिया। कभी-कभी शाम को पण्डित गुरदासराम अपनी लाठी लिये हरलाल पंसारी की दुकान पर आ बैठते थे और चेतन उन्हें आँख भर देखता हुआ उन दिनों की कल्पना करता था, जब वे लाठी चलाते होंगे।

साधारणतः उनकी बहादुरी के कारनामे सुन कर चेतन के मन में उनके प्रति श्रद्धा होनी चाहिए थी, पर एक तो वह उनके दो बेटों —ज्योतिषी दौलतराम और प्यारेलाल (जो प्यारू गुण्डे के नाम से प्रसिद्ध था) से नफ़रत करता था, दूसरे जब से उसने सुना था कि बेचारे रामदित्ते की शादी उन्हीं के कारण नहीं हुई, उसके मन में कहीं से उस लठैत बुज़ुर्ग के प्रति घोर घृणा का भाव अंकुरित हो उठा था।

o

यह बीज कदाचित पेड़ न बनता यदि उसने एक न्योते में उन्हें जन्म के भूखों की तरह खाते न देखा होता।

o

चेतन ने कई बार अपने खत्री हमजोलियों से ब्राह्मणों के चार-चार, पाँच-पाँच सेर खीर खाने की कहानियाँ सुनी थीं, ब्राह्मणों के लिए 'कुत्तों' की उपाधि भी खत्रियों द्वारा शायद इसी कारण दी जाती थी, पर उसने इस बात पर कभी विश्वास न किया और उसका कारण वह विद्वेष-मात्र समझता था, जो मुहल्ले के खत्रियों में ब्राह्मणों के प्रति आम था। स्वयं चेतन के घर में कोई ज़्यादा न खाता था। उसके पिता की भूख तो ख़ैर मद्यपता ने सुखा दी थी, पर उसके दादा, जो उम्र भर देहात में रहे और तन-बदन से मज़बूत थे, चार रोटियों से ज़्यादा न खाते थे। हालाँकि परदादी गंगादेई पुरोहिताई करती थी, पर चेतन के दादा पटवारी थे और पिता स्टेशन मास्टर, इसलिए उनके यहाँ पुरोहिताई लगभग समाप्त हो गयी थी। चेतन की माँ तो मंसी-पूजी चीज़ें लेना भी पसन्द न करती थी। एक कारण तो यह था कि बाज़ार से जो फल रद्दी हो, जो कपड़ा अथवा बर्तन सस्ता हो, मुहल्ले के खत्री वही दिन-त्योहार को दान में देते थे। (चेतन की माँ सदा दान में अच्छी-से-अच्छी चीज़ें देने में विश्वास करती थी और जब दान देती थी तो एक ही घर में सब चीज़ें दे देती थी कि बच्चे तृप्त हो कर खायें, जबकि मुहल्ले के लोग फल का एक-एक दाना सब ब्राह्मण-घरों

में बाँटते थे।) दूसरे चेतन की माँ का ख़याल था कि मंसी (दान में आयी) चीज़ लेने से बुद्धि भी मंसी (दान में आयी और इसीलिए रद्दी) हो जाती है। जब दिन-त्योहार को बच्चों को जीमने का न्योता आता तो माँ यथासम्भव उनकी ओर से बहाना बना देती। लेकिन दादा का कहना था कि जो श्रद्धा-भक्ति से खिलाये, वहाँ जाना चाहिए, नहीं लोग कहेंगे कि चार पैसे आने से ब्राह्मणों का दिमाग़ फिर गया है। बनियों की गली में रुल्दू श्राद्धों के दिनों में बड़ी श्रद्धा से ब्रह्मभोज कराता और यद्यपि शहर भर के भुक्खड़ ब्राह्मण उसके यहाँ न्योता पाने की आस लगाये रहते थे, पर वह कुलीन और मन से भरे ब्राह्मणों को खिला कर प्रसन्न होता और पण्डित रूपलाल को ज़रूर न्योता देता और चेतन के दादा भी कभी इनकार न करते।

एक बार, चेतन शायद तब छठी कक्षा में पढ़ता था, रुल्दू ने पण्डित रूपलाल के साथ उसको भी न्योता दिया। चेतन के रुल्दू की इतनी प्रशंसा सुन रखी थी कि उसके मन में रुल्दू के यहाँ का भोज देखने की बड़ी तमन्ना थी।

बनियों की गली जहाँ रास्ता बाज़ार में जा मिलती है, वहीं रुल्दू का घर था। डेवढ़ी और छोटे-से आँगन के पार एक दालान में मोंढ़े बिछे थे। रुल्दू डेवढ़ी में लोटा-बाल्टी लिये खड़ा था, ज्यों-ज्यों ब्राह्मण आते, वह स्वयं अपने हाथ से अच्छी तरह उनके पैर धोता और उन्हें दालान में ले जा कर बैठाता।

ऊँचे किनारों वाले काँसे के थाल उनके आगे रखे गये। सबसे पहले पीतल की चमचमाती छोटी बाल्टी में खीर आयी। चेतन को न जाने क्यों खीर से बड़ी चिढ़ थी, इसलिए उसने केवल एक कलछी भर ले ली। हाँ, इतना उसने ज़रूर देख लिया कि खीर बहुत बढ़िया बनी है —बासमती चावलों और शुद्ध घी की सुवास उसमें से उठ रही है। चावल कम और दूध रबड़ी ऐसा गाढ़ा —दो-चार चम्मच खीर खा कर वह दूसरे जीमने वालों को देखने लगा। ....जब खीर की बाल्टी लिये परसने वाला व्यक्ति पण्डित गुरदासराम के पास पहुँचा और उसने कलछी से खीर उनके थाल में डालनी चाही तो चेतन ने आश्चर्यचकित हो कर देखा कि पण्डित जी ने 'क्या ब्राह्मणों को कलछियों से खीर खिलाते हो!' कहते हुए उसके हाथ से बाल्टी ले कर अपनी थाली में उँडेल ली। उनका थाल लबालब भर गया तो ख़ाली बाल्टी उन्होंने उसके हाथ में थमा दी थी और बड़े प्रेम से पूरे हाथ में भर-भर के वे खीर के 'सड़प्पे' लगाने लगे।

चेतन को उनका यों हाथ भर-भर के, आवाज़ करते हुए, खीर खाना निहायत बुरा लगा। जब लोग खीर ख़त्म कर पूरी-तरकारी खाने लगे तो पण्डित गुरदासराम ने दूसरी बार खीर ली।

चेतन बड़ी देर से पूरियाँ खा कर इस प्रतीक्षा में बैठा था कि भोज समाप्त हो, दक्षिणा मिले तो उसकी धन-राशि में (जो वह दीवाली के दिन खिलौने लेने के लिए जमा कर रहा था) एक आने की वृद्धि हो। उसके लिए दक्षिणा का एक आना इस सारे भोज से अधिक महत्व रखता था।

और मन-ही-मन वह सोचता था कि अब खीर ख़त्म करके पण्डित जी उठ जायेंगे। शायद पूरी-तरकारी नहीं खायेंगे। लेकिन उसके आश्चर्य की सीमा न रही, जब पण्डित जी

उतनी खीर खाने के बाद दस पूरियाँ खा गये और दूसरों ने, जो उनके जीम चुकने की प्रतीक्षा कर रहे थे, क्या फबतियाँ कसीं और क्या ताने दिये, इसकी उन्होंने ज़रा भी परवाह नहीं की।

चेतन बैठा-बैठा ऊँघ गया था। खाने के बाद पण्डित जी ने तृप्त हो कर जो डकार ली तो चेतन को लगा, जैसे कोई बैल डकारा और वह सहसा चौंक उठा। तभी पण्डित जी ने उठ कर पेट पर हाथ फेरते हुए और भी ज़ोर से डकार ली और चिकनाई-भरा हाथ अपनी बड़ी-बड़ी सफ़ेद मूँछों पर फेरा।....

उस भाव-भंगिमा में न जाने क्या बात थी कि मन-ही-मन चेतन को उनसे सख़्त नफ़रत हो गयी और उसने तय किया कि अव्वल तो वह कभी न्योता खाने नहीं जायेगा और यदि दादा कभी विवश करेंगे तो पहले पता लगा लेगा कि पण्डित गुरदासराम तो निमन्त्रित नहीं हैं।

लेकिन माँ ने धीरे-धीरे दादा जी को मना लिया कि न्योते पर जाना उनके लड़के की शान से ख़िलाफ़ है और चेतन इस मुसीबत से छूट गया।

०

जहाँ तक रामदित्ते की सगाई का सम्बन्ध है, माँ ने उसे बताया था कि बिलगा से कोई दो पण्डित आये थे। हरलाल पंसारी ने तो रामदित्ते की भलमनसाहत की बड़ी प्रशंसा की थी और उन्होंने शगुन भी दे दिया था, पर क्योंकि पण्डित गुरदासराम का लड़का बिलगा ही में रहता था, इसलिए चलते-चलते उन्होंने उनको भी 'पालागन' करते जाना उचित समझा।

जब पण्डित गुरदासराम को पता चला कि उन्होंने अपनी लड़की का शगुन रामदित्ते को दिया है तो बड़े प्रसन्न हुए; बाछें खिलाते हुए उन्होंने कहा, "बड़ा अच्छा किया, बड़ा अच्छा किया, बेचारा चार साल से रँडुवा चला आ रहा था, अब उसका घर बस जायेगा तो दौलते (उनका बड़ा लड़का दौलतराम) की बहू को भी आराम हो जायेगा।" ....और उन्होंने आगन्तुकों को समझाया था कि दोनों साथ-साथ एक ही मकान के दो हिस्सों में रहते हैं और फिर उन्होंने सूचना दी कि दौलते और उसकी बहू ने तो कई बार कोशिश की कि उसका घर बस जाये, पर सफल नहीं हुए।

"क्यों, क्या उसमें कोई ऐब है?" सहसा उनमें से एक ने पूछा।

"यों तो भलमनसाहत और भोलपन ही अपने में कम बड़ा ऐब नहीं।" पण्डित जी ने दार्शनिकों की मुद्रा में कहा, "इतनी शराफ़त भी किस काम की कि आदमी हर साल घाटा उठाये।"

"हरलाल तो कहता था...." बिलगावासियों में से एक ने कहना चाहा।

"हरलाल क्यों न कहेगा," पण्डित गुरदासराम उसकी बात काट कर बोले, "क़र्ज़ जो इतना दे रखा है उसने रामदित्ते को। दुकान से तो वह इस जन्म नहीं चुका सकता। हाँ, शादी हो जाये और दहेज के गहने बेच कर चुका दे तो और बात है।"

और पण्डित जी किंचित हँसे : "रामदित्ता तो ऐसा भोला आदमी है कि मैं आपसे क्या कहूँ," उन्होंने कहा, "मुझे कभी दौलते ने बताया था कि उसके ख़ून में ख़राबी है। उसकी शादी हुई तो मैंने उसे समझाया कि अपना इलाज करा लो। हमारे पण्डित श्यामरतन

बड़े अच्छे हकीम हैं, उन्होंने कहा भी कि मैं दो-चार पुड़ियाँ दे दूँगा और वह ठीक हो जायेगा। लेकिन उसने मेरी बात पर कान नहीं दिया और देख लो, न केवल पहला बच्चा मरा हुआ पैदा हुआ, बल्कि बीवी भी हाथ से जाती रही।"

पण्डित जी फिर रामदित्ते की मूर्खता पर हँसे।

"फिर उसने इलाज कराया या नहीं ?" बिलगावासियों में से एक ने पूछा। उसके स्वर में कुछ अजीब-सी दहशत थी।

"इलाज वह क्या करायेगा," पण्डित जी ने हँस कर कहा, "वह इतना भोला है कि बच्चे और पत्नी की मृत्यु को भगवान की करनी समझता है। ....अरे भाई, भगवान की करनी तो है, पर यह जो खोपड़ी में 'डिमाक' (दिमाग़) हमको मिला है, यह भी तो भगवान ही ने दिया है कि इसे इस्तेमाल करो।"

और वे बिलगावासी ब्राह्मण, पण्डित गुरदासराम के पैर छू कर जो गये तो फिर नहीं लौटे। रामदित्ता अपने ब्याह की तैयारियाँ ही करता रह गया। लगभग एक बरस बाद पता चला कि उस लड़की का विवाह पण्डित गुरदासराम के भतीजे से होने जा रहा है।

०

रामदित्ते की सूरत-शक्ल में कोई ऐसी बात न थी कि उसके प्रति स्नेह जगे, पर जाने क्यों चेतन के मन के किन्हीं गहरे स्तरों में उसके प्रति कुछ अजीब-सी दया-भरी ममता थी। वह उसकी निरीहता के कारण थी; उसकी घोर दयानतदारी के कारण थी (जिसकी वजह से वह दूध में ज़रा भी पानी न डालता था और जो उस पर यह अभियोग लगाता था, उससे लड़ने को तैयार हो जाता था और मुहल्ले के लड़के केवल उसे तंग करके आनन्द पाने के लिए कह देते थे कि उसने दूध में पानी मिलाया है) अथवा उस मूर्खता के कारण थी, जिससे वह हमेशा ख़सारा उठाता था, चेतन ने कभी इसका विश्लेषण नहीं किया। पर उसके मन में वह ममता थी ज़रूर।

रामदित्ते की सगाई एक बार टूटी तो फिर नहीं हुई। गर्मी के रोग की बात जो पण्डित गुरदासराम ने उड़ायी तो वह कुछ ऐसी फैली कि लड़कियों वाले फिर उधर नहीं झाँके।

"जाने उसे कोई बीमारी है भी कि नहीं," एक दिन रामदित्ते की बात चलने पर माँ ने कहा था, "उसे ऐसा रोग होता तो इतने बरस हो गये हैं, फिर न फूटता।" और माँ ने पण्डित गुरदासराम के कुकृत्य की ओर संकेत कर बड़े दुख से कहा था, "बाह्मन दा बाह्मन बैरी, कुत्ते दा कुत्ता बैरी।"

लेकिन यह दोष ब्राह्मणों ही में हो, ऐसी बात न थी। जालन्धर के उस कल्लोवानी मुहल्ले में रहने वालों की गति उस व्यक्ति-की-सी थी, जो पड़ोसी का अपशकुन करने के लिए अपनी एक आँख फोड़ लेता है। वे सब-के-सब उसी गन्दगी और ग़लाज़त में पड़े थे और किसी को उसमें से उठते या पनपते न देख सकते थे। वहाँ यदि जोड़ने वाले दो थे तो तोड़ने वाले चार। ब्राह्मणों में ही नहीं, खत्रियों में भी यदि कोई रिश्ता आता तो भाई-बन्द इस बात का पूरा ख़याल रखते कि वह सिरे न चढ़े। सबके सामने तो वे खीसें निकोसते हुए लड़के की प्रशंसा ही करते, लेकिन बातों-बातों में एक-दो ऐसे जुमले कस देते कि रिश्ता ले कर आने वाले के मन में लड़के की बुद्धि अथवा चरित्र; उसकी माँ के बुरे स्वभाव

अथवा पिता की आर्थिक स्थिति के सम्बन्ध में सन्देह पैदा हो जाता। इसीलिए बड़े-बूढ़े ऐसे रिश्तों का प्रबन्ध गुप-चुप करते।

रामदित्ते के माँ-बाप बचपन ही में मर चुके थे। कोई ऐसा बड़ा-बूढ़ा न था, जो उसकी ओर से ढंग से बातचीत करता। हरलाल पंसारी को (चाहे इसलिए कि वह उसका पड़ोसी था और चाहे उसकी सादालौही के कारण) उससे हमदर्दी थी, पर उसकी कोशिशों के बावजूद रामदित्ते का घर न बसा था।

लेकिन ज्यों-ज्यों उसकी उमर बढ़ती जाती, रामदित्ते के मन में अपना घर बसाने की हसरत भी दिन-दिन दुगनी होती जाती। मुहल्ले वाले कई बार उसकी शादी करा देने का वादा करके महीनों उसकी दूध-मलाई उड़ाते। और रामदित्ता एक बार ठगाई खाने के बावजूद दूसरी बार फिर ठगाई खा जाता।

जिस किसी का मन उसे ठगने को होता, वह एक-दो बार यों ही उसकी दुकान पर लस्सी पीने या पकौड़े खाने के लिए आ बैठता और बातों-बातों में पूछता, "क्यों चाचा रामदित्ता, (अजीब बात है कि उसके बराबर के लोग भी उसे चाचा कह कर पुकारते) तुम्हारी उमर कितनी होगी ?"

"पिछले माघ को २९ की हुई थी।" रामदित्ता उसे उत्तर देता।

और फिर वह आदमी इस बात पर खेद प्रकट करता कि उसने क्यों अभी तक दूसरी शादी नहीं की। घर तो बीवी से ही शोभा देता है; 'बिन घरनी घर भूत का डेरा;' 'छड़े उठायी पूँछड़ी, गया सौदाई हो;'[१] कुछ ऐसी ही पंजाबी-हिन्दी कहावतों से उसको घर बसाने की नसीहत करता।

रामदित्ता उस दिन उसके दूध या लस्सी में ख़ूब मलाई डालता अथवा पकौड़े ख़ूब अच्छी तरह तल कर खिलाता।

फिर कुछ दिन बाद वह आदमी उससे कहता कि उसके दूर के रिश्तेदार की (या मित्र की) लड़की सयानी हो गयी है और वह सोचता है कि रामदित्ते से उसका रिश्ता हो जाये तो बड़ा अच्छा हो। तब उस दिन से रामदित्ता उससे पैसे लेना भी छोड़ देता।

महीने-दो-महीने बाद हरलाल पंसारी को, जो अपने ऋण के कारण रामदित्ते के लेन-देन का हिसाब ले लिया करता था, इस बात का पता चल जाता। वह न केवल रामदित्ते को डाँटता, बल्कि मुहल्लेदार को भी समझाता कि क्यों ग़रीब को लूटते हो।

लेकिन रामदित्ता कान को हाथ लगाने और कसमें खाने के बावजूद फिर ठगाई खा जाता।

दूसरा ब्याह करने की उसकी इच्छा इतनी प्रबल थी और ज़रा-सी उम्मीद पर वह इतना ख़ुश हो जाता था कि एक बार जब चेतन की माँ ने यों ही हमदर्दी के तौर पर उसकी उमर पूछी और उसने कहा कि पिछले माघ में वह २९ वर्ष का हुआ था, और चेतन की माँ ने उसकी पहली पत्नी की सुन्दरता और सुघड़ापे की प्रशंसा करते हुए उससे कहा कि उसे अब घर बसाना चाहिए तो चेतन ने देखा था कि उस दिन वह सेर भर दूध देने के बाद, जो वह रोज़ देता था, पाव भर ऊपर से यों ही दे गया था।

---

१. कुंवारे ने पूँछ उठायी और पागलों की तरह भटकने लगा।

उसकी इस कमज़ोरी का पता मुहल्ले के बड़ों को ही नहीं, बच्चों को भी था। स्वयं चेतन ने एक बार यों ही उससे पूछा था, "क्यों चाचा रामदित्ता, तेरी कितनी उमर होगी ?"

"तेरे बाप से तो मैं छै बरस छोटा हूँ।" उसने उत्तर दिया था।

लड़कों को उत्तर देने का उसका यही तरीका था। उनके बाप या चाचा, या बड़े भाई का नाम ले कर वह उन्हें समझा देता था कि उसकी उमर यही कोई तीस-उनतीस की है।

लेकिन जब उसकी उमर बढ़ती गयी और साथ ही वह लोगों को मुफ़्त दूध पिला कर और पकौड़े खिला कर लगातार घाटा उठाने लगा तो आख़िर हरलाल ने उसको एक दिन अपने गोदाम के एकान्त में बैठा कर समझाया कि सारे मुहल्ले में उसका कोई 'हितू' नहीं है। वे लोग उसकी लस्सी और दूध पियेंगे; उसके पकौड़े खायेंगे; पर कोई अपनी बेटी या बहन उसे नहीं देगा। "देखो, तुम्हारा घर ऐसे नहीं बसेगा, तुम अब लेन-देन का सारा हिसाब कुछ बरस के लिए मुझे करने दो। अभी तक तो मैं कभी-कभी अपना रुपया पूरा करने के लिए तुम्हारा हिसाब देखता था, पर अब मैं उस वक्त तक तुम्हारा हिसाब देखूँगा, जब तक कि तुम्हारे हिसाब में तीन-चार सौ रुपया जमा नहीं हो जाता।"

जब रामदित्ते ने पूछा था कि इस रुपये का क्या होगा तो हरलाल ने उसे समझाया था कि देखो तुम मेरी ऊपर के हो। मैं उन्तालिस का हूँ तो तुम भी उन्तालिस के होगे। इन मुहल्ले वालों के रहते तो कोई जवान, कुँवारी लड़की तुम्हें देगा नहीं, लेकिन तीन-चार सौ रुपया ख़र्च करने पर किसी विधवा-आश्रम से कोई बाल-विधवा लायी जा सकती है।

रामदित्ते को अपना घर फिर से बसा देखने की इतनी साध थी कि वह तुरन्त मान गया और उसने अगले तीन बरस के लिए हरलाल के हाथ में अपना सब हिसाब सौंप दिया। यही नहीं, उसने मुफ़्तख़ोरों को मुँह लगाना भी छोड़ दिया। यदि कोई ठग उससे किसी लड़की की बात चलाता भी तो वह उससे यही कहता कि भाई हरलाल से बात कर लो। और धीरे-धीरे लोगों ने उससे उसकी उमर पूछना और किसी नये रिश्ते की बात करना बन्द कर दिया।

चेतन फ़र्स्ट ईयर में पढ़ता था जब उसने एक दिन सुना कि रामदित्ता दुलहन ब्याह कर लाया है। कॉलेज से आते ही जब माँ ने उसे यह सुसमाचार सुनाया तो वह किताबें रख कर बाज़ार की ओर भागा। आते वक्त उसने उधर ध्यान ही न दिया था।

रामदित्ता दुकान पर नहीं था। चेतन वापस आ रहा था, जब चौक चड्ढेयाँ की ओर से वह आता हुआ दिखायी दिया। कोरे लट्ठे का पायजामा और कमीज़ उसने पहन रखी थी; सिर पर उसके नयी क्रिस्टी टोपी थी और चाल में कुछ अजीब-सा उल्लास और ख़ुशी!

"चाचा रामदित्ता, बधाई!" चेतन ने अपने चौक के दरवाज़े पर रुक कर कहा।

"तुम लोगों को ही बधाई है।" चाचे रामदित्ते ने बाछें खिलाते हुए उत्तर दिया और चेतन को रामदित्ते के एक टूटे हुए दाँत के बावजूद वह हँसी अच्छी लगी।

"हमको लड्डु-वड्डु नहीं खिलाये और बहू ब्याह कर घर ले आये।"

"खिलायेंगे, खिलायेंगे। तुम घर चलो, अभी लाते हैं।"

और चेतन मुँह-हाथ धो कर खाना खा ही रहा था कि राम्मदित्ता लड्डुओं का थाल ले कर आ पहुँचा और उसने हँसते हुए कहा — "सबसे पहले तुम्हारे लिए लाया हूँ।"

०

लेकिन रामदित्ते को यह शादी रास नहीं आयी। विधवा आश्रम से तीन सौ रुपये ख़र्च कर बीवी लाये हुए अभी उसे दो महीने भी न हुए होंगे कि एक दिन, जब चेतन ने कई दिनों से उसकी दुकान बन्द पा कर हरलाल से उसके बारे में पूछा, तो उसे मालूम हुआ कि रामदित्ता बहुत बीमार है।

चेतन को उसकी यह नयी बीवी देखने की बड़ी उत्सुकता थी। यद्यपि मुहल्ले में पहले भी एक बाल-विधवा खत्रियों में आ चुकी थी (पर उसका तो पता उन्हें वर्षों बाद लगा था), फिर खत्रियों ही की एक युवा विधवा डंके की चोट अपने देवर के घर बैठ गयी थी, लेकिन इसके बावजूद धर्म-भीरु मुहल्ला विधवा-विवाह के विरुद्ध था और यद्यपि चोरी-छिपे चाहे मुहल्ले की औरतों ने रामदित्ते की बीवी की सुन-गुन ली हो, खुले आम कोई उससे मिलने न गयी थी। रामदित्ते के घर विधवा का आना चेतन की माँ को भी भला न लगा था।

इतवार की छुट्टी थी, जब दोपहर का खाना खा कर चेतन ने फ़ैसला किया कि वह रामदित्ते को देख आये। रामदित्ते को क्या बीमारी है, यह हरलाल से पूछना वह भूल गया था। गर्मियों के दिन थे, पानी अभी पड़ा न था और सारे शहर में चेचक, टाइफ़ाइड, पेचिश, कॉलरा और ऐसी ही मौसमी बीमारियाँ फैली हुई थीं, फिर शायद बहुत दिन का भूखा रामदित्ता कुछ ज़्यादा खा गया था। चेतन के मन में पंजाबी महावत घूम गयी —

‘माड़े जट्ट कटोरा लब्भा
पानी पी-पी आफर्‌या’

किसी ग़रीब जाट को एक कटोरा मिल गया था। वह इतना प्रसन्न हुआ कि बिना प्यास के भी बार-बार पानी पी-पी, अफारे से मर गया। शायद रामदित्ते की दशा भी उसी ग़रीब जैसी थी।

बरने पीर के सामने चौक चड्ढेयाँ में पहला मकान रामदित्ते का था। वास्तव में उसके इधर के हिस्से में, जिसकी खिड़कियाँ बरने पीर की ओर खुलती थीं, ज्योतिषी दौलतराम अपने परिवार के साथ रहते थे, पिछवाड़े के हिस्से में रामदित्ता रहता था। मकान की ड्योढ़ी चौक में खुलती थी। अँधेरी ड्योढ़ी और उससे भी अँधेरी सीढ़ियों में टटोल-टटोल कर आगे बढ़ता जब चेतन ऊपर पहुँचा, तो उसने देखा रामदित्ता अपनी कोठरी में चारपाई पर लेटा है। उसके गले में मोतिये का हार है; उसके सिरहाने भी मोतिये का हार पड़ा है और एक वैसा ही हार पास पड़ी घड़िया के गले में बँधा है और रामदित्ता ज्वर की तीव्रता से कराह रहा है।

चेतन को अपनी बीमारपुरसी के लिए आते देख कर रामदित्ते को बड़ी ख़ुशी हुई। उसने संकेत से उसे चारपाई पर बैठने के लिए कहा। चेतन चुपचाप चारपाई की पट्टी पर बैठ गया और उसने पूछा, “कहो चाचा, कैसी तबीयत है ?”

रामदित्ते ने सिर हिलाया कि बुरा हाल है। साथ ही उसने अपने सूखे होटों पर ज़बान फेरी।

“क्या तकलीफ़ है ?” चेतन ने फिर पूछा।

तब कराहटों में कुछ धीरे-धीरे बोल कर और कुछ संकेत से रामदित्ते ने बताया कि उसे कई दिन से बहुत ज्वर है। आज कण्ठ पर छोटी माता ने दर्शन दिये हैं। मोतीझारा है।

चेतन समझ गया कि उसे टाइफ़ाइड है। टाइफ़ाइड में कण्ठ पर छोटे-छोटे मोतियों-से दाने निकल आते हैं। उसे मुहल्ले वाले छोटी माता या मोतीझारा कहते थे और जैसे चेचक का कोई इलाज न करते थे, उसका भी कोई इलाज न करते थे। मोतिया के हारों से माता की पूजा करते थे और वही हार मरीज़ को पहना देते थे।

"तुम्हारी चाची ने मेरी बड़ी सेवा की है।" रामदित्ते ने बायीं ओर निगाहें फेर कर कहा, "यह न होती तो मैं मर जाता, इसने मुझे बचा लिया।"

तब चेतन की निगाह उधर गयी। बायीं ओर, किंचित अँधेरे में, एक अधेड़ उमर की निहायत कुरूप स्त्री पीढ़े पर बैठी थी। चेतन ने वहीं बैठे-बैठे हाथ जोड़ कर चाची को नमस्ते की।

लेकिन उसका सारा उत्साह भंग हो गया। जाने क्यों, वह रामदित्ते की बीवी को परम रूपवती देखने का इच्छुक था। शायद उसने माँ से रामदित्ते की पहली पत्नी की सुन्दरता का इतना बखान सुना था कि रामदित्ते के साथ (यद्यपि वह स्वयं अत्यन्त कुरूप था) किसी बदसूरत बीवी की कल्पना ही वह न कर सकता था। और इस अधेड़ 'ऊँट रे ऊँट, तेरी कौन-सी कल सीधी'-ऐसी चाची को देख कर उसे बड़ी कोफ़्त हुई। कुछ देर इधर-उधर की बातें करके वह उठ खड़ा हुआ और 'अगर किसी चीज़ की ज़रूरत हो तो मुझे बताओ, मैं ला दूँ,' कहता हुआ चाची को होंटों ही में प्रणाम-सा कर चला आया। बरने पीर के पास पहुँच, नीम की ठण्डी छाया में रुक कर, उसने मुक्ति की एक लम्बी साँस खींची।

और रामदित्ता अभी पूरी तरह स्वस्थ भी न हुआ था, यों ही दुकान पर आ कर बैठने लगा था कि एक दिन जब वह घर खाना खाने गया तो सिर पीटता वापस आ गया। हरलाल को उसने बताया कि वह लुट गया है। न सिर्फ़ उसकी बीवी स्वयं भाग गयी है, बल्कि तमाम गहने-कपड़े भी ले गयी है।

हरलाल ने डाँटा कि जब उसे समझाया था कि अपनी पहली बीवी के गहने-कपड़े तब तक उसे न दिखाये, जब तक उसे साल-दो-साल उसके घर बसते न हो जायें तो उसने क्यों गहने दिये।

तब रामदित्ते ने रोते हुए बताया कि उसने तो पहली बीवी की कोई चीज़ उसे दिखायी तक न थी, पर उस देवी ने बीमारी में उसकी इतनी सेवा-शुश्रूषा की कि अभिभूत हो कर उसने अपनी पहली बीवी के गहने-कपड़े ला कर उसके चरणों में डाल दिये।

"फिर अब काहे रोते हो। जब समझदारी की बात नहीं सुनते तो धोखा नहीं खाओगे ?" हरलाल ने क्रोध से कहा।

लेकिन क्रोध के बावजूद रामदित्ते की दशा पर उसे तरस आ गया और उसने उस 'बाल-विधवा' की खोज करने की पूरी कोशिश की, पर उसका कहीं पता नहीं चला।

वे लोग विधवा-आश्रम भी गये, पर मालूम हुआ कि वह तो कोई सफ़री विधवा-आश्रम था, शहर में चार-छै घर बसा कर, बोरिया-बिस्तर और साइन-बोर्ड उठा कर किसी दूसरे शहर चला गया।

रामदित्ते पर इस घटना का ऐसा प्रभाव पड़ा कि दूसरी शादी का भूत उसके सिर से सदा-सर्वदा के लिए उतर गया। हरलाल का दो-ढाई सौ उसके सिर पर फिर हो गया था, सो चाचा रामदित्ता चुपचाप बिना किसी से बोले-चाले काम में जुट गया। वह किसी की बात का जवाब न देता और कोई उससे दूसरी बीवी की बाबत पूछता तो वह उसको गालियाँ देने लगता।

मुहल्ले के लड़कों को इस बीच इस बात का पता चल गया कि अब रामदित्ता उमर के बारे में सवाल करने से चिढ़ता है और खुरपी अथवा कलछी उठा कर पीछे भागता है और उन्हें विनोद का नया साधन हाथ आ गया। जितना वह चिढ़ता, उतना ही लड़कों को उसे चिढ़ाने में मज़ा आता।

दूसरी बार इस तरह घर बर्बाद होने के बाद एक स्थायी बेज़ारी उसके चेहरे पर चिपक गयी। उसके होंट ज़रा-से खुले रहते, जिनमें सामने का एक टूटा दाँत निहायत बदज़ेब दिखायी देता और एक अजीब-सी ऐंठन से उसका चेहरा कसा रहता।

०

रामदित्ते के पीछे चौक ख़रादियाँ की तरफ़ जाते हुए चेतन के दिमाग़ में पिछले कई बरस घूम गये। ....अभी वे गली में दाख़िल हुए ही थे कि सामने से रामदित्ता एक हाथ से छोटे-से एक लड़के का कान उमेठता और दूसरे हाथ की खुरपी से उसकी कमर तोड़ देने की धमकी देता हुआ आता दिखायी दिया।

"क्या हुआ चाचा ?" सहसा अनन्त ने पूछा।

"यह साला मेरी उमर पूछता है।" रामदित्ते ने किचकिचा कर कहा। "भला पूछो इससे कि इसे अपनी बहन मुझे देनी है या माँ ?" और उसने लड़के का कान उमेठते हुए एक पंजाबी कहावत दोहरायी कि माँ की कोख से पीछे निकलते हैं, आसमान में थिगली पहले लगाने लगते हैं।

और एक हाथ से उसका कान उमेठ कर दूसरे से वह खुरपी का एक हाथ पीठ पर जमाना ही चाहता था कि पीछे ख़रादियों के चौक में एक लड़के ने पुकारा —

"चाचा रामदित्ता, किन्नी उमर ऐ तेरी ?"

रामदित्ते ने उस लड़के को छोड़ दिया और दूसरे के पीछे भागा। पर दूसरा लड़का गली में भाग कर शायद अपने मकान में जा छिपा था।

जब वह रामदित्ते के हाथ नहीं आया तो उसको और उसके पुरखों को गालियाँ देता हुआ वह लौट आया। इधर दूध उबल कर कड़ाही के नीचे गिरने लगा था। किसी ने उसे वहीं से पुकारा तो वह लड़कों का पीछा छोड़ दुकान की ओर पलटा। आ कर उसने उबलते दूध पर पानी के छींटे दिये और दुकान पर बैठ कर उन लड़कों और उनके माता-पिता को मल्लाहियाँ सुनाता हुआ कड़ाही में खुरपी चलाने लगा।

०

यद्यपि दूसरों को उसकी इस खिजलाहट में आनन्द आ रहा था, लेकिन चेतन का हृदय कुछ अजीब-सी दया और वितृष्णा से भर उठा। उसने रामदित्ते को लस्सी और बर्फ़ी के पैसे दिये और अनन्त को बरबस खींचता हुआ चौरस्ती अटारी की ओर बढ़ गया।

पाँच

"रामदित्ते की दुकान मुहल्ले के सिरे पर हो तो लड़कों का मन ही न लगे।" अनन्त ने चेतन के साथ चलते हुए कहा, "दिन में चार-छै बार तो गाली-गलौज हो ही जाती है। ये लौंडे साले सब मिले रहते हैं।"

और शायद रामदित्ते की मूर्खता का ख़याल आ जाने से एक खुली मुस्कान अनन्त के होंटों पर फैल गयी।

लेकिन चेतन एकदम चुप हो गया। सुबह से भारी उसका मन और भी भारी हो उठा था।

अनन्त रामदित्ते की सनक और उसकी हिमाकतों का ज़िक्र करता रहा, पर चेतन ने जैसे वह सब सुन कर भी नहीं सुना। वह अपने विचारों में उलझा अनन्त की बातों के उत्तर में 'हूँ, हूँ' करता रहा। रामदित्ते ही के नहीं, बद्दे के भविष्य की कल्पना भी उसे बड़ी कष्टप्रद लगी। फिर दोनों के परिपार्श्व में सारे-के-सारे मुहल्ले का जीवन और भविष्य उसके सामने घूम गया और उसने चाहा कि वह रात ही की गाड़ी से लाहौर चला जाये और वहाँ के जीवन की विशालता और गहमा-गहमी में अपने इस मुहल्ले के जीवन की संकीर्णता, अकिंचनता, हेयता और टुच्चेपन को भुला दे।

लेकिन उसके पैर निरन्तर चौरस्ती अटारी की ओर बढ़ते गये और वह अनन्त का हाथ थामे उसके साथ चलता रहा।

चौरस्ती अटारी पहुँच कर सहसा अनन्त ने कहा, "लो भई, अब तुम मुझे छुट्टी दो। मुझे ज़रा चौक सूदाँ जाना है। तुम हो आओ हकीम दीनानाथ के यहाँ, मेरी ओर से भी पूछ लेना कि वह अबके मूँछों का सफ़ाया करा रहा है कि नहीं।"

और अनन्त ज़ोर से हँसा। फिर बोला, "अगले साल अगर फिर उसके घर बच्चा हुआ तो बस कान ही कटाने की बारी आ जायेगी।"

और वह फिर हँसने लगा।

हकीम दीनानाथ उनका सहपाठी था। जब वह उनके साथ आठवीं कक्षा में पढ़ता था तो अपने पिता और चाचा की तरह बड़ा हृष्ट-पुष्ट था और उन्हीं की तरह उसके बड़ी-बड़ी मूँछें थीं। आठवीं ही में उसकी शादी हो गयी थी और मिडल पास करके वह अपने पिता और चाचा के साथ दुकान पर काम करने लगा था। साल बाद ही उसके पहला लड़का हुआ था। इन आठ वर्षों में उसके पाँच बच्चे हो चुके थे और न केवल उसका पहलवानों का-सा शरीर दुबला गया था, बल्कि उसकी बड़ी-बड़ी मूँछें भी छँटते-छँटते मक्खी-ऐसी रह गयी थी। अनन्त कहा करता था कि उसके घर एक बच्चा और हुआ तो उसकी मूँछें सफ़ाचट हो जायेंगी और फिर तो काटने के लिए सिर्फ़ कान ही रह जायेंगे। इस साल हकीम दीनानाथ के छठा बच्चा पैदा हुआ था और अनन्त का संकेत इसी ओर था।

लेकिन चेतन ने इस भौंडे मज़ाक में अनन्त का साथ नहीं दिया। वह अभी तक अपने उन्हीं विचारों में उलझा था। जब अनन्त की हँसी बन्द हुई और उसने चलने के ख़याल से चेतन के हाथ को ज़रा-सा झटका दिया तो सहसा चेतन ने कहा —

"चाचा रामदित्ता तो आधा पागल हो गया है।"

"दो साल में पूरा हो जायेगा।" और फिर ज़ोर से ठहाका लगाते चेतन के हाथ को उतने ही ज़ोर से हिलाते हुए अनन्त ने कहा, "आख़िर तुम उसे चाचा कहते हो, कुछ तो इस बात की लाज उसे रखनी ही चाहिए।"

चेतन को उसका यह मज़ाक और भी बुरा लगा, "अच्छा, मैं शाम को मिलूँगा।" यह कहते और अनन्त के हाथ को हल्का-सा झटका देते हुए वह मुड़ कर पापड़ियाँ बाज़ार में हो लिया।

०

लेकिन अनन्त के उस मज़ाक ने उसका पीछा नहीं छोड़ा। वह काँटा चेतन के हृदय में क्षण-क्षण गहरा गड़ता चला गया और जैसे उसकी टीस के अदृश्य धुएँ में रामदित्ते ही ऐसे उसके चाचा फल्गूराम की आकृति अलिफ़ लैला के देव-सरीखी उसके सामने आ खड़ी हुई।

०

चेतन के दादा पण्डित रूपलाल के तीनों भाई पागल थे। बड़े दो तो चेतन के जन्म से पहले ही परलोक सिधार गये थे, लेकिन सब से छोटे चूनीलाल को, जो शहर में 'चुन्नी पागल' के नाम से प्रसिद्ध था, चेतन ने देखा था।

कभी चेतन के पिता ने झगड़े में अपने इस पागल चाचा की नाक तोड़ दी थी। उसी धँसी हुई नाक और कटे हुए ऊपर के होंट को लिये हुए निपट निरावरण वह मुहल्ले की गलियों और शहर के बाज़ारों में घूमा करता था और दाँत किटकिटाता और हाथों से हवा में लकड़ी और लोहे के आदमी बनाता हुआ निरन्तर उन्हें उड़ाया करता था। कोई उसे रोटी दे देता तो खा लेता, नहीं धूप या छाया में, जैसा भी मौसम होता, पड़ा रहता। कभी बेवक्त प्यास लगती तो कुएँ पर आता, नहीं तो जब शाम के तीन-चार बजे कमेटी का भिश्ती, जमादार के पीछे-पीछे, नालियाँ धुलवाता हुआ कल्लोवानी मुहल्ले में पहुँचता तो चेतन का यह पागल दादा भिश्ती के आगे अँजुली मुँह से लगा कर उकड़ूँ बैठ जाता और भिश्ती मश्क का मुँह नाली की ओर से हटा कर उधर कर देता और तृप्त हो कर चुन्नी लकड़ी और लोहे के आदमी बनाता, दाँत किटकिटाता चल देता।

मुहल्ले में तो नहीं, पर शहर में वह सिद्ध मशहूर था। प्रायः दुख-दर्द की मारी स्त्रियाँ, सटोरिये और जुआरी अपना भविष्य जानने के लिए उसे घेरे रहते। वह साधारणतः चुपचाप बैठा मुटर-मुटर तकता रहता या गालियाँ देता, लेकिन कभी जब अपेक्षाकृत होश में होता तो जो मन में आता, बता देता और लोगों का ऐसा विश्वास था कि जो वह बताता है, सच्चा निकलता है। चेतन ने अपने दादा ही से ऐसा सुना था कि एक बार वह पुराने खँडहर मकान में ऊपर के चौबारे में भगवान महावीर को सिद्ध करने के निमित्त चालीस दिन के लिए बन्द हो गया था। अन्दर से उसने कुण्डी लगा ली थी और परदादी गंगादेई से उसने कह दिया था कि अवधि पूरी होने से पहले उसे कोई न बुलाये, नहीं उसका तप भंग हो जायेगा।

परदादी गंगादेई का वह सबसे छोटा लड़का था। प्यार भी उसे अपने सब बेटों में

सबसे ज़्यादा उसी से था। हट्टा-कट्टा, जवान था। कैसे भूखा-प्यासा चालीस दिन वह उस कोठरी में बन्द रहेगा, यह सोच-सोच कर उसके प्राण सूखते थे। वह दिन में कई बार ऊपर जाती और किवाड़ों से कान लगा कर उसका मन्त्रोच्चारण सुनती। तीस-बत्तीस दिन तक तो वह अपने बेटे की सिद्धि के लोभ में अपने ऊपर जबर किये रही। उसकी आवाज़ भी उसे कुछ-न-कुछ आती रही, पर जब तैंतीसवें दिन उसे ज़रा-सी आवाज़ भी न सुनायी दी तो उसने मुहल्ला सिर पर उठा लिया और किवाड़ तोड़ डाले।

तब —ऐसा चेतन के दादा ने उसे बताया था —भगवान महाबीर ने चुन्नी के मुँह पर थप्पड़ मार कर उसे बेहोश कर दिया और दादी को शाप दिया कि जा, तुझे इस बेटे का सुख कभी नसीब न होगा! जब भी तू इसके सामने होगी, वह पागल रहेगा!

यद्यपि चेतन के दादा का यह कहना था कि दादी कुछ दिन और सबर से काम लेती तो वह महाबीर को सिद्ध कर लेता, अब उसकी साधना-भंग हो गयी है, पर शहर में यह प्रसिद्ध था कि चुन्नी ने हनुमान को सिद्ध कर रखा है और जो बात उसके मुँह से निकलती है, सत्य हो के रहती है। बोहड़ वाले बाज़ार के कपूर तो उसके बड़े भक्त थे, उसे कपड़े बनवा कर देते; सर्दियों में रज़ाई-दुलाई भरवा कर देते; (वह कपड़े दूसरों को दे देता और सर्दी हो या गर्मी, निरावरण घूमता) उसे घेर-घार कर ले जाते; खिलाते-पिलाते और हर जगह उसकी सेवा करते। उनका यह पूर्ण विश्वास था कि उनके कारबार में उन्नति सिद्ध जी के प्रताप से ही हुई है।

लेकिन सिद्ध जी को उनके कारबार अथवा उनके अस्तित्व तक का होश न रहता। सारा शहर उनका अपना था और वे दिन-दिन भर घूमा करते। गर्मियों में सरे-बाज़ार किसी दुकान के तख़्त या मकान के चौतरे पर सो जाते और सर्दियों में किसी भट्टी या तन्दूर की शरण लेते। हाँ, जब कभी होश में होते (और यह अजीब बात है कि परदादी गंगादेई जब अपने पोते के साथ दूरस्थ स्टेशनों पर चली जाती, चुन्नी को होश आ जाता) तो कपूरों के यहाँ पहुँच जाते। कपड़े पहन लेते और कभी उन्हीं की दुकान पर पटफेरा[१] करते।

चेतन माँ के कहने पर एक बार वहाँ गया था। उसने डरते-डरते उन्हें प्रणाम भी किया था। सिद्ध जी ने उसे आशीर्वाद भी दिया था। लेकिन घण्टा भर चेतन वहाँ रहा, उसने उन्हें चुपचाप अपना काम करते पाया, एक बार भी उन्होंने किसी से बात नहीं की।

लेकिन यह तो परदादी के देहान्त के बाद की बात है। परदादी की ज़िन्दगी में तो चेतन के ये छोटे दादा प्रायः पागल ही रहे। एक बार परदादी अचानक जालन्धर आयी तो किसी ने उसे बताया कि उसका बेटा बिलकुल होश में है और कपूरों के यहाँ पटफेरा करता है। दादी ने न साँस ली, न पानी पिया। वह भागी गयी, वहाँ पहुँची, पर माँ को देखते ही जैसे चुन्नी के गाल पर महावीर का चाँटा पड़ा (चेतन ने यही व्याख्या सुनी) और वह कपड़े फाड़ कर लकड़ी और लोहे के आदमी बनाता और दाँत किटकिटाता भाग निकला।

चेतन के दादा का कहना था कि उसके बाद परदादी कभी वहाँ न जाती थी। उसे इसी बात का सन्तोष था कि उसका लड़का चाहे उसे न मिले, पर सुखी और स्वस्थ रहे।

---

१. रेशम की लच्छियों को रँगाई के बाद घुटनों में फँसा कर उनके तार सुलझाना और फिर उनकी गुच्छियाँ बनाना।

लेकिन अन्तर्यामी महावीर तो जालन्धर में उसके आगमन की बात जान लेते थे और चुन्नी के गाल पर चाँटा जड़ देते थे और वह दादी को सताने, नंग-धड़ंग आ पहुँचता था। इसी दुख के कारण आख़िर चेतन के पिता सदा के लिए अपनी दादी को साथ ले गये थे और वहीं एक दूरस्थ स्टेशन पर दादी का देहान्त हो गया था और उसकी मृत्यु के बाद उसका यह दादा फिर कभी पागल नहीं हुआ। और मरा तो कपूरों ने उसकी कमाई का तीन सौ रुपया उसकी बीवी को बुला कर दे दिया।

इसी चुन्नी पागल का बेटा फल्गूराम मियाँमीर में डाकिया था। वह पाँच जमात से आगे न पढ़ा था और चेतन के पिता ने चेतन के जन्म से भी पहले उसे वहाँ नौकर करा दिया था। उसकी शादी हुई न थी और वह अपनी माँ के साथ वहीं रहता था। कल्लोवानी मुहल्ले के मकान में उनके हिस्से का जो एक दालान और एक चौबारा था, उन्हें तो उसके उस सिद्ध पिता ने एक बार पागलपन की झोंक में जला दिया था, इसलिए फल्गू की माँ अपने बेटे के पास ही रहती थी। फिर जब चेतन के पिता ने मकान नये सिरे से बनवाया तो उस दालान और चौबारे में से चौबारा चार सौ रुपये में उससे ले लिया था। दालान अभी तक उसी तरह खँडहर पड़ा था और चेतन के उस नये मकान की कानी आँख सरीखा लगता था।

उन्हीं दिनों जब चेतन के पिता मकान को नये सिरे से बनाने की सोचते थे, उन्होंने फल्गूराम को बुलाया था। चेतन तब छोटा था। पाँचवी-छठी में पढ़ता था। तभी उसने पहली बार अपने इस चाचा के दर्शन किये थे —पिता ही की तरह हृष्ट-पुष्ट, लम्बा-तगड़ा शरीर, चौड़े-चकले अंग, अपनी उस वर्दी में चेतन को वह डाकिये से ज़्यादा फ़ौजी लगा था।

चेतन को माँ से मालूम हुआ था कि फल्गू एक पवित्र नदी का नाम है और उसका चाचा उस नदी के दर्शनों के बाद पैदा हुआ था। तब वह अपने चाचा से मज़ाक करना चाहता था और उसने उसी चौबारे में (तब तक मकान पुराना था) जहाँ उसके दादा ने महाबीर सिद्ध करने का असफल प्रयास किया था, अपने चाचा की गोद में लेटे-लेटे पूछा था, "चाचा जी, आपका नाम क्या है ?"

चेतन का ख़याल था, उसका चाचा उत्तर देगा, 'फल्गूराम' तो वह कहेगा, कि यह तो अच्छा नाम नहीं, फल्गू नदी का नाम है और राम अवतार का, मिल कर यह नाम कुछ भी नहीं बना। उसका नाम उनसे कहीं अच्छा है —चेतनानन्द —और अपने पिता से सुने हुए सन्धि-सहित अपने नाम के अर्थ और उसकी व्याख्या बता कर वह अपने चाचा को आश्चर्यचकित कर देगा। लेकिन उसके चाचा ने पास पड़ी उसकी स्लेट उठा कर उर्दू लिपि में अपना जो नाम लिखा, उसे पढ़ कर चेतन स्वयं चकित रह गया। उसने लिखा —

चिच्चल ख़ाँ, चिच्चलावल ख़ाँ, जहिज्जतबिज्जत

बिजली ख़ाँ, शेर बहादुर अइय्ये ख़ाँ।

चेतन को वास्तव में यह नाम पढ़ने में कठिनाई हुई थी और उसके चाचा ही ने पढ़ कर सुनाया था।

"यह आपका नाम है ?" उसने सन्देह-भरे स्वर में पूछा था।

"हाँ।"

"आपका नाम तो फल्गूराम है।"

"वह नाम मैंने छोड़ दिया, अब मेरा यही नाम है।"

और फिर उसने चेतन से कहा था कि जल्दी-जल्दी पूरा नाम ले कर दिखाये। और कई बार प्रयास करने पर भी चेतन वैसा न कर सका था।

शाम को उसका चाचा उसे अपने साथ ले गया था और यद्यपि चेतन को उसने कई तरह की मिठाई ले कर दी थी, पर उसे बुरी तरह डरा भी दिया था, क्योंकि वह किसी फ़कीर की खोज में दो-तीन कब्रिस्तानों के तकियों में उसे साथ लिये-लिये घूमा था और यद्यपि चेतन ने प्रकट न होने दिया, पर वह मन-ही-मन बहुत डर गया था।

०

वहाँ पापड़ियाँ बाज़ार में जाते हुए चेतन के सामने वर्षों पहले देखे हुए अपने चाचा की सूरत और उसके साथ बिताये दो-तीन दिनों की एक-एक स्मृति घूम गयी। कुल मिला कर उसे अपना वह चाचा बुरा न लगा था, यद्यपि रोज़ कब्रिस्तानों में उसका मारा-मारा फिरना और उसे भी साथ ले जाना उसे पसन्द न था।

इसके बाद वर्षों उसे चाचा की कोई ख़बर नहीं मिली। फिर चेतन के सबसे छोटे भाई के जन्म पर, जब माँ ने उससे ख़ुशी का एक कार्ड फल्गूराम को लिखने के लिए कहा तो चेतन ने बड़ी सुन्दर लिपि में, बड़े आदर के साथ सम्बोधन कर, अपने चाचा को यह सुसमाचार दिया था।

उत्तर वापसी डाक से मिला था और चेतन उसे पढ़ कर हैरान रह गया।

कार्ड में उत्तर के आधे हिस्से में केवल दो शब्द बार-बार लिखे थे —या रब, या रब, या रब, या रब.... और इसके बाद एक मिसरा लिखा था —

जहाँ बजते है नक्कारे, वहाँ मातम भी होते हैं

इसके बाद फिर 'या रब,' 'या रब' की गरदान थी और न केवल कार्ड की तरफ़, बल्कि दूसरी ओर का आधा भाग भी उन्हीं दो शब्दों से भर कर अन्त में लिखा था —

यादे इलाही में मशग़ूल फल्गूराम

(उर्फ़ शेर बहादुर अइय्ये ख़ाँ)

जब उसने माँ को यह ख़त पढ़ कर सुनाया तो माँ ने माथा ठोंक लिया, "इस घर की रीत कैसे चली जायेगी," उसने कहा, "एक-न-एक पागल तो रहेगा ही इस घर में ?" चेतन के दादा के पागल भाइयों के कारण उनका कुनबा 'पागलों का कुनबा' कहलाता था। माँ की आवाज़ का दर्द चेतन से छिपा न रहा था।

चेतन से कार्ड ले कर उसके सभी भाइयों ने बारी-बारी पढ़ा था। सब ख़ूब हँसे थे और बड़े भाई ने फ़तवा दिया था कि अब किसी दिन ख़बर आयेगी कि चुन्नी दादा की तरह फल्गू चाचा भी कपड़े फाड़ कर निकल गये हैं।

और जब तीन बरस बाद मियाँमीर से ख़बर आयी कि चेतन की दादी (चुन्नी दादा की पत्नी) चल बसी है और चेतन के दादा रूपलाल मियाँमीर गये और आ कर उन्होंने बताया कि फल्गू पागल हो गया है तो किसी को आश्चर्य नहीं हुआ। दादा ने बताया कि उसका दिमाग़ तो बहुत दिनों से ख़राब था, लेकिन जब तक भाभी (फल्गू की माँ) जीवित

रही, वह नौकरी करता रहा; जब वह मर गयी तो क्रिया-कर्म से निबट कर, वह दफ़्तर गया, उसने त्याग-पत्र दे दिया, कपड़े फाड़ डाले और 'या हुसैन,' 'या हुसैन' कहता हुआ वहीं से भाग गया। दो दिन चेतन के दादा वहाँ परेशान अपने उस भतीजे को ढूँढते फिरे, पर वह जाने किस गाड़ी में जा बैठा था, शहर में तो उसका कहीं भी पता नहीं चला।

०

अटारी के चौरस्ते में खड़े हो कर अनन्त ने जो मज़ाक किया था तो उसका संकेत चेतन के इसी चाचा की ओर था। पापड़ियाँ बाज़ार में चलते-चलते फल्गू चाचा की याद आ जाने से चेतन ने सोचा, 'अनन्त ठीक ही तो कहता है। सच ही रामदित्ते और फल्गू चाचा में क्या अन्तर है ? हो सकता है, किसी दिन रामदित्ता भी दुकान से छलाँग लगा कर कपड़े फाड़ता हुआ निकल जाये!'

मुहल्ले में उन्हीं के घर नहीं, दूसरे घरों में भी पागल थे। झमानों ही में जगतू पागल था, जिसकी अभी दो वर्ष पहले मृत्यु हो गयी थी। वर्षों पहले की बात चेतन को याद हो आयी — एक दोपहर सहसा मुहल्ले में कोहराम मच गया और चौक में अपने घरों के आगे पीढ़े बिछाये कातती-अटेरती मुहल्ले की औरतें चर्खे-पीढ़े उठा कर घरों में जा छिपीं। मालूम हुआ, जगतू पागल हो गया है और कपड़े उतार कर एकदम नंगा, वाही-तबाही बकता, भुवाड़े से बाज़ार की ओर को भाग गया है।

झमानों में से कोई कह रहा था कि नहीं, वह पागल नहीं, उसने ख़ूब शराब पी ली है और उसे अपना होश नहीं रहा।

उसकी माँ ने उन्हें आवाज़ें दे कर ऊपर बुला लिया था कि कहीं बाज़ार को न निकल जायें। लेकिन चेतन दो-मंज़िले की खुली बैठक में चला गया था और उसने वहाँ से दो बार जगतू की झलक देखी थी। पागलों की तरह दोनों बाँहें घुमाता और गालियाँ बकता हुआ वह निपट निरावरण पहले बाज़ार से भुवाड़े की ओर को गया, फिर शायद घर का दरवाज़ा बन्द रहने से पलट कर बाज़ार की ओर भाग गया। उसका दूध का-सा गोरा-छरहरा शरीर कौंधे की लपक-सा चेतन की आँखों की चौंधिया गया था।

वह जगतू, जो एकदम चुप रहता था, मण्डी से आते अथवा मण्डी को जाते हुए मुहल्ले से गुज़रते समय जिसकी निगाहें धरती में झुकी रहती थीं अब बगूले-सा बेहया उड़ा जा रहा था। वह जाने कब तक मुहल्ले में आतंक जमाये रखता, लेकिन अमीचन्द के बड़े भाई, अमीरचन्द ने उसे पकड़, चौधराइन की डेवढ़ी में ले जा कर जूतों से इस बुरी तरह पीटा था कि फिर वह मुहल्ले से भागा तो वापस नहीं आया।

और चेतन के सामने कविराज रामदास के लिए पुस्तक लिखते समय पढ़ी हुई किताबों के कई परिच्छेद घूम गये। एक लम्बी साँस उसके हृदय की गहराई से निगल गयी। इस अभावग्रस्त मुहल्ले में, जहाँ अशिक्षा, असंस्कृति, भूख और प्यास का राज्य था, जहाँ कई घरों में उमर भर के भूखे-प्यासे कुँवारे पड़े थे, अनाचारी, जुआरी, व्यभिचारी और पागल न हों तो और क्या हो ? क्यों बीमारियाँ पीढ़ी-दर-पीढ़ी यहाँ घर न करें और नस्लों को खोखली न बनाती चली जायें ? कई बार जब कोई कुँवारा काफ़ी उमर गुज़र जाने पर शादी करता था तो वह पहले ही यौन-व्याधियों का शिकार हो चुका होता और कई बार

जब किसी युवा रँडुवे की दोबारा शादी न होती तो वह बाद में उन रोगों का ग्रास बन जाता या विक्षिप्त हो कर गली-गली मारा-मारा फिरता था....

०

यही सब सोचता हुआ चेतन पापड़ियाँ बाज़ार के तिकोने चौक में पहुँच गया था, जब सहसा उसका ध्यान चौक के एक कोने में छिकड़ी (चौपड़) पर झगड़ते हुए दुकानदारों ने खींच लिया।

पापड़ियाँ बाज़ार का यह चौक छोटा था। दायीं ओर की दुकानें बाज़ार से हट कर तिकोन-सी बनाती हुई फिर सीध में आ गयी थीं, जिससे बाज़ार की दायीं तरफ़ छोटा-सा चौक बन गया था। एक ओर बाज़ार के किनारे अपनी दुकान के आगे साल्हो (सालिगराम) पापड़िया पापड़ बेल रहा था। पहले वह पीठी-मिले बेसन की लोई से पेड़े बना कर रख लेता, फिर उनको ज़रा-सा तेल छुआ कर उन पर बेलन का एक-एक हाथ दे कर उन्हें चपटा करके रखे जाता, फिर दूसरी बार उठा कर गोल करके साथ पड़ी चटाई पर फेंकता जाता। जब वह उकड़ूँ बैठा-बैठा पीठी के पेड़े पर बेलन का ज़ोर देता तो उसकी एड़ियाँ किंचित उठ जातीं, पापड़ बेल कर वह चटाई पर फेंक देता तो फिर एड़ियाँ धरती पर रख लेता।

दुकान के अन्दर उसका लड़का मेलाराम सज्जी (क्षार) में दाल धो रहा था और सज्जी की बू सारे चौक में बस गयी थी।

चौक में जहाँ धूप थी, चटाइयों पर पापड़ बिछे थे, जिनमें दबी हुई काली मिरचें छोटी-छोटी अँखड़ियों-सी लग रही थीं।

चटाइयों के ऊपर चौक के आर-पार रस्सी बाँध कर कोने के रँगरेज़, चिराग़ ने रँगे हुए दुपट्टे और पगड़ियाँ सूखने को डाल रखी थीं, जो हल्की-हल्की हवा से लहरा रही थीं।

साल्हो पापड़िये के ऐन सामने रेलू उसी की तरह बाज़ार में सिलबट्टे पर दाल पीस कर पीठी बना रहा था। बदन पर उसके सिर्फ़ लँगोट और बनियान थी और उसकी बाँहों और कन्धों के पट्ठे तने हुए थे।

यद्यपि पापड़िये अपने काम में तल्लीन थे और अभी सुबह ही थी, लेकिन पापड़ियाँ बाज़ार में ख़ासी बेरौनकी थी। बाकी दुकानों में —जिनमें एक-दो सुनारों, एक तमाखू वाले की, एक मोघड़ कसेरे की (जो अब भी 'मोघड़ पटफेरा' कहलाता था, यद्यपि पट फेरने का काम छोड़े हुए उसे वर्षों बीत गये थे) और एक रूई और निवाड़ का काम करने वाले द्वारका की थी —एकदम सन्नाटा था और इन दुकानों के मालिक चौक के उस कोने में बिछी चौपड़ की महफ़िल में शामिल थे।

चेतन ने देखा, चिराग़ रँगरेज़ और मोघड़ पटफेरा खेल रहे थे —यानी उस समय खेलते हुए झगड़ रहे थे —और शेष उनके गिर्द दायरा बनाये बैठे अथवा खड़े थे। उन्हीं में उसने ज्योतिषी दौलतराम को अपनी लम्बी चोटी में गाँठ दिये, नंगे शरीर पर रामनामी ओढ़े और पाँवों में खड़ाऊँ पहने बैठे देखा। चूँकि चौपड़ द्वारका की दुकान के नीचे बिछी थी, इसलिए वह घुटनों से ज़रा ऊँची धोती पहने, नंगे बदन पर जनेऊ डाले, तिनके से अपने पीले दाँत कुरेदता अपने तख़्ते पर बैठा-बैठा ही छिकड़ी का मज़ा ले रहा था।

पापड़ियाँ बाज़ार यों भी रौनक वाला बाज़ार न था, इस पर दुनिया-जहान की चिन्ता छोड़ कर इन छिकड़ी खेलने वालों के कारण वहाँ एकदम बेज़ारी-सी फैली हुई थी। लेकिन शहर में यही अपने जैसा अकेला बाज़ार न था। जालन्धर में ऐसे कितने ही बाज़ार थे (और आज तक हैं) जहाँ सुबह से ले कर शाम तक ताश, शतरंज या चौपड़ की महफ़िलें गर्म रहती हैं।

०

अपने चाचाओं के जीवन के तारों में उलझे चेतन ने इस छिकड़ी खेलने वालों तक पहुँच, झगड़े की आवाज़ सुन कर सिर उठाया ही था कि सहसा उसके देखते-देखते मोघड़ पटफेरे ने पैर से जूता निकाल कर तड़ा-तड़ दो-तीन चिराग़ के सिर पर जमा दिये।

चिराग़ गोरा-चिट्टा जवान था। बड़ी ख़ूबसूरत, भूरी-भूरी, नुकीली मूँछें उसके मुख पर शोभा देती थीं। सिर पर लटकेदार सुआ-पंखी पगड़ी, तन पर बोसकी की धारीदार कमीज़ और कमर में उसके तहबन्द था।

जूते के पहले ही वार से उसकी पगड़ी गिर गयी। वह निमिष भर को चकित-सा खड़ा रह गया, फिर बड़े ज़ोर से गाली देता हुआ वह मोघड़ की ओर झपटा, पर 'हैं' 'हैं' करते हुए ज्योतिषी जी ने उसे अपनी बाँहों में कस लिया। दो-एक ने मोघड़ को सँभाला।

चेतन ने एक तमाशाई से पूछा कि बात क्या हुई ?

तब उसे मालूम हुआ कि चिराग़ और मोघड़ में बाज़ी पर सेर-सेर दूध की शर्त लगी थी। मोघड़ ने सातों गोटें जीत ली थीं, केवल एक आ कर नरक के घर पड़ गयी थी। चिराग़ की सातों नर्दें मरी हुई थीं, लेकिन उसने एक ही हाथ में दो बारह, दो चौदह और दो सात मारे और न केवल धड़ाधड़ अपनी एक नर्द छुड़ा कर जीत ली थी, बल्कि मोघड़ की वह नरक में पड़ी गोट भी पीट डाली। फिर तो उसने मोघड़ की वह नर्द उठने ही नहीं दी। मोघड़ उसे उठाता कि चिराग़ पीट देता। आख़िर चिराग़ ने सातों नर्दें पुगा डालीं। दोनों की एक-एक नर्द रह गयी। लेकिन दुर्भाग्य से मोघड़ की फिर नरक-घर आ पड़ी और चिराग़ ने पुगा ली। और मोघड़ ने खिसिया कर जूता खींच मारा।

मोघड़ का कहना था कि चिराग़ ने धाँधली से गोट पुगायी है, उसकी गोट भी नरक-घर में आती थी, पर उसने एक घर पीछे कर ली थी। और न केवल उसने धाँधली से बाज़ी जीती, बल्कि गाली भी दी कि यह पटफेरा नहीं, चौपड़ है और हर चपरकनाती के बस की नहीं। — उस नीच रँगरेज़ की यह मजाल कि लाला मोघड़मल को गाली दे....और वह बमक रहा था कि छोड़ दो मुझे, मैं देख लूँ इसकी पहलवानी।

चिराग़ तो शायद शान्त न होता और एकाध का सिर फट कर रहता, पर ज्योतिषी दौलतराम ने अपना चिकना-चुपड़ा चोटी वाला सिर चिराग़ के आगे कर दिया कि लो भाई, अगर तुम्हारा मन बदला ले कर ही शान्त होता हो तो दो जूते मेरे मार लो।

और ब्राह्मण का सिर झुकते ही चिराग़ का क्रोध शान्त हो गया। उसने झुक कर उनके चरण छू लिये और अपनी दुकान को जाते हुए उन सब लालाओं को गाली देते हुए कहा कि सब-के-सब नामर्द हैं, सिर्फ़ जीतना जानते हैं और फिर उससे भी बड़ी गाली अपने-आप को देते हुए कहा कि वह अपनी माँ के साथ सोये अगर फिर कभी उनके साथ

खेले।

'यह कमबख़्त इतनी बड़ी कसम खा गया, लेकिन दो दिन बाद फिर यहीं आ जमेगा।' चेतन ने मन-ही-मन सोचा और एक उपेक्षा-भरी दृष्टि उन सब पर डाल कर वह आगे चल पड़ा।

०

वह जिन दिनों जालन्धर में था, जब उधर से गुज़रता था और ताश, शतरंज या चौपड़ की ये महफ़िलें जमी देखता था तो मन-ही-मन सोचा करता था कि वे लोग कैसे इतना वक्त बर्बाद कर सकते हैं। उसे अपनी महत्वाकांक्षाओं और उन्हें पूरा करने के लिए हर किस्म का संघर्ष करने को तत्पर रहने की तुलना में उन लोगों की आकांक्षाहीनता और बेकारी पर हैरत होती थी। कभी-कभी उसे उनसे ईर्ष्या भी होती। उसका मन होता, उसे किसी तरह की चिन्ता न हो; ज़िम्मेदारी का एहसास न हो; कोई इच्छा-आकांक्षा न हो और वह उन लोगों की तरह मज़े से दिन-दिन चौपड़ खेल सके। लेकिन कभी जब वह ऐसे उद्देश्यहीन जीवन की कल्पना करता तो सिहर उठता। उसे लगता, चाहते हुए भी वैसा जीवन बिता सकना उसके बस की बात नहीं, दो-एक दिन से ज़्यादा वैसे रह सकना उसके लिए कठिन है....और चेतन के सामने हकीम दीनानाथ का चित्र घूम गया —जिसके मन में अपने स्तर से ऊँचा उठने की प्रबल साध थी, जिसके संघर्ष ने चेतन को सदा प्रेरणा दी थी और जो इस साध के बावजूद अभी जालन्धर में ही संघर्ष-रत था....

०

दीनानाथ की दुकान को जाते-जाते पिछले कई बरस चेतन के सामने बरसाती साँझ के रंगीन बादलों-से घूम गये।

छै

दीनानाथ, जो हकीम की उपाधि करने से पहले गली-मुहल्ले में केवल 'दीना' अथवा 'ठल्लू जड़िये दा पुत्तर'[१] के नाम से याद किया जाता था, लड़कपन में काफ़ी मेधावी था। उमर में तो वह चेतन से कुछ बरस बड़ा था, लेकिन शुरू से ही चेतन की उससे ख़ूब पटती थी।

दीनानाथ के पिता ठल्लूराम और चाचा दालचन्द बाकायदा अखाड़े जाते थे। उनके नामों से जिस ढीले-ढालेपन का अभास मिलता था, उसे कम-से-कम शारीरिक रूप से उन्होंने दूर कर दिया था। मँझोला कद, गोरा-गठा बदन, बड़ी-बड़ी आँखें और नींबू-टिकाऊ मूँछें —हाँ, दिमाग़ की बात दूसरी है, पर सुनारों से बुद्धिजीवियों के-से मस्तिष्क की अपेक्षा भी तो नहीं की जा सकती! दीनानाथ भी कसरत करता था, लेकिन बुद्धि उसने अपने पिता अथवा चाचा की अपेक्षा कुशाग्र पायी थी। उसे पढ़ने का बेहद शौक था। चेतन छठी कक्षा ही में था, जब उसके बड़े भाई भैरो बाज़ार के महन्तराम बुकसेलर की दुकान से किराये

१. जड़ाऊ गहने बनाने वाले ठल्लू का बेटा।

पर उपन्यास ला कर पढ़ने लगे थे। उनकी देखा-देखी और कुछ उन द्वारा लायी गयी पुस्तकों को चोरी-छिपे पढ़ कर चेतन को भी पुस्तकें पढ़ने का शौक हो गया था। उसे ख़र्च के लिए जो भी पैसे मिलते, उन्हें जोड़ कर वह उपन्यास ले आता और जो पुस्तक वह लाता, उसे दीनानाथ और वह साथ-साथ पढ़ते।

उन्होंने पहले 'चन्द्रकान्ता,' फिर 'चन्द्रकान्ता सन्तति,' फिर 'भूतनाथ' और फिर 'अलिफ़ लैला' पढ़ी। एक दिन वह महन्तराम की दुकान पर खड़ा यों ही पुस्तकें पलट रहा था कि उसने एक पुस्तक पर 'बंगाले का जादू' लिखा देखा। पुस्तक वह घर ले आया। उसने कितने ही जादू के खेलों का ब्योरा पढ़ा, पर उसे एक भी खेल तैयार करना न आया। तब उसने पुस्तक दीनानाथ को दिखायी। दीनानाथ ने वह पुस्तक सिर्फ़ दो दिन अपने पास रखी, पर जाने इन दो ही दिनों में उसने उसमें से कितने खेल नोट कर लिये थे, क्योंकि उसके बाद महीने भर तक वह नित नये दिन उसे कोई-न-कोई नया खेल तैयार करके दिखाता रहा।

एक दिन सुबह स्कूल को जाते वक्त चेतन गली बढ़इयाँ में, जहाँ अनन्त के सामने वाले मकान में दीनानाथ रहता था, उसे बुलाने गया तो घर से निकलते ही दीनानाथ ने जेब से एक रंगीन गेंद निकाली, जिसमें बटा हुआ सूत का तागा पड़ा था। दीनानाथ ने तागे को एक ओर खींच, दोनों सिरे दोनों हाथों में ले कर उसे तान दिया। चेतन की चकित आँखों ने देखा कि गेंद ऊपर दीनानाथ की उँगली और अँगूठे के पास रुकी थी। तब दीनानाथ ने होंटों ही में कुछ मन्त्र पढ़ कर कहा — 'चल बेटा!' और आज्ञाकारी गेंद घूमती हुई नीचे को चल दी। दीनानाथ ने फिर आदेश दिया — 'रुक जा ?' गेंद रुक गयी। दीनानाथ जब उसे आदेश देता, गेंद चल पड़ती; जब रुकने को कहता, रुक जाती।

सारा दिन स्कूल में दीनानाथ लड़कों को अपने जादू से चकित करता रहा था और सारा ही दिन चेतन उससे इस खेल का राज़ पूछता रहा था।

उसे याद था, वह कई दिन तक उसकी मिन्नतें करता रहा था, तब जा कर दीनानाथ ने उसका भेद बताया था। ....यद्यपि तागा गेंद के ऊपर से डाला गया था और नीचे से निकलता था, पर वह सूराख़ सीधा न था। दोनों सिरों से टेढ़ा था और गेंद के अन्दर १२० का कोन बनाता हुआ मिल जाता था। तागा ज़रा-सा ढीला छोड़ने पर गेंद घूमती हुई चल पड़ती और कसने पर काँपती-सी रुक जाती थी।

"कई गेंदे ख़राब करनी पड़ीं, तब जा कर ठीक हिसाब बैठा।" दीनानाथ ने सोल्लास बताया, "दोनों ओर से सूराख़ बराबर लम्बे होने चाहिएँ और गेंद के ऐन मध्य मिलने चाहिएँ। जमुने बढ़ई को केवल सूराख़ निकलवाई एक आना देना पड़ा।"

"बस इतनी-सी बात है।" दीनानाथ के उल्लास की ओर कुछ ध्यान न दे कर चेतन ने कहा था। वह समझता था कि शायद सब कुछ सचमुच मन्त्र-बल से हो रहा है।

दूसरे हफ़्ते दीनानाथ ने इससे भी दिलचस्प खेल दिखाया। बायें हाथ को अर्धचन्द्राकार करके उसने उसमें ताश का एक पत्ता थाम रखा था। चेतन ने देखा —पान की बेगम थी। तब दूसरे हाथ से ज़रा-सी राख की चुटकी ले कर उसने उस पर छिड़की और 'छू-मन्तर' कह कर जो अपना दायाँ हाथ उस पर फेरा तो पान की वह बेगम माचिस

की डिबिया बन गयी और दीनानाथ ने उनमें से दियासलाई निकाल कर जलायी और फिर उसे फूँक मार कर बुझा दिया।

चेतन चकित रह गया। उसने कहा —"एक बार फिर करके दिखाओ!"

दीनानाथ दोनों हाथ क्षण भर के लिए पीठ पीछे ले गया। दूसरे क्षण उसके बायें हाथ में वही पान की बेगम थी। चेतन एकटक उसे देखता रहा कि दीनानाथ उसे चालाकी से कहीं छिपाता तो नहीं। लेकिन पलक झपकते ही उसने राख की चुटकी उस पर छिड़क कर जो दायाँ हाथ उस पर फेरा तो पान की वह बेगम माचिस की डिबिया बन गयी।

कई दिन मिन्नत-ख़ुशामद कराके जब दीनानाथ ने उसका भेद बताया तो चेतन को फिर मायूसी हुई। ताश का जो पत्ता दीनानाथ के हाथ में था, वह बड़ी साधारण पतली छोटी ताश का पत्ता था। दीनानाथ ने माचिस की डिबिया का ऊपर का ख़ोल एक ओर से काट कर पूरे-का-पूरा पत्ते के पिछली ओर चिपका रखा था। अन्दर की तीलियों-भरी डिबिया वह दायें हाथ के गढ़े में छिपाये रखता था और जब नीचे से ऊपर को हाथ फेरता तो ताश का पत्ता उस पर लिपट जाता और वह माचिस की डिबिया बन जाती।

"बस!" चेतन ने कहा, "यह तो पहले से भी आसान खेल है।"

"आसान खेल है!" दीनानाथ ने मुँह बिचकाया, "आसान है तो इतने दिन से माथा-पच्ची कर रहे थे, बूझ क्यों नहीं लिया ?"

"बूझना आसान नहीं!" चेतन ने उसके अहं को सन्तुष्ट करते हुए कहा और उसने दीनानाथ से अपने लिए एक ऐसा ही खेल बना देने की फ़रमाइश की।

इसके दो-तीन हफ़्ते बाद दीनानाथ ने एक और भी अद्‌भुत खेल दिखाया। उसने एक बिलकुल नयी ताश निकाली और उसे अच्छी तरह फेंट कर चेतन से कहा कि वह स्वयं फेंट कर एक पत्ता निकाले। चेतन ने ताश अच्छी तरह फेंट, एक पत्ता निकाल लिया। ईंट का नहला था। दीनानाथ ने कहा, "इसे दियासलाई दिखा दो।"

"तुम्हारी ताश का पत्ता कम हो जायेगा।"

"तुम जलाओ तो!"

चेतन ने झिझकते-झिझकते ताश के उस नये पत्ते को आग लगा दी। जब वह बिलकुल राख हो गया तो दीनानाथ ने एक शीशे-जड़ा चौखटा उठाया, जिसमें रेत भरी थी। उसे नीचे-ऊपर घुमा-फिरा कर उसने दिखा दिया कि उसमें कुछ नहीं, तब उसने पत्ते की राख ले कर उसकी चुटकी उस पर छिड़क दी और दीवार के साथ रख कर होंटों में मन्त्र पढ़ता हुआ उस पर रूमाल हिलाने लगा। चेतन की आँखें खुली रह गयीं, जब उसने देखा कि धीरे-धीरे रेत का पर्दा हट गया और वही नया-नकोर ईंट का नहला चौखटे में प्रकट हो गया।

बड़ी मिन्नत-समाजत के बाद जब चेतन ने उस खेल का राज़ जाना तो उसे पहले से भी अधिक निराशा हुई। उस ताश में, जिसमें से उसने पत्ता खींचा था, सब ईंट के नहले थे। एक पत्ता पहले से चौखटे में लगा था। बातों-बातों में दीनानाथ ने चौखटा उलट कर रख दिया था और रेत नीचे को सरकने लगी थी।

जादू के वे खेल, जिन्हें देख कर अक्ल दंग रह जाती थी, सारे-के-सारे ऐसे ही थे।

चेतन खेल को देख कर बड़ा आकर्षित होता, पर जब उसे भेद मालूम हो जाता तो उसका सारा उत्साह मन्द हो जाता। हालाँकि उसने दीनानाथ से कई खेल सीख लिये थे और उनसे मुहल्ले के लड़कों की प्रशंसा भी प्राप्त कर ली थी, पर जादू के उन खेलों के प्रति वह पहला-सा उत्साह उसके मन में न रहा था।

तभी एक दिन वह महन्तराम बुकसेलर की दुकान से एक पुस्तक 'गंजीना-ए-अमलियात' उठा लाया। उसमें पहला ही परिच्छेद पढ़ के उसने तय किया कि वह हिप्नोटिज़्म की अपूर्व शक्ति पैदा कर, दीनानाथ को चकित कर देगा। पुस्तक में दिये गये आदेश के अनुसार उसने एक कोरे काग़ज़ पर काली स्याही से गोला बनाया और उसे सामने दीवार पर चस्पाँ कर दिया। कमरा बन्द कर, एक मोमबत्ती जला, वह चटाई बिछा कर घुटनों के बल बैठ गया और उसने अपनी दृष्टि उस गोले पर जमायी। तब उसे लगा कि काग़ज़ कदरे ऊँचा है, पुस्तक में लिखा था कि स्याही का गोला ऐन आँखों के सामने रहे। तब उठा कर उसने उसे नीचा किया। अबके वह कुछ ज़्यादा नीचा हो गया। तब उसने उसे फिर ज़रा ऊँचा किया और पूर्णरूप से सन्तुष्ट हो कर वह फिर चटाई पर जा बैठा और उसने आँखें गोले पर जमा दीं। अपलक उस गोले पर दृष्टि जमाये वह मन-ही-मन सौ तक गिनती गिनने लगा। दस गिनते-गिनते उसकी पलकें झप गयीं। दूसरी बार बारह, तीसरी बार पन्द्रह वह गिन गया। हर बार वह गिनती बढ़ाता गया। एक घण्टे बाद वह उठा तो यद्यपि उसकी आँखों में पानी भर आया था, वह बड़ा प्रसन्न था, क्योंकि वह पुस्तक में लिखे अनुसार पर्याप्त प्रगति कर रहा था।

लेकिन सातवें दिन उसे अपनी साधना बन्द कर देनी पड़ी। उसकी आँखें आ गयीं। गर्मियों के दिन थे। उमस-भरे कमरे में मोमबत्ती की मद्धिम रोशनी में यों आँखें फाड़ने से उसकी पहले से कमज़ोर आँखों पर ज़ोर पड़ गया। जब तीन-चार दिन ज़िंक लोशन डालने के बावजूद आराम न आया और उसकी तकलीफ़ बढ़ गयी तो उसके बड़े भाई उसे डॉक्टर जीवाराम को दिखाने ले गये।

डॉक्टर जीवाराम डॉक्टर न थे। उनकी ज़िन्दगी तो मेयो अस्पताल में कम्पाण्डरी करते बीती थी। पर रिटायर हो कर उन्होंने कोट पश्का के अपने घर के निचले हिस्से में डिस्पेंसरी खोल दी थी और डॉक्टर कहलाने लगे थे। ख़ुद ही नुस्ख़ा लिखते और ख़ुद ही बना कर देते थे। चेतन की आँखें देख कर उन्होंने कहा कि रोहे पड़ गये हैं। कॉस्टिक टच करना पड़ेगा और उन्होंने उसे नसीहत दी थी कि कम रोशनी में न पढ़ा करे, न लेट कर पढ़ा करे, नहीं आँखें ख़राब हो जायेंगी। वे एक स्टूल पर बैठ गये, चेतन से उन्होंने कहा कि वह धरती पर बैठ कर उनकी गोद में सिर रखे। डॉक्टर जीवाराम बड़े लहीम-शहीम तगड़े आदमी थे। बड़ी-बड़ी सफ़ेद मूँछें उनके होंटों पर छायी थीं। ढीला-ढाला सूट और सिर पर एक बड़ी-सी पगड़ी! उनकी गोद में सिर रख कर जब उसने उनकी ओर देखा तो वह सहम-सा गया। तब बारी-बारी से उसकी दोनों आँखों में उन्होंने कॉस्टिक छुलाया। यद्यपि कॉस्टिक टच करने के बाद उन्होंने बोरिक के ठण्डे पानी से उसकी आँखें धो डालीं, लेकिन चेतन बिलबिला उठा। उसे लगा जैसे जलता अंगारा उसकी आँखों से छुला दिया गया है। बड़े भाई के सहारे लगभग अन्धों की तरह वह कोट पश्का से घर वापस आया। डॉक्टर जीवाराम ने एक बार और कॉस्टिक टच कराने का आदेश दिया था, पर चेतन ने फिर उधर

मुँह नहीं किया। वह हकीम नबी जान से नुस्ख़ा लिखा कर जीतू अत्तार से रसौंत, मुश्क काफ़ूर इत्यादि की पोटली बना लाया और हफ़्ता भर अपने कमरे के अँधेरे में लेटे-लेटे उसकी टकोर करता रहा। पन्द्रह दिन बाद जब उसकी आँखें ठीक हुईं तो हिप्नोटिज़्म का भूत उसके सिर से उतर चुका था।

०

लेकिन वह जल्दी हार मानने वाला नहीं था। उसे अब भी किसी ऐसी चीज़ की तलाश थी, जिससे वह दीनानाथ पर अपनी महत्ता सिद्ध कर सके। एक दिन जब वह फिर 'गंजीना-ए-अमलियात' पढ़ रहा था तो उसका अन्तिम परिच्छेद पढ़ कर वह उछल पड़ा। उसमें हमज़ाद को सिद्ध करने का तरीका दर्ज था। जब उसने परिच्छेद पर शीर्षक 'हमज़ाद की तस्ख़ीर'[१] पढ़ा था तो उसे समझ में न आया था कि हमज़ाद क्या बला है, लेकिन शुरू ही में हमज़ाद की व्याख्या में लिखा था कि हमज़ाद उस शक्तिशाली पुरुष को कहते हैं, जो आदमी के साथ ही पैदा होता है और उसके अन्दर निवास करता है। यदि वह बाहर आ जाये और बस में हो जाये तो फिर उसके लिए कोई भी काम सरअंजाम देना असम्भव नहीं —वह ख़बरें दे सकता है; आमदनी बढ़ा सकता है; पानी बरसा सकता है; दूसरे के दिल का राज़ बता सकता है; किसी की ज़िन्दगी के हालात मालूम कर सकता है; दरिया पार करा सकता है; प्रेयसी को प्रेमी के चरणों में ला कर गिरा सकता है; लज़ीज़-से-लज़ीज़ खाना ला कर दे सकता है; दुश्मन को परास्त कर सकता है; अदालत में कामयाबी दिला सकता है —ग़र्ज़े कि आमिल[२] जो काम चाहे, वे सब सरअंजाम दे सकता है।

चेतन ने कई बार वह परिच्छेद पढ़ा। उसे हमज़ाद की सिद्धि वैसी कठिन न लगती थी और ज्यों-ज्यों वह पुस्तक पढ़ता, उसकी सचाई में उसका विश्वास दृढ़-से-दृढ़तर होता जाता। वह परिच्छेद लिखा ही ऐसे गया था कि छोटी उमर के लड़के अथवा अध-पढ़े लोग अनायास उस पर विश्वास कर लें। हमज़ाद कितने दिन की साधना के बाद प्रकट होगा; वह प्रकट हो तो कैसे उससे शर्तें स्वीकार करायी जायें और किस शर्त पर उसे अपनी ग़ुलामी में लिया जाये आदि बातें ऐसे ब्योरों के साथ लिखी गयी थीं कि अनायास उन पर विश्वास हो आता था। वह परिच्छेद पढ़ते-पढ़ते चेतन की बाल-कल्पना को पंख लग जाते। हवा के परों पर वह उड़ा फिरता। दीनानाथ के जादू के खेल हमज़ाद की सिद्धि के मुकाबले में उसे निहायत बचकाने दिखायी देते। जब भी वह पुस्तक पढ़ता, अलादीन के चिराग़ वाले देव की तरह उसका हमज़ाद हाथ बाँधे उसके सामने आ खड़ा होता और जो वह कहता, उसे पलक झपकते पूरा कर देता।

आख़िर उसने तय कर लिया कि वह हमज़ाद को बस में करके रहेगा।

गर्मियों की छुट्टियाँ थीं। मुहल्ले के लड़के प्रातः उठ कर छावनी की सड़क पर सैर को जाते। 'नीली कोठी' के रहट पर गहरे पक्के चहबच्चे में मोटी धार के नीचे नहाते। इतने लड़कों की उपस्थिति में हमज़ाद को सिद्ध करना कठिन है, चेतन ने सोचा और उसने तय किया कि वह चुपराना जाया करेगा और वहीं एकान्त में हमज़ाद को सिद्ध करेगा और एक मंगल को नया बनवाया लँगोट मफ़लर की तरह गले में डाल, एक काग़ज़ में बड़ी सावधानी

---

१. हमज़ाद को बस में करना।

२. साधक।

से पान का पत्ता लपेट कर जेब में रख, वह बड़े विश्वास के साथ चुपराना को चल दिया।

लेकिन अड्डा होशियारपुर और कोट किशनचन्द के शौकीन लोग सैर के लिए सुबह चुपराना ही जाया करते थे। वहाँ प्रातः ख़ासी भीड़ होती। कहीं लोग कसरत करते, कहीं योग साधना; कहीं मुहल्ला, शहर या देश की राजनीति पर बहस और कहीं केवल स्कैण्डल का रस ले कर दिन की नीरसता से जूझने की तैयारी! इसलिए चेतन ने चुपराना के आध मील आगे एक रहट को साधना के लिए चुना। वह अपने साथियों के साथ कई बार वहाँ तक गया था। अकेले चुपराना से आगे जाते हुए उसे डर तो लगा, पर हमज़ाद को सिद्ध करने की पहली शर्त साहस थी और पुस्तक में लिखा था कि अभ्यासी को चाहिए, ऐसी जगह चुने, जहाँ अभ्यास के दौरान में कोई ख़लल पेश न आये, इसलिए सूरज निकलने से ज़रा पहले ही वह रहट पर पहुँच गया। इधर वह नहा-धो कर तैयार हुआ, उधर सूरज निकल आया। तब जैसा कि पुस्तक में लिखा था, लँगोट लगा, सूरज की ओर पीठ करके, वह धूप में जा खड़ा हुआ। दायें हाथ की ओर उसने पैर कर लिये। गर्दन मोड़ कर अपनी छाया के कण्ठ पर अपलक दृष्टि जमाने में उसे कठिनाई हुई। पर बड़े धैर्य के साथ वह जमा रहा और मन-ही-मन दोहराता रहा —'ऐ हमज़ाद आ कर मेरे साथ बात कर!' पुस्तक में लिखे अनुसार सात बार छाया के कण्ठ पर और सात बार आसमान पर दृष्टि जमाने और हमज़ाद का आवाहन करते रहने में उसे लगभग डेढ़ घण्टा लग गया।

प्रयोग समाप्त कर, पुस्तक में लिखे आदेश के अनुसार पान को रहट के कुएँ में फेंक, उसने कपड़े बदले और सोल्लास घर की ओर मुड़ा....

पुस्तक में लिखा था कि दस रोज़ तक अभ्यास करने के बाद अभ्यासी को बड़े विचित्र अनुभव होंगे —कभी आँधी आती महसूस होगी और उसे लगेगा कि पेड़ टूट कर उसके ऊपर गिरने वाले हैं; कभी सुन्दर तन्वियाँ उसे भरमायेंगी, लेकिन साधक को ज़रा भी विचलित हुए बिना अपना अभ्यास जारी रखना चाहिए। ये सब हरकतें हमज़ाद साधक का ध्यान बँटाने और उसे आज़माने के लिए करता है। ....बीसवें रोज़ हमज़ाद साधक के सामने आ कर ख़ामोश खड़ा हो जायेगा। साधक को चाहिए कि वह भी मौन रहे और अभ्यास करता जाये। कुछ दिन बाद हमज़ाद अभ्यासी से पान का पत्ता माँगेगा। उसे अभ्यासी तब तक पान न दे, जब तक हमज़ाद उसके बस में होने का वचन न दे। लेकिन यह वचन अभ्यासी को सोच-विचार कर लेना चाहिए, क्योंकि हमज़ाद बस में होने को तैयार हो जाता है, पर कई बार ऐसी मुश्किल शर्तें रखता है, जिन्हें पूरा करना अभ्यासी के बस में नहीं होता। मसलन वह कह सकता है कि मैं तुम्हारा ग़ुलाम होने को तैयार हूँ, पर तुम्हें मुझे पेट भर खाना खिलाना होगा या तुम्हें सदा पवित्र रहना होगा....प्रकट है कि ऐसी शर्तों का पूरा करना अभ्यासी के बस में नहीं। तब कुछ दिन बाद हमज़ाद आसान शर्त रखेगा। अभ्यासी को तत्काल उसे मान लेना चाहिए। लेकिन हमज़ाद को पान देने और उसे अपनी ग़ुलामी में लेने से पहले अभ्यासी को उससे दो शर्तें ज़रूर मनवा लेनी चाहिएँ —पहली यह कि जब तक अभ्यासी उसे न बुलाये, वह हरगिज़ न आये, दूसरी यह कि जब वह उससे मुक्त होना चाहे, हो सके। ये दो शर्तें वह उससे न मनवायेगा तो हमज़ाद उसका जीना दूभर कर देगा, चौबीसों घड़ी उसके सिर पर सवार रहेगा अथवा बुढ़ापे में, जब अभ्यासी की शक्ति क्षीण हो जायेगी, वह न केवल उसका जीना मुश्किल कर देगा, बल्कि

मरने के बाद भी उसे चैन न लेने देगा....

....चुपराना के घर को वापस आते हुए चेतन की कल्पना को अनायास पंख ल गये। वह अभ्यास की सारी मंज़िलें पलक झपकते पार कर गया। उसने देखा कि हमज़ाद उसके सामने आ कर चुपचाप खड़ा हो गया है। तब शेष मार्ग चेतन ने उससे शर्तें मनवाने आ कौल-करार लेने में तय किया। हमज़ाद को अपनी ग़ुलामी में लेते ही एक अनिवर्चनीय उल्लास से चेतन का मुख प्रदीप्त हो उठा....उसे मालूम नहीं हुआ, कड़कती धूप में कैसे वह इतना लम्बा मार्ग तय कर आया। उसका तिलस्म तब टूटा, जब वह अपने मुहल्ले में दाख़िल हुआ और उसकी माँ ने पूछा कि आज वह किधर चला गया था। इतना दिन चढ़ आया और उसकी सैर ही ख़त्म नहीं हुई।

खाना खा कर चेतन जब लेटा तो उसे लगा कि उसकी गर्दन बेतरह अकड़ गयी है और पिंड़लियाँ ओर पैर बेहद दर्द कर रहे हैं।

०

भर-गर्मियों के दिन थे। सूरज सुबह छै-पौने छै बजे निकल आता था और उसकी किरणें प्रातः ही से तेज़ हो जाती थीं। नंगे बदन तेज़ धूप में खड़े-खड़े उसका तन जलने लगता, पर वह रोज़ डेढ़ घण्टा प्रयोग करके तभी घर आता। रात को लेटता तो भी अपनी छाया की कल्पना कर, उसके कण्ठ में दृष्टि जमा, हमज़ाद का आवाहन करता रहता। सातवें दिन उसे सिर में हल्का-सा दर्द और आँखों के पपोटों पर कुछ बोझ महसूस हुआ। तब उसे ख़याल आया कि इतनी गर्मी में इस अभ्यास का फ़ैसला करने में उसने ग़लती की। उसे ऐसा मौसम चुनना चाहिए था, जिसमें न बहुत गर्मी हो, न सर्दी; और धूप न केवल सही जा सके, बल्कि अच्छी भी लगे, लेकिन साथ ही उसे ख़याल आया कि जितना ही कष्ट उसे सहना पड़ेगा, उतनी ही जल्दी हमज़ाद उसके बस में आयेगा और उसे राजा उत्तानपाद के पुत्र भक्त ध्रुव की कहानी याद हो आयी, जो बचपन में माँ उसे सुनाया करती थी और उसने सोचा कि जब पाँच बरस का ध्रुव इतनी घोर तपस्या कर सकता है कि भगवान विष्णु को विवश हो उसकी मनोकामना पूरी करनी पड़ी, तब वह तो काफ़ी बड़ा हो गया है। इसके अतिरिक्त पुस्तक में लिखा था कि दसवें दिन अभ्यास का कुछ-न-कुछ फल अवश्य होगा और उसने मन-ही-मन फ़ैसला किया था कि जैसे भी हो, वह दस दिन तक एक-निष्ठ हो कर अभ्यास करेगा और देखेगा कि दसवें दिन वे अनुभूतियाँ, जिनका पुस्तक में उल्लेख था, उसे होती हैं या नहीं।

दसवें दिन जब उसने अभ्यास शुरू किया तो न उसे आवाज़ें आयीं, न आँधी चली, न पेड़ गिरे और न कोई परी उसे भरमाने आयी। उसके सिर में बेहद दर्द रहा, लगा जैसे उसकी कनपटियाँ फटी जा रही हैं और कोई उसके दिमाग़ को बराबर हथौड़े से कूट रहा है। अभ्यास ख़त्म करके, पान कुएँ में फेंक और कपड़े पहन, जब वह घर को चला तो उससे चला न जा रहा था। दर्द की तीव्रता से उसका जी मतला रहा था और उसकी दायीं आँख में पानी आ गया था। दायें हाथ की उँगली और अँगूठे से दोनों कनपटियाँ दबाये, जब वह घर पहुँचा तो नीचे अपने कमरे में जा कर फ़र्श पर ही लेट गया।

जब वह खाना खाने ऊपर नहीं गया और माँ की आवाज़ों का उसने कोई जवाब न

दिया और माँ नीचे उसके कमरे में गयी तो वह बुख़ार से बेहोश पड़ा था और रह-रह कर बड़बड़ा उठता था —'ऐ हमज़ाद, आ कर मेरे साथ बात कर!'

जब सात दिन बाद उसके ज्वर की तेज़ी कुछ कम हुई और माँ ने उससे पूछा कि वह 'हमजा-हमजा' क्या चिल्ला रहा था तो चेतन घबरा गया —कहीं हमज़ाद ने उसके थप्पड़ तो नहीं लगा दिया, चूनी दादा की तरह वह भी तो पागल नहीं हो गया ? लेकिन माँ, दादा या बड़े भाई की आँखों में उसे कुछ ऐसा भाव न लगा, जैसा पागलों को देखने वालों की आँखों में होता है। उसका दिमाग़ ठीक सोच रहा था, बल्कि और भी बारीकी से सोच रहा था। तब उसके जी में आयी कि माँ को सब बात सच-सच बता दे। लेकिन वह घबरा न जाये, इसलिए वह चुप रहा और जब बिस्तर से उठने योग्य हुआ तो नीचे अपने कमरे में जा कर (बीमारी के कारण माँ उसे ऊपर दालान में ले आयी थी) उसने अमलियात के उस 'ख़ज़ाने' को छिपा दिया। पहले उसके मन में आयी थी कि वह पुस्तक को पुर्ज़े-पुर्ज़े भरके उसके टुकड़े जा कर चूल्हे में झोंक दे, लेकिन फिर अपनी मूर्खता की स्मृति के रूप में उसने उसे सँभाल कर रख लिया।

०

उसकी इसी बीमारी के कारण दीनानाथ जड़िये के बदले हकीम बन गया।

०

हुआ यह कि यद्यपि चेतन का बुख़ार उतर गया था, लेकिन उसके सिर की पीड़ा न गयी थी। वह बहुत कमज़ोर हो गया था या धूप में लगातार खड़े रहने और अपनी छाया पर अपलक दृष्टि जमाये रखने के कारण उसके दिमाग़ पर ज़ोर पड़ गया था, जो भी हो, दूसरे-चौथे उसके सिर में हथौड़े चलने लगते; चलते-चलते उसे चक्कर आ जाता और वह गिरने-गिरने को हो जाता। एक बार वह माँ के साथ बातें करता हुआ देर तक पैरों के बल बैठा रहा, जब वह उठा तो सहसा उसकी आँखों के आगे अँधेरा छा गया और वह चकरा कर फ़र्श पर गिर पड़ा।

जब कुछ क्षण बाद उसे होश आया तो उसके सिर के पीछे दर्द हो रहा था। हाथ लगाने पर उसे महसूस हुआ —गुमटा उभर आया है। मुँह पर उसने हाथ फेरा तो पानी से भीगा हुआ था। शायद माँ ने उसके मुँह पर पानी का छींटा दिया था और वह चिन्तित उसके पास बैठी थी। उसे यह बताने के लिए कि घबराने की कोई बात नहीं, वह उचक कर उठ बैठा था। पर उसे बड़ी कमज़ोरी महसूस हो रही थी।

माँ उसे डॉक्टर जीवाराम के भी ले गयी थी, हकीम नबी जान के भी और राजवैद्य दुर्गादास के भी, पर चेतन के सिर-दर्द को आराम न आया था। दवाई खाने से अस्थायी तौर पर आराम आ जाता, लेकिन फिर हफ़्ता-पन्द्रह दिन बाद दर्द शुरू हो जाता और कनपटियाँ ऐसे फटने लगतीं कि दर्द के मारे वह रो पड़ता। तब एक दिन उसके दादा अपने पुराने मित्र श्याम रतन से (जो व्यापार तो सूत का करते थे, लेकिन शौकिया हकीम थे) एक किताब ले आये —'गंजीना-ए-तिब' और उन्होंने चेतन की माँ को बताया कि किताब में सिर-दर्द की अचूक औषधि उन्हें मिल गयी है। चेतन को सात दिन खरबूज़े के बीजों की खीर खिलायी जाये।

माँ हैरान हुई थी और उसने चेतन द्वारा दादा से पुछवाया था कि खरबूज़े के बीजों की खीर कैसी होती है ? दादा ने पुस्तक से पढ़ कर बताया कि वास्तव में खीर तो चावलों ही की होती है, पर उसे खरबूज़े के बीजों के दूध में पकाया जाता है।

घर में खरबूज़े के बीज़ों की कमी न थी। निर्जला एकादशी के दिन चेतन की माँ पाँच-दस सेर (जैसा भी हाथ तंग या खुला हो) खरबूज़े मँगा कर दान करती थी। चेतन और उसके भाइयों को भी काफ़ी खरबूज़े खाने को मिलते थे, फिर यजमानों के घर से भी आ जाते थे। उनके बीज फेंके न जाते थे, बल्कि एक मिट्टी की हाँडी में डाल दिये जाते थे। जब काफ़ी इकट्ठे हो जाते तो माँ पीतल की छलनी में डाल, मल-मल कर उन्हें धोती। गूदा छलनी से निकल कर नाली में बह जाता और दूध-से चमकते बीज छलनी में रह जाते। उन्हें वह चारपाई पर कपड़ा बिछा कर धूप में सूखने डाल देती। जब कोई काम न होता, कहीं 'संग-सियापे' जाना होता तो मुहल्ले की औरतें बीजों की नन्हीं-नन्हीं टोकरियाँ साथ ले जातीं, जिनमें थोड़े-से बीजों को एक गीले कपड़े में लपेट लिया जाता। औरतें बातें भी करती जातीं और लकड़ी की छोटी-छोटी चिमटियों से बीज भी निकाले जातीं। चेतन की माँ भी अवकाश के समय अथवा यों कहा जाये कि ऐसे अवकाश के समय, जब वह गली-मुहल्ले में जाती अथवा मुहल्ले की औरतें उसके यहाँ आतीं, बातें करते-करते बीज निकालती। कभी जब घर में हलवा या खीर बनती तो उन बीजों की गिरियाँ उनमें डाली जातीं।

माँ ने उसी दिन शाम को दादा जी के बताये नुस्ख़े के मुताबिक थोड़ी-सी ख़शख़ाश और आटे का चोकर भिगो दिया। घर में इतनी गिरियाँ तो थीं नहीं, इसलिए उसने दूसरे दिन सुबह दो मुट्ठी खरबूज़े के बीज कूण्डे में डाले और रात की भीगी ख़शख़ाश भी डाल दी और फिर अच्छी तरह कूट-पीस कर, पानी डाल, कपड़े से छान कर उनका दूध निकाला। फोक को फिर कूण्डे में डाल, डण्डे से घोंटा। इस तरह दो-तीन बार घोंटने-पीसने से जब बीजों का सारा दूध निकल गया तो उसने फोक बाहर फेंक दिया और आटे के छान का पानी निथार कर दूध में मिला लिया, फिर आध सेर गाय का दूध रामदित्ते की दुकान से मँगा कर उसमें डाला और उसे आग पर चढ़ा दिया। जब कुछ पक गया तो थोड़े-से बासमती चावल डाले और कुछ देर बाद दो बड़े चमचे शुद्ध घी के और पाँच-छै छोटी इलाइचियाँ पीस कर डालीं। सुबह से माँ इसी में लगी थी। लगभग एक बजे खीर तैयार हुई। चेतन को भूख लग आयी थी। खीर उसे बड़ी स्वादिष्ट लगी —इतनी स्वादिष्ट कि बाद में जब भी उसे याद आती, उसकी सुवास उसके मन-मस्तिष्क में बस जाती।

सात दिन माँ ने उसे खीर खिलायी। और सच ही उसके बाद कभी उसे वैसा सिर-दर्द नहीं हुआ। दीनानाथ को जब इसका पता चला कि उसके दादा के पास ऐसी पुस्तक है, जिसके नुस्ख़े से चेतन को आराम आया है तो उसने चेतन से अनुरोध किया कि वह दादा से पुस्तक माँगे। चेतन ने पुस्तक माँग ली तो दीनानाथ रोज़ शाम को उसके यहाँ आने लगा। वहाँ बैठा-बैठा वह पुस्तक पढ़ता और नुस्ख़े नोट करता। कई बार चेतन बोलता और वह नोट करता।

अभी पुस्तक ख़त्म भी न हुई थी कि एक दिन दीनानाथ ने चेतन के दादा को चूरन की एक छोटी-सी शीशी दी। उसने ज़रा-सा चूरन चेतन, उसकी माँ और उसके भाइयों को

भी चखाया। चेतन के दादा ने चख कर कहा — "इसमें नौशादर पड़ा है।"

"नौशादर के अलावा इसमें पूरी बीस चीज़ें और पड़ी हैं, दादा जी।" दीनानाथ ने सगर्व कहा।

चेतन के दादा ने ज़ोर से डकार ली। "बाई के लिए यह मुफ़ीद[1] लगता है।" उन्होंने कहा।

"हाज़मे का इससे बेहतर चूरन आपको नहीं मिलेगा।" दीनानाथ बोला, "चाचा दालचन्द मेरी मदद न करते तो यह बनता ही नहीं। चार दिन लग गये इसे तैयार करने में। अलग-अलग चीज़ें पीसना, फिर मिकदार के मुताबिक तोल कर उन्हें मिलाना। आपको कभी हाज़मे की शिकायत हो तो आप मुझसे कहिए। मैं आपको फ़ौरन बना दूँगा।"

कुछ दिन बाद झमानों की गली में मासी पूरनदेई के बच्चों को काली खाँसी ने आ दबाया। जब हकीम-डॉक्टर कुछ न कर पाये (करते भी क्या, जब उनका इलाज कोई लग कर न करे — मुहल्ला ग़रीब और दवा-दारू पर पैसा लगे) तब दीनानाथ ने 'गंजीना-ए-तिब' से नोट किये नुस्ख़े के मुताबिक एक दवा बनायी। छोटी मघें वह पंसारी की दुकान से ले आया। बकरे की कलेजी लाया, उसे छुरी से चीर कर उसमें मघें रखीं। कलेजी को मिट्टी के बर्तन में रख, ढकने को कपड़-मिट्टी से बन्द किया और सौ उपलों की आग में पकाया। तब बर्तन का ढकना खोल, कलेजी में से बड़ी सावधानी से मघें अलग कीं। उन्हें पीसा। चूरन की पुड़ियाँ बना कर मासी पूरनदेई को दीं कि इसे शहद से बच्चे को चटा दीजिए। काली खाँसी ऐसी मूज़ी है कि महीनों परेशान करती है। जब बच्चे को आराम आ गया तो दीनानाथ मुहल्ले का ऑनरेरी हकीम बन गया। जिसको तकलीफ़ होती, वह सीधा दीनानाथ के पास जाता और दीनानाथ भी उसे दवा बना देता।

इस काम में उसे ऐसा रस मिला कि सुनार का काम उसे अखरने लगा। वह अपने पिता और चाचा के साथ गहनों में हीरे-मोती जड़ता और कुन्दन भी करता, लेकिन जितना भी वक्त उसे मिलता, उसमें तिब की किताबें पढ़ता और रात को दवाइयाँ तैयार करता। लाहौर में उसने तिब्बी पत्रिका मँगानी शुरू की और वहीं से उसे मालूम हुआ कि वह पत्र-व्यवहार से न केवल हिकमत सीख सकता है, बल्कि 'हाज़िक' की परीक्षा भी पास कर सकता है। अगले चार बरसों में अनवरत श्रम से उसने हकीम हाज़िक की परीक्षा ही पास नहीं की, बल्कि उसमें अव्वल रहा और उसने स्वर्ण पदक भी प्राप्त किया। परीक्षा पास करने के दूसरे ही दिन (यद्यपि दुकान अभी जड़ियों ही की थी) उसने उसके आगे बाज़ार के बीचों-बीच एक बड़ा भारी बोर्ड लटका दिया, जिस पर अंग्रेज़ी-उर्दू दोनों में लिखा था :

हकीम हाज़िक, हकीम लाला दीनानाथ (गोल्ड मेडेलिस्ट)

लेकिन जड़ियागीरी और हिकमत दोनों साथ-साथ न चल सकीं। दुकान में जगह ही न थी। सामने दो तिपाइयाँ ठल्लूराम और दीनानाथ की थीं, पीछे चाचा दालचन्द बैठते थे। मरीज़ के बैठने तक को जगह न थी। फिर दो-तीन बरस से जड़ाऊ गहनों का रिवाज कम हो रहा था। तब दीनानाथ ने रायज़ादा ख़ुशवन्त राय के मकान की वे दो बैठकें किराये पर

१. लाभकर।

ले लीं, जो बाजेयाँ वाला बाज़ार में खुलती थीं और मतिब (औषधालय) कायम कर दिया।

चेतन जब अपनी शादी पर आया था तो दीनानाथ के मतिब में भी गया था। एक बैठक को पर्दे के द्वारा दो हिस्सों में विभक्त किया गया था। बाहर हकीम साहब की मेज़, दवाइयों का छोटा-सा बक्सा और किताबों का रैक था। पर्दे के अन्दर एक बेंच था, जिस पर दरी और चादर-तकिया लगा था। वहीं खूँटी पर स्टेथोस्कोप भी टँगा था। ....'हकीम को क़ारूरे और नब्ज़ से मतलब,' चेतन ने मन-ही-मन कहा, 'स्टेथोस्कोप से यह क्या करता है ?' पर तब उसने सोचा था कि शायद साथ-ही-साथ दीनानाथ डॉक्टरी भी पढ़ रह है। उसने अनन्त से यह बात कही थी तो वह ज़ोर से हँसा था। "छाती के बदले पेट पर स्टेथोस्कोप लगाता है दीना," अनन्त ने कहा था, "साला नम्बरी फ्रॉड है।" पर अनन्त की बात पर चेतन को विश्वास नहीं आया। दीनानाथ की मेधा और दयानतदारी में उसका अटूट विश्वास था।

दूसरी बैठक में दवाख़ाना था, जिसका चार्ज दीनानाथ के पिता लाला ठल्लूराम ने ले लिया था। एक सुबह चेतन बाज़ार से गुज़रा तो उसने लाला ठल्लूराम को बैठक में झाड़ू लगाते पाया। लाला ठल्लूराम मतिब के चपरासी भी थे, काउण्टर क्लर्क भी और एकाउण्टेण्ट भी और दीनानाथ 'हकीम साहब' हो गये थे। ठल्लूराम भी अपने बेटे को 'हकीम साहब' ही कह कर पुकारते थे।

लेकिन एक साल से ज़्यादा मतिब न चल सका। बात यह थी कि दीनानाथ ने दिल्ली के हमदर्द दवाख़ाना और लाहौर के कविराज रामदास की नकल में मतिब खोला था। वह यह भूल गया कि दिल्ली-लाहौर और जालन्धर में ज़मीन-आसमान का फ़र्क है। फिर मुहल्ला कल्लोवानी, चौक चड्ढेयाँ, रास्ता बाज़ार, कोट पश्का, चौक कादेशाह और चौक ख़रादियाँ के लोग, जिनके बल पर दीनानाथ मतिब चलाना चाहता था, प्रायः हकीम नबी जान के आदी थे —हकीम से नुस्ख़ा लिया और पंजपीर के जीतू अत्तार से बनवा लिया। हकीम नबी जान शाही हकीम थे। कई रियासतों से मासिक वेतन पाते थे। अमीरों से चोखी फ़ीस लेते थे, लेकिन सुबह-शाम दो घण्टे ग़रीबों को मुफ़्त देखते और नुस्ख़े देते थे। वे लोग, जो बरसों से वहाँ जाने के अभ्यस्त थे, हकीम दीनानाथ से नुस्ख़ा ले कर महँगी दवाई क्यों लेते। धीरे-धीरे मुहल्ले वालों को शिकायत होने लगी कि दीना साला ठग है....कि आख़िर सुनार ही है न और सुनारों के बारे में कहावत प्रसिद्ध थी कि माँ के लिए भी ज़ेवर बनायेंगे तो उसमें से सोना रख लेंगे। यह कहावत मुहल्ले में हरेक की ज़बान पर आ गयी। इसके अलावा मतिब खुलते ही मुहल्ले में कोई दीनानाथ का भाई बन गया, कोई चचा, कोई ताया और उससे उधार लेना और न चुकाना मुहल्ले वाले अपना अधिकार समझने लगे। फलस्वरूप साल भर ही में दीनानाथ को मतिब उठा देना पड़ा। कारण यह भी हुआ कि उस घाटे को पूरा करने के लिए उसने 'गंजीना-ए-तिब' किस्म की किसी पुस्तक से पानी का सिरका बनाना सीखा और काफ़ी मात्रा में बना कर असली सिरके से सस्ता बेचा। आख़िर पकड़ा गया। बदनामी हुई सो हुई, मतिब भी बन्द कर देना पड़ा।

और अब दीनानाथ उसी पुरानी दुकान में बैठता था। उसके पिता और चाचा लाल बाज़ार की एक दुकान में वही पुराना धन्धा करते थे। दुकान दीनानाथ का सात-आठ बरस का लड़का खोलता और वही उसकी सफ़ाई-उफ़ाई करता था और हकीम साहब दुकान

खुल जाने के आध घण्टे बाद आ कर बैठते।

चूँकि दीनानाथ तिब पर फ़िदा[१] था और अपने पिता के लाख ज़ोर देने पर भी उसे फिर जड़िया बनना स्वीकार न हुआ था, इसलिए अबके दीनानाथ ने बोर्ड लगवाया तो अपने नाम के आगे 'फ़िदा-ए-तिब' की उपाधि जोड़ ली।

फ़िदा-ए-तिब हकीम हाज़िक, हकीम लाला दीनानाथ
(गोल्ड मेडेलिस्ट)

पर अनन्त हमेशा उसे 'मामा-ए-तिब' याने तिब का मामा कह कर पुकारता था।

सात

"कहो भाई चेतन, कब आये लाहौर से ?"

अपने विचारों में मग्न चेतन चला जा रहा था कि अचानक रुक गया। बायीं ओर अपनी पुरानी दुकान पर छोटी-सी मेज़-कुर्सी लगाये और कमीज़-पायजामे की जगह (चेतन को आश्चर्य हुआ) सूट-बूट पहने, हकीम दीनानाथ अपनी मक्खी-सी मूँछों में मुस्करा रहे थे।

'सुना बे मामा-ए-तिब, क्या फ्रॉड चल रहा है आजकल ?' अनन्त उसके साथ होता तो यही सवाल करता। अनन्त की बात याद आते ही चेतन के मन में आया, कहे, 'कहिए हकीम साहब, सुना है आपके लड़का हुआ है, मुबारक हो, अबके इन मक्खी-सी मूँछों को भी छुट्टी दे दीजिए।'

....लेकिन उसका मन किसी तरह के भी मज़ाक को न हुआ। चुपचाप वह दुकान के साथ लगी लकड़ी की सीढ़ी चढ़ गया।

पहले जब दीनानाथ अपने पिता और चाचा के साथ इसी दुकान पर गहनों की जड़ाई का काम करता था तो वहाँ बैठने को टाट बिछे रहते थे और सीढ़ी-वीढ़ी कुछ न थी। चेतन और अनन्त जब पहले स्कूल अथवा बाद में कॉलेज से आते हुए वहाँ रुकते थे तो वहीं टाट पर बैठ जाते थे और टाँगें नीचे लटका लेते थे, पर अब तो टाट की जगह मेज़-कुर्सी और बेंच सजा था, इसलिए दुकान पर चढ़ने के लिए भी लकड़ी की एक सीढ़ी लगी थी।

दीनानाथ से हाथ मिलाता हुआ चेतन सीढ़ी चढ़ कर उसके सामने दीवार से लगी बेंच पर जा बैठा और उसके प्रश्न का उत्तर न दे कर उसने केवल इतना कहा :

"मुबारक हो हकीम साहब, अभी अनन्त ने बताया कि आपके लड़का हुआ है।"

"आप ही को मुबारक हो, आप ही को मुबारक हो," कहते हुए दीनानाथ का गोरा रंग कद्रे लाल हो गया और उसकी मुस्कान लज्जा से रँग गयी। लेकिन चेतन को ख़ुशी नहीं हुई। उसने देखा — दीनानाथ के कल्ले धँस गये थे; बाहर को निकली पड़ती बड़ी-बड़ी कौड़ियों-सी आँखों के पपोटे भारी हो गये थे; और गझिन, लम्बी मूँछें, जिन पर उसे कभी

१. न्योछावर।

नाज़ था कि नींबू टिक सकता है और जो दो बरस पहले तक पम्प-शू के फीते-ऐसी थीं, अब उसकी नाक के नीचे मक्खी-ऐसी चिपकी थीं। उसकी मुस्कान ज़रा फैली तो उसकी नाक के नीचे दोनों ओर ठोडी तक लकीरें बन गयीं —और अभी उमर पच्चीस वर्ष की भी नहीं थी।

"कहिए, कैसा चल रहा है ?" थोड़ा रुक कर चेतन ने कहा।

"भगवान की मेहरबानी है," मुस्कान को किंचित समेट कर मेहरबानी के 'बा' को लम्बा करते हुए दीनानाथ ने कहा और फिर एक लम्बी साँस अचानक उसके होंटों से निकल गयी, "अच्छे हकीम के लिए यह जगह ठीक नहीं है।"

"जिसके हाथ में शफ़ा है," चेतन बोला, "उसके लिए तो सभी जगहें बराबर हैं। लोग दिल्ली-दक्खिन से आ कर उससे इलाज करायेंगे, फिर चाहे वह रेगिस्तान या जंगल में हो, गाँव या शहर में अथवा किसी तकिये या कुएँ की जगत पर।"

"किसी के यहाँ मरीज़ आयेंगे, उससे इलाज करायेंगे, उन्हें आराम आयेगा तभी तो उसकी मशहूरी होगी और लोगों को पता चलेगा कि उसके हाथ में शफ़ा है। यहाँ एक दिन मरीज़ मेरे यहाँ आता है, दूसरे दिन नबी जान के और तीसरे दिन वैद्य दुर्गाप्रसाद के। फिर जो आता है, वह मुफ़्त दवा चाहता है," दीनानाथ कुछ चिढ़ कर बोला।

"मशहूर होने के लिए मुफ़्त दवा बाँटना बड़ा ज़रूरी है," चेतन ने कहा, "कुछ ऐसी गोलियाँ हों, जो सस्ती हों और मुफ़्त दी जा सकें —यही हाज़मे की, कब्ज़ दूर करने की, जुलाब रोकने की, वग़ैरा-वग़ैरा। कीमती नुस्ख़े लोग अत्तार से बनवायें। हकीम नबी जान...."

"अरे भई, मैं यह सब जानता हूँ....लेकिन मुझसे शुरू ही में यह ग़लती हो गयी कि मैंने मतिब अपने मुहल्ले में खोला। लोग सेरों शर्बत-बनफ़शा और अर्क गाओज़बान पी गये और किसी साले ने एक पैसा नहीं दिया, ऊपर से गालियाँ देते हैं।"

"तुम्हारे जैसी प्रतिभा वाले आदमी को लाहौर में अड्डा जमाना चाहिए," चेतन ने रद्दा जमाया, "और विज्ञापन के बल पर अपनी दवाओं को भारत भर में प्रसिद्ध करना चाहिए। अब काली खाँसी की ही तुम्हारी दवा कैसी अचूक है...."

दीनानाथ ने केवल एक लम्बी साँस ली।

और चेतन ने कविराज रामदास की कहानी सुनायी कि कैसे उन्होंने कविराज की डिग्री ली, कैसे विज्ञापन के बल पर अपने दवाख़ाने को भारत भर में प्रसिद्ध कर दिया, कैसे 'विवाह के भेद' लिख कर उसकी लाखों प्रतियाँ बेच डालीं और कैसे उनकी पुस्तक पढ़ने वाले उसे पढ़ते ही उनके दवाख़ाने जा पहुँचते हैं और उल्टे उस्तरे से हजामत बनवा आते हैं।

"तुम्हारे पास ('आप' का तकल्लुफ़ चेतन ने छोड़ दिया) बड़ी प्रतिभा है। तुम्हारा ज्ञान कविराज की अपेक्षा कहीं ज़्यादा है, लगन और निष्ठा की कमी तुम्हारे यहाँ नहीं। तुम कहाँ पड़े सड़ रहे हो? जालन्धर तुम्हारे लिए बहुत छोटा है। तुम लाहौर चलो और वहाँ मतिब जमाओ।"

हकीम दीनानाथ की बड़ी-बड़ी आँखें फैल गयीं। पल भर वे सामने शून्य में देखते

रहे — उनका कोई सपना जैसे वहाँ साकार हो गया हो। फिर वे उठ कर अलमारी से एक मसौदा उठा लाये।

"मैंने भी एक किताब लिखी है — विवाहित जोड़ों के लिए। तुम देखो, कविराज रामदास की पुस्तक 'विवाह के भेद' के मुकाबले में इसका स्टाइल कितना अच्छा है और इसमें दी गयी जानकारी कितनी ज़्यादा है।"

"दीने की किताब छप गयी तो तिबी दुनिया में तहलका मच जायेगा।"

चेतन ने पलट कर देखा। दीनानाथ के चाचा दालचन्द अपनी बड़ी-बड़ी आँखों, नींबू-टिकाऊ मूँछों और गोल-गुलगोथने, मासूम चेहरे के साथ उसके निकट खड़े थे।

'यह उजबक कहाँ से आ गया,' चेतन ने मन-ही-मन कहा, पर प्रकट उसने हाथ जोड़ 'नमस्ते' की और पूछा, "कहिए चाचा दालचन्द, कैसे मिज़ाज हैं।"

"अरे, हमारे मिज़ाज कभी ख़राब हुए हैं, जो आज होंगे।" चाचा दालचन्द हँसे और उन्होंने मूँछों को ताव दिया, "सुबह तड़के उठते हैं आज भी सौ डण्ड-बैठक लगाते हैं, दिन भर डट कर काम करते हैं, रात को गहरी नींद सोते हैं। 'बनास्पति' हम छूते भी नहीं, घर की गाय का दूध और घी इस्तेमाल करते हैं।"

और एक पाँव दुकान पर रखे, अपनी जाँघ को खुजलाते हुए वे किसी बुज़ुर्ग की तरह (यद्यपि उनकी उमर दीनानाथ से पाँच-छै बरस ही ज़्यादा थी) वनस्पति घी के नुकसान और शुद्ध दूध-घी के लाभ बताने लगे।

०

चाचा दालचन्द शुरू से ऐसे थे। दीनानाथ मिडल पास करके दुकान पर बैठ गया था, पर चेतन और अनन्त का यह नियम था कि जिस दिन वे मुहल्ला मेंहद्वुआँ, मिट्ठा बाज़ार और पापड़ियाँ से हो कर घर को आते, कुछ देर तक दीनानाथ के पास ज़रूर बैठते। दीनानाथ ने पढ़ाई छोड़ दी थी, पर मुहल्ले के लड़कों की (विशेषकर विज्ञान की) पुस्तकें ले कर पढ़ा करता था। चेतन और अनन्त को विज्ञान का अभी उतना ज्ञान न था, अभी साइंस की पढ़ाई शुरू न हुई थी, तभी एक शाम दीनानाथ ने उन्हें विज्ञान का एक चमत्कार दिखाया। उसने दो छोटे-छोटे गिलास तिपाई पर रखे, जिनमें सफ़ेद पानी-ऐसा कुछ था। फिर एक सफ़ेद काग़ज़ ले कर एक गिलास में भिगोया। वह लाल हो गया। उसका दूसरा सिरा उसने दूसरे गिलास में डाला, वह नीला हो गया। चेतन हैरान देखता रह गया। किसी सफ़ेद तरल पदार्थ में सफ़ेद काग़ज़ का रंग कैसे बदल सकता है, यह उसकी समझ में न आया।

फिर एक दिन उसने दोनों को क्रिस्टल (रवे) बना कर दिखाये। चेतन ने उससे पूछा कि यह सब उसने कहाँ से सीखा है।

उत्तर दालचन्द ने दिया — "यह सब साइंस के करिश्मे हैं। दीना इतनी उमर में ही ऐसे तजरुबे कर सकता है कि तुम्हारे साइंस-टीचर भी न जानते होंगे। बड़ा हो कर यह बहुत बड़ा सांइसदान बनेगा।"

और रसायनशास्त्र से क्या हो सकता है और कैसे दीना एक दिन ताँबे से सोना बना देगा, इसका विस्तारपूर्वक उल्लेख उस दिन चाचा दालचन्द ने किया था।

फिर जब दीनानाथ जादू के खेल दिखाने लगा तब चाचा दालचन्द जादू पर भाषण

देने लगे। उनकी बात तो दूर, कभी-कभी ठल्लूराम तक बीच में कूद पड़ते। जब दीनानाथ दवाइयाँ बनाने लगा तो दीनानाथ के पिता और चाचा औषधियों के बारे में उन दोनों का ज्ञान-वर्धन करने लगे। ठल्लूराम उतनी टाँग न अड़ाते, जितनी दालचन्द; लेकिन यह बीमारी दोनों को थी और जब दीनानाथ की अपेक्षा उन दोनों की बातें चेतन को सुननी पड़ती तो वह बड़ा झुँझलाता। आख़िर एक दिन चिढ़ कर उसने अनन्त से कहा, "दीना तो ख़ैर हिकमत पढ़ता है, पर ठल्लूराम और दालचन्द तो बिन-पढ़े ही हकीम बन गये हैं।"

"मैं इन सालों को ठीक करता हूँ।" अनन्त ने कहा था।

उन दिनों वे एफ़० ए० में पढ़ते थे। एक दिन दोनों कॉलेज से आते समय पूर्ववत दीना की दुकान पर बैठ गये। दो-एक मिनट तक इधर-उधर की बातें करने के बाद अनन्त ने कहा, "यार दीने, बवासीर का कोई इलाज है ?"

दीनानाथ ने एक पुस्तक देख कर बड़ा लम्बा नुस्ख़ा पढ़ सुनाया।

तब काम छोड़ कर ठल्लूराम अपनी सस्ती ऐनक की कमानी को (जो काम करते वक़्त आगे खिसक गयी थी) नाक के बाँसे पर ठीक करते हुए बोले, "एक साहूकार को ख़ूनी बवासीर थी और लगातार ख़ून जाने से वह बेहाल हो गया था। इर्द-गिर्द के सभी हकीमों, वैद्यों, का इलाज किया, लेकिन कुछ फ़ायदा न हुआ। एक दिन बड़े ही ज़रूरी काम से वह दूसरे गाँव जा रहा था कि रास्ते में एक रहट पर कुछ सुस्ताने को रुका। पास के खेत में गन्ने की फ़सल उगी थी और ख़ूब लम्बे-लम्बे गन्ने लहरा रहे थे।" जाट उसका आसामी था। वह दस-बीस गन्ने तोड़ लाया और उसने साहूकार के आगे रख दिये। कुछ तो साहूकार को प्यास लगी थी और कुछ गन्ने बड़े मीठे और रसीले थे, साहूकार सब-के-सब चूस गया। तब जाट ने कहा कि वह पूला भर गन्ने तोड़ रखेगा और वापसी पर साहूकार के साथ कर देगा।

"उस शाम साहूकार को ख़ून नहीं आया। दूसरे दिन उसने गन्ने चूसे, लेकिन ज़्यादा चूसने से होंटों के कोने छिल गये थे, इसलिए पाँच-दस चूस कर उसने छोड़ दिये। उस दिन भी उसकी बीमारी को आराम रहा। और उसकी हैरत की कोई हद न रही, जब उसकी बवासीर एकदम ठीक हो गयी।

"एक दिन कस्बे का हकीम किसी मरीज़ को देखने गाँव में आया। साहूकार उसका बहुत इलाज करा चुका था। मरीज़ को देख कर वह साहूकार से भी मिलने आया और सलाम-दुआ के बाद उसका हाल-चाल पूछा।

" —'मेरी तकलीफ़ तो दूर हो गयी।' —साहूकार ने, जो इन थोड़े दिनों ही में भला-चंगा हो गया था, बड़े उल्लास से कहा।

" —'कैसे ?'

" —'गन्ने चूसने से।'

"हकीम के माथे पर तेवर पड़ गये। क्षण भर तक वह सोच में ग़र्क रहा। फिर उसने कहा —'हाँ एक तरह का गन्ना चूसने से ख़ूनी बवासीर दूर हो सकती है।'

" —'तो आपने हमें बताया क्यों नहीं' —साहूकार ने शिकायत की।

" —'इसलिए कि वैसे गन्ने आपको मिल सकते हैं, इसकी कोई उम्मीद न थी।'

—ठल्लूराम ने बड़े नाटकीय अन्दाज़ में हकीम के स्वर की नकल की।

" —'गन्ने कैसे भी क्यों न हों, ज़रूर मिलते। हर किस्म का गन्ना यहाँ पैदा होता है।' —सेठ ने कहा।

" —'चलिए तो ज़रा उस रहट पर चलें, जहाँ से आपने गन्ने चूसे।' —हकीम बोला।

"तब उत्सुकता से भरा साहूकार दो-एक दूसरे गाँव वालों के साथ उस खेत पर गया। हकीम ने जाट से उस जगह को खोदने के लिए कहा, जहाँ से गन्ने उखाड़े गये थे। सब हैरान रह गये, जब एक मरा हुआ फनियर साँप वहाँ से दबा निकला। जाट ने बताया कि ओसारे में एक दिन साँप निकला था, जिसे मार कर वहाँ दबा दिया गया था।"

"तब हकीम ने साहूकार से कहा —'आप ख़ुशकिस्मत हैं सेठ जी, आपको इस धरती के गन्ने चूसने को मिले। बवासीर का यह इलाज किताब में लिखा है, आप कस्बे में आइएगा तो मैं आपको दिखा दूँगा। काला फनियर साँप दो महीने तक कहीं दबा रहे और उस ज़मीन में गन्ना उगाया जाये तो उसे चूसने वाले की सख़्त-से-सख़्त ख़ूनी बवासीर को आराम हो जाता है। मैं आपको यह इलाज बता भी देता तो ऐसा गन्ना कहाँ से मिलता ?' "

वह किस्सा सुना कर ठल्लूराम ने बड़े गर्व से अपने बेटे और उसके मित्रों की ओर देखा और धोती को ज़रा उठा कर चौकी के ऊपर से कूद, कुछ परे जा कर नाली पर लघुशंका के लिए बैठ गये।

तब चाचा दालचन्द ने मूँछों पर ताव दिया, "लेकिन मैं बवासीर का इससे भी आसान इलाज बताता हूँ।"

चेतन ने कोहनी से अनन्त को ठहोका दिया।

दालचन्द बोले, "हींग लगे न फिटकरी, रंग चोखा आये। कड़वी मूली को बिना छीले, धो कर, चार भागों में बाँट, नमक लगा, पत्तों के बल उल्टा लटका दो। जब पानी निकल जाये तो खाओ। हफ़्ता भर खाने से ख़ूनी-से-ख़ूनी बवासीर को आराम आ आयेगा।"

"अपनी बवासीर का इलाज तुमने ऐसे ही किया था ?" अनन्त ने किताबें उठा कर नीचे बाज़ार में खड़े होते हुए कहा।

"तेरे बाप का किया था।" दालचन्द गरजे और एक वज़नी गाली उन्होंने अनन्त की ओर फेंकी।

"अपनी माँ का किया होगा, मेरे बाप को तो कभी यह शिकायत नहीं हुई।" और बिना रुके, भागने को तैयार होते हुए अनन्त ने कहा, "माईयावा एक सुनार हिकमत पढ़ने लगा कि सारे-का-सारा कुनबा ही हकीम बन गया।"

"आ तेरी माँ की...." पास पड़ी निहाई उठा, चौकियों के ऊपर से छलाँग लगा कर अनन्त की ओर गाली का पत्थर फेंकते हुए, दालचन्द बाज़ार में कूदे। लेकिन अनन्त इस बीच में बहुत दूर निकल गया था और बिना पीछे को देखे सरपट भागा जा रहा था। कुछ दूर उसके पीछे भागे जा कर गालियाँ देते और हाँफते चाचा दालचन्द वापस लौट आये।

हरलाल पंसारी की दुकान पर रुक कर चेतन और अनन्त देर तक ठहाके लगाते रहे।

०

दालचन्द शुद्ध घी के लाभ बता रहे थे और चेतन एकटक उनकी ओर देख रहा था। उसे सदा ऐसे आदमियों से ईर्ष्या होती थी, जो सुख-दुख को समान रूप से ग्रहण कर, जो भी सामने आये, उसे विधि का विधान समझ, सिर-माथे ले लेते हैं। जिनके यहाँ न महत्वाकांक्षा होती है, न स्पर्धा। जो थोड़े में सन्तोष कर, आराम से खाते-पीते, सोते और समय आने पर पके फल-से झड़ जाते हैं। चाचा दालचन्द की आँखों में चेतन को सदा कुछ अजीब-सा, मूर्खता की सीमाओं को छूता हुआ, भोलापन लगा था। और चेतन को इस भोलेपन से भी कभी-कभी ईर्ष्या हो आती थी। इस भोलेपन के कारण ही एक विचित्र मूर्खता-भरा आत्म-विश्वास उनमें था। उनसे बेहतर भी कोई सोच सकता है, इसे दालचन्द कभी न मान पाते। अपनी बात की सचाई में उन्हें अटूट विश्वास था। और वे झील के पानी पर तैरते हुए ऐसे फूल-से थे, जो न झील की गहराइयों को जानता है, न आकाश की बुलन्दियों को, जो हँसता-मुस्कराता बहता चला जाता है। फिर कोई लहर आती है और उसे डुबा देती है और वह उसी तरह मुस्कराता हुआ डूब जाता है।

दालचन्द को उसने जब भी देखा था, इसी तरह खिले-माथे देखा था। उनके अन्तर में जैसे झंझा-झक्कड़ का गुज़र ही न था। एकरस धीमी-धीमी बयार जैसे वहाँ रमकती रहती थी। अनन्त जब उन्हें परेशान करता तो फिर दोनों कुछ दिन तक पापड़ियाँ बाज़ार के बदले लाल बाज़ार की ओर से हो कर आते। दस-बारह दिन बाद, जब वे फिर आ कर दीनानाथ के पास बैठते तो दालचन्द सब कुछ भूल चुके होते। वे उन्हें 'उजबक' के नाम से याद करते, पर कई बार चेतन को उनके स्वभाव की इस सादगी से ईर्ष्या भी हो आती।

शुद्ध घी के लाभ और 'बनास्पति' के दुर्गुण बता कर दालचन्द ने कहा, "अब मुझे शुद्ध घी से चुपड़ी गर्म-गर्म रोटी शक्कर डाल कर खाने की आदत है। सर्दियों में लगातार मैं घी-शक्कर खाता हूँ।...."

"बुज़ुर्गों ने कहा भी है" —सामने की दुकान पर बैठे देसराज जड़िये ने काम छोड़ कर कहा, "घी खाइये शकर से, दुनिया खाइये मकर से।"

"ख़ैर, हम दुनिया को मकर से खायें-न-खायें —अपनी मेहनत की कमाई खाते हैं —पर घी शक्कर से ज़रूर खाते हैं।" दालचन्द बोले।

और उन्होंने अपनी बात का तार पकड़ा, "हाँ, तो मैं कह रहा था कि मुझे शुद्ध घी से चुपड़ी गर्म-गर्म रोटी पर शक्कर रख कर खाने की आदत है। खाना खाने के बाद उसी से मुँह मीठा करता हूँ। पिछले दिनों मैं अपने एक सम्बन्धी के यहाँ फगवाड़ा गया। अब क्या बताऊँ, जब हम खाने खाने लगे तो मैंने कहा कि ज़रा आख़िरी रोटी पर एक चम्मच घी रख कर शक्कर डाल दीजिएगा।"

"खाना ख़त्म करके जब शक्कर वाली रोटी का एक ग्रास मैंने तोड़ा तो जाने कैसा लगा।" सारे खाने का मज़ा किरकिरा हो गया। जी ऊपर को आने लगा। मैंने पूछा, 'यह घी कैसा है ?'

" 'शुद्ध बनास्पति'।

"और नतीजा यह कि अब रोटी पर घी डाल कर शक्कर रखते ही फगवाड़ा में चखे बनास्पति घी की याद आ जाती है और जी मिचलाने लगता है।"

"अरे भाई, एक दिन बनास्पति सभी खायेंगे; जब आदमी को खाना नहीं मिलेगा तो गाय-भैंस को कौन खिलायेगा।" देसराज ने वहीं से कहा, "हमने तो अभी से बनास्पति की आदत डाल ली है।"

"तब तक हम यहाँ नहीं रहेंगे," दालचन्द ने मूँछों के बाग़ में दाँतों का मोतिया बिखेरते हुए कहा।

"तुम्हारी ज़िन्दगी में होगा, तुम्हारी ज़िन्दगी में।" देसराज अपनी दुकान के तख़्ते पर खड़े हो कर अँगड़ाई लेते हुए, औलियाओं के-से अन्दाज़ में बोले।

"अच्छा भाई चेतन, ख़ुश रहो!" चाचा दालचन्द ने देसराज की बात को सुनी-अनसुनी कर चेतन की पीठ थपथपायी, "यहाँ आते हो तो कभी उधर भी दर्शन दिया करो।"

और वे गालों के सेब खिलाते, अलमस्त चल दिये।

o

दालचन्द के जाने के बाद दीनानाथ ने पुस्तक खोली। और बोले, "मैंने इसका नाम रखा है —'शादी : ख़ाना-आबादी[१] या बर्बादी।

लेकिन चेतन उठ खड़ा हुआ। शादी की समस्या पर कुछ भी सुनने को उसका मन न था —"देखो दीनानाथ, मैं कल आऊँगा और इत्मीनान से सुनूँगा। अभी मैं एक-दो मित्रों से मिलने जा रहा हूँ।"

और उसने हाथ बढ़ा दिया।

हकीम दीनानाथ भी उठे। उसके हाथ को दोनों हाथों में ले कर बड़ी गर्मजोशी से दबाते हुए और मुस्कराते हुए उन्होंने कहा, "तो कल ज़रूर आना, भूलना नहीं।"

निमिष भर के लिए चेतन की निगाहें उनकी नाक के दोनों ओर ठोड़ी तक खिंच आने वाली लकीरों पर अटक गयीं, फिर उसने कहा, "नहीं, नहीं, ज़रूर आऊँगा।"

और वह दुकान से नीचे उतरा और उसने चलते-चलते एक 'नमस्कार' देसराज की ओर भी फेंक दिया।

आठ

कुछ आगे तुनके धोबी की दुकान के इधर ताले-कुंजियाँ बनाने वालों की दुकानें थीं। वे लोग साँचों में पिघला हुआ लोहा डाल कर कुंजियाँ-ताले बनाते थे। उधर लोहार का साथी छोकरा धौंकनी से चीड़ के कोयलों में हवा करता, जिन पर रखी कुठाली में धातु पिघलती, इधर लोहार साँचे को तैयार करता। जब साँचा तैयार हो जाता तो वह उसके ऊपर वाला हिस्सा उठा कर नीचे वाले हिस्से के मुँह से रेत-मिली मिट्टी हटाता। साँचे के बीच में कुंजी की आकृति खुदी होती। वह लोहे की आर (सुम्भी) से साँचे के मुँह से कुंजी तक एक

१. ख़ाना = घर। ख़ाना-आबादी = घर की आबादी।

लकीर-सी खींच देता। तब ऊपर का हिस्सा भी इसी तरह ठीक कर रूई के फाहे में मिट्टी के तसले से कुछ मसाला ले कर साँचे पर छिड़क, पेच कस देता और उसे निहाई के साथ खड़ा कर पैर के दबाव से रोक, सँड़सी से कुठाली उठा कर पिघली धातु उसमें उँडेल देता। साँचे से धुआँ उठने लगता और जले मसाले और रेत की बू फैल जाती। कुठाली को वापस अँगीठी पर रख, उसमें और धातु के टुकड़े डाल, वह साँचे को तख़्ते पर रखता, उस पर दो-एक मुक्के मार, साँचा खोल कर सधे हुए हाथों से ऊपर का हिस्सा उठा लेता। निचले भाग में ढली हुई कुंजी चमकती, जिसके सिरे से धातु की एक लकीर साँचे के मुँह तक आते हुए लोहे का एक गुमटा-सा बन जाती। तब साँचे के दोनों ओर कुछ हल्के-से ठकोर कर वह उसे दोनों हाथों में ले, ऐसे उलटता कि कुंजी बाहर जा गिरती और साँचे की रेत ज़रा भी न हिलती। तब सँड़सी से कुंजी को उठा कर वह पानी से भरी मिट्टी की छोटी-सी नाँद में डुबोता। शूँ की आवाज़ होती। धुआँ और लोहगन्ध उठ कर नथुनों में भर जाती। फिर वह छेनी और हथौड़े की एक ही चोट से धातु का गुमटा अलग कर देता, नयी बनी कुंजी को दायीं ओर कुंजियों के ढेर पर फेंक देता और साँचे से मसाला मिली-जुली रेत अलग कर उसे फिर सान कर साँचे में भरता।

न जाने इस प्रक्रिया में क्या आकर्षण था कि चेतन जब भी स्कूल या कॉलेज से अकेला आता, वहाँ रुक कर कितनी ही देर तक ताले-कुंजियाँ बनते देखता रहता। कभी कुंजियाँ बन चुकी होतीं और लोहार उनके ढेर से एक के बाद एक कुंजी उठा कर, उसे रेती से साफ़ करता। उसके हाथ मशीन की गति से चलते और चेतन मन्त्रमुग्ध-सा देखा करता। कभी वह ताले का ऊपर और नीचे का हिस्सा जोड़ता। बार-बार की देखी हुई प्रक्रिया उसे हर बार नयी लगती। साँचे में पड़ी, नयी-ढली चमकती कुंजी उसे सदा नवजात शिशु-सी लगती और जब लोहार साँचे के मुँह पर बन जाने वाले गुमटे और कुंजी के बीच की पतली-सी पत्ती को काटता तो उसे लगता, जैसे उस शिशु की नाल कट रही है।

चेतन हकीम दीनानाथ की दुकान से चला तो मन-ही-मन उसने मनाया कि लोहार कुंजियाँ बना रहा हो। वह कुछ क्षण खड़ा वह सब देखे और उसके नथुनों में वह अजीब-सी, जली रेत और जलते लोहे और पानी की मिली-जुली गन्ध भर जाये।

और सच ही लोहार साँचा तैयार कर रहा था और अँगीठी पर कुठाली में पिघला लोहा लाल हो रहा था। चेतन वहाँ रुका ही था कि अनन्त ने उसके कन्धे पर ज़ोर से हाथ मारा।

"सुना बे, हो आया मामा-ए-तिब के ?"

"तुम तो लाल बाज़ार की तरफ़ गये थे।"

"तीरथ से मिलने का इरादा था चौक सूदाँ में, वह मिला नहीं तो सोचा बिल्ले से मिल लें, वह आजकल बोहड़ वाले बाज़ार में चौबारा ले कर रहता है। वह भी नहीं मिला, तब इधर से चला आया। दीना तुम्हें मिला ?"

"हाँ।"

"क्या हाल-चाल है उसके ? मूँछों की सफ़ाई उसने करायी कि नहीं ?"

"करायी तो नहीं, पर यही हाल रहा तो जल्दी ही करा लेगा।"

अनन्त हँसा — "क्यों ?"

"हाल मुझे हकीम हाज़िक हकीम दीनानाथ गोल्ड मेडलिस्ट का कुछ ख़स्ता ही लगा।"

"अब वह चाहता है फ्रॉड से पैसा कमाना," अनन्त बोला, "फ्रॉड से प्रैक्टिस तो क्या चलेगी, एक दिन जेल में चला जाये तो बड़ी बात नहीं।"

"क्यों ?"

"अरे, जब से बाजेयाँ वाला बाज़ार का मतिब फ़ेल हुआ है तो 'शेरा एण्ड कम्पनी' की देखा-देखा दीना कई तरह की जाली कम्पनियों के नाम से इश्तहार देता है और जाली माल बेचता है। प्लांचेट,[१] नकली कैमरे, घड़ियाँ और न जाने क्या-क्या.... वह समझता है, किसी को मालूम नहीं। एक-न-एक दिन पकड़ा जायेगा तो सारी चालाकी निकल जायेगी.... हमारी तो बोल-चाल बन्द है, नहीं मैं उससे कहता कि साले चार दिन तुझे हिकमत पास किये हुए हैं, आठ-दस साल प्रैक्टिस कर, अपने आप मशहूर हो जायेगा। दो ही दिन में ठाकुरदत्त मुल्तानी बन जाये, ऐसा कहाँ का जीनियस है तू! यह सब फ्रॉड करना था तो हिकमत पढ़ने की क्या ज़रूरत थी!"

और अनन्त हँसा।

"मैंने तो उसे सलाह दी है कि वह लाहौर चल कर मतिब खोले। इतने नुस्ख़े उसे याद हैं, तिब का उसे इतना ज्ञान है, ज़रा-सा इश्तहार करे तो कविराज रामदास जैसा मशहूर हो जायेगा। कविराज भी ऐसे ही लाहौर में आ कर जमे थे।"

"कविराज के कितने बच्चे हैं ?" सहसा अनन्त ने पूछा।

निमिष भर को, इस सवाल के बेतुकेपन के कारण, चेतन चुप रह गया। फिर उसने कहा, "लड़का तो उनके एक ही था। अब चौदह वर्ष के बाद दूसरा हुआ है।"

"दूसरे बच्चे के लिए जो चौदह बरस तक रुक सकता है, वही कविराज रामदास बन सकता है। दीने ने आठ साल में पाँच बच्चे पैदा कर दिये हैं। यह लाहौर जायेगा तो वे किसके बाप को रोयेंगे ? ठल्लू तो जो कमाता है, शराब में उड़ा देता है। दीने के बच्चों को यहाँ कौन पालेगा ? इस साले को किसने कहा था कि जड़ियागिरी छोड़ कर हकीम बन। ठगी के लिए वही पेशा क्या बुरा था ?"

और अनन्त ने ज़ोर से ठहाका लगाया और चेतन के कन्धे पर हाथ मारते हुए बोला, "अब किधर जा रहे हो ?"

"सोचता हूँ, ज़रा निश्तर के हो आऊँ।"

"उस ऐंचाताने के जा कर क्या करोगे ? चलो, देबू काने और बद्दे को लेते हैं। देबू की आँख निश्तर से ज़्यादा दबी है। चौपड़ की एक-दो बाज़ियाँ जमाते हैं। दोनों को भिड़ा देंगे और तमाशा देखेंगे।"

"मेरा मूड नहीं।"

"मूड ख़राब करने से तुम्हारी साली अब आने से रही...."

---

१. लकड़ी का एक पान की शक्ल का यन्त्र, जिसके माध्यम से आवाहित आत्माएँ अपनी बात लिखाती हैं।

"बको मत!"

अनन्त ने ठहाका लगाया, "अब उसका खेड़ा[1] छोड़ो और कोई दूसरा गाँव देखो। तुम नहीं, और सही, और नहीं और सही —हमारा तो यही विश्वास है।"

"तुम पुराने हरजाई हो।"

"और तुम पुराने चुग़द।"

और ज़ोर से ठहाका मारता अनन्त चला गया। ....चेतन कुछ क्षण ठगा-सा वहीं खड़ा रह गया। उसने देखा —लोहार ने एक-दो बार साँचे को मुट्ठी से ठकोर कर ऊपर का हिस्सा उठा लिया है और नीचे के हिस्से में नयी कुंजी नवजात शिशु-सी चमक रही है।

कुंजी....

कुछ क्षण चेतन उसे अनिमेष देखता रहा। पर उसकी आँखें देख कर भी कुछ न देख रही थीं। वह लम्बी साँस ले कर बढ़ चला।

नौ

'....अनन्त ठीक ही तो कह रहा है,' चेतन चलते-चलते सोचने लगा, 'उसके कहने का ढंग कितना भी फूहड़ क्यों न हो, पर उसकी बात में सच्चाई है।' आख़िर ख़ुद उसके इस उखड़ेपन का क्या कारण है ? नीला की शादी ही ना! क्या नीला की शादी न होती ? क्या वह उसके नाम की माला जपती रहती ? उसमें इतनी हिम्मत नहीं कि चन्दा को छोड़, उसे अपना लेता। वह चन्दा से विश्वासघात भी नहीं करना चाहता और नीला का प्यार भी पाना चाहता है। एक ओर अनन्त है —निर्द्वन्द्व! उसे किसी तरह की दुविधा नहीं। इश्क के मामले में वह उन्मुक्त है....

और चेतन के सामने अनन्त के कई रोमान घूम गये। मुहल्ले में दो महरियाँ काम करती थीं —ज्वाली और मिरचाँ। दोनों की जवान लड़कियाँ थीं —अक्की और अम्बो। दोनों चेतन को चाहती थीं। अक्की बड़ी सुन्दर थी। अम्बो सुन्दर तो न थी, पर जवानी का आकर्षण उसमें था। चेतन जब कभी पानी भरने या कुँए पर नहाने जाता और उनमें से कोई पानी भर रही होती तो ज़रूर उससे घड़ा खिंचवाने का अनुरोध करती और जब तक वह घड़ा खिंचवाता रहता, उससे मीठी-मीठी बातें करती रहती। लेकिन चेतन कभी इससे आगे न बढ़ा था। एक बार उसने अनन्त से उनकी बात की तो उसने उसे कई स्कीमें बतायीं। पर जब वह किसी पर अमल न कर सका तो अनन्त ने अपनी माँ पर ज़ोर दे कर पहले एक महरी को पानी भरने के लिए रखा। जब उसकी ज़रूरत पूरी हो गयी तो फिर दूसरी को रख लिया और चेतन को सविस्तार उसने बताया कि कैसे उसने एक-एक करके दोनों लड़कियों को फाँसा।

---

१. खेड़ा = गाँव।

औरतों के बारे में उसका मत था कि उनका एक ही काम है और जो पुरुष उनसे वह काम नहीं लेता, वह पुरुष कहलाने के योग्य नहीं। प्रेम-व्रेम — यह सब बकवास है। ....दूसरी ओर उसके पिता थे। उनका मत अनन्त से भिन्न नहीं था। अपने मित्रों से इस विषय पर उनकी बहस उसने बचपन में कई बार सुनी थी। आवश्यकतानुसार वे धर्म को भी अपने पक्ष में कर लेते थे। वह मर्द क्या, जो औरतों से घबराये, उसकी शरण में आयें तो उन्हें अंगीकार न करे। कृष्ण-कन्हैया ब्रज की गोपियों के संग रास रचाते थे। पर-स्त्री राधा से प्रेम करते थे। रुक्मणि ने उनका आवाहन किया तो उसे हर लाये और जरासन्ध के पराभव के बाद उसकी बन्दिनी सोलह हज़ार राज-कन्याओं के वरण की बात उठी तो निरपेक्ष भाव से कृष्ण ने उनको वर लिया।

और वर लेना तो दूर रहा, वह तो नीला के प्रेम का प्रतिदान तक न दे सका। उस वक्त, जब उसके शरीर का अणु-अणु उसे चाहता था, वह अपने मस्तिष्क का अंकुश उस पर लगाये रहा। उसकी उस स्वाभाविक-सी लड़खड़ाहट का उसने उसे कितना दण्ड दिया....डरपोक....कायर....चुग़द!

लेकिन तभी उसके सामने उसकी माँ का चित्र घूम गया। उसके पिता के इस पुरुषत्व और वीरता का दण्ड उस बेचारी ने कितना भोगा! उसकी आँखों के सामने लच्छमा आ गयी — गेहुँआ रंग, बेबाक आँखें, तीखे नक्श, छरहरा शरीर....पण्डित शादीराम के सार्जेण्ट-मित्र मंगलसेन की बीवी और पण्डित जी की रखैल!

माँ ने एक बार बड़े दुख से उसे उसकी कहानी सुनायी थी। वह टाँडा उरमर के एक कलाल परिवार की बाल-विधवा थी। मंगलसेन जब वहाँ हेड कॉन्स्टेबल था तो किसी मामले में उसके यहाँ तलाशी लेने गया था, तब उनकी नज़रें लड़ गयी थीं और आधी रात को तन की साड़ी उतार कर खिड़की से बाँध वह नंगी उसके सहारे उतर कर मंगलसेन के साथ भाग आयी थी और उसी के साथ रहने लगी थी। चेतन के पिता तब टाँडा में असिस्टेण्ट स्टेशन मास्टर थे। कई दिन तक वह उनके घर छिपी रही थी। मंगलसेन ने वहाँ से अपनी बदली करा ली थी और उसे साथ ही ले गया था।

लेकिन उसने चेतन के पिता का पीछा न छोड़ा था। कई बार पूरे-का-पूरा वेतन वे उसके यहाँ दे आते थे। चेतन को पहले महायुद्ध की याद थी, जब उसके पिता कोयटा में स्टेशन मास्टर थे। गेहूँ की बोरी इक्कीस रुपये की हो गयी थी। घर में एक ही तरकारी बन पाती थी और कई बार उन्हें प्याज़ के कतलों में नमक छिड़क कर उनके साथ ही रोटी खानी पड़ती थी। सिर पर कर्ज़ भी कम न था। उसके पिता वेतन के रुपये भेजते तो साथ आदेश लिख देते कि गेहूँ की एक बोरी लच्छमा के घर भी भिजवा दी जाये।

माँ लच्छमा को वेश्या से ज़्यादा कोई दर्जा न देती। कलाल के हाथ का खाना वह मिश्र घराने की लड़की कैसे स्वीकार करती ? कभी जब उसके पिता लच्छमा को ले आते और वहीं घर में वह खाना खाती तो माँ उनका खाना तैयार कर देती, पर स्वयं उपवास कर जाती। वह भरसक उसे छूने से परहेज़ करती। छू लेती तो बाद में स्नान करती और कपड़े धो डालती। इसी कारण पति के हाथों उसे कई बार पिटना पड़ा था। एक घटना — बहुत बचपन की — चेतन के मस्तिष्क पर अमिट छाप छोड़ गयी थी।

एक बार — उनका घर अभी नया न बना था — उसके पिता कहीं से आये तो लच्छमा को साथ ही लेते आये। शराब की बोतल भी वे लाये। लच्छमा ने स्वयं अपने हाथों उन्हें पिलायी। माँ ने उन्हें खाना खिलाया। तब चेतन के पिता ने नशे में धुत्त उसे आदेश दिया कि मायके से उसके लिए जो नयी साड़ी आयी है (तीज के त्योहार पर चेतन के नाना ने एक साड़ी और मिठाई भेजी थी), वह लच्छमा को दे दे। चेतन के पिता कभी ही माँ के लिए कुछ लाते थे। चेतन ने माँ को कभी ही अच्छे रेशमी वस्त्रों में देखा था। साड़ी बनारसी थी। माँ को चाहे रेशमी वस्त्रों से वितृष्णा हो गयी थी और वह प्रायः उन्हें अंग न लगाती थी, पर छठे-छमाहे सन्दूक खोल कर उन्हें देख भर लिया करती थी और उस दिन की कल्पना करती थी, जब उनके लड़के बड़े होंगे, उनकी शादियाँ होंगी और वह अपनी बहुओं के तन पर उन्हें देख कर ख़ुश हो लेगी। यह साड़ी उसने आते ही चेतन के बड़े भाई की शादी के निमित्त सन्दूक में सहेज दी थी। पिता कभी चढ़ावे में एक पैसा भी ख़र्च कर सकेंगे, इसकी उसे कोई आशा न थी।

लेकिन पति के आदेश को उसने कभी न टाला था। मन मसोस कर, छलछलाती आँखों से वह साड़ी ले आयी, उसकी धोती उस कलाली से छू न जाये, इस विचार से उसे समेट कर उसने साड़ी लच्छमा की गोद में फेंक दी। बस, इसी बात पर चेतन के पिता ने उसे इतना पीटा, इतनी बार उसे गर्दन से पकड़-पकड़ कर लच्छमा के पैरों पर झुकाया, उसका माथा धरती से फोड़ा कि ख़ून बहने लगा और वह बेहोश हो गयी।

कृष्ण....चेतन मन-ही-मन विद्रूप से हँसा। क्या नारी की यही कद्र भगवान कृष्ण करते थे! और उसके सामने राम का चरित्र आ गया।....जब कभी चेतन के पिता कृष्ण का नाम ले कर दुराचार को ढँकने का प्रयत्न करते थे तो माँ उन्हें राम की कहानी सुनाती थी। सीता को रावण उठा ले गया, लेकिन राम उसी की माला जपते रहे। उनके किसी रोमांस का उल्लेख उनके इतने लम्बे बनवास में नहीं मिलता। शूर्पनखा, जो उनके सौन्दर्य से आकर्षित हो कर आयी, उनसे उपेक्षा पा कर ही लौटी (राम की जगह अनन्त या उसके पिता होते तो क्या उसे यों ही छोड़ देते — शायद नहीं।) फिर जब लंका-विजय के बाद राम ने स्वयं सीता को बनवास दे दिया, तब भी वे अकेले बने रहे। अपने अकेलेपन को उन्होंने राजकार्य में लगा दिया।

क्या वे सीता से प्रेम करते थे ?

क्या वे अपने-आप से प्रेम करते थे ?

चेतन के मन में सहसा दो प्रश्न उठे। पर वह कुछ भी तय न कर पाया। क्या ऐसा तो नहीं कि पुरुष की इन दो आदर्श-प्रवृत्तियों को पुरातन कथाकारों ने इन दो आदर्श-पुरुषों में आरोपित कर दिया हो। इसीलिए वे सम्पूर्ण हैं। चेतन को लगा कि उसके इर्द-गिर्द के मध्यवर्गीय लोग इन्हीं दो सीमाओं से बँधे, इन्हीं से परिचालित हैं। उनमें न कोई पूरे तौर पर राम बन पाता है, न कृष्ण। दूसरों की बात वह उतने निश्चय से नहीं कह सकता, पर वह उन दो सीमाओं के मध्य तूफ़ान की ज़द में आये हुए गुलाब की तरह डोल रहा था। उसकी नसों में उसके पिता के रक्त की गर्मी और चांचल्य भी था और माँ के रक्त का ठण्डापन और ठहराव भी। वह जब भी नीला के बारे में सोचता, उसके सामने चन्दा का चित्र घूम जाता और फिर उसी पर माँ की सिलहूत उभर आती और उसका हृदय अपार

करुणा से भर जाता और चन्दा को तकलीफ़ पहुँचाने के डर ही से वह काँप उठता।

०

दाल[१] — दिला इस कदर न हो उच्चा
मारे जाण सिर जेहड़े उठाँवदे ने

चेतन रुका, बायीं ओर तुनके धोबी की दुकान पर कोई बैतबाज़ बायें कान पर हाथ रखे बड़ी सुरीली, सोज़-भरी और दूर-दूर तक गूँजती आवाज़ में बैत गा रहा था। दो पंक्तियाँ किंचित धीमे स्वर में गा कर फिर और ऊँचे स्वर में उसने बैत उठाया :

दाल — दिला इस कदर न हो उच्चा
मारे जाण सिर जेहड़े उठाँवदे ने
बहुते आ जावन जो हंकार अन्दर
दिल दी कदे मुराद न पाँवदे ने
टोये साँभ लैन्दे अब्रे-करम ताईं
टिब्बे खड़े ही पये कुरलाँवदे ने
दो घड़ी कारण खिड़ के फुल्ल 'टी०-सी०'
देगाँ विच पये अर्क खिंचवाँवदे ने[२]

चेतन का ध्यान फिर पलटा। क्या नीला की स्थिति उस फूल-सी नहीं हुई, जिसे दो घड़ी खिलने का यह दण्ड मिलता है कि उसे नोच कर उबलते पानी की देग में डाल दिया जाता है!

उसकी आँखों के आगे अँधेरा-सा छा गया। कुछ अजीब-सी व्यथा उसके अन्तर को मथ गयी।

गाने वाला बड़ी दर्द-भरी आवाज़ में गा रहा था और चेतन सोच रहा था — यहाँ फूल खिलने से पहले नोच लिये जाते हैं। जो माली उन्हें लगाता है, वही उन्हें नोच कर अपात्र के हाथों सौंप देता है। पण्डित दीनदयाल नीला से कितना प्यार करते थे, उसे कितना लाड़ लड़ाते थे, पर वही उसका यों गला घोंटने का कारण बने....नीला....नीला....

क्या सचमुच उसे अहंकार था —अपनी सुन्दरता का! कि नियति ने उसे तोड़ फेंकना उचित समझा। उसे तो शायद उसका भान भी न था!

और उसने पाया कि उसे दुख वास्तव में इस बात का नहीं कि नीला की शादी तेरह-चौदह बरस की उमर में हो गयी; कि कली खिल भी न पायी थी कि नोच ली गयी। दुख उसे इस बात का था कि अधेड़ के साथ हो गयी और उस शादी का कारण वास्तव में चेतन की अपनी मूर्खता, कायरता, बचपना और ढुलमुलता थी। इलावलपुर के चौबारे की वह घटना उसके मन से जा ही न पाती थी, जिसके कारण नीला को यह दण्ड भोगना पड़ा था। वह समझ न पाता था कि इस ग़लती का कैसे प्रायश्चित करे और उसका मन कहीं

१. उर्दू वर्णमाला का चौथा अक्षर। बैत का यह बन्द 'दाल' यानी 'द' अक्षर से शुरू होने वाला है।
२. ऐ दिल, इस कदर ऊँचा न हो कि जो सिर उठें, वे धड़ से जुदा कर दिये जायें। अगर अन्दर बहुत अहंकार आ जाये तो दिल की मुराद कभी पूरी नहीं होती। गड्ढे मेघों की कृपा अर्थात वर्षा को सँजो लेते हैं, जबकि टीले सूखे पड़े कराहते हैं। टी०सी० यानी कवि ताराचन्द कहता है कि दो घड़ी के लिए खिलने की वजह से फूल देगों में पड़े अपना अर्क खिंचवाते हैं।

लग न पाता था। अगर नीला का विवाह त्रिलोक के साथ हुआ होता अथवा किसी और युवक के साथ, तो शायद उसे इतनी तकलीफ़ न होती। अपनी तकलीफ़ के बावजूद उसे ख़ुशी होती, लेकिन अब....अब....

दाल — दिला करें क्यों ग़म इतना
दुनिया विच्च नहीं कौन इन्सान दुखिया
दुनिया ख़ास मिसाल सराये दी ए
एत्थे आया सो रिहा मेहमान दुखिया

बैतबाज़ ने दूसरा बैत छेड़ दिया था।....

सो लोग अपने ग़म से सन्तुष्ट हैं। दुख को अनिवार्य जान, वे इसके सामने हथियार डाल कर अपनी नियति को निर्विकार रूप से स्वीकार कर लेना ही श्रेयस्कर समझते हैं....और वह चल पड़ा....विद्रोह का एक गोला-सा उसके अन्तर में उठा और गले में अटक गया। क्या ज़रूरी है कि दुनिया सराय-सी रहे ? इसमें सिवा ग़म के कुछ हाथ न आये ? दुख देने वाली परिस्थितियों को आदमी न बदले ? रस्मों को, जो उसी ने बनायी हैं, न तोड़े ? सुख की सृष्टि न करे ?....दुनिया सराय है, दुख लाज़िम है, सो लोग सब्र-सन्तोष से ग़म पियेंगे और जियेंगे —नीला सब्र से दुख झेलेगी, उसका पिता झेलेगा, वह झेलेगा, चन्दा झेलेगी और जाने यह कड़ी कहाँ जा कर ख़त्म हो या शायद ख़त्म ही न हो। एक आवेश-भरे क्रोध से उसका सिर चकरा उठा और वह उसे नीचे झुकाये, बाज़ार को जैसे चीरता हुआ, ऐसी आँधी-सा उड़ चला, जो गलियों, बाज़ारों से सरसराती हुई निकल जाती है, लेकिन न छतें उड़ाती है, न मकान गिराती है और न बादल ही बरसाती है। उसने सिर उठाया तो पाया कि वह निश्तर के मकान के नीचे से गुज़रा जा रहा है। वह रुका और उसने ऊपर को सिर उठा कर आवाज़ दी।

"निश्तर....निश्तर!"

जब कोई जवाब न आया तो डेवढ़ी पार कर, वह सीढ़ियाँ चढ़ गया और जा कर उसने दरवाज़े पर ज़ोर से दस्तक दी।

"निश्तर!"

दस

"आइए बैठिए, भाई साहब अभी आते हैं।"

दरवाज़ा खोल कर एक छोटी-सी लड़की ने आँखें ज़मीन में गड़ाये हुए कहा।

चेतन आँगन लाँघ कर निश्तर के कमरे में एक मैली-सी कुर्सी पर जा बैठा। लेकिन वह गिरते-गिरते बचा। कुर्सी की एक टाँग नहीं थी। तीन टाँगों के सहारे वह दीवार के साथ रखी थी। उस पर बैठने की शर्त उसे दीवार से सटा कर रखना था और चेतन ने बैठते वक्त उसे ज़रा-सा आगे सरका लिया था।

लड़की ने बड़ी मुश्किल से अपनी मुस्कान दबायी और खेद-भरे स्वर में कहा, "मैंने कई बार भाई साहब से कहा कि इसे ठीक कराइए, किसी का सिर फूट जायेगा किसी दिन, पर वे कान ही नहीं धरते। आप उधर चारपाई पर बैठ जाइए, या इसी को दीवार के साथ सटा लीजिए।"

"कोई बात नहीं, कोई बात नहीं।" चेतन ने कुर्सी को दीवार के साथ सटाने के क्रम में अपनी खिन्नता मिटाते हुए कहा और कुर्सी पर बैठ कर चारपाई से एक अख़बार उठा कर उससे पंखा करने लगा।

लड़की भाग कर पंखा ले आयी, उसे चुपचाप उसके सामने रख दिया और जैसे इतने ही से उसे साँस चढ़ गयी हो, आँखें नीची किये हुए उसने पूछा, "लस्सी बनाऊँ या शिकंजी ?"

चेतन निश्तर की आर्थिक दशा से वाकिफ़ था, लेकिन पंजाब के घर में मेहमान को लस्सी या शर्बत न मिले (विशेषकर विभाजन से पहले) यह कब सम्भव था।

"नहीं, मुझे घड़े का ठण्डा पानी पिला दो!" चेतन ने पंखा उठाते हुए कहा।

लड़की चली गयी। बारह-तेरह बरस की उमर। नीला-सी सुन्दर तो नहीं, पर कुरूप भी नहीं। निश्तर की तरह उसकी बायीं आँख कुछ दबी थी, पर जो दबाव निश्तर को कुरूप बनाता था, वही उस लड़की को सुन्दरता प्रदान कर रहा था....'जाने नियति ने इसके भाल पर नीला का भाग्य लिखा है, या चन्दा का ?' चेतन ने सोचा, 'क्योंकि इससे अलग भाग्य निम्न-मध्यवर्ग की लड़कियों का नहीं है। जाने कब होगा ? शायद तब, जब वे सचमुच आज़ाद होंगी और भेड़-बकरियों की अपेक्षा उनकी स्थिति भिन्न होगी। एक झटका —एक पुरज़ोर झटका और निम्न-मध्यवर्ग को इस तंग घेरे में बाँध रखने वाली दीवारें ढह जायेंगी। यह ठीक है कि स्वतन्त्रता आन्दोलन ने औरतों को घर से बाहर निकलना सिखा दिया है, पर कितनियों को! शायद एक प्रतिशत को भी नहीं।'

और चेतन के सामने भरा बादल घूम गया, जिसकी बूँदें इस बात पर संकोच कर रही हों कि पहले कौन बढ़े। तभी एक बढ़ती है, फिर दूसरी, और फिर मूसलाधार पानी बरसने लगता है।

'शायद स्वतन्त्रता के इस संग्राम में कूदने वाली महिलाएँ बरसात की पहली बूँदियों-सी हैं।' चेतन ने सोचा।

कल्पना-ही-कल्पना में उसने अपने मुहल्ले पर निगाह दौड़ायी। १९२१ अथवा १९३१ के आन्दोलन में एक भी स्त्री घर से बाहर न निकली थी, एक भी जेल न गयी थी। बहुतों ने तो जुलूस तक भी न देखे थे। उनसे पूछा जाये —तुम आज़ादी चाहती हो ? — तो शायद कोई इसका उत्तर भी न दे सके।

एक लम्बी साँस चेतन के अन्तर की गहराई से निकल गयी।

"लीजिए!"

चेतन ने सिर उठाया। लड़की हाथ में कच्ची लस्सी का गिलास लिये खड़ी थी। चेतन कहना चाहता था —'इस तकल्लुफ़ की क्या ज़रूरत थी,' पर उसने कुछ नहीं कहा। गिलास उसके हाथ से ले कर वह लगभग एक ही साँस में सारा गिलास पी गया।

लड़की फ़र्श पर आँख जमाये खड़ी रही और उसके पी चुकने पर गिलास ले कर चल दी।

"निश्तर क्या देर में आयेगा ?"

लड़की रुकी, लेकिन मुड़ी नहीं। "अभी आता हूँ —कह कर गये हैं।" उसने जैसे फ़र्श से कहा, "खाना खा कर नहीं गये। आते ही होंगे।"

और वह चली गयी।

चेतन ने कमरे में चारों ओर निगाह दौड़ायी —छोटा-सा वही दालान, जिसमें वह पहले भी दो-चार बार आया था। बायीं ओर चारपाई बिछी थी, जिस पर कुछ किताबें और काग़ज़ बिखरे थे। एक ख़स्ता-सी तिपाई और तीन टाँग की कुर्सी थी (जिस पर कि वह स्वयं किसी तरह बैठा था)। तिपाई पर तख़्ती में कुछ काग़ज़ लगे थे, कलम-दवात पड़ी थी और 'सदाकत' का ताज़ा अंक (जिसे चेतन ने घबराहट में उठा लिया था और पंखा आने पर बेख़याली में वहीं रख दिया था)। दायीं ओर दीवार के साथ 'सदाकत' की फ़ाइलों के ढेर थे।

चेतन ने 'सदाकत' का वह अंक फिर उठा लिया —छै पृष्ठों का साप्ताहिक। मुखपृष्ठ पर पत्र का नाम बड़ी बेल-बूटेदार इबारत में लिखा था, जो चेतन को ख़ासी भौंडी लगी। उसके नीचे एक शे'र छपा था :

हम सिदक पे मिट जायें, अरमान हमारा है
बातिल[१] को मिटा देंगे, ऐ'लान हमारा है

और शे'र के एक ओर पतले, अरबी अक्षरों में छपा था —निश्तर।

'जैसे नाम के बिना इस शे'र को पढ़ने वाले लोग 'इकबाल' का ही तो समझ लेंगे —' चेतन मन-ही-मन हँसा।

उसकी नज़र कुछ और नीचे गयी। एक लम्बी, गोल बेल के बीच लिखा था —मालिक-एडीटर नन्दलाल 'निश्तर' हुनरवी।

इन दोनों विशेषताओं पर चेतन ने मन-ही-मन दो ठहाके लगाये। पहले 'मालिक' पर (निश्तर अपने इस परचे को 'ट्रिब्यून' से कम क्या समझता होगा) फिर 'हुनरवी' पर (तो निश्तर भी हुनर साहब के शागिर्दों में शामिल हो गया —पहले 'अब्र,' फिर 'रहमत' और अब 'हुनर' —निश्तर के उस्तादों में अभी न जाने और कितने नाम जुड़ने वाले थे ?)

o

चेतन छठी कक्षा में पढ़ता था, जब उसने पहले-पहल 'निश्तर' को देखा था। उसे वह शाम आज भी याद थी। असहयोग आन्दोलन का ज़ोर था। उसने सुबह उठते ही सामने के मकान में रहने वाले स्वर्गीय राय साहब दयालचन्द के दत्तक-पुत्र रायज़ादा ख़ुशवन्त राय को अपने नानकशाही ईंटों के मकान की पुरानी बेल-बूटेदार शीशम की चौखट के ऊपर बड़े सुन्दर अक्षरों में चॉक से लिखते पाया :

'हामियाने-अदम-तआवुन विदेशी कपड़ा माँगने यहाँ न आयें,
वरना उनके ख़िलाफ़ कानूनी चाराजोई की जायेगी।'

---

१. असत्य।

चेतन 'अदम-तआवुन' का मतलब समझ न पाया था तो चेतन के बड़े भाई ने बताया था कि महात्मा गाँधी ने सरकार के साथ 'ना-मिलवर्तन' का नारा दिया है। ना-मिलवर्तन यानी असहयोग को ही अदम-तआवुन कहते हैं। सारे देश में आग लग गयी है। स्कूल-कॉलेज बन्द हो रहे हैं। लोग विदेशी कपड़ा पहनना छोड़ रहे हैं, शराब पीना छोड़ रहे हैं जिससे इन साले बनिया अंग्रेज़ों की सारी तिजारत तबाह हो जायेगी....

उसके भाई ने बहुत कुछ बताया था, जो उसकी समझ में न आया था। लेकिन उस दिन वह स्कूल गया तो अभी पहली घण्टी भी शुरू न हुई थी कि उसने देखा —अचानक लड़के क्लासें छोड़ कर बाहर को भागे जा रहे हैं। जाने बाहर गैलरी में आ कर किसी ने क्या कहा कि लड़के उठे और बाहर को चल दिये। वह भी पीछे-पीछे चला। स्कूल के अहाते के बाहर मैदान में लड़कों का बेपनाह हुजूम था। बहुत परे स्टूल पर कोई खड़ा भाषण दे रहा था। बड़े-बड़े लड़कों के पीछे खड़े चेतन को न कुछ दिखायी दिया, न सुनायी दिया। फिर एक ज़ोर का नारा गूँजा — 'इन्कलाब' —और सब एक स्वर से बोले — 'ज़िन्दाबाद।' और हुजूम पुलिस-लाइन के ऊपर से अड्डा कपूर्थला की ओर चल दिया — 'वन्दे मातरम' गाता और 'इन्कलाब ज़िन्दाबाद' के नारे लगाता हुआ! चेतन सबसे पीछे था —उसने स्कूल के गेट पर खड़े अपने टीचरों को देखा, जिनके चेहरों पर कुछ अजीब-सी बेबसी और ग्लानि-मिली खिन्नता पुती हुई थी।

पूरा गीत चेतन को सुनाई न दे रहा था। लेकिन गीत की एक कड़ी बार-बार उठती और फैलती हुई लहर-सी उस तक आ जाती :

आप गांधी क़ैद हो गया
सान्नूँ दे गया खदर दा बाणा

इस कड़ी के बाद 'इन्कलाब' का गगनचुम्बी घोष उठता और दूसरों के साथ चेतन भी 'ज़िन्दाबाद' बोल देता।

अड्डा कपूर्थला से अमाम नासरुद्दीन, फिर बड़ा बाज़ार, बोहड़ वाला बाज़ार, भैरो बाज़ार....जुलूस के साथ हज़ारों लोग शामिल हो गये, यहाँ तक कि चेतन के कानों में आगे गाने वालों की आवाज़ आना भी बन्द हो गयी। वह थक भी गया, इसलिए जब वे भैरो की मूर्ति के पास पहुँचे तो वह गली तमाखियाँ से निकल कर पापड़ियाँ बाज़ार से होता हुआ घर आ गया।

दोपहर को वह बद्दे, देबू और हन्से के साथ छिकड़ी (चौपड़) खेल रहा था कि सहसा दूर से 'इन्कलाब ज़िन्दाबाद' और कौमी गीत की आवाज़ आयी। छिकड़ी-विकड़ी वहीं छोड़, वे बाहर की ओर लपके। वे अभी कुएँ के पास ही थे कि बाज़ार की ओर से एक वॉलण्टियर राष्ट्रीय झण्डा उठाये, उसके पीछे खादी के कुर्ते, पायजामे और गाँधी टोपियाँ पहने दूसरे स्वयंसेवक खादी के गीत गाते और एक चादर को चारों कोनों से उठाये आते दिखायी दिये, जिसमें विदेशी कपड़ों का ढेर धरती को छू रहा था।

मुहल्ले के चौक में आ कर वे रुक गये। चादर उन्होंने चौक में बिछा दी, दो स्वयंसेवक कुएँ की जगत पर चढ़ कर गाने लगे और सभी उनके स्वर-में-स्वर मिलाने लगे। यद्यपि लगभग दस-ग्यारह वर्ष पहले चेतन ने वह गाना सुना था, पर उसे आज भी

उसके पहले बन्द याद थे —

खादी दा चोला गल विच पा के
ना-मिलवर्तन दी तुरही वजा के
चर्ख़े-दी हुण तोप चढ़ा के
मारो सूत दे गोले लंकाशायर नूँ
शायर नूँ
मारो सूत दे गोले लंकाशायर नूँ

हुक्म गाँधी दा सभी मननगे
बन्ह के सिर ते कफ़न चलनगे
जलियाँ वाले कई बननगे
लै आये बन्दूकाँ, कह देयो डायर नूँ
डायर नूँ
मारो सूत दे गोले लंकाशायर नूँ

इतने बरस गुज़र जाने पर भी चेतन को याद था कि गाने वालों के चेहरे कुछ अजीब-से शहीदी जोश से जगमगा रहे थे और गीत को सुनते-सुनते कई बार उसके अपने तन में सनसनी दौड़ गयी थी और जब गाना ख़त्म होने पर उछल कर बंसी ने नारा लगाया था — 'इन्कलाब' — तो सुनने वालों के स्वर-से-स्वर मिला कर चेतन भी पूरे ज़ोर से चिल्लाया था — 'ज़िन्दाबाद!'

एक छोटा-सा ओज-भरा भाषण दे कर जुलूस का नेता मुहल्ले के घर-घर गया था और उसने विदेशी कपड़े माँगे थे। मुहल्ला ग़रीब, लोगों के पास पहनने के वस्त्रों का अभाव, होली जलाने को रेशमी कपड़े देने की कौन कहे। गृहणियों ने प्रायः फटे-पुराने कपड़े ही दिये थे। एक विदेशी चीथड़ा भी मिलता तो 'गाँधी बाबा की जय' और 'इन्कलाब ज़िन्दाबाद' से मुहल्ला गूँज उठता। चेतन भी भागा-भागा माँ के पास आया और माँ ने ट्रंक से बहुत पुराना, पर एकदम नया लगता-सा (कि वह कीमती कपड़े अपनी बहुओं के लिए सहेज रखती थी) रेशमी लहँगा दिया था और चेतन उसे नेता को देते समय फूला न समाया था। जब उनके घर से लोग राय ख़ुशवन्त राय की हवेली की ओर पलटे तो उन्हें शीशम का भारी दरवाज़ा बन्द मिला। तब किसी की दृष्टि चॉक से लिखे गये उस नोटिस पर गयी —

'हामियाने-अदम तआवुन....'

और किसी ने कहा — 'टोडी बच्चा' और जुलूस वालों के साथ एक-स्वर हो कर मुहल्ले वाले चिल्ला उठे — 'हाय-हाय!'

कुछ देर तक 'ख़ुशवन्त राय — मुर्दाबाद' और 'टोडी बच्चा — हाय-हाय' कहते हुए सयापा करने — छाती पीटने-के बाद जुलूस 'गाँधी बाबा की जय' और 'इन्कलाब ज़िन्दाबाद' के नारे लगाता, उसी तरह विदेशी कपड़ों से भरी चादर उठाये, वही गीत गाता, वापस चला तो चेतन भी उसके पीछे-पीछे हो लिया था।

जब जुलूस हरलाल पंसारी की दुकान के पास से हो कर बाजेयाँ वाले बाज़ार में से, ख़ुशवन्त राय की हवेली की उन बैठकों के पास से जा रहा था, जो बाज़ार में खुलती थीं

तो अचानक ऊपर की खिड़की खुली और रायज़ादा की बड़ी पत्नी ने (उनके दो पत्नियाँ थीं, पहली जालन्धर के सोंधी घराने से थीं, जो स्वतन्त्रता-आन्दोलन में सब से आगे था, पर चूँकि उससे कोई सन्तान न हुई थी, इसलिए रायज़ादा ने एक ग़रीब घर में दूसरी शादी कर ली थी) ज़री की रेशमी साड़ी फेंक कर तत्काल खिड़की बन्द कर ली। और 'महात्मा गाँधी की जय' और 'इन्कलाब ज़िन्दाबाद' के नारे बाज़ार के एक सिरे से दूसरे सिरे तक गूँज गये।

जुलूस के पीछे-पीछे शहर के बाहर, कोट किशनचन्द से भी आध-एक मील आगे, चेतन 'गाँधी मण्डप' पहुँचा। गाँधी मण्डप वास्तव में एक विशाल तालाब था, जिसे 'नदीराम का तालाब' भी कहते थे। इसके चारों ओर पक्की सीढ़ियाँ थीं। जब महात्मा गाँधी पहली बार जालन्धर आये तो यहीं सभा हुई थी। तभी से इसका नाम गाँधी मण्डप पड़ गया था और कांग्रेस की सभाएँ यहाँ होने लगी थीं। चेतन चलते-चलते बेहद थक गया था। तालाब की सीढ़ियों पर तिल धरने को भी जगह न थी। जाने शहर के विभिन्न मुहल्लों से कितने जुलूस वहाँ पहुँचे थे। लगता था जैसे सारा शहर नदीराम के तालाब पर पहुँच गया है। वह चाहता था, आगे जाये, मंच के पास बैठे, लेकिन कहीं भी ख़ाली जगह दिखायी न देती थी। वह इतना थक गया था कि उसे एक कदम आगे बढ़ना कठिन लगता था। वहीं ऊपर की सीढ़ी पर वह बैठ गया। उस ज़माने में माइक्रोफ़ोन नहीं थे, न तालाब के आधे हिस्से को भर कर वहाँ प्लेटफ़ार्म ही बनाया गया था। सूखा, विशाल नदीराम का तालाब पुराने ज़माने के स्टेडियम जैसा लगता था, लेकिन वक्ताओं को अपने कण्ठ की पूरी आवाज़ से बोलने का अभ्यास था और जब वन्दे मातरम के गीत के बाद एक छोटा-सा लड़का स्टेज पर आया और सभा के प्रधान ने उसका परिचय दिया तो सबसे ऊपर की सीढ़ी पर बैठे चेतन को भी उसकी आवाज़ सुनायी दी। प्रधान ने नन्दलाल की मेधा की प्रशंसा करते हुए उसकी कवित्व-शक्ति और उसके स्वदेश-प्रेम की प्रशंसा की थी और कहा था कि भारत माता को ऐसे सपूतों पर गर्व है, जो इतनी छोटी उमर में स्वतन्त्रता-संग्राम में कूद पड़े हैं और आशा प्रकट की थी कि वह दिन दूर नहीं, जब भारत माता ग़ुलामी की ज़ंजीरों से आज़ाद होगी और नन्दलाल 'आज़ाद' (तब नन्दलाल का यही उपनाम था) का नाम देश के कोने-कोने में गूँज उठेगा। और उसने नन्दलाल से अपनी कविता पढ़ने के लिए कहा था।

कविता पढ़ने से पहले नन्दलाल ने चन्द शब्द कहे। चेतन तक उसकी आवाज़ नहीं पहुँची, पर चेतन ने यह ज़रूर देखा कि इतनी बड़ी भीड़ को सम्बोधित करते हुए नन्दलाल के स्वर में (जो उससे उमर में एक-डेढ़ वर्ष छोटा ही होगा) ज़रा भी कम्पन नहीं। एक अपूर्व आत्म-विश्वास उसके सारे व्यक्तित्व से फूटा पड़ता है। और जब उन चन्द शब्दों की समाप्ति पर, जो उसने कविता पढ़ने से पहले कहे, जनता ने पूरे ज़ोर से तालियाँ पीटी और 'इन्कलाब ज़िन्दाबाद' के नारे लगाये तो चेतन को नन्दलाल से बड़ी ईर्ष्या हुई।

भाषण दे कर नन्दलाल बड़े जोश से कविता पढ़ने लगा। चेतन को कविता का एक भी बन्द सुनायी नहीं दिया, पर उसने देखा कि हर बन्द के बाद जनता ने तालियाँ पीटीं और 'इन्कलाब ज़िन्दाबाद' के नारे लगाये।

नन्दलाल की कविता के बाद दो-चार नेताओं, और उनके बाद अध्यक्ष का भाषण हुआ। लेकिन चेतन ने और कुछ न सुना, न देखा। उसकी आँखों के सामने बार-बार उस

लड़के की शक्ल आती रही और कानों में जनता की करतल-ध्वनि गूँजती रही।

तभी उसने देखा कि तालाब के मध्य विदेशी कपड़ों का अम्बार लगा है और उस पर तेल छिड़क कर आग लगायी जा रही है और ऐन उस वक्त उसने 'पुलिस, पुलिस' का शोर सुना और ऊपर की सीढ़ियों पर अचानक लोग खड़े हो गये। चेतन ने अपने पीछे बावर्दी पुलिस को कन्धों पर लाठियाँ सजाये मार्च करते देखा। वह नानकशाही ईंटों के टूटे मुनारे पर चढ़ गया, जो शायद किसी ज़माने में गेट का स्तम्भ रहा होगा। तब दर्शकों के मध्य उस रास्ते में, जो मंच को जाता था (जिसके उस ओर महिलाएँ थीं और इस ओर पुरुष) चेतन ने एक काले भुजंग पहलवान-सिफ़त मुसलमान पुलिस इन्स्पेक्टर को हाथ में बेटन लिये और उसके पीछे लाठी-बन्द पुलिस की गारद को सीढ़ियाँ उतरते देखा। उसके देखते-देखते पुलिस इन्स्पेक्टर मंच पर चढ़ गया। जाने उसने लोगों से क्या कहा कि एकदम लोग उठ खड़े हुए। कुछ आगे बढ़े, कुछ पीछे हटे और चेतन ने देखा कि लाठियाँ चलने लगीं और भगदड़ मच गयी। उस भाग-दौड़ में चेतन कब मुनारे से कूदा और सड़क के पार एक खेत के मचान पर जा चढ़ा, उसे याद नहीं।

दूसरे दिन जब उसने सुना कि उस सभा में बारह आदमी घायल और तेरह गिरफ़्तार हुए, और उनमें वह बारह वर्षीय नन्दलाल 'आज़ाद' भी है, तो कुछ अजीब-सी ईर्ष्या-मिली श्रद्धा से उसका मन आप्लावित हो आया।

०

नन्दलाल को तीन महीने कठिन कारावास का दण्ड मिला था। जब वह रिहा हुआ तो चेतन ने उसे ढूँढ कर उससे मैत्री कर ली थी। बाद में जब स्वदेशी आन्दोलन मन्द हुआ, हिन्दू-मुस्लिम फ़साद शुरू हुए और महावीर दल का जन्म हुआ तो दोनों साथ-साथ महावीर दल के सदस्य बने। चेतन भी पंजाबी बैत कहने लगा था। दोनों महावीर दल के बैण्ड में बाँसुरी बजाते थे। 'निश्तर' पहले उस्ताद 'अब्र' का शागिर्द था, फिर पंजाबी कवि-सभा के प्रधान उस्ताद 'रहमत' का शागिर्द हुआ, अपना उपनाम भी उसने बदल लिया और अपने साथ ले जा कर उसने चेतन को भी 'रहमत' का शागिर्द बना दिया। रहमत रँगरेज़ था और उसके शागिर्दों में अधिकांश, शहर के आवारा, निकम्मे-निठल्ले निम्नवर्गीय छोकरे थे। चेतन के मध्यवर्गीय को उस सिकुड़े-सड़े, अपढ़ रँगरेज़ के साथ घूमना और उस्ताद के नाते उसकी चिरौरी करना और उसका लौंडा कहाना स्वीकार नहीं हुआ। दो-एक बार वह 'रहमत' के यहाँ गया और महावीर दल के कवि-सम्मेलनों में भी शामिल हुआ, फिर वह अपने वर्ग के अधिकांश पढ़े-लिखे छात्रों की तरह उर्दू शायरी में दिलचस्पी लेने और 'रहमत' साहब को दूर ही से सलाम करने लगा। तभी 'हुनर' साहब उसे मिल गये और मन-ही-मन उसने उन्हें अपना उस्ताद बना लिया।

०

'तो निश्तर भी हुनरवी बन गया है,' उसने साप्ताहिक पर 'निश्तर' के आगे 'हुनरवी' देख कर मन-ही-मन कहा, जाने हुनर साहब ने किस-किसके शे'र अपने कह कर उसे सुनाये हैं।

और उसने 'सदाकत' का पहला पृष्ठ उलटा। दूसरे ही पृष्ठ पर जनाब नन्दलाल साहब

'निश्तर हुनरवी' की एक नज़्म छपी थी —'अफ़सोस ऐ ग़रीबी' —चेतन यह कविता हुनर साहब से सुन चुका था। छोटे बन्द में, जिसका प्रचार 'हफ़ीज़ जालन्धरी ने किया था, एक ही बैठक में हुनर साहब ने उसे धर घसीटा था। वे जो भी नया शागिर्द बनाते थे, उसके नाम से वह नज़्म लिख कर किसी गुमनाम पत्र-पत्रिका में छपवा देते थे। कई वर्ष पहले वह नज़्म चेतन के नाम से श्री गिरिजा शंकर की पत्रिका 'गिरिजा' में छप चुकी थी। 'गिरिजा' की याद आने से मुंशी गिरिजा शंकर की दरियाई घोड़े की-सी मूँछें चेतन को याद हो आयीं और चूँकि उर्दू लिपि में ज़बर-ज़ेर का उतना ख़याल-नहीं रखा जाता, इसलिए वह 'गिरिजा' को 'गरजा' पढ़ा करता था और उसे किसी मासिक पत्रिका का यह नाम बड़ा अजीब लगता था —जब यह कविता हुनर साहब ने चेतन के नाम से उन्हें दी थी तो अपनी बड़ी-बड़ी मूँछों में मुस्कराते हुए मुंशी साहब ने इतना शुक्रिया अदा किया था, जैसे नज़्म नहीं, उन्होंने 'गिरिजा' का साल भर का चन्दा उन्हें दे दिया हो।

वहीं बैठे-बैठे सरसरी नज़र से वह कविता पढ़ गया। अन्तिम बन्द पर नज़र पढ़ते ही उसके होंटों पर मुस्कान खेल गयी।

बुढ़िया का दिल भी क्या है, जो ग़म से भर गया है
और उसके घर का चूल्हा, मुद्दत से बुझ चुका है
है आग उसके दिल में
अब रात का समाँ है, तारीक आसमाँ है
जो इक चिराग़ वाँ है,
वो तेल से है ख़ाली, और ख़ुश्क उसकी बत्ती
हर दर्द-ो-ग़म को सहती, 'निश्तर' से आज कहती
अफ़सोस ऐ ग़रीबी!

बस, 'चेतन' की जगह 'निश्तर' हो गया था, वरना नज़्म वही थी। —चेतन को हैरत हुई कि तब यह उसे कैसे अच्छी लगी थी और कैसे उसने उसे अपने नाम से छपने दिया था ? और उसे वे सब नज़्में, वे शे'र — भावना से ख़ाली, अनुभूतियों से शून्य, कोरी दिमाग़ी कसरत-ऐसे लगे, जिनको ज़िन्दगी का तनिक-सा भी स्पर्श न प्राप्त हुआ था और जो हुनर साहब के जीवन ही की तरह एकदम झूठे थे।

और वहीं बैठे-बैठे चेतन को लगा, जैसे पिछले कुछ दिनों ने उसकी उमर में कितने ही वर्ष जोड़ दिये हैं। कल्पनाओं की दुनिया में दुख और सुख की बातें करने वाला उसका दिमाग़ दुख और सुख की असलियत को जानने लगा है —इस एक घटना —नीला की शादी —ने उसकी आँखों को एक नयी गहराई दे दी है।

नज़्म पृष्ठ के पूरे दो कालमों में छपी थी। शेष दो कालमों में 'अदीबे-फ़ितरत निगार'[१] जनाब 'हुनर' की एक कहानी छपी थी। यह कहानी उसने तब सुनी थी, जब वह पहली बार उनसे मिला था। लाहौर के एक गुमनाम साप्ताहिक और एक मौसमी मासिक में यह पहले छप चुकी थी और अब 'सदाकत' की रौनक बढ़ा रही थी।

उर्दू के प्रसिद्ध कथाकार महाशय देवदर्शन अपने नाम के साथ इतनी बार

१. प्रकृति का यथार्थ वर्णन करने वाला रचनाकार।

अदीबे-फ़ितरत-निगार लिखते थे कि चेतन को उनकी फ़ितरतनिगारी पर शक होने लगा था और ये हुनर....चेतन के सामने उनका वह सेहरा पढ़ना आ गया....किसी अधेड़, पिचके कल्लों वाले दूल्हे को पूनो का चाँद कहना....क्रोध से उसने 'सदाकत' के उस अंक को बायें हाथ में तोड़-मरोड़ कर कोने में फेंक दिया और चलने को उठा।

o

निश्तर की बहन आँगन में एक ओर बैठी शायद कोई उपन्यास पढ़ रही थी। उसकी आकृति पर अपूर्व तल्लीनता थी, आँखों में अजीब-सा फैलाव और तरलता थी।

"हुनर साहब तो नहीं आये थे ?" चेतन ने चौखट पर खड़े-खड़े पूछा।

लड़की चौंकी और झट से उसने पुस्तक को पीठ-पीछे छिपा लिया। उसके चेहरे पर ऐसा भाव आ गया, जैसे उसे किसी ने चोरी करते पकड़ लिया हो। क्षण भर वह भौंचक्की-सी उसे देखती रही, फिर वह हड़बड़ा कर उठी।

चेतन ने अपना प्रश्न दोहराया।

"कोई आया तो था, मैंने देखा नहीं।" लड़की ने धरती में निगाहें गाड़े कहा, "पर खाना नहीं खा गये। कहते थे, अभी आता हूँ।"

"अच्छा तो कहना कि चेतन आया था।"

और वह खट-खट आँगन लाँघ गया। सीढ़ियों के अँधेरे ने उसकी चाल धीमी कर दी और वह टटोल-टटोल कर उतरने लगा।

ग्यारह

गली पटफेरियाँ से होता हुआ, पापड़ियाँ बाज़ार जहाँ लाल बाज़ार में मिलता है, वहीं बायीं ओर को चन्द कदम चलने पर सामने एक छोटी-सी तंग, टेढ़ी-बैंगी गली 'जुत्तियाँ वाला चौक' को जाती है। इसी गली में निश्तर का घर था। चेतन डेवढ़ी के बाहर निकला तो क्षण भर को रुका रह गया। किधर जाये, वह तय न कर पाया। घर वापस जाने को उसकी ज़रा भी इच्छा न थी। मुहल्ले के किसी आदमी से मिलने को उसका मन न था। 'अमीचन्द डिप्टी कमिश्नर हो गया है' (मुहल्ले वालों ने उसे अभी से डिप्टी कमिश्नर बना दिया था) इसके अलावा उनके पास करने को कोई बात न थी और अमीचन्द के नाम ही से चेतन के सामने शिमले के स्कैण्डल पॉयण्ट की घटना आ जाती थी। वह तो चाहता था कहीं ऐसी जगह जाये, जहाँ उसका मन नीला के विवाह, अपनी पीड़ा, अमीचन्द की डिप्टी कलेक्टरी और उसके सन्दर्भ में अपनी हीनता के एहसास को एकदम भूल जाये। अनन्त से उसे हमदर्दी की आशा न थी। उपहास के एक-दो कचोके भले ही वह उसे लगा दे और दीनानाथ के पास वह जायेगा तो उसे उनके महाग्रन्थ —"शादी : ख़ाना-आबादी या बर्बादी' को पूरा सुनना पड़ेगा, इसलिए अनन्त और दीनानाथ —दोनों से कन्नी काट कर, वह 'निश्तर' के यहाँ आया था। उसने सोचा था कि वह 'निश्तर' की नयी कविताएँ सुनेगा, उसकी लनतरानियाँ सुनेगा, उसकी स्कीमें सुनेगा और जब वह मूड में आ जायेगा तो उससे कहेगा

कि यार 'हीर' के कुछ बोल सुनाओ। 'निश्तर' बड़े दर्द और लोच-भरे स्वर में 'हीर' गाता था और चेतन 'हीर' का वह स्थल सुनना चाहता था, जहाँ 'हीर' को बरबस डोली में बैठा कर खेड़े वाले चल देते हैं।

डोली चढ़देयाँ मारीआँ हीर चीक्काँ
मैन्नूँ लै चल्ले बाबला लै चल्ले वे[१]

न जाने कितनी बार चेतन मन-ही-मन यह स्थल दोहरा चुका था। वह चाहता था, 'निश्तर' गाये और वह चुपचाप सुनता रहे। वह जानता था कि उसकी यह इच्छा अपने घाव को कुरेदने की इच्छा से कुछ ज़्यादा महत्व नहीं रखती, पर जैसे पपड़ियाए घाव को छेड़ने में कुछ अजीब-सा दर्द-भरा सुख मिलता है, वैसा ही सुख 'हीर' के उस स्थल को सुनने और उसके माध्यम से नीला की विदा के दृश्य की कल्पना करने में उसे मिलता था। नीला जब अपनी विदा से पहले उससे मिलने आयी थी और चेतन उसके पैरों पर झुकते हुए कहने लगा था कि वह उसे क्षमा कर दे और वह — 'जीजा जी, आप क्या करते हैं' — कहते और उसे उठाते हुए सिसकी को दबाती भाग गयी थी, तब फिर वह नीचे जाने का, उससे आँख मिलाने का साहस न कर सका था। वह शगुन देने भी न गया था। चन्दा ही ने शगुन दिया था और आ कर बताया था कि चलते समय रो-रो कर नीला ने आँखें सुजा ली थीं, पछाड़ें खा-खा कर वह सब से गले मिली थी, जैसे वह जाना न चाहती थी और बरबस जा रही थी....'आख़िर उसकी उमर ही क्या है, बच्ची ही तो है'....उसकी पत्नी ने कहा था....और चेतन के सामने हीर की विदा का दृश्य घूम-घूम जाता था —

मैन्नूँ रख लै बाबला हीर आक्खे,
डोली धत्त कहार वी लै चल्ले वे
मेरा आक्खेया कदीं न मोड़दा सैं
ओह दिन बाबला कित्थे गये चल्ले वे
तेरी छतर छावें बाबल रुक्ख वाँगों
असाँ वाँग मुसाफ़राँ बह चल्ले वे
दिन चार न रज्ज आराम पाया
दुख दर्द मुसीबताँ सह चल्ले वे
सान्नूँ बोल्लेया-चाल्लेया माफ़ करना
पंज रोज़ तेरे घर रह चल्ले वे![२]

'निश्तर' गाता तो वह सारा दिन यही स्थल सुनता रह जाता। पर 'निश्तर' तो उर्दू शायर हो गया है, जाने 'हीर' वह अब गाता भी है या नहीं ? —चेतन ने सोचा और बेज़ारी से सिर हिलाया। पहले उसके मन में आयी कि वह जुत्तियाँ वाले चौक बड़ा बाज़ार होता

---

१. डोली चढ़ते हुए हीर चीत्कार कर उठी — ऐ पिता मुझे (खेड़े वाले) लिये जा रहे हैं।
२. हीर कहती है — बाबल मुझे रख ले, कहार डोली को उठा कर लिये जा रहे हैं। ऐ पिता, तू मेरी सारी इच्छाएँ पूरी करता था। वे दिन कहाँ चले गये (यानी मेरी यह इच्छा तू क्यों नहीं पूरी करता।) पेड़ जैसी तेरी छत्र छाया में हम मुसाफ़िरों की तरह कुछ पल बैठ कर जा रहे हैं। हमने चार दिन जी भर आराम नहीं किया, दुख-दर्द, मुसीबतें सह कर जा रहे हैं। हमारी ग़लतियों को पिता क्षमा कर देना, तेरे घर पाँच रोज़ रह कर हम जा रहे हैं।

हुआ, इमाम नासरुद्दीन जाये, लेकिन वहाँ उसे किसी साथी से मिलने की उम्मीद न थी। कपूर्थला के अड्डे से होता हुआ वह अपने स्कूल जा सकता था, किसी पुराने अध्यापक से मिल सकता था, पर अपने स्कूल से संलग्न एक भी अच्छी स्मृति उसके मन में न थी। वह वापस मुड़ा, गली पार करके फिर क्षण भर को रुका —दायीं ओर को जाये कि बायीं ओर को ? पहले उसने सोचा कि दायीं ओर जौड़ा दरवाज़ा, रैनक बाज़ार होता कचहरी और कम्पनी बाग़ को निकल जाये। पर इस बेकार भटकने से लाभ —उसने सोचा, क्यों न वह बायीं ओर बोहड़ वाला बाज़ार किला मुहल्ला होता हुआ पुरियाँ मुहल्ला हो आये.... पुरियाँ मुहल्ला....कुन्ती....पहले प्यार की सुख-दुख-भरी स्मृतियाँ....और वह बायीं ओर को मुड़ा। तभी उसके कानों में किसी बैतबाज़ की बड़ी ही ऊँची, सोज़ और लय-भरी आवाज़ आयी :

मेरा दर्द गुज्झा साईं, कौन जाने
दुनिया देख मैन्नूँ मुस्कराँवदी ए
भाम्बड़ मच्चदा बहर दे दिल अन्दर
सतह ओहनूँ कद खोल विखाँवदी ए।[१]

वह रुका। मुड़ा। सराफ़ों की दुकानों से परे, जौड़ा दरवाज़े की ओर को उस्ताद रहमत की दुकान पर चन्द बेफ़िक्रे बैतबाज़ बैठे थे। सामने ही बंसी सब्ज़-फ़रोश की दुकान पर भी लोग इकट्ठे थे। वह तो उन दोनों के अस्तित्व को भूल ही गया था। वह तेज़-तेज़ पलटा। बैतबाज़ गा रहा था :

घुन लक्कड़ नूँ मूलोंई खा जावे
पर न रौग़न ते आँच कुझ आँवदी ए
गुज्झे दर्द दी माहिया, अग्ग गुज्झी
अन्दरो-अन्दर ही साड़ मुकाँवदी ए[२]

चेतन वहाँ पहुँचे कि आने-जाने वाले और इर्द-गिर्द की दुकानों से काफ़ी लोग वहाँ इकट्ठे हो गये। वह भी उनके पीछे जा खड़ा हुआ।

'वाह वा, वाह वा! किन्ना सच्च आक्खेयाई, किन्ना सच्च!' लम्बी साँस के साथ झूमते हुए एक श्रोता ने कहा —'गुज्झे दर्द दी माहिया, अग्ग गुज्झी!'

o

बंसी और रहमत के आने से पहले लाल बाज़ार बिल्ले सराफ़ के कारण प्रसिद्ध था, जिसने तीन दीवाले निकाले थे और आधा कोट पश्का जिसके सम्बन्धियों के अधिकार में आ गया था, लेकिन उन दोनों के वहाँ आ जाने से बाज़ार उन्हीं के कारण प्रसिद्ध था। उन दोनों में पहले कौन आया, चेतन नहीं जानता। उसने जब से होश सँभाला, अथवा यों कहा जाये कि जब से कविता-अविता करना आरम्भ किया, दोनों को वहाँ देखा। उनसे परिचित होने से पहले उनकी दुकानों पर बैत सुने। ताश, शतरंज और चौपड़ की महफ़िलें यदि तब जालन्धर

१. मेरे दिल में छिपा दुख कौन जान सकता है, दुनिया मुझे देख कर मुस्कराती है। सागर के अन्तर में दावानल धधकता है, पर सतह कब उसे खोल कर दिखाती है।
२. घुन लकड़ी को अन्दर-ही-अन्दर खा जाता है, पर रोग़न पर आँच नहीं आती। प्रियतम, छिपे हुए दुख की आग भी छिपी होती है और अन्दर-ही-अन्दर जला कर ख़त्म कर देती है।

में सरे-बाज़ार लगती थीं तो बैतबाज़ी भी सरे-बाज़ार होती थी। बिल्ला सराफ़ तो बहुत देर में मशहूर हुआ, पर १९२१ के आन्दोलन के बाद 'बंसी' और 'रहमत,' दोनों, बाज़ार क्या, शहर में सब से प्रसिद्ध थे।

जब कभी सब्ज़ी-तरकारी बेचना छोड़, एक हाथ में ताँबे का घण्टा और दूसरे में लकड़ी की हथौड़ी लिये, बंसी शहर में टन-टन घण्टा बजाता दिखाई दे जाता, लोग समझ लेते कि राष्ट्रीय आन्दोलन शुरू हो गया है। यह अजीब बात है कि जब कांग्रेस का आन्दोलन शुरू होता, बंसी अपनी दुकान-उकान भूल कर सुबह से शाम तक गली-गली, मुहल्ले-मुहल्ले आन्दोलन के सम्बन्ध में सूचनाओं, जुलूसों और सभाओं की डौंडी पीटता घूमा करता। राष्ट्रीय सेवा के सिलसिले में उसने केवल यही काम अपने ज़िम्मे ले रखा था और इसमें ख़ूब सिद्धि प्राप्त कर ली थी।

'भैनो ते भरावो....'

लम्बी टन-टन के बाद जब उसकी आवाज गूँजती तो गली-मुहल्ले के बच्चे उसके गिर्द आ इकट्ठे होते —मँझला कद, चौड़ा माथा, मासूम आँखें, हँसते होंट, सिर पर (प्राय: पिचकी) गाँधी टोपी, खादी का बंगाली कुर्ता, और उटंग पायजामा —बच्चों को देख कर वह मुस्कराता, फिर पूरे जोश से बोलता :

'अज्ज शाम दे साढ्ढे पंज बजे सिटी कॉंग्रेस कमेटी वल्लों इक शानदार जलसा नदीराम दे तला उत्ते होएगा, ते ओस जलसे विच सैयद अताउल्लाह शाह बुख़ारी दा ज़ोरदार लेक्चर होएगा। इह ओही अताउल्लाह शाह हैण, जेहड़े मौलाना मुहम्मद अली शौकत अली नाल कांग्रेस विच शामिल होए, ते जिन्हाँ दे लेक्चर दी धुम्म सारे पंजाब विच है —की बोलदे ने —मोती रोलदे ने। हसान्दे वी ने ते रुलान्दे वी ने। लेक्चर तों पहलाँ कवि झुम्मन अपने नवें बैत सुनाणगे, ते नवाँ रंग लाणगे।'

और घण्टी की लम्बी टन-टन....

बंसी स्टेज पर कभी एक शब्द भी न बोला था, पर डौंडी पीटते समय वह शे'र, बैत, दोहे —यथा-स्थान मोतियों-से पिरो देता था। और कांग्रेस की सभाओं में, उस ज़माने में भी जब आन्दोलन मन्द था, जो इतनी भीड़ हो जाती थी, तो इसमें डौंडी पीटने में बंसी की इस सिद्धि का कम हाथ न था।

लेकिन स्टेज पर उसके मुँह से बोल भी न निकलता था। एक बार किला मुहल्ले में —उसके अपने चौक में —सभा हुई। सारे शहर में वह उसकी डौंडी पीट आया, सभा में तिल धरने को भी जगह न रही, पर वह वक्ता के परिचय में उतना भी न कह सका, जो वह डौंडी पीटते समय कहता आया था।

o

रहे उस्ताद 'रहमत' तो यद्यपि उनके कई शागिर्द कांग्रेस आन्दोलन में जेल हो आये थे, वे उनकी राष्ट्रीय कविताएँ सुधार भी देते थे, ब-वक्त ज़रूरत उन्हें लिख भी देते थे, पर उन पर राष्ट्रीय आन्दोलन का कोई प्रभाव न था। वे प्रसिद्ध इसलिए हुए कि १९२१ में शहर का सबसे बड़ा गुण्डा, जो सबसे पहले स्वराज्य मन्दिर में गया और जिसके बैतों ने आग लगा दी, उन्हीं का शागिर्द था। उनका अपना ज़ोर कपड़े रँगने; पतले-दुबले, मदकूक —

मजलूक[1] जिस्म पर कमीज़-तहमद पहने, सिर पर लटकेदार पगड़ी सजाये, कोहनियों तक रँगे हाथ लिये, लौंडों के साथ घूमने; हरबल्लभ की बैतबाज़ी के लिए पट्ठे तैयार करने और कवि-सम्मेलनों के आयोजन में निरत रहने में लगता था। रामनवमी हो या जन्माष्टमी, ईद हो या मुहर्रम, कहीं-न-कहीं वे 'पंजाबी कवि-दरबार' रख देते थे और इसी नाते, 'दोआबा पंजाबी कवि-सभा' के प्रधान थे।

उनकी याद आते ही चेतन के सामने एक घटना घूम जाती थी। धर्म-सभा (माई हीराँ गेट) में दोआबा पंजाबी कवि-सभा के तत्वावधान में विशाल कवि-सम्मेलन हो रहा था। अवसर क्या था, यह तो चेतन को याद नहीं, इतना याद है कि उस विशाल अहाते में तिल धरने को भी जगह न थी। चेतन यद्यपि कॉलेज में पढ़ता था और उर्दू में लिखने लगा था, पर पंजाबी कविता उसे तब भी अच्छी लगती थी और अच्छा कवि-सम्मेलन हो तो वह सुनने चला जाया करता था, और इसमें तो उसने सुना था कि लाहौर और अमृतसर के प्रसिद्ध पंजाबी कवि भाग ले रहे थे।

मंच पर, मेज़ के साथ दो कुर्सियाँ लगी थीं, एक पर संस्था के प्रधान के नाते अपने पतले-दुबले सींकिया शरीर पर तहमद-कमीज़ पहने, लटकेदार पगड़ी सजाये और कोहनियों तक रँगे हाथ मेज़ पर टिकाये, उस्ताद रहमत बैठे थे और दूसरे पर उस सम्मेलन के प्रधान के नाते हृष्ट-पुष्ट, गौर शरीर, सुन्दर मुखाकृति, रोब-भरे चेहरे पर बड़ी-बड़ी नोकदार मूँछें लिये, बढ़िया सूट पर गाँधी टोपी सजाये, भैरो बाज़ार के सफल चिकित्सक कैप्टन डॉक्टर भगवान दास बैठे थे। चेतन सामने की पंक्ति में बैठा बड़ी देर तक दोनों की तुलना करता रहा। कैप्टन भगवान दास के मुकाबले में उस्ताद 'रहमत' बिलकुल चूहे-से लगते थे।

डॉक्टर साहब कवि का नाम बोलते; उस्ताद रहमत उठ कर उसका परिचय देते; कवि कविता पढ़ता; जनता वाह-वा का शोर मचाती और तालियाँ पीटती और अपने प्रिय कवियों की दो-दो कविताएँ सुनती। तभी डॉक्टर साहब ने नाम बुलाया — सरदार ईशर सिंह, लाहौर वाले।

उस्ताद रहमत उठे। पूर्ववत कुर्सी छोड़ कर मेज़ के दायें आये और उन्होंने कवि का परिचय दिया :

'भैनो ते भरावो, तुसी अंगरेज़ी दा टंगोर सुनिया होएगा....' (टंगोर चेतन चौंका — अंग्रेज़ी का टंगोर — पर तभी अगले वाक्य से उसकी समझ में आ गया कि उस्ताद साहब का अभिप्राय कविगुरु रवीन्द्रनाथ टैगोर से है) 'ऐस वेले सारी दुनिया विच अंगरेज़ी दे कवि टंगोर दी धुम्म ऐ। ओहनाँ बंगाल दा ई ईं, सारे हिन्दुस्तान दा नाँ देस-विदेस विच रोशन कर दित्ता ऐ। हुण जेहड़े कवि तुहाडे साह्मने आण लग्गे ने, इह टंगोर कोलों घट्ट नहीं, इह असाडे पंजाबी दे टंगोर हण।'[2]

---

१. मदकुक = यक्ष्मा का मारा। मजलूक = हस्त मैथुन का मारा — ये दोनों शब्द किसी पतले-दुबले, कमज़ोर शरीर वाले बिगड़े हुए मरियल व्यक्ति के लिए स-व्यंग्य बोले जाते हैं।

२. बहनो और भाइयो, आपने अंग्रेज़ी के टंगोर (टैगोर) का नाम सुना होगा। इस वक्त सारी दुनिया में अंग्रेज़ी के कवि टैगोर की धूम है। उन्होंने बंगाल ही का नहीं, सारे हिन्दुस्तान का नाम देश-विदेश में रोशन कर दिया है। अब जो कवि आपके सामने आने वाले हैं, वे टैगोर से कम नहीं। ये हमारी पंजाबी के टैगोर हैं।

और कवि का परिचय दे कर उस्ताद रहमत ने पीछे मुड़ कर देखा और बोले — 'आइए, सरदार ईशर सिंह जी।'

और एक तीस-बत्तीस वर्ष के नाज़ुक-से सिक्ख कवि आगे आये और उन्होंने बारीक-सी आवाज़ में बैत पढ़ा :

सुत्ती होई अभागने नींद गूढ़ी
तेरा कन्त खलोता ई, बूआ खोल!
पैणी कन्न'च दस्तक दी वाज नईं फिर
तैनूँ पेआ की गोता ई, बूआ खोल!
अड़िए! वग्गदे पानी'च मार चुब्भी'
बहंदा इश्क दा सोता ई, बूआ खोल।[१]

अभागन, नींद और कन्त के प्रतीक से साईं बुल्हे शाह की तर्ज़ पर, कवि गहरे दर्शन की बात कह रहा था, पर उस फ़िलासफ़ी को साधारण जनता क्या समझे! कविता की रदीफ़ थी — बूआ खोल — याने दरवाज़ा खोल! और 'दरवाज़ा खोल' के साथ, जब कि नारी सोई हो, बीस तरह की कल्पनाएँ वहाँ बैठे लोगों के दिमाग़ में कौंध गयीं। दो-तीन शेर तो लोगों ने सुने, फिर कवि काफ़िया ही पढ़ता कि लोग एक साथ चिल्ला उठते — 'बूआ खोल'! कविता के शब्दों पर ध्यान देने की बजाय लोग रदीफ़ के आने की बाट देखते और एक साथ चिल्ला उठते — 'बूआ खोल!' और कुछ हँस भी देते। कविता अभी एक चौथाई भी समाप्त न हुई थी कि पीछे खड़े लोगों में से किसी ने ज़ोर से कहा — 'खोल वी बुआ भागवाने, ग़रीब कदों दा खलोता होया ए।'[२] — और सभा-मण्डप कहकहाज़ार बन गया और पंजाबी के 'टंगोर' अगला मिसरा बोलने के बदले, जहाँ से उठे थे, चुपचाप वहीं जा बैठे।

०

दाल — दिला करें क्यों ग़म इतना
दुनिया विच नईं कौन इन्सान दुखिया

लम्बी तान, लोच और दर्द-भरी आवाज़, चेतन भीड़ में से ज़रा आगे बढ़ा। दुकान पर उस्ताद नहीं थे, उनकी प्रतीक्षा में बैठे शागिर्द लोग मश्क के लिए बैतबाज़ी कर रहे थे :

दुनिया ख़ास मिसाल सराये दी ए
एत्थे आया सो रिहा मेहमान दुखिया
मौका नहीं कोई गिले-शिकायताँ दा
एत्थे कुल हिन्दू मुसलमान दुखिया
ज़ाहर साईंयाँ नहीं मालूम होंदा

१. ऐ अभागन, तू गहरी नींद सोयी हुई है, तेरा पति बाहर खड़ा है, फ़ौरन दरवाज़ा खोल! फिर तेरे कान में दस्तक की आवाज़ नहीं आयेगी। तुझे कैसा ग़ोता पड़ गया — मूर्छा आ गयी — दरवाज़ा खोल! अरी, प्यार का सोता बह रहा है। बहते पानी में डुबकी लगा ले। दरवाज़ा खोल।
२. दरवाज़ा खोल भी दे भागवान, बेचारा कब का खड़ा है।

असल विच ऐ सारा जहान दुखिया[1]

"वाह वा, किन्ना सच्च आक्खेयाई, किन्ना सच्च —असल विच ऐ सारा जहान दुखिया!" —एक श्रोता ने दाद दी।

कवि ने नया बैत छेड़ा :

लाम — लद्द गये वक्त याराणेयाँ दे
विरला होग कोई अंगदार अज्जकल
जिन्नी करो वधीक — वधीक उल्फ़त
ओनी होंदी ऐ मिट्टी ख़्वार अज्जकल[2]

चेतन को लगा, जैसे यह तो नीला की तरफ़ से कोई उसी से कह रहा है :

कहना यार, फेर यार दा बुरा मँगना
एहो कुल ज़माने दी कार अज्जकल
ताराचन्द रख बन्द मुहब्बता नूँ
ना ओह समाँ रिहा, ना ओह यार अज्जकल![3]

बैत, कवि ने मैत्री को ले कर लिखा था, पर चेतन ने उसे प्रेम की ओर मोड़ लिया। उसने नीला से प्रेम किया और उसके कारण उसे समुद्र पार रंगून के कारावास में भेज दिया गया। अच्छा प्रेम किया उसने —और भीड़ से निकलने को उसने कदम उठाये....पर बंसी सब्ज़ी-फ़रोश की दुकान पर बैठे हुए किसी स्वदेश-प्रेमी कवि ने मोतीराम के बारह मासे की तर्ज़ पर 'टोडी बच्चा' गाना शुरू कर दिया :

चेतर —चित्त विच समझ ओ टोडी, राज असाडा आणा ईं तेरे
आक़ा अंगरेज़ाँ ने ओड़क नूँ टुर जाणा ईं
सभ दे सिर ते काल कूकदा, क्या राजा क्या राणा ईं
बिना देस दी सेवा कीत्ते, भला न मूल कमाणा ईं[4]

बिसाख —बिसारियो प्यार देश दा आकड़-आकड़ चलणाईं तूँ
खा ख़ुराकाँ पहन पुशाकाँ यम दा बक्करा पलणाईं तूँ
चार छदिनाँ दा रैन बसेरा महल-माड़ियाँ मलणाईं तूँ

---

१. ऐ दिल क्यों दुख मनाता है। दुनिया में कौन इन्सान है, जो दुखी नहीं। गिले-शिकायतों का कोई अवसर नहीं, यह दुनिया एक सराय है और यहाँ रहने वाला हर मेहमान दुखी है। यहाँ सभी हिन्दू-मुसलमान दुखी है। ऐ प्यारे, प्रकट रूप से दिखाई देता, लेकिन वास्तव में सारा जहान दुखी है।

२. दोस्तियों के ज़माने लद गये। आज कोई विरला ही दोस्त होगा। जितना ज़्यादा प्यार करो, उतनी ही मिट्टी ख़राब होती है।

३. मित्र कहना, फिर मित्र का बुरा चाहना, यही सारे जमाने का आज दस्तूर हो गया है। ऐ तारा चन्द अपनी मुहब्बत को अपने पास ही रख। न आज वह समय रहा और वे यार ही रहे।

४. चैत्र —दिल में समझ ले ओ टोडी, हमारा राज तो आयेगा ही। तेरे आका अंग्रेज़ों को अन्त में जाना ही पड़ेगा। सबके सिर पर काल चीख़ता है, चाहे राजा हो या राणा, बिना देश की सेवा किये किसी का जरा भी भला न होगा।

टोडी बच्चे, समझ प्यारे, अन्त ख़ाक विच रलणाईं तूँ[1]

कुछ देर भीड़ मोतीराम की पैरोडी सुनती रही, पर आन्दोलन का ज़ोर मन्द था। देश में राष्ट्रीय सरकारों के बनने की भी बात चल रही थी। टोडी बच्चों को गालियाँ देने में उन्हें कोई दिलचस्पी न थी। भीड़ छँटने लगी। चेतन ने कदम बढ़ाया कि पीछे से किसी ने ज़ोर का हाथ उसके कन्धे पर मारा। चेतन मुड़ा :

"ओए हमीद-ऽ!"

"सुना भई चेतन! की हाल-चाल ए ?"

पहला ज़माना होता तो हमीद बिना गाली दिये या उसे माँ का यार कहे, उसका हाल-चाल न पूछता। लेकिन चेतन ने उसके सम्बोधन में इस हल्के से तकल्लुफ़ को नहीं देखा और पुरियाँ मुहल्ले जाने का ख़याल छोड़, उसे बाँहों में भर लिया।

बारह

यद्यपि हमीद और चेतन —दोनों एक-दूसरे के गले में बाँहें डाले जौड़ा दरवाज़े की ओर हमीद के घर को चले, लेकिन चन्द कदम चलने पर ही हमीद ने आपने आपको चेतन की बाँह से आज़ाद कर लिया। उसने कुछ कहा नहीं, पहले अपनी बाँह हटा ली और जब चेतन यह संकेत नहीं समझा और वह उसी तरह हमीद के गले में बाँह डाले निरन्तर बात करता हुआ चलता रहा, तो जब वे जौड़ा दरवाज़े के अन्दर दाख़िल हुए, वह धीरे से चेतन की बाँह कन्धे से हटा कर अलग हो गया। न उसने मुख पर कोई भाव आने दिया, न बातों की गति मन्द की, पर चेतन के अति भावप्रवण मन ने यह बात नोट कर ली और उसे बुरा भी लगा।

०

हमीद यद्यपि चेतन के साथ तो फ़र्स्ट ईयर ही से पढ़ता था, पर उसके विषय और उसका सेक्शन चेतन से भिन्न था। चेतन का ध्यान उसने थर्ड ईयर में अपनी ओर आकर्षित किया, और कुछ ऐसे किया कि चेतन दिन-ब-दिन उसकी ओर खिंचता चला गया। पतला-छरहरा, नर्म-नाज़ुक, गोरा-चिट्टा, हँसमुख और बेपरवा! हमीद में यदि कोई दोष चेतन को दिखायी देता था तो यही कि उसकी ऊपर की दन्त-पंक्ति किंचित अन्दर को मुड़ी थी और जब वह मुस्कराता था तो जाने चेतन को वह मुस्कान कैसी लगती थी। हालाँकि वह जानता था कि वह बड़ा ही मेधावी, बेबाक और बेपरवा छात्र है, पर उसकी मुस्कान केवल दाँतों के उस दोष के कारण कुछ अजीब-सी चाटुकारी-भरी हो जाती थी।

फ़र्स्ट और सेकेण्ड ईयर में तो चेतन को हमीद के बारे में सिवा इसके कुछ नहीं

१. बैसाख —देश-प्रेम बिसार कर तू अकड़ कर चलता है। खा-पी और पहन ओढ़ कर तू यम के बकरे की तरह पल रहा है। चार दिन के रैन-बसेरे के ख़ातिर तू महल थेरता है। ऐ टोडी बच्चे, समझ ले कि अन्त में तुझे ख़ाक में मिलना है।

मालूम हुआ कि दूसरे सेक्शन में एक सुन्दर मुसलमान लड़का है और चूँकि वह बड़ा मेधावी है, हाज़िर-जवाब है, इसलिए कॉलेज के गुण्डे उसको तंग नहीं कर पाते। वे उसके इर्द-गिर्द मँडराते रहते हैं, पर उसे छू नहीं पाते। सौन्दर्य के प्रति चेतन का अपना पक्षपात था। उस ज़माने में, जब अपर-सेक्स के प्रति उसकी चेतना न जगी थी —कुन्ती से शीतला के मेले में मिलने से भी पहले —उसे अपने समवयस्क अथवा किंचित कम-उमर सुन्दर लड़के बहुत अच्छे लगते थे। उनके पास जाना, उनसे बातचीत करना, उनसे मैत्री करना, यह सब सम्भव न हो तो उन्हें दूर से देख भर लेना, उसे पुलकित कर देता था। बहुत पहले की बात है, शायद वह नवीं या दसवीं कक्षा में पढ़ता था, एक दिन सुबह वह अनन्त के ज़ोर देने पर नीली कोठी नहाने गया। गेट के दोनों और खट्टों और सन्तरों के पेड़ थे; उन पर फूल आये हुए थे और उनकी गन्ध से वातावरण महक रहा था। वे लोग चहबच्चे पर गये तो चेतन का हृदय धक् से रह गया। एक बड़ा ही सुन्दर गोरा लड़का वहाँ नहा रहा था।....

चेतन पहले भी चार-बार नीली कोठी आया था। पर हर बार उसे सख़्त कोफ़्त हुई थी। नीली कोठी कम्पनी बाग़ की ओर को, कल्लोवानी से लगभग डेढ़-दो मील के अन्तर पर थी। बड़ी सड़क के उस चौरस्ते पर, जहाँ आजकल रेडियो स्टेशन को रास्ता जाता है, बायीं सड़क नीली कोठी को जाती थी। उसका नाम नीली कोठी कैसे पड़ गया, चेतन नहीं जानता था। बड़े बाज़ार के एक सर्राफ़ घराने ने उसे बनवाया था। कोठी के आगे पक्की खुली जगह थी, बाग़ था और बायीं ओर के कोने में काफ़ी ऊँचाई पर रहट लगा था, जिसकी मोटी धार पक्के, गहरे चहबच्चे में गिरती थी। चहबच्चे के किनारे, रंगदार शीशों की खिड़कियों वाला एक छोटा-सा कमरा कपड़े बदलने के लिए था। गर्मियों के मौसम में उस चहबच्चे में रहट की मोटी धार के नीचे नहाना बड़ा आनन्दप्रद था। कोठी में कोई रहता न था, शायद मालिक के किसी बेटे को यक्ष्मा था और उन्होंने उसे खुली हवा में रखने को यह कोठी बनवायी थी अथवा यों ही सुबह नहाने-धोने के लिए, लेकिन कल्लोवानी के लड़के गर्मियों में प्रायः रोज़ वहाँ आते थे। माली कभी बैलों को न लगाता तो लड़के बारी-बारी से स्वयं उसमें जुट जाते और दस-ग्यारह बजे तक नहाया करते।

नीली कोठी को कम्पनी बाग़ की दोनों ओर से रास्ता जाता था। प्यारू या देबू साथ न होते तो चेतन कम्पनी बाग़ के पार उस सड़क से जाता, जो लाला दयालचन्द की कोठी के आगे से जाती थी और कल्लोवानी मुहल्ले के लड़कों में 'नीली कोठी वाली सड़क' कहलाती थी। यह सड़क ग्रैण्ड ट्रंक रोड जैसी सूनी न थी। इस पर प्रायः नीली कोठी तक बँगले बन गये थे और मार्ग उतना लम्बा न लगता था। लेकिन प्यारू या देबू साथ हों तो वे कम्पनी बाग़ के सामने से बड़ी सड़क पर बढ़े जाते। ग्रैण्ड ट्रंक रोड से बायीं ओर नीली कोठी को जो सड़क जाती थी, वहाँ बड़ी सड़क के दायीं ओर एकदम जंगल था — झाड़ियाँ; टीले; टोये; मदार और पपोली के अगणित पेड़ —देबू और प्यारू के नेतृत्व में लड़के दिशा-फ़राग़त के लिए दूर-दूर जंगल में निकल जाते। अजीब-अजीब शर्तें रख देते। सूरज सिर पर आ जाता, पर उनका निबटना ही ख़त्म न होता। चेतन ऊब उठता। बेतरह थक जाता। प्रायः किसी-न-किसी से देबू या प्यारू की लड़ाई हो जाती, कोई-न-कोई पिट जाता। चेतन वापस आता तो फिर कभी उधर न जाने की कसमें खाता।

लेकिन उस दिन देबू या प्यारू में से कोई साथ न था। अनन्त था, दो-एक और लड़के थे, इधर ही खेतों में निबट-निबटा कर वे जल्दी ही नीली कोठी पहुँच गये थे। वह सुन्दर लड़का शायद अपने बड़े भाई या चाचा के साथ था — चेतन ने देखा एक साँवला-सा, लम्बा-पतला आदमी लँगोट लगाये मालिश करा रहा है, उसकी दायीं टाँग पर न जाने काहे का दाग़ था। शायद यह कोठी उसी के लिए बनवायी गयी थी। उसके निकट ही रहट के चहबच्चे में वह सुन्दर लड़का उन्मुक्त नहा रहा था। चेतन और उसके साथी इधर ही रुक गये थे, क्योंकि मालिक चहबच्चे पर नहा रहे हों तो उन्हें नहाने की इजाज़त न थी।

वह स्वयं परे खड़ा निरन्तर उस लड़के को देखता रहा था। गोरा-गोरा, मक्खन-सा नर्म-मुलायम शरीर। निगाहें उस पर न टिकती थीं, न देर तक हटती ही थीं। और उस दिन के बाद चेतन कभी अकेला, कभी किसी लड़के के साथ, दूसरे लड़कों से कहीं पहले, नीली कोठी जाने लगा था, पर वह लड़का रोज़ न आता था। चेतन को लगता, वह उसे देख न लेगा तो किसी काम में उसका जी न लगेगा। और पता लगा कर वह शाम को उसकी दुकान के आगे से गुज़रने लगा था। कभी वहाँ उसकी झलक मिल जाती तो उसके मन-प्राण पुलकित हो उठते। वह चाहता था कि किसी तरह उसके निकट बैठ सके, उससे बातें कर सके, पर उसका संकोच हमेशा उसकी इस इच्छा के मार्ग की बाधा बन जाता। यदि उसकी जगह प्यारू होता और उसका दिल किसी लड़के पर आ जाता तो वह उसे किसी-न-किसी जगह जा पकड़ता — घर से दुकान को जाते हुए, दुकान से घर को आते हुए। वह उसकी दुकान के आगे धरना दे देता और जब भी मौका मिलता, उस लड़के को अकेले में लँगड़ी दे देता और जब वह रोने लगता तो उसे बग़ल में ले कर प्यार करता या वैसे ही धमकाता कि अगर वह उससे कन्नी काटेगा तो मार खायेगा। लेकिन चेतन को ये सब ढंग एकदम बर्बर और पाशविक लगते थे। और सिर्फ़ उसे एक नज़र देख कर पढ़ने-लिखने और दूसरे काम के लिए वह एकाग्रता पा जाता था।

....उन्हीं दिनों की बात है कि एक शाम वह किसी काम से चौक सूदाँ गया। शाम के समय, जब ट्रंक बेचने वाले चौक की बड़ी जगह घेर लेते, चौक सूदाँ में बड़ी भीड़ होती और कन्धे-से-कन्धा छिलता। चेतन भीड़ में से बाहर निकलने की कोशिश कर रहा था कि सहसा उसके पाँव जहाँ-के-तहाँ जम गये। सामने अपने भाई या पिता के साथ एक तीखे नक्शों वाला, अत्यन्त सुन्दर, गोरा लड़का सिल्क का कुर्ता और दूध-सी धुली महीन धोती पहने आ रहा था। चेतन ने सारे शहर में ऐसा सुन्दर लड़का न देखा था। इतना ख़ूबसूरत लड़का शहर में होता तो असम्भव था कि मेले-ठेले, गली-बाज़ार, आर्य समाज और धर्म सभा के जलसों, गवर्नमेण्ट स्कूल की ग्राउण्ड में होने वाले स्कूली टूर्नामेण्टों में वह उसे न देखता। 'निश्चय ही यह कहीं बाहर से आया है, क्येंकि उसका पहरावा भी तो पंजाबी नहीं' — चेतन ने सोचा। लेकिन यह तो उसने बाद में सोचा। उस वक्त तो बस उसका दिल धक् से रह गया था और उसके पाँव वहीं चिपक गये थे और रात भर वह सूरत उसकी आँखों में घूमती रही थी। बाद में उसे पता चला था कि उस लड़के का नाम रजत है। उसके पिता पंजाबी थे। एक्ज़िक्टिव इंजीनियर थे। नौकरी का ज़्यादा वक्त यू०पी० में रहे थे और वहीं उन्होंने शादी की थी। कुछ ही महीने पहले उनका देहान्त हो गया था,

जिसके बाद उनकी बीवी अपने बच्चों को ले कर जालन्धर आ गयी थी, जहाँ कोट किशनचन्द में उनकी जायदाद थी। ....और चेतन रोज़ शाम कोट किशनचन्द जाने लगा था।

कोट किशनचन्द यानी किशनचन्द का किला जालन्धर के इर्द-गिर्द बसने वाली बारह बस्तियों में से एक है। किसी ज़माने में ये जागीरदारियाँ थीं। उनके बाहर फ़सीलें थीं, बड़ा दरवाज़ा था, किला था। कोट किशनचन्द की फ़सील के कोने में जो गुम्बद था, उसमें किसी ज़माने में केवल बन्दूकों के छेद थे, पर अब रजत की माँ ने गोलाई में बाहर को दरवाज़ा और सीढ़ियाँ बनवा कर उसे बैठक का रूप दे दिया था। चेतन ने किशनचन्द के कोट ही में रहने वाले रजत के एक पड़ोसी मित्र से दोस्ती कायम कर ली और जब वह पहले दिन उस बैठक में गया था तो उसकी स्थिति उस ग़रीब देहाती युवक की-सी थी, जिसे अचानक किसी सम्राट के महल में जाने की इजाज़त मिल गयी हो। उस गोल कमरे की मेज़-कुर्सी, दीवान, काउच, तस्वीरें, पर्दे —एक-एक चीज़ चेतन को किसी दूसरी दुनिया की लगती थी। चेतन के बैठे-बैठे रजत की बहन चाय लायी थी। चाय का सेट, दूध के जग के ऊपर मोतियों की झालर लगी जाली का रूमाल —चेतन जैसे किसी स्वर्गलोक में पहुँच गया था। उसके घर में तो कभी चाय पी न जाती थी, पी भी जाती थी तो गिलासों में। कमीज़ों के दामन में गर्म गिलास पकड़े, चौके ही में चूल्हे के पास बैठे, वह और उसके भाई चाय सुड़का करते थे।

चेतन उस शाम न तो रजत से कोई बात कर सका था, न उसके छोटे भाई अथवा बहन से। वह उनकी प्यारी-प्यारी, शिष्टाचार-भरी बातें सुनता रहा था। उसको उन सब लड़कों से ईर्ष्या हुई थी, जो वहाँ नित्य शाम को जाते थे और जब वह रात को घर आया था तो गयी रात तक वह जागता रहा था और उसकी आँखों के सामने रजत और उसके छोटे भाई ललित और उसकी बहन की हरेक बात, हरेक भंगिमा आती रही थी....

लेकिन हमीद को देख कर चेतन के मन में वैसा कुछ नहीं हुआ था। शीतला के मेले में कुन्ती को देखने के बाद उसमें एक अजाना परिवर्तन आ गया था। वह कुन्ती की खिड़की के नीचे से गुज़रता था और यद्यपि वह शाम को कभी-कभी कोट किशनचन्द तक जाता था, रजत से मिलता भी था, पर उसकी ओर चेतन का वैसा आकर्षण न रहा था, बल्कि उसे कभी-कभी हँसी आती थी कि वह कैसे उसको देख कर बस देखता ही रह जाता था! रजत यद्यपि अब भी उतना ही सुन्दर था, पर सर्राफ़ों का वह लड़का तो अजीब लिजलिजा-पिलपिला निकल आया था। चेतन हैरान था कि कभी उसे एक नज़र देखने के लिए वह सुबह नीली कोठी जाता था और फिर शाम को छत्ती गली में से हो कर जूतों वाले बाज़ार का चक्कर लगाता था। अम्बरसरिया मल (अमृतसरिया मल्ल) नाम के किसी लड़के से उसे प्यार हो सकता है, उसे इसी बात पर हैरत होती थी।

हमीद को देख कर उसका दिल धक् से चाहे न हुआ हो, पर वह उसे अच्छा ज़रूर लगता था। केवल उसकी मुस्कान, विशेषकर जब कभी वह खीसें निकोसता था, चेतन के मन में विकर्षण पैदा करती थी। चेतन ने उससे मैत्री स्थापित करने का प्रयास नहीं किया कि वह उस दौर से निकल चुका था, जब केवल सौन्दर्य के कारण किसी साथी का सम्पर्क उसे प्रिय हो। लेकिन जब थर्ड ईयर में कॉलेज-यूनियन बनी, उसकी वाद-विवाद

प्रतियोगिताओं में हमीद ने भाग लिया, तो चेतन ने देखा कि सारे कॉलेज में उतने प्रभावोत्पादक ढंग से बोलने वाला दूसरा कोई नहीं है। पहली ही सभा में उसके बोलने का यह फल हुआ था कि वह कॉलेज-यूनियन का मन्त्री चुन लिया गया और चेतन उसके प्रति विशेष रूप से आकर्षित हो उठा था।

लेकिन वह हमीद के निकट आया 'श्रीमती मंजरी' के अभिनय में। आर्य समाज (कॉलेज-सेक्शन) के वार्षिक अधिवेशन के अवसर पर 'श्रीमती मंजरी' खेला गया। उसमें चेतन रायबहादुर जानकीदास बना और हमीद ने मुसलमान अनाथ युवक की भूमिका में काम किया। चेतन ने स्वयं बहुत अच्छा अभिनय किया था और दर्शकों ने उसकी प्रशंसा भी की थी, लेकिन वह स्वयं हमीद के अभिनय पर मुग्ध हो गया था। उसके उतने सफल अभिनय पर उसे आश्चर्य नहीं हुआ था। वह तो रिहर्सलों ही में उसका शैदा बन गया था। नाटक का निर्देशन उनके अंग्रेज़ी अध्यापक कर रहे थे, जो गवर्नमेण्ट कॉलेज, लाहौर से सेकेण्ड क्लास एम०ए० करके आये थे और उन्होंने कॉलेज में यूनियन और नाटक-क्लब का सूत्रपात किया था। पर रिहर्सलें उनके आदेशानुसार हमीद ही कराता था। उन रिहर्सलों में चेतन ने हमीद को निकट से जाना और उसे मालूम हुआ कि वह अच्छा अभिनेता और वक्ता ही नहीं, उसका अध्ययन भी बहुत विशाल है। उन रिहर्सलों ही के दौरान चेतन और हमीद गहरे मित्र बन गये थे। इसमें कोई सन्देह नहीं कि उर्दू कविता हो या अंग्रेज़ी, हमीद ने दोनों का गहरा अध्ययन किया था, लेकिन चेतन के पास एक ऐसा गुण था, जो हमीद के पास नहीं था। वह उर्दू या अंग्रेज़ी कविता चाहे ज़्यादा न जानता हो, पर वह जन्मजात कवि था। जहाँ हमीद एक ओर शेली और कीट्स, वर्ड्ज़वर्थ और ब्राउनिंग और दूसरी ओर इकबाल और टैगोर, हफ़ीज़ और अख़्तर शेरानी को कण्ठस्थ करने के बावजूद एक पंक्ति न लिख सकता था, वहाँ चेतन इन कवियों पर उतना अधिकार न रखने के बावजूद, अनायास शे'र-पर-शे'र और नज़्म-पर-नज़्म लिख लेता था। और जहाँ चेतन उसके विशाल अध्ययन का प्रशंसक था, वहाँ हमीद उनकी जन्मजात प्रतिभा का मद्दाह! ....और दोनों दिन-ब-दिन एक-दूसरे के निकट आते गये थे।

नाटक के बाद हमीद एक दिन चेतन को अपने घर ले गया था और सिगरेट के धुएँ, पत्र-पत्रिकाओं और पुस्तकों से भरा हुआ हमीद का वह कमरा चेतन के मन-मस्तक पर अमिट छाप छोड़ गया था।

जहाँ जौड़ा दरवाज़ा दूर तक तंग गली की सूरत में रेंगता हुआ तनिक-सा फैलता है और रैनक बाज़ार शुरू हो जाता है, वहीं दायीं ओर को एक छोटे-से अहाते में हमीद का घर था। ज़नानख़ाने में तो चेतन कभी गया नहीं, मर्दाने के नाम पर भी उसने हमीद का कमरा ही देखा था —न बहुत छोटा, न बड़ा (ज़रा छोटा हो तो कोठरी कहलाये और ज़रा बड़ा हो तो कमरा)। बाहर से तो पक्की ईंटों का लगता था, पर अन्दर की दीवारें कच्ची थीं और उनमें बे-किवाड़ों की अलमारियाँ थीं, जो किताबों और पत्र-पत्रिकाओं से अटी पड़ी थीं। कमरे में कोई फ़र्नीचर नहीं था। एक बड़ी-सी चौकी बीच में रखी थी, जिसके साथ दायीं दीवार तक दरी पर एक मैला-सा जाजम बिछा था और दो गाव तकिये रखे थे। पत्र-पत्रिकाएँ और पुस्तकें न केवल चौकी और जाजम पर ढेर-की-ढेर पड़ी थीं, बल्कि कमरे के कोनों में भी उनके अम्बार लगे थे। और कमरा यदि छोटा लगता था, तो इसमें

उन पुस्तकों और पत्र-पत्रिकाओं के ढेरों का भी कम हाथ न था।

चेतन ने सुना था कि हमीद नवाब ख़ैरपुर के दीवान का लड़का है। लेकिन उसके कपड़े एकदम साधारण होते थे। सुन्दर था, इसलिए सादे कमीज़-पायजामे में जँच जाता था, पर चेतन को कभी-कभी आश्चर्य ज़रूर होता था। हमीद के कमरे को देख कर उसे और भी आश्चर्य हुआ था। बहुत बाद में उसने जाना था कि ख़ैरपुर के दीवान ने जालन्धर की एक प्रसिद्ध वेश्या को अपने घर में रख लिया था और हमीद उसी का बेटा था। हमीद के वालिद ने उसके बाद तीन या चार शादियाँ कीं। हमीद की माँ उन दीवारों में बन्द हो गयी। एक निश्चित रकम उसे हर महीने मिलती थी, जिसमें माँ-बेटा गुज़ारा करते थे।

उस कमरे में कदम रखते ही चेतन पर हमीद के उस विपुल ज्ञान का भेद खुल गया था। जहाँ चेतन के पास अपनी एक भी पुस्तक न थी, वहाँ हमीद का कमरा पत्र-पत्रिकाओं और पुस्तकों से अटा पड़ा था। चूँकि हमीद का घर कल्लोवानी मुहल्ले से दूर नहीं था, इसलिए उस दिन के बाद चेतन रोज़ हमीद के यहाँ जाने और थोड़ा-बहुत समय उसकी संगति में गुज़ारने लगा था। हमीद सिगरेट ख़ूब पीता था और चेतन के निकट कोई सिगरेट पिये तो उसका सिर दर्द करने लगता था, पर हमीद की संगति का लाभ उठाने और उसके यहाँ पत्र-पत्रिकाएँ और पुस्तकें पढ़ने के लालच में उसने सिर-दर्द की भी परवाह नहीं की और धीरे-धीरे वह उस कमरे और उसके धुएँ का अभ्यस्त हो गया।

०

लेकिन शायद हमीद और चेतन में गहरी मैत्री न होती, यदि चेतन उसे मीनाक्षी रामाराव का फ़ोटो मँगा कर (जिस प्रयास में कि हमीद नितान्त असफल रहा था) चकित न कर देता।

०

मीनाक्षी मद्रास के एक जज की एम०ए० पास लड़की थी। डायरेक्टर अडवानी मद्रास में आउट-डोर शूटिंग के लिए गये थे, जहाँ दोनों का परिचय हुआ और डायरेक्टर अडवानी ही के प्रभाव में मीनाक्षी ने उनकी आगामी पिक्चर में काम करने का वचन दे दिया था। उस समय तक केवल वेश्याएँ अथवा ग़रीब घरों की अनपढ़ लड़कियाँ अथवा ऐंग्लो-इण्डियन युवतियाँ ही फ़िल्मों में काम करती थीं, लेकिन टॉकी फ़िल्मों के आते ही ऐंग्लो-इण्डियन लड़कियाँ एकदम फ़िल्मों से छँट गयी थीं — सुलोचना, माधुरी, सविता (सुन्दरता में आज की एक भी हीरोइन शायद जिनका मुकाबला नहीं कर सकती) अपनी ख्याति के शिखर पहुँची हुई भी, केवल इसलिए बेकार हो गयी थीं कि हिन्दुस्तानी का उनका उच्चारण अंग्रेज़ी-ज़दा था। फिर माइक नाम की जो चीज़ फ़िल्मों में आयी थी, जिसके कारण हर सुन्दर वेश्या फ़िल्म की हीरोइन न हो सकती थी; बोलपट अभिनय और भंगिमाओं के ऊँचे स्तर की भी माँग करता था, इसी कारण फ़िल्म इण्डस्ट्री में नयी पढ़ी-लिखी लड़कियों की माँग थी। मीनाक्षी न केवल एम०ए० थी, सुन्दर थी, वरन एक जज की लड़की थी और फ़िल्मी पत्र-पत्रिकाओं में फ़िल्म इण्डस्ट्री की ओर उसके आकर्षित होने की बड़ी धूम थी और उसके इण्टरव्यू, वक्तव्य, फ़ोटो — धड़ाधड़ छप रहे थे। चेतन को उन वक्तव्यों में कहीं-न-कहीं यह लगता था कि फ़िल्म इण्डस्ट्री अथवा अभिनय का आकर्षण नहीं, फ़िल्म डायरेक्टर का आकर्षण ही उसे फ़िल्मों में ले आया है। उसने

अडवानी साहब का फ़ोटो देखा था — सुन्दर, हृष्ट-पुष्ट युवक, चौड़ा माथा, बड़ी-बड़ी आँखें! कुछ ही वर्ष पहले वे इंग्लिस्तान से फ़िल्म निर्देशन की शिक्षा ले कर आये थे। और कुछ वर्ष बाद, जब मीनाक्षी रामाराव मीनाक्षी अडवानी बन गयी तो चेतन को आश्चर्य नहीं हुआ। पर तब इतनी पढ़ी-लिखी लड़की को फ़िल्मों में ले आने पर अडवानी साहब की बड़ी प्रशंसा हो रही थी।

चेतन को मीनाक्षी कुछ वैसी अच्छी न लगी थी। उसके मुख पर जवानी का वह अल्हड़पन न था, जो चेतन की प्रिय नायिका सुलोचना अथवा ज़ुबैदा के मुख पर सदैव दिखायी देता था....चौड़ा-चौड़ा-सा मुख, खुला माथा, किंचित धँसे कल्ले, गालों की हड्डियाँ उभरी हुई। होंट जरूर पतले और प्यारे थे और बड़ी-बड़ी आँखों से चतुराई भी टपकती थी — पर वह चेहरा कुछ बौद्धिक चाहे लगता हो, अल्हड़ ज़रा भी न था। और चेतन तो सुलोचना के उस अल्हड़ सौन्दर्य पर इस हद तक फ़िदा था कि उसे चित्र में देख कर ही उसके दिल की धड़कन तेज़ हो जाती थी। एक दिन उसने पान की एक दुकान पर सुलोचना का चित्र लगा देखा। पनवाड़ी ने किसी साप्ताहिक से उसे फाड़ कर, उसका सिलहूत कैंची से काट, उसे कागज़ पर चस्पाँ कर, फ्रेम करा लिया था। चेतन बाज़ार में रुका देर तक उसे देखता रहा था। फिर उसने दुकानदार से पूछा कि क्या वह उसे बेचेगा ? दुकानदार ने एक रुपया दाम माँगा। उस बहुमूल्य चित्र का दाम एक रुपया चेतन को बहुत ही कम लगा। जोड़-तोड़ कर उसने एक रुपया जमा किया। उसे बराबर डर लग रहा कि कोई दूसरा उसे उड़ा न ले जाये और इस बीच वह रोज़ एक बार जा कर चित्र को देख आता रहा। चित्र ख़रीद कर उसने बैठक के साथ वाले छोटे कमरे में लगा दिया। (जिसमें हमीद ही की तरह उसने फ़र्श पर दरी, गद्दा और जाजम बिछा कर लिखने-पढ़ने के लिए उस पर एक चौकी सजा ली थी।)

लेकिन हमीद को सुलोचना के मुकाबले में मीनाक्षी कहीं ज़्यादा पसन्द थी। "बौद्धिकता नहीं," हमीद ने कहा था, "आभिजात्य मीनाक्षी के अंग-अंग से टपकता है। सुलोचना और ज़ुबैदा तो अपने तमाम सौन्दर्य के बावजूद बाज़ारू लगती हैं।"

चेतन उससे सहमत न था। अपने अल्हड़पन के बावजूद सुलोचना किसी साम्राज्ञी से कम न लगती थी। साँचे में ढली; सरो-सी लम्बी; प्यारा नुकीला चेहरा; बड़ी-बड़ी आँखें — जिनमें अजीब-सी गरिमा, अजीब-सी दर्प-मिश्रित दीप्ति और दूरी थी — 'किसी बाज़ारू औरत में ये गुण कहाँ हो सकते हैं!' चेतन के मन में कटुता भर आयी थी। बाज़ारू औरत के प्रति हमीद की यह वितृष्णा! — जो स्वयं एक वेश्या का बेटा था — चेतन मन-ही-मन व्यंग्य से मुस्कराया था। उसके होंटों पर एक तल्ख़ जवाब भी आया था, पर उसने केवल इतना ही कहा था — "तुम अपने कमरे में मीनाक्षी ही की तस्वीर लगाना।"

"मैं किसी पत्र-पत्रिका से तस्वीर काट कर नहीं लगाऊँगा।" हमीद ने कहा था और चेतन को बताया था कि उसने मीनाक्षी को अंग्रेज़ी में पत्र लिखा है (हमीद को अपनी अंग्रेज़ी पर नाज़ था) और जल्दी ही उसका चित्र पाने की उसे आशा है। और वह तो उसका हस्ताक्षरित चित्र ही अपने कमरे में लगायेगा।

जब इस बात को दो महीने बीत गये और चित्र तो दूर, मीनाक्षी का उत्तर तक न आया तो एक शाम चेतन के पूछने पर हमीद ने किंचित उदास हो कर बताया कि उसने

कई पत्र लिखे हैं, पर मीनाक्षी ने एक की भी सनद नहीं दी।

जाने चेतन को क्या सूझी। उसने कहा, "तुम्हें इतना ही शौक है तो मैं मँगा दूँ तुम्हें मीनाक्षी का चित्र ?"

"तुम कैसे मँगा दोगे ?" हमीद आश्चर्य बोला। उसकी आँखें तनिक फैल गयीं और होंट किंचित खुल गये, यहाँ तक कि अन्दर को मुड़ी उसकी दन्त-पंक्ति दिखायी देने लगी। कुछ क्षण वह इसी तरह चेतन को सिर-से-पैर तक देखता रहा, फिर उसकी आँखों में हल्के-से उपेक्षा-मिले व्यंग्य की लकीर खिंच गयी।....'यह मँगा लेगा मीनाक्षी से तस्वीर, जबकि मैं नहीं मँगा सका,' उसने सोचा और कुछ क्षण उसी तरह चेतन को देखते रह कर वह ज़ोर से ठहाका मार कर हँस दिया।

चेतन अप्रतिभ नहीं हुआ। किंचित खीझ कर उसने कहा, "तुम्हें चित्र मिल जायेगा। अब हटाओ इस किस्से को।"

और दो-चार मिनट इधर-उधर की बात करके वह चला आया था। हमीद के उस व्यंग्य-भरे ठहाके ने चेतन का तन-मन जल दिया था और उसने तय किया था कि यदि वह मीनाक्षी का फ़ोटो न मँगा सका, तो हमीद के यहाँ कभी नहीं जायेगा।

वास्तव में हमीद की निराशा को देखते ही चेतन के दिमाग़ में एक योजना कौंध गयी थी और उसे उस योजना की सफलता का इतना विश्वास था कि उसने कह दिया था, वह तस्वीर मँगा देगा। मीनाक्षी सफल हीरोइन न सही, पर एम०ए० थी, फिर जज की लड़की थी और किसी थर्ड ईयर के छात्र की चिट्ठी के उत्तर में उसका फ़ोटो भेजना असम्भव था, पर यदि कोई युवती उसे पत्र लिखे, वह ग्रैजुएट हो और लेखिका भी हो तो वह उत्तर दिये बिना न रहेगी, इस बात का उसे पूरा विश्वास था। और चेतन ने तय किया कि वह लेखिका की ओर से पत्र लिखेगा; मीनाक्षी ने डायरेक्टर अडवानी की कला पर जो लेख लिखा था, उसकी शैली की प्रशंसा करेगा, उसके कथ्य का समर्थन करेगा, लिखेगा कि डायरेक्टर अडवानी से भारतीय फ़िल्मों को बड़ी आशाएँ हैं और निश्चय ही विदेश में पाये अपने ज्ञान और अनुभव के बल पर वे भारतीय फ़िल्मों के स्तर को ऊँचा कर देंगे। और यह सब लिख कर अन्त में वह मीनाक्षी का एक हस्ताक्षरित चित्र माँगेगा, यह विश्वास दिलाते हुए कि वह उसके बारे में उत्तर के पत्र-पत्रिकाओं में लेख लिखेगा। (यानी लिखेगी)।

यह सब सोच कर चेतन ने अपने स्त्री-नाम पर विचार किया। उसने कई नाम सोचे, पर वे सब उसे वास्तविक न लगते थे। वह चाहता था, ऐसा नाम, जो सरल भी हो और अच्छा भी लगे। सोच-सोच कर उसने 'चन्दा' नाम रखा। पर चन्दा चूँकि लेखिका होने जा रही थी और उसका उपनाम होना ज़रूरी था, इसलिए उसने चन्दा देवी 'कुमद' नाम रखा और इसी नाम से मीनाक्षी को एक पत्र लिखा। यद्यपि उसने कई बार शब्द-कोष की सहायता ली और अपनी ओर से सरल और प्रवहमान अंग्रेज़ी लिखी, पर वह चाहता था कि उसमें कोई त्रुटि न रहे। यदि किसी और को पत्र लिखना होता तो वह हमीद के पास जाता, लेकिन हमीद को तो वह इसकी गन्ध तक न लगने देना चाहता था। वह अमीचन्द के पास गया। अमीचन्द ने उसका पत्र ठीक कर दिया, पर चन्दा के उपनाम पर आपत्ति की। "Kumad (कुमद) नहीं, शब्द Kumud (कुमुद) होना चाहिए," उसने कहा, "फिर कुमुद पुल्लिंग

होता है, किसी स्त्री का उपनाम पुल्लिंग नहीं होना चाहिए।" कुमुद के बदले उसने 'कुमुदिनी' कर दिया!

चन्दा देवी 'कुमुदिनी,' बी०ए० — चेतन को कर्ण-कटु-सा लगा। 'कुमुदिनी' नाम तो अकेला भी चल सकता है और निमिष भर को उसने सोचा कि चन्दा देवी के बदले कुमुदिनी ही कर दे। पर कुमुदिनी सहज नहीं था। सोच-सोच कर चेतन ने वही नाम — चन्दा देवी 'कुमुद' — रहने दिया। इस बीच में उसने एक रुपया जोड़ लिया था। वह भैरों बाज़ार से चौदह आने में एक बड़ा ही सुन्दर, सुगन्धित, विलायती हल्का-गुलाबी पैड और वैसे ही गुलाबी लिफ़ाफ़े ले आया, फिर उसने उसके दो पन्नों पर बड़े ही सुन्दर अक्षरों में वह पत्र उतारा, लिफ़ाफ़े पर मीनाक्षी का पता और प्रेषिका के स्थान पर चन्दा देवी 'कुमुद,' बी०ए०, कल्लोवानी मुहल्ला, जालन्धर शहर (पंजाब) लिख कर पत्र को डाक में डाल आया। उसी दिन पोस्ट ऑफ़िस में जा कर वह डाकिए से कह आया कि चन्दा देवी 'कुमुद,' कल्लोवानी मुहल्ला के नाम से जो डाक आये, वह उसी की बैठक में फेंक जाये।

चेतन को अपनी स्कीम की सफलता का इतना विश्वास था कि जब सातवें ही दिन उसे मीनाक्षी का उत्तर और बड़े ही कीमती चिकने काग़ज़ पर उसका बड़े साइज़ का हस्ताक्षरित चित्र मिला तो यद्यपि उसे आश्चर्य नहीं हुआ, पर बड़ी प्रसन्नता हुई। वह उसी समय हमीद के यहाँ गया और फ़ोटो का पैकेट उसके सामने चौकी पर फेंकते हुए उसने कहा, "लो!"

हमीद ने पैकेट खोल कर फ़ोटो निकाला और उसे देखता ही रह गया। फिर उसने उसे पलट कर देखा। पृष्ठ भाग पर अंग्रेज़ी में लिखा था :

For Chanda Devi 'Kumud'
with love
Meenakshi

"यह चन्दा देवी कमद्द कौन है ?" सहसा हमीद ने पूछा।

"कमद्द नहीं, कुमुद।" चेतन हँसते हुए बोला, "यह चन्दा का तख़ल्लुस है। कुमुद उस कमल को कहते हैं, जो रात को खिलता है।"

लेकिन हमीद फिर भी ठीक उच्चारण नहीं कर सका।

"यह कुमुद्द है कौन ?" उसने पूछा।

"तुम्हें आम खाने से मतलब या पेड़ गिनने से ?" चेतन ने सोल्लास कहा, "तुम यह तस्वीर फ्रेम करा के वहाँ दीवार पर लगा दो कि उठते-बैठते तुम्हारे सामने रहे!"

लेकिन हमीद ने उस वक्त तक उसका पीछा नहीं छोड़ा, जब तक उसने चेतन से सच्ची बात जान नहीं ली। वह बात जान कर चेतन की प्रतिष्ठा उसकी आँखों में कहीं ज़्यादा बढ़ गयी और उनकी मैत्री बराबरी के स्तर पर उठ आयी।

०

लेकिन बराबरी चेतन और हमीद में थी नहीं। स्वयं चेतन इसे अच्छी तरह जानता था। उसने मीनाक्षी का चित्र प्राप्त करके हमीद की श्रद्धा चाहे जीत ली हो, हमीद का जितना अध्ययन था; समाज, संस्कृति, राजनीति, दर्शन — सभी विषयों पर उसका जितना अधिकार था —

वह चेतन को कहाँ प्राप्त था! उसके पास प्रतिभा थी, पर हमीद के पास ज्ञान था। चेतन के पास वह स्रोत था, जो न जाने पूर्व-जन्म के किन संस्कारों के बल पर चट्टानी धरती में फूट बहा था। वह एकदम सूख न जाये और प्रगति कर महानद का रूप घर ले, इसके लिए उसे अध्ययन अथवा अनुभूति के अगणित स्रोतों की आवश्यकता थी। हमीद के पास वे स्रोत थे और चेतन ने हमीद की मैत्री जीत लेने के बाद, उन स्रोतों को अपना बना लेने का निश्चय कर लिया था।

....हमीद को अफ़लातून (प्लेटो), अरस्तू, शोपेनहावर, काण्ट, हेगेल, नीत्शे, बर्गसाँ, रसेल, इत्यादि पश्चिमी दार्शनिकों को पढ़ने का शौक था और वह बात-बात में अरस्तू और शोपेनहावर की उक्तियों का उल्लेख किया करता था। चेतन ने भी उस क्षेत्र में प्रवेश पाने का प्रयास किया था, वह हमीद से अफ़लातून की प्रसिद्ध पुस्तक 'रिपब्लिक' माँग कर ले आया था, पर जाने क्यों उसे बड़ी ऊबाहट हुई थी। चन्द ही पृष्ठ पढ़ते-पढ़ते उसे नींद आने लगी थी। सिद्धान्त और दर्शन उसे उबा देते थे। जबकि उपन्यास, कहानियाँ, कविताएँ उसकी रातों की नींद हराम कर देती थीं। दूसरे ही दिन वह पुस्तक वापस कर आया था। तब हमीद ने उसे अंग्रेज़ी में टैगोर की कुछ कविताएँ सुनायी थीं (जिनके दो संग्रह उसके पास थे) और चेतन हफ़्तों उनमें डूबा रहा और उसने स्वयं उसी रंग में एक पूरी-की-पूरी कापी गद्य-गीतों से भर डाली थी। 'कर्ण और कुन्ती' तथा 'श्रीमती' नामक टैगोर के नाटकों का अनुवाद भी उसने अंग्रेज़ी के माध्यम से किया था और उन्हीं की नकल में महात्मा बुद्ध को ले कर एक एकांकी लिखने का भी प्रयास किया था।

....'हफ़ीज़ जालन्धरी और 'इकबाल' का नाम तो यद्यपि चेतन ने हुनर साहब से सुना था, पर उनका अध्ययन उसने हमीद के सत्संग ही में किया — 'अपने मन में प्रीत बसा ले,' 'दिल है पराये बस में,' 'जाग सोज़े-इश्क जाग' — हफ़ीज़ जालन्धरी की कितनी ही कविताएँ उसने हमीद के यहाँ पढ़ी थीं और कण्ठस्थ कर ली थीं। हमीद को इकबाल की एक ग़ज़लः

कभी ऐ हकीकते-मुन्तज़र नज़र आ लिबासे-मजाज़ में

और नज़्म — 'नया शिवाला' — ज़बानी याद थीं। वह झूम-झूम कर गाया करता था :

सच कह दूँ ऐ बरहमन, गर तू बुरा न माने
तेरे सनमकदों के बुत हो गये पुराने

और चेतन ने इकबाल और हफ़ीज़ की वे सब ग़ज़लें और नज़्में कण्ठस्थ कर ली थीं। एक दिन चेतन हमीद के यहाँ गया तो उसने कहा, "बैठो! आज मैं तुम्हें एक नये रोमानी शायर की एक नज़्म सुनाता हूँ। और मैं समझता हूँ ऐसा रोमानी शायर उर्दू ने अभी तक पैदा नहीं किया।"

और इससे पहले कि चेतन शायर का नाम पूछता, अपने जोश में हमीद ने सुनाना शुरू किया :

ऐ इश्क कहीं ले चल, इस पाप की बस्ती से

नफ़रत-गहे-आलम[1] से, ला'नत-गहे-हस्ती[2] से
इन नफ़्स-परस्तों[3] से, इस नफ़्स-परस्ती से[4]
दूर और कहीं ले चल
ऐ इश्क कहीं ले चल
हम प्रेम-पुजारी हैं, तू प्रेम-कन्हैया है
तू प्रेम-कन्हैया है, यह प्रेम की नैया है
यह प्रेम की नैया है, तू इसका खवैया है
कुछ फ़िक्र नहीं, ले चल
ऐ इश्क कहीं ले चल
बे-रहम ज़माने को, अब छोड़ रहे हैं हम
बेदर्द अज़ीजों से, मुँह मोड़ रहे हैं हम
जो आस कि थी वो भी, अब तोड़ रहे हैं हम
बस ताब नहीं, ले चल
ऐ इश्क कहीं ले चल
यह जब्रकदा[5] आज़ाद अफ़्कार[6] का दुश्मन है
अरमानों का क़ातिल है, उम्मीदों का रहज़न[7] है
जज़्बात[8] का मकतल[9] है, जज़्बात का मद्फ़न[10] है
चल याँ से कहीं ले चल
ऐ इश्क कहीं ले चल

चेतन उन दिनों दिल की तमाम गहराईयों से कुन्ती को प्यार करता था। उस स्थिति में जब कुन्ती की सगाई शामचुरासी के पण्डित से हो गयी थी, उसके प्यार का कुछ परिणाम निकलेगा, इसकी उसे कोई आशा नहीं थी, पर इस भावी निराशा से न उसके प्यार में कमी आयी थी, न उसकी पीड़ा में अथवा उस पीड़ा-मिले उल्लास में। वह भी कवि के साथ इस नफ़रत-गहे-आलम से कहीं दूर निकल जाना चाहता था, जहाँ समाज के बन्धन न हों, नियति के इन्द्रजाल न हों, संकुचित मनोवृत्तियाँ और रूढ़ियाँ न हों — वह हो, उसकी प्रेमिका हो और प्रेम का देवता हो....और हमीद ने कविता का बन्द पढ़ा :

संसार के उस पार इक, इस तरह की बस्ती हो

---

१. इस दुनिया से जो नफ़रत की जगह है।
२. इस हस्ती से जो ला'नत (घृणा) की जगह है।
३. विषय लोलुपों।
४. विषय-लोलुपता।
५. जहाँ अन्याय तथा अत्याचार होते हैं।
६. स्वतन्त्र विचारों।
७. चोर-डाकू।
८. भावनाओं।
९. वध-स्थल।
१०. कब्रिस्तान।

जो सदियों से इन्साँ की सूरत को तरसती हो
और जिसके मनाज़र[१] पर तनहाई बरसती हो
यूँ हो तो वहीं ले चल
ऐ इश्क कहीं ले चल

चेतन को लगा कि जैसे कवि ने उसके मन ही की बात कह दी है। और उस दिन से वह हमीद के साथ उस कविता के रचयिता कवि 'अख़्तर' शेरानी का भक्त हो गया था। उसने न केवल वह कविता अपनी कापी में नोट कर ली थी, वरन अख़्तर शेरानी द्वारा सम्पादित और संचालित मासिक पत्रिका 'ख़यालिस्तान' का (कि जिसमें वह कविता छपी थी) पूरा पता ले लिया था, ताकि वह स्वयं भी किसी-न-किसी तरह जोड़-तोड़ कर वह पत्रिका मँगा सके।

उस दिन से दोनों मित्र पुराने शायरों को छोड़ कर अख़्तर-फ़ैन हो गये। इकबाल दिमाग़ को झकझोरता था, लेकिन अख़्तर दिल में हलचल मचा देता था और पाठकों के मन को इस दुनिया की ग़लाज़त से दूर, 'नूर की वादी' में ले जाता था, जहाँ 'कुहसार का दामन' था, 'मस्ताना हवाएँ' थीं और 'चाँदनी रातों की शफ़्फ़ाफ़ फ़िज़ाएँ' थीं। जिस तरह अपनी पसन्द के फ़िल्मी नायक अथवा नायिका के जीवन की हर गतिविधि —उनके प्रेम, विवाह, विच्छेद अथवा पुनर्विवाह —की राई-रत्ती खोज-ख़बर उनके प्रशंसक रखते हैं, इसी तरह अख़्तर शेरानी के हर इश्क की कहानी उन तक आ जाती थी और कल्पनाओं के समावेश से उसे बढ़ा-चढ़ा कर वे अपने मित्रों पर रौब डाला करते थे। उन दिनों अख़्तर 'सलमा' नाम की किसी युवती के बारे में कविताएँ लिखने लगे थे और 'अख़्तर की सलमा' को ले कर उर्दू साहित्य में दसियों तरह की अटकलें लगायी जाती थीं। कोई कहता था, सलमा अख़्तर की कल्पना में बसती है; कोई कहता था कि नहीं, वह लाहौर ही में रहती है और स्वयं भी शे'र कहती है। जो भी हो, चेतन को सलमा के सम्बन्ध में लिखे गये कुछ सॉनिट और कविताएँ बेहद पसन्द थीं, विशेषकर —

सुना है मेरी सलमा रात को आयेगी वादी में

और —

सलमा से दिल लगा कर बस्ती की लड़कियों में बदनाम हो गया हूँ

उन दिनों चेतन ने एक अलग बयाज़[२] बना ली थी, जिसमें उसने अख़्तर शेरानी की केवल वे कविताएँ नोट की थीं, जो उन्होंने सलमा के बारे में लिखी थीं। कविताएँ ज़्यादा नहीं थीं पर चेतन को बयाज़ में कुछ और लिखना स्वीकार न हुआ था।

और थर्ड तथा फ़ोर्थ ईयर के दो साल चेतन और हमीद का लगभग बिला-नाग़ा साथ रहा था। चेतन ने उन दिनों कहानियाँ लिखीं, नाटक लिखने का प्रयास किया और हमीद के साथ मिल कर न केवल स्थानीय सिनेमा हाउस के मालिक, लाला मोहन लाल को (चन्दा देवी 'कुमुद' के माध्यम से) मूर्ख बनाया, बल्कि लाहौर से निकलने वाली प्रसिद्ध फ़िल्मी पत्रिका के मालिक-सम्पादक, जी०आर० ओबराय को भी ख़ूब छकाया। ओबराय

१. दृश्यों।
२. नोट बुक।

साहब ने 'कुमुद' के लेख ही नहीं छापे, उसे फ़िल्मी लेखन पर पुस्तकें भी भेजीं, अपने फ़ोटो भेजे और कई बार जालन्धर आ कर मिलने का प्रयास किया (जिसे चेतन सदा टाल गया।) बी०ए० करने के बाद हमीद एल-एल०बी० करने अलीगढ़ चला गया था और चेतन दैनिक पत्र के दफ़्तर में लाहौर....

और आज वे अचानक मिल गये थे।

०

चेतन के हाथ को अपने कन्धे से हटा कर, एक कदम परे चलते हुए हमीद ने ज़रा ऊँचाई से बोलते हुए, उसे बताया था कि उसने एल-एल०बी० नहीं की, लखनऊ में रेडियो स्टेशन खुल रहा था, उसके लिए प्रोग्राम एसिस्टेण्टों की ज़रूरत थी और वह इण्टरव्यू में चुन लिया गया है।

"मैंने तो सुना है कि अभी सिर्फ़ दिल्ली ही में रेडियो स्टेशन खुला है...."

"नहीं, इसी जनवरी में लखनऊ में भी खुल गया है। पाँच सौ उम्मीदवारों में से केवल पाँच चुनने थे। अर्ज़ियाँ इंग्लैण्ड-पलट लोगों की भी आयी हुई थीं, लेकिन इण्टरव्यू में सबसे ज़्यादा नम्बर मैंने पाये।"

"तुम्हारे ज्ञान का भी तो कोई ठिकाना नहीं।" चेतन ने कहा

और हमीद ने बताया कि ऑल इण्डिया रेडियो के कण्ट्रोलर फ़ील्डन साहब स्वयं इण्टरव्यू लेने वालों में से थे और वे उसकी बातचीत से बड़े प्रसन्न हुए (उसने इस बात का उल्लेख नहीं किया कि नवाब ख़ैरपुर के रुसूख़ से वाइसरॉय की काउन्सिल के एक मेम्बर की पुरज़ोर सिफ़ारिश भी उसे प्राप्त थी)। इण्टरव्यू में क्या-क्या सवाल पूछे गये और उसने क्या-क्या जवाब दिये — हमीद सविस्तार बताता रहा। इस बीच वह कई बार हँसा, कई बार मुस्कराया और चेतन ने मार्क किया कि यद्यपि ऊपर के दाँत उसके वैसे ही तनिक पीछे मुड़े हैं, पर उसकी मुस्कान में चाटुकारिता नहीं, कुछ अजीब-सी ऊँचाई और बेपरवाही है।

इण्टरव्यू की बात बता कर उसने अपने काम का ब्योरा दिया कि कैसे सारा स्टेशन वही चलाता है। डायरेक्टर तो सिन्धी है और दिल्ली यूनिवर्सिटी में अंग्रेज़ी का प्रोफ़ेसर था। उसे उर्दू एकदम नहीं आती। प्रोग्राम डायरेक्टर एकदम चुग़द है और स्टेशन का काम हमीद ही करता है — वही शेड्यूल बनाता है, वही नाटक प्रोड्यूस करता है और वही टॉक्स कराता है और आज तक उसने एक भी डिविएशन नहीं होने दी। अगले दस साल में हिन्दुस्तान के दस शहरों में रेडियो स्टेशन खुल जायेंगे और वह दस साल में यदि स्टेशन डायरेक्टर न हो गया तो उसका नाम नहीं। ....यह अन्तिम बात उसने सीने पर हाथ मार कर कही।

चेतन उसकी बातें सुनता रहा — शेड्यूल, टॉक्स, डिविऐशन — उसकी समझ में कुछ भी नहीं आया। रेडियो क्या बला है, वह न जानता था। उसने सुना था कि दिल्ली में रेडियो स्टेशन खुला है। कहीं स्टूडियो में कोई कुछ बोलता है, गाता-वाता है और वह सब चाँदनी चौक में सुनायी देता है। दीवान हॉल के सामने पार्क के खम्भों के साथ साउण्ड-बक्स लगे हैं और उनमें भाषण, गाने, नाटक — सब सुनायी देते हैं। उसने सहसा

पूछा :

"लाहौर में कब तक रेडियो स्टेशन खुलेगा ?"

"स्कीमें तो बन रही हैं। फिर भी तीन-चार साल लगेंगे।"

०

हमीद का घर आ गया था। अहाते के बाहर बाज़ार ही में वह रुका और उसने हाथ बढ़ा दिया। लेकिन सहसा उसे ख़याल आया कि वह लगातार अपनी ही बातें करता रहा है उसने चेतन का हाथ अपने हाथ में ही लिये-लिये पूछा, "तुम आजकल क्या कर रहे हो ?"

चेतन उसे बताना चाहता था कि वह प्रसिद्ध समाचार-पत्र में काम करता है; इधर उसकी तबियत ख़राब रहने लगी थी, इसलिए वह तीन महीने के लिए शिमला चला गया था; उसकी साली की शादी थी, इसलिए वह समय से पहले ही चला आया है....पर ज्यों-ज्यों हमीद अपनी बात करता रहा, चेतन की आँखों में वह उतना ही ऊँचा होता गया और स्वयं चेतन उतना ही छोटा होता चला गया। यदि हमीद उसे अपने उसी कमरे में ले जाता, शरबत पिलाता या खाना खिलाता और पुराने मित्र का-सा व्यवहार करता तो शायद चेतन कुछ अपनी बात कहता, पर उसे पहले तो उसका कन्धे से हाथ हटा देना बुरा लगा, फिर उनकी बातों में (यद्यपि वह बड़े खुले ढंग से बातें करता रहा था) चेतन को थोड़ी दूरी का एहसास हुआ, और जब अपने घर के निकट उसने हाथ बढ़ा दिया तो चेतन को लगा कि वह उसका पुराना मित्र नहीं है, जिसके साथ उसने बड़ी घनिष्ठता के दो बरस गुज़ारे थे, बल्कि अपने अतीत पर पाँव रख कर भविष्य की सीढ़ी चढ़ने वाला कैरियरिस्ट है ....और उसने अपने महत्व को और भी घटा कर कहा :

"यों ही एक रोज़ाना अख़बार में ट्रांसलेटर हूँ। बीमार हो गया था, शिमले में आरज़ी काम मिल गया, सो वहाँ चला गया था। अब आजकल में वापस लाहौर जाऊँगा। अख़बार में नौकरी करने का तो इरादा नहीं, कुछ जुगाड़ करूँगा यदि एम०ए० कर सकूँ।"

और इससे पहले कि हमीद उसका साथ छोड़ कर मुड़ता, चेतन उसके हाथ को ज़रा-सा हिला कर आगे बढ़ गया।

तेरह

यद्यपि आकाश में बादल घिरे थे, पर धूप जाने कैसे और कहाँ से चकमा दे कर उनके व्यूह से निकल आयी थी और सिर पर सीधी-सपाट पड़ रही थी। बेहद उमस, गर्मी और फिर रैनक बाज़ार की भीड़....लेकिन हमीद से हाथ मिला कर चेतन सिर नीचा किये चला, तो उसे धूप या उमस, गर्मी या भीड़ —किसी का ध्यान नहीं रहा। अपनी हीनता का एहसास, जो सुबह अमीचन्द की उपेक्षा-भरी दृष्टि (या अदृष्टि) के कारण उसके मन में आ बैठा था, हमीद के व्यवहार से कई गुना बढ़ कर उसके मन-प्राण पर छा गया। उसने अनन्त और दीनानाथ और निश्तर के यहाँ जा कर अपनी असफलता, पीड़ा और हीनभाव को छिपाने

या भुलाने का प्रयास किया था, पर उसे कहीं चैन न मिला था। बार-बार उसके मन में आता था कि वह तत्काल लाहौर जाये, दैनिक समाचार-पत्र की नौकरी छोड़, किसी तरह एम०ए० में दाख़िल हो जाये, फ़र्स्ट डिवीज़न में पास हो, डॉक्टरेट करे और किसी कॉलेज में प्रोफ़ेसर हो कर किताब-पर-किताब लिखे....यहाँ तक कि उसकी ख्याति का सूरज अपनी किरणें देश ही नहीं, विदेशों में भी फैला दे और जब उसकी रोशनी अपने दफ़्तरों के संकुचित अँधेरे में, ग़ुलामी की बेड़ियों में जकड़े, कुर्सियाँ तोड़ते हुए उसके अफ़सर-मित्रों तक पहुँचे तो उन्हें अपनी हीनता का आभास मिले।

अमीचन्द उसका सहपाठी सही, हमजोली सही, पर चेतन और उसके मध्य सदा एक अदृश्य-सी दीवार रही थी और यद्यपि ज़रूरत पड़ने पर चेतन उसके यहाँ चला जाता था और वह भी उसकी बैठक में आ जाता था, लेकिन मैत्री की घनिष्ठता उस सम्बन्ध में कभी नहीं थी। फिर अमीचन्द एफ़०ए० पास करके गवर्नमेण्ट कॉलेज, लाहौर चला गया था (कि उसके पिता लाला मणिराम असिस्टेण्ट पोस्ट मास्टर ने अपनी आधी पेन्शन कम्यूट कराके, यानी उसके बदले में सरकार से रुपया ले कर उसे वहाँ भेजने का प्रबन्ध कर दिया था) और दोनों के मध्य दूरी और भी बढ़ गयी थी....पर हमीद तो दो बरस उसके साथ रहा....उस धुएँ-भरे कमरे की घनिष्ठता-भरी गप्पें; वह सुलोचना और ज़ुबैदा के अभिनय पर बहसें; वह ओबराय या लाला मोहन लाल को बेवक़ूफ़ बनाने की स्कीमें; वो इकबाल टैगोर, हफ़ीज़ और अख़्तर शेरानी की कविताओं का इकट्ठे रसास्वादन....

'लेकिन दोस्ती बराबर वालों में होती है,' उसने मन-ही-मन कहा, और उसके होंटों पर एक ज़हर-भरी मुस्कान खेल गयी, 'जब एक दोस्त ऊँचा उठ जाता है तो फिर वह नीचे वाले की ओर नहीं देखता। आज यदि मैं भी प्रोग्राम असिस्टेण्ट हो जाऊँ तो देखो हमीद कैसे पहले की तरह बग़लगीर होता है और यदि मैं प्रोग्राम डायरेक्टर हो जाऊँ तो कैसे उसके होंटों पर वही पुरानी चाटुकारी-भरी मुस्कान तैरने लगती है!'

चेतन हमीद को जी०आर० ओबराय के बारे में बताना चाहता था कि ओबराय के किसी मित्र ने जब उसे बता दिया, चेतन ही चन्दा देवी के नाम से लिखता रहा है तो फिर उसने कभी चेतन से आँख नहीं मिलायी। वह यह भी बताना चाहता था कि उसने अख़्तर शेरानी को एक मुशायरे में देखा था और वे ज़रा भी ख़ूबसूरत नहीं —मँझला कद; दोहरा शरीर; फूला-फूला सा चेहरा; तरशी हुई रॉनल्ड कोलमैन की-सी मूँछें; शराब के नशे में मख़मूर छोटी-छोटी आँखें....वे मुशायरे में मदमत्त आये थे और किसी को शे'र न पढ़ने देते थे....वह उसे हुनर साहब के बारे में, अपने सम्पादक धनपतराय बी०ए० (नेशनल) के बारे में बताना चाहता था....उसने मन-ही-मन अपनी पीठ ठोंकी कि उसने हमीद को कुछ नहीं बताया और इससे पहले कि वह उसका हाथ छोड़ कर मकान की तरफ़ पलटता, वह उसके हाथ को ज़रा-सा झटका दे कर आगे बढ़ आया।

०

"अरे भाई, कहाँ अन्धों की तरह भागे जा रहे हो ?"

सामने से कन्धे पर हाथ पड़ने से वह रुका और उसने सिर उठाया — "निश्तर!"

"हुनर साहब से मालूम हुआ था कि तुम आये हुए हो, हम तो तुम्हारी तरफ़ जाने

की ही सोच रहे थे।"

"और मैं तुम्हारे यहाँ से आ रहा हूँ।"

"देखो, हुनर साहब यहाँ बैठे हैं।" और उसने अन्दर की ओर देख कर कहा, "यह देखिए, ये हज़रत तो यहीं मिल गये और हम इनकी तरफ़ जाने की सोच रहे थे।"

चेतन ने देखा कि निवाड़ की दुकान में रुई, सूत और निवाड़ के गोलों में लगभग डूबे हुए, हुनर साहब और उसका साला रणवीर बैठे हैं। वह चाहता था कि किसी तरह वहाँ से भाग चले, लेकिन उसे देखते ही रणवीर लपकता हुआ बाहर आया :

"आइए जीजा जी, आइए!" और जैसे चेतन के दोनों हाथ पकड़, वह उसे लगभग खींचता हुआ अन्दर ले गया।

चौदह

"आओ भई चेतन, आओ, इनसे मिलो — महाशय रुद्रसेन आरिया (याने आर्य!) अदब से जितना लगाव इन्हें है, उतना इस सारे शहर में किसी व्यापारी को न होगा।"

और श्री रुद्रसेन आरिया ने निवाड़ों के पहिए-ऐसे गोलों पर बैठे दाँत चियार दिये।

"और यह है चेतन! मेरा शागिर्द है, पर अब उस्ताद बना जा रहा है।" हुनर साहब खिसियानी-सी हँसी हँसे, "बैठो भाई, बैठो!"

दुकान में बेहद उमस थी। इस बात के बावजूद कि टेबल-फ़ैन पूरी तेज़ी से चल रहा था, रुई, सूत और निवाड़ के बाहुल्य से कुछ अजीब गला घोंटती-सी गन्ध वातावरण में बसी थी। चेतन का जी चाहा कि बाहर जा खड़ा हो। "मैं बैठूँगा नहीं," उसने कहा, "बाहर आपका इन्तज़ार करता हूँ, आप आइए!" पर जब महाशय रुद्रसेन ने निवाड़ के दो-एक गोल पहिए-से उठा कर परे कोने में फेंक दिये, खादी की मोटी धोती से अपनी बैल की-सी गर्दन का पसीना पोंछते हुए उससे वहाँ बैठने के लिए कहा, ताकि पंखे की हवा सीधी उस पर पड़े, और हुनर साहब ने उसे दामन से खींचा, तो इच्छा न होते हुए भी वह बैठ गया।

बैठते ही चेतन ने एक अनमनी-सी दृष्टि साहित्य के प्रेमी उस व्यापारी पर डाली — मँझला कद; गोरा-चिट्टा रंग; चौड़े-चौड़े खुले हुए अंग; गठा, गँवारू शरीर; छोटे, रूखे, खरखरे बाल; चौड़े मुख में बड़े-बड़े दाँत; मोटी खादी की बनियान से झाँकता, गले में लिपटा, मैला यज्ञोपवीत; कमर में धोती, जो निरन्तर रूमाल का काम देते-देते मैली पड़ गयी थी....निवाड़ के ढेर पर बैठे उस व्यक्ति का साहित्य से कहीं दूर का भी नाता न लगता था।

"मैं रुद्रसेन जी को गीता का तरजुमा सुनाने जा रहा था। गीता के दूसरे बाब[१] में

१. अध्याय।

आत्मा के ज़िन्दा-ए-जावेद और लाफ़ानी[१] होने के सिलसिले में जो श्लोक आये हैं, उनका आम-फ़हम और आसान ज़बान में मैंने ऐसे तरजुमा किया है कि श्लोकों का पूरा-पूरा मतलब भी आ जाये और अपनी तरफ़ से कुछ तसर्रुफ़[२] भी न हो। वो जो श्लोक है न — न जीयते म्रीयते...."

महाशय रुद्रसेन आरिया हँसे — "जीयते म्रीयते नहीं," उन्होंने कहा, और शुद्ध उच्चारण से गा कर श्लोक पढ़ा :

"न जायते म्रियते वा कदाचिन्
नायं भूत्वा भविता न भूयः।
अजो नित्यः शाश्वतोऽयं पुराणो
न हन्यते हन्यमाने शरीरे।।"

"लीजिए, इसी श्लोक से सुनिए।" हुनर साहब बोले, "आप संस्क्रीत (संस्कृत) का श्लोक पढ़ते जाइए, मैं नज़्म में उसका तरजुमा पढ़ता हूँ। संस्क्रीत तो हमें आती नहीं, लेकिन उन श्लोकों को कितना समझा है और कैसे बिना बढ़ाये-घटाये, आसान ज़बान में उतारा है, ज़रा इस बात की दाद दीजिए।" और उन्होंने महाशय जी से कहा, "पढ़िए अब इसी श्लोक को फिर एक बार!"

और महाशय रुद्रसेन ने बड़ी तल्लीनता से फिर श्लोक पढ़ा।

तब 'जीवात्मा के बारे में कहा है' की भूमिका बाँधते हुए हुनर साहब लोच-भरे स्वर में पढ़ने लगे :

"न पाबन्दे-औकात[३] है जन्म इसका
न खटका इसे मौत का है किसी दिन
न हो कर यह होती, बदलती नहीं यह
अजन्मा, मुसलसल,[४] सनातन, पुरातन
ये फ़ानी नहीं जिस्मे-ख़ाकी की मानिन्द,[५]
ये मरती नहीं ख़्वाह मर जाये यह तन।"

"वाह वा....वाह वा!" झूम कर दाद देते हुए महाशय रुद्रसेन ने दूसरा श्लोक गाया :

वेदाविनाशिनं नित्यं य एनमजमव्ययम्
कथं स पुरुषः पार्थ कं धातयति हन्ति कम्

और हुनर साहब बोले :

पृथा पुत्र अर्जुन यह सुन बात मेरी
जो इन्साँ इसे जानता ग़ैर-फ़ानी[६]

---

१. अमर और अनश्वर।
२. हस्तक्षेप, अपनी ओर से बढ़ाना-घटाना।
३. समय से बँधा।
४. निरन्तर।
५. भाँति।
६. अमर।

जो कायल है इसकी मुसलसल बका[१] का
अमिटता का जिसकी नहीं कोई सानी
वो मरवायेगा किसको, मारेगा किसको
कि जब तत्व इसके हैं सब जाविदानी

महाशय रुद्रसेन अगला श्लोक पढ़ना चाहते थे, पर अपने जोश में हुनर साहब गाते गये :

कि जैसे पुराने फटे पैरहन को
नये के लिए आदमी छोड़ देता
यह जीवात्मा भी इसी तरह नाता
पुराने थके जिस्म से तोड़ लेता
न असिलह[२] में ताकत इसे काट दे
आग में है नहीं दम कि इसको जलाये
गला पाये आब[३] इसको मुमकिन नहीं यह
हवा में न हिम्मत कि इसको सुखाये।

"वाह वा! वाह वा....वाह वा!" रुदसेन झूमते हुए बोले और धोती के छोर से उन्होंने मुँह और गर्दन का पसीना पोंछा। "कैसी आसान कविता में आपने इन गहन श्लोकों का पद्यानुवाद किया है।"

"मुश्किल उर्दू में शे'र कहना आसान है," हुनर साहब ने गर्वस्फीत स्वर में कहा, "लेकिन आसान ज़बान में गीता के गहरे मानी को उतारना सहल नहीं।"

और दाँत निपोरते हुए उन्होंने रणवीर की ओर देख कर आँख दबायी।

"हुनर साहब की यह आसान गीता छप गयी तो लोग इसे हीर-राँझा की तरह ज़बानी याद करके गाते फिरेंगे।" रणवीर ने रद्दा जमाया।

"मेरे सामने पैसे कमान का सवाल नहीं," हुनर साहब ने कहा, "भगवान कृष्ण के इस उपदेश को मैं घर-घर पहुँचाना चाहता हूँ। श्रीमद्‌भगवद्‌गीता के इस दूसरे अध्याय को आसान ज़बान में नज़्म करके मेरा इरादा है कि इसे छापूँ और इसे आर्यसमाज के सालाना जलसे पर मुफ़्त बाँटूँ। मैंने यह भी तय किया है कि इसे किसी अदब-नवाज़[४] गीता-प्रेमी को भेंट करूँ।"

"रुद्र भाई से बेहतर अदीबों का सरपरस्त कौन होगा ?" रणवीर ने खुला मस्का लगाया, "गीता का प्रेम तो इनका इतना है कि गीता का पाठ किये बिना ये जलपान नहीं करते और सारी-की-सारी गीता उन्हें ज़बानी याद है।"

"ज़रूर छपवाइए इसे!" महाशय रुद्रसेन ने सोत्साह कहा, "यह धर्म की सेवा ही नहीं, राष्ट्र की सेवा है। आज भारत परतन्त्र है, पर अब भी एक चीज़ है, जिसके कारण सारी दुनिया के सामने उसका मस्तक ऊँचा है और वह है भगवद्‌गीता।"

---

१. अनश्वरता।
२. शस्त्र।
३. पानी।
४. साहित्यानुरागी।

"मैं तो इसे हज़ारों की तादाद में छपवा कर बाँट देता," हुनर साहब बेबसी से बोले, "पर आप जानते हैं, छोटे भाई के मामले ने हमारी तो बधिया ही बैठा दी है। दस हज़ार का तो गहना रख लिया हरामज़ादों ने, और चढ़ावे के कपड़ों की बात तो दूर ही रही। मैं तो उन पर दावा करने के लिए यहाँ आया हूँ। कचहरियों की ख़ाक छानते हुए मैंने सोचा कि मन के सन्ताप को दूर करने का इससे बेहतर कोई दूसरा तरीका नहीं कि श्रीमद्भगवद्गीता के दूसरे अध्याय को नज़्म किया जाये।"

पंखे की हवा सामने से लग रही थी, पर रीढ़ की हड्डी पर पसीने की नदी बह रही थी। चेतन के लिए वहाँ और बैठे रहना मुश्किल हो गया। "चलो, ज़रा बाहर खड़े होते हैं।" उसने निश्तर से कहा और उठते हुए उसका हाथ खींचा।

"बैठो-बैठो," हुनर साहब ने कहा, "अभी चलते हैं।"

लेकिन चेतन निश्तर का हाथ पकड़े, उसे साथ ही उठाता हुआ बाहर बाज़ार में आ गया। हवा चाहे बाहर भी बन्द थी तो भी चेतन को खुले में थोड़ी राहत मिली।

दुकान के तख़्ते पर एक पैर रखते हुए चेतन ने पूछा, "ये हुनर साहब किस मामले में फँसे गये ?"

निश्तर अपनी ऐंचातानी आँख से हँसा। "अरे भाई, वो इनका छोटा भाई है न गोपालदास। उसकी शादी अभी पिछले दिनों मिट्ठा बाज़ार के लब्भू महेन्द्रू की लड़की से हुई थी। इन लोगों ने न सिर्फ़ उसके लिए गहनों के तीन सेट अलग से बनवाये, बल्कि दिखावे के लिए अपनी बीवी का और अपने बड़े भाई की बीवी का ज़ेवर भी वरी में रख दिया। लड़की एक रात ससुराल रह कर जो आयी तो फिर गयी ही नहीं। उसका कहना है कि लड़का नपुसंक है और वह उसके साथ नहीं रहेगी। गहने-कपड़े सब उन्होंने रख लिये हैं और ये अब कचहरी दौड़ रहे हैं।"

"थी कुछ ऐसी बात ?"

"सच्ची बात तो भगवान ही जानता है, लेकिन लोग कहते हैं कि गोपालदास ससुराल गया था तो किसी साधु को साथ ले गया था। अब जाने क्या बात हुई, पर लड़की ने जाने से इनकार कर दिया है। हुनर साहब के बड़े भाई आ कर ख़ुद उसके पाँवों पर पगड़ी रख गये हैं, पर लड़की टस-से-मस नहीं हुई। और अब लाल बाज़ार में लड़की के बड़े भाई ने जनरल मर्चेण्डाइज़ की दुकान खोल ली है। हुनर साहब कहते हैं कि यह सब उन्हीं के ज़ेवरों का प्रताप है।....जो भी हो, इस मामले के कारण दूसरे-चौथे हुनर साहब को जालन्धर आना पड़ता है और यहाँ की अदबी दुनिया[१] ख़ासी सरगर्म हो गयी है।"

हालाँकि चेतन सब कुछ जानता था, तो भी उसने पूछा :

"तुम तो उर्दू में शे'र नहीं कहने लगे ?"

"लगा तो हूँ।"

"हुनरवी हुए कि नहीं ?"

झेंपते हुए निश्तर ने कहा, "पंजाबी में लिखना मैंने नहीं छोड़ा।"

"हुनरवी हुए कि नहीं ?" चेतन ने फिर दोहराया।

---

१. साहिय-संसार।

लेकिन इससे पहले कि निश्तर जवाब देता, हुनर साहब बाहर आ गये और उन्होंने सरगोशी में कहा, "रुद्रसेन काग़ज़ के लिए पचास रुपये ख़र्च करने को तैयार हो गया है, पर वह कहता है कि ख़ुद चल कर काग़ज़ ले देगा। बनिया है न साला!"

"आपने तो ख़ालसा होटल में खाना खिलाने का वादा किया था।" निश्तर ने कहा।

"ख़ैर रुको, मै अभी आता हूँ।" हुनर साहब बोले, "तुम रणवीर को बुला लो।"

निश्तर ने रणवीर को आवाज़ दी। वह बाहर आया तो हुनर साहब अन्दर गये।

"मैं तो तुमसे हीर सुनने आया था।" चेतन बोला।

"सुनायेंगे। आप तो यहीं हैं।"

"मैं शायद आज ही चला जाऊँ।"

"अब हुनर साहब से छुट्टी ले कर बैठेंगे।"

दूसरे क्षण हुनर साहब और महाशय रुद्रसेन बाहर आ गये। रुद्रसेन के मोटे, खुरदरे हाथ को अपने पतले-लम्बे, नाज़ुक दोनों हाथों में ले, बड़े तपाक से उसे दबाते और खीसें निपोरते हुए, उन्होंने महाशय जी का शुक्रिया अदा किया।

जब वो दुकान से परे निकल आये तो हुनर साहब ने कुर्ते की जेब से पाँच का नोट निकाल कर निश्तर को दिखाया और दायीं आँख दबायी।

पन्द्रह

हुनर साहब उर्दू भाषा में श्रीमद्भगवद्गीता के सरल पद्यानुवाद के बाद उपनिषदों को उर्दू नज़्म का जामा पहनाने की अपनी योजनाएँ सविस्तार सुना रहे थे; बड़ी लच्छेदार, बामुहावरा ज़बान में अर्द्ध-विरामों और विरामों के स्थान पर दिलचस्प चुटकुले, किस्से सुनाते चले जा रहे थे और चेतन सोच रहा था, किस तरह उनसे पीछा छुड़ाये। उनका इरादा था कि सर्वप्रथम वे कचहरी रोड पर ख़ालसा होटल में जायेंगे और श्रीमद्भगवद्गीता के सरल पद्यानुवाद के खाते दिये गये श्री रुद्रसेन आरिया के अनुदान को सार्थक करेंगे। इसके बाद वे तीनों मण्डी रोड पर 'दोआबा विधवा सहायक सभा' के मन्त्री — संस्था के मुख-पत्र 'विधवा-सहायक' के सम्पादक, 'दोआबा के गाँधी,' महात्मा बांशीराम जी 'कर्मठ' — के दर्शन करेंगे। मण्डी जाना और लाला बांशीराम के दर्शन न करना हुनर साहब के मज़हब में कुफ़्र था — विशेषकर उस सूरत में जबकि उन्होंने अपने साप्ताहिक के दरवाज़े ही नहीं, खिड़कियाँ और रोशनदान तक हुनर साहब तथा उनके शागिर्दों के लिए चौपाट खोल रखे थे। 'विधवा-सहायक' पर सम्पादक के रूप में नाम तो चाहे महात्मा बांशीराम जी का जाता हो, पर उसके वास्तविक सम्पादक हुनर साहब ही थे। वे पत्र के लिए नज़्में ही न लिखते-लिखवाते थे, वरन उसके लिए उपयुक्त लेख और कहानियाँ भी प्राप्त करते थे। यही नहीं, वे अपने परिचितों में उसका प्रचार भी करते थे और उसके ग्राहक भी बनाते थे।

इस 'नेक' काम में उन्हें कुछ द्रव्य मिलता हो, ऐसी बात नहीं। इतनी दूर से आने पर चाय का एक प्याला भी उन्हें प्राप्त न होता था। पर यह देश का काम था और हुनर साहब की कला देश के किसी काम आ सके, इससे बढ़ कर हर्ष और सन्तोष की बात उनके लिए और क्या हो सकती थी। यह और बात है कि जब से उन्होंने 'विधवा-सहायक' की अन-ऑफ़िशियल सम्पादकी सम्हाली थी, जालन्धर, होशियारपुर और इर्द-गिर्द के कस्बों और देहात में उनके शागिर्दों की संख्या उत्तरोत्तर बढ़ रही थी और यदि उनके शागिर्द गुरु-दक्षिणा के निमित्त उनकी कुछ सेवा करना चाहते तो हुनर साहब उस सुख से उन्हें वंचित न रखते थे। लाला बांशीराम को उन्होंने वचन दिया था कि जब वे गीता का अनुवाद करेंगे तो उसे धारावाहिक रूप से 'विधवा-सहायक' में देंगे। इसलिए वे ख़ालसा होटल के बाद पहले उधर जाना चाहते थे।

रणवीर उनके पीछे लगा था कि उसके नाम से एक कविता ज़रूर इसी सप्ताह के 'विधवा-सहायक' में छपनी चाहिए और यद्यपि निश्तर के पास अपना एक पत्र था, पर वह भी चाहता था कि 'विधवा-सहायक' में उसकी रचनाएँ लगातार छपें —और यों हुनर साहब अपने इस दो चेलों के साथ प्रकट लाला बांशीराम के दर्शन करने, किन्तु परोक्ष में इस बात का अन्दाज़ा लेने जा रहे थे कि विधवा-विवाह सम्बन्धी सामग्री के बाद 'विधवा सहायक' में उनके और उनके चेलों के लिए कितने कॉलम बच जाते हैं। वहाँ से उनका इरादा मण्डी के प्रसिद्ध आढ़ती, लाला जालन्धरी मल जी 'योगी' के यहाँ जाने का था। चेतन कभी उनसे मिला न था, पर एक-आध जलसे में उसने उन्हें देखा ज़रूर देखा था। लाला जालन्धरी मल के पिता जब ज़िन्दा थे और जालन्धरी मल जी चार बार फ़ेल हो कर मिडल पास करके दुकान पर बैठने लगे थे तो उर्दू में कविता करते थे। अपना नाम उन्होंने सरफ़रोश रखा था और उनकी राष्ट्रीय कविताओं का संग्रह 'तमन्ना-ए-सरफ़रोशी' के नाम से छपा भी था। जिसके समर्पण-पृष्ठ पर काकोरी केस के शहीद श्री रामप्रसाद 'बिस्मिल' का शे'र दर्ज था :

सरफ़रोशी की तमन्ना, अब हमारे दिल में है
देखना है ज़ोर कितना बाज़ू-ए-कातिल में है

उसके नीचे —

अमर शहीद रामप्रसाद बिस्मिल की पुण्य स्मृति में

मोटे अक्षरों में लिखा था।

इसी पृष्ठ के सामने 'सरफ़रोश जी' का फ़ोटो था — मँझला कद; मोटा-थुल-थुल शरीर; छोटी, ख़ूब मोटी गर्दन; दायें गाल पर नाक के निकट एक बड़ा-सा मुँहासा; काला-सियाह रंग — फ़ोटो में वे किसी कवि की जगह गाँधी टोपी पहने 'कलुए पहलवान' ऐसे दिखायी देते थे। कांग्रेस के आन्दोलन में उन्हें दो वर्ष कठिन कारावास का दण्ड मिला था। इसी दुख में उनके पिता बीमार रहने लगे थे। इधर 'सरफ़रोश जी' जेल से छूटे, उधर उनके पिता का स्वर्गवास हो गया। जेल से आने के बाद 'सरफ़रोश जी' को फिर किसी ने कांग्रेस के जलसे में नहीं देखा। पिता के मरने के बाद उन्होंने गद्दी सँभाली, शादी की; पाँच

वर्ष में पाँच बच्चे पैदा किये, लेकिन इस सब के बावजूद कभी-कभी अपने मन के भावों को शे'रो में व्यक्त करते रहे। जेल में उन्होंने वेदान्त ही का अध्ययन न किया था, अपना उपनाम भी 'योगी' रख लिया था। इधर वे घर में कम जाते थे, अधिक समय दुकान पर रहते थे। उसके बाद ऊपर चौबारे में चले जाते थे, जिसके बाहर ख़ासी खुली जगह थी। वहीं उनके मित्र आ जाते और लाला जी बड़े प्रेम और भक्ति-भाव से श्रोताओं को वेदान्त के रहस्य समझाते। गाँधी टोपी उन्होंने पहननी छोड़ दी थी। कुर्ता-धोती पहनते। उन्हें गेरुवा रँगा लेते। जल्दी मैले भी न होते और उनके उपनाम के साथ मेल भी खाते। निष्काम भाव से दुकान का काम देखते थे। फलाफल की चिन्ता न करते थे (ऐसा वे कहते थे) और इस बात की प्रतीक्षा कर रहे थे, कब तक उनके लड़के गद्दी सँभालते हैं और उन्हें पूर्ण रूप से योग-साधन के लिए मुक्त कर देते हैं। हुनर साहब, जो उपनिषदों को सरल उर्दू नज़्म का जामा पहनाने की सोच रहे थे, तो यह 'योगी जी' की ही प्रेरणा से था।

०

'शायद उपनिषदों का अनुवाद हुनर साहब योगी जी को समर्पित करें,' चेतन ने मन-ही-मन सोचा, लेकिन उसे न 'दोआबा के गाँधी' में दिलचस्पी थी, न 'मण्डी के योगी' में। यद्यपि महाशय रुद्रसेन आरिया के बनाये जाने में उसे कुछ रस मिला था और उसकी खिन्नता कुछ कम हुई थी, पर जब हुनर साहब ने उनसे पाँच रुपये ठग लिये तो उसे अपने ठगे जाने की बात याद आ गयी —जब वे पहले-पहल उससे मिले थे और वह उन्हें स्टेशन पर छोड़ने गया था तो बटुए के घर रह जाने का बहाना करके उन्होंने उससे पाँच रुपये ठग लिये थे। उस बात की याद आते ही चेतन का मन सहसा तिक्त हो उठा और हुनर साहब के सारे गुनाह —नीला के विवाह में सेहरा पढ़ने तक —उसकी आँखों के सामने आ गये और उसने चाहा, किसी तरह उनसे अलग हो जाये। तभी वे उस खुली जगह पहुँच गये, जहाँ रैनक बाज़ार और बाज़ार शेखाँ मिलते हैं। सहसा उसकी नज़र दायीं ओर 'होशियारपुर साइकिल हाउस' के वृहदकाय बोर्ड पर गयी और उसने देखा कि दुकान पर उसका लड़कपन का साथी हरसरन बैठा साइकिल फ़िट कर रहा है। वह लपक कर उधर बढ़ा और दूर ही से उसने 'हैलो सरन' की आवाज़ लगायी और निश्तर से कहा, "मैं यहाँ कुछ देर ठहरूँगा, आप लोग चलिए।"

लेकिन निश्तर दुकान से चन्द कदम परे और हुनर और रणवीर उससे आठ-दस कदम परे जा कर खड़े हो गये।

०

हरसरन और वह साथ-साथ आठवीं कक्षा में पढ़ते थे, जब हरसरन के पिता रिटायर हो गये और उन्होंने रैनक बाज़ार में साइकिलों की एक छोटी-सी दुकान कर ली। साइकिल तो वहाँ एक-आध ही थी, हाँ साइकिलों के टायर काफ़ी संख्या में लटके नज़र आते थे और हरसरन के पिता अपने लम्बे-तगड़े शरीर पर, केवल एक बनियान और नेकर पहने, लम्बी-लम्बी मूँछों और मोटे मुहद्दब[१] शीशों वाली ऐनक पहने, साइकिलों की मरम्मत किया

१. Convex, उन्नतोदर।

करते। साल भर बाद ही उन्होंने बग़ल की बड़ी दुकान ले ली और चेतन ने देखा कि हरसरन के बड़े भाई, जो कहीं क्लर्की करते थे, और अपने पिता जितने लम्बे न सही, पर हृष्ट-पुष्ट वैसे ही थे; उतनी लम्बी नहीं, पर गझिन मूँछें रखते थे और जिनकी आँखों पर वैसी ही मोटे शीशों वाली ऐनक थी, दुकान के बाहर बैठे साइकिलों के पंक्चर बना रहे हैं। हरसरन का डील-डौल भी अपने पिता और भाई की तरह गठा हुआ, किंचित खुरदुरा और अनगढ़ था। उसके चेहरे पर शीतला के दाग़ थे और मोटे शीशों वाली ऐनक थी – उन दोनों भाइयों और उनके पिता के चेहरे की बनावट में चेतन को सदा कुछ ऐसी चीज़ लगी थी, जो फूहड़ और खुरदरी थी, नाज़ुक या नफ़ीस वहाँ कुछ नहीं था। लेकिन इसके बावजूद हरसरन पढ़ने में तेज़ था। क्लास में सदा पहले चार-पाँच लड़कों में आता था और वह एम०ए० तक पढ़ना चाहता था।

लेकिन उनकी दुकान का काम उसके मैट्रिक तक पहुँचते-पहुँचते इतना बढ़ा कि उसके पिता ने उसे आदेश दिया – आगे पढ़ना छोड़ कर दुकान पर बैठ! चेतन एक शाम कॉलेज से आता हुआ अनन्त के साथ टाउन हॉल में एक जलसा देखने जा रहा था (अमाम नासरुद्दीन पहुँच कर उन्होंने जलसा देखने का फ़ैसला किया था, इसलिए बाज़ार शेख़ाँ से वे सीधे रैनक बाज़ार को निकल आये थे।) 'होशियारपुर साइकिल हाउस' के सामने उसने सड़क के एक ओर हाथ-मुँह काला किये हरसरन को पंक्चर बनाते देखा था। तब यद्यपि उसने साइकिल पर बैठे-बैठे ही एक 'हैलो' उसकी ओर फेंक दी थी, पर मन-ही-मन उसे अपने मित्र पर तरस आया था, जिसने अपना उज्ज्वल भविष्य साइकिल की ट्यूबों के पंक्चर बनाने पर कुर्बान कर दिया था....

लेकिन पाँच-छै साल के इस अर्से में ही 'होशियारपुर साइकिल हाउस' ने अपने इर्द-गिर्द की दुकानों को उदरस्थ कर लिया था – बीच की दीवारें तोड़ कर एक बड़ी शानदार दुकान बन गयी थी, जिसमें साइकिलों के चमचमाते फ्रेम, हैण्डल, टायर और तैयार साइकिलें लटकी रहती थीं। पिता तो अब पंक्चर बनाना और साइकिल फ़िट करना छोड़ चुके थे, पर दोनों भाई अब भी साइकिलों की फ़िटिंग अपने ही हाथ से करते थे। पंक्चर बनाने, हवा भरने और छोटी-मोटी मरम्मत के लिए छोकरे थे। अवसर पड़ने पर उस काम से भी उन्हें संकोच न था। 'इसीलिए तो ये लोग इतनी जल्दी तरक्की कर गये हैं,' चेतन ने क्षण भर तक हरसरन को साइकिल फ़िट करते हुए देख कर सोचा। पसीने के कारण हरसरन की कमीज़ उसकी पीठ से चिपकी थी, ग्रीज़ लगे हाथों अथवा मैली कमीज़ के दामन से मुँह का पसीना पोंछने के कारण चेहरे पर कालिख के धब्बे लगे थे – और उसे अपने मित्र पर श्रद्धा हो आयी और लगा कि उसे हरसरन पर तरस खाने का कोई अधिकार नहीं। चेतन ने स्वयं बी०ए० करके कौन-सा बड़ा तीर मार लिया था, उसका मूल्य तो ५० रु० मासिक से भी नहीं बढ़ा था....घोर अभाव में दिन गुज़ारता और अपने अहम को पालता हुआ, वह अपनी हस्ती को बहुत बड़ी समझ रहा था, जबकि उसके सभी मित्र छलाँगें मारते हुए उससे कहीं आगे निकल गये थे।

०

चेतन को देखते ही साइकिल फ़िट करना छोड़ कर हरसरन दुकान से उछल कर उतरा।

अपने मैले ग्रीज़ लगे हाथों को उतनी ही मैली कमीज़ के दामन से पोंछते और ससंकोच दो उँगलियाँ ही आगे बढ़ाते हुए उसने कहा, "यार, मेरे हाथ तो गन्दे हैं।"

"शुक्र है मेहनत और पसीने से गन्दे हैं, अपने ही भाइयों के ख़ून से तो गन्दे नहीं," चेतन को अमीचन्द के हाथों का ख़याल आ गया, जो न जाने अंग्रेज़ के हुक्म से अपने देशवासियों पर क्या-क्या अत्याचार तोड़ने वाले थे और उसने हरसरन के पूरे हाथ को अपने दोनों हाथों में ले कर गर्मजोशी से दबा दिया।

हरसरन इस प्रशंसा से ख़ुश हुआ। उसकी ऐनक के मोटे शीशों में से उसकी आँखों की चमक तो दिखायी नहीं दी, पर उस रूखे, खुरदरे, देहाती चेहरे पर उल्लास की लहर दौड़ आयी। "हमारी किस्मत में यह मेहनत ही लिखी है। भगवान ने हमें तुम्हारे-ऐसी प्रतिभा थोड़े ही दी है।" उसने मुस्कराते हुए कहा और चेतन को बताया कि कांग्रेसी होने के नाते उनके यहाँ 'वन्दे मातरम' आता है और उसने उसके साप्ताहिक संस्करणों में चेतन की सभी कहानियाँ पढ़ी हैं और उसे ही नहीं, उसके भाई और पिता जी को भी बड़ी पसन्द हैं।

और यह कहते हुए वह मुड़ा। उसके पिता दुकान के अन्दर नये आये फ्रेमों को गिन रहे थे। उसने उन्हें आवाज़ दी और फिर ख़ुशी से फूलते हुए चेतन का परिचय दिया।

हरसरन के पिता उससे भी ज़्यादा ख़ुश हो कर उसके लिए कुर्सी आगे बढ़ाते हुए बोले, "हरसरन आपके गुण गाया करता है, आज आपके दर्शन पा कर धन्य हुए। आइए....आइए....कुछ पल हमारी दुकान को भी पवित्तर कीजिए।"

और ख़ुशी के मारे उनकी बाछें खिल गयीं और काली, गझिन मूँछों में से स्वस्थ दाँतों की पंक्ति चमक उठी और उसी क्षण सुबह से एकत्र होता हुआ चेतन का सारा हीन-भाव, ग्लानि, उदासी, असफलता और विपन्नता का दुख, तेज़ हवा के स्पर्श से उड़ जाने वाली धुन्ध-सा, न जाने कहाँ विलीन हो गया। अमीचन्द और हमीद और उसके सभी दोस्त शौक से अफ़सर हो जायें, हज़ारों रुपये वेतन पायें, उसे अपनी ग़रीबी हज़ार बार स्वीकार है। अपने कलाकार के सामने उसे वे एकदम अकिंचन लगे – छोटे-से दायरे में घूमने वाले लद्दू हाथी! जबकि अपने को उसने उस नन्हे-से मुक्त विहग-सा पाया, जो आकाश के विस्तार में गाता हुआ तरारे भरता है। भले ही हाथी को बँधे-बँधाये भर-पेट मिलता है और पंछी को भूख मिटाने के लिए दाना-दाना चुगना पड़ता है, पर उसकी उड़ान के सामने ज़ंजीरों से बँधे हाथी की चाल कहाँ ठहरती है....और एक अनिवर्चनीय आनन्द से उसका रोम-रोम पुलकित हो उठा। ....और उसने मन-ही-मन तय किया कि वह 'होशियारपुर साइकिल हाउस' में कुछ क्षण बैठेगा, हरसरन और उसके पिता को अपने अनुभव सुनायेगा; अपने सपने, साधें, आकांक्षाएँ और उनकी पूर्ति के रास्ते में सम्भावित कठिनाइयाँ बतायेगा और उन्हें दूर कर, अपने ध्येय पर पहुँचने का दृढ़ निश्चय....लेकिन वह रुका नहीं। अपना महत्व कई गुना बढ़ कर उसके सामने आ गया। "मैं फिर आऊँगा," उसने कहा, "पंजाब के प्रसिद्ध कवि श्री हुनर और अन्य मित्र मेरे साथ हैं।"

"तो उनको भी बुलाइए....उनको भी बुलाइए!" हरसरन के पिता ने बाछें खिलाते हुए कहा और नौकर को आवाज़ दी कि कुर्सियाँ उधर रखे और हरसरन से कहा कि शिकंजी

के चार गिलास लाये और चेतन से उन्होंने फिर सानुनय अनुरोध किया कि वह अपने मित्रों को भी बुला ले...."हम लोग तो अनपढ़ आदमी हैं, हमारे भाग्य में आप जैसे महान व्यक्तियों के दर्शन कहाँ ? हम आपकी क्या सेवा करेंगे, यों ही सुदामा के तन्दुल...."

और वे हँसे।

चेतन ने सोचा कि वह हुनर साहब और निश्तर आदि को बुला ले। फिर शिकंजी पीते हुए बातों-बातों में 'वन्दे मातरम' में छपी अपनी कहानियों की बात चला दे ताकि हुनर साहब और निश्तर तथा रणवीर को भी पता चले कि उसकी ख्याति किस हद तक फैल गयी है और उसके प्रशंसक कहाँ-कहाँ हैं....लेकिन उन्हें बुलाने का कष्ट उसे नहीं करना पड़ा। इससे पहले कि वह मुड़ता, "अरे भई चेतन, हमारा भी तआरुफ़[१] अपने दोस्तों से कराओ!" कहते और खीसें निपोरते हुए हुनर साहब ने पीछे से उसके कन्धे पर हाथ मारा।

हड़बड़ा कर चेतन ने हरसरन और उसके पिता को उनका परिचय दिया और चूँकि इसमें उसका ही महत्व बढ़ता था, हुनर साहब के प्रति अपनी सारी नफ़रत को भूल कर उनकी ख़ूब प्रशंसा की। हुनर साहब कुर्सी पर जा विराजे। निश्तर और रणवीर को उन्होंने दायें-बायें बैठा लिया और धाराप्रवाह अपनी लच्छेदार बातें शुरू कर दीं। ....हरसरन जब शिकंजी के गिलास लाया तो हुनर साहब उसके पिता को श्रीमद्भगवद्गीता का सरल पद्यानुवाद सुना रहे थे। बिना अपनी गति मन्द किये उन्होंने गिलास थाम लिया। वे एक बन्द सुनाते और शिकंजी का एक घूँट भर लेते।

चेतन इस बात की प्रतीक्षा करता रहा कि कब वे अपनी बात ख़त्म करें तो वह 'वन्दे मातरम' में छपी अपनी कहानियों की बात चलाये, पर वह सुअवसर उसे प्राप्त नहीं हुआ।

०

हुनर साहब तो शायद शाम तक बैठे उन्हें कविताएँ सुनाते, पर रणवीर और निश्तर को बेतरह भूख लग आयी थी, इसलिए वे अचानक उठे। तभी उन्हें चेतन का ख़याल आया। तब उसकी कहानी-कला की उन्होंने ख़ूब प्रशंसा की और कहा कि शायरी के मैदान में भी बहुत कुछ कर दिखाने की सम्भावनाएँ उसमें हैं। यदि वह जालन्धर से न चला जाता या वे लाहौर से न आ जाते तो वे सम्भावनाएँ अब तक पूरी हो गयी होतीं....और उन लोगों के अतिथि-सत्कार तथा साहित्यनुराग के लिए उनको धन्यवाद दे कर, फिर जल्द ही उनसे मिलने का वादा करके, हुनर साहब ने दोनों हाथ माथे पर ले जा कर उन्हें 'वन्दे मातरम' कहा और चल दिये।....

चेतन ने अस्फुट स्वर में कहना चाहा कि अब बड़ी देर हो गयी है, वह घर जायेगा, पर उसे दायीं बाँह के घेरे में ले कर आगे धकेलते और बायीं बाँह में एक साथ रणवीर और निश्तर को लेते हुए हुनर साहब चल दिये।

चलते-चलते जैसे सहसा याद आ जाने से उन्होंने गर्दन मोड़ कर फिर हरसरन और उसके पिता का शुक्रिया अदा किया और उन्हें आश्वासन दिया कि वे जल्दी ही फिर उनके दर्शन करेंगे।

---

१. परिचय।

०

वे लोग अभी ग्रैण्ड ट्रंक रोड के चौरस्ते से ज़िला कचहरी की ओर बड़ी सड़क पर मुड़े ही थे कि चेतन ने देखा — ख़ालसा होटल के बाहर देबू, जगना और बिल्ला, तीनों गुण्डे विराजमान हैं। तीनों एक जगह हों और कोई झगड़ा-टण्टा न हो, यह कैसे सम्भव है — और चेतन का माथा ठनका।

☒☒☒

दोपहर

सोलह

उन तीनों गुण्डों में देबू और जगना तो चेतन के मुहल्ले ही के थे, बिल्ला कहीं 'खिंगराँ दरवाज़ा' के अन्दर (नाइयों की गली में) रहता था, जिसे राजा ख़ैरायती राम की वजह से सारा शहर जान गया था। जालन्धर में नाई को राजा और नाइन को रानी कहा जाता था। ख़ैरायती राम शहर के बड़े-बड़े खत्री घरानों के नाई थे। अपने लड़कपन में तो उन्होंने अपने यजमानों की हज़ामतें भी बनायी थीं, पर सेफ़्टी रेज़र ने यह काम उनसे छीन लिया था। अब तो शादी-ग़मी, दिन-त्योहार, दावतों या शोक-समाचारों की सूचना ही अपने यजमानों के रिश्तेदारों और मेल-मुलाकातियों तक पहुँचाना उनका काम रह गया था, लेकिन यह काम भी प्रायः उनकी रानी ही करती थी। ख़ैरायती राम ने तो वहीं खिगराँ दरवाज़ा के बाहर एक स्कूल खोल रखा था, जिसमें शहर के सभी साहूकारों के लड़के पढ़ने आते थे। स्कूल तो वह चार जमात तक ही था और उसमें इतिहास, भूगोल, उर्दू-अंग्रेज़ी वग़ैरह, कुछ भी पढ़ाया नहीं जाता था। ख़ैरायती राम वहाँ केवल लण्डे[१] पढ़ाते थे। लण्डे, बही-खाते की भाषा थी और ख़ैरायती राम पाँच साल ही में छात्रों को उसके गणित में ऐसा ताक कर देते थे कि बी०ए० में गणित ले कर बैठने वाला युवक उनके स्कूल से चार जमात पास लड़के का मुकाबला न कर सकता। साधारण स्कूलों में चौथी कक्षा तक पहुँचते-पहुँचते लड़के कठिनाई से दस दहम अथवा बहुत हुआ तो दस बीसहम तक पहाड़ा याद कर पाते हैं, पर ख़ैरायती राम के स्कूल में चौथी पास लड़के १०० गुणा १०० का पहाड़ा कण्ठस्थ कर लेते थे और बड़ी-से-बड़ी रकम का जोड़, घटाना, गुणा या भाग कर सकते थे। ऐसे-ऐसे गुर ख़ैरायती राम लड़कों को कण्ठस्थ करा देते थे कि उनके स्कूल से जो लड़का पास हो कर दुकान पर बैठता, उसे बही-खाते में किसी तरह की कठिनाई न होती। इसलिए ऐसे दुकानदार, जिन्हें अपने लड़कों को अपने साथ दुकानों पर बैठाना होता, उन्हें सदा राजा ख़ैरायती राम के स्कूल में भेजते।

देखने में ख़ैरायती राम एकदम ठस दिखायी देते। मँझला कद, मोटापे की ओर को मायल दोहरा बदन, उटंग पायजामा, कमीज़, उस पर मोटी गबरुन का कोट, सिर पर बैठी-बैठी-सी पगड़ी, खिचड़ी मूँछें और दबी हुई बायीं आँख! पर वे महाजनी के उस्ताद थे और यह बात शहर के व्यापारी जानते थे, इसीलिए उनकी इज़्ज़त भी करते थे। 'राजा ख़ैरायती राम' के बदले उन्हें 'मास्टर ख़ैरायती राम' पुकारते थे। बड़े यजमानों के यहाँ भी विशेष अवसरों पर ही बुलावा देने ख़ैरायती राम जाते। यद्यपि उनकी रानी पूरा नेग लेती, पर स्वयं उस अनुष्ठान में नाई का कर्तव्य पूरा करना वे अपने यजमान पर एहसान ही समझते। इसी कारण जैसे-जैसे उनके स्कूल की ख्याति बढ़ती गयी, वे स्वयं अपने यजमानों

१. महाजनी।

से कटते गये।

फिर एक दिन सुना, मास्टर ख़ैरायती राम के सभापतित्व में शहर भर के नाइयों की एक सभा हुई है और उन्होंने यह प्रस्ताव पास किया है कि जो नाई बाल बनाते हैं, वे ही नाई कहलाने के अधिकारी हैं। यदि कोई व्यापार करता है तो वह अपने-आपको लाला कहला सकता है और यदि कोई पठन-पाठन का काम करता है तो वह पण्डित कहला सकता है। आर्य-समाज के सिद्धान्तों के अनुसार ब्राह्मण-क्षत्री जन्म से नहीं, कर्म से होते हैं और मास्टर ख़ैरायती राम चूँकि पठन-पाठन का काम करते थे, इसलिए उन्होंने अपने पण्डित होने का घोषणा कर दी। सनातन-धर्मी हलकों में नाइयों के इस प्रस्ताव पर बड़ा रोष प्रकट किया गया और सनातन-धर्मी खत्री-ब्राह्मणों ने अपने नाइयों को धमकियाँ भी दीं कि यदि वे उनका मुकाबला करेंगे तो उन्हें यजमानी से हाथ धोना पड़ेगा। कुछ ग़रीब नाई डर भी गये और राजा के राजा बने रहे, पर ख़ैरायती राम ने अपने यजमान छोड़ दिये, लेकिन पण्डित कहलाना नहीं छोड़ा।

खिंगराँ दरवाज़ा का ख़याल आते ही शहर वालों के दिमाग़ में मास्टर ख़ैरायती राम के स्कूल और फिर उनके आन्दोलन की याद आती, लेकिन इधर जब से बिल्ला जवान हुआ और उसने गुण्डों में नाम कमाया तो खिंगराँ दरवाज़ा के नाम के साथ पहले बिल्ले का नाम ही आता। मास्टर ख़ैरायती राम तो बूढ़े हो गये थे और नव-वय के लड़के उनके आन्दोलन की बात भी न जानते थे और बिल्ले का नाम तो हर दूसरे-तीसरे किसी-न-किसी दंग-फ़साद के सिलसिले में सुनायी दे जाता।

बिल्ला (जिसका पूरा नाम हरि कुमार था और जिसे लोग 'हरिया,' 'हरिया' कह कर बुलाते थे) उमर में चेतन से दो-ढाई वर्ष छोटा था और डील-डौल में उसके छोटे भाई परसराम ही की तरह हृष्ट-पुष्ट, सुडौल और सुगठित! चेतन के सामने वर्षों पहले का ज़माना घूम गया, जब हरिया पाँचवी-छठी में पढ़ता था — पतला-दुबला, गोरा-चिट्टा, सुकुमार-सुन्दर —आँखें बिल्ली की आँखों-सी नीली-भूरी! इसी कारण उसका नाम बिल्ला पड़ गया था। छुटपन में चेतन को भी वह बहुत अच्छा लगता था। एक-दो बार ख़ैरायती राम को बुलाने के बहाने उसने बिल्ले के घर भी जाने की कोशिश की थी, पर कोई-न-कोई गुण्डा लड़का उसे सदा घेरे रहता और उसके निकट जाना सिर-मुँह तुड़ाने के बराबर था। फिर जाने क्यों उसकी कंजी आँखें उसे ज़रा भी अच्छी न लगतीं। माँ की वह उक्ति कि बिल्ले का (बिल्ली की-सी आँखों वाले का) कभी विश्वास न करना चाहिए, चेतन को कभी उसकी ओर आकर्षित न होने देती। लेकिन शहर का कोई ही स्कूल होगा, जिसके गुण्डे ख़िगराँ दरवाज़े के चक्कर न लगाते हों। एक बार तो बिल्ले को ले कर ऐन खिंगराँ दरवाज़ा के सामने, अड्डा होशियारपुर को जाने वाली सड़क पर, गुण्डों की दो पार्टियों में ऐसा डट कर मुकाबला हुआ कि दो के चाकू लगे और दो के सिर फटे, पुलिस आ गयी और महीनों मामला-मुकदमा चला।

फिर चेतन के देखते-देखते बिल्ला अपने पतले-दुबले सींकिया शरीर के साथ स्कूल के एक पहलवान लड़के की संगति में अखाड़े जाने लगा और दो-चार बरस ही में उसने ऐसा सुगठित, हृष्ट-पुष्ट शरीर निकाला और ऐसा ज़बरदस्त लड़ाका हो गया कि जहाँ उसके पीछे लड़के घूमते थे, वह सुन्दर लड़कों के पीछे घूमने लगा और सिर फोड़ने-फोड़वाने

लगा। आठवीं में वह दो साल फ़ेल हुआ। नवीं में दो साल फ़ेल हुआ। दसवीं में दो साल में भी नहीं निकल सका तो उसने पढ़ाई ही छोड़ दी। अब सट्टा खेलाता था; पुलिस को ख़ूब रिश्वत देता था; पकड़ा जाता था, लेकिन हर बार छूट आता था। मोटा होता जा रहा था और शहर का नामी गुण्डा था।

o

जगना कल्लोवानी मुहल्ले के पास ही रहता था। चौरस्ती अटारी में जो धर्मशाला थी, उसके पुजारी का बेटा था। धर्मशाला में शिव का मन्दिर था, जहाँ भक्त लोग नित्य दर्शनों को आते; चढ़ावा चढ़ा कर परिक्रमा कर, होंटों को गोला बना कर उसमें जीभ से 'ओलोलो' की आवाज़ निकालते हुए 'बम भोले' बुला कर घण्टा बजाते और चौतरे पर माथा टेक कर प्रसन्न-वदन वापस जाते। शिवरात्रि में वहाँ ख़ूब चढ़ावा चढ़ता था, इसके साथ ही बाज़ार की हर दुकान के यहाँ धर्मशाला के लिए चन्दा बँधा हुआ था। मन्दिर के साथ नानकशाही ईंटों का पुराना दो-मंज़िला मकान था। ऊपर की मंज़िल में पुजारी और उसका परिवार रहता था। दो लड़कियाँ और एक लड़का। निचली मंज़िल में चार कमरे थे, जिनमें बारातें ठहरती थीं। साथ में एक बाग़ीचा था, जिसमें अखाड़ा था। धर्मशाला से काफ़ी आय हो जाती थी। पुजारी स्वयं बहुत पढ़े न थे, पर यह ज़रूर चाहते थे कि उनका इकलौता पुत्र शास्त्र पढ़े और उनकी जगह सँभाले। पुजारी के स्वयं अनपढ़ होने के कारण धर्मशाला का वातावरण पढ़ाई के उपयुक्त न था। लम्बे-चौड़े चबूतरे पर मुहल्ले के बेफ़िक्रे दिन भर ताश, शतरंज और चौपड़ खेलते थे। एक मण्डली जाती, दूसरी आती और सुबह से शाम तक यह क्रम जारी रहता। फिर दीवाली के दिनों में पुजारी की सरपरस्ती ही में जुआ होता। एक बार चेतन अपने पिता को बुलाने गया था तो निचली मंज़िल के अन्तिम कमरे में हरीकेन लालटेन की रोशनी में कौड़ियाँ फेंकी जा रही थीं।

मुहल्ले के शौकीन लोग (जिनमें पण्डित शादीराम प्रमुख थे) धर्मशाला में कभी-कभी रास लीला करवाया करते थे और कृष्ण और राधा का नृत्य करने वाले लड़कों को उसी तरह रुपये दिखाया करते थे, जैसे मुजरे में वेश्याओं को!

इस सब वातावरण में अपने पिता की समस्त शुभेच्छाओं के बावजूद, जगना मिडल से आगे नहीं पढ़ पाया, पर उतनी उमर ही में उसने कल्लोवानी के प्रसिद्ध गुण्डे प्यारू की सरपरस्ती में सिगरेट, शराब, चोरी और जुआ — सभी 'सद्‌गुण' अपना लिये थे। अखाड़े वह बचपन ही से जाता था — ताश, चौपड़ और जुआ घर ही में होता था। दीवाली के जुए की महफ़िलों में वह बचपन ही में अपने पिता का प्रतिनिधित्व करता — याने जब पुजारी जी गाँजे का दम लगा कर बेहोश होते तो वह रात-रात भर जग कर नाल निकालता। आधा रुपया सुबह अपने पिता को दे देता और आधे से प्यारू और देबू और दूसरे मित्रों के साथ सिनेमा-थियेटर देखता या स्टेशन रोड के होटलों में रोग़न जोश या शाही कोर्मे के मज़े उड़ाता। इन्हीं होटलों में उसे तरुणाई ही में तमाशबीनी की भी लत पड़ गयी थी।

मिडल फ़ेल हुए उसे तीन बरस हो चुके थे कि पुजारी जी परलोक सिधार गये। बड़ी लड़की का विवाह वे कर गये थे। छोटी बहन और माँ के साथ जगना ने अपने बाप की गद्दी सँभाली। मन्दिर की सफ़ाई-ऊफ़ाई तो उसकी माँ और बहन के ज़िम्मे थी, चढ़ावे का आधा वह उनसे ले लेता। पुजारी जी के वक्त में तो केवल दीवाली के दिनों में जुआ होता,

लेकिन जगना के राज में दिन-रात जुए की महफ़िल जमती। धर्मशाला में कल्लोवानी मुहल्ले और चौरस्ती अटारी वालों का साझा सम्मिलन-स्थल था। हरलाल पंसारी ने चन्दा इकट्ठा करके उसमें नहाने की टोटियाँ लगवा दी थीं। सुबह मुहल्ले के लोग वहाँ नहाने जाते थे। स्त्रियों के लिए पर्दे की जगह बनी थी। इसलिए वे भी वहाँ मन्दिर में माथा टेकने और नहाने जाती थीं। फिर जिन लोगों के घरों में जगह नहीं थी, वे लोग शादी-विवाह अथवा किसी सम्बन्धी के निधन पर शोक प्रकट करने को आने वालों के लिए दरियाँ-चटाइयाँ भी वहीं बिछाते। स्त्रियाँ अन्त्येष्टि संस्कार के बाद वहीं आ कर नहातीं। जब जगना के राज में चौबीसों घड़ी वहाँ शहर के गुण्डों का आना-जाना होने लगा तो बाज़ार और मुहल्ले वालों को बड़ी दिक्कत हुई। किसी की माँ-बहन को किसी ने छेड़ दिया और पहले मुहल्ले वालों ने दान-दक्षिणा देना बन्द किया। जब इसका कोई असर न पड़ा तो मुहल्ले और बाज़ार के चौधरियों ने मीटिंग की, उसे बेदख़ल करने का प्रस्ताव पास किया और बाज़ार से चन्दा इकट्ठा करके दीवानी में दावा दायर कर दिया। चूँकि उन दिनों मुकदमा चल रहा था, इसलिए जगना अपने चार दोस्तों को लिये, कचहरियों में घूमता था और चूँकि लोगों ने धर्मशाला का बायकाट कर दिया था, इसलिए जगना ने वहाँ जुए और तमाशबीनी का अड्डा बना रखा था।

०

लेकिन उसके दोनों साथियों के मुकाबले में देबू का व्यक्तित्व चेतन को कहीं दिलचस्प लगता था।

०

देबू एक आँख से ऐंचाताना था। मुहल्ले वालों को जब उपेक्षा से उसका नाम लेना होता तो वे उसके नाम के साथ 'काना' जोड़ देते। उसके पिता, ज्योतिषी दौलतराम, चेतन के पिता पण्डित शादीराम के तुफ़ैलियों में से थे। ज्योतिषी जी, पढ़ने के नाम पर, केवल तीन-चार जमात महाजनी ही पढ़े थे। ज़िन्दगी का बड़ा हिस्सा उन्होंने पटफेरा करने में गुज़ार दिया था। चेतन के बचपन में जालन्धर रेशम की रँगाई और 'दरियाई' के लिए प्रसिद्ध था। बड़े-बड़े कड़ाहों और देगों में कच्चा रेशम रँगा जाता। गली तमाखियाँ और काज़ी मुहल्ले में रँगाई की दसियों भट्ठियाँ थीं। जब रँगने के बाद पानी नालियों में बहाया जाता तो सारी गली में बू फैल जाती और दूर-दूर तक नालियाँ रंगीन हो जातीं। चेतन जब किला मुहल्ला के अपने प्राइमरी स्कूल से वापस आता तो कई बार उस दुर्गन्ध से बचने के लिए नाक को आस्तीन से ढँक लेता। रँगी हुई लच्छियाँ पटफेरा बाज़ार में आतीं। दो पटफेरे आमने-सामने पीढ़ों पर बैठते। एक रँगे हुए रेशम की लच्छी को दोनों घुटनों में फँसा कर फैला लेता और घुटनों को दायें-बायें हिलाते हुए उसका एक-एक तार छोड़ता जाता, दूसरा उस तार को अपने घुटनों पर लपेटता हुआ उसी तरह उसकी लच्छी बनाता, जैसी कि पतंगबाज़ कटी हुई डोर की लच्छी छिंगुली और अँगूठे की मदद से बनाते हैं। पटफेरे इतनी तेज़ी से ये लच्छियाँ बनाते कि चेतन पटफेरा बाज़ार में रुका घण्टों रेशम के बारीक तारों की लच्छियाँ बनते देखता।

दरियाई —जालन्धर की खड्डियों पर बुना जाने वाला रेशमी कपड़ा —ऐसा दबीज़[1] और सुन्दर था कि वहाँ से दूर-दूर जाता। रेशम के रंग उसमें इस तरह मिले रहते कि वह धूप-छाँह का अपूर्व आभास देता....दरियाई के घाघरे और सूट प्रायः शादियों में बनाये जाते। लेकिन जब विलायत से सस्ता मशीनी रेशम और रेशमी कपड़ा आने लगा तो जालन्धर की यह दस्तकारी ख़त्म हो गयी। न केवल दरियाई बननी बन्द हो गयी, बल्कि रेशम की रँगाई का काम भी ठप्प हो गया और पटफेरा बाज़ार में उल्लू बोलने लगे। तब पण्डित दौलतराम ने पुरखों का काम —पुरोहिताई —सँभाला। पुरोहित हुए तो धीरे-धीरे किला मुहल्ला के प्रसिद्ध ज्योतिषी पण्डित आत्माराम की संगति में बैठने लगे और एक दिन उन्होंने माथे पर त्रिपुण्ड लगा, चोटी को बड़ी-सी गाँठ दे, धोती के ऊपर नंगे शरीर पर रामनामी दुपट्टा ओढ़, अपने ज्योतिषी होने की घोषणा कर दी। यों चेतन को इस बात का पूरा इल्म था कि ज्योतिषी जी चेतन के पिता की महफ़िलों में 'न,' 'न' करते हुए 'खा' भी लेते हैं और इनकार में सिर हिलाते हुए, पण्डित शादीराम के ज़बरदस्ती करने पर (तीन-चार मित्रों द्वारा दबोचे जाने पर ही) 'पी' भी लेते हैं। कभी जब चेतन अपने पिता की महफ़िलों में बैरे की ड्यूटी बजा रहा होता तो उसने सदा ज्योतिषी दौलतराम के 'इनकार' में 'इकरार' देखा था और जब वे कहते — 'देखो शादीराम, तुम ज़बरदस्ती न करो! मैं हरिद्वार जा कर यह सब छोड़ आया हूँ। अपने साथ मुझे भी क्यों पाप का भागी बनाते हो।' या 'देखो, अब मैं वह दौलत राम नहीं, कर्मकाण्डी ज्योतिषी हूँ। तुम तो ब्राह्मण हो कर म्लेच्छों से भी गये-बीते हो, पर मुझे तो कुछ धर्म-कर्म करने दो!' तब चेतन जानता था कि उनका यह कथन किस बात का संकेत है! पण्डित शादीराम ज्योतिषी जी के हरिद्वार अथवा धर्म-कर्म की माँ के साथ निकटतम सम्बन्ध स्थापित करते हुए, अपने साथियों को आदेश देते कि इस साले का सारा हरिद्वार और धर्म-कर्म निकालो। और उनमें दो-तीन उछल कर ज्योतिषी जी को दबोच लेते और स्वयं पण्डित जी पेय का गिलास बरबस उनके मुँह से लगा देते —ज्योतिषी जी की रामनामी कहीं उड़ जाती; उनका यज्ञोपवीत गले की फाँसी बन जाता और चारों तरफ़ से बँध कर, जैसे अतीव विवशता से, वे मदिरा का घूँट भरते। लेकिन इस तरह बँधे-बँधे जब वे गिलास की ओर देखते तो उनकी आँखों से तृष्णा ऐसे मूर्तिमान हो कर बाहर निकलती दिखायी देती, जैसे ढक्कन के सहसा हट जाने पर भाप! चेतन तृष्णा की उस भाप को उनकी आँखों से निकल कर उनके घिघियाते, कृत्रिम क्रोध से भरी हँसी हँसने वाले चेहरे की नस-नस पर छाते हुए देखता। और जब वे पहला घूँट भर लेते तो 'हटो मेरा वर्षों का अर्जित धर्म नष्ट कर दिया,' कहते हुए गिलास थाम लेते और अपने दबोचने वालों को ठेल कर उठ बैठते और अपने धर्मात्मापन को भूल, पण्डित शादीराम और दूसरे साथियों को शुद्ध पंजाबी भाषा में ग़लीज़ गालियाँ देते हुए, गिलास को मुँह से लगा देते।

जब वे उन महफ़िलों से कभी गयी रात को घर लौटते तो फटे हुए ढोल के-से स्वर में गया करते :

राम जी मेरे, मैं अपराधी तेरो

दूसरे दिन वे पण्डित शादीराम और उनके दुश्चरित्र साथियों को बीसियों गालियाँ देते

---

१. गफ़।

हुए प्रायश्चित स्वरूप उपवास रखते और जप करते। सचमुच ही वे उपवास रखते या जप करते, यह तो चेतन नहीं जानता, हाँ, उस बात की घोषणा वे हरलाल पंसारी की दुकान पर बैठ कर, हर आते-जाते को सुनाते हुए, ज़रूर किया करते।

यह बात कभी चेतन की समझ में न आती कि यदि ज्योतिषी जी ऐसे ही सात्विक व्यक्ति हैं तो चेतन के पिता के जालन्धर आते ही क्यों उनके घर मँडराने लगते हैं। बाद में उपवास रखने और जत-तप का कष्ट मोल लेने के बदले पण्डित शादीराम की महफ़िलों से कन्नी क्यों नहीं काट जाते ?

उनकी पण्डिताइन —देबू काने की माँ —सख़्त लड़ाकी स्त्री थी। मुहल्ले में तो यह भी प्रसिद्ध था कि वह ज्योतिषी जी को पीट भी देती है। जो स्त्री अपने पति को पीट दे, वह अपने बच्चों से क्या प्यार करती होगी! सो देबू को शैशव में, माँ की इस 'अपार ममता' के फलस्वरूप, मुँह पर तमाचे और पीठ पर मुक्के खाने की आदत पड़ गयी थी। (कुछ माता-पिता का यह मत भी तो है न कि मार खाने से बच्चे की हड्डी मज़बूत होती है और रोने से फेफड़ा।) देबू माँ इस 'ममता' से भागा तो अपने चाचा प्यारे लाल के बस पड़ा, जिसने उसकी हड्डियों को एकदम इस्पात की बना दिया।

पण्डित गुरदास राम का सब से छोटा लड़का, ज्योतिषी दौलतराम का छोटा भाई और देबू काने का चाचा प्यारे लाल उर्फ़ प्यारू उन युवकों में से था, जो माँ के पेट ही से गुण्डे पैदा होते हैं। चेतन को याद था कि जब से उसने होश सँभाला, प्यारू को मुहल्ले के सिरफिरे लड़कों का सरदार पाया। वे दूसरी-तीसरी में पढ़ते थे और प्यारे लाल उनसे एक-दो कक्षा ही आगे था। बड़े होने के नाते, सबको अपनी छत्र-छाया में लिये हुए, वह हर तरह की शरारतें करता। कोई ज़रा भी उसका कहना मानने से इनकार करता तो अपने शब्दों में उसे 'घड़' देता, यानी अनायास पीट देता। चेतन प्रायः उसकी संगति से कन्नी काट जाता, पर मुहल्ले में रहने के कारण कभी-न-कभी उसका साथ हो ही जाता। छुटपन के ज़माने की दो बातें चेतन को अच्छी तरह याद थीं :

o

....गर्मियों के दिन थे, कैरियों की बहार थी। कच्ची अम्बियाँ नमक के साथ खाना अच्छा लगता था, पर चूँकि कैरी की शक्ल देखते ही घर में डाँट पड़ती थी कि आँखें आ जायेंगी या गला ख़राब हो जायेगा, इसलिए चेतन मुहल्ले के लड़कों के साथ कम्पनी बाग़ अथवा बाहर खेतों में निकल जाता था और वे लू-धूप, आँधी-झक्कड़ की परवाह किये बिना, गिरी हुई कैरियाँ उठा कर, या पत्थरों से गिरा कर, (प्यारू और देबू दोनों का निशाना ऐसा सधा था कि जहाँ दूसरों के पत्थर कैरी से -दो-चार गज़ इधर-उधर पड़ते, उनका पहला या दूसरा निशाना ही उसे नीचे गिरा देता) किसी पेड़ की छाया में बैठ कर, छील-काट, नमक लगा कर वे कैरियाँ खाया करते। आँखें आ जाती थीं और गला भी ख़राब हो जाता था, पर ये दोनों व्याधियाँ कैरियाँ खाने के परम सुख से उन्हें वंचित न कर सकती थीं।

एक दिन सुबह वे स्कूल को जा रहे थे कि जाने किसने प्रस्ताव किया कि चलो, टिक्का के बाग़ीचे से अम्बियाँ तोड़ते हुए चला जाये।

प्यारू का जाने उस दिन मूड नहीं था। बोला, "अब तो अम्बियाँ बिकने को बाज़ार

में आने लगी हैं, अब पेड़ों से तोड़ने की क्या ज़रूरत है ? चलो, रास्ते ही से तुम्हें दिला देता हूँ।"

उस ज़माने में बोहड़ वाले बाज़ार में ज़्यादातर किताबों की दुकानें थीं, लेकिन मिट्ठा बाज़ार से बोहड़ वाले बाज़ार की ओर को मुड़ें तो वहाँ सब्ज़ी की भी दो बड़ी दुकानें थीं। सुबह का समय था और दुकान पर बड़ी भीड़ थी। कैरियों का टोकरा ज़मीन पर ही पड़ा था। दूर ही से प्यारू ने पूछा, "अम्बियाँ कैसे दी हैं ?"

सब्ज़ी-फ़रोश व्यस्त था। उसने दूसरे ग्राहकों का सामान तौलते हुए कहा, "पैसे की दो-दो।" तब प्यारू भीड़ में रास्ता बना कर कैरियों के टोकरे पर पहुँच गया, आँख का हल्का-सा इशारा उसने किया, देबू उसके पीछे जा पहुँचा।

तब प्यारू अत्यन्त निःसंकोच भाव से दो-दो कैरियाँ उठा कर देबू को देता गया और देबू दूसरे लड़कों को बाँटता गया। जब सब लड़कों को कैरियाँ बँट गयीं तो उसने दो कैरियाँ हाथ में ले कर भीड़ में सब्ज़ी-फ़रोश को दिखा कर एक पैसा हाथ में थमाया और अपने चेलों को ले कर स्कूल को चल दिया।

....एक बार वह सब साथियों को ख़रबूज़े खिलाने ले गया। चौक अमाम नासरुद्दीन में ख़रबूज़ों की मण्डी थी। जगह-जगह ख़रबूज़ों के अम्बार लगे होते और लोग घेरा बाँधे ख़रीदते। प्यारे लाल एक ऐसे घेरे में घुसा, जहाँ ख़रबूज़ों का ढेर बड़ा था। ख़रबूजे अच्छे थे और भीड़ ज़्यादा थी। वह जा कर भीड़ के आगे उकड़ूँ बैठ गया। देबू, जो इस मामले में उसका लेफ़्टिनेण्ट था, भीड़ में घुस कर उसके पीछे जा बैठा, जगना देबू के पीछे लग, तनिक झुक कर जा खड़ा हुआ। प्यारू ने दो बड़े-से ख़रबूजे चुने और उन पर हाथ फेरता हुआ दुकानदार को सम्बोधित कर चिल्लाया —"यह कैसे दिये हैं ? दुकानदार का ध्यान दूसरी ओर था। तब प्यारू ने एक सेकेण्ड में वह ख़रबूज़ा उसी तरह बैठे-बैठे ज़रा-सा उठ कर दोनों टाँगों में से पीछे ठेल दिया। देबू ने अपनी टाँगों के नीचे से जगने को दिया, जगने ने सबसे पिछले साथी को जो उसे ले कर परे बाज़ार चढ़त सिंह के कोने पर बैठे लड़के को दे आया।

प्यारू एक ख़रबूज़ा पीछे ठेल कर पहले से चुने दूसरे ख़रबूज़े को हाथ में ले लेता और यह देख कर कि दुकानदार का ध्यान दूसरी ओर है, फिर उसे ठेल कर तीसरे पर हाथ रख लेता।

निर्जला एकादशी के दिन चेतन अपने दादा के साथ मण्डी ख़रबूज़े लेने आया था, वे लोग भी उनके साथ आ गये थे। चूँकि उसे एक बार देबू बता चुका था, इसलिए जब उसके दादा ख़रबूज़े लेते रहे, चेतन का ध्यान उनकी ओर ही लगा रहा।

जब चेतन अपने दादा के साथ चला तो उसने लाल बाज़ार में उन्हें एक-एक ख़रबूज़ा लिये, दोनों हाथों के ज़ोर से उसके दो टुकड़े करके निपट देहातियों की तरह खाते पाया।....

o

लेकिन प्यारू यही सब न करता, और भी बहुत कुछ करता, सिगरेट-बीड़ी पीता, गन्दे-अश्लील टप्पे गाता, लड़कों से न केवल गन्दे-अश्लील मज़ाक करता, गन्दी गालियाँ देता, बल्कि उन्हें हर तरह की अश्लीलता की शिक्षा भी देता। उसकी टोली में किसी की

मजाल थी कि उसकी बात से इनकार कर दे। मार-मार कर वह इनकार करने वाले को अधमरा कर देता।

चेतन को जिस बात पर हैरत होती थी, वह प्यारू का साहस था। विशेषकर चोरी करने में — बड़े बाज़ार से अपनी टोली के साथ जाते हुए फल वालों की दुकानों से, दुकानदार की नज़र दूसरी ओर देख कर, सेब या अनार या केलों के गुच्छे का गुच्छा उड़ा लेना उसके बायें हाथ का काम था। यही नहीं, मेलों में हलवाई की दुकान के सामने लगी भीड़ में, हाथ में एक रुपया ले कर, दूर से हलवाई को दो-एक बार दिखा, जेब में रख लेना और फिर पूरियाँ ले कर (बिना रुपया दिये) हलवाई से बाकी पैसे ले लेना, उसका आम करतब था। वह कभी पकड़ा न गया हो, ऐसी बात न थी, पकड़े जाने पर वह चोरी की हुई चीज़ चुपचाप वापस वहीं रख देता था, लेकिन अगर दुकानदार उसको गाली देता या डाँटता तो वह तान कर धूँसा उसके दे मारता कि वह झूठ-मूठ की चोरी उसको लगा रहा है। इन सभी कामों में जो रस मिलता था, उसके कारण चेतन उसके साथ जाना चाहता था, पर एक तो उसे प्यारू की मार का डर था, दूसरे पकड़े जाने का और फिर अपने स्टेशन मास्टर पिता की बदनामी का। यह भी वह जानता था कि यदि उसके पिता को पता चल गया कि उसने कहीं चोरी की है तो वे उसे ज़िन्दा गाड़ देंगे। हर तरह का गुनाह कर देखने वाले पिताओं की तरह चेतन के पिता भी अपने पुत्रों को (यद्यपि वे कभी यह बात कहते नहीं थे)एकदम नेक और अच्छे लड़के बने देखना चाहते थे।

लेकिन देबू के लिए कोई ऐसी बाधा न थी। अपने चाचा के साथ घूमने-फिरने में उसे नित नया आनन्द मिलता था। कभी-कभी ज़रा-सी बात पर उसका चाचा निहायत बेदर्दी से उसे पीट देता था, पर इतना पिटने पर भी देबू की आँखों में चेतन ने कभी आँसू नहीं देखा। उसकी माँ ने उसकी हड्डियाँ शैशव में इतनी मज़बूत कर दी थीं कि चाचा के हाथ चाहे दुखने लग जाते हों, देबू को कुछ न होता था....और चाचा ने अपने इस 'सुयोग्य' भतीजे को हर फ़न में पूरी तरह ताक कर दिया था। एक चीज़ की कमी अलबत्ता देबू के यहाँ रह गयी थी, पर उसे पूरा करना चाचा के बस में नहीं था। दिमाग़ के नाम पर यद्यपि चाचा की खोपड़ी में भी भुस भरा था, पर वह कुछ उच्च कोटि का था (वह विद्वान या बुद्धिमान न सही, पर कुछ-न-कुछ शातिर ज़रूर था — लड़ते-झगड़ते समय अवसर-कुअवसर देख लेता था। अवसर अनुकूल न हो तो कन्नी काट जाता था) पर भतीजे के दिमाग़ का भुस निम्न कोटि का था। किसी तरह के सोच-विचार की उसमें प्रवृत्ति न थी। अंजाम की चिन्ता किये बिना वह लड़ाई में कूद पड़ता था। उसका प्रतिद्वन्द्वी तगड़ा है, या अपने गुट के साथ है, इस बात की वह कभी चिन्ता न करता और इसलिए कई बार बुरी तरह पिट जाता था और कई बार पता चलने पर नीम बेहोशी की हालत में लाया जाता था, पर स्वस्थ होते ही वह पीटने वालों में से एक-एक को अलग-अलग पकड़ कर पीट देता और ऐसा बदला लेता कि फिर दूसरों को अकेले पा कर भी उसे पीटने का साहस न होता।

०

चेतन को देबू के सम्बन्ध में दो घटनाएँ विशेषकर याद थीं, क्योंकि उनमें चेतन का भी कुछ-न-कुछ योग था।

०

पहली घटना उन दिनों की है, जब देबू की पत्नी सख़्त बीमार थी। बात यह है कि अपने चाचा की तरह देबू भी ज़्यादा न पढ़ा था। चाचा मैट्रिक में फ़ेल हो गया था। भतीजा यद्यपि मैट्रिक में तो नकल मार कर थर्ड डिवीज़न में पास हो गया था, पर एफ़०ए० में रह गया था और जैसे फ़ेल होते ही चाचा की शादी हो गयी थी, वैसे ही भतीजे की भी। कल्लोवानी मुहल्ले के माता-पिताओं के पास लड़कों को सुधारने का एक-मात्र इलाज था — शादी! फिर चाहे इससे लड़के कई बार और बिगड़ जाते थे और बिगड़ी सन्तान पैदा करते थे, पर इसे कल्लोवानी मुहल्ले वाले भाग्य का दोष मान कर, कुछ इस तरह की दलील से मन को सन्तोष दे लेते थे, कि उन्होंने माता-पिता के रूप में अपना कर्तव्य पूरा कर दिया, अब यदि बुढ़ापे में उनके भाग्य में पुत्रों के हाथों दुख सहना ही बदा है, तो क्या किया जा सकता है।

देबू की पत्नी सुन्दर थी। पर सुन्दर पत्नी देबू को बाँध न सकती थी। पत्नी सुन्दर हो या असुन्दर, उसका एक ही उपयोग देबू के निकट था। वह काम उसने भरपूर उससे लिया। पति के नाते इसके अतिरिक्त उसका कुछ दूसरा भी कर्तव्य है, इसे वह न मानता था। मानता वह तब, जब जानता। वह जानता भी न था। देबू की बेपरवाही और उसकी माँ के अत्याचारों ने दो ही वर्ष में उस भोली-भाली लड़की को, (डोली से उतारते समय जिसके लावण्य को एक नज़र देख कर मुहल्ले वालियों ने कहा था कि देबू पहले जन्म में ज़रूर मोतियों का दान करके आया है) यक्ष्मा की गोद में ला डाला। बरने पीर की ओर जिस कमरे की खिड़की थी, उसी में खिड़की के साथ चारपाई पर पड़ी वह खाँसा करती थी और कभी-कभी नीचे से गुज़रने वालों के दिल में उसकी खाँसी को सुन कर हौल उठा करता था।

अपनी उस बीमार पत्नी के लिए यों उसने कभी चाहे कुछ न किया हो, पर एक शाम बरने पीर के नीम की छाया में कुछ मुसलमान लड़कों को छिकड़ी खेलते देख, उसने अपनी पत्नी की बीमारी का उल्लेख कर आदेश दिया कि वे शोर न मचायें और वहाँ से नौ-दौ-ग्यारह हो जायें।

कल्लोवानी मुहल्ले के तीन तरफ़ मुसलमानों के मुहल्ले थे — बरने पीर के आगे सारा इलाका मुसलमानों का था। पीर की कब्र के पास भला उन्हें छिकड़ी खेलने से कौन रोक सकता था ? जब उन्होंने उसकी बात सुनी-अनसुनी कर दी तो उसने आव देखा न ताव बढ़ कर गालियाँ देते हुए छिकड़ी को एक ओर उठ कर उलट दिया। गोटें दूर-दूर जा गिरीं। मुसलमान युवकों ने अकेले देबू को घेर लिया।

चेतन लाहौर से दो दिन के लिए आया हुआ था। मुहल्ले में किसी से बात कर रहा था कि एक छोटा-सा लड़का भागता आया और उसने चेतन से उसके दो छोटे भाइयों के बारे में पूछा कि परसराम और शंकर कहाँ हैं ? (परसराम और देबू समकक्ष भी थे और अखाड़े जाने के नाते परम मित्र भी) इधर शिव शंकर भी अखाड़े जाने लगा था।

"क्या बात है ?" चेतन ने बन्दूक दाग़ी।

"बरने पीर पर देबू और मुसलमानों में लड़ाई हो रही है।"

चेतन अपने दोनों भाइयों को जानता था। लड़ाई करते समय वे आगा-पीछा न देखते थे। ख़ाह-म-ख़ाह सिर-फुटव्वल न करें, इस ख़याल से अपने भाइयों को बुलाने के बदले वह स्वयं भागा कि जा कर मामला रफ़ा-दफ़ा करा दे।

वह अभी ज्वाली महरी की भट्ठी के पास ही था, जब उसने देखा —देबू उस ओर पीठ किये खड़ा है और चार-छै मुसलमान लड़के आधा दायरा बनाये उसे दबोचने को तैयार हैं।

तभी चेतन के कदमों की चाप सुन कर या देखने के लिए कि मुहल्ले से कोई आ रहा है या नहीं, देबू ने पलट कर एक नज़र पीछे को डाली (उस एक निमिष में इतनी दूर से उसने जान लिया होगा कि कौन आ रहा है, यह सम्भव नहीं, लेकिन कोई आ रहा है यही ज्ञान उसके लिए काफ़ी था) दूसरे क्षण उसने गाली के रूप में ज़ोर से नारा बुलन्द किया और उछल कर उसने डुबकी-सी मारी। दूसरे क्षण एक लड़का ऊपर को उठा और पीछे को गिरा और फिर सारे-का-सारा घेरा देबू पर पिल पड़ा।

वास्तव में देबू को अपने प्रतिद्वन्द्वी की दोनों टाँगें पकड़ कर चित कर देने में अपूर्व सिद्धि प्राप्त थी। बिजली की-सी तेज़ी से वह दोनों टख़नों से उसे उठा लेता और दूसरे क्षण उसका प्रतिद्वन्द्वी पटाख़ चारों-ख़ाने चित धरती पर जा गिरता। फिर देबू की पकड़ इतनी मज़बूत थी कि दूसरा हिल न सकता। कबड्डी खेलते समय यदि वह बारी देने वाले की टाँगें पकड़ लेता तो लकीर तक पहुँचना तो दूर रहा, वह उसे दो इंच न खिसकने देता। और उसने अपने सामने वालों में से, जो लड़का सब से ज़्यादा धमका रहा था, उसे नीचे दबा लिया था। चेतन जब वहाँ पहुँचा ते उसने पाया कि वह लड़का देबू के नीचे है, और शेष सब ऊपर से उसे पीट रहे हैं, पर वह नीचे वाले को दबाये जा रहा है।

तभी चेतन ने देखा, एक लड़का सामने की गली से एक लोहे का गज़ लिए हुए आया और उसने ताबड़-तोड़ दो गज़ की देबू की जाँघ पर जड़ दिये।

देबू ने उसका इतना भी नोटिस नहीं लिया, जितना आदमी मक्खी के बैठने का लेता है। जब तीसरी बार वह लड़का गज़ उठा कर उसके सिर पर मारने वाला था तो चेतन को, जो सुलह-सफ़ाई कराने आया था, सख़्त ग़ुस्सा आ गया —'देबू एक, और ये इतने, उस पर गज़ ले आये हैं' —उसने मन-ही-मन कहा और झपट कर एक ही झटके से गज़ उसके हाथ से छीन कर ज़ोर से उसकी कमर पर जमा दिया।

इससे पहले कि वह लड़का चेतन पर झपटता, परसराम, शिव शंकर, झमानों का हन्सा, उसका भाई मन्सा, बद्दा —सभी आ पहुँचे और चेतन ने हवा में लातें और मुक्के तैरते देखे। शिव शंकर ने सबसे पहले चेतन पर झपटने वाले लड़के को बढ़ कर अपनी बाँहों में दबोच लिया।

लात और मुक्के खाते ही देबू पर झुके हुए मुसलमान लड़के उसे छोड़ कर इनके मुकाबले पर आ डटे। तभी, जब सब एक-दूसरे से गुत्थम-गुत्था हो रहे थे, देबू उछल कर उठा, नीचे पड़े लड़के के चूतड़ों पर उसने ज़ोर की एक लात जमायी, बढ़ कर चेतन के हाथ से गज़ छीना और दो के सिर उसने फोड़ दिये और शेष को मार-मार कर भगा दिया।

०

दूसरी बार उसने बिल्ले का ही सिर फोड़ दिया।

०

हुआ यह कि मैट्रिक में चेतन बाज़ार चढ़तसिंह के एक लड़के के यहाँ जाया करता था। वह था तो उससे दो-एक जमात पीछे, पर स्काउट था और चेतन के ग्रुप में था और वे स्काउटिंग से इकट्ठे वापस आया करते थे। चेतन उसे घर पर छोड़ कर अमाम नासरुद्दीन और बड़ा बाज़ार से होता हुआ छत्ती गली पार कर, घर को आया करता था। चेतन का वह साथी किंचित सुन्दर था। सुन्दर उतना नहीं, जितना सुकोमल था। बिल्ले का वह सहपाठी था। हालाँकि बिल्ले को स्काउटिंग में किसी तरह की दिलचस्पी न थी, पर कुछ दिनों से वह स्कूल के बाद बाहर सड़क पर या पुलिस लाइन में अपने दोस्तों के साथ खेलता रहता और जब वे स्काउटिंग के बाद स्कूल से निकलते तो उनके पीछे हो लेता और सारी शाम उसके घर के बाहर मँडलाया करता। एक दिन जब वे मेहन्द्धुआँ के चौक में पहुँचे तो बिल्ले ने एक गन्दा-सा मज़ाक उसे किया। चेतन ने उसे समझाना चाहा तो वह उसे धकियाता हुआ निकल गया।

चेतन अपने मित्र को छोड़ कर क्रोध से भरा घर की ओर आ रहा था कि सामने से उसे देबू आता हुआ मिल गया। हाथ में उसके बटी हुई तार का हण्टर था और वह बड़ी मस्ती में, यद्यपि ख़ासी भौंडी आवाज़ में गा रहा था :

लच्छिए, कुँआर गन्दले।
पानी तेरेयाँ हत्थाँ दा पीना[१]

"कहिए भापा जी!" चेतन के पास पहुँच कर बड़ी आत्मीयता से उसने उसके कन्धे पर हाथ जमाया!

चेतन चूँकि उससे दो वर्ष बड़ा था, इसलिए देबू जब कभी अच्छे मूड में होता, हमेशा उसे 'भापा जी' (भाई साहब) कह कर पुकारा करता। यों भी दोनों के पिता लँगोटिया यार थे। चेतन ज्योतिषी जी को चाचा जी और देबू पण्डित शादीराम को चाचा जी कह कर बुलाता था और पण्डित जी के कथानानुसार दोनों सगे भाइयों से बढ़ कर थे।

"यार, यह तुम्हारा मित्र हमें बड़ा परेशान करता है ?" चेतन ने उसे अच्छे मूड में पा कर सहसा कहा।

"कौन आपको परेशान करता है, उसकी माँ की...."

देबू ने हवा में गाली बहा दी और हण्टर घुमा दिया।

तब चेतन ने बिल्ले की बात बतायी और कहा कि तुम्हारे होते हुए तुम्हारा दोस्त तुम्हारे बड़े भाई की बेइज़्ज़ती करे, यह मेरा नहीं, तुम्हारा ही अपमान है।

"चलो तो!" देबू ने ज़ोर की एक गाली बिल्ले को दी।

चेतन उल्टे पाँव मुड़ा। बिल्ला बाज़ार चढ़तसिंह ही में घूम रहा था। जा कर देबू ने बिना कुछ कहे ज़ोर का एक हण्टर उसके दिया और चेतन की ओर संकेत कर के कहा कि अपने इस बाप को क्यों धक्का दिया था।

बिल्ले की समझ में कुछ न आया। उसने समझा कि देबू मज़ाक कर रहा है, इसलिए

१. ओ घीकुआर-सी सुकोमल लच्छमी, हम तो तेरे ही हाथों का पानी पियेंगे।

उसने उस 'बाप' की सेवा में दो-चार 'अति मधुर वचन' हवा में फेंक दिये।

लेकिन जब इस पर देबू ने तान कर एक घूँसा उसकी नाक पर दे मारा और नाक से लहू फूट पड़ा तो बिल्ले ने देबू को धर दबोचा।

हालाँकि देबू अखाड़े भी जाता था और डण्ड-बैठक भी पेलता था और उसमें साहस भी बेपनाह था, पर शरीर से बिल्ला तगड़ा था और उसे दाँव-पेंच भी देबू की अपेक्षा बेहतर आते थे। पाँच ही मिनट में उसने देबू को नीचे दबा लिया। भीड़ काफ़ी इकट्ठी हो गयी। लेकिन छुड़ाने की कोई हिम्मत न कर रहा था। जब बिल्ला उसे गर्दन से पकड़ कर बड़ी बेदर्दी से उसका सर ज़मीन पर पटक रहा था तो जाने कहाँ से देबू के हाथ में एक ईंट आ गयी। किसी तमाशाई ने दे दी या यों ही उसका हाथ उस पर पड़ गया। नीचे पड़े-पड़े ही उसने ईंट से बिल्ले का सिर फोड़ दिया। दोनों को लहूलूहान होते देख, लोगों ने उन्हें छुड़ा दिया।

दोनों एक-दूसरे को कत्ल कर देने की भयानक कसमें खा रहे थे, लेकिन चेतन ने उस लड़ाई के दुष्परिणाम की कल्पना कर, काफ़ी समझा-बुझा कर उनके हाथ मिला दिये थे। बिल्ले ने चेतन को देबू का बड़ा भाई मान कर उससे माफ़ी माँग ली थी और देबू ने बिल्ले से, और दोनों फटे हुए सिर लिये, एक-दूसरे के गले में हाथ डाले, हकीम दीनानाथ से पट्टी कराने, चेतन के साथ ही पापड़ियाँ बाज़ार को चल दिये थे।

सत्रह

बाज़ार चढ़तसिंह वाली उस घटना के याद आ जाने से चेतन के होंटों पर एक क्षीण-सी मुस्कान फैल गयी। ख़ालसा होटल, चौरस्ते के साथ ही बायीं ओर को था। वहाँ से वह मुड़ जाये कि नहीं, इसी असमंजस में चेतन हुनर साहब की बाँह में बँधा-बँधा होटल के सामने जा पहुँचा।

"कहिए भापा जी, किधर ?" उन्हें होटल के सामने रुकते देख, मिलाने के लिए हाथ आगे फेंकते हुए देबू ने पूछा।

चेतन ने उससे हाथ मिलाते हुए कहा कि रैनक बाज़ार आया था, वहाँ हुनर साहब मिल गये तो उनके साथ चला आया और देबू का हाथ छोड़ कर उसने उनका परिचय कराया कि वे दोआबा ही के नहीं, सूबे के प्रमुख शायरों में से हैं और उनकी याददाश्त इस ग़ज़ब की है कि अपने ही नहीं, दूसरे कवियों के भी दीवान-के-दीवान उन्हें याद हैं और देबू के बारे में उसने कहा कि उसके छोटे भाई के बराबर है — उसके चाचा पण्डित दौलतराम ज्योतिषाचार्य का बड़ा सुपुत्र, निहायत बेख़ौफ़ और दिलेर है!

यद्यपि अपनी प्रशंसा सुन कर देबू की ऐंची आँखें चमक उठीं और हुनर साहब की बाछें भी खिल गयीं, पर उसकी प्रशंसा में व्यंग्य का जो हल्का-सा पुट था, (जो दोनों के विशेष गुणों की वास्तविकता की ओर इंगित करता था) उस पर चेतन स्वयं मन-ही-मन

हँसा।

देबू ने हुनर साहब से कहा कि उसने उन्हें देखा है, मुशायरे में उनके शे'र भी सुने हैं और उसने सिर को झटका देते और मुस्कराते हुए, मिलाने के लिए हाथ हुनर साहब की ओर फेंका, जिसे हुनर साहब ने दाँत निकोसते हुए, तनिक आगे को झुक कर, दोनों हाथों में बड़ी गर्मजोशी से दबाया।

तब देबू ने अपने साथियों का परिचय दिया और हुनर साहब ने अपने, जिस पर बिल्ले ने बढ़ कर निश्तर के कन्धे पर ज़ोर से हाथ मारते हुए कहा — "इस काने को आपने कब अपना शागिर्द बना लिया, रहमत का बिस्तर गर्म करना क्या इसने छोड़ दिया ?"

इस पर सब ऐसे हँसे, जैसे बिल्ले ने कोई बड़ा शानदार और चतुराई-भरा मज़ाक किया हो। निश्तर ने अपनी दबी आँख में कहर भर कर बिल्ले की ओर देखा, पर उसी समय बिल्ले ने लम्बी साँस फेफड़ों में भरते हुए अपना चौड़ा सीना फुलाया और निश्तर की निगाहें नीची हो गयीं।

ख़ालसा होटल में बेपनाह भीड़ थी! यों तो वह न होटल था, न रेस्तराँ — महज़ एक लोकप्रिय ढाबा था, पर उसमें बढ़िया तन्दूरी पराँठे, सूअर का गोश्त, मटन, कीमा, कोफ़्ते, मटर-पनीर की स्पेशल डिश और दही की लस्सी मिलती थी। ढाबे तो उस लाइन में वैसे और भी दो-तीन थे, पर ख़ालसा होटल का रसोइया अपने काम का माहिर था और चीज़ों के दाम वाजिबी थे। हुनर साहब ने गर्मी और उमस के बावजूद अन्दर बड़े-से कमरे की मैली बेंचों और मेज़ों पर एक-दूसरे से सटे ग्राहकों को देखा। बाहर पेड़ के नीचे बिछी चारपाइयाँ भी ठसा-ठस भरी थीं।....कमीज़ों के बटन खोले, पसीने से तर चौड़े सीनों पर पगड़ी के शमलों से हवा करते हुए जाट, बनियानें और तहमद पहने युवक और गर्मी के बावजूद सूट पहने कचहरी के बाबू.... बेबसी से उन्होंने चेतन से कहा, "यहाँ तो भाई बैठने की भी जगह नहीं।"

"क्या आप खाना खायेंगे ?" सहसा देबू ने आगे बढ़ कर कहा, "लीजिए, अभी जगह बन जाती है।"

उसने एक नज़र चारपाइयों पर डाली —दो पर सिक्ख जाट बैठे थे, एक पर कचहरी के दो-तीन बाबू और चौथी पर कुछ जवान लड़के —वह उधर बढ़ा और उसने कहा कि यह चारपाई ख़ाली कर दो!

देबू ने कुछ इस तरह आदेशपूर्ण, कर्कश स्वर में यह कहा कि तीन में से दो तो एकदम उठ खड़े हुए, पर बीच का युवक, जो बाकी दो की अपेक्षा कुछ बलवान था और केवल खुली कमीज़ और तहमद पहने था, उसी तरह बैठा रहा, जैसे यह बात उससे न कही गयी हो।

"बैठो जी!" देबू ने बैठे हुए युवक की ओर ध्यान दिये बिना, हुनर साहब से कहा।

लेकिन इससे पहले कि उनमें से कोई आगे बढ़ता, उस बैठे युवक ने अपने एक साथी की बाँह पकड़ कर उससे बैठने का संकेत किया।

वह अभी आधा खड़ा, आधा बैठा ही था कि देबू ने बढ़ कर उसे बाँह से पकड़ कर

घुमा दिया, "तैन्नूँ किहा कि उठ ऐत्थों, फेर बैठदा पया ऐ।"[१]

अब वह बैठा हुआ युवक उठा और कन्धों को ज़रा उठा, गर्दन को आगे बढ़ा, आस्तीन की बाँहें चढ़ाता हुआ कहर-भरी नज़रों से देबू को देखता, कदम-कदम आगे बढ़ा।

"क्यों नहीं बैठन देन्दा ओहनूँ ?"

"ओह मंजी[२] रिज़र्व्ड है।"

"कीहदे लई[३] रिज़र्व्ड है।"

"तेरे इस पेऊ[४] लई।" देबू ने हुनर साहब की ओर संकेत किया।

और ज़न्नाटे का एक थप्पड़ देबू के गाल पर पड़ा। इससे पहले कि कोई कुछ कहता, स्वभावानुसार भयंकर गाली नारे के तौर पर हवा में फेंकता हुअ देबू उछला और उसने डुबकी-सी लगाते हुए दोनों टख़नों से उस युवक को पकड़ कर उठा दिया। दूसरे क्षण वह हवा में उठा और चारों ख़ाने चित, धरती पर गिरा और देबू उसकी छाती पर जा सवार हुआ।

"हैं....हैं...." करते और खादी की धोती फटकारते हुए हुनर साहब उन्हें छुड़ाने को उधर बढ़े तो बिना कुछ कहे बिल्ले ने आगे बाँह कर दी और इशारा किया जा कर चारपाई पर बैठें।

नीचे रगड़े जाते साथी को छुड़ाने के लिए वह लड़का आगे बढ़ा, जिसकी ख़ातिर झगड़ा हुआ था, तो उसे भी बिल्ले ने रोक दिया कि तुझे लड़ना है तो मुझसे लड़, बराबर का जोड़ है, ज़रा हो जाने दे।

और पलक झपकते चारपाइयाँ ख़ाली हो गयीं। होटल के अन्दर खाना खाते हुए, रास्ता चलते हुए, सब लोग उधर पिल पड़े। ज़िन्दगी के घोर संघर्ष अथवा घोर बेकारी, सुस्ती या बेज़ारी के माने निम्न-मध्यवर्गीय क्षण भर को तमाशा देखने आ जुटे....। पर बिल्ले और जगने ने किसी को उन्हें छुड़ाने नहीं दिया।

लेकिन वह लड़का ज़्यादा देर नीचे नहीं रहा। देबू की एक बाँह पकड़, उसने कुछ ऐसे अपने नीचे दबा कर मोड़ना शुरू किया कि पूरा ज़ोर लगाने के बावजूद देबू नीचे आ गया। अब तो तमाशाइयों के जोश का ठिकाना न रहा।

"शाबा, ओए शाबा!"

"रगड़ एहनू ज़रा थल्ले!"[५]

"भुआ दे ज़रा भँवीरी वाँगूँ!"[६]

कुछ तमाशाइयों ने उसकी प्रशंसा की, दूसरे देबू को बढ़ावा देने लगे और दाँव-पेंच सुझाने लगे।

---

१. तुझसे कहा कि यहाँ से उठ जा, तू फिर बैठ रहा है।
२. चारपाई।
३. किसके लिए।
४. बाप।
५. रगड़ इसे ज़रा नीचे।
६. घुमा दे इसे ज़रा फिरकी की तरह।

"मार न कैंची!"

"ओ लै ओए लत्ताँच गर्दन....बन्ह लै....बन्ह लै....दे दे चरखड़ी।"[१]

और सचमुच देबू ने दाँव लगा कर उसकी गर्दन को टाँगों में ले कर मरोड़ दिया और फिर ऊपर आ गया।

तमाशाइयों के जोश का वार-पार न रहा।

"बल्ले बई, बल्ले।"

"दा जानदा ई बई, किद्दाँ निकलियाई थल्लों, उस्ताद दा चण्डिया दा है।"[२]

लेकिन वह युवक शायद न केवल उससे बेहतर दाँव जानता था, बल्कि शारीरिक शक्ति में भी ज़्यादा था। वह फिर नीचे से निकल कर ऊपर आ गया और इस बार लोगों के लाख शोर मचने और देबू को शाबाशी देने पर भी उसने उसे नीचे से निकलने नहीं दिया। वह लगा उसे रगेदने।

तब हर क्षण बढ़ती भीड़ देख कर जब चौरस्ते से पुलिस का सिपाही उधर आ रहा था (सिपाही की तो उन्हें वैसी परवाह न थी, पर देबू रगेदा जा रहा था, इसलिए) बिल्ले ने उस लड़के का हाथ पकड़ कर उसे अलग कर दिया। "सिपाही आ रहा है।" उसने कहा।

देबू उठा, खिन्नता-भरे स्वर में बिल्ले से यह कहता हुआ पसीने से तर कपड़ों की मिट्टी झाड़ने लगा (जो कि सूखे बिना झड़ ही न सकती थी) कि उसने ख़ाह-म-ख़ाह छुड़ा दिया, नहीं वह एक ही दाँव से उसे तारे दिखा देता।

"ठीक है, अब चलना भी है कि तारे ही दिखाने है।"

देबू उस चारपाई की ओर बढ़ा। निश्तर और रणवीर उस पर बैठ गये थे और हुनर साहब बैठने जा रहे थे कि वही युवक आया और उसने कहा, "हमारी जगह है, आप उठिए!"

अबकी बिल्ला आगे बढ़ा। "जाओ, कहीं दूसरी जगह जा कर बैठ जाओ, क्यों झगड़ा करते हो, ये हमारे मेहमान मशहूर शायर हैं।"

"मशहूर शायर हैं तो घर से ला कर चारपाई बिछा दो। शायर हों या शायर के बाप, यह चारपाई नहीं मिल सकती। हम इस पर पहले से बैठे हैं।"

ग़ुस्से को दबाते हुए, एक-एक शब्द पर ज़ोर देते हुए धीरे से बिल्ले ने कहा, "ओए पहलवान देया पुत्तरा, क्यों मौत आयी है तेरी ? (उसे पुलिस वाले की ओर आँख उठाते और आस्तीन चढ़ाने की कोशिश करते हुए देख कर इतना और बढ़ा दिया) ओस पुलिसिए दी वल्ल की वेख रिहा ऐं। असाँ पुलिस तों नईं डरदे। इह चारपाई ते इह होटल वी साडा ही समझ, तेरे पेऊ दा नहीं।"

युवक क्रोध से घूँसा तान ही रहा था कि बिल्ले ने बढ़ कर उसे उठाया और परे धरती पर पटक दिया और स्वयं चुपचाप बग़लों में हाथ दिये खड़ा हो गया।

युवक गिरते ही उठा और बाघ की तरह बिल्ले पर लपका। बिल्ले ने उसे एक बाँह और एक टाँग से पकड़ कर और भी परे फेंक दिया और फिर चुपचाप उसके सिर पर जा

१. अरे, टाँगों में गर्दन ले ले; बाँध ले; घुमा दे।
२. दाँव-पेंच जानता है, कैसे निकला है नीचे से, किसी उस्ताद से मार खाया हुआ है।

खड़ा हुआ।

क्रोध से लगभग पागल हो कर जब युवक फिर उठा तो बिल्ले ने उसे और भी परे दे पटका।

चेतन को देबू और बिल्ले पर मन-ही-मन बड़ा ग़ुस्सा आ रहा था। एक चोरी, दूसरे सीनाज़ोरी। जब उसने पहले चारपाई ली तो क्यों वह छोड़े ? उसकी पूरी सहानुभूति उस युवक के साथ थी। उसे पूरा विश्वास था कि अगर मिन्नत और प्यार से कहा जाता कि बाहर से शायर लोग आये हैं, मेहमान हैं, उनके लिए जगह चाहिए तो वह ज़रूर दे देता। उसे हुनर साहब का या अपना उस चारपाई पर बैठना एकदम अन्यायपूर्ण लगा। वह उठा और उस युवक के पास गया।

युवक धरती से उठ बैठा था, लेकिन खड़ा न हुआ था और सोच रहा था कि अब फिर उठ कर लपके या चला जाये। बिल्ला उससे कहीं ज़्यादा ताकतवर था। चेतन ने उससे जा कर कहा, "तुम भाई अपनी चारपाई ले लो। ख़ाह-म-ख़ाह ज़रा-सी बात के लिए झगड़ा न करो! हम थोड़ी देर बाद खाना खा लेंगे।"

तभी चारपाई पर तहमद के दामन के पंखा झलते हुए एक सिक्ख जाट ने बिल्ले की बहादुरी पर प्रसन्न हो कर कहा, "बादशाहो, एद्दर आ जाओ। असाँ परशादे छक लये ने।[१] अपने मेहमानाँ नूँ एद्दर बिठाओ।"

और वह अपने साथियों के साथ उठा।

लेकिन उस युवक को पिट कर अब वहाँ बैठना स्वीकार नहीं था।

"नहीं, नहीं जी, तुसी जाओ।" उठते हुए उसने चेतन से कहा, "एस बिल्ले नाल असी फेर सिज्झाँगे ?"[२]

और वह पीठ मोड़ कर दूसरे ढाबे की ओर चल दिया। ज़रा दूर पर उसके साथी उससे जा मिले। चेतन फिर वहीं वापस आ गया, जहाँ हुनर साहब ने जाटों वाली चारपाई भी अपनी ओर घसीट ली थी और पाँव ऊपर उठा कर उस पर बैठे हुए धोती के दामन से हवा कर रहे थे।

तभी बिल्ले ने होटल के मालिक से कहा, "देखना सरदार जी, अपने मेहमान हण, ज़रा बढ़िया खाना खिलाना।"

"तुसीं फ़िकर न करो बादशाहो।" सरदार जी ने लोहे की छड़ से पकी हुई रोटी को तन्दूर से निकाल कर छकिया में रखते हुए कहा, "फ़स्स क्लास खाना खिलावाँगे!"

अठारह

निश्तर और रणवीर ने बड़ी शान से सूअर के गोश्त, गुर्दे-कपूरे और तन्दूरी पराँठों का आर्डर दिया। हुनर साहब गाँधी-भक्त होते ही माँस खाना छोड़ चुके थे, इसलिए उन्होंने मटर-पनीर

१. हमने खाना खा लिया है।

२. इस बिल्ले से फिर सुलटेंगे।

की स्पेशल डिश और 'मुफ़्त की दाल' को दो पैसे के शुद्ध घी में छौंक देने का आदेश दिया। आर्डर देते समय उन्होंने 'मुफ़्त की दाल' शब्द का प्रयोग विशेष रूप से किया और अपने साथियों की ओर देख कर हँसे। प्रकट ही उनका संकेत उस किस्से की ओर था, जो ढाबों की इस 'मुफ़्त की दाल' के सम्बन्ध में जालन्धर में आम प्रसिद्ध था। चेतन जब भी किसी ढाबे में खाना खाता था तो मुफ़्त की इस दाल का किस्सा याद आ जाने से मन-ही-मन हँस कर दिया करता था।

किस्सा यों हे कि दूर देहात का एक जाट जालन्धर में अपने मुकदमे के सिलसिले में आया और स्टेशन की सराय में ठहरा। गाड़ी से उतरा तो उसे ज़ोर की भूख लगी थी। सराय के सामने ही ढाबा था। ढाबे का मालिक तड़ातड़ रोटियाँ तन्दूर में लगा रहा था।

"क्यों भाऊ, किद्दाँ लाइयाँ ने रोटियाँ ?"[१] जाट ने पूछा।

"पैसे दी दो-दो।"

"और दाल ?"

"दाल मुफ़्त!"

"अच्छा फेर दाल दा छन्ना ई पहले भर दे!"[२] जाट ने दोनों हाथ बेताबी से आगे बढ़ाते हुए कहा।

०

निमिष-भर को चेतन के मन में आया कि वह भी उस जाट की तरह कटोरा-भर दाल माँग ले। पर ढाबे का मालिक जाट की बात पर हँस सकता है, उस जैसे पढ़े-लिखे को जान-बूझ कर ऐसी बात करते देख कोई तीखी बात कह दे तो ? फिर यदि वह मज़ाक न समझे और उसे दाल का कटोरा भर कर दे ही दे, तो ? —वह चने या उड़द की इतनी दाल का क्या करेगा ? खा लेगा तो महीना-भर पेचिश में पड़ा रहेगा....और वह मन-ही-मन हँसा।

रणवीर ने चेतन के लिए भी सूअर के गोश्त की एक प्लेट का आर्डर दिया था, आगे वह रोग़न-जोश वग़ैरह का आर्डर देना चाहता था, पर चेतन ने उसे रोक दिया था कि तुम अपने लिए जो चाहो लो, मैं सूअर का गोश्त नहीं लूँगा और क्षण भर सोच कर उसने मटर-पनीर की प्लेट माँगी थी और दाल छौंकने का आदेश दिया था।

चेतन ने कभी सूअर का गोश्त न चखा था। उसके मन में उसे चखने की इच्छा भी थी, पर यह अजीब बात है कि सूअर के गोश्त की कल्पना ही से उसे गाय के माँस का ख़याल आ जाता था और उसकी वह इच्छा मर जाती थी। ....गो-माँस का ध्यान आते ही उसके सामने 'जमुना' आ जाती थी —जमुना —उनकी दुधारू गाय, जिसे बचपन में चेतन ने सदा श्रद्धा और प्यार से देखा। ऊँची-लम्बी, स्वस्थ-सफ़ेद और युवा! लेकिन मरकही न थी। बेहद असील थी। माँ ने उसे अपनी बेटी की तरह पाला था। यद्यपि वह उसे 'गऊ माता' कहती थी, पर उसके व्यवहार में श्रद्धा के बदले स्नेह ही अधिक था। घर के काम के बाद जितना समय मिलता, वह गाय की सेवा में लगा देती; चने, बिनौले, चौकर और न जाने क्या-क्या मिला कर वह उसके लिए सानी तैयार करती। उसकी भूख-प्यास के

१. क्यों भाई, रोटियाँ किस भाव से देते हो ?
२. अच्छा, तो फिर पहले दाल का कटोरा ही भर दो!

समय का पूरा ख़याल रखती। उसके कारण घर में दूध-दही, मक्खन-घी और लस्सी का बाहुल्य रहता था और चेतन सोचा करता —ठीक ही तो है जो गाय का माँस खाना मना है। कोई अपनी माँ या बेटी का माँस खायेगा ? ....और कल्पना मात्र से फुरेरी उसके शरीर में दौड़ जाती....

"जीजा जी, आप सूअर का गोश्त नहीं खाते तो रोग़न-जोश की प्लेट ही मँगाइए," रणवीर ने कहा था, "न हो, कीमा या कोफ़्ता ले लीजिए!"

"नहीं, मेरा मन नहीं।" चेतन ने अपने ही ध्यान में कहा।

०

चेतन कॉलेज ही में गोश्त खाने लगा था। वह भी अनन्त के ज़ोर देने पर। संस्कारों से वह शाकाहारी ही था। उसके पिता तो ख़ूब पीते थे और ख़ूब खाते थे, पर माँ ने उसके दिल में गोश्त के विरुद्ध अव्यक्त वितृष्णा भर दी थी। बचपन की एक घटना और उसके सम्बन्ध में माँ के साथ होने वाली बातचीत उसके दिमाग़ में सदा के लिए अंकित हो गयी थी।....

वह सात-आठ वर्ष का रहा होगा। अपने पिता के पास वह मुकेरियाँ गया हुआ था। वहाँ करीम ख़ाँ काँटे वाले ने मुर्ग़ियाँ पाल रखी थीं। एक मुर्ग़ी ने नये-नये चूज़े दिये थे। चेतन को वे ज़रा-से रोएँदार चूज़े बड़े भले लगते थे। वह खाने के बाद आधी रोटी ले कर बाहर चला जाता और 'आ,' 'आ' करता हुआ रोटी के छोटे-छोटे टुकड़े उनकी ओर फेंकता। 'चूँ-चूँ' करते चूज़े भागे आते। रोटी के टुकड़ों पर झपटते। एक-दूसरे की चोंच से छीन कर ले जाते। पहले तो चेतन को उन्हें बुलाने के लिए रोटी के टुकड़े फेंकने पड़ते, पर कुछ दिन बाद तो उसकी आवाज़ सुन कर और बाद में तो उसे देख कर ही वे फुदकते हुए आ जाते। चेतन चाहता कि जैसे वे करीम ख़ाँ की बीवी दानी के हाथ से रोटी टूँगते हैं, उनके हाथ से भी टूँगें। वह कभी रोटी के टुकड़े फेंकता, कभी ज़रा दूर से दिखाता। दो चूज़े (जो शायद नर थे और इसीलिए निडर भी) उचक कर रोटी टूँग ले जाते। धीरे-धीरे वे उसके हाथ से लेने लगे। फिर तो एक दिन जब उसे रोटी तोड़ने में देर हुई, एक फुदक कर उसके घुटने पर आ बैठा। चेतन की ख़ुशी का वार-पार न रहा। उसके हाथ से वह रोटी का टुकड़ा टूँगने लगा। उसकी देखा-देखी दूसरा भी उसके घुटने पर आ बैठा और दोनों में होड़-सी लग गयी। चेतन बड़ा ख़ुश हुआ। वह तो चाहता था कि शेष तीनों चूज़े भी आ जायें, पर उनमें साहस नहीं था। चेतन रोज़ उन दोनों चूज़ों को बुला कर गोद में खिलाता। मुर्ग़ी —भरी-पूरी, एकदम सफ़ेद —लम्बी गर्दन, भरा साफ़ सीना —सिर उठाये उत्सुक, ज़रा परे खड़ी रहती और शेष तीनों चूज़े उसके पैरों के पास इधर-उधर घूमते। चेतन कभी-कभी एक टुकड़ा उसकी ओर भी फेंक देता। मुर्ग़ी उठाती। शेष तीनों चूज़ें उधर लपकते। मुर्ग़ी फिर टुकड़ा ज़मीन पर रख देती। बड़ा होता तो उसे चोंच में हिला कर तोड़ देती और चूज़े ले जाते। चेतन को यह सब बड़ा अच्छा लगता। उसे उनसे इतना प्यार हो गया था कि उसने तय किया, वह माँ से कह कर मुर्ग़ी और चूज़े दानी से ख़रीद लेगा। उसने माँ से कहा तो उसने डाँट दिया, "हम ब्राह्मण हो कर क्या मुर्ग़ियाँ पालेंगे। यह शूद्रों का काम है!"

यह बात चेतन की समझ में नहीं आयी। उसने बहुत ज़ोर दिया तो माँ ने कहा,

"अच्छा मैं करीम ख़ाँ से कह दूँगी कि चूज़े हमारे हो गये, रहेंगे वहीं, पर होंगे हमारे। तुम जितना चाहो, वहाँ जा कर उनसे खेलो, पर घर में नहीं ला सकते।"

लेकिन दूसरे दिन चेतन रोटी ले कर गया तो उसने देखा कि एक चूज़ा कम है। उसने जा कर दानी से पूछा तो उसे मालूम हुआ कि उसके पिता के लिए रोज़ एक चूज़े की यख़नी बनती है। माँ तो घर में गोश्त पकाने न देती थी। पण्डित जी या तो शहर के कलालों के यहाँ चले जाते थे, या शाम को काँटे वाले के क्वार्टर में महफ़िल जमाते। दानी बड़ी सुन्दर थी। वही उन्हें पिलाती। वही गोश्त बना कर खिलाती....चेतन को जो बात देख कर अत्यन्त दुख हुआ था, वह यह थी कि दानी जिस चूज़े को अपने हाथ से खिलाती थी, उसे स्वयं ही ज़िबह कर रही थी....वह रोता-रोता माँ के पास गया था। माँ ने उसे समझाया था कि बेटा, ये सब लोग, जो जीव-जन्तुओं की हत्या करते हैं, पापी हैं। इस जन्म में ये उन्हें खाते हैं, अगले जन्म में वे इन्हें खायेंगे।

"माँ, पिता जी भी क्या पापी हैं ?" चेतन ने सहसा पूछा था।

माँ ने उत्तर घुमा कर दिया था, "बेटा, वे तुम्हारे पिता हैं। उनके सम्बन्ध में कोई बुरी बात सोचना भी पाप है। उनका धर्म उनके साथ, हमारा हमारे साथ। तू आज यह कसम खा कि तू जीव-जन्तुओं की हत्या न करेगा और कभी माँस न खायेगा।"

और चेतन ने पूरे जोश से कसम खायी थी। और मन-ही-मन उस निर्दयता के लिए अपने पिता को घोर पापी भी करार दे दिया था।

o

लेकिन वह स्कूल ही में पढ़ता था, जब अनन्त ने उसे समझाया कि अगर मुर्ग़ियों के अण्डे न खाये जायें और जितने अण्डे मुर्गियाँ देती हैं, उनके आधे बच्चे भी निकलें तो उनके खाने को अनाज न रहे। अनन्त बचपन ही से अण्डे खाता था। मैट्रिक तक पहुँचते-पहुँचते, यद्यपि चेतन ने अण्डा चख लिया था, लेकिन गोश्त को बी०ए० तक हाथ नहीं लगाया। बी०ए० में अनन्त की संगति में उसने गोश्त खाया ज़रूर, पर हमेशा बचपन की यह घटना याद आ जाने से और माँ के सामने खायी कसम और उससे सुने हुए उपदेशों के कारण वह कभी उसका आनन्द न ले पाया। सूअर के गोश्त का नाम लेते ही रणवीर और निश्तर की आँखों में जो चमक आ गयी थी और ढाबे वाले ने प्लेट में गोश्त डालने के लिए जब पतीले का ढकना उठाया तो रणवीर के मुँह से जैसी राल टपकने लगी, वैसा कभी चेतन के साथ न हुआ था। वह जब भी गोश्त चखता, उसे लगता जैसे गुनाह कर रहा है।

o

थालियाँ उनके सामने आ गयी थीं। सहसा रणवीर ने कहा, "जीजा जी, ज़रा-सा एक टुकड़ा लीजिए ना!"

"नहीं, नहीं," चेतन ने कहा, "मुझे सूअर का गोश्त अच्छा नहीं लगता।"

"आपने कभी चखा है ?"

"नहीं, मुझे उसके नाम ही से उस गन्दे और ग़लीज़ जानवर की याद आ जाती है," (सूअर के गोश्त के ख़याल ही से उसका ध्यान कहाँ-कहाँ चला जाता, यह उन मूर्खों को वह क्या बताता) उसने खीझ कर कहा, "गन्दगी में लपलप थूथनी चलाता है। नालियों में

लोटता है। तुम लोग कैसे उसका गोश्त खा लेते हो!"

निश्तर हँसा। "तुम भी यार, कभी-कभी बड़ी हिमाकत-भरी बातें करते हो। खेतों में खाद पड़ती है और उसमें गेहूँ बोया जाता है। जितनी ज़्यादा खाद पड़ती है, उतनी बेहतर फ़सल होती है। तो क्या खाद के ख़याल से हम गेहूँ खाना छोड़ देते हैं ?"

और उसने अपनी प्लेट से गोश्त का एक टुकड़ा उठा कर चेतन की थाली में रख दिया।

"इसमें हड्डी-वड्डी नहीं ?"

"तुम ज़रा चख कर तो देखो!"

सूअर के गोश्त के उस टुकड़े को देख कर चेतन को तरबूज़ के किसी छोटे-से कतले की याद आ गयी। मोटी खाल-सी और उसके गूदे-सा लगा गोश्त। उसने सोचा, चख कर देखे। उसने उसे उठाया भी। तभी उसे ख़याल आया —क्या वह गाय का माँस भी ऐसे ही चख सकता है। हमीद ने कितनी बार कोशिश की थी। ....और उसने टुकड़ा वहीं थाली में रख दिया।

बात यह है कि तर्क ने उसे गोश्त खाने पर तैयार कर दिया था, पर उसके संस्कार इतने प्रबल थे, उसके अर्ध-चेतन में जड़ जमाये थे कि साधारण गोश्त खाने पर भी उसके सामने गाय और सूअर के गोश्त की समस्या आ ज़ाती थी और चूँकि तर्क उसके विश्वासों को झुठला देता था, इसलिए वह तर्क का दामन ही छोड़ देता था। वह गोश्त खायेगा ही नहीं, यही तय कर लेता। ....झूठ बोलना, रिश्वत की कमाई को वेतन का अंग समझना, बच्चों को निर्दयता से पीटना, ग़रीबों का ख़ून चूस कर सन्दिग्ध तरीकों से रुपया पैदा करना, औरतों को तिल-तिल कर मारना, उपदंश जैसे रोगों से अपनी नसलों को बर्बाद करना — सब कुछ उनके निकट उचित था, पर यदि किसी को मालूम हो जाये कि अमुक ने गाय का माँस चखा है तो शायद उसके मुहल्ले में उसका जीना मुश्किल हो जाये....और तर्क चेतन के सामने कई प्रश्न खड़े कर देता....

मुर्ग़े-मुर्ग़ियों का उतना महत्व न सही, पर लाखों ग़रीब, जो गाय-भैंस नहीं पाल सकते, बकरी पालते हैं; बकरी का ही दूध पीते हैं; बकरी उनके लिए उसी तरह माँ और बेटी है, जैसे गाय हिन्दुओं के लिए। इधर तो जब से उसने सुना और पढ़ा था कि महात्मा गाँधी बकरी का ही दूध पीते हैं और इंग्लिस्तान में जब वे गोल मेज़ कॉनफ़रेन्स में शामिल होने गये तो बकरी उनके साथ गयी, तब गाय के सन्दर्भ में बकरी का ख़याल उसे बार-बार आता। और वह सोचता कि यदि गाय और गाय के बछड़ों की हत्या महापाप है तो बकरी और बकरों की हत्या पाप क्यों नहीं ? उसने एक बार अपने संस्कृत अध्यापक से यही प्रश्न किया था। तब उन्होंने उसे बताया था कि गाय हमारे यहाँ इसलिए माता के समान मानी गयी कि वह दूध-घी देती है, उसके बछड़े बैल बनते हैं और न केवल भार ढोते हैं, बल्कि हल जोतते हैं और भारत-ऐसे कृषि-प्रधान देश में हल जोत कर अनाज उगाने और हमारे लिए फ़सल तैयार करने वाले हमारे बेटों के समान हैं। फिर गाय ही ऐसा पशु है, जिसका गोवर न केवल खाद के काम में आता है, उपलों के काम आता है, बल्कि पवित्र है और हिन्दू उससे चौका लीपते हैं और गो-मूत्र आयुर्वेद के अनुसार दसियों व्याधियों में लाभ

पहुँचाता है।

लेकिन कॉलेज में पहुँचते-न-पहुँचते कई प्रश्न इसी सम्बन्ध में चेतन के दिमाग़ को परेशान करने लगे। हमीद से होने वाली बहसों में कई बार वह निरुत्तर हो जाता था और उसे जवाब न सूझ पाता था।

पहली बात तो यह कि यदि गाय दूध देती है तो भैंस भी दूध देती है, जो गाय की दूध की अपेक्षा अधिक पौष्टिक होता है। यदि गाय के दूध के कुछ अतिरिक्त गुण हैं तो भैंस के दूध के कुछ अन्य अतिरिक्त गुण हैं। यदि बैल भार ढोते और हल चलाते हैं तो भैंसे भी भार ढोते और हल चलाते हैं। फिर गाय-बैलों की तरह भैंसें और भैंसे क्यों नहीं पूजे जाते ?

फिर जहाँ तक कृषि का सम्बन्ध है, विज्ञान की उन्नति से ट्रैक्टर खेत जोतने लगेंगे और ट्रक भार ढोने लगेंगे, तब बैलों की क्या वैसी आवश्यकता रह जायेगी और उनकी आबादी का बढ़ना क्या देश पर बोझ न बनेगा! रही गोबर और मूत्र के दवाइयों में काम आने की बात तो विज्ञान ने कल्पनातीत उन्नति कर ली है और गाय का यह महत्व नितान्त कम हो गया है। ....और पिंजरापोलों में कमज़ोर बीमार और मरियल गाय-बैल पालने से क्या यह बेहतर नहीं कि स्वस्थ पशुओं को डेरियों में रख कर उनकी उचित सेवा की जाये और बेहतर दूध-घी पैदा किया जाये। ....वह गाय की सच्ची पूजा है या यह, जो आजकल हो रही है कि गायें पिंजरापोलों में बूढ़ी या भूखी आती हैं या बाज़ारों में छुट्टी घूमती हैं, बरबस दुकानदारों का माल उड़ाती हैं और बदले में डण्डे खाती हैं और कई बार भयानक घाव लिये घूमती हैं....और बाज़ार में शुद्ध घी दिनों-दिन लुप्त होता जा रहा है।....

चेतन ने कहीं पढ़ा था कि प्राचीन काल में भारत में गोमेध यज्ञ होते थे —विदेह जनक के यहाँ ब्राह्मण अतिथियों के लिए इतना गोमाँस रसोई में पकता था कि चरबी से नालियाँ भर जाती थीं। बहुत बाद में सिकन्दर के आक्रमण के समय विजित राजाओं ने उसे ख़ूब पले हुए चर्बी वाले बैल भेंट किये थे। फिर जाने कब गोवध निषिद्ध करार दे दिया गया। ज़रूर ही कभी भयानक अकाल पड़ा होगा। लाखों पशु उसकी भेंट चढ़ गये होंगे। भैंसें उस वक्त उतनी पालतू न होंगी। तब कृषि के लिए बैलों की आवश्यकता के कारण उनका वध निषिद्ध करार दे दिया गया होगा। पुरोहितों द्वारा इसका प्रचार किया गया होगा और यह धर्म का अंग बन गया होगा....और कालान्तर में दसियों दूसरी सामाजिक और धार्मिक रूढ़ियों की तरह यह भी एक रूढ़ि बन गयी होगी।

'आदमी या तो नितान्त शाकाहारी हो,' चेतन सोचा करता, 'नहीं बकरी या गाय या सूअर की कैद क्यों ?' यदि कोई माँस हानिप्रद नहीं तो वह केवल इसलिए त्याज्य हो कि न जाने सदियों पहले किन स्थितियों में अथवा किन कारणों से उसका निषेध कर दिया गया था, यह बात उसकी समझ में न आती थी। मुसलमान हों या हिन्दू, उसे दोनों की बात ग़लत लगती थी, पर चूँकि पिता की तामसिक वृत्ति के विरोध में माँ द्वारा शैशव ही से डाले गये सात्विक संस्कार प्रबल थे, इसलिए जब वह इस समस्या पर सोचने लगता, गोश्त खाना बन्द कर देता।

०

सूअर के गोश्त का टुकड़ा वैसे ही उसकी थाली पड़ा था और अपने विचारों में मग्न वह दाल और पनीर के साथ रोटी खाये जा रहा था कि सहसा लोगों को ठहाके मारते और हँसते सुन कर चौंका —परे चौरस्ते पर देबू ने एक हैट वाले युवक को पीछे से झापड़ मार कर उसका हैट गिरा दिया था और वह युवक उसे कॉलर से पकड़ कर हवा में घूँसा ताने था।

"यह साला दून की लेता था," बिल्ले ने हँसी को रोक कर जगने से कहा, "इससे यह सब कभी नहीं हो सकता। तुम देख लेना, लड़ाई हो जायेगी। बिना पीटे या पिटे यह आ नहीं सकता।"

और सच ही उन लोगों के देखते-देखते उस युवक ने हवा में ताना हुआ घूँसा देबू की कनपटी पर दे मारा। देबू ने उसकी कमर में हाथ डाल कर उसे लँगड़ी दे दी। तभी दुर्भाग्यवश मेयो अस्पताल की ओर से आता हुआ एक ताँगा उनको बचाने की कोशिश में युवक के हैट पर से गुज़र गया। वह युवक गिर कर उठा तो हैट उठाने के बदले देबू से लिपट गया और दोनों बीच सड़क गुत्थम-गुत्था हो गये।

तब जगना और बिल्ला भाग कर गये। काफ़ी भीड़ इकट्ठी हो गयी थी। किसी तरह उन्होंने मामला सुलझाया। देबू की कमीज़ फट गयी थी। बड़ी मुश्किल से उसे समझा-बुझा कर वे साथ लाये।

वास्तव में कुछ क्षण पहले होटल के सामने बिछी चारपाई को ले कर जो लड़ाई हुई थी, उसमें देबू की कोर ज़रा दब गयी थी। यदि खुली लड़ाई होती तो देबू सिर फोड़-फोड़वा कर उस युवक को चलता कर देता, पर देबू ने टाँगों से पकड़ कर उस युवक को जैसे गिराया था और बिल्ले ने जैसे दूसरों को उसकी मदद कर आने से रोक दिया था, उससे लड़ाई, लड़ाई न रह कर, कुश्ती हो गयी थी और कुश्ती के दाँव-पेंच वह युवक शायद देबू की अपेक्षा ज़्यादा जानता था। उस युवक को खदेड़ कर बिल्ले ने जिस आदेशपूर्ण स्वर में ढाबे के मालिक से चेतन और उसके मित्रों का पूरा ख़याल रखने के लिए कहा था, उससे देबू को ईर्ष्या हुई थी। यदि उसने उस युवक को भगा दिया होता तो वह स्वर उसका होता। वही अपने मित्रों को अच्छा खाना देने का आदेश ढाबे के मालिक को देता। यही बात उसे खल रही थी। कपड़े-वपड़े झाड़ कर और हाथ-मुँह धो कर जब वह वापस पेड़-तले आया तो अपनी झेंप मिटाने के लिए उसने जगने से कहा कि वह सामने जाने वाले आदमी की पगड़ी गिरा कर दिखाये। जगना इस फ़न में यकता था। अच्छे-भले आदमी को पीछे से जा कर धौल जमा देना, उसकी टोपी या पगड़ी गिरा देना, उसे गाली दे देना, और पकड़े जाने पर बड़े भोलेपन से माफ़ी माँग लेना, यह सब उसके बायें हाथ का खेल था। जाने क्यों उस समय जगने का मूड नहीं था या उसका ध्यान कहीं अपने मुकदमे में उलझा हुआ था अथवा अपनी जेब की रीताई ने उसे अन्यमनस्क बना रखा था, इसलिए उसने देबू की बात पर ध्यान नहीं दिया। तभी हैट पहने वह युवक सामने से गुज़रा था। तब देबू ने अपनी झेंप मिटाने और फिर से अपनी शान जताने के लिए डींग हाँकी कि वह स्वयं उसकी टोपी गिरा कर दिखा सकता है।

"पिट जाओगे साले।" बिल्ले ने कहा था।

"मजाल है!"

"या उसे पीट दोगे।"

"बिलकुल नहीं!" देबू ने कहा था, "मैं टोपी गिरा दूँगा और वह कुछ कहेगा भी नहीं। अगर जगना यह कर सकता है तो मैं क्यों नहीं कर सकता।"

जाने बिल्ले को क्या सूझी। शायद वह तमाशा देखने के मूड में था। उसने कहा, "साले, यह तुमसे नहीं होगा। यह काम जगना ही कर सकता है।"

और इस ताने का वही असर हुआ, जो कि बिल्ले का अभीष्ट था। "मैं क्यों नहीं कर सकता ?" देबू ने सिर को झटका दे कर कहा, "इसमें रखा ही क्या है —टोपी गिरा देना, यदि वह कुछ कहे तो माफ़ी माँग लेना।"

"तो जाओ, गिरा कर दिखाओ उसकी टोपी।"

युवक ज़रा दूर निकल गया था। देबू लपका।

"साले पिट जाओगे। हर काम हर कोई नहीं कर सकता।" बिल्ले ने कहा।

लेकिन देबू ने उसकी बात नहीं सुनी। वह लपकता चला गया था और बिलकुल जगने की तरह उसने एक धौल पीछे से उस युवक के जमा दी थी।

o

तीनों वापस आ गये तो मालूम हुआ कि जब उस युवक की टोपी दूर जा गिरी और उसने देबू को कॉलर से पकड़ लिया तो देबू ने खेद प्रकट किया कि उससे ग़लती हो गयी, उसने समझा था कि उसका दोस्त हरि है। पर इस पर खींच कर जब एक घूँसा उस युवक ने देबू के दे मारा तो उसे भी ताव आ गया।

"बेटा, तभी तो कहा था," बिल्ले ने उसकी गर्दन पर धौल जमाते हुए कहा, "कि यह काम तुम्हारे बस का नहीं। इसे जगना ही बेहतर कर सकता है।" फिर उसने पलट कर जगने से कहा, "क्यों बेटा, ज़रा दिखाओ न अपनी करामात।"

हुनर साहब और दूसरे इस बीच में खाने से छुट्टी पा चुके थे। हुनर साहब का ख़याल था कि शायद पैसे देबू वग़ैरह ही देंगे। जब बिल्ले ने होटल के मालिक से कहा कि ये हमारे मेहमान हैं, और पैसे देने की क्या ज़रूरत है तो वे पैसे दिये बिना ही जगने की करामात देखने को तैयार हो गये थे। चेतन ने उन्हें ज़रा अलग से ले जा कर समझाया कि ये लोग सब-के-सब एकदम फक्कड़ हैं। इनके पास पैसे-वैसे नहीं रहते, होटल वाला इनकार करे तो भी पैसे आपको दे देने चाहिएँ। दूसरे बीसियों काम इन लोगों से सध सकते हैं, पर यही नहीं सध सकता।....

हुनर साहब सोचते थे कि शायद होटल वाला पैसे लेने से इनकार करेगा और वे 'नहीं-नहीं भाई, यह कैसे हो सकता, ये पैसे भी उन्हीं के हैं,' कुछ ऐसी बात कहते हुए पाँच का नोट उसके हाथ पर रखेंगे। पर ऐसी कोई बात नहीं हुई। उन्होंने पैसे पूछे। ढाबे के मालिक ने बता दिये। उन्होंने नोट बढ़ाया तो उसने ले लिया और शेष रेज़गारी गिन कर उनके हाथ पर रख दी।

तब चेतन से सोचा कि अब वह हुनर साहब से छुट्टी ले ले, पर उसी वक्त सहसा जगने ने कहा, "अच्छा, वो देखो, वह जण्टलमैन जा रहा है। मैं उसका हैट गिराता हूँ। आप

लोग हँसिएगा बिलकुल नहीं। मेरे पीछे-पीछे आइए, पर ज़रा दूर रहिएगा। झगड़ा अगर हो तो मुझी को डाँटिएगा।"

देबू की असफलता से या बिल्ले की प्रशंसा से वह एकदम मूड में आ गया था। था तो वह केवल मिडल पास ही, पर उसने बढ़िया बोस्की की कमीज़ और मक्खन ज़ीन की पैण्ट पहन रखी थी। हवा के पैरों पर उड़ता-सा वह चला।

वे सब भी कुछ फ़ासले से उसके पीछे चले और चेतन भी वापस जाने का ख़याल छोड़ कर उनके साथ हो लिया।

उन्नीस

कम्पनी बाग़ के दरवाज़े तक जगना अपनी करामात दिखाता गया और उसके साथी (हुनर साहब की मण्डली भी उनके साथ शामिल हो गयी थी) उससे ज़रा फ़ासले पर चलते हुए निरन्तर हँसते गये, यहाँ तक कि उनके पेट में बल पड़ गये। चेतन को यह सब सरासर गुण्डई लगती थी, पर जगना इतनी सफ़ाई से वह सब करता था कि न केवल मज़ाक दिखायी देता था, बल्कि अनचाहे भी उससे विनोद होता था। स्वयं चेतन कई बार अपनी सब खिन्नता भूल कर, अनायास हँस दिया था। उसके उदास विचार जाने कहाँ गहरे में चले गये थे और उनकी जगह उस क्षण की उत्फुल्लता ने ले ली थी। अपने साथियों के साथ वह भी उस सब में रस पाने लगा था और जब कम्पनी बाग़ के पास जगने की तमाम कोशिशों के बावजूद एक गोल-मटोल, गंजे सम्भ्रान्त व्यक्ति से झगड़ा हो गया तो वह भी उन सबके साथ, उन्हीं के स्तर पर उतर कर, रस लेते हुए, मामला सुलटाने लगा — अनजाने, अनचाहे, जगने की ज़्यादती को जानते-समझते हुए भी।

०

यद्यपि वह युवक, जिसके पीछे जगना ख़ालसा होटल से लगा था, काफ़ी दूर निकल आया था, पर तेज़-तेज़ चलते, जैसे उड़ते हुए जगने ने उसे जा लिया था और, "ओए सोहने हरामज़ादे! किन्नियाँ वाजाँ तैनूँ दित्तियाँ ने, ऐं, सुत्ता होया टुरना ऐं ?"[१] कहते हुए पीछे से एक धौल उसके जमा दी थी।

युवक का सोला हैट दूर जा गिरा था और पलट कर उसने कहर-भरी नज़रों से जगने की ओर देखा था। कुछ अजीब-से आश्चर्य-भरे खेद का भाव जगना की आकृति पर खेल गया था, "ओह आई एम सॉरी!" उसने कहा था, "मैं समझा सोहन लाल है। पीछे से आप बिलकुल वैसे ही दीखे!" ....और बिना उस कुछ कहने का अवसर दिये, लपक कर उसने उसका हैट उठाया था; जेब से रेशमी रूमाल निकाल कर उसे झाड़ा था और फिर दोनों हाथों से उसके सिर पर रख दिया था और उसकी पीठ को हल्के से थपथपाते हुए बोला था, "माफ़ कीजिएगा, बुरा न मानिएगा।" और उसने हाथ बढ़ा दिया था।

"कोई बात नहीं, कोई बात नहीं!" कहते हुए उस युवक ने हाथ मिलाया।

---

१. अरे, सोहने (सोहन लाल) हरामज़ादे, कितनी आवाज़ें तुम्हें दी हैं, क्या सोया हुआ चलता है।

"मेरा नाम जगन्नाथ है, चौरस्ती अटारी में सभी मुझे जानते हैं। कभी ज़रूरत हो तो याद कीजिएगा।" कहते और उसके हाथ को झटका देते हुए वह चला आया था।

उस अन्तिम वाक्य को दोहराते हुए बिल्ले ने कहा था :

"उसे फिर गर्दन तुड़वाने की ज़रूरत होगी तो तुम्हें याद करेगा।"

और वह ज़ोर से ठहाका मार कर हँसा था। जगने के उस अन्तिम वाक्य ने मित्रों का जी हरा कर दिया था और हँसते-हँसते हुनर साहब को तो उच्छू लग गया था।

कुछ पल इस घटना का मज़ा ले कर, उसके विभिन्न पहलुओं की व्याख्या करते हुए, धौल खा कर उस युवक के चेहरे पर जो आश्चर्य-मिले क्रोध का भाव आया था और जगने की आकृति पर जो खेद-भरी निरीहता छा गयी थी, उसका मित्रों ने विशेषकर रस लिया था। हुनर साहब ने उस निरीहता की व्याख्या करते हुए तत्काल शे'र चस्पाँ कर दिया था :

इस सादगी पे कौन न मर जाये ऐ ख़ुदा
लड़ते हैं और हाथ में तलवार भी नहीं।

फिर वे किसी दूसरे शिकार को खोजने लगे थे। तभी एक बुज़ुर्ग ज़िला कचहरी की तरफ़ को जाते दिखायी दिये थे —सिर पर घुटी हुई पगड़ी, लम्बा कोट, उटंग पायजामा, तनिक झुकी गर्दन.... और बिल्ले ने उनकी ओर संकेत किया। जगना लपका। मित्रों ने भी कदम तेज़ किये। 'ज़रा दूर-दूर!' जगने ने इशारा किया और बढ़ चला।

बुज़ुर्ग अपने ध्यान में सिर झुकाये चले जा रहे थे कि जगने ने बिलकुल उनके कान के पास मुँह ले जाते और कन्धे पर हल्की-सी धौल जमाते हुए बड़े ज़ोर से (जैसे कोई बहरे को बुलाये) कहा, "चाचा बिहारीलाल-ऽ-ऽ!" और दूसरे क्षण उनके सामने हो कर हाथ जोड़ते हुए वह बोला —

"नमस्ते-ऽ-ऽ!"

पर 'नमस्ते' उसके मुँह से पूरा निकला नहीं था कि उसे अपनी ग़लती मालूम हो गयी और 'माफ़ कीजिएगा,' 'माफ़ कीजिएगा,' कहता हुआ वह उनके पैरों पर झुक गया और उनके घुटनों को छूता हुआ, उनके कन्धे थपथपा कर, उन्हें समझाता हुआ कि उससे ग़लती हो गयी है, उसने उन्हें अपना बहरा चाचा बिहारीलाल समझा था, हाथ जोड़ता हुआ वह वापस आ गया।

बुज़ुर्ग के कुछ दूर निकल जाने पर उनकी चकित भंगिमा की कुछ ऐसी नकल जगने ने उतारी कि मारे हँसी के सब का बुरा हाल हो गया था।

०

गर्मी काफ़ी थी। उमस उससे भी ज़्यादा थी। पसीने के मारे बुरा हाल था, लेकिन इस सब चकल्लस में किसी को उसका ध्यान नहीं था। मस्त-अलमस्त वे बढ़े जा रहे थे। ज़िला कचहरी के अहाते के बाद जी०पी०ओ० को जो सड़क जाती थी, उसके आगे, रायबहादुर भगतराम की कोठी के सामने कुछ दो-मंज़िले मकान नये बने थे। यह दो-मंज़िली पंक्ति कम्पनी बाग़ तक चली गयी थी। उसमें अधिकांश नये वकीलों के दफ़्तर थे। बीच में दो-एक जगह कुछ स्थान ख़ाली था और मकानों की पंक्ति पूरी नहीं थी। वहीं एक ख़ाली

जगह सड़क के किनारे एक व्यक्ति लघुशंका के लिए बैठा था। जगना लपक कर उसके पास गया और ज़रा उसके कन्धे के पास झुक कर बोला — "बाश्शाओ की ढूँढ रहे हो ?"[१]....और दूसरे क्षण उसकी अचकचाहट देख कर उसने कहा, "मूत्तर रहे हो, अच्छा मूत्रो! मूत्रो!" और उसके कन्धे को हल्के से थपथपाते हुए लौट आया था और मारे हँसी के देबू और बिल्ले की आँखों में आँसू आ गये थे।

चेतन को उसकी इस अनुचित हरकत पर बेहद क्रोध आया था। यह क्या बदतमीज़ी है। पर जालन्धर में जिस तरह लोग सरे-सड़क और सरे-बाज़ार लघुशंका के लिए बैठ जाते हैं, उनकी इस आदत को दूर करने का इससे बेहतर कोई तरीका उसे नहीं लगा। हालाँकि जगने ने वह हरकत महज़ शरारत के लिए थी, पर चेतन ने सोचा कि जब भी कोई सरे-बाज़ार यों बैठे तो उसे इसी तरह टोक देना चाहिए। यदि दो-एक बार ऐसा हो तो निश्चित रूप से उसकी आदत छूट जायगी....और चेतन की कल्पना में शहर के बाज़ारों की नालियों और सड़कों के किनारे लघुशंका के लिए बैठे और उन्हें परेशान करते लोग घूम गये थे और अनायास वह अपने-आप ठहाका मार हँस दिया। 'लेकिन इसमें आम लोगों का भी क्या दोष है,' दूसरे क्षण उसे ख़याल आया था, 'इस सारी सड़क पर एक भी तो मूत्रालय नहीं। घण्टों पहले घर से निकला हुआ आदमी तब क्या करे.... ?,'

"अजी साहब, क्या बात है रायबहादुर की। ऐसा बड़ा फ़ौजदारी का वकील सारे हिन्दुस्तान में नहीं।" बिल्ला कह रह था।

वे लोग रायबहादुर भगतराम की कोठी के आगे से निकले जा रहे थे। डाकख़ाने को जाने वाली सड़क से ले कर दायीं तरफ़ कम्पनी बाग़ तक उनकी कोठी थी। वे फ़ौजदारी के प्रसिद्ध बैरिस्टर थे और उनकी ख्याति देश भर में फैली थी। आम जनता में उनकी विद्वत्ता और चतुराई के बारे में सच्ची-झूठी, न जाने कितनी किम्वदन्तियाँ फैली हुई थीं। जाने कैसे उनकी बात चल पड़ी थी, अपने ध्यान में मगन चेतन ने नहीं सुना, बिल्ला बड़े जोश के साथ किस्सा सुना रहा था —किस तरह रायबहादुर ने जिरह की और हल्के नुक्ते से सन्देह की गुंजाइश पैदा करके अपने मुवक्किल को, जिसे ३०२ के अभियोग में निचली अदालत ने फ़र्द जुर्म लगा कर सेशन के हवाले कर दिया था, साफ़ बरी करा लिया.... "कत्ल अँधेरे में हुआ था, "बिल्ला सुना रहा था, "और मकतूल के साथी की गवाही सबसे वज़नदार थी। जिरह करते समय रायबहादुर ने उससे पूछा, 'तो जब मुलज़िम ने अपने साथियों के साथ हमला किया, उस वक्त सूरज छिपे काफ़ी देर हो गयी थी, अँधेरा गहरा हो गया था ?'

"—गवाह बोला, 'जी हाँ।' "

और बिल्ले ने रायबहादुर के प्रश्नों और गवाह के उत्तरों की हू-ब-हू नकल उतारी —

रायबहादुर : लड़ाई में तुम्हें पहले लाठी लगी ?

गवाह : जी हाँ!

रायबहादुर : कहाँ ?

गवाह : सिर पर!

---

१. बादशाहो, क्या ढूँढ रहे हो ?

रायबहादुर : काफ़ी ज़ोर से लगी ?

गवाह : जी हाँ!

रायबहादुर : तुम गिर गये और तुम्हारे होश-हवास गुम हो गये ?

गवाह : जी हाँ!

"'बस योर आनर मुझे कुछ नहीं कहना' —रायबहादुर ने यह कह कर जिरह ख़त्म कर दी।" और किस्सा जारी रखते हुए बिल्ले ने कहा, "लेकिन जब बहस हुई तो उन्होंने गवाह के बयान की धज्जियाँ उड़ा दीं। रात का वक्त था, अँधेरा था, उस पर गवाह की लाठी लगी थी और उसके होश-हवास गुम हो गये थे, तब कैसे उसने उस अँधेरे में जाना कि मकतूल मुलज़िम की लाठी से मरा है। और जज के दिल में सन्देह पैदा कर दिया, जिसका लाभ मुलज़िम को मिला!"

"क्या बात है भाई रायबहादुर की!' देबू ने ऐंची आँख से चेतन की ओर देख कर कहा, लेकिन हुनर साहब को लगा कि वह उनसे कह रहा है और उन्होंने तत्काल कहा :

"हाँ साहब, रायबहादुर जीनियस हैं, और जीनियस रोज़-रोज़ पैदा नहीं होते।"

और यह कहते और बातचीत को शे'रो-शायरी की ओर मोड़ते हुए हुनर साहब बोले, "अल्लामा इकबाल ने कहा है :

हज़ारों साल नरगिस अपनी बेनूरी[१] पे रोती है
बड़ी मुश्किल से होता है चमन में दीदावर[२] पैदा"

शे'र सुनाते हुए, झूम कर ख़ुद ही शे'र की दाद देते हुए उन्होंने कहा, "कितना सच्च कहा है इकबाल ने —बड़ी मुश्किल से होता है चमन में दीदावर पैदा —लेकिन 'मीर' ने इसी ख़याल को किस आसानी से बाँधा है :

"मत सहल हमें समझो, फिरता है फ़लक बरसों
तब ख़ाक के पर्दे से इन्सान निकलते हैं

"मत सहल हमें समझो" —एक-एक शब्द पर ज़ोर दे कर उन्होंने फिर एक बार पूरा शे'र कहा और फिर उन सबको उन दोनों शे'रों का मतलब समझाते हुए उनकी नज़ाकत और नफ़ासत समझाने लगे और उनकी वाणी धारा-प्रवाह बह चली।

फ़ौजदारी के मामलों में राय बहादुर भगतराम की चतुराई का इन शे'रों के साथ क्या सम्बन्ध है, चेतन की समझ में यह बात नहीं आयी, पर उनके सुनने वाले मूर्ख हैं, इसे हुनर साहब भली-भाँति जानते थे और मूर्खों पर वे जैसे रोब जमाते थे, इसे चेतन अच्छी तरह जानता था। वे चलते-चलते रायबहादुर की कोठी के दूसरे गेट के समीप पहुँच गये थे। चेतन ने वर्षों पहले बैरिस्टर भगतराम को उसी गेट में खड़े देखा था —गठा हुआ दोहरा शरीर, बहुत बढ़िया कीमती सूट, (जिसके अन्दर उस ज़माने के फ़ैशन के अनुसार वास्केट भी थी) फूले-फूले गाल, मोटी-मोटी बाहर को निकली पड़ती-सी आँखें और गंजा सिर —चेतन के ख़याल में चतुर आदमी का पतला होना ज़रूरी था। और उसे वे किसी बड़ी अंग्रेज़ी फ़र्म के जनरल मैनेजर-ऐसे लगे थे। लेकिन उनकी आँख में अजीब-सा

१. नूर = ज्योति; बेनूरी = ज्योति का अभाव = बेकद्री।
२. देखने वाली आँख रखने वाला।

स्वप्निल भाव था। अपने साथी से बातें करते हुए, उसकी ओर देखते हुए जैसे वे उससे दूर कहीं और देख रहे थे।....भगतराम कितने ही बड़े बैरिस्टर हों, पर वही नरगिस के सौन्दर्य को पहचानने वाले 'दीदावर' हैं अथवा वो 'इन्सान,' जिसके लिए बरसों चाँद-सितारों ने गर्दिश की है, यह चेतन की समझ में नहीं आया। ये शे'र महात्मा बुद्ध, महात्मा ईसा अथवा महात्मा गाँधी पर पूरी तरह लागू हो सकते हैं, जिन्होंने ग़रीबों की 'बेनूरी' को देखते हुए उनके नूर को पहचाना।....चेतन मन-ही-मन उन शे'रों की व्याख्या कर रहा था और हुनर साहब बड़े ज़ोश-ख़रोश से 'इक़बाल' के शे'र के मुकाबले में 'मीर' के शे'र की सादगी और गहराई पर (निश्तर और रणवीर को सम्बोधित कर) भाषण दे रहे थे कि बिल्ले ने बोर हो कर कहा था, "उस गंजे की खोपड़ी पर एक चपत जमाओ तो जानें।"

हुनर साहब का भाषण एकदम रुक गया। रणवीर और निश्तर ने आँखें घुमायीं। सब का ध्यान उधर गया —कम्पनी बाग़ से ज़रा इधर बढ़िया कमीज़-पतलून पहने तीस-एक वर्ष का गोल-मटोल आदमी जा रहा था। पहरावे ही से वह कोई वकील या अफ़सर लगता था।

"लो, अभी जमा देता हूँ," जगने ने कहा और उसने कदम बढ़ाये।

तेज़ धूप में जाने वाले की खोपड़ी चमक रही थी। जगना तेज़-तेज़ उसके पीछे पहुँचा और "ओए कद्दू!" कहते हुए और ज़ोर की एक चपत उसकी गंजी खोपड़ी पर जमा, जैसे अपरिमित स्नेह से उसने उसे बग़ल में ले लिया। लेकिन दूसरे ही क्षण, जैसे उसे बिजली का तार छू गया हो, वह उससे अलग हो गया।

तब शायद कुछ भी न होता, और जगना पहले की तरह माफ़ी माँग कर और अपने निवास-स्थान का पता बता कर वापस आ जाता, लेकिन निश्तर और रणवीर, जो उनके काफ़ी निकट पहुँच गये थे, अपनी हँसी न रोक सके और उन साहब को शक हो गया कि उन लोगों ने जान-बूझ कर मज़ाक किया है और जगने के बार-बार माफ़ी माँगने के बावजूद उन्होंने उसका हाथ थाम लिया। खींच कर झापड़ तो उन्होंने नहीं मारा कि वे सम्भ्रान्त व्यक्ति थे, पर उसे पुलिस के हवाले कर देने की धमकी देते हुए वे चिल्लाने लगे।

तभी वे सब भी घटना-स्थल पर पहुँच गये थे।

o

जगना सिर आगे किये कह रहा था कि वह गंजा तो नहीं है कि उसकी चाँद को चपतिया कर वे सन्तोष पायें, पर उसकी खोपड़ी पर एक नहीं, चार झापड़ जमा कर यदि उनका सन्तोष हो तो वे कर लें।

उन गोल-मटोल महाशय के चेहरे पर कुछ ऐसा क्रोध, अविश्वास, अनिश्चय झलक रहा था और उससे उनकी सूरत कुछ ऐसी हास्यास्पद बन गयी थी और जगने के चेहरे पर कुछ ऐसी निरीहता थी और उसने सिर कुछ इस तरह आगे बढ़ा रखा था कि चेतन तक के चेहरे पर मुस्कान आ गयी।

"इस साले से बीस बार कहा है कि बिना देखे दोस्तों को पीछे से झपट्टा न मारा करो। कई बार यह हमारे साथ भी ऐसा ही करता है। मारिए उतार कर चार जूते इसके सिर पर कि इसे आइन्दा के लिए शिक्षा मिले।" बिल्ले ने कहा था।

लेकिन यह कहते हुए उसकी आँखों में जो चमक और होंटों पर जो मुस्कान थी, उससे वे और भड़क उठे। उन्हें लगा कि सब उनका मज़ाक उड़ा रहे हैं।

"आई शैल नॉट टेक लॉ इन माई ओन हैण्ड्ज़,"[१] क्रोध में उन्होंने अंग्रेज़ी बोलनी शुरू कर दी। "मैं अभी इसे थाने में ले जाऊँगा। पुलिस वाले चाहे चार जूते मारें चाहे चालीस।"

तब बात बढ़ती देख कर चेतन आगे बढ़ा था। उसने अंग्रेज़ी में उन्हें समझाया कि छोड़िए, इससे ग़लती हो गयी है, माफ़ी माँग रहा है, जाने दीजिए। पुलिस में ले जा कर आप क्या कीजिएगा। पुलिस फाँसी तो लगा नहीं देगी। मामला भी चलाइएगा तो ३२३ के अधीन महीनों अदालत की ख़ाक छानिएगा।

"हू आर यू टू इण्टरफ़ियर इन दिस अफ़ेयर ?"[२] उन्होंने उपेक्षा से हाथ झटक कर कहा।

तब हुनर साहब खादी की धोती के छोर से मुँह का पसीना पोंछते हुए आगे बढ़े और उन्होंने चेतन का परिचय दिया कि वह प्रसिद्ध कहानीकार, कवि और पत्रकार है और स्व० लाला लाजपत राय के समाचार-पत्र, 'वन्दे मातरम' का सम्पादक है। और तब चेतन ने अंग्रेज़ी ही में हुनर साहब का परिचय दिया और वे साहब सम्भ्रम में पड़ गये। तभी छोटी कचहरी की ओर से ज़ोर की धूल उड़ी और उन सबकी आँखों में भर गयी। इस सब शरारत और झगड़े में किसी ने आकाश की ओर ध्यान न दिया था। पश्चिम के नभ पर ज़ोर की घटा उठी थी, जो उनके सिरों पर आ गयी थी।

क्षण भर को चेतन ने आकाश की ओर देखा, काली आँधी, घनी घटा को अपने पार्श्व में लिये, ताड़का राक्षसी-सी, आकाश को आच्छादित किये, उनके सिरों पर आ गयी थी। आगे-आगे पीले-भूरे रंग के हरावल दस्ते और फिर घनी काली सेना, हज़ारों पक्षी (जैसे उसे रोक ही तो लेंगे) आकाश में दायरे बनाते, शोर मचाते उड़े आ रहे थे।

तभी दो मोटी-मोटी बूँदें उन महाशय की चाँद पर गिरीं और वे बौखला कर अंग्रेज़ी में उन्हें इस बदतमीज़ी पर शर्मसार करते हुए जगने का हाथ छोड़ कर आगे बढ़ गये और वे सब आँधी से बचने के लए बायीं ओर की बिल्डिंग के उस बरामदे में जा खड़े हुए, जो रायबहादुर भगतराम की कोठी के सामने पड़ता था और जिसके खम्भे पर किसी 'हरिकृष्ण ऐडवोकेट' को बोर्ड लगा था।

बीस

"मेरे एक साथी हैं हरजिन्दर सिंह 'तश्ना।'[३] हम दोनों हॉस्टल में इकट्ठे थे, इकट्ठे शे'र कहते और इकट्ठे शरारतें करते।"

---

१. मैं कानून अपने हाथ में नहीं लूँगा।
२. तुम कौन हो इस मामले में दख़ल देने वाले ?
३. प्यासा (कवि का उपनाम)।

बाहर हवा बेपनाह वेग से बह रही थी, धारासार पानी बरस रहा था और हरिकृष्ण ऐडवोकेट के बरामदे में, उस ओर से बेख़बर, हुनर साहब की वाणी धाराप्रवाह बह रही थी।

जगने की शरारतों और उस मोटे-मुटल्ले गंजे कद्दू, की परेशानी से बात शुरू करके (जिसकी चँदिया को जगने से बेदर्दी से चपतिया दिया था) हुनर साहब ने तत्काल बात का रुख़ अपनी ओर मोड़ लिया था और चूँकि वे जान गये थे कि उनके नये श्रोताओं को शे'रों की बारीकी और गहराई की कुछ समझ नहीं और दूसरों की बात सुनने के वे स्वयं अभ्यस्त नहीं थे, इसलिए वे कॉलेज के ज़माने का किस्सा सुनाने लगे थे।

"एक दिन हम स्टेशन पर एक साथी को गाड़ी में सवार करके जो लौटे तो देखा कि सराय के पास, शहर की ओर से, एक साधु महाराज —यह पेट को छूती लम्बी दाढ़ी, टख़नों तक लम्बी (जाने असली जटाओं में नकली बाल लगा कर बटी हुई) जटाएँ; नंगे शरीर पर चन्दन के टीके! —तब जाने हरजिन्दर को क्या सूझी, उसने कहा, 'हुनर, ज़रा इन साधू महाराज की सेवा की जाये!' मैंने कहा, 'लो, अभी लो!' और मैं बढ़ कर, अपने बढ़िया सूट के मैले होने की परवाह न करके (उस ज़माने में मैं सूट पहना करता था) सरे-बाज़ार सड़क पर उनके चरणों में लेट गया।

"महात्मा जी के चेहरे पर ऐसे भक्त को देख कर एक अजीब नूर खेलने लगा। उन्होंने मुझे उठाया और बोले —'बच्चा तुझे क्या कष्ट है?'

"मैंने कहा —'महाराज, तालिबे-इल्मों[१] को क्या कष्ट होगा। इम्तहान की चिन्ता है। आपका आशीर्वाद चाहिए कि हम अच्छे नम्बरों से पास हो जायें।'

"महात्मा ने मेरी पीठ थपथपाते हुए आशीर्वाद दिया।

"तब हरजिन्दर ने आगे बढ़ कर कहा —'भगवन, हमारी एक बिनती है।'

"उन्होंने मुस्करा कर आँखें उठायीं।

"हरजिन्दर ने कहा —'महाराज, आप हमारा भोजन स्वीकार कीजिए। भोजन का समय भी है। पवित्र हिन्दू होटल में भोजन बहुत अच्छा बनता है। आप वहीं भोजन कीजिए।'

" 'अरे बेटा हम होटलों-वोटलों में कहाँ भोजन करते हैं। तुम लोगों की इतनी श्रद्धा है तो कुछ दे दो, हम तुम्हारे नाम से भोजन कर लेंगे।' —महात्मा जी ने कहा।

" 'नहीं महाराज,' हरजिन्दर उनके चरणों में झुक गया, 'हमारी बड़ी श्रद्धा है कि हम आपको अपने होटल में भोजन करायें। आप हमारी यह सेवा स्वीकार कर लेंगे, तभी हमें यकीन होगा कि आपने हमें आशीर्वाद दिया।'

"किस्सा-कोताह यह कि हम दोनों उन साधु महाराज को पवित्र हिन्दू होटल में ले गये। मीनू में जितने बढ़िया खानों के नाम थे, सभी की एक-एक प्लेट का आर्डर हमने महात्मा जी के लिए दे दिया। हरजिन्दर जाने कहाँ से एक पंखा ले आया और उसे चँवर की तरह डुलाने लगा। जब तरह-तरह के भोजन से भरी थाली आ गयी तो महात्मा जी की आँखें चमकने लगीं और उनके मुँह से राल टपक पड़ी। तब मैंने वहीं से बैठे-बैठे कहा, 'क्या आपके यहाँ रबड़ी नहीं ?' होटल वाले ने कहा कि सराय के हलवाई से मिल जायेगी,

---

१. विद्यार्थियों।

कहिए मँगा दूँ। मैंने हरजिन्दर को आदेश दिया कि कटोरी ले जाओ और भाग कर पाव भर रबड़ी ले आओ।

"हरजिन्दर कटोरी उठा कर भाग गया। महाराज रबड़ी की प्रतीक्षा में कब तक स्वादिष्ट भोजन को चखने से रुके रहते। वे मगन हो कर खाने लगे और मैं महाराज को पंखा झलने लगा। जब दस मिनट तक हरजिन्दर न आया तो मैंने अपने आपसे कहा — 'जाने उसे दुकान मिली कि नहीं' —पंखा रख, मैंने दूसरी कटोरी उठायी और बाहर निकल गया। हरजिन्दर सराय के पास ही खड़ा था। हम दोनों अड्डा होशियारपुर को जाने वाले एक ख़ाली इक्के पर सवार हुए और वहाँ से सीधे अपने हॉस्टल आ गये।"

"महात्मा जी पर क्या गुज़री ?" सहसा रणवीर ने, जो हुनर साहब के मुखारविन्द से निकले हर शब्द को पी रहा था, पूछा।

"यह तो भगवान ही जानता है या वह होटल वाला या वे महात्मा!" हुनर साहब ने हँस कर कहा, "जब तक महात्मा जी ने अपनी दाढ़ी-मूँछों के साथ-साथ पेट पर भी हाथ फेरते हुए खाना नहीं शुरू कर दिया, मैं वहाँ से नहीं उठा। मैंने उन दिनों इस घटना पर एक नज़्म लिखी थी," हुनर साहब ने कहा, "सब तो मुझे याद नहीं, पर उसका मकता[१] याद रह गया है:

चले आये 'हुनर' जब छोड़ कर होटल तो क्या जानें
जटाधारी की तोंद-ो-रीश[२] पर क्या, सर पे क्या गुज़री।''

और उन्होंने ज़ोर का ठहाका लगाया, जिसमें निश्तर और रणवीर ने 'वाह-वा, वाह-वा' की दाद मिला दी।

'गदहे!' चेतन ने मन-ही-मन रणवीर और निश्तर को लक्ष्य करके कहा, 'समझते हैं कि हुनर साहब ने सच ही तो ये शरारतें की होंगी। पतले-छरहरे, गोरे-चिट्टे, सुकोमल-सुकुमार —शरारती लड़कों के हाथों ख़ुद ही परेशान होते होंगे। फिर जैसे उन्होंने दूसरों के शे'र अपने नाम से सुनाना सीख लिया, वैसे ही दूसरों की शरारतें भी अपने नाम के साथ, कुछ कम-ज़्यादा करके जोड़ लीं।'

हुनर साहब लाहौर की शरारतों के किस्से सुनाने लगे थे, पर चेतन का ध्यान उधर नहीं था। बरामदे के खम्भे से लगा, मन्त्र-मुग्ध-सा वह आँधी-पानी के उस प्रकोप की भव्यता को देखने लगा। जाने कितने मील प्रति घण्टे की गति से तूफ़ान बह रहा था। पानी की धारें तिरछे तारों-सी तनी थीं और उनमें तलवारों की चमक और तेज़ी थी। पानी की जिस धार को बरामदे की सीढ़ियों पर सीधे पड़ना चाहिए था, वह सड़क के उधर के भाग पर जा कर गिरती थी। बरामदे से सड़क तक का भाग एकदम सूखा था। चेतन की निगाहें लगातार आम के उस पेड़ पर लगी थीं, जो रायबहादुर भगतराम की कोठी के कम्पनी बाग़ वाले कोने में बेतरह झुक गया था। उस दो-मंज़िली इमारत के कारण (जिसके बरामदे में चेतन खड़ा था) सामने के पेड़ों पर हवा का ज़ोर न था, लेकिन कचहरी की सड़क और उसके किनारे छोटी कचहरी और नॉर्मल स्कूल के खुले अहातों के कारण हवा का ज़ोर

१. अन्तिम शे'र।
२. पेट और दाढ़ी।

उस कोने पर पड़ रहा था —बिजली और टेलीफ़ोन के तारों को ताने, 'शाँ-शाँ' करती आँधी पूरे ज़ोर से उस आम पर पिली हुई थी। उसकी सारी शाखें उसके ज़ोर से उधर को झुक गयी थीं। आँधी कुछ ऐसे लगातार बह रही थी कि एक बार की झुकी शाखें फिर अपनी पहली स्थिति में न आ पायी थीं। यह दृश्य चेतन की दृष्टि को जैसे चुम्बक की तरह बाँधे था। जाने दस मिनट, जाने बीस मिनट, जाने आध घण्टा — चेतन जैसे निर्निमेष उधर देखता रहा। तब उसे लगा, जैसे शाखों के साथ तना भी झुक रहा है और उसके देखते-देखते भयानक अरअराहट की आवाज़ के साथ, गेट को तोड़ता, उधर के बिजली के खम्भे को गिराता, वह आम छावनी वाली सड़क पर जा गिरा।

आँधी जैसे उसी पेड़ को गिराने आयी थी। कुछ देर बाद उसका ज़ोर कम हो गया। पेड़ों की शाखें झूलने लगीं, पानी की तारें बूँदों में बदलीं और फिर चुपा गयीं। आसमान पर यद्यपि हल्के-हल्के बादल थे, पर घटाओं की सेना गुज़र गयी थी। हवा हल्के-हल्के झोंकों में बह रही थी। वे लोग बरामदे से नीचे उतरे; बिल्ला, देबू और जगना सबसे हाथ मिला कर छोटी कचहरी की ओर को बढ़े और हुनर साहब ने कम्पनी बाग़ का रुख़ किया कि उन्हें 'विधवा-सहायक-सभा' के दफ़्तर 'दोआबा के गान्धी' के दर्शन करने जाना था। पहले चेतन ने सोचा था कि वह उनका साथ वहीं से छोड़ देगा, लेकिन इस वर्षा ने दिन को यकसर धो दिया था। प्यारी-प्यारी ठण्डी हवा बह रही थी, जिसमें अभी तक अदृश्य बूँदियाँ बसी थीं और कम्पनी बाग़ के बाद रामजीदास की मिल के ऊपर से हो कर जो सड़क मण्डी को जाती थी, उसके दोनों ओर मण्डी को जाने वाले मोड़ तक खेत-ही-खेत थे। उस ठण्डे बरसाती मौसम में उस खुली सड़क की सैर करने के ख़याल ने चेतन को हुनर साहब और रणवीर का साथ भी सह्य बना दिया और जब हुनर साहब ने कहा — 'चलो, ज़रा तुम्हें बांशीराम जी और योगी जी से मिला लायें!' तो चेतन ने इनकार नहीं किया।

इक्कीस

कम्पनी बाग़ की सड़क भीगी थी। दोनों किनारों में पानी जमा था। वे चारों बीच सड़क चल रहे थे। हवा का झोंका आता तो ऊपर पेड़ों से पानी की फुहार बरस जाती। लायब्रेरी के पास पूरे रास्ते पर एक यूकलिप्टस का पेड़ गिरा पड़ा था। एक-दो पत्ते तोड़ कर उन्होंने हाथों में मसले, सूँघे, यूकलिप्टस की गन्ध मन-मस्तिष्क में बस गयी। दायीं ओर आम के नीचे सारी सड़क पर कच्ची कैरियाँ बिखरी हुई थीं और छोकरे धड़ाधड़ उन्हें चुन रहे थे। कम्पनी बाग़ के सामने, दूर मण्डी के मोड़ तक, सड़क सूनी थी। दोनों ओर खेतों में पानी भरा था और दायीं ओर के आकाश पर नीली घटा जा कर जैसे केन्द्रीभूत हो गयी थी। आकाश का रंग वहाँ गहरा नीला हो गया था। शायद वहाँ ज़ोर का मेंह बरस रहा था। लेकिन बायीं ओर आकाश साफ़ हो गया था। उस भीगे, खुले, धुले मौसम में हुनर साहब उमंग में आ गये। आवाज़ उनकी बड़ी प्यारी थी और हफ़ीज़ जालन्धरी के स्वर की नकल वे बड़ी ख़ूबी से कर लेते थे। 'लो, तुम लोगों को हफ़ीज़ का एक मशहूर गीत सुनायें,' की

भूमिका के साथ उन्होंने गाना शुरू किया :

पूरब में जागा है सवेरा, दूर हुआ दुनिया का अँधेरा
लेकिन दिल तारीक है मेरा
पच्छिम में उट्ठी हैं घटाएँ, फिरती हैं सरमस्त हवाएँ
जाग उठो मयख़ाने वालो, पीने और पिलाने वालो
ज़हर मिलाओ रस में
दिल है पराये बस में
बाग़ में बुलबुल बोल रही है, नरगिस आँखें खोल रही है
शबनम मोती रोल रही है
आम पे कोयल कूक उठी है, सीने में इक हूक उठी है
बन जाऊँ न कहीं सौदाई, जानवरों की राम दुहाई
चुभती है नस-नस में
दिल है पराये बस में

दिल है पराये बस में —चेतन ने एक लम्बी साँस भरी —दिल अपने बस में होता तो क्या सुबह से वह यों शुतरे-बे-मुहार[१] की तरह भटकता फिरता ? —वह इतने दिनों के बाद शिमले से लौटा था, आते ही बस्ती भाग गया था; बस्ती से रात आया तो सुबह होते ही इधर चला आया.... माँ उससे सुख-दुख की बातें करने को तरसती होगी....चन्दा उसके दो मीठे बोलों की राह देख रही होगी....चुपीती सही, पर उसके उस मौन में कितनी अभिलाषाएँ न होंगी ?....न जाने दिल में कैसी आग लगी है ? कहीं भी तो नहीं लगता। कहीं भी तो नहीं बहलता। सोचे तो यह नितान्त पागलपन है, सरासर बेवकूफ़ी है। जब उसकी शादी चन्दा से हो गयी, तो नीला से उसका सम्बन्ध ही क्या ? उसके साहचर्य की इच्छा ही कैसी ? यह पश्चिम तो है नहीं कि एक संगिनी से मन न मिला तो दूसरी से लौ लगा ली, एक दुनिया उजड़ी तो फिर नयी दुनिया बसा ली....और अब तो नीला की भी शादी हो गयी। विवाह की ज़ंजीरों में बँध कर वह चली गयी। जब कोई आशा नहीं, फिर आकांक्षा क्यों ? क्यों नहीं वह व्यावहारिक दृष्टिकोण से सोचता....लेकिन उससे कुछ भी नहीं सोचा जाता, बार-बार वही सब उसके दिमाग़ में आता है। वह घर में बना रहता और बाहर निकल कर अपनी उदासी को यों बिखेर न देता तो वह पागल हो जाता। पर क्या वह अपनी उदासी को बिखेर सका। वह तो और भी घनीभूत हो कर उसके अन्तर की गुहा में एकत्र हो रही है....उसे क्या हो गया है....उसे क्या हो गया है.... ?

और हुनर साहब गा रहे थे :

कौन बताये उलफ़त क्या है, दिल क्या दिल की हकीकत क्या है
मर मिटने में लज़्ज़त क्या है
बेदर्द इसको क्या पहचाने, जिस पे बीती हो वह जाने
सुन ऐ ज्ञानी, दुनिया है फ़ानी, हाय मुहब्बत हाय जवानी

१. बेलगाम ऊँट।

आग लगी है ख़स में

आग लगी है ख़स में —चेतन ने सोचा —भुस में नहीं, ख़स में —और सुलग रही है, भड़भड़ा कर नहीं जल रही, सुलग रही है, और धुँधुआ रही है।

o

हुनर साहब ने तब दूसरा गीत छोड़ा :

छम-छम काले बादल बरसें रिमझिम नयना रोते हैं
सावन-भादों की रुत में कुछ ऐसे दिन भी होते हैं
शोर मचाती बूँदनियाँ जब गीत बिखेरें
आशाएँ हम बिरहियों से जब आँखें फेरें
भीगी पलकों के साये में टूटे सपने सोते हैं
सावन-भादों की रुत में कुछ ऐसे दिन भी होते हैं

और वह घिरी घटा, वह भीगा मौसम, वे पानी से भरे लहलहाते खेत, वह तरल रजत-सी चमकती सड़क, वे हवा के मद-भरे झकोरे —सारा वातावरण चेतन के दिल को एक अपरिमित उदासी से भर गया। उसने चाहा वह एकदम इस फ़िज़ा में घुल जाये, उस हवा का अंग बन जाये ओर सिसकारता, ग़म की बूँदियाँ गिराता, आवारा, उदास, घटाओं और हवाओं का अंग बना, देश-देशान्तर में घूमता फिरे।

हुनर साहब बड़ी दर्द-भरी लय में गा रहे थे, चेतन अपनी सारी वृत्तियों को उधर लगा कर सुनने लगा :

काली-काली-सी बदली जब घिर कर छाये
पी बिन बरखा रुत में अपना जी घबराये
पलकों में अश्कों के मोती सौ-सौ बार पिरोते हैं
सावन-भादों की रुत में कुछ ऐसे दिन भी होते हैं
नाच रही होती है जब बरखा की रानी
बाग़ों पर आ जाती है भरपूर जवानी
अपने मन की खेती में हम बीज दुखों के बोते हैं
सावन-भादों की रुत में कुछ ऐसे दिन भी होते हैं

जिस प्रकार चेतन झुँझला कर घर से भागा था —अन्तर में गहरी होती उदासी से दूर होने के लिए —उसी तरह इन दुख-भरे गीतों से घबरा कर उसने सहसा कहा, "ये क्या दुख-भरे गीत ले बैठे हुनर साहब! कैसा सुहाना मौसम है! कोई रस-भरा, प्यार-भरा गीत छेड़िए।"

और हुनर साहब मस्ती से झूमते हुए बोले, "लीजिए, सुनिए :

प्रीतम कोई ऐसा गीत सुना, सावन की भरी बरसातों में
आ जाये इश्क जवानी पर, वो रस हो प्रेम की बातों में
प्रीतम कोई ऐसा गीत सुना
जिस गीत की मीठी तानों से, इक प्रेम की गंगा फूट पड़े
उजड़ी हुई दिल की धरती में, इक नूर का दरिया फूट पड़े

प्रीतम कोई ऐसा गीत सुना।''

टीप के बन्द को गाते हुए हुनर साहब, 'गीत सुना' कुछ ऐसे लोच-भरे स्वर में लटका दे कर कहते थे कि वह स्वर दिल में दूर तक डूबता चला जाता था। गीत सुनने के बदले चेतन उसी स्वर की पुनरावृत्ति की प्रतीक्षा करता रहता। वह गीत ख़त्म हो गया तो हुनर साहब ने एक और छेड़ दिया। लेकिन चेतन का मन नहीं रमा, हफ़ीज़ के गीत में गहराई थी, उदासी थी, हल्का मीठा दर्द था, पर ये गीत तो बड़े हल्के और सतही थे। उसने चाहा निश्तर से कहे —'ज़रा हीर के कुछ बोल सुनाओ।' लेकिन जब तक हुनर सहब स्वयं ही चुप न हो जायें, उन्हें टोकना उनका अपमान करना था....और हुनर साहब गाते गये, गीत, ग़ज़लें, नज़्में —लेकिन चेतन ने कुछ नहीं सुना —बार-बार हफ़ीज़ का वही गीत — 'दिल है पराये बस में' —उसके कानों में गूँजता रहा। झुँझला कर वह मन को उधर से हटा कर दूसरी ओर लगाने का प्रयास करता रहा —सोचता रहा कि उसे ज़िन्दगी में बहुत कुछ करना है —इस उद्देश्यहीन, बेकार, व्यर्थ की ज़िन्दगी से ऊपर उठना है। वह मजनूँ नहीं, न राँझा है, न फ़रहाद है, उसने तो जब छठी कक्षा में हाली का यह शे'र पढ़ा था :

ऐ इश्क तूने अकसर कौमों को खा के छोड़ा
जिस घर से सर उठाया, उसको बिठा के छोड़ा

तो मन-ही-मन तय किया था कि वह कभी इश्क के चक्कर में नहीं पड़ेगा। ....लेकिन तब इश्क क्या बला है, क्या वह जानता था ?....पर जिस इश्क का कोई अंजाम नहीं, उससे लाभ ? ....लेकिन इश्क में हानि-लाभ का ख़याल रहे तो इश्क कैसा ? ....तो क्या अब उसने मजनूँ बनने की सोची है....चुग़द कहीं का....!

और अपने-आपसे उलझता, झगड़ता, अपनी मूर्खता पर व्यंग्य करता वह चला जा रहा था कि वे लोग मण्डी के बाहर पहुँच गये और एक नये, लेकिन अध-बने, अनाथ-से मकान पर उसने 'विधवा-सहायक-सभा' का बड़ा-सा बोर्ड लगा देखा।

बाईस

'विधवा-सहायक' के पन्नों में लाला बांशीराम के नाम के आगे सदा महात्मा छपता था। लाहौर के एक गुमनाम साप्ताहिक में उनके एक भक्त ने 'दोआबा के गाँधी और उनका कार्यक्षेत्र' नाम से एक लेख भी लिखा था। उनको 'महात्मा' की उपाधि किसने दी, यह तो चेतन नहीं जानता; महात्मा गाँधी की बुद्धि का कितना प्रतिशत उनके भेजे में था, यह भी उसे नहीं मालूम, पर शक्ल-सूरत और आचार-व्यवहार से उन्होंने महात्मा गाँधी बनने में कोई कसर न उठा रखी थी —पतले-दुबले तो वे महात्मा गाँधी ही की तरह थे, पर कद उनका किंचित लम्बा था, इसलिए अपनी सेक्रेटरी —बहन सरस्वती देवी —के कन्धे पर हाथ रख कर जब वे चलते थे तो शरीर को ज़रा झुका लेते थे, शरीर पर वे महात्मा गाँधी ही की तरह घुटनों से ऊँची धोती बाँधते थे। उनके अगले दो दाँत टूटे हुए थे और महात्मा

गाँधी ही के अनुकरण में नकली दाँत लगवाना उन्होंने अधर्म समझा था। बहुत धीरे बोलते थे। महात्मा गाँधी की तरह (यद्यपि वे गुजराती नहीं, शुद्ध पंजाबी थे) 'मैं' का उच्चारण 'में' करते थे और बात करते-करते, कभी सोचते, तो गाँधी जी ही की तरह होंटों पर उँगली रख लेते। एक वर्ष कांग्रेस के अधिवेशन में उन्होंने महात्मा गाँधी के ख़ेमे के बाहर श्रीमती सरोजिनी नायडू को खड़े पाया था, जिस कारण उन्हें महात्मा गाँधी से मिलने में ख़ासी कठिनाई हुई थी। जब महात्मा जी कांग्रेस की कार्यकारिणी की बैठक में शामिल होने के लिए पण्डाल में आये तो एक हाथ से सरोजिनी देवी के कन्धे का सहारा लिये थे। ....लाला बांशीराम सरोजिनी नायडू जैसी संसार-प्रसिद्ध कवयित्री-ऐसी अंग-रक्षिका और सेक्रेट्री कहाँ से लाते ? उनकी एक दूर के रिश्ते की बाल-विधवा बहन, सरस्वती देवी —उनकी संस्था का काम देखती थीं। महात्मा जी की सहायता से प्रभाकर तक पढ़ भी गयी थीं। कांग्रेस-अधिवेशन से आ कर उन्होंने बहन सरस्वती देवी को अपनी सेक्रेटरी और अंग-रक्षिका नियुक्त कर दिया। महात्मा बांशीराम से जो लोग मिलने आते, उनसे पहले बहन सरस्वती देवी ही मिलतीं। और महात्मा बांशीराम जब बाहर निकलते तो वे सदा उनके साथ-साथ चलतीं और महात्मा बांशीराम का एक हाथ उनके कन्धे पर रहता। मोटी भी वे सरोजिनी नायडू जैसी ही थीं। उनमें और सरोजिनी नायडू में उतना ही अन्तर था, जितना महात्मा बांशीराम और महात्मा गाँधी में।

चेतन ने सिटी कांग्रेस कमेटी की ऐसी दो-तीन बैठकों में उन्हें देखा था, जहाँ काफ़ी गर्मा-गर्म बहस और वाद-विवाद हुआ था। महात्मा बांशीराम ज़्यादा नहीं बोले, पर जो दो-चार बातें होंटों पर उँगली रख कर उन्होंने कहीं, उससे चेतन को पता चल गया था कि वे कितने पानी में हैं। सिटी कांग्रेस कमेटी पर देशभक्त लाला गोविन्दराम का एकछत्र अधिकार था। वे ज़्यादा बोलते नहीं थे, काम करते थे; हड़तालें कराते थे; धरने देते थे; जेल जाते थे। महात्मा जी यह सब न करना चाहते थे, क्योंकि उन्होंने महात्मा गाँधी के आदेशनुसार दूसरा रचनात्मक काम अपने कन्धों पर ले रखा था, पर उनकी इच्छा यह भी थी कि कांग्रेस में भी उनका आधिपत्य रहे, लेकिन वहाँ उस ज़माने में रचनात्मक की अपेक्षा ध्वंसात्मक काम करने वालों की ज़्यादा ज़रूरत थी, इसलिए महात्मा जी शहर से बाहर एक सस्ते, लेकिन खुले मकान में अपनी संस्था ले गये थे और जब आन्दोलन मन्द हो जाता तो कांग्रेस की बैठकों में भी भाग लेते थे। 'गाँधी-इरविन-पैक्ट' के पहले, जब शहर के सब नेता जेल चले गये थे और उनका बाहर रहना लोगों को खल रहा था तो वे भी अपना रचनात्मक कार्य छोड़, तीन महीने के लिए जेल हो आये थे। चेतन जब भी उन्हें देखता था, उनका व्यक्तित्व उसे महात्मा गाँधी की बहुत ही भद्दी पैरोडी लगता था।

वास्तव में, चेतन ने तब तक दुनिया ज़्यादा नहीं देखी थी। देखी होती तो उसे आश्चर्य न होता। क्योंकि उन दिनों हर प्रान्त में कुछ लोग ऐसे थे, जो महात्मा गाँधी का अनुकरण करते थे। दिमाग़ तो वे लोग महात्मा गाँधी का कहाँ से लाते, उनके पास न महात्मा गाँधी की करुणा थी, न सहानुभूति, न जन-मानस की परख, न देश और समाज की समझ — उनका सारा ज़ोर सिर मुँड़ाने, अधनंगे रहने, मौन व्रत रखने, प्राकृतिक चिकित्सा करने, उबले सिंघाड़े या आलू या दही खाने, तकली चलाने अथवा अगले टूटे दाँत दिखाने आदि में लगता था।

चूँकि उस ज़माने में कांग्रेस के रचनात्मक कार्य भी सरकार की दृष्टि में सन्दिग्ध थे, इसलिए महात्मा बांशीराम के आश्रम में विधवाएँ ज़्यादा नहीं थी। सरस्वती देवी के अतिरिक्त केवल दो महिलाएँ और थीं। महात्मा बांशीराम का अधिकांश काम प्रचारात्मक था। इसी काम के लिए उन्होंने साप्ताहिक निकाल रखा था और उसे वे ऐसे चलाते थे कि सरकार उसे बन्द भी न करे और कांग्रेस के रचनात्मक उद्देश्यों का प्रचार भी होता रहे।

यह मकान, जिसमें महात्मा बांशीराम का दफ़्तर था, उन मकानों में से था, जिन्हें निम्न-मध्यवर्ग के लोग शहर के बाहर सस्ती ज़मीन ले कर बनाते हैं, लेकिन पूरा नहीं कर पाते कि उनकी पूँजी चुक जाती है। ऐसी सीढ़ियों से चढ़ कर, जिनकी पैंटिंग जाने कब की उखड़ चुकी थी, हुनर साहब ने उन्हें बायीं ओर साप्ताहिक के दफ़्तर में बैठने को कहा और स्वयं दायीं ओर छत पर गये, जिसके साथ दो कमरों में महात्मा जी निवास करते थे। निचली मंज़िल के कमरों में महात्मा जी का आश्रम था, जिसमें रचनात्मक कार्य होते थे —एक पाठशाला थी, एक करघा लगा था, चर्ख़े आदि थे, जहाँ विधवाओं को स्वतन्त्रता से जीवन-निर्वाह करने की शिक्षा दी जाती थी।

जिस कमरे में रणवीर और निश्तर के साथ चेतन गया, वह काफ़ी खुला था। एक ओर मेज़-कुर्सी लगी थी। मेज़ पर साप्ताहिक की उस महीने की फ़ाइल रखी थी। तीनों दीवारों के साथ ज़मीन पर साप्ताहिक के अनबिके अंक ढेरियों में लगे हुए थे। सामने एक बेंच पड़ी थी। सभी चीज़ों पर धूल की एक हल्की-सी परत चढ़ी थी।

चेतन जा कर बेंच पर बैठ गया। तभी सामने की छत पर हुनर साहब कमरे से मुँह लटकाये निकले, पर चेतन को देख कर चेहरे पर सायास मुस्कान ले आये। आ कर उन्होंने बताया कि महात्मा जी मौन व्रत से हैं और तकली चला रहे हैं।

"तो ?"

"बहन सरस्वती देवी कहती हैं कि आपको कुछ देर इन्तज़ार करना होगा।" हुनर साहब ने सफ़ाई दी, "असल में महात्मा बांशीराम सिर्फ़ तकली ही नहीं चलाते, इसी बीच वो अपनी सारी समस्याओं का हल भी सोचते हैं। उनके चिन्तन में ख़लल नहीं डाला जा सकता।" और हुनर साहब हँसे, "मैं भूल ही गया कि सोमवार को उनका मौन व्रत होता है। वो तकली चला रहे हैं और बात तभी हो सकती है, जब उनका तकली चलाने का प्रोग्राम ख़त्म हो जाये।"

"अभी कितनी देर लगेगी ?" चेतन ने कहा, "देर हो तो मैं चलूँ।"

"नहीं-नहीं, रुको, अभी पन्द्रह मिनट में वो ख़ाली हो जायेंगे। बहन सरस्वती देवी ने कहा है कि उन्हें पौन-एक घण्टा तकली चलाते हो गया है और वे घड़ी देख कर घण्टा भर तकली चलाते हैं। बस वो ख़ाली हो जायें तो उनसे मिल कर चलेंगे। 'विधवा-सहायक' के सिलसिले में तो बात करने मुझे फिर आना ही पड़ेगा। यहाँ से 'योगी' जी के चलेंगे। इधर उन्होंने योग में काफ़ी महारत हासिल कर ली है। वे समाधि लगाये हों और आप चुपचाप उनके पास बैठ जाइए तो अपने आप उनके विचारों का असर आप पर होने लगता है।"

"यह कैसे हो सकता है ?"

"यही तो योग का कमाल है।"

"किसी का प्रचार करना कोई आपसे सीखे।"

"नहीं, प्रचार की बात नहीं, मुझ पर तो भाई उनका बड़ा असर है। इस अपने भाई के मामले में मैं बड़ा परेशान था, उनकी बातों से मुझे बड़ी शान्ति मिली। मैंने तो उनसे वादा किया है कि मैं उपनिषदों के सार को सीधी-सादी उर्दू नज़्म में जनता के सामने रखूँगा।"

और हुनर साहब रणवीर और निश्तर की ओर मुड़े। "देखो यार," उन्होंने कहा, "मैं 'विधवा सहायक' के ताज़ा इशू के लिए एक नज़्म लिखता हूँ, इतने में तुम लोग इन फ़ाइलों में से वो सारे परचे छाँट लो, जिनमें मेरी नज़्में या कहानियाँ या मज़मून छपे हैं।"

रणवीर और निश्तर आज्ञावान शिष्यों की तरह साप्ताहिक की फ़ाइलों पर पिल पड़े। चेतन ने वक्त काटने को मेज़ पर से पत्र की उस महीने की फ़ाइल उठा ली और हुनर साहब कुर्सी पर ही फसकड़ा मार कर बैठ गये और मेज़ पर रखे हुए साप्ताहिक के पैड पर नज़्म लिखने लगे।

चेतन पन्ने-पर-पन्ना पलटता चला गया, पर कहीं उसका मन न टिका। 'विधवा-सहायक,' लाहौर के 'गुरु घण्टाल' या 'पारस' की तरह, ऐसा लोकप्रिय साप्ताहिक नहीं था, जिसे देख कर उस कार्निवाल की याद आये, जिसमें हर रुचि और हर तबियत के दर्शकों का मनोरंजन हो सके —जहाँ दसियों तरह के जुए का प्रबन्ध हो; चाय, कॉफ़ी और मादक द्रव्यों के पान की व्यवस्था हो; जादू के ख़ेमे हों; मौत का कुआँ हो; छोटा-मोटा सरकस हो; पाँच सौ फ़ुट की ऊँचाई से कपड़ों में आग लगा कर पानी में कूदने वाला जाँबाज़ हो; और सब से बढ़ कर, जहाँ एक ख़ेमे में हिमालय की कन्दरा से आने वाले साधु-महात्मा भी हों, जो श्रोताओं को ज़िन्दगी और मौत, सुख और दुख से ऊपर उठने का भेद बतायें! ....'विधवा-सहायक' तो चेतन को गुरुकुल के वार्षिक अधिवेशन की याद दिलाता था, जिसमें हर तरफ़ सिर मुँडाये या तेल और कंघी की कृपा से मुक्त, झाड़-झंखाड़ बाल बढ़ाये, मोटी खादी के कपड़े पहने, गले में मैले यज्ञोपवीत लटकाये, नंगे पाँव, नंगे सिर ब्रह्मचारी घूमते दिखायी दें। जिधर नज़र उठायें, दीवारों पर, खम्भों पर, वेद-वाक्य चस्पाँ नज़र आयें। सुनने को लगातार घिसे-पिटे उपदेश मिलें या ऐसे भजन, जिनके गायकों का कनसुरापन श्रवणों को घायल कर दे। ....यह साप्ताहिक बाज़ार में तो बिकता नहीं था, कि उसे पाठकों की रुचि-अभिरुचि की परवाह होती। चन्दे पर चलता था। उसके ग्राहक बँधे-टके थे। ज़िले में जितनी कांग्रेस कमेटियाँ थीं, जितने रचनात्मक केन्द्र थे, सभी को वह ख़रीदना पड़ता था और उसमें ज़िले के सभी रचनात्मक केन्द्रों के कार्य की रिपोर्ट छपती थी, स्त्रियों और अछूतों की समस्याओं पर 'नवजीवन' में छपे महात्मा गाँधी के लेखों का उर्दू अनुवाद रहता था; महात्मा बांशीराम जी का सम्पादकीय होता था, और शेष वह सब होता था, जो हुनर साहब स्वयं या अपने शार्गिदों से लिखवाते थे —कांग्रेस के रचनात्मक कार्यों को दृष्टि में रख कर! ....दो अंक पलटते-पलटते चेतन की आँखें झपने लगीं। सुबह से वह घूम रहा था, और बाहर चाहे हवा चल रही हो, पर कमरे में बड़ी उमस थी। 'विधवा-सहायक' की फ़ाइल मुँह पर रखे, बेंच की पीठ से सिर लगाये, वह ऊँघ गया।

"लीजिए, हो गयी!"

चेतन चौंका। हुनर साहब ने पैर फिर नीचे टिका लिये थे और वे पैड का काग़ज़ दोनों हाथों में लिये, नज़्म पढ़ने को तैयार थे। उनकी आवाज़ सुन कर रणवीर और निश्तर उधर लपके।

"एक बेवा के जज़्बात को देखिए, कितनी सादगी से मैंने चन्द सतरों में रख दिया है।" हुनर साहब ने कहा और कविता पढ़ने लगे। चेतन भी चुस्त हो कर बैठ गया।

"ज़िन्दगी इज़्तराब[१] है जैसे
इक मुसलसल अज़ाब[२] है जैसे
जिसकी हर सतर में निहाँ[३] नाले[४]
हसरत-ो-ग़म का बाब[५] है जैसे"

"वाह-वा!" रणवीर की आँखें प्रशंसा से चमक उठीं।

"क्या बात है!" निश्तर ने दाद दी, "मुकर्रर इरशाद।"[६]

हुनर साहब ने फिर यही बन्द पढ़ा और बोले :

"हर तरफ़ आफ़ताब[७] था इक दिन
हर तरफ़ माहताब[८] था इक दिन
नूरो-नग़मा[९] से ज़िन्दगी भरपूर
मीठा-मीठा-सा ख़्वाब था इक दिन

लेकिन अब जिसके वरक[१०] फीके हैं
बेमज़ा-सी किताब है जैसे
जिसका हर बाब एक सहरा है
जिसको पढ़ना इताब[११] है जैसे"

"वाह-वा....वाह-वा!"

रणवीर और निश्तर झूम उठे। "कैसे चन्द अलफ़ाज़ में बेवा की ज़िन्दगी की वीरानी का नक्शा खींच दिया है आपने!" निश्तर ने दाद दी।

हुनर साहब की बाछें खिल गयीं और वे बताने लगे कि किस तरह मेज़ पर बैठने

---

१. बेचैनी।
२. लगातार यन्त्रणा।
३. छिपे हुए।
४. क्रन्दन।
५. परिच्छेद।
६. फिर से कहिए।
७. सूरज।
८. चाँद।
९. ज्योति और संगीत।
१०. पृष्ठ।
११. विपत्ति।

से पहले उनका दिमाग़ एकदम ख़ाली था। वे मेज़ पर बैठे, उन्होंने काग़ज़ उठाया कि 'बादल से बँधे आते हैं मज़मूँ मेरे आगे' वाली कैफ़ियत हो गयी और नज़्म काग़ज़ पर उतर आयी।

और चेतन सोचने लगा — क्या इन्होंने यह नज़्म सचमुच अभी लिखी है, या किसी उस्ताद की रचना में फेर-बदल करके उसे इस मौके के लिए मौज़ूँ बना लिया है। क्षण भर वह चुपचाप उन्हें देखता रहा — लेकिन उसने स्वयं कई बार उन्हें मिनटों में पूरी ग़ज़ल या नज़्म कहते देखा था। 'यह आदमी क्यों लाहौर नहीं जाता,' उसने सोचा, 'इसकी तो वहाँ ख़ासी इज़्ज़त थी और दैनिक-पत्रों के सण्डे-एडीशनों में समसामयिक समस्याओं पर जैसी नज़्में लिखने की ज़रूरत पड़ती है, वे तो सब इसके बायें हाथ का खेल हैं, फिर 'विधवा-सहायक-सभा' के इस मुख-पत्र अथवा निश्तर के दो-वरके[१] 'सदाकत' में लिख कर इसे कौन-सा सुख मिलता है ?'....और उसने पूछा :

"क्यों हुनर सा.ब, आप लाहौर क्यों वापस नहीं जाते, यहाँ तो आप वीराने ही में अपनी प्रतिभा के फूल खिला रहे हैं।"

"भाई, मैं पिता जी के मरने पर एक महीने की छुट्टी ले कर घर आया था, फिर हालात कुछ ऐसे बदले कि घर की ज़िम्मेदारी सँभालनी पड़ी और मैं वापस नहीं जा सका।"

"लेकिन आप क्या गाँव में दुकान पर बैठते हैं ?"

"दुकान पर बैठना हम मलंगों के बस की बात कहाँ ?" वे हँसे, "उसके अलावा भाइयों की जो मदद हो सकती है, करता हूँ। अभी यह जो मुकदमा कचहरी में चल रहा है, इसे मेरे सिवा कौन देख सकता है ? लाहौर की याद आती तो है, लेकिन ईं बसा आरज़ू कि ख़ाक शुदः।[२]"

और उन्होंने लम्बी साँस ली।

"मगर आप यहाँ के पत्रों में लिखने की बजाय लाहौर के अख़बारों में भी तो लिख सकते हैं।"

"विधवा-सहायक में लिखना तो मैं देश-सेवा के काम में अपना हिस्सा अदा करना समझता हूँ," उन्होंने कहा, "रहे लाहौर के अख़बार, तो जहाँ-जहाँ मैं लिखता था, वहाँ 'दोज़ख़ी' जमा हुआ है और 'दोज़ख़ी' से तुम जानते हो मेरी कैसी लगती है। दरअसल लाहौर जा कर मैंने जिस तरह उन लोगों का नातिक़ा बन्द किया था, उससे वो बिलबिला उठे थे और उन्होंने मेरे ख़िलाफ़ वो मज़मून लिखा था।"

ये 'दोज़ख़ी' लाहौर के एक प्रसिद्ध शायर थे, जो पत्र-पत्रिकाओं में (रोज़ी कमाने के लिए) छद्म नाम से व्यंग्य-कॉलम तथा व्यंग्य-कविताएँ लिखते थे। एक बार उन्होंने हुनर साहब की एक कविता को ले कर यह सिद्ध करते हुए कि उस कविता को लिखने में उन्होंने चार कवियों की उसी ज़मीन में लिखी हुई ग़ज़लों पर डाका डाला है, उनका बेहद मज़ाक उड़ाया था। हुनर साहब ने उसका उत्तर (अपने जाने मुँह-तोड़) दिया था, बात नहीं बनी थी और अख़बारों हलकों में उनकी पीठ-पीछे लोग उन्हें चोर कवि ही समझते थे।

यदि सचमुच उनके पास ऊँचे दर्जे की मौलिक प्रतिभा होती तो वे अनवरत श्रम से

१. दो पृष्ठों का साप्ताहिक या दैनिक।

२. उस आरज़ू को क्या कहें, जो अक्सर ख़ाक हो गयी!

नयी-से-नयी कविताएँ दे कर अपने विरुद्ध उस प्रतिवाद का घेरा तोड़ देते, लेकिन मौलिक लिखने के लिए जो श्रम दरकार था, वह उनके पास नहीं था। सस्ती ख्याति पाने की इच्छा और एक मिनट के नोटिस पर ग़ज़ल या नज़्म लिख सकने की प्रतिभा, जो दैनिक उर्दू पत्रों के 'अपने विशेष कवि' के लिए आवश्यक है, उनके पास प्रचुर मात्रा में थी। उन्होंने मीर, सौदा, ग़ालिब, मोमिन, दाग़, आतिश, असग़र, फ़ानी, जिगर —सभी शायरों के दीवान पढ़ रखे थे। उनकी स्मरण-शक्ति अद्‌भुत थी। एक ही ज़मीन पर लिखी हुई विभिन्न उस्तादों की ग़ज़लें उन्हें कण्ठस्थ थीं और जब उन्हें किसी समसामयिक समस्या पर कुछ लिखना होता (और उन दिनों विरोधी पत्रों के विशेष शायरों और व्यंग्य-लेखकों में नित्य नोक-झोंक चलती, जिससे पाठकों का ख़ासा मनोरंजन होता) तो वे अजाने भी उन ग़ज़लों का उपयोग कर लिया करते थे —रदीफ़ या काफ़िया बदल कर या कुछ शब्दों का हेर-फेर करके! लेकिन हर दूसरे-तीसरे इस तरह ग़ज़लें और नज़्में लिखने और उनकी दाद पाने के कारण उन्हें मौलिक लिखने का अभ्यास न रहा था। हुनर साहब की स्थिति ऐसे चित्रकार की-सी थी, जो मौलिक चित्र बनाते-बनाते रोज़ी के लिए कमर्शियल आर्ट की शरण ले और बीसियों देशी और विदेशी पत्र-पत्रिकाओं की सहायता से विज्ञापनदाताओं के लिए नित-नये डिज़ाइन बनाये और फिर जब कोई ब्योरा अथवा रंग-विधान अथवा आधारभूत विचार उसके अपने चित्रों में प्रतिबिम्बित हो जाये तो वह उसे सर्वथा मौलिक मान कर आत्मवंचना का शिकार होता रहे।

वहीं बैठे-बैठे चेतन ने एक अव्यक्त उपेक्षा और दया से हुनर साहब की ओर देखा — 'इस आदमी के भाग्य में साहित्य में अपनी कला की छाप छोड़ना नहीं लिखा,' उसने सोचा, 'यह इन्हीं छोटे-मोटे पत्रों में लिख कर और निश्तर तथा रणवीर जैसे छुटभइये शागिर्दों से अपनी रचनाओं की दाद पा कर अपने अहं को सन्तोष देता रहेगा। महान रचनाकार बनना इसके भाग्य में नहीं, और उसने मन-ही-मन तय किया कि चाहे उसे अच्छी कविता अथवा कहानी लिखने में वर्षों लग जायें (वह उस समय तक अपनी रचनाओं से सन्तुष्ट नहीं था) पर वह लिखेगा मौलिक। दूसरों की अनुभूतियों अथवा विचारों को चुराने के बदले अपनी ही अनुभूतियों को व्यक्त करेगा, दूसरों की दौलत पर डाका नहीं डालेगा।

०

हुनर साहब बड़े जोश-ख़रोश से वह कविता सुना रहे थे, जिससे उन्होंने 'दोज़ख़ी' का मुँह बन्द कर दिया था कि सहसा बहन सरस्वती देवी ने आ कर बताया कि महात्मा जी ख़ाली हैं और उनकी प्रतीक्षा कर रहे हैं।

बहन सरस्वती देवी जब अपने मोटे-मुटल्ले शरीर, गोल-मटोल मुँह, और ऊपर की किंचित बाहर को निकली हुई दन्त-पंक्ति के साथ अचानक आ खड़ी हुईं तो चेतन अपने ही विचारों में ग़र्क था। सहसा चौंक कर वह क्षण भर निर्निमेष उनकी ओर देखता रहा गया। उस 'मूढ़' को इस तरह अपनी ओर मुटर-मुटर तकते पा कर और अप्रकृतिस्थ हो, उन्होंने सिर का पल्लू ज़रा माथे पर खींचा, तेवर चढ़ा लिये और मुड़ कर चप्पल फटफटाती वापस चली गयीं।

तब हुनर साहब उठे और उन्होंने प्रस्ताव किया कि महात्मा बांशीराम जी से मिल

आया जाये। तब आगे-आगे वे और पीछे-पीछे उनके चेले महात्मा जी के कक्ष की ओर बढ़े। चौखट के अन्दर ही बहन सरस्वती देवी उनके स्वागतार्थ खड़ी थीं।

यह कमरा, जिसमें वे लोग दाख़िल हुए, पहले कमरे से भी ज़्यादा अनढँका था। वहाँ तो मेज़-कुर्सी अथवा बेंच थी, यहाँ वह भी नदारद थी। दीवारों पर कहीं कोई तस्वीर या कैलेण्डर नहीं था। दीवारों की सफ़ेदी कई जगह से उड़ चुकी थी और नंगी ईंटें, जिनकी पैंटिंग न जाने बनते ही उखड़ गयी थी, आने वालों पर कुछ अजीब-सी वितृष्णा से मुस्करा रही थीं। कमरे के मध्य, दायीं दीवार के साथ एक चटाई बिछी थी, जिस पर महात्मा बांशीराम जी बैठे थे। कुहनी उन्होंने तकिये पर टिका रखी थी, पाँव सिकोड़ कर, बिलकुल महात्मा गाँधी की मुद्रा में वे तख़्ती घुटनों पर रखे कुछ लिख रहे थे।

उन लोगों ने उन्हें 'नमस्कार' किया, जिसके उत्तर में महात्मा जी ने अपने टूटे दाँत दिखा दिये और उन्हें बैठने का संकेत किया। बहन सरस्वती देवी ने उनके लिए महात्मा जी के सामने एक चटाई बिछा दी थी, जिस पर खुल कर केवल दो ही बैठ सकते थे।

बैठने के लिए और कोई चीज़ न होने के कारण सिकुड़-सिकुड़ा कर वे चारों उस पर बैठ गये। बहन सरस्वती देवी दरवाज़े में रखे पीढ़े पर बैठी, चुपचाप तकली चलाने लगीं।

चेतन और निश्तर महात्मा जी से ज़रा दूरी पर थे। रणवीर हुनर साहब के साथ लगा बैठा था। "यार, तुम लोग कहाँ ले आये बोर करने के लिए ?" चेतन ने किसी तरह चटाई के किनारे निश्तर के सट कर बैठते हुए उसके कान में कहा।

यद्यपि उसने यह बात निश्तर के कान में कही थी, लेकिन हुनर साहब ने सुन ली, और मुड़ कर माथे के तेवर चढ़ाते हुए उन्हें इशारे से डाँटा।

महात्मा बांशीराम ने हाथ के इशारे से पूछा कि ये क्या कहते हैं ?

"चेतन जी कह रहे हैं," हुनर साहब ने दाँत निपोरते हुए कहा, "कि आप इस तरह बैठे हुए बिलकुल महात्मा गाँधी लगते हैं।"

और उन्होंने चेतन की ओर मुड़ कर ज़रा-सी आँख दबा दी। चेतन का जी चाहा — ज़ोर से ठहाका मार दे। बड़ी मुश्किल से उसने अपने-आपको रोका।

महात्मा जी ने इस पर फिर अपने टूटे दाँत दिखा दिये और उँगली को होंटों पर रख कर सोचने की मुद्रा बना, तख़्ती पर लगे पैड का पृष्ठ लट कर लिखा — 'मैं तो उनकी ख़ाके —पा[१] का मुकाबला भी नहीं कर सकता' —और पैड के ऊपर का काग़ज़ निकाल कर (जिस पर वे पहले ही से कुछ लिख रहे थे) तख़्ती हुनर साहब की ओर बढ़ा दी।

चेतन ने तनिक उचक कर हुनर साहब के कन्धे के ऊपर से तख़्ती पर लिखा हुआ वाक्य पढ़ा। उसका मन हुआ ज़ोर से कहे — 'यह बात आपने सोलहों आने सच लिखी है' — लेकिन पूरे संयम के साथ उसने अपने-आपको इस उच्छृंखलता से रोका। वह बोरियत, जो इतनी देर से वह हुनर साहब की संगति में, महात्मा बांशीराम जी के तकली चलाना ख़त्म करने की प्रतीक्षा में, महसूस कर रहा था, उसे बार-बार उच्छृंखलता के लिए उकसा रही थी। लेकिन बरबस अपने को अनुशासित कर, वह फिर उसी तरह बैठ गया

१. पैरों की धूल।

और उसकी आँखें उसका भेद न खोल दें, इस ग़रज़ से उसने अपनी दृष्टि बहन सरस्वती देवी की तकली पर जमा दी।

हुनर साहब महात्मा बांशीराम जी का उत्तर पढ़ कर प्रशंसा से मुस्कराये —"यह तो आपकी कसर-नफ़सी[1] है," उन्होंने कहा, "लोग यों ही तो आपको 'दोआबे का गाँधी' नहीं कहते।"

इस पर महात्मा जी ने फिर तख़्ती को उनके हाथ से लिया और उस पर एक लम्बा वक्तव्य लिखा कि किस प्रकार से वे लोग महात्मा जी के सेवक हैं —सूरज के गिर्द घूमने वाले टिमटिमाते सितारे। महात्मा गाँधी सामने हों तो शायद वे लोग दिखायी भी न दें। उनकी अनुपस्थिति ही में वे चमकते हैं और यथासम्भव अपनी टिम-टिम आभा से अँधेरे में रोशनी दिखाने का प्रयास करते हैं। किस तरह महात्मा गाँधी के आदेश पर उन्होंने अपने प्रान्त की विधवाओं की स्थिति सुधारने का काम अपने कन्धों पर लिया है और इसी काम में अपना जीवन लगा देने का निश्चय किया है; यदि वे अपने प्रान्त की विधवाओं और पथभ्रष्ट नारियों को कुछ भी उठा सकें तो वे अपने-आपको धन्य मानेंगे....आदि....आदि....

और तख़्ती हुनर साहब को दे कर उन्होंने उँगली फिर होंटो पर रख ली।

हुनर साहब ने पढ़ कर बाछें खिलाते हुए उनकी सेवा और त्याग की बहुत प्रशंसा की और कहा कि वे तो उनकी जीवनी लिखने की सोच रहे हैं, हिन्दुस्तान को यदि अपने गाँधी पर गर्व है तो दोआबा को अपने 'गाँधी' पर कम गर्व नहीं।

चेतन बोर हो रहा था, 'जाने ये कितना मक्खन यहाँ ख़र्च करेंगे ?'

उसने मन-ही-मन कहा, 'शायद ये 'विधवा सहायक' का सम्पादन करने के लिए महात्मा जी से कुछ पाते भी हैं, लेकिन ये मुझे क्यों साथ ले आये हैं'....और वह उठा

हुनर साहब ने उसे आस्तीन थाम कर बैठा लिया कि अभी चलते हैं और अपना वक्तव्य जारी रखा कि आज़ादी की लड़ाई केवल 'स्वराज्य-मन्दिरों' को सुशोभित करने के बल पर ही नहीं लड़ी जा रही। चर्खे के हत्थे पर, तकली के सूत पर, खादी के करघों पर और नारियों की स्वतन्त्रता के क्षेत्र में भी लड़ी जा रही है और महात्मा बांशीराम ने जो काम अपने ज़िम्मे लिया है, वह जेल जाने से कम महत्वपूर्ण नहीं।

और यों महात्मा जी को प्रसन्न करके हुनर साहब ने कहा कि वे ताज़ा अंक के लिए सामग्री के सम्बन्ध में बातचीत करने आये थे, पर भूल गये कि वे मौन व्रत से हैं, इसलिए कल आयेंगे। महात्मा जी को उन्होंने चेतन की प्रतिभा से अवगत कराया और बताया कि वह भी 'विधवा-सहायक' में नियमित रूप से लिखेगा। ....और वे 'नमस्कार' कर के उठे।

लेकिन जैसे उन्हें तभी कुछ याद आ गया हो, वे फिर घुटनों के बल चटाई पर बैठ गये और उन्होंने कहा कि उन्हें साप्ताहिक के वे अंक चाहिएँ, जिनमें उनकी अपनी रचनाएँ छपी हैं।

महात्मा बांशीराम ने तख़्ती पर लिखा कि वे पहले भी दो बार फ़ाइल ले जा चुके हैं।

तब हुनर साहब ने कहा कि उन्हीं के बल पर उन्होंने 'विधवा-सहायक' के दो

---

१. विनम्रता।

आजीवन-सदस्य बनाये हैं, और उन्होंने मन में प्रण किया है कि वे साप्ताहिक के सौ आजीवन सदस्य बनायेंगे। ये अंक वे लाला जालन्धरी मल जी 'योगी' के लिए ले जा रहे हैं और भगवान ने चाहा तो जल्द ही वे भी 'विधवा-सहायक' के आजीवन सदस्य बन जायेंगे।

इस पर महात्मा बांशीराम जी ने अपने टूटे दाँत दिखाते हुए परम उदारता से उन्हें अंक ले जाने की आज्ञा दे दी और बहन सरस्वती देवी को बुला कर उन्हें लिख कर समझा दिया कि हुनर साहब को वे पिछले एक वर्ष की फ़ाइल ले जाने दें।

o

पन्द्रह मिनट बाद जब वे सीढ़ियों से उतरे तो निश्तर और रणवीर 'विधवा-सहायक' के अंक उठाये हुए थे और हुनर साहब इस तरह ख़ुश-खुश चले जा रहे थे, जैसे वे कारूँ का ख़ज़ाना ढो कर ले जा रहे हों।

तेईस

मण्डी बाज़ार में बेहद कीचड़ था। रामर्जीदास की मिल के ऊपर से आने वाली पक्की सड़क पर उतनी आवा-जाई न थी। वर्षा के बाद सड़क धुल-निखर कर चमकने लगी थी। 'विधवा-सहायक-सभा' का कार्यालय मण्डी बाज़ार से एक-डेढ़ फ़र्लांग उधर ही को था, इसलिए वहाँ तक पहुँचने में उन्हें कहीं भी कीचड़ के दर्शन न हुए थे। एक-डेढ़ फ़र्लांग बाद सड़क पर, यों कहें कि बाज़ार में, इतना कीचड़ हो सकता है, इसकी चेतन ने कल्पना भी न की थी। शिमले की चमचमाती सड़कों पर तीन महीने घूमने के बाद वह भूल ही गया था कि उसके शहर के गली-बाज़ारों में इतना कीचड़ होता है। बात वास्तव में यह थी कि मण्डी की सन्निकटता के कारण उस सड़क पर अचानक पहले एक ओर, फिर दोनों ओर दुकानें शुरू हो गयी थीं और मण्डी के पीछे से शहर को जाने वाली सड़क जहाँ से बायीं ओर को निकली थी, वहाँ से तो बाज़ार एकदम घना हो गया था, क्योंकि वहाँ न केवल मण्डी को आने वाली बैलगाड़ियाँ आती थीं, वरन दिन-रात शहर से स्टेशन और स्टेशन से शहर को आने-जाने वाले इक्के-ताँगे भी चलते थे। फिर हथगाड़ियाँ, ख़ोंचे वाले, साइकिल-सवार, पैदल —इतनी आमद-रफ़्त थी और सड़क इतनी कटी-फटी थी कि ज़रा भी पानी बरसता तो बाज़ार बाज़ार न रहता, कीचड़ और दलदल बन जाता।

लेकिन हुनर साहब इस कीचड़ की ओर से एकदम निश्चिन्त थे। अपनी दिन भर की कारगुज़ारी पर वे इतने प्रसन्न थे कि कीचड़ उनके लिए हो कर भी नहीं था। उनकी चप्पल कहीं-कहीं कीचड़ में फँस जाती; छींटे उड़ कर उनकी धोती पर गुल-बूटे बना देते; आगे से आने वाला कोई व्यक्ति उन्हें उस सँकरी पगडण्डी से (जिसका कीचड़ पैदल चलने वालों के कारण सूख गया था और जिस पर एक-दूसरे के पीछे वे चले जा रहे थे) बाज़ार के पतले कीचड़ में पैर रखने को मजबूर कर देता; बाज़ार से गुज़रने वाला कोई ताँगा उन्हें

किसी दुकान के तख़्ते पर चढ़ जाने को विवश कर देता, पर सहज क्रिया-प्रतिक्रिया द्वारा अजाने ही यह सब करते हुए, वे निरन्तर बतियाते चले जा रहे थे। इन बाधाओं के कारण यदि क्षण भर को उनकी बातों का क्रम टूट जाता तो उनसे पार होने पर फिर वे वहीं से उनका तार पकड़ लेते। रणवीर और निश्तर 'विधवा-सहायक' की फ़ाइलें उठाये, हुनर साहब की बातों से उत्तर में 'हाँ, हूँ' करते अथवा बीच-बीच में अपनी बात का लुक्मा देते हुए उनके आगे-पीछे, लेकिन साथ-साथ चले जा रहे थे।

चेतन उन सबसे पीछे, पतलून के दोनों पायँचों को दोनों हाथों में उठाये, बड़ी सावधानी से चल रहा था। यद्यपि सुबह से, पहले धूल-गर्द में और फिर आँधी-पानी में घूमते हुए, उसकी पतलून की क्रीज़ का सत्यानाश हो गया था और वह पूरी तरह पायजामा चाहे न बनी थी, पर पायजामे-जैसी दिखायी देने लगी थी, तो भी चेतन उसे बचाने का हर सम्भव प्रयास कर रहा था, क्योंकि उसके पास यही एक पतलून थी और उसे डर था कि उसे एक दिन और जालन्धर न रहना पड़ जाये। इस प्रयास में वह अपने साथियों से पीछे रह जाता था। हुनर साहब आगे बढ़ जाते, रुक कर उसके साथ आ मिलने की प्रतीक्षा करते, वह आ जाता तो फिर चल पड़ते।

अचानक सामने से आने वाले एक ताँगे की ज़द से बचने के लिए चेतन बायीं ओर की दुकान पर चढ़ गया। तभी उसकी नज़र बाज़ार के दूसरी ओर एक चौड़ी-सी दुकान पर लगे 'मण्डी सोडा वाटर फ़ैक्ट्री' के बोर्ड पर गयी और उसकी आँखों में चाचा फ़कीरचन्द की सूरत कौंध गयी। बोर्ड से नज़रें हटा कर उसने थोड़ा नीचे निगाह डाली तो चाचा को दुकान के तख़्ते पर बायीं ओर एक स्टूल पर बैठे पाया। एक टाँग उनकी स्टूल पर थी और एक नीचे, और वे दुकान के बड़े-से किवाड़ से सिर टिकाये ऊँघ रहे थे।

चेतन को सहसा बड़े ज़ोर की प्यास लग आयी। ख़ालसा होटल से तन्दूरी पराँठे और मटर-पनीर खाने के बाद उसने पानी नहीं पिया था। महात्मा बांशीराम के यहाँ उसे एक बार पानी पीने का ख़याल भी आया था, पर कुछ बहन सरस्वती देवी और कुछ महात्मा बांशीराम जी को देख कर उसे पानी माँगने का साहस न हुआ था। जब ताँगा निकल गया तो वह सड़क के पानी और कीचड़ से यथासम्भव बचता, पतलून के पायँचे उठाये बाज़ार को काटता हुआ दूसरी ओर गया और दुकान के तख़्ते से लगी लकड़ी की चौथी सीढ़ी पर पाँव रखते हुए उसने ज़ोर से कहा — "चाचा जी, नमस्ते।"

चाचा फ़कीरचन्द हड़बड़ा कर उठे — मँझला कद; दोहरा शरीर; उटंग पायजामा; दो दिन की बढ़ी दाढ़ी; सिर पर छोटे-छोटे खिचड़ी बाल; मोटे होंट और बायी आँख में बड़ी-सी फूली। चेतन को देखते ही उनके चेहरे पर एक थकी-सी मुस्कान दौड़ गयी और वे बोले, "आओ, आओ बैठो, सोडा पियो।"

चेतन ने वहीं तख़्त पर खड़े-खड़े अपने साथियों पर निगाह डाली। अपनी बातों में मस्त हुनर साहब चले जा रहे थे। पहले उसने चाहा कि उन्हें आवाज़ दे दे, फिर यह सोच कर चुप रह गया कि सोडा पी कर वह उन्हें जा पकड़ेगा और उसने कहा, "ताज़ा सोडा पिलायें चाचा जी, तब बात है।"

"हाँ-हाँ ताज़ा पिलाते हैं, ताज़ा पिलाते हैं!"....उन्होंने कहा और नौकर को आवाज़

दी, "ओए फेरू! चल्ल ओए ढेक्केया,[१] एद्दर।"[२]

०

चाचा फ़कीरचन्द चेतन के पिता पण्डित शादीराम के अत्यन्त घनिष्ठ मित्रों में से थे और पण्डित जी के मित्र चार तरह के थे :

....पहली तरह के मित्र वे थे, जिन्हे चेतन की माँ उनके सच्चे मित्र मानती थी — उनमें चौधरी तेजपाल और चौधरी गुज्जरमल प्रमुख थे — दोनों लम्बे-ऊँचे, गोरे-चिट्टे, हृष्ट-पुष्ट थे। गुज्जरमल चौधरी तेजपाल की अपेक्षा ताकतवर थे, क्योंकि वे पहलवान थे। देवी तालाब पर उनका अखाड़ा था। बड़े बाज़ार में सर्राफ़े की दुकान थी। लेकिन दुकान पर आने से पहले और दुकान को बन्द करने के बाद वे दोनों वक्त अखाड़े जाते थे। चौधरी तेजपाल बजाज थे। वहीं चौरस्ती अटारी में उनकी कपड़े की दुकान थी। माँ ने उसे बताया था कि दोनों किसी ज़माने में ख़ूब पीते थे, पण्डित शादीराम की गुण्डा पार्टी के भी महत्वपूर्ण सदस्य थे। ...."पर सभी इनकी तरह तो नहीं होते," चेतन की माँ ने एक दिन कहा था, "शादी-ब्याह के बाद लोग घर-गिरस्ती सँभालते हैं।"

"क्यों माँ, क्या वे अब नहीं पीते ?" चेतन ने पूछा था।

"चौधरी गुज्जरमल तो नहीं पीते, पर चौधरी तेजपाल सुनती हूँ, रात को खाना खाते वक्त एक पेग लेते हैं।" माँ ने कहा था, "तुम्हारे पिता ही कहते थे कि गुज्जर अब भी पीता है, डरपोक है, घर में छिप कर पीता है और चौधरी बना हुआ है। ....पर सब इनकी तरह उमर भर तो घर-गँवाऊ नहीं बने रहते।"

चौधरी गुज्जरमल की एक बात चेतन को कभी न भूलती थी। एक दिन चेतन के पिता चेतन को साथ लिये बड़ा बाज़ार में गये कि उसे कोट का कपड़ा ख़रीद कर ले दें। कपड़ा ख़रीद कर वे दो मिनट गुज्जरमल से मिलने के लिए उनकी दुकान पर गये। छोटी-सी तिपाई के पीछे चौधरी साहब पूर्ववत बैठे, छोटी-सी लकड़ी पर लगी लाख में जड़े एक गहने पर कुन्दन कर रहे थे। उनकी बायीं ओर शीशे की अलमारी में कुछ सोने-चाँदी के गहने पड़े थे। मुट्ठी में ली हुई लकड़ी को एक ओर तिपाई पर रख कर गुज्जरमल ने सिर उठाया, "आओ शादी, बैठो!"

चेतन के पिता बैठे नहीं। वहीं, दुकान के तख़्ते पर एक पैर टिका कर खड़े हो गये और उन्होंने बताया कि बंगा स्टेशन से दुसूआ को रिलीविंग के लिए जाते हुए वे एक रात के लिए जालन्धर रुक गये हैं; चेतन के लिए कपड़ा ख़रीदने आये थे; सोचा, गुज्जरमल का हाल-चाल लेते चलें।

"अब तो तुम रिटायर होने वाले होगे ?" गुज्जरमल ने पूछा।

"हाँ, मेरी सर्विस के पच्चीस साल तो दो साल बाद ख़त्म हो जायेंगे, पर मैं कोशिश में हूँ कि एक साल किसी तरह और निकल जाये।"

"रिटायर होने पर तो तुम्हें कुछ प्रॉविडेण्ट फ़ण्ड मिलेगा ?"

"मिलेगा — आठ-एक हज़ार रुपया, पर तीन-चार हज़ार तो कर्ज़ ही है।"

---

१. प्यार की पंजाबी गाली।

२. इधर।

"मेरी सलाह मानो तो बाकी रुपये से शराब की दुकान कर लो।"

चेतन के पिता हैरत से उनके मुँह की ओर देखने लगे और कुछ न समझने के आलम में हँसे।

"और दुकान के बाहर बोर्ड लगा दो —'यह सब अपने लिए है, बेचने के लिए नहीं!' " और उन्होंने पंजाबी में कहा, "कोई शराब लैण आये ताँ कह देओ —असाँ किसे नूँ नईं पीन देनी, सारी असाँ आप ही पी जानी ऐ।"

और चौधरी गुज्जरमल हँसे, उनकी छोटी-छोटी आँखों में चमक आ गयी।

चेतन के पिता बेतहाशा गालियाँ देने लगे कि साले, तू कोई आदमी है, बीवी ने तुझे गदहा बना दिया है, और वे गालियाँ देते हुए चेतन को साथ ले कर आये थे। जूतों वाले चौक तक वे अपने मित्र को गालियाँ देते आये। लेकिन चेतन के कानों में रह-रह कर चाचा गुज्जरमल का वही वाक्य गूँजता रहा —'असाँ किसे नूँ नईं पीन देनी, सारी असाँ आप ही पी जानी ऐ' —और उसके सामने शराब की दुकान घूम गयी, जिसके बाहर बोर्ड लगा हुआ है, कि यहाँ शराब बिकने के लिए नहीं और वह मन-ही-मन हँस दिया....रास्ते में पण्डित जी ने चेतन को बताया था कि गुज्जरमल उनका बड़ा प्यारा यार था। साथ में खेलता-खाता और पीता था। साले की शादी न होती थी। लँडूरा घूमता था। मैंने ही उसकी शादी करायी और मुझे ही छोड़ बैठा।

लेकिन चेतन की माँ कहती थी कि उनके सच्चे मित्र यही दोनों हैं। जब भी मौका मिलता, दोनों उन्हें सँभल कर चलने की सलाह देते थे; उनकी गालियाँ खाते थे, पर कभी न बुरा मानते थे, न ग़लत बात सुझाते थे और माँ पर कभी कोई मुसीबत पड़ती थी तो वह उन्हीं को बुलवाती थी और वे कोई बहाना किये बिना, चेतन के पिता की गालियों की परवा किये बिना, चले आते थे।

....दूसरी तरह के मित्र एकदम स्वार्थी थे। उनमें देसराज प्रमुख था। वह पण्डित शादीराम के मित्रों में सबसे कमीना था। अपना पैसा उन्हें क़र्ज़ दे कर उनको शराब पिलाना, घेलुए में स्वयं पीना, जुआ खेलाना और जीत लेना और फिर उसी रुपये का उनसे ब्याज लेते रहना उसका नित्य का कर्म था। कभी-कभी चेतन के भाइयों का जी चाहा करता था कि वे मार-मार कर उसका सिर पिलपिला कर दें, पर चेतन की माँ उन्हें सदा इस 'पाप' से रोक देती थी।

....पण्डित दौलतराम, मुकन्दीलाल, बनारसीदास, आदि तीसरी तरह के ऐसे मित्र थे, जिन्हें आज की भाषा में चमचे और तब पिछलगुए कहते थे। पण्डित जी जालन्धर आते तो वे भी मँडराने लगते —कोई उनका हुक्का ताज़ा कर रहा है, कोई उनके पैर दबा रहा है —जितने दिन पण्डित जी रहते, वे लोग रोज़ आते, खाते-पीते और मौज उड़ाते, फिर कभी उनकी सूरत भी दिखायी न देती। बल्कि पीठ पीछे वे सदा उन्हें गालियाँ देते; उनकी निन्दा करते; और उनका परिवार जिससे दुखी हो, उसका भरसक प्रयास करते।

....हरलाल और फ़कीरचन्द को चेतन और उसके भाई अपने पिता के मित्रों की चौथी श्रेणी में रखते। खिलाते-पिलाते पण्डित जी उन्हें भी कम न थे और पण्डित जी की कोई ही महफ़िल ऐसी होगी, जिसमें हरलाल या फ़कीरचन्द न हों, पर वे उनकी कभी निन्दा

न करते और चौधरी तेजपाल और गुज्जरमल यदि न मिलें तो मुसीबत के वक्त माँ उन्हीं में से किसी को बुलाती थी। हरलाल को चूँकि दुकान देखनी होती, इसलिए वे एक-आध पेग ले कर चले जाते और दीवाली के तीन दिनों के अतिरिक्त कभी जुआ न खेलते। फ़कीरचन्द को भी यद्यपि अपनी फ़ैक्ट्री देखनी होती, पर पण्डित जी जालन्धर आते तो स्टेशन से उतरते ही पहले उनकी फ़ैक्ट्री में जाते। चाचा फ़कीरचन्द को कितना भी काम क्यों न हो, वे उन्हें चार गालियाँ दे कर उठने का आदेश देते और फ़कीरचन्द सब काम नौकर पर छोड़ कर उनके साथ हो लेते और जितने दिन पण्डित जी जालन्धर में गुज़ारते, वे उनके साथ बने रहते; उनके साथ पीते-खाते, बाज़ार शेख़ाँ जाते और उनके सब काम सरंजाम देते।

चेतन ने उन्हें कभी गालियाँ बकते या ऊँचे बोलते न सुना था। उनकी उमर चेतन के पिता के बराबर ही लगती थी, पर दो-एक साल ज़रूर छोटे होंगे, क्योंकि चेतन के बड़े भाई और उनकी देखा-देखी चेतन भी उन्हें 'चाचा' कह कर पुकारता था और चेतन के पिता उनसे छोटे भाई का-सा ही प्यार करते थे। यद्यपि उनकी सोडा वाटर की फ़ैक्ट्री थी, पर आँख में दोष होने से चालीस बरस तक उनकी शादी न हुई थी। फिर एक दिन अचानक (चेतन के पिता उन दिनों दुसूआ के स्टेशन पर नियुक्त थे और चेतन छुट्टियों में वहाँ गया हुआ था) मालूम हुआ कि चाचा फ़कीरचन्द की शादी हो गयी है और उनकी बीवी वहाँ आ कर रहेगी और उसके बच्चा होने वाला है।....क्वार्टर में जो छोटी-सी लकड़ियों वाली कोठरी थी, वह चाची के लिए ख़ाली करा दी गयी थी। कार्तिक के महीने में उसे बच्चा होना था। और कार्तिक में जन्मा बच्चा चूँकि शुभ नहीं माना जाता, जिस घर में जन्म लेता है, उस पर विपत्ति लाता है, इसलिए माँ चाहती थी, फ़कीरचन्द की बीवी को नौकरों के किसी क्वार्टर में रखा जाये, लेकिन चेतन के पिता ने माँ को डाँट दिया था और गालियाँ देते हुए कहा था कि क्या वे अपनी छोटी भावज को नौकरों के क्वार्टर में रखेंगे ? फ़कीरचन्द उन्हें भाइयों से भी अधिक प्यारा है। और आध घण्टा माँ को लेक्चर पिला कर उन्होंने आदेश दिया था कि जैसे वे कहते हैं, वैसे ही वह करे और सब प्रबन्ध कर दे।

चाचा फ़कीरचन्द अपनी बीवी को छोड़ कर चले गये थे और चेतन की माँ को घर के अलावा उसकी सेवा-शुश्रूषा का भार भी उठाना पड़ा था।

चेतन ने जब पहले दिन चाची को देखा तो देखता ही रह गया था। वह इतनी सुन्दर थी कि उसके चेहरे पर आँखें न टिकती थीं — मँझला कद, छरहरा शरीर, लम्बे काले बाल, गालों में हल्के-हल्के गढ़े, मोतियों-सी दन्तावली, बड़ी-बड़ी नशीली आँखें, चौड़ा माथा। वह हँसती तो दोनों गालों में गढ़े बन जाते। —तब चेतन ने पूछा था कि माँ, इतनी सुन्दर पत्नी चाचा फ़कीरचन्द को इस उमर में कैसे मिल गयी ?

"इतनी सुन्दर न होती तो कुँवारी ही माँ बनने को न हो जाती।" माँ ने उपेक्षा से कहा था, "जब इसके पिता को पता चला तो उन्हें किसी ज़रूरतमन्द की तलाश हुई, जिसके गले इसे मढ़ दें। तुम्हारे पिता को जाने किस ने ख़बर दी। इन्हें फ़कीरचन्द की याद आयी। सो इन्होंने चुपचाप उसे बुला कर शादी करा दी और शादी कराके सीधे यहाँ ले आये। बच्चा हो जायेगा तो फिर जालन्धर में शादी का पता देंगे और ले जायेंगे।"

कार्तिक में बच्चा हुआ था, जो किसी अनाथालय में भेज दिया गया था और चाची

दुल्हन बन कर जालन्धर चली गयी थी। चेतन की माँ का ख़याल था कि ऐसी हरजाइयाँ और फिर-निकलियाँ घर में कम ही टिकती हैं, पर चाची के विरुद्ध फिर किसी ने शिकायत नहीं सुनी। साल बाद चाचा के यहाँ एक बच्ची ने जन्म लिया, जो दुर्भाग्य से माँ पर न जा कर, पिता पर गयी; इतना ही शुक्र है कि उसकी आँख में फूली नहीं थी।

लेकिन माँ चाची को क्षमा न कर पायी थी —विशेषकर कार्तिक के महीने में उनके यहाँ आ डेरा जमाने के लिए! घर में जो नयी विपत्ति टूटती —पण्डित जी ज़्यादा शराब पीते, या जुए में हार जाते, या बाज़ार शेख़ाँ में रुपया उड़ा आते, उसे माँ उसी कार्तिक में होने वाले बच्चे के सिर मढ़ देती।

चेतन जब भी कभी चाचा फ़कीरचन्द के घर जाता, चाची उसकी बड़ी आव-भगत करती। उसे वह हमेशा अच्छी लगती और चेतन की समझ में न आता कि कार्तिक में ही सही, उनके घर उसके बच्चा होने का उनके दुर्भाग्य से क्या सम्बन्ध है ? उसके पिता तो पहले भी पीते थे, जुआ भी खेलते थे और बाज़ार शेख़ाँ भी जाते थे।

०

दूसरे बच्चे के बाद चाची बीमार पड़ गयी थी। चेतन एफ़०ए० में था, जब उसके पिता ने एक दिन माँ से कहा कि चलो, इस बार तुम्हें हरिद्वार का स्नान करा लायें। तीर्थ-यात्रा के ख़याल से माँ बहुत ख़ुश हुई और पण्डित जी ने छुट्टी तथा पासों के लिए आवेदन-पत्र भेज दिया।

पण्डित जी ने प्रोग्राम बनाया था कि वे उनके साथ जा कर दस दिन में उन्हें छोड़ आयेंगे और वे लोग पूरा एक महीना हरिद्वार रह कर आयें। यह सोच कर कि महीना भर तक रोज़ उसे पतित-पावनी गंगा में स्नान करने का पुण्य-लाभ होगा, माँ ने सहर्ष एक बड़ा गहना गिरवी रख कर तीर्थ-यात्रा के लिए रुपयों की व्यवस्था की। लेकिन ठीक चलने के समय माँ का सारा उल्लास हवा हो गया था जब उसे पता चला था कि पण्डित जी चाचा फ़कीरचन्द और उनकी पत्नी को भी साथ ले जा रहे हैं।

तब चेतन को मालूम हुआ कि चाची सख़्त बीमार है। उसे यक्ष्मा हो गया है। पण्डित जी को किसी से पता चला है कि कनखल में कोई वैद्य है, जिसके हाथ में जादू है और उन्होंने फ़कीरचन्द को परामर्श दिया है कि वह अपनी बीवी का वहाँ इलाज कराये। पण्डित जी ने बताया था कि उनकी भावज महीना भर उनके साथ ही रहेगी और चाचा उसकी देख-भाल करेंगे। पर माँ जानती थी कि सारा ख़र्च उसी को करना पड़ेगा, देख-भाल भी उसी को करनी पड़ेगी। और ज़रा-सी भी कमी रह गयी तो पण्डित जी ख़ून कर देने पर उतारू हो जायेंगे।

स्टेशन पर चेतन ने चाची को देखा था और उसे अपनी आँखों पर विश्वास न आया था कि यह वही सुन्दर, स्वस्थ, परियों-ऐसी युवती है। उसका रंग एकदम काला पड़ गया था। वह हड्डियों की एक छोटी-सी ढेरी लगती थी। चाचा फ़कीरचन्द उसे गोद में बैठा कर लाये थे। वह उठ कर खड़ी न हो सकती थी। बैठे-बैठे घिसट कर चलती थी। छोटी-सी बच्ची लगती थी। उनको देख कर वह हँसी तो उसके मोतियों-से दाँत चमक उठे थे — और उसकी वह मुस्कान चेतन के हृदय पर सदा के लिए अंकित हो गयी थी —करुण,

कातर, लेकिन भयानक!

गाड़ी से उतरते ही हरिद्वार में पण्डों ने उन्हें घेर लिया था। एक पण्डे की बही पर उनके परदादा तक का नाम लिखा था। 'हर की पैड़ी' के निकट पण्डे का घर था। दो कमरों में चेतन की माँ, उसके भाई और पिता ठहरे थे और सामने ही एक कमरे में चाचा फ़कीरचन्द और चाची। पण्डित जी उसे कनखल के वैद्य को दिखा कर, दवा वग़ैरह का प्रबन्ध करके इस खोज में निकल गये थे कि शाम के शग़ल के लिए उन्हें कहीं से बोतल मिल जाये, पर हरिद्वार उनके लिए एकदम नया था। शराब कहाँ मिलती है, यह उन्हें मालूम न था और फिर तीर्थ-स्थान में किसी से उसका पता पूछना उन्हें ठीक न जँचता था। लेकिन पण्डित जी हार मानने वाले नहीं थे। चाचा फ़कीरचन्द को ले कर वे जाने कहाँ चले गये थे कि एक रात घर नहीं आये। चाची को आँतों का कष्ट था। चेतन और उसके भाइयों को सुला कर रात को माँ स्वयं चाची के कमरे में सोयी थी और रात में उसे कई बार उठना पड़ा था। पण्डित जी और फ़कीरचन्द दूसरे दिन रात के करीब पूरी बस करके कहीं भीम गोडा की तरफ़ से आये थे और उन्होंने माँ को सरगोशी में बताया था कि वे ऋषिकेश देखने गये थे, पर वापसी का प्रबन्ध नहीं हो सका, इसलिए रात वहीं रह गये थे। काली कमली वाले के दर्शन कर आये हैं।....लेकिन उन्होंने काग़ज़ में लिपटी हुई जो चीज़ माँ को सँभाल कर रखने के लिए दी, उससे चेतन को पता चल गया कि वे किस कमली वाले के दर्शन करने गये थे....

दूसरे दिन माँ ने उनको ऋषिकेश दिखा लाने के लिए कहा तो उन्होंने हामी भरी कि हाँ, आज ही चलेंगे, लेकिन वही काग़ज़ में लिपटी बोतल ले कर वे गये तो शाम से पहले उनका पता नहीं चला।

और जब दस दिन बाद वे वापस चले गये तो माँ ने सुख की साँस ली। रात-दिन उसे यही ख़याल रहता था कि तीर्थ-स्थान में इस सब पाप-कर्म को भगवान क्षमा नहीं करेंगे। उसकी बड़ी इच्छा थी कि अब, जब वे इतनी दूर चल कर आये हैं तो एक बार हर की पैड़ी पर स्नान कर लें, लेकिन पण्डित जी को स्नान करने का अवकाश ही नहीं था। वे दस बजे उठते, जब माँ गंगा-स्नान कर, पूजा-पाठ से फ़ारिग़ हो चुकती और उठ कर जब लस्सी का एक गिलास पीने जाते तो शाम से पहले उनकी सूरत दिखायी न देती। लेकिन इस सबके बावजूद वे उन दस दिनों में चाचा फ़कीरचन्द और उनकी पत्नी को कनखल के वैद्य के यहाँ ले जाते रहे और दवा-दारू का पूरा प्रबन्ध करके ही हरिद्वार से लौटे थे।

o

चाची जब हरिद्वार पहुँची थी तो चाचा फ़कीरचन्द उसे गोद में उठा कर गंगा-स्नान कराने ले गये थे, पर उसके बाद चेतन ने देखा कि वह बैठे-बैठे घिसट कर, मकान की सीढ़ियाँ उतर, बाज़ार का थोड़ा-सा हिस्सा पार कर, हर की पैड़ी पर जाती है। वहीं सीढ़ियों पर स्नान करती है और कपड़े बदल, वहीं काफ़ी देर बैठ कर लौटती है। कंकाल-मात्र होने के बावजूद, वह पूरी तरह शृंगार करती। उसकी जीवनी-शक्ति देख कर चेतन चकित रह गया था। और जब चाचा फ़कीरचन्द महीने बाद वापस लौटे थे तो चाची का शरीर कुछ भर गया था और रंग भी गेहुँआ हो गया था।

छै महीने बाद जब चेतन ने उसे पहले की तरह हृष्ट-पुष्ट देखा तो उसे हैरत नहीं हुई।

०

'मण्डी सोडा वाटर फ़ैक्ट्री' में एक-दूसरे के पीछे तीन कमरे थे। सबसे पिछले में मशीन लगी थी, बीच के कमरे में पानी के दो बड़े टब पड़े थे, जिनमें से एक ख़ाली और दूसरे में भरी बोतलें रखी थीं। एक अलमारी भी थी, जिसमें एसेंस की शीशियाँ और शर्बत की बोतलें थीं। बाहर के कमरे में दीवारों के साथ लकड़ी के रैक थे, जिनके दरम्यानी तख़्तों में बोतल के बराबर गोल टुकड़े कटे थे। भरी जाने के बाद बोतलें उनमें सजा दी जाती थीं। इसी कमरे में लकड़ी के एक तख़्त पर छोटा-सा डेस्क पड़ा था, जो काउण्टर का काम देता था।

चाचा फ़कीरचन्द ने अन्दर जा कर टब में पड़ी हुई एक ख़ाली बोतल उठा ली, और चेतन से, जो उनके पीछे-पीछे अन्दर चला गया था, पूछा कि वह कैसी पियेगा —केला, सन्तरा, माल्टा, ख़स या रोज़ ?

चेतन को उन दिनों गुलाब की भीनी-भीनी गन्ध और मीठा-मीठा ज़ायका बड़ा अच्छा लगता था। उसने कहा —"रोज़!"

तब चाचा फ़कीरचन्द ने बोतल में नाप कर कुछ शर्बत डाला, कुछ एसेंस और फिर उसे पिछले कमरे में जा कर मशीन में रख दिया। चेतन डरता-डरता मशीन के पास जा खड़ा हुआ।

०

और उस ज़माने में शीशे की गोली वाली बोतलों में सोडा भरा जाता था और चेतन के पिता बोतल के मुँह में फँसी गोली पर अँगूठा रख कर दूसरे हाथ के एक ही मुक्के से बोतल खोल देने को भी बहादुरी का लक्षण मानते थे और उनकी महफ़िलों में एक ही बार में सोडे की बोतल खोल देने पर भी शर्तें लग जाती थीं और दो-चार रुपये इधर-से-उधर हो जाते थे। लेकिन चूँकि शीशे की गोली बिना बोतल टूटे बाहर नहीं आ सकती थी, इसलिए ज़रा-सी अतिरिक्त गैस भर जाने से ये बोतलें फट जाती थीं —विशेषकर गर्मियों के मौसम में —और बोतलें भरने का काम ख़ासा संकटपूर्ण था और एक दिन ऐसे ही में चेतन बुरी तरह चोट खा गया था और वह डर अभी तक बना हुआ था। ....लड़कपन में उसे बोतलों में सोडा भरे जाते देखना पसन्द भी बहुत था। वह स्कूल में आते वक्त भैरो बाज़ार में घण्टों बोतलें भरी जाती देखा करता था। उन दिनों चाचा फ़कीरचन्द और चेतन के मुहल्ले ही के खत्री, शन्नो चाची के देवर + पति, चाचा मुकन्दी लाल ने मिल कर वहाँ सोडे की मशीन लगायी थी। तब जालन्धर में सोडे की मशीन नयी-नयी आयी थी। रुपये का प्रबन्ध चेतन के पिता ने ही किया था और अपने इन दोनों मित्रों को साझेदारी में काम करने को कहा था।....चेतन प्राय: किला मुहल्ला के प्राइमरी स्कूल से आते वक्त फ़ैक्ट्री के चबूतरे के निकट रुक कर, बोतलें भरी जाती देखा करता। लाला मुकन्दी लाल मशीन चलाते। उनके गोरे-गोरे अंग (धोती उनकी घुटनों के ऊपर और आस्तीनें कोहनियों पर चढ़ी होतीं) और श्रम के कारण लाल हो जाने वाला उनका गोरा मुख चेतन को बड़ा भला लगता। तभी जब एक दिन वह खड़ा बोतलें भरी जाती देख रहा था —एक बोतल फट गयी। ....हालाँकि

लाला मुकन्दी लाल मशीन का चक्का घुमा रहे थे और चेतन नीचे बाज़ार में खड़ा था, लेकिन बोतल फटी तो शीशे का एक टुकड़ा लाला मुकन्दी लाल के गाल को चीर गया और बड़ा-सा घाव हो गया और बोतल की गोली चेतन के माथे पर आ लगी और वहाँ गुमटा उभर आया.... लाला मुकन्दी लाल ने उस दिन से मशीन की हत्थी घुमाना छोड़ दिया और चेतन ने मशीन चलते देखना।....वास्तव में बोतलें जब फटती थीं तो चेतन और उसके साथी मन-ही-मन बड़े प्रसन्न होते थे —एक तो बड़े ज़ोर का पटाख़ा होता; दूसरे, शीशे की गोली, जो फ़ैक्ट्री के किसी काम न आती, उन्हें खेलने को मिल जाती। लेकिन मशीन से इतनी दूर खड़े रहने पर भी बोतल की गोली से माथा फट सकता है, इसकी उसने कल्पना भी न की थी और उस दिन के बाद वह सदा मशीन के पास जाते डरता था।....

o

फेरू मशीन की हत्थी चलाने लगा। लड़कपन की घटना याद आ जाने और बोतल के फट जाने के भय से चेतन का दिल धड़कने लगा। लेकिन क्षण भर मशीन से बोतल में गैस भरने की ज़ोरदार 'शीं' की आवाज़ हुई, पानी भर गया और चाचा फ़कीरचन्द ने मशीन घुमा कर बोतल निकाल ली। तब उन्होंने फेरू को आदेश दिया कि भाग कर एक पैसे की बर्फ़ ले आये। और स्वयं कुछ और बोतलें भर कर उसे दिखायीं।

बर्फ़ आ गयी तो चाचा ने बोतल खोली और गिलास में उँडेल कर उसे चेतन को दिया। सोडे के नन्हे कण गैस के साथ उड़ कर चेतन के नथुनों में समा गये। उनका तीखापन और सुगन्ध चेतन को बहुत अच्छी लगी। लेकिन उसे ज़ोर की छींक आ गयी और उसके हाथ का गिलास गिरते-गिरते बचा। तब गिलास को हाथ में लिये हुए वह बाहर आया। उसकी नज़र सामने गयी और वह अचकचा गया —बाज़ार में हुनर साहब, रणवीर और निश्तर सीढ़ी के बराबर खड़े थे।

चौबीस

सफ़ाई देते हुए किंचित हँस कर चेतन ने कहा, "मुझे ज़रा प्यास लग आयी थी। चाचा जी की फैक्ट्री के बोर्ड पर नज़र पड़ गयी तो...."

"प्यास तो हमें भी लगी है।" बात काटते हुए, उसी तरह हँस कर हुनर साहब ने कहा।

"आइए, आइए! ऊपर आ जाइए!" चाचा फ़कीरचन्द सोत्साह बोले। फिर चेतन की ओर पलट कर उन्होंने कहा, "अपने दोस्तों से कहो, ऊपर आ जायें!"

और बिना उनके उत्तर की प्रतीक्षा किये, उन्होंने फेरू को आवाज़ दी "चल्ल ओए ढेक्केया, दो पैसे दी बर्फ़ होर लै आ, ते 'रोज़' दियाँ तिन्न बोतलाँ खोल के एहना नूँ पिला।"

हुनर साहब ऊपर चढ़ आये थे। उन्होंने कहा, "अरे नहीं, हम तो यों ही मज़ाक कर रहे थे, आप तकल्लुफ़ न कीजिए।"

लेकिन यह कहने से पहले उन्होंने कनखियों से देख लिया कि फेरू बर्फ़ लेने चला गया है।

"नहीं-नहीं, तकल्लुफ़ की कोई बात नहीं!" चाचा फ़क़ीरचन्द ने कहा, "इसे अपनी ही दुकान समझिए।"

तब सहसा चेतन को अपने कर्तव्य का भान हो आया। उसने हुनर साहब को चाचा फ़क़ीरचन्द का और चाचा को अपने मित्रों का परिचय दिया।

"बाऊ होता (चेतन के पिता को उनके मित्र बाऊ — बाबू — शादीराम या केवल बाऊ कहते थे) तो आपके शे'र सुनता," चाचा फ़क़ीरचन्द ने चेतन के पिता की रंगीली तबियत का ज़िक्र करते हुए कहा, "उसे गाने-बजाने और शे'र-शायरी का शौक है। मुझे तो कुछ वैसी समझ नहीं।"

"वह शे'र ही क्या, जो आम आदमी की समझ में न आये।" हुनर साहब ने कहा, "सादगी और पुरकारी[१] मैं शे'र की सबसे बड़ी ख़ूबी मानता हूँ। 'कुछ न समझे ख़ुदा करे कोई' वाले शे'र हम नहीं कहते।"

और स्टूल खिसका कर उस पर स्वयं बैठते और बाकी सबको तख़्त पर बैठने का आदेश देते हुए हुनर साहब ने चाचा फ़क़ीरचन्द को बताया कि किस प्रकार उन्होंने गीता के कठिन श्लोकों को आसान ज़बान में रख दिया है — इस तरह कि पढ़े-लिखे और अनपढ़ समान रूप से उनमें रस ले सकें और गीता के गहन दर्शन को हृदयंगम कर सकें — "मैं आपको कुछ बन्द सुनाता हूँ," उन्होंने सहसा कहा, "देखिए, आप समझते हैं कि नहीं।"

और बिना उत्तर के प्रतीक्षा किये, उन्होंने गीता का वही अनुवाद सुनाया, जो न जाने वे सुबह से कितनों को सुना चुके थे। तीसरी बार तो चेतन ही सुन रहा था।

चाचा फ़क़ीरचन्द के पल्ले कुछ पड़ा या नहीं, यह तो चेतन उनके अनासक्त भाव से नहीं जान सका, पर वे ध्यान से सुनते रहे और उन्होंने प्रशंसा भी की। इसी बीच फेरू बर्फ़ ले आया।

"चाचा जी, आपने फ़ैक्ट्री खोली है, तो मन-दो-मन बर्फ़ मँगा कर क्यों नहीं रखते ?" चेतन ने कहा, "क्या आप केवल दुकानदारों ही को बोतलें सप्लाई करते हैं, फुटकर ग्राहकों को नहीं देते ?"

"एक पूरी सिल सुबह लेता हूँ बेटा," चाचा ने कहा, "आज बारह बजे तक ऐसा रश रहा कि सब ख़त्म हो गयी। अब शाम को फिर आयेगी।"

फेरू ने इस बीच बर्फ़ धो-कूट कर साफ़ गिलासों में डाली और तीन बोतलें खोल कर एक-एक गिलास उन तीनों के हाथों में थमा दिया।

रोज़ का गुलाबी पानी और भीनी-भीनी गन्ध! हाथ में गिलास आते ही हुनर साहब झूम गये और उन्होंने सोडे के गुलाबी पानी को लक्ष्य कह शे'र पढ़ा :

"शेख़ जी, सोडा है दुख़्ते-रज़[२] नहीं

१. सादगी में ख़ूबी पैदा हो तो उसे पुरकारी कहते हैं।
२. अँगूर की बेटी = शराब।

आप क्यों बेकार ही घबरा गये।"

और यह शे'र चाचा फ़कीरचन्द की समझ में आ गया और रणवीर तथा निश्तर के साथ उन्होंने भी दाद दी।

हुनर साहब ने प्रसन्न हो कर कहा, "एक दूसरा शे'र सुनिए!

इश्क है क्या उबाल सोडे का
अभी आया अभी उतर भी गया"

"वाह....वा!" चाचा फ़कीरचन्द ख़ुश हो गये। हुनर साहब ने गिलास ख़ाली किया तो उन्होंने फेरू को चार बोतलें विमटो की खोलने का आदेश दिया।

विमटो का ब्राण्ड उस ज़माने में नया-नया निकला था। मन्दी के उस ज़माने में भी साधारण लेमोनेड की बोतल यदि छै पैसे में आती थी तो विमटो की छै आने में। कोका कोला की तरह उसका ज़ायका था। चेतन को संकोच हुआ। उसने कहा, "नहीं चाचा जी, मेरे लिए न खोलिएगा।"

उसका ख़याल था —हुनर साहब उसका इशारा समझ जायेंगे। लेकिन वे चुप बने रहे। विमटो के नाम ही से उनके चेहरे पर चमक आ गयी थी।

"एक ही बोतल से तुम्हारी प्यास मिट गयी।" चाचा फ़कीरचन्द ने कहा, "तुम्हारे पिता तो एक बार आठ आदमियों के लिए बनी हुई लस्सी की बटलोई अकेले पी गये थे।"

"अकेले!" हुनर साहब चहके, "कितनी लस्सी थी ?"

"सोलह-सत्रह गिलास होंगे!" चाचा फ़कीरचन्द ने कहा और वे किस्सा सुनाने लगे।

"एक बार हम लोग कसरत करके लौटे। गर्मियों के दिन थे। सख़्त प्यास लगी थी। मैंने शक्कर घोल कर डेढ़ सेर दूध की लस्सी छोटी बटलोई में बनायी।

" 'यार पानी और डालो, सख़्त प्यास लगी है।' बाऊ ने कहा।

" 'पानी काफ़ी है।' मैंने उत्तर दिया।

" 'साले, यह सारा तो मैं अकेला पी जाऊँ।' बाऊ गरजा।

" 'हम आठ मित्र थे। मैं फ़ी कस (प्रति व्यक्ति के हिसाब से) दो गिलास गिन कर सोलह डाले थे और एक ऊपर से डाल दिया था। मैंने खीझ कर कहा, 'तुम अकेले पी जाओ तो मैं तुम्हें एक रुपया इनाम दूँ।'

"और शादी ने यह भी नहीं पूछा कि साले, तू एक रुपया लायेगा कहाँ से ? बटलोई उठा कर मुँह से लगा ली और उस समय तक उसे नहीं छोड़ा, जब तक उसकी अन्तिम बूँद कण्ठ में नहीं उँडेल ली।"

चेतन को यद्यपि अपने पिता से वैसा प्यार न था, पर यह बात सुन कर उसका सीना दुगुना हो गया और उसने बड़े गर्व से अपने साथियों की ओर देखा।

फेरू ने तब तक विमटो की बोतलें खोल कर गिलासों में भर दी थीं। चाचा फ़कीरचन्द ने सब से पहला गिलास भर कर हुनर साहब को पेश किया।

गिलास लेते हुए हुनर साहब बोले, "एक शे'र याद आया है। है तो मज़ाहिया,[1] पर लगता है, जैसे पण्डित जी के लिए ही कहा गया है :

---

१. मज़ाहिया = हास्यरस का।

एक साग़र से मेरी प्यास नहीं बुझ सकती
साकिया आज पिला ह्विस्की का मटका मुझको।''

और यह कहते हुए मस्ती से उन्होंने विमटो ही को ह्विस्की समझ कर मुँह से लगा लिया।

चाचा फ़कीरचन्द की सारी उदासी दूर हो गयी। ह्विस्की के नाम ही से उनके चेहरे पर सरूर खेलने लगा —"वाह-वा क्या शे'र कहा है! बाऊ शादीराम यहाँ होता तो इसकी दाद देता। सचमुच उसके लिए मटका भी कम है।"

और चाचा फ़कीरचन्द किस्सा सुनाने लगे, जब पण्डित जी ने बोतल को मुँह लगा 'एक ही डीक' में उसे ख़त्म कर दिया था।

विमटो का गिलास ख़त्म करके हुनर साहब ने होंटों पर ज़बान फेरी। विमटो ह्विस्की नहीं थी, पर उन्हें सरूर आ गया। उन्होंने एक और शे'र कहा :

''तिश्नगी जाम से बुझी गरचे
दीद की तेरे प्यास बाकी है।''[१]

मस्ती से शे'र कहते हुए वे बोले, "चाचा जी, हलक की प्यास तो हम ने बुझा ली, लेकिन आपकी बातों की प्यास हमेशा रहेगी।" और चाचा फ़कीरचन्द से 'चचा-भतीजे' का रिश्ता स्थापित करते हए उन्होंने कहा, "अब हम जब भी जालन्धर आये, आपके दर्शन किये बिना न जायेंगे।"

और ये कहते और उठते हुए उन्होंने जेब से बटुआ निकाला।

चाचा फ़कीरचन्द ने उनके हाथ से बटुआ ले कर उनकी जेब में रखा दिया और चेतन के पिता पण्डित शादीराम से अपनी दोस्ती का उल्लेख करते हुए उनके एहसानों का ज़िक्र किया और बताया कि यह फ़ैक्ट्री चेतन के मित्र के नाते उनकी अपनी है, वे जब चाहें शौक से आयें।

तब प्रसन्न हो कर हुनर साहब ने उनसे वादा किया कि वे 'मण्डी सोडा वाटर फ़ैक्ट्री' का कोई विज्ञापन बाँटना चाहें तो उन्हें याद करें, वे नज़्म में उन्हें ऐसा बढ़िया विज्ञापन तैयार कर देंगे कि लोग अश-अश कर उठें।

और 'वन्दे मातरम' कहते हुए, दोनों हाथ जोड़ कर वे सीढ़ियाँ उतर गये। उनके चेले उनके पीछे हो लिये। चाचा फ़कीरचन्द को 'पैरी पौना' करके चेतन भी उनके पीछे चल दिया।

पच्चीस

पतलून के दोनों पायँचे पूर्ववत उठाये, बड़ी सावधानी से बाज़ार के कीचड़ में रास्ता बनाता हुआ, चेतन अपने साथियों से फिर पीछे रह गया।

---

१. तिश्नगी = प्यास। दीद = दर्शन।

उसका ध्यान चाचा फ़कीरचन्द से होता हुआ, चौधरी गुज्जरमल, तेजपाल, देसराज और अपने पिता के अन्य मित्रों की ओर चला गया।....उसके पिता में हज़ार दुर्गुण थे, तो भी उनके एक इशारे पर उनके मित्र उनके लिए सब कुछ करने को तैयार हो जाते थे। चेतन ने सोचा — क्या उसका भी कोई ऐसा घनिष्ठ मित्र है ? और उसने पाया कि उसका तो एक भी ऐसा मित्र नहीं। अनन्त है, पर क्या अनन्त चौधरी गुज्जरमल, लाला तेजपाल या चाचा फ़कीरचन्द की तरह उसके लिए सब कुछ कर सकता है ? सोचने पर उसे उत्तर 'नहीं' में मिला।....लेकिन उसने अनन्त के लिए स्वयं क्या किया ? क्या स्कूल या कॉलेज में साथ-साथ इकट्ठे घूमना मैत्री के लिए पर्याप्त है। चेतन ने सोचा तो उसे लगा कि शायद नहीं! मैत्री में शायद देना ज़्यादा होता है और लेना कम! गुज्जरमल हों या तेजपाल, दौलतराम हों या देसराज, वे चेतन के पिता को पसन्द करें या न करें, पर चेतन जानता था कि यदि ज़रूरत पड़ने पर उनमें से कोई उसके पिता के पास चला जाये तो उनका काम करने के लिए वे कोई कसर न उठा रखेंगे और शायद यही एहसास था, जो उनके मित्रों को पण्डित जी के साथ बाँधे रखता था। वे दिल-ही-दिल में जानते थे कि उनकी गालियाँ सब ऊपर की हैं, उनका जो कुछ है, सब मित्रों को ले कर है, मित्रों के लिए है....

और बाज़ार के उस कीचड़ में कदम-कदम सरकते हुए चेतन को अपने उस पिता से, जिससे वह नाराज़ भी था और आतंकित भी, और हृदय में कहीं गहरे नफ़रत भी करता था, पहली बार ईर्ष्या हो आयी।....वह सुबह से डोलता फिर रहा है। यदि उसका भी कोई अभिन्न मित्र होता, जिससे वह अपने दिल की बात कह सकता; जो उसकी तकलीफ़ को समझ सकता, कुछ और न करता तो उसके साथ दिन भर आवारा घूम सकता, तो वह कितना हल्का हो जाता।....

लेकिन उसका कोई मित्र नहीं था। वह नितान्त एकाकी था। अपने तीव्र संघर्ष पर विजय पाने के लिए, अपने से आगे उसने कुछ देखा ही नहीं, और जब तक किसी दूसरे के लिए कुछ न किया जाये, वह हमारे लिए क्या करेगा ? —एक सेवा करता है, दूसरा धन से सहायता करता है, तीसरा स्नेह देता है। जो व्यक्ति मित्र से सेवा के लिए सेवा, धन के लिए धन या स्नेह के लिए स्नेह का प्रतिदान चाहे, उससे बड़ा मूर्ख कोई नहीं है।....

चेतन के पिता शायद अपने मित्रों से कुछ नहीं चाहते थे, उनके लिए वे कुछ कर सकें, केवल इसकी छूट चाहते थे और जब वे समझ लेते थे कि अब उनकी ज़रूरत मित्र को नहीं रही तो वे उससे कन्नी काट लेते थे। गुज्जरमल और तेजपाल जम गये थे, सफ़ेदपोश, शरीफ़ कहलाने लगे थे और अपने-अपने मुहल्लों के चौधरी हो गये थे, तब पण्डित शादीराम भी उनसे परे हट गये थे और उन लोगों को साथ लिये रहते थे, जिनको खिला-पिला सकें, जिनके लिए कुछ कर सकें और जिनकी संगति में अपने ख़ाली वक्त को भर सकें।

यह अजीब बात है कि जो लोग पीठ-पीछे उनको गाली देते थे और पण्डित शादीराम को पता था कि गाली देते हैं, उनको भी खिलाने-पिलाने में वे संकोच न करते थे। "मेरा हाथ किसी के आगे फैले नहीं," वे कहा करते थे, "किसी के हाथ पर कुछ रखे — यों न हो," वे हाथ फैला देते, "बल्कि यों हो!" —और हाथ की पाँचों उँगलियों को किसी के हाथ पर कुछ रखने के अन्दाज़ में मिला कर वे दिखाते।

o

बाज़ार जहाँ मण्डी की ओर मुड़ा, वहाँ कीचड़ और भी गहरा हो गया था। तब आज जैसी पक्की सड़क न थी। बैलगाड़ियों के पहियों ने सड़क के शरीर को बुरी तरह रौंद डाला था। बीचों-बीच दो गहरी लकीरें ही न बना दी थीं, बल्कि इधर-उधर भी गहरे घाव कर दिये थे और सड़क किसी राजगीर का एक विशाल तगार[1] बनी हुई थी। चेतन यह न समझ पा रहा था, किस प्रकार बच कर वह मण्डी के दरवाज़े तक जा सके। एकदम किनारे-किनारे, आने-जाने वाले आदमियों के पैरों के निशानों पर पैर रखता हुआ, रुक-रुक कर वह चलने लगा....और तब न जाने कैसे अपने पिता के वैवाहिक जीवन का एक नया ही पक्ष उसके सामने आ गया....माँ उसकी धर्मपरायण थी, पतिव्रता थी, नेक थी, पर चेतन को पहली बार लगा कि उसके पिता की आधी आवारगी का कारण वही थी....

उसके पिता लड़कपन से पीने लगे थे। यार-बाश, दरियादिल, दोस्तों के दोस्त आदमी थे। माँ मिश्र घराने में पली थी। उसके धर्म में उसके पति का हर काम पाप से भरा था। घर में चूँकि वे न गोश्त पका सकते थे, न खा-पी सकते थे, इसलिए वे ज़्यादा वक्त बाहर रहने लगे थे। चेतन को स्वयं उसकी माँ ने एक बार बताया था कि जब वह ब्याही आयी थी तो कई वर्ष तक उसने घर में गोश्त न पकने दिया था। उसके पिता बहुत अच्छा गाते थे और कई बार इकतारा अथवा सारंगी बजा कर भीख माँगने वालों को रोक लेते थे। गाना सुन कर उन्हें दो-चार पैसे के बदले दो-चार रुपये दे देते थे। कभी दिन-त्योहार को मीरासिनों को बुला लेते थे और नर्तकियों को रुपये देने के अन्दाज़ में हर 'बेल' पर उन्हें रुपये दिखा-दिखा कर देते थे। माँ इसे बेहद बुरा समझती थी। उसके पिता को किस्से पढ़ने और मौज में आ कर उन्हें ऊँची आवाज़ में गाने का शौक था। माँ के ख़याल में जिस घर में बच्चे हों, वहाँ किस्सों का होना अक्षम्य था और पिता के जाते ही वह सब किस्से समेट कर दालान के अँधेरे में पड़े, बड़े ट्रंक में बन्द कर देती थी कि बच्चों की नज़र कहीं उन पर न पड़ जाये....और जब माँ कुछ समझ पायी तो पानी सिर से गुज़र चुका था। कम धर्मपरायण घर की कोई स्त्री ज़रूर उन्हें गुज्जरमल अथवा तेजपाल की बीवियों की तरह ठीक कर सकती थी।....चेतन को इस बात का पूरा विश्वास हो गया कि यदि माँ उसके पिता को घर में खाने-पीने देती, बल्कि स्वयं गोश्त पका कर खिलाती तो उसके पिता न बाहर जाते और न इतना उड़ाते....और चेतन को आश्चर्य हुआ कि उसने पहले कभी इस दृष्टि से अपने पिता के जीवन को नहीं देखा। वे पापी हैं, ज़ालिम हैं, क्रूर हैं, शराबी-जुआरी, तमाशबीन हैं, यही उसने जाना-समझा। — पर घर में उस मनमौजी प्रकृति वाले आदमी के लिए था क्या ? — पूजा-पाठ, व्रत-नियम में उनका विश्वास न था — उनकी कला-प्रेमी आत्मा को उस घर में कितना बड़ा शून्य दिखायी देता होगा और वे यदि घर में आते ही भाग जाते होंगे तो क्या आश्चर्य है! माँ का कहना था कि वे केवल घर वालों के लिए ही बुरे हैं, बाकी दुनिया तो उनकी तारीफ़ करेगी ही, क्योंकि वे सब को खिलाते-पिलाते हैं, सारी दुनिया के बच्चे-बाले उनके बच्चे-बाले हैं, केवल अपने ही ग़ैर हैं....पर शायद बात ऐसी नहीं थी....वह यदि अपने पिता से पूछ सकता....यदि उसके पिता उसे बता सकते — अपने शुरू के वैवाहिक जीवन की मानसिक प्रक्रिया....लेकिन अपने पिता के

१. तगार, जुड़ाई के लिए पानी-मिली मिट्टी का थाला।

सामने तो अब भी उसके लिए बात करना कठिन था....

और मण्डी के उस कीचड़-भरे तगार में सरकते हुए चेतन की कल्पना में उसकी धर्म-परायण, पतिव्रता, व्रत-नियम, देवी-देवताओं और पाप-पुण्य में परम आस्था रखने वाली माँ तथा उस फक्कड़, बेपरवा, औबाश, यार-बाश अपने पिता के वैवाहिक जीवन के शुरू दिनों के कई चित्र खिंच गये, और जहाँ पहले माँ के लिए ही उसका हृदय द्रवित हो उठता था, वहाँ पहली बार अपने पिता के लिए भी उसके मन में कुछ अजीब-सी करुणा उमड़ आयी — जाने कौन-सा शून्य उनके अन्तर में था, जिसे भरने के लिए वे सदा यार-दोस्तों को साथ लगाये रखते थे।

०

"जीजा जी, जीजा जी ?"

अपने ध्यान में मस्त चेतन लाला जालन्धरीमल की दुकान के आगे से निकला जा रहा था कि रणवीर की आवाज़ सुन कर चौंका। हुनर साहब तथा उनके चेले दुकान के चौतरे पर बैठे अपने कीचड़-सने पैरों और जूतों को धो रहे थे।

"अरे भई, कहाँ अन्धों-बहरों की तरह बढ़े जा रहे हो, न किसी को देखते हो, न किसी की आवाज़ सुनते हो।" हुनर साहब ने वहीं से कहा।

चेतन उसी तरह पतलून के दोनों पायँचे उठाये, वापस मुड़ा।

छब्बीस

श्री जालन्धरीमल जी 'योगी' बार-बार आवाज़ करते हुए साँस ऊपर चढ़ा-उतार रहे थे और चेतन को बार-बार हँसी आती थी, उसे लगता था कि वे उन्हें दिखाने के लिए चटाई पर प्राणायाम करने जा बैठे हैं। नीचे उनके मुनीम ने बताया था कि योगी जी एक बजे तक दुकान पर बैठते हैं, उसके बाद ऊपर चौबारे में चले जाते हैं और चिन्तन, मनन और ध्यान में अपना समय बिताते हैं। उनसे चिट पर नाम लिखा कर वह ऊपर ले गया था और आ कर उसने बताया था, "योगी जी आसन पर जा बैठे हैं, आप कुछ क्षण यहीं रुकिए अथवा चुपचाप जा कर गद्दे पर बैठ जाइए।" चेतन तो वहीं रुकने के पक्ष में था, लेकिन हुनर साहब ने कहा, "चलो, ऊपर चल कर बैठते हैं। तुम देखो कि योगी जी जब ध्यान लगाते हैं तो उनके पास बैठने वालों पर कैसे उनके उच्च विचारों का प्रभाव अपने-आप पड़ने लगता है।" हुनर साहब ने सीढ़ियाँ चढ़ कर, दरवाज़े के बाहर उनका नाम ले कर अपने आने की सूचना दी थी कि चेतन को उनके कमरे के अन्दर किसी के तेज़ पैरों की चाप सुनायी दी। हो सकता है, यह उसका भ्रम हो पर उसे लगा था, जैसे कोई कहीं से कूद कर कहीं दूसरी जगह जा बैठा है। अन्दर से उनका छोटा लड़का आया था और उन्हें कमरा दिखा कर चला गया था और कमरे के अन्दर आते ही चेतन ने उन्हें चटाई पर पद्मासन में बैठे ज़ोर-ज़ोर से साँस ऊपर चढ़ाते देखा था।

हुनर साहब और उनकी देखा-देखी रणवीर और निश्तर दण्डवत के रूप में उनके चरणों के निकट धरती को छू कर पास ही गद्दे पर भक्तों की तरह जा बैठे और चेतन उनके पीछे दीवार से पीठ लगा कर बैठ गया। उसे आशा भी नहीं थी, न ही उसके मन में कहीं कोई वैसा विचार अपने आप व्यापा, जिसका सम्बन्ध योगी जी की समाधि से हो — उसकी दृष्टि कभी उनके मोटे भद्दे शरीर, कभी मेंढक-ऐसी गर्दन, कभी मुँडी हुई खोपड़ी और कभी नाक के नीचे दायीं ओर गाल के काले-से मुँहासे पर जा टिकती। और वह सोचता कि उन्हें क्या तकलीफ़ है, जो इस समय आराम करने के बदले कष्ट उठा रहे हैं ?....चेतन वहाँ आने से एकदम कन्नी काट जाता, पर उसके मन में उत्सुकता थी, देखें, 'सरफ़रोश' जी 'योगी' जी के रूप में कैसे लगते हैं और मौका मिले तो कुछ वाद-विवाद कर, अपने मन की उदासी दूर करे।

योगी जी अगर पहले कवि की जगह पहलवान लगते थे, तो अब भी उनमें कुछ वैसा अन्तर दिखायी न देता था। शरीर कुछ और स्थूल हो गया था और पेट निकल आया था। उनके बढ़े हुए पेट को देख कर चेतन को ख़याल आया कि शायद इसी बढ़ते पेट ने उन्हें योग-साधन की ओर मायल किया है।

चेतन की आस्था योग-साधन में नहीं थी। उसके मन में बचपन ही से कई तरह के सन्देह उठते थे और चूँकि घर में कोई ऐसा विद्वान न था, जो उसकी शंकाओं का समाधान करता और ज़िन्दगी ने उसे इतना अवकाश न दिया था कि इस गहन, गम्भीर और गूढ़ विषय का अध्ययन करे, इसलिए जब भी उसे कोई ऐसा आदमी मिलता, जिससे इस विषय पर बातचीत की जा सके, वह उसका ज़रूर लाभ उठाता।

वहीं योगी जी का ध्यान टूटने की प्रतीक्षा में बैठे-बैठे चेतन के दिमाग़ में बचपन और लड़कपन में सुनी योग-सम्बन्धी दसियों बातें घूम गयीं।

o

देश के अधिकांश हिन्दू निम्न-मध्यवर्गीयों की तरह भारतीय दर्शन का कोई-न-कोई मिक्सचर (जिसमें शुद्ध ज्ञान के साथ कई तरह की किम्वदन्तियाँ और हिन्दू-मुस्लिम संस्कृति के मिले-जुले अन्ध-विश्वास शामिल थे) उसे घुट्टी ही में मिला था। दादा उसे बचपन ही से ऐसे ऋषि-मुनियों के किस्से सुनाते, जिन्होंने घोर तपोबल से सिद्धियाँ प्राप्त की थीं और जो हिमालय की कन्दराओं में तपस्या करते हुए कई सौ वर्ष तक जिये थे।....

चेतन सोचा करता था कि साधारण लोग सत्तर-अस्सी तक पहुँचते-न-पहुँचते परलोकगामी हो जाते हैं, तो वे ऋषि ही कैसे कई-कई सौ साल जीते थे ?

दादा के पास उसकी इस शंका का सरल समाधान था। 'संसार में आदमी जिस दिन पैदा होता है,' वे कहते, 'उसी दिन विधाता उसके मरण का दिन भी निश्चित कर देता है। आदमी के हर साँस की गिनती यमराज के रजिस्टर में रहती है और साँस पूरे होने पर यमराज के दूत आ कर उसे ले जाते हैं — एक साँस भी उसे वाफ़र लेना नहीं मिलता। ऋषि-मुनि साँस तो उतने ही लेते हैं, जितने विधाता ने उनके प्रारब्ध में लिखे हैं, पर वे योग-साधन से जब साँस को ऊपर चढ़ाते हैं तो हफ़्तों-महीनों नहीं छोड़ते।' और दादा महर्षि भृगु के सुपुत्र च्यवन ऋषि की कथा सुनाते, जो पेड़ के साथ पीठ लगाये समाधि में

बैठे तो वर्षों-पर-वर्ष बीतते चले गये। उनका सारा शरीर तृण-पात से ढक गया और चींटियों ने अपनी बाँबी बना ली। उस मिट्टी के ढेर में केवल आँखों की जगह दो सूराख़ रह गये। तभी राजा शर्याति की पुत्री सुकन्या अपनी सहेलियों के साथ खेलती हुई उधर आयी तो उस मिट्टी के ढेर को चींटियों की बाँबी समझ कर उसने एक काँटा छेद में खोंस दिया, जिससे ऋषि की आँख जाती रही और उनकी समाधि खुल गयी।

चेतन जब बड़ा हुआ तो योगाभ्यासी ऋषियों के चमत्कार सुन कर कभी-कभी सोचा करता कि ऐसे जीवन का लाभ क्या है ? ऐसे जीवन और मृत्यु में क्या अन्तर है ? कभी वह दादा से पूछता तो बताते कि वे ऋषि-मुनि योग-साधन से इन्द्रियों पर पूर्ण अधिकार पा कर आत्मा को परमात्मा में लीन कर देते थे और समाधि में उनकी बाहर की आँखें चाहे बन्द हों, पर अन्दर की आँखें खुल जाती थीं। संसार भर की ख़बरें उन्हें कन्दरा में बैठे मिल जाती थीं। संजय ने हस्तिनापुर में बैठे-बैठे आख़िर योग-बल ही से तो महाराज धृतराष्ट्र को कुरुक्षेत्र के युद्ध का सारा हाल सुनाया था। भूत और वर्तमान ही का नहीं, भविष्यत तक का सारा ज्ञान उन्हें प्राप्त हो जाता था। उन्हीं सर्वज्ञ ऋषियों ने कलियुग में होने वाली घटनाओं का विवरण दिया है और यह तक बता दिया कि कलियुग का पहरा कितनी सदियाँ, कितने वर्ष, महीने और दिन रहेगा और कब प्रलय आयेगी। तब चेतन के मन में प्रश्न उठता कि जब ऋषि-मुनि आत्मा को परमात्मा में मिला देते थे, भूत-भविष्यत का राई-रत्ती हाल जान लेते थे तो वे भगवान की तरह अमर क्यों नहीं हो जाते थे, मृत्यु को वे क्यों नहीं जीत पाते थे ?

दादा इस प्रश्न का उत्तर कभी यह देते कि भगवान ने यही तो एक चीज़ अपने हाथ में रखी है और वे पंजाबी भाषा की कहावत सुनाते हुए कहते —'बिल्ली ने शेर पढ़ाया, बिल्ली को ही खाने आया,' और अपनी ओर से बढ़ाते, 'लेकिन बिल्ली झट पेड़ पर चढ़ गयी।' और समझाते —'यदि भगवान मौत को अपने हाथ में न रखे तो इन्सान भगवान ही को न ख़त्म कर देता! और दादा भस्मासुर की कथा सुनाते, जिसने घोर तप करके भगवान शिव को प्रसन्न कर लिया और वर माँगा कि वह जिसके सिर पर हाथ रख दे, वह भस्म हो जाये। जब भगवान शिव ने उसे वर दे दिया तो उसने शिव ही को भस्म करने की ठानी। शिव अपने प्राणों को ले कर भागे। तीनों लोकों में असुर ने उनका पीछा किया। तब वे भगवान विष्णु की शरण में पहुँचे और उन्हें अपनी विपदा सुनायी। भगवान विष्णु ने मोहिनी रूप धर, असुर को ऐसा मोहित किया कि उसने स्वयं अपने सिर पर हाथ रख लिया और वह भस्म हो गया।

चेतन के मन में एक साथ कई शंकाएँ उठतीं कि अगर भगवान छल कर सकता है तो वह सर्वशक्तिमान भगवान क्या हुआ, धूर्त कायर हो गया। फिर शिव भी तो शक्तिमान थे, उन्होंने स्वयं ही मोहिनी रूप धर कर असुर को भस्म क्यों न कर दिया ? भागे-भागे विष्णु की शरण में क्यों गये ?....पर दादा को कोंचने का परिणाम वह जानता था। एक बार उसने राम को चोर कह दिया था कि उन्होंने बाली को छिप कर मारा था और उसे थप्पड़ खाना पड़ा था। देवताओं के विरुद्ध कोई भी बात सुनना दादा कभी गवारा न करते थे।

और कभी ऋषियों के अमर न हो सकने की बात पर दादा कहते, 'कौन जानता है,

हिमालय की कन्दराओं में कितने अमर तपस्वी पड़े हैं अथवा भेस बदल कर इस संसार में विचर रहे हैं। महाभारत में लिखा है कि अश्वत्थामा अमर थे, वे ज़रूर ही आज भी किसी-न-किसी रूप में संसार में विचर रहे होंगे।'

०

दादा उसे राज-योग की बातें सुनाते तो माँ कर्म-योग की; कि किस प्रकार अच्छे कर्मों का फल भगवान अच्छा देता है और बुरे कर्मों का बुरा। न केवल पूर्व-जन्म के कर्मों अथवा दुष्कर्मों का फल इस जन्म में मिलता है, वरन इस जनम के कर्मों का फल अगले जन्म में भी मिलता है —ये जो राजा-महाराजा हैं, धनी और ऐश्वर्यशाली हैं, ये अपने पूर्व-जन्म के पुण्यों के प्रताप ही से सुख भोग रहे हैं; और ये जो कोढ़ी-कलंकी हैं, ये जो जन्मते ही मर जाते हैं और दुर्घटनाओं का शिकार हो, असमय ही काल-कवलित हो जाते हैं —ये सब पूर्व या इस जन्म के दुष्कर्मों के फल ही से इस गति को प्राप्त होते हैं। और माँ उन्हें शिक्षा देती कि सदैव अच्छे कर्म करने चाहिएँ! जाने किस जन्म-जन्मान्तर के पुण्यों से चौरासी लाख योनियों से भटकती हुई आत्मा इस मनुष्य-योनि में आती है। आदमी को यह कोशिश करनी चाहिए कि उसकी आत्मा फिर मनुष्य योनि ही में जाये और चौरासी लाख के चक्कर में न पड़े।

चेतन पूछता कि भगवान को यदि जन्म दे कर ही आदमी को तत्काल मार देना है तो वह मनुष्य-योनि देता ही क्यों है, कोई दूसरी योनि क्यों नहीं दे देता। माँ समझाती कि बेटे, वह जिसे घोर नरक कहते हैं, यही तो है, आत्मा जिसमें सदा लोहू और पीप की नदियों में सड़ती है। माँ के पेट में बच्चा लोहू-पीप ही में तो रहता है।

'पर माँ, आत्मा तो अजर-अमर है,' वह कहता, 'उसे तो न आग जला सकती है, न पानी गला सकता है। दुख तो इन्द्रियाँ पाती हैं; जब इन्द्रियाँ सोयी रहेंगी, आत्मा दुख कैसे पायगी और लोहू-पीप भी उसका क्या बिगाड़ेंगे ?'

कर्मयोग के सम्बन्ध में सबसे बड़ी शंका उसके मन में यह उठती —'इस बात का पता आदमी को कैसे चले कि जो कर्म वह कर रहा है, वह नया है, पुराने किसी कर्म का फल नहीं। कहाँ पुराने जन्म के कर्म समाप्त होते हैं और कहाँ इस जन्म के शुरू होते हैं, यह कैसे मालूम हो.... ?'

माँ इन प्रश्नों का कोई सन्तोषप्रद उत्तर न दे पाती। कभी जब उसके पिता ख़ूब पी कर आते और माँ को पीटते तो वह कहा करती कि उसने पिछले जन्म में ज़रूर ही बुरे कर्म किये होंगे, जो उसे इस जन्म में ये दुख भोगने पड़ रहे हैं। चेतन पूछता —'माँ, पिता जी को इन बुरे कर्मों का फल क्या अगले जन्म में मिलेगा ?'....माँ उसके मुँह पर हाथ रख देती कि पिता के बारे में पुत्र हो कर कोई बुरी बात सोचना भी पाप है....

जब वह बड़ा हुआ और आर्यसमाज, अड्डा होशियारपुर के वार्षिक अधिवेशन में स्वामी सत्यदेव की कथा सुनने जाने लगा तो उसके कानों में 'निष्काम कर्म' और 'मोक्ष' —ये दो शब्द बार-बार पड़ने लगे। स्वामी सत्यदेव की कथा सात दिन तक चलती थी। उनकी उमर काफ़ी थी, पर उनकी काठी सीधी थी, चेहरे पर तेज और स्वर में ओज था। उनकी कथा सुनने के लिए लोग दूर-दूर से आते थे। यद्यपि निम्न-मध्यवर्ग की (अपने घरों

की चारदीवारी में बन्द) लड़कियाँ इस अवसर का लाभ उठा कर अपने आपको दिखाने और लड़के उन्हें देखने जाते थे और चेतन भी इसका अपवाद न था, पर कभी-कभी उसके कान स्वामी जी की आवाज़ पर लग जाते और वह सुनता कि आदमी किस प्रकार संयम और तप से इस संसार के दुखों ही से ऊपर नहीं उठ सकता, बल्कि आत्मा को परमात्मा में लीन कर, अपूर्व शान्ति का उपभोग कर, जन्म-मरण के बन्धन काट सकता है। ज्ञानयोग और कर्मयोग, दोनों से आदमी जन्म-मरण के बन्धनों से मुक्त हो सकता है। यह जन्म पिछले जन्म के सत्कर्मों ही के फल से मिलता है। आदमी यदि कामना-सहित कर्म करेगा तो उसे इस जन्म अथवा अगले जन्म में उसका फल भोगना ही होगा, पर यदि वह कामना-रहित हो कर काम करेगा तो न केवल अगले जन्म में उसका फल नहीं मिलेगा, वरन उसके पूर्व-जन्मों के संचित कर्म भी नष्ट हो जायेंगे और वह बार-बार जन्म लेने और दुख पाने से मुक्त हो कर परम-मोक्ष को प्राप्त करेगा।

....वह बहुत छोटा था तो कभी-कभी जब घर का वातावरण अत्यन्त कलुषित हो उठता, वह सोचा करता था, वह ध्रुव की तरह घोर तप करे और जब भगवान प्रसन्न हो जायें तो वर माँगे कि मेरे पिता को ठीक कर दो।....बड़ा हुआ और उसने आर्यसमाज के अधिवेशनों में सुख-दुख के ऊपर उठने की बातें सुनीं तो वह कभी-कभी सोचने लगा कि वह किस प्रकार इस दुख से ऊपर उठ जाये! पर योग-साधन की किसी प्रकार की सुविधा घर में नहीं थी।....और बड़ा हुआ तो अपनी इस मूर्खता पर उसे हँसी आने लगी। अपने घर के तमाम कलुषित वातावरण के बावजूद, दुनिया उसे हसीन दिखायी देने लगी....कुन्ती को एक नज़र देख लेना, उसे कई दिन तक सुख-सपनों में लीन रखने लगा....और उसे यह जन्म-जन्मान्तर के बन्धन काटने और मोक्ष प्राप्त करने की समस्या बेकार मालूम होने लगी और वह सोचने लगा कि अगर संसार दुखमय है और यह जन्म ही दुखमय है तो ये लोग आत्म-हत्या क्यों नहीं कर लेते? जन्म-जन्मान्तर के दुखों की बात किसने देखी है, इस जन्म के दुख तो आदमी पलक झपकाते काट सकता है। चूँकि आदमी समझ नहीं पाता, क्यों बुरे लोग सुखी हैं और भले दुखी, इसलिए उसने पूर्व-जन्म के कर्मों की कल्पना की है, जब पूर्व-जन्म के कर्मों का फल इस जन्म में मिलता है, तो निश्चित रूप से इस जन्म के कर्मों का फल भोगने के लिए दूसरा जन्म भी लेना ही होगा, लेकिन आदमी इस जन्म ही में इस दुश्चक्र को तोड़ सकता है —बस ज़िन्दगी की ज़ंजीर काट दे और इसके दुखों से मुक्त हो जाये। अगले जन्म में फिर भगवान दुख देना चाहे तो फिर ऐसा ही करे। उन्हीं दिनों उसने एक शे'र पढ़ा :

तेरी मीआदे-ग़म पूरी हुई ऐ ज़िन्दगी ख़ुश हो
क़फ़स टूटे न टूटे मैं तुझे आज़ाद करता हूँ

यह शे'र उसे इतना अच्छा लगा कि वह कई दिन इसे गुनगुनाता रहा।

उसके दादा कहा करते थे कि मरते वक्त आदमी की वृत्ति जिस चीज़ में होती है, दूसरे जन्म में वही उसे मिलती है। इसीलिए मरने वाले के सिरहाने गीता और रामायण की कथा सुनाते हैं कि उसकी वृत्ति भगवान में लगे और वह आवागमन के बन्धन से मुक्त हो कर मोक्ष पाये और वे अजामिल की कथा सुनाया करते थे, जो महा पापी था, लेकिन मरते समय उसने अपने बड़े पुत्र को पुकारा, जिसका नाम नारायण था और इतने ही में वह मोक्ष

पा गया।

चेतन को यह कथा निहायत बेतुकी लगती थी। भगवान जब अन्तर्यामी हैं तो उन्हें ज़रूर पता होगा कि यह साला मुझे नहीं, अपने पुत्र को याद करता है, फिर उसे किस तरह उन्होंने मुक्त कर दिया। पर वह दादा की गालियों के डर से यह बात न कहता था। एक दिन, जब वे उसके छोटे भाइयों को इस जन्म के दुखों और उनसे मुक्त हो कर मोक्ष पाने की बात बता रहे थे, तो चेतन ने कहा, "दादा जी यदि यह जन्म दुखमय है तो आदमी इसे ख़त्म क्यों नहीं कर देता ? आत्म-हत्या करते समय यदि वह इच्छा करे कि उसे फिर कभी मनुष्य-जन्म न मिले तो उसे कभी वह जन्म नहीं मिलेगा। इतने बरस योग-साधन और तप करने की क्या ज़रूरत है, जब आदमी एक मिनट में भव का यह बन्धन काट सकता है।"....यही बात उसने आर्यसमाज की साप्ताहिक बैठक में भी कही थी। दोनों जगह उसे लगभग एक ही उत्तर मिला था कि आत्म-हत्या पाप है। यह जन्म भगवान ने दिया है और भगवान ही इसे लेने का अधिकारी है। दादा इतना और जोड़ते की आदमी आत्म-हत्या करेगा तो प्रेत-योनि में जायेगा उसकी आत्मा न जन्म लेगी, न 'भगवान को प्राप्त होगी' और परेशान भटकती फिरेगी।

लेकिन चेतन के मन में कई शंकाएँ एक साथ सिर उठाती :

....भगवान ने यह जन्म कैसे दिया है ? जन्म तो पूर्व-जन्म के कर्मों का फल है, कर्म आदमी ने किये हैं, वह उनके चक्कर को क्यों नहीं काट सकता ?

....और अगर भगवान ने जन्म दिया है तो राजयोग, कर्मयोग अथवा भक्तियोग से मोक्ष पाना और जन्म-जन्मान्तर के बन्धन को काटना कैसे उसकी इच्छा के विरुद्ध नहीं और कैसे पाप नहीं है ?

....भगवान अगर सर्वव्यापक, सर्वज्ञ, सर्वशक्तिमान है तो उसने ऐसे इन्सान बनाये ही क्यों, जो बुरे कर्म करते हैं; क्यों ऐसे नक्षत्र ब्रह्माण्ड में छोड़े, जिनका वैसा कुप्रभाव पड़ता है और उसे कवि इकबाल का शे'र याद आता :

अगर कज-रौ हैं अंजुम,[१] आसमाँ तेरा है या मेरा
तुझे फ़िक्रे-जहाँ क्यों हो, जहाँ तेरा है या मेरा

आर्यसमाजियों, सनातनधर्मियों, दादा और माँ की बातें सुनते-सुनते उसे भगवान के अस्तित्व ही में सन्देह होने लगता। भगवान कहीं छलिया था; कहीं कपटी; कहीं अत्याचारी; ग़रीबों का था, पर उन्हें अपार कष्ट देता था; भक्तों का था, पर उन्हें दुख दे कर उनकी परीक्षा लेता था; सर्वशक्तिमान, सर्वव्यापक था, पर संसार को ठीक तरह चला नहीं सकता था....

कभी जब हँसी-हँसी में वह माँ से ये सब बातें कहता और वह उसे कोई उत्तर न दे पाती तो उससे कहती कि यह सब सोचने की उसे ज़रूरत नहीं; उसका काम है विद्या प्राप्त करना, फिर गृहस्थ-आश्रम में प्रवेश कर, घर बसाना; फिर जब वह पचास वर्ष का हो जायेगा तो चाहे ज्ञान-ध्यान की बातें सोचे, वानप्रस्थ आश्रम में जाये या संन्यासी बने —जैसे उसकी इच्छा हो, करे....

०

---

१. यदि नक्षत्र टेढ़े हैं।

बचपन से ले कर अब तक की ज़िन्दगी से सम्बन्धित सृष्टि और स्रष्टा, जन्म और मरण, आवागमन और मोक्ष, राजयोग और कर्मयोग सम्बन्धी बीसियों शंकाएँ और विचार चेतन के मन में आते रहे। साथ के कमरे से कोई बच्चा रूठ कर या पिट कर 'भाइया जी! भाइया जी!'[१] चिल्लाता हुआ दरवाज़े में आ कर रिरियाता रहा (जिसे बड़ी कठिनाई से हुनर साहब ने बहला कर वापस भेजा); परे कमरे में औरतों के झगड़े की आवाज़ निरन्तर कान में पड़ती रही, लेकिन योगी जालन्धरीमल जी परम एकाग्रता से आँखें मूँदे, ध्यानस्थ रहे। जब लगभग आध घण्टे बाद उन्होंने आँखें खोलीं तो (यद्यपि वे उमर में हुनर साहब से शायद एकाध ही वर्ष बड़े होंगे) हुनर साहब ने फिर उठ कर उनके घुटने छुए और रणवीर और चेतन का परिचय दिया। निश्तर को योगी जी भली-भाँति जानते थे, क्योंकि कांग्रेस की सभाओं में इकट्ठे कविताएँ पढते रहे थे।

चेतन को उन्होंने वहीं बैठे-बैठे किंचित विनम्रता से, कल्ले फैला कर, 'नमस्कार' किया। तब हुनर साहब दाँत निपोरते हुए बोले, "मैं तो अभी सीढ़ियों में आते हुए चेतन जी से कह रहा था कि योगी जी कहीं ध्यान में मग्न हों, फिर देखो उनका करिश्मा — आप-से-आप पास बैठने वालों पर उनके सद्विचारों का प्रभाव पड़ने लगता है।"

सत्ताईस

"अच्छा!" —पास बैठे लोगों पर उनकी समाधि का जो मौन-प्रभाव पड़ता है, हुनर साहब से उसकी बात सुन, जालन्धरीमल जी ने अत्यन्त प्रसन्न हो कर कहा। उनके कल्ले एक सन्तुष्ट मुस्कान में फैल गये और काले भुजंग चेहरे पर अपूर्व चमक आ गयी। फिर सहसा उन्होंने हुनर साहब से पूछा, "तो आप पर क्या प्रभाव पड़ा ?"

चेतन को उनका यह प्रश्न नितान्त मूर्खतापूर्ण लगा, पर हुनर साहब ने उसी तरह दाँत निकोसते हुए कहा, "मैं तो उन्हीं बातों पर विचार करता रहा, जो आपने बतायी थीं। गीता के कुछ श्लोकों को मैंने मश्क के लिए सीधी-सादी उर्दू नज़्म का लिबास पहनाया है।"

"अच्छा!" योगी जी की आँखों में फिर एक चमक कौंध गयी।

"बात यह है," हुनर साहब बोले, "उपनिषदों के मसले बड़े दकीक[२] हैं, उन्हें सरल उर्दू नज़्म का जामा पहनाना, लोहे के चने चबाना है, इसीलिए मैंने गीता के दूसरे अध्याय को मश्क के लिए चुना। हुक्म हो तो सुनाऊँ ?"

"हाँ, हाँ.....ज़रूर, ज़रूर!" और योगी जी अर्ध-पद्मासन हो बैठे।

हुनर साहब ने पूरे जोश से वही बन्द सुनाये, जो वे श्री रुद्रसेन आर्य, हरसरन के पिता और चाचा फ़कीरन्द को सुना आये थे।

योगी जी बड़े प्रसन्न हुए। चेतन का तो ख़याल था कि वे 'अच्छा' के सिवा कुछ भी

१. भाइया जी = पिता जी।
२. पेचीदा, गूढ़।

नहीं कहेंगे, पर उन्होंने हुनर साहब की प्रशंसा मुक्त कण्ठ से की और भविष्यद्वाणी-मिला आशीर्वाद दिया कि सर्वशक्तिमान भगवान उन्हें अवश्य ही इतना सामर्थ्य देगा कि वे उपनिषदों के गहन ज्ञान को सरल उर्दू कविता का लिबास पहना कर, जनता को अपूर्व लाभ पहुँचायेंगे।

तब चेतन आगे खिसका।

"योगी जी, आप तो कांग्रेस-आन्दोलन में काफ़ी आगे थे," उसने कहा, "क्या बात हुई, कि आपका मन देश-सेवा से उचाट हो गया। अब तो मैंने सुना है कि आप बरसों से कांग्रेस की किसी सभा में नहीं गये। क्या जेल में सचमुच आपको बहुत तकलीफ़ हुई थी?

चेतन ने प्रकट ही उन्हें कोंचा था। पर योगी जी हतप्रभ नहीं हुए, "जेल कोई ख़ाला जी का घर तो है नहीं भाई," उन्होंने अतिरिक्त धैर्य से कहा, "लेकिन औरों से ज़्यादा कष्ट हुआ तो, ऐसी बात नहीं। जेल में समाचार-पत्र और राजनीतिक पुस्तकें पढ़ने को नहीं मिलती थीं। संयोगवश मैंने धर्म-ग्रन्थों का अध्ययन किया और मुझे पहली बार इस बात का आभास मिला कि इस विशाल विश्व में मनुष्य की हस्ती तो कण के सहस्रांश बराबर भी नहीं और आदमी न जाने अपने आपको क्या समझता है ? हमारे इस लोक जैसे, न जाने कितने लोक इसी ब्रह्माण्ड में हैं और सृष्टि की सीमाहीन विशालता में न जाने ऐसे कितने और ब्रह्माण्ड हैं। इस सूरज से लाखों गुना बड़े सूरज और इस पृथ्वी से करोड़ों गुना बड़े नक्षत्र हैं। इस विशाल सृष्टि में जब हमारी पृथ्वी ही की हस्ती कण-सरीखी है, तो मनुष्य की हस्ती क्या ठहरी और फिर काल के क्रम में न जाने यह पृथ्वी कितनी बार बसी और उजड़ी, कितनी बार भगवान ने सृष्टि की और कितनी बार प्रलय ? कितने स्वर्ण-युग आये और कितने लौह-युग — तब व्यक्तियों, जातियों और राष्ट्रों का अभिमान मिथ्या नहीं तो क्या है ? मिथ्या के पीछे भागने के बदले, मनुष्य क्यों न 'सत' को पाने का प्रयास करे और सत को पा कर क्यों न मोक्ष की आकांक्षा रखे ?"

"वाह-वा, किस ख़ूबसूरती से आपने आदमी की इना[१] का झूठ ज़ाहिर कर दिया है!" हुनर साहब ने दाद दी।

उत्साह पा कर योगी जी बोले :

"सत या आत्मा, या ब्रह्म या पुरुष — उसे उपनिषदों में कई नामों से याद किया गया है — पर ये एक ही शक्ति के भिन्न नाम हैं और उस शक्ति को, जिसमें से सृष्टि उपजी और जिसमें कि वह फिर जा समाती है; उस शक्ति को, जो दिखायी चाहे न दे, पर सृष्टि के कण-कण में व्याप रही है, जानना, उसे पाना ही सब से बड़ा सुख है। वह ब्रह्म इस सृष्टि के प्रत्येक कण का स्रष्टा ही नहीं, इसकी समस्त चेतना का स्रोत ही नहीं, परम-आनन्द का भी स्रोत है। संसार की ये गोचर वस्तुएँ, जैसे उस अनादि, अदृश्य और अनन्त शक्ति के सीमित रूप हैं, इसी तरह संसार के सुख उस सच्चे परमानन्द के अविक्षत, अटूट अंश हैं। वह ज्ञानी, जो अपनी आत्मा की गहराई में ग़ोता लगा कर उसे पा लेता है, वह न केवल ब्रह्म को पा लेता है, बल्कि उस परमानन्द को भी प्राप्त करता है, जो हर ज्ञानवान का ध्येय होना चाहिए!"

---

१. अहं। यह शब्द 'अना' के रूप में भी लिखा जाता है।

"वाह-वा, वाह-वा!" हुनर साहब ने दाद दी, "कितने सरल शब्दों में कितनी गहरी बात कही है आपने!"

योगी जी और जोश से बोलने लगे, "ऋषि याज्ञवल्क्य ने अपनी पत्नी मैत्रेयी को समझाया था कि आत्मा सब सुखों का स्रोत है, इसका प्रमाण यह है कि आदमी को सब से प्रिय आत्म —अपनापा है। आदमी किसी दूसरे आदमी अथवा वस्तु से इसीलिए प्यार करता है कि वह उसमें अपनापा देखता है। पत्नी इसलिए प्यारी नहीं कि वह पत्नी है; न पति इसलिए प्रिय है कि वह पति है; न बेटा, बेटे के लिए प्यारा है; न धन, धन के कारण; ये सब इसलिए प्रिय हैं कि ये 'मेरे' हैं। 'मैं' —आत्म —इन सब के साथ जुड़ा है। तब आत्म के इन विभिन्न रूपों को, विभिन्न सुखांशों को पकड़ने के बदले उसी आत्म को, सुख के उस अनादि, अनन्त, अनश्वर स्रोत को मनुष्य क्यों न जाने, क्यों न पकड़े, और क्यों न उसे पा कर परम-सुख को प्राप्त करे ?

"वह जो परम शान्ति की स्थिति है, इसे जानने के लिए," जालन्धरी मल जी ने और भी जोश से कहा, "आप ऐसी नींद की कल्पना कीजिए, जो स्वप्न-रहित है, जिसमें व्यक्ति को न शरीर का, न इन्द्रियों का, न मन का, न बाह्य वस्तुओं का —किसी चीज़ का बोध नहीं रहता और आदमी अपने उस रूप में चला जाता है, जो कि उसकी चेतना का स्रोत है। वह परम शान्ति पा जा जाता है। दुख और सुख से ऊपर उठ जाता है।"

योगी जी बड़े ज़ोरों से प्रवचन दे रहे थे, जब वही नंग-धड़ंग बच्चा, शायद बड़े भाई से बचने की कोशिश में, भागता हुआ आया और उनकी गोद में धँस गया। प्रवचन समाप्त कर, उन्होंने बच्चे को गोद से उठाया और दरवाज़े की ओर धकेल दिया। बच्चा एक बार मुड़ा, पर न जाने उनकी मुद्रा में क्या था कि वह पलटा नहीं, चला गया।

तब हुनर साहब चहके, "आपने तो परम ज्ञान प्राप्त कर लिया है योगी जी, आपने तो ज़रूर इस आत्मा को पा लिया होगा!"

"अरे नहीं भाई!" योगी जी ऐसी विनम्रता से मुस्कराये, जिससे यह प्रकट हो कि उन्होंने वह सिद्धि प्राप्त तो कर ली है, पर अपने मुँह से कहना नहीं चाहते। "यह क्या चेतन-जगत में इतना सुगम है। चेतन-जगत में आदमी आत्मा से इतना परे हो जाता है कि फिर उस स्थिति को —उस परम-सुख, उस परम-शान्ति की स्थिति को पाना उसके लिए कठिन हो जाता है। आत्मा से दूर आ कर फिर उसमें जा लीन होना वैसा सुगम नहीं। उसके लिए गहरे ज्ञान, अध्यवसाय और योग-साधन की आवश्यकता है।"

क्षण भर रुक कर योगी जालन्धरीमल जी फिर बोले, "हुनर साहब, यह संसार भला क्यों प्यारा लगता है ? ज़िन्दगी हमें क्यों दिलफ़रेब लगती है ?"

क्षण-भर के लिए हुनर साहब का उत्तर पाने के लिए योगी जी रुके, पर हुनर साहब उजबकों की तरह मुँह उठा कर उनकी ओर देखने लगे कि महाराज, आप ही बताइए!

तब परम उल्लास से योगी जी बोले, "इसलिए न कि हमारी आत्मा को इस संसार से, इस जीवन से कुछ-न-कुछ सुख मिलता है। लेकिन इसमें दुख भी कम नहीं है, इसलिए संसार के दुख से हम कभी-कभी बुरी तरह पीड़ित हो जाते हैं। अब उस स्थिति की कल्पना कीजिए, जिसमें सुख के साथ दुख नहीं है, जो सुख-दुख से परे की स्थिति है —परम

शान्ति-भरी, स्वप्न-रहित नींद-सी —उसे पाने के लिए हमें संसार के झूठे सुखों का त्याग करना होगा, इन्द्रियों को बस में करना होगा और अपने आपको आत्मा में लीन करना होगा। वह आत्मा, जो ब्रह्म ही का अंश है, जो इस चराचर संसार में समान रूप से व्याप्त है। आत्मा के साथ एकाकार होना, जन्म-मरण के बन्धन को काट कर मोक्ष पा लेना, परम सुख की अनुभूति प्राप्त कर लेना।....और यह हरेक के बस की बात नहीं, केवल तत्व-ज्ञानी योगी ही उस परम सुख को योग-साधन द्वारा इच्छा-अभिलाषाओं, दुख और सुख से ऊपर उठ कर पा सकते हैं।"

"लेकिन योगी जी," चेतन हँसा, "पुराने ज़माने में, जब साइंस ने इतनी तरक्की न की थी, आदमी को गहरी नींद जैसी हालत में जाने के लिए इन्द्रियों को मारने और इतनी कठिन योग-साधना की ज़रूरत थी, आजकल तो मॉर्फ़िया के एक इंजेक्शन से ही आदमी उस परम शान्ति को हासिल कर सकता है —गहरी नींद की उस परम शान्ति को —जिसमें कोई सपना न हो।"

योगी जी क्षण भर को चकराये, फिर एक उपेक्षा-भरी मुस्कान उनके होंटों पर खेलने लगी, "मॉर्फ़िया से वह स्थिति प्राप्त होती है कि नहीं, मैं नहीं कह सकता, पर मॉर्फ़िया लेने वाला इच्छा से जब चाहे इस चेतन जगत में तो नहीं आ सकता। जब तक मॉर्फ़िया का असर रहेगा, आदमी शान्त रहेगा, फिर अशान्त हो जायेगा, जब कि ज्ञानयोग से आदमी संसार के सब काम करते हुए भी सुख-दुख, हानि-लाभ की चिन्ता से ऊपर उठ सकता है। परम ज्ञानी और परम योगी को समाधि में जिस शान्ति का लाभ होता है, समाधि के बिना भी वह उसी स्थिति में रहता है। वह काम सब करता है, पर कामना-रहित हो कर, फलाफल की चिन्ता छोड़ कर, इसीलिए तो वह जन्म-मरण के बन्धन काट देता है।"

यदि योगी जी मंच पर से यह भाषण देते तो हुनर साहब अनायास करतल-ध्वनि कर उठते; पर तब परम-सन्तुष्ट भक्त की मुद्रा में 'वाह-वा, वाह-वा', कहने पर ही उन्होंने सन्तोष किया और इस बार रणवीर और निश्तर ने भी प्रशंसा की। लेकिन उनके चुप होते ही चेतन ज़ोर से हँस दिया!

"मुझे तो योगी जी, इस सब में कुछ तत्व की बात दिखायी नहीं दी। मैंने धर्म-ग्रन्थों को उतना तो नहीं पढ़ा, जितना आपने, पर सुना बहुत है और मुझे तो वह सब ख़ुदफ़रेबी के अलावा कुछ दिखायी नहीं दिया। आप कहते हैं कि एक ही आत्मा सब प्राणियों में व्याप्त है, आप यह भी कहते हैं कि जब हम दूसरी चीज़ों से प्यार करते हैं तो इसीलिए कि उनमें हम अपनापा पाते हैं, तो फिर यह कैसे और क्यों हैं कि सृष्टि में पशु हों या पक्षी एकदम निरपेक्ष भाव से एक-दूसरे को मारते हैं, एक-दूसरे को निगल जाते हैं। क्या कोई अपने ही अंग को काट या खा सकता है ?"

योगी जी हँसे, "यह तो ब्रह्म की माया है भाई। अज्ञानी को लगता है कि एक व्यक्ति दूसरे व्यक्ति को, एक पशु दूसरे पशु को या एक पक्षी दूसरे पक्षी को खाता है, पर ज्ञानी जानता है कि जो जीव ब्रह्म से निकला, वह ब्रह्म में समा जाता है। यही तो भगवान की माया है। गीता में भगवान कृष्ण ने नहीं कहा कि मारने वाला कौन है और मरता कौन है कं धातयति हन्ति कम् ?"

"तब भगवान ने ऐसा क्यों कर रखा है ?" चेतन बोला, "अगर कोई किसी को मारता नहीं तो डाकुओं और कातिलों को फाँसी क्यों मिलती है और योग-साधन करने वालों के लिए 'हिंसा' से बचने का हुक्म क्यों है ? मुझे तो भगवान न सर्वशक्तिमान दिखायी देता है, इन्साफ़-पसन्द, न सब कुछ जानने वाला। न मुझे आवागमन में कोई तथ्य दिखाई देता है, न कर्म-फल में। मुझे ये तमाम उसूल सब सिद्धान्त आदमी की सीमित बुद्धि और मौत के डर का चमत्कार दिखायी देते हैं। भगवान अगर सर्वशक्तिमान है तो उसने यह ऐसी ऊट-पटाँग हिंसा, नफ़रत, दुख और दर्द से भरी दुनिया बनायी ही क्यों ? उसने इन्सान को सब गुणों से भरपूर क्यों नहीं बनाया ? अगर उसने यह खेल अपने मनोरंजन के लिए रचा है तो पाप-पुण्य कोई चीज़ ही नहीं, अपनी सीमित बुद्धि और संस्कारों और माहौल के मुताबिक आदमी काम करते हैं, उनको इसकी सज़ा क्यों मिले ? आदमी चूँकि मरना नहीं चाहता, इसलिए वह अगले जन्म की कल्पना करता है, जब अच्छे कर्म करने वाले को दुख मिलता है तो आदमी समझता है कि उसने पिछले जन्म में ज़रूर बुरे कर्म किये होंगे, क्योंकि इस जन्म में तो वह भलाई ही के काम कर रहा है और सोचता है कि अगले जन्म में ज़रूर उसे इन अच्छे कर्मों का अच्छा फल मिलेगा।"

तभी वही नंग-धड़ंग छोटा बच्चा 'भाईया जी, भाईया जी!' कहता, बहती नाक सुड़कता और रिरियाता हुआ दहलीज़ में आ खड़ा हुआ।

अपना सारा संयम और शान्ति भूल कर योगी जालन्धरीमल जी चिल्लाये, "भाग यहाँ से!" और भद्दी पंजाबी गाली उसकी माँ को देते हुए उन्होंने आवाज़ दी कि उसे आ कर ले जाये। दूसरे क्षण एक मोटी भद्दी औरत आ कर उसे घसीटती हुई ले गयी। तब 'जैसे कुछ हुआ ही नहीं' के अन्दाज़ में पलट कर योगी जी ने मानो उसे निरुत्तर करते हुए कहा, "यदि भगवान नहीं है तो यह सृष्टि किसने बनायी है ? सृष्टि है तो इसका कोई बनाने वाला भी होगा।"

"तब उस बनाने वाले का कोई बनाने वाला क्यों नहीं होगा ?" चेतन हँसा।

"लेकिन भगवान, जो सृष्टि का कर्ता है, जो अनादि, अनन्त, सर्वशक्तिमान, सर्वव्यापी है, उसे कौन बनायेगा ?"

"कौन कहता है कि उसमें ये सब गुण हैं ?" चेतन ने कहा।

"जिन ऋषियों ने योग-बल से इस ब्रह्माण्ड का भेद जाना, इन नक्षत्रों की गति का पता लगाया, उन्हीं ने भगवान का भी पता लगाया।" योगी जी बोले।

"पर क्या ऐसा सम्भव नहीं," चेतन शरारत से हँसा, "कि पिछली कयामत से पहले इन्सान ने ऐसी ही तरक्की कर ली हो, जैसी कि वह आज कर रहा है, उसने साइंस के बल से सितारों का पता लगाया हो और ब्रह्माण्ड का भेद जान लिया हो और फिर किसी कुदरती हादसे या उसके अपने ही किसी बुरे कर्म के सबब कयामत आ गयी हो, जल थल पर चढ़ आया हो और जहाँ जल था, वहाँ थल निकल आया और सारी पृथ्वी पर कहीं कुछ आदमी बच गये हों, जिनके पास उस ज्ञान की केवल याद-मात्र रह गयी हो और वह ज्ञान ज़बानी हम तक आया हो। अगर किसी भगवान ने वह सब खेल रचा है, तो मैं उसे इन्साफ़-पसन्द कभी नहीं कह सकता। कुदरत में मुझे कहीं न्याय नहीं दिखायी देता। एक अन्धा जोश, ब्लाइण्ड इम्पल्स है, जो उसी तरह चला जा रहा है, जैसे यह धरती घूम रही है।

न्याय-अन्याय, सुख-दुख, पुण्य-पाप, भले-बुरे का मुकाबला इन्सान ही करता है और मैं समझता हूँ, इन्सान को पिछले या अगले जन्म की चिन्ता छोड़, इसी जन्म को बेहतर, सुखद, न्यायपूर्ण, शान्त बनाने वाले नये धर्म की दाग़-बेल रखनी चाहिए और ऐसा वह अपने दिमाग़ ही की मदद से कर सकता है, पिछले तजरुबों से शिक्षा पा कर कर सकता है, अपने इर्द-गिर्द की ज़िन्दगी को देख कर, कर सकता है; इस जग को माया समझ कर समाधि लगा कर कभी नहीं कर सकता।"

योगी जी कुछ क्षण तक मौन रूप से उसकी ओर देखते रहे, फिर बोले, "आप नास्तिक हैं!"

चेतन ज़ोर से ठहाका मार कर हँसा। हुनर साहब ने उसके कन्धे पर हाथ रख कर उसे आगे बात करने से रोकना चाहा, पर इतनी देर से बोर होने वाला उसका मन सहसा चंचल हो उठा था।

"आस्तिक और नास्तिक का सवाल नहीं," उसने कहा, "मैंने जो सुना और पढ़ा है, उसमें मुझे काफ़ी कुछ एक-दूसरे के खिलाफ़ लगता है। एक ओर आत्मा को पा कर, ब्रह्म को पाने वाले योगी से कहा जाता है कि वह असत्य से, हिंसा से, चोरी से, ब्रह्मचयहीनता से और धन के लोभ से बचे और इन्द्रियों को दबा और मार कर, मन तथा शरीर की पवित्रता, सन्तोष, निष्ठा, अध्ययन, मनन, चिन्तन से भगवान को पाये। दूसरी तरफ़ कर्म-योग में इस दबाने-मारने की कोई ज़रूरत नहीं। ज़रूरत है निष्काम हो कर कर्म करने की। अगर कर्म करने में आप निष्काम हैं तो हज़ारों-लाखों को मार सकते हैं, झूठ, छल, कपट, प्रपंच सब का इस्तेमाल कर सकते हैं। अर्जुन जब अपने नाते-रिश्तेदारों को लड़ाई के मैदान में अपने सामने देख कर, हथियार उठाने से झिझक रहा था, तब भगवान कृष्ण ने उसे यही तो उपदेश दिया था। क्या आपका ख़याल है कि महाभारत के युद्ध में पाण्डवों के पक्ष में धन का या ज़मीन का या यश का लालच नहीं था? और आपका ख़याल है कि जब जयद्रथ ने अभिमन्यु की हत्या की, तो अर्जुन को दुख नहीं हुआ और जब अर्जुन ने जयद्रथ का वध किया तो उसे वध करने की कामना नहीं थी ? कामना को यदि कर्म से निकाल दिया जाये तो कर्म करने का आधे से ज़्यादा जोश ही ख़त्म हो जाये और शायद मज़ा भी....आप कारोबार करते हैं न ?" सहसा चेतन ने बात का प्रवाह रोक कर पूछा....

योगी जी ने इकरार में सिर हिलाया।

"क्या आपको झूठ नहीं बोलना पड़ता ? चार आने की चीज़ के आप छै आने नहीं लेते ?"

"पर हम व्यापारी हैं। हमारा कर्तव्य है व्यापार करना। हमारा प्रयास यही रहता है कि हमें जो कर्म करने को भगवान की ओर से मिला है, उसे निष्काम हो कर करें, फलाफल की चिन्ता न करें....और फिर पचास वर्ष की आयु होने पर तो हम इस सबसे भी मुक्त हो जायेंगे।"

चेतन ने ज़ोर का ठहाका लगाया।

"आपको कोई दुख और सन्ताप है।" सहसा योगी जी ने कहा, "भगवान और धर्मशास्त्रों में आपकी आस्था नहीं, और बिना भगवान में लौ लगाये, शान्ति मिल नहीं

सकती। अनास्थावान और अज्ञानी के भाग्य में दुख और सन्ताप लिखा है।" योगी जी के स्वर में किंचित क्रोध झलक आया, "आप हमारे गुरु श्री स्वामी अपूर्वानन्द जी से मिलिए, आपको ज्ञान और शान्ति, दोनों का लाभ होगा।"

"मैं तो स्वामी अपूर्वानन्द जी से ज्ञान-लाभ कर लूँगा, पर ये जो करोड़ों लोग हैं, उनका क्या होगा ?" चेतन हँसा, "तत्व-ज्ञान तो हरेक के बस का नहीं, भगवान को कोई बिरला ही पाता है, पर इस कोशिश में लोग जो इस जीवन को सपना और माया और मिथ्या समझ कर भगवान-भरोसे छोड़ रहे हैं, उसी का यह नतीजा है कि हम सदियों से ग़ुलाम रहे हैं, हमारे यहाँ अकाल-मृत्यु संसार के सब देशों से ज़्यादा है — अपढ़ता, ग़रीबी, भुखमरी का दौर-दौरा है और लोग परमार्थ की चिन्ता में लीन हैं — परलोक बनाने की फ़िक्र में इहलोक को भूले बैठे हैं। परलोक में उन्हें न जाने सुख मिलता है कि नहीं, पर इस लोक में दुख ज़रूर मिलेगा। और हमारे ज्ञानी उधर ध्यान देने के बदले ब्रह्म की चिन्ता में डूबे हुए हैं।"

योगी जी ने जैसे उसकी बात नहीं सुनी। क्रोध को अपार संयम से रोक कर बड़ी धीरता से उन्होंने कहा, "आप स्वामी अपूर्वानन्द जी से मिलिए, आपको निश्चय ही शान्ति मिलेगी।"

"मैं अशान्त ज़रूर हूँ," चेतन ने कहा, "पर मैं न संसार से मुँह मोड़ सकता हूँ, न कामना छोड़ सकता हूँ। मेरा ध्यान न पिछले जन्म की तरफ़ है, न अगले जन्म की तरफ़। मैं इस जन्म को सफल और सुखी बनाना चाहता हूँ। मेरे हालात ठीक नहीं, माहौल अच्छा नहीं, लेकिन मैं इसी में से रास्ता निकालूँगा। मुझे देर लगेगी, पर मैं रास्ता ज़रूर निकाल लूँगा।

"लेकिन आपके महात्मा गाँधी तो गीता के भक्त हैं। कर्मयोग में उनका अपूर्व विश्वास है।"

"महात्मा गाँधी से तो मेरी भेंट नहीं हुई," चेतन हँसा, "फिर मैंने यह कब कहा कि हमारे शास्त्रों में जो है, सब बकवास है। महात्मा गाँधी ने दाने निकाल लिये होंगे, जबकि दूसरे अक्लमन्द महज़ भुस को समेटे जा रहे हैं....अच्छा, तो नमस्कार!"

एक बार हुनर साहब ने उसे बैठने के लिए कहा, पर जब चेतन बोला कि मैं सुबह का निकला हूँ, मुझे अब चलना चाहिए तो फिर उन्होंने ज़ोर नहीं दिया। चेतन की बातों से योगी जी के माथे पर जो तेवर आ गये थे, उन्हें दूर करना भी तो उन्हीं का कर्तव्य था, क्योंकि चेतन उन्हीं के साथ आया था। फिर, उपनिषदों के अनुवाद की बात चला कर, शाम के चाय-पानी का भी कुछ प्रबन्ध उन्हें करना था। इसके अतिरिक्त वे अपने साथ 'विधवा-सहायक' की फ़ाइलें भी उन्हें दिखाने ले आये थे।....चेतन उठा तो वे भी उठे, पर दरवाज़े तक नहीं गये। वहीं से उन्होंने उसके हाथ को दोनों हाथों में ले कर, ज़रा पीछे को खींच, स्वयं ज़रा आगे झुक कर मुस्कराते हुए बड़ी स्निग्धता स उसे दबाया और कहा कि वे शाम को लाला गोविन्दराम की ओर जायेंगे, एक मुशायरा रखने की कोशिश कर रहे हैं, सम्भव हो तो वह शाम को उनसे मिले।

चेतन ने न 'हाँ' की, न 'ना' और हाथ मिला कर चल दिया।

शाम

अट्ठाईस

मण्डी बाज़ार को पार कर चेतन स्टेशन तक आया तो उसका दिमाग़ आत्मा-परमात्मा, सुख-शान्ति, आनन्द और परमानन्द, ज्ञानयोग और कर्म-योग में उलझा हुआ था। क्षण भर को अड्डे पर रुक कर उसने एक नज़र ताँगों पर डाली कि यदि कोई ताँगा पंजपीर अथवा अड्डा होशियारपुर को जा रहा हो तो उस पर जा बैठे, लेकिन शायद कोई गाड़ी आने वाली थी, ताँगे वाले सब अपने अड्डे पर नम्बरवार खड़े थे —दो-एक सवारियों को बैठाये, अन्य सवारियों की तलाश में। सिपाहियों को चकमा देता हुआ, एक भी ताँगा अड्डे के बाहर न घूम रहा था। चेतन चुपचाप स्टेशन रोड को हो लिया। यद्यपि यहाँ भी बीच-सड़क काफ़ी कीचड़ था, पर सड़क के किनारे-किनारे लोगों के लगातार चलने के कारण अपेक्षाकृत सख़्त पगडण्डी बन गयी थी। पतलून के पायँचे उसने ढीले छोड़ दिये और धीरे-धीरे चल पड़ा।

o

....लाला जालन्धरीमल की दुकान से निकल, बीच-सड़क रुक कर वह ज़ोर से ठहाका मार कर हँस दिया था। जान-बूझ कर उन्हें छेड़ने और सयत्न बनाये हुए उनके शान्ति के पोज़ को भंग कर देने पर उसे शरारती बच्चे जैसी ख़ुशी हुई थी....'स्साला योगी का....' उसने मन-ही-मन कहा था, 'चार दिन की जेल ने लाला का सारा देश-प्रेम निकाल दिया और तत्वज्ञानी बन बैठा —इक सुण्ढ दी गण्ढी लब्भी एस बान्दर, हट्ट पा बैठा इह पंसारियाँ दी।'[१] —बरसों पहले हरबल्लभ के मेले पर पोने की बैतबाज़ी में सुने हुए बैंत की एक पंक्ति उसके दिमाग़ में कौंध गयी और वह मुस्करा दिया....'जालन्धरीमल जी सरफ़रोश....सरफ़रोशी की तमन्ना अब हमारे दिल में है....जालन्धरीमल जी योगी —सुख-दुख से ऊपर उठ कर, आत्मा को परमात्मा में लीन करने और परमानन्द की प्राप्ति करने वाला; परम धैर्यवान; स्थितप्रज्ञ; त्रिगुणातीत....मौन रूप से दूसरों के मन पर प्रभाव डालने वाला....हा हा हा....।'

लेकिन यों ठहाका मार कर वह उस विषय को अपने दिमाग़ से हटा न सका था। लाला जालन्धरीमल ढोंगी ज़्यादा हों और योगी कम, लेकिन उस दर्शन में क्या कुछ भी तत्व नहीं ? इतनी सदियों से वह दर्शन भारतीयों ही को नहीं, विदेशियों को भी प्रभावित कर रहा है, उसे ही क्यों उसमें आस्था नहीं होती ?

चेतन ने सोचा तो पाया कि इसका कारण उसके घर का अति धार्मिक वातावरण और आर्यसमाजी संस्थाओं में उसका शिक्षा प्राप्त करना है। उसके दादा चण्डी के उपासक ही न थे, शिव के भक्त भी थे और अन्य सभी देवी-देवताओं की पूजा भी नियमपूर्वक

१. इस बन्दर को सोंठ की एक गाँठ मिली और यह पंसारी की दुकान सजा बैठा।

करते थे। ढाई घण्टे तक चण्डी के स्तोत्र का पाठ कर तब अन्न मुँह में लगाते थे। उसकी माँ लल्लूलाल का 'प्रेम सागर' जिस निष्ठा से पढ़ती थी, गीता का पाठ भी उसी निष्ठा से करती थी। उसके लिए वह पाठ किसी सामाजिक अथवा व्यक्तिगत दर्शन का नहीं, नित्य-नियम ही का अंग था। इन पुस्तकों का पाठ करना, पुण्य का काम है और इन्हें नित्य पढ़ने से मुक्ति मिलती है, यही विचार उसे उन पुस्तकों का पाठ करने की प्रेरणा देता था। गीता के श्लोकों और उनके गहन दर्शन, ज्ञानयोग और कर्मयोग को तो वह क्या समझती, हर अध्याय के साथ जो माहात्म्य थे, वह तो उन्हीं को पढ़ती थी। उन अध्यायों को पढ़ने से कौन कैसे भवसागर से तर गया, यह जान कर उसे बड़ा सुख मिलता और चूँकि इस संसार में उसने दुख-ही-दुख देखा था, वे माहात्म्य उसे बड़े ही अच्छे लगते थे।

लेकिन चेतन को सत्यनारायण की कथा में (जो उसके घर में हर पूर्णमासी को होती) और उन माहात्म्यओं की कथाओं में कोई अन्तर न लगता। आर्यसमाजी स्कूल में पढ़ने पर उसने जो तर्क-बुद्धि पायी, उससे उसने जाना कि वे सब कहानियाँ नितान्त असत्य हैं — ज्ञानयोग और भक्तियोग में जो अन्तर है, वही गीता के अध्यायों और इन माहात्म्यों में उसे दिखायी देता था।....ज्ञानयोग अथवा कर्मयोग की बारीकियों को समझना चूँकि हर किसी के बस का नहीं, इसलिए उन माहात्म्यों को जोड़ दिया गया था ताकि उनके कारण बार-बार उन श्लोकों का पाठ करते हुए साधारण लोगों के मन पर उस गहन दर्शन का कुछ-न-कुछ प्रभाव पड़े। आत्मा क्या है, इसे आम आदमी नहीं समझता, पर बार-बार गीता का पाठ करते हुए वह इतना जान लेता है कि आत्मा अमर है, अछेद्य, अदाह्य, अक्लेद्य और अशोष्य है....और यों साधारण जन के मन से मृत्यु का भय किंचित कम हो जाता है।....आसक्ति क्या है और काम (कामना) क्या है और आदमी कामरहित कैसे हो सकता है — यह शायद साधारण जन नहीं समझ पाता, पर उसे कर्म करना चाहिए, फल की चिन्ता न करनी चाहिए, बार-बार गीता का पाठ करते हुए यह बात उसकी समझ में आ जाती है।.... स्थितप्रज्ञ तो साधारण आदमी क्या बनेगा! आसक्ति से कामना कैसे उत्पन्न होती है — यह वह नहीं समझता, पर क्रोध मूढ़ भाव को पैदा करता है, सोचने-समझने की शक्तियों का नाश करता है, यह बात वह कुछ-कुछ समझ जाता है....माँ से बार-बार सुने हुए कई श्लोक चेतन को कण्ठस्थ हो गये थे....लेकिन माँ को उन्हें पढ़ कर जितनी शान्ति मिलती थी, चेतन को उतनी ही उलझन होती थी....

बचपन में जब वह माँ से गीता की कथा सुनता था, तो उसे अक्षरशः सत्य समझता था — उसके सामने कुरुक्षेत्र की रणस्थली, कौरवों-पाण्डवों की सेनाएँ, अर्जुन का रथ, अपने सामने बन्धु-बान्धवों और गुरुजनों को देख कर मोहग्रस्त हो, गाण्डीव रखता हुआ कुन्ती-नन्दन और गीता का उपदेश देते हुए कृष्ण घूम जाते। लेकिन बड़े होने पर उसे वह घटना नितान्त असत्य और काल्पनिक लगती। कौरव और पाण्डव भी होंगे और उनमें महाभारत का युद्ध भी अवश्य हुआ होगा, पर दोनों सेनाओं के मध्य रथ रोक कर कृष्ण ने अर्जुन को गीता का इतना सारा ज्ञान दिया होगा, यह उसे असम्भव लगता। उस स्थिति में अधिक-से-अधिक दूसरे अध्याय ही की ज़रूरत थी, अपना विराट रूप भी कृष्ण दिखा सकते थे, पर राजयोग, ज्ञानयोग और भक्तियोग — इस सब की वहाँ क्या ज़रूरत थी ?....

माँ कृष्ण को भगवान समझती थी और उसे उनका हर वाक्य सत्य लगता था, पर

भगवान हो कर कृष्ण का अर्जुन को शास्त्रों के अनुसार चलना और वर्णाश्रम को मानने का उपदेश देना चेतन को ठीक न लगता। आर्यसमाज के प्रभाव में चेतन के मन में शूद्रों के प्रति गहरी सहानुभूति उत्पन्न हो गयी थी। वर्णाश्रम धर्म यदि ठीक था, तो बेचारे शूद्रों के लिए वह सब ज्ञान वर्जित था। केवल सेवा करना और अज्ञान के गहरे अन्धकार में पीढ़ी-दर-पीढ़ी ज़िन्दगी गुज़ारना, उनकी नियति थी। भगवान कैसे इस सब का उपदेश दे सकता है....

फिर विभूति योग के अन्तर्गत उसे कई ऐसी बातें सुनने और पढ़ने को मिली थीं, जो उसकी समझ में एकदम न आयी थीं। एक स्थल पर कृष्ण ने कहा है —मैं छलनाओं में जुआ हूँ। —'भगवान यह कैसे कह सकता है ?' उसने माँ से पूछा था। तब माँ ने उसे व्याख्या पढ़ कर सुनायी थी कि संसार में उत्तम, मध्यम और नीच —जितने भी जीव और पदार्थ हैं, सभी में भगवान व्याप्त हैं और भगवान ही की सत्ता-स्फूर्ति से सब चेष्टा करते हैं। ऐसा एक भी पदार्थ नहीं, जो भगवान की सत्ता और शक्ति से रहित हो। ऐसे सब प्रकार के सात्विक, राजस और तामस जीवों एवं पदार्थों में जो विशेष गुण, विशेष प्रभाव और चमत्कार से युक्त हैं, उन्हीं में भगवान की सत्ता और शक्ति का विशेष विकास है।

लेकिन चेतन को यह व्याख्या परस्पर-विरोधी लगती थी, भगवान सभी जीवों में भी व्याप्त है और उनमें जो विशेष गुण है, उसमें उसकी शक्ति का विशेष विकास भी है। भगवान का यह पक्षपात क्यों ?....पर माँ बेचारी उसकी बात का क्या उत्तर देती ? उसे उसका यह तर्क करना ही पाप लगता था।

चेतन ने वह पूरा अध्याय पढ़ा था और वह सारे-का-सारा उसे असंगतियों और परस्पर-विरोधी बातों से भरा लगता था।....भगवान छलनाओं में द्यूत ही नहीं था, पशुओं में सिंह भी था और जलचरों में मगरमच्छ भी। वह यादवों में कृष्ण था और पाण्डवों में अर्जुन (कैसे कृष्ण स्वयं यह बात कह सकते थे, यह उसकी समझ के बाहर की बात थी) वह घोड़ों में उच्चैःश्रवा, हाथियों में ऐरावत और मनुष्यों में राजा था (इस अन्तिम बात पर चेतन को घोर आपत्ति थी, राज्याश्रयी ब्राह्मण यह बात कह सकता था। पर भगवान नहीं)....फिर वह मुनियों में कपिल भी था और वेदव्यास भी (यह अन्तिम बात उसे अत्यन्त हास्यास्पद लगती।)

लेकिन और बड़ा होने पर उसने जाना कि गीता में जिस घटना का उल्लेख है, वह कहीं नहीं घटी, महर्षि वेदव्यास ने इस घटना के माध्यम से उपनिषदों के ज्ञान का सार गीता में उपस्थित किया है और उस ज्ञान को बोधगम्य बनाने के लिए उस घटना का सहारा लिया है....फिर यदि कवि ग़ालिब अपने-आपको वली समझ सकता था तो कवि वेदव्यास भगवान क्यों न बन सकते थे। ग़ालिब ने 'मीर' की प्रशंसा की थी। वेदव्यास ने कपिल की प्रशंसा कर दी (भगवान के मुँह से करा दी।)

और यह अहं से ऊपर उठने का उपदेश देने वाले महर्षि की बात थी। गीता के अध्यायों में उलझा, सड़क के कीचड़ से बच कर चलता हुआ चेतन सहसा मुस्करा दिया। ....वास्तव में आर्यसमाज के स्कूल और कॉलेज में उसे जो शिक्षा मिली थी, उसने दादा और माँ से मिले उसके सनातनधर्मी विश्वासों को बुरी तरह झकझोर दिया था। कृष्ण को अवतार माने बिना गीता की सम्पूर्ण शिक्षा को ग्रहण करना असम्भव था, पर वह कृष्ण को

अवतार न मानता था। वह अपने पिता के शब्दों में उन्हें महामानव मान सकता था; पर वे भगवान थे और धर्म की ग्लानि होने के कारण उन्होंने धर्म के अभ्युत्थान के हेतु जन्म धारण किया था, इसे वह नहीं मानता था।....

आर्यसमाज का विश्वास देवी-देवताओं में न था, सगुणोपासना में न था, इसलिए भक्ति अथवा विभूतियोग में न था, पर ज्ञानयोग और कर्मयोग और राजयोग में (उपनिषदों के सार-स्वरूप) आर्यसमाज की परम आस्था थी।....लेकिन उस तर्क-बुद्धि से, जो उसे आर्यसमाज ही से मिली थी, चेतन का विश्वास उन मान्यताओं में भी न होता था। आत्मा, परमात्मा, आवागमन और मोक्ष में आर्यसमाज की परम आस्था थी। लेकिन चेतन को ये सब ऐसे सत्य न दिखायी देते, जिन पर कोई उँगली न उठा सके। कृष्ण गीता में स्वयं कहते हैं :

अथ चैनं नित्यजातं नित्यं वा मन्यसे मृतम्
तथापि त्वं महाबाहो नैवं शोचितुमर्हमि
जातस्य हि ध्रुवोर्मृत्युर्ध्रुवं जन्म मृतस्य च

—किन्तु यदि तू इस आत्मा को सदा जन्म लेने और मरने वाला मानता हो (अमर न मानता हो) तो भी हे महाबाहो, तुझे इस प्रकार शोक न करना चाहिए, क्योंकि इस मान्यता के अनुसार जन्मे हुए की मृत्यु निश्चित है और मरे हुए का जन्म निश्चित है....

....लेकिन यदि अर्जुन की जगह चेतन होता तो वह कहता कि आत्मा के अमरत्व ही में नहीं, आत्मा के अस्तित्व में भी मुझे विश्वास नहीं।

'लाखों में, करोड़ों में कोई विरला ही तत्वज्ञानी उस आत्मा को, उस ब्रह्म को पाता है,' बार-बार गीता में उसने पढ़ा था....लेकिन पाता है, इसका भी क्या भरोसा है ? शायद वह समझ लेता है कि उसने पा लिया ....ईसा, मुहम्मद, बुद्ध सभी ने तो उसे पाया, लेकिन उनके मतों में कितना अन्तर है।....और अनास्था के क्षणों में चेतन को कहीं रास्ता न मिलता।

o

जहाँ तक कर्मयोग का सम्बन्ध था, चेतन की समझ में यह बात न आती थी कि कामनारहित हो कर आदमी कैसे कर्म कर सकता है और सफल हो सकता है। क्रोध, जिसे गीता में बुद्धि का नाश करने वाला कहा गया था, चेतन को बड़ी भारी शक्ति लगता था — स्मृति-विभ्रम और बुद्धि का नाश करने के बदले स्मृति की धार को तेज़ और बुद्धि को बारीक कर देने वाली! यदि भगवान छलनाओं में द्यूत है, पशुओं में सिंह और जलचरों में मगरमच्छ है तो आवेगों में वह निश्चय ही क्रोध है —चेतन ऐसा मानता था। प्रश्न वास्तव में क्रोध के प्रकार का था। गीताकार ने क्रोध का वर्गीकरण नहीं किया था। क्रोध स्वार्थजनित भी हो सकता है, परमार्थजनित भी; क्रोध नैतिक भी हो सकता है, अनैतिक भी; ग़लत भी हो सकता है, सही भी। हो सकता है कि ग़लत, अनैतिक और स्वार्थजनित क्रोध मूढ़ भाव पैदा कर, बुद्धि का नाश कर दे; पर वह जिसे अंग्रेज़ी में न्यायजनित क्रोध (righteous anger), अमर्ष कहते हैं, वह बुद्धि को नष्ट नहीं, उसको तीक्ष्ण करता है, ऐसा चेतन समझता था। महात्मा गाँधी के सम्बन्ध में प्रचलित था कि वे युग के महान कर्मयोगी हैं, लेकिन

अंग्रेज़ी सत्ता के नीचे पिसते हुए ग़ुलाम भारतीयों को देख कर उनके मन में कुढ़न (जो क्रोध का दूसरा रूप है) न होती होगी, उस अमर्ष की अग्नि उनके अन्तस में मौन रूप में प्रज्ज्वलित न होती होगी, इसे चेतन स्वीकार करने को तैयार न था। उस कुढ़न के बिना अपनी मेधा की तमामतर शक्तियों को उस निष्ठा से विदेशी सरकार के विरुद्ध लगा सकना, उसे नितान्त असम्भव लगता था।

चेतन के विचार में सवाल सिर्फ़ क्रोध का नहीं था, बल्कि न्याय अथवा अन्याय पर आधारित क्रोध का था। और क्रोध के ये दोनों प्रकार संगत अथवा असंगत, न्यायपूर्ण अथवा अन्यायपूर्ण, सही अथवा ग़लत काम से जुड़े थे। गीता का सर्जक यह कह कर छुट्टी पा गया था कि 'कौन-सा काम करने योग्य है और कौन-सा करने योग्य नहीं, इसका निर्णय करने में बड़े-बड़े ज्ञानी चक्कर में पड़ जाते हैं।' पर चेतन को लगता था कि सही योग तो इसी बात का निर्णय करने में है, इससे भाग कर स्थितप्रज्ञ होने में नहीं। ....एक बार अंग्रेज़ ट्रैफ़िक इन्स्पेक्टर ने उसके पिता को डैम फ़ूल (damned fool) कह दिया था और उसके पिता ने ज़ोर से एक थप्पड़ खींच कर उसके दे मारा था। टी०आई० ने उसकी वक्त उन्हें निलम्बित कर दिया था। तब एक दुर्निवार क्रोध ने चेतन के पिता की समस्त मेधा को एक तीखी धार दे थी। उस ज़माने में, जब अंग्रेज़ के सामने ज़ोर से बोलना भी गुनाह था, उन्होंने अपना मामला स्वयं लड़ा था और जीत गये थे। वह टी०आई० उनकी लाइन से बदल दिया गया था। 'अगर तुम सच्चाई पर हो,' उसके पिता कहते थे, 'तो मत डरो, भगवान ने तुम्हें बुद्धि दी है, उसका प्रयोग कर, पूरी निष्ठा से मुकाबले पर डट जाओ। तुम निश्चय ही जीतोगे।' और माँ द्वारा दी गयी सीख की अपेक्षा यह सीख चेतन को ठीक लगती थी और उसने अपने लिए एक दर्शन बना लिया था। वह गीता का दर्शन न था। शायद कच्चा और त्रुटिपूर्ण भी था, पर चेतन को वही अच्छा लगता था। उसने उसे 'नवीन कर्मयोग' का नाम दे रखा था। इस दर्शन के अनुसार वह अपेक्षा रखता था कि कर्मयोगी पहले तय करे कि उसका पक्ष सच्चा है या झूठा, न्यायसंगत है अथवा अन्यायसंगत, नैतिक है अथवा अनैतिक। वह आत्मालोचन से इस बात को जानने की शक्ति पैदा करे और इसका निर्णय कर ले, तो (यदि वह सच्चाई पर हो तब) पूरी शक्ति से, तीव्र कुढ़न और न्यायसंगत दुर्निवार क्रोध से अपने पक्ष की सिद्धि में जुट जाये और सफलता पा कर ही दम ले....'अच्छे की आशा रखो और बुरे के लिए तैयार रहो' (hope for the best and be prepared for the worst) उसके पिता कहते थे और इसी के अनुसार उसने गीता से इतना ले लिया था कि वह फलाफल की चिन्ता न करे, सफलता के लिए पूरी कोशिश करे, पर असफलता के लिए हमेशा तैयार रहे।

स्थितप्रज्ञता, आत्मज्ञान, ब्रह्मज्ञान, तत्वज्ञान और मोक्ष उसे आकर्षित नहीं करते थे — उसे अपना यह नवीन कर्मयोग ही आकर्षित करता था और ज्यों-ज्यों वह सोचता था, उसे गीता के कर्मयोग से यह कहीं कठिन दिखायी देता था। कर्म में अकर्म और अकर्म में कर्म देखना, आसक्ति और कामनारहित हो कर अपने समस्त कर्मों को भगवान के अर्पण करना, उसे जितना कठिन लगता था, उतना ही कठिन सही और ग़लत कर्म में, न्यायसंगत और अन्यायसंगत क्रोध में विभेद की शक्ति पैदा करना। ऐसी प्रज्ञा, जो आत्म-वंचना का शिकार हुए बिना, करणीय तथा अकरणीय कर्मों का निर्णय कर सके, उसके निकट सुगम न थी।

जिस निर्णय में बड़े-बड़े ज्ञानी चक्कर में पड़ जाते हैं, उसी निर्णय पर पहुँचना उसके विचार में सच्चा योग था। ऐसी प्रज्ञा निरपेक्ष भाव से अपनी भावनाओं, अपने मनोविज्ञान, अपने कर्मों का जायज़ा लेते रहने से और आत्मालोचन की शक्ति पैदा करके ही प्राप्त की जा सकती है। एक बार पता चल जाने पर कि जो काम वह करने जा रहा है, वह सही और न्यायपूर्ण है, फिर उसे करने और उसमें सफलता पाने में आवेगरहित, एकदम ठण्डी, पर निरन्तर धधकती आग-ऐसी निष्ठा से लग जाना और उसमें सफलता पाना ही उसे श्रेयस्कर लगता था। इतना सब जान लेने पर मन और तन की पूरी शक्ति लगा देने पर असफलता भी मिल सकती है, इसमें उसका ज़रा भी विश्वास न था। लेकिन उसकी चिन्ता वह नहीं करेगा, इतना उसने बड़े उदार भाव से गीता के सर्जक से ले लिया था।....'मैं कभी इस नवीन कर्मयोग को ले कर, नयी गीता का सर्जन करूँगा,' उसने मन-ही-मन कहा, 'लेकिन इससे पहले मुझे महात्मा गाँधी और महात्मा तिलक के गीता-भाष्यों को पढ़ लेना चाहिए, उपनिषदों को भी किसी अधिकारी से पढ़ लेना चाहिए और इस विषय में पश्चिमी दार्शनिकों के मत भी जान लेने चाहिएँ....'

o

"बम्बई की बिल्ली....इम्पीरियल फ़िल्मी कम्पनी की लाजवाब फ़िल्म....मलका-ए-हुस्न मिस माधुरी की दिलफ़रेब ऐक्टिंग...."

चेतन ने नज़र उठायी —लम्बी-लम्बी तिकोनी टोपियाँ और जोकरों के कपड़े पहने, बाँसों पर लगे फ्रेमों पर चस्पाँ, 'बम्बई की बिल्ली' के पोस्टर उठाये नारे लगाने वाले लड़कों के आगे-आगे कवि हरदयाल हाथ में घण्टी लिये, नये फ़िल्म के पोस्टर बाँटते आ रहे थे। शायद पूरे शहर का चक्कर लगा कर आये थे और चूँकि सिनेमाघर के पास पहुँच गये थे, इसलिए उनकी आवाज़ में जोश आ गया था....तीखा नाक-नक्शा, गोरा रंग, लम्बा-पतला शरीर, उस पर उटंग पायजामा, कमीज़ और कोट, सिर पर पगड़ी, शमला आगे....कवि हरदयाल में इन आठ वर्षों ने कोई अन्तर नहीं पैदा किया था और चेतन के सामने कई दृश्य घूम गये, जब वह आठवीं कक्षा में पढ़ता था और हरबल्लभ के मेले में पोने की बैतबाज़ी में हरदयाल के बैत सुनता था, जिनमें हर अन्तिम पंक्ति के पहले ये शब्द होते —

हरदयाल ने बैत तैयार कीत्ती....

वे लोग सिनेमाघर के अन्दर चले गये तो चेतन भी उनके पीछे हो लिया।

उनतीस

बाज़ार के साथ ही गरारियों पर लगे लोहे के, छत तक ऊँचे, दरवाज़े के बाद बड़ा-सा कमरा था, जिसमें सामने वैसा ही लोहे का दरवाज़ा लगा था और उसके परे मँडुए के साथ लम्बा-सा गलियारा था, जिसमें रुपये, बारह आने, आठ आने और चवन्नी वाले दर्जे थे। जब यह सिनेमाघर केवल टीन का मँडुवा था और सफ़री थियेटर कम्पनियाँ आ कर वहाँ

अपने खेल दिखाया करती थीं तो इसका प्रवेश-द्वार पिछली गली की ओर था। उधर मँडुए के बाहर खुला अहाता और टिकट-घर था, लेकिन सिनेमा-घर के नये मालिक (मालिक तो पुराने ही थे, कहा जाये कि नये लीज़-होल्डर) ने यह दरवाज़ा निकाल लिया था, इधर से भीड़ को दाख़िल करने में आसानी होती थी, दफ़्तर तो उधर ही था, पर वे शाम को गलियारे में आराम-कुर्सियाँ डाल कर बैठ जाया करते थे। —पतले-छरहरे, नफ़ीस सूट पहने हुए, गेहुँआ रंग और होंटों पर भलमन्सी-भरी मुस्कान —कुछ ही वर्ष पहले हमीद और उसने मिल कर उन्हें ख़ूब बेवकूफ़ बनाया था और चेतन लगभग साल भर तक रोज़ मुफ़्त सिनेमा देखता रहा था। उन्हें उसकी चालाकी का पता भी चल गया तो भी (निश्चय ही अपनी भलमन्सी के कारण) वे कुछ कर न पाये थे।....उस घटना की याद आते ही चेतन के होंटों पर मुस्कान फैल गयी और उसने सोचा कि वह ज़रा आगे तक हो आये — शायद दफ़्तर में अथवा मँडुए के बाहर लाला मोहनलाल मिल जायें और उनके दर्शन हो जायें....

०

बात उन दिनों की है, जब चेतन से हमीद का परिचय हुआ ही था और चेतन ने मीनाक्षी रामाराव का चित्र मँगा कर हमीद को चकित कर दिया था और चन्दा देवी 'कुमुद' के लेख प्रसिद्ध फ़िल्मी पत्रिकाओं में निकलने लगे थे। फ़िल्म सम्बन्धी लेख लिखने में चेतन को सबसे बड़ी कठिनाई यह थी कि उसका सारा ज्ञान पत्र-पत्रिकाओं तक ही सीमित था। सिनेमा देखने के लिए वह चवन्नी भी न जुटा पाता था। केवल एक आना रोज़ उसे जेब-ख़र्च के लिए मिलता था, सुबह नाश्ता करके तीन-साढ़े तीन मील कॉलेज जाने के कारण उसे दोपहर को भूख लग आती थी और उस एक आने में से दो पैसे की बर्फ़ी खा कर, वह दो पैसे की मीठी (यद्यपि पतली) लस्सी पी लेता था। हमीद ने जब उसे एक-दो बार सिनेमा देखने को चलने के लिए कहा तो वह टाल गया था। फिर एक दिन जब उसके पिता जालन्धर आये थे और उनकी जेब कुछ भारी थी और वे अच्छे मूड में थे और उन्होंने अपने सब बेटों को चवन्नी-चवन्नी दी तो उनके जाने के बाद दूसरी शाम, उसने हमीद से कहा था कि उसके पास चार आने हैं, यदि वह चार आने वाले दर्जे में बैठ कर उसके साथ सिनेमा देख सकता है तो चले।

हमीद ने कहा था कि चवन्नी में दुनिया-जहान के ऐरे-ग़ैरे, नत्थू-ख़ैरे बैठते हैं, फिर इतने निकट से सिनेमा देखने से आँखें ख़राब हो जाती हैं, लेकिन चलो, तुम्हारी ख़ातिर चवन्नी ही में चलते हैं।

सुलोचना और डी० बिलीमोरिया[१] की पिक्चर थी। उसका पहला दृश्य सदा के लिए चेतन के मन में अंकित हो गया।....डी० बिलीमोरिया फ़ौजी वर्दी पहने, जहाज़ के डेक पर कोहनी टेके खड़ा, समुद्र को देख रहा है; जहाज़ बम्बई की बन्दरगाह पर लगने वाला है; परिन्दे जहाज़ के इर्द-गिर्द मँडरा रहे हैं....तभी उड़ता हुआ एक काग़ज़ डी० बिलीमोरिया के हाथ आ जाता है। वह किसी का पत्र है। उसकी निगाहें उठती हैं; डेक के दूसरे किनारे सुलोचना खड़ी है, वही ख़त पढ़ रही थी कि हवा से वह उसके हाथ से उड़ गया। वह अपना पत्र लेने आती है। दोनों की निगाहें मिलती हैं और एक-दूसरे की हो जाती हैं....इसके

१. मौन चित्रपटों के ज़माने का प्रसिद्ध अभिनेता।

बाद उस फ़िल्म में क्या हुआ था, चेतन को याद नहीं। कोई खलनायक था, जो जहाज़ ही में सुलोचना के पीछे लगा था, वह उसको उड़ा कर ले जाता है। डी० बिलीमोरिया पीछा करता है....मोटरों की दौड़....लड़ाई....और अन्त में नायक-नायिका का सुखद मिलन....

और उसी दिन से चेतन सुलोचना का शैदाई हो गया था। उसने पहले उसे केवल फ़िल्मी पत्र-पत्रिकाओं में देखा था, लेकिन फ़िल्म के पर्दे पर उसे देख कर तो उसके दिल की धड़कन कई गुना तेज़ हो गयी थी। फ़िल्म देख कर जब वे बाहर आये थे तो हमीद ने कहा था, "चलो ज़रा मोहनलाल जी से कहें कि कुछ अच्छी फ़िल्में मँगाया करें, यह क्या मार-धाड़, लड़ाई-भिड़ाई की फ़िल्में मँगाते हैं ?"

यद्यपि चेतन को फ़िल्म बहुत भायी थी और उसे लगा था कि हमीद केवल स्नॉबरी झाड़ रहा है, लेकिन उसने प्रतिवाद नहीं किया। "मोहनलाल कौन हैं ?" उसने केवल इतना ही पूछा।

"मालिक हैं।"

"तुम जानते हो उन्हें ?"

"हाँ! मैं जब आता हूँ, उनसे फ़िल्म की अच्छाई-बुराई पर हमेशा बात करता हूँ।"

हमीद अंग्रेज़ी बहुत अच्छी बोलता था। कॉलेज के वाद-विवाद में हमेशा फ़र्स्ट रहता था और उसे बातचीत करने में ज़रा-भी संकोच न था। फ़िल्म ख़त्म होने पर मोहनलाल जी कुर्सी से उठ कर टहलने लगे थे। उनका कायदा था कि फ़िल्म शुरू होने के कुछ पहले आते थे। फ़िल्म शुरू होने पर अन्दर फ़र्स्ट-क्लास के किसी ख़ाली काउच पर जा बैठते थे अथवा घर या बाज़ार चले जाते थे। फिर पहले शो के ख़त्म होने और दूसरे के शुरू होने पर आ जाते थे।

"बाद द वे, ह्वाई डोण्ट यू गेट फ़िल्म्ज़ लाइक कण्ठाहार ?"[१] हमीद ने उनके पास रुक कर पूछा था।

"कण्ठाहार! हमने तो नाम भी नहीं सुना।" मोहनलाल जी ने सादगी से मुस्कराते हुए कहा था।

वास्तव में 'फ़िल्म लैण्ड,' कलकत्ता के ताज़ा अंक में (चेतन 'फ़िल्म लैण्ड' मँगाया करता था) 'कण्ठहार' की बड़ी तारीफ़ छपी थी। उसमें मौन चित्रपटों का प्रसिद्ध बंगाली नायक दुर्गादास काम करता था। चेतन और हमीद को वह इतना सुन्दर लगता था कि उनके मन में उसे फ़िल्म के पर्दे पर देखने की बड़ी इच्छा थी। उन्हें यह समझ न थी कि 'फ़िल्म लैण्ड' में जिन फ़िल्मों की प्रशंसा अथवा आलोचना होती थी, वे बंगाली फ़िल्में थीं और शब्द 'कण्ठाहार' नहीं 'कण्ठहार' था, पर जिस प्रकार उनको कुमुद की समझ न थी और वे उसे 'कुमद' लिखते थे, उसी प्रकार 'कण्ठहार' को भी 'कण्ठाहार' कहते थे। लेकिन उन्हें अगर समझ न थी तो मोहनलाल जी को भी नहीं थी। उन्होंने हमीद से कहा कि आप हमें अच्छी फ़िल्मों का पता दीजिए, हम मँगायेंगे।

तब हमीद ने चेतन का परिचय दिया कि इनको फ़िल्मों का काफ़ी ज्ञान है, इनकी पत्नी श्रीमती चन्दा देवी 'कुमद,' बी०ए०, फ़िल्मी पत्रिकाओं में लिखती हैं।

---

१. मैं कहता हूँ कि आप कण्ठाहार जैसी फ़िल्में क्यों नहीं मँगाते ?

"अच्छा!" श्री मोहनलाल ने चेतन की ओर हाथ बढ़ाया और पूछा, "किस कॉलेज से उन्होंने बी०ए० किया है ?" (क्योंकि जालन्धर में तो लड़कों का डिग्री-कॉलेज भी उसी वर्ष शुरू हुआ था।)

चेतन निश्चित रूप में कोई उत्तर न दे पाता। उसका रंग एकदम उड़ गया। लेकिन हमीद क्षण भर को भी नहीं रुका, उसने कहा, "विमेंज़ कॉलेज, लाहौर से।" और फिर उसी साँस में उसने कहा, "चेतन उर्दू के शायर हैं और इनकी कहानियाँ लाहौर के सभी अख़बारों में छपती हैं, आप इनसे अपने हैण्ड-बिल लिखाया कीजिए।"

"हाँ-हाँ, जरूर....ज़रूर! मोहनलाल जी ने सोल्लास कहा।

और दोनों मित्र हाथ मिला कर चले आये।

०

"यार, तुमने मेरा चार आने में आना भी बन्द कर दिया।" चेतन ने बाहर सड़क पर आ कर कहा।

"क्यों ?" हमीद ने पूछा।

"अब जिसकी बीवी बी०ए० हो और विमेंज़ कॉलेज, लाहौर की ग्रैज्युएट हो, वह चवन्नी में पिक्चर देखेगा ?"

"अरे, तुम इसके लिए बढ़िया इश्तहार लिखो। यह ख़ुद तुम्हें पिक्चर दिखायेगा।" और वह ज़ोर से ठहाका मार कर हँसा।

स्टेशन रोड के ख़त्म होने पर हमीद चारबाग़ की ओर मुड़ा।

"क्यों....क्यों.... ?" चेतन ने सहसा पूछा।

"मुझे इधर से नज़दीक पड़ेगा।"

"चलो, सैयदाँ गेट तक मैं तुम्हारे साथ चलता हूँ।"

सैयदाँ गेट पर जब चेतन हमीद से अलग हुआ तो उसका दिमाग़ तेज़ी से काम करने लगा। महज़ विज्ञापन लिखने से एक-आध बार तो पिक्चर देखी जा सकती थी, लेकिन उससे क्या फ़र्क पड़ता है। एक-आध बार वह स्वयं भी (चवन्नी ही में सही) पिक्चर देख सकता था। कोई ऐसी तरकीब भिड़ायी जाये कि जब चाहे, उसे पिक्चर देखने की सुविधा मिल जाये। सोच-सोच कर वह इस नतीजे पर पहुँचा कि लाला मोहनलाल से पहले श्याम बाबू से मैत्री की जाये। लाला श्याम किशोर उस मँडुए के मालिक थे, जिसे लाला मोहनलाल ने ठेके पर ले कर सिनेमा-हॉल में परिणत कर दिया था। 'श्याम प्रेस' के नाम से स्टेशन रोड पर ही उनका प्रसिद्ध लीथो प्रेस था। श्याम किशोर तो शायद अब नहीं रहे थे, उनके दो लड़के थे —मँझले कद के; मोटे; गोल-गुलगोथने —दोनों का रंग गोरा था और दोनों ऐनक लगाते थे। बड़े भाई बड़े श्याम बाबू और छोटे भाई छोटे श्याम बाबू कहलाते थे। चेतन छोटे भाई से मिला भी था। फ़र्स्ट ईयर में उसने हुनर साहब और अपने एक अन्य मित्र के साथ मिल कर ग़ज़लों का एक संग्रह 'शामे-ग़रीबाँ' के नाम से छपवाया था। उसी की छपाई के दाम पूछने वे उनके प्रेस में गये थे। इतने-से परिचय को कैसे बढ़ाया जाये ? इसी बात पर सोचता हुआ चेतन घर पहुँचा था।

०

और महीने भर में चेतन ने मुफ़्त फ़िल्में देखने की व्यवस्था कर ली थी।

०

उस ज़माने में चेतन चन्दा देवी 'कुमुद' के नाम से फ़िल्मी पत्रिकाओं के सम्पादकों से लगातार पत्र-व्यवहार करता था। लाहौर की एक पत्रिका के सम्पादक जी०आर० ओबराय उसे न केवल मुफ़्त पत्रिका भेजते थे, बल्कि उन्होंने उसे फ़िल्मी सिनारियो पर एक पुस्तक भी भेंट की थी और कई बार मिलने की इच्छा भी प्रकट की थी (जिसे वह बड़ी सफ़ाई से टाल जाता था।) बम्बई से भी 'मूवी मिरर' नाम की पत्रिका उसे आने लगी थी और एक फ़िल्मी लेखक से उसका गहरा पत्र-व्यवहार चल रहा था, जिसने स्वयं चन्दा देवी 'कुमुद' के नाम से एक छोटी कहानी का सिनारियो 'मूवी मिरर' में छपवाया था।....चेतन यह सब पत्र-व्यवहार करता रहता था, पर चौबीसों घण्टे उसका ध्यान इसी समस्या में लगा रहता था — कैसे बिना टिकट के दाम ख़र्च किये, मुफ़्त सिनेमा देखने की सबील की जाये! उसी ज़माने में होशियारपुर के गवर्नमेण्ट कॉलेज में एक इण्टर-कॉलेज मुशायरा हुआ। चेतन के कॉलेज के एक प्रोफ़ेसर वहाँ चले गये थे, उन्होंने चेतन को भी उसमें भाग लेने का निमन्त्रण भिजवाया। हुनर साहब उसके अध्यक्ष हो कर गये। यद्यपि फ़र्स्ट तो गवर्नमेण्ट कॉलेज ही का एक मुसलमान छात्र आया, पर चेतन 'द्वितीय' आया और उसे ५ रु० इनाम मिला। वहीं बातों-बातों में हुनर साहब ने उसे इस बात के लिए उकसाया कि उसे अपनी कहानियों का एक संग्रह छपवाना चाहिए और वे नज़्म में उसकी भूमिका लिख देंगे। जब चेतन ने कहा कि पैसे कहाँ से आयेंगे, तो उन्होंने कहा कि काग़ज़ का प्रबन्ध करना है, छपाई तो 'श्याम प्रेस' में हो जायेगी।

यद्यपि हुनर साहब होशियारपुर ही के निकटवर्ती गाँव के निवासी थे, पर जालन्धर में चेतन के मुहल्ले ही में उनके मामा रहते थे। वे चेतन के साथ ही वापस आये। उन्होंने चेतन को काग़ज़ दिलाने और 'श्याम प्रेस' के मालिकों से छपाई का प्रबन्ध करा देने का वचन दिया और फिर बातों-बातों में यह भी बताया कि लाहौर से उनको पत्र-पर-पत्र आ रहे हैं कि कहानी भेजो, पर वे उन दिनों 'गोरा बादल' और राजपूताने के इतिहास की दूसरी 'सुनहरी दास्तानों' को नज़्म कर रहे हैं...."

चेतन उनका संकेत समझ गया था। उसने उनसे कहा कि वह उन्हें एक नहीं, दो कहानियाँ लिख देगा। जब वे उसके लिए इतना कर रहे हैं तो क्या वह इतना भी नहीं कर सकता।

तब जालन्धर पहुँच कर पहला काम उसने यह किया कि उन पाँच रुपयों का एक सूट सिलवाया। फिर हुनर साहब के लिए एक कहानी लिखी। हुनर साहब ने सिटी कांग्रेस कमेटी के मन्त्री लाला गोविन्दराम से कह कर २५ रु० का काग़ज़ दिला दिया और वे स्वयं उसे 'श्याम प्रेस' ले गये। 'श्याम प्रेस' के दोनों मालिक उर्दू में छपाई करने के कारण शे'र-ो-शायरी का बड़ा शौक रखते थे। हुनर साहब ने घण्टों उनको नज़्में सुनायीं, चेतन का परिचय दिया और कहा कि — उदीयमान लेखक है, जालन्धर का नाम रोशन करेगा। उसकी एक छोटी पुस्तक छपने को तैयार है। मैं नज़्म में उसकी भूमिका लिख रहा हूँ। वह आपको छापनी है।

"आप कोई हुक्म दें और हम न मानें।" छोटे श्याम बाबू ने कहा था और उन्हें शाम को पिक्चर देखने की दावत दी थी। चेतन ने फ़िल्म में अपनी दिलचस्पी का ज़िक्र किया था और कहा था कि उसकी पत्नी बाकायदा लेख लिखती है (हुनर साहब को उसने सारी बात बता दी थी), अपने मित्र हमीद का ज़िक्र किया था कि फ़िल्मों के बारे में उसका ज्ञान अपरम्पार है और पूछा था कि क्या वह उसे भी साथ ला सकता है। "शौक से ले आइए!" श्याम बाबू ने कहा था, "बल्कि आप चन्दा देवी जी को भी ले आइए।"

"वे तो आजकल लाहौर में हैं," चेतन टाल गया था, "पर मेरे ये मित्र फ़िल्म में बड़ी दिलचस्पी रखते हैं। ख़ैरपुर के दीवान के लड़के हैं। बी०ए० पास करते ही फ़िल्मों में जाने का उनका इरादा है। यकीनन एक दिन हीरो बन कर चमकेंगे।"

और शाम को वह नया सूट पहने, एक पतली-सी छड़ी हाथ में लिये, हमीद और हुनर साहब के साथ 'श्याम प्रेस' पहुँचा था। वहाँ से वे सिनेमा-हॉल में आये थे और बड़ी शान से गैलरी में सिनेमा देखने गये थे। चेतन ने यह देख लिया कि लाला मोहनलाल ने उन्हें 'श्याम प्रेस' के छोटे मालिक के साथ गैलरी में जाते हुए देख लिया है।

सिनेमा के बाद हुनर साहब और श्याम बाबू, दोनों ने लाला मोहनलाल से चेतन की कहानियों की बड़ी प्रशंसा की थी। हुनर साहब ने भी (चेतन ने उनसे पहले कह दिया था) यह बात कही कि इनकी पत्नी और ये फ़िल्मों का बड़ा ज्ञान रखते हैं। आप फ़िल्मों के हैण्ड-बिल और इश्तिहारों के डिज़ाइन बनवाने में इनकी मदद लीजिएगा।

"हमने तो इनसे कहा था।" लाला मोहनलाल ने कहा, "पर महीनों बाद इन्हें आज देखा है।"

"अब तो मैं इधर आता ही रहूँगा। मेरी पुस्तक छप रही है। आपके भी दर्शन करूँगा।" चेतन ने बड़ी बेनियाज़ी से कहा था।

और दूसरी ही शाम वह छड़ी घुमाता हुआ वहाँ जा पहुँचा था। इस बीच में उसने लाला मोहनलाल के यहाँ से वितरित होने वाले कई हैण्डबिल इकट्ठे कर लिये थे। उनमें ग्रामर, ज़बान और मुहावरे की जितनी ग़लतियाँ थी, सब पर निशान लगा दिये थे। लाला मोहनलाल ने उसे पिक्चर देखने के लिए कहा, पर उस दिन कोई स्टण्ट पिक्चर लगी हुई थी। चेतन ने बड़ी उपेक्षा से कहा कि यह कोई बहुत अच्छी पिक्चर नहीं और पत्रिकाओं में उसने उसकी जो आलोचनाएँ पढ़ी थीं, उनके बल पर उसके गुण-दोषों का विवेचन किया। फिर बातों-बातों में उसने हैण्ड-बिलों में हिज्जे, ग्रामर और मुहावरों की ग़लतियाँ गिनायीं और कहा कि वह तो रोज़ इधर आता ही है। वे रफ़ हैण्ड-बिल उसे दिखा लिया करें, वह उनको एक नज़र देख दिया करेगा।

और यों वह रोज़ शाम को वहाँ जाने लगा। लेकिन मन में इच्छा होते हुए भी वह पिक्चर न देखता। हैण्ड-बिल ठीक कर देता, कुछ फ़िल्मों की तारीफ़ करता, कुछ की आलोचना और चला जाता। इस बीच में वह एक बार फिर श्याम बाबू के साथ गैलरी में पिक्चर देखने गया। तभी इम्पीरियल कम्पनी की एक फ़िल्म आयी, जिसकी बड़ी प्रशंसा उसने बम्बई से निकलने वाले 'मूवी मिरर' में पढ़ी थी। तब उसने उसका बहुत बढ़िया हैण्ड-बिल बनाया और उस शाम वह लाला मोहनलाल के साथ फ़र्स्ट-क्लास में बैठा।

इसके बाद उसका रोज़ शाम का क्रम हो गया था कि वह कॉलेज से आ कर, खाना खा कर सूट पहनता, हाथ में छड़ी लेता और सिनेमाघर को चल देता। गेट वाले उससे इतने अभ्यस्त हो गये थे कि लाला मोहनलाल न होते तो भी उसे कोई न पूछता और वह अन्दर जा बैठता। कभी गेट वाले को कहीं जाना होता तो मालिक की तरह वह स्वयं गेट पर जा खड़ा होता।

०

गलियारे में दाख़िल होते ही चेतन के सामने फ़ोर्थ ईयर की वह घटना घूम गयी, जब पहली टॉकी जालन्धर आयी थी —'आलम आरा'! महीनों पहले से उसका विज्ञापन हो रहा था और ख़ानाबदोशों के वस्त्रों में सुस्ताने की मुद्रा में एक चट्टान पर पैर पसारे बैठी हुई 'आलम आरा' (ज़ुबैदा) का चित्र शहर के हर गली-बाज़ार में लगा था — हवा में उसके लम्बे-लम्बे बाल पीछे को उड़ रहे थे और जम्पर-नुमा कमीज़ में उसकी पतली-पतली गोरी बाँहें और जाँघों तक टाँगें निरावरण थीं।

इतने बड़े रश की सम्भावना थी कि इस गलियारे में तीन जगह मज़बूत बल्लियों से रोक लगा दिये गये थे और मोहनलाल जी ने कुछ दिन पहले ही चेतन से कह दिया कि उस दिन फ्री पास एकदम बन्द होंगे।

लेकिन चेतन के मन में उस फ़िल्म को देखने की लालसा इतनी प्रबल थी कि वह रह न सका था और उसने पहले ही दिन वह फ़िल्म देखी थी।....उस घटना की याद आते ही उसके होंटों पर एक मुस्कान फैल गयी।

०

बात यह थी कि ज़ुबैदा को एक-दो फ़िल्मों में देखने के बाद उसके दिल में सुलोचना के साथ ज़ुबैदा ने भी अपनी जगह बना ली थी। सुन्दरता में शायद ज़ुबैदा सुलोचना का मुकाबला न कर सकती थी। सुलोचना ऐंग्लो-इण्डियन थी —सरो-सा लम्बा कद, रेखाओं को उभारता, बेहद सुडौल शरीर, बड़ी-बड़ी आँखें, तीखी नाक, नुकीली ठोढ़ी! चित्रपट की एक दूसरी नायिका, सविता देवी भी सुन्दर थी, पर सुलोचना से उसका कोई मुकाबला न था। उसकी तुलना में ज़ुबैदा, पतली-छरहरी, गोल-मटोल मुखड़े वाली, नाज़ुक, चुलबुली युवती थी। वह इतना अच्छा नाचती थी कि चेतन देखता रह जाता था। वही ज़ुबैदा 'आलम आरा' में बोलेगी, नाचेगी, गायेगी....जैसे भी हो, चेतन उस फ़िल्म को देखना चाहता था.... और मोहनलाल जी ने संकेत कर दिया था कि पहले दिन वह फ़िल्म नहीं देख सकता।

चेतन जानता था कि वह शाम को जायेगा तो शायद उसे अन्दर भी जाना नहीं मिलेगा। इसलिए उस दिन वह दोपहर ही को सिनेमा-हाउस चला गया। गलियारे में कोई नहीं था। वह पीछे दफ़्तर में चला गया। लाला मोहनलाल बैठे थे। उसे देख कर उनके माथे पर हल्के-से तेवर बन गये, "कुछ दिन पिक्चर चल जाये, फिर आप देखिएगा।"

"हाँ-हाँ," चेतन ने बेपरवाही से कहा, "मैं तो इसलिए चला आया कि आज रश होगा, कहीं कोई झगड़ा-झाँझा न हो; कहीं कोई ज़रूरत ही पड़ जाती है।" और वह मैटिनी के वक्त बराबर गेट वालों की सहायता करता रहा। साढ़े पाँच के शो में भी उसने उसी निष्ठा से काम किया। रात के साढ़े नौ के शो में यद्यपि चवन्नी, अठन्नी और बारह आने

वाले दर्ज़ों में तिल धरने की जगह न थी, पर रुपये वाले दर्ज़े में कुछ सीटें ख़ाली थीं। जब गेट बन्द हो गये, तो वह चुपचाप फ़र्स्ट-क्लास की एक ख़ाली सीट पर जा बैठा। जब इण्टरवल में लाइट हुई तो उसने देखा — मोहनलाल जी उसके साथ वाली सीट पर ही बैठे हैं। उन्होंने उसकी ओर देखा और उनके होंटों पर एक बारीक-सी मुस्कान खेल गयी।

०

मोहनलाल जी नहीं थे। एक गेट वाला उसका पुराना परिचित था। चेतन ने उससे हाथ मिलाया; उसका हाल-चाल पूछा; अपना बताया और उसके हाथ को झटका दे कर वह पलटा।

"आइए, पिक्चर नहीं देखेंगे ?" गेट-मैन ने कहा।

"नहीं, मन नहीं है!"

और सचमुच उस एक वर्ष में उसने इतनी फ़िल्में देखी थीं कि उसकी आँखों पर ज़ोर पड़ गया था। परीक्षा के दिन जब निकट आ गये थे तो उसने एकदम फ़िल्म देखना बन्द कर दिया था। फिर जाने क्यों, उसे फ़िल्मों से अरुचि हो गयी। हालाँकि समाचार-पत्र में उसे पासों की सुविधा थी, पर वह कभी ही पिक्चर देखने जाता था। वह भी उस वक्त, जब उसकी पत्नी ज़ोर दे।

बाहर आ कर वह उन्हीं यादों में खोया, बायीं ओर को चल पड़ा। तभी किसी ने पीछे से आ कर दोनों बाँहें उसकी कमर में डाल कर उसे उठा लिया और एक चक्कर दे दिया।

पाँव धरती पर लगते ही उसने पलट कर चक्कर देने वाले को देखा तो उसके मुँह से सोल्लास निकल गया।

"ओए लालू!"

और दोनों फिर बग़लगीर हो गये।

"सुनाओ यार, कैसे हाल-चाल हैं ?" चेतन ने कहा, "पिछली बार आया था तो सुना था, कहीं सिगरेट की एजेंसी लिये जम्मू घूम रहे हो।"

"जम्मू-कश्मीर क्या, मैं तो सारा हिन्दुस्तान घूम आया हूँ और अब यहाँ आ कर बैठ गया हूँ। वो देखो, सामने मेरी दुकान है, कम्पनी ने मुझे जालन्धर, होशियारपुर और कपूर्थला की एजेंसी दे दी है।"

और वह चेतन के गले में बाँह डाले, सड़क पार, उसे अपनी दुकान में ले चला।

तीस

मँझला कद, काला रंग, मोटे नैन-नक्श, अस्त-व्यस्त भूषा — लालू बनिये को देख कर कभी सपने में भी ख़याल न आ सकता था कि यह आदमी सारे हिन्दुस्तान की सैर कर आया है। चेतन का वह सहपाठी था। माँ-बाप का इकलौता लड़का; लाड में पला और

पहुँचे। दुल्हन का वहाँ नाम-निशान तक न था। तब टोलियों में बँट कर लोग चारों तरफ़ भाग उठे। जो टोली लाइन-लाइन गयी, उसने सरकण्डों के निकट दुल्हन को घुटनों में सिर दिये, वहीं रोते पाया, जहाँ वह बदमाश उसे छोड़ गया था। लोगों का तो यह भी कहना है कि गहनों के साथ-साथ बदमाश उसकी इज़्ज़त भी उतार ले गया था, पर शायद वह बात पड़ोसियों के विद्वेष ने गढ़ ली थी। लेकिन इस बात के बावजूद कि लालू ने अपने साथियों को विश्वास दिलाया कि चोर ने (वह उसे बदमाश न कहता था) उसकी दुल्हन के अंग को हाथ नहीं लगाया, दुल्हन ने सभी गहने उतार कर उसे दे दिये और उसने सरगोशियों में बताया कि पहली रात ही उसका सबूत मिल गया और बिस्तर से लाख धोने पर लोहू के दाग़ नहीं छूटे, पर मुहल्ले के लड़कों ने न सिर्फ़ उसे 'कद्दू' की उपाधि से विभूषित कर दिया, बल्कि उस बदमाश और उसकी दुल्हन को ले कर उसे इतना परेशान किया कि वह फिर घर से भाग गया।

बी०ए० पास करके जब चेतन लाहौर गया तो उसने एक दिन रेलवे रोड पर लालू को देखा — आगे-आगे घण्टी बजाता और लाल बादशाह के सिगरेटों का हैण्ड-बिल बाँटता लालू और पीछे-पीछे सिर पर लम्बे-लम्बे टोप लगाये — हाथों में लाल सिगरेट के बड़े-बड़े पोस्टर उठाये और :

लाल बादशाह पिया करो
जीवन का रस लिया करो

के नारे लगाते किराये के छोकरे!

और उस दिन लालू और कद्दू के साथ उसे एक तीसरा नाम मिला — लाल बादशाह!

इकतीस

चेतन दुकान के अन्दर जा कर बैठ गया तो उसके लाख मना करने पर भी लालू भाग कर एक गिलास नींबू का शर्बत बनवा लाया।

शर्बत की चुस्की लेते-लेते चेतन ने एक नज़र नख-से-शिख तक अपने इस पुराने सहपाठी पर डाली। फिर उसकी दृष्टि पिछले कमरे में फ़र्श से छत तक लगे, सिगरेटों के गुरुसों पर चली गयी और माँ के द्वारा सुनी हुई कहावत उसके कानों में गूँज गयी — 'ख खेह उड़ावे फ़ेर वी ख खट्ट के लियावे!' — याने ख (खत्री) लाख ख़ाक छाने, पर घर वह कमा कर ही लायेगा। खत्री बनिये को चाहे अपने से नीचा समझें, पर ब्राह्मणों की दृष्टि में तो व्यापारी होने के नाते दोनों एक-जैसे थे। — 'यह वज्र-मूर्ख, सोलहों आने निर्बुद्धि लालू — जो छै बार घर से भागा और न जाने कहाँ-कहाँ की धूल फाँकता फिरा, अब बड़े इत्मीनान से सेठ बना बैठा है,' चेतन ने सोचा और क्षण भर के लिए उस ढुलमुल, अस्त-व्यस्त, बहती नाक और कीचड़-भरी आँखों वाले अपने मित्र के प्रति उसे ईर्ष्या हो आयी, पर दूसरे क्षण उसने ईर्ष्या के उस भाव को अपने मन से निकाल फेंका। कहाँ वह

मुहल्ले के खत्रियों से लालू के पिता का लेन-देन का सम्बन्ध था, इसलिए उन्होंने इर्द-गिर्द के व्यापारिक केन्द्रों और मण्डियों में अपने जान-पहचान वालों को ख़बर दी। लालू लुधियाना के एक हलवाई की दुकान पर बर्तन मलता हुआ पकड़ा गया। तब पण्डित दौलतराम के शुभ परामर्श से उसी महीने उसकी सगाई कर दी गयी और अभी उसने मैट्रिक की परीक्षा भी न दी थी, जब उसका विवाह हो गया।

मैट्रिक तक पहुँचते-पहुँचते वह तीन बार फ़ेल हुआ और तीन बार घर से भागा। जब वह तीसरी बार वापस आया तो पिता ने उसे पत्नी का गौना करा लाने का आदेश दिया। तब हुआ यह कि ससुराल से वापसी पर गाड़ी बड़े सिगनल के बाहर अड्डा होशियारपुर वाले फाटक पर रुक गयी। जाने लालू के मन में क्या आया —चिर-परिचित फाटक देख कर उसका मन वहाँ उतरने को हुआ, या उसे लगा कि इधर से जल्दी घर पहुँच जायेंगे, या वह सिगनल डाउन होने की प्रतीक्षा करते-करते उकता गया, जो भी हो, उसने कुछ क्षण गाड़ी चलने का इन्तज़ार किया, फिर झट अपनी दुल्हन को उतरने का आदेश दिया। दुल्हन को उतार, उसने गहनों का बक्सा उसे पकड़ाया। वह दूसरा सामान उतारने ही जा रहा था कि इंजन ने ज़ोर की एक सीटी दी और गाड़ी चल दी।

लालू की दुल्हन पन्द्रह-सोलह बरस की होगी। पहले कभी वह जालन्धर आयी न थी। घूँघट काढ़े और बक्सा थामे, वह वहीं-की-वहीं खड़ी रह गयी। उस बेचारी को अपने ससुराल के गली-मुहल्ले का भी पता मालूम न था। फाटक के साथ लगा एक बदमाश यह सब देख रहा था। शाम का वक्त था और खेमचन्द हंसराज के टीन के कारख़ानों के कारीगर उधर से लाइन-लाइन आ रहे थे। उन्हीं में से वह था। उसने बढ़ कर पूछा, "बीबी, तुम्हें किस मुहल्ले जाना है ?"

जब बीबी ने और भी घूँघट निकाल लिया और सकुचा गयी तो उसने कहा, "चलो, तुम्हें स्टेशन पहुँचा दें!" और बक्सा उठा कर वह लाइन-लाइन बढ़ा।

फाटक से जालन्धर का स्टेशन कोई मील-सवा मील होगा। आज तो वहाँ से स्टेशन तक गज़ भर भी जगह ख़ाली नहीं, पर तब बीच में लाइन एकदम वीराने से गुज़रती थी। एक जगह लाइन के पास पानी जमा था और ख़ूब सरकण्डे उगे थे, वहीं उसने दुल्हन को चाकू दिखा कर उसे गहने उतार देने को कहा और फिर उसे चुपचाप वहाँ बैठे रहने और चूँ तक भी न करने का आदेश दे कर गहने और बक्सा ले कर नौ-दो ग्यारह हो गया।

इधर लालू महाशय, जो विवाह के बाद सहसा श्री लाल नारायण गुप्त कहाने पर ज़ोर देने लगे थे और अपना पूरा नाम लिखते थे, स्टेशन से उतर कर फाटक पहुँचने के बदले बड़े इत्मीनान से सीधे अपने घर पहुँचे और जा कर पूछा "चिन्तो पहुँची कि नहीं ?"

"चिन्तो! —दुल्हन ? माँ ने हैरत से पूछा।"

"हाँ, वह पहुँची नहीं ?"

"क्या वह किसी और के साथ आ रही थी ?" माँ ने पूछा।

तब लालू ने उस घटना का उल्लेख किया। सुनते ही माँ सिर पीटती बाहर निकल गयी और बनियों की गली से कल्लोवानी मुहल्ले तक कोहराम मच गया। चौक चड्ढेयाँ, गली खोसलेयाँ और चौक आनन्दाँ के लोग भागम-भाग अड्डा होशियारपुर के फाटक पर

इसीलिए पढ़ने-लिखने में फिसड्डी! पर चूँकि माँ-बाप के पास पैसा काफ़ी था, इसलिए मुहल्ले के सब साथियों को वह पटफेरा बाज़ार के उस चौबारे में ले जाता था (जहाँ उसके पिता आढ़तिए का काम करते थे) और ख़ूब खिलाता-पिलाता था। हालाँकि कपड़े उसके बड़े कीमती होते, पर उसकी दायीं आँख में सदा कीचड़ लगा रहता और नाक उसकी सदा बहती रहती। एक को कमीज़ के दामन और दूसरी को आस्तीन से वह सदा पोंछता रहता।

चेतन ने आँखें उठा कर देखा —लालू की दायीं आँख में अब भी कीचड़ जमा था और बातें करते-करते वह अब भी स्वभावानुसार दायीं आस्तीन नाक पर फेर लेता था। चेतन ने सुना था कि लालू ने सिगरेटों की एजेंसी ले ली है और काफ़ी पैसा पैदा किया है —लेकिन शक्ल-सूरत और आचार-व्यवहार से वह अब भी वही पुराना 'कद्दू' लगता था।

'कद्दू' की उपाधि से साथियों ने उसे तब विभूषित किया था, जब वह बीवी का गौना लेने गया था और गहने-कपड़े तो दूर, लगभग बीवी गँवा आया था।

उसकी शक्ल देख कर, उस घटना की याद न आना असम्भव था। चेतन को तो उसका नाम सुनते ही सारी घटना स्मरण हो आती थी। बात यह थी कि जब वह आठवीं जमात में फ़ेल होने पर, पिता की डाँट सुन कर घर से भाग गया तो बनियों की गली में ही नहीं, कल्लोवानी मुहल्ले तक में कोहराम मच गया था। उसके पिता हरनारायण गुप्त तब चढ़ती में थे। श्राद्धों में उनके यहाँ बड़े ज़ोर का भोज होता था। यों भी एकादशी-द्वादशी, तीज-त्योहार पर गली-मुहल्ले के ब्राह्मणों को कुछ-न-कुछ उनके यहाँ से पहुँचता ही रहता, इसलिए मुहल्ले के ब्राह्मण अपने-अपने ढंग से लालू को वापस लाने की सबील करने लगे थे।

पण्डित दौलतराम ने उसकी पत्री देखी और लालू के पिता को बताया कि घबराने की बात नहीं, केतु की दृष्टि किंचित टेढ़ी है, मंगल पंचम अर्थात मस्तिष्क-स्थान में शत्रु की राशि का हो कर बैठा है, जिसने उसकी मानसिक गति को विश्रृंखलित कर दिया है। लेकिन लालू निश्चित रूप से ही तीन दिन, तीन सप्ताह, तीन महीने अथवा तीन वर्ष के अन्दर-अन्दर आ जायेगा। जब लाला जी ने कहा कि वह परीक्षा में फ़ेल हो गया है, कहीं आत्म-हत्या न कर ले तो पण्डित जी ने उन्हें आश्वासन दिया कि डर की कोई बात नहीं। आत्म-हत्या के लिए अष्टम में केतु और चन्द्रमा का होना आवश्यक है, जो नहीं है। इसलिए लालू आ अवश्य जायेगा। उसकी मति भ्रान्त है और नीच व्यक्ति के साथ है। मैं मंगल और केतु का जप आज ही से शुरू करता हूँ।

पण्डित शिवनारायण ने ग्रहों की शान्ति के लिए पूजा का अनुष्ठान कर दिया। सबल ग्रहों को और सबल बनाने के लिए उन्होंने लग्नेश की पूजा का आयोजन किया। "लग्नेश लाभ स्थान बैठा है," उन्होंने कहा था, "उस पर दो-दो शुभ-ग्रहों की दृष्टि पड़ रही है, फिर लग्नेश की दशा चल रही है। अतः किसी हानि की सम्भावना नहीं प्रतीत होती। मैं लग्नेश के हाथ और सुदृढ़ करता हूँ, जिसके कारण मंगल और केतु की एक न चले।"

पण्डित गुरदयाल झमान यह सब ज्योतिष-ओतिष न जानते थे। चौरस्ती अटारी में उनकी पान की दुकान थी। उन्होंने लालू को ढूँढ लाने के लिए अपने चेलों की सेवाएँ पेश कर दीं और हर रोज़ आ कर उसकी ख़बर लेने लगे।

— एक बुद्धिजीवी कथाकार, शक्ति-सम्पन्न पत्रकार और कहाँ यह ठस्स दिमाग़ का बनिया....।

"सुना है यार कि अमीचन्द डिप्टी कलेक्टर हो गया है।"

चेतन को दूसरा कचोका लगा। सुबह से यह तीसरी बार था कि उसने अमीचन्द के डिप्टी कलेक्टर होने की बात सुनी थी। उसे अपने मुहल्ले वालों के दिमाग़ी घेरे की संकीर्णता पर दया हो आयी। वह कहना चाहता था, 'तो क्या गवर्नर हो गया है वह ?' पर यह न कह कर उसने अनमने भाव से कहा :

"हाँ, अनन्त से पता चला। अभी ट्रेनिंग लेने जायेगा, तब कहीं छोटा-मोटा अफ़सर होगा। डिप्टी कलेक्टर क्या आज ही हो जायेगा ?"

"चाचा सोहनलाल तो अभी से उसे डिप्टी-डिप्टी कहने लगे हैं," लालू ने कहा, "और सुना है कि अमीरचन्द (अमीचन्द का बड़ा भाई) तो मुहल्ले में ऐसे अकड़ कर चलता है, जैसे अमीचन्द नहीं, वह ख़ुद डिप्टी कलेक्टर हो गया है।"

यह कहते हुए लालू हँसा और उसने नाक पर आस्तीन फेरी, फिर उसने सरगोशी में कहा, "आज सुबह अमीरचन्द मिला था। कहता था कि अगर तेलू भागों को मुहल्ले में लाया, तो वह उसे कत्ल कर देगा....अब तो भई, उसका भाई डिप्टी हो गया, जो चाहे करे!"

"डिप्टी तो जाने कब होगा, अभी तो कम-से-कम छै महीने ट्रेनिंग लेगा।" चेतन ने फिर वही बात दोहरायी।

पर लालू ने उसकी बात नहीं सुनी। अपनी रौ में बोला, "और तेलू भागो को मुहल्ले में लाने पर तुला हुआ है।"

चेतन का ध्यान अमीचन्द की ओर ही लगा था। उसके सामने बार-बार शिमला के स्कैण्डल पॉयण्ट का वह दृश्य आ जाता था, जब वह स्वयं उससे मिलने के लिए बड़े तपाक से आगे बढ़ा था, पर अमीचन्द की रूखी भंगिमा और स्वर की दूरी ने उसे परे ही रोक दिया था और फिर मिलाने के लिए उसके बढ़े हुए हाथ को देख कर उसने अपने हाथ की दो उँगलियाँ बढ़ा दी थीं। तेलू और भागो की बात जैसे चेतन के श्रवणों से ऊपर-ऊपर निकल गयी। अपने विचारों की रौ में उसने कहा :

"अच्छा हुआ अमीचन्द आ गया इस बार कम्पीटीशन में। यह उसका आख़िरी चांस था। इस बार भी रह जाता तो किसी दफ़्तर में कुछ बेहतर किस्म का क्लर्क होने के सिवा और क्या करता ?"

"किस्मत है भाई अपनी-अपनी," लालू ने कहा, "बाबू मनीराम सारी उम्र डाकख़ाने की कुर्सियाँ तोड़ते रहे, बेटा जाने किसी दिन लाट हो जाये।"

"लाट नहीं, लाट का बाप हो जाये!" चेतन ने जल कर कहा, "माल-अफ़सर हो कर ही रिटायर हो तो बड़ी बात है। रट्टू है। लग गया तुक्का। तीन बार पहले कम्पीटीशन में बैठा — पास तक न हुआ। लाट बनेगा....।"

"अमीरचन्द कहता था — अगर आज स्वराज मिल जाये तो दस वर्ष में अमीचन्द लाट की काउन्सिल का मेम्बर हो सकता है, ख़ुद लाट बन सकता है।"

"अमीचन्द हो-न-हो, पर अमीरचन्द ज़रूर एक दिन लाट हो जायेगा।"

और चेतन ने ज़ोर से ठहाका लगा कर इस विषय को न केवल दिमाग़ से हटा दिया, बल्कि लालू के साथ अपनी बातचीत के दायरे में भी बाहर कर दिया।

लेकिन लालू ने उसे नहीं छोड़ा।

"अमीरचन्द ने तो अभी से बद्दे और देबू को विश्वास दिला दिया है कि ज्यों ही डिप्टी साहब अपनी कुर्सी पर बैठेंगे, उन दोनों को अपनी अर्दल में ले लेंगे। देबू ही ने मुझे यह ख़बर दी है कि तेलू उसे मण्डी में मिला था और वह भागो को मुहल्ले में लाने की सोचता है।"

अब जैसे पहली बार चेतन ने लालू की बात ध्यान से सुनी — "भागो, भागो कौन ?"

"अरे उसी 'खई-मारे'[१] धर्मचन्द की बीवी ?"

"उसका तेलू से क्या मतलब ?"

"वह तेलू के साथ भाग गयी थी न!"

"तेलू के साथ! कब ? कहाँ ? वो ब्राह्मण, यह खत्री।"

"तुम्हें नहीं मालूम ?"

"मैं तो लगभग साल बाद जालन्धर आया हूँ," चेतन ने कहा, "धर्मचन्द के मरने के बाद तो सुना था कि लाला मुकन्दीलाल ने उसे और उसके बच्चों को अपनी छत्र-छाया में ले लिया है।"

"हाँ-हाँ, भाई के क्रिया-कर्म से छुट्टी पा कर लाला मुकन्दीलाल ने नये कुर्ते, धोती और बण्डियाँ सिलवायीं। बढ़िया मलमल के साफ़े ख़रीदे, चिराग़ रँगरेज़ से उन्हें मोतिया रंग दिलवाया और एक दिन छैला बने भुवाड़े पहुँचे और जा अपनी भाभी को प्रणाम किया।"

लाल बादशाह हँसा और उसने नाक पर आस्तीन फेरी, फिर उसने बड़े जोश से, लेकिन ख़ूब सरगोशी-भरे स्वर में जो बताया, उसका सारांश यह था कि लाला मुकन्दीलाल ने अपनी विधवा भाभी, भगवती उर्फ़ भागवन्ती उर्फ़ भागो से कहा, 'यह न समझना कि भाई धर्मचन्द नहीं रहे तो तुम्हारा कोई नहीं रहा। अन्दों (आनन्दों) के परिवार में अभी लाला मुकन्दीलाल है और उसके लिए जैसे उसका पहला बेटा मंगल, वैसे भाई के बच्चे।' — और उस दिन से प्रातः उठ कर मुकन्दीलाल पहले कुछ कसरत करते, फिर कुएँ से अपनी भाभी के घर का पानी भरते, फिर स्वयं उसके लिए सब्जी-तरकारी और सौदा-सुलुफ़ लाते। तभी एक दिन उन्होंने मुहल्लों वालों को सूचना दी कि वे अपना बाज़ार वाला चौबारा छोड़ रहे हैं। उनकी भाभी कहती है कि घर भाँय-भाँय करता है और उसको डर लगता है —बिन घरनी घर भूत का डेरा है ही, लेकिन मर्द के बिना भी घर भूत का डेरा लगता है।

"स्साला!" चेतन ने दबी ज़बान से कहा था, "पहले अपनी मँझली भाभी को ख़राब किया, अब बड़ी पर डोरे डालने लगा।"

---

१. क्षय के मारे।

"पर वह मँझली भाभी क्या वैसे ही मानने वाली है।" लालू हँसा, "मंगल और उसकी बहू के सो जाने पर शन्नो उसी रात चौबारे पहुँची और उसने वो फ़साद खड़ा किया कि रहे राम का नाम। ज़ोर-ज़ोर से चिल्लाने लगी कि मेरा धर्म बिगाड़ के अब बुढ़ापे में तुम मुझे अलग करना चाहते हो। मेरा शरीर स्वाहा कर दिया। यह रोग मुझे लगा दिया। मैं मर जाऊँगी, पर तुम्हें न छोडूँगी, आदि आदि....और चौरस्ती अटारी में गुरदयाल पान वाले के यहाँ बैठे और मौज उड़ाते कुछ लोग नीचे बाज़ार में आ इकट्ठे हुए। उनके आने की भनक पा कर वह और भी चिल्लाने लगी। आख़िर लाला मुकन्दीलाल ने अपनी पगड़ी उसके पैरों पर रखी कि हे भागवान, यों बाज़ार में मेरी पत न उतार! मैंने तो तुम लोगों के फ़ायदे का यह स्वाँग रचा था। वरना मेरी अब उमर रह गयी है, यह सब करने की। चाहता था, घर का माल घर ही में रहे, पर तुझे नहीं मंज़ूर तो न सही।"

चेतन को रस आने लगा था। वह ठहाका मार कर हँस दिया।

लालू ने बताया कि माल घर में आ जाये, इसमें तो शन्नो चाची को कोई आपत्ति न थी और (इस मरहले पर उसने कमीज़ के दामन से आँख पोंछी) पर सौत सिर पर सवार हो जाये, यह वह कैसे सहन करती। सो दूसरे दिन से लाला मुकन्दीलाल का स्थान उसने ले लिया। प्रातः उठ कर 'सतगुर' की स्तुति गाने के उपरान्त वह कुएँ की जगत धोती, फिर अपनी जेठानी के घर का पानी भरती। सब्ज़ी-तरकारी और चीज़-बस्त के लिए वह मंगल को भेज देती। दिन में वह दो-चार बार भुवाड़े जाती कि उसकी जेठानी का दिल बहला रहे। उसे और उसके दोनों बच्चों को वह अपने यहाँ भी ले आती। लेकिन कुछ दिन बाद शन्नो ने देखा कि मंगल अपनी फूल-ऐसी बहू को छोड़, उस लम्बी ठोड़ी वाली, ककड़ी-सी अपनी चाची के यहाँ ही बैठा रहता है और उसी के बच्चों को खिलाता-पिलाता है। इसी बात को ले कर उसकी बहू और उसकी जेठानी में एक दिन ज़ोरों का झगड़ा हो गया और दोनों पक्षों की ओर से ऐसी-ऐसी कहनी-अनकहनी बातें कही गयीं कि मुहल्ले वालों ने कानों पर हाथ रख-रख लिये और विवश हो, शन्नो को अपनी जेठानी के विरुद्ध अपनी बहू का पक्ष लेना पड़ा। तब देवरानी-जेठानी ने एक-दूसरे के पुरखे गिन डाले और नये-नये 'मधुर वचनों' की झड़ी लगा दी और जब उससे भी तृप्ति न हुई तो एक-दूसरी के बाल नोच डाले....तेलू की छत और भागवन्ती की छत के बीच एक छोटा-सा पर्दा ही तो था। तेलू अपनी काली भुजंग, लेकिन स्वस्थ देह पर तेल की मालिश कर, रोज़ वहाँ कसरत करता और वहीं सोता। तब दोनों के बीच कब वह पर्दा न रहा, इसका किसी को पता नहीं चला। मुहल्ले वालों को तब मालूम हुआ, जब भागो अपने गहने-कपड़ों का बक्स ले कर एक रात बच्चों समेत उसके साथ भाग गयी और मुहल्ले वालों ने सुना कि तेलू ने मण्डी ही में घर ले लिया है और अब वह भागों के साथ वहीं रहेगा।

इस बार लालू और चेतन दोनों हँसे और लालू ने चेतन के हाथ पर ज़ोर से हाथ मारा और बताया कि सारा दिन शन्नो मुहल्ले के ब्राह्मणों को गालियाँ देती रही, खत्री दाँत पीसते रहे, लेकिन जब मौसी पूरन देई ने भुवाड़े से बाहर निकल कर हाथ मटका कर खत्रियों के गुण गाने शुरू किये और कहा कि तेलू को जा कर पकड़ें, पुलिस में उसकी रिपोर्ट करें, उन सब को क्यों गालियाँ देते हैं, तब खत्रियों ने (और उनमें अमीरचन्द सबसे आगे था) घोषणा की कि तेलू या भागो, दोनों में अगर किसी ने मुहल्ले में कदम रखा तो

उसकी हड्डी-पसली एक कर देंगे।

बत्तीस

लालू से छुट्टी ले कर चेतन पंजपीर के ऊपर से अड्डा होशियारपुर को चला जा रहा था। वह नीला के बारे में सोचना चाहता था, जिसके विछोह का दर्द उसके अन्तर में कहीं गहरे पैठ गया था; कुन्ती के बारे में सोचना चाहता था, जिसकी खिड़की के नीचे से गुज़रने और जिसे एक नज़र देखने की साध आज उसके मन में और भी प्रबल थी; चन्दा के बारे में सोचना चाहता था, जिसके नैकट्य से बचने के लिए वह सुबह ही घर से भाग आया था और यों मारा-मारा घूम रहा था, पर लालू से मिलने के बाद वह भागो उन सब को पीछे हटा कर उसके दिमाग़ पर छा गयी।....

चेतन आठवीं कक्षा में पढ़ता था, जब वह दुल्हन बन कर, अथवा यों कहा जाये कि क्रीत-दासी बन कर, मुहल्ले के उस खत्री परिवार में आयी थी। चेतन ने उसके बचपन की कल्पना की —शिवालक की हरी-भरी घाटी में बसा छोटा-सा गाँव —पहाड़ी की ढलान पर बसे चन्द-एक घर। स्लेट की ढालुवीं छतें, जो धूप में शीशों-सी चमक उठतीं। नीचे घाटी में बहती नदी। उसमें पनचक्की। घाटी में फैले हरे-पीले धान के खेत। चीड़ के पेड़। जब उनकी सूखी सुइयाँ ढलानों पर बिछ जातीं तो वह और उसकी सहेलियाँ उन पर फिसलती-लुढ़कती चली जातीं। गाँव के निकट एक जगह नदी का रुका हुआ पानी....उसमें वे जी भर नहातीं, तैरतीं, कपड़े धोतीं, सुखातीं, गेद उछालतीं, गातीं :

शावा मेरे छल्लिया
दाना पानी रल्लिया
छल्ला पया वनेरे
वस्स नईं मेरे
वस्स मेरी माँ दे
घल्लेगी ते जाँगे

या किक्कली डालती :

किक्कली कलीर दी
पग्ग मेरे वीर दी
दुपट्टा मेरे भाई दा
फिट्टे मुँह जँवाई दा

उसके बचपन ही में उसके माता-पिता परलोक सिधार गये। तभी उसके खेल और गीत अचानक चुक गये। चाचा ने उसे अपनी छत्र-छाया में ले लिया। इस छाया की कीमत उसे जी-तोड़ मेहनत करके चुकानी पड़ी। वह अपने अभिभावक के ढोर-डंगर चराती, खेत गोड़ती, रोपती, डंगरों के लिए घास छीलती, समय पड़ने पर खाना पकाती, बरतन मलती,

नदी से पानी लाती। इस सब घोर श्रम में उसे मालूम भी नहीं कि कब उसके शरीर ने चोला बदल लिया और गाँव में उसके श्रम के नहीं, उसकी जवानी के भी चर्चे होने लगे। इर्द-गिर्द के गाँवों से उसके लिए सँदेसे आने लगे। जिसके घर वह जायेगी, उसकी किस्मत तर जायेगी, ऐसा गाँव वालों का ख़याल था, पर उसके चाचा ऐसी श्रमशील लड़की तैयार करके दूसरे को सौंपने के बदले नकद रुपया चाहते थे। ऐसी जवान और मेहनती लड़की के लिए उनके ख़याल में उन्हें कम-से-कम एक हज़ार नकद मिलना चाहिए था, पर जब एक हज़ार छोड़, पाँच सौ भी कोई देने को तैयार न हुआ और भागवन्ती बीस वर्ष की होने को आ गयी और चाचा को लगा कि यदि उन्होंने उसे किसी खूँटे से न बाँधा तो वह नाथ-पगहा तुड़ा कर भाग जायेगी तब उसे ले कर वो मुकेरियाँ पहुँचे कि वहाँ अथवा जालन्धर, होशियारपुर या लुधियाना में उसे किसी ज़रूरतमन्द के हाथों सौंप कर भार हल्का करें। चेतन के पिता उन दिनों मुकेरियाँ स्टेशन पर नियुक्त थे। मुकेरियाँ तब टर्मिनस था। बड़ी भारी मण्डी। दूर-दूर के किसान और व्यापारी उनको जानते थे। थानेदार, डॉक्टर और तहसीलदार से उनकी मैत्री! मण्डी में सुई भी गिरे तो उन्हें पता चल जाये। कोई पहाड़ी अपनी लड़की बेचने आया है, भला इस बात का उन्हें कैसे पता न चलता ? उन्होंने लड़की को देखा तो उन्हें धर्मचन्द की याद आयी। मुकन्दीलाल उनके बचपन का मित्र था और कई बार कह चुका था — "बाऊ भई, किसी तरह मेरे बड़े भाई का घर बसा दे, मैं ज़िन्दगी भर तेरा एहसान न भूलूँगा।"

"एहसान तो साले तू उसी दिन भूल जायेगा, पर चिन्ता न कर, कहीं-न-कहीं मैं काँटा मिला दूँगा," चेतन के पिता हँस कर कहते।

भागवन्ती का चाचा अपने जिस आढ़ती के यहाँ ठहरा था, उसे उन्होंने कहलवाया कि वे जालन्धर से अपने मित्र को बुलाते हैं और वह दो दिन वहीं ठहरे। और जब तक वे ख़बर न दें, किसी दूसरे से बात न करे और उन्होंने चिट्ठी लिख कर पानी वाले के हाथ जालन्धर भेज दी और कहा कि मुकन्दीलाल को साथ ही लेता आये।

दूसरी गाड़ी से मुकन्दीलाल मुकेरियाँ आ गये। लड़की उन्होंने देखी। वैसी सुन्दर नहीं थी, पर लम्बी, तगड़ी और जवान थी और उसकी आँखों में ऐसी कुछ अध-सोयी-सी तृष्णा थी कि मुकन्दीलाल के हृदय में अनजाने ही कुछ झनझना गया। भाभी के रूप में उन्हें वह बुरी नहीं लगी। भागवन्ती का चचा तो हज़ार रुपये माँगता था, पर पण्डित शादीराम ने समझा-बुझा कर, आढ़ती से ज़ोर डलवा कर और यह डर दिखा कर कि बरदा-फ़रोशी[१] में उसे जेल भिजवा देंगे, उसे चार सौ लेने पर विवश कर दिया। यह तय हुआ कि शादी वह बाकायदा करे। दोनों ओर का ख़र्च लाला मुकन्दीलाल करेंगे। और वे बात पक्की करके शादी की व्यवस्था करने वापस चले गये।

चेतन की कल्पना के आगे भागवन्ती के पति लाला धर्मचन्द का चित्र आ गया। पतले-छरहरे, चालीस-बयालीस के आदमी; मुकन्दीलाल की अपेक्षा रंग किंचित काला; स्वभाव के क्रूर, गम्भीर और चुपीते। परिवार में कलंक लग जाने से अभी तक कुँवारे बने हुए थे। मुकन्दीलाल को छोड़ कर अलग हो जाते तो शायद शादी करने में उन्हें कठिनाई न होती, पर मुकन्दी से अलग होने को वे तैयार नहीं थे।

---

१. औरतें बेचना।

और चेतन के दिमाग़ में माँ से सुनी अन्दों (आनन्दों) के परिवार की वह कलंक-कहानी घूम गयी —

०

लाला मुकन्दीलाल चार भाई थे — जीवनलाल, हरजसराय, धर्मचन्द और मुकन्दीलाल। चेतन के घर के पीछे उनका छोटा-सा पुश्तैनी मकान था, जो उस वक्त, जब चारों ओर दोमंज़िले घर बन गये थे, अभी तक एक ही मंज़िल का बना हुआ था और चेतन के तिमंज़िले मकान की छत से कुएँ-ऐसा दिखायी देता था। लाला मुकन्दीलाल के परदादा अथवा नकरदादा राणा रणजीत सिंह के दरबार में आला अफ़सर थे, ऐसा वे कहा करते थे, पर उनके पिता की तो पंसारी की दुकान थी और 'पिदरम सुलतान बूद' के अनुसार लाला मुकन्दीलाल के बड़े भाई अपने पुरखे का नाम ले कर अपने वंश को मुहल्ले के लोगों पर लादा करते थे। पिता अभी चालीस वर्ष के भी न हुए थे कि उनका देहान्त हो गया। तब दुकान पर मुकन्दीलाल के दोनों बड़े भाई जीवनलाल और हरजसराय बैठने लगे। उन दिनों धर्मचन्द एक निवाड़ की दुकान पर काम सीखते थे और मुकन्दी अखाड़े जाते थे। जीवनलाल की बीवी दम्मो बड़ी लड़ाकी थी, इसलिए जब हरजसराय का विवाह शन्नो से हुआ तो छै महीने ही में चूल्हे अलग हो गये। मुकन्दीलाल की माँ अपने बड़े लड़के के साथ पुराने मकान में रह गयी और हरजसराय शन्नो और अपने दोनों छोटे भाइयों को ले कर गली के बाहर चौक में, चेतन की बैठक के ऐन सामने वाले, किराये के मकान में आ गये।

"माँ, बहुत सुन्दर रहे होंगे चाचा मुकन्दीलाल!" चेतन ने एक बार माँ से पूछा था, "अब भी इतने सुन्दर लगते हैं।"

"हाँ बेटे, अपने तीनों बड़े भाइयों के मुकाबले में सुन्दर थे। फिर अखाड़े जाते थे और अपने दोनों बड़े भाइयों के सिर पर मौज उड़ाते थे।"

"शन्नो चाची की उमर उनके बराबर ही रही होगी ?" चेतन ने पूछा था।

"एक-दो बरस बड़ी," माँ ने कहा था।

"माँ, लोग कहते हैं, शन्नो चाची जब ब्याही आयी थी तो बड़ी सुन्दर थी।"

"हाँ बेटे, गोरी-चिट्टी, दग-दग करती थी तब। हरजसराय तो उसके सामने 'चऊँ'-से लगते थे।"

छै महीने में चूल्हे अलग हुए और छै महीने में दुकानें अलग हो गयीं। लेकिन शादी के बाद हरजसराय अधिक दिन जीवित नहीं रहे। दो साल बाद उनका देहान्त हो गया। तब धर्मचन्द ने निवाड़ वाली दुकान छोड़ कर भाई की दुकान सँभाली और यद्यपि मुकन्दीलाल अब भी अखाड़े जाते, पर वे घर का काम-काज करने लगे। घर का पानी भरना, चीज़-बस्त लाना और भाभी के सब काम करना उन्होंने अपने ज़िम्मे ले लिया। अभी हरजसराय को मरे साल भी न हुआ था कि सुना शन्नो बीमार है। फिर सुना कि उसके लड़का हुआ है। मोहल्ले में कोहराम मच गया। जीवनलाल और दम्मो अन्दो के वंश को कलंक लगाने वाली उस कुलच्छिनी को चोटी पकड़, बाहर निकालने के पक्ष में थे, पर धर्मचन्द इस पर तैयार न हुए। उन्होंने मुकन्दी को समझाया। मुहल्ले के चौधरियों के सामने उन्होंने स्वीकार कर

लिया कि लड़का उनका है और चौधरियों ने उन दोनों पर चादर डाल दी और शन्नो अपने देवर की बीवी बन गयी।

लोगों ने तरह-तरह की कलंक-कहानियाँ फैलायीं। कुछ का ख़याल था कि हरजसराय की ज़िन्दगी में ही देवर-भाभी का अनुचित सम्बन्ध था। दम्मो सरे-आम कहती थी कि पाप धर्मचन्द का है और उसने भोले मुकन्दी के मत्थे मढ़ दिया है। पह यह बात सच्ची नहीं। धर्मचन्द तो दिन भर दुकान पर रहते थे, खाना तक उनका वहीं जाता था, जबकि मुकन्दी आठों पहर भाभी के गिर्द घूमते थे और उनमें कोई अनुचित सम्बन्ध हो या नहीं, पर यह बात ठीक है कि हरजसराय की ज़िन्दगी में ही शन्नो मुकन्दी पर जान देती थी। "अब तो जब भी दोनों में झगड़ा होता है, शन्नो मुकन्दी पर यह अभियोग लगाती है," माँ ने कहा था, "कि देवर ने उसका धर्म बिगाड़ दिया, लेकिन सच्ची बात यह है कि उसी ने मुकन्दी का धर्म बिगाड़ा।"

"पर माँ, शन्नो तो अब बड़ी बदसूरत लगती है।"

"मुकन्दी से ही उसे रोग लगा है। ब्याहता तो उसकी थी नहीं शन्नो, दोस्तों-यारों के साथ बाहर ख़ाक उड़ाने लगा; ख़ुद तो बच गया पर शन्नो की तो नाक ही उड़ गयी।"

चेतन इस बात से परिचित था, क्योंकि उन दिनों भी शन्नो जाँघ पर घाव का निशान लिये फिरती थी और जैसा कि माँ कलियुग के बारे कहा करती थी कि 'चोर उचक्का चौधरी, गुण्डी रण्ण परधान' —वह उन दिनों मुहल्ले की चौधराइन थी। तड़के सुबह उठ कर कुएँ की जगत को धोने का काम अब उसने सँभाल लिया था, साधु-सन्तों के सत्संगों का भी प्रबन्ध अब वही करती थी और जैसा कि लालू ने अभी बताया था, अमीरचन्द को अपनी देवरानी-जेठानी के विरुद्ध भी उसी ने भड़काया था कि तेलू के साथ भाग कर उसने अन्दों की नाक कटा दी है।

चेतन-मन-ही-मन हँसा। उसके दिमाग़ में बचपन से ले कर कुछ ही वर्ष पहले तक शन्नो के सम्बन्ध में समय-समय पर होने वाली बातें कौंध गयीं। उसकी आँखों में उस मकान की अँधेरी कोठरी, उसे अपने दगदगाते रूप की आभा से जगमगाती, गोरी-चिट्टी, सरो-सी लम्बी, साँचे में ढली शन्नो और पतला-छरहरा, गठे हुए शरीर, पतली कमर, चौड़े सीने, दूध-से गोरे रंग और लाल सुनहरे बालों वाला अट्ठारह वर्ष का उसका देवर घूम गया। देवर तो अब भी सुन्दर था, पर शन्नो के खँडहरों को देख कर तो इमारत का अन्दाज़ा लगाना भी कठिन था।

धर्मचन्द में कोई दोष न था। गम्भीर और मेहनती; उन्होंने अपने छोटे भाई का साथ छोड़ना अस्वीकार कर दिया और कलंक उनके नाम के साथ लगा रहा और वे कुँवारे बने रहे।

०

चेतन उन दिनों शायद आठवीं-नवीं में पढ़ता था और छुट्टियों में मुकेरियाँ गया हुआ था। वह स्वयं ताया धर्मचन्द की बारात में शामिल हुआ था और बारात के साथ ही जालन्धर आ गया था। उसकी माँ ने दुल्हन (भागो) को देखा था तो घर आ कर बोली थी, "न जाने इसकी आँखों में क्या है ? शायद ही यह लड़की टिके अन्दों के यहाँ।"

लेकिन जब तक धर्मचन्द जीवित रहे, भागो घर में बनी रही। लाला धर्मचन्द को उसने पूरी तरह अपने कब्ज़े में कर लिया। वही धर्मचन्द, जो दुनिया भर के कहने पर भी भाई-भाभी को न छोड़ सके थे, शादी के बाद छै महीने भी उनके साथ न रह सके। फिर घर अलग हुए। फिर दुकानें बँटीं। धर्मचन्द भुवाड़े में एक मकान की दूसरी मंज़िल में उठ गये। वह दुकान मुकन्दी को दे कर उन्होंने चौरस्ती अटारी में फिर निवाड़ की दुकान खोल ली। शादी के बाद आठ बरस वे जीवित रहे। वे चालीस-बयालीस के थे और भागो बीस-बाइस की, जब उनकी शादी हुई थी। इस आठ वर्ष के अर्से में उनके दो बच्चे भी हुए, जिनमें लड़की की उम्र सात वर्ष की और लड़के की पाँच वर्ष की थी। दमे का रोग उन्हें शादी से पहले ही था। भूखे थे। कुछ ज़्यादा खा गये। दमे का रोग बढ़ता गया। कई बार गर्मियों की रातों के सन्नाटे उनकी लगातार खाँसी से टूट जाते, छतों पर सोये हुए लोग जग उठते और नींद के माते बच्चे नींद के टूट जाने से रोने लगते। उनके विरोधी उन्हें दमे के बदले क्षय रोग से ग्रस्त बताते और यथासम्भव उनके वहाँ जाने से कतराते। ज्यों-ज्यों साल गुज़रते गये, उनका दमा बढ़ता गया और एक रात दमे के दौरे ही में उनके प्राण निकल गये।

o

जाने क्यों भागो के अतीत की बात सोचते-सोचते चेतन के हृदय में उसके प्रति अपार करुणा भर आयी। उसका बचपन कितने अभाव में बीता; जवानी कैसे अभाव में गुज़री; पति मिला तो अधेड़; उस पर दमे का मरीज़; सगे-सम्बन्धी टुच्चे और कमीने; फिर वह तेलू के साथ भाग गयी तो क्या बुरा किया ? धर्मचन्द कोई लाखों की जायदाद तो छोड़ न गये थे। वह शन्नो के जूते सहती, अधेड़ देवर की वासना का शिकार बनती तो दो रोटी खाती। अपने समवयस्क, मनचीते आदमी के साथ (वह ब्राह्मण ही सही) भाग गयी तो क्या बुरा किया उसने ? वह किसी खत्री के घर बैठ जाती तो शायद शरीके को उतनी तकलीफ़ न होती। लेकिन क्या नारी की भी कोई जाति होती है, नदी या धरती की कोई जाति होती है....कुन्ती और चन्दा से वह कितनी भिन्न थी —कितनी साहसी और कितनी दबंग....लेकिन बुनियादी तौर पर उसके जीवन की ट्रैजिडी क्या और भी गहरी न थी — पहाड़ों के स्वतन्त्र वातावरण में उड़ी फिरने वाली वह चिड़िया कहाँ कल्लोवानी मुहल्ले के उस पिंजरे में आ फँसी थी। उड़ कर वह जायेगी कहाँ ? एक पिंजरे से निकल कर दूसरे पिंजरे में न जा फँसेगी ? अन्दों के उस घर के वातावरण से झमानों के घर का वातावरण क्या अच्छा था ? वही उमस, घुटन, संकीर्णता क्या वहाँ न थी....लेकिन वह तेलू, वह काला भुजंग, हृष्ट-पुष्ट जवान — वह पिंजरा उसकी पसन्द का पिंजरा था — उसके लिए नन्दन-कानन था। तेलू के संग वह उस वातावरण की सारी घुटन के ज़हर को अमृत जान कर पी जायेगी। उसके स्वभाव में शहरों के निम्न-मध्यवर्ग की दासता तो न थी, ज़िन्दगी अपनी इच्छा से जी लेने की ललक तो थी, फिर वह कितनी भी बेबाक क्यों न हो....चेतन ने बेज़ारी से सिर हिलाया। तभी किसी ने पीछे से, बड़े हल्के उसके कन्धे पर हाथ रखा :

"बन्दे मातरम!" और किंचित हँसी।

चेतन मुड़ा।....लम्बा कद, जो झुके हुए कन्धों के फलस्वरूप पीठ पर बन जाने वाले कूबड़ के कारण मँझला-सा लगता था; साँवला, तीखा चेहरा (जिसे लम्बी नाक और पिचके

कल्लों ने और भी तीखा बना दिया था) शरीर पर बटन–खुला अचकन, खादी का चूड़ीदार पायजामा और सिर पर गाँधी टोपी...."अरे, गोविन्दराम जी। बन्दे मातरम....बन्दे मातरम।"

"मुझे हुनर साहब से पता चला था कि तुम आये हुए हो," उन्होंने चेतन के साथ कदम बढ़ाते हुए कहा, "मेरा ख़याल था, तुम मेरी तरफ़ आओगे पर दो दिन राह देखते हो गये, तुम्हारी शक्ल दिखायी नहीं दी। कहो, अच्छे तो हो ? सुना, शिमले के मज़े लूट कर आ रहे हो।"

"मज़े क्या, सज़ा भुगत आया हूँ, लेकिन सज़ा भुगतने में भी तो एक नया तजरुबा होता है, वैसा ही तजरुबा मैं भी सँजो लाया हूँ।....आप इधर पंजपीर कहाँ आये थे ?"

"एक पार्टी की तरफ़ ब्लॉक के पैसे थे, इधर हाथ तंग था, मैंने सोचा, ख़ुद ही ले आऊँ। अपने आप पैसे चुकाने तो दुकान पर कोई ही भलामानस आता है।....तुम किधर से आ रहे हो और किधर जा रहे हो ?"

"हुनर साहब श्री रुद्र सेन आर्य की दुकान पर मिल गये थे। वहाँ से ख़ालसा होटल, कम्पनी बाग़, विधवा–सहायक–सभा और लाला जालन्धरीमल जी योगी के यहाँ उन्हीं की अर्दल में घूमता हुआ लौटा हूँ। कल–परसों शायद फिर लाहौर चला जाऊँ। सोचा, ज़रा पुराने ठिकानों के दर्शन करता चलूँ।"

"हमारी तरफ़ नहीं आये ?"

"कोट किशनचन्द से वापसी पर पुरियाँ मुहल्ले और किला बाज़ार से हो कर आपकी तरफ़ ही आने की सोचता था। जालन्धर आऊँ और भैरो बाज़ार का चक्कर न लगाऊँ ! ....मैं और जाऊँ दर से तेरे बिन सदा दिये ?" और चेतन हँसा।

"हुनर साहब को आज शाम आना था। उन्होंने भगवद्गीता का आमफ़हम ज़बान में तरजुमा किया है। सोचते थे कि उसी सिलसिले में एक मीटिंग की जाये और उसमें वे उसे पढ़ें।"

"मुझसे उन्होंने आपको यह पैग़ाम देने को कहा था कि वे शाम को आपके चौबारे आयेंगे।" मन–ही–मन उसने कहा —इसीलिए जालन्धर के तूल–अर्ज़ की ज़रीबकशी कर रहे हैं कि मीटिंग में सभी लोग आ जायें।

"मुझे जब मालूम हुआ कि तुम आ रहे हो तो मैं बड़ा प्रसन्न हुआ। मीटिंग का इन्तज़ाम तो हम कर देंगे, पर अगर तुम उनकी इस नयी नज़्म के बारे में दो लफ़्ज़ कह दो तो बड़ा अच्छा हो।"

"मैं तो शायद कल चला जाऊँ।"

"चलो, अभी चल कर बात करते हैं।"

"मैं कोट किशनचन्द से वापसी पर आपके चौबारे आऊँगा।"

"तो चलो, खिंगराँ दरवाज़े तक तो चलो।"

और उन्होंने चेतन के कन्धे पर लीडरों के अन्दाज़ में अपना हाथ रख दिया।

तैंतीस

लाल बाज़ार के बंसी सब्ज़ी-फ़रोश और बाज़ार बोहड़ वाला के स्टैम्प-मेकर ऐण्ड एंग्रेवर, लाला गोविन्दराम में एक गुण समान था। स्वदेशी आन्दोलन के बाद लोगों ने उन्हें बहुत कम बाज़ार में घूमते देखा था। आन्दोलन का ज़ोर रहता तो दोनों दिन-रात उसमें जुटे रहते, नहीं बंसी सब्ज़ी बेचता या रहमत के मुकाबले में अपनी दुकान पर स्वदेशी बैतबाज़ी कराता और लाला गोविन्दराम दीनानाथ बुकसेलर की दुकान के ऊपर अपने चौबारे की खुली खिड़की के सामने दिन भर बैठे ब्लॉकों की एंग्रेविंग करते। तब आधुनिक तर्ज़ के ब्लॉक जालन्धर में अभी नहीं बनते थे और लाला गोविन्दराम एंग्रेविंग करके ब्लॉक तैयार करते थे और इस काम में सारे शहर में वही अकेले कारीगर थे। उनका चौबारा, जो मकान की दूसरी मंज़िल में था, बाज़ार की ओर को किंचित बढ़ा हुआ था और उस पर 'ब्लॉक मेकर ऐण्ड एंग्रेवर' का बोर्ड बड़ी दूर से दिखायी दे जाता था।....लेकिन उधर कहीं गुजरात, महाराष्ट्र अथवा मध्य भारत में राजनीतिक आन्दोलन का बिगुल बजता, इधर अपने औज़ार-वौज़ार छोड़ कर लाला गोविन्दराम उठ खड़े होते और फिर ग्राहकों और ब्लॉकों को भूल, गली-गली, मुहल्ले-मुहल्ले जलसों और जुलूसों का प्रबन्ध करते घूमते। बंसी घण्टी बजा कर मुनादी किया करता और वे वक्ताओं और स्वयं-सेवकों के घरों में जा कर उन्हें एकत्र किया करते। यद्यपि १९२१ से १९३१ तक (जब तक कि चेतन जालन्धर रहा) उन्होंने हज़ारों सभाओं का आयोजन किया था, पर बंसी की तरह वे भी किसी सभा में भाषण न दे पाये थे। अपनी सभाओं के लिए प्रधान वे ऐसा चुनते थे, जो समय पड़ने पर वक्ताओं की कमज़ोरी को भी अपने ओजपूर्ण भाषण से ढँक ले।

लेकिन सभाओं को सफलता से आयोजित करने की क्षमता से कहीं ज़्यादा बड़ा एक दूसरा गुण उनके यहाँ था। उनका स्वदेश-प्रेम असन्दिग्ध और उनकी कर्मठता और कर्तव्य-निष्ठा अद्वितीय थी। वे कोई बात मन में तय कर लेते तो उसे पूरा किये बिना पीछे न हटते। आन्दोलन के दिनों में बीसियों बार उन्होंने धरने दिये, पिकेटिंग की और दस साल में ग्यारह बार जेल गये।

चेतन छठी जमात में पढ़ता था, जब '२१ के आन्दोलन में उसने शहर में बच्चे-बच्चे की ज़बान पर उनका नाम सुना था। महात्मा गाँधी का जुलूस निकलने वाला था और 'बक' नाम का एक बड़ा ही क्रूर अंग्रेज़ ज़िलाधीश था। उसने सिविल लाइन्स में कचहरी के आगे से जुलूस ले जाने पर रोक लगा दी थी। लेकिन जुलूस उधर ही से गुज़रा। अपार जनसमूह। इतने बड़े जुलूस के लिए अधिकारी तैयार न थे। महात्मा जी की कार तो निकल गयी, पर बाकियों पर बक ने डण्डे बरसवा दिये। लाला गोविन्दराम ने पहली बार ऐन कचहरी के आगे धरना दे दिया। उन्हें बड़ी बेदर्दी से पीटा और घसीट कर पुलिस की गाड़ी में लाद कर ले जाया गया। रात को महात्मा गाँधी ने भरी सभा में गोविन्दराम की वीरता और कर्तव्य-निष्ठा की प्रशंसा की। और कहा कि जिस देश की मिट्टी से लाला गोविन्दराम जैसे लाल पैदा हुए हैं, उसे कोई ग़ुलाम नहीं रख सकता। महात्मा जी तो भाषण दे कर लुधियाना चले गये। उनके जाते ही बक ने सभा ग़ैरकानूनी करार दे दी। और जब लोगों ने विसर्जित होने से इनकार कर दिया तो उसने लाठी चलाने का आदेश दिया और लोगों ने 'महात्मा

गाँधी की जय' के साथ 'लाला गोविन्दराम की जय' के घोष से आसमान गूँजा दिया। वे लाठियों से घायल हो गये, लेकिन जलसे से नहीं हटे। बक ने बड़ी बेदर्दी से आन्दोलन को दबाने का प्रयास किया, लेकिन उसकी हिंसा आन्दोलन की आग के लिए घी साबित हुई। गली-मुहल्ले के लोगों ने अपने मन का आक्रोश मिटाने के लिए अपने मुहल्ले के कुत्तों के नाम 'बक' के हम-नाम रख दिये। उन्हीं दिनों एक काला, डरावना डग कुत्ता न जाने कहाँ से कल्लोवानी मुहल्ले में आ गया। तुरन्त मुहल्ले वालों ने उसे 'बक' के नाम से विभूषित कर दिया। (साल बाद वह कुत्ता पागल हो गया तो लोग लाठियाँ ले कर उसके पीछे हो लिये। उस दिन खुले दिल से जो लाठियाँ उस पर बरसायी गयीं, उनमें निश्चय ही कुछ ज़िलाधीश बक के लिए भी थीं। अचेतन रूप से एक पागल कुत्ते को नहीं, पागल ज़िलाधीश को ही लोग उसके माध्यम से पीट रहे थे।)

o

विदेशी कपड़े के बायकाट के दिनों में चेतन ने लाला गोविन्दराम का जो रूप देखा, वह उसके मन पर सदा के लिए अंकित हो गया था। सात दिन गली-गली, मुहल्ले-मुहल्ले विदेशी कपड़ा इकट्ठा किया जाता रहा था और आठवें दिन नदीराम के तालाब पर उसकी होली जलायी गयी थी और पुलिस की लाठी चली थी। शहर के जिन घरों से विदेशी कपड़ा न मिला था, उनकी सूची तैयार हुई थी। सरकारी अफ़सरों को तो छोड़ दिया गया था, शेष से कपड़ा लेना स्वयं-सेवकों ने अपना धर्म बना लिया था। लेकिन कुछ ऐसे भी ख़ुदा के बन्दे थे, जिन पर उनके समझाने-बुझाने, अनुनय-विनय, जयकारों और लानतों का कोई असर न पड़ा था। स्वयं-सेवकों ने उनकी 'मुर्दाबाद' भी बुलायी थी, लेकिन वे ऐसे निश्चल रहे थे, जैसे ये बद-दुआएँ उनको नहीं, किसी और को दी जा रही थीं। इन्हीं में एक खाता-पीता, लेकिन बेहद कंजूस सुनार —भवानिया राम था। उसने एक पुराना विदेशी चीर भी न दिया था और यह बात स्वयं-सेवकों को खल गयी थी और उनका ख़याल था कि यदि वे अपने ही एक आदमी पर ज़ोर नहीं डाल सकते तो विदेशी सरकार पर ख़ाक ज़ोर डालेंगे। छै दिन तक लगातार स्वयं-सेवक उसके यहाँ जाते थे; बदल-बदल कर टोलियाँ उसके यहाँ गयी थीं, पर उस पर कोई असर न हुआ था। सितम यह है कि उन्हें विदेशी कपड़े देने के बदले, वह उनको और कांग्रेस को बीस-बीस गालियाँ देता था। साधारण आन्दोलन होता तो लोग इसकी तिक्का-बोटी एक कर देते, अहिंसात्मक आन्दोलन था और सुनार कंजूस भी था और सनकी भी। जब सब स्वयं-सेवक अपनी-सी करके हार गये तो अन्तिम दिन स्वयं लाला गोविन्दराम ने अपने दो साथियों को ले कर वहाँ जाने का निश्चय किया।

उन दिनों स्कूलों का डिसिप्लिन काफ़ी ढीला हो गया था। बच्चों के लिए यह एक विराट तमाशा था।। दिन-दिन भर वे गली-मुहल्ले में 'इन्कलाब ज़िन्दाबाद' के नारे लगाते घूमते थे। चेतन सुबह घर से निकलता तो कभी इस टोली के साथ हो लेता, कभी उस टोली के साथ। सुनार की जीत होती है अथवा स्वयं-सेवकों की — यह जानने के लिए उसका मन बड़ा आतुर था। जितनी टोलियाँ उसके यहाँ गयी थीं, चेतन उन सबके साथ गया था। कभी-कभी उसे सख़्त ग़ुस्सा आता कि वे लोग सुनार की पगड़ी छीन क्यों नहीं लेते और कभी उस सुनार के प्रति, जो इतना ज़ोर पड़ने के बावजूद अडिग था, उसे किंचित

श्रद्धा भी होती और यह जानने के लिए उसका मन उत्सुक हो उठता कि देखें —आख़िर इस रस्साकशी में कौन जीतता है! लाला गोविन्दराम जी ने स्वयं जाने का फ़ैसला किया तो वह उनके साथ हो लिया।

लाल बाज़ार में दस-बीस दुकानें छोड़ कर सुनार की दुकान थी। एक बड़ी-सी रेशमी, निरन्तर प्रयोग के कारण अत्यन्त मैली, पगड़ी सिर पर लपेटे, भवानिया कोई गहना गढ़ रहा था। लाला गोविन्दराम उसकी दुकान के सामने जा कर खड़े हो गये और बड़े विनम्र, लेकिन ऐसे स्वर में, जो सारी विनम्रता के बावजूद आदेशपूर्ण था, उन्होंने कहा — "लाला भवानीराम, देश की स्वतन्त्रता के यज्ञ में तुम्हारी आहुति नहीं पड़ी। यह अपनी सिल्क की पगड़ी उतार कर हमें दे दो।"

"पगड़ी उतार के दे दो, जैसे यहाँ पगड़ियों की दुकान खोल रखी है ?" भवानिया बिना उनकी ओर देखे बड़बड़ाया और पूर्ववत अपना काम करता रहा।

"अच्छा," लाला जी ने कहा, "हम प्रण करके आये हैं कि तुम्हें हम पाप का भागी नहीं बनने देंगे। हम यहीं जान दे देंगे, लेकिन पगड़ी लिये बिना नहीं हिलेंगे।"

और लाला गोविन्दराम एक टाँग के बल खड़े हो गये और मुँह उन्होंने सूरज की ओर कर लिया। जाने वे कितनी देर तक खड़े रहे, क्या मन्त्र पढ़ते रहे, चेतन को कुछ याद नहीं, केवल इतना याद है कि क्षण-प्रति-क्षण उनके चेहरे पर कुछ अजीब-सा तेज आता गया, उनकी नसें तनती गयीं, आँखें चढ़ती गयीं, और उसे लगा कि यदि वे इसी तरह सूरज पर दृष्टि जमाये रहे तो सूरज नेज़े पर उतर आयेगा और यह भवानिया और उसकी दुकान एकदम जल उठेगी। तभी भवानिया ने हथियार डाल दिये और पगड़ी उतार कर उनके चरणों पर रख दी।

०

चेतन लाला गोविन्दराम जी की बड़ी इज़्ज़त करता था। लड़कपन से उसने उन्हें कांग्रेस के आन्दोलन में खटते देखा था और चेतन की स्थिति उस बच्चे की-सी रही थी, जो अपने प्रिय नेता के साथ-साथ घूमना पसन्द करता है, पर संकोच और श्रद्धा के मारे उससे बात नहीं कर पाता। पहली बार वह उनके सम्पर्क में तब आया, जब वह कॉलेज में पढ़ रहा था और उसके बड़े भाई लॉण्ड्री का जंजाल छोड़ कर, अपने सहयोगी, एक्स्पर्ट डायर ऐण्ड ड्राई क्लीनर, राष्ट्रीय कवि श्री राजाराम के परामर्श से राष्ट्रीय आन्दोलन में कूदे थे। उसके भाई तो डेण्टिस्ट हो गये और अनारकली, लाहौर की अपनी दुकान में मरीज़ों के दाँत उखाड़ने या लगाने में मस्त थे और श्री राजाराम ने फ़िरोज़पुर में लॉण्ड्री खोल ली थी या जाने उसे छोड़ कर कहीं और चले गये थे, पर लाला गोविन्दराम वहीं थे। उनके प्रति चेतन की श्रद्धा कम न हुई थी और वह जब कभी आता था, उनके चौबारे पर दस-बीस मिनट के लिए ज़रूर जाता था।

लाला गोविन्दराम साहित्यानुरागी थे। फिर उनका यह प्रयास रहता था कि उनकी सभाओं के लिए कवियों की कमी न पड़े और वे नये कवियों को सदा प्रोत्साहन देते थे। सभा जमाने के लिए कवियों की बड़ी ज़रूरत पड़ती थी। पहले जब दो-तीन कवि अपनी ओज-भरी कविताओं से सभा का रंग जमा देते तो प्रमुख वक्ता अपना भाषण आरम्भ

करता। हुनर साहब जब जालन्धर आते तो दो-तीन सभाओं में ज़रूर कविता पढ़ते। कांग्रेस-आन्दोलन से प्रभावित हो, उन्होंने सूट-बूट छोड़, खादी की धोती, कुर्ता और टोपी अपना ली थी और बड़े तमतराक से राष्ट्रीय कविता करने लगे थे। चेतन को लाला गोविन्दराम पर श्रद्धा थी, पर हुनर साहब की हकीकत उस पर अच्छी तरह खुल गयी थी। उनकी राष्ट्रीय कविता में भी उनके व्यक्तित्व के ढोल की तरह ख़ासी पोल थी। वे कभी ऐसी कविता न लिखते थे, जिससे वे कानून की गिरफ़्त में आ जायें अथवा राजद्रोह के अभियोग में उन्हें हथकड़ी लग जाये। हर्र लगे न फिटकरी, रंग चोखा आये; बुतों का विसाल भी हो जाये और हाथ से जन्नत भी न जाये — ऐसी ही थी उनकी राष्ट्रीय कविता....

पत्ते-पत्ते पर नज़र आता है जल्वा कौम का
ज़र्रे-ज़र्रे में नज़र आती है सूरत कौम की
उनकी आँखों में कोई मूरत समा सकती नहीं
बस गयी हो जिनके दिल में एक सूरत कौम की

एक बार एक सभा में, (जहाँ वे चेतन को अपनी कविता सुनवाने ले गये थे) बड़े ही ओज-भरे स्वर में उन्होंने यही कविता पढ़ी थी। लेकिन लाहौर की एक धार्मिक सभा में रामनवमी के अवसर पर, जब वे कविता पढ़ने खड़े हुए, तो उन्होंने एक शब्द बदल कर इसी कविता से काम चला लिया — 'कौम' की जगह उन्होंने 'राम' कर दिया!

पत्ते-पत्ते में नज़र आता है जल्वा राम का
ज़र्रे-ज़र्रे में नज़र आती है सूरत राम की

सस्ते ढंग से सस्ती प्रशंसा — चेतन को हुनर साहब के जीवन का एकमात्र ध्येय लगता था। सच्चा साहित्य, जो श्रम चाहता है, वह शायद उनके बस का रोग न था। वे जोड़-तोड़ कर एक नज़्म लिख लेते, फिर सारे शहर का चक्कर लगा कर उसे मित्र-परिचितों को सुनाते, उसे सुनाने के लिए मीटिंगों का आयोजन करते और जितने भी अधिक-से-अधिक पत्रों में सम्भव हो सकता, उसे छपवाते। 'जितना वक्त ये इस सब जोड़-तोड़ में लगाते हैं, उससे आधा भी यदि ये सच्चा साहित्य रचने में लगायें तो शायद इन्हें इस जोड़-तोड़ की ज़रूरत न पड़े' — चेतन कभी-कभी सोचा करता; पर वह सब अब उनकी आदत का अंग बन चुका था। हुनर साहब के साथ इतने वर्ष गुज़ारने, उनके जोड़-तोड़ में योग देने और उसका अध्ययन करने पर चेतन वह सब कब का छोड़ चुका था, पर हुनर साहब अब तक उसी दलदल में फँसे थे। सुबह से उनके साथ घूमते हुए चेतन अच्छी तरह समझ गया था। उनके लिए उसके मन में रंचमात्र भी श्रद्धा न थी....और लाला गोविन्दराम उससे कह रहे थे कि उनकी कविता का परिचय दे....वह तो उनकी कविता का ऐसा परिचय दे सकता है, उसने सोचा, कि वे फिर जालन्धर का रुख़ न करें, पर एक तो वे उसके बड़े भाई के मित्र थे, दूसरे उसने कभी उन्हें 'गुरु' कहा था और यद्यपि वह तो उनका 'शिष्य' नहीं रहा था, पर वे अभी तक स्वयं को उसका 'गुरु' मानते थे और चेतन को उसी की लाज थी।

o

खिंगराँ दरवाज़ा को चलते-चलते चेतन ने लाला गोविन्दराम से फिर कहा कि वह कोशिश

करेगा शाम को आने की, पर वादा नहीं करता। वे न मिलते तो ज़रूर आता, पर अब सौभाग्य से उनके दर्शन हो गये, अब शायद न आये, क्योंकि उसके पिता आज आने वाले हैं। वे आज गये तो फिर शायद ही उसका कहीं निकलना हो सके....और उसने उनसे जालन्धर की राजनीतिक गतिविधि का हाल-चाल पूछा था।

लाला गोविन्दराम ने उसे बताया था कि शायद महात्मा गाँधी और सरकार में समझौता हो जाये और कांग्रेस असेम्बलियों में जाये। यदि कांग्रेस ने धारा-सभाओं के लिए जाना निश्चित किया, तो उनके मित्र कहते हैं कि उन्हें धारा-सभा के लिए जालन्धर से खड़ा होना चाहिए।....“हुनर साहब ज़ोर दे रहे हैं,” उन्होंने कहा, “कि मैंने अपनी ज़िन्दगी का बेहतरीन हिस्सा जब जेलों में काट दिया तो मुझे असेम्बली के लिए भी खड़ा होना चाहिए। यह भी तो एक तरह की लड़ाई है। जब तक देश पूर्ण रूप से स्वतन्त्र नहीं हो जाता, तब तक जेलों में हो या असेम्बलियों में, लड़ाई जारी रहेगी।”

“लेकिन असेम्बली में आप क्या बोलेंगे ?” चेतन ने सहसा पूछा।

“अभी बोलने की ज़रूरत ही नहीं है,” लाला गोविन्दराम जी ने कहा, “अभी तो नेता की आवाज़ पर ‘हाँ’ या ‘ना’ में हाथ उठाने की ज़रूरत है। कल यदि महात्मा गाँधी कहें कि असेम्बलियाँ छोड़ कर जेलों को भर दो, तो हमें उन आदमियों की ज़रूरत है, जो असेम्बलियों की सीटों को बे-झिझक छोड़ कर जेलों को जा बसायें। यही सब सोच कर मैंने तय कर लिया है कि मैं असेम्बली के लिए खड़ा हूँगा। मेरे मुकाबले में कोई दूसरा आदमी जालन्धर से नहीं जीत सकता।” और वे किंचित हँसे, “हुनर साहब ने विश्वास दिलाया है कि वे चुनाव के दिनों में गाँव से आ कर जालन्धर रहेंगे और चुनाव-सबन्धी मेरी हर नयी मीटिंग में एकदम नयी कविता सुनायेंगे।”

०

खिंगराँ दरवाज़ा आ गया था और यद्यपि लाला गोविन्दराम ने ज़ोर दिया कि चेतन उनके साथ साईंदास हाई स्कूल की प्राइमरी शाखा तक चले और किला मुहल्ले से पुरियाँ मुहल्ला होता हुआ कोट किशनचन्द जाये, पर चेतन ने सोचा था कि वह इतना चक्कर नहीं लगायेगा, कोट किशनचन्द से वापसी पर पुरियाँ मुहल्ला होता हुआ बाज़ार बोहड़ वाला का चक्कर लगाता, घर लौटेगा। इसलिए उसने लाला जी से हाथ मिलाया और वादा किया कि अगर उसे ज़्यादा देर न हो गयी तो वह चाहे चन्द मिनट ही को क्यों न सही, उनके चौबारे आयेगा। और उसने हाथ बढ़ा दिया।

हाथ मिला कर प्यार से उसके कन्धे को थपथपाते हुए लाला गोविन्दराम खिंगराँ दरवाज़ा को हो लिये चेतन सीधे अड्डा होशियारपुर को चल दिया।

चौंतीस

खिंगराँ दरवाज़ा से अड्डा होशियारपुर बहुत दूर नहीं था और अड्डा होशियारपुर से ज़रा इधर पुरियाँ मुहल्ले से ढालुवाँ रास्ता उस सड़क पर आ निकला था। चेतन लाला गोविन्दराम से हाथ मिला कर चला तो उसे उस ढलान का ख़याल आ गया —उस ढलान के साथ उसकी कितनी सुखद-दुखद स्मृतियाँ जुड़ी थीं। कितनी बार वह उस पर उतरा-चढ़ा था —केवल कुन्ती की खिड़की के नीचे से गुज़रने के लिए: मीलों का चक्कर मार कर वह आता था —केवल उसकी एक झलक पाने के लिए।....और यह अजीब बात थी कि इतने वर्ष बीत जाने पर कॉलेज के ज़माने की वही बलवती इच्छा, जो उसे साइकिल पर मीलों दौड़ाये लाती थी, उसी तरह विद्यमान थी और उस खिड़की के नीचे से गुज़र जाना उसे आज भी उतना ही प्रिय था।

पर कुन्ती विधवा हो चुकी थी....चेतन फिर क्यों देखना चाहता था उसे....पर शायद उसे नहीं, उसके माध्यम से अपने उन्हीं उल्लास-भरे दिनों का स्पर्श वह पाना चाहता था, जो सपनों-से बीत गये थे, पर अपनी मीठी याद उसी तरह छोड़ गये थे....कुन्ती.... उसके लजीले-शरमीले प्यार की वह अछूती प्रतिमा —वैधव्य के बाद भी —उसके मानस-पट पर अपनी निर्दोष छवि के साथ अंकित थी....उसका प्यार परवान न चढ़ा सही, पर कुन्ती का सुहाग तो बना रहता —चेतन ने सोचा —उसका जीवन तो सफल होता —उसे सुखी देख कर वह भी सुख मनाता। —चेतन की आँखों के सामने वह दृश्य घूम गया, जब कुन्ती की शादी के बाद वह अनन्त के साथ पुरियाँ मुहल्ले गया था और ब्याह के झमझमाते गहनों-कपड़ों में लदी कुन्ती अपनी सहेली के साथ कुएँ पर पानी भर रही थी। भागते हुए, अनन्त का पीछा करते हुए, चेतन ने कुन्ती को सुना कर ज़ोर से कहा था, 'तुम में नयी शादी का जोश है भाई, अब मैं तुम्हें काहे को पकड़ सकूँगा।' और उसे देखते ही वह चौंक उठी थी, चर्ख़ी उसके हाथ से छूट गयी थी और घर्र-घर्र करती हुई बाल्टी धड़ाम से पानी में जा डूबी थी....

यह अजीब बात है कि कुन्ती का ख़याल आते ही भरे बाज़ार में चेतन नितान्त अकेला हो गया था। बाज़ार की रौनक के लिए उसकी आँखें और शोर के लिए उसके कान एकदम अजनबी हो गये थे। कुन्ती के साथ अपने पहले प्यार के उन पंख-लगे उड़ते-से दिनों की एक-एक स्मृति उसकी आँखों के सामने फड़फड़ा उठी थी। उन सुख-स्मृतियों को एकान्त रूप में मन के पर्दे पर देखने के लिए वह सड़क के किनारे-किनारे चला जा रहा था। पानी शायद कम्पनी बाग़ और मण्डी की ओर ही ज़्यादा बरसा था, क्योंकि खिंगराँ दरवाज़ा के उधर कीचड़ नहीं था और सड़क साफ़ थी।

....भरी बाल्टी इतने ज़ोर से पानी में डूबी थी कि झटके से उसकी रस्सी टूट गयी थी बाल्टी के टूट जाने से ख़ाली रस्सी उतने ही ज़ोर से ऊपर को घूमी थी और चर्ख़ी पर उल्टी लिपट चली थी। टूटे हुए सिरे की मार से बचने के लिए कुन्ती कुएँ की जगत से कूद कर हँसते-हँसते लोट-पोट हो गयी थी और जब सहेली उसके पीछे कूदी थी और उसे पकड़ कर उस शरारत के लिए उसने उसे पीटना चाहा था तो चेतन से आँखें मिला कर हँसती हुई कुन्ती सहेली के आगे-आगे हिरनी-सी कुलाँचें भरती और पीछे मुड़-मुड़

कर देखती हुई भाग निकली थी....

'क्या जाता था विधाता का, अगर हँसी के उन ग़ुंचों को वह कुछ और दिन खिलने देता,' चेतन ने सोचा, 'बाग़ में कितनी भी हरियाली क्यों न हो, पर यदि कहीं पत्तों में से झाँकते हुए, हँसते, ठहाके मारते ग़ुंचे नहीं, तो कुछ भी नहीं'....लेकिन कुन्ती की हँसी के सोते तो विधाता ने एकदम सुखा दिये....और चेतन के हृदय की गहराई से एक लम्बी साँस निकल गयी और उसके सामने गर्मियों की दोपहर का वह तपता हुआ दिन आ गया, जब कुन्ती की माँग से सिन्दूर पोंछ दिया गया था, उसकी चूड़ियाँ तोड़ डाली गयी थीं और उसकी हँसी और ठहाकों पर ताले लगा दिये गये थे....और तपती धूप में नंगे पाँव, सफ़ेद धोती पहने, श्मशान में उस शव के अन्तिम दर्शनों को (जो कल तक उसका पति था, उसके नन्हे बच्चे का बाप था) आती हुई, मूक, मर्माहत-सी उसकी वह मूरत....वह कितनी दुबली हो गयी थी। बर्फ़-ऐसे सफ़ेद उसके मुख पर केवल लम्बी-सी नाक ही दिखायी देती थी और उसकी आँखें बेकिनार शून्य में भटक रही थीं....चेतन के सामने वह मूरत ऐसे आ गयी, जैसे उसने अभी-अभी उसे देखा हो —उसकी सूनी आँखें, लम्बी पतली नाक, उसका विवर्ण मुख, उसके पतले-पतले होंटों का वह जमाव और उसकी दृष्टि की वह हैरान वीरानगी —उसका सब कुछ अपने नन्हे-से-नन्हे ब्योरे के साथ उसके सामने था —एक भंगिमा भी तो अपने स्थान से इधर-उधर न हुई थी। शव के अन्तिम दर्शन कर, चन्द कदम हट कर, वह शव के चरणों पर झुकी थी और फिर जैसे आयी थी, वैसे बेजान-सी चली गयी थी....और चेतन का जी चाहा था, उन सुकोमल तलवों के नीचे, उस जलती-तपती धरती पर लेट जाये और उस तपिश की ज़रा-सी आँच भी उन फूल-से पैरों को न लगने दे....'क्या वे पैर कभी उसी तरह कुएँ की जगत से कूद सकेंगे ?' चेतन ने सोचा, 'क्या वे होंट उस तरह ठहाका मार सकेंगे और देह की वह बेल हँसते-हँसते दोहरी हो सकेगी —शायद कभी नहीं'....और एक लम्बी, गहरी साँस उसके हृदय की गहराई से निकल कर उसके होंटों पर आ गयी....तभी उसके कानों में हल्की-सी हँसी की आवाज़ आयी —चौंक कर उसने सिर उठाया —उसका हृदय धक् से रह गया —कुन्ती....

o

अपनी सुखद-दुखद स्मृतियों में खोया चेतन पुरियाँ मुहल्ले से आने वाले रास्ते के निकट उसी टाल पर पहुँच गया था, जिसके सामने कुन्ती के पति का प्रेस था और जिसके तख़्त पर अपने मित्र गच्चो के साथ बैठे-बैठे उसने कुन्ती के पति की अर्थी का इन्तज़ार किया था। कुन्ती सड़क पर खड़ी, टाल के सामने वाले मकान से उतरने वाली सीढ़ियों पर चढ़ने को तैयार किसी स्त्री से हँस-हँस कर बातें कर रही थी।....उसका मुँह चेतन की ओर नहीं था। पर वह उस आवाज़ और उस हँसी को हज़ारों में पहचान सकता था।

इससे पहले कि चेतन उसके बराबर पहुँचता, कुन्ती उस स्त्री से छुट्टी ले कर चल दी। चेतन का ख़याल था कि वह सड़क पार करके वापस अपने घर की ओर जायेगी। अपने पति की मृत्यु के बाद वह अपने मायके वाले मकान ही में रहने लगी थी। पर वह मुड़ी नहीं, सड़क के उसी किनारे अड्डा होशियापुर की ओर चल दी।

धड़कते हुए दिल के साथ चेतन ने पाँव बढ़ाये। उसने उसका मुख न देखा था। उसने सीधी-सादी सफ़ेद धोती पहन रखी थी। वह पहले से किंचित मोटी हो गयी थी। लेकिन

वह कुन्ती ही थी, चेतन को इसका पूरा विश्वास था। वह चाहता था, बढ़ कर उसके आगे निकल जाये और मुड़ कर उसे एक नज़र देख ले। पहला ज़माना होता तो चेतन यही करता। पर कुन्ती विधवा थी। उसे साहस नहीं हुआ। वह सड़क के अपने किनारे उसके कुछ फ़ासले पर, चलता गया। अड्डा होशियारपुर का चौरास्ता पार कर, कुन्ती सीधी बढ़ती गयी। गुरुकुल आर्यसमाज मन्दिर आ गया। चेतन का मन हुआ, वह उसके अन्दर जाये, लाइब्रेरी में कुछ क्षण बैठे। उस अहाते में उसने जाने कितनी बार स्वामी सत्यदेव की कथा सुनी थी, उस पुस्तकालय में बैठ कर जाने कितनी शामें पत्रिकाएँ पढ़ने में गुज़ारी थीं....लेकिन कुन्ती बढ़े जा रही थी। चेतन का ख़याल था, शायद वह फाटक के पार बायीं ओर को मुड़ कर देवी तालाब की ओर जायेगी। लेकिन फाटक पार कर, वह सीधी कोट किशनचन्द की ओर बढ़ चली। कई बार चेतन के मन में इच्छा हुई, वह कदम बढ़ा कर आगे हो जाये और कुछ तिरछा हो कर उसे देख ले, उसके मन में यह भी आया कि वह सड़क के उस किनारे हो जाये, जिस पर कि वह जा रही थी....पर जाने किस संकोच ने उसके पाँवों में बेड़ियाँ डाल दीं, न वह चन्द कदम बढ़ा कर उसके आगे बढ़ सका, न सड़क पार कर उस किनारे हो सका। उसी गति से उतने ही फ़ासले पर चलता गया। उसके दिमाग़ ने एकदम सोचना बन्द कर दिया। उसकी दृष्टि उस सीधी-सादी सफ़ेद धोती पर लगी रही और इस उत्कण्ठा से उसके शरीर और दिमाग़ की सारी नसें तनी रहीं कि शायद वह भूले से पीछे मुड़ कर देखे और वह उसकी पूरी झलक पा ले। लेकिन भीड़ नहीं थी, सड़क सूनी थी और कुन्ती अपने ध्यान में मगन बढ़े जा रही थी।

कोट किशनचन्द के बाहर चौक में वह सहसा सामने से आने वाली एक स्त्री से मिलने के लिए रुकी और फिर वही हँसी चेतन के कानों में गूँज गयी।

दोनों हँस-हँस कर बातें कर रही थीं कि चेतन उसी चाल से आगे निकल गया। पर वह मुड़ कर कैसे देखे, उसे साहस न हुआ। ज़रा-सा चक्कर दे कर वह भी कोट के अहाते की ओर मुड़ा और उसने ऐसे ही नज़र उठा कर देखा। कुन्ती ही थी....उसका चेहरा किंचित भर गया था, पर उसके माथे पर वही दूज के चाँद-ऐसा दाग़ था, वही बड़ी-बड़ी आँखें और सुलोचना-ऐसी वही नुकीली ठोड़ी। उसके मुख पर न पाउडर था, न ग़ाज़ा, पर वह हँसी के कारण खिला पड़ता था। सीधी-सरल, आवेगहीन हँसी।....तभी कुन्ती ने निगाहें उठा कर उसकी ओर देखा। पर चेतन ने तत्काल निगाहें हटा लीं। वह मुड़ा। उसका मन हुआ वह रजत के घर की सीढ़ी चढ़ जाये, पर उसका दरवाज़ा बन्द था। वह सेठ हरदर्शन की कोठी की ओर बढ़ गया।

पैंतीस

सेठ हरदर्शन के बँगले में जाने से पहले चेतन ने एक बार फिर मुड़ कर देखा —कुन्ती चली गयी थी। शायद वह कोट किशनचन्द में किसी रिश्तेदार अथवा सहेली से मिलने के लिए आयी थी....'वह ख़ुश थी, वह हँस रही थी....शायद उसने अपने ग़म को अपने बेटे

की देख-भाल में भुला दिया है'....चेतन ने सोचा....और उसके अपने मन पर कुन्ती का वही रूप अंकित था, जो उसने श्मशान में देखा था....और अपनी अतिरिक्त भावुकता और मूर्खता के कारण वह सोचता था कि वह अब हमेशा-हमेशा के लिए दुखी और ग़मगीन रहेगी....लेकिन समय तो सबसे बड़ा मरहम है। उसके सहारे आदमी बड़े-से-बड़े दुख भूल जाता है....तो चेतन अपना दुख क्यों नहीं भूल सका ? उसका यह घाव क्यों नहीं भरा ? ज़रा-सा छेड़ने पर वह क्यों वैसे-का-वैसा हरा हो जाता है ? ....लेकिन चेतन अपने इस प्रश्न का उत्तर नहीं पा सका। बँगले के अहाते में वीरसेन घूम रहे थे, सहसा उसके पास आ कर वे चुपचाप खड़े हो गये। चेतन ने पलट कर उन्हें 'नमस्कार' किया। फिर वह उनके साथ अहाते में टहलने लगा।

वीरसेन सेठ हरदर्शन के छोटे भाई थे। लम्बे, पतले, सींकिया। जाने जन्म के समय पिता ने क्या सोच कर उनका नाम वीरसेन रखा होगा। देखने में लगता कि यदि ज़ोर की हवा चले तो उड़ जायें। कुछ ही वर्ष पहले विलायत से लौटे थे, लेकिन कोई काम न करते थे। चेतन जब जालन्धर में था और कोट किशनचन्द की ओर आता था तो कभी-कभार सेठ हरदर्शन के बँगले में भी चला जाता था। वीरसेन चुपचाप बँगले में टहल रहे होते, अथवा बेंत की गोल कुर्सी पर बैठे छत की ओर तका करते। कभी सड़क पर भी मिलते, तो इस या उस किनारे चलते हुए — गहरे ध्यान में मग्न। वे बहुत बढ़िया कपड़े पहनते। हमेशा कमीज़-पतलून पहने रहते, पर उनकी कमीज़ कॉलर-विहीन होती और दूर से वे चेतन को किसी देसी पादरी-से लगते। रंग उनका दक्षिण भारतीयों-सा काला नहीं था, पर पंजाबियों के मुश्की रंग से एक परत ज़्यादा काला था। नक्श उनके तीखे थे। होंट पतले। अगर उनका शरीर कुछ भर जाता तो वे सेठ हरदर्शन की तरह सुन्दर लगते।

चेतन सोचा करता था कि इंग्लिस्तान में उन्होंने पढ़ाई में कम समय दिया है, ऐश करने में ज़्यादा और उनका स्वास्थ्य इसीलिए चौपट हो गया है। एक दिन उसने बातों-बातों में उनसे पूछा था कि क्या वे इंग्लिस्तान में पढ़ते ही रहे या वहाँ की कुछ दूसरी ज़िन्दगी भी उन्होंने देखी ? तब उन्होंने केवल एक वाक्य अंग्रेज़ी में कहा था — 'मुझे समुद्र में फेंक दो और उम्मीद रखो कि मैं किसी तख़्ते को न पकड़ूँ यह कैसे सम्भव है ?'....कोट किशनचन्द के लोग उन्हें सनकी समझते थे और उसने कभी रजत के अथवा सामने के सोंधी परिवार के किसी आदमी को उनसे बातें करते न देखा था। लेकिन जब घर में उनके मँझले भाई शशि अथवा बड़े भाई हरदर्शन न होते तो चेतन उन्हीं के पास बैठ जाता था। वे बात जल्दी न करते थे, पर जब करने लगते थे तो बड़े जोश से करते थे।

उनके मँझले भाई से, एक बार चेतन ने पूछा था कि वीरसेन कोई काम क्यों नहीं करते ? तब उन्होंने कहा था कि उनकी सेहत सदा से ऐसी ही रही है। इंग्लिस्तान में उन्हें ज्वर रहने लगा था। डॉक्टरों ने उनके फेफड़ों की कमज़ोरी का सन्देह प्रकट किया था। इसलिए उन्हें बुला लिया गया।

कारबार में वीरसेन का मन नहीं था और डिग्री वे कोई ले न पाये थे। सेठ हरदर्शन का काम चल रहा था, इसलिए उन्होंने वीरसेन से कह रखा था कि वे खायें-पिये, मौज उड़ायें और सेहत बनायें। शादी उनकी हो चुकी थी। एक बच्चा भी था। पर उनको देख कर ज़रा भी न लगता था कि यह आदमी बीवी रख सकता है अथवा बच्चा पैदा कर सकता है।

वीरसेन उस वक्त बड़े आवेग में थे। —चेतन से मिलते ही उन्होंने अंग्रेज़ी में कहना शुरू किया — "क्रान्ति....क्रान्ति....क्रान्ति, हिन्दुस्तान की सभी बीमारियों का एक-मात्र यही इलाज है। कांग्रेस 'इन्कलाब ज़िन्दाबाद' चिल्लाती है, पर ये लोग इन्कलाब नहीं चाहते। इन्कलाब का मतलब है — 'नीचे' का 'ऊपर'। सत्ता उन लोगों के हाथ में आ जाये, जो सदियों से ग़रीबी, भुखमरी, बेरोज़गारी, अशिक्षा और ग़ुलामी के पाटों में पिसे जा रहे हैं। क्रान्ति वह, जैसे रूस में हुई, जिसमें सत्ता सचमुच ग़रीबों और मज़दूरों के हाथ में आयी। यह क्रान्ति नहीं होगी, समझौता होगा। ये लोग सरकार से समझौता कर रहे हैं। असेम्बलियों में जाने की सोच रहे हैं। इससे इन्कलाब होगा ? —हरगिज़ नहीं! एक देश के व्यापारियों का दूसरे देश के व्यापारियों से समझौता होगा। देखने के लिए चाहे जनता के नेता असेम्बलियों में जायेंगे, लेकिन असली सत्ता पूँजीपतियों से हाथ ही में होगी। तुम देख लेना।...."

जोश में एक-दो चक्कर लगा कर वीरसेन ने फिर कहना शुरू किया, "ये लोग मुझे सनकी कहते हैं, उन्होंने मुझे बीमार बना रखा है, ये लोग मुझे कोई काम नहीं करने देते। ये वास्तव में मुझसे डरते हैं, मेरे विचारों से डरते हैं। इनका ख़याल है कि इंग्लिस्तान में मेरी सोसाइटी ठीक नहीं थी, मैं कम्यूनिस्टों से मिलता-जुलता था, मैंने रूस की एजेण्टी कर ली है, ये डरते हैं कि मैं आज़ाद रहूँगा तो हिन्दुस्तान में क्रान्ति कर दूँगा...."

चेतन ने ज़रा परे हो कर नख-से-शिख तक उस 'क्रान्तिकारी' पर दृष्टि डाली और वह मन-ही-मन हँस दिया। लेकिन वीरसेन ने चेतन की उस आलोचनात्मक दृष्टि को नहीं देखा। वे अपने जोश में घूमते गये। एक चक्कर लगा कर उन्होंने फिर कहा — "लेकिन मैं कम्यूनिस्ट नहीं हूँ, कम्यूनिस्ट यहाँ कोई है भी! लेकिन जो बात मैं कहता हूँ, उसे तो कोई भी आँखों वाला देख सकता है।....कांग्रेस असेम्बलियों में जायेगी और वहाँ जा कर लड़ाई लड़ेगी। लेकिन वहाँ हुकूमत का ख़ून जो नेताओं के मुँह को लग जायेगा! क्या उसके बाद वैसा इन्कलाब वे लोग ला सकेंगे ? अंग्रेज़ अपनी इच्छा से इतना बड़ा साम्राज्य छोड़ कर क्यों जायेगा ? उसको हिंस्र क्रान्ति ही उखाड़ कर समुद्र में फेंक सकती है। वह अपनी इच्छा से जाता है तो अपना लाभ देख कर ही जायेगा। अंग्रेज़ बनिया है, वह इस देश के बनियों से समझौता करके ही जायेगा....और आप कांग्रेस को क्या जनता की संस्था समझते हैं, जनता इसका मुखौटा है —इसके अन्दर वही बनिया बैठा है। यह कांग्रेस के अधिवेशनों के लिए लाखों रुपया कहाँ से आता है ? इस देश की बनिया ही देता है —यह आज़ादी की लड़ाई, इस देश के बनियों से उस देश के बनियों की लड़ाई है....ये बनिये क्रान्ति करेंगे....इन्कलाब ज़िन्दाबाद...." और बेज़ारी से सिर हिला कर वीरसेन हँसे।

"लेकिन आप भी तो बनिये हैं, व्यापारी हैं...." चेतन ने कहना चाहा।

"बनिये अन्दर बैठे हैं!" सहसा रुक कर उँगली के इशारे से ड्रॉइंग-रूम की ओर संकेत करके वीरसेन ने कहा, "मैं स्वतन्त्र चेता हूँ, आज़ाद थिंकर हूँ!"

और बिना चेतन की ओर देखे, वीरसेन घूमने लगे। चेतन कुछ क्षण वहाँ रुका रहा, फिर मुस्कराता हुआ अन्दर ड्रॉइंग-रूम में गया। सामने गद्दे पर शशि बैठे थे। ऊपर पंखा चल रहा था और बायीं ओर दरवाज़े के बराबर लगे काउचों पर बैठे हुए कुछ लोग आगे तिपाइयाँ रखे, जाने कैसी लिस्टें बना रहे थे।

शशि तीनों भाइयों में मँझले थे, कद में अपने बड़े और छोटे भाई से कुछ कम थे, होंट भी उनके मोटे थे और रंग दोनों भाइयों की अपेक्षा कहीं गोरा था। चेहरा उनका गोल-मटोल था। शैशव में सचमुच ही चाँद-से लगते होंगे, तभी माता-पिता ने उनका वह नाम रखा। वे हँसमुख प्रकृति के व्यापारी थे। उनको सामाजिक कार्यों से कोई वैसी दिलचस्पी न थी। अपने बड़े भाई को उन्होंने सामाजिक कार्यों में भाग लेने और छोटे भाई को स्वतन्त्र चेता बने रहने के लिए छोड़ दिया था और स्वयं सारे व्यवसाय को देखते थे।

"कब आये लाहौर से ?" शशि ने पूछा।

"लाहौर से नहीं। मैं शिमले से लौटा हूँ।"

"शिमले से ?"

और चेतन ने संक्षेप में अपने शिमले के प्रवास की बात कही और बोला, "बहुत दिनों पर आया था, जल्दी ही चला जाऊँगा। सोचा, आप लोगों के दर्शन करता चलूँ।"

"बड़ा अच्छा किया। भाई साहब तो कई बार आपका ज़िक्र कर चुके हैं। आपके बड़े प्रशंसक हैं।" शशि हँसे।

"क्या घर ही में हैं, या कहीं बाहर गये हुए हैं ?" चेतन ने पूछा।

"घर ही पर हैं, आराम कर रहे थे, अभी नीचे आयेंगे।"

इस बीच में चेतन निरन्तर उन लिस्टों की ओर देख रहा था, जो कमरे में बैठे तीन-चार आदमी बड़ी तल्लीनता से तैयार कर रहे थे और जिनके बारे में वे बीच-बीच में शशि से पूछ-ताछ भी करते थे। कुछ देर बाद चेतन ने पूछा, "क्या यह म्यूनिसिपल इलेक्शन की तैयारी हो रही है ?"

"नहीं, भाई साहब इस बार म्यूनिसिपैलिटी के लिए नहीं खड़े हो रहे।" शशि ने कहा।

"तो फिर ये किन वोटरों की सूचियाँ तैयार हो रही हैं ?"

"ये असेम्बली के वोटरों की लिस्टें हैं! वाइसराय से महात्मा गाँधी की बातचीत हो रही है, एक-दो साल में चुनाव होगा। उसी के सिलसिले में लिस्टें बन रही हैं।"

"क्या सेठ साहब असेम्बली के लिए खड़े होंगे ?"

"लोग उन पर ज़ोर दे रहे हैं कि वे असेम्बली में जायें।" शशि ने कहा, "कमेटी का क्षेत्र अपनी प्रतिभा के लिए उन्हें बहुत छोटा लगता है।"

"तो क्या यूनियनिस्ट पार्टी की ओर से खड़े होंगे अथवा इण्डिपेण्डेण्ट ?" चेतन ने पूछा।

"नहीं, लोग उन्हें कांग्रेस की ओर से खड़ा होने को कह रहे हैं ?"

"लेकिन सेठ जी तो कभी कांग्रेस के मेम्बर नहीं रहे, न कभी जेल ही गये हैं।"

"असेम्बली में जाना और जेल जाना, दो अलग-अलग बातें हैं।" शशि ने नेताओं के-से अन्दाज़ में कहा, "जेल जाने की प्रतिभा जिसमें है, उसमें ज़रूरी नहीं कि असेम्बली में बोलने की भी प्रतिभा हो। रही कांग्रेस की मेम्बरी, तो उसमें सिर्फ़ चार आने लगते हैं। टिकट मिलने की सम्भावना हुई तो हो जायेंगे।"

चेतन चुप रहा। उसकी आँखों के सामने लाला गोविन्दराम की सूरत और स्वतन्त्रता-संग्राम में उनकी लम्बी सेवाएँ घूम गयीं।

"भाई साहब कांग्रेस की वर्किंग कमेटी की मीटिंग में जा रहे हैं। वहीं तय हो जायेगा। लेकिन एक तरफ़ हिन्दू महासभा है, दूसरी ओर यूनियनिस्ट पार्टी है, जिसे सरकार का सहयोग प्राप्त है। उनका मुकाबला करना आसान नहीं। भाई साहब पर कई तरफ़ से ज़ोर पड़ रहा है, लेकिन यदि उन्हें कांग्रेस का टिकट मिल गया तो वे कांग्रेस की ओर से खड़े होंगे। उनका ख़याल है कि कांग्रेस असेम्बलियों में गयी तो सरकार से बेहतर काम करके दिखायेगी। बाहर भी आना पड़ा तो जब फिर समझौता होगा, जब स्वराज्य मिलेगा, फिर जायेगी। अभी से यदि भाई साहब कांग्रेस में जाते हैं तो वक्त आने पर उन्हें मिनिस्टर बनने से कोई नहीं रोक सकता।"

"लेकिन इतना पहले लिस्टें तैयार करने की क्या ज़रूरत है ?"

"भाई साहब का काम करने का यही ढंग है।" शशि ने कहा, "अभी से वोटरों का पता चल जायेगा, तो किस मुहल्ले में कौन महत्व रखता है, किसका कितनों पर ज़ोर है, इस सब का पता चलाने में आसानी होगी। जिन वोटरों के नाम लिस्ट में कानून के अनुसार होने चाहिएँ, पर हैं नहीं, वे दर्ज कराये जायेंगे, और भाई साहब कांग्रेस की ओर से खड़े हों, महासभा की ओर से या इण्डिपेण्डेण्ट, इन लिस्टों की तो ज़रूरत पड़ेगी ही और महत्वपूर्ण लोगों को अभी से मिलाना पड़ेगा।"

"युनियनिस्टों की ओर से वे क्यों नहीं खड़े होते ?"

"कोशिश तो उनकी यही है कि उन्हें कांग्रेस का टिकट मिल जाये और पंजाब कांग्रेस कमेटी के कुछ दोस्तों ने उनसे कहा भी है। मुकाबला सख़्त होगा और हज़ारों रुपये उठ जायेंगे, कांग्रेस का मेम्बर जीते, इसमें कांग्रेस का भी लाभ है। भाई साहब दूर की सोचते हैं। कांग्रेस का टिकट न मिला, फिर देखेंगे।"

'तो इसलिए वीरसेन कांग्रेस को बनियों की कांग्रेस कह रहे थे,' चेतन ने मन-ही-मन सोचा। वह लाला गोविन्दराम की बात करने जा रहा था कि अन्दर के दरवाज़े का पर्दा उठा कर सेठ हरदर्शन ने प्रवेश किया —दूध-सी सफ़ेद, बारीक खादी का कुर्ता और चूड़ीदार पायजामा, खादी ही का अचकन और सिर पर गाँधी टोपी —चेतन ने उन्हें जब भी पहले देखा था —सिल्क की कमीज़, लट्ठे के चूड़ीदार पायज़ामे, सिल्क के अचकन और टोपी में देखा था —'तो सेठ जी ने कांग्रेस-सदस्य होने का फ़ैसला कर लिया है' —उसने मन-ही-मन कहा।

खादी की भूषा में सेठ हरदर्शन सुन्दर लग रहे थे —पतले-छरहरे, तीखी नाक, पतले-पतले होंट। देखने में वे कारोबारी नहीं, किसी कॉलेज के प्रोफ़ेसर लगते थे। उनके होंटों के कोने बात करने में कुछ ऐसी मासूमियत लिये रहते थे कि मन को अनायास आकर्षित कर लेते थे। उनका नाम सार्थक था। उनको देख कर उनके माता-पिता को ज़रूर ही कृष्ण की याद आती होगी।....

o

और तभी सेठ हरदर्शन को देखते-देखते चेतन की आँखों के सामने उस कोठी के पहले मालिक पण्डित राधारमण ऐडवोकेट की सूरत घूम गयी। पण्डित राधारमण के पिता काफ़ी सम्पत्ति छोड़ गये थे और स्वयं भी वे बड़े प्रसिद्ध ऐडवोकेट थे। शहर के धनी-मानियों में

उनकी गिनती थी। चेतन ने पाँचवीं कक्षा में उन्हें पहले-पहल देखा था। तब वे नगरपालिका की सदस्यता के लिए खड़े हुए थे और उन्होंने चुनाव में इतना रुपया ख़र्च किया था, उनका इतना प्रचार हुआ था, गली-गली और बाज़ार-बाज़ार इतने पोस्टर लगे थे कि शहर का बच्चा-बच्चा उनके नाम से परिचित हो गया था। वे चुनाव जीत गये थे तो उनका इतना शानदार जुलूस निकला था कि उसके बाद महात्मा गाँधी का जुलूस ही इतना बड़ा चेतन ने देखा था। बैण्ड-बाजे थे, स्कूलों के लड़के थे, सेवा-समिति के स्वयं-सेवक थे —चेतन ने कम्पनी बाग़ के पास वह जुलूस देखा था और तभी पहली बार उसने पण्डित राधारमण के दर्शन किये थे। तब उनकी उमर चालीस-एक वर्ष की थी, गोरा-चिट्टा रंग; तनिक अन्दर को धँसे कल्ले, बड़ी-बड़ी किंचित नीचे को झुकी मूँछें, अचकन, चूड़ीदार पायजामा और सिर पर बड़ी-सी पगड़ी।

वही कमेटी के प्रधान भी चुने गये थे और उस चुनाव के बाद नगर की सामाजिक सरगर्मियों में बाकायदा योग देने लगे थे। लेकिन आठ-एक वर्ष पहले एक सुबह सारे शहर में यह ख़बर आग की तरह फैल गयी थी कि पण्डित राधारमण दीवालिया हो कर रात-ही-रात घर से भाग गये हैं। पूछने पर चेतन को मालूम हुआ था कि कुछ वर्षों से वे शेयर बाज़ार में दख़ल देने लगे थे और उन्होंने रुई के शेयर ख़रीदे थे और उन्हें लाख रुपये का घाटा आ गया था। शहर में तो यह भी अफ़वाह गर्म हो गयी थी कि उन्होंने आत्महत्या कर ली है।

लेकिन कुछ दिनों बाद पता चला कि वे एक मित्र के पास लाहौर चले गये थे, अब वापस आ गये हैं। कुछ दिनों के बाद सुना कि अपनी सारी जायदाद ऋणदाताओं की भेंट कर, वे लाहौर चले गये हैं, वहीं प्रैक्टिस करेंगे।....और एक दिन चेतन कोट किशनचन्द की ओर गया तो उनकी कोठी पर रंग हो रहा था। चारदीवारी के ऊपर की गोलाई पर लाल और बीच के चौकोर टुकड़ों पर पीला। वहीं एक मित्र से उसे मालूम हुआ था कि कोठी को सेठ हरदर्शन ने ख़रीदा है, टाटा के एजेण्ट हैं और उन्हें 'टाटा स्टील कम्पनी' की जालन्धर, होशियारपुर, लुधियाना और कपूर्थला की एजेंसी मिली है। और जैसे कुछ वर्ष बाद पंजाब के प्रमुख पूँजीपति लाला हरकिशनलाल के दीवालिया होने पर, भारत इन्श्योरेंस कम्पनी में उनके शेयर और उनकी जायदाद ख़रीदने पर अचानक सेठ डालमिया का नाम सारे प्रान्त में रोशन हो गया था, इसी तरह पण्डित राधारमण की जायदाद ख़रीदने पर सेठ हरदर्शन का नाम जालन्धर वालों की ज़बान पर चढ़ गया।

सेठ हरदर्शन यद्यपि पंजाबी थे, पर उनके पिता यू० पी० में कारबार करते थे। उनकी मृत्यु पर सेठ हरदर्शन के कन्धों पर उनके कारबार का बोझ आ पड़ा था। उन्हीं ने टाटा की एजेंसी ली थी और उन्हीं ने पण्डित राधारमण की सारी जायदाद ख़रीद कर उनकी कोठी का नाम 'हरदर्शन विला' रख दिया था।

o

सेठ हरदर्शन पढ़े तो केवल बी०ए० तक थे, लेकिन उनकी बातचीत, चाल-ढाल, स्वर और लहजा उनके अत्यधिक शिक्षित और सुसंस्कृत होने की चुग़ली खाता था। जब वे शुरू-शुरू में आये थे, तो बन्द गले का कोट, धोती और सेठों की-सी काली टोपी पहनते थे, जिसके बार्डर पर रेशम से बेल कढ़ी रहती, पर इधर उन्होंने चूड़ीदार पायजामा और अचकन पहनना

शुरू कर दिया था।

नगरपालिका के पिछले चुनाव में वे स्वतन्त्र रूप से खड़े हुए थे और चुन लिये गये थे। इस वर्ष शहर में उनका काफ़ी विरोध होने लगा था। लोगों का ख़याल था कि उनकी संगति अच्छी नहीं रही, खाने-पीने लगे हैं और उनके चरित्र के सम्बन्ध में भी कुछ बातें फैल रही थीं और एक पक्ष इस बात पर तुला हुआ था कि उन्हें म्युनिसिपल कमेटी का सदस्य नहीं बनने देगा....पर वे कमेटी के लिए खड़े ही नहीं हो रहे थे। उनकी दृष्टि कहीं ऊपर थी...,

कमरे में दाख़िल होते ही उन्होंने शशि से कहा, "मैं ज़रा रायज़ादा हंसराज से मिलने जा रहा हूँ, अभी लाहौर से फ़ोन पर मैंने बात की है, अगर वे नाम प्रपोज़ करते हैं तो मेरा नॉमीनेशन निश्चित है।"

तब उनकी नज़र चेतन पर पड़ी। चेतन ने उठ कर 'नमस्कार' किया। उन्होंने बढ़ कर उसके कन्धे को थपथपाया और उसका हाल-चाल पूछा। चेतन ने संक्षेप में अपनी गतिविधि का पता दिया।

"तुमने तो भाई लाहौर जा कर हमारी साहित्यिक महफ़िलें ही सूनी कर दीं।" और सेठ हरदर्शन हँसे —मीठी दिलकश हँसी। "तुम थे तो कभी-कभार कुछ सुनने को मिल जाता था। अब तो बरसों से किसी साहित्यिक की सूरत भी दिखायी नहीं देती।"

"साहित्य-वाहित्य के लिए अब आपके पास कहाँ वक्त है, सेठ जी ?"

चेतन ने निहोरे के स्वर में हँस कर कहा।

"नहीं, यह बात नहीं!" वैसे ही खड़े-खड़े उन्होंने मन्द मुस्कान के साथ उत्तर दिया, "तुम कब तक हो यहाँ ? एक सभा की जाये।"

"मैं तो जा रहा हूँ।" चेतन ने कहा, "तीन महीने से छुट्टी पर हूँ। जा कर काम सँभालना है। आजकल हुनर साहब शहर में आये हुए हैं। शायद काफ़ी दिन रहेंगे, क्योंकि उन्होंने लाला गोविन्दराम से वादा किया है कि वे असेम्बली के लिए खड़े होंगे तो उनकी हर मीटिंग के लिए नयी नज़्म सुनायेंगे।"

चेतन ने जान-बूझ कर उनकी प्रतिक्रिया का रस लेने के लिए यह बात कही थी। उसका ख़याल था कि सेठ जी की भृकुटि किंचित तन जायेगी और उनके चेहरे पर हल्का-सा बादल छा जायेगा, पर भ्रू-भंग के बदले वही मीठी मुस्कान उनके होंटों पर खेल गयी। "लाला गोविन्दराम की बड़ी सेवाएँ हैं," उन्होंने कहा, "उनको कांग्रेस की ओर से जाना ही चाहिए।" फिर वे क्षण-भर रुक कर बेपरवाही से बोले, "लोग मुझसे भी कह रहे हैं, पर मैंने तो कांग्रेस की कोई सेवा नहीं की। लाला गोविन्दराम ही को मैं इसके उपयुक्त मानता हूँ।"

चेतन मन-ही-मन हँसा...."हुनर साहब ने इधर श्रीमद्भगवद्गीता के दूसरे अध्याय का अनुवाद किया है," उसने कहा, "उपनिषदों को भी वे सरल उर्दू नज़्म का जामा पहना रहे हैं। वे उसे छपवाना भी चाहते हैं, पर लेखकों की स्थिति से तो आप परिचित ही हैं, इसी कोशिश में वे लगे हुए हैं...."

"आप उनसे कहिएगा, मुझसे मिलें। यह तो धर्म का काम है, यह तो होना ही चाहिए।

आप यदि रहें तो लाइएगा उन्हें एक शाम और हमें भी सुनवाइएगा।"

"रहा, तो मैं ज़रूर ले आऊँगा।"

"अच्छा, तो मुझे इजाज़त दीजिए। मुझे ज़रा काम से जाना है।"

"आप यदि कार से जा रहे हो तो मुझे अड्डा होशियारपुर पर छोड़ दीजिए।"

"हाँ-हाँ, ज़रूर-ज़रूर।"

और चेतन ने शशि सेठ को नमस्कार किया।

"ये हुनर साहब रहते कहाँ हैं ?" सहसा सेठ हरदर्शन ने पूछा। फिर चेतन का उत्तर सुने बिना उन्होंने शशि से कहा, "शशि, तुम आदमी भेज कर उन्हें बुलाना।"

"उनके दसियों ठिकाने हैं," चेतन ने कहा, "पर आप निशा-ख़ातिर रहिए, मैं उन्हें भिजवा दूँगा।"

०

बाहर वीरसेन अब भी घूम रहे थे। एक नमस्कार चेतन ने 'वीर भाई' की ओर भी फेंका, पर वीर भाई ने उसकी सनद नहीं दी।

छत्तीस

यद्यपि अड्डा होशियारपुर पर सेठ हरदर्शन से छुट्टी लेते हुए उसने वादा किया था कि वह सीधा हुनर साहब की तरफ़ जायेगा और उन्हें सेठ साहब की ओर भेजेगा, पर जब वह पुरियाँ मुहल्ले और किले मुहल्ले से होता हुआ लाला गोविन्दराम के चौबारे के नीचे पहुँचा तो ऊपर जाने को उसका मन नहीं हुआ। सेठ जी से बातें करने पर उसे पक्का विश्वास हो गया था कि कांग्रेस का टिकट लाला गोविन्दराम को नहीं, सेठ हरदर्शन ही को मिलेगा। इस बात से चेतन को उतना दुख न हुआ था; लेकिन जब सेठ जी ने प्रकारान्तर से इस बात की पुष्टि की कि यह स्वतन्त्रता संग्राम, जिसे जनता अपना संग्राम समझती है और जिसकी ख़ातिर जलियाँवाला बाग़ में हज़ारों निहत्थे लोगों ने सीने पर गोलियाँ खायीं, हज़ारों-लाखों जेलों में गये और हँसते-हँसते सूली पर चढ़े, वास्तव में देश के पूँजीपति अपना संग्राम समझते हैं, तो चेतन के सामने एक दूसरी ही हकीकत खुल गयी थी।.... 'यही कारण है,' ऐसा सेठ हरदर्शन ने उसे समझाया था, 'कि जब महात्मा गाँधी अफ़्रीका से आये तो बिरला ने उनका स्वागत किया। अपने भवन, अपनी ज़मीनें और अपनी थैलियाँ उनकी सेवा में प्रस्तुत कर दीं।'....

'तो क्या जनता की स्थिति इस संग्राम में महत्वाकांक्षी राजनीतिज्ञों अथवा सम्राटों की लड़ाई में काम आने वाले सिपाहियों की-सी है ?' चेतन ने सोचा, 'क्या जब देश आज़ाद होगा, जनता की दशा ऐसी ही रहेगी ? आज जब अंग्रेज़ देश से नहीं गये, तब सेठ हरदर्शन कांग्रेस में, बिना देश की लड़ाई में तनिक भी योग दिये, शामिल हो सकते हैं तो क्या जब देश आज़ाद होगा, उनके भाई-बन्धु उस पर अधिकार न जमा लेंगे....तब बंसी सब्ज़ी-फ़रोश

और लाला गोविन्दराम जैसे हज़ारों-लाखों स्वयं-सेवकों और उनके बच्चे-पोतों का क्या होगा ?'....और चेतन का मन बेहद उदास हो आया था। पुरियाँ मुहल्ले में कुन्ती की खिड़की के नीचे से वह गुज़रा था, उसने पीछे मुड़ कर झाँक भी लिया था कि खिड़की बन्द है — पर कुन्ती की बात सोचने के बदले, वह इसी समस्या पर सोचता चला आया था। लाला गोविन्दराम के चौबारे के नीचे क्षण भर को वह रुका था। एक बार उसके मन में विचार आया कि वह ऊपर जा कर लाला गोविन्दराम को ख़बरदार कर दे कि सेठ हरदर्शन उनका अधिकार छीनने की पूरी तैयारी कर रहे हैं, लेकिन फिर वह आगे बढ़ गया। उसने सोचा, वह रात को हुनर साहब से बात करेगा और उनको बता देगा।

o

वह तेज़-तेज़ बोहड़ वाला बाज़ार से निकला जा रहा था कि सहसा एक दुकान पर बैठा-बैठा एक आदमी उठ कर उछला और बाज़ार में आ कर उसने चेतन का बाज़ू थाम लिया।

चेतन चौंक कर मुड़ा।

"ओए सरचश्मे!" अपने पुराने सहपाठी को देख कर चेतन ने कहा।

"कहो पूएट लॉरिएट।"

और दोनों ठहाका मार कर हँस दिये।

उसकी बाँह-में-बाँह डाल कर 'सरचश्मा'[१] उसे पीछे की ओर ले चला।

"कब आये लाहौर से ?"

"तीन महीने से शिमला गया हुआ था, वहीं से तीन-चार दिन हुए आया हूँ।"

"कुछ दिन रहोगे न ?"

"नहीं, आजकल में चला जाऊँगा। तुम कहो, कैसी चल रही है तुम्हारी दुकान, फिर कुछ लिखा-लिखाया, या अभी सरचश्मा-ए-ज़िन्दगी[२] ही बने हुए हो ?"

"दुकान ख़ूब चल रही है। यह देखो, नया बोर्ड लगा है।"

चेतन ने निगाह उठायी — ऊपर बाज़ार के बीचों-बीच बोर्ड लगा हुआ था :

भतीजे दी हट्टी

"लाला अमरनाथ सेकेण्ड हैण्ड बुकसेलर के बोर्ड की जगह यह 'भतीजे दी हट्टी' का बोर्ड कैसे लग गया ?" चेतन ने बाहर ही दुकान के तख़्ते पर बैठते हुए पूछा, "क्या अपने भतीजे को साथ मिला लिया है।"

लाला अमरनाथ ने चेतन के हाथ-पर-हाथ मारते हुए ज़ोर का ठहाका लगाया और ऊपर से घूम कर गद्दी तक जाने के बदले, उसके हाथ को थामे हुए ही डेढ़ फ़ुट ऊँचे काउण्टर को लाँघ कर गद्दी पर जा बैठे।

"नहीं, भतीजा कोई नहीं, मैं ही भतीजा बन गया हूँ और जिन लड़कों का मैं ताया-चाचा हूँ, वो भी मुझे भतीजा ही कहते हैं और मुझे बड़ा मज़ा आता है।"

"लेकिन क्यों ?"

---

१. स्रोत, झरना।

२. ज़िन्दगी का स्रोत।

"अभी बताता हूँ, पर पहले यह बताओ कि लस्सी पिओगे कि शिकंजी।"

"नहीं मैं कुछ नहीं पिऊँगा।"

"तो फिर लेमन-सोडा पिओ।"

"अरे नहीं यार, तुम बात सुनाओ!"

लेकिन लाला अमरनाथ ने साथ के सोडा वाटर वाले से एक लेमोनेड खोलने के लिए कहा और बोले — "तुम्हें याद है न, जब मैंने आज से पाँच बरस पहले पंजपीर के प्राइमरी स्कूल की बग़ल में दुकान खोली थी...."

"....और दुकान में चारों तरफ़ रस्सियाँ टाँग कर 'सरचश्मा-ए-ज़िन्दगी' को लटका दिया था।"

चेतन ने बात काट कर कहा और ज़ोर से ठहाका लगाते हुए हाथ बढ़ाया, जिस पर, उतना ही ज़ोरदार ठहाका लगाते हुए, लाला अमरनाथ ने अपना चौड़ा-चकला हाथ जमा दिया।

o

अमरनाथ चेतन का सहपाठी था, मँझला कद, चौड़ा माथा, चौड़ा मुख, चौड़ा-चकला शरीर और चौड़े-चौड़े हाथ-पाँव वाला। पढ़ने में वह न बहुत तेज़ था, न फिसड्डी। चेतन ने आठवीं कक्षा में एक उपन्यास लिखने की कोशिश की थी। उन दिनों 'चन्द्रकान्ता' और 'भूतनाथ' पढ़ने के बाद आरसीन लोपन और शरलॉक होम्ज़ (जिसे उर्दू अनुवादक ने 'होलम्ज़' लिखा था और उसी उच्चारण से वे लोग पढ़ते थे) के कुछ उपन्यास पढ़ने के बाद चेतन ने उनकी नकल में एक जासूसी उपन्यास लिखना शुरू किया था और उसके एक-दो परिच्छेद अमरनाथ को सुनाये थे। तब दोनों ने मिल कर उसकी किताबत कराने और छपवाने की स्कीमें बनायीं थीं। स्टेशन रोड पर 'श्याम प्रेस' में उर्दू की छपाई होती थी और प्रेस के निकट ही एक जगह 'दारुल किताबत' 'याने कातिबों का अड्डा' था। सो दोनों मित्र वहाँ उपन्यास की किताबत कराने और छपवाने के सिलसिले में रेट पूछते फिरे थे।

लेकिन चेतन नवीं में पहुँचते-पहुँचते उर्दू में शायरी करने लगा और उसका उपन्यास धरा-का-धरा रह गया, बल्कि वह उसके बारे में एकदम भूल गया। एक दिन स्कूल से वापसी पर अमरनाथ उसे अपने साथ घर पर ले गया। उसका घर-मुहल्ला मेहन्द्रुआँ में था। और रास्ते ही में पड़ता था। बैठक में जाते ही चेतन चकित रह गया। बैठक की एक दीवार से दूसरी दीवार तक रस्सी बँधी थी और उस पर एक किताब की कितनी ही प्रतियाँ पक्षियों की तरह दोनों ओर पंख-ऐसे पृष्ठ फैलाये, लटकी थीं। दायीं ओर चौकी पर भी उसी पुस्तक की ढेरी लगी थी। उस पर से एक प्रति उठा कर लाला अमरनाथ ने चेतन के हाथ में दी। डबल डिमाई साइज़ की पाँच फ़ार्म की पेपर-बाउण्ड पुस्तक! दफ़्ती का काग़ज़ गहरा गुलाबी था, जिस पर मोटे अक्षरों में लिखा था :

सरचश्मा-ए-ज़िन्दगी

कलम-ए-ज़र्री-रकम लाला अमरनाथ महेन्द्रू[१]

चेतन ने एक-दो पृष्ठ पलटे। ख़ासी मुश्किल उर्दू में (कि अमरनाथ ने फ़ारसी ले

१. जीवन का स्रोत : लाला अमरनाथ महेन्द्रू के सुनहरी कलम से।

रखी थी) ज़िन्दगी जीने के बारे में कुछ लेख थे। पहला कुव्वते-इरादी (इच्छा-शक्ति) पर था — जाने कहाँ से मसाला ले कर उसने किताब तैयार कर डाली थी। चेतन की समझ में ख़ाक-धूल न आया। न उसे भाषा अच्छी लगी, न शैली। यद्यपि उसे अमरनाथ से बड़ी ईर्ष्या हुई, पर उसके कृतित्व को नकारते हुए मन-ही-मन उसने कहा —'ठस्स आदमी है, ठस्स ही किताब लिखी है।' उसने किताब की लिखाई-छपाई की बड़ी तारीफ़ की। फिर उसने पूछा —"कुछ बिकी भी ?"

"कल छप कर आयी थी," अमरनाथ ने कहा था, "रात भर में इतनी प्रतियाँ तैयार की हैं, सुबह स्कूल जाने के पहले भैरो बाज़ार के तेजराम जिल्दसाज़ से इतनी कटवा लाया हूँ। अब इनके बेचने की फ़िक्र करूँगा।"

"तो क्या तुमने जिल्दें स्वयं बाँधी हैं ?"

"और क्या। यह तो सादा काग़ज़ की जिल्द है। मैं तो गत्ते की जिल्द भी स्वयं बाँध लेता हूँ।"

चेतन ने जिल्द की बड़ी प्रशंसा की। उसका ख़याल था, अमरनाथ उसे 'सरचश्मा-ए-ज़िन्दगी' की एक प्रति भेंट देगा। लेकिन जब अमरनाथ ने अपने उल्लास में लगातार बातें करते हुए, उसके हाथ से किताब ले कर फिर ढेरी पर सजा दी तो चेतन मन-ही-मन कट गया और उसने चलने के लिए हाथ बढ़ाया। अमरनाथ उसे दरवाज़े तक छोड़ने आया। जब चेतन हाथ मिला कर बाहर निकला, ईर्ष्या से उसके मन-प्राण जल रहे थे —'अमरनाथ, जिसे स्कूल में लेखक के नाते कोई जानता ही न था, साहिब-ए-किताब हो गया और वह, जो अपने-आप को कवि, कहानी-लेखक, उपन्यासकार और न जाने क्या-क्या समझता था, यों ही लँडूरा घूमता है।'

"चेतन....चेतन!"

पीछे से आवाज़ सुन कर चेतन मुड़ा। अमरनाथ हाथ में किताब लिये भागा आ रहा था।

"यार, मैं तुम्हें किताब देना ही भूल गया।" और उसने दोनों हाथों में पुस्तक ले कर बाकायदा उसे भेंट की।

यद्यपि उसने अपनी भूल सुधार ली थी और चेतन का अहं कद्रे सन्तुष्ट हो गया था, पर चेतन कोशिश करने पर भी वह पुस्तक न पढ़ पाया था। कविता, कहानी या उपन्यास होता तो घर जाते-जाते वह रास्ते ही में उसे ख़त्म कर देता, पर कुव्वते-इरादी,[१] ख़ुद ए'तमादी,[२] अना,[३] वहदते-वजूद[४] — फ़ेहरिस्ते-मज़ामीन[५] में एक भी शीर्षक का अर्थ उसकी समझ में न आया। वास्तव में चाहे वह पंजाब के दूसरे बीसियों युवकों की तरह उर्दू में शायरी करता था, उर्दू उसने बाकायदा न पढ़ी थी। कक्षा में तो वह हिन्दी-संस्कृत पढ़ता था। —'जाने कहाँ से यह सब उड़ा कर लिखा है साले ने ?' —उसने मन-ही-मन

१. इच्छा-शक्ति।
२. आत्म-विश्वास।
३. अहं।
४. सूफ़ियों की भाषा में सृष्टि के प्रत्येक कण को स्रष्टा का अंग समझना।
५. लेख-सूची।

कहा था और किताब को अलमारी में रख दिया था।

दूसरे दिन जब स्कूल में अमरनाथ ने पूछा था कि उसे किताब कैसी लगी ? तो चेतन ने कहा था, "अरे यार, किताब की क्या बात है, तुम तो ख़ुद 'सरचश्मा-ए-ज़िन्दगी' हो।" तो अमरनाथ प्रसन्न हो गया था, लेकिन उसी दिन से स्कूल में उसका नाम 'सरचश्मा-ए-ज़िन्दगी' पड़ गया था।

०

तख़्ते पर बैठे और लेमोनेड की चुस्की लेते हुए चेतन के सामने स्कूल के दिनों की वह घटना घूम गयी और साथ ही एक क्षीण-सी मुस्कान उसके होंटों पर खेल गयी।

०

उस दिन से ले कर हफ़्ता भर तक अमरनाथ —बाज़ार शेख़ाँ तथा भैरो बाज़ार के सभी पुस्तक-विक्रेताओं के यहाँ हो आया था, पर कोई उसकी एक भी पुस्तक लेने को तैयार न हुआ था। आख़िर उसने महन्तराम की दुकान पर यह कह कर प्रतियाँ रख दीं कि बिक जाने पर अपना कमीशन काट कर महन्तराम उसे पैसे दे दे। महन्तराम ने ५० प्रतिशत कमीशन माँगा। अमरनाथ २५ प्रतिशत से अधिक न देना चाहता था, पर सात दिन के अनुभव ने उसे विवश कर दिया था और वह ५० प्रतिशत पर (वह भी उधार), वहाँ पुस्तकें रख आया था।

इसके बाद वह अपने सभी सहपाठियों को किसी-न-किसी बहाने एक-एक कर महन्तराम की दुकान पर ले गया था; उसने उन्हें 'सरचश्मा-ए-ज़िन्दगी' दिखायी भी थी, पर यद्यपि सब ने उसे बधाई दी थी, लेकिन एक ने भी पुस्तक ख़रीदने की सुबुद्धि प्रदर्शित न की थी।

तब एक दिन जब चेतन, स्कूल में छुट्टियाँ हो जाने से, अपने पिता के पास मुकेरियाँ जा रहा था, उसने अमरनाथ को 'सरचश्मा-ए-ज़िन्दगी' का बण्डल हाथ में लिये, गाड़ी पर पुस्तकें बेचते पाया। अपनी पुस्तक के साथ वह कुछ दूसरी सस्ती किताबें भी बेच रहा था। "भाई, अकेली किताब नहीं बिकती। साथ में दूसरी किताबें हों, तो इसे बेचने में आसानी होती है," उसने निःसंकोच कहा था और बताया था कि वह महीने भर से रोज़ गाड़ियों पर आता है और अपनी किताब बेचता है और उसने एक महीने में बीस प्रतियाँ बेच भी ली हैं।...."महन्तराम को ५० प्रतिशत पर उधार देने के बदले मुसाफ़िरों को २५ प्रतिशत दे कर नकद बेच लेना कहीं अच्छा है।" उसने हँस कर कहा था और दाद के लिए अपना हाथ आगे बढ़ाया था।

"तुम्हारा जवाब नहीं!" चेतन ने उसके हाथ-पर-हाथ मारा था, लेकिन मन-ही-मन उसने कहा था, "यह कवि-कहानीकार हो-न-हो, कारोबारी पक्का होगा।" उसे अमरनाथ की इच्छा-शक्ति और निष्ठा के प्रति श्रद्धा भी हुई थी और जब मैट्रिक पास करके अमरनाथ ने पंजपीर के रास्ते में एक प्राइमरी स्कूल के निकट दुकान खोल ली, तो चेतन को आश्चर्य न हुआ था। वह उधर से गुज़रा जा रहा था कि अमरनाथ को बैठे देख कर रुक गया था। दुकान के बाहर तख़्तों पर कीलों से धागे बाँध कर उसने किस्से लटका रखे थे। शीशे का वह छोटा-सा कलमदान, जिसे वह तब तक काम में लाता रहा था, धो-धा कर उसने वहाँ

सजा दिया था। लेड-पेन्सिलों, स्लेट-पेन्सिलों, होल्डरों, निबों और चॉक के दो-दो डिब्बे भी उसने सजा रखे थे और अन्दर रस्सी पर अपने घर ही की तरह उसने 'सरचश्मा-ए-ज़िन्दगी' की प्रतियाँ लटका रखी थीं। बड़े गर्व से उसने बताया था कि उसने केवल पाँच रुपये से दुकान शुरू की है। किस्से वह क्रेडिट पर ले आया है और बेच कर, ५० प्रतिशत कमीशन काट कर, पैसे चुका आयेगा और नये किस्से ले आयेगा।

०

चेतन ने एक नज़र इस 'भतीजे दी हट्टी' पर डाली — बाहर-अन्दर, हर कोना-अँतरा तस्वीरों और पुस्तकों से अटा पड़ा था। काउण्टर की बायीं ओर गद्दी के सामने, और दायीं ओर, छोटे-बड़े फ्रेम, शीशे और तस्वीरें पड़ी थीं। अन्दर छत तक किताबें रखी थीं। अमरनाथ ने उसे बताया, उसी पाँच रुपये से उसने यह सब बनाया है और पंजपीर से उठ कर स्थानीय पुस्तक व्यवसाय के केन्द्र — भैरो बाज़ार — में आ बैठा है। पहले उसने किताबों की जिल्दें बाँधी। दीवाली के दिनों में तस्वीरों के फ्रेम बनाये, साथ में किस्से और सेकेण्ड हैण्ड किताबों का क्रय-विक्रय शुरू किया और इस वर्ष से वह नयी पुस्तकें भी रखने लगा है। चूँकि दीनानाथ बुकसेलर ने अपनी दुकान अपने लड़कों को दे कर, सामने स्वयं दुकान खोल कर उसका नाम 'चाचे दी हट्टी' रखा था, इसलिए अमरनाथ ने भी 'भतीजे दी हट्टी' का बोर्ड लगा दिया। 'चाचे दी हट्टी' तो प्रसिद्ध न हुई, पर 'भतीजे दी हट्टी' शैतान की आँत की तरह प्रसिद्ध हो गयी। कैसे ? — इसके लिए लाला अमरनाथ, उर्फ़ सरचश्मा-ए-ज़िन्दगी, उर्फ़ भतीजे साहब ने दायीं ओर के रैक से कुछ हैण्ड बिल और पोस्टर निकाल कर चेतन को दिखाये।

....पहले पर मोटे अक्षरों में 'भतीजे दी हट्टी' लिखा था और नीचे उसका ब्योरा दर्ज था कि लाला अमरनाथ, जिल्दसाज़ ऐण्ड फ्रेम मेकर ने अब साथ-साथ सेकेण्ड हैण्ड किताबों का काम भी शुरू कर दिया है और अब दुकान का नाम 'भतीजे दी हट्टी' हो गया है और भतीजा सब की सेवा करने को प्रति-क्षण प्रस्तुत है।

....दूसरे पोस्टर का शीर्षक था — मुझे न पढ़ना — और चूँकि शीर्षक देख कर ही आदमी जाता-जाता रुक कर विज्ञापन पढ़ने लगता, इसलिए नीचे ही इस बात की घोषणा की गयी थी कि भैरो बाज़ार में भतीजे की दुकान खुल गयी है और भतीजे साहब न केवल स्टेशनरी का सामान बेचते हैं, जिल्द बाँधते हैं, फ्रेम बनाते हैं, बल्कि सेकेण्ड हैण्ड किताबें दूसरों की अपेक्षा महँगे मोल पर ख़रीदते हैं और सस्ते पर बेचते हैं!

....तीसरे में एक साथ मोटी सुर्ख़ियों में लिखा था —

हुण काहदी सानूँ चट्टी
खुल गयी भतीजे दी हट्टी
खुल गयी भतीजे दी हट्टी
खुल गयी भतीजे दी हट्टी[१]

....चौथे में भतीजे साहब का अपना लिखा शे'र सुर्ख़ी के रूप में दर्ज था —

ज़रा रुक कर चचा देखो, ये क्या है ?

---

१. अब हमें तकलीफ़ करने की क्या ज़रूरत है, भतीजे की दुकान खुल गयी है।

य' हड्डी है भतीजे की, भतीजा
किताबें ख़ूब सस्ती बेचता है!

पोस्टरों और हैण्ड बिलों में एक ही मज़मून था। लाला अमरनाथ ने स्वयं अपने हाथों से ये पोस्टर सारे शहर के गली-मुहल्लों में चिपकाये और हैण्ड बिल बाँटे और अब लाला अमरनाथ महेन्द्रू सारे शहर के भतीजे थे।

पोस्टर देख कर और लाला अमरनाथ के संघर्ष की कहानी सुन कर चेतन ने कहा, "तेरी किताब सरचश्मा-ए-ज़िन्दगी हो-न-हो, पर तू सरचश्मा-ए-ज़िन्दगी ज़रूर है।" और उसने ठहाका लगाते हुए हाथ बढ़ाया तो लाला अमरनाथ ने उसी तरह हँसते हुए उस पर अपना चौड़ा हाथ जमा दिया।

"लेकिन उस तेरी किताब का हुआ क्या ? सब बिक गयी ?" सहसा चेतन ने पूछा।

"दस-बीस कापियाँ रह गयी हैं। सीधे ढंग से नहीं बिकीं, पर टेढ़े ढंग से मैंने बेच ही लीं," और उसने अन्दर से ढूँढ कर एक बड़ा-सा पोस्टर चेतन के हाथ में दिया। ऊपर बड़ी मोटी सुर्ख़ी थी —

ज़िन्दगी के कीमती राज़ों से भरपूर किताब
सरचश्मा-ए-ज़िन्दगी
मुफ़्त....मुफ़्त....मुफ़्त....मुफ़्त

और इसके आगे इस बहुमूल्य किताब को मुफ़्त हासिल करने की शर्तें थीं कि जो आदमी एक साथ दस पुस्तकों की जिल्द बँधाये, या पाँच तस्वीरें इकट्ठी जड़वाये या पाँच रुपये की किताबें ख़रीदे, उसे इतनी बेशकीमत किताब मुफ़्त मिलेगी।

"मान गये भई तुम्हें!" चेतन उसे पोस्टर वापस देते हुए उठा, "ज़िन्दगी से जूझना कोई तुमसे सीखे।"

और बड़े तपाक से हाथ मिला कर जैसे पहली बार अपने इस ठस्स सहपाठी को श्रद्धा से देख, चेतन ने छुट्टी ली।

सैंतीस

चेतन पापड़ियाँ बाज़ार में जा रहा था कि सामने से उसे झमानों का श्यामा बेतहाशा भागता हुआ आता दिखायी दिया। उसके चेहरे पर हवाइयाँ उड़ रही थीं।

"क्या बात है ?" बराबर आने पर चेतन ने पूछा।

"हन्से को बुलाने जा रहा हूँ।" बिना रुके हुए उसने उत्तर दिया।

"हुआ क्या ?" चेतन मुड़ कर चिल्लाया।

लेकिन श्यामे ने भागते हुए जो कहा, उसमें सिर्फ़ 'चाची' और 'अमीरचन्द' दो ही शब्द चेतन के कान में पड़े।

चेतन ने कदम बढ़ाया। आगे हकीम दीनानाथ जल्दी-जल्दी दुकान बन्द कर रहे थे।

"क्या बात है हकीम साहब ?" चेतन ने हँस कर कहा, "किधर चल दिये ?"

"मुहल्ले में लड़ाई हो गयी है," उन्होंने जल्दी-जल्दी ताला लगा कर चाभी जेब में रखते, ज़रूरी औषधियों का बैग उठाते और चौरस्ती अटारी की ओर कदम बढ़ाते हुए कहा।

"किस मुहल्ले में ? हमारे या आपके ?" चेतन का मतलब था कि मुहल्ले के किस चौक में, अन्दों के चौक में या चौक चड्ढेयाँ में ? क्योंकि हकीम दीनानाथ चौक चड्ढेयाँ के पास गली बढ़इयाँ में रहते थे।

"तुम्हारे!" हकीम जी ने बिना रुके कहा, "अमीरचन्द ने भागो को मार दिया है।"

"मार दिया है!"

"अभी श्यामे ने बताया। जा कर देखता हूँ, क्या बात है।"

चेतन के दिमाग़ में लालू की बातें घूम गयीं, "पर वह तो मण्डी में थी, क्या वह आ गयी।" उसने पूछा।

"सुनते हैं, अभी आयी है।"

हकीम साहब कुछ ऐसे चल रहे थे कि भागते दिखायी देते थे। उनका बायाँ पाँव कद्रे लम्बा पड़ रहा था। बात यह थी कि दायें घुटने को ज़रा-सा झुका कर, पैर पर ज़ोर देते हुए उसके सहारे बायाँ पाँव वे सीधा बढ़ाते थे और डग लम्बा हो जाता था और एक कदम में दो कदमों की-सी गति आ जाती थी। यह सब क्षणांश में होता था, इसलिए वे भागते-से लगते थे। चेतन ने उनके साथ-साथ लगभग भागते हुए पूछा, "तो क्या जान ही से मार दिया ?"

"कह नहीं सकता। अभी श्यामे ने बताया है, वह घायल हो गयी है, मर रही है।....यह अमीरचन्द कैसा बेवकूफ़ है। उसका भाई डिप्टी हो गया तो क्या सारे मुहल्ले को मार डालेगा!"

चौरस्ती अटारी में चेतन को अपना छोटा भाई शंकर भागता हुआ आता मिला।

"क्या हुआ ?"

"मुहल्ले में जल्दी जाइए। चाची भागवन्ती को मार दिया अमीरचन्द ने। उसके सिर से ख़ून बह रहा है।" और फिर दीनानाथ से उसने कहा, "हकीम साहब, आप जाइए भाग कर। मैं परसराम को अखाड़े देखने जा रहा हूँ।"

बाजेयाँ वाला बाज़ार में जो था, मुहल्ले की ओर भागा जा रहा था।

हकीम दीनानाथ के साथ जब चेतन मुहल्ले के चौक में पहुँचा तो वहाँ कोहराम मचा हुआ था। चौक भर में भीड़ इकट्ठी थी — गली खोसलेयाँ, गली गढ़इयाँ, चौक चड्ढेयाँ, गली बनियाँ से तमाशाई उमड़े पड़ रहे थे। औरतें ज़्यादा और मर्द कम। मासी पूरनदेई कुएँ की जगत पर खड़ी, खत्रियों की सात पुश्तों के नाम गिन-गिन कर गालियाँ दे रही थी। अपने कोठे पर खड़ी शन्नो मुँह बिचका रही थी कि मुँह काला करके मण्डी चली गयी थी तो उसे मुहल्ले में आने की क्या ज़रूरत थी, धीआँ-भैणाँ[१] वाला मुहल्ला है, ऐसी फिरनिकलियाँ यहाँ कैसे रह सकती हैं ?

और मासी पूरनदेई कह रही थी कि जब वह (शन्नो) अपने देवर से पेंगें बढ़ाती थी

१. बेटियों-बहनों वाला।

और हराम का बेटा उसने जना था तो मुहल्ले की 'धीओं-भैणों' की उसे क्यों याद न आयी थी ?

और पण्डित दौलतराम अपनी चुटिया को गाँठ दिये; नंगे तन पर रामनामी दुपट्टा लपेटे; खड़ाऊँ फटफटाते, कभी मासी पूरनदेई को चुप करा रहे थे और कभी शन्नो के आगे हाथ जोड़ रहे थे।

और सुनारों के दरवाज़े के आगे चौक में भागवन्ती चित पड़ी थी। उसके मुँह पर पानी की छीटें मार कर औरतें उसे होश में ले आयी थीं। उसके सिर से ख़ून बह रहा था। उसकी हाय-हाय की आवाज़ बाज़ार तक सुनायी दे रही थी और वह ऐसे छटपटा रही थी, जैसे अभी उसका दम निकल जायेगा।

हकीम दीनानाथ जब अपना बैग थामे आगे बढ़े तो मासी पूरनदेई ने वहीं कुएँ की जगत पर उन्हें रोक दि[illegible] कि हन्से को आ लेने दो। पुलिस में पहले रपट लिखानी है।

चेतन की माँ और [illegible]दा घूँघट काढ़े बैठक में खड़ी थीं। चेतन वहीं जा कर खड़ा हो गया। माँ ने पूछा कि कहाँ चला गया था, खाने पर बड़ी देर तक उसकी राह देखते रहे। और उसने बताया कि चेतन के पिता आ गये हैं; उसे पूछ रहे थे; चाचा फ़कीरचन्द के साथ गये हैं और रात को आयेंगे।

चेतन ने बहाना बना दिया कि उसके लाहौर के दोस्त मिल गये थे और उसने माँ से पूछा कि कैसे हुआ वह सब ?

तब चेतन की माँ ने बताया कि वह तो ऊपर थी। सुनते हैं कि भागवन्ती आधा घण्टा पहले आयी थी। सामान वग़ैरह घर रख कर और बच्चों को मासी पूरनदेई के पास छोड़ कर वह चौक में आयी और सुनारों की दहलीज़ पर बैठी, 'गल्लाँ मढ़ाक' रही थी[1] कि जाने शन्नो ने, या राजो ने, या प्यारे की माँ ने (कि ब्राह्मण होते हुए उनकी और झमानों की लगती थी) जा कर अमीरचन्द से कह दिया कि भागो आ गयी है। वह भुवाड़े से बंकारता हुआ निकला और चुटिया पकड़ कर उसने पीढ़े से भागो को घसीट लिया और पाँव से जूता उधार कर दे एक, दे दो, दे तीन —मार-मार कर उसे अधमरा कर दिया। उसके सिर से बेतहाशा ख़ून बह रहा है। जाने कैसे पटका है मुहल्ले के पक्के फ़र्श पर उसे उस निर्दयी ने!

"तेलू कहाँ है ?" चेतन ने पूछा, "वह नहीं आया क्या ?"

"तेलू का तो सुना नहीं कि आया है।" माँ बोली।

चेतन कुछ क्षण चुपचाप खड़ा, नीचे मुहल्ले में होने वाले तमाशे को देखता रहा। बाज़ार की ओर से लोग लगातार चले आ रहे थे। भीड़ बढ़ती जा रही थी। बेपनाह चिल्ल-पों मची हुई थी।

चेतन ने ध्यान से देखा, भीड़ के उस सागर में तीन-चार धाराएँ उसे साफ़ दिखायी दे रही थीं। कुछ ब्राह्मण स्त्रियाँ भागवन्ती के पक्ष में थीं। उनका विचार था कि जब उसने घर वाला कर लिया तो क्यों न वह घर में रहे ?....भागवन्ती को घेरे हुए, वे सारे मुहल्ले को सुना कर इसकी चरचा कर रही थीं।

---

१. बतिया रही थी।

चाची दयावन्ती कुछ स्त्रियों के घेरे में बाँह उलार कर रही थी कि राज अंगरेज का है, अमीरचन्द का नहीं; जब उसका राज होगा तो उससे कहना (वह संकेत उन खत्रानियों की ओर कर रही थी, जो मुहल्ले में भागवन्ती के आने के विरुद्ध थीं) वह कानून पास करा दे कि खत्री की लड़की ब्राह्मण के घर न जाये।

"नी अज्ज दी की गल्ल ऐ," एक दूसरी औरत कह रही थी, "पुराने ज़माने विच खत्री राजे अपनी लड़कियाँ ऋषियाँ नू की नईं दिन्दे सन ?"[१]

'राजे' और 'ऋषि' —चेतन को लाला मुकन्दीलाल और तेलूराम, दोनों का ख़याल आ गया और वह मुस्करा दिया।

पण्डित दौलतराम ने वहीं कुएँ की जगत पर उनकी बात सुन कर कहा — "जात-पात पूछे न को, हर को भजे सो हर का हो।"

और मासी पूरनदेई कह रही थी — "भैणा,[२] महात्मा गाँधी कहते हैं कि इस जात-पात के कारण ही हमें सुराज नहीं मिलता।"

"ते दे दे न अपनी धी किसे चूह्ढ़े-चमार नूँ, सुराज जल्दी मिल जाये।"[३] शन्नो चिल्लायी और मासी पूरनदेई ने 'मधुर वचनों' की झड़ी लगा दी....

इन ब्राह्मण स्त्रियों के साथ दो-एक खत्री औरतें भी थीं, जिनका शन्नो से शरीका था। उन्हीं में से चौधरियों की राजो असमय ही झुर्रियों से भर जाने वाले चेहरे में टँकी, बहती हुई चुँधी आँखों को झपकाती कह रही थी :

"नीं भैणा, आदमी कर लिया ना, घर विच गन्दगी ताँ नईं फैलायी, देराँ-जेठाँ नाल खेह ताँ नईं उड़ायी।"[४]

इसे सुन कर पण्डित दौलतराम ने ज़ोर से 'हरि, हरि,' 'राधे शाम, राधे शाम' की पुकार लगायी।

०

दूसरा गुट चौधरियों की चौखट के पास खत्री स्त्रियों का था, जो मुहल्ले में भागो के आने की विरोधी थीं। अनन्त की माँ, चाची लालदेई इनमें प्रमुख थी। अपनी आवाज़ से सभी आवाज़ों को दबाते हुए, वह कह रही थी :

"नीं, खेह उड़ानी सी ताँ पई उड़ान्दी मण्डी विच," वह कह रही थी "कोई पुच्छन जान्दा सी, पर मुहल्ले विच अपने देवर की छाती उत्ते मूँग दलना ते चंगा नईं।"[५]

"तेरा साईं जीवे!" खतरानी धन्नो ने कहा, "आख़िर आदमी दी इज़्ज़त वी कोई चीज़ है। मंगल दा बाप (लाला मुकन्दीलाल) एत्थे नईं, ओह होन्दा ते ख़ून हो जान्दा।"

---

१. री, क्या यह आज ही की बात है ? पुराने ज़माने में क्षत्री राजे क्या अपनी बेटियाँ ब्राह्मण ऋषियों के साथ नहीं कर देते थे ?

२. बहन।

३. तो दे दे न अपनी लड़की किसी भंगी-चमार को, स्वराज्य जल्दी मिल जाये!

४. री बहन, आदमी ही कर लिया न, घर में गन्दगी तो नहीं फैलायी (उसका संकेत प्रकट ही शन्नो की ओर था) देवरों-जेठों के साथ ख़ाक तो नहीं उड़ायी!

५. अरी, यदि ख़ाक ही उड़ानी थी तो पड़ी मण्डी में उड़ाती, कोई पूछने जाता था, पर मुहल्ले में अपने देवर की छाती पर मूँग दलना तो अच्छा नहीं।

इन्हीं में झमानों की विरोधी दो-तीन ब्राह्मण स्त्रियाँ भी शामिल थीं। प्यारे की माँ कह रही थी, "नीं एस तेलू नूँ घट आख़िर आयी होई ऐ। छत्त दे उत्ते तेल मलके डण्ड पेलना।....पड़ोसियाँ दी मामाँ-धीआँ आपनियाँ मामाँ-धीआँ होन्दिया ऐं कि...."[१]

बात काट कर धन्नो ने कहा, "नीं चाची, मर्द दी भली चलायी जे। औरत ई कोठे टप्प के जाये ते मर्द की करे।"[२]

"नीं, असीं ता कदीं नहीं सुनियाँ कि रण्डी रण्ण सिर मुँडान दे बदले किसे दे घर जा बैठे। मुहल्ले विच दस औरताँ हैंण, जिन्हाँ कत्त-तुम्म के रण्डापा कट छड्डेया ऐ। ऐस ने ते ताँ अत्त ई चुक लई।"[३]

"नी जाने कौन जात-कुजात ऐ। खत्री औरताँ अजेहा कम्म नईं करदीयाँ।[४]

इस पर पण्डित दौलत राम ने कानों पर हाथ रखते-रखते हुए दो बार 'शिव, शिव' का जाप किया।

o

मर्दों में एक टोली, जिनमें पण्डित शिवनारायण और गुरदयाल थे, इस बात पर खेद प्रकट कर रही थी कि अमीरचन्द को मर्द हो कर औरत पर हाथ नहीं उठाना चाहिए था। और फिर मुकन्दीलाल हाथ चला देते तो कोई बात भी थी, कि उन्हें चोट पहुँची थी, लेकिन इस अमीरचन्द को क्या सूझी कि उसे पीटने लगा।

"जी, तीमी दा की मारना, जिंवे धरत कुट्ट लई, ऐंवें जनानी नूँ कुट्ट लेया। मर्द सी ताँ तेलू नाल दो-दो हत्थ करदा।"[५]

"ओ माईंया, होर कुछ नहीं, भरा दे कलक्टर होण दा हंकार है, माईंया माड़े जट्ट कटोरा लब्भा, पानी पी-पी आफ़रेया।"[६]

"वो शास्त्रों में कहा है न — विनाश काले विपरीत बुद्धि।" पण्डित शिवनारायण बोले।

o

परे एक गुट में चेमगोइयाँ हो रही थीं —"बई, अमीचन्द नूँ किस साले दा डर है; अमीचन्द खुद कलट्टर हो गया। किसे पुलिस वाले दी मौत आयी हुई है, जो ओसदे भरा नूँ कुछ कहे ? आखिर बसना ते ओहदे ई राज विच है।"

---

१. अरी, इस तेलू ने भी अति कर रखी है। छत पर चढ़ कर शरीर में तेल मल कर डण्ड पेलना....पड़ोसियों की माँ-बेटियाँ, अपनी माँ-बेटियाँ होती हैं।
२. री चाची, मर्दों की भली चलायी है। औरत ही कोठे फाँद कर जाये तो मर्द क्या करे ?
३. अरी, हमने तो कभी नहीं सुना कि विधवा स्त्री सिर मुँड़ाने के बदले किसी के घर जा बैठे। मुहल्ले में दस विधवा स्त्रियाँ हैं, जिन्होंने कात-तूम कर वैधव्य काट लिया है। इसने तो अति ही कर दी।
४. अरी, कौन जानता है किस जाति की है ? खत्री स्त्रियाँ ऐसा दुष्कर्म नहीं करतीं।
५. अजी, नारी का क्या पीटना, जैसे धरती को पीट लिया, वैसे स्त्री को पीट लिया। मर्द था तो तेलू से दो-दो हाथ करता।
६. अजी, और कोई बात नहीं, भाई के कलेक्टर होने का दम्भ है। कँगले जाट कटोरा पाया, पानी पी-पी अफ़रा गया।

"कलट्टर हो चाहे कमिश्नर, हाले राज अँगरेज दा है, पराये दी औरत नूँ मार कर घर नहीं बैठा रह सकता। भरा कलट्टर होएगा ते मुहल्ले नूँ कुट्ट कड्डेगा ?"[१]

०

और यों जिसके जी में जो आ रहा था, कह रहा था। तभी बाज़ार की ओर हन्सा, श्यामा, गेंदा —झमानों के लड़के आये। हाथ में उनके लाठियाँ थीं। बाज़ार ही से उन्होंने गाली देते हुए कहा, "कित्थे है ओ कलट्टर दा पुत्त, देख लइए ओहदी कलट्टरी।"[२]

लेकिन जब उन्हें पता चला कि अमीरचन्द तो भागो को पीट कर जाने किधर चला गया है और उसकी बीवी ने अन्दर से दरवाज़ा लगा लिया है और उसे जैसे साँप सूँघ गया है, कोई सुन-गुन ही नहीं देती, तब वे सब भागवन्ती की ओर पलटे।

मासी पूरनदेई ने कहा कि पहले जा कर पुलिस में रपट लिखा कर आओ। और पलक झपकते लड़के कहीं से जा कर चारपाई ले आये। हाय-तौबा मचाती, तड़पती भागवन्ती को उस पर लिटाया गया। तब चेतन ने आगे बढ़ कर कहा कि इनके सिर से ख़ून बह रहा है, पहले किसी डॉक्टर से सर्टिफ़िकेट ले लो, फिर जा कर रिपोर्ट कराओ।"

"ओ जी, सार्टीफीकेट की करना है। पुलिस की अन्हीं है, ख़ून बगदा न देखेगी ?"[३] पण्डित गुरदयाल ने कहा।

"फ़ेर जी, साडे साटिफिटिक हकीम साब ताँ नाल ई ने।"[४] किसी ने हकीम दीनानाथ की पीठ पर थपकी देते हुए कहा।

तब हकीम दीनानाथ को अपनी व्यस्तता का ख़याल आया। "मुझे श्यामे ने कहा था कि चाची का सिर फट गया है। मैं फ़र्स्ट एड का सामान लाया हूँ। आपको रिपोर्ट लिखानी है तो जा कर लिखा आइए। मैं दुकान पर हूँ।"

और वे मुड़े। पर तभी पण्डित गुरदयाल ने जैसे उनके पाँव पकड़ लिये और कहा कि डरिए नहीं। बस, आप साथ चले चलिए। पुलिस सिर फटा देख ले, तब आप वहीं पट्टी कर देना।

चेतन कहना चाहता था कि इसका कोई लाभ नहीं। थाने में रिपोर्ट लिखायी जायेगी तो भी काफ़ी है, पर उसने उन मूर्खों से बहस करना बेकार समझा। चार आदमियों ने चारपाई को उठाया और बनियों की गली की ओर से चारबाग़ पुलिस स्टेशन की ओर चल दिये। उनके पीछे जुलूस की सूरत में सारी भीड़ चल दी।

०

यद्यपि चेतन सुबह से थका हुआ था और यद्यपि उसकी माँ ने रोका भी, पर महज़ तमाशा देखने के लिए वह भी भीड़ में शामिल हो गया।

---

१. कलेक्टर हो चाहे कमिश्नर, अभी तो राज अंग्रेज़ों का है। पराई स्त्री को पीट कर घर नहीं बैठा रह सकता। भाई कलेक्टर होगा तो क्या मुहल्ले को पीट छोड़ेगा ?
२. कहाँ है वह कलेक्टर का बेटा, देख लें हम आज उसकी कलेक्टरी।
३. अरे भाई, सर्टिफ़िकेट क्या करना है। पुलिस क्या अन्धी है। ख़ून बहता न देखेगी ?
४. फिर जी, हमारे सर्टिफ़िकेट तो हकीम साहब हैं, जो हमारे साथ ही हैं।

अड़तीस

यह छोटी तंग गली, जो चौक अन्दाँ से गली बनियाँ और रस्ता बाज़ार से होती हुई चारबाग़ को गयी है, कोट पश्का तक इतनी तंग चली गयी है कि इक्का-ताँगा उसमें से नहीं गुज़र सकता। आज तो रिक्शे सीधे कल्लोवानी मुहल्ले तक पहुँच जाते हैं, पर उस ज़माने में किसी ने रिक्शा का नाम न सुना था। ताँगे, चौकों में खड़े होते थे और वहाँ से दूर-दूर तक सवारियाँ अपने ही सिरों या कन्धों पर सामान उठाये अपने-अपने घरों को जाती थीं।

इन्हीं गलियों, चौकों और ताँगों के सम्बन्ध में चेतन के साथ एक छोटी-सी घटना घटी थी, जो उसके मन पर कहीं गहरे अंकित थी और जब वह इन गलियों से गुज़रता, एक-न-एक बार उसकी याद हो आती। वह अपनी पत्नी का गौना करा के आया था। बस्ती के अड्डे पर उसने ताँगे वाले से कहा था कि उसे मुहल्ला कल्लोवानी जाना है, जो कादेशाह के चौक के पास है। ताँगे वाला बेहद अक्खड़ था। उसने कादेशाह के चौक के ऐन बीच ताँगा रोक दिया। जब चेतन ने अनुरोध किया कि वह दस कदम आगे ख़रादियाँ के चौक तक ले जाये तो उसने इनकार कर दिया कि आगे ताँगा नहीं मुड़ता।

"मुड़ता है।" चेतन ने कुछ झुँझला कर कहा था।

पर ताँगे वाला टस-से-मस न हुआ। उसने कहा कि उसे कादेशाह के चौक तक के लिए किया गया था और वह आगे नहीं जायेगा।

"तुम आगे नहीं जाओगे तो मैं पैसे नहीं दूँगा।"

"तुम पैसे अपने पास रखो!" ताँगे वाले ने सहसा कहा था और मिठाई की टोकरी और गठरी, सब सामान नीचे उतार दिया था और इससे पहले कि चेतन कुछ कहता, वह ताँगा मोड़ कर, उसे मल्लाहियाँ सुनाता, बड़बड़ाता चल दिया था।

चेतन ने लाख उसे आवाजें दी थीं, पर उसने पलट कर भी न देखा था।

और चेतन अपनी नव-परिणीता पत्नी के साथ चौक कादेशाह की चिलचिलाती धूप में बेबस खड़ा रह गया था। उसकी पत्नी घर का रास्ता न जानती थी कि उसे भेज देता और स्वयं सामान के पास खड़ा रहता। मुसलमानों का मुहल्ला — वह भी गुण्डों और लफ़ंगों का — वह उसे सामान के पास छोड़ कर स्वयं भी न जा सकता था — लालू की पत्नी के साथ जो घटना घटी थी, वह उसे याद थी। बड़ी देर तक वह इस बात की प्रतीक्षा करता रहा था कि उसके मुहल्ले का कोई आदमी आये तो वह उसके द्वारा अपने भाई को बुलवाये। कड़कती धूप, जब खड़े-खड़े चन्दा थक गयी तो आख़िर चेतन ने उसे मिठाई की गठरी उठाने को कहा और टोकरी और दूसरा सामान किसी तरह स्वयं उठा कर वह चल दिया। शादी के तीसरे दिन ही यों सामान उठाये अपने घर आना उसे बेहद खल रहा था और वह यह मनाता था कि मुहल्ले का कोई आदमी उधर न आये। ख़रादियाँ के चौक के ज़रा आगे, गली के सिरे पर पहुँच्र कर उसने चन्दा को सामान रख देने को कहा। फिर वह एक-एक कर, सारा सामान हरलाल पंसारी की दुकान पर रख आया। तब अपनी बीवी को ले गया।

भागवन्ती की चारपाई के पीछे (जिसे लोग जनाज़े की तरह कन्धा देते तेज़-तेज़ चले

जा रहे थे) तमाशाइयों की भीड़ का अंग बने, उन तंग गलियों में भागमभाग चलते हुए चेतन के सामने सहसा वह घटना फिर घूम गयी और एक नये क्रोध और ग्लानि से उसके भ्रू कुंचित हो गये। पर इस बार वह क्रोध उसे ताँगे वाले पर नहीं आया, अपनी मूर्खता पर आया। यदि वह ताँगे वाले से कहता, 'भाई चार कदम चलो, एक आना और ले लेना' या कहता, 'पहलवान ज़रा बढ़ा लो, वहाँ से हमारा घर नज़दीक है, मेरे साथ मेरी नयी ब्याही बीवी है, तुम्हारी बड़ी मेहरबानी होगी!' तो क्या ताँगे वाला न जाता। ज़रूर जाता। पर उसने पैसे न देने की धमकी दी और वह पैसे छोड़, एक ज़बरदस्त तमाचा उसके मुँह पर मार कर चला गया।

o

"अरे भाई क्या हुआ, यह जुलूस किधर जा रहा है ?" सहसा रास्ता बाज़ार की एक दुकान से वेदव्रत कालिया ने उठ कर उसके गले में बाँह डाल, उसके साथ चलते हुए पूछा।

चेतन को कालिया का यों गले चिमटना अच्छा नहीं लगा। लेकिन उसने कुछ कहा नहीं। कालिया यद्यपि चेतन से दो बरस छोटा था, पर कभी वह उसे अपना गुरु मानता था, क्योंकि उसने उससे माउथ-ऑर्गन बजाना सीखा था। अमीरचन्द द्वारा भागो के पीटे जाने की बात चेतन ने उसे बता दी। सहसा कालिया ने पूछा, "चाचा मनीराम (मणिराम) कहाँ हैं ? उन्होंने कैसे यह सब होने दिया ?"

"यह तुम अपने ताया जुलियाराम से पूछो।" चेतन ने सव्यंग्य कहा, "चाचा मणिराम कहीं उनके साथ साधना में रत होंगे।"

और उसने बड़े नामालूम ढंग से गर्दन को कालिया की बाँह में आज़ाद कर लिया। ऐसा करते वक्त उसे इस बात का भी एहसास नहीं हुआ कि हमीद की इसी हरकत पर वह मन-ही-मन आग-बबूला हो उठा था।

o

कालिया का पिता, गण्डाराम मूँगी के खट्टे वाले लड्डू और पापड़ बेचा करता था और ताया, पण्डित जुलियाराम पोस्ट-मास्टर था। दोनों अलग-अलग रहते थे। पण्डित जी की बीवी बहुत पहले दो लड़के छोड़, परलोक सिधार गयी थी और चूँकि गण्डाराम घर में कुछ ला कर न देता था और जो कमाता था, वह शराब और जुए में उड़ा देता था, इसलिए पण्डित जी यथाशक्ति अपनी भाभी की सहायता करते थे। लोगों ने पण्डित जी पर लांछन लगाया था कि वे अपनी भाभी के साथ रहते हैं इसलिए विवाह नहीं करते। लेकिन बात यह थी कि पण्डित जी का बड़ा लड़का पागल था और उनको डर था कि वे शादी कर लेंगे, तो सौतेली माँ उसकी देख-भाल न करेगी। लेकिन मुहल्ले के लोगों को यह कब गवारा था कि कोई आदमी आराम से रहे। तब उन्होंने गण्डाराम को बहकाया कि तेरी बीवी तेरे बड़े भाई के साथ रहती है। कई बार लड़ाई-झगड़ा हुआ और आख़िर एक दिन लोगों ने सुना कि गण्डाराम अपने बीवी-बच्चे को छोड़ कर संन्यासी हो गया है। लोगों की बातों की परवाह न कर, पण्डित जी अपनी भाभी को घर ले आये और वह अपने बच्चे के साथ उनके लड़कों की भी देख-भाल करने लगी।

पण्डित जी का बड़ा लड़का १८-२० वर्ष का हृष्ट-पुष्ट जवान था, लेकिन वह पागल

ही न था, गूँगा भी था। वह कई बार घर से भागा और कई बार पण्डित जी उसे ढूँढ लाये। फिर जब वह भागा तो उसका पता नहीं चला। तीन वर्ष तक पण्डित जी उसे खोजते रहे, लेकिन जाने वह कहाँ चला गया। उसके गुम होने का उन्हें इतना क्षोभ हुआ कि (छोटा लड़का और भतीजा तो दोनों पढ़ गये थे और काम पर लग गये थे। पण्डित जी ने रिटायर होते ही दाढ़ी बढ़ा ली और वेदान्ती हो गये। इस काम में उन्हें साथी भी मिल गये अपने ही अधीन काम करने वाले असिस्टेण्ट पोस्टमास्टर, अमीचन्द और अमीरचन्द के पिता, लाला मणिराम। वे काफ़ी लम्बे, छरहरे, गोरे आदमी थे। प्रायः चुप रहते थे। लेकिन उनका स्वभाव बड़ा क्रोधी था। उनका बड़ा लड़का अमीरचन्द उन्हीं पर गया था —वैसा ही लम्बा, गोरा और उनकी अपेक्षा कहीं ज़्यादा हृष्ट-पुष्ट। चेतन को याद था, एक बार कुएँ पर पानी भरते हुए उसने मुहल्ले की किसी लड़की पर फब्ती कस दी थी, जो कहीं ऊपर मकान पर बैठे उन्होंने सुन ली थी। वे ऊपर से उतरे थे और मारे जूतों के उन्होंने अमीरचन्द का भुरकस निकाल दिया था। चेतन ने दो-तीन बार उन्हें अमीरचन्द को इसी तरह बेदर्दी से पीटते देखा था। लेकिन पण्डित जुलियाराम की संगति में — जो अपने मुँड़े हुए सिर, गोरे रंग और नाभि तक बढ़ी हुई दाढ़ी के कारण सचमुच ऋषि-ऐसे लगते थे, लाला मणिराम में अपूर्व परिवर्तन आ गया था। वे जैसे दुनिया में रहते हुए दुनिया से ऊपर उठ गये थे। अमीचन्द कम्पीटीशन में बैठ सके, इस उद्देश्य से उन्होंने अपनी आधी पेंशन के बदले नकद रुपया ले लिया था। अमीरचन्द मैट्रिक करके नौकर हो गया था। उसकी शादी हो गयी थी और वह अपने चाचा सोहन लाल के साथ भुवाड़े में रहने लगा था। अमीरचन्द तो मैट्रिक से आगे नहीं बढ़ा, लेकिन अमीचन्द हमेशा फ़र्स्ट आया, उसने हमेशा छात्र-वृत्ति पायी। एफ़०ए० में उसने रिकॉर्ड तोड़ा और पिता ने किसी-न-किसी तरह उसे लाहौर के गवर्नमेण्ट कॉलेज में दाख़िल करा दिया था। तीसरा लड़का फिर बेकार निकल गया। आवारा और निकम्मा। मैट्रिक से आगे वह नहीं बढ़ा। जाने अपने मँझले लड़के के विद्वान निकलने अथवा पण्डित जुलियाराम के उपदेशों के कारण लाला मणिराम ने कभी उसे झिड़का तक न था। अमीचन्द के पी०सी०एस० में आने पर उन्होंने कोई विशेष प्रसन्नता प्रकट नहीं की। लोगों की बधाइयों को विनम्रता से उन्होंने स्वीकार कर लिया था और अपने नियम के अनुसार साधना के हेतु चुपराने चले गये थे। दोनों समय दोनों रिटायर्ड पोस्टमास्टर शहर से तीन-चार मील दूर चुपराने के रहट पर जाते थे। दो घण्टे तक प्राणायाम करते और परमात्मा में मन लगाते थे।

०

"सुना, हुनर साहब आये हुए हैं।" वेदव्रत ने मुस्कान को और भी फैला कर, उस किस्से को बातचीत के घेरे से हटा दिया। चाहता तो वह यही था कि फिर चेतन के गले में बाँह डाल दे, लेकिन जाने चेतन के व्यवहार में क्या था कि उसे साहस नहीं हुआ। उसने सिर्फ़ इतना कहा "एक मजलिस तो हो जानी चाहिए, भापा जी।"

कालिया ने माउथ-ऑर्गन बजाना कब का छोड़ दिया था और इधर शे'र-ो-शायरी से शौक फ़रमाने लगा था। चेतन तब नवीं में पढ़ता था, जब उसने पहली बार कालिया को माउथ-ऑर्गन बजाते हुए गली से गुज़रते देखा था। इसके बाद दो-तीन बरस तक वह बाजा हर वक्त उसके मुँह से लगा रहा था। कोई नयी ट्यून (थियेटर की, सिनेमा की या जालन्धर

के प्रसिद्ध किस्सा गाने वालों की) शहर में प्रचलित होती कि कालिया उसे माउथ-ऑर्गन में निकाल लेता। चेतन ने भी एक बाजा ख़रीद कर दो-तीन हफ़्ते उसके साथ मिल कर रियाज़ किया था, लेकिन उससे नहीं चला। इस बाजे के मुकाबले में उसे बाँसुरी अच्छी लगी थी। लेकिन कालिया पूर्ववत बाजा मुँह से लगाये रहा था। वह निरन्तर घण्टों तक बाजा बजा सकता था। साँस भी उसे बजाते-बजाते ले लेता था। चेतन घर में बैठा होता, तो बाजे की आवाज़ सुन कर ही उसे पता चल जाता, कालिया गली से जा रहा है।....वह कभी-कभी सोचता कि इस बाजे को कला में स्थान क्यों नहीं मिला ? किसी बैण्ड या ऑर्केस्ट्रा में उसने माउथ-ऑर्गन बजाने वाला कलाकार नहीं देखा। इसकी हैसियत लौण्डों की पिकनिकों से आगे नहीं बढ़ी और शायद इसीलिए जब कालिया ने मैट्रिक कर लिया तो आप-से-आप उसका बाजा छूट गया। उसे पोस्ट ऑफ़िस में क्लर्की मिल गयी थी और क्लर्कों को उसका माउथ-ऑर्गन बजाना एकदम बचकाना लगता था। वे उससे कटे-कटे रहने लगे थे। तब कालिया ने बाजा बजाना छोड़ दिया और चेतन ने देखा कि उसे अचानक शे'र-ो-शायरी से शौक हो गया है। वह चेतन के पास आ जाता। उसके शे'र सुनता। कभी-कभी ख़ुद भी किसी शायर का शे'र सुनाता। लेकिन उसका दिमाग़ ठस्स था। वह हमेशा ग़लत मौके पर शे'र चस्पाँ करता। ....कुछ अजीब-से अतिरिक्त जोश से बात करता और उसके होंट सदा मुस्कान में फैले रहते।

"हुनर साहब इस वक्त लाला गोविन्दराम के चौबारे पर होंगे। वहीं महफ़िल जमी है," चेतन ने कहा। "उन्होंने गीता के दूसरे अध्याय को उर्दू नज़्म का लिबास पहनाया है।"

"अच्छा!" कालिया की आँखें और होंट, दोनों फैल गये। और वह बिना कुछ कहे, पीछे को पलट गया।

o

कोट पश्का के पास पहुँच कर सड़क चौड़ी हो गयी। जुलूस के कदमों में तेज़ी आ गयी। एक ही मोड़ पार कर, जुलूस चारबाग़ की सड़क पर लाला अच्छरूराम ऐडवोकेट की कोठी के सामने आ गया और फिर बायीं ओर को स्टेशन की तरफ़ हो लिया, जहाँ आख़िरी कोने पर पुलिस चौकी थी। चेतन बचपन से ले कर अब तक पचासों बार इस सड़क से गुज़रा था, लेकिन उसने कभी पुलिस चौकी की ओर न देखा था और न उसे यही मालूम था कि कल्लोवानी मुहल्ला इसी थाने के अधीन है।

थाने का अहाता पार कर, वे एक दालान में रुके, जहाँ दो मेज़ें और दो कुर्सियाँ सजी थीं। इस दालान के बायीं ओर एक कमरा था, जिसमें एक मेज़-कुर्सी लगी थी। बिना वर्दी का एक सिपाही दालान में खड़ा था। जुलूस ने चारपाई दालान के बाहर रख दी।

"क्या बात है ?" सिपाही ने पूछा।

"अमीरचन्द ने इसे मारा है।"

"उसका भाई डिप्टी कलेक्टर क्या हो गया है, उसने मुहल्ले वालों का जीना मुश्किल कर दिया है।"

"यह अंग्रेज़ का राज है या अमीरचन्द और उसके भाई का कि चाहे जिसकी पत उतार दे ?"

"आप फ़ौरन चल कर उसे पकड़ हवालात में दीजिए। दो दिन में उसे पता चल जायेगा कि सूत का क्या भाव है।"

(ये पण्डित बनारसीदास थे —आख़िर सूत बेचने वाला है न, चेतन ने मन-ही-मन कहा।)

लोग एक-दूसरे से आगे बढ़ कर एक साथ बोल रहे थे।

लेकिन सिपाही ने जैसे किसी की बात नहीं सुनी। "थानेदार साहब यहाँ नहीं हैं। घण्टे भर बाद आयेंगे।" उसने बेपरवाही से कहा।

"लेकिन घण्टे में तो इसकी जान निकल जायेगी। देख नहीं रहे, कैसे ख़ून से लथपथ हो रही है।" पण्डित शिवनारायण झमान ने फ़रियाद की।

चेतन जानता था, बिना कुछ दान-दक्षिणा लिये या डर दिखाये, ये रिपोर्ट नहीं लिखेंगे और दान-दक्षिणा के नाम पर यहाँ कानी कौड़ी कोई नहीं देगा। तो भी ज़रा आगे बढ़ कर उसने अंग्रेज़ी में कहा, "चलो, इसे सीधे डिप्टी कमिश्नर के बँगले पर ले चलो। मैं उनसे बात कर लूँगा।"

और उसकी धमकी काम कर गयी। वे लोग असमंजस से भरे चारपाई उठा रहे थे कि अन्दर की ओर आवाज़ देने पर एक दूसरा सिख सिपाही आया। पहले ने दूसरे से कुछ कहा और वह आ कर कुर्सी पर बैठ गया।

"हवलदार साहब आ गये हैं! आप इन्हीं को रपट लिखा दीजिए।"

फिर पहले की तरह कई स्वर एक साथ गूँज उठे।

"एक आदमी बताओ। पूरी वारदात की रिपोर्ट लिखाओ। मुसम्मात का क्या नाम है ?"

"भागवन्ती।" हन्सा बोला।

"शौहर का नाम ?"

"पण्डित तेलू राम!"

"इसका शौहर आगे आये!"

"जी, वो तो मण्डी में है।"

"तुम मुसम्मात के क्या लगते हो ?"

"जी, मैं इनका भतीजा हूँ।"

"अब बोलो, क्या हुआ ?"

और हन्से ने बताया कि डेढ़-एक घण्टा पहले उसकी चाची मण्डी से अपने घर आयी थी और सुनारों की दहलीज़ पर बैठी बातें कर रही थी कि लाला मणिराम का बड़ा लड़का अमीरचन्द आया और उसने बालों से उसे घसीट कर इसे डण्डे से पीटा और अधमरा कर दिया।

"नहीं, जूतों से पीटा ?" श्यामे ने कहा।

"तुम चुप रहो जी, यह ख़ून कैसे बह रहा है ?" हन्से ने भाई को दुत्कारा।

"इसने उसका क्या बिगाड़ा था ?"

"जी, कुछ नहीं।"

"तो क्या वो पागल है ?"

"जी नहीं, बात यह है कि चाची खत्री है, उनकी बिरादरी की है। पहला पति मरने पर इसने मेरे चाचा से शादी कर ली और वहीं मण्डी में रहने लगी। यह बात खत्रियों को पसन्द नहीं आयी। आज यह घर आयी तो अचानक उसने इसे पीट दिया।"

"क्या वह इसका देवर-जेठ है ?"

"जी नहीं, कुछ नहीं। बस जात एक है।"

"जी हवलदार साहब, उसका छोटा भाई डिप्टी क्या हो गया है, वह मुहल्ले के सभी ब्राह्मणों को मुहल्ले से निकल जाने की धमकी दे रहा है।"

"हवलदार साहब, यह राज अंग्रेज़ का है या अमीरचन्द के भाई का, या कल्लोवानी के खत्रियों का, कि दूसरे की बहू-बेटियों की दिन-दहाड़े पत उतार दें ?"

"नहीं-नहीं, आप फ़िक्र न करें। हम उन्हें ठीक कर देंगे।" हवलदार ने कहा और वह हन्से की ओर मुड़ा।

"तुम वहाँ मौजूद थे ?"

"जी नहीं, मुझे तो मेरा छोटा भाई बुला कर लाया। सारा मुहल्ला मौजूद था।"

"तो इस वारदात का कौन-कौन गवाह है ? मामला कचहरी जायेगा तो गवाही तो कोई देगा। अगर फ़रीके-मुख़ालिफ़[१] ने कहा कि अदावत[२] में झूठ-मूठ उनका नाम लिखा दिया गया है, मुसम्मात ने सिर ज़मीन पर दे मारा है तो.... ?"

"जी, गवाहों की कमी नहीं। आप चल कर पूछ लीजिए।"

"इतने आदमी खड़े हैं। इनमें से कुछ क्यों नहीं गवाही लिखा देते ?"

लेकिन गवाही के नाम पर सभी पीछे हट गये। हन्से ने पण्डित गुरदयाल, शिवनारायण, पण्डित बनारसीदास, सभी से गवाही लिखाने को कहा, पर कोई तैयार न हुआ।

तब चेतन ने आगे बढ़ कर अंग्रेज़ी में समझाया कि आप जा कर अमीरचन्द को समझा दें कि ऐसी ज़्यादती न करे। उस वक्त मुहल्ले में मर्द नहीं थे, औरतें ही थीं। वही आपको सब कुछ बता देंगी। ये सब लोग तो तमाशाई हैं। कोई गड़बड़ हो जाये, यह औरत मर जाये तो आप ही पर बात आयेगी। आप रिपोर्ट पर हन्से के दस्तख़त करा लीजिए और ख़ुद तफ़तीश कर लीजिए।"

"आप कौन हैं ?" सिपाही ने पूछा।

"मैं 'बन्दे मातरम' लाहौर में असिस्टेण्ट एडीटर हूँ।"

तब हवलदार ने रिपोर्ट पर (जो उसने रजिस्टर पर दर्ज नहीं की थी, बल्कि एक अलग काग़ज़ पर लिखी थी) हन्से के दस्तख़त कराये और कहा कि थानेदार आ जायें तो चौकी से सिपाही जायेगा।

"जी, इस वक्त अमीरचन्द घर नहीं मिलेगा। आप सुबह-सुबह उसे पकड़िएगा।"

---

१. प्रतिवादी।

२. दुश्मनी।

हवलदार ने तसल्ली दी कि वह सुबह-सुबह आयेगा।

तब हकीम साहब ने भागवन्ती की मरहम-पट्टी की, जिसके दौरान वह ख़ूब चिल्लायी और कराही और यद्यपि वह पैदल चलना चाहती थी, पर सब ने उसे उसी तरह चारपाई पर लादा और जुलूस कल्लोवानी की ओर पलटा।

"अब देखो डिप्टी के बेटे को कैसा मज़ा मिलता है।" पण्डित विश्वम्भर दयाल ने प्रसन्नता से कहा, "दो दिन बेटा हवालात में रहेंगे तो सारी डिप्टी कमिश्नरी भूल जायेगी।"

और चेतन उन बेवक़ूफ़ों पर मन-ही-मन हँसता रहा।

०

थाने से वापसी पर भागवन्ती का यह जुलूस कोट पश्का की ओर से जाने से बदले गली-दर-गली रास्ता बाज़ार को चला। बात यह थी कि इधर से रास्ता कुछ निकट पड़ता था और उन लोगों को मुहल्ले में पहुँच कर यह ख़बर देने की जल्दी थी कि पुलिस सुबह ही आयेगी और अमीरचन्द को पकड़ कर हवालात में ले जायेगी। वे लोग अभी खोसलों की गली तक ही पहुँचे थे कि चेतन के कानों में अपने पिता की पाटदार आवाज़ सुनायी दी। वे शायद परसराम को उसके कर्तव्य के सम्बन्ध में उपदेश दे रहे थे।

उनतालीस

जालन्धर के इस कल्लोवानी मुहल्ले में न जाने कब से क्षत्रियों-ब्राह्मणों में ठनी आ रही थी। इस संघर्ष का सूत्रपात न जाने राज-सत्ता के लिए आपसी कशमकश से हुआ अथवा ब्राह्मणों की चातुरी के चंगुल में फँसे क्षत्रियों ने विद्रोह कर दिया (जिन्हें गर्भाधान संस्कार से ले कर नवजात-शिशु के जन्म, छठी, ग्यारहवीं, मुण्डन, यज्ञोपवीत, सगाई, विवाह, मरण, चौथे, तेरहवीं और उसके बाद हर वर्ष श्राद्धों पर ब्राह्मणों का घर भरना पड़ता था।) जो भी हो, इसी प्रतिद्वन्द्विता के कारण शायद विश्वामित्र को, क्षत्रिय होते हुए भी, ब्रह्मर्षि कहलाने की सूझी अथवा महामन्त्री पुष्यमित्र शुंग को ब्राह्मणों का राजवंश चलाने की। यह प्रतिद्वन्द्विता जालन्धर के इस कल्लोवानी मुहल्ले में इस परिभ्रष्टावस्था को पहुँच गयी थी कि क्षत्रिय (जो अब 'खत्री' कहलाते और रण-क्षेत्र के बदले व्यापार-क्षेत्र में तीर चलाते थे) ब्राह्मणों को (जो 'बाह्मन' रहे गये थे और ज्ञान-दान देने के बदले केवल दान-दक्षिणा लेते थे) 'बाह्मन कुत्ते' कहते थे और ब्राह्मण क्षत्रियों को चोर और बेईमान। दोनों ने एक-दूसरे के बारे में बड़ी टुच्ची लोकोक्तियाँ बना रखी थीं। जो ब्राह्मण पढ़-लिख गये थे, उन्होंने दान-दक्षिणा लेना छोड़ दिया था और खत्रियों ने जन्माष्टमी आदि त्योहारों पर ब्राह्मण कन्याओं और कुमारों को भोजन पर बुलाने के बदले खत्री कन्याओं और कुमारों को भोजन पर बुलाना शुरू कर दिया था।

मुहल्ले में खत्रियों का ज़ोर था — अधिकांश घर भी उन्हीं के थे और खाते-पीते लोग भी वे ही थे। ब्राह्मणों के तीन घर थे और तीनों पुरोहितों के, जिनका काम न्योते खाना

और यजमानों की चिरौरी करना रहा था, इसलिए ब्राह्मण दब कर रहते थे और खत्री उन्हें दबा कर रखते थे।

लेकिन चेतन के पिता, उस ज़माने में, जब हज़ारों में कोई विरला ही मिडल तक जाता, मैट्रिक तक पढ़ गये थे और रेलवे में मुलाज़िम हो गये थे। फिर वे मुहल्ले ही के नहीं, शहर भर के प्रसिद्ध लड़ाके थे और उनके आगे खत्रियों की एक न चलती थी....लेकिन वे तो सिगनेलर हो कर नॉर्थ-वेस्टर्न रेलवे के दूरस्थ स्टेशनों पर चले गये। पीछे रह गयी उनकी दादी गंगादेई और नव-परिणीता पत्नी लाजवन्ती — चेतन की माँ।

चेतन ने जब से होश सँभाला था, वह अपनी माँ के मुँह से उस ज़ुल्म के किस्से सुनता आया था, जो धन के दर्प में चूर उन खत्रियों के हाथों उन्हें निरन्तर सहना पड़ा था। एक किस्सा तो उसने इतनी बार सुना था कि कमज़ोर होने पर भी उसका ख़ून उबल उठा करता था।

बात उस वक्त की है, जब चेतन के पिता रिलीविंग में थे और हिसार स्टेशन पर स्थानापन्न सिगनेलर के रूप में काम कर रहे थे और चेतन की माँ, परदादी गंगादेई के साथ, उसी खँडहर-से मकान में रहती थी। तभी एक दोपहर मुहल्ले में अचानक शोर मच गया। हुआ यह कि पण्डित शादीराम का पागल चाचा चूनी, जो शहर भर में नंग-धड़ंग घूमता रहता था, कहीं मुहल्ले में आ गया। उनके पड़ोसी लाला जीवनलाल की बीवी दम्मो को (जिसे ब्याह कर आये हुए ज़्यादा वर्ष नहीं हुए थे) जाने क्या शरारत सूझी की सूत अटेर कर गुच्छी बनाते हुए ख़ाली अटेरन उसने उसके चूतड़ों में दे दी। वह ठहरा पागल, पलट कर उसने एक थप्पड़ दम्मो को जड़ दिया। तब दम्मो सिर पर छाती पीटती अपने पति और तीनों देवरों को बुला लायी और उन्होंने उस पागल को इतना पीटा कि उसका सारा बदन नीला हो गया। परदादी गंगादेई को सबसे ज़्यादा उसी से प्यार था। वह खत्रियों के घेरे में घुस कर किसी तरह उसे अन्दर ले आयी या फिर पिटता-पिटता वह ख़ुद किसी तरह घर के अन्दर आ गया और चेतन की माँ ने किवाड़ बन्द कर लिये। खत्रियों ने इसी पर बस नहीं की। वे किवाड़ तोड़ने लगे कि जिस तरह दम्मो के थप्पड़ लगाया है, उसी तरह चेतन की माँ के थप्पड़ मारेंगे। तीन दिन तक (ऐसा चेतन की माँ ने बताया) वे दोनों मकान में बन्द रहीं और खत्री आते-जाते गालियाँ बकते रहे और परदादी अपने पागल बेटे को सेंक देती रही। तीसरे दिन चेतन की माँ ने झरोखे से ब्राह्मणों के एक लड़के के हाथ चेतन के पिता के मित्र चौधरी गुज्जरमल और तेजपाल को बुलाया। उन्होंने खत्रियों को (कि वे उनके यार-दोस्त ही थे) समझाया और मकान का दरवाज़ा खुलवाया।

चेतन की माँ इस अपमान से जलती रही। जब कुछ महीने बाद चेतन के पिता एक स्टेशन से दूसरे स्टेशन को जाते हुए, जालन्धर आये और उनके मित्र (लाला जीवनलाल के दोनों छोटे भाई) धर्मचन्द और मुकन्दीलाल उनकी महफ़िल में दो घूँट पीने को आ शामिल हुए, तो जब रात के एकान्त में चेतन के पिता ऊपर आये, चेतन की माँ ने बड़े क्षोभ से उन्हें अपने और दादी के अपमान की कथा सुनायी। शराब के नशे में चूर पण्डित शादीराम ने जीवनलाल और उसके सभी भाइयों और मुहल्ले के दूसरे खत्रियों को माँ-बहन की बीस-बीस गालियाँ सुनायीं और कहा कि ये रामानन्द और चेतन साले चूहे पैदा हुए हैं, अबके जो लड़का वे पैदा करेंगे, उसका नाम वे परशुराम रखेंगे, जो इन साले क्षत्रियों का

बीजनास कर देगा।

जिन खत्रियों का बीजनास करने की गहर-गम्भीर घोषणा पण्डित शादीराम ने की थी, वे सब उनके हम-निवाला, हम-प्याला थे। पण्डित जी अपने साथ बैठा कर उन्हें पिलाते थे, ज़रूरत के वक्त रुपये-पैसे से उनकी मदद करते थे और आते-जाते उनके बीवी-बच्चों को उपहार देते थे।

पण्डित शादीराम शराब के नशे में यह घोषणा करके भूल गये, लेकिन जिन पड़ोसियों ने उनकी यह घोषणा सुनी थी, वे नहीं भूले और चेतन की माँ जब बच्चे से हुई तो लोग परदादी गंगादेई से पूछने लगे, "क्यों दादी, परसराम कब आ रहा है ?"

चेतन की परदादी को आँखों से अब दीखता न था और उमर भी उसकी अस्सी को पार कर गयी थी। अब वह पुराने खँडहर-घर की डेवढ़ी में बैठी रहती थी और पंखे की डण्डी से पीठ खुजाती, खाँसती और बलग़म के लौंदे कच्ची दीवारों पर फेंकती रहती थी। लोक जब परशुराम के आगमन के बारे में पूछते तो परदादी उनके सात-सात पुरखों को गालियाँ सुनाती। लेकिन मुहल्ले के बच्चों और जवानों को (उनमें लड़के-लड़कियाँ दोनों शामिल थे) परदादी की गालियाँ सुनने में कुछ ऐसा मज़ा आता था कि वे बार-बार वही सवाल करते —"क्यों दादी, परसराम कब आ रहा है ?"

और चेतन की माँ आँगन में, या रसोईघर में, या दालान में बैठी यह सोचा करती कि उसने किस बुरी सायत में पण्डित जी से खत्रियों के उस अत्याचार की बात कह दी; वे तो शराब के नशे में सारे मुहल्ले को सुना कर घोषणा कर गये और उसकी जान पर आ बनी। अगर लड़के की जगह लड़की हुई तो ?....और माँ भगवान से प्रार्थनना करती कि इस बार उसके पति की बात रह जाये, इसके बाद चाहे उसके सात लड़कियाँ हों, पर इस बार तो लड़का ही हो....और वह मन में कहती कि वह परशुराम ही हो और अपनी माँ के अपमान का बदला ले।

और शायद भगवान ने उसकी सुन ली। परशुराम ने एक दिन दोपहर के एक बजे जन्म लिया और उस दिन जो शान्ति और सन्तोष चेतन की माँ को उस दुख और कष्ट-भरे जीवन में मिला, वह बयान के बाहर है। सौभाग्य से पण्डित जी भी उन दिनों वहीं आ गये। (रात के समय बाज़ार शेख़ाँ के शराबख़ाने से हो कर, झूमते-झामते घर पहुँचे।) उन्हें जब मालूम हुआ कि उनकी घोषणा के अनुसार उनके यहाँ लड़का ही पैदा हुआ है और माँ ने उनकी इच्छा के अनुसार, आनन्द-वानन्द छोड़, उसका नाम परशुराम ही रखा है तो उन्होंने नयी घोषणा की कि उनके अगले पुत्र का नाम मेघनाद होगा —मेघनाद —देवताओं के राजा इन्द्र को जीतने वाला; चारों वेदों के वक्ता रावण का बेटा; जिसने लक्ष्मण को अपनी शक्ति से घायल कर, अचेत कर दिया था और उसका पाँचवाँ पुत्र शिव शंकर होगा —शिव शंकर —जो क्रोध से तीसरा नेत्र खोलेगा तो यह सारी सृष्टि भस्म हो जायेगी।

वे अपने उस जोश में अपने आने वाले सभी बेटों का नामकरण कर देते (क्योंकि पण्डित जी का दृढ़ विश्वास था कि मर्द के कम-से-कम एक दर्जन लड़के होने चाहिएँ) लेकिन उसी वक्त उनका यह तीसरा सुपुत्र, जो इक्कीस बार खत्रियों का नाश करने वाला था, उनकी इस भयंकर घोषणा को सुन कर रो पड़ा। पण्डित शादीराम ने अपनी आदत के

अनुसार उसे एक टाँग से पकड़ कर हवा में एक चक्कर दे दिया। वे तो उसे पवनसुत की तरह सिर के बल धरती पर पटक कर उसी वक्त उसकी शक्ति की परीक्षा कर देखना चाहते थे, पर बच्चा सहम कर चुप हो गया और इसी परीक्षा से प्रसन्न हो कर पिता ने उसके शक्तिशाली होने की घोषणा कर दी और वचन दिया कि वे उसे एक तेज़ फरसा बनवा कर देंगे, जिससे वह सब खत्रियों का नाश करेगा।

यद्यपि पण्डित जी शराब के नशे में की गयी घोषणा भूल गये और दूसरी रात उन्हीं खत्रियों के साथ बैठ कर उन्होंने ख़ूब पी, पर माँ उस घोषणा को नहीं भूली। उसने न केवल अपने चौथे बेटे का नाम मेघनाद रखा, बल्कि पाँचवें का शंकर और अपने तीसरे बेटे को परशुराम-सा शक्ति-सम्पन्न बनाया....

....छुटपन ही से माँ ने परशुराम को — जो साधारणतः परसराम कहलाता था — उस ऋषि-बालक की कहानी सुनानी शुरू की, जिसने अपने पिता के अपमान का बदला लेने के लिए राजा सहस्रबाहु की हज़ार भुजाएँ अपने फरसे से काट दी थीं।

....कभी जब बचपन में बालक परसराम रोता तो माँ कहती, "तू रोता है! तू तो परसराम है। परसराम हो कर तू रोता है! तुझे शर्म नहीं आती।" और बालक चुप हो जाता।

....एक बार उसके सारे शरीर पर फोड़े निकल आये। चेतन के पिता उन दिनों हिसार के निकट ऊजड़ स्टेशन, 'बुगाना' पर असिस्टेण्ट स्टेशन-मास्टर थे। पैरों के तलवों को छोड़ कर उसका सारा शरीर फोड़े-फुन्सियों से भर गया। वह दर्द से कराहा भी तो माँ ने उसके नाम की याद दिलायी और वह चुप हो गया....चेतन उससे केवल ढाई वर्ष ही बड़ा था। वह तब भी अपने इस छोटे भाई की सहन-शक्ति और संयम को देख कर चकित रह जाता था। वे दिन उसके मानस-पट पर अमिट प्रभाव छोड़ गये थे और उसे अजाने ही अपार शक्ति भी दे गये थे। चेतन (तब वह केवल पाँच-छै वर्ष का था) सोचा करता था कि उसका यह छोटा भाई सचमुच बड़ा हो कर ज़ालिम खत्रियों का नाश कर देगा। यह वह रोज़ देखता था कि परसराम लेटता था तो पीड़ा से तड़फड़ाता था, पर उसके होंटों से चीख़ न निकलती थी, चाहे उसकी आँखों में आँसू आ जाते थे। न जाने उसके पिता कहाँ से दवा लाये थे। उसकी माँ मक्खन को सौ बार पानी में धो कर, उसमें वह दवा मिला कर, उसके शरीर पर लगाती थी। इसी से उसे आराम आ गया था।

....बुगाना ही में एक बार बालक परसराम के पैर पर भैंस का खुर पड़ गया और उसका पैर कट गया। वह भागा-भागा घर आया और लँगड़ाता और तड़पता हुआ कमरे में घूमने लगा। लहू-सने पैर के निशान धरती पर बनते गये और उसकी आँखों से आँसुओं की धाराएँ बहती गयीं, लेकिन वह लगातार कहे जाता था — 'मैं परसराम हूँ, मैं रोता नहीं!....मैं परसराम हूँ, मैं रोता नहीं।'

चेतन के सामने जब वह दृश्य आता तो उसके गले में गोला-सा अटक जाता....पर उसे याद था कि उसकी माँ रसोईघर से भागी आयी थी, अपने बच्चे के कटे हुए पैर को देख कर न वह रोयी थी, न चिल्लायी थी। जल्दी में धोती का किनारा फाड़ कर, उसे पानी में भिगो, उसने पैर बाँध दिया था और बच्चे की पीठ ठोंकते हुए कहा था — "हाँ, मेरा बेटा परसराम है, बहादुर है, वह कभी नहीं रोता!....और उसे छाती से लगा लिया था।"

○

"तुम लोगों के होते उस साले की यह मजाल कैसे हुई कि वह तुम्हारी चाची को पकड़ कर घसीटे और उसके जूते लगाये। तुम सालो, अखाड़े काहे के लिए जाते हो, ये हज़ार-हज़ार डण्ड किसलिए पेलते हो। ये पट्ठे, यह जवानी, साली किस दिन काम आयेगी। ब्राह्मणों की बहू-बेटियों पर ये नामर्द खत्री हाथ उठायें, इससे पहले तुम डूब कर क्यों नहीं मर गये...."

चेतन के पिता की पाटदार आवाज़ गली खोसलेयाँ तक आ रही थी।

मुहल्ले में पहुँच कर चेतन ने देखा कि उसके पिता कुएँ की जगत पर टाँगें नीचे लटकाये बैठे हैं, उनके सामने अपराधियों-ऐसे परसराम और देबू खड़े हैं, लाला फ़कीरचन्द उनके पास चुपचाप कुएँ की जगत पर बैठे हैं। कुएँ की चर्ख़ियाँ (जिन पर इस वक्त बेपनाह भीड़ होती है) एकदम ख़ाली हैं। मुहल्ले में सन्नाटा है। खत्री औरत-मर्द अपने किवाड़ लगा कर कोठों पर जा चढ़े हैं। परे सुनारों के दरवाज़े में कुछ औरतें अवश्य खड़ी यह तमाशा देख रही हैं; कुछ औरतें-बच्चे भुआड़े में भी खड़े हैं और पण्डित जी दोनों बेटों को (वे अपने मित्र पण्डित दौलतराम ज्योतिषी के बेटे देबू को अपना बेटा कहते थे) धाराप्रवाह मल्लाहियाँ सुना रहे हैं।

परसराम अखाड़े से सीधा भागा आया था और उसके शरीर पर अभी मिट्टी लगी थी। उसने और देबू ने एक साथ कहा कि वे लोग उस वक्त वहाँ नहीं थे। देबू ने कहा कि वह कचहरी से लौटा तो उसने माँ से यह किस्सा सुना। परसराम ने कहा कि शंकर मुझे बुला कर लाया, मैं होता तो किसी की मजाल थी कि चाची को हाथ भी लगा जाता।

"तुम्हारे होते नहीं लगाता, मैं मानता हूँ," पण्डित शादीराम ने कहा, "पर तुम लोगों की ग़ैर-हाज़िरी में भी उसे यह जुर्रत कैसे हुई ? इसका मतलब है, उसे तुम लोगों के ज़ोरे-बाज़ू का कोई डर नहीं, या वह अपने आपको बड़ा शहज़ोर समझता है।"

पण्डित जी को देखते ही भागवन्ती की चारपाई लोगों ने वहीं कुएँ के पास रख दी और उन्हें घेर कर खड़े हो गये। भागवन्ती कराहते हुए उठ कर बैठ गयी और उसने घूँघट कुछ और खींच लिया। उनकी अन्तिम बात सुन कर भीड़ में से किसी ने कहा, "अमीचन्द डिप्टी हो गया है, इसलिए अमीरचन्द को यह साहस हुआ।"

"उसके डिप्टी की माँ की —" पण्डित जी ने अपनी गरजदार आवाज़ में बड़ी-सी वज़नी गाली भुवाड़े की ओर फेंकते हुए कहा, "मैं देखता हूँ, उसका साला वह डिप्टी भाई क्या कर लेता है, अगर वह आ कर अपनी इस माँ के (उन्होंने भागवन्ती की चारपाई की ओर संकेत किया) पैरों में पड़ कर माफ़ी नहीं माँगता तो मैं उस साले को मुहल्ले में नहीं रहने दूँगा। मैं उस साले अमीचन्द को डिप्टी नहीं बनने दूँगा। मैं ख़ुद जा कर अफ़सरों से मिलूँगा और उन्हें समझाऊँगा कि जो साला महज़ कम्पीटीशन में पास हो कर मुहल्ले की माँ-बहनों पर यह ज़ुल्म ढा सकता है, वह अफ़सर बनने पर क्या इन्साफ़ करेगा ?" ....और पण्डित जी ब्राह्मणों की उस भीड़ की ओर पलटे, "सालो, पुलिस में जाने की क्या ज़रूरत थी ? पुलिस में नामर्द जाते हैं। पुलिस साली पैसे की है। तुम जिसे कहो, मैं पचास-सौ ख़र्च करके दो दिन हवालात की हवा खिलवा दूँ। तुम लोगों में जान नहीं, जो

पुलिस में भागे ? अमीरचन्द को मार कर बिछा देते और पुलिस में वह या उसका वह डिप्टी भाई या उस डिप्टी भाई का बाप जाता।"

और पण्डित जी उठे और उन ब्राह्मण जवानों का ज़ोर आज़माने के लिए, उन्होंने बारी-बारी देबू, परसराम और हन्से की गर्दन, पर एक-एक ज़ोरदार धौल जमा दी। हालाँकि पण्डित जी की धौल से अच्छे-तगड़े लड़खड़ा जाते थे, देबू और हन्सा गिरते-गिरते बचे, लेकिन परसराम सीना ताने खड़ा रहा और टस-से-मस न हुआ।

पण्डित जी ने प्रसन्न हो कर अपने बेटे की पीठ ठोंकी तो देबू तन कर खड़ा हो गया और बोला कि अचानक धौल पड़ने से वह लड़खड़ा गया था, नहीं वह परसराम से कम ताकतवर नहीं और 'बाऊजी' अब उसके धौल जमा देखें।

पण्डित जी ने मुट्ठी बाँध कर हाथ उठाया। देबू सीना ताने परसराम ही की तरह तन खड़ा हो गया। दूसरे क्षण पण्डित जी की कसी बाँह का, कलाई और कोहनी के बीच का हिस्सा, देबू के दायें कन्धे के ऊपर गर्दन पर पड़ा। उसका बायाँ पैर ज़रा-सा अपनी जगह से हटा, पर दूसरे ही क्षण फिर अपनी जगह आ गया।

पण्डित जी ने ख़ुश हो कर उसकी पीठ ठोंकी।

"मैं बे-ध्यान खड़ा था, इसलिए लड़खड़ा गया था," देबू ने सीना फुला कर डींग हाँकी, "नहीं, इसे तो मैं कई चित कर चुका हूँ।"

उसका इशारा परसराम की ओर था, जिसने उसकी बात सुनते ही ख़म ठोंका और कहा, "आ बच्चू, देख कौन चित करता है ?"

और दूसरे क्षण, दोनों आमने-सामने आ गये और बाँहें ताने, पंजों में पंजे उलझाये, ज़ोर-आज़माई करने लगे।

पण्डित जी ने सिर से पगड़ी उतार कर बग़ल में रख ली और एक पाँव ऊपर कर के कुएँ की जगत पर आधा फसकड़ा मार कर बैठ गये। भागवन्ती उनके दिमाग़ से निकल गयी और वे एकाग्र हो कर उन दोनों की कुश्ती देखने लगे।

o

देबू चूँकि छुटपन ही से गुण्डा था और परसराम को माँ ने शक्तिशाली, पर सच्चरित्र बनाया था, इसलिए कई बार शत्रुओं से लड़ने में देबू की सहायता करने के बावजूद, देबू की-सी अकड़, गुण्डई और शेख़ी उसके यहाँ न थी। परसराम के शरीर के सभी अंग तने हुए थे और सभी वृत्तियाँ इस इच्छा पर केन्द्रित थीं कि वह देबू का दाँव न चलने दे। देबू को इस बात का पता था कि यदि वह जीत गया तो पण्डित जी न केवल आध सेर गर्म-गर्म दूध पिलायेंगे, बल्कि पुरस्कार-स्वरूप एक-दो रुपये भी देंगे, और वह इस कोशिश में था कि जैसे पहले कभी वह इसे उठा कर पटक देता था, एक ही बार में उसे उठा कर पटक दे। लेकिन एक तो परसराम उसके सब दाँव जान गया था, दूसरे देबू ने अखाड़े जाना छोड़ दिया था और वह केवल गुण्डई में शक्ति नष्ट करता था, जबकि परसराम बाकायदा अखाड़े जाता और हज़ार-हज़ार डण्ड-बैठकें निकालता और पहले से कहीं अधिक बलवान हो गया था।

देबू ने एक बार उसे धोबी पटरा देने की कोशिश की, फिर उसकी दोनों बाँहों को

कन्धे पर रख, अपनी दोनों बाँहों को हठात झटका दे कर उसे गिराने का प्रयास किया; कमर को बाँध, उठा कर पटकने की कोशिश की और एक बार कुछ परे हट कर अपना प्रसिद्ध दाँव चलाने और डुबकी-सी लगा कर दोनों टख़नों से पकड़, उसे चारों ख़ाने चित गिराने का भी प्रयास किया, लेकिन परसराम उस पर निरन्तर उकाब की-सी तेज़ दृष्टि लगाये रहा और उसने उसका हर वार ख़ाली कर दिया और इसके बाद जब देबू ज़रा-से असमंजस में पड़ा कि अब क्या करे, परसराम ने उसके हाथ को ज़ोरदार झटका दे कर, उसके पीछे हो कर उसे बाँध लिया और बिजली की-सी गति से उठा कर पटक दिया।

अब पण्डित जी बैठे न रह सके। वे उठ कर उनके पास आ गये और देबू को दाँव बताने लगे। देबू उनके बताये दाँव से ऊपर आ गया तो परसराम ने नीचे से उसकी गर्दन बाँध कर उसे फिर नीचे रख लिया। पण्डित जी ने फिर दाँव बताया। वह फिर ऊपर आ गया। लेकिन परसराम ने फिर नीचे कर लिया और अब उसने अपनी दोनों टाँगें अकड़ा कर उन्हें उसकी गिरफ़्त से बाहर रख, उसे कुछ ऐसे रगड़ना शुरू किया कि पण्डित जी के लाख दाँव बताने पर भी वह ऊपर न आ सका।

पण्डित जी कुछ देर इस बात की प्रतीक्षा करते रहे कि परसराम ही उसे चित कर दे। पर देबू रगड़ा जाता रहा, चित नहीं हुआ। तब पण्डित जी ने दोनों की कुश्ती बराबर छुड़ा दी। उनकी पीठ ठोंकी, उन्हें कभी आपस में न लड़ने और शत्रुओं का मिल कर मुकाबला करने का सदुपदेश दिया और उन्हें रामदित्ते हलवाई की दुकान पर गर्मागर्म दूध पिलाने ले चले।....

तभी उनकी दृष्टि अपने पीछे खड़े ब्राह्मणों की भीड़ और भागवन्ती की चारपाई पर पड़ी, जिनके अस्तित्व तक को वे एकदम भूल गये थे। भागवन्ती ने उन्हें देख कर घूँघट को कुछ और खींच लिया।

"देख भागवान," पण्डित जी ने बाज़ार को जाते-जाते उसकी चारपाई के पास रुक कर उसी पाटदार आवाज़ में कहा, "तू धर्मचन्द की बीवी थी तो मेरी छोटी भाभी थी। मैंने ही तेरी शादी धर्मचन्द के साथ करायी थी। अब तू तेलू के घर बैठ गयी है तो भी मेरी छोटी भाभी है और छोटी भाभी हमारे धर्म में बेटी के समान होती है। तू मेरी बेटी ही के बराबर है। मेरे रहते कोई तेरी बेइज़्ज़ती नहीं कर सकता। तू जा, अपने घर बैठ। वह साला अमीरचन्द और उसका वह ढोंगी बाप अगर तेरे पाँवों पर गिर कर माफ़ी न माँगे तो मैं अपनी मूँछें मुँड़ा डालूँगा।"

और उन्होंने हन्से और श्यामे को आदेश दिया कि उसे सहारा दे कर उठायें और घर ले जायें।

भागवन्ती उनके सहारे उठी और उसने पण्डित जी के चरण छुए और कराहती हुई भुवाड़े की ओर चल दी।

भागवन्ती अभी भुवाड़े तक पहुँची भी न थी कि बाज़ार की ओर से अपने काले-भुजंग, मोटे, पर गठे शरीर को लिये, तेलू लुढ़कता हुआ-सा आता दिखायी दिया।

पण्डित जी ने उसे कमेटी के लैम्प के नीचे ही पकड़ लिया और लगातार गालियाँ देते हुए पूछा कि उसने अपनी बीवी को अकेले मुहल्ले में क्यों भेजा और स्वयं क्यों वहीं

दुबका रहा और वे डण्ड-बैठकें और वह मुगदर-सा शरीर किस दिन काम आयेगा ? "यह तेल मल-मल कर और डण्ड-बैठकें पेल-पेल कर शरीर को तू ने इसीलिए पाला है कि तेरी बीवी को तेरा पड़ोसी जूतों से मारे और तू मण्डी में मज़े से बैठा रहे।"

तेलू ने हकलाते हुए अस्फुट स्वर में सफ़ाई दी कि उसकी बीवी उसे बताये बिना चली आयी। उसे पता होता तो वह उसे कभी न आने देता। उसे तो अभी श्यामे ने बताया कि मुहल्ले में यह काण्ड हो गया है और वह भागा-भागा आ रहा है।

"अबे साले, उसे मुहल्ले में आने से रोक रखने के बदले तू पहले ही उसके साथ क्यों नहीं आया ? यह मुहल्ला क्या अमीरचन्द के बाप का है, या तू उसकी जागीर में बसता है, या उसकी दी रोटी खाता है। अमीरचन्द ने जिस दिन कहा था कि भागवन्ती या तेलू कोई भी मुहल्ले में आयेगा तो वह कत्ल कर देगा, तू उसी दिन उसे ले कर क्यों उससे यह पूछने नहीं आया कि दिखा तो ज़रा मर्दुमी, कैसे कत्ल करता है....नामर्दों की तरह तू मण्डी में क्यों बैठा रहा ?"

तेलू ने कुछ हकलाहट-भरा उत्तर देने की कोशिश की, लेकिन पण्डित जी ने अपनी गरज में उसकी मिन-मिन बन्द कर दी।

"असल में तुम लोगों के ख़ून में पुरोहिताई घुसी हुई है सालो! अपना कमाते हो, अपना खाते हो और ये मुहल्ले के खत्री तुम्हें भंगी-चमार समझते हैं।" और पण्डित जी ने पाँव बढ़ा कर तेलू की मोटी गर्दन थाम कर उसे आगे धकेलते हुए कहा, "चल मेरे साथ और चल कर ढूँढ उस अमीरचन्द को और पूछ उससे कि क्यों उसने अपनी माँ पर हाथ उठाया और यह कल्लोवानी मुहल्ला कब से उसके बाप की जागीर बन गया ?"

चालीस

चेतन के पिता का ख़याल था (ऐसा ही मुहल्ले के लोगों ने उसे बताया था) कि अमीरचन्द अपने मामा सोहनलाल की दुकान पर होगा।

मामा सोहनलाल जौड़ा दरवाज़ा से थोड़ा आगे बाज़ार में मनिहारी की दुकान करते थे। जब से उनकी बीवी का देहान्त हो गया था, वे दुकान पर चले गये थे और मकान अमीरचन्द को दे गये थे। उसकी शादी हो गयी थी, बच्चा हो गया था और चौधराइन के मकान में, जहाँ लाला मणिराम रहते थे, अब गुंजाइश न थी।

लेकिन जब मुहल्ले के खत्रियों को मल्लाहियाँ सुनाते, ब्राह्मण युवकों को साथ लिये, पण्डित जी सोहनलाल की दुकान पहुँचे तो उसने कहा कि अमीरचन्द नहीं आया। पण्डित जी ने उस पर विशेष 'मधुर वचनों' की वर्षा करते हुए कहा कि ऊपर चौबारे में छिपा होगा और इससे पहले कि सोहनलाल उन्हें रोकता, वे छत से लटके, गाँठ बँधे रस्से को पकड़, दुकान के तख़्ते पर पैर रख, मनिहारी के सामान से सजे शीशे के बक्सों को पार कर, दुकान के अन्दर पहुँच गये और ऊपर चौबारे को जाने वाली सीढ़ी की ओर बढ़े, जो दुकान के

अन्दर ही से ऊपर चढ़ती थी।

"बाऊ, कहाँ जा रहा है ? ऊपर कोई नहीं है," कहते हुए लाला सोहनलाल भी उनके पीछे लपके।

वे मँझले कद के गोरे-चिट्टे आदमी थे। चालीस-पैंतालीस की आयु होगी, पर उनके चेहरे पर अभी से झुर्रियाँ पड़ गयी थीं और बाल खिचड़ी हो गये थे। उनकी दुकान पर कोई-न-कोई सुन्दर लड़का अवश्य रहता। वह थोड़े दिन उनके काम में हाथ बँटाता, फिर चला जाता। मुहल्ले की औरतें अपने छोटे लड़कों को उनकी दुकान पर भेजते संकोच करती थीं। सोहनलाल ने पण्डित जी के कोट का दामन थामने की भी कोशिश की, लेकिन पण्डित जी झटके से दामन छुड़ा कर एक के बदले दो-दो सीढ़ियाँ चढ़ते हुए ऊपर पहुँचे।

अमीरचन्द ऊपर नहीं था। चौबारे में लाला सोहनलाल के पलँग पर एक बारह-तेरह बरस का लड़का सोया था, जिसने एक मैली-सी नेकर-कमीज़ पहन रखी थी।

पण्डित जी ने कान पकड़ उसे उठा दिया — "यहाँ अमीरचन्द आया था ?"

लड़का गहरी नींद सोया हुआ था। पण्डित जी ने उसे उठा कर बैठा तो दिया, पर कुछ क्षण तक वह बैठा-बैठा जैसे सोया रहा। पण्डित जी ने फिर कड़क कर उससे वही सवाल पूछा।

तभी लाला सोहनलाल दाँत निकोसते हुए सीढ़ियों में नमूदार हुए।

"इसको क्या पता है बाऊ, अमीरचन्द का ?"

"यह कौन है ?"

"मेरे साथ दुकान में काम करता है...."

"और तेरे बिस्तर पर सोता है," पण्डित जी ने अत्यन्त उपेक्षा से कहा, "साले, इतनी तेरी उमर हो गयी, सिर के बाल पक गये, पर तेरी यह आदत न गयी। अपना पिचका हुआ चेहरा ज़रा शीशे में देख।"

और ऊँची आवाज़ में — 'मन्दे कम्मीं नानका, जद-कद मन्दा हो'[१] गाते हुए पण्डित जी सीढ़ियाँ उतर गये और उसी तरह सामान के ऊपर से कूद कर बाज़ार में आ खड़े हुए।

"मिला बाऊ जी ?" देबू ने पूछा।

"नहीं!"

"वह अपनी फूफी के होगा, या अपने पिता के पास चुपराने चला गया होगा।" देबू ने कहा।

चूँकि उसकी फूफी का घर भी चुपराने ही की ओर था, इसलिए पण्डित जी ने तय किया कि वहीं जा कर वे उसके योगाभ्यासी बाप को पकड़ेंगे और उसे साथ ले कर अमीरन्द को ढूँढेंगे।

चेतन बेहद थक गया था, इसलिए जब वे सब वापस चौरस्ती अटारी पहुँचे तो वह बाजेयाँ वाला बाज़ार की ओर मुड़ा, लेकिन उसके पिता ने गरज कर उसे साथ ही चलने के लिए कहा। दबी ज़बान से उसने थक जाने की बात कही, पर जब उसके पिता ने दोबारा कहा कि 'नहीं, मैं जो कहता हूँ, साथ चल!' तो वह चुपचाप चल पड़ा। वह जानता था

१. ऐ नानक, बुरे कामों का अंजाम, जब भी हो, बुरा होता है।

कि ज़रा-सा प्रतिवाद अमीरचन्द के विरुद्ध इकट्ठे होने वाले ग़ुस्से की धारा उसकी ओर मोड़ सकता है। लेकिन उसके सौभाग्य से अभी वे अगले चौरस्ते तक ही पहुँचे थे कि आगे से पण्डित जुलियाराम और लाला मणिराम आते दिखायी दिये।

"सुना भाई शादीराम, क्या हाल-चाल है तेरा ?" पण्डित जुलियाराम ने अपनी नाभि तक लम्बी दाढ़ी पर हाथ फेरते हुए कहा।

"हम रिन्दों की बात छोड़," पण्डित जी बोले, "तू सुना, तेरे योगाभ्यास का क्या हाल है, भगवान ऊपर से उतर कर आया कि नहीं तेरी आत्मा में निवास करने।"

पण्डित जुलियाराम ने इसका कोई उत्तर नहीं दिया। दाढ़ी पर बराबर हाथ फेरते हुए हँसने लगे, "तुझमें बाऊ, मरते दम तक कोई फ़र्क नहीं आयेगा।"

"आये क्यों ? मैं तुम लोगों की तरह फ़रेबी नहीं। गुनहगार हूँ, पर रियाकार[१] नहीं।"

पण्डित जुलियाराम ने इसका भी उत्तर नहीं दिया। उनकी बड़ी-बड़ी आँखें चमकने लगीं, होंट मुस्कान में कुछ और फैल गये और वे दोनों हाथ बारी-बारी दाढ़ी पर फेरने लगे। क्षण भर बाद बात बदल कर उन्होंने कहा, "यह फ़ौज ले कर किधर जा रहे हो ?"

"तुम लोगों की तरफ़ जा रहा था। तुम्हारे ये नये चेले तो घर-बार की चिन्ता छोड़, आत्मा को परमात्मा से लीन करने के पीछे पड़े हैं और इनका वह 'राणा प्रताप दा पुत्त'[२] अमीरचन्द मुहल्ले वालों की ज़िन्दगी हराम किये हुए है।"

अब लाला मणिराम चौंके, लेकिन उनके चेहरे पर किसी प्रकार की व्यग्रता अथवा चिन्ता नहीं दिखायी दी। सहज रूप से उन्होंने कहा, "क्या हुआ, बाऊ शादीराम ?"

"हुआ क्या," पण्डित जी ने अपने मित्र पण्डित जुलियाराम की लम्बी दाढ़ी की ओर संकेत करते हुए कहा, "यह कमबख़्त ख़ुद तो डूबा ही था, साथ में आपको भी ले डूबा। यह तो अपने पुराने पापों को धोने के लिए दाढ़ी बढ़ाये, चन्दन का टीका लगाये, योग-साधना कर रहा है। बीवी इसके है नहीं और नौ सौ चूहे खा के यह बिल्ला हज को चल दिया है, पर आपने कौन-से पाप किये हैं ? इसने दाढ़ी बढ़ा ली है। क्या दाढ़ी बढ़ाये बिना ब्रह्म के दर्शन नहीं होते ?"....

पण्डित जुलियाराम के मन में आयी कि कुछ कहें, उनके होंट हिले भी, पर पण्डित शादीराम नशे में थे, इसलिए उन्होंने चुप ही रहना उचित समझा।

चेतन के पिता फिर बोले, "मैं पूछता हूँ, आपकी यह साधना किस काम आयेगी, अगर आप अपने लड़के को काबू में नहीं रख सकते। जो साला अपने ख़ून से बने लड़के को नहीं साध सकता, वह ब्रह्म को क्या साधेगा। जो इस ज़िन्दगी को नहीं बना सकता, वह अगली ज़िन्दगी क्या बनायेगा।"

पण्डित जी नशे में न जाने और क्या-क्या कहते, पर लाला मणिराम ने, जो कद में उनसे काफ़ी लम्बे थे, बड़ी प्यारी मुस्कान होंटों पर ला कर अपने दोनों हाथ उनके कन्धों पर रख दिये, "बाऊ भाई, तुम किस बात पर ख़फ़ा हो, हुआ क्या है ?"

पण्डित जी ने उन्हें सारा किस्सा बताया और अपनी घोषणा की बात कही कि तेलू

१. झूठा।
२. राणा प्रताप का बेटा।

की बीवी को जूते मार कर उनके लड़के ने तेलू का नहीं, उनका अपमान किया है, कि भागवन्ती उनकी छोटी भाभी है और उनकी बेटी के समान है, कि अगर उनका बेटा उसके पाँव पड़ कर अपने कुकृत्य के लिए क्षमा नहीं माँगेगा तो एक-न-एक का ख़ून होके रहेगा और वे देखेंगे कि कैसे उनका अपमान करके कोई मुहल्ले में रहता है।

"तुम्हारा बेटा डिप्टी हो गया है तो क्या मुहल्ले को तुम लोग खा जाओगे ?" पण्डित जी गरजे, "मैं किसी डिप्टी से नहीं डरता, मैंने इन सब से कह दिया है कि अगर वह आज ही जा कर उससे माफ़ी नहीं माँगता और आगे के लिए कसम नहीं खाता कि फिर ऐसा नहीं करेगा तो मारे जूतों के हम उसका सिर गंजा कर देंगे। मैं जानता हूँ, उसे अपनी ताकत का और अपने भाई के डिप्टी होने का गुमान है, पर हम उसकी सारी ताकत और उसके भाई की डिप्टी कमिश्नरी जहाँ से आयी है, वहीं घुसेड़ देंगे।"

लाला मणिराम ने पण्डित जी की बात का बुरा नहीं माना। धीरे-धीरे अपने दोनों हाथों से उनके कन्धे थपथपाते हुए, उन्होंने पण्डित जी को शान्त किया। वे उनके साथ वापस मुहल्ले में आये। सीधे तेलू के घर गये। वहाँ जा कर उन्होंने अपनी टोपी भागवन्ती के कदमों पर रख दी और कहा कि वह पण्डित जी की ही नहीं, उनकी भी बेटी के बराबर है और उनके नालायक लड़के ने जो हरकत की है, उसके लिए वे बड़े शर्मसार हैं। वे अभी उसे ढूँढ कर लायेंगे और जब तक वह अपने किये के लिए क्षमा न माँगेगा, खाने को मुँह न लगायेंगे।

और झमानों के घर से निकाल कर उन्होंने पण्डित जी से कहा कि वे आराम करें, वे अपने लड़के को समझायेंगे और यदि उनकी बात उसने नहीं मानी तो फिर जो पण्डित जी के मन में आये, करें।

पण्डित जी ने कहा कि वे अपनी बैठक में बैठे हैं। उन्होंने जो शपथ ली है, उसे पूरा किये बिना वे चैन न लेंगे और यदि उनका लड़का समझ जाये और अपने किये पर पश्चाताप कर माफ़ी माँग ले तो लाला मणिराम उन्हें सूचित कर दें।

उधर से छुट्टी पा, पण्डित शादीराम ने दो-दो रुपये परसराम हंसराज और देबू को दिये कि वे दूध पियें और चेतन को आदेश दिया कि बैठक खोले, कटोरियाँ, पानी और अचार रखे। और वहीं बैठक के बाहर खड़े हो कर उन्होंने मुकन्दी को माँ-बहन की गालियाँ देते हुए आवाज़ दी।

लाला मुकन्दीलाल अभी-अभी दुकान से आये थे। वहीं से उन्होंने उत्तर दिया कि अभी आता हूँ। चेतन ने बैठक का दरवाज़ा खोला, मेज़ पर गिलास-कटोरियाँ रख दीं और बड़ा लैम्प जला दिया। तभी लाला मुकन्दीलाल आ गये। तब लाला फ़कीरचन्द ने कमीज़ के अन्दर से शराब की बोतल निकाली, जो आधी से कुछ ज़्यादा ही बची हुई थी। कटोरियों में शराब उँडेलते और लाला मुकन्दीलाल को 'मधुर वचन' सुनाते हुए पण्डित जी ने उनसे कहा कि चाहे उनकी भाभी तेलू के घर बैठ गयी, पर है तो उनके बड़े भाई की बीवी, उन्होंने कैसे सहन कर लिया अमीरचन्द का उसे जूते से पीटना।

कटोरी का पेय एकदम गले के नीचे उतारते, कड़वाहट से मुँह बनाते और पानी का कुल्ला करते हुए, लाला मुकन्दीलाल ने बताया कि वे तो दुकान पर थे और उन्हें तो अभी

मंगल की माँ ने बताया है।

"साले, अच्छा हुआ कि वह तेलू के घर जा बैठी।" पण्डित जी ने पेग कण्ठ में उँडेल कर उल्टे हाथ से होंट पोंछते हुए कहा, "मुहल्ले में तो है, अगर वह किसी मुसलमान या क्रिस्तान के साथ निकल जाती तो तुम क्या कर लेते ? तेलू फिर भी ब्राह्मण है, और ब्राह्मण ब्रह्मा के मुख से पैदा हुए हैं, साले!"

यह कहते हुए पण्डित जी ने कुल्ला करने के लिए मुँह में पानी भर लिया। तभी लाला मणिराम अमीरचन्द को ले कर आ गये। वह कहीं नहीं गया था। घर ही में था। पहले तो वह माफ़ी माँगने को तैयार न हुआ, पर जब बाप ने ऊँच-नीच समझायी तो अनिच्छापूर्वक जा कर भागवन्ती से माफ़ी माँग आया। बैठक में आ कर उसने झुक कर पण्डित जी के चरण छुए, और कहा कि जोश में उससे ग़लती हो गयी, वे बड़े हैं, उसे क्षमा कर दें।

पण्डित जी सरूर में आ गये थे। उन्होंने उसकी पीठ ठोंकते हुए पूरी उदारता से उसे क्षमा कर दिया और सदुपदेश दिया कि मुहल्ले में लड़ने के बदले उन्हें इकट्ठे रहना चाहिए और मुहल्ले के शत्रुओं से लड़ना चाहिए।

वे लोग चले गये तो पण्डित जी ने दूसरा पेग गले के नीचे उतारा और सरूर में आ कर गाने लगे :

'सोने की नाहिं राधे, रूपे की नाहिं'

इकतालीस

रात के बारह बज चुके थे, जब पण्डित जी की कनपटियों में तेल लगा कर, बड़ी मुश्किल से उन्हें सुला, चेतन ऊपर बरसाती में पहुँचा। इधर की झिलमिली में लालटेन रखी थी। बत्ती उसकी इतनी नीचे कर दी गयी थी कि मद्धिम लौ 'अब बुझी कि अब बुझी के-से अन्दाज़ में' जल रही थी। चेतन का जी चाहा, उसे बुझा दे। उसे रोशनी में नींद नहीं आती थी। लेकिन चन्दा अँधेरे से डरती थी। चेतन ने बत्ती को ज़रा-सा ऊँचा कर दिया। एक नज़र उसने अपनी पत्नी पर डाली। वह चित लेटी थी। दिन भर की थकी, गहरी नींद सो गयी थी।

अपनी पत्नी की नींद से चेतन को हमेशा ईर्ष्या होती थी। उसकी अपनी नींद यदि उचट जाये तो फिर सोना उसके लिए असम्भव हो जाता था। लेकिन चन्दा पड़ते ही सो जाती थी, फिर उसे जगाना मुश्किल हो जाता था। उसे चंगड़ मुहल्ले के सरदार जगदीश सिंह (लैण्ड लॉर्ड ऐण्ड हाउस प्रोप्राइटर) के मकान की याद आ गयी, जहाँ वे लोग उसके शिमला जाने से पहले रहते थे। रात को दो के करीब जब वह समाचार-पत्र के दफ़्तर से आता था तो कई बार जब सीढ़ियों का दरवाज़ा खटखटाने पर चन्दा कोई उत्तर न देती थी तो वह पिछली ओर गली में जा कर आवाज़ देता था। सारा मुहल्ला जग जाता था, पर

चन्दा की नींद न खुलती थी।

चेतन बड़े धीरे से, चुपचाप जा कर बिस्तर पर लेट गया। उसकी कमर अकड़ गयी थी। दिन भर की आवारगी के कारण उसकी पिंडलियाँ, उसके तलवे, पैरों की उँगलियाँ, उनके नाख़ून —उसके शरीर का अंग-अंग दर्द कर रहा था। उसकी आँखें करकरा रही थीं। पर जब उसने उन्हें बन्द करके सोने की कोशिश की तो उसे नींद न आयी....दिन भर की घटनाएँ, मित्रों-परिचितों के सम्वाद, मुहल्ले का हिंस्र काण्ड —सब उसके दिमाग़ में जैसे चक्राकार घूमने लगे। बराबर वही दृश्य, वही घटनाएँ, वहीं बातें। उसका मुहल्ला, उसका शहर, उनके लोग, उनकी सोच-समझ और भाग-दौड़ का सीमित क्षेत्र....अनन्त, बद्दा, देबू, प्यारू, रामदित्ता, हकीम दीनानाथ, निश्तर, रणवीर, हुनर, महात्मा और योगी, स्वयं-सेवक और सेठ, लालू और अमरनाथ, पण्डित जुलियाराम और लाला मणिराम — फिर सब से ऊपर उसके पिता....इस वातावरण में और अधिक रहना उसके लिए असह्य है। ....वह इस सीमित घेरे से निकल कर तत्काल चला जायेगा और इससे ऊपर उठ जायेगा। ....उसने अपने ध्यान को मस्तक में जमा कर, उन समस्त चित्रों को दिमाग़ से निकाल कर सोने का प्रयास किया, लेकिन तभी अमीचन्द की वह दूर देखती हुई उपेक्षा-भरी दृष्टि और हमीद का वह उसके हाथ को गले से हटा देना उसके सामने आ गया (वह भूल गया कि उसने स्वयं कालिया के प्रति यही हरकत की थी) और एक अदृश्य ज्वाला उसके मन में लपलपा उठी....अपनी हीन अवस्था पर उसे अव्यक्त क्षोभ हुआ। ....उसके मित्र उससे कहीं आगे बढ़ गये हैं। उसकी अपनी आर्थिक स्थिति क्या है ? वह अपने-आपको लाख तोप साहित्यकार समझता हो, पर उसकी मासिक आय तो पचास रुपये से ज़्यादा नहीं (पचास भी उसे शिमला जाने के सिलसिले में मिले हैं, वरना समाचार-पत्र के दफ़्तर में तो वह चालीस ही पाता है) और अमीचन्द डिप्टी कलेक्टर होने जा रहा है और हमीद रेडियो में अफ़सर हो गया है और वह क्या है ? —आर्थिक रूप से निरन्तर घाटे पर चलने वाले एक समाचार-पत्र का जूनियर सम्पादक! —जिसके चार सम्पादकों में दो हमेशा बीमार रहते हैं; जिन्हें बारह-बारह, चौदह-चौदह घण्टे तक काम करना पड़ता है। वह सीनियर सम्पादक या प्रमुख सम्पादक हो जायेगा तो भी क्या होगा! सीनियर सम्पादक सौ रुपया और प्रमुख सम्पादक सवा सौ रुपया पाते थे। अव्वल तो उस पत्र में उन्नति की सम्भावना ही न थी, फिर वह कहीं दूसरे पत्र में चला जाये तो साठ-सत्तर से ज़्यादा क्या पायेगा....वह इस दुश्चक्र को तोड़ देगा! अख़बार की उस चक्की ने उसके कलाकार को पीस दिया है। जब वह अपने दिन और रात का अधिकांश समाचार-पत्र को दे देगा तो अच्छी कविता या कहानी लिख ही कैसे सकेगा ? साल भर से वह एक भी नयी पुस्तक नहीं पढ़ सका। वह डिप्टी कलेक्टर न बने, अफ़सर न बने, पर उच्च कोटि का साहित्यकार तो बने....वह तो कुछ नहीं बन पाया —दैनिक पत्रों में उसकी कहानियाँ पहले भी छपती थीं, अब भी छपती हैं —पर जब वह स्वयं ही उनसे सन्तुष्ट नहीं तो दूसरे क्या होंगे....वह लाहौर जा कर सब से पहला काम यह करेगा कि अपने उस समाचार-पत्र की नौकरी से छुट्टी पायेगा....वह चन्दा को नहीं ले जायेगा। जब कहीं कुछ काम पा जायेगा तो उसे ले जायेगा। वह क्या करेगा —उसके दिमाग़ में साफ़ नहीं था। लेकिन वह उस स्थिति से ऊपर उठ जायेगा। अपने मित्रों की उन उपेक्षा को ईर्ष्या में बदल देगा। अमीचन्द और

हमीद और उस जैसे अफ़सरों की उपेक्षा को उनके होंटों पर जमा देगा, उनकी आँखों को चौंधिया देगा।....

....चेतन का जी चाहा, वह उठ कर छत पर घूमे। पर वह बेहद थक गया था। उसने धीरे से करवट बदल ली। चन्दा गहरी नींद सोयी थी। एकदम निश्चल। उसकी साँस की आवाज़ तक न आती थी।....चेतन के सामने अमरनाथ का चित्र आ गया.... 'सरचश्मा-ए-ज़िन्दगी' —क्या नाम दिया था उन लोगों ने उसे, लेकिन उस हठी ने मज़ाक में दिये गये उस नाम को सच कर दिखाया। यदि अमरनाथ जैसा ठस्स आदमी एकनिष्ठ हो कर लगन से काम करने पर सफल हो सकता है, तो वह क्यों नहीं हो सकता। यह प्रबल इच्छा-शक्ति, यह अपने उद्देश्य के प्रति दुर्दमनीय, लगभग अन्धी, एकांगी लगन —यही तो ज़िन्दगी में सफलता का स्रोत है। यही तो सरचश्मा-ए-ज़िन्दगी है। उसका दिन बेकार नहीं गया....उसे ज़िन्दगी के स्रोत का पता चल गया....वह अपने में यह लगन पैदा करेगा, कर्मठता पैदा करेगा। तूफ़ानी नदी की तरह परिस्थितियों के पत्थरों को बहाता, चट्टानों को तोड़ता अपने उद्देश्य की ओर बढ़ा चला जायेगा....

सहसा उसके कानों में योगी जालन्धरीमल के शब्द गूँजने लगे....इस विशाल ब्रह्माण्ड में मनुष्य की हस्ती तो कण के हज़ारवें हिस्से के बराबर भी नहीं और आदमी न जाने अपने आपको क्या समझता है....मिथ्या सुख-समृद्धि के पीछे भागने के बदले, मनुष्य क्यों न सत्य को खोजे और जन्म-मरण के बन्धन को काट, अपूर्व सन्तोष और परम शक्ति और मोक्ष को प्राप्त करे!

चेतन ने फिर बेचैनी से करवट बदली....क्या उसका यह संकल्प मिथ्या के पीछे भागने के ही बराबर है ?....अमीचन्द डिप्टी कलेक्टर के बदले कलेक्टर और कमिश्नर और हमीद प्रोग्राम असिस्टेण्ट के बदले स्टेशन डायरेक्टर या कण्ट्रोलर हो जाये और वह स्वयं देश का सब से बड़ा कवि और कथाकार, तो भी क्या होगा ? मौत तो अवश्यम्भावी, अनिवार्य, अपरिहार्य है ....तब यह महत्वाकांक्षा, प्रगति की यह प्रबल इच्छा —यह सब मिथ्या नहीं तो क्या है ?....यह दुनिया न जाने कितनी बार बनी, कितनी बार इसमें स्वर्ण-युग और लौह-युग आये....चेतन के कानों में योगी जी की आवाज़ गूँज गयी। उसे दिल डूबता-सा लगा। बरसाती में उसे बड़ी घुटन महसूस हुई। बेपनाह थकावट के बावजूद वह उठा और बाहर छत पर चला आया।

मुहल्ले में ब्राह्मणों और क्षत्रियों को ले कर जब द्वन्द्व हो रहा था, तब आकाश पर न जाने कब बादल घिर आये थे। शहनशीन बेहद ठण्डी थी। चेतन जा कर उस ठण्डी शहनशीन पर लेट गया। कुछ क्षण वह चुपचाप लेटा रहा। धीरे-धीरे उसके दिमाग़ ने फिर सोचना शुरू किया....

मौत का दिन तो शायद जन्म के साथ ही तय हो जाता है। फिर आदमी उससे पहले क्यों मरे ? और दुनिया ग़र्क हो जायेगी या भक्क-से उड़ जायेगी तो सभी ग़र्क होंगे या भस्म हो जायेंगे, और फ़ारसी कवि ने कहा है — 'मर्गे-अम्बोह जश्ने दारद' — बेपनाह भीड़ की मौत उत्सव के बराबर है —सब मरेंगे तो वह भी मर जायेगा....लेकिन उससे पहले वह मौत-ऐसी शान्ति की वांछा क्यों करे ?....जिस परम शान्ति की वांछा आत्मा को पाने में आदमी करता है —मन की ऐसी स्थिति, जो स्वप्न-रहित नींद की-सी है, वह

मृत्यु का दूसरा रूप नहीं तो और क्या है, जीते-जी मरना नहीं तो और क्या है ? अरस्तू ने मौत को स्वप्नरहित नींद ही तो कहा है। और फिर वर्षों की योग-साधना के बाद यदि आदमी स्वयं वैसी शान्ति पा भी ले तो क्या....यदि कोई भगवान है और वह चाहता है कि आदमी जिये नहीं, जीते जी मृत्यु की-सी शान्ति पाये तो वह आदमी को ये सब इन्द्रियाँ क्यों देता है, ऐसा दिमाग़ क्यों देता है....

चेतन उठ कर छत पर घूमने लगा....ज्ञानयोग की अपेक्षा कर्मयोग की बात कुछ-कुछ उसकी समझ में आती थी। वह कामनारहित हो कर नहीं, कामना-युक्त हो कर काम करेगा। उसे मोक्ष नहीं चाहिए....वह ज़िन्दगी को जीना चाहता है....ज़िन्दगी को जीने की प्रेरणा तो कामना ही से है, उसे छोड़ कर वह जूझेगा कैसे ? वह प्रबल हठ, लगन, निष्ठा लायेगा कहाँ से ?....लेकिन वह फलाफल की चिन्ता नहीं करेगा। असफल होने पर दुख नहीं मनायेगा, बल्कि दुगने जोश से सफल होने की प्रयास करेगा और सफल होने पर सुख से पागल भी नहीं होगा।....

चेतन के सामने लाला मणिराम का चेहरा घूम गया। ज़रूर ही उन्होंने इस सिद्धान्त पर अमल किया है। मुहल्ले में किसी दूसरे का लड़का डिप्टी हो जाता तो सारे मुहल्ले में लड्डू बाँटता फिरता। बाजे बजवा देता। लेकिन जिस ख़बर ने उनके बड़े लड़के को बौरा दिया, उसे पिता ने बड़े ही सहज भाव से लिया। भागवन्ती के सम्बन्ध में अपने लड़के की ज़्यादती की बात सुन कर भी वे विचलित नहीं हुए।....और चेतन जानता था कि उन्हें बेपनाह ग़ुस्सा आता था। अमीरचन्द को उन्होंने कई बार बेतरह पीटा था....हो सकता है, जालन्धरीमल जी जेल के कष्टों से भाग कर, सरफ़रोशी की तमन्ना छोड़ कर, योगी हो गये हों —चाहते हों, समाज में प्रतिष्ठा भी बनी रहे और राजनीतिक आन्दोलन के रास्ते में आने वाले कष्ट भी न उठाने पड़ें। हो सकता है, पण्डित जुलियाराम का योग-साधन कुण्ठाओं से पलायन ही का दूसरा नाम हो। उन्होंने सत्य का कोई अंश छुआ है, कुछ पाया है, यह वह नहीं जानता, पर लाला मणिराम के चेहरे पर जो शान्ति और धैर्य झलकता है, उनकी आँखों में जो करुणा और अनुकम्पा है, वह ज़रूर उनके अन्तर के सामंजस्य की द्योतक है। सुख और दुख को समान रूप से लेना शायद वे सीखे हैं। आत्मा को परमात्मा में उन्होंने मिला दिया है, यह वह नहीं जानता, पर सत्य का कुछ स्पर्श उन्होंने ज़रूर पाया है।....

और चेतन ने सोचा कि कभी वह उनके पास बैठ कर कुछ सीखेगा....उसने जितना कुछ पढ़ा या सुना था, उससे उसे न भगवान पर आस्था हुई थी, न यह संसार माया-मय लगता था, न परम सुख, परम शान्ति वांछनीय लगती थी और न मोक्ष! कर्म करना और फलाफल की चिन्ता न करना— बस यही एक सिद्धान्त उसे अच्छा लगता था, वह इसी को अपनायेगा। मौत की बात नहीं, ज़िन्दगी की बात सोचेगा। ज़िन्दगी को बेहतर बनाने, बेहतर तौर पर जीने की बात सोचेगा। इस सब कल्मष, इस सब संकुचितता से ऊपर उठने की बात सोचेगा कि जब मौत आये तो उसे यह अफ़सोस न रहे कि उसने यह जीवन व्यर्थ गँवा दिया, कुएँ के मेंढक की तरह वह अपने छोटे-से दायरे में घूमता रहा।....वह कलाकार है, अपनी कला के द्वारा वह मानव के ज्ञान को रंच मात्र भी आगे बढ़ा सके, इसका प्रयास वह करेगा।....

और चेतन की तमाम घुटन जैसे हवा हो गयी, उसका जी हल्का हो गया, वह जा

कर फिर अपने बिस्तर पर लेट गया। बत्ती फिर नीचे जा रही थी, उसने उसे फिर ऊँचा कर दिया....क्षण भर वह उसे देखता रहा, केवल इस रोशनी के लिए न जाने कितने वैज्ञानिकों ने अपनी ज़िन्दगियाँ लगा दीं। इन्सान यदि इस संसार से विमुख हो कर, इसे केवल माया समझ कर मोक्ष-प्राप्ति ही को अपना ध्येय बनाये रखता तो शायद वह अभी तक जंगलों ही में बसता; नंगा घूमता! लेकिन ज़िन्दगी को बेहतर बनाने का प्रयास करने वालों ने, इस छोटी-सी ज़िन्दगी में मौत पर विजय पाने की वांछा रखने वालों ने, प्रकृति की न जाने किन-किन शक्तियों को खोज निकाला; रेलगाड़ियाँ, पानी के नल, बिजली, रेडियो और न जाने कितने आविष्कार किये। जिन सुविधाओं के बारे में आज का आदमी सोचता भी नहीं, जिनका वह सहज रूप से उपभोग करता है, उनके पीछे न जाने वैज्ञानिकों की कितनी नसलें खट गयीं!....उन्होंने मौत की नहीं, ज़िन्दगी की बात सोची....वह भी ज़िन्दगी की बात सोचेगा।

चेतन ने करवट बदली। उसे सो जाना चाहिए। वह कई रातों से नहीं सो रहा है। नीला की शादी में वह तीन रात नहीं सोया, पिछली रात जागता रहा है, दिन भर घूमता रहा है। वह बीमार हो जायेगा।.... उसने फिर मस्तक में ध्यान जमाने की कोशिश की, उसका ख़याल था, उसने बड़ा महत्वपूर्ण निश्चय कर लिया है। उसे नींद आ जानी चाहिए।

पर नींद उससे कोसों दूर थी। उसकी आँखों की करकराहट न जाने कब की ख़त्म हो गयी थी। उसने आँखें खोल दीं। लगता था जैसे वह अभी गहरी नींद सो कर उठा है। आँखों में ज़रा-सी थकान न थी, दिमाग़ ज़रा भी भारी न था....वह व्यर्थ ही जालन्धर आया, उसने सोचा। अगर वह नीला का शादी में न आता तो क्या अच्छा न होता। वह शिमले में था और शिमला जालन्धर से काफ़ी दूर है। वह नौकरी पर गया हुआ था, नीला उसकी सगी साली न थी, फिर उसकी बीवी तो वहाँ थी ही, उसका आना कोई ज़रूरी नहीं था। वह न आता तो नीला रंगून चली जाती और समय तथा स्थान का व्यवधान उसके दुख को कहीं गहरे में दबाये रहता। यों उभार कर ऊपर न ले आता। चन्दा पढ़ने लगी थी। वह सन्तुष्ट था। उसने आ कर क्या पाया?—दुख, पीड़ा, वितृष्णा, कुण्ठा—अपने आपसे भी—अपने वातावरण से भी!....वह नीला की बात नहीं सोचेगा। उसकी शादी हो गयी। वह क्या कर सकता है!....

लेकिन तभी उसकी आँखों के सामने नीला से अन्तिम भेंट का दृश्य आ गया और जैसे कोई तेज़ भाला उसके सीने में उतरता चला गया—उस अधेड़ के साथ नीला कैसे निर्वाह करेगी?....यह उसने क्या कर दिया?....क्यों उसके पिता से उसकी शादी करने को कह दिया?....वह कितनी उदास होगी?....उसकी उदासी को दूर करने के लिए वह कुछ भी तो नहीं कर सकता....चेतन ने करवट बदल ली।....सहसा उसके सामने कुन्ती की शादी के बाद की हँसती-नाचती सूरत आ गयी....क्या नीला भी उसकी तरह न हँस सकेगी?....पर कुन्ती तो वैधव्य में भी हँस सकती है....उसके कानों में उसकी हल्की-सी हँसी गूँज गयी, जो उसने शाम ही को कोट किशनचन्द में दो बार सुनी थी.... और वह समझता था कि कुन्ती अब भी ग़मगीन होगी....कितना बड़ा चुग़द है वह....और तभी उसे जैसे अमरनाथ के माध्यम से पाये गये सत्य से भी किसी बड़े सत्य को पाने का आभास मिला....ज़िन्दगी रुकती नहीं, बड़े-से-बड़े दुख को झेल जाती है....और वह नीला के प्रेम

में अपनी असफलता को लिये बैठा है। जो पास है, उसे भूल कर, जो नहीं है, उसके फ़िराक में परेशान है, खिन्न और म्लान है। नीला से उसकी शादी नहीं हुई। नीला से उसकी शादी नहीं हो सकती। यह अपरिहार्य है। किसी भी तरह वह स्थिति वापस नहीं लायी जा सकती। तब वह उस स्थिति के आगे नतमस्तक हो, अपनी ज़िन्दगी को बेहतर क्यों न बनाये? कुन्ती ने अपनी ज़िन्दगी को अपने बच्चे में केन्द्रित कर हँसना सीखा होगा। वह अपनी कला में क्यों न अपना ध्यान केन्द्रित करे, क्यों न पूरी इच्छा-शक्ति से अपने दुख, उदासी, मलिनता, खिन्नता को कला की साधना में लगा दे ....

कुछ अजीब-से हल्केपन के एहसास से उसके मन-प्राण भर उठे। वह उठ कर बैठ गया। उसका मन हुआ बाहर जाये....पर बाहर टीन की चादरें मिनमिना रही थीं, जाने कब से बूँदियाँ बरस रही थीं। अजीब बात है कि उसे पहले उनकी आवाज़ तक नहीं सुनायी दी।....वह फिर लेट गया। जैसे पिछली रात टीन के चादरों पर होने वाली वर्षा की आवाज़ ने उसे सुला दिया था, आज भी वह सो जायेगा।....ठण्डी हवा का झोंका आया। उसने शरीर को ढीला छोड़ दिया और आँगन के जँगले पर रखी टीन की चादरों पर बूँदियों की जलतरंग सुनने लगा।

बयालीस

यही महीना था, ऐसी ही मीठी मद-भरी बरसाती रात थी, ऐसे ही हवा के ठण्डे झकोरे बह रहे थे और नन्ही-नन्ही बूँदनियाँ बरस रही थीं। वह गौने के बाद चन्दा को बस्ती ग़ज़ाँ से लाया था। नीचे कोने वाले छोटे-से कमरे में माँ ने पलँग बिछा दिया था। खिड़की में पानी का बड़ा मुरादाबादी लोटा, बादाम और छुहारे-मिले दूध का गिलास और लालटेन रख दी थी।....नींद के बदले वह रात और उसकी मिठास चेतन के दिमाग़ में छा गयी। बरसात की मिन-मिन न जाने कब पीछे हट गयी और उन मीठी स्मृतियों ने उसके मन को बाँध लिया।

....इक्कीस वर्ष का होने के बावजूद चेतन तब एकदम बच्चा था। आज तो छोटी-छोटी बच्चियाँ और बच्चे सेक्स की सस्ती किताबें पढ़ कर ग़लत ही सही, पर बहुत कुछ सेक्स के बारे में जान जाते हैं, लेकिन चेतन को कुछ भी मालूम नहीं था। केसर वाली घटना बार-बार उसके दिमाग़ में कौंध जाती थी, उसका दिल डर-डर जाता था। चन्दा को घर छोड़ कर वह अनन्त के पास चला गया था। अनन्त उसे स्टेशन के रेस्तराँ में ले गया था। मुर्ग़-मुसल्लम उसने चेतन के लिए मँगाया था और कहा था कि यह बेहद पौष्टिक होता है और उसने उसे सुहागरात के बारे में सभी बातें बता दी थीं कि कैसे मर्द को इस रात अपनी मर्दुमी दिखानी चाहिए और प्यारू की मिसाल दी थी कि कैसे उसने पहली रात आठ बार अपनी पत्नी को अपने पुंसत्व का प्रमाण दिया था और जब चेतन ने कहा था कि उसे तो शायद नारी के अंगों का भी ज्ञान नहीं तो अनन्त ने उसकी चुग़दियत पर उसे बड़ी प्यारी गाली देते हुए कहा था कि टार्च साथ रख लेना।....लेकिन चेतन को इस सारे व्यापार ही से वितृष्णा हो रही थी....'क्या यह ज़रूरी है कि पहली रात ही वह सब किया जाये?' उसने

पूछा था, 'क्या दो-तीन रात बाद जब पति-पत्नी आपस में खुल जायें, यह नहीं हो सकता।' अनन्त ने उसे समझाया था कि कहीं ऐसी मूर्खता न कर बैठना। हुनर साहब के भाई की ऐसी ही मूर्खता ने उन पर जो विपत्ति ढायी, उसका हवाला देते हुए; उसने चेतन को समझाया कि सुहागरात का आयोजन ही इसलिए किया जाता है, और इससे भागना कायरता है और उसे सब तरह पक्का करके वह उसे उस कमरे के द्वार पर छोड़ गया था और उसकी पीठ पर थपकी देते हुए उसने हँस कर कहा था कि घबराना नहीं और मर्द के नाम को बट्टा न लगाना।

अन्दर कमरे में जा कर दरवाज़ा बन्द करके, जब चेतन मुड़ा तो उसने देखा कि चन्दा पलँग पर नहीं, दीवार के साथ पीढ़े पर बैठी थी। उसने गुलाबी रंग का तिलाई[१] बनारसी सूट पहन रखा था, लाल रंग का तिलाई गोटे से झलमल करता दुपट्टा उसके सिर था।

चन्दा ने न हाथ खींचा, न संकोच किया, न नख़रा किया। वह चुपचाप उठ कर पलँग पर आ बैठी थी। चेतन ने दायें हाथ से उसका घूँघट ज़रा-सा पीछे सरका दिया था, "इस चाँद को पूरा चमकने दो मेरी जान!" उसने हँस कर कहा था।

लेकिन यह कहते हुए उसे अपने स्वर में अजनबीपन पर हैरत हुई थी। उसे लगा था, जैसे उसने एक औपचारिकता निभायी है, उसके स्वर में भावना का सर्वथा अभाव था। लेकिन जब उसकी इस बात पर संकुचित हो कर लजाने और घूँघट फिर खींच लेने के बदले चन्दा हल्के से हँस दी थी तो मोतियों-सी उस हँसी से वह छोटा-सा नीम-अँधेरा कमरा उद्भासित हो गया था।

चेतन ने पेशावरी चप्पल पहन रखे थे। पलँग की पट्टी पर बैठ कर उसने उन्हें उतारा तो पैर कीचड़ से लथपथ थे। कीचड़ धोते हुए जब उसने उँगलियाँ साफ़ करना शुरू किया तो सहसा चन्दा ने बड़े ही मीठे स्वर में पूछा, "आपके पैरों को कुछ तकलीफ़ है?"

"नंगे पैर या चप्पल पहने दिन भर घूमता हूँ," चेतन ने बेपरवाही से कहा था, "बरसात के दिन हैं, उँगलियों में बिवाइयाँ फट गयी हैं।"

चन्दा उठी थी। फ़र्श पर घुटने टेक कर उसने दोनों पैरों की उँगलियों के बीच का हिस्सा बड़े धीरे-से अपने रेशमी दुपट्टे से साफ़ किया था और उनमें वैसलीन लगा दी थी। चेतन को वह सब बड़ा अच्छा लगा था। उसने उसके दोनों हाथों को चूम लिया था और उसे खींच कर अपने सीने से लगा लिया था।

बाहर हल्की-हल्की बूँदिया रिमझिमा रही थीं, कमरे की दोनों खिड़कियों से बरसाती हवा के झकोरे आ रहे थे। चन्दा उसके साथ लेटी थी। कोई बात चेतन को न सूझ पा रही थी। सहसा उसने पूछा :

"चन्दो, तुम गाना जानती हो?"

"कहीं सीखा तो नहीं।" उसने बड़े धीरे से कहा।

"जानती हो? न सीखा सही।"

"यों ही घरेलू गीत गुनगुना लेती हूँ!"

१. सोने की तारों के कामवाला।

"गुनगुनाओ!"

"माता जी...."

"धीरे-धीरे सुना दो।" चेतन ने अनुनय से कहा और मचल कर उसका माथा चूम लिया।

चन्दा गाने लगी :

सावियाँ पीलियाँ बंगाँ— नीं मेरियाँ
सावियाँ पीलियाँ बंगाँ।
इह बंगाँ मेरी सासू चढ़ाइयाँ
सासू चढ़ाइयाँ
विच्च दहलीज़ दे भन्नाँ
नीं मेरियाँ
सावियाँ पीलियाँ बंगाँ।[१]

"सास की दी हुई चूड़ियाँ बीच दहलीज़ क्यों न तोड़ेगी?" चेतन ने कहा और ज़ोर से हँसा। फिर वह गम्भीर हो गया, "देखो, मेरी माँ की दी हुई चूड़ियाँ न तोड़ देना।"

चन्दा ने अपने मोती बिखेर दिये। फिर उसने दूसरा बन्द गुनगुनाना शुरू किया—सुर, ताल और अभ्यास से अपरिचित, पर अजीब-से लोच, सोज़ और मिठास से भरा हुआ मोहक स्वर। चेतन मुग्ध सुनने लगा :

इह बंगाँ मेरी मायें चढ़ाइयाँ
मायें चढ़ाइयाँ
बाँह लमका के लंघाँ
नीं मेरियाँ
सावियाँ पीलियाँ बंगाँ[२]
इह बंगाँ मेरे माही चढ़ाइयाँ
माही चढ़ाइयाँ
लंघदी मूल न संगाँ
नीं मेरियाँ
सावियाँ पीलियाँ वंगाँ[३]

"वाह मेरी जान!" उसने अपनी पत्नी के मुख को दोनों हाथों में ले कर उसे चूम लिया। चन्दा ने उत्तर में वही मोती बिखेर दिये। चेतन का सारा संकोच मिट गया। चन्दा उसे बेहद भोली लगी— हरे-भरे खेतों-सी विशाल और बरसाती हवा-सी मोहक। अनन्त के गुरों की उसे याद भी नहीं रही। चन्दा के यहाँ न नाज़ था, न नख़रा; न चालाकी, न चतुराई; न हठ, न ज़िद। गहरी झील-सी वह आवेगहीन थी, जिसके किनारे चाहे लेटो, पानी

१. हरी-पीली मेरी चूड़ियाँ हैं। ये मेरी सास ने चढ़ायी हैं, मैं इन्हें बीच दहलीज़ के तोड़ती हूँ।
२. ये चूड़ियाँ मेरी माँ ने चढ़ायी हैं, मैं बाँह को दिखाती हुई गुज़रती हूँ।
३. ये चूड़ियाँ मेरे पति ने चढ़ायी हैं, मैं (गली-मुहल्ले में) गुज़रते हुए ज़रा भी नहीं शरमाती।

पिओ या उतर कर ग़ोता लगा लो। झील तेज़ नदी की तरह उठा कर नहीं पटकेगी, सहज भाव से सब कुछ ले लेगी। ....और सुखानुभूति से चेतन का अणु-अणु पुलकित हो गया था।

फिर कुछ देर बाद चेतन के अनुरोध पर चन्दा ने दूसरा गीत सुनाया था —

बुन्दे लिया दियाँगा नी
बुन्दे लिया दियाँगा नी
नीं अड़िए ना कर ऐड्डा गुमान
नीं सड़िए ना कर ऐड्डा गुमान
तेरे कन्नीं पा दियांगा नी

असाँ ना लैणे वे
असाँ ना लैणे वे
वे अड़िया ना कर ऐड्डा गुमान
वे सड़िया ना कर ऐड्डा गुमान

असाँ ना लैणे वे
होर ब्याह लियाँगा नीं
होर ब्याह लियाँगा नीं
नीं अड़िए ना कर ऐड्डा गुमान
नीं सड़िए ना कर ऐड्डा गुमान
ओहदे कन्नीं पा दियाँगा नीं।

ओह वी ना रहणी वे
ओह वी ना रहणी वे,
वे अड़िया ना कर ऐड्डा गुमान
नीं सड़िए ना कर ऐड्डा गुमान

ओ वी ना रहणी वे
कंजरी रख लऊँगा नीं
कंजरी रख लऊँगा नीं
नीं अड़िए ना कर ऐड्डा गुमान
नीं सड़िए ना कर ऐड्डा गुमान
ओहदे कन्नीं पा दियाँगा नीं।

ओ वी राजे दी वे
ओ वी राजे दी वे
वे अड़िया ना कर ऐड्डा गुमान
वे सड़िया ना कर ऐड्डा गुमान

कैद करा दऊगी वे[1]

गीत सीधा-सादा था। भाव भी सीधे-सादे थे। लेकिन गीत गाते हुए चन्दा 'अड़िए,' 'सड़िए' और 'अड़िया.' 'सड़िया' कुछ ऐसे प्यारे ढंग से, लटका दे कर कहती थी कि चेतन मुग्ध हो कर चंचल हो उठता था।....तब उस पहली रात उसने मन-ही-मन तय किया था कि वह कैसे जोड़-तोड़ कर बाजा ख़रीदेगा और पत्नी को 'संगीत विशारद' बनायेगा।....

चेतन ने करवट बदली। चन्दा उसी तरह निश्चल पड़ी थी। एक बार भी उसने करवट न ली थी। ज़रा भी हिली-डुली न थी। सहसा उसके जी में आयी, एक नज़र उसे देखे। वैसे ही लेटे-लेटे अध-करवट हो, उसने बायें हाथ से लालटेन को ज़रा और ऊँचा किया और फिर उसे उठा लिया। दायें हाथ की कोहनी के बल उठ कर बायें हाथ के लैम्प की रोशनी में अपनी उनींदी निगाहें सोयी हुई पत्नी के मुख पर टिका दीं। उसका दिल धक् से रह गया। चन्दा ने हल्का-सा श्रृंगार कर रखा था —उसके गेहुँए रंग को हल्के-से पाउडर की तह ने गोरा बना दिया था। उसके चौड़े माथे पर बड़ी-सी बिन्दी थी। बाल कानों के ऊपर से वैसे ही बने थे, जैसे कि चेतन को पसन्द थे। (चेतन को उसका बालों के चिड़ियाँ-तोते बनाना बड़ा फूहड़ और गँवारू लगता था और वह उससे कहा करता था कि वह सीधी माँग निकाला करे और अपने कम लम्बे, पर घने बालों से कानों को ढकते हुए उन्हें पीछे ले जा कर बाँध लिया करे) बड़ी-बड़ी पलकें मुँदी थीं, होंट दन्दासे से रँगे हुए थे। चेतन को उसका गोल-मटोल मुख बड़ा ही सुन्दर, बड़ा ही भोला लगा। करुणा की टीस उसके हृदय की गहराई में उतर गयी—शायद वह उसकी प्रतीक्षा करती सो गयी है। वह बोलती नहीं, लड़ती-झगड़ती नहीं, ताना-तिशना नहीं देती, सरला और स्नेहशीला है, तो क्या वह केवल मिट्टी का लौंदा है? उसके यहाँ भावना नाम की चीज़ नहीं है क्या? वह सिर्फ़ अपनी ही भावना, अपने ही स्वार्थ, अपने ही पक्ष की बात सोचता है। उसके पास जो है, उसे ठुकरा कर— जो नहीं है, जो नहीं मिल सकता, उसके पीछे परेशान है। ग्लानि-मिश्रित करुणा का एक ज्वार-सा उसके हृदय में उमड़ आया। उसका जी हुआ

---

१. पत्नी रूठ गयी है। पति उसे मनाता है, कहता है—अरी, मैं तेरे लिए बुन्दे ला दूँगा, तू इतना गुमान न कर, उन्हें तेरे कानों में पहना दूँगा। पर नख़रेलो पत्नी सिर हिलाती है कि हमें बुन्दे नहीं लेने, तू भी इतना गुमान न कर, हम बुन्दे नहीं लेंगे। पति धमकी देता है — मैं दूसरी ब्याह लाऊँगा और उसके कानों में बुन्दे डाल दूँगा। पत्नी शाप देती है कि वह भी नहीं रहेगी। पति कहता, मैं वेश्या रख लूँगा और उसके कानों में बुन्दे डालूँगा। पत्नी तड़ाक से उत्तर देती है कि वह वेश्या राजे की रखैल है, कैद करवा देगी। हार कर पति कहता है कि मैं तेरे ही कानों में बुन्दे डालूँगा।

उसकी वे बड़ी-बड़ी मुँदी पलकें चूम ले। वह झुका। तभी चन्दा ने आँखें खोल दीं।

"सो जाइए। दो बजने को हो गये हैं।"

"तुम सोयीं नहीं?"

चेतन ने लालटेन फिर अपनी जगह रख दी।

"सो गयी थी।"

"झूठ!"

चन्दा ने बाँह उसकी गर्दन में डाल कर उसके सिर को अपने सीने से लगा लिया, "क्यों, नींद नहीं आ रही?"

और वह धीरे-धीरे उसके बाल सहलाने लगी।

"मैंने तय किया है, मैं अख़बार की नौकरी छोड़ दूँगा। भाई साहब की प्रैक्टिस कुछ चल ही गयी है। यह दिन-रात की नौकरी मुझे लिखने-पढ़ने का समय नहीं देती।"

"छोड़ दीजिए।" चन्दा ने उसकी कनपटी को धीरे-धीरे थपकते हुए कहा, "मैं तो आपसे पहले ही कहने वाली थी।"

चेतन के दिल से बड़ा बोझ उतर गया। उसका ख़याल था चन्दा शायद नौकरी छोड़ने का विरोध करे, पर क्षण भर रुक कर उसने कहा, "इसी नौकरी ने आपकी सेहत ख़राब कर दी है। इसीलिए आपको नींद नहीं आती।"

"दिन भर आवारा घूमता रहा हूँ। बेहद थक गया हूँ, पर जाने दिमाग़ को क्या हो गया है।"

"नींद का वक्त जो टल गया है। सोचना छोड़ दीजिए और सो जाइए।" और उसके सिर को सीने से दबाते हुए चन्दा ने बड़े हल्के-से अपने होंट उसकी बन्द पलकों से छुला दिये।

जाने कैसे चेतन का गला भर-सा आया। अपनी पत्नी के वक्ष से लगे-लगे उसने नीला से सम्बन्धित अपने सारे सन्ताप को उसके सामने रख दिया और उससे अपनी अन्तिम भेंट की बात भी नहीं छिपायी।

चन्दा ने उसे कोई ताना नहीं दिया, न खीझी, न चिढ़ी, न ग़ुस्से हुई। अपार ममता से उसकी कनपटी को धीरे-धीरे थपकती रही, "आप बेकार यह सोचते हैं कि आप ही के कारण नीला की शादी वहाँ हुई। आप ताया जी से न कहते तो भी शायद नीला वहीं ब्याही जाती। मीला बहन जो वैसा चाहती थीं। फिर आप नीला को नहीं जानते। वह बहुत दुख मनाने वाली नहीं। वह जीजा जी के साथ चला ले जायेगी।"

....नीला ज़रूर चला ले जायेगी....चेतन ने सोचा....जब कुन्ती अपने वैधव्य से समझौता करके हँस सकती है तो नीला कैसे न हँसेगी? वह बेकार इतना सोचता है....वह कल लाहौर चला जायेगा और अपने आपको लाहौर की ज़िन्दगी में डुबो देगा। उसके पास जो है, उसे बेहतर बनाने का प्रयास करेगा, जो नहीं है, उसकी चिन्ता नहीं करेगा....

"चन्दा, तुम मुझसे बहुत समझदार हो।" उसने वैसे ही अपनी पत्नी के सीने से लगे-लगे कहा।

चन्दा ने कुछ उत्तर नहीं दिया। बच्चे की तरह उसने अपने पति को सीने से दबा लिया। चेतन को लगा, गर्मी और तपिश से जला-झुलसा, थका-हारा वह उसी विशाल झील के किनारे आ गया है—उसके ठहरे, निथरे, गहरे निर्मल जल के किनारे ही उसकी नियति है, वह क्यों उससे दूर भागता है, उसे कहीं त्राण नहीं मिलेगा, कहीं शान्ति नहीं मिलेगी।

☒☒☒

निमिषा

कोई नयी चीज़ लिखने से कहीं बेहतर है कि फ़ितरत (मानव-प्रकृति) का सच्चा ख़ाका खींच दिया जाये!

—प्रेमचन्द

आशंसाएँ

अश्क के उपन्यास अविभाजित पंजाब के मध्यवर्ती जीवन का एक जीवन्त चित्र प्रस्तुत करते हैं। नगर के मध्यवर्गीय जीवन की रूढ़ियों, विसंगतियों और रुग्णताओं तथा वैयक्तिक संघर्ष-विघर्ष का बेजोड़ चित्रण करने वाले ये उपन्यास उस जीवन का सच्चा प्रतिनिधित्व करते हैं। इन उपन्यासों में पूर्ण सामाजिक परिवेश इतनी चित्रोपम यथार्थता से उभरा है कि पाठक को आंचलिकता का आभास होता है।

–संचेतना, दिल्ली

'निमिषा' की प्रथम किस्त ने ही अन्तर को छू लिया... मानिनी कनक का सहज मौन जितना प्रभावित करता है, उससे कहीं अधिक निमिषा का दुख-भरा अतीत अन्तर की दुखती रगों को झंकृत करता है और सहसा ही अन्तिम पंक्तियों तक पहुँचते-पहुँचते गोविन्द के साथ-साथ जिस प्रकार निमिषा का भी गला भरभरा उठता है, उसी प्रकार पाठक का गला भी...हो सकता है, मैं भी उन्हीं सुबुद्ध सम्वेदनशील पाठकों में से एक हूँ, अतः अत्यन्त प्रभावित हुआ हूँ...यह भी एक कारण हो सकता है कि इन्हीं से मिलती-जुलती परिस्थितियों में मेरा भी अतीत जुड़ा है।

–हरि प्रकाश शर्मा, बीकानेर

आज 'निमिषा' की अन्तिम किस्त कॉलेज में फ़्री-पीरियड में चाय ही प्याली के साथ पी ली है। अब रात का वक़्त है लेकिन मैं अभी तक उसी ख़ुशी में सराबोर हूँ। गोविन्द के रूप में 'परिस्थितियों का एक विवश कथानक' – सम्वेदनशील कलाकार व्यक्तित्व किस प्रकार एक फूहड़, असम्वेदनशील मानसिक धरातल पर बिल्कुल फ़्लैट औरत के साहचर्य में यन्त्रणा पाता है, हृदय सचमुच गलने लगता है। यदि आप गोविन्द को माला से दूर न भेज देते तो मैं भेज देती...गोविन्द को अन्त में इस वेदना से मुक्ति मिल गयी या उसने ले ली, इस से कम-से-कम मैं एकदम हलकी हो गयी...मुक्ति पा लेना एक क्रान्तिकारी कदम है, जो कि वास्तविक उच्चकोटि के कलाकार-लेखक की पहचान है।

–मीरा जैन, अलीगढ़

मेरे मर्म को यह उपन्यास शायद इसलिए भी ज़्यादा छू गया है क्योंकि निमिषा और गोविन्द के व्यक्तित्व का कुछ मिला-जुला हिस्सा मेरा अपना व्यक्तित्व है। आपने सभी पात्रों के व्यक्तित्व का सचमुच इतनी सूक्ष्मता से इतना स्वाभाविक चित्रण किया है, ऐसे लगता है आपने स्वयं ऐसे अनुभवों को कभी-न-कभी भोगा हो...आपके इस उपन्यास में एक आम ज़िन्दगी की प्यारी-सी कल्पना साकार हुई है।

–श्रीमती अनीता भाटिया, जमशेदपुर

गोविन्द की परिस्थितियों की घुटन को मैंने कई बार ख़ुद में सँजोया है तो निमिषा को भी, नारी होने के नाते, मैंने ख़ुद में महसूस किया है...जाने क्यों मुझे लग रहा है जैसे यह निमिषा, वह गोविन्द और अँगूठा नचाने वाली फूहड़ माला वास्तविक धरातल पर ज़रूर ही कहीं जी रहे होंगे, जिन्हें आपने कथानक में पिरोया है।

–ऊषा किरण, मथुरा

मुझे नायिका का नाम इतना पसन्द आया कि मैंने अपनी पुत्री का नाम भी निमिषा रख दिया है।

–नारायण प्रसाद अग्रवाल, राँची

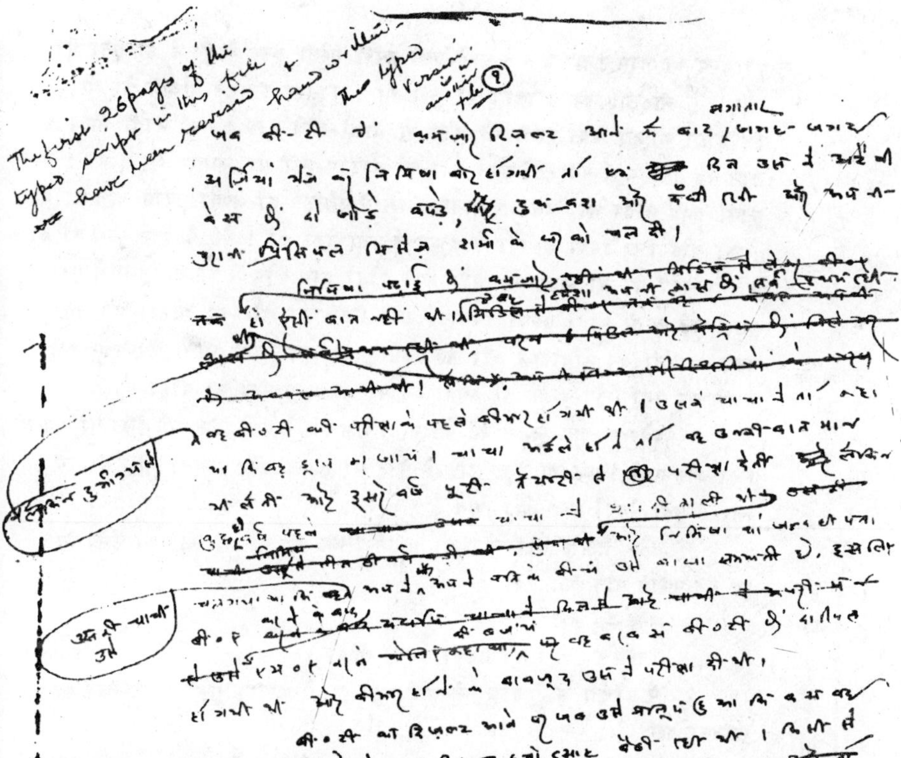

'निमिषा' की पाण्डुलिपि का पहला पृष्ठ

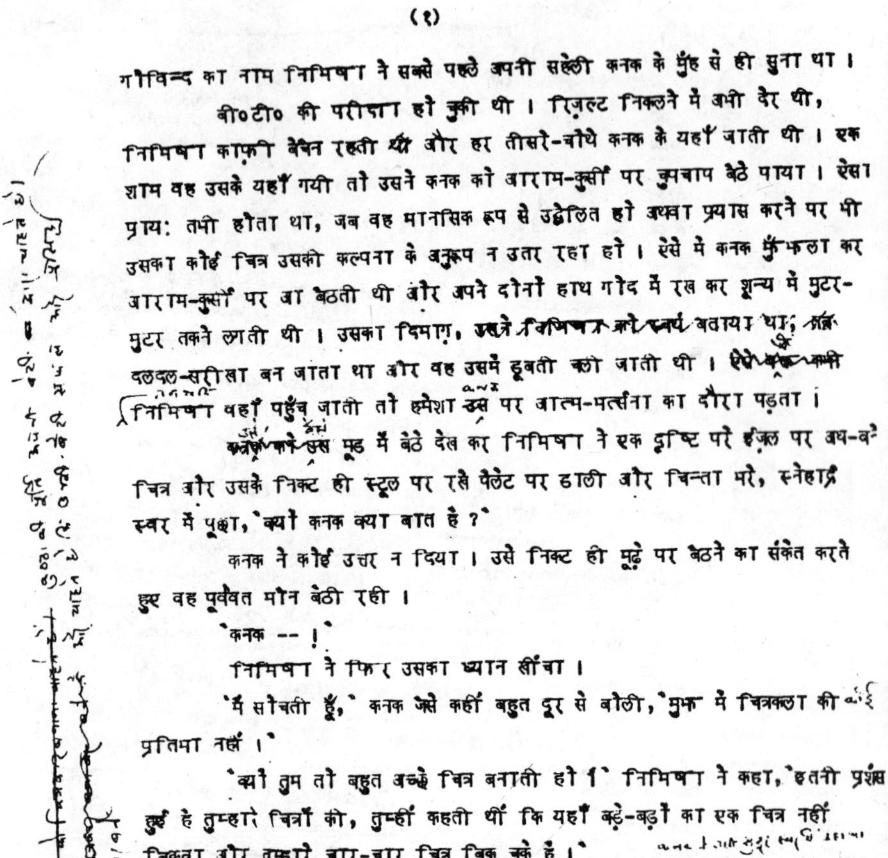

(१)

गोविन्द का नाम निमिषा ने सबसे पहले अपनी सहेली कनक के मुँह से ही सुना था।

बी०टी० की परीक्षा हो चुकी थी। रिज़ल्ट निकलने में अभी देर थी, निमिषा काफ़ी बेचैन रहती थी और हर तीसरे-चौथे कनक के यहाँ जाती थी। एक शाम वह उसके यहाँ गयी तो उसने कनक को आराम-कुर्सी पर चुपचाप बैठे पाया। ऐसा प्राय: तभी होता था, जब वह मानसिक रूप से उद्वेलित हो अथवा प्रयास करने पर भी उसका कोई चित्र उसकी कल्पना के अनुरूप न उतर रहा हो। ऐसे में कनक झुँझला कर आराम-कुर्सी पर आ बैठती थी और अपने दोनों हाथ गोद में रख कर शून्य में मुटर-मुटर तकने लगती थी। उसका दिमाग़, उसने निमिषा को स्वयं बताया था, दलदल-सरीखा बन जाता था और वह उसमें डूबती चली जाती थी। ऐसे में कभी निमिषा वहाँ पहुँच जाती तो हमेशा उस पर आत्म-भर्त्सना का दौरा पड़ता।

कनक को उस मूड में बैठे देख कर निमिषा ने एक दृष्टि परे ईज़ल पर अध-बने चित्र और उसके निकट ही स्टूल पर रखे पैलेट पर डाली और चिन्ता भरे, स्नेहार्द्र स्वर में पूछा, 'क्यों कनक क्या बात है?'

कनक ने कोई उत्तर न दिया। उसे निकट ही मूढ़े पर बैठने का संकेत करते हुए वह पूर्ववत मौन बैठी रही।

'कनक -- !'

निमिषा ने फिर उसका ध्यान खींचा।

'मैं सोचती हूँ,' कनक जैसे कहीं बहुत दूर से बोली, 'मुझ में चित्रकला की कोई प्रतिभा नहीं।'

'क्यों तुम तो बहुत अच्छे चित्र बनाती हो!' निमिषा ने कहा, 'इतनी प्रशंसा हुई है तुम्हारे चित्रों की, तुम्हीं कहती थीं कि यहाँ बड़े-बड़ों का एक चित्र नहीं बिकता और तुम्हारे चार-चार चित्र बिक चुके हैं।'

'पिता जी की बड़ी इच्छा है कि मैं महान चित्रकार बनूँ। कभी कॉलिज में वे स्वयं चित्र खींचा करते थे, पर यह हिन्दुस्तान है, लन्दन या पैरिस तो है नहीं। यहाँ आर्ट के बल पर रोटी नहीं चलती। सो पढ़-लिख कर वे प्रोफ़ेसर हो गये। अब वे चाहते हैं कि मैं चित्रकार बनूँ। बचपन से वे मुझे प्रोत्साहन देते रहे हैं, सब सुविधाएं उन्होंने मुझे जुटा दी हैं और मैं भी उनकी ख़ुशी के लिए चित्र बनाती हूँ। शायद उन्हीं के मित्रों और छात्रों ने, उन्हें ख़ुश करने को, मेरे चित्र ख़रीदे हैं। यह

'निमिषा' की टंकित पाण्डुलिपि का पहला पृष्ठ

पहला खण्ड

ग़ैरों को आज बज़्म में उसकी रुला दिया
बेइख़्तियार नाला-ए-बेइख़्तियार ने

—दाग़

एक

निमिषा पढ़ाई में कमज़ोर हो, ऐसी बात नहीं थी। वह हमेशा अपनी क्लास में सर्वप्रथम रही थी, लेकिन दुर्भाग्य से, बी०टी० की परीक्षा से पहले वह बीमार हो गयी थी। उसके चाचा ने तो कहा था कि वह ड्रॉप कर जाये। वे अकेले होते तो वह उनकी बात मान भी लेती और अगले वर्ष पूरी तैयारी से परीक्षा देती, लेकिन कुछ ही वर्ष पहले चाचा ने शादी कर ली थी और निमिषा को जल्द ही पता चल गया था कि उसकी चाची अपने और अपने पति के बीच उसे बाधा समझती है, इसलिए बी०ए० करने के बाद, एम०ए० करने की बजाय, वह बरबस बी०टी० में दाख़िल हो गयी थी और बीमार होने के बावजूद उसने परीक्षा दी थी।

बी०टी० का रिज़ल्ट आने पर जब उसे मालूम हुआ कि वह बस पास ही हुई है तो कुछ दिन वह हतोत्साह बैठी रही थी। किसी से बात करने को, किसी से मिलने को उसका मन न होता था। फिर कुछ चाचा के हौसला बढ़ाने और कुछ फ़तेहचन्द कॉलेज की अपनी पुरानी प्रिन्सिपल मिसेज़ शर्मा के तसल्ली देने पर वह आगे की सोचने लगी थी। उसने न केवल मिसेज़ शर्मा से सर्टिफ़िकेट लिया था, वरन मेकलेगन कॉलेज की प्रिन्सिपल मिस राइट से भी वह बहुत अच्छा प्रमाण-पत्र ले आयी थी। फ़तेहचन्द कॉलेज से बी०ए० करने के बाद बी०टी० की डिग्री निमिषा ने मेकलेगन कॉलेज ही से ले ली थी। मिसेज़ शर्मा ने उसके मेधावी छात्रा, गर्ल गाइड और सोशल वर्कर होने की बात लिखी थी तो मिस राइट ने मैट्रिक से बी०ए० तक उसके फ़र्स्ट डिवीज़न लेने तथा बी०टी० की परीक्षा के दिनों में सख़्त बीमार होने के बावजूद उसके सफलता पाने का उल्लेख कर दिया था।

निमिषा रोज़ 'ट्रिब्यून' और 'सिविल मिलिट्री गजट' में 'ज़रूरत' के कॉलमों का पारायण करती और लगातार आवेदन-पत्र देती। उसे विश्वास था कि नौकरी तो उसे कहीं-न-कहीं मिल ही जायेगी, लेकिन वह चाहती थी, इधर वह आवेदन दे, उधर उसे कॉल आ जाये और वह उन दिनों बहुत बेचैन थी। जब वह जगह-जगह अर्ज़ियाँ भेज कर हार गयी और कहीं से उत्तर न आया तो एक दिन उसने अटैची केस में दो जोड़े कपड़े, टूथ-ब्रश और कंघी रखी और मिसेज़ शर्मा के घर को चल दी।

०

अपने फ़्लैट से उतर कर, अपने ऐडवोकेट चाचा के दफ़्तर और उसके बराबर 'पंजाब मिल्क बार' के सामने गुज़र, निमिषा निस्बत रोड पर आ गयी। मॉडल टाउन बस के अड्डे पर जाने के लिए वह फ़ुटपाथ पर खड़ी किसी ख़ाली ताँगे को हेर रही थी कि उसे सामने से उसी फ़ुटपाथ पर गोविन्द आता दिखायी दिया।

गोविन्द लाहौर का उभरता हुआ युवक कलाकार था और चित्र बनाने के अलावा

शे'र भी कहता था। उसकी अन्तरंग सहेली कनक अकसर उसका ज़िक्र किया करती थी। उसी के साथ लाजपत राय हॉल के मुशायरानुमा कवि सम्मेलन में उसने गोविन्द की ग़ज़ल सुनी थी, लेकिन चाहने के बावजूद वह उससे व्यक्तिगत रूप से परिचित न हो पायी थी।

गोविन्द पर नज़र पड़ते ही निमिषा का दिल बेतरह धड़कने लगा —चौड़ा माथा, घुँघराले बाल, पतले होंट और चश्मे से झाँकती, वही उदास आँखें! उसने सिर्फ़ भूरे रंग की खादी का लम्बा कुर्ता और लट्ठे का तहमद पहन रखा था। माथे पर उसके पसीना चमक रहा था जिससे उसके घुँघराले बालों की एक लट चिपक गयी थी। वह अपने ध्यान में मग्न सिर झुकाये चला आ रहा था।......

जब गोविन्द उसके निकट पहुँचा तो क्षण भर के लिए निमिषा के मन में आया कि वह बढ़ कर उसे रोक ले, लाजपत राय हॉल के मुशायरे का ज़िक्र करते हुए उसकी ग़ज़ल की प्रशंसा करे और अपना परिचय दे। लेकिन गोविन्द बिना उसकी ओर देखे, उसके पास से निकल गया और वह ठगी-सी फ़ुटपाथ पर खड़ी देर तक उसे देखती रही।

तभी उसे एक ख़ाली ताँगा आता दिखायी दिया। वह उस पर बैठ गयी और उसने ताँगे वाले को मुड़ कर मॉडल टाउन बस के अड्डे पर चलने का आदेश दिया।

वह ताँगे की पिछली सीट पर बैठी थी। ताँगा जब गोविन्द के पास से गुज़रा तो निमिषा की निगाहें हठात फिर उसकी ओर उठ गयीं। वह पूर्ववत सिर झुकाये फ़ुटपाथ पर चला जा रहा था। जब वह कुछ दूर निकल गयी तो अचानक गोविन्द ने सिर उठा कर उसकी ओर देखा। क्षणांश के लिए उनकी निगाहें मिलीं। निमिषा का दिल फिर धक् से हुआ। लेकिन ताँगा दूर निकल आया और गोविन्द का चेहरा धूमिल होता-होता आँखों से ओझल हो गया।

०

निमिषा कुछ क्षण उसी ओर दृष्टि जमाये रही। फिर एक लम्बी साँस भर कर उसने वहाँ से निगाहें हटा लीं।

उसने निगाहें हटा लीं, लेकिन वह चेहरा फ़ुटपाथ के बदले उसके अन्तर की आँखों में आ गया। धूमिल होता नहीं —लाजपत राय हॉल के मंच पर दर्द और सोज़-भरे स्वर में अपनी ग़ज़ल सुनाता हुआ!

दो

बी०टी० का रिज़ल्ट निकल चुका था। स्कूल-कॉलेजों में गर्मी की छुट्टियाँ थीं। परीक्षाफल निकलने से पहले निमिषा हर तीसरे-चौथे कनक के यहाँ जाती थी, लेकिन रिज़ल्ट निकलने के बाद वह उसके यहाँ एक बार भी नहीं गयी थी।

तभी एक दिन कनक निस्बत रोड आयी थी। बहुत देर उसे डाँटती रही थी कि इतने दिन हो गये रिज़ल्ट निकले, वह एक बार भी उसके यहाँ नहीं गयी। "मैं तो डर ही गयी

थी," कनक ने कहा था, "कहीं तुम बीमार न हो गयी हो।" और उसने ज़ोर दिया था कि निमिषा तत्काल तैयार हो जाये, लाजपत राय हॉल में एक मुशायरा-नुमा कवि सम्मेलन है, वही सुनवाने के लिए वह उसे लेने आयी है।

निमिषा का मन कहीं जाने को न था। उसने अनिच्छा प्रकट की तो कनक ने कहा था, "मैं तो ख़ुद न जाती, लेकिन मैं एक चित्र बना रही थी और देख रही थी कि मैं गोविन्द से बेहतर बना सकती हूँ या नहीं कि मैं ऊब गयी, तभी 'तरुण' जी की चिट्ठी ले कर कवि सम्मेलन वाले टिकट बेचने आये। कवियों की सूची में सहसा 'गोविन्द' का नाम पढ़ कर मेरा माथा ठनका। 'यह गोविन्द कौन है?' मैंने पूछा, 'लाहौर के कवियों में तो यह नाम नहीं सुना?' तब पता चला कि चित्रकार गोविन्द शे'र भी कहता है। तब यूँ ही उत्सुकतावश मैंने दो टिकट ख़रीद लिये कि देखें, यह चित्रकार कविता कैसी करता है। अब तुम उठो, नख़रे न करो और चल पड़ो।"

पिछले कुछ महीनों से गोविन्द और उसकी चित्रकला के बारे में इतना कुछ निमिषा ने कनक से सुना था कि उसके मन में उसे देखने और उससे मुलाकात करने की एक अव्यक्त-सी इच्छा पैदा हो गयी थी। उसके कनक को कभी बताया नहीं था, लेकिन जब भी वह कनक को चित्र बनाते देखती थी, उसके मन में स्वयं भी कुछ उकेरने की साध उठती थी। कभी वह कोयले या पेन्सिलों से रेखाएँ खींचती तो कनक उसे अपना ईज़ल इस्तेमाल करने को कहती। निमिषा महज़ उदासी से हँस देती। सोचती, कभी वह जब स्वतन्त्र और स्वावलम्बी होगी, इस कला में दक्षता पायेगी तो कनक से बेहतर चित्र बना कर दिखायेगी। गोविन्द के बारे में उसने जो भी सुना था, उसे लगता था कि लाहौर के अन्य नकचढ़े चित्रकारों की अपेक्षा वह उससे न केवल बराबरी के स्तर पर मिल सकती है, वरन कुछ सीख भी सकती है।

गोविन्द का नाम सुनते ही निमिषा स्वयं कवि सम्मेलन जाने को उत्सुक हो उठी थी, पर अपने औत्सुक्य को बरबस दबा कर, प्रकट अन्यमनस्कता से, वह जिन कपड़ों में बैठी थी, उन्हीं में चलने को तैयार हो गयी। कनक ने लाख कहा, पर उसने कपड़े नहीं बदले। "सुबह ही तो नहा कर बदले हैं," उसने कहा, "मुझे कौन सा किसी को फ़्लोर करना है।" वह उदासी से हँसी थी, आईने में उसने ज़रा-से बाल सँवारे थे और उसके साथ हो ली थी।

(उन दिनों पंजाब में हिन्दी कवि तो गिने-चुने ही थे। उनमें भी अच्छे कवि उत्तर प्रदेश अथवा मध्य प्रदेश के थे, जो लाहौर से उन्हीं दिनों निकलने वाले नये-नये हिन्दी दैनिकों, साप्ताहिकों अथवा मासिकों के सम्पादक-मण्डलों में या फिर आर्य समाजी अथवा सनातन धर्मी कॉलेजों के हिन्दी विभागों में प्रतिष्ठित थे। वे लोग बड़ी गम्भीरता से कविता पढ़ते। न दाद देते, न पाते। हर कवि सम्मेलन में दो-चार उर्दू कवि भी ज़रूर रहते और पंजाब के हिन्दी कवि उर्दू वालों को हिन्दी की शक्ति और सामर्थ्य दिखाने के लिए हिन्दी में ग़ज़लें लिखने का प्रयास करते। यह बात वे भूल जाते कि ग़ज़ल शुद्ध उर्दू की चीज़ है। हिन्दी की प्रकृति के अनुकूल नहीं, इसलिए हिन्दी कवियों के प्रयास ख़ासे भौंडे और हास्यास्पद लगते। कहीं वज़न गिर जाता, कहीं सकता पड़ जाता, कहीं रदीफ़ गड़बड़ा जाती तो कहीं काफ़िया तंग हो जाता। लेकिन उर्दू पिंगल का ज्ञान न होने से वे लोग यही समझते

थे कि जैसे हिन्दी में ग़ज़ल लिख कर वे कोई बड़ा इन्कलाब बरपा कर रहे हैं। जब हिन्दी कवि कविता पढ़ते, तब ये हिन्दी के ग़ज़ल-गो उर्दू मुशायरों में दाद देने वालों की नकल में 'मुकर्रर इरशाद' की बजाय झूमते हुए 'पुनः-पुनः' का शोर बुलन्द करते, और वैसी प्रशंसा के अनभ्यस्त हिन्दी कवि मंच पर बुरी तरह अचकचा जाते।)

निमिषा कनक के साथ लाजपत राय हॉल पहुँची तो वह काफ़ी भर चुका था। जैसा कि प्रायः उन दिनों होता, दायीं तरफ़ की कुर्सियों पर पुरुष बैठे थे, बायीं ओर स्त्रियाँ। अगली पंक्ति में कुछ कुर्सियाँ ख़ाली थीं। कनक धड़धड़ाती हुई, निमिषा को साथ लिये, अगली पंक्ति की ओर बढ़ गयी और वे दोनों जा कर दो कुर्सियों पर प्रतिष्ठित हो गयीं।

कवि-गण सब स्टेज पर बैठे थे। निमिषा अपनी सहेली से पूछना चाहती थी कि उनमें उसका कलाकार कौन-सा है, पर उसने पूछा नहीं। आगत कवियों पर उड़ती-सी दृष्टि डाल कर वह पहचानने की कोशिश करती रही कि उनमें कौन गोविन्द हो सकता है। जब कोई अन्दाज़ा न लगा पायी तो उसने पूछ ही लिया। कनक ने उसे बताया कि वह अभी नहीं आया।

तभी कवि सम्मेलन शुरू हो गया। जब काफ़ी कवि पढ़ चुके और निमिषा ख़ासी बोर हो गयी और उसका ध्यान भटक गया तो सहसा 'तरुण जी' ने, जो कवि सम्मेलन का संचालन कर रहे थे, एक कवि का परिचय देना शुरू किया, नाम सुनते ही निमिषा चौंक कर प्रकृतिस्थ हो बैठी।

"श्री गोविन्द के परिचय में दो शब्द कहना मैं अपना कर्तव्य समझता हूँ," तरुण जी कह रहे थे, "क्योंकि वे पहली बार हमारी संस्था के मंच पर आ रहे हैं। वे उर्दू कवि हैं, 'दर्द' उपनाम से लिखते हैं, लेकिन वे जितने अच्छे कवि हैं, उतने ही सक्षम चित्रकार हैं। हिन्दी प्रेमी यह सुन कर प्रसन्न होंगे कि उन्होंने हिन्दी में भी लिखने का वचन दिया है। अभी वे आपको अपनी एक ताज़ा ग़ज़ल सुनायेंगे।"

पतला-छरहरा, न बहुत लम्बा, न छोटा कद, हलका-सा नुकीलापन लिये हुए गोल चेहरा, तीखी नाक, चश्मे के अन्दर से झाँकती उदास आँखें, लम्बे घुँघराले बाल, खादी का कुर्ता-पायजामा पहने गेहुएँ रंग का एक युवक आगे आया और ग़ज़ल की पहली पंक्ति ही से निमिषा की आँखें और कान एक हो गये।

गोविन्द ने तरन्नुम से ग़ज़ल पढ़ी थी। उसकी आवाज़ में बेपनाह सोज़ और लोच था। शे'र कोई उच्च कोटि के नहीं थे, लेकिन जाने कवि के स्वर में कैसा दर्द था कि निमिषा के जी को कुछ होने-सा लगा। गोविन्द पढ़ रहा था :

इश्क और वो इश्क की जाँबाज़ियाँ
हुस्न और वो हुस्न की दमसाज़ियाँ[१]
रंग यूँ लायेंगी, क्या मालूम था
ये तबीयत की तेरी नासाज़ियाँ[२]

---

१. धोखा देना।
२. बीमारियाँ।

ग़ैर हालत है तेरे बीमार की
आज तो रहने दो हीलाबाज़ियाँ[1]
वक्त-ए-आख़िर है, तसल्ली हो चुकी
अब करेगी मौत चारासाज़ियाँ[2]
जीत जाते ऊसाथ देता गर फ़लक[3]
'दर्द' हम ने हार दीं सब बाज़ियाँ

निमिषा उस दर्द-भरे स्वर और उन उदास आँखों से जैसे बिंधी हुई-सी बैठी ग़ज़ल सुनती रही थी। अन्तिम शे'र कहते-कहते जब गोविन्द की आवाज़ भरभरा उठी थी तो निमिषा का अपना कण्ठ आर्द्र हो आया था।

निमिषा शे'र सुन रही थी तो उसके सामने अपनी माँ की बीमारी और पिता की उदास सूरत आ गयी थी.....उसके मिलिट्री एकाउण्टेण्ट पिता त्रिवेन्द्रम छावनी में थे, जब उसकी माँ को आँतों की शिकायत रहने लगी थी। शायद उसको वहाँ की जलवायु और खान-पान रास न आया था। जब महीनों तक इलाज करने से उसे कोई लाभ न हुआ तो उसे वहाँ के प्रसिद्ध अंग्रेज़ सर्जन को दिखाया गया। उसने आँतों का यक्ष्मा बताया और तत्काल ऑपरेशन की राय दी थी। माँ ऑपरेशन कराने को तैयार हो गयी। बड़ा ऑपरेशन! जान का ख़तरा! ऑपरेशन का दिन भी नियत हो गया था, लेकिन ऐन वक्त पर निमिषा के पिता का दिल डोल गया। वे निमिषा की माँ से बहुत प्यार करते थे। 'मैं तुम्हारी जुदाई बरदाश्त नहीं कर सकता,' उन्होंने कहा था, 'तुम जितने दिन भी रहो, मेरे सामने रहो।'

और वे छुट्टी ले कर उसे लाहौर ले आये थे। कुछ दिन वच्छोवाली मुहल्ले की अपनी हवेली में रहे थे, लेकिन निमिषा की दादी ने कभी अपनी उस हठीली बहू को पसन्द न किया था। उसकी देख-भाल कौन करता? सो पिता उसे शेख़ूपुरा —उसके मायके —ले गये थे। वहाँ निमिषा की नानी और छोटी मौसी ने उसकी बहुत सेवा-शुश्रूषा की थी, इलाज-उपचार भी बहुत हुआ, लेकिन माँ की हालत दिन-ब-दिन बिगड़ती गयी। वह हड्डियों का पंजर बन कर चारपाई से जा लगी। जब साल भर तक उसे आराम न आया, पिता की तमाम तरह की छुट्टियाँ ख़त्म हो गयीं और ससुराल में पड़े रहना उन्हें अखरने लगा तो उन्होंने दौड़-भाग कर अपनी बदली पंजाब करा ली और अनिच्छापूर्वक डलहौज़ी छावनी चले गये थे।

गोविन्द के उन शे'रों में जो मायूसी और उदासी थी, अचानक उसने निमिषा को उन दिनों पिता की निराशा और हताशा की याद दिला दी थी।

लेकिन कनक को गोविन्द की ग़ज़ल पसन्द न आयी थी और जब उसका कण्ठ भरभरा आया तो वह हँस दी थी। "दर्द-भरे शे'र सुन कर श्रोताओं की आँखों में तो आँसू आ सकते हैं, लेकिन कवि अपने ही शे'र पर रोने लगे, यह तो मेरी समझ में नहीं आता।" उसने कहा था।

---

१. बहानेबाज़ियाँ, झूठी तसल्लियाँ।
२. इलाज-उपचार।
३. भाग्य।

निमिषा को उसका रिमार्क अच्छा नहीं लगा था, "तुम्हीं तो कहती थीं कि उसकी पत्नी कुछ ही महीने पहले जाती रही है।" उसने कद्रे तीखेपन से कहा था, "लगता है उसने ये शे'र अपनी मरणासन्न पत्नी को ले कर लिखे हैं। गला भर आना स्वाभाविक है।" और सव्यंग्य इतना और जोड़ा था, "जा के पैर न फटे बिवाई सो क्या जाने पीर परायी!"

कनक चुप हो गयी थी। सारे कवि-सम्मेलन में फिर दोनों सहेलियों में कोई बात न हुई थी। निमिषा चाहती तो नहीं थी कि कनक से कहे, विशेषकर गोविन्द की ग़ज़ल के बारे में उसके व्यंग्य के बाद, पर जब कवि सम्मेलन ख़त्म हुआ और कनक मंच पर परिचित कवियों की प्रशंसा करने को बढ़ी तो उसने कहा, "मुझे ज़रा गोविन्द से मिला देना।"

लेकिन गोविन्द जैसे सम्मेलन शुरू होने के काफ़ी बाद आया था, वैसे ही उसके ख़त्म होने से कहीं पहले खिसक गया था। वे उसे ढूँढती रही थीं। वह कहीं होता तो मिलता।

निमिषा निराश हो गयी तो कनक ने उसे बताया था कि 'लाहौर कल्चरल लीग' की कला प्रदर्शनी में गोविन्द के तीन चित्र चुने गये हैं। माल रोड पर लौरैंग़ज़ में तीन दिन तक प्रदर्शनी रहेगी। वह एक-न-एक दिन ज़रूर आयेगा। "तुम घबराओ नहीं," उसने हँस कर कहा था, "मैं वहाँ ज़रूर तुम्हें उससे मिला दूँगी।"

o

निमिषा कवि सम्मेलन से वापस आयी थी तो न केवल गोविन्द की सूरत उसकी आँखों में बसी थी, बल्कि उसकी दर्द-भरी आवाज़ उसके कानों में गूँजती रही थी।

उस रात वह सो न पायी थी। अपनी सहेली की अरसिकता और बे-समझी पर उसे दया हो आयी थी। जब सम्मेलन की समाप्ति पर गोविन्द नहीं मिला और वे लाजपत राय हॉल से बाहर आयी थीं तो ग़ज़ल पढ़ते-पढ़ते गोविन्द के आर्द्र हो जाने की बात याद करके कनक फिर हँस दी थी। "तुमको मेरा रिमार्क बुरा लगा," उसने कहा था, "लेकिन जहाँ तक अच्छे काव्य का सवाल है, मेरी बात ग़लत नहीं थी। भावुक पाठक को काव्य के भावों की इण्टेन्सिटी अच्छी लग सकती है। वह कवि के साथ मिल कर 'हाय-हाय' कर सकता है, लेकिन उत्कृष्ट काव्य का गुण ओवर नहीं, अण्डर स्टेटमेण्ट है।"

और अपने पक्ष में कनक न जाने किस-किस आलोचक और विद्वान के मत का हवाला देती रही थी। निमिषा ने उसकी किसी बात को नहीं काटा था। चूँकि गोविन्द के शे'रों को सुनते हुए उसका मन भर आया था, इसलिए उसे लगा था — कनक ने गोविन्द की नहीं, प्रकारान्तर से उसकी खिल्ली उड़ायी है। वह हठात बहुत कटु हो आयी थी। मन-ही-मन उसे सम्बोन्धित करते हुए उसने कहा था, 'तुम्हारी यह ट्रैजिडी नहीं कि तुमने दुख और संघर्ष नहीं देखा, तुम्हारी यह ट्रैजिडी है कि तुम दूसरों का दुख महसूस भी नहीं कर सकतीं। तुम्हारे पास रेखाएँ खींचने और उनमें रंग भरने की प्रतिभा भले ही हो, लेकिन संवेदना और सेन्सिटीविटी के अभाव में तुम कभी उत्कृष्ट चित्र नहीं बना सकतीं। जो किसी दूसरे का दुख-दर्द महसूस नहीं कर सकता, वह अच्छी कृतियाँ कैसे सृज सकता है।'

लेकिन मन की बात उसने होंटों पर न आने दी थी। निमिषा जानती थी कि वह प्रतिवाद करेगी तो बहुत कटु हो जायेगी। उसका भावुक मन गोविन्द के शे'रों से ऐसा भरा था कि वह कटु न होना चाहती थी। वह चुपचाप अच्छे काव्य के लक्षणों पर कनक का

भाषण सुनती आयी थी।

प्रायः ऐसे अवसरों पर कनक ताँगा ले कर निमिषा को निस्बत रोड पर छोड़ती थी, तब घर जाती थी। वे ठण्डी सड़क पर पहुँचीं तो कनक ने एक ताँगे वाले को आवाज़ दी थी, लेकिन निमिषा ने रुखाई से मना कर दिया। "यह पास ही तुम्हारा घर है," उसने कहा था, "चलो पैदल चलते हैं। तुम्हें छोड़ कर मैं चली जाऊँगी।"

रास्ते में कनक ने कई बार बात करने की कोशिश की थी, लेकिन निमिषा ने 'हूँ,' 'हाँ' के सिवा कोई उत्तर न दिया था। कनक कवि सम्मेलन के अपने इम्प्रेशन देती रही थी। निमिषा ने तो वास्तव में गोविन्द की ग़ज़ल के बाद किसी और कवि को ध्यान से सुना ही नहीं था। उसके दिमाग़ में उसकी ग़ज़ल के शे'र गूँजते रहे थे और आँखों के सामने गोविन्द की उदास, पुरनम आँखें आती रही थीं और कनक का बँगला आ गया था। कनक ने लाख चाहा था कि निमिषा वहीं रुक जाये और खाना खा कर जाये, लेकिन सिर-दर्द का बहाना करके वह बाहर सड़क से ही विदा ले कर वापस आ गयी थी.....

निमिषा को पूरा यकीन था कि गोविन्द ने वह ग़ज़ल अपनी पत्नी को मौत के पंजों से बचाने में नितान्त असफल होने पर ही लिखी होगी और उसकी आँखों के सामने फिर-फिर अपनी माँ की बीमारी और पिता की निराशा आती रही थी....माँ कभी अपने मरने की बात करती थी तो पिता हमेशा उसके मुँह पर हाथ रख देते थे। उसे तसल्ली देते थे कि विज्ञान हर दिन तरक्की कर रहा है, वे इतने दिनों तक उसे खींच ले जायेंगे कि उसकी बीमारी का इलाज निकल आयेगा और वह ठीक हो जायेगी। और माँ जैसे उत्तर में कुछ ऐसी ही बात का कहना चाहती थी, जिसे गोविन्द ने अपने शे'रों में व्यक्त किया था —

ग़ैर हालत है तेरे बीमार की
आज तो रहने को हीलाबाज़ियाँ

वक्त-ए-आख़िर है तसल्ली हो चुकी
अब करेगी मौत चारासाज़ियाँ

माँ होंटों से कुछ न कहती, पर उसकी आँखें मौन रूप से यही कहा करतीं।.....

अपने बिस्तर पर लेटे-लेटे उस रात न जाने कितनी बार निमिषा ने ये शे'र मन-ही-मन गुनगुनाये थे और हर बार उसका कण्ठ भरभरा आया था।

उसके पिता दिल-ही-दिल में इतने टूट गये थे कि जब वे डलहौज़ी अपनी नौकरी पर गये थे तो वहाँ बुरी तरह बीमार हो गये और उन्हें गये हुए दो महीने भी न हुए थे कि उनके दफ़्तर से उनकी चिन्ताजनक बीमारी का तार मिला था। निमिषा की माँ मरणासन्न, डलहौज़ी छावनी काफ़ी दूर, शेख़ूपुरे से निमिषा के मौसा और मामा और लाहौर से उसके चाचा डलहौज़ी छावनी पहुँचे थे। निमिषा के पिता को सन्निपात हो गया था। शायद उनके मन में ज़िन्दा रहने की इच्छा ही ख़त्म हो गयी थी, क्योंकि इक्कीस या बयालीस दिनों में नहीं, डॉक्टरों की तमाम कोशिशों के बावजूद वे सप्ताह भर में ख़त्म हो गये थे। वहीं बालून (डलहौज़ी छावनी) में उनकी अन्त्येष्टि हुई थी। मरते समय वे अपनी बीवी और बच्ची को देख तक न पाये थे।

उनके देहान्त की ख़बर पहुँचते ही शेख़ूपुरे में कोहराम मच गया था — एक तो

निमिषा की माँ चन्द दिनों की मेहमान, दूसरे न जाने कहाँ से बेशुमार रिश्तेदार मातमपुर्सी के लिए आ इकट्ठे हुए थे। तेरह दिन तक घर में भयानक सियापा हुआ था। निमिषा की माँ सन्न रह गयी थी। ज़िन्दगी की आस वह बहुत पहले छोड़ चुकी थी, लेकिन पति के चले जाने के बाद वह अपने हड्डी ऐसे हाथ उठा कर बार-बार भगवान से दुआ माँगती थी कि वह उसकी बच्ची के लिए उसे ज़िन्दगी दे दे!....पर उन तमाम बे-आवाज़ दुआओं के बावजूद, पति की मृत्यु के पूरे एक महीने बाद वह चल बसी थी।....

....रात अपने बिस्तर पर लेटी-लेटी निमिषा पागलों की तरह उस ग़ज़ल का अन्तिम शे'र गुनगुनाती रही थी :

जीत जाते साथ देता गर फ़लक
'दर्द' हमने हार दीं सब बाज़ियाँ

और आँखें पोंछती रही थी और जाने कब सो गयी थी। लेकिन नींद में भी जैसे वे शे'र उसे परेशान करते रहे थे।

तीन

ताँगे की पिछली सीट पर बैठी निमिषा अपने अतीत में ऐसे गुम थी कि उसे पता नहीं चला, ताँगा कब सारी सड़कें पार करता हुआ मॉडल टाउन के अड्डे पर पहुँच गया।

"बीबी जी मॉडल टाउन की बस तैयार खड़ी है, जल्दी कीजिए!"

ताँगे वाले की आवाज़ से निमिषा चौंकी, उसे पैसे दे कर वह उतरी और लगभग भागती हुई बस में जा चढ़ी।

बस चल दी तो उसकी पिछली सीट पर बैठती हुई निमिषा अपनी उस आत्म-केन्द्रित तल्लीनता पर मुस्करायी, जिसकी वजह से वह बस मिस करते-करते रह गयी थी। यूँ तो मॉडल टाउन को एक अपेक्षाकृत छोटा रास्ता भी जाता था, लेकिन बस माल की सवारियाँ लेती हुई ज़रा लम्बे रास्ते से जाती थी और कैण्टोनमेण्ट रोड से हो कर मॉडल टाउन को जाने वाली फ़ीरोज़पुर रोड पकड़ती थी। निमिषा कुछ क्षण खिड़की के शीशे से बाहर का नज़ारा करती रही, लेकिन पिछली सीट पर से (जहाँ वह बैठी थी) खिड़की ज़रा आगे होने के कारण, बाहर देखने के लिए उसे आगे को काफ़ी झुकना पड़ता था। थोड़ी देर तक वह सायास चैतन्य बैठी रही, फिर ढीली हो कर पीछे को खिसक कर बैठ गयी। पीठ उसने पिछले गद्दे से लगा ली और दायीं ओर झुक कर सिर कोने की दीवार से टेक लिया और अजाने ही अपने अतीत में खो गयी।

०

कितना बड़ा था उसका घराना —वह मन-ही-मन उदासी से मुस्करायी —कितने बड़े थे उसके सगे-सम्बन्धी!....उसके स्वर्गीय दादा वच्छोवाली, लाहौर के साहूकार थे, माल रोड पर उसके फूफा की जनरल मर्चेण्डाइज़ की बहुत बड़ी दुकान थी, नाना शेख़ूपुरे के बहुत

बड़े ज़मींदार थे, मामा-मौसा विलायत हो आये थे, लेकिन महीने भर के अन्दर-अन्दर उसके माता-पिता उसे छोड़ कर चले गये तो उसकी स्थिति हीरे-मोतियों में घिरे ऐसे व्यक्ति-सी हो गयी थी, जिसे किसी चीज़ को छूने का अधिकार न हो। माता-पिता की मृत्यु के डेढ़ वर्ष बाद ही उसके नाना दिवंगत हो गये थे और मामा लोगों में जायदाद को ले कर झगड़ा हो गया था। नानी बेचारी और दो साल रहीं और वह उनकी छत्र-छाया में (जैसी भी झीनी वह रह गयी थी) पड़ी रही, लेकिन उनके देहावसान के बाद वह शटल-कॉक की तरह इस मामा के आँगन से उस मामा के आँगन में फेंकी जाने लगी। जब एक बरस ही में उसका भावप्रवण मन अपने मामा-मामियों के दुर्व्यवहार से इतना दुखी हो गया कि कभी-कभी वह आत्म-हत्या करने या कहीं भागने की सोचने लगी, तो एक दिन उसने लाहौर में अपने ऐडवोकेट चाचा को पत्र लिखा कि वे आ कर उसे ले जायें।

यद्यपि निमिषा की दादी से उसकी माँ की कभी पटी न थी, लेकिन उसके चाचा अपनी भाभी का बहुत आदर करते थे। जब उसके पिता की मृत्यु पर उसके चाचा शेख़ूपुरे गये थे तो उसकी माँ ने अपने देवर को सामने बैठा कर निमिषा का हाथ उनके हाथ में देते हुए कहा था, "देखो हिकमत राय, मैं तो नदी किनारे का रुखड़ा हूँ। आज हूँ, कल नहीं। यूँ तो मेरे बाद निमिषा यहीं अपने ननिहाल में रहेगी, लेकिन इसे दिक्कत हो तो आ कर ले जाना और पढ़ा-लिखा कर किसी योग्य बना देना। मेरा बस चलता तो अपने सामने ही इसके हाथ पीले कर जाती, पर अब तुम्हीं कोई योग्य वर ढूँढ कर उसके हाथ इसे सौंप देना। पाँच हज़ार का उनका बीमा इसके नाम है। गहने हैं। वे सब इसकी शादी पर इसे दे देना।".....निमिषा के चाचा ने अपनी मरणासन्न भाभी को तसल्ली दी थी कि वह चिन्ता न करे, उनके जीते-जी निमिषा को कोई कष्ट न होगा.... और निमिषा का पत्र पा कर उसके चाचा शेखूपुरा गये थे और उसे अपने साथ लाहौर ले आये थे।

०

बस में बैठे-बैठे निमिषा के सामने अपने बचपन के दिन घूम गये।

०

कितना लाड-प्यार-भरा था उसका बचपन। माता-पिता उससे कितना प्यार करते थे। लड़कपन में वह कितनी वाचाल, खिलन्दरी और शैतान थी। दादी ने परेशान हो कर उसे 'आँधी' की संज्ञा दे रखी थी। वह आँधी की तरह ही वच्छोवाली में भागी फिरती थी और लड़कियाँ तो दूर, लड़कों तक को पीट देती थी। लेकिन जब वह शेखूपुरा से वापस लाहौर आयी तो वह कितनी गम्भीर और संजीदा हो गयी थी।

निमिषा के होंटों से एक लम्बी साँस निकल गयी। वह मन-ही-मन फिर उदासी से मुस्करायी।

दादी और फूफी उस अनाथ बालिका के लिए कोई ज़रूरतमन्द वर खोजती रही थीं, लेकिन उसने शादी करने से एकदम इनकार कर दिया था और अपने चाचा से आगे पढ़ने की इच्छा व्यक्त की थी।

चाचा उसे बाकायदा स्कूल में दाख़िल कराना चाहते थे, लेकिन पहले दूर दक्षिण में निमिषा के पिता की तब्दीली के कारण और फिर माँ की लम्बी बीमारी की वजह से उसकी

पढ़ाई छूट गयी थी। माता-पिता की मृत्यु के बाद उसने फिर पढ़ना शुरू किया था, लेकिन नानी की छत्रछाया उठ जाने के बाद इस मामा अथवा उस मामा के यहाँ रहने में फिर उसका काफ़ी समय नष्ट हो गया था। अपने से छोटी लड़कियों के साथ बैठने में उसे संकोच था। उसकी झिझक को देख कर उसके चाचा ने उसके लिए घर में ही ट्यूशन रख दी थी। निमिषा ने बेइन्तिहा मेहनत करके जब एक वर्ष बाद ही मिडल का इम्तहान दिया था तो वह ज़िले भर में अव्वल आयी थी। तब दादी और फूफी चुपा गयी थीं और फिर उन्होंने उसकी शादी की बात नहीं उठायी थी। मैट्रिक और एफ़०ए० में भी वह फ़र्स्ट डिवीज़न में पास हुई थी और उसने छात्रवृत्ति पायी थी।

०

एक बेपनाह झटके के साथ अचानक बस रुक गयी। सड़क पर पहियों के घर्षण से एक लम्बी चीख़ सवारियों के दिल दहला गयी। निमिषा पहले की तरह सीट के किनारे झुकी बैठी बाहर की ओर देख रही होती तो मुँह के बल पिछले दरवाज़े के आगे गिरती और उसका सिर सामने की सीट से जा टकराता। लेकिन तब झटके से वह सीट के किनारे तक आ गयी और नीचे गिरते-गिरत बची। दूसरे क्षण उठ कर उसने पिछले दरवाज़े से बाहर की ओर निगाह डाली —एक पेशावरी ताँगे का घोड़ा बिफरा हुआ था। सवारियाँ ताँगे से उतर कर चिलचिलाती धूप में टिघलती हुई कोलतार की सड़क पर परेशान खड़ी इस बात की प्रतीक्षा कर रही थीं कि घोड़ा शान्त हो और वे फिर ताँगे में बैठें। खुले गिरेबान वाली मैली-सी कमीज़ और तहमद पहने पसीने से तर कोचवान बेतहाशा चाबुक बरसा रहा था। घोड़ा चाबुक की हर मार पर दो कदम पीछे हटता हुआ अगली टाँगें उठा लेता और यूँ सीधा चलता-चलता वह मुड़ कर ताँगे को पीछे धकेलता और सड़क काटता हुआ बस के रास्ते में आ रहा था। ड्राइवर ऐन वक्त पर ब्रेकन्न लगा देता तो भयंकर दुर्घटना हो जाती।

ताँगा पीछे हटता हुआ, बस से आ लगा। ड्राइवर ने तत्काल उतर कर उसका बम पकड़ लिया कि बस को नुकसान न पहुँचाये, तब कोचवान ने अपनी ओर का बम थामे आगे को ज़ोर लगाया। जाने घोड़े के मन में क्या आयी कि पलट कर वह पिछली तरफ़ को बस के आगे सरपट भाग खड़ा हुआ। ताँगे वाला लगामों को दोनों हाथों से खींचता साथ-साथ भागा और निमिषा यह देख कर हैरान रह गयी कि उसी हालत में भागते-भागते वह बिजली की गति से दोनों हाथों से बम थाम, उचक कर ताँगे पर जा बैठा। काफ़ी दूर जा कर उसने घोड़े को मोड़ा, जो पलट कर उसी तरह सरपट भागता हुआ वापस चल पड़ा।

वापसी पर वह रुका या नहीं, सवारियाँ बैठी या नहीं, यह सब देखने को बस नहीं रुकी। ज्यूँ ही बस पर से ख़तरा हटा, ड्राइवर सीट पर जा बैठा। उसने हॉर्न दिया। बस घरघराने लगी। दो-एक सवारियाँ, जो नीचे उतर गयी थीं, आ बैठीं और बस चल दी। ख़ाली ताँगा दायें हाथ भागा जा रहा था, जब बस उसके पास से गुज़र गयी।

निमिषा अपनी जगह आ बैठी। उसके दिमाग़ में ग़ालिब का एक शे'र आ गया जो उसकी सहेली निकहत अपनी लोच-भरी सुरीली आवाज़ में गाया करती थी :

रौ में है रख़्श-ए-उम्र कहाँ देखिए थमे
ने हाथ बाग पर है न पा है रकाब में

निमिषा ने लम्बी साँस ली। उसकी ज़िन्दगी का घोड़ा भी तो ऐसे ही मज़े से चलता हुआ रुक गया था और तब से वह उसे काबू में लाने का प्रयास कर रही थी।

वह एफ़०ए० में पढ़ती थी, जब मन्थर गति से निश्चित उद्देश्य की ओर चली जाने वाली उसकी ज़िन्दगी अचानक भँवर में फँस गयी थी। निमिषा की आँखों के सामने चन्द वर्ष पहले की वह घटना घूम गयी।

०

निमिषा के चाचा की प्रैक्टिस ख़ूब चल निकली थी। अपना दफ्तर वच्छोवाली से उठा कर वे निस्बत रोड पर ले आये थे। प्रसिद्ध खत्री घराना, कमाऊ लड़का, "कौन-सी जल्दी है," वे कहते, "निमिषा एम० ए० कर ले। फिर मैं शादी कर लूँगा।"

तभी उनकी एक मुवक्किल जागीरदारनी सुरिन्दर कौर की लड़की रूपिन्दर कौर (रूपेन्द्र कुँवर, जो अपनी माँ के साथ उनके दफ़्तर आया करती थी) उसके चाचा से प्यार करने लगी थी। उसकी सगाई एक बहुत बड़े जागीरदार घराने में हो चुकी थी। वह सुन्दर और पढ़ी-लिखी थी। निमिषा को वह मन-ही-मन बड़ी प्यारी लगती थी। बस में बैठे-बैठे निमिषा की आँखों में रूप की वह भोली-प्यारी सूरत घूम गयी। लम्बा कद, पतली, छरहरी किसी कमनीय बेलि-सी देह-यष्टि, भोला-सा चेहरा, बड़ी-बड़ी शर्मीली, आश्चर्य-भरी आँखें —कभी उसकी उपस्थिति में वे माँ-बेटी आतीं तो निमिषा अपलक रूप को देखती रहती। उसने अनुरोध करके उसका एक छोटा-सा चित्र ले लिया था, उसे फ्रेम कराके मेज़ पर सजा दिया था और वह मन-ही-मन उस दिन की प्रतीक्षा करती थी जब वह उसकी चाची बन कर उनके घर आ जायेगी।

रूप चाहती थी कि निमिषा के चाचा उससे चुपचाप शादी कर लें, लेकिन हिकमत राय की व्यावहारिक नैतिकता को यह स्वीकार न था कि वे अपने मुवक्किल को धोखा दें। एक दिन जब वह भाग कर उनके यहाँ आ गयी थी तो उन्होंने उससे कहा था कि वे उससे प्यार करते हैं, शादी भी करने को तैयार हैं, लेकिन वे चोरी-छिपे ऐसा नहीं कर सकते। वह अपनी माँ से कहे।

लेकिन रूपिन्दर जाति से सिक्ख, फिर जागीरदार, तिस पर उसकी सगाई हो चुकी थी, उसके अभिभावकों का मानना असम्भव था। वह उदास लौट गयी थी। उसकी शादी वहीं हो गयी थी और वह अपने दूल्हे के साथ हनीमून मनाने पेरिस चली गयी थी। वहीं से उसका एक दर्द-भरा पत्र निमिषा के चाचा को मिला था। तब जाने क्या हुआ, उन्होंने एकदम शादी करने का फ़ैसला कर लिया और अमृतसर के उस रिश्ते को, जिसे एक साल से वे अस्वीकार करते चले आ रहे थे, उन्होंने स्वीकार कर लिया।

चाचा के इस फ़ैसले से निमिषा को बहुत धक्का लगा था। उसे रूप बहुत प्यारी लगती थी। और मन-ही-मन वह उसे अपनी चाची के रूप में देखने लगी थी। जब उस पतली-छरहरी, सरो के बूटे-सी लम्बी, घुँघराले सुनहरी रेशमी बालों वाली, गोरी-चिट्टी ग्रैज्युएट और सोफ़िस्टीकेटिड युवती की जगह एक लम्बी-ऊँची, गदराये दोहरे बदन वाली,

अधपढ़ और फूहड़ युवती उसकी चाची बन कर आ गयी तो उसके गोरे रंग और बड़ी-बड़ी आँखों के बावजूद निमिषा के मन ने उसे स्वीकार नहीं किया। उसे बहुत जल्द पता चला गया कि उसकी यह चाची छोटे दिल की, अपने ओछे स्वभाव और फूहड़ता को फ़ैशन में छिपाने वाली, सलीके और नफ़ासत से कोसों दूर, अमृतसर की गलियों के संकुल वातावरण में दबी-पली युवती है। उसे होटलों में खाना, हर तीसरे दिन सिनेमा देखना और देर तक सोना पसन्द था। निमिषा की दादी को भला यह सब कैसे भाता। शादी के बाद चन्द महीनों में अपनी सास से उसकी खटक गयी थी। चाचा की प्रैक्टिस बहुत चल गयी थी। उन्होंने निस्बत रोड की एक गली में अपने दफ़्तर के ऊपर फ़्लैट किराये पर लिया और अपनी नव-परिणीता और अपनी भतीजी को ले कर वहाँ आ गये।

निमिषा की चाची तो वास्तव में चाहती थी कि निमिषा अपनी दादी के पास रहे। दादी ने ऊपरी मन से एक बार कहा भी और उसी का बहाना ले कर चाची ने ज़ोर दिया था, लेकिन लाला हिकमत राय अपनी माँ और भतीजी को जानते थे। और यह भी जानते थे कि उन दोनों की चार दिन को न पटेगी। उन्होंने शादी से पहले अपने ससुर को साफ़ शब्दों में कह दिया था कि जब तक उनकी भतीजी पढ़ कर अपने पैरों पर नहीं खड़ी हो जाती, वह उनके पास रहेगी, वे अपनी लड़की को यह ज़रूर समझा दें। इसलिए चाची के सुझाव को नज़र-अन्दाज़ कर, वे निमिषा को अपने साथ ले आये थे।

निस्बत रोड पर आ कर चाची का फूहड़पन, उसकी दबी हुई आकांक्षाएँ, उसके यहाँ सफ़ाई और सलीके का नितान्त अभाव, उसकी सुस्ती —उसके सारे दुर्गुण उजागर हो उठे थे। चाचा बड़े शौक से डाइनिंग टेबल लाये थे, लेकिन चाची को टेबल मैनर्ज़ का कोई ज्ञान न था। वह मेज़ पर बैठती तो 'हाऊ हप्प' खाने लगती। किसी दूसरे के तरफ़ देखने या पूछने का उसे ख़याल न रहता।.....चाचा हर महीने कीमती साड़ी लाते। वॉर्डरोब में एक-से-एक बढ़िया साड़ी थी। चाची बड़े फ़ैशन से पहनती, लेकिन जब बाहर से आती तो उसे उतार कर गुच्छा-मुच्छा कर, एक ओर फेंक देती। चाचा तहा कर वॉर्डरोब में रखते।.....उन्होंने शादी करने में देर कर दी थी। शुरू-शुरू में तो उस गोरे गदराये शरीर के पार उन्हें कुछ सुझायी न देता था। जवान भतीजी घर में है, बिना इस बात की चिन्ता किये, चाची उन्हें साथ लिये आठ-आठ बजे तक बिस्तर पर लेटी रहती। कपड़ों का उसे कुछ होश न रहता। बिस्तर पर लेटे-लेटे उसकी साड़ी उठ जाती और उसकी मोटी गोरी पिंडलियाँ घुटनों तक नंगी हो जातीं। कभी जब उसके चाचा का कोई मित्र भी बैठा होता तो निमिषा को यह फूहड़ता और बेहयाई बेहद अखरती। सफ़ाई और सलीका पसन्द करने वाले अपने मॉडर्न चाचा पर उसे दया हो आती और रूप की तस्वीर उसकी आँखों में कौंध जाती।

निमिषा की चाची को चप्पल और जूतों से नफ़रत थी। दिन भर वह घर में नंगे पाँव घूमती रहती। उसके पैर गन्दे हो जाते थे। उन्हीं गन्दे पैरों से वह दूध-धुले बिस्तर पर फसकड़ा मार कर बैठ जाती। पहले कुछ महीने तो चाचा हर दूसरे-तीसरे चादर बदल देते। फिर एक दिन उन्होंने झावाँ ले कर गर्म पानी से उसके पैर धो डाले। वे मोटे गुबले पैर दो सफ़ेद कबूतरों-से निकल आये। चाचा ने क्षणिक आवेग में उन्हें चूम लिया। उनका ख़याल था कि उनकी पत्नी उनका इशारा समझ जायेगी और स्वयं पैर धो लिया करेगी, लेकिन घर में जूता-चप्पल पहनना अथवा पैर धोना चाची के बस की बात न थी। दो बार चाचा ने

उसके पैर धोये तो चाची आशा करने लगी कि वे ही उसके पैर धोयेंगे। चाचा ने कुछ नहीं कहा। पत्नी को उसके हाल पर छोड़ दिया और नयी-नयी शादी का जोश ख़त्म होने पर वे ज़्यादा वक़्त अपने मुवक्किलों के साथ गुज़ारने लगे।

निमिषा अपने चाचा के लाड़-प्यार की अभ्यस्त थी। उसे जब ज़रूरत हुई और उसने चाचा से पैसे माँगे, उन्होंने कभी नहीं पूछा — 'कितने चाहिएँ?' जेब से मुट्ठी भर रेज़गारी निकाल कर हाथ उसके आगे फैला दिया कि जितने चाहे उठा ले। लेकिन दो-एक बार जब चाची के सामने उन्होंने ऐसा किया तो चाची ने बुरा माना। यही नहीं, एक दिन जब निमिषा की बुआ उनसे मिलने आयी और उसका ज़िक्र चला तो चाची ने सव्यंग्य उसे अपने 'चाचा की चहेती' की संज्ञा देते हुए कहा, 'खाने-रहने का भी ढंग होता है, निमिषा चाची को तो कुछ समझती ही नहीं। हमेशा अपने चाचा से खुसुर-फुसुर करती रहती है।'....चाची ने वह सब ऐसे भद्दे ढंग से व्यक्त किया कि निमिषा को बहुत बुरा लगा। ज़रूर ही बुआ ने अपने छोटे भाई को समझाया होगा। क्योंकि एक दिन उसके चाचा ने भी उसे समझाया कि अब वह पैसों के लिए उन्हें न तंग किया करे। अब, जब उसकी चाची आ गयी है, वह उसे अपनी माँ के समान समझे। उसे जिस चीज़ की ज़रूरत हो, उससे माँग लिया करे।

लेकिन इस अपनी चाची को, जो उसने केवल तीन वर्ष बड़ी थी, माँ समझना निमिषा के लिए कठिन था। उसे छात्र-वृत्ति मिलती थी। चूँकि वह एफ़०ए० में फ़र्स्ट क्लास फ़र्स्ट आयी थी, इसलिए मिसेज़ शर्मा ने उसकी फ़ीस भी माफ़ कर दी थी। किताबों-कापियों के लिए उसकी छात्रवृत्ति काफ़ी थी। उसने तय कर लिया था कि ज़रूरत पड़ी तो वह कनक से ले लेगी, मिसेज़ शर्मा से ले लेगी, पर चाची से कुछ नहीं लेगी।

उन्हीं दिनों अपने मौन विरोध को दर्शाने के लिए निमिषा ने यह किया कि रूप कुँवर का फ़ोटो, जो चाची के आने पर उसने ट्रंक में रख दिया था, वहाँ से निकाल कर अपनी मेज़ पर सजा दिया और वह रोज़ उसे फूल चढ़ाने लगी। जाने चाची ने अपने पति से क्या शिकायत की कि चाचा एक दिन उसके कमरे में आये। उन्होंने उसे बहुत ऊँच-नीच समझायी, कहा कि वे उसकी भावनाओं को समझते हैं, लेकिन रूप को वह उनसे ज़्यादा तो प्यार नहीं करती। जब उन्होंने शादी कर ली है तो अपनी पत्नी के प्रति उनका जैसा कर्तव्य है, उनकी भतीजी के नाते वैसा ही कर्तव्य उसका भी अपनी चाची के प्रति है और निमिषा को उसका दिल नहीं दुखाना चाहिए आदि....आदि....और जाते-जाते जैसे अनजाने वे अपनी प्रेयसी का फ़ोटो लेते गये थे।

निमिषा चुपचाप मेज़ पर चित्र के रिक्त स्थान को देखती रही थी। रूप का प्यारा चेहरा उसकी आँखों में घूम गया था। उसके हृदय की गहराई से एक लम्बी साँस निकल गयी थी। क्या चाचा सचमुच रूप को भूल गये? उसे विश्वास न होता था कि वह चेहरा भुलाया जा सकता है। उसे यकीन था कि उसे भूलने के प्रयास में ही उसके चाचा ने यूँ जल्दबाज़ी में शादी कर ली। अपने चाचा के लिए दया और उस चाची के लिए नफ़रत का एक बगूला-सा उसके मन में उठा। जो भी हो, उस दिन से उसने किया यह कि जहाँ वह फ़ोटो रखा रहता था, वहाँ चन्द फूल सजाने लगी।

कई महीने बीत गये और उसने न चाचा से कुछ माँगा, न चाची से। अपने कपड़े घर में धो, वह स्वयं इस्त्री कर पहनती रही, न उसने साड़ी की फ़रमाइश की, न सूट की

और वह पूर्ववत फ़ोटो के रिक्त स्थान पर फूल चढ़ाती रही। उसके इस मौन विरोध से चाची बेहद ग़ुस्से हुई। उसने जाने उसे ले कर लाला हिकमत राय को क्या-क्या ताने दिये कि चाचा ने सहसा तय कर दिया कि वे उसे वच्छोवाली उसकी दादी के पास भेज देंगे और उसके लिए महीने की एक रकम बाँध देंगे। जब उन्होंने निमिषा के सामने यह प्रस्ताव रखा तो उसने वहाँ जाने से एकदम इनकार कर दिया। यही नहीं, उसने दो दिन तक खाना नहीं खाया। अचानक चाचा बहुत बिगड़े। "मैं चाहता था कि मैंने अपनी भाभी को जो वचन दिया है," उन्होंने कहा, "उसे भरसक पूरा करूँगा। तुम्हें एम०ए० तक पढ़ाऊँगा। अच्छी तरह तुम्हारी शादी करूँगा ताकि भाभी की आत्मा की तकलीफ़ न हो, लेकिन तुम इतनी ज़िद्दी, ख़ुदसर और बेसमझ लड़की हो कि मेरी एक नहीं चलने देतीं। चाची से तुम्हारी पटती नहीं। दादी के पास तुम रहना नहीं चाहतीं। मैंने भाभी के कहने पर तुम्हारा गार्जियन बनना स्वीकार किया था। तुम मेरी बात नहीं मानोगी तो मैं तुम्हारी गार्जियनशिप छोड़ दूँगा।" और वह बड़बड़ाते हुए चले गये थे।

निमिषा स्तब्ध बैठी रही थी। उसका ख़याल था, चाचा उसे पास बैठायेंगे, उसे बाँह में भर कर प्यार करते हुए उसकी तकलीफ़ पूछेंगे और तब वह उन्हें अपनी सारी व्यथा बतायेगी। बतायेगी कि रिश्तेदारों की उपस्थिति में चाची उसे कैसे ताने देती और भद्दे इशारे करती है, लेकिन चाचा तो एकदम बेरहम हो गये थे। वह बहुत देर तक चुपचाप रोती रही थी। सोचती रही थी, कहाँ जाये, क्या करे। तब जाने अचानक उसके मन में क्या बगूला उठा था कि वह मॉडल टाउन अपनी प्रिन्सिपल मिसेज़ शर्मा के बँगले पहुँच गयी थी।

अपने तमाम सगे-सम्बन्धियों और मित्र-परिचितों में उसे यदि किसी से स्नेह और सहानुभूति की आशा थी तो वे उसकी प्रिन्सिपल मिसेज़ शर्मा थीं। कॉलेज में वे लगातार उसका उत्साह बढ़ाती थीं। कई बार जब वे उसका मुरझाया चेहरा देखतीं तो उसे लंच में अपने पास बुला लेतीं और उसके 'न-न' करने के बावजूद उसे कुछ-न-कुछ खिला देती थीं। उसे पूरा विश्वास था कि ऐसी कठिन परिस्थिति में मिसेज़ शर्मा ही उसे सही रास्ता दिखायेंगी।

उसका विश्वास ग़लत नहीं निकला। जब उसने बँगले पर जा कर कॉल बेल बजायी और उन्होंने दरवाज़ा खोला तो अचानक उसे सामने देख कर मिसेज़ शर्मा चकित रह गयीं।

"क्यों ख़ैर तो है?" उन्होंने पूछा था और उसे बाँह में भर लिया था।

और निमिषा जैसे इसी क्षण की बाट देख रही थी। वह अनायास रो पड़ी थी। वहीं ड्रॉइंग रूम में खड़े-खड़े उसने कहा था कि चाचा अब उसके गार्जियन नहीं रहना चाहते। —और वह फफकने लगी थी।

मिसेज़ शर्मा ने उसे बग़ल में भींच लिया था और उसे तसल्ली दी थी कि सब ठीक हो जायेगा और ड्रॉइंग रूम में ला कर उसे काउच पर बैठाया था। नौकर को चाय रखने का आदेश दिया था और निमिषा से कहा था कि जाये, वॉश बेसिन में जा कर मुँह धो आये। चाय का एक प्याला पी कर स्वस्थ हो ले। फिर बात करेंगे।

उस अव्यक्त स्नेह से, जो मिसेज़ शर्मा के उन शब्दों में निहित था, निमिषा का गला फिर भर आया था। वह स्नानागार में गयी थी। हाथ-मुँह धो कर, उनके शृंगार कक्ष में जा

कर बाल सँवार आयी थी। इस बीच चाय आ गयी थी। मिसेज़ शर्मा ने एक प्याला अपने लिए बनाया था। ब्रिटेनिया के ख़स्ता बिस्कुटों पर पनीर की परत रख कर उसे दी थी और जब वह कुछ नाश्ता कर चुकी तो उन्होंने पूछा था कि आख़िर, ऐसी कौन-सी ग़लती उससे हो गयी, जिससे उसके चाचा इतने नाराज़ हो गये कि अपनी गार्जियनशिप तक छोड़ने को तैयार हो गये।

तब निमिषा ने माँ और दादी के सम्बन्धों से ले कर उस शाम तक की तमाम घटनाएँ किसी आत्मीय की तरह मिसेज़ शर्मा को सुना डाली थीं। चाचा और रूप कुँवर के प्रेम और चाची के मुकाबले में उसके लिए अपनी भावनाओं की बात भी नहीं छिपायी थी।

जब निमिषा अपने मन का सारा ग़ुबार निकाल चुकी तो उसकी प्रिन्सिपल ने कहा था, "तुम चिन्ता न करो, अगर तुम्हारे चाचा तुम्हारे गार्जियन नहीं बनना चाहेंगे तो मैं बन जाऊँगी। तुम्हारी चाची तुम्हें अपने पास नहीं रखना चाहेंगी और तुम दादी के न जाना चाहोगी तो तुम यहाँ आ जाना। जब तक तुम एम०ए० नहीं कर लेतीं, तुम यहीं रहना। मुझे भी सहारा मिल जायेगा। वीनू तुम्हें मानता है, उसका भी दिल लगा रहेगा, तुम्हारे साथ पढ़ भी लेगा और मैं तो नहीं कर सकती, पर तुम नौकरों की देख-भाल भी कर लोगी।"

और यूँ उसे आश्वस्त कर मिसेज़ शर्मा ने फ़ोन उठा कर 'पंजाब मिल्क बार' का नम्बर मिलाया था। उनसे कहा था कि ज़रा बग़ल से लाला हिकमत राय को बुला दें। उन्हें एक ज़रूरी सन्देश देना है। जब लाला जी फ़ोन पर आ गये तो मिसेज़ शर्मा ने कहा था कि निमिषा उनके यहाँ है। रात वह मॉडल टाउन ही में रहेगी। वे चिन्ता न करें। सुबह वे स्वयं उसे कार में छोड़ जायेंगी।

रात वे सोने से पहले उसके कमरे में आयी थीं। निमिषा लेट गयी थी। वे उसके पलँग की पाटी पर आ बैठीं। तब वह उठ कर बैठ गयी। उसने कहा, वह भाग कर ड्रॉइंग रूम से कुर्सी ले आती है, लेकिन उन्होंने बरज दिया।

"देखो निम्मो," उन्होने अपनी धीर-गम्भीर वाणी में कहना शुरू किया था "मैंने तुमसे कह दिया है कि अगर तुम्हारे चाचा तुम्हारी गार्जियनशिप छोड़ना चाहें तो मैं ले लूँगी। उस तरफ़ से तुम चिन्ता-मुक्त हो जाओ। लेकिन दो-एक बातें मैं तुम्हें समझाना चाहती हूँ। तुम्हारे चाचा, जिन्होंने अपनी मरणासन्न भाभी को तुम्हारे पालन-पोषण का वचन दिया है, जिन्होंने तुम्हें मिडल से एफ़०ए० तक बड़े स्नेह से पढ़ाया है, यदि अब गार्जियनशिप छोड़ना चाहते हैं तो ज़रूर ही वे ग़ुस्से होंगे। हो सकता है, वे अपनी पत्नी से ग़ुस्से हों और उस पर ग़ुस्सा न निकाल कर तुम पर निकाल रहे हों। यह भी हो सकता है कि वे तुम्हारे व्यवहार से ही दुखी हों। तुम पढ़ी-लिखी और समझदार लड़की हो, तुम्हारी चाची उतनी समझदार नहीं। ज़रूर ही वे तुमसे बेहतर समझदारी की आशा रखते होंगे। तुम उनकी गार्जियनशिप छोड़ कर मेरे यहाँ आ जाओगी तो उन्हें बहुत दुख होगा। यह सोच लो। ऐसा कदम उठाने की राय मैं तुम्हें तभी दे सकती हूँ, जब पानी सिर से गुज़र जाये और तुम सब प्रयत्न करके हार जाओ।"

मिसेज़ शर्मा चुप हो गयीं। निमिषा पलँग पर घुटनों में सिर दिये, आँखें उनकी ओर उठाये अपनी प्रिन्सिपल की बातें सुन रही थी। वह क्या कहे, उसकी समझ में न आया।

वह पूर्ववत उनकी ओर चुपचाप देखती रही। कुछ क्षण चुप रह कर उन्होंने कहना शुरू किया, "तुम्ने मुझे जो कुछ बताया है, मैं उस पर सोचती रही हूँ। तुम्हें अपनी उपेक्षा का दुख है, पर क्या तुम ने कभी अपनी चाची की ओर से भी सोचा है। तुम्हारी शादी हो और तुम्हारे पति की भतीजी तुम्हारे पति की प्रेयसी का फ़ोटो लगा कर उसकी पूजा करे तो तुम्हें कैसा लगेगा!"

वे फिर चुप हो गयीं। निमिषा हैरान-सी उनकी ओर देखती रही। अपनी भावुकता में उसने अपने कृत्य को इस रूप में देखा ही न था। मिसेज़ शर्मा ने फिर कहना शुरू किया :

"तुम्हारे चाचा ने ठीक कहा था। शादी के बाद तुम्हें अपनी चाची ही से ज़रूरत की चीज़ें माँगनी चाहिएँ। उसकी अवहेलना कर, तुम उसका तो अपमान करती ही रही हो, साथ ही अपने चाचा की स्थिति भी अटपटी बनाती रही हो। तुम एक बार चाचा की बात का मान कर चाची को उसका दाय दे कर देखो। यदि तब भी वह तुमसे उपेक्षा का व्यवहार करे तो फिर तुम आ जाना। मैं तुम्हारी गार्जियन भी बन जाऊँगी और तुम्हें कोई तकलीफ़ भी न होने दूँगी।"

और वे उठीं। उन्होंने निमिषा के सिर को थपथपाया। "अब तुम आराम करो। मेरी बातों पर ठण्डे दिल से विचार करना। यह न समझना कि मैं तुम्हें टाल रही हूँ। मैं यह नहीं चाहती कि तुम ख़ुद कोई ग़लती करो और तुम्हारे चाचा को शिकायत हो। तुम्हारी सब कोशिशों के बावजूद तुम्हें वहाँ तकलीफ़ होगी तो मुझे फ़ोन करना, मैं स्वयं वहाँ जा कर तुम्हें ले आऊँगी।"

०

अपने अतीत में खोयी निमिषा की निगाहें अचानक खिड़की के बाहर गयीं। उसके होटों पर मुस्कान फैल गयी —बाहर सड़क के परे एक जाट साइकिल पर अपना पूरा घर उठाये चला जा रहा था। वह झपट कर उठी और बस के पिछले दरवाज़े के पास जा खड़ी हुई और सिर उसने खिड़की से ज़रा बाहर को निकाल लिया।

शहर की पक्की चौड़ी सड़कों, बाग़-बाग़ीचों, मकानों-दुकानों और पक्के फ़ुटपाथों को बस कहीं पीछे छोड़ आयी थी। नहर तक तो कुछ बँगले साथ आये थे, नहर के इस पार पर कुछ नयी कोठियाँ बन रही थीं, पर वह सब बहुत पीछे छूट गया था। अब अगस्त की उस धूप में, जो कहते हैं हिरनों की पीठें काली कर देती है, कोलतार की ख़ाली सड़क बिछी थी, जिसके दोनों ओर कच्चे रास्ते थे और परे दोनों ओर कटे खेत थे। जब दो बसें आमने-सामने से आतीं तो एक दूसरी को रास्ता देने के प्रयास में दोनों आधी सड़क से उतर जातीं और बसों की निरन्तर आवा-जाई से सड़क के दोनों ओर की मैदा बनी मिट्टी देर तक सड़क पर छायी रहती।

शायद उस वक्त भी सामने से कोई बस आ रही थी, क्योंकि उनकी बस के बाँयें पहिए कच्चे में उतर गये थे। इसी कारण वह किसान कच्चे रास्ते में और भी परे उतर गया था। निमिषा ने देखा —साइकिल के कैरियर पर एक औरत (शायद उसकी बीवी) बच्चे को गोद में लिये बैठी थी। किसान ने सिर पर एक चारपाई उठा रखी थी, जिस पर बीच में एक बन्द बिस्तर और दोनों ओर, शायद सन्तुलन के लिए, दो गठड़ियाँ रखी थीं। सड़क

से कच्चे रास्ते की मिट्टी में उतर जाने पर उसे पैडलों पर ज़्यादा ज़ोर देना पड़ा रहा था। निमिषा हैरान थी, कैसे वह किसान अपना सन्तुलन कायम रखे हुए इतना बोझ उठाये साइकिल चला रहा है।

जब बस के पीछे उड़ती धूल के बादल ने उसे छिपा लिया तो वह मुस्कराती हुई अपनी सीट पर आ बैठी। 'निश्चय ही पंजाब का कड़ियल जवान ही इतना बोझ उठाये, कच्चे रास्ते की धूल में साइकिल चला सकता है।' उसने मन-ही-मन कहा। काफ़ी देर तक उसकी आँखों में साइकिल चलाते हुए जाट, उसकी पत्नी, बच्चा, बिस्तर और गठड़ियों से लदी चारपाई का चित्र घूमता रहा। फिर वह अपने उसी अतीत में डूब गयी।

o

मॉडल टाउन में अपनी प्रिन्सिपल के घर उस रात निमिषा बहुत देर तक सो न पायी थी। मिसेज़ शर्मा ने जैसे उसे नयी आँखें दे दी थीं और जब उन आँखों से उसने अपने कृतित्व का जायेज़ा लिया था तो उस सब में उसे सरासर अपनी ही ग़लती लगी थी और उसने तय किया था कि वह अपने चाचा से क्षमा माँग लेगी और मिसेज़ शर्मा ने जैसे कहा है, अपनी चाची को ही आगे करके चलेगी। जैसा कि वह अपनी चाची को जानती थी, उसे सन्देह था कि वह अपनी कोशिश में कामयाब भी हो पायेगी, लेकिन वह अपनी तरफ़ से भरसक कोशिश करेगी कि कम-से-कम उसके चाचा को शिकायत न हो।

दूसरी सुबह जब कॉलेज को जाते हुए मिसेज़ शर्मा उसे निस्बत रोड पर उसके घर छोड़ गयीं तो अभी चाचा नीचे अपने दफ़्तर में नहीं गये थे। ड्रॉइंग रूम में बैठे वे समाचार-पत्र देख रहे थे। नमस्कार कर, वह उनके सामने जा बैठी थी। कैसे बात चलाये, उसकी समझ में न आ रहा था और वह ससंकोच चुप बैठी थी।

"क्यों निम्मो, क्या बात थी," चाचा ने प्यार से कहा, "रात वहीं रह गयीं, क्या कोई पार्टी थी शर्मा साहब के यहाँ!"

उनके स्वर में गत आक्रोश का लेश भी नहीं था।

"चाचा जी, आपने कहा था आप मेरे गार्जियन नहीं रहना चाहते," निमिषा ने घुटे-घुटे स्वर में किसी तरह आँसुओं को बरबस रोक कर कहा था, "मैं अपनी प्रिन्सिपल के यहाँ गयी थी कि मेरी गार्जियन बन जायें। अगर आप बिल्कुल ही न चाहेंगे तो वे बन जायेंगी, लेकिन आपने मुझे इतना प्यार दिया है कि मैं सोचती हूँ, मुझसे कुछ ऐसी ही भूल बन पड़ी होगी जो आप अपनी छत्र-छाया हटाने को तैयार हो गये हैं। मुझे ठीक-ठीक अपनी ग़लती तो मालूम नहीं, लेकिन मैं आपसे सिर्फ़ यही कहती हूँ कि आपके लाड़ के कारण मुझसे जो भी ग़लती बन पड़ी हो, उसे आप क्षमा कर दें, और मुझे एक अवसर और दें। मैं कोशिश करूँगी कि आपको या चाची को मुझसे फिर कोई शिकायत न हो।"

इतना कहते-कहते अपने ऊपर से उसका संयम टूट गया था और वह बेइख़्तियार रोने लगी थी।

कुछ अजीब-से भावावेग से चाचा ने उसे बाँह में भर कर बग़ल से चिपटा लिया था।

"तुम्हारा ख़याल है, मैंने वह बात बिना किसी तकलीफ़ के कह दी थी," उन्होंने

कहा, "मैं ही जानता हूँ, मुँह से वह बात निकाल कर मुझे ख़ुद कितनी तकलीफ़ हुई है।"

उनका अपना कण्ठ खरखरा उठा था। कुछ क्षण चुप रह कर और किंचित संयत हो कर उन्होंने कहा था, "देखो निम्मो, तुम न केवल पढ़ी-लिखी हो, पर तुम मेरी अपनी भी हो। भतीजी और बेटी में कोई फ़र्क नहीं होता। तुम्हारी चाची की अपेक्षा मैं तुमसे बेहतर समझदारी की उम्मीद करता था। मैं तुम्हारी तकलीफ़ समझ सकता हूँ, और मैं समझता था कि तुम भी मेरी तकलीफ़ समझ सकती हो, लेकिन तुम्हारी चाची दूसरे परिवार और दूसरे माहौल से आने के कारण नहीं समझ सकती। मुझे इसी बात का दुख है कि अपनी चाची की तरह तुमने भी मेरी तकलीफ़ को नहीं समझा।" वे क्षण भर चुप रहे। फिर बोले, "तुम्हारी चाची उतनी पढ़ी-लिखी नहीं है। वह ग़लती कर सकती है, ताना-तिश्ना दे सकती है, पर तुम्हें उसे नज़र-अन्दाज़ करके सब्र के साथ अपनी पढ़ाई पूरी कर लेनी चाहिए। मैंने तुम्हारी माँ को जो वचन दिया है, उसे पूरा करने में मेरी मदद करनी चाहिए और कोई ऐसा काम न करना चाहिए कि मेरी पोज़ीशन फ़ॉल्स हो जाये।"

निमिषा अचानक उठ खड़ी हुई। "बस चाचा जी, आप मुझे माफ़ कर दीजिए! मैं वादा करती हूँ, मैं फिर आपको एक भी शिकायत का मौका न दूँगी।"

और यह कहती हुई वह अपने कमरे में भाग गयी थी।

०

निमिषा जब शेख़ूपुरे से लाहौर आयी थी तो उसका सारा खिलन्दरापन लुप्त हो चुका था। वह समझदार और गम्भीर, भावप्रवण और स्वाभिमानी और उम्र के मुकाबले में अपेक्षाकृत प्रौढ़ हो गयी थी, लेकिन चाचा के लाड़ ने उसे अपना ग़म बहुत कुछ भुला दिया था। वह काफ़ी नॉर्मल हो गयी थी। लेकिन उस दिन के बाद वह फिर अपने ख़ोल में सिमट गयी। मुँह-हाथ धो कर चुपचाप नाश्ता करके वह कॉलेज गयी थी। शाम को आ कर उसने रूप कुँवर का चित्र मेज़ पर सजाने के लिए अपनी चाची से भी क्षमा माँग ली थी और उन्हें विश्वास दिला दिया था कि अब उन्हें उससे कोई शिकायत न होगी।

उस क्षण के बाद चाची के हाथों उसे जो भी तकलीफ़ हुई हो, उसने चाचा को शिकायत का अवसर न दिया था। हाँ, यह फ़ैसला उसने कर लिया था कि वह एम०ए० नहीं करेगी, बी०टी० करके नौकरी करेगी, चाचा-चाची पर और बोझ नहीं बनेगी और उस भयंकर घुटन से आज़ाद हो कर सुख की साँस लेगी।

उसी दिन से वह मिसेज़ शर्मा के और भी निकट हो गयी थी। जब भी उसका जी घुटता, जब भी चाची उसे परेशान करती, वह मिसेज़ शर्मा के चली जाती। शर्मा साहब लक्ष्मी इन्श्योरेंस कम्पनी में बहुत बड़े अफ़सर थे। उनके घर पार्टियाँ होती रहतीं। अपने ज़मींदार नाना और ऐडवोकेट चाचा के यहाँ पार्टियों में डाइनिंग टेबल सजाने और दूसरे सारे काम सम्पन्न करने में उसने जो प्रशिक्षण पाया था, उसका उपयोग निमिषा मिसेज़ शर्मा की पार्टियों में करती। मिसेज़ शर्मा का लड़का वीनू उससे बहुत हिल गया था। वह उसे पढ़ाती, उसके साथ कैरम, बेगाटिल अथवा चेकर्ज़ खेलती, उसे सैर को ले जाती। मिसेज़ शर्मा भी उसे बेटी के समान मानतीं। उसे मॉडल टाउन गये हुए ज़्यादा दिन हो जाते तो वे स्वयं आ कर उसे ले जातीं।

०

बस मॉडल टाउन में दाख़िल हो गयी थी। अड्डा तो दूर था, लेकिन एक स्टॉप मिसेज़ शर्मा के बँगले के करीब था। निमिषा उठी और बस के दरवाज़े पर जा कर खड़ी हो गयी।

चार

दोपहर के तीन एक बजे थे। मॉडल टाउन में मिसेज़ शर्मा के बँगले में, निमिषा ड्राइंग रूम की बड़ी खिड़की के साथ बनी बर्मा टीक की लम्बी सीट पर बैठी, अनमने भाव से बाहर लॉन में तीनों ओर लगे ज़ीनिया के ढेर-के-ढेर रंग-बिरंगे चटक फूलों को देख रही थी। यूँ तो मिसेज़ शर्मा के यहाँ निमिषा को ज़रा भी कष्ट नहीं था और वह कई बार पहले भी पन्द्रह-पन्द्रह, बीस-बीस दिन वहाँ रह जाती थी, लेकिन इस बार वह एक हफ़्ते में ही ऊब गयी थी। वह अपनी चाची से कह आयी थी कि उसके आवेदन-पत्रों के उत्तर में कहीं से कोई जवाब आये तो तत्काल उसे फ़ोन पर इत्तला दे दें, वह चली आयेगी। फ़ोन ख़राब हो तो नौकर के हाथ उसे चिट्ठी भिजवा दें।

मिसेज़ शर्मा के यहाँ फ़ोन था, पर उसके चाचा के यहाँ अभी नहीं लगा था। उनके दफ़्तर के बराबर मिल्क बार में फ़ोन था। बार के मालिक लाला भगवान दास अथवा उनका बेटा रंजन वहाँ बैठते थे। रंजन के पिता लाला हिकमतराय के साथ पढ़े थे, उनका एक मामला निमिषा के चाचा बिना फ़ीस लड़ रहे थे और उनका फ़ोन आने पर वे लाला हिकमत राय को बुलवा देते थे।

मॉडल टाउन आने के दूसरे दिन ही से निमिषा फ़ोन की प्रतीक्षा करने लगी थी। जब चार-पाँच दिन तक कोई फ़ोन नहीं आया, न नौकर ही कोई चिट्ठी लाया तो वह बेचैन हो उठी। न वीनू के साथ कैरम खेलने में उसका मन लगा, न उसके साथ सैर करने में, न घर के काम-काज में और न मेहमानों की आव-भगत में। पहले इन सब सरगर्मियों के अलावा वह रात को देर तक पढ़ती-लिखती थी और समय जैसे पंख लगा कर उड़ जाता था। अब वही समय पत्थर-सा उसकी छाती पर आ कर बैठ गया था। वह कहीं नौकरी पायेगी या नहीं, यही चिन्ता उसकी नींद हराम किये देती थी और वह लेटी-लेटी अपने तकलीफ़देह अतीत अथवा अनिश्चित भविष्य के तारीक जंगलों में भटकने लगती थी।

छठे दिन वह घर वापस जाने को तैयार हो गयी। तब मिसेज़ शर्मा ने पूछा कि वह इतनी जल्दी क्यों वापस जाना चाहती है। निमिषा कुछ उत्तर न दे पायी थी। उन्होंने उसे बाँह में भर लिया था, "पगली," उन्होंने ज़रा-सा हँसते हुए कहा था, "बेकार परेशान होती है। घबरा मत। अव्वल तो तेरा कैरियर इतना शानदार रहा है कि तुझे एक नहीं, दस जगह से इण्टरव्यू के लिए कॉल आयेगी। न भी आयी तो फ़िक्र न कर, मैं कहीं-न-कहीं तुझे लगवा दूँगी। मेरा कहना मान कर तूने एम० ए० कर लिया होता तो मैं तुझे अपने कॉलेज में ही ले लेती, पर तू मानी नहीं। चाची के साथ नहीं पटती थी तो आ जाती मेरे यहाँ। दो

साल बीतते क्या देर लगती है। एम०ए० हो जाती तो ज़रा भी मुश्किल न होती।"

मिसेज़ शर्मा ने उसे अपने साथ भींच लिया था। अपनी डबडबायी आँखों से निमिषा ने उनकी ओर देखा था। वे दोहरे बदन और लम्बे कद की महिला थीं। चेहरा उनका गोल था, लेकिन उनकी ठोढ़ी के पास ज़रा-सा ख़म था जो न होता तो वह चेहरा सुन्दर लगता। कॉलेज की प्रिन्सिपल होने के कारण बाल वे सीधे काढ़ती थीं और चूँकि बाल उनके लम्बे और घने थे, इसलिए घर में होतीं तो बड़ी मोटी लम्बी चोटी उनकी पीठ पर डोलती रहती थी। कॉलेज जाते समय वे उसी का जूड़ा बना लेती थीं। आँखें उनकी छोटी थीं और मस्तिष्क काफ़ी चौड़ा था। वे सुन्दर नहीं थीं, लेकिन उस चेहरे पर कुछ ऐसी सौम्यता थी जो अनायास आकर्षित करती थी।....निमिषा को अपने साथ दबाते हुए मिसेज़ शर्मा के चेहरे पर कुछ ऐसा ममत्व आ गया था कि आँखों में भरे आँसुओं के झिलमिलाते पर्दे के पार निमिषा को वह चेहरा बहुत सुन्दर लगा और जैसे कभी अपनी माँ से चिमट जाती थी, वह अनायास अपनी प्रिन्सिपल से चिमट गयी थी।

मिसेज़ शर्मा ने उसकी आँखें पोंछ दी थीं, स्वयं चाय बना कर उसे पिलायी थी और निमिषा ने जाने का इरादा छोड़ दिया था।

०

ज़ीनिया के फूलों पर निगाहें जमाये-जमाये निमिषा की आँखों में विगत दिन की घटना घूम गयी। पिछले जन्म में शायद मिसेज़ शर्मा उसकी कोई आत्मीय होंगी की वे यूँ उसकी ज़िन्दगी में आ गयी थीं और उन्होंने उसके मन से माँ का अभाव दूर कर दिया था। निमिषा ने लम्बी साँस ली। उसका ध्यान फिर ज़ीनिया के उन बेगिनती फूलों पर चला गया। एक अज़ीब-सा ख़याल उसके मन में आया। अपनी समस्त रंगीनी के बावजूद ये फूल कृत्रिम क्यों लगते हैं? क्यों उनमें गुलाब या डेलिया, दाऊदी या गेंदे के फूलों की चमक नहीं? और जाने किस मनोवैज्ञानिक प्रक्रिया से ज़ीनिया के उन कृत्रिम दिखायी देने वाले चटक फूलों पर निमिषा के कितने ही धनी सम्बन्धियों के खोखले, औपचारिक चेहरे उभर आये और उनमें सिर निकाले एक बड़ा-सा गुलाब चमक उठा, जिस पर निमिषा ने मिसेज़ शर्मा का ममत्व-भरा गोल चेहरा उभरता देखा।.... तभी फ़ोन की घण्टी ज़ोर से बज उठी। निमिषा का ध्यान बँट गया। वह उठी और फ़ोन की छोटी-सी तिपाई की ओर भागी।

दूसरी ओर कनक थी। उसके स्वर में खीझ, चिड़चिड़ाहट, कद्रे क्रोध और उलाहना था।

"क्या वहीं मॉडल टाउन में समाधि लेने का फ़ैसला कर लिया है?"

निमिषा चुप रही।

"इतने दिन हो गये तेरी सूरत देखे," कनक ने कहा, "सोचा कहीं दुश्मनों की तबीयत ख़राब न हो गयी हो। दो-तीन दफ़ा मिल्क बार में फ़ोन किया कि ऊपर से तेरा पता ला दें। कुछ पता नहीं चला तो आज ख़ुद निस्बत रोड आयी। मालूम हुआ कि जनाब सात-आठ दिनों से मॉडल टाउन में तशरीफ़-फ़रमा हैं। सोचा, ज़रा फ़ोन करूँ। क्या मुसीबत है, जो मॉडल टाउन में जा बैठी हो?"

निमिषा फिर चुप रही। कनक कुछ चिढ़ कर बोली :

"जवाब क्यों नहीं देती, मुँह में क्या घुँघनियाँ डाल रखी हैं या मुझी से कोई कसूर बन आया है और नाराज़ हो गयी हो।"

"नहीं, मैं नाराज़ नहीं हूँ।" निमिषा ने धीरे से कहा।

"तो फिर!" कनक ने जैसे बन्दूक दाग़ी।

"फिर क्या?" निमिषा ने सहज भाव से कहा।

"फिर तेरा सिर?"

कुछ क्षण दोनों तरफ़ चुप्पी छायी रही। फिर कनक ने सुलह-के-से स्वर में पूछा, "यह बताओ कब तक वहाँ रहने का इरादा है?"

"मैं तो रोज़ वापस जाने की सोचती हूँ," निमिषा ने कहा, "लेकिन मिसेज़ शर्मा नहीं मानतीं। दिल न वहाँ लगता है, न यहाँ। इतनी जगह मैंने अर्ज़ियाँ दी हैं, कहीं से जवाब नहीं आया। तबीयत बहुत घबरा रही है।"

"अरे, तो कोई उम्र बीती जा रही है। मुश्किल से महीना हुआ है रिज़ल्ट निकले। स्कूलों में छुट्टियाँ हैं। एकाध ही क्लर्क आता होगा। बहुत ढीला काम हो रहा होगा। आ जायेगा जवाब! मरी क्यों जा रही है!"

फ़ोन पर फिर चुप्पी छा गयी।

"सुन!"

निमिषा आ-शरीर कान बन गयी।

"जिस चित्र-प्रदर्शनी का मैंने तुमसे ज़िक्र किया था, वह कल 'लाहौर कल्चरल लीग' की ओर से लोरैंग्ज़ में शुरू हो रही है। तूने कहा था कि तुझे साथ ले चलूँ।"

निमिषा के सामने क्षणांश के लिए गोविन्द की सूरत घूम गयी। उसका दिल हल्के से धड़का। लेकिन अपनी अन्यमनस्कता बरकरार रखते हुए उसने कहा, "मेरा जी नहीं है।"

"अरे, आ जा! बेकार वहाँ बैठी कुढ़ती रहेगी। चग़ताई, शोभा सिंह, ईश्वर सिंह, रूपकृष्ण ने बढ़िया चित्र भेजे हैं। वह तीन मोटी औरतों वाला भी है और गोविन्द के भी तीन चित्र लगे हैं। वे ही, जिनका मैंने तुमसे ज़िक्र किया था। नख़रा न कर, मैं कल शाम को लोरैंग्ज़ जाते हुए निस्बत रोड हो कर जाऊँगी और तुझे साथ ले लूँगी।"

कनक के स्वर में थोड़ा अनुरोध था।

"अच्छा, मैं कल सबेरे पहुँच जाऊँगी!" निमिषा ने कहा और 'बाई-बाई' कहते हुए फ़ोन रख दिया।

०

कनक पंजाब विश्वविद्यालय में दर्शन के अध्यापक प्रोफ़ेसर बसन्त लाल की इकलौती लाडली बेटी थी। उसके पिता और निमिषा के चाचा इकट्ठे पढ़े थे और दोनों परिवारों में आना-जाना था, लेकिन अपनी स्थिति के कारण निमिषा हमेशा अपने में बन्द रहती थी। उसकी उपस्थिति में यदि प्रोफ़ेसर लाल सपरिवार उसके यहाँ आते तो उनकी आव-भगत में योग देने के बावजूद निमिषा कभी न खुलती। वह गम्भीर, परिश्रमी और भावप्रवण लड़की थी। दिखावा और छिछोरापन उसमें था नहीं और आगे बढ़ कर किसी से मैत्री करना उसके बस की बात नहीं थी। लेकिन एफ़०ए० में कनक उसके कॉलेज में आ गयी। तब

चूँकि निमिषा कक्षा में सर्वप्रथम रहती थी, प्रिन्सिपल की चहेती छात्रा थी, कविता करती थी और कॉलेज-मैगज़ीन की सम्पादिका थी, किसी से ज़्यादा मेल-जोल न रखती थी और कक्षा में प्रायः चुप बनी रहती थी, इसलिए कनक उसके पास बैठने, अक्सर उसे घर ले जाने, उसे अपने चित्र दिखाने और उसकी राय लेने लगी थी।

एफ़०ए० तक कनक सेकेण्ड डिवीज़न से ज़्यादा नम्बर न पा सकी थी, लेकिन निमिषा की संगति में वह बी०ए० में फ़र्स्ट डिवीज़न ले गयी थी। कॉलेज की सबसे मेधावी छात्रा उसकी अन्तरंग सहेली है, अन्य छात्राओं को यह जनाने में भी कनक के अहं को बहुत सन्तोष मिलता था। वह निमिषा की कविताएँ सुनती और उनकी प्रशंसा करती। निमिषा उसके चित्रों को सराहती और उसके उदास आत्मघाती और आवेग-भरे क्षणों में उसका साहस बढ़ाती और दोनों में काफ़ी घनिष्टता हो गयी थी। कनक की माँ और दादी भी निमिषा को बहुत मानती थीं और कई बार उसे शाम को खाने पर रोक लेती थीं। ऐसा भी हुआ कि कनक के ज़ोर देने पर वह रात को भी वहीं रह गयी और कनक की दादी ने नौकर भेज कर उसके घर सूचना भिजवा दी।

लेकिन कनक की और उसकी स्थिति में जो अन्तर था, निमिषा उसे कभी न भूली थी। वह मिसेज़ शर्मा से जैसे अपने मन की बात कर लेती थी, अन्तरंग सहेली होने के बावजूद कनक से कभी न कर पाती थी।

कनक में बेहद दिखावा था। वह सुख-सुविधा और लाड़-प्यार में पली, अपने आपको बहुत लगाने वाली ख़ुद-पसन्द लड़की थी। उसका स्वभाव अजीब अन्तर्विरोधों से भरा था। एक दिन जिसकी प्रशंसा करती, दूसरे दिन उसकी आलोचना करने लगती। कभी उदास, कभी उत्फुल्ल! पल में तोला, पल में माशा! उसकी सर्वाधिक दिलचस्पी केवल अपने आप में थी। वह किसी से नाराज़ हो जाये, इसमें उसे कुछ भी ग़लत न लगता था, लेकिन उससे कोई नाराज़ हो कर मिलना छोड़ दे, यह उसके अहं को स्वीकार न था। कई बार ऐसा भी हुआ कि कनक के किसी रिमार्क या उसके किसी व्यवहार से दुखी हो कर निमिषा घर बैठ गयी। तब कुछ दिन बाद कनक स्वयं उसके घर आ कर उसे ले गयी। ऐसे में कनक हमेशा उसे अपने यहाँ रोक लेती और अपना ख़ुदसर प्यार उस पर निछावर कर देती। यूँ तो निमिषा निहायत गम्भीर लड़की थी, उसके होंट पतले, चेहरा नुकीला और किंचित रूखा था, लेकिन उसकी सबसे बड़ी ख़ूबी उसकी मुस्कान थी। वह जब किसी से प्रसन्न होती तो वह मुस्कान उसके सारे चेहरे को उद्‌भासित कर जाती। कनक उसकी मुस्कान का यह रहस्य जानती थी। हमेशा कोशिश करती कि निमिषा किसी तरह मुस्करा दे और जब निमिषा मुस्करा देती तो कनक समझ लेती कि उसने उसे क्षमा कर दिया है।

कवि-सम्मेलन की शाम निमिषा सचमुच कनक से मन-ही-मन बहुत नाराज़ हो गयी थी। यही कारण था कि विभिन्न स्कूलों में नौकरी के लिए अर्ज़ियाँ भेज-भेज कर ऊबने पर वह कनक के घर जाने के बदले मॉडल टाउन चली आयी थी और दिल न लगने पर भी वहीं बनी हुई थी।

जिस तरह कनक ने गोविन्द की उस दर्द-भरी ग़ज़ल का मज़ाक उड़ाया था, वह निमिषा को बुरा लगा था, क्योंकि वह तो उसके शे'रों से अन्तरतम तक हिल गयी थी। लेकिन वह अपनी सहेली की ख़ुद-पसन्दी, आभिजात्य के मिथ्या गर्व और हाईब्राओपन से

भी परिचित थी। अव्वल तो गोविन्द के शे'रों के साथ उसने स्वयं जो तादात्म्य स्थापित किया था, वह कनक के बस में न था। उसे न माता-पिता के प्यार का अभाव था, न उसने पत्नी के प्रति पति का वैसा आत्मघाती प्यार देखा था, न उसके सम्भावित विछोह की जानलेवा हताशा ही जानी थी, न उसके पास दर्दमन्द दिल था और न वैसी सम्वेदना ही थी। फ़ोन रख कर वह अपनी जगह बैठी तो कवि-सम्मेलन की शाम और रात, जिसमें वह अपनी माँ की बीमारी और पिता की निराशा और हताशा के बारे में सोचती रही थी, उसकी आँखों में कौंध गयी।

और अब फिर कनक ने बुलाया था — प्रदर्शनी देखने — जहाँ गोविन्द भी अपने चित्र भेज रहा था। निमिषा जानती थी कि जब तक उसने गोविन्द को नहीं देखा था, उसके लोच और सोज़-भरे गले से उसके शे'र नहीं सुने थे, वह उसके बारे में कनक का कोई व्यंग्य सुन सकती थी, लेकिन कवि-सम्मेलन की शाम के बाद वह प्यारा-सा उदास मुखड़ा, वह दर्द-भरा स्वर अजाने ही उसके कुछ ऐसे अपने हो गये थे कि उनके बारे में आधी बात भी सुनना उसे स्वीकार न था।....'क्या ऐसा सम्भव नहीं कि वह प्रदर्शनी में न जाये और स्वयं ही गोविन्द से सम्पर्क पैदा करे।' उसने सोचा! मगर उसने इतनी जगह अर्ज़ियाँ दे रखी थीं कि किसी क्षण उसे कहीं से भी कॉल आ सकती थी। यदि वह लाहौर से कहीं बहुत दूर चली गयी तो फिर गोविन्द से मिलना भी मुश्किल हो जायेगा। वह तो उन चित्रों को भी देखना चाहती थी, कनक ने जिनकी इतनी प्रशंसा की थी।....

और निमिषा के सामने वह शाम घूम गयी, जब उसने पहली बार गोविन्द का नाम सुना था और जाना था कि उसके चित्रों ने उसकी सहेली के मन में ईर्ष्या उपजा दी है।

०

बी०टी० की परीक्षा हो चुकी थी। रिज़ल्ट निकलने में अभी देर थी। निमिषा काफ़ी बेचैन रहा करती थी और हर तीसरे-चौथे कनक के जाती थी। एक शाम वह कनक के गयी तो उसने कनक को आराम-कुर्सी पर चुपचाप बैठे पाया था।

ऐसा तभी होता था, जब कनक मानसिक रूप से उद्वेलित हो अथवा प्रयास करने पर भी उसका कोई चित्र उसकी कल्पना के अनुरूप न उतर रहा हो। ऐसे में झुँझला कर वह आराम-कुर्सी पर बैठ जाती थी और अपने दोनों हाथ गोद में रख कर शून्य में मुटर-मुटर तकने लगती थी। उसका दिमाग़ दलदल सरीखा बन जाता था और वह उसमें डूबती चली जाती थी। तब यदि निमिषा वहाँ पहुँच जाती तो कनक पर हमेशा आत्म-भर्त्सना का दौरा पड़ता।

उसे वैसे मूड में बैठे देख कर निमिषा ने एक दृष्टि परे ईज़ल पर अध-बने चित्र, उसके निकट ही स्टूल पर रखे पैलेट पर डाली और आँख उठा कर मुस्कराते हुए पूछा कि क्या बात है जो ऐसे बैठी हो।

कनक पूर्ववत मौन बैठी रही थी। सिर्फ हाथ उठा कर उसने पास ही मूढ़े पर बैठने का संकेत किया था।

निमिषा क्षण भर चुप बैठी रही कि कनक कोई बात करेगी, लेकिन जब उसने होंट नहीं खोले तो वह उठी, उसने कहा, "अच्छा, मैं चलती हूँ। फिर आऊँगी।"

कनक अचानक उठी। एक उदास मुस्कान उसके होंटों पर आयी। निमिषा के दोनों कन्धों पर हाथ रख कर उसे बैठाते हुए उसने कहा था, "आज मन बहुत उदास है।"

"वही तो पूछ रही हूँ," निमिषा ने कहा, "लेकिन तुमने लगता है चुप रहने की कसम खा ली है।"

कनक कहीं बहुत दूर से बोली थी :

"लगता है, मुझमें चित्र-कला की कोई प्रतिभा नहीं।"

कनक उन दिनों अपने चाचा के पार्टनर के छोटे भाई लेफ़्टिनेण्ट हरीश को चाहने लगी थी। चाचा उसे पसन्द नहीं करते थे, निमिषा का ख़याल था कि शायद उस सिलसिले में कोई बात हुई है। कनक का जवाब सुन कर वह हँस दी थी : "मैं तो डर ही गयी थी कि शायद हरीश से तुम्हारा झगड़ा हो गया है।" फिर क्षण भर रुक कर उसने कहा था, "क्यों, तुम तो बहुत अच्छे चित्र बनाती हो। इतनी प्रशंसा हुई है तुम्हारे चित्रों की। उन्हीं के बल पर इस वर्ष तुम 'लाहौर कल्चरल लीग' की तरफ़ से होने वाली प्रदर्शनी की सेक्रेटरी भी चुनी गयी हो। तुम्हीं ने कहा था कि बड़े-बड़ों का एक चित्र नहीं बिकता और तुम्हारे चार-चार बिक चुके हैं।"

उसी उदास मुस्कान के साथ कनक ने कहा था :

"तुम तो जानती हो, पिता जी की कितनी इच्छा है कि मैं चित्रकार बनूँ। बचपन से वे मुझे प्रोत्साहन देते रहे हैं। मुझे लगता है, उनके कहने पर या उन्हें ख़ुश करने के लिए उनके ही छात्र चित्र ख़रीद ले गये हैं या फिर हरीश ने ख़रीदे हैं। यह तो ऐसा ही हुआ, जैसे मैंने ख़ुद ख़रीदे हों।" कनक उदासी से हँसी थी, "वरना मैं कौन ऐसी तोप चित्रकार हूँ कि लोग मेरे चित्र ख़रीदते फिरेंगे।"

निमिषा क्या कहे, उसे कुछ नहीं सूझा। जब-जब उसके चित्र बिके थे, कनक ने परम उत्साह से बड़ी-बड़ी लनतरानियाँ हाँकी थीं। उसने मन-ही-मन लम्बी साँस ली। 'वह ख़ुद चित्रकला में दिलचस्पी रखती है, चाहती है कि सम्भव हो तो ज़िन्दगी काव्य और चित्रकला के लिए समर्पित कर दे, पर उसके पास ज़रा भी सुविधा नहीं, न कोई उसे प्रोत्साहन ही देने वाला है। तुकबन्दी कर लेती है कि उसमें रंग-रोग़न की ज़रूरत नहीं, और यह कनक, जिसे सब कुछ प्राप्त है, बैठी ऊबा करती है और छठे-छमाहे ईज़ल-वीज़ल फेंक देने की बात किया करती है।'

"अच्छे चित्र मैंने आज देखे हैं।" क्षण भर चुप रह कर सहसा कनक ने जैसे अपने आपसे कहा था, "आज रास्ते में मुझे गोविन्द मिल गया...."

"गोविन्द!" निमिषा के स्वर में हैरत थी। यह नाम उसने कनक के मुँह से पहली बार सुना था।

"यहाँ का एक लोकल आर्टिस्ट है। हमारी एसोसिएशन का नया-नया सदस्य बना है। पिछली ही मीटिंग में उससे परिचय हुआ था। रूपकृष्ण और उनकी फ्रांसीसी पत्नी ने उसके चित्रों की प्रशंसा की थी।"

"गोविन्द क्या रूपकृष्ण का शागिर्द है?"

"नहीं। मैं नहीं समझती। इधर रूपकृष्ण के चित्रों की चर्चा लाहौर के कलाकार

हलकों में काफ़ी है। गोविन्द रूपकृष्ण की दुकान के निकट ही पुरानी अनारकली में रहता है, उनसे मिला होगा। उन्हें अपने चित्र दिखाये होंगे।"

"तुमने तो मुझे भी रूपकृष्ण और उनकी फ्रांसीसी पत्नी से मिलाने का वचन दिया था। क्या सचमुच बहुत सुन्दर चित्र बनाती है?"

"वह बड़ी कुशल औरत है।" कनक ने कहा था, "चित्र तो बनाती ही है (पेरिस में रूप जी की क्लास-फ़ेलो थी) हिसाब-किताब भी उतनी ही कुशलता से देखती है। रूपकृष्ण दिन भर दुकान में काम करते हैं, मादाम अन्दर बैठी आँकड़ों से माथा खपाती है। रूपकृष्ण कहते थे कि दुकान और जायदाद का अपना हिस्सा नकद ले कर वे वापस पेरिस चले जायेंगे और कला की साधना में ज़िन्दगी गुज़ार देंगे। जैसे चित्र वे बनाते हैं, उनके लिए लाहौर में स्कोप नहीं।" क्षण भर को वह चुप हो गयी, फिर बोली, "मादाम के चित्र पशु-पक्षियों के हैं। सुन्दर हैं, लेकिन रूपकृष्ण के चित्रों जैसी गहराई और नवीनता उनमें नहीं। मैं एक दिन उन दोनों को यहाँ इनवाइट करने की सोचती हूँ। तभी तुम्हें उनसे मिलाऊँगी। फिर उनके यहाँ भी जायेंगे। ऐसे मिलने में क्या तुक है।"

"मैं दो-चार बार 'रामाकृष्णा बुक शॉप' गयी हूँ। रूपकृष्ण तो नज़र आये, लेकिन मादाम नहीं दीखीं।"

"वे अन्दर बैठती हैं।"

"सुनती हूँ, बहुत सुन्दर हैं।"

"रूपकृष्ण क्या कम सुन्दर हैं!"

"हाँ!" निमिषा ने इतना ही कहा था और चुप हो गयी थी। कनक भी उसी तरह गोद में दोनों हाथ रखे, चुप बैठी रही थी।....वह मँझले कद और दोहरे शरीर की सुन्दर युवती थी। उसका मस्तक चौड़ा, आँखें बड़ी-बड़ी, सुन्दर और ग़िलाफ़ी तथा रंग गोरा था। ऊपर के होंट पर बड़े हल्के, लगभग नज़र न आने वाले, सुनहरी रोएँ थे। किसी दूसरी लड़की के होंट पर होते तो उसे असुन्दर बना जाते, लेकिन कनक के होंट पर वह हल्की-सी सुनहरी रोमावली भी आकर्षक लगती थी।

निमिषा फिर उठने की सोच रही थी कि कनक ने धीरे-धीरे कहना शुरू किया :

"मैं कमर्शियल बिल्डिंग में भाई के लिए लिंक्स लेने गयी थी कि गोविन्द सामने से आता हुआ मिल गया। उसने बताया कि वह उसी बिल्डिंग के पीछे एक गली में रहता है। और उसने अनुरोध किया कि मैं दो पल को चल कर उसके स्टूडियो में कुछ नये चित्र देखूँ और राय दूँ। उसके अनुरोध में कुछ ऐसा विश्वास था कि इनकार करके उसे तोड़ना मुझे अच्छा नहीं लगा और मैं चली गयी।"

"पहली ही मुलाकात में....कहीं बेचारे लेफ़्टिनेण्ट हरीश...." निमिषा हँसी।

लेकिन कनक ने उसकी बात नहीं सुनी, अपनी ही रौ में वह कहती गयी :

"पुरानी अनारकली में गोपाल के ढाबे के पास जो गली है न धोबियों वाली, उसी के दूसरे चौक में रहता है। स्टूडियो तो क्या, छोटे-से नीम-अँधेरे बैठके में उसने ईज़ल सजा रखा है। अन्दर जाते ही उसने कमरे की दोनों खिड़कियाँ खोल दीं, तब भी कोई ख़ास रोशनी नहीं हुई। वह चित्र दरवाज़े के पास ला-ला कर मुझे दिखाता रहा और मैं सोचती

रही कि उस अँधेरे में वह कैसे चित्र बनाता और रंगों के सम्मिश्रण में इतनी बारीकी पैदा करता है। —जब वह चित्र दिखा चुका तो मैंने यही सवाल किया। तब मालूम हुआ कि चित्र तो वह बाहर चौक में बैठ कर बनाता है। कई बार धोबियों के लड़के उसके पीछे आ खड़े होते हैं। उनका एक गधा भी प्रायः चुपचाप उसे चित्र बनाते देखता है। गोविन्द का ख़याल है कि वह ज़रूर पिछले जन्म में कोई आर्ट-क्रिटिक रहा होगा," कनक हँसी, "गोविन्द ने एक चित्र उसी को ले कर बनाया है।"

हठात फिर वह चुप हो गयी और पीछे को लेट गयी।

जब वह काफ़ी देर वैसे ही चुप बैठी रही तो निमिषा ने पूछा :

"स्टिल लाइफ़ की तरह बनाया है गधे का चित्र या ऐक्शन में —याने ढींचू-ढींचू करते हुए!"

यह दूसरी बार निमिषा ने उसकी उदासी दूर करने की कमज़ोर-सी कोशिश की थी। वह थोड़ा हँसी भी थी। लेकिन कनक ने उसके मज़ाक की सनद नहीं दी।

लम्बी साँस भर कर उसने कहा था, "गधे वाला चित्र भी अद्‌भुत है।" वह क्षण भर चुप रही और जैसे वह उस वक्त भी कल्पना में उस चित्र को देख रही हो, उठ कर बैठते हुए उसने धीरे-धीरे कहना शुरू किया —"फ़ोर-ग्राउण्ड में एक चित्रकार —प्रकट ही वह गोविन्द है —चौक में ईज़ल रखे चित्र खींच रहा है। दो नंग-धड़ंग बच्चे और एक गधा उसे चित्र बनाते देख रहे हैं। बच्चों की आँखों में (जो एक-दूसरे के पीछे झिझकते हुए बढ़ आये हैं) हल्का-सा भय भी है और तमाशा देखने का औत्सुक्य भी। गधे की आँखों में क्या है —आलोचना या दया या बच्चों ऐसा सरल औत्सुक्य, यह जान पाना कठिन है —कुछ ऐसा भाव जो एकदम मानवीय हो आया है। परे बैक-ग्राउण्ड के अँधेरे में धोबी और उसकी बीवी कपड़ों की गठरियाँ बाँध रहे हैं।....मुझे वह चित्र बहुत अच्छा लगा....लेकिन जिन चित्रों को देख कर मैं अभिभूत रह गयी, वे उसकी पत्नी के चित्र हैं। डेढ़-दो वर्ष पहले लम्बी बीमारी के बाद उसका देहान्त हो गया था। एक लड़का वह अपने पीछे छोड़ गयी है। गोविन्द ने अपने चित्रों में जैसे अपनी पत्नी को सजीव कर दिया है।"

और वह चुप हो गयी। कुछ क्षण अपने में गुम बैठी रही। फिर लम्बी साँस भर कर बोली, "उन चित्रों को देख कर मुझे लगा निमि, कि मैं तो व्यर्थ ही झख मार रही हूँ। पहली बार मुझे इस बात का एहसास हुआ —गोविन्द तभी ऐसे सुन्दर चित्र बना पाता है कि उसकी ज़िन्दगी में ज़बरदस्त ट्रैजिडी घटी है। उन चन्द बातों से, जो उसने अपनी पत्नी के बारे में मुझे बतायीं, मैंने जाना कि वह बहुत भोली और हँसमुख रही होगी और वह उसे बहुत प्यार करता होगा और मुझे लगा कि पीड़ा और प्यार के बिना कला का जन्म नहीं होता। मेरे जीवन में तो न कोई दुख है, न पीड़ा।"....और ज़रा-सा रुक कर उसने कहा...."और न प्यार....!"

निमिषा कहा चाहती थी, "और हरीश...." लेकिन वह जानती थी कि वह प्यार जितना हरीश की ओर से है, उतना कनक की ओर से नहीं....कनक को अच्छा लगता था कि एक सुन्दर लेफ़्टिनेण्ट उस पर मरता है, वह उसे हल्की-सी ढील भी देती थी, लेकिन अपने होने वाले साथी के बारे में उसके सपने दूसरे थे —उसके सपने नहीं —उसके पिता

प्रोफ़ेसर लाल के सपने, जो उन्होंने ऑटो-सजेशन से अपनी बेटी के दिमाग़ में भर दिये थे —कोई ऐसा पति जिसे आर्ट में रुचि भी हो; जो बहुत धनी भी हो; जो उसे पेरिस और रोम और इंग्लिस्तान ले जा सके; जहाँ के कला-कौशल का वह अध्ययन करे और जहाँ उसके चित्रों की प्रदर्शनियाँ हों और उसका नाम आर्ट के संसार में रैम्ब्राँ या गोगाँ या वान गॉग की तरह गूँज उठे।

उसके सपनों को जानने के बावजूद उसके उदास मूड को दूर करने के लिए निमिषा ने कहा, "तुम पीड़ा और प्रेम चाहती हो, क्यों नहीं इसी कलाकार से प्रेम करतीं।"

हालाँकि उसने मज़ाक किया था, लेकिन कनक बिफर गयी। "प्रेम करने के लिए क्या वह सड़ा टीचर ही रह गया मेरे लिए, जिसे रहने को धोबियों की गली के सिवा कोई जगह नहीं मिली। मुझे उससे प्रेम नहीं। उसके चित्रों को देख कर ज़रूर मुझे ईर्ष्या हुई। प्रेम तो मैं सात जनम उससे नहीं कर सकती। जिस कमरे में वह रहता है, वहाँ दस मिनट बैठना मेरे लिए दूभर हो गया।"

"तो क्या गोविनद टीचर है?" निमिषा के स्वर में हैरत भी थी और कद्रे सन्तोष भी।

"हाँ यहीं किसी स्कूल में पढ़ाता है। पचास-साठ रुपया पाता है और कहीं दूसरी नौकरी खोज रहा है।"

"मैं तो मज़ाक कर रही थी।" निमिषा ने कहा था, "तुम्हारी शादी के सिलसिले में क्या मैं तुम्हारे और तुम्हारे पापा के सपने नहीं जानती? तुमने पीड़ा की बात कही थी, इसलिए, वरना यह इतनी ख़ूबसूरती क्या धोबी-मण्डी में सड़ने के लिए है?"

और वह हँस दी थी।

कनक नहीं हँसी थी। न उसने कोई उत्तर ही दिया था। वह कुर्सी पर पीछे को लेट गयी थी और चुपचाप ईज़ल पर अधबने चित्र को देखने लगी थी।

"तुम बेकार ही हीन-ग्रन्थि का शिकार हो रही कन्नो," निमिषा ने कहा था, "दुनिया में जिन लोगों ने महज़ स्वान्तः सुखाय कला की आराधना की है, तुम्हीं कहा करती हो, उन्होंने महान रचनाओं की सृष्टि की है। कला के लिए ट्रैजिडी कोई ज़रूरी नहीं। सुख-सुविधा में बल्कि और भी अच्छी रचनाएँ सृजी जा सकती हैं। तुम ख़ुद चग़ताई और अमृता शेरगिल की बात किया करती हो और ये तुम्हारे रूपकृष्ण कोई ग़रीब हैं क्या? इतनी बड़ी दुकान और जायदाद के आधे हिस्सेदार हैं।"

वह उठी और कनक का हाथ पकड़ कर उसे उठाते हुए उसने कहा :

"उठो-उठो, बेकार ही मूड ख़राब न करो। न प्यार के लिए अभी समय बीता है, न पीड़ा के लिए। इतनी गर्मी है और तुम बरामदे में बैठी हो, चलो ज़रा लॉन में घूमें।"

और दोनों सहेलियाँ कुछ देर लॉन की मख़मली घास में घूमती रही थीं।

कनक नॉर्मल हो गयी थी। वह निमिषा को अपना एक चित्र दिखाने ड्रॉइंग रूम में ले चली।

"तुम रूपकृष्ण के स्टूडियों में कभी नहीं गयीं।" अन्दर जाने से पहले उसने क्षण भर रुक कर कहा था, "दुकान के बड़े हॉल में जो चौड़ी गोल सीढ़ियाँ ऊपर जाती हैं, वे तो किताबों के गोदाम में खुलती हैं। लेकिन दुकान के साथ की गली से मकान की जो सीढ़ियाँ

चढ़ती हैं, वे रूपकृष्ण और मादाम के कमरों को जाती हैं। बाहर के कमरे में दोनों के चित्र टँगे हैं। जैसा कि मैंने कहा, मादाम के चित्र दो पक्षियों के हैं —वह ख़ुद भी एक छोटी-सी रंग-बिरंगी चिड़िया लगती हैं," और कनक हँसी थी, "लेकिन रूपकृष्ण ने कुछ नये प्रयोग किये हैं। वहाँ एक चित्र टँगा है, जिसमें तीन भयंकर मोटी नंगी औरतें बैठी हैं। उसी से प्रेरणा ले कर मैंने तीन मोटे मर्दों का एक चित्र बनाया है। तुम ज़रा देख कर राय तो दो।"

और ड्रॉइंग रूम में ले जा कर कनक ने अपनी सहेली को एक बड़े-से चित्र के आगे खड़ा कर दिया था।

निमिषा कुछ क्षण तक चुपचाप पूरे ध्यान से चित्र देखती रही थी, फिर उसने चित्र में एक व्यक्ति की ओर संकेत करके पूछा था, "क्या यह दुर्गा मोटा है?"

"हाँ!" कनक हँसी थी, "पहचान लिया तुमने। इसकी ताज़ा फ़िल्म का एक चित्र छपा था, जिसमें वह अण्डरवेयर पहने नंगे बदन बैठा है। यह तो मैंने वहीं से ले लिया। बाकी दो कल्पना से बनाये हैं।"

"ख़ूब बनाये हैं।" निमिषा ने कहा, "और उसने ड्रॉइंग रूम में टँगे अन्य चित्रों पर एक दृष्टि डाली। न जाने कितनी बार निमिषा ने उन्हें देखा था —उनमें एक भी ऐसा न था जो मौलिक रूप से कनक का हो। अपने समय के प्रसिद्ध आर्टिस्टों को मात देने के लिए वह उन्हीं जैसे (अपनी दृष्टि में उनसे बेहतर) चित्र बनाती थी। किसी पर अवनीन्द्र नाथ का, किसी पर गगनेन्द्र नाथ का, किसी पर ख़ास्तगीर का, किसी पर शोभा सिंह का और किसी पर चग़ताई का प्रभाव था। "ज़रूर गोविन्द मौलिक चित्र बनाता होगा," निमिषा ने मन-ही-मन सोचा और उसने तय किया कि उसे कभी सुविधा मिली तो वह भी मौलिक चित्र बनायेगी, जो भले ही त्रुटिपूर्ण हों, पर हों उसके अपने।

कनक उसकी प्रशंसा से प्रसन्न हो आयी थी। "यदि रूपकृष्ण ने तीन मोटी औरतों वाला वह चित्र प्रदर्शनी में भेजा तो मैं अपना यह तीन मर्दों वाला ज़रूर भेजूँगी।" उसने हँस कर कहा।

"रूपकृष्ण वाला तो मैंने देखा नहीं, पर यह बहुत ज़ोरदार बना है," निमिषा ने कहा था, फिर सहसा पूछा था, "गोविन्द को क्या सलाह दे आयी हो?"

"उसने अपनी पत्नी के जो चित्र बनाये हैं, मैंने तो उन्हीं को भेजने की राय दी है। तीन-तीन चित्र सब को भेजने हैं। वह गधे वाला चित्र भेजना चाहता था, पर मैंने राय नहीं दी। अपनी पत्नी के जो चित्र उसने बनाये हैं, वे बहुत सुन्दर हैं। वह यही सोचता था कि बड़े आर्टिस्टों के चित्रों में वे कहीं खो न जायें। मैंने उसे विश्वास दिलाया कि मैं ख़ुद अपने संयोजक पाराशर साहब से कह कर उन्हें ऐसी जगह टँगवाऊँगी कि उन पर अनायास नज़र जा पड़े। इतने ही से वह ख़ुश हो गया और मुझे पुरानी अनारकली के चौरस्ते तक छोड़ने आया। टॉरण्टन मार्केट के सामने ज़रा-सा रुक कर उसने मुझे धन्यवाद दिया और इतने से ही शरमा गया।"

कनक हँस दी। वह एकदम नॉर्मल हो गयी थी।

"तुमने गोविन्द के चित्रों की इतनी तारीफ़ की है कि मेरा मन भी उन्हें देखने को हो आया है," निमिषा ने कहा।

हँस कर उसके कन्धे को थपथपाते हुए कनक ने कहा था, "चित्र भी दिखा दूँगी और चित्रकार से भी मिला दूँगी।"

०

ड्राइंग रूम की लगभग छत तक ऊँची खिड़की की सीट पर बैठे निमिषा की आँखों में उस शाम की घटना अपने छोटे-से-छोटे ब्योरे के साथ सजीव हो उठी। उस शाम वह अपनी सहेली के यहाँ से लौटी थी तो अजाने ही उस कलाकार के बारे में सोचती आयी थी, जिसने उसकी गर्वीली और हाईब्राओ सहेली को यूँ प्रभावित किया था। तब उसे लगा कि कनक चाहे लाख बने, चाहे वह कभी उससे शादी करने की न सोचे, पर दिल-ही-दिल में वह उसे कहीं चाहने लगी है। लेकिन जब कुछ हफ़्तों बाद उसने लाजपत राय हॉल के उस मुशायरा-नुमा कवि सम्मेलन में उसे स्वयं देखा, सुना तो अपनी उसी सहेली से वह इसलिए रूठ गयी कि उसने गोविन्द के आर्द्र हो जाने का मज़ाक उड़ाया था।....'तो क्या कनक नहीं, वही उसे चाहने लगी है?'....हठात निमिषा मन में उठे इस प्रश्न का कोई उत्तर न दे पायी। वह सिर्फ़ इतना जानती थी कि उस व्यक्ति में कुछ ऐसा था —उसके स्वर में, उसके शे'रों में, उसके व्यक्तित्व में, जो उसे अपनी ओर खींचता था।

बाहर उसे बजरी पर मिसेज़ शर्मा की कार की आवाज़ सुनायी दी। निमिषा उठी। उसने अटैची उठाया। अपना फ़ालतू जोड़ा, कंघी और ब्रश उसमें रखा। वह अटैची बन्द कर रही थी, जब मिसेज़ शर्मा ड्राइंग रूम में आ गयीं।

"ममी, मैं आप ही का इन्तज़ार कर रही थी। मैं अब जा रही हूँ।"

"क्या कहीं से कॉल आ गयी?"

"नहीं कॉल तो नहीं आयी। कनक का फ़ोन आया था। कल से लोरैंग्ज़ में 'लाहौर कल्चरल लीग' की ओर से तीन दिन तक चित्र प्रदर्शनी लग रही है। कनक चाहती है कि मैं भी उसके साथ रहूँ।"

पाँच

प्रदर्शनी का अन्तिम दिन था। निमिषा रोज़ की तरह 'लाहौर कल्चरल लीग' के हॉल में पहुँच गयी।

माल रोड पर साम्राज्ञी विक्टोरिया की मूर्ति के सामने जो रास्ता मज़ंग को जाता था, उसके दायीं ओर प्रसिद्ध होटल लोरैंग्ज़ था। उसके साथ ही एक बड़े-से हॉल में प्रदर्शनी थी। हॉल वास्तव में लोरैंग्ज़ ही का था, लेकिन चूँकि होटल के मालिक लीग के सरपरस्त थे, इसलिए लीग के दफ़्तर का वही पता था।

निमिषा और कनक ज़रा पहले पहुँच गयी थीं। कुछ ही देर बाद कारें और ताँगे माल पर आ कर रुकने लगे और दर्शक-गण एक-एक दो-दो, चार-चार की संख्या में आने लगे। 'लाहौर कल्चरल लीग' 'पंजाब लिट्रेरी लीग' का ही एक विंग थी। उसके सदस्य उच्च

वर्ग के बुद्धिजीवी थे — बड़ी ऊँचाई से साहित्य अथवा कला पर बात करने वाले — साफ़-सुथरे क्रीज़ किये हुए सूट, खुले गले और आस्तीनों में सुन्दर चमचमाते कफ़-लिंक्स वाली सिल्क की कमीज़ें या फिर अचकन-पायजामे, फ़्लेक्स के जूते पहने मर्द और कीमती साड़ियों, बाँहों पर एकाध चूड़ी या कलाई-घड़ी और गले में कीमती हारों में सुसज्जित, नाप-नाप कर कदम रखती महिलाएँ — इस जेण्ट्री में कभी-कभार ही अन्दरून शहर का कोई निम्न-मध्यवर्गीय बुद्धिजीवी नज़र आता था।

पहले दिन चीफ़ जस्टिस ने प्रदर्शनी का उद्घाटन किया था। आर्टिस्टों में ख़ान अब्दुलरहमान चग़ताई और रूपकृष्ण दम्पति आये थे। निमिषा ने पहली बार चग़ताई साहब को देखा था। वे लम्बे ऊँचे दोहरे बदन के पठान थे। उनके गोल चेहरे पर मोटे ब्रश की-सी मूँछें थीं, जो उनके चेहरे पर फबती थीं। खुले गले की कमीज़, पैण्ट और काली कश्मीरी टोपी....आँखें उनकी गहरी थीं और उनमें कुछ अजब-सा विस्मय भाव था। उन दिनों पंजाब के कला-क्षेत्र में उनकी तूती बोलती थी। घर के अमीर थे और शौकिया आर्ट की परस्तिश करते थे। चग़ताई साहब के चित्रों में औरतें तंग चूड़ीदार पायजामों या ज़मीन पर घिसटते ग़रारों, गले तक बन्द फतूहियों और सिर के ऊपर से ज़मीन तक लटकते बुर्कों में आवृत रहती थीं। सिर्फ़ उनके चेहरे से नकाब उठा रहता था — तीखी आर्याई नाक, नुकीले सुन्दर चेहरे, बड़ी-बड़ी आम की फाँकों-सी आँखें, ग़िलाफ़ी पलकें, गर्दन को ढँकती लम्बी ज़ुल्फ़ें और लम्बी सुकोमल उँगलियाँ! उनकी नाज़नीनों के वक्ष यदि कुछ चित्रों में निरावरण थे तो अतिरिक्त उभार और नुकीलापन लिये हुए — पचासों चित्रों में चग़ताई के चित्र अनायास पहचाने जाते थे।

चग़ताई साहब के साथ कलफ़ लगी शलवारें-कमीज़ें, बन्द गले के कोट पहने और तुर्रेदार पगड़ियाँ सजाये गवर्नर की कौंसिल के दो-तीन मेम्बरों, सूट-बूट पहने अध्यापकों, अचकन और शलवार पहने शायरों और आर्टिस्टों का एक दल आया था। जब चीफ़ जस्टिस ने रिबन काटा था और लोग अन्दर दाख़िल हुए थे तो कनक ने निमिषा को चग़ताई साहब का परिचय दिया था।

उन दिनों चग़ताई साहब ग़ालिब के दीवान को सचित्र छापने की योजना बना रहे थे। इसीलिए उनके साथ अदीब और शायर भी थे। दूसरों की तस्वीरों पर एक सरसरी दृष्टि डाल कर जब सारा गिरोह उस जगह इकट्ठा हो गया था जहाँ उनकी तीन तस्वीरें टँगी थीं, तब उनके साथ आने वालों ने एक-मुख से उनकी प्रशंसा की और चग़ताई साहब उन्हें अपनी कला की बारीकियाँ बताने लगे।

निमिषा एक तरफ़ खड़ी थी। वे क्या समझा रहे हैं, उसने नहीं सुना था। उनके जाने के बाद उसने चित्र देखे थे। उसे चग़ताई साहब के तीनों चित्र अच्छे लगे थे। तीनों चित्र ग़ालिब के तीन शे'रों को व्याख्यायित करते थे —

पहले में बहुत चौड़े माथे पर, काफ़ी पीछे को खिसकी हुई पगड़ी बाँधे (जो प्रकट ही शराब की मस्ती में खिसक गयी थी) काली क़बा बेपरवाही से पहने (जिस कारण उसमें से मलमल का कुर्ता झाँक रहा था) दायें अँगूठे और उँगलियों के बीच बड़ी नज़ाकत से मिट्टी का प्याला थामे, छोटी-सी गोल दाढ़ी, शरई मूँछों और पगड़ी के नीचे लम्बी ज़ुल्फ़ें सँवारे, एक अधेड़ नशेड़ी का बस्ट था। उसकी बड़ी-बड़ी ग़िलाफ़ी पलकों में बेपनाह नशा

था और नीचे लाल रोशनाई में शे'र लिखा था :

मय से ग़रज़ निशात है किस रू-सियाह को
इक गूनः बे-ख़ुदी मुझे दिन रात चाहिए[१]

दूसरा चित्र बहुत ख़ूबसूरत था। उसमें एक सद्य-स्नातः गोरी युवती समुद्र की दो उल्टी महोर्म्मियों-सा निरावरण वक्ष लिये बैठी शृंगार कर रही थी। उसके बालों की एक लम्बी लट उसके सीने पर से होती हुई फ़र्श तक आ गयी थी। मोतियों की एक लड़ी फ़र्श पर पड़ी थी और युवती बालों में मोती पिरो रही थी। उसके पास ही सिर से पैर तक कपड़ों में ढँकी और बेहद उदास श्याम वर्ण युवती बैठी थी। नीचे शे'र लिखा था :

वाँ ख़ुद-आराई को था मोती पिरोने का ख़याल
याँ हुजूम-ए-इश्क से तारे-ए-निगह नायाब था[२]

तीसरे चित्र में एक टीले के पीछे छिपे लड़के मजनूँ पर पत्थर चला रहे थे। वह दोनों हाथ पीछे ज़मीन पर टिकाये बैठा था। एक पत्थर उसकी गोद में आ गिरा था। नीचे शे'र था :

मैंने मजनूँ पे लड़कपन में असद
संग उठाया था कि सर याद आया

शोभासिंह न पहले दिन आये थे, न दूसरे दिन। तीन चित्र उनके भी लगे थे। उनके मर्द-औरतें ठेठ पंजाबी थीं। कलम में हल्का-सा पुराना क्लासिकी टच था। लेकिन पहचान उनकी भी अपनी विशिष्ट थी। उनका चित्र 'सोहनी महीवाल' निमिषा को बहुत अच्छा लगा था। लगता था, आर्टिस्ट ने सोहनी-महीवाल के मिलन को सजीव कर दिया है। सोहनी घड़े के सहारे नदी तैर कर गीले कपड़ों के साथ दायें हाथ में घड़ा थामे, जैसे बेहद थकी चनाब से निकली थी। महीवाल लम्बा, ख़ूबसूरत जवान, उसे दायीं बाँह के घेरे में बाँधे, बाँये हाथ से तहमद ज़रा-सा उठाये था। दोनों नदी का किनारा चढ़ रहे थे। — उस लोक-कथा की सारी रोमानियत और उदासी शोभासिंह ने चित्र में अंकित कर दी थी।

जब चीफ़ जस्टिस के साथ आने वाली जेण्ट्री चली गयी थी, तो रूपकृष्ण मादाम को एक-एक चित्र दिखाते हुए हॉल में घूम गये थे, निमिषा को मादाम बहुत अच्छी लगी थी — तीखी लम्बी नाक, पतले तरशे होंट, चंचल बेचैन आँखें, पतली-दुबली, किसी चंचल चपल चिड़िया-सी गुटकनी! पक्षियों के तीन चित्र उसके भी लगे थे।

रूपकृष्ण के चित्र पंजाब के नहीं लगते थे। वे कहीं के भी हो सकते थे। उन्होंने वह मोटी नंगी औरतों वाला चित्र भी भेजा था। उन दोनों के जाने के बाद निमिषा कितनी ही देर तक वह चित्र देखती रही थी — कैनवस पर तीन अत्यन्त मोटी भद्दी औरतें नंगी बैठी बतिया रही थीं। पहली दृष्टि में चित्र कुछ अजीब-सी जुगुप्सा और वितृष्णा जगाता था, लेकिन फिर दूसरे चित्रों पर भटकती हुई निगाह उन्हीं मोटी भद्दी नंगी औरतों पर जम जाती थी — अजीब-सा आकर्षण-विकर्षण उस चित्र में था।

---

१. किस कल-मुँहे को शराब से ऐश और उल्लास चाहिए। मैं तो दिन-रात एक तरह की बेख़ुदी (आत्म-विस्मृति) चाहता हूँ।

२. वहाँ अपना बनाव-सिंगार करने वाली को मोती पिरोने की पड़ी थी और यहाँ ग़म की मारी के आँसुओं में दृष्टि का तार ही लुप्त हो गया था।

लेकिन इन तमाम चित्रों को देखते हुए भी निमिषा का मन उनमें नहीं था। वह गोविन्द के चित्र देखने को उत्सुक थी, लेकिन वह उतावलापन भी न दिखाना चाहती थी और न कनक का साथ छोड़ कर स्वयं उन्हें ढूँढना ही चाहती थी। वह नहीं चाहती थी कि कनक उसे गोविन्द के चित्रों को अकेले में सराहते हुए देख ले। जाने कैसा चोर उसके मन में आ बैठा था।

लेकिन कनक हरीश और उसके मित्रों में घिरी थी, जो बेतहाशा उसके तीन मोटे मर्दों की प्रशंसा कर रहे थे। सहसा हरीश ने चित्र के नीचे कीमत की चिट देखी और जेब से १०० के नोट निकाल कर बड़े अदब से कनक को पेश किये। "यह चित्र मेरा हो गया।" उसने कहा।

कनक जो सहज भाव से बतिया रही थी, एकदम जैसे आसमान पर जा बैठी। बड़ी ऊँचाई से उसने कहा, "मैं तो तस्वीरें नहीं बेचती, रुपये आप काउण्टर पर संयोजक को दे आइए, लेकिन चित्र को दो दिन प्रदर्शनी में रहने दीजिएगा। पाराशर इस पर 'सोल्ड' की चिट लगा देंगे।"

हरीश अपने दोस्तों के साथ काउण्टर पर रुपये जमा कराने वाला गया तो फिर नहीं आया। कुछ क्षण बाद प्रदर्शनी के संयोजक पाराशर साहब आये थे और कनक को बधाई देते हुए 'सोल्ड' की चिट तस्वीर पर लगा गये थे। हरीश ने बाहर जाते हुए कनक की ओर देख कर ज़रा-सा हाथ हिला दिया था। तब औपचारिक रूप से कृत्रिम मुस्कान होंटों पर ला कर हाथ हिलाते हुए कनक ने दबी ज़बान से निमिषा को अंग्रेज़ी में कहा, "ही ऑफ़र्ड मी मनी, एज़ इफ़ ही वॉज़ नाट बाईंग माई पेण्टिंग, बट मी!....ये मिलिट्री वाले भी...." उसने व्यंग्य में मुँह बिचकाया था, "ये कला की बारीकी क्या समझेंगे!"

निमिषा को उसका रिमार्क बहुत बुरा लगा था; लेकिन उसने कुछ कहा नहीं, तीखी नज़र से कनक की ओर देखती रह गयी थी। जाने उन निगाहों में क्या था कि कनक कुछ परेशान हो गयी और अपनी परेशानी को छिपाने के लिए उसने कहा, "तुमने गोविन्द के चित्र तो देखे ही नहीं, आओ तुम्हें उसके चित्र दिखायें।"

और वह उसे वहाँ ले गयी, जहाँ गोविन्द के चित्र लगे थे। वही तीन चित्र थे — गोविन्द की पत्नी के —जिनका कनक ने उल्लेख किया था। उसकी निगाहें पहले चित्र पर जम गयीं।

निमिषा ने देखा — एक सीधी, सरल, हँसमुख युवती का बस्ट था, जिसने साड़ी और पुलोवर पहन रखा था। साड़ी का पल्लू पुलोवर की बायीं ओर से निकल कर सिर के आधे हिस्से को ढँकता हुआ पीछे ग़ायब हो गया था। बाल बायीं ओर से कढ़े थे। वहीं क्लिप की मदद से लहरिया-सा बनाते हुए दायें कान को ढाँपे थे। वही कान की लौ से सुनहरी बुन्दा लटक रहा था। होंट असमंजस-भरी मुस्कान में खुले थे, जिनमें से बत्तीसी झलक रही थी।

तस्वीर की ख़ूबी यह थी कि सारा चित्र नीम-अँधेरे में था। पुलोवर की लाल धारियाँ भी मद्धम नज़र आती थीं, साड़ी का पल्लू भी नुमायाँ नहीं था। सिर्फ़ चेहरे पर रोशनी कुछ ऐसे पड़ रही थी कि मुस्कान में खिले, दँदासे से रँगे होंटों का असंमजस, दाँतों के मोतियों

की चमक, चौड़े माथे का तीन चौथाई भाग, उसमें चमकती गोल बिन्दी, बालों का लहरिया और दायें कान में लटकता सुनहरी बुन्दा — बस यही कुछ नुमायाँ था और इनमें से हर डिटेल अपनी ओर ध्यान खींचता था।

दूसरा और तीसरा चित्र भी उसी युवती का था — लेकिन इससे पहले कि निमिषा उन्हें देखती, कनक बोली, "इन चित्रों में तुमने प्रकाश-छाया के प्रयोग को मार्क किया है? मैं लगातार सोचती रही हूँ कि प्रकाश-छाया का यह इस्तेमाल गोविन्द ने कहाँ से सीखा है? पिता जी ने मुझे जो दो पुस्तकें लन्दन की 'नैशनल आर्ट गैलरी' से मँगा कर दी थीं, मैं उन्हें देख रही थी कि सहसा मैंने महसूस किया कि उन चित्रकारों ने प्रकाश-छाया के ये प्रयोग किये हैं। गोविन्द के इन चित्रों को देख कर रैम्ब्राँ की याद हो आती है। ज़रूर उसने वहीं से प्रेरणा ली है। रैम्ब्राँ ने अपनी पत्नी सास्किया और अपनी प्रेयसी स्टाफ़ल्ज़ के ऐसे ही चित्र बनाये हैं। मैंने भी माँ का जो चित्र बनाया है, उसमें प्रकाश-छाया की यही व्यवस्था रखी है।"

और वह निमिषा को फिर अपने चित्रों के पास ले आयी थी और अपनी माँ के चित्र की ओर संकेत करके उसने सोत्साह पूछा था, "कैसा बना है?"

"सुन्दर है!" निमिषा ने कहा था।

दूसरा चित्र वही तीन मोटे नंगे मर्दों वाला था। तीसरे में टोकरी में गेंदे के फूल सजे थे। निमिषा ने तीनों चित्र कनक के ड्रॉइंग रूम में देख रखे थे।

तभी प्रोफ़ेसर लाल के कुछ छात्र और छात्राएँ आ गयी थीं और उन्होंने कनक को घेर लिया था। उन्होंने इस बात पर उसे बधाई दी थी कि सारी प्रदर्शनी में उसी के चित्र पर सोल्ड की चिट लगी है। वे उसके मोटे भद्दे मर्दों वाले चित्र को रूपकृष्ण के नंगी औरतों वाले चित्र से बेहतर बता रहे थे और चूँकि चित्र ख़रीदने वाले के बारे में कनक ने अनभिज्ञता प्रकट कर दी थी, वे उस अजाने ख़रीदार की सुरुचि की दाद दे रहे थे। कनक अपनी माँ के बस्ट की प्रशंसा कर रही थी और उसकी और रैम्ब्राँ की कला में जो अन्तर था, उसे रेखांकित कर रही थी। निमिषा उस भीड़ से चुपचाप खिसक कर वहाँ चली गयी थी, जहाँ गोविन्द के चित्र लगे थे।

गोविन्द के दूसरे चित्र में उसी युवती का एक ख़ूबसूरत प्रोफ़ाइल था। उसी साड़ी और पुलोवर में। वही कानों का बुन्दा इसमें भी था, लेकिन इस प्रोफ़ाइल में युवती के ज़रा से ख़ुले होंटों में कुछ अजीब-सा शरारत-भरा भोलापन और आँखों में हल्की-सी चुनौती-भरी शोख़ी थी। इस चित्र में बुन्दा भी अँधेरे में था। नुमायाँ था सिर्फ़ आँखों और होंटों का नटखट भाव।

तीसरे चित्र में वही युवती शलवार-कमीज़ में खड़ी थी। हवा में उड़ते हुए दुपट्टे को सँभालने की कोशिश में उसके चेहरे पर अजीब-सी लज्जा-भरी परेशानी झलक आयी थी, जिसे कलाकार ने रोशनी और छाया के चतुर प्रयोग से उभार दिया था।

निमिषा जानती थी कि गोविन्द ने उन चित्रों में अपनी दिवंगत पत्नी को ही मूर्त रूप दिया है। वह पूरे ध्यान से चित्रों को देख रही थी। उसके मन में कहीं बार-बार यह ख़याल आता था — काश, गोविन्द आ जाये और उसे यूँ तन्मय भाव से चित्र निहारते हुए देख

ले!

लेकिन न वह पहले दिन आया था और न दूसरे दिन और निमिषा सोच रही थी कि वह उस अन्तिम दिन भी दिखायी देगा या नहीं।

०

दो दिन लगातार वह छोटी-सी चित्र प्रदर्शनी देखने के बाद दरअसल निमिषा को उसमें कोई दिलचस्पी नहीं रह गयी थी —सिवा इसके कि यदि गोविन्द आ जाये तो वह उससे मिल ले, उसका परिचय पा ले। मन-ही-मन उसने कई बार वे वाक्य दोहराये थे जो मिलने पर वह उससे कहने की सोचती थी —'गोविन्द जी, आपकी ग़ज़ल सुनने के बाद मैं तो आपको सेंसिटिव कवि समझती थी, पर आप तो ग़ज़ब के आर्टिस्ट निकले,' या 'गोविन्द जी, कनक ने बताया है, इन चित्रों में आपने अपनी दिवंगत पत्नी को उकेरा है, वे बहुत ही अच्छी होंगी कि आप को ऐसे सुन्दर चित्र बनाने की प्रेरणा मिली।'....और निमिषा का दिल धड़क रहा था कि यदि अन्तिम दिन भी गोविन्द न आया तो वह कैसे अपनी निराशा कनक से छिपा पायेगी।

शाम गहराती जा रही थी। अपने बेहतरीन कपड़ों में सुसज्जित बड़े घरों के लोग प्रदर्शनी देख रहे थे। उन्हें देख कर लगता था, जैसे वे प्रदर्शनी देखने नहीं, ख़ुद को दिखाने आये हों। कीमती साड़ियाँ और कीमती ज़ेवर पहने बैरिस्टरों और जजों की बीवियाँ या लड़कियाँ धाराप्रवाह अंग्रेज़ी बोलती हुई प्रदर्शनी में घूम रही थीं। किसी चित्र के सामने खड़ी हो कर वे निहायत घरेलू किस्म की बातें करने लगतीं तो निमिषा को बड़ी कोफ़्त होती। कभी वह सोचती, यह कैसा कलाकार है, जो प्रदर्शनी में चित्र भेजने को इतना उत्सुक था और एक बार भी अपने चित्र वहाँ लगे देखने नहीं आया। उसकी जगह वह होती तो तीनों दिन आती, देखने वालों को अपनी कला की बारीकियाँ समझाती और दाद पाती।

दूसने दिन कनक के दूसरे चित्र पर भी 'सोल्ड' की चिट लग गयी थी। चग़ताई साहब के तीनों चित्र बिक गये थे। मालूम हुआ कि एक तो चीफ़ जस्टिस ने ख़रीद लिया है और शेष दो पहले दिन आने वाले गवर्नर की कौंसिल के सदस्यों ने। तब निमिषा ने रात सोचा था कि वह गोविन्द का एक चित्र ख़रीद लेगी। जब वह आयेगा और अपने चित्र पर 'सोल्ड' की चिट लगी देखेगा तो उसे कितनी ख़ुशी होगी। अपनी छात्रवृत्ति और जेब-ख़र्च से पिछले तीन-चार वर्षों में उसने सौ-सवा सौ रुपये जोड़ रखे थे। अन्तिम दिन गोविन्द का एक चित्र ख़रीदने के ख़याल से वह यह राशि साथ लेती गयी थी। प्रदर्शनी में जाते ही, उसने सबसे पहले गोविन्द के चित्रों के पास जा कर उनकी कीमत जाननी चाही तो उसे यह जान कर हैरत हुई कि उन पर दाम की कोई चिट न लगी थी। वह काउण्टर पर गयी और उसने पाराशर साहब से उनकी कीमत पूछी तो उन्होंने कहा कि वे चित्र बिकाऊ नहीं हैं, कि चित्रकार ने उन्हें बेचने से मना कर दिया है।

निमिषा को बहुत निराशा हुई। फिर उसने सोचा तो उसे लगा कि गोविन्द ने ठीक ही किया था जो इन चित्रों को बेचने से इनकार कर दिया। ये चित्र उसकी प्यारी पत्नी की निशानी थे। जाने वह उन्हें कितना प्यार करता होगा, जाने कितने दर्द और पीड़ा से उसने उन्हें सृजा होगा। वह काउण्टर से पलटने वाली थी कि एक लड़की तेज़-तेज़ आयी और

उसने पर्स से पचास रुपये के नोट निकाल कर काउण्टर पर रखे और कहा, "मैं कनक लाल का गेंदे के फूलों वाला स्टिल ख़रीदना चाहती हूँ।"

"दैट्स सोल्ड!" पाराशर साहब ने कहा।

"कब?" लड़की ने कहा।

"कल ही बिक गया।"

"कनक जी के सब चित्र बिक गये?"

"नहीं, 'मदर' नहीं बिका।"

"वही मुझे दे दीजिए।"

"उसकी कीमत सौ रुपये है।"

लड़की ख़ुश हो गयी और उसने पचास रुपये और काउण्टर पर गिन दिये।

"आप कल दस बजे आ कर चित्र ले जा सकती हैं।" पाराशर साहब ने अंग्रेज़ी में कहा और 'सोल्ड' की चिट ले कर चले गये।

निमिषा उस लड़की से पूछना चाहती थी कि क्या वह गवर्नमेण्ट कॉलेज में पढ़ती है और प्रोफ़ेसर लाल की छात्रा है, लेकिन लड़की नहीं रुकी। रुपये दे कर खट-खट वापस चली गयी।

निमिषा वापस आयी तो कनक हरीश और प्रोफ़ेसर लाल के कुछ छात्र-छात्राओं में घिरी थी। पाराशर साहब उसके चित्र पर 'सोल्ड' की चिट लगा रहे थे।

"तुमने अपनी माँ का चित्र बेच दिया?"

"क्यों?" कनक ने हैरत से पूछा।

"गोविन्द ने अपने चित्रों को बेचने से मना कर रखा है।"

कनक व्यंग्य से हँसी, "गोविन्द कहाँ का चित्रकार है," उसने अपने गिर्द खड़े प्रशंसकों को सुना कर कहा, और फिर अंग्रेज़ी में बोली, "वह शौकिया चित्रकार है, पेशेवर चित्रकार बनना उसके भाग्य में नहीं, लेकिन मैं तो पेशेवर चित्रकार बनना चाहती हूँ और वक्त आयेगा कि मेरे चित्र सारी दुनिया में बिकेंगे।"

निमिषा अपनी सहेली की मूर्खतापूर्ण अहम्मन्यता पर मन-ही-मन हँसी। दो चित्र तो उसके हरीश ही ने ख़रीदे थे और तीसरा, निमिषा को पूरा विश्वास था, उसके पिता की कोई छात्रा ख़रीद ले गयी थी। अभी दो दिन पहले हरीश के चित्र ख़रीदने पर कनक नाक-भौं चढ़ा रही थी और अब उसी पर ख़ुश हो रही थी।....लेकिन मन का ग़ुस्सा उसने मन ही में दबा लिया। अपने हृदय से रक्त से बनाये अपनी पत्नी के चित्र गोविन्द ने वहाँ लगा तो दिये थे, लेकिन उन्हें अमूल्य मान कर उनकी कीमत निर्धारित नहीं की थी, इस बात ने निमिषा की नज़रों में उस कलाकार का वकअत कहीं बढ़ा दी थी।

स्वान्तः सुखाय और पेशे के तौर पर कला की साधना में अन्तर पर कनक बड़ी ऊँचाई से (जैसे वह अपने तीनों चित्र बेचने में सफल हो कर चग़ताई के समकक्ष जा बैठी हो) अपने बहुमूल्य विचार प्रकट कर रही थी, जब गोविन्द अपने तीन-चार मित्रों के साथ मुख्य दरवाज़े से दाख़िल हुआ। निमिषा की पीठ दरवाज़े की ओर थी और कनक ऐसे खड़ी थी कि वह बाहर से आने वालों पर नज़र रख सकती थी। सहसा अपनी बात करते-करते

क्षण भर रुक कर उसने निमिषा से कहा, "वह रहा तुम्हारा गोविन्द! अब आया है, जब प्रदर्शनी ख़त्म होने को है। सफ़रिंग फ्रॉम अ ट्रेमेण्डस इनफ़ीरियॉरिटी कॉम्प्लेक्स!"

और उधर ज़रा-सा पहलू मोड़ कर वह फिर अपने श्रोताओं को अपने बहुमूल्य विचार देने लगी।

निमिषा का चेहरा लाल हो आया। शायद कनक ने बिना कहे उसके मन की बात जान ली थी, क्योंकि प्रदर्शनी से पहले चाहे निमिषा ने अन्यमनस्कता दिखायी हो, बाकी दिन तो जब कनक उसके यहाँ गयी, उसे बिलकुल तैयार पाया और प्रदर्शनी को आते अथवा वहाँ से वापस जाते हुए अनजाने वह गोविन्द या उसकी पत्नी, उसके शे'रों या उसके चित्रों के बारे में बात करने लगती, जैसे दूसरा कोई विषय ही उसके पास नहीं था।

दूसरा मौका होता तो वह कहती —'मेरा क्यों तुम्हारा होगा!' लेकिन वह कह नहीं सकी। हृदय के किसी तारीक गोशे में कोई हल्की-सी जोत जगमगा उठी थी, जिसका सम्बन्ध उस कलाकार से था, यह वह जानती थी। इतने दिनों से न जाने वह उसके बारे में क्या-क्या न सोच गयी थी। इसलिए किसी तरह का प्रत्युत्तर दिये बिना निमिषा ने आँखें उठा कर देखा था —खुले कॉलर की धारीदार कमीज़, ग्रे रंग की किंचित क्रीज़-विहीन पैण्ट और पेशावरी चप्पल पहने गोविन्द निहायत साधारण कपड़ों में चला आया था और अपने तीन-चार मित्रों के साथ दरवाज़े में खड़ा, बाहर किसी से कुछ कह रहा था। दूसरे क्षण वह मुड़ा, वे लोग अन्दर आये और पहले ही चित्र के आगे खड़े हो गये। उसके घुँघराले बाल, गेहुँआ रंग और उसकी गहरी उदास आँखें उन साधारण कपड़ों के बावजूद उसे कुछ अलग व्यक्तित्व प्रदान कर रही थीं। निमिषा का दिल ज़ोर-ज़ोर से धड़कने लगा।

तभी गोविन्द अपने किसी मित्र की बात पर ठहाका मार कर हँसा। निमिषा को वह ठहाका खोखला-सा लगा और उसे महसूस हुआ जैसे वह एक मुखौश है, जिसे उसने दुनिया की निगाहों से अपनी पीड़ा को छिपाने के लिए ओढ़ लिया है। हॉल में जो थोड़े सम्भ्रान्त स्त्री-पुरुष प्रदर्शनी देख रहे थे, वे सब-के-सब चौंक कर उधर देखने लगे। उनके चेहरे के तेवर जैसे मूक भाषा में उस बदतमीज़ी की भर्त्सना कर रहे थे।

गोविन्द और उसके साथी उन लोगों की प्रतिक्रिया से बेपरवाह, अपने में मस्त, चित्र देखते और उन पर रायज़नी करते हुए हॉल में घूमने लगे। लगता था, वे लोग जान-बूझ कर प्रदर्शनी की समाप्ति पर आये थे, जैसे उस नितान्त सम्भ्रान्त और ऊँचे वातावरण में अपनी अनुपयुक्तता से वे बेख़बर नहीं थे, लेकिन बिना उसकी परवाह किये वे चले आये थे। क्योंकि कनक के चित्रों तक आते-आते जाने किस बात पर वे उसी तरह हँसे थे। गोविन्द का ठहाका सब से ऊँचा था, लेकिन निमिषा को लगा कि वह सबसे ज़्यादा खोखला है।

जब वे कनक के चित्रों के करीब आये तो कनक और उसके साथी ज़रा-सा परे हो गये। निमिषा का ख़याल था कि कनक गोविन्द से उसका परिचय करा देगी, लेकिन वह अपने प्रशंसकों से कुछ इस तन्मयता से बातें करने लगी, जैसे न उसने गोविन्द को हॉल में आते देखा हो और न उसे इस बात का ज्ञान हो कि वह उसके चित्र देख रहा है।

तब उसके जी में आयी कि वह ख़ुद ही जा कर गोविन्द से बात करे। उसकी ग़ज़ल

और चित्रों की प्रशंसा करती हुई अपना परिचय दे दे।....फिर उसने सोचा, अपनी डायरी पर उसका ऑटोग्राफ़ ले ले।....लेकिन उसके दोस्तों और कनक की उपस्थिति में उससे कुछ नहीं हुआ। उसने यह भी सोचा कि गोविन्द कोई प्रसिद्ध कलाकार तो है नहीं, उसके ऑटोग्राफ़ लेने पर कनक ज़रूर उसका मज़ाक उड़ायेगी।....गोविन्द कनक के चित्र देखता रहा और अपने धड़कते हुए दिल के साथ निमिषा उस पर एक चोर आँख जमाये रही।

तभी गोविन्द मुड़ा और उसने वहीं से कनक को सम्बोधित करते हुए कहा, "कनक जी, आपकी स्टिल-लाइफ़ ख़ूब है! यह लाइफ़ स्टिल नहीं, एकदम डाइनैमिक लगती है। गेंदे के इतने सुन्दर फूल बनाने पर मेरी बधाई लीजिए!"

कनक ने आभार में मुस्कराते हुए सिर को ज़रा बायीं ओर झुका दिया और वहीं से कहा था, "मैंने आपके चित्र बहुत अच्छी जगह लगवा दिये हैं। देख जीजिए!"

"शुक्रगुज़ार हूँ।" गोविन्द ने आभार में सिर को ज़रा-सा झुकाते हुए कहा था। निमिषा एक कदम आगे बढ़ी थी कि कनक से कहे — ज़रा गोविन्द से मुझे मिला दो। लेकिन कनक फिर बातों में मशग़ूल हो गयी थी और गोविन्द अपने साथियों के साथ आगे बढ़ गया था।

निमिषा को अपनी सहेली के व्यवहार पर बेहद ग़ुस्सा आया था। वह चाहती थी, बढ़ कर गोविन्द को रोक ले, लेकिन उसके पैरों में जैसे बेड़ियाँ पड़ गयी थीं। वह ज़रा भी न हिली थी। सिर्फ़ उसका दिल बेतरह धड़कता रहा था। उसे बुलाने से अपने आपको रोकने के लिए अपने ऊपर उसे इतना नियन्त्रण रखना पड़ा था कि वह अन्दर तक हिल गयी थी।

निमिषा ने देखा कि यद्यपि कनक अपने साथियों से बातों में व्यस्त थी, पर अचेतन रूप से वह गोविन्द की गतिविधि पर भी नज़र रखे हुए थी, क्योंकि जब पूरे हॉल का चक्कर लगा कर गोविन्द क्षण भर को दरवाज़े में रुका तो दोनों की निगाहें मिलीं। गोविन्द ने दोनों हाथ जोड़ कर नमस्कार किया था और बाहर निकल गया था।

उसके जाते ही कनक ने अपने साथियों से छुट्टी ले ली थी, निमिषा को एक मिनट रुकने के लिए कह कर वह काउण्टर पर गयी थी। पाराशर साहब से कुछ बात करती रही थी। शायद उसने अपने चित्रों के पैसों का हिसाब किया था। फिर वह तेज़-तेज़ आयी थी और उसने निमिषा से कहा था, "चलो!"

हॉल से बाहर निकल कर निमिषा ने शिकायत की, "मुझे ज़रा गोविन्द से मिला देती तो क्या हो जाता!"

"अरे, मैं तो भूल ही गयी," कनक ने कहा, "असल में हरीश वग़ैरा ने ऐसे घेर लिया कि मैं ख़ुद गोविन्द से बात नहीं कर सकी।" क्षण भर रुक कर उसने कहा, "पर तुमने कहा क्यों नहीं!"

निमिषा ने कोई जवाब नहीं दिया। कनक के झूठ पर उसे बहुत ग़ुस्सा आया। वह चुपचाप अपने में बन्द चलती गयी थी।

मॉल पर आ कर कनक ने एक ताँगे वाले को आवाज़ दी। निमिषा चुपचाप उसके साथ जा कर ताँगे में बैठ गयी, लेकिन रास्ते भर उसने एक बात भी अपनी सहेली से नहीं की। दो-एक बार कनक ने बात चलाने का प्रयास भी किया, इस बात पर उसने ख़ुशी प्रकट

की कि केवल चग़ताई के और उसके तीनों चित्र बिके हैं, शेष सारी प्रदर्शनी में कुल दो बिके।.... लेकिन निमिषा ने कोई सनद नहीं दी। आख़िर उसे उसके घर की सीढ़ियों पर छोड़ते हुए कनक ने उसे बाँह में भर कर कहा था, "इतवार को गोविन्द के घर चलेंगे और फ़ुर्सत से बात करेंगे," इतना उसने और जोड़ा था, "वहाँ बात करने का मौका भी नहीं था।" और निमिषा के कन्धे को थपथपा कर वह ताँगे में जा बैठी थी।

ताँगे वाले को चलने का आदेश दे कर उसने मुस्कराते हुए निमिषा को 'टा-टा' कर दिया था।

o

वह इतवार, जिसका उल्लेख कनक ने किया था, फिर नहीं आया। न कनक ने उसे बुलाया, न निमिषा ही जा सकी।

o

हुआ यह कि दूसरे दिन ही निमिषा को एक साथ दो जगह से इण्टरव्यू के बुलावे आ गये। एक लाहौर से, दूसरा रेनाला, ज़िला मिण्टगुमरी से। लाहौर में हाई स्कूल की अध्यापिका का स्थान ख़ाली था और रेनाला में प्राइमरी स्कूल की हेड मिस्ट्रेस का। वेतन दोनों जगह एक-सा था —८० रुपये महीना! बिना ज़्यादा देर सोचे-विचारे निमिषा ने फ़ैसला किया था कि वह रेनाला जायेगी। उसकी चाची ने ऊपरी और चाचा ने सच्चे मन से उसे लाहौर में ही नौकरी करने के लिए कहा था, लेकिन निमिषा ने उन्हें समझा दिया था कि रेनाला में वह मुख्याध्यापिका होगी, जबकि लाहौर में मामूली अध्यापिका, इसलिए वह रेनाला ही में कोशिश करेगी।

निमिषा यह बात अच्छी तरह जानती थी कि वह लाहौर में रहेगी, नौकरी करने लगेगी तो उसकी स्थिति साँप और छिपकली जैसी हो जायेगी। वह अपना ख़र्च चाची को देना चाहेगी तो वह बुरा मानेगी, न देगी तो बुरा मानेगी। फिर वह अपने तमाम सगे-सम्बन्धियों, मित्र-परिचितों, यहाँ तक कि एकमात्र सहेली से इतनी नाराज़ थी कि लाहौर की कॉल का उत्तर दिये बिना, वह दूसरे ही दिन मिण्टगुमरी गयी थी। वहाँ के डिप्टी कमिश्नर को उसने इण्टरव्यू दिया था। वे पारसी थे —मिस्टर बुच्च! —उसके प्रमाण-पत्रों, उत्तरों और उसके व्यक्तित्व से वे बहुत प्रभावित हुए थे। उन्हें इस बात पर हैरत थी कि लाहौर के वातावरण में पढ़ी-लिखी लड़की छोटे-से कस्बे में कैसे रहेगी और उन्होंने कहा था कि वे ऐसी हेड मिस्ट्रेस चाहते हैं जो स्कूल को मिडल और फिर मैट्रिक तक ले जाये! निमिषा ने दोनों बातों के सिलसिले में उन्हें आश्वस्त कर दिया था। उसने उन्हें विश्वास दिलाया था कि उसे कस्बे में कोई तकलीफ़ नहीं होगी। शेख़ूपुरे में जन्मी और पली है और शेख़ूपुरा भी कस्बा ही है और वह उनके स्कूल को यथाशीघ्र मिडल और मैट्रिक के स्तर तक ले जायेगी। उसने कहा था कि वह निष्ठा से काम करेगी और उसके काम से उन्हें निराशा नहीं होगी। मिस्टर बुच्च उसके उत्तरों से सन्तुष्ट हो गये थे और उन्होंने उसे नियुक्ति-पत्र दे दिया था। वापस आ कर वह अपने चाचा के साथ रेनाला गयी थी। वे उसे एक नये बन रहे मकान के दो कमरे किराये पर ले कर दे आये थे और कमेटी के सेक्रेट्री श्री चौधरी से उसका परिचय करा आये थे। सेक्रेट्री ने निमिषा के चाचा को आश्वासन दिया था कि वे उसे किसी प्रकार

का कष्ट न होने देंगे और कोशिश करके उसके लिए बेहतर आवास का भी प्रबन्ध कर देंगे।

अन्तिम रूप से रेनाला जाने से पहले, वह इतवार को कनक से मिलने गयी थी। जब वह चलने लगी थी तो सहसा कनक ने कहा था, "बहुत जल्दी न हो तो चलो ज़रा गोविन्द के यहाँ चलें। मैं तुम्हारी राह देखती रही।। तुम आयीं ही नहीं।"

निमिषा इनकार करना चाहती थी। कोई बहुत कड़वी बात कहना चाहती थी, लेकिन वह कुछ न कह न सकी थी। चुपचाप कनक के साथ चल दी थी।

लेकिन वे गोविन्द से नहीं मिल सकीं। वहाँ पहुँचीं तो उसकी भाभी से मालूम हुआ, गोविन्द लाहौर छोड़ गया है। उसे देवनगर के स्कूल में ड्राइंग टीचर की नौकरी मिल गयी है।

"देवनगर? कहाँ है?" निमिषा ने बेसब्री से पूछा था, जैसे कृष्णनगर, सन्तनगर, कृषिनगर या रामनगर की तरह देवनगर लाहौर ही कोई परिसर हो, जहाँ यह तत्काल जा कर उससे मिल लेगी।

लेकिन गोविन्द की भाभी उस जगह के बारे में कुछ न जानती थी। उसने कहा था कि भाई साहब से पता ले लें। और उसने दुकान का पता बता दिया था।

तब वे दोनों पुराने अनारकली में गोविन्द के केमिस्ट भाई की दुकान पर गयी थीं। उन्होंने बताया था कि गोविन्द पत्थरचट्टी (ज़िला अमृतसर) के निकट देवनगर में चला गया है, उसका ख़याल है कि शहर की बजाय उसके चित्रकार के लिए गाँव ज़्यादा बेहतर है।

निमिषा ने पता पूछा था तो उन्होंने बता दिया था। निमिषा उसी वक्त उसे डायरी में लिखना चाहती थी, लेकिन उसने सिर्फ़ उसे ज़ेहन में रख लिया था। डायरी में नहीं लिखा था।

तभी उसने तय कर लिया था कि वह रेनाला जाते ही गोविन्द को पत्र लिखेगी।

☒☒☒

दूसरा खण्ड

क़ासिद के आते-आते ख़त इक और लिख रखूँ
मैं जानता हूँ जो वो लिखेंगे जवाब में

—ग़ालिब

छै

आदरणीय गोविन्द जी,

आप एक अपरिचिता का पत्र पा कर हैरान होंगे। आप मुझे नहीं जानते, लेकिन मैं आपको थोड़ा जानती हूँ। 'लाहौर आर्टिस्ट्स एसोसिएशन' की सेक्रेट्री कुमारी कनक लाल से आप परिचित हैं। वह मेरी सहेली है। उसी से मैंने आपका नाम सुना और आपके बारे में कुछ थोड़ा-बहुत जाना था। उसी के साथ एक कवि-सम्मेलन में मैंने आपकी ग़ज़ल सुनी और लोरैंग्ज़ की चित्र-प्रदर्शनी में आपके चित्र देखे थे। मुझे दोनों ने प्रभावित किया। इसी नाते आपको पत्र लिखने की धृष्टता कर रही हूँ।

यहाँ आने से पहले मैं एक दिन कनक के साथ आपसे मिलने पुरानी अनारकली में आपके घर गयी थी, लेकिन निराश लौटी। आपकी भाभी ने बताया कि आप देवनगर चले गये हैं। मैं तो समझी थी कि ऋषिनगर, सन्तनगर, कृष्णनगर की तरह देवनगर भी लाहौर ही की कोई नयी बस्ती है, पर आपके भाई साहब से मालूम हुआ, मध्य पंजाब के गाँवों में पत्थरचट्टी के निकट ही यह एक नयी कॉलोनी बसी है। यदि इसे अन्यथा न लें तो पूछना चाहूँगी कि लाहौर की गहमा-गहमी को छोड़ कर आप इतनी दूर देहात में क्यों चले गये? आपको देहात का वातावरण कैसा लगा? क्या आपके कवि और चित्रकार के अनुकूल है? क्या आपने वहाँ के वातावरण में कुछ नयी कृतियाँ सृजी हैं?

मैं भी इसी महीने लाहौर से दूर, ज़िला मिण्टगुमरी के इस कस्बे — रेनाला — में आ गयी हूँ। यहाँ की नोटीफ़ाइड एरिया कमेटी का एक प्राइमरी स्कूल है। मैं पिछले महीने उसकी मुख्याध्यापिका नियुक्त हुई हूँ।

आपको यह पत्र पढ़ने का कष्ट इसलिए दे रही हूँ कि मैं भी कुछ तुकबन्दी कर लेती हूँ और चित्रकला में भी मेरी रुचि है। मैं चाहती हूँ कि इस क्षेत्र में आप मुझे कुछ राह दिखायें। क्या मैं आशा रखूँ कि अपने व्यस्त समय से कुछ क्षण निकाल कर आप मुझे सुझाव देंगे?

आशा करती हूँ, उत्तर ज़रूर मिलेगा। आपके पास इस सिरदर्दी के लिए समय न हो तो आप मुझे निःसंकोच लिख देंगे। थोड़ी निराशा तो होगी, लेकिन मुझे उतना बुरा नहीं लगेगा, जितना आपकी चुप्पी से। काश, मैं लाहौर में आपसे मिल सकती और कुछ सीख सकती!!

१८, निस्बत रोड, लाहौर में मेरे चाचा — श्री हिकमत राय खन्ना, ऐडवोकेट रहते हैं। मैं जब लाहौर जाऊँगी, वहीं ठहरूँगी। आप कभी वहाँ दर्शन दें या मुझे लाहौर में अपने घर पर समय दें तो मैं आभार मानूँगी।

फ़िलहाल पत्र के माध्यम ही से मुझे कुछ निर्देश दें, ताकि मैं अपने लिए कोई रास्ता

बना सकूँ।

कष्ट के लिए एक बार फिर क्षमा चाहती हूँ।

आपकी बहन
निमिषा

०

आदरणीया,

पत्र मिला। कृतज्ञ हूँ।

आप कविता करती हैं, यह जान कर ख़ुशी हुई। मैं ख़ुद भी हिन्दी में लिखने लगा हूँ, अगरचे हिन्दी काव्य की बनिस्बत, उर्दू ग़ज़ल कहना मुझे ज़्यादा आसान लगता है। आप कविता भेजेंगी तो मैं ज़रूर पढ़ूँगा। उस सिलसिले में कुछ कहना तो मेरे बस में नहीं, लेकिन रस तो लूँगा ही।

आम तौर पर पंजाब की लड़कियों में आर्ट और लिट्रेचर का शौक उनके विवाह तक ही सीमित रहता है। यह फ़ख्र यू० पी०, बंगाल या दक्षिण भारत को ही हासिल है कि वहाँ की महिलाएँ साहित्य और कला के क्षेत्र में पुरुषों के साथ-साथ चलती हैं। कुछ हिन्दी-भाषी मित्रों की संगति में मैंने महादेवी वर्मा, सुभद्रा कुमारी चौहान और रामेश्वरी देवी चकोरी की कविताएँ पढ़ी हैं और मैं हैरान रह गया हूँ। वह रस ही दूसरा है। लेकिन आर्ट के हलके में अमृता शेरगिल ने एक मशाल पंजाब में भी जलायी है, जिसकी रोशनी आपको राह दिखा सकती है।

यह जान कर ख़ुशी हुई कि आप इस मैदान में उतरना चाहती हैं। ज़रूर उतरिए। फ़ारसी मसल है —'जा-ए-उस्ताद ख़ाली अस्त!' याने कोई भी क्षेत्र हो, उस्ताद की जगह हमेशा ख़ाली रहती है। मैं तो ख़ुद अभी नौसिखुआ हूँ। अँधेरे में ही टामकटोये मार रहा हूँ, लेकिन मेरे पास जो है, उसे बाँटने में एतराज़ नहीं। लिखिए, आप क्या जानना चाहती हैं? क्या आपने कभी कोई चित्र बनाया है? आपकी रुचि किस तरफ़ है? लैण्डस्केप, पोट्रेट, स्टिल लाइफ़....या फिर ज़िन्दगी की व्यापक सरगर्मियों को चित्रित करने में?

आपने पूछा है —लाहौर की गहमा-गहमी को छोड़ कर मैं इस वीराने में क्यों चला आया? क्या जवाब दूँ? इसे महज़ मेरी दीवानगी समझ लीजिए। कभी सोचता हूँ :

घर से उकता के चले आये हैं वीराने में
दश्त[१] से ऊब के दीवाने कहाँ जायेंगे

वातावरण यहाँ का अच्छा है। मील-दो-मील के फ़ासले पर चारों तरफ़ गाँव बसे हैं। बीच में कोई पुरानी जागीर थी, जिसे 'देव मण्डल' और 'देव सेना' के बानी (संस्थापक) ने सस्ते में ख़रीद कर एक मॉडर्न कॉलोनी बसाने का फ़ैसला किया है। धरती बंजर है, पर देवा जी इंजीनियर हैं। नहर से मिट्टी मँगा कर पेड़-पौधे लगाये जा रहे हैं। सुनता हूँ, यहाँ उस जागीर की टूटी चारदीवारी थी। उसकी ईंटों से सात-आठ कोठियाँ बना दी गयी हैं और पुरानी डेवढ़ी का पुनरुद्धार करके निचली मंज़िल में मोज़ेक के फ़र्श का पक्का सभागार और ऊपर की मंज़िल में संस्था के दफ़्तर बना दिये गये हैं। इन कोठियों के सामने

१. दश्त-वीराना-मरुस्थल।

ऐक्टिविटी स्कूल की इमारत बन रही है। कोठियों के पीछे काफ़ी दूर पर कम्यूनिटी किचन है, जहाँ सब खाना खाते हैं। उसके बाद जागीर की विशाल धरती ख़ाली पड़ी है, जिसमें प्लॉट बना कर छोटी-बड़ी कोठियाँ बनेंगी और देवनगर बसेगा! अभी तो इसे लम्बे फैले वीराने में चन्द कोठियाँ, कम्यूनिटी किचन और ऐक्टिविटी स्कूल की इमारतें सूने आसमान में चमकते हुए चन्द तारों-सी दिखायी देती हैं। देवनगर की हद से लगा नहर तक फैला वीराना है, जहाँ जण्ड और करील की झाड़ियाँ हैं। वीराने में घूमते हुए अक्सर ग़ालिब का शे'र याद हो जाता है :

कोई वीरानी सी वीरानी है
दश्त को देख के घर याद आया

शाम होते ही मैं उधर निकल जाता हूँ और नहर का चक्कर लगा कर वापस आता हूँ। सो वातावरण अच्छा है। लेकिन मन की वीरानी का क्या किया जाये।

दश्त बाहर है तो अन्दर भी है सहरा-ए-अज़ीम
यही सूरत है तो दीवाने कहाँ जायेंगे

लेकिन हम जैसे दीवानों पर भगवान ने यही तो कृपा की है कि भागने का ठौर दे दिया है। दिन को चैन न आये तो चित्र बनाइए, रात को नींद न आये तो ग़ज़ल कहिए। दोनों ही चीज़ें साथ-साथ चल रही हैं। दो-एक ग़ज़लें भी लिखी हैं और वीराने के कुछ चित्र भी उतारे हैं।

लाहौर जाने का अभी तो कोई इमकान नहीं। कभी गया और आप वहाँ हुईं, तो ज़रूर दर्शन करूँगा।

विनीत
गोविन्द

o

गोविन्द भैया,

आपके प्रोत्साहन-भरे पत्र को पा कर बहुत प्रसन्नता हुई। मैं उत्तर की अपेक्षा नहीं रखती थी। अचानक आपका उत्तर पा कर मन ने आपको मौन रूप से धन्यवाद दे दिया।

मैं अपनी एक तुकबन्दी इस पत्र के साथ भेज रही हूँ। आप महादेवी वर्मा, सुभद्रा कुमारी चौहान और चकोरी को पढ़ चुके हैं। उसकी तुलना में मेरी तुकबन्दी तुतलाहट से ज़्यादा महत्व नहीं रखती। तो भी अपनी सम्मति दीजिएगा और अपनी ताज़ा ग़ज़ल भेजिएगा।

आपने पूछा है कि मेरी रुचि किस ओर है? काश, मैं बता सकती! बस, यह कह सकती हूँ कि चित्र मुझे अच्छे लगते हैं। कुछ रेखाएँ खींच भी लेती हूँ। जानती-वानती कुछ नहीं। चित्र खींचना, देखना अच्छा लगता है। कनक बनाती थी तो मैं उसे देखती थी और मन में साध उठती थी कि मैं भी कुछ उकेरूँ। लेकिन मेरी परिस्थितियाँ अत्यन्त विकट रही हैं। (कभी मिलूँगी तो बताऊँगी।) मुझे कभी इतना अवकाश नहीं मिला कि मन की साध पूरी करूँ। कनक के ज़ोर देने पर भी कुछ नहीं कर सकी। अब अपने पाँव पर खड़ी हुई हूँ तो चाहती हूँ कि मन के मुताबिक लिखूँ और हो सके तो चित्र बनाऊँ, आप मुझे बतायें कि मैं कैसे शुरू करूँ — वॉटर कलर से, पेस्टल से या सिर्फ़ पेन्सिल से? मन में कुछ

सुगबुगाहट-सी, कुछ अकुलाहट-सी है, जो कोई रूप पाना चाहती है। आपके चित्र देखे तो मन की पुरानी साध फिर उमग आयी।

कितना दुर्भाग्य है कि आप भी लाहौर में थे और मैं भी, लेकिन आपसे परिचय नहीं था, वरना मैं आपसे ज़रूर भेंट करती और कुछ ऐसी बातें जानती, नौसिखुओं के लिए जिन्हें शुरू में जानना-सीखना ज़रूरी होता है। मिल नहीं सकी और अब तो आप पत्रों द्वारा ही मेरा पथ-निर्देश कीजिए।

यह बताइए कि मैं कैसे शुरू करूँ? कनक तो बाकायदा ईज़ल पर कैनवस चढ़ा कर पेण्ट करती है। मुझे तो आरम्भिक ज्ञान भी नहीं। फिर कनक हमेशा किसी-न-किसी अन्य आर्टिस्ट की तरह चित्र बनाती है।

मैं किसी की नकल नहीं करना चाहती। देर भले ही लग जाये, पर मैं मौलिक चित्र ही बनाना चाहूँगी, इसीलिए आपसे निर्देश चाहती हूँ।

आपके पत्र के ऊपरी फक्कड़पने में, उदासी-सी हल्की-सी प्रच्छन्न रेखा मुझे साफ़ दिखायी दी। काश, मैं आप की उदासी को थोड़ा-बहुत बँटा सकती! वहाँ आप अकेले रहते हैं? कनक से आपके लड़के के बारे में मालूम हुआ था। वह क्या आपके पास है? खाने-वाने का प्रबन्ध क्या ठीक हो गया अथवा उसमें कलाकारों की-सी अनियमितता है? आपने बताया नहीं कि आप लाहौर छोड़ कर उस वीराने में क्यों चले गये?

मैं भी आपकी तरह लाहौर की गहमा-गहमी छोड़ कर यहाँ इस मरुस्थल में आ बैठी हूँ। मुझे यह छोटा-सा कस्बा अच्छा लगा है और मुझे यहाँ शान्ति भी मिली है।

यहाँ भी एक नहर है। मैं शाम को अपनी एक अध्यापिका को साथ ले कर वहाँ घूमने जाती हूँ और सोचती हूँ, मेरे गोविन्द भैया भी इस वक्त देवनगर में नहर पर घूम रहे होंगे। मैं चित्र बनाना सीख जाऊँ तो नहर किनारे लगे पराँह के दो इकट्ठे पेड़ों का चित्र ज़रूर बनाऊँगी और आपको भेजूँगी। मुझे वे बहुत अच्छे लगते हैं।

अभी तो कुछ दिन मैं बहुत व्यस्त रहूँगी। इस स्कूल को शिक्षा विभाग से मान्यता दिलानी है। चाहती हूँ मिडल तक के लिए इसे मान्यता मिल जाये। स्कूल के लिए ज़रूरी सामान भी ख़रीदना है। एक बार इन्स्पेक्शन हो जाये, स्कूल को मान्यता मिल जाये तो फिर मैं कुछ ज़्यादा अवकाश पा सकूँगी। बीच में दो-एक दिन के लिए मिण्टगुमरी और दो-एक दिन को लाहौर जाना पड़ेगा। यदि आप भी किसी इतवार लाहौर आ सकें तो बहुत अच्छा हो।

मैं आपके किसी काम आ सकूँ तो मुझे बहुत प्रसन्नता होगी। पत्र में कोई भी बात वैसी लिखी गयी हो तो अपने से छोटी जान कर मुझे क्षमा कर दीजिएगा।

आपकी बहन
निमिषा

०

आदरणीया,

आपका पत्र मिला। उत्तर में थोड़ी देर का क्या कारण दूँ? व्यस्तता, सुस्ती या फिर यह सोच कि चित्रकला पत्रों से भी सिखायी जा सकती है क्या? तो भी उत्तर दे रहा हूँ,

नहीं जानता, इससे आपका कितना लाभ होगा?

इससे पहले कि आपको चित्रकला के सम्बन्ध में कुछ ज़रूरी बातें लिखूँ, इतना फिर दोहराना चाहता हूँ कि मैं स्वयं अभी नौसिखुआ हूँ, कोई उस्ताद नहीं हूँ कि आपको यकीन के साथ कुछ बता सकूँ। सिर्फ़ चन्द-एक बातें, जो इस वक्त ज़ेहन में आ रही हैं, आपकी सेवा में लिख रहा हूँ। यदि आप यह सब पहले से जानती हैं, तो इन्हें मन-ही-मन दोहरा लीजिएगा।

मैं नहीं जानता कि चित्रकला की जन्मजात प्रतिभा आप में है या नहीं? जहाँ तक मैंने पाया है, जीनियसों के लिए तो कोई नियम नहीं होता, वे अपने नियम स्वयं बनाते हैं। चित्रकला के इतिहास में ऐसे भी कलाकार हुए हैं, जिन्होंने किसी उस्ताद से चित्रकला की ट्रेनिंग नहीं ली, सिर्फ़ अपनी ही प्रेरणा से कला को सिद्ध किया और आर्ट के इतिहास में क्रान्ति कर गये। यह भी ठीक है कि उसको उनकी ज़िन्दगी में नहीं माना गया। वे ख़ासी ग़रीबी में जिये और मरे, लेकिन उनके चित्र, जो कभी कौड़ियों के मोल बिके थे, आज बड़ी-बड़ी गैलरियों की शोभा बढ़ा रहे हैं और लाखों-करोड़ों में उनका मूल्य आँका जा रहा है।

फिर ऐसे भी कलाकार हुए हैं, जिनमें जन्मजात प्रतिभा तो नहीं थी, लेकिन किसी भी प्रेरणा से वो इधर झुके और लगातार मेहनत और मश्क से, उन्होंने इस कला में सिद्धि पायी और अमर हो गये। क्या बचपन से चित्रकला की तरफ़ आपका झुकाव रहा है या बाद में आपकी रुचि इधर जगी है? आपने लिखा है कि आपके मन में कुछ सुगबुगाहट कुछ अकुलाहट-सी है। यह अकुलाहट प्रकट ही ऐक्स्प्रेशन की अकुलाहट है, आप चाहें तो इसके बल पर बहुत अच्छी चित्रकार बन सकती हैं।

मैं नहीं समझता, आपको अभी ईज़ल या पैलेट के चक्कर में पड़ना चाहिए। ड्रॉइंग पेपर की दो-चार ऐसी कापियाँ बनवा लीजिए, जिन्हें आसानी से कहीं भी साथ ले जा सकें। दो एक सॉफ़्ट पेन्सिलें, रबड़ और छोटा-सा तेज़ चाकू साथ रखिए और पहले आप चीज़ों के ख़ाके बनाइए — जो भी चीज़ आपका ध्यान खींचे — कलम-दवात, मेज़-कुर्सी, फल-फूल, जग-मर्तबान, प्याले-प्लेटें वग़ैरा, फिर मर्दों-औरतों, पशु-पक्षियों के शरीर के अलग-अलग अंगों को कापी पर उतारने की कोशिश कीजिए। कई तरह के हाथ, पैर, नाक, आँखें, होंट, चेहरे वग़ैरा....! सीधे बनाने में कठिनाई हो तो चित्रों को देख कर प्रैक्टिस कीजिए!

(यूँ तो जो लोग लैण्डस्केप पेण्टिंग को अपना उद्देश्य बनाते हैं, उनके लिए पशुओं और इन्सानों के चित्र बनाना कोई ज़रूरी नहीं, लेकिन चित्रकार को वह सब आना ज़रूर चाहिए, क्योंकि किसी लैण्डस्केप में दो-एक पुरुष या स्त्रियाँ, पशु या पक्षी, उसे अतिरिक्त परस्पेक्टिव[१] दे देते हैं और उनसे प्रकृति का सूनापन दूर अथवा दुगना हो जाता है। आँधी के चित्र में, उसकी ज़द में आये हुए किसी यात्री के दोहरे होते शरीर अथवा उड़ते हुए कपड़ों का चित्र आँधी के वेग के एहसास को अनायास बढ़ा देता है।)

मैं समझता हूँ, अभी आप इतना ही कीजिए! पेस्टल या वॉटर कलर या ऑयल पेण्ट

---

१. परिप्रेक्ष्य।

की बात बाद में आयेगी। यूँ मन ऊबे तो फूलों-फलों के ख़ाकों को पेस्टल या वॉटर कलर से रँगिए और देखिए, कैसे लगते हैं।

कभी यहाँ आओ तो कापियाँ लेती आना। मैं उतना योग्य तो नहीं हूँ कि सुधार-सँवार सकूँ, लेकिन जितना कुछ मुझे आता है, तुम्हें बताने में संकोच नहीं करूँगा।

एक बात और! सिर्फ़ शौक या हॉबी के लिए कला की शरण में जाना मैं ग़लत समझता हूँ। चित्रकला तभी सीखो, यदि चित्रकार बनना चाहती हो और ज़िन्दगी इसमें खपाना चाहती हो, वरना महज़ शग़ल के लिए चित्र बनाओगी तो ज़िन्दगी के संघर्ष में निभा न पाओगी और उतना वक्त बेकार बर्बाद होगा। सो, यह सब सोच कर पेन्सिल या ब्रश हाथ में लेना।

यह भी कि जल्दी हतोत्साह न होना, न किसी की आलोचना का बुरा ही मानना, सदा सीखने और आगे बढ़ने की कोशिश करना। चित्रकला ख़ासी कठिन कला है। पहले तो सिद्धि पाना ही मुश्किल है। फिर कोई सिद्धि पा भी ले तो लोग उसे मान भी लेंगे, इसकी कोई गारण्टी नहीं। इसकी बनिस्बत कविता-कहानी लिखना सरल है। और कुछ नहीं तो पत्र-पत्रिकाओं में आदमी अपना नाम पढ़ कर ही ख़ुश हो लेता है। स्वान्तः सुखाय चित्र बनाओ, धन अथवा यश की इच्छा न करो। हौसला हार कर बैठ न जाओगी तो एक दिन ज़रूर नाम पाओगी।

पत्र काफ़ी लम्बा हो गया है और कई बातों का जवाब देना रह गया है। यहाँ न बिजली है, न पंखा। दिन को क्लास लेता हूँ, थोड़ा अपना काम भी करता हूँ। शाम को घूमने जाता हूँ। पत्र सिर्फ़ रात को ही लिखे जा सकते हैं। लैम्प की रोशनी में। उसकी आदत नहीं और आँखों पर ज़ोर पड़ता है। इस पर भी संक्षेप में अन्य बातों का उत्तर दे रहा हूँ।

तुमने पूछा है कि मैं अकेला हूँ या मेरे साथ कोई और भी है, मेरा लड़का कहाँ है? (कनक से ही तुम्हें मेरे लड़के के बारे में पता चला होगा) मेरे खाने-वाने का मुनासिब इन्तज़ाम हो गया है या नहीं? आख़िर औरत हो न, इन बातों को कैसे भूलतीं? सो भाई, फ़िलहाल मैं अकेला ही आया हूँ। अभी मेरा दिल यहाँ जमा नहीं, इसलिए लड़के को भी नहीं लाया। यूँ भी स्कूल की इमारत मुकम्मल नहीं हुई। सभी क्लासों का दाख़िला शुरू नहीं हुआ, लेकिन मेरी क्लास वहीं लगती है। ज्यों-ज्यों नयी कोठियाँ बनेंगी, बच्चे आयेंगे। अभी तो मैं देव सैनिकों के —याने देव मण्डल के सदस्यों के —बच्चों को कला की शिक्षा देता हूँ और एक देव सैनिक के साथ, कोठी के एक अलग कमरे में रहता हूँ। खाना यहाँ कोई नहीं पकाता। सभी कम्यूनिटी किचन में खाते हैं। एक बहुत बड़ा आयताकार हॉल है, जिस पर फूस की छत है, लेकिन जिसका फ़र्श और पैण्ट्री और मेज़ें, सब चमचमाते मोज़ेक की बनी हैं। रसोइए खाना पकाते हैं, देव सैनिकों की स्त्रियाँ परसती हैं। सभी अपनी-अपनी थाली ले कर पैण्ट्री पर जाते हैं और खाना ले कर मेज़ों पर जा बैठते हैं। खाने के बाद स्वयं अपने बर्तन उठा कर नल पर छोड़ आते हैं।

सब कुछ सुन्दर और सुविधाजनक है, कभी तुम आओगी तो तुम्हें बहुत अच्छा लगेगा। बस, एक ही तकलीफ़ है —किसी से कोई कम्यूनीकेशन[१] नहीं, कला और काव्य

१. आत्मीय संवाद।

को समझने-परखने वाला यहाँ कोई नहीं और ऐसे में अकेलेपन का एहसास कहीं ज़्यादा हो जाता है।

मैं एक संक्षिप्त पत्र लिखना चाहता था, लेकिन अपनी रौ में बहक गया। यह मेरी पुरानी आदत है, बात होनोलूलू से शुरू करता हूँ और टिम्बकटू जा पहुँचता हूँ। आप बोर हो गयी हों तो बुरा न मानिएगा। कभी मेरे पत्रों में तारतम्य न मिले तो भी नज़र-अन्दाज़ कर दीजिएगा।

कविता आपकी पसन्द आयी। मन को छूती है। मैं भी एक नयी ग़ज़ल के चन्द शे'र भेज रहा हूँ। वहीं लाहौर में 'तरुण' जी से हिन्दी का एक छन्द सीखा था। उसमें कुछ कविताएँ लिखी हैं, लेकिन भेजने में संकोच होता है। ज़रूर उनमें मात्राएँ घट-बढ़ गयी होंगी, कहीं गति-भंग या यति-भंग होगा। लाहौर जा कर 'तरुण जी' से ठीक कराऊँगा, तब भेजूँगा।

विनीत
गोविन्द

पुनश्च :

पत्र को दोबारा पढ़ा है तो मालूम हुआ कि बीच में कहीं 'आप' से 'तुम' पर आ गया हूँ। अब 'तुम' को काट कर सब जगह 'आप' करूँगा तो ख़त बदज़ेब लगेगा और इसको दोबारा लिखूँ, इतनी हिम्मत नहीं है। लैम्प की बत्ती शायद ठीक से कटी नहीं, इसलिए धुआँ दे रही है। सो आप इस ग़लती के लिए मुझे क्षमा कर दीजिएगा। यूँ भी यदि मेरे ज़ेहन में कहीं हो कि जिसे मैं पत्र लिख रहा हूँ, वह मेरे बराबर का या मुझसे छोटा है तो आदरसूचक शब्दों का तकल्लुफ़ मुझसे नहीं निभता। सो जहाँ-जहाँ 'तुम' हो, वहाँ-वहाँ 'आप' पढ़ लीजिएगा।

आपने मौलिकता की जो बात लिखी है, वह अपनी जगह ठीक है, लेकिन शुरू-शुरू में सभी प्रभाव ग्रहण करते हैं। फिर जिन्हें ज़िन्दगी में कुछ करना होता है, वे अपनी अलग पहचान बना लेते हैं, दूसरे सारी उमर नकल करते रहते हैं। अभी आप इस सब की चिन्ता न करके अभ्यास कीजिए।

(गोविन्द)

गोविन्द भैया,

आपका पत्र समय से मिल गया था। बहुत-बहुत आभारी हूँ। मैं दो दिन के लिए मिण्टगुमरी चली गयी थी। उत्तर में थोड़ा विलम्ब हो गया। क्षमा चाहती हूँ।

सर्वप्रथम तो मैं उन सुझावों के लिए हृदय से आप को धन्यवाद देना चाहती हूँ, जो आपने चित्रकला के क्षेत्र में पाँव जमाने के सिलसिले में मुझे दिये हैं। आप सचमुच सहृदय और महान हैं, जो आपने मेरी प्रार्थना को रद्दी की टोकरी में नहीं डाल दिया और इतना समझा कर पत्र लिखा।

मैं नहीं जानती, मुझ में जन्मजात प्रतिभा है कि नहीं, लेकिन मैं इतना जानती हूँ कि होती भी तो उन परिस्थितियों में, जो बचपन से मुझे घेरे रही हैं, वह पनप न पाती। हालाँकि

कुछ वर्ष पहले जब रवि बाबू लाहौर आये थे तो मैंने किसी अख़बार में पढ़ा था कि चित्र बनाना उनकी हॉबी है और मैंने उनके कुछ चित्र भी देखे थे, लेकिन तो भी यह बात मैं आपकी मानती हूँ कि किसी कला को महज़ हॉबी के तौर पर नहीं लेना चाहिए। चाहती तो यही हूँ कि अपना जीवन कला के लिए समर्पित कर दूँ। आप रास्ता दिखाते रहेंगे, प्रोत्साहन देते रहेंगे तो हो सकता है, मेरा चिर-दिन का यह सपना पूरा हो जाये। न भी हो (क्योंकि दुनिया में सबके सभी सपने पूरे नहीं होते) तो भी आदमी सपने तो देखता ही है और यदि मैं भी देखती हूँ तो ग़लत नहीं करती। उनका पूरा होना या न होना आदमी की अपनी इच्छा-शक्ति और अध्यवसाय के अलावा परिस्थितियों और प्रोत्साहन पर भी निर्भर है। आप प्रोत्साहन देते रहेंगे तो मैं एक कोशिश कर देखूँगी। अभी मैं यही कह सकती हूँ कि :

करत-करत अभ्यास ते जड़मति होत सुजान
रसरी आवत जात ते सिल पर परत निसान

और मैं अभ्यास में कोई कसर न उठा रखूँगी।

आपने देवनगर की सुन्दरता का उल्लेख किया है। मेरा मन उसे देखने को हो आया है। यहाँ के झंझटों से निपट लूँ तो कभी ज़रूर आऊँगी। रेनाला, हो सकता है, उतना सुन्दर न हो, लेकिन यहाँ सर गंगाराम ने नहर पर बाँध बना कर बिजली पैदा की और उसकी सहायता से निचली धरती से क्रमशः पानी ऊपर चढ़ा कर एकड़ों भूमि सिंचित कर दी है और यह सारी प्रक्रिया देखने से ही सम्बन्ध रखती है। फिर यहाँ सुर्ख़ माल्टों का सात मील लम्बा बाग़ है। आप कभी आयेंगे (मेरी इच्छा और प्रार्थना है कि आप कभी ज़रूर आयें) तो मैं आपको ये दोनों दिखाऊँगी। आप की ग़ज़ल मुझे बहुत अच्छी लगी —विशेषकर अन्तिम शे'र :

उनको आती है हँसी रोने पे तेरे अक्सर
काश ऐ 'दर्द' तुझे दर्द छिपाना आता

रहीम का एक दोहा याद आ गया है :

रहिमन निज मन की बिथा मन ही राखो गोय
सुनि इठलैहैं लोग सब, बाँट न लैहैं कोय

रहीम ही की बात को आपने जैसे अपने ऊपर घटा कर कह दिया है।

पत्र में आपने लिखा था कि दो-चार ग़ज़लें कही हैं और भेजे आपने केवल तीन शे'र। दो-एक ग़ज़लें और भेजिए!

आपको मेरी तुकबन्दी पसन्द आयी। आभारी हूँ। यह जान कर ख़ुशी हुई कि आपने हिन्दी कविताएँ भी लिखी है। जब आप उनसे पूरी तरह सन्तुष्ट हो जायें तो ज़रूर भेजिएगा। अपनी एक और तुकबन्दी इस पत्र के साथ भेज रही हूँ।

अपने पत्र में आपने 'तुम' लिखने की सफ़ाई बेकार ही दी है। मैं तो उमर में आपसे कुछ वर्ष छोटी ही हूँगी। आप मुझे बेकार ही आदरणीया वग़ैरा लिखते हैं। हालाँकि मैं आपका बहुत आदर करती हूँ और मेरा आपका प्रत्यक्ष परिचय भी नहीं हुआ तो भी मैं बेतकल्लुफ़ी से आप को 'गोविन्द भैया' लिखने लगी। तो क्या मैं भी इसकी सफ़ाई दूँ? मेरे कोई भाई नहीं है। यह अभाव मुझे खलता है, इसलिए जब आपने मेरे पहले पत्र का तत्काल

उत्तर दिया तो मैंने आपको 'गोविन्द भैया' लिखना शुरू कर दिया, वापसी लिफ़ाफ़ा भी फिर मैंने इसीलिए नहीं भेजा कि वैसा करना मुझे अपने भैया का अपमान करना लगा। आशा है आप मुझे छोटी बहन समझेंगे और निमिषा ही लिखेंगे।

आते शनि के बाद जो शनि आ रहा है — १७ सितम्बर को, उस दिन छुट्टी है। मैं दो दिन के लिए लाहौर जाऊँगी। स्कूल के लिए सामान ख़रीदना है। आपको भी छुट्टी होगी। क्या ऐसा नहीं हो सकता कि आप भी दो दिन को लाहौर आ जायें। बहुत-सी बातें हैं जो न पत्रों में लिखी जा सकती हैं, न जानी जा सकती हैं। आप से मिल कर समझ लूँगी। यदि कुछ कष्ट करके आप वैसी कापियाँ, जिनका उल्लेख आपने पत्र में किया है, अपने सामने बनवा दें, या बनी-बनायी मिलती हों तो ख़रीदवा दें, तब मेरी बड़ी मुश्किल आसान हो जाये और मैं पहला कदम आसानी से उठा लूँ। आशा है, आप मुझे निराश नहीं करेंगे।

मैंने एक बात दोनों पत्रों में पूछी थी कि आप लाहौर की गहमा-गहमी छोड़ कर निपट देहात में क्यों चले गये, उसका आपने कोई उत्तर नहीं दिया। आपकी ग़ज़लों में एक अव्यक्त उदासी स्पष्ट झलकती है। क्या उसका सम्बन्ध आपकी किसी ट्रैजिडी से है। क्या कला के लिए ट्रैजिडी अनिवार्य है?

कोई ऐसी-वैसी बात लिखी गयी हो तो छोटी जान कर क्षमा कर दीजिएगा। लाहौर का प्रोग्राम ज़रूर बनाइएगा और पत्रोत्तर यथासम्भव जल्दी दीजिएगा। मैं तो पत्र लिखते ही आपके उत्तर की बाट देखने लगती हूँ।

सादर आपकी छोटी बहन,
निमिषा

निमिषा जी,

पहली बार आपने पूछा था कि मैं लाहौर क्यों छोड़ आया तो मैं टाल गया था, लेकिन कुछ और लिखने से पहले मैं आपकी यही जिज्ञासा शान्त करता हूँ। शायद आपको कनक ने बताया हो, डेढ़ वर्ष पहले मेरी बीवी काफ़ी लम्बी बीमारी के बाद चली गयी थी। मैं यह तो नहीं कहता कि मैं उससे प्यार करता था। जब तक वह मेरे साथ रही, मैं उसे सताता ही रहा, लेकिन उसके चले जाने के बाद, मुझे पहली बार महसूस हुआ कि मैंने क्या खो दिया है। चार वर्ष मेरा उसका साथ रहा, जिसमें से डेढ़ वर्ष वह बीमार रही। उसे बचाने की मैंने हर मुमकिन कोशिश की, लेकिन उसे बचा नहीं पाया। उसकी बीमारी में मैंने क्या देखा, भोगा और महसूस किया, अगर मैं उसे लिखने लगूँ, तो उर्दू मुहावरे के मुताबिक, दफ़्तर-के-दफ़्तर सियाह हो जायें। उसकी मौत के बाद मैंने तय किया था कि मैं शादी नहीं करूँगा। वैसी भोली-भाली, सीधी-सादी, हँसमुख और धरती की तरह सहनशील पत्नी मैं कहाँ से पाऊँगा और मैंने अपने आपको आर्ट में ग़र्क कर दिया। अजीब बात है कि उसकी मौत के बाद मैंने जो भी चित्र बनाया, उसे लोगों ने सराहा। मुझे जैसे एक नयी दृष्टि मिल गयी। वे चीज़ें जो पहले मुझे दिखायी नहीं देती थीं या जिनकी ओर मेरा ध्यान नहीं जाता था, अनायास मेरा ध्यान खींचने लगीं और उनका रेखांकन मेरी कला को एक नया परस्पेक्टिव, एक नया आयाम दे गया....

तुमने पूछा है, क्या कला के लिए ट्रैजिडी लाज़िमी है? ट्रैजिडी से तुम्हारा मतलब

शायद पर्सनल ट्रैजिडी से है। मैं क्या जवाब दूँ? अपनी तरफ़ देखता हूँ तो लगता है कि शायद है। मैंने एक महान कलाकार से लिया गया इण्टरव्यू पढ़ा था। इण्टरव्यू लेने वाले ने उससे पूछा था कि आप थिएटर के पर्दे रँगते हुए कैसे इतने अच्छे चित्र बनाने लगे? क्या आपकी ज़िन्दगी में कुछ ऐसा घटा कि आपका एहसास ज़्यादा तीखा और नज़र गहरी हो गयी? आर्टिस्ट ने उत्तर दिया —'मैं यकीन के साथ कुछ नहीं कह सकता। इस सिलसिले में मुझे सिर्फ़ एक घटना याद आती है। मैं बाहर से घर लौट रहा था कि मेरा छोटा लड़का, जो छत की शहनशीन पर खड़ा था, अचानक मुझे देख कर ख़ुशी से चिल्लाया। जाने क्या हुआ, वह ज़्यादा झुक गया या उसका बैलेंस बिगड़ गया, अचानक छज्जे पर से लुढ़कता हुआ वह मेरे सामने गली के फ़र्श पर आ गिरा। मैंने भाग कर उसे उठाया, लेकिन वह मेरी बाँहों में तड़प कर ठण्डा हो गया। अपने बच्चे का चेहरा और उसकी तड़फड़ाहट को मैं कभी नहीं भूल सका। उसके बाद पर्दे रँगते-रँगते मैं कब चित्र बनाने लगा, मैं नहीं जानता, लेकिन उसके बाद मैंने जो भी चित्र बनाये, वे बेहद सराहे गये और देखते-देखते मैं मशहूर आर्टिस्ट हो गया।'

लगता तो यही है कि आन्तरिक ट्रैजिडी के बिना आर्टिस्ट, आर्टिस्ट नहीं बनता। लेकिन जब मैं यह सोचता हूँ कि दुनिया में हज़ारों-लाखों लोग हैं, जिनकी ज़िन्दगियों में ट्रैजिडियाँ घटती हैं, पर वे तो आर्टिस्ट नहीं बन जाते, तब मुझे लगता है कि कुछ और भी है, जो एक आम आदमी को कलाकार और एक कलाकार को और भी अच्छा कलाकार बनाता है। मैंने तुम्हें लिखा था न कि मैं स्वयं अँधेरे में टामकटोये मार रहा हूँ। इससे ज़्यादा कुछ नहीं बता सकता।

यूँ तो लाहौर में मेरा मन नहीं लगता था और वहाँ की गहमा-गहमी से तबीयत परेशान होती थी, लेकिन मैंने अपने आपको काम में ग़र्क कर दिया था। तभी मैं अपने एक साथी टीचर की बहन के चक्कर में फँस गया। मेरे मित्र ने कहा कि इसे कुछ ब्रश चलाने का शौक है, तुम ज़रा इसे गाइड कर दो। और मैं अपने भोलेपन में उसे चित्रकला सिखाने लगा। लेकिन उसमें कला-वला की कोई प्रतिभा नहीं थी। दरअसल वह काफ़ी बड़ी हो गयी थी और उसकी शादी न हो पा रही थी। तब जाने उसकी माँ ने या भाई ने या ख़ुद उसी ने तय किया कि मैं ही बलि का बकरा बना दिया जाऊँ। अब मेरे अन्तरंग मित्र की बहन अपनी बहन के बराबर (यद्यपि मेरे कोई बहन नहीं और बहन का स्नेह मैं नहीं जानता, लेकिन एक परम्परा है और उसके बन्धन हैं और मैं उन्हें मानता हूँ।) मैंने उसे किसी दूसरी नज़र से देखा ही नहीं। वह भी मुझे 'भैया,' 'भैया' पुकारती थी। जब कुछ दिन बाद उसने मुझे से उल्टे-सीधे प्रश्न शुरू किये और मैंने देखा कि उसकी आँखों में मैल है और कला-वला से उसे कुछ लेना नहीं तो मैंने कहा कि तुम बेकार मेरा वक्त न ज़ाया करो और मैंने उसे सिखाना छोड़ दिया।.....जाने उसने भाई से क्या कहा। उसने स्कैण्डल खड़ा करने की कोशिश की और मुझ पर ज़ोर दिया कि मुझे उसकी बहन से शादी करनी पड़ेगी! मेरा दिमाग़ चकरा गया। "तुम कैसी पागलों की-सी बातें करते हो," मैंने कहा, "तुम्हारी बहन सो मेरी बहन। उसे भ्रम हुआ होगा। मैंने उसे किसी दूसरी नज़र से नहीं देखा। शादी मैं उससे कैसे कर सकता हूँ?" और घबराहट में मैंने एक झूठ बोल दिया, "मेरी तो सगाई हो चुकी है।"

दरअसल मेरी सगाई नहीं हुई थी। रिश्ते आते थे, लेकिन जैसा कि मैंने लिखा, मैं शादी करना नहीं चाहता था। लेकिन अनचाहे स्कैण्डल से मैं डर गया। और मैंने भाई से कहीं सगाई कर देने का ज़ोर दिया। उन्होंने दूर के रिश्ते में मेरी सगाई कर दी और मेरे मित्र को विश्वास भी दिला दिया।

उस चक्कर से तो निकल गया, लेकिन फिर उस स्कूल में जाने को मेरा मन नहीं हुआ। तभी एक मित्र से मालूम हुआ कि देवा जी एक आर्ट-टीचर चाहते हैं और उनकी सिफ़ारिश से मैं यहाँ चला आया।

दिमाग़ ज़रा ठण्डा हुआ है तो मैं सोचता हूँ कि बेकार ही एक मुसीबत से निकलने के फेर में दूसरी मुसीबत में फँस गया।.....अब आप समझ जायेंगी कि मैं क्यों लाहौर की गहमा-गहमी से भाग कर यहाँ आ गया और क्यों यहाँ भी मेरा मन नहीं लग रहा। लाहौर में सिर्फ़ हेड मास्टर को ख़ुश करना पड़ता था और मैनेजिंग कमेटी से वे ही सुलटते थे। यहाँ सोसाइटी के अट्ठारहों मेम्बर मेरे मालिक हैं, उन सब को ख़ुश रखने की समस्या है, इसलिए नहीं जानता कि कब यहाँ से उठ कर भाग जाऊँ! हालाँकि इर्द-गिर्द की सुन्दरता और एकान्त को देखता हूँ तो जी चाहता है कि ज़िन्दगी यहीं काट दूँ।

आपने 'भैया' लिखने की सफ़ाई दी है। जैसा कि मैंने लिखा, मेरे भी कोई बहन नहीं और यह अभाव मुझे भी खलता है। नहीं जानता कि बहन का स्नेह कैसा होता है और बहन को कैसे स्नेह दिया जाता है? मैं तो यह भी यकीन के साथ नहीं कह सकता कि सगी बहन के अलावा कोई दूसरी बहन बन भी सकती है? और क्या जिसे वह भाई कहती होगी, उसे सगे भाइयों जैसा संकोचरहित व्यवहार दे सकती होगी? वैसा प्यार वह दे भी सकती होगी तो क्या समाज को मान्य होगा? सगे भाई-बहन साथ-साथ जा रहे हों तो लोग दस फब्तियाँ कस देते हैं, फिर धर्म के भाई-बहनों की तो बात ही दूर रही....

मैंने ज़रा-सा आपको सुझाव दिया और आपने मुझे 'महान' या जाने क्या-क्या बना दिया। देखिए, इतने बड़े शब्द यूँ न लुटाइए। मैं बहुत कमज़ोर इन्सान हूँ। मुझ में बेशुमार ख़ामियाँ हैं, मैं उन्हें जानता भी हूँ, लेकिन दुर्भाग्य यह है कि उन्हें दूर नहीं कर सकता। यूँ भी अपने स्वभाव को बदलना काफ़ी मुश्किल होता है। किसी की नज़रों में उठने की कोशिश में आदमी महान बन सकता है, किसी साथी का प्रोत्साहन उसे अपने से ऊँचा उठा सकता है या फिर अनुकूल वातावरण भी उसके स्वभाव को बेहतर बना सकता है। मेरे पास इन तीनों का अभाव है। ज़िन्दगी की मुसीबतों ने मुझे ख़ासा सिनिक या स्टॉएक बना दिया है। आर्टिस्ट यूँ भी सेल्फ़-सेण्टर्ड होता है। मैं कुछ ज़्यादा ही अपने में गुम रहता हूँ। थोड़ा व्यावहारिक रख-रखाव (जो नौकरी के लिए ज़रूरी है, बहुत खलता है, इसीलिए बराबर नौकरी छोड़ने की सोचता हूँ) और कला की साधना — इन दो बातों के अलावा तीसरी किसी बात का मुझे ध्यान नहीं रहता और कई बार मेरे व्यवहार से मित्र नाराज़ हो जाते हैं। सो भाई, ऐसे शब्द लिख कर आप मेरे लिए मुश्किल पैदा कर देंगी। आपके स्टैण्डर्ड तक पहुँचना मेरे लिए कठिन होगा। लगातार श्रम करके, आर्टिस्ट तो शायद मैं 'महान' बन ही जाऊँ — हालाँकि ग़ालिब ने लिखा है :

दाम-ए-हर मौज में हैं हलका-ए-सद-काम-ए-निहंग
जाने क्या गुज़रे है कतरे पर गुहर होने तक

याने समुद्र की हर लहर के जाल में सौ-सौ मगरमच्छ मुँह फाड़े बैठे हैं, जाने मोती बनने तक पानी की बूँद पर क्या-क्या न बीत जाये —इन्सान भी बड़ा बन सकूँगा, मुझे उम्मीद नहीं। फिर ग़ालिब को ही कोट करता हूँ :

बसके दुश्वार है हर काम का आसाँ होना
आदमी को भी मयस्सर नहीं इन्साँ होना

आपकी कविता अच्छी लगी। एक और ग़ज़ल इस पत्र के साथ भेज रहा हूँ।

जहाँ तक लाहौर आने की बात है। जी तो बहुत चाहता है, लेकिन यहाँ से छुट्टी पा सकूँगा, अभी से नहीं कह सकता। आ सकूँगा तो आपको समय से पता दूँगा। आप तो जायेंगी ही। मैं पहुँचा तो छोटे भाई के हाथ सँदेसा भिजवा दूँगा।

आपका
गोविन्द

गोविन्द भैया,

आप का कृपा-पत्र मिला। आपने मेरी जिज्ञासा का विस्तार से उत्तर दिया, उसके लिए अत्यन्त आभारी हूँ। लौरैंग्ज़ की प्रदर्शनी में जिस शाम आप आये थे, अचानक किसी मित्र की बात पर ज़ोर से ठहाका मार कर हँस दिये थे, तभी मुझे लगा था कि उस ठहाके में कुछ खोखलापन है, जैसे वह एक मुखौटा है, जिसके पीछे, आप अपना अकेला और अचीन्हापन छिपाये हुए हैं। आपके पत्र से मेरा सन्देह सही निकला। जैसा कि मैंने पहले भी लिखा था, आपके पत्रों में ऊपर के तमाम हल्के-फुल्केपन के बावजूद उदासी की बारीक-सी रेखा रहती है। उसके स्रोत का भी पता चला। वर्षों से मैं स्वयं ऐसा मुखौटा चढ़ाये घूमती हूँ। मैं बारह-तेरह वर्ष की थी, जब मेरे माता-पिता मुझे अनाथ छोड़ कर परलोक सिधार गये और अपने खाते-पीते और सम्पन्न सगे-सम्बन्धियों के बावजूद, मैंने पाया कि मैं नितान्त अकेली हूँ। उसके बाद मैंने जो देखा है, मैं ठीक से व्यक्त नहीं कर सकती। पग-पग पर अपमान और अवहेलना के जो कचोके लगे हैं, उनसे दिल पत्थर हो गया है, तो भी कभी-कभी बुरी तरह टीस उठती है। इसीलिए बी०टी० करते ही मैं यहाँ चली आयी। मुझे लाहौर नौकरी मिल सकती थी, हाई स्कूल में मिल सकती थी, पर मैंने स्वीकार नहीं की और सगे-सम्बन्धियों से दूर इस कस्बे में प्राइमरी स्कूल की हेड मिस्ट्रेस बनना स्वीकार कर लिया।

लेकिन मैं अपने जीवन के दुखद ब्योरे दे कर आपको बोर नहीं करूँगी। आप लाहौर आयेंगे तभी बताऊँगी। यहाँ सिर्फ़ इतना ही लिखना चाहती हूँ कि यदि मैं अपने भैया का दुख ज़रा भी बटा सकूँ तो मैं अपने आप को धन्य समझूँगी। आपने जीवन के दुख को गहरे में देखा और भोगा है और आपके पास अभिव्यक्ति की शक्ति भी है, निश्चय ही आप महान कलाकार बनेंगे। आपकी उस महानता में आपकी इस छोटी बहन का भी कुछ योग रहे तो वह अपने जीवन को सार्थक समझेगी। वह स्वयं भले ही बड़ी कलाकार न बन सके, पर उसे इस बात का गर्व रहेगा कि उसका भाई महान कलाकार है।

आपने बहन-भाई के सम्बन्धों पर (जब तक कि वे सगे बहन-भाई न हों) सन्देह प्रकट किया है। आपका अनुभव भी कटु है। दुनिया में छिछले लोग भी होते हैं और गहरे

भी। मैं तो यही समझती हूँ कि कोई लड़की जब किसी को भाई कहती है तो किसी अन्य दृष्टि से उसे नहीं देखती। मैं आपको सिर्फ़ अपनी ओर से विश्वास दिला सकती हूँ कि आपको मुझ से शिकायत नहीं होगी। रही समाज की बात तो यदि अपनी आत्मा पवित्र हो तो मैं नहीं समझती कि समाज की परवाह करनी चाहिए। मैं तो अपनी आत्मा को देखती हूँ, समाज को नहीं देखती। आप लाहौर आयेंगे तो विस्तार से बातें करेंगे।

वापसी डाक अपने आने का आश्वासन दीजिए। देखिए, निराश न कीजिएगा। ग़ज़ल पढ़ कर उसके बारे में फिर लिखूँगी।

आपकी बहन
निमिषा

निमिषा जी,

आप का पत्र मिला। आपने लिखा है कि मिलेंगे तो विस्तार से बातें करेंगे। मैं अर्से से किसी से खुल कर बातें करने को तरस गया हूँ। पिछले पत्र में आपने रहीम का दोहा लिखा था। लेकिन मैं तो किसी को मन की बिथा सुनाना चाहता हूँ —किसी ऐसे को, जिसे मैं बेझिझक सुना सकूँ और जो बिना बोर हुए सुन सके और मज़ाक न उड़ाये! अपने शे'र में मैंने जिनके हँसने की बात लिखी थी, वो दुनिया वाले हैं, जो तमाशाई होते हैं। मित्र के सामने आदमी अपने दुख नहीं रोयेगा तो और किसके सामने रोयेगा?

आपने बहन-भाई, आत्मा और सच्चाई की बात लिखी है। मुझे आप पर सन्देह नहीं। अपने पर है। क्योंकि मैं परम्परा की बात तो जानता हूँ, हकीकत की नहीं जानता। कोई बहन न होने से, मैंने न बड़ी बहन का प्यार पाया है, न छोटी को दिया है। मैं आपसे बहस नहीं करूँगा। हमारे यहाँ छोटी बहन लड़की के समान होती है। उसके यहाँ जा कर रहा नहीं जा सकता। बड़ी बहन के यहाँ रहा तो जा सकता है, पर उसे अच्छा नहीं समझा जाता। आपने वह कहावत तो सुनी होगी —बहन के घर भाई कुत्ता, ससुरे घर जमाई कुत्ता — और मेरा कोई भरोसा नहीं, कब यहाँ से नौकरी-वौकरी छोड़, डेरा-डण्डा उठाऊँ और आपके यहाँ ही कुछ दिन को चला आऊँ। बहन बनेंगी तो कभी आने का साहस नहीं कर सकता। न आप से मन की बात ही कह सकता हूँ। हाँ यदि, आप मित्र का नाता पसन्द करें —वह भी ऐसे मित्र का, जो मेरी सब ख़ामियों के साथ मुझे अपना ले और मेरी बातें सुन कर जिसके मन में घृणा के बदले हमदर्दी हो —तो लाहौर भी आऊँगा और मन की सब बातें निःसंकोच आपके सामने रख दूँगा।

आप मुझे 'गोविन्द भैया' लिखती हैं, मुझे संकोच होता है। लिख सकें तो सिर्फ़ 'गोविन्द' या 'गोविन्द जी' लिखें और मुझे भी 'निमिषा' लिखने की इजाज़त दें। मुझे सुविधा होगी।

यदि इसमें आपको उलझन हो तो मैं नहीं आऊँगा। लेकिन आप घबराइएगा नहीं। मेरे बड़े भाई की दुकान की पंक्ति में 'रामाकृष्णा एण्ड सन्स' की बहुत बड़ी अंग्रेज़ी किताबों की दुकान है। उनके छोटे भाई रूपकृष्ण बहुत बड़े आर्टिस्ट हैं। दुकान के ऊपर ही रहते हैं। आप उनसे मिलिएगा। मेरा नाम लीजिएगा। आपकी तमाम मुश्किलों को वे हल कर देंगे।

सस्नेह
गोविन्द

गोविन्द जी,

अब तक आप को गोविन्द भैया लिखती आयी हूँ। कुछ अजीब-सा लगता है सिर्फ़ गोविन्द जी लिखना। लेकिन चूँकि आप चाहते हैं तो मैं आपके आदेश का पालन कर रही हूँ।

यह जान कर ख़ुशी हुई कि आप कभी रेनाला आने की भी सोचते हैं। यूँ मैं आपको नौकरी छोड़ने की सलाह नहीं देती, पर यह ज़रूर चाहती हूँ कि आप कभी यहाँ आयें। यह न समझिएगा, मैं डर गयी हूँ कि आप सचमुच नौकरी छोड़ कर आ ही न जायें। आप जब भी आयें, आप को सदैव स्वागत मिलेगा। मन में आप को गुरु मान लिया है और मैं योग्य शिष्या होने का पूरा प्रयास करूँगी। आप रेनाला आयेंगे तो आपको किसी तरह का कष्ट न होने दूँगी।

यह पत्र आपको शुक्रवार तक ज़रूर ही मिल जायेगा। फ़िलहाल आप लाहौर ज़रूर आइए। अपनी बला रूपकृष्ण पर न डालिए। आपने प्रोत्साहन दिया है तो आप ही आगे भी सहारा दीजिए!

मैं शनि की सुबह दस बजे पहुँच जाऊँगी। आप जब भी पहुँचें, मुझे सन्देश भेजिएगा। मैं आ जाऊँगी।

देखिए, निराश न कीजिएगा। आपसे मिलने, आपकी सुनने और अपनी सुनाने की आशा ले कर लाहौर जाऊँगी।

सादर
निमिषा

सात

निमिषा ने गोविन्द को लिखा था कि शनिवार छुट्टी है, वह सुबह लाहौर पहुँचेगी, वह भी शनिवार को पहुँचे। लेकिन उसकी माई बीमार थी और यद्यपि सुबह वह अलारम लगा कर उठी, पर स्वयं कोयलों की अँगीठी सुलगा कर चाय बनाने और फिर निबट-निबटा कर तैयार होने में उसे देर हो गयी और जब वह लगभग भागती हुई स्टेशन पहुँची तो गाड़ी निकल गयी।

कुछ क्षण वह निराश और हताश उस छोटे-से मुसाफ़िरख़ाने के बाहर खड़ी रही। उसे पूरा विश्वास था कि गोविन्द ज़रूर लाहौर पहुँचेगा, जब उसे मालूम होगा कि वह नहीं आयी तो उसे बहुत निराशा होगी। उसके निराश मुख की कल्पना ही से वह बेचैन हो उठी। दूसरी गाड़ी शाम को जाती थी, इसका मतलब था कि वह रात को लाहौर पहुँचेगी और शनि का पूरा दिन बर्बाद हो जायेगा। वह तो गोविन्द के साथ ज़्यादा-से-ज़्यादा समय गुज़ारना चाहती थी। उसकी ज़िन्दगी के संघर्षों को जानना चाहती थी, उसकी स्वर्गीया पत्नी के बारे में पूछना चाहती थी (जिसके दिवंगत होने पर उसने प्रथा के अनुसार फ़ौरन शादी

नहीं की, जबकि वह अभी मुश्किल से पच्चीस-छब्बीस वर्ष का लगता था।) और जैसे भी हो, निमिषा जल्द-से-जल्द लाहौर पहुँचना चाहती थी।

तब कुछ क्षण असमंजस में खड़ी रह कर वह स्टेशन से बाहर निकली। फाटक से लाइनें पार कर ओकाड़ा से आने वाली मुख्य सड़क पर जा खड़ी हुई कि शायद कोई बस मिल जाये। रेनाला से कोई बस लाहौर न जाती थी, लेकिन कभी-कभार मिण्टगुमरी या ओकाड़े से आती हुई बसें या कारें वहाँ रुकती थीं। उसने सोचा, शायद पीछे से कोई बस या कार आ जाये तो वह उसी में चढ़ जाये। जब वह आध-पौन घण्टा वहाँ खड़ी रही और न कोई बस आयी, न कार तो लम्बी साँस भर कर वह वापस मुड़ने ही वाली थी कि ओकाड़े की तरफ़ से एक ट्रक आ कर वहाँ रुका और ड्राइवर उतर कर सड़क के किनारे बनी छोटी-सी दुकान में चाय पीने के लिए आया।

ट्रक के पीछे एक गाय और बछड़ा बँधे थे और अगली सीट पर एक व्यक्ति बैठा था। प्रकट ही ट्रक आगे जा रहा था। निमिषा ने सोचा कि अगर वह रायविण्ड जंक्शन तक भी जा रहा हो तो काम बन जायेगा। रायविण्ड से लाहौर को कई गाड़ियाँ जाती थीं। उसने आगे बढ़ कर पूछा, "क्यों भाई, तुम कहाँ तक जा रहे हो?"

"लाहौर, बीबी!"

निमिषा का हृदय ज़ोर से धड़का। कुछ संयत हो कर उसने कहा, "भाई, मैं यहाँ स्कूल में हेड मिस्ट्रेस हूँ, मुझे लाहौर में ज़रूरी काम है। कल इतवार है, और परसों मुझे वापस स्कूल में हाज़िरी देनी है। आज ही का दिन मेरे पास है और मेरी गाड़ी छूट गयी है। अगली सीट पर थोड़ी जगह हो तो मुझे लाहौर पहुँचा दो। मैं शुक्रगुज़ार हूँगी और जो किराया तुम कहोगे, दे दूँगी।"

ड्राइवर अधेड़ उम्र का सिक्ख था। उसने नज़र भर कर उसकी ओर देखा। निमिषा के स्वर और व्यवहार में कुछ ऐसी गरिमा थी जो आदर उपजाती थी। उसने कहा :

"बीबी, ट्रक में गाय बँधी है। तुम्हें तकलीफ़ तो नहीं होगी?"

"तुम्हें तकलीफ़ न हो तो मैं चली चलूँगी।"

ड्राइवर ने चाय पी कर आगे बैठी सवारी से कहा, "इस बीबी की गाड़ी छूट गयी है, इसे ज़रूर लाहौर पहुँचना है। तुम ज़रा मेरी तरफ़ सरक जाओ तो यह बैठ जाये।"

और निमिषा ड्राइवर का शुक्रिया अदा करती हुई अगली सीट पर बैठ गयी।

सख़्त गर्मी। रास्ते में लगातार उड़ती हुई धूल। गोमूत्र और गोबर की बू के मारे निमिषा ने नाक पर रूमाल रख लिया था, लेकिन जब भी वह नाक से रूमाल हटाती, वह बू उसके नथुनों में घुस आती और दिमाग़ भन्ना जाता। जब वह साढ़े बारह के करीब घर पहुँची तो उसके चेहरे और कपड़ों पर धूल की एक हल्की-सी परत जम गयी थी। लेकिन वह बड़ी ख़ुश थी कि डेढ़-दो घण्टे लेट ही सही, वह वक्त से घर पहुँच गयी।

सीढ़ियाँ चढ़ कर ऊपर पहुँचते ही उसने चाची से पूछा, "मुझे कोई पूछने तो नहीं आया, चाची?"

"नहीं! किसे आना था?"

"देवनगर के एक आर्ट-टीचर हैं, उन्होंने लिखा था कि आयेंगे तो पता देंगे।" निमिषा

ने निराशा-भरे स्वर में कहा।

सामान रख कर वह नहाने चली गयी। उसके पास सिल्क की भी साड़ियाँ थीं, लेकिन नहा कर पहनने के लिए उसने खादी की एक साड़ी ले ली। चूँकि रास्ते की धूल से उसके बाल जुड़ गये थे, उसने उन्हें अच्छी तरह धोया। निचोड़ कर तौलिये से फटका और खादी की साड़ी और ब्लाउज़ पहन कर कन्धे पर तौलिया डाल, वह उन्हें सुखाने बैठ गयी।

तभी दरवाज़े पर दस्तक हुई।

उसी हालत में उठ कर निमिषा ने सीढ़ियों का दरवाज़ा खोला।

सामने एक युवक खड़ा था।

"क्यों खन्ना साहब यहीं रहते हैं?" उस ने पूछा।

"जी हाँ," निमिषा ने कहा, "लेकिन वे कचहरी गये हुए हैं।"

"क्या निमिषा जी रेनाला से आ गयी हैं?"

सहसा निमिषा के दिमाग़ में गोविन्द के पत्र की पंक्ति आ गयी —लाहौर गया तो अपने भाई के हाथ सन्देश भेजूँगा। उस का दिल ज़ोर से धड़क उठा।

"क्या आप गोविन्द जी के छोटे भाई हैं?" उसने धीरे से पूछा।

युवक ने स्वीकार में सिर हिलाया तो निमिषा ज़रा पीछे हट गयी। "आइए, आइए, अन्दर आ जाइए!"

वह उसे ड्राइंग रूम में ले गयी और उसने युवक को काउच पर बैठने के लिए कहा, लेकिन युवक बैठा नहीं। "निमिषा जी को एक पैग़ाम देना है।" उसने कहा।

"बैठिए! मैं ही निमिषा हूँ।" और वह आश्वस्त भाव से मुस्करायी।

"जी, गोविन्द भाई साहब आ गये हैं।" युवक ने वहीं खड़े-खड़े कहा, "वे स्वयं यहाँ आते, लेकिन उनके घुटने पर सख़्त चोट आ गयी है। वे भाई साहब की दुकान पर आपकी प्रतीक्षा कर रहे हैं।"

यह सुन कर कि गोविन्द आ गया है, निमिषा का रक्त उसके चेहरे की ओर दौड़ गया था, लेकिन दूसरे क्षण चोट की बात सुन कर वह चिन्तित हो उठी।

"क्या बहुत चोट आ गयी?"

"कुछ ज़्यादा ही आ गयी है, चलने में दिक्कत होती है।"

"कैसे आ गयी?"

"शायद हॉकी खेलते-खेलते।"

"क्या वे हॉकी भी खेलते हैं?"

गोविन्द का भाई चुप खड़ा रहा था। तब निमिषा ने कहा — "गाड़ी छूट गयी थी। मैं अभी आयी हूँ। आप जा कर कह दीजिए, आध-एक घण्टे में पहुँचती हूँ।"

गोविन्द का भाई चला गया। निमिषा ने जल्दी-जल्दी खाना खाया। पहले उसके मन में आयी कि वह बाकायदा कपड़े पहने, बाल सँवारे और तब जाये, पर उसमें देर होने की सम्भावना थी और वह नहीं चाहती थी कि गोविन्द अपना घायल घुटना लिये हुए उसके इन्तज़ार में बैठा रहे। फिर उसे यह भी ख़याल आया कि उसका भाई तो उसे इस लिबास

में देख ही गया है, यदि वह सिल्क की साड़ी वग़ैरा पहन कर जायेगी तो वह क्या सोचेगा, इसलिए उसने तौलिया उतार कर रख दिया, बाल काफ़ी सूख गये थे। उसने वैसे ही उनमें कंघी कर ली और साड़ी का आँचल सिर पर डाल, वह पर्स उठा कर नीचे उतर गयी।

०

निमिषा दुकान पर पहुँची तो गोविन्द काउण्टर के पीछे चश्मे के ऊपर काले शीशों वाली अटैचमेण्ट चढ़ाये बैठा था। निमिषा ने दोनों बार उसे शाम के समय देखा था —लाजपत राय हाल के कवि-सम्मेलन में भी और लोरैंग्ज़ की प्रदर्शनी में भी। दोनों बार गोविन्द ने साधारण चश्मा पहन रखा था, लेकिन शायद दोपहर का समय और धूप तेज़ होने से उसने चश्मे पर अटैचमेण्ट चढ़ा रखी थी। निमिषा को अटैचमेण्ट सुन्दर लगी थी, यद्यपि वह उन गहरी आँखों को काले चश्मे के बिना ही देखना चाहती थी।

काउण्टर पर जा कर उसने 'नमस्कार' किया और कहा —"मैं निमिषा हूँ।"

गोविन्द ने उसे न अन्दर बुलाया, न बैठने के लिए कहा, न उसकी 'नमस्ते' का ही जवाब दिया। उसने ज़रा सिर उठाया। निमिषा को लगा कि क्षण भर काले शीशों के अन्दर से गोविन्द की निगाहें उस पर जमी रहीं, फिर कुर्सी से टिकी छड़ी के सहारे वह उठा। काउण्टर का कोने का पल्ला उठा कर बाहर आया और 'यहाँ क्या बैठेंगे, आइए सन्धू के चलते हैं,' कहते और लँगड़ाते हुए दुकान के बाहर निकल गया।

निमिषा क्षण भर चकित-सी उसे देखती रह गयी। गोविन्द ने कमीज़ और निक्कर पहन रखी थी। पैरों में उसके पेशावरी चप्पल थी। कमीज़ के कफ़ों में तीन-तीन लिंक्स लगे थे और दायें घुटने पर पट्टी बँधी थी।

दुकान के तख़्ते पर क्षण भर को रुक कर गोविन्द ने अनारकली की तरफ़ से ख़ाली आते हुए एक ताँगे को रोका, लँगड़ाते हुए छड़ी की मदद से सीढ़ी उतरा, एक बार पीछे मुड़ कर 'आइए' कहा और ताँगे वाले की मदद से अगली सीट पर जा बैठा। निमिषा पिछली सीट पर बैठ गयी तो उसने ताँगे वाले से सिर्फ़ इतना कहा —'सन्तनगर भाई!'

ताँगा चल पड़ा तो ज़रा पीछे को मुड़ कर गोविन्द ने हँसते हुए कहा, "मेरे लिबास की तरफ़ देख कर लगता है, आप हैरान हो रही हैं। परसों हॉकी खेलते हुए फ़ुल बैक से भिड़ गया और चोट आ गयी। घुटना बेतरह सूज गया है। पतलून या पायजामा पहनना मुश्किल है। परसों और कल दिन भर सेंक किया है, तब किसी तरह चलने के काबिल हुआ हूँ। सौभाग्य से एक पड़ोसी इक्के पर देवनगर आये तो मैंने इक्के वाले से सुबह आने के लिए कह दिया, वह आ गया, वरना पत्थरचट्टी तक एक मील चल कर इक्का पकड़ना मेरे बस का नहीं था। किस्मत में आपके दर्शन लिखे थे, वरना....."

और वह ज़ोर से हँसा। वही प्रदर्शनी वाली हँसी। फिर निमिषा की निगाह सीट की बैक पर रखी बाँह के तीन-तीन कफ़-लिंक्स पर गड़ी देख कर उसने एक और ठहाका लगाया।

"दूसरी कोई कमीज़ धुली हुई नहीं थी," उसने सफ़ाई दी, "इसकी आस्तीनें छोटी हो गयी थीं। मैंने कफ़ खुलवा कर सिंगल करा दिये तो बड़ी हो गयीं। तब कफ़ ज़रा छोटे करा दिये और काजों के बीच एक-एक काज और करा दिया। तीन कफ़ लिंक्स अजीब तो

लगते हैं, लेकिन नयी कमीज़ बनवाने की बनिबस्त मुझे दो जोड़ा कफ़ लिंक्स खरीदना सस्ता लगा।"

और वह फिर हँसा, लेकिन शायद पहलू बदलने या किसी गढ़े के कारण ताँगे का धचका लगने से उसका घुटना दर्द कर उठा। उसका चेहरा कद्रे विकुंचित हो गया और माथे पर रेखाएँ उभर आयीं।

"क्या बहुत ज़्यादा चोट लगी है?" निमिषा ने चिन्ता और हमदर्दी-भरे स्वर से पूछा था।

ज़रा टेढ़े हो कर घुटने को सीट पर रखते हुए हँस कर गोविन्द ने जवाब दिया : "पत्थर चुभ गया या क्या हुआ, इंच भर गहरा घाव हो गया और यह (गोविन्द ने उँगली और अँगूठे की मदद से बताया था कि कितना बड़ा) माँस का लोथड़ा निकल आया। गर्मियों के दिन। शाम का वक्त। हस्पताल दूर पत्थरचट्टी में। घाव में पस पड़ने का डर। लोग किसी तरह मुझे सहारा दे कर मेरे कमरे में लाये। दो-एक आदमी कहीं से टिंक्चर आयोडीन लाने को भागे। निपट देहात। वहाँ टिंक्चर कहाँ मिलती! जब वे लोग सोच रहे थे कि क्या किया जाये, कैसे डॉक्टर बुलाया जाये, वग़ैरा-वग़ैरा....मैंने वहीं खड़े एक मित्र से कहा, 'कहीं से भाग कर रुई ले आओ!' वह रुई ले आया तो मैंने उससे लैम्प की चिमनी हटा कर, उसे खोलने को कहा। वह खोल कर मेरे पास ले आया तो मैंने मिट्टी के तेल में रुई डुबोयी, घाव उसी से साफ़ किया और दूसरा फाहा तेल में भर कर घाव में लगा दिया और पट्टी बाँध दी। रात घुटना अकड़ गया तो मैंने लैम्प जला कर, एक रूमाल तहा कर, उसकी चिमनी से गर्म करके सेंक किया। कल दिन और रात फिर सेंक किया। अब देखिएगा यह रूई तभी उतरेगी जब घाव भर जायेगा।"

और उसी तरह ज़ोर से हँसते हुए यह बताने लगा कि कैसे उसके एक मित्र का छोटा भाई अपने पक्के मकान की सीढ़ियों से फिसल कर लुढ़कता हुआ नीचे आ रहा था, चौखट का कोना उसके माथे में खुब गया था और इंच भर गहरा घाव हो गया था। तब उसकी माँ ने रुई का फाहा तेल में डुबो, घाव पर रख कर पट्टी बाँध दी थी और वह फाहा तब तक नहीं उतरा था, जब तक कि घाव पूरी तरह भर नहीं गया था।

गोविन्द डॉक्टरी दवाओं और देशी टोटकों पर बोलने लगा था। हालाँकि वह उसकी जगह होती तो जैसे भी होता हस्पताल जाती और वहाँ डॉक्टर से पट्टी कराके आती — देशी टोटकों में निमिषा का ज़रा भी विश्वास न था और विज्ञान के ज़माने में वह हर बीमारी का इलाज वैज्ञानिक ढंग से करना पसन्द करती थी — लेकिन उसने गोविन्द की कोई बात नहीं काटी। वह बातें किये जा रहा था और साथ ही ताँगे वाले को रास्ता भी बताता जा रहा था और वह चुपचाप सुने जा रही थी।

सन्तनगर की एक गली में, कोने के एक अध-बने मकान के निकट ताँगा रुका था। बड़ी कठिनाई से पायदान पर पैर रख कर गोविन्द उतरने की कोशिश कर रहा था जब निमिषा ने जल्दी से उतर कर उसे सहारा दिया। लँगड़ाता हुआ, छड़ी की मदद से वह मकान के दरवाज़े तक गया। फिर चबूतरे पर चढ़ कर, उसने बैठक के दरवाज़े पर दस्तक दी।

०

सिर्फ़ बनियान और कच्छा पहने और नंगे जूड़े पर रूमाल बाँधे हुए मँझले कद और साँवले रंग के एक सिक्ख युवक ने दरवाज़ा खोला।

"सन्धू, यह है मेरी मित्र निमिषा खन्ना," गोविन्द ने दोनों को एक-दूसरे का परिचय देते हुए कहा, "और ये हैं मेरे साथी कलाकार सुखबीर सन्धू, भाइयों से भी ज़्यादा प्यारे! तस्वीरें कम बनाते हैं, अफ़साने ज़्यादा लिखते हैं।"

और गोविन्द ने सुखबीर के कन्धे पर ज़ोर से हाथ मार कर वही ठहाका लगाया। तभी सुखबीर की निगाह उसके घुटने पर गयी।

"क्या हुआ। कहाँ चोट खा गये?"

"ज़िन्दगी में एक चोट खायी हो तो बतायें," गोविन्द ने कहा, "बाहर से नज़र नहीं आतीं, अन्दर तो घाव-ही-घाव हैं, जो कभी नहीं भरते।"

और जैसे यह भी कोई हँसी की बात हो, उसके कन्धे पर ज़ोर से एक और हाथ जमा कर वह ठठा कर हँस दिया। फिर छड़ी के सहारे किंचित लँगड़ाते हुए वह कमरे में दाख़िल हुआ और जा कर पलँग पर बैठ गया। ज़रूर ही इस प्रक्रिया में उसके घुटने में टीस उठी होगी, क्योंकि उसका चेहरा दर्द के कारण फिर विकृत हो गया। लेकिन दूसरे क्षण सहज हो कर उसने कहा :

"मनजीत से कहो, इन्हें कुछ पिलाये।"

और सरदार सुखबीर सिंह सन्धू ने उसी लिबास में खड़े-खड़े, दोनों हाथ मलते हुए निमिषा से पूछा था, "क्यों जी, आप शिकंजी लेंगी या शर्बत?"

निमिषा कुछ भी नहीं लेना चाहती थी, पर उसने कहा था, "मुझे अगर चाय का एक प्याला पिला सकें तो कृपा होगी।"

"इनके लिए चाय बनवा दो और मनजीत से कहना, मेरे लिए नींबू की शिकंजी बना दे।"

सुखबीर अन्दर की ओर बढ़ा ही था कि गोविन्द ने फिर कहा, "मनजीत से कहना ज़रा कोयले सुलगा दे और थोड़ा-सा रूहड़ निकाले। मेरे घुटने में बहुत दर्द हो रहा है। तुम्हें तकलीफ़ तो होगी यार, पर तुम ज़रा सेंक कर देना।"

ये सब हिदायतें दे कर गोविन्द चित लेट गया और उसने घुटना ज़रा उठा लिया।

०

निमिषा उसी तरह खड़ी थी। उसे किसी ने बैठने के लिए नहीं कहा था। वैसे ही खड़ी, अचेतन रूप से वह कमरे का जायेज़ा लेने लगी —कमरा बहुत बड़ा नहीं था, लेकिन नया बना था। फ़र्श लाल रंग का था। प्रकट की उससे सोने और बैठने का काम लिया जाता था, क्योंकि पलँग के सामने दूसरी दीवार के साथ बेंत की सीट वाला एक हल्का-सा सोफ़ा सेट और तिपाई पड़ी थी।

कमरे में भटकती हुई निमिषा की दृष्टि दरवाज़े के बाहर चली गयी। उसने देखा, सरदार सुखबीर सिंह साहब सन्धू वही कच्छा-बनियान पहने, हाथ में झोला लिये, बाज़ार की तरफ़ भागे जा रहे थे। निमिषा के होंटों पर मुस्कान खेल गयी। उसने प्राय: लोगों को बाज़ारों में नंगे-अधनंगे घूमते और सामान ख़रीदते देखा था, लेकिन उसने कभी सपने में

भी नहीं सोचा था कि ऐसे लोगों में वह भी उठे-बैठेगी।

तभी उसके कानों में गोविन्द की आवाज़ आयी, "आप ज़रा ख़ुद ही तकलीफ़ करके, वह कुर्सी इधर खींच लीजिए!"

चौंक कर निमिषा ने सोफ़े की एक कुर्सी पलँग के पास सरका ली।

"मैंने आपको पत्र में अपनी पत्नी की लम्बी बीमारी और मौत की बात लिखी थी," गोविन्द ने कहना शुरू किया, "उसकी बीमारी और मौत के दौरान मुझ पर क्या गुज़री और कैसे अपनी ज़िन्दगी और माहौल के बारे में मेरी नज़र बदल गयी, वह मैं पत्र में नहीं बता सकता था।...."

गोविन्द अपने निकट अतीत की बातें करने लगा। निकट अतीत की बात करते-करते वह सुदूर अतीत में खो गया। अपने पुरखों — परदादा, दादा, फिर पिता-माता.... अपने परिवार, उसकी जड़ रूढ़ियों, सोच के सीमित घेरे.... अपने मुहल्ले, उसके वासियों.... उस सारे निम्न-मध्यवर्गीय माहौल, उसकी संकुचितता, धूर्तता, क्रूरता, झूठ, छल-प्रपंच, रियाकारी, आत्मवंचना.... दसियों घटनाएँ, दसियों ब्योरे.... और उन सब में धीरे-धीरे बीमारी और फिर मौत की ओर सरकती हुई एक निहायत सीधी-सादी, भोली-भाली, हँसमुख लड़की.... समय और स्थान का कोई ज्ञान नहीं रहा। एक दुर्दमनीय बहाव था, जो निमिषा को अपने साथ बहाये लिये जा रहा था।.... और वह घुटने पर कोहनी रखे, उस पर ठोड़ी टिकाये, चुपचाप गोविन्द की बातें सुनती रही थी।

तभी अपनी पत्नी की मृत्यु की बात करते-करते सहसा गोविन्द का कण्ठ भरभरा आया था। वह चुप हो गया। कमरे में एकदम सन्नाटा छा गया और ऊपर दीवार पर लगे पुराने क्लॉक की टिक-टिक सुनायी देने लगी। निमिषा की अपनी आँखें भर आयी थीं। उसने साड़ी के आँचल से दायीं आँख की कोर पोंछ ली। गोविन्द ज़रा-सा खाँसा। फिर जेब से रूमाल निकाल कर ज़रा-सा नाक-मुँह पोंछ कर हँस दिया। "मैं बहुत बातूनी हूँ," उसने कहा, "अपनी ही सुनाये ले जा रहा हूँ। आप बहुत-सी बातें करना चाहती थीं। कुछ आप भी तो कहिए!"

निमिषा ने गोविन्द के ठहाके भी सुने थे और उसकी हँसी भी देखी थी, लेकिन झेंप की मारी, वह लजायी और अचकचायी हुई-सी हँसी, जिसमें हल्के-से रुदन का स्पर्श था, निमिषा के दिल को चीरती चली गयी थी। क्षण भर तक उससे कोई जवाब न बन आया था। फिर कद्रे संयत हो कर मुस्कराते हुए उसने कहा, "मैं तो सुनने ही आयी हूँ।"

और जैसे अपनी लजाहट से अस्वस्ति को छिपाने के लिए गोविन्द ने लाहौर की ज़िन्दगी और अपने साथी टीचर की बहन का किस्सा सुनाना शुरू कर दिया।

इस बीच सन्धू एक ट्रे में चाय और शिकंजी का गिलास ले आया।

निमिषा ने तिपाई अपने सामने खिसका ली। सन्धू ने ट्रे उस पर रख दी और नींबू के शर्बत का गिलास गोविन्द को दिया।

ट्रे में प्याला एक ही था, "आप चाय नहीं पियेंगे सन्धू भाई?" निमिषा ने प्याले में चाय ढालते हुए पूछा।

"आप पीजिए! इतनी गर्मी में हम लोग तो कभी चाय नहीं पीते!"

गोविन्द ने कोहनी के बल ज़रा-सा उठ कर एक ही घूँट में गिलास ख़त्म करके सिरहाने की खुली अलमारी में रखा दिया, जिसमें अभी चौखट और दरवाज़े नहीं लगे थे।

"तुम सेंक करवा लो तो फिर मैं नहाऊँगा।" सन्धू ने कहा। "गर्मी में शाम को भी बारह बजे हुए हैं।" और अपने ही मज़ाक पर हँसते हुए वह अन्दर चला गया। दूसरे क्षण वह अँगीठी, तवा और रूहड़ ले आया।

"सन्धू भाई, आप नहाइए, सेंक मैं कर देती हूँ।" निमिषा ने कहा।

"नहीं-नहीं," सन्धू जैसे अचकचा गया, "आप क्यों तकलीफ़ करेंगी, आप बस कुर्सी ज़रा-सी उधर खिसका लीजिए!"

निमिषा ने कुर्सी थोड़ी-सी परे खिसका ली तो पायँते की तरफ़ बैठ कर सन्धू तवे पर रूहड़ गर्म करके सेंक करने लगा।

गोविन्द ने फिर अपनी बात का तार पकड़ लिया और अपने साथी अध्यापक और उसकी उदमाती बहन का किस्सा सुनाने लगा।

निमिषा चुपचाप सुनती और मन-ही-मन उस लड़की का चित्र बनाती हुई सोचती रही कि वह कैसी होगी जो स्वाभिमान को तज कर, गोविन्द को अपने जाल में फँसाने का प्रयास कर रही थी। वह ख़ुद तो लाख चाहती, पर वैसा न कर पाती।

तभी सन्धू सेंक करके अँगीठी-तवा और अधजला रूहड़ ले कर चला गया। निमिषा अथवा गोविन्द किसी ने उसकी ओर ध्यान नहीं दिया। गोविन्द धारा-प्रवाह बोले जा रहा था और निमिषा दत्त-चित्त हो कर सुन रही थी :

"मेरे भाई मेरी सगाई नहीं करना चाहते थे। वे कहते थे कि तुम अपनी मनपसन्द लड़की से शादी करो। मैं तुम्हारे चक्कर में नहीं पड़ता, लेकिन मैंने उन पर ज़ोर दिया कि आप जहाँ चाहें, मेरी सगाई कर दें। मैं कोई मीन-मेख नहीं निकालूँगा।"

वास्तव में उस घटना से गोविन्द के मन पर इतना दबाव पड़ा था कि उसके चित्र-वित्र सब धरे-के-धरे रह गये थे। न उससे कुछ लिखा जाता था, न उकेरा। और समाज जैसा भी था, उसमें किसी विधुर अथवा कुँवारे के लिए कोई जगह नहीं थी। उसे हमेशा शक-संशय की दृष्टि से देखा जाता था। पहले भी एक स्कैण्डल हो गया था। गोविन्द ने उसका भी सविस्तार ब्योरा दिया और कहा, "मैं इतना ऊब गया, दिमाग़ की परेशानी से मेरे काम में इतना विघ्न पड़ने लगा कि मैंने भाई साहब को मजबूर कर दिया। लेकिन अब सोचता हूँ तो मुझे लगता है कि भारी ग़लती हो गयी है। मेरी होने वाली पत्नी राहों की है। मैट्रिक पास। भाई उसके मिलिट्री में हैं। उसे कला-वला से क्या लेना-देना होगा। मैंने पिछले महीने भाई साहब को लिखा था कि वे सगाई तोड़ दें। उन्होंने इनकार कर दिया। असल में जहाँ छोटे भाई की सगाई हुई है (और नवम्बर में शादी होने वाली है) उन्हीं के किसी रिश्ते की यह लड़की है। भाई साहब का ख़याल है कि सगाई तोड़ेंगे तो छोटे भाई की सगाई भी टूट जायेगी। मैंने एक मित्र द्वारा अपनी ससुराल में भी कहलवाया है कि लड़के का मन कहीं दूसरी जगह है, वे सगाई तोड़ दें, लेकिन उन्होंने कोई पूछ-पड़ताल नहीं की। मुझे लगता है कि मेरे भाग्य में एक दूसरी ट्रैजिडी लिखी है। आर्टिस्ट हूँ। अभिशप्त ज़िन्दगी जीना ही मेरी नियति है।"

और गोविन्द चुप हो गया। निमिषा कुछ कहना चाहती थी। उसे तसल्ली देना चाहती थी, लेकिन उसके मुँह से कोई बोल नहीं फूटा। तभी सन्धू जैसे उसे इस कठिनाई से उबारने के लिए नहा-धो कर, नयी कमीज़-तहमद पहन कर आ गया और उसने पूछा, "मनजीत कहती है कि खाना आप लोग यहीं खाइए!" और निमिषा की ओर मुड़ कर उसने पूछा, "क्यों निमिषा जी, खाने में आप क्या पसन्द करती हैं?"

निमिषा सहसा हथ-घड़ी पर एक नज़र डाल कर उठ खड़ी हुई थी। "मुझे तो बहुत देर हो गयी। चाची मेरा इन्तजार करती होंगी।"

गोविन्द ज़ोर से हँसा। "बातूनी लोगों की संगति की यही तो सज़ा है," फिर उसने गम्भीर हो कर कहा, "मेरे घुटने में कुछ ज़्यादा दर्द है। मैं चाहता तो था कि आपको आपके घर तक छोड़ जाऊँ, पर मुझमें हिम्मत नहीं। मुझे क्षमा कर दीजिएगा। मैं तो रात यहीं रह जाऊँगा।"

"आपने पहले ही बहुत ज़्यादती की है," निमिषा ने उलाहने-भरे प्यारे स्वर में कहा, "जो इस तकलीफ़ में चले आये। मुझे मालूम होता, आपके चोट आ गयी है, तो मैं आपको हरगिज़ न आने देती। आप लेटिए। मैं चली जाऊँगी।"

"नहीं-नहीं, आप ग़ुस्सा न कीजिए," गोविन्द हँसा, "सन्धू आपको छोड़ आयेगा। मेरे घर भी सूचना दे आयेगा कि मैं यहीं रहूँगा।" और उसने अपने मित्र की ओर देखा था।

"हाँ-हाँ, मैं छोड़ आता हूँ। ज़रा पतलून पहन आऊँ।" और सन्धू अन्दर की ओर मुड़ा।

"आप बस मुझे अनारकली के चौरस्ते पर छोड़ दीजिएगा सन्धू भाई," निमिषा ने कहा, "फिर मैं चली जाऊँगी।" और उसके पीछे आँगन की ओर जाते हुए उसने कहा, "ज़रा मनजीत भाभी से मिल लूँ!"

"हाँ-हाँ, आइए, आइए!"

o

निमिषा ने बैठक के दरवाज़े में से आँगन में कदम रखा तो उसकी नज़र सामने कमरे की चौखट के बाहर, आँगन में रंगीन पीढ़े पर बैठी किरोशिये पर लेस बुनती हुई एक सुन्दर युवती पर गयी — हल्का-सा गदराया, लेकिन गठा शरीर, मँझला कद, गोरा-चिट्टा रंग, गोल-मटोल चाँद-सा मुख, दग-दग करते गाल और कानों में सीधे-सादे काले मोतियों के आवेज़े — निमिषा अपलक उसे देखती रह गयी।

तभी सन्धू ने कहा, "मनजीत, ये जा रही हैं," और निमिषा ने चौंक कर कहा, "सत श्री अकाल भाभी। देर हो गयी है, फिर आऊँगी।"

उत्तर में 'सत श्री अकाल' बुलाते हुए मनजीत अपनी जगह उठ कर खड़ी हो गयी। दाँतों के मोती खिलाते हुए, जिससे उसके दायें गाल पर हल्का-सा गढ़ा बन गया, मनजीत ने पंजाबी में कहा, "हुण ताँ खान दा वेला हो गया ए। मैं आखनी आँ भैन जी...."

निमिषा ने उसे बात नहीं ख़त्म करने दी। "भाभी, फिर आऊँगी, खाना भी खाऊँगी और आपके पास कुछ देर बैठूँगी भी। अब तो इजाज़त दीजिए। चाचा-चाची बैठे खाने पर मेरा इन्तज़ार कर रहे होंगे।"

"सौ बार आओ भैन जी, जी आयाँ नूँ।" मनजीत ने उसी तरह खिले माथे कहा, "तुहाडा अपना घर ए!"

फिर एक बार दोनों हाथ जोड़ कर 'सत श्री अकाल' कहते हुए निमिषा वापस बैठक में आ गयी। — "अच्छा तो गोविन्द जी, नमस्कार! अब इजाज़त दीजिए।" उसने कहा, "बहुत देर हो गयी है, कल आप यहीं रहेंगे या...."

गोविन्द ने बात काट कर कहा, "मैं आज रात सोने से पहले एक बार और सेंक करा लूँगा, एक बार कल सुबह करा लूँगा ताकि घुटने को कुछ आराम आ जाये। आप कल लंच के बाद एक-डेढ़ बजे आ जाइए...."

"कहाँ?"

"जहाँ आपको सूट करे। कल इतवार है, भाई साहब एक बजे दुकान बन्द कर देते हैं। आप चाहे दुकान पर आ जाइए, मैं यहाँ से सीधा वहीं पहुँच जाऊँगा। फिर चाहे वहीं बैठेंगे या घर चले चलेंगे।"

"मुझे कुछ ज़रूरी सामान ख़रीदना है। देखूँगी, अगर अनारकली में कोई दुकान खुली हुई तो ख़रीद लूँगी। एक बजे मैं दुकान पहुँच जाऊँगी। दस-पन्द्रह मिनट इधर-उधर हो सकते हैं।"

"ठीक है, मैं इन्तज़ार करूँगा। आपको तो मैंने बात ही नहीं करने दी...."

"कोई बात नहीं। कल कर लेंगे।"

और मुस्कराते हुए एक बार फिर नमस्कार कर, वह बाहर गली के अँधेरे में निकल आयी।

जब वह अनारकली के चौरस्ते पर सन्धू से विदा ले कर घर पहुँची तो उसके चाचा खाने पर उसकी प्रतीक्षा कर रहे थे। वह कमरे में दाख़िल हुई तो उन्होंने कहा :

"निम्मो, ज़रा घड़ी में देखना क्या बजा है।"

उनका डाँटने का यही ढंग था। दीवार पर लगे क्लॉक में दस बज रहे थे। निमिषा ने धीरे से कहा था — "देर हो गयी चाचा जी!" और पर्स दीवान पर फेंका, आँगन में लगे वॉश-बेसिन से हाथ धो कर वह खाने की मेज़ पर जा बैठी।

आठ

इतवार को लंच पर चाचा के एक मित्र आ गये। उनकी आव-भगत करते और उन्हें खाना खिलाते हुए निमिषा को देर हो गयी। वह अपने फ़्लैट से उतरी तो डेढ़ बज चुका था। निमिषा का दिल धड़कने लगा — कहीं उसकी प्रतीक्षा से ऊब कर गोविन्द घर न चला गया हो। निस्बत रोड से तेज़-तेज़ चलती हुई, मेयो रोड और नीला गुम्बद पार कर जब वह पुरानी अनारकली में गोविन्द के केमिस्ट भाई की दुकान पर पहुँची तो दुकान का दरवाज़ा ज़रा-सा खुला देख कर उसे कुछ इत्मीनान हुआ। लकड़ी की सीढ़ी चढ़ कर,

दरवाज़ा खोल, जब वह अन्दर दाख़िल हुई तो उसने गोविन्द को काउण्टर के पीछे कुर्सी पर कुछ ऐसे बैठे देखा कि उसका सिर पीछे दीवार से टिका था, उसने दूसरी कुर्सी पर पैर फैला रखे थे और उसकी छड़ी बराबर में दीवार के सहारे रखी थी।

निमिषा ने 'नमस्कार' किया, "मुझे कुछ देर हो गयी," उसने खेद के स्वर में कहना चाहा, "चाचा के मित्र लंच पर आ गये...."

गोविन्द हँसा। "आप आ गयीं, यहीं बहुत है," उस ने कहा और पैर उठा कर नीचे कर लिये। इस प्रयास में उसका चेहरा क्षण भर के लिए तन गया और माथे पर रेखाएँ बन गयीं, लेकिन दूसरे क्षण सहज भाव से उसने कहा, "आइए....आइए, इधर ही आ जाइए!"

"नहीं-नहीं, आप आराम से बैठिए। मैं यह स्टूल ले लेती हूँ।" और दरवाज़े के पास, कदाचित चपरासी के लिए रखे हुए स्टूल को उठा कर वह चार कदमों में काउण्टर के पास पहुँच गयी। स्टूल रख कर, उसने काउण्टर का पल्ला उठाया और गोविन्द के सामने पड़ी ख़ाली कुर्सी के पास स्टूल रख कर उस पर बैठ गयी।"

"अरे, आप स्टूल छोड़िए, यह कुर्सी ले लीजिए!"

"नहीं-नहीं, आप आराम से पैर फैला लीजिए!" निमिषा ने कहा "मैं ठीक हूँ।"

गोविन्द ने पैर कुर्सी पर नहीं रखे। हँस कर बोला, "यह साड़ी आप को बहुत अच्छी लगती है। कल आप खादी की धोती में क्यों आ गयी थीं?"

निमिषा हरे बॉर्डर वाली सफ़ेद सिल्क की साड़ी और हरे रंग का रेशमी ब्लाउज़ पहने थी। साड़ी के बॉर्डर पर बारीक रुपहला तार बिना हुआ था। गोविन्द की प्रशंसा से वह लजा गयी। मुस्करा कर उसने कहा, "नहा कर बैठी थी कि आपके भाई आ गये। बस, जैसे बैठी थी, वैसे ही चली आयी।"

"आप यह स्टूल छोड़ कर इधर कुर्सी पर आ बैठिए!"

"नहीं-नहीं, आप पैर फैला लीजिए!"

लेकिन इससे पहले कि गोविन्द पैर फैलाता या निमिषा ही उसके अनुरोध पर उस कुर्सी पर बैठती, अधखुले दरवाज़े से पहले बिखरे बालों वाला सिर, फिर पान रँगे होंटों वाला चेहरा, फिर खादी का कुर्ता-पायजामा पहने पूरा धड़ दाख़िल हुआ।

"नमस्कार, गोविन्द जी!" ज़रा और दरवाज़ा खोल कर उस व्यक्ति ने कहा। फिर दाँत निकोसे अन्दर आते हुए बोला : "मुझे कल किसी ने बताया कि आप ठण्डी सड़क पर ताँगे में बैठे कहीं जा रहे थे। मैं दो बार आपके घर गया। आप मिले नहीं। अभी फिर गया तो आपके भाई साहब ने बताया कि आप दुकान पर हैं। सो भागा-भागा चला आया। कहिए, कैसे मिज़ाज हैं, नया क्या कुछ लिखा जा रहा है?"

और बिना किसी तकल्लुफ़ के आ कर वह निमिषा के साथ की ख़ाली कुर्सी पर बैठ गया। निमिषा कुछ परे सरक गयी।

गोविन्द क्या कहे, सहसा उसकी समझ में नहीं आया। अस्वस्ति से बचने के लिए उसने उन दोनों को एक-दूसरे का परिचय दिया —"ये कवि 'जर्जर' हैं, और ये हैं कुमारी निमिषा खन्ना। बी०ए०, बी०टी०, रेनाला में हेड मिस्ट्रेस हैं।"

श्री 'जर्जर' ने बिना कुछ कहे ज़रा-सा मुड़ कर नमस्कार में दोनों हाथ उठा दिये

और फिर गोविन्द से वही सवाल किया, "तो गोविन्द जी, कुछ नया भी लिखा है या तस्वीरें ही बनाते रहे हैं?"

कुछ 'मिन-मिन' करते हुए गोविन्द ने कहा कि वह तो देवनगर चला गया है और अभी वहाँ सेटल होने के प्रयास में है, लिखना-लिखाना क्या होगा।

"लाजपत राय हॉल में आपकी ग़ज़ल सुनी थी।" 'जर्जर' जी ने दाँत चियारते हुए कहा, "क्या बात है! दिल को कचोट गयी। आज तक उसकी याद बनी है। कवि-सम्मेलन के बाद आपको ढूँढा तो मिले नहीं। बाद में मालूम हुआ, आप देवनगर चले गये हैं। दिल में उसे एक बार और सुनने की हसरत है। अगर कष्ट न हो तो एक बार ज़रा सुना दीजिए!" वे क्षण भर रुके। जब गोविन्द टस-से-मस न हुआ तो बोले, "हमने भी एक ताज़ा ग़ज़ल लिखी है। लोग कहते हैं कि हिन्दी शब्द ग़ज़ल में अटते नहीं, लेकिन हमने क्लिष्ट हिन्दी शब्द नगीनों की तरह शे'रों में पिरो दिये हैं। बस, आप पसन्द कर लें तो हम अपना प्रयास सफल समझें।"

गोविन्द ने निमिषा की ओर देखा तो 'जर्जर' जी ने बेशर्मी से कहा, "क्या हर्ज है, ये भी सुन लेंगी, क्या हेड मिस्ट्रेस महोदया को शे'र सुनना मना है?"

और वे बेतुकेपन से हँसे।

एक भारी खीझ माथे के तेवरों में गोविन्द के चेहरे पर प्रकट हुई, पर दूसरे क्षण उसने हँस कर कहा, "भाई, यह दुकान है, यहाँ तो मुशायरा नहीं जमाया जा सकता।"

"आज तो छुट्टी है, दुकान का दरवाज़ा ज़रा भेड़ देते हैं, आप की सम्मति मिल जाती तो हम आश्वस्त हो जाते।"

और बिना गोविन्द के जवाब का इन्तज़ार किये, 'जर्जर' जी किवाड़ भेड़ने चले गये।

निमिषा को उस कवि की फूहड़ता और बदतमीज़ी पर बेहद क्रोध आया। उसने घड़ी देखी और वह उठ खड़ी हुई। क्रोध को पी कर निहायत संयत स्वर में मुस्कराते हुए उसने कहा :

"मुझे तो अभी चार बजे की गाड़ी से जाना है। आप आराम से सुनिए-सुनाइए!"

गोविन्द ज़ोर से हँसा। "शायरों की संगति में ऐसे हादसों का अभ्यास डालना पड़ता है निमिषा जी, लेकिन आप भाभी से तो मिलती जाइए! चलिए, घर चलते हैं।"

और वह तत्काल छड़ी उठा, बायें हाथ से काउण्टर का सहारा ले कर थोड़े कष्ट से उठा। बड़ी ललक से ग़ज़ल सुनाने को उत्सुक श्री 'जर्जर' को उसने काउण्टर के बाहर ही रोक कर, उनसे हाथ मिलाया, "दोस्त, इन्हें अभी चार की गाड़ी से रेनाला जाना है। हम फिर बैठेंगे और जम कर सुनें-सुनायेंगे।"

श्री 'जर्जर' एकदम जर्जर हो गये और उनका मुँह उतर गया।

गोविन्द उन्हें लिये बाहर आया, दुकान को बन्द करके उसने ताला लगाया और एक ख़ाली ताँगे वाले को आवाज़ दी।

'जर्जर' जी वहीं दुकान के तख़्ते पर हत-प्रभ खड़े थे, जब वे दोनों ताँगे में बैठ, धोबी मण्डी की तरफ़ चल दिये।

"मुझे अफ़सोस है, आपको कोफ़्त हुई," ताँगा चला तो गोविन्द ने कहा था, "लेकिन

शायरों को अपनी रचना सुनाने का आम मर्ज़ होता है, मुझे भी है। इस सिलसिले में आप को पहले से ख़बरदार भी कर देता हूँ और क्षमा भी माँग लेता हूँ।"

निमिषा कहना चाहती थी कि उसे चिढ़ तो फूहड़ता और बदतमीज़ी से है, वरना शे'र सुनना तो उसे अच्छा लगता है और गोविन्द तो इतना अच्छा गाते हैं, लेकिन उसने कुछ कहा नहीं। बात का रुख़ बदलने के लिए उसने पूछा, "क्या आपकी स्वर्गीया पत्नी का कोई चित्र आपके पास नहीं, मैं ज़रा देखना चाहती थी।"

"है, लेकिन बैठक में दीवान के नीचे ट्रंक में पड़ा है।" गोविन्द ने उत्तर दिया, "इधर महीनों से किसी ने झाड़-पोंछ नहीं की और काफ़ी धूल-गर्द वहाँ जम गयी है। आप फिर कभी आइएगा तो दिखा दूँगा।"

"आप मुझे बताइएगा। मैं स्वयं निकाल लूँगी।" निमिषा ने कहा, "आपने उनकी इतनी प्रशंसा की है कि मैं एक नज़र देखना चाहती हूँ।"

गोविन्द के घर पहुँच उसके निर्देशानुसार निमिषा ने ट्रंक निकाला। उसे झाड़ा-पोंछा। गोविन्द ने अपनी पत्नी की तस्वीर निकाल दी। निमिषा कितनी ही देर उसे देखती रही।

फिर उसने कहा : "सचमुच ये बहुत ही सरल और भोली-भाली होंगी। फ़ोटो में भी इनके चेहरे पर सरल हँसी बिखरी है।"

गोविन्द जैसे इसी बात की प्रतीक्षा में था। "भोली ही नहीं, लक्खी बहुत उदार भी थी," उसने जैसे कहीं दूर देखते हुए कहा और किसी आत्मीय की तरह उसे अपनी पहली पत्नी की उदारता के किस्से सुनाने लगा और हर क्षण उस अतीत में गहरे उतरता चला गया।....वह अतीत जैसे एक विशाल उद्यान था, जिसमें यदि अँधेरे-सीले साये थे, उमस और घुटन थी तो एकान्त, मनमोहक शीतल कुंज भी थे, छोटे-छोटे सरोवर थे, फूलों की गन्ध-भरी वीथियाँ थीं। गोविन्द निःसंकोच उसे उन सील-भरे अँधेरे कोनों में से ले जाता हुआ एक-एक कुंज, एक-एक सरोवर, एक-एक वीथि दिखाता रहा। लगभग एक-डेढ़ घण्टे बाद अपनी बात ख़त्म करके उसने कहा, "इसीलिए मैंने तत्काल दूसरी शादी नहीं की, वरना हमारे यहाँ तो चौथे दिन सगाई हो जाती है और यही कारण है कि आवेग में सगाई करके मैं अब पछता रहा हूँ।"

"लक्खी पढ़ी-लिखी नहीं थी?" निमिषा ने पूछा।

"पाँच-सात जमात ही पढ़ी थी।"

"पर आप इन्हें बहुत चाहने लगे थे।"

"पहले तो नहीं, लेकिन...."

"तो फिर अब जिनसे आपकी शादी होने जा रही है, उन्हें क्यों न चाहने लगेंगे?"

गोविन्द चुपचाप निमिषा की ओर देखता रह गया, जैसे वह उसका प्रश्न न समझ पाया हो।

"मैं रात भर आपकी बात सोचती रही हूँ," निमिषा ने कहा, "और मैं इस नतीजे पर पहुँची हूँ कि आप बेकार परेशान हो रहे हैं। जैसे लक्खी आपके अनुरूप बन गयी थीं, ये भी बन जायेंगी। क्या नाम है इनका?"

"नाम तो मैंने किसी से पूछा नहीं।"

निमिषा किंचित हँसी। "आप भी ख़ूब हैं! न नाम जानते हैं, न सूरत देखी है और शादी की हामी भर दी है।"

"हमारे परिवारों में प्रायः ऐसा होता है।"

"हाँ, और सब ठीक-ठाक भी हो जाता है। आप भी सब ठीक कर लेंगे।"

गोविन्द कुछ क्षण उसकी ओर चुपचाप देखता रहा। फिर लम्बी साँस ले कर उसने कहा :

"मुझे उम्मीद नहीं, क्योंकि जिस गोविन्द को आप अपने सामने बैठे देखती हैं, वह पाँच-छै साल पहले का गोविन्द नहीं है। एक थका-हारा आदमी है।...."

वह कुछ क्षण चुप रहा, फिर बोला, "लक्खी पर मैंने बहुत मेहनत की थी, मुझे इसी बात का अफ़सोस है कि जब हम एक-दूसरे को पूरी तरह समझने लगे थे, वह चली गयी। मैं नहीं समझता, मैं किसी पर दोबारा इतनी मेहनत कर सकता हूँ, इसीलिए मुझे ऐसा लगता है, जैसे मैं किसी अँधेरे गहरे गर्त की तरफ़ अजाने बढ़ा जा रहा हूँ। क्या आपने कभी ग्लेशियर देखे हैं?...."

निमिषा चुप उसकी ओर देखती रही।

क्षण भर रुक कर, अपनी बात जारी रखते हुए गोविन्द ने कहा, "मैंने एक बार सोनामर्ग, कश्मीर के ग्लेशियर में वैसा गर्त देखा था। सदियों से जमी काली-काली बर्फ़ के सीने पर, पिघलती हुई बर्फ़ से पानी की लकीरों का जाल-सा बिछ जाता है और कहीं आगे जा कर ये नन्हीं-नन्हीं नदियाँ बर्फ़ का सीना चीर कर ग्लेशियर के नीचे बहते जल में जा मिलती हैं। धीरे-धीरे वहाँ बहुत गहरा, काला, भयावह गर्त बन जाता है —जो कुछ अजीब तरह अपनी ओर खींचता भी है और बेतरह डराता भी है। मुझे अपना होने वाला विवाह उसी महागर्त-ऐसा भयावह लगता है और यह भी कि उसमें डूब कर ख़त्म होना मेरी नियति है।"

गोविन्द ने उस गर्त का वर्णन कुछ ऐसे शब्दों में किया कि निमिषा के रोंगटे खड़े हो गये। उसने कहा :

"अगर आप ऐसा फ़ील करते हैं, तो सगाई तोड़ दीजिए, मुक्त हो जाइए।"

"मैं चाहता तो हूँ, पर मैं कुछ कर नहीं पा रहा।" गोविन्द के चेहरे पर कुछ अजीब-सी विवशता छा गयी, "आप कभी देवनगर आइएगा तो मैं आपको अपनी मजबूरियाँ बतलाऊँगा। कहिए, आप कब आयेंगी।"

"मैं ज़रूर आऊँगी, मैं जा कर लिखूँगी।"

"कब? बताइए!"

निमिषा को लगा जैसे गोविन्द उसका हाथ थाम कर पूछना चाहता हो, उसने अनजाने हाथ बढ़ाया भी, पर गोविन्द ने उसका हाथ नहीं छुआ। निमिषा ने अपना हाथ गोद में निर्जीव रख लिया।

"मैं दशहरे में प्रोग्राम बनाऊँगी और आपको लिखूँगी।"

"मैं अभी से दशहरे की प्रतीक्षा करूँगा।" गोविन्द ने कहा, फिर क्षण भर रुक कर बोला, "देवनगर में था तो चित्र-कला के बारे में आपको बहुत कुछ बताने की बात सोचता

था, आपके साथ जा कर कापियाँ ख़रीदने की बात भी सोचता था, लेकिन एक तो घुटने की इस चोट ने मजबूर कर दिया, फिर मेरी ही राम-कहानी ख़त्म नहीं हुई।"

"कोई बात नहीं," निमिषा ने उसे आश्वस्त करते हुए कहा, "मैं देवनगर आऊँगी, तब सीख लूँगी।"

"एक बात है,"....गोविन्द झिझका था।

निमिषा उत्सुक दृष्टि से उसकी ओर देखने लगी थी।

"आपके पास अपना कोई फ़ोटो होगा?"

क्षण भर सोच कर निमिषा ने अपने पर्स में रखे एक छोटे-से बटुए से पासपोर्ट साइज़ का एक चित्र निकाला था। "मैं हमेशा पर्स में एक फ़ोटो रखती हूँ," उसने हँसते हुए कहा था, "कहीं कोई दुर्घटना हो जाये तो अचीन्हे और लावारिस ही न पड़े रह जायें।"

"क्या बात करती हो!"

"क्या भरोसा है ज़िन्दगी का।" और एक उदास, लेकिन मीठी हँसी।

☒☒☒

तीसरा खण्ड

या रब वो न समझे हैं न समझेंगे मेरी बात
दे और दिल उनको जो न दे मुझको ज़बाँ और

—ग़ालिब

नौ

इण्टर के ज़नाने डिब्बे की सीट पर दीवार से पीठ लगाये, आँखें बन्द किये बैठी निमिषा के होंटों पर हल्की-सी मुस्कान खेल गयी।

वह दो दिन लाहौर रही। दो बार गोविन्द से मिली। फिर दशहरे में दो दिन देवनगर गयी और पिछले ही महीने, जब गोविन्द आँखों की तकलीफ़ के कारण पन्द्रह दिन की छुट्टी ले कर लाहौर आ गया था, वह स्वयं जा कर उसके बेटे के साथ उसे रेनाला ले आयी थी और वे पाँच दिन उसके पास रेनाला रहे थे। —इस दौरान गोविन्द उसे जान पाया या नहीं, लेकिन वह उसे काफ़ी जान गयी थी।

जिस बात पर मन-ही-मन उसे हँसी आयी थी, वह पहले पत्र को लिखने में उसकी झिझक थी, क्योंकि गोविन्द से उसका पत्राचार और परिचय तूफ़ान की गति से बढ़ा था। उन चन्द मुलाकातों के अलावा ढेर सारे पत्रों का आदान-प्रदान उनमें हुआ था और इस सब में काव्य और कला की बात ऐसे ग़ायब हो गयी थी, जैसे उसका कहीं कोई अस्तित्व ही न था, एक-दूसरे को कैसे अपना सकें, यही बात उनमें प्रमुख हो गयी थी। —खुले तौर पर नहीं, सिर्फ़ इशारों-इशारों में....

०

रेलों में उस ज़माने में चार दर्जे होते थे, फ़र्स्ट, सेकेण्ड, इण्टर और थर्ड! फ़र्स्ट में तो प्रायः अंग्रेज़ यात्रा करते थे या फिर राजे-नवाब और गवर्नर की कौंसिल के भारतीय सदस्य आदि, सेकेण्ड में भारतीय उच्च-वर्ग, इण्टर में मध्यवर्गीय और थर्ड में जनता। इण्टर का यह डिब्बा, जिसमें निमिषा सवार थी, किसी कूपे की तरह छोटा, तंग, गर्म और ख़ाली था। दो महीने पहले वह उसमें बैठी होती तो गर्मी के मारे उसका बुरा हाल हो जाता, क्योंकि उन दिनों पंखों की सुविधा केवल फ़र्स्ट या सेकेण्ड क्लास के यात्रियों को ही प्राप्त थी। इण्टर में सफ़र करने वाले केवल गद्देदार सीटों पर यात्रा करने का सुख ले सकते थे और केवल इसी सुख के लिए किराया ज़्यादा देते थे। थोड़ी सुविधा यह भी रहती कि भीड़ कम होती और उनके मध्यवर्गीय अहं को किंचित सन्तोष मिल जाता। लेकिन नवम्बर आधा बीत गया था। सुबह हवा में ख़ासी ठण्डक थी और निमिषा जब डिब्बे में सवार हुई थी तो उस छोटे-से तंग डिब्बे में बैठना उसको अच्छा लगा था। खिड़कियों के शीशे उसे चढ़ा दिये थे; सीट की दीवार से पीठ लगाये सामने की सीट पर पैर फैलाये, वह पसर गयी थी; आँखें उसने बन्द कर ली थीं और गोविन्द से पहली मुलाकात के बाद की घटनाएँ उनके मानस-पट पर बनने-मिटने लगी थीं।

प्रायः उसे अपने आप पर झुंझलाहट होती थी कि वह क्यों गोविन्द की ओर इतना खिंची जा रही है। कलाकार या कवि वह चाहे जितना अच्छा हो, पर खान-पान, वेश-भूषा,

आचार-व्यवहार में उससे एकदम उलटे सिरे पर खड़ा था। निमिषा की रुचि अत्यन्त परिष्कृत थी और गोविन्द मुँहफट, फक्कड़ और निमिषा की दृष्टि में कद्रे फूहड़ था — इस सब के बावजूद वह उसकी तरफ़ खिंचती चली गयी थी। उसे सब से ज़्यादा खीझ गोविन्द के यहाँ असमंजस, दुविधा और इच्छा-शक्ति के अभाव पर आती थी। कभी-कभी वह उसे निहायत मजबूर और कमज़ोर लगता था और दिलचस्प बात यह थी कि उसकी इसी कमज़ोरी पर उसे प्यार हो आता था। चाहती वह सिर्फ़ यह थी कि वह दुविधा छोड़ कर पक्का निर्णय ले — उसे अपनाये या न अपनाये, पर ख़ुद तो ख़ुश रहे।

जब वह पहली बार लाहौर में गोविन्द के साथ कुछ समय गुज़ार कर वापस रेनाला आयी थी, तो यद्यपि वह रास्ते की यात्रा से थक गयी थी और रात के ग्यारह बजे बिस्तर पर लेटी थी तो भी उसे नींद न आयी थी। उसके सामने लगातार गोविन्द की सूरत घूमती रही थी। उसके चश्मे पर चढ़ी वह काली अटैचमेण्ट कुछ इस तरह उसके हृदय में उतर गयी थी कि आँखें बन्द करते ही सामने मूर्तिमान हो उठती थी। यह जान कर उसके अहं को बहुत सन्तोष मिला था कि घुटने में काफ़ी चोट आ जाने के बावजूद, वह महज़ उससे मिलने के लिए, पहले दस मील इक्के की, फिर बारह मील बस की यात्रा तय करके लाहौर पहुँचा था। इस सब में उसे कितना कष्ट न हुआ होगा....इस कल्पना ही से निमिषा को रोमांच हो आता था और वे तमाम बातें, जो प्रायः दूसरों में उसे अखरा करती थीं, गोविन्द के यहाँ नितान्त स्वाभाविक और इसीलिए अतिशय प्रिय लगती थीं।

वह तो लाहौर से आते ही उसे पत्र लिखना चाहती थी, लेकिन पहले वह स्कूल के कामों में बेहद व्यस्त रही। फिर सहसा डिप्टी कमिशनर से मिलने मिण्टगुमरी जाने का प्रोग्राम बन गया और उसने तय किया कि वहाँ से लौट कर शाम को इत्मीनान से गोविन्द को पत्र लिखेगी। तभी जब वह मिण्टगुमरी जाने के लिए तैयार थी, उसे गोविन्द का पत्र मिला था, जिसके साथ एक चित्र भी था।

वह एकदम अभिभूत हो आयी थी। उसने इतनी बार वह पत्र पढ़ा था कि उसकी एक-एक पंक्ति उसे कण्ठस्थ हो गयी थी। गोविन्द ने लिखा था :

निमिषा,

लाहौर में तुमसे मुलाकात करने के बाद पिछले अड़तालीस घण्टों में मैंने जो सोचा और महसूस किया है, उसे लिखने बैठूँ तो यह सारा-का-सारा पैड ख़त्म हो जाये! जाने कैसे और क्यों तुम्हारे सामने मेरा हृदय एकदम निरावरण हो गया और जैसे अपने आपको अकेला महसूस करने वाला कोई बच्चा अचानक किसी हमदर्द को पा कर अपने टूटे-फूटे, पुराने-धुराने — सभी खिलौने एक-एक करके उसे दिखा दे, मैंने भी तुम्हारे सामने अपना सब कुछ रख दिया। कुछ भी तो नहीं छिपाया। पल भर के लिए भी ख़याल नहीं किया कि तुम क्या सोचोगी। तुम्हारे इम्प्रेशन की परवाह किये बिना, मैं अपनी सुनाता चला गया, जैसे, न जाने कब से मैं इस बात का इन्तज़ार कर रहा था कि तुम आओ तो अपना सब कुछ तुम्हारे सामने रख कर, बरसे हुए बादल-सा हल्का हो जाऊँ।

अब सोचता हूँ तो समझ नहीं पाता कि यह सब कैसे हुआ?.... जनवरी

या फ़रवरी में मेरी शादी होने वाली है और इस शादी के प्रति मेरे मन में ज़रा-सा उत्साह नहीं। तो भी लगता है, मुझे इस मुसीबत से गुज़रना ही पड़ेगा। मेरी होने वाली बीवी के सूबेदार मेजर भाई, सुनता हूँ, मिस्र से हिन्दुस्तान की तरफ़ चल भी चुके हैं और मेरी जड़ता का अनुमान करो कि मैं अपनी होने वाली बीवी को देखने तक नहीं गया। तुमसे ही मिलने कैसे चला गया, मैं इसी पर हैरान हूँ, ख़ास तौर पर उस वक्त, जब मेरा घुटना इतनी चोट खा गया था और मुझे चलने में तकलीफ़ होती थी।

इन हालात में हमारी दोस्ती निभेगी? मैं शादी कर लूँ तो भी....? बीवी से मुझे हर कदम पर समझौता करना पड़ेगा। फिर तुम यदि कहीं शादी कर लो (ज़िन्दगी भर तो तुम्हें कुँआरी रहना नहीं है) तब तुम ख़ुद भी क्या मजबूर न हो जाओगी। हम लोग इंग्लिस्तान, यूरोप, रूस या अमरीका में तो बसते नहीं, इस पुण्य-भूमि में बसते हैं, जहाँ पतियों-पत्नियों, सासों-ससुरों, देवरानियों-जेठानियों और अन्य दूर-पास के रिश्तेदारों के शक-शुबहों का कोई वार-पार नहीं। मेरी मुसीबत यह है कि मैं दोस्तों से कुछ नहीं छिपाता। और मुझे डर लगता है। वह तुम्हारी सहेली है न कनक —लगता है, तुम मेरे पत्र उसे दिखा देती हो। उसके यहाँ आने-जाने वाले एक मित्र ने अपने ख़त में हल्का-सा मज़ाक किया है। देखो निमिषा, मैं हर किसी के सामने यूँ आवरणहीन नहीं होना चाहता। तुम्हारे सामने ही कैसे खुल गया, मैं इसी पर हैरान हूँ।

शायद तुम मेरी कोई बात काटतीं या अपनी ही कोई कहतीं तो मेरी बातों का प्रवाह रुक जाता, लेकिन तुम ने ज़रा भी तो होंट नहीं खोले। घुटने पर कोहनी टिकाये, हथेली पर ठोडी रखे, मुटर-मुटर मेरी ओर देखती, चुपचाप मेरी बकवास सुनती रहीं। बीच में एक बार मैंने कहा भी —'तुम तो बहुत बातें करना चाहती थीं, कुछ तुम भी तो कहो!' बिना ज़रा भी हिले, उसी पोज़ में बैठे, बारीक-सी मुस्कान होंटों पर लाते हुए तुमने कहा, 'मैं तो सिर्फ़ सुनने आयी हूँ,' और बिना कुछ और कहे, परम मूर्खों की तरह मैं अपनी ज़िन्दगी की सारी कॉमेडी-ट्रैजिडी, सारे स्कैण्डल, फ्रस्ट्रेशन्ज़, आशाएँ-आकांक्षाएँ तुम्हें सुनाता चला गया।

चूँकि मैं जिसे दोस्त समझने लगता हूँ, उससे कुछ भी नहीं छिपाता, इसलिए मुझे उसका ज़रा भी अफ़सोस नहीं।....तुमसे मिले बिना मैं बेझिझक तुमसे पत्र-व्यवहार करने लगा....तुमसे पहली बार मिला और अपना सब कुछ मैंने तुम्हारे सामने रख दिया.... मैं सोचता हूँ, चेतन या अचेतन में कुछ तो मैंने महसूस किया ही होगा कि मन ने तुम्हें अपनी मेहरबान और हमदर्द मान लिया।

तुमसे मिल कर मैंने जो सोचा है, यदि वह सब लिखने बैठूँगा, तो जैसा कि मैंने शुरू में कहा, पन्ने-के-पन्ने सियाह हो जायेंगे। मुझे समय और स्थान का कोई ज्ञान न रहेगा —बिलकुल उसी तरह, जैसे शनि के दिन हुआ। शाम गहरा न जाती, सन्धू ने आ कर रात का खाना वहीं खाने की बात न कही होती और तुम उठ न खड़ी होतीं, तो मैं उसी तरह बके चला जाता —बिना इस बात

का ख़याल किये कि सन्धू या मनजीत को कोई परेशानी न हो रही हो। तभी मेरी उस बेवकूफ़ी के कारण, उस शाम तुम्हें घर पहुँचने में बहुत देर हो गयी।

लेकिन मुझ पर पिछली रात और आज का पूरा दिन जो गुज़रा है, वह मैं तुम्हें बताना भी ज़रूर चाहता हूँ।....इतवार की दोपहर तुम्हारे साथ कुछ और समय गुज़ार, जब मैं तुम्हें निस्बत रोड पर तुम्हारे घर के करीब छोड़ कर लौटा तो वापस आते-आते कुछ शे'र हो गये थे। कुछ और न कह वे ही लिख रहा हूँ। मेरी भावनाओं को ये बेहतर तौर पर व्यक्त कर सकते हैं :

तुम मिलीं जैसे मिले ज़र्द[१] बियाबां को बहार
या अँधेरे को किरन सुबह की ख़न्दाँ[२] हो कर
दर्द के दर पे चली आये मसर्रत[३] जैसे
ख्वाब-ए-शीरीं[४] की तरह लम्हों की मेहमाँ हो कर
मैं तो सहरा हूँ नदी बन के इधर आओ ज़रा
देख लो, कैसे मैं खिलता हूँ गुलिस्ताँ हो कर
या तो इस हस्ती-ए-वीराँ को फ़ना कर डालो
या बियाबाँ में समा जाओ ख़याबाँ[५] हो कर
बाल-ो-पर टूट गये आये वो तूफ़ाँ मुझ पर
न उड़ाओगी मुझे मायल-ए-एहसाँ[६] हो कर

मैं उतना अच्छा शायर नहीं, जितना अच्छा चित्रकार हूँ, इसलिए एक चित्र भी भेज रहा हूँ। सोचता था, तुम्हारा पत्र आयेगा तो उत्तर दूँगा। काम इतना पड़ा है कि इतने लम्बे चित्रमय पत्र लिखना ऐय्याशी के सिवा कुछ और नहीं लगता। और मेरे जैसे ग़रीब टीचर को यह सब ऐय्याशी नहीं सुहाती। लेकिन ग़ज़ल लिख कर और चित्र बना कर रह कौन सके, सो इसकी प्रेरणा जिससे हुई, उसी को ये दोनों समर्पित हैं। क्षमा माँगने और पाने का अधिकार मैंने कब का खो दिया है, लेकिन निमिषा गुस्ताख़ी और मजबूरी भी कोई चीज़ है।

मेरे पास शायद इधर पत्र लिखने का समय न हो, इसलिए इसके उत्तर में लिखना —कब आ रही हो और यह भी कि लाहौर हो कर जाओगी या सीधे?

गोविन्द

पुनश्चः मेरे पत्र किसी को दिखाओ तो उन पंक्तियों को जिनमें मेरी ख़ामियाँ झलकती हों, छिपा लिया करो।

गोविन्द

---

१. पीले, मुरझाये।
२. मुस्करा कर।
३. ख़ुशी।
४. मीठा सपना।
५. बाग़।
६. कृपालु।

०

गोविन्द के इस पत्र ने निमिषा के आत्मविश्वास को बहुत बल दिया था। उसे तो इतना मान ज़िन्दगी में किसी से भी नहीं मिला था। अपने सम्भ्रान्त वातावरण में वह नितान्त अकेली और अचीन्ही रही थी। उसने उसी वक्त गोविन्द को पहुँच का पत्र लिखा था —भावुकता, अव्यक्त पीड़ा और प्रेम से भरपूर! यह भी लिखा था कि मिण्टगुमरी से आ कर सविस्तार लिखेगी। और वह एक नशे में मिण्टगुमरी गयी थी। पहले उसे भय था कि उस वक्त, जब गोविन्द के पत्र की पंक्तियाँ, उसकी ग़ज़ल के शे'र उसके दिमाग़ में घूम रहे थे, वह डिप्टी कमिश्नर के साथ ठीक से बात भी कर सकेगी या नहीं, लेकिन उस पत्र ने जो नया उत्साह उसमें भर दिया था, उसके बल पर वह चली गयी थी। मिस्टर बुच्च ने उसे इजलास में ही बुला लिया था और उसके आवेदन-पत्र पर ऑर्डर कर दिये थे। गाड़ी के बदले वह बस में वापस आयी थी। रात उसने गोविन्द को एक बहुत लम्बा पत्र लिखा था, जिसमें उस ग़ज़ल और उस चित्र पर अपना आश्चर्य और प्रसन्नता प्रकट की थी, अपने सुख-भरे बचपन और लड़कपन का, छोटी उमर में अनाथ हो जाने तथा अपने संघर्ष और एकाकीपन का ज़िक्र किया था। उस ग़ज़ल और चित्र के लिए आभार व्यक्त किया था और अन्त में लिखा था :

"....आपका पत्र पढ़ा —एक बार नहीं, जैसा कि मैं लिख चुकी हूँ, न जाने कितनी बार! —घर में, मिण्टगुमरी जाते वक्त गाड़ी में, वहाँ से आते वक्त लॉरी में और वापस आ कर यह पत्र लिखने से पहले।

आपसे मिलने के बाद जो-जो कुछ मैंने सोचा है, लिखने बैठूँ तो न जाने कितने पैड दरकार हों। आप कवि-कलाकार हैं, अपने मन की बात एक पैड में लिख सकते हैं। मैं साधारण नारी, पागलपन की मारी, मैं अपनी बात संक्षेप में लिखूँ तो कैसे?

विद्यापति फ़िल्म देखी है न आपने। बस, मैं भी कई दिनों से वही फ़िल्म देख रही हूँ। सोते भी, जागते भी। मैं आप को बहुत-सी बातें बताना चाहती हूँ, लेकिन मुझे डर-सा लगता है, शर्म-सी आती है।

....आपसे मिली तो मुझे लगा (यद्यपि ये शब्द बहुत पुराने हो गये हैं, एकदम घिसे-पिटे, पर मेरे मन की बात कहते हैं) कि मैं आपको न जाने कब से जानती हूँ, इसलिए न अकेले दुकान पर आपसे मिलने में संकोच हुआ, न घर पर, और जब आपने पूछा —'आपके पास कोई फ़ोटो होगा,' तो हालाँकि किसी को अपनी तस्वीर देना मुझे गवारा नहीं, मैंने बेझिझक पर्स से निकाल कर फ़ोटो आप को दे दिया। भाभी से मिल कर आयी थी तो आपने कहा था, 'फ़ोटो तो तुम्हारा बहुत सुन्दर है, तुम्हारा फ़ेस फ़ोटोजेनिक है, लेकिन तुम बहुत कमज़ोर लगती हो।' हाय! कलाकार, कहीं आप जानते कि पिछले कुछ वर्षों में इस ग़रीब निमिषा पर क्या बीत गया है! मैं ज़िन्दा हूँ, यही बहुत है।

आपने लिखा है कि मैं विवाह कर लूँगी तो हमारी दोस्ती निभेगी? अरे भाई, यह कोई ऐसी बात नहीं, जो पलक झपकते हो जाये। विवाह के सिलसिले

में मेरे विचार दूसरे हैं। अग्नि के सामने चार मन्त्र पढ़ लिये जायें, चार बच्चे हो जायें तो उसे विवाह नहीं कहते। जब तक दिल ही एक सूत्र में न बँधें तो विवाह कैसा? और दिलों का बँधना कुछ वैसा आसान नहीं। पंजाबी कहावत तो आपने सुनी होगी, 'जोड़ियाँ जग थोड़ियाँ ते नरड़ बथेरे' मुझे अपनी जोड़ी को 'नरड़' कहाना पसन्द नहीं। लोगों की आँखों में एक हो कर भी यदि पति-पत्नी वास्तव में एक न हुए तो विवाह कैसा?

रही ग़ज़ल की अन्तिम पंक्ति की बात तो उसे इलस्ट्रेट करते हुए आपने जो चित्र भेजा है, उसने मेरा मन कचोट दिया है —घाटी की तंग गहराई में एक पंख-नुचा पक्षी असहाय पड़ा है। उसके निकट एक खगी फड़फड़ा रही है। वह बेबस पक्षी जिन कातर निगाहों से उस उत्सुक खगी को देख रहा है, वे हृदय को बेध देने वाली हैं और नीचे आपने ग़ज़ल की आख़िरी पंक्ति लिखी है —

न उड़ाओगी मुझे मायल-ए-एहसाँ हो कर?

तो इस सिलसिले में इतना ही कहना चाहती हूँ कि चिड़िया खग को उड़ा तो सकती है, मगर खग चाहे तभी ना! चिड़िया एक तो यूँ ही नारी जात, फिर कहीं खग को उड़ाने की कोशिश में, जो थोड़ी बहुत शक्ति स्वयं उड़ने की शेष बची है, उसे भी खो बैठी तो क्या होगा? यह प्रश्न तो चिड़िया, (जो दीखे चाहे जैसी, पर है उतनी ही विवश, अकेली और उदास) स्वयं खग से करना चाहती है।...."

o

वह दशहरे की छुट्टियों में गोविन्द के छोटे भाई के साथ देवनगर गयी थी। तब उसे पूरी आशा थी कि गोविन्द उसके प्रश्न का कोई सीधा उत्तर देगा, लेकिन उस सन्दर्भ में उसने गोविन्द को एकदम निरुत्साह पाया था। बात-बात में निमिषा ने उसे संकेत किया था कि गोविन्द चाहे तो वह उसका साथ निभाने को तैयार है।

तब फीकी-सी हँसी हँस कर गोविन्द ने कहा था, 'शायरी भावना की चीज़ है और भावना ज़रूरी नहीं कि हकीकत की शक्ल भी ले ले। मन में उबाल उठा, शे'रों में उतर गया। चाहता तो मैं ज़रूर हूँ, लेकिन चाहत को अमली जामा पहनाना मुझे आसान नहीं लगता।'....

o

निमिषा को अपनी बायीं ओर पिंडली पर हल्की-सी गर्मी का एहसास हुआ। उसने आँखें खोल दी। खिड़कियों से धूप की तिरछी किरणें उसके अंगों को गर्मा रही थीं। उसने खिड़की का शीशा गिरा दिया। ठण्डी हवा के झोंके आने लगे। वह खिड़की में कोहनी टिका कर अनमने भाव से बाहर देखने लगी।....दूर दृष्टि की सीमा तक फैली हुई धरती, जो कुछ ही महीने पहले गर्मी की तपिश से झुलस कर तड़क गयी थी, बरसात के बाद निखरी-धुली हरियाली से ढँकी थी। निकट के पेड़ तेज़ी से पीछे को भागे जा रहे थे और बहुत दूर के, जैसे एक अस्पष्ट दायरे में, गाड़ी की दिशा में घूमते दिखायी दे रहे थे। वह देर तक दूर, पेड़ों के एक घने झुण्ड में निगाहें टिकाये रही। कितनी ही देर तक वह झुण्ड डिब्बे के

साथ-साथ चलता रहा, फिर बेमालूम ढंग से पीछे छूटता हुआ आँखों से ओझल हो गया। वहाँ से हट कर उसकी निगाहें रेल की पटरी के समानान्तर लगे तार के खम्भों और उनके तारों पर आ टिकीं। खम्भे तेज़ी से पीछे की ओर भागे जा रहे थे। उन पर लगे तार, बीच में कुछ-कुछ ढीले होने के कारण, ऊपर-नीचे होते दिखायी देते थे। खम्भा निकट आने वाला होता तो कुछ पहले ही से तार ऊपर को उठने लगते। खम्भा गुज़र जाता तो वे फिर धीरे-धीरे नीचे होने लगते। तभी उसकी दृष्टि तारों पर बैठी चिड़ियों पर चली गयी। जगह-जगह चिड़ियाँ तारों पर पंक्तिबद्ध बैठी थीं। अचानक वे फुर से उड़तीं, कुछ देर डिब्बे के साथ-साथ तरारें भरतीं, फिर एक साथ ही किसी अगले तार पर उतर आतीं और दूसरे क्षण नज़रों से ओझल हो जातीं....

उन तारों को, उन चिड़ियों को, उन तेज़-तेज़ दौड़ते और दूर दृष्टि की सीमा पर मन्थर गति में घूमते पेड़ों को देखते-देखते, कब निमिषा देवनगर पहुँच गयी, उसे पता नहीं चला।....

o

वह दो दिन वहाँ रही थी। स्कूल यद्यपि पूरा नहीं बना था, उसका एक विंग निर्माणाधीन था, पर उसमें क्लासें शुरू हो गयी थीं। उसने स्कूल का निरीक्षण किया था। गोविन्द की क्लास देखी थी। उसके छात्र-छात्राओं से मिली थी। उसने देवनगर की सबसे पहले बनी दस कोठियाँ, मोज़ेक के फ़र्श वाली चमचम करती डेवढ़ी और कम्यूनिटी किचन देखा था। स्कूल के अध्यापकों के लिए दायीं ओर एक ही विंग में दो-दो कमरों के क्वार्टर देखे थे। (उन्हीं में से एक में गोविन्द रहने लगा था) कम्यूनिटी किचन से परे, निर्माणाधीन छोटी कोठियों की एक कतार देखी थी (गोविन्द ने उसे बताया था कि शादी के बाद वह उनमें से एक में उठ जायेगा और उसे वेतन का दस प्रतिशत —याने सिर्फ़ आठ रुपये महीना — किराया देना पड़ेगा।) उसने गोविन्द के साथ भट्टे की ओर से जा कर नहर के पुल की तरफ़ से वीराने का पूरा चक्कर भी लगाया था। वापस रेनाला आने से पहले वह देवा जी से भी मिली थी। देवनगर के स्वच्छ और सुन्दर वातावरण और ऐक्टिविटी स्कूल की उसने प्रशंसा की थी और हँसते-हँसते कहा था, 'मन होता है, अपनी हेड मिस्ट्रेसी छोड़ कर यहाँ आ जाऊँ!' तब देवा जी ने कहा थ, 'आ जाइए, हमें ख़ुशी होगी।' उसने स्कूल के प्रॉस्पेक्टस भी ले लिये थे, लेकिन जहाँ तक गोविन्द और उसके सम्बन्धों का ताल्लुक है, वे जहाँ थे, वहीं थे और ज़रा भी आगे नहीं बढ़े थे।

वापस रेनाला आ कर उसने कितने ही भावुक पत्र उसे लिखे थे। गोविन्द तत्काल जवाब देता था, लेकिन उसके उत्तर लम्बे हों या छोटे — थोड़े सतर्क होते। वह उसे न छोड़ना चाहता था, न अपनाना। उसे भय था कि निमिषा के रहन-सहन का स्तर उसके स्तर से कहीं ऊँचा है, वह ज़्यादा पढ़ी-लिखी है, बड़े घर की है, उसकी रुचियाँ, इच्छाएँ, आशा-आकांक्षाएँ ऊँची हैं, आदि....आदि....और निमिषा घुमा-फिरा कर लिखती थी कि यह कोई बाधा नहीं, वह चाहेगा तो वह अपने आपको उसके अनुरूप ढाल लेगी।

देवनगर में उसने गोविन्द से वचन ले लिया था कि वह रेनाला आयेगा। वह बराबर पत्र लिखती रही, लेकिन वह कोई-न-कोई बहाना कर देता — सुस्ती का, जड़ता का, व्यस्तता का, अन्यमनस्कता का! आख़िर जब पन्द्रह दिन पहले उसे पता चला कि गोविन्द

की आँखें कुछ ख़राब हो गयी हैं और वह छुट्टी ले कर लाहौर आया हुआ है, उसका लड़का भी वहीं है तो वह दो दिन छुट्टी ले कर लाहौर पहुँच गयी थी।

पहली मुलाकात के समय निमिषा ने जब लाहौर में गोविन्द को चश्मे पर नीली अटैचमेण्ट चढ़ाये देखा था तो उसने यही समझा था कि गोविन्द ने शौकीनी में वैसा किया है, लेकिन देवनगर में उसे पता चला था कि वहाँ दिन को ऐसी चटक धूप पड़ती थी कि सीधी आँखों सामने देखना मुश्किल था। बिजली वहाँ थी नहीं और रात को लैम्प की रोशनी में काम करना पड़ता था। गोविन्द की आँखों में तकलीफ़ रहने लगी थी और धूप से बचने के लिए उसने चश्मे पर नीली अटैमेण्ट चढ़ा ली थी।

जब निमिषा धोबियों की गली पार कर गोविन्द के घर पहुँची थी तो गोविन्द का छोटा भाई सोम अँगीठी पर पतीली रखे अपने बड़े भाई की आँखों पर सेंक कर रहा था। गोविन्द ने बताया था कि उसकी आँखें तो देवनगर में ठीक हो गयी थीं, महज़ हल्की-सी लाली शेष थी। वह लाहौर आया था। यूँ ही उसने अपने मित्र डॉक्टर गिरधारीलाल से कहा कि कोई लोशन दे दें। उन्होंने ऐक्रिफ़्लेविन लोशन बना दिया। शायद दवा की मात्रा ज़्यादा पड़ गयी थी या क्या हुआ, घर आ कर एक-एक ही बूँद डाली थी कि बेपनाह दर्द उठा। माथे में दर्द के लहरिए-से बनने लगे। घबराहट में उसने एक-एक बूँद और डाल ली। बस कयामत टूट गयी। कुछ ही मिनटों में आँखें अण्डों जितनी सूज आयीं। भाई साहब उसे आँखों के एक विशेषज्ञ के पास ले गये। उन्होंने कहा कि एक्यूट कनजंक्टिवाइटिस हो गया है, लेकिन घबराइए नहीं, एक चम्मच बोरिक एसिड ले कर पतीली भर पानी में डाल, उसे आग पर रखिए। जब उबलने लगे तो एक रूमाल तहा कर उसमें डालिए, चमचे से उठा कर तौलिए में रख कर निचोड़िए और फटक कर उससे आँखों पर सेंक कीजिए। घण्टा-घण्टा भर दिन में तीन बार सेंक करेंगे तो तीन दिन में ठीक हो जायेंगी....सो तीन दिन से सेंक हो रहा है। सूजन ख़त्म हो गयी है। थोड़ी लाली रह गयी है, सो ठीक हो जायेगी।

तब दिन भर में दो बार निमिषा ने स्वयं गोविन्द की आँखों पर सेंक दिया था। शाम को अँधेरा होने पर वह उसके साथ कॉफ़ी हाउस भी गयी थी। और दूसरे दिन उसका ट्रंक और बिस्तर तैयार करके उसे और उसके लड़के को अपने साथ रेनाला ले आयी थी।....

o

गाड़ी की आवाज़ निमिषा के अजाने ही बहुत बढ़ गयी थी। खिड़की के पार सहसा एक-में-से-एक-पटरी निकलती चली गयी और दूसरे क्षण सामने दूर तक रेल की पटरियों का जाल बिछ गया। एक पटरी से दूसरी पर आती, हिचकोले खाती, खड़खड़ाती गाड़ी चली जा रही थी। निमिषा का ध्यान बँट गया। 'रायविण्ड आ रहा है,' उसने मन-ही-मन कहा और कुछ चैतन्य हो कर खिड़की में बैठने की कोशिश की। लेकिन उसका ध्यान रेनाला में गोविन्द के साथ गुज़ारे दिनों की स्मृतियों में उलझा रहा।

स्टेशन आ गया। प्लेटफ़ॉर्म का शोर-शराबा....चाय के स्टाल पर विज्ञापन — 'गर्मियों में गर्म चाय निहायत ठण्डक पहुँचाती जाती है'....'पान-बीड़ी-सिगरेट' की गुहार .... निमिषा सब देखती-सुनती रही। लेकिन उसके मन की आँखें वहीं रेनाला में भटकती

रहीं —गोविन्द के साथ बीते क्षण उसके सामने आते रहे। कभी-कभी जैसे फ़िल्म देखते हुए साउण्ड फ़ेल हो जाता है। सामने पर्दे पर पात्रों के होंट हिलते हैं, लेकिन आवाज़ नहीं आती —स्टेशन के आ जाने से कुछ ऐसा ही आभास निमिषा को हुआ। वह अपने आपको गोविन्द के साथ घूमते-बतियाते देखती रही, सिर्फ़ उसकी आवाज़ आनी बन्द हो गयी थी। जब गाड़ी चली तो शीशा चढ़ा कर वह फिर पीछे को लेट गयी। उसने आँखें बन्द कर लीं। फ़िल्म जैसे फिर चलने लगी....

o

....गोविन्द को ले कर रेनाला पहुँचने के बाद निमिषा ने सबसे पहले अपने स्कूल के सेक्रेट्री श्री चौधरी से गोविन्द का परिचय कराया था और इच्छा प्रकट की थी कि वह उन्हें सर गंगाराम के फ़ार्म दिखाना चाहती है। चौधरी साहब ने कमेटी के एक सदस्य की कार दिन भर के लिए ले ली थी और गोविन्द और उसके लड़के को ले कर निमिषा, नहर, बाँध, बिजलीघर, सर गंगाराम की सिंचाई-योजना, फिर रेनाला से ओकाड़ा तक लाइन के किनारे-किनारे फैला हुआ ब्लड-रेड माल्टों का बाग़ —सब दिखा लायी थी। विज्ञान की मदद से सर गंगाराम किस तरह नीचे का पानी नहर-दर-नहर ऊपर चढ़ाते चले गये थे और उन्होंने ऊसर धरती उर्वर बना डाली थी, यह देख कर गोविन्द चकित रह गया था। माल्टों के बाग़ में उसने नीबू के रस में पगी अजवाइन का ज़ायका चखा था और थक-हार कर निमिषा के साथ घर लौटा था।

निमिषा की कार्यकुशलता और व्यावहारिक क्षमता से भी गोविन्द बहुत प्रभावित हुआ था। उसे सिर्फ़ तीन बातों की शिकायत थी —वह ख़र्च बहुत करती थी, वह चाय बहुत पीती थी और अपने स्वास्थ्य की तरफ़ से नितान्त बेपरवाह थी। चूँकि निमिषा ने उसे एक पत्र में लिखा था कि वह मिलने पर उसे अपने बारे में बतायेगी और गोविन्द ने उस बात की याद दिलायी थी, इसलिए उसने अपनी अतीत के बारे में भी उसे बहुत कुछ बताया था....कैसे अनाथ होते ही भरे-पूरे सम्पन्न परिवार में उसने अपने आपको अकेली पाया था....कैसे नाना-नानी के चले जाने पर उसने मामियों की अवहेलना सही थी....कैसे चुनौती-भरे क्रोध में वह कई बार खाने-पीने की चिन्ता छोड़, चने खा कर गुज़ारा कर लेती थी....कैसे वह कभी-कभी संन्यासिनी होने या आत्महत्या करने की सोचती थी....कैसे उसने चाचा के पास आ कर वर्षों छोड़ी हुई पढ़ाई फिर शुरू की थी....आदि....आदि.... गोविन्द पाँच दिन रेनाला रहा था। जब वह अन्ततः उसे स्टेशन पर छोड़ने गयी थी तो उसने कहा था कि वह अपने भविष्य के बारे में बहुत जल्द कोई निर्णय लेगा और जाते ही उसे पत्र लिखेगा।

लेकिन निर्णय लेने की बात तो दूर रही, देवनगर जा कर गोविन्द ने एक लम्बी चिट्ठी लिखी थी, जिसका सार तत्व यह था कि रेनाला में उसने निमिषा का रहन-सहन देखा है, उसके सपने, इच्छाएँ, आकांक्षाएँ जानी हैं —वे बहुत ऊँची हैं, उन्हें पूरा करना किसी ग़रीब कलाकार के बस की बात नहीं। और जैसे रेखांकित करते हुए उसने लिखा था कि वह तो एक ग़रीब कलाकार है, जिसकी नौकरी का कोई भरोसा नहीं आदि....आदि....

निमिषा बहुत परेशान हो गयी थी। उसने एक नहीं, तीन-तीन पत्र लिखे थे। बात असल में यही थी कि उसके स्कूल के सेक्रेट्री चौधरी साहब एक लेक्चरर का ज़िक्र बड़े

अत्युक्तिपूर्ण लहजे में करते थे। वह लाहौर विश्वविद्यालय में हिन्दी पढ़ाता था और रेनाला का रहने वाला था। उसके पिता ने वहाँ मकान बना रखा था। एक दिन बातों-बातों में चौधरी साहब ने निमिषा से कहा था कि उसके फ़्लैट में न बिजली है, न पंखा, वह चाहे तो उसे प्रोफ़ेसर ध्यान के मकान में दो कमरे मिल सकते हैं। जब उसने किराया पूछा तो चौधरी साहब ने कहा था —"कौन जाने वह मकान आपका ही हो जाये।" और उन्होंने प्रोफ़ेसर ध्यान का गुणगान शुरू कर दिया था।....

निमिषा वहाँ नहीं गयी थी। गर्मियों के बावजूद अपने उसी फ़्लैट में बनी रही थी। जब से गोविन्द रेनाला हो कर गया था, चौधरी साहब को कुछ सन्देह हो गया था कि उन दोनों में कुछ है। एक-दो बार उन्होंने इशारों-इशारों में पूछा भी। वह साफ़ मुकर गयी थी। तब वे फिर प्रोफ़ेसर ध्यान पर आ गये थे और निमिषा को लगता था कि अगर गोविन्द ने निर्णय न लिया तो प्रोफ़ेसर ध्यान के लिए चौधरी साहब का ज़ोर बढ़ता जायेगा। इस बीच बहाने से प्रोफ़ेसर ध्यान की बहन भी आ कर निमिषा को देख और पसन्द कर गयी थी (वह भी उसे पसन्द थी) उसी से निमिषा को मालूम हुआ था कि सत्ताइस वर्ष का हो जाने के बावजूद ध्यान ने अभी शादी नहीं की। निमिषा एक बार मिल कर देख ले, वे एक-दूसरे को पसन्द कर लें तब.... निमिषा वे सब बातें ऐसे सुनती रही थी, जैसे उसे न सुनायी जा रही हों और व्यस्तता का बहाना कर उसने उससे मुक्ति पायी थी। लेकिन उसे भय था कि उन लोगों का ज़ोर बढ़ता जायेगा। कौन जाने प्रोफ़ेसर ध्यान ने उसे देख लिया हो और पसन्द भी कर लिया हो....और वह चाहती थी, गोविन्द निर्णय ले ले तो उन लोगों से उसका पिण्ड छूटे।

तभी गोविन्द ने उसे लिखा था कि वह भावुकता-भरे पत्र न लिखे। ठोस सहारा दे तो वह कूद जाये। और निमिषा ने मान-सम्मान तज कर साफ़ शब्दों में अपनी सहमति प्रकट की थी और लिखा कि वह चाहेगा तो दुख में, सुख में वह हमेशा उसका साथ देगी।

उत्तर में उसे पिछली ही शाम गोविन्द का अर्जेण्ट पत्र मिला था कि उसने निर्णय ले लिया है। वह प्लंज करेगा और उसने निमिषा को लाहौर बुलाया था।....

०

उस पत्र की याद आते ही कुछ अजीब-सी ख़ुशी निमिषा की नस-नस में फैल गयी। कुछ ऐसी शिथिलता जो तनाव के दूर होने पर शरीर में छा जाती है। पहली बार उसे महसूस हुआ कि एक ही पहलू डिब्बे की दीवार से टेक लगाये बैठे रहने के कारण उसकी पीठ दुखने लगी है। वह झटके से सीधी हो बैठी। उसने अटैची और टोकरी उठा कर सीट के नीचे रखी। गोल किये हुए नक्शे सामने कोने में टिका दिये और पर्स को सिर के नीचे रख कर लेट गयी।

कुछ क्षण वह अपने में मगन लेटी रही। उसे याद आया कि गोविन्द का वह पत्र उसने फ़ाइल में नहीं लगाया और साथ ही पर्स में ले आयी है। उसने सिर के नीचे से पर्स निकाला। उसमें से रूमाल में लपेट कर रखा हुआ गोविन्द का पत्र निकाला और फिर उसी तरह लेट कर वह उसे पढ़ने लगी :

प्रिय निमिषा,

तुम्हारा लम्बा-प्यारा पत्र मिला। तुम भाई, बहुत भावुक हो, लेकिन अजीब बात है कि उतनी ही शक्ति-सम्पन्न भी हो। मैं उतना भावुक नहीं, लेकिन कमज़ोर और ढुलमुल हूँ। बहरहाल, मैंने प्लंज[१] करने का फ़ैसला कर लिया है। मैं २८ को लाहौर जा रहा हूँ। छोटे भाई की शादी के सिलसिले में कुछ ज़रूरी बातचीत करने। भाई साहब ३० को लुधियाना जायेंगे, लेकिन मैं लाहौर में रहूँगा। देखो, जैसे भी हो, आ जाना — ३० को ग्यारह बजे।

गोविन्द

निमिषा ने दो-तीन बार यह पत्र पढ़ा, फिर उसे चेहरे पर रख कर आँखें बन्द कर लीं और पूर्ववत स्मृतियों में खो गयी....

०

वह इस पत्र को पा कर कितनी प्रसन्न हुई थी! उसे लगा था, जैसे एक भारी बोझ उसके सिर से उतर गया है। उसी वक्त उसने दो दिन की आकस्मिक छुट्टी की दरख़ास्त सेक्रेट्री को भेज दी थी। यह भी लिखा था कि उसे स्कूल के लिए कुछ ज़रूरी सामान भी ख़रीदना है और नक्शों की मरम्मत भी करानी है। अपने काम के साथ-साथ वह यह काम भी कर आयेगी। और स्कूल से चलने से पहले उसने मरम्मत-तलब नक्शे मँगा लिये थे। गोल करके मोटे तागे से बाँध लिये थे और घर आ कर चलने की तैयारी शुरू कर दी थी। लाहौर से जो चीज़ें लानी थीं, सबसे पहले उसने उनकी सूची बनायी थी। फिर सुबह साथ जाने वाली चीज़ें सहेज कर एक तरफ़ रखी थीं। तब मुँह-हाथ धो कर उसने रात का खाना खाया था और इत्मीनान से गोविन्द के साथ अपने पत्र-व्यवहार की फ़ाइल ले कर बैठ गयी थी।

....यह अजीब बात है कि अपने पहले पत्रों में उसने गोविन्द को 'भाई' कह कर सम्बोधित किया था और जब गोविन्द ने लिखा था कि सगे बहन-भाइयों के अलावा बहन-भाई के रिश्ते में वह विश्वास नहीं रखता तो निमिषा ने सोचा था कि वह न केवल उसे राखी और टिक्का भेजेगी, वरन इस रिश्ते की पवित्रता भी उस पर उजागर कर देगी। लेकिन जब गोविन्द ने इस सिलसिले में दूसरा पत्र लिखा था कि वह मित्र होना ही पसन्द करेगा तो बिना एक बार भी इनकार किये वह मान गयी थी।

....तब क्या जब उसने गोविन्द को 'भाई' लिखा था, उसके मन में कोई खोट था? ....अपने मन को टटोलने पर उसे उत्तर 'नहीं' में मिला। जब उसे कनक से गोविन्द की पत्नी की मृत्यु और उसकी कला पर उसके प्रभाव की बात जानी थी और कवि सम्मेलन में उसको ग़ज़ल पढ़ते सुना था तो उसके प्रति एक अव्यक्त आकर्षण और ममत्व निमिषा के मन में जाग उठा था। माँ की बीमारी में निमिषा के पिता इतने टूट गये थे कि उसकी जुदाई का दुख सहने से पहले स्वयं चले गये थे। गोविन्द ने भी पत्नी की बीमारी झेली थी, वह टूट भी गया था। कहीं उस मेधावी कवि और कलाकार का अंजाम उसके पिता ऐसा न हो, इस चिन्ता और भय से निमिषा आक्रान्त हो उठी थी। दूसरे ही पत्र में गोविन्द ने बता दिया था कि उसकी सगाई हो चुकी है तो कल्पना-ही-कल्पना में उसने अपनी होने

१. छलाँग लगाना, ग़ोता लगाना।

वाली भाभी का चित्र गढ़ना शुरू कर दिया था और तय कर लिया था कि गोविन्द की शादी के बाद वह उन दोनों को रेनाला आमन्त्रित करेगी, उनकी ख़ूब आव-भगत करेगी और गोविन्द को बतायेगी कि सम्वेदनशील बहन का स्नेह कैसा होता है। गोविन्द के उस पत्र के बाद भी, जिसमें उसने लिखा था कि वह मित्र के रूप में उसे चाहता है, निमिषा के मन में मित्र का जो ख़ाका था, वह भाई से कुछ भिन्न नहीं था। यह तो गोविन्द से पहली मुलाकात और उस मुलाकात के बाद उसका पत्र पाने पर हुआ कि उसके मन में उस कलाकार और कवि को साथी के रूप में पाने की एक अस्पष्ट-सी इच्छा सुगबुगा उठी।

हालाँकि रात उसने गोविन्द के पत्र पढ़ने, उसके साथ होने वाली मुलाकातों को पुनः जीने और भविष्य के सपने देखने में गुज़ार दी थी, लेकिन जब तड़के पाँच बजे माई ने चाय की ट्रे उसके सिरहाने रखते हुए उसे जगाया तो निमिषा ऐसे उठी थी जैसे पूरी नींद सोयी हो।

जल्दी-जल्दी गर्म चाय तश्तरी में उँडेल कर (यद्यपि ऐसा करना उसकी सुरुचि को गवारा नहीं था) उसने दो प्याले पिये थे और निबट-नहा कर तैयार हो गयी थी। माई को सब कुछ समझा-बुझा कर, उसने सर्वप्रथम सामान की सूची पर्स में रखी थी। नक्शों को उसने कोने से उठा कर अटैची और टोकरी के साथ रखा था। गोविन्द के साथ अपने पत्र-व्यवहार की फ़ाइल को अलमारी में बन्द किया था। सिर्फ़ उसका अन्तिम पत्र, जो उसने फ़ाइल में नहीं रखा था, पर्स ही में रहने दिया था। कहीं दूर गाड़ी की बहुत ही मद्धिम गड़गड़ाहट सुनायी देने लगी थी, जब उसने गर्म शाल उठा कर ओढ़ी थी, नक्शे उठाये थे, माई को अटैची और टोकरी सँभालने के लिए कहा था और धड़धड़ाती सीढ़ियाँ उतर गयी थी।

"माई जल्दी करो, गाड़ी मिस कर जायेंगे!" वह बेसब्री से चिल्लायी थी।

लेकिन माई तो किसी गोविन्द से मिलने नहीं जा रही थी। बूढ़ी थी। अटैची और टोकरी उठाये सँभल-सँभल कर उतर रही थी।

"जल्दी करो माई!" निमिषा फिर चिल्लायी और जब माई नीचे आ गयी तो उसने मकान को ताला लगाया, चाबी माई को दी और स्टेशन की तरफ़ को उड़ चली।

चाबी को धोती के छोर से बाँध, अटैची और टोकरी उठा, माई उसके पीछे लपकी, लेकिन लाख कोशिश करने पर भी निमिषा का साथ देना उसके लिए कठिन था। वह उसके पीछे घिसटती हुई भागी जा रही थी।

सहसा गोविन्द से पहली मुलाकात को जाते समय गाड़ी मिस करने की बात निमिषा को याद हो आयी। उसके होंटों पर मुस्कान खेल गयी। इस बार उसे पूरा विश्वास था कि गाड़ी उसे लिये बिना नहीं जायेगी। इन चन्द महीनों में ही उसने रेनाला की नोटीफ़ाइड एरिया कमेटी के प्राइमरी स्कूल को मिडल तक स्वीकृत करा लिया था और कस्बे वालों को पूरा विश्वास था कि जब उनकी लड़कियाँ मिडल तक पहुँचेंगी तो बड़ी बहन जी स्कूल को मैट्रिक तक मंज़ूर करा लेंगी। एक सावधानी उसने और भी बरती थी। जब वह स्कूल में नौकरी करने आयी थी तो कमेटी के सेक्रेट्री, श्री चौधरी ने उससे कहा था कि वे कमेटी के एक प्रतिष्ठित सदस्य के बँगले में उसे दो कमरे दिलवा देते हैं। तब उसने बड़ी शिष्टता

से वह प्रस्ताव अस्वीकार कर दिया था और अपना अलग फ़्लैट ले लिया था। फिर जब चौधरी साहब ने कहा था कि अगस्त-सितम्बर की गर्मी वह उनके यहाँ ही काट लिया करे तो निमिषा ने यह कह कर मना कर दिया था कि उसे लड़कपन से ही गर्मी में काम करने की आदत है, उसे ज़रा भी कष्ट नहीं होगा, वे फ़िक्र न करें। इसके अलावा वह कभी कमेटी के अध्यक्ष या सेक्रेट्री या किसी सम्मानित सदस्य अथवा तहसीलदार —किसी की पार्टी में शामिल न हुई थी। वह बहुत सादा लिबास पहनती थी और पाउडर-सुर्ख़ी से परहेज़ करती थी। कस्बे में उसकी कार्यकुशलता ही का नहीं, चरित्र की गरिमा का भी दबदबा था और माता-पिता अपनी लड़कियों को उसके स्कूल में दाख़िल कराने लगे थे। तभी स्टेशन मास्टर ने भी अपनी दोनों लड़कियाँ उसके स्कूल में भरती करा दी थीं और अन्य लोगों की तरह उसके निकट भी निमिषा की स्थिति किसी गज़टड अफ़सर से कम न थी।

निमिषा का विश्वास झूठा नहीं था। वे अभी आधे रास्ते में ही थे कि स्टेशन का पानी वाला (उसी को बुलाने के लिए) भागता हुआ आता दिखायी दिया। दूर ही से उसने 'बड़ी बहन जी' को एक नमस्ते फेंकी, बढ़ कर माई से अटैची और टोकरी थामी और तेज़-तेज़ बढ़ चला। निमिषा ने माई को वहीं से विदा कर दिया और बदस्तूर तेज़-तेज़ चलती गयी थी।

गाड़ी प्लेटफ़ार्म पर खड़ी थी और स्टेशन मास्टर बग़ल में लाल-हरी झण्डियाँ दबाये, उसकी प्रतीक्षा की बेसब्री में छोटे-से मुसाफ़िरख़ाने के बाहर तक आ गया था।

दूर ही से निमिषा को 'बहन जी नमस्ते' करते हुए स्टेशन मास्टर ने पानी वाले को ज़रा जल्दी कदम बढ़ाने के लिए कहा और 'लाइए, ये मुझे दे दीजिए' कहते हुए निमिषा को नक्शों के बोझ से आज़ाद करने के लिए हाथ बढ़ाया।

"नहीं-नहीं, चलिए!" होंटों ही में कहते, सिर के हल्के इशारे से मना करते और बाँह दबा कर आगे निकलते हुए निमिषा बढ़ गयी थी। स्टेशन मास्टर और पानी वाला उसके पीछे-पीछे हो लिये थे। इण्टर के इसी ज़नाने डिब्बे में सहारे का आभास-सा देते हुए स्टेशन मास्टर ने निमिषा को सवार करा दिया था। फिर पानी वाले से पहले अटैची और फिर टोकरी ले कर उसे थमा दी थी।

"थैंक यू....थैंक यू वेरी मच!" कहते हुए निमिषा ने दोनों चीज़ें ले ली थीं।

खीसें निपोरते, "इट्स ऑल राइट बहन जी....इट्स ऑल राइट!" कहते और हाथ जोड़ते हुए स्टेशन मास्टर ने उसे नमस्ते की थी और बग़ल से हरी झण्डी निकाल कर लहरा दी थी।....

०

"बीबी कुली चाहिए!"

अपनी स्मृतियों में खोयी निमिषा कब गहरी नींद सो गयी थी, उसे होश नहीं रहा। लाहौर आ गया था और बाहर प्लेटफ़ार्म पर खड़ा एक कुली खिड़की का शीशा खटखटा रहा था।

चौंक कर उठने से गोविन्द का पत्र डिब्बे के फ़र्श पर गिर गया। निमिषा ने उसे उठाया, चूम कर आँखों और माथे से लगाया, फिर तहा कर उसी तरह रूमाल में लपेट,

पर्स में रख लिया। नक्शे उठाये और खिड़की खोल कर बाहर निकल गयी।

"बस, वह अटैची और टोकरी है, उठा लो!" कुली से उसे इतना ही कहा।

दस

निमिषा पौने दस बजे निस्बत रोड पहुँची। अगस्त-सितम्बर का महीना होता तो वह पहले नहाती, फिर कुछ और करती। लेकिन सर्दी उतर आयी थी। उसने नौकर से दो तोस और चाय देने को कहा।

नौकर नाश्ता ले आया तो उसने जल्दी-जल्दी नाश्ता ख़त्म किया। हाथ धोये। हल्का-सा गीला हाथ मुँह पर फेरा। तौलिये से पोंछा। कपड़े बदले। बालों में कंघी की और चलने से पहले एक उचटती-सी निगाह आईने में डाली। मन के उत्साह से चेहरे पर ताज़गी थी। वह पुरानी रुखाई, जो प्राय: शीशे के सामने खड़े होने पर उसे दिखायी देती थी, न जाने कहाँ उड़ गयी थी। सहसा आईने में अपनी प्रसन्न आकृति देख कर, वह एड़ियों के बल ख़ुशी से चक्कर लेती हुई गा उठी :

> और सखी मद पी-पी माती
> मैं...

लेकिन हठात जैसे उसके होंटों पर गीत की पंक्ति फूट पड़ी थी, वैसे ही थम गयी। जब वह ताँगे से उतर कर ऊपर आयी थी तो उसके चाचा नीचे दफ़्तर में मुवक्किलों से घिरे बैठे थे। 'चाचा क्या कहेंगे!' उसके दिमाग़ में हठात कौंधा और चक्कर लेने के बाद पंक्ति के शेष शब्द 'बिन पी ही माती' उसने होंटों में ऐसे कहे कि वही अपनी आवाज़ सुन सकी। कमरे में कोई दूसरा होता तो न सुन पाता।

जब गोविन्द ने पहली मुलाकात के बाद देवनगर जा कर उसे पत्र लिखा था तो उसे पढ़ कर उस पर ऐसा नशा तारी हो गया था कि बाद में भी जब वह ख़ुश होती मीराबाई की ये दो पंक्तियाँ गुनगुना उठती। उस समय गोविन्द ने जिस भावावेग में वह पत्र लिखा था, परिस्थितियों और गणनाओं के उलझेरों में वह मन्द पड़ गया था, लेकिन उस पत्र का नशा उस तमाम आशा-निराशा के बावजूद, जिसके भँवर में वह गोविन्द की ढुलमुलता के कारण हिचकोले खा रही थी, अचेतन रूप में निमिषा पर छाया रहता था। बहुत धीरे-धीरे एक-एक शब्द को अलग-अलग होंटों-ही-होंटों में बोलते हुए उसने फिर यही बोल दोहराये :

> और सखी मद पी-पी माती
> मैं बिन पी ही माती

और पर्स तथा नक्शे उठा कर वह किचन में गयी। चाची से उसने कहा कि वह स्कूल के लिए कुछ ज़रूरी सामान ख़रीदने जा रही है, वे लंच पर उसकी प्रतीक्षा न करें। यह कह कर वह खट-खट सीढ़ियों की तरफ़ बढ़ी। फिर सँभल गयी और धीरे-धीरे बेआवाज़

सीढ़ियाँ उतरने लगी। अन्तिम सीढ़ी पर पहुँच कर उसने दायीं तरफ़ के दरवाज़े पर पड़े पर्दे की झिरी में से झाँका। उसके चाचा अभी तक मुवक्किलों में घिरे बैठे थे। वह धीरे-से अन्तिम सीढ़ी उतर कर सड़क पर आ गयी। उसने एक नज़र बराबर के मिल्क बार पर डाली। रंजन काउण्टर पर नहीं था। इधर जाने चाची के कहने पर अथवा यूँ ही, वह उसकी गतिविधि पर नज़र रखने लगा था। निमिषा ने सुख की साँस ली और खट-खट फ़ुटपाथ पर चलने लगी — तूफ़ानी नदी-सी तेज़, हॉवर-क्राफ़्ट की तरह जैसे सतह से ऊपर-ऊपर उड़ती हुई!

तेज़-तेज़ चलते हुए सहसा निमिषा का ध्यान देवनगर और रेनाला की एकान्त मुलाकातों में गोविन्द के संयत व्यवहार पर चला गया। वह निश्चय करने में ढुलमुल चाहे हो, उसने सोचा, लेकिन खिलन्दरा नहीं है, वह आम नौजवानों की तरह महज़ उससे फ़्लर्ट नहीं करता, न प्यार के धोखे में उसका शरीर चाहता है। गोविन्द के साथ एकान्त में कुछ दिन गुज़ारने के बाद निमिषा को इस बात का पक्का यकीन हो गया था। शायद इसीलिए उसका आकर्षण निमिषा के निकट और भी बढ़ गया था और वह उसे पाने के लिए बेताब हो उठी थी।

बजाय सड़क पार कर बायें हाथ के फ़ुटपाथ पर चलने के, वह अपने चाचा के दफ़्तर वाले दायें फ़ुटपाथ पर ही बढ़ी जा रही थी। उसकी गति कुछ मन्द हो गयी थी और वह पिछली स्मृतियों में डूबी धीरे-धीरे चलने लगी थी। कभी सामने से अपने हाथ चलता कोई व्यक्ति आता तो वह अचेतन रूप से उसे रास्ता दे देती और अपने ध्यान में मग्न चली जाती....

०

....देवनगर की पहली रात। गोविन्द ने उसकी ख़ातिर कुछ दिन के लिए कोठी का बड़ा कमरा ले लिया था। गोविन्द का छोटा भाई सोम, गोविन्द के कमरे में सोया था। गोविन्द ने अपने और निमिषा के बिस्तर बड़े कमरे में बिछा दिये थे। बाहर कार्तिक के शुक्ल पक्ष का चाँद पूरी आब-ताब से चमक रहा था और रोशनदान से एक किरण आ कर सामने कोने में प्रकाश की एक लम्बी रेखा बना रही थी। दिन यद्यपि कुछ गर्म थे, लेकिन रातें ख़ुनक हो गयी थीं। उनके बिस्तर साथ-साथ लगे थे। वे दोनों गयी रात तक बातें करते रहे थे। दो-एक बार उन्होंने एक-दूसरे का हाथ थामा था। देर तक दोनों बँधे हाथ निमिषा की चारपाई की पट्टी पर पड़े रहे थे। उससे ज़्यादा गोविन्द ने कोई चेष्टा न की थी — उसके बालों को, चेहरे को या शरीर के किसी और अंग को उसने नहीं छुआ — और बातें करते-करते कहीं रात के पिछले पहर वे सो गये थे।

....पन्द्रह दिन पहले वह गोविन्द को रेनाला ले गयी थी। गोविन्द का लड़का निमिषा के कमरे में सोता था। गोविन्द के लिए दूसरी मंज़िल पर एक छोटे-से कमरे में निमिषा ने पलँग बिछवा दिया था। रोज़ रात को वह काफ़ी देर तक उसके पलँग की पट्टी पर बैठी बातें करती रहती थी। उन पाँच दिनों में एक बार भी तो गोविन्द ने ज़रा-सी कोई अनुचित हरकत नहीं की थी।

....निमिषा की आँखों में एफ़०ए० के दिन घूम गये। उस की एक सहेली थी अनु।

उसका भाई नया-नया डॉक्टर बना था। वच्छोवाली में उनके घर के सामने ही वे रहते थे। वह अपनी सहेली से मिलने जाती थी तो डॉक्टर भाई उनके इर्द-गिर्द मँडराता रहता था। फिर वह उससे स्नेह करने लगी। एक दिन अनु के यहाँ पहुँची तो वह कहीं बाहर गयी हुई थी, डॉक्टर आराम कर रहा था, वह हमेशा की तरह पट्टी पर बैठी उससे बातें कर रही थी कि सहसा डॉक्टर ने उसका हाथ चूम लिया। फिर उसको साथ लिटा लिया। उसे चूमा, फिर उसने आगे बढ़ने की कोशिश की तो वह तड़प कर उठ खड़ी हुई।

"आप चाचा जी से कहिए!"

डॉक्टर समझा नहीं।

"चाचा जी से कहिए कि आप मुझसे शादी करना चाहते हैं," निमिषा ने कहा था, "वे न मानेंगे तो भी मैं पीछे नहीं हटूँगी।"

डॉक्टर बड़े ज़ोर से हँसा था।

"यह तुमने एकदम निम्न-मध्यवर्गीय लड़कियों की-सी बात की। प्यार से शादी का क्या ताल्लुक है?"

वह चुप रही थी। डॉक्टर उठा था और उसका हाथ खींच कर उसने उसे बैठाने की कोशिश की थी। उसने निमिषा को बताया कि उसकी शादी तो वहीं होगी, जहाँ उसके माता-पिता ने तय कर रखी है, लेकिन वह निमिषा से प्यार करता है और हमेशा करता रहेगा।

निमिषा समझ गयी थी कि वह केवल कुछ पल का मनोरंजन चाहता है। उसका शरीर चाहता है। हाथ छुड़ा कर वह वापस मुड़ी थी तो डॉक्टर ने उठ कर उसे पकड़ लिया था। जब ज़न्नाटे का एक थप्पड़ उसकी कनपटी पर जड़ कर उसे स्तम्भित छोड़, वह भाग आयी थी और फिर कभी वहाँ नहीं गयी थी।

कुछ दिन बाद डॉक्टर अपनी बहन को ले कर वहाँ से शिफ़्ट कर गया था।

....गोविन्द के घर की ओर जाते-जाते वह सारी घटना निमिषा की आँखों में घूम गयी....लेकिन गोविन्द अनु के भाई जैसा नहीं था। उसने सदैव निमिषा से यही कहा था कि वह उसे प्यार नहीं करता, उसे पसन्द करता है — "आई डोंट थिंक आई लव यू," वह कहता, "आई लाइक यू, एण्ड हू नोज़ दिस लाइकिंग मे टर्न इन टु अ पैशनेट लव!" और उसने लक्खी से अपने प्यार का उल्लेख किया था कि कैसे वह धीरे-धीरे उसे प्यार करने लगा था....। गोविन्द की इन तमाम बातों के बावजूद, निमिषा को पूरा विश्वास था कि वह उससे कहीं प्यार भी करता है, लेकिन कहना नहीं चाहता और उसके प्यार में सेक्स उतना नहीं है, जितना उपयुक्त साथी की ज़रूरत और तलाश का प्रश्न....।

...."मेरा यह पक्का यकीन है," देवनगर में साथ की चारपाई पर बायीं करवट लेटे, उसके हाथ को अपने हाथ में थामे, उससे बातें करते हुए, गोविन्द ने कहा था, "कि आर्टिस्ट की संगिनी यदि उसकी कला से सहानुभूति रखती है तो उसके कठिन मार्ग को सुगम बना सकती है। अपने संगी में उसकी आस्था संगी को आगे बढ़ने में मदद दे सकती है। मैं तो यहाँ तक मानता हूँ कि अपने संगी की कला में दिलचस्पी लेने वाली, उसमें विश्वास रखने और उसे प्रोत्साहन देने वाली हमदर्द संगिनी एक दोयम दर्जे के कलाकार को प्रथम कोटि

का कलाकार बना सकती है, उसे अनमापी ऊँचाइयों तक पहुँचा सकती है। इसके बरअक्स अनुपयुक्त संगिनी अच्छे-भले प्रथम कोटि के कलाकार को उसकी ऊँचाइयों से घसीट कर दैनिक ज़िन्दगी के कीचड़ में गले तक डुबा कर, कुण्ठित कर सकती है।" गोविन्द ने लम्बी साँस छोड़ी थी और जैसे पश्चाताप-भरे स्वर में कहा था, "और मैंने बिना सोचे-समझे क्षणिक आवेग में, स्कैण्डल से घबरा कर, राहों की उस लड़की के लिए 'हाँ' कर दी। — सभ्यता से दूर छिटके हुए उस कस्बे में पलने वाली, अपने तंग घेरे में मस्त लड़की को भला कला-वला से क्या लेना होगा। और मेरा जी घुटने लगता है।"

....फिर एक शाम रेनाला में उसने कहा था, "लुधियाने में भी और लाहौर में भी निमिषा, मैंने देखा है कि हमारे घर में चिड़ियाँ दिन भर फुदकती, दाना-दुनका चग़ती रहती हैं। फिर तिनका-तिनका इकट्ठा कर घोंसले बनाती हैं, अण्डे देती हैं, बच्चे पालती हैं और यह क्रम चलता रहता है। प्रकृति के निज़ाम में पशु-पक्षी इसके सिवा कुछ नहीं करते। पेट भरते हैं, सन्तति बढ़ाते हैं और ख़त्म हो जाते हैं। यह तो इन्सान ही के भाग्य में है कि वह पेट और सेक्स के अलावा ज़मीन और आसमान, भूत और भविष्यत की भी सोचता है और सोचता है, सब कुछ मटियामेट कर देने वाले समय के सीने पर ऐसे नक्श छोड़ने की, जो अमिट और अमर रहें। यह सही है कि इन्सानों का बहुमत पशु-पक्षियों या पेड़-पौधों की तरह जीता है। जीने को मजबूर है, क्योंकि उससे ज़्यादा कुछ कर पाने का एहसास भगवा ने उन्हें नहीं दिया, लेकिन जिन्हें दिया है और जो महज़ जीने के अलावा उस जीने में कुछ गहरे अर्थ खोजना और पाना चाहते हैं, जो सत्य या शिव या सुन्दर के उपासक हैं — वे कलाकार हों, कवि हों, संगीतज्ञ हों या दार्शनिक — उनके लिए पेट और सेक्स साध्य नहीं हो सकते, साधन ही हो सकते हैं — उस कहीं बड़ी, गहरी भूख की तृप्ति के लिए, जो इन्सान को पशु-पक्षियों या पेड़-पौधों से अलग करती है और ऊँचा उठाती है।"

....वे दोनों रेनाला की नहर के किनारे टहल रहे थे जब गोविन्द ने कहा था, "भाई साहब कहते हैं कि मेरी होने वाली पत्नी सुन्दर है — याने उसका रंग गोरा है — उनके ख़याल में तुम्हारा रंग मुश्की है, तुम्हारी नाक कुछ ज़्यादा लम्बी है और तुम हँसती हो तो तुम्हारी ऊपर की दन्त-पंक्ति में एक दाँत ज़रा-सा बाहर को दीखता है — अब मैं उन्हें कैसे समझाऊँ कि मुझे ये तीनों चीज़ें अच्छी लगती हैं; कैसे समझाऊँ कि सुन्दर औरत की खोपड़ी में अगर ग्रे-मैटर की कमी हो तो उसका संग एक यातना बन जाता है; कैसे समझाऊँ कि सुन्दर औरतें और गद्देदार कुर्सियाँ कलाकारों को ले बैठती हैं। दवाइयों में चौबीसों घण्टे घिरे रहने से भाई साहब का दिमाग़ औषधियों का अक्षय भण्डार बन गया है और अपने उपदेशों की दवाएँ वे मुझे लगातार पिलाते रहते हैं। मैं उनके साथ इतने बरस रहा हूँ, वे हमारे लिए इतना खटे हैं कि मैं उनकी बात काट भी नहीं सकता।"....

o

निमिषा नीला गुम्बद को जाने वाली सड़क की ढलान पर उतर रही थी। गोविन्द के साथ होने वाली बातचीत के दसियों टुकड़े उनके कानों में गूँज रहे थे। उसे पूरा विश्वास था कि गोविन्द उसे बहुत गम्भीरता से लेता है, उसका व्यवहार चाहे आवेगहीन हो, लेकिन उसके अन्तर में कहीं आवेग की अजस्र धारा बहती है। उसके साथ बिताये गये दिनों का एक-एक ब्योरा निमिषा की कल्पना में घूम गया। गोविन्द ऐसी नज़ाकत से उससे व्यवहार करता था,

जैसे वह कोई बहुत ही स्वच्छ और सुकोमल वस्तु हो, छूने भर से मैली हो जायेगी, ज़रा-सी चोट से टूट जायेगी। यदि उसने मन-ही-मन उसे चाहा न होता तो उसके व्यवहार में उच्छृंखलता होती, बेपरवाही होती।....

गोविन्द का घर करीब आ गया था। घर से चलते वक्त निमिषा ने मन-ही-मन तय किया था कि वह गोविन्द के साथ कुछ क्षण बैठक में बैठेगी, फिर उसे साथ ले कर कॉफ़ी हाउस आयेगी, वहाँ कुछ स्नैक्स और एक-एक कप कॉफ़ी ले कर वे अनारकली आयेंगे और वह गोविन्द की सहायता से नक्शे ठीक करायेगी, स्टेशनरी ख़रीदेगी और उसे पूरा यकीन था कि गोविन्द उसे घर तक छोड़ने जायेगा।

गोपाल के ढाबे से वह धोबियों की गली में मुड़ी। पकते हुए गोश्त की सुगन्ध उसके नथुनों में भर गयी। फिर सहसा दुर्गन्ध का भभका आया। गली की नालियाँ बजबजा रही थीं। निमिषा ने नाक पर रूमाल रख लिया और निगाहें उधर से हटा लीं।

"यदि गोविन्द ने सच ही प्लंज लेने का फ़ैसला कर लिया है," निमिषा ने मन-ही-मन कहा, "यदि उसने मेरा संग चाहा तो मैं उसे धोबियों की गली के इस वातावरण से निकाल ले जाऊँगी। वह देवनगर न रहना चाहेगा तो हम लाहौर आ जायेंगे। मैं लाहौर ही में नौकरी कर लूँगी, हम लोग कृष्णनगर या रामनगर जैसी किसी खुली आबादी में घर लेंगे और मैं गोविन्द के लिए इतना सुन्दर स्टूडियो बना दूँगी कि वहाँ जाते ही उसका जी चित्र खींचने को हो आये।"

सामने गोविन्द का मकान था। उसने बढ़ कर दस्तक दी।

o

दरवाज़ा गोविन्द ही ने खोला। निमिषा क्षण भर उसे देखती खड़ी रह गयी।

उसने बहुत बढ़िया सूट और उसी से मैच करती टाई पहन रखी थी। निमिषा ने पिछले तीन महीनों में उसे कभी सूट में नहीं देखा था। न वह उसे कभी इतना सजा-सँवरा और सुन्दर ही लगा था।

"क्या कहीं बाहर जा रहे हैं?" उसके बैठक में प्रवेश करते हुए कहा।

"नहीं, क्यों?"

"यूँ ही!" उसने मन की बात मन ही में रहने दी, नक्शे दीवान पर रखे और बैठ गयी।

गोविन्द चुपचाप कमरे में चक्कर लगाने लगा। उस छोटे-से बैठके की लम्बाई दूसरी बार नाप कर वह उसके सामने रुका, "कहिए! सफ़र में कोई तकलीफ़ तो नहीं हुई?"

"सिवा भाग कर गाड़ी पकड़ने के और कोई नहीं!"

गोविन्द हँसा, "मैं जब रेनाला से चला था और आप मुझे स्टेशन पर छोड़ने आयी थीं तो जैसे हम भाग कर वहाँ पहुँचे थे, वह मैं कभी नहीं भूल सकता। मैं तो समय से आध-एक घण्टा पहले स्टेशन पर जा पहुँचता हूँ। स्टेशन मास्टर की कोई लड़की मेरे स्कूल में भी पढ़ती तो शायद मेरी भी आदत बिगड़ जाती।"

वह और भी ज़ोर से हँसा। —एक खोखली-सी औपचारिक हँसी और फिर कमरे में टहलने लगा।

निमिषा को उसके टहलने पर कुछ आश्चर्य हुआ। उसने कहा, "शायद आप किसी से मिलने जा रहे थे, मेरे आने की वजह से रुक गये। मुझे तो ये नक्शे ठीक कराने हैं, स्कूल के लिए कुछ स्टेशनरी ख़रीदनी है, आप शौक से जाइए, मैं कल आ जाऊँगी।"

"नहीं, ऐसी बात नहीं," गोविन्द ने कहा, "मैं कहीं नहीं जा रहा। आप ही की प्रतीक्षा कर रहा था।"

और वह फिर चुपचाप टहलने लगा। दो-एक चक्कर लगा कर उसने एक मूढ़ा दीवान के पास घसीट लिया और निमिषा के सामने बैठ गया।

"आप से एक बात पूछनी है?"

निमिषा की सारी वृत्तियाँ उसके कानों में सिमट आयीं।

"मैं एक साड़ी, ब्लाउज़ और अँगूठी ख़रीदना चाहता हूँ। कितनी देर में ये तीनों चीज़ें मिल जायेंगी?"

"बहुत जल्दी हो तो कमर्शियल बिल्डिंग्ज़ से ले लीजिए। थोड़ी मँहगी ज़रूर मिलेंगी, लेकिन ज़्यादा-से-ज़्यादा बीस-पच्चीस मिनट लगेंगे। कुछ आगे बढ़ कर अनारकली से लेंगे तो दस-पन्द्रह मिनट और लगा लीजिए। और भी सस्ती और चुनाव भी ज़्यादा चाहें तो डिब्बी बाजार जाना पड़ेगा।"

"लेकिन मैं चाहता हूँ कि ब्लाउज़ सिल भी जाये खड़े-खड़े।"

"पैसा फेंकिए तो सब कुछ हो सकता है।"

"कितना वक्त लगेगा?"

"मैं समझती हूँ, बढ़िया दर्ज़ी हो तो एक-डेढ़ घण्टे में ब्लाउज़ सिल सकता है। कपड़ा काटने में दस मिनट भी नहीं लगेंगे, लेकिन हाथ की तुरपई की बात है। डेढ़-एक घण्टा तो लग ही जायेगा। आपको अपनी छोटी भाभी के लिए चाहिए क्या? कब शादी है आपके छोटे भाई की?"

"शादी तो १७ दिसम्बर को है।" गोविन्द ने कहा, "भाई साहब उसी सिलसिले में रात लुधियाना चले गये हैं। आज रात आ जायेंगे। लेकिन साड़ी-ब्लाउज़ मुझे उसके लिए नहीं चाहिए।"

"तो! —जिसके लिए चाहिए, उसका माप आपके पास है?"

"माप तुम अपना ही समझ लो?"

निमिषा चकित-सी गोविन्द की तरफ़ देखती रह गयी। वह उठ कर फिर कमरे में घूमने लगा। दो-एक चक्कर लगा कर वह फिर उसके सामने आ कर रुक गया।

"सच, मैं तुम्हारे ही लिए चाहता हूँ। मैंने पुरानी अनारकली में आर्य समाज के प्रधान से बात कर रखी है। मैं चाहता हूँ कि हम आर्य समाज मन्दिर में आज ही शादी कर लें। भाई साहब शाम को आयेंगे। मैं उनसे कह दूँगा कि मैंने शादी कर ली और राहों वाली सगाई अपने-आप टूट जायेगी। अब तुम देर न करो। उठो और मुझे ये तीन चीज़ें ख़रीदवा दो।"

लेकिन निमिषा पूर्ववत बैठी रही।

"क्यों?" गोविन्द ने उसे चुप बैठी देख कर अनुरोध-भरे स्वर में पूछा।

"मुझे तो कुछ स्टेशनरी लेनी है और ये नक्शे ठीक कराने हैं। शादी के लिए तो मैं तैयार हो कर नहीं आयी। आपने लिख दिया होता तो मैं चाचा-चाची से कह देती।"

"भाई साहब के जाने का पक्का नहीं था। रात वे चले गये तो मैं आर्य समाज के प्रधान से बात कर आया।"

"बिना बताये कहीं शादी कर लूँगी तो चाचा बहुत अपमानित महसूस करेंगे।" निमिषा ने कहा। "उन्होंने मुझ अनाथ को पाला और पढ़ाया है....फिर मेरी नौकरी का भी सवाल है।"

"नौकरी तुम चाहो तो करती रह सकती हो।"

"इस तरह बिना किसी को बताये मैं नहीं कर सकती शादी!"

निमिषा ने ज़ोर दे कर कहा, "मेरे मामा और मौसियाँ तो ख़ैर दूर रहते हैं, लेकिन लाहौर में चाचा-चाची के अलावा मेरी दादी ज़िन्दा हैं, फूफी हैं, उनकी लड़कियाँ हैं, दामाद हैं, मेरी सहेलियाँ हैं, मिसेज़ शर्मा हैं। आप कल का रखें तो मैं आज शाम सब को इत्तला दे दूँगी। मैं नहीं कहती कि सब शादी में शामिल हो ही जायेंगे। सम्भव है, कोई भी न हो। लेकिन मेरा कर्तव्य पूरा हो जायेगा। मैं अभी जा कर सब को इत्तला कर देती हूँ।"

और वह उठ खड़ी हुई।

गोविन्द ने उसका रास्ता रोक लिया। "मैं तुम्हें नहीं जाने दूँगा। मैं प्रधान से कह आया हूँ।"

"आप उनसे कल का फ़िक्स कर लीजिए! हम कोई चोरी तो नहीं कर रहे हैं। शादी कर रहे हैं। किसी और से न भी कहूँ तो दादी, चाचा-चाची, मिसेज़ शर्मा और कनक से तो मैं ज़रूर कहना चाहूँगी। दादी तो क्या मानेंगी। हो सकता है, चाचा-चाची भी न मानें, कनक भी नाराज़ हो, लेकिन मिसेज़ शर्मा ज़रूर आयेंगी और मैं चाहूँगी कि वे और शर्मा अंकल तो रहें ही।"

वह क्षण भर चुप रही। फिर उसने इतना और जोड़ा, "कोई भी न आना चाहेगा तो भी मैं ज़रूर आऊँगी।"

गोविन्द इस बीच एकटक उसकी ओर देखता रहा था। जब वह बात ख़त्म कर चुकी तो वह आगे से हट गया। उसने कहा, "आज ही हो सकता है!"

"मैं कल सुबह आऊँगी।" और निमिषा ने नमस्कार के लिए हाथ उठाया।

"कल कुछ न हो सकेगा।"

क्षण भर के लिए निमिषा दरवाज़े में रुकी, शायद गोविन्द उसके साथ आये, लेकिन वह हताश मूढ़े पर बैठ गया।

"मैं कल सुबह आऊँगी।" निमिषा ने एक बार फिर कहा।

"आना!" लेकिन वह अपनी जगह से उठा नहीं।

घबराहट में निमिषा ने नक्शे दीवान पर ही छोड़ दिये थे। उसकी नज़र उन पर गयी तो उसे बढ़ कर उन्हें उठा लिया, दोनों हाथ माथे पर ले जा कर 'नमस्कार' किया और बाहर चौक में आ गयी।

ग्यारह

निमिषा ने पहले सोचा कि वह सीधी कनक के जाये, उसे यह सूचना दे, लेकिन दूसरे क्षण उसने अपना इरादा बदल दिया। देवनगर जाने से पहले जब वह लाहौर रुकी थी तो कनक से मिली थी। जब गोविन्द को अपने साथ रेनाला ले जाने के लिए लाहौर आयी थी, तब भी उससे मिली थी और कनक ने उसे एक फटीचर आर्ट टीचर से लौ लगाने से मना किया था। इस पर भी वह जानती थी कि यदि वह कनक से कहेगी कि गोविन्द जैसा भी है, वह उसे पसन्द करती है और उससे शादी करने जा रही है तो वह चुपचाप प्रेज़ेण्ट ख़रीदने चल देगी।....लेकिन गोविन्द ने कल की बात पक्की कही नहीं। वह कनक से कह दे और कल कुछ भी न हो तो?....वह कच्ची पड़ जायेगी। नहीं, वह कनक से कुछ नहीं कहेगी। मिसेज़ शर्मा से कुछ कहने की बात भी उसने रद्द कर दी। वह किसी से कुछ नहीं कहेगी। अगर कल गोविन्द तैयार हुआ तो ताँगा ले कर वह कनक से कह आयेगी, मिसेज़ शर्मा से फ़ोन पर बात कर लेगी। अभी किसी से कुछ कहने की ज़रूरत नहीं!....निमिषा ने तय किया, वह पहले जा कर स्टेशनरी ख़रीदेगी और नक्शे ठीक करायेगी, फिर कुछ और सोचेगी। और वह सीधी अनारकली की तरफ़ चल दी।

अपने बड़े भाई से गोविन्द के उतना डरने की बात निमिषा की समझ में न आयी थी। अगर वह भाई से इतना ही डरता है तो ऐसे आदमी का क्या भरोसा? वे चोरी से शादी कर लें, गोविन्द के बड़े भाई आ कर ज़ोर दें कि शादी तोड़ दे और वह मौन साध ले, वह तो कहीं की भी न रहेगी। उसने गोविन्द से पूछा था कि उसकी नौकरी का क्या होगा तो उसने कहा था कि नौकरी वह करती रह सकती है। पर शादी के बाद वह नौकरी कैसे कर सकती थी? गोविन्द देवनगर में रहे और वह रेनाला में तो शादी का क्या मतलब है और क्या उस चोरी से की हुई शादी से स्कैण्डल नहीं होगा और वह रेनाला में फिर नौकरी करती रह सकेगी?

निमिषा को गोविन्द की उस कमज़ोरी पर बहुत गुस्सा आया। यह कैसा आर्टिस्ट है जो अपने भाई से इतना भयभीत है कि मन के मुताबिक साथी नहीं चुन सकता, लेकिन दूसरे ही क्षण उसे उसकी कमज़ोरी पर दया हो आयी। शायद गोविन्द ने भाई को सगाई करने पर विवश किया हो, इसलिए वह उसे तोड़ने के लिए उन पर ज़ोर न दे सकता हो। देवनगर और रेनाला में कई बार उसने इस विवशता का उल्लेख किया था, लेकिन ऐसे कमज़ोर आदमी का क्या ठिकाना! एक शादी चोरी से कर ले, एक बाजे-गाजे से कर लाये। ऐसे में उसकी अपनी स्थिति कैसी उपहासास्पद हो जायेगी। वह चाहे ज़िन्दगी भर उसे चाहती रहे, ज़िन्दगी भर कुँआरी रहे, पर अपने आपको ऐसी हास्यास्पद स्थिति में नहीं डालेगी! नहीं डालेगी!!

चाची को वह लंच के लिए मना कर आयी थी। स्टेशनरी ख़रीद कर और नक्शे को ठीक कराके, वह हस्पताल रोड की ओर से वापस निस्बत रोड जाने के बदले पूरी अनारकली पार कर, कॉफ़ी हाउस आयी। एक कुर्सी पर उसने सामान रखा, वॉश बेसिन में जा कर हाथ धोये, फिर उसने ऑमलेट-स्लाइस और गर्म कॉफ़ी का आर्डर दिया।

ऑमलेट खाते और कॉफ़ी पीते हुए, पिछले ही महीने गोविन्द के साथ वहाँ गुज़ारी हुई शाम उसे याद हो आयी। तब वे इसी मेज़ पर बैठे थे। सिर झुकाये काँटे-छुरी से काट कर ऑमलेट और स्लाइस का टुकड़ा मुँह तक ले जाते हुए क्षण भर के लिए निमिषा को लगा कि वही काली अटैचमेण्ट पहने हुए गोविन्द उसके सामने कुर्सी पर बैठा है और पूर्ववत अपनी स्मृति की टॉर्च की रोशनी में उसे अपने अतीत की अँधेरी गुफाओं में घुमा रहा है। अपने कष्टप्रद बचपन, तकलीफ़-देह किशोरावस्था, पढ़ाई, जिसमें हर महीने फ़ीस की चिन्ता, कात-अटेर कर और अपने गहने गिरवी रख कर माँ का अपने सभी लड़कों को पढ़ाना; भाई साहब का लाहौर आ कर पहले एक केमिस्ट के यहाँ नौकरी करना; फिर स्वयं किसी तरह दुकान जमाना और अपने भाइयों की मदद करना। शादियाँ, बीमारियाँ, मौतें, ज़िन्दगी की ज़रूरी चीज़ों का निरन्तर अभाव, अनवरत संघर्ष —उसमें पिसती घायल और हस्सास रूहें....बीसियों प्रसंग....बीसियों ब्योरे —और माँ, जो उस तमाम अभाव और संघर्ष के बावजूद लाहौर में दूर बैठी रह कर भी अपने सब बेटों को एक सूत्र में पिरोये थी....“मैं सबको नाराज़ कर सकता हूँ,” उस शाम गोविन्द ने कहा था, “लेकिन माँ को नाराज़ नहीं कर सकता। वह पुराने ज़माने की औरत है, दूसरे भाई तो कभी उससे बहस भी करने लगते हैं, लेकिन मैं कभी उससे बहस नहीं करता। मैं उसकी किसी बात से भले ही असहमत होऊँ, पर मैं अपनी असहमति को एक ओर हटा कर, भला हो या बुरा, जो वह कहती है, कर देता हूँ।”

और वहीं बैठे-बैठे निमिषा को लगा कि अपनी भावुकता में उसने बहुत ही विवश और मजबूर आदमी को अपना विश्वास सौंप दिया है। गोविन्द की माँ, उसके बड़े भाई, उसके छोटे भाई, सिर्फ़ सोम को छोड़ कर (जिसे साथ ले कर वह देवनगर गयी थी) कोई भी तो उसे नहीं जानता। वे कैसे बर्दाश्त करेंगे कि जहाँ उन्होंने गोविन्द की सगाई की है, उसे तोड़ कर वह ऐसी लड़की से शादी कर ले, जिससे वे एकदम अपरिचित हैं, जिसकी जाति भी उनसे भिन्न है, संस्कार, आचार-विचार —सब भिन्न हैं....और क्षण भर के लिए उसने सोचा, उसने ग़लती की, उसे गोविन्द की बात मान लेनी चाहिए थी। आर्य समाज मन्दिर में जा कर शादी कर लेनी चाहिए थी। आख़िर वे कहीं छिप कर तो शादी नहीं कर रहे थे। पुरानी अनारकली के आर्य समाज मन्दिर में कर रहे थे। आर्य समाज के प्रधान के सामने कर रहे थे। निश्चय ही गोविन्द अपने भाई को कुछ न कह सकते होंगे और सोच-सोच कर उन्होंने यह रास्ता निकाला होगा।....

लेकिन दूसरे ही क्षण उसके विचारों ने पलटा खाया —गोविन्द यदि अपनी माँ अथवा बड़े भाई से बँधे हैं तो वह भी कम-से-कम चाचा से बँधी है, वह कैसे उन्हें बताये बिना शादी कर लेती!....कर लेती तो फिर उनको मुँह कैसे दिखाती —वह अपने आपको कभी क्षमा न कर पाती।

निमिषा ने लम्बी साँस ली, बिल मँगाया, पैसे चुकाये और कॉफ़ी हाउस से बाहर आ गयी।

०

उसका मन बेहद अशान्त और उद्‌भ्रान्त था। पहले वह निस्बत रोड की तरफ़ बढ़ी, लेकिन कुछ कदम चल कर फिर मुड़ी। पहले उसने सोचा था कि वह किसी से कुछ नहीं कहेगी,

लेकिन उसे मन पर बहुत ज़्यादा बोझ महसूस हुआ। उसने एक ताँगा लिया और मॉडल टाउन के बस अड्डे पर जा उतरी। बस ले कर वह सीधी अपनी प्रिन्सिपल मिसेज़ शर्मा के यहाँ पहुँची —नक्शे और स्टेशनरी का बण्डल साथ ही में लिये हुए —और उसने उन्हें सारी बात कह सुनायी।

"तुमने बिलकुल ठीक किया," उसकी प्रिन्सिपल ने उसकी पीठ थपथपाते हुए कहा, "भले ही तुम्हारे चाचा विरोध करते और तुम उनके विरोध के बावजूद गोविन्द से शादी कर लेतीं, लेकिन उन्हें कॉनफ़िडेन्स में न लेना उनका अपमान करने के बराबर होता। चाचा ने तुम्हारे लिए जो किया है, उसे देखते हुए यह घोर कृतघ्नता होती। यदि गोविन्द पुरुष हो कर भी कायर है और तुम नारी हो कर भी वीर हो तो इसमें शर्म की क्या बात है। आई ऐम प्राउड ऑफ़ यू....आई एम श्योर एवरी थिंग बिल बी ऑल राइट!"

निमिषा ने वहीं चाय पी थी और जब वह चलने लगी थी तो मिसेज़ शर्मा ने कहा था, "अव्वल तो मुझे उम्मीद नहीं कि कल वह शादी के लिए तैयार होगा। वैसे डरपोक आदमी के लिए दुनिया का सामना करना मुश्किल है, लेकिन यदि कोई बात हो तो तुम मुझे फ़ोन करना। मैं दस मिनट में पहुँच जाऊँगी।"

निमिषा जब मिसेज़ शर्मा से विदा ले कर वापस बस में बैठी थी तो उसका मन एकदम हल्का, दुविधाहीन और शान्त था। इधर जब से उसने मिसेज़ शर्मा के परामर्शानुसार चाची को आगे करके चलना शुरू किया था, चाची न केवल उसके प्रति सदय हो गयी थी, बल्कि (चूँकि उन दोनों की वय में थोड़े ही वर्ष का अन्तर था) कभी जब वह ख़ुश होती — निमिषा से सहेलियों की तरह व्यवहार करती। जब से निमिषा ने नौकरी कर ली थी, उसमें अनायास आत्म-विश्वास पैदा हो गया था और वह चाची से बराबर का सलूक करने लगी थी। चाची रोमानी स्वभाव की महिला थी। दूसरों के प्रेम-प्रसंग सुनने में उसे बड़ा आनन्द मिलता था। जब-जब निमिषा लाहौर आयी, चाची ने उसे कोंचा था कि अब जब वह नौकरी करने लगी है, उसे सेटल हो जाना चाहिए और वह इशारे-इशारे से उससे पूछती कि उसकी नज़र में 'कोई' है या नहीं? क्या उसका मन किसी से प्रेम करने को नहीं होता? गोविन्द के बारे में भी वह कई बार पूछ चुकी थी और हर बार निमिषा टाल गयी थी, लेकिन उस शाम गोविन्द के सिलसिले में उसने चाची का मन टटोलने की सोची थी।

"चाची, अगर मुझे किसी से प्यार हो जाये, वह हमारी जाति का न हो तो क्या चाचा मान जायेंगे?" शाम चाची के साथ बैठे सहसा उसने पूछा था।

"अगर वो तुम्हें सचमुच प्यार करते हैं तो ज़रूर मान जायेंगे," चाची ने कहा था और फिर पूछा था, "क्या कोई नज़र में है?"

और उसकी आँखों में कोई रोमानी गाथा सुनने के औत्सुक्य की रोशनी कौंध गयी थी।

लेकिन निमिषा बात टाल गयी थी, "नहीं, कोई नज़र में तो नहीं है। यूँ ही पूछा था।"

"तुम्हारे चाचा तो तुम्हारी शादी किसी योग्य वर के साथ करना चाहते हैं।" चाची ने कहा था, "वे कई बार बात कर चुके हैं। पहले तो तुम पढ़ रही थीं, लेकिन अब तुम पढ़ चुकी हो और उन्हें तुम्हारी चिन्ता है।"

"चाची, तुम अरेंज्ड मैरिज और प्रेम-विवाह में किसे पसन्द करती हो?"

"सभी के भाग्य में मनपसन्द वर थोड़ी लिखा होता है।" चाची ने लम्बी साँस ली थी।

"अगर मुझे कोई ऐसा साथी मिले और मैं उससे विवाह कर लूँ तो तुम बुरा तो न मानोगी?"

"नहीं, मैं बुरा नहीं मानूँगी। और अगर तुम्हारे चाचा नाराज़ होंगे तो मैं उन्हें भी मना लूँगी। वे तुम्हें सचमुच प्यार करते हैं तो अन्त को मान जायेंगे।"

और उस क्षण अपनी उस चाची के विरुद्ध निमिषा अपनी तमाम शिकायतें भूल गयी थी। उन तमाम अभावों के लिए, जो चाची के आने के बाद उसे इस घर में महसूस हुए थे, निमिषा ने उसे माफ़ कर दिया।

लेकिन जब रात को निमिषा अपने बिस्तर पर लेटी तो चाची की इस उदारता के पीछे उसे उसकी स्वार्थपरता साफ़ दिखायी दी थी। 'चाची क्यों न पसन्द करेंगी कि वह ख़ुद ही कहीं शादी कर ले, ताकि उन्हें शादी में एक भी पैसा न ख़र्च करना पड़े।'....और निमिषा का मन कसैला हो आया था। काश, उसका भी कोई निकट सम्बन्धी ऐसा होता जो उसके लिए इतना लगाव महसूस करता! जिसके विरोध की उसे भी उतनी ही चिन्ता होती, जितनी गोविन्द को अपने बड़े भाई या माँ की है!....और तब सहसा उसे अपने दिवंगत माता-पिता की याद हो आयी।....वे आज जीवित होते तो क्या वह इस तरह बोल्ड कदम उठाने की सोच भी सकती और हठात उसकी आँखें भर आयीं। वह देर तक अपने इस निपट अकेलेपन पर मौन रूप से आँसू बहाती रही।....जब काफ़ी देर तक आँसू बहाने से उसके मन का ग़ुबार धुल गया तो उसने निश्चय किया कि चाहे जो हो, वह सुबह गोविन्द से मिलेगी। वह शादी करने को तैयार हो गया तो मिसेज़ शर्मा को फ़ोन कर देगी, कनक को जा कर बता आयेगी और चाची को भी फ़ोन कर देगी और अगर गोविन्द कुछ न कर सका तो वह उसे आश्वस्त कर देगी कि वह आराम से शादी करे, उसकी चिन्ता न करे, सब कुछ ठीक हो जायेगा और उसकी यह शादी पहली शादी की तरह सफल होगी।....रही उसकी अपनी बात तो चाहे सारी उम्र कुँआरी रह जाये, पर इस सन्दर्भ में किसी रिश्तेदार का एहसान नहीं लेगी। जिसे उसकी ज़रूरत होगी, जो उसे चाहेगा, उसी को अपना संगी बनायेगी।

०

दूसरी सुबह जब वह गोविन्द से मिलने गयी तो उसने दूर ही से देखा कि उसकी बैठक का दरवाज़ा खुला है और वह उसी मूढ़े पर बैठा है। क्षण भर के लिए उसे लगा जैसे वह कल से उसी तरह बैठा है, लेकिन पास पहुँचने पर उसका भ्रम दूर हो गया। —न उसने वह सूट पहन रखा था, न उसके चेहरे पर वैसी ताज़गी थी। तहमद और कुर्ते पर उसने एक गर्म वास्केट पहन रखी थी और ऊपर लोई का फेंटा मार रखा था। लगता था जैसे वह रात भर सोया नहीं और ऐसे ही बैठा रहा है।

"नमस्कार गोविन्द जी!"

निमिषा ने दरवाज़े में दाख़िल होते ही कहा।

गोविन्द ने नमस्कार का जवाब नहीं दिया। वह उठ खड़ा हुआ, शिशिर की धूप-सी एक निहायत फीकी मुस्कान उसके कुम्हलाये चेहरे पर फैल गयी।

"आपका क्या प्रोग्राम है?" सहसा उसने पूछा।

"मैं तो रेनाला से बस आपके आदेश पर चली आयी थी। आज चली जाऊँगी।"

"यहाँ क्या बैठेंगे, चलिए, आपको घर तक छोड़ आऊँ!"

निमिषा उलटे पैर बाहर निकल आयी। उसने गोविन्द की भाभी से मिल आने की बात भी नहीं कही।

गोविन्द ने बैठक का दरवाज़ा अन्दर से बन्द किया और डेवड़ी से हो कर बाहर आ गया।

देर तक दोनों चुपचाप चलते रहे। फिर गोविन्द ने पूछा, "आपने एक पत्र में कन्फ़र्मेशन के बारे में चिन्ता ज़ाहिर की थी। आप की कन्फ़र्मेशन हुई कि नहीं?"

"इन्स्पेक्शन तो हो गयी है।" निमिषा ने उत्तर दिया, "इन्स्पेक्ट्रेस बहुत भली है और उसने बहुत अच्छी रिपोर्ट दी है। स्कूल को मिडल तक स्वीकृति मिल गयी है, लेकिन अभी मेरी कन्फ़र्मेशन नहीं हुई।"

"मिसेज़ मनोहा का क्या हाल है? अब तो वह आपसे असहयोग नहीं करती? जब मैं रेनाला गया था आपने बताया था कि आपकी सेकेण्ड मिस्ट्रेस स्वयं हेड मिस्ट्रेस होने के सपने लेती थी और उसने आपसे असहयोग कर रखा था।"

निमिषा ने मार्क किया था कि गोविन्द 'तुम' से फिर आप पर चला आया है, लेकिन उस ओर ध्यान न दे, उसने यथाशक्य सहज भाव बनाये रख कर सविस्तार बताना शुरू किया कि किस प्रकार उसने मिसेज़ मनोहा को महत्व दे कर और अपने को गौण रख कर उसका सहयोग जीत लिया है और अब उसे कोई शिकायत नहीं।

पुरानी अनारकली से माल और माल से हॉल रोड और पटियाला हाउस का चक्कर लगा कर ट्रिब्यून ऑफ़िस के पास से वे निस्बत रोड पर आये। गोविन्द लगातार उससे उसकी समस्याओं पर प्रश्न करता रहा। वह, जो कभी उसे बात ही न करने देता था, जैसे अपना सब ख़ज़ाना लुटा चुका था, जैसे अपनी बात करने के लिए उसके पास अब कुछ नहीं था —मिसेज़ मनोहा की, चौधरी की, इन्स्पेक्ट्रेस की, मिस्टर बुच्च की, चाचा, चाची, मिसेज़ शर्मा और जाने किस-किस की बात वह उससे पूछता रहा। मिल्क बार से एक फ़र्लांग उधर ही फ़ुटपाथ पर वह रुक गया और उसने कहा, "अच्छा निमिषा जी, अब मैं आप से छुट्टी लूँगा। दरअसल मैं रात सो नहीं सका। मैंने अभी तक न ब्रश किया है, न बाथरूम गया हूँ, न नहाया हूँ।...."

निमिषा नहीं चाहती थी कि वह कोई प्रश्न करे, पर उसने पूछ ही लिया, "आपके भाई साहब कल रात आ गये थे?"

"हाँ!" गोविन्द ने कहा। वैसी ही थकी उदास मुस्कान उसके होंटों पर फैल गयी। "मैंने आपसे कहा था न कि कल कुछ न हो सकेगा!"

दोनों कुछ क्षण मौन खड़े रहे। फिर गोविन्द ने कहा, "मैं आप को देवनगर जा कर विस्तार से पत्र लिखूँगा। शादी तो मुझे अब यहीं करनी पड़ेगी, लेकिन मैं यह ज़रूर चाहता

हूँ कि आप मेरी शादी पर आयें।"

"आप मुझे पता देंगे तो मैं ज़रूर आऊँगी। और यह भी चाहूँगी कि शादी के बाद आप एक बार हमारी भाभी को ले कर मेरे यहाँ ज़रूर आयें।"

गोविन्द हँसा — अजीब-सी रोनी जैसी हँसी, "भाभी आना चाहेगी तो ज़रूर लाऊँगा।"

और दोनों हाथ माथे पर ले जा कर एकदम मुड़ा और गर्दन झुकाये तेज़-तेज़ लौट पड़ा।

निमिषा वहीं फुटपाथ पर खड़ी कितनी ही देर उसे जाते देखती रही। फिर उसने लम्बी साँस छोड़ी और अपने घर की तरफ़ बढ़ चली।

☒☒☒

चौथा खण्ड

तुमसे बेजा है मुझे अपनी तबाही का गिला
इसमें कुछ शायबा-ए-ख़ूबी-ए-तक़दीर भी था।

—ग़ालिब

बारह

जब उसके आदेश पर दुल्हन के पास से उठ कर और सेकेण्ड क्लास के उस खुले डिब्बे की बीच की सीट को फलाँग कर दाई सामने की सीट पर जा बैठी और उसने खिड़की के बाहर निगाहें जमा दीं तो धड़कते दिल और कुछ अजीब-से आशंका-भरे औत्सुक्य से गोविन्द ने अपनी दुल्हन का घूँघट ज़रा-सा उठाया।

उसका मुख एकदम विवर्ण हो गया। उसे लगा जैसे किसी ने ज़ोर का एक घूँसा उसके हृदय-स्थल पर जमा दिया है। तभी दुल्हन ने आँखें उठायीं —उनमें न जाने कैसा चंचल आमन्त्रण था, (दाई ने भी प्रकट बाहर की ओर देखते हुए एक चोर-दृष्टि उस पर डाली) लेकिन बिना एक भी शब्द कहे, गोविन्द ने चुपचाप घूँघट छोड़ दिया था और ज़रा परे सरक कर हतबुद्धि-सा बैठ गया था।

गोविन्द का दिल डूबता जा रहा था। सब कुछ देखते हुए भी आँखों में अँधेरा छा गया था। वह ज़रा और परे सरक कर चौड़ी गद्देदार सीट पर चित लेट गया। उसे लगा जैसे वह किसी गहरे कुएँ में उतरता चला जा रहा है।....तब तक की ज़िन्दगी में उसने काफ़ी तकलीफ़ें देखी थीं। काफ़ी संघर्ष किया था। डॉक्टर ने लक्खी का रोग असाध्य बता दिया था, वह लम्बी बीमारी के बाद चली गयी थी, लेकिन दिल के डूबते चले जाने की ऐसी अनुभूति तो उसे पहले कभी नहीं हुई थी। न कभी उसने अपने को ऐसा हताश और अशक्त ही महसूस किया था।

वहीं लेटे-लेटे, निगाह घुमा कर उसने दाई की तरफ़ देखा। वह सीट पर उदास-सी बैठ गयी थी। शायद वह कुछ चुहल की अपेक्षा रखती थी। कुछ मान-मनौवल, छीना-झपटी, कुछ प्यार-मनुहार की, जिसे देख कर वह अदेखा कर जाती, लेकिन घूँघट छोड़, बिना एक शब्द कहे, दूल्हे को हताश और उदास लेटते देख कर वह निराश हुई थी।

निराश दुल्हन भी हुई होगी, लेकिन उन दोनों के मनोभावों के बारे में कुछ भी सोचने की स्थिति में गोविन्द नहीं था। एक अवश क्रोध धीरे-धीरे उसके मन में सुलगता हुआ अपने धुएँ से, उसके दिल-दिमाग़ को धुँधलाये जा रहा था —पिछले कुछ महीनों की घटनाएँ एक-एक कर उसके दिमाग़ में आ रही थीं और वह सिरहाने की तरफ़ बैठी दुल्हन और परे सीट के कोने में बैठी दाई, सेकेण्ड क्लास के उस खुले डिब्बे और नवाँशहर पैसेंजर की अनवरत खटर-खट को भूल कर उनमें खो गया था।

०

....जिस दिन गोविन्द ने, लाहौर में भाई साहब की अनुपस्थिति का लाभ उठा कर, पुरानी अनारकली के आर्य समाज मन्दिर में चुपचाप शादी करने का प्रस्ताव निमिषा के आगे रखा था और उसने एक दिन की मोहलत माँगी थी तो यद्यपि गोविन्द ने कहा था —'कल कुछ

न हो सकेगा' तो भी निमिषा के चले जाने के बाद, अपनी निराशा को दबा कर, उसने भाई साहब को मनाने की एक कोशिश कर देखने का फ़ैसला कर लिया था।

दरअसल उसने क्षण भर को भी नहीं सोचा था कि निमिषा उसका प्रस्ताव रद्द भी कर सकती है। गोविन्द अपने मन में समझता था कि वह चाहे निमिषा को उस हद तक प्यार नहीं करता, लेकिन वह उसे बहुत चाहती है। उसे यदि इस बात का आभास होता कि वह ऊँच-नीच भी सोच सकती है तो वह कभी इस तरह अचानक उसके सामने वह प्रस्ताव न रखता। निमिषा चली गयी थी तो अपने आहत अहं को लिये हुए वह बहुत देर तक कमरे में उद्भ्रान्त घूमता रहा था। उसे लगा था, जैसे अपनी बात कह कर वह हेठा पड़ गया है, उसका अपमान हुआ है और उसी अव्यक्त खीझ के कारण उसके मुँह से निकला था — 'कल कुछ न हो सकेगा।'

लेकिन जब काफ़ी देर तक घूमने के बाद उसका क्रोध कुछ शान्त हुआ था और उसने निमिषा के दृष्टिकोण से सोचना शुरू किया था तो उसे लगा था कि बिना निमिषा को पहले से कुछ भी आभास दिये, बिना अपनी स्थिति बताये, बिना उसे कॉनफ़िडेन्स में लिये, यूँ उसके सामने वैसा प्रस्ताव रखना, महज़ एक रोमानी बचकानापन था और यदि निमिषा ने उसका प्रस्ताव अस्वीकार कर दिया और एक दिन की मोहलत माँगी तो इसका यही मतलब है कि अपनी तमाम रोमानियत के बावजूद वह ज़्यादा ज़िम्मेदार, व्यवहार-कुशल और दृढ़ इच्छा-शक्ति वाली है।

तभी सोम कॉलेज से आ गया था। वह एफ़०सी० कॉलेज की बी०ए० कक्षा में पढ़ता था। गोविन्द ने उसको सारी बात बतायी थी तो उसने भी निमिषा का पक्ष लिया था और गोविन्द को समझाया था — यदि भाई साहब शाम को लुधियाना से आ जाते हैं तो उनसे बात की जाये। सोम उनका पक्ष लेगा और यथासम्भव तर्कों से भाई साहब को मनायेगा। यदि भाई साहब मान गये तो जब सुबह निमिषा जी आयें, गोविन्द उनसे शादी के लिए कह दे।

उसकी बातें सुन कर गोविन्द को लगा था कि सोम अभी बच्चा है और अपने बड़े भाई को नहीं जानता। स्वयं गोविन्द को पूरा यकीन था कि भाई साहब कभी नहीं मानेंगे। तभी उसके मन में आया कि भाई साहब मान गये तो!....उसने निमिषा से कहा था — 'कल कुछ न हो सकेगा।'....तब वह कैसे कहेगा कि भाई साहब मान गये हैं और सब कुछ ठीक हो गया है। इसका मतलब होगा, उसने झूठ बोला था।

लेकिन अपने मन के अव्यक्त आक्रोश की बात सोम को बताये बिना उसने कहा था — 'भाई साहब आ जायें तो हम दोनों मिल कर उनसे बात करेंगे।'

o

....सेकेण्ड क्लास की आरामदेह गद्देदार सीट पर प्रकट निस्पन्द, लेकिन अन्तर में हज़ारों हलचलें छिपाये, गोविन्द की आँखों के सामने अजाने ही, रात में बदलती हुई वह शाम आ गयी, जब उसके बड़े भाई लुधियाना से आये थे और दुकान का हिसाब-किताब समेट कर घर चलने की तैयारी करने लगे थे कि वह सोम को ले कर दुकान जा पहुँचा था।

"भाई साहब, जब गोविन्द भाई निमिषा जी से प्यार करते हैं।" सोम ने बात शुरू

करते हुए अपने बड़े भाई से कहा था, "वे पढ़ी-लिखी, निहायत कल्चर्ड और सोफ़िस्टिकेटिड हैं और भाई साहब उनसे शादी करना चाहते हैं, तब आप क्यों नहीं तोड़ देते सगाई, क्यों नहीं करने देते इन्हें निमिषा जी के साथ शादी?"

भाई साहब क्षण भर चुपचाप अपने इस छोटे भाई की ओर अपलक देखते रहे थे, जैसे सोम का यूँ उनके सामने बात करना उन्हें पसन्द न आया था। उन्होंने निहायत ठण्डे स्वर में कहा था, "मैंने ख़ुद तो की नहीं थी सगाई। इसी ने ज़ोर दिया था।"

"इसीलिए तो बार-बार ये आप से पूछ रहे हैं।" सोम ने उत्तर दिया था। "इन्होंने स्वयं सगाई की होती तो स्वयं तोड़ देते, आपसे पूछने नहीं आते। फिर यदि इन्होंने एक ग़लती की है तो उसे मल्टीप्लाई करना या उसकी सज़ा में इनकी ज़िन्दगी बर्बाद करना क्या ज़रूरी है?"

"तुम कैसे कह सकते हो कि बे-माँ-बाप की उस लुतरी लड़की से शादी करके इसकी ज़िन्दगी बर्बाद नहीं होगी। (निमिषा के लिए 'लुतरी' के इस विशेषण पर दोनों भाइयों को बुरा लगा था, लेकिन किसी ने प्रतिवाद नहीं किया था और भाई साहब अपनी रौ में बोलते गये थे) मेरे बराबर जो ऐडवोकेट रहता है —महन्त —उसने बताया है कि उसके चाचा-चाची तो यही चाहते हैं कि वह कहीं ख़ुद ही अपनी शादी कर ले ताकि उन्हें एक कौड़ी दहेज न देना पड़े।"

गोविन्द सहसा कटु हो आया था। प्रतिवाद करते हुए उसने कहा था, "खन्ना साहब की प्रैक्टिस बहुत चलती है, निश्चय ही महन्त को उनसे ईर्ष्या होगी और अपनी ईर्ष्या में उसने यह बेपर की उड़ा दी होगी। निमिषा के चाचा तो उसकी शादी स्वयं करना चाहते हैं, लेकिन एक तो निमिषा उनका एहसान नहीं लेना चाहती, दूसरे वह अपनी पसन्द का साथी चाहती है।"

"चाचा भले ही करना चाहते हों, लेकिन चाची तो हरगिज़ नहीं करना चाहती," भाई साहब ने उतने ही ज़ोर से कहा था, "मुझे मेरे कई ग्राहकों से पता चला है। और इसीलिए वह लड़की इस तरह तुम्हारे पीछे पड़ी है।"

"वह मेरे पीछे नहीं पड़ी," गोविन्द ने भी उतने ही ज़ोर से कहा था, "मैंने आज ही उसे चुपचाप आर्य समाज मन्दिर में चल कर शादी करने के लिए कहा था, लेकिन उसने इनकार कर दिया और कहा कि वह चोरी से शादी नहीं करेगी। डंके की चोट करेगी, भले कोई उसकी शादी में शामिल हो या न हो। अगर वह ऐसा ही मेरे पीछे पड़ी होती तो क्यों न तैयार हो जाती!"

"भाई साहब, आप निमिषा जी के प्रति प्रेज्युडिस्ड हैं।" सोम ने अपने बड़े भाई को समझाते हुए धैर्य से कहा था, "वे बहुत ही ऊँचे विचारों और सुधरी रुचियों वाली हैं। लिखती-पढ़ती हैं। गोविन्द भाई आर्टिस्ट और शायर हैं, इनको बहुत मदद देंगी, कोई अनपढ़ या अधपढ़ बीवी इनकी कला को क्या समझेगी। ज़िन्दगी बवाल हो जायेगी।"

"लक्खी कौन-सी एम०ए० पास थी!" भाई साहब ने बन्दूक दाग़ी, "क्या उससे इसकी नहीं बनी?"

"लेकिन कितनी खिट-खिट के बाद! और इस सब में बेचारी लक्खी भाभी ने कितना

नहीं सहा और गोविन्द भाई ने ही कौन-सा सुख पाया। क्या ज़रूरी है कि वही-वही ग़लती बार-बार दोहरायी जाये?"

"पढ़ी-लिखी लड़कियों से शादी कर लेना आसान है," भाई साहब ने स्वर को कुछ ऊँचा कर, सव्यंग्य कहा था, "निभाना आसान नहीं। बड़े लोगों से रिश्ते करो तो घर के दरवाज़े बड़े करने पड़ते हैं। पढ़ी-लिखी लड़की से शादी करोगे तो ज़िन्दगी का ढर्रा बदलना पड़ेगा। दूर के ढोल ही सुहाने लगते हैं। शादी के बाद ही पता चलता है कि उस बाहरी तड़क-भड़क, शिक्षा-दीक्षा के अन्दर क्या कुछ छिपा है। कम पढ़ी-लिखी लड़कियाँ हमारे घरों की सर्दी-गर्मी, तंगी-तुर्शी, दुख-तकलीफ़ —सब बर्दाश्त कर ले जाती हैं।"

"लेकिन १०० में से ९५ चक्की का पाट बन कर गले में पड़ जाती हैं," सोम ने भी उन्हीं की तरह स्वर को ऊँचा करते हुए उसी व्यंग्य से कहा था, "इसके बरअक्स पढ़ी-लिखी लड़कियाँ बाँहें बन जाती हैं।"

"वह सब ठीक है।" भाई साहब चिढ़ गये थे और उन्होंने पहलू बदल लिया था, "यह सब पहले सोचना था। मैं तो सगाई करता नहीं था। इसी ने ज़ोर दिया था। अब रिश्तेदारों में बात की है। यह जात के बाहर शादी करना चाहता है। अगर ताव खा कर ओम के ससुराल वाले सगाई तोड़ दें तो!" —फिर गोविन्द की ओर पलट कर उन्होंने कहा था, "चन्द दिन बाद उसकी शादी हो रही है, यह भी सोचा है? अच्छे परिवारों में बात लगाना-तोड़ना मज़ाक नहीं होता। कितनी काँव-काँव मचेगी, यह भी सोचा है? दो-दो भाइयों की और शादी करनी है, यह भी सोचा है? या सिर्फ़ अपना ही सोचते हो?"

"आप मेरी चिन्ता न कीजिए भाई साहब।" सोम ने कहा, "मैं ऐसे अरेंज्ड मैरिज नहीं करूँगा। यह अन्धे कुएँ में तीर मारना मुझे पसन्द नहीं।"

"लेकिन ओम की भी सगाई ऐसे ही की है।" भाई साहब ने फ़रियाद की, "उसने तो एक बार एतराज़ नहीं किया।"

"ओम ख़ुद मैट्रिक तक पढ़े हैं। पाँचवीं-सातवीं पास लड़की से उनकी निभ जायेगी, पर गोविन्द भाई पहले तो बी०ए० हैं, फिर आर्टिस्ट और शायर! राहों के तंग, पिछड़े माहौल में पली लड़की इनके आर्ट और शायरी को क्या समझेगी? ये तो ख़ुशकिस्मत हैं कि इन्हें निमिषा जैसी लड़की मिल रही है और आप इनका उत्साह बढ़ाने के बदले इनका हौसला पस्त कर रहे हैं।"

भाई साहब निरुत्तर हो गये थे, लेकिन माने नहीं, घूम-फिर कर उन्होंने फिर वही दलील दी थी : "हम निम्न-मध्यवर्ग के लोग हैं, कोई लखपति-करोड़पति नहीं हैं कि हमारे अवगुण भी गुण बन जायें। तुम्हारे इस अन्तर्जातीय विवाह के कारण ओम की शादी में झंझट उठ खड़ा हुआ तो क्या होगा?"

"भाई साहब आप किस ज़माने की बात करते हैं," गोविन्द चिढ़ गया था, "आये दिन अन्तर्जातीय विवाह होते हैं। फिर मैं कोई बच्चा नहीं, अपनी नौकरी करता हूँ और अलग रहता हूँ। ओम भी मेरे साथ नहीं रहता। वह अलग नौकरी करता है और अलग रहता है। मेरे किसी कृत्य का उसकी शादी पर क्या प्रभाव पड़ सकता है?"

"ख़ानदान पर तो कलंक लग सकता है। मैं उन लोगों को क्या मुँह दिखाऊँगा।

लड़कियाँ तो तुम्हारी भाभी देखने गयी थी और सगाई भी उसी ने की थी। बात तो हमीं पर आयेगी।"

"आप कह दीजिएगा कि उसने अपने आप शादी कर ली है, मैं क्या करूँ। हम सबने उसका बाईकाट कर दिया है....वग़ैरा....वग़ैरा!....अब तो मैं आप से पूछ रहा हूँ। सुबह निमिषा मान जाती, मैंने शादी कर ली होती और आपको आ कर महज़ सूचना दे दी होती तो आप क्या कर लेते? आप विश्वास रखिए, ओम की शादी नहीं टूटेगी। भले और कमाऊ लड़के यूँ ही गिरे-पड़े नहीं मिलते।"

"मेरी तरफ़ से जहन्नुम में जाओ और अभी जा कर शादी करा लो। मैं अब इस बारे में कुछ नहीं कहूँगा," भाई साहब ने हथियार डाल दिये और बोले, "लेकिन दोनों भाई जा कर अपनी भाभी को मना लो, क्योंकि सबके ग़ुस्से का नज़ला तो उसी ग़रीब पर गिरेगा।"

....तर्क-वितर्क में रात के दस बज गये थे। भूख लग कर मर चुकी थी। दुकान बन्द करके तीनों भाई घर की तरफ़ चल दिये। दिन को ख़ासी धूप पड़ती थी, पर सरे-शाम ठण्ड उतर आयी थी। दुकानें बन्द हो चुकी थीं। सिर्फ़ ढाबे खुले थे और धुन्ध-मिले धुएँ का हल्का-सा पर्दा बाज़ार में छाया था। रास्ते में तीनों में से किसी ने बात नहीं की। घर पहुँच कर तीनों ने चुपचाप खाना खाया। फिर भाई साहब ने कहा, "कान्ता, यह गोविन्द सगाई तोड़ना चाहता है। वो निमिषा आयी हुई है। यह उससे आर्य समाज मन्दिर में शादी करना चाहता है।"

और भाभी ने एकदम रोना-चिल्लाना शुरू कर दिया। उसने वह नाटक किया, जिसकी कभी कल्पना भी गोविन्द ने नहीं की थी। फ़र्श पर लोट कर रोते हुए उसने घोषणा की कि अगर ओम की शादी से पहले गोविन्द उस हरजाई से ब्याह करेगा तो वह ओम की शादी में शामिल नहीं होगी। अगर इस कलंक के कारण ओम की सगाई टूट जाये तो कोई उसे दोष न दे।....वह कैसे अपने रिश्तेदारों को मुँह दिखायेगी।

....आगे भी वह किसी देवर के लिए लड़की ढूँढने नहीं जायेगी और किसी की शादी में शामिल नहीं होगी....और जाने रोते-चिल्लाते वह क्या-क्या कहती गयी।

गोविन्द की भाभी मोटापे की ओर मायल गोरे रंग की लगभग गोल चेहरे वाली महिला थी। उसके चेहरे की गोलाई में यही कसर रह गयी थो कि उसकी ठोड़ी बीचोंबीच होने की बजाय थोड़ी-सी दायीं ओर को थी, जिससे वह चेहरा कुछ विरूप हो आया था। भाभी प्रायः ज़्यादा बातें नहीं करती थी, दिमाग़ से लगभग ठस थी और यदि उसके दिमाग़ में कोई बात बैठ जाये तो उसे भगवान भी वहाँ से नहीं हटा सकता था। भाभी का वह रूप गोविन्द ने पहले कभी नहीं देखा था। वह हतप्रभ रह गया था। उसकी उस चीख़-चिल्लाहट के सामने सोम की सारी वाचालता और तर्कप्रियता हुर्र हो गयी थी। कैसे उसका रोना-कलपना बन्द करे, गोविन्द को कुछ भी नहीं सूझ रहा था।

....तब भाई साहब उसे अलग सीढ़ियों में ले गये थे और उन्होंने उसे समझाया था कि थोड़े ही दिनों की बात है, ओम की शादी हो लेने दो। तब वह अगर शादी कर लेगा तो वे विरोध नहीं करेंगे।

गोविन्द ने लम्बी साँस ली थी और चुपचाप सीढ़ियाँ उतर कर नीचे बैठक में आ

गया था। बिस्तरबन्द से बिस्तर निकाल कर दीवान पर बिछाने के बदले उसने बिस्तरबन्द ही दीवान पर बिछा दिया था। उसमें से चादर और रज़ाई निकाल कर होल्डॉल पर चादर बिछा, कपड़े बदल, वह रज़ाई में दुबक गया था।

लेकिन उसे नींद नहीं आयी थी। ....रह-रह कर उसे अपनी कमज़ोरी और बेबसी का एहसास होता रहा था। न उसकी बात निमिषा ने मानी थी, न भाई साहब और भाभी ने और वह एक बच्चे का बाप था, स्वतन्त्र था, कमाता था और अपने आप को बड़ा तोप कलाकार समझता था....उसका अहं इस दोहरी मार से, गयी रात तक, छटपटाता रहा था और सोने की कोशिश में वह बराबर करवटें बदलता रहा था। उसे बार-बार ख़याल आता कि वह क्यों अपने भाई और भाभी से इतना दबता है। माना उन्होंने उसे कुछ वर्ष अपने साथ रखा है, वहाँ जमने में मदद दी है, लेकिन इसका यह मतलब तो नहीं कि वह अपनी ज़िन्दगी उनके आगे गिरवी रख दे।....वह सोचता, निमिषा सुबह आयेगी तो वह उसे साथ ले जा कर चुपचाप आर्य समाज मन्दिर में शादी कर लेगा और देवनगर चला जायेगा। वहाँ से जा कर पत्र लिख देगा कि उसने निमिषा से शादी कर ली है, वे राहों इत्तला भेज दें।

....लेकिन जब वह मन-ही-मन यह फ़ैसला कर रहा था, वह जानता था कि फ़ैसले चाहे वह जितने करे, उन्हें अमली जामा पहनाना उसके बस में नहीं।....तब उसे निमिषा पर क्रोध आने लगता। कितने असमंजस और सोच-विचार के बाद तो उसने वह कदम उठाने का फ़ैसला किया था और उस कमबख़्त ने अगले दिन की पख़ लगा दी....'अच्छा हुआ यदि उसके भाई-भाभी नहीं माने!' उसने कटुता से मन-ही-मन सोचा, सुबह जब वह आयेगी और पूछेगी कि उसने क्या फ़ैसला किया तो वह यही कहेगा —'मैंने तो कह दिया था कि कल कुछ न हो सकेगा!' —और जैसे निमिषा के इनकार से उसे निराशा हुई थी, निमिषा को भी होगी।....कल्पना-ही-कल्पना में, उसके उस उत्सुक, मुस्कराते चेहरे पर निराशा की झलक देख कर गोविन्द को कुछ अजीब सन्तोष हुआ था। अपनी कल्पना में बार-बार उस चेहरे पर निराशा देखता हुआ न जाने कब वह सो गया था।....

०

सेकेण्ड क्लास के डिब्बे में सिरहाने बैठी दुल्हन से बेख़बर अपनी स्मृतियों में खोये हुए गोविन्द की आँखों में निमिषा से दूसरे दिन की मुलाकात का दृश्य आ गया। अपने मिथ्या अहं में वह समझता था कि उसकी बात सुन कर निमिषा को निराशा होगी। कितना मूर्ख था वह! निमिषा को निराशा न हुई हो, यह बात नहीं, लेकिन जैसी हताशा की कल्पना गोविन्द ने की थी, वैसा कुछ भी उसे निमिषा के मुख पर दिखायी नहीं दिया था। सुबह निमिषा के आते ही जब वह अपनी खीझ में उसे बैठने तक को कहे बिना, घर छोड़ने चल दिया था और जब अपने घर के पास निमिषा ने सिर्फ़ इतना पूछा था कि भाई साहब आये या नहीं तो पिछली रात की घटनाओं का कोई ब्योरा दिये बिना, उसने वही सोची हुई बात दोहरा दी थी, तब न निमिषा का चेहरा फ़क हुआ था, न उदास, न हताश।

यदि वह उदास हो जाती या उसकी आँखें भर आतीं तो शायद रात की घटना का सविस्तार वर्णन कर, गोविन्द अपनी अवशता और मजबूरी उसके सामने रख देता, लेकिन निमिषा ने और कुछ नहीं पूछा था। जैसे वह इस उत्तर की अपेक्षा ही रखती थी और जिस बात की वह अपेक्षा रखती थी, उसे उसने सहज भाव से ले लिया था। तब जैसे उसे ढाने

के प्रयास में गोविन्द ने कहा था कि शादी तो उसे अब वहीं करनी पड़ेगी, पर वह उसमें आये ज़रूर!

बिना कोई निराशा दिखाये, अपनी उसी चिर-परिचित, भुवन-मोहिनी मुस्कान से उसने कहा था कि वह पता देगा तो ज़रूर आयेगी और यह भी चाहेगी कि शादी के बाद गोविन्द अपनी पत्नी को ले कर कुछ दिन को रेनाला ज़रूर आये!

और गोविन्द स्वयं टूट गया था। संयत, स्थित-प्रज्ञ, अन्तर में इस्पात-सी सुदृढ़, उस लड़की से गोविन्द को ईर्ष्या हो आयी थी। फिर मन-ही-मन उसे बेहद ग़ुस्सा आया कि क्यों वह उससे शादी करने पर तैयार नहीं हुई और उसने उसे राहों की उस लड़की के चंगुल में सौंप दिया —निमिषा की दृढ़ता के मुकाबले में अपनी कमज़ोरी कई गुना बढ़ कर उसके सामने आ गयी थी। क्रोध के कारण रुका हुआ निराशा का बाँध उसके सामने टूट न जाये, इस ख़याल से वह उसे 'नमस्कार' कर वहीं से लौट आया था।

....घर पहुँच कर उसने चाहा था कि वह निमिषा को लम्बा पत्र लिखे, लेकिन वह दीवान पर हताश लेट गया था। और देर तक निःस्पन्द लेटा रहा था। फिर जाने उसके मन में क्या उबाल आया था, वह उठा था और देवनगर के लिए चल दिया था। वहाँ पहुँच कर हमेशा की तरह उसने एक लम्बा पत्र निमिषा के नाम लिखा था। दुकान में भाई साहब के साथ होने वाले तमाम तर्क-वितर्क और घर में भाभी द्वारा मचाये जाने वाले हंगामे का राई-रत्ती ब्योरा देने के बाद, अन्त में उसने लिखा :

> ....“मैंने इसीलिए तुमसे कहा था कि आओ, आर्य समाज मन्दिर में जा कर शादी कर लें, लेकिन तुम नहीं मानीं। मैं जानता था —मैं भाई साहब से कहूँगा तो वे नहीं मानेंगे, वे मान जायेंगे तो भाभी नहीं मानेंगी। अगर मैंने अपनी उस मूर्खता में उन पर ज़ोर दे कर यह सगाई न करायी होती तो मैं इतना परेशान न होता। यह सगाई भाभी ने करायी है। रिश्तेदारी का मामला है। ओम की शादी जहाँ हो रही है, वे भाभी के चाचा के रिश्तेदार हैं और मेरी सगाई जहाँ हुई है, वे ओम की भावी पत्नी के मामा के रिश्तेदार हैं। इस गोरखधन्धे से निकलने की एक ही राह मुझे सुझाई देती थी, पर तुम नहीं मानीं। मैं तुम्हारी बात नहीं करता, तुम मजबूत इरादे वाली लड़की हो, मैं जानता हूँ, तुम मेरी जगह होतीं तो डंके की चोट अपनी-सी कर लेतीं, लेकिन मैं परिवार से बँधा, कमज़ोर आदमी हूँ, मैं नहीं कर सकता। ओम की शादी हो जाये, फिर मैं भाई साहब से बात करूँगा। १७ दिसम्बर को शादी है। २० को हम वापस लाहौर आ जायेंगे। अगर तुम कहीं इक्कीस-बाईस के निकट लाहौर रहो तो अच्छा हो। कोशिश तो पूरी करूँगा कि किसी तरह मैं मुक्त हो जाऊँ, बाकी जो मेरे भाग्य में होगा! कभी-कभी मन बहुत हताश हो जाता है।
>
> उत्तर में लिखना कि क्या ओम की शादी के दिनों में लाहौर आ सकोगी? और कुछ ऐसा लिखो जिससे इस हताश मन को कुछ ढाढ़स मिले....”

निमिषा ने तो वापसी डाक अपने उत्तर में २१-२२ को लाहौर रहने की बात लिख दी थी और गोविन्द जो भी फ़ैसला करे, जैसे भी रहे, उसने उसे अपने स्नेह और सहयोग

का विश्वास दिलाया था, लेकिन वही कमज़ोर पड़ गया था और ऐसी आत्मवंचना का शिकार हो गया था, जिसने उसे ऐसे खत्ते में डाल दिया था, जिससे निकलना अब उसे असम्भव मालूम होता था।

०

वहीं लेटे-लेटे गोविन्द की आँखों के सामने अपने छोटे भाई की शादी के बाद की घटनाएँ घूम गयीं। काश, उसने अपने सहज ज्ञानको अपना पथ-प्रदर्शक बनाया होता और तर्क से अपने मन की आवाज़ को न दबाया होता! काश, उसने निमिषा के उस इनकार को भुला दिया होता और अपने सुलगते, धुँधुआते अहं पर पानी डाल, अगले दिन निमिषा से शादी कर ली होती! काश, उसने अपने भाई की लनतरानियाँ सुन कर मरीचिका के पीछे भागने की कोशिश न की होती। काश....गाड़ी के डिब्बे में लेटे-लेटे गोविन्द लगातार मन-ही-मन अपने आपको कोसता रहा, उसका दिल पूर्ववत डूबता रहा और विगत कुछ महीनों की स्मृतियाँ उसकी आत्म-ग्लानि को द्विगुणित करती रहीं।

०

....ओम की शादी हुई और एक दिन लुधियाना रह कर उसकी बीवी लाहौर आयी तो वह उसे देखता ही रह गया था। लम्बी, छरहरी और बेहद सुन्दर! एकदम साँचे में ढली हुई। गली-मुहल्लेवालियाँ उसकी भाभी को बधाइयाँ देतीं और अपने देवर के लिए इतनी सुन्दर बहू ढूँढ लाने पर उसकी प्रशंसा भी करतीं। सौन्दर्य में कितना आकर्षण होता है, इसका एहसास भी अपनी छोटी भाभी को देखने पर ही गोविन्द को हुआ था। पहली बार उसके मन में ख़याल आया था —अगर मेरी होने वाली बीवी भी वैसी ही सुन्दर हो तो....ओम की पत्नी के मुकाबले में अपनी तमाम शिक्षा-दीक्षा और सुरुचि-सम्पन्नता के बावजूद निमिषा उस क्षण उसे निहायत साधारण लड़की लगी थी।

वह उन दिनों गर्ल गाइड की ट्रेनिंग के बहाने लाहौर आ गयी थी। और वज़ीर हसन रोड पर 'गर्ल गाइड्ज़ हाउस' में टिकी थी। वह उससे मिला भी था और गोविन्द ने उससे कहा था कि वह भाई साहब से बात करने का अवसर नहीं निकाल पाया, लेकिन देवनगर जाने से पहले वह उनसे बात करेगा ज़रूर। उसने बात की भी, लेकिन उसमें वह ज़ोर नहीं था। उसने जैसे महज़ अपना कर्तव्य निभा दिया था।

उसके भाई ने ओम की पत्नी के सौन्दर्य का उल्लेख करते हुए उसे समझाया था, "इसे भी तुम्हारी भाभी ने ही चुना है। माना निमिषा पढ़ी-लिखी है, लेकिन पढ़ाई-लिखाई तो तुम घर पर भी करा सकते हो। माला मैट्रिक पास तो कर ही चुकी है। बहुत पढ़ी-लिखी की ज़रूरत हो तो चार जमात शादी के बाद करा लेना, लेकिन सौन्दर्य तो कहीं मोल नहीं आता।"

वे बात कर ही रहे थे कि भाभी किसी काम में आ गयी थी। भाई साहब ने पूछा, "क्यों भई, गोविन्द की बीवी ओम की बीवी जैसी है कि नहीं?"

"उससे सुन्दर है!" भाभी ने जाते-जाते कहा था।

और भाई साहब ने गर्व से आँखें उठा कर उसकी ओर देखा था कि बोलो, अब क्या कहते हो! और बताया था —"तुम्हारी भाभी कहती है कि वह पतली-छरहरी अट्ठारह-बीस

वर्ष की लड़की है। पढ़ने-लिखने में बेहद होशियार है। मैट्रिक में फ़र्स्ट डिवीज़न में पास हुई है।" और पूछा था —"और तुम क्या चाहते हो!"

गोविन्द के अन्दर का संकल्प कमज़ोर हो चुका था, लेकिन उसने सोम का तर्क दोहराते हुए कहा था, "भाई साहब, ओम में और मुझमें फ़र्क है। केवल सौन्दर्य से मेरा काम नहीं चल सकता। मुझे पढ़ी-लिखी हमदर्द संगिनी चाहिए, जिसे कला-कौशल में रुचि हो, जो मुझे समझ सके, मेरे आर्ट को समझ सके; मेरे साथ ग़रीबी काट सके, जिसके पाउडर-सुर्ख़ी और गहनों-कपड़ों का ख़र्च जुटाने ही में मेरी सारी शक्ति न बर्बाद हो जाये। बेदिमाग़ हूर-परी भी हो तो उसे ले कर क्या करूँगा।"....वग़ैरा....वग़ैरा....

हालाँकि स्वयं उसके मन में सुन्दर पत्नी के लिए इच्छा हो आयी थी और जब उसने निमिषा से शादी करने के सिलसिले में बात शुरू की थी तो उसमें वह जोश नहीं था, लेकिन जब उसने भाई साहब की बात का उत्तर देना शुरू किया तो तर्क का जो तर्क होता है, उससे उसकी बात में अतिरिक्त जोश आ गया। भाई साहब की समझ में नहीं आया कि क्या उत्तर दें। उन्होंने एकदम पैंतरा बदल लिया और बोले, "तुम आर्टिस्ट और शायर हो, क्या तुम में दूसरों की तकलीफ़ के लिए ज़रा भी एहसास नहीं, तुम्हारी शादी में सिर्फ़ दो महीने रह गये हैं और तुम सगाई छोड़ने के पीछे पड़े हो। क्या तुमने कभी यह भी सोचा है कि तुम्हारे इस कृत्य से उन लोगों पर क्या बीतेगी? क्या तुमने उस लड़की की भावना का भी ख़याल किया है, जिसका बड़ा भाई काहिरा से सिर्फ़ उसकी शादी के सिलसिले में आया है। निराशा में अगर माला आत्महत्या कर ले तो....मैं कोई एग्ज़ैजेरेशन[१] नहीं कर रहा। फ्रस्ट्रेशन[२] में ग़रीब लड़कियों ने ऐसे में आत्महत्याएँ की हैं।....तुम सारी ज़िन्दगी अपने आपको माफ़ न कर सकोगे।"

और भाई साहब चुप हो गये थे। गोविन्द भी चुप हो गया था। उसने स्थिति के इस पहलू पर सोचा ही न था। कुछ देर बाद जैसे कहने के लिए उसने कहा था, "कल यदि उसके कारण मेरे लिए आत्महत्या करने की नौबत आ जाये तो...."

भाई साहब तमक उठे थे, "तुमने उस लड़की को देखा नहीं, जाना नहीं और पहले ही यह तय कर लिया है कि वह हर लिहाज़ से तुम्हारे स्टैण्डर्ड से नीचे होगी! उसे तुमने देख लिया होता; उससे बातचीत की होती; उसकी बुद्धिमत्ता या मूर्खता के बारे में तुम्हें पता चल गया होता तो तुम्हारी बात मेरी समझ में आती, लेकिन तुम तो मौत से पहले मरे जा रहे हो।"

गोविन्द हँसा था, "मौत के बाद आदमी जीने नहीं आता।"

"आता है," भाई साहब ने कहा था, "तुम्हें लड़की पसन्द न आये तो छोड़ देना। मैं वादा करता हूँ कि तब मैं ख़ुद तुम्हारी मनपसन्द लड़की से शादी कर दूँगा।"

गोविन्द मौन हो गया था। कुछ क्षण चुप रह कर उसने कहा था, "ठीक है, आप मेरे बड़े भाई हैं। मैंने कभी आपकी बात नहीं काटी, लेकिन अगर लड़की मेरे योग्य न हुई और मैं उसके साथ न रह सका तो फिर मुझे दोष न दीजिएगा।"

---

१. अतिशयोक्ति।
२. हताशा, कुण्ठा।

ओम की दुल्हन को देख कर भाई साहब अपनी पत्नी की चुनाव-क्षमता के बारे में इतने आश्वस्त थे कि उन्होंने जोश से कहा था : "न पसन्द आयेगी तो बेशक छोड़ देना। मैं ख़ुद तुम्हारी तीसरी शादी कर दूँगा।"

गोविन्द लम्बी साँस भर कर उठ आया था। निमिषा उसकी प्रतीक्षा में तीन दिन से बैठी थी। वह उसके प्रति अपने मन में इतना लज्जित था कि उसके सामने जाने का साहस नहीं जुटा पाया। उसने छोटे भाई के हाथ एक चिट भेज कर उसे कहला दिया कि उसे तत्काल देवनगर जाना पड़ रहा है, वह उससे विदा लेने भी नहीं आ सकता, जिसके लिए निमिषा उसे क्षमा कर दे। वह उसे देवनगर से सविस्तार पत्र लिखेगा।

लेकिन देवनगर जा कर उसने चुप साध ली थी। निमिषा के कई पत्र आये थे। हर बार उसके जी में आता कि भाई साहब से होने वाली सारी बात उसको लिख कर उससे क्षमा माँग ले, लेकिन जाने क्या चोर उसके मन में आ कर बैठ गया था कि वह उसे पत्र न लिख सका था। आख़िर जब निमिषा का बहुत ही करुण पत्र आया था, जिसमें उसने लिखा था कि वह रोज़ उसके पत्र की बाट देखती रही है, आख़िर उससे क्या कसूर हो गया है, जो उसने पत्र तक लिखना बन्द कर दिया है। यह सोच कर कि ओम के विवाह की बाधा बीच से निकल गयी है और अब वह निर्णय कर लेगा, उसने अपनी चाची, मिसेज़ शर्मा, कनक —सब को तैयार कर लिया था, लेकिन वह लाहौर में उसकी प्रतीक्षा करती हुई वापस आ गयी। यदि वह कोई निर्णय नहीं ले सका तो भी कोई बात नहीं, पर पत्र तो दे। —वह न ठीक से सो सकती है, न काम में ही उसका जी लगता है, वह आशा करती है कि जो भी हो, वह पत्र ज़रूर लिखेगा।

उस पत्र में कुछ ऐसी करुणा, बेचैनी और अव्यक्त स्नेह था कि गोविन्द अपने आपको और न रोक सका था। उसने निमिषा को एक बहुत लम्बा पत्र भेजा था, जिसमें उसने भाई साहब के साथ होने वाली सारी बातचीत उसे बता दी थी और अन्त में लिखा था :

> "निमिषा, मैं बहुत शर्मिन्दा हूँ, तुम मेरे कहने पर लाहौर आयीं, तीन दिन इन्तज़ार करती रहीं, लेकिन मैं आते वक्त तुमसे मिलने का साहस तक नहीं बटोर पाया। मन मेरा यही कहता था कि बिना भाई साहब से बात किये, तुमसे चुपचाप शादी कर लूँ, लेकिन तुम सब को बता कर ही शादी करना चाहती हो और मैंने भाई साहब से बात की तो उसका फल यही निकला कि तुम्हें मुँह दिखाने का भी साहस मुझे नहीं हुआ और मैं यहाँ चला आया। अगर हमने पहले शादी कर ली होती तो शायद कुछ नहीं होता, लेकिन अब, भाई साहब ठीक कहते हैं, बहुत देर हो गयी है। मेरे बड़े साले साहब काहिरा से आ गये हैं। शादी का महीना तय हो गया है। फ़रवरी में दो लग्न पड़ते हैं। उन्होंने भाई साहब को दोनों तारीख़ें लिख दी हैं। एक वे तय कर देंगे। भाई साहब कहते हैं —'लड़की बहुत सुन्दर है, फ़र्स्ट डिवीज़न में मैट्रिक पास है। सगाई तोड़ने का कुछ तो कारण होना चाहिए! तुम कलाकार और कवि हो, उस बेचारी के दिल पर क्या गुज़रेगी, तुम्हें इसका भी तो ख़याल करना चाहिए।'....मैंने स्थिति के इस पक्ष पर सोचा ही नहीं था। सोचो, अगर हम (जैसा कि मेरा मन करता था) लाहौर में शादी कर लेते

और वह बेवकूफ़ लड़की, जैसा कि भाई साहब ने कहा, निराशा में आत्महत्या कर लेती तो सच ही मैं अपने आपको (और तुमको भी) ज़िन्दगी भर क्षमा न कर पाता। हमारी वैवाहिक ज़िन्दगी में ज़हर घुल जाता।....यही सब सोच कर मैं असमंजस में पड़ गया और कतरा कर चला आया। मेरी इस मजबूरी और कमज़ोरी के लिए निमिषा, तुम मुझे माफ़ कर दो! बस और क्या लिखूँ। लगता यही है कि मैं अभिशप्त हूँ और अपनी ही मूर्खता और कमज़ोरी की वजह से दुख पाना मेरी नियति है...."

'पुनश्च' में उसने दो पंक्तियाँ और लिखी थीं :

"हालाँकि मुझे यह कहने का अधिकार नहीं रहा कि मेरी शादी में ज़रूर आओ, लेकिन यदि आ सकोगी तो तुम्हारा बहुत आभार मानूँगा और अपनी उस नियति को झेलने के लिए मुझे बल मिलेगा।"

वापसी डाक निमिषा का पत्र आया था। निराशा, हताशा, क्रोध या विक्षोभ —किसी ऐसे भाव का उसमें लेश तक न था।

"आप ज़रा भी चिन्ता न करें," उसने लिखा था, "किसी तरह के असंमजस को मन में स्थान दें। आश्वस्त हो कर अपने विवाह पर जायें। भगवान सब भला करेगा। उसे शायद यही स्वीकार है। कुछ और स्वीकार होता तो आपकी इस सगाई से पहले ही मुझे आपको पत्र लिखने का ख़याल आता और मैं आपसे पहले मिली होती। फिर इतने लोगों की ख़ुशी के आगे एक व्यक्ति की ख़ुशी कुछ मानी नहीं रखती। आप परेशान न हों। मेरी हार्दिक इच्छा थी कि आपकी सेवा करूँ, आपके काम आऊँ, लेकिन शायद भगवान ऐसा नहीं चाहते। तो भी मेरी समस्त शुभकामनाएँ आपके साथ हैं। आने वाली भाभी सुन्दर तो है ही, यही मानती हूँ कि सुघड़ और सुशील भी हो और आपको हर प्रकार का सुख दे। मुझे पक्की तारीख़ बता दीजिएगा तो मैं अपनी नयी भाभी की अगवानी को ज़रूर आऊँगी।"

पत्र पढ़ कर गोविन्द का मन बेहद उदास हो आया थ। उसे लगा था कि वह जान-बूझ कर गड्ढे में गिरने जा रहा है। वरना उसकी होने वाली बीवी कितनी भी सुन्दर क्यों न हो, निमिषा जैसा शील, बुद्धि और सुरुचि-सम्पन्नता तो उसमें हरगिज़ नहीं हो सकती। गोविन्द के मन में फिर एक उबाल उठा था कि वह उसी वक्त रेनाला चला जाये। निमिषा को अपने साथ लाहौर ले आये। वहाँ उससे शादी कर ले और राहों में होने वाले इस विवाह के अजाने-अँधेरे कुएँ में डूबने से बच जाये!....

लेकिन हमेशा की तरह वह कुछ नहीं कर सका था। उसने सिर्फ़ निमिषा को एक पत्र लिखा था। उस प्यारे पत्र के लिए उसका बहुत-बहुत आभार प्रकट किया था, उसे अपने ब्याह की तारीख़ लिख दी थी और उससे आग्रह किया था कि वह ज़रूर आये।

उस रात जब वह सोया था तो माला —अपनी होने वाली बीवी —की बात सोचने लगा था। यदि सुन्दरता के साथ कहीं उसमें लक्खी के आधे गुण भी हो तो वह निमिषा से शादी न कर पाने के दुख को भूल जायेगा....और वह अपनी भावी पत्नी के रूप की कल्पना

करता सो गया था।

०

'रूप'....अपनी उस रात की मूर्खता-भरी कल्पना की याद आते ही गोविन्द के होंटों पर एक व्यंग्य-भरी उदास मुस्कान आ गयी और सिरहाने की ओर लम्बा-सा घूँघट खींचे अपनी नव-परिणीता की वह 'छवि' उसकी आँखों में कौंध गयी — चौड़ा माथा, एकदम तिकोना चेहरा, बीच में काफ़ी लम्बी तीखी नाक, पिचके कल्ले — चेहरे पर बेतहाशा पाउडर, होंटों पर गहरी सुर्ख़ी और दोनों ओर गालों पर काफ़ी बड़ी गोल काली झाइयाँ जो उस पाउडर में से उभर कर और भी नुमायाँ हो गयी थीं और निहायत बदज़ेब लगती थीं। गोविन्द को अपनी पत्नी की सुन्दरता का पूरा विश्वास था और सुघड़ता और सुरुचि की वह कामना करता था, लेकिन उस क्षणिक झलक में उसे आभास मिल गया था कि सुरुचि का तो ख़ैर, वहाँ कोई सवाल ही नहीं था, सुन्दरता भी यकसर नापैद थी। पाउडर और सुर्ख़ी से पुता हुआ वह चेहरा और पाउडर की तह में से और भी ज़्यादा झलकती हुई वे काली झाइयाँ उसकी सौन्दर्यप्रियता को कहीं गहरे में घायल कर गयी थीं।

'और भाई साहब निमिषा को असुन्दर बताते थे,' गोविन्द मन-ही-मन खौलने लगा, 'जब कि शिक्षा, सुरुचि, शिष्टता और सौम्यता ने उसके चेहरे को कुछ अजीब आकर्षण-भरी गरिमा प्रदान कर दी है।'....उसके मन में एक बवण्डर-सा उठा। उसने उसी क्षण तय किया कि वह घर पहुँचते ही भाई साहब से कह देगा कि देख लीजिए जो अनिन्द्य सुन्दरी भाभी ने मेरे लिए चुनी है, मैं उसके साथ एक दिन भी बसर नहीं कर सकता।

तेरह

अपनी दुल्हन के साथ जब गोविन्द नवाँशहर पैसेंजर में जालन्धर पहुँचा तो लाहौर जाने वाली गाड़ी एक नम्बर प्लेटफ़ार्म पर खड़ी थी। उसने अपने छोटे भाई सोम को सेकेण्ड क्लास के तीनों टिकट दे दिये और उसे उसकी नयी भाभी और दाई के साथ लाहौर की गाड़ी में सवार करा दिया। फिर उसने निहायत रुखाई से, जैसे हवा को सुनाते हुए, पत्नी से कहा — "यह तुम्हारा छोटा देवर है माला। कुछ ज़रूरत हो तो इससे कहना, मैं अब कुछ समय दोस्तों के साथ सफ़र करूँगा।"

चूँकि उसी की इच्छा का मान रखते हुए दुल्हा-दुल्हन और दाई के लिए सेकेण्ड के टिकट ख़रीद गये थे, इसलिए गोविन्द का ख़याल था कि जब उसके भाई देखेंगे कि वह सेकेण्ड की बजाय थर्ड में यात्रा करने जा रहा है तो पूछेंगे और तब वह उन्हें अपने मन की बात बता देगा। लेकिन भाई साहब सामान और बरात को — विशेष कर बुजुर्गों को — गाड़ी में सवार कराने में इतने व्यस्त थे कि उन्हें किसी और बात का होश नहीं था। तब गोविन्द ने आगे बढ़ कर, स्वयं ही उन्हें सूचना दी कि माला और दाई के साथ उसने सोम को बैठा दिया है और वह लाहौर तक अपने मित्रों के साथ यात्रा करेगा। भाई साहब ने

बात सुन ली, न कोई आपत्ति की, न प्रश्न पूछा, जैसे उसकी वह इच्छा नितान्त स्वाभाविक हो और वे पूर्ववत सामान रखवाते रहे।

भीड़ काफ़ी थी और सारे बराती एक ही डिब्बे में नहीं बैठ सकते थे। यूँ भी नौजवान लोग बुज़ुर्गों से अलग बैठना चाहते थे, इसलिए धक्कम-पेल कर एक डिब्बे में चढ़ गये थे। भाई साहब सामान को बुज़ुर्गों के ही डिब्बे में रखवाना चाहते थे, इसलिए उनका ध्यान उसी में लगा था। कुछ क्षण गोविन्द वहीं खड़ा रहा, फिर वह अपने मित्रों के डिब्बे में जा सवार हुआ।

o

जालन्धर से लाहौर का रास्ता केवल चार घण्टे का था। गोविन्द के कुछ साथी वक्त काटने के लिए ताश ले बैठे थे। एक टोली फ़्लाश खेल रही थी और दूसरी स्वीप। चार खेल रहे थे तो चार सिर्फ़ देख रहे थे। कुछ परे दूसरी टोली में सिर्फ़ बहस हो रही थी। लड़ाई में हिटलर की जीत होगी या स्तालिन की, इस पर दाँव लग रहे थे। एक तीसरी टोली में शे'रो-शायरी का बाज़ार गर्म था। गोविन्द थोड़ा-थोड़ा समय सभी टोलियों में बैठा, लेकिन उसका मन कहीं नहीं लगा। फिर एक बराती से जगह बदल कर वह खिड़की में जा बैठा और बाहर का नज़ारा करने लगा —याने प्रकट बाहर की दृश्यावली पर निगाहें टिकाये, अन्तर के दृश्यों में खो गया।

o

....यह अजीब बात है कि चाहे उसके भाई और भाभी ने उसकी इस बीवी के सौन्दर्य का बहुत बखान किया था, पर स्वयं गोविन्द ने मन में कहीं एक अनाम-सी आशंका आ कर बैठ गयी थी। उसे शुरू से ही लगता रहा था कि वह जो शादी हो रही है, ठीक नहीं हो रही। उसके मन में किसी तरह का उत्साह नहीं था। शादी उसके मन से होती तो वह बहुत-सी रस्मों को काट देता। लक्खी के साथ शादी से पहले उसने अपनी शर्तें मनवा ली थीं, तब सगाई के लिए स्वीकृति दी थी। —न वह घोड़ी चढ़ा था, न बाजा-गाजा ले कर गया था, न विवाह की रस्म ही उसने उतनी लम्बी होने दी थी। उसने लक्खी से हार बदल लिया था, सात फेरे ले लिये थे और बस!....लेकिन इस शादी में तो उसका मन नहीं था। सो जो किसी ने कहा, जैसा किसी ने कहा, नितान्त असम्पृक्त और अन्यमनस्क भाव से उसने कर दिया।....सेहरा-बन्दी के वक्त जब पण्डित ने उसे पगड़ी बाँधने को कहा तो यद्यपि कोरी मलमल की बे-कलफ़ पगड़ी बाँधे हुए दूल्हे उसे ख़ासे उजबक लगा करते थे और अपनी पहली शादी में उसने कोरी मलमल की पगड़ी बाँधने से साफ़ इनकार कर दिया था, लेकिन इस बार उसने चुपचाप कोरी मलमल की पगड़ी बाँधनी शुरू कर दी थी। जब पगड़ी बँध गयी थी तो पण्डित ने सेहरा बाँधने के लिए एक हाथ आगे एक पीछे दे कर पगड़ी को ऐसे घुमा दिया था कि उसकी नोक बायीं कनपटी पर और चौड़ा हिस्सा माथे पर आ गया। इस प्रक्रिया में गोविन्द के लम्बे घुँघराले बाल उस पगड़ी के पेच में कस गये। उसे बेहद पीड़ा हुई, लेकिन दाँत पीस कर दर्द को चुपचाप सहते हुए वह बैठा रहा और पण्डित ने चाँदी का भारी मुकुटदार सेहरा पगड़ी पर कस कर बाँध दिया। उसका सिर बुरी तरह दुखने लगा था, लेकिन उसने कोई शिकायत न की थी।

....जब बरात चलने को हुई थी, तो कस्बे के किसी सेठ की पली हुई घोड़ी डेरे पर आ गयी थी। घोड़े की बात दूर, गोविन्द तो कभी गधे पर भी नहीं चढ़ा था और आधुनिक ज़माने में यह रस्म भी उसे निहायत वाहियात लगती थी, लेकिन भाई साहब ने सहारा दे कर उसे घोड़ी पर बैठा दिया तो वह बैठ गया। ख़ूब पली हुई मोटी-ताज़ी घोड़ी, चलती तो उसकी बोटी-बोटी थिरकती और हर बार गोविन्द को लगता कि वह अब गिरा कि तब गिरा। लेकिन रकाबों में पैरों को मजबूती से जमाये, लगामें कसे, धड़कते दिल और फटे जाते सिर के साथ वह बैठा रहा था।

....वेदी पर यज्ञ की समिधाएँ गीली थीं। लगातार धुआँ उठता रहा था। आँखों में गड़ता रहा था। पण्डित क्या बक रहा है, गोविन्द ने नहीं सुना। एकदम भावनाहीन ढंग से, केवल सहज प्रतिक्रियावश, वह सब कार्य सम्पन्न करता रहा। जैसे शादी उसकी नहीं, किसी दूसरे की हो रही थी और वह दूल्हे के स्थान पर कुछ क्षण के लिए आ बैठा हो।

....उन तमाम रस्मों में केवल दो बार वह कुछ सचेत हुआ था। पहली बार तब, जब ब्याह की वेदी पर बैठे हुए, पण्डित ने उसे दुल्हन के हाथ पर हाथ रखने को कहा था। वह चौंका था और चौकन्ना हो कर बैठ गया था कि अपने भाई के कथनानुसार उस अनिन्द्य सुन्दरी के हाथ को देखे, लेकिन उसके बराबर ही लाल सूट और लाल सालू में लिपटी, दुल्हन बनी बैठी गुड़ी-मुड़ी-सी उस गठड़ी से जो हाथ निकला था, उसे देख कर गोविन्द के मन की शंका कई गुना बढ़ गयी थी। वह हाथ गोरा नहीं था, न कोमल और गुबला-गुबला ही था —जैसा कि वह किसी सुन्दर लड़की के हाथ की कल्पना करता था। वह हाथ सूखा, लम्बा और किंचित बेडौल था। त्वचा में कोमलता नहीं थी और नसें उसमें उभरी हुई थीं। तभी उसने तय कर लिया था कि वापसी पर वह सेकेण्ड क्लास में जायेगा और दुल्हन का मुख देखेगा और अगर वह सुन्दर और सुकुमार न हुई तो वह लाहौर जाते ही भाई साहब से कह देगा कि वह इस बीवी के साथ नहीं रह सकता।

....दूसरी बार वह तब क्षण भर को सजग हुआ था, जब दूसरे दिन दोपहर के भोज के साथ उसे लड़कियों ने घेर लिया था। वह किसी की शरारत का कोई जवाब देने अथवा किसी से चुहल करने की बजाय निहायत मशीनी ढंग से घिसे-पिटे छन्द सुना रहा था कि एक लड़की ने उसका ध्यान खींचा। गोल चाँद-सा चेहरा, माथे पर किसी चोट का हल्का-सा निशान, बड़ी-बड़ी आँखें और चेहरे पर अपूर्व भोलापन! पूछने पर मालूम हुआ था कि वह माला की मौसेरी बहन है —प्रीति!....पहले उसका मन हुआ था कि उसे कुछ छेड़े, लेकिन अपनी दुल्हन का हाथ देखने के बाद उसका मन कुछ ऐसा बुझ गया था कि सचेत होने के बावजूद वह जड़ बना रहा था और उसी मशीनी ढंग से मज़ाक सुनता और हँसता-हँसाता और सभी रस्मों में योग देता रहा था।

०

आँधी के वेग से लाहौर की ओर बढ़ी जाती गाड़ी की खिड़की में बैठे हुए गोविन्द का दिमाग़ कुछ अजीब दलदल-सा बना हुआ था। सोचने की तमाम कोशिश करने पर भी वह कुछ सोच नहीं पा रहा था। ज़िन्दगी, उसे लगता था, जैसे एक अन्धी गली में आ कर थम गयी है।....रह-रह कर उसे इस बात का ख़याल आता था कि उसकी पत्नी को देख कर निमिषा पर क्या प्रभाव पड़ेगा? गोविन्द ने अपने एक पत्र में अपनी पत्नी की कथित सुन्दरता

का उल्लेख कर दिया था। उसे पूरा विश्वास था, निमिषा ज़रूर लाहौर आयेगी। सम्भव है, वे घर पहुँचें तो वह उनका स्वागत करने वालों में शामिल खड़ी दिखायी दे। जब वह उसकी इस 'परम रूपवती' पत्नी को देखेगी तो क्या सोचेगी? वह कैसे उसकी निगाहों का मुकाबला कर पायेगा?....और निमिषा से मिलने के ख़याल ही से उसका दिल डूबने लगता था।

उसने यह शादी करके एक तरह से निमिषा का अपमान ही किया था। वह ऐसे संयत और गहरे स्वभाव वाली लड़की थी कि उस पर क्या प्रतिक्रिया हुई, वह नहीं जान पाया था। वह निमिषा की जगह होता तो ऐसी हरकत करने वाले की शक्ल तक न देखता, लेकिन निमिषा गोविन्द नहीं थी! वह निमिषा थी — क्षणिक आवेग में न कोई निर्णय लेने, न बदलने वाली! किसी गहरी, लेकिन तेज़ नदी की तरह वह ऊपर से शान्त, स्थिर और सौम्य दीखती थी और उसके अन्तर में तेज़ बहने वाली धारा का पता पाना कठिन था। उसमें प्रबल इच्छा-शक्ति थी और इस सब के साथ कुछ अजीब-सी व्यावहारिक सुरुचि। उसके मुकाबले में गोविन्द अपने को निहायत इम्पल्सिव, आवेगशील और कमज़ोर पाता था। उसमें जो भी इच्छा-शक्ति थी, सिर्फ़ अपनी कला को ले कर थी —अच्छे-से-अच्छे चित्र बनाने और निरन्तर श्रम करने को ले कर थी, लेकिन जहाँ तक घर और परिवार का सम्बन्ध था, वह निहायत कमज़ोर और भावुक था। अपने इन्हीं 'गुणों' के कारण उसने अपने आपको इस गहरे, अँधेरे खत्ते में डाल दिया था।....उसे विश्वास था, निमिषा ज़रूर आयेगी....और उसने सोचा, अगर वह आयेगी तो वह समझेगा, वह अब भी उसे चाहती है और वह भाई साहब को उनका वादा याद दिलायेगा। भाई साहब फिर कोई पख़ लगायेंगे तो फ़ौरन देवनगर भाग जायेगा।....

०

जालन्धर से लाहौर तक की यात्रा के चार घण्टे गोविन्द को चार सदियों से लगे। वह बार-बार उठता, अपने दोस्तों के साथ मन लगाने का प्रयास करता, उनके मज़ाक सुनता, ऊपरी तौर पर मुस्कराता, उनके साथ मिल कर खोखले ठहाके लगाता, फिर अपनी जगह आ बैठता और बाहर की दृश्यावलियाँ देखता हुआ अन्तर के दृश्यों में खो जाता।

०

लाहौर पहुँचने पर जब धोबी मण्डी के चौक ही से अन्य महिलाओं के साथ माँ उसे दरवाज़े में तेल की कटोरी हाथ में लिये दुल्हा-दुल्हन के स्वागत में खड़ी दिखायी दी तो गोविन्द ने एक उचटती-सी निगाह उसके साथ खड़ी स्त्रियों पर डाली। निमिषा उनमें नहीं थी। वह थोड़ा सुस्थिर हुआ। माँ ने दहलीज़ पर दोनों ओर तेल चुआया। गोविन्द और माला ने माँ के पैर छुए। उन्होंने आशीर्वाद दिया। स्त्रियाँ माला को बैठक में ले गयीं। गोविन्द ऊपर चला गया और पिछले कमरे में जा कर चारपाई पर लेट गया।....

चौदह

गोविन्द निःस्पन्द लेटा हुआ था। इन्तज़ार कर रहा था कि भाई-भाभी दहेज का सामान रखा लें तो वह भाई साहब को अपना फ़ैसला सुनाये कि वह इस औरत के साथ एक दिन भी नहीं रह सकता। तभी खट-खट सीढ़ियाँ चढ़ती, तिनतिनाती हुई माँ कमरे में दाख़िल हुई। भाई साहब को सुना कर व्यंग्य से बोली —"यही हूर-परी लायी है कान्ता गोविन्द के लिए!"

"क्यों माँ," भाई साहब ने साश्चर्य पूछा, "क्या बहू सुन्दर नहीं है?"

"जा कर एक नज़र देख लो न!" माँ ने होंट बिचका कर कहा और बहू का नख-शिख वर्णन करते हुए इतना और जोड़ा —"जाने उसे कोई बीमारी है, ये बड़ी-बड़ी झाँइयाँ गालों पर हैं, रंग सँवला गया है और वो कहते हैं न, इक ते बहुटी सोहनी, नाले सुत्ती उट्ठी! —ऊपर से ढेर-सा पाउडर थोप रखा है। मैं पूछती हूँ कि यह कान्ता जब इसे देखने गयी तो आँखें क्या यहाँ गिरवी रख गयी थी!"

और माँ जैसे तेज़-तेज़ आयी थी, वैसे ही चली गयी।

सहसा भाभी रोने लगी और उसने कहा, "यह वो लड़की नहीं जिसे मैंने पसन्द किया था। राहों वालों ने मेरे साथ धोखा किया है।"

"क्या मतलब!" भाई साहब बमके, "क्या उन्होंने दिखायी कोई और लड़की थी और ब्याही कोई दूसरी है?"

"मैं क्या जानूँ," भाभी रोते हुए बोली, "लेकिन वह वो लड़की नहीं है।"

"हो सकता है, बीमारी-उमारी के कारण कमज़ोर हो गयी हो," भाई साहब ने कहा, "और गालों पर काली झाँइयाँ पड़ गयी हों।"

"लेकिन वो तो अट्ठारह-बीस वर्ष की लड़की थी —पतली-छरहरी, बहुत ही सुन्दर और...."

"क्या उसका चेहरा गोल और माथे पर किसी घाव का छोटा-सा निशान था?" गोविन्द ने भाभी की बात काट कर पूछा।

"हाँ-हाँ!" भाभी को जैसे सहारा मिला।

"वह प्रीति है। माला की मौसेरी बहन," गोविन्द ने कहा, "उसकी उम्र अट्ठारह-बीस साल की है।"

भाभी और भी ज़ोर से रोने लगी, "दूसरी लड़की दिखा कर उन्होंने यह अट्ठाईस-तीस वर्ष की फाफाँ ब्याह दी तुम्हारे साथ, इतनी बड़ी-बड़ी झाँइयाँ चेहरे पर हैं, क्या मैं पागल या अन्धी हूँ कि इसे पसन्द कर आती, उन लोगों ने हमारे साथ सरासर धोखा किया है।"

"धोखा किया है तो भुगतेंगे!" भाई साहब गरजे। फिर गोविन्द की ओर मुड़ कर बोले, "गोविन्द, तुम देवनगर भाग जाओ! इस बीवी से तुम्हारी दो दिन नहीं पटेगी।"

○

न जाने कब से गोविन्द यही बात अपने भाई से कहने का अवसर देख रहा था, लेकिन जब भाई ने उसके मन की बात कह दी तो सहसा उसके अन्तर में छिपा कलाकार आहत

हो गया। उसे नीचे बैठक में दुलहन बनी बैठी —माला —का ध्यान हो आया। एक लम्बी साँस उसके होंटों से निकल गयी और वह जैसे हताश भाव से बोला, "शादी तो हो गयी, अब क्या हो सकता है?"

"सब हो सकता है," भाई साहब गरजे, "उन लोगों ने सरीहन हमारे साथ धोखा किया है। तुम्हारी भाभी तो सीधी-सादी औरत है। दो-तीन लड़कियाँ इकट्ठा बैठा दी होंगी उन ठगों ने!"....फिर क्षण भर मौन रह कर जैसे अपने आपसे उन्होंने कहा, "एक बार एक ग्राहक के साथ राहों का एक आदमी कुछ दवाएँ ख़रीदने आया था। बात चलने पर मैंने माला के घरवालों का ज़िक्र किया और माला की तारीफ़ की थी तो उसने बताया था कि माला की उम्र तो छब्बीस-अट्ठाईस साल की होगी और वह कुछ वैसी सुन्दर भी नहीं है। मैंने घर आ कर कान्ता से पूछा भी था, पर इसने कहा कि मैं अपनी आँखों देख कर आयी हूँ। अट्ठारह-बीस से हरगिज़ ज़्यादा नहीं और सुन्दर तो वह एक नम्बर की है।....मैंने ज़्यादा ध्यान नहीं दिया। यही सोचा कि उनके शरीके में से होंगे, इसीलिए भैंगी मार गये हैं।....तुम फ़ौरन देवनगर भाग जाओ। पीछे जो होगा, मैं सुलट लूँगा। मैं उन्हें बुलाऊँगा और उनकी जान को आ जाऊँगा और ज़ोर दूँगा कि वे अपनी लड़की को वापस ले जायें। मैं उन पर चार-सौ बीसी में दीवानी और फ़ौजदारी मामले चलाने की धमकी दूँगा। मैं उन पर हर्जाने का मामला चला दूँगा। तुम फ़िक्र न करो, मैं सुलट लूँगा और तुम्हें बहुत सुन्दर बीवी ला दूँगा।"

"आपने वादा किया था कि मेरी पसन्द की शादी कर देंगे।" गोविन्द ने धीरे से कहा।

"अबकी मैं तुम्हें लड़की दिखा दूँगा, उससे बातचीत करा दूँगा। तुम पसन्द करोगे, तभी शादी करूँगा।" भाई साहब जोश से बोले।

"निमिषा से कर देंगे?" गोविन्द ने दबी ज़बान से पूछा।

"उस 'चामचड़िक' में क्या है जो तुम उसके पीछे पड़े हो," भाई साहब ने चिढ़ कर कहा, "उससे शादी करोगे तो सब यही कहेंगे कि उसी लड़की के कारण तुमने नयी ब्याही दुल्हन छोड़ दी। कान्ता के चाचा की दो लड़कियाँ हैं। एक से बढ़ कर एक सुन्दर। तुम दोनों को देख लेना, जो तुम्हें पसन्द हो, मैं तुम्हारे लिए ला दूँगा।"

लेकिन निमिषा के प्रति अपने भाई के पूर्वग्रह को देख कर और उस अपशब्द को सुन कर जो उन्होंने उसके लिए इस्तेमाल किया, गोविन्द बुरी तरह बिफर गया —"बाज़ आया मैं आप की रिश्तेदार लड़कियों से," वह बोला (मन-ही-मन उसने कहा, 'वैसी-ही ठस होंगी, जैसी भाभी और वैसी ही फूहड़ होंगी जैसी माला।') "मैं अब आपकी किसी रिश्तेदार लड़की के चक्कर में नहीं पड़ने का।".... निमिषा से शादी करने की बात उसने फिर नहीं कही। वह हठात आवेश में आ गया और क्षण भर के लिए वह निमिषा को भी भूल गया और भाई साहब को उनकी ग़लती का एहसास दिलाने की उत्कट इच्छा उस पर हावी हो गयी :

"आप भाभी की सुन्दर चचेरी बहन तो ला देंगे," उसने तीखे व्यंग्य से कहा, "लेकिन जिस लड़की को मैं ब्याह लाया हूँ, उसका क्या होगा? यह भी आपने सोचा है! मैंने पढ़ा-लिखा होने के बावजूद एक स्कैण्डल से डर कर, बिना लड़की देखे, आपको सगाई

करने पर मजबूर किया। आपने मुझे बिना लड़की दिखाये रिश्तेदारों में सगाई तय कर दी।....भाभी लड़की देखने गयीं तो उन्होंने कोई और लड़की दिखा दी या भाभी को ही ग़लती लगी....मैंने आप से सगाई तोड़ने को कहा, आप नहीं माने....मैं निडर हो कर निमिषा से विवाह नहीं कर सका।....माला के भाइयों तक यह बात पहुँच गयी थी कि लड़का किसी दूसरी लड़की के चक्कर में है, पर उन्होंने परवाह नहीं की —सो ग़लती मेरी हो, आपकी हो, भाभी की हो या माला के रिश्तेदारों की, उस बेचारी की क्या ग़लती है? आप उसके भाइयों की जान भले ही खा लेंगे, पर जान तो दरअसल उसी की जायेगी।"

गोविन्द का स्वर ऊँचा हो गया, उसमें कुछ अजीब शहीदी जोश आ गया। वह इस तरह माला की वकालत कर रहा था, जैसे उससे बढ़ कर संसार में उसका कोई अन्य हितचिन्तक न हो। और माला की वकालत करते-करते सचमुच अपने ही तर्कों का उस पर असर होने लगा और गाय की तरह उसके साथ बाँध दी जाने वाली उस युवती के लिए, जिसके चेहरे पर फूहड़ता से पुते पाउडर और सुर्ख़ी से उसे वितृष्णा हुई थी, उसका मन आर्द्र हो आया। 'हो सकता है, माला ने बहुत तकलीफ़ पायी हो,' उसने सोचा, 'उसके शरीर में किसी पौष्टिक तत्व की कमी आ गयी हो और उसके गालों पर झाँइयाँ पड़ गयी हों। उसे उनका इलाज कराना चाहिए, न कि निर्ममता से उसे छोड़ कर भाग जाना।'....

और वह धारा-प्रवाह बोलता हुआ भाई साहब को यह सब कहता गया। वे कुछ क्षण उसकी तरफ़ किंकर्तव्यविमूढ़-से देखते खड़े रहे —अभी पल भर पहले उसने निमिषा से शादी करने की बात की थी और अब अजीब-से आवेग में माला का दर्द से दुखी हो रहा था — वे चुपचाप उसकी बात सुनते रहे और धीरे-धीरे आश्वस्त होते गये कि उन्हें समधियाने वालों से झगड़ना नहीं पड़ेगा। जब ख़ुद ही वह अपनी इस बीवी के साथ रहना चाहता है तो वे क्यों ख़ाह-म-ख़ाह विवाह को भंग करने का पाप अपने सिर लें!....जब गोविन्द अपनी वक्तृता समाप्त कर चुका तो भाई साहब ने कन्धे झटका दिये —"तुम्हारी मर्ज़ी!" उन्होंने रुखाई से सिर्फ़ इतना कहा और आश्वस्त हो कर फिर दहेज का सामान रखवाने लगे।

तभी किसी लड़की ने उसकी भाभी से कहा कि नीचे कंगने की रस्म के लिए माता जी उन्हें बुला रही हैं।

भाभी ने साड़ी के आँचल से आँसू पोंछे और उठ खड़ी हुई। मन में प्रबल आक्रोश लिये, लेकिन ऊपर से निर्विकार बना, कुछ अजीब-से शहीदी भाव से, गोविन्द अपनी भाभी के पीछे हो लिया।

o

माँ ने एक बड़े-से थाल में कच्ची लस्सी (बिना चीनी के दूध की लस्सी) डाल दी थी और दूल्हा-दुल्हन की कलाइयों से गान्ने खोल कर उसमें रख दिये थे। मंगल-सूत्र में बँधी हुई कौड़ी और एक मनका जिसे पंजाबी में 'गान्ना' कहा जाता था, कब उसकी कलाई में बाँध दिया गया था, गोविन्द को याद नहीं था, लेकिन जब उन्हें कच्ची लस्सी में डाला गया तो वह समझ गया कि कंगने की इसी रस्म के लिए दूल्हा-दुल्हन के गान्ने बाँधे जाते होंगे। माँ ने उसकी उँगली से अँगूठी उतारी और अपने जम्पर की जेब से चाँदी का एक रुपया

निकाला। महिलाएँ गाना गाने लगीं, तब माँ ने दोनों गान्ने, अँगूठी और रुपया उठा कर एक-दो चक्कर थाल पर घुमा कर उसे लस्सी में पटक दिया। बिजली की तेज़ी से माला ने झपट्टा मारा और अँगूठी उठा ली। तीन बार यह रस्म दोहरायी गयी और तीनों बार, औरतों के तमाम तानों के बावजूद, गोविन्द ने माला को अँगूठी उठा लेने दी।....वह उदासीनता, जिसने उसे अपनी शादी की किसी रस्म में मन से हिस्सा नहीं लेने दिया था, फिर उसके मन-प्राण पर हावी हो गयी थी।

गोविन्द ने अपने बड़े भाई को शादी में कंगना खेलते देखा था। वह जानता था कि यह रस्म बहू की आज़माइश के लिए होती है, यह जानने के लिए कि वह स्वभाव की कैसी है? समझदार माँएँ अपनी लड़कियों को यही सीख देती हैं कि कंगना खेलते वक्त अपने पति को जीत लेने दें। लेकिन कई बार सहेलियाँ दुल्हन को उल्टी पट्टी पढ़ा देती हैं कि कंगने के वक्त ही दूल्हे पर अपना रोब ग़ालिब कर देना चाहिए और दुल्हन अँगूठी झपट लेती है।....जब तीनों बार माला ने अँगूठी झपट ली तो गोविन्द ने समझ लिया कि उसकी दुल्हन भगवान की कृपा से 'परम बुद्धिमती' है और उसका मन बेहद तिक्त हो आया।

कंगने के बाद मुट्ठी खोलने की रस्म होती है। पहले गोविन्द ने मुट्ठी बन्द की। जब माला ने ख़ासी सख़्ती से उसे खोलने का प्रयास किया और वह लगभग अपनी जगह से उठ गयी तो गोविन्द ने मुट्ठी ढीली कर दी और औरतों ने बहू को शाबाशी दी और गोविन्द को ताने दिये कि बहू तगड़ी है और उसे दब कर रहना पड़ेगा। तभी गोविन्द की दृष्टि माँ के चेहरे पर गयी। वह बुरी तरह सुता हुआ था। प्रकट ही वह बहुत नाराज़ थी कि माला के माता-पिता ने उसे इतनी-सी बात भी नहीं सिखायी कि कंगने की रस्म में बहू को कैसे अपनी शालीनता, विनम्रता और समझदारी का परिचय देना चाहिए। 'यह लड़की असुन्दर और फूहड़ ही नहीं, परम मूर्ख भी है' —गोविन्द ने मन-ही-मन फिर सोचा —'और मैं भाई साहब से चिढ़ कर इसके साथ निभाने की बात कह आया हूँ....यह मुझे बहुत परेशान करेगी।'

लेकिन तभी भाभी ने उसका ध्यान दुल्हन की बँधी हुई मुट्ठी की ओर दिलाया जो इस तरह थाल के ऊपर तनी थी, जैसे चुनौती दे रही हो कि वह खोल सकता हो तो ज़रा ज़ोर लगा कर देख ले।

गोविन्द उसी उदासीनता से मुट्ठी खोलने का प्रयास करने जा रहा था कि उसने देखा, बैठक के दरवाज़े की चौखट में निमिषा खड़ी है —वही सौम्य मुखड़ा और मुस्कान में ज़रा खुले होंटों में बायीं ओर तनिक झाँकते दाँतों के चन्द मोती! निगाह मिलते ही निमिषा ने दोनों हाथ जोड़ दिये और अन्दर बढ़ आयी।

तब न जाने गोविन्द की उदासीनता कहाँ काफ़ूर हो गयी। उसने बढ़ कर माला की कलाई बायें हाथ में थामी और दायें हाथ का अँगूठा उसकी नस पर रख कर अतिरिक्त ज़ोर से दबा दिया। दुल्हन के होंटों से हल्की-सी चीख़ निकल गयी और जैसे खटका दबाने से किसी खिलौने की पत्तियाँ खुल जायें, दुल्हन की मुट्ठी आप-से-आप खुल गयी।

जो लड़कियाँ और युवतियाँ तीनों बार दुल्हन द्वारा अँगूठी दबोच लेने पर शोर मचा

रही थीं, सन्नाका खींच गयीं। पीछे से किसी औरत ने दबे स्वर से कहा —"ऐसी निर्दयता से कलाई नहीं दबाते!"

लेकिन गोविन्द ने किसी तरफ़ ध्यान नहीं दिया। बोरियत से भरी एक अपरिमित खीझ के वश, उस तमाम नाटक को एक झटके-से ख़त्म कर, वह उठा। निमिषा से आँखें मिलते ही उदासी से मुस्कराया —"कहिए, कब आयीं!"

"अभी आयी हूँ। बस से!" उसने कहा और बढ़ कर दुल्हन का घूँघट उठाया। क्षण भर वह उसे देखती रही, फिर उसने पाँच रुपये का नोट शगुन के तौर पर दुल्हन के हाथ में रख दिया और गोविन्द की भाभी को 'बधाई' दी!

कुछ क्षण वह परायी-सी खड़ी रही। अचानक गोविन्द को अपने कर्तव्य का बोध हुआ। उसने माँ की ओर देख कर कहा —"माँ, ये निमिषा जी हैं, रेनाला के एक स्कूल में हेड मिस्ट्रेस हैं," और माँ की ओर संकेत कर के उसने निमिषा से कहा —"यह मेरी माँ है।"

निमिषा ने बढ़ कर तनिक झुक कर माँ को प्रणाम किया। माँ ने आशीर्वाद दिया —"जुग जुग जियो बेटी। सदा तरक्की करो और ख़ुश रहो!"

फिर एक चुप छा गयी। तब निमिषा ने दोनों हाथ नमस्कार में माथे पर ले जाते हुए कहा, "अच्छा भाभी, अब चलती हूँ, फिर आऊँगी।"

अब, जब घर में देवरानी बन कर उसके आने की आशंका एकदम ख़त्म हो गयी थी, भाभी उदार हो आयी। वहीं से चिल्लायी —"गोविन्द, जाओ ज़रा इन्हें ऊपर बैठाओ। मैं अभी आती हूँ, बिना मुँह मीठा किये और चाय पिये ये कैसे जा सकती हैं!"

गोविन्द निमिषा को ऊपर ले जा रहा था, जब उसने देखा बहू ने ज़रा-सा घूँघट उठा कर निमिषा पर एक निगाह डाली।

उस दृष्टि में क्या था —जिज्ञासा, उत्सुकता, प्रतिस्पर्धा, विद्वेष —गोविन्द उस क्षण विश्लेषण नहीं कर पाया। वह निमिषा के पीछे बैठक से निकल गया।

आँगन में ऊपर को जाने वाली सीढ़ियों के पास रुक कर निमिषा ने कहा, "आप भाभी को समझा दीजिएगा। कुछ खाने-पीने की मेरी ज़रा भी इच्छा नहीं है। मुझे अभी जाना है। बस से उतरते ही इधर आ गयी हूँ।"

गोविन्द दर्द से हँसा था, "ज़िन्दगी तो मेरी बर्बाद हो ही गयी है, आप मिठाई तो खाती जाइए!"

निमिषा के होंटों पर एक दर्द-भरी मुस्कान खेल गयी। उसने बढ़ कर गोविन्द का कन्धा थपथपा दिया —"सब ठीक हो जायेगा।"

"कैसी लगी मेरी बीवी?"

"अच्छी है।"

"हाँ अच्छी है!" गोविन्द ने होंट विकुंचित कर, निहायत व्यंग्य से कहा, "आइए, ऐसी अच्छी बीवी मिलने पर आपको मिठाई खिलायें।"

निमिषा ने उसकी बाँह पर धीरे से हाथ रखा, "नहीं, इस वक्त मन नहीं, फिर आऊँगी तो खा लूँगी।"

"कब आओगी?"

"आप कल सुबह हमारी नयी भाभी को लाइए और नाश्ता हमारे यहाँ कीजिए, फिर तय कर लेंगे।"

"पूछूँगा, अगर किसी ने माना।"

"मेरी तरफ़ से आप अपनी भाभी से क्षमा माँग लीजिएगा।"

और निमिषा दोनों हाथ माथे पर ले जाती हुई बाहर की ओर चल दी।

"ठहरिए, मैं आपके साथ चौराहे तक चलता हूँ।"

"तुम कैसे जा सकते हो अभी गोविन्द!" सहसा आँगन और बैठक के दरवाज़ें में खड़ी भाभी ने कहा, "अभी कई रस्में होनी हैं।"

"आप बैठिए गोविन्द जी, मैं...." निमिषा ने मुड़ कर कहना चाहा।

"आप मुँह तो मीठा कर जाइए।" भाभी ने उसकी बात काट कर कहा।

"मैं इस वक्त जल्दी में हूँ भाभी," निमिषा ने कहा, "फिर आऊँगी और जी भर मुँह मीठा करूँगी।"

और वह चली गयी।

पन्द्रह

दूसरे दिन सबेरे साढ़े दस बजे की करीब गोविन्द ने १८, निस्बत रोड की सीढ़ियों पर लगी कॉल-बेल का बटन दबाया।

लाला हिकमत राय खन्ना कचहरी जा चुके थे। सीढ़ियों के साथ लगा उनका ऑफ़िस बन्द था। गोविन्द कुछ क्षण सीढ़ियों के दरवाज़े के बाहर गली की सीढ़ी पर खड़ा रहा। उसका जी हुआ, फिर कॉल-बेल बजाये। पहला ज़माना होता तो वह अब तक दो बार बटन दबा चुका होता, लेकिन उसका मन कुछ ऐसा बुझा था कि वह चुपचाप वहीं खड़ा रहा।

निमिषा ने उसे सपत्नीक नाश्ते पर बुलाया था। उसूलन उसे साढ़े आठ बजे निस्बत रोड पहुँच जाना चाहिए था। वह पूरे दो घण्टे लेट था और अकेला आया था और सोच रहा था कि निमिषा को इस सब की क्या सफ़ाई देगा....

रात वास्तव में उसे नींद न आयी थी। दुल्हन, दाई और शादी में आयी अन्य औरतें ऊपर सोयी थीं। फ़र्श पर दरी और उस पर अपना-अपना गद्दा बिछाये उसके भाई और अन्य पुरुष शादी की थकान और उनींदे के मारे बैठक में विसुध सोये थे! सिर्फ़ गोविन्द जाग रहा था — गत और आगत की चौड़ी-सँकरी, समतल और ऊबड़-खाबड़ गलियों में भटकता हुआ! दिमाग़ को परेशान करने वाले किसी विचार अथवा दृश्य से पीछा छुड़ा कर वह सोने की कोशिश करता तो कमरे की निस्तब्धता में लगातार बजता हुआ कोई ख़र्राटा उसकी नींद को भगा देता। वह अपना ध्यान उसी ख़र्राटे में केन्द्रित करता कि उसकी एकतानता से उसे नींद आ जाये। उसकी आँखें भारी भी होने लगतीं, तभी फिर कोई दृश्य या विचार धीरे-धीरे

उसके दिमाग़ में जैसे रिस आता और पूरे दिमाग़ को घेर लेता। उसे ख़र्राटे सुनायी देने बन्द हो जाते। वह बहुत देर तक उसी दृश्य में उलझा रहता। फिर जब उसे झटक कर सोने की कोशिश करता तो चौक में धोबियों का कोई गधा किसी डाँस को अपने शरीर से भगाने के लिए लगातार दुम फटकारता और गोविन्द की नींद ग़ायब हो जाती। वह फिर सोने की कोशिश करता तो परे पुरानी अनारकली में कोई हॉर्न देती हुई कार या घड़घड़ाता हुआ ट्रक निकल जाता। तीन बजे के करीब, जब बैठक में अपूर्व सन्नाटा था, किसी ख़र्राटे तक की आवाज़ नहीं थी और नींद उसकी आँखों में उतर आयी थी, अचानक उसे कहीं पास में एक-दूसरे के पीछे भागते चूहे और उनकी 'चूँ-चूँ' परेशान करने लगी। उधर से ध्यान हटा कर उसने काफ़ी देर तक सोने की कोशिश की, लेकिन उस गहरे सन्नाटे में वह बारीक-सी 'चूँ-चूँ' उसके कानों में प्रवेश कर कनपटियों पर हथौड़ों-सी पड़ने लगी थी। वह अपने बिस्तर पर उठ कर बैठ गया था। थका-हारा और अवश! अँधेरे में उसने इधर-उधर देखा। बन्द दरवाज़े के बाहर चूहे आँगन में हुड़दंग मचा रहे थे। उसके जी में आयी, रज़ाई-वज़ाई हटा कर, दरवाज़ा खोल, उन साले चूहों को जा घेरे और दुमों से पकड़-पकड़ उन्हें दीवार से दे पटके और बाहर चौक में फेंक दे कि सुबह कौवे उन्हें उठा कर ले जायें....

लेकिन दूसरे ही क्षण अपने अन्तर में छिपी इस क्रूरता के ख़याल ही से वह चौंक गया। यह रहस्योद्घाटन कि वह, जो एक संवेदनशील कवि और कलाकार है, अन्तर में कहीं क्रूर और यन्त्रणाप्रिय है, उसे बुरी तरह कँपा गया। उसने हताशा में दीवार से पीठ लगा ली। ठण्ड की एक लहर उसकी नस-नस में दौड़ती चली गयी। गोविन्द ने रज़ाई को पीठ के पीछे दबा लिया, लेकिन शीत जैसे अदृश्य रूप से लिहाफ़ को भेद कर उसे सन्न करता रहा। वह फिर लेट गया और उसने लिहाफ़ से सिर-मुँह ढँक लिये। तब न जाने किस रहस्यात्मक प्रक्रिया से लक्खी वहाँ आ गयी और गोविन्द ने पाया कि वह उसकी गोद में लेटा है और वह उसके बालों और कनपटियों को धीरे-धीरे सहला रही है और नींद उसकी आँखों में धीरे-धीरे उतर रही है। फिर नीम-ग़नूदगी में उसने लक्खी की जगह निमिषा को बैठे पाया और देखा कि वह उसकी गोद में लेटा बेइख़्तियार रो रहा है —किसी बच्चे की तरह आँसू उसकी आँखों से लगातार बहे जा रहे हैं। वह नहीं जानता, वह क्यों इस तरह अवश हो कर रो रहा है। निमिषा उसे हल्के-हल्के थपकती है और वह फफक उठता है। तभी गहनों-कपड़ों में लदी माला छम-छम करती आती है और हाथ पकड़ कर निमिषा को वहाँ से उठा देती है....गोविन्द की नींद टूट जाती है। वह देखता है कि उसका दायाँ हाथ सीने पर रखा है और उसका दम घुटा जा रहा है। वह लिहाफ़ से मुँह बाहर निकाल कर लम्बे-लम्बे साँस लेने लगा।

धोबियों के अहाते से किसी मुर्ग़ ने कण्ठ के पूरे स्वर से अज़ान दी। 'सुबह हो गयी,' गोविन्द ने मन-ही-मन कहा। लेकिन रोशनदान में घुप्प अँधेरा था, उसकी आँखें करकरा रही थीं, सिर भारी था और शरीर बेतरह टूट रहा था। उसने फिर रज़ाई से सिर-मुँह ढँक लिया और करवट बदल ली। सिर्फ़ ज़रा-सी नाक उसने रज़ाई के बाहर रहने दी और इस बात का ध्यान रखा कि उसका हाथ सीने पर न रहे। कुछ क्षण वह साँस रोके पड़ा रहा। कहीं कोई आवाज़ नहीं थी। उसने पाँव खींच कर घुटने पेट से जोड़ लिये और कुनमुना कर सो गया।

सुबह वह हड़बड़ा कर उठा। उसने फिर सपना देखा था।

उसने देखा था — एक गहरी शान्त नदी है और वह एक सुबक किश्ती में लक्खी के साथ बैठा है। किश्ती धीरे-धीरे नदी के पानियों पर तिरती चली जा रही है कि ज़ोर का तूफ़ान उठता है। पलक झपकते सूरज लोप हो जाता है। बेपनाह ऊँची लहरें उठती हैं। किश्ती उलट जाती है। लक्खी पानी में गिर कर डूबने-उतराने लगती है। वह ग़ोता लगा कर उसे पकड़ता है। उसके हाथ में उसके जम्पर का दामन आ जाता है। भयानक लहरों का मुकाबला करता हुआ वह उसे किनारे की तरफ़ ला रहा होता है कि ज़ोर की एक लहर उठती है, उसके हाथ में पत्नी का जम्पर छूट जाता है। वह फिर ग़ोता लगाता है। वह हाथ नहीं आती। वह लहरों से लड़ रहा होता है कि उसे अपनी साँस घुटती महसूस होती है और लगता है कि वह अवश डूबता चला जा रहा है।....उसकी नींद खुल जाती है....वह हाथ से इधर-उधर टटोलता है। नर्म-नर्म लिहाफ़ उसे आश्वस्त कर देता है कि वह अपने बिस्तर पर सोया है। वह पैर फैला लेता है, लिहाफ़ को इर्द-गिर्द दबा कर फिर सो जाता है।....सपना फिर शुरू हो जाता है। इस बार किश्ती में उसके साथ निमिषा बैठी है। मन्द-मन्द तिरती नाव किनारे आ लगती है। दोनों हाथ में हाथ दिये तट की रेत में भागते चले जाते हैं कि तभी सामने उड़ती हुई मुर्ग़ाबियों की ओर निमिषा का ध्यान दिलाने के लिए वह उसकी ओर मुड़ता है। उसका दिल धक से रह जाता है, उसके हाथ में निमिषा का हाथ नहीं, गालों पर बड़ी-बड़ी काली झाँइयों वाली किसी औरत का हाथ है।....वह सहसा हाथ छोड़ देता है, लेकिन वह युवती उसके पैर पकड़ लेती है। वह झुक कर अपने पैर छुड़ाना चाहता है। वह पैर छोड़ कर दोनों बाँहें उसकी गर्दन में डाल देती है। वह घबरा जाता है। उसकी गिरफ़्त से आज़ाद होना चाहता है। वह अपने दोनों हाथों की उँगलियाँ एक-दूसरी में फँसा लेती उसकी पकड़ से मुक्त होने के लिए अपने दोनों हाथों से उसकी बाँहें छुड़ाता हुआ वह अपनी जगह ज़ोरों से घूमने लगता है। वह उसे नहीं छोड़ती। कार्निवाल के मेरी-गो-राउण्ड-सी घूमे जाती है। वह बेदम हो कर रेत पर गिर जाता है। वह धप्प से उस पर गिरती है और उसके शरीर पर रेंगती हुई उसके चेहरे के पास अपना चेहरा लाते हुए कहती है, "मुझे छोड़ना चाहते हो, मैं तुम्हें नहीं छोड़ूँगी, तुम्हारे रक्त की अन्तिम बूँद तक चूस ले जाऊँगी।" और वह अपने होंट, उसके होटों पर रखना चाहती है। भय-मिश्रित आक्रोश से भर, वह उल्टे हाथ का एक झाँपड़ उसके गाल पर रसीद करता है। उसका हाथ बैठक की दीवार पर पड़ता है। वह जग जाता है और हड़बड़ा कर उठ बैठता है।....उसने देखा — कमरा एकदम ख़ाली है। रात को वहाँ सोने वाले अपने बिस्तर-इस्तर उठा कर ले गये हैं और दिन का उजाला बैठक में भर आया है।....

o

तभी सीढ़ियों के ऊपर लाला हिकमत राय खन्ना के फ़्लैट का दरवाज़ा खुला और बाहर को निकली पड़ती, सीपियों-सी बड़ी-बड़ी आँखों वाली एक सुन्दर महिला के सिर ने नीचे की ओर झाँका :

"कौन है?"

गोविन्द चौंका। वह सीढ़ियों पर खड़ा-खड़ा ही सुबह के सपने में खो गया था। एक कदम आगे बढ़ कर उसने पूछा : "जी, निमिषा जी हैं?"

"आप कहाँ से आये हैं?"

"जी, उनसे कहिए, गोविन्द आया है!"

"आप ऊपर आ जाइए!"

वह ऊपर चला गया। सीढ़ियाँ एक खुले आँगन में खुलती थीं। बायीं ओर के ड्रॉइंग रूम और पर्देवाले एक कमरे, और दायीं ओर किचन के सामने से होते हुए महिला उसे एक अपेक्षाकृत छोटे आयताकार कमरे में ले गयी, जिसमें दरवाज़े के करीब दायीं दीवार के साथ खाने की मेज़ और कुर्सियाँ लगी थीं। परे सामने दीवार के साथ एक चारपाई पड़ी थी, जिस पर एक फूलदार पलँग-पोश बिछा था। डाइनिंग टेबल की एक कुर्सी की ओर संकेत करते हुए महिला ने कहा, "आप बैठिए! निमि नहाने गयी हुई है। अभी आती है।"

गोविन्द चुपचाप कुर्सी पर बैठ गया। महिला गयी नहीं। मोटापे की ओर को मायल, सुन्दर लम्बे-ऊँचे, गदराये शरीर के साथ कमरे पर छायी हुई-सी, वह रुकी रही। गोविन्द के ज़रा-सा पीछे खड़ी, सिर को कद्रे झुका कर हाथ मसोसते और होंट गोल-गोल करते हुए उसने कहा, "हम तो सुबह नाश्ते के वक्त आपकी और बहू की बाट देखते रहे। खन्ना साहब सुबह आठ बजे ब्रेकफ़ास्ट ले लेते हैं। आपके इन्तज़ार में साढ़े नौ बजे नाश्ता किया।"

गोविन्द समझ गया कि महिला निमिषा की चाची है। उसके जी में आया, कुछ आत्मीय हो कर 'चाची जी' के सम्बोधन के साथ बात शुरू करे और देर से अपने पहुँचने का कारण बताये, लेकिन उसका मन कुछ ऐसा उदास था कि वह मौन बैठा रहा। निमिषा की चाची कुछ क्षण उसके उत्तर की प्रतीक्षा में खड़ी रही, फिर वही वाक्य दोहराते हुए कि निमिषा अभी आती है, आप बैठिए! वह चली गयी।

o

गोविन्द के होंटों से लम्बी साँस निकल गयी।....सुबह दुःस्वप्न के कारण नींद टूटने पर जब वह हड़बड़ा कर उठा था तो निमिषा के घर नाश्ते पर जाने की बात याद आते ही उसने दूसरे क्षण बिस्तर गोल किया था और झटपट तैयार हो गया था। माला गोविन्द के उठने से कहीं पहले नहा-धो कर गहने-कपड़े पहन, लम्बा-सा घूँघट काढ़े ऊपर वाले कमरे में बैठी थी।

"वो निमिषा ने सुबह नाश्ते पर आने के लिए कहा था, चलो, ज़रा हो आयें।" गोविन्द ने उसके पास जा कर जैसे दीवार को सुनाते हुए कहा था।

माला ने दाई के कान में कुछ खुस-फुस की थी तो दाई बोली :

"बहुटी नूँ तीमियाँ वेखन आणगियाँ, इह किद्दाँ जा सकदी ऐ?"[१]

'बड़ा हुस्न टपक रहा है ना चेहरे पर देखने के लिए,' गोविन्द ने जल कर मन-ही-मन कहा था। तभी किचन में बैठी भाभी बोली थी :

"पहले मुकलावा ले आओ, फेर बहुटी नूँ किते बाहर लै जाणाँ।"[२]

"अच्छा, तो मैं हो आता हूँ निमिषा के यहाँ," गोविन्द ने कहा था, "वह बेचारी इन्तज़ार करती होगी।"

---

१. दुल्हन को औरतें देखने आयेंगी, यह कैसे जा सकती है?

२. पहले गौना ले आओ, फिर बहू को कहीं बाहर ले जाना।

भाई साहब दुकान पर जाने के लिए तैयार हो रहे थे, जूते के तस्मे बाँधते हुए वहीं से चिल्लाये थे, "वक्त से आ जाना। डेढ़ बजे तुम्हें जाना होगा बहू को ले कर वापस राहों फेरा डलवाने!"

"आ जाऊँगा।" का ढेला उनकी तरफ़ फेंकते हुए वह तेज़-तेज़ सीढ़ियाँ उतर आया था, फिर नीचे क्षण भर रुक कर उसने चिल्ला कर कहा था, "इनसे कहिए, वक्त से तैयार रहें, मैं समय पर आऊँगा और आते ही चल दूँगा।" और यह कह कर वह पुरानी अनारकली के बाज़ार तक उसी तेज़ गति से चलता गया था। पौने नौ बजने को थे। उसे तो आध घण्टा पहले निस्बत रोड पर होना चाहिए था। माल से वह किसी ख़ाली ताँगे पर बैठ जायेगा, उसने यही सोचा था। अच्छा हुआ, माला उसके साथ नहीं आयी। नवाँशहर पैसेंजर के सेकेण्ड क्लास के डिब्बे में जब उसने उसका घूँघट उठा कर उसके चेहरे की एक झलक देखी थी, तभी से उसके मन में एक हीन-भाव-सा आ बैठा था। बहू को ले कर आने के लिए उसने निमिषा से कह तो दिया था, पर निमिषा की चाची और दूसरे लोग उस कुरूपा को देख कर क्या कहेंगे, वह यही सोचता था और जब माला ने चलने से इनकार कर दिया था तो उसने राहत ही की साँस ली थी।

वह गली से निकल कर बाज़ार में दाख़िल हो रहा था कि उसने देखा — बढ़िया ड्रेसिंग गाऊन और नाइट-कैप लगाये, हाथ में सुबक-सी छड़ी लिये कदाचित सैर करते हुए, श्री रूपकृष्ण बायीं ओर से यूनिवर्सिटी ग्राउण्ड्स का चक्कर लगा कर चले आ रहे हैं।

"हैलो गोविन्द! कहो, शादी करा आये!" उन्होंने मुस्करा कर कहा था।

"करा आया हूँ।" उसने मरी-सी आवाज़ में जवाब दिया था।

रूपकृष्ण ने उसकी इस उत्साहहीनता को लक्ष्य कर पूछा था, "क्यों, ख़ुश नहीं हो, क्या बात है?"

रूपकृष्ण बहुत ही सुन्दर व्यक्ति थे। किंचित दोहरे बदन के, तीखी सुतवाँ नाक, ज़रा-से मोटे सेंसुअल होंट, सम्वेदनशील आँखें, चौड़ा माथा, लम्बे-गोरे, सम्भ्रान्त और सुसंस्कृत! गोविन्द को वे बहुत अच्छे लगते थे। वह उनके साथ हो लिया और जाने यह कैसे हुआ कि उनके साथ धीरे-धीरे चलते हुए उसने अपने विवाह की तमाम ट्रेजिडी और उसे ले कर मन की सारी व्यथा, सारा द्वन्द्व, समस्त ऊहा-पोह उनके सामने रख दी। पिछली शाम दुल्हन को देख कर घर में जो प्रतिक्रिया हुई थी और जैसे भाई साहब ने उसे देवनगर भाग जाने के लिए कहा था और उसने जो उत्तर दिया था, सब कुछ उसने उन्हें बता दिया।

"आपने बिलकुल ठीक कहा," रूपकृष्ण बोले, "आप सेंसटिव आर्टिस्ट"[१] हैं, अपने भाई की तरह आप महज़ बिज़नेसमैन नहीं हैं कि ह्यूमन सेण्टिमेण्ट्स[२] का कोई ख़याल न करें। आपने ठीक ही कहा। इस सारे इन्सिडेण्ट[३] में सफ़र[४] तो लड़की ही करेगी। अव्वल तो हमारे देश में डाइवोर्स की वैसी सहूलत नहीं, फिर हम विदेश में तो नहीं रहते कि एक

---

१. भाव-प्रवण कलाकार।

२. मानवीय भावनाओं।

३. घटना।

४. तकलीफ़ पाना, भोगना।

डाइवोर्सी[1] किसी दूसरे डाइवोर्सी से शादी कर ले। यहाँ तो अगर मर्द औरत को छोड़ देता है तो औरत के लिए उम्र भर अकेली ज़िन्दगी जीने और तकलीफ़ पाने के सिवा दूसरा कोई चारा नहीं रहता।"

अपनी दुकान के साथ की गली के मुहाने पर रुक कर रूपकृष्ण गोविन्द से बातें कर रहे थे। गोविन्द ने कहा था, "भाई साहब से तो मैंने कह दिया कि हमारी या अपने रिश्तेदारों की ग़लतियों का ख़मियाज़ा वह बेचारी क्यों भुगते, लेकिन मुझे लगता है कि वह एकदम फूहड़ और बेसमझ है। मैं उससे चला भी पाऊँगा, मैं कह नहीं सकता।"

"सिर्फ़ इसी शक पर तो आप उसे नहीं छोड़ सकते।" रूपकृष्ण ने ज़ोर दे कर कहा था, "आपको उसके साथ कुछ दिन रह कर देखना चाहिए और धैर्य से उसे अपने मुताबिक बनाने की कोशिश करनी चाहिए। हिन्दू औरतों में ग़ज़ब की अडैप्टेबिलिटी[2] होती है। हमारी लड़कियाँ दूसरे घरों में जा कर वहीं के तौर-तरीके सीख लेती हैं, उनके मुताबिक अपने आपको ढाल लेती हैं।" और रूपकृष्ण ने गोविन्द को उसकी पहली बीवी की याद दिलायी थी, "आप उससे भी तो शुरू में नाख़ुश थे, लेकिन वह एकदम आपके मुताबिक बन गयी थी और आप उसकी तारीफ़ करते नहीं थकते थे। मुझे यकीन है यह भी आपके मन-मुताबिक बन जायेगी। आपको एक सिंसीयर ट्राई[3] तो देनी ही चाहिए।"....

रूपकृष्ण से छुट्टी पा कर जब गोविन्द निस्बत रोड की ओर चला था तो पौने दस बज गये थे। पूरा एक घण्टा वह रूपकृष्ण से बातें करता रहा था। उनसे अपने मन की बात करने के बाद गोविन्द का मन हल्का होना चाहिए था, लेकिन जब वह माहीलाल स्ट्रीट से हो कर नीला गुम्बद पार करता हुआ, मेयो हस्पताल रोड की चढ़ाई चढ़ रहा था तो उसका मन बहुत भारी था। उसे यह जान कर हैरत हुई थी कि रूपकृष्ण, जो आधुनिक कलाकार थे, जिन्होंने एक फ्रांसीसी आर्टिस्ट लड़की से शादी की थी और जिन्होंने तीन नंगी मोटी औरतों का वह आधुनिक चित्र बनाया था, अन्तर में वही पुराने भारतीय थे। गोविन्द ने जब उन्हें अपनी शादी का किस्सा सुनाना शुरू किया था तो उसका ख़याल था कि रूपकृष्ण उसके बड़े भाई का समर्थन करेंगे और उसने स्वयं अपने बड़े भाई को जो दलीलें दी थीं, उन्हें काटते हुए कहेंगे —'यह ठीक है कि लड़की की कोई ग़लती नहीं है, ग़लती सोलह आने आपकी हो तो भी ज़िन्दगी भर अनचाहे संग को निभाने और ग़लती को बढ़ाते चले जाने में क्या तुक है? आपको फ़ौरन इस भावुकतापूर्ण मूर्खता से मुक्त हो कर निमिषा से शादी कर लेनी चाहिए। वह तैयार न हो तो चाहे ज़िन्दगी भर अकेले रहो, पर इस नरक में न पड़ो।' गोविन्द चाहता था कि वह तो माला की तरफ़ से बात करे, पर उसका भी कोई ऐसा हितू हो जो उसकी तरफ़ से भी सोचे।....लेकिन जब रूपकृष्ण ने भी उन्हीं दलीलों का समर्थन किया जो उसने चिढ़ कर स्वयं भाई साहब को दी थीं तो वह मन-ही-मन उदास हो आया। उसका मन निमिषा के जाने को भी न हो रहा था। पर उसमें जैसे कोई निर्णय लेने की शक्ति न रह गयी थी। वह निस्बत रोड की तरफ़ चला तो भारी मन से, भारी पैरों को घसीटता हुआ चलता गया था; निमिषा के घर जा पहुँचा था और जब चाची

---

१. तलाक-शुदा।

२. हालात के मुताबिक ख़ुद को ढालने का गुण।

३. सच्ची कोशिश।

ने उसे ऊपर ले जा कर डाइनिंग रूम की कुर्सी पर बैठा दिया था तो वह चुपचाप बैठ गया था।

o

खाने के कमरे में बैठे-बैठे गोविन्द ने फिर लम्बी साँस ली। —वह क्यों आया है यहाँ? क्या करने आया है इस घर में? जब उसमें अपने घर वालों का विरोध करके इस प्रबल इच्छा-शक्ति वाली लड़की से शादी करने का साहस नहीं था, उसने अपने सहज ज्ञान और अपनी हार्दिक इच्छा को अपनी कमज़ोरी और विभ्रम के हाथों सौंप कर माला से शादी कर ली तो वह निमिषा से क्या चाहता है....जब उसके भाई ने कहा था कि वह देवनगर भाग जाये तो वह क्यों नहीं भाग गया? क्यों उनसे कुतर्क करने लगा? क्यों चिढ़ कर उसने अपना ही गला फन्दे में डाल दिया? क्यों....क्यों....क्यों? जब उसमें साहस ही नहीं, निर्णय लेने की शक्ति ही नहीं तो यह लड़की उसकी क्या मदद कर सकती है? वह एक साथ दो किश्तियों में पाँव रख कर तो ज़िन्दगी की नदी पार नहीं कर सकता....

सिर झुकाये हुए वह इसी उधेड़-बुन में खोया था कि निमिषा 'नमस्कार' में हाथ बाँधे उसके सामने आ खड़ी हुई।

गोविन्द ने आँखें उठायीं। कन्धे पर तौलिया फैलाये, उस पर अपने लम्बे गीले बाल डाले, सफ़ेद सिल्क की साड़ी-ब्लाउज़ में वह उसे नये खिले गुलाब-सी ताज़ा और हवा के झोंके-सी स्वच्छ लगी। उसके इस सद्यःस्नात रूप को वह क्षण भर देखता रह गया और उसके होंटों से अनायास फिर एक लम्बी साँस निकल गयी।

"हम तो नाश्ते पर आपकी प्रतीक्षा करते रहे," निमिषा ने मुस्कराते हुए कहा, "भाभी नहीं आयीं?"

गोविन्द ने माला की बात दोहरा दी कि बहुटी के रूप को देखने के लिए आस-पड़ोस की औरतें एकदम मरी जा रही हैं, इसलिए वह बेचारी कैसे आ सकती थी।

उसके स्वर में कुछ ऐसा व्यंग्य था कि निमिषा क्षण भर उसकी ओर देखती रह गयी।

"आज आप राहों जायेंगे?" क्षण भर चुप रह कर उसने पूछा।

"हाँ, फेरा तो माला को डलवाना ही होगा। मैंने तो चाहा था कि गौना साथ ही दे दें ताकि दोबारा उस वाहियात कस्बे के दर्शन करने की ज़हमत न उठानी पड़े, लेकिन माला के भाई नहीं माने।"

"कब लौटेंगे?"

"कल शाम को आ जाऊँगा।"

"ठीक है, मैं परसों सुबह आऊँगी और भाभी से अनुरोध करूँगी कि देवनगर जाने से पहले आपके साथ चन्द दिन को रेनाला आयें।"

"पूछ देखना, यदि उस नारी-रत्न की समझ में तुम्हारी बात आ जाये।" गोविन्द व्यंग्य से हँसा था।

अचानक निमिषा को ख़याल आया कि उसने तो गोविन्द से चाय के लिए भी नहीं पूछा और व्यस्त होते हुए उसने कहा :

"चाय का एक प्याला तो लीजिएगा।"

"मैंने तो अभी तक नाश्ता भी नहीं किया।"

गोविन्द के चेहरे पर कुछ ऐसी विवशता और भोलापन था कि निमिषा को उस पर बहुत ममता हो आयी और वह मुग्ध-सी उसकी ओर देखती रही। गोविन्द को लगा, जैसे वह प्यार से उसके दोनों गाल थपथपा कर कहना चाहती है कि वह स्वयं अपने हाथ से नाश्ता बना कर उसे खिलायेगी, लेकिन फिर जैसे प्रबल संयम से निमिषा ने अपनी उस भावना पर अधिकार पा लिया और सिर्फ़ इतना कहा :

"हाय, ग्यारह बजने को हैं, आपने अभी तक नाश्ता नहीं किया!" और वह मुड़ कर परम उत्साह से किचन की ओर भाग गयी।

सोलह

निमिषा के घर डाइनिंग टेबल पर बैठे-बैठे गोविन्द को बहुत देर हो गयी।

निमिषा ने स्वयं आमलेट और तोस तैयार किये थे और नाश्ता उसके सामने रख गयी थी। फिर ट्रे में चाय का सामान सजा लायी थी और उसके सामने बैठ, उसके प्याले में चाय ढाल कर उसने एक प्याला अपने लिए भी बनाया था।

दोनों में कोई विशेष बात नहीं हुई थी। अचेतन रूप से दोनों माला के बारे में ही सोच रहे थे, लेकिन प्रकट दोनों में से किसी ने उसका ज़िक्र तक नहीं किया था। गोविन्द देवनगर की और निमिषा रेनाला की बातें करती रही थी। गोविन्द मन की ऐसी स्थिति में था, जब किसी हमदर्द आत्मीय का मौन साहचर्य तक आदमी को तसल्ली देता है और निमिषा को तो उससे महज़ सहानुभूति ही नहीं, थोड़ा प्यार भी था। यदि उसके विवाह के बाद निमिषा ने थोड़ी उपेक्षा भी दिखायी होती तो शायद गोविन्द उसके यहाँ कभी न आता, आता तो उससे बात करने में उसे संकोच होता, लेकिन निमिषा के स्नेह-भरे व्यवहार के कारण वह निःसंकोच बातें करता था, उसकी उदासी धीरे-धीरे पिघलती गयी थी और समय पंख लगा कर उड़ गया था।

परे ड्रॉइंग रूम में दीवार घड़ी ने बारह का गजर बजाया था तो गोविन्द चौंक कर उठा था, "मुझे तो एक बजे स्टेशन पर पहुँचना है।" उसने कहा था और बाहर की ओर चल पड़ा था।

निमिषा उसे नीचे तक छोड़ने आयी थी और एक पैर अन्दर और एक पैर बाहर की सीढ़ी पर रखे तब तक उसे देखती रही थी जब तक वह गली के मोड़ पर नहीं पहुँच गया था।

सड़क की ओर मुड़ने से पहले गोविन्द ने सिर निहुड़ा कर पीछे की ओर देखा था। निमिषा ने हाथ उठा कर ज़रा-सा हिला दिया था। जवाब में वैसे ही हाथ हिलाता हुआ वह निस्बत रोड को मुड़ गया था।

०

सहसा गोविन्द का उदास मन कुछ अजीब तरह उत्फुल्ल हो आया था। उसे पूरा विश्वास हो गया था कि निमिषा अब भी उसे चाहती है। गोविन्द ने उससे वादा ले लिया था कि वह एक दिन बाद गौना ले कर वापस आयेगा तो वह उससे मिलने आयेगी और उसने सोचा था —फ़रवरी की खिली धूप में वह उसके साथ कुछ देर माल पर घूमेगा। सम्भव हुआ तो लॉरेंस की सैर करेगा और वापस आ कर कॉफ़ी हाउस में एक प्याला कॉफ़ी पियेगा।

मेयो हस्पताल के चौक में उसे ख़ाली ताँगा मिल गया था। उसने तय कर लिया था कि वह ताँगा छोड़ेगा नहीं और उसी में स्टेशन चला जायेगा। उसने यही किया भी। माँ चाहती थी कि वे खाना खा कर जायें, लेकिन समय नहीं था। खाना उसने पैक करवा लिया और माला और दाई को साथ ले कर स्टेशन जा पहुँचा था। यात्रा में गोविन्द ने माला से एक बात भी नहीं की। उसने जो कुछ भी कहा, दाई से कहा। खाना भी उसने अलग-अलग परोसा था। माला के साथ बैठ कर नहीं खाया। पूरी यात्रा में वह मौन बना रहा। लेटा या खिड़की में बैठा रहा और अपनी इस बीवी के बदले निमिषा की बातें ही सोचता रहा — उसके भावुकता-भरे प्यारे पत्र, उसका सभ्य-संस्कृत व्यवहार, उसकी प्यारी मुस्कान, प्रबल इच्छा-शक्ति और माला के साथ विवाह कर लेने के बावजूद अपने प्रति उसका स्नेह उसके दिमाग़ को घेरे रहा था। उसने चाहा था —कितना अच्छा हो यदि वह गौना तत्काल न लाये, माला को उसके मैके छोड़ कर चला आये, कुछ दिन निमिषा के साथ घूमे और देवनगर जा कर अपने भाई को भेज, माला को मँगा ले। चाहता तो वह यही था कि माला किसी तरह उसे छोड़ दे; वह मुक्त हो जाये, लेकिन ज़िन्दगी में ऐसे भी निर्णायक क्षण आते हैं, जब आदमी सही कदम नहीं उठाता और ज़िन्दगी भर पछताता रहता है। गोविन्द ने उस निर्णायक क्षण में ग़लत कदम उठा लिया था। वह जानता था कि पछताना उसकी नियति है, पर वह चाहता था, उसे कुछ समय मिल जाये, वह स्थिति से पार पाने के लिए तैयार हो जाये और जो ग़लती उससे हो गयी है, उसे और न बढ़ने दे।

०

दूसरी सुबह ससुराल में, जब उसने वापस चलने की बात की थी तो उसकी सास और सालियों ने ज़ोर दिया था कि अभी दो-तीन दिन माला को रहने दे। तब उसने कहा था कि दो-तीन दिन क्या, वह चाहे तो दो-तीन महीने रह सकती है, उसे कोई आपत्ति नहीं, लेकिन वह नहीं रुक सकता, उसकी एक मित्र मिण्टगुमरी ज़िले से आयी हुई है और वह उसे कल का वक्त दे आया है। उसकी बात सुन कर उसकी सास और सालियाँ सन्नाका खींच गयी थीं। फिर किसी ने औपचारिकता से भी माला को एक दिन और राहों में रुकने के लिए नहीं कहा था और पहली गाड़ी में उन दोनों को सवार करा दिया था।

वापसी में सीट पर लेटे-लेटे गोविन्द अपनी उस मूर्खता पर पछताता आया था। — उसे क्या ज़रूरत पड़ी थी वह सब कहने की? उसे मिण्टगुमरी की मित्र का उल्लेख करने की भी क्या ज़रूरत थी? निश्चय ही उसकी बात सुन कर वे लोग डर गये थे। वह वास्तव में बेहद आवेगी, भावुक और चुग़द है। —उसने सोचा —उसे चाहिए था, वह कहता — ठीक है, माला दो-तीन दिन रह ले, वह फिर आ कर उसे ले जायेगा।....तब यदि वह दो-दिन की बजाय दो हफ़्ते लगा देता तो कौन उसे फाँसी चढ़ा देता। उसकी यह मुश्किल

है कि वह न सोच कर बात करता है, न समझ कर कदम उठाता है। वह तुरन्त संवेगों से परिचालित होता है और जितना कुछ उसने सोच रखा होता है, कई बाद क्षणिक आवेग में वह उससे उलट आचरण करता है। उसे अपने आवेगों पर अधिकार पाना चाहिए।

और रास्ते भर वह यही निश्चय करता आया था कि वह अपनी इस आवेगशीलता पर अधिकार पायेगा। उसे पूरा यकीन था कि रात को उसकी माँ और भाभी ने सुहाग-सेज सजा रखी होगी। उसकी माँ उसे सुहाग-कक्ष में जाने के लिए कहेगी। वह इनकार कर देगा। वह सुहागरात नहीं मनायेगा। वह माला को लाहौर छोड़ कर देवनगर चला जायेगा और इस विवाह से उसे जो निराशा हुई है, उसकी तीव्रता कम होने देगा और ठण्डे दिमाग़ से सोच कर माला के साथ अपनी ज़िन्दगी की कोई रूप-रेखा बनायेगा।....

लेकिन तभी उसकी सोच दूसरे धारे पर मुड़ गयी —जब उसने अपने भाई के इस प्रस्ताव को रद्द कर दिया कि वह देवनगर भाग जाये और जब वह गौना ले कर जा रहा है तो वह सुहागरात से कैसे कन्नी काट सकता है? शादी के अन्य बोर और तकलीफ़देह रस्मों की तरह उसे इस रस्म को भी निभाना होगा। तब उसने मन-ही-मन तय किया कि वह माला को सविस्तार निमिषा से अपने प्रेम की बात बता देगा। बता देगा कि उसका मन बहुत उदास और निराश है और वह उसे कुछ महीनों या हफ़्तों के लिए न छेड़े, शान्त हो जाने दे, वह अपने आप ठीक हो जायेगा।....

लेकिन क्या माला, उसकी बात समझ पायेगी —गोविन्द ने सोचा —'उसके ग़लत अर्थ तो न लगायेगी....वह माला को राहों छोड़ आता तो कितना अच्छा होता! तब वह निश्चय ही निमिषा के साथ कुछ समय गुज़ारता, लेकिन अब तो यह सम्भव नहीं था....निमिषा उसको माला के साथ रेनाला बुलाना चाहती थी....कितना अच्छा हो अगर माला तैयार हो जाये!

गोविन्द के मन में कोई लगातार कहता था कि माला तैयार नहीं होगी, यदि वह सुहागरात में अपना कर्तव्य पूरा न करे तो हरगिज़ नहीं होगी....तब क्या माला के साथ वह....लेकिन उस कल्पना ही से उसकी रूह फ़ना होती। उन काली-काली झाँइयों की कल्पना उसके सौन्दयप्रिय कलाकार मन में कहीं गहरी ठेस लगाती थी....तब उसने मन-ही-मन तय किया कि वह सुहागरात नहीं मनायगा। ज़रूरत पड़ी तो माला के साथ वह निमिषा से भी कन्नी काट लेगा। देवनगर भाग जायेगा और अपनी इस तमाम निराशा को कला की साधना में डुबो देगा....और वह सारा रास्ता विवाह की स्वाभाविक परिणति सुहागरात और उसके लाज़िमी नतीजे के तौर पर पत्नी से शारीरिक सम्पर्क से कन्नी काटने की बात सोचता रहा।

o

जब वह माला को ले कर दिया जले अपने घर पहुँचा तो गोविन्द ने देखा कि उसका दीवान पहले की तरह डेवढ़ी में दीवार के साथ पड़ा है; दहेज में आया फ़ोल्डिंग-बेड खुला हुआ आँगन की दीवार के साथ टिका है और बैठक में दरी बिछी है। किसी ने रात के बिस्तर तक न उठाये थे। बैठक में घोर बेतरतीबी फैली थी। प्रकट ही किसी ने सुहाग-कक्ष सजाने की बात तो दूर, उनका पलँग तक बिछाने की चिन्ता नहीं की थी। तब हठात उसके सारे

नेक इरादे धरे-के-धरे रह गये। उसका दिमाग़ एकदम गर्म हो गया। उस नव-परिणीता दुल्हन के प्रति घरवालों की घोर उपेक्षा से वह बिफर गया। उसने ताँगे वाले से ट्रंक और टोकरियाँ आदि आँगन में रखवा कर उसे पैसे दे कर चलता किया, माला को नीचे बैठक में बैठाया और ऊपर जा कर बमकने लगा कि जब वह माला को फेरा डलवाने गया था और कह गया था कि एक रात ससुराल रह कर दूसरे दिन शाम को मुकलावा ले कर वापस आयेगा तो किसी ने उन लोगों के लिए कमरा क्यों ठीक नहीं किया। क्या वे सोचते थे कि वह राहों में ही बैठा रहेगा या लाहौर आ कर बीवी के साथ किसी होटल में रात गुज़ारेगा....आदि....आदि....

यह अजीब बात है कि घरवालों की उस अजानी उपेक्षा से उसे अचानक अपनी उस नव-परिणीता पत्नी के मनोभावों का ख़याल आ गया था और वह रास्ता भर जो सोचता आया था, अपने उस आवेग में बिलकुल उसके उलट सोचने लगा था और कहनी-अनकहनी बातें उसने अपनी माँ और भाभी को सुना डाली थीं।

माँ किचन में बैठी आटा सान रही थी। आटे वाले हाथ धो कर वह बाहर के कमरे में आयी थी और उसने कहा था कि वह बेकार ग़ुस्सा कर रहा है। उसका ख़याल था कि वह एक-दो दिन ससुराल में गुज़ार कर आयेगा। उसके भाई ने पड़ोस में एक और कमरे का प्रबन्ध कर रखा है। मर्द रात को वहीं सो जायेंगे। वह सफ़र से आया है, हाथ-मुँह धो कर आराम करे, वह बहू को ऊपर ले आती है और उनके लिए नीचे दीवान या पलँग बिछवा देती है।

"दीवान बहुत छोटा है।" उसने खीझ कर कहा था।

"कोई बात नहीं," माँ ने उसे तसल्ली दी थी, "तुम्हारे भाई आ जाते हैं तो पलँग जोड़ कर बिछा देंगे या कोई चौड़ी चारपाई बिछा दी जायेगी। अब तुम मेरे साथ चलो, बहू को ऊपर ला कर बैठाओ, मैं नीचे कमरा ठीक करा देती हूँ।"

और वह माँ के साथ नीचे गया था। माला को उसके ट्रंक और दूसरे सामान के साथ ऊपर ले आया था। फिर सारे बिस्तर गोल करके उसने ऊपर अन्दर वाले कमरे में रख दिये थे। तभी उसके भाई आ गये थे। सोम और उनका चचेरा भाई अशोक भी आ गया था (वह लुधियाना के एक निकटवर्ती गाँव में वैद्य था और अब लाहौर में आना चाहता था और शादी के बाद भी वहीं बना हुआ था।) उन सबने मिल कर पलक झपकते बैठक की दरी निकाल कर आँगन में रख दी कि उसे पड़ोस के कमरे में बिछा कर उस पर बिस्तर लगाने थे, माँ ने झाड़ू ले कर कमरा साफ़ कर दिया। आँगन में खुलने वाले दरवाज़े के पास कोने में नाली और सीमेंट का खुरा बना था। उसे धो दिया गया। तभी सभी भाई मिल कर दहेज में आया पलँग कसने लगे। ऐन आख़िरी वक्त मालूम हुआ कि किसी लड़के ने उसका एक नट और बोल्ट ग़ायब कर दिया है। उसे फिर खोल कर आँगन की दीवार के साथ टिका दिया गया और ऊपर से एक चौड़ी चारपाई उतारी गयी और उसे बैठक में बिछा कर उस पर बिस्तर लगा दिया गया।

गोविन्द का दिमाग़ इतना तन गया था कि इस दौरान उसने किसी से बात नहीं की। मुँह-हाथ धोया, कपड़े बदले, खाना खाया और लोई का फेंटा मार कर माल पर सैर को

निकल गया। दिमाग़ के उस तनाव में कुछ भी सोच पाना उसके लिए असम्भव था। वह चाहता था, अपने आवेग पर काबू पा कर सामान्य व्यवहार करने के योग्य हो जाये....यद्यपि उसके नाराज़ होने पर तत्काल बैठक ख़ाली कर दी गयी थी और सुहागरात के लिए बिस्तर बिछा दिया गया, पर जैसे उसे स्वयं इसके लिए कहना पड़ा था, वह उसके मुँह में कड़वाहट भर गया था।....दरअसल माला से कोई भी ख़ुश नहीं था और गौने को ले कर किसी के मन में कोई उत्साह नहीं था। वह घर शादी वाला घर लगता ही नहीं था। कुछ ऐसी उदासी वहाँ छायी थी, जैसे वहाँ कोई मातम हो गया हो। इसीलिए गोविन्द का मन अपनी उस परिणीता के लिए दयार्द्र हो आया था और अपने आवेग में वह सन्तुलन खो बैठा था।

०

फ़रवरी लगभग बीत चला था, लेकिन ठण्ड जैसे दोबारा पलट आयी थी। कहीं कश्मीर के पहाड़ों पर ख़ूब बर्फ़ गिरी थी और दिन में तेज़ धूप के बावजूद शाम ही से गलन बढ़ गयी थी। पुरानी अनारकली के गुंजान इलाके से गोविन्द माल पर पहुँचा था कि शीत का अदृश्य स्पर्श उसके चेहरे को सन्न कर गया। बड़े डाकख़ाने तक जाते-जाते उसके दिमाग़ का तनाव कम हो गया। वह सोचने लगा कि यदि बहू को देख कर घर भर में उदासी छा गयी और अपनी उस उदासी में उन्हें दुल्हन की सुहागरात का ख़याल नहीं आया तो वह स्वाभाविक ही था। किसी सुन्दर और सुशील बहू का आगमन सारे घर को प्रसन्नता और प्रकाश से भर देता है। उस वक्त जब सारा घर उसके छोटे भाई ओम की बहू जैसी सुन्दर लड़की के सपने ले रहा था, यह झाँई मारी, अपने सँवलाये रंग को पाउडर-सुर्ख़ी से पोते, चिड़िया की बेगम-ऐसी बहू आ गयी थी। उन सबको आघात लगना स्वाभाविक ही था।....फिर उसे अपनी आवेगशीलता पर क्रोध आने लगा। क्या ज़रूरत थी कि वह आता ही तूफ़ान मचाता? उसे चुपचाप माला को घर छोड़ कर बाहर निकल आना चाहिए था और देखना चाहिए था कि घरवाले कुछ करते हैं या नहीं? न करते तो नीचे सबके साथ सो जाता और इस मुसीबत से, जो अब घर पहुँचते ही मुँह बाये उसका रास्ता देख रही होगी, अपनी जान छुड़ाता....लेकिन उस मुसीबत से, जो उसने अपनी कमज़ोरी और आवेगशीलता से ख़रीद ली थी, उसे एक-न-एक दिन तो निपटना ही था। भाई साहब ने एक हल सुझाया था। वह मान लेता तो हमेशा एक अपराध-भाव से प्रताड़ित रहता और नॉर्मल ज़िन्दगी न जी पाता। उसे हमेशा यह बात कोंचती कि उसने एक लड़की को बिना जाने-बूझे छोड़ दिया है। कौन जाने वह बहुत भली हो और उसकी फूहड़ता के बारे में उसने जो सोचा है, वह एकदम ग़लत हो! 'सब जो चमकता है, सोना नहीं होता,' उसने सोचा, 'जैसे यह सही है, उसी तरह यह भी सही है कि सब जो मन्द दीखता है, लोहा नहीं होता। कौन जाने उस झाँई-मारे चेहरे वाली का दिल सोने का हो।' रूपकृष्ण ने कहा था कि उसे दयानतदारी से एक कोशिश करनी चाहिए। वह कलाकार है, कवि है, एक सम्वेदनशील और हस्सास दिल का स्वामी है, दूसरे के दुख-दर्द-तकलीफ़ को महसूस कर सकता है। बिना जाने-समझे वह उस लड़की पर, जिसे वह अपनी बेवकूफ़ी में ब्याह लाया है, कैसे ऐसा ज़ुल्म तोड़ सकता है? उसने ठीक किया, जो उसे छोड़ कर देवनगर नहीं भागा, ठीक किया जो घरवालों को उनके कर्तव्य की याद दिलायी।....

गोविन्द यह सब सोचता हुआ दयालसिंह मैन्शन्ज़ तक चला गया था। वह मुड़ा।

रास्ते भर वह योजना बनाता आया कि अपनी इस नव-परिणीता से कैसे व्यवहार करेगा। जब वह रात को साढ़े दस बजे के करीब घर पहुँचा तो ऊपर की मंज़िल में अँधेरा था, सिर्फ़ नीचे बैठक में बत्ती जल रही थी। उसने डेवढ़ी के दरवाज़े पर दस्तक दी तो उसकी माँ ने आ कर दरवाज़ा खोला।

"बड़ी देर कर दी बेटा," उसने धीरे से कहा।

गोविन्द ने कोई जवाब नहीं दिया, वह उसके पास से हो कर अन्दर जाने लगा तो माँ ने उसकी बाँह पर हाथ रख कर उसे रोक लिया।

"गोविन्द, देख बेटा, बहू जैसी भी है तेरी धर्म-पत्नी है, कोई ऐसी बात न करना, जिससे उसका दिल दुखे, जिससे तुझे पाप लगे।"

"अच्छा माँ!"

और वह आँगन में निकल गया। माँ कुण्डी लगा कर ऊपर चली गयी तो वह सुहाग-कक्ष में दाख़िल हुआ था। —उसकी पत्नी लम्बा घूँघट काढ़े घुटनों पर सिर टिकाये बिस्तर पर बैठी थी। चारपाई के सिरहाने एक स्टूल पर दूध का गिलास और पानी का लोटा रखा था। नाली के खुरे पर एक बाल्टी और लोटा रख दिया गया था। 'घर वालों ने सुहागरात का पूरा प्रबन्ध कर दिया।' उसने मन-ही-मन कहा और एक क्षीण-सी व्यंग्य-भरी मुस्कान उसके होंटों पर खेल गयी। बढ़ कर वह चुपचाप बिस्तर पर बैठ गया। लोई उतार कर उसने एक तरफ़ रख दी और लिहाफ़ घुटनों तक खींच लिया। फिर जैसा कि सैर करते हुए उसने तय किया था, अपनी पत्नी को सारी वस्तु-स्थिति समझाने की ग़रज़ से वह बोला :

"देखो माला, इससे पहले कि हम अपना वैवाहिक जीवन शुरू करें, मैं तुम्हें अपनी ज़िन्दगी के बारे में कुछ ज़रूरी बातें बताना चाहता हूँ।" वह क्षण भर रुका। फिर उसने कहा, "यह घूँघट ज़रा ऊँचा कर लो और ध्यान से मेरी बात सुनो।"

उसकी नव-परिणीता ने घूँघट ज़रा-सा ऊपर उठा लिया, कुछ अजीब-से अविश्वास और आश्चर्य-भरी निगाहों से अपने पति को देखा और उत्सुकता से उसकी बात सुनने को तत्पर हो गयी।

सत्तरह

अपना वैवाहिक जीवन शुरू करने से पहले वह पत्नी को अपनी ज़िन्दगी के बारे में कुछ ज़रूरी बातें बताना चाहता है, यह कह कर गोविन्द कुछ क्षण बैठा रहा।

'क्या यह मेरी बात समझ भी पायेगी,' उसके मन में फिर यही ख़याल आया, लेकिन फिर जैसे ग़ोता लगाने के पहले कोई तैराक ऊँचाई पर खड़ा क्षण भर नीचे फैले, गहरे पानियों को देखें और फिर कूद जाये, उसने कहना शुरू किया :

"जो कुछ मैं तुम्हें बताने जा रहा हूँ, हो सकता है, वह सब सुन कर तुम्हें निराशा

हो, दुख भी हो, लेकिन झूठ बोलने की मेरी आदत नहीं, न मैं आत्मीयों को धोखा ही दे सकता हूँ, न दोहरा जीवन ही जी सकता हूँ। इसलिए मैंने सोचा है कि तुम्हारे साथ ज़िन्दगी शुरू करने से पहले, मैं तुम्हें सारी स्थिति से आगाह कर दूँ।"

गोविन्द फिर चुप हो गया। कुछ क्षण सोचता रहा। फिर बोला :

"इस शादी में मेरा मन बिल्कुल नहीं था। मैं तो अपनी पहली पत्नी की मृत्यु के बाद शादी करना ही नहीं चाहता था और अपने आपको कला के लिए समर्पित कर देना चाहता था। एक स्कैण्डल से डर कर मैंने भाई साहब को सगाई कर देने के लिए कहा। उन्होंने कर दी। मेरा मन इतना खिन्न था कि मैंने तुम्हें देखने की भी इच्छा प्रकट नहीं की। यूँ भी तुम्हारे भाई किसी मर्द को लड़की दिखाने के लिए तैयार नहीं थे। तभी मेरी ज़िन्दगी में एक और लड़की आ गयी।"

और गोविन्द ने बिना किसी का नाम लिये अपने साथी टीचर और उसकी उदमाती बहन का किस्सा सविस्तार सुनाया। फिर उसी रौ में उसने (बिना नाम लिये) निमिषा से अपने परिचय, सगाई तोड़ने के लिए भाई साहब से अनुरोध, उनके इनकार, निमिषा से शादी के प्रस्ताव, उसकी शर्त, अपनी अक्षमता —उस सारे-के-सारे प्रसंग का वर्णन करते हुए अन्त में कहा :

"और मैं तुम्हें ब्याह कर ले आया। भाभी ने कहा कि उसके साथ धोखा किया गया है, उसे कोई और लड़की दिखायी गयी थी। भाई साहब ने कहा कि मैं तुम्हें छोड़ कर भाग जाऊँ, वे तुम्हारे भाइयों से सुलट लेंगे, लेकिन मैंने सोचा कि इसमें हमारा दोष है या तुम्हारे भाइयों का, लेकिन तुम्हारा क्या दोष है? इसलिए मैंने तय किया कि जैसे, जो भी हुआ हो, मैं तुम्हारे साथ चलाने की एक सिन्सीयर कोशिश करूँगा, लेकिन मेरी यह कोशिश तभी सफल हो सकती है, जब तुम मुझे पूरा सहयोग दो।"

लगातार बोलते चले जाने और अपने अतीत की ज़िन्दगी के ब्योरे देने के बाद गोविन्द मौन हो गया। दुल्हन के घूँघट लगभग पूरा उठा दिया था। वह मुटर-मुटर उसकी ओर देखती हुई उसकी बातें सुन रही थी। गोविन्द ने एक उचटती हुई निगाह उसके चेहरे डाली —चौड़े माथे, पतले होंटों, धँसे हुए गालों और नुकीली ठोड़ी वाले उस तिकोने मुख पर माला की वह लम्बी-पतली, सहसा ध्यान आकर्षित करने वाली नाक और पाउडर के नीचे से झलकती हुई वे बड़ी-बड़ी काली झाँइयाँ, कुछ अजीब तरह उभर कर गोविन्द के उस सौन्दर्य-प्रिय कलाकार मन को पुनः कहीं दूर तक घायल कर गयीं। —'हे भगवान! मैं किस मुसीबत में फँस गया हूँ।' उसने मन-ही-मन कहा और उसके चेहरे से आँखें हटा लीं।

तभी उसके मन में आया, वह उससे कहे कि मुझे तुम ज़रा भी पसन्द नहीं हो, तुम्हारे चेहरे पर ये बड़ी-बड़ी झाँइयाँ हैं और ऊपर से तुमने पाउडर पोत रखा है, तुम एकदम चुड़ैल लगती हो, लेकिन दूसरे क्षण उसने सोचा कि रूप-अरूप तो भगवान की देन है, वह कैसे उस कठोर सत्य को व्यक्त कर उसके मन को दुखा सकता है। कल यदि किसी दुर्घटना में उसका चेहरा विरूप हो जाये और कोई उससे यही बात कहे तो उसे कैसा लगेगा!

'जाने यह मेरी बात समझी भी है या नहीं,' उसने मन-ही-मन फिर सोचा। उस भाव-शून्य चेहरे से तो उसे नहीं लगा कि वह कुछ भी समझी है।

अपने विचारों को कुछ व्यवस्थित करने की कोशिश में वह चुप बैठा रहा। फिर उसने धीरे-धीरे कहना शुरू कर किया :

"अगर मुझे बार-बार यह न कहा गया होता कि वह लड़की जिससे मैं शादी करना चाहता था, सुन्दर नहीं और मेरी होने वाली बीवी बहुत सुन्दर है तो शायद मुझे वैसी निराशा न होती, लेकिन इस वक्त मेरा मन बेहद खिन्न और उदास है। मुझे भयंकर ग़ुस्सा है — अपनी भाभी पर, भाई पर, तुम्हारे भाइयों पर, उस लड़की पर और सबसे ज़्यादा अपने आप पर! मैं नहीं समझता कि शादी के बाद नयी ब्याही दुल्हन को अपने पति से जो तत्काल अपेक्षा होती है, उसे मैं पूरा कर पाऊँगा। लेकिन यह भी ठीक है कि जब मैंने मन में तय कर लिया है, मैं तुम्हारे साथ ज़िन्दगी चलाने की एक सिन्सीयर कोशिश ज़रूर करूँगा। तुम सहयोग करोगी, तब अन्ततः, जब मेरा यह ग़ुस्सा कुछ ठण्डा हो जायेगा और तुम्हारे चेहरे के बदले मैं तुम्हारे गुणों को देखूँ-जानूँगा, निश्चय ही मैं सफल हो जाऊँगा!"

वह फिर चुप हो गया। क्षण भर बाद फिर बोला :

"देखो, इस वक्त न तुम मुझे जानती हो, न मैं तुम्हें जानता हूँ। हम अगर परम्परागत तरीके से ज़िन्दगी शुरू करते हैं तो यह एक-दूसरे से बलात्कार करने के बराबर ही होगा। मैं समझता हूँ, हमें कुछ समय तक सिर्फ़ दो मित्रों की तरह रहना चाहिए।"

और वह काफ़ी देर तक वैवाहिक जीवन में प्रेम की महत्ता पर न जाने कैसे-कैसे अमूल्य विचार प्रकट करता रहा। अन्त में उसने कहा :

"देखो माला, अगर तुम छः महीने तक सब्र से काम लो और समझ लो कि तुम अभी कुँवारी हो, तो मुझे आशा है कि हमारी ज़िन्दगी आख़िर चल पड़ेगी।"

उसकी पत्नी ने कुछ कहने के लिए होंट खोले, लेकिन फिर चुप रह गयी।

"मैं मर्द हूँ और यह जानता हूँ," गोविन्द ने कहा, "कि यदि औरत पास में हो और मर्द उससे नफ़रत न करता हो तो वह बहुत दिन उससे दूर नहीं रह सकता। मुझे तुमसे नफ़रत नहीं। मेरे मन में सिर्फ़ ग़ुस्सा है, लेकिन कुछ अर्से बाद, यह ग़ुस्सा आप-से-आप दूर हो जायेगा। हम एक-दूसरे को जान लेंगे, तब हम पति-पत्नी की तरह रहेंगे। उस वक्त तक मैं समझता हूँ, तुम सब्र से काम लोगी। छै महीने बहुत लम्बी अवधि नहीं है, जहाँ तुम छब्बीस वर्षो तक कुँवारी रही हो, वहाँ छै महीने तक और रह सकती हो। कभी तुम्हारा बहुत मन हो तो मैं अपना कर्तव्य निभा दूँगा, वरना मुझे परेशान न करना...."

माला होंटों में कुछ बड़बड़ायी। गोविन्द के कानों में सिर्फ़ 'पूजा' और एकाध अन्य शब्द पड़ा। वह समझा नहीं। उसने हाथ बढ़ा कर उसके कन्धे को थपथपाया — "क्या कह रही हो, खुल कर कहो।"

उसकी पत्नी चुप रही।

गोविन्द ने फिर उसका कन्धा थपथपाया तो उसने जो कहा, गोविन्द उसे सुन कर अवाक रह गया। उसे अपने कानों पर विश्वास नहीं आया। उसने स्वयं शादी की थी, उसके इतने मित्रों ने शादियाँ की थीं। सबने एक-दूसरे को अपने अनुभव सुनाये थे। उसने कभी

ऐसी बात नहीं सुनी थी। उसने यही सोचा था कि उसने सुनने में ग़लती की है।

"तुम्हारी सहेलियों ने किसकी पूजा की थी?" उसने पूछा।

"कंजका की!" निगाहें झुकाये, बहुत धीरे से होंटों ही में माला ने कहा।

"कंजका की?"

"कुँवारी की!"

गोविन्द समझ तो गया था तो भी उसने पूछा, "किस कुँवारी की?"

उसकी पत्नी ने आँखों से नीचे अपनी जाँघों की ओर संकेत किया और धीरे से शर्माते हुए बोली, "उन्होंने कहा था, अब यह कल कुँवारी नहीं रहेगी। देखो हमारी पूजा भंग न हो।"

"क्या तुम लोगों के यहाँ 'इसकी' पूजा की रस्म है। हमारे यहाँ तो लड़कियाँ गौरा-पार्वती की पूजा करती हैं। इसकी पूजा का तो कभी ज़िक्र नहीं सुना।"

"मेरी तो जितनी सहेलियाँ ब्याहीं गयीं, हम सबने उनकी कंजका पूजी।" माला ने उसका ज्ञानवर्धन करते हुए किंचित निर्लज्जता से कहा।

'ये साली छोटे कस्बों के घरों में बन्द निम्न-मध्यवर्ग की अनपढ़ और अधपढ़ लड़कियाँ....अपने ब्याह की प्रतीक्षा करती हुई, यही सब ख़ुराफ़ात सोचती और करती होंगी,' गोविन्द ने मन-ही-मन वितृष्णा-भरे व्यंग्य से कहा। उसने फिर एक उचटती-सी निगाह अपनी पत्नी पर डाली। उसकी उम्र छब्बीस-अट्ठाईस से किसी तरह कम नहीं थी। 'पन्द्रह-सोलह वर्ष की उम्र में इसने मैट्रिक किया होगा। आगे पढ़ी नहीं। घर में बन्द, लगभग दस-बारह वर्षों से अपनी हर सहेली की शादी पर यही सब सोचते-करते इसके गालों पर काली-काली झाँइयाँ उभर आयी हैं।'....

पल-भर वह चुपचाप शून्य में तकता बैठा रहा। उसे सुझ नहीं पाया कि वह क्या करे, उससे क्या कहे, फिर उसने हठात पूछा, "तुम्हारी उम्र पच्चीस-छब्बीस की तो होगी (वह अट्ठाईस-तीस कहना चाहता था, पर जान-बूझ कर उसने दो-एक वर्ष कम कर दिये कि वह अपमानित न महसूस करे) तुम्हारी शादी क्यों नहीं हुई इतने दिन तक?"

"दो बार सगाई हुई थी, पर टूट गयी।" उसकी पत्नी ने कहा, "मैंने पक्का इरादा कर लिया था कि इस बार भी सगाई टूट गयी तो मैं आत्महत्या कर लूँगी।"

गोविन्द अन्दर-ही-अन्दर काँप गया। अगर उसके ज़ोर देने पर उसके भाई ने सगाई तोड़ दी होती और इस मूर्खा ने आत्महत्या कर ली होती तो वह भी अपने आपको क्षमा न कर पाता। एक अपराध-भाव से सारी उम्र आक्रान्त रहता। उसे अपनी पत्नी पर कुछ दया हो आयी। उसने पूछा :

"शादी नहीं हुई थी तो आगे पढ़ी क्यों नहीं? मैट्रिक करके घर क्यों बैठी रहीं?"

"मैट्रिक का इम्तहान देते ही सगाई हो गयी थी। घर वालों ने कॉलेज में भेजा नहीं। दो साल बाद सगाई टूट गयी तो फिर स्कूल जाने को मन नहीं हुआ।"

"यह तुम्हारे गालों पर इतनी बड़ी-बड़ी काली झाँइयाँ कैसी हैं?" गोविन्द रह नहीं सका और आख़िर उसने पूछ ही लिया।

"महीनों खाना नहीं खाया!"

"खाना नहीं खाया, क्यों?"

"माँ कहती, मुटियार लड़की को पेट भर नहीं खाना चाहिए, दूध-घी से परहेज़ करना चाहिए। काम सिर पर चढ़ जाता है। दो महीने पहले सुना, आप सगाई तोड़ना चाहते हैं। मेरी भूख एकदम सूख गयी। जो थोड़ा बहुत खाती थी, उसमें भी रुचि नहीं रही।"

गोविन्द कुछ नहीं बोला। उसका मन सहसा दयार्द्र हो आया।

दूर कहीं बारह का गजर बजा। "बहुत देर हो गयी है, आओ, अब सो जाओ!" उसने कहा और लेट कर लिहाफ़ गले तक खींच लिया।

उसकी पत्नी नहीं हिली। वैसे ही बैठी रही।

गोविन्द कहना चाहता था, 'तुम्हारी कंजका और छै महीने तक कुँआरी रहेगी तो कहर नहीं टूट जायेगा।' पर कहा उसने यही, "तुम और छै महीने तक सब्र करो, तुम्हारी सहेलियों की पूजा भंग नहीं होगी।"

माला चुपचाप रोने लगी।

गोविन्द देख कर भी अदेखा करते हुए चुप लेटा रहा, लेकिन माला सिसकने लगी। तब अन्तर की तमाम खीझ और बोरियत को छिपा कर, जैसे परम निरपेक्ष भाव से, पति के रूप में अपने कर्तव्य को निभाने के विचार से वह उठा। उसने उसे खींच कर अपने साथ लिटा लिया। उसके आँसू पोंछे। सुर्ख़ी से रँगे होंट चूमने को उसका मन नहीं हुआ। उसने उसका जम्पर उठा दिया और एक जानकार की तरह उसके कोमल हिस्से पर अपने होंट रख दिये।

क्षण भर के लिए उसे ख़याल आया, वेश्याएँ इसी तरह अनचाहे अपने आपको समर्पित करती होंगी। वह महज़ पैसे के लिए अपने आपको समर्पित न कर रहा सही, पर जहाँ तक इच्छा-अनिच्छा का सम्बन्ध है, उसकी स्थिति भिन्न नहीं। लेकिन इस विचार को उसने बरबस झटक दिया और कर्म-रत हो गया।

o

रात तीन बार उस मन्दिर की परिक्रमा करके, कंजका का अर्घ्य चढ़ाने के बाद, जब तड़के तीन-साढ़े तीन बजे आख़िरकार गोविन्द सोया तो सुबह साढ़े आठ बजे ही उसकी नींद खुली। बिस्तर पर उठ कर बैठते हुए जब उसने अँगड़ाई ली तो सबसे पहले उसकी नज़र नाली के खुरे पर बैठी कुछ कपड़े धोती हुई अपनी पत्नी पर गयी। आँगन का दरवाज़ा ज़रा-सा खुला था। उसके सिर से दुपट्टा खिसक गया था। उस बेतुके-से नंगे सिर और मफ़लर की तरह गर्दन में लिपटे दुपट्टे के नीचे से निकल कर पीठ पर झाँकती हुई छोटी-सी चोटी के साथ, उसकी पत्नी के उस तिकोने चेहरे की लम्बी नाक ने, दरवाज़े से आने वाली रोशनी में उसके सिलहूत को कुछ ऐसा विकर्षण दे दिया था, जिसे गोविन्द अपने मन में कोई शब्द न दे सका। सिर्फ़ उसके दिल में एक हूक-सी उठी कि उसे उसके साथ शेष जीवन गुज़ारना पड़ेगा।

"यह देख लीजिए, आपकी अमानत मैंने अब तक सँभाल रखी है।" सहसा उसे जग गया जान कर उसकी पत्नी ने खुरे पर से गीली शलवार उठा कर उसे दोनों हाथों में फैलाते हुए किंचित गर्व और प्रसन्नता से कहा।

क्रोध का एक बवण्डर उस घोर क्रूडिटी पर गोविन्द के मन में उठा। वह कोई बहुत ही जली-कटी बात कहने की सोच रहा था कि उसके दिमाग़ में जाने किस देश या जाति के बारे में कहीं पढ़ा हुआ वह ब्योरा घूम गया, जहाँ सुहागरात के बाद लड़की का बाप बड़े गर्व से सुहाग-सेज की रक्त-सनी चादर इस बात के सबूत में चार लोगों के बीच अपनी समधी को दिखाता है कि उसकी लड़की विवाह के पहले एकदम अनछुई और पाक-दामन रही है।....

गोविन्द मन-ही-मन व्यंग्य से हँसा। अपनी पाकदामनी को बचाती हुई निम्न-मध्यवर्गीय घरों की घुटन में बन्द लड़कियाँ, जाने कैसी-कैसी मानसिक रति से नापाक हुआ करती हैं, इसका कुछ आभास रात अपनी पत्नी के साथ सोने और उससे बातें करने में गोविन्द को हुआ था। पहली बार जब गोविन्द ने उसे शान्त किया था और वह रोना बन्द कर सहज हो, बातें करने लगी थी तो उसने अपनी सहेलियों के संस्मरण सुनाने शुरू किये थे जो अपने पतियों के पुंसत्व के किस्से बड़े गर्व से सुनाती थीं कि किस प्रकार से वे सारी-सारी रात उन्हें जगाये रखते थे और तीन-तीन, चार-चार बार उन्हें परेशान करते थे। उसकी एक सहेली ने जब उन्हें बताया था कि उसका पति तो बस एक बार अपना कर्तव्य निभा कर सो गया, तब सहेलियाँ उसका मज़ाक उड़ाती रही थीं कि उस बेचारे की काठी कमज़ोर होगी और एक बार ही में उसके दाने चुक गये होंगे, कमर दुखने लगी होगी। और वह बेचारी रोनक्खी हो गयी थी।

तब सहसा गोविन्द के मन में ख़याल आया था कि वह मेरे बारे में सहेलियों में जा कर ऐसी ही बातें करेगी और वे इसे परेशान करेंगी। उसे इस बात का गर्व नहीं होगा कि उसने एक अत्यन्त सम्वेदनशील कवि या कलाकार से शादी की है (उसने एक बार भी अपने पति की कला या कविता के बारे में प्रश्न नहीं किया) उसे इसी बात का दुख होगा कि उसे मजबूत काठी वाला पति नहीं मिला।....यह अजीब बात है कि अपनी पत्नी के शरीर से तमामतर नफ़रत के बावजूद, गोविन्द नहीं चाहता था कि वह उसकी सहेलियों में नपुंसक कहलाये और जब अपनी सहेलियों की बातें करते हुए माला उससे चिपट गयी थी तो गोविन्द ने उसकी सहेलियों में उसे सुख़रू बनाने के लिए अपने पुंसत्व का एक और प्रमाण दे दिया था। फिर डेढ़-दो बजे के करीब वह छुहारे मिला दूध का गिलास पी कर सो गया था। लेकिन तीन एक बजे वह निहायत गहरी नींद सोया हुआ था, उसे अपनी जाँघों में भयंकर तनाव का एहसास हुआ था। उसकी नींद खुल गयी थी। उसने देखा था कि उसकी पत्नी सोयी नहीं, उसे गुदगुदा रही है। वह झल्ला कर उठा था। क्रोध तो उसे ऐसा आया कि खींच कर एक झाँपड़ उसे दे मारे, लेकिन वह उसके मनोविज्ञान को जान गया था। उसे कुछ दया भी आयी थी। शरीर तो उसका तना ही था। वह उससे लिपट गया था और अपने कर्तव्य से छुट्टी पा कर फिर लेट गया था। इसके बाद उसकी पत्नी ने उसे परेशान नहीं किया और वह गहरी नींद सो गया था।

उसकी पत्नी शलवार फैलाये उसे क्या दिखा रही है, यह बैठक के उस नीम-अँधेरे में, अधखुले दरवाज़े से आने वाले प्रकाश के बावजूद, उसे दिखायी नहीं दिया। 'कैसी विडम्बना है,' उसने मन-ही-मन सोचा, 'सदियाँ बीत जाने पर भी सुहागरात में पत्नी की पवित्रता और पति के पुंसत्व के अलाव और कोई भाव दूल्हा-दुल्हन के मन में नहीं आता।'

"ये सब कपड़े तुम यहाँ क्या धोने बैठ गयी हो," उसने वितृष्णा से कहा, "इधर आँगन के गुसलख़ाने में क्यों नहीं ले गयीं। कोई दोस्त ही आ जाता है, अब यह सब ख़त्म करो!"

मुश्किल से उसने अपनी बात पूरी की होगी कि अधखुले दरवाज़े में उसे निमिषा खड़ी दिखायी दी और उसकी पत्नी कपड़े बाल्टी में डाल कर तत्काल बाहर निकल गयी।

अट्ठारह

एक घण्टे बाद गोविन्द कॉफ़ी हाउस की मेज़ पर निमिषा के सामने बैठा था और चुप था। वह जब भी कभी निमिषा के साथ वहाँ आया था, उस नीम-अँधेरे कॉफ़ी हाउस में दाख़िल होते ही वातावरण में रची कॉफ़ी की गन्ध हल्के-से नशे की तरह उसके हवास पर छा गयी थी और कॉफ़ी की चुस्की लेता हुआ वह लगातार बातें करता रहा था। कई बार अपनी बातों के प्रवाह में वह कॉफ़ी पीना भी भूल गया था। लेकिन इस वक्त उसे कोई बात भी सूझ नहीं रही थी और एक अनाम-सी चुप्पी किसी पारदर्शी दीवार-सी उन दोनों के बीच तनी थी।

o

रात जैसे बीती थी, अपने शरीर के साथ जैसे उसे अनचाहे ज़ुल्म सहना पड़ा था, उससे गोविन्द का उदास या निराश हो जाना तो स्वाभाविक था, लेकिन सुबह उठते ही उसकी पत्नी ने जो हरकत की थी, उससे वह झुँझला गया था। यदि ऐन उस वक्त निमिषा न आ गयी होती तो शायद उसे ग़ुस्सा न आता। लेकिन उसका स्वागत करने अथवा उसे ढंग से बैठाने की बजाय, बाल्टी में कपड़े डाल, परम फूहड़ों की तरह, निमिषा का पहलू बचा कर वह भाग गयी थी और गोविन्द का क्रोध जैसे द्विगुणित हो आया था।

निमिषा ने ज़रा भी बुरा नहीं माना था। दोनों हाथ माथे पर ले जा कर 'नमस्कार' करती हुई वह अन्दर आ गयी थी। सहसा गोविन्द अचकचा गया था। वह क्या कहे, क्या करे, उसे कहाँ बैठाये, उसे सूझ नहीं पाया था। वैसे ही बैठे-बैठे बायें हाथ से लिहाफ़ को एक तरफ़ करके उसने चारपाई पर जगह बना दी थी उसे बैठने का इशारा किया था।

लेकिन निमिषा चारपाई पर नहीं बैठी थी। "मैं आज ही शाम की गाड़ी से रेनाला जाने की सोच रही थी," उसने वैसे ही खड़े-खड़े कहा था, "मैंने सोचा, आप से मिल जाऊँ और पूछ आऊँ कि आप और नयी भाभी क्या मेरे साथ कुछ दिन को रेनाला चलेंगे।"

"मैं तो हज़ार बार जाना चाहूँगा," पत्नी की फूहड़ता से पैदा होने वाली झुँझलाहट को दबा कर गोविन्द ने कद्रे हँसते हुए सव्यंग्य कहा था, "लेकिन आप की यह नयी भाभी जाना चाहेगी, चली भी जाये (जिसकी मुझे कोई उम्मीद नहीं) तो आपको ख़ुशी होगी, मैं नहीं कह सकता। मैं तो उससे पूछूँगा नहीं। आप चाहें तो उससे पूछ लें।"

निमिषा क्या कहे, वह तय न कर पायी। असमंजस में चुप खड़ी रही थी। तब गोविन्द

उचक कर उठा था और उसने सिरहाने पड़े स्टूल से दूध का गिलास और पानी को लोटा उठा कर अलग रख दिया था और स्टूल उठा कर निमिषा के सामने रखते हुए उसने कहा था, "आप दस मिनट यहाँ बैठिए। मैं माला को भेजता हूँ। उचित समझें तो ऊपर हमारी भाभी के पास कुछ मिनट बैठें, इतने में मैं तैयार हो जाता हूँ। मेरा अपना मन उखड़ गया है, छुट्टी तो मेरी बाकी है, लेकिन मैं भी आज नहीं तो कल देवनगर चला जाऊँगा।"

"क्या आप माला जी को यहाँ भेजेंगे?"

"मैं उससे कह तो दूँगा, पर वह जाने क्या कपड़े-अपड़े धो रही है, तैयार भी हुई या नहीं, आयेगी भी या नहीं? अच्छा हो, आप इस बीच भाभी से मिल लीजिए। आपने नरसों मुँह भी मीठा नहीं किया। भाभी शिकायत कर रही थी। इतने में मैं तैयार हो जाता हूँ। कॉफ़ी हाउस में कुछ पल बैठेंगे। जाने फिर आप से मुलाकात होती है या नहीं।" उसने लम्बी साँस ली और इतना और जोड़ दिया, "आपसे कुछ ज़रूरी बातें करनी हैं!"

वह तैयार होने चला गया था। माला ऊपर छत पर कपड़े सूखने के लिए डाल रही थी। उसने जा कर उससे कहा था, "भई, वो निमिषा नीचे आयी हुई है। वह तुम्हें दो-चार दिन के लिए रेनाला बुलाना चाहती है।"

"मुझे कहीं नहीं जाना। आपको जाना हो तो जाइए!"

"तो जाओ, उसके पास कुछ मिनट बैठ लो। वह रेनाला चलने के लिए कहे तो टाल देना।"

"मुझे नहीं बैठना किसी के पास, आप ही बैठिए!"

"ठीक है, तुम यहीं छत पर रहो। मैं तैयार हो कर उसे छोड़ आता हूँ और समझा देता हूँ कि वह यहाँ न आया करे। जब तक वह चली न जाये, तुम नीचे न आना।"

"आप उससे डरते क्यों हैं, आप क्या उसके राज में बसते हैं।"

गोविन्द को उसके इस तर्क-वितर्क पर बहुत गुस्सा आया था, लेकिन अपने क्रोध पर संयम पा कर ठहरे हुए लहजे में उसने कहा, "वह सम्भ्रान्त घर की एक बहुत पढ़ी-लिखी लड़की है। स्वयं हेड मिस्ट्रेस है। मेरी मित्र है। हमारे घर आयी है। मैं नहीं चाहता, तुम्हारी किसी बात से उसे लगे कि मेरी बीवी एकदम अनपढ़, गँवार और असभ्य है!"

और वह पैर पटकता हुआ सीढ़ियाँ उतर गया था। निमिषा भाभी के सामने रसोई में बैठी थी, उसके सामने मिठाई की प्लेट थी।

"माला तो अभी तैयार नहीं निमिषा जी," गोविन्द ने कहा, "मैं दस मिनट में तैयार हो कर आता हूँ।"

o

बैरा कॉफ़ी के प्याले और पॉट मेज़ पर रख गया। निमिषा ने कॉफ़ी प्यालों में ढाली। प्यालों के निकलते धुएँ के साथ कॉफ़ी की गन्ध, जिसमें कॉफ़ी ही के रंग के उन गहरे-भूरे मिट्टी के प्याले और टी-पॉट की गन्ध भी शामिल थी, गोविन्द के नथुनों में बस गयी।

निमिषा ने अपने प्याले से एक घूँट भरा। गोविन्द का प्याला वैसे ही पड़ा था। उसने कहा, "कॉफ़ी पीजिए, ठण्डी हो रही है।"

गोविन्द ने लम्बी साँस भर का कॉफ़ी का प्याला उठा लिया और अनमने भाव से एक चुस्की भर कर उसे फिर वहीं रख दिया।

"आप कुछ बातें करने वाले थे।" आख़िर निमिषा ने ही ख़ामोशी तोड़ी।

सर्दियों की धूप-सी एक बहुत पीली मुस्कान गोविन्द के होंटों पर फैल गयी। "हाँ बातें तो करना चाहता था, लेकिन कहाँ से शुरू करूँ, कुछ समझ में नहीं आता। क्या बातें करूँ? और अब बातें करने से लाभ ही क्या है?"

"हानि-लाभ की बात तो मैं नहीं जानती," निमिषा ने कहा, "पर किसी आत्मीय को सुना देने से मन हल्का हो जाता है।"

गोविन्द कुछ क्षण चुपचाप कॉफ़ी पीता रहा। फिर उसने बहुत ही निराश स्वर में कहा, "हाँ, तुम ठीक कहती हो, लेकिन मेरे भाग्य में भारी मन लिये हुए ही शेष ज़िन्दगी गुज़ारना लिखा है।"

निमिषा ने मेज़ पर रखे उसके हाथ पर स्नेह से हाथ रख दिया। "सब ठीक हो जायेगा।"

"क्या ठीक हो जायेगा!" गोविन्द ने हताश भाव से कहा और उसके जी में आयी, रात जो कुछ भी हुआ, बिना कुछ छिपाये निमिषा से कह दे, लेकिन उसे संकोच हो आया। कैसी भी आत्मीयता हो, वह सब बातें भला किसी लड़की को बतायी जा सकती हैं! उस सिलसिले में कुछ भी न कह कर उसने सिर्फ़ इतना कहा, "माला निहायत बेवकूफ़ लड़की है। मैं नहीं समझता, मैं उससे चला पाऊँगा।"

"दुनिया में कुछ भी मुश्किल नहीं।" निमिषा ने जैसे उसे साहस बँधाने के अन्दाज़ में उसके हाथ को दबाते हुए कहा, "आपने कहा था, आप एक सिन्सीयर कोशिश करेंगे।"

'उस सिन्सीयर कोशिश में रात मुझ पर जो बीती है, उसे मैं ही जानता हूँ,' गोविन्द ने मन-ही-मन कहा, लेकिन प्रकट बोला, "मैं सोचता था कि कुछ दिन उसे तुम्हारे पास रेनाला ले जाऊँगा। फिर कुछ दिन के लिए तुम्हें देवनगर बुलाऊँगा। तुम्हारे संग रह कर वह सभ्य समाज के कुछ तौर-तरीके सीखेगी, लेकिन यह सम्भव नहीं लगता।....मैंने तुमसे कहा था कि रेनाला चलने के बारे में मैं उससे बात नहीं करूँगा, लेकिन मैंने की, और उसने टका-सा जवाब दिया कि मैं नहीं जाऊँगी, आपको जाना हो तो जाइए!"

"माला जी की प्रतिक्रिया स्वाभाविक है," निमिषा ने कहा, "जाने आपकी माता जी ने या भाभी ने मेरे बारे में उनसे क्या कुछ न कहा होगा। कुछ समय बाद हो सकता है, उन्हें आप पर भरोसा हो जाये। तब यदि वे आपके साथ आना चाहेंगी तो आप ज़रूर कुछ दिन को रेनाला आइएगा। वे स्वयं मुझे बुलायेंगी तो मैं भी आऊँगी। वरना मैं समझती हूँ कि आप मुझे पत्र न लिखिएगा, न ही मैं आपको पत्र लिखूँगी। आप दयानतदारी से कोशिश करेंगे, तो आपकी ज़िन्दगी ज़रूर सफल होगी, मुझे पूरा विश्वास है।"

गोविन्द ने सिर्फ़ लम्बी साँस ली। कुछ देर चुप रह कर उसने कहा, "तुम्हारा क्या प्रोगाम है?"

"मैं आज रेनाला चली जाऊँगी!"

गोविन्द असल में जानना चाहता था कि अब, जब उसने शादी कर ली है, निमिषा

अपने भविष्य के बारे में क्या सोच रही है। जब निमिषा उससे मिलने देवनगर आयी थी तो उसने लाहौर के किसी अध्यापक का ज़िक्र किया था। वे रेनाला के रहने वाले थे उनकी बहन निमिषा को बहुत चाहती थीं और स्कूल के सेक्रेट्री श्री चौधरी उनके सिलसिले में निमिषा का मन बनाने की कोशिश किया करते थे। निमिषा से हमेशा के लिए अलग होने के पहले सहसा इस सिलसिले में उसका प्रोग्राम जानने की इच्छा गोविन्द के मन में उठी थी। जब वह उसका प्रश्न नहीं समझी तो पहले गोविन्द ने सोचा कि वह चुप रहे, लेकिन उससे रहा नहीं गया, उसने कहा :

"मैंने तो शादी कर ली, तुमने अपने भविष्य का कुछ प्रोग्राम बनाया या नहीं?"

"जब चाचा जी को परसों शाम मालूम हुआ," निमिषा ने कुछ थके हुए स्वर में कहा, "कि आप सुबह आये थे तो वे बहुत नाराज़ हुए थे। कहने लगे —अब, जब उसने शादी कर ली है, तुम क्यों उससे मिलती हो, क्यों अपने यहाँ बुलाती हो। तुम अपनी शादी करो ताकि यह स्कैण्डल ख़त्म हो।"....वह कुछ क्षण मौन कॉफ़ी पीती रही। फिर उसने कहा, "परसों चाचा जी ने बताया कि हमारे सेक्रेट्री चौधरी साहब एक दिन उन्हें कचहरी में मिले थे और प्रोफ़ेसर ध्यान के लिए उन्हें प्रोपोज़ किया था। चाचा जी ने उन्हें जवाब दिया था कि अगर निमिषा को स्वीकार हो तो उन्हें एतराज़ नहीं।"

निमिषा चुप हो गयी। फिर कुछ क्षण बाद उसने कहा, "अब चाचा जी ज़ोर दे रहे हैं कि मैं प्रोफेसर साहब को देख लूँ और अगर नापसन्द न हों तो हाँ कर दूँ। मैं इस सिलसिले में बिलकुल उदासीन हूँ। उन्हें देखने की मुझे कोई इच्छा नहीं। सोचती हूँ, चाचा जी से कह दूँ —आप ही देख लीजिए और तय कर दीजिए!"

आदमी के अहं को प्रायः इस बात से बहुत सन्तोष मिलता है कि उसको चाहने वाले ने प्यार में असफल हो कर फिर शादी नहीं की और ज़िन्दगी उसी की चाहत में गुज़ार दी। गोविन्द भी इन्सान ही था और जब उसने निमिषा के भविष्य का प्रोग्राम जानना चाहा था तो हो सकता है, कहीं उसके अचेतन में यह इच्छा भी हो, लेकिन उसके मन पर इस बात का बोझ भी था कि निमिषा अविवाहित रहने का फ़ैसला कर अपनी ज़िन्दगी बर्बाद न कर ले। इसलिए जब निमिषा ने अपने चाचा का फ़ैसला सुनाया तो गोविन्द के दिल से जैसे कोई बोझ उतर गया। उसने अतिरिक्त उत्साह से कहा :

"प्रोफ़ेसर ध्यान बहुत अच्छे आदमी हैं। अभी तो कॉलेज में लेक्चरर हैं, लेकिन समय पा कर अपने विभाग के हेड हो जायेंगे, और तुम्हें क्या चाहिए!" क्षण भर रुक कर उसने इतना और जोड़ा, "मेरे साथ तुम ज़िन्दगी भर आर्थिक रूप से इनसिक्योर[१] रहतीं। चौधरी साहब ठीक सोचते हैं, प्रोफेसर साहब मूर्तिमान सिक्योरिटी हैं!" वह चुप हो गया। फिर क्षण भर बाद उसने कहा, "मुझे ग़लत न समझना। झूठ बोलने की मेरी आदत नहीं।"

निमिषा ने किसी बात का जवाब नहीं दिया। बैरा बिल ले आया था। उसने बिल दे दिया और दोनों कॉफ़ी हाउस से बाहर आ गये।

"आपने जैसा कहा है, मैं वैसा ही करूँगा," गोविन्द ने कॉफ़ी हाउस के बाहर फ़ुटपाथ पर क्षण भर रुक कर कहा, "मैं आप को अब कोई पत्र नहीं लिखूँगा। मैं माला

१. असुरक्षित

को भी साथ ले जाऊँगा और एक बार उससे चलाने की पूरी कोशिश करूँगा। यदि हमारी ज़िन्दगी चल पड़ी तो आप मित्र की तरह कभी देवनगर आइएगा, वरना मुझे भूल जाइएगा। और अपनी ज़िन्दगी बनाइएगा।"

यह कहते हुए उसका कण्ठ भरभरा आया। वह दोनों हाथ मस्तक पर ले गया और बिना निमिषा से आँखें मिलाये तेज़-तेज़ घर की तरफ़ चल दिया।

☒☒☒

पाँचवाँ खण्ड

क़फ़स क्या चीज़ है सैयाद डर इस वक़्त-ए-नाज़ुक से
कि रंज-ए-क़ैद बढ़ कर हिम्मत-ए-परवाज़ बन जाये

—मानी

उन्नीस

देवनगर पहुँचने के बाद, चैन पाने में नितान्त असफल रह कर आख़िर एक रात गोविन्द ने दो लम्बे पत्र लिखे।

पहला पत्र उसने निमिषा को लिखा :

प्रिय निमिषा :

> तुमने कहा था और मैंने वादा किया था कि तुम्हें पत्र नहीं लिखूँगा, इस पर भी मैं यदि यह लम्बा पत्र लिख रहा हूँ तो समझ लो कि बहुत ही मजबूर हूँ। तुम इसका उत्तर दो, यह ज़रूरी नहीं। सिर्फ़ इसे पढ़ लेना और मुझे क्षमा कर देना।
>
> मैंने लाहौर में तुमसे कहा था कि मेरा मन उखड़ गया है और मैं तत्काल देवनगर चला जाऊँगा, लेकिन माला को साथ ले कर देवनगर जाने में मुझे कुछ अजीब-सा संकोच हुआ। एक अजाने भय ने मेरे पाँव जकड़ लिये और आजकल करते हुए, अपनी शादी के लिए ली गयी पूरी छुट्टियाँ मैंने लाहौर में गुज़ार दीं। बदले में हर दिन और भी आहत हुआ, परेशान और पशेमान हुआ! अन्त में माला को लाहौर छोड़ कर, अपने चचेरे भाई अशोक और अपने लड़के के साथ, मैं यहाँ आ गया हूँ....

०

माला को साथ ले कर देवनगर जाने में गोविन्द को किस कारण संकोच था, यद्यपि उसने निमिषा को वह नहीं लिखा, पर ये पंक्तियाँ लिखते हुए लाहौर के उन दस दिनों की मनःस्थिति उसके दिमाग़ में कौंध गयी। वह सब निमिषा को लिखे या न लिखे, इसी दुविधा में वह कलम रोक कर कुर्सी पर पीछे को झुक गया।

बात वास्तव में यह थी कि जब गोविन्द ने देवनगर में आर्ट-टीचर की नौकरी स्वीकार की थी तो वहाँ की वास्तविक स्थिति के बारे में वह नितान्त अनभिज्ञ था। उसने अपने मित्र से यही जाना था कि प्रसिद्ध समाज-सुधारक श्री देवा जी मध्य पंजाब में पत्थरचट्टी गाँव के निकट एक आदर्श नगर की स्थापना कर रहे हैं, जहाँ के वासी जात-पाँत और भेद-भाव से दूर, सुन्दर और स्वच्छ वातावरण में, मित्र और प्रेम-भाव से रहेंगे; जहाँ कोई किसी से नफ़रत नहीं करेगा; सब एक-दूसरे को आगे बढ़ाने, ऊपर उठाने की कोशिश करेंगे; जहाँ प्रेम के मार्ग में कोई दीवार न होगी; जहाँ के स्कूल में बच्चों को आत्म-निर्भर रहना, दस्तकारी और कला-कौशल में रुचि लेना सिखाया जायेगा और देवनगर के आदर्श में विश्वास रखने वाले, रिटायर होने के बाद, जहाँ अपना समय बड़े ही अच्छे वातावरण में सुख-शान्ति, चिन्तन और मनन में गुज़ार सकेंगे।

लेकिन देवनगर में कुछ महीने रहने के बाद गोविन्द ने जाना कि वह सब उस नगर का मुखौटा था, वास्तव में उसके संस्थापक अन्दर से पक्के व्यवसायी थे। उन्होंने 'देवमण्डल' के नाम से एक सुधारवादी संस्था कायम की थी, जिसके सदस्य 'देवसैनिक' कहलाते थे। 'देवमण्डल' की मुख्य पत्रिका 'देववाणी' थी, जिसका सम्पादन स्वयं देवा जी करते थे। उसी में वे समाज-सुधार सम्बन्धी अपनी योजनाएँ रखते थे। पत्थरचट्टी के एक बिगड़े रईस से केवल बाईस हज़ार में वह उजड़ी जागीर उन्होंने मोल ले ली थी और जागीर के शराबी मालिक को 'देवसेना' का आजीवन सदस्य बना लिया था; जागीर के भग्न परकोटे की नानकशाही ईंटों से बाहर पक्की, अन्दर से कच्ची, लेकिन ख़ूब लिपी-पुती दस कोठियाँ बनवा ली थीं। उनके फ़ोटो 'देववाणी' में छाप कर पत्रिका द्वारा अफ़्रीका, अमरीका, मलाया और बर्मा में भारत से आजीविका के लिए जा कर वहाँ धनी हो जाने वाले, लेकिन वहाँ की स्वार्थ-भरी पूँजीवादी फ़िज़ा में ऊबे हुए अपने (मुख्यत: सिक्ख) पाठकों से अपील की थी कि वे देवनगर के आदर्श वातावरण में एक-एक कोठी बनवायें, छुट्टियों के दिन वही गुज़ारें और रिटायर हो कर वहीं निवास करें। हर जेब की सुविधा का ध्यान रखते हुए देवा जी ने छोटी, मध्यम और बड़ी कोठियों के प्लॉट बना दिये थे और उन्हें अपने भक्तों में महँगे दामों बेच रहे थे।

जब गोविन्द देवनगर गया था तो ऐक्टिविटी स्कूल की बिल्डिंग लगभग तैयार हो चुकी थी। 'देवमण्डल' का पहला वार्षिक सम्मेलन हो चुका था और उसमें भाग लेने वाले कई सदस्यों ने बड़ी और छोटी कोठियों के प्लॉट ख़रीदे थे और इच्छा प्रकट की थी कि देवा जी उनकी कोठियाँ बनवा दें, रिटायर हो कर वे देवनगर में ही बसेंगे। देवा जी ने उनको विश्वास दिलाया था कि तब तक वे उनकी कोठियाँ देवनगर में काम करने वालों अथवा वहाँ अस्थायी रूप से निवास करने वालों को किराये पर चढ़ा देंगे; दस वर्षों में उनकी लागत उन्हें मिल जायेगी और देवनगर की कोठी उनकी अपनी हो जायेगी। परकोटे से बनी कोठियों की उस पंक्ति में मध्य की पूरी कोठी देवा जी के पास थी, शेष कोठियों में से हरेक में दो-दो, तीन-तीन देवसैनिक निवास करते थे। नौकरों और प्रेस में काम करने वालों के लिए दूर क्वार्टर बना दिये गये थे। देवसैनिक कोठियों के आगे खुले मैदानों में बने कोर्ट में बैडमिण्टन खेलते थे और कर्मचारी अपने क्वार्टरों के आगे वॉलीबॉल। और यूँ जात-पाँत, भेद-भाव वहाँ बदस्तूर बना हुआ था, यद्यपि ऊपर से दिखायी न देता था।

देवसैनिक कुल अट्ठारह थे। (आगे देवा जी ने भरती रोक दी थी।) वही संस्था का सब काम देखते थे। उनके निवास और खाने-पीने का ज़िम्मा 'देवमण्डल' का था। शेष ज़रूरतों के लिए उन्हें माहवार रकम मिलती थी। सबने कुछ-न-कुछ रुपया 'देवमण्डल' में भी लगा रखा था। कुछ के माता-पिता ने वहाँ कोठियों के प्लॉट भी ख़रीद रखे थे।

यद्यपि देवसैनिकों में कुछ कवि और लेखक भी थे और वे सब बौद्धिकों, चिन्तकों और समाज-सुधारकों का मुखौटा लगाये थे, लेकिन दो-तीन को छोड़ कर शेष का दिमाग़ी स्तर ख़ासा नीचा और रुचि निहायत फूहड़ थी। गोविन्द जानता था कि वह माला को ले कर जायेगा तो वे ख़ासे भद्दे मज़ाक करते हुए, उससे मिठाई और चाय-पार्टी का तकाज़ा करेंगे। उसके घर उसकी नवपरिणीता को देखने आयेंगे, प्रकट प्रशंसा करेंगे, परोक्ष में उसका मज़ाक उड़ायेंगे और उसके जले पर नमक छिड़केंगे। उनकी मज़ाक और व्यंग्य-भरी दृष्टियों

का मुकाबला करना उसके लिए कठिन हो जायेगा। अपनी उस कुरूप पत्नी को ले कर कम्यूनिटी किचन में खाना खाने जाना उसे निहायत असह्य मालूम होता था।

दैव सैनिकों के फूहड़ मज़ाकों के अलावा सबसे बड़ा संकोच उसे अपनी छात्राओं के कारण था। उसकी आर्ट-कक्षा में जो लड़कियाँ-लड़के पढ़ते थे, उनमें देवा जी की दो बेटियाँ भी थीं। बड़ी लड़की —वाणी —की आँखों में अपने इस आर्टिस्ट टीचर की कला और कविता के लिए अपार श्रद्धा थी। वह परम्परागत अर्थों में सुन्दर नहीं थी, पर उसकी आँखों में कुछ ऐसा आकर्षण था कि वह अनायास ध्यान खींचती थी। गोविन्द ने अपने मित्र अध्यापकों से उस लड़की के प्रेम-प्रसंगों के कई किस्से सुने थे। देवनगर में गोविन्द की आमद के कुछ ही महीने पहले 'देववाणी' के उर्दू-हिन्दी संस्करणों के सम्पादक संगीत सिंह और एक देवसैनिक तीरथ राम को उसी के प्रेम के कारण अन्तत: देवनगर छोड़ना पड़ा था। अंग्रेज़ी के युवक अध्यापक जितेन्द्रनाथ आते ही उसके तीरे-निगाह का शिकार हो गये थे और कभी-कभी नहर पर घूमते हुए गाया करते थे :

तेरे तीरे-नीम-कश को कोई मेरे दिल से पूछे
यह ख़लिश कहाँ से होती जो जिगर के पार होता

गोविन्द अपने छात्र-छात्राओं के सिलसिले में पहले से बड़ा सतर्क था और वे तमाम किस्से सुन कर और भी सतर्क हो गया था, लेकिन अपने प्रति वाणी का स्नेह और श्रद्धा उसे अच्छी भी लगती थी। उसी के अनुकरण में अन्य लड़कियाँ-लड़के भी उसे आदर और स्नेह देते थे। उनका सुन्दर और सुसंस्कृत आर्ट-टीचर एक फूहड़ और कुरूप बीवी ब्याह लाया है, उन बच्चों को यह जनाना गोविन्द के अहं को स्वीकार न था।

फिर देवनगर के देवता सरे-शाम ही सो जाते थे। तब उस विशाल सूनेपन में, जहाँ शाम के खाने के बाद किसी के यहाँ भी जाया नहीं जा सकता था, सारा समय उस फूहड़, कुरूप और भूखी पत्नी के साहचर्य में गुज़ारने के ख़याल ही से गोविन्द के मन में हौल उठता था।

और अपनी शादी के तत्काल बाद लाहौर में वह कुछ अजीब-से संकोच, भय, दुविधा और असमंजस का मारा दिन-दिन भर ही नहीं, रात के खाने के बाद भी अपने मित्र-परिचितों की संगति में भटकता रहा था। उसे यह जान कर हैरत और अफ़सोस हुआ था कि सुखबीर सिंह सन्धू समेत उसके तमाम तथाकथित पढ़े-लिखे आधुनिक लाहौरी मित्रों में एक भी ऐसा नहीं था, जिसने उसे उस अनचाहे संग को निर्ममता से काट कर मुक्त होने या निमिषा से शादी करने या वह सम्भव न हो तो अकेला रहने की सलाह दी हो। इसके बरअक्स उन्होंने रूपकृष्ण की तरह ही उसे ढेरों लेक्चर पिलाये थे।

उन दिनों गोविन्द को लगातार अपने मित्र हरभजन की याद आयी थी। वह अंग्रेज़ी में एम०ए० था और बहुत अच्छा आर्टिस्ट था। एम०ए० करते ही उसकी माँ ने लाहौर ही में एक जगह उसकी सगाई कर दी थी। चूँकि उसकी माँ ख़ुद पुरुषों-ऐसी नारी थी —जिसे अंग्रेज़ी में ही-वुमन कहते हैं —इसलिए बहू को देख कर आने के बाद उसने उसकी बड़ी प्रशंसा की थी। हरभजन एक लड़की के इश्क में असफलता का मारा था। वह इतना उदासीन था कि बीवी को देखने तक न गया था। (यूँ भी उस ज़माने में केवल धनी परिवारों

में लड़कियाँ दिखायी जाती थीं) लेकिन जब उसकी शादी हुई और उसने पाया कि उसकी बीवी कद में उससे एक बालिश्त लम्बी, मोटी-तगड़ी और गोरे रंग के बावजूद चेचक-मारी है तो वह अवसन्न रह गया था। उसने जब गोविन्द से जाना था कि उसकी सगाई राहों में हो गयी है और उसने अपनी होने वाली पत्नी को देखा तक नहीं तो उसने अपनी मिसाल देते हुए गोविन्द से अनुरोध किया था कि उसकी भाभी लड़की की कितनी भी तारीफ़ क्यों न करती हो, वह बिना स्वयं उसे देखे कतअन शादी न करे। अपने विवाह के उन शुरू के दिनों में जब गोविन्द अपने मित्रों में भटकता और उनके उपदेश सुनता घूमता था, उसे हरभजन की बहुत याद आती थी। उसे पूरा विश्वास था कि वह लाहौर में होता तो निश्चय ही गोविन्द को उस अनचाहे संग को काट फेंकने की सलाह देता और उस स्थिति से निकलने का कोई रास्ता सुझाता। थका-हारा और उदास गोविन्द रात को साढ़े दस-ग्यारह बजे घर आता तो उसकी पत्नी बिस्तर पर उसकी प्रतीक्षा कर रही होती। वह तो शान्त हो कर सो जाती, लेकिन वह देर तक जागता सुलगता रहता।

०

कितनी ही देर तक कुर्सी पर पीछे को झुका गोविन्द उन कष्टप्रद स्मृतियों में डूबा रहा। अन्ततः उसे लगा कि अपने उस संकोच का ठीक-ठीक कारण वह निमिषा को पत्र के माध्यम से नहीं समझा सकता, रू-ब-रू भले ही समझा सके, हालाँकि उसे वह भी कठिन लगता था। तब सिर के झटके से उन स्मृतियों को परे हटा कर वह सीधा हो बैठा और फिर पत्र को आगे लिखने लगा :

"तुमने शादी में अशोक को देखा होगा। मेरा चचेरा भाई है। बी०ए० है, आयुर्वैदिक कॉलेज, लाहौर का कविराज और वैद्य वाचस्पति है। लुधियाना में उसने प्रैक्टिस जमाने की कोशिश की है, पर वो मसल है कि घर का जोगी जोगड़ा, आन गाँव का सिद्ध, सो वहाँ उसकी प्रैक्टिस चली नहीं। फिर वह वैद्यक से ज़्यादा फ़ुटबाल और वॉलीबाल में दिलचस्पी रखता है और अभी उसका मन खेल से भरा नहीं। चाचा बहुत चिन्तित थे। भाई साहब ने कहा कि देवनगर में कोई हकीम-डॉक्टर नहीं, नगर बस रहा है, अगर तुम्हारी देख-रेख में अशोक वहाँ जम जाये तो बहुत अच्छा हो। सो, मैं उसे ले आया हूँ।

मैंने भी सोचा कि उस वक्त, जब मैं किसी देवनगरिए की आँखों का सामना करने की स्थिति में नहीं हूँ और वे लोग आठ बजे शाम का खाना खा कर सो जाते हैं, यहाँ की शामों का बेपनाह सूनापन मुझसे अकेले झेला नहीं जायेगा। अशोक और अपने बेटे के रहते वह सूनापन मुझे उतना नहीं खलेगा। फिर मेरा बेटा तो दादी के पास ही रहेगा, मैंने सोचा कि वापस लुधियाना जाने से पहले वह कुछ दिन मेरे पास रह जाये और मैं उसे भी ले आया। मेरा ख़याल था, तुम कहोगी —'गुड्डू को कुछ दिन के लिए मेरे साथ भेज दीजिए।' तुम कहतीं तो सच, मैं भेज देता, लेकिन तुमने कहा नहीं और बच्चा जैसे खोया-खोया डोलता फिरता है, मुझे उस पर तरस आ गया —उस पर भी और अपने आप पर भी —जाने हम दोनों बाप-बेटे के भाग्य में क्या-क्या सहना बदा है। माला से मैं कह आया हूँ कि अभी तो मैं एक छोटे-से कमरे में अकेला

रहता था, अब मैं जा कर जगह की व्यवस्था कर लूँ, तब तुम्हें ले जाऊँगा।

यहाँ आ कर मैं देवा जी से तो मिला, लेकिन तीन-चार दिन तक अन्य किसी से मैंने आँख नहीं मिलायी। देवा जी से अपने लिए अलग मकान की बात कही और उन्होंने कम्यूनिटी किचन से परे नयी बनी सड़क के साथ तीन-तीन कमरों और दोनों ओर छोटे-छोटे बरामदों वाली छोटी कोठियों में से एक मुझे एलॉट कर दी। बड़ी कोठी का कमरा तो मुझे मुफ़्त मिला हुआ था, लेकिन नये मकान का मुझे कुछ किराया देना पड़ेगा।

यह जगह देवसैनिकों की कोठियों से परे है। सैर को जाने के लिए भट्ठे के ऊपर से वीराने में से हो कर नहर को रास्ता गया है। मैंने सुबह-सुबह सामान बदल लिया और तबीयत की ख़राबी का बहाना करके घर से बाहर नहीं निकला — न कम्यूनिटी किचन में खाना खाने गया, न कोठियों की ओर सैर को निकला। दोनों वक्त मैंने खाना यहीं मँगा लिया। अपनी क्लास मैं लेता रहा हूँ और यदि किसी बच्चे ने पूछा तो मैंने कह दिया कि जगह का प्रबन्ध नहीं किया था, इसलिए पत्नी को नहीं लाया, अब लाऊँगा।

आज कुछ मित्र आये थे। उनको भी मैंने यही कह कर टाल दिया, लेकिन अब अशोक उतावला हो गया है। देवा जी ने उसको यहाँ प्रैक्टिस करने की इज़ाजत दे दी है। आते ही वह देवनगर की वॉलीबॉल टीम का एक महत्वपूर्ण सदस्य बन गया है। उसका दिल भी यहाँ लग गया है। अब वह चाहता है कि जल्दी-से-जल्दी जाये और औषधियों के साथ अपनी भाभी को भी ले आये, लेकिन मैं रोज़ टाल जाता हूँ। सौभाग्य से आजकल यहाँ इर्द-गिर्द के गाँवों की वॉलीबॉल टीमों के मैच हो रहे हैं। अशोक व्यस्त है और अभी यहीं बना है, लेकिन मैच तो दो दिन बाद ख़त्म हो जायेंगे, वह गुड्डू को ले कर चला जायेगा और माला को ले कर वापस आयेगा और इस ख़याल मात्र से मेरे मन में हौल उठता है।

मैं कितना परेशान हूँ निमि, मैं तुम्हें बता नहीं सकता। लाहौर के कुछ दिनों में अपनी पत्नी के साहचर्य में मैंने जो यातना पायी है, उसकी याद भर के मेरे प्राण काँप जाते हैं। काश, मैं वह सब तुम्हें बता सकता! हो सकता है कि यदि तुम कुछ दिन और लाहौर में रुकतीं और हम फिर मिलते तो मैं साहस बटोर कर उस यातना का कुछ आभास तुम्हें दे देता, हालाँकि मैं समझ नहीं पाता कि वह सब मैं किस प्रकार तुमसे कहता। कोई युवक किसी युवती को, जिससे (कितने भी स्नेह-भरे क्यों न सही) उसके औपचारिक सम्बन्ध हों, कैसे वह सब बता सकता है। दो शब्दों में यही कह सकता हूँ, कि लाहौर के वे दिन मैंने एक अपरम्पार भूखी और फूहड़ नारी के सम्पर्क में काटे हैं और मेरी आत्मा तक कुचली गयी है। मैं जब से आया हूँ सन्न-सा घर में पड़ा हूँ। मशीन की तरह क्लास ले आता हूँ, फिर न किसी से बोलने-बतियाने को जी चाहता है, न हँसने-खेलने को। वह हँसी, जिसका तुमने ज़िक्र किया था, अब मेरे लिए अपरिचित हो गयी है। मुझे न दिन को चैन पड़ता है, न रात को नींद आती है।

न मेरा ब्रश उठाने को मन होता है, न कलम छूने को। इस बीच न मैंने कोई चित्र बनाया है, न ग़ज़ल लिखी है। लगता है, जैसे मेरी प्रेरणा के तमाम सोते सूख गये हैं। हार कर मैं तुम्हें पत्र लिखने बैठ गया हूँ कि शायद तुम्हें सुना कर ही मन का बोझ कुछ हल्का हो जाये और मैं फिर से किसी योग्य हो सकूँ।

तुम्हें याद होगा जब मैं रेनाला में था, तुमसे एक शाम 'पागल' फ़िल्म पर बहस हो गयी थी। उसमें नायक (पृथ्वीराज कपूर) अपनी सगाई के सिलसिले में एक लड़की को देखने जाता है। लड़की को देखने जाते वक्त उसमें बहुत उत्साह है। वह ठोडी के नीचे बालों की एक-एक खूँटी साफ़ करते हुए बड़ी अच्छी तरह शेव करता है। ख़ूब सजता-सँवरता है। जब वह अपनी ससुराल जाता है तो वहाँ दो बहनें साथ-साथ बैठी होती हैं। छोटी बहन बहुत सुन्दर है, बड़ी बहन सामान्य है। वह यह समझता है कि उसे छोटी को पसन्द करने के लिए बुलाया गया है। वह हामी भर देता है और शादी के दिन तक सपनों की दुनिया में खोया रहता है। लेकिन सुहागरात में जब वह पत्नी का घूँघट उठाता है और वहाँ बड़ी बहन को पाता है तो सन्तुलन खो बैठता है।

अपनी नव-परिणीता को देख कर नायक को जो आघात लगा और जैसे वह सन्तुलन खो बैठा, पृथ्वीराज कपूर ने उसे बड़ी कुशलता से अभिव्यक्ति दी थी, लेकिन मुझे उसके अभिनय में कुछ ओवर-ऐक्टिंग लगी थी।

आज सहसा अपनी उस आपत्ति की याद करता हूँ तो मन-ही-मन अपनी मूर्खता पर हँसी आती है। पिछले कुछ दिनों के मानसिक द्वन्द्व ने मुझे जिस तरह पागल-ऐसा बना दिया है, मुझे लगा है कि उस सिच्युएशन में कुछ भी अतिशयोक्तिपूर्ण नहीं था। चूँकि मैं उस अनुभूति से गुज़रा नहीं था, इसलिए उस फ़िल्म के नायक की मानसिक स्थिति की कल्पना नहीं कर सकता था। आज जब मैं लगभग वैसी मानसिक स्थिति में हूँ तो मुझे लगता है कि ऐसे में आदमी को कोई रास्ता न पाये तो निश्चय ही दिमाग़ी सन्तुलन खो सकता है।

'पागल' में और मेरे किस्से में अन्तर इतना ही है कि वहाँ नायक धोखा खा गया और यहाँ मेरी भाभी, लेकिन आघात तो मैं समझता हूँ, मुझे भी वैसा ही लगा। मेरा आघात बल्कि और भी ज़्यादा है कि मैं जिसे चाहता था और जिसके साथ शादी करने की इच्छा रखता था और जो शादी पर जाने से पहले और शादी करते वक्त मेरे दिल-दिमाग़ पर छायी थी, उस पर मेरे भाई-भावज नाक-भौं चढ़ाते थे और बदले में जो 'हूर-परी' वो लाये, उसे देख कर अपने मित्र हरभजन की ही तरह मैं जैसे अवसन्न रह गया।

मैंने शुरू में सोचा था कि यदि माला सुन्दर होती तो शायद मुझे उतना आघात न लगता (और इसी कारण मुझे उस पर दया आयी थी और भाई साहब की बात न मान कर मैंने उसके साथ निभाने का फ़ैसला किया था) लेकिन अब मुझे लगता है कि यह भी एक बहुत बड़ा झूठ है, जिससे मैं अपने-आपको भुलावा देता रहा हूँ। माला के गालों पर निहायत बदज़ेब बड़ी-बड़ी काली झाँइयाँ हैं और न जाने क्यों उसने खाना-पीना छोड़ कर देह सुखा ली है, एक भूख घटा

ली और दूसरी बढ़ा ली है। उस पतली-दुबली, सड़ी-सिकुड़ी, चुभती हुई हड्डियों वाली देह का अग्रेशन और उसकी भूख देख कर मैं चकित रह गया हूँ। उसके शरीर पर उतना गोश्त नहीं रहा और उसका गोरा रंग सँवला गया है, लेकिन कल इलाज-उपचार और पौष्टिक भोजन से उसकी देह के ये सारे अवगुण मिट सकते हैं —गालों की झाँइयाँ ग़ायब हो सकती हैं, देह भर सकती है और सँवलाया रंग निखर आ सकता है, तब क्या मैं उसके साथ चल सकूँगा? कुछ दिनों, या कहूँ कि कुछ रातों, के अनुभव के बल पर मैं कह सकता हूँ कि नहीं, वैसा करना मेरे बस की बात नहीं! क्योंकि उस वक्त जब मेरी आँखों में तुम्हारी स्नेह-भरी मुस्कान बसी हो और दिल में तुम्हारे सम्भ्रान्त, शिष्ट, सुसंस्कृत व्यवहार की छाप हो तो कोई हूर परी भी क्यों न हो, उसकी वैसी अपरम्पार फूहड़ता को मैं सहन नहीं कर सकता।

मैंने भाई साहब से बात की थी तो उन्होंने कहा, 'मैंने तुमसे कहा था कि तुम देवनगर भाग जाओ, तुम्हारी इससे नहीं पटेगी। तब तो तुम बड़े आदर्श बघारने लगे थे, अब अपना किया भुगतो! मैं कुछ नहीं कर सकता।' उन्होंने क्रोध में अंग्रेज़ी मुहावरे का प्रयोग करते हुए कहा, 'यू बेटर स्टयू इन योर ओन ज्यूस नाउ!' हो सकता है तुम भी ऐसा ही कहो कि मैं तो एक दिन बाद शादी करने को तैयार थी, आप नहीं माने, अब आप निभाइए और यूँ सब मुझी को दोषी ठहरा कर छुट्टी पा जायें और चैन की नींद सोयें।

लेकिन निम्मी, क्या सच बस दोष मेरा ही है? मैंने बार-बार इस वस्तु-स्थिति का विश्लेषण किया है और मुझे लगा है, मेरा दोष इतना ही है कि मैं कड़े दिल का आदमी नहीं और भाई साहब वाली निर्ममता या तुम्हारे वाला ठहराव और गणना मेरे यहाँ नहीं है। मैं निहायत आवेगी आदमी हूँ। भाई साहब का कसूर यह है कि उन्होंने मेरी एक पेश नहीं चलने दी। तुम्हारा यह कि तुमने मेरी स्थिति को समझा नहीं और तुम्हें अपने रिश्तेदारों की भावनाओं तथा अपनी नौकरी की चिन्ता रही। भाभी का यह कि जब भाई साहब मान गये तो वह अड़ गयी और इसे मैं केवल संयोग ही कहूँगा कि ओम की पत्नी बेहद ख़ूबसूरत निकली और भाभी को अपने हठ पर अड़े रहने का एक और बहाना मिल गया।....मैं तो इस कम्बख़्त माला के साथ भी निभा ले जाता, यदि उसमें थोड़ी भी समझ और संस्कार होता। सो, कसूर मेरा ही नहीं, दूसरों का भी है। यह और बात है कि सबने अपने दोष मेरे कन्धों पर डाल दिये हैं और मुझे एक अँधेरे कुएँ में धकेल कर ख़ुद अलग जा खड़े हुए हैं।

देखो निम्मा, होना तो यही चाहिए कि इस ग़लती को (जो चाहे जैसे भी हो गयी है) बढ़ाते चले जाने की अपेक्षा मुझे तत्काल माला से सम्बन्ध विच्छेद कर लेना चाहिए और तुम्हें मुझको इस अन्धे कुएँ से उबार लेना चाहिए (उस तमाम आक्रोश के बावजूद, जो मेरी ढुलमुलता के कारण तुम्हें होगा) और समाज और परिवार की परवाह किये बिना हमें एक बन्धन में बँध जाना चाहिए! उस दिन कॉफ़ी हाउस में यदि हम कुछ पल और बैठते तो मैं तुमसे यही कहता।

लेकिन मैं कह नहीं सका। मन में कुलबुलाती इच्छा को शब्द देने के लिए कुछ समय दरकार था, जो मुझे नहीं मिला। माला ने तुम्हारे साथ जो दुर्व्यवहार किया, उससे तुम्हीं नहीं उखड़ीं, मैं भी उखड़ गया। फिर तुमने प्रोफ़ेसर ध्यान की बात कर दी और मुझे लगा (आज भी लगता है) कि ऐसे में तुम्हें उस सबके लिए कहना मेरी घोर स्वार्थपरता होती, क्योंकि प्रोफ़ेसर ध्यान हर लिहाज़ से मेरी अपेक्षा बेहतर हैं। भले ही वे कलाकार और कवि नहीं, पर आदमी भले हैं, यह मैं विश्वासपूर्वक कह सकता हूँ (और कलाकार और कवि ज़रूरी नहीं कि आदमी भी अच्छे हों। उनके कोने घिसे नहीं होते और वे प्रायः साथियों को चुभते रहते हैं।)

मेरे मन में जो बात बार-बार आती रही है, वह मैंने तुम्हें लिख दी है। इसके बावजूद मैं नहीं कहता कि तुम इतना अच्छा मैच छोड़ कर मेरी चिन्ता करो! सिर्फ़ एक अनुरोध मैं तुमसे करूँगा। वही जो हरभजन ने मेरी शादी से पहले मुझसे किया था कि तुम बिना देखे और प्रोफ़ेसर साहब से अच्छी तरह बात किये, शादी के लिए हामी न भरना। न मेरी तरह उदासीनता से काम लेना। वरना जैसे माला को देखते हुए मुझे लगातार तुम्हारी याद आयी हे, मेरी तमाम कमज़ोरियों के बावजूद तुम्हें मेरी याद सतायेगी। देख कर उन्हें पसन्द कर लोगी तो तुम्हें किसी तरह की फ़स्ट्रेशन नहीं होगी और मेरी याद तुम्हारे दिल से धीरे-धीरे धुँधला कर सदा के लिए मिट जायेगी और तुम दोनों का जीवन सुखी हो सकेगा।

अपनी वर्तमान मनःस्थिति में मैं क्या करूँगा, मैं कुछ नहीं कह सकता। यह पत्र ख़त्म करके मैं एक लम्बा पत्र माला को लिखने जा रहा हूँ। मैं उसके सामने सारी स्थिति रख दूँगा और उससे अनुरोध करूँगा कि वह मुझे छोड़ दे! मुझे मुक्त कर दे और स्वयं मुक्त हो जाये!

देवनगर में ज़्यादा दिन रहना तो अब मेरे लिए असम्भव है। मेरा दिल कभी यहाँ नहीं लगेगा। यह इतनी सुन्दर जगह है कि मेरी ज़िन्दगी में यह ट्रैजिडी न घटती तो मैं बाकी उम्र यहीं गुज़ार देता, लेकिन अब मैं यहाँ नहीं रह सकता। भट्ठे से नहर तक का वह वीराना और यहाँ की शामों का वह अपरिमित सूनापन, जो मेरे कलाकार को अपनी ओर आकर्षित करता था और मुझे नित्य नये चित्र बनाने की प्रेरणा देता था, अब मेरे मन में बेइन्तिहा वहशत जगाता है। सोचता हूँ हरभजन को लिखूँ कि मुझे दिल्ली बुला ले। (शायद मैंने तुमसे ज़िक्र किया था कि वह दिल्ली क्लॉथ मिल में काम करने लगा है) यह भी हो सकता है कि जो थोड़ा-बहुत रुपया मेरे पास है, उसे ले कर हरेन्द्र परमार्थी की तरह यात्रा पर निकल पड़ूँ। ख़ूब जम कर घुमक्कड़ी करूँ, नये अनुभव सँजोऊँ और उनमें अपने इस वर्तमान दुख और सूनेपन को भुला दूँ। कोई तो ऐसी जगह होगी, जहाँ मेरे सन्तप्त मन को शान्ति मिलेगी।....कभी-कभी तो मन यह भी चाहता है कि इस बेकार के जीवन की डोर काट दूँ, इस तरह जीने से क्या हासिल है?....लेकिन घबराओ नहीं, मैं आत्महत्या नहीं करूँगा। मेरे संस्कार कहते हैं, यह पाप है।

लेकिन उन संस्कारों के अलावा मैं नहीं समझता, मैं इतना शहज़ोर हूँ कि इस निरर्थक ज़िन्दगी का ख़ात्मा कर दूँ। आत्महत्या करने के लिए बड़ा जिगरा अथवा पागल दिमाग़ चाहिए और मैं एक कमज़ोर इन्सान हूँ। दिमाग़ से ज़रूर भय होता है। कभी मेरे बारे में यदि तुम्हें कोई वैसी असामान्य ख़बर मिले तो हैरान न होना, न दुख मनाना, न मुझ पर आक्रोश करना, बस मुझे क्षमा कर देना।

परेशान तुम्हारा
गोविन्द

पुनश्च :

यह पत्र मैं बहुत ही मानसिक तनाव की स्थिति में लिख रहा हूँ। कोई बात बुरी लगे तो ख़ातिर में न लाना और पत्र पढ़ कर फाड़ देना!

o

दूसरा पत्र गोविन्द ने माला के नाम लिखा :

o

माला,

जब से मैं यहाँ आया हूँ, लगातार अपने और तुम्हारे बारे में सोच रहा हूँ, यहाँ तक कि मेरा दिमाग़ थक गया है और अगर मैं इसी तरह सोचता रहा तो न काम कर सकूँगा, न आराम। ज़िन्दगी में कभी जान-बूझ कर मैंने किसी को दुख नहीं दिया। हस्सास आदमी हूँ। दूसरे के दुख को देख कर दुखी हो जाता हूँ, लेकिन इसके बावजूद यह सच है कि मेरी वजह से दूसरों को तकलीफ़ पहुँची है। इसका यही कारण मेरी समझ में आता है कि दुनियावी मामलों में मैं दिल का मजबूत नहीं हूँ। आवेगशील हूँ और भावनाओं की रौ में बह जाता हूँ। ख़ुद तकलीफ़ पाता हूँ। दूसरों को तकलीफ़ देता हूँ। झूठ बोलने की कला मुझे आती नहीं और सच्ची बात हमेशा कड़वी होती है और दुख देती है।

लाहौर के सात-दस दिनों में मेरी वजह से तुम्हें काफ़ी तकलीफ़ पहुँची होगी। अब देवनगर में उसकी याद से दिल में कचोके लगते हैं, लेकिन मैंने भी कम तकलीफ़ नहीं पायी और मेरे दिल पर जो घाव लगे हैं, वे भी बेतरह टीसते हैं और हमेशा टीसते रहेंगे।

शायद मेरी इस तकलीफ़ का कारण यह है कि अनजाने में अपनी इस शादी से मैंने बहुत उम्मीदें लगा ली थीं। मैं तुम्हें वह सब बता भी चुका हूँ। मैं जिस लड़की से शादी करना चाहता था, उसके ख़िलाफ़ सब से बड़ा ऐतराज़ यह था कि वह ख़ूबसूरत नहीं है। भाई ने, भावज ने बार-बार कहा कि तुम्हारी होने वाली बीवी इस लड़की के मुकाबले में बहुत सुन्दर है; इतनी पढ़ी-लिखी न सही, मैट्रिक में फ़र्स्ट डिवीज़न में पास हुई है; कविता-अविता करती है; चाहोगे तो आगे और पढ़ा लेना, फिर तुम जाति के बाहर क्यों शादी करने के पीछे पड़े हो!....लेकिन जब मैंने देखा कि सौन्दर्य की बात तो दूर रही, मेरी बीवी थर्ड डिवीज़न में पास है और कविता करने का तो क्या ज़िक्र, आगे पढ़ने तक को

उसका मन नहीं है; उम्र भी उसकी अट्ठारह–बीस के बदले, छब्बीस–अट्ठाईस की है तो ज़ाहिर है कि मुझे बहुत बड़ा आघात लगा। तुम मुझे मन में कोसोगी; दिल में बुरा और बदचलन कहोगी; तुम्हारे सगे–सम्बन्धी भी दस बातें बनायेंगे, लेकिन तुम ज़रा अपने आपको मेरी स्थिति में रख कर देखो तो तुम्हें मेरी यह प्रतिक्रिया ऐन स्वाभाविक लगेगी। यह मेरी बदकिस्मती है कि अपने भावों को छिपाना मुझे नहीं आता और मैंने वह सब तुमसे कह किया।

तुम अच्छी लड़की हो, सुघड़ता, सलीका, मिठास — सब तुममें होगी और शायद इस आघात के हल्का होने पर मुझे अपनी ये बातें फ़िज़ूल भी लगें, लेकिन आज मेरे दिल में जो तकलीफ़ है, मैंने तुम्हारे सामने रख दी है। अगर तुम अपने आपको एक कलाकार और कवि के शरीर में रख कर सोच सको तो शायद मेरी निराशा को समझ सको और शायद फिर तुम्हें मुझ पर क्रोध के बदले दया आये।....

०

गोविन्द ने पत्र यहीं तक लिखा था कि वह रुक गया। यह पिछला पैरा उसे नितान्त झूठा लगा। उस भयंकर फूहड़, बेसमझ, लगभग अनपढ़, ज़िद्दी, कुतर्की औरत में उसने कहाँ से सुघड़ापा, सलीका और मिठास ढूँढ ली? अपने मन में वह जानता था कि वह बीस बरस भी उस औरत के साथ रहे तो उससे नहीं चला पायेगा। उसकी पत्नी ने सुहागरात में उसके साथ जो व्यवहार किया, जिस तरह अनचाहे उसे वह सब करने पर विवश किया, जैसी 'क्रूड' और फूहड़ बातें की, जो–जो कुतर्क किये, गोविन्द जानता था कि वह ज़िन्दगी भर उसे क्षमा नहीं कर पायेगा। किसी अपढ़, भूखे दुकानदार या क्लर्क के लिए तो वह उपयुक्त हो सकती थी, पर कोई कलाकार और कवि उसके साथ ख़ुश नहीं रह सकता। और वह औरत, जो दिमाग़ से एकदम ठस थी और भावना के नाम पर पत्थर, उससे वह उन कोमल भावनाओं की आशा रखता था, सोचता था कि वह उस पर दया करेगी। वह कितना मूर्ख है! यह सब झूठ उसने क्यों लिखा?

वह अपने लिखे पर कलम फेरने जा रहा था कि उसने सोचा कि जब वह अपनी पत्नी से सम्बन्ध-विच्छेद करने के लिए कह रहा है तो वह क्यों उसे बुरा–भला कहे? उसे कोसने या गाली देने से उसे क्या हासिल होगा? वह पत्र में उसकी तारीफ़ भी कर देगा तो क्या अन्तर पड़ेगा? कहना तो वह उससे यही चाहता है कि वह उसके साथ बसर नहीं कर सकता और वह उसे छोड़ दे! यह कहने के उसे गालियाँ देने की क्या ज़रूरत है?

उसने वह पैरा उसी तरह रहने दिया और आगे पत्र लिखने लगा :

०

"मेरे ख़िलाफ़ सबसे बड़ी शिकायत तुम यही कर सकती हो कि मैंने तुम्हारे भाइयों को पहले क्यों पत्र नहीं लिखा? लेकिन माला, मेरे फ़ैसले को सुन कर हमारे घर में जो–जो कुछ हुआ है, वह सब तुम्हें बता चुका हूँ। तुम्हारे भाइयों को पता तो चल ही गया था, फिर तुम भी कहती हो कि यदि मैं सगाई छोड़ देता तो तुम आत्महत्या कर लेतीं। मुझे भी यही डर दिखाया गया था। ऊपर से

भाभी की धमकी दी थी कि मैं सगाई तोड़ूँगा तो वह किसी छोटे भाई की शादी में हिस्सा न लेगी आदि....आदि....

और ऐसी स्थितियों में घिरा हुआ, घर-परिवार से बँधा कोई आवेगी, भावुक आदमी क्या करे!

बहरहाल, जो हुआ सो हुआ। और जो हुआ, उसे वापस नहीं लाया जा सकता। रोने-कलपने से कुछ बनने वाला नहीं है। अब ज़रूरत इस बात की है कि इस स्थिति का कुछ मजबूती से मुकाबला किया जाये। मैं तो अपने दिल को मजबूत कर सकता हूँ, लेकिन तुम हौसला ढाये बैठी हो। अहं का तुम्हारे यहाँ मुझे कोई आभास नहीं मिला। किस्मत और फिर बुरी किस्मत को तुम इस सब स्थिति का कारण मानती हो। पुराने संस्कारों में पला तुम्हारा दिमाग़ समाज के ज़ुल्म को, समाज का ज़ुल्म न समझ कर महज़ बदकिस्मती समझता है। जिस समाज में यह होता हो कि लड़की पढ़-लिख कर, सुशिक्षित और सुसंस्कृत बनने के बदले, पति की प्रतीक्षा में दस-बारह साल बेकार बैठी रहे; उसकी काम-क्षुधा को कम करने के लिए उसे भूखा रख कर उसकी सूरत बिगाड़ दी जाये; जहाँ भावी पति-पत्नी को शादी से पहले एक-दूसरे को देखने तक न दिया जाये; एक-दूसरे के बारे में व्यक्तिगत रूप से कुछ जानने-समझने न दिया जाये, वहाँ रोज़ दिल न टूटें तो क्या हो!....और हम पुराने संस्कारों और परम्पराओं के ग़ुलाम, समाज के इस ज़ुल्म को ख़त्म करने की शक्ति नहीं रखते। तुम हिन्दू औरत हो —पुराने संस्कारों, रस्मों-रिवाजों, धर्म और शास्त्रों की झूठी मर्यादाओं और घोर अज्ञानता में जकड़ी अबला —तुम इन बन्धनों को कैसे काटतीं, जब कि मैं — पढ़ा-लिखा, आज़ाद-ख़याल, विचारों से विद्रोही, कलाकार और कवि —कुछ नहीं कर सका! इस सारी स्थिति में किस्मत का हाथ, जो तुम्हें हर जगह नज़र आता है, मुझे कहीं दिखायी नहीं देता।

ऐसी वस्तुस्थिति में क्या करना चाहिए?

मेरे ख़याल में मर्द को यह झूठा बन्धन तोड़ कर दूसरी शादी कर लेनी चाहिए और एक खोखले प्यार पर टिकी घरेलू ज़िन्दगी को —जिसमें उसे सदा अपनी भावनाओं का गला घोंटना पड़े; बात-बात पर खीझना-झींखना पड़े; लगातार झूठ बोलना पड़े, सदा एक निरीह आत्मा को (समाज की ग़लती से जो उसके साथ बाँध दी गयी हो) दुख देना पड़े —दिन-रात की खिट-खिट से अवरुद्ध करने के बदले दूसरी शादी करके, उसे स्वच्छ और उन्मुक्त बहने देना चाहिए!

और औरत को तत्काल ऐसे मर्द का दामन छोड़ कर, हमेशा का अपमान और तिरस्कार सहने के बदले — रोने-रुलाने, पति को बुरा-भला कहने, बुरा-भला सुनने, अपने दुर्भाग्य को कोसने, हतोत्साह होने, सिर को घुटनों में दे कर बैठने, आत्महत्या की सोचने और ऐसी तमाम बातें करने के बदले (जो उस स्थिति में पति को देवता मानने वाली, हमारे देश की अगणित लड़कियाँ नित्य करती हैं) हिम्मत और हौसले से ज़िन्दगी और समाज से अपनी कीमत वसूलनी

चाहिए! तुमने बातों-बातों में मधुमति का ज़िक्र किया था। मुझे मालूम नहीं था कि वह तुम्हारे मुहल्ले की ही रहने वाली है। प्रसिद्ध लेखक की मौसेरी बहन होने के नाते, सभी उसे जानते हैं। मैं सचमुच उसकी हिम्मत की दाद देता हूँ। यदि वह उस बन्धन को न तोड़ती और अपने पति के नाम की माला जपती रहती, तो क्या वह उस आदर और सम्मान की अधिकारिणी हो सकती, जो कि आज उसे प्राप्त है! मैंने उसे सिर्फ़ एक बार 'तरुण जी' के घर देखा था और चन्द क्षणों की उस मुलाकात से उसने मेरे हृदय में अपने लिए श्रद्धा पैदा कर दी थी। उस दिन जब तुमने उन मुसीबतों का ज़िक्र किया, जिन पर उसने अपनी हिम्मत और हौसले से विजय पायी तो मेरी वह श्रद्धा कई गुना बढ़ गयी।

लेकिन हम दोनों शायद वैसा नहीं कर सकते। मैं दुर्बल प्रकृति का भावुक आदमी हूँ। मेरे सोचने और करने में हमेशा अन्तर आ जाता है। और तुम भाग्य को, बली मानने वाली, तुम में इतना साहस कहाँ कि ज़िन्दगी बर्बाद करने के बदले, उस मर्द को, जो तुमसे सख़्त नफ़रत करता है, बायें पाँव से ठुकरा कर, मधुमति की तरह कोई ऊँचा आदर्श बनाओ और अपने उन गुणों के बल पर (जो निश्चय ही तुममें होंगे, भले ही मुझे दिखायी नहीं देते) ज़िन्दगी से अपना कर वसूल करो!

यह ट्रेजिडी, माला, हमारे साथ ही नहीं घटी। इस पिछड़े समाज में रोज़ ऐसी त्रासदियाँ घटती रहती हैं। अभी दो वर्ष पहले मेरे मित्र हरभजन की शादी हुई है। वह एम०ए०, एल-एल०बी० है। एक ऊँचे दर्जे का लेखक और कलाकार है। बीवी उसे मन-मुताबिक नहीं मिली। अपनी वितृष्णा में वह लाहौर छोड़ कर दिल्ली भाग गया और उसने 'दिल्ली क्लॉथ मिल' में एक ख़ासी बोरिंग नौकरी कर ली, लेकिन उसकी बीवी उसके पीछे दिल्ली चली गयी। चाहने पर भी वह उसे धता नहीं बता पाया और अब दोनों एक बेरस ज़िन्दगी जी रहे हैं, जिसमें न कोई ख़ुशी है, न जोश, न वलवला। पिछली बार जब वह दिल्ली से आया था तो मुझसे मिला था। कहने लगा, 'मैं चाहता था, मुझे घर का सुख मिले, लेकिन नहीं मिल सका। निभाऊँगा। बाहर झख मारनी पड़ेगी। मारूँगा।'

लेकिन मैं तो वह भी नहीं कर सकता। लाहौर के चन्द दिनों में तुमने मेरे बारे में जो अन्दाज़ा लगाया है (और जिसे तुम कई तरह की कटूक्तियों में व्यक्त भी कर चुकी हो) वो यह है कि मैं एक बिगड़ा हुआ बदचलन आदमी हूँ, लड़कियों के पीछे मारा-मारा फिरता हूँ और घर की ज़िन्दगी मुझे पसन्द नहीं। काश! तुम मेरे दिल में पैठ कर देख पातीं तो जानतीं कि वहाँ घर की सुखी और शान्त ज़िन्दगी के लिए कितनी ललक है। हरभजन तो बाहर झख मार सकता है, मैं तो वह भी नहीं कर सकता। कवि हूँ, कलाकार हूँ, लड़कियों का सम्पर्क मुझे अनायास प्राप्त हो जाता है, लेकिन उनमें रहता हुआ भी मैं उनसे दूर रहता हूँ। मैं तो सिर्फ़ अपनी कला के लिए समर्पित हूँ। जानता हूँ कि जो व्यक्ति इश्क-ो-आशिकी के चक्कर में पड़ता है, वह अन्ततः भटक जाता है। हर अवैध प्यार कहीं-न-कहीं कला के मार्ग की दीवार बन आता है। वह एक हद तक

प्रेरणा देता है, फिर भटकाता है। अपने सम्पर्क में आने वाली हर लड़की को दिल दे बैठने वाला तो कला को अपना पूरा मन और समय दे ही नहीं पाता। दुनिया वालों की बात तो मैं नहीं कहता, उन्हें स्कैण्डलों में लुत्फ़ आता है, लेकिन मेरे भाई-भाभी मेरी मनोवृत्ति को जानते हैं। इस सत्य को मेरी पहली पत्नी भी अच्छी तरह जान गयी थी और उसे मुझ पर अटूट विश्वास था — तुम मानो या न मानो, लेकिन हकीकत यही है कि मैं झूठी ज़िन्दगी नहीं जी सकता। मैं अपनी पत्नी को या तो दिल से मुहब्बत कर सकता हूँ या फिर नहीं कर सकता और तुम्हारे प्रति अपनी भावनाएँ मैं तुम्हें बता चुका हूँ, जिन्हें छिपाना मेरे बस की बात नहीं थी।

मैंने लाहौर में तुम्हारे बारे में कुछ बातें कह कर तुम्हारे नाज़ुक दिल को ज़रूर तकलीफ़ पहुँचायी है। उसके लिए मैं तुमसे क्षमा चाहता हूँ। दरअसल रंग-रूप, नक्शा-नैन सब भगवान की देन हैं। किसी को उन पर नाक-भौं चढ़ाने का हक नहीं। कल मुझे ही चेचक निकल सकती है और मैं कुरूप बन सकता हूँ। यह घुटने की चोट ही अगर बिगड़ जाती तो मुझे लँगड़ा बना जाती और कुरूप-से-कुरूप लड़की मुँझे 'लँगड़दीन' कह कर मेरा मज़ाक उड़ा सकती थी। इसलिए कोई बात मैंने तुम्हारे बारे में ऐसी कही हो, जिससे तुम्हारे दिल को ठेस पहुँची हो तो मैं सच्चे दिल से क्षमा माँगता हूँ। पुरुषों को इस समाज ने कुछ सुविधाएँ दे रखी हैं और चाहे-अनचाहे उनका इस्तेमाल हो जाता है।

आज जब मैं तुम्हारे सामने दिल खोलने बैठा हूँ (शायद फिर कभी ऐसा न कर सकूँ) तो दो-एक बातें मैं और लिखना चाहूँगा।

देखो, हमारे पहले इम्प्रेशन बहुत गहरे और अमिट होते हैं। तुम्हारा पहला इम्प्रेशन मुझ पर सुखकर नहीं पड़ा और मुझे (तुम क्षमा करना) बेहद मायूसी हुई। कारण मैं तुम्हें बता चुका हूँ और उन्हें दोहराने की ज़रूरत नहीं समझता। यही कहना चाहता हूँ कि उस इम्प्रेशन को धो देना मेरे लिए असम्भव है।

इसे दुर्भाग्य ही कहा जायेगा कि हमारे देश की अधिकांश औरतें अशिक्षित अथवा अर्द्ध-शिक्षित हैं और मानसिक, आर्थिक, धार्मिक और सामाजिक — सभी रूपों में पुरुषों पर आश्रित हैं। इसीलिए समाज के ज़ुल्म का ज़्यादातर नतीजा उन्हीं को भुगतना पड़ता है। पढ़ी-लिखी लड़की नौकरी करके इज़्ज़त के साथ ज़िन्दगी बिता सकती है। अनपढ़ के सामने चाहे-अनचाहे एक ही व्यक्ति के साथ ज़िन्दगी गुज़ारने के सिवा दूसरा कोई चारा नहीं रहता। ऐक्टर महेन्द्र की बीवी के दुख की बात तुम्हीं ने बतायी थी। न जाने वैसी कितनी औरतें इस पुण्य-भूमि में रोज़ दुख पाती हैं और अपनी स्थिति का दोष समाज के बदले अपने भाग्य के सिर मढ़ कर, रोते-कलपते ज़िन्दगी गुज़ार देती हैं।

लेकिन माला, क्या इस वस्तु-स्थिति से पार पाने का कोई रास्ता नहीं? मेरे पत्र को ध्यान से पढ़ कर तुम ज़रा मन को टटोलो! क्या तुम में ज़रा भी हिस या हौसला नहीं, क्या तुम ऐक्टर महेन्द्र की पत्नी की तरह ज़िन्दगी बर्बाद करने के बदले मधुमति की तरह समाज और ज़िन्दगी से अपनी कीमत वसूल

नहीं कर सकतीं? क्या बेरस वैवाहिक जीवन के मुकाबले में, मधुमति की-सी स्वतन्त्र और सत्कार-भरी ज़िन्दगी तुम्हें पसन्द नहीं?

यदि है, तो फ़ैसला करो! अगर तुम्हें अपने घर वालों से इस सिलसिले में किसी सहायता की उम्मीद नहीं तो मैं तुम्हारी मदद करूँगा। क्योंकि (जैसा मैं बार-बार कह चुका हूँ) हमारी इस शादी में जहाँ तुम्हारे और मेरे घर वालों का दोष है, वहाँ मेरा भी है और मैं उसका ख़मियाज़ा भुगतने को तैयार हूँ। तुम जे०ए०वी० अथवा एफ़०ए० में प्रवेश ले लो। बी०टी० तक मैं तुम्हें हर तरह की मदद देने का वादा करता हूँ। सिर्फ़ फ़ैसला करने की बात है। निमिषा के माता-पिता दोनों उसके लड़कपन में दिवंगत हो गये थे, लेकिन सिर्फ़ अपनी हिम्मत और हौसले के बल पर उसने बी०ए० किया, बी०टी० की डिग्री ली और आज वह किसी सगे-सम्बन्धी पर बोझ बनने के बदले, हेड मिस्ट्रेस हो कर स्वतन्त्रता से जी रही है। कॉलेज में कुछ दिन पढ़ने के बाद तुम्हारे यहाँ अपने आप वह बात पैदा हो जायेगी, जिससे मन में आत्म-विश्वास और चेहरे पर चमक आ जाती है।

और देखो, अपने आपको हेय, अबला और नाचीज़ मत समझो! भगवान ने यह शरीर इसलिए नहीं दिया कि इसे भूखा रख कर बीमार बना दिया जाये या रो-कलप कर नष्ट किया जाये। अपने शरीर का ख़याल रखो। तुम हँस दोगी, लेकिन मेरी नसीहत मानो तो कुछ व्यायाम किया करो। सगे-सम्बन्धियों या आस-पड़ोस वालों की फब्तियों की परवाह न करो। ये लोग किसी को सुखी नहीं देख सकते, न किसी का दुख बँटा सकते हैं। कोई अच्छे कपड़े पहने तो ये जलते हैं, मैले पहने तो नफ़रत करते हैं। किसी हमदर्द दोस्त के अलावा इस ज़ालिम दुनिया में कोई सगा-सम्बन्धी साथ नहीं देता। रिश्तेदार तो बल्कि जितना तंग करते हैं, उतना दूसरे नहीं करते।

देखो, शर्म छोड़ो। अगर तुम्हें कोई अन्दरूनी तकलीफ़ है और राहों में उसका इलाज नहीं हो सकता तो भाभी द्वारा भाई साहब को कहला दो। वे तुम्हें डॉक्टर गिरधारी लाल या किसी लेडी डॉक्टर को दिखा देंगे और अगर तुम्हें यह यकीन है कि तुम्हें कोई तकलीफ़ नहीं तो ख़ुश रहने की कोशिश करो। उस वक्त जब नयी-नयी शादी सम्बन्ध-विच्छेद की चट्टान से टकरा कर टुकड़े-टुकड़े होने वाली हो, ख़ुश होना मुश्किल है। मानता हूँ। लेकिन ज़िन्दगी का यह उसूल है कि जो भी बुरे-से-बुरा हो सकता हो, उसे स्वीकार कर लिया जाये और फिर कुछ बेहतरी के लिए कोशिश की जाये। तब आदमी सन्तोष भी पा लेता है और ख़ुश होना भी सीख जाता है। दुख और तकलीफ़ तभी तक रहते हैं, जब तक दुविधा और असमंजस रहते हैं। तुम सोच लो कि यह शादी तो टूट गयी। अब इसके बाद जीना शुरू करो। कुछ समय बाद तुम प्रसन्न भी रहने लगोगी।

कॉलेज में दाख़िल होने के लिए कुछ महीने प्रतीक्षा करनी होगी। वह वक्त राहों में गुज़ार आओ। फिर लाहौर आ कर जे०ए०वी० या एफ़०ए० में दाख़िल हो जाओ। मेरी बैठक सँभाल लो। उसे अपनी स्टडी बना लो। एफ़०ए० में

दाख़िला लो तो अपने छोटे देवर से सहायता ले लो। जे०ए०वी० में प्रवेश लो तो स्वयं मेहनत करो।

यह सब लिखने के बाद मैं इतना और कहना चाहता हूँ कि जिस तरह तुम अपनी किसी हमदर्दी सहेली की बात पर ठण्डे दिल से विचार करतीं, उसी तरह मेरी बातों पर विचार करना। यह जान लो कि इन पंक्तियों को लिखने वाला, तुम्हारी मायूसी पर उतना ही दुखी है, जितना अपनी मायूसी पर। इन्सान के नाते उसके दिल में तुम्हारा उतना ही आदर है, जितना अपना।

मैंने बहुत-सी बातें लिखी हैं, बहुत-सी नहीं लिखीं। मैं नहीं जानता, तुम में इतनी समझ है या नहीं कि तुम मेरी इन तमाम बातों को समझ सको। तुम यह पत्र अपने रिश्तेदारों को न दिखाना। मुझे गालियाँ देने, बुरा-भला कहने और इस बिगड़े मामले को और भी बिगाड़ने के सिवा वे और कुछ न कर सकेंगे। हाँ अगर तुम समझती हो कि तुम्हारी बड़ी बहन, जो अध्यापिका हैं, इतनी समझदार हैं कि इस मामले पर ठण्डे दिल से विचार कर सकें और तुम्हें ठीक परामर्श दे सकें तो बेशक उन्हें मेरा ख़त दिखा देना, नहीं तो जो भी तुम सोचो, मुझे लिख भेजना।

एक बात और है —अगर तुम मेरी ये बातें पढ़ कर मुझसे नफ़रत करने लगो और मेरी कोई सहायता न चाहो, तो तुम स्वयं अपनी सहायता कर सकती हो। तुम्हारे पास इतना ज़ेवर है कि आज, जब पिछले कुछ वर्षों में सोने की कीमत ३८ रुपये के मुकाबले में ७० रुपये तोला हो गयी है, तुम उसे बेच कर कम-से-कम बी०ए० तक पढ़ सकोगी। यूँ औरत का ज़ेवर तो उसकी शिक्षा-दीक्षा, सलीका और सुघड़ापा होता है। जिसके पास यह ज़ेवर नहीं, उसके पास मन भर सोना भी हो तो क्या फ़ायदा! इस नकली ज़ेवर के बदले तुम अपनी मेहनत के बल पर असली ज़ेवर हासिल कर लोगी तो ज़िन्दगी भर सुख पाओगी।

इन चन्द दिनों में मैंने इतनी मानसिक तकलीफ़ पायी है कि तुम कल्पना नहीं कर सकतीं। उसी के फलस्वरूप मैंने ये इतने पृष्ठ रँग दिये हैं। हो सकता है, कुछ बातें तुम्हारी समझ में न आयें और कुछ मैं लिख ही न पाया होऊँ —लेकिन जो भी लिख सका हूँ, उस पर ठण्डे दिल से विचार करके फ़ैसला करो और मुझे लिख भेजो। मेरा पता है —देव नगर, ज़िला अमृतसर!

लेकिन देखो, भावना की झोंक में बह कर कुछ मत लिखना। बिना आँसू बहाये, ज़रा मजबूत दिल से इस मामले के सभी पहलुओं पर विचार करना और भविष्य के बारे में कोई पक्का फ़ैसला करना। मुसीबत जो सिर पर टूटी है, उससे निकलना है। मुसीबत को बढ़ाने और ग़लती को गुणा करते रहने से कोई लाभ नहीं। मर्द-औरत जब साथ रहते हैं तो चाहे-अनचाहे बच्चे पैदा हो जाते हैं और यूँ ग़लतियाँ बढ़ती जाती हैं, तकलीफ़ बढ़ती जाती है, ज़िन्दगी नरक बन जाती है। इस नरक से बच निकलना है और मेरी समझ में जो रास्ता आया है, मैंने तुम्हें लिख भेजा है।

गोविन्द

o

माला के नाम पत्र ख़त्म करके जब गोविन्द ने कलम रखी तो रात लगभग बीत गयी थी। लैम्प का तेल ख़त्म हो गया था और धुँधली लौ में से बत्ती का गुल चमक रहा था। गोविन्द ने नज़र घुमा कर खिड़की के शीशे पर डाली, बहुत हल्का उजेला बाहर फैल रहा था। गोविन्द ने लैम्प बुझा दिया और जैसे बैठा था, जा कर बिस्तर में लेट गया। उसके दिमाग़ का सारा बोझ काग़ज़ पर उतर गया था। वह फ़ौरन सो गया।

दूसरे दिन शाम को स्कूल से आ कर उसने फिर दोनों पत्र उठाये और उन्हें पढ़ा। निमिषा के पत्र में उसे बदलने योग्य कुछ नहीं लगा। माला के पत्र को पढ़ते-पढ़ते वह अपने ही तर्कों की रौ में बह गया। उस औरत के लिए, जो समाज के ग़लत रीति-रिवाज का शिकार थी, उसकी तमाम क्रूडिटी के बावजूद, उसका मन सहसा दया से भर आया। पत्र के नीचे उसने ये पंक्तियाँ और जोड़ दीं :

पुनश्च :

मैंने तुम्हारे साथ वैवाहिक जीवन न गुज़ारने का फ़ैसला इसलिए किया है कि अपनी वर्तमान मानसिक स्थिति में मुझे पूरा विश्वास है, मैं उसे चला नहीं पाऊँगा। अगर तुम मेरे सुझाव को न मानो और मेरे साथ ज़िन्दगी गुज़ारने की ज़िद करो तो चूँकि मैंने शादी करने की ग़लती की है, इसलिए मैं मान तो लूँगा, लेकिन सफल और सुखी वैवाहिक जीवन का वादा नहीं करता। इसमें रिस्क है। हो सकता है, हमारी ज़िन्दगी बेहतर बन जाये। हो सकता है, बदतर हो जाये!

गोविन्द

o

गोविन्द ने पत्र लिख कर अपने मन के बोझ को तो हल्का कर लिया, लेकिन उसने उन्हें डाक में नहीं डाला। दो दिन तक वह उन पर लगातार, वह जैसा कि अंग्रेज़ी में कहते हैं, ब्रूड करता रहा। तीसरे दिन जब अशोक अपनी औषधियाँ वग़ैरा लाने के लिए लाहौर जाने को तैयार हुआ तो गोविन्द ने माला वाला लिफ़ाफ़ा उसे दे दिया। अपने भेद का साझीदार बनाते हुए उसने अशोक को पत्र का सार-संक्षेप भी बता दिया और समझा दिया कि वह अपनी भाभी को यह पत्र पढ़ा दे और फिर उससे ले कर अपने पास रख ले। पत्र पढ़ कर अगर वह राहों जाना चाहे और पत्र साथ ले जाना चाहे तो बेशक उसे दे दे और स्वयं जा कर छोड़ आये अथवा सोम के साथ भेज दे। न जाना चाहे तो पत्र भाई साहब को पढ़ा दे और उनकी सलाह से आगे कार्रवाई करे।

o

अशोक को बस में चढ़ा कर अपने कमरे में वापस आने के बाद गोविन्द ने निमिषा का पत्र दोबारा पढ़ा और उसे फिर लगा कि यह पत्र उसे निमिषा को नहीं भेजना चाहिए। पिछले दो दिनों से वह इसी असंमजस में पड़ा था। जब-जब उसने पत्र को डाक में छोड़ना चाहा था, उसका अहं उसके आड़े आ गया था। जब निमिषा ने उसे स्पष्ट रूप से कहा था कि वह उसे पत्र न लिखे, न वह उसे लिखेगी, गोविन्द सोचता, तो वह कैसे उसे वैसा दयनीय पत्र भेज सकता है? यदि उसका पत्र पढ़ कर, अपना मान-अपमान भूल कर, वह उसे उबार

भी लेगी, अपना भी लेगी तो क्या उसे हमेशा उससे दब कर नहीं रहना पड़ेगा? और उस सूरत में, निमिषा कितना भी उसे प्यार क्यों न करती हो, उनकी वैवाहिक ज़िन्दगी क्या असफल न हो जायेगी? क्या वह ख़ुद हमेशा एक हीन-भाव से ग्रसित न रहेगा? क्या कभी नॉर्मल हो पायगा? और चाहे-अनचाहे यह स्थिति कभी-न-कभी उनके सम्बन्धों में तनाव न पैदा कर देगी? और गोविन्द ने तय किया —नहीं, यह पत्र वह निमिषा को नहीं भेजेगा। वह पहले माला की प्रतिक्रिया देखेगा : अगर माला स्वाभिमान में या क्रोध में उसका पिण्ड छोड़ कर राहों चली जाती है तो वह निमिषा से सम्पर्क स्थापित करेगा और बातचीत में अपनी मानसिक यन्त्रणा के सबूत के तौर पर यह पत्र उसको दिखा देगा। इस तरह पत्र भेज कर वह दयनीय नहीं बनेगा।

और पत्र को लिफ़ाफ़े में बन्द करके उसने सँभाल कर ट्रंक में रख दिया।

०

चार दिन तक गोविन्द साँस रोके अशोक के आने और माला की प्रतिक्रिया जानने की बाट देखता रहा। उसके वापस राहों जाने, भाई-बहनों को वह दुखद समाचार देने और वहाँ भयंकर बावेला मचने के सपने लेता रहा और यह सोच-सोच कर आश्वस्त होता रहा कि उसका पत्र पढ़ कर, यदि माला में तनिक भी बुद्धि होगी, तो उसके साथ रहने की ज़िद न करेगी और उसका पिण्ड छोड़ जायेगी।

और वह निमिषा से सम्पर्क स्थापित करने की योजनाएँ भी बनाता रहा।

लेकिन पाँचवें दिन उसकी तमाम ऊहा-पोह ख़त्म हो गयी। वह अभी क्लास ही में बैठा था, जब उसके छोटे भाई सोम ने वहीं आ कर उसे सूचना दी कि माँ और भाभी उसके साथ लाहौर से आ गयी हैं।

"अ....अ....अशोक....!"

गोविन्द पूछना चाहता था कि अशोक नहीं आया क्या? दरअसल वह जानना चाहता था कि उसने माला को जो पत्र लिखा था, उसका क्या हुआ?

सोम ने एक नज़र क्लास में बैठे हुए बच्चों पर डाली, जो अपने-अपने चित्रों से ध्यान हटा कर उन्हीं की ओर देखने लगे थे। उसने सिर्फ़ इतना कहा कि अशोक भाई साहब लुधियाना चले गये हैं और कह गये हैं कि वहाँ का काम समेटने में उन्हें कुछ दिन लगेंगे।

जब गोविन्द क्लास से छुट्टी ले कर बाहर निकला तो स्कूल के गलियारे में जेब से माला वाला पत्र निकाल कर सोम ने अपने भाई के हाथ पर रख दिया। सहसा गोविन्द ने पूछा :

"क्या उसने माला को पत्र नहीं पढ़वाया?"

"पढ़वा दिया था!"

गोविन्द ने आगे कोई प्रश्न नहीं किया। चुपचाप वह अपने छोटे भाई के साथ अपनी कोठी पहुँचा तो दूर ही से उसने देखा, बरामदे में सामान रखे उसकी माँ के साथ श्रीमती माला देवी बड़े इत्मीनान से बैठी हैं।

बीस

बरामदे में पैर रखते ही गोविन्द ने सोम को चाबियाँ दीं कि कमरों के ताले खोले और स्वयं माँ की ओर मुड़ते हुए उसने हँस कर पूछा :

"क्यों माँ, रास्ते में कोई कष्ट तो नहीं हुआ?"

"नहीं बेटा, सोम साथ था। पहुँच ही गये हैं।"

"अच्छा हुआ बस मिल गयी, वरना अटारी से इक्के में दस मील आना तो अंग-अंग तोड़ देता है।"

तभी सोम ने सामने वाले कमरे का दरवाज़ा खोल दिया और गोविन्द के स्टूडियो का दरवाज़ा खोलने को बढ़ा। गोविन्द ने कमरे में जा कर खिड़कियाँ खोल दीं कि कमरे में हवा फिर जाये। तब वह बाहर आया। उसकी निगाह इत्मीनान से बैठी अपनी पत्नी पर गयी। क्रोध का एक बवण्डर-सा उसके मन में उठा।— लाहौर में इतना समझाने के बावजूद उसकी बीवी ने अपने गालों और होंटों पर ढेर-सा पाउडर और सुर्ख़ी पोत रखी थी। उसके गालों की काली झाँइयाँ जैसे उभर कर आँखों में गड़ रही थीं। उस औरत की बेहिस, मोटी खाल पर भी गोविन्द के मन में कुछ आश्चर्य-भरी खीझ उभरी, जो उसका पत्र पढ़ लेने के बावजूद देवनगर चली आयी थी। माला के चेहरे पर किसी तरह की उदासी अथवा दुश्चिन्ता का चिह्न था न परेशानी का और वह निर्द्वन्द्व भाव से बिस्तर पर बैठी थी। उसके होंटों पर एक बेबाक मुस्कान और आँखों में अजीब-सी चुनौती थी।

गोविन्द को निकट आते देख कर वह उठी। माँ भी उठ खड़ी हुई। गोविन्द ने एक हाथ में बिस्तर और दूसरे में ट्रंक उठाना चाहा, लेकिन ट्रंक भारी था। तभी स्टूडियो का दरवाज़ा खोलने के बाद सोम लपका :

"भाई साहब, ट्रंक रहने दीजिए, मैं उठाता हूँ।"

गोविन्द ने ट्रंक छोड़ दिया और दूसरे हाथ में बाल्टी उठा ली। सामान अन्दर ले जाते और यथास्थान रखते हुए वह अपनी मूर्खता पर मन-ही-मन हँसा —वह समझता था कि उस पत्र को पढ़ कर ही माला उसे छोड़ जायेगी, कितना चुग़द है वह! —आने वाले अनेक दिन और रातें गोविन्द की आँखों में घूम गयीं जो उस फूहड़ औरत के साहचर्य में उसे गुज़ारनी होंगी और एक अव्यक्त खीझ और उदासी उसके मन-प्राण में भर गयी। उसी क्षण उसने तय कर लिया कि वह अपनी इस फूहड़ पत्नी को न कम्यूनिटी किचन में खाना खिलाने ले जायेगा, न देवनगर के किसी मित्र के यहाँ उसके साथ चाय पर जाने का निमन्त्रण ही स्वीकार करेगा।

प्रकट रूप से उसने कुछ नहीं कहा। चुपचाप सामान ठीक करके वह अपने भाई और माँ के खाने और सोने की व्यवस्था में जुट गया। माँ एक बड़ी बाल्टी में बर्तन भर कर, टाट से उसे सी कर साथ लायी थी। गोविन्द ने कैंची की मदद से टाट खोला — चकला, बेलन, थालियाँ, कटोरियाँ, पतीले, रसोई का पूरा सामान था। लेकिन अँगीठी, कोयले, राशन, सोने के लिए चारपाइयाँ —दसियों अन्य चीज़ें दरकार थीं। सब से पहले उसने सोम को किचन-इंचार्ज के पास यह सूचना देने के लिए भेज दिया कि शाम को तीन

मेहमानों के लिए अतिरिक्त खाना दरकार होगा और स्वयं देवसेना के स्टोर में सामान लाने चला गया था।

वह एक ही बार सामान नहीं लाया, जैसे-जैसे माँ को चीज़ें याद आती रहीं, वह हँसते-हँसते लाता रहा। सोम वापस आ गया तो उसे एक बार भी गोविन्द ने स्टोर नहीं भेजा। स्वयं ही जाता रहा। दरअसल अपने क्रोध और खीझ में वह माला के सामने पड़ने से बचता रहा था। उसे डर था, कहीं उसका क्रोध फूट न पड़े! और वह यथाशक्य देवनगर वालों से अपनी उस व्यक्तिगत ट्रैजिडी को छिपाये रखना चाहता था।

माँ तो सोचती थी कि जब सब सामान आ गया है तो खाना भी पका डाले, लेकिन देवनगर में पानी की तंगी थी, दो-एक हैण्ड-पम्प वहाँ लगे थे और वहाँ से भिश्ती मश्कों में पानी भर कर लाता था। माँ उस पानी से कैसे खाना पकाती! सो, बाल्टी ख़ाली करके वह हैण्ड-पम्प पर गया और उसे माँज-धो कर पीने के लिए पानी भर लाया। माँ को उसने समझा दिया कि इस वक्त अँधेरा हो गया है, खाना पकाने में दिक्कत होगी, रात का खाना, कम्यूनिटी किचन से आ जायेगा। सुबह वह स्वयं खाना पकाने के लिए पानी भर लायेगा। और माँ मान गयी थी।

माला कुछ देर तो सामान वग़ैरा रखने-रखाने में उनकी मदद करती रही, पर जब गोविन्द ने न उससे स्वयं बात की, न उसकी किसी बात का ठीक से जवाब दिया तो वह चुपचाप मुँह-हाथ धो कर कपड़े बदलने लगी। जब सारा सामान इकट्ठा करने के बाद, थका-हारा गोविन्द अपने कमरे में जा कर कुर्सी पर धँस गया तो माला मुँह पर पाउडर लगा रही थी। गोविन्द को उसके चेहरे पर उतना पाउडर देख कर वहशत होती थी, लेकिन उसने टोका नहीं। चुपचाप उसे सजते-सँवरते देखता रहा। माला साड़ी बदल रही थी, जब कम्यूनिटी किचन में पहली पाँत की घण्टी टनटना उठी।

"आप कहते थे कि यहाँ सब कम्यूनिटी किचन में खाना खाते हैं।" माला ने कहा था, "यह शायद किचन ही की घण्टी बजी है।"

गोविन्द ने स्वीकार में सिर हिलाया।

"चलेंगे नहीं?" माला ने पूछा। फिर बोली, "उठिए, हाथ-मुँह धो कर तैयार हो जाइए।"

गोविन्द उसी तरह पसरा बैठा रहा, "माँ क्या वहाँ प्याले-प्लेटों में खाना खायेंगी।" उसने कहा।

"तो क्या खाना खाने नहीं चलेंगे?"

"क्या करने जायेंगे? यहीं आ जायेगा। सोम से कह दिया है।"

माला को निराशा हुई। क्षण भर वह चुप रही, फिर बोली, "चलिए, ज़रा कहीं घूम आयें।"

"इस अँधेरे में!" गोविन्द ने उसी तरह कुर्सी में पसरे हुए कहा, "गर्मी के दिन हैं, यहाँ से नहर तक वीराना-ही-वीराना है। फनियर और करैत साँप यहाँ आम हैं। उनका काटा तो पानी भी नहीं माँगता।" वह हँसा। क्षण भर रुका, फिर बोला, "कल मैं स्कूल से आते ही तुम्हें सैर को ले चलूँगा। अब तुम साड़ी बदल कर, आम धोती पहन लो, दो-चार

थाली-कटोरियाँ माँज-धो कर साफ़ कर लो, पानी की बाल्टी मैंने किचन के बाहर बरामदे में रख दी है। खाना आ गया तो क्या हाथों में खायेंगे?"

"मैंने इतनी मेहनत से कपड़े बदले थे।"

गोविन्द कहना चाहता था, 'मुझसे पूछ कर तो नहीं बदले थे,' लेकिन वह चुप रहा। माला ने अनिच्छापूर्वक वह कीमती साड़ी बदल कर साधारण धोती पहन ली और तिनतिनाती हुई कमरे से निकल गयी।

०

लाहौर में अपनी उस उदमाती पत्नी के साथ गुज़ारी गयी रातों के अनुभव से गोविन्द को इस बात की आशंका थी कि बिना शान्त हुए वह उसका पिण्ड न छोड़ेगी। तिस पर भी रात खाना खाने के बाद उसने थकन का बहाना कर दिया। अपनी माँ और छोटे भाई से छुट्टी ले ली। वह अपने कमरे में जा कर बिस्तर पर लेट गया और करवट बदल कर उसने मुँह दीवार की ओर कर लिया।

लेकिन वह सो नहीं पाया। अपनी इस उदमाती पत्नी को कैसे सिद्ध करे या उससे मुक्ति पाये, इसी समस्या में उलझा रहा। वह इस बात पर हैरान था कि उसने इतना खुल कर अपनी वितृष्णा माला पर प्रकट की थी तो भी उस पर कोई असर नहीं हुआ था। उसने यह सब लक्खी से कहा होता तो वह मर जाती, पर उसे परेशान करना तो दूर रहा, कभी संकेत तक न करती। 'सिवा डण्डे के इस औरत का कोई इलाज नहीं,' उसके मन-ही-मन कहा, आज यदि माला ने उसे सोते हुए छेड़ा तो वह उलटे हाथ का वो झाँपड़ उसे देगा कि दशों दिशाएँ रोशन हो जायें। ज़्यादा चीं-चपड़ करेगी तो धुन कर रख देगा। उसने पहले ही ग़लती की जो उसकी इच्छा के अनुसार वह सब करता रहा, जैसे वह उसका पति नहीं, ज़र-ख़रीद ग़ुलाम हो।

मन-ही-मन खदबदाता हुआ वह अपने दिल को मजबूत और इरादे को पक्का बनाता रहा, लेकिन जाने उसकी पत्नी लालटेन की रोशनी में खाने के बर्तन मलने बैठ गयी थी या अपनी सास और देवर से बतियाने लगी थी वह उसके आने की प्रतीक्षा करता रहा और वह नहीं आयी।

तभी उसके विचारों ने दूसरी धारा पकड़ ली। उसके मन में आया कि जो पति अपनी पत्नियों के बेतरह पीटते हैं, कई बार जो षड्यन्त्र रच कर उनकी हत्या तक कर देते हैं, वे कुछ उसी की तरह विवश हो जाते होंगे। छोड़ना चाहते होंगे, छोड़ नहीं पाते होंगे और यह बन्धन इस हद तक उनकी इन्द्रियों पर छा जाता होगा कि उचित-अनुचित, धर्म-अधर्म, भले-बुरे का अन्तर उनके लिए मिट जाता होगा। किसी तरह मुक्त होने की भावना से वशीभूत वे अपना विवेक खो कर पशु बन जाते होंगे।....तो क्या वह भी पशु बन जायेगा....वह, जो कवि और सम्वेदनशील कलाकार है....लेकिन अभी तो वह उसे पीटने की बात सोच रहा था।....

गोविन्द अन्तर तक काँप गया। करवट बदल कर वह सीधा हो गया और उसने लम्बी साँस ली। तभी उसे लगा, माला अन्दर आ रही है। वह फ़ौरन फिर करवट के बल हो गया और उसने शरीर को ऐसे ढीला छोड़ दिया जैसे सो गया हो।

उसकी पत्नी चारपाई पर आ बैठी। गोविन्द को लगा, जैसे वह बैठी इस बात का जायेज़ा ले रही है कि सचमुच सो गया है अथवा यूँही लेटा है। और जैसे एक युग के बाद (जिस दौरान दिमाग़ी तनाव के कारण उसके शरीर की नस-नस तन गयी थी) गोविन्द को लगा कि माला ने उसकी दायीं टाँग को ज़रा-सा अपनी ओर खींचा है।

उसने टाँग को खिंच जाने दिया, लेकिन न वह जागा, न उसने करवट बदली।

माला धीरे-धीरे उसका पैर और पिंडली दबाने लगी। गोविन्द का जी चाहा, ज़ोर से पैर झटक दे, लेकिन वह कोई छेड़-छाड़ तो कर न रही थी, बहुत धीरे-धीरे उसके पैर दबा रही थी। उसे आराम भी मिल रहा था। वह चुपचाप लेटा रहा। उसके मन में उत्सुकता भी हुई कि देखें, वह आगे क्या करती है।

पिंडलियाँ दबाते-दबाते वह काफ़ी देर घुटना दबाती रही। फिर जाँघ दबाने लगी। सहसा गोविन्द का शरीर गर्म होने लगा। उसे असुविधा होने लगी। उसने ज़ोर से उसका हाथ झटक दिया और वैसे ही लेटा रहा।

क्षण भर वह मौन रही, फिर अचानक वह उसके पेट और बग़लों में बेतरह गुदगुदाने लगी।

हँसी को रोकने की कोशिश में गोविन्द पहले सीधा हुआ, फिर दोहरा हो गया। फिर झटके से उठ बैठा —"यह क्या बदतमीज़ी है," उसके हाथ को झटकते हुए वह चिल्लाया, "मेरी नींद बर्बाद कर दी।"

"हाय, मच्चल मार के लेट्टे होए साओ। किन्हूँ चलाकियाँ दस्सदे ओ।" बिना डरे या घबराये, बदस्तूर हँसते हुए माला ने कहा था, "खाओ ताँ मेरी कसम!"[1]

मद्धिम लैम्प के नीम-अँधेरे में गोविन्द ने अपनी पत्नी और उसके चेहरे पर फैली ढीठ हँसी को देखा। उसका मन ग़ुस्से, नफ़रत, इसके बावजूद एक अजीब-सी दया और विवशता से भर आया। वह इस पत्नी को कैसे समझाये कि जितना वह तंग करेगी, उतना ही वह उससे दूर होता चला जायेगा। पूरे संयम के साथ उसने सिर्फ़ इतना कहा :

"बात-बात में कसमें खाने-खिलाने की मेरी आदत नहीं। शाम को इतनी बार सामान लाने के लिए स्टोर गया हूँ। थक गया था। लेट गया और ऊँघ गया। तुमको मुझे सोने देना चाहिए था।"

"मैं जानती थी, आप थक गये हैं, इसीलिए तो आपके पैर और पिंडलियाँ दबा रही थी।"

"जब तक मैं न कहूँ, पैर-वैर या पिंडलियाँ-विंडलियाँ मत दबाया करो। मेरी नींद ख़ासी कच्ची है। एक बार टूट जाये तो जल्दी नहीं आती। अब सो जाओ!"

और दायीं बाँह के झटके से उसको लिटाते हुए वह स्वयं भी लेट गया और उसने पूर्ववत करवट बदल ली।

माला कुनमुनाती हुई उससे सट गयी। "जी, आप अच्छी बात का भी बुरा मान जाते हैं।"

'यह साली मुझे सोने नहीं देगी,' गोविन्द ने मन-ही-मन झल्ला कर कहा और करवट

---

१. हाय, स्वाँग करके लेटे हुए थे। किसे चालाकी बताते हो, मेरी सौगन्ध तो खाओ।

बदल कर उसके सामने हो गया।

"देखो माला, तुम एक बात नहीं समझतीं —अगर हम रोज़-रोज़ यह सब करेंगे तो महीने भर में तुम बच्चे से हो कर राहों चली जाओगी।"

उसकी पत्नी उसकी बात नहीं समझी। वह मुटर-मुटर उसकी तरफ़ देखती रही।

"देखो, मैं आर्टिस्ट हूँ और मेरा भरोसा नहीं कि इस नौकरी पर कै दिन रहता हूँ, रहता भी हूँ या नहीं? मैं नहीं चाहता कि जब तक मेरी रोज़ी-रोटी का पक्का वसीला न हो जाये या जब तक आर्ट ही से मुझे इतना न मिलने लगे कि मेरे परिवार का ख़र्च चल जाये, तब तक मेरे कोई बच्चा हो। मैं तो शादी भी न करता। मैंने क्यों कर ली, तुम्हें बता चुका हूँ, लेकिन मैं नहीं चाहता कि एक ग़लती दूसरी को जन्म दे और दूसरी अन्य चार को, और ग़लतियाँ मल्टीप्लाई होती चली जायें!"

"क्या आपको बच्चे अच्छे नहीं लगते?"

"बच्चे मुझे अच्छे लगते हैं, लेकिन आर्टिस्ट के नाते बच्चों को मैं अपने लिए लग्ज़री यानी अयाशी मानता हूँ, जिसे मैं आज ऐफ़ोर्ड नहीं कर सकता। कल मेरे पास ख़ूब पैसा आ जाये तो चार-पाँच बच्चों से भी मुझे गुरेज़ न होगा, लेकिन आज एक भी हो, मैं यह पसन्द नहीं करूँगा।" क्षण भर वह चुप रहा फिर बोला, "पिता के घर में जैसे हम भाई कीड़े-मकौड़ों की तरह पैदा हुए और पले, मैं नहीं चाहता कि मेरे बच्चे भी ऐसे ही पैदा हो कर पले-बढ़ें। मेरे कोई बच्चा हो तो मैं चाहूँगा कि शुरू ही से उसे सब तरह की सुख-सुविधा मिले। कपड़े-लत्ते, खाना-पीना, दवा-दारू, खेल-खिलौने और माहौल —सब कुछ! बड़े हों तो वे अच्छे-से-अच्छे स्कूल-कॉलेज में जायें, अच्छी-से-अच्छी शिक्षा पायें। आज मेरे पास इस सब के लिए साधन नहीं, इसलिए मैं नहीं चाहता, मेरे कोई बच्चा हो।"

"आप तो ऐसे कहते हैं, जैसे बच्चा यह हुआ पड़ा है। लोग सौ-सौ मन्नतें मानते हैं तो उनके सूने आँगन में बहार आती है।"

"औरत अगर पूरी औरत है और मर्द पूरा मर्द —याने वह बाँझ और वो नपुंसक नहीं तो बच्चे साल-ब-साल चले आते हैं। और मुझे वह सब पसन्द नहीं।"

"हाय जी, बच्चों के बिना भी कोई घर, घर होता है?"

"ठीक है, तो अगर इतनी जल्दी बच्चा हो गया तो तुम्हीं पालोगी। मैं नहीं पालने का। यह मैं तुम्हें अभी बताये देता हूँ।"

और गोविन्द फिर करवट बदल कर सो गया।

उसकी पत्नी ने कुछ नहीं कहा। वह एकदम उसके साथ सट गयी और दायीं बाँह से उसने उसको हल्के-से बाँध लिया।

उसके स्पर्श में जैसे मिर्चें लगी हों, गोविन्द तिलमिला कर पलटा। उसे परे धकेलते हुए उसने कहा, "क्या साथ सटी जा रही हो! गर्मी है। परे हो कर लेटो। मुझे उलझन होती है।"

"हाँ, मेरी छुअन से तो उलझन होगी ही, वह होती तो बुरा न लगता।"

"क्या बकती हो, कौन होती?"

"सात दिन जिसके यहाँ रह आये। अलग कमरे में जिसने आपको ठहराया और जो रोज़ रात को आपके पलँग की पाटी पर बैठी बतियाती थी। वो आपसे चिपटती तो....

लेकिन उसने बात ख़त्म नहीं कि थी कि ज़न्नाटे का एक उलटा थप्पड़ गोविन्द ने उसके गाल पर जड़ दिया।

माला उठ कर बैठ गयी और ज़ोर-ज़ोर से रोने लगी।

गोविन्द ने हाथ तो चला दिया, लेकिन वह स्वयं स्तब्ध रह गया था। सौभाग्य से उसकी कोठी देव सैनिकों की कोठियों से बहुत दूर थी। उसे पूरा विश्वास था कि उसकी पत्नी के रोने की आवाज़ वहाँ तक नहीं पहुँचेगी, लेकिन उसकी माँ तो बराबर के कमरे में सोयी थी, वह क्या कहेगी? यों भी अगर वह ज़ोर-ज़ोर से चिल्लाने लगती तो रात के सन्नाटे में दूर कोठियों तक भी आवाज़ पहुँच सकती थी।

क्षण भर के लिए गोविन्द की समझ में नहीं आया कि वह क्या करे। इलाज तो उसका एक ही था और वह भली-भाँति जानता था कि अन्ततोगत्वा उसे वह करना ही पड़ेगा, लेकिन अगर वह उस वक्त घबरा कर ज़रा भी कमज़ोर पड़ता तो वह जानता था कि वह रोज़ कोई-न-कोई रार मोल लेती रहेगी। इसलिए वह कुछ क्षण चुप उसे रोते देखता रहा। जब उसने स्वर ऊँचा किया तो आवाज़ को दाँतों में दबा कर उसने लगभग चीख़ते हुए कहा —"अगर तुमने ज़रा भी आवाज़ निकाली तो उठा कर बाहर फेंक दूँगा, भले ही सारा देवनगर जग जाये। यही होगा न कि कल मुझे नोटिस मिल जायेगा। और अच्छा है। तुम अपने मायके जाओगी और मेरी जान छूटेगी।"

माला का रोना तो सहसा बन्द हो गया, लेकिन वह तन कर बैठ गयी।

"आप मुझे बाहर फेंक कर ख़ुश हैं, तो लीजिए, फेंक दीजिए। रोना-चिल्लाना तो दूर, मैं 'सी' तक नहीं करूँगी।"

"देखो माला, मैं औरतों को पीटना निहायत बुरा समझता हूँ," गोविन्द के स्वर में पराजय स्पष्ट थी, "लेकिन अभी-अभी तुमने ऐसी बेतुकी बात की कि मुझे अपने पर काबू नहीं रहा। मेरा बेटा यहाँ नहीं है, वरना मैं उसके सिर पर हाथ रख कर तुम्हें विश्वास दिलाता कि मैंने कभी निम्मी को छुआ तक नहीं। पता नहीं तुम किस वातावरण में पली हो कि समझती हो, कोई युवक-युवती जब पास बैठते हैं तो उन्हें यह सब करने के सिवा और कोई काम नहीं होता।" ओर उसके बालों पर हाथ फेरते हुए उसने कहा, "चलो, अब सो जाओ।" और उसे लिटाते हुए वह भी लेट गया।

इस बार माला ने उसे दोनों बाँहों में भींच लिया।"

०

सुबह जब वह बरामदे में कसरत कर रहा था, उसने सुना, वह माँ से कह रही थी, "आपने बहुत छूट दे रखी है। मैं इन्हें बिल्कुल सीधा कर दूँगी।"

०

हालाँकि गोविन्द ने माला से कहा था कि वह दूसरे ही दिन स्कूल से आ कर उसे सैर को ले जायेगा, लेकिन उसकी पत्नी ने माँ से जो बात कही थी, उसे सुन कर वह कई दिन तक अन्दर-ही-अन्दर खौलता-खदबदाता रहा था। वह माला के साथ रात को सोता था, उसकी

मूर्खताएँ बरदाश्त करता था, स्वयं यन्त्रणा पाता था, लेकिन उसे कुछ भी नहीं कहता था। उसे समझाने-बुझाने का प्रयास करना उसने एकदम छोड़ दिया था। उसके अन्दर कुछ था, जो निरन्तर जमता, जड़ होता चला जा रहा था।

उसके छोटे भाई की वार्षिक परीक्षा निकट आ गयी थी और उसकी माँ को वापस लुधियाना जाना था, इसलिए चार दिन बाद ही वे दोनों चले गये थे। उस शाम जब गोविन्द स्कूल से वापस आया तो माला कपड़े बदल कर एकदम तैयार थी। गोविन्द ने बरामदे में पैर रखा ही था कि उसने कहा, "चलिए जी, आज ज़रा नहर पर सैर को चलेंगे।"

गोविन्द का मन बाहर जाने को ज़रा भी नहीं था। अभी रोशनी काफ़ी थी। वह अपने एक अधबने चित्र का पूरा करना चाहता था। असल में शादी के तत्काल बाद जो हताशा उसके मन-प्राण पर छा गयी थी, उसमें सर्जना एकदम असम्भव लगती थी, लेकिन गोविन्द को यह भी महसूस होता था कि कला के अलावा उसे कहीं भी त्राण नहीं मिलेगा, और जो भी समय मिलता, वह उसे ईज़ल के सामने बैठने में गुज़ारता था।....कई बार उसका दिमाग़ एकदम कोरा होता — सामने ईज़ल पर लगे ख़ाली कैनवस सरीखा — फिर जैसे प्रातः के धुँधले, सूने, उदास क्षितिज पर अनायास रंग और रेखाएँ उभरने लगती हैं उसके मस्तिष्क के क्षितिज पर भी अस्पष्ट रेखाएँ बनने लगतीं। वह उन्हें कैनवस पर उतारता, मिटाता, बनाता और जाने किस क्षण उसकी प्रेरणा अँगड़ाई ले कर जाग उठती और चित्र बनना शुरू हो जाता।....स्कूल से आते-आते उसने सोचा था कि वह ईज़ल को स्टूडियो से निकाल कर बाहर बरामदे में रख लेगा और कम-से-कम एक घण्टा जम कर चित्र बनायेगा। माला की बात सुन कर उसने एक निगाह सिर से पैर तक अपनी पत्नी पर डाली। बावजूद सख़्त कड़ुवाहट के, उसके होटों पर हँसी आ गयी।

"तुम तो ऐसे तैयार हुई हो, जैसे माल या अनारकली की सैर को जा रहे हों," उसने कहा था, "यहाँ से नहर तक वीराना-ही-वीराना है — ईंट-पत्थर, टीले-टीकरे, झाड़-झँखाड़। नहर तक पहुँचते-पहुँचते तुम्हारी साड़ी का सत्यानाश हो जायेगा। चलना ही है तो इसे उतार कर कोई शलवार-कमीज़ या धोती-ओती पहन लो। इतने में मैं भी हाथ-मुँह धो कर कपड़े बदल लेता हूँ।"

हाथ-मुँह धो कर पतलून-कमीज़ के बदले कुर्ता-पायजामा पहन कर जब गोविन्द बरामदे में निकला तो माला उसी तरह खड़ी थी। पति के माथे पर तेवर बनते देख उसने कहा, "मेरे पास कोई साफ़ सादी धोती नहीं है। फिर ये साड़ियाँ मैं कब पहनूँगी? माल-अनारकली तो यहाँ हैं नहीं।"

गोविन्द कहना चाहता था, 'बढ़िया-बनारसी साड़ी है, किसी झाड़ी में अटक कर फट न जाये।' लेकिन उसने कुछ नहीं कहा, चुपचाप दरवाज़े बन्द कर ताला लगाया और भट्ठे की ओर जाने वाली पगडण्डी पर हो लिया।

o

न जाने गोविन्द कितनी बार वीराने की उस पगडण्डी से हो कर नहर को गया था। जण्ड और करील की झाड़ियों और बबूल और फुलाही के काँटेदार पेड़ों के सिवा वहाँ कोई हरियाली नहीं थी, लेकिन उस विशाल सूनेपन की भी कुछ अपनी ही अजीब सुन्दरता थी,

जो राग-भीनी शाम के गुलाबीपन में और भी बढ़ जाती थी। उसी पगडण्डी के किनारे ईज़ल रख कर गोविन्द ने सुबह-दोपहर-शाम के बदलते रंगों में उस वीराने के न जाने कितने चित्र उतारे थे?

शाम डूब रही थी। आसमान में हल्की-सी लाली फैल गयी थी और करील की झाड़ियों में छोटे-छोटे लाल फूल तारों-से टिमटिमा रहे थे। गोविन्द चुपचाप चला जा रहा था। उसे लग रहा था, जैसे यह विशाल सूनापन उसके पहलू ही से निकल कर दृष्टि-सीमा तक फैल गया है। उसकी पत्नी ने दो-एक बार उससे बात करने की कोशिश की, लेकिन गोविन्द ने सनद नहीं दी। करील के फूलों की ओर संकेत करते हुए माला ने पूछा, "यह कौन-सा पेड़ है?"

"पेड़ नहीं, झाड़ी है — करील की!" गोविन्द ने सिर्फ़ इतना कहा और चुपचाप चलता गया।

वे नहर पर पहुँचे तो उसमें पानी छूटा हुआ था और वह लबालब भरी मन्थर गति से बह रही थी। किनारे के घने पेड़ों की हरी-हरी छायाएँ, उसकी लहरियों पर झिलमिलाती-तिरती बहुत भली लग रही थीं। कहीं-कहीं आसमान की गुलाबी छाया उनमें झलक रही थी। गोविन्द का मन हुआ, कुछ पल चुपचाप किनारे पर बैठ जाये और जैसा कि वह पहले करता था, जूते उतार कर पैर पानी में फैला दे और उन झिलमिलाते सायों की बहार देखता हुआ दिवा-स्वप्नों में खो जाये! पर उसकी पत्नी साथ थी, जिसने कीमती साड़ी पहन रखी थी और उसे विश्वास था कि वह मूर्खा वैसे ही धप से किनारे की मिट्टी पर बैठ जायेगी। वह टोके बिना नहीं रहेगा और माला कोई जवाब दिये बिना नहीं रहेगी।

....चाहने के बावजूद, बिना रुके, वह नहर की पटरी-पटरी पुल की ओर बढ़ चला।

गोविन्द जब भट्ठे की ओर आता था, हमेशा पुल की ओर से वीराने का पूरा चक्कर लगा कर, बनौली के बाहर-बाहर, वापस देवनगर पहुँचता था। वह चुपचाप अपनी पत्नी के आगे चला जा रहा था। उसका मन बेहद उदास था। —देवनगर से झुल्लर तक फैले हुए इस वीराने का सौन्दर्य, जिसे नहर ने दो हिस्सों में काट दिया था, उसके मन के किसी तार को नहीं छू रहा था। एक बेहद उदास, सुनसान फीकापन जैसे क्षण-क्षण उसे ग्रसता चला गया था। उस सारे सौन्दर्य को देख कर भी जैसे न देखता हुआ, जैसे अपने अन्तर के सूनेपन में खोया हुआ, वह चुपचाप बढ़ा चला जा रहा था कि हठात उसे लगा कोई कूद कर उसके कन्धे पर आ चढ़ा है। सन्तुलन बिगड़ जाने से वह गिरता-गिरता बचा। तभी उसकी नज़र अपने गले में पड़ी चूड़े वाली बाँहों पर गयी। 'माला!' उसे मन-ही-मन क्रोध आया और हँसी भी, लेकिन प्रकट निहायत ठण्डेपन से उसने वे बाँहें हटाते हुए उसे उतरने के लिए कहा।

माला ने दोनों बाँहें और भी कस लीं।

तब अपने दोनों हाथों में उसकी कलाइयाँ पकड़, एक ही झटके से उसकी बाँहें गले से अलग कर, कमर का झटका दे कर उसने उसे उतार दिया और बिना पीछे की ओर देखे आगे बढ़ गया।

उसकी पत्नी का रंग पहले लाल हुआ, फिर एकदम पीला पड़ गया। वह ठगी-सी

वहीं खड़ी रही। गोविन्द काफ़ी आगे बढ़ गया था, जब दोनों तरफ़ से साड़ी को ज़रा उठाते हुए, वह भाग कर उसके साथ आ मिली। साँस दुरुस्त करने के बाद, जैसे अपने कृत्य की सफ़ाई देते हुए, उसने अपनी सहेली की मिसाल दी कि वह अपने पति के साथ सैर को जाती थी तो ऐसे ही उचक कर उसकी पीठ पर चढ़ जाती थी और उसका पति क्रोध करने के बजाय, उसे पीठ पर चढ़ाये कितनी ही दूर तक भागता चला जाता था। फिर उसे उतार का बाँहों में भर लेता था।....और उसकी पत्नी इस बात का गिला कर रही थी कि गोविन्द ने बेकार ही मुँह फुला लिया है।

यदि माला की जगह निमिषा होती! —अचानक गोविन्द ने सोचा —और उसने ऐसी हरकत की होती तो क्या वह उस पतली, छरहरी, गुटकनी लड़की को पीठ पर चढ़ाये-चढ़ाये नहर के किनारे-किनारे दूर तक भागता न चला जाता! क्या वह उतार कर उसे बाँहों में भर कर चूम न लेता....माला की इच्छा अस्वाभाविक नहीं थी। सिर्फ़ उस मूर्खा को इस बात का भान होना चाहिए था कि उसके पति की मनःस्थिति उसकी सहेली के पति ऐसी नहीं है। सारे ग़ुस्से के बावजूद अपनी पत्नी के लिए कुछ अजीब-सी करुणा गोविन्द के मन में उपज आयी। उसकी चाल अपने आप धीमी हो गयी।

लेकिन उसने अपनी पत्नी से कोई बात नहीं की थी। मौन चलता हुआ वह घर वापस आया था और हताश चारपाई पर लेट गया था।

०

....स्कूल में देवसेना के वार्षिक सम्मेलन की छुट्टियाँ थीं। पण्डाल तो स्कूल के अहाते में लगा था, लेकिन यूँ सारे देवनगर में सम्मेलन की चहल-पहल थी। पण्डाल और कोठियों के सामने सम्मेलन की मुख्य सड़क पर बने भव्य गेट की बनावट-सजावट गोविन्द के कला-कौशल और सुरुचि-सम्पन्नता की द्योतक थी। अतिथिगण गेट और पण्डाल को देखते तो देखते ही रह जाते। सम्मेलन के शुरू होने तक गोविन्द लगातार व्यस्त रहा था, लेकिन ज्यों ही सम्मेलन शुरू हुआ तो छुट्टियों का पूरा लाभ उठाने के विचार से, वह घर में ईज़ल के सामने आ बैठा था।

अचानक जब अपने विवाह की ट्रैजिडी के कारण प्रकृति के सारे रंग उसे फीके दिखायी दिये थे, तब गहरी सोच के परिणामस्वरूप वह इस नतीजे पर पहुँचा था कि प्रकृति का रूप केवल सुबह-शाम का आकाश, बादल-भरा दिन, चाँद-सितारे, नदी-नाले और पेड़-पौधे ही नहीं है, प्रकृति ही से जन्म ले कर, उस पर विजय पाने वाले मानव के कार्य-व्यापार भी उतने ही प्रकृति के अंग हैं; उसके सौन्दर्य को बढ़ाते हैं और गोविन्द के सामने जैसे नया संसार खुल गया था। खेतों में हल जोतते, हैंगे की मदद से ज़मीन समतल करते, बीज बोते, फ़सल काटते, खलिहान में दाने अलग करते, खत्तियाँ भरते, बोझ उठाते या बैलगाड़ी हाँकते किसान; ढोर चराते या तने से पीठ लगाये, किसी पेड़ की छाया में अलगोज़े बजाते और उस मनमोहक ध्वनि से फ़िज़ाओं को गुँजाते चरवाहे; मकान बनाते राज-मज़दूर; पानी छिड़कता भिश्ती —सब उससे अभिव्यक्ति की माँग करने लगे। लाहौर में धोबियों की गली में जब वह उनके साथ उनके गधे का चित्र बना सकता था तो इस रंगारंग दुनिया को कैसे भूल गया और कैसे मात्र प्रकृति के बदलते रंगों को ही उकेरने योग्य समझने लगा!....वह रात को कितनी भी देर से क्यों न सोये, सुबह साढ़े पाँच बजे उठ

जाता था। हैण्ड-पम्प के साथ बने सीमेण्ट के चबूतरे पर मश्क रखे भिश्ती पानी भर रहा होता। यह दृश्य उसने कितनी बार देख कर भी अनदेखा कर दिया था, लेकिन फिर न जाने मश्क भरते हुए भिश्ती के चेहरे पर उसे कैसी सन्तुष्ट बेबसी दिखायी दी थी कि वह उसी को चित्र में उतार रहा था। गोविन्द ने चित्र में सब कुछ अँधेरे में रखा था, सिर्फ़ भिश्ती के चेहरे पर रोशनी थी या हैण्ड-पम्प के हत्थे पर।

दीन-दुनिया की सुध-बुध भुला कर वह चित्र बनाने में तल्लीन था कि उसे आभास हुआ, कोई उसके सामने आ कर खड़ा हो गया है। उस वक्त वह मश्क के खुले मुँह की रेखाएँ प्रातः के नीम-अँधेरे में उभार रहा था। जब वह मन मुताबिक चित्र बना चुका तो उसने सिर उठाया।

सामने माला खड़ी थी।

गोविन्द ने उचटती नज़र से उसे देखा — उसने झलमल करता रेशमी सूट — (शलवार-जम्पर) — पहन रखा था। जम्पर पर सीने के ऊपर बहुत चौड़ी फ़्रिल लगी थी, जो उसके वक्ष के दोनों उभारों को अलग-अलग नुमाइयाँ करती थी। चेहरे पर उसने पूर्ववत पाउडर पोत रखा था और होंटों पर ख़ून के रंग की सुर्ख़ी थोप रखी थी। उस घनघोर फूहड़ता पर मन-ही-मन गोविन्द को बड़ी कोफ़्त हुई, लेकिन फिर चित्र की ओर निगाहें घुमाते हुए उसने पूछा :

"कहाँ की तैयारी की है?"

"क्यों, क्या स्कूल के मेले में नहीं चलेंगे?"

"मेला!" गोविन्द हँसा, "वहाँ देवसेना का वार्षिक सम्मेलन है।"

"चलिए, देख आयें!"

गोविन्द ने फिर एक बार उस फ़्रिल लगे सूट और उस पाउडर-पुते चेहरे को देखा और बोला, "मैं काम कर रहा हूँ।"

माला ने ईज़ल को दोनों हाथों से उठाया और पति के आगे से हटा कर दीवार के पास रख दिया, "क्या सारा दिन काग़ज़ रँगते रहते हो!" उसने कहा, "उठो, ज़रा स्कूल तक...."

'काग़ज़ रँगते रहते हो,' खौलते हुए सीसे की तरह यह वाक्य गोविन्द के कानों में पड़ा।

तब, जैसे ईज़ल और उस पर रखा कैनवस उनके रास्ते में बाधा थी, माला ने पैर ज़रा-सा फैला दिये और दोनों हाथ कमर पर रख, जैसे अपने सीने के फ़्रिल लगे उभारों की ओर अपने पति की निगाह खींचती हुई वह खड़ी हो गयी।

गोविन्द का मन हुआ — उल्टी बाँह से वह ऐसा पुरज़ोर धक्का उसे दे कि वह दरवाज़े के बाहर बरामदे में जा गिरे। फिर उस तरह उसे पैर जमाये खड़ी देख कर जाने उसके मन में क्या आया कि उसने चुपचाप ईज़ल उठा कर ज़रा बायीं ओर रखा और स्टूल पर बैठ कर भिश्ती के बराबर हाशिये पर माला का छोटा-सा चित्र बनाने लगा। वह अपना पोज़ न बदल ले, इस ख़याल से उसे बातों में लगाते हुए गोविन्द ने कहा :

"ये भड़कीले कपड़े पहन कर तुम सम्मेलन में जाओगी?"

"क्यों, इनमें क्या है!"

"मेरे साथ चलना है तो सीधे-सादे कपड़े पहन कर चलो!"

"अगर इन्हें पहनना नहीं था तो ये सिलवाये किसलिए हैं?"

"मैंने नहीं सिलवाये, जिसने ये सिलवा कर दिये हैं, उसी से यह सवाल पूछो!"

और वह व्यर्थ उससे तर्क-वितर्क करता, उसकी रेखाएँ चित्र के हाशिये पर उभारता रहा। आख़िर चिढ़ कर माला ने कहा :

"मैं तो अब इन्हें नहीं उतारने की।"

"तो फिर तुम अकेली हो आओ!"

उसकी पत्नी अड़ियल टट्टू की तरह वहीं खड़ी रही।

चित्र की रेखाओं को पूरी तरह उभार कर गोविन्द ने उसे एक नज़र देखा —एकदम सामने खड़ी नारी की शबीह थी।

जब वह चुपचाप चित्र बनाता रहा और सम्मेलन में जाने की उसने ज़रा-भी इच्छा प्रकट नहीं की तो उसकी पत्नी झल्ला कर अकेली ही सम्मेलन में चली गयी।

उसके जाने के बाद ताजदीन भिश्ती के चित्र को पूरा करने की बजाय, वह माला के ख़ाके में रंग भरता रहा — उसकी रेशमी शलवार और जम्पर, दोनों छातियों को नुमायाँ करती हुई जम्पर की चौड़ी फ़्रिल, उसके चेहरे का पाउडर, उसके गालों पर झलकती काली झाँइयाँ, उसके होंटों पर फैली हुई ख़ून के रंग की सुर्ख़ी — लगता था, जैसे उसने अभी-अभी किसी का ख़ून पिया हो।....

तस्वीर का रंग भर कर गोविन्द कितनी ही देर तक उसे देखता रहा। फिर ज़रा परे खड़े हो कर, उसने उसे देखा और तय किया कि वह बड़े कैनवस पर उसे उतारेगा।

बाहर अँधेरा हो आया था। वह ईज़ल के सामने से उठा। उसने चित्र पर एक सन्तोष-भरी नज़र डाली और सैर को निकल गया। रास्ते भर वह उस चित्र की सम्भावनाओं पर विचार करता रहा। उसकी आँखों में उन सारे कलाकारों की शक्लें घूम गयीं, जिन्होंने अपनी पत्नियों या प्रेयसियों के ऐसे चित्र उकेरे थे, जो उन्हें अमरत्व प्रदान कर गये। उसने तय किया कि वह उस चित्र को बड़े फलक पर उतारेगा और उसे चित्र-प्रदर्शनी में भेजेगा। उसे पूरा विश्वास था कि उसके चित्र को पहला इनाम मिलेगा।

देवनगर का पूरा चक्कर लगाकर वह घर वापस आया तो लैम्प जलाते हुए अचानक उसकी नज़र ईज़ल पर गयी। उस पर कैनवस ग़ायब था।

लैम्प की बत्ती ऊँची कर उसने ध्यान से देखा तो उसका ख़ून खौल गया। किसी ने उसे फाड़ कर उसके टुकड़े वहीं ईज़ल के पैरों में फेंक दिये थे।

"माला!" वह इतने ज़ोर से चिल्लाया कि उसकी आवाज़ के धमाके से छत से सफ़ेदी की एक दो पपड़ियाँ काँप कर फ़र्श पर आ गिरीं।

उसकी पत्नी किचन में बैठी सालन पका रही थी। उसने कोई जवाब नहीं दिया।

"माला!" वह फिर चिल्लाया।

जब फिर भी कोई उत्तर न आया तो वह धमधमाता हुआ किचन में गया। पत्नी की कलाई थाम कर गोविन्द ने उसे उठाया और लगभग घसीटता हुआ उसे स्टूडियो में ले आया

और ईज़ल के पैरों में पड़े तस्वीर के टुकड़ों की ओर संकेत करते हुए उसने पूछा, "ये किसने फाड़े हैं?"

सीधा उत्तर न दे कर, अपना हाथ गोविन्द की गिरफ़्त से छुड़ाने की कोशिश करते हुए माला ने कहा, "अपनी बीवी का वेश्याओं-ऐसा चित्र बनाते हुए आपको शर्म नहीं आयी?"

"जब टकिहाइयों की तरह कपड़े पहनते और पाउडर-सुर्ख़ी लगाते तुम्हें शर्म नहीं आती तो मुझे चित्र बनाने में शर्म क्यों आयेगी। जैसी तुम दिखती थीं, वैसा ही तो चित्र बनाया था।"

और उसका जी हुआ, धक्का दे कर उसे वहीं टुकड़ों पर गिरा दे और दो-चार लात घूँसे उसके जमा दे।....उसने सोचा तो उसे लगा कि उसे मारने-पीटने का कोई लाभ नहीं। उसे मुक्ति पा लेनी चाहिए। और मन-ही-मन उसने उससे मुक्त होने का पक्का फ़ैसला कर लिया।

तीन-चार दिन बाद उसने अचानक अपनी पत्नी को सूचना दी कि उस कोठी का मालिक-मकान आ रहा है और उसे तत्काल कोठी ख़ाली कर देने का हुक्म हुआ है। जब तक नयी कोठी अलॉट नहीं हो जाती —बन रही है, ख़त्म होने पर अलॉट होगी —तब तक उसे लाहौर (या वह चाहे तो) मायके रहना होगा। और उसके सारे गहने-कपड़े बड़े ट्रंक में भर, एक छल्ला भी अपने पास न रख कर, वह उसे लाहौर छोड़ आया। भाई साहब से कह आया कि वह उसके साथ नहीं रह सकता, वे उसके भाइयों को लिख दें, आ कर उसे ले जायें, वह चाहे तो वे सोम के साथ उसे राहों भेज दें!

o

माला को लाहौर गये लगभग एक सप्ताह हो गया था। गोविन्द को पूरा यकीन था कि उसके भाई ने उसे राहों भेज दिया है और वह इत्मीनान से ईज़ल पर एक चित्र बनाने में तल्लीन था।

दोपहर ढल रही थी। कमरे के शीशों से आने वाली रोशनी में चौंध नहीं रही थी, लेकिन स्टूडियो में भरपूर रोशनी थी। गोविन्द ने खिड़की के पास ईज़ल जमा रखा था और उसका ब्रश अबाध गति से चल रहा था। तभी बरामदे के बाहर जूतों की आवाज़ सुनायी दी और दूसरे ही क्षण आगे-पीछे माला, अशोक और एक सिक्ख छोकरा दिखायी दिये। अशोक और छोकरे ने सामान उठा रखा था। सिर के इशारे से उन्हें सामान अन्दर रखाने का आदेश देते हुए माला क्षण भर को उसके स्टूडियो की चौखट में रुकी और अँगूठा नचाते और आँखें मटकाते हुए बोली :

"अच्छा जी, मुझे छोड़ आये थे, मैं आ गयी हूँ!"

"आओ प्यारियो!" गोविन्द ने लगभग उसी बेहयाई से मुस्कराते हुए कहा।

"कोठी तो नहीं बदली!" उसकी पत्नी ने आँखें नचायीं।

एक झूठ पकड़े जाने पर बेशर्मी से हँस कर दूसरा झूठ बोलने वाले की तरह, गोविन्द ने कहा, "मालिक-मकान का तार आ गया था, उसे पासपोर्ट नहीं मिला। अगले महीने आयेगा।"

माला अन्दर चली गयी। अशोक कुली को (जो वास्तव में गोदाम में काम करने वाला सिक्ख छोकरा था) पैसे और धन्यवाद दे कर गोविन्द की स्टूडियो की तरफ़ आया।

गोविन्द की निगाहें वहीं शून्य में टिकी थीं, जहाँ क्षण भर पहले उसकी पत्नी खड़ी थी। उसका नाचता अँगूठा और मटकाती आँखें जैसे चौखट के शून्य में अंकित हो गयी थीं और उन पर पिछले दिनों की घटनाएँ एक-एक कर मूर्तिमान हो रही थीं।

"भरा जी, नमस्ते!"

स्टूडियो में प्रवेश करते हुए अशोक ने गोविन्द को नमस्कार किया।

गोविन्द पूर्ववत शून्य में देखता रहा।

"भरा जी, नमस्ते!" अशोक ने दोबारा और ऊँचे स्वर में कहा।

गोविन्द चौंका। जैसे इस बीच न जाने वह कहाँ घूम रहा था कि अशोक की आवाज़ सुन कर लौट आया। उसने सिर उठाया और जैसे पहली बार उसने अशोक को देखा। एक उदास मुस्कान उसके होंटों पर फैल गयी।

"कहो, बड़ी देर लगा दी लुधियाने में?" गोविन्द ने व्यंग्य से कहा, "तुम तो सिर्फ़ एक हफ़्ते में औषधियाँ वग़ैरा ले कर आने की बात कह गये थे।"

"काम समेटते हुए भरा जी, देर लग गयी।" अशोक ने सफ़ाई दी, "कुछ लोगों का पैसा देना था, बहुत लोगों से लेना था। कुछ मरीज़ बीच में लटके थे। सो सबको निपटा कर आया हूँ।"

"तुम्हारी भाभी राहों क्यों नहीं गयी?"

"भाई साहब सोम के साथ इन्हें भेजना चाहते थे। भाभी ने कहा कि चन्द दिन की बात है, दूसरी कोठी मिल जायेगी तो वे देवनगर चली जायेंगी, तब तक वे लाहौर ही में रहेंगी और राहों नहीं जायेंगी।

"तब भाई साहब ने कहा —गोविन्द कह गया है कि वह तुम्हारे साथ अब और नहीं रहना चाहता। तुम नहीं जाओगी तो मैं तुम्हारे भाइयों को लिखूँगा कि आ कर तुम्हें ले जायें।...."

"इस पर भाभी ने वह बावेला मचाया कि भाई साहब ने इन्हें मेरे साथ यहाँ भेज दिया।...."

गोविन्द उसी उदासी से हँसा, जो इधर उसकी विशेषता हो गयी थी। वह उठा, चित्र को उसने वहीं छोड़ दिया और बरामदे वाले अलग कमरे में अशोक के औषधालय की व्यवस्था करने में व्यस्त हो गया।

☒☒☒

ਛਠਾ ਖਣ੍ਡ

मैं बुलाता तो हूँ उसको मगर ऐ जज़्बा:-ए-दिल
उस पे बन जाये कुछ ऐसी कि बिन आये न बने

—ग़ालिब

इक्कीस

प्रिय हरभजन,

तुम्हें याद होगा कि मेरी सगाई की ख़बर सुन कर और यह जान कर कि मैं किसी दूसरी लड़की को चाहता हूँ, तुमने मुझे सलाह दी थी कि मैं हरगिज़-हरगिज़ वहाँ शादी न करूँ और अपनी मनपसन्द लड़की को ही वरूँ। वैसा न कर सकूँ तो अपनी भाभी-आबी की बात न मानूँ और पहले जा कर एक नज़र अपनी भावी पत्नी को अच्छी तरह ज़रूर देख आऊँ। तुमने अपनी मिसाल दी थी और बताया था कि कैसे तुम माँ की बातों में आ कर ठगे गये।

मैंने तुमसे वादा किया था कि मैं वैसा ही करूँगा। मैंने कोशिश की भी, लेकिन मैं नाकाम रहा। न मैं अपनी मनपसन्द लड़की से शादी कर सका और न अपनी होने वाली पत्नी को शादी से पहले देख ही सका। नतीजा यह हुआ कि एक कुरूप और फूहड़ बीवी होनी की तरह आ कर मेरे सिर पर सवार हो गयी और पिछले डेढ़-दो महीने में जो यातना मैंने पायी है, उसे शब्दों में व्यक्त कर पाना कठिन है।

ये पंक्तियाँ मैं तुम्हें सिर्फ़ यह सूचना देने के लिए रख रहा हूँ कि इस छोटे-से अर्से में ही मैं इस शादी से इस हद तक उकता गया हूँ कि मैंने इससे जान छुड़ाने का फ़ैसला कर लिया है। अब स्थिति यह है कि मेरी लगी-लगायी नौकरी छूट गयी है और मैं बहुत दूर बंगलौर में एक ट्यूशन ले कर जा रहा हूँ। ज़ाहिर है इस बीवी से प्राण बचाने का दूसरा कोई तरीका मुझे नहीं सूझा।

मैंने त्याग-पत्र नहीं दिया, कुछ ऐसे मैनेज किया है कि मुझे एक महीने का नोटिस मिल जाये और मैं उसे अपनी पत्नी को दिखा कर उससे छुटकारा पा सकूँ। मैंने उसे समझा दिया है कि जब तक मैं किसी दूसरी जगह पैर नहीं जमा लेता, उसे साथ नहीं ले जा सकता।

वास्तव में हरभजन, शादी की पहली रात ही मुझे पता चल गया था कि मैं इस औरत के साथ नहीं रह सकता, लेकिन भावुकतावश उसे देवनगर ले आया। पहले मैंने उसे समझाने की कोशिश की, फिर उससे जान छुड़ाने की। नहीं छुड़ा सका तो हार कर मैंने नौकरी छोड़ दी।

मैं नहीं जानता मेरे भाग्य में क्या बदा है —कितना भटकना, कहाँ-कहाँ की ठोकरें खाना! मगर यह तय है कि मैं अब इस औरत के चंगुल में नहीं फँसने का।

एक बार मैंने यह भी सोचा था कि मैं तुम्हारे पास चला जाऊँ, लेकिन

इस बीच कुछ ऐसा डौल बना कि बंगलौर से बड़ी-बड़ी आशाएँ ले कर देवनगर आने और यहाँ के वातावरण से परेशान हो कर वापस जाने का निश्चय करने वाले एक सम्पन्न ठेकेदार परिवार से मेरी कुछ आत्मीयता हो गयी। जब उन्हें मालूम हुआ कि मैं भी नौकरी छोड़ रहा हूँ तो उन्हों मुझे अपने साथ बंगलौर चलने और उन बच्चों को (जो मेरे साथ काफ़ी हिल गये हैं) पढ़ाने की ऑफ़र दी। मैंने भी सोचा कि बंगलौर बहुत दूर जगह है और मेरी पत्नी वहाँ नहीं पहुँच पायेगी, इसलिए मैंने उनका प्रस्ताव मान लिया। अगले महीने की पहली तारीख़ को मैं यहाँ से बँगलौर के लिए चल दूँगा।

अभी घड़ी भर पहले मैं अपनी पत्नी को अपने चचेरे भाई के साथ लाहौर की बस पर चढ़ा कर आया हूँ। उसका सारा साज़-सामान, गहने-कपड़े मैंने उसके साथ भेज दिये हैं, क्योंकि मुझे पूरा यकीन है कि अब वह कभी मेरे पास नहीं आ पायेगी, इसलिए मैं नहीं चाहता कि उसकी अनुपस्थिति में मेरे घरवाले उसके दहेज का सामान ख़ुर्द-बुर्द कर दें।

मेरा मन उदास है, लेकिन साथ ही बहुत हल्का भी है। मुझे लगता है, जैसे मैं एक बहुत बड़े बोझ से मुक्त हो गया हूँ। कभी मिला तो इन चन्द महीनों के वैवाहिक जीवन की अपनी दास्तान सविस्तार तुम्हें सुनाऊँगा। इस छोटे-से अर्से में जो नरक मैंने भोगा है, उसकी एकाध झलक तुम्हें दिखाऊँगा। फ़िलहाल तुम यही दुआ करो कि मैं अपने फ़ैसले पर अडिग रहूँ और फिर कभी इस औरत को पकड़ाई न दूँ।

तुम्हारी ज़िन्दगी कैसे बीत रही है, नहीं जानता। यदि तुमने अपनी पत्नी के साथ एडजस्ट कर लिया है तो तुम्हारी दाद देता हूँ। मैंने भी करना चाहा था, पर नहीं कर सका। उल्टे एक बच्चे का बाप बन जानने की भी सम्भावना है, जिसने मेरे अपराध-भाव को बढ़ा दिया है। उस वक्त जब हमारे यहाँ परित्यक्ताएँ शादी नहीं करतीं, पत्नी को छोड़ देना भारी गुनाह है। इसी बात का अफ़सोस है कि न चाहते हुए भी मुझसे यह गुनाह हो रहा है। चाहे मैं इस औरत को फिर कभी पास न फटकने दूँ, लेकिन इस गुनाह का एहसास हमेशा मेरे सीने पर एक भारी पत्थर की तरह बना रहेगा और पिछले चन्द महीनों की घटनाएँ मेरी याद को घायल करती रहेंगी।

भाभी को मेरी याद दिलाना और कभी-कभार मेरे हक में दुआ कर दिया करना।

तुम्हारा
गोविन्द

पत्र लिख कर गोविन्द ने उसे दोबारा पढ़ा। लिफ़ाफ़े में बन्द कर उस पर हरभजन का पता लिखा और लिफ़ाफ़े को सामने कैमल इंक के डिब्बे के साथ टिका दिया। फिर उसने पैड अपने सामने खींचा। ऊपर दायीं ओर पता लिख कर बायीं ओर लिखा —

निम्षा जी,

आगे क्या लिखे यह तय न कर पाया। वह निमिषा को छोटा-सा पत्र लिखना चाहता था, पर यह भी चाहता था कि वह छोटा-सा पत्र न सिर्फ़ प्रभावी हो, बल्कि इस बीच उनके मध्य जो दूरी आ गयी है, उसे भी हठात पाट दे।

वह कुर्सी पर पीछे को लेट गया। निमिषा के पत्र का मज़मून सोचते-सोचते मन-ही-मन उससे बातें करते-करते, न जाने कब और कैसे, वह माला के दुर्व्यवहार से घायल पिछले महीनों की दुखद, यन्त्रणापूर्ण स्मृतियों में खो गया।

....देवनगर वापस आने पर माला जैसे अँगूठा नचाते हुए कमरे में दाख़िल हुई थी, उससे गोविन्द अन्तर्तम तक चिढ़ गया था। यह और बात है कि वह ऊपर से हँसता रहा था, लेकिन उस वक्त भी, जब वह अशोक के औषधालय के लिए कमरा ठीक करा रहा था; उससे चाचा-चाची और दूसरे भाई-बहनों की कुशल-क्षेम पूछ रहा था; उससे मज़ाक कर रहा था; गोविन्द के दिमाग़ का एक हिस्सा लगातार उस औरत से छुटकारा पाने की बात सोच रहा था। उसके मन में बार-बार यह आता था कि वह निमिषा को अपने भेद का साझीदार बनाये, इस बीच उस फूहड़ पत्नी के कारण उस पर जो भी गुज़रा है, उसे बता दे, अपनी तकलीफ़ उससे बाँट ले, लेकिन निमिषा ने उसे पत्र लिखने से मना किया था और उसका अहं उसके मार्ग की बाधा बन जाता था।

कुर्सी पर पीछे को लेटे-लेटे गोविन्द के होंटों पर एक क्षीण-सी व्यंग्य और बेबसी-भरी मुस्कान खेल गयी। उसके साथ जो कुछ इन पिछले दिनों गुज़रा है, वह क्या सब निमिषा को बताया जा सकता है! और एक-एक कर कई घटनाएँ उसके दिमाग़ के पर्दे पर रेंग आयीं।

o

....गर्मियाँ ज़ोरों से शुरू हो गयी थीं। दिन ख़ूब तपने लगे थे। रातें अलबत्ता ठण्डी होतीं और पिछले पहर लोई या कम्बल की ज़रूरत पड़ती। जिस दिन माला अशोक के साथ वापस आयी, उस रात गोविन्द ने अशोक की चारपाई कोठी के सामने लगा दी और अपनी तथा माला की चारपाइयाँ पिछवाड़े की ओर बिछवा दीं। उधर ज़्यादा समतल जगह नहीं थी। सिर्फ कोठी के चारों तरफ़ ज़मीन से ऊँची, पाँच-पाँच फुट चौड़ी समतल पट्टी थी। दोनों चारपाइयाँ साथ-साथ नहीं बिछ सकती थीं। गोविन्द ने उन्हें ऐसे लगाया कि जहाँ उसकी चारपाई का पायँता शुरू होता था, वहीं माला की चारपाई का सिरहाना था। माला ने उन्हें बिछे देखा तो कहा कि इस तरह उसे डर लगेगा और उसने चाहा चारपाइयाँ ऐसे बिछायी जायें कि दोनों सिरहारने जुड़ जायें। यद्यपि उसे अपनी पत्नी का इतना नैकट्य पसन्द नहीं था, पर वह चुप रहा और जैसे माला ने चाहा, उसने चारपाइयाँ बिछा दीं।

खाना खाने के बाद, कुछ देर गोविन्द काम करता रहा था। लेकिन कमरा तप रहा था। बाहर से पतंगे बार-बार आ कर लैम्प से टकराते थे। जब काम करना एकदम असम्भव हो गया तो कमरा बन्द कर वह बाहर आ कर लेट गया। ज़रा देर बाद माला भी आ गयी, पर अपनी चारपाई पर लेटने के बदले, उसकी चारपाई पर आ बैठी।

कुछ क्षण सन्नाटा छाया रहा। वह निःस्पन्द लेटा रहा। वह बैठी रही। फिर माला ने धीरे-से उसके पैरों पर हाथ रखा। "क्या करती हो!" गोविन्द भिंचे दाँतों से चीख़ा, "मत

छेड़ो मुझे!"

"मैं आपके पाँव दबा देती हूँ।"

"मैं कोई हल जोत कर आया हूँ कि मेरे पैर थके हैं! जाओ, जा कर सो रहो!"

माला नहीं उठी। वैसे ही घुटने पर ठोड़ी रखे बैठी रही।

वह कुछ क्षण साँस रोके पड़ा रहा। माला भी चुपचाप बैठी रही। सहसा गोविन्द को लगा कि अगर वह कुछ क्षण और बैठी रही तो वह लात मार कर उसे परे धकेल देगा। वह उछल कर उठा। उसने चप्पल पहनी और वहीं अपनी इस छोटी-सी कोठी के गिर्द चक्कर काटने लगा।

आकाश में चौथाई चाँद एक ओर लटका अपनी मटमैली-सी चाँदनी बिखेर रहा था। गोविन्द ने कोठी की दूसरी तरफ़ जा कर देखा — उतनी दूर से देवसैनिकों की एक जैसी कोठियाँ बड़े-बड़े सियाह धब्बों-सी लग रही थीं। कहीं कोई आवाज़ नहीं थी और निकट ही अपनी चारपाई पर लेटा अशोक विसुध सो रहा था और उसके खर्राटे वातावरण को गुँजा रहे थे। गोविन्द को अपने चचेरे भाई की नींद से बड़ी ईर्ष्या हुई — काश! वह भी ऐसी गहरी नींद सो सकता।

न जाने वह कितनी देर तक घूमता रहा। उसके पैर और पिंडलियाँ दर्द करने लगीं। वह आ कर हताश चारपाई पर लेट गया।

"लाइए, अब तो थक गये हैं," माला ने कहा, "आपके पैर दबा दूँ।"

गोविन्द को लगा जैसे उसके स्वर में व्यंग्य की हल्की-सी मात्रा है, ज़रूर ही उसके होंटों पर क्षीण-सी मुस्कान भी होगी, लेकिन चाँद कहीं बनौली के पेड़ों के पीछे छिप गया था। इतनी रोशनी भी नहीं थी कि वह चोर आँख से उसे देख लेता। उसने कुछ चिड़चिड़ाहट-भरे स्वर में कहा, "इतनी रात हो गयी है, सोने क्यों नहीं जातीं?"

वह चुप बैठी रही। गोविन्द झल्ला गया, "यह तुम रोज़ मेरी चारपाई पर क्यों आ कर बैठ जाती हो। मुझे यह ज़रा सी पसन्द नहीं। अपनी चारपाई पर क्यों नहीं सोतीं?"

"मैं फ़ेर किद्दे नाल खेडूँ?"[१]

कोई दूसरा अवसर होता तो गोविन्द ज़ोर से ठहाका मार उठता अथवा उसके मन की दया उपजती, लेकिन तब वह एकदम बौखला उठा —

"क्या कहती हो?" उसने ज़ोर से कहा।

लेकिन माला मौन साध गयी।

यह साली बिना 'खेडूं' नहीं जायेगी, उसने मन-ही-मन कहा, वह क्रोध से उछल कर उठा, "आओ खेलाऊँ तुम्हें," कहता और उसकी कलाई पकड़ कर उसे लगभग घसीटता हुआ कमरे में ले गया और अन्दर बिछी चारपाई पर उसे धकेल दिया। फिर वहशियों की तरह वह उस पर टूट पड़ा। उसने उसके वस्त्र निहायत बेरहमी से उतार डाले और उसके शरीर के सुकोमल अंगों को निरानन्द नोचता, काटता, मसलता चला गया यहाँ तक कि उसके अपने शरीर का जमाव ख़त्म हो गया। वह क्या कर रहा है, उसे इसका होश नहीं रहा। उस वक्त जब वह क्रुद्ध वासना के तूफ़ान पर सवार था, जाने लैम्प की मद्धिम रोशनी

१. मैं फिर किससे खेलूँ।

में माला ने उसकी आँखों में क्या देखा कि भयभीत स्वर में उसने कहा, "जी, आपका मन नहीं तो जाने दीजिए!"

लेकिन तब रुकने का कोई प्रश्न नहीं था। उसका क्रोध और वासना दोनों चरम सीमा पर पहुँच चुके थे, "नहीं, तुम खेड्डो!" भिंचे हुए दाँतों में उसने इतना ही कहा और बदस्तूर तूफ़ान पर सवार रहा।

जब उसे कुछ होश आया तो उसने अपने आपको पसीने से तर, अपनी पत्नी की बाँहों और टाँगों में इस हद तक भिंचे हुए पाया कि उसे अपनी साँस घुटती-सी महसूस हुई। तभी उसे एहसास हुआ कि उन दोनों का तूफ़ान एक ही साथ चरम पर पहुँच कर थमा है। भावनाओं से अनजान शरीर अपना धर्म निभा रहे थे....'अगर आज इसे गर्भ रह गया तो!'....वह चौंका। सचेत हुआ। उसने अपने आपको अपनी पत्नी के बाहुपाश से छुड़ाया और बिना उसकी ओर देखे स्नानागार में चला गया....।

○

वहीं कुर्सी पर बैठे-बैठे गोविन्द की आँखों के सामने एक और दृश्य आया....

○

....दोपहर का खाना खाने के बाद, स्कूल जाने से पहले, गोविन्द कुछ क्षण के लिए बिस्तर पर लेट गया था। ऐक्टिविटी स्कूल में होस्टल के बच्चे वहीं खाना खाते थे, लेकिन देवनगरियों के बच्चे अपने अभिभावकों के साथ कम्यूनिटी किचन में आते थे। माला जब से आयी थी, वह घर में पकाने लगी थी। इसीलिए वह घर आ जाता था। वह लेटा ही था कि माला चुपचाप पलँग की पाटी पर आ बैठी।

बाहर यद्यपि धूप तेज़ थी, लेकिन पिछली दोपहर ही जम कर ओले पड़े थे, दोनों तरफ़ बरामदों में खुलने वाले दरवाज़ों से ठण्डी हवा फ़र-फ़र अन्दर आ रही थी। गोविन्द सोच रहा था कि पिछले दिन उसने ओलों का जो तूफ़ान देखा था, क्या वह उस समूचे दृश्य को किसी चित्र में बाँध सकता है? मगर उस तूफ़ान को ले कर उसके दिमाग़ में इतने दृश्य थे कि उसे नहीं लगता था, वह ऐसा कर सकता है। पश्चिम की ओर वीराने में तपस्वी-से मौन खड़े अकेले बरगद के सिर पर कुछ लाल-भूरा बादल-सा उठा था, जो देखते-देखते भयंकर आँधी को अपनी अर्दल में लिये हुए सारे आकाश पर छा गया था। फिर वर्षा — मूसलाधार — चादरों-सी गिरती हुई....और वीराने में छायी धूल को कई-कई टुकड़ों में साफ़ फ़ाड़ती हुई....फिर टपाटप बरसते हुए ओले —बरामदे के फ़र्श पर गिर कर टुकड़े-टुकड़े होते हुए।....उनसे पटी सफ़ेद धरती....बच्चे किलकारियाँ मार कर ओले बीनते और एक-दूसरे पर मारते हुए....और अन्त में पकी फ़सलें —ओलों की मार से टूटती हुई और किसान उन्हें बेबसी से देखता हुआ और दोनों हाथ फैला कर भगवान के दरबार में फ़रियाद करता हुआ....

ये थे दृश्य जो उसने उस तूफ़ान के सिलसिले में देखे थे। वह चाहता था —ऐसा चित्र, जिसमें यह सब कुछ आ जाये। पर उसे लगता था, एक चित्र में —वह कितना भी बड़ा क्यों न हो —वह इस सब को नहीं सँजो सकता। तूफ़ान को ले कर उसे तीन-चार चित्र बनाने होंगे। और वह सोच रहा था, पहले वह कौन-सा उकेरे।

माला काफ़ी देर तक उसे आँखें खोले, उसकी उपस्थिति में नितान्त बेपरवाह, सोच में ग़र्क देखती रही। सहसा उसने पूछा, "क्या सोच रहे हो?"

गोविन्द का दिमाग़ ओलों के तूफ़ान को कला का जामा पहनाने में इतना तल्लीन था कि उसका माला की बात नहीं सुनी। तब माला ने चिढ़ कर पूछा, "किसके ध्यान में इतने गुम हो, जो जवाब नहीं देते —क्या उसी वेश्या के?"

गोविन्द ने पूरी बात नहीं सुनी। उसके कानों में सिर्फ़ वेश्या शब्द पड़ा। "कौन वेश्या?" उसने कहा।

"वही रण्डी, जिसे आप पर टोना कर रखा है, जिसके ध्यान में दिन-रात गुम रहते हो और अपनी परनीता से दो बात भी नहीं करते।"

गोविन्द ने कहीं मन में निश्चय कर लिया था कि वह अन्ततः उस औरत के साथ नहीं रहेगा। वह गुपचुप कोई दूसरा ठौर भी ढूँढ रहा था, इसलिए वह यथासम्भव उससे उलझने, उसे गाली देने या पीटने से बचता था। उसने बड़े धैर्य से, जैसे उसे समझाते हुए कहा, "क्यों परायी लड़की को गालियाँ देती हो?"

"जो कुँआरी इश्क लड़ाती फिरती हो, वह वेश्या नहीं तो क्या है?"

निमिषा के लिए गोविन्द के मन में कुछ ऐसा आदर था कि वह अपना प्रण भूल गया। उसने कहा, "अपनी शादी के दिन तक चाहे मैं उससे चार-पाँच बार ही मिला होऊँ, लेकिन जब से तुम देवनगर आयी हो, मैंने उसे एक पत्र तक नहीं लिखा। तुम कैसे उस बेचारी को गालियाँ दे रही हो।"

"हाय बेचारी! बहुत दर्द होता है न उस रण्डी के लिए गाली सुन कर।" माला ने शब्द चबाते हुए सव्यंग्य कहा। फिर बोली, "उसे पत्र लिखते हो कि नहीं, मैं क्या जानूँ, मैं क्या चौबीसों घड़ी आपके संग रहती हूँ!"

"यूँ तो अपने बच्चे की कसम खा कर कह सकता हूँ," गोविन्द ने कहा, "कि मैंने उसे एक पंक्ति भी नहीं लिखी, न मैं निमिषा के बारे में सोच ही रहा था, लेकिन यदि मैं उसे कोई पत्र लिखूँ या उसके बारे में सोचूँ तो मैं इसे बुरा नहीं समझता।"

"क्यों?" उसकी पत्नी ने लगभग चीख़ कर पूछा।

"इसलिए कि मैं कम-से-कम उसे एक वर्ष से जानता हूँ।"

"और मैं जो आपकी ब्याहता हूँ, जिसे आप बाकायदा बरात ले कर ब्याहने गये थे, अग्नि के सामने जिसका साथ निभाने की आपने प्रतिज्ञा की थी।....कहाँ हैं वो हरामज़ादे तरुण और करुण —वो आपके सारे कवि-कलाकार दोस्त जो बरात में गये थे!"

गोविन्द का जी हुआ, ज़ोर का एक थप्पड़ उस बदज़बान की कनपटी पर रसीद कर दे, जो उसके निर्दोष मित्रों को गरिया रही थी। पर बड़े सब्र के साथ उसने कहा, "क्यों उन बेचारों को गालियाँ दे रही हो, उन का क्या कसूर है?"

"क्यों, वो इस ब्याह के साक्षी नहीं हैं? कहीं से भगा कर लाये हो मुझे? कई दिनों से मैं देख रही हूँ, आप सीधे मुँह बात नहीं करते। आप पर उस रण्डी ने जादू कर रखा है। इस बार मैं राहों जाऊँगी तो टोना कराके लाऊँगी।"

'यह मैट्रिक तक पढ़ी है और टोने-टोटके में विश्वास रखती है,' गोविन्द ने

मन-ही-मन कहा। उस अपढ़, फूहड़ और गँवार औरत पर क्रोध के बजाय गोविन्द को दया हो आयी, जो यह समझ रही थी कि निमिषा ने उस पर कोई जादू कर रखा है और जो यह नहीं जानती थी कि वह अपने दुर्व्यवहार से उसे अपने से दूर कर रही है। लेकिन बदस्तूर बहस करते हुए उसने कहा, "अगर इस बीसवीं सदी में तुम जादू-टोने में विश्वास करती हो तो तुमसे बड़ी मूर्खा दूसरी कोई नहीं हो सकती। मैं निमिषा को एक वर्ष से जानता हूँ, उसका स्वभाव, उसकी शिक्षा-दीक्षा, उसका सलीका-सुघड़ापा और सोफ़िस्टीकेशन — सबसे वाकिफ़ हूँ और तुम्हें मैंने न देखा, न जाना, तुम कैसे उम्मीद करती हो कि आते ही मैं तुम्हें प्यार करने लगूँ। प्यार आदमी को किसी की अच्छी सूरत पर हो सकता है या अच्छी सीरत पर, लेकिन चूँकि चार आदमी बरात ले कर गये और एक-दूसरे से बिलकुल नावाकिफ़ दो अजनबियों को एक बन्धन में बाँध आये तो तुम समझती हो कि दोनों को एक-दूसरे से प्यार भी करना चाहिए।"

"क्यों यज्ञ की अग्नि से सामने जो प्रतिज्ञाएँ की थीं, कसमें खायी थीं....?"

"यज्ञ की अग्नि उस वक्त बेहद धुआँ दे रही थी। मुझे तो सिर्फ़ इतना याद है कि मेरी आँखों से पानी बह रहा था और मेरा सिर फटा जा रहा था। पण्डित ने संस्कृत में क्या बकवास की, मेरी समझ में कुछ नहीं आया। तुमने भले ही उसे समझ लिया हो। फिर बराती हों या यज्ञ की अग्नि, विवाह में तो वे पति-पत्नी को एक-दूसरे के शरीर सौंपते हैं, दिल तो हमको जीतने पड़ते हैं — अपने प्यार से, अच्छे व्यवहार से। यज्ञ की अग्नि ने मेरा शरीर तुम्हें दिया है, इसे नोचो, चाहे काटो, चाहे खाओ!"

"ठीक है, यह शरीर मेरा है। इसके नज़दीक मैं उस वेश्या को फटकने भी नहीं दूँगी।"

और माला ने इस तरह दोनों हाथों से उसके शरीर को समेटने की कोशिश की, जैसे बच्चे अपने जीते हुए कंचों को दोनों हाथों अपनी ओर समेटते हैं।

"क्या करती हो!" गोविन्द दाँत भींचते हुए चिल्लाया, "दोनों ओर के दरवाज़े खुले हैं।"

माला ठीक से हो बैठी।

वह बोला, "देखो माला, तुम इतनी लड़ाकी और बदज़बान हो कि जी होता है, तुम्हें गढ़ कर रख दूँ, लेकिन मेरे पिता कभी-कभी माँ को बुरी तरह पीट देते थे और मुझे औरतों को पीटने वालों से सख़्त नफ़रत है। मैं तुम्हें सिर्फ़ इस बात से ख़बरदार किये देता हूँ कि अगर तुम इस बदतमीज़ी से बाज़ नहीं आओगी और उस परायी लड़की को बेकार की गालियाँ दोगी तो जो सात फेरे मैंने तुम्हारे साथ लिये हैं वही उसके साथ भी ले लूँगा। बाद में तुम मुझे मत कोसना...."

और वह उठ कर स्कूल को चला गया था।

०

एक और छोटी, लेकिन हमेशा सालने वाली और जहाँ तक माला का सम्बन्ध है, फ़ैसलाकुन घटना गोविन्द की आँखों में घूम गयी और उसके मुँह का ज़ायका कड़ुवा गया।

०

....इतवार का दिन था। गोविन्द कुछ थका हुआ था। उसके सिर में हल्का दर्द था। दोपहर का खाना खाने के बाद उसने सोचा था कि आराम करेगा, लेकिन उसे पूरा यकीन था कि माला उसके पास आ बैठेगी और उसका लेटना हराम कर देगी। उसका मन घर में लेटने को न करता था। वह लाहौर में होता तो इतवार हमेशा किसी दोस्त के घर काटता, लेकिन वह देवनगर में था, और वहाँ उसका वैसा कोई गहरा और बेतकल्लुफ़ दोस्त नहीं था, जिसके घर वह इतवार या फ़ुर्सत का वक्त गुज़ार सकता। तब उसने तय किया था कि अगर वह आ कर बैठेगी तो पाँच मिनट में उससे निबट कर आराम से सोयेगा। और जब वह खाना खा कर लेटा और माला आ कर उसकी चारपाई पर बैठी तो उसने कहा, "दरवाज़े लगा दो। लू आ रही है।"

वह दरवाज़े लगा आयी तो उसने उसे अपने साथ लिटा लिया, लेकिन जब जल्दी किस्सा ख़त्म करने के ख़याल से उसने जल्दी करने की कोशिश की तो वह हक्का-बक्का रह गया कि वह ठीक से शुरू भी नहीं हुआ था कि चुक गया। उसकी समझ में कुछ नहीं आया। हतप्रभ-सा, आत्मग्लानि का मारा-सा, वह क्षण भर को अवसन्न रह गया।

"तुहाडा ताँ सक्खर दा डैम ही धरल-धरल टुट्टपिया!" उसकी पत्नी ने नीचे लेटे-लेटे किंचित हँसते हुए निहायत फूहड़ शब्दों में कहा।

गोविन्द ने एक नफ़रत और कहर-भरी निगाह अपनी पत्नी पर डाली। उसकी आँखों में लाहौर की बैठक के खुरे पर दोनों हाथों में गीली शलवार फैलाये माला का, अपनी पाकदामनी का सुबूत देना घूम गया। उसने कर्कश स्वर में कहा, "खाना खाते ही लग पड़े और क्या होता! वैद्य-हकीम कहते हैं कि खाना खाते ही यह सब नहीं करना चाहिए। उठो, तुम कपड़े पहनो!"

और वह स्नानागार में चला गया। हाथ-मुँह धोते और कपड़े पहनते हुए, वह लगातार उस स्थिति पर सोचता रहा, 'ऐसा तो पहले कभी नहीं हुआ'....'ऐसा तो पहले कभी नहीं हुआ।' बार-बार उसके दिमाग़ में एक ही बात आती —तो क्या उसकी शक्ति क्षीण हो रही है अथवा ऐसा उसकी अरुचि के कारण हुआ है? —'यह पत्नी मुझे नपुंसक बना देगी!' उसके मन-ही-मन कहा, 'परिवार, नैतिकता, समाज और धर्म —इन सबकी चिन्ता करता हुआ मैं ख़त्म हो जाऊँगा।'....

कपड़े पहन कर वह बाहर कमरे में आ कर लेटा तो लाख कोशिश करने पर उसे नींद नहीं आयी।

o

....उस घटना के बाद जब रात को उसकी पत्नी उसके पायँते आ कर बैठी तो उसे कुछ अजीब अनुभूति हुई। उसे लगा जैसे उसके शरीर पर किसी ने बर्फ़ की सिल रख दी है। क्षण भर के लिए उसके सामने पिछली दोपहर का दृश्य घूम गया और वह एकदम ठण्डा पड़ गया। उसने तय कर लिया कि वह अब रोज़-रोज़ उसके साथ नहीं सोयेगा।

जब वह देर तक उसके पायँते चुपचाप बैठी रही तो उसने माला से कहा कि उसकी काठी शायद उसकी सहेलियों के पतियों जैसी मजबूत नहीं है और वह उसके साथ रोज़-रोज़ नहीं 'खेड़' सकता। तब माला ने उससे कहा था कि वह बिलकुल ठीक है और

सिर्फ़ बहाने बनाता है; दिन-रात उस कुलटा के बारे में सोचता रहता है; अपनी पत्नी उसे कैसे अच्छी लग सकती है।....वह रोने लगी थी और हमेशा की तरह तमाम घृणा और कमज़ोरी के बावजूद गोविन्द उसे 'प्यार' करने लगा था। लेकिन जब शाम जब वह उसे बताना चाहता था कि वह कमज़ोर हो गया है, उसकी शक्ति क्षीण हो गयी है, उस दोपहर जैसा कुछ नहीं हुआ। और उसकी पत्नी फिर उस 'वेश्या' को गालियाँ देने लगी, जिसके कारण उसका पति अपनी ब्याहता से दूर भागता था।

और वह सिलसिला फिर शुरू हो गया। वह चाहे रोती, चाहे झगड़ती, चाहे चुप बैठी रहती। वह उसका पिण्ड तक तक न छोड़ती जब तक वह अपने पत्नीव्रत धर्म का भरपूर प्रमाण उसे न दे देता।....अपने पुंसत्व में उसे जो सन्देह हो आया था, यद्यपि वह दूर हो गया था, पर उसका भय नहीं घटा था। वह प्रक्रिया उसके लिए उत्तरोत्तर यन्त्रणादायी होती और अपनी पत्नी के प्रति उसकी नफ़रत बढ़ती जा रही थी।

तीन दिन पहले स्कूल से वापस आते हुए गोविन्द ने तय किया कि उसकी पत्नी चाहे सारी रात उसकी चारपाई पर बैठी रहे, वह समर्पण नहीं करेगा। खाना खाने के बाद वह घूमने निकल गया। आ कर पहले वह कुछ देर चुप लेटा रहा। जब माला ने उसके पैर-वैर दबाने की कोशिश की तो उसने उसे झटक दिया। जब वह घुटने पर ठोड़ी टिकाये चुप बैठ गयी और क्षण-क्षण उसकी समस्त इन्द्रियों पर हावी होने लगी तो गोविन्द उछल कर उठा और कोठी का चक्कर लगाने लगा।

जब वह कोठी के अगवाड़े गया तो हमेशा की तरह, गहरी नींद सोये अशोक को क्षण भर देखता रहा। प्रैक्टिस तो उसकी कुछ वैसी नहीं चली थी, लेकिन शाम को वह जम कर वॉलीबॉल खेलता था और घर आ कर लाल शकर के शर्बत का बड़ा लोटा पी कर कुछ देर औषधालय में बैठता था, फिर प्रेस के मैनेजर या कम्पोज़िटरों से बतियाने निकल जाता था। उसका शरीर गठा हुआ, कसरती और कद मँझला था, लेकिन जब वह वालीबॉल खेलता हुआ, बॉल की स्थिति के अनुसार 'छोटा' या 'ऊँचा' कहता, उसके आदेशानुसार उसके साथी पास देते और वह उछल कर बॉल को शॉट मारता तो गोविन्द चकित देखता रह जाता, क्योंकि कई बार वह नेट जितना ऊँचा उछल जाता और यद्यपि उसके शॉट को रोकने के लिए विपक्षी दल के दो-दो खिलाड़ी एक-दूसरे के पीछे दोनों हाथ उठा कर उछलते तो भी बॉल को रोक न पाते। रात को वह थक-थका कर आता, डट कर खाता और सो जाता। फिर उसके पास ढोल भी बजते तो वह न उठता।

कोठी के चक्कर लगाने की बजाय गोविन्द आगे बढ़ गया। आसमान में आधा चाँद अपनी क्षीण आभा बिखेर रहा था। उसके मन्द प्रकाश में देवनगर की कोठियाँ, डेवढ़ी, कम्यूनिटी किचन —वह सारी-की-सारी बस्ती —स्वप्न-संसार-सी लगती थी। गोविन्द जब वहाँ आया था तो कितना प्रसन्न था! उसने सोचा था कि ज़िन्दगी वहीं गुज़ार देगा। — कितना प्राकृतिक सौन्दर्य था वहाँ —कितना कुछ उकेरे जाने की माँग करता था, ब्रश उठाने की प्रेरणा देता था! लेकिन कहीं मन की गहराई में वह जानता था कि अब वह ज़्यादा देर वहाँ रह नहीं सकेगा।

उस सुनसान रात में भटकते हुए जब गोविन्द उस पुरानी कोठी के सामने से गुज़रा, जहाँ वह देवनगर में आने के बाद पहले-पहल रहा था और जहाँ निमिषा आ कर उससे

मिली थी, गोविन्द के सामने उन दिनों उस में रहने वाली सरदारनी नरिन्दर कौर की सूरत घूम गयी और उसके साथ कुछ ही दिन पहले होने वाली बातचीत उसे याद हो आयी।

o

उस कोठी से उसके उठ जाने के बाद ही, उसमें बंगलौर के एक धनी सिक्ख ठेकेदार सरदार गुरमीत सिंह का परिवार —उनकी सरदारनी और तीन छोटे-छोटे बच्चे, एक लड़की और दो लड़के आ कर ठहरे थे। सरदार साहब हँसमुख, मिलनसार, ख़ुशमिज़ाज आदमी थे। बंगलौर में उन्होंने कोई बहुत बड़ा ठेका ले रखा था। बच्चों की पढ़ाई की समस्या थी। सो उन्होंने देवनगर में एक कोठी का प्लाट ख़रीद लिया था और बच्चों को ऐक्टिविटी स्कूल में दाख़िल करा दिया था। स्वयं वे मुश्किल से चार-पाँच दिन रहे थे। रुपया-उपया दे कर और प्लाट ले कर चले गये थे। उनके पत्र नहीं आते थे, दूसरे-तीसरे कुशल-क्षेम के तार आते थे। सरदारनी नरिन्दर कौर लम्बी-छरहरी, तीखे नाक-नक्शे वाली हँसमुख युवती थी। उसके व्यक्तित्व में कुछ ऐसी चीज़ थी जो उसकी मेधा और आन्तरिक इच्छा-शक्ति की द्योतक थी। चूँकि सरदार गुरमीतसिंह के रहते ही गोविन्द से उनका परिचय हो गया था, बच्चे उसकी क्लास में जाते ही थे, इसलिए वह कभी-कभार उनके यहाँ जा बैठता था। तय यह था कि उनकी कोठी बन जायेगी तो वे सब उसमें शिफ़्ट हो जायेंगे। सरदारनी नरिन्दर कौर खाना घर पकाने लगी थी, क्योंकि कम्यूनिटी किचन में उसे लगता था कि परोसने वाले भेद-भाव रखते हैं। दूध-मक्खन और सब्जियाँ देवनगर के स्टोर ही से आती थीं। कोठी के पोर्शन का वह किराया देती थी। जैसे-जैसे गोविन्द अपनी पत्नी से कटता गया, नरिन्दर कौर के यहाँ ज़्यादा वक्त गुज़ारने लगा। वह भी उसे अपने भाई जैसा स्नेह देती और घर-द्वार की सारी बातें कर लेती। वह देवनगर की व्यवस्था से प्रसन्न नहीं थी और समझती थी कि 'देववाणी' की लच्छेदार बातों से वे ठगे गये हैं। वह वापस बंगलौर जाना चाहती थी। उसने इशारों-इशारों में इच्छा प्रकट की थी कि यदि उसे गोविन्द जैसा कोई ट्यूटर मिल जाये तो वह तत्काल वापस चली जायेगी ताकि बच्चों को बंगलौर के किसी अच्छे स्कूल में दाख़िल करा सके। एक दिन उसने गोविन्द से उनकी तनख़्वाह पूछी थी। जब उसे मालूम हुआ था कि उसे ८५ रुपये मासिक मिलते हैं तो सरदारनी ने कहा था, "भरा जी, आप जैसा ट्यूटर मिल जाये तो हम १०० रुपया महीना तक दे दें!"

हँस कर गोविन्द ने कहा था —"मुझी को ले चलिए। ग्रैज्युएट हूँ। फिर आर्टिस्ट! आपके बच्चों को दूसरे सब्जेक्ट पढ़ाने के साथ-साथ कला में भी निपुण कर दूँगा।"

"सौ बार चलिए!" सरदारनी ने हँस कर कहा था, "मैं तो सरदार जी से कह चुकी हूँ, पर वे संकोच में आप से बात नहीं कर सके।"

"मैं एक दोस्त की सिफ़ारिश पर यहाँ आया हूँ," गोविन्द ने कहा था, "ख़ुद तो इस्तीफ़ा देने में मुझे संकोच है, पर मैं यह ज़रूर चाहता हूँ कि ये लोग मुझे नोटिस दे दें।"

"क्यों?" सरदारनी ने जिज्ञासा प्रकट की थी।

और गोविन्द ने जहाँ तक वह इशारों में बता सकता था, अपने विवाह की ट्रैजिडी और अपनी मनःस्थिति बता दी थी। नरिन्दर कौर काफ़ी देर तक उस पर जिरह करती रही और जब सन्तुष्ट हो गयी तो उसने उदास हो कर कहा, "भरा जी, अजहियाँ औरताँ हत्थ

आयी दौलत नूँ अपनी बेवकूफ़ी नाल गँवा देंदियाँ ने ते फ़ेर सारी उमर अपने भाग नूँ रोन्दियाँ रहिन्दियाँ ने।"[१]

"मैं ख़ुद इस्तीफ़ा दूँगा तो वह कभी मेरा पिण्ड नहीं छोड़ेगी, लेकिन मुझे नोटिस मिल जाये तो मैं उसके तमाम गहने-कपड़े ट्रंक में बन्द करके उसे उसके मायके भिजवा दूँगा और आप चाहेंगी तो आपके साथ बंगलौर चला जाऊँगा।"

"उसे बंगलौर नहीं बुलायेंगे?"

"आप चाहेंगी कि मैं उसे बंगलौर बुलाऊँ तो मैं आपके साथ नहीं जाऊँगा। कहीं और टक्कर मारुँगा।"

"नोटिस तुहानूँ मिल जाये, इहदा तरीका मैं तुहानूँ दस्स देनीं आँ। बाकी बंगलौर चलना न चलना आपकी ख़ुशी ते ऐ। साडे नाल चल्लोगे ते तुहानूँ होर भटकना न पवेगा।"[२]

"बताइए!" गोविन्द ने परम उत्सुकता से पूछा था।

और सरदारनी ने कहा कि ऐक्टिविटी स्कूल के जो नये प्रिन्सिपल आये हैं, दिलजंग सिंह, वह उन्हें जानती है। बस पूरे जंगसिंह हैं। अगर गोविन्द जा कर उन्हें चार उल्टी-सीधी सुना दे —चार आदमियों के सामने —तो शाम को उसके घर नोटिस पहुँच जायेगा।

"कैसे?" गोविन्द ने पूछा था, "देवा जी क्या मान जायेंगे!"

इस पर नरिन्दर कौर हँसी थी। उसने ठेठ पंजाबी में जो कहा, उसका यह अर्थ था कि आर्टिस्ट होने के बावजूद वह भोला है। शायद वह शब्द चुग़द इस्तेमाल करना चाहती थी, पर उसने उसे 'भोले बादशाह' कहा था, जो देवनगर में इतने दिन रह कर भी देवा जी को नहीं जान पाया, जबकि वह एक महीने में जान गयी थी। उस वक्त देवा जी दिलजंग सिंह को हर कीमत पर ख़ुश करने की फ़िक्र में थे। दिलजंग बड़े बाप के बेटे थे। उनके पिता बहुत बड़े इंजीनियर थे। कई बार उनके यहाँ लंच-डिनर खा चुके थे। उन्होंने दो-दो बँगलों के लिए प्लाट ख़रीदने और अपने तमाम बच्चों को एक्टिविटी स्कूल में भरती कराने की इच्छा प्रकट की थी। देवा जी ने इसीलिए न सिर्फ़ उनके बेटे को देवसेना का सदस्य, बल्कि कॉलेज का प्रिन्सिपल भी बना दिया था। जब तक वे उनके पिता से पूरे पैसे हथिया नहीं लेते; देवा जी दिलजंग के सब नख़रे बर्दाश्त करेंगे।

और यह सब बता कर नरिन्दर कौर ने पूछा था, "दिलजंग दे आन बाद तुसाँ स्कूल दे प्रबन्ध च कोई तब्दीली नहीं वेखी?"

"मेरे साथ उनका बहुत वास्ता नहीं पड़ता," गोविन्द ने कहा था। "देवा जी की बड़ी लड़की मुझे बहुत मानती है, क्लास के सिलसिले में जो भी दरकार होता है, मैं उससे कह देता हूँ, वही सब दौड़-धूप करती है, लेकिन दूसरे अध्यापक नये प्रिन्सिपल के व्यवहार से बहुत असन्तुष्ट हैं। दिलजंग सिंह सारा दिन कोई-न-कोई आर्डर या नोटिस निकालते रहते हैं। वक्त-बेवक्त क्लासों का मुआइना करने आ जाते हैं। देवनगर में क्रोध करना मना है

१. भाई साहब, ऐसी औरतें हाथ आयी दौलत को अपनी बेवकूफ़ी से गँवा देती हैं और फिर सारी उम्र अपने भाग्य पर रोती रहती हैं।

२. नोटिस आपको मिल जाये, इसका तरीका मैं आप को बता देती हूँ। बाकी बंगलौर चलना न चलना आप की ख़ुशी पर है। हमारे साथ चलेंगे तो आपको और भटकना न पड़ेगा।

और देवा जी ने 'देववाणी' में कितने ही लेख उसे ले कर लिखे हैं, लेकिन ग़ुस्सा तो जैसे प्रिन्सिपल साहब की नाक पर धरा रहता है।"

"बस, जिस दिन तुसीं नौकरी छड्डुनी होवे," सरदारनी ने कहा, "स्कूल दो-तीन घण्टे लेट जाओ। दिलजंग आप दी ग़ैरहाज़िरी लगा देणगे। तुसाँ टीचर रूम च जाके दो-चार अण्ट-सण्ट गल्लाँ हवा विच बहा देओ। शाम तक तुहाडे घर नोटिस आ जायेगा।"

o

आठों कोठियों का चक्कर लगा कर गोविन्द अनिच्छापूर्वक फिर वापस अपने घर की ओर लौटा —सीधा नहीं —देवनगर की सड़कों और रविशों पर भटकता हुआ! —उस दिन के बाद उसने दिलजंग सिंह का बड़े ध्यान से अध्ययन किया था और उसे लगा था कि नरिन्दर कौर ठीक कहती है। वह रोज़ सोचता था कि आख़िरी छलाँग लगा दे, लेकिन जाने देवनगर से, अपने छात्रों से अथवा अपने जन्मजात असमंजस से उसे कितना प्यार था कि वह रोज़ यन्त्रणा सहता, सोचता कि किस्सा ख़त्म कर दे, लेकिन कर न पाता।

प्रायः जब रात को माला उसकी चारपाई पर आ कर बैठती और वह झल्ला कर उठता तो सिर्फ़ अपनी कोठी के चक्कर लगाता थक जाता और अन्ततः नींद और थकन और अपनी तनी हुई नसों के हाथों मजबूर हो कर माला के आगे हार जाता और उसकी भाषा में उसके साथ 'खेड' लेता तो वह चुपचाप जा कर अपने बिस्तर पर सो जाती।

कई बार वह उससे पूछना चाहता कि खेलने के बाद कभी तुम्हें मेरे पैरों की पिंडलियों या सिरदर्द की याद क्यों नहीं आती? लेकिन उसकी आँखों में माला के साथ अपनी सुहागरात घूम जाती और वह चुप हो जाता।

उस रात जब वह अपनी कोठी के आगे निकल गया तो न जाने कब तक देवनगर की मेड़ों, रविशों, सड़कों —सभी जगह घूमता रहा था और सारे देवनगर का चक्कर लगा कर लौटा था। चाँद बनौली के पेड़ों के पीछे चला गया था और अँधेरा बढ़ गया था, जब वह अपनी कोठी के पिछवाड़े पहुँचा। माला बदस्तूर उसकी चारपाई के पायँते पर घुटनों पर सिर रखे बैठी थी।

गोविन्द बेहद थक गया था। उसका जी चाहता था, लेट जाये और सो जाये, लेकिन वह औरत जो उसकी प्रतीक्षा में बैठी थी।

"तुम अभी तक सोयी नहीं?"

"आप सो जायें तो मैं भी लेट जाऊँ।"

"मैं एक चित्र के बारे में सोच रहा हूँ। तुम सो जाओ!"

"मुए दो पैसे तो मिलते नहीं, चित्रों से पता नहीं दिन-रात क्या...."

"बको नहीं, इसी आर्ट की रोटी खाता हूँ।"

गोविन्द का मन हुआ कि दो पल लेट जाये, पर माला वहीं डटी थी। वह फिर बढ़ गया। चाँद शायद अब अस्त हो गया था। दूर जाना गोविन्द के लिए कठिन था। वह लगातार कोठी के चक्कर लगाता रहा। दो-ढाई बजे होंगे, जब न जाने उसके मन में क्या उबाल आया —उसकी नसें ज़रूरत से ज़्यादा तन गयीं या दिमाग़ पर पागलपन सवार हो गया — उसने अशोक के सिरहाने से टार्च उठायी, औषधालय में गया और टार्च जला कर एक-एक

औषधि का नाम पढ़ने लगा। उसके मन में बार-बार आता कि किसी शीशी पर 'विष' लिखा मिल जाये तो वह एक ही बार उसे कण्ठ से उँडेल ले और ज़िन्दगी की इस सारी व्यर्थता और दिमाग़ के इस सारे तनाव का ख़ात्मा कर दे! लेकिन पूरा एक घण्टा, लगभग उन्माद की-सी स्थिति में एक-एक शीशी को देखने के बाद, असफल हो कर जब वह पसीने में तर, नितान्त लस्त-पस्त बाहर निकला और पिछवाड़े के बरामदे में गया तो माला बदस्तूर उसकी चारपाई पर बैठी थी।

गोविन्द ने कुछ नहीं कहा। वह घूम कर अगवाड़े की ओर आ गया और वहाँ बरामदे में सीमेंट के ठण्डे, नंगे फ़र्श पर लेट गया। पहले उसका मन हुआ जा कर तकिया ले आये, पर फिर माला की हुज्जत के भय से वह चुपचाप लेटा रहा। कुछ देर तक अशोक के ख़र्राटे उसे परेशान करते रहे। फिर उन्हीं में ध्यान लगाने से, उनकी एकतानता के कारण वह सो गया।

०

"उठिए! उठिए!" माला ने उसे बरामदे के नंगे फ़र्श पर विसुध लेटे देख कर कहा, "क्यों मुझ पर पाप चढ़ा रहे हैं!"

गोविन्द एक मीठा सपना देख रहा था — वह किसी अपरिचित वीराने की तपती धूप में, वहाँ के अकेले बरगद की छाया में नंगी धरती पर लेटा हुआ है। वह पूरी तरह सोया नहीं। नीम-गनूदगी में है। उसे पेड़ पर बैठी दो चिड़ियाँ बिल्कुल इन्सानों की तरह शुद्ध हिन्दी में बातें करती दिखायी देती हैं।

नर उसकी दशा पर दुख़ी है कि बेचारा तपती धूप में वीराने में भटक रहा है और रास्ता नहीं पा रहा है। देखा तो कैसे तपती नंगी धरती पर सोया है।

चिड़िया कहती है — "यह घोर अहंवादी है, तिस पर कमज़ोर और ढुलमुल है। इसने एक लड़की को बेकार में लटका रखा और दूसरी से शादी कर ली है। इसक भाग्य में ऐसे ही भटकना और नंगी धरती पर रातें काटना लिखा है।"

"ज़िन्दगी भर?" नर पूछता है।

"यह अपनी दुविधा पर अधिकार पा लेगा तो इसकी सारी भटकन ख़त्म हो जायेगी।"

तभी कहीं पेड़ की घनेरी डालियों में से आवाज़ आती है — "मैं इसकी दुविधा दूर करूँगी, मैं इसकी भटकन दूर करूँगी।"

और गोविन्द चकित देखता है कि एक कमनीय परी पंख फैलाये उतरती है और उसके पास धरती पर घुटनों के बल बैठ कर उसके माथे पर हाथ रखती हुई कहती है :

"उठो, उठो, क्यों मुझे पाप चढ़ा रहे हो!"

वह निकट से उसे देखता है — अरे, यह तो निमिषा है।

गोविन्द ने हड़बड़ा कर आँखें खोल दीं — बहुत तड़का था। चारों तरफ़ गहरा अँधेरा छाया था। उसने कड़वी आँखें झपकायीं — न कहीं वीराना था, न धूप, न पेड़, न निमिषा। ठण्ड थी। वह सीमेण्ट के नंगे फ़र्श पर पेट में घुटने दबाये गुड़ी-मुड़ी लेटा था और उसके पास बैठी माला उसके माथे पर हाथ रखे थी।

उसने ज़ोर से पत्नी का हाथ झटक दिया। "दो-ढाई बजे के करीब सोया हूँ। यहाँ

भी आ कर जगा दिया," वह चिल्लाया, "छुरी लो और मुझे काट कर मेरे टुकड़े-टुकड़े करके खा जाओ! जाओ सोओ और मुझे सोने दो!!"

"मैं तो परेशान थी कि आप कहाँ चले गये। इधर आयी तो....चल कर बिस्तर पर सोओ।"

"जा —ओ!" यह भिंचे हुए दाँतों में चीख़ा।

माला नहीं गयी। वह क्रोध से पागल हो कर उठा, "जाती है या नहीं साली....कहते हुए वह लात जमाने ही वाला था कि वह भयभीत हो कर दबे हुए स्वर में चिल्लायी — "मुझे लात न मारना, मैं बच्चे से हूँ!"

और यह कहती हुई वह पीछे हट कर उठ खड़ी हुई। उसका चेहरा भय से विकृत हो गया था और उस पर हवाइयाँ उड़ रही थीं।

०

वहीं कुर्सी पर बैठे-बैठे गोविन्द की आँखों में तीन दिन पहले अलस्सुबह का वह दृश्य, रात की परेशानी, नसों के भयंकर तनाव, बेपनाह थकन, उनींदे और कच्ची नींद में जग जाने के कारण लगभग पागल हो जाने वाला रूप आ गया। अगर माला भयभीत हो कर चिल्ला न पड़ती तो वह लात घूँसों से उसे अधमरी कर देता — वह — जो संवेदनशील कवि और कलाकार था और औरत को पीटना निहायत बुरा समझता था!

उस मानसिक स्थिति में सोना उसके लिए कठिन था। चूँकि उसे सर्दी लग रही थी, इसलिए कमरे में जा कर उसने खादी का कुर्ता-पायजामा पहन लिया। फिर उसने अपनी पत्नी को आवाज़ दी थी — "सुनो!"

वह आ गयी थी तो उसने धीरे-से पूछा था — "तुमने अभी जो कहा है, क्या वह सच है?"

"क्या सच है?"

"कि तुम बच्चे से हो।"

उसने सिर्फ़ स्वीकार से सिर हिला दिया।

"कितने दिन ऊपर हो गये हैं?"

"पन्द्रह दिन।"

"पहले क्यों नहीं बताया?"

"मुझे हर बार कुछेक दिन ऊपर हो जाते हैं।"

"तुम कहती थीं — बच्चे यूँ ही नहीं हो जाते। — मैं ठीक कहता था न?"

माला ने कोई जवाब नहीं दिया। कुछ क्षण दोनों चुप रहे। फिर गोविन्द ने कहा — "देखो, मैं अभी बच्चा नहीं चाहता।"

"क्यों!"

"तुम्हें बता चुका हूँ।"

वह फिर चुप रही।

"अलावा इस बात के कि शादी के फ़ौरन बाद किसी नयी ब्याही लड़की का बच्चे

से हो जाना मुझे निहायत फूहड़, अरुचिकर, स्कैण्डलस लगता है," गोविन्द ने तीखे स्वर में कहा, "मैं तुम्हें बता चुका हूँ कि मैं बच्चों को बहुत बड़ी लग्ज़री मानता हूँ और मैं नहीं समझता ८५ रुपये महीने में मैं मन-मुताबिक अपने बच्चे को पालन-पोषण कर सकता हूँ। लक्खी ऐसे ही बच्चे से हो गयी थी। तब उसने मेथे उबाल कर पी लिये थे। दूसरी बार उसने कुनीन खा ली थी। दोनों चीज़ों में से तुम कोई ले लो। छुट्टी हो जायेगी!"

"क्यों हराम का है, जो मैं नष्ट करूँ।" माला ने उसकी ओर ऐसे देखा जैसे वह कोई बहुत ही अनुचित और घृणास्पद प्रस्ताव कर रहा हो।

गोविन्द क्षण भर तक उसकी ओर चुपचाप खड़ा ताकता रहा। फिर उसने चारपाई के पायँते से लोई उठायी और उसका फेंटा मारा। पूरब में हल्का-हल्का उजेला हो रहा था, वह चुपचाप वीराने की तरफ़ निकल गया।

उसका दिमाग़ जैसे खौलता हुआ लावा बन रहा था। उसे लगता था कि यदि वह फ़ौरन इस औरत से छुटकारा नहीं पाता तो वह स्वयं चाहे या न चाहे, अपनी पत्नी से तमामतर नफ़रत के बावजूद, पाँच बरसों में पाँच बच्चों का बाप बन जायेगा और उसकी सारी कला-वला, इच्छाएँ-आकांक्षाएँ धरी-की-धरी रह जायेंगी।

वीराने से नहर की पटरी-पटरी होता हुआ, पूरा चक्कर लगा कर वह लौटा। अन्दर कमरे में जा कर पलँग पर लेट गया और सो गया।

उस दिन वह काफ़ी देर बार स्कूल पहुँचा। उसकी मेज़ पर सरदार दिलजंग सिंह के हस्ताक्षरों से 'शो-कॉज़ नोटिस' पड़ा था और बड़े ही सख़्त शब्दों में उससे देर से आने का कारण पूछा गया था और कहा गया था कि जब टीचर ही देर से आयेंगे तो छात्र कैसे समय की पाबन्दी सीख सकते हैं! आदि....आदि....गोविन्द का तपा हुआ दिमाग़ और तप गया। वह टीचर्ज़ रूम में गया और प्रिन्सिपल के कमरे की चिक को सुनाते हुए वाही-तबाही बकता रहा कि जिनको बाहर कोई साला पचास रुपये महीने पर नहीं पूछता, उन्हें यहाँ टीचर और प्रिन्सिपल बना दिया जाता है, कि वह आर्टिस्ट है, मशीन का पुर्ज़ा नहीं है और यदि उन्हें मशीन की ज़रूरत है तो कोई दूसरा पुर्ज़ा रख लें....वग़ैरा....वग़ैरा....

'यह सब कह कर वह क्लास में आ गया था। दिन भर बड़े प्रेम-भाव से बच्चों का चित्र खींचना सिखाता और उनसे बतियाता रहा था। लेकिन सब ऊपरी मन से। दिल में तो वह सोचता रहा था कि देखें सरदारनी नरिन्दर कौर की बात सच निकलती है या नहीं; उसे नोटिस मिलता है या नहीं; और वह शाम की प्रतीक्षा करता रहा था।

नरिन्दर कौर की बात सच निकली थी। शाम को वह घर पहुँचा था तो अभी उसने कपड़े भी न बदले कि उसे एक महीने के अन्दर-अन्दर कहीं दूसरी जगह नौकरी देखने का नोटिस मिल गया था।....

०

गोविन्द ने बहुत लम्बी साँस भरी। वह यह सब निमिषा को बताना चाहता था, लेकिन वह तय न कर पा रहा था कि वह क्या लिखे और क्या न लिखे। सोच-सोच कर उसने पैड फिर सामने रखा और 'निमिषा' के आगे सिर्फ़ चन्द पंक्तियाँ लिखीं :

"मैंने वादा किया था कि तुम्हें पत्र नहीं लिखूँगा, लेकिन पिछले चन्द

महीनों में हर रात मैंने जो नरक भोगा है, उसने मेरी रूह तक को छलनी कर दिया है। मैं आजिज़ आ गया हूँ। काश, मैं तुम्हें सब कुछ बता सकता! (कभी अवसर दोगी तो ज़रूर बताना चाहूँगा।) ये पंक्तियाँ सिर्फ़ यह ख़बर देने के लिए लिख रहा हूँ कि मैंने नौकरी छोड़ दी है। सत्य नारायण कविरत्न ने लिखा है —

भयो क्यों अनचाहत को संग

सो इस अनचाहे संग से मुक्त होने का इसके सिवा मेरे पास कोई रास्ता नहीं था। अगले महीने की पहली तारीख़ को मैं बंगलौर के लिए चल दूँगा। वहाँ जाने से पहले तुमसे दो पल मिलने की हसरत है। लाहौर पहुँचने के दिन की तुम्हें सूचना दूँगा। आशा करता हूँ, निराश नहीं करोगी।

हताश : गोविन्द

उसने पत्र को दोबारा नहीं पढ़ा। लिफ़ाफ़े में डाला। निमिषा का पता लिखा और दोनों पत्र स्वयं डाकख़ाने में जा कर डाल आया।

वापस आते हुए उसकी आँखों में तीन दिन पहले अलस्सुबह देखा हुआ सपना आ गया। सपने में निमिषा ने कहा था कि वह उसकी सारी दुविधा, समस्त भटकन दूर कर देगी — क्या ऐसा होगा? क्या सुबह के सपने सच होते हैं? क्या उसका सपना सच नहीं होगा? वह चिल्ला कर कहना चाहता था — 'निम्मा मुझे बचा लो!' 'निम्मा मुझे उबार लो!!' लेकिन प्रकट वह चुपचाप सामने देवनगर की उदास कोठियों को देखता हुआ चला आ रहा था। यह और बात है कि मौन रूप से उसका अन्तर्मन उसे पुकार रहा था —

निमिषा....निमिषा....!

⊠⊠⊠

अश्क रचनावली

१

समग्र उपन्यास

अश्क रचनावली : समग्र रूप में

खण्ड : १ – ८
उपन्यास

खण्ड : ९ – ११
कहानियाँ

खण्ड : १२ – १४
नाटक-एकांकी

खण्ड : १५ – १६
काव्य

खण्ड : १७ – १९
संस्मरण तथा आत्मकथ्य

खण्ड : २० – २१
आलोचना

खण्ड : २२ – २३
वैचारिक गद्य

खण्ड : २४ – २५
ललित गद्य

वाणी प्रकाशन

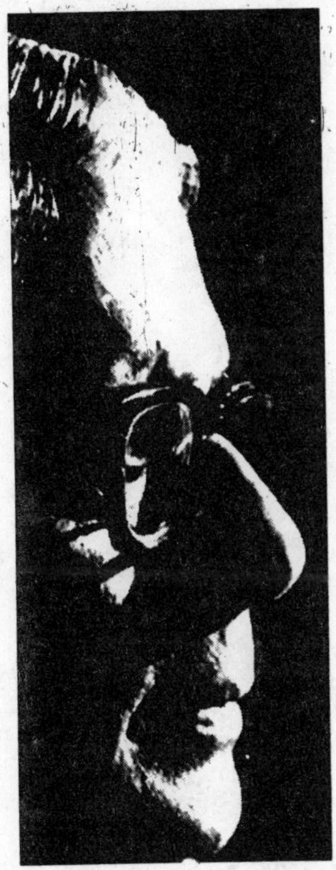

अश्क रचनावली

१

समग्र उपन्यास

सितारों के खेल / गिरती दीवारें

सम्पादक :

नीलाभ

वाणी प्रकाशन

4695, 21-ए, दरियागंज, नयी दिल्ली 110 002

शाखा

अशोक राजपथ, पटना 800 004

फ़ोनः +91 11 23273167 फ़ैक्सः +91 11 23275710

www.vaniprakashan.in .
vaniprakashan@gmail.com

Ashk Rachnawali : Samagra Upanyas-1
Edited by Neelabh

ISBN: 978-93-5000-940-6
Rachnawali

प्रथम संस्करण

मूल्य : ₹ 850 (अश्क रचनावली प्रत्येक खण्ड)

न्यू कृष्णा ऑफ़सेट, दिल्ली 110 093 में मुद्रित

वाणी प्रकाशन का लोगो मक़बूल फ़िदा हुसेन की कूची से

सम्पादक की ओर से

यह एक अजीब विरोधाभास-सा है कि अश्क जी के मन में अपनी ग्रन्थावली को प्रकाशित रूप में देखने का बहुत चाव था, हालाँकि वे इस बात को स्वीकार करते थे कि क़ायदे से किसी लेखक की ग्रन्थावली उसके मरने के बाद ही प्रकाशित हो सकती है, होनी चाहिए। मुझे ऐसा लगता है कि ग्रन्थावली के सिलसिले में उनकी यह इच्छा धीरे-धीरे बलवती हुई होगी, ख़ासकर जब उनके रचनात्मक रिक्थ की मात्रा ग्रन्थावली के लायक़ हो गयी होगी। दूसरी ओर, चूँकि वे अपने जीवन के अन्तिम दिनों तक क्रियाशील रहे, इसलिए इस इच्छा की व्यर्थता भी वे जानते थे। लेकिन उनके निधन के बाद उनकी रचनावली के प्रकाशन में इतना समय लग जायेगा, यह किसी ने सोचा नहीं था। सच तो यह है कि अपने देहावसान के समय अश्क जी अपने तमाम प्रकाशित साहित्य के अलावा बहुत कुछ अनछपा छोड़ गये थे। इनमें उनके चर्चित उपन्यास 'गिरती दीवारें' के अन्तिम दो खण्ड, अनेक संस्मरण, दो कविता-पुस्तकें, एक नाटक और ढेरों लेख, टिप्पणियाँ और निबन्ध तथा अधूरी या नामुकम्मल कृतियों के अलावा उनके व्यक्तित्व और कृतित्व से सम्बन्धित सामग्री भी थी। मिसाल के तौर पर, कई दशकों की अवधि में अपने समकालीनों और युवा रचनाकारों के साथ अपनी और उनकी रचनाशीलता के सम्बन्ध में किया गया प्रभूत पत्राचार।

अश्क जी नये-से-नये लेखकों की रचनाओं को न सिर्फ़ ध्यान से पढ़ते रहे, बल्कि अपनी राय, सलाह और पत्र-नुमा समीक्षा बाक़ायदा लिख कर उन तक पहुँचाते रहे। नये रचनाकारों के प्रति उनकी ललक और उनसे बराबर की नोक-झोंक उनके व्यक्तित्व के उस पहलू को पुष्ट करती है, जिसके बारे में कहा जाता है कि वे लेखन की सक्रियता के प्रति हमेशा फ़िक्रमन्द रहे। अश्क जी जीवन भर इस बात को एक घोषणा की तरह दोहराते रहे कि जब वे लाहौर में इक्कीस वर्षीय युवा कहानीकार के रूप में संघर्ष कर रहे थे तो प्रेमचन्द ने, जो उनसे उम्र में तीस साल बड़े और स्थापित रचनाकार थे, उन्हें वह प्रोत्साहन दिया था जिसकी एक युवा रचनाकार को बेहद ज़रूरत होती है। यही नहीं, बल्कि उनकी रचनाओं को प्रकाशित किया था, उनके दूसरे कहानी-संग्रह की भूमिका लिखी थी और व्यक्तिगत हताशा के क्षणों में पत्रों के माध्यम से सान्त्वना और बल भी प्रदान किया था। अश्क जी ने इस परम्परा को न सिर्फ़ अपनाया, बल्कि अनेक बार विवाद मोल लेते हुए, ग़लत समझे जाने का जोखिम उठाते हुए, क़ायम भी रखा।

अप्रकाशित लेखों और पत्रों का एक बड़ा हिस्सा ऐसा भी है जिससे उनके साहित्यिक-सामाजिक और साहित्येतर सरोकारों की निशानदेही होती है। यह हिस्सा अश्क जी की उस जद्दोजेहद की भी झलक दिखाता है, जो उन्होंने लेखक को समाज में सम्मान दिलाने के सिलसिले में निरन्तर की। चाहे पुस्तकों को ले कर शासकीय उदासीनता हो, काग़ज़ की बढ़ती क़ीमतें हों या फिर सरकार, प्रकाशकों और लेखकों के बीच रॉयल्टी के विवाद हों, अश्क जी ने आगे बढ़ कर लेखकों की तरफ़दारी की।

०

अश्क जी हिन्दुस्तान की उस पुरानी साहित्यिक धारा के ज़बरदस्त हिमायती थे, जिसमें हिन्दी-उर्दू – दोनों भाषाओं का साझा था। कहा जा सकता है कि वे हिन्दी-उर्दू की इस साझी परम्परा के आख़िरी बड़े स्तम्भ थे, जिसे जिलाये रखना हिन्दी और उर्दू, दोनों भाषाओं के लिए पहले भी बेहद ज़रूरी था और आज तो और भी ज़रूरी हो गया है। अपना आरम्भिक लेखकीय जीवन अश्क जी ने अपनी मातृभाषा पंजाबी में कविताएँ लिखने से किया था। लेकिन उस ज़माने के सामाजिक और साहित्यिक परिवेश के चलते पंजाबी का दायरा सीमित था। लिहाज़ा अभिव्यक्ति के व्यापक विस्तार और एक वृहत्तर पाठक वर्ग तक पहुँचने की ख़ातिर, उन्होंने पहले उर्दू और फिर हिन्दी को अपनाया और श्रम और लगन से दोनों भाषाओं में उल्लेखनीय महारत हासिल की। ज़िन्दगी के आख़िरी दिनों तक वे दोनों में रचनाएँ करते रहे और दोनों ज़बानों में उन्होंने अपनी हलचल-आमेज़ उपस्थिति बनाये रखी।

०

अपनी ८६ वर्षीय ज़िन्दगी में अश्क जी ने साहित्य की लगभग सभी विधाओं में रचनाएँ कीं। वे अक्सर अपने अत्यधिक क्रियाशील मस्तिष्क का उल्लेख करते और कहते कि उसे भटकने से बचाने का एकमात्र ज़रिया उनके पास साहित्य-सृजन ही था। इसलिए शुरुआती ज़िन्दगी में भले ही उन्होंने आजीविका के लिए अध्यापन से ले कर पत्रकारिता और वक़ालत से ले कर रेडियो की मुलाज़मत और फ़िल्म जगत में बतौर कहानीकार, पटकथा तथा संवाद लेखक, शक्ति और समय लगाया, उनका उद्देश्य अन्ततः पूर्णकालिक स्वतन्त्र लेखन था। यह भी एक कारण था कि जब एक विधा में काम करते-करते उनकी प्रेरणा चुक जाती या उन्हें क्लान्ति महसूस होती तो वे विधा बदल लेते थे। एक फ़ुलवक़्ती लेखक के तौर पर ज़िन्दगी के लगभग चालीस बरस बिताने के सबब उन्होंने साहित्य की अनेक विधाओं में प्रचुर साहित्य रचा। कहानी-उपन्यास, नाटक-एकांकी और संस्मरणों के अलावा उन्होंने यात्रा-वृत्तान्त, निबन्ध, आलोचना, लेख, टिप्पणियाँ और ललित गद्य में भरपूर योगदान किया।

यहीं मुझे एक मार्मिक प्रसंग याद आता है। अपने निधन से कुछ ही दिन पहले जब अश्क जी हस्पताल में थे तो किसी टेलिविजन चैनल का पत्रकार, माइक-कैमरे के साथ, अश्क जी का इण्टर्व्यू लेने आया। अब मैं भूल गया हूँ कि अवसर क्या था, क्योंकि वह आख़िरी पखवाड़ा न सिर्फ़ हम पर, बल्कि अश्क जी पर भी बहुत भारी गुज़रा था। उन्हें तो

वह जाते-जाते अपने साथ ही ले गया था। शायद अश्क जी को 'इक़बाल सम्मान' दिये जाने की घोषणा हुई थी, या जाने क्या मौक़ा था, बहरहाल, पत्रकार ने उनसे सवाल किया कि इस अस्वस्थ हालत में भी उनकी सबसे बड़ी इच्छा क्या है ? अश्क जी ने उत्तर दिया था – लिखने की। अगर और जीवन मिले तो वे लिखना ही चाहेंगे। लिखने में ही उन्हें सुख मिलता है। यह उस लेखक का उत्तर था जो मरने के क़रीब था, नीम-बेहोशी में था, बेहद शारीरिक कष्ट झेल रहा था। इसलिए अकारण नहीं है कि अश्क जी के बारे में दिल्ली से निकलने वाली पत्रिका 'संचेतना' ने लिखा था – 'भारतीय नगरों के इतने विभिन्न प्रकार के पात्र और किसी लेखक ने कदाचित ही अंकित किये हों। यह कार्य वही लेखक सम्पन्न कर सकता है, जो अपने परिवेश और उसके जीवन तथा पात्रों में रस लेता हो और उनकी सब बुराइयों और दुर्बलताओं के बावजूद उन्हें प्यार करता हो, जो उनके हाथों प्रवंचनाएँ झेल कर चाहे आत्म-तोष के लिए उन पर फ़िक़रे कसता हो, उनका मज़ाक़ उड़ाता हो, पर जो भीतर-ही-भीतर कहीं उनकी मानवीयता को भी पहचानता हो और उनसे सहानुभूति रखता हो।'

इसीलिए यह भी अकारण नहीं है कि अश्क जी अपनी रचनाओं के माध्यम से एक विशाल पाठक-वर्ग को 'सुख' दे सके, सोचने के लिए कोंच सके, क्योंकि जैसा नाटकों के सन्दर्भ में प्रसिद्ध जर्मन नाटककार बर्टोल्ट ब्रेख़्ट ने लिखा है, अगर आपको नाटक करते वक़्त मज़ा नहीं आता तो आप दर्शकों को भी दुखी ही करेंगे।

०

अपने साहित्यिक जीवन के शुरुआती दौर में, जब वे २८-२९ वर्ष के थे, अश्क जी ने एक ऐसा महाकाव्यात्मक उपन्यास लिखने का इरादा ठाना था जो ज़िन्दगी की तरह शुरू हो और चले, और ज़िन्दगी की तरह जिसका कोई तयशुदा आरम्भ या अन्त न हो। लेकिन इरादा ठानना एक बात है और उसे पूरा करना, दूसरी। १९३९ में उसे लिखना शुरू करके वे १९४६ तक उसका पहला खण्ड ही प्रकाशित करवा पाये, क्योंकि इस अर्से में ख़ुद उनका जीवन अप्रत्याशित उतार-चढ़ाव का शिकार हुआ। लाहौर से उखड़ कर वे प्रीतनगर (अमृतसर) आये, फिर दिल्ली और बम्बई और अन्त में यक्ष्मा-ग्रस्त हो कर सुदूर महाराष्ट्र के पहाड़ी शहर, पंचगनी। जल्द ही वे एक बार फिर स्थानान्तरित होने वाले थे – इस बार अन्तिम रूप से – इलाहाबाद, जहाँ वे 'पहुँची वहीं पे ख़ाक जहाँ का ख़मीर था' की मसल को चरितार्थ करते हुए १९४८ में आये और फिर जीवन भर रहे। इस बीच १९४६ में अपने महाकाव्यात्मक उपन्यास 'गिरती दीवारें' के पहले खण्ड की अभूतपूर्व सफलता और मक़बूलियत को देख कर अश्क जी ने उसके अगले खण्डों को भी पूरा करने की सोची, लेकिन जीवन से उन्हें कभी वैसा अवकाश नहीं मिला जो इतने बड़े उपन्यास को पूरा करने के लिए दरकार था। 'गिरती दीवारें' का दूसरा खण्ड 'शहर में घूमता आईना' १९६२ में; तीसरा, 'एक नन्ही किन्दील' १९६९ में और चौथा और पाँचवाँ, 'बाँधो न नाव इस ठाँव' १९७४ में प्रकाशित हुआ। छठा खण्ड – 'पलटती धारा' – अश्क जी ने १९८९ में पूरा

किया और सातवें तथा अन्तिम खण्ड 'इति नियति' पर हाथ लगा दिया। लेकिन अभी १५-२० अध्याय शेष थे, जब उनका निधन हो गया और ये दोनों खण्ड उनके निधन के बाद क्रमशः १९९६ और २००० में प्रकाशित हुए।

अश्क जी का एक सपना यह भी था कि अन्ततः जब उपन्यास पूरा हो जायेगा तो वह एक साथ (भले ही पृष्ठ संख्या के कारण अनेक जिल्दों में) छपेगा। 'गिरती दीवारें' के विभिन्न खण्डों पर काम करने के दौरान बीच-बीच में अश्क जी ने अन्य उपन्यास लिखे, कहानी, कविता, नाटक और एकांकी जैसी उन विधाओं में और रचनाएँ कीं जिन्हें वे पहले ही साध चुके थे और साथ-साथ यात्रा-वृत्तान्त, संस्मरण, ललित गद्य, आलोचना जैसी नयी विधाओं में भी हाथ आज़माया। चूँकि उन्होंने शुरुआत कविता से की थी, वे अक्सर कहा करते थे कि उनकी इच्छा अपने जीवन को एक महाकाव्य लिख कर समाप्त करने की है।

इस अत्यन्त व्यस्त और समृद्ध लेखकीय जीवन के बीच ज़िन्दगी की अन्य व्यस्तताएँ और संघर्ष भी शामिल रहे। हर तरह के दबाव से मुक्त हो कर लिखने की कोशिश के चलते ही उन्होंने अपनी पत्नी कौशल्या से प्रकाशन शुरू करने के लिए कहा और यों वे लेखक-प्रकाशकों की उस परम्परा से जुड़े जो उनसे पहले देवकीनन्दन खत्री, प्रेमचन्द, मैथिली शरण गुप्त और वृन्दावनलाल वर्मा ने शुरू की थी और उनके बाद राजेन्द्र यादव और मार्कण्डेय से होते हुए सतीश जमाली तक पहुँची।

०

अश्क जी लाहौर में एक युवा लेखक के रूप में अत्यन्त संघर्षपूर्ण जीवन बिता रहे थे जब १९३६ में प्रगतिशील लेखक संघ की स्थापना हुई थी और प्रेमचन्द ने उसके स्थापना सम्मेलन की अध्यक्षता की थी। जैसा कि अश्क जी ने कई स्थानों पर लिखा है, उस दौर के उनके व्यक्तिगत संघर्ष ने उनके वैचारिक दृष्टिकोण पर गहरा असर डाला था और उन्हें वास्तविकता को देखने-परखने की एक नयी दृष्टि प्रदान की थी। इसी का तक़ाज़ा था कि वे धीरे-धीरे प्रगतिशील लेखकों की जमात के क़रीब आते, जो कि वे आये। १९४१ से १९४४ के बीच दिल्ली में ऑल इण्डिया रेडियो की नौकरी के दौरान यह रिश्ता और पक्का हुआ, और १९४४ में जब अश्क जी फ़िल्म जगत में बम्बई पहुँचे तो वे प्रगतिशील लेखकों की पहली पाँत के सरगर्म सदस्य बन चुके थे। यह सम्बन्ध अन्त तक बना रहा और अश्क जी साहित्य की प्रगतिशील विचारधारा से जुड़े रहे।

अश्क जी का यह दृढ़ मत था कि लेखक स्वयं या उसके समकालीन सहकर्मी और आलोचक चाहे कुछ भी कहें, अन्ततः पाठक ही लेखक और उसके कृतित्व के सच्चे निर्णायक होते हैं। इसी को ध्यान में रखते हुए उन्होंने हमेशा एक लेखक के तौर पर अपनी जवाबदेही किसी स्वनाम धन्य आलोचक या आचार्य या सरपरस्त के प्रति नहीं, बल्कि अपने समाज, अपनी जनता और अपने पाठकों के प्रति मानी। और यह भी सच है कि साहित्यिक

हलक़ों में तीखी पसन्द-नापसन्दी पैदा करने और अपने व्यक्तित्व और कृतित्व से विवादग्रस्त रहने के बावजूद उन्हें हिन्दी-उर्दू के विशाल, लेकिन अनाम और अज्ञात पाठक वर्ग ने अपने हृदय में स्थान दिया। आलोचकों ने भले ही उन्हें निराश किया हो, समकालीन सहकर्मियों ने चाहे उन्हें उपेक्षा या आक्षेप के काबिल समझा हो, पाठकों ने अश्क जी को कभी निराश नहीं किया।

०

अश्क जी एक निष्ठावान और समर्पित लेखक के रूप में व्यवस्थित जीवन जीने के लिए प्रसिद्ध थे। लेकिन जीवन के अन्तिम लगभग सात-आठ वर्षों के दौरान क्षीण होते स्वास्थ्य और कुछ अन्य समस्याओं के चलते उनका सारा बँधा-बँधाया ढर्रा गड़बड़ा गया था। यही कारण है कि उनकी रचनाओं के पुस्तकाकार प्रकाशन का क्रम मन्द होता चला गया। वर्षों की मेहनत से लिखे गये उपन्यास के अगले खण्ड ही नहीं, बल्कि एक नाटक और दो कविता संग्रह भी प्रकाशन का इन्तज़ार करते रह गये। अश्क जी की फ़ाइलों में आरम्भिक दौर की लगभग ५० कहानियाँ तो उर्दू में भी पुस्तकाकार नहीं छपी थीं। इरादा था, इन्हें तीन खण्डों में 'प्रारम्भिक कहानियाँ' शीर्षक दे कर प्रकाशित किया जायेगा। इसी के साथ 'हिन्दी नाटक और रंगमंच' के नाम से एक संकलन उन लेखों का भी प्रस्तावित था जो इस विषय पर अश्क जी ने समय-समय पर लिखे थे। ये भी प्रेस में नहीं दिये जा सके थे। रचनाएँ इकट्ठी होती चली गयीं और इससे पहले कि परिस्थितियाँ अनुकूल हो पातीं, अश्क जी का देहान्त हो गया।

ऐसी हालत में अश्क जी की रचनावली का प्रकाशन आसान काम नहीं था। न तो – अश्क जी के रचनात्मक रिक्थ को देखते हुए – प्रकाशक के लिए और न – अश्क जी के रचनाकाल के अन्तिम वर्षों की अव्यवस्था को देखते हुए – सम्पादक के लिए।

इसमें कोई शक नहीं है कि कौशल्या जी ने निजी प्रकाशन संस्था की स्थापना प्रथमतः इसी उद्देश्य से की थी कि अश्क जी की रचनाएँ इसी प्रकाशन गृह से एक जगह उपलब्ध हो सकें। लेकिन अनेक कारणों में यह प्रकाशन संस्था भी दुर्दिनों का शिकार हो गयी। तब अन्य प्रकाशकों से बात छेड़ी गयी। इस सिलसिले में मुझे श्री दिनेश चन्द्र की ओर से पर्याप्त सहयोग और सहायता मिली जो अब अपने 'लोकभारती प्रकाशन' से मुक्त हो कर केवल पुस्तक वितरण पर शक्तियाँ केन्द्रित कर रहे हैं। उनके समर्थन और सहयोग से इस रचनावली को प्रकाशित करने का प्रस्ताव 'वाणी प्रकाशन' के श्री अरुण माहेश्वरी के सामने रखा गया और उन्होंने परिस्थिति के सारे पहलुओं पर विचार करके इस व्यय-साध्य, दुष्कर कार्य का बीड़ा उठाना स्वीकार किया।

०

जहाँ तक 'अश्क रचनावली' के संकलन-सम्पादन का प्रश्न है, इसमें प्रमुख रूप से तीन समस्याएँ थीं। पहली तो यह कि इसमें क्या शामिल किया जाये और क्या नहीं। अपने

अत्यन्त क्रियाशील जीवन के दौरान अश्क जी ने ढेरों साक्षात्कार दिये थे जिनमें अपनी निजी ज़िन्दगी और कृतित्व से ले कर समाज, राजनीति, समय और साहित्य के बारे में विचार प्रकट किये थे। क्या इन साक्षात्कारों को शामिल किया जाये या नहीं ? इसके अलावा अश्क जी ने समय-समय पर अनेक अनुवाद भी किये थे। क्या अनूदित रचनाओं को उनकी रचनावली में जगह दी जाये ? और फिर, उस प्रभूत पत्राचार का क्या किया जाये जो उन्होंने जीवन भर मित्र-परिचितों, सहकर्मियों, सम्बन्धियों, पाठकों और अन्य व्यक्तियों के साथ जारी रखा ? प्रकट ही इस सबको रचनावली में शामिल करने का अर्थ था उसे इतना बोझिल बना देना कि उसका प्रकाशन, वितरण और पठन-पाठन ही कठिन हो जाये। इसलिए सब सोच-विचार कर फ़ैसला किया गया कि सिर्फ़ मौलिक रचनाओं को रचनावली में शामिल किया जाये। रहीं अनूदित कृतियाँ, साक्षात्कार और पत्र-व्यवहार – वह सब, अगर बाद में समीचीन और उपयुक्त रहा और साधन उपलब्ध हुए तो, प्रकाशित हो जायेगा।

दूसरी समस्या थोड़ी और जटिल थी। अश्क जी उन बिरले लेखकों में थे जो अपनी रचनाओं से कभी सन्तुष्ट नहीं होते। लिखने के दौरान तो वे कई-कई बार अपनी रचनाओं को संशोधित-परिवर्द्धित करते ही थे, प्रकाशित होने के बाद भी कई बार यह क्रम जारी रहता था। अश्क जी की इस आदत पर राजेन्द्र जी (राजेन्द्र यादव) और दूसरे अनेक लोग अश्क जी पर छींटाकशी भी कर चुके थे, लेकिन अश्क जी का तर्क था कि प्रकाशित होने के बाद भी आख़िर रचना उन्हीं की तो थी और उसमें यदि उन्हें कोई चीज़ खटके तो उसे संशोधित करना उनका अधिकार था। रचनावली के लिए रचनाएँ जुटाते समय इसे भी नज़र में रखना ज़रूरी था और ज़ाहिर है, प्रकाशित कृतियों के भी प्रकाशित रूप पर पूरी तरह निर्भर रहना सम्भव नहीं था। इसके साथ-साथ या इसके विपरीत इस बात का ध्यान रखना था कि यथाशक्य कृतियों के अन्तिम प्रारूप ही शामिल किये जायें।

एक छोटी-सी समस्या अधूरी रचनाओं की भी थी। यों तो अश्क जी के सारे कृतित्व में अधूरी रचनाओं की संख्या बहुत कम है। अश्क जी अमूमन योजनाबद्ध ढंग से काम करने के अभ्यस्त थे। तो भी ऐसी कुछ रचनाएँ ज़रूर वे अपने पीछे छोड़ गये हैं, जिन्हें किसी-न-किसी कारण से वे पूरा नहीं कर पाये। इनमें से भी केवल वही रचनाएँ रचनावली में शामिल की गयी हैं, जिनसे यह अनुमान हो सके कि अश्क जी उनके माध्यम से अन्ततः क्या कहना चाहते थे। जिन रचनाओं के सिलसिले में इस बात की गुंजाइश नहीं रही या जो दो-चार पृष्ठों से आगे नहीं बढ़ीं, उन्हें फ़ाइलों में ही छोड़ दिया गया है।

अश्क जी के रचनात्मक व्यक्तित्व का एक पहलू उन भूमिकाओं की मीनाकारी से बना है, जो उन्होंने अपनी बहुत-सी कृतियों के आरम्भ में दी हैं। कहने की बात नहीं कि बहुत-से विवाद तो इन भूमिकाओं से ही पैदा हुए। लेकिन यह एक सरलीकरण होगा अगर यह माना जाय कि अश्क जी ने इन भूमिकाओं को महज़ विवाद उत्पन्न करने की ख़ातिर लिखा था। सच तो यह है कि बहुत बार अश्क जी ने ये भूमिकाएँ अपने विचार व्यक्त करने, अपनी रचना-प्रक्रिया को स्पष्ट करने या अपने ऊपर लगे आरोपों-आक्षेपों का उत्तर

देने के लिए लिखीं। इसलिए इन भूमिकाओं को रचनावली में शामिल करने का फ़ैसला किया गया। उपन्यासों, नाटकों और 'मण्टो : मेरा दुश्मन' जैसे संस्मरणों की भूमिकाएँ उन कृतियों के आरम्भ में दी गयी हैं, जबकि कहानी, एकांकी और कविता संग्रहों की भूमिकाएँ खण्ड-विशेष के अन्त में दे दी गयी हैं।

०

'अश्क रचनावली' की योजना मूल रूप से २५ खण्डों की बनायी गयी है। लेकिन सम्भव है कि छपाई के क्रम में एकाध खण्ड और जोड़ना पड़ जाये। बहरहाल, विभिन्न खण्डों की रूप-रेखा इस प्रकार है–

खण्ड १ से ८ – समग्र उपन्यास

खण्ड १ : सितारों के खेल, गिरती दीवारें; **खण्ड २ :** शहर में घूमता आईना, निमिषा; **खण्ड ३ :** एक नन्ही किन्दील; **खण्ड ४ :** बाँधो न नाव इस ठाँव-१; **खण्ड ५ :** बाँधो न नाव इस ठाँव-२, बड़ी-बड़ी आँखें; **खण्ड ६ :** पलटती धारा, पत्थर-अलपत्थर; **खण्ड ७ :** इति नियति, चन्द्रा; **खण्ड ८ :** गर्म राख, एक रात का नरक, अधूरे उपन्यास।

नोट : चूँकि अश्क जी के सबसे महत्वपूर्ण उपन्यास 'गिरती दीवारें' के सात खण्ड प्रकाशित हैं, इसलिए रचनावली के उपन्यासों वाले भाग का संयोजन ऐसे किया गया है कि हर खण्ड में 'गिरती दीवारें' का एक हिस्सा आ जाये और उसके साथ जगह बचे तो एक और उपन्यास शामिल हो। क्रम से समग्र उपन्यास के पहले सात खण्डों में समूचा 'गिरती दीवारें' १ से ७ हिस्सों तक आ जाता है। इसलिए पाठकों को भी सुविधा होगी।

खण्ड ९ से ११ – समग्र कहानियाँ

खण्ड ९ : अप्रकाशित प्रारम्भिक कहानियाँ (लगभग ४५), औरत की फ़ितरत, नौ रतन, पिंजरा; **खण्ड १० :** अंकुर, निशानियाँ, छींटे, जुदाई की शाम का गीत, बैंगन का पौधा; **खण्ड ११ :** काले साहब, कहानी लेखिका और जेहलम के सात पुल, पलँग, आकाशचारी

नोट : ये कहानियाँ कालक्रमानुसार संकलित होंगी। चूँकि अप्रकाशित आरम्भिक कहानियों को छोड़ कर अश्क जी की कहानियों के संग्रह कमोबेश कालक्रमानुसार ही छपे हैं, इसलिए बहुत फ़र्क़ नहीं आयेगा।

खण्ड १२ से १४ – समग्र नाटक-एकांकी

खण्ड १२ : जय पराजय, स्वर्ग की झलक, अंजो दीदी, अलग-अलग रास्ते, भँवर, पैंतरे, छठा बेटा; **खण्ड १३ :** बड़े खिलाड़ी, क़ैद और उड़ान, लौटता हुआ दिन, विद्रोही, एक और कालिदास, आँधियाँ बोने वाले, स्नो व्यू; **खण्ड १४ :** मुखड़ा बदल गया,

पर्दा उठाओ : पर्दा गिराओ, साहब को ज़ुकाम है, तूफ़ान से पहले, चरवाहे, देवताओं की छाया में, अन्धी गली।

खण्ड १५-१६ – समग्र काव्य

खण्ड १५ : प्रात प्रदीप, ऊर्म्मियाँ, बरगद की बेटी, दीप जलेगा, चाँदनी रात और अजगर, सड़कों पर ढले साये; **खण्ड १६ :** खोया हुआ प्रभामण्डल, अदृश्य नदी, पीली चोंच वाली चिड़िया के नाम, स्वर्ग एक तलघर है, एक दिन आकाश ने कहा, ओ पार्वती, अप्रकाशित कविताएँ और ग़ज़लें।

खण्ड १७ से १९ – संस्मरण तथा आत्मकथ्य

खण्ड १७ : चेहरे अनेक-१-५; **खण्ड १८ :** मण्टो मेरा दुश्मन, बेदी : मेरा हमदम मेरा दोस्त, परतों के आर-पार, आस्माँ और भी हैं; **खण्ड १९ :** ज़्यादा अपनी कम परायी, रेखाएँ और चित्र, धारा के विरुद्ध, अप्रकाशित संस्मरण।

खण्ड २०-२१ – समग्र आलोचना

खण्ड २० : उर्दू काव्य की एक नयी धारा, हिन्दी कहानियाँ और फ़ैशन, हिन्दी कहानी : एक अन्तरंग परिचय; **खण्ड २१ :** अन्वेषण की सहयात्रा, हिन्दी नाटक और रंगमंच, आधी ज़मीन, फुटकर लेख।

खण्ड २२-२३ – वैचारिक गद्य

खण्ड २२ : कुछ दूसरों के लिए, छोटी-सी पहचान, खोने और पाने के बीच;

खण्ड २३ : उस्ताद की जगह ख़ाली है, सफलता के सूत्र, भाषण तथा अन्य अप्रकाशित लेख।

खण्ड २४-२५ – ललित गद्य

खण्ड २४ : यात्रा विवरण (कश्मीर, पाकिस्तान, आन्ध्र, असम, रूस);

खण्ड २५ : सुबह की चाय, डायरी, फुटकर गद्य

०

'अश्क रचनावली' के इस पहले खण्ड में स्वाभाविक रूप से उनके दो पहले उपन्यास– 'सितारों के खेल' और 'गिरती दीवारें' शामिल हैं। जैसा कि अश्क जी ने 'गिरती दीवारें' के सन्दर्भ में लिखा है, वे 'सितारों के खेल' आधा लिख चुके थे जब लाहौर में प्रोफ़ेसर फैयाज़ महमूद से उनकी बात हुई और उन्होंने एक ऐसा उपन्यास लिखने का इरादा किया जो ज़िन्दगी जैसा हो। 'सितारों का खेल' का आधारभूत विचार एक पौराणिक कथा के सत्य और भर्तृहरि के एक श्लोक को आधुनिक जीवन के सन्दर्भ में परखने का था। यानी यह एक **'सोचा हुआ'** उपन्यास था। 'गिरती दीवारें' का विचार सूझते ही उन्होंने 'सितारों के

खेल' को जल्दी से समेटने की कोशिश की। यही नहीं, बल्कि इस बीच चूँकि ज़िन्दगी को देखने की उनकी दृष्टि भी बदल गयी थी, इसलिए 'सितारों के खेल' में रूमान और यथार्थ का एक अजीबो-ग़रीब़ मेल दिखायी देता है। इसके बावजूद 'सितारों के खेल' ने कम ध्यान आकृष्ट नहीं किया। 'हंस' ने वॉल्ट ह्विटमैन की पंक्तियाँ उद्धृत करते हुए इसके बारे में लिखा कि 'साथियो! यह कोई किताब नहीं है। जो इसे छूता है वह मनुष्य का स्पर्श करता है।' बाबू गुलाब राय और उषा देवी मित्रा ने भी इसकी प्रशंसा की।

बहरहाल, 'सितारों के खेल' को समेट कर अश्क जी ने 'गिरती दीवारें' शुरू किया। उनकी पाण्डुलिपियों में एक आरम्भिक अधूरा प्रारूप १९३९ का है। १९४३ तक अश्क जी उसके पहले प्रारूप को पूरा कर चुके थे। लेकिन चूँकि यह उस दौर की रचना है, जब अश्क जी उर्दू से हिन्दी में आने का फ़ैसला करने के बावजूद, दोनों ही भाषाओं से समान रूप में जुड़े हुए थे, इसलिए 'गिरती दीवारें' की पहली पाण्डुलिपि ऐसी है जिसमें पृष्ठ की एक ओर उर्दू और दूसरी ओर हिन्दी का प्रारूप है।

उपन्यास का पहला संस्करण 'भारती भण्डार', इलाहाबाद से छपा जिन्होंने छापने से पहले इसकी पाण्डुलिपि, इसकी भाषा आदि जाँचने के उद्देश्य से, श्री बलभद्र प्रसाद मिश्र को सौंप दी। श्री मिश्र ने हिन्दी के प्रति अपनी निष्ठा और उत्साह के चलते उपन्यास की सहज बोल-चाल की रवाँ भाषा को अपने जाने 'शुद्ध' हिन्दी में बदल दिया और उपन्यास का पहला संस्करण १९४६ में उसी कृत्रिम 'शुद्ध' हिन्दी में सामने आया। चूँकि अश्क जी भाषा के सिलसिले में अत्यन्त सावधान थे, इसलिए बाद के हर संस्करण में वे इसकी भाषा सुधारते गये। इसके मौजूदा, अन्तिम प्रारूप को भी वे अपने सामने सुधार गये थे और उनके गुज़र जाने के बाद उनके लगे निशानों और उनकी टिप्पणियों के आधार पर इसे मैंने संशोधित-परिवर्द्धित किया।

'गिरती दीवारें' की अभूतपूर्व सफलता की विस्तृत चर्चा यहाँ ज़रूरी नहीं है। पाठकों ने इसे अपने हृदय का सारा स्नेह तो दिया ही है, आलोचकों और विद्वानों ने भी इसे मुक्त-कण्ठ से सराहा है। धीरे-धीरे 'गिरती दीवारें' को बीसवीं सदी के हिन्दी उपन्यास साहित्य में तक़रीबन वही स्थान हासिल हो गया है जो प्रेमचन्द के 'गोदान' को। 'गोदान' अगर ग्रामीण जीवन का महाकाव्य है तो 'गिरती दीवारें' को आलोचकों ने शहरी मध्यवर्गीय जीवन की महागाथा माना है। लेकिन इसका वास्तविक मूल्यांकन दरअसल उन हज़ारों-लाखों पाठकों ने किया है जिन्होंने इसमें अपनी ज़िन्दगी का प्रतिबिम्ब देखा और इसके नायक में अपनी ही छवि पायी। वही इसके असली पारखी भी हैं।

यह एक अजीब-सी बात लगती है कि बीसवीं सदी के आरम्भिक वर्षों की कहानी बयान करने वाला यह उपन्यास इक्कीसवीं सदी के आरम्भिक वर्षों में भी पाठकों की दिलचस्पी का केन्द्र बना रहे। कारण शायद यह है कि भले ही सौ साल के अर्से में हमारा जीवन, या कम-से-कम उसका बाहरी ढाँचा – बहुत तब्दील हो गया हो, मगर जिन बुनियादी

सवालों और जज़्बों के गिर्द 'गिरती दीवारें' को बुना गया है, वे बहुत नहीं बदले। बल्कि मध्यवर्ग के विस्तार के साथ उनमें इज़ाफ़ा ही हुआ है। और फिर जो उपन्यास इस इरादे के साथ लिखा गया हो कि वह ज़िन्दगी की तरह शुरू हो और ज़िन्दगी की तरह चले, उसमें पाठकों की दिलचस्पी शायद तब तक ख़त्म नहीं होगी जब तक ज़िन्दगी में उनकी दिलचस्पी ख़त्म नहीं होती। यह 'गिरती दीवारें' की सफलता का रहस्य है।

०

अन्त में, इस ग्रन्थावली को प्रकाशित करने की साहस-भरी पहलक़दमी के लिए मैं 'वाणी प्रकाशन' के श्री अरुण माहेश्वरी के प्रति हार्दिक आभार व्यक्त करता हूँ, और इस रचनावली को अश्क जी की ओर से उनके उन सारे नये-पुराने पाठकों को समर्पित करता हूँ जो उनका सम्बल रहे हैं।

—नीलाभ

५-ख़ुसरोबाग़ रोड,
इलाहाबाद
२.९.२००७

आशंसाएँ

जीवनोपम सप्राण तथा अविस्मरणीय चरित्रों का निर्माण अश्क की अपनी विशेषता है। उनके उपन्यासों में प्रमुख गौण तथा भर्ती के असंख्य पात्रों का जमघट रहता है, किन्तु यह अश्क की कला का कमाल है कि उनका प्रत्येक चरित्र अपनी पृथक व्यक्तिमत्ता लिये हुए होता है, जिससे वह पाठक की कल्पना में सजीव हो उठता है और भुलाये नहीं भूलता।

–महाराज कृष्ण जैन

भारतीय नगरों के मध्यवर्ग के इतने विभिन्न प्रकार के पात्र और किसी लेखक ने कदाचित ही अंकित किये हों। यह कार्य वही लेखक सम्पन्न कर सकता है जो अपने परिवेश और इसके जीवन तथा पात्रों में रस लेता हो और उनकी सब बुराइयों और दुर्बलताओं के बावजूद उन्हें प्यार करता हो, जो उनके हाथों प्रवंचनाएँ झेल कर चाहे आत्मतोष के लिए उन पर फ़िक़रे कसता और उनका मज़ाक़ उड़ाता हो, पर जो भीतर-ही-भीतर कहीं उनकी मानवीयता को भी पहचानता हो और उनसे सहानुभूति रखता हो।

–संचेतना, नयी दिल्ली

विश्व कवि वॉल्ट ह्विटमैन ने अपनी प्रसिद्ध कविता (So Long) में दो पंक्तियाँ लिखी हैं :

Comrade, this is no book,
Who touches this, touches a man.

अर्थात साथियो। यह पुस्तक नहीं, जो इसे स्पर्श करता है वह मानव-हृदय को छू लेता है। 'सितारों के खेल' नामक पुस्तक में जीवन के दुख-सुख, हास्य-अश्रु, विनोद-सन्ताप और उत्कर्ष-पतन का जो सुन्दर, सजीव और मर्मस्पर्शी वर्णन है, वह अश्क की कला को आदर्श रूप में व्यक्त करता है। साहित्य समाज का प्रतिबिम्ब है। जो कुछ हम देखते हैं और अनुभव करते हैं, उसका यथार्थ अभिव्यक्तिकरण ही कला का प्रधान उद्देश्य है। जीवन की दारुण परिस्थितियों से बाहर निकलने का आशापूर्ण सन्देश देना भी साहित्यिक का प्रधान कर्तव्य है। 'सितारों के खेल' में भी इसी भावना का प्रकाश पाया जाता है।

–हंस, बनारस

किसी भी उपन्यास की सफलता की पहली शर्त यह होती है कि उपन्यास पाठक को समाप्ति तक अपने से अलग न होने दे। इस दृष्टि से 'सितारों के खेल' पूर्ण रूप से सफल है। पुस्तक पढ़ते समय पाठक को लगेगा, जैसे वह किसी छवि-गृह में कोई चित्र देख रहा है और इस

प्रकार उसमें डूबा हुआ है कि वह उसके बाहर कुछ भी देखना, सोचना नहीं चाहता। कथानक में इतना तेज़ प्रवाह है कि पाठक बहता चला जाय। साथ ही कथानक की इस रवानी के बीच ऐसे अनेक स्थल भी आते हैं कि पाठक क्षण भर को आँखें मूँद कर उनकी गहराई में डूब जाता है। रवानी और दिलचस्पी इसके कुछ ही दिन बाद प्रकाशित अश्क के बेहद प्रसिद्ध उपन्यास 'गिरती दीवारें' में भी है, पर वहाँ जो असर जीवन की विविधता के चित्रण द्वारा उपस्थित किया गया है, वही 'सितारों के खेल' में एक छोटे-से घेरे में, कथानक के गठन द्वारा हासिल होता है।

–ओंकार शरद

अधिकांश आलोचकों ने 'सितारों के खेल' को रोमानी उपन्यास कहा है और 'गिरती दीवारें' को यथार्थवादी। किन्तु यदि ध्यान से देखा जाय तो वह यथार्थवाद, जो 'गिरती दीवारें' में पूर्ण रूप से दिखायी देता है, बीज रूप में 'सितारों के खेल' में भी उपस्थित है। सरसरी नज़र से देखने पर यह उपन्यास ज़रूर रोमानी लगता है – रावी की लहरों पर जगत और लता की सैरें; उस काली, बरसाती, तूफ़ानी रात में बंसीलाल का सिर्फ़ नल के सहारे लता के मकान की तीन मंज़िलें चढ़ जाना; वह उसकी बेचैन छलाँग; अमृतराय का लता से और राजरानी का अमृतराय से प्रेम और फिर धर्मशाला के उदास-उदास, प्यार-भरे एकाकी दिन – सब एक रोमानी झीने पर्दे में लिपटे दिखाई देते हैं। लेकिन इस सारे रोमानी वातावरण में, उस रोमानी दीखने वाले कथानक को रखते हुए, अश्क ने उसके पात्रों का जैसा मनोवैज्ञानिक विश्लेषण किया है, वह एकदम यथार्थवादी है।

–संगम, इलाहाबाद

कला की दृष्टि से यह उपन्यास बहुत उत्कृष्ट है। इसमें कल्पना का अच्छा चमत्कार है। जहाँ उपन्यास का अन्त होता दिखायी देता है, वहीं एक नया मार्ग खुल जाता है।

–बाबू गुलाब राय

'सितारों का खेल' खेल ही नहीं, खेल के बाद भी और कुछ है। जीवन का सत्य ? कदाचित एक नग्न, किन्तु व्यंग्यपूर्ण सत्य !

–उषा देवी मित्रा

सितारों के खेल

श्रीउपेन्द्रनाथ अश्क

सितारों के खेल के प्रथम संस्करण का मुखपृष्ठ

ग्रन्थ संख्या—७५

प्रकाशक तथा विक्रेता
भारती-भण्डार
लीडर प्रेस, इलाहाबाद।

प्रथम संस्करण
सं० '९७ वि०
मूल्य १।।)

मुद्रक—
कृष्णाराम मेहता
लीडर प्रेस, इलाहाबाद।

'सितारों के खेल' के प्रथम संस्करण की प्रिंट लाइन

सितारों के खेल

वक्तव्य

अपने इस उपन्यास के सम्बन्ध में मैं अधिक कुछ नहीं कहना चाहता। मैंने इसे १९३४ में आरम्भ किया और १९३८ के अन्त में, जब एक लम्बी बीमारी में बिस्तर का बन्दी बना, मैंने इसे समाप्त कर दिया।

इस चार वर्ष के लम्बे अर्से में उपन्यास के theme (आधारभूत विषय) में कोई अन्तर आ गया हो, यह बात तो शायद नहीं, हाँ यदि शैली कुछ बदल गयी हो, तो मैं कह नहीं सकता।

१९३६ का वर्ष, मेरे लिए मुसीबतों का वर्ष रहा है। इनसे जूझने के बाद ही मैंने जीवन को तनिक गहराई से, वास्तविकता की दृष्टि से देखना सीखा है। इन विपत्तियों का कोई प्रतिबिम्ब, हो सकता है, उपन्यास के किसी पन्ने पर पड़ गया हो, और उस नयी दृष्टि के कारण उपन्यास के उत्तरार्द्ध में है, शैली गम्भीर हो गई हो।

लेकिन इतना मैं अपने पाठकों को विश्वास दिलाऊँगा कि सब का सब पढ़ कर उन्हें निराशा नहीं होगी।

इस वाह्य कारण के अतिरिक्त शैली के परिवर्तन का एक आन्तरिक कारण भी है—

उपन्यासों के पात्र कॉलेज के छात्रों के रूप में उपन्यास के पूर्वार्द्ध में आते हैं किन्तु उत्तरार्द्ध तक पहुँचते-पहुँचते परिस्थितियों का संसर्ग उन्हें गम्भीर बना चुका होता है। जैसे-जैसे पात्रों के जीवन में परिवर्तन आता है, शैली भी बदलती जाती है।

रहा उपन्यास का कथानक, सो विनय है कि सहृदय पाठक को, हो सकता है, कहीं कोई घटना असम्भव-सी प्रतीत हो, किन्तु उपन्यास में मैंने कथानक का उतना ख़याल नहीं रखा। मनोवैज्ञानिक उपन्यास में भी ऐसा होता है, लेकिन पहले ही कह दूँ कि उपन्यास प्रधानतया मनोवैज्ञानिक भी नहीं। जीवन की विभिन्न समस्याओं के सम्बन्ध में मैं कुछ कहना चाहता था। और उन्हें कहने के लिए मैंने कुछ परिस्थितियाँ चुन ली हैं, बस! परिस्थितियों का महत्व उनकी प्रधानता में नहीं, गौणता में है।

जासूसी उपन्यासों को छोड़ दें तो जीवन से सम्बन्ध रखने वाले उपन्यास तीन प्रकार के मिलेंगे।

(१) **घटना प्रधान**—इनमें पात्रों के चरित्र-चित्रण से घटनाएँ अधिक महत्व रखती हैं।

(२) **चरित्र प्रधान**—इनमें घटनाएँ पात्रों के मन की स्थिति के अनुसार बदलती रहती हैं, पात्रों का चरित्र-चित्रण प्रधान होता है घटनाएँ नहीं।

(३) **विषय प्रधान**—इनमें चरित्र-चित्रण और घटनाओं की अपेक्षा विषय की महत्ता होती है।

प्रस्तुत उपन्यास इसी तीसरी श्रेणी का है। यह सफल है या असफल, इसमें कही गई बातें ठीक हैं अथवा ग़लत, इसका जीवन के प्रति दृष्टिकोण सुलझा हुआ है अथवा उलझा हुआ — इस सम्बन्ध में कुछ कहने का अधिकार लेखक को नहीं। वह तो इतनी विनय कर सकता है कि उपन्यास को इस दृष्टिकोण से देखा जाये कि सारे का सारा कथानक संकेत है, सहारा है, कुछ बातें कहने के लिए।

और ये बातें कहीं एक जगह संगृहीत नहीं की गईं, विभिन्न पात्रों की ज़बान से कहलाई गई हैं। लेखक का मत जानने में भी सहृदय पाठक को कठिनाई न होगी। वह मत प्रगतिशील है अथवा प्रतिक्रियावादी, इस दृष्टि को सामने रख कर उसे व्यक्त नहीं किया गया। उसने जो देखा है, जो समझा है, सचाई के साथ व्यक्त कर दिया है।

किन्तु इसका मतलब नहीं कि उपन्यास के पात्र केवल कल्पना-लोक के ही जीव हैं। नहीं। सहृदय पाठक को जीवन में बंशीलाल भी मिलेंगे, जगत भी, अमृतराय भी, लताएँ भी और राजरानियाँ भी। लेखक केवल इतनी विनय करना चाहता है कि लता और उस जैसी रमणियों से उसको उपेक्षा नहीं, उसकी हार्दिक सहानुभूति उनके साथ है।

प्रीतिनगर
१५ मई, १९४०

विनीत
उपेन्द्रनाथ अश्क

१

जिस दिन कॉलेज में इस बात का नोटिस फिरा कि गर्मी की छुट्टियों से पहले एक शानदार बहस होगी, जो छात्र उसमें भाग लेना चाहें, वे अपने नाम मन्त्री को दे दें, और जब इसके साथ ही यह खबर भी गर्म हुई कि अमृतलता भी उसमें भाग ले रही है तो कॉलेज में छुट्टी की घण्टी बजते ही जो छात्र सब से पहले मन्त्री के पास अपना नाम लिखाने पहुँचे, वे जगत और बंसीलाल थे।

जगत सुन्दर और हँसमुख युवक था। नये-से-नये कट का सूट उसके शरीर को सुशोभित किया करता था। शरारत को उद्यत, मुस्कराती हुई उसकी आँखों पर सदैव रिमलेस चश्मा चढ़ा रहता था और उसकी फुल-स्लीव कमीज़ के सुनहरे बटन सदैव कोट की आस्तीनों के बाहर दिखायी दिया करते थे।

मन्त्री ने हँसते हुए कहा, "कहो भाई, आज यह बहस का भूत सिर पर कैसे सवार हो गया ? पहले तो तुम्हें यों कोमल कलियों के संग....."

कृत्रिम हँसी हँसते हुए, मन्त्री की बात काट कर, जगत ने कहा, "यह न पूछो, बस नाम लिख लो। आभारी हूँगा।"

और यह कह कर मन्त्री के हाथ को तनिक दबाता हुआ, वह हँसता-हँसता चला गया।

तभी बंसीलाल अपनी किताबों के बोझ को सँभालता-सँभालता वहाँ पहुँचा —निर्धन और विपन्न होने पर भी कॉलेज में वह श्रद्धा की दृष्टि से देखा जाता था। बचपन ही से जो छात्र उसके साथ शिक्षा पाते आये थे, वे जानते थे कि अपनी योग्यता और परिश्रम के कारण छात्रों में ही नहीं, वरन अध्यापकों तक की आँखों में वह सत्कार के योग्य हो या है। परीक्षाओं में वह सदैव सर्वप्रथम आया, किसी को उसने अपने आगे नहीं बढ़ने दिया। बेपरवाह तो वह अव्वल दर्जे का था, अपने शरीर का, अपनी वेश-भूषा का उसे कभी ध्यान नहीं रहा —बाल बढ़ गये तो बढ़ गये, कपड़े मैले हो गये तो हो गये, लेकिन फिर भी उसके अस्तित्व में कुछ ऐसी बात थी कि उसके साथ चन्द मिनट तक बातें करने वालों पर उसकी योग्यता का सिक्का बैठ जाता था।

हँसी को, जो मन्त्री के चेहरे पर फूटी पड़ती थी, तनिक रोक कर उसने कहा, "कहो, सारी लाइब्रेरी ही लाद लाये क्या ?"

एक बेपरवाह-सी मुस्कान के साथ, सेक्रेटरी की बात को टालते हुए, बंसीलाल ने कहा, "इस बार मैं भी बहस में भाग लूँगा।"

चकित हो कर मन्त्री ने बंसीलाल की ओर देखा। आज तक बंसीलाल ने कभी बहस में भाग न लिया था, सदैव व्यस्तता का बहाना करके टालता रहा था, लेकिन इस बार.....

"हाँ, इस बार मेरा भी नाम लिख लो।" बंसीलाल ने निश्चय के स्वर में कहा, "मैं अपनी ओर से भाषण की तैयारी में भरसक प्रयत्न करूँगा। कम-से-कम मेरी ओर से तुम्हें निराश न होना पड़ेगा, इतना निश्चय मैं तुम्हें दिला देता हूँ। रहा पक्ष, सो वह तुम मुझे कोई भी दे देना।"

और इतना कह कर वह जिस तरह आया था, उसी तरह अपने ध्यान में मग्न चला गया।

२

अपने भाषण की समाप्ति पर चण्डी का रूप धारण किये हुए मिस बाली स्टेज से उतरीं। उनका श्याम वर्ण वाद-विवाद के आवेश में और भी स्याह पड़ गया था और साड़ी का छोर उनके सिर से खिसक कर इस तरह गर्दन से लिपट गया था, जैसे काले पहाड़ की चोटी से फिसल कर बर्फ़ उस के दामन में जमा हो जाती है।

विरोधी पक्ष के नेता की युक्तियों का उत्तर देते हुए उन्होंने कहा था, "वे कहते हैं कि शादी-विवाह की पश्चिमी रीति को अपनाने से हमारे घरों में सुख का खात्मा हो जायेगा। मैं पूछती हूँ, हमारे घरों में सुख है ही कहाँ ? ९५ प्रतिशत घर नरक का नमूना पेश करते हैं; ७५ प्रतिशत स्त्रियाँ सुहागिनें होते हुए विधवाएँ हैं। फिर दिन-रात दुख सहना और दुख देने वालों से अपने धर्म-पालन की प्रशंसा पाना हमें नहीं सुहाता। धर्म पालना क्या स्त्रियों के लिए ही रह गया है। क्या पुरुषों का कुछ भी धर्म नहीं। विरोधी पक्ष के योग्य नेता ने कहा है कि यह पैबन्द भारतीय सभ्यता और संस्कृति के पौधे पर मुश्किल से ही लगेगा। मैं कहती हूँ, भारत के वैवाहिक जीवन में जो दोष आ गये हैं, वे इसी तरह दूर होंगे। नारी को बराबर के अधिकार मिलेंगे और शताब्दियों की दासता से स्वतन्त्र हो कर वह सुख की साँस लेगी और देश की प्रगति में बराबर का योग देगी।"

भाषण की समाप्ति पर हॉल तालियों से गूँज उठा। इन्हीं तालियों के शोर में लता स्टेज पर आयी और श्रोताओं को उसके आगमन का तभी पता चला, जब उसका मीठा, मादक, संगीत-भरा स्वर हॉल में गूँज उठा।

मिस बाली की वक्तृता से प्रभावित हुए बिना, लता ने पहले ही वाक्य में उसका विरोध आरम्भ कर दिया —"मिस बाली अधिकार-अधिकार का शोर मचा रही हैं," उसने कहा, "यह नहीं जानतीं कि कौन-सा अधिकार लाभदायक है और कौन-सा हानिकारक। हाथ में तलवार लिये फिरना और उसके प्रयोग में सावधानी से काम लेना ज़रा कठिन है।"

और छात्रों को लगा कि वाद-विवाद में मिस बाली का स्थान लेने वाली कॉलेज में आ गयी है। लता में मिस बाली के सारे गुण तो थे ही, पर वह उसके समस्त दोषों से मुक्त थी और फिर उसके स्वर में कुछ ऐसा जादू, कुछ ऐसा प्रवाह था, जो श्रोताओं को अपने साथ बहा ले जाता था।

"स्त्री-पुरुष के दृष्टिकोण को यदि एक ओर करके निष्पक्ष रूप से विचार किया जाय," भाषण जारी रखते हुए उसने कहा, "तो मालूम हो जायेगा कि मिस बाली जिसे अमृत समझी हुई हैं, वह कालकूट से अधिक महत्व नहीं रखता। उनका यह कहना कि ९५ प्रतिशत घर नरक का नमूना पेश करते हैं, यह सिद्ध नहीं करता कि विवाह की पश्चिमी प्रणाली को अपनाने से वे स्वर्ग बन जायेंगे।"

"आज़ादी," लता के भाषण के जोश में कहा, "बन्धनहीन आज़ादी एक दोधारी तलवार है और तलवार यदि नासमझ बच्चे के हाथ में दे दी जाय तो क्या वह उससे अपना हाथ न काट लेगा ? फिर जहाँ तक वैवाहिक जीवन का सम्बन्ध है, नवयुवकों और बच्चों में कोई अन्तर नहीं। बच्चों ही की तरह वे इस जीवन की समस्याओं से अनभिज्ञ होते हैं; बच्चों ही की तरह वे अपनी भावनाओं को अपना पथ-प्रदर्शक बना कर चलते हैं, नहीं जानते कि वे उन्हें कुएँ में गिरा देंगी —अथवा खाई में!"

हॉल तालियों से गूँज उठा। जगत स्टेज के पास ही बैठा था। लता की वक्तृता और उसके प्रवाह को देख कर उसकी आँखों में इस मोती की आब कई गुना बढ़ गयी। साथ ही उसे पाने, उसे अपने समीप महसूस कर सकने, उससे खेल सकने, अपनी बहती घड़ियों को उसके साहचर्य से अनुप्राणित कर सकने की आकांक्षा भी उसके मन में प्रबल होती गयी। यह पतला-लम्बा, स्वस्थ शरीर; ये सुडौल, सुन्दर अंग; तीखे नक्श; ये यौवन के मद से चूर आँखें, ये बारीक, उड़ने-साँपों के-से बाल; चंचल ज्वाला-सी यह तरुणी —उसके होंट सूखने लगे, शरीर गर्म-सा हो गया —ओह, ओह कहीं वह इसे पा सकता!

और बंसीलाल मूक, मन्त्र-मुग्ध, अचल जैसे स्वप्न देख रहा था। कुछ क्षण के लिए हॉल, उसमें बैठे हुए छात्र, अध्यापक, प्रिन्सिपल, यहाँ तक कि वह स्वयं अपने आपको भूल गया। दूर जैसे कहीं से मिठास की नदी-सी बह रही थी। जैसे कहीं पर्दे के पीछे से मीठा, मद-भरा, मनोमुग्धकारी संगीत निरन्तर चला आ रहा था। उसे लगा, जैसे वह किसी और ही दुनिया में पहुँच गया है —यह हॉल जैसे कोई भव्य प्राचीन मन्दिर है, श्रोता पुजारी हैं, लता कोई देवी है और यह शुष्क वाद-विवाद नहीं, अमृत-वर्षा हो रही है और वह प्यासा कहीं दूर से, जैसे मीलों चल कर, अपनी प्यास बुझाने आया है.....

प्रधान की कुर्सी के ठीक ऊपर, हॉल की दीवार से टँगे हुए क्लॉक ने टन से एक बजाया। एक छिपकली, जो क्लॉक के सिरे पर बैठी हुई मक्खी की ओर ताक लगाये धीरे-धीरे सरक रही थी, डर कर फिर क्लॉक के पीछे चली गयी। बंसीलाल चौंका। तब लता कह रही थी :

"अपनी-अपनी पसन्द, कोर्टशिप या मुहब्बत की शादियाँ —सुनने में ये शब्द चाहे कितने भी भले क्यों न लगें और असफल जोड़ों के सामने ये सुख के चाहे कितने भी संसार क्यों न बसा दें, किन्तु इस सामाजिक समस्या को ये न हल कर सकेंगे। एक-दो दिन में आदमी एक-दूसरे को जान ही क्या सकता है ? विशेष रूप से उस समय, जब उनकी आँखों पर मुहब्बत की पट्टी बँधी हुई हो! 'मुहब्बत,' 'कोर्टशिप,' 'अपनी-अपनी पसन्द,' —ये सब रूमानी दुनिया की बातें हैं। रूमानी दुनिया में मनुष्य के गिर्द एक हाला-सा बना रहता है और तरुण हृदयों को एक-दूसरे के दोष भी गुण ही दिखायी देते हैं। विवाह ही वह कसौटी है, जिस पर पुरुष-स्त्री का सच्चा रंग खुलता है और वे अपने

असली रूप में दिखायी देते हैं —क्यों हम इस वास्तविकता की ओर से आँखें बन्द करके पश्चिम की अन्धा-धुन्ध नकल करें, क्यों न पूर्व-पश्चिम के मिलाप से हम कोई बेहतर रास्ता निकालें।"

हॉल में फिर एक बार तालियाँ गूँज उठीं। एक क्षण, मात्र एक क्षण के लिए बंसीलाल ने जाना कि यह सब यथार्थ है और यह लता बोल रही है और वह बहस सुन रहा है और कुछ देर बाद उसे स्वयं इस वाद-विवाद में भाग लेना है, किन्तु मात्र एक क्षण के लिए....और लता कह रही थी :

"विवाह को सफल बनाने के लिए जिस चीज़ की आवश्यकता है, वह विवाह के पहले का प्रेम अथवा कोर्टशिप नहीं, बल्कि विवाह के बाद का त्याग और बलिदान की भावना है और यह भावना पश्चिम में इतनी नहीं फली-फूली, जितनी भारत की शस्य-श्यामला भूमि में। फिर पश्चिम के रीति-रिवाज को समूचा वहाँ से ला कर अपनाने के बदले क्यों न यहाँ के रीति-रिवाज को ही आधुनिक परिस्थितियों के अनुसार ढाल कर अपना लिया जाय। यह पश्चिम की अन्धा-धुन्ध नकल, अथवा यह 'न तीतर न बटेर' की-सी नीति हमें कोई लाभ पहुँचाने से रही। वैवाहिक जीवन की समस्या इससे सुलझेगी तो क्या, और उलझ जाय तो असम्भव नहीं।"

और तालियों के शोर में लता विजेता की भाँति अपने स्थान पर आ बैठी। बंसीलाल को लगा, जैसे पत्तों में सरसराती हवा अचानक थम गयी है। जैसे झर-झर करने वाला चंचल झरना सहसा मौन हो गया है। उसने आँखें खोलीं —मि० जयदयाल अपनी पीठ पर कूबड़ का बोझ लादे, नाटे कद पर लम्बी गर्दन बढ़ाये और चश्मे को नाक पर ठीक करते, स्टेज पर आ रहे थे।

'मूर्ख!' —बंसीलाल ने दिल-ही-दिल में भारी उपेक्षा से कहा और साथ की उसकी दृष्टि उन दो छात्रों की ओर गयी, जो प्रिंसिपल की नज़र बचा, मि० जयदयाल को दिखा कर हाथों से मोर बना रहे थे। बंसीलाल के होंटों पर आप-से-आप एक व्यंग्य-भरी मुस्कान फैल गयी और मन-ही-मन वह हँस पड़ा। किन्तु जयदयाल इस विचित्र स्वागत के लिए शायद तैयार न थे; वक्तृता जो वे तैयार करके लाये थे, उन्हें एकदम भूल गयी और जल्दी-जल्दी कहीं बीच से ही उन्होंने कहना आरम्भ किया :

"हमारी पुरानी संस्कृति, हमारी पुरानी बातें हज़ार अच्छी हों और उनसे सम्बन्ध रखने वाले रीति-रिवाज हज़ार लाभदायक हों, लेकिन उनमें परिवर्तन करना आवश्यक है। हम उन्हें नहीं बदलेंगे तो वे स्वयं बदल जायेंगे, क्योंकि पुरानी व्यवस्था कितनी भी अच्छी क्यों न हो, अवश्य बदलती है और नयी उसका स्थान ले लेती है —पुरुषों के बनाये हुए पातिव्रत धर्म ने बहुतेरे अत्याचार ढाये हैं, अब ज़रा स्त्रियों की स्वतन्त्रता को, अपनी-अपनी पसन्द को, तलाक को, कोर्टशिप को भी अपने करिश्मे दिखाने दीजिए...."

एक ओर से आवाज़ आयी —"ज़रूर-ज़रूर, कोर्टशिप की आपको बेहद ज़रूरत है!" और हॉल में एक ठहाका गूँज उठा।

ऐनक को नाक की नोक पर खींच कर मिस्टर जयदयाल नीचे बैठे हुए छात्रों पर प्रशंसा के लिए एक नज़र डालने ही वाले थे कि इस ठहाके को सुन कर उन्होंने ऐनक को

फिर अपनी जगह कर लिया और भूल गये कि अब उन्हें क्या कहना है। इसी असमंजस में उन्होंने फिर इधर-उधर देखा तो वे दोनों छात्र फिर मोर बना रहे थे। जयदयाल और भी बौखला गये।

वास्तव में जयदयाल का अस्तित्व ही कॉलेज में विनोद का केन्द्र था। नयी बात कहने का उन्हें, और उनकी उस नयी बात का मज़ाक उड़ाने का, कॉलेज के छात्रों को बेहद शौक था। नया शब्द प्रयोग में लाने का या नयी बात कहने का जब भी आपको अवसर मिलता, आप उससे पूरा लाभ उठाते, फिर चाहे उस शब्द का प्रयोग अथवा वह नयी बात कितनी भी हास्यास्पद क्यों न हो। इस बहस के लिए उन्होंने कई नयी बातें ढूँढ निकाली थीं, लेकिन उस समय छात्र बेतहाशा शी-ी, शी-ी कर रहे थे, तालियाँ पीट रहे थे और वे बातें उनको सूझ नहीं रही थीं।

तभी प्रिंसिपल ने कहा —"एक मिनट और" —और जयदयाल जहाँ से भी, जो भी उन्हें याद आया बोलने लगे। इस शोर में अपनी आवाज़ का सिक्का श्रोताओं पर बैठाने के विचार से वे उसे पंचम तक ले गये। इस आंवेश में उनकी एड़ियाँ उठ गयीं और हाथ बेतहाशा हवा को चीरने लगे।

"प्रकृति की ओर देखिए" —उन्होंनें अपने स्वर की पूरी बुलन्दी से कहा —"कहीं ऐसी कैद नहीं, कहीं ऐसा बन्धन नहीं, तितली फूल-फूल पर बैठती है, एक ही फूल के साथ नहीं पिरो दी जाती, तो फिर पत्नी ही क्यों पति के साथ इस तरह बाँध दी जाय कि मृत्यु के सिवा यह बन्धन टूट ही न सके।"

एक ओर से आवाज़ आयी —"हीयर हीयर!" क्लॉक पर बैठी हुई कबूतरी ने दो बार गुटर-गूँ, गुटर-गूँ की और हॉल में ठहाका गूँज उठा। दिल-ही-दिल में बंसीलाल ने कहा —'अहमक' और कल्पना-ही-कल्पना में उसने फिर वही मीठा मद-भरा स्वर सुनने का प्रयास किया, किन्तु जयदयाल के बाद जगत को बोलना था और उसने जयदयाल की असफलता का पूरा लाभ उठाने का निर्णय कर लिया था और उसकी तीखी आवाज़ जैसे बंसीलाल के कानों के पर्दों को फाड़ कर उसकी कल्पना को छिन्न-भिन्न कर रही थी।

"यदि इसी बौड़मपन का नाम दलील देना और युक्ति-युक्त बात करना है," जगत ने अत्यधिक उपेक्षा और व्यंग्य से कहा, "तो बाज़ार का हर आदमी कुशल वक्ता और तर्क-शास्त्री कहला सकता है। यों बहस के विषय को हँसी में उड़ा देना और बात है और उसके समस्त पहलुओं पर विचार करके कुछ कहना दूसरी बात!"

गोरा रंग, प्रशस्त भाल, चंचल आँखें, उन पर वही रिमलेस चश्मा, नीले रंग का सूट, धारीदार सिल्क की कमीज़, उसी रंग की टाई और कॉलर और कोट की आस्तीनों के बाहर दिखायी देते हुए फुल-स्लीव कमीज़ के वही सुनहरे बटन!

बंसीलाल ने एक दृष्टि उसकी ओर डाली और फिर उसकी आँखें स्टेज के साथ ही बैठी हुई लता के मुख की ओर गयीं —किस उत्सुकता से लता की दृष्टि जगत पर जमी हुई थी, किस तन्मयता से वह उसका भाषण सुन रही थी। बंसीलाल के पहलू में एक टीस-सी उठी और वह ज़रा चुस्त हो कर बैठ गया। किन्तु केवल कुछ क्षण के लिए। कल्पना के महल फिर उसके सामने बनने लगे, किन्तु जगत की आवाज़ इतनी तीखी थी

और वह अपने विरोधी पक्ष के सब वक्ताओं का इस शिद्दत से विरोध कर रहा था कि बंसीलाल के कल्पना-महल बिखर-बिखर जाते और उसकी आँखें लता के चेहरे पर जम-जम जातीं और जैसे एक असह्य ईर्ष्या की आग उसके सीने में सुलग-सुलग उठती।

अन्त में जगत ने अपनी बहस खत्म करते हुए कहा :

"मिस लता ने इस समस्या का जो हल बताया है, वही ठीक है; बल्कि इस सामाजिक समस्या का एकमात्र हल वही है। यदि आज विवाहित लोग त्याग और बलिदान की कला सीख लें, तो ९५ प्रतिशत कठिनाइयाँ दूर हो सकती हैं। पत्नी यदि अपने आपको पति के अनुरूप बनाने का यत्न करे और पति भी पत्नी के सम्बन्ध में अपनी कल्पनाओं को ज़रा नीचे ले आये और दोनों समझ लें कि जीवन में सब कुछ वैसा ही नहीं होता, जैसा मनुष्य चाहता है तो वही घर, जो पहले नरक का नमूना था, स्वर्ग बना दिखायी देगा। रही पश्चिम की अन्धा-धुन्ध नकल —तो वह जिस ओर हमें ले जायेगी, उसका नाम है —नैतिक पतन! अब यह आप पर निर्भर है कि आप किसे पसन्द करते हैं —नैतिक दृढ़ता की नींवों पर खड़े अपने पुराने मकान को अथवा नैतिक पतन की नींव पर निर्मित होने वाले इस भव्य प्रासाद को!"

और तालियों के शोर में जगत स्टेज से उतर गया और प्रिंसिपल ने पुकारा —"बंसीलाल!"

बंसीलाल —तोप के गोले की तरह यह नाम बंसीलाल के कानों पर पड़ा।

"बंसीलाल!" —प्रिंसिपल ने फिर पुकारा।

बंसीलाल उठा। वह भूल गया था कि उसे स्वयं भी बहस में भाग लेना है, वह भूल गया था कि कोई और भी बहस करता रहा है —उसके कानों में इस समस्त वाद-विवाद के बीच लता की मीठी मादक स्वर-लहरी गूँजती रही थी....वहीं स्टेज पर खड़े-खड़े उसने लता की ओर देखा —प्रशंसा-भरी निगाहों से, उन निगाहों से, जिनमें श्रद्धा का सागर हिलोरे मार रहा था, वह जगत की ओर देख रही थी। तभी जैसे बंसीलाल के हृदय में कभी-कभी सुलग उठने वाली आग ज्वाला बन गयी। निमिष-मात्र में, शायद इससे भी कम समय में, शायद बिना कुछ सोचे-समझे ही उसने फ़ैसला कर लिया कि जगत के भाषण का रंग फीका कर देगा। हो सकता है, उसे लता की सहानुभूति प्राप्त न हो, पर वह उसे गूँगा भी न समझ ले, गूँगा —मात्र किताबों का कीड़ा! उसने सोचा —वह अपनी वक्तृता का सिक्का सब पर बैठा देगा। क्या हुआ यदि उसकी बारी सब से अन्त में आयी है, क्या हुआ यदि उसने जगत का भाषण ध्यान से नहीं सुना। किन्तु जगत की बहस का अन्तिम भाग उसने सुन लिया था और उसके लिए इतना ही यथेष्ट था। और वह बोलने लगा।

अपनी लालित्यमयी, ओज-भरी भाषा में उसने शराबी, जुआरी, और व्यसनी पतियों के हाथों सतायी जाने वाली स्त्रियों की दयनीय दशा का चित्र खींचा, उन पर किये जाने वाले अत्याचारों की कहानी कही और फिर श्रोताओं ही से पूछा कि वे बतायें, किस तरह केवल त्याग और बलिदान इस नरक ऐसे जीवन को स्वर्ग में परिणत कर देंगे ?

"यह घर, जिसे मि० जगत दृढ़ नींवों पर खड़ा समझते हैं," बंसीलाल ने जोश से कहा, "वास्तव में कभी का जीर्ण-जर्जर हो चुका है, इसकी नींवें हिल चुकी हैं, इसकी

दीवारों में दरारें आ गयी हैं। कौन जाने कब यह सब कुछ भड़भड़ा कर धराशायी हो जाये ?"

अपना रंग जमाने और जगत के रंग को फीका करने के लिए उसने व्यंग्य का भी कम सहारा नहीं लिया। उसकी निरन्तर चोटों से जगत का मुँह ज़रा-सा निकल आया; हँसता तो वह अवश्य रहा, पर ऐसे ही, जैसे हँसता न हो, हँसी की नकल उतारता हो। आखिर में बंसीलाल ने कहा :

"आप लोग जानते हैं कि मि० जगत वास्तव में मिस लता की प्रशंसा करना चाहते थे और उन्होंने ऐसा कर दिया, किन्तु विषय के विरुद्ध तो वे कुछ भी नहीं कह सके और दिल में तो मिस लता और उनके 'वीर समर्थक' भी मेरे पक्ष से सहमत हैं।"

किसी ने कहा —"वीर समर्थक, खूब!" और हॉल तालियों से गूँज उठा और बहस खत्म हो गयी।

इस बहस ने जगत को वह दौलत दे दी, जो दूसरों को लाख सिर पटकने पर भी प्राप्त न होती और इसी बहस ने बंसीलाल के भाग्य का निर्णय कर दिया। वह स्टेज से उतरा तो मित्रों ने उसे बधाइयाँ दीं, किन्तु स्वयं उसके चेहरे पर उल्लास की रेखा तक न थी, अपनी हार उसने लता की आकृति पर लिखी देख ली थी।

३

खटखट सीढ़ियाँ चढ़ कर लता अपने कमरे में पहुँची, किताबों को मेज़ पर पटक दिया और काउच में धँस गयी। उसके सिर से साड़ी खिसक गयी थी। उसके मुख का रंग लाल हो रहा था। दो मंज़िलों की सीढ़ियाँ जल्दी-जल्दी चढ़ने से उसकी साँस फूल रही थी। बहस के बाद कॉलेज से आते समय सारे मार्ग में उसके मस्तिष्क में बंसीलाल के व्यंग्य, श्रोताओं के अट्टहास-उपहास गूँज रहे थे। कॉलेज की बहस में भाग लेने का उसका पहला ही अवसर था और उसकी दशा उस नये वकील की-सी थी, जिस पर पहली ही पेशी में विरोधी पक्ष का वकील कोई चुभती चोट कर दे। अन्धों की तरह साइकिल दौड़ाती वह चली आयी थी, एकदम बिना साँस लिये वह सीढ़ियाँ चढ़ आयी थी और अब उसका दिल ज़ोर से धक्-धक् कर रहा था।

उसने एक गद्दी को कुर्सी से उठा कर सिर के नीचे रखा और कपड़े बदले बिना, सैण्डल-समेत काउच पर लेट गयी। कुछ देर तक वह इसी तरह मौन, स्थिर पड़ी रही। उसके मस्तिष्क में बहस के सब वाक्य चक्कर लगा रहे थे —कभी मिस बाली के, कभी अपने, कभी जगत के और कभी बंसीलाल के। ये अन्तिम वाक्य उसके हृदय में चुभ-चुभ जाते थे और दिल में वह तिलमिला उठती थी। उसकी आँखें बन्द थीं, एक हाथ काउच की पीठ पर था, एक नीचे लटक रहा था, उसे यह भी मालूम न था कि नौकर कब का चाय और नाश्ता लिये खड़ा है।

जब कुछ क्षण तक लता ने आँखें न खोलीं तो रामनारायण ने पुकारा, "लता रानी, नाश्ता कर लो।"

लता चुप दीवार की ओर देखती रही, नौकर ने फिर कहा —"नाश्ता कर लो रानी बेटी।" और यह कह कर उसने छोटी-सी मेज़ पर टी-सेट रखने की कोशिश की।

"मुझे इच्छा नहीं" —लता ने उठ कर अन्यमनस्कता से कहा और फिर लेट गयी।

"अरे, एक प्याली ही ले लो बेटी," बूढ़े रामनारायण ने अनुरोध करते हुए कहा।

"मैं कहती हूँ, मुझे नहीं चाहिए।"

रामनारायण लता के दादा के समय इस घर में आया था। इसी घर में वह युवा और वृद्ध हुआ था। लता को उसने अपने हाथों खेलाया था और अपनी लड़की की तरह ही वह उसे प्यार करता था। उसे लता की इस अन्यमनस्कता पर दुख हुआ, किन्तु फिर भी उसने प्यार से कहा —"बेटा एक प्याली ले लो, तबीयत खुल जायेगी।"

लता जल कर कुछ कहना ही चाहती थी कि बाहर घण्टी बजी।

रामनारायण जल्दी में टी-सेट को वहीं रख कर नीचे भाग गया। लता ने उठ कर खिड़की में से देखा —नीचे गली में जगत साइकिल लिये खड़ा है। क्षणिक विचार के वश लता ने कुर्सियाँ आदि ठीक कीं। मेज़ की पुस्तकों को तरतीब से चुन कर रखा और फिर काउच पर बैठ गयी। दूसरे क्षण रामनारायण काग़ज़ का एक पुर्ज़ा लाया। उस पर अंग्रेज़ी में लिखा था —

केवल चन्द मिनट के लिए, कृपया!

जगत किशोर।

रामनारायण बोला, "मैंने कह दिया था कि बिटिया की तबीयत ठीक नहीं, पर वह नहीं माने और यह पुर्ज़ा लिख दिया।"

लता एक निमिष के लिए चुप रही। उसे इतने दिन लाहौर आये हो गये थे, किन्तु अभी तक उसने किसी से मिल-जोल बढ़ाने का प्रयास न किया था। यदि किसी युवक ने किसी सभा-सोसाइटी के मन्त्री के रूप में या और किसी तरह उससे मिलने का प्रयास भी किया तो उसने सदैव टाल दिया। इसलिए नहीं कि उस पर किसी तरह का प्रतिबन्ध था, बल्कि स्वभाव ही से वह आसानी से मिलना-जुलना पसन्द न करती थी। सुन्दर लोगों में जो एक तरह का आत्म-ज्ञान और गर्व-सा होता है, वही उस में था। पर आज तो स्वयं उसे किसी मित्र की, हमदर्द की आवश्यकता प्रतीत होती थी, आज तो स्वयं उसका दिल किसी से बातें करने को चाहता था। फिर भी उसने कहा, "कह दो, ज्वर हो रहा है।"

"राम, राम! ज्वर तुम्हारे दुश्मनों को हो," बूढ़े नौकर ने शिकायत के स्वर में कहा, "मैं कह दूँगा कि उनकी तबीयत ठीक नहीं है, फिर किसी दिन मिलना।" और यह कह कर वह चला गया। पर अभी वह सीढ़ियाँ उतर ही रहा था कि उसने कानों में आवाज़ आयी —"नारायण बाबा, नारायण बाबा!" उसने देखा, लता पीछे भागी आ रही है।

"उन से कह दो कि आ जायें" —यह कह कर लता मुड़ गयी। नौकर ने एक बार आश्चर्य से उसे जाते हुए देखा और फिर सीढ़ियाँ उतरने लगा।

घर में बूढ़े नौकर और लता के वृद्ध पिता के अतिरिक्त और कोई न रहता था। लता

की माँ उसके बचपन ही में मर गयी थी, फिर उस के पिता ने दूसरा विवाह न किया था। उस समय उनकी आयु बत्तीस वर्ष के लगभग थी और यद्यपि विवाह के लिए सन्देश देने वालों की कमी न थी, पर लता की माँ से उन्हें कुछ ऐसा प्यार था कि उन्होंने दूसरे विवाह का विचार ही नहीं किया और आज तक उस देवी के नाम की माला जपते रहे। लता को उन्होंने माँ की अनुपस्थिति नहीं खलने दी। हर प्रकार से उसका ध्यान रखा, हर तरह से उसका लाड़-प्यार किया। उसे ऊँचे दर्जे की शिक्षा दी और वास्तव में अपने पुत्र के अभाव को उन्होंने इसी तरह पूरा करना चाहा। भारत में प्रायः लड़की का पैदा होना महा-विपत्ति समझा जाता है, लड़कियों की ओर सदैव कुछ उपेक्षा का भाव रखा जाता है, किन्तु लता के पिता ने उसे लड़कों से बढ़ कर पाला-पोसा, पढ़ाया-लिखाया और प्यार किया। शायद वे अपने लड़के को इतनी आज़ादी न देते, जितनी उन्होंने उसे दी। शायद इस तरह वे उस मृत-आत्मा को सुख पहुँचाना चाहते थे, उसे बताना चाहते थे कि उसकी अनुपस्थिति में भी उसकी धरोहर का पूरा-पूरा ध्यान रखा जाता है।

कमरे में वापस जा कर लता काउच पर नहीं बैठी। उसने आईने के सामने साड़ी को ठीक किया, मुँह पर जल्दी-जल्दी रूमाल फेरा और फिर कुर्सी पर जा बैठी। —अभी-अभी वह कॉलेज से अच्छी-भली आयी थी। ऐसी भी क्या तबीयत खराब हो गयी कि कुछ क्षण के लिए मिल भी नहीं सकती —उसके जवाब को पा कर जगत यही सोचता। इसीलिए दूसरे ही क्षण वह रामनारायण से उसे बुला लाने के लिए कह आयी थी।

यह प्रकट करने के लिए कि वह बिलकुल स्वस्थ है, ज़रा भी उद्विग्न नहीं, उसने मेज़ पर से एक किताब उठा कर अपने सामने रख ली, किन्तु वह कुछ भी न पढ़ पायी। उसके कान सीढ़ियों की ओर थे, आँखें पुस्तक पर थीं। अक्षर उसे काले-काले धब्बे-से नज़र आ रहे थे। सहसा बायीं ओर की खिड़की से वायु का एक झोंका आया और सब पन्ने एक-एक करके उलट गये। उसने फिर पुस्तक खोली और जल्दी-जल्दी पृष्ठ पलटने लगी। उसी वक्त रामनारायण के पीछे-पीछे जगत ने अन्दर प्रवेश किया। लता उठी और उसने हाथ जोड़ कर जगत की 'नमस्ते' का जवाब दिया। शिष्टाचार के कुछ और भी एक-दो शब्द वह कहना चाहती थी, पर कुछ भी न कह सकी। उसने केवल काउच की ओर इशारा कर दिया और जगत के बैठ जाने पर स्वयं भी कुर्सी पर बैठ गयी।

रामनारायण ने टी-सेट उठाया और चलने लगा। उस समय लता को मानो ज़बान मिल गयी। उसने कहा —"रहने दो इसे और भाग कर कुछ और पानी और एक प्याला ले आओ।" फिर वह कुर्सी से उठ कर जगत के सामने पड़े हुए बड़े काउच पर जा बैठी।

जगत ने कहा, "आप क्यों कष्ट कर रही हैं, मुझे चाय पीने की कोई खास आदत नहीं।"

"न सही," लता के चाय ढालते हुए कहा, "एक कप ले लीजिएगा।"

यह कहते-कहते एक स्वर्ण स्मित लता के होंटों पर दौड़ गयी, जगत का मुख लाल हो गया। रामनारायण एक दूसरी ट्रे में चाय का पानी, प्याला, तश्तरी, चम्मच और दो तोस ले आया।

वह उसी तरह लता को खड़ा घूर रहा था कि लता ने कहा —"जाओ और कुछ देर

बाद आ कर सब कुछ ले जाना।"

नौकर चला गया। जगत ने चाय का प्याला मुँह से लगाया —गर्म था —फिर तश्तरी में रख दिया और तोस को उठाते हुए बोला, "मैं आपको बधाई देने आया था।"

"बधाई!" लता ने मुस्कराते हुए पूछा।

"आपने आज की बहस में कमाल कर दिया।"

"धन्यवाद, आप भी तो खूब बोले।"

"मेरा आपका क्या मुकाबला!"

निमिष मात्र के लिए दोनों की निगाहें चार हुईं। दोनों मुस्कराये। लता ने लजा कर नीचे फ़र्श की ओर देखते हुए कहा, "स्टेज पर बोलने का मेरा यह पहला ही अवसर है और आप जानते हैं, पहली बार स्टेज पर आते ही आदमी घबरा-सा जाता है।"

"लेकिन आप तो बिलकुल नहीं घबरायीं। मुझे तो ऐसा लगा, जैसे आप पहले भी बीसों बार स्टेज पर बोल चुकी हैं।"

"यों तो मैं अपने विद्यालय की लड़कियों में बोलती रही हूँ, किन्तु दस-बारह छात्राओं के सामने बोलना और बात है और सारे कॉलेज के सामने भाषण देना दूसरी बात!"

"तब तो आपको खूब सफलता मिली। देखा नहीं, मिस बाली का रंग कितना फीका पड़ गया।"

"नहीं, मिस बाली बहुत अच्छा बोलने वाली हैं। मैं तो वर्षों उनके चरणों में बैठ कर सीख सकती हूँ," लता ने विनम्रता से कहा और फिर चाय का प्याला मुँह से लगा लिया।

जगत तनिक जोश से बोला, "आप चाहे कुछ कहें, पर आम धारणा यही है कि आज की बहस में आप ही का भाषण सबसे अच्छा था। मैं आपको विश्वास दिलाता हूँ कि यदि आप इसी तरह बहस में हिस्सा लेती रहीं, तो चन्द दिनों ही में आपका नाम लाहौर क्या, प्रान्त भर में चमक उठेगा।"

इसके बाद कुछ देर तक दोनों चुपचाप चाय पीते रहे। प्याले को खत्म करते हुए जगत ने कहा, "यह बंसीलाल ने आज कैसी लग़ौ बहस की।"

लता खामोश रही।

"मैं कहता हूँ, लोगों को सूझती क्या है कि लहू लगा कर शहीदों में मिलना चाहते हैं। आपकी दलीलों का खज़ाना खाली है, वाद-विवाद के नियमों का आप को ज्ञान नहीं और चल पड़ते हैं बहस करने! बहस-बहस में व्यक्तिगत आक्षेप करने लगते हैं। मैं होता तो ऐसे आदमी को स्टेज से उतार देता।"

लता अब तक दिल में बंसीलाल की बातों से जल रही थी। किन्तु जगत के सामने वह उसे कोई महत्व न देना चाहती थी। कहने लगी, "शायद उसने पहली बार ही वाद-विवाद में भाग लिया है।"

जगत के जोश से कहा, "पहली बार ही बोलने का यह मतलब तो नहीं कि दूसरों की पगड़ी उछाली जाय। आप ने भी पहली बार ही बहस में हिस्सा लिया था, किन्तु किस ग़ज़ब की युक्तियाँ दीं और फिर किस अलंकारमयी भाषा में —हाथ में तलवार लिये फिरना और उसके प्रयोग में संयम से काम लेना ज़रा मुश्किल है —वाह, क्या बात पैदा की है।

जी चाहे जिससे विवाह करने और जी चाहे जिससे सम्बन्ध-विच्छेद करने का अधिकार एक तरह की तलवार ही तो है। अवसर पड़ने पर कौन सोचता है, वहाँ तो आवेग पथ-प्रदर्शक होता है, समझ और विचार नहीं!" —और वह और भी जोश में कहने लगा —"यूरोप में तलाक का आधिक्य इस बात का जीता-जागता प्रमाण है। साधारण-सी बातों पर इस अधिकार को प्रयोग में लाया जाता है। छींकने पर तलाक के दावे दायर कर दिये जाते हैं। बात तो जब थी कि श्रीमान भी दलील को दलील से काटते, आप लगे, मसखरापन करने और आप कहती है कि शायद उसने पहली बार वाद-विवाद में भाग लिया है। अब यों तो मैं भी पहली बार बोला था, पर क्या मैंने कोई असंगत बात कही ?"

लता ने मुस्करा कर कहा, "अच्छा तो आपने भी पहली ही बार बहस में भाग लिया था!"

"जी हाँ!"

"तब तो आप ने कमाल कर दिया!"

विनम्र गर्व से जगत ने कहा, "नहीं जी, मैं क्या कमाल करता। हाँ, मैंने किसी की पगड़ी नहीं उछाली। मेरे विचार में तो व्यर्थ बकवाद करने से कहीं अच्छा है कि आदमी बोले ही नहीं।"

उसी वक्त रामनारायण कमरे में दाखिल हुआ।

"कुछ और चाहिए रानी ?"

"नहीं, यह सब कुछ ले जाओ।" और फिर जगत से पूछा, "सिगरेट तो पीजिएगा ?"

"धन्यवाद, मैं सिगरेट नहीं पीता।" जगत ने लजाते हुए कहा और फिर मेज़ के पास खड़े-खड़े 'देवदास' चित्रपट का पैम्फ़लेट उठा कर देखने लगा।

"एक क्षण के लिए आज्ञा चाहती हूँ।" यह कह कर लता बाहर चली गयी। और जगत उस पैम्फ़लेट में छपी हुई सहगल और यमुना की तस्वीरें देखने लगा। किस ग़ज़ब के ये कलाकार हैं! इस पिक्चर में इन्होंने कितना सुन्दर काम किया है! —उसने मन-ही-मन कहा और उसके सामने चित्रपट के विविध दृश्य घूम गये। कुछ क्षण बाद लता साड़ी बदल कर वापस आ गयी। जगत ने पूर्ववत पैम्फ़लेट को देखते हुए पूछा, "आप ने यह पिक्चर देखी है ?"

"अभी नहीं।"

"देखने न चलिएगा ?"

लता ने कहा, "मुझे आपके साथ जाने में प्रसन्नता होती, पर मुझे अभी एक जगह जाना है और शायद मैं वहाँ से कुछ देर बाद वापस आऊँ।"

अब जगत ने आँख उठा कर देखा —आसमानी रंग की साड़ी में लता आकाश की देवी बनी खड़ी है। उसने आँखें नीची कर लीं और घड़ी को देखते हुए उठा। "कितना समय पलक झपकते बीत गया!" उसने लम्बी साँस लेते हुए कहा।

"कुछ मालूम ही नहीं हुआ!" मुस्कराते हुए लता बोली।

"आशा है, आप मुझे इतना समय नष्ट करने के लिए क्षमा करेंगी।"

"मुझे आपसे बातें करके बड़ी प्रसन्नता हुई।" लता बोली और जगत को नीचे देहरी

तक छोड़ने गयी। जगत ने 'नमस्ते' की, साइकिल उठायी और बाहर निकल गया।

एक विचित्र-सा नशा उसकी नस-नस में समा रहा था। 'मुझे आप से बातें कर के बड़ी प्रसन्नता हुई,' यह औपचारिक-सा वाक्य उसके मन-मस्तिष्क पर छाया जा रहा था। डेवढ़ी की सीढ़ियों से उतरते समय उसका सिर चौखट से टकरा गया। कुछ देर पैदल चला, फिर उसने पैडल पर पाँव रखा और इस तेज़ी से साइकिल चलाने लगा जैसे आकाश में उड़ा जा रहा हो। मार्ग में एक बार मोटर के नीचे आते-आते बचा, फिर एक ताँगे से टकराते-टकराते रह गया, अन्त को एक वृद्ध से जा टकराया।

४

शायद सब से पीछे बंसीलाल कॉलेज से निकला। बहस समाप्त होने के बाद वह इधर-उधर बेदिली से खेल देखता रहा। उसका सारा उत्साह जैसे छिन गया था। स्टेज से उसने देखा था, लता का चेहरा भी फीका पड़ गया है। अपनी सफलता पर लता को जो उल्लास हुआ था, वह सब बंसीलाल के भाषण से हवा हो गया था। उस व्यंग्य पर, जो बहस के जोश में उसके मुँह से निकल गया, लता का मुख क्रोध से लाल हो गया था। बहस के बाद बंसीलाल ने प्रयास किया था कि लता से मिल कर अपनी सफ़ाई दे दे, पर लता ने उसे अवसर ही न दिया, वह उसे एक बार उपेक्षा से देख कर चली गयी थी।

सिर नीचा किये हुए यही बातें सोचता बंसीलाल फ़ुटपाथ पर चला जा रहा था। यदि उसे मालूम होता कि पाँसा उलटा पड़ेगा, तो वह बोलता ही न; चुपचाप स्टेज से उतर जाता; ज़रा हँसी ही उड़ती, पर उसकी आशाओं का सुन्दर स्वर्ग इतनी दूर तो न चला जाता।

एक व्यक्ति तेज़ी से आता-आता उससे टकरा गया। बंसीलाल गिरता-गिरता बचा, उसकी बग़ल से दो किताबें फ़ुटपाथ पर गिर पड़ीं। उसने उनको उठाया और धीरे-धीरे चल पड़ा।

अनारकली में वही पुरानी रौनक थी। वही चहल-पहल, वही भीड़-भब्भड़, वही रोशनी, वही चकाचौंध, वही ग्रामोफ़ोन के गाने, वही रेडियो के तराने, वही लेन-देन, वही क्रय-विक्रय, वही चमकती हुई साड़ियाँ, वही खिसकते हुए दुपट्टे, वही चिल्ल-पों, वही शोर-गुल —इस रौनक को देख कर कौन कह सकता है कि इस लाहौर में दुख और ग़म नाम की भी कोई वस्तु है और इसी अनारकली की बग़ल में सड़ा-गन्दा और अपनी विपन्नता में मग्न चंगड़ मुहल्ला भी है। अनारकली अमर यौवन ले कर आयी है। उसे वृद्धावस्था का डर नहीं। उसके सीने का उभार बढ़ता ही जाता है, उसकी आवाज़ में दिनों दिन मादकता आती जाती है और उसका अस्तित्व अधिकाधिक आकर्षण का केन्द्र बनता जाता है। दो साल से प्रतिदिन बंसीलाल इसके यौवन पर मुग्ध होता चला आया था। यह अनारकली का आकर्षण ही था जो उसे घूम कर, छोटे मार्ग को छोड़ कर, इतना चक्कर काट, घर जाने को विवश करता था। रोज़ वह इस सैर का आनन्द उठाया करता था। उसकी

निर्धनता उसे सिनेमा, थियेटर और मनोरंजन के दूसरे साधनों से वंचित रखती, पर इस सैर में तो कुछ खर्च न आता था और रोज़ वह इस मुफ़्त के मनोरंजन का आनन्द लेता था —अपने मित्रों से गप्पें उड़ाता हुआ, हँसी-मज़ाक करता हुआ —इस सैर में उसे नित्य नया आनन्द मिलता था, पर आज तो मानो अनारकली ही बदल गयी थीं, आज तो मानो वह, वह न रहा था। गुपचुप अपने विचारों में तल्लीन, नीले गुम्बद की ओर से दाखिल हुआ और सिर झुकाये इस प्रकार सारे बाज़ार से गुज़र गया जैसे अनारकली अनारकली न हो, कोई सुनसान वीराना हो।

घर जाने को आज उसका जी न चाहता था, फिर भी पग उसके घर की ओर उठ रहे थे। रास्ते में लता का मकान आया। उसके जी में आयी, क्यों न उसी समय लता से मिल कर उसके सामने अपनी स्थिति साफ़ कर दे। एक-दो सीढ़ियाँ चढ़ कर वह घण्टी की तरफ़ बढ़ा। घण्टी बजाने ही लगा ही था कि उसकी नज़र डेवढ़ी में पड़ी हुई दूसरी साइकिल पर गयी। कैरियर पर पुस्तकें बँधी हुई थीं। बढ़ कर उसने एक पर नाम देखा। लिखा हुआ था —जगतकिशोर। वह उलटे पाँव वापस उतर आया। यदि जगत की उपस्थिति में उसने नौकर के द्वारा कोरा जवाब दिला दिया तो उसके लिए मुँह दिखाने को जगह न रहेगी। वह धीरे-धीरे अपने घर की ओर चलने लगा।

भावुक, विपन्न और स्वाभिमानी बेचारा बंसीलाल! उसका पिता उसे और उसकी बहन को अपनी पत्नी के सहारे छोड़ कर बहुत दिन हुए परलोक सिधार गया था। भाई और बहन अपनी माँ के परिश्रम और अपनी मेहनत के बल पर ही शिक्षा के मन्दिर की सीढ़ियाँ तय करते आ रहे थे। बंसीलाल के उदार मित्र भी उसकी सहायता कर देते, पर उसके स्वाभिमान ने कभी उनके आगे याचना का हाथ फैलाना स्वीकार न किया।

बंसीलाल चला जा रहा था। उसकी आँखों के सामने उसकी निर्धनता का चित्र खिंचा हुआ था। आज तक उसने इस अभाव को महसूस न किया था। अपनी ग़रीबी में भी उसे एक तरह का आनन्द-सा ही आता रहा था, पर धनी लता, निर्धन वह और आज का दिन.....उसका घर आ गया। देहरी में उसकी माँ बैठी सूत कात रही थी। वह चुपचाप उसके पास से गुज़र कर अन्दर चला गया।

अँधेरी गली में पुराना जीर्ण-शीर्ण मकान, उसमें नमदार छोटा-सा कमरा, दीवारों पर लोना, कोनों में मकड़ी के जाले, कच्चा फ़र्श और उस पर टाट, एक ओर चारपाई, उसके सिरहाने, पुरानी हिलती हुई छोटी-सी मेज़, उस पर बिखरी हुई किताबें और खूँटी से लटकता हुआ टिमटिमाता लैम्प —बंसीलाल ने किवाड़ खोले और आज पहली बार इस दृश्य को देख कर उसके अन्तर से बरबस एक दीर्घ निःश्वास निकल गया। क्या इसी बिरते पर वह लता के प्रेम का दम भरने चला था! क्षण भर के लिए उसने लता से अपनी तुलना की। वह भव्य-प्रासाद में रहने वाली देवी और वह अँधेरी कुटिया का भिखारी! वह आकाश की ऊँचाई में उड़ने वाली सुन्दर चिड़िया और वह पाताल की गहराइयों में गिरा हुआ पंखहीन पक्षी! उसे मुहब्बत भी हुई तो किससे ? आज यदि लता उसकी होने को राज़ी हो जाय तो वह उसे कहाँ ला कर रखेगा ? अपनी इस मूर्खता पर वह निमिष मात्र के लिए स्वयं हँसा, और चुपचाप पुस्तकों समेत जा कर बिस्तर पर लेट गया।

किन्तु क्या इस प्रकार सोचने से, इस प्रकार हँसने से वह अपने आपको इस पथ से

हटा सकता था ? इस प्रकार तो वह पहले भी कई बार सोच चुका था। सोच क्या, वह कई बार प्रण कर चुका था —अब वह उस गली में न जायेगा, जान-बूझ कर आग के मुँह में न कूदेगा; पर क्या यह उसके बस की बात थी ? वह तो चाहता था कि वह उसका ध्यान छोड़ दे, पर क्या उससे यह पागलपन छोड़ा जाता था। मन्त्री ने कितनी बार कहा था —वाद-विवाद में भाग लो! लेकिन उसने उस ओर ध्यान भी न दिया था। पर जब उसे पता चला, लता भी भाग ले रही है तो वह भी कूद पड़ा। नाम पूरे हो चुके थे, पर मन्त्री से अनुरोध करके उसने अपना नाम लिखवाया और फिर इस स्पीच को तैयार करने के लिए उसने कितना परिश्रम किया था ? गयी रात तक वक्तृता तैयार किया करता था, सोते में भाषण देता था और इस सब परिश्रम का फल क्या मिला ? लता की उपेक्षा!

बंसीलाल ने फिर एक लम्बी साँस ली और उठ कर बैठ गया। क्यों न वह एक पत्र द्वारा लता को अपनी सफ़ाई दे दे ? उसे बता दे कि उसका उद्देश्य कदापि उसे दुख पहुँचाना न था। वह तो वाद-विवाद के आवेश में उसके मुँह से कुछ अण्ट-सण्ट निकल गया। हो सकता है, लता के दिल से क्रोध दूर हो जाय। यदि वह एक बार भी हमदर्द निगाहों से उसकी ओर देखे तो वह क्या नहीं कर सकता! यह ग़रीबी, इसकी बिसात ही क्या है! वह चाहे तो इसे सम्पन्नता में बदल सकता है। सोने के महल वह खड़े कर सकता है। केवल उसकी कृपा-दृष्टि चाहिए! वह बी० ए० में सर्वप्रथम रह सकता है, आई० सी० एस० की प्रतियोगिता में बैठ सकता है, ज़िला जज हो सकता है, माल अफ़सर हो सकता है, डिप्टी कमिश्नर हो सकता है। उसके लिए कुछ असम्भव नहीं!

वह उठा। पुस्तकों को उसने मेज़ पर रख कर गली की खिड़की खोल दी। वायु का एक ठण्डा झोंका अन्दर आया। बंसीलाल के शरीर में कुछ स्फूर्ति-सी आयी। काग़ज़, कलम, दवात ले कर वह पत्र लिखने बैठ गया। पर क्या लिखे ? कुछ समझ में न आया। पहले अंग्रेज़ी में पत्र लिखना आरम्भ किया, उसे काट कर फिर हिन्दी में लिखने की चेष्टा की। सफल न हुआ। दो-चार पंक्तियाँ लिखता, पढ़ता, फाड़ देता। दूसरा काग़ज़ लेता। उसकी भी यही गति होती। आखिर वह कलम रख कर लेट गया। उसी समय दरवाज़ा खुला और उसकी बहन रानी अन्दर आयी। "यह क्या, कपड़े बदले बिना ही लेट गये हो ? उठो, कपड़े बदलो और हाथ-मुँह धो कर खाना खाओ।"

बंसीलाल उसी प्रकार निश्चेष्ट लेटा रहा, तनिक भी न हिला। बहन ने समीप आ कर उपालम्भ-भरे स्वर में कहा, "उठते क्यों नहीं ? देखो, खाना ठण्डा हो जायेगा।" और फिर बंसीलाल का हाथ पकड़ कर उसने खींचा।

बंसीलाल चुपचाप उठा। उसने कपड़े बदले और बहन के पीछे रसोईघर की ओर चल पड़ा। पानी ले कर उसने मुँह धो लिया। बहन ने पूछा, "तुम उदास क्यों हो ? क्या सोच रहे हो ?"

बंसीलाल ने किसी बात का उत्तर नहीं दिया। चुपचाप मूढ़े पर जा बैठा। बहन ने थाली परोस कर रख दी, वह खाने लगा, लेकिन खाने से अधिक वह सोच रहा था। बहन ने भी उसकी इस लापरवाही को देख लिया। उसने देखा —बंसीलाल ने एक बार रोटी का टुकड़ा दाल में भिगोने के बदले पानी में भिगो लिया। फिर अपने ध्यान में मग्न रूखी रोटी ही खाता गया। एक ग्रास जो चबाने लगा तो कितनी ही देर तक उसे चबाता रहा। पानी का

गिलास जो मुँह से लगाया तो उसे रखने का नाम ही न लिया और फिर दो-चार कौर खा कर ही उठ खड़ा हुआ।

बंसीलाल की बहन का पूरा नाम राजरानी था। प्यार से सब उसे 'रानी' कहते थे। वह बंसीलाल से आयु में छोटी थी; किन्तु अपने भाई से उसे ऐसा प्रेम था, जैसा बड़ों को छोटों से होता है। उसने बिना खाये-पिये बंसीलाल को उठते हुए देखा तो हाथ पकड़ लिया और ज़रा मुस्कराते हुए बोली, "क्यों, बात क्या है, उदास क्यों हो ?"

"उदास! उदास तो नहीं!" बंसीलाल ने अपने कन्धों की ओर देखते हुए कहा, जैसे उदासी वहाँ छिपी बैठी हो और फिर कुछ लज्जित-सा हो कर हँस दिया।

रानी हँसी, "नहीं बताओगे ?"

"कुछ बात भी हो।" बंसीलाल ने हाथ छुड़ा लिया और उठ कर अपने कमरे में भाग गया। कमरे में बिलकुल अँधेरा था। बंसीलाल चारपाई पर जा लेटा। रानी लैम्प लिये उसके पीछे गयी। लैम्प को उसने अपनी जगह टाँग दिया और फिर अवरुद्ध कण्ठ से बोली, "बताओगे नहीं, क्या बात है ?"

बंसीलाल उठ कर उसके साथ बाहर आँगन में आया और एक झूठा ठहाका लगाते हुए बोला, "तुम भी रानी एकदम भोली हो। भला क्या बात हो सकती है! यों ही सिर भारी था, आज कॉलेज में बहस हुई थी, उसमें ज़ोर-ज़ोर से बोलना पड़ा। बस, सिर में दर्द शुरू हो गया। कोई बात नहीं, तुम ज़रा रात को चाय बना देना।"

बहन को तसल्ली हो गयी। चाय के लिए कैसे प्रबन्ध होगा ? —यह उसने पूछने का प्रयास नहीं किया। अब जब बंसीलाल की तबीयत खराब है, तो चाय आयेगी ही। जैसे भी होगा, आयेगी। वह चली गयी ओर बंसीलाल कुर्सी पर आ बैठा और एक पुस्तक ले कर पढ़ने लगा।

किन्तु पढ़ने में उसका जी न लगा। फिर भी उसने पुस्तक को न छोड़ा। पढ़ता ही गया। आँखें पुस्तक पर थीं और मस्तिष्क लता को पत्र लिखने में निमग्न था। उसने पुस्तक रख कर फिर पत्र लिखने का प्रयास किया। जब न लिखा गया, तो क्रोध से उसे फाड़ कर वह उठ खड़ा हुआ और कमरे से बाहर निकल आया।

"मैं ज़रा सैर करने जा रहा हूँ, एक-दो घण्टों में आ जाऊँगा," उसने देहरी में बैठी हुई माँ ने कहा।

माँ कुछ कहने ही लगी थी, पर रानी ने आ कर रोक दिया। बोली, "ज़रूर घूम आओ। मैं रोज़ कहती हूँ, तुम समय पर सब काम किया करो। वक्त पर खाओ, वक्त पर घूमो, वक्त पर पढ़ो, पर तुम ठीक तरह से कोई काम करते ही नहीं।"

बंसीलाल ने कुछ नहीं सुना, वह चला गया। उसकी बहन ने जब अपना वाक्य समाप्त किया, तो वह आँगन पार कर देहरी में जा चुका था। गली से निकल कर वह बाज़ार में आया। बाज़ार से निकल, सड़क पार करके गोल बाग़ में जा कर, टेनिस के एक लॉन में छोटी-छोटी घास पर लेट गया और अपनी दर्द-भरी आवाज़ में प्रसिद्ध फ़िल्म 'देवदास' का प्रचलित करुणापूर्ण गीत गाने लगा —'ना मैं किसी का, ना कोई मेरा'

कितनी ही देर तक वह गीत गाता रहा —यहाँ तक कि उसकी आवाज़ भारी हो गयी

और आँखों में पानी भर आया। मन कुछ हल्का हुआ तो घर को चल पड़ा। रात को उसने लता को एक पत्र लिखा :

डियर मिस लता,

कल बहस में अपने दुर्बल पक्ष को मज़बूत बनाने के लिए मेरे मुँह से कुछ उल्टी-सीधी बातें निकल गयी थीं। मालूम होता है, आपने उनका बुरा माना। मुझे सब से अन्त में बोलना था, आप मेरी कठिनाइयों का भली-भाँति अनुमान कर सकती हैं। बोलने के लिए मेरे पास कुछ न था और विशेष कर आपकी अकाट्य युक्तियों के बाद मेरी दलीलों का खज़ाना खाली हो गया था। इस दशा में इसके अतिरिक्त मैं और क्या कर सकता था कि विरोधी दल की युक्तियों को उपहास में उड़ा दूँ, नहीं तो आप से जो श्रद्धा मुझे है, उसे मेरा दिल ही जानता है।

अपराधी,

बंसीलाल

पत्र को लिफ़ाफे में बन्द करके और उस पर सुन्दर अक्षरों में 'अमृतलता' लिख कर बंसीलाल ने उसे एक पुस्तक में छिपा दिया ताकि रानी उसे देख न ले और चारपाई पर सो गया। रात को उसे कैसी नींद आयी, इसका अनुमान कुछ इसी बात से किया जा सकता है कि जब वह सुबह उठा तो उसकी आँखें लाल थीं, सिर भारी था, दाढ़ी बढ़ी हुई मालूम होती थी और चेहरा कुछ पिचक गया था। उठते ही हाथ-मुँह धोये बिना वह लता के घर को चल पड़ा। वहाँ पहुँचा तो अभी दरवाज़ा ही बन्द था। एक दूसरे मकान की ओट में बहुत देर तक खड़ा रहा। अन्त को किवाड़ खुले, रामनारायण शायद सब्ज़ी लेने के लिए बाज़ार जा रहा था। बंसीलाल ने दौड़ कर उसे रोक लिया और पत्र उसके हाथ में दे दिया।

"लता जाग रही हैं ?"

"हाँ, अभी उठी हैं।"

"ज़रा यह पत्र उन्हें दे आओ, ज़रूरी है।"

रामनारायण उलटे पाँव वापस फिरा। बंसीलाल साँस रोके वहीं मकान की ओट में जा खड़ा हुआ। उत्तर की उसे आशा न थी, इस पत्र का उत्तर भी क्या हो सकता था! पर वह रामनारायण से पूछना चाहता था कि उसके पत्र को लता ने किस तरह पढ़ा, उसे पढ़ते समय उसके मुँह पर कैसे भाव प्रतिबिम्बित हुए और उसने पत्र कहाँ रखा ? अभी उसे खड़े बहुत देर न हुई थी कि लता की खिड़की से काग़ज़ के टुकड़े उड़ते हुए दिखायी दिये और दूसरे क्षण गली में इधर-उधर बिखर गये। एक उसके पाँवों के पास भी आ पड़ा। बंसीलाल ने धड़कते हुए दिल के साथ उठा कर देखा —उसके ही पत्र का टुकड़ा था।

एक विषादमयी मुस्कान उसके होंटों पर फैल गयी। पत्र के टुकड़ों को उसने इकट्ठा किया और इससे पहले कि रामनारायण वापस आये, वह चुपचाप गली से निकल गया।

५

दो वर्ष पश्चात सावन की एक साँझ थी।

ठण्डी-ठण्डी बयार चल रही थी। आकाश पर श्वेत बादलों के टुकड़े इधर-उधर उड़ रहे थे, जैसे किसी अज्ञात धुनिये ने ढेरों रुई धुन कर आकाश में बिखेर दी हो।

सुबह खूब वर्षा हुई थी। बादल अभी-अभी छँटे थे। रावी के किनारे घने वृक्षों की शाखाओं में झूले पड़े हुए थे और कुछ मनचले लम्बी-लम्बी पेंगें बढ़ा रहे थे। घाट के कुएँ पर कुछ लोग ठण्डाई घोटने में व्यस्त थे, एक-दो नहा रहे थे; दूसरी ओर गिरे हुए पेड़ के सूखे तने से पीठ लगाये एक चरवाहा अलग़ोज़ों[1] में 'सस्सी-पुन्नू' का अमर गीत अलाप रहा था। पश्चिम की ओर सूर्य की पीली-पीली ज़र्द धूप, किनारे के वृक्षों को, सामने सड़क के पुल को, दूर मक़बरे के मीनारों को इस तरह आलिंगन में ले रही थी, जैसे चिरकाल तक मैके में रहने के बाद ससुराल को जाने वाली देहाती युवती अपनी परिचित वस्तुओं को गले लगाती फिरती है।

बी० ए० का नतीजा निकल चुका था। कुछ बे-फ़िक्रे युवक किश्तियों में रावी की सैर कर रहे थे। एक हल्की-सी नाव नदी के बहाव की उल्टी दिशा में, पुल की ओर बढ़ी चली जा रही थी। उस पर बैठा जगत पूरी शक्ति से चप्पू चलाये जा रहा था। पसीने की नन्हीं-नन्हीं बूँदें उसके मस्तक पर उग आयी थीं, जैसे प्रकृति की इस अपूर्व छटा को एक आँख देखने की अभिलाषा उन्हें बरबस खींच लायी हो। जगत के बाल उड़े जा रहे थे और उसका सुनहला रंग किरणों के सोने से और भी चमक उठा था।

पुल के पास पहुँच कर उसने चप्पू छोड़ दिये और किश्ती को बहाव पर जाने दिया। सामने बैठी हुई लता ने एक लम्बी साँस ली और कहा, "जगत, ऐसी सुन्दर साँझ जैसे वर्षों के बाद देखने को मिली है।"

जगत केवल मुस्कराया और बायें हाथ से अपने मस्तक को पोंछते हुए उसने दायें हाथ से चप्पू से चन्द छींटे उड़ा दिये।

"ओह! तुमने मेरे सब कपड़े भिगो दिये! तुम बड़े असभ्य हो।" लता ने चौंक कर साड़ी को झाड़ते हुए कहा।

जगत हँसा, "परमात्मा जब सभ्यता बाँटने लगा था तो सारी सभ्यता और शिष्टता उसने तुम्हें ही दे दी थी, लता," उसने लता की आँखों में आँखें डालते हुए कहा।

लता हँस दी। उसी समय एक नाव तेज़ी से उनके पास से गुज़र गयी। दो लड़के चप्पू चला रहे थे, दो चुपचाप बैठे थे और नाव के सिरे पर बैठा बंसीलाल अपने करुण स्वर में गा रहा था।

सावन का महीना है,
साजन से जुदा हो कर, जीना कोई जीना है!

जगत ने एक लम्बी साँस छोड़ी, "क्या खूब गाता है बंसीलाल भी —साजन से जुदा हो कर, जीना कोई जीना है —कितना दर्द, कितनी व्यथा है उसके स्वर में!"

---

१. बाँसुरी की तरह का एक पंजाबी साज़।

लता ने व्यंग्य से उत्तर दिया, "परीक्षा में फ़ेल हो कर खुशी के गीत कौन गायेगा ?"

जगत ने कहा, "तुम न होतीं लता, तो मैं पास न होता। हाँ, बंसीलाल की बात दूसरी है।"

लता ने उत्तर नहीं दिया। वह मुस्करा कर जगत के सुन्दर मुख को एक मुग्ध दृष्टि से घेरती हुई-सी चुप रही। उधर बंसीलाल का स्वर मानो लहरों पर तैरता हुआ, हवा पर उड़ता हुआ आया —

शाखों में पड़े झूले,
तुम भूल गये हमको, हम तुमको नहीं भूले।

लता के होंटों की मुस्कान विलुप्त हो गयी और वह चुपचाप पश्चिमी क्षितिज में छायी हुई लाल-लाल और फिर नीली-पीली बदलियों को देखने लगी। दूर के संगीत की हल्की-सी आवाज़ मानो डूबती हुई किरणों का पीछा करती हुई-सी उनके कानों में आयी। बंसीलाल गा रहा था —

लहरों पे बहे जाओ,
तुम दर्द मेरा जानो, जो दर्द कहीं पाओ!

लता सिहर उठी। क्या उसे भी एक दिन दुख उठाना होगा, क्या उसके प्रेम का अंजाम भी दर्द-भरा होगा, क्या यह राग-भीनी अनुपम साँझ, यह उल्लास में विभोर दिन, भविष्य में बँधी हुई आशाएँ और अभिलाषाएँ —सब इस एक शब्द में जा कर समाप्त हो जायेंगी ? वह न चाहती थी कि यह करुणापूर्ण गीत उसे सुनना पड़े। उसका मन कल्पना के पंख लगा कर उड़ रहा था। वह सुख के सपने देखती थी। ये दो वर्ष दो क्षणों की भाँति बीत गये। जगत न होता तो उसके एकान्त की सखी —उदासी —उसे इन बीते दिनों को, इन सुन्दर दृश्यों को इतना सुखद, इतना मनमोहक, इतना आकर्षक न लगने देती और शायद यह बंसीलाल —यह आवारा और निकम्मा बंसीलाल —अपनी आहों से, व्यथित गीतों से और लम्बी निरर्थक चिट्ठियों से उसका जीवन दूभर कर देता। उसका सौभाग्य था कि उसके जीवन में जगत आ गया और ये दो वर्ष सुख से बीत गये। इकट्ठे उन्होंने परीक्षा की तैयारी की, इकट्ठे परिश्रम किया, इकट्ठे परीक्षा में बैठे और पास हुए और लता चाहती थी, जीवन के शेष दिन भी दोनों मिल कर इसी प्रकार व्यतीत कर दें। इन दिनों की स्मृति कितनी उल्लासजनक, कितनी विस्मृतिमय थी।

लता के सामने आयी —लॉरेंस की एक सुबह —ठण्डी-ठण्डी वायु, ओस से भीगी हुई घास! —देर तक दोनों नंगे पाँव घूमते रहे थे। आँखों में जैसे ताज़गी आ गयी थी। अन्त को थक कर दोनों बेंच पर बैठ गये थे। नवप्रभात के उज्ज्वल प्रकाश ने प्रकृति के मुख पर पड़ा हुआ घूँघट जैसे उठा दिया था, पर समीरण अभी उसके अलस प्रमाद को दूर न कर सका था। प्रत्येक वस्तु पर कुछ विचित्र प्रकार की तन्द्रा, कुछ अजीब-सा खुमार छाया हुआ था। छोटे-छोटे पौधों की आँखें जैसे निद्रा से अभी तक बन्द-सी थीं और जैसे वे समीर से कह रहे थे —ठहरो, अभी कुछ देर और सो लेने दो। लता के बाल उन्मत बयार के झोंकों से उड़ रहे थे। उसकी साड़ी सिर से खिसक कर बेंच पर, और बेंच से घास पर, आ रही थी। उस समय अचानक जगत ने उसका हाथ थाम लिया था और कहा

था, "लता, आज तो तुम प्रभात-सुन्दरी-सी मोहक दिखायी देती हो," और इसके बाद जैसे उसने लता के हाथ को होंटों तक ले जाने का प्रयास किया था।

लता ने हाथ छुड़ा लिया था और साड़ी ठीक करते हुए सैण्डल पहनने लगी थी, फिर दोनों चुपचाप उठ आये थे। विक्टोरिया की मूर्ति के समीप लता अपने घर की ओर मुड़ी थी और जगत ने कहा था —"मेरी धृष्टता क्षमा करना।" और फिर वह धीरे-धीरे अपने रास्ते चला गया था।

बहस के दिन के बाद यही उनकी दूसरी भेंट थी। वह प्रातः सैर को जा रही थी कि जगत उस मूर्ति के पास उसे मिला था।

घर आने पर भी लता का दिल बहुत देर तक धड़कता रहा था।

इस घटना की याद आते ही आज भी उसका दिल धड़क उठा। दूसरे दिन वह उधर सैर को न गयी । उधर ही क्यों, वह किसी ओर सैर करने न गयी थी। एक-दो बार जी ने चाहा भी कि सैर को जाय, पर पाँवों में जैसे शक्ति ही न रही थी। कहाँ वह सुबह चार बजे ही उठ खड़ी होती थी, कहाँ आठ बजे तक बिस्तर पर पड़ी करवटें लेती रही।

वह सैर को गयी तो न थी, पर सारा दिन जैसे न जाने पर उसे खेद होता रहा था। जगत के इस साहस पर उसके मन में जो क्रोध होना चाहिए था, वह तो वहाँ लेशमात्र भी न था। इसके विपरीत कल्पना-ही-कल्पना में उसने जगत को सैर के लिए जाते हुए, उसके न मिलने पर बैचैनी से उसे ढूँढते हुए और फिर कहीं भी न पा कर धीमी चाल से वापस आते हुए देखा। कई बार उसके सामने वही दृश्य घूम गया, जब वे दोनों बेंच पर बैठे थे और जगत ने जैसे बेकाबू हो कर उसका हाथ अपने हाथ में ले लिया था और कानों में उसके गूँज उठता, 'लता, तुम तो प्रभात-सुन्दरी-सी मोहक हो!' और गाल उसके लाल हो जाते और दिल उसका धक-धक करने लगता।

दूसरे दिन भी वह न गयी। जाना चाहती थी, पर न गयी। कोई विचित्र आकर्षण जैसे उसे लॉरेंस की ओर खींच रहा था। प्रातः के झुटपुटे में उसे जगत की आँखें —निराश, खोयी-खोयी-सी, फटी-फटी सी —जैसे प्रत्यक्ष दिखायी दे रही थीं और जैसे उनमें कोई ऐसा आकर्षण था, जो उसके शरीर के अणु-अणु को अपनी ओर खींच रहा था। पर वह न गयी। छुट्टियों के दिन थे। सारा दिन उखड़ी-उखड़ी इधर-उधर फिरती रही। जी बहलाने के लिए उसने गाना चाहा, पर दिल के सितार के बावले तार जैसे ढीले हो गये थे। मिज़राब की चोट उन पर पड़ती थी, बजते भी थे, पर स्वर में वह मनमोहक तान, वह जीवनदायक हिलोर कहाँ ? गाना छोड़, उसने अपना एक अपूर्ण चित्र उठाया और उसे पूरा करने लगी, पर आज चित्र खींचने में भी उनका मन न लगा। हार कर वह उठ खड़ी हुई। सारा दिन इसी बेचैनी में बीत गया।

तीसरी सुबह वह समय पर उठी। जल्दी-जल्दी हाथ-मुँह धो कर बालों में कंघी करके, बढ़िया-सी साड़ी पहन कर सैर को निकल गयी। उसे आशा थी, जगत वहीं विक्टोरिया की मूर्ति के पास मिलेगा। वहाँ पहुँचते-पहुँचते उसके दिल की धड़कन तेज़ हो गयी। उसने चाहा वापस लौट जाय, लेकिन पाँव उसे आगे लिये जाते थे। मूर्ति के पास जा कर उसने इधर-उधर निगाह दौड़ायी, घास के मैदान की ओर भी देखा, पर जगत कहीं न

था और फिर यह सोच कर कि शायद वह अभी तक न आया हो, वह मूर्ति के पास टहलती रही। जब फिर भी जगत न आया और उधर प्राची की पलकों में स्वर्ण-विहान ने अँगड़ाई ली तो वह लॉरेंस की ओर बढ़ी। बाग़ में पहुँच कर वह इधर-उधर सब ओर घूमी। जब वह कहीं भी दिखायी न दिया तो थक कर बेंच पर बैठ गयी।

बाल-अरुण अपनी सुनहरी किरणें पेड़, पौधों, लताओं और कुंजों पर फैला रहा था। ठण्डी-ठण्डी सरस हवा चल रही थी। प्रकृति के कण-कण में मानो नव-जीवन का संचार हो रहा था, पर लता के लिए जैसे उस सौन्दर्य में कोई आकर्षण न रहा था। मौन, निस्तब्ध बैठी हुई वह शून्य में देखती रही थी। कॉलेज की बहस के दिन ही से उसके हृदय के किसी कोने में जगत का चित्र अंकित हो गया था और वह अपने अन्तर में उसके लिए एक उत्कट कामना, एक तीव्र अभिलाषा पाती थी। कुछ देर बैठने के बाद एक लम्बी साँस छोड़ कर वह उठी और घर की ओर चल दी। आयी ... तो उसे कितनी उत्सुकता थी, कितनी जल्दी थी, जैसे आशा उसे अपने पंखों पर बैठाये हुए उड़ाये लिये आयी थी और जा रही थी तो कितनी अन्यमनस्क, कितनी निराश, जैसे आशा के पंख कट गये थे।

अभी वह दरवाज़े पर ही थी कि सामने कुछ दूरी पर उसे वही जानी-पहचानी प्यारी सूरत आती दिखायी दी। उसका दिल धड़क उठा और दूसरे क्षण उसने देखा —जगत ही है। वह तेज़ी से उसके पास से गुज़रने लगी। जगत ने धीरे से कहा, "लता, इतनी बेरुखी!"

लता रुकी और फिर उसने हँस कर कहा, "ओहो! जगत हैं। क्षमा करना, मैंने देखा नहीं।"

"हाँ, क्यों देखने लगीं," जगत ने दीर्घ-निःश्वास छोड़ा।

लता जैसे घबरा गयी। इस अवसर के लिए वह कब तैयार थी ? तेज़ी से वह जाने लगी। ज़गत ने हाथ पकड़ लिया, बोला, "कुछ देर और न ठहरोगी लता ?"

वह मुड़ी। क्या कहे, क्या बहाना बनाये, उसे कुछ सूझ न पाया।

जगत ने कहा, "लता जानती हो मैं छुट्टियों में भी क्यों अपने गाँव नहीं गया ? लेकिन जाने दो, तुम्हें किसी के दुख-दर्द से क्या ? तुम तो अपने रंग में मस्त हो!"

दोनों कुछ देर चुपचाप चलते रहे।

फिर जगत बोला, "दो दिन से प्रातःकाल ही आ कर तुम्हारी बाट जोहता रहा हूँ लता, पर तुम्हारी सूरत दिखायी न दी। आज निराश हो कर गाँव चला जाना चाहता था, पर फिर दिल इधर खींच लाया।"

लता बोली नहीं, पर उसके हृदय की सब उदासी, सब निराशा जैसे पंख लगा कर उड़ गयी और एक नवीन उल्लास से उनका तन-मन विभोर हो उठा। जगत ने कहा, "उस दिन की भूल के लिए मैं क्षमा माँगता हूँ लता, पर मैं क्या करूँ, जी कुछ बेकाबू हो गया। अब ऐसा न होगा।"

और फिर दोनों बाग़ की रविशों पर टहलते रहे थे और जब थक कर बेंच पर बैठे थे और जगत ने लता के हाथ पर अपना हाथ फेरते हुए उसे उठा कर होंटों से लगा लिया था तो वह कुछ भी न कह सकी थी....

०

पानी के छींटों से उसका मुँह अचानक भीग गया। वह चौंकी और जगत का ठहाका नदी के पानियों पर गूँज गया।

"तुम क्या सोच रही हो ?" वह बोला।

लता केवल मुस्करायी। नाव बहाव पर काफ़ी दूर निकल आयी थी। जगत ने कहा, "मैं तो बंसीलाल का गीत सुन रहा था, लेकिन तुम..... ?"

"मैं भी यही गीत सुन रही थी।" लता ने कहा।

"झूठ!" —जगत हँसा और फिर उसने कमीज़ की आस्तीनें चढ़ा लीं और चप्पू चलाते हुए किश्ती को वापस ले चला। लता फिर अपने विचारों की दुनिया में खो गयी —वे सुनहले प्रभात, वे धूमिल सन्ध्याएँ और वे सुखद उत्फुल्ल मध्याह्न, सब उसकी आँखों के सामने घूम गये —साथ-साथ वे पढ़े, साथ-साथ उन्होंने परीक्षा दी, साथ-साथ पास हो गये। इस बीच में उसने अपने आप पर पूरा-पूरा नियन्त्रण रखा था और जगत को संयत रहने पर बाधित किया था, पर अब तो जैसे उसकी रूह तड़प रही थी, उसका रोम-रोम जगत के साथ एक हो जाने के लिए बेचैन था।

नाव एक झटके के साथ किनारे से लगी। चौंक कर लता उठ खड़ी हुई। जगत ने उसका बाज़ू थाम कर उसे उतारा। दोनों घर की ओर चल दिये। बंसीलाल कहीं अब भी गा रहा था :

लहरों पे बहे जाओ,
तुम दर्द मेरा जानो, जो दर्द कहीं पाओ।

लता को लगा जैसे यह आवाज़, बंसीलाल की तड़पती हुई रूह की तरह, उसकी परेशान निगाहों की तरह, उसका पीछा कर रही है।

६

अन्दर लता के पिता और जगत बातें कर रहे थे और बाहर लता सिर से पाँव तक कान बनी खड़ी थी।

आज साँझ को जब वे दोनों वापस आये थे तो नौकर के हाथ लता के पिता ने जगत को बुलवा भेजा था। जगत के जाने पर लता सोचने लगी थी —कौन-सी ऐसी बात है, जो पिता जी मेरी अनुपस्थिति में जगत से कहना चाहते हैं। उसके जी में आया, जा कर सुने क्या बात है! लेकिन दूसरे क्षण उसकी आत्मा ने उसे धिक्कारा —जब उन्होंने अकेले जगत को बुलाया तो अवश्य ही कोई ऐसी बात होगी, जो वे उससे छिपाना चाहते होंगे। उसे छिप कर उनकी बातें न सुननी चाहिएँ। वह उठने वाली थी कि फिर बैठ गयी, पर वह बहुत देर तक बैठी न रह सकी। उसकी उत्सुकता को मानो पंख लग गये थे। उसका तन वहाँ बैठा था, पर उसका मन मानो उड़ कर उनकी बातें सुन रहा था। सहज ज्ञान से जैसे उसने जान लिया कि ये बातें उसी से सम्बन्ध रखती हैं। फिर वह उन्हें क्यों न सुने ? आत्मा ने

कहा —ऐसा करना बुरा है, यहाँ बैठी रहो, जगत आये तो उससे पूछ लेना। दिल बोला —हो सकता है, उन्होंने योंही बुला भेजा हो, फिर जाने में क्या हर्ज है। दरवाज़े की ओट से सुन लूँगी, यदि बातें मेरे ही सम्बन्ध में हुईं तो वापस आ जाऊँगी; और यदि उन्होंने योंही बुला भेजा होगा तो फिर क्या बात है, अन्दर चली जाऊँगी। आखिर यहाँ चुपचाप बैठी भी क्या कर रही हूँ ? —और दिल की बात मान कर ही वह नीचे आ गयी थी और उनके कमरे के बाहर खड़ी हो कर अन्दर की बातें सुनने लगी थी।

लता के पिता कह रहे थे, "तुमने देखा, मैं कितने उदार विचारों का आदमी हूँ। मैं यह नहीं कहता कि मुझ जैसा आज़ाद-खयाल आदमी सारे लाहौर में न होगा; पर मैं इतना कह सकता हूँ कि मैं उन चन्द व्यक्तियों में से हूँ, जो काफ़ी उदार विचारों के हैं। मैंने लता को उच्च शिक्षा दी है। उसके व्यक्तिगत विचारों का पूरा-पूरा ध्यान रखा है। उसे अनावश्यक बन्धनों में जकड़ने का प्रयास नहीं किया। उसे पूरी-पूरी स्वतन्त्रता दी है। एक बात और भी मैंने की, जो शायद कोई दूसरा पिता नहीं करता। मैंने उसे अपने सामने बैठा कर दुनिया का ऊँच-नीच समझा दिया है, अपनी समझ के अनुसार मैंने उन सब समस्याओं के सम्बन्ध में, जो एक आज़ाद-खयाल लड़की को पेश आ सकती हैं, उसे कुछ-न-कुछ बता दिया है। अब इस मामले में भी मैंने उसे पूरी स्वतन्त्रता दे रखी है। लगभग डेढ़-दो वर्ष से तुम दोनों ने एक-दूसरे को देखा है, एक-दूसरे के स्वभाव को पहचाना है, मैंने किसी तरह की रुकावट नहीं डाली, किसी प्रकार का प्रतिबन्ध नहीं लगाया। अब जो मैंने यह बात तुम से पूछी है, इसके विशेष कारण हैं।"

जगत केवल खाँसा और क्षणिक आकुलता से उसने चेहरे पर रूमाल फेरा।

अपनी बात जारी रखते हुए लता के पिता ने कहा, "पहले तो यह कि मैं सब प्रकार की स्वच्छन्दता को मानता हुआ भी विवाह की संस्था में विश्वास रखता हूँ। शायद कोई इसे वंश-वृद्धि के लिए आवश्यक समझता हो, शायद कोई मानव-प्रकृति के नियमों का पालन करने के लिए इसे आवश्यक मानता हो, यह भी हो सकता है कि तीसरा इसके लिए कोई तीसरी ही दलील दे, पर मेरे समीप तो समाज और समाज की सुव्यवस्था के लिए ही विवाह की संस्था अत्यावश्यक है। मनुष्य की शक्तियों को बिखर जाने से, बँट जाने से बचाने के लिए इसकी ज़रूरत है। उत्तरदायित्व और उसकी अनुभूति ही मनुष्य को मनुष्य बनाती है और शादी के बाद स्त्री-पुरुष उत्तरदायित्व का पहला पाठ पढ़ते हैं। अविवाहित पुरुष की दशा गाड़ी से खुले हुए बैल की-सी है। वह औरों की खेतियों में मुँह मारेगा, पकड़ा जायेगा, पीटा जायेगा। शादी मनुष्य की गर्दन में उत्तरदायित्व का जुआ डाल देती है और वह पहले से संयत हो जाता है। जो लोग स्वतन्त्र, सब प्रकार के बन्धनों से मुक्त हो कर, जीवन बिताने के सिद्धान्त में विश्वास रखते हैं, उनसे अधिक ग़ैर-ज़िम्मेदार मैं किसी को नहीं समझता। वे उत्तरदायित्व से डरते हैं, जीवन-युद्ध से डरते हैं, वे कायर हैं, भीरु हैं। वे आयु भर जीवन की समस्त लज़्ज़तों को भोग कर भी बहुत-से आनन्द से वंचित रह जाते हैं। वे अपने आप को अनुभवी समझते हुए भी काफ़ी अनुभवहीन होते हैं।

"तुम शायद सोच रहे होगे," लता के पिता ने अपनी बात जारी रखते हुए कहा, "कि रूस ने विवाह की संस्था हटा दी है। तो भाई, अव्वल तो कोई ठीक-ठीक नहीं जानता कि वहाँ की स्थिति क्या है। फिर भारत अभी रूस नहीं! यहाँ की परिस्थिति अलग है। और

फिर मैं विवाह को केवल मन्त्रों द्वारा एक रस्म का पूरा किया जाना नहीं मानता। स्त्री-पुरुष जब अपने-अपने इष्ट के आगे प्रण कर लेते हैं कि वे इकट्ठे जीवन व्यतीत करेंगे तो वे विवाहित हैं। मुझे विश्वास है कि रूस में भी ऐसे विवाहित जोड़ों की कमी न होगी। मैं उन्हीं की बात कर रहा हूँ।"

जगत चुप रहा। अपने आन्तरिक भावों को अपने चेहरे पर उसने लेशमात्र भी न आने दिया। चुपचाप, जैसे एकाग्र हो कर, वह मलिक साहब की बात सुनता रहा।

"दूसरा कारण," लता के पिता ने कहा, "वैयक्तिक है। वह केवल मुझसे सम्बन्ध रखता है। तुम जानते हो, मेरे कोई लड़का नहीं। ले-दे कर लता ही है। ग़लत या सही, मैंने उसी में अपने लड़के को पाने की इच्छा की है। उसी चाव से मैंने उसे पाला है। उसी चाव से मैंने उसे पढ़ाया है। तुम दोनों एक-दूसरे को दो साल से जानते हो और जहाँ तक मेरा विचार है, तुम दोनों एक-दूसरे से नफ़रत नहीं करते। कम-से-कम लता तो ऐसा नहीं करती। इसीलिए मैंने तुमसे यह बात पूछने का साहस किया है।"

जगत ने फिर रूमाल से अपने चेहरे को पोंछा। उसने कुछ कहने की चेष्टा भी की, लेकिन कुछ कह न सका।

लता के पिता ने कहा, "प्राय: लोग लड़के-लड़की को बिना एक-दूसरे को देखने का अवसर दिये ब्याह कर देने के विरुद्ध हैं और चाहते हैं कि वे एक-दूसरे को भली-भाँति देख लें। कुछ दूसरे कहते हैं कि केवल देख लेने से कुछ नहीं होता, उन्हें एक-दूसरे को समझने का भी अवसर देना चाहिए। ये दोनों बातें कहाँ तक ठीक हैं और कहाँ तक ग़लत, इस पर बहस किये बिना मैं केवल यह कहना चाहता हूँ कि तुम्हें लता को, उसकी आदतों को, उसके गुण-दोषों को जानने का पूरा अवसर मिला है। आज तक मैं इसीलिए चुप रहा कि लता अपनी शिक्षा खत्म कर ले और अब, जब तुम दोनों ने शिक्षा समाप्त कर ली है, मेरा विचार था कि तुम दोनों में से कोई इस विषय में मुझसे बात करेगा, पर ऐसा नहीं हुआ। अत: मैंने स्वयं तुम से यह बात पूछी है। मैं अब बूढ़ा हो गया हूँ। कौन जाने मृत्यु का दूत कब अपना सन्देशा ले कर आ पहुँचे। इसलिए अब मैं चाहता हूँ कि लता के सम्बन्ध में अपना अन्तिम कर्तव्य भी पूरा कर दूँ और उसे अपने घर सब तरह से सुखी देखने के बाद मरूँ।"

कुछ रुक कर लता के पिता से फिर कहा, "वह बी० ए० कर चुकी है। इससे आगे मैं उसे नहीं पढ़ाना चाहता। चाहता तो था, पर अब ऐसा नहीं करूँगा। मेरी आर्थिक स्थिति से तुम परिचित हो। मैं अपने को धनाधीश तो नहीं कहता, फिर भी मध्यम श्रेणी से ऊपर हूँ और फिर तुम जानते हो, मेरे कोई दूसरा नाते-रिश्तेदार भी नहीं।"

जगत को अब जैसे उत्तर मिल गया। उसने कहा, "लेकिन शायद पिता जी चाहें कि मैं एम० ए० करूँ।"

"शौक से करो," लता के पिता ने कहा, "और मुझसे जहाँ तक हो सकेगा, मैं तुम्हारी सहायता करने को तैयार हूँ। लता भी शिक्षित है। अनपढ़ लड़कियों की भाँति वह तुम्हारे मार्ग में बाधा न बनेगी।"

जगत ने और कुछ कहने की कोशिश की। पर कोशिश करने पर भी उसे कुछ और

कहने के लिए शब्द न मिले —अब मालूम हुआ, वे महाशय क्यों अब तक चुप थे! उन्हें कहीं आने-जाने से क्यों नहीं रोकते थे! वे तो देर से उस पर निशाना लगाये बैठे थे, जाल बिछाये बैठे थे और लता तो पंछी को जाल में फँसाने के लिए मात्र दाना थी।

जगत ने आज तक इस समस्या पर इस दृष्टि से विचार ही न किया था। लता से उसकी मुहब्बत तो एक विनोद मात्र था —केवल एक खेल —वैसा ही, जैसा उसने कई दूसरी युवतियों के साथ खेला था। और आज अचानक उसके सामने यह प्रश्न आ खड़ा हुआ। वह क्या उत्तर देने के लिए स्वतन्त्र है ? क्या उसे किसी से पूछना नहीं ? क्या उसके लिए बन्धन में इतनी जल्दी जकड़ा जाना अभीष्ट होगा ? वह कुछ न कह सका!

लता के पिता ने कहा, "अभी न सही, कल-परसों सोच कर मुझे उत्तर देना। मैं जानता हूँ, यह जीवन भर का प्रश्न है, इसलिए सोच लो!"

जगत को जैसे फिर ज़बान मिल गयी, "जी, मैं आपको सोच कर उत्तर दूँगा," उसने कहा, "वास्तव में मैंने इस समस्या के सम्बन्ध में सोचा ही नहीं। फिर आप जानते हैं, मैं आज़ाद भी नहीं हूँ।"

वह उठा, लता भाग कर अपने कमरे में चली गयी।

रात के दस बजे, जब देहरी तक लता उसे छोड़ने आयी तो जगत ने उसके हाथ को दबाते हुए कहा, "लता, तुम बिलकुल चिन्ता न करो। मैं अपने माता-पिता को विवश कर दूँगा। यदि इस मामले में मुझे उनका विरोध भी करना पड़े तो मैं परवाह न करूँगा और शीघ्र ही हम दोनों दो न रह कर एक हो जायेंगे।"

यह कह कर उसने उसके हाथ को दबाते हुए आँखों से लगा लिया और तेज़ी से मुड़ कर गली के अँधेरे में विलीन हो गया।

लता चुपचाप वापस आ गयी। कल्पना का एक अभिनव संसार उसके सामने बस गया और वह उसकी सैर करने लगी।

७

जगत चला जा रहा था।

बाज़ार की भीड़-भाड़ को जल्दी-जल्दी पार कर उस सड़क पर आ गया था, जो उसके छात्रावास को जाती थी। यहाँ पहुँच कर उसकी चाल धीमी हो गयी और उसका मस्तिष्क इस नयी समस्या पर विचार करने लगा, जो आज यों एकाएक उसके सामने आ उपस्थित हुई थी। क्या वह लता से विवाह कर सकता है ? और विवाह करके क्या वह उसके साथ सुखी रह सकता है ? लता उसके लिए आज तक विनोद की वस्तु रही थी। कॉलेज के लड़कों में लड़कियों को देखने की उनसे मित्रता पैदा करने का यत्न करने की, उस मित्रता का रुआब अपने हमजोलियों पर डालने की जो बीमारी-सी होती है, लता का प्रेम-पात्र बनने की जगत की कोशिशें भी उसी का परिणाम थीं। उसने लता की मित्रता प्राप्त

कर ली थी, पर क्या वह वास्तव में उससे प्रेम करता था ? शायद नहीं, हाँ, वह उसे पसन्द करता था, पर शादी —इसके सम्बन्ध में उसके विचार भिन्न थे।

शरीर से सुन्दर और बलिष्ठ होने और तबियत में ज़रा खुलापन होने के कारण उसके सम्पर्क में कई लड़कियाँ आयी थीं। शिक्षित युवतियों को अपनी ओर आकर्षित करने में वह सदैव सफल रहा था, पर प्रेम वास्तव में उसे किसी से भी न था। उनमें सुन्दर भी थीं, पर विवाह करने की कल्पना उसने इनमें से एक के साथ भी न की थी।

उसकी सगाई बहुत पहले हो चुकी थी और न भी हो चुकी होती तो भी वैवाहिक जीवन का जो खाका उसके सामने था, उसमें इनमें से कोई भी फ़िट न बैठ सकती थी। वह चाहता था ऐसी पत्नी, जो उसको देवता माने, उसकी आज्ञा को वेद-वाक्य समझे, उसके लिए जीवन तक अर्पण कर दे, तो पतिव्रता हो और जो उसकी सेवा को ही स्वर्ग समझे। इनमें से कौन ऐसी हो सकती थी ? और लता —उसके लिए तो ऐसी पत्नी बनने का अवसर और भी कम था। विवाह के पश्चात यदि जगत कुछ भी व्यस्त रहे, प्रेम-प्रदर्शन में तनिक भी ढील करे, तो लता यही समझेगी कि वह अब उससे प्रेम नहीं करता। उस पर शक करेगी और हो सकता है, उसमें प्रतिशोध अथवा प्रतिक्रिया की भावना भी उत्पन्न हो जाये। उसके विचारों को वह जानता था, वह स्त्रियों के लिए बराबरी का अधिकार चाहती थी। वह कई बार कह चुकी थी —पुरुषों को क्या अधिकार है कि वे स्त्री पर किसी तरह का अत्याचार करें ? स्त्री-पुरुष में कोई अन्तर नहीं है। अब समय आ गया है कि स्त्रियाँ पुरुषों के बराबर काम करें, खायें, पहनें, घूमें-फिरें और बराबरी का व्यवहार चाहें। यदि पुरुष उनसे दुर्व्यवहार करें तो उन्हें भी अधिकार है कि पुरुष के साथ वैसा ही सलूक करें।

और जगत को कॉलेज के उस वाद-विवाद की याद आ जाती, जिसने पहले-पहल दोनों को मिलाया था। उस बहस में यद्यपि लता ने मिस बाली की सभी युक्तियाँ काट दी थीं, पर यथार्थ में उनके विचार मिस बाली से भिन्न न थे। जगत ने उसे प्रसन्न करने के लिए स्वयं भी वैसे ही विचारों का प्रदर्शन कर दिया था, बल्कि वह पुरानी व्यवस्था की निन्दा करने में उससे भी कहीं दो पग आगे बढ़ जाता था, पर अपने मन में उसे उन बातों से लेश-मात्र भी सहानुभूति न थी। इतने उच्च विचारों से क्रान्ति तो पैदा हो सकती है, शान्ति पैदा नहीं हो सकती। वह जानता था, समाज का सारा विधान, सारी व्यवस्था गृह-शान्ति पर टिकी हुई है। कम-से-कम भारत में तो ऐसा ही है। हाँ, भारत जब रूस बन जाय, वहाँ बच्चों को सरकार पालने लगे, शादी-विवाह का महत्व कुछ भी न रह जाय तो बात दूसरी है, पर उसने अपने गृह-जीवन का जो चित्र बनाया था, वह उसके अपने पिता की गृहस्थी से भिन्न न था। वह पत्नी को अपनी माता के अनुरूप देखना चाहता था।

जगत के पिता सरगोधा के प्रसिद्ध ज़मींदार थे। उन्होंने अपने जीवन में क्या कुछ नहीं किया, पर फिर भी उसकी माँ उन्हें देवता-तुल्य पूजती रही और यदि जगत ने उनके व्यवहार और उनके अपव्यय के विरुद्ध एक शब्द भी कभी कहा तो माँ ने तुरन्त उसे डाँट दिया। इसी का यह परिणाम था कि ज़मींदारी अभी तक शेष थी, वह मज़े से पढ़ रहा था और उसके पिता भी बुढ़ापे में सँभल गये थे। यदि उसकी माँ भी बराबरी का अधिकार माँगती और त्याग से काम लेने की अपेक्षा प्रतिक्रिया से काम लेती, तो उसके घर का इतिहास दूसरा ही होता, जिसमें केवल एक शब्द —विनाश —बड़े अक्षरों में लिखा होता।

क्या लता ऐसी पत्नी बन सकती है ? शायद नहीं! हो सकता है, उदार विचार रखने वाले के साथ, किसी ऐसे व्यक्ति के साथ, जो स्वयं भी स्वतन्त्र रहना चाहता है और पत्नी की स्वतन्त्रता में भी किसी प्रकार की बाधा नहीं डालना चाहता, जो पत्नी को एक अलग अस्तित्व समझता है, लता सफलतापूर्वक जीवन व्यतीत कर सके। पर उसके अपने साथ जगत ने अपने दिल को टटोला — वह सफल पत्नी न बन सकेगी। वह क्या, उसकी परिचितों में से कोई भी न बन सकती थी। उसके अपने मित्रों ने प्रेम-विवाह किये थे और वह जानता था कि वे कितने सफल हुए थे! यदि तलाक का हक कानून द्वारा प्राप्त होता तो सबसे पहले वही उसके लिए अदालत का दरवाज़ा खटखटाते।

जगत ने सोचा, क्या तलाक का हक होते हुए भी उसकी माँ कभी सम्बन्ध-विच्छेद की इच्छा करती ? दिल एक ही उत्तर देता था — कभी नहीं।

०

चाँदनी रात थी। शुभ्र ज्योत्सना सड़क पर, किनारे की वाटिकाओं पर, उनमें बनी कोठियों पर, फैली हुई थी। वृक्षों के नीचे प्रकाश और छाया के जाल-से बने हुए थे। सामने से सब्ज़ी से लदा हुआ एक छकड़ा आ रहा था। छकड़े में बड़े-बड़े नागौरी सींगों वाले बैल जुते हुए थे। बैलों के गलों में घण्टियाँ बँधी थीं, जिनकी अनवरत ध्वनि रात की निस्तब्धता में उस देहाती युवक के गीत के लिए विचित्र वाद्य का काम दे रही थी, जो छकड़े पर बैठा हुआ जवानी की उमंग में अलाप रहा था —

कोठे ते टु कर पया,
पहले लाके नेहों माहिया, हुन काहनू तू मु कर गया।[१]

जगत की आँखों के सामने अपने गाँव का चित्र खिंच गया। मीलों तक फैले हुए लम्बे खेत; शीशम और शहतूत के घने पेड़; उनके नीचे 'हीर-राँझा,' 'सोहनी-महिवाल'[2] के गीत गाने वाले देहाती नवयुवक; लहराती हुई नदी और उसके किनारे झूले झूलती हुई देहात की नवयुवतियाँ — उसके साथ ही उसकी आँखों के सामने एक सुन्दर, हसीन, जवानी के मद में चूर बड़ी-बड़ी आँखों वाली लड़की की तस्वीर भी आयी, जिसे उसने देखा न था, पर जो कभी-कभी जैसे उसके अन्तस्तल से निकल कर उसकी आँखों के सामने आ जाती थी। वह एक बड़े ज़मींदार की इकलौती लड़की थी। आठ दर्जे तक पढ़ी थी और जैसा कि उसने सुना था, पूर्णिमा का चाँद थी। उससे उसका विवाह होगा। पहले-पहल उसे देखेगा तो कैसा अनुभव करेगा, वह कैसे सकुचायेगी — इन नवीन अनुभवों की कल्पना में वह ऐसा लीन हुआ कि उसे अपने छात्रावास के आने का भी ध्यान न रहा।

बी० ए० का परिणाम निकले तीन दिन हुए थे। आज इतवार होने के कारण लता के पिता ने लता की सफलता की खुशी में एक पार्टी दी थी। उससे निवृत्त हो कर वे दोनों रावी की सैर को गये थे। वह और उसका एक साथी परीक्षा के बाद भी यहीं डटे थे। वह तो किसी प्रतियोगिता की तैयारी कर रहा था और जगत योंही लता के कारण रुका हुआ था,

१. छत पर रोटी का टुकड़ा पड़ा है; ऐ मेरे प्रिय, पहले प्रेम करके अब तू क्यों मुकर गया है।
२. पंजाब के प्रसिद्ध प्रेमी।

पर जगत का मित्र भी घर जा रहा था। ताँगे पर चढ़ते-चढ़ते उसने जगत को 'नमस्ते' कही। जगत चौंका, वह छात्रावास के आगे से गुज़रा जा रहा था। बढ़ कर उसने हाथ मिलाया और फिर अपने कमरे में चला गया।

रात भर में उसने इस समस्या को सुगमता से सुलझाने का मार्ग पा लिया और दूसरे दिन सुबह वह इण्टर क्लास के एक डिब्बे में बैठा अपने गाँव को जा रहा था।

८

तीसरे दिन निम्नलिखित पत्र डाकखाने की विविध मंज़िलें तै कर रहा था —

चक नम्बर ३७

लता प्यारी,

बादलों से किसने कहा है कि अचानक आकाश पर छा जाओ और मन को एक अजीब-सी बेचैनी, एक विचित्र-सी आकुलता से भर दो; हवा से किसने कहा है कि पागलों की तरह चलो, समझदारों को दीवाना बना दो और दीवानों को गिरेबाँ चाक करके वीराने की ओर भाग जाने पर विवश कर दो और किसने कहा है उस अन्धे देवता से कि इस समय को तुम अपने शिकार के घावों पर नमक छिड़कने के लिए चुनो ?

पच्छिम में बादल उठ रहे हैं, तहों-पर-तहें छा रही हैं, मानो आज के बाद फिर कभी न उठेंगे, मानो सारे विश्व को अपनी काली चादर से ढँक देंगे, अपने तिमिर में छिपा लेंगे। तेज़ हवा चल रही है और पीली-पीली पपोलियाँ विजन में इस तरह उड़ी जा रही हैं, मानो किसी का प्रेम उन्हें इस निर्जन को तज बस्ती की ओर भाग जाने के विवश कर रहा है। बस्ती के निवासी प्रेम से सताये जा कर वीराने की ओर भागें, पर वीराने के प्रेमियों के लिए बस्ती के अतिरिक्त दूसरा स्थान कहाँ है ?

जी चाहता है लता, इसी समय, इसी क्षण इस कमरे को, इस अस्त-व्यस्त अव्यवस्था को, इस नीरस, शुष्क और निर्मम वातावरण को छोड़ कर बाहर विजन में निकल जाऊँ, लेट जाऊँ और वायु की विपरीत दिशा में भागता हुआ तुम्हारे पास पहुँच जाऊँ, या फिर इन काली घटाओं के नीचे, इस ठण्डी तेज़ हवा के आगे उड़ता चला जाऊँ —दूर —बहुत दूर, यहाँ तक कि थक जाऊँ, लेट जाऊँ और तब तक न जागूँ, जब तक तुम आ कर अपने कोमल कर-कमलों से मुझे न जगाओ।

सोचता हूँ, ऐसी ऋतु में कहीं मैं और तुम इकट्ठे होते —लाहौर में तुम्हारे उस ऊँचे तिमंज़िले मकान के ऊपर तुम्हारे कमरे में —हवा झरोखों से आती, पर्दे हिलते, सामने खिड़की में दूर तक काली घटा दिखायी देती, तुम मल्हार का

गीत छेड़तीं और मैं मन्त्र-मुग्ध सुनता। यां फिर कहीं तुम इन बस्तियों, दरियाओं, वीरानों को पार करके, इस गाँव में, इस मेरे कच्चे मिट्टी के कोठे में आ जातीं। हम दोनों हाथ-में-हाथ दिये, इस विजन में निकल जाते और हवा का मुकाबिला करते हुए, मरुस्थलों में होते हुए, वृक्षों के साथ झूमते हुए, काँटों के साथ उलझते हुए, इस विपिन में बस्ती का समाँ बाँध देते, अतीत की पुरानी स्मृतियों को नवजीवन प्रदान कर देते; पर तुम कहाँ और मैं कहाँ ? तुम्हारे पास लाहौर है —चहल-पहल, हँसी-मज़ाक, गाने-बजाने, सैर-तमाशे का केन्द्र! मेरे पास गाँव है, सूना, नीरस और निर्मम!

लता! अभी तुम्हारे पास से आये बहुत दिन नहीं हुए, पर यहाँ अभी से जी उचाट हो गया है। चाहता हूँ कि फिर उड़ कर तुम्हारे पास पहुँच जाऊँ, पर परिस्थितियों से विवश हूँ। मनुष्य जो सोचता है, वह कब होता है और जो होता है, वह कब सोचता है ? यहाँ आते ही बन्धन-पर-बन्धन डाले जा रहे हैं। मेरा विचार था, अभी एम० ए० में पढ़ूँगा। पिता जी भी ऐसा ही चाहते थे, पर अब पता नहीं क्या बात है कि वे भी आगे पढ़ने के नाम पर झल्ला उठते हैं। कहते हैं —यहीं रहो और काम सँभालो। सोचा था, जल्द ही तुम्हारे पास आऊँगा; पर यहाँ से भाग निकलना सम्भव नहीं। दिन भर उनका लेक्चर सुना करता हूँ। मैं तो तीन दिन ही में ऊब उठा हूँ।

शायद तुम्हें मालूम नहीं लता, मैं अपने माता-पिता की इच्छा का कितना मान करता हूँ। उनकी इच्छा के बिना कुछ भी नहीं कर सकता। एक और दुख की बात सुनो! मेरे यहाँ आने से पहले ही मेरी शादी का प्रश्न छिड़ा हुआ था। मैं आया पीछे कि माँ पहले ही यह बात ले बैठीं। यहाँ के किसी ज़मींदार की लड़की है, सुन्दर है, कुछ पढ़ी भी है, पर इससे मुझे क्या! मेरे हृदय-पट पर जो चित्र खिंचा हुआ है, उसके सामने स्वर्ग की अप्सरा भी तुच्छ है।

माँ सारा दिन उसके रूप का, उसके गुणों का बखान करती रहती हैं। मैं तो उकता गया हूँ। सोचता था, मौका मिलने पर अपनी बात चलाऊँगा, पर यहाँ उलटी मुसीबत गले पड़ गयी। मैं कहता हूँ, मुझे ब्याह नहीं करना है। पूछा जाता है क्यों ? मैं चुप रह जाता हूँ। जिस पागल ने एक बार अमृत का प्याला पिया हो, वह कब और किसी रस की इच्छा कर सकता है ? जानता हूँ, मैं यह न कर सकूँगा। माता-पिता की बात से इनकार तो क्या कर सकूँगा! हाँ, यहाँ से भाग अवश्य आऊँगा और इस कारा से मुक्ति पा जाऊँगा।

लता, कॉलेज में हम दोनों में से जब कोई अनुपस्थित होता, तो हम विश्व पर छा जाने वाली धूप के आगे सिर झुकाते थे। उससे प्यार की बातें करते थे कि वह हमारा प्रेम एक-दूसरे तक पहुँचा दे। मैं भी जब से आया हूँ, नव-प्रभात के आगे सिर झुकाता रहा हूँ, यह सोच कर कि तुम्हारी आँखें भी कभी भूले से इसे देख लेती होंगी। आज सूरज नहीं निकला, धूप का भी कोई पता नहीं और बादल कहीं तुम्हारी ओर से आ कर मुझे इस खुशी से भी वंचित करने के लिए आकाश पर छा गये हैं, लेकिन मैं इन्हीं को नमस्कार करता हूँ —इन बादलों

को —जो तुम्हारी ओर से आ रहे हैं और जिन्हें तुमने अपनी मदमाती-प्रलयकारी आँखों से देखा है।

सदैव तुम्हारा,

जगत

९

अपने दोनों हाथ बंसीलाल को दिखाते हुए गोपाल ने कहा, "लो देखो, आज तक छाले पड़े हुए हैं। मैं ही तो खेता रहा उस दिन भी, तुम तो उठे ही नहीं, और फिर इतने दिन बाद चप्पू को हाथ लगाया था। आज रावी का प्रोग्राम नहीं, कोई और मनोरंजन रहे।"

बंसीलाल ने कोई उत्तर नहीं दिया, चुपचाप कमरे में टहलता रहा।

हाथ-पर-हाथ मारते हुए गोपाल ने कहा, "खैर अब कहो, चाय मँगाऊँ या खाना खाओगे ?" और फिर बंसीलाल को अपने ध्यान में मग्न देख कर उसने स्वयं ही निरर्थक खोखली हँसी हँसते हुए नौकर को आवाज़ दी और बोला, "इस वक्त खाना कहाँ बना होगा, सात ही तो बजे हैं, तब तक चाय ही चलने दो।" और नौकर को उसने चाय लाने के लिए कहा।

परीक्षा का परिणाम सुनते ही गोपाल बंसीलाल को अपने घर ले आया था और इन दिनों में उसने उसे अपनी असफलता पर सोचने का अवसर ही न दिया था। सबेरे सैर, दोपहर ताश, शाम को रावी में किश्ती, सिनेमा या क्लब, रात को ब्रिज —अपनी ओर से वह उसके दुख को भुला देना चाहता था, लेकिन वह क्या जानता कि जब दिन भर का थका हुआ वह सो जाता था, तो बंसीलाल बैचैनी की सेज पर जाने कितनी करवटें बदलता रहता था!

गोपाल बंसीलाल का अभिन्न-हृदय मित्र था। धनी बाप का बेटा था, इसलिए पढ़ने की ओर विशेष ध्यान न देता था। बंसीलाल न होता तो वह कभी पास ही न होता। पूरे साल गुलछर्रे उड़ाता रहता, लेकिन अन्तिम दिनों में बंसीलाल के साथ मिल कर कुछ परिश्रम करता, बंसीलाल के तैयार किये हुए नोट पढ़ता और पास हो जाता। इस बार भी ऐसा ही हुआ था। परीक्षा के दिनों में वह बंसीलाल को अपने घर ले आया था। बंसीलाल उसे तो जो वह पूछता बता देता, पर अपनी पढ़ाई में उसका जी न लगता था। पढ़ाई क्या, किसी काम में भी उसका मन न लगता था। निरन्तर एक हलचल, एक तूफ़ान उसके अन्तस्तल में मचा रहता। जगत और लता को वह नित्य इकट्ठे हँसते, खेलते, सैर करते, पढ़ते देखता और उसका जी चाहता था कि वह कहीं लाहौर से दूर चला जाय —कहीं बहुत दूर —जहाँ उसके हृदय को मसोस देने वाले ये दृश्य दिखायी न दें। उसने लता से मिलने के कई प्रयास किये थे, पर जगत की उपस्थिति में एक भी सफल न हुआ था और तब उसकी बेचैनी और भी बढ़ गयी थी। परीक्षा हुई, अन्यमनस्कता से वह उसमें बैठ आया।

इसके बाद वह प्रातः घर से निकल जाता और न जाने कहाँ-कहाँ मारा-मारा फिरने के बाद साँझ को आ जाता। फिर परीक्षा-फल निकला। उसकी सहायता से पढ़ने वाला गोपाल तो पास हो गया, पर वह फ़ेल! उन रातों को जब गोपाल अपने गुदगुदे बिस्तरे पर सुख की नींद सोया करता था, बंसीलाल को उस नरम बिस्तर पर भी कोई आराम न मिलता। उसके लिए आराम जैसे अपरिचित हो गया था।

नौकर चाय बना कर ले आया। प्याला तैयार करते हुए गोपाल बोला, "आओ, ज़रा इधर बैठो, क्या योंही व्यर्थ सोच किया करते हो ?" और फिर कहने लगा, "देखो, चाय तुम मत पियो, यह प्याला मैं ले लूँगा, तुम्हारे लिए ओवलटीन ठीक रहेगी, एक प्याला पीने से तबीयत खुल जायेगी।"

बंसीलाल चुपचाप काउच पर आ कर बैठ गया।

परीक्षा की असफलता और प्रेम की असफलता दोनों एक-सरीखी हैं। दोनों में कल्पना के सुन्दर प्रासाद ढह जाते हैं। आशाओं पर ओस पड़ जाती है। एक विचित्र वैराग्य, एक अजीब-सा नैराश्य मन-मस्तिष्क पर छा जाता है। ऐसी दशा हो जाती है, जिसमें मनुष्य अपने मन की स्थिरता खो बैठता है। फिर उससे कुछ भी हो जाना सम्भव है। वह रो-धो कर चुप भी हो सकता है, आत्म-हत्या करके उस असह्य वेदना से मुक्ति भी प्राप्त कर सकता है —बंसीलाल को परीक्षा की ओर से ही निराश न होना पड़ा था, प्रेम के द्वार पर भी निराशा के सिवा उसके हाथ कुछ न आया था। वह रोना न चाहता था, आत्म-हत्या न करना चाहता था, वह इन दोनों से कुछ अधिक करना चाहता था। उसके हृदय में निराशा की जो ज्वाला धू-धू करके जल रही थी, वह आँसुओं के खारे पानी या विस्मृति के गर्त में सदैव के लिए विलीन हो जाने से न बुझ सकती थी।

गोपाल ने कहा, "देखो बंसीलाल, इस तरह काम न चलेगा। और भाई, इतना हताश होने की ज़रूरत ही क्या है ?"

होंटों पर बरबस मुस्कान लाते हुए बंसीलाल ने कहा, "नहीं, मैं हताश तो नहीं हूँ।"

नौकर ओवलटीन का डिब्बा ले आया। एक प्याला तैयार करके उसे बंसीलाल की ओर बढ़ाते हुए गोपाल बोला, "और भाई, तुम्हारे सामने परीक्षाओं की हस्ती ही क्या है, महीना भर भी जम कर बैठ जाओ तो पास हो जाओ, पर खेद तो यह है कि तुम जम कर बैठे ही नहीं और मैं तो सोचता हूँ, शायद तुम परचे भी कोरे ही छोड़ आये हो, नहीं तो यह कैसे सम्भव था कि मेरे जैसा कूढ़मग़ज़ तो उत्तीर्ण हो जाय और तुम्हारे जैसा योग्य मेधावी असफल रहे ? मेरी बात मानो तो कमर बाँध लो, दो महीने भी परिश्रम करोगे तो सर्वप्रथम आ जाओगे, साहस मत छोड़ो।"

"नहीं, साहस क्यों छोड़ूँगा।"

"तो परीक्षा दोगे न ?"

एक घूँट भरते हुए बंसीलाल ने कहा, "इसके सिवा चारा ही क्या है!" लेकिन मन-ही-मन उसने कहा —"अब परीक्षा देने से क्या लाभ ?"

जीवन में अब उसके लिए शेष रह ही क्या गया! एक व्यक्ति परीक्षा में अनुत्तीर्ण हो जाता है, फिर दूसरी बार कमर कस कर बैठता है। क्यों ? पास हो कर अपनी इच्छाओं

को पूरा करने की आशा से। पर बंसीलाल की इच्छा तो उसके पास हो जाने मात्र से पूरी होने वाली न थी। वह पास भी हो जाता तो क्या था ?

गोपाल ने कहा, "तुम्हारे लिए यही उचित है। देखो, खर्च की ओर से तुम चिन्ता न करो। तुम्हें रुपये की ज़रूरत हो, मुझसे लो; घर की कोई चिन्ता हो, मुझसे कहो; मैं तुम्हारा मित्र हूँ और मुझ पर भी तो तुम्हारे कितने ही एहसान हैं।"

विषाद से हँसते हुए बंसीलाल ने कहा, "एहसान कैसा ? तुम्हारे सिवा मेरा है ही कौन ?"

गोपाल ने अनुभव किया, जैसे बंसीलाल का स्वर कुछ थर्राया। और भी हमदर्दी से वह बोला, "तुम मुझे बिलकुल अपना भाई समझो, तुम्हें किसी तरह का कष्ट न होने दूँगा, बस तुम ज़रा साहस से काम ले कर फिर परीक्षा में बैठ जाओ।"

साहस —बंसीलाल मन-ही-मन हँसा —साहस वह क्या करे ? किस बिरते पर करे ? उसके पास वह चीज़ कहाँ है, जो असफल को, निराश को, नये सिरे से कमर बाँध कर परिश्रम करने के लिए तैयार कर देती है; जो नैराश्य के अँधेरे की किरण बन जाती है। यदि उसे इस बात का निश्चय हो जाता कि पंजाब में सर्वप्रथम रहने के बाद लता उसकी हो जायेगी, तो संसार की कोई शक्ति उसे प्रथम आने से न रोक सकती। वह या प्रथम रहता या मर जाता, किन्तु अब किस आशा पर वह हौसला करे ? प्रकट में उसने ज़रा-सा हँस कर कहा —"साहस को साहस तो है ही, अब और हो ही क्या सकता है ?"

गोपाल ने सुख की साँस छोड़ कर कहा, "कुछ-न-कुछ निराशा होनी तो स्वाभाविक ही है। हम जैसों को भी होती है, फिर तुम्हारी तो बात ही दूसरी है। देखो, कल तुम घर पता दे आओ! वे बेचारी चिन्ता करती होंगी। फिर कुछ महीने तुम मेरे साथ रहो। इस बार मेरे साथ कश्मीर चलो। ज़रा स्वास्थ्य भी बन जायेगा और कुछ तबीयत भी बदल जायेगी। बस, फिर आ कर जुट जाना। कहो, चलोगे इस बार मेरे साथ ?"

"जैसी तुम्हारी इच्छा।"

गोपाल ने नौकर को बुला कर बर्तन उठाने के लिए कहा और बोला, "कहो, चलते हो आज मेरे साथ क्लब ?"

"आज तो मैं यहीं आराम करूँगा, सारा दिन घूम-घूम कर थक गया हूँ," बिस्तर पर लेटते हुए बंसीलाल ने कहा।

"जैसी तुम्हारी इच्छा!" यह कह कर गोपाल ने कोट पहना, सिर पर टोपी रखी और चल पड़ा।

गोपाल के जाते ही बंसीलाल उठा और जब देखा कि गोपाल दूर निकल गया है, तो हैट पहने बिना ही वह तेज़ी से बाहर निकल गया। गोपाल को क्या मालूम था कि आज, जब वह उसकी ओर से निश्चिन्त हो कर जा रहा था, बंसीलाल ने अपने मन में कैसा भयानक संकल्प कर लिया था!

१०

दो वर्ष —कॉलेज के ये दो वर्ष —क्या कुछ न छिपा हुआ था इन दो वर्षों में ? कितनी घटनाएँ, कितने अनुभव, कितनी बातें —मीठी-कड़वी, नशीली, हँसाने वाली, रुलाने वाली! कितना सुख और फिर कितना दुख! क्या कुछ न छिपा हुआ था ? और वह सब दो वर्षों में —केवल इन दो वर्षों में!

लता अपने कमरे में चुपचाप बैठी, इन्हीं सब बातों पर विचार कर रही थी। सामने दीवार पर टेनिस का रैकेट टँगा हुआ था, खिड़कियों और दरवाज़ों के पर्दे हिल रहे थे और उनमें से कभी-कभी विद्युत की चमक कमरे में चकाचौंध पैदा कर देती थी। मेज़ पर बिजली का लैम्प जल रहा था। कोने के ताक में टाइमपीस टिक-टिक कर रहा था। कभी-कभी पर्दों या कैलेण्डर की आवाज़ अथवा बादल की गरज़ से पैदा होने वाली गूँज कमरे में हल्का-सा शोर पैदा कर देती थी। कुछ क्षण के लिए घड़ी की टिक-टिक उसमें गुम हो जाती, पर इसके बाद फिर सुनायी देने लगती और कभी-कभी छत पर टँगा हुआ फ़ानूस ज़ोर-ज़ोर से हिल उठता।

मेज़ के पास एक कुर्सी पर लता बैठी थी, दूसरी उसके पाँव का सहारा बनी हुई थी और तीसरी औंधे-मुँह काउच पर जा पड़ी थी। उसकी निगाहें दीवार पर टँगे हुए रैकेट पर जमी हुई थीं और हाथ एक-दूसरे से आलिंगन-बद्ध उसकी गोदी में सो रहे थे।

"लता रानी, दूध लाऊँ ?"

"नहीं!"

नौकर चला गया और लता उसी तरह बैठी रही —उसी तरह मौन, स्थिर बैठी रैकेट को देखती रही —मानो वह कोई ऐसी वस्तु हो, जिससे निगाहें हटने के नाम न लें। रैकेट —टेनिस का बेजान रैकेट —उस समय लता के लिए सिनेमा के पर्दे का काम दे रहा था और उस पर दृष्टि जमाये, वह अपने मस्तिष्क की हलचलों को चल-चित्रों के रूप में देख रही थी। इन दो वर्षों का एक-एक दिन उसके सामने तस्वीर बन-बन कर आया और फिर कुछ घटनाएँ वहाँ अंकित हो कर रह गयीं —बार-बार सामने आने लगीं —पहले बहस का दिन आया, फिर जगत के साथ लॉरेंस की सैर का दिन, फिर मुहब्बत और प्यार की बातें और घातें —लम्बी, उल्लासपूर्ण सैरें; पिकनिकें; पार्टियाँ; जगत के वादे; परीक्षा और उसके बाद की प्रतीक्षा; नतीजे का दिन; रावी की सैर; फिर जगत के गाँव जाने की घड़ी; उसकी प्रतिज्ञा; फिर अन्त में उसका पत्र —उसके पत्र का एक-एक शब्द उसके सामने खिंच गया। विश्वासघात की कई कथाएँ सुनी थीं, पर ऐसे धोखे की, ऐसी प्रवंचना की कहानी कभी न सुनी थी। आरम्भ से अन्त तक वह ठगी जाती रही। उसकी आशाएँ, उसकी कल्पनाएँ सब रेत की दीवारें सिद्ध हुईं। जगत की सगाई तो बहुत पहले हो चुकी थी। इन दो वर्षों तक वह सदैव उसे अँधेरे में रखे रहा। कल उसका पत्र आया था और कल ही उसे पता चल गया था कि उसकी सगाई पहले ही हो चुकी है और अब कुछ ही दिनों में शादी हो जायेगी। वह सर्टिफ़िकेट लेने कॉलेज गयी थी और वहीं उसने यह बात सुनी थी। जगत के गाँव का एक लड़का किसी दूसरे मित्र से यही बात कह रहा था। लता

के साथ उसके प्रेम पर आलोचना भी की जा रही थी। लता अधिक न सुन सकी थी। घर आ गयी थी। घर आ कर उसने फिर जगत के पत्र को ध्यान से एक बार पढ़ा था। सब कुछ स्पष्ट हो गया। एक-एक वाक्य धोखे और झूठ के आवरण में लिपटा हुआ प्रतीत होता था, मानो अगले पत्र के लिए ज़मीन तैयार की जा रही हो, मानो माता-पिता के अनुरोध की आड़ ले कर अपने आप को निर्दोष बताने का बहाना किया जा रहा हो। उस वक्त आत्म-ग्लानि और प्रबल घृणा से लता का हृदय जल उठा। उसने जगत के पत्र को टुकड़े-टुकड़े कर दिया था। ऐलबम में उसके कई फ़ोटो लगे हुए थे, सब को निकाल कर उसने फाड़ डाला था फिर कटी हुई लता की तरह कुर्सी पर गिर गयी थी।

उसने रैकेट से आँखें हटा लीं और रूमाल से उन्हें मल कर बेचैनी की एक लम्बी साँस छोड़ी!

सारी रात उसे नींद न आयी थी। प्रतिहिंसा और प्रतिरोध से उसका हृदय जलता रहा था। वह अपने पिता को क्या बतायेगी ? वह उनसे क्या कहेगी ? यदि उन्हें मालूम हो गया, तो उन्हें कितना दुख पहुँचेगा ? कितनी निराशा और मानसिक पीड़ा होगी ? एक तरह वे समझ चुके थे कि उन्होंने अपनी लड़की के लिए उचित वर ढूँढ लिया है, इसलिए उन्होंने लता को जगत के साथ घूमने से नहीं रोका। एक तरह वे निश्चिन्त-से हो गये थे। आज यह जान कर कि यह सब उनकी भूल थी, उन्हें कितनी व्यथा होगी ? लता ने एक सिरे से सब घटनाओं पर पुन: विचार किया। उसे ऐसा लगा, जैसे उसके पिता को पहले ही सन्देह हो गया था, इसलिए उन्होंने एकान्त में जगत को बुला कर उससे वह प्रश्न किया था, सुन कर वह असमंजस में पड़ गया था। अब लता ने सोचा तो जाना कि उस समय वह घबरा गया था। बाद में उसने जो प्रण किया, वह तो पीछा छुड़ाने मात्र के लिए था। उसके पिता ने लता का आगे पढ़ना इसीलिए बन्द कर दिया था। शायद वे जगत की नीयत को जान गये थे, इसलिए वे उसे सचेत करते रहते थे; कहते रहते थे कि संयम को हाथ से न जाने देना; बिना परीक्षा किये किसी पर भरोसा न करना। जो बाहर से सोना दिखायी देता है, वह प्राय: अन्दर से पीतल भी नहीं होता। अब जब वे जानेंगे कि उनका सन्देह ठीक था, तो उसे स्वयं कितनी लज्जा, कितनी शर्म आयेगी ? आज तक वह यह कहती रही —जगत साफ़-दिल है, उदाराशय है, बाहर-भीतर से एक जैसा है —पर आज! आज!

लता को प्यास लगी। सुबह से वह नहायी भी न थी। उसे ऐसा लगता था, जैसे उसका शरीर शिथिल हो गया हो और उसे ज्वर हो जायेगा।

रामनारायण को उसने पुकारा और उससे लाइम-जूस का एक गिलास बना लाने को कहा और उठ कर काउच पर लेट गयी। जिस बात की उसने आशंका भी न की थी, वही हो गयी —ये पुरुष, ये सब वासनाओं के दास हैं! क्या वह प्रेम था ? वह तो उसके प्रेम के साथ खिलवाड़ था। जिस तरह मन्त्र-मुग्ध साँप बीन की आवाज़ पर नाचता है, उसी तरह वह भी जगत के संकेतों पर नृत्य करती रही।

यह सोचते-सोचते लता उद्विग्न हो उठी। अपने इस अपमान पर उसका स्वाभिमान तड़प उठा, पर उसका तड़पना एक घायल सर्प के विष उगलने से अधिक महत्व न रखता था।

रात के दस बज चुके थे, रामनारायण लाइम-जूस का गिलास रख कर बोला, "आज सुबह से तुमने कुछ नहीं खाया रानी, और नहीं तो दूध ही पी लो।"

लता ने बेज़ारी से सिर हिला कर उससे कहा कि जाये और तंग न करे।

नौकर चला गया और वह बेचैनी से इधर-उधर कमरे में घूमने लगी —आज प्रतिशोध की भावना ने उसके सामने बंसीलाल की तस्वीर ला खड़ी की। कैसी विडम्बना थी! —उसके जीवन में दो व्यक्ति आये। एक ने उसे भुला दिया और दूसरे को भुलाने का प्रयास वह स्वयं करती रही। एक के साथ उसने स्वयं प्रेम किया, पर उसके प्रेम को उसने कुछ न जाना; दूसरे ने उसके साथ प्रेम किया, पर उसके प्रेम की उसने स्वयं कुछ कद्र न की।

आज बंसीलाल के उन्माद का चित्र उसकी आँखों के सामने खिंच गया, उसकी कुछ चिट्ठियाँ उसे याद हो आयीं और अपनी निष्ठुरता पर उसे दुख हुआ। उसने क्यों उससे इतनी उपेक्षा का बर्ताव किया! क्यों उसे कभी मिलने पर अवसर न दिया ?

घूमते-घूमते लता सोचने लगी, उसका व्यवहार कहाँ तक उचित था ? पर ज्यों-ज्यों वह सोचती, उसे अपना कोई दोष न दिखायी देता। यह ठीक है, उसे जगत से प्रेम था और वह बुरी तरह ठगी गयी; पर इससे यह तो सिद्ध नहीं होता कि उसे बंसीलाल को निराश न करना चाहिए था। क्या अब, जब जगत ने उसे धोखा दिया है, वह बंसीलाल से प्रेम कर सकती है ? लता ने अपने दिल को टटोला। नहीं, वह अब भी उससे प्रेम नहीं करती और न कर ही सकती है ? बंसीलाल, माना उससे मुहब्बत करता है, माना वह उसके लिए दीवाना है, पर क्या उसने अपने आप को योग्य बनाने की कोशिश की ? आदमी निर्धन से, विपन्न से, प्रेम कर सकता है; पर उसमें गुण तो हों। सारा दिन आवारों की तरह घूमना, पागलों का-सा व्यवहार करना, उन्मादियों की तरह गाते फिरना, परीक्षाओं में फ़ेल हो जाना —मैले कपड़े, खुला गला, बिखरे बाल, बढ़ी हुई दाढ़ी —बंसीलाल का चित्र लता के मस्तिष्क में खिंच गया और क्षण भर के लिए उसके पागलपन पर वह विषाद से मुस्करा दी।

यह बंसीलाल न होता तो आज उसे यह निराशा न देखनी पड़ती। उसका जीवन जैसा था, अच्छा बीत रहा था। यह बंसीलाल ही था, जिसके कारण जगत से उसका परिचय हुआ। न वह बहस के दिन उस पर वह चोट करता, न अपनी मीठी-मीठी बातों से जगत उसके मन को मोहता और न वह उसकी ओर झुकती। बंसीलाल के कारण ही तो उसे यह असह्य दुख उठाना पड़ा; उसे अपमानित, तिरस्कृत होना पड़ा। उसके कारण ही तो उसे धोखा हुआ। ये कॉलेज के युवक, सब भौंरे हैं, फूल का रस ले कर उड़ जाने वाले, इनमें परवानों का-सा त्याग कहाँ ? अब भूल कर भी वह भावुकता की नदी में न बहेगी। यह भी अच्छा हुआ कि उसे जल्द ही पता चल गया, नहीं तो कौन जाने वह और कितनी देर तक उसके हाथों में खिलौना बनी रहती।

वह जा कर कुर्सी पर बैठ गयी। ताक के टाइमपीस ने टन-टन ग्यारह बजाये। बाहर बादल गरज उठा, शायद हल्की-हल्की वर्षा भी होने लगी। घर में रामनारायण भी सब काम समाप्त करके सोने चला गया, पर लता की आँखों में नींद कहाँ ? उसने मस्तिष्क को दूसरी

ओर लगाने के लिए मेज़ से किताब उठायी। एक लिफ़ाफ़ा उसके नीचे पड़ा था। लता ने झुक कर देखा। पता बंसीलाल के हाथ का लिखा हुआ था। न जाने कब रामनारायण उसे यहाँ रख गया था ? लता ने बिना पढ़े उसे फाड़ कर कोने में फेंक दिया और पुस्तक खोली। हवा का एक झोंका भीतर आया और पत्र के टुकड़े इधर-उधर उड़ने लगे। क्रोध से झुँझला कर वह उठी, उसने पुस्तक को मेज़ पर पटक दिया, पत्र का एक-एक पुर्ज़ा इकट्ठा किया और खिड़की से बाहर फेंकने को बढ़ी। निमिष भर को बिजली चमकी। लता डर कर दो पग पीछे हट गयी —कोई नल के द्वारा ऊपर चढ़ा आ रहा था। दो मंज़िलें वह चढ़ चुका था, अब वह खिड़की के समीप पहुँचने ही वाला था। लता ने बोलना चाहा —उसकी आवाज़ जैसे कण्ठ में रुक गयी। इससे पहले कि वह कुछ करती, खिड़की में एक हाथ दिखायी दिया और फिर चेहरा, जो खिड़की पर लटकने वाले पर्दे के कारण अँधेरे में था।

लता डर के मारे कुर्सी पर बैठने लगी थी कि अचानक उसकी दृष्टि रैकेट पर पड़ी। बढ़ कर उसने उसे उतार लिया और पूरी आवाज़ से चिल्लायी —"कौन है ?"

११

लता के हाथों में रैकेट तुला-का-तुला रह गया। उसकी आँखों में क्रोध से लाल डोरे दौड़ गये, चेहरा गुस्से से तमतमा उठा, पर वह वार न कर सकी। आग बरसाने वाली आँखों से एकटक देखती रही।

"लता!"

वह खामोश रही।

"लता!"

वह अब भी नहीं बोली। केवल ज़रा-सा सिर हिला दिया, जैसे पूछती हो —"कहो, क्या कहते हो ?"

"बैठ जाओ, इतना क्रोध तुम जैसी रूपसी को शोभा नहीं देता। मुझ पर एक रैकेट नहीं, हज़ार रैकेट भी चलाओ तो उफ़ न करूँगा, लेकिन ये कोमल हाथ क्या इतना कठिन काम कर सकेंगे ?"

"हाँ, यदि तुम जैसे शैतान रात में चोरों की भाँति छिप कर दूसरों के मकानों पर चढ़ें।"

"तुम से मिलने का इसके सिवा कोई दूसरा मार्ग न था। मिलने को कहीं हाट-बाज़ार में मिल भी लेता, पर मैं तो तुम से दो बातें करना चाहता हूँ।"

"चले आओ बंसीलाल!" लता ने अपनी समस्त शक्तियों को इकट्ठा करते हुए दृढ़ स्वर में कहा, "जाओ, नहीं तो मैं अभी नौकर को आवाज़ देती हूँ।"

"तुम नौकर को आवाज़ दे सकती हो," बंसीलाल ने कहा, "पर याद रखो, आज बंसीलाल मरने आया है और हो सकता है वह मरने के पहले एक-दो को मार भी दे।"

लता ने बंसीलाल के मुख की ओर देखा, वहाँ किसी भयनक संकल्प की गम्भीरता झलक रही थी, मानो उसका रोम-रोम उसके कथन का समर्थन कर रहा हो। वह स्तब्ध खड़ी रही। जो व्यक्ति इतने साहस से गहरे अन्धकार में, केवल एक नल के सहारे, चोरों की भाँति तीन मंज़िलें चढ़ कर आ सकता है, वह इस उन्माद में क्या नहीं कर सकता!

"बैठ जाओ!"

मन्त्र-मुग्ध-सी लता बैठ गयी। बंसीलाल ने बढ़ कर दरवाज़ा बन्द कर दिया। लता उठी। बंसीलाल ने कुण्डा लगा दी और लता की ओर मुँह फेर कर बोला, "घबराओ नहीं लता, मैं तुमसे केवल दो बातें करना चाहता हूँ और चाहता हूँ कि तुम इन्हें शान्ति से सुनो। मैं नहीं चाहता कि कोई मेरी बातों में बाधा डाले, इसलिए बैठ जाओ —मैं तुमसे अनुनय करता हूँ, बैठ जाओ।"

लता बैठ गयी। बंसीलाल प्रार्थना कर रहा था, परन्तु उसके अनुनय में आदेश का बल था।

बंसीलाल उसके सामने मेज़ के कोने पर बैठ गया। उस समय बिजली चमकी, बादल गरजे और ज़ोर से वर्षा होने लगी। वायु का एक ठण्डा झोंका अन्दर आया और उसके साथ ही पानी की तेज़ फुहार — उसने उठ कर खिड़की बन्द कर दी और फिर मेज़ पर बैठ गया।

कमरे में पूरी निस्तब्धता छा गयी।

कुछ क्षण तक दोनों चुप रहे। बंसीलाल की आँखों के सामने जाने क्या-क्या घूम गया —तीन लम्बी मंज़िलें, मात्र लोहे का नल, अँधेरा और वर्षा —भय और आशंका को त्याग कर वह जाने किस तरह ऊपर चढ़ आया। दीर्घ निःश्वास छोड़ कर उसने सिर झुका लिया, एक साथ ही कितनी बातें उसके मस्तिष्क में आ कर हलचल मचाने लगीं।

लता ने आज बंसीलाल के मुख को पहली बार इतने निकट से देखा और इन कुछ क्षणों में पहली बार उसे लगा —बंसीलाल सुन्दर भी हो सकता है, पर उसकी सुन्दरता, उदासीनता और बेपरवाही के आवरण में छिपी हुई है —उसकी दाढ़ी बढ़ आयी थी, होंटों पर पपड़ियाँ जम गयी थीं, बाल भीग कर घुँघराले हो गये थे, उसके गले का बटन खुला हुआ था। वह चुपचाप प्रतीक्षा करती रही, पर बंसीलाल नहीं बोला। आखिर लता ने इस मौन को भंग किया।

"बंसीलाल!"

बंसीलाल ने सिर हिलाया। लता की और उसकी निगाहें निमिष भर को चार हुईं। बंसीलाल का मुख कपास के फूल की भाँति ज़र्द था। अभी कुछ क्षण पहले जो व्यक्ति क्रोध का अवतार बना हुआ था, अब उसे देख कर दया आती थी।

"क्या कहते हो ?" लता बोली, "देखो, रात कितनी हो गयी है ?"

बंसीलाल ने एक दीर्घ-निःश्वास छोड़ा। लता के सामने कहने के लिए जो वाक्य उसने आते-आते कण्ठस्थ किये थे, वे अब अवसर आने पर उसके मस्तिष्क से आकाश के हल्के बादलों की भाँति उड़ गये थे।

लता और कुछ क्षण चुप बैठी रही, फिर उठ खड़ी हुई।

"तुम्हें कुछ नहीं कहना है बंसीलाल, मुझे आज्ञा दो। तुम जिस रास्ते आये हो, जा सकते हो, मैं विश्वास दिलाती हूँ कि किसी से इसका ज़िक्र तक न करूँगी।"

और वह दरवाज़े की ओर बढ़ी।

"ठहरो लता!"

लता रुक गयी और प्रश्न-सूचक दृष्टि से देखने लगी।

"मेरा अनुमान था, मेरी दशा अपनी मूक भाषा से मेरे हृदय की व्यथा तुम से कह देगी," बंसीलाल ने फ़र्श पर दृष्टि जमाये हुए कहा, "पर मालूम होता है, तुम नहीं समझ सकीं, या समझ कर भी न समझने का प्रयास कर रही हो।"

"साफ़-साफ़ कहो, बंसीलाल!"

"तुम नहीं समझ सकतीं, लता ?"

"मैं कोई अन्तर्यामिनी तो हूँ नहीं, जो तुम्हारे दिल की बात जान लूँ।"

"मेरा पत्र मेरे हृदय का दर्पण था।"

"मैंने वह बिना पढ़े फाड़ दिया था।"

"तो तुम्हारी ओर से यही जवाब है ?"

"किसको ?"

"मेरी चिरसंचित आशाओं को।"

लता ने और भी कठोर हो कर कहा, "बंसीलाल, तुम देखते नहीं, समझते नहीं, फिर क्यों मेरी ज़बान खुलवाना चाहते हो ?"

"मैं आज तुम्हारे मुँह से 'हाँ' अथवा 'ना', दोनों में से एक शब्द सुनने आया हूँ।"

"तो मुझे दुख है, मेरे दिल में तुम्हारे लिए कोई स्थान नहीं।"

"लेकिन मेरे दिल में तो है," बंसीलाल ने अचानक भावावेश में कहना शुरू किया, "आँखें आँखों को देखती हैं और मुहब्बत करती हैं। दिल-दिल का दर्द महसूस करता है और हमदर्द बन जाता है। तुमने मुझ पर, मेरे अनुराग पर, मेरी श्रद्धा पर, अपनी आँखों और दिल के दरवाज़े बन्द कर रखे हैं। तुमने मेरे विनाश की ओर तनिक भी ध्यान नहीं दिया। तुमने कभी न सोचा कि तुम्हारी एक हमदर्द दृष्टि इस मृतक के लिए संजीवनी का काम देगी। तुम्हारी स्मिति की एक क्षीण-सी रेखा उसमें नव-जीवन का संचार कर देगी।"

अवरुद्ध कण्ठ को तर करके बंसीलाल फिर बोला, "लता! बंसीलाल सदा ही अब जैसा बंसीलाल न था। तुम्हारी उपेक्षा ने, तुम्हारी कृपा-दृष्टि के अभाव ने, तुम्हारी कम-निगाही ने, उससे उल्लास, हर्ष, खुशी सब-कुछ छीन लिया। वह सदा ही ऐसा आवारा, ऐसा असफल न था। तुम्हें शायद मालूम न हो, तुम्हारे आने से पहले अपनी कक्षा ही में नहीं, सारे विश्वविद्यालय में वह सर्वप्रथम रहा था। खेल-कूद का भी उस जैसा शौकीन कोई न था। उसका जीवन एक गीत था। और आज एक बंसीलाल तुम्हारे सामने आया है —पहले बंसीलाल की छाया मात्र —और आज वह तुमसे घुटने टेक कर, तुम्हारे पाँवों पर सिर झुका कर, तुम से भीख माँगने आया है —या तो इस बंसीलाल के ढाँचे में मुहब्बत की रूह फूँक कर उसे जीवित कर दो, या फिर इसमें जो कुछ जान बाकी है, उसे भी ले लो ? बंसीलाल आज तुम से जीवन ले जायेग अथवा तुम्हें जीवन दे जायेगा।"

यह कहता हुआ बंसीलाल उसके पैरों पर झुक गया। उसके जीवन-मरण का प्रश्न था। कौन जाने फिर आयु भर उसे यह अवसर मिले या न मिले। आज उसके सामने अपना दिल खोल कर रख दे, उसे बता दे कि वह क्या चाहता है, वह क्या भीख माँगता है। मुद्दत से वह इस अवसर की खोज में था। आज जब उसे यह अवसर मिला तो चुप क्यों रहता, किसी अज्ञात प्रेरणा से उसकी जिह्वा में एक विचित्र शक्ति आ गयी, उसके हृदय में एक विचित्र बल का संचार हो गया। वह जो कुछ कहना चाहता था, उससे भी कहीं अधिक कह गया और जब वह अपने सपनों की देवी के चरणों में झुका तो आवेश के कारण उसकी आँखों में आँसू आ गये।

लता किंकर्त्तव्य-विमूढ़-सी बैठी अपने पाँवों पर झुके बंसीलाल को देखती रही, इच्छा होने पर भी वह अपने पैर न हटा सकी।

उसके पैरों ने आँसुओं की दो गर्म बूँदों को महसूस किया। क्षण भर के लिए उसके पराजित गर्व ने विजय के उल्लास से फिर सिर उठाया, पर दूसरे क्षण उसके सामने जगत के विश्वासघात का चित्र खिंच गया। उसने मुहब्बत के कितने वादे न किये, वह कितनी बार इन्हीं पैरों पर इसी तरह नहीं झुका, कितनी बार उसने प्रेम और अनुराग से काँपते हुए स्वर में याचनाएँ न कीं; पर अन्त को....ये पुरुष सब शिकारी हैं। शिकार को जाल में फँसा कर, पंख काट कर छोड़ देते हैं —उसने पाँव खींच लिये और बंसीलाल को धीरे से धकेलते हुए कहा, "क्या करते हो बंसीलाल, पागलपन न करो। जाओ, जा कर अपना काम सँभालो।"

"कह दो, तुम मुझसे मुहब्बत करोगी।"

"मुहब्बत बरबस नहीं पैदा की जाती।"

"कह दो, प्रयास करोगी।"

घड़ी ने टन-टन बारह बजाये। लता तिलमिला कर उठ खड़ी हुई।

"जाओ बंसीलाल, चले जाओ! बहुत हो चुका, अब चले जाओ!!"

"मेरे प्रश्न का उत्तर ?"

लता ने दरवाज़े की ओर पैर बढ़ाते हुए कहा, "मैं कुछ नहीं कह सकती, मैं कुछ नहीं कह सकती।"

"तो फिर बंसीलाल भी जीवित नहीं रह सकता!" वह खिड़की की ओर बढ़ा, "सब कुछ बिगाड़ कर भी यदि तुम्हारा प्रेम न पाया, तो जो शेष है उसे रख कर भी वह क्या करेगा ?"

और यह कहते हुए उसने खिड़की खोल दी और जल्दी से उसमें लटक गया।

लता रुकी —हवा का तेज़ झोंका अन्दर आया। वह काँप गयी। पर्दे हिले, दीवार पर टँगे हुए कैलेण्डर हिले —मानो उसके साथ ही सारे-का-सारा कमरा और उसकी प्रत्येक वस्तु काँपने लगी।

"कभी दूसरों की बेवफ़ाई देख कर मेरी वफ़ा याद कर लेना!" और उसने खिड़की से हाथ छोड़ दिये।

"बंसीलाल, बंसीलाल!" —लता भाग कर खिड़की में आयी।

बंसीलाल गिरता हुआ दूसरी मंज़िल के छज्जे से अटका और फिर नीचे गली के फ़र्श पर गिर कर तड़पने लगा।

लता चीख उठी और बेहोश हो गयी।

नौकर भाग कर ऊपर आया। अन्दर से कुण्डी लगी हुई थी। उसने ज़ोर से किवाड़ खटखटाते हुए पुकारा —

"लता रानी! लता रानी!"

१२

दूसरे दिन लाहौर के समाचार-पत्रों ने इस घटना को तरह-तरह का रंग चढ़ा कर प्रकाशित किया। एक ने लिखा कि बंसीलाल ने लता को बलपूर्वक भगाने का प्रयत्न किया, जिसमें असफल होने के कारण उसकी यह दशा हुई। कुछ ने यह खबर दी कि बेकारी से तंग आ कर युवक ने दीवार फाँद कर चोरी करने की कोशिश की, किन्तु अभ्यस्त न होने के कारण गिर गया। एक तीसरे ने इसमें प्रेम के अन्धे देवता का हाथ बताया।

और उस समय, जब सारे नगर में इस दुखद घटना पर आलोचनाएँ तथा प्रत्यालोचनाएँ हो रही थीं, मेयो हस्पताल के एक बड़े कमरे की निस्तब्धता में घायल बंसीलाल पट्टियों में लिपटा निश्चेष्ट पड़ा था। उसका सिर फट गया था; दोनों टाँगें और बाज़ू टूट गये थे, शरीर ऐसा था, जैसे पत्थरों से पिस गया हो, लेकिन अभी साँस बाकी थी और अस्पताल के तीन बड़े डॉक्टर उसे मृत्यु के मुँह से बचाने के दुष्कर प्रयत्न में संलग्न थे। एक ओर मूक स्तब्ध खड़ी लता उस मांस-पिण्ड को देख रही थी, जिसके प्राण जीवन और मृत्यु की नाजुक सीमा पर लटक रहे थे।

अपनी बारीक आवाज़ से इस खामोशी को तोड़ते हुए लता ने कहा, "डॉक्टर साहब, किसी तरह भी इनकी जान नहीं बच सकती ?"

"डॉक्टर अमृतराय ने लता की ओर देखा, उसके इस वाक्य में कितना निवेदन निहित था! उन्होंने धीरे से कहा, "बच सकती है, पर वह जीवन मृत्यु के बदतर होगा।"

लता हाथ मलते हुए बोली, "डॉक्टर साहब, आप इन्हें जिला लीजिए, किसी तरह बचा लीजिए, इन्होंने मेरे लिए यह कष्ट मोल लिया, मैं इनके लिए सब दुख उठा लूँगी।"

डॉक्टर अमृतराय बोले, "मेरी सम्मति में तो जितनी जल्दी हो सके, इन्हें इस नरक से छुटकारा दिला देना चाहिए, इस तड़पने से तो मौत हज़ार दर्जे अच्छी है।"

तब बड़े डॉक्टर ने दार्शनिक भाव से कहा, "डॉक्टर का काम बचाना है और हम भी इसे बचाने का भरसक प्रयत्न करेंगे, लेकिन...."

"लेकिन नहीं डॉक्टर साहब," लता उद्विग्न हो उठी, "लेकिन न कहिए, बताइए, किस चीज़ की जरूरत है ? धन चाहिए ? धन मैं दूँगी! सेवा चाहिए ? सेवा मैं दिन-रात करूँगी! बताइए, क्या चाहिए ? बस मैं जुटा दूँगी; पर परमात्मा के लिए इन्हें आप बचा लीजिए!"

और आँसू अनायास उस की आँखों से बह चले।

"घबराइए नहीं," बड़े डॉक्टर ने उसे सान्त्वना देते हुए कहा, "अपनी ओर से हम कोई कसर न उठा रखेंगे; पर चिन्ताजनक बात यह है कि इनके घावों से रक्त अधिक जा चुका है और ऑपरेशन करने से इनकी जीवन-लीला समाप्त हो जाने का डर है।"

"ऑपरेशन से पहले इन्हें किसी प्रकार जीवित नहीं रखा जा सकता ?" —लता ने पूछा।

"इसके लिए इनके शरीर में किसी युवा व्यक्ति का रक्त दाखिल करना अनिवार्य है।" और यह कह कर डॉक्टर फिर अपने काम में लग गये।

लता तनिक आगे बढ़ कर बोली, "रक्त! डॉक्टर साहब, रक्त मैं दूँगी! मेरे रक्त का निरीक्षण कीजिए। यदि उससे काम चल सके तो मेरे रक्त का अन्तिम बिन्दु तक इनके शरीर में डाल दीजिए, पर इन्हें किसी तरह बचा लीजिए!"

तभी लता के पिता मलिक पिण्डीदास अन्दर दाखिल हुए। पुत्री का अन्तिम वाक्य उन्होंने सुन लिया —एक आवश्यक काम के लिए उन्हें उसी वक्त जाना था और यहाँ यह परिस्थिति आ खड़ी हुई। उनके समझाने-बुझाने का कुछ असर न हुआ था और लता कल की भूखी उसी तरह बिना खाये-पिये अस्पताल आ गयी थी और अब वह इस हद तक तैयार हो गयी थी।

रुँधे हुए गले से उन्होंने कहा, "लता, कुछ मेरे बुढ़ापे का ध्यान करो बेटी।"

क्षण भर तक लता चुप खड़ी अपने वृद्ध पिता को देखती रही। उनका प्यार, उनकी मुहब्बत, उनका प्रेम जैसे मूर्तिमान हो कर उसके सामने आ गया। तो क्या वह उस प्यार, उस मुहब्बत का बदला इस अवज्ञा से देगी ? लता का दिल डाँवाडोल हो उठा —दूसरे क्षण डॉक्टर के कन्धों के ऊपर से होती हुई उसकी दृष्टि बंसीलाल की मृतप्राय देह पर पड़ी और उसकी आँखों के सामने कल रात का चित्र घूम गया। अनुनय-विनय से भरे हुए बंसीलाल के शब्द उसके कानों में गूँज उठे। तो क्या वह इस युवक को, जिसने उसके लिए अपनी जान तक की बाज़ी लगा दी, इस दीन-हीन असहाय दशा में छोड़ कर चली जाय ? वह मुड़ी और उसने अपने हृदय की सारी वेदना अपनी आँखों में भर कर कहा —"पिताजी, मुझे न रोकिए!"

मलिक साहब चुपचाप चले गये। उन्हें जल्दी जाना था। जाते-जाते उन्होंने रामनारायण के हाथ में नोटों का एक बण्डल दिया और कहा, "बाबा, लता को आँच न आने पाये। किसी तरह का कष्ट न हो। डॉक्टरों से कह देना। मैं फिर आऊँगा।"

रामनारायण चुप खड़ा रहा, पर उसकी आँखें कह रही थीं —"आँच कैसे आयेगी, मालिक! उसे कुछ हो, इससे पहले इस वृद्ध की जान न चली जायेगी।"

रात नौकर ने लता को कमरे में बेहोश पाया था। होश में आने पर वह दीवानी-सी हो कर नीचे को भागी थी। बंसीलाल बेहोश, खून में लथपथ पड़ा था। वह उसके घायल शरीर से लिपट गयी थी। उसे स्वयं उठा कर अन्दर ले आयी थी। तभी मलिक साहब भी आ गये थे और तब से घर में किसी ने आराम की साँस न ली थी। सबको यही डर था कि बंसीलाल के साथ लता की जान भी न जाती रहे। अभी तक उसने किसी को कुछ न

बताया था; पर पागलों की-सी उसकी बातों से मलिक साहब सब कुछ समझ गये थे और उन्हें डर था कि भावातिरेक में लता कोई ऐसी-वैसी बात न कर बैठे। रामनारायण पर उन्हें पूरा विश्वास था। उसके हाथों में सब कुछ छोड़ कर तनिक निश्चिन्त हो कर वे चले गये थे।

प्रेम और उपेक्षा —मन की दो विभिन्न स्थितियों के ही तो रूप हैं। जिस जगत को अभी कुछ क्षण पहले लता अपने हृदय से प्रेम करती थी, उससे अब वह अपने दिल की समस्त शक्तियों से घृणा कर रही थी। और यह बंसीलाल —लता ने जिसके लिए अपने हृदय में कभी तनिक-सा स्थान भी खाली न रखा, आज अचानक उसके सम्पूर्ण हृदय का स्वामी बन बैठा।

लता सोचती थी —जिस व्यक्ति ने उसके लिए जान तक देने में संकोच न किया, वह और क्या न कर सकता था। वह सुन्दर था, रूपवान था, योग्य भी था, निर्धनता की उसके आगे क्या बिसात थी ? वह उसे ज़रा उत्साह दिलाती, तो धन-वैभव को बाँध कर उसके चरणों में ला डालता और तभी उसके लिए वह स्वयं अपने आप की बलि देने को प्रस्तुत हो उठी थी।

उसके पिता शीघ्र ही वापस आ गये। उन्हें चैन कहाँ! वे कुछ निश्चिन्त हो कर चले गये थे, पर उनका मन इधर ही लगा हुआ था। बड़े सर्जन से तो उन्होंने कुछ नहीं कहा, किन्तु डॉक्टर अमृतराय को अलग ले जा कर वे उनके सामने रो पड़े। उन्होंने दो सौ रुपये के नोट उनके सामने रख दिये और कहा —"डॉक्टर साहब, लता की जान आपके हाथ में है।"

डॉक्टर अमृतराय ने नम्रता से नोट लौटा दिये और कहा —"आप कोई चिन्ता न करें। मैं उन्हें समझाऊँगा। और यदि वे न भी मानीं, तो भी ऐसा प्रयास करूँगा, जिससे जीवन खतरे में न पड़े।" और फिर लता को दूसरे कमरे में बुला कर दोनों ने उसे बहुत समझाया, पर लता अपने हठ पर कायम रही।

अमृतराय बोले, "बचने पर बंसीलाल का जीवन नरक से भी बुरा होगा।"

"मैं उसे स्वर्ग बना दूँगी।" उसने सामने दीवार की ओर देखते हुए कहा।

"शायद वह बच न सके।"

"तो मैं भी जान दे दूँगी"

तब तीनों बड़े कमरे में आ गये। चाहे अब कुछ भी हो, लता के लिए बंसीलाल को बचाना ही होगा —यही सोचते हुए डॉक्टर अमृतराय बड़े सर्जन से परामर्श करने लगे।

कुछ देर बाद डॉक्टरों ने उसके रक्त का निरीक्षण किया। ऑपरेशन हुआ और कोई पाव भर रक्त बंसीलाल के शरीर में चला गया। लता बेहोश हो गयी, उसका मुख पीला पड़ गया और होंट शुष्क हो गये। डॉक्टरों ने उसे शक्तिवर्द्धक दवाइयाँ पिलायीं। ज़र्द चेहरे पर कुछ-कुछ सुर्खी आयी, फीके होंट मुसकराये —यदि बंसीलाल उसके लिए मर रहा था, तो वह भी उसके लिए जान दे रही थी!

ऑपरेशन के बाद डॉक्टर साहब बाहर आ गये। अमृतराय ने कहा, "खून की कमी तो किसी-न-किसी तरह पूरी कर दी जायेगी, पर इन घावों का क्या होगा ?"

"यदि किसी युवा व्यक्ति के शरीर से गोश्त काट कर वहाँ सी दिया जाय तो शायद घाव ठीक हो जायँ।"

डॉक्टर अमृतराय ने जैसे अपने से कहा, "गोश्त कौन देगा ?"

"गोश्त मैं दूँगी।" —सीधे-सादे कपड़े पहने एक युवती ने आगे बढ़ कर कहा। न जाने वह कब की वहाँ खड़ी थी।

दोनों डॉक्टर हैरान-से उसकी ओर देखने लगे।

१३

बड़े डॉक्टर ने आगे बढ़ कर कहा —"तुम गोश्त दोगी ?"

"हाँ!"

"क्यों ?"

"बंसीलाल मेरा भाई है!"

इस एक वाक्य में इस बलिदान का कारण निहित था। 'बंसीलाल मेरा भाई है' —डॉक्टर ने अपने दिल में इस वाक्य को दोहराया। उसका नीरस फ़लसफ़ा इस बात को न समझ सका। भाई —उसने सोचा —लेकिन भाई के लिए भी इतनी असह्य पीड़ा कौन मोल ले सकता है!

"तुम ने हमारा तात्पर्य नहीं समझा।"

"मैं भली-भाँति समझ गयी हूँ।"

डॉक्टर ने अपने मतलब को स्पष्ट करते हुए कहा, "ऑपरेशन से तुम्हारे शरीर से टुकड़े काट कर तुम्हारे भाई के शरीर पर लगाये जायेंगे।"

"मैं जानती हूँ।"

दोनों डॉक्टर आश्चर्यान्वित-से, हैरान-से, उसका मुँह ताकने लगे, पर यदि वे उसके सरल चेहरे को न देख कर उसके हृदय की गहराई को देखते, उस अथाह समुद्र में पैठते, तो उन्हें उसके साहस पर आश्चर्य न होता। वे उसे पागल या मूर्ख न समझते, बल्कि श्रद्धा से उनका मस्तक नत हो जाता।

राजरानी बंसीलाल की छोटी बहन तो थी, पर उसे बंसीलाल से जो प्रेम था, उसकी देख-भाल वह जिस स्नेह से करती थी, उसमें बड़ी बहन के प्रेम की-सी चाशनी थी। बंसीलाल, जैस कुछ अध्ययनशील लेकिन बेपरवाह छात्रों का स्वभाव होता है, अपनी ज़रूरतों की ओर से उदासीन ही रहता था। खाना मिल जाता तो खा लेता, नहीं पुस्तक सामने रखे बैठा रहता या उठ कर मित्रों की मण्डली में जा मिलता।

कॉलेज के छात्रों को अपने कपड़ों का अधिक ध्यान रहता है, वे अपने सूट-बूट और टॉयलेट के लिए ही अपने समय का अधिक भाग खर्च करते हैं; पर बंसीलाल इस ओर से भी बेपरवाह था और उसकी इसी बेपरवाही ने राजरानी को बड़ी बहन की पदवी

दे दी थी। बंसीलाल को समय पर खाना खिलाना, उसके कपड़े बदलवाना, उसके काम की चीज़ें यथास्थान रख देना, उसने अपना कर्तव्य बना लिया था। प्रायः वह बड़ी बहनों की भाँति इस उदासीनता के लिए उसे झिड़क भी देती थी, "तुम्हें न जाने कब समझ आयेगी!" वह कहती, "कॉलेज में पढ़ते हो, पर अपने कपड़ों तक का होश नहीं, ये मैले कपड़े कब तक पहन रखोगे, इन्हें उतार डालो...."

बंसीलाल खामोशी से सुन लेता, कभी हूँ-हाँ भी न करता। राजरानी उसे नये कपड़े ला देती, वह खामोशी से पहन कर चला जाता। कभी जब उसकी कोई पुस्तक न मिलती, तो कहती, "इतना पढ़ गये, पर किताबों का खयाल रखना तुम्हें न आया। मैं कहती हूँ, आखिर मैं भी तो पढ़ती हूँ, पर मैंने कभी नहीं देखा कि मुझे किताब नहीं मिलती।" लेकिन फिर वह उसे पुस्तक ढूँढ कर ला देती। ऐसे अवसर पर वह उसकी ओर सहानुभूतिपूर्ण निगाहों से देखती और अपनी इस पदवी पर फूली न समाती। उसके भाई की देख-भाल का भार उसके सिर पर है, यह बात गर्व से उस का सिर ऊँचा कर देती। शायद अगर बंसीलाल अपना काम स्वयं करना शुरू कर देता, तो राजरानी को दुख होता।

पिता की मृत्यु के समय बंसीलाल यद्यपि बच्चा था, पर उसकी बुद्धि प्रखर थी। सदा वह अपनी श्रेणी में सर्वप्रथम रहता था। माँ चाहती थी, लड़के के पेट में चार अक्षर पड़ जायँ। वह शिक्षित तो न थी, पर फिर भी संसार का कुछ-न-कुछ अनुभव रखती थी। घर में थोड़ा-बहुत रुपया भी था, एक-दो आभूषण भी थे; यह सब कुछ वह बंसीलाल और उसकी बहन पर लगा देना चाहती थी। उसका क्या है, किसी-न-किसी तरह मेहनत-मज़दूरी करके अपना पेट पाल ही लेगी। बंसीलाल की फ़ीस माफ़ हो गयी थी, शिक्षा जारी रही और मैट्रीकुलेशन में बंसीलाल प्रान्त भर में सर्वप्रथम रहा!

राजरानी को उसकी माँ ने अशिक्षित न रहने दिया। पाँचवीं कक्षा तक उसका खर्च अधिक न हुआ था, फिर उसे छात्र-वृत्ति मिलने लगी। आठवीं में फिर उसने छात्र-वृत्ति ली, इसलिए माँ ने उसे पाठशाला से न उठाया था। और जिस वर्ष बंसीलाल एफ़० ए० में सर्वप्रथम आया था, उसी वर्ष रानी ने दसवीं पास कर ली थी। जब से बंसीलाल कॉलेज में गया था, तभी से दोनों माँ-बेटी बंसीलाल की आवश्यकताओं का अधिक ध्यान रखने लगी थीं। रानी की वृत्ति का कुछ भाग भी उधर ही ख़र्च हो जाता था। वह स्वयं भी अपनी पढ़ाई में इतना समय न लगा पाती थी; इसलिए वह पास तो प्रथम श्रेणी में हो गयी; पर सर्वप्रथम न रह सकी थी। बंसीलाल बी० ए० में दाखिल हो गया, पर रानी अब अपनी शिक्षा जारी न रख सकी।

बी० ए० में बंसीलाल को न जाने क्या हो गया था ? राजरानी महसूस कर रही थी, जैसे उसका भाई अब वह भाई नहीं रहा। बेपरवाह तो वह पहले ही था, पर जब भी पढ़ता था, सब कसर निकाल लेता था, किन्तु अब तो धीरे-धीरे जैसे किताबों से ही उसका जी उचट गया था। अब यदि वह कुछ कहती भी तो वह उसे डाँट देता। कई-कई दिन घर न आता और प्रायः रातों को भी बाहर ही रह जाता। आता भी तो बेचैन-सा उद्विग्न-सा! उसके स्वभाव में चिड़चिड़ापन भी आ गया था। राजरानी उसकी इस उद्विग्नता को देख कर बेचैन हो जाती। वह उससे इस अशान्ति का कारण पूछने का प्रयास करती, पर जाने बंसीलाल को क्या हो गया था कि अब उसे उससे बात करते भी डर लगता था। तीसरे वर्ष में

बंसीलाल दो विषयों में फ़ेल हो गया। राजरानी ने समझा कि अगले वर्ष मन लगा कर पढ़ लेगा, पर जब बी० ए० की परीक्षा सिर पर आयी और बंसीलाल के स्वभाव में कोई अन्तर न आया, तो एक दिन उसने माँ से कहा था —"भाई साहब आज-कल पढ़ाई में मन नहीं लगाते। यदि यही हाल रहा तो डर है बी० ए० में फ़ेल न हो जायें।"

जैसे बच्चे को उसकी पसन्द के खिलौने की बुराई करने वाला बुरा लगता है, उसी तरह माँ को राजरानी की बात बुरी लगी। बंसीलाल से माँ को अगाध प्रेम था। वह उसका खिलौना था, ठाकुर था, विधवा का एकमात्र सहारा था, उसका सब कुछ था। उसके सारे स्वप्न उसी में केन्द्रित थे। फिर राजरानी उन स्वप्नों को भंग करने वाली, उसके ठाकुर की निन्दा करने वाली कौन ? माँ ने उसे डाँट दिया। चित्रकार को अपने चित्र में दोष दिखायी देने के बदले प्रायः समालोचक की दृष्टि में दोष दिखायी देता है।

राजरानी चुप हो गयी। उसे नाव में छेद होता साफ़ दिखायी दे रहा था। बच्ची न थी। सब समझती थी; पर होंट न हिला सकती थी। अपने लड़के से प्रेम तो सब माताओं को होता है; पर अपने पुत्र के प्रति विधवा का प्रेम तो जगत-विख्यात है। बंसीलाल अब वह बंसीलाल नहीं रहा, यह बात राजधानी जानती थी; किन्तु माँ की आँखों पर मोह का पर्दा पड़ा हुआ था। राजरानी ने बातों-बातों में बंसीलाल को समझाने का प्रयास किया था। घर की दयनीय दशा की ओर उसका ध्यान आकर्षित किया था; पर बंसीलाल को उन दिनों न जाने क्या हो गया था। जिस बहन के इशारे पर वह चलता था, अब उसकी बात तक न सुनता था। पढ़ाई, किताबें, बड़े-बड़े मनसूबे, बड़े-बड़े स्वप्न, मानो उसके लिए कोई महत्व न रखते। वह इन सब महत्वाकांक्षाओं की ओर से उदासीन हो गया। अन्त को वही हुआ, जिसका राजरानी को डर था —बी० ए० में बंसीलाल फ़ेल हो गया और कई दिन तक घर न आया।

माँ की आँखों के आगे से पर्दा हट गया। सँवार-सँवार कर रखा हुआ खिलौना टूट गया। वह गुम-सुम रह गयी। आँसुओं के सिवा उसे कहीं सहारा न मिला।

०

गली में लाला किशोरीलाल परोपकारी आदमी थे। किसी को कष्ट हो, किसी पर विपत्ति आये, वे उसकी सहायता को तैयार हो जाते थे। बंसीलाल की माँ को भी इस विपत्ति में उनके सिवा सहायता करने वाला कोई न दिखायी दिया। उसने उन्हीं की शरण ली। वह उनके पैरों पर पड़ गयी। कहने लगी, "महाराज, अब तो आपका ही आसरा है, यदि बंसीलाल न मिला, तो मैं जीते जी मर जाऊँगी।"

लाला किशोरीलाल ने सान्त्वना दी, बोले, "घबराओ नहीं। जो लड़का सदा सर्वप्रथम ही रहता आया हो, वह यदि परीक्षा में कम नम्बरों से भी पास हो तो ग्लानि से उसका हृदय भर जाता है, फिर फ़ेल होना —वह कितना ही क्यों न चरित्रहीन हो गया हो, उसकी आँखों का पानी कितना भी क्यों न मर गया हो, उसे शोक हुए बिना नहीं रहता।"

बंसीलाल की माँ ने कहा, "मेरा बंसी तो बड़ा शर्मीला है, न जाने कैसे फ़ेल हो गया ? एक-दो अध्यापकों से उसका वैर था। उन्होंने ज़रूर षड्यन्त्र करके उसे फ़ेल कर दिया है। सबकी आँखों में तो खटकता था। न जाने किसकी कुदृष्टि उस पर पड़ गयी ?"

लालाजी को माँ के भोलेपन पर दया हो आयी। पुत्र कितना भी बुरा, कितना भी चरित्रहीन क्यों न हो, पर माँ की ममता उसके दोष न देखेगी। उन्हें स्वयं बंसीलाल के पतन का ज्ञान था। एक बार स्वयं उसे बुला कर समझा चुके थे, किन्तु प्रकट में बोले, "कोई बात नहीं, मैं सब कुछ देख लूँगा, तुम कुछ चिन्ता न करो। आये तो उसे सान्त्वना देना। सफलता और असफलता तो जीवन के साथ है। इन्हीं परिस्थितियों से निकल कर मनुष्य बनता है और उसमें दृढ़ता आती है।"

माँ को डर था कि कहीं बंसीलाल निराश हो कर कुछ ऐसी-वैसी बात न कर बैठे। फ़ेल होने का उसे इतना दुख न था। खेद था तो उसके घर न आने का। रुद्ध कण्ठ से बोली, "महाराज, आप जा कर उसका पता तो लगायें, मेरा तो जी जैसे टूट रहा है, जाने उसने कुछ खाया-पिया भी है या नहीं। कोई ऐसी-वैसी बात न कर बैठे। इतने दिन हो गये। हमारा तो खाना-पीना हराम हो गया है। उसकी बहन रो-रो कर मरी जा रही है! मैंने सुन है, नगर में एक लड़के ने परीक्षा में असफल होने पर रेल के नीचे सिर दे दिया, कहीं वह भी...."

इसके आगे माँ कुछ न कह सकी, फफक-फफक कर रोने लगी थी।

उस दिन सन्ध्या हो चुकी थी। लालाजी कहीं दूर न जा सके। रात को उन्हें कुछ कम दिखायी देता था, इसलिए दूसरे दिन सुबह ज्योंही वे बाहर निकले, उन्होंने बंसीलाल के विषय में यह हृदय-विदारक समाचार पढ़ा। कुछ क्षण तक बाज़ार में किंकर्तव्य-विमूढ़- से खड़े रहे। किस मुँह से बंसीलाल की माँ को यह दुखद समाचार सुनायेंगे ? सुन कर वह कैसे सह सकेगी ?

यह सोचते-सोचते चुपचाप वे अपनी बैठक में जा कर बैठ गये। अन्त में सोच-सोच कर उन्होंने राजरानी को बुलाया और उसके सामने वह समाचार-पत्र रख दिया। पढ़ते-पढ़ते राजरानी का मुख पीला पड़ गया। बंसीलाल ने चोरी करने का प्रयास किया होगा, इस बात का तो उसे विश्वास न था; पर वह तिमंज़िले मकान से गिर पड़ा है, यही सोच कर रानी चेतनाहीन और अवाक खड़ी रह गयी। समाचार-पत्र उसके हाथ से गिर पड़ा, उसका सिर चकराने लगा और गिरने से बचने के लिए वह वहीं धरती पर बैठ गयी। समाचार उसने दोबारा पढ़ा और फिर उठ खड़ी हुई। चीखी नहीं, चिल्लायी नहीं। हाँ, बहते हुए आँसुओं को उसने पोंछ लिया और चलने लगी।

लालाजी ने पूछा, "किधर जाती हो ?"

"अस्पताल!" और यह कह कर निकल गयी। डेवढ़ी से मुड़ कर उसने फिर अवरुद्ध कण्ठ से कहा, "मेरी माँ का खयाल रखिएगा!" और फिर तेज़ी से चल पड़ी, पर उसकी चाल शीघ्र ही धीमी हो गयी। अपने जाने वह तेज़ चल रही थी, पर पाँव तो मन-मन के हो रहे थे, जैसे चलने से जवाब दे रहे हों। वही अस्पताल, जो उसके घर से बहुत दूर न था और जहाँ वह बीसियों बार आयी थी, अब जैसे मीलों दूर दिखायी देता था। गिरती-पड़ती वहाँ पहुँची तो चुपचाप जा कर बरामदे में खड़ी हो गयी। उस समय ऑपरेशन हो चुका था और डॉक्टर ऑपरेशन रूम से बाहर निकल कर बातें कर रहे थे। उन्हें गोश्त की आवश्यकता थी। अपने भाई का चित्र उसके सामने खिंच गया। मुहब्बत ने जोश मारा।

आगे बढ़ कर बोली —"गोश्त मैं दूँगी।"

बड़े डॉक्टर ने कहा, "आप ऑपरेशन के कमरे में तशरीफ़ ले चलिए।"

और राजरानी चुपचाप चल पड़ी।

१४

"डॉक्टर अमृतराय आये हैं।"

लता उदास-सी उठ खड़ी हुई। रोज़ ऐसा ही होता था। रोज़ वह इसी तरह उठती थी और फिर उन्हें 'नमस्कार' करके बैठ जाती थी।

इन छै महीनों में उसने दो बार बंसीलाल के लिए अपना रक्त दिया था, रानी ने पाँच-छै बार अपना माँस दिया था। वह दुर्बल और कृशकाय, अस्पलात में पड़ी अपने घावों के भरने की राह देख रही थी, किन्तु इस पर भी बंसीलाल की दशा में कोई परिवर्तन न हुआ था। वह जीवित तो था, पर मुर्दों से बदतर! उसकी सूरत बिगड़ गयी थी, टाँगें और भुजाएँ बेकार हो गयी थीं, सामने के दाँत टूट गये थे, चेहरे तथा कमर की दायीं ओर भारी घाव आ गये थे और मस्तिष्क पर इतनी चोट पहुँची थी कि किसी को पहचानता ही न था —अधिकांश समय चेतनाहीन-सा आँखें बन्द किये रहता, या कभी जागता तो शून्य में ताका करता। उसे देख कर कौन कह सकता था कि वह व्यक्ति कभी सुन्दर भी रहा होगा। न वह बोल सकता था और न वह सुन सकता था, न समझ सकता था। यह जीवन था ? यह मूर्तिमान मृत्यु थी, जिसमें लता, राजरानी, डॉक्टर अमृतराय और बड़े डॉक्टर के निरन्तर प्रयत्नों ने उसे घसीट लिया था।

लता इसी पर सन्तुष्ट थी। सारा दिन वह अस्पताल में उसके सिरहाने बैठी रहती। फ़ैमिली-वॉर्ड में एक कमरा उसने अपने लिए रिज़र्व करवा लिया था। रक्त देने के बाद उसके शरीर में शक्ति ही न रही थी, पर ज्योंही उसमें कुछ बल आया, वह उठ खड़ी हुई। सारा दिन वह भाई-बहन दोनों की सेवा करती। राजरानी के त्याग ने उसकी आँखें खोल दी थीं। वह एक बार रक्त दे कर ही गर्व करती थी, लेकिन पाँच बार डॉक्टरों को बंसीलाल की कमर और गरदन के घावों के लिए गोश्त की आवश्यकता पड़ी थी और पाँचों बार किसी झिझक या डर के बिना रानी ने अपने आप को पेश कर दिया था। डॉक्टर आवश्यकतानुसार उसके शरीर से मांस का एक-दो इंच लम्बा टुकड़ा काट लेते; फिर उस पर पट्टी कर देते, जब वह ठीक हो जाता तो दूसरे ऑपरेशन के लिए उसे बुला लेते। पहली बार की पीड़ा के बावजूद राजरानी दूसरी बार गोश्त देने के लिए तैयार हो जाती। यही कारण था कि जब डॉक्टर को बंसीलाल के शरीर में और खून पहुँचाने की आवश्यकता पड़ी, तो लता ने दूसरी बार अपने आप को पेश कर दिया।

मलिक साहब ने ऐसा करने से उसे बहुत रोका था। डॉक्टर अमृतराय ने भी एकान्त

में उसे इस तरह आत्म-हत्या करने से रोकने का भरसक प्रयत्न किया था। उन्होंने कहा था, "रुपया खर्च करके किसी-न-किसी युवक को इस काम के लिए तैयार किया जा सकता है। मात्र एक विज्ञापन देने की आवश्यकता है। बेकारों की भीड़ में से कोई-न-कोई गहरी रकम लेने के लोभ से अपना पाव-आध पाव रक्त देने को निकल ही आयेगा। आप तो पहले ही दुर्बल हो चुकी हैं, यों अपने शरीर का अन्त न कीजिए।"

लेकिन लता ने केवल इतना ही कहा था, "अपनी भूल का दण्ड मैं किसी दूसरे को क्यों दूँ।" अपने बलिदान से जब वह रानी के बलिदान की तुलना करती थी, तो उसके हृदय में एक अदम्य उत्साह उत्पन्न हो जाता था। आध पाव रक्त क्या, वह अपने रक्त का अन्तिम बिन्दु तक बंसीलाल के लिए सहर्ष दे सकती थी।

दिन-रात वह अस्पताल में बैठी उस मांस-पिण्ड की सेवा-शुश्रूषा में लगी रहती। उसके पिता उसे समझा-समझा कर हार गये थे। उन्होंने अस्पताल आना तक छोड़ दिया था। जितने रुपये वह माँगती, वे भेज देते थे। उसके इस व्यवहार से उनके दिल को बहुत धक्का लगा था। उन्होंने कहा था, "बंसीलाल की सेवा के लिए नौकर भेजे जा सकते हैं, डॉक्टरों और नर्सों का प्रबन्ध किया जा सकता है, तुम्हारी क्या आवश्यकता है ?" किन्तु लता जानती थी नौकरों के दिल में वह दर्द कहाँ, जो उसके हृदय में हैं। चोट जहाँ लगती हों, वहीं टीस होती है, दूसरी जगह नहीं। थक कर वे चुप हो गये थे। पिता का हृदय दुखी होता था, अपनी प्रिय पुत्री की यह दशा देख कर खून के आँसू रोता था; पर कर कुछ न सकता था। जो स्वच्छन्दता उसे उन्होंने अपने हाथों दी थी, उसका स्वयं ही कैसे गला घोंट देते। उन्होंने लता को पुरुष के रूप में देखना चाहा था, पर यह न देखा था, इस कोमल कलेवर में कहीं एक धड़कता दिल भी है, जो सोलहो आने नारी का दिल है —भावुक नारी का दिल!

अपनी समस्त शक्तियों से लता बंसीलाल से प्रेम करने लगी थी। वह इस मांस-पिण्ड से प्रेम न करती थी, वह तो बंसीलाल के उस चित्र से प्यार करती थी, जो उसके बलिदान का चित्र था। बीसियों बार उसकी आँखों के सामने वह दृश्य घूम गया था, जब उसके प्रेम में दीवाना बंसीलाल अपनी जान को संशय में डाल कर तीसरी मंज़िल पर उसके कमरे में चढ़ आया था और उसके कानों में उसकी प्रार्थना, उसका आत्म-निवेदन, उसकी अनुनय-विनय सब कुछ गूँज जाता था। कौन उसके लिए इतना त्याग कर सकता ? काश वह उसे तनिक भी प्रोत्साहन देती! उसे ज़रा-सी आशा दिलाती!! आज वह यों चलने-फिरने से लाचार, बेबस, असहाय न पड़ा होता! उसने सचमुच उसे तबाह कर दिया। बंसीलाल ने उस रात कहा था —'लता, बंसीलाल ऐसा ही न था।' हाँ, बंसीलाल ऐसा न था। उसकी उपेक्षा ने उसे इतना निकम्मा, इतना नाकारा बना दिया। फिर वह क्यों न अपना सर्वस्व उस पर न्योछावर कर दे, अपना सारा जीवन उसकी सेवा में गुज़ार दे, अपने शरीर का अन्तिम अणु तक उसके लिए अर्पण कर दे!

उन दिनों लता को कुछ वैराग्य-सा हो गया था। उसका जी संसार और संसार के सारे सुखों से उदासीन हो गया था। लाहौर में कितने अच्छे चल-चित्र आये; किन्तु उसने, उन्हें देखना तो दूर, उनका नाम भी न लिया। इतने नेता लाहौर में आये, पर वह कभी किसी का भाषण सुनने न गयी। इतने आन्दोलन आरम्भ हुए, पर उसने कभी उनमें दिलचस्पी न

ली। और-तो-और उसने कभी समाचार-पत्र तक न पढ़ा। अपने शरीर और अपनी वेश-भूषा से भी वह प्राय: उदासीन ही रही। जिस पाउडर पर वह जान देती थी, अब उसे उसने कभी भूले से भी हाथ न लगाया था; जिन बालों को वह सौ-सौ नाज़ से पालती थी, अब अनाथों-से मालूम होते थे; जिन कानों में नित नये-नये कर्णफूल डाले जाते थे, वे अब प्राय: सूने ही रहते थे और शरीर भी, जिसको दिन में दो-तीन बार नयी-नयी साड़ियों से सुशोभित करती थी, अब एक ही सीधी-सादी-सी धोती अथवा साड़ी से आवृत रहता था। संसार और इसके सुख —इनमें इतना भी ठहराव नहीं, जितना किसी रेत की दीवार में....

उन दिनों उसे परमात्मा से भी कुछ लगन हो गयी थी। आज तक उसे यह पता न था, ईश्वर क्या है, वह है भी या नहीं। इस ओर से भी वह सदा उदासीन ही रही। कभी सोचा भी, तो उसके अस्तित्व में विश्वास न कर सकी, किन्तु अब उसे कहीं से उस महान शक्ति में आशा हो गयी थी। निराश और बेबसों का अन्तिम सहारा परमात्मा ही है। सब ओर से निराश हो कर या तो वे ईश्वर के अनन्य भक्त बन जायेंगे या फिर उनसे बड़ा नास्तिक कोई न होगा। लता भी इस बेबसी में उसी महान शक्ति से सांत्वना पाती। सुबह-शाम वह उस अन्तर्यामी के आगे सिर झुकाती और बंसीलाल के स्वस्थ होने की प्रार्थना करती और फिर कई बार वह कल्पना-ही-कल्पना में बंसीलाल को स्वस्थ देखती; कल्पना ही में उससे अपनी निष्ठुरता के लिए क्षमा माँगती; कल्पना ही में वह उसके पाँवों में झुक जाती। किन्तु कल्पना के ये प्रासाद ढह जाते, फिर बनाये जाते, फिर धराशायी हो जाते। मनुष्य का मस्तिष्क भी निरीह भोले-भाले बालकों की भाँति मिट्टी के घरौंदे बनाता है, पर यथार्थता की वायु उनकी नींवों को पक्का नहीं होने देती। भोला-भाला पक्षी विटप की सबसे ऊँची शाखा पर अपना घोंसला बनाता है। उसे क्या मालूम कि सबसे पहले बिजली की दृष्टि वहीं पड़ेगी।

०

डॉक्टर अमृतराय हैट को बग़ल में दबाये हुए दाखिल हुए। वे अस्पताल के नये डॉक्टर थे। नवयुवक, पर सौम्य। कुछ का खयाल था कि उनके गाम्भीर्य का कारण उनकी उच्च शिक्षा है; कुछ का विचार था कि यह अधिकार की गर्मी है। कुछ भी हो, उनके चौड़े मस्तक पर, उनके सुन्दर और सुगठित मुख पर सौम्यता की गहरी छाप रहती थी। रोगियों से भी उनका व्यवहार कुछ इतना सन्तोषप्रद न था। अपनी पोज़ीशन से ज़रा झुकना उनके लिए असम्भव था। अनुशासन में वे विश्वास रखते थे और शायद इसलिए उनसे कुछ लोग अप्रसन्न भी थे, पर जब से बंसीलाल अस्पताल में आया और उसके साथ ही लता आयी, तब से उनके व्यवहार में आश्चर्यजनक परिवर्तन हो गया था। बंसीलाल को एक नज़र देखते ही उन्होंने कह दिया था —'यह नहीं बच सकता।' पर जब लता ने अपनी वेदना-भरी आँखों से उसकी ओर देख कर अपने अवरुद्ध कण्ठ से, अपनी उद्भ्रान्त वाणी से, उसकी जान बचाने की प्रार्थना की तो फिर उन्होंने जान लड़ा दी। दिन-रात एक करके उसे मृत्यु के मुँह से खींच लाये। —शायद यही पहला केस था, जिसमें उन्होंने इतनी विनम्रता, इतनी विनयशीलता का परिचय दिया था। लता के सामने उनकी उदारता की नदी जैसे वेग पर आ जाती; उसके सामने वे अपनी ऊँचाई से उतर आते और रोगियों से ऐसी बातें करते,

जैसे दिल में घर कर लेंगे।

एक दिन की बात है, लता जनरल वॉर्ड में मौजूद थी। तुलसी ने एक भंगी को धक्का दे दिया। लता और अमृतराय दोनों ने उसे देखा और फिर दोनों की निगाहें चार हुईं। अमृतराय ने आव देखा न ताव, तुलसी पर बरस पड़े। उसके दो थप्पड़ भी जड़ दिये —"यह तुम्हारे बाप का अस्पताल है कि यहाँ किसी को आने से रोकते हो ? यह अमीरों के लिए नहीं, ग़रीबों के लिए है। अमीर तो दूसरे डॉक्टरों से भी लाभ उठा सकते हैं; पर इन निर्धनों के लिए इस अस्पताल के सिवा कहीं सहारा नहीं। तुम चौकीदार हो, खुदा तो नहीं कि इस प्रकार निर्धनों को धक्के दो।"

तुलसी बेचारा दुबक कर रह गया था। डॉक्टर साहब बड़े स्नेह से मेहतर को अन्दर लाये। वह सहमा हुआ उनकी ओर खड़ा तकता रहा था। एक दिन उस ग़रीब की पत्नी बीमार थी। तुलसी ने दया करके उसे अन्दर दाखिल कर लिया था; लेकिन उस दिन वह ग़रीब इसलिए पिटा था कि इतनी भीड़ होते हुए उसने उसे अन्दर क्यों आने दिया।

o

डॉक्टर साहब का अभिवादन करके लता फिर कुर्सी में धँस गयी, जैसे वह कोई मशीन हो, जिसका काम उठना-बैठना हो।

डॉक्टर साहब ने बंसीलाल को देखा, उसकी मरहम-पट्टी की और फिर नर्स को आवश्यक आदेश दे कर एक दबा हुआ निःश्वास छोड़, वे कुर्सी पर बैठ गये। एक व्यथित निगाह से उन्होंने पहले लता को देखा फिर बंसीलाल को, और फिर एक लम्बी साँस ली —दो महीने से रोज़ ऐसा ही होता था। लता के परिश्रम, उसकी निष्ठा, उसके सेवा-भाव को देख कर डॉक्टर अमृतराय मुग्ध हो गये थे। कई बार उन्होंने चाहा था, काश वे बंसीलाल ही होते।

लता का प्रेम-पात्र बनने के लिए वे मृत्यु जैसे जीवन का भी स्वागत करते। उन्हें लता उस समय देवी मालूम होती थी। सूखे बिखरे बालों में, सीधी-सी धोती पहने, वह उन्हें वन में अपने आप उग आने वाली बेलि-सी, अपनी रुखाई में भी सुन्दर दिखायी देती थी। माली ने उसे अपने हाथ से काट-छाँट कर ठीक नहीं किया तो क्या ? उसे सुन्दरता से नहीं सजाया तो क्या! वह जिस वृक्ष का सहारा लेगी, उसकी छाया बढ़ा देगी, बातचीत आरम्भ करने के विचार से डॉक्टर साहब बोले, "इनका बचना तो अब निश्चित हो गया है, पर वह जीवन मृत्यु से भी बुरा होगा।"

"अब कितने दिनों में आराम हो जायेगा ?" लता ने उदास स्वर में पूछा।

डॉक्टर साहब का गाम्भीर्य दृढ़ हो गया, फिर भी उन्होंने मुस्कराने का प्रयास करते हुए कहा, "यों कहिए कि बीमारी कब आरम्भ होगी ?"

लता ने आँखों में आँसू भर कर कहा, "डॉक्टर साहब, मैंने ही इन्हें इस दशा को पहुँचाया है। मेरी उदासीनता और उपेक्षा ने ही इन्हें इस प्रकार की आत्महत्या पर विवश किया था।"

"जीवन में कई बार ऐसी दुर्घटनाएँ हो जाती हैं," डॉक्टर साहब ने दार्शनिक भाव से कहा, "परिस्थितियाँ ही ऐसी होती हैं, मनुष्य का उन पर कुछ बस नहीं होता। आप यों ही

अपना दिल छोटा करती हैं।"

उस वक्त बंसीलाल ने कराहते हुए टूटे-फूटे स्वर में पुकारा/—'लदा,' 'लदा' यही एक शब्द था, जो बंसीलाल कभी-कभी होश में आ कर कहता था। शायद वह लता को पुकारता था, या शायद पीड़ा से व्याकुल होने पर अनायास उसके मुँह से यह शब्द निकल जाता था, पर लता यही समझती थी कि वह उसे पुकारता है और कई बार उसके स्वप्न इसी एक शबद से बिखर जाते थे और अचानक उठ कर देखती थी कि बंसीलाल को कोई कष्ट तो नहीं।

वह इस तरह उठ कर बंसीलाल के बिस्तर पर पहुँची, जैसे वह बिजली से बनी हो। उसने बंसीलाल का सिर अपनी गोद में रख लिया और पुकारा, "बंसीलाल, बंसीलाल!"

बंसीलाल नहीं बोला।

रुद्ध कण्ठ से लता फिर बोली, "बंसीलाल, बंसीलाल! बोलो, एक बार फिर पुकारो, इसी तरह पुकारो। देखो, लता, तुम्हारे पास खड़ी है! तुम्हारी सेवा करने के लिए प्रस्तुत है। बंसीलाल! बंसीलाल!!"

बंसीलाल अब भी नहीं बोला। वह बेहोश था। लता उसके विकृत मुख, उसकी बन्द आँखों को देखती रह गयी और बड़े-बड़े आँसू उसकी आँखों के कोनों पर ढुलक आये, उसने साड़ी के छोर से उन्हें पोंछ डाला।

डॉक्टर अमृतराय की गम्भीरता भी द्रवित हो गयी। उनकी बाह्य आकृति भी हृदय के आवेगों से अछूती न रह सकी, आँखें डबडबा आयीं। उनके जी ने चाहा, जा कर लता के चरण चूम लें, लेकिन दीर्घ-निःश्वास ले कर चुप बैठे रहे। कुछ देर बाद संयत स्वर में उन्होंने कहा —"आप इन्हें न बुलायें, इससे इनकी अवस्था खराब हो जाने का डर है। यद्यपि इन्हें अब आराम हो रहा है, तो भी ये उस रस्सी पर लटक रहे हैं, जिसके एक ओर जीवन है और दूसरी ओर मृत्यु है।"

लता चुपचाप उठी और अपनी कुर्सी पर आ बैठी। जब भी बंसीलाल होश में आता था, यही दो शब्द पुकारता था, लता तड़प कर उसके बिस्तर जाती थी, उसे बुलाती थी, पर उत्तर न पा कर निराश और उद्भ्रान्त-सी आ कर कुर्सी पर बैठ जाती थी।

बात का रुख बदलने के अभिप्राय से डॉक्टर अमृतराय ने पूछा, "आपने खाना तो खा लिया होगा ?"

"अभी भूख लगी नहीं!" लता ने जैसे किसी दूसरी दुनिया से जवाब दिया।

डॉक्टर साहब ने कहा, "यदि आप इस तरह उपवास करेंगी तो कैसे चलेगा ?"

लता ने दीर्घ-निःश्वास छोड़ते हुए कहा, "नहीं, इतनी जल्दी मुझे मौत नहीं आ सकती।"

१५

डॉक्टर अमृतराय ने बंसीलाल को बचाने के लिए जी-जान से जो परिश्रम किया, उसका प्रभाव लता पर चाहे इतना न पड़ा हो, पर राजरानी का हृदय इस गम्भीर, पर सहृदय डॉक्टर के लिए श्रद्धा से भर उठा था। उसके सामने डॉक्टर का जो रूप आया था, वह एक विनम्र, उदार, दूसरे के दुख को अपना दुख जानने वाले, दयावान डॉक्टर का रूप था। इन चन्द महीनों ही में रानी अमृतराय को देवता की तरह पूजने लगी थी। उसने जैसा सुना था, जैसा समझा था, उससे वे कितने भिन्न हैं —अपनी सूनी घड़ियों में वह यही सोचा करती थी।

सरकारी अस्पताल हो या ग़ैर-सरकारी, चाँदी के देवता की सब जगह पूजा होती है। इस देवता के दर्शन से ही दर्प विनम्रता और कठोरता मृदुता में परिणत हो जाती है। जिन निर्धनों पर इस देवता की कृपा नहीं, वे खैराती अस्पतालों से भी निराश ही लौटते हैं। सरकार लाख नोटिस लगवाये कि सरकारी नौकरों को कोई रिश्वत न दे, किन्तु ग़रज़ रखने वाले देते हैं। दिल पर पत्थर रख कर देते हैं। वे देने के लिए विवश हैं। न दें तो धक्के खायें। नियम और अनुशासन के नाम पर निकाले जायँ, निराश वापस लौटें।

उसे स्वयं इस बात का अनुभव था। सम्पन्न लोगों की ओर पहले ध्यान दिया जाता है। ग़रीबों की बारी भी नहीं आती। पर डॉक्टर अमृतराय इसके अपवाद थे, उनकी आँखों में धनी, निर्धन, सम्पन्न, विपन्न —सब एक-समान थे। कम-से-कम रानी ने तो ऐसा ही देखा था। एक दिन उन्होंने एक चौकीदार को इसलिए निकाल दिया था कि उसने एक निर्धन से चवन्नी रिश्वत ली थी और लता न कह देती तो वह भंगी सदा के लिए नौकरी से हाथ धो बैठता। उसे मालूम था —उन्होंने एक धनाधीश के लड़के को इसलिए जल्दी देखने से इनकार कर दिया था कि उस समय वे एक ग़रीब जाट के लड़के को देख रहे थे और काफ़ी प्रतीक्षा करने के बाद क्रोध में आ कर वे सेठ साहब अपने लड़के को ले कर, गाड़ी में बैठ, अस्पताल से चले गये थे। फिर रोगियों से उनका व्यवहार कितना सम्वेदनापूर्ण था, उनके स्वर में कितनी मिठास और हमदर्दी थी! बंसीलाल को उन्होंने मृत्यु की गहरी खोह से खींच लिया था। वे न होते तो वह भाई से वंचित रह जाती। उसे संसार में 'बहन' के स्नेहपूर्ण नाम से बुलाने वाला कोई न रहता!

जब कभी अमृतराय उसके कमरे में आते, उसका दिल धड़कने लग जाता। जब उसे बुलाते तो उसके मुख पर लाली दौड़ जाती। वह उन्हें देखना चाहती, लेकिन देख न सकती, बात करना चाहती, लेकिन बोल न सकती। उसने किस तरह एक नहीं, दो नहीं, पाँच बार अपने शरीर के टुकड़े बंसीलाल के शरीर में पैन्द लगाने के लिए दिये थे, इस बात ने सबको आश्चर्यान्वित कर दिया था, लेकिन कौन जानता है कि उसे तनिक भी दुख, तनिक भी कष्ट न हुआ था। यदि डॉक्टर अमृतराय ऑपरेशन करें तो वह अपना अंग-अंग कटवा सकती थी। उन हाथों के स्पर्श-मात्र से ही उसमें अपूर्व शक्ति भर जाती थी। उस पीड़ा से भी उसे एक परम सुख का आभास मिलता था।

सन्ध्या का समय था। बाहर बादल घिरे हुए थे और मौसम कुछ भारी-भारी था —कुछ नींद-सी ला देने वाला —फ़ैमिली-वॉर्ड के एक कमरे में एक स्वच्छ बिस्तर

पर रानी चादर ओढ़े, खामोश पड़ी थी। आँखें बन्द थीं, किन्तु सो रही हो, यह बात न थी —दिल की आँखें खुली थीं और मस्तिष्क जाग रहा था। इस जाग्रतावस्था में ही वह एक स्वप्न देख रही थी —डॉक्टर अमृतराय उसकी मरहम-पट्टी करने के लिए उसके पास ही कुर्सी पर बैठ गये हैं। उनकी आँखें उसके चेहरे पर लगी हुई हैं। रानी को लग रहा है जैसे उनकी दृष्टि उसके शरीर को स्पर्श कर रही है। एक बार उसने उन्हें देखने का प्रयास किया। दोनों की निगाहें चार हो गयीं। वह लज्जा से लाल हो कर रह गयी। डॉक्टर साहब ने मुस्करा कर कहा —'रानी, तुमने अपने भाई के लिए जो त्याग किया है, वह कौन किसके लिए कर सकता है।'

रानी कुछ कहना चाहती है, पर कह नहीं सकती। लज्जा शब्दों को उसके गले ही में रोक देती है, पर उसका दिल जानता है कि इस दुनिया में एक और व्यक्ति भी है, जिसके लिए वह इससे भी बड़ा त्याग कर सकती है। वह कनखियों से डॉक्टर साहब को देख कर और मुस्करा कर रह जाती है।

डॉक्टर साहब प्यार से अपना हाथ उसकी बाँह पर फेरते हैं, कहते हैं —'रानी, तुम देवी हो, त्याग और बलिदान की मूर्ति हो!'

रानी चुप रह जाती है, उसके समस्त शरीर में रोमांच की सनसनी दौड़ जाती है, हृदय की गति तीव्र हो जाती है और नस-नस में एक अनिवर्चनीय आनन्द का आभास होता है।

तेज़ हवा के झोंकों से रोशनदान बन्द हो जाते हैं। किवाड़ खड़खड़ा उठते हैं। रानी की कल्पना का जादू टूट जाता है। वह आँखें खोल देती है —न डॉक्टर, न वे बातें, न वह जीवनदायक स्वर —उसने लम्बी साँस ले कर करवट बदली और आँसुओं के दो गर्म मोती उसकी आँखों से ढुलक कर उसके बिस्तर में गुम हो गये।

बाहर खूब वर्षा हो रही थी। शायद तेज़ हवा भी चल रही थी। रानी का दिल विषाद से भर आया और अचानक उसकी दायीं आँख फड़क उठी। रानी की विचारधारा पलट गयी। इस भारी एकाकी वातावरण में उसे अपनी माँ की याद हो आयी। कई बार यह बात उसके मन में आयी थी। सोचती थी, शायद लालाजी ने उसे बंसीलाल के गिरने की खबर ही न दी हो। लेकिन उसे आना चाहिए था। मेरी इतने दिनों की अनुपस्थिति में क्या उसने मेरी खोज न की होगी ? अवश्य की होगी। उसे सब कुछ मालूम हो गया होगा। फिर क्यों नहीं आयी ? क्या उसे यहाँ आने की, अपनी लड़की को देखने की आज्ञा नहीं मिली ? फिर सोचती —ऐसा तो कोई नियम नहीं है। उसकी दायीं आँख और भी ज़ोर से फड़क उठी। उसके हृदयाकाश पर आशंकाओं के बादल छा गये। उसने सोचा —आज जब डॉक्टर साहब आयेंगे तो वह उनसे अपनी माँ की बाबत अवश्य पूछेगी।

कई बार पहले भी उसके मन में यह प्रश्न उठा था। कई बार उसने पूछने का विचार किया था। ऑपरेशन के कारण पहले तो बात करने का अवसर ही न मिला और फिर जब ऑपरेशन खत्म हुआ तो डॉक्टर अमृतराय का रोब उस पर कुछ ऐसा छाया कि उनसे पूछना उसके लिए अत्यन्त कठिन हो गया। उनके सामने उसकी जिह्वा मूक हो जाती थी। वे कुछ पूछते भी तो जवाब न बनने के कारण उसके मुख पर लाली दौड़ जाती थी और शरीर पसीना-पसीना हो जाता था। लता से वह अवश्य पूछ सकती थी, पर इच्छा होते हुए भी

उससे वह कुछ न कह सकी थी। न जाने क्यों लता से वह खिंची-खिंची रहती थी। इस अस्त-व्यस्त दशा में भी लता की आँखों में रानी को एक ऐसी बात दिखायी देती, जिससे उसके अधिक सम्पन्न होने का आभास मिलता था। उसके सामने अपनी दीन दशा बताने में रानी को संकोच होता था। बंसीलाल और लता के बीच क्या बात थी, इसका उसे अभी तक पता न लगा था। हाँ, कुछ सुनी-सुनायी बात, जो उसे मालूम हुई थी, उसने उसके दिल को और भी संकोच में जकड़ दिया था। वह चाहती थी, वह उससे बातचीत करे, पर लता में उसने अपनेपन का सदैव अभाव पाया। वह उसके कमरे में आती थी, उसकी आवश्यकताओं का ध्यान रखती थी, पर फिर भी न जाने उसके व्यवहार में कुछ ऐसी बात थी कि रानी कुछ भी पूछ न पायी थी। शायद अपनी हीनता और दारिद्र्य ने ही उसके मन में इतना संकोच भर दिया था।

वर्षा के छींटे खिड़की पर लगी हुई मोटी जाली से छन कर कमरे में आने का विफल प्रयास कर रहे थे। रानी की निगाहें खिड़की में जम गयीं, जैसे वह जाली के छेदों को भेद कर बाहर वर्षा का आनन्द लेना चाहती हों। उसी क्षण कमरे का दरवाज़ा खुला और भीगी हुई बरसाती पहने, हैट पर खोल चढ़ाये, डॉक्टर अमृतराय ने अन्दर प्रवेश किया।

रानी की दृष्टि उनके चेहरे की ओर उठी, फिर झुक गयी, उसके शरीर में सनसनी-सी दौड़ गयी। उसे कुछ सर्दी-सी लगी और उसने चादर को कुछ और खींच लिया।

वॉटर-प्रूफ़ कोट को उतार कर अलग रखते हुए, हैट को दीवार पर टाँग कर, डॉक्टर अमृतराय रानी की चारपाई के समीप कुर्सी पर बैठ गये। उन्होंने पूछा, "अब जी कैसा है ?"

रानी को इन दो शब्दों में मिठास की एक नदी-सी बहती प्रतीत हुई। उसे जान पड़ा, जैसे यह नदी कानों से गुज़र कर उसकी नस-नस में प्रवेश कर रही है। आँखें बन्द करके वह उस मिठास का आनन्द लेने लगी। कमरे में एक विचित्र शान्तिमय ठण्डक छायी हुई थी। चारपाई के दायीं ओर, दीवार के साथ लोहे की श्वेत डोली पड़ी थी, जिस पर श्वेत वार्निश किया हुआ था। डोली में रानी के कपड़े आदि बन्द थे और उसके ऊपर दूध पीने का प्याला, श्वेत पट्टियाँ, शीशी और दूसरा सामान रखा था। फ़र्श बिलकुल साफ़ था, केवल खूँटी पर लटका हुआ वॉटर-प्रूफ़ कोट निचुड़ रहा था। कमरे में अँधेरा-सा छाया हुआ था और डॉक्टर अमृतराय अपने लम्बे, सुडौल, सुगठित और बलिष्ठ शरीर को लिये हुए कुर्सी पर बैठे थे। रानी शान्ति और सन्तोष के साथ बिस्तर पर आँखें बन्द किये पड़ी थी। पर उसका दिल कैसा धड़क रहा था, इसे वह भली-भाँति जानती थी। डॉक्टर साहब ने उसे चुप देख कर फिर धीरे से पूछा, "अब जी कैसा है ?"

रानी ने आँखें खोल दीं, किन्तु अमृतराय की ओर बिना देखे हुए कहा, "अच्छी हूँ।"

"आप कब जाना चाहती हैं ?"

'जाना चाहती हैं!' रानी ने एक बार विषाद-भरी थकी-सी दृष्टि डॉक्टर साहब पर डाली, बोली, "जब आप जाने को कहें!" —और फिर उसने मुँह दीवार की ओर कर लिया।

डॉक्टर साहब को लगा जैसे यह कहते-कहते रानी का गला रुँध गया है, उसका मुख तो उनकी ओर न था, पर कण्ठ के स्वर से ही उन्होंने जाना जैसे उसकी आँखों में

आँसू छलछला उठे हैं।

डॉक्टर साहब ने उठ कर, अपने स्वर में और मृदुता भर कर, कहा, "देखो भाई, बंसीलाल को अब प्राय: आराम हो गया है, यदि तुम उसे आराम कह सको। अस्पताल उसके लिए जो कुछ कर सकता था, उसने किया। तुम सब के त्याग और बलिदान से उसके जीवन की डोरी और लम्बी हो गयी है और वह इस दशा में काफ़ी दिनों तक जीवित रह सकता है। अमृतलता अब उसे ले जाना चाहती है।"

"कहाँ ले जाना चाहती हैं ?" रानी ने मुड़ कर धीरे से पूछा।

"यह मुझे मालूम नहीं, लेकिन बंसीलाल को जब आराम हो गया है तब वे अस्पताल छोड़ना चाहती हैं। मुझे उन्होंने यह कहने को भेजा है कि यदि आप भी चाहें तो अस्पताल छोड़ सकती हैं।"

रानी ने केवल अश्रुपूर्ण नेत्रों से डॉक्टर साहब की ओर देखा और चुप रही।

डॉक्टर साहब ने ज़रा खाँसते हुए कहा, "अमृतलता ने मुझे यही कहने के लिए भेजा है कि आप जैसा उचित समझें, वैसा प्रबन्ध कर दिया जाय।"

अस्पताल से घर जाना होगा! वह तो इस तरह पड़ी थी, जैसे सदा यहीं पड़ी रहेगी और सदैव डॉक्टर साहब उसका इलाज करते रहेंगे। लेकिन अस्पताल उनका घर तो नहीं है। और फिर लता कब तक यह खर्च सहन कर सकती है ? अस्पताल तो छोड़ना ही होगा! घर तो जाना ही होगा!!

घर का ध्यान आते ही रानी कुछ चौंक पड़ी। अमृतराय के आने से पहले वह जो उनसे पूछना चाहती थी, वह उसे याद हो आया। उसने धीरे से पूछा, "क्या आपको मालूम है, मेरी माँ कहाँ है ?"

"आपकी माँ," डॉक्टर अमृतराय चौंक उठे। आज तक जिस प्रसंग से वे सावधानी के साथ बचते आये थे, वही छिड़ गया। उन्होंने कहा, "मुझे तो मालूम नहीं!"

"यदि आप उसे खबर कर देते तो वह आ कर मुझे ले जाती।"

डॉक्टर साहब चुप रहे।

रानी ने ज़रा-सा उठ कर पूछा, "मेरी माँ क्या अस्पताल में कभी नहीं आयी ?"

डॉक्टर साहब चुप खिड़की में नज़र जमाये खड़े रहे। रानी जैसे अपने आप बोली, "क्या उसे अभी तक इस दुर्घटना का पता नहीं चला ? मैं बिना कहे घर से चली आयी थी, इतने दिन बीत गये, उसने खोज-खबर नहीं ली ?" उसने स्थिर दृष्टि से डॉक्टर अमृतराय की ओर देखा और बेचैन हो कर उठ बैठी, "डॉक्टर साहब! आपको अवश्य पता है, आप छिपा रहे हैं।" उसने काँपती हुई ऊँची आवाज़ में कहा।

डॉक्टर साहब चुप, अविचल भाव से सामने शून्य में दृष्टि जमाये रहे। उनके मस्तिष्क में हलचल मची हुई थी।

रानी बैठी थी। सूखे बालों की दो लटें उसके मस्तक पर, उसकी आँखों पर बिखर गयी थीं। उसके दिल में बीसियों आशंकाएँ अपना भयावह रूप धारण करके उठ बैठी थीं। उसकी आँखें डॉक्टर साहब की ओर लगी हुई थीं और पानी जैसे उनमें से बरस ही पड़ना चाहता था। उसने अत्यन्त ही करुण और विनीत स्वर में कहा, "डॉक्टर साहब, मैं आपसे

प्रार्थना करती हूँ, बता दीजिए मेरी माँ कहाँ है ?"

"रानी देवी, साहस से काम लो; तुम्हारी माँ...." और वे फिर चुप हो गये, जैसे निश्चय कर रहे हों कि बतायें या न बतायें ?

रानी उद्विग्न हो उठी। उसने कहा, "डॉक्टर साहब, आप सोचिए नहीं, भली-बुरी जो भी खबर है, बता दीजिए।"

डॉक्टर साहब ने खिड़की से दृष्टि हटा ली और संयत स्वर में बोले —"भई, मैंने आज तक तुम्हें नहीं बताया और न तुम्हें यह पूछने का अवसर ही दिया। पर तुम अनुरोध करती हो, बात यह है कि तुम्हारी माँ...."

निमिष मात्र के लिए डॉक्टर अमृतराय रुके, रानी चीख उठी —"कह दीजिए डॉक्टर साहब, कह दीजिए —वह मर गयी, इकलौते जवान लड़के की ऐसी दयनीय दशा को देख न सकी; उसे इस तरह असहाय, लाचार, विवश देख कर जीवित न रह सकी —वह मर गयी है।"

और दिल में उठते हुए दुख के समुद्र को रोकने में अशक्त हो कर रानी हाथों में मुँह छिपा कर फूट-फूट कर रो उठी।

"नहीं, वह मरी नहीं," डॉक्टर साहब ने कहा।

रानी का रोना बन्द हो गया। उठ कर वह खड़ी हो गयी, "तो कहिए, मेरी माँ कहाँ है ? मेरी माँ कैसी है ?"

डॉक्टर साहब ने खूँटी से वॉटर-प्रूफ़ का कोट उतारा और धैर्य से बोले, "घबराइए नहीं, वह जीवित है.... "

रानी चुप, अपलक खड़ी रही।

डॉक्टर साहब ने कोट के बटन लगाते हुए कहा, "बात यह है रानी कि तुम्हारी माँ कुछ उद्भ्रान्त-सी हो गयी है, उसे कुछ अपना होश नहीं रहा।"

"होश नहीं रहा, वह पागल हो गयी है" —रानी का पीला मुख हिम ऐसा सफ़ेद हो गया, वायु के झोंकों से उसके सिर का दुपट्टा खिसक गया और सूखे बाल बिखर गये।

डॉक्टर साहब ने सान्त्वनापूर्ण स्वर में कहा, "हाँ, वह पागल हो गयी है, किन्तु तुम पढ़ी-लिखी हो, तुम्हें साहस से काम लेना चाहिए। न जाने उसे कैसे मालूम हो गया। भागी-भागी अस्पताल में आयी और रो कर बंसीलाल को देखने के लिए शोर मचाने लगी। मैंने उसे ढाढ़स बँधाया और यह कह कर कि आराम हो रहा है, घर जाने को कहा; लेकिन फिर न जाने कैसे वह बंसीलाल के कमरे में घुस आयी। मैंने चौकीदार से कह भी दिया था कि उसे अन्दर न आने देना! उसके ज़रा इधर-उधर होते ही वह घुस आयी और बंसीलाल को इस दशा में देखते ही उसने चीख कर ज़ोर से दीवार से टक्कर मारी और अचेत हो कर गिर पड़ी। जब होश में आयी तो पागल थी।"

"पागल हो गयी, मेरी माँ पागल हो गयी!" —रानी ने बेबसी से हाथ मलते हुए उन्मादिनी की भाँति कहा। फिर वह संयत हो गयी और जैसे अपना सारा धैर्य इकट्ठा करके उसने पूछा, "अब कहाँ है ?"

"पागलखाने में।"

"पागलखाने में!" — रानी के सन्तोष का बाँध टूट गया। उसने चीख कर कहा — "माँ पागलखाने में!"

और अचेत हो कर फ़र्श पर गिर पड़ी।

डॉक्टर हैट सिर पर रखने लगे थे। उन्होंने उसे फेंक कर रानी को सँभाला। उसके सिर से खून निकल रहा था और उसके घाव भी हरे हो गये । चीख कर उन्होंने आवाज़ दी — "मिस बैटी! मिस बैटी!!"

१६

कोमल वर्ग से सम्बन्धित और जीवन को किसी-न-किसी हद तक प्रभावित करने वाली सब घटनाएँ डॉक्टर अमृतराय की कल्पना के सम्मुख घूम गयीं।

शाम का वक्त था। अस्पताल से आ कर डॉक्टर साहब नीचे ड्रॉइंगरूम में ही बैठ गये थे और वहाँ बैठे-बैठे उस लोक में खो गये थे, जिसे कल्पना सृजित करती है और जो मनुष्य को कुछ क्षण के लिए इस दुनिया से बहुत दूर ले जाता है।

बचपन के वे दिन याद आ गये, जब वे अपने गाँव से बाहर नदी के किनारे खेला करते थे, गयी रात तक छिटकी हुई चाँदनी में गाते फिरा करते थे। जीवन एक स्वप्न था और इस स्वप्न की सुन्दर प्रतिमा थी गिरिजा —डॉक्टर साहब के पड़ोसी की सुन्दर लड़की। यद्यपि बचपन से डॉक्टर साहब उसके साथ खेले थे, किन्तु जब यौवन के देवता ने उन दोनों के कानों में अपना नवीन सन्देश दिया तो दोनों की निगाहों में संकोच आ गया, पर हृदय शायद एक-दूसरे के और भी समीप हो गये। इसके बाद डॉक्टर साहब मेडिकल कॉलेज में दाखिल होने के लिए लाहौर आ गये थे। वहाँ भी यद्यपि गिरिजा की याद उन्हें सताया करती थी, पर परिस्थिति की यथार्थता ने उन्हें बता दिया था कि वे चाहें तो देवी की भाँति अपने हृदय के मन्दिर में बैठा कर गिरिजा को पूज सकते हैं, पर उसे पा सकेंगे, इसकी आशा उन्हें नहीं करनी चाहिए। वे एक अमीर घराने के दीपक, गिरिजा एक निर्धन के घर की लड़की! वे जाति के क्षत्री, गिरिजा ब्राह्मण और फिर देहात के पुराने रीति-रिवाज की दीवारें! दोनों किसी तरह भी एक सूत्र में न पिरोये जा सकते थे। इसीलिए उनके लिए गिरिजा कभी गाँव जाने पर याद आ जाने की चीज़ ही रह गयी थी। धीरे-धीरे लाहौर के नये जीवन ने यह भी बता दिया कि गिरिजा सुन्दर चाहे कितनी भी क्यों न हो, पर वह अशिक्षित है, अपढ़ और गँवार है और इसलिए एक भावी डॉक्टर की सहचरी होने के कदापि योग्य नहीं। जब डॉक्टर साहब दूसरे वर्ष में थे, तभी गिरिजा का विवाह हो गया और उसकी याद भी डॉक्टर साहब के मस्तिष्क से लुप्त हो गयी। हाँ, जब कभी विमला का कटु व्यवहार उन्हें असह्य हो जाता तो अपने कमरे के एकान्त में बैठे-बैठे उन्हें गिरिजा की याद आ जाती, जिससे उन्होंने सदैव स्नेह पाया, प्यार पाया; नाज़, नखरा, गुस्सा, अनबन जहाँ उन्हें ढूँढने से भी कभी न मिले।

विमला कॉलेज में उन्हीं के दर्जे में पढ़ने वाली एक लड़की थी। पहले-पहल जब डॉक्टर साहब ने उसे देखा तो गिरिजा के सामने वह सर्वथा तुच्छ और क्षुद्र दिखायी दी थी। उस वक्त वे नये-नये अपने गाँव से आये थे और गिरिजा उनके मस्तिष्क पर छायी हुई थी। उसका साँचे में ढला हुआ शरीर, सुडौल अंग, सुषमा से बना हुआ सुन्दर मुखड़ा, उसमें नगीनों-सी जड़ी हुई दो आँखें, विशाल मस्तक और सुनहरे बाल उनके हृदय-पट पर अपना अधिकार जमाये हुए थे। विमला में यह बात कहाँ थी ? उसमें नज़ाकत थी, नफ़ासत थी, आकर्षण भी था। पर गिरिजा का-सा स्वास्थ्य, उसकी-सी सुन्दरता, उसकी सरलता उसमें न थी। लेकिन एक दिन आया कि सरल सुन्दरता के मुकाबले में डॉक्टर साहब इस कृत्रिम नज़ाकत पर ही रीझ उठे। विमला को चाहने वाले वे अकेले ही तो थे नहीं, फिर वह क्यों न मानिनी होती। ज्यों-ज्यों वे उसकी ओर बढ़ते, वह खिंचती जाती और ज्यों-ज्यों वह खिंचती जाती, अमृतराय उतना ही उसकी ओर बढ़ते जाते और गिरिजा की अपूर्णता उतनी ही उन्हें स्पष्ट होती जाती। हँसाने के साथ विमला रुलाती भी कम न थी, पर इतना होते हुए भी वे उसी पर मरते थे। जब उसका व्यवहार असह्य हो जाता तो अमृतराय को गिरिजा की याद आ जाती। किन्तु जब विमला फिर एक मद-भरी मुस्कान से उनकी ओर देखती, तो वे सब कुछ भूल कर उसकी मूर्ति के उपासक बन जाते। इसी तरह मेडिकल कॉलेज के पाँच साल बीत गये। विमला अन्त तक उनके लिए छलना, मृग-मरीचिका ही बनी रही और इसी बीच डॉक्टर साहब एफ़०आर०सी०एस० की डिग्री लेने इंग्लैण्ड चले गये। वहाँ उनके जीवन में आयी एक तीसरी रमणी फ़्लोरा! डॉक्टर साहब ने अनुभव किया कि बहुत समय से जिस जीवनी-संगिनी की खोज वे कर रहे थे, वह फ़्लोरा ही है। उसमें गिरिजा की सुन्दरता थी और विमला की सुकुमारता! यही नहीं, बल्कि वे दोनों गुण उसमें कहीं अधिक मात्रा में मौजूद थे। गिरिजा उसके सामने फीकी मालूम होती थी और विमला नौसिखिया।

फ़लोरा ने उनका मिलन 'हैमरस्मिथ पैले,' लन्दन में उस समय हुआ था, जब उनके किसी मित्र ने उससे उनका परिचय करा दिया था। उस रात उन्होंने अपने आप को धन्य समझा था। उन्हें सारी रात नींद न आयी थी। आकाश के रंग जैसी नीली गहरी उसकी आँखें, तीखी चितवन, लम्बा-पतला शरीर, सुडौल अंग, ये सब-के-सब उनकी आँखों में घूमते रहे थे और जब दूसरे दिन पैले में वे उसके नाच में गये, किसी निपुण कारीगर के हाथों साँचे में ढले हुए उसके अंगों को उन्होंने देखा तो वे अपने आपे में न रहे थे और फिर उन्होंने अपनी समस्त शक्तियाँ इस जादूगरनी को अपने बस में करने के लिए लगा दी थीं। कुछ देर के लिए उन्हें ऐसा महसूस भी हुआ था कि वे अपने उद्देश्य में सफल हो गये हैं। फ़्लोरा के साथ कई सुखद दिन और कई आनन्दमयी रातें भी उन्होंने गुज़ारीं, इसी जीवन में स्वर्ग-सुख का अनुभव भी उन्होंने किया। उनके डिग्री लेने के बाद फ़्लोरा पत्नी-रूप में उनके साथ भारत चलने को तैयार भी हो गयी, पर जब वह दिन आया तो उन्होंने सुना कि फ़्लोरा ने किसी दूसरे युवक से शादी कर ली है, जो उसी वर्ष आई०सी०एस० की परीक्षा में उत्तीर्ण हुआ है। तब उन्होंने जाना कि सुन्दरता और सलीके के अतिरिक्त एक तीसरी वस्तु भी है, जो नारी में होनी आवश्यक है और वह है वफ़ादारी — अपने प्रेमी अथवा पति के प्रति प्रेम होने के साथ-साथ उन्नति तथा अवनति में उसी से लौ लगाये रखने की

भावना।

अब अमृतराय सतर्क हो गये थे। सतर्क क्या, उदासीन हो गये थे। इसके बाद आँखों को कई तस्वीरें अच्छी लगीं, लेकिन फ़्लोरा की याद ने मन को उनकी ओर आकर्षित न होने दिया। प्राय: वे सोचा करते —क्या इस शिक्षा, संस्कृति तथा सुघड़ता से गिरिजा की सरलतापूर्ण अशिक्षा ही अच्छी न थी ? उसमें चाहे वह सलीका न हो, जो आधुनिक नारी की विशेषता है, पर प्रेम और वफ़ादारी का वहाँ अभाव न था। —ऐसे अवसरों पर उनके हृदय से एक दीर्घ-नि:श्वास बरबस निकल जाया करता था।

मन की ऐसी ही अवस्था में वे भारत आ गये थे और शीघ्र ही मेयो अस्पताल में नियुक्त हो गये थे। वहाँ उन्होंने देखा लता को —जिसमें सेवा का भाव शिक्षा के साथ कूट-कूट कर भरा हुआ था। कोई ग्रैजुएट लड़की भी इस लगन से, इस तन्मयता से किसी की सेवा कर सकती है, यह बात उनके लिए सर्वथा नयी थी। यदि लता के स्थान पर विमला होती तो क्या वह अपने प्रेमी की इतनी सेवा कर सकती ? डॉक्टर साहब को इसमें सन्देह था।

बंसीलाल से लता को प्रेम था या नहीं, इस बात को उन्होंने कभी नहीं सोचा और न यही विचार किया कि लता के इस त्याग का कारण क्या है ? उन्होंने तो उसे सदैव सेवा-शुश्रूषा में व्यस्त पाया और उस लगन के साथ, जिससे माँ अपने बच्चे की, बहन अपने भाई की और पत्नी अपने पति की सेवा भी नहीं कर सकती। तभी उनके हृदय में गिरिजा, विमला और फ़्लोरा के धुँधले चित्रों को मिटा कर लता की तस्वीर खिंच गयी थी।

किसी के पैरों की चाप सुनायी दी। डॉक्टर साहब ने सिर उठाया। देखा —नौकर चाय की ट्रे लिये आ रहा है। वे कुछ चौंक कर, कुछ हड़बड़ा कर उठे। नौकर ने ट्रे मेज़ पर रख दी और चाय का प्याला बना कर डॉक्टर साहब को दिया। एक दीर्घ-नि:श्वास छोड़ कर उन्होंने प्याले को मुँह से लगा लिया।

१७

लता ने कहा, "मैंने इस एक महीने में जीवन को जैसे देखा है, वैसे पहले कभी न देखा था। ऐसा मालूम होता है, जैसे मैं पहले से कुछ अधिक समझदार, कुछ अधिक बुद्धिमती हो गयी हूँ।"

उसके पिता कुर्सी पर बैठे सिर्फ़ सिगरेट पीते रहे। लता का ध्यान उनके श्वेत बालों की ओर चला गया, जो कनपटी के ऊपर शनैः-शनैः कालिमा पर विजय प्राप्त करते चले जा रहे थे। फिर उसने उनके चेहरे की झुर्रियों और पिचके हुए गालों को देखा —उसके पिता बूढ़े हो चले थे। लता ने आज तक उन्हें इस दृष्टि से न देखा। जीवन उसके लिए एक उल्लास था। दुख जो भी था, लता के भाग में न आया था और उसने ऐसा समझा था कि

उसके पिता भी इस दुख से उसी की तरह अनभिज्ञ हैं और सच तो यह है कि उसने कभी इस समस्या पर विचार ही न किया था। उसने अपने पिता के दुख को मापने का प्रयास ही न किया था। अपनी स्वर्गीय पत्नी की स्मृति में जवानी के मधुबन को मरुस्थल बनाने में, उसकी नन्हीं निशानी को पाल-पोस कर परवान चढ़ाने में, उसे उत्तम शिक्षा देने में उन्हें कितनी परेशानी का सामना करना पड़ा, लता ने कभी इसका खयाल भी न किया था। उसने नहीं जाना था कि इन चन्द महीनों में अपनी प्राणों से भी प्रिय पुत्री की उद्दण्डता से उन्हें कितना हार्दिक दुख पहुँचा है, कितनी मर्मान्तक वेदना हुई है, कितनी मानसिक और शारीरिक पीड़ा पहुँची है!

अपने हठ के आगे लता ने इन सब बातों पर ध्यान न दिया था। पर आज इस एकान्त में, इस बड़े कमरे में, इस बिजली के धीमे प्रकाश में, इस सौम्य, मौन और गम्भीर मूर्ति को देख कर उसे प्रतीत हुआ कि उसके पिता बूढ़े हो चले हैं और जो प्रफुल्लता उनके चेहरे पर सहज ही खेला करती थी, वह अब दिखायी नहीं देती।

कुछ क्षण बाद सिगरेट की राख को फ़र्श पर रखी हुई ऐश ट्रे में फेंकते हुए मलिक साहब ने जैसे अपने शब्दों को तोलते हुए गम्भीरता से कहा, "लता, तुम अब सयानी हो। बच्ची नहीं हो। मैंने तुम्हें आवश्यक शिक्षा दी, स्वतन्त्रता दी। इस स्वतन्त्रता के गुण और दोष भी तुम्हें बता दिये। इस आज़ादी का युवक और युवतियों पर क्या-क्या प्रभाव पड़ता है, समाज ने कौन-से प्रतिबन्ध लगा रखे हैं, यह बात भी तुम्हें बता दी और फिर इस विस्तृत संसार में अपनी जगह बनाने के लिए छोड़ दिया। मैं चाहता था, तुम अपने हर काम के सम्बन्ध में पहले सोचो, उसके समस्त पहलुओं पर विचार करो, पर तुमने ऐसा नहीं किया। तुम अपने आपको चतुर समझती हो, लेकिन यह ग़लत है। तुम भी भावुकता की लहर में बह गयी हो! मैं तुम्हें अब क्या कहूँ ?"

लता चुप रही!

"मैं मानता हूँ," मलिक साहब बोले, "बंसीलाल के प्रेम की कद्र तुम्हें करनी चाहिए, किन्तु अब जब वर्तमान परिस्थितियों में तुम उसे अधिक लाभ नहीं पहुँचा सकती, तुम्हें ऐसा प्रबन्ध कर देना चाहिए था, जिससे उसका शेष जीवन आराम से गुज़र जाय। इस मृत-प्राय व्यक्ति के लिए अपने कार्यक्रम, अपनी महत्वाकांक्षाओं, अपने जीवन और उसकी आवश्यकताओं तक से बेपरवाह हो जाना, मेरे खयाल में, कोई ठीक बात नहीं है।"

"महत्वाकांक्षाएँ, जीवन के कार्यक्रम —ये तो व्यर्थ की बातें हैं पिता जी!" लता ने विनम्रता, पर दृढ़ता से कहा, "मनुष्य की बिसात ही क्या है ? उसकी महत्वाकांक्षाओं और उसके कार्यक्रम में स्थिरता ही कितनी है ? परिस्थितियों की झंझा क्षण भर में उन्हें छिन्न-भिन्न कर देती है। बंसीलाल ही को देखिए। आशाएँ उसकी कितनी ऊँची न होंगी ? उद्देश्य उसका कितना महान न होगा ? उसका समय कितना बहुमूल्य न होगा ? किन्तु परिस्थितियों पर उसका क्या वश चला ? कहाँ गयीं उसकी आशाएँ, वे कार्यक्रम, वे महत्वाकांक्षाएँ ? उसका सब कुछ तबाह हो गया! वह स्वयं जीवन और मृत्यु की सीमा पर डोलने लगा!"

"इसीलिए कि वह भावुक था। जो लोग मस्तिष्क का आँचल छोड़ कर भावुकता को

अपना पथ-प्रदर्शक बनाते हैं, उनका यही अंजाम होता है। इसीलिए मैंने तुमसे कहा है कि सब पहलुओं पर विचार करो और भावों की धारा में न बहो।"

"मैं सब कुछ सोच चुकी हूँ पिता जी, मैं जाना चाहती हूँ," लता ने हठपूर्वक कहा।

"तो जाओ, मैं तुम्हें न रोकूँगा। लड़के अपने माता-पिता की आज्ञा की अवज्ञा नहीं करते क्या ? मैंने भी तुम्हें लड़कों की भाँति ही शिक्षा दी है और तुम्हें अपना पुत्र ही समझा है। अब तुम यदि ग़लती करो तो भी मैं कुछ न कहूँगा। यदि किसी बात में मेरी बदनामी हुई, तब भी मैं परवाह न करूँगा। मुझे शायद तुमने पहचाना नहीं, तुम्हारा पिता दूसरों से सर्वथा भिन्न है, वह स्वतन्त्र विचार रखता है, वह सिद्धान्तों पर जान देता है, दुनिया की उसे परवाह नहीं।"

लता की आँखें सजल हो गयीं। उसके पिता उठ खड़े हुए। लता ने भर्रायी हुई आवाज़ से कहा, "लता मर जायेगी, पर आपकी निन्दा न होने देगी।"

मलिक साहब फिर बैठ गये, उन्होंने कहा, "भावुक लोगों की प्रतिज्ञाओं पर कैसे विश्वास किया जाय ? उन्हें अपने आप पर ही काबू नहीं होता।"

लता ने रूमाल से आँखें पोंछते हुए कहा, "आपको इस ओर से शिकायत का मौका न मिलेगा। आप इसे चाहे मेरी मूर्खता कहें, पर यह अन्तिम बात है, जो मैं इस सम्बन्ध में करना चाहती हूँ। जिस व्यक्ति ने मेरे कारण अपनी जान को संशय में डाल दिया, उसके लिए मैं यह अन्तिम यत्न अवश्य करूँगी, चाहे प्रगटतया वह एक अर्थहीन प्रयत्न से अधिक महत्व न रखता हो, पर इसके बाद मैं प्रण करती हूँ कि अपने आपको बिलकुल आपके हाथों में छोड़ दूँगी। जैसा आप कहेंगे, वैसा ही करूँगी।"

पिता चुप रहे।

लता ने अवरुद्ध कण्ठ से कहा, "आपने मुझे माँ की तरह पाला है। मैं आपसे इसी तरह हठ करती रही हूँ। मैंने आपको कष्ट भी बहुत दिया है और मैं जानती हूँ कि मेरे व्यवहार से आपको दुख भी बहुत पहुँचा है, लेकिन मैं विवश हूँ। फिर भी आपको विश्वास दिलाती हूँ कि मैं मर जाऊँगी, इससे पहले कि आप पर कोई कलंक आये। आपने मुझे जो स्वच्छन्दता दी है, उसका अनुचित लाभ न मैंने उठाया है, न उठाऊँगी। मैं कहती हूँ कि यदि मैं अपने इस यत्न में असफल रही, तो अपने आपको, अपने भविष्य को पूर्णतया आपके हाथों में छोड़ दूँगी। जैसा आप कहेंगे, वैसा ही करूँगी।"

"तुम्हारी इच्छा!" उसके पिता ने एक दीर्घ-निःश्वास छोड़ कर कहा। शायद उनका गला भर आया था, आँखें सजल हो उठी थीं। इतना कह कर वे तेज़ी से कमरे से निकल गये। लता फिर काउच पर बैठ गयी —उसके पिता उसे कितना प्यार करते थे, उसकी जुदाई के खयाल से वे कितने विह्वल हो जाते थे, उसकी उद्दण्डता और हठ ने उन्हें कितना दुख पहुँचाया था, किन्तु इस पर भी उन्होंने किस तरह उसे क्षमा कर दिया था और बंसीलाल को अस्पताल से ला कर घर रखने की आज्ञा दे दी थी ? पर अब तो उनकी आँखों से दूर जाने का प्रश्न था और लता को उन्होंने कभी आँख की ओट भी न होने दिया था। लता की आँखों में आँसू भर आये और वह रूमाल में मुँह छिपा कर रोने लगी। क्या उसकी माँ उससे इतना प्यार कर सकती थी ? क्या वह उसे इतनी शिक्षा, इतनी स्वच्छन्दता दे सकती

थी ? क्या वह इस तरह क्षमा कर सकती थी ? कभी नहीं। उसके पिता उसके पिता ही न थे, उसके माँ भी थे। लता स्वयं उन्हें कितना चाहती थी ? पर यह विवशता! उसकी आँखें नहीं, हृदय रो रहा था।

और दूसरे कमरे में वृद्ध मलिक साहब मेज़ पर कुहनियाँ टेक कर हाथों में सिर रखे बैठे थे और उनकी आँखों में उमड़े हुए आँसू मेज़ के कपड़े में समा रहे थे। उन्हें अपनी लड़की से कितनी मुहब्बत थी ? वे नहीं चाहते थे कि वह इस तरह जगह-जगह भटकती फिरे। उन्हें डर था, वह अस्वस्थ हो जायेगी। बंसीलाल की तीमारदारी ने उसे अधमरी कर दिया था। दो बार तो उसने अपना रक्त दिया, यदि इस निरन्तर परेशानी से वह बीमार हो गयी। यदि कहीं वह....इसके आगे सोच ही न सकते थे। उन्हें रुलाई आ जाती। इस उद्दण्ड चंचल लड़की से उन्हें कितनी मुहब्बत थी। वह उनकी आज्ञा की अवहेलना कर देती, तब भी वे क्रोध न करते। शायद उसकी यह उद्दण्डता, उसका यह हठ ही उन्हें प्रिय था। उसकी अनुपस्थिति में उनका जीवन कितना शुष्क, कितना नीरस, कितना उदास हो जायेगा, इसकी कल्पना ही से वे घबरा उठते थे।

बंसीलाल को लता घर ले आयी थी। अस्पताल में जो कुछ हो सकता था, हो चुका था। अमृतराय एक-दो बार यहाँ भी देख गये थे और उन्होंने वादा किया था कि वे सैर के समय स्वयं ही इधर चक्कर लगा जाया करेंगे। लता उनके प्रति अत्यन्त कृतज्ञ थी। घर आने पर उसने उन्हें फ़ीस देनी चाही थी, पर उन्होंने इनकार कर दिया था। उसके अनुरोध पर उन्होंने कहा था, "आप मुझे बुलायेंगी तो फ़ीस ले लूँगा, किन्तु आया तो मैं अपने ही आप हूँ। फिर फ़ीस कैसी ?" यह कहते हुए मुस्करा कर और फिर एक लम्बी साँस छोड़ कर वे चले गये थे।

इतने दिनों में वह बंसीलाल के सम्बन्ध में कोई निर्णय न कर सकी थी, केवल अस्पताल से उसे घर ला कर रख लिया था। पर शाम को उसने अचानक फ़ैसला कर लिया था और रात को जब उसके पिता आये थे, उसने उन्हें बताया कि वह बंसीलाल को ले कर तीर्थयात्रा करेगी।

अनारकली में उसे सुषमा मिल गयी थी। दोनों आठवीं श्रेणी तक साथ पढ़ी थीं। बाद में सुषमा की शादी हो गयी थी और लता जैसे शिक्षा की न समाप्त होने वाली मंज़िल की ओर बढ़ गयी थी, किन्तु दोनों में कोई भी एक-दूसरे को भूली न थी। दोनों जब भी मिलती थीं, भूले-बिसरे दिन याद हो आते थे। गयी-बीती घड़ियाँ आँखों के सामने घूम जाती थीं। सुषमा लता के भावी पति के सम्बन्ध में तरह-तरह के मज़ाक किया करती थी और लता सुषमा के पति के सम्बन्ध में दो-एक बातें कह कर हँस लेती थी। फिर दोनों अपने सुख-दुख की बातें एक-दूसरे से करती थीं। आज भी ऐसा ही हुआ, अनारकली में दोनों की भेंट हो गयी। लता तो चाहती थी कि सुषमा घर चले, पर समय न था। वह तीर्थयात्रा के लिए जा रही थी, कुछ आवश्यक चीज़ें खरीदने आयी थी। दोनों एक तरफ़ हो कर बातें करने लगी थीं और तब तक करती रही थीं, जब तक तनिक परे अकेले खड़े हुए सुषमा के पति ने उकता कर यह न कहा था कि देर हो रही है, अब चलो, अभी कितना ही सामान खरीदना है।

सुषमा का विवाह हुए छै-सात वर्ष बीत गये थे, किन्तु सन्तान से उसकी गोद खाली

ही रही थी। सास-ससुर और स्वयं उसका पति बच्चे के लिए बहुत लालायित थे। चाहते थे कि एक नन्हे-से खिलौने की किलकारियों से उनके घर का सूना आँगरन मुखरित हो जाय। इतनी धनराशि, इतना अतुल वैभव ? कौन इसका उपभोग करेगा ? कौन वंश का नाम चलायेगा! सुषमा डरती थी, यदि और एक-दो साल तक उसकी कोख खाली रही तो सौत उसके सीने पर आ बैठेगी। जिस सुषमा को पहली नज़र में लता ने अपने से भाग्यवती समझा था, जिसके मुस्कराते चेहरे को देख कर वह दिल-ही-दिल में अपनी उदासी पर रो उठी थी, वही सुषमा स्वयं कितनी दुखी है, इस बात को जान कर उसका कण्ठ भर आया था। इसीलिए सुषमा तीर्थयात्रा करने का विचार रखती थी। उसे विश्वास था, तीर्थों का भ्रमण करते-करते उसे कोई-न-कोई ऐसा योगी अथवा संन्यासी अवश्य मिल जायेगा, जिसके वरदान से उसकी मनोभिलाषा पूरी हो जायेगी; जिसकी एक चुटकी राख उसके आँचल को पुत्र-रत्न से भर देगी। फिर यदि वह अपने उद्देश्य में असफल भी रही, तो इस बहाने तीर्थयात्रा ही सही, न जाने बाद को कितने दुख उठाने पड़ें!

जब दोनों सहेलियाँ अलग हुईं तो लता ने बंसीलाल के सम्बन्ध में भी निर्णय कर लिया था। वह भी बंसीलाल को ले कर तीर्थयात्रा करेगी, कौन जाने ईश्वर को क्या मंज़ूर है! शायद कोई ऐसा योगी मिल जाय, जो बंसीलाल को नीरोग कर दे, उसे चलने-फिरने और बोलने के योग्य बना दे।

भाग्य को वह न मानती थी। हाँ, परिस्थितियों पर उसका विश्वास था; पर परिस्थितियाँ भी तो भाग्य ही से बनती हैं। यदि वह तीर्थ-यात्रा ही न करेगी तो उसे कोई योगी मिलेगा ही कैसे ? वरदान के लिए तो तपस्या करनी ही पड़ती है। इस इच्छा की पूर्ति के लिए तो तीर्थों को जाना ही पड़ेगा! फिर यदि सौभाग्यवश कोई योगी मिल गया तो उसके दिल की कामना पूरी हो जायेगी —सुषमा अन्ध-श्रद्धा से जो कुछ करना चाहती थी, लता सोच-विचार के बाद भी वही कुछ करने को तैयार थी। जीवन में ऐसे भी क्षण आ जाते हैं, जब समझ और सोच की शक्तियाँ शिथिल पड़ जाती हैं, जब मन के आगे मस्तिष्क का कोई वश नहीं चलता और मनुष्य सब कुछ सोचने पर भी वही करता है, जिसे मानने को साधारणतया बुद्धि तैयार नहीं होती।

पिता के चले जाने के बाद जब तबीयत सँभली तो लता सब घटनाओं पर धीरे-धीरे विचार करने लगी। उसके पिता ने कहा था कि वैसे लता चाहे भारतवर्ष का भ्रमण कर ले, पर यह विचार कि कोई ऐसा योगी मिल जायेगा, जो बंसीलाल को स्वास्थ्य प्रदान कर दे, सर्वथा असम्भव है। लता समझती थी कि उसके पिता ठीक कहते हैं, बंसीलाल को कोई बीमारी होती तो उसकी औषधि मिल जाती, पर यहाँ तो उसका शरीर ही पिस-सा गया था। अब तो कोई दैवी शक्ति ही उसे उसका पुराना रूप-रंग दे सकती है। प्रकट लता को सफलता की कोई आशा न थी, किन्तु फिर भी उसके दिल में कोई था, जो कह रहा था, कि आखिर एक बार कर देखने में क्या बुराई है। न सही, सैर ही हो जायेगी, अनुभव ही हो जायेगा, तबीयत ही बहल जायेगी!

उस वक्त घण्टी बजी और नौकर ने आ कर कहा, "डॉक्टर साहब आये हैं।" लता वहाँ से उठ कर ऊपर के कमरे में चली गयी। उसके पीछे-पीछे डॉक्टर अमृतराय आये।

"कैसी तबीयत है," डॉक्टर साहब ने काउच पर बैठते हुए कहा।

"अच्छी हूँ।"

"बंसीलाल ?"

"वैसा ही है।"

डॉक्टर साहब केवल 'हूँ' कह कर रह गये।

लता ने पूछा, "कहिए, क्या पीजिएगा, चाय अथवा लेमोनेड ?"

"नहीं, कुछ नहीं, धन्यवाद!" कहते हुए डॉक्टर साहब उठे।

लता ने उनके मुख की ओर देखा। आँखें फ़र्श पर लगी हुई हैं और चेहरा कुछ सुर्ख हो गया है। उसने कहा, "कुछ काम न हो तो ज़रा बैठिए, आपसे एक परामर्श करना है।"

डॉक्टर साहब बैठ गये। उनका हृदय तनिक ज़ोर-ज़ोर से धड़कने लगा।

"फ़रमाइए!"

"मैं बंसीलाल को ले कर तीर्थों की सैर करना चाहती हूँ।"

"किसलिए ?"

"यों ही, कुछ तबीयत बहल जायेगी और सम्भव है कि कोई ऐसा योगी मिल जाय, जो बंसीलाल को स्वास्थ्य प्रदान कर दे।"

डॉक्टर साहब को साधु-महात्माओं पर विश्वास न था, लेकिन लता की बात को वे काटना न चाहते थे। बोले, "अच्छी बात है। आपका स्वास्थ्य भी कुछ गिर गया है, कुछ विनोद हो जायेगा, स्वास्थ्य भी बन जायेगा, पर आपके साथ एक बीमार है!"

"हाँ, यही मैं सोचती हूँ ?"

"मेरा विचार है, आपके साथ कोई नर्स इत्यादि —मेरा मतलब है, कोई मेडिकल आदमी होता तो अच्छा था।"

लता चुप सोचती रही।

"आप जानती हैं, बंसीलाल स्वयं तो हाथ भी नहीं हिला सकता, अपनी इच्छा प्रकट नहीं कर सकता और फिर कौन जाने कब उसकी हालत कैसी हो जाय! इस सूरत में आपको कठिनाई का सामना करना पड़ेगा।"

लता फिर भी चुप रही। इस सम्बन्ध में उसने अभी कुछ न सोचा था।

कुछ क्षण बाद डॉक्टर अमृतराय ने पूछा, "भला आप कब तक जाना चाहती हैं ?"

"अभी तक कोई फ़ैसला नहीं किया ?"

"मेरा मतलब है," डॉक्टर साहब ने सकुचाते हुए कहा, "यदि आप कुछ देर ठहर कर जाना चाहें तो शायद मैं ही आपके साथ हो सकूँ। मेरा अपना इरादा भी हिन्दुस्तान के तीर्थों की सैर करने का है, लेकिन जब से आया हूँ, अस्पताल में इतना निमग्न रहा हूँ कि समय ही नहीं मिला।"

लता का चेहरा खिल उठा, उसने पूछा, "आप कब तक जाने का विचार रखते हैं ?"

"जब भी छुट्टी मिल जाय। मेरी छुट्टी बाकी भी है, मैं कल ही दरखवास्त दे दूँगा।"

"तब तो बहुत ही अच्छा होगा!" लता ने प्रसन्नता से कहा, "आपने मुझ पर इतनी कृपा की है, मैं कैसे इस सब के लिए कृतज्ञता प्रकट करूँ ?"

"इसकी कोई ज़रूरत नहीं, मैं तो स्वयं इस केस में दिलचस्पी रखता हूँ।" डॉक्टर साहब मुस्कराये और उठ खड़े हुए।

लता उन्हें दरवाज़े तक छोड़ने गयी।

डॉक्टर साहब चले तो एक विचित्र प्रकार का नशा उन्होंने अपनी नस-नस में महसूस किया। ऐसे शराबी भी होते हैं, जो बोतलें चढ़ा लेते हैं, लेकिन बक नहीं पड़ते; नशे में होते हैं, समस्त शरीर में एक सरूर अनुभव करते हैं, लेकिन लड़खड़ा नहीं जाते। डॉक्टर साहब भी ऐसे ही शराबी की तरह चलते हुए घर पहुँचे।

१८

महिला महाविद्यालय के छात्रावास में, बरामदे के सामने घास पर राजरानी बैठी थी। धूप ढल चुकी थी और सन्ध्या धीरे-धीरे दिन के साम्राज्य पर अपना अधिकार जमाती जा रही थी।

रानी बैठी थी —दूर किसी कमरे से गाने की हल्की-सी आवाज़ आ रही थी। कोई लड़की काम करते-करते शायद गुनगुना रही थी —कोई करुण गीत, जिससे उसके दिल को कुछ हुआ-सा जा रहा था।

दूर खेल के मैदान में लड़कियाँ तरह-तरह के खेल खेल रही थीं। कुछ दौड़ लगा रही थीं, कुछ आँख-मिचौनी खेलती थीं और कुछ यों ही खड़ी थीं। वातावरण उनके कहकहों से गूँज रहा था।

मैदान के अन्तिम सिरे पर बैडमिण्टन के जाल लगाये जा रहे थे और एक-दो हँसमुख लड़कियाँ हाथों में रैकेट लिये, दुपट्टे कमर में कसे, आ पहुँची थीं। टेनिस-लॉन में खेल आरम्भ हो चुका था और गेंद कभी जाल के इस पार और कभी उस पार लुढ़क रही थी।

रानी बैठी थी —मूक और स्तब्ध! गेंद के साथ उसकी दृष्टि भी इधर-से-उधर और उधर-से-इधर चली आती थी। सोचती थी, जीवन भी गेंद की भाँति ही है। भाग्य का रैकेट जिसे जिधर चाहता है, उठा फेंकता है। भाग्य ही तो था, जिसने उसे असहाय, अनाथ बना कर छोड़ दिया; परिस्थितियाँ ही तो थीं, जिन्होंने अमृतराय और लता को उसके जीवन-मार्ग में ला फेंका और संयोग ही तो था, जिसने उसे यहाँ होस्टल में ला पटका —भाग्य, संयोग और परिस्थितियाँ —तीनों एक ही चीज़ के पृथक-पृथक नाम हैं —बाप मर गया, माँ मर गयी और भाई मुर्दों से बुरी दशा को पहुँच गया। इस पर ही बस हो जाती तो खैर, पर दिल को यह बेचैनी का रोग लग गया। इस रोग का इलाज किस हकीम के पास है, इस बीमारी की औषधि किस वैद्य के पास है ?

यह बीमारी ही तो है कि अस्पताल के आने के बाद रात की नींद और दिन का चैन हराम हो गया। अस्पताल में तो ऐसा न था। ऑपरेशन के बावजूद, दुर्बलता के बावजूद,

उसे नींद आ जाती थी, किन्तु अब, जबकि वह दुर्बल नहीं है, उसे नींद क्यों नहीं आती ? भूख क्यों नहीं लगती ? वह क्यों खोयी-खोयी-सी रहती है ? उदास-उदास-सी क्यों रहती है ?

डॉक्टर अमृतराय —उनके लिए उसके दिल में इतनी मुहब्बत क्यों है ? माना उन्होंने उस पर एहसान किये; माना बंसीलाल की जान उन्होंने बचा ली, माना वे उससे अत्यन्त सहानुभूतिपूर्ण व्यवहार करते रहे, माना कि जब लता ने चलते समय रानी के भविष्य का प्रबन्ध करने के लिए उसे विद्यालय में दाखिल करने के सम्बन्ध में विचार प्रकट किया तो डॉक्टर अमृतराय ने उसका समर्थन किया और उसकी शिक्षा का ठीक प्रबन्ध करने में उन्होंने काफ़ी सहायता दी, पर इन सब बातों का यह तो मतलब नहीं कि सोते-जागते डॉक्टर अमृतराय ही का ध्यान रहे, कल्पना की आँखें उन्हीं का चित्र देखती रहें, कान उन्हीं की बातें सुनते रहें।

लता बंसीलाल को ले कर तीर्थयात्रा को चली गयी, अमृतराय भी छुट्टी ले कर उसके साथ हो लिये, यह रानी को क्यों अच्छा नहीं लगा ? इसमें उसके भाई का ही लाभ था —उसी भाई का, जिसके लिए वह अपनी जान तक देने को तैयार थी। अगर डॉक्टर साहब साथ होंगे तो बंसीलाल को समय-कुसमय डॉक्टरी सहायता पहुँच सकेगी, उसकी देख-भाल ठीक तरह हो सकेगी। उसके स्वास्थ्य का क्या ठिकाना ? घाव सिल गये तो क्या हुआ ? दुर्बल व्यक्ति को हज़ार रोग रहते हैं, और बंसीलाल तो दुर्बल ही नहीं, अपाहिज और असहाय भी है, फिर उसे आराम पहुँचाने के खयाल से यदि डॉक्टर साहब लता के साथ चले गये, तो रानी को क्यों बुरा लगा ? क्यों उसके दिल में शिक्षा प्राप्त करने के बदले साथ जाने की इच्छा हुई ?

तीर्थयात्रा के लिए जाते समय लता को रानी का खयाल आया था। माँ के पागल होने और पागलखाने में मर जाने के बाद रानी अब सर्वथा अनाथ और असहाय थी। उसके बलिदान ही से वास्तव में बंसीलाल की जान बची थी और इसे लता अपने पर एहसान समझती भी थी। रानी के भविष्य का कुछ प्रबन्ध किये बिना वह जाना न चाहती थी। इसलिए जाने से कुछ दिन पहले उसने डॉक्टर साहब द्वारा उससे पुछवाया था। रानी ने भी साथ जाने की इच्छा प्रकट की थी। तब लता ने स्वयं अस्पताल जा कर उसे समझाया था और कहा था कि बंसीलाल को तुम मुझ पर छोड़ो, उसकी ज़रा भी चिन्ता तुम न करो और अपने भविष्य को बनाने का प्रयास करो। और चाहे अनिच्छापूर्वक ही क्यों न सही, रानी ने कॉलेज में दाखिल होना स्वीकार कर लिया था। उसकी शिक्षा का खर्च लता ने अपने सिर पर ले लिया था। प्रवेश-शुल्क दे दिया गया, फ़ीस भी दे दी गयी और रानी छात्रावास में दाखिल कर दी गयी। आखिरी दिन उसे पता लगा, अमृतराय भी साथ जा रहे हैं, तब उसे लता पर असीम क्रोध हो आया; उसका दिल भी साथ जाने के लिए मचल उठा; लेकिन अब तो वह विद्यालय में दाखिल हो चुकी थी, मन मार कर रह गयी। जाने क्यों लता और अमृतराय के सामने उसकी ज़बान पर ताला लग जाता था। वह रानी, जो अस्पताल में निधड़क डॉक्टरों के सामने चली गयी थी, जिसने बिना किसी लज्जा-शर्म के, गोश्त के टुकड़ों के लिए अपनी जंघाओं को पेश कर दिया था, क्यों इतनी खामोश हो गयी, कहाँ से उसमें इतनी झिझक आ गयी, क्यों वह ज़ोर दे कर न कह सकी —मैं भी साथ जाऊँगी,

क्यों न वह कोई बहाना बना सकी, क्यों उसे कोई बहाना न सूझा ?

भाग्य! कौन जाने भाग्य का रैकेट उसे कहाँ-से-कहाँ फेंक दे ? अगर उसके वश की बात होती तो वह लता के साथ जाती। वह स्वतन्त्र होती, उसके पास काफ़ी रुपया होता तो वह कभी अकेली लाहौर न रहती। बहाना —फिर बहानों की क्या कमी होती ? क्या बंसीलाल उसे प्रिय न था, क्या वह उसका भाई न था, क्या उसने उसके लिए लता से कम त्याग किया था, क्या अब बंसीलाल को उसकी आवश्यकता न थी ? सब कुछ था, बहाने भी थे, युक्तियाँ भी थीं। केवल परिस्थितियाँ उसके पक्ष में न थीं, उसके नक्षत्र उसके पक्ष में न थे। भाई को वह भाई न कह सकती थी, उसके सम्बन्ध में सोच न सकती थी ?

उसे भविष्य में अन्धकार के सिवा कुछ दिखायी न देता था। फिर यदि लता ने उसके भविष्य के बारे में सोचा कि रानी दो वर्ष और शिक्षा प्राप्त करने के बाद ट्रेनिंग कॉलेज में दाखिल हो जाय ताकि भविष्य के लिए आर्थिक चिन्ताओं से वह मुक्त हो जाय तो क्या बुरा किया ? रानी को यह क्यों अच्छा न लगा ? यह तो उस पर एहसान था। रानी ने भी, जब वह अस्पताल में अपने घावों के खुल जाने और माँ के पागलपन का समाचार सुनने के बाद भविष्य की चिन्ताओं के कारण बेचैन थी, लता का यह फ़ैसला सुना था तो यही समझा था और फिर स्वाभिमान के कारण अस्वीकार करने पर जब लता ने आ कर उसे स्वयं समझाया था तो वह लता की उदारता से मुग्ध हो गयी थी, किन्तु यह सुन कर कि अमृतराय भी लता के साथ जायेंगे, रानी के दिल से वह सब श्रद्धा विलुप्त हो गयी, न जाने क्यों एहसान के पर्दे में उसे छल नज़र आया!

रानी सोचती थी, यह एहसान कहाँ! यह तो एहसान के पर्दे में अपना स्वार्थ सिद्ध करना है, उसे तो मार्ग से हटाया गया है और जितना अधिक वह इस बात को सोचती, उतना ही अधिक उसका हृदय जलता था। लता अमृतराय को चाहती है और अमृतराय लता को, बस दोनों इकट्ठे घूमने चले गये हैं, बंसीलाल की बीमारी तो बहाना है। किन्तु दूसरे क्षण उसे खयाल आया कि लता अमृतराय को नहीं चाहती। उसे वास्तव में बंसीलाल से प्रेम है, नहीं ते उसे क्या ज़रूरत थी कि दो बार अपने शरीर का रक्त बंसीलाल के लिए देती। यह अमृतराय हैं, जो उसे चाहते हैं। तब बरबस एक दीर्घ-निःश्वास उसके होंटों से निकल जाता।

रानी बैठी थी —उन खेलों, उन कहकहों से कहीं दूर, कल्पना के अपने ही संसार में। बीते दिन एक-एक करके उसके सामने आये। उन दिनों ने उससे जो कुछ छीन लिया था और उसके बदले में दुख, विषाद और व्यथा की सूरत में उसे जो कुछ दे दिया था, उस पर भी उसने विचार किया। वह उद्विग्न हो उठी। लम्बी साँस ले कर, कुर्सी छोड़, वह बरामदे में घूमने लगी। सहसा किसी ने पीछे से उसकी आँखें बन्द कर दीं।

लीला हँसमुख लड़की थी। बचपन से रानी के साथ पढ़ती आयी थी। दोनों पाठशाला में हँसोड़ प्रसिद्ध थीं। दोनों के कहकहे प्रायः क्लास में गूँजा करते थे, अध्यापिकाएँ उनसे परेशान रहा करती थीं। लीला ने जब सुना कि रानी होस्टल में आ गयी तो भागी-भागी उससे मिलने आयी। देखा, रानी सिर नीचा किये बरामदे में घूम रही है। उसने झट पीछे से जा कर आँखें बन्द कर लीं।

जब रानी ने लीला का हाथ बरबस हटाया तो दोनों की आँखें चार हुईं। लीला के दिल को धक्का लगा। उसे ऐसा महसूस हुआ, जैसे उसने रानी के भ्रम में किसी और लड़की की आँखें बन्द कर ली हों। लेकिन नहीं, यह तो रानी ही थी, उसकी जानी-पहचानी रानी से कितनी भिन्न ? उसकी परिचित रानी तो उल्लास की मूर्ति थी, चंचल और शोख! उसके गालों में गुलाब हँसा करते थे, होंटों में स्वच्छ पत्तियों की मुस्कान रहती थी और आँखों में अदम्य उत्साह होता था! और यह दुखी रानी —वेदना जैसे इसके रोम-रोम से टपकी पड़ती थी। गाल पतझड़ के मुरझाये फूल-से, होंट सूखी पत्तियों ऐसे और आँखें जैसे थकी-थकी शून्य, घुले हुए बादलों-सी गम्भीर! क्या यह उसकी वही सहेली थी ? क्या यह वही रानी थी ?

रानी ने भी महसूस किया कि उसके व्यवहार में असभ्यता-सी आ गयी है। बरबस होंटों पर मुस्कराहट लाते हुए उसने लीला का हाथ थाम लिया और फिर दोनों चुपचाप खेल के मैदान की ओर चल दीं। दोनों में कोई बात न हुई! बात किस तरह शुरू की जाय, दोनों में से कोई न सोच सकी। लीला जिस रानी से बातें करने आयी थी, वह यह रानी न थी। अब किसी दूसरी तरह बात शुरू करनी पड़ेगी और वह किस तरह की बात शुरू करे, यह उसे अभी तक न सूझा था। और रानी —वह इस मुलाकात के लिए तैयार न थी। उसने कुछ सोचा ही न था और न वह इस मानसिक स्थिति में ही थी कि कुछ सोच सके।

दोनों चुपचाप एक किनारे जा कर खड़ी हो गयीं। पहले दिन होते तो रानी सबसे पहले खेल के मैदान में कूद पड़ती। किन्तु अब उन सब खेलों पर, उन खेलने वाली लड़कियों पर, एक उदासीन-सी दृष्टि डालती हुई वह चुपचाप खड़ी रही।

लीला शुरू से ही होस्टल में रहती थी, रानी केवल उसकी मित्रता के कारण कभी-कभी छात्रावास में आ जाया करती थी। इस बार जब वह स्वयं भी वहीं आ गयी तब भी लीला से क्यों नहीं मिली ? इस बार वह इतने दिन क्यों ग़ैर-हाज़िर रही ? क्यों परीक्षा के बाद अगली श्रेणी में दाखिल न हुई ? लीला तो समझ बैठी थी, अब रानी आगे नहीं पढ़ेगी, अब रानी का कहीं विवाह हो जायेगा, लेकिन रानी तो उसी विद्यालय में आ गयी थी, फिर वह इतनी उदास क्यों है ? उसकी हँसी को क्या हुआ ? वह बीमार-सी क्यों हो गयी ? ये प्रश्न थे, जो लीला रानी से पूछना चाहती थी, लेकिन वह शुरू कैसे करे, यही उसे न सूझता था, और इस समय मुखर लीला मूक और गूँगी बन गयी थी।

दोनों चुपचाप खेल के मैदान से बैडमिण्टन लॉन में और वहाँ से टेनिस कोर्ट की तरफ़ चली गयीं, निष्प्राण पुतलियों की भाँति। वहाँ कुछ देर खड़े रह कर और टेनिस के खेल पर नज़र डाल कर दोनों होस्टल की तरफ़ लौट पड़ीं, उसी तरह मौन, जैसे वे एक-दूसरे से रूठी हुई हों।

कमरे में पहुँच कर रानी चुपचाप बिस्तर पर पड़ गयी और उसके हृदय से एक दीर्घ-निःश्वास निकल गया। इस पर जैसे लीला को अपने कर्तव्य का ज्ञान हो आया। वह उसके साथ बिस्तरे पर जा बैठी और कोशिश करके उसने पुकारा —"रानी!" लेकिन आवाज़ जैसे उसके कण्ठ में ही रह गयी। रानी क्या सुनती, स्वयं उसे ही जब सुनायी न दी। दूसरी बार अपना सब साहस बटोर कर लीला ने उसे दोनों कन्धों से पकड़ लिया और कहा —"रानी ?"

रानी ने केवल अपनी आँखें ऊपर उठा दीं।

लीला ने देखा, रानी की आँखों में आँसू छलछला आये हैं। इन भरी हुई आँखों ने मानो लीला को जिह्वा दे दी। उसने कहा, "रानी, मेरी बहन, अपनी लीला को भी न बताओगी ? मैं तो पूछने वाली ही थी कि तुम इतने दिनों कहाँ रहीं, मिली क्यों नहीं, नतीजा सुनने के बाद शीघ्र ही दाखिल क्यों न हो गयीं ? मैं पूछना चाहती हूँ रानी, यह तुम ने सूरत कैसी बना ली है, तुम्हारी आकृति को, तुम्हारी हँसी को, तुम्हारे कुन्दन की तरह दमकते रंग को क्या हुआ ?"

रानी ने कुछ उत्तर न दिया, केवल उसने ऊपर निगाहें उठायीं और आवेशवश लीला को भुजाओं में कस कर अपना मुँह उसकी गोद में छिपा लिया।

लीला को जान पड़ा कि वह सिसक-सिसक कर रो रही है।

१९

सराय देवराज के बरामदे में बेचैनी से घूमते हुए लता ने कहा, "यहाँ भी काफ़ी गर्मी है!"

अमृतराय एक बिस्तर पर बैठे दीवार से पीठ लगा कर सुस्ता रहे थे। दाहिनी तरफ़ चारपाई पर बंसीलाल पड़ा था। लता की बात का उन्होंने कोई उत्तर नहीं दिया, केवल बंसीलाल पर एक तीव्र दृष्टि डाल कर खामोश हो रहे।

सराय के आँगन में बने हुए चबूतरे पर कुहनी टेक कर लता खड़ी हो गयी। पिछले कुछ महीनों की घटनाएँ तस्वीरों की भाँति उसके सामने खिंच गयीं। इस यात्रा से बंसीलाल को कुछ लाभ न हुआ था, बल्कि समस्त सावधानी के बावजूद उसका स्वास्थ्य कुछ गिरा ही था। लता की तीर्थयात्रा, मन्दिरों की परिक्रमा, मठों का दर्शन, साधुओं और सन्तों की जड़ी-बूटियाँ —सब निरर्थक सिद्ध हुई थीं। ऋषिकेश के आगे वनों में वह गयी; मथुरा, प्रयाग, काशी वह गयी; अच्छे प्रसिद्ध योगियों की सेवा में वह उपस्थित हुई, किन्तु इस तपस्या का परिणाम कुछ न निकला और आज सब ओर से निराश हो कर वह एकान्त की खोज में धर्मशाला आ पहुँची थी। यहाँ छावनी या मेक्लोडगंज में किसी ठण्डी मनोरंजक जगह एक छोटा-सा बँगला ले कर रहने का उसका विचार था।

बरसात के दो-तीन महीने यहाँ दिन-रात वर्षा होती है। अधिकांश समय कमरों में ही बैठना पड़ता है। मकान, सुन्दर, सुरुचिपूर्ण और एक-दूसरे से दूर बने हुए हैं। एकान्तवास की इच्छा रखने वालों के लिए यह बहुत अच्छी जगह है। लता छै महीने निरन्तर यात्रा करने के बाद थक गयी थी और डॉक्टर अमृतराय भी अधमरे-से हो गये थे। दोनों एकान्त चाहते थे, आराम चाहते थे, किन्तु अमृतराय की आराम की इच्छा में स्वार्थ भी कहीं छिपा बैठा था।

आज तक वे छाया की भाँति लता के साथ रहे थे, किन्तु उन्हें अपने मन की बात

लता के सामने खोल कर रख देने का कोई अवसर न मिला था। लता कभी स्थिर हो कर न बैठी थी, आँधी के झोंके की भाँति वह निरन्तर एक से दूसरी और दूसरी से तीसरी जगह चलती चली आयी थी, यहाँ तक कि उसके शरीर में अब शक्ति ही न रही थी। और एक दिन उसने इच्छा प्रकट की थी कि कहीं सुस्ता लिया जाय, ज़रा आराम ले लिया जाय।

डॉक्टर अमृतराय भी थक चुके थे। जिस जोश से वे लता के साथ चले थे, वह भी समाप्त-प्राय प्रतीत होता था और यदि लता और कहीं आगे बढ़ने का विचार करती तो वे उसका विरोध करते। वे भी अब एकान्त चाहते थे —ऐसा एकान्त, जिसमें लता बंसीलाल के अतिरिक्त उन्हें भी देख सके। अब तक जिस तरह लता बंसीलाल के लिए सब कुछ करती रही थी, इसी तरह वे भी एकमात्र लता की प्रसन्नता के लिए सब कुछ करते रहे थे। उनका काम लता से तनिक और कठिन था। लता केवल बंसीलाल की सेवा-शुश्रूषा करती थी; अमृतराय बंसीलाल का ही नहीं, लता का भी ध्यान रखते थे। किन्तु लता को इतना अवकाश कहाँ कि वह उनके इस त्याग का अर्थ समझ सके। वह तो यही समझती आ रही थी कि अमृतराय भी दर्द-भरा दिल रखते हैं, उन्हें बंसीलाल के केस में दिलचस्पी है, उसके साथ उन्हें हमदर्दी है, इसलिए वे साथ चले आये हैं। डॉक्टर साहब ने स्वयं भी यही बात प्रदर्शित की थी, पर इस नि:स्वार्थ सेवा की तह में कौन-सी भावना काम करती है, इस बात को लता न समझ सकी थी। अब अमृतराय चाहते थे कि एकान्त में लता उनकी ओर भी देखे और उनकी इस सेवा को भी सफल बनाये।

लता ने जिस लगन, जिस निष्ठा से बंसीलाल की सेवा की थी, उससे उनकी दृष्टि में लता की इज़्ज़त और भी बढ़ गयी थी। एक ग्रैजुएट लड़की किसी रोगी की इतनी सेवा करती है, यह उनके लिए नयी बात थी। इसी सभ्यता के रंग में रँगी हुई विमला शायद इस मांस-पिण्ड को देखना भी पसन्द न करती और फ़्लोरा, वह तो अपने प्रेमी की मृत्यु के दिन ही दूसरे से लौ लगा लेती। वे चाहते थे, उसी सेवा, उसी लगन, उसी निष्ठा से लता के दिल में अपनी जगह बना लें। रुपया उसे अपनी ओर न खींच सकता था, वह स्वयं धनी बाप की इकलौती लड़की थी। रूप का भी उसके यहाँ इतना मूल्य न था —जो एक मांस-पिण्ड, कुरूप रोगी से प्रेम कर सकती है, उसकी पूजा कर सकती है, वह मन आने पर ही किसी अन्य व्यक्ति को अपने अनुराग का दान दे सकती है और किसी तरह नहीं। यहाँ तो सेवा का मूल्य था और इसी साधन से वे अपने उद्देश्य में सफल होना चाहते थे। इसीलिए जब लता ने एकान्त में कुछ महीने बिताना स्वीकार कर लिया तो अमृतराय ने सुख की साँस ली थी। उस एकान्त में —जहाँ अपाहिज बंसीलाल, लता और उनके सिवा और कोई न होगा —उसका प्रेम-पात्र बन सकना शायद कठिन न होगा। जब वर्षा का आधिक्य होगा, जब किसी दूसरे से बात करने को जी तरसेगा, जब लता को अपने पागलपन से अवकाश मिलेगा, डॉक्टर साहब अपने दिल को खोल कर उसके सामने रखने का अवसर पा सकेंगे।

आज सुबह वे लता और बंसीलाल के साथ धर्मशाला में उतरे थे। उनका विचार था कि ज़िला बोर्ड की धर्मशाला में कुछ दिन बितायेंगे और बाद में जब किसी अच्छे मकान का प्रबन्ध हो जायेगा तो फिर वहाँ चले जायेंगे, किन्तु यहाँ आ कर मालूम हुआ कि ज़िला बोर्ड की धर्मशाला में कन्या पाठशाला खुल गयी है, इसलिए विवश हो वे सराय देवराज

में ही उतर पड़े थे।

सराय देवराज को इसीलिए सराय कहा जा सकता है कि उसका नाम सराय रखा गया है, नहीं तो सराय शब्द के साथ जिस विशालता का आभास होता है, उसका वहाँ निशान तक नहीं है। एक अच्छा खासा मकान है, जिसके तीन ओर कुल मिला कर दस-बारह छोटे-छोटे कमरे हैं; कमरों के आगे बरामदा है, मध्य में एक आँगन है और उसमें चबूतरा और बस! यही सराय देवराज है।

चबूतरे पर कुहनी रखे हुए लता सामने बरामदे की ओर देखने लगी। चार में से तीन कमरों के दरवाज़े खुले थे और तीन विभिन्न प्रान्तों की संस्कृतियाँ वहाँ आ कर इकट्ठी हो गयी थीं। पहले कमरे के सामने चारपाई पर एक कृशकाय युवती रोग से पीड़ित लेटी हुई थी। शायद तपेदिक से ग्रस्त थी, क्योंकि थोड़ी-थोड़ी देर बाद कष्ट से खाँस उठती थी। उसके सिरहाने उसकी ख़ूबसूरत, लम्बे कद और गहरी आँखों वाली सुन्दर और हृष्ट-पुष्ट बहन बैठी थी, जो उसका सिर दबा रही थी और दाहिनी ओर फ़र्श पर उसकी माँ थी, जो उसके रोग का कारण दाँतों का दर्द बता रही थी, शायद इस विचार से कि सराय वाले कहीं उन्हें निकाल न दें। ये लोग पंजाबी थे। लता बहुत देर तक दोनों बहनों के चेहरों की तुलना करती रही, आखिर इस प्रकार तपेदिक से ग्रस्त बहन की सेवा करने का परिणाम क्या होगा ? —कल्पना-ही-कल्पना में लता ने उस युवती के सुन्दर मुख को रुग्णा बहन के मुख की भाँति पीला-ज़र्द होते, उसके शरीर को सूखते, कंकाल होते और किसी ऐसी ही सराय में खाँस-खाँस कर अपने शेष जीवन के दिन गिनते देखा। लता की आँख दुखने-सी लगीं, वह सिहर उठी और एक लम्बी साँस ले कर उसने इस दृश्य से निगाह हटा ली।

दूसरे कमरे में अभी कुछ देर पहले ही एक बंगाली कुटुम्ब उतरा था। उनकी जल्दी-जल्दी चलती हुई ज़बानों से बंगाली के शब्द लता के पंजाबी कानों को कुछ विचित्र-से लगते थे।

उनके बाद तीसरा कमरा बन्द था और चौथे कमरे में कुछ पहाड़ी रात काटने को आ ठहरे थे। लम्बे-लम्बे कद, उस्तरे से बने चौड़े-चौड़े सपाट मस्तक, विशाल वक्षस्थल, बड़े-बड़े पाँव, टखनों से ऊँचे उठे पाजामे, गले मे खादी की मैली कमीज़ें, उन पर पट्टी के मोटे कोट! —सराय एक छोटी-सी दुनिया है; बस, और कुछ नहीं। विभिन्न प्रान्तों, विभिन्न स्वभावों और विभिन्न चरित्रों के लोग जीवन की विविधताओं के साथ आते हैं। कुछ देर रहते हैं, फिर चले जाते हैं और संसार के विशाल गर्त्त में गुम हो जाते हैं। फिर कोई भी नहीं जानता कि उसके साथ के कमरे में जो व्यक्ति था, वह कहाँ गया और उसका क्या अंजाम हुआ।

लता सोचते-सोचते विचारों के जाल में उलझ-सी गयी। जीवन! यह जीवन भी क्या विचित्र वस्तु है ? कितने परिवर्तन, कितनी हलचलें इसमें निहित हैं। अपने छोटे-से जीवन की सब गयी-बीती घटनाएँ उसकी आँखों के सामने घूम गयीं। बचपन —प्यार और लाड़ से पला हुआ, जवानी —प्रसन्नता और उल्लास से भरपूर, और उसके बाद....उसके बाद जवानी के पागलपन की बातें....

लता ने दीर्घ-निःश्वास छोड़ा। उसकी कुहनी दुखने लगी थी। उसने उसे चबूतरे से

हटा लिया और बंसीलाल पर एक निगाह डाल कर बेचैनी से बरामदे में घूमने लगी।

२०

एक हाथ में विष की शीशी लिये और दूसरे में कमीज़ का गिरेबान थामे डॉक्टर अमृतराय बँगले के बरामदे में घूम रहे थे।

मेक्लोडगंज और छावनी में निरन्तर दो दिन खोजने के बाद उन्होंने धर्मशाला से कोई छै मील और छावनी से एक-डेढ़ मील ऊपर यह बँगलानुमा मकान पसन्द किया था। कुल तीन कमरे थे, उनके आगे बरामदे, रसोई और स्नान-गृह अलग थे। मकान के आगे छोटा-सा बाग़ीचा भी था और चारों ओर घने बन्हे के वृक्ष थे। पर उस समय कुछ भी दिखाई न दे रहा था। निशीथ की नीरवता थी, गहरा अन्धकार! और उस पर बादलों ने आ कर एक और तह चढ़ा दी थी। घाटी के वृक्ष और बाग़ीचा सब एकाकार हो रहे थे। कुछ धुँधियाली-सी दरवाज़े के अन्दर आ कर कमरे में भी छा गयी थी और रोशनी जैसे सिकुड़ कर लैम्प के इर्द-गिर्द एक छोटे-से दायरे में सीमित हो गयी थी।

डॉक्टर साहब ने हवा की नमी को महसूस किया, पर वे उसी प्रकार घूमते रहे। अपने ही कमरे के आगे नंगे पाँव, ताकि साथ के कमरे में सोयी हुई लता अथवा दूसरे कमरे में सोया हुआ बंसीलाल जाग न जायँ। बंसीलाल के सम्बन्ध में लता का पागलपन अभी उसी प्रकार बना हुआ था। यहाँ आये उन्हें एक सप्ताह हो गया था, पर बंसीलाल की सेवा-शुश्रूषा में लता की तल्लीनता रंचमात्र भी कम न हुई थी। बंसीलाल ठहरा अपाहिज, वह न उठ-बैठ सकता था, न मुँह-हाथ धो सकता था, न स्वयं खा-पी सकता था और न अपनी कोई ज़रूरत ही पूरी कर सकता था और यह सब काम लता स्वयं करती थी। दवा समय पर देना, खिलाना-पिलाना उसके कमरे की सफ़ाई करना, सब कुछ उसने अपने ज़िम्मे ले रखा था। किसी बात में वह कभी एक मिनट की भी देर न होने देती थी। रात को 'अलार्म' लगा कर समय पर दवा पिलाती और दिन को और कोई काम न होता तो उसके सिरहाने बैठी-बैठी उसके विकृत चेहरे को देखती रहती या पाँव के नाखूनों से फ़र्श कुरेदा करती और कुछ न होता तो स्वेटर ले बैठती, लेकिन ठीक वह कभी न बुन पाती, दो सलाइयाँ चढ़ाती तो दो उतार देती।

डॉक्टर अमृतराय का खयाल था कि एकान्त से ऊब कर लता उनका साथ चाहेगी। उसके साथ बैठने, सैर को जाने और बातें करने का अवसर मिलेगा और इस बीच में वे अपने मनोभावों को प्रकट कर सकेंगे। शक्ल-सूरत से वे बुरे न थे, बल्कि सुन्दर और बलिष्ठ थे, उनके स्वर में भी एक तरह की मिठास थी! विमला और फ़्लोरा से उन्हें जो निराशा हुई थी, उसने उन्हें जितना रूखा और सन्देहशील बना दिया था, वैसे अब वे न रह गये थे। परन्तु लता की आँखें अमृतराय की सुन्दरता न देखती थीं, उसके कान उनकी मीठी वाणी न सुनते थे और जब आँखें देखती न हों, कान सुनते न हों तो सुन्दरता और मिठास किस काम आ सकते हैं! अब उन्हें निराशा होने लगी थी। वे यह अनुभव करने लगे थे

मानो किसी निर्जीव मूर्ति के आगे वे अपने हृदय को घुला रहे हैं। क्या हुआ यदि अपने इन दो होंटों से उन्होंने अपना प्रेम प्रकट नहीं किया; यदि यह नहीं कहा —लता मैं तुमसे प्रेम करता हूँ —लेकिन क्या उनकी आँखें उनके हृदय का दर्पण न थीं ? क्या उनका व्यवहार उनके दिल का आईना न था ? कई बार उन्होंने चाहा कि वापस लाहौर चले जायँ। सोचते, पागल के साथ कहाँ तक पागल बनें, पर दिल उनके मार्ग में बाधा बन जाता था। जितनी छुट्टी उनकी शेष थी, समाप्त हो चुकी थी और अब उन्हें आधे वेतन पर छुट्टी बढ़वानी पड़ रही थी। फिर भी अपने उद्देश्य में सफल होने की उन्हें आशा कम ही दिखायी देती थी।

प्राय: ऐसा होता है कि दो आदमी रोज़ मिलते हैं, रोज़ बातचीत करते हैं, पर एक-दूसरे के लिए अपरिचित ही रहते हैं। यही हालत अमृतराय और लता की थी। उन्होंने कभी लता पर यह न प्रकट होने दिया कि बंसीलाल के लिए सहानुभूति के अतिरिक्त उनके मन में और भी कोई भाव है और लता को इतना अवकाश ही न मिला था कि वह उनकी ओर ज़रा और ध्यान से देखे —सोचे कि अपना काम, अपना आराम छोड़ कर वे क्यों उसके साथ भटकते फिरते हैं —क्या बंसीलाल ही उनकी दिलचस्पी का केन्द्र है या कुछ और भी ? दोनों इतने दिन साथ रहने पर भी अभी तक खुले न थे, दोनों के मध्य शिष्टाचार की एक दीवार खड़ी थी और अमृतराय अनुभव करने लगे थे कि जब तक बंसीलाल जीवित है, तब तक यह दीवार न टूटेगी।

बाहर वर्षा होने लगी। डॉक्टर साहब केवल नाइट-सूट पहने हुए घूम रहे थे। मेंह की फुहार वायु के साथ बरामदे में आ रही थी। कुछ क्षण डॉक्टर साहब वहीं खड़े रहे। फिर बंसीलाल के कमरे की ओर बढ़े, पर कुछ ही पग जा कर ठिठक गये और धीरे-धीरे फिर अपने कमरे में लौट आये। दरवाज़ा उन्होंने बन्द कर दिया और उससे पीठ लगा कर चुपचाप खड़े हो गये।

अन्दर कमरे में अँगीठी पर रखी हुई लालटेन अपनी धुँधली रोशनी से कमरे के अन्धकार को दूर करने का प्रयास कर रही थी। अँगीठी के नीचे कोयले धधक रहे थे, पर उन पर श्वेत राख की एक हल्की-सी तह जम गयी थी। कमरे में एक ओर एक चारपाई थी, जिस पर श्वेत चादर बिछी थी और पैरों की ओर रेशमी रज़ाई तह करके रखी थी। वे फिर चुपचाप कमरे में घूमने लगे। उनके मन और मस्तिष्क में द्वन्द्व जारी था, एक निमिष के लिए भी वे बिस्तर पर न लेटे थे। दम उन्हें घुटता हुआ महसूस हुआ। उन्होंने बढ़ कर खिड़की खोल दी और जैसे हताश से हो कर कुर्सी पर गिर गये।

बाहर ज़ोर से वर्षा हो रही थी, नमदार हवा के झोंके अन्दर आने लगे, उन्होंने खिड़की बन्द कर दी, पर कमरे में बैठना असह्य-सा हो गया। अपना शरीर उन्हें जलता हुआ महसूस होने लगा। उन्होंने फिर दरवाज़ा खोला और बाहर बरामदे में निकल आये। वहाँ की ठण्डी हवा में उन्हें कुछ शान्ति मिली। एक दीर्घ-निःश्वास उन्होंने छोड़ा —काश बंसीलाल अस्पताल में न आता, काश वह आपरेशन से न बचता, काश उन्हें लता से मुहब्बत ही न होती, काश ठीक रास्ते पर बहती हुई जीवन की नदी इस प्रकार अनिश्चित मार्ग में न बहने लगती।

बंसीलाल —उसके अस्तित्व से ही उन्हें घृणा थी। इस गोश्त के लोथड़े को क्या अधिकार है कि वह दो दिलों के मध्य दीवार बना रहे ? जब कभी वे लता के साथ जीवन

बिताने का मीठा स्वप्न देखते, यही कंकाल, मृतप्राय व्यक्ति, भयावह प्रेतात्मा की भाँति, उनके स्वप्नों को भंग कर देता। उन्हें विश्वास था कि यदि बंसीलाल न रहे तो लता अवश्य उसकी ओर झुकेगी, वह अवश्य उनके आगे आत्म-समर्पण कर देगी।

सोचते —यह मांस-पिण्ड किसी का क्या बना-बिगाड़ सकता है ? क्यों यह अधिक देर तक जीवित रहे।

जीवन के सम्बन्ध में भी उनके विचार भिन्न थे। धीमे-धीमे जलने वाली लैम्प की बत्ती की अपेक्षा वे ज्वाला को अधिक पसन्द करते थे, जो एक बार भभक कर जले और बुझ जाय। वसन्त के किसी प्रभात में जन्म ले कर दिन भर प्रेम करके सन्ध्या को जीवन-लीला समाप्त कर लेने वाला पक्षी उनके विचार में अच्छा था —उन मनुष्यों की अपेक्षा, जो मर रहे हैं, लेकिन फिर भी मरना नहीं चाहते। जिनका शरीर जवाब दे चुका है, जिनके हाथ-पाँवों में जान नहीं, जिनकी आँखें निस्तेज हो चुकी हैं, जो ठीक तरह चल-फिर नहीं सकते, ठीक तरह बोल नहीं सकते, जो संसार में भार-स्वरूप हैं, लेकिन फिर भी जीना चाहते हैं, फिर भी जीवन की नदी से दो चुल्लू और भर लेना चाहते हैं। ऐसे आदमियों को जीवित रहने और उन्हें जीवित रखने की क्या आवश्यकता है ?

और आज उन्होंने फ़ैसला कर लिया था —यहाँ से निराश जाने के बदले वे अपने प्रतिद्वन्द्वी को ही मार्ग से हटा देंगे। कई दिन से उनके मन में युद्ध जारी था और आज तो वे क्षण भर के लिए भी सो न पाये थे। माना कि बंसीलाल अपाहिज है, माना कि उसके जीवन का कोई अर्थ नहीं, माना कि वह स्वयं अपने लिए एक बोझ है, माना कि मृत्यु द्वारा वह इस नरक से मुक्ति प्राप्त करेगा, फिर भी....फिर भी....

इसी उधेड़-बुन में विष की शीशी जेब में डाले वे कितनी ही देर तक घूमते रहे। फिर उन्होंने निर्णय कर लिया —संसार में पग-पग पर प्रतियोगिता है, द्वन्द्व है, शक्त ही सफल है, अशक्त ही असफल है। दुर्बल को कोई अधिकार नहीं कि वह सबल के मार्ग में रोड़ा बने, बंसीलाल उनके मार्ग का काँटा है, वे उसे हटा कर दूर कर देंगे....

उन्होंने लता के दरवाज़े से कान लगाया —जब कोई आवाज़ न सुनायी दी तो अधिक एकाग्रता से सुनने का प्रयास किया। अब की बार उन्हें अनुभव हुआ, जैसे किसी के अत्यन्त धीरे-धीरे साँस लेने की आवाज़ आ रही है, पर शायद यह एकाग्रता द्वारा तीव्र होने वाली उनकी कल्पना की ही आवाज़ थी। फिर वहाँ से हट कर उन्होंने साथ के दरवाज़े से कान लगाये। निस्तब्धता छायी थी। और ध्यान से सुनने पर उन्हें धीरे-धीरे से कराहने का शब्द सुनायी दिया। एक निमिष के लिए वे इसी हालत में चोरों की भाँति खड़े रहे। उनकी साँस रुक गयी, उनके शरीर की सब चेष्टाएँ क्षण भर के लिए स्तब्ध हो गयीं और कुछ क्षण वे इसी तरह मूक चुपचाप खड़े रहे, फिर उन्होंने दरवाज़ा अन्दर की ओर धकेला।

२१

दिन भर की थकी-माँदी लता आराम की नींद सो रही थी।

बंसीलाल के और उसके कमरे को मिलाने वाले दरवाज़े में टँगा हुआ लैम्प अपने धीमे प्रकाश से उसके चरणों में लोटा जा रहा था। चारपाई के समीप ही अँधेरे में दो कुर्सियाँ पड़ी थीं। इनके साथ छोटी-सी मेज़ थी, जिस पर एक सुन्दर मेज़पोश बिछा था और उस पर ओवलटीन का डिब्बा, चम्मच और खाली गिलास पड़े थे। एक अंग्रेज़ी पत्रिका भी थी और मेज़ के नीचे फ़र्श पर किसी पत्र के कुछ पृष्ठ बिखरे पड़े थे।

लता सोयी हुई थी। उसका थका हुआ शरीर नींद की सुख-भरी गोद में आराम कर रहा था। पीला चेहरा कमरे के धीमे प्रकाश में और भी पीला महसूस होता था। आँखों की पंखड़ियाँ बन्द थीं, पर होंट मुस्करा रहे थे। उस समय लता एक सुखद स्वप्न देख रही थी —उसके सामने एक सुन्दर और सुरम्य घाटी थी, दोनों ओर पहाड़ थे; ऊँचे और ढलवान —चीड़ के वृक्षों से ढँके हुए। घाटी के मध्य एक नाला बह रहा था —कल-कल गति से अपने हृदय में संचित इन पहाड़ों के प्रेममय गीत गाता हुआ। उसके मध्य रेत और पत्थरों का एक नन्हा द्वीप-सा बन गया था। उसी पर एक सुन्दर बँगला था, जिसके ऊपर की मंज़िल में वह आरामकुर्सी डाले बैठी थी। स्नेहमयी धूप उसके आधे शरीर को हल्की और मीठी गर्मी पहुँचा रही थी। सहसा बादल का एक टुकड़ा निचले पहाड़ों के पीछे से उठने लगा। देखते-देखते वह एक सुन्दर युवक की सूरत में बदल गया। लता ने आँखें मलीं —हाँ, वह युवक ही था। लता ने तनिक ध्यान से देखा —अरे, यह तो जगत चढ़ा आ रहा है —वही सुन्दर चेहरा, वही चंचल आँखें, वही नीला सूट, वही काली फ़ेल्ट —लता ने उपेक्षा से मुँह फेर लिया, कुर्सी घुमा ली। जगत! —उसके नाम ही से उसे नफ़रत हो गयी थी। वे दिन —वे सब दिन, जिन्हें वह किसी समय अपने जीवन के उन्माद-भरे, रस-भरे, विस्मृति-भरे दिन समझती थी, समझती कि जिनसे उसका जीवन सफल हो गया है —वही दिन अब उसके हृदय में काँटों की भाँति खटकते थे, और उन दिनों की स्मृतियाँ, जो भुलायी न जा सकी थीं, उसके हृदय में कचोटे लेती थीं। वह अपने शरीर के अणु-अणु से, रोम-रोम से उससे घृणा करती थी —चाहती थी वे दिन, वे सब दिन स्मृति-पट से ऐसे मिट जायँ, जैसे उनका कोई अस्तित्व ही न था।

बाहर की ओर पीठ किये हुए, वहीं कुर्सी पर बैठे-बैठे, उसने यह महसूस किया कि कोई बरामदे पर चढ़ा आ रहा है। उसने आँख फिरा कर भी नहीं देखा। उसने अनुभव किया कि कोई उसके कन्धे को छू रहा है। वह उसी तरह बैठी है, उधर देखती नहीं, हिलती नहीं। उसका कन्धा हिलाया जाता है, वह परवाह नहीं करती। तभी उसने सुना, कोई रुद्ध कण्ठ से कह रहा है —मत देखो लता, मेरी ओर मत देखो —मैं इस घाटी में कूद पड़ूँगा और दूसरे क्षण मेरा शरीर पत्थरों पर तड़पता हुआ दिखायी देगा, तब भी मेरी ओर न देखना —हाँ, दूसरों की बेवफ़ाई देख कर मेरी वफ़ा याद कर लेना।

यह सुनते ही लता विद्युत वेग से मुड़ी। देखा, बंसीलाल सामने खड़ा है। लिबास तो वही है, पर जगत नहीं, बंसीलाल है —आँखों में आतुरता है, चेहरे पर उन्माद और होंट

सूख गये हैं। लता ने बाँहें फैला दीं और दूसरे ही क्षण दोनों एक-दूसरे के आलिंगन में बद्ध थे। लता का सिर जैसे उसके वक्षस्थल से लगा, जैसे उसमें विलीन हो जाना चाहता था, जिसके दिल की धड़कन उसे साफ़ सुनायी दे रही थी; उसका रोम-रोम मानो उसकी साँस की गर्मी को महसूस कर रहा था, मानो उसका स्वागत करने को आतुर हो रहा था, जो धीरे-धीरे बंसीलाल के झुकते हुए होंटों से उसकी सुन्दर और सुकोमल गरदन की ओर बढ़ी आ रही थी। उसकी साँस तेज़ हो रही थी और शरीर का सारा रक्त मानो उसी एक स्थल पर केन्द्रित होने को आतुर था।

उसी क्षण किवाड़ खुलने की आहट हुई। लता जैसे चौंक कर, घबरा कर, उस आलिंगन से मुक्त होने के लिए छटपटायी। क्षण भर के लिए उसकी आँख खुल गयी। न वह घाटी, न नाला, न रेत, न बँगला! हाँ, उसका हृदय अवश्य ज़ोर से धड़क रहा था और शरीर असाधारण गर्मी महसूस कर रहा था। बाहर शायद वर्षा हो रही थी, हवा सायँ-सायँ कर रही थी। हाँ, लैम्प की लौ अवश्य एक बार धीमी हुई। लता ने फिर आँखें बन्द कर लीं और उसी सुखद स्वप्न की कल्पना करने लगी।

और बंसीलाल के कमरे के बाहर बरामदे में डॉक्टर अमृतराय सिर से पाँव तक कान बने खड़े थे। वर्षा और वायु के डर से बंसीलाल के कमरे का यह दरवाज़ा प्रायः बन्द ही रहता था और जो भी चीज़ उसके कमरे में पहुँचानी होती, लता के कमरे में से हो कर पहुँचायी जाती थी। आज सन्ध्या को लता सोने की तैयारी करने लगी, तो डॉक्टर साहब अपनी नोटबुक वहाँ भूल आने का बहाना करके बंसीलाल के कमरे में गये थे और आते-आते धीरे से सिटकिनी खोल आये थे। लता पूर्ववत अपने कमरे के दरवाज़े की सिटकिनी लगा कर सो गयी थी। वर्षा ऋतु के कारण किवाड़ों की लकड़ी कुछ फूल गयी थी और यद्यपि अन्दर से सिटकिनी खुली थी, पर डॉक्टर साहब ने धीरे से धकेला तो दरवाज़ा न खुला। तब उन्होंने उसे ज़ोर से धकेलने का प्रयास किया था, इस बार यद्यपि किवाड़ खुले तो नहीं थे, पर कुछ पीछे को अवश्य हट गये थे। यह वही आवाज़ थी, जो लता ने स्वप्न में सुनी थी।

कितनी ही देर तक डॉक्टर अमृतराय किवाड़ों के साथ कान लगाये, इस बात की आहट लेते रहे कि कहीं लता जाग तो नहीं पड़ी। उस समय बाहर हवा की सायँ-सायँ और वर्षा के शोर की अवहेलना करके उनकी श्रवण-शक्ति जैसे दीवारों के अन्दर धँसी जा रही थी। उस समय अन्दर ज़रा भी आहट होती तो उन्हें सुनायी दे जाती। लेकिन कुछ था नहीं। भीतर पूर्ण निस्तब्धता थी। डॉक्टर साहब ने अच्छी तरह सन्तोष करके धीरे से दरवाज़े को खोला और दबे पाँव भीतर दाखिल हुए। फिर कन्धे से धकेल कर किवाड़ बन्द कर दिये और सिटकिनी लगा दी ताकि हवा से फिर न खुल जायँ। इसके बाद वे धीरे-धीरे बढ़े।

यह कमरा शेष कमरों से छोटा था। यहाँ दीवार में अँगीठी नहीं थी। एक कोने में लोहे की अँगीठी अवश्य थी, जिसमें किसी समय दहकने वाले कोयलों की राख पड़ी हुई थी। सामने चारपाई पर बंसीलाल पड़ा था, इसी राख की भाँति बेजान! किसी दिन जवानी की इस राख में भी आग थी, आग में तेज था और तेज में दूसरे को जलाने की शक्ति थी, किन्तु अब वह इसी राख की भाँति असहाय, दीन, विवश अपनी शैया पर पड़ा था। लिहाफ़ कुछ उसके ऊपर था, और कुछ एक तरफ़ को धरती पर गिर गया था। चेहरा अँधेरे में था।

लैम्प का क्षीण प्रकाश केवल उसकी गरदन तक जाता था। पास एक छोटी-सी मेज़ पर दवा की कुछ शीशियाँ रखी हुई थीं। सामने एक खूँटी पर तौलिया टँगा था, उसके नीचे फ़र्श पर चिलमची और साबुनदानी पड़ी थी।

लैम्प के समीप पहुँच कर डॉक्टर साहब रुके। दूसरे कमरे में लता लेटी हुई थी, लैम्प के इस धीमे प्रकाश में डॉक्टर साहब उसकी सुन्दरता को जी भर देख लेने का लोभ सम्वरण न कर सके। उनकी निगाहें उसके सुन्दर मुख पर जा कर जम गयीं। मालूम होता था जैसे कोई अप्सरा गा कर, थक कर, सो गयी है, पर उसके मस्तिष्क से वे दृश्य नहीं मिटे, इसीलिए होंट मुस्करा रहे हैं। उन्हें इच्छा हुई कि वे जा कर एक बार उन सोये हुए गर्म होंटों को चूम लें, दूसरे क्षण यह इच्छा प्रबल आकांक्षा में परिणत हो गयी और वे पंजों के बल धीरे-धीरे आगे बढ़े।

वे भूल गये कि उनके आने का उद्देश्य क्या है ? वे भूल गये कि इस समय चूक जाने का मतलब सदैव के लिए असफल रह जाना है। वे बढ़े जा रहे थे, जैसे चुम्बक ऐसी कोई शक्ति उन्हें अपनी ओर खींच रही हो। उनकी आँखें लता के सुन्दर चेहरे पर थीं और पाँव धीरे-धीरे उठ रहे थे। वे दरवाज़े के पास आ गये। लैम्प, मानो क्षण प्रकाश की बुझी-बुझी-सी आँखों से उनके इस पागलपन को देख रहा था। डॉक्टर साहब को जान पड़ा, जैसे कोई बड़ी गहरी, हृदय की अन्तरम गहराइयों में डूब जाने वाली दृष्टि उनके इस कृत्य को देख रही है। उन्होंने बढ़ कर लैम्प को तनिक और भी धीमा कर दिया और लता के कमरे में दाखिल हुए। लैम्प का प्रकाश घटने से लता के चेहरे पर हल्का-सा पर्दा छा गया था, किन्तु उसके होटों पर खेलने वाली मुस्कान उन्हें अब भी अपनी ओर खींच रही थी, और उन्हें आमन्त्रित कर रही हो और वे धीरे-धीरे बढ़े जा रहे थे। तभी मेज़ के पास फ़र्श पर पड़े हुए समाचार-पत्र को उनके पाँवों से ठोकर लगी और ऐसी आवाज़ हुई जैसे हवा के कारण काग़ज़ के हिलने से हुआ करती है। अमृतराय चौंके और इसके साथ ही उन्हें अपनी स्थिति का, उस उद्देश्य का खयाल आ गया जिसके लिए अपने मन को इतने दिन से वे दृढ़ करने का प्रयत्न कर रहे थे।

आज वे एक क्षण के लिए भी न सोये थे, यहाँ तक कि बिस्तर पर लेटे तक न थे; घूम-घूम कर, बैठ-बैठ कर वे अपने कृत्य की भलाई-बुराई के सम्बन्ध में अपने अन्तर से परामर्श करते रहे थे। एक आवाज़ कहती थी —यह गुनाह है; परमात्मा की बनायी हुई सृष्टि को नष्ट करना पाप है; जो काम वे करने जा रहे हैं, समाज में उसका दण्ड मौत है। कानून इस मामले में अन्धा है, वह नहीं देखता कि हत्या का उद्देश्य क्या है, इसमें मृतक का लाभ था या नहीं; वह तो केवल दण्ड देना जानता है। आत्म-हत्या का प्रयास करने वाले को कानून इसलिए क्षमा नहीं कर देता कि यदि वह आत्म-हत्या न करता तो भूख के कारण भी तो मर जाता या संसार में उस प्राणी के लिए अब कोई आकर्षण न रह गया था। वह तो प्राकृतिक नियम में हस्तक्षेप मात्र को दण्डनीय मानता है। फिर अमृतराय को क्या अधिकार है कि वे बंसीलाल को मौत के घाट उतार दें ? जबकि कानून के अनुसार वे स्वयं आत्म-हत्या तक नहीं कर सकते थे। मान लिया बंसीलाल अपाहिज है, मान लिया वह संसार और उसके सुखें का उपभोग नहीं कर सकता, मान लिया कि वह धरती पर केवल भारस्वरूप है, फिर भी वह जीवित है। उसका जीर्ण-शीर्ण कलेवर जाने कितनी

अभिलाषाओं का, कितने अरमानों का घर है। अरमानों और आशाओं के इस टूटे हुए खण्डहर को भी विध्वंस करना पाप है। —उनकी आत्मा पुकार-पुकार कर यह कह रही थी।

लेकिन मस्तिष्क में जो दानव छिपा बैठा था, वह कहता था —ये विचार पुराने हैं, जर्जर हैं। जीवित रहने का तात्पर्य जीवन के संघर्ष में पूर्ण रूप से सहयोग दे सकना है। जो व्यक्ति संसार में किसी प्रकार के सुख का उपभोग नहीं कर सकता और न दूसरों को करने देता है, उसे क्या हक है जीवित रहे और दूसरों के मार्ग में काँटा बने। यदि वह स्वयं नहीं मरता तो समाज को उसे मौत के घाट उतार देना चाहिए। शरीर का कोई अंग निष्क्रिय हो जाय तो उसे अलग कर दिया जाता है, फिर क्यों समाज के शिथिल अंग को काट कर न फेंक दिया जाय ?

और फिर बंसीलाल के जीवित रहने से दूसरों को ही कष्ट न था, बल्कि स्वयं बंसीलाल को भी असीम पीड़ा थी। डॉक्टर अमृतराय आरम्भ से ही इस खयाल के थे कि ऐसे जीवन से मौत कहीं अच्छी है। एक बार उनके पड़ोसी के लड़के ने मकान की छत से एक पिल्ले को नीचे फेंक दिया था। पिल्ला मरा तो नहीं, पर उसकी हड्डी-हड्डी पिस गयी थी। वह असह्य पीड़ा से तड़प रहा था। डॉक्टर साहब जानते थे कि वे उसे अच्छा न कर सकेंगे और यदि वह अच्छा हो भी गया, तो यह बात उनको भली-भाँति मालूम थी कि उसकी दशा अत्यन्त दयनीय हो जायेगी और पिसी हुई टाँगों से वह घिसटता फिरेगा। उन्होंने तत्काल गोली से उसका काम तमाम कर दिया। बंसीलाल की दशा उस पिल्ले से अच्छी न थी। अन्तर केवल यह था कि पिल्ले को मारना शायद इतना बड़ा अपराध न था, बल्कि तब तो वह पुण्य-कृत्य ही समझा गया था, किन्तु बंसीलाल को मारना शायद पुण्य न समझा जाय और इसीलिए वे उसे मारने के लिए गोली से काम न ले सकते थे। हाँ, विष इस उद्देश्य को भली-भाँति पूरा कर सकता था और कई दिन के अन्तर्द्वन्द्व के बाद वे इसके लिए तैयार भी हो गये थे।

अपने मन को समझाने के लिए उन्होंने सोच लिया था कि वे बंसीलाल को इस नरक से मुक्ति दिला देंगे, किन्तु अन्तर के किसी कोने में छिपी हुई आत्मा की आवाज़ मानो मूक भाषा में पुकार-पुकार कर कह रही थी —यह पाप-पुण्य का ढोंग छोड़ो। तुम्हें लता से प्रेम है और बंसीलाल उस प्रेम के रास्ते में रुकावट है, इसलिए उसे हटा रहे हो। उन्हें जान पड़ा, जैसे युक्तियों द्वारा उन्होंने अपनी आत्मा का गला घोंट दिया है। जो कृत्य समाज की दृष्टि में पाप है, उसे वे पुण्य कैसे बता सकते हैं ? आज वे अपराधियों की भाँति उस असहाय दीन-हीन व्यक्ति को विष का घूँट पिलाने आये हैं। उनकी दृढ़ता दुर्बलता में परिणत हो गयी और एक काग़ज़ का तनिक-सा हिलना भी उन्हें कँपा देने के लिए काफ़ी हो गया।

वे वापस पीछे को मुड़े और जल्दी-जल्दी पंजों के बल चलते हुए वहाँ पहुँचे, जहाँ से वे लता के कमरे की ओर घूमे थे। खड़े हो कर उन्होंने एक बार फिर लता को देखा। वह सुख की नींद सो रही थी।

वह जादू भी —जिसने उन्हें अपना आप भुला दिया था, जिसके प्रभाव से वे जगह-जगह की खाक छान, नौकरी की परवाह न करते हुए यहाँ आ पहुँचे थे —इस समय

सो रहा था। किन्तु सो कर भी वह कितना प्रभावशाली हो गया था —इतनी सरलता, इतनी सुन्दरता, इतना आकर्षण —डॉक्टर साहब फिर मन्त्र-मुग्ध-से हो गये, सोते में लता के मुसकराते हुए होंटों को चूम लेने के लिए उनका मन फिर व्यग्र हो उठा।

उसी समय बंसीलाल कराह उठा। डॉक्टर साहब ने उसकी ओर देखा। बंसीलाल का लिहाफ़ फ़र्श पर गिर पड़ा था और सर्दी के कारण वह अपनी पंगु टाँगों को अपने पेट में दबाये हुए ठण्ड से ठिठुर रहा था।

डॉक्टर साहब धीरे-धीरे उसकी ओर बढ़े, रज़ाई को उठा कर बंसीलाल के बिस्तर पर रखा। फिर धीरे से उसके गले तक रज़ाई उढ़ा दी। इसके बाद उन्होंने घड़ी को देखा —दो बजे थे। इसी समय रोज़ लता उठ कर दवा पिलाया करती थी। पर अलार्म शाम को ही उन्होंने बन्द कर दिया था। उन्होंने सन्तोष की गहरी साँस ली। फिर जेब से शीशी निकाल ली और चम्मच निकाल कर विष की एक खुराक उस में उलट दी। एक क्षण के लिए उनका हाथ काँपा, एक बार उनका सारा शरीर काँपा, चम्मच गिर न जाय, इस खयाल से उन्होंने दृढ़ता से उसे पकड़ लिया। उनका शरीर फिर काँपने लगा। चम्मच ज़ोर से हिलने लगा। उन्होंने तत्काल उसे उसी शीशी में उलट दिया और चम्मच को मेज़ पर पटक कर और शीशी को जेब में डाल कर स्तब्ध-से खड़े रहे। उनकी निगाहें प्रकट घड़ी पर जमी हुई थीं, लेकिन उनका दिल उन्हें इस दुर्बलता पर कोस रहा था।

कुछ क्षण बाद उन्होंने फिर चम्मच उठाया। बंसीलाल चुपचाप सोया पड़ा था। उसका मुँह कुछ खुला हुआ था। डॉक्टर साहब ने एक निमिष के लिए उसकी ओर देखा और फिर चम्मच में विष डाल दिया, लेकिन बंसीलाल के चेहरे पर दृष्टि जमाये खड़े रहे और उनका मस्तिष्क विषपान के बाद उसकी विकृत मुखाकृति की कल्पना करता रहा।

दूसरे कमरे में लता उसी सुखद स्वप्न को वापस लाने के प्रयास में अर्ध-निद्रावस्था में पड़ी थी। अमृतराय दबे पाँव उसके कमरे में उसकी सुन्दरता के आकर्षण से खिंचे चले आये हैं और फिर वापस चले गये हैं, इसका उसे कोई ज्ञान न था। वह तो उसी घाटी में, उसी नाले के मध्य रेत पर बने हुए बँगले का स्वप्न देख रही थी कि अचानक कुछ आहट हुई। उसने कान लगा कर सुना। उठ कर वह बिस्तर पर बैठ गयी। विस्मृति की-सी अवस्था में वह कुछ क्षण उसी तरह चारपाई पर बैठी रही। उसी दरवाज़े से बंसीलाल के कमरे में किसी व्यक्ति की छाया दिखायी दी। उसी तरह अस्त-व्यस्त दशा में दुपट्टा लिये बिना वह दरवाज़े तक आयी और दोनों हाथ चौखट पर फैला कर खड़ी हो गयी। सामने अमृतराय हाथ में चम्मच लिये खड़े थे। उनके चेहरे का एक हिस्सा लता को दिखायी दे रहा था। एक क्षण के लिए उसकी निगाह घड़ी पर गयी —दो बजे थे। दवा का समय था, पर वह जाग न सकी थी, इसलिए स्वयं डॉक्टर साहब दवा पिलाने आये हैं —यह सोच कर उसके हृदय में डॉक्टर साहब की इस सहृदयता, इस कर्तव्य-परायणता के प्रति श्रद्धा-सी पैदा हो गयी। उनका श्वेत चेहरा और कुछ पिचके हुए गाल देख कर उसके सामने उनके त्याग का चित्र अंकित हो गया।

वह सोचने लगी —इन जैसे सहृदय व्यक्ति भी संसार में कितने होंगे, जो एक रोगी को आराम पहुँचाने के लिए अपनी नौकरी की परवाह न करें; नगर-नगर घूमते फिरें, जंगलों और पहाड़ों की खाक छानें; उसके स्वास्थ्य के ध्यान में स्वयं अपने स्वास्थ्य को खतरे में

डाल लें —लता के हृदय में डॉक्टर अमृतराय के लिए श्रद्धा का समुद्र उमड़ आया। उसके जी में आया कि दौड़ कर इस देवता का पाँव चूम ले। इस तन्मयता में लता का एक हाथ चौखट से फिसल गया और वह मुँह के बल धरती पर आ गिरी।

उसके गिरने की आवाज़ से डॉक्टर साहब चौंके। उनके हाथ से चम्मच गिर गया, हृदय धड़क उठा, चेहरा क्षण भर के लिए पीला पड़ गया, किन्तु दूसरे ही क्षण सँभल कर वे लता की ओर आगे बढ़े और उसे धरती से उठाया। लता की बाँहों के स्पर्श मात्र से उनके शरीर में सनसनी दौड़ गयी और जब उठते समय वह उनके वक्षस्थल के बिलकुल समीप हो गयी तो अपने अपराधों को भूल कर उनका हृदय एक नवीन आशा से धड़कने लगा।

लता गिरी थी, किन्तु सँभल गयी थी। हाँ, उसके हाथ पर ज़रा-सी खरोंच ज़रूर आ गयी थी। डॉक्टर साहब ने मुसकराने का प्रयास करते हुए कहा, "चोट तो नहीं आयी ?"

"बिलकुल नहीं!"

और यह कहती हुई, हाथ झाड़ते हुए वह अपने कमरे की ओर दुपट्टा लेने के लिए भागी। उस समय डॉक्टर साहब ने विद्युत वेग से मेज़ पर पड़ी हुई विष की शीशी जेब में रखी और चम्मच को बूट तले मल दिया, जिससे उसमें कुछ मिट्टी लग गयी। दूसरे क्षण लता दरवाज़े पर आ गयी। इस घटना से वह कुछ शरमा-सी गयी और उसके ज़र्द चेहरे पर सुर्ख़ी की एक बारीक-सी लहर दौड़ गयी। मुसकराते हुए उसने कुछ शिकायत-भरे स्वर में कहा, "आप ने इतना कष्ट क्यों किया। मैं तो जग जाती, किन्तु अलार्म ही सुनायी न दिया। ऐसी घोड़े बेच कर सोयी कि कुछ खबर ही न रही। आप स्वयं कष्ट करने के बदले मुझे ही जगा देते।"

डॉक्टर साहब ने होंटों पर बरबस मुसकराहट लाते हुए कहा, "नहीं, कोई बात नहीं। समय हो गया था, मुझे नींद नहीं आ रही थी, मैंने कहा चलो, मैं ही दवाई पिला आऊँ। दरवाज़ा शायद अन्दर से खुला था, इसलिए मैं आ गया और दवा पिलाने ही जा रहा था कि वह गिर गयी।"

लता आगे बढ़ी, उसने चम्मच उठाया।

"ज़रा इसे साफ़ कर लीजिए!" डॉक्टर साहब ने धीरे से कहा।

लता ने अँगीठी से राख ले कर उसे माँजा और फिर धो दिया।

"अपने हाथ साबुन से धो लीजिए!" डॉक्टर साहब ने बेपरवाही से चम्मच लेते हुए कहा।

लता साबुन से हाथ धोने लगी। डॉक्टर साहब मेज़ से दवा की शीशी उठा कर बंसीलाल को पिलाने लगे। लता की निगाहें उनके चेहरे पर जमी रहीं और उसका हृदय पुकार-पुकार कर कहता रहा —कितना सहृदय है यह डॉक्टर! कितना भला, कितना दयावान!

२२

रानी ने दाई के हाथ से रुक्का ले लिया। अंग्रेज़ी में लिखा था : —

निमन्त्रण

रानी बहन से प्रार्थना की जाती है कि वह कमरा नम्बर १४ में दर्शन दे कर और उस टी-पार्टी में सम्मिलित हो कर कृतार्थ करें, जो लीला बहन की सगाई के सुसमाचार की खुशी में अभी एक घण्टे बाद होने जा रही है।

—सावित्री

रानी ने काग़ज़ का पुर्ज़ा मेज़ पर रख दिया। वह कुछ देर घूमने के विचार से बाहर जा रही थी, पर जा न सकी। उसने मेज़ पर पड़े हुए काग़ज़ पर जल्दी में लिखी हुई इन चन्द पंक्तियों को एक बार पढ़ा, दो बार पढ़ा और फिर कई बार पढ़ा —यहाँ तक कि उसकी दृष्टि बेमतलब काग़ज़ के इस सिरे से उस सिरे तक दौड़ने लगी।

सगाई —कितना सुखद और कल्पनाओं की दुनिया आबाद कर देने वाला शब्द है! नवयुवतियों के दिलों में इस शब्द से कितनी गुदगुदी, कितनी सनसनाहट पैदा हो जाती है। उनका मस्तिष्क कितनी ऊँचाइयों पर उड़ जाता है और वायु में कितने प्रासाद निर्मित हो जाते हैं। जिस लड़की की सगाई होती है, उसके स्वप्नों की दुनिया का बस जाना तो स्वाभाविक ही है, पर उसके साथ उसकी सहेलियों के सपनों के संसार भी आबाद हो जाते हैं। अपने भावी पति, अपनी भावी ससुराल, सास-देवर और ननदों की कल्पनाएँ उनके मन-मस्तिष्क पर छा जाती हैं और नयी खुशियों, नयी प्रसन्नताओं की कल्पना उन्हें मस्त बना देती है और जीवन में एक नया अध्याय आरम्भ हो जाता है।

कोई कितने भी ग़रीब घर में क्यों न पैदा हुई हो, किसी की आशाएँ बाद को कैसी भी असत्य और निराधार क्यों न सिद्ध होने वाली हों, किन्तु जब कोई नवयुवती अपनी किसी सहेली की सगाई का समाचार सुनती है तो अपने होने वाले पति को उसके पति से कहीं अधिक सुन्दर और अपनी भावी ससुराल को उसकी ससुराल से कहीं अधिक सुसम्पन्न देखती है।

रानी की कल्पना-दृष्टि के सामने भी एक चित्र खिंच गया —डॉक्टर अमृतराय का चित्र! खूबसूरत लम्बा कद, नीला सूट, पैरों में काले अमरीकन बूट, सिर पर काली फ़ेल्ट, कमीज़ के रंग की टाई, बाज़ू पर ओवरकोट, रोबीली चाल और मीठी आवाज़! उनके साथ अपनी सगाई और शादी का उल्लासजनक दृश्य उसकी आँखों के सामने घूम गया और उसकी नस-नस में एक अनिवर्चनीय उल्लास, एक मीठा मादक नशा भर गया।

आँधी की भाँति कमरे में प्रवेश करते हुए सावित्री ने कहा, "तुम यहाँ बैठी क्या कर रही हो ? वहाँ तुम्हारी प्रतीक्षा हो रही है।"

रानी ने एक बार उसकी ओर देखा और फिर अपने कमरे में निगाह घुमा कर, एक दबी हुई आह छोड़ कर सावित्री के साथ चल पड़ी।

दोनों जल्दी-जल्दी लीला के कमरे में पहुँचीं। वहाँ कमरे का सब सामान एक ओर करके, दरी पर छै-सात लड़कियाँ बैठी थीं और सामने की तरफ़ मध्य में बैठी थी

लीला —उल्लास की जीवित मूर्ति! हर्ष से उसका चेहरा दमक रहा था। नीले आसमानी रंग की साड़ी और ब्लाउज़ में उसका यौवन खिला पड़ता था। यह साड़ी उसकी ससुराल से आयी थी और सहेलियों के अनुरोध से तत्काल उसने इसे पहना था। कानों में लम्बे-लम्बे काँटे लटक रहे थे और कलाई पर सुनहरा गजरा दमक रहा था।

अपने कमरे से लीला के कमरे तक आते-आते रानी ने अपने विषाद को भुला कर चेहरे को प्रसन्न बना लिया था और उसकी स्वाभाविक मुस्कान, जो कभी-कभी कहीं जा छिपती थी, फिर वहाँ खेलने लगी थी।

कमरे में उन दोनों के प्रवेश करते ही लड़कियाँ उठ खड़ी हुईं। सावित्री ने ऊँचे स्वर में कहा, "यह रही लीला, भावी श्रीमती मनहर, की प्राइवेट सेक्रेटरी, कुमारी राजरानी।"

इस पर एक कहकहा कमरे में गूँज उठा। रानी और लीला में इतनी मुहब्बत थी और दोनों इतना समय साथ बिताती थीं कि अन्य लड़कियों को उनके प्रेम पर ईर्ष्या हुआ करती थी। रानी की सलाह के बिना लीला कुछ भी न करती थी। इसलिए रानी कॉलेज में उसकी प्राइवेट सेक्रेटरी के नाम से प्रसिद्ध थी।

रानी ने खड़े-ही-खड़े क्षण भर में चारों तरफ़ निगाह दौड़ायी —सामने खिड़की में स्टोव पर चाय का पानी गरम हो रहा था, मेज़ पर दो टी-सेट दो ट्रे में लगे रखे थे और चन्द तश्तरियों में पेस्ट्री रखी थी। बोली, "यह गुप-चुप कैसे तय हो गया; हमें पता तक नहीं दिया और यहाँ सब तैयारी भी हो गयी!"

मिस भण्डारी ने मुँह बना कर कहा, "पता दिया होता तो हो चुकती पार्टी! सेक्रेटरी महोदया कुछ करने ही कब देतीं ?"

कमला बोली, "हमें पता भी तो अभी लगा। बस पार्टी का प्रस्ताव हुआ और सावित्री की कृपा से दो घण्टों में सब प्रबन्ध भी हो गया। देर हो जाती तो पार्टी का क्या आनन्द आता! मज़ा तो जब है कि इधर मँगनी हो, उधर पार्टी!"

इस पर सब फिर खिलखिला कर हँस पड़ीं।

रानी लीला की बग़ल में जा बैठी और उसने धीरे से लीला के कान में कहा, "मैं तुम्हें बधाई देती हूँ!"

लीला लज्जा से लाल हो कर रह गयी।

रेणुका बोली, "जितनी देर में चाय तैयार होती है, उमा ही कुछ सुनाये।"

सावित्री ने वहाँ मेज़ के पास ही टी-सेट पर झुके-झुके कहा, "हाँ भई, गा दो न। हठ छोड़ सखी चल संग मेरे, तोहे कान्हा आज बुलावत हैं।"

उमा ने कहा, "आज तो लीला बहन ही से कुछ सुना जाय।"

सावित्री ने कहा, "यह सबसे पीछे सुनायेगी।"

इधर एक तरफ़ लज्जा वर्मा और कुन्ती बतरा में खुसर-फुसर हो रही थी। उमा ने हार्मोनियम अपनी तरफ़ खिसकाते हुए कहा, "यह आपस में गुप-चुप क्या बातें हो रही हैं ?"

लज्जा ने कहा, "कुन्ती ने एक कविता लिखी है।"

"कविता!" सब एक बार ही चिल्ला उठीं।

"हाँ! बहन लीला की सगाई की खुशी में, आशु कवयित्री हैं ये भी।"

उमा ने हार्मोनियम परे खिसकाते हुए कहा, "वाह! पहले कविता ही होनी चाहिए।"

"यह तो छिपी रुस्तम निकली!" सावित्री बोली।

"नहीं, नहीं, मैंने कोई कविता नहीं लिखी।" कुन्ती ने लजाते हुए कहा।

"नहीं लिखी ?" लज्जा ने उसके ब्लाउज़ की जेब से काग़ज़ छीनते हुए सबके आगे उपस्थित कर दिया।

तब कुन्ती उसे धकेल कर बोली, "हटो, मैं सुनाती हूँ।"

कुन्ती आयु में इन सब से छोटी और गम्भीर थी। यहाँ जितनी लड़कियाँ थीं, रानी और कुन्ती को छोड़ कर सब शोख और चंचल थीं। कमला चाय बनाने में सावित्री की सहायता कर रही थी, वहीं से खड़े-खड़े बोली —

"हाँ, हम भी सुन रही हैं, ज़रा ऊँची आवाज़ से। जब पुरुष विवाहों पर सेहरे पढ़ते हैं तो लड़कियाँ अपनी सहेलियों की शादी-मँगनी पर क्यों न कुछ पढ़ें। मैं लीला की शादी पर कुन्ती से सेहरा बनवा कर पढ़ूँगी।"

तब कुन्ती ने अपनी कविता पढ़नी शुरू की। केवल तुक के साथ तुक मिलायी गयी थी, किन्तु समयानुकूल होने के कारण उस तुकबन्दी पर ही निरन्तर कहकहे लगते रहे। कुछ उम्र के कारण और कुछ अवसर की वजह से बात-बात पर लड़कियाँ खिलखिला रही थीं। कुन्ती बोली —अपनी पतली, बारीक आवाज़ में —

उड़ती चिड़िया उड़ती आयी,
समाचार यह बढ़िया लायी।
है लीला की हुई सगाई,
सबने मिल कहो बधाई बधाई।।

और सब उसके स्वर में अपना स्वर मिला कर कहा —

'बधाई बधाई!'

और कमरा कहकहों से गूँज उठा। कुन्ती ने दूसरा चरण सुनाया : —

लीला गुप-चुप जो रहती थी,
मन ही मन में सब सहती थी।
उसकी आशा अब बर आयी,
सब मिल कहो बधाई, बधाई।।

कमला ने कहा, "कुछ इनके 'उन' के बारे में लिखा है ?"

कुन्ती ने कहा, "सुनिए!"

मनहर सुन्दर और सलोना,
लीला को है मिला खिलौना।
क्या अच्छी-सी चीज़ है पायी,
सब मिल कहो बधाई बधाई।।

और निरन्तर कहकहों और तालियों के शोर में कुन्ती ने अपनी यह आशु कविता समाप्त करते हुए काग़ज़ के पुर्ज़े को फिर मरोड़ कर ब्लाउज़ की जेब में रख लिया। इसके

बाद उमा ने हार्मोनियम छेड़ा।

सावित्री ने कहा, "चाय तैयार हो गयी है, पहले इसके साथ इन्साफ़ किया जाय, फिर गाना होगा।" इसके बाद कमला की सहायता से उसने सबके आगे मिठाई, फल और नमकीन की तश्तरियाँ रख दीं।

कुन्ती ठहरी कवयित्री बोली, "साकी कौन बनेगा ?"

सावित्री ने कहा, "प्राइवेट सेक्रेटरी।"

इस पर फिर एक कहकहा गूँजा। रानी ने सावित्री की ओर उन आँखों से देखा जो पूछ रही थीं कि तुम बाज़ न आओगी क्या ? और फिर आगे बढ़ कर उसने चाय के प्याले तैयार किये।

सावित्री ने कहा, "टोस्ट का प्रस्ताव करके चाय के दो घूँट ही भर लिये जायँ, यहाँ तो यही मधु का प्याला है।"

रानी ने टोस्ट का प्रस्ताव किया —

"श्रीयुत और (श्रीमती भावी) मनहर की स्वास्थ्य कामना के लिए!"

और सबने चाय के कप उठाये और होंटों से लगा लिये।

मिस भण्डारी ने कहा, "मुझे इसमें आपत्ति है। यदि पुरुषों की पार्टी होती और इनके 'उन' की स्वास्थ्य-कामना का प्रस्ताव होता और यह वाक्य कहा जाता, तो स्वाभाविक होता, जिसमें पहले उनका और फिर इनका नाम आता। पर यहाँ तो वाक्य ऐसे होने चाहिएँ —'कुमारी लीला और उनके भावी पति की सेहत के लिए!' यदि वे अपने दोस्तों में स्त्रियों के अस्तित्व को नहीं मानते तो हम भी ऐसा ही करेंगी।"

रानी ने कहा, "मैं अपने टोस्ट में यह आवश्यक संशोधन करती हूँ।"

इस पर कमरे में फिर मीठी मादक हँसी गूँज उठी और सबने एक बार फिर प्याले उठा कर होंटों से लगाये।

चाय के बाद उमा ने एक रसीला गाना गाया और सब उपस्थित लड़कियों की ओर से सावित्री ने लीला को बधाई दी और पार्टी में आने वालियों को धन्यवाद दिया। उमा और कुन्ती बतरा को विशेष रूप से धन्यवाद दिया गया। जब सब चलने लगीं तो सावित्री ने हँसते-हँसते कहा, "सब प्रार्थना करो कि जल्द ही रानी से भी इसी तरह की पार्टी नसीब हो।"

रानी की आँखों में अपने भविष्य का अँधेरा छा गया और उसका हँसता हुआ चेहरा उतर गया। लड़कियाँ चली गयीं तो रानी आ कर धम् से दरी पर बैठ गयी। लीला ने देखा कि उसकी आँखों में आँसू छलछला आये हैं।

उसके पास बैठते हुए लीला ने अनायास ही अपनी दोनों भुजाएँ उसके गले में डाल कर पूछा, "रानी बहन!"

और आँसुओं की दो बूँदें रानी के गालों पर टपक कर बहने लगीं।

२३

सुबह का वक्त था। बन्हे के हरे-हरे, घने वृक्षों के ऊपर नीला, निखरा आसमान अजीब बहार दे रहा था। ऊँचे-ऊँचे पहाड़ों से घिरी हुई चोटियाँ मूक भाषा में जैसे नवजीवन का सन्देश सुना रही थी। उस छोटे-से बँगले के आगे एक छोटा-सा बाग़ीचा था। एक-दो जगह जंगली फूल लगे हुए थे। एक तरफ सीमेंट के चबूतरे पर पानी का नल था। दायीं ओर वृक्ष की फुनगी पर बैठी हुई एक छोटी-सी चिड़िया अपने मीठे स्वर से गीतों का सागर बहा रही थी और लता मन्त्र-मुग्ध-सी उसका गाना सुनने में निमग्न थी। चिड़िया कितनी सुन्दर थी, कैसी रंग-बिरंगी और कैसी मीठी आवाज़ थी उसकी! जब गाती थी तो उसके दिल को कुछ होने-सा लगता था। रात जो स्थान भयानक और डरावना मालूम हो रहा था, इस समय एक मनोमुग्धकारी सुरम्यता में लिपटा जान पड़ रहा था।

डॉक्टर अमृतराय नहा कर बाथरूम से निकले। दरवाज़ा खुलने की आहट से चिड़िया उड़ गयी। कुछ क्षण बाद लता भी उठ खड़ी हुई। डॉक्टर साहब कपड़े बदल कर बाल बना रहे थे कि लता उनके कमरे में दाखिल हुई। दोनों कुर्सियों पर बैठ गये। नौकर चाय लाया, डॉक्टर साहब ने लता की ओर देखा। लता जैसे उनका अभिप्राय समझ गयी और उसने भी नौकर से अपनी चाय वहीं लाने को कहा।

वहाँ आने के बाद लता अपने या बंसीलाल के कमरे में ही रहा करती थी। इस एक सप्ताह में डॉक्टर साहब के कमरे में वह आज पहली बार आयी थी। वे उसके कमरे में जाते थे, पर वह उनसे केवल मतलब की बात ही करती थी। उसने कभी महसूस ही नहीं किया कि अमृतराय की ओर भी उसका कुछ कर्तव्य है! इस सूने में किसी से दो बातें करने को वे तरस भी सकते हैं! किन्तु रात पहली बार उसे अनुभव हुआ कि डॉक्टर अमृतराय भी उसके साथ हैं, उनकी ओर भी उसका कुछ कर्तव्य है। डॉक्टर साहब का ज़र्द चेहरा, उनके ज़रा पिचके गाल और बिखरे बाल देख कर उसे मालूम हुआ कि बंसीलाल की सेवा में केवल वही जी-जान निछावर नहीं कर रही, एक दूसरा व्यक्ति भी अपना तन-मन लगा रहा है और फिर उसने और भी अधिक महसूस किया कि अमृतराय की ओर भी उसका कुछ कर्तव्य है। जिस प्रकार भीड़ में दबा हुआ व्यक्ति नहीं देख पाता कि उसे बचाने वाला कौन है और जब बाहर निकलता है तो अपने रक्षक को पहचान कर उसको धन्यवाद देता है, इसी तरह कठिन परिस्थितियों की भीड़ ने अमृतराय को पहचानने का अवसर लता को न दिया था। उसने डॉक्टर साहब के चेहरे की ओर देखा और दिल की गहराई से उठने वाली लम्बी साँस को दबा लिया।

चाय आ गयी थी। दोनों ने खामोशी से प्यालियाँ मुँह से लगा लीं। दोनों कोई बात शुरू करना चाहते थे, लेकिन दोनों उचित वाक्य ढूँढ रहे थे। विचार-मग्न लता ने एक घूँट पिया, चाय बहुत गरम थी। उसकी ज़बान जल गयी, प्याला होंटों से अलग हट गया। अमृतराय प्याला होंटों से लगाये लता की ओर अनिमेष दृगों से देख रहे थे, उन्हें चाय पीने का ध्यान ही न रहा था।

प्यालों के ऊपर से दोनों की आँखें चार हुईं। लता ने प्याला रख दिया। वह मुसकरा

उठी, "बहुत गरम है, मेरी तो ज़बान जल गयी।"

अमृतराय ने भी प्याला रख दिया और खामोशी से उसकी ओर देखते रहे। उनसे कोई उत्तर न बन आया। उससे क्या कहना है, यत्न करने पर भी वे स्थिर न कर सके। लता के सामने न जाने उन्हें क्या हो जाता था। चुप बैठे उसकी ओर देखते रहे —लता कृशकाय तो हो गयी थी, स्वास्थ्य में जो सुन्दरता होती है, वह उसमें न थी, पर दुर्बलता में उसका सौन्दर्य और भी निखर गया था। आँखें उसकी ऐसे मालूम होती थीं, जैसे अभी मद में भर कर बन्द हो जायेंगी। उसके सुन्दर पीले-से मुख को देख कर दिल में कुछ मीठा-सा दर्द होने लगता था।

लता ने फिर प्याला मुँह से लगा लिया। अमृतराय उसी तरह मौन, मन्त्र-मुग्ध-से बैठे रहे और देखते रहे कि लता ने एक बार प्याला मुँह से लगा कर फिर नहीं हटाया। उसकी आँखें तेज़ चाय के मटमैले-से रंग में गड़ी रहीं, होंट चुसकी लगाते रहे, किन्तु मस्तक न जाने किस उलझन को सुलझाने में व्यस्त रहा। आखिर चाय के प्याले को खाली करके लता ने एक लम्बी साँस ली और उसे तश्तरी में रख कर उठी। उसने रूमाल से मस्तक को पोंछा। यह देख कर डॉक्टर अमृतराय ने भी प्याला उठा लिया। चाय ठण्डी हो गयी थी, इसलिए उसे वे एक ही घूँट में पी गये।

लता कमरे में टहलने लगी और फिर दीवार पर लगे हुए एक कैलेण्डर के पास जा खड़ी हुई। एक बार कुछ चीज़ें खरीदने डॉक्टर साहब मेक्लोडगंज गये थे। वहीं से वे यह कैलेण्डर भी ले आये थे। कैलेण्डर में जो चित्र था, उसमें दो-तीन लड़के शतरंज खेल रहे थे। लता खड़ी हो कर देखने लगी। डॉक्टर साहब भी उसी के पास आ कर खड़े हो गये, अचानक लता ने उनकी ओर मुड़ कर कहा, "आप को शतरंज का शौक है, डॉक्टर साहब ?"

डॉक्टर साहब की आँखें किसी भावी आशा से चमक उठीं, कहने लगे, "इंगलैण्ड जाने के पहले तो खेला करता था।"

लता ने कहा, "मैं भी कुछ थोड़ा-बहुत खेल लेती हूँ।"

डॉक्टर साहब बोले, "यहाँ कोई 'इनडोर' खेल है ही नहीं, नहीं तो कुछ दिलचस्पी ही रहती है।"

लता ने एक दबी हुई साँस छोड़ कर कहा, "यह जगह इतनी सूनी है और बरसात आरम्भ हो गयी है।"

इसी समय बंसीलाल के कुछ अस्पष्ट शब्द सुनायी दिये, उसे शायद किसी चीज़ की आवश्यकता थी, शायद लिहाफ़ उस पर से खिसक गया था, लता भाग गयी। डॉक्टर साहब ने बाहर नज़र दौड़ायी। घाटियों से बादल ऊपर उठ रहे थे, जैसे कोई दैवी शक्ति नीचे से तैयार करके उन्हें उड़ने के लिए छोड़ रही हो। देखते-देखते वृक्षों के घने पत्तों को, वाटिका के पौधों को, पानी के नल को, बादलों ने अपने अंक में ले लिया। कमरे के अन्दर बादल घुस आये। डॉक्टर साहब ने वॉटरप्रूफ़ कोट पहना और छाता उठा कर बाहर निकल गये।

धीरे-धीरे बादल ऊपर उठे और ज़ोर की वर्षा होने लगी, डॉक्टर अमृतराय नीचे को ध्यान किये चुपचाप सावधानी से चलते गये। छावनी के बाज़ार में सेठ रामसिंह की दुकान

पर पहुँच कर उन्होंने पूछा, "आप के यहाँ शतरंज होगी ?"

"शतरंज तो नहीं है।"

डॉक्टर साहब चुप हो गये, फिर बोले, "मेक्लोडगंज में मिल सकेगी ?"

"कह नहीं सकता, शायद नौरोजी की दुकान पर मिल जाय!"

"और कोई खेल होगा ?"

"यानी....!"

"कैरम अथवा बैगाटिल ?"

"कैरम होगा।"

"और बैगाटिल ?"

"होगा..... नहीं!"

"अच्छा, मैं शतरंज के सम्बन्ध में पूछ आऊँ!"

यह कह कर डॉक्टर साहब ने छाता उठाया और मेक्लोडगंज की ओर चल पड़े। मेक्लोडगंज छावनी से कोई दो-तीन मील के फ़ासले पर है। वर्षा काफ़ी तेज़ होने लगी थी, लेकिन डॉक्टर साहब ने उसकी परवाह नहीं की। अपने ध्यान में मग्न तेज़ चलते हुए मेक्लोडगंज में नौरोजी की दुकान पर पहुँचे और पूछा कि आपके यहाँ शतरंज है।

मालूम हुआ कि है तो सही, पर कहीं पड़ी होगी; छान-बीन के बाद पता लग सकेगा।

डॉक्टर साहब ने विनीत स्वर में कहा, "इस वक्त किसी तरह नहीं मिल सकती ?"

"इस वक्त मिलना सम्भव नहीं," दुकान के मालिक ने कहा, "यदि आप कह जायँ तो हम परसों तक देख छोड़ेंगे, किन्तु केवल मोहरे हैं, बिसात नहीं!"

डॉक्टर साहब विषाद के हँसे और दुकान के बाहर निकल आये। सोचने लगे कि अब क्या करें ? शतरंज तो आज ही चाहिए; कौन जाने दो दिन बाद लता की तबीयत पर फिर वही पुरानी उदासीनता छा जाय। तो क्यों न धर्मशाला में जा कर देख आऊँ। मूसलाधार वर्षा हो रही थी और फिर दूरी का खयाल भी आया, वापस जाने को जी चाहा; वे एक क्षण के लिए वापस छावनी की ओर मुड़े भी; सोचा वहाँ से कैरम ही ले जायेंगे, लेकिन फिर खयाल आया कि लता ने तो उन्हें शतरंज के लिए कहा था, और फिर वर्षा में कैरम बोर्ड के खराब हो जाने का भी डर है, शतरंज का क्या है, ओवरकोट में छिपा कर ले जा सकते हैं। तो फिर क्यों न एक बार शहर जा कर देख लिया जाय ? इस खयाल के आते ही वे फिर पीछे की ओर लौट पड़े।

मेक्लोडगंज से धर्मशाला को दो मार्ग जाते हैं, एक मोटर का, दूसरा पैदल। मोटर का मार्ग ज़रा लम्बा है, इसलिए डॉक्टर साहब छोटे मार्ग से हो लिये। इस मार्ग से कोतवाली तक ढलवान-ही-ढलवान चली गयी है। डॉक्टर साहब जल्दी-जल्दी चलने लगे; लेकिन पथरीला रास्ता था, एक बार पाँव जो फिसला तो बुरी तरह गिरे, रीढ़ की हड्डी पर गहरी चोट आयी। भला हुआ कि बहुत नीचे तक लुढ़कते नहीं चले गये, नहीं तो हड्डी-हड्डी चूर हो जाती। उठे और सँभल-सँभल कर चलने लगे। एक घण्टे का मार्ग डेढ़ घण्टे में तै किया। कोतवाली बाज़ार में पहुँच कर सब दुकानदारों से पूछा, पर शतरंज न मिली। एक दुकानदार ने कहा, "शायद बिट्टू बाज़ार में मिल जाय।" डॉक्टर साहब कुछ थकावट-सी

महसूस कर रहे थे और दूसरे कमर में दर्द भी कुछ ज़्यादा होने लगा था, लेकिन जब इतनी दूर आये तो एक मील और सही। बिट्टू बाज़ार की ओर चल पड़े। वहाँ भी निराशा ने पीछा न छोड़ा। हरेक दुकानदार से पूछा, पर किसी से भी शतरंज न मिली। बिट्टू बाज़ार के अन्त में एक दुकानदार ने कहा कि ज़रा ठहरिए, देखता हूँ। और वह दुकान के अन्दर चला गया।

आशा और निराशा के भँवर में डूबते-उतराते डॉक्टर साहब खड़े रहे। कुछ देर बाद बिसाती अन्दर से एक पुरानी बिसात निकाल लाया। झाड़ा तो मालूम हुआ कि कई एक खाने चूहों के तेज़ दाँतों की भेंट हो गये हैं। डॉक्टर साहब जीर्ण-शीर्ण बिसात की ओर देख कर हँसे और निराश हो कर तेज़ी से चले आये। लेकिन बिट्टू बाज़ार के खत्म होने तक उनकी चाल धीमी पड़ गयी। अब तक वे आशा के जिन पंखों पर उड़े आ रहे थे, वे पंख ही टूट गये थे।

ऊपर आकाश के बादल घिर आये थे और पानी ज़ोर से बरस रहा था। हवा वृक्षों को जैसे उड़ाये लिये जा रही थी। पहाड़ी नालों में पानी जैसे अपनी जवानी के जोश में उछल-उछल कर बह रहा था। सामने वृक्ष की घनी शाखा पर एक कौवा सिकुड़ा हुआ बैठा था। डॉक्टर साहब ने एक थकी हुई निगाह दूर तक डाली और सिर झुकाये धीरे-धीरे चल पड़े।

उनकी कमर में दर्द और भी ज़ोर से हो उठा, मोटरों के अड्डे पर आ कर उन्होंने पूछा —कोई मोटर कैण्ट जाने वाली है या नहीं ? मालूम हुआ अभी चार घण्टे तक कोई मोटर न जायेगी। डॉक्टर साहब फिर धीरे-धीरे चल पड़े। डाकखाने के पास जा कर वे कुछ देर के लिए बरामदे में जा खड़े हुए। जब वर्षा कुछ थमी तो वे फिर चलने लगे। कोतवाली बाज़ार में उन्होंने एक डॉक्टर से टिंचर लगवाया और बड़ी सड़क से छावनी को हो लिये। जिस मार्ग से आये थे, उस सीधे ऊँचे मार्ग पर चढ़ना अब उन्हें असम्भव मालूम होता था।

कोई ढाई घण्टे में और कई जगह सुस्ताने के बाद वे लम्बे मार्ग ही से छावनी पहुँचे। सेठ रामसिंह की दुकान पर जा कर हताश-से हो कुर्सी पर बैठ गये। वे अपने एक-दो मित्रों के साथ शतरंज खेल रहे थे। खेलना छोड़ कर पूछने लगे, "कहिए, मिली ?"

"खाक मिली!" डॉक्टर साहब ने कहा, "उल्टे कमर में चोट आ गयी।"

सहानुभूति के साथ रामसिंह ने कहा, "चोट आ गयी —कैसे ?"

"जल्दी में पाँव फिसल गया।"

"ओ हो!" सभ्य तथा गम्भीर पहाड़ी दुकानदार ने हाथ मलते हुए कहा, "बहुत चोट तो नहीं आयी ?"

डॉक्टर साहब ज़मीन पर बिछी हुई शतरंज को देख रहे थे, बोले, "आप मुझे तीन-चार रोज़ के लिए यह शतरंज नहीं दे सकते ?"

एक क्षण के लिए रामसिंह सोचने लगे।

"वे ज़रा बीमार हैं, कुछ दिन बाद आपको मिल जायेगी!"

"नहीं, नहीं," रामसिंह ने कहा, "कोई बात नहीं, आप शौक से ले जाइए! दो दिन रखिए, दस दिन रखिए!" और यह कहते हुए उन्होंने शतरंज लपेट कर डॉक्टर साहब को

दे दी।

डॉक्टर अमृतराय को कमर का दर्द भूल गया। वे उन्हें धन्यवाद देना भी भूल गये। केवल 'नमस्कार' करके और कैरम और बैगाटिल भिजवाने के लिए कह कर जल्दी-जल्दी बँगले की ओर चढ़ाई चढ़ने लगे। उस वक्त जैसे उनके पाँवों में पंख लग गये थे। उड़ते हुए वे जा रहे थे।

लता कमरे में खड़ी उनकी प्रतीक्षा कर रही थी। उन्हें आते देख कर शिकायत के स्वर में बोली, "आप किधर चले गये थे ? इस वर्षा और आँधी में मैं कितनी देर से इन्तज़ार कर रही हूँ।"

डॉक्टर साहब ने शतरंज को मेज़ पर रखते हुए कहा, "सारा शहर घूम कर शतरंज लाया हूँ।" कोट उतारा और उसी तरह चारपाई पर लेट गये।

तभी उनकी कमर में फिर असह्य पीड़ा हो उठी।

२४

रामनारायण ने अवरुद्ध कण्ठ से कहा, "मालिक, इस तरह कैसे काम चलेगा ?"

मलिक साहब ने उत्तर नहीं दिया, केवल चादर ओढ़ कर लेट रहे। बूढ़ा नौकर कुछ समय तक चुपचाप खड़ा उस दूध के गिलास को देखता रहा, जिसमें से मलिक साहब ने अभी दो घूँट पिये थे, जैसे वह दूध के इतनी अधिक मात्रा में बच रहने का इस श्वेत चादर के नीचे लेटे हुए व्यक्ति के हृदय से सम्बन्ध जोड़ रहा हो।

"मालिक, एक-दो घूँट तो पीजिए, सुबह भी आपने कुछ नहीं लिया था।" और जैसे उत्तर की प्रतीक्षा में वह कुछ क्षण खड़ा रहा, किन्तु जब मलिक साहब नहीं बोले और करवट बदल कर चुप हो रहे, तब एक लम्बी साँस छोड़ कर रामनारायण ने बचे हुए दूध का गिलास उठाया और चल पड़ा।

"नारायण बाबा!"

वृद्ध नौकर मुड़ कर वापस आ गया, लेकिन मलिक साहब कुछ न बोले। रामनारायण कुछ सुनने की प्रतीक्षा में खड़ा रहा, पर जब मलिक साहब ने कुछ न कहा तब वह बेचारा चिन्तित और उदास, कमरे से बाहर निकल गया।

जब वह रसोईघर में पहुँचा तो बाहर दरवाज़े के पास उसकी पुस्सी बैठी 'म्याऊँ मियाऊँ' कर रही थी। कहीं एक दिन कुत्तों के चंगुल में फँस कर, मृतप्राय होने वाले एक बिल्ली के बच्चे को बूढ़ा रामनारायण उठा लाया था। उसकी सेवा-शुश्रूषा करके उसने उसे मौत के मुँह में जाने से तो बचा लिया था, खिला-पिला कर हृष्ट-पुष्ट भी कर दिया था, किन्तु उसकी देखने और सुनने की शक्तियाँ प्रायः जाती रही थीं। पशुओं के सहज-ज्ञान द्वारा जब भूख सताती, तो फ़र्श सूँघती-सूँघती वह रसोई-घर के दरवाज़े तक आ जाती और एक-दो बार 'मियाऊँ' कर देती। सन्तति-विहीन रामनारायण उसे बेटी की तरह गोद में ले

लेता, प्याला ले कर दूध पिलाता, पुचकारता, प्यार करता और फिर छोड़ देता —'जा, अब मुझे काम करने दे।' और एक-दो बार 'म्याऊँ-म्याऊँ' करके पुस्सी चली जाती।

आज गिलास का बचा हुआ दूध प्याले में डाल कर रामनारायण ने उसे पुस्सी के आगे रख दिया। न गोद में उठाया, न पुचकारा, बल्कि चुपचाप रसोई में जा कर बर्तन साफ़ करने बैठ गया।

एक-दो घूँट पी कर पुस्सी ने सिर उठा कर शून्य में देखते हुए पुकारा भी —'म्याऊँ-म्याऊँ!' —पर रामनारायण नहीं बोला। वह एक ही बर्तन को न जाने कब तक मलता रहा, जैसे उसी के मलने में उसके जीवन-मरण का प्रश्न निहित हो।

जब से लता गयी थी, मलिक साहब के जीवन में एक विचित्र प्रकार की अव्यवस्था आ गयी थी। एक बार पहले भी ठीक मार्ग पर चलते-चलते उनके जीवन की गाड़ी पथ से हट कर ऊँचे नीचे, ऊबड़-खाबड़ मार्ग पर हो चली थी, पर शीघ्र ही सँभल कर वे उसे व्यवस्था और पाबन्दी की लीक पर ले आये थे। मन के अवसाद को उन्होंने बरबस दबा दिया था। शरीर पर अनायास ही छा जाने वाले आलस्य का उन्होंने दृढ़ता से मुकाबला किया था।

यह तब हुआ था, जब उनकी पत्नी, सरल, भोली-भाली बालिका लता को छोड़ कर, परलोक सिधार गयी थी और लड़की के पालन-पोषण का भार उन पर आ पड़ा था।

अपने सब दुखों को उन्होंने अपनी बच्ची की देख-भाल करने में भुला दिया था और फिर वे स्वयं ही समय पर खाने, समय पर दफ़्तर जाने, समय पर सैर करने और समय पर सोने की आदी हो गये थे। पहले ऐसा करने के लिए उन्हें जो प्रेम-भरी दो-चार मीठी घुड़कियाँ, दो-चार उलाहने सुनने की ज़रूरत पड़ती थी, वह न रह गयी थी। यदि वे ही समय की पाबन्दी का खयाल न रखेंगे तो लता के जीवन में भी अव्यवस्था आ जायेगी, इसी विचार से वक्त की पाबन्दी रख के उन्होंने लता में भी प्रत्येक काम समय पर करने की आदत डाली थी।

किन्तु लता के जाने के बाद इतने दिनों से दबी हुई उनकी अव्यवस्था जैसे कहीं से फूट निकली, इतने दिनों से दबा हुआ उनका दुख जैसे दुगने वेग से बाहर निकल आया और इस बड़े मकान में अपने चारों तरफ़ वे एक असीम सूनापन महसूस करने लगे। समय पर उठना-बैठना, खाना-पीना, सब छूट गया। बहुत रात तक वे कुछ-न-कुछ पढ़ते रहते और सुबह उठते तो प्रायः स्नान करने का भी समय न रहता और प्रायः कई-कई दिन हजामत भी बे-बनी ही रह जाती। खाने-पीने का भी कुछ ठीक न रहा था। स्वास्थ्य दिनों-दिन गिरता जा रहा था। बेचारा रामनारायण लाख प्रयत्न करता; चाहता —सब कुछ पहले की तरह होने लगे। रात को जब वे कोई-न-कोई पुस्तक ले कर बैठ जाते और फिर सोने के समय की परवाह न करके बैठे ही रह जाते तब वह कई बार धीरे-धीरे कमरे में जा कर कहता, 'मालिक, सो जाओ अब!' पर मलिक साहब न सुनते।

वास्तव में उन्हें बिस्तर पर जाते डर लगा करता था। अतीत के सुखद चित्र उनके मस्तिष्क में खिंच आते थे और उनकी नींद न जाने कहाँ उड़ जाती थी —एक सुन्दर युवती अपने सुडौल शरीर, मांसल भुजाओं, मुसकराते होंटों, मद बरसाती आँखों को ले कर कहीं

कविता के, गीतों के और जवानी के संसार से आ जाती थी और वे एक दीर्घ-नि:श्वास ले कर जैसे मस्तिष्क से उस चित्र को हटा कर करवट बदल लेते। आँखों को बन्द करके चित्त को एकाग्र करने के लिए मस्तक पर ध्यान लगाते। कुछ क्षण तक ऐसा लगता जैसे उनका मन एकाग्र हो जायेगा, आँखें भारी हो जायेंगी और उन्हें नींद आ जायेगी, पर शनैः-शनैः फिर वहाँ चित्र बनना शुरू हो जाता —अब की बार कोई २७ या २८ वर्ष की स्त्री आती; रूप-रंग वही, आँखों में मुसकान भी वही, पर गम्भीरता अधिक, चाल में स्थिरता, अब वह चंचल लड़की स्वयं एक नन्हीं-सी बच्ची की माँ जो थी। और वे फिर इस चित्र को हटा कर लम्बी साँस खींच कर मन को एकाग्र करने का प्रयास करते। अतीत की कई घटनाएँ, सुखद, उल्लासजनक, स्वर्ग से आने वाले स्वप्नों की भाँति मादक, उनके मस्तिष्क में घूम जातीं और टीस छोड़ जातीं। हार कर वे उठते, कोई पुस्तक ले बैठते, पढ़ते और तब तक पढ़ते रहते जब तक कि शरीर शिथिल न हो जाता और नींद बरबस अपनी मादक साँस की हवा से उन्हें न सुला देती।

इस तरह वे अब नियत समय पर न सोते थे और यदि दुर्भाग्यवश कभी उनकी पत्नी की मृत्यु का चित्र उनकी आँखों के सामने आ जाता, मरते समय की उसकी अभिलाषा उनके कानों में गूँज जाती, तो फिर वे सारी रात न सो पाते।

लता की उपस्थिति में कभी उन्होंने ऐसा सूनापन, ऐसी उद्विग्नता, ऐसी बेचैनी महसूस ही न की थी। उसकी देख-भाल करने, उससे बातचीत करने, उसकी शिक्षा, उसके स्वास्थ्य तथा उसकी अन्य बातों का ध्यान रखने में उन्होंने अपने जीवन को कभी इतना नीरस अनुभव न किया था। अब उसके जाने के बाद न जाने क्यों उनकी सोयी हुई स्मृतियाँ जाग उठी थीं। न जाने क्यों असीम सूनेपन ने, एक असह्य-वेदना ने, उन्हें घेर लिया था। क्लब आदि वे कभी न गये थे, व्यसन उन्हें कोई था नहीं, घर के अतिरिक्त वे पहले भी कहीं नहीं जाते थे और अब तो जैसे घर उनका बन्दीगृह ही बन गया था। प्राय: किसी से बातें करने के लिए उनका दिल तड़प उठता था। कई बार उन्होंने लता को पत्र लिखना चाहा, पर उसका ध्यान आते ही, उसके व्यवहार से उनके हृदय को जो चोट पहुँची थी, वह जैसे समस्त पीड़ा के साथ जाग उठती और वे पत्र लिखने का विचार छोड़ देते। तब वे चुपचाप अपने बिस्तर पर पड़ जाते, न होता तो अपने बूढ़े नौकर को बुला लेते, उससे उसके अतीत की बातें पूछते और कभी जब प्रसंग छिड़ जाता तो अपने बीते दिनों की बातें कह कर दिल का बोझ हल्का करते। बातें वही पुरानी थीं, कितनी ही बार कही जा चुकी थीं, पर जी न भरता था। रामनारायण इनके उत्तर में आर्द्र कण्ठ से निकले हुए वाक्यों में कहता —"रानी माँ की बात करते हो बाबू जी, वे तो देवी थीं; दया, धर्म और दानशीलता की मूर्ति!" मलिक साहब का कण्ठ भी भर आता; पर जब कभी लता की बात छिड़ जाती और रामनारायण उसे वापस लाने के लिए लिखने को कहता तो मलिक साहब कठोर हो जाते।

उस बड़े सूने कमरे में, पंखे की घर-घर के नीचे, गर्मियों की थका देने वाली दुपहरी में, मलिक साहब अपने बिस्तर पर लेटे चुपचाप छत की ओर अनिमेष दृगों से देख रहे थे। आज वे कई दिनों से बीमार थे, जीवन की सुखद बहारें, न जाने कब की कभी समाप्त न होने वाले पतझड़ में परिणत हो चुकी थीं। धरती सूनी थी, आकाश सूना था। हाँ, कभी स्मृतियों के बादल आते थे, पर वे उड़ जाते थे —कहीं मौत की गहरी ठण्डी घाटियों में!

बाहर मध्याह्न के सूरज की प्रखर धूप थी। मुहल्ले के बरगद पर एक चील चिल्ला रही थी। मलिक साहब का दम जैसे घुटा जा रहा था। आज तीन दिन से उन्होंने दूध के सिवा कुछ न लिया था। उस एकान्त ने, जो इन दिनों उनकी नस-नस में समाया जाता था, आज मानो उन पर पूर्ण अधिकार जमा लिया था!

रामनारायण दूध का गिलास ले कर चला गया। वे उससे कुछ कहना चाहते थे, पर वे कह न पाये थे। उन्होंने मुँह पर चादर ओढ़ ली, पर उनकी श्रवण-शक्ति जैसे रामनारायण के पीछे ही चली गयी थी। बहुत देर तक वे रसोई-घर में बर्तनों की झंकार सुनते रहे और कल्पना भी करते रहे —अब रामनारायण गिलास साफ़ कर रहा है, अब कटोरियाँ, अब थालियाँ धो रहा है, अब चुन रहा है —और फिर आवाज़ बन्द हो गयी —शायद वह फ़र्श धो रहा था या खाना खा रहा था अथवा हुक्के के एक-दो कश लगा कर थके हुए शरीर को आराम पहुँचाने के लिए चला गया था।

एक लम्बी साँस ले कर मलिक साहब ने करवट बदल ली। इस बूढ़े नौकर तथा उनके सितारे न जाने किन अज्ञात दिशाओं से आ कर इकट्ठे हो गये थे। आर्थिक स्थिति को छोड़ कर दोनों का भाग्य एक-जैसा ही था —पत्नी न उसके थी, न इनके; सगे-सम्बन्धी न उसके थे, न इनके; हाँ, इनके एक लड़की थी और बूढ़ा रामनारायण भी उसे अपनी ही लड़की समझता था। दोनों का जीवन उसके बिना एक विराट सूनापन था। अब, जब लता इतने दिनों से बाहर थी, वे जानते थे रामनारायण कितना बेचैन रहता है, कितनी बार वह कह चुका है —'लता रानी को लिखिए, अब आ जायँ।'

लता —मूर्ख और उद्दण्ड लड़की! कितने प्यार से उन्होंने उसे पाला था। कितने यत्न से पढ़ाया था। क्या इसीलिए ? इसी दिन के लिए ? मलिक साहब का दम और भी अधिक घुटने लगा। उनके हृदय में बीसियों बवण्डर उठने लगे। विवश हो कर उन्होंने रामनारायण को पुकारा। बूढ़ा नौकर चुपचाप आ कर सिरहाने की ओर फ़र्श पर बैठ गया, मलिक साहब कुछ क्षण तक चुप रहे, फिर रुद्ध कण्ठ से उन्होंने कहा, "बाबा, यदि लता की अनुपस्थिति में ही मेरी जीवन-लीला समाप्त हो जाय....।"

"राम, राम, कैसी बातें करते हैं मालिक ?" —सिहर कर रामनारायण उठ खड़ा हुआ, बोला, "मैं अभी डॉक्टर को बुला लाता हूँ।"

व्यंग्य-भरी एक मुसकान मलिक साहब के होंटों पर फैल गयी।

डॉक्टर आया, औषधि पिला कर सान्त्वना-भरे स्वर में, 'शीघ्र ही स्वस्थ हो जायेंगे,' कह कर चला गया।

मलिक साहब चुप लेटे रहे, पर वृद्ध नौकर ने महसूस किया, जैसे इस मौन में सहस्रों क्रन्दन छिपे हैं।

उस समय, जब दिन का थका सिपाही अस्ताचल की गोद में जा सोया था और अज्ञात गुफाओं में छिपा अँधेरा अपने दल-बल के साथ बढ़ा चढ़ा आ रहा था और गलियों तथा बाज़ारों की नन्हीं-नन्हीं रोशनियाँ उसे दूर रखने का भरसक प्रयत्न कर रही थीं, बूढ़ा रामनारायण राजरानी के होस्टल की ओर भागा जा रहा था, इस अन्धकार में उसे इसी ओर से आशा की किरण दिखायी दे रही थी।

२५

लता सब कुछ भूल गयी। खाना-पीना, उठना-बैठना, सोना-जागना —यहाँ तक कि बंसीलाल की सेवा-शुश्रूषा —सब कुछ भूल गयी और दिन-रात डॉक्टर अमृतराय की तीमारदारी में निमग्न रहने लगी।

डॉक्टर अमृतराय एक बार बिस्तर पर जो पड़े तो शीघ्र न उठ सके। शतरंज लेने के लिए कोतवाली बाज़ार को जाते समय फिसल कर पत्थरों पर गिरने से उनकी कमर का गोश्त फट गया था और सूजन हो जाने से असह्य पीड़ा हो रही थी। साथ ही सारा दिन वर्षा में घूमते रहने के कारण उन्हें ज्वर हो आया था, जिसने बाद में इनफ़्लुएंज़ा का रूप धारण कर लिया था।

बाहर घने बादल छाये हुए थे। वर्षा कभी होने लगती थी और कभी बन्द हो जाती थी। कमरे में खासा अँधेरा था। डॉक्टर अमृतराय चारपाई पर पड़े थे। उस समय उन्हें बिलकुल होश न था। ज़ोर का बुखार चढ़ा हुआ था। सीने पर एण्टीफ़्लोजिस्टीन की पट्टियाँ बँधी थीं, उन पर कमीज़, फिर पुलओवर, फिर कम्बल। सिर में पीड़ा होने के कारण रूमाल बँधा हुआ था। चारपाई के साथ छोटी-सी मेज़ पर दवाइयाँ रखी थीं और कमरा, जो कुछ दिन पहले धनी माँ-बाप के एकमात्र पुत्र की भाँति साफ़ और सुथरा था, इस समय अनाथ बालक-सा बना हुआ था। मेज़ के नीचे किसी समाचार-पत्र के कुछ पन्ने बिखरे हुए पड़े थे। चारपाई के पास फ़र्श पर पानी का एक गिलास और काँसे की एक-दो कटोरियाँ पड़ी थीं। सामने ट्रंक पर कुछ कपड़ों का ढेर लगा था। पास ही कोने में वही शतरंज की पुरानी बिसात उल्टी पड़ी थी, जिसके कारण यह उत्पात उठ खड़ा हुआ था। मुहरे इधर-उधर बिखर गये थे। एक हाथी ट्रंक के नीचे था और एक घोड़ा कुर्सी तक पहुँच गया था।

लता डॉक्टर साहब के सिरहाने की ओर बैठी थी। अभी-अभी उसने टेम्परेचर लिया था। १०४ डिग्री बुखार था। वह घबरा गयी थी। नौकर से डॉक्टर को बुला लाने के लिए कह कर वह पुनः अपनी जगह पर आ बैठी थी। एक बार उसने धीरे से डॉक्टर साहब को पुकारा —"डॉक्टर साहब, डॉक्टर साहब!"

डॉक्टर साहब को कुछ होश नहीं था, उन्होंने करवट लेने का प्रयत्न किया, पर पीड़ा के कारण हिल न सके। लता ने पुकारा, "डॉक्टर साहब!"

डॉक्टर अमृतराय ने आँखें खोलीं। उनमें कुछ ऐसी बात थी कि कमरे के उस अँधेरे में उन्हें देख कर लता डर गयी। डॉक्टर साहब ने आँखें फिर बन्द कर लीं। साहस बटोर कर लता ने पूछा, "जी कैसा है ?" पर आवाज़ उसके गले से ठीक तरह न निकली।

अमृतराय ने उसी तरह आँखें बन्द किये हुए कुछ कहा। लता नहीं समझी। उसका दिल धड़कने लगा।

डॉक्टर साहब बेहोशी में बड़बड़ाने लगे —"क्या कहा, शतरंज नहीं मिलती ? मेक्लोडगंज से मिल सकेगी, बिट्टू बाज़ार से," और फिर चुप हो गये। फिर बोले —"वाह, जाऊँगा क्यों नहीं ? वर्षा है, हुआ करे! आँधी आये तो भी जाऊँगा; ओले पड़ें तो भी जाऊँगा!"

लता का दिल पिघल कर बह पड़ने को होने लगा। डॉक्टर साहब फिर बोले, "ओह! मैं बहुत आभारी हूँ। इस शतरंज के लिए सब कुछ दे सकता हूँ। दर्द है, यहीं लेट रहूँ। नहीं, मैं जाऊँगा, मुझे ज़रा भी दर्द नहीं है।"

लता की आँखों से आँसू बहने लगे। उसने आगे झुक कर कहा, "डॉक्टर साहब, डॉक्टर साहब, मुझे नहीं पहचानते ?"

इस बार डॉक्टर ने फिर आँखें खोलीं, लता की ओर देखा, उसे पहचानने की कोशिश की, बोले, "तुम राजरानी हो, तुम ही मुझ से सहानुभूति रखती हो, लता तो मेरी ओर आँख उठा कर भी नहीं देखती।"

इसके बाद उन्होंने आँखें बन्द कर लीं।

लता वहाँ न बैठ सकी, कोने में जा कर सिसकने लगी। डॉक्टर साहब ज्वर की तीव्रता से बेसुध पड़े थे, नौकर डॉक्टर को बुलाने गया था। दूसरे कमरे में बंसीलाल के कराहने की आवाज़ आयी और शायद उसने पुकारा भी, "लदा, लदा!"

लता ने आवाज़ सुनी, लेकिन गयी नहीं। रूमाल से आँसू पोंछ कर धीरे-धीरे कमरे में घूमने लगी।

आज सात दिन से उसने तनिक भी आराम न किया था। दिन में तीन-चार बार सूजन को सेंकती, समय पर दवा पिलाती, साबूदाना इत्यादि तैयार करती और रात को कुर्सी पर बैठे-बैठे झपकी ले लेती। ये बातें वह नौकर पर न छोड़ती थी। बाज़ार से भी कई चीज़ें लता को स्वयं ही लानी पड़ती थीं। मकान बाज़ार से बहुत दूर था; दो-दो, तीन-तीन फ़र्लांग इधर-उधर कोई मकान न था। सुबह इन कोठियों का चौकीदार आता। सब्ज़ी अथवा और ज़रूरत की चीज़ें वह ला देता। यदि कोई आवश्यक चीज़ लानी होती तो नौकर को भेजा जाता; लेकिन कई ऐसी चीज़ें थीं, जो नौकर भी न ला सकता था, उन्हें लेने के लिए लता स्वयं जाती।

इन दिनों मेक्लोडगंज और उसके इर्द-गिर्द दिन-रात वर्षा होती। नीचे की घाटियों से बादल उठते, वृक्षों, मकानों और पहाड़ों को ढँक लेते और दिल का भार धरती से बटा कर हल्के हो कर ऊपर उड़ जाते। लता हवा न देखती, पानी न देखती, बाज़ार चली जाती।

कभी इसी तरह पड़े-पड़े उसकी आँखें झपक जातीं, लेकिन जल्दी ही वह जाग उठती। निरन्तर परिश्रम से वह मात्र अस्थि-पिंजर रह गयी थी। कॉलेज के ज़माने की लता और इस लता में कितना अन्तर था! कहाँ वह यौवन के मद में चूर, सुन्दर भरे अंगों, मांसल भुजाओं वाली, सुषमा से लोहा लेने वाली तरुणी, कहाँ यह कृशकाय युवती! अब कोई उसे देखता तो पहचान भी न पाता।

कमरे में अँधेरा और गहरा हो चुका था। बादलों की सेना कमरे में घुसने लगी। लता ने किवाड़ बन्द कर दिये, लैम्प जलाया और खूँटी से टाँग दिया। फिर अमृतराय की चारपाई के पास आयी। वे अभी बेहोश पड़े थे। मस्तक को हाथ लगाया —उसी तरह जल रहा था। लता के हाथ के स्पर्श से डॉक्टर साहब सिहर उठे। लता ने अपना हाथ हटा लिया। उसे महसूस हुआ, जैसे अब भी वह जल रहा हो।

लता का दम घुटने-सा लगा। नौकर अभी तक वापस न आया था। वह चारपाई से

हट कर दरवाज़े तक आयी। उंसे ज़रा-सा खोला। बादल ऊपर उठ गये थे, वर्षा भी थम गयी थी, पर कभी-कभी शाखाओं के हिलने से नीचे धरती पर पड़े सूखे पत्तों पर बड़ी-बड़ी बूँदों के गिरने से टप-टप की आवाज़ आ जाती थी। लता ने दरवाज़ा खोला और बाहर बरामदे में टहलने लगी। कितनी ही देर तक वह अपने विचारों में मग्न, चुपचाप टहलती रही। डॉक्टर अभी न आया था। वह बरामदे से उतर कर उसी अन्यमनस्कता से फूलों की रविशों पर घूमने लगी। एक-दो बार उसने नीचे से आने वाले मार्ग की ओर देखा भी, पर मनुष्य तो क्या, किसी पक्षी तक का चिह्न न दिखायी देता था। उसे कुछ ठण्डक-सी महसूस होने लगी। वह कमरे में वापस चली गयी और डॉक्टर साहब की चारपाई के पास पड़ी हुई आराम-कुर्सी पर लेट गयी, कम्बल उसने कन्धे तक ओढ़ लिया। दूसरे ही क्षण उसकी थकी हुई आँखें बन्द हो गयीं और उसे झपकी-सी आ गयी।

किसी के पाँवों की चाप से उसका आँख खुली। देखा, डॉक्टर साहब कम्पाउण्डर के साथ आ गये हैं और खूँटी पर अपना वॉटरप्रूफ़ कोट टाँग रहे हैं, और पानी के निचुड़ने से एक पतली-सी लकीर साँप की तरह बल खाती हुई लता की कुर्सी की ओर बढ़ आयी है। कमरे के अन्धकार मिश्रित प्रकाश में डॉक्टर की भारी-भरकम सूरत कम्पाउण्डर की पतली-दुबली आकृति के मुकाबले में एक विचित्र विरोधाभास उपस्थित कर रही थी। दूसरी ओर नौकर हाथ में बैग लिये खड़ा था। कम्पाउण्डर ने पिचकारी, टिंक्चर और दूसरी औषधियों की शीशियाँ मेज़ पर रख दी थीं। इस कमरे में, जो कुछ क्षण पहले सर्वथा निस्तब्ध था, इस समय हल्का-सा शोर पैदा हो गया था।

लता कम्बल को फेंक कर उठ खड़ी हुई। डॉक्टर साहब ने बिना कुछ पूछे अमृतराय का निरीक्षण आरम्भ कर दिया। कोट के ऊपर की जेब से थर्मामीटर निकाल कर खोल, झटक और धो कर उनकी जिह्वा के नीचे रखा। लता उनके पास आ कर खड़ी हो गयी। बालों की शुष्क लटें उसके चेहरे पर बिखर आयी थीं। आँखें कुछ लाल हो रही थीं। डॉक्टर साहब ने एक बार उसकी ओर देखा और फिर घड़ी की सुई देखने लगे। एक मिनट बाद उन्होंने थर्मामीटर निकाला।

"कितना ?" —लता ने चिन्ताजनक स्वर में पूछा।

"एक सौ पाँच!"

"मैंने देखा तो एक सौ चार था।" लता ने आतुरता से कहा, "डॉक्टर साहब, ये आज सुबह ही से बेहोश हैं। मैं तो घबरा गयी थी, कुछ बोलते नहीं, पहचानते तक नहीं, यों ही आयँ-बायँ बड़बड़ाते हैं।"

डॉक्टर साहब बोले, "घबराने की कोई बात नहीं। मैंने आप से निवेदन किया था कि इनफ़्लुएंज़ा है, यह ज्वर तीव्र भी हो जाता है और इसमें बेहोशी भी आ जाती है। चोट अधिक लगने के कारण कमर का माँस फट गया है। मैं तेल दिये जाता हूँ। आप इसकी मालिश करके सेंक दें। कुछ दिन में परमात्मा ने चाहा तो आराम हो जायेगा। अब मैं इंजेक्शन दिये जाता हूँ, इससे इन्हें काफ़ी आराम मिलेगा।"

लता कुछ कमज़ोरी-सी महसूस कर रही थी। वह कुर्सी पर बैठ गयी। डॉक्टर साहब ने इंजेक्शन दिया, सीने पर पट्टियाँ बाँधीं, नुस्खा लिखा, दवा की एक खुराक अमृतराय के

मुँह में डाल दी और फिर कुर्सी में धँस गये। इसी समय उनकी दृष्टि लता के चेहरे पर जम गयी।

"आप, मालूम होता है, अपने स्वास्थ्य की ओर तनिक भी ध्यान नहीं देतीं।"

लता के होंटों पर एक शुष्क मुसकान फैल गयी।

"लेकिन यह ठीक नहीं," डॉक्टर साहब ने कहना शुरू किया, "आप एक नर्स रख लें, अकेली आप दो रोगियों की देख-भाल नहीं कर सकतीं। इस तरह तो आप स्वयं बीमार पड़ जायेंगी। ज़रा शीशा ले कर देखिए तो। परदेस का मामला है, यदि आप स्वयं अस्वस्थ हो गयीं तो क्या होगा। जान से बहुमूल्य और कोई वस्तु नहीं है। उचित तो यह है कि आप एक छोटा-सा नौकर और रख लें। इस नौकर से काम न चलेगा। और फिर आप किसी टॉनिक का भी प्रयोग करें —कॉडलिवर ऑयल या कोई और....।"

और वे जाने को तैयार हो गये।

"चाय तो पीजिएगा ?"

"नहीं...."

लेकिन लता ने तो पहले ही नौकर को चाय लाने का आदेश दे दिया था। वह भाग कर बाहर गयी। आवाज़ देने ही लगी थी कि नौकर टी-सेट ले कर आता दिखायी दिया।

डॉक्टर ने खड़े-खड़े चाय का प्याला खाली किया और वॉटरप्रूफ़ कोट पहन कर चलने को तैयार होते हुए लता से बोले, "दवाइयाँ भी मैं नर्स के ही हाथ भेज दूँगा और उसे आदेश भी कर दूँगा। एक छोटा-सा नौकर शाम तक भेजने का प्रयास करूँगा। यह खाना पकायेगा, सफ़ाई करेगा अथवा दवाइयाँ लायेगा ?"

"धन्यवाद!"

लता उन्हें दरवाज़े तक छोड़ने आयी। डॉक्टर साहब चले गये और लता अपने विचारों में मग्न बरामदे में घूमने लगी और फिर बंसीलाल के कमरे में चली गयी। देखा, बंसीलाल की रज़ाई एक ओर फ़र्श पर गिरी पड़ी है और वह औंधे मुँह उस पर लुढ़क गया है। लता वहीं खड़े-खड़े उसे देखती रही, पहले की तरह उत्साह से आगे नहीं बढ़ी, उसने नौकर को आवाज़ दी कि उसे उठा कर बिस्तर पर डाल दे और उस पर लिहाफ़ दे दे।

२६

रानी ने कहा, "लीला कुछ देर तो और बैठो, फिर जाने एक-दूसरे की सूरत भी देखनी नसीब होगी या नहीं ? कौन जाने जीवन-सागर की लहरें हमें कहाँ-से-कहाँ एक-दूसरे से कितनी दूर, बहा कर ले जायँ ?"

परीक्षाएँ समाप्त हो चुकी थीं। होस्टल, जो लड़कियों के कहकहों, हार्मोनियम, बेला अथवा सितार के मादक संगीत, खेलों के शोर-गुल से मुखरित रहा करता था, अब धीरे-धीरे मौन हो रहा था। बरामदे में वह पहली सफ़ाई कहाँ। इधर-उधर काग़ज़ और

कूड़ा-करकट बिखरा पड़ा था और कमरे खाली हो चुके थे या खाली हो रहे थे। पुरानी कापियों के फटे हुए पृष्ठों, पुराने समाचार-पत्रों, कपड़ों के जीर्ण-शीर्ण टुकड़ों और इसी प्रकार की दूसरी वस्तुओं के सिवा अधिकांश कमरों में कुछ नज़र न आ रहा था। लड़कियाँ पृथक होने से पहले एक-दूसरे से गले मिल रही थीं। पत्र लिखते रहने के और कभी न भूलने के लम्बे-चौड़े वादे ले-दे रही थीं। जीवन एक सराय है, कुछ घड़ी के लिए किसी अदृश्य स्थान से आ कर पथिक यहाँ इकट्ठे होते हैं, कुछ देर इकट्ठे रहते हैं, एक-दूसरे से प्रेम और प्यार भी करते हैं और फिर जुदा हो जाते हैं। कॉलेज के होस्टल, स्टेशन के मुसाफिरखाने, रेलगाड़ी के डिब्बे, तीर्थ-स्थान और हिल-स्टेशन, ये सब इस बड़ी सराय के कमरे हैं। वहाँ उपजा हुआ प्रेम वहाँ के लिए ही पर्याप्त होता है। वहाँ से चले जाने के बाद मिलने वालों की याद तो दूर, सूरतें तक भूल जाती हैं।

लीला भी जा रही थी। कुछ लड़कियों को तो फिर अगली श्रेणी में पढ़ने के लिए आने की आशा भी थी, पर लीला का तो शीघ्र ही विवाह होने वाला था। वह तो होस्टल से सदैव के लिए विदा हो रही थी। कॉलेज में उसे रानी से जितनी मुहब्बत थी और किसी से न थी, और इसीलिए देर से वह उसके पास बैठी थी। दोनों में बहुत समय से बातें हो रही थीं। लीला को जाना था, शाम बढ़ती चली आ रही थी, इसलिए लीला लम्बी साँस ले कर उठी थी और वह कहना चाहती थी —'रानी बहन, अब आज्ञा दो, प्रार्थना करो फिर शीघ्र ही मिलें।' लेकिन रानी की बात सुन कर वह फिर बैठ गयी।

रानी ने कहा, "लीला, आज तो तुम्हें छोड़ने को जी नहीं चाहता। इच्छा होती है कि इसी तरह कमरे में बैठी, आयु-पर्यन्त तुम से बातें ही करती रहूँ, लेकिन ऐसी पागलों जैसी इच्छा भी कभी पूरी हुई है किसी की ?"

लीला केवल हँसी, उससे उत्तर न बन आया। अब तक दोनों इधर-उधर की हँसी-मज़ाक की बातें कर रही थीं। लीला भविष्य का अपना प्रोग्राम, विवाह के सम्बन्ध में अपने स्वप्न सुना रही थी और रानी अपनी टीका-टिप्पणी करती हुई उसे हँसाती रही थी। लेकिन अब रानी ने बातों का रुख पलट दिया था और लीला महसूस कर रही थी, जैसे इतनी दर से बरबस रोके हुए भावों के तूफ़ान को रानी दिल से निकाल कर हल्की हो जाना चाहती है।

रानी ने फिर कहा, "वास्तव में लीला, बात यह है कि मैं अपने आप को सर्वथा असहाय पा रही हूँ। अब तक मुझे तुम्हारा सहारा था, मैं अपने एकाकीपन को महसूस न करती थी। लेकिन सोचती हूँ, अब क्या होगा ? इस महान सागर में कर्णधार के बिना मेरी नौका कहीं किनारे लगेगी अथवा लहरों के भयानक थपेड़े खाती हुई अनन्त जलराशि में समा जायेगी ?"

लीला ने कहा, "रानी, तुम यों ही अधीर होती हो। हम सब की नौकाओं का अदृश्य खेवट तो एक ही है। वह जिधर चाहता है, ले जाता है। वह चाहता है तो किनारे लगा देता है और नहीं चाहता तो मँझधार के हवाले कर देता है।"

रानी विषाद से हँसी और बोली, "उस कर्णधार की सत्ता में तो लीला, मेरा विश्वास तभी उठ गया था, जब भाई ने लता के मकान से छलाँग लगायी थी; जब उसके वियोग

में, उसकी दयनीय दशा को देख कर माँ पागल हो कर मर गयी थी और जब मुझे सर्वथा असहाय हो कर भयावह लहरों के थपेड़ों का सामना करना पड़ा था। तुम कहोगी, शायद परमात्मा को इसी में कोई भलाई मंज़ूर हो, पर मैं ऐसा नहीं मानती। माली बसी हुई फुलवारी को उजाड़ दे, खिले हुए सुन्दर फूलों को तोड़ कर उनकी पत्तियों को छिन्न-भिन्न करके भूमि पर बिखेर दे तो इसमें उन प्रताड़ित फूलों की, उन मसले हुए नन्हें पौधो की क्या भलाई हो सकती है ? शायद तुम कहो, माली दूसरा बाग़ लगायेगा, पहले से सुन्दर-सुरम्य फुलवारी खिलायेगा, किन्तु वे फूल तो फिर बाग़ की बहार न देखेंगे, वे पौधे तो फिर सूरज की जीवनदायिनी धूप का स्पर्श न महसूस करेंगे, बसन्त की मादक बयार से मस्त हो कर न लहरायेंगे। वे तो अपनी प्यास, अपनी तृष्णा साथ ही ले जायेंगे।"

"तृष्णा भी कभी किसी की मिटी है!" लीला ने कहा, "मनुष्य के सहस्रों अरमान पूरे हो जायँ, फिर भी बहुत-से अरमान रह ही जायेंगे।"

"यह तो ठीक है," रानी ने दीर्घ-निःश्वास छोड़ते हुए कहा, "पर जो अन्तर भुक्त-भोगी हो कर मरने और जवानी में ही मर जाने में है, वही अपने अरमान पूरे करके और अपना एक भी अरमान पूरा किये बिना मर जाने में है। लीला, मैं दर्शन-शास्त्र की वेत्ता नहीं। संसार के सुख-दुख का रहस्य समझने की भी चेष्टा नहीं करती। मैं तो अपने उजड़े अतीत को देखती हूँ, अपने शून्य भविष्य को देखती हूँ और सोचती हूँ कि यदि यह सब बर्बादी परमात्मा ने की है तो वह परमात्मा अपने होश में नहीं, वह सतर्क नहीं, वह या तो मदमत्त है या किसी कवि को भाँति अपने ध्यान में मग्न!"

रानी का कण्ठ भर आया। उसके नयन आर्द्र हो गये। कुछ क्षण ठहर कर उसने फिर कहना शुरू किया, "लेकिन नहीं लीला, मैं जानती हूँ, यह सब कुछ परमात्मा ने नहीं किया, यह तो परिस्थितियों का उलट-फेर है। संसृति की नाट्यशाला में कोई भी अकेला नहीं कि जो चाहे कर ले, एक के कृत्यों का दूसरे पर प्रभाव पड़ता है, दूसरे के कर्म तीसरे का जीवन बदल देते हैं। पिता के अपराध का फल पुत्र को भोगना पड़ता है, पुत्र के पाप पिता का जीवन कठिन बना देते हैं —क्रिया-प्रतिक्रिया, संघर्ष और द्वन्द्व —इनकी चक्की चलती रहती है और पिसने वाले तड़पते रहते हैं, लेकिन मुक्त नहीं हो पाते।"

विह्वल-सी हो कर रानी कमरे में घूमने लगी। लीला चुप, स्तब्ध उसकी बातें सुनती रही। वह क्या सान्त्वना दे, क्या तसल्ली दे, यह उसकी समझ में न आया।

कुछ क्षण बाद रानी फिर कुर्सी पर बैठ गयी और धीरे-धीरे कहने लगी, "लीला, मुझे उस महान शक्ति पर अन्ध विश्वास नहीं है। मैं सोचा करती हूँ कि यदि कोई परमात्मा है भी तो यह सब विषमता उसकी पैदा की हुई नहीं। विपत्ति में हम उसका नाम ले कर सन्तोष कर लेते हैं —बस! जब हमारी सीमित बुद्धि हमारी विषम परिस्थितियों का हल नहीं सोच सकती तो —'यह सब उसके हाथ में है, वह जैसा करता है, अच्छा करता है' —ऐसा सोच कर हम सन्तोष कर लेते हैं। मैं ऐसा नहीं कर पाती। यही कारण है कि मैं असन्तुष्ट हूँ, आकुल हूँ।"

लीला को अब मानो बात करने के लिए शब्द मिल गये। उसने कहा, "यदि यह बात ठीक हो भी तो निराशा कैसी ? परिस्थितियाँ मनुष्य के लिए बनी हैं, मनुष्य परिस्थितियों

के लिए नहीं। दृढ़-प्रतिज्ञ व्यक्तियों ने सदैव परिस्थितियों की अवहेलना की है। उन्होंने अपना भविष्य स्वयं ढाला है। संसार के महान व्यक्ति कठिन परिस्थितियों से जूझ कर ही उन्नति के शिखर पर पहुँचे हैं।"

"तुम ऐसा कह सकती हो लीला," रानी ने कहा, "असंख्य मनुष्यों में से इने-गिने सफल व्यक्तियों को देख कर तुम कह देती हो कि हम परिस्थितियों पर विजय पा सकते हैं। पर कभी तुमने उन असंख्य लोगों की बाबत भी सोचा है, जो परिस्थितियों की चक्की में पिस गये ? अपने समस्त परिश्रम, अपनी समस्त शक्तियों, अपने बुद्धि-बल, अपनी दृढ़ता और संयम के होते हुए भी पिस गये और उनका पता भी नहीं चला। संयोग ने जिनका साथ दिया, संसार ने उन्हें सफल समझा। संसार ने कहा, 'ये कठिन परिस्थितियों को वश में करके आये हैं, ये वीर हैं, ये बहादुर हैं!' पर क्या संसार ने कभी उन उँगली पर गिने जाने वाले सफल लोगों के दिलों में पैठ कर उनके आन्तरिक दुख को, उनकी अतृप्त इच्छाओं को देखा है ? जूझने को क्या मैं न जूझूँगी, क्या मैं परिस्थितियों से न लड़ूँगी; पर अंजाम जो होगा, वह दिखायी देता है! निबिड़ अन्धकार है। कंटकाकीर्ण मार्ग है। मैं अकेली हूँ। संयोग ने साथ दिया तो कहीं पार जा लगूँगी; नहीं, मरना तो है ही। परीक्षा हो चुकी है, होस्टल खाली हो रहा है, सब लड़कियाँ अपने घरों को जा रही हैं, पर मेरा कोई ठिकाना नहीं —कहाँ जाऊँ ? कुछ सूझ नहीं पाता। घर है —टूटा-फूटा, पर उसमें अकेली कैसे रहूँ और अब तो उसमें मुझसे रहा भी न जायेगा। जो मुझे यहाँ कॉलेज में दाखिल करा गये, उन्होंने भी सुध न ली और स्वयं कुछ लिखने को मेरा जी नहीं चाहता। कहो लीला, मैं निराश न होऊँ तो क्या करूँ ?"

रानी को रुलाई आ गयी और धोती के आँचल से अपना मुँह छिपा कर वह सिसकने लगी।

लीला कहना चाहती थी, 'रानी, तुम मेरे साथ चलो बहन, तुम्हें कुछ कष्ट न होगा,' लेकिन इसी क्षण दरवाज़े पर किसी ने दस्तक दी। लीला ने उसे खोला, देखा, एक वृद्ध खड़ा है।

"राज बीबी हैं ?"

राजरानी ने आवाज़ पहचान ली। आँसू पोंछ कर उसने देखा, रामनारायण खड़ा है। वह रामनारायण से भली-भाँति परिचित थी। पहले अस्पताल में जब वह लता के पास खाना आदि ले कर आता था, उसने उसे देखा था। फिर जब लता बंसीलाल को अस्पताल से अपने घर ले गयी थी और वह बंसीलाल को देखने गयी थी, तब भी रामनारायण को देखने का अवसर उसे मिला था और उस थोड़े-से परिचय से ही उसने यह अनुभव कर लिया था कि वृद्ध नौकर एक दर्द-भरा दिल रखता है। आज अचानक उसे अपने दरवाज़े पर खड़ा हुआ देख कर रानी को आश्चर्य हुआ।

इससे पहले कि रानी कुछ पूछती, रामनारायण ने कहा, "राज बीबी, मलिक साहब का स्वास्थ्य खराब हो गया है। लता घर में नहीं है और उसे वे पत्र भी नहीं लिखते, दिनों-दिन उनकी हालत गिरती जाती है। कई दिनों से दफ़्तर नहीं गये, बुखार है और खाँसी भी है। मैं ठहरा वृद्ध —घर का काम करूँ या उनकी सेवा-शुश्रूषा करूँ। यह सब सोच

कर तुम्हारे पास आया हूँ —और कहाँ जाऊँ ?"

रानी ने कहा, "मैं अभी चलती हूँ।"

"जल्दी चलो," रामनारायण ने अवरुद्ध कण्ठ से कहा, "मेरा तो दिल डरता है, न जाने परमात्मा को क्या मंज़ूर है ? जिस सामान की ज़रूरत होगी, मैं यहाँ से ले जाऊँगा।"

रानी तुरन्त ही लीला के गले मिल कर, कमरे में ताला लगा कर रामनारायण के साथ चल पड़ी।

२७

डॉक्टर साहब के कमरे में, उनकी चारपाई के पास कुर्सी पर लता बैठी थी। चारपाई और कुर्सी के मध्य छोटी-सी मेज़ रखी थी, उस पर वही बिसात बिछी थी, जो कुछ दिन पहले कोने में पड़ी हुई थी। उस पर रखे हुए थे मुहरे। कल तक जो बेबसी की हालत में पड़े थे, आज काम में लाये जा रहे हैं।

डॉक्टर साहब कई दिन के बाद उठे थे। आज उन्होंने हजामत बनवायी थी, स्नान भी किया था और जी बहलाने के लिए शतरंज बिछा ली थी। यह तीसरी बाज़ी चल रही थी। दो पहले हो चुकी थीं और दोनों लता हार गयी थी। बाज़ियाँ वह हार भी क्यों न जाती ? प्रकट वह शतरंज खेल रही थी, पर उसका मन शतरंज में कहाँ था ? वह डॉक्टर साहब के कमज़ोर, पीले चेहरे को देखती रही थी और बहुत कुछ सोच भी रही थी।

वह सोच रही थी कि बंसीलाल का प्यार भी क्या प्यार था ? —क्या वह उन्माद नहीं था ? उन्माद ही तो था! उसमें मुहब्बत की सहिष्णुता कहाँ ? वह तो बाँध रखना चाहता था, वह तो मिटना चाहता था या मिटा देना चाहता था। यदि जगत की मुहब्बत मुहब्बत न थी तो बंसीलाल का प्यार भी प्यार न था। एक वासना थी, दूसरा उन्माद। दोनों अपूर्ण, दोनों अभावमय। पूर्ण मुहब्बत तो डॉक्टर अमृतराय की है। उसमें समुद्र की-सी गहराई है, नदी का-सा ओछापन नहीं। मोम की भाँति वह गल जाने वाली नहीं, वह पत्थर की भाँति दृढ़ है। अमृतराय की मुहब्बत अपने प्रियतम के लिए तिल-तिल जलना जानती है, उसे दूसरे से मुहब्बत करते देख कर भी अनुराग का दम भरना जानती है, अपने प्रियतम को बाँध कर केवल अपने ही लिए रखना उसे नहीं आता। उसमें ईर्ष्या नहीं, द्वेष नहीं।

अब वह समझ रही थी, सब कुछ अच्छी तरह समझ रही थी —किस तरह वे उसका दिल रखने के लिए इच्छा के विरुद्ध बंसीलाल की सेवा करते रहे; किस तरह उसे मृत्यु की अँधेरी खोह से निकाल लाये; किस तरह उसके साथ जगह-जगह भटकते रहे। जगत की तरह उन्होंने उसकी सुन्दरता की प्रशंसा के पुल नहीं बाँधे, उसकी झूठी प्रशंसा नहीं की। बंसीलाल की भाँति वे उत्तेजित भी नहीं हुए, मरने-मारने पर तैयार भी नहीं हो गये। शान्ति से, खामोशी से मुहब्बत करते रहे और उसकी तनिक-सी इच्छा के लिए जान तक निछावर करने को तैयार रहे।

एक साधारण-सी इच्छा ही तो उसने की थी और वे उस आँधी-पानी में शतरंज लेने दौड़ पड़े। उनकी मुहब्बत धीरे-धीरे सुलगने वाली आग थी और लता महसूस कर रही थी, जैसे शनैः शनैः यह आग उसकी ओर भी बढ़ती आ रही है और उसके अन्तर में भी जैसे कुछ सुलगने लगा है —ऐसे, जैसे पहले कभी न सुलगा था, जैसे पहले कभी न जला था।

अचानक डॉक्टर साहब ने ज़रा-सा उठ कर कहा, "आप क्या सोच रही हैं ? मैं देखता हूँ, आप का मन शतरंज में नहीं।"

"नहीं, कुछ नहीं, कुछ नहीं।" लता ने अनायास बिसात के कोने को पकड़ते हुए कहा।

"कुछ तो है।" डॉक्टर साहब शतरंज को लपेट कर कोने में फेंकते हुए बोले।

"नहीं, कुछ नहीं!" उसी तरह मेज़ में निगाहें गड़ाये लता बोली।

डॉक्टर साहब ने उसके चेहरे की ओर देखा और फिर आहिस्ता से उठ कर बैठ गये और लता के हाथ को प्यार से अपने हाथ में ले कर उन्होंने पुकारा, "लता रानी!"

लता ने हाथ नहीं खींचा। हाँ, उसकी निगाहें डॉक्टर साहब की ओर उठीं। उन आँखों में न जाने क्या था। डॉक्टर साहब का दिल धड़कने लगा! उनके रोएँ खड़े हो गये। शायद उस समय लता का हृदय भी धड़क रहा था। डॉक्टर साहब ने उसके हाथ में भी तनिक कम्पन महसूस किया। उन्होंने उसके काँपते हुए हाथ पर अपना हाथ फेरते हुए कहा, "लता रानी, मैं बहुत दिनों से देख रहा हूँ, तुम अपने आपे में नहीं हो। मैं कहता हूँ, तुम क्यों अपने स्वास्थ्य का ध्यान नहीं रखतीं ? क्यों मेरे लिए अपनी जान को खतरे में डाल रही हो ? ज़रा शीशे में देखो, कितनी कमज़ोर हो गयी हो। कई दिनों से तुमने बंसीलाल का खयाल नहीं किया! मैं तो अब बिलकुल स्वस्थ हूँ, मेरी चिन्ता अब बहुत हो चुकी, अब ज़रा अपने स्वास्थ्य का भी ध्यान रखो।"

"बंसीलाल!" लता ने धीरे से कहा और उसने अपना हाथ खींच लिया और कुर्सी पर पीछे की ओर को लेट गयी। उसके मस्तिष्क में एक तूफ़ान-सा उठ खड़ा हुआ। वह कहाँ-से-कहाँ आ पहुँची। क्या वह पथभ्रष्ट तो नहीं हो गयी ? वह बंसीलाल को प्रायः भूल-सी गयी थी। अभी उसका ज़िक्र उसे अच्छा भी नहीं लगा। भावुकता को छोड़ कर वास्तविकता की रोशनी में उसने वर्तमान स्थिति को परखा —बंसीलाल के लिए उसके हृदय के किसी कोने में पुरानी उपेक्षा जाग उठी थी। इस मांस-पिण्ड को वह कहाँ-कहाँ लिये फिरेगी ? कहाँ ले जायेगी ? कब तक इस मौत-ऐसे जीवन में रख छोड़ेगी ? डॉक्टर अमृतराय ने पहले ही कहा था —'इसका मर जाना अच्छा है। जी कर, मौत से बुरा जीवन बिताने से लाभ ?'

लेकिन दूसरे क्षण लता ने ये विचार बरबस अपने मन से निकाल दिये और उठ कर कमरे में घूमने लगी।

डॉक्टर साहब बिस्तर पर करवट के बल लेटे हुए उसकी शान्त और गम्भीर मुद्रा को देख रहे थे। इस शान्ति के नीचे जो हलचल मची हुई थी, उसका अनुमान भी कर रहे थे। डॉक्टर साहब के जी में आया कि वे उठें, लता को यहाँ —अपने पास, अपने बिस्तर पर ला बिठायें; उससे कुछ बातें करें; उसके हृदय में पैठने की कोशिश करें! पर आज इतने

दिनों के बाद वे उठे थे। नहाने, बाल बनाने से ही वे कुछ थकावट-सी महसूस कर रहे थे। सीधे वे चारपाई पर लेट गये। कुछ क्षण उसी तरह लेटे रहे, फिर उठे। लता उस वक्त दरवाज़े के पास खड़ी बाहर की ओर देख रही थी। वे चुपचाप धीरे-धीरे चलते हुए उसके पास आ कर खड़े हुए।

लता सोच रही थी —अमृतराय ने बंसीलाल का नाम क्यों लिया ? क्या वे नहीं चाहते, मैं उनके पास बैठूँ। लेकिन दूसरे क्षण इस बात पर वह दिल-ही-दिल में हँसी। अमृतराय की मुहब्बत तो सच्ची मुहब्बत है। वे नहीं चाहते, लता को कर्तव्य के पथ से हटा दें। लेकिन क्या बंसीलाल की सेवा अब वह उसी निष्ठा, उसी मुहब्बत, उसी प्रेम से कर सकेगी ? प्रेम तो वास्तव में उसने बंसीलाल से कभी किया ही नहीं। बंसीलाल ने परिस्थितियों को सोचे-समझे बिना, अपनी और उसकी स्थिति की तुलना किये बिना, उन्माद में जो कुछ किया, उसने उसे कुछ देर के लिए अपने आपको भुला दिया था, उसकी भावुकता ने उसके मस्तिष्क पर अधिकार जमा लिया था, किन्तु अब, जब भावुकता से दूर, तटस्थ हो कर वह सोचती है, तो अपने आपको निर्दोष पाती है; बंसीलाल के अनुराग से अपने दिल को सर्वथा शून्य पाती है।

डॉक्टर साहब के हाथ के स्पर्श से लता चौंक पड़ी। उसने डॉक्टर साहब की ओर देखा। बाहर कुछ देर के लिए धूप निकल आयी थी। उसकी रोशनी में डॉक्टर साहब के पीले चेहरे में उसे कुछ विचित्र प्रकार की सुन्दरता दिखायी दी। क्षणिक आवेग में डॉक्टर साहब के कन्धे पर हाथ रखते हुए उसने कहा, "आप कभी कमज़ोर हैं; इस तरह कष्ट न किया कीजिए। चलिए, बिस्तर पर आराम कीजिए! आप में अभी चलने-फिरने की शक्ति आने में काफ़ी समय लगेगा!"

और यह कह कर बिना उनका उत्तर सुने वह हाथ थाम उन्हें बिस्तर पर ले आयी और वहाँ लिटा कर स्वयं उनके पास बैठ गयी।

डॉक्टर साहब चुपचाप लेट गये और मुस्करा कर बोले, "तुम्हें मेरा इतना खयाल है, अपनी तरफ़ तो देखो!"

लता केवल मुसकरा दी।

डॉक्टर साहब ने फिर कुहनी के बल उठ कर लता का हाथ थाम लिया और उसे दूसरे हाथ के पास ले जा कर दोनों हाथों से उसे दबाया और कृतज्ञता-भरे स्वर में बोले, "तुमने मेरे लिए जो कुछ किया है, लता, उसे मैं कैसे भूल सकता हूँ!"

लता फिर भी नहीं बोली, केवल मुस्करायी। डॉक्टर साहब अपने बीमार हाथ से उसके हाथ को सहलाते रहे। लता ने अपना हाथ नहीं खींचा। बैठी रही, लेकिन उत्तर वह नहीं दे पायी।

डॉक्टर साहब ने फिर कहा, "सचमुच अगर तुम न होतीं तो मैं न बच सकता।"

अब लता को जैसे जिह्वा मिल गयी। हँस कर बोली, "वाह! यदि मैं न होती तो आप यहाँ आते ही क्यों ? बीमार ही क्यों पड़ते ?"

डॉक्टर साहब ने अनायास ही लता का कोमल हाथ अपने गाल पर रख लिया और कहने लगे, "फिर भी जिस निष्ठा से तुमने मेरी तीमारदारी की, कोई न करता।"

लता के समस्त शरीर में सनसनी दौड़ रही थी। वह चाहती थी उठ कर भाग जाय! लेकिन वह जा न सकी।

डॉक्टर साहब धीरे-धीरे उसका हाथ अपने होंटों तक ले आये और फिर एकदम उन्होंने उसे चूम लिया —ज़ोर से चूम लिया और बोले, "लता तुम कितनी अच्छी हो!"

उसी वक्त नौकर ने आ कर बताया कि बंसीलाल चारपाई से गिर पड़ा है और उसके शरीर से रक्त बहने लगा है।

लता झट बिस्तर से उठ कर भाग गयी। डॉक्टर अमृतराय का चेहरा श्वेत हो गया और उस पर स्याही-सी पुत गयी।

२८

इन चन्द दिनों में पिता ने जैसे पुत्री को और पुत्री ने जैसे पिता को पा लिया।

रानी पितृ-प्रेम से वंचित थी। वह छोटी ही थी, जब पिता का हाथ सिर से हट गया था और पिता की मृत्यु के पश्चात वह सदैव कुछ अभाव-सा अनुभव करती आ रही थी। वैसे तो माँ भी उससे प्रेम करती थी, भाई भी प्रेम करता था, पर माँ के प्रेम का मार्ग परिस्थितियों की रुकावटों से भरपूर था। हिन्दुस्तान में लड़की का जन्म किसी विपत्ति से कम नहीं समझा जाता और फिर पंजाब के एक विपन्न घराने में! रानी की माँ को सदैव उसके भविष्य की चिन्ता लगी रहती थी और वह जब भी किसी बात से क्रुद्ध होती, सदैव उसे ताने देती। बंसीलाल की माँ होने पर उसे गर्व था, रानी की माँ होने पर दुख! केवल नैसर्गिक और अबाध प्रेम उसे पिता ही से मिला था और एक बार उस प्रेम के छिन जाने पर वह उसकी पूर्ति न कर सकी थी। आज लता के पिता में उसने वही अपना खोया प्रेम पा लिया, उसी तरह नैसर्गिक, उसी तरह सरल, उसी तरह स्वार्थ-रहित। और लता के पिता ने जाना कि लड़की भी पिता से कैसा प्रेम कर सकती है। उनकी आत्मा जिस अभाव से तड़प रही थी, वह पूरा हो गया। लता ने सदैव उनसे प्रेम लिया था, दिया कम था। और यह असहाय, दीन लड़की —यह तो जैसे उनकी अपनी खोयी हुई पुत्री थी और चाहे उनका स्वास्थ्य न सुधरा था, पर वह उसकी उपस्थिति में एक तरह का आराम, एक तरह का सुख महसूस करने लगे थे।

सन्ध्या का समय था। दिन भर धरती पर आग की वर्षा करके सूरज दूर पश्चिम में डूब रहा था और वहाँ आकाश पर फैले हुए बादलों की लाल धारियाँ धीरे-धीरे नीली और फिर श्याम हो रही थीं, और इसके साथ ही कहीं दक्षिण से हल्की-हल्की, शीतल बयार चलने लगी थी, मानो ज्वर से जलती हुई धरती के मस्तक पर कोई अदृश्य शक्ति चन्दन का लेप कर रही थी।

रामनारायण ने छत पर खूब छिड़काव कर दिया था और मलिक साहब की चारपाई वहाँ बिछा दी थी। सिरहाने की ओर पंखा हल्की रफ़्तार से घर्-घर् कर रहा था, एक सुराही

पानी से ठण्डी करके उसने रख दी थी और उसके पास एक शीशे का गिलास। दिन भर का थका हुआ वह स्वयं भी एक ओर गुड़गड़ी ले कर बैठ गया था। चारपाई पर बीमार मलिक साहब पड़े थे, दायीं ओर सिरहाने रानी बैठी उनके सिर को दबा रही थी और सीढ़ियों के दरवाज़े के पास पानी से ठण्डे किये हुए फ़र्श पर पुस्सी ने आ कर अपनी बैठक जमा ली थी।

इन बीमारी के दिनों में जब उनके पास लता न थी और राजरानी भी न आयी थी, तब मलिक साहब अपने एकाकीपन से ऊब जाते थे। उनका जी अपने आप से, अपने कमरे के फ़र्नीचर से, कमरे की दीवारों से बातें करने को बेचैन हो उठता था। जब रामनारायण घर के दूसरे काम में लगा रहता था तो मलिक साहब कभी-कभी इस बिल्ली को धीरे-धीरे पूँछ सिकोड़े, सिर नीचा किये और शरीर सिकुड़ाये, इधर-उधर जाते देख कर बुला लेते थे, पहले तो पुस्सी उनसे डरती थी, पर फिर वह उनसे हिल गयी और उनके बुलाने पर इस तरह उनकी गोद में बैठ जाती, जैसे उनकी नन्हीं-मुन्नी लड़की वही हो। राजरानी के आने पर उसे गुदगुदे बिस्तर पर मलिक साहब की गोद में बैठने का सौभाग्य तो प्राप्त न होता था, पर फिर भी वह उनकी चारपाई के पास आ कर बैठ जाती थी और उनके क्षीण स्वर से एक-दो बार प्रेम से पुकारा हुआ अपना नाम सुन कर सन्तुष्ट हो जाती थी।

रानी ने धीरे-धीरे मलिक साहब का सिर दबाते हुए कहा, "पिता जी, आप लता बहन को आने के तिए क्यों नहीं लिख देते ?"

मलिक साहब चुप लेटे रहे। रानी एक सप्ताह ही में इस घर का एक अंग हो गयी थी, प्रत्येक चीज़ में उसका अस्तित्व झलका पड़ता था। लता के जाने के बाद मलिक साहब ऐसे उदासीन हुए थे कि उन्हें खाने-कपड़े और घर-बार की कुछ सुध-बुध न रह गयी थी। मेज़ और कुर्सियों पर मिट्टी की कई तहें जम गयी थीं, किताबों को चूहे कुतर रहे थे, छतों पर जाले लटक रहे थे, कमरों की दरियाँ धूल से अटी पड़ी थीं, इधर-उधर मैले कपड़ों के ढेर लगे रहते थे और लता का कमरा खोल कर भी न देखा गया था। रानी ने आते ही दो दिन लगा कर सब कमरे साफ़ किये; फ़र्श धुलवाये; छतों के जाले उतरवाये; पुस्तकों को झाड़ कर अलमारियों में करीने से रखा; जो चीज़ जहाँ की थी, वहाँ रखवायी; मैले कपड़ों को धोबी के यहाँ दिया और वही घर, जो अव्यवस्था का नमूना बना हुआ था, व्यवस्था की सुन्दर तस्वीर बन गया।

इस ओर से निश्चिन्त हो कर उसने अपना ध्यान मलिक साहब की ओर फेरा। उनके खाने और सोने का उचित प्रबन्ध किया। डॉक्टर के आदेशानुसार दवाई का, दूध का, फलों का समय नियत किया। उनके बिस्तर की चादरें बदलवायीं। एक ठण्डे कमरे में फ़र्श धुलवा, दरवाज़ों पर पानी से भीगी हुई खस की टट्टियाँ लगवा, दिन में उनके आराम करने का प्रबन्ध किया। सन्ध्या को छत पर छिड़काव करके उनकी चारपाई लगा दी और फिर उसने इस लगन और इस निष्ठा से उनकी सेवा की, उनकी ज़रा-ज़रा-सी आवश्यकता का खयाल रखा कि मलिक साहब उसे अपनी लड़की की तरह मानने लगे। वे जब भी उसे पुकारते, 'बेटी' कह कर पुकारते और इस शब्द में वह समस्त प्रेम, वह सारी कोमलता होती, जो अपनी प्रिय पुत्री को पुकारते हुए पिता के स्वर में होती है और रानी भी जब उन्हें पुकारती, 'पिता जी' कह कर पुकारती और इसमें वह समस्त श्रद्धा, वह सारा प्रेम होता, जो सन्तान

को पिता से होता है।

मलिक साहब को चुप देख कर रानी ने फिर धीरे से वही बात दोहरायी —मलिक साहब तब भी न बोले। हाँ, उनका मस्तिष्क एक बार फिर उद्वेलित हो उठा और मन में उन्होंने लता का और रानी का मुकाबला किया।

रानी ने फिर धीरे से कहा, "मैं लता बहन को एक पत्र लिखे देती हूँ! उसे आपकी बीमारी का पता नहीं। सुनते ही तत्काल वापस आ जायेगी। नहीं तो उसे दुख होगा कि उसे पता क्यों न दिया गया।"

मलिक साहब दिल में हँसे —यदि उसे उनके दुख का इतना ही खयाल होता तो वह उनकी हार्दिक इच्छा के विरुद्ध यों न चली जाती और चली भी गयी थी तो इतने दिन बाहर न रहती। उन्होंने बड़ी धीमी आवाज़ से कहा, "तुम तो यहाँ हो बेटी, फिर मुझे किस बात का कष्ट है ? लता को क्यों तकलीफ़ दी जाय, उसका शायद स्वास्थ्य ठीक नहीं, वह पहाड़ पर आराम कर रही होगी। हाँ, तुम्हें कष्ट होता हो तो...."

उनकी बात बीच ही में काट कर रानी ने कहा, "मुझे कष्ट कैसा पिता जी ? मैं असहाय, अनाथ लड़की यदि किसी के काम आ सकूँ तो इस से बढ़ कर सुख की बात क्या हो सकती है।"

मलिक साहब ने फिर उसी धीमी आवाज़ से कहा, "बेटी, यदि मुझे मरना ही है तो मैं इससे अच्छी मृत्यु नहीं चाहता, तुम्हारे होते हुए मैं चैन और शान्ति से मर सकूँगा, मुझे कोई दुख, कोई क्लेश न रहेगा और लता...." मलिक साहब को खाँसी हो आयी और कुछ खून भी आया। रानी को रुलाई आ रही थी, बरबस उसे रोक कर उसने सुराही से पानी का गिलास भरा और मलिक साहब को कुल्ला कराया और फिर रूमाल से उनका मुँह पोंछ कर उन्हें आराम से लिटा कर रुद्ध कण्ठ से रामनारायण को ज़रा उनके सिरहाने बैठने के लिए कह कर वह लता क कमरे में जा कर धम् से दरी पर बैठ गयी और अपनी भरी हुई आँखों को उसने दुपट्टे से छिपा लिया — जाने किस बुरे नक्षत्र में उसका जन्म हुआ था कि कहीं भी कुछ दिन उसे सुख से बैठना नसीब न हुआ।

तब अपने सिरहाने बैठे हुए रामनारायण से मलिक साहब ने कहा —"देखो बाबा, तुम ज़रा वकील साहब को बुला लाना, वसीयत के बारे में उनसे मुझे कुछ ज़रूरी बात कहनी है।"

२९

उस रात लता सो न सकी। अभी तक वह अपने हाथ पर अमृतराय के होंटों की गर्मी महसूस कर रही थी। वह जगह अब भी उसे जलती हुई, उभरी हुई प्रतीत हो रही थी। डॉक्टर साहब के इस दुःसाहस पर उसे खेद नहीं हुआ। हाँ बंसीलाल के सम्बन्ध में उसे अवश्य चिन्ता पैदा हो गयी। ज्यों-ज्यों वह सोचती थी, वह महसूस करती थी कि बंसीलाल से उसे प्रेम

नहीं था। क्षणिक आवेग के कारण उसकी समझने और विचारने की शक्तियाँ बेकार हो गयी थीं और तब बंसीलाल के प्रति अपनी अवहेलना पर उसे पश्चाताप हुआ और बस! अब तक वह उसी लहर में बहती चली आ रही थी। एक खुमारी थी, जो उसके समस्त शरीर पर छायी हुई थी; पर अब उसे अनुभव हो रहा था, जैसे वह नशा उतर गया है। उसने व्यर्थ ही अपने पिता को कष्ट दिया। उसकी आँखों में उसके पिता की उदास सूरत घूम गयी और अपनी उद्दण्डता पर पश्चाताप और ग्लानि से उसका दिल भर आया। इतने दिन तक उसने पिता के सम्बन्ध में सोचा भी न था। वह महसूस करती थी कि उस रात, जब उसने पिता के सामने तीर्थ-यात्रा के सम्बन्ध में अपना इरादा प्रकट किया था तो उनकी आँखें सजल हो गयी थीं। अब उनका स्वास्थ्य कैसा है ? लता की अनुपस्थिति को उन्होंने किस तरह महसूस किया ? उसने कभी यह जानने का प्रयास नहीं किया। उसे याद आया कि जब भी कभी वह देर से घर आती थी तो उसके पिता उद्विग्न हो उठते और अब, जबकि इतने समय से वह उनके सामने न थी, उनकी हालत कैसी होगी ? —आशंका ने कल्पना के साथ-साथ मिल कर लता के सामने ठीक बीमार पिता को ला खड़ा किया। फटी-फटी आँखें, खड़े बाल और क्षीण देह! लता सिहर उठी!

आँखों को मल कर उसने करवट बदल ली। रात के ग्यारह बजे होंगे, लैम्प शायद अधिक धीमा हो जाने के कारण बुझ गया था और कमरे में अँधेरा और भी घनीभूत हो गया था। लता को सामने की दीवार पर फिर वही अपने पिता की क्षीण मूर्ति दिखायी दी। भय से अकुला कर वह उठ खड़ी हुई।

उठ कर उसने लैम्प जलाया। प्रकाश की एक हल्की-सी चादर चारों ओर फैल गयी।

इतने दिनों से लता ने पिता को अपने सम्बन्ध में कुछ न लिखा था। अब तक जैसे वह सब कुछ भूली रही थी, आज उसने चाहा —अपने पिता को पत्र लिखे। अपनी ग़लती पर खेद प्रकट करे और उनसे पूछे, उनसे परामर्श ले कि वह अब क्या करे, अब किधर जाय ? अपनी बुद्धि और समझ पर से तो मानो उसका विश्वास ही उठता जाता था। लेकिन दूसरे क्षण उसने सोचा —नहीं, वह यह न करेगी, इस तरह उनके मन को चोट लगेगी, उसकी भी हेठी होगी। नहीं, वह पत्र न लिखेगी। यह सोच कर उसने लैम्प को फिर धीमा कर दिया, बिस्तर पर जा कर लिहाफ़ ओढ़ा और लेट गयी, लेकिन उसे नींद न आयी। अपने पिता की वही उदास, दुखी सूरत फिर उसकी आँखों के सामने घूमने लगी। उसके दिल ने कहा —निश्चय ही उसके पिता अस्वस्थ हैं, नहीं तो पहले क्यों न कभी उसके सामने उनकी यह सूरत आयी। नहीं, पत्र उसे अवश्य लिखना चाहिए।

वह फिर उठी, लैम्प उसने उकसाया। अँगीठी से, फ़ाउण्टेनपेन लिया और पैड उठा कर पत्र लिखने लगी —

पूज्य पिता जी!

सादर प्रणाम! बहुत दिनों से मैंने आपको पत्र नहीं लिखा, मैं स्वयं अपने इस कृत्य पर दुखी हूँ। जिस पिता ने मुझे पाला-पोसा और बड़ा किया; मेरी माँ नहीं है, जिसके प्यार और मुहब्बत ने मुझे यह भी महसूस न होने दिया; उसकी नसीहत को न मान कर मैंने जो पाप किया, उसे मैं आयु-पर्यन्त न धो सकूँगी।

लेकिन पिता जी, मैंने भी कम कष्ट नहीं पाया। इन चन्द महीनों में मैं कहाँ-कहाँ भटकी हूँ, कितनी शारीरिक और मानसिक पीड़ा मैंने उठायी है, यदि आप को लिखूँ तो आप चकित रह जायँ। आपका कहना न मान कर मैंने जो-जो कष्ट सहे हैं, उन्हें मैं ही जानती हूँ। आप अपनी लता को देखेंगे तो पहचान न सकेंगे। अब लता का कलेवर हड्डियों का एक ढाँचा रह गया है।

अब सोचती हूँ कि भावुकता की धारा में कहाँ-से-कहाँ निकल गयी तो मुझे दुख होता है। लेकिन पिता जी, मैं करती भी क्या ? जवानी के पहलू में दिल के बदले सोया हुआ तूफ़ान होता है, जो जब भी उठता है, अपनी गति के आगे सब प्रतिबन्धों को बहा ले जाता है। आज़ाद-ख़याली ने भावुकता की रौ में मुझसे वह सब कुछ करवा लिया जिसे मैं साधारणतः स्वप्न में भी करने का विचार न करती।

बंसीलाल —मैं क्या कहूँ, बंसीलाल को मैं सदैव उपेक्षा की दृष्टि से देखती रही, फिर भी जब वह मुझसे मिलने आया और मेरे दुतकारने पर खिड़की से कूद गया तो मुझे उसके उन्माद से मुहब्बत हो गयी और मैंने जान की बाज़ी लगा कर भी उसे बचाने की कोशिश की। लेकिन मैं कितनी ग़लती पर थी —यह मुझे आज महसूस हो रहा है। आज वह मात्र एक मांस-पिण्ड है। उसके समस्त अंग प्रायः बेकार हो चुके हैं। न वह अच्छी तरह सुन सकता है, न समझ सकता है; न चल सकता है, न बैठ सकता है; न कोई चीज़ ले सकता है, न दे सकता है। जिह्वा उसकी गूँगी हो गयी है; हाथ और पाँव बेकार हो गये हैं! बस, वह लेटा रहता है। आँखें हैं और वह इनसे रो दिया करता है। इन्हीं आँसुओं ने मुझे आज तक पागल बना छोड़ा था, लेकिन अब मैं क्या करूँ ? क्या मैंने उसे बचाया था, यह दुखमय जीवन व्यतीत करने के लिए ? इस तरह अपाहिज बन कर नरक ऐसे चार दिन काटने के लिए ?

आज मैं अपनी भूल अच्छी तरह महसूस करती हूँ; इससे तो भला था कि वह मर जाता —हाँ, अच्छा था वह मर जाता —लेकिन अब मैं कर ही क्या सकती हूँ ? इस तरह कब तक गुज़ारा हो सकता है ? यदि उसकी देख-भाल ही करनी है तो एक नौकर भी भली-भाँति कर सकता है। एक नर्स भी उसकी सेवा-शुश्रूषा कर सकती है। आज तक तो मुझे कुछ-न-कुछ आशा थी —चाहे वह एक पागल की आशा से अधिक महत्व न रखती हो, पर अब तो मुझे वह भी उम्मीद नहीं रही। हार कर, निराश हो कर मैं आपको यह पत्र लिखने बैठी हूँ। आप जो परामर्श देंगे, वह करूँगी —मस्तिष्क तो सोचते-सोचते बिलकुल बेकार हो गया है।

अभागिन, लता।

खत लिख कर लिफ़ाफे में बन्द करके लता ने फिर लैम्प को धीमा किया और जा कर बिस्तर पर लेट गयी। उसके दिल का बोझ जैसे हल्का हो गया था। कुछ ही क्षण बाद नींद ने उसके थके हुए मस्तिष्क और शरीर को सुखमयी गोद में ले लिया।

जब लता उठी, पूर्व की खिड़की से सूर्य का प्रकाश अच्छी तरह कमरे में फैल चुका था। रात की बातों का उसे एक हल्का-सा ज्ञान था। बिस्तर पर बैठे-बैठे उसने अँगीठी की ओर देखा —फ़ाउण्टेनपेन के पास लेटर-पैड पर वही लिफ़ाफा पड़ा था, जो रात उसने अपने पिता को लिखा था। वहीं बैठे-बैठे हाथ बढ़ा कर उसने लिफ़ाफा उठा लिया। खोल कर उसे फिर पढ़ा और फिर फाड़ कर नीचे फेंक दिया।

यह खत क्या उसके मान को धक्का न पहुँचायेगा ? क्या उसे कहना पड़ेगा कि उसने ग़लती की ? क्या वह इस ग़लती को ठीक न कर सकेगी ? किस गर्व से वह लाहौर से आयी थी —फिर अब इस तरह दीनता दिखाना क्या उसे शोभा देता है ? —सिर को दोनों हाथों से थाम कर वह वहीं बैठे-बैठे बहुत देर तक सोचती रही। आखिर वह निश्चय पर पहुँच गयी। उसने फिर लेटर-पैड और पेन उठाया और लिखने लगी :

राज प्यारी,

प्यार। मैं जब से यहाँ आयी हूँ, तुम्हें खत लिखना चाहती रही हूँ, पर लिख आज तक न सकी। हम आजकल छावनी के ऊपर एक बँगले में रहते हैं। कई महीने तीर्थों पर भटकने पर भी हम सफल-मनोरथ नहीं हो सके, उलटा हमने स्वास्थ्य खराब कर लिया। सोचा था कि यहाँ कुछ दिन गुज़ारने से बंसीलाल को सेहत हो जायेगी और हमें भी आराम मिलेगा, पर इधर डॉक्टर साहब के चोट आ गयी; फिर ज्वर आने लगा, जो इनफ़्लूएंज़ा बन गया और उधर बंसीलाल की हालत खराब हो गयी। एक नर्स और नौकर रख लिया था। डॉक्टर साहब को तो कुछ आराम आ गया है, लेकिन बंसीलाल को सेहत नहीं हुई। मैं अकेली हूँ, नर्स चली गयी है। नौकर है, पर नौकरों से जैसे काम हुआ करता है, उसे तुम समझ सकती हो। क्या ही अच्छा होता यदि तुम आ जातीं। मैं स्वयं अपने को अस्वस्थ महसूस कर रही हूँ। सच पूछो तो इतने दिनों की परेशानी ने मुझे में कुछ बाकी नहीं छोड़ा। छावनी में सेठ रामसिंह जनरल मरचेण्ट की दुकान है। वहीं से हमारा पता लग सकता है। आशा है कि तुम कुशल से हो। यदि अकेले आने में संकोच हो तो पिता जी से कह कर दो दिन के लिए रामनारायण को साथ ले आना।

तुम्हारी,

लता।

एक नया लिफ़ाफ़ा निकाल कर लता ने यह खत बन्द किया, उस पर पता लिखा और नौकर को बुला कर उसे डाकखाने में डाल आने को कहा।

३०

मलिक साहब ने क्षीण स्वर में कहा, "देखो बेटी, जीवन का कुछ भरोसा नहीं, कौन जानता है कि कब यह झिलमिलाता हुआ दीपक बुझ जाय ? इसलिए आज मैं तुम से कुछ बातें

करना चाहता हूँ।"

कुछ देर के लिए मलिक साहब रुके, फिर धीरे-धीरे कहने लगे, "तुम्हें सचमुच मैंने अपनी बेटी की तरह समझा है। तुम्हें यहाँ आये बहुत दिन नहीं हुए, फिर भी मैं ऐसा महसूस करने लगा हूँ, जैसे अतीत काल से मैं तुम्हें जानता हूँ, जैसे तुमसे चिर-परिचित हूँ। तुम जानती हो, मेरे कोई लड़का नहीं था। उसका अभाव मैंने लता से पूरा करना चाहा, और सच ही वह लड़का बन गयी। लड़कों की भाँति वह स्वच्छन्द और उद्दण्ड हो गयी। युवकों में अपने माता-पिता के प्रति जो एक प्रकार का असन्तोष होता है, वही शायद उसके दिल में भी है। लड़कियों को अपने माँ-बाप से जो असीम स्नेह होता है, वह उसमें शायद नहीं और तुम्हें सच बताऊँ राजो, मैं आज बहुत दिनों से 'लड़की' के अभाव को बुरी तरह अनुभव करता आ रहा हूँ, अपनी बीमारी के आरम्भ ही से मैंने सोचा है कि यदि अन्य व्यक्तियों की लड़कियों की भाँति उसे भी अपने पिता के लिए स्नेह होता तो क्या मैं अपनी इस बीमारी में इस तरह तड़पता ?"

कुछ देर के लिए मलिक साहब रुके, फिर बोले, "लेकिन मालूम होता है, परमात्मा ने मेरी प्रार्थना सुन ली और मेरी धधकती हुई आत्मा की शान्ति के लिए उसने तुम्हें भेज दिया। तुमने मुझे पुत्री का स्नेह दिया है। मैं जिस अभाव से दुखी था, तुमने उसकी पूर्ति की है। मैं भी चाहता था, पुत्री के प्रति अपना कर्तव्य पूरा करना। धूम-धाम से तुम्हारा विवाह करता...."

रानी का मुख लाल हो गया और वह जल्दी से उठ कर दूसरे कमरे में चली गयी।

मलिक साहब ने उसे फिर आवाज़ दी। सकुचायी हुई-सी वह आ कर निगाहें धरती में गाड़े चुपचाप खड़ी हो गयी।

मलिक साहब ने कहा, "राजो बेटी, जीवन की सचाइयों से आँखें फेर लेने से काम नहीं चलता और न संकोच अथवा शर्म से कुछ काम बनता है। बैठ जाओ ज़रा।"

और रानी वहीं फ़र्श पर उनके पास बैठ गयी। तब मलिक साहब ने फिर धीरे-धीरे कहना शुरू किया, "मैं चाहता था कि अपने घर तुम्हें प्रसन्न देखूँ। पर अब इस बात का भरोसा नहीं। तुम देख ही रही हो, दिन-प्रतिदिन शरीर गिरता जा रहा है, पर मैं अपनी इस इच्छा की पूर्ति के लिए सब व्यवस्था कर जाना चाहता हूँ। लता को मैं अपना लड़का ही समझता हूँ। लड़के की हैसियत से मेरी सब जायदाद पर उसका हक है, पर मैं अपनी लड़की को भी असहाय नहीं छोड़ना चाहता। इसीलिए मैंने अपनी वसीयत में अपनी एक चौथाई जायदाद तुम्हारे नाम लिख दी है, तुम्हारी गली के लाला किशोरीलाल मेरे मित्र हैं। उनसे मैंने सब बात कह दी है। मेरी इच्छा है, जैसे मैं तुम्हारा विवाह करता, इसी तरह मेरे बाद वे...."

रानी ने बीच ही में अवरुद्ध कण्ठ से कहा, "पिता जी, आप कैसी बातें कर रहे हैं ? आप स्वस्थ हो जायेंगे और मैं आप ही की छत्र-छाया में सुखपूर्वक रहूँगी...."

इससे आगे रानी न कह सकी, बिस्तर से सिर लगा कर रोने लगी।

मलिक साहब ने भरे हुए गले से कहा, "बेटा, मैं तो चाहता हूँ कि मैं और जीवित रहूँ। तुम से और स्नेह तथा सेवा पाऊँ —पर बेटी, यात्रा तो यह सबको ही करनी है। जो

यात्रा के लिए तैयारी न करेगा, उसे जाते समय दुख होगा। मैं पहले से सतर्क रहना चाहता हूँ। कई दिन से मैं ये सब बातें तुम से कहना चाहता था, पर इस तकलीफ़ ने मुझे कुछ करने ही नहीं दिया। आज ज़रा आराम है। आज ही मैं सब कुछ तुम्हें कह देना चाहता हूँ। इसके बाद कौन जाने शक्ति रहे भी या न रहे।"

यह कह कर मलिक साहब कुछ देर चुप लेटे हुए छत की ओर देखते रहे। फिर करवट ले कर और ज़रा-सा खाँस कर उन्होंने कहना शुरू किया, "एक बात और है, जिसके सम्बन्ध में दो शब्द कहना मैं अपना कर्तव्य समझता हूँ। मुझे लता के विषय में भी इन बातों पर विचार करना चाहिए था, पर मैंने किया नहीं। इसी ग़लती ने मेरे और लता के जीवन को बर्बाद कर दिया। वह जाने किस हालत में परदेश में भटक रही है और मैं यहाँ विवश पड़ा तड़प रहा हूँ। अब मैं संकोच से काम न लूँगा और जो कुछ मैं कहना चाहता हूँ, निःसंकोच तुमसे कह दूँगा। मेरा यह अनुभव है बेटी कि सब कामों के लिए प्रकृति ने एक समय निश्चित कर दिया है, और किसी काम को समय पर न करने से हम प्राकृतिक नियमों की अवहेलना तो करते ही हैं, साथ ही अपनी शक्तियों का भी ह्रास करते हैं। शादी-विवाह के लिए भी प्रकृति ने समय निश्चित कर दिया है और वह समय वही है, जब प्राकृतिक रूप से मानव में इसकी प्रेरणा होती है। इस समय की अवहेलना करके प्राकृतिक प्रेरणाओं को शिक्षा, अध्ययन, खेल-व्यायाम और राजनीतिक या सामाजिक सरगर्मियों से दबा कर हम बड़े साहित्यिक हो सकते हैं, राजनीतिज्ञ, चित्रकार, संगीतज्ञ, दार्शनिक आदि बन सकते हैं, पर हम अपने शरीर के साथ न्याय करेंगे, ऐसी बात नहीं। अपवाद हर सिद्धान्त के साथ होते हैं, उनकी मैं बात नहीं करता; पर साधारणतया हमारी प्रवृत्तियों का रुख पलट जाता है। हमारी दबी भावनाएँ बहती तो हैं, पर उनकी धारा प्राकृतिक न हो कर अप्राकृतिक हो जाती है और हम वे बातें करते हैं, जो साधारणतया मनुष्य नहीं करता। इसीलिए मैं तुम से कहूँगा कि तुम उत्तरदायित्व से बचने की कोशिश न करना; अपना घर बसाना; प्रकृति ने जो-जो उत्तरदायित्व हम पर लाद दिये हैं; उन्हें पूरा करना; स्वप्नों की दुनिया के बदले सत्य की दुनिया में बसना —मेरी बेटी।"

"इसके साथ ही," मलिक साहब ने कुछ साँस ले कर कहा, "एक और प्रश्न पैदा हो जाता है, जिसके उठने का कारण नवीन युग की परिस्थितियाँ हैं। और वह है जीवन-साथी के निर्वाचन का प्रश्न। मैंने ऐसा महसूस किया है कि अपनी रुचि के अनुसार या अपनी इच्छा के अनुसार जीवन-साथी निर्वाचन करने के आधुनिक विचारों ने ही हमारे गृह-जीवन की जड़ों को खोखला कर दिया है। इतने लोग, युवक और युवतियाँ, जो बाहर से स्वस्थ और प्रसन्न नज़र आते हैं, भीतर से कितने जर्जर, कितने उदास और व्यथित हैं, यह मैं तुमसे क्या कहूँ ? वर्षों तक पास रह कर भी युवक और युवती एक-दूसरे को नहीं जान सकते, लेकिन विवाह की भट्ठी जब उन्हें तेज़ आँच से तपा देती है तो उनके गुण-दोषों का पता चलता है —तभी जो इस आँच को सहने की शक्ति पैदा कर लेते हैं, कुन्दन बन कर चमक उठते हैं और जो नहीं सह सकते, वे जल कर भस्म हो जाते हैं —बेटी, मुझ में अधिक शक्ति नहीं, मैं थक गया हूँ, इसलिए मैं नहीं चाहता कि पुरानी और नयी रीतियों की तुलना करूँ। मैं तुमसे केवल इतना ही कहना चाहता हूँ कि दोनों में दोष हैं। मनुष्य को परिस्थितियों के अनुसार अपने आपको ढाल लेना चाहिए। जीवन समझौते का नाम है।

दुनिया में पग-पग पर परिस्थितियों से समझौता करना पड़ता है और गृहस्थ-जीवन की सफलता इसी पर निर्भर है कि दोनों साथी किस हद तक समझौते से काम करने की प्रवृत्ति रखते हैं। यह भी मैं तुमसे कह दूँ कि अपने जीवन को स्वर्ग या नरक बनाना अपने बस की बात है।"

कुछ क्षण के लिए मलिक साहब चुपचाप लेट गये, फिर करवट ले कर बोले, "मैं यह भी नहीं कह सकता कि माँ-बाप अपनी लड़की अथवा लड़के को कुएँ में धकेल दें। नहीं, उन्हें अपना कर्तव्य पूरा करना चाहिए, अपनी ओर से योग्य साथी ढूँढना चाहिए, अपनी ओर से अपनी सन्तान की रुचियों का खयाल रखना चाहिए। सन्तान से परामर्श भी कर लेना चाहिए और इसके बाद गृहस्थी को सफल बनाना पति-पत्नी का काम है। मैंने लाला किशोरीलाल को समझा दिया है। वे मेरी तरह सब बातों का खयाल रखेंगे, तुमसे सलाह भी ले लेंगे। तब बेटी, यदि तुम अपने घर को सुखी बना सकोगी तो मेरी आत्मा को पूर्ण शान्ति मिलेगी और मेरी बड़ी कामना, जो लता पूरी न कर सकी, तुम पूरी कर दोगी।"

और यह कह कर प्राय: निर्जीव-से हो कर मलिक साहब चित लेट गये। उसी समय रामनारायण ने आ कर कहा —"बीबी, डॉक्टर आये हैं।"

३१

"तो मैं भी 'आप' कहने के लिए विवश हूँ।"

"तुम क्यों ऐसे बुलाती हो ?"

"आखिर मैं क्या कह कर पुकारूँ ?"

"अमृतराय या सिर्फ़ अमृत या सिर्फ़ राय ?"

"अमृत —" लता ने कनखियों से डॉक्टर साहब को देखते हुए कहा और उसके स्वर में न जाने कहाँ से इतनी मिठास आ गयी।

डॉक्टर साहब हँस दिये, बोले, "मैं भी तुम्हें लता के बदले 'सुधा' कहा करूँगा।"

"सुधा!" लता खिलखिला कर हँस पड़ी।

उस क्षण डॉक्टर साहब के समस्त शरीर में एक विचित्र प्रकार का नशा छाया हुआ था। उन्होंने लता के दोनों हाथ अपनी आँखों पर रख लिये और अपने हाथों से उन्हें दबाते हुए बोले —"क्या कहूँ रानी, सारे शरीर में ठण्डक दौड़ गयी है।"

लता सिहर उठी और फिर अचानक उठ खड़ी हुई। बोली, "बैठे-बैठे थक गयी हूँ, चलो ज़रा घूम आयँ।"

डॉक्टर साहब अनिच्छापूर्वक उठे। दोनों फूलों की रविशों पर घूमने लगे।

कुछ रूखी-सी हो कर लता ने कहा, "तो फिर कब तक आप चलने की सलाह देंगे ?"

डॉक्टर साहब लता के चेहरे को निर्निमेष देखते चले जा रहे थे और उन्हें अपने-आप की सुध न थी! एक ही बात वे आज-कल सोचा करते थे और वह यह कि किस तरह स्पष्ट शब्दों में लता से कह दें कि लता, तुम्हारे बिना मैं जी न सकूँगा। वह उनकी ओर झुक चुकी है, यह बात भी वे जानते थे; लेकिन जब तक मार्ग में बंसीलाल की अड़चन मौज़ूद है, तब तक उन्हें साहस न होता था। वे सफल रहेंगे, इस बात का अभी तक उन्हें पूरा विश्वास न हुआ था। लता ठहरी भावुक, भावनाओं की धारा में बह जाने वाली! इस एकान्त में उसका जो उन्माद जाता रहा है, वह नगर में अपने मकान को, कमरे को और वहाँ के वातावरण को देख कर फिर न भड़क उठेगा, इसका क्या ठिकाना ? और इसीलिए वे चाहते थे कि धर्मशाला ही में अपने भाग्य का निर्णय कर जायँ। उससे पूछ लें कि वे भी कुछ आशा रखें या दुराशा के झूले पर ही झूलते रहें।

"आप मेरी ओर इस तरह क्या देख रहे हैं।" लता ने रूखी मुस्कराहट से कहा, "मैं पूछ रही हूँ, मैंने जो हल सोचा, आप उससे सहमत हैं या नहीं!"

डॉक्टर साहब ने प्रशंसा और आसक्ति की आँखों से देखते हुए कहा, "मैं देख रहा था कि तुम कितनी सुन्दर हो!"

लता मुस्करायी और उन्हें तनिक धकेलते हुए उसने कहा, "मैं पूछ क्या रही हूँ और आप जवाब क्या देते हैं।"

"क्या पूछ रही हो ?"

"यहाँ से कब तक चलने का विचार है ?"

"मेरे खयाल में तो सितम्बर तक यहीं ठहरना चाहिए।"

"एक महीना और ?"

"अभी ही तो यहाँ की सैर का कुछ आनन्द आयेगा —अगस्त में तो वर्षा के मारे नाक में दम रहता है।"

"लेकिन मैं पहले जाना चाहती हूँ।"

"तो मेरी तरफ़ से कल ही चलो।"

"आप तो नाराज़ होते हैं।"

"नहीं, मुझे तो तुम्हारी प्रसन्नता अभीष्ट है। जैसे कहो, वैसे ही करूँगा; लेकिन मैं चाहता हूँ, हम एक महीना अभी यहाँ रहें।"

"रहना तो मैं भी चाहती हूँ और मैंने राजरानी को भी यहाँ आने के लिए लिखा है...."

"राज को ?" डॉक्टर साहब ने चौंक कर पूछा।

"हाँ।"

"क्यों ?"

"वैसे ही।"

डॉक्टर साहब नहीं चाहते थे कि इस एकान्त में कोई बाधा डाले। बड़ी साधना से उनकी देवी पसीजी थीं; कौन जाने फिर रूठ जायँ। बोले, "राज को पत्र लिख दिया और हमसे पूछा तक नहीं!"

"मैं कुछ उदास महसूस कर रही थी, इसलिए बुला लिया।"

"उसकी पढ़ाई में हानि होगी।"

"लेकिन अब तो उसे छुट्टियाँ होंगी।"

"यहाँ आ कर वह क्या करेगी, वहाँ छुट्टियों में अधिक एकाग्र हो कर पढ़ सकती।"

"अब तो मैं लिख चुकी हूँ।"

डॉक्टर साहब चुप हो गये। और फिर दोनों कुछ देर मौन घूमते रहे। दोनों एक ही बात के सम्बन्ध में सोच रहे थे, दोनों के दिल में एक ही तरह की धड़कन थी, और यद्यपि भावों का तूफ़ान बातों के रुख से पलट गया था, रुक गया था, पर लता जानती थी कि अब यह और न रुक सकेगा। उसे अपनी दुर्बलता भली-भाँति ज्ञात हो चुकी थी। यह सूनापन, यह एकान्त और लहरों में बह जाने वाले दो युवक हृदय! चलते समय उसके पिता ने उसे जो चेतावनी दी थी, वह उसे याद आ रही थी। न, वह यह सब कुछ न होने देगी। वह वापस चली जायेगी और अमृतराय के सम्बन्ध में अपने पिता को सब कुछ बता देगी। वह कह देगी, वह हार गयी है। और बंसीलाल की लम्बी बीमारी का बोझ उठाने के योग्य वह नहीं है। और फिर यदि उसके पिता मानेंगे तो....। उस दिन डॉक्टर साहब ने उसका हाथ चूम लिया था और आज —आज तो वे और भी आगे बढ़ गये थे। उसे अपने आप पर ही संयम नहीं है। यदि वह उठ खड़ी न होती तो न जाने आज क्या हो जाता।

और डॉक्टर साहब —वे भी अपने दिल की इसी धड़कन के सम्बन्ध में सोचते थे। लेकिन लता की भाँति वे रुक नहीं जाना चाहते थे। वे तो बह जाना चाहते थे, प्रेम के अथाह सागर में डूब जाना चाहते थे, तह तक पहुँच जाना चाहते थे; पर वे जानते थे कि लता रुक गयी है। वे तो आज उससे प्रतिज्ञा ले लेना चाहते थे। वापस —वापस वे लता को न जाने देंगे —न जाने देंगे —तब तक —जब तक उनकी तपस्या का वरदान उन्हें नहीं मिल जाता।

दोनों चुपचाप आ कर कुर्सियों पर बैठ गये। नौकाएँ डूबते-डूबते किनारे पर आ लगी थीं। पक्षी जाल में फँसते-फँसते उड़ कर डाली पर जा बैठे थे।

३२

काफ़ी देर तक डॉक्टर से बातें करने के बाद उस दिन जब रानी उन्हें विदा करके लौटी थी तो उसी वक्त उसने निश्चय कर लिया था कि जो भी हो, वह लता को ले आयेगी।

इन चन्द दिनों में वह इस बात की बाट देखती थी कि मलिक साहब की तबीयत जरा सँभले तो वह रामनारायण से सलाह करके दो-तीन दिन के लिए स्वयं धर्मशाला जाय। और आज इतने दिन प्रतीक्षा करने के बाद उसने महसूस किया था कि वास्तव में लता के आये बिना उनका स्वास्थ्य सुधरना यदि असम्भव नहीं, तो कठिन अवश्य है। कमरे में फ़र्श पर बैठी वह यही सोच रही थी।

ज्यों-ज्यों दिन बीत रहे थे, मलिक साहब का स्नेह उसके प्रति बढ़ता जा रहा था; लेकिन उसे प्रतीत होता था, जैसे वे उससे स्नेह करके अपने हृदय को शान्ति देना चाहते है, पर दे नहीं पाते। लता का नाम सुनते ही वे मुँह फेर लेते या बात का रुख बदल देते या एक लम्बी साँस छोड़ देते, पर इसके साथ रानी महसूस करती कि उसक ज़िक्र आने से जैसे उन्हें कुछ सान्त्वना मिलती है।

वह जानती थी कि जब वह लता की कठिनाइयों का वर्णन करती है तो वे छत की ओर अनिमेष दृगों से देखते हुए चुपचाप सुनते रहते हैं। और आज वह जान गयी थी कि यदि उनकी बातों पर न जा कर वह पहले ही लता को लिख देती अथवा जा कर बुला लाती तो अब तक मलिक साहब अच्छे हो गये होते।

जैसे रूठ कर बच्चा खाना-पानी छोड़ देता है और बीमार पड़ जाता है, उसी तरह वृद्ध पिता लड़की के व्यवहार से दुखी हो कर बीमार पड़ गया था। दवा की उसे परवाह न थी। खाने की उसे चिन्ता न थी और जैसे बीमारी को उसने आप बुलाया था। डॉक्टर ने कह दिया था कि यदि यही हालत रही तो वे बच न सकेंगे। जो रोगी दिन-रात मौत के नाम की माला रटता हो, उस पर औषधियाँ भी क्या असर करेंगी।

इन दिनों रानी ने भली-भाँति उनका, उनके दिल में उठने वाले उद्वेगों का अध्ययन किया था, उनके हृदय की गहराइयों को टटोला था और वह समझ गयी थी कि लता के चले जाने के बाद जीवन में मलिक साहब के लिए कोई दिलचस्पी न रह गयी थी —वह रहे तो उन्हें सुख नहीं, जाय तो दुख नहीं! किन्तु यह लता के नाम पर क्रोधित हो जाना, यह उसका नाम आते ही चिढ़ जाना क्या है ? रानी मन-ही-मन हँसी —जहाँ स्नेह गहरा होता है, वहाँ ऐसा ही होता है। मनुष्य उससे ही लड़ता है, जिसे वह अधिक प्यार करता है; उसे ही गालियाँ देता है, जिसके लिए वह जान भी दे सकता है।

दरवाज़ा खुला और रामनारायण ने एक पत्र ला कर रानी के हाथ में रख दिया। "अभी डाकिया लाया है।" कह कर वह चला गया।

पत्र उसके नाम का ही था। छात्रावास से हो कर आया था, शायद घर भी गया था। कई मोहरें लगी थीं। रानी ने हैरानी से पता देखा, उसका ही था, लिखने वाले के खत से वह अपरिचित थी। लीला का तो यह नहीं है, फिर किसका हो सकता है ? उत्सुकता के साथ उसने लिफ़ाफ़ा फाड़ डाला। खत पढ़ा और उसकी आँखें चमक उठीं। उसी तरह खत लिये वह रसोई-घर की ओर चल दी। रामनारायण वहाँ नहीं था, शायद पानी लेने नीचे गया था। जल्दी-जल्दी सीढ़ियाँ उतर कर वह नीचे गयी। रामनारायण पानी भर चुका था। घड़ा उठाना ही चाहता था कि रानी ने कहा, "लता बहन की चिट्ठी आयी है।"

"रानी बिटिया की ?" —रामनारायण घड़ा वहीं छोड़ आँगन में आ गया —"कुशल से तो है, अच्छी तो है वह ?" और बूढ़े नौकर के चेहरे पर उल्लास तथा उत्सुकता की कई रेखाएँ दौड़ गयीं।

रानी ने कहा, "जो डॉक्टर साहब उनके साथ गये थे, वे कुछ बीमार हैं। मेरे भाई की हालत तो तुम जानते ही हो, कैसी है। दो रोगियों के साथ अकेली हैं वे, मुझे बुलाया है।"

"तो फिर चली जाओ न बीबी, मैंने तो पहले ही कहा था। दो-दो बार तो शरीर का रक्त दिया बिटिया ने। फिर न जाने कहाँ-कहाँ भटकी होगी, स्वास्थ्य तो ठीक है उसका ?"

"वैसे तो कुछ नहीं लिखा, लेकिन तुम जानते हो, बीमारों के साथ देख-भाल करने वाले भी बीमार हो जाते हैं। मैं तो स्वयं चाहती हूँ चली जाऊँ, पर पिता जी...."

"इनकी बीमारी बिटिया रानी का न होना ही है, बीबी! वह न आयगी तो से स्वस्थ न होंगे।"

"मैंने स्वयं यही महसूस किया है बाबा, और मैं कई दिन से सोचती हूँ कि जा कर बहन को ले आऊँ, पर...."

"तुम सोच न करो बीबी, मैं सब सँभाल लूँगा तुम अधिक दिन न लगाना। देख लेना, उसके आते ही इनकी बीमारी ठीक हो जायेगी।"

"मैं आज ही चल दूँगी।"

और यह कह कर, राजरानी जल्दी-जल्दी सीढ़ियाँ चढ़ने लगी। तभी रामनारायण ने कहा, "तुम रुकना नहीं बीबी, प्रबन्ध सब हो जायेगा।"

३३

अपने बिस्तर पर लेटे-लेटे लता पुस्तक पढ़ रही थी —देखने से तो ऐसा ही प्रतीत होता था। लेकिन उसकी आँखें ही पुस्तक पर थीं, मस्तिष्क तो किसी दूसरी ओर लगा हुआ था। जबसे उसने पढ़ना शुरू किया था, एक ही पृष्ठ खुला था। जितनी एकाग्रता से वह पुस्तक पढ़ती हुई मालूम होती थी, उससे कहीं अधिक एकाग्रता से वह दूसरी समस्या पर विचार कर रही थी। एक बार एक हल्की-सी मुस्कान उसके होंटों पर फैली, जैसे पुस्तक में लिखी किसी बात पर वह मुस्करायी हो, पर वास्तव में यह मुस्कान तो गर्व की मुस्कान थी!

डॉक्टर अमृतराय ने लता के प्रति अपने अनुराग के सम्बन्ध में उससे जो कुछ कहा था, उस पर उसको इतना गर्व न था। कभी जगत ने भी ऐसे ही, बल्कि इससे भी अधिक प्रेम-भरे शब्दों में अपनी मुहब्बत का विश्वास दिलाया था; फिर बंसीलाल ने भी ज़ोरों से अपनी मुहब्बत की वकालत की थी। उसे गर्व तो इस बात का था कि पहले दो अवसरों की भाँति इस बार वह भावुकता की धारा में बह नहीं गयी, बल्कि इस तूफ़ानी नदी के किनारे खड़ी हो कर सोच सकी है कि वह अपनी नौका उसमें छोड़ दे या नहीं। उसने संयम से काम लिया है। वह कई बार डॉक्टर साहब के कमरे में गयी। उसने इकट्ठे उनके साथ एक मेज़ पर बैठ कर खाना खाया, शतरंज और कैरम भी खेला, पर क्या मजाल, जो ज़रा-सी भी दुर्बलता उसने अपने मन में आने दी हो ? वह मस्तक पर तेवर चढ़ाये रही हो, यह बात नहीं। वह मुस्कराती भी रही, इस मुस्कान में भी एक शान थी, एक बेपरवाही थी, हारना या हथियार डालना वहाँ नहीं था और यही कारण था कि डॉक्टर साहब को उसे छूने तक का भी साहस न हुआ था और इसी बात पर वह मुस्करा दी थी।

उसने निश्चय कर लिया था कि वह अपनी दृढ़ता को बनाये रखेगी। कई दिनों से वह अनुभव कर रही थी कि वह गिर रही है और यदि न रुकेगी तो गिर जायेगी और इसीलिए संयम की अपनी समस्त शक्तियों से काम ले कर वह रुक गयी थी। राजरानी आ जाय, फिर डर न रहेगा। राज की उपस्थिति में इस जगह का एकान्त दूर हो जायेगा और तब किसी अनुचित बात के हो जाने का उसे भय न रहेगा। तब तक वह चाहती थी, दृढ़ बनी रहे।

तभी डॉक्टर अमृतराय चुपचाप आ कर बरामदे में दरवाज़े के पास खड़े हो गये।

लता उसी तरह किताब पर दृष्टि जमाये बैठी रही। डॉक्टर साहब ने फ़ेल्ट को उतार कर हाथ में ले लिया और ज़रा-सा खाँसे।

लता ने वहीं पुस्तक पर सिर झुकाये उनकी ओर देखा। उसका दिल धँस-सा गया। वह जल्दी से उठ बैठी। डॉक्टर साहब का चेहरा उतरा हुआ था और आँखें सुर्ख थीं; ऐसा मालूम होता था, जैसे सारी रात वे सोये न हों या कुछ देर पहले खूब रोते रहे हों।

अवरुद्ध कण्ठ से डॉक्टर साहब ने कहा, "रानी, मुझे आज्ञा दो, मैं वापस लाहौर जाऊँगा।"

लता बोली नहीं। निर्निमेष उनके चेहरे की ओर देखती रही।

"मैं आज जा रहा हूँ और तुमसे आज्ञा लेने आया हूँ।"

लता फिर भी कुछ न कह सकी। उसकी आँखों के सामने पिछले चन्द महीनों के सारे दृश्य घूम गये —किस प्रकार उन्होंने उसके लिए अपने ऐश-आराम को तिलांजलि दी, किस तरह वे उसके साथ देश-विदेश की ठोकरें खाते फिरे, किस तरह उसके संकेत मात्र पर जान तक निछावर करने को तैयार रहे और अब वे जाना चाहते थे —लता जानती न थी क्यों ? उसे अपने संयम का बाँध टूटता हुआ जान पड़ा।

डॉक्टर साहब ने कहा, "रानी, मैं आज चला जाऊँगा।"

और जैसे उनका जी भर आया और आँसुओं के आवेग को रोकने के लिए रुमाल से मुँह छिपाये वे बरामदे में जा खड़े हुए।

अब लता बैठी न रह सकी। वह पलँग से उतरी, बरामदे में आयी और उनका हाथ थाम कर वह उन्हें फिर कमरे में ले गयी।

डॉक्टर साहब ने शून्य में देखते हुए कहा, "रानी, मुझे जाने ही दो, मैं वहाँ जा कर दूसरे डॉक्टर को भेज दूँगा।"

लता ने उन्हें कुर्सी पर बैठा दिया, उसका गला भर आया, पर वह बोल न सकी, उसने केवल एक बार कहा :

"डॉक्टर साहब!"

डॉक्टर साहब बोले नहीं। उनकी आँखें दीवार पर जमी रहीं और आँसुओं की दो बूँदें कोरों से हो कर बह चलीं।

लता आतुर हो उठी। उसका धैर्य, उसका संयम, उसकी सब दृढ़ता जैसे आँसुओं की बूँदों में बह गयी। उसने उनके सिर को अपने सीने से लगा लिया और साड़ी के छोर से उनकी आँखें पोंछने लगी। उसका गला रुँध गया। उसने धीरे से कहा, "डॉक्टर साहब, क्यों

क्या बात है ?" और उसकी उँगलियाँ धीरे-धीरे उनके बालों को सुलझाने लगीं।

डॉक्टर साहब चुप बैठे रहे। उन्होंने आँखें बन्द कर लीं, उनकी नस-नस में एक मादक नशा-सा भर गया। उन्होंने चाहा, आयु-पर्यन्त उनका सिर लता के सीने से लगा रहे, उनके कान उसके हृदय के स्पन्दन को सुनते रहें और उनके बाल उसकी कोमल उँगलियों के स्पर्श को महसूस करते रहें।

लता ने प्यार से उनके बालों पर हाथ फेर कर कहा, "डॉक्टर साहब, मुझे छोड़ कर चले जाओगे —इस विजन में, इस एकान्त में —आखिर क्यों ?"

अमृतराय बोले, "तुम्हारी नज़रों से गिर कर लता मैं एक निमिष भी यहाँ रहना नहीं चाहता।"

"नज़रों से गिर कर!" लता ने विस्मय से पूछा।

"हाँ, नज़रों से गिर कर!" —डॉक्टर साहब बोले, "मैं जानता हूँ, मैं तुम्हारी नज़रों से गिर गया हूँ। इन चन्द दिनों में तुम मुझसे जिस तरह खिंची-खिंची रही हो, जिस तरह तुमने मुझ से दूर रहने की चेष्टा की है, मैं सब जानता हूँ। मैं समझता हूँ, तुम्हारी दृष्टि में मेरी वह प्रतिष्ठा अब नहीं रही। मैंने तुम्हें जिस घड़ी अस्पताल में क्षत-विक्षत दशा में देखा था, उसी समय मेरे हृदय में लता, तुम्हारे लिए असीम श्रद्धा और अनुराग पैदा हो गया था। लेकिन मैंने तुम पर कभी प्रकट नहीं होने दिया कि मैं तुमसे कितनी मुहब्बत करता हूँ। हो सकता है, मैं यह रहस्य दिल में लिये हुए ही मर जाता, पर अब जब तुमने सहानुभूति की दृष्टि से देखा, मेरे अन्तर में दबी हुई आग को भड़का दिया, तुम सब कुछ जान गयीं —अब यह अवहेलना सही नहीं जाती। मुझसे तुम आयु भर बात भी न करतीं, बुलातीं भी न, तो भी मैं इसी आशा में कि कभी तो मेरी मूक तपस्या का फल मिलेगा, आयु-पर्यन्त तुम्हारे साथ रह सकता था, पर अब जब मुझे मालूम हो गया है कि तुम मेरे दिल के भावों को जान गयी हो और उन्हें जान कर मुझसे उपेक्षा करने लगी हो, तो मैं यहाँ एक पल भी नहीं रहना चाहता।"

लता का दिल ज़ोर-ज़ोर से धड़क रहा था। शब्द उसके होंटों तक आ कर रुक जाते थे, वह चाह रही थी कि अपना दिल, अपने समस्त उद्गार डॉक्टर अमृतराय के सामने खोल कर रख दे। उनके पाँवों से लिपट जाय और उन्हें बता दे कि वह तो उनकी ही है, बहुत समय से है, किन्तु उसकी बोलने की शक्ति ही उसे जवाब दे रही थी। कुछ भी कह सकने की हिम्मत वह अपने में न पा रही थी। हाँ, उसके बाज़ू की गिरफ़्त और मज़बूत होती जा रही थी, वह उनके सिर को जैसे अपने वक्षस्थल में छिपा लेना चाहती थी और उसके हाथ की उँगलियाँ जैसे उनके बालों में उलझ-उलझ जाती थीं।

डॉक्टर साहब कह रहे थे, "मैं यहाँ से जा कर भी सुखी न रह सकूँगा। दिल की आग मुझे धीरे-धीरे जलाती रहेगी। तिल-तिल करके दीपक की भाँति मैं जलता रहूँगा, किन्तु मैं तुम्हारी उपेक्षा की दृष्टि तो न देखूँगा, तुम्हारी अवहेलना का शिकार तो न बनूँगा।"

लता बोली नहीं, उसकी आँखें छलछला आयीं। उसने ठोड़ी पकड़ कर डॉक्टर साहब के सिर को ऊपर उठाया और उनकी आँखों-में-आँखें डाल कर अवरुद्ध कण्ठ से केवल इतना कहा, "डॉक्टर साहब!"

और एक निमिष के लिए वे भूल गये कि वे कहाँ हैं, संसार कहाँ है ? एक-दूसरे के आलिंगन और फिर विस्मृति की गोद में वे क्षण भर के लिए जा पड़े। मस्तक उनका लता ने चूम लिया और दूसरे क्षण वह निश्चेष्ट-सी बिस्तर पर जा पड़ी। डॉक्टर साहब भी आँखें बन्द किये कुर्सी पर लेट गये। कहाँ था लता का वह संयम! इसके विपरीत वह चाहती थी कि जी-जान से डॉक्टर अमृतराय पर निछावर हो जाय —वहीं लेटे-लेटे आँखें बन्द किये, उसने धीरे से पूछा, "डॉक्टर साहब, मैं आपसे नफ़रत करती हूँ ?"

डॉक्टर साहब नहीं बोले। कमरे में निस्तब्धता छा गयी। केवल रोशनदान में कबूतरों का एक जोड़ा प्रेम की स्निग्धता में 'गुटरगूँ' 'गुटरगूँ' कर उठा। और बाहर बन्हे की डाली पर एक नीलकण्ठ आ कर अपनी मीठी तानें अलापने लगा।

लता सोच रही थी, किस तरह बात शुरू करे, पर कुछ सूझ न पड़ता था। तभी साथ के कमरे में बंसीलाल कराह उठा और लता को जैसे कुछ कहने को मिल गया।

उठ कर उसने कहा, "डॉक्टर साहब, मैं अब वापस जाना चाहती हूँ। वहाँ लाहौर में पिता जी की इच्छा से हम दोनों आराम से जीवन बिता सकते हैं! वे तो चाहते हैं, मैं ज़्यादा देर इस तरह भटकती न फिरूँ। आपको पा कर उनके उल्लास का ठिकाना न रहेगा, लेकिन सोचती हूँ कि बंसीलाल का क्या किया जाय ? इस मांस-पिण्ड को वापस ले जाया भी जायेगा या नहीं ? आप ज़रा चल कर देखें तो सही, उसकी हालत कितनी खराब हो गयी है। उसके शरीर पर घाव-ही-घाव हो गये हैं, मुझे तो उसकी दशा देख कर डर लगता है।" और यह कहते हुए लता जैसे काँप उठी —बंसीलाल की दशा की कल्पना ही से।

लता उठी और बंसीलाल के कमरे को चली। डॉक्टर साहब भी उसके पीछे हो लिये।

वहाँ चारपाई पर बंसीलाल पड़ा था। नर्स तो कई दिन हुए चली गयी थी और बंसीलाल की देख-भाल नौकर ही करता था और जैसी देख-भाल वह करता था, वह इसी से सिद्ध है कि जो बंसीलाल यहाँ आया था, उसमें और इस बंसीलाल में आकाश-पाताल का अन्तर था। बंसीलाल जब यहाँ लाया गया था तब भी अपाहिज था, किन्तु उसका जो भी अंग था, भरा हुआ था, किन्तु अब बार-बार चारपाई से गिर पड़ने के कारण उसका शरीर छिल गया था, शरीर पर मांस के बदले हड्डियाँ-ही-हड्डियाँ दिखायी देती थीं। नाक बैठी हुई, गाल पिचके हुए, बाल रूखे, आँखें गढ़ों में धँसी हुई, पतली-पतली टाँगें और बाज़ू मुड़े हुए —बंसीलाल का यही अब रह गया था।

डॉक्टर साहब ने कहा, "तुमने व्यर्थ ही इसे इस नरक में रखा है, रानी।"

पहले यदि डॉक्टर साहब ऐसा कहते तो शायद लता को बुरा लगता, अपनी धुन में वह उनकी बात पर कान न देती, पर अब तो वह स्वयं ऊब गयी थी। उसे डॉक्टर साहब का यह वाक्य बुरा नहीं लगा। उसने कहा, "डॉक्टर साहब, सत्य ही इसे इस दशा को पहुँचा कर मैंने बड़ा भारी पाप किया है और इसे नरक में रख कर मैं और भी बड़ा पाप कर रही हूँ। कहीं यदि विष मिल जाय तो सच कहती हूँ कि अभी इसकी इस दयनीय दशा का खात्मा कर दूँ," फिर अचानक पलट कर उसने डॉक्टर साहब से पूछा, "आपके पास तो कोई-न-कोई विष अवश्य होगा ?"

डॉक्टर साहब उस समय कुछ और सोच रहे थे। लता के स्वभाव के इस परिवर्तन

पर विचार कर रहे थे। क्या यह वही लता है, जिसे उन्होंने अस्पताल में देखा था ?

लता ने फिर अनुनय से पूछा, "डॉक्टर साहब, कोई विष न होगा आपके पास ? जिससे इसे इस नरक से निकाला जा सके। देखिए तो राही, इसकी दशा कितनी दयनीय है!"

और डॉक्टर साहब को चुप टकटकी बाँधे बंसीलाल की ओर ताकते हुए देख कर लता जल्दी-जल्दी उनके कमरे में गयी और अलमारी खोल कर उनकी दवाइयों की शीशियों में से एक उठा लायी —उस पर लिखा हुआ था 'पोटाशियम साइनाइड!'

शीशी दिखाते हुए उसने डॉक्टर साहब से पूछा, "डॉक्टर साहब, इसका एक चम्मच काफ़ी होगा ?"

डॉक्टर साहब दिल-ही-दिल में विषाद से हँसे -एक चम्मच! इसकी दो रत्तियाँ मनुष्य के सदैव के लिए मौत की गोद में सुला सकती हैं।

लता ने विष को चमचे में डाला। उस वक्त बंसीलाल ने अपनी करुण आँखों से लता की ओर देखा और हकलाते हुए एक बार 'लदा,' 'लदा' कहा।

लता का हाथ निमिष भर के लिए काँपा, किन्तु उसने जी कड़ा करके एक हाथ से उसका मुँह खोल कर दूसरे हाथ से चम्मच उसमें उँडेल दिया और धीरे से कहा, "सो जाओ बंसीलाल! मैं ही तुम्हें इस नरक में खींच कर लायी हूँ, मैं ही तुम्हें इससे मुक्त करती हूँ।"

जिह्वा पर विष के पड़ते ही बंसीलाल छटपटाया, उसने आँखें फाड़ कर एक बार चारों ओर निगाह दौड़ायी। डॉक्टर साहब पर उसकी निगाहें जम गयीं। चेहरा उसका नीला पड़ गया और फिर लता को देखते-देखते उसकी साँस उखड़ी और दुखी आत्मा छटपटाते हुए शरीर से निकल गयी।

लता ने बायें हाथ से उसकी भयानक आँखों के पलक बन्द कर दिये। उसकी आँखों में आँसू छलक आये। क्षण भर के लिए उसकी आँखों के सामने सारा अतीत घूम गया। उसने घूम कर देखा, डॉक्टर साहब वहाँ नहीं थे और नीचे खड्ड से राजरानी एक बैग उठाये चढ़ी आ रही थी। लता ने साड़ी के छोर से अपने चेहरे को ढाँप लिया और वहीं कुर्सी में धँस कर रोने लगी।

३४

सूरज अपनी अन्तिम साँसों को लिये हुए विदा हो रहा था और उसकी पीली-ज़र्द कान्ति ऊपर दायीं ओर की पहाड़ी के वृक्षों को भी जैसे उदासी के रंग में रँग रही थी। नीचे खड्ड में कुछ अँधेरा-सा छा गया था, दाह-कर्म-संस्कार कराने वाले आचार्ज (आचार्य) ने जाती हुई धूप की ओर एक छिछलती हुई दृष्टि डाल कर अन्तिम पिण्ड दिया और फिर डॉक्टर साहब को उठने का इशारा करते हुए कुछ सूखी, पतली लकड़ियों को घी में भिगो कर और उन पर मुश्क-काफ़ूर रख कर चिता में आग लगा दी, दूसरे क्षण भरभरा कर ज्वालाएँ

आकाश की ओर उठने लगीं और जलती हुई लड़कियों के चटखने की आवाज़ से घाटी की निस्तब्धता भंग हो गयी।

मनुष्य और उसकी महत्वकांक्षाएँ! सफलताओं पर उसका गर्व! सब झूठ! सब असत्य! जीवन, जिसका अन्त मृत्यु है, स्वयं क्या एक महान असफलता नहीं ? लाहौर से मीलों दूर यह पहाड़ी प्रदेश, उसके एक कोने में गहरा ठण्डा और सुनसान खड्ड, उसमें यह श्मशान भूमि, वहीं बना हुआ टीन एक ऊँचा, लोहे की चार मोटी सीखों के सहारे खड़ा, छप्पर और उसके नीचे जलती लकड़ियों का एक अम्बार! यह था, जो बंसीलाल को अन्त में प्राप्त हुआ।

सन्ध्या का अँधेरा खड्ड में पूरी तरह छा चला। कभी भड़कते, कभी ठण्डे होते और कभी हवा के झोंकों से इधर-उधर चारां तरफ़ उड़ते हुए शोलों की रोशनी में, छप्पर से दूर हट कर, एक बड़े-से पत्थर पर लता बैठी थी। आग का प्रकाश उसके व्यथित और विरक्त उदास चेहरे पर प्रतिबिम्बित हो रहा था। और वह जैसे अपने समस्त जीवन का प्रतिबिम्ब इस आग के पर्दे पर देख रही थी। सब घटनाएँ एक-एक करके उसके सामने आयीं और सब मानो आ कर अन्त में इस अग्नि में समा गयीं —जीवन का एक-एक क्षण क्या इसी अन्तिम क्षण में विलीन होने के लिए निरन्तर नहीं भागा करता —और मनुष्य अपने दिल में क्या समझता है ? कितना विराट धोखा है ? आशाओं और आकांक्षाओं, सफलताओं और मजबूरियों और लाचारियों का यह विचित्र इन्द्रजाल! बंसीलाल ठगा गया, वह भी ठगी जायेगी। सब ठगे जाते हैं। एक पर्दा है, जो उन्हें इस इन्द्रजाल की वास्तविकता को देखने से वंचित रखता है। और मानव इस धोखे ही में खुश है, जैसे बच्चा कृत्रिम खिलौनों को ही पा कर प्रसन्न रहता है, समझता है कि उसने असली चीज़ें पा ली हैं। एक महान विरक्ति से लता का जी भर आया। उसे इच्छा हुई कि अभी अपने आपको इस अग्नि के अर्पण करके इस महान प्रवंचना का खात्मा कर दे।

एक ओर बैठे हुए डॉक्टर अमृतराय पर लता ने दृष्टि डाली, वे सामने चुपचाप बैठी हुई रानी को अनिमेष दृगों से देख रहे थे। इन कुछ एक घण्टों में ही लता ने उनके स्वभाव में अचानक पैदा हो जाने वाले अन्तर को देख लिया था। उनमें ही क्या, लता ने अपने-आप में भी एक महान अन्तर पाया था। मौत ने एक झटके से ही मानो उसे दोनों कन्धों से पकड़-झकझोर डाला था, मानो कह दिया था —पागल, बार-बार ठगे जाने से लाभ ? क्या एक बार धोखा खा कर तेरी आँखें नहीं खुलीं ? एक के बाद दूसरी, दूसरी के बाद तीसरी, तीसरी के बाद चौथी चीज़ के लिए लालायित होते रहना और इस तरह सदैव अपने आपको भड़कती हुई ज्वाला से जलाते रहना —यह तो मूर्खता है। और लता ने अपनी दृष्टि हटा कर जलते हुए शोलों में गड़ा दी। तभी जैसे उसने जाना कि एक ही चीज़ के लिए जीना और मरना, यही ठीक है, इस इन्द्रजाल को तोड़ने का यही साधन है, निरन्तर भटकना तो इस जाल में और भी फँसते जाना है, इसे अपने चारों तरफ़ और भी बुनते जाना है। तब बंसीलाल का चित्र और भी उज्ज्वल, और भी साफ़ हो कर उसे ज्वालाओं पर खेलता हुआ दिखायी दिया। क्या मर कर भी उसने मौत पर विजय नहीं पायी ? धोखा खा कर भी उसने प्रवंचक को धोखा नहीं दिया ?

दायीं ओर छप्पर से ज़रा ऊँचे पर बैठे हुए डॉक्टर अमृतराय को इन ज्वालाओं में

लता की बेवफ़ाई साफ़ लिखी हुई दिखायी दी। उन्हें आभास हुआ कि जिस चीज़ को उन्होंने सोना समझा था, वह तो पीतल भी नहीं। विमला, फ़्लोरा और लता इन तीनों में कोई विशेष अन्तर नहीं। जिस प्रेम की नींव इतनी कच्ची है, उस पर वे अपने जीवन का भव्य प्रासाद कैसे बनायें ? लता के हाथों उन्होंने बंसीलाल की मृत्यु की कल्पना कभी न की थी और फिर अनुरक्ति के उस क्षणिक आवेग में! यदि लता ठण्डे दिल से सोच कर इस परिणाम पर पहुँचती तो शायद उन्हें तनिक भी दुख न होता। वे स्वयं अपने हाथ से उसे विष ला देते। उसे जीवित रखने के पक्ष में वे पहले ही कब थे ? पर क्षणिक आवेग में इस तरह उसकी हत्या, जिसे जीवित रखने के लिए वह मरने तक को तैयार थी —कैसी विडम्बना है! ऐसा तो उन्होंने स्वप्न में भी न सोचा था। वे तो पहले सोचा करते थे कि वे अपने प्रयत्नों में असफल रहेंगे, लता जैसी वफ़ादार युवती बंसीलाल का नाम जपती रहेगी और अगर कहीं लता उन्हें अपने से परे ही रखती तो शायद उन्हें कुछ सन्तोष रहता। वे बेचैन होते, तड़पते, रूठते, लेकिन उसका दरवाज़ा छोड़ कर कहीं न जाते। अतृप्ति का ही दूसरा नाम मुहब्बत है। अतृप्ति ही प्रेम को आकाश की ऊँचाइयों पर पहुँचा देती है। उसे सुन्दर, मनोहर पंख प्रदान करती है। उसे उज्ज्वल तथा पवित्र रूप दे देती है। और तृप्ति —वह तो उसे वासना, घृणा और उपेक्षा की नीचाइयों में ला फेंकती है। वे सोचा करते थे —बंसीलाल बहुत दिन तक जीवित न रहेगा। उसकी मृत्यु के बाद लता बहुत समय तक उसके ग़म में व्यथित रहेगी और तब वे अपने प्रेम, अपने निष्कपट भाव, अपने बलिदान से उसे अपनी बना लेंगे। उस नींव पर बना हुआ प्रेम का दुर्ग कितना मज़बूत होता, पर अब तो यह नींव ही कच्ची निकली। फ़्लोरा, विमला और लता के इन चित्रों में उन्हें फिर उसी सीधी-सादी और भोली-भाली देहाती गिरिजा की याद हो आयी और उन्होंने सोचा —काश! मैं सुन्दरता, शिक्षा और लालित्य के पीछे न पड़ता। तभी रानी उनके सामने आयी और चारों ओर से निराश उनका हृदय कुछ सहारा पाने का आश्रय तकने लगा। इस लड़की में कुछ ऐसी बात थी, जो इन तीनों में न थी; वह बहुत कुछ गिरिजा से मिलती थी। उसकी आँखों में सदैव उन्हें ऐसा निमन्त्रण मिला, जो संकोच के पर्दे में ढँका हुआ था; कुछ ऐसा आत्म-समर्पण, जो लज्जा के आवरण में लिपटा हुआ था; कुछ ऐसी चंचलता, जिसने गम्भीरता का बाना पहन रखा था! अस्पताल की पिछली सब घटनाएँ उनके सामने घूम गयीं और इस अनाथ के लिए उनके हृदय में हमदर्दी का एक समुद्र उमड़ आया। आते ही बंसीलाल की मृत्यु का समाचार सुन कर जब रानी सन्न खड़ी रह गयी थी तो उसको उन्होंने जो सान्त्वना दी थी, उसमें जितनी स्निग्धता थी, इसे उन्होंने भी महसूस किया था और शायद रानी ने भी!

चिता के दूसरी ओर चुपचाप बैठी रानी मुटर-मुटर इस ज्वाला के पर्दे को तक रही थी। कुछ देर में यह अग्नि भी शान्त हो जायेगी और इसके साथ ही उसके स्नेह का अन्तिम सहारा भी! सहारा कहाँ था ? सहारे की छाया मात्र थी। अब इस अग्नि में उसका भी अस्तित्व मिट जायेगा और वह पूर्ण रूप से अनाथ, निराश्रित हो जायेगी। मृतप्राय तो वह था ही, पर फिर भी नाम लेने को उसका भाई तो था। वह कह तो सकती थी —मेरा भी भाई है। रोगी ही सही, बीमार ही सही, पर जीवित तो है। उसके स्वस्थ होने की कल्पना करके वह आशा के पंखों पर तो उड़ सकती थी, पर अब..... और जैसे उसका गला रुद्ध

हो जाता, आँखें छलछला आतीं और अग्नि की ज्वाला उसे झिलमिलाती हुई, थरथराती हुई प्रतीत होती, पर वह बरबस आँसुओं को रोक लेती।

आज सुबह जब उसने आते ही अपने भाई के शव को देखा —सूखी हड्डियों की पिंजर देह, लकड़ियों की भाँति पतली तुड़ी-मुड़ी टाँगें और भुजाएँ, पिचके गाल, उभरे जबड़े, दन्तहीन खुला करुण मुख —तो वह कुछ देर चुप खड़ी रही थी। रोयी नहीं, चिल्लायी नहीं, बेहोश भी नहीं हुई। कुछ विचित्र प्रकार की विस्मृति में गुम हो कर भौंचक्की-सी खड़ी रही थी। जब लता उसे देख कर एकदम सिसकियाँ लेती वहीं-की-वहीं बैठ गयी थी तो स्वयं उसने उसे सान्त्वना दी थी, पर जब डॉक्टर ने आ कर सम्वेदना-भरे स्वर में कहा था, "तुम कुछ ग़म न करना रानी, तुम्हें कोई कष्ट न होने पायेगा, इस बात की व्यवस्था मैं कर दूँगा," तो न जाने क्यों वह फफक-फफक कर रो उठी थी। इस वक्त वह बात याद आते ही उसकी आँखें फिर भर आयीं। डॉक्टर साहब के उस स्वर में क्यों कुछ स्निग्धता थी, वह समझ न सकी; उसे क्यों रोना आ गया, यह भी उसने न जाना और क्यों उस करुण परिस्थिति में उसके मन में इस सहानुभूति पर आनन्द की एक हल्की-सी रेखा उठ कर मिट गयी, उसे मालूम न हुआ। तब क्या उसने डॉक्टर को समझने में ग़लती की थी..... ?

तभी चिता की ओर आँख भर कर देखते हुए सेठ रामसिंह ने दीर्घ-निःश्वास छोड़ कर कहा —"इस नश्वर जीवन का क्या भरोसा भाई, किसी दिन हम सब को भी चलना है।" और यह कहते हुए घुटनों पर हाथ रख कर वे उठे और डॉक्टर साहब की ओर देख कर बोले —"चलो भाई!"

फिर धीरे-धीरे जैसे मौत की निस्तब्धता को भंग करते हुए सब लोग ऊपर की ओर चढ़ने लगे।

३५

लता सो रही थी। इतने दिनों की व्यग्रता और बेचैनी के बाद जैसे आज उसकी नींद के बन्धन ढीले हो गये थे। अटैचीकेस पर सिर रखे और बर्थ पर टाँगें पसारे वह बेहोश-सी पड़ी थी। बालों की शुष्क लटें बर्थ के नीचे लटक गयी थीं; साड़ी का आँचल अटैचीकेस पर खिसक गया था और वेदना भी जैसे पलकों की चादर ओढ़ कर गहरी नींद में सो गयी थी।

कल सारी रात उसने आँखों में ही काट दी थी। श्मशान भूमि से आने के बाद, सब के सो जाने पर वह चुपचाप बंसीलाल के कमरे में चली गयी थी और अँधेरे ही में उसकी सूनी चारपाई के पास बैठ कर आँसू बहाती रही थी। उसके जीवन की वाटिका में दो फूल आये थे। एक को उसने गले का हार बनाना चाहा, पर वह आकाश-कुसुम-सा बन कर उसकी पहुँच से दूर चला गया। दूसरा उसके चरण-स्पर्श के लिए आकुल रहा, पर उसे

उसने अपनी अवहेलना के हाथों मसल दिया। आज उसी मसले-मिटे फूल के रिक्त स्थान को वह आँसुओं से सींच रही थी। उसके स्थान पर अब नया फूल आयेगा, इसकी आशा उसे नहीं थी, पर पश्चाताप का जो दाग़ उसके दिल पर लगा, उसे वह रो कर मिटा डालेगी, शायद यही उसने सोचा हो। जब सुबह ने अन्धकार में अपना आलोक भरना शुरू किया और संसार के दुख से बेपरवाह चिड़ियाँ चहचहा उठी थीं तो बंसीलाल के कमरे में जा कर रानी ने देखा था, चारपाई के पाये पर सिर रखे लता बैठी है, आँखें बन्द हैं, पर आँसू चुपचाप उसके गालों पर बह रहे हैं। तब उस एक निमिष में अमृतराय और लता के सम्बन्ध में जो एक सन्देह-सा उसके हृदय में कभी उठा था और कल्पना जिसकी नींव को पक्का किया करती थी, वह एकदम मिट गया और जैसे विवश-सी हो कर रानी ने आगे बढ़ कर लता को अपने गले से लगा लिया था और भरी हुई आँखों को पोंछ कर कहा था। "मुझे देखो बहन! बंसीलाल मेरा कुछ न था ?"

फिर सारा दिन वापसी की तैयारी में बीता था। इस दुख में उसने लता से यह तो न बताया था कि उसके पिता कितने बीमार हैं, पर उसने इतना अवश्य कहा था कि अपनी सेहत के खयाल से उसे अब एक पल भी इस निर्जन स्थान में न रहना चाहिए और लाहौर चल कर अपने स्वास्थ्य को सुधारना चाहिए। हाँ, डॉक्टर अमृतराय को उसने सब कुछ बता दिया था। वे स्वयं अब इस स्थान में एक भी पल न रहना चाहते थे। बंसीलाल की वह करुण दृष्टि, जिससे मरते समय उसने उनकी ओर देखा था, मानो साकार हो कर इस स्थान के कण-कण में बस गयी थी और लता भी अब इस स्थान को छोड़ देना चाहती थी। दिन चढ़ते-चढ़ते सब सामान समेट कर मोटर पर सवार हो, शाम होते-होते वे पठानकोट आ गये थे और अब तीनों इण्टर क्लास के डिब्बे में वापस लाहौर जा रहे थे।

लता के पाँवों के पास खिड़की में बैठी हुई रानी बाहर की ओर देख रही थी। नीलम-निर्मल आकाश में कुछ उनींदे तारे जागते रहने का भरसक प्रयत्न कर रहे थे और ज्योत्स्ना की हल्की चादर कहीं से आ कर सोयी दुनिया पर छा गयी थी। तेज़ हवा चल रही थी और रानी के बालों की लटें उड़ी-सी जा रही थीं। सामने की सीट पर खिड़की के साथ चुपचाप डॉक्टर साहब बैठे थे। सोयी हुई लता की ओर देख कर एक दीर्घ-निःश्वास छोड़ते हुए उन्होंने कहा, "रानी, सोओगी नहीं क्या ?"

रानी ने उत्तर नहीं दिया, शायद उनका स्वर बहुत धीमा था। डॉक्टर साहब ने सुनी केवल पहियों की गड़गड़ाहट और हवा की सायँ-सायँ। गाड़ी चलती रही और तन्द्रिल ज्योत्स्ना के नशे से चूर दृश्य जैसे भागते रहे।

फिर मानो अपना सारा साहस बटोर कर डॉक्टर साहब ने पुकारा —"रानी!"

और रानी ने खिड़की में से सिर हटा कर जैसे चौंकी हुई मृगी की तरह डॉक्टर साहब की ओर देखा।

"सोओगी नहीं क्या ?"

रानी ने बेसुध सोयी हुई लता की ओर देखा और फिर वह अपनी आँखें उसके चेहरे से न हटा सकी।

डॉक्टर साहब ने कहा, "मैं तुम्हारी जगह आ जाता हूँ और तुम इधर सीट पर आ

कर सो रहो।"

लेकिन रानी ने शायद सुना नहीं; लता के सूखे, ज़र्द चेहरे की ओर पूर्ववत देखते हुए उसने कहा, "बहन तो बहुत कमजोर हो गयी हैं, कहीं ये बीमार तो नहीं डॉक्टर साहब.... ?"

डॉक्टर साहब चुप रहे। यह प्रसंग उन्हें रुचि कर प्रतीत नहीं हुआ। वे चुप बैठे प्रतीक्षा करने लगे कि रानी विषय बदल दे, पर रानी ने दबी हुई साँस छोड़ कर कहा, "जाते समय तो ऐसी हालत न थी इनकी!"

डॉक्टर साहब ने जैसे विवश हो कर कहा, "कमज़ोर न होतीं तो और क्या होता, एक दिन भी तो इन्हें चैन करने को नहीं मिला। पहले बंसीलाल को ले कर तीर्थों में भटकती रहीं, जगह-जगह की खाक छानी, रक्त तो पहले ही कौन इतना अधिक था, फिर यात्रा को कठिनाइयों ने और भी सुखा दिया। तब सोचा कि कुछ समय के लिए पहाड़ पर रहें तो सेहत बने। यहाँ आये तो बंसीलाल की सेहत गिर गयी, दिन-रात उसी की सेवा-शुश्रूषा में लगी रहीं। फिर मैं बीमार पड़ गया, और मुझे आराम आया तो बंसीलाल...."

रानी की आँखों में आँसू छलछला आये और उसका जी हुआ जैसे इस दुखिया से लिपट कर खूब जी भर कर रो ले। डॉक्टर साहब के सामने अपनी बीमारी के दिन घूम गये और लता ने जिस निष्ठा, जिस प्रेम से उनकी सेवा की थी, वह सब उन्हें याद हो आया, किन्तु इसके साथ ही बंसीलाल की मृत्यु का दृश्य भी उनकी आँखों के सामने आया और उसकी वह करुण दृष्टि भी एक बार उनकी आँखों के सामने कौंध-सी गयी। तब जैसे भय और घृणा से अपनी दृष्टि लता के चेहरे से हटा कर डॉक्टर साहब बाहर खिड़की में देखने लगे।

आँसू पोंछते हुए रानी ने कहा, "आप बीमार कैसे हो गये थे ?"

डॉक्टर साहब ने एक दीर्घ-निःश्वास छोड़ा —वह भी क्या दिन था, उन्माद और विस्मृति के परों पर उड़ते हुए वे बादलों में, वर्षा में, तूफ़ान में घूमते रहे थे। आज कहाँ है वह उन्माद, वह उल्लास, वह विस्मृति ? कटु सत्य का एक पर्दा वहाँ छाया हुआ है, जो बार-बार उन्हें सतर्क रहने पर विवश कर रहा है और देर से जगी हुई अनुराग की उनकी भूख जैसे और भी तीव्र हो उठी है। क्या उनके प्रेम का पौधा सदैव इसी तरह ही फल-विहीन खड़ा रहेगा ? कलियाँ उसमें आयीं, माना फूल भी आया, पर फल की सूरत उसने न देखी और तब आशा से उन्होंने रानी की ओर देखा। एक निमिष के लिए दोनों की आँखें चार हुईं और चाहे डिब्बे के धीमे प्रकाश में उन्होंने न देखा हो, पर कानों तक रानी का चेहरा सुर्ख़ हो आया।

क्षण भर बाद रानी ने पूछा, "आपने बताया नहीं डॉक्टर साहब, आपको क्या कष्ट हो गया था!"

डॉक्टर साहब कुछ कहना चाहते थे कि लता जाग उठी, ऐसे कि जैसे वह कभी सोयी ही न थी और रानी का हाथ पकड़ कर उसे लिटाते हुए उसने कहा, "सो जाओ रानी, सिर दुखने लगेगा।"

और डॉक्टर साहब के मुँह से उनकी बीमारी का हाल सुनने और

कल्पना-ही-कल्पना में उनकी सेवा का सपना देखने की लालसा दिल ही में लिये हुए रानी लेट गयी और उसने आँखें भी बन्द कर लीं। तब डॉक्टर साहब और लता ने एक-दूसरे की ओर देखा —केवल अनुरागहीन आँखों से। क्या कह कर बात शुरू की जाय, दोनों में से कोई न जान सका। बातों का सोता ही जैसे सूख गया था।

चुपचाप दोनों खिड़कियों से बाहर की ओर देखने लगे।

३६

आज चार दिन बाद मलिक साहब को होश आया। आँखें खोलते हुए उन्होंने अत्यन्त क्षीण आवाज़ में पुकारा, "रानी बेटी!"

रानी पाँयते पर बैठी तलवों को सहला रही थी। उनके पैरों पर सिर रख कर उसने उन्हें प्रणाम किया और मधुर स्वर में बोली, "मैं यह रही पिता जी, कहिए, अब तबीयत कैसी है ?"

मलिक साहब ने उस बात का कोई उत्तर नहीं दिया, बोले, "कहाँ चली गयी थी बेटी, तू मुझे इस हालत में छोड़ कर!"

रानी कुछ क्षण के लिए चुप रही, लता सिरहाने बैठी सिर में तेल लगा रही थी, अचानक उसका हाथ थम गया और दिल धड़कने लगा।

रानी ने कहा, "ज़रा पीछे को तो देखिए, कौन बैठी है ?"

मलिक साहब का दिल भी ज़ोर-ज़ोर से धड़कने लगा, फिर भी संयत स्वर में उन्होंने पूछा, "कौन बैठी है ?"

"लता बहन और कौन! न जाने कितने कष्ट झेल कर इन्हें वापस लायी हूँ।"

एक निमिष के लिए वृद्ध, बीमार पिता के हृदय में लता को देखने की प्रबल आकांक्षा उत्पन्न हो उठी, किन्तु दूसरे क्षण उन्होंने दीर्घ-निःश्वास छोड़ कर करवट बदल ली।

लता की आँखों से टप-टप आँसू गिरने लगे, आज चार दिन से वह दिन-रात मलिक साहब की चारपाई पर बैठी थी। रानी के साथ जब वह अपने घर दाखिल हुई थी तो उसे स्वप्न में भी यह खयाल न था कि उसके पिता इतने बीमार हैं। अपने पिता को इस दशा में देख कर लता अपने आपे में न रही थी। रानी से लड़ी, रामनारायण से लड़ी कि क्यों उन्होंने समय पर उसे सूचित न किया और स्वयं अपने आपसे लड़ी कि क्यों उसने वृद्ध पिता की सुध न ली। और जब सब पर ग़ुस्सा उतार कर रो-धो चुकी थी तो फिर उसने अपना ध्यान मलिक साहब की ओर फेरा था और दिन-रात एक करके उन्हें बचाने पर तुल गयी थी। मलिक साहब को होश तो आ जाता था, पर पहचान किसी को न पाते थे! डॉक्टर के आदेशानुसार वह उनकी सेवा-शुश्रूषा में तल्लीन हो गयी थी।

रानी के अचानक चले जाने के बाद मलिक साहब फिर अपनी ओर से और भी बेपरवाह हो गये थे और यद्यपि रामनारायण ने कहा था कि वह अपने पुराने मकान के गिर

जाने की खबर पा कर चली गयी है, पर जब वह एक दिन बाद भी न आयी तो मलिक साहब एक निःश्वास छोड़ कर लेट रहे थे और उस दिन रामनारायण के अनुरोध पर भी उन्होंने कुछ न खाया था, दवाई को भी उन्होंने मुँह न लगाया था। बेचारा रामनारायण कह-कह कर हार गया, पर मलिक साहब बीमारी की उस दशा को पहुँच चुके थे, जब आदमी बच्चा बन जाता है। थक-हार कर वह रसोई में जा बैठा था और पुस्सी की गर्दन पर हाथ फेरते-फेरते वह अपने आप रो उठा था। सोचता था, उसने रानी को क्यों जाने दिया ? मलिक साहब को तभी से फ़िट आने लगे। तीन-चार दिन तो रामनारायण ने जैसे-जैसे गुज़ारे पर चौथे दिन वह उद्विग्न हो उठा। काम वह सब करता था, पर कान उसके डेवढ़ी की ओर लगे रहते थे। पाँचवें दिन रात के आठ बजे मलिक साहब फिर फ़िट आने के कारण बेहोश हो गये थे कि डॉक्टर अमृतराय की आवाज़ सुनायी दी —"रामनारायण!" जल्दी से जा कर दरवाज़ा खोलने पर जब रामनारायण ने देखा कि गली की बिजली के धुँधले प्रकाश में डॉक्टर अमृतराय, लता और रानी खड़े हैं तो खुशी और दुख से उसकी आँखों में आँसू आ गये थे, तब रानी ने उद्विग्नता से पूछा, "क्या हालत है पिता जी की ?"

रामनारायण ने अवरुद्ध कण्ठ से उत्तर दिया था, "तभी से फ़िट आ रहे हैं।"

फ़िट आ रहे हैं —यह सुन कर दोनों सामान उतरवाने का काम डॉक्टर साहब और रामनारायण पर छोड़ कर ऊपर भाग गयी थीं और तब से अब तक दोनों जी-जान से मलिक साहब की तीमारदारी कर रही थीं। रानी की आँख तो लग भी गयी होगी, पर लता को तो मानो उन्माद हो गया था, एक निमिष के लिए भी वह बिस्तर पर न लेटी थी। नींद तो अब उसे आती ही न थी। वहीं चारपाई पर बैठे-बैठे घुटनों में सिर रख कर वह झपकी ले लेती और जब कभी बंसीलाल की मौत का चित्र उसकी आँखों के सामने घूम जाता तो वह हड़बड़ा कर उठ बैठती!

डॉक्टर अमृतराय यद्यपि अस्पताल में पूर्ववत काम करने लगे थे तो भी प्रतिदिन एक बार शाम को अवश्य इधर चले आते थे। लता के दिन-प्रतिदिन गिरते हुए स्वास्थ्य और कंकाल-से शरीर को देख कर उन्होंने कहा था, "लता, अपनी सेहत का खयाल रखो!" और इसके उत्तर में लता केवल एक बार उनकी ओर देख कर विषाद से हँस दी थी।

मलिक साहब के भावों को समझ कर रानी ने आर्द्र स्वर से कहा —"पिता जी, लता बहन ने न जाने कितने कष्ट झेले हैं ? किन-किन मुसीबतों में सुखा-सुखा कर अपनी देह को काँटा-सा बना लिया है!"

और अचानक विह्वल-से हो कर मलिक साहब ने अपनी दृष्टि पीछे की ओर घुमायी और दूसरे क्षण रोती हुई लता उनकी गोद में गिर गयी।

उसे यह भी नहीं मालूम हुआ कि उसके पिता बेहोश हो गये हैं।

३७

जिस तरह समुद्र के गर्भ में चलने वाली तीक्ष्ण धारा उसके हृदय में हलचल मचाये रहती है, पर सतह पर उसका कोई आभास नहीं मिलता, इसी तरह डॉक्टर अमृतराय के सौम्य तथा गम्भीर चेहरे को देख कर यह जानना कठिन था कि उनके हृदय में कौन-सी हलचल मची हुई है।

अस्पताल में उन्होंने पूर्ववत काम करना शुरू कर दिया था, पर क्या वे वास्तव में पूर्ववत काम कर रहे थे ? क्या उनका मस्तिष्क सब ओर से हट कर रोगी पर, उसकी बीमारी की समस्या पर एकाग्र हो पाता था ? क्या वे रोगियों से मीठे स्वर में बातचीत कर सकते थे ? क्या वे पहले की भाँति अस्पताल के नियमों का सख्ती से पालन करते थे ? सब कुछ अब बदल-सा गया था और अस्पताल का साधारण-से-साधारण व्यक्ति भी इस परिवर्तन को महसूस करता था। वे आते थे, क्योंकि नौकरी उन्हें खींच कर ले आती थी, पर सब काम प्राय: मेडिकल कॉलेज के छात्र ही करते थे, वे तो अन्यमनस्क-से उनको रोगियों का निरीक्षण करते, उनके घावों की चीर-फाड़ करते देखते रहते। पहले वे काम करते थे और लड़के उन्हें देखते थे, अब लड़के काम करते थे और वे देखते थे, जैसे वे सिखा न रहे हों, सीख रहे हों।

उठते-बैठते, चलते-फिरते उनके मस्तिष्क में एक हलचल-सी मची रहती थी, उनका उद्विग्न मन उन्हें इधर-से-उधर भटकाया करता था। बंसीलाल की मृत्यु से लता की अस्थिरता के सम्बन्ध में उनका सोया हुआ सन्देह फिर जाग उठा था और आधुनिक वातावरण में पली युवती में वफ़ा नाम की चीज़ पाना उन्हें दुष्कर मालूम होता था। रानी सुन्दर और गम्भीर थी। उनके भग्न-हृदय को सान्त्वना देने के लिए; उनके सन्देह को अपने प्रेम, अपनी निष्ठा और अपनी तत्परता से दूर भगा देने को तैयार थी और आघात की पहली चोट से आकुल-से हो कर डॉक्टर साहब उसकी ओर झुके भी थे, पर धीरे-धीरे उनकी पुरानी सन्देहशीलता मानो अँगड़ाई-सी ले कर जाग उठी थी और वे सोचने लगे थे कि रानी क्या लता नहीं हो सकती, फ़्लोरा नहीं हो सकती, विमला नहीं हो सकती और तब उनका मन उद्विग्न हो उठता था और जी भर-सा आता था।

यह सब था। लता से उन्हें नफ़रत थी; उसके और उनके मध्य एक दीवार-सी भी खड़ी हो गयी थी; तब भी जाने कौन-सी शक्ति थी, जो दिन में एक बार उन्हें मलिक साहब के घर ले जाती थी; जाने क्यों उनका हृदय दिन-प्रति-दिन क्षीण होती हुई उस लता को देख कर घुला-सा जाता था ? और एक दिन जब निरन्तर अपने पिता की सेवा करने के बाद, उन्हें मृत्यु के मुँह से बचा लेने के बाद, वह स्वयं मरणासन्न हो गयी तो वे आतुर-से हो उठे थे। कहीं भी उनका जी लगना कठिन हो गया। घर रहते तो शीघ्र अस्पताल जाने को जी चाहता, अस्पताल जाते तो शीघ्र ही वहाँ से जी ऊब जाता और वे घर आने के लिए व्याकुल हो जाते। अकेले होते तो मित्रों की मण्डली में जाने को जी चाहता और मित्र-मण्डली में जाते तो एकान्त के लिए आतुर हो जाते। वे जानते थे धीरे-धीरे लता किस ओर जा रही है। निरन्तर सेवा, निरन्तर शुश्रूषा ने उसे एकदम कंकाल बना दिया था और अब उसके अन्त की कल्पना ही से उनकी आत्मा काँप जाती थी।

सोचते थे कि वे कहीं अन्याय तो नहीं कर रहे हैं, कहीं लता का उतनी रूपवती न रहना ही तो उनकी इस विरक्ति का कारण नहीं ? अतीत पर जब वे नज़र डालते तो उन्हें अपना कृत्य उचित दिखायी न देता। क्या बंसीलाल की हत्या में उनका दोष कुछ भी न था ? क्या यदि वे न होते तो लता इस तरह विष दे देती और क्या पहले-पहल उन्हीं ने यह न कहा था कि बंसीलाल का मरना अच्छा है, तो क्या फिर उस हत्या का उत्तरदायित्व उसी पर है ? इसके साथ ही, इसके कृत्य के कारण क्या वे उससे जी भर उपेक्षा कर पाये हैं ? किन्तु फिर भी जाने क्यों, जहाँ तक लता का सम्बन्ध है, वे अपने आपको उस स्थान से भी दूर पाते थे, जहाँ से वे उसकी ओर बढ़े थे। यही और ऐसी बीसियों बे-सिर-पैर की बातें सोचते-सोचते डॉक्टर साहब पागल-से हो उठते। जब भी कभी वे संयत हो कर सब बातों पर विचार करते, तो एक ही बात बार-बार उनके मन को दुख दिया करती —क्यों अब लता और उनमें पहला-सा प्यार नहीं ? वे अपने हृदय को टटोलते और उसे शून्य पाते, प्रेम वहाँ दिखायी न देता, केवल उस दुखी, कंकाल, आशाओं की कब्र बनी हुई तरुणी के लिए उनके हृदय में दया होती और वे चाहते कि अपना सब कुछ उस कंकाल, मृतप्राय नारी के लिए अर्पण कर दें। इसीलिए वे नित्य जाते थे, देर तक उसके सिरहाने खड़े रहते थे, लेकिन पूछ इतना ही सकते कि 'अब जी कैसा है ?' और शून्य-दृष्टि से देख कर लता धीरे से कह देती, "अच्छी हूँ!"

इस उदास वातावरण में रानी दबी-दबी, घुटी-घुटी घूमा करती। मलिक साहब स्वस्थ हो गये थे, पर उनकी सेवा में उसने अन्तर न आने दिया था। और अब लता भी बीमार पड़ गयी थी और रानी उसकी भी सेवा में जुट गयी थी। डॉक्टर साहब जानते थे कि बीमारी क्या है, और चाहते थे कि रानी लता से दूर रहे, पर यह कहने का साहस वे आज तक न कर सके थे। हाँ, लता का कमरा उन्होंने अलग कर दिया था और मलिक साहब को नर्स का प्रबन्ध करने के लिए भी कह दिया था।

सुबह आकाश पर कुछ हल्के बादल छाये हुए थे, हवा भी कुछ ठण्डी चल रही थी। डॉक्टर साहब अपने मकान की छत पर बिस्तर में पड़े-पड़े यही सोच रहे थे। रात ठीक तरह से सो भी लिये थे, पर जी अब भी उठने का नाम न लेता था। सिर कुछ भारी था, शरीर कुछ टूट-सा रहा था। उदासी न जाने किधर से आ कर मन पर छायी जाती थी। मौसम के बदलने के कारण यह सब था, ऐसी बात नहीं। कुछ दिनों से ऐसे ही रोज़ जी डूबा-डूबा रहता था। प्रतिदिन बिस्तर पर अन्यमनस्क-से पड़े वे सोचा करते थे और संसार एक विचित्र गोरख-धन्धे का रूप धारण कर उनके सामने आ जाता था। वे चाहते थे कि इस गोरख-धन्धे से निकल जायँ। कहीं दूर, इस आबादी से बहुत दूर, जा कर अपनी कुटिया अलग बना लें। प्रकृति की गोद में ठण्डे, हरे वृक्षों को देखते हुए, निर्मल झरने के किनारे उसका कलकल नाद सुनते हुए, दोपहर को हरी-हरी घास पर घनी छाया के नीचे लेटे हुए, अपना समय बिता दें; पर ज्योंही नौकर आ कर बताता कि आठ बज गये हैं तो वे शीघ्र उठ पड़ते और अस्पताल जाने की तैयारियों में लग जाते।

आज उनका जी और दिनों की अपेक्षा कुछ अधिक खराब था। अस्पताल जाने को बिलकुल न हो रहा था और वे चाहते थे कि नौकर के हाथ अपनी अनुपस्थिति की सूचना भेज दें। लता की तबीयत कल बहुत खराब थी। स्नेह सूख चुका था, शुष्क बत्ती जल रही

थी। डॉक्टर साहब जानते कि उसके बुझने में भी अब बहुत देर नहीं। तभी पिछली स्मृतियाँ मूर्तिमान हो कर उनके सामने आ जाती थीं और वे सिहर उठते थे। इच्छा होती थी, लता के सिरहाने बैठे रहें। जाते भी थे, पर शायद बीमारी ने लता को बदल दिया था, एक शब्द भी वह न कहती। वे न जानते थे, उसके हृदय में अभी उनके लिए कोई स्थान है या नहीं। उसके सम्बन्ध में क्या, स्वयं अपने सम्बन्ध में वे कुछ न जानते थे। यह सब सोचते-सोचते उनका गला जैसे भर आने को, उनका जी कैसे रो पड़ने को हो जाता। धर्मशाला से आने के बाद लता ने उनसे भूल कर भी दो बातें न की थीं, उन्होंने चाहा भी तो लता ने अवसर न दिया और अब तो उसमें बहुत बातें करने की शक्ति भी न रही थी।

सीढ़ियों का दरवाज़ा ज़ोर से खुला, डॉक्टर साहब के विचारों का क्रम टूट गया और वे उठ बैठे। नौकर के साथ रामनारायण बढ़ा चला आ रहा था —बूढ़ी कमर अब उसकी ओर भी अधिक झुक गयी थी और आकृति पर आतुरता टपकी पड़ती थी। चुपचाप उसने एक पुर्ज़ा डॉक्टर साहब के हाथ में दे दिया। रानी के हाथ का लिखा हुआ था —

"बहन की हालत ठीक नहीं है। अन्त समय वे आपसे बातें करना चाहती हैं। कृपया शीघ्र आइए।"

डॉक्टर साहब का दिल उछलने-सा लगा, पर चेहरा फ़क-सा हो गया। उन्होंने नौकर को एक पुर्ज़ा लिख कर अस्पताल जाने के लिए कहा और स्वयं खुले गले ही पतलून तथा चप्पल पहने रामनारायण के साथ निकल गये।

३८

लता ने उखड़ी-उखड़ी आवाज़ में कहा, "पिता जी, आपने मुझे जितना सुख दिया, उतना कोई माँ भी क्या दे सकेगी, खेद तो यह है कि मैं आपके दुख का कारण बनी...."

मलिक साहब ने अपना काँपता हुआ हाथ उसके रूखे बालों पर फेरा, बोले, "अब तुम सो रहो! मेरी सेवा से तुमने सब कमी पूरी कर दी, बेटी! तुम न आतीं तो मैं अब तक जीवित न होता। उस बीमारी से मुझे तुम्हारे सिवा कौन बचा सकता था। पर तुम थक जाओगी, सो रहो।"

लता को ज़ोर की खाँसी आयी। उसने मुँह पर रूमाल रख लिया और फिर कुछ साँस ले कर बोली, "अब तो चिरनिद्रा में ही सोना है, पिता जी...."

मलिक साहब ने उसके मुँह पर हाथ रख दिया, "सो रहो बेटी, अभी कुछ दिन में तुम ठीक हो जाओगी।"

उनका हाथ हटाते हुए लता ने कहा, "मुझे दो बातें कह लेने दीजिए पिताजी, कौन जाने किस घड़ी साँसों की यह ज़ंजीर टूट जाय। मुझे मरने का दुख नहीं, दुख तो इस बात का है कि आप अकेले रह जायेंगे इस वृद्धावस्था में।"

मलिक साहब की आँखों में आँसू आ गये, अपने स्वर में विनीत प्रार्थना लाते हुए

लता ने कहा, "मेरी एक विनय है पिता जी, मेरे मरने के बाद ज़रा भी दुखी न होना, रानी को अपनी बेटी बनाना, उस अनाथ, अबोध लड़की का संसार में कोई नहीं —माँ नहीं, बाप नहीं और अब तो भाई भी नहीं। बंसीलाल का यह ऋण मुझ पर रह गया है, इसे पूरा कर देना।"

मलिक साहब रूमाल आँखों पर रखे चुप बैठे रहे, लता ने फिर विनीत स्वर में कहा, "जैसे मेरा विवाह करते पिता जी, वैसे इसका विवाह करना। डॉक्टर अमृतराय से मैं प्रतिज्ञा ले जाऊँगी और फिर दोनों को घर ही में रखना, तभी मुझे सुख मिलेगा।"

मलिक साहब फिर भी चुप बैठे रहे। उनका दिल आँखों के रास्ते बह निकलने को व्यग्र हो उठा। तभी उन्होंने रूमाल को और ज़ोर से अपनी आँखों से लगा लिया।

लता ने कहा, "पिताजी, प्रतिज्ञा कीजिए, तभी मैं चैन से मर सकूँगी —प्रतिज्ञा कीजिए, आप ऐसा ही करेंगे...."

और इसके बाद खाँसी से उसका अंग-अंग सिहर उठा। मलिक साहब ने रूमाल से आँखें पोंछीं और प्यार से उसके पिचके गाल को थपथपाते हुए उन्होंने कहा, "जो कहोगी बेटी, वही होगा। तुम अब आराम करो, सोने की कोशिश करो!"

खाँसने के बाद निर्जीव-सी हो कर लता पड़ रही। तभी परेशान-से डॉक्टर अमृतराय भीतर दाखिल हुए। लता ने आँखों से ही उन्हें प्रणाम कर, कुर्सी पर बैठने का संकेत किया। मलिक साहब उठे और सिर झुकाये हुए भारी कदमों से बाहर चले गये। तभी रानी आयी और दवा की शीशी में से कुछ बूँद पानी में डाल कर उसने लता को दवा पिलायी और फिर एक बार डॉक्टर साहब की ओर नीची नज़र से देख कर जैसे दीर्घ-निःश्वास को निकलने से बरबस दब कर, धीरे-धीरे चली गयी। डॉक्टर साहब ने उसकी दृष्टि को महसूस किया और एक बार अस्थिर-से हो, वे स्थिर हो कर कुर्सी पर बैठ गये।

बहुत क्षीण स्वर में लता बोली, "दो-एक बातें आप से करना चाहती हूँ, डॉक्टर साहब। अभी कुछ शक्ति है, दो घड़ी तक जाने रहे, न रहे। सुबह से दो बार बेहोश हो चुकी हूँ और कौन जाने अब की बेहोश हूँगी तो उठूँगी भी या नहीं।"

"नहीं, नहीं, ऐसा...."

अपना पतला हड्डी-सी हाथ उठा कर लता ने उन्हें रोक दिया —"मुझे कहने दो डॉक्टर साहब, इतने दिनों से आपसे कुछ कहना चाहती थी, पर साहस नहीं कर पायी, शायद बंसीलाल को अपने इन्हीं हाथों से विष का घूँट पिलाते देख कर आपने मुझे हत्यारिन समझा हो, शायद बुरी समझा हो, पर बुरी-भली जैसी भी हूँ, दो घड़ी बाद नहीं रहूँगी।"

और डॉक्टर साहब ने देखा कि यह कहते-कहते, दो बड़े-बड़े आँसू लता की गढ़ों में धँसी हुई आँखों के छोरों पर छलक आये हैं। कुछ कहने के लिए वे व्यग्र हो उठे। भर्राये स्वर में बोले, "लता...."

लेकिन लता ने रोक दिया, "मुझे कह लेने दो डॉक्टर साहब!" वह बोली, "मुझे इस अन्त का खेद नहीं। बहुत दिनों से मंज़िल की ओर चली आ रही थी, धीरे-धीरे सरकती आ रही थी, फिर मंज़िल के समीप पहुँच कर दुख कैसा ? हाँ अफ़सोस है उन बातों का, जो मैं कर न सकी, उनमें आप मेरी सहायता करना, तभी मैं शान्ति से मर सकूँगी।"

डॉक्टर साहब चुप दीवार की ओर देखते रहे। उनकी आँखें भर आयीं।

लता ने फिर क्षीण स्वर में पूछा, "कहो डॉक्टर साहब!"

डॉक्टर साहब ने आँखें पोंछ कर कहा, "मैं क्यों न करूँगा लता, तुमने कोई बात कही हो और मैंने न की हो, कभी ऐसा हुआ है ? पर लता पहले मुझे तो शान्ति का मार्ग बता जाओ। दिन-रात मेरे हृदय में एक ज्वाला धधका करती है। किसी तरह मुझे चैन नहीं पड़ता।"

साँस ले कर लता ने कहा, "सारा जीवन ही धधकती हुई ज्वाला है, डॉक्टर साहब। पर जहाँ आग है, वहाँ पानी भी है।"

"पानी!" डॉक्टर साहब बोले, "पानी तो कहीं नहीं लता, मैं तो अपने आपको सदैव जलते हुए पाता आया हूँ और अब तो यह जलन और भी तीव्र, और भी असह हो चली है। मैंने सन्देह के क्षण में सोचा था, बंसीलाल को ज़हर पिला कर तुमने पाप किया और मुझे तुमसे दूर रहना चाहिए, पर अब सोचता हूँ तो अपने आप को भी उतना ही दोषी पाता हूँ और दूर भी मैं तुमसे कहाँ भाग पाया हूँ। मैंने तुमसे घृणा करने की कोशिश की, घृणा न कर सका, उपेक्षा करने का प्रयास किया, उपेक्षा न कर सका!"

लता विषाद से हँसी, "बंसीलाल को मार कर पाप किया या पुण्य, यह मैं नहीं जानती, डॉक्टर साहब! पर यह सब अच्छा ही हुआ। उसके और मेरे मध्य जो पर्दा-सा छा गया था, मौत ने उसे हटा दिया और उस पर्दे के हट जाने पर वह और मैं फिर आमने-सामने हो गये। मिल हम नहीं पाये, क्योंकि उसके और मेरे मध्य अभी इस संसार का पर्दा तना हुआ है। वह हट गया तो मैं और वह एक हो जायेंगे! रही मेरी और आपकी बात, उसे भूल जायें डॉक्टर साहब, जीवन की एक भूल की भाँति भूल जायँ।"

"भूल कैसे जाऊँ लता ?" डॉक्टर साहब ने उद्विग्नता से कहा। "मैंने भूलने का प्रयास किया, पर भूल न सका। धर्मशाला के वे दिन, वे ही मेरे जीवन की निधि हैं, उन्हें अपनी याद में छिपा कर मैं लाहौर से चला जाऊँगा और संसार के इस मरुस्थल में भटकते हुए भी वे ही मेरे मन का ताप हरते रहेंगे।"

"नहीं, नहीं," लता ने कहा, "आप क्यों भटकेंगे! भावुकता छोड़ दीजिए, स्थिर हो कर बैठ जाइए, किसी अनुरागमयी बेल की छाया में। भटकने के लिए आप नहीं बने। बंसीलाल था भटकने के लिए। मैं थी भटकने के लिए! संसार-सागर को पार करने के लिए भावुकता के चप्पू काम नहीं आते। मँझधार में वे भले ही बहा ले जायँ। किन्तु पार ले जायेंगे, ऐसी सम्भावना नहीं। हम ने भावुकता के चप्पू का सहारा लिया, अंजाम आपके सामने है, तब आप ऐसा क्यों करें!"

डॉक्टर साहब चुप सुनते रहे।

लता ने खाँस कर और भी क्षीण स्वर में कहा, "देखिए डॉक्टर साहब, घाव को खुला रखने से वह भर न सकेगा, मरहम तो वहाँ लगानी ही होगी।"

"मैं मरहम कहाँ से पाऊँगा लता!" डॉक्टर साहब अवरुद्ध कण्ठ से बोले।

लता ने उन्हें और समीप होने के लिए कहा और फिर उनके कान में कुछ कह कर बोली, "यह मेरा अनुरोध है, डॉक्टर साहब!"

डॉक्टर साहब ने अवरुद्ध कण्ठ से कहा, "लता यह न होगा। आशाओं का संसार उजड़ने पर मैं अब तक बराबर नये सिरे से उसकी सृष्टि करता आया हूँ। तुम्हें शायद मालूम नहीं, पर अब मैं थक गया हूँ। मैं इस जीवन तक से ऊब गया हूँ। सोचता हूँ, लाहौर छोड़ दूँगा, कहीं दूर देहात में चला जाऊँगा, वहीं ग़रीब देहातियों की सेवा करके जीवन के शेष दिन व्यतीत कर दूँगा। तुमने मुझे जो स्नेह दिया, जो सेवा का भाव दिया, वही मेरा पथ-प्रदर्शक होगा, जो मार्ग तुमने अपनाया, वही मेरा मार्ग होगा।"

लता की काली, गढ़ों में दबी आँखें फिर छलछला आयीं। उसने पानी माँगा, डॉक्टर साहब ने दवाई की चन्द बूँदें टपका कर उसे पानी दिया और जैसे एक ही घूँट में सब निगल कर लता ने कहा, "नहीं, ऐसा न होगा डॉक्टर साहब, मेरा यह अनुरोध है। तनिक मेरे वृद्ध पिता और रानी का ध्यान कीजिए। मेरे बिना उसकी कैसी दशा होगी। और रानी तो अनाथ है। मेरी यह विनीत प्रार्थना स्वीकार करें! मैं आपके भाव जानती हूँ, पर मेरे लिए, मेरे वृद्ध पिता के लिए यह बात मानिए, उनको और रानी को सहारा दीजिए! उसने अभी बहुत जीवन नहीं देखा, बहुत स्वतन्त्र भी वह नहीं रही। जैसे आप चाहेंगे, वह बन जायेगी, जो कुछ सिखायेंगे, सीख जायेगी और सेवा की तो वह मूर्ति है। उसे पा कर आप दुखी न होंगे। जीवन ने जो चोटें आपको पहुँचायी हैं, उसे पा कर आप उनका दर्द भूल जायेंगे।"

डॉक्टर साहब चुप शून्य में देखते रहे। लता ने साँस ले कर कहा, "एक बात और है, विवाह करके यहीं रहना —इसी घर में —अपने पिता से मैं यही कहे जाती हूँ। रानी से उन्हें बेटी जैसा स्नेह हो गया है। बेटी की भाँति ही वे उसे मेरे बाद भी रखेंगे। मैं अपने पिता को सुख न दे सकी, आप दोनों इस कमी को पूरा कर देंगे। अपने पिता को सुखी देख कर मेरी आत्मा सुखी होगी और अपनी बहन का सुख देख कर बंसीलाल की रूह भी सुख मानेगी।"

डॉक्टर साहब चुप अविचल बैठे दीवार की ओर ताकते रहे। लता ने अपना पतला हाथ आगे बढ़ाते हुए कहा, "डॉक्टर साहब, प्रतिज्ञा कीजिए कि ऐसा ही होगा, बंसीलाल के प्रति जो अपराध मैंने किया, उसका प्रायश्चित मैंने खूब किया और जो शेष रहा है, उसे मृत्यु से पूरा करूँगी। आपसे गुनाह तो नहीं हुआ, पर शायद उसकी आत्मा को आपके कारण दुख पहुँचा हो, आप उसका प्रायश्चित करें —उसे सुख पहुँचा कर —इस से अधिक सुख उसे क्या होगा कि उसकी बहन सुख से रहे!" अपने स्वर को और भी विनीत बना कर लता ने कहा, "मेरे लिए, मेरे वृद्ध पिता के लिए, अनाथ रानी के लिए आप यह बोझ उठायें, डॉक्टर साहब!"

डॉक्टर साहब ने एक दीर्घ-निःश्वास छोड़ा और अपना हाथ पर रख दिया, लता ने कुछ उत्फुल्ल हो कर कहा, "डॉक्टर साहब, खुला रह कर प्रेम भटक जाता है, आवारा रह कर सूख जाता है, बन्धन ही में वह सार्थक होता है, बँध कर ही वह पनपता है।"

और तब रानी को बुला कर उसने उसे अपने पास बैठा लिया और उत्साह से बोली, "रानी, मैं पिताजी को तुम्हारे हाथ सौंप जाती हूँ, तुम मेरी जगह लेना, उनके अन्य कोई सन्तान नहीं है। तुम्हें वे अपनी बेटी की भाँति ही मानते हैं। वसीयत में उन्होंने अपनी कुछ जायदाद तुम्हारे नाम लिख दी है। मैं अपनी ओर से अपना हिस्सा तुम्हें देती हूँ। अपने पिता की उचित सेवा मैं न कर सकी, सुख भी मैं उन्हें कुछ न दे सकी। तुम मेरी इस त्रुटि को

पूरा कर देना।"

रानी ने आँचल के छोर से अपनी बहती हुई आँखें पोंछ डालीं। लता बोली, "और देखो, मेरी तरह स्वतन्त्र रह कर न भटकना। प्रकृति ने जिस उद्देश्य से पुरुष-स्त्री का सृजन किया है, उसी उद्देश्य की पूर्ति का मार्ग सबसे अच्छा मार्ग है। और अधिक न कह कर मैं तुम्हारा हाथ डॉक्टर साहब के हाथ में देती हूँ। इनसे तुम नफ़रत नहीं करतीं, मैं यह जानती हूँ। यह तुमसे प्रेम करेंगे, ऐसा मेरा विश्वास है। सन्देह को छोड़ कर जीवन की भित्ति को प्रेम और विश्वास की नींव पर रखना और सुख से रहना।"

रानी का मुख लज्जा से अरुण हो गया, उसकी आर्द्र आँखें धरती में गड़ गयीं और एक साँस में इतना कहने पर खाँसी के दौरे से प्रायः निर्जीव-सी हो कर लता चित लेट गयी।

⊠⊠⊠

गिरती दीवारें

आशंसाएँ

अश्क जी का विचार-प्रधान गद्य प्रेमचन्द की याद दिला देता है। प्रेमचन्द गूढ़-से-गूढ़ बात को भी सहज रूप में प्रस्तुत कर सकते थे। यह विशेषता अश्क जी में भी है... अश्क जी में वर्णन की अद्‌भुत क्षमता है। उनके वर्णनात्मक गद्य की अनेक छायाएँ लक्षित की जा सकती हैं। व्यक्ति, घटना, भीड़, वस्तु, दृश्य, आदि अनेक रूपों में मूर्त जीवन और प्रकृति की छवियों को सजीव रूप में अंकित करने में अश्क जी को दक्षता प्राप्त है। उनके उपन्यास इस दक्षता का प्रमाण हैं।

–डॉ० रामचन्द्र तिवारी

गिरती दीवारें अच्छा, सच्चा और यथार्थ है। इसकी दृष्टि अणुवीक्षक दृष्टि है। उपन्यास में कहीं-कहीं बहुत ही मार्मिक चित्रण हुआ है और दृष्टि के सूक्ष्म आविष्कार से कई स्थान और पात्र अत्यन्त सजीव हो कर उभर आये हैं।

–अज्ञेय

मध्यवर्ग का पाठक इस उपन्यास में अपने वर्ग के एक परिवार का नमूना इतनी नज़दीक से देख लेता है, उस परिवार का अन्दर-बाहर उसके पीछे और आगे का भरा-पुरा 'क्लोज़-अप' चित्र, और इतनी तरफ़ों से लिया हुआ, उसकी आँखों के सामने आता है कि इसका जोड़ उसे हिन्दी के किसी एक नाविल में कम – और शायद ही कहीं – मिलेगा। 'गिरती दीवारें' का टेकनीक हमारे पुराने मन्दिरों की मूर्ति-कला की याद दिलाता है, जिनकी दीवारें मूर्तियों से भरी होती थीं। एक बीच की बड़ी मूर्ति फिर अगल-बगल दो-चार – उससे छोटी, फिर इनके चारों तरफ़, इन मूर्तियों की कथा चित्रित करती हुई छोटी-छोटी अनेक मूर्तियाँ – देवी-देवता, उनके गण और उनके सेवक, और उनकी लीलाएँ।

–शमशेर बहादुर सिंह

'गिरती दीवारें' की सबसे बड़ी ख़ूबी यह है कि लेखक ने कहीं भावुकता को नहीं आने दिया है – जो चीज़ जैसी हल्की या जैसी गहरी अनुभव की, बिलकुल वैसी ही, उन्हीं हल्के और गहरे रंगों में चित्रित कर दी। इसीलिए 'गिरती दीवारें' में एक ऐसी ताज़गी, एक ऐसी सचाई, एक ऐसा खरापन है जो कम देखने को मिलता है।

–हंस, बनारस

'गिरती दीवारें' की शैली और टेकनीक इतनी सुगठित, सुष्ठ, परिष्कृत और कलापूर्ण है कि निर्विवाद रूप से वह कहा जा सकता है कि प्रेमचन्द के 'गोदान' की यथार्थवादी परम्परा में 'अश्क' का यह उपन्यास एक बहुत बड़ा और साहसपूर्ण क़दम है। सम्भवतः इस कथन में अत्युक्ति नहीं है कि 'गिरती दीवारें' हिन्दी की यथार्थवादी परम्परा के सर्वश्रेष्ठ उपन्यासों में गणना करने योग्य है।

–शिवदान सिंह चौहान

आप कभी जालन्धर गये हैं ? शायद नहीं। कम-से-कम मैं तो नहीं गया। किन्तु इस उपन्यास के पहले अध्याय ने ही मुझे अलिफ़-लैला के उड़ते हुए कालीनों की तरह सशरीर उड़ा कर जीते-जागते हुए जालन्धर के बीचों-बीच ले जा कर खड़ा कर दिया। पिछले कुछ साल के उपन्यासों में मैं अश्क के इस उपन्यास को शायद सबसे सफल मानता हूँ। उन्होंने एक ऐसा नायक दिया है जिस पर कोई नक़ाब नहीं, कोई बनावटी ऊपरी चेहरा नहीं, वह जैसा है अन्दर-बाहर, एक-सा है। वह अपनी कमज़ोरियों पर गिलट का मुलम्मा नहीं चढ़ाता, वह उन्हें ज्यों-का-त्यों सामने रख देता है। आप उस पर हँसना चाहें हँसें, रोना चाहें रोयें। स्वयं उपन्यासकार दोनों के उचित क्षण जानता है, हँसाने के भी और रुलाने के भी।

–धर्मवीर भारती

अश्क आंशिक रूप में ज़ोला की जाति के यथार्थवादी हैं। इसकी अवश्यम्भावी और विलक्षण परिणति उनके सर्वश्रेष्ठ उपन्यास 'गिरती दीवारें' में दृष्टिगोचर होती है। इसमें परिपार्श्व के चित्रण में अश्क अपार परिश्रम करते हैं, एक-एक ईंट जमा करके एकान्त लगन से वे अपना कला-भवन निर्मित करते हैं, छोटी-से-छोटी वस्तु भी उपेक्षित नहीं रह पाती, और उन सब के साथ उनके नायक के जीवन की रूप-रेखा भी क्रमशः निर्मित होती जाती है।

–नन्द दुलारे वाजपेयी

उपन्यास में जीवन और समाज के मसले पर लम्बी-लम्बी तक़रीरें नहीं हैं। 'गिरती दीवारें' इस भयानक रोग से भी बिलकुल मुक्त है। इसमें जो बातचीत है, वह बिलकुल स्वाभाविक है और लेखक ने जीवन और समाज के बारे में जो निष्कर्ष निकाले हैं, जिन तथ्यों की ओर पाठक के मन को फेरने की कोशिश की है, वे घटनाओं के माध्यम से सामने आ जाते हैं। दूसरे शब्दों में यह भी कहा जा सकता है कि लेखक ने आर्य समाजी व्याख्यानदाता की शैली न अपना कर (जैसा कि आजकल आम तौर पर हो रहा है) चित्रकार की शैली अपनायी है। इतनी बात कह देने के बाद ग़ालिबन यह कहने की ज़रूरत नहीं रह जाती कि इधर जो उपन्यास निकले हैं, उनमें 'गिरती दीवारें' एक बहुत ख़ास कृति है और इसी रूप में उसका स्वागत होगा, यह भी निश्चित है।

–अमृत राय

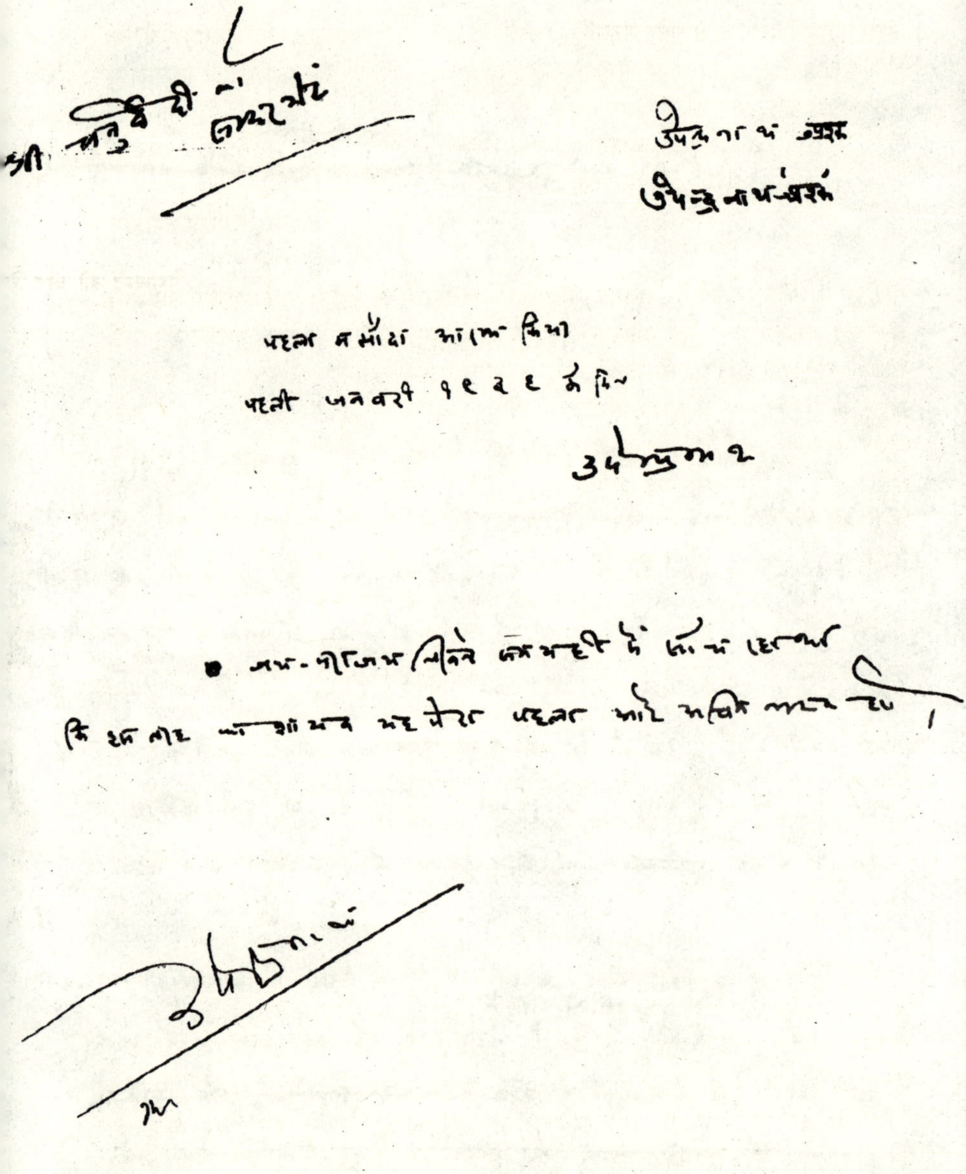

'गिरती दीवारें' के पहले प्रारूप का पहला पृष्ठ

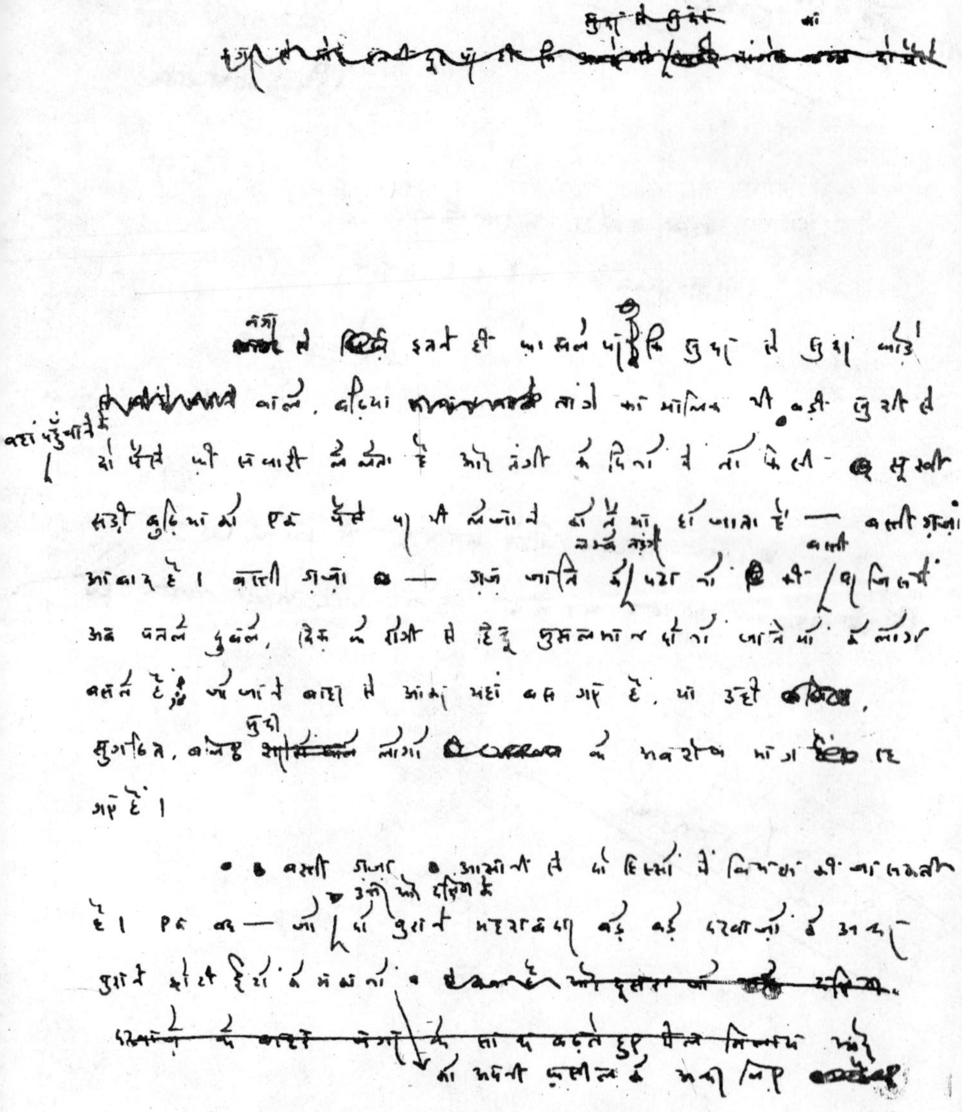

'गिरती दीवारें' के पहले प्रारूप का आरम्भ

अपने पाठकों और आलोचकों से

आज से लगभग तेरह-चौदह वर्ष पहले की बात है, मैं एक साँझ मकतबा-ए-उर्दू[1] (लाहौर) में बैठा यों ही किताबें उलट रहा था कि प्रोफ़ेसर फ़य्याज़ महमूद आ गये। प्रोफ़ेसर साहब मेरी ही उम्र के युवक थे। उन्हीं दिनों लिखने लगे थे। कहानियाँ और एकांकी लिखते थे। दो-चार रचनाओं ही से उन्होंने साहित्यकारों का ध्यान अपनी ओर खींच लिया था — न बहुत उतार, न चढ़ाव, एक-सी गति से बहने वाली मैदानी नदी की-सी उनकी शैली थी। पर बड़े सूक्ष्म व्यंग्य और मँजी हुई लेखनी से वे उसे आकर्षक बना देते थे — बात-बात में जाने कैसे, उपन्यास की बात चल पड़ी। उन दिनों मेरा उपन्यास 'सितारों के खेल' प्रकाशित हुआ था। उसको ले कर बात आरम्भ हुई अथवा चौधरी नज़ीर[2] ने उनसे कोई उपन्यास लिखने को कहा — जो भी हो, प्रोफ़ेसर साहब बोले कि वे पहले से गढ़े-गढ़ाये उपन्यास पसन्द नहीं करते। वे कभी लिखेंगे तो ऐसा उपन्यास लिखेंगे, जो जीवन ही की तरह चले, बढ़े और फैले; पहले से तय-शुदा आरम्भ या अन्त उसका न हो। (ऐसे उपन्यास का अन्त पहले से निश्चित हो भी कैसे सकता है ? अन्त तो व्यक्तियों का निश्चित है, जीवन तो अविरत हिलोरें लेने वाले महासागर-सा अक्षय है)।

नहीं जानता प्रोफ़ेसर साहब ने अपना वह उपन्यास लिखा या नहीं ? (उपन्यास तो दूर, वर्षों से उनकी कोई कहानी भी नहीं देखी। साहित्य-सृजन शायद उनके एकान्त क्षणों का विनोद-मात्र था। एक से जब दो हुए तो शायद उन्हें समय नहीं मिला)। पर मेरे दिल में अनजाने ही उनकी बात रम गयी। 'सितारों के खेल' लीडर प्रेस, प्रयाग से छपा था। (पहले 'भारत' में धारावाहिक रूप से, फिर १९४० में 'भारती भण्डार' से पुस्तक रूप में) यद्यपि 'हंस' में उसकी बड़ी ही अच्छी समालोचना हुई और दूसरे पत्र-पत्रिकाओं ने भी उसका प्रोत्साहन-भरा स्वागत किया, पर मैं अपने उस उपन्यास से उतना सन्तुष्ट न था और जिस प्रकार 'जय-पराजय' लिखने के बाद मैंने तय कर लिया था कि वैसा और नाटक नहीं लिखूँगा, इसी तरह 'सितारों के खेल' समाप्त करते ही मैंने तय किया कि वैसा गढ़ा-गढ़ाया उपन्यास अब मेरी कलम से दूसरा न आयेगा।

मेरा यह निर्णय केवल प्रोफ़ेसर फ़य्याज़ महमूद की उस, चलते-चलते कही गयी, बात के कारण नहीं था, मेरा अपना जीवन उन दिनों कुछ ऐसी तेज़ी से बदला कि उसके साथ, जाने या अनजाने, जिन्दगी के बारे में मेरा दृष्टिकोण भी बदल गया। पहले मन कुछ

१. मकतबा-ए-उर्दू : लाहौर का प्रसिद्ध प्रकाशन-गृह, जो लाहौर के साहित्यिकों की राँदेवू (सम्मिलन-स्थल) था। घूमते-फिरते लेखक जहाँ दिन में एक-आध बार अवश्य जा पहुँचते थे।
२. चौधरी नज़ीर अहमद : मकतबा के संचालक।

ऐसे कल्पना-लोक में रहता था कि निकट का कूड़ा-करकट, भूख-ग़रीबी, रोग-शोक, गन्दगी-ग़लाज़त कुछ भी दिखायी न देता था। उन दिनों मैंने बग़दाद और बम्बई को बिन देखे वहाँ की रोमानी कहानियाँ लिखीं; पहाड़ी प्रदेशों से बिना गुज़रे, वहाँ की प्रेम कहानियाँ लिखीं और राजस्थान के जीवन का गहन अध्ययन किये बिना अपना नाटक 'जय-पराजय' लिखा, जिसमें कई आदर्श मानवों की सृष्टि की। वे चीज़ें बहुत अच्छी समझी गयीं और आज भी बहुत-से पाठकों को प्रिय हैं, पर मेरे लिए वह सब अरुचिकर हो गया। बहुत-से ऐसे कवि, जो मुझे प्रिय थे और जिनकी रचनाएँ पढ़ कर मैं झूम उठता था और मेरी नींद हराम हो जाती थी (अब भी अपनी कला को सँवारने के लिए मैं जिनकी शरण जाता हूँ) मुझे वस्तु की दृष्टि से एकदम फीके लगने लगे। मेरी उस नयी दृष्टि ने अपने आस-पास जो जीवन देखा, उनमें से कोई भी उसे न छूता था। ठहरे पानी की सतह पर ज़ोर से फेंकी गयी चपटी ठीकरी की तरह वे जीवन-सागर के ऊपर-ऊपर बड़े सहज-सुन्दर ढंग से फिसलते चले जाते थे। वैसे फिसलते चले जाना मुझे अच्छा नहीं लगा।

'जय-पराजय' की 'भारमली' के सम्बन्ध में कभी डॉक्टर नगेन्द्र ने लिखा था — "और भारमली! वह तो देवसेना और मालविका के गौरव की अधिकारिणी है। भारमली इस युग की अमर-सृष्टि है" — और यदि मैं उसी पथ पर अग्रसर रहता तो लेखनी की प्रौढ़ता से निश्चित ही 'चण्ड' अथवा 'भारमली' से कहीं ऊँचे पात्रों की सृष्टि करता। पर उस नयी दृष्टि से देखने पर मुझे लगा कि 'चण्ड' और 'भारमली' जैसा तो एक भी पात्र कहीं नहीं मिलता; कि मानव तो गुण-दोषों से बना है; कि जीवन तो कूड़े-करकट, धुएँ-धुन्ध, गर्द-ग़ुबार, कीचड़ और दलदल से अटा पड़ा है; कि प्रकृति मानव के दुख-सुख से नितान्त उदासीन, अपनी आभा व अपरूपता बिखेरती है और वह अपने सुख-दुख के चश्मे से उसे देखता है; कि वह सुखी होता है तो प्रकृति की भयावहता भी उसे सुन्दर लगती है, दुखी होता है तो उसका अनुपम सौन्दर्य भी उसे वीभत्स दिखायी देता है; कि वह इतना सरल नहीं कि देवता हो; वह पासे का सोना नहीं, अष्ट-धातु का मिश्रण है; कि उसके बाहर ही उलझनों का अपरिमित विस्तार नहीं, उसके अन्तर में भी बेगिनती स्तर हैं, जिनके नीचे ऐसी-ऐसी अँधेरी कन्दराएँ हैं, जिनकी झाँकी-मात्र कँपा देने को यथेष्ट है। और मैंने सोचा कि पासे के सोने से बने किसी देवता का चित्रण करने के बदले इस अष्ट-धातु से बने मानव को क्यों न उकेरा जाय और देवता की आँखों से उस प्रकृति को देखने के बदले इसी मानव की आँखों से उसे क्यों न देखा जाय।

उन्हीं दिनों मैंने 'गोदान' पढ़ा और मुझे यह मानने में तनिक भी संकोच नहीं कि उसकी प्रकट सीमाओं के बावजूद मुझ पर उसका बहुत प्रभाव पड़ा। पहली बार प्रेमचन्द के आदर्शवाद ने यथार्थ की आँखों से देख कर गुण-दोषों का पुतला, अपने वातावरण में पिसता और उससे लड़ता, अपनी विवशता ही से शक्ति ग्रहण करता एक पात्र सृजा था — और 'होरी' का चित्रण मुझे बहुत अच्छा लगा।

लेकिन मेरी आकांक्षा बड़ी (ऊँची) थी; अनुभूतियाँ भी बड़ी (गहरी) थीं, मैं 'गोदान' से कहीं बड़ा उपन्यास लिखना चाहता था। बीसियों छोटे-छोटे ऐसे अनुभव थे, जो नाटकों अथवा कहानियों में — जैसी नख-शिख से दुरुस्त कहानियाँ मैं तब लिखा करता था — न समा सकते थे और मैंने देखा था कि जीवन तो वास्तव में उन्हीं छोटे-छोटे अनुभवों,

उन्हीं नन्हे-नन्हे, प्रकट में अकिंचन और निरर्थक, पर यथार्थ-जीवन पर गहरा असर छोड़ जाने वाले ब्योरों से बना है और मैंने, शायद प्रोफ़ेसर महमूद की बात से प्रेरणा पा कर, निम्न-मध्यवर्ग के एक साधारण युवक के जीवन का खाका खींचने का फ़ैसला कर लिया। मैंने उपन्यास का जो ढाँचा बनाया, वह उन्हीं अनुभूतियों को दृष्टि में रख कर बनाया और उस युवक के जीवन के पाँच वर्ष ले लिये और सोचा कि पाँच वर्ष के उस जीवन पर तीन भागों में एक बड़ा उपन्यास लिख़ूँगा। (मन में कहीं यह आकांक्षा भी थी कि यदि वह उपन्यास लिखा गया तो अगले पाँच वर्षों पर फिर उतना ही बड़ा और उनसे अगले पाँच वर्षों पर एक और उतना ही बड़ा उपन्यास लिखूँगा)। 'गिरती दीवारें' उस वृहद् उपन्यास का पहला भाग अथवा यों कहा जाय कि पहले भाग से (जहाँ मैं पहला भाग समाप्त करना चाहता था, उससे) कुछ कम है। उपन्यास का ढाँचा बना कर मैंने चार परिच्छेद लिख भी लिये। पर नायक की भीतरी और बाहरी उलझनों को समान रूप से प्रकट करने वाला जैसा उपन्यास मैं लिखना चाहता था, वह पुराने पैटर्न (बुनावट) पर चल न सकता था और नया पैटर्न मेरे पास था नहीं। तब मैंने नये पैटर्न की खोज की।

दुर्भाग्य से मैंने अधिक उपन्यास न पढ़े थे। (अब तक भी नहीं पढ़े; पहले धन और बाद में अवकाश का अभाव सदा मेरी इस अभिलाषा के मार्ग की दीवार बना रहा)। मेरे मित्र श्री चन्द्रगुप्त विद्यालंकार तुर्गनेव पर फ़िदा थे। उन्होंने मुझे तुर्गनेव के उपन्यास पढ़ने की राय दी। छोटे-छोटे उपन्यास! कम क़ीमत। एक-एक करके मैं सभी पढ़ गया — रूदिन, स्मोक, लीज़ा, फ़ादर एण्ड सन्ज़ और वर्जिन सॉयल। मुझे वे बड़े ही रोचक लगे, लगभग शरत बाबू के उपन्यासों ऐसे! पर जिन अनुभूतियों को मैं व्यक्त करना चाहता था, वे उस पैटर्न में ढाली न जा सकती थीं। तब किसी ने मुझे रोम्याँ रोलाँ का 'ज्याँ क्रिस्तोफ़ी' पढ़ने का परामर्श दिया। मैं लाहौर के प्रसिद्ध पुस्तक-विक्रेता 'रामाकृष्णा' के निकट ही अनारकली में रहता था। झट दुकान पर पहुँचा, पर 'ज्याँ क्रिस्तोफ़ी' का मूल्य सुन कर चुप रह गया। था तो उस समय साढ़े पाँच-छै रुपये, पर तब मैं अपने खाने-रहने पर बारह-तेरह रुपये महीने से अधिक खर्च न करता था। बहरहाल पड़ोसी के नाते मैत्री तो थी, एक-आध छोटी-मोटी पुस्तक भी खरीद लेता था, वहीं दुकान पर चार-छै बार जा कर मैंने उस उपन्यास के डेढ़-दो सौ पृष्ठ पढ़ डाले और उसका पैटर्न मुझे ठीक लगा।

लम्बाई और छोटी-छोटी तफ़सीलों को ले कर चलने वाली शैली की समस्या तो हल हो गयी, पर साथ ही ऐसा पैटर्न दरकार था, जिसमें नायक के अन्दर और बाहर की उलझनों को भी बुना जा सके। उन्हीं दिनों मैंने वर्जिनिया वुल्फ़ अथवा उसी ग्रुप के किसी लेखक का उपन्यास पढ़ा। उसमें कुल कार्य-सम्पादन नायक के बिस्तर से उठ कर खिड़की तक जाने अथवा सैर करके आने तक ही सीमित था और उसी में उसका सारा जीवन लेखक ने बड़ी चतुराई से बुन दिया था। यह बुनावट मेरे अनुकूल थी, इसलिए दोनों को ले कर मैंने अपने उपन्यास का पैटर्न बना लिया।

एक आलोचक ने लिखा है : "उपन्यास (गिरती दीवारें) पर 'सरशार' का प्रभाव स्पष्ट है, पर उसकी क़िस्सा-गोई की विविधता नहीं।" पहली बात तो यह है कि 'गिरती दीवारें' क़िस्सा-गोई के खयाल से नहीं लिखा गया — क़िस्सा-गोई में केवल सुनने वालों का ध्यान रहता है; वे जैसे प्रसन्न हों, वही ढंग क़िस्सा-गो को अपनाना पड़ता है। यह

उपन्यास, जैसा कि मैंने कहा, निम्न-मध्यवर्ग के युवक के अन्दर और बाहर की उलझनों को दर्शाने और कुछ ऐसी अनुभूतियों को व्यक्त करने के लिए लिखा गया है, जिन्हें व्यक्त किये बिना कई बार लेखक को निष्कृति नहीं मिलती। फिर, 'सरशार' का कोई उपन्यास मैं (इच्छा होते हुए भी) नहीं पढ़ सका। हाँ, यदि प्रभाव ही की खोज करनी हो तो मेरे खयाल में आलोचक को उन्हीं लेखकों में उसे ढूँढना होगा, जिन्हें मैं उस ज़माने में पढ़ता रहा — तुर्गनेव, गॉल्ज़वर्दी, रोम्याँ रोलाँ, वर्जिनिया वुल्फ़, शोलोखोव और प्रेमचन्द। मुझे तुर्गनेव का मँजा हुआ चुलबुलापन तथा हास्य-मिला व्यंग्य, गॉल्ज़वर्दी का छोटी-छोटी तफ़सीलों और नन्हे-नन्हे ब्योरों को उजागर करने वाला चरित्र-चित्रण; रोम्याँ रोलाँ के 'ज्याँ क्रिस्तोफ़ी' का पैटर्न और प्रेमचन्द की जागरूकता अच्छी लगी। शोलोखोव से मैंने, जहाँ तक इस उपन्यास का सम्बन्ध है, क्या पाया ? यह नहीं कह सकता — शायद वस्तु का फैलाव और कथानक का ढीलापन!

०

'गिरती दीवारें' के नाम ने आलोचकों को खासी परेशानी में डाल दिया। पन्द्रह-बीस लेख मेरी दृष्टि से गुज़रे हैं और एक भी ऐसा नहीं, जिसमें आलोचक ने किसी-न-किसी तरह, कोई-न-कोई 'दीवार' गिराने का प्रयास न किया हो। दोष उनका नहीं। दोष मेरा है। जब मैंने उपन्यास का नाम 'गिरती दीवारें' रखा तो आलोचकों के लिए यह स्वाभाविक ही था कि उपन्यास में गिरती हुई दीवारों की घड़घड़ाहट अथवा मलबे की धूल-गर्द देखने की वांछा रखें। 'दीवारें' शब्द ने ही कुछ को उपन्यास का रस लेने के बदले दीवारें ढूँढने और परेशान होने की उलझन में डाल दिया। फिर आलोचकों ने अपनी-अपनी रुचि के अनुसार इसमें दीवारें और उनका गिरना देखना चाहा और वैसा न होने पर उन्हें निराशा हुई।

जहाँ तक मेरा सम्बन्ध है, मैं पहले इस उपन्यास का नाम 'चेतन' रखना चाहता था, चेतन के नाम से इसके दो-तीन परिच्छेद तब पत्र-पत्रिकाओं में छपे भी थे। 'गिरती दीवारें' छपने के बाद कभी-कभी मैं सोचता था कि मैंने नाहक इसका नाम बदला। 'गिरती दीवारें' नाम जिस योजना के कारण रखा था, वह तो पूरी न हुई, जिस रूप में छपा, उसमें 'चेतन' से भी काम चल सकता था। लेकिन आलोचकों ने इस नाम को ले कर जो पटखनियाँ खायी हैं, उन्हें देख कर (आलोचक-गण क्षमा करें) मुझे रस भी मिला और मन में आया कि अच्छा हुआ, इसका यही नाम रखा गया। (कुछ आलोचकों ने मुझे मूर्ख मान कर जो गालियाँ दीं, उसका कुछ प्रतिकार भी, उनकी इस झुंझलाहट को देख कर अवश्य हुआ)। दो-एक को छोड़, किसी 'समझदार' को यह नहीं सूझा कि उपन्यास पूरा नहीं, एक भाग अथवा उससे भी कम है, यह और बात है कि पूरा जान पड़ता है; किसी ने यह नहीं किया कि लिखता : "हमारे खयाल में उपन्यास का नाम 'गिरती दीवारें' न हो कर 'चेतन' होना चाहिए था।" और इतना कह कर उपन्यास के गुण-दोष का विवेचन करता।

जैसा कि मैंने कहा, मैं उपन्यास को तीन (सम्भव हो तो नौ) भागों में लिखना चाहता था और मैंने सब का नाम मिला कर 'गिरती दीवारें' रखा था। इसी कारण मैंने 'चेतन' नाम छोड़ दिया और चूँकि 'चेतन' को छोड़ दिया, इसलिए अकेले चेतन की प्रेम-कहानी भी छूट गयी। चेतन मात्र रह गया, क्योंकि वही तो वह सूत्र था, जिसमें मुझे उन पाँच अथवा पन्द्रह वर्षों के मनके पिरोने थे। इसलिए उपन्यास में छोटे-छोटे पात्र अपने

छोटे-छोटे संसार लिये हुए आ गये। यों यह स्वाभाविक भी था, क्योंकि यह तो पहले से तय था कि उपन्यास यथार्थ के निकट रहेगा। गढ़ा-गढ़ाया कथानक न होगा। जीवन में जैसे आदमी चलता, बढ़ता, आगे-पीछे की सोचता है, वैसे ही इसका नायक भी चलेगा, बढ़ेगा और सोचेगा। यदि उपन्यास के सारे खण्ड मैं लिख पाता तो शायद इसके नाम के सम्बन्ध में किसी को आपत्ति न रहती।

०

बड़े-बड़े तीन या नौ उपन्यास लिखना कठिन था, अथवा उतने पृष्ठों में मनोरंजकता न बनी रह सकती थी, ऐसी बात नहीं। अपनी अनुभूतियों के विस्तार और कला पर मुझे विश्वास था (आज भी है) पर जो बात आशा और उत्साह से भरी मेरी जवानी ने तब नहीं सोची, वह यह थी कि इस महाजनी युग में किसी निम्न-मध्यवर्गीय लेखक के लिए उतना अवकाश पाना असम्भव है, जिसमें उतने बड़े उपन्यास का सृजन हो सके। उसके लिए टैगोर, गॉल्ज़वर्दी, तॉलस्तॉय अथवा रूस के आधुनिक लेखकों की-सी सुविधा चाहिए। और वह सुविधा जीवन की न्यूनतम आवश्यकताओं को जुटाने के निरन्तर संघर्ष में रत भारतीय लेखक का भाग्य नहीं। साल-डेढ़ साल के अनवरत श्रम से जो उपन्यास लिखा जा सकता था, उसे सात वर्ष लग गये, और अभी पहला भाग भी पूरा न हुआ था कि मेरा स्वास्थ्य एकदम गिर गया। जब यह लगा कि जाने जियेंगे भी या नहीं तो जितना लिखा गया था, उसे राउण्ड-अप (round up) कर दिया।

रहीं दीवारें तो वे इस भाग में भी मौजूद हैं। उपन्यास के अन्त में चेतन देखता है कि : "ये दीवारें उसके और उसकी पत्नी के मध्य ही नहीं, नीला और त्रिलोक के मध्य भी हैं। न केवल यह, बल्कि कविराज और चेतन, चेतन और जयदेव, जयदेव और यादराम —इस देश के सभी स्त्री-पुरुषों, तरुण-तरुणियों, वर्गों और जातियों के मध्य ऐसी अगनित दीवारें खड़ी हैं...."

लेकिन दीवारें स्थूल ही नहीं, सूक्ष्म भी हैं। स्थूल दीवारें तो साफ़ दीख जाती हैं औ जैसा कि ख्वाजा अहमद अब्बास ने उपन्यास के उर्दू संस्करण का मसौदा पढ़ते हुए कहा — वे हर पृष्ठ पर गिरती हैं। (पाठकों के लिए, चेतन के लिए नहीं, क्योंकि उसे तो सब ओर दीवारें खड़ी दिखायी देती हैं। केवल यौन-कुण्ठा की नहीं, जैसा कि एक 'अध्यवसायी' आलोचक ने उपन्यास को बड़ी सरसरी दृष्टि से पढ़ कर लिखा है — बहुमुखी कुण्ठा की दीवारें, जो सारे-के-सारे निम्न-मध्यवर्गीय जीवन को घेरे हुए हैं)। लेकिन उन स्थूल दीवारों के साथ सूक्ष्म दीवारें भी हैं, जो नायक के मन-मस्तिष्क को बाँधे हैं और जो उसके अनुभवों के बढ़ने के साथ गिरती हैं, जिनके गिरने से वह जीवन की यथार्थता को देखने और समझने में धीरे-धीरे सफल होता है; जिनके गिरने से उसके मस्तिष्क का अन्धकार दूर होता है और यथार्थता के ज्ञान का प्रकाश उसके कोने-अँतरे जगमगाता है। दिल और दिमाग़ की दीवारों का टूटना क्योंकि निः स्वन होता है और वे धीरे-धीरे गिरती हैं, इसलिए उनकी घड़घड़ाहट सुनायी नहीं देती।

०

कुछ आलोचकों ने उपन्यास के इस स्थूल रूप ही को देखा है और इसे घोर यथार्थवादी,

अथवा केवल फ़ोटोग्राफ़िक, प्रकृतवादी अथवा कोई ऐसी ही उपेक्षापूर्ण संज्ञा दे कर टाल दिया है। उपन्यास की मनोवैज्ञानिकता की ओर उनकी पूर्वाग्रह-युक्त उपेक्षा-भरी दृष्टि का ध्यान नहीं गया। जो ब्योरे अथवा घटनाएँ उनको चेतन की प्रेम-कहानी की दृष्टि से असंगत लगती हैं और जिनसे उनके विचार में 'रस-भंग' होता है, वे बड़े सोच-विचार के बाद रखी गयी हैं। उपन्यास किसी प्रेम-कहानी का लेखा-जोखा करने अथवा रसों का परिपाक करने के विचार से नहीं लिखा गया। कहानी उसमें महत्व नहीं रखती, महत्व रखता है निम्न-मध्यवर्ग के वातावरण का चित्रण और उस वातावरण के अँधेरे में अपनी प्रतिभा के विकास का पथ खोजने वाले जागरूक अति भावप्रवण युवक की तड़प और उसका मानसिक विकास।

जहाँ तक 'गिरती दीवारें' के इस भाग का सम्बन्ध है, वह नायक की उम्र के उस हिस्से को ले कर लिखा गया है, जब कि वह नहीं समझ पाता कि अन्ततोगत्वा जीवन में उसे क्या करना है ? कि उसकी प्रतिभा जीवन में किस मार्ग को पकड़ कर विकसित होगी ? वह कभी इस मार्ग को पकड़ता है, कभी उसको; कभी एक ओर सरपट भागता है, कभी दूसरी ओर — वह कथाकार, कवि, उपन्यासकार, संगीतज्ञ, चित्रकार, अभिनेता सभी कुछ बनना चाहता है। आजकल मेरे यहाँ एक युवक कथाकार सातवें-आठवं आते हैं। उनकी जेब में नयी लिखी कहानी, हाथ में स्केच की कॉपी और तर्जनी में मिज़राब होती है और मुझे शिमले के चेतन की याद हो आती है। उम्र के इसी भाग के जोश, वलवलों, आशाओं, निराशाओं, कल्पना के पारस को छू कर एक क्षण में बन उठने वाले और यथार्थ की ठोकर से दूसरे क्षण ढह जाने वाले बुदबुद-से सपनों और निम्न-मध्यवर्गीय युवक के अन्तर और बाह्य के द्वन्द्वों को उपन्यास का यह भाग दर्शाता है।

बहुत-से मध्यवर्गीय युवक जीवन भर अपने ध्येय अथवा मार्ग का निर्णय नहीं कर पाते और उनकी प्रतिभा अँधेरे में टामकटोये मारते खत्म हो जाती है। कुछ पथ-भ्रष्ट हो जाते हैं। कुछ किसी छोटे-बड़े दफ़्तर की फ़ाइलों में उसे समाप्त कर देते हैं, विरले अपनी प्रतिभा के विकास का ठीक माध्यम चुन पाते हैं। चेतन कुछ बनेगा या नहीं, यह उपन्यास के इस खण्ड का विषय नहीं। अभी से कुछ नहीं कहा जा सकता। ठीक मार्ग पाने के लिए उसके दिमाग़ का और विकसित होना आवश्यक है और दिमाग़ का विकास बिजली का बल्ब नहीं कि लेखक बटन दबा कर उसे दिखा दे। उसके लिए जीवन के छोटे-मोटे अगनित अनुभवों से नायक का गुज़रना ज़रूरी है।

उपन्यास लिखते समय मैंने दो बातों का खास खयाल रखा, जिनकी ओर आलोचकों का ध्यान नहीं गया।

एक यह कि जो कुछ कहा जाय, वह पात्रों के जीवन, उनके जीवन की घटनाओं, अन्तर्द्वन्द्वों और उलझनों के माध्यम से कहा जाय। लेखक, जहाँ तक सम्भव हो, स्वयं उसमें न कूदे। न बहस में पड़े, न भाषण झाड़े।

(उस समय जब मैंने उपन्यास लिखना आरम्भ किया था, श्रेष्ठ कला का यही गुण समझा जाता था। कुछ आलोचकों को इसमें कदाचित इसी कारण, दर्शन और चिन्तन की कमी लगी है। बड़े-बड़े दार्शनिकों ने जीवन की भट्ठी में तप कर जो निष्कर्ष निकाले हैं, उन्हें बटोर कर उपन्यास में इस या उस पात्र के मुँह में भर देना कठिन नहीं, कठिन उस

लोभ का सम्वरण करना है और मैंने यही ठीक समझा कि अपने सामाजिक जीवन के जिस कूड़े-कचरे की सफ़ाई मैं चाहता हूँ, अथवा जिसकी ओर पाठकों का ध्यान आकृष्ट करना मुझे अभीष्ट है, उसको ही — उसकी सारी यथार्थता के साथ — उपन्यास के पन्नों में चित्रित कर दूँ और पाठकों को निष्कर्ष निकालने के लिए स्वतन्त्र छोड़ दूँ।)

दूसरा यह कि नायक जितनी उम्र का है, उससे बड़ी उम्र की बात न बोले। उसके मुँह में बड़ी-बड़ी बातें रखना मुश्किल न था; मुश्किल था, न रखना।

उपन्यास के इस पैटर्न और निम्न-मध्यवर्ग के एक बीस-इक्कीस वर्षीय युवक के अनुभवों द्वारा निम्न-मध्यवर्ग के जीवन का चित्र उपस्थित करने के कारण, कुछ आलोचकों को उपन्यास के घेरे की परिमितता की शिकायत रही है। प्रेमचन्द से असर पा कर भी जो मैंने देश के आन्दोलनों का ज़िक्र नहीं किया, उसका कारण भी यही पूर्व-निश्चित योजना रही। जीवन-सागर की विशालता और उसकी गगन-चुम्बी महोर्म्मियों को दिखाना मुझे अभीष्ट न था। सागर का पानी जहाँ आ कर रुक गया है और सड़ रहा है, उसकी ओर पाठकों का ध्यान मैं दिलाना चाहता था। और जिन मित्रों ने इसकी कटु आलोचना की है, उन्होंने भी माना है कि मैं कम-से-कम इसमें सफल रहा हूँ। फिर प्रेमचन्द ही से मैंने यह भी पाया कि जिस चीज़ का पूरा अनुभव न हो, उसे न छेड़ा जाय। प्रेमचन्द ने जहाँ किसान-जीवन का वर्णन किया है, वहाँ वे पूर्ण रूप से सफल हुए हैं, पर उच्च-मध्यवर्ग के जीवन का उतना अनुभव न होने के कारण वे उसे प्रामाणिकता से चित्रित नहीं कर सके। इस तरह के लोभ से अपने आपको बचाने का भरसक प्रयास मैंने किया और उसी जीवन का चित्र खींचा, जिसका मुझे पूरा अनुभव है।

०

आलोचनाओं और आलोचकों की बात चली है तो मेरे सामने 'गिरती दीवारें' पर की गयी कई तरह की आलोचनाएँ और आलोचक आ गये हैं। इन आलोचनाओं के माध्यम से आलोचकों को पढ़ना, उपन्यास लिखने अथवा पढ़ने से कम मनोरंजक नहीं। चार तरह के आलोचक इन आलोचनाओं में दिखायी देते हैं :

(१) जो आलोचक नहीं, उपन्यासकार हैं और बड़े सफल उपन्यासकार हैं। उनके अहं को यह स्वीकार नहीं कि उनके सिवा कोई दूसरा भी अच्छा उपन्यासकार कहलाये। वे आलोचना का कुठार ले कर मैदान में उतर आये हैं और छोटे-छोटे लेखकों की पीठ ठोंक और समवयस्कों को ललकारते अथवा लताड़ते, छोटे-छोटे चूज़ों में गर्दन उठाये फिरने वाले मुर्गों की भाँति साहित्य-संसार में ऐंड रहे हैं। अपनी व्यंग्योक्तियों के कुठार उन्होंने 'गिरती दीवारें' और उसके लेखक पर भी चलाये हैं। उनके प्रयास, उनके बड़प्पन को देखते हुए, दयनीय हैं। उनमें से एक ने उपन्यास के ब्योरों की शिकायत करते हुए उसकी घोर नीरसता व असफलता का उल्लेख किया है; लेखक को, बड़ी कृपा कर, कला के कुछ मर्म भी समझाये हैं और व्यंग्य किया है कि उपन्यास में "दीवारें नहीं, नारियाँ गिरती हैं।" दूसरे ने अपने अहं में उपन्यास के उद्देश्य को समझने का प्रयास किये बिना, उसके नायक (अथवा लेखक) को किसी मूर्ति पर चलते हुए उस चींटे जैसा बताया है, जो उस मूर्ति की रचना की एक-एक बारीकी और सतह के खुरदरेपन को तो देखता है, लेकिन मूर्ति को नहीं देख सकता और उसके रूप की तो कल्पना ही नहीं कर सकता। (और इस प्रकार वे यह

कहते-से — जान पड़ते हैं कि यह काम उन्होंने अपने उपन्यास में करके दिखाया है — जब कि उन्हीं के उपन्यास के नायक के — अथवा उनके — सम्बन्ध में एक दूसरे सफल उपन्यासकार ने लिखा कि "वह उस कुत्ते के समान है जो अपनी ही दुम को पकड़ने के प्रयास में चक्कर काटता रहता है")।

इन्हीं के उपन्यास की जटिलता का उल्लेख करके किसी ने उस 'द्रविड़ प्राणायाम' का उल्लेख किया था, जो साधारण पाठक को उसका अर्थ समझने में करना पड़ता है। इन्होंने बड़े इत्मीनान से उसी दोष का आरोप 'गिरती दीवारें' पर करके अपनी चोट को सहला लिया है।

'द्रविड़ प्राणायाम' की शिकायत करने वाले महानुभावों से मैं केवल इतना कहना चाहता हूँ कि कोई उत्कृष्ट कलाकृति लेखक ही से श्रम और समझदारी की माँग नहीं करती, पाठक और आलोचक से भी उसकी अपेक्षा रखती है।

(२) जो आलोचक ही हैं, पर ऐसे असफल कहानीकार अथवा उपन्यासकार, जिनकी कुण्ठाओं ने उन्हें आलोचक बना दिया है। जो हिन्दी-उपन्यासों से अंग्रेज़ी जासूसी उपन्यासों को अच्छा समझते हैं (और पढ़ते हैं)। इन्होंने न केवल 'गिरती दीवारें' को हर लिहाज़ से निकृष्ट साबित कर दिया है, वरन इस बात की भी घोषणा कर दी है कि लेखक ने ऐसा निकृष्ट उपन्यास इसलिए लिखा है कि हिन्दी में घटिया उपन्यासों की माँग है और लेखक को कदाचित पैसे की तंगी थी। (मन को वे यों तसल्ली दे लेते हैं कि ऐसे 'अनगढ़' उपन्यास लिखना कोई मुश्किल न था, पर हम जो लिखते हैं, हिन्दी में उसकी माँग नहीं, इसलिए सृजन की अपेक्षा पहले हिन्दी वालों की रुचि का परिष्कार करना चाहिए)।

इन महानुभावों से मेरा निवेदन है कि यदि वे हिन्दी पाठकों की रुचि का परिष्कार अपनी आलोचनाओं से नहीं, सुन्दर कला-कृतियों से करें तो उनका और हिन्दी पाठकों, दोनों का हित होगा।

(३) ऐसे आलोचक, जो प्रसिद्ध रूसी कहानी से प्रेरणा पा कर आलोचक बने हैं और वह रूसी कहानी कुछ यों है :

एक मूर्ख था। उसे सब लोग मूर्ख कह कर चिढ़ाते थे। आखिर एक दिन अपने ठस दिमाग़ से उसने एक तरकीब सोच निकाली। जब एक मित्र ने उससे एक प्रसिद्ध लेखक की नयी पुस्तक के स्टाइल की प्रशंसा की तो वह बोला : "अच्छा स्टाइल! मियाँ तुम ज़माने से बहुत पीछे हो, वह स्टाइल तो कभी का पुराना हो गया। कुछ नयी चीज़ पढ़ा-लिखा करो।"

मित्र ने हैरानी से उसकी ओर देखा और सोचता हुआ चला गया।

दूसरे दिन उसके पड़ोसी ने उनके एक साझे परिचित का ज़िक्र किया कि कितना भला है वह।

"भला!" मूर्ख बोला, "भाई, तुम ज़माने से बहुत पीछे हो। तुम उसे नहीं जानते, वह अव्वल दर्जे का बदमाश है।"

और वह इसी तरह हर चीज़ की निन्दा करता चला गया। पहले लोगों ने उसे सनकी समझा, फिर वे उसकी बात पर कान देने लगे, फिर उन्होंने कहना शुरू किया कि बात तेज़

कहता है, पर तत्व उसकी बातों में ज़रूर है और फिर एक पत्रिका के संचालक ने उसे अपनी पत्रिका का सम्पादक बना दिया। नये लेखक डर के मारे उसकी चिरौरी करने लगे और वह महान आलोचक बन गया।

(४) आलोचक, जो केवल आलोचक हैं। न बिगड़े कवि, न कथाकार, न उपन्यासकार — केवल आलोचक! गम्भीर, परिश्रमी, चीज़ को पढ़ कर, नाप-जोख कर, उसके गुण-दोषों का विवेचन (अपने-अपने मत के अनुसार) करने वाले! इनमें से कुछ ने उपन्यास को सराहा है और उसके कुछ दोष भी दिखाये हैं, कुछ ने उपन्यास की निन्दा की है और उसके कुछ गुण भी बताये हैं। उनका मैं आभारी हूँ। उनकी सराहना का भी और निन्दा का भी। उनमें से कुछ की धारणाओं से मेरा मतभेद है, लेकिन उन्होंने जिस श्रम से उपन्यास को समझने का प्रयास किया और अपनी बात कहते हुए लेखक के पक्ष को जानने की चेष्टा की है, वह स्तुत्य है। अपनी बात मैंने इस लेख में साफ़ कर दी है। आशा है, वे इसे ध्यान से पढ़ेंगे। श्री शमशेर बहादुर सिंह मेरे विशेष आभार के अधिकारी हैं, क्योंकि वही अकेले ऐसे आलोचक हैं, जिन्होंने कम-से-कम उपन्यास का काल जानने की कोशिश की है और उसमें उन प्रगतिशील सिद्धान्तों को ढूँढने का प्रयास नहीं किया, जो बाहर चाहे कभी के पुराने हो गये हों, पर हिन्दुस्तान में कहीं बाद में आये।

०

उन आलोचकों से, जो चेखव के शब्दों में, डाँस (घोड़ मक्खी) की तरह काट कर ही अपनी सत्ता सिद्ध करना चाहते हैं, मुझे कुछ नहीं कहना; पर उन बन्धुओं से, जिन्होंने उपन्यास की 'नन्ही-नन्ही निरर्थक तफ़सीलों,' 'अति साधारण घृणित जीवन' और उसमें घिरे हुए 'रीढ़-रहित, ढुलमुल, कमज़ोर और अत्यन्त साधारण' मानवों का उल्लेख कर, 'साहित्य के आस्वादन में हृदय के लोकोत्तर चमत्कार और तृप्ति,' 'उसकी आत्मा को अपील करने और छूने,' 'जीवन के व्यापक दृष्टिकोण,' 'आध्यात्मिकता' और 'उन्नयन' की बात की है, मैं रूस के प्रसिद्ध यथार्थवादी उपन्यासकार 'गोगोल' के शब्दों में केवल यही कहना चाहता हूँ कि — उन नन्ही-नन्ही निरर्थक तफ़सीलों और उन छोटे-छोटे, अकिंचन, अति हेय पात्रों को — जिनसे हमारा जीवन-पथ अटा पड़ा है और जिन्हें आसमान में लगी हमारी दृष्टि देख कर भी नहीं देख पाती — दैनिक जीवन की दलदल से निकाल, बना-सँवार, आपकी अन्यमनस्क, उदासीन आँखों के सामने इस प्रकार रखना कि आप उन्हें बरबस देखने और उनका नोटिस लेने को विवश हो जायें, कम कष्ट-साध्य नहीं; कि सूर्य की भव्यता का दिग्दर्शन कराने वाली दूरबीन के मुकाबिले में नन्हे-नन्हे अदृश्य, अकिंचन कीटाणुओं को दिखाने वाली खुर्दबीन कम महत्वपूर्ण और उपादेय नहीं; कि जीवन के किसी साधारण खाके में रंग भर कर उसे कला की उत्कृष्टता प्रदान करने के लिए आत्मा की उतनी ही गहराई दरकार है, जितनी कि उसकी महानता और व्यापकता का दिग्दर्शन कराने के लिए!

कुछ बन्धुओं को उपन्यास में सब जगह फ्रायड दिखायी दिया है। मैंने फ्रायड नहीं पढ़ा। मैंने जो लिखा है, पंजाब के निम्न-मध्यवर्गीय युवकों के जीवन को अत्यन्त निकट से देख कर लिखा है। यदि फ्रायड ने भी वह सब कहा है तो उसने निश्चय ही ठीक कहा है और हमें उस महान वैज्ञानिक की बारीक सूझ की दाद देनी चाहिए। सच्चाई कटु है, सूफ़ी कवि साईं बुल्ले शाह ने कहा है :

झूठ आक्खाँ ते कुछ बचदा ए
सच आक्खाँ ते भाम्बड़ मचदा ए
दिल दोहाँ गलाँ तों जचदा ए
जच जच के जिह्वा कहंदी ए
मुँह आयी बात ना रहंदी ए[१]

यथार्थवादी लेखक की स्थिति साईं बुल्ले शाह से भिन्न नहीं, अन्तर केवल यह है कि वह जच-जच कर, संकोच से, सच्ची बात नहीं कहता, निर्भीकता से कहता है।

०

रवि बाबू ने कवि कालिदास के सम्बन्ध में लिखा है कि न जाने कितना गरल स्वयं पी कर उस महाकवि ने रसिकों को अमृत पिलाया है। हिन्दी के कुछ कला-पारखी आज के संघर्षमय जीवन में रत लेखक से भी कुछ ऐसी ही वांछा रखते हैं। चाहते हैं कि वह स्वयं तो गले तक डूबा, कीचड़ में लथपथ रहे, पर किनारे पर खड़े उनको उस कीचड़ का छींटा तक न लगने दे। उनके हाथों में चुपचाप कमल तोड़-तोड़ कर देता जाय, जिनके रंग, रस और गन्ध से सराबोर हो कर वे जीवन के रोग, शोक और पीड़ा को भूले रहें। पर प्रश्न तो यह है कि आज के संघर्षमय युग का कथाकार किसके लिए लिखता है ? कालिदास के समकालीन महाराजाओं का स्थान लेने वाले आज के सेठ-साहूकारों और अभिजात-वर्गीय साहित्यकारों अथवा आलोचकों के लिए या अपने ही जैसे संघर्ष में रत सहस्रों लोगों के लिए! कालिदास और उनके समकालीन कवि, राजाओं और महाराजाओं के आश्रय में रह कर, उन्हीं के सुख के लिए साहित्य का सृजन करते थे और प्रकट है कि राजाओं को रोग, शोक, दुख, दैन्य, जीवन की छोटी-छोटी तफ़सीलों और झुँझला देने वाली — मुँह में कड़वा-स्वाद भर देने वाली — अति साधारण, अकिंचन घटनाओं से क्या काम! हमारे कुछ कला-पारखी भी अपने आपको उन राजाओं के रूप में ही देखते हैं और लेखक से वैसी ही आशा रखते हैं। पर यदि साहित्यकार उनके लिए नहीं लिखता, उस कीचड़ में लथपथ अपने जैसे सहस्रों दूसरे लोगों के लिए लिखता है तो प्रकट है कि वह उन्हें कमल का सौन्दर्य नहीं, तालाब में फैली हुई जड़ें, कीचड़, फिसलन, गढ़े और वह सब कुछ दिखायेगा, जिससे वे तालाब को साफ़ करना चाहते हैं — वह सब कुछ — जो कि दस-पाँच कमल चाहे उगाता हो, रोग के कोटिशः कीटाणु और सड़ाँध पैदा कर रहा है।

जहाँ तक कालिदास और रवि बाबू का सम्बन्ध है, उनकी कृतियों की महानता से मुझे इनकार नहीं, मेरा केवल यही निवेदन है कि अपने सम्पन्न वातावरण में वे वही दे सकते थे, जो उन्होंने दिया। वे अपनी प्रतिभा की सारी प्रांजलता के साथ भी यदि चाहते तो वह न दे सकते, जो गोर्की ने अपनी कृतियों और प्रेमचन्द ने 'गोदान' में दिया। जिस प्रकार कोई कुँवारा कल्पना मात्र से वैवाहिक जीवन के सत्यों को नहीं जान सकता, चाहे वह दस लड़कियों के साथ भी क्यों न रहे, उसी प्रकार जीवन की सच्चाइयों को जानने के लिए उसकी चक्की में पिसना आवश्यक है। उससे दूर रह कर आसमान में उड़ती कल्पना

१. झूठ कहता हूँ तो कुछ लाभ होता है। सच कहता हूँ तो शोले लपकते हैं। दिल दोनों बातों से डरता है। डर-डर कर ज़बान कहती है, सच्ची बात मुँह पर आये बिना नहीं रहती है।

चाहे कितने सुन्दर चित्र क्यों न प्रस्तुत कर दे, जीवन के घिनौने यथार्थ को व्यक्त नहीं कर सकती।

०

वर्षों पहले लिखे हुए उपन्यास का संशोधन, जिये हुए जीवन को फिर उसी तरह जीने के बराबर है। आदमी जो जीवन जी चुकता है, उसे यदि वह फिर जीना पड़े तो निश्चय ही वह उसके कुछ अंशों को बदल देना चाहता है, लेकिन वह बदला हुआ जीवन पूर्णतः उसकी तुष्टि करता है, यह कहना कठिन है। क्योंकि यदि कुछ वर्षों के बाद उसे फिर वही जीवन दिया जाय तो वह फिर उसमें कुछ-न-कुछ बदल देना चाहेगा।

इधर दो-तीन महीनों से लगातार 'गिरती दीवारें' का संशोधन करता रहा हूँ। दो-एक बहुत अच्छे परिच्छेद मैंने इसमें बढ़ा दिये हैं, कुछ काट-छाँट दिये हैं। जैसा मैं चाहता था, वैसा संशोधन तो मैं नहीं कर पाया। इसका दूसरा भाग लिख कर ही करूँगा। पर तो भी पहले संस्करण से यह काफ़ी बढ़ गया है।

अपने पाठकों का मैं बड़ा आभारी हूँ कि उन्होंने इसे हृदय में स्थान दिया है। आलोचकों से मेरा निवेदन है कि वे इसे फिर एक बार ध्यान से पढ़ें।

उपेन्द्रनाथ अश्क

५, खुसरो बाग़ रोड, इलाहाबाद
९, फ़रवरी, १९५१

पहला खण्ड

एक

आखिर एक दिन तंग आ कर चेतन चुपचाप अपनी भावी पत्नी को देखने के लिए बस्ती ग़ज़ाँ की ओर चल पड़ा।

बस्ती ग़ज़ाँ जालन्धर से कुछ ज़्यादा दूर नहीं। दोनों में इतना ही अन्तर है कि अच्छे-से-अच्छे घोड़े-ताँगे वाला भी बड़ी खुशी से फ़ी सवारी दो पैसे ले लेता है और मन्दी के दिनों में किसी सूखी-सड़ी कंजूस बुढ़िया को एक पैसे पर ले जाने को भी तैयार हो जाता है। किसी ज़माने में यह ग़ज़ जाति के लम्बे-तगड़े पठानों की बस्ती थी, लेकिन इस वक्त तो इसमें पतले-दुबले, यक्ष्मा के रोगी-से, हिन्दू-मुसलमान, दोनों जातियों के लोग आबाद हैं। न जाने ये कहीं बाहर से आ कर यहाँ बस गये हैं अथवा उन्हीं सुन्दर, सुगठित, बलिष्ठ पठानों के वंशज हैं।

कल्पना-ही-कल्पना में उस लड़की का चित्र बनाता (जिसकी चर्चा इतने दिनों से उसके घर में बराबर हो रही थी) चेतन चुपचाप चला जा रहा था।

दिन ढल रहा था और बाज़ारों में छिड़काव के कारण मिट्टी की सोंधी-सोंधी महक फैल रही थी। चारों ओर खासी चहल-पहल थी। 'बाज्जेयाँ वाला बाज़ार' में अपनी-अपनी दुकानों के तख्तों पर बैठे दो कलावन्त क्लारिनेटों पर मुँह फुला-फुला कर अपनी कला का प्रदर्शन कर रहे थे। ज़रा आगे 'चौरस्ती अटारी' में गा कर क़िस्से बेचने वाले दो घुमन्तू शायर तहमद लगाये, लट्ठे की खुले गले वाली कमीज़ें पहने, उल्टी-सीधी पगड़ियाँ बाँधे, पान से होंट लाल किये, अनपढ़ सास और पढ़ी-लिखी बहू की लड़ाई का क़िस्सा गा-गा कर सुना रहे थे और भीड़ जैसे अपनी ही कटी हुई पतंग को दूसरों के हाथों तार-तार होते देख कर प्रसन्न होने वाले मूर्खों की तरह, बड़े मज़े से सुन रही थी।

'सूदाँ' के बड़े खुले चौक में ट्रंक वालों ने बाहर चौक में दुकानों के बाहर, एक-दूसरे के ऊपर रखे ट्रंकों की कतारें शाम के ग्राहकों के लिए झाड़-पोंछ कर चमका दी थीं। 'बाज़ार शेखाँ' को जाने वाले मार्ग के कोने पर, तमोली की दुकान के सामने, दो उतरी हुई वारांगनाएँ पान चबा रही थीं और होंटों के कोनों से पान की पीक थूकती हुई, आते-जाते देहातियों तथा छावनी से आने वाले फ़ौजियों की ओर कनखियों से देख कर मुस्करा भी देती थीं। 'छत्ती गली' के कोने पर दीनू हलवाई ने अपने मिठाई के थाल बाहर सजा दिये थे और गर्मागर्म इमरतियाँ भूखे ग़रीबों की भूख को और भी तेज़ कर रही थीं।

इन सब की ओर से बेपरवाह, अपने ही ध्यान में तल्लीन, चेतन छत्ती गली में दाखिल हुआ और 'बड़ा बाज़ार' की भीड़ से किसी तरह बचता-बचाता बस्ती के अड्डे पर आ कर एक ताँगे में बैठ गया। ताँगे में उस समय केवल दो ही सवारियाँ बैठी हुई थीं। चेतन चाहता था कि चार बजे से पहले ही बस्ती पहुँच जाय। ताँगे वाले से उसने पूछा,

'क्यों भई, कितनी देर है ?'

'बस, एक सवारी और ले लूँ बाबू जी, चलता हूँ।'

तभी एक हाँफते-काँपते लाला जी दूर से आते दिखायी दिये। ताँगे वाले ने वहीं से हाँक लगायी, 'ताँगा बस तैयार ही है सेठ जी!'

और सेठ जी आ कर पिछली सीट पर चेतन के साथ लद गये। तब ताँगे वाले ने फिर ज़ोर से पुकारा —'चलो भई, कोई एक सवारी बस्ती ग़ज़ाँ को।'

चेतन का धैर्य जाता रहा। चिढ़ कर उसने कहा, 'अब चल भी! चार सवारियाँ तो हो गयीं, चालान करायेगा क्या ?'

हँस कर ताँगे वाला बोला, 'आपका क्या जाता है बाबू जी, आगे बैठा लूँगा।'

चेतन चीखा, 'मुझे जल्दी है। और फिर चार सवारियाँ तो हो गयीं।'

ताँगे वाले ने लापरवाही से उत्तर दिया, 'एक सवारी तो सरकार, यहीं उतर जायेगी।'

चेतन का जी चाहा, ऐसे पाजी के ताँगे को छोड़ कर किसी दूसरे पर जा बैठे, लेकिन दूसरा कोई ताँगा तैयार न था और उसे जल्दी थी। बोला, 'अच्छा ज़रा तेज़ी से चला, एक सवारी के पैसे मैं और दे दूँगा।'

'जिउंदे रहो कलगी वालेयो!' प्रसन्न हो कर ताँगे वाले ने दुआ दी, टिटकारी भरी और ताँगा हवा से बातें करने लगा।

दो

बस्ती ग़ज़ाँ को आसानी से दो हिस्सों में बाँटा जा सकता है। एक वह, जो उत्तर और दक्षिण के दो पुराने, बड़े, महराबदार दरवाज़ों के अन्दर लोनी खायी, छोटी नानकशाही ईंटों से बने, अँधेरे सीलदार मकानों को अपनी चारदीवारी में लिये, अपनी दुनिया में मस्त है। इसमें छोटा, तंग, टेढ़ा-मेढ़ा, कटे-फटे फ़र्श पर अपने निवासियों के दिलों की तरह, गहरे गढ़े लिये हुए एक ही बाज़ार है। दूसरा वह, जो दक्षिणी दरवाज़े के बाहर शहर से आने वाली सड़क की बायीं ओर बड़ी पक्की ईंटों से बनी नये ढंग की इमारतों के साथ किसी नौ-दौलतिए की तरह अपनी शान दिखा रहा है। इसमें बाज़ार के नाम पर तो बस अड्डे की चन्द दुकानें हैं, लेकिन इसकी गलियाँ बड़ी चौड़ी हैं और हाल में ही उन पर म्युनिसिपल कमेटी का काला, बेडौल, तारकोल की सड़कों पर मस्त हाथी की तरह झूम कर चलने वाला इंजन भी फिर गया है। इसके अलावा इस हिस्से की एक गली में लड़कियों का एक मिडल स्कूल भी है और नगर की ओर दो-तीन नयी सुन्दर कोठियों के सामीप्य का सौभाग्य भी इसे प्राप्त है। यह हिस्सा नगर के साथ बस्ती वालों के बढ़ते हुए मेल-मिलाप और पुराने हिस्से के कौटुम्बिक झगड़ों के कारण धीरे-धीरे अपना एक अलग अस्तित्व पा गया है।

इन दोनों हिस्सों के बीच —एक के महराबदार दरवाज़े और दूसरे की दुकानों के सामने —नगर से आने वाली सड़क आ कर समाप्त हो गयी है और सुबह के छै बजे से

रात के ग्यारह बजे तक, हर घड़ी यहाँ ताँगे वालों की आवाज़ें सुनी जा सकती हैं।

सड़क के साथ पुराने हिस्से की ओर एक बड़ी नाली और उसके साथ ही मकानों की दीवारों तक खुली-सी जगह है। इस तरह सड़क, इसके आस-पास की जगह और नाली के साथ के खुले स्थान —इस सब को मिला कर एक चौक-सा बन गया है। पुराने भाग की ओर, इसी चौक में ताँगे वालों के अलावा बस्ती के निठल्ले और भिखमंगे बैठे धूप में ऊँघा करते हैं और नये हिस्से की दुकानों पर बस्ती के बेफ़िक्रे, पान चबाते, गँडेरियाँ चूसते या आती-जाती औरतों पर शरारत-भरी नज़र डाल कर आवाज़ें कसते रहते हैं।

०

इसी चौक में आ कर चेतन चुपचाप ताँगे से उतरा। उसने ताँगे वाले को पैसे दिये और लपक कर बायीं तरफ़ नये हिस्से की एक गली की ओर बढ़ा।

तेज़ चलता हुआ वह लड़कियों की पाठशाला के पास से गुज़रा और एक उड़ती हुई नज़र उसने उसके बन्द दरवाज़े पर भी डाली। गली के कोने वाले मकान के सामने जा कर वह रुका और उसने ज़ोर से आवाज़ दी, 'मुल्कराज, मुल्कराज!'

एक छोटे क़द के पतले-दुबले लड़के ने किवाड़ खोले और जैसे हँसने की नक़ल उतारते हुए कहा, 'आओ, आओ!'

'नहीं, मैं आऊँगा नहीं' —यह कहता हुआ चेतन अन्दर दाखिल हो गया।

कमरा छोटा और अँधेरा था। फ़र्श पर एक पुरानी दरी बिछी हुई थी, जिस पर पुस्तकों के अम्बार लगे हुए थे। वहीं जा कर अपने स्थान पर बैठते हुए मुल्कराज ने दरी के एक खाली कोने की ओर इशारा करते हुए चेतन से कहा, 'बैठो, बैठो!'

'नहीं, मैं बैठूँगा नहीं,' यह कहते हुए चेतन बैठ गया और फिर खिसियानी-सी मुस्कराहट के साथ उसने कहा, 'इतना न पढ़ो, मर जाओगे!'

जवाब में मुल्कराज ने सिर्फ़ दाँत निकोस दिये।

'देखो,' चेतन बोला, 'मुझे जल्दी है। एक मामले में तुम्हारी मदद लेने आया हूँ।' फिर जैसे उसे अपने राज़ का साझीदार बनाते हुए उसने कहा, 'यहाँ तुम्हारी गली में जो स्कूल है न लड़कियों का, उसमें 'बेरी वाली' गली के पण्डित दीनबन्धु की लड़की पढ़ती है।'

'चन्दा....हाँ....हाँ....!'

'तुम उसे जानते हो ?'

'अरे मैं —बस्ती का रहने वाला —बस्ती की लड़कियों को न जानूँगा ? फिर वे तो हमारे दूर के शरीक[१] होते हैं।'

'लड़की यहीं पढ़ती है न ?'

'हाँ, हाँ!'

'तो उठो। छुट्टी होने वाली होगी, मैं उसे पहचानता नहीं; वह निकले तो ज़रा बता देना।'

उठते हुए एक अर्थ-भरी दृष्टि से चेतन की ओर देख कर और शब्द को ज़रा खींचते

१. पट्टीदार.

हुए मुल्कराज ने कहा, 'क्यों — !'

और अपने वही साधारण मैले कपड़े पहने, वह गली में आ गया। जब चेतन भी बाहर निकल आया तो मुल्कराज ने किवाड़ बन्द करके कुण्डी लगा दी।

गली के सामने चौक में, एक हाथ में छोटी-सी बाँसुरी थामे, उस पर 'जग विच्च मैन्नूँ कमलिए हीरे' की तर्ज़ का कोई गीत गाता और दूसरे से डुगडुगी बजाता हुआ, एक मदारी लोगों को इकट्ठा करने का प्रयास कर रहा था। दुकानों पर बैठे हुए बेफ़िक्रे और अपने फटे हुए कुर्तों और पैवन्द लगे तहमदों में मस्त बेकार वहाँ जमा होने लगे थे और कहीं से छोटे-छोटे, नंग-धड़ंग बच्चों की टोली, शैतानी फ़ौज की तरह, उधर उमड़ पड़ी थी। अड्डे के ताँगे वाले तब और भी ज़ोर-ज़ोर से सवारियों को आकर्षित करने के लिए आवाज़ें लगाने लगे थे और जैसे मदारी की बाँसुरी और उनकी आवाज़ों में ज़बरदस्त मुकाबला शुरू हो गया था।

मुल्कराज और चेतन उस गली से निकल कर, प्रकट तमाशा देखने के लिए, लेकिन परोक्ष रूप से गली में होने वाली हर गतिविधि पर नज़र रखते हुए, भीड़ के पास आ खड़े हुए। तभी मुल्कराज ने सरगोशी में कहा, 'अब छुट्टी होने ही वाली है ?'

और कुछ ही क्षण बाद छोटी-छोटी लड़कियाँ, अपनी तख्तियाँ और बस्ते लिये पाठशाला के फाटक से निकलीं और पेड़ की डाली से विभिन्न दिशाओं को उड़ जाने वाली चिड़ियों की तरह बिखर गयीं।

मुल्कराज बोला, 'अब कुछ देर बाद ही उँचे दर्जों की भी छुट्टी होगी।'

चेतन ने जैसे यह बात नहीं सुनी, मुल्कराज के कन्धे पर हाथ रखते हुए उसने पूछा, 'तो तुम्हें पसन्द नहीं!'

'पसन्द को तो कोई ऐसी बुरी वह नहीं, पर मैंने तुम्हें अपनी राय दे दी।' मुल्कराज ने कन्धे सिकोड़ते हुए कहा, 'ढीली-ढाली, सुस्त, मझोले क़द की लड़की है। आम लड़कियों की तरह मैंने उसे कभी हँसते-बोलते, इठलाते-खेलते नहीं देखा। तुम ठहरे पतले-छरहरे, चालाक-चुस्त! तुम्हारे साथ उसकी निभ सकेगी, कह नहीं सकता।'

'रंग कैसा है ?' चेतन ने पूछा।

'गेहुआँ है, गोरा तुम उसे नहीं कह सकते।'

चेतन का उत्साह मन्द पड़ गया। उसके जी में आयी कि वहीं से वापस हो जाय। फिर खयाल आया — माँ ने पूछा तो क्या जवाब दूँगा और खुद ही सोच लिया — कह दूँगा कुरूप है। लेकिन फिर अन्तर में किसी ने कहा — कौन जाने सुन्दर ही हो! मुल्कराज बस्ती ही का रहने वाला है, उनके शरीके में से, वह क्यों चाहेगा कि उनके पट्टीदार की लड़की को ऐसा अच्छा वर मिले। और सन्देह की एक दृष्टि मुल्कराज पर डाल कर अनमना-सा वह तमाशा देखने लगा।

सड़क की तरफ़ जिन मकानों की खिड़कियाँ खुलती थीं, उनमें बच्चों के नन्हे-नन्हे चेहरे झाँकने लगे थे। किसी-किसी खिड़की की चिलमन के पीछे, सुबह से शाम तक घर के काम-काज में जुटी रहने वाली, कोई पर्दे वाली गिरस्तन भी आ खड़ी हुई थी।

खेल कोई नया न था। वही तीन सींगों वाला बैल, वही रुपया पैदा करने वाला जादू

का मन्त्र और गोली गुम करने वाली थैली! लेकिन मदारी की बातों में कुछ ऐसा रस, कुछ ऐसी दिलचस्पी, कुछ ऐसा आकर्षण था कि कुछ क्षण तक चेतन उनमें खो गया। फिर यद्यपि उसके कानों में मदारी के शब्द स्वप्न-संसार के शब्दों की तरह सुनायी देते रहे, उसकी आँखों के सामने अनायास कई प्रकार के चित्र बन-बन कर मिटने लगे। कल तक ये सब-के-सब सुन्दर चंचल कोमलांगी तरुणियों के चित्र थे। पर आज वे सब असुन्दर, मझोली, थुलथुल-पिलपिल लड़कियों की तस्वीरों में बदलते जा रहे थे। वहीं खड़ा वह एक बार फिर इन कुरूप चित्रों को उन्हीं सुन्दर तस्वीरों में परिणत करने का प्रयास कर रहा था, पर बार-बार वही असुन्दर, मँझोले, गेहुएँ रंग के चित्र उसकी आँखों में आते और फिर सब कुछ जैसे गडमड हो जाता। खीझ-खीझ कर वह तमाशे में ध्यान जमाता, लेकिन कल्पना उसे फिर कहीं-का-कहीं ले जाती....

तभी मुल्कराज ने उसके बाज़ू को छूते हुए धीरे से कहा, 'छुट्टी हो गयी है, बड़े दर्जों की लड़कियाँ आने लगी हैं।'

चेतन चौंक कर मुड़ा और दोनों कुछ तिरछे हो कर ऐसे खड़े हो गये कि न मालूम हो कि तमाशा देख रहे हैं और न पता चले कि बाज़ार में किसी की प्रतीक्षा कर रहे हैं।

बारह-तेरह वर्ष की एक सुन्दर लड़की, हाथ में किताबें थामे मानो माप-माप कर क़दम रखती हुई, जैसे अपनी चाल की सुन्दरता से अभिज्ञ, तीन-चार सहेलियों के साथ जा रही थी। जाते-जाते उसने एक छिछलती हुई चंचल दृष्टि चेतन पर भी डाली। चेतन का दिल धक्-धक् करने लगा और उसके गाल सुर्ख हो गये।

अनायास उसने मुल्कराज के बाज़ू को छुआ। इशारे से मुल्कराज ने बता दिया कि यह नहीं।

चेतन लज्जित-सा चुप खड़ा रह गया, फिर उसने हठात कहा, 'मैं चलता हूँ।'

'अब तो वह आने ही वाली है।'

'नहीं, मैं चलता हूँ।'

'पागल हो गये हो ?'

इस बीच छोटी-बड़ी लड़कियों की कई टोलियाँ निकल गयीं। वे सब ग़रीब साधनहीन बेफ़िक्रे, जो महज़ ताक-झाँक करके ही अपनी भूख को मिटा पाते, आज मदारी का तमाशा देखने में व्यस्त थे और उनकी अनुपस्थिति के कारण लड़कियाँ अपने इर्द-गिर्द की दुनिया से अनभिज्ञ, धरती में निगाहें गाड़े नहीं चली जा रही थीं, वरन इधर-उधर देख भी लेती थीं। एक-दो ने अड्डे पर खड़े इन दोनों को भी देखा, पर कल्पना-ही-कल्पना में चेतन उस चंचल किशोरी का चित्र देखने में इतना तन्मय था कि बाकी कौन आया, कौन गया, इसकी उसे सुध न रही। तभी मुल्कराज ने उसके कन्धे को छुआ और जैसे अपने ही कन्धे से बात करते हुए धीरे से कहा, 'वह आ रही है।'

उत्सुकता से चेतन ने देखा — एक मँझले क़द की, कुछ मोटी-सी, गेहुएँ रंग की लड़की जैसे घर के ही धुले, मटमैले कपड़े पहने, सीधी-सादी चाल से चली आ रही है। रूखे बालों की दो लटें उसके गोल-मटोल चेहरे पर बिखरी हुई थीं। उसके दोनों हाथों पर स्लेट थी, जिस पर लगा हुआ किताबों का अम्बार जैसे उसके वक्ष का सहारा लिये पड़ा

था। उसकी आँखें जैसे धरती में गड़ी जा रही थीं।

चुपचाप वह उसके पास से हो कर गुज़र गयी।

मदारी का खेल खत्म हो गया था। भीड़ के ऊपर से पैसों की थाली वाला हाथ उसने चेतन के आगे कर दिया। बेज़ारी से एक 'ऊँ हुँ' करके चेतन वहाँ से चल पड़ा और एक ताँगे की पिछली सीट पर जा बैठा।

मुल्कराज ने सड़क पर खड़े-खड़े पूछा, 'क्यों ?'

चेतन जैसे विवशता से सिर्फ़ मुस्करा कर रह गया।

मुल्कराज बोला, 'मैंने तो कहा था शादी....'

चेतन ने बात काट कर कहा, 'इस मोटी-मुटल्लो से — हरगिज़ नहीं!'

तीन

इसी वर्ष स्थानीय कॉलेज से चेतन ने बी०ए० की परीक्षा दी थी। जिस दिन परीक्षा फल निकला और पता चला कि बी०ए० की तूफ़ानी नदी चेतन ने सकुशल पार कर ली है, उसी दिन से उसकी माँ को उसके विवाह की चिन्ता हो आयी थी। लाहौर की पढ़ाई का खर्च उठा सकने की शक्ति उनमें नहीं थी। इतना भी न जाने कैसे हो गया ?

माँ न होती तो चेतन शायद मैट्रिक भी न कर पाता। उसके पिता पण्डित शादीराम का अपना ही खर्च मुश्किल से चलता था। फिर चेतन की शिक्षा के लिए रुपया कहाँ से आता ? लेकिन जालन्धर में बी०ए० तक कॉलेज खुल गया था। माँ ने संकल्प कर लिया था कि वह अपने इस बेटे को ज़रूर ग्रैजुएट बना देगी। और उसने कभी इससे और कभी उससे उधार ले कर कॉलेज के प्रवेश शुल्क और फ़ीसों का प्रबन्ध किया था। पर उसे लाहौर भेजना तो उसके बस में भी न था। गहने थे, पर कितने ? और वे भी न जाने कहाँ-कहाँ गिरवी रखे हुए थे ? इन्हीं कारणों से अब वह चाहती थी कि उसका यह बेटा, जब इतना पढ़-लिख गया है तो उसका कर्त्तव्य है कि कहीं नौकरी करे, घर-बार बसाये और इस प्रकार शीघ्र ही नौकरी से रिटायर होने वाले अपने पिता और गृहस्थी के झंझटों से अवकाश लेने वाली अपनी माँ को सहारा दे।

लेकिन चेतन की महत्वाकांक्षा इस तरह सीमित होने को तैयार न थी। कारागार के सीखचों में बन्द व्यक्ति के अरमानों की तरह वह उत्तरोत्तर बढ़ती ही जाती थी। यद्यपि परीक्षा-फल निकलने से कई दिन पहले उसने अपने ही स्कूल में नौकरी कर ली थी और जिन दर्जों की बेंचों पर बैठ कर अध्यापकों की झिड़कियाँ सुनी थीं, उन्हीं में अब अध्यापक की कुर्सी को सुशोभित करने का गर्व भी उसने अनुभव कर लिया था; तो भी यह कोल्हू के बैल का-सा जीवन उसे पसन्द न था। लाहौर के किसी कॉलेज के बदले, किसी स्कूल-सरीखे जालन्धर के उस डी०ए०वी० कॉलेज में, जिसे वे लोग सव्यंग्य 'पुत्री पाठशाला' कहा करते थे, बी०ए० तक पढ़ने के कारण कॉलेज-जीवन के जिन अनुभवों से वह वंचित रह

गया था, उन्हें एक बार लाहौर जा कर प्राप्त कर लेने की उत्कट लालसा उसके मन में, जैसे विवश हो, दबी पड़ी थी। वह चाहता था कि बी०ए० की परीक्षा में पास हो जाय तो जैसे भी हो, लाहौर जा कर एम०ए० या एल-एल०बी० करने की कोशिश करे।

जब वह लाहौर में शिक्षा पाये हुए अपने ही मुहल्ले के मित्रों को देखता था तो अपने आपको उनके सामने निरा स्कूल का छात्र पाता था। क्या सामाजिक, क्या धार्मिक, क्या देशी, क्या विदेशी — सभी विषयों पर वे बड़ी आसानी से अंग्रेज़ी में धारा-प्रवाह बोलते चले जाते थे। उससे तो अंग्रेज़ी का एक वाक्य भी शुद्ध न बोला जाता था। इसलिए लाहौर भाग जाने को उसका मन छटपटाया करता था।

०

तभी एक दिन शाम को बस्ती से लकवे की बीमारी से लाचार, एक बुज़ुर्ग बायें हाथ की लठिया से किसी तरह अपने हिलते-डोलते शरीर को सँभाले, दायें हाथ से अपने साथी के कन्धे का सहारा लिये उनके घर आये।

बैठक के साथ जो कमरा था, चेतन उस वक्त उसी में बैठा एक कहानी-संग्रह पढ़ने का प्रयास कर रहा था। प्रयास इसलिए कि पढ़ने की अपेक्षा वह स्वयं कहानी लिखने को अधिक व्यग्र था, संग्रह तो वह केवल प्रेरणा के लिए पढ़ रहा था। उसने कहानी लिखने की कोशिश की थी, लेकिन सफल न हो पाया था। किसी काग़ज़ पर दो, किसी पर चार और किसी पर दस-बीस पंक्तियाँ तक लिख कर वह फेंक चुका था और पुनः उस कथा-संग्रह को पढ़ने में निमग्न हो गया था।

वृद्ध के साथ आने वाले व्यक्ति ने मकान के बाहर मुहल्ले के खुले चौक में खड़े हो कर चेतन के दादा का नाम ले कर आवाज़ दी।

चेतन के दादा भोजन करके बड़े इत्मीनान से ऊपर बैठे हुक़्क़ा गुड़गुड़ा रहे थे। अपरिचित व्यक्तियों को अपना नाम पुकारते सुन, हुक़्क़ा हाथ में ही लिये वे नीचे बैठक में आ गये और उन्हें सादर बैठा कर आप भी बैठ गये। इसके बाद उन आगन्तुकों की बातें सुन कर दादा के चेहरे पर जो उल्लास खेलने लगा था और धीरे-धीरे होने वाली बातों की जो भनक चेतन के कान में पड़ी थी, उससे उसने जान लिया था कि उन महानुभावों के आने का उद्देश्य क्या था ?

वास्तव में निम्न-मध्यवर्ग के ब्राह्मणों में अच्छे, पढ़े-लिखे और रोज़गार से लगे हुए लड़कों का अभाव था। इसी कारण जो लोग, यह जान कर कि कॉलेज से निकलते ही वह अपने स्कूल में चालीस रुपये मासिक की नौकरी प्राप्त करने में सफल हो गया है, उनके घर आया करते थे, उनकी बातों से वह पूरी तरह परिचित था। उसे पूरा विश्वास था कि अभी उसके दादा उसे आवाज़ देंगे और उसे कुछ मनोरंजन का सामान मिलेगा। पर ऐसा नहीं हुआ। वह प्रकट पुस्तक में ध्यान जमाये इसी बात की प्रतीक्षा करता रहा, पर उसके दादा ने उसे कोई आवाज़ न दी और कुछ देर बातें करने के बाद वे ऊपर, सम्भवतः चेतन की माँ से कुछ पूछने, चले गये।

ऐसी स्थिति में पहले वह स्वयं उठ कर बैठक में आ जाया करता था और आगन्तुकों को अवसर दे दिया करता था कि वे उससे बातें करके विवाह सम्बन्धी उसके विचारों से

भली-भाँति अवगत हो जायँ या फिर वह कभी अपने मित्र अनन्त को बुला लाता था और वे दोनों मिल कर आगन्तुकों को लड़कियों के अभिभावक होने का दण्ड दिया करते थे। लेकिन उस दिन दादा के चले जाने पर भी वह उठ कर वहाँ न जा सका। लकवे के कारण पार्किंसन रोग[१] से ग्रसित, प्रतिक्षण अत्यन्त दयनीय रूप में अपने हाथ और गर्दन को हिलाते रहने वाले उन बुज़ुर्ग की आकृति में कुछ ऐसी बात थी कि उनसे किसी तरह के मज़ाक का खयाल भी वह मन में न ला सका। उनका स्वर इतना धीमा, गम्भीर और संयत था कि आम लोगों की अपेक्षा उनके व्यक्तित्व से अनायास ही श्रद्धा हो आती थी। भाग कर पास की गली से अपने मित्र अनन्त को बुला लाने की इच्छा भी तब उसे नहीं हुई। वह चुपचाप उसी तरह प्रकट किताब में ध्यान जमा कर बुलाये जाने की प्रतीक्षा में बैठा रहा।

कुछ देर बाद दादा ने काग़ज़ का एक पुर्जा ला कर उन बुज़ुर्ग के हाथ में दिया। बड़ी कठिनाई से उसे अपने काँपते हाथ में थाम कर, उन्होंने दूसरे हाथ से अपनी जेब में रखी ऐनक का डिब्बा निकाला और उसे अपने शरीर से सटा कर खोलने का प्रयास करने लगे। तब जैसे चौंक कर उनके साथ आये हुए व्यक्ति ने झट उसे खोल कर उन्हें दे दिया। सफ़ेद कमानी की साधारण सस्ती ऐनक —उसे बड़ी कठिनाई से नाक पर लगा कर उन्होंने काग़ज़ पढ़ा और तहा कर जेब में रख लिया। चेतन समझ गया, उसके दादा ने उसकी माँ से पूछ कर चारों अंग[२] लिख कर दिये हैं।

इसके बाद नमस्कार करते हुए वे वृद्ध उठे। जाते-जाते चेतन के पास आ कर उन्होंने अपना काँपता हुआ हाथ उसके सिर पर रखा और कहा, 'अब तो परीक्षा हो चुकी है बेटा, अब इतनी मेहनत न किया करो। कुछ दिन आराम करो और सेहत बनाओ।' बस, इतना कह, अपने हिलते हुए शरीर को जैसे-तैसे सँभालते हुए, वे बैठक की सीढ़ियाँ उतर गये। न उन्होंने दूसरों की तरह उसकी शिक्षा-दीक्षा, वेतन या विचारों के सम्बन्ध में प्रश्न किये, न अपने ही बारे में कुछ बताया।

उनके चले जाने के बाद चेतन के मन में प्रबल इच्छा हुई थी कि वह अपनी माँ अथवा दादा से उनके 'शुभागमन' का ठीक कारण पूछे, पर वह मन मार कर बैठा रहा।

०

शाम को खाना खाते समय उसे पता चल गया कि उसका अनुमान ग़लत नहीं था। लकवे की बीमारी से ग्रसित वे बुज़ुर्ग रिटायर्ड ओवरसियर थे। उनके साथ उनका छोटा भाई था, जिसके ईंटों के दो भट्ठे 'काला-बकरा' और 'भोगपुर' में थे। उसी की लड़की के सम्बन्ध में बात करने वे आये थे। उसे यह भी पता चला कि वे चारों अंग लिख कर ले गये हैं और जल्दी ही पता देंगे। तब खीझ कर चेतन ने अपनी माँ से कहा था, 'दादा जी ने उन्हें साफ़ इनकार क्यों नहीं कर दिया ? क्यों बेकार ही दो भलेमानुसों को परेशान करते हैं ?'

माँ ने आँखों में आँसू भर कर वही पुरानी बातें दुहरानी शुरू की थीं कि बच्चा यदि तू घर न बसायेगा तो मैं मुहल्ले में किस तरह मुँह दिखा सकूँगी ? विवाह, शादी और

१. शरीर-कम्पन की बीमारी।

२. लड़के का, लड़के की माँ का, उसके पिता तथा उसके दादा का — अपना और ननिहाल का गोत्र बताने को चारों अंग बताना कहते हैं। पुराने विचार के हिन्दुओं में यदि लड़के के इन चारों अंगों में कोई लड़की के चारों अंगों में से किसी एक से भी मिल जाय तो सगाई नहीं होती।

बीसियों दूसरे संस्कारों और त्योहारों पर किसी-न-किसी घर से कुछ-न-कुछ आता रहता है। मेरे घर अब तेरे विवाह के सिवा इतनी जल्दी और कौन-सा उत्सव होगा कि मैं उन सब का देना दे सकूँगी। और फिर तेरे विवाह न करने से कुल को लांछन लगेगा सो अलग। यह कोई न कहेगा, लड़का नहीं मानता। सब यही कहेंगे कि वंश ही में कोई दोष होगा जो अब तक शादी नहीं हुई।

इन बातों का कोई जला-कटा उत्तर देने के बदले चेतन ने अपना वही पुराना अस्त्र प्रयोग में लाने का विचार किया। गम्भीरता से उसने कहा, 'मैं तुम्हारी सब बातें मानता हूँ, पर मैं लड़की को देखे-भाले बिना, आँख बन्द कर हरगिज़ शादी नहीं करूँगा,' फिर कुछ, रुक कर उसने कहा, 'और लड़की दिखाने के लिए शायद वे तैयार न हों।'

माँ ने उसे समझाया था कि वे लोग लड़की दिखा देंगे।

०

और माँ ने बात ठीक ही कही थी। दूसरे ही दिन वे बुज़ुर्ग फिर आये। सन्तोष की साँस लेते हुए उन्होंने कहा कि परमात्मा की कृपा से अंग तो नहीं मिले और आग्रह किया कि यह नाता तो अब हो ही जाना चाहिए।

तब दादा जी ने उत्तर दिया कि उनकी और बहू की ओर से तो कोई आपत्ति नहीं, वे तो घर अच्छा चाहते हैं — भलेमानुस लोग! बाकी किसी चीज़ की उन्हें परवाह नहीं....पर लड़के के पिता से भी पूछ लेना चाहिए और फिर सकुचाते-सकुचाते उन्होंने कहा था कि लड़के को मना लेना भी आप ही के ज़िम्मे है।

इस पर बुज़ुर्ग ने दादा से चेतन को बुलाने के लिए कहा था और दादा ने चेतन को आवाज़ दी थी।

जैसे गहरे लाल रंग के ऊपर हल्का-पीला रंग उसकी ललाई को नहीं छिपा पाता, इसी तरह जब पहले ऐसे अवसरों पर चेतन आ कर बैठा करता था तो उसके चेहरे पर जो हल्की-सी गम्भीरता होती थी, उसके नीचे शरारत साफ़ छिपी दिखायी देती। लेकिन उस दिन जब रोग से विवश उन बुज़ुर्ग के सामने चेतन जा कर बैठा तो उसकी वह शरारत ऐसे छिप गयी, जैसे उसका कभी अस्तित्व ही न था। चुप, गम्भीर, शर्माया-शर्माया-सा वह बैठा रहा।

बड़े मीठे स्वर में हकलाते-हकलाते उन बुज़ुर्ग ने पूछा, 'क्यों बेटा, तुम्हें इस रिश्ते में कोई एतराज़ तो नहीं ?'

चेतन ने चाहा कि आश्चर्य प्रकट करता हुआ पूछे, 'किस रिश्ते में ?'....पर न तो वह आश्चर्य प्रकट कर सका और न कुछ पूछ ही सका। वह जैसे चुप बैठा था, बस वैसे ही बैठा रहा।

उन बुज़ुर्ग ने कहा, 'तुम्हें लड़की दिखा देंगे बेटा, मैं खुद आज़ाद-खयाल आदमी हूँ। जिसके साथ ज़िन्दगी भर का नाता हो, उसे देखा तक न जाय, इसे मैं नाइन्साफ़ी समझता हूँ।'

चेतन फिर भी चुप बना रहा। उसकी सारी मुखरता न जाने कहाँ हवा हो गयी। फिर कुछ देर बाद वे बोले, 'रहे तुम्हारे पिता जी, तो भाई उनकी खिदमत में हाज़िर हो कर हम

उनकी भी रज़ामन्दी ले आयेंगे। तुम्हारी तरफ़ से तो कोई आपत्ति नहीं ?'

चेतन का गला सूख-सा रहा था। उसके कण्ठ में जैसे गोला-सा अटक गया था, पर उनके अन्तिम वाक्य से उसे जैसे ज़बान मिल गयी। धीरे से बोला, 'जी.... जी....मैं अभी आगे पढ़ना चाहता हूँ!'

'तुम जैसे बुद्धिमान और मेहनती नौजवान से ऐसी ही आशा है बेटा,' उन्होंने उसका समर्थन करते हुए कहा, 'आगे ज़रूर पढ़ो! गुण अपने पास हो तो क्या बुरा है ? कोई छीन तो लेगा नहीं। और दो वर्ष तो पलक झपकते बीत जायेंगे। चन्दा उन लड़कियों में से नहीं, जो पति के मार्ग का रोड़ा बन जायें। सरल, सीधी, समझदार लड़की है। तुम्हारी पढ़ाई में किसी तरह की बाधा न डालेगी। फिर हमसे भी जहाँ तक हो सका, तुम्हारी मदद करेंगे।'

चेतन क्या कहे ? वह तय न कर सका।

बुज़ुर्ग अपने भाई के कन्धे का सहारा ले कर उठे और दादा की ओर देख कर बोले, 'हम आज ही पण्डित जी के पास जायेंगे और परमात्मा ने चाहा तो उन्हें मना कर ही आयेंगे, नमस्कार!'

और अपने काँपते हुए दोनों हाथ जोड़ कर उन्होंने विदा ली।

कृतज्ञता के बोझ से जैसे दब कर दादा भी उनके साथ उठे।

'आप बैठिए पण्डित जी, बेकार तकलीफ़ न कीजिए!' और यह कह कर वे ज़रा हँसते हुए अपने छोटे भाई को साथ ले कर उसी दयनीय ढंग से काँपते, हिलते, झूलते, डोलते सीढ़ियाँ उतर गये।

o

कुछ देर तक चेतन चुपचाप वहीं बैठा रहा। फिर उसका सारा क्रोध पोते के विवाह की सुखद कल्पना में डूबे, धीरे-धीरे हुक़्क़ा गुड़गुड़ाते हुए अपने सत्तर वर्ष के बूढ़े दादा पर उतरा। चीख कर उसने कहा, 'मैंने कितनी बार आपसे कहा है कि मुझे तंग न किया करें। फिर क्यों आप लोग मुझे सताते हैं ? मैं घर छोड़ कर चला जाऊँगा।'

और पैर पटकता हुआ वह अपने कमरे में जा कर लेट गया।

o

दोपहर को उसकी माँ जब खाना खाने के लिए उसे बुलाने आयी तो वह छत की ओर टकटकी लगाये चारपाई पर लेटा था।

माँ चारपाई पर जा कर बैठ गयी और प्यार से बोली, 'क्यों पुत्तर, खाना नहीं खाणा ?'

बिना उसकी ओर देखे, रुखाई से चेतन ने कहा, 'मुझे भूख नहीं।'

इस वाक्य के पीछे जो बवण्डर छिपा हुआ था, वह शायद माँ से छिपा न रहा। खाना खाने के लिए फिर उसने नहीं पूछा।

कुछ क्षण तक चुप रह कर उसने बताया कि ज्वाली महरी की लड़की आयी थी।

चेतन चुप रहा।

तब अपनी ठेठ पंजाबी भाषा में माँ ने जो सूचना दी, उसका अभिप्राय यह था कि ज्वाली की उस लड़की की ससुराल भी बस्ती ग़ज़ाँ ही में है। वह बेचारी बड़ी दुखी है।

अभी दो वर्ष भी नहीं हुए कि उसका ब्याह हुआ था। फिर लड़का भी कौन घर-घर का पानी भरने या कुल्फ़ियाँ लगाने वाला कहार था।[१] रेलवे में पैंतीस रुपये पाता था। अभी छै महीने हुए उसके घर लड़का हुआ था। सब तरह आनन्द था....

किसी पर उतार न सकने से चेतन के मन में क्रोध उमड़ा पड़ रहा था, पर वह भी जैसे ज्वाली महरी की उस मन्द-भाग्य लड़की के दुख की बात सुनने को उत्सुकता में कुछ क्षण के लिए सन्न हो कर बैठ गया।

एक लम्बी साँस छोड़ कर और सहज ही भर आने वाली आँखों को पोंछ कर माँ ने अपनी बात जारी रखते हुए बताया कि आज बेटा वह विधवा है। कुछ ही दिन हुए उसके पति की बदली सम्मा-सट्टा की तरफ़ किसी रेगिस्तानी स्टेशन पर हुई थी। बड़ी लाइन, दिन-रात का काम और रेगिस्तान की गर्म, झुलसा देने वाली लू। वहाँ जाते ही उसे बुखार हो आया। पर काम तो बुखार की अपेक्षा नहीं करता। इससे पहले कि छुट्टी की अर्ज़ी मंज़ूर हो कर आती और उसकी जगह कोई दूसरा बाबू जाता, वह घर में बेहोश हो कर पड़ गया। उस वीराने में अपना कौन था ? इधर ज्वाली की लड़की अपने मायके में थी। और रेल का डाक्टर भी इन छोटे स्टेशनों पर कहाँ आता है। बेचारा अकेला चार-पाँच दिन बेहोश पड़ा रहा। यहाँ तब खबर पहुँची, जब वह सभी बीमारियों से सदा के लिए मुक्त हो चुका था।

चेतन का क्रोध बिलकुल जाता रहा। ज्वाली की लड़की के दारुण दुख से जैसे दुखी हो कर उसने कहा, 'तुम वीरो की बात कर रही हो न ?'

माँ ने कहा, 'हाँ हाँ, ओसे दी। ओह्ना दी गली दे पास ही ताँ उन्हाँदा घर ऐ।'[२]

'किनका ?'

'पण्डित दीनबन्धु दा।'

'कौन दीनबन्धु ?'

'ओहियो जेहड़े अज्ज बस्ती तों आये सी।'[३]

'कौन ?' समझ कर भी चेतन ने न समझते हुए पूछा।

माँ ने किंचित हँस कर बताया कि वही, जो आज उसके लिए लड़की का रिश्ता लाये थे। और माँ ने वीरो की बात का तार पकड़ते हुए कहा कि बातों-बातों में वीरो से लड़की की बात चली थी। उसने कहा कि भाभी, लड़की तो ऐसी सुशील और हँसमुख है कि क्या कहूँ। ऐसी मीठी, रसीली बातें करती है कि एक बार बैठो तो उठने को जी नहीं चाहता।

चेतन चुप रहा।

माँ ने समझाया कि बेटा, लड़कियाँ तो एक-से-एक बढ़ कर सुन्दर, सुशिक्षित मिल जाती हैं, पर सरल और सुशील लड़की का मिलना कठिन है। न हो, वह जा कर देख आये। न पसन्द आये, न करे।

माँ यह कह कर चुप हो गयी थी और चेतन मन-ही-मन उस भोली-भाली लड़की

१. पंजाब के धीवर (कहार) प्राय: घरों में पानी भरते हैं या मलाई की कुल्फ़ियाँ लगाते हैं।
२. हाँ-हाँ उसी की। उनकी गली के पास ही तो उनका घर है।
३. वही जो आज बस्ती से आये थे।

के चित्र बनाने लगा।

कुछ देर बाद जब फिर माँ ने उससे खाना खाने के लिए कहा था तो वह चुपचाप उसके साथ चल दिया था।

०

बस्ती से वापस आते हुए, माँ की बातों का, उस भोली-भाली लड़की की उस प्रशंसा का, जो वीरो से मिलने के बाद वह प्रतिदिन किया करती थी और उस लड़की को एक नज़र देख आने के लिए माँ के अनुरोध का खयाल करके चेतन मन-ही-मन हँस पड़ा। चल-चित्रों की तरह पिछले कई दिनों के दृश्य उसकी कल्पना के सम्मुख घूमते रहे और सिर नीचा किये वह उन्हीं के विवेचन में मग्न चलता चला आया। उसे नहीं मालूम — कब वह अड्डे पर ताँगे से उतरा, कब उसने पैसे दिये और कब बाज़ार कलाँ की भीड़ को चीरता हुआ, छकड़ों और ताँगों से बचता-बचाता, लम्बे, तंग, जन-संकुल बाज़ारों को पार करके इतनी दूर चला आया। जब उसने सिर उठाया तो वह चौरस्ती अटारी के पास पहुँच गया था।

साँझ के सूरज की अन्तिम मुस्कान सफ़ेद ऊँचे मकानों की छतों को सुनहरा बना रही थी। मुहल्ले के चौक में सिर्फ़ विधवा दम्मो का चर्खा अभी तक चल रहा था। बाकी औरतें अपने घरों में जा कर काम-धन्धे में जुट गयी थीं। कुएँ पर भीड़ क्षण-प्रतिक्षण बढ़ रही थी और किसी पल भी झगड़े के शुरू हो जाने का अनुमान सहज ही किया जा सकता था। कुएँ के पास ही ज़रा हट कर मोटे-से खूँटे से बँधी काली भैंस के पास उसी की तरह मोटा बलिष्ठ काला जिस्म लिये झमानों का तेलू सानी-पानी का प्रबन्ध कर रहा था। कुर्ते की आस्तीनें उसकी चढ़ी थीं और हाथ भूसे तथा खली के पानी से लिथड़े थे। खली की एक तीखी-सी बास मुहल्ले के चौक में फैल गयी थी।

उसी वक्त अपनी भावी पत्नी को एक नज़र देख कर आने के बाद मन-मन भर के क़दम उठाता हुआ चेतन मुहल्ले में दाखिल हुआ।

चार

माँ रसोईघर में बैठी खाना पका रही थी जब चेतन ने जा कर कहा, 'देख आया हूँ तुम्हारी बस्ती वाली शहज़ादी! उससे तो मैं सात जन्म शादी करने की बात नहीं सोच सकता।'

माँ रोटी बेल रही थी। रुक कर उत्सुकता से उसने पूछा, 'कित्थे देखिया तूँ ओहनू ?'

'बस्ती में और कहाँ,' चेतन ने उत्तर दिया।

बेसब्री से माँ ने कहा, 'तूँ एद्धर आ के रता बैठें ते कुझ पता चल्ले। ओत्थेई खलोत्ता की गल्लाँ कर रिआ ऐं।'[१]

'अब जूते तो मैं उतारने से रहा,' चेतन ने ज़रा हँस कर उत्तर दिया। 'फिर बातें ही

१. तुम इधर आ कर बैठो तो पता चले, वहीं क्या खड़े-खड़े बातें कर रहे हो।

ऐसी कौन-सी हैं। बस, स्कूल से घर जाते समय देखा उसे! मझोले क़द की भद्दी, सुस्त लड़की है....'

माँ रोटी बेलना छोड़ कर चौखट में आ खड़ी हुई। चेतन कहता गया, 'अपने शरीर का, अपने कपड़ों का, अपनी किसी बात का उसे होश नहीं —बाल बिखरे, कपड़े मैले — ऐसी फूहड़ लड़की से मैं ब्याह करूँगा ? ठीक ही वह मेरी पढ़ाई में मुझे मदद देगी!'

'पढ़ाई!' खीझ कर माँ ने कहा, 'हुण तूँ होर कित्थे तक पढ़दा जायेंगा। बथेरा पढ़ लिया। नौकरी मिली ऐ ते कुछ दिन ओस ते टिक के बैठ, शादी कर, घर बसा ते एस तराँ रह जिद्दाँ दुनियाँ रहंदी ऐ।'[१]

और माँ ने उसे बताया कि उससे तीन-तीन वर्ष छोटे लड़के मुहल्ले ही में दो-दो बच्चों के बाप हैं। सालिगराम को देख ले, चरणदास को देख ले....

कटु हो कर चेतन बोला, 'सारे-का-सारा मुहल्ला कुएँ में छलाँग लगा दे तो क्या मैं भी कूद पड़ूँ ? और नौकरी भी क्या मैं अभी छोड़ रहा हूँ। लाहौर जा कर पढ़ लेना भी कौन आसान बात है ? मैं तो उन महाशय की बात कर रहा था जो यह कहते थे कि लड़की समझदार है और मेरे रास्ते की रुकावट न बनेगी।'

और यह कह कर चेतन व्यंग्य और उपेक्षा से हँस दिया।

माँ ने कहा, 'ताँ बहुत ई कुरूप अते फूहड़ ऐ ? वीरो ते कहंदी सी....'[२]

'मैंने तुम्हें बता दिया ना कि मोटी-मुटल्ली, ढीली-ढाली लड़की है। मोटे होंट और पिलपिला सा मुँह। सुस्त इतनी दिखायी देती है कि क्या कहूँ। अपने कपड़े धोना, बाल सँवारना तक नहीं जानती।' फिर चबा-चबा कर कहने लगा, 'वीरो कहती थी....वीरो कहती थी....वीरो....!'

पर माँ ने बात काट कर समझाया कि बेटा सीधी लड़कियाँ अच्छी होती हैं। और बनाव-सिंगार —वह तो इससे पहले ही जली बैठी है। अपनी भावज ही को देख ले। भाई ताश-शतरंज में लगा रहता है, यह बनाव-सिंगार में; और वह उनकी बाँदी बनी सारा दिन चूल्हे-चौके में जान खपाती है।

चेतन ने हँस कर रद्दा जमाते हुए कहा, 'तो यह तुम्हारा काम करेगी, इस आशा से हाथ धो रखो! माँ-बाप के लाड़-प्यार में पली इकलौती लड़की है। हाथ से तिनका उसने कभी तोड़ा नहीं, अगर तुम अब बाँदी हो तो फिर भी बाँदी ही रहोगी, इसका मैं तुम्हें विश्वास दिला देता हूँ।'

तब माँ ने उपेक्षा से पंजाबी में जो कहा, उसका मतलब यही था कि फिर वह ऐसी निकम्मी लड़की को ले कर क्या करेगी ?

तवे पर जो रोटी पड़ी थी, वह जलने लगी और जब तीखी गन्ध उड़ कर उन तक पहुँची तो झट माँ ने जा कर उसे उठाया। एक तरफ़ से बिलकुल कोयला हो कर तवे से चिपक गयी थी। रोटी को एक ओर फेंक कर माँ ने चिमटे से तवे को साफ किया, कपड़े

१. अब तुम और कहाँ तक पढ़ते जाओगे। बहुतेरा पढ़ लिया। नौकरी मिली है तो अब कुछ दिन उस पर टिको, शादी करो, घर बसाओ और ऐसे रहो जैसे दुनिया रहती है।
२. तो क्या बहुत ही कुरूप और फूहड़ है, वीरो तो कहती थी....

से पोंछा और नीचे आग को मन्द करके फिर रसोईघर की चौखट पर आ खड़ी हुई।

चेतन जाने लगा था। उसे रोक कर माँ कहा कि वह उन्हें चिट्ठी लिख दे।

'चिट्ठी!' चेतन ने हैरानी से पूछा।

माँ ने स्वीकार में सिर हिलाया और चेतन को समझाया कि चिट्ठी के बिना वे बेचारे शायद दुविधा में रहें। कौन जाने वे उसके पिता के पास हो आये हों, इसलिए वह उन्हें चिट्ठी लिख दे।

'क्या लिख दूँ ?'

'कोई वी बहाना बना दे। लिख दे कि मैं हाले आग्गे पढ़ना चाहुन्दा हाँ, मैं जल्दी व्याह नहीं कर सकदा।.... जो तैन्नूँ ठीक लग्गे, लिख दे।'[१]

यह कह कर वह जल्दी से अपने आसन पर जा बैठी और रोटी बेलने लगी।

चेतन नीचे अपने कमरे में गया, उसने तत्काल वह सूट उतार डाला, जिसे जाते समय पहनने में उसने आधा घण्टा लगाया था। गले में कुर्ता डाल और कमर में तहमद कस कर वह बाहर अपने दोस्तों में गपशप करने निकल पड़ा। तभी ऊपर रसोईघर की खिड़की से झाँक कर माँ ने कहा कि देखो, देर न लगाना, जल्दी आ जाना, और वह 'बुढ़ऊ' कहीं मिले तो उसे भेजना। आ कर खाना खा जाय, फिर मेरी तरफ़ से चाहे सारी रात पड़ा ताश-शतरंज से सिर फोड़ा करे।

फिर माँ ने जैसे अपने आप से कहा — 'सवेरे दा खा के गया दा ऐ ऐ, इक मिनट लई वी नईं आया। रब्ब दुश्मन नूँ वी अजेही निकम्मी सन्तान न देवे।'[२]

पाँच

चेतन के बड़े भाई रामानन्द को माँ ने यों ही 'बुढ़ऊ' की उपाधि न दे रखी थी। सब भाइयों में वे बड़े थे और चेतन के दादा उनके विषय में कहा करते थे : 'इसके सामने घी का घड़ा लुढ़क रहा हो तो भी यह हिलने का नाम न ले!'

घर के सुख-दुख तो दूर रहे, अपनी परेशानियाँ भी उन्हें छू न पाती थीं। पिता की डाँट-डपट, मार-पीट; माँ के गिले-शिकवे, कोसने-उलाहने; पत्नी के ताने-मेहने और रोना-रूठना — कोई भी बात कभी उनकी निर्लिप्तता को भंग न कर पाती। कुछ अजीब तरह की, रुखाई की सीमा को पहुँची हुई, वीतरागता उनकी सूरत से ह़मेशा टपका करती।

यह वीतरागता उस ढीठपने ही का दूसरा रूप थी, जो प्राय: रोज़-रोज़ की डाँट-डपट या मार-पीट के कारण बच्चों में पैदा हो जाया करती है। चेतन के ये बड़े भाई, न केवल

---

१. कोई बहाना बना दो। लिख दो, मैं अभी आगे पढ़ना चाहता हूँ, मैं जल्दी विवाह नहीं कर सकता। जो तुम्हें उचित लगे, लिख दो।

२. सुबह से खाना खा कर गया हुआ है, एक मिनट के लिए भी नहीं आया। भगवान शत्रु को भी ऐसी निकम्मी सन्तान न दे।

बचपन ही में ज़्यादा पिटे थे, वरन जवानी में भी उनकी खूब 'आव-भगत' हुई थी। बचपन में पिता की निर्दयता के भय से माँ ने उन्हें अपने पीहर भेज दिया था। वहाँ मार-पीट से तो मुक्ति मिल गयी, लेकिन नानी सौतेली थी, इसलिए डाँट-डपट, ताने-मेहने आठों पहर उनके गले का हार रहे। चेतन के पिता रेलवे में थे। जब वे 'रिलीविंग' में हुए, माँ ने सब बच्चों को जालन्धर दाखिल करा दिया और नानी इस 'डहूस'[१] से तंग आ गयी तो माँ ने भाई साहब को भी जालन्धर बुलवा लिया। यहाँ सौतली नानी की भावनाहीनता और नाना की रूखी-फीकी डाँट-डपट से पिण्ड छूटा तो पिता के तूफ़ानी दौरे और तूफ़ानी मार-पीट से पाला पड़ने लगा। चेतन के पिता पण्डित शादीराम किसी दूरस्थ स्टेशन से किसी दूरस्थ स्टेशन को (छुट्टी पर जाने वाले किसी स्टेशन मास्टर का स्थान लेने) जाते हुए जालन्धर से गुज़रते तो अपने इस आगमन की 'मधुर-स्मृति' के रूप में अपने इस बड़े लड़के को दस-बीस थप्पड़ और पाँच-दस पटखनियाँ दे जाते।

चेतन या उसके छोटे भाइयों की अपेक्षा उसके ये बड़े भाई ही क्यों ज़्यादा पिटते, इसका कारण शायद उन दो उपाधियों में निहित है, जो माँ और नानी ने उन्हें दे रखी थीं — 'बुढ़ऊ' और 'डहूस'।

वे बड़े थे, इसलिए शायद पण्डित जी की दृष्टि सबसे पहले उन्हीं पर पड़ती और प्राय: उन्हीं को सबसे ज़्यादा पण्डित जी की 'कृपाओं' का भाजन बनना पड़ता।

या फिर नानी की उपाधि के अनुसार उन्होंने ऐसा मन-मस्तिष्क और शरीर पाया था कि न उन पर मार-पीट का असर होता और न वे उससे बचने का कोई उपाय ही सोच पाते। पण्डित शादीराम भी, जिन्हें मार-पीट की कला में अपूर्व सिद्धि प्राप्त थी, कई बार अपने बड़े बेटे की इस सहनशीलता से हार कर कह उठते, 'पीटते-पीटते मेरे हाथ दुखने लगते हैं, लेकिन इस 'डहूस' के कान पर जूँ भी नहीं रेंगती,' और अपने बड़े लड़के के इस ढीठपने से चिढ़ कर हठात वे पंजाबी भाषा की एक लोकोक्ति सुनाते :

दो पइय्याँ, विस्सर गइय्याँ
सदका मेरी ढूई दा[२]

पण्डित जी आम तौर पर पढ़ाई के सिलसिले ही में पीटते। अपने किसी बेटे के हाथ में अगर वे कोई पुस्तक देख लेते तो पहले मामूली तौर पर, बड़े स्नेह से, हँसते-हँसते, पुस्तक ले कर उसके दो-चार पृष्ठ उलटते। फिर सहसा उसकी परीक्षा लेने के लिए (जैसी भी पुस्तक हो, उसके अनुसार) कोई अंग्रेज़ी, गणित, भूगोल अथवा इतिहास का प्रश्न पूछ बैठते। उत्तर ठीक होता तो लड़के की पीठ ठोंकते, उसे उठा कर चूम लेते और प्रसन्नता से उसके भविष्य के सम्बन्ध में कई उत्साह-भरी भविष्यद्-वाणियाँ करते हुए अपने उस जोश में और भी कठिन प्रश्न पूछते — नतीजा हमेशा ठुकाई होता।

चेतन भी बचपन में दो-तीन बार पिटा था — इस बुरी तरह कि वह महीनों बीमार रहा था; लेकिन बचपन में पिटा सो पिटा, उसके बाद यथा-शक्य उसने ऐसा अवसर न आने दिया। वह सदा उनकी मार-पीट से बचने; उनके सामने न पड़ने; वे घर में हों तो घर

१. मन्द-बुद्धि, मोटी खाल वाला, बैल-सरीखा व्यक्ति।
२. दो पड़ीं भूल गयीं, सदके मेरी पीठ के।

से ग़ायब हो जाने के बीसों बहाने सोच लेता। उसका छोटा भाई, छोटा होने पर भी, उसकी इस 'दूरदर्शिता' से लाभ उठा लेता और पिता की मार-पीट से बचने के उपाय सोचने और उन्हें कार्य रूप में परिणत करने में हमेशा उसकी सहायता करता —वह बीमार पड़ जाता कि चेतन उसे डॉक्टर के पास ले जा सके; पीड़ा से कराहने लगता कि चेतन उसका सिर दबा सके; गुम हो जाता कि चेतन उसे ढूँढने का बहाना कर सके।

जब पण्डित जी घर पर होते तो दोनों छोटे भाई सदा उनके सामने जाने से बचने के बीस बहाने सोच लेते। वे इस बात का भी खास खयाल रखते कि पण्डित जी आयें तो उन दोनों के हाथ में तो क्या, घर के किसी कोने-अँतरे में भी उन्हें पुस्तक का कोई पृष्ठ तक न दिखायी दे। बाहर मुहल्ले ही से उनकी आवाज़ सुन कर वे पुस्तकें छिपाना शुरू कर देते। पण्डित जी नीचे होते तो वे तुरन्त ऊपर की पुस्तकें छिपा देते और जब वे ऊपर आते तो बहाने से नीचे जा कर, कोई पुस्तक कहीं पड़ी हो तो, उसे हटा देते। अपनी इस समस्त सतर्कता और चाबुकदस्ती के बावजूद उन्हें पण्डित जी के कमरे में जाना पड़ जाता तो न केवल वे कभी हाथ में कोई किताब न ले जाते, वरन पण्डित जी जिस कमरे में हों, वहाँ भूले से भी कोई पुस्तक पड़ी रह गयी होती तो बातों-बातों में, बड़ी कुशलता से, उनकी दृष्टि बचा कर, उसे उड़ा देते। पण्डित जी को गर्मी लग रही होती तो उन्हें इस ज़ोर से पंखा करते कि उनका मन लेट जाने को चाहे। वे लेट जाते तो उनके पाँव और पिण्डलियाँ इस निष्ठा से दबाते कि वे खर्राटे लेने लगते।

और अगर इस तमाम सावधानी के बावजूद दुर्भाग्य उनका कोई वश न चलने देता, उनमें से कोई पण्डित जी के चंगुल में फँस जाता और पण्डित जी उसकी परीक्षा लेने लगते तो दूसरा हमेशा इस बात की कोशिश करता कि पण्डित जी के किसी घनिष्ठतम मित्र को उनके आने का समाचार इस तरह पहुँचा दे कि वह भागा-भागा पण्डित जी से मिलने चला आये और भाई का गला छूटे।

लेकिन चेतन के ये बड़े भाई (यों चाहे सदा उपन्यास पढ़ते या आवारागर्दी करते) जब पण्डित जी घर आते तो तुरन्त पुस्तकें ले बैठते। न केवल वे घर से गुम रहने या पण्डित जी के सामने जाने से बचने के उपाय न सोचते, बल्कि जब पण्डित जी घर आते तो वे सदैव घर ही में बने रहते —सम्भवतः अपनी आवारागर्दी का हाल छिपाने और पढ़ने में अपनी निष्ठा उन पर प्रकट करने के लिए। फिर चेतन और उसके छोटे भाई की-सी चालाकी और चाबुकदस्ती भी उनके यहाँ न थी। वे न हाज़िर-जवाब थे, न जल्दी बहाने सोच पाते थे। पिटने पर भी वे सदा अपने पिता के साथ चिपके रहते और इसलिए प्रायः घर-तो-घर, बाज़ार में भी पिटते।

पण्डित जी पुस्तक देख कर ही प्रश्न पूछते हों, यह बात न थी। कई बार वे हठात ऐसे समय और ऐसा प्रश्न पूछते, जिसकी रत्ती भर भी सम्भावना न होती।

०

एक बार वे एक दावत के सिलसिले में (पूर्ववत भाई साहब साथ थे), सड़क की ओर से जाने के बदले लाइन-लाइन, थानेदार के यहाँ जा रहे थे कि सहसा एक सिगनल की ओर संकेत करके उन्होंने पूछा, 'इसे अंग्रेज़ी में क्या कहते हैं ?'

भाई साहब ने तुरन्त उत्तर दिया, 'सिंगल!'

और दड़ से एक थप्पड़ उनके मुँह पर पड़ा, 'साले, यह पंजाबी भाषा का नहीं, अंग्रेज़ी का शब्द है। स्टेशन मास्टर का लड़का हो कर गँवारों की तरह 'सिंगल-सिंगल' क्या बके जा रहा है!'

दो और थप्पड़ जड़ते हुए उन्होंने वैसे ही कुछ और शब्द पूछे। थानेदार बेचारे बढ़िया पुरानी देशी शराब रखे उनकी प्रतीक्षा करते रहे, लेकिन पण्डित जी भाई साहब की मरम्मत करते हुए रास्ते ही से लौट आये।

०

'चीचोकी मलियाँ' स्टेशन के सामने मिलिट्री का एक डिपो था। चेतन के बड़े भाई उस समय आठवीं कक्षा में पढ़ते थे और चेतन छठी में। वह पहली बार अपने बड़े भाई के साथ चीचोकी मलियाँ आया था। एक दोपहर, जब अपने पिता के साथ वे दोनों डिपो के सामने से जा रहे थे, चेतन ने सहसा अपने भाई से प्रश्न किया, 'यह बैरक-सी क्या है, भरा जी ?'[१]

भाई साहब ने बोर्ड पढ़ते हुए बताया, 'चीचोकी मलियाँ मिलिट्री डिपोट....'

अभी उन्होंने वाक्य पूरा भी न किया था कि पूरे ज़न्नाटे के साथ एक थप्पड़ उनकी कनपटी पर पड़ा और उनकी आँखों के आगे तारे नाचने लगे, 'आठवीं में पढ़ता है और यह भी मालूम नहीं कि शब्द 'डिपो' है, 'डिपोट' नहीं।'

और पण्डित जी ने काँटे वाले से वहीं कुर्सी मँगायी और भाई साहब से पुस्तक लाने को कहा। चेतन पानी पीने के बहाने खिसक गया। पीछे भाई साहब की जो दुर्दशा हुई होगी, उसका अनुमान लगाया जा सकता है।

०

उन दिनों चेतन आठवीं श्रेणी में पढ़ रहा था, उनका नया मकान अभी पूरा न बना था और वे सब मुहल्ले के साथ ही 'खोसलों की गली' में एक विधवा का मकान किराये पर ले कर रहते थे। उसकी गणित की परीक्षा थी और घर पर पण्डित जी (मकान बनवाने के लिए छुट्टी ले कर) आये हुए थे।

चेतन को गणित से ज़रा-सा भी लगाव न था। वह हमेशा सौ में से एक-दो नम्बर ही पाता। ये दो-एक नम्बर भी उसकी योग्यता की अपेक्षा अध्यापक की उदारता ही का प्रमाण होते। वार्षिक परीक्षा में रेखागणित ही उसकी सहायता करता।

बात यह थी कि बचपन ही से उसका गणित कमज़ोर और अंग्रेज़ी अच्छी थी। पण्डित शादीराम ने उसका गणित सुधारने की ओर कभी ध्यान न दिया था और उस वक्त, जब चेतन को दूसरी का गणित भी न आता था, उसे तीसरी कक्षा में दाखिल करा दिया था। उन्हें विश्वास था कि वह एक ही वर्ष में दो कक्षाओं का गणित सीख लेगा। इसीलिए उसकी कक्षा ही के एक अध्यापक की ट्यूशन भी उसे रख दी थी। यद्यपि अध्यापक महोदय वर्ष भर उसे गणित पढ़ाते रहे और चेतन तीसरी कक्षा में पास भी हो गया तो भी गणित में वह कोरे-का-कोरा ही रहा। रहता भी क्यों न, जब कि अध्यापक महोदय उसे गणित का

१. भरा जी = भ्रा जी = भाई जी।

अभ्यास कराने की अपेक्षा उससे हुक़्क़ा भरवाते और पाँव दबवाते। गणित में यह कमज़ोरी धीरे-धीरे उस विषय से अरुचि और फिर घृणा में परिणत हो गयी और फिर ऐसा हुआ कि गणित की पुस्तक देख कर ही चेतन कुछ अजीब तरह की ऊबाहट और वितृष्णा महसूस करने लगा।

उस दिन यद्यपि परीक्षा चार बजे ही समाप्त हो गयी थी, लेकिन चेतन बहुत देर बाद घर पहुँचा — इस आशा से कि उसके पिता अपने अभिन्न-हृदय मित्र देसराज के साथ बाज़ार शेखाँ की शोभा बढ़ाने चले गये होंगे। लेकिन शायद उस दिन देसराज आया न था, या पण्डित जी की जेब में शराब के लिए पर्याप्त पैसे न थे या फिर कोई और कारण था, नियम के विपरीत वे घर ही पर थे। चेतन के जाते ही उन्होंने डाँट कर पूछा, 'कहाँ मर गये थे ? अब इम्तहान खत्म हुआ है तुम्हारा ?'

चेतन का गला सूख गया। उसकी आँखों में धुँधियाली-सी छा गयी। हकलाते हुए उसने जो बहाना बनाने का प्रयास किया, उसे पण्डित जी ने बीच ही में काट दिया और उससे प्रश्न-पत्र माँगा।

काँपते हाथों से चेतन ने पेपर अपने पिता की ओर बढ़ा दिया।

झटके के साथ पेपर उसके हाथों से छीनते हुए उन्होंने पूछा, 'कितने सवाल ठीक किये हैं ?'

यद्यपि चेतन का एक भी प्रश्न ठीक न था तो भी उसने कहा कि उसके पाँच प्रश्न ठीक हैं। सहपाठियों से सुने हुए ठीक उत्तर उसने अपने पिता को बता दिये और अपने इस झूठ को सत्य का रंग देते हुए उसने यह भी कहा कि सिर्फ़ 'काम और वक़्त' और 'सूद-दर-सूद' के प्रश्न उसकी समझ में नहीं आये।

इससे पहले कि पण्डित जी ठीक प्रश्नों के विषय में उसके सत्य की जाँच करते, उन्होंने 'काम और वक़्त' का प्रश्न पढ़ा और बोले, 'इसमें मुश्किल क्या है ? कौन-सी बात तुम्हारी समझ में नहीं आयी ?'

चेतन मुँह ही में कुछ बड़बड़ा कर रह गया।

'जाओ, अपनी पुस्तक लाओ।'

उस समय भाई साहब ने, जो उन दिनों मैट्रिक में पढ़ते थे, अपने पिता से पेपर लिया और प्रश्न पढ़ कर बोले, 'यह तो बिलकुल आसान है।'

चेतन ने एक आग्नेय दृष्टि अपने भाई पर डाली और धीरे-धीरे उस व्यक्ति की-सी चाल से लड़खड़ाता हुआ पुस्तक लेने चला, जिसके भाग्य का निर्णय, फाँसी के रूप में, जज ने सुना दिया हो।

भाई साहब ने इस बीच प्रसन्नतापूर्वक लैम्प ला कर उसकी चिमनी को साफ़ किया, बत्ती काटी, तेल भरा और उसे चौकी पर रख कर जला दिया। इस तरफ़ से निश्चिन्त हो कर वे अपने पिता के लिए हुक़्क़ा भर लाने को चले गये। जब इतने पर भी चेतन पुस्तक ले कर न आया तो उसके पिता गरजे। तब माँ ने आ कर रुआँसे स्वर से कहा कि भूखा था, खाना खा रहा है....

चेतन ने बैठे-बैठे यह बात सुनी। उसके पेट में एक गोला-सा उभर कर उसके कण्ठ

तक आ गया। उसे पिता के सामने नीचे न जाना होता तो वह फूट-फूट कर रो उठता, लेकिन किसी तरह अपनी समस्त इच्छा-शक्ति से अपने आपको संयत रख, दो कौर किसी-न-किसी तरह निगल कर वह उठा। उसके पाँव मन-मन भर के हो रहे थे। उसे कुछ दिखायी न दे रहा था। पुस्तक यद्यपि ताक़ ही में पड़ी थी, तो भी उसे ढूँढने में उसे काफ़ी देर लग गयी। इतने में उसके पिता की गरज फिर सुनायी दी। काँपते हुए रुआँसे स्वर में 'आया जी' कह कर, पुस्तक, स्लेट और पेंसिल ले, वह चींटी की-सी चाल से नीचे को चला। उस समय उसे ऐसा लग रहा था जैसे हर सीढ़ी उसे किसी गहरे गर्त्त में लिये जा रही है। उसका शरीर रेंगते हुए उस ग़रीब घोंघे की तरह अपने आप में सिकुड़ा-सा जा रहा था, जिसने संकट का स्पर्श पा लिया हो।

जब वह जा कर पण्डित जी के सामने बैठ गया तो उन्होंने स्लेट-पेंसिल और पुस्तक ले कर उसे एक उदाहरण दे कर समझाया कि यदि पच्चीस मज़दूर एक खेत को पाँच दिन में काटते हैं तो पाँच मज़दूर उसे पच्चीस दिन में काटेंगे। और उन्होंने उसे समझाया कि काम करने वालों की संख्या अधिक हो तो समय कम और कम हो तो अधिक हो जाता है।

चेतन का भय, जो मार-पीट की निकट सम्भावना से पैदा हुआ था, कुछ दूर हो गया। भय के दूर होने के कारण घोंघा फिर खोल से बाहर निकलने लगा। चेतन फिर सँभल कर बैठ गया और ध्यान से समझने लगा। उस समय उसे न जाने कैसी एकाग्रता प्राप्त हो गयी कि वह प्रश्न, जो गणित से घृणा होने के कारण कभी उसके पल्ले न पड़ा था, अपनी समस्त सूक्ष्मता के साथ तुरन्त उसकी समझ में आ गया। वास्तव में उसने कभी समझने का प्रयास ही न किया था। उस समय, मार के भय से या समझाने वाले के सामीप्य के कारण, प्रश्न की समस्त जटिलता एकदम स्पष्ट हो कर उसकी समझ में आ गयी।

जब चेतन के पिता ने उससे पूछा कि सवाल उसकी समझ में आ गया है या नहीं तो उसने स्वीकार में सिर हिलाया।

तब पण्डित जी ने उससे यों ही एक मौखिक प्रश्न पूछा। चेतन ने झट उसका उत्तर बता दिया। फिर वे उससे प्रश्न करते गये और चेतन उत्तर देता गया। हर बार वे प्रश्न को जटिल बनाते गये। यहाँ तक कि उन्होंने एक खासा मुश्किल प्रश्न पूछा।

चेतन का साहस बँध गया था। उसने कहा, 'जी, मैं ज़रा सोच कर बताता हूँ।'

चेतन की मेधा-शक्ति से प्रसन्न हो कर उसके पिता ने उसे सोचने का समय दे दिया और जब सोचने पर भी उसने डरते-डरते कहा, 'जी बाऊ जी, यह मेरी समझ में नहीं आया,' तो सहसा पण्डित जी की दृष्टि मूर्खों की तरह मुँह बाये बैठे अपने बड़े लड़के पर चली गयी। और उन्होंने जैसे बन्दूक दाग़ी, 'तू बता!'

भाई साहब सिटपिटाये! काफ़ी सोचने के बाद उन्होंने जो उत्तर दिया, उसकी दाद में एक ज़ोर का थप्पड़ उनके गाल पर पड़ा।

'मैट्रिक में पढ़ता है साले और आठवीं क्लास के सवाल का जवाब नहीं आता।'

और पण्डित जी ने अपनी कृपा-दृष्टि को चेतन के बदले भाई-साहब की ओर मोड़ दिया।

०

मैट्रिक तक मार-पीट के बल पर किसी-न-किसी तरह पढ़ कर भाई साहब कॉलेज में दाखिल तो हो गये, लेकिन परीक्षा में सफल होना उन्होंने उतना ज़रूरी नहीं समझा। वे अंग्रेज़ी में तो कमज़ोर थे ही, पर संस्कृत से तो जैसे उनकी रूह फ़ना होती थी। यह बात वे कभी न समझ पाते कि यह क्लिष्ट भाषा, जो न किसी सरकारी नौकरी में काम आती है, न किसी व्यापारिक दफ़्तर में, जो आर्यों के समय में भी कभी जन-साधारण की भाषा न थी, आजकल क्यों पढ़ायी जाती है ? क्यों आवश्यक है कि संस्कृत या अरबी-फ़ारसी में से एक विषय ज़रूर लिया जाय। इसके स्थान पर किसी ललित कला या शिल्प की शिक्षा क्यों नहीं दी जाती, जिसमें वे निश्चय ही अपनी प्रतिभा दिखा सकते थे। और एक दिन गर्मी की छुट्टियों से पहले तीन महीने की फ़ीस ले कर वे दिल्ली भाग गये थे और वहाँ एक पेण्टर की दुकान पर शिष्य हो गये थे। दुर्भाग्य से पण्डित शादीराम के एक पुराने मित्र ने उन्हें वहाँ देख लिया और इस प्रकार भाई साहब को न केवल विवश हो कर लौट आना पड़ा, बल्कि उसी कॉलेज में फिर से शिक्षा पाने को बाध्य होना पड़ा।

पिता की सख़्ती से भाई साहब घबराये नहीं। मार के भय से वे कॉलेज में दाखिल भी हो गये, लेकिन क्लास में बैठ कर प्रोफ़ेसरों के रूखे, विरस लेक्चर सुनने की अपेक्षा कॉलेज की वाटिका के किसी घने वृक्ष की छाया में बैठ कर नित-नये मनोरंजक उपन्यास पढ़ने लगे। वे सब उपन्यास भाई साहब 'महन्तराम बुक सेलर' की दुकान से, दो पैसे प्रतिदिन के हिसाब से, किराये पर ले आते। महन्तराम की दुकान 'भैरों बाज़ार' में थी और उसमें 'फ़ज़ल बुक डिपो' (लाहौर) से ले कर 'नवलकिशोर प्रेस' (लखनऊ) तक —सभी प्रकार की संस्थाओं से छपी हुई पुस्तकों के ढेर लगे रहते थे। भाई साहब वह राशि-राशि ज्ञान दीमक की तरह चाट गये थे और साहित्य के उस महान-कोष को चट कर जाने के बावजूद वे दीमक ही की तरह कोरे-के-कोरे थे।

उपन्यास वे केवल मन-बहलाव या समय काटने के लिए पढ़ते थे, मनन-चिन्तन के लिए नहीं। इसी कारण जिस उल्लास और उत्सुकता से वे 'बेगुनाह कैदी,' 'नीली छतरी,' 'बहराम डाकू,' 'चन्द्रकान्ता सन्तति,' 'भोलानाथ' और तीरथराम फ़िरोज़पुरी के अनुवाद आदि पढ़ गये थे, उतने ही आनन्द से वे बंकिमचन्द्र, टैगोर, शरत और प्रेमचन्द के उपन्यास निगल गये थे।

परिणाम वही हुआ, जिसकी उन्हें आशा थी। उनकी हाज़रियाँ कम हो गयीं, और यद्यपि पण्डित शादीराम ने अपने सिद्धान्त 'तेल तमाँ जिसको मिले, तुरत नरम हो जाये' के अनुसार प्रोफ़ेसरों को रिश्वत देने का प्रयास भी किया और दूसरे विषयों में किसी तरह भाई साहब के लेक्चर पूरे भी हो गये, लेकिन संस्कृत के प्रोफ़ेसर को वे किसी तरह भी राम न कर पाये। भाई साहब परीक्षा में न बैठ सके और जब एक बार नहीं बैठे तो फिर नहीं ही बैठे।

कॉलेज से पिण्ड छूटा तो रोज़ी-रोटी की चिन्ता करने की अपेक्षा भाई साहब ने ताश और शतरंज को अपना साथी बनाया। इसमें कुछ उनका दोष था, कुछ उनके पिता का। जब भाई साहब दिल्ली से आ गये तो माँ के परामर्श से पण्डित जी ने इस चंचल 'बोते'[१] को बाँधने के खयाल से, उसकी नाक में नकेल डालना ज़रूरी समझा; अपने एक स्टेशन मास्टर

१. युवा ऊँट.

मित्र की लड़की से उनकी सगाई कर दी और जब भाई साहब परीक्षा में बैठने के स्थान पर घर बैठ गये तो उन्हें किसी काम पर लगाने या कोई कला-कौशल सिखाने के बदले पण्डित जी ने उनकी शादी कर दी।

इसके बाद, यद्यपि दूसरे वर्ष भाई साहब ने कॉलेज जाने से साफ़ इनकार कर दिया, तो भी पण्डित जी को उन्हें कहीं नौकर कराने की चिन्ता नहीं हुई। एक बार माँ के अनुरोध से तंग आ कर वे उन्हें ऑडिट ऑफ़िस में, अपने एक मित्र के पास ज़रूर ले गये, लेकिन जब उसने उन्हें केवल पैंतीस रुपये मासिक पर 'ऑफ़िस बॉय' रखने से ज़्यादा कुछ करना स्वीकार न किया तो पण्डित जी ने अपने उस मित्र को बीसियों गालियाँ दीं और कहा कि : 'पैंतीस रुपये से ज़्यादा तो मैं महीने में शराब पर खर्च कर देता हूँ साले।' और अपने इस थर्ड डिवीज़न मैट्रिक-पास सुपुत्र को ले कर चले आये।

फिर यद्यपि पण्डित जी ने उनकी नौकरी लगवाने के सिलसिले में फ़िरोज़पुर, लाहौर और दिल्ली जाने के लिए चेतन की माँ से कई बार रुपये लिये, लेकिन वे हमेशा बाज़ार शेखाँ के साक़ी की दुकान तक हो कर लौट आये।

रहे भाई साहब, तो उन्होंने अपने लिए मॉटो[१] बना रखा था : 'सोचो मत।' इसी मॉटो का अक्षरशः पालन करने का सुफल था कि उस बेकारी और बेरोज़गारी के बावजूद एक लड़का और दो लड़कियाँ उनके यहाँ हो गयी थीं। एक मर चुकी थी और दूसरी को उनकी पत्नी कूल्हे से लगाये फिरती थी और वे स्वयं अपने इन बीवी-बच्चों को पालने के लिए कहीं नौकरी ढूँढने की बात एकदम भुलाये, गुलछर्रे उड़ाया करते थे। कभी जब माँ या पत्नी घर में उनकी नाक में दम कर देतीं और ऐसे तीखे व्यंग्य-बाण छोड़तीं कि भाई साहब सोचने को विवश हो जाते तो वे आँगन में किसी औंधी बाल्टी पर या दरवाज़े की किसी चौखट में कुछ क्षणों के लिए घुटनों पर कुहनियाँ टिकाये, हथेलियों पर ठोड़ी रखे, अतीव एकाग्रता से सोचने की मुद्रा बना कर बैठ जाते। शायद वे सोचना भी चाहते, लेकिन इस मैदान में वे अपने आपको हमेशा उस खिलाड़ी-सा पाते, जिसे खेल का आरम्भिक ज्ञान भी न हो। कुछ क्षण इसी मुद्रा में बैठे रहने के बाद सहसा सिर को झटक कर वे उठते और सरदार नन्दासिंह सोडावाटर वाले की दुकान या पण्डित बनारसीदास सूत वाले की दुकान पर जा कर ताश या शतरंज की किसी टोली में सम्मिलित हो जाते। धीरे-धीरे वे उस मैदान में अपना स्थान बना लेते। ताश और शतरंज में उनकी अपूर्व प्रतिभा के सम्मान में कोई-न-कोई खिलाड़ी उनको अपनी जगह दे देता और फिर एक बार जूते एड़ियों से ठकोर कर झाड़ने के बाद वे जम कर जो बैठते, तो दूसरों को अपनी योग्यता का लोहा मनवाये बिना न उठते।

लेकिन चेतन की माँ अपने इस बेटे की बेकारी और अकर्मण्यता तथा उसकी लड़ाकी बहू के कर्कश, झगड़ालू, स्वभाव से बेहद दुखी थी। जब अपने सुपुत्र को काम में लगा देखने के लिए पिता के समस्त प्रयत्न शराबखाने तक जा कर ही समाप्त हो गये तो माँ ने कहीं से ऋण ले कर उसे एक लॉण्ड्री खोल दी।

०

१. मॉटो —आदर्श, आप्त-वाक्य।

बात वास्तव में यों हुई कि भाई साहब के प्रिय मित्र सरदार नन्दासिंह सोडावाटर वाले की दुकान पर, जहाँ सर्दियों में सोडे का बाज़ार सर्द और शतरंज की महफ़िल गर्म रहती थी, फ़िरोज़पुर का एक व्यक्ति आया, जो शतरंज का ज़बरदस्त खिलाड़ी था। उसने पहली ही बैठक में भाई साहब को, जो उस इलाके में शतरंज के चैम्पियन माने जाते थे, लगातार कई बार मात दे दी।

जब बिसात उठी तो एक सच्चे खिलाड़ी की तरह भाई साहब ने उसके खेल की भूरि-भूरि प्रशंसा की और लेमोनेड की एक बोतल खोलते हुए उसे दूसरे दिन के लिए आमन्त्रित किया। तब उसने बताया कि वह तो काम की खोज में जालन्धर आया है। उधर से निकला था, शतरंज बिछी देख कर बैठ गया, वरना उसे तो काम-धन्धा ढूँढना है। भाई साहब का कुतूहल बढ़ा और वे उसे उसके अड्डे —स्टेशन की सराय —तक छोड़ने गये। बातों-बातों में उन्हें यह मालूम हुआ कि उसका नाम राजाराम है। वह लॉण्ड्री के काम में निपुण है, धोने और रँगने में दोआबा[१] भर में उसका कोई सानी नहीं। किसी समय फ़िरोज़पुर ही में उसकी लॉण्ड्री थी, पर १९२१ के असहयोग आन्दोलन में वह जेल चला गया और उसकी लॉण्ड्री चौपट हो गयी। जेल में उसने दो चीज़ें सीखीं —एक शतरंज, दूसरे राष्ट्रीय कविता। भाई साहब को उसने अपने कई बैत सुनाये और यह भी बताया कि वह प्रसिद्ध डायर और ड्राईक्लीनर[२] होने के साथ-साथ मशहूर क़ौमी शायर भी है। फ़िरोज़पुर में उसकी रँगाई-धुलाई के साथ उसके बैतों की भी धूम है। जब लाहौर कांग्रेस के लिए सरकार ने मिण्टो पार्क देना अस्वीकार कर दिया था तो उसी ने यह प्रसिद्ध बैत लिखा था :

मिण्टो पार्क नूँ ले जाओ वई लन्दन चुक्क के।
असाँ रावी ते झण्डा झुलावाँगे वई।।[३]

उसने बताया कि एक बार लॉण्ड्री टूटने पर उसने कई बार पुनः लॉण्ड्री स्थापित करने का प्रयास किया, पर उसे सफलता नहीं मिली। अब फ़िरोज़पुर छोड़ कर वह जालन्धर आया है कि अगर कोई ऐसा पार्टनर मिल जाय, जो थोड़ी-बहुत पूँजी लगाने को तैयार हो तो साझे में लॉण्ड्री खोले।

शतरंज के इस कुशल खिलाड़ी और राष्ट्रीय कवि के दुर्भाग्य से भाई साहब को बड़ी सहानुभूति हुई, लेकिन शतरंज और ताश की चैम्पियनशिप के अलावा उनके पास कुछ नहीं था। फिर भी उन्होंने उसे दूसरे दिन आने के लिए कहा और तसल्ली दी कि वे उसके लिए कुछ-न-कुछ प्रबन्ध ज़रूर करेंगे।

उस दिन दिया जले जब चेतन घर आया तो उसने देखा कि माँ बर्तन मल रही है और उसके पास ही एक औंधी बाल्टी पर बैठे हुए भाई साहब लॉण्ड्री के काम की प्रशंसा के पुल बाँध रहे हैं।

'हींग लगे न फिटकरी, रंग चोखा आये,' वे कह रहे थे, 'कपड़े लोगों के, और धो कर देने वाले धोबी, लॉण्ड्री वाले को तो मुफ़्त में लाभ हो जाता है। कोई ही ऐसा बिज़नेस होगा, जो इतनी कम पूँजी से शुरू किया जा सके और जिसमें इतना ज़्यादा लाभ हो।'

---

१. सतलुज और व्यास नदियों के मध्य का प्रदेश।
२. रँगने और धोने वाला।
३. मिण्टो पार्क को लन्दन उठा कर ले जाओ, हम अपना झण्डा रावी पर झुलायेंगे।

चेतन उस समय जल्दी में था, इसलिए उसने भाई साहब की पूरी बात नहीं सुनी, लेकिन उस दिन के बाद उसने देखा कि लॉण्ड्री के काम में भाई साहब का उत्साह उत्तरोत्तर बढ़ रहा है। दिन का अधिकांश वे घर ही में रहने लगे हैं, ड्राई क्लीनिंग और डाइंग की कला में उन्हें पर्याप्त दक्षता प्राप्त होती जा रही है और जितना समय वे घर पर रहते हैं, माँ को लॉण्ड्री के काम के लाभ समझाते रहते हैं....

एक दिन उसने सुना, भाई साहब कह रहे थे, 'मैं अगर ताश-शतरंज में बेकार वक़्त बरबाद करता रहा तो इसमें मेरा क्या दोष है ? मुझे किसी ने कोई कला-कौशल सिखाया ही नहीं। मैं दिल्ली भाग गया था। मुझे वहाँ से वापस न बुलाते तो मैं अब तक बहुत प्रसिद्ध पेण्टर हो गया होता। अब भी अगर मैं लॉण्ड्री का काम सीख जाऊँ तो न सिर्फ़ अपना, बल्कि सारे परिवार का बोझ अपने कन्धों पर उठा लूँ।'

माँ बहुत प्रसन्न हुई कि आखिर सुबह का भूला शाम को घर आ गया है। उसी दिन से वह इस बात का जतन करने लगी कि अपने इस बेटे को किसी-न-किसी तरह लॉण्ड्री के लिए रुपये इकट्ठे कर दे। सुयोग भी आ उपस्थित हुआ। पण्डित शादीराम को उन दिनों 'सट्टे' की नयी-नयी लत लगी थी। दुनिया-जहान के साधू-सन्तों, पीरों-फ़कीरों के दर पर प्रसाद चढ़ाने और माथा रगड़ने के बावजूद वे इस लत की वजह से खासे क़र्ज़दार भी हो गये थे। तभी उन्हें जालन्धर छावनी के एक पहुँचे हुए ज्योतिषी का पता चला। बस, वे पन्द्रह दिन की छुट्टी ले कर जालन्धर आ पहुँचे। जालन्धर से छावनी और छावनी से जालन्धर, बीसियों चक्कर काटने और उन ज्योतिषी जी की चौखट पर निरन्तर माथा रगड़ने के बाद उन महाराज के दर से उन्हें 'दड़े'[१] का नम्बर मिला और इसे भाई साहब का भाग्य कहिए या उनके फ़िरोज़पुरी मित्र का कि वह नम्बर आ गया और पण्डित जी को अचानक साढ़े तीन हज़ार रुपये मिल गये।

यद्यपि उस समय पण्डित जी के सिर पर लगभग उतना ही क़र्ज़ था और माँ की इच्छा थी कि परमात्मा ने जब उनको सुअवसर दिया है तो उन्हें उसका पूरा लाभ उठा कर सट्टे को सदा के लिए 'नमस्कार' कह देना चाहिए, लेकिन पण्डित जी अपने भगवान को इतना कमीना और कंजूस न समझते थे, पत्नी के उपदेश-भरे परामर्श के उत्तर में, 'भगवान, तेरी लीला अपरम्पार है!' का नारा बुलन्द करते हुए उन्होंने कहा, 'जिस भगवान ने एक बार दिया है, वह फिर क्यों न देगा ?' और उन्होंने केवल डेढ़ हज़ार का ऋण उतारा; फल, मिठाई, कपड़ों और रुपयों का एक थाल ज्योतिषी जी के घर पहुँचाया और शेष रुपया अस्सी-नब्बे प्रतिदिन के हिसाब से सट्टे पर लगाते रहे, लेकिन जब माँ ही की बात पूरी हुई कि वह तो भगवान ने उन्हें सुधरने का एक अवसर दिया था, वरना लक्ष्मी यों मारी-मारी नहीं फिरती तो सारा रुपया ठिकाने लगा कर, डेढ़ हज़ार का फिर साढ़े तीन हज़ार क़र्ज़ चढ़ा कर और माँ को 'काल जीभी'[२] की उपाधि से विभूषित करके वे पुनः अपने स्टेशन पर चले गये।

माँ ने भाई साहब की प्रेरणा और सहायता से जैसे-तैसे उस रुपये में से तीन-चार

---

१. दड़ा = सट्टा = एक तरह की लॉटरी है जिसमें १०० तक नम्बर होते हैं। जिनका नम्बर आ जाता है, उन्हें नब्बे गुना पैसे मिलते हैं।

२. काली जीभ वाली.

सौ बचा लिया था। दो-तीन सौ कहीं से उधार लिया और लॉण्ड्री खोलने की व्यवस्था कर दी।

उन दिनों भाई साहब का उत्साह अपने शिखर पर था। उनके पाँव ज़मीन पर न पड़ते थे। बड़े तमतराक से उन्होंने अड्डा होशियारपुर पर एक तबेला किराये पर लिया, कपड़े धोने के लिए घाट बनवाये और बड़े-बड़े विज्ञापनों के साथ, जिनमें उनके मित्र फ़िरोज़पुरी राष्ट्रीय कवि ने अपने बैतों में लॉण्ड्री के गुणों का बखान करने में काफ़ी उदारता से काम लिया था, 'भारत लॉण्ड्री वर्क्स' की घोषणा कर दी। यह कहने की ज़रूरत नहीं कि इस लॉण्ड्री में राष्ट्रीय कवि बराबर के साझीदार थे।

लॉण्ड्री खोलने में भाई साहब ने इतनी निष्ठा और लगन का परिचय दिया कि चेतन को आप-से-आप उनकी सहायता के लिए तैयार होना पड़ा। अपने कॉलेज के होस्टल, स्कूल के होस्टल, अपने कॉलेज और स्कूल ही के नहीं, वरन अपने मित्रों की सहायता से दूसरे स्कूलों के होस्टलों से भी उसने 'भारत लॉण्ड्री' के लिए कपड़े लाने का प्रबन्ध कर दिया।

पीतल की बड़ी-बड़ी इस्त्रियाँ खरीदी गयीं, ताँबे के बड़े-बड़े तबलबाज़ लाये गये, शो-केस बनवाये गये और बड़े धड़ल्ले से लॉण्ड्री का काम चलने लगा। भाई साहब ने रँगाई और धुलाई का काम सीखने में ज़रा भी सुस्ती से काम नहीं लिया। चेतन ने यह भी देखा कि जब धोबी न होते या वे दूसरा कोई काम कर रहे होते तो भाई साहब स्वयं ही इस्त्री ले कर कपड़ों के ढेर-के-ढेर प्रेस कर देते।

भाई साहब की इस काया-पलट पर चेतन मन-ही-मन चकित हुआ करता और उसे किसी प्रसिद्ध दार्शनिक का यह कथन स्मरण हो आता —'मनुष्य का मन एक अथाह समुद्र है। इसके गर्भ में क्या है, यह सतह को देख कर नहीं जाना जा सकता।' और माँ नित्य पूजा के समय भगवान से कहती, 'हे भगवान, जैसे तूने मेरी सुनी, वैसे ही सब की सुन!'

०

कुछ महीनों तक मज़े में काम चलता रहा। फिर क्या हुआ, कैसे हुआ, चेतन को कुछ भी मालूम नहीं, लेकिन जहाँ-जहाँ से उसने कपड़े ला कर दिये थे, वहाँ-वहाँ से उसके पास लगातार शिकायतें पहुँचने लगीं। उसके एक मित्र ने उलाहना दिया कि तीन हफ़्तों तक उसे कपड़े नहीं मिले और जब वह लॉण्ड्री में गया तो धोबियों ने उसके कपड़े पहन रखे थे। एक दूसरे ने शिकायत की कि उसने अपनी बहन की जो साड़ी रँगने के लिए दी थी, उसे जब वह लेने गया तो उसे कोई दूसरी ही साड़ी मिली। उसने अपनी साड़ी के लिए तगादा किया तो भाई साहब और उनके मित्र उससे लड़ने पर उतारू हो गये कि रँगने के बाद साड़ी वैसी ही कैसे रह सकती है। चेतन का मित्र पूछ रहा था, 'रँगने के बाद साड़ी का रंग तो बदल सकता है, लेकिन साड़ी किस रासायनिक क्रिया से बदल गयी।'

चेतन उन दिनों परीक्षा की तैयारी कर रहा था। जब इन शिकायतों, उलाहनों और अभियोगों में प्रतिदिन वृद्धि होने लगी और सब ओर त्राहि-त्राहि मच गयी तो एक दिन अपनी पुस्तकों को पटक कर वह लॉण्ड्री पहुँचा। तब उसने देखा कि कपड़ों और उनके झमेलों को उनके हाल पर छोड़ कर, नितान्त निर्द्वन्द्व भाव से भाई साहब तबेले के घने

पीपल की छाया के नीचे अपने उस फ़िरोज़पुरी मित्र के साथ बिसात बिछाये बैठे हैं और उसे मात-पर-मात दे रहे हैं और उसने नन्दासिंह की दुकान पर उन्हें जो शिकस्त दी थी, उसका भरपूर बदला चुका रहे हैं....

चेतन बोला-बका, भाई साहब ने लॉण्ड्री का काम देखने का वचन भी दिया, लेकिन स्थिति सुधरने के बदले दिनों-दिन बिगड़ती चली गयी। आखिर एक दिन उसने सुना कि भाई साहब लॉण्ड्री को उसके भाग्य पर छोड़ कर कांग्रेस के डिक्टेटर हो गये हैं।

o

भाई साहब ने अपने उस फ़िरोज़पुरी मित्र से जहाँ लॉण्ड्री के लाभ सुन रखे थे, वहाँ जेल की ज़िन्दगी और वहाँ राजनीतिक बन्दियों के रूप में बेहतर सुविधाएँ पाने के विषय में भी बहुत-सा ज्ञान प्राप्त कर लिया था। बड़े-बड़े नेता पकड़े जा चुके थे। इसलिए जो भी नेता बनने और जेल जाने को तैयार होता, डिक्टेटर बन सकता था। घर में माँ और पत्नी के कोसनों, लॉण्ड्री में धोबियों और ग्राहकों के तगादों और दूसरे व्यावसायिक झगड़ों से भाई साहब का जीवन इतना कटु हो गया था कि उन्हें जेल की कोठरी कहीं अधिक सुखदायी और इसीलिए लुभावनी लगती थी। शतरंज के उस फ़िरोज़पुरी चैम्पियन की चालें देखने और उसे मात देने की जिस उत्कण्ठा ने भाई साहब के अवचेतन में उन्हें इतना बड़ा उत्तरदायित्व अपने ऊपर लेने और 'नीच जात का काम' करने के लिए उकसाया था, वह यह जान कर शान्त हो गयी थी कि आखिर उसकी क़िलेबन्दी कोई ऐसी दुर्जेय नहीं और वे अनायास ही उसकी ईंट-से-ईंट बजा सकते हैं। जब उन्होंने फ़िरोज़पुर के उस चैम्पियन पर अपनी क़िलेबन्दी का सिक्का, उसे निरन्तर शिकस्तें दे कर, जमा दिया तो लॉण्ड्री जैसे 'नीच' काम का जंजाल पाले रखना उन्हें एकदम निरर्थक मालूम हुआ।

चेतन को भी एक तरह से शान्ति मिली। यह सच है कि घर में कुहराम मच गया। और जिन लोगों के कपड़े गुम हो गये थे, उनके उलाहने और गालियाँ सुनते-सुनते उसके कान पक गये, लेकिन उसने अपने मित्रों से कह दिया कि भाई साहब लॉण्ड्री से अलग हो गये हैं और अब इस विषय में उनके फ़िरोज़पुरी मित्र ही से पूछ-ताछ की जाय।

भाई साहब ने जिस निष्ठा से लॉण्ड्री खोली थी, उससे कहीं अधिक निष्ठा से वे राष्ट्र-सेवा में तल्लीन हो गये। दिन-रात वे कांग्रेस के काम में व्यस्त रहते। कहीं चन्दा इकट्ठा कर रहे हैं, कहीं झण्डे को सलामी दे रहे हैं, कहीं जुलूस निकाल रहे हैं और कहीं सभा की व्यवस्था कर रहे हैं। घर वालों को उनके दर्शन भी दुर्लभ हो गये। अपने लम्बे-छरहरे शरीर पर खादी की शेरवानी और खादी ही का चूड़ीदार पायजामा पहने, सिर पर तिरछी गाँधी टोपी रखे, वे शुतर-बे-मुहार[1] की तरह घूमते और घर वालों को इस प्रकार देखते मानो वे किसी नाली में किलबुलाने वाले हेय, अन्धे-बुच्चे, निरीह और अत्यन्त घृणास्पद कीड़े हों।

चेतन के मन में अपने भाई का सम्मान, घर में नित-नयी दी जाने वाली गालियों के बावजूद, बढ़ने लगा था कि उसे कांग्रेस की एक सभा देखने का सुयोग मिला और वह जान गया कि भाई साहब के लिए कांग्रेस की डिक्टेटरी भी लॉण्ड्री से ज़्यादा महत्व नहीं

१. शुतर-बे-मुहार = बेलगाम का ऊँट।

रखती।

o

....उस दिन भाई साहब ने उससे अनुरोध किया था कि वह शाम की सभा देखने ज़रूर आये और उन्होंने बताया था कि प्रेस के विषय में सरकार ने जिस कठोरता की नीति से काम लिया है, उसके विरुद्ध प्रोटेस्ट के तौर पर समाचार-पत्र बन्द हो गये हैं। देश में चारों तरफ़ विरोध-सभाएँ हो रही हैं। इसी सिलसिले में उन्होंने भी सभा की व्यवस्था की है, जिसमें वे स्वयं एक बहुत ज़ोरदार भाषण देने जा रहे हैं। इस बात की पूरी सम्भावना है कि उन्हें सभा में गिरफ़्तार कर लिया जाये। उन्होंने चेतन से अनुरोध किया कि वह उनका भाषण सुनने ज़रूर आये और चलते-चलते यह भी कहा कि सम्भव हो तो एक-आध हार ज़रूर खरीद कर लेता आये।

चेतन उस दिन एक निहायत दिलचस्प उपन्यास पढ़ रहा था। यद्यपि उपन्यास को बीच ही में छोड़ कर जाना उसे बहुत खल रहा था, तो भी भाई साहब का अनुरोध था और फिर इस बात की आशंका भी थी कि जाने वे उस दिन पकड़ लिये जायँ और जाने कितने वर्षों के लिए जेल की कोठरी में ठूँस दिये जायँ। इसलिए पुस्तक को हाथ ही में लिये वह चल पड़ा और भाई साहब की इच्छानुसार रास्ते में उसने फूलों का हार भी खरीद लिया।

जब वह चौक इमाम-नासरुद्दीन में पहुँचा तो सभा शुरू हो चुकी थी। वह एक ओर खड़ा हो गया। उसने देखा कि डाइंग और ड्राईक्लीनिंग के विशेषज्ञ, राष्ट्रीय कवि श्री राजाराम सभापति के आसन की शोभा बढ़ा रहे हैं और भाई साहब एक समाचार-पत्र से किसी नेता का वक्तव्य पढ़ रहे हैं (इसी को शायद वे भाषण देना कहते थे)। उनके हाथ काँप रहे हैं; उनकी टाँगें काँप रही हैं, यहाँ तक कि तख्त और उस पर रखी हुई मेज़ भी काँप रही है।

तभी एक ओर से जनता उठ खड़ी हुई और 'पोलीस, पोलीस' का शोर मच गया। इस भगदड़ में चेतन हाथ में हार लिये हुए पास ही खड़ी एक बैलगाड़ी पर चढ़ गया। दूसरे क्षण उसे पता चला कि जिसे लोग पुलिस समझते थे, वह तो एक भयभीत साँड़ है। न जाने किस मसखरे ने उसे सभा की ओर भगा दिया था। कभी वह डर कर एक ओर जाता, कभी दूसरी ओर; लेकिन जब साँड़ भय की सीमा पार कर निर्भीक हो गया तो श्रोताओं ने, जो भाषण सुनने की अपेक्षा यह तमाशा देखने लगे थे, उसे रास्ता दे दिया। लोग फिर इकट्ठे होने लगे। चेतन भी बैलगाड़ी से उतर कर सभा के मध्य रखे हुए तख्त की ओर बढ़ा। उस समय उसने देखा कि वहाँ न सभापति महाशय हैं और न वक्ता महोदय और लोग मंच पर चढ़ कर हुल्लड़ मचा रहे हैं....

जब चेतन घर पहुँचा तो उसे पता चला कि वक्ता महोदय तो उससे कहीं पहले घर पहुँच गये थे और बड़े आराम से सोये हुए खर्राटे ले रहे हैं।

सभापति महाराज उसके बाद महीनों जालन्धर में दिखायी नहीं दिये। वे दोआबा के गाँवों में भागते, छिपते और अपनी राष्ट्रीय कविताएँ सुना कर देहातियों का आतिथ्य स्वीकार करते, यह कहते फिरे कि उनकी गिरफ़्तारी के वॉरण्ट निकले हुए हैं और वे पुलिस को छकाते हुए अपने राजनीतिक कार्य को जारी रखे हुए हैं।

एक लम्बी अवधि के बाद होशियारपुर की एक नयी लॉण्ड्री का विज्ञापन चेतन के

हाथ लगा, जिसकी प्रशंसा में वही बैत छपे थे, जो कभी राष्ट्रीय कवि ने 'भारत लॉण्ड्री वर्क्स' की प्रशंसा में लिखे थे।

०

दूसरे दिन जब भाई साहब उठे तो लॉण्ड्री की तरह कांग्रेस की डिक्टेटरी भी उनके मस्तिष्क से विलुप्त हो गयी थी और चूँकि सर्दी का मौसम जा चुका था, इसलिए भाई साहब ने सरदार नन्दासिंह सोडावाटर वाले की दुकान के बदले पण्डित बनारसीदास की दुकान को अपना अड्डा बनाने का निश्चय कर लिया था।

छै

अपने बड़े भाई की प्रकृति के इस पक्ष पर विचार करता हुआ चेतन जब 'बाज्जेयाँ वाला बाज़ार' में पहुँचा तो उसने देखा कि उसके भाई पण्डित बनारसीदास की दुकान पर चन्द बेफ़िक्रों के साथ ताश खेल रहे हैं। चेतन चुपचाप दुकान के तख्ते पर जा खड़ा हुआ। बाज़ी शुरू हो चुकी थी और वे बड़ी तन्मयता से पत्ते लगा रहे थे। उस वक़्त उनकी सूरत पर कुछ ऐसी गम्भीरता विद्यमान थी, जो अपनी सेना की व्यूह-रचना करते समय किसी नायक के चेहरे पर झलकती है। पत्ते लगाने के बाद उन्होंने कनखियों से अपने इर्द-गिर्द बैठे हुए खिलाड़ियों पर एक नज़र डाली, फिर दोपहर से उकड़ूँ बैठे रहने के कारण थकी हुई अपनी टाँगों को पसार कर ज़रा सीधा किया और फिर पत्तों को छिपाते हुए पूर्ववत जम कर बैठ गये।

तभी पण्डित बनारसीदास ने एक थकी हुई हँसी के साथ कहा, 'बस, अब इस पर टिकट[१] लगा कर खतम करो।'

इशारा पत्ते बाँटने वाले की ओर था।

चेतन के बड़े भाई ने कहा, 'परमात्मा ने चाहा तो इस बार टिकट लगा कर ही दम लेंगे!' और फिर अपने पत्तों पर एक उल्लास-भरी दृष्टि डाल कर सामने बैठे हुए अपने साथी को आदेश दिया, 'माँगो भी अब जल्दी या सारी उम्र पत्ते ही लगाते रहोगे!'

धीमी आवाज़ में साथी ने कहा, 'सात!'

तब दूसरे ने कहा, 'आठ!'

लेकिन उनसे भी बढ़ कर, जैसे उछल कर चेतन के भाई ने कहा, 'ग्यारह!' और फिर इस बात की प्रतीक्षा किये बिना कि चौथे को भी कुछ बोलना है, उन्होंने कहा, 'रंग पान!' और पत्ता फेंक दिया।

---

१. जहाँ एक व्यक्ति उस समय तक पत्ते बाँटता रहे जब तक कि उस पर सौ नम्बर हो जायँ, तब उस पर टिकट लग जाती है —पंजाब के ताश खेलने वालों की भाषा में! कहीं-कहीं उसे 'राय साहब' की उपाधि भी दे दी जाती है। टिकट लगने के बाद उसका दूसरा साथी ताश फेंटने लगता है।

चुपचाप दुकान के तख़्ते पर खड़ा चेतन सोचने लगा, 'ये लोग कैसे इस फ़िज़ूल के खेल में समय नष्ट कर सकते हैं ? कोई काम नहीं, काज नहीं, आशा नहीं, आकांक्षा नहीं। बस, किसी तरह वक़्त को ज़िबह किये जाते हैं!' एक दया-भरी दृष्टि उसने उन सब पर डाली। चारों खिलाड़ी तन्मय हो कर, गत-आगत की चिन्ताओं को भुला कर, खेल में निमग्न थे। उनको भी चेतन ने देखा, जो खेल को देख कर ही खेलने वालों से अधिक रस पा रहे थे। उन्हीं में सब से अधिक दिलचस्पी लेने वाले थे स्वयं दुकान के मालिक पण्डित बनारसीदास!

०

वहीं खड़े-खड़े उस व्यक्ति का सारा जीवन चेतन के सामने घूम गया। पण्डित बनारसीदास के दादा का चित्र भी उसके सामने आया। —पतला-दुबला शरीर, श्यामरत्न नाम। इसी दुकान में जहाँ खेल जमता है, वे नोन-तेल बेचा करते थे। पर नोन-तेल बेचने से ज़्यादा वे मुहल्ले के रोगियों का इलाज किया करते थे। उनके नुस्खे अचूक होते। प्राय: मरणासन्न रोगी भी एक बार उठ कर बैठ जाता। इसके अतिरिक्त वे मुहल्ले के बच्चों को गणित के प्रश्न भी समझाया करते थे। आँख से उन्हें कुछ कम दिखायी देता था। उनका वह आँखों के पास स्लेट ले जा कर, एक आँख को प्राय: बन्द करके, गणित के प्रश्न समझाना चेतन को अच्छी तरह याद था।

पण्डित बनारसीदास के बचपन ही में उनके पिता परलोक सिधार गये थे। उनकी माँ को पण्डित श्यामरत्न ने घर से निकाल दिया था।

हिन्दू विधवा का जीवन आज भी उतना सुगम नहीं, पर तब तो बाघों से घिरी असहाय मृगी के समान था। ससुराल में किसी तरह का व्यक्तिगत अधिकार न होने के कारण, प्राय: विधवा को किसी देवर, जेठ या ऐसे ही किसी रिश्तेदार के आश्रय में रहना पड़ता था। और इस आश्रय का मूल्य भी उसे भरपूर चुकाना पड़ता था। पण्डित बनारसीदास की माँ के साथ वही हुआ, जो दूसरी अनेक हिन्दू विधवाओं के साथ होता था। पण्डित श्यामरत्न को जब मालूम हुआ कि उनकी बहू अपने सतीत्व को नहीं निभा सकी और पाप का भार उठाये हुए है तो एक रात, जब मुहल्ले वाले सुख की नींद सो रहे थे, वे उसके मायके का किराया दे कर उसे चुपचाप स्टेशन पर छोड़ आये।

माता-पिता के प्यार और डर से विहीन पण्डित बनारसीदास जल्दी ही उन सब गुणों से सम्पन्न हो गये, जिन्हें बे-माँ-बाप के बच्चे शीघ्र ही ग्रहण कर लेते हैं। यही कारण है कि दो-दो, तीन-तीन वर्ष में दादा के यत्नों से छोटे दर्जे पास करके जब वे दसवें दर्जे तक पहुँचे तो उन्होंने वहीं डेरा डाल दिया।

पण्डित श्यामरत्न ने भरसक प्रयत्न किया कि वे किसी तरह अपने इस 'योग्य' पोते को मैट्रिक पास करा के उसे कहीं खाते-कमाते देख कर मरें, पर उनकी यह लालसा मन-ही-मन में रह गयी। चौथे वर्ष फिर मैट्रिक में फ़ेल होने पर जब पण्डित बनारसीदास अपने दादा की रही-सही पूँजी ले कर चम्पत हो गये तो उसी फ़िराक़ में पण्डित श्यामरत्न ने प्राण त्याग दिये।

इसके बाद जब तक पूँजी रही, पण्डित बनारसीदास घूमते रहे, पर जब वह सब ख़त्म

हो गयी तो फिर वापस आ गये और अपने दादा की उस दुकान का जीर्णोद्धार करके उस पर जम कर बैठ गये। बुज़ुर्गों में से किसी ने नौकरी जैसा निकृष्ट काम किया नहीं था तो फिर वे ही क्यों करते ? दादा नोन-तेल बेचते थे, उन्होंने इन सब झंझटों से छुट्टी पा कर रुई और सूत का काम शुरू कर दिया। कौन दो-दो पैसे की चीज़ें तोलता फिरे। दो-एक देहाती फँस जाते तो उतनी बचत निकल आती, जितनी उनके दादा को दिन भर तराज़ू से जूझ कर प्राप्त न होती। फिर पण्डित बनारसीदास दो दिन कमाते तो चार दिन बैठ कर खाते। जिस दिन चार मित्र न आते, उस दिन खोये-खोये-से दुकान पर बैठे रहते, फिर स्वयं ही उठ कर उन्हें इकट्ठा कर लाते। शादी तो इस हालत में क्या होती, रहा रोटी का सवाल तो उसके लिए यारबाश मौजूद थे। कभी-कभी खुद भी दो रोटियाँ सेंक लेते। जब और कोई डौल न होता तो सेर-दो सेर दूध पी कर पड़ रहते।

एक देहाती सूत की गठरी दुकान के तख्ते पर रखे कितनी ही देर से पण्डित जी का ध्यान अपनी ओर आकर्षित करने का प्रयास कर रहा था, लेकिन पण्डित बनारसीदास ताश पीसने वाले पर टिकट लगती देखने में इस हद तक तल्लीन थे कि उन्होंने देहाती की ओर देखा भी नहीं।

वहीं दुकान के तख्ते पर खड़े-खड़े चेतन सोचने लगा — 'ये लोग कैसे सारा-सारा दिन यह व्यर्थ का उबाऊ खेल खेले जाते हैं! यह भी कोई ज़िन्दगी है!' और निमिष भर के लिए चेतन के सामने अपनी आकांक्षाएँ घूम गयीं — 'कीड़े!' — उसने मन-ही-मन उपेक्षा से कहा, 'किसी दिन योंही मौत के मुँह में जा पड़ेंगे।'

तभी उसने देखा, उसके बड़े भाई अपने एक प्रतिपक्षी के साथ गुत्थम-गुत्था हो रहे हैं। चेतन का ध्यान उधर नहीं था। बात वास्तव में यह हुई कि उनके प्रतिपक्षी ने टिकट से बचने के लिए अथवा पीसते-पीसते तंग आ कर रंग का पत्ता छिपा लिया था, लेकिन चेतन के भाई को धोखा देना आसान न था। एक थप्पड़ उसके मुँह पर जमाते और गाली देते हुए उन्होंने कहा, 'यह पत्ता कब का अपनी माँ के पास छिपा रखा था ?'

एक तो तीन-चार घण्टे से पीसते रहने का दुख, दूसरे चालाकी के पकड़े जाने का ग़ुस्सा, तीसरे थप्पड़ की चोट, चौथे गाली....उसने थप्पड़ के जवाब में तान कर घूँसा दे मारा और दोनों गुत्थम-गुत्था हो गये। इससे पहले कि कोई दूसरा उनकी मदद करता, रुई तोलने के बाटों से दोनों के सिर फट चुके थे। चेतन जब चौंका तो उसने देखा कि एक को पण्डित बनारसीदास ने पकड़ रखा है और दूसरे को दुर्गादास अपनी बाँहों में बाँधे हुए हैं और दोनों घायल सिंहों की तरह एक-दूसरे को ताक रहे हैं और दहाड़ों के नाम पर गालियाँ दे रहे हैं।

तभी चेतन को याद आया कि वह तो अपने भाई को बुलाने आया था। वह आगे बढ़ा और श्री रामानन्द का हाथ थाम उन्हें घर की ओर ले चला।

सात

फटे हुए सिर और बहते हुए खून के साथ जब चेतन के बड़े भाई श्री रामानन्द घर पहुँचे तो अपने पुत्र को लहू में लथपथ देख माँ के हाथ-पाँव फूल गये। अपना सब ग़ुस्सा उसे भूल गया और रोने की हद तक चीख कर उसने चेतन से कहा कि वह खड़ा क्या देखता है, लपक कर पानी गर्म कर लाये, इतने में वह अन्दर से कोई कपड़ा लाती है....

कपड़ा तो उस बदहवासी में क्या मिलता, माँ ने अभी-अभी धोबी के यहाँ से आयी हुई नयी धोती फाड़ कर पट्टी बनायी। इतने में चेतन पानी गर्म कर लाया और 'मैं कहता हूँ कुछ नहीं, मैं कहता हूँ कुछ नहीं' —रामानन्द के यह कहते रहने के बावजूद, माँ ने किसी दूध-पीते बच्चे की तरह ताश और शतरंज के उस चैम्पियन का सिर अपनी गोद में ले कर घाव धोया और गीली पट्टी बाँध दी। तब उलाहने के स्वर में थकी-रुआँसी आवाज़ में उसने पूछा, 'कहाँ से यह चोट खा आया तू ?'

चेतन ने बता दिया कि खेलते-खेलते झगड़ा हो गया था।

तब चेतन की भाभी श्रीमती चम्पावती (जो इस समय तक उधर से नितान्त उदासीन अपने कमरे में बैठी ब्लाउज़ सी रही थीं) वहाँ आ गयीं और चीख कर बोलीं, 'मैं कहती हूँ, आपको यही सब कुछ करना है तो मुझे मायके छोड़ आइए!'

○

चेतन की भाभी चम्पावती आदमपुर दोआबा के स्टेशन मास्टर पण्डित गिरधारीलाल की लड़की और पटवारी पण्डित गंगाराम की पोती थी। पण्डित गंगाराम के दो लड़के थे — चम्पा के पिता पण्डित गिरधारीलाल और चाचा पण्डित मुंशीराम।

जब दोनों पुत्र काम पर जा लगे, तो पटवारगिरी छोड़ पिता ने संन्यास ले लिया। कौन ऐसी बात थी, जिससे वे एकदम संसार से विरक्त हो बैठे, इसे तो भगवान ही जाने, पर पत्नी की मृत्यु के बाद वे बहुत दिन तक नौकरी पर नहीं रहे। वे वन में जा बैठे हों या ज्ञान-ध्यान में उन्होंने मन लगा लिया हो, यह बात नहीं। उनके विचार तथा भ्रम वैसे ही बने रहे और आत्मा और परमात्मा के झगड़ों और धर्म-कर्म के झंझटों से वे उतने ही दूर रहे, जितने पहले थे। हाँ, उन्होंने जोगिया कपड़े अवश्य पहन लिये और जहाँ पहले अपना घर ही उनका घर था, वहाँ अब सब के घर उनके घर हो गये।

चम्पा के पिता आयु में बड़े थे, उन्होंने पदवी भी बड़ी पायी। अपने पिता पण्डित गंगाराम की पटवारगिरी के ज़माने ही में वे तार बाबू हो गये थे, फिर बढ़ते-बढ़ते स्टेशन-मास्टर के पद तक जा पहुँचे। पण्डित मुंशीराम छोटे थे, इसलिए छोटे रहने ही में उन्होंने अपना गौरव जाना। वे कस्बे की प्राइमरी पाठशाला में अध्यापक हो गये और यह समझ कर कि विद्यादान ही सब से उत्तम दान है और वे सुबह से शाम तक दोनों हाथों यह दान करते हैं, वे सहज-सन्तुष्ट बने रहे।

लेकिन सम्पन्नता और विपन्नता में कम ही बनती है और पण्डित मुंशीराम और उनके भाई में भी कभी नहीं बनी। एक को अपनी सम्पन्नता का गर्व था, दूसरे को अपनी विपन्नता का अभिमान। पण्डित गिरधारीलाल की पत्नी मर गयी थी, इसलिए उनके लड़के-लड़कियों

ने लड़ना-झगड़ना और अपने अहंकार में रत रहना खूब सीख लिया था। इन्हीं पण्डित गिरधारीलाल की बड़ी लड़की चम्पावती से चेतन के बड़े भाई रामानन्द का विवाह हुआ तो उनके घर की कलह श्रीमती चम्पावती द्वारा इस घर में भी चली आयी। चम्पावती ने अपने घर में माँ और चची में, माँ और बड़ी भावज में नित झगड़ा होते देखा था, और जब दोनों भाई अलग हो गये और माँ भी परलोक सिधार गयी तो उसके पद-चिन्हों पर चलने को अपना परम कर्त्तव्य मान कर श्रीमती चम्पावती ने अपनी बड़ी भावज को सास की अनुपस्थिति एक दिन के लिए भी खटकने नहीं दी थी। यह सब होते हुए यह कैसे सम्भव था कि वह अपनी ससुराल में शान्ति का अखण्ड राज्य रहने देती। वह तो आते ही अलग हो जाती, पर दुर्भाग्य से श्री रामानन्द काम के नाम पर सिर्फ़ ताश और शतरंज खेलना जानते थे और अपनी सुपत्नी की डाँट-डपट, रोने-पीटने और रूठने का उस धीर-वीर युवक पर कुछ प्रभाव न पड़ता था।

०

जब चेतन की भाभी ने अपने पति के फटे हुए सिर और लहू में शराबोर कपड़ों की ओर कोई ध्यान न दिया और इस अवसर को मायके जाने का अनुरोध करने के लिए ही मुनासिब समझा तो चेतन के भाई पहली बार कराहे और बेतरह घायल महसूस करने-कराने में ही उन्होंने अपनी कुशल समझी। झगड़े का सिगनल होता देख, चेतन ने माँ से कहा कि खाना परोस दे, वह नीचे बैठक ही में जा कर खा लेगा। और झटपट वह थाली ले कर वहाँ से खिसक गया।

नीचे अपने कमरे में जा कर खाना खाने के बाद चेतन ने पानी बाहर कुएँ ही से पी लिया। ऊपर जाना उसे उचित नहीं लगा। फिर जैसे निश्चिन्त हो कर वह माँ के आदेशानुसार बस्ती ग़ज़ाँ के पण्डित दीनबन्धु को चिट्ठी लिखने लगा। ऊपर होने वाले झगड़े का स्वर उसकी तन्मयता को भंग न करे, इस खयाल से उसने किवाड़ भी लगा लिये और क़लम-दवात ले कर बड़े इत्मीनान के साथ बैठ गया।

तब ऊपर उठने वाले तूफ़ान ने कितना ज़ोर पकड़ा, कितने बादल गरजे, कितना पानी बरसा, यह सब उसे मालूम नहीं हुआ। कभी-कभी बन्द किवाड़ों को भेद कर आने वाले भावज के कर्कश स्वर से उसे तूफ़ान के पूरे ज़ोरों पर होने का आभास मिल जाता था।

क़लम-दवात और काग़ज़ ले कर वह बैठ तो गया, पर चिट्ठी न लिख सका, क्योंकि चिट्ठी लिखना और खाना खाना दोनों एक-सी बातें न थीं। फिर उस समय, जब कि ऊपर तूफ़ान का ज़ोर उत्तरोत्तर बढ़ता ही जा रहा था। तभी, जब वह पत्र कई बार शुरू करके काट चुका था और हैरान था कि क्या करे और क्या न करे, उसे बाहर किसी अपरिचित कण्ठ की आवाज़ सुनायी दी — 'रामानन्द, रामानन्द!'

कोई आगन्तुक उसके भाई का नाम ले कर पुकार रहा था।

वह क्षण भर को रुका। किसी ने फिर बैठक के किवाड़ खटखटाये। उठ कर उसने दरवाज़ा खोला। देखा — पतले-छरहरे शरीर, लम्बी नाक, छोटी ठोड़ी और गोरे रंग का एक युवक नफ़ीस सूट पहने खड़ा है।

'रामानन्द है ?' आगन्तुक ने पूछा।

'जी हैं।'

'कहना, हुनर आया है।'

'हुनर साहब ?'

'हाँ, राम प्रकाश 'हुनर'!'

और जैसे निमिष-मात्र के लिए आगन्तुक को आँखों-ही-आँखों में पी कर चेतन भागता हुआ-सा ऊपर पहुँचा और जा कर भाई को बड़े उत्साह से उसने यह समाचार दिया कि हुनर साहब तशरीफ़ लाये हैं।

उस समय उसके भाई चुपचाप चारपाई पर लेटे थे, भावज शायद मायके का सामान तैयार करके आँखों में अंगारे लिये फुँकारती हुई मेज़ के एक कोने पर बैठी थी और माँ एक पीढ़े पर बैठी रो रही थी।

'हुनर!' चेतन के भाई उछल कर उठे। अपने उस मित्र के आगमन को जैसे दैवी सहायता जान कर, उस झगड़े से अपना दामन बचा, वे सीढ़ियों की ओर लपके।

माँ ने कहा, 'खाना तो खाते जाओ।'

'मैं आज खाना नहीं खाऊँगा।' यह कहते हुए वे जल्दी-जल्दी सीढ़ियाँ उतर गये।

तब उनकी पत्नी ने चीख कर क्या कहा, वह सब उन्होंने नहीं सुना।

आठ

उस लम्बे क़द के छरहरे-से युवक को चेतन मुग्ध-सा देखता रहा था। उसने अपने बड़े भाई से उसके चमत्कारों की बेशुमार कहानियाँ सुनी थीं। आशु कविता करने, अवसरानुसार शेर कहने में उसे कमाल हासिल था। फब्तियाँ कसने में पटु और बला का हाज़िर-जवाब! कॉलेज के दिनों में उसके शेर हर लड़के की ज़बान पर होते थे। मुशायरे और महफ़िलें उसके दम से आबाद थीं। उन्हीं दिनों किसी सुन्दर लड़के को लक्ष्य कर उसी वक़्त कहा गया हुनर साहब का शेर चेतन को कण्ठस्थ हो गया था —

लस्सी दही की आज पियेंगे दुकाँ पे वो
हम चूम लेंगे होंट उनके बन के बाटियाँ

होंट चूमने की लालसा को बाटियाँ बन के पूरा करने की नाज़ुक-खयाली पर चेतन सिर धुनता रहा था। उन दिनों चेतन को उर्दू शायरी की तकनीक और उसके उरूज़ याने पिंगल का कोई ज्ञान न था। शेर की दूसरी पंक्ति में शब्द 'के' का स्वर दो जगह गिरता है, वह नहीं जानता था। उसे तो यह भी मालूम न था कि —

हलवाई ख़ुश कि दाम ज़्यादा किये वसूल
मैं खुश कि रेवड़ियों में चवन्नी भी आ गयी

या :

तसवीर मेरी देख कर कहने लगा वो शोख
यह कारटून अच्छा है अखबार के लिए

या :

तार इस मतलब का आया है मुझे भूपाल से
रात भर भैंसे की दुम हिलती रही भूचाल से

ये और अन्य ऐसे कितने ही उनके शेर, जो चेतन ने अपने भाई से सुन कर याद कर रखे थे, हुनर साहब के नहीं, बल्कि हास्य-रस के एक और प्रसिद्ध कवि के हैं।

o

हुनर साहब लाहौर के एक प्रसिद्ध दैनिक के सम्पादन-विभाग में काम करते थे और अपने नाम के पहले लसानुल-ए'जाज़[१] और बाद में रुक्न-ए-इदारा देश[२] लिखना न भूलते थे। चेतन की उत्कट आकांक्षा थी कि वह भी किसी समाचार-पत्र के सम्पादक-मण्डल का रत्न बने। कई बार सपनों में अपने आपको सम्पादक के रूप में देख कर वह प्रसन्न हो चुका था। इसीलिए हुनर साहब के प्रति उसके मन में वही भाव था, जो किसी महान व्यक्ति के दर्शन का सौभाग्य पाने वाले श्रद्धालु के मन में होता है। हुनर साहब की सूरत, उनका लिबास, उनकी बातें — उनका सभी कुछ उसे असाधारण दिखायी देता था।

तीनों एम्प्रेस गार्डन की ओर जा रहे थे। हुनर साहब की जादू-बयानी अपने ज़ोरों पर थी। बड़े प्रभावशाली ढंग से वे लाहौर की दिलचस्पियों का ज़िक्र कर रहे थे — वहाँ के शायर, पत्रकार, छात्र, मुशायरे, संस्थाएँ, रेस्तराँ और उनमें जमने वाली मजलिसें — और चेतन जैसे मन्त्र-मुग्ध सुन रहा था। उसके भाई साहब भी प्रभावित थे, लेकिन हुनर साहब ताश या शतरंज के कोई चैम्पियन तो थे नहीं, कि उनके भाग्य से भाई साहब को ईर्ष्या होती, पर चेतन की श्रद्धा का तो जैसे वार-पार न था। उसकी आँखें तो हुनर साहब के चेहरे से हटती ही न थीं। उस चेहरे की एक-एक भंगिमा उसके मन पर अंकित हो रही थी और हुनर साहब के होंटों से निकला हुआ हर शब्द जैसे सीधा उसके दिल में उतर रहा था।

चेतन का बस चलता तो उसी वक़्त उड़ कर लाहौर पहुँच जाता। बार-बार वहाँ का रंगीन वातावरण अपनी समस्त विभिन्नता, मनोरंजकता और मस्ती के साथ उसके मस्तिष्क में घूम जाता और अपने सीमित क्षेत्र का विचार उसका दम घोंटने लगता।

सम्पादक और अध्यापक में कितना अन्तर है — वह सोचता। सम्पादक क़लम का सम्राट है। चाहे तो साम्राज्य बना दे, चाहे बिगाड़ दे। वह बड़े-से-बड़े व्यक्ति तक की आलोचना परम निर्भीकता से कर सकता है। (चेतन को तब यह मालूम न था कि पूँजीवादी युग में समाचार-पत्र ही नहीं खरीदे जाते, उनके सम्पादक और कई बार मालिक तक खरीदे जा सकते हैं)। और अध्यापक — चेतन के सामने छुट्टी का दृश्य घूम जाता — घण्टी बजते ही लड़के बस्तों को बग़लों में दबाये, पिंजरे से निकली हुई चिड़ियों की तरह फुर्र से घरों को उड़ जाते और दिन भर माथा-पच्ची करने के बाद थके-हारे अध्यापक इस बात

१. ज़बान से जादू जगाने वाला।
२. सम्पादक-मण्डल का सदस्य।

की प्रतीक्षा किया करते कि हेडमास्टर साहब आ जायँ तो उन्हें 'नमस्कार' करके चलने की सोचें। हेडमास्टर साहब कई बार छुट्टी के बाद भी कितनी देर तक अपनी क्लास न छोड़ते थे —चेतन को भूख लग-लग कर मिट जाया करती थी और किसी प्राइवेट संस्था का अध्यापक तब चेतन की दृष्टि में सब से बड़ा ग़ुलाम था और सम्पादक सर्वाधिक स्वच्छन्द और स्वतन्त्र।

०

तीनों जा कर एक लॉन में बैठ गये। एक भिश्ती सामने टाउन हॉल की सीढ़ियों पर रखे हुए गमलों को पानी दे रहा था। लॉन में एक ओर कुछ छोटे बच्चे कबड्डी खेल रहे थे। दूसरी ओर कुछ मनचलों में बैतबाज़ी हो रही थी। लॉन के साथ एक वीथी पर दो-तीन सुन्दर, पढ़ी-लिखी लड़कियाँ अपने परिवार के साथ चहल-क़दमी कर रही थीं। उसी वीथी के बराबर एक बेंच पर शलवार और कमीज़ पहने एक निहायत खूबसूरत, सम्पन्न, पर अशिक्षित नौजवान अपने कुत्ते को लिये हुए अपनी भाव-भंगिमा से अपने आपको काफ़ी शिक्षित दर्शाने का उपक्रम कर रहा था। चेतन ने देखा, कुत्ते को पुचकारते और उसकी गर्दन पर प्यार से हाथ फेरते हुए वह उन लड़कियों की ओर भी देख लेता है, किन्तु उसकी प्रत्येक भाव-भंगिमा —उसके गले का खुला बटन, उसके बालों की काट, उसकी शलवार का फुलाव —सब उसके निपट निरक्षर होने की चुग़ली खाते हैं।

तब हुनर साहब ने धीमे स्वर में गा कर शेर सुनाया :

फिर एक तक़सीर[1] कर रहा हूँ, खिलाफ़े तक़दीर कर रहा हूँ
फिर एक तदबीर कर रहा हूँ, खुदा अगर कामयाब कर दे

और बोले, 'यह हफ़ीज़ का शेर है —जालन्धर के मशहूर शायर अब्बुल-असर हफ़ीज़ का, और उन्हें इसकी कला पर नाज़ है। शिमले के एक मुशायरे में हम सब को बुलाया गया था। 'रिज' के ऊपर डेविको बॉलरूम में मुशायरा होने वाला था। मिडल बाज़ार के एक मुस्लिम होटल में हम सब ठहरे थे। वहीं हफ़ीज़ जालन्धरी ने यह शेर लिखा। सुनाने से पहले किंचित गर्व से बोले —ज़रा इसकी क्राफ़्टमैनशिप देखिएगा। और उन्होंने शेर सुनाया। सब सिर धुनने लगे। कई बार यह शेर सुना गया; तब मैंने चुपके से अपने एक शागिर्द 'साहिर' को एक शेर लिख कर दिया। इत्तफ़ाक़ देखिए, मुशायरे में उसकी बारी पहले आ गयी। उसने वह शेर पढ़ा तो लोग कुर्सियों से उछल पड़े। उसने मुशायरा लूट लिया। वह दाद मिली कि हफ़ीज़ साहब का मुँह ज़रा-सा निकल आया। जब उनकी बारी आयी तो उन्होंने अपना शेर पढ़ा ही नहीं।'

चेतन ने उत्सुकता से कहा, 'इनायत होगी अगर अपना वह शेर सुनायें।'

गर्व के साथ सिर उठा कर हुनर साहब ने शेर पढ़ा :

मैं अपनी तक़दीर का हूँ क़ायल , हरीफ़ तदबीर पर है मायल
खुदा के दर पर हैं दोनों सायल , जिसे खुदा कामयाब कर दे

और लगभग उछल कर चेतन ने कहा, 'वाह! तक़दीर का कायल होना तो यही है कि जिसे खुदा कामयाब कर दे! जिसे ने वह बात पैदा कर दी है कि वाह, क्या कहने हैं!

१. ग़लती.

एक बार फिर पढ़िए!'

तब चेतन को क्या मालूम था कि जिस शेर पर वह सिर धुन रहा है, वह तो किसी दूसरे के दिमाग़ की उपज है और हुनर साहब को तो वह कहानी गढ़ने की ही दाद दी जा सकती है। लेकिन तब चेतन के हृदय में श्रद्धा का अगाध समुद्र कहीं से उमड़ पड़ा और उसका जी चाहा कि हुनर साहब के चरण चूम ले।

इसके बाद हुनर साहब ने जिगर मुरादाबादी और फ़ानी बदायूनी की पूरी-की-पूरी ग़ज़लें अपने नाम से सुना डालीं। लेकिन इसे जालन्धर की सीमित दुनिया में रहने वाला, आर्य समाज कॉलेज में बी०ए० तक हिन्दी पढ़ने वाला चेतन क्या जानता, खास तौर पर उस वक़्त, जब उसका उर्दू शायरी का ज्ञान महज़ दो-चार स्थानीय मुशायरों में सुनी हुई ग़ज़लों तक ही सीमित था।

०

रात को हुनर साहब के घर पर मजलिस जमी। वे अपने बहनोई साहब के यहाँ ठहरे थे। शेर-पर-शेर, ग़ज़ल-पर-ग़ज़ल वे सुनाते गये। शेर उनकी ज़बान से ऐसे निकले पड़ते थे, जैसे वर्षा ऋतु में अनायास ही पहाड़ी झरने फूट पड़ते हैं। उनका मस्तिष्क काव्य का एक सागर था, जिसकी ऊर्मियाँ असंख्य और अगणित थीं।

चेतन के मन में कभी-कभी यह सन्देह ज़रूर सिर उठाता कि इतनी-सी उम्र में उन्होंने इतनी ग़ज़लें कैसे कह डालीं और इतना कुछ कहने पर भी उनका कोई संग्रह क्यों नहीं छपा। लगभग हर ग़ज़ल के साथ किसी-न-किसी मुशायरे या मजलिस की जो एक कहानी हुनर साहब सुनाते थे, उसके कारण वह शक यक़ीन में न बदल पाता और संग्रह के बारे में जब उसने झिझकते हुए प्रश्न किया तो उन्होंने कहा कि प्रकाशक तो दयानतदार मिलते नहीं, फिर कोई अपना दीवान छपवाये भी तो कैसे और क्यों ?

अन्त में एक बजे के लगभग हुनर साहब ने अपनी एक कहानी सुनानी शुरू की, जो उन्होंने हाल ही में लिखी थी। तब चेतन के बड़े भाई जम्हाइयाँ लेने लगे। दिल-ही-दिल में अपने इस असाहित्यिक भाई को उसकी अरसिकता पर कोसते हुए चेतन ने हुनर साहब से स्वयं अपनी आरम्भिक कोशिशों का ज़िक्र किया और सकुचाते हुए अपने दो-एक शेर भी सुनाये और कहा कि कहानी लिखने में उसकी रुचि अधिक है।

हुनर साहब ने चेतन का उत्साह बढ़ाते हुए कहा कि काश, वह लाहौर में होता! ऐसी प्रतिभा है उसमें कि कुछ ही दिनों में चमक उठता।

भाई साहब की जम्हाइयाँ उत्तरोत्तर बढ़ रही थीं, इसलिए चेतन ने छुट्टी ली और मन-ही-मन हुनर साहब को अपना गुरु मान, फ़ैसला कर लिया कि जैसे भी हो, वह लाहौर जा कर ही दम लेगा। जालन्धर में तो उसकी प्रतिभा का अंकुर सूख कर रह जायेगा। लाहौर में यदि अनुकूल जलवायु मिल गयी तो न जाने वह महान बरगद का रूप धर, धरती-आकाश को चाँप ले!

घर आ कर उसने सब से पहले पण्डित दीनबन्धु को चिट्ठी लिखी कि वह लाहौर ज़रूर जायेगा। अभी से शादी का जुआ वह अपने गले में नहीं डालना चाहता.... कि वह उन्हें धोखा नहीं देना चाहता। उसकी आकांक्षाएँ बड़ी हैं। उसके रोज़गार का भी कोई भरोसा

नहीं। उनको या उनकी लड़की को बेकार तकलीफ़ होगी। और उसने यह भी लिख दिया कि वे अब उसके पिता के पास 'जेजों' जाने का कष्ट न करें। मन-ही-मन उसने यह फ़ैसला भी कर लिया कि दूसरे दिन सुबह ही वह चिट्ठी डाल देगा।

नौ

दूसरे दिन चेतन अपने बड़े भाई को बताये बिना हुनर साहब को स्टेशन पर छोड़ आया और उस प्रोत्साहन के बदले में, जो उसके इस नये गुरु ने उसे दिया था, पाँच रुपये का एक अकिंचन नोट भी उन्हें भेंट कर आया।

बात यह हुई कि स्टेशन पर जा कर हठात हुनर साहब को मालूम हुआ कि उनका बटुआ घर ही पर रह गया है। वे वापस चलने को तैयार हो गये। पर चेतन की श्रद्धा को यह गवारा न हुआ कि पाँच रुपये की नगण्य राशि के लिए उनकी गाड़ी छूट जाय, जिस पर जाना, उनके कथनानुसार, उनके लिए निहायत ज़रूरी था।

जब वह स्टेशन से घर वापस आया तो बाहर मुहल्ले ही में उस 'लेक्चर' को सुन कर, जो उसके भाई को ऊपर की बैठक में पिलाया जा रहा था; और उन 'मधुर वचनों' से, जिन्हें एक पुंसत्व-भरा स्वर उन पर निरन्तर बरसा रहा था, चेतन ने जान लिया कि उसके पिता आ गये हैं। उनके चेहरे पर ब़ला का रौब और उनके स्वर में बेपनाह कड़क थी।

अपने पिता के प्रति चेतन के मन में सदैव एक भय-सा विद्यमान रहता था। जब वे अपने जाने धीमे स्वर में बात कर रहे होते तो दूर से लगता जैसे लड़ रहे हैं —माँ-पेयो दियाँ गालाँ, दुद्ध-घेओ दियाँ नालाँ[1] —पंजाबी भाषा की इस लोकोक्ति को वे सोलहो आने सच मानते थे। इसलिए अपने बेटों से बात करते वक़्त परम उदारता से वे उन्हें निरन्तर दूध-घी के ये घूँट पिलाते रहते थे।

हुनर साहब को गाड़ी पर सवार कराने में चेतन को कुछ देर हो गयी थी। पिता की आवाज़ सुन कर चेतन का माथा ठनका। उसने कोशिश कि चुपचाप नीचे अपने कमरे में जा कर कपड़े बदल ले और स्कूल चला जाय। स्नान वह सुबह ही कर गया था। उसने सोचा कि खाना स्कूल ही में खा लेगा और चुपचाप आँगन से हो कर वह अपने कमरे में चला गया। शलवार, कमीज़ और कोट पहन, वह पगड़ी बाँधने ही लगा था कि जल्दी में शीशा उसके हाथ से गिर पड़ा और उसे आया जान कर उसके पिता ने आवाज़ दे दी।

उनकी आवाज़ सुन कर चेतन बिना पगड़ी बाँधे ही ऊपर चला गया। आँगन में दीवार के साथ लगी चारपाई पर चेतन के पिता बैठे थे। पीठ उनकी दीवार से लगी थी, पगड़ी उनकी बग़ल में थी और कमीज़ के बटन खुले होने के कारण उनके विशाल सीने के कुछ सफ़ेद बाल दिखायी देते थे।

१. माता-पिता की गालियाँ, दूध-घी के घूँट।

चेतन ने देखा —उनके सिर और मूँछों के सब बाल सफेद हो गये हैं, लेकिन इससे उनके चेहरे का रोब और उन छोटी आँखों की कठोरता कुछ भी कम नहीं हुई और न उनकी आवाज़ के तीखेपन में ही कोई कमी आयी है।

'कहाँ गये थे ?'

उसके पिता ने इस प्रकार चेतन की ओर देखा जैसे वह पाँच-छै वर्ष का बच्चा हो, जिसे झिड़कना और डाँटना नितान्त आवश्यक हो।

चेतन के कानों में अपने पिता का यह प्रश्न गूँज गया। उससे तुरन्त उत्तर न बन पड़ा। बात यह है कि छात्र से अध्यापक हो जाने में चेतन अपने बड़प्पन का जो गर्व अनुभव करता था, वह दो अवसरों पर उसका साथ छोड़ देता था —एक तो जब वह लाहौर से डिग्री प्राप्त अपने किसी मित्र से मिलता और दूसरे जब वह अपने आपको अपने पिता के सामने पाता।

उसका गला सूखने-सा लगा। अपने उन मित्रों के प्रचुर ज्ञान के रोब को वह अपने कवि और कहानीकार होने के रोब से परास्त कर देता था। क्या हुआ यदि उसने लाहौर नहीं देखा ? क्या हुआ यदि उसे बहुत-सी बातों का ज्ञान नहीं, पर सृजन की जो अदम्य शक्ति उसे प्राप्त है, उसके मित्रों के भाग्य में कहाँ ? साहित्य-सृजन का जो सलीक़ा उसे है, वह उन्हें कहाँ ? —और जब उसकी कविताओं और कहानियों को सुन कर उसके मित्र मान लेते थे कि उसका भविष्य उज्ज्वल है तो अपने अभाव को वह भूल जाता था। लेकिन उसका यह अस्त्र अपने पिता के सामने न चलता। उनके सम्मुख तो वह अपनी इस कवित्व शक्ति की बात तक प्रकट करने का साहस न कर पाता। उसे यह भी डर था कि उसने उन्हें यह बात बतायी भी तो सम्भव है कि उसके पिता उसे समझ ही न पायें। मुलतान डिवीज़न के सुदूर स्टेशनों पर दिन-रात टिकटों, मुसाफ़िरों और गाड़ियों से वास्ता रखने वाले पुराने ज़माने के मैट्रिक-पास उसके पिता, अपने इस पुत्र की महत्वाकांक्षा को समझ सकेंगे, उसे शक था। उनसे वह कहता —मैं लाहौर जा रहा हूँ, एम० ए० करने के बाद फ़ाइनान्स की परीक्षा में बैठूँगा और ए०टी०एस०[1] बनूँगा तो वे समझ जाते, क्योंकि ए० टी०एस० उनके टी०आई०[2] का भी अफ़सर था। लेकिन चेतन एक महान साहित्यकार बनने जा रहा है, यह बात शायद उनकी समझ से परे थी। जहाँ तक कविता का ताल्लुक है, चेतन के पिता पंजाबी भाषा के कवि मिलखी राम के 'काठ का उल्लू' अथवा मोतीराम के 'बारहमासे' से आगे न बढ़े थे।

इसलिए उसने थूक निगल कर सिर्फ़ इतना ही कहा, 'अपने एक दोस्त को गाड़ी पर चढ़ाने गया था।'

तब चेतन के बड़े भाई ने कुछ कहने के लिए कन्धे हिलाये। दरसअल वे हुनर साहब के बारे में कुछ कहना चाहते थे, पर चेतन की आँखों में अनुनय का जो भाव था, उसका और उन झिड़कियों का खयाल करके, जो उन्हें अभी-अभी मिल रही थीं, वे कन्धे हिला कर ही चुप हो रहे।

---

१. असिस्टेण्ट ट्रैफ़िक सुपरिंटेण्डेण्ट।

२. ट्रैफ़िक इन्स्पेक्टर।

वास्तव में चेतन और उसके बड़े भाई में एक तरह का मौन समझौता था। वे दोनों, भाई होने की अपेक्षा, एक-दूसरे के मित्र ज़्यादा थे। जैसे अजाने ही दोनों ने एक-दूसरे के दोषों पर पर्दा डालना सीख लिया था। यह और बात है कि इस समझौते में अधिकांश चेतन ही को अदा करना पड़ा था। बचपन ही से अपने बड़े भाई के लिए उसे हमेशा झूठ बोलना पड़ा था। माता-पिता और यहाँ तक कि दादा की गालियाँ सुननी पड़ी थीं। इसी स्वभाव के फलस्वरूप जब एक बार चेतन के बड़े भाई उसके सिर पर ही बिस्तर उठवा कर स्टेशन पर पहुँच किसी अज्ञात स्थान को भाग गये थे (और कम-से-कम उस रोज़ एक पत्र लिखने का वादा करके भी महीने भर में उन्होंने एक पत्र न लिखा था) उसे कई बार चुपचाप एकान्त में रोना भी पड़ा था। अपने इस बड़े भाई से उसे छोटे भाई जैसा स्नेह था। शायद चेतन के बड़े भाई भी इसे महसूस करते थे और इसीलिए वे चुप भी हो रहे थे।

'किस दोस्त को छोड़ने गये थे ?' पिता ने पूछा।

'लाहौर के एक दोस्त को!' फ़र्श में आँखें गाड़े चेतन ने उत्तर दिया।

पर इससे पहले कि अपने कड़कते स्वर में (जो साधारणतः मुहल्ले के सिरे पर पंसारी की दुकान तक जा पहुँचता था) चेतन के पिता उससे पूछते —'किस दोस्त को ? मैं उसका नाम पूछता हूँ' —बाहर मुहल्ले में जैसे एकदम कोलाहल-सा उठ खड़ा हुआ और एक औरत के रोने की आवाज़ उच्च-से-उच्चतर होने लगी।

०

जालन्धर के उस कल्लोवानी मुहल्ले में ऐसा शोर-शराबा और ऐसी चिल्ल-पों रोज़ की बात थी। कुएँ की चर्खियों से पानी भरने पर; एक ओर लगी हुई टोंटियों से नहाने या दूसरी तरफ़ लगी पत्थर की सिल पर कपड़े धोने या फिर मुहल्ले के चौक में खूँटों से बँधी हुई गायों, भैंसों या उन्हें छेड़ने वाले अथवा उनके द्वारा उठा कर फेंक दिये जाने वाले बच्चों पर; दीवारों पर उपले पाथने अथवा उन उपलों की चोरी पर; किवाड़ों के आगे घर का कूड़ा-करकट फेंकने या उस कूड़े-करकट के फैलाये जाने पर; और कुछ नहीं तो योंही बे-बात-की-बात पर प्रायः लड़ाई-झगड़ा हुआ करता था।

मुहल्ले में सदियों से क्षत्री-ब्राह्मण बसते आये थे और जब से ब्राह्मणों को अपने आत्म-सम्मान का आभास होने लगा था (दूसरे शब्दों में जब से कुछ ब्राह्मण नौजवान पढ़-लिख कर अच्छे पदों पर आसीन हो गये थे और ब्राह्मणवृत्ति को घृणा की दृष्टि से देखने लगे थे) इन दोनों जातियों के बीच एक प्रकार का वैमनस्य भी आरम्भ हो गया था। इसके अलावा मुहल्ले में कुछ सुनार भी आ कर बस गये थे। उनकी औरतें लड़ाई की कला में विशेष रूप से पारंगत थीं और 'कला-कला के लिए' में पूरा विश्वास रखती हुईं कला की साधना-मात्र के लिए लड़ा करती थीं।

मुहल्ले में जो घराना ज़्यादा खुशहाल हो जाता, वह लाहौर, अमृतसर अथवा किसी दूसरे बड़े शहर या जालन्धर ही के बाहर कोठियों में चला जाता और बाक़ी मुहल्ला अपने उसी लड़ाई-झगड़े, उसी संकुचित वातावरण को लिये हुए पड़ा रहता।

लेकिन रोज़ की बात होने पर भी लड़ाई में कुछ ऐसा आकर्षण है कि आदमी अनायास अपना काम छोड़ कर उसे देखने लगता है। इस कोलाहल को सुन कर चेतन के

पिता और उसके बड़े भाई अचानक उठ कर बैठक में चले गये और माँ रसोईघर की खिड़की में जा खड़ी हुई।

चेतन ने अवसर उपयुक्त समझा। स्कूल जाने में पहले ही देर हो गयी थी और हेडमास्टर की झिड़कियों का भी उसे डर था, इसलिए वह नीचे को भागा। पगड़ी बाँधने का खयाल भी उसने छोड़ दिया। खूँटी से टोपी उतार कर सिर पर रखी और चल दिया।

बाहर मुहल्ले में खूब लड़ाई हो रही थी। एक ओर अपने मकान की ऊँची खिड़की में बैठी, तीन सम्पन्न पति-विहीना बेटियों वाली धनी विधवा चौधरायन माथे से पसीने को पोंछती हुई नयी-नयी गालियों से मुहल्ले की स्त्रियों के कोष भर रही थी। दूसरी तरफ़ ब्राह्मणी जीवी पल्ला पसार कर परमात्मा से, न जाने कैसे शब्दों में, उसके कुटुम्ब की शेष सधवाओं के भी विधवा होने की भयंकर प्रार्थनाएँ कर रही थी और लोग पानी भरना भूल कर उन्हें देखने में तल्लीन थे।

तभी ज्वाली महरी ने अपनी लड़की को कोसते हुए कहा कि वह उधर क्या तकने लगी है ? 'इनका तो काम ही दिन-रात लड़ना है,' वह बोली, 'घर में मर्दों से लड़ती हैं, बाहर पड़ोसियों से।' और उसे डाँटा कि उसके साथ घड़ा जल्दी-जल्दी खिंचवाये।

ज्वाली का यह कहना था कि ब्राह्मणी जीवी ने अपनी 'शुभकामनाओं' के क्षेत्र को विस्तार देने की ठान ली और महरी और उसके कुटुम्ब को भी दिल खोल कर 'मधुर-वचन' सुनाने में रत्ती भर संकोच नहीं किया। इस पर ज्वाली ने घड़े को वहीं छोड़ कर कृतज्ञता के रूप में उसे कुछ नयी तरह के 'मीठे वचन' सुनाना अपना कर्त्तव्य समझा। उसकी लड़की ने सुख की साँस ली और न केवल यह चाहा कि उसकी माँ ही इस वाक-युद्ध में सफल हो, बल्कि स्वयं भी उसने कई बार इसमें पूरा योग देने की कोशिश की। लेकिन हर बार उसकी माँ ने दायें हाथ से उसे अलग हटा दिया।

o

उपेक्षा की एक दृष्टि उन पशु-वत लड़ने वालियों पर डाल कर चेतन चुपचाप खिसकने लगा था कि ऊपर बैठक के बरामदे से उसके पिता की कड़कती आवाज़ आयी।

'स्कूल से सीधे घर आना!'

चेतन ने पीछे मुड़ कर, 'अच्छा जी।' कहा और भाग चला।

जब उसे ध्यान आया कि उसे तो बस्ती के पण्डित दीनबन्धु को चिट्ठी डालनी थी तो वह स्कूल के फाटक पर पहुँच चुका था और मन-ही-मन हेडमास्टर के सवालों का जवाब सोच रहा था।

दस

जब आशा के विपरीत हेडमास्टर साहब ने उसे ज़रा भी न डाँटा और सिर्फ़ इतना ही कहा कि इतनी देर उस जैसे ज़िम्मेदार आदमी को न करनी चाहिए तो चेतन को आश्चर्य हुआ।

कारण यह कि डाँटने के बदले हेडमास्टर साहब ने एक तरह से उसकी प्रशंसा ही की थी। लेकिन दूसरी ही साँस में जब उन्होंने कहा, 'आज अंग्रेज़ी और इतिहास के टीचर नहीं आये हैं और आप ही उनके पीरियड पढ़ाने का कष्ट करें,' तो चेतन इस विशेष अनुग्रह का कारण समझ गया। दूसरा मौका होता तो शायद वह पहले ही अपने ज़्यादा व्यस्त होने का रोना ले बैठता, पर उस समय वह चुपचाप पढ़ाने चला गया।

वह ठीक से पढ़ा सका या नहीं, इसे तो वही छात्र ठीक बता सकते हैं, जिन्हें वह रोज़ पढ़ाया करता था, लेकिन जिस समय चालीस-चालीस मिनट के पूरे चार घण्टे पढ़ा कर वह स्टाफ़-रूम के एक कोने में अपनी कुर्सी पर जा बैठा तो वह निहायत थका-हारा और बेतरह ऊबा था।

वहीं बैठे-बैठे वह अपने विवाह की समस्या के बारे में सोचने लगा। उसके सामने कुन्ती का चित्र घूम गया —सौन्दर्य का प्रतीक लम्बा क़द, तीखे नक़्श, सुन्दर मुख, चंचल मुस्कराती आँखें, चौड़ा मस्तक और उस पर, उसके सौन्दर्य को चार चाँद लगाता हुआ, एक बड़े-से घाव का चिह्न —और बरबस एक लम्बी साँस उसके होंटों से निकल गयी।

चेतन की कल्पना में गत दो वर्षों के सपने घूम गये —वे सपने जो कुन्ती के सान्निध्य से स्निग्ध और स्वर्णिम थे। यौवन के प्रभात में चेतन ने कुन्ती को देखा था —उस सुनहरे प्रभात में, जब नौजवान महसूस करता है कि उसे संसार में शिक्षा-दीक्षा, धन-ऐश्वर्य, आकांक्षाओं और महत्वाकांक्षाओं के अलावा किसी ऐसी चीज़ की भी ज़रूरत है, जिसका आकर्षण इन सब से ज़्यादा है और जिसके बिना ये सब चीज़ें रूखी-फीकी और सारहीन जान पड़ती हैं।

०

....वह अपने मित्र अनन्त के साथ शीतला मन्दिर का मेला देखने गया था। तब जैसे पहली बार उसे अपर-सेक्स के बारे में कुतूहल हुआ था। तभी उसके कलाकार मन को एक बात सूझी थी और हँस कर उसने अनन्त से कहा था —'अनन्त, आओ भला देखें, इस मेले की सौन्दर्य-साम्राज्ञी कौन है।'

शीतला माता के इस मन्दिर पर यों तो हर मंगल मेला लगता है, पर वर्ष में दो मंगलवार ऐसे भी आते हैं जब माता के गुण गाते, मन्नतें मानते और मनाते सारे ज़िले के श्रद्धालु वहाँ आ इकट्ठे होते हैं। यद्यपि मेले का ज़ोर दिन के बारह बजे तक ही रहता है, पर बाहर से आये हुए भक्त-जन प्रायः दुपहरी वहीं गुज़ारते हैं।

अनन्त ने चेतन के इस प्रस्ताव का सहर्ष समर्थन किया था और दोनों मित्र इस निर्वाचन के लिए चल पड़े थे। शीतला मन्दिर के बाहर खुली जगह में वे दोनों घूमे। पहले उन्होंने उस छोटे-से बाज़ार को देखा, जहाँ खोंचे वालों, मनिहारी का सामान बेचने वालों, हरे चने, मूलियाँ, गाजरें और दूसरी तरकारियाँ बेचने वालों की दुकानें लगी रहती थीं। हरे चनों और मूली-गाजरों की दुकानें इसलिए लगती थीं कि मेले से लौटते हुए लोग उन्हें खरीद कर ले जाना शुभ समझते थे। उधर से हट कर उन्होंने उस जगह को देखा, जहाँ यौवन की प्रथम हिलोर में लड़के-लड़कियाँ झूले झूल रहे थे। फिर उन्होंने उस ज़बरदस्त भीड़ में माता शीतला पर पैसे चढ़ा कर दूध की लस्सी के छींटे और बताशे भी पाये।

भिंचे-भिंचे तीन बार मन्दिर की परिक्रमा भी की। अपने-अपने बालकों का हाथ थामे अगनित माताएँ और नन्हे-नन्हे भाइयों को उठाये अथवा उनके हाथ अपने हाथ में लिये अगनित बहनें इस भीड़ में दुकानों पर सामान खरीदतीं, झूले झूलतीं अथवा माता शीतला के दर्शन कर पुण्य लाभ कर रही थीं। लेकिन उन्हें कोई ऐसी सूरत दिखायी न दी, जिसे देख कर चेतन का कलाकार हृदय बस धक् से रह जाता। अन्त में वे मन्दिर की चारदीवारी के अन्दर उस खुली जगह में चले गये, जहाँ मेले में घूम-फिर कर थक जाने वाले प्रायः आराम करते या फिर पानी के बताशे अथवा चाट उड़ाते हैं और जहाँ बताशों के पानी और लाल-मीठी चटनी या दही से लिथड़े बरगद के बड़े-बड़े पत्ते धरती पर इधर-उधर बिखरे रहते हैं।

अनन्त इतनी शिक्षा-दीक्षा के बावजूद इस मेले में सर्वाधिक महत्व की चीज़ पानी के बताशों और चाट ही को समझता था। इसलिए बरगद के हरे पत्ते के दोने को हाथ में ले कर वह तो कुएँ पर बैठे एक खोंचे वाले के सामने डट गया, पर चेतन अन्यमनस्क-सा एक ओर खड़ा इधर-उधर ताकता रहा।

तभी उसकी दृष्टि कुएँ के प्याऊ पर पानी पीने वाली एक लड़की पर गयी। पानी पी कर उसने सादे मलमल के रूमाल से हाथ और होंट पोंछे। चेतन एकटक उसकी ओर देखता रह गया। लड़की के तन पर औरों की तरह सुन्दर साड़ी अथवा गोटे-किनारी से झिलझिलाते कपड़े या दमकते हुए गहने नहीं थे। एक सीधी-सी बैंगनी या शायद नीले किनारे की सरदई रंग की धोती उसने पहन रखी थी। ब्लाउज़ भी कोई हल्के ही रंग का था। उसका अपना रंग भी गेहुँआ ही था, पर यौवन के सुप्रभात ने उसके अंगों को कुछ ऐसे सुगठित साँचे में ढाल दिया था और उसके होंटों पर ऐसी सुनहरी मुस्कान खेल रही थी कि चेतन मुग्ध-सा खड़ा रह गया। वह खुद भी अनन्त के साथ पानी के बताशे खाना चाहता था, लेकिन जब वह लड़की चलने लगी तो एक पैसा खोंचे वाले की ओर फेंक कर प्रायः अनन्त को घसीटता हुआ-सा वह उसे अपने साथ ले कर उसके पीछे-पीछे चल पड़ा।

फिर जहाँ-जहाँ वह लड़की गयी, वे दोनों भी गये।

o

तीन वर्ष पहले की उस बचकानी हरकत की याद आते ही चेतन को हँसी आ गयी। स्टाफ़-रूम के सामने मैदान में बच्चे खेल रहे थे, लड़-झगड़ रहे थे और स्कूल की चारदीवारी के साथ लगे शीशम के पेड़ अपनी घनी शाखाओं और पीली-हरी पत्तियों के साथ झूम रहे थे। उनमें भी उन बालकों-सी सरल चपलता भरी हुई थी। बचपन....चेतन ने एक लम्बी साँस ली....लेकिन आज भी क्या उसके जीवन में वही क्षण सुन्दर और सुखद नहीं, जब उसने मेले में कुन्ती को देखा था।

आधी छुट्टी खत्म होने की घण्टी बजी और लड़के धड़ाधड़ दायें-बायें दर्जों में जाने लगे। चेतन की विचार-धारा टूट गयी। वह उठा और उस दर्जे में चला गया, जहाँ उसे पढ़ाना था। उसका जी आज पढ़ाने को बिलकुल नहीं हो रहा था। कमरे में जाते ही उसने देखा, दो लड़के अपनी सीटों पर बैठने के बदले डेस्कों पर बैठे हैं। बस, इसी बात पर उसने उन्हें पीट दिया। फिर मॉनीटर को बुला कर दो थप्पड़ उसके जमाये और डाँटा कि

वह उन्हें चुप क्यों नहीं कराता। इसके बाद उसने उसे आदेश दिया कि गणित की पुस्तक में अगला परिच्छेद खोल कर प्रश्न लिखवाये और जिसका उत्तर ग़लत हो, उसके गिन कर दस थप्पड़ जमाये, क्योंकि इस परिच्छेद को पहले भी एक बार क्लास में हल करवाया जा चुका है। उसने यह भी उसे जता दिया कि अगर वह ठीक तरह न लगायेगा तो उसके मुँह पर भी दस थप्पड़ लगाये जायेंगे। इस तरह आतंक जमा कर वह कुर्सी में धँस गया।

०

तभी उसका मन जैसे कुलांचें भरता हुआ अतीत की सीमाहीन और स्वच्छन्द चरागाहों की ओर दौड़ चला।

०

उस मेले के दिन वह कॉलेज न गया था। जब वह लड़की घर जाने लगी तो वह भी अनन्त को साथ ले कर उसके पीछे-पीछे हो लिया था।

वह कभी-कभी घूम कर उनकी ओर देख लेती, पर उसकी आँखों में क्या था, चेतन ने उस समय इस बात का विश्लेषण नहीं किया। तब तो जैसे मन्त्र-मुग्ध-सा वह उसके पीछे-पीछे चलता गया। जब पुरियाँ मुहल्ले के अपने घर में पहुँच कर वह डेवढ़ी में दाखिल हुई और सीढ़ियाँ चढ़ने से पहले एक बार उनकी ओर देखती हुई मुस्करा कर अँधेरे में विलीन हो गयी तो चेतन का दिल धक-धक करने लगा।

वह मुस्कान दोनों में से किसके लिए थी, इसमें चेतन को किसी प्रकार का सन्देह न था, क्योंकि अनन्त उधर देख ही न रहा था और मेले से लौटते समय मार्ग में भी जब-जब उस युवती ने मुड़ कर देखा, चेतन और सिर्फ़ चेतन ही से उसकी आँखें चार हुईं। फिर दूसरे दिन यदि बिना अनन्त को बताये वह अकेला उधर गया और तीन साल तक निरन्तर जाता रहा तो इसमें कुछ वैसे आश्चर्य की बात नहीं।

और वे तीन वर्ष....जवानी की पहली लजीली-शर्मीली मुहब्बत के तीन वर्ष....

उसे याद आया किस तरह कॉलेज में जब दो घण्टे एक साथ इकट्ठे खाली होते, वह किताब लेने के बहाने घर जाता। दरवाज़ा खाकरूबाँ और मुहल्ला महेन्द्रुआँ में से जाने के बदले एक मील का चक्कर काट कर अड्डा होशियारपुर से होता हुआ, सीधी पहाड़ी की तरह ऊँची 'ढक्की'[१] चढ़ कर, उसके घर की खिड़की के नीचे से गुज़रता। किस तरह प्रायः वह उसकी खिड़की की ओर पूरी तरह देख भी न पाता, लेकिन फिर भी उसे आभास हो जाता कि वह अपनी सुनहरी मुस्कान लिये वहाँ बैठी है। किस तरह समय पर कॉलेज पहुँचने के लिए उसे अन्धाधुन्ध साइकिल चलानी पड़ती और क्लास में बैठ कर कितनी देर तक उसकी आँखों में उसका चित्र घूमा करता।

उसे याद आया किस तरह जब एक बार सात-आठ दिन तक बीमार रहने के कारण वह उसकी ओर जा न सका था, तो वह स्वयं उसके मुहल्ले में चली आयी थी। बीमारी के बाद स्वस्थ होने पर वह निचली बैठक में बैठा एक उपन्यास पढ़ने में तन्मय था कि एक परिचित-सा मधुर स्वर सुन कर सहसा चौंक पड़ा। तब उसने देखा कि सामने मुहल्ले में कुएँ के पास वह एक बच्चे को गोद में लिये खड़ी है और उसके होंटों पर चंचल, चतुर

१. ढक्की = ढालुवीं जगह।

मुस्कान खेल रही है।

बच्चे से उसी की-सी तोतली भाषा में (चेतन को सुना कर) वह कह रही थी : 'तुशीं आउन्दे नहीं, अशीं उड़ीक-उड़ीक के थक जान्दे हाँ।'[१]

तब सामने से अनन्त को आते देख कर चेतन ने अचानक वहीं से ऊँचे स्वर में कहा था — 'तुम्हें क्या खबर अनन्त कि मैं किस तरह बीमार रहा हूँ।'

अनन्त हैरान-सा उसकी ओर देखता रह गया था, क्योंकि बीमारी के दिनों में वह सारा-सारा दिन उसी की तीमारदारी में लगा रहता था।

०

उस दिन की याद आने पर चेतन के शरीर में हल्की-सी, मीठी-सी गर्मी की लहर दौड़ गयी — बचपन में जब कड़ाके की सर्दी पड़ती थी तो वह और उसके भाई अपने पागल दादा के अधजले मकान की छत पर एक कोने में दीवार के साथ लग कर जा बैठते थे। शरद के सूरज की धूप पहले उसी कोने पर आती थी। वे पीली-पीली किरणें उनकी देह में एक बेनाम-सी मीठी-मीठी गर्मी पैदा कर देती थीं। कुछ उसी तरह की गर्मी उस दिन की याद से चेतन की नस-नस में दौड़ गयी। उसकी बात सुन कर और अनन्त की हैरानी देख कर कुन्ती (क्योंकि यही उसका नाम था) मुस्करा दी थी और एक अजीब-सी स्निग्ध, पिघली हुई दृष्टि से उसने चेतन की ओर देखा था। उस क्षण की स्मृति-मात्र से चेतन के शरीर में एक मीठी-सी झुरझुरी दौड़ गयी और अपनी नस-नस में उसने एक अनिर्वचनीय आनन्द अनुभव किया।

०

चुस्त हो कर वह कुर्सी पर बैठ गया। तब आज्ञाकारी मॉनीटर अपने सुयोग्य गुरु के आदेशानुसार दर्जे के प्रायः सभी लड़कों को बेंचों पर खड़ा करके प्रत्येक को गिन-गिन कर दस थप्पड़ों का दान दे रहा था।

चेतन ने सब को बैठा दिया और स्वयं एक प्रश्न लिखाया।

शेष समय उसने कुन्ती और उससे सम्बन्ध रखने वाली घटनाओं की याद में बिता दिया।

०

यह अजीब बात थी कि तीन वर्ष तक प्रायः हर रोज़ उसकी खिड़की के नीचे से गुज़रने पर भी उसका शर्मीला प्यार कुन्ती से बातचीत की कोई राह न निकाल सका था। उसका खयाल आते ही उसका हृदय धक-धक करने लग जाता था। कुन्ती में साहस था। चेतन के मुहल्ले में उसकी सहेली रहती थी। उसी से मिलने के बहाने कुन्ती उस दिन चली आयी थी और एक दिन अपनी उसी सहेली के सम्बन्ध में प्रश्न करने के लिए उसने चेतन को ऐन अपनी खिड़की के नीचे रोक भी लिया था।

'ललिता आयी या नहीं,' उसने पूछा था।

चेतन का रंग उड़-सा गया था। खिड़की के जँगले पर दोनों हाथ रखे झुकी हुई वह खड़ी थी। चंचल, चतुर मुस्कान उसके होंटों पर खेल रही थी। उसका चेहरा गुलाब बन

१. आप आते नहीं, हम प्रतीक्षा करके थक जाते हैं।

रहा था। आँखें नाच उठी थीं और उसके मस्तक के घाव का चिन्ह और भी साफ़ और चमकीला हो गया था।

लेकिन चेतन का गला सूख गया था। इस अप्रत्याशित प्रश्न से वह बौखला-सा गया और जाने क्या ऊल-जलूल उत्तर दे कर जल्दी-जल्दी चला आया था।

उसकी पहली मुहब्बत ऐसी ही खामोश और शर्मीली थी। हाँ, अपनी कविताओं और कहानियों में उसने कुन्ती से जी भर के बातें की थीं।

०

चार बजे छुट्टी होने पर चेतन अपने घर की ओर चला तो उसने सोचा क्यों न वह अपने पिता से कहे कि वह कुन्ती से विवाह करना चाहता है। उसने मन में सोच लिया कि अगर बस्ती वालों के यहाँ शादी करने के लिए उसके पिता ने कहा तो वह कह देगा कि वह कुन्ती से शादी करना चाहता है। इसी बीच उसने कुन्ती के सम्बन्ध में बहुत कुछ जान लिया था। वह उनकी ही जाति की थी और हाल ही में उसे यह भी पता चला था कि वह उसके पिता के अभिन्न मित्र पण्डित पोल्होराम की नातिन है। यदि उसके पिता वहाँ उसकी शादी करना चाहेंगे तो आसानी से हो सकेगी।

इस खयाल के आते ही वह पुलकित हो उठा और उसने फ़ैसला कर लिया कि विवाह की बात चली तो वह ज़रूर यही बात कहेगा। तब मन-ही-मन उसने यह चाहा कि सुबह पिता ने जो उससे जल्दी आने के लिए कहा था, उसका यही अभिप्राय हो।

क्षण भर के लिए वह अपनी तमाम महत्वाकांक्षाएँ भूल गया और तेज़ चलने लगा।

ग्यारह

चेतन के पिता पण्डित शादीराम गठे हुए शरीर के पाँच फ़ुट तीन इंच लम्बे, रोबीले आदमी थे — गोल मुख, घुटा हुआ सिर और बड़ी-बड़ी ऐसी मूँछें, जिनकी नोकें कानों तक पहुँचती थीं। आँखों में नशे के कारण लाल-लाल डोरे और कड़कती हुई कर्कश आवाज़ — लड़कपन ही से वे न केवल अव्वल दर्जे के उद्दण्ड थे, वरन पक्के शराबी भी।

चेतन के दादा पण्डित रूपलाल पटवारी थे। चेतन की दादी उस समय परलोक सिधार गयी थी जब चेतन के पिता केवल तीन वर्ष के थे। तब चेतन के पिता की देख-भाल का सब बोझ चेतन की परदादी गंगादेई के सिर आ पड़ा था।

परदादी गंगादेई निहायत पुराने और दक़ियानूसी विचारों की, हज़ारों देवी-देवताओं, पीरों-फ़कीरों में विश्वास रखने वाली और पुरोहिताई को प्रत्येक ब्राह्मण का धर्म समझने वाली, सख्त लड़ाकी, कर्कशा ब्राह्मणी थी। उसके समय का अधिकांश अपनी पुरोहिताई और धर्म को बनाये रखने में लग जाता था; जो बचता था, उसमें कुछ लड़ाई-झगड़े और शेष पीरों-फ़कीरों की भेंट हो जाता।

कोई त्योहार हो, परदादी गंगादेई के लिए उसमें योग देना अनिवार्य था। ठण्डड़ी,

बाजड़े, बाबा सोडल, दीवाली, विजय-दशमी, ईद, मुहर्रम, बैसाखी, गुरुपर्व, होला-मुहल्ला — हिन्दू, मुसलमान, सिक्ख, किसी भी जाति का कोई त्योहार हो — वह उसमें अवश्य योग देती। मुहर्रम के दिनों में ताज़ियों के नीचे से गुज़र कर उन पर कौड़ियाँ चढ़ाती, मेंहदी और घोड़ी पर शक्कर के शर्बत की सबील लगाती और गुरुपर्व पर गुरुद्वारों में जा कर प्रसाद लेना अपना परम कर्त्तव्य समझती। असाढ़ के एक बृहस्पतिवार को मीरासियों को बुला कर दलिया खिलाती; भादों में गुग्गे नवमी के दिन कथा सुनती; वर्ष में एक बार पण्डोरी जा कर बाबा मल्ल को नज़र-न्याज़ देती; एक बार 'पद्दी पोसी' के झण्डे वाले पीर को झण्डा और 'धोबड़ी' के घड़े वाले पीर को घड़े अवश्य चढ़ाती। इसके अतिरिक्त नित्य चली आने वाली पूर्णिमाएँ, अमावस्याएँ, एकादशियाँ, द्वाद्वशियाँ, तीजें, चौथें, सप्तमियाँ, अष्टमियाँ, साल के सब दिन कोई-न-कोई त्योहार लगा ही रहता। और फिर चिन्तपुरनी, ज्वाला जी, चण्डिका देवी, और न जाने किस-किस देवी-देवता, पीर-फ़कीर के दर्शन करने जाती। इन सब झमेलों में अपने पोते की देख-भाल के लिए उसे कितना समय मिलता होगा, इसकी कल्पना की जा सकती है।

रहे चेतन के दादा पण्डित रूपलाल, सो वे भला अपने लड़के की खबरगीरी करते या पटवारगीरी ? अपने हलके के अलावा रियासत कपूर्थला की लम्बाई-चौड़ाई में उन्हें घूमना पड़ता था। फिर वे रस्मों, रिवाजों, प्रथाओं और परम्पराओं की बेड़ियों से जकड़ी, अपनी इस धर्मपरायणा माँ के अन्ध-भक्त थे। जो त्योहार वह मानती, वे भी मनाते। वह जिन पीरों-फ़कीरों की सेवा करती, वें भी करते। जब असाढ़ महीने के एक बृहस्पतिवार को मीरासियों का न्योता होता और अपने ढोल लिये हुए 'दानी जट्टी पीर मनाया' की सदा बुलन्द करते, लोरियाँ देते-दिलाते और कपड़े तथा अनाज बटोरते वे साँझ को परदादी गंगादेई की ड्योढ़ी में पैर रखते तो पण्डित रूपलाल भी चौदह कोस की मंज़िल मार कर, पीठ पर माता दुर्गा के स्तोत्र, नये वर्ष का पत्रा और अन्य आवश्यक काग़ज़-पत्रों की गाँठ के अतिरिक्त कभी गेहूँ और कभी पुरानी मकई की गठरी लादे हुए आ पहुँचते। उनके आगमन से पहले ही मीरासियों को दलिये की थाली परोस दी जाती तो उनके क्रोध का वारपार न रहता। कन्धे की गठरी धरती पर रखते ही वे आसमान सिर पर उठा लेते और उनकी क्रोध-भरी आवाज़ दूसरे मुहल्ले तक सुनायी देती। वे चण्डी के उपासक थे और (उनके अपने कथनानुसार) इसी के फलस्वरूप उनके स्वर में कर्कशता और स्वभाव में क्रोध की मात्रा कुछ ज़्यादा थी, जो उनसे पण्डित शादीराम और फिर चेतन और उसके भाइयों को उत्तराधिकार में प्राप्त हुई थी। किन्तु इस समस्त कर्त्तव्यपरायणता, धर्मनिष्ठा और कर्कशता के होते हुए भी दादा रूपलाल के पहलू में ऐसा भोला-भाला दिल था, जिसे संसार के तीन-पाँच की कुछ खबर न थी। उनकी माँ जो कुछ कह देती उसे ही वेद-वाक्य समझ कर वे मन में रख लेते। इसलिए जब पाँचवें दर्जे ही में पोते को बोर्डिंग हाऊस में दाखिल कराने के लिए परदादी गंगादेई ने अपने इस आज्ञाकारी पुत्र को आदेश दिया तो किसी प्रकार की आनाकानी किये बिना पण्डित रूपलाल ने उसे मान लिया।

यों, इस हालत में इसके सिवा चारा भी क्या था। कई बार पिता ने शादीराम को अपने साथ कपूर्थला ले जा कर रखा। पर 'हुक्मे-हाकिम मर्गे-मफ़ाज़ात'[१] ! तहसीलदार,

१. हाकिम की आज्ञा आकस्मिक मृत्यु ही का दूसरा नाम है।

क़ानूनगो तथा माल-अफ़सर जब दौरे पर होते तो उन्हें भी अपने हाकिमों की सुविधा के खयाल से उनके साथ-साथ भागना पड़ता। नहा कर वे साफ़ा निचोड़ रहे होते कि हुक्म आ जाता और बालक शादीराम को मुहर्रिर के सुपुर्द कर वे सारा दिन भागते फिरते। पूजा-पाठ करने का भी उन्हें अवसर न मिलता, इसलिए सारा दिन उपवास ही में गुज़र जाता। ऐसा भी कई बार हुआ कि नहा कर पाठ भी उन्होंने कर लिया, लेकिन खाना पकाने बैठे कि हुक्म आ गया। चकले की रोटी चकले पर और तवे की तवे पर रह गयी। इसलिए जब-जब अपने पुत्र को वे ले गये, एक महीना भी न गुज़रा कि वापस ले आये।

परदादी ने भी बालक शादीराम को अपने साथ यजमानों के यहाँ ले जाना शुरू किया था। लेकिन इतने यजमान थे और उनके यहाँ इतने-इतने दिन रहना पड़ता था कि उनके इस तजुरबे के फलस्वरूप पण्डित शादीराम दो-तीन वर्ष एक ही कक्षा में जमे रहे।

एक तीसरी बात भी थी जिसने परदादी गंगादेई को यह प्रस्ताव करने पर विवश कर दिया और वह थी शादीराम की उच्छृंखलता! प्रायः जब परदादी बाहर जाती, अपने पोते को किसी पड़ोसिन के घर छोड़ जाती। माता-पिता तथा दादी के डर से मुक्त बालक मनमाना उत्पात मचाता। इस नन्ही-सी उम्र ही में वह अखाड़े जाता, लड़ाइयाँ करता और सिर फोड़ता-फोड़वाता। कभी जब इस बीच अचानक परदादी आ जाती और अपने पोते की हालत देखती तो फिर जब तक रहती, अपने इस उद्दण्ड पोते के संगी-साथियों और उनके घर वालों को गालियाँ देती। किसी लड़ाई में वह सिर फोड़वा आता तो मुहल्लेवालों के दिन का चैन और रात की नींद वह हराम कर देती। और अगर वह किसी दूसरे का सिर फोड़ आता तो वे लोग उसे चैन न लेने देते।

होस्टल में आ कर शादीराम और भी उद्दण्ड हो गये। परदादी जब भी यजमानों के यहाँ से आती, होस्टल में पहुँच कर अपने पोते को कुछ दिनों के लिए घर ले आती। शादीराम उससे यह कह कर कि होस्टल जा रहे हैं और होस्टल में यह बहाना बना कर कि घर जा रहा हूँ, जहाँ जी चाहता चले जाते। कई-कई दिन मित्रों के घर रहते। परदादी को तभी पता चलता जब वह फिर होस्टल पहुँचती और वहाँ शादीराम को न पाती। तब वह अपने इस पोते के मित्रों को गालियाँ देती, घर-घर छान डालती और उसे बिगाड़ने वालों के पुरखों की सात-सात पीढ़ियों को घोर नरक में भेजने तक की सिफ़ारिश भी अपने समस्त देवी-देवताओं से करती।

लेकिन परदादी के कठिन शासन के बावजूद शादीराम दूसरे ही दिन भाग जाते। वास्तव में उन्हें इस लुका-छिपी में खूब मज़ा आने लगा था। जितना ही वह उनके पीछे भागती, उतना ही वे उसके हाथ न आने की कोशिश करते। इसका एक कारण शायद यह भी था कि परदादी जब भी अपने इस पोते को पकड़ पाती, उसे कुछ कहने के बदले उसके दोस्तों और उन के घर वालों ही को गालियाँ देती।

हार कर परदादी ने आठवें दर्जे ही में पण्डित शादीराम का विवाह कर दिया। इससे उनकी सरगर्मियों में तो क्या कमी आती, हाँ, इस विवाह की खुशी में उन्होंने अपने घनिष्ट मित्र देसराज के घर पहली बार मदिरा का भी रसास्वादन किया (सिगरेट आदि वे पाँचवीं कक्षा ही से पीने लगे थे) और उनकी उद्दण्डता, उच्छृंखलता, निर्भीकता और उदारता ने मिल कर उन्हें ज़िन्दगी में उतनी हानि न पहुँचायी थी, जितनी इस 'तरल आग' के रसास्वादन

ने पहुँचा दी।

वास्तव में पहले-पहल उन्होंने इसे 'दवा' समझा था। देसराज के पिता रिटायर्ड सब-जज थे। खाने-पीने वाले आदमी थे। लेकिन बाज़ार शेखाँ में आने के बदले घर में मँगा कर पीते थे। दोनों लड़के उन्हें रोज़ बोतल से शीशे के नन्हे-से गिलास में उँडेल कर कुछ पीते और फिर सुरूर में आ कर कुछ मुखर होते देखते। देसराज के पिता हृष्ट-पुष्ट और बलिष्ठ आदमी थे। उनके बीमार होने की कल्पना भी न की जा सकती थी। तब लड़कों ने समझा कि यह कोई स्वादिष्ट शक्ति-वर्द्धक औषधि है। उनकी उत्सुकता दिन-प्रतिदिन बढ़ती गयी। आखिर शादीराम के विवाह की खुशी में उन्होंने इस शक्ति-वर्द्धक औषधि का रसास्वादन करने की ठान ली। देसराज बोतल ले आये। दोनों ने एक-एक घूँट पिया। अत्यन्त कड़वी लगी। उन्होंने समझा कि दवा मज़ेदार नहीं है, शक्ति-वर्द्धक चाहे जितनी भी हो। यह भी निश्चय उन्होंने कर लिया कि फिर इसे न पियेंगे। देसराज उसे वहीं-की-वहीं रख भी आया था। पर दूसरे ही दिन जैसे किसी पूर्व-निश्चित निर्णय के अनुसार दोनों मित्र आधी छुट्टी के समय घर आये और फिर वही एक-एक घूँट!

और जब दो वर्ष मैट्रिक ही में रह कर तीसरे वर्ष शादीराम ने परीक्षा पास की तो यद्यपि वे ज़िले भर में अव्वल आये, मगर पक्के शराबी बन चुके थे।

बारह

स्कूल से आते-जाते मार्ग ही में अपने मित्र अनन्त को कुन्ती के सिलसिले में अपनी सारी स्कीम समझा कर, जब चेतन घर आया तो उसे मालूम हुआ कि उसके स्कूल जाने के कुछ ही देर बाद देसराज आया और उसके पिता तभी से उसके साथ गये हुए हैं और माँ प्रतीक्षा में बैठी है कि वे आयें तो उन्हें खिला कर स्वयं भी दो कौर खाये।

यह देसराज उन्हीं रिटायर्ड सब-जज का पुत्र और चेतन के पिता का वही अभिन्न-हृदय मित्र था, जिसने उन्हें उस 'तरल जीवन' का (चेतन के पिता शराब को यही नाम दिया करते थे) रसास्वादन करने में सहायता दी थी और जिसने बाद में भी इस 'पुण्य-कार्य' में उनका हाथ बटाते रहने के महान कर्त्तव्य को, कभी-कभी महज़ उनका मान रखने के लिए, अपने ऊपर ले लिया था।

अपने सब-जज पिता की मृत्यु से पहले, उनकी ही कृपा से, देसराज एक बैंक में मैनेजर हो गया था। उसके पिता काफ़ी सम्पत्ति छोड़ गये थे, इसलिए कोई आर्थिक चिन्ता उसे न थी, लेकिन उसके स्वभाव में नीचता शायद जन्मजात ही थी। देसराज के पिता ने दयानतदारी से जजी करके ही इतना रुपया कमाया हो, यह बात न थी। उनके रिश्वती स्वभाव के सम्बन्ध में बहुत-सी कहानियाँ प्रचलित थीं। एक पागल विधवा, जो उन्हीं की कृपा से अपना दीवानी मुक़दमा हार गयी थी, उन्हें प्रायः भरे-बाज़ार में गालियाँ दिया करती थी। उनके इस पुत्र में यह नीच प्रकृति बहुरूपिणी हो कर प्रकट हुई थी। वह शराब ज़रूर

पीता था, पर अपने पल्ले से नहीं। पण्डित शादीराम जैसे पिलाने वाले उसे प्रायः मिल जाया करते, अथवा यों कह लीजिए कि वह ऐसे घनिष्ठ मित्र पैदा कर लिया करता था। यह और बात है कि उसके इन्हीं घनिष्ठ मित्रों पर उसके ऋण का बोझ चढ़ा रहता था और उसने यों ही, केवल ज़ाब्ते के तौर पर, बारह आने रुपया महीना के ब्याज पर कुछ प्रोनोट लिखवा रखे थे —यद्यपि उस रक़म का आधा भाग उसके अपने ही पेट में शराब के रूप में पहुँच चुका था।

इसके बाद जब बैंक से एक भारी ग़बन के अभियोग में उसे बरबस त्यागपत्र देना पड़ा और वह घर आ बैठा तो सूद द्वारा या जुआ खिला कर अथवा ऐसे और कई सन्दिग्ध साधनों से वह रुपया पैदा करने लगा। इनमें दड़ा[१] भी एक था, यद्यपि यह व्यवसाय वह गुप्त रूप से करता था। इसके बाद एक दिन लोगों ने सुना कि वह अचानक कुटुम्ब समेत ग़ायब है।

शहर वालों को चाहे उसके इस आकस्मिक पलायन का पता न चला हो, लेकिन मुहल्ले में यह बात, रात के तीसरे पहर घटित होने के बावजूद, सूर्य की प्रथम किरण के साथ घर-घर में फैल गयी थी। उसकी कुँवारी लड़की को बच्चा हुआ था और न जाने उसके किस शत्रु ने जा कर पुलिस को सूचना दे दी थी। पुलिस आ भी गयी थी और लड़की ने अर्ध-चेतनावस्था में कह भी दिया था कि बच्चा उसके पिता का है। लेकिन रुपये से पुलिस का मुँह बन्द करके सुबह होते-होते वह भाग गया था। पत्नी तो यह दिन देखने से बहुत पहले ही मर चुकी थी, हाँ, एक वृद्धा बुआ उसके दूसरे बच्चों को सँभाले हुए साथ ही चली गयी थी।

फिर सुना कि उसने बाहर ही अपनी इस लड़की को किसी योग्य, लेकिन ज़रूरतमन्द वर के हाथों सौंप दिया है। कुछ अर्से तक उसका कोई पता नहीं चला। हाँ, उसके किसी-न-किसी तीर्थ से तगादे के पत्र बराबर आते रहे और लोगों की यह धारणा बनती गयी कि वह तीर्थ-यात्रा कर रहा है और अभी काफ़ी अर्से तक जालन्धर वापस न आयेगा। लेकिन मुहल्ले वालों के अचम्भे की कोई सीमा न रही जब उन्होंने देखा कि उस घटना के दो वर्ष बाद ही एक दिन वह अचानक अपने घर में आ गया और लोगों से बड़े तपाक से मिला। किसी के सामने उसकी आँख नहीं झुकी, किसी से उसने मुँह नहीं छिपाया और मुफ़लिसी की मजबूरी से नेक बने रहने वाले ईर्ष्यालु लोगों ने यह भी देखा कि उसने कुछ ही दिनों में पूर्ववत मुहल्ले के चौधरी का स्थान सँभाल लिया है।

अपने पिता के इस घनिष्ठ मित्र के सम्बन्ध में ये सारी बातें एकाएक याद आ जाने पर चेतन ने कहना चाहा —'न जाने यह कमीना देसराज कब हमारा पीछा छोड़ेगा ?' पर शब्द उसके होंटों तक ही आ कर रुक गये, क्योंकि जहाँ तक उसके पिता या उनके मित्रों का सम्बन्ध था, उनके बारे में किसी तरह की कटु बात सुनना भी चेतन की माँ पाप मानती थी।

तब मन-ही-मन देसराज को बीसियों गालियाँ दे कर चेतन ने अपने दिल का सारा क्रोध निकाल लिया और अपनी माँ के अज्ञान, अन्ध-श्रद्धा तथा पातिव्रत्य-धर्म पर

१. बदनी, मटका, एक तरह का जुआ।

मन-ही-मन तिरस्कारपूर्वक हँस भी लिया।

तेरह

रही चेतन की माँ, सो वह उन पतिव्रता औरतों में से थी, जिनके दिल-दिमाग़ धर्मशास्त्रों, पण्डितों और पुरोहितों ने बुरी तरह जकड़ रखे हैं। स्वर्ग पाने के लिए ही वे पति को परमेश्वर समझती हों, यह बात नहीं। बचपन ही से उन्हें सिखाया जाता है कि पति अन्धा, काना, लूला, लँगड़ा, निर्धन, शराबी, जुआरी — कैसा भी क्यों न हो, पत्नी के लिए वह परमेश्वर है; उसकी अवज्ञा करना महापाप है। इसलिए पातिव्रत्य-धर्म उनके स्वभाव का एक अंग बन जाता है।

उसके पिता पण्डित शिवराम मिश्र होशियारपुर में पण्डिताई करते थे। उनकी पहली पत्नी चेतन की माँ को छोड़ कर तभी परलोक सिधार गयी थी, जब वह केवल तीन वर्ष की थी। उसके पिता घर से अत्यन्त विपन्न थे। यजमान भी उनके इतने ज़्यादा न थे। इसलिए दूसरी जगह उनकी शादी जल्दी न हो सकी थी। बात तो कई जगह लगी, लेकिन हमारे इन प्राचीन मुहल्लों में जहाँ जोड़ने वाले दो हैं, वहाँ तोड़ने वाले चार। इसलिए बात लगने को हो कर भी कई बार टूट गयी। अन्त में उसकी माँ की मृत्यु के पूरे सात वर्ष बाद जब उसके पिता एक दिन प्रकट किसी दूसरे की बरात में शामिल होने के लिए गये थे और उसके ताऊ ने उसके लिए कई तरह की चीज़ें ला देने का वादा भी किया था तो आश्चर्य-चकित बालिका ने देखा था कि विवाह से मिलने वाली मिठाई आदि की गठरी के स्थान पर वे स्वयं बहू को ही ले आये थे।

उस समय हर्ष-उल्लास और कई हैरान कर देने वाली रस्मों और बधाइयों के बीच उसकी बुआ ने उसके बार-बार पूछने पर कहा था — 'यह तेरी नयी माँ है!'

अपनी सगी माँ के बारे में लाजवती को (कि यही चेतन की माँ का नाम था) कुछ ज़्यादा मालूम नहीं था। बहुत हल्का-सा, जैसे युगों पहले देखे सपने-का-सा, अपनी माँ का चित्र उसकी आँखों के सामने आया करता था। शायद पिता के रूखे व्यवहार के कारण स्नेह-विहीना लड़की की कल्पना ने उसकी माँ का चित्र उसके मानस-पट पर बना दिया था। उसे कुछ ऐसा आभास था जैसे उनके अँधेरे आँगन में, जहाँ हमेशा सील का एकाधिपत्य रहता था और ऊपर से खुला रहने पर भी जहाँ प्रकाश कम ही आ पाता था, एक खाट पर मैली-सी, कहीं धर्मशान्ति अथवा शुद्धि में आयी हुई रज़ाई में लिपटी उसकी माँ पड़ी है — पीला, ज़र्द चेहरा, पिचके कल्ले, पपड़ियाँ-जमे होंट, आकांक्षा और ज्वर के खुमार से भरी, बन्द होती-सी आँखें और काँपता-सा हाथ, जो उसने उसके सिर पर रखा हुआ था। उसके सिर पर प्यार का हाथ रखते हुए अपने सूखे होंटों से उसने कुछ कहा भी था। पर वह सब उसे याद नहीं। यह चित्र कई बार चेतन की माँ ने देखा था। उसने यह भी देखा था कि जब उसकी माँ ऐसे पड़ी है और उसके सिर पर हाथ रखे अस्फुट स्वर में कुछ कह रही है तो उस अँधेरे आँगन के साथ लगी, धुएँ-भरी कोठरी में उसके ताऊ, चाय

आदि पी कर बैठे हुए, अपनी कभी न दम लेने वाली गुड़गुड़ी से मन बहला रहे हैं।

जब-जब कष्ट, उपेक्षा, निरादर, स्नेहाभाव के कारण चेतन की माँ बेचैन और कातर हुई, अपनी माँ की यही सूरत उसके सामने आती रही और उसके मन को शान्ति मिलती रही।

लेकिन उसकी यह नयी माँ तो उसकी समवयस्क ही थी, बहुत होगा दो-एक वर्ष बड़ी होगी। देहात की होने के कारण कुछ बड़ी-बड़ी लगती थी। चौड़े-चौड़े हाथ-पाँव,; खुले-खुले बैडौल अंग; लम्बी, मोटी नाक; स्वस्थ शरीर और साँवला रंग! एकदम असभ्य और गँवार थी। न उसे बाल बाँधने का सहूर था, न कपड़े पहनने की तमीज़! नाम था मालाँ (मालिन का संक्षिप्त) और चेतन की माँ कोशिश करने के बावजूद इस नाम के अलावा 'माँ' या 'भाभी' या 'बीबी' कह कर उसे न बुला सकी थी।

दबे-दबे, घुटे-घुटे, माँ-बाप के स्नेह से वंचित बच्चों की बुद्धि या तो बिलकुल जड़ हो जाती है या फिर उसमें एक असाधारण प्रखरता आ जाती है। बचपन में चेतन की माँ की बुद्धि भी तीक्ष्ण थी, छोटी उम्र ही में वह बहुत कुछ समझने-सोचने लगी थी। उसकी सहेलियाँ पास के मुहल्ले की पाठशाला में जातीं, पर उसे स्कूल जाने की मनाही थी। आजकल की तरह शिक्षा व्यापक न हुई थी और पुराने विचारों के उसके पिता और ताऊ इतनी बड़ी लड़की का घर से बाहर निकलना बुरा खयाल करते थे। लेकिन चेतन की माँ ने अपनी सहेलियों की पुस्तकों ही से उनका पढ़ा हुआ पाठ पूछ-पूछ कर बहुत कुछ सीख लिया था, यहाँ तक कि एक दिन उसने जगदीश के सारे किस्से उससे ले कर पढ़ डाले थे।

जगदीश उसके फूफा का लड़का था। वहीं रहा करता था। पढ़ता-पढ़ाता तो कुछ न था, पर किस्सा जो भी नया छपता, खरीद कर घर ले आता। एक दिन इन्हीं किस्सों में से एक को पण्डित शिवराम ने अपनी लड़की के हाथ में देख लिया। तब ढूँढ-ढूँढ कर तमाम किस्सों को उन्होंने आग के हवाले कर दिया; लड़के को उसके पिता के घर भेज दिया और चेतन की माँ को इतना फटकारा कि वह रो दी। उन किस्सों में क्या बुराई है, यह तब उस सरल, निरीह, भोली-भाली बालिका को मालूम न था।

अपने लड़के का यह अपमान देख कर बुआ ने पहले तो ताने दिये कि अब जब नयी बहू आ गयी है तो उसकी क्या ज़रूरत है, फिर भाई को अभिशाप दिया कि इस गँवार बहू के हाथों उसका घर चौपट हो जायेगा, फिर रोयी और अन्त में अपने घर चली गयी।

तब पढ़ाई छोड़ कर चेतन की माँ ने अपना ध्यान सीने-पिरोने और कसीदे की ओर लगाया था। अपनी सहेलियों ही से पूछ-पूछ कर उसने बहुत कुछ सीख लिया था। यह बुद्धि और यह सब सलीक़ा उसने अपनी इस समवयस्क विमाता को सुसंस्कृत बनाने में खर्च करना शुरू कर दिया था। उसके बाल वही गूँथती, उसे कपड़े वही पहनाती, उसे सीना-पिरोना वही सिखाती और इस तरह अपनी 'माँ' को योग्य बनाने का प्रयास करती। लेकिन न पिता ने इस काम के लिए उसकी प्रशंसा की और न माता बन कर आने वाली इस समवयस्क लड़की ने। पिता सख्तगीर थे और उस माता को प्रशंसा करने की तमीज़ ही न थी।

लेकिन चेतन की माँ इतने ही से प्रसन्न थी कि एक दिन पण्डित शादीराम से उसका

विवाह हो गया।

यह ठीक है कि विवाह के बाद तत्काल वह ससुराल नहीं गयी, और पुरानी प्रथा के अनुसार तीन वर्ष और अपने मायके में रही। लेकिन इन तीन वर्षों में लड़की से बहू बन जाने पर भी उसके दैनिक जीवन में कोई अन्तर नहीं आया। हुआ केवल यह कि घर में उसका जो थोड़ा-बहुत मान था, वह भी कम हो गया।

बात यह हुई कि उसके चाचा का विवाह भी इस बीच अमृतसर में हो गया और उसकी चतुर चाची ने आते ही उसकी विमाता को अपने वश में कर लिया। इसलिए जब तीन वर्ष बाद एक दिन अचानक पण्डित शादीराम उसे लेने पहुँचे तो उसे दुख नहीं हुआ। उसकी आँखें भर आयी थीं, और चलते समय वह रोयी भी खूब थी। पर यह रोना उस खुशी के लिए नहीं था, जो मायके में लड़कियों को प्राप्त होती है, बल्कि उस खुशी के अभाव के लिए था।

तभी, जब वह ताँगे में बैठी थी और पिता ने ठण्डे प्यार का हाथ उसके सिर पर फेरा था तो चेतन की माँ के सामने सीलदार आँगन के अँधेरे में पड़ी अपनी उस बीमार माँ का चित्र घूम गया था और उसने दुपट्टे से मुँह ढाँप लिया था।

०

जिस मकान में ला कर पण्डित शादीराम ने उसे ठहराया था, वह उनका अपना मकान न था। सहज-ज्ञान ही से चेतन की माँ ने यह जान लिया था। क्योंकि मायके में अपनी ससुराल के पुराने जीर्ण-शीर्ण घर के बारे में कुछ-न-कुछ भनक उसके कान में पड़ चुकी थी और मन-ही-मन उसने निश्चय भी कर लिया था कि बुरा तो, भला तो, जो भी हो, वह उसे स्वर्ग समझेगी। इसलिए उसने अपने पति से इच्छा प्रकट की थी कि जैसा भी हो, वह अपने ही घर जायेगी। जब सदा दूसरे के घर नहीं रहा जा सकता और एक दिन अपने घर जाना ही है तो क्यों न अभी से वहाँ रहने की आदत डाली जाय।

और जब खस्ता-हाल ड्योढ़ी से गुज़र कर (पैरों की आहट ही से जिसकी छत और दीवारों की मिट्टी गिरती थी) वह आँगन में गयी तो कुछ क्षण मूक मर्माहत-सी खड़ी रह गयी थी। मायके में उसके पिता का घर भी पुराना ही था, अँधेरा भी था और सील-भरा भी! सुन्दर भी वह हरगिज़ नहीं था। लेकिन वह घर तो था। यह — यह तो खँडहर था!

आँगन कूड़े-करकट से अटा पड़ा था। कहीं कोयले बिखरे थे और कहीं-कहीं कौवों तथा चीलों द्वारा आकाश से फेंकी हुई हड्डियाँ। सामने के दालान की दीवार में छोटी-छोटी ईंटें साफ़ दिखायी दे रही थीं — मिट्टी शायद वर्षा से धुल गयी थी। रसोईघर के किवाड़ जर्जर थे और कुण्डी लगी रहने पर भी दोनों किवाड़ों के बीच इतनी जगह बन जाती थी कि पूरी-पूरी बाँह अन्दर बड़ी आसानी से जा सके। चूहे तो दरकिनार, बिल्ली भी चाहे तो ज़रा सिकुड़ कर घुस सकती थी। इस दरवाज़े से निकल कर धुएँ ने रसोईघर के बाहर की दीवार को बिलकुल सियाह कर दिया था। बायीं ओर का दालान काला पड़ा था और गिरी हुई छत का मलबा और कोयले दरवाज़े से बाहर तक आ गये थे। इसके साथ ही ड्योढ़ी की ओर को एक बिना-किवाड़ों का खुला रसोईघर और था। आँगन की मुँडेर निरन्तर वर्षा और लिपाई-पुताई के अभाव में नंगी हो गयी थी और सामने दालान की मुँडेर पर एक

मादरज़ाद नंगा आदमी, एक टाँग इधर और एक टाँग उधर किये, बैठा शून्य ही से बातें कर रहा था। हाथों को एक-दूसरे के पास ला कर उनसे हवा में आदमी बनाता हुआ दाँत किटकिटा कर 'लोहे का आदमी, लकड़ी का आदमी, जा!' कहता हुआ वह शून्य में बने हुए उन आदमियों को न जाने किधर उड़ा रहा था।

क्षण भर के लिए चेतन की माँ मिट्टी-सने, जैसे वर्षों पहले स्नान किये उस व्यक्ति को देखती रही। उसने पति के यह शब्द, 'चुन्नी है पागल' नहीं सुने। तभी उस पागल ने उनकी ओर देखा और दाँत किटकिटा, लोहे और लकड़ी के दो आदमी बना कर उनकी ओर छोड़ दिये।.... चौड़ा मस्तक, चपटी मोटी नाक, होंट कटे होने के कारण बाहर दिखायी देते दाँत, खड़े-खड़े रूखे बाल, काली नंगी स्वस्थ देह!.... डर कर चेतन की माँ दो क़दम पीछे हट गयी थी।

तब उसके पति ने छत पर जा कर उस पागल को भगा दिया था और आ कर किंचित उत्साह-भरे उल्लास से बताया कि वह उनका पागल चचा है और यह जला दालान और खुला रसोईघर भी उसी का है और उसी ने पागलपन की झोंक में इस दालान को आग लगा दी थी। फिर कुछ गर्व के साथ उसके पति ने कहा था — 'बस, डरता है तो मुझी से। यह नाक इसकी मैंने ही तोड़ी है। एक दिन यह घर से जाता न था, दादी को तंग करता था। मैंने जाने को कहा तो मुझ पर भी झपटा। पटक कर मैंने इसे उस किवाड़ की चौखट पर दे मारा। मेरा बायाँ हाथ इसके हाथ में आ गया। किचकिचा कर दाँतों में इसने पकड़ लिया। मैंने कहा — 'छोड़!' इसने और भी दाँत गड़ा दिये। तब पूरे ज़ोर से तान कर दो घूँसे मैंने इसके रसीद किये। नाक की कोठी टूट गयी और होंट फट गये। दादी को सब से ज़्यादा इसी पागल से प्यार है। वह बहुत रोयी-पीटी, लेकिन जो हो, फिर यह कभी मेरे सामने नहीं हुआ।'

और यह कह कर प्रशंसा पाने की इच्छा से पण्डित शादीराम ने अपनी इस नवपरिणीता पत्नी की ओर देखा। लेकिन चेतन की माँ का मुख पीला पड़ गया था और वह सहमी हुई-सी अपने इस क्रूर पति को देखती रह गयी थी।

तब कुछ अप्रतिभ-से हो कर पण्डित शादीराम ने कन्धे झाड़े थे और चारों तरफ़ निगाह दौड़ा कर कहा था, 'मैंने तुम्हें बताया था न कि घर तो बस, खँडहर ही है।'

और वे खिसियानी-सी हँसी हँसे थे।

चेतन की माँ के चेहरे का रंग वापस आ गया था और अपना फ़ैसला भी उसे याद हो आया था — 'मेरे लिए यही स्वर्ग है।' उसने कहा था और वह आगे बढ़ गयी थी।

फिर कपड़े बदल कर आँगन को झाड़-बुहार, कोयलों, हड्डियों और कूड़े-करकट का अम्बार उसने एक कोने में लगा दिया था और दालान में भी सफ़ाई करके एक चारपाई के लिए थोड़ी-सी जगह बना ली थी।

यहीं उसकी सुहागरात बसर हुई थी।

o

इसके बाद अब तक उसके दिन कैसे गुज़रे थे ? इस सवाल के जवाब में सिर्फ़ यही कहा जा सकता है कि पहले दिनों से वे कुछ भिन्न नहीं थे। और पहले दिनों का विवरण कुछ

इस प्रकार है :

आठवीं क्लास में ही शराब पीना शुरू करके उसके पति ने अपनी शादी तक सब तरह के 'सत्कर्म' कर देखे थे। और उन लोगों में, जो स्वयं उतने शुद्ध-चरित्र नहीं होते, दूसरों के चरित्र के प्रति एक तरह का जो सन्देह-सा होता है, वह पण्डित शादीराम के मन में भी था। दसवीं कक्षा तक वे पढ़े थे। वास्तव में उन दिनों बी०ए० तक कोई बिरला ही जाता था। साहित्य के नाम पर भी (अपने समय के अधिकांश नौजवानों की तरह) उन्होंने 'अलिफ़ लैला,' 'किस्सा तूती-मैना,' 'इसरारे दरबारे हरामपुर' के ढंग के उपन्यास पढ़े थे, जिनमें तिरिया-चरित्र के विशद वर्णन और काम को उद्दीप्त करने वाले किस्सों के सिवा कुछ न था। इसलिए नारी के प्रति उनका सन्देह और भी गहरा था। चेतन की परदादी उन-दिनों यजमानों के यहाँ दौरे पर गयी हुई थी, और स्वयं उन्हें स्कूल जाना होता था, जहाँ मैट्रिक की परीक्षा पास करते ही वे अध्यापक हो गये थे। इसलिए वे उसे उस खँडहर में बन्द करके बाहर से ताला लगा जाया करते थे।

उस खँडहर-से मकान में उसका दिन कैसे कटता था, इसके सम्बन्ध में जिज्ञासु को इतना बता देना ही काफ़ी है कि वह किसी ज़बरदस्त बेचैनी अथवा घोर उद्विग्नता से न गुज़रता था। अपने पति के इस क्रूर व्यवहार के प्रति भी उसके मन में किसी प्रकार का असन्तोष न था। अपने कर्मफल को (क्योंकि वह इस जन्म के दुखों तथा कष्टों को पूर्व-जन्म के कर्मों का फल ही समझती थी) उसने सन्तोष के साथ भोगना बहुत पहले सीख लिया था। अपनी ददिया सास (परदादी गंगादेई) के हाथों दालान के एक कोने में जमायी हुई चक्की को उसने अपने इस एकान्त की संगिनी बना लिया था। सुबह खाना बना कर अपने पति को खिला-पिला कर उन्हें काम पर भेज कर (बाहर से उनके ताला लगा देने पर भी) अन्दर से कुण्डी लगा कर, वह चक्की के पास आ बैठती और दूसरे दिन के लिए आटा पीसती। कभी दायें, कभी बायें और कभी दोनों हाथों से चक्की के दस्ते को घुमाते हुए वह मीठे, तरल, लगभग आर्द्र स्वर से गाया भी करती थी। मायके में अपने उसी फूफा के लड़के से उसने एक बार ब्रह्मानन्द के बिसुनपदों की पुस्तक मँगायी थी। बार-बार उसे पढ़ने से बहुत-से भजन उसे कण्ठस्थ हो गये थे। उन्हें गाते-गाते वह भक्ति-भाव में विभोर हो जाती और भूल जाती कि वह अकेली है, उसके पति बाहर से ताला लगा गये हैं, उसका घर खँडहर है, उसका वर्तमान दुखद है और भविष्य भी उज्ज्वल नहीं। एक अनिर्वचनीय सन्तोष से उसके मन-प्राण प्लावित हो आते थे। ब्रह्मानन्द के भजनों के अलावा वह दूसरे भजन भी गाया करती थी। जैसे :

कहो जी कैसे तारोगे ?
रंका तारी बंका तारी तार्‌यो सदन कसाई ।
सुआ पढ़ावत गनिका तारी, तारी मीराबाई!
प्रभु जी कैसे तारोगे ?

भजन गाते-गाते वह तन्मय हो जाती और प्रायः उसका स्वर भी सानुनासिक हो जाता। (जैसे तारोगे को 'तारोंगे' और मीराबाई को 'मीराँबाई') लेकिन यह उस आदर का ही सूचक होता, जिससे वह उस सर्वशक्तिमान को सम्बोधित करती। अथवा भगवान कृष्ण

के प्रेम में दीवानी उस रानी का उल्लेख करती।

कर्म गति टारे नाहिं टरे

दूसरा गीत था, जो वह चक्की पर गाया करती थी।

चक्की के बाद प्राय: वह चर्खा ले बैठती और अपने समस्त एकान्त को, अभाव को कात-कात कर टोकरी में बन्द कर देती। 'हीर राँझा' या 'माही' अथवा 'ढोल' का कोई गीत गाने के बदले चर्खा कातते समय भी वह ऐसे ही गीत गाती। जैसे :

हरी जी जो गुज़रे सहिए।
छोड़ खुदी की राह राजा जी
जो गुज़रे सहिए!

क्योंकि जहाँ चेतन की माँ का यह विश्वास था कि पुराने जन्म के कर्मों का फल आदमी को इस जन्म में मिलता है, वहाँ वह यह भी मानती थी कि भगवान जो करता है, अच्छे के लिए ही करता है। बहुत बाद में, जब चेतन मैट्रिक में गया, उसने अपनी संस्कृत की पाठ्य-पुस्तक में माँ द्वारा सुनी बात पढ़ी थी — यथैव विधाता वधीयति तथैव शुभाय — और तब वह हैरान भी हुआ था और खुश भी। हैरान इसलिए उसकी माँ, जो ज़्यादा पढ़ी नहीं थी, कैसे वह सब जानती है जो मैट्रिक की पुस्तक में लिखा है और प्रसन्न इसलिए कि माँ के कथन का प्रमाण उसे अपनी पाठ्य-पुस्तक में मिल गया था।

अपनी सहेलियों से पूछ-पूछ कर चेतन की माँ ने जो थोड़ा-बहुत पढ़ना सीख लिया था, इस अकेलेपन में वह भी उसके कम काम नहीं आया। कभी जब घर में रुई अथवा रुहड़ कुछ भी न होता, वह भगवद्गीता ले बैठती। उसके दर्शन को वह ठीक तरह समझ पाती हो, यह बात नहीं; उन श्लोकों को वह ठीक तरह पढ़ पाती हो, यह भी नहीं; वह तो पाठ के तौर पर उसे पढ़ा करती। इस पुस्तक के श्लोक तोते के मुँह से सुनने पर जब गणिका तर गयी तब वह पापिन क्यों न तर जायेगी! उसने वास्तव में कोई पाप किया हो, यह बात न थी। लेकिन उसने सीखा था कि न जाने दिन में मनुष्य से कितने पाप बन आते हैं, इसलिए जहाँ तक हो, डर कर रहना चाहिए।

इसी तरह उसका दिन बीत जाता था और कभी वह खाना पका रही होती और कभी खाना पक चुका होता, जब पण्डित शादीराम आ जाते। उनका समय पर आ जाना कुछ निश्चित न था। उसके इस आरम्भिक जीवन में (और बदली हुई पार्श्वभूमि के साथ बाद में भी) ऐसे बहुत-से दिन आये जब वह खाना पका कर अपने पति की प्रतीक्षा में भूखी-प्यासी बैठी रही और वे रात-रात भर नहीं आये।

अभी उसे इस क़ैदखाने में बन्दी हुए ज़्यादा दिन नहीं गुज़रे थे कि संकट चौथ का व्रत आ गया। चेतन की माँ के लिए यह बड़ा महत्वपूर्ण व्रत था। जब सन्ध्या को आ कर पण्डित शादीराम ने किवाड़ खोले तो दिन भर की भूखी-प्यासी लाजवती ने अपने पति से कहा कि वह व्रत से है और वे तिल और गुड़ ला दें ताकि वह भुग्गा (गज़क) बना कर गणेश की पूजा करके व्रत उपार ले और फिर उसने यह भी प्रार्थना की कि सन्ध्या को कम-से-कम आज वे कहीं न जायँ।

पण्डित शादीराम ने उसे विश्वास दिलाया कि वे ऐसा ही करेंगे और जल्दी ही आने

का वादा करके प्रकट उसके लिए तिल लेने गये। लाजवती ने उनके लिए खाना आदि पका लिया और फिर वह वहीं रसोईघर के बाहर आँगन में बैठी उनकी प्रतीक्षा करने लगी। धीरे-धीरे शाम का अँधेरा आँगन में छा गया। सामने के मकान की ऊँची और लगातार वर्षा के कारण काली पड़ जाने वाली दीवार साँझ के अँधेरे में और भी काली दिखायी देने लगी और उस दीवार की छत पर लगी हुई कौवों की सभा भी विसर्जित हो गयी। ऊपर निरभ्र आकाश पर एक-दो तारे निकल आये। लाजवती ने उठ कर सरसों के तेल का दिया जलाया और उसे रसोईघर में रख कर नमस्कार किया। फिर वह प्रतीक्षा में मोढ़े पर बैठ गयी।

वहीं बैठे-बैठे तब उसने संकटमोचन दुः खहरन श्री गणेश की आराधना शुरू कर दी और अगणित बार

जय गणेश जय गणेश जय गणेश देवा

का पाठ भी कर लिया। जब फिर भी पण्डित जी न आये तो वह मन-ही-मन उस कहानी[१] को दुहराने लगी, जो संकट चौथ के दिन ब्राह्मणी सुनाया करती थी। वहाँ ब्राह्मणी तो क्या आती, मन-ही-मन स्वयं उसने वह कहानी दुहरायी।

मन-ही-मन इस कहानी को दुहराते हुए, अन्त पर पहुँच कर चेतन की माँ ने श्रद्धा से गणेश भगवान का ध्यान कर सिर झुकाया और एक चित्त हो कर प्रार्थना की कि उसके सारे संकट दूर हो जायँ।

वहीं बैठे-बैठे उसने व्रत के माहात्म्य के सम्बन्ध में भी सब कहानियाँ मन में दुहरा डालीं। किन्तु पण्डित शादीराम न आये। उधर अर्घ्य का समय हो गया। अब घर में स्वच्छ पवित्र जल नहीं था, जिससे चन्द्रमा को अर्घ्य दिया जाय। डरते-डरते वह ड्योढ़ी में गयी कि दरवाज़े में खड़ी हो कर सामने के मकान में रहने वाली ब्राह्मणी मलावी को आवाज़ दे। अन्दर से कुण्डी खोल कर वह दरवाज़े से सिर लगाये कितनी देर तक खड़ी रही, लेकिन उसे आवाज़ देने का साहस न हुआ। आखिर उसने सिर हटाया, किवाड़ अन्दर को खुल

१. एक बार भगवती पार्वती नहाने गयीं। भगवान शंकर तब कहीं घूमने गये थे। देवी पार्वती ने अपने पुत्र को स्नानगृह के दरवाज़े पर खड़ा किया और कहा कि किसी को आने न देना। तब ऐसा हुआ कि भगवान शिव बाहर से आये। पुत्र ने पिता को रोक दिया। भगवान ने समझाया कि बेटा, मैं तेरा पिता हूँ, तेरी माता का पति हूँ, मेरे जाने से कुछ हानि नहीं, पति-पत्नी में कोई पर्दा नहीं होता, आदि-आदि , पर पुत्र न माना। इस पर भगवान शिव ने क्रोध में आ कर उसका सिर धड़ से अलग कर दिया। जब देवी पार्वती बाहर आयीं तो अपने प्रिय पुत्र को मृत देख कर विलाप करने लगीं। उन्हें इस तरह कातर होते देख कर भगवान शिव को उन पर दया आयी और उन्होंने वचन दिया कि अच्छा, हम इसे जीवित कर देंगे। पार्वती को यों ढाढ़स बँधा, भगवान ने अनुचरों को आज्ञा दी कि रात के समय जिस पुत्र की माँ उसकी ओर पीठ करके सोयी हुई हो, उसका सिर काट लायें। अनुचर समस्त मर्त्यलोक में घूमे, पर कोई भी ऐसी माता न मिली, जो अपने पुत्र की ओर पीठ करके लेटी हो। अन्त में उन्हें एक ऐसी हथिनी मिल गयी, जिसकी पीठ अपने शिशु की ओर थी। अनुचर उसके बच्चे का सिर काट लाये। भगवान शिव ने अपने मृत पुत्र के धड़ पर वह सिर लगा कर मन्त्र पढ़ा और उसमें जान पड़ गयी।

पार्वती जी ने इस लम्बी सूँड़ वाले गजानन को देखा तो वे और भी दुखी हुईं। तब फिर भगवान शिव ने उन्हें सान्त्वना दी और वर दिया कि जो इस दिन तुम्हारे इस बेटे की पूजा करेगा, उसके सब सकंट दूर हो जायेंगे।

गया, क्योंकि पण्डित जी का खयाल था कि वे शीघ्र आ जायेंगे, इसलिए वे ताला लगा कर न गये थे।

सामने के मकान का दरवाज़ा बन्द था। मुहल्ले के सिरे पर नगरपालिका का जो लैम्प जलता था, उसका प्रकाश उनके दरवाज़े तक न पहुँचता था। उस अँधेरे में खड़े-खड़े उसने कई स्त्रियों को आते-जाते देखा, पर जान-पहचान न होने के कारण, वह किसी को बुलाने का साहस न कर सकी। सूखे होंट, सूखा कण्ठ और थका शरीर लिये हुए वह वहीं खड़ी रही। तभी सामने डिप्टी साहब की हवेली के निचले कमरे में रहने वाली विधवा मलावी अपने घर आयी, किवाड़ खोल कर उसने दिया जलाया और बहू को अपने घर की चौखट से लगी खड़ी देखा। पास आ कर उसने कहा :

'शादी की बहू है, क्या बात है बच्ची, तू ऐसे क्यों खड़ी है ?'

चेतन की माँ पहले कुछ न कह सकी। दोबारा पूछने पर रुँधे गले से उसने कहा कि उसे कुछ जल चाहिए ताकि वह व्रत उपार सके।

मलावी ने उसे सहर्ष पानी ला दिया था और यह भी बता दिया था कि वह (पण्डित शादीराम) तो देसराज के यहाँ बेहोश पड़ा है। उसके आने की बाट वह कब तक जोहेगी ? अपनी ओर से उसने यह प्रस्ताव भी किया था कि भुग्गा न बना हो तो बाज़ार से उसे दूध ही ला देती है। पर चेतन की माँ का मन ऐसा खिन्न था कि चन्द्रमा को अर्घ्य दे कर और पानी के दो घूँट पी कर ही उसने व्रत उपार लिया, मलावी को विदा दी और ड्योढ़ी का दरवाज़ा लगा कर रसोईघर में आ बैठी। समय काटने के लिए उसने संकटमोचन, दुःखहरन, कुम्भोदर भगवान गजानन का जाप आरम्भ कर दिया था :

जय गणेश जय गणेश जय गणेश देवा

न जाने वहीं बैठे-बैठे, जाप करते-करते कब वह ऊँघ गयी। आधी रात के लगभग पण्डित शादीराम ने नशे में चूर, थरथराती आवाज़ में पुकारा था — 'दरवाज़ा!'

चौंक कर चेतन की माँ ने लपक कर दरवाज़ा खोला था और उनके अन्दर आने पर बन्द कर दिया था। तब वे उसे बग़ल में लिये नशे से लड़खड़ाते, अन्दर अँधेरे दालान में आये थे। सरसों के तेल का एक दिया ताक में पड़ा टिमटिमा रहा था। कच्ची मिट्टी और सील की बू दालान में बसी थी। उसी दिये के प्रकाश में जब उसने अपने पति की आँखों में वासना और मद की झलक देखी तो उपवास, भूख और उनींदे से थकी उसकी आत्मा काँप उठी थी।

लेकिन दूसरी सुबह, जब उसने शिकायत के स्वर में पण्डित जी से कहा कि वे उसे अकेली छोड़ कर तिल का बहाना करके चले गये और वह बैठी प्रतीक्षा करती रही और उसे मलावी की सहायता लेनी पड़ी....तो वह बात पूरी भी न कर पायी थी कि उसके पति ने सहसा उसके मुँह पर एक थप्पड़ जमा दिया था। ऐसी गालियाँ देते हुए, जो उसने पहली बार सुनी थीं, उसे डाँटा था कि यदि वह एक दिन भूखी रह लेती तो मर न जाती, उनके आने की प्रतीक्षा उसने क्यों न की ? और क्यों उसने मलावी को बुलाया ? तब चेतन की माँ ने अपने पति के पाँवों पर झुक कर क्षमा माँग ली थी और वचन दिया था कि वह भविष्य में कभी ऐसा अपराध न करेगी।

लेकिन उसके इस अपराध का दण्ड यहीं समाप्त न हो गया था। परदादी गंगादेई जब आयी और उसे मालूम हुआ कि उसकी अनुपस्थिति में मलावी उसके घर आयी थी तो बहू को दिन भर डाँटने-डपटने के बाद उसने मलावी और उसके घर वालों की सात पुश्तों का नाम ले कर अत्यन्त 'मीठे वचनों' की वर्षा की थी —और सहमी हुई बहू ने देखा था कि उसकी ददिया सास जब नहाने लगती है तो मलावी और उसके स्वर्गीय पति का नाम ले कर दुराशीशें देती है — चेतन की परदादी गंगादेई का विश्वास था कि नहाते वक्त की बद-दुआ ऐन निशाने पर बैठती है।

अपनी ददिया सास से लाजवती की यह पहली भेंट थी।

बाद के इन लम्बे तीस वर्षों में पहले परदादी गंगादेई और फिर चेतन के पिता के हाथों चेतन की माँ ने अगणित ऐसी ही यातनाएँ सहीं। इच्छा न होने पर भी वह अपनी ददिया सास के समस्त पूजा-पाठ, व्रत-नियम, पीर-फ़कीर, रस्म-रिवाज मानती रही, उसकी डाँट-फटकार सुनती रही, मानसिक और शारीरिक यातनाएँ सहती रही और यह सिलसिला तब तक जारी रहा जब तक इस क्रूर ददिया सास की मौत ने चेतन की माँ को इन सब यातनाओं से मुक्त न कर दिया।

रहे उसके पति तो बचपन में अपनी माँ की मृत्यु पर उन्होंने अपनी इसी दादी का दूध पिया था। (कम-से-कम परदादी गंगादेई यही कहा करती थी कि उसके स्तनों में तब दूध उतर आया था।) फिर यह कब सम्भव था कि उसके स्वभाव की क्रूरता उनमें न होती। इसके अतिरिक्त कोई ऐसा व्यसन न था, जो उन्होंने न लगा रखा हो। शराब वे रोज़ पीते, दीवाली के दिनों में जुआ खेलते (और शराब पी कर खेलने के कारण सदैव हारते), सट्टा वे लगाते, और दूसरे बीसियों तरीकों से रुपया लुटाते। फिर ऐसे अवसरों की कमी न थी जब वे दूसरी स्त्रियों को घर ले आये और उनके सामने (उनके कहने पर अथवा उन्हें प्रसन्न करने की खातिर) उन्होंने चेतन की माँ को बेदर्दी से पीटा। उम्र भर (स्कूल की मास्टरी छोड़, रेलवे में तार बाबू, असिस्टेण्ट और फिर स्टेशन मास्टर बनने पर भी) कभी उसे भड़कीला कपड़ा नहीं पहनने दिया। कभी भूल से वह छत पर चली गयी तो चरित्रहीनता के बीस ताने उसे दिये, कभी घूँघट ऊँचा किया तो बीस गालियाँ दीं और एक बार उसे गली में देख लिया तो वहीं से घसीटते हुए अन्दर ले गये।

लेकिन इतने पर भी चेतन की माँ ने अपने इस ज़ालिम पति को अपनी सारी आस्था, श्रद्धा, समस्त प्यार और आदर-सत्कार दिया। सपने में भी उनका बुरा न सोचा। (यह अतिशयोक्ति नहीं, धर्म और कर्म की ज़ंजीरों में जकड़ी ऐसी अनेक औरतें इस पुण्य-भूमि भारत में मिल जायेंगी)। सदैव उनकी समृद्धि और उन्नति के लिए अनुष्ठान कराये, हर साल जालन्धर के प्रसिद्ध ज्योतिषी पण्डित आत्माराम से वर्ष-फल बनवा कर जप करवाये, सत्यनारायण की कथाएँ करायीं, पति की दीर्घायु की कामना से सब व्रत रखे, समय-कुसमय आत्माभिमान को तज उनकी सहायता की, उनके कारण चौदह वर्ष अपने पिता का मुँह न देखा (जिसने एक बार उनकी निन्दा की थी) और अन्य लोग तो दूर रहे, कभी अपने बच्चों से भी अपने पति की बुराई नहीं सुनी।

चौदह

शाम को मुहल्ले में अभी नगर पालिका का आदमी लैम्प में तेल डाल कर गया ही था (सारे जालन्धर में बिजली की रोशनी हो जाने पर भी कल्लोवानी मुहल्ले में १९४० तक मिट्टी के तेल का लैम्प ही धुँधला-सा प्रकाश देता था) कि चेतन ने थक कर कलम-दवात और कापी अलमारी में रख, किवाड़ लगाये। दिन भर वह कविता लिखने का प्रयास करता रहा था और जब असफल रहा था तो उसने एक कहानी भी लिखनी शुरू की थी, पर कभी बस्ती वाली उस चन्दा का और कभी पुरियाँ मुहल्ले वाली उस कुन्ती का ध्यान आ जाने से उसकी विचार-धारा टूट-टूट गयी थी। इसलिए कविता या कहानी लिखने में उसे जो सफलता मिली थी, उसकी गवाही कापी के कटे-फटे पृष्ठ बखूबी दे रहे थे।

ज्योंही कापी, कलम और दवात अलमारी में बन्द करके वह ऊपर पहुँचा और उसने देखा कि सारा दिन प्रतीक्षा करके अब दो कौर खा कर माँ बर्तन मल रही है कि उसी समय बाहर से उसके पिता की कड़कती आवाज़ आयी, 'चेतन!'

आँगन के एक ओर जो थोड़ी-सी जगह छती हुई थी, वहाँ चिड़ियों ने एक घोंसला बनाया था और बच्चे भी दिये थे। उस कर्कश आवाज़ को सुन कर वे फुर्र से उड़ गयीं और घोंसले में बच्चे 'चीं-चीं' करने लगे। माँ के हाथ से बर्तन छूट गया और उसने (हाथ राख से सने होने के कारण) उँगलियों के जोड़ों से धोती घुटनों पर कर ली और चेतन ने समझ लिया कि आज बाज़ार शेखाँ के ठेकेदार की जेब खूब गर्म हुई है।

तभी फिर आवाज़ आयी —'चेतन!'

नशे के कारण कुछ काँपती हुई, पर खूब ऊँची, कड़ी, घरघराती आवाज़! चेतन नीचे भागा और माँ जल्दी से उठ कर लैम्प जलाने लगी।

ऐसे अवसरों पर हमेशा माँ के हाथ-पाँव फूल जाते थे और पास पड़ी चीज़ भी उसे दिखायी न देती थी। उस वक्त भी माँ को दियासलाई की डिबिया न मिल रही थी। आखिर जब वहीं ताक में रखी पड़ी वह मिल गयी और उसने लैम्प जलाना शुरू किया तो सीढ़ियों पर भारी-भारी कदम रखते हुए पण्डित शादीराम ऊपर आ पहुँचे। शलवार, जो उन्होंने सुबह ही पहनी थी, बेढंगी और मैली-कुचैली हो गयी थी। कमीज़ के बटन खुले थे। छाती के दो-चार सफ़ेद बाल दिखायी दे रहे थे और पगड़ी बग़ल में दबी थी।

मूँछों को तनिक ऊपर चढ़ाते हुए उन्होंने स्निग्ध-कोमल दृष्टि से अपनी पत्नी की ओर देखा।

'ए जी....!'

पत्नी वहीं लैम्प छोड़ कर उठ खड़ी हुई।

'ज़रा चारपाई बिछा दो!'

चेतन की माँ का दिल और भी धक-धक करने लगा। पण्डित शादीराम जितने दिन घर आ कर बिताते थे, माँ का दिल धड़कता ही रहता था। नशे में उनके मन की अस्थिरता कोई हद न मानती —अभी हँस रहे होते कि अभी सिर फोड़ने-फोड़वाने पर तुल जाते। वह डर रही थी और मन-ही-मन संकटमोचन, दुः खहरण, भगवान गजानन से प्रार्थना कर

रही थी कि रात कुशल-क्षेम से बीत जाय। लेकिन जब उन्होंने अपेक्षाकृत कोमल स्वर में चारपाई बिछाने को कहा तब आशंका और भय से माँ का दिल और भी धक-धक करने लगा।

कारण यह कि साधारणतया जब वे बाज़ार शेखाँ से हो कर घर आते तो सीढ़ियों ही से उनकी गालियों की बौछार शुरू हो जाती —'यह दिया क्यों नहीं जलाया ?....बीस बार कहा है, सीढ़ियों में दिया जलाया करो।.... मेरी टाँग की हड्डी टूट गयी....चारपाई कहाँ है ?....मैं क्या तुम्हारे सिर पर बैठूँ ?'.... इन वाक्यों में अर्ध-विरामों के स्थान पर गालियाँ होती थीं। लेकिन धीरज से वे तभी बात करते थे, जब वे खुश होते या उन्हें जुए के लिए, किसी को देने के लिए अथवा किसी और काम के लिए रुपयों की ज़रूरत होती।

जब चारपाई बिछा दी गयी और पगड़ी को दीवार के साथ सिर के नीचे रख कर वे लेट गये और माँ ने लालटेन जला कर खूँटी पर टाँग दी तो उन्होंने चेतन की माँ से कहा कि ज़रा उनकी बात सुने।

जब वह सहमी हुई-सी पायँते के पास आ कर धरती पर बैठ गयी तो उन्होंने कहा कि नीचे बस्ती से पण्डित वेणीप्रसाद अपने भाई पण्डित दीनबन्धु के साथ आये हुए हैं। 'मुझे सूदाँ के चौक में मिल गये थे, मैंने तो 'हाँ' कर दी है।'

माँ के दिल की धड़कन कुछ कम हुई और उसने कुछ और आगे खिसक कर कहा, 'ज्वाली महरी की लड़की तो कहती थी कि लड़की सुन्दर है, पर चेतन को पसन्द नहीं।'

तब पण्डित जी ने पूरे ज़ोर से अपने लड़के को आवाज़ दी।

चेतन पण्डित दीनबन्धु और पक्षाघात के रोगी उनके भाई को नीचे बैठक में बैठा कर साहस बटोरता और मन-ही-मन बीसियों तरह के प्रश्नोत्तर दोहराता आ रहा था।

हठात पण्डित जी ने कहा, 'इधर बैठो।'

सहमा हुआ वह पायँते पर बैठ गया।

'तुमने लड़की देखी है ?'

'जी हाँ!'

'उसमें क्या दोष है ?'

चेतन अब क्या उत्तर दे —पिता के सामने वह कभी न हुआ था। किसी लड़की के गुण-दोषों की विवेचना करना तो दूर रहा, उसने तो कभी उनके सामने खुल कर बात तक न की थी। उसके मुँह से केवल इतना निकला 'मोटी है।'

'तो क्या सब तुम्हारे जैसे दुबले हो जायँ ?'

चेतन चुप।

'कल अपनी माँ के साथ जा कर लड़की को देख आओ।'

चेतन ने जैसे रोते हुए कहा, 'देख कर मैं क्या करूँगा ?'

'मैं जो कहता हूँ, देख आओ।' पण्डित शादीराम गरजे।

फिर कुछ क्षण रुक, उन्होंने तनिक गम्भीर हो कर कहा, 'देखो, मैं उन भले आदमियों को वचन दे आया हूँ। अगर लड़की में कोई दोष न हो तो साड़ी देते आना। सगुन का रुपया मैंने ले लिया है।'

फिर अचानक अपने इस इक्कीस-बाईस वर्ष के 'बच्चे' को गोद में ले कर और उसका मुँह चूम कर पिता ने सहसा विनीत स्वर में कहा, 'देखो बेटा, मैंने सदा तुम्हें हुक्म दिया है, आज मैं तुमसे प्रार्थना करता हूँ, अगर उस लड़की में कोई दोष न हो तो तुम मान लेना।'

इसके बाद उसे अपनी बाँहों में कस कर और फिर एक बार चूम कर मुक्त करते हुए उन्होंने अपनी पत्नी से कहा, 'मैं इसे डाँटता हूँ, लेकिन इसकी इज़्ज़त भी करता हूँ।'

शराब की बदबूदार साँस को जैसे रूमाल से पोंछने का प्रयास करते हुए चेतन ने 'ज़िन्दा शहीदों' के-से भाव में कहा, 'जब आपने सगुन ले लिया तो ठीक है। मैं देखने क्या जाऊँगा ?'

'मैं जो कहता हूँ। मेरी खुशी है!' चेतन के पिता ने फिर नशीले स्वर में कड़क कर कहा, 'तुम कल देख आओ।'

'अच्छा जी!' भरे हुए गले से केवल इतना कह कर चेतन नीचे उतर आया। ऐसे में ज़रा-सा इनकार भी प्रलय मचा सकता था और यह बात वह अच्छी तरह जानता था।

सीढ़ियाँ उतरते-उतरते एक दीर्घ-निः श्वास उसके हृदय से निकल गया। उसका वह फ़ैसला, बस्ती में विवाह न करने की उसकी प्रतिज्ञा, उसके बार-बार दोहराये हुए प्रश्नोत्तर....कुन्ती....!

⊠⊠⊠

दूसरा खण्ड

पन्द्रह

इस घटना के तीन दिन बाद जब चेतन का लँगोटिया यार, अनन्त, सुबह आँखें मलता हुआ उठा (उठने का मतलब यह कि बिस्तर से उठ कर चारपाई के नीचे पाँव रखने के बदले वह रज़ाई को अपने इर्द-गिर्द लपेट कर बिस्तर ही पर पाँव सिकोड़ कर बैठ गया, क्योंकि इसी को वह सुबह उठना कहा करता था और इसी तरह एक-दो घण्टे बैठे रहना सभ्यता का पहला लक्षण मानता था) तो उसकी माँ ने आ कर उसके हाथ में एक चिट्ठी रखी और कहा, 'शाम को चेतन आ कर दे गया था। तुम तो आये रात के ग्यारह बजे, इस बीच वह तीन बार आया, दो बार सिर्फ़ पूछ गया, तीसरी बार यह चिट्ठी दे गया।'

बड़ी मुश्किल से रज़ाई से पाँव निकाल, उसे कन्धों पर ही लिये हुए अनन्त उठ कर दरवाज़े तक आया और पत्र खोल कर सुबह के शीतल निर्मल प्रकाश में पढ़ने लगा।

ऊपर आकाश में 'बालकुटारे' उड़ानें भर रहे थे। एक गौरेया दायीं ओर की मुँडेर पर बैठी 'चीं-चीं' करती फुदक रही थी और उषा की लाली का बिम्ब सामने के मकान की छत को हल्की-सी ललाई प्रदान कर रहा था।

अनन्त ने देखा — जल्दी-जल्दी लिखे टेढ़े-मेढ़े अक्षरों से तीन-चार पृष्ठ रँगे हुए हैं :

'अनन्त, मैं लाहौर जा रहा हूँ। मेरी सगाई आज हो गयी। उन्हीं दीनबन्धु की लड़की चन्दा से। उस पहले दिन, जब बस्ती से वापस आ कर मैंने 'ना' कर दी थी, माँ ने एक सपना देखा था। एक सुन्दर लक्ष्मी-सी लड़की गहनों-कपड़ों से लदी उसके चरण छूने आ रही थी कि रास्ते ही से मुड़ गयी....अब माँ के सपने वैसे नहीं होंगे, लेकिन मेरे सपने ?....

'रात भर मैं सो नहीं सका। यहाँ मेरी रूह घुटी जा रही है। कुन्ती को ले कर मैंने जो प्रोग्राम बनाये थे, वे मेरे मन ही में रह गये। पिता जी जब बाज़ार शेखाँ से होते हुए घर आयें तो फिर उनके सामने बैठ कर वैसी बात करना मेरे तो बस में नहीं। उसी शाम जब मैं तुमसे मिल कर घर पहुँचा तो बदकिस्मती से पिता जी भी आ गये थे। उनके साथ पण्डित दीनबन्धु और लकवे के मारे उनके बड़े भाई भी थे। उनको पिता जी ने वचन दे दिया और उनसे सगुन का एक रुपया भी ले लिया। फिर पिता जी का वचन, खास तौर पर बाहर वालों को दिया हुआ, कभी किसी ने टूटते नहीं देखा। बहरहाल, सगाई तो हो गयी। विडम्बना देखो कि उसी एक बार देखी हुई लड़की को फिर देखने गया। वहाँ क्या हुआ, यह सब तुम्हें बाद में कभी मिल कर विस्तार से बताऊँगा।....'

०

वहाँ जो कुछ हुआ, उसका ब्योरा यद्यपि चेतन ने उस पत्र में नहीं दिया, पर वह कुछ यों है :

उस रात, जब चेतन के पिता ने उसे डाँट कर कहा था कि सुबह वह माँ को ले कर लड़की देखने जाय, उसने सोचा था कि सुबह जब उसके पिता शान्त होंगे और शराब का असर भी उन पर न होगा तो वह उन्हें समझा-बुझा कर राह पर लायेगा और हो सका तो कुन्ती की चर्चा भी चलायेगा।

लेकिन दूसरे दिन उसके पिता रात को ज़्यादा पी जाने के कारण नशे की खुमारी ही में पड़े रहे और उसकी माँ ने इस बीच सेर-सेर गरी, छुहारे, बादाम, काजू, किशमिश, तालमखाने डाल कर दन्दासा,[1] मेंहदी और मंगल-सूत्र के साथ सवा छै सेर की गुथली तैयार कर ली। बनारसी साड़ी और जम्पर और उसी रंग की जुराबें और रूमाल उसने पहले से मँगा रखे थे। अपनी दो सुनहली अँगूठियाँ तुड़वा कर बहू के सिर की सुई भी उसने तैयार करा रखी थी। गुथली सी-सिला कर वह हर तरह से तैयार हो गयी। फल और मिठाई भी उसने मँगा ली। जब चेतन के पिता दोपहर के लगभग उठे तो उनका मुँह-हाथ धुलवाते समय उसने उन्हें अपनी सब कारगुज़ारी सुना दी। तब चेतन के पिता ने आवाज़ दे कर चेतन को आदेश दिया कि वह खाना खा कर अपनी माँ के साथ बस्ती जाय, अपने स्कूल के अध्यापक नन्दलाल से मिले और जा कर लड़की देख आये (वे सगुन वहीं दे देंगे) और इधर से साड़ी और गुथली दे कर सगाई पक्की कर आये। विवाह के बारे में पूछें तो कह दे कि दो बरस बाद होगा। यह कह कर वे पगड़ी बग़ल में दबाये हुए सीढ़ियाँ उतर गये थे। चेतन की माँ से उन्होंने इतना कहा कि खाना वे देसराज के यहाँ खायेंगे।

o

ये अध्यापक नन्दलाल चेतन के स्कूल ही में छठी कक्षा को पढ़ाते थे। विचारों से आर्य समाजी थे। उनके घर ही चेतन की भावी पत्नी को देखने का प्रबन्ध किया गया था।

बस्ती पहुँच कर चेतन ने अपनी माँ और अध्यापक नन्दलाल, दोनों से फिर एक बार कहा कि मैं लड़की देख चुका हूँ, आप गुथली दे दीजिए, मैं अब फिर देख कर क्या करूँगा ? लेकिन एक तो माँ अपनी इस लक्ष्मी बहू का मुँह देखने को आतुर थीं, दूसरे वे आर्य समाजी अध्यापक, लगे हाथों सुधार का यह शुभ काम करके बस्ती भर में अपने सुधार-कार्य का डंका बजा देना चाहते थे। विवाह से पहले कन्या को भली-भाँति देखने की खूबियाँ उन्होंने सोत्साह और सविस्तार चेतन को समझायीं। बताया कि तमाम रिश्तेदारों की नाराज़गी के बावजूद उन्होंने लड़की को देख कर विवाह किया था। इसके बाद उन्होंने चेतन से अनुरोध किया कि अब, जब वह आ ही गया है तो शर्म छोड़ कर एक बार फिर अच्छी तरह लड़की को देख ले।

अब चेतन के लिए कोई चारा न रहा। विवश हो कर उसने इस प्रहसन में भाग लेना स्वीकार कर लिया।

o

उन्हें बस्ती में उन अध्यापक महोदय के मकान के निकट ही एक जगह ठहराया गया। चेतन

१. रंगीन दातुन.

की माँ अध्यापक महोदय की लड़की के साथ उनके घर चली गयी। चेतन इस बात की प्रतीक्षा करता रहा कि कब उसे बुलाया जाता है और कब उसके सिर से यह मुसीबत टलती है। उसका दिल प्रतिक्षण तीव्रतर गति से धड़क रहा था और उसके चेहरे का रंग भी कुछ फीका-सा पड़ता जा रहा था। तभी अध्यापक महोदय उसे लेने आ गये।

एक तंग-सी ड्योढ़ी से गुज़र कर आँगन तक जाते-जाते चेतन का गला सूख गया। रंग शायद और भी फीका पड़ गया। आँगन में पहुँच कर उसने देखा कि सामने (उन अध्यापक की उपस्थिति के कारण) डेढ़ बालिश्त का घूँघट निकाले उसकी माँ बैठी है। पास ही तन कर (सुधारक की पत्नी होने के गर्व से या इसलिए कि पर्दे की रस्म उसने छोड़ रखी थी और बस्ती में शायद वही पहली स्त्री थी, जिसने इतना साहस किया था) उन अध्यापक महोदय की पत्नी बैठी थी। तब चेतन को कुछ ऐसा आभास हुआ कि दायीं ओर एक चटाई पर वह मोटी-मुटल्ली लड़की बैठी है। अपनी झुकी हुई निगाहें उठा कर उसने इस भावी मँगेतर को देखने का प्रयास भी किया, पर चेतन उसे आँख भर के न देख सका। उसकी आँखों के आगे जैसे अँधेरा-सा छा गया। उसकी निगाहें इस बरबस गले मढ़ी जाने वाली मँगेतर पर से फिसलती हुई उसके बराबर ही बैठी हुई एक दूसरी लड़की पर चली गयीं। क्षण भर के लिए जैसे वह अँधेरा छँट गया। उसका दिल और भी ज़ोर से धड़क उठा। उसे लगा जैसे इस लड़की को उसने पहले भी कभी देखा है। उसे याद आ गया कि जब वह बस्ती के अड्डे पर अपनी इस भावी पत्नी को देखने आया था तो माप-माप कर पग रखने वाली जिस सुन्दर लड़की को देख कर वे चौंका था, वह यही तो थी। उस निमिष-मात्र की झलक में चेतन को उस किशोरी के मुख का एक भाग, उस भाग को आभा-मण्डित-सा करता हुआ मोतियों का कर्णफूल और उसकी चंचल आँखों की एक रसीली चितवन ही दिखायी दी। इसके बाद जैसे अँधेरा फिर छा गया और उसकी घबराहट बौखलाहट की हद को पहुँच गयी।

o

यह सब कुछ पलक झपकते हो गया था। अध्यापक महोदय ने अपनी पत्नी से कहा कि चेतन जी आये हैं और 'चेतन जी' ने शायद यह कहा था कि उन्हें प्यास लगी है और फिर शायद पानी पी कर या बिना पानी पिये ही वे वहाँ से चले आये थे।

o

यही वह भेंट थी, जिसकी ओर अपने उस पत्र में चेतन ने इशारा किया था। आगे उसने लिखा था :

> *'अभी तो मैं जा रहा हूँ —लाहौर! फिर कहाँ जाऊँगा, क्या करूँगा, इसका कोई ठिकाना नहीं। दैनिक 'भीषम' (भीष्म) लाहौर के एडीटर और बरजस्ता शायर [1] पण्डित राम लुभाया 'फ़िदा' स्थानीय हिन्दू सभा के दफ़्तर में आये थे। मैंने उनसे अपनी साहित्यिक आकांक्षाओं का ज़िक्र किया और बताया कि मैं अपनी वर्तमान नौकरी से ऊब गया हूँ। बस, उन्होंने वादा किया और कहा कि मेरे साथ लाहौर चलो। कोई-न-कोई प्रबन्ध कर दिया जायेगा।*

१. आशु कवि.

'दैनिक पत्र में अनुवाद का काम अधिक होता है, मुझे वह आता नहीं। लेकिन उन्होंने हौसला दिलाया है कि ज़रा-सी मेहनत करने से मैं जल्दी ही अच्छा अनुवादक बन सकता हूँ। जब तक मैं काम न सीख जाऊँ, अखबार के हफ़्तावार एडीशन के लिए हर सप्ताह एक कहानी लिख दिया करूँ। उस वक़्त तक मेरे खाने-पहनने की व्यवस्था वे कर देंगे और यदि मैं अच्छी तरह काम सीख गया तो कुछ वेतन भी मिलने लगेगा। और फिर 'हुनर' साहब तो वहाँ हैं ही....

तुम्हारा चेतन

और 'पुनश्च' लिख कर नीचे एक पंक्ति उसने लिखी थी कि लाहौर जा कर वह अपनी सरगर्मियों से अनन्त को हमेशा अवगत रखेगा।

०

पत्र पढ़ कर कुछ क्षण के लिए अनन्त चुपचाप खड़ा रह गया। उसकी समझ में कुछ भी न आया। पहले उसके मन में आयी कि उसी समय चेतन के घर जा कर उसकी माँ से सब कुछ पूछे। फिर उसने चुपचाप जा कर चारपाई पर उसी तरह रज़ाई ओढ़ कर बैठ जाना ही श्रेयस्कर समझा।

तब अनन्त की माँ ने (जो कमर पर दोनों हाथ रखे इस प्रतीक्षा में खड़ी थी कि अनन्त पत्र समाप्त कर ले तो पूछे कि चेतन ने क्या लिखा है) अपना मन्तव्य प्रकट किया।

उत्तर में अपने इर्द-गिर्द अच्छी तरह रज़ाई लपेटते हुए अनन्त ने कहा, 'चेतन कल रात लाहौर चला गया है।'

'किस काम के लिए ?'

'यह तो मुझे मालूम नहीं, लेकिन वहाँ नौकरी करेगा।'

'लेकिन यहाँ जो नौकर था!'

'था तो!'

'फिर क्या बात हुई ?'

'यह तो मुझे मालूम नहीं।'

और उसी प्रकार कमर पर हाथ रखे, मुँह फुलाये, माँ रसोईघर की ओर चल दी और अनन्त ने रज़ाई को और भी अच्छी तरह अपने इर्द-गिर्द लपेट लिया।

०

इसके चार महीने बाद एक दिन अनन्त जालन्धर के प्लेटफ़ार्म पर कपूर्थला जाने वाली ट्रेन की प्रतीक्षा कर रहा था कि उसे लगा जैसे उसने चेतन को देखा है।

भागता-भागता और पुल की दो-दो, तीन-तीन सीढ़ियाँ एक ही बार चढ़ता हुआ, वह नम्बर एक के प्लेटफ़ार्म पर पहुँचा और इससे पहले कि चेतन गेट पर टिकट दे कर बाहर निकल जाता, **उसने उसे** जा लिया।

'चेतन!' **पीछे से** उसके कन्धे पर उसने थपकी दी।

चेतन मुड़ा —'ओए अनन्त!' और दोनों मित्र एक-दूसरे से लिपट गये! अनन्त उसे गेट में से वापस **खींच** लाया।

अभी कपूर्थला जाने वाली गाड़ी का इंजन भी नहीं लगा था, इसलिए दोनों मित्र उसी प्लेटफ़ार्म पर घूमने लगे।

'तुमने तो यार, एक सतर तक नहीं लिखी, ऐसे लाहौर गये तुम!' अनन्त ने बात शुरू करते हुए कहा, 'कौन-सी गुफा में समा गये वहाँ ?'

चेतन ने बताया कि वे सम्पादक महोदय, जिनके साथ वह लाहौर गया था, अजीब शिकारी आदमी थे। सब्ज़ी मण्डी के पास एक सस्ते-से होटल में उन्होंने उसके भोजन और निवास का प्रबन्ध कर दिया, दूध वाले से कह दिया कि वह डेढ़ पाव दूध उसे रोज़ दे दिया करे, नाई को हजामत के लिए कह दिया और धोबी को कपड़ों के लिए। चेतन को तसल्ली दी कि वे स्वयं इन सब का बिल दे देंगे और इस तरह कुल मिला कर बाईस रुपये पर उन्होंने उसे अपने समाचार-पत्र में अनुवादक रख लिया।

इस अजीब व्यवस्था पर अनन्त ज़ोर से हँसा और उसने पूछा, 'वे बिल उन्होंने चुकाये भी ?'

'अरे, राम का नाम लो!' चेतन ने कहा, 'यह सोच कर कि अखबार में नौकरी लग गयी है और तरक्की का भी चांस है, मैंने अपनी साइकिल और कुछ सामान लाहौर मँगा लिया। लेकिन दो महीने के बाद जब उन सम्पादक महोदय के चंगुल से मैंने मुक्ति पायी तो बिल न चुका सकने के कारण होटल के मैनेजर ने मेरी साइकिल ही रख ली। बाद में दूसरी जगह नौकरी करके पहले महीने की तनख्वाह उन मैनेजर साहब की भेंट चढ़ा कर बड़ी मुश्किल से मैं साइकिल छुड़ा सका।'

अनन्त फिर ज़ोर से हँसा। तब चेतन ने अपने उन अनुभवों का ज़िक्र किया, जो उसे पहले-पहल समाचार-पत्र के दफ़्तर में प्राप्त हुए थे।

वे सम्पादक महोदय, जो उसे ले गये थे, सारा दिन हुक्के की नली मुँह से लगाये रखते थे। कुछ सुन्दर, कोमल, किशोर नवयुवक उन्होंने अपने समाचार-पत्र में भर्ती कर रखे थे, जिन्हें ज़रा-सी भी ग़लती हो जाने पर, अपने कमरे में बुला कर वे 'क्यों बे गूँगे' कहते हुए उनके मुँह पर प्यार की चपतें लगाया करते थे।

उन्हीं में से एक का नाम उन्होंने 'महात्मा' रख छोड़ा था। शायद इसलिए कि वह 'गूँगा' न रहा था। वह अखबार का सम्पादक था।

'आजकल,' चेतन ने कहा, 'जब लाहौर में सख्त गर्मी पड़ती है, ये महात्मा रात के वक्त कमीज़ और बनियाइन वग़ैरा उतार कर पंखे के नीचे बैठ जाते हैं और सम्पादकी करते हैं और कभी अपने कमरे से वे सम्पादक महोदय (जो अखबार के मालिक भी हैं) उधर आ निकलते हैं और 'क्यों बे महात्मा' कहते हुए उसकी पीठ ही को थपथपा देते हैं।'

'गूँगे और महात्मा!' अनन्त फिर हँसा और उसने पूछा, 'लेकिन उन दोनों में सम्पादक कौन है ?'

'नाम उनका जाता है और काम 'महात्मा' करते हैं।' चेतन ने उत्तर दिया।

फिर उसने बताया कि वहीं पहले-पहल उसे इस बात का पता चला कि जिस सम्पादकी के सपने वह देखा करता था, वह वास्तव में कितनी नारकीय है। दिन को बारह से छै बजे तक और रात को नौ बजे से दो बजे तक दैनिक पत्रों के सम्पादक कोल्हू के

बैल की तरह जुटे रहते हैं। जब थक जाते हैं तो आपस में बेहद अश्लील और गन्दे मज़ाक करते हैं। थके, पीले चेहरे; उनींदी, खुमार-भरी आँखें; बेहद मोटे या एकदम मरियल; हर तरह से भूखे और मानसिक रति के मारे —लाहौर के उर्दू पत्रों में काम करने वालों में से अधिकांश को उसने ऐसा ही पाया।

दैनिक 'भीष्म' में वह अनुवादक के साथ-साथ उस पत्र का 'अपना कहानी लेखक' भी था। वास्तव में अनुवाद करना उसे आता न था; इसलिए वह पत्र के साप्ताहिक संस्करण में एक कहानी दिया करता था। इन्हीं कहानियों के बल पर उसे एक दूसरे अखबार 'बन्दे मातरम' में जगह मिल गयी। एक की देखा-देखी लाहौर के सब दैनिकों ने साप्ताहिक संस्करण निकालने आरम्भ कर दिये थे। 'बन्दे मातरम' में एक अनुवादक का स्थान खाली था। वहाँ वह ले लिया गया, इस शर्त पर कि वह हर हफ़्ते अखबार के लिए एक विशेष कहानी लिखेगा और अनुवाद जल्द-से-जल्द सीख लेगा।

और चेतन ने बताया कि अब वह उस पत्र में सहकारी सम्पादक है, चालीस रुपये पाता और चंगड़ मुहल्ले में रहता है।

'वे हुनर साहब कभी मिले ?' अनन्त ने पूछा।

चेतन ने ज़ोरदार ठहाका लगाया। लेकिन इससे पहले कि वह कुछ कहता, अनन्त को भाग कर, पुल पर से जाने की अपेक्षा लाइनें पार करके अपने डिब्बे में सवार होना पड़ा, क्योंकि इस बीच में इंजन भी आ लगा था, लाइन-क्लियर भी मिल चुका था, गार्ड ने सीटी भी दे दी थी और गाड़ी सरकने लगी थी।

सोलह

कुछ महीने बाद अनन्त को चेतन का एक पत्र मिला —

> *'....यह भी कोई ज़िन्दगी है ? मैं सोचता हूँ, क्या मैं इसीलिए घर से भागा था ? मैंने तर्जुमा सीख लिया है और आठ घण्टे बिना सिर उठाये, अंग्रेज़ी तारों का तर्जुमा करता हूँ, प्रूफ़ पढ़ता हूँ और फिर ज़ुल्म यह है कि इतने काम के बावजूद एडीटर साहब चाहते हैं कि मैं अब भी हर हफ़्ते पत्र के सण्डे एडीशन के लिए एक कहानी लिखा करूँ। सिविल डिसओबीडियेंस[१] के दिनों में स्वर्गीय लाला लाजपतराय द्वारा स्थापित नैशनल कॉलेज जब टूटा तो कुछ लड़के एफ़० ए० ही में पढ़ते थे। कॉलेज टूटने के बाद पूछने वाला तो कोई था ही नहीं, इसलिए वे भी बी०ए० (नैशनल) बन गये। हमारे एडीटर साहब भी वैसे ही बी०ए० (नैशनल) हैं। ऑर्डिनेन्सों का ज़ोर है, एडीटर बनने के लिए कोई तैयार नहीं होता, मौजूदा एडीटरों को बदलने में ज़मानत के माँगे जाने का डर है, इसी वजह से ये साहब सौ रुपया महीना तनख्वाह पा रहे हैं। खुद कुछ करते-धरते*

१. असहयोग आन्दोलन.

नहीं, बेकार का रोब गाँठा करते हैं। जानते हैं, कैद के डर से कोई दूसरा शख़्स नाम देने को तैयार न होगा। और हुआ भी तो सरकार ज़मानत माँग लेगी।

'जब से मैंने कहानी लिखने से इनकार किया है, इनका पारा और भी चढ़ा रहता है। कहानी लिखना न हुआ, घास छीलना हुआ। पहले तो मेरे पास कुछ लिखा मसाला पड़ा था, अब हर हफ़्ते नयी कहानी कहाँ से लाऊँ ?

'बक-बक, झख-झख होती रहती है। अखबार में जितनी ग़लतियाँ होती हैं, वे चाहे उनकी अपनी हों या दूसरे की, ये हज़रत मेरे नाम मढ़ देते हैं।

'और मैं सोचता हूँ — क्या ज़िन्दगी में मेरा यही उद्देश्य था ?....'

०

फिर कुछ दिन बाद एक और पत्र आया, जिसमें किसी लड़की प्रकाशो का ज़िक्र था। चेतन ने लिखा :

'तुम्हें एक दिलचस्प बात सुनाता हूँ। मेरे मकान के सामने एक ताँगे वाला रहता है। जिस मकान में वह रहता है, वह अगरचे दो मंज़िला है तो भी उसे मकान का नाम देते हुए झिझक होती है। ऊपर की मंजिल में एक कोठरी है और एक छोटा (ऊपर से खुला) आँगन। निचली मंज़िल में सिर्फ़ दो कोठरियाँ हैं। ऊपर की मंज़िल में ताँगे वाले का परिवार रहता है और निचली मंज़िल में रहीम चंगड़ की बीवी फ़ाताँ सुबह से ले कर शाम तक ऐसी-ऐसी गन्दी गालियाँ बकती है कि सुन कर रूह काँप जाती है। कमबख़्त ने ग़ज़ब का दिमाग़ पाया है — एक गाली दूसरी से बेजोड़ होती है।

'ताँगे वाले के एक माँ है, बहन है और छोटे-छोटे भाई हैं। उसकी यह बहन, मैं देख रहा हूँ, कुछ दिनों से मुझमें दिलचस्पी लेने लगी है। जब मैं अपने कमरे में बैठा लिखा करता हूँ तो वह खिड़की में आ जाती है। यह खिड़की एक खुला-सा बड़ा झरोखा है। इसमें न किवाड़ हैं, न सीखचे। धूप तेज़ होने पर भी वह उसी में बैठी रहती है।

'मोटी, बदसूरत और फूहड़! इसे इश्क़ करने को भी कोई और नहीं मिला, लेकिन अनन्त, दिल ही तो है....

'और फिर दफ़्तर से जब चीफ़ एडीटर की घुड़कियाँ सुन कर आता हूँ और वह उसी झरोखे में बैठी, अपने मोटे-मोटे होंटों पर मीठी मधुर मुस्कान ला कर, मेरा स्वागत करती है तो अनन्त, मन हरा-सा हो जाता है और एडीटर साहब की तीखी बातों से दिल पर पड़े घाव कुछ भर-से जाते हैं।'

०

इस खत के बाद इसी प्रकाशो के सम्बन्ध में चेतन ने कुछ ऐसी बातें लिखीं कि जब अनन्त एक बार अपने बहनोई के पास पिण्डी गया तो लौटते समय लाहौर उतर गया। ढूँढता-ढूँढता वह बंगाली गली में चेतन के दफ़्तर पहुँचा। इतवार होने के कारण दफ़्तर बन्द था। तब वह 'पीपल वेहड़ा' चंगड़ मुहल्ला का पता पूछता-पूछता चल पड़ा।

सुबह का वक़्त था, और चाहे नगर पालिका के भंगी और भिश्ती अपना काम पूरा

कर गये थे, लेकिन गन्दगी की गाड़ियाँ भी अपना फ़र्ज़ निभा रही थीं। वास्तव में घोड़ों के अस्तबलों, गन्दी गाड़ियों के अहातों और गूजरों, चंगड़ों, भंगी तथा चमारों के घरों का सामीप्य होने से, भिश्ती चाहे लाख छिड़काव और भंगी चाहे लाख सफ़ाई कर जायँ, चंगड़ मुहल्ले की हालत में कभी कोई फ़र्क़ नहीं पड़ता। अनारकली के इतने नज़दीक वैसा बेरौनक़, गन्दा और ग़रीब इलाका हो सकता है, अनन्त ने इसकी कल्पना भी न की थी। इधर चंगड़ मुहल्ले में कुछ नयी दुकानें बन गयी हैं। पर तब तो सारे बाज़ार में दो-तीन लॉण्ड्रियों, एक मैले-कुचैले बनिये और दो-एक हलवाइयों की दुकानों के अलावा कुछ भी न था। मोहनलाल रोड की तरफ़ से दाखिल हो कर किसी-न-किसी तरह नाक पर रूमाल रखे अनन्त 'पीपल वेहड़ा' को जाने वाली गली के सिरे तक पहुँचा। पक्की ईंटों की दो सीढ़ियों के साथ बाज़ार से ज़रा ऊँची, पक्की ईंटों की ही गली बनी थी। सामने एक पक्का तिमंज़िला मकान खड़ा था, जिसकी खिड़कियों पर गहरे सरदई रंग का वार्निश भी था।....अनन्त ने सुख की साँस ली कि आखिर वह साफ़-स्वच्छ जगह पहुँच गया है।

लेकिन जब लाला भगवानदास का मकान पूछता हुआ, वह चन्द कदम चल कर, उस नये मकान के पास से दायीं तरफ़ की गली में मुड़ा तो सहसा उसे फिर नाक पर रूमाल रखना पड़ा। गोबर की तीखी बू उसकी नाक में घुस गयी और इसके साथ ही किसी नारी का कर्कश स्वर उसके कान में पड़ा, जिसके एक वाक्य में लगभग सब-की-सब गालियाँ ही थीं। दो-एक पक्के मकानों के अलावा इस गली में सब कच्चे मकान थे। इनमें चंगड़ रहते थे। इसी गली का नाम वास्तव में 'पीपल वेहड़ा' था। लाला भगवानदास ने वैश्यवृत्ति के कारण असल और सूद मिला कर इन्हीं चंगड़ों में से कुछ की झोपड़ियाँ हथिया ली थीं और दो-तीन पक्के मकान खड़े कर दिये थे।

गली के सिरे पर ही अपने कच्चे मकान की देहली पर एक काला भुजंग चंगड़, नंगे बदन, तहमद लगाये, मज़े से बैठा हुक़्क़ा गुड़गुड़ा रहा था। उसी से अनन्त ने लाला भगवानदास का पता पूछा और जब उसने पास ही के पक्के तिमंज़िले मकान की तरफ़ इशारा कर दिया तो मकान के पास जा कर अनन्त ने चेतन का नाम ले कर आवाज़ दी।

किसी ज़माने में शायद यहाँ खुली जगह रही होगी और यह स्थान 'पीपल वेहड़ा' याने 'पीपल वाला आँगन' कहलाता होगा। हो सकता है पीपल का कोई पेड़ भी यहीं कहीं रहा हो, लेकिन उस वक्त तो दोनों में से एक चीज़ भी वहाँ मौजूद न थी। मकान के साथ छै-सात फ़ुट खाली जगह थी, जिसे कन्धों तक ऊँची पक्की दीवार गली से अलग कर रही थी। यह जगह पक्की बनी हुई थी। इसके बीचों-बीच एक बड़ी नाली थी, जो सारे मकान का गन्दा पानी ला कर गली की नाली में मिला देती थी। नाली की जो हालत थी, उसे देख कर अनन्त ने मकान के निवासियों के रहन-सहन का अनुमान कर लिया।

रहा मकान, सो तीन मंज़िलों में से निचली मंज़िल में एक निहायत तंग ड्योढ़ी थी, जिसके परे तंग अँधेरे आँगन का कुछ आभास मिलता था। इस के दोनों ओर सीढ़ियाँ चढ़ती थीं, जिनसे मालूम होता था कि मकान दो भागों में बँटा है। वास्तव में यह तीन में विभक्त था और उन तीन भागों में (इस बात का अनन्त को बाद में पता लगा) नौ या दस किरायेदार रहते थे। निचली मंज़िल में ड्योढ़ी की तरफ़ दो-दो दरवाज़ों वाले दो कमरे थे। उनके ऊपर दो और कमरे थे, जिनकी मैली खिड़कियाँ अपनी दुर्दशा पर खामोश फ़रियाद कर रही थीं।

तीसरी मंज़िल पर अनन्त को ईंटों के पर्दे ही दिखायी दिये। लाला भगवानदास का मकान उन हज़ारों मकानों में से एक था, जो लाहौर में सिर्फ़ किरायेदारों के लिए बनवाये जाते हैं।

अनन्त की आवाज़ सुन कर ड्योढ़ी के दायीं ओर के निचले कमरे से (जिसके दोनों किवाड़ों पर नीली, नयी चिकें लटक रही थीं) चेतन निकला। कमर तक उसका बदन नंगा था और कमर के नीचे तहमद लटक रहा था। अनन्त को देख कर खुशी की एक 'ओह!' करके हाथ मिलाता हुआ वह उसे अपने कमरे के अन्दर ले गया।

सील-भरा, अँधेरा कमरा। दीवारों पर पलस्तर, लगता था कि गिरा ही चाहता है। खिड़की अथवा रोशनदान एक भी न था। बस, एक दरवाज़ा उस अँधेरे-से आँगन में खुलता था। इस दरवाज़े को चेतन प्रायः बन्द ही रखता था और बन्द सील-भरे कमरों से जैसी बू-सी आने लगती है, वैसी ही दम घोंटने वाली बू कमरे से आ रही थी। कमरे में अलमारी कोई न थी। यों ही दीवार में दो जगह ताक़ बना कर तख्ते लगा दिये गये थे। छत काली स्याह थी, जिससे मालूम होता था कि पहला किरायेदार वहाँ रहने के अलावा रसोई भी बनाता रहा होगा। नीचे सीमेण्ट का फ़र्श था, जिसमें पैवन्द लगे हुए थे। लेकिन कमरा साफ़ था और चेतन के शरीर की गर्द बता रही थी कि उसने अभी-अभी उसे साफ़ किया है। फ़र्नीचर के नाम पर कोने में एक स्याह मेज़ पड़ी थी। उसके पास बिना बाज़ुओं की एक काली गद्देदार कुर्सी थी। रोशनी के लिए दीवार में कील गाड़ कर बिजली का एक बल्ब लटकाया गया था।

'यह मेज़ कहाँ से लाये हो ?' अनन्त ने कहा, 'बना तो खूब है और है भी आबनूस की लकड़ी का, लेकिन लगता तो सेकेण्ड-हैण्ड है।'

'शायद थर्ड-हैण्ड!' हँसते हुए चेतन ने कहा, 'मैं तो एक कबाड़ी की दुकान से नगद ग्यारह रुपये में दोनों चीज़ें खरीद लाया हूँ।' फिर कुछ गम्भीर हो कर बोला, 'हम सब एक-दूसरे पर निर्भर हैं —हमारी उतरन ग़रीब बड़ी खुशी से स्वीकार करते हैं और अमीरों की उतरन हम।' और वह एक खोखली-सी हँसी हँसा।

अनन्त ने कुछ और नज़दीक जा कर देखा तो गाढ़े काले रोग़न और पोटीन की सहायता से कई जोड़ ढँके हुए दिखायी दिये। न जाने यह मेज़ कितनी बार मरम्मत होने के बाद इस महत्वाकांक्षी लेखक के यहाँ आयी थी।

'अन्दर ही आ जाओ!'

अनन्त ने ध्यान ही न दिया था कि अन्दर भी कोई कमरा है। अनगढ़-से किवाड़ों को खोल कर चेतन अन्दर गया। उसने बिजली का बटन दबाया। अनन्त ने देखा कि अँधेरी कोठरी है, जिसकी दीवारों में बाहर के कमरे जैसे ताक़ हैं। एक सस्ती-सी चारपाई बिछी है। सील की बू यहाँ पहले कमरे से भी तेज है। रोशनदान तो दूर, एक झरोखा तक कहीं नहीं है और दीवारों पर पलस्तर बहुत जगहों से गिर चुका है। हाँ, ठण्डक इस कोठरी में बाहर से ज़्यादा है। अनन्त चुपचाप चारपाई पर लेट गया।

लेकिन वह अधिक देर तक वहाँ लेटा न रह सका। कमरा दोपहर को ठण्डा हो जाता होगा, पर सुबह उसमें उमस की मात्रा ज़्यादा थी। वह उठ कर बाहर आया। दीवार के साथ लगी एक ईज़ी-चेयर चेतन ने बिछा दी। तभी सामने के मकान की खिड़की में एक लड़की

आ खड़ी हुई।

चेतन ने धीरे से कहा — 'प्रकाशो!'

लेकिन शायद चेतन के पास किसी अन्य व्यक्ति को बैठे देख कर वह चली गयी।

स्नानादि से निवृत्त हो कर जब गनपत रोड के एक होटलनुमा तन्दूर पर चेतन अपने इस बचपन के मित्र को खाना खिला लाया तो दोनों अन्दर की चारपाई को बाहर निकाल कर उस पर लेट गये। वहीं लेटे-लेटे चेतन ने अनन्त को अपने इस निवास-स्थान का परिचय दिया।

०

पाँच-छै भागों में बने हुए उस तिमंज़िले मकान में दस किरायेदार रहते थे। आँगन में एक हैण्ड-पम्प था। नल या कोई ग़ुसलखाना उस मकान में नहीं था। इसलिए वह हैण्ड-पम्प ही स्नानागार का काम भी देता था, यद्यपि चेतन वहाँ से बाल्टी भर कर अपने रसोईघर-नुमा ड्रॉइंग-रूम में ही नहाता था। इस हैण्ड-पम्प की दायीं ओर दो कोठरियों मे रँगसाज़ लड़के रहते थे, जो दिन भर काम करते और सोने के लिए वहाँ आ जाते। नल की दूसरी ओर — चेतन के कमरे के सामने — एक हलवाई रहता था, जिसकी पत्नी ने अपने इस कमरे को छोटा-मोटा मन्दिर बना रखा था। ग़रीब चंगड़ों के गाढ़े पसीने की कमाई सूद-दर-सूद के रूप में उनके घर आ रही थी, फिर चंगड़ों की एक-दो झोंपड़ियों के स्थान पर उनका जो मकान बन गया था, उसमें सन्दिग्ध किस्म के लोग रहते थे। एक स्त्री थी, जिसके पास कुछ जवान लड़कियाँ थीं और नये-नये लोग रात के समय वहाँ आया करते थे। इसके अलावा उस हलवाई के घर इस बढ़ती हुई जायदाद को सँभालने वाला कोई पैदा न हुआ था। इन्हीं सब कारणों से सुबह-शाम वहाँ भगवान की आराधना में घण्टे-घड़ियाल बजा करते थे।

दूसरी मंज़िल में चेतन के ऊपर वाले दो कमरे इन्श्योरेन्स में काम करने वाले एक क्लर्क और उसके साथी ने ले रखे थे। साथी की माँ भी वहीं रहती थी। रसोईघर कोई था नहीं, इसलिए वे ऊपर के कमरे ही में रोटी पकाते थे। जिस दिन कभी बादल होते और हवा तेज़ चलती तो उनके रसोईघर-नुमा कमरे का धुआँ चेतन के इस स्नानघर-रूपी ड्रॉइंग-रूम में आ जाया करता। ड्योढ़ी के ऊपर अधछते आँगन और पिछली दो कोठरियों में एक कम्पोज़ीटर और उसकी विधवा भावज तथा उसके दो बच्चे (दस-बारह वर्ष की एक लड़की और सात-आठ साल का एक काना लड़का) किसी-न-किसी तरह ज़िन्दगी के दिन गुज़ार रहे थे।

हलवाई के ऊपर प्राइमरी स्कूल का एक अध्यापक रहता था।

तीसरी मंज़िल पर तीनों हिस्सों पर तीन बरसातियाँ थीं, जिनमें क्रमशः, एक खोंचेवाला, एक डाकिया और एक पनवाड़ी सपरिवार रहते थे। जलती धूप हो अथवा चुभती सर्दी, खाना उन्हें बरसाती के आगे खुली छत पर पर्दा-सा लगा कर पकाना पड़ता था।

इन सब नौ-दस किरायेदारों के लिए तीन शौचालय थे और बाक़ी — बैठक, ग़ुसलखाने, सोने के कमरे और रसोईघर, आदि — का काम वे सब अपने उन्हीं दो कमरों से लेते थे।

गर्मियों में सोने का प्रबन्ध यों होता : निचली मंज़िल वाले नीचे मकान के बाहर नाली पर चारपाइयाँ बिछा कर सोते। बीच की मंज़िल में रहने वाले बरसातियों के ऊपर सोते, बरसातियों वाले अपनी बरसातियों के सामने।

०

मकान और उसके किरायेदारों का परिचय दे कर चेतन ने कहा, 'तुम्हें यह सुन कर हैरत होगी कि ये दो कमरे मुझे बड़ी दिक्कत से मिले। लाहौर के गली-मुहल्लों में किसी ग़ैर-शादी-शुदा नौजवान के लिए किराये पर कोई कमरा ले लेना आसान बात नहीं। साथ में कोई औरत होनी चाहिए, चाहे वह माँ, बहन, चाची, ताई, भावज, बुआ, यहाँ तक कि कहीं से भगायी हुई ही क्यों न हो।'

यहाँ चेतन ने ठहाका लगाया और फिर बोला, 'लेकिन मैंने भी इन लोगों को खूब बनाया। तुम्हें हुनर साहब की तो याद होगी ? अरे वही, जो जालन्धर में दुनिया भर के शायरों की चीज़ें अपने नाम से सुना कर मुझ पर रोब जमा आये थे, जिन्हें मन-ही-मन मैंने अपना गुरु भी मान लिया था और इसी श्रद्धा के फलस्वरूप मैंने पाँच रुपये भी जिनको भेंट किये थे। सब्ज़ी-मण्डी के उस होटल को छोड़ने के बाद मैं उन्हीं के यहाँ मज़ंग में कुछ दिन रहा। दूसरा कोई परिचित था नहीं, क्या करता ? लेकिन अभी महीना खत्म भी न हुआ था कि हुनर साहब ने, यह बता कर कि सोलह रुपया मकान का किराया उन्हें देना पड़ता है, आठ मुझसे माँग लिये।'

अनन्त हँसा।

'उन्होंने यह प्रस्ताव भी किया,' चेतन ने बात को जारी रखते हुए कहा, 'कि मैं रोटी भी वहीं से खाऊँ और वे इस सब के बीस रुपये मुझसे ले लिया करेंगे। कहने लगे — 'अपना आदमी साथ हो तो बिमारी-उमारी में सौ मदद मिल जाती है।' और ज़रा हँस कर चेतन बोला, 'बस, उसी दिन शाम को मैं मकान की तलाश में निकल पड़ा। यह भी इच्छा थी कि दफ़्तर के पास कहीं मिल जाय तो रात को उनींदी आँखें लिये मील-डेढ़ मील चल कर मज़ंग पहुँचने की मुसीबत से छुट्टी मिले, लेकिन पाँच-छै जगह पूछने पर ही पता चल गया कि कुँवारे के लिए किसी सभ्य इलाके में कोई कमरा किराये पर ले लेना कुछ आसान बात नहीं।

'इस चंगड़ मुहल्ले में भी,' चेतन ने हँस कर कहा, 'ड्योढ़ी के ऊपर दरम्याने में रहने वाली विधवा ने पूछा कि मैं अकेला ही रहूँगा या मेरी बीवी भी रहेगी ? तब मैंने कह दिया कि बीवी तो मेरे है, पर अभी उसे परीक्षा देनी है, इसलिए वह साथ नहीं आयेगी।'

अनन्त ने हँस कर कहा, 'लेकिन परीक्षाएँ तो हो चुकीं।'

चेतन बोला, 'पूछती थी, पर मैंने कह दिया कि मेरी पत्नी प्रान्त भर में अव्वल आयी है, इसलिए वहीं स्कूल में उसे नौकरी मिल गयी है, अब मैं कोशिश करूँगा कि उसकी बदली यहाँ लाहौर हो जाय।'

इस पर दोनों खूब हँसे। तभी अनन्त ने देखा कि वह लड़की — वह प्रकाशो — चुपचाप उस झरोखे में आ कर खड़ी हो गयी है। वास्तव में एक किवाड़ की चिक कुछ नीची लगी थी (अचानक ही लग गयी थी, या शायद चेतन ने उसे जान-बूझ कर ही इस

तरह लगाया था, यह नहीं कहा जा सकता)। उसके ऊपर से सामने के झरोखे में बैठा व्यक्ति भली-भाँति दिखायी दे जाता था।

वहाँ लेटे-लेटे अनन्त ने चेतन का कन्धा हिला कर उसका ध्यान लड़की की ओर आकर्षित किया।

धीरे से चेतन ने कहा, 'तुम चुपचाप यहीं लेटे रहो, वह शायद तुम्हें नहीं देख रही।'

इसके बाद जो कुछ हुआ, उसके फलस्वरूप अनन्त ने फ़तवा दे दिया कि लड़की को चेतन से बेपनाह मुहब्बत है; और जब चेतन ने उसे बताया कि इधर कुछ दिनों से प्रकाशो दूसरे नलों को छोड़ कर उसके पम्प पर आने लगी है और घर वालों को उसने विश्वास दिला दिया है कि नगर पालिका के नलों की अपेक्षा हैण्ड पम्प का पानी कहीं ज़्यादा ठण्डा होता है तो अनन्त ने यह नेक सलाह दी कि आज जब वह पम्प पर पानी लेने आये तो उसे पकड़ कर फ़ौरन अन्दर ले आना चाहिए। अपनी और अपने एक-दो मित्रों की मिसालें दे कर अनन्त ने कहा, 'वह तो तुम्हारी बाँहों में आने के लिए छटपटा रही है। तुम साले साहस से काम न लोगे तो यह मामला बस, इससे आगे नहीं बढ़ेगा।'

लेकिन चेतन का दिल बेतरह धड़क रहा था। तब अनन्त ने पूरे डेढ़ घण्टे तक इश्क के मामले में अपने साहस और दिलेरी की जो कहानियाँ सुनायीं, उनका परिणाम यह हुआ कि धड़कते हुए दिल के साथ चेतन दुस्साहस का यह काम करने को तैयार हो गया।

आम तौर पर प्रकाशो शाम से बहुत पहले ही आती, जब प्रायः ऊपर रहने वाली विधवा अपने बच्चों के साथ सो रही होती और आँगन में सन्नाटा होता। उसके आने से पहले अनन्त ने चेतन को इस तरह तैयार कर दिया कि वह आँगन में खुलने वाले दरवाज़े में खड़ा रहे, अनन्त दरवाज़े की ओट में बैठा रहेगा और अगर कोई ऐसी-वैसी बात हो गयी तो वह उसे सँभाल लेगा।

जब प्रकाशो समय पर पानी लेने आयी और बाल्टी भर चुकी तो अनन्त ने कुहनी के ठहोके से चेतन को जाने के लिए कहा। लेकिन अनन्त ने यद्यपि तीन-चार बार उसके कुहनी गड़ायी तो भी वह टस-से-मस न हुआ और प्रकाशो बाल्टी उठा कर अपने मोटे-मोटे होंटों से मुस्कराती और अपने भारी कूल्हे मटकाती हुई चली गयी।

तब अनन्त ने दोआबा की विशुद्ध भाषा में चेतन पर 'मधुर वचनों' की झड़ी लगा दी और फ़तवा दिया कि वह एकदम नामर्द है।

शायद यह उपाधि पाना चेतन के पुंसत्व को गवारा न था, इसलिए जब प्रकाशो दूसरी बार बाल्टी लेने आयी और बाल्टी पम्प के नीचे रखते और अपने मोटे होंटों से मुस्कराते हुए उसने दो-एक बार हैण्डल घुमाया तो चेतन ने एक कुलाँच भरी।

'हाय मैं मर गयी।' कहती हुई प्रकाशो वहीं धम से बैठ गयी। चेतन के चेहरे पर स्याही पुत गयी और उसकी बाँहें खुली-की-खुली रह गयीं।

कमरे में वापस आ कर बीस गालियाँ तो चेतन ने अनन्त को सुनायीं और कहा कि अगर किसी ने देख-सुन लिया हो या प्रकाशो ने जा कर घर कह दिया तो क्या होगा ?

उसका चेहरा कपास के फूल की तरह सफ़ेद हो गया था। वह सोच रहा था कि प्रकाशो ने घर जा कर कह दिया तो सँभाल कर रखी हुई इज़्ज़त पर पानी फिर जायेगा,

बेइज़्ज़त हो कर मुहल्ले से निकलना पड़ेगा और दफ़्तर के इतने नज़दीक ऐसा सस्ता मकान भी उसे फिर मुश्किल ही से मिल सकेगा।

पर अनन्त ने कहीं से केले का छिलका ला कर आँगन में रख दिया और उसे इस तरह पाँव से मसल दिया, जैसे उस पर कोई फिसल गया हो। फिर उसने चेतन को तसल्ली दी कि अव्वल तो प्रकाशो घर जा कर कहेगी नहीं और अगर उसने यह हिमाक़त की भी और उससे कोई पूछे तो वह कह दे कि वह बाहर जाने लगा था, केले के छिलके पर फिसल गया। बाँहें उसने ज़रूर फैलायी थीं और पकड़ना भी चाहा था, लेकिन वह तो गिरते हुए की बेबसी थी।

चेतन को अनन्त की इस बात से कुछ ज़्यादा सान्त्वना नहीं मिली, लेकिन जैसा कि अनन्त का खयाल था, प्रकाशो ने घर जा कर कुछ नहीं कहा।

सत्रह

शाम को जब अनन्त को गाड़ी पर चढ़ा कर चेतन प्लेटफ़ार्म से बाहर निकला तो उस दिन की घटना पर उसे जो ग्लानि हुई थी, और जो अनन्त की लच्छेदार बातों से तब तक दबी रही थी, वह फिर उभर आयी। अपना वह कृत्य भयावह रूप धर कर उसके सामने आने लगा। उन सम्भावनाओं ने, जो घटित हो सकती थीं, पर नहीं हुईं, उसके मन को बेचैन कर दिया....यदि ऊपर से कोई देख लेता, यदि कोई उस समय पानी भरने आ जाता ? यदि प्रकाशो अपने उस बर्बर ताँगे वाले भाई से कह देती तो ?....और परिणाम की कल्पना-मात्र ही से उसके रोंगटे खड़े हो जाते।

उसे पता भी न चला कि वह कब ताँगे पर सवार हुआ और कब घास मण्डी के पास आ कर उतर गया। उसके मस्तिष्क में तो इस बीच निरन्तर हलचल मची रही थी — उसकी सगाई हो चुकी है, लड़की वाले शादी के लिए ज़ोर भी दे चुके हैं तो क्यों न वह शादी कर ले ? जब वासना उसके मन में कहीं दबी पड़ी है, जब उसमें संयम का अभाव है तो क्यों न समाज के बने विधान के अनुसार वह खूँटे से बँध जाय ? अनन्त!....उसका तो दिमाग़ खराब है।

०

घटना के बाद पश्चात्ताप से भरे हुए स्वर में चेतन ने कहा था, 'मैं शादी कर लूँगा।'

बिना किसी प्रकार की लज्जा के, अनन्त ने ठहाका लगाया था।

भारी गम्भीरता के साथ चेतन बोला था, 'इधर-उधर खेतों में मुँह मारना, उगती-बढ़ती पौध को रौंदना, पकड़े जाने पर सज़ा पाना, बेइज़्ज़त होना — यह सब क्या पढ़े-लिखे, सुलझे और सभ्य आदमी को शोभा देता है ?'

अनन्त बेपरवाही से हँसा था — 'उसके लिए दिल और जिगर तगड़े चाहिएँ। तुम जैसे डरपोक के लिए घोंसला बनाना, बच्चे पैदा करना और उन्हें पालने में ज़िन्दगी बिता

देना ही बेहतर है। आसमान में उक़ाब की तरह ऊँचे और आज़ाद उड़ना, घर बनाने का रोग न पालना और अपने शिकार को बरबस झपट लेना हर पक्षी के बस की बात नहीं ? दुनिया में कौवे और गिद्ध तो हज़ारों हैं, उक़ाब नहीं।'

'लेकिन तहज़ीब....?'

'कायरों के दिमाग़ की उपज है।'

'पर शादी....?'

'कमज़ोरों ने अपनी रक्षा के लिए यह कानून बनाया है।'

'लेकिन औरत....?'

'वह तो उसी तरह पीड़ित है। शादी की जकड़बन्दी से छूट कर वह कम खुश न होगी। समाज के क़ायदे-क़ानूनों ने उसका कम गला नहीं घोंटा।'

०

चेतन के सारे शरीर में एक झुरझुरी-सी उठी। स्टेशन जाते समय मार्ग में अनन्त के साथ उसकी जो बहस हुई थी, उसका एक-एक शब्द उसके कानों में गूँज रहा था। तर्क पर अनन्त की बातें चाहे कितनी भी पूरी क्यों न उतरती हों, पर मन में वह उनसे सहमत न हो पाता था।

यह ठीक है कि उसका वेतन ज़्यादा नहीं। वह पत्नी को साथ रख कर लाहौर का खर्च बरदाश्त न कर सकेगा, लेकिन उससे उक़ाब भी तो न बना जायेगा। यह उक़ाब-वृत्ति अनन्त ही को मुबारक रहे। उसके लिए तो ग़रीब, पर संयत और सुव्यवस्थित ज़िन्दगी, निन्दा, तिरस्कार, जुगुप्सा, भर्त्सना के उस असंयत, अव्यवस्थित जीवन से कहीं बेहतर है।

चेतन उन सरल, निरीह युवकों में से था, जिन्हें लाहौर की मिट्टी ने पका कर चालाक और चतुर न बनाया था। हर बुरी-से-बुरी घटना को हँसी में उड़ा देने, उस पर दार्शनिक ढंग से तर्क-वितर्क कर सकने, प्रतिदिन कुकर्म करते हुए उसे बीसियों भले लोगों के सत्कर्मों से अच्छा साबित करने की क्षमता उसने अभी प्राप्त न की थी। उसकी आत्मा सरल, भोली, पवित्र और नेक थी। नगर के नये सिद्धान्तों का पानी उस पर अभी नहीं चढ़ा था। अनन्त के लिए जो घटना रोज़ घटने वाली निहायत आम घटनाओं में से एक थी, जिसका ज़िक्र वह बड़ी बेपरवाही से कर दिया करता था, वही चेतन के लिए असाधारण और चरित्र के पौधे को जड़ों तक झुलसा देने वाली थी।

घास मण्डी से घर तक वह इन्हीं उलझनों को सुलझाता चला आ रहा था कि घर के निकट उसे चिर-परिचित कण्ठ की आवाज़ सुनायी दी। उसने आँखें उठायीं तो देखा कि उसके बड़े भाई उसके पड़ोसी चंगड़ से उसका पता पूछ रहे हैं। वे सूट पहने हुए थे और उनके हाथ में एक गठरी थी। चेतन ने उनको प्रणाम किया और दरवाज़ा खोल कर उन्हें अन्दर ले आया।

०

बाहर यद्यपि काफ़ी प्रकाश था, पर चेतन के कमरे में अँधेरा छा रहा था। बिजली का बटन दबा कर चेतन ने भाई से आराम-कुर्सी पर बैठने का संकेत किया।

अठारह

पण्डित बनारसीदास की दुकान पर सारा दिन ताश खेलने वाले, माँ के द्वारा उपेक्षा से 'बुढ़ऊ' पुकारे जाने वाले, हमेशा मैले तहमद और कुर्ते में मस्त चेतन के बड़े भाई रामानन्द और इस साफ़ (यद्यपि पुराने) सूट में सुशोभित; सिर पर मोतिया रंग की पगड़ी सजाये; सस्ती, लेकिन सुन्दर टाई बाँधे, अपने इस छोटे भाई के घर अचानक आ धमकने वाले इन डॉक्टर रामानन्द में आकाश-पाताल का अन्तर था।

इस डेढ़ वर्ष के अर्से में वह आवारा, निकम्मा और नालायक़ युवक किस तरह डॉक्टर कहलाने योग्य हो गया, यह एक लम्बी कहानी है। संक्षेप में इतना ही कि कराची से एल० डी०एस-सी० की डिग्री ले कर आने वाले दाँतों के एक डॉक्टर — सत्यप्रकाश वर्मा — से चेतन की मित्रता थी।

कॉलेज के ज़माने में चेतन ने 'श्रीमती मंजरी' में रायबहादुर जानकीदास की भूमिका अदा की थी और बाद में 'सेवा समिति' के मंच पर होने वाले नाटक 'बिल्व-मंगल' में वह राम भरोसे बना था तो नाटक खत्म होने पर जिन दर्शकों ने उसके अभिनय की दाद दी थी, उनमें डॉक्टर सत्यप्रकाश भी थे — अट्ठाइस-तीस की उम्र; मँझला क़द; न मोटा, न पतला शरीर; गोरा-चिट्टा रंग; गोल-मटोल चेहरा; छोटी-छोटी, दोनों ओर से छँटी मूँछें; हँसते तो मोतियों जैसे सफ़ेद दाँत चमकते, मुस्कराते तो उनकी दायीं आँख ज़रा-सी दबती, जो उनके मुख को और भी सुन्दर बना देती।

चेतन के अभिनय की दाद देते हुए डॉक्टर सत्यप्रकाश ने अपना परिचय दिया था। तब उन्होंने भैरों बाज़ार में भैरव की मूर्ति के निकट ही दुकान ले कर अपना क्लिनिक खोला था। साहित्य-प्रेमी, रसज्ञ आदमी थे। नयी-नयी प्रैक्टिस थी। उनके पास समय काफ़ी था। चेतन जब कोई नयी ग़ज़ल लिखता तो उन्हें ज़रूर सुनाता।.... जब वह लाहौर चला गया तब भी जालन्धर आने पर डॉक्टर सत्यप्रकाश से मिलने ज़रूर जाता। उसकी नौकरी लगे अभी ज़्यादा दिन नहीं हुए थे कि बायीं ओर का एक दाँत उसे परेशान करने लगा। पहले वह ज़रा-सा था और चेतन ने ध्यान न दिया था, लेकिन अब वह बढ़ आया था और चेतन हँसता तो वह भद्दा लगता। वास्तव में एक दूसरे दाँत के ऊपर वह दाँत निकल आया था। उसने तय कर लिया था कि वह जालन्धर जायेगा तो डॉक्टर सत्यप्रकाश से उसके बारे में सलाह करेगा।

जब वह जालन्धर पहुँचा तो घर में दाखिल होते ही माँ उसके बड़े भाई का रोना ले बैठी। लॉण्ड्री और डिक्टेटरी तो उनकी फ़ेल हो चुकी थी और ऊपर से माँ के सिर तीन-चार सौ का क़र्ज़ चढ़ गया था और भाई साहब (विशेषकर लड़ाकी बहू के कारण) माँ के लिए दर्दे-सिर बने हुए थे। माँ ने गिड़गिड़ा कर चेतन से कहा था कि बेटा, जैसे तूने अपने लिए किया है, अपने भाई के लिए भी कुछ प्रबन्ध कर!

चेतन जब डॉक्टर सत्यप्रकाश की तरफ़ जा रहा था तो उसका दिमाग़ लगातार अपने भाई की बात सोच रहा था।

दोपहर का वक़्त था। डॉक्टर सत्यप्रकाश अपेक्षाकृत खाली थे। वह डेण्टल चेयर पर

जा कर बैठ गया। डॉक्टर सत्यप्रकाश ने उसके दाँत देखे और बोले, 'यह तो सुपर न्यूमरल दाँत है, फ़ालतू है, इसे निकाल देते हैं।'

इससे पहले कि चेतन कहता कि नया दाँत है, दर्द न हो, डॉक्टर साहब ने उससे मुँह खोलने को कहा और एक ट्यूब-सी उठा कर कोई चीज़ स्प्रे की। चेतन को लगा कि उसका जबड़ा सुन्न हो गया है। दूसरे क्षण उन्होंने जम्बूर ले कर उसका दाँत उखाड़ भी डाला।

बाद में उसे मालूम हुआ कि उन्होंने ईथर छिड़क कर उसका मसूढ़ा सुला दिया था। उनकी इस चाबुक-दस्ती से चेतन इतना प्रभावित हुआ कि अचानक उसने कहा, 'डॉक्टर साहब, आप मेरे बड़े भाई को अपना शागिर्द क्यों नहीं बना लेते ?'

बिना उसके भाई के बारे में कुछ पूछे डॉक्टर सत्यप्रकाश ने कहा, 'तुम कहते हो तो बना लेंगे।'

चेतन के सिर से जैसे बड़ा बोझ उतर गया। उसने संक्षेप में अपने भाई की बे-राह-रवी के बारे में कुछ ब्योरे उन्हें दिये और कहा कि शुरू ही से उनकी रुचि पढ़ने के बदले हाथ का काम करने में है और उसे पूरा यक़ीन है कि वे उनके योग्य शिष्य साबित होंगे और जल्दी ही दन्दानसाज़ी सीख लेंगे।

घर आ कर उसने अपने बड़े भाई को दन्दानसाज़ी के लाभ बताये और कहा कि आप सत्यप्रकाश से दन्दानसाज़ी सीख लेंगे तो वे कराची से आपको एल०डी०एस-सी० का डिप्लोमा ले देंगे।

भाई साहब स्वयं घर में हर वक़्त होने वाली किल-किल से ऊब चुके थे, उससे पिण्ड छुड़ाना चाहते थे और घर के बाहर नरक में भी जाने को तैयार थे, इसलिए उन्होंने झट चेतन का प्रस्ताव स्वीकार कर लिया और चेतन के साथ जा कर डॉक्टर साहब से मिल भी आये। चेतन निश्चिन्त हो कर लाहौर चला गया।

लेकिन भाई साहब ने तत्काल काम शुरू नहीं किया। सरदार नन्दा सिंह की दुकान और शतरंज से उनका प्रेम उतनी जल्दी छूटने वाला नहीं था। कई महीने बीत गये। इसी बीच डॉक्टर सत्यप्रकाश जरनैली सड़क पर मेयो हॉल के सामने, एक कोठी में चले गये और वहाँ उन्होंने शानदार क्लिनिक खोला, जहाँ मरीज़ों के बैठने के लिए बड़ा-सा ड्रॉइंग-रूम था।

तभी भाई साहब ज्वर-ग्रस्त हो गये। जब डॉक्टर जीवाराम और हकीम नबी जान की दवा से लाभ न हुआ तो वे मेयो हस्पताल गये। वापसी पर उन्हें कुछ ऐसी कमज़ोरी महसूस हुई कि वे सड़क की दूसरी ओर डॉक्टर सत्यप्रकाश के यहाँ चले गये। डॉक्टर साहब से बात करके और उनके क्लिनिक को देख कर भाई साहब इतने प्रभावित हुए कि स्वस्थ होते ही वहाँ जाने लगे। फिर उस काम में उनका मन ऐसा लगा कि उन्होंने परिश्रम करके उसे सीख लिया और उन्हीं डॉक्टर सत्यप्रकाश की सहायता से कराची के डेण्टल कॉलेज से एल०डी०एस-सी० का डिप्लोमा भी ले लिया।

माँ हैरान थी कि उसका यह पुत्र, जो कभी किसी काम में जी न लगाता था, जिसे ताश और शतरंज से ही दिन भर काम रहता था, किस तरह इतना परिश्रमी हो गया। चेतन

के भाई डॉक्टर सत्यप्रकाश के यहाँ सुबह जाते और शाम को सूरज छिपे वापस आते। उनकी वे आवारों की आदतें भी जाती रहीं। तहमद छोड़, सूट पहनना और चीखने के स्थान पर धीरे बोलना भी उन्होंने सीख लिया था। यद्यपि नये सूट के पैसों को ले कर घर में काफ़ी चख-चख हुई थी और आखिर चेतन के भाई ने अपने पिता की मोटी ज़ीन की पुरानी वर्दी को ठीक कराके सूट की शक्ल दे दी थी और इस तरह वे रेलवे-गार्ड जैसे नज़र आने लगे थे, लेकिन डॉक्टर बनने के खयाल ही से उनके रहन-सहन में एक अभूतपूर्व परिवर्तन आ गया था।

वास्तव में पण्डित शादीराम ने अपने बच्चों की प्रवृत्तियों की ओर कभी ध्यान न दिया था। यों तो वे चाहते थे कि उनके लड़के आई०सी०एस० और पी०सी०एस० से कम न बनें, पर इन शब्दों के अर्थ तक अपने बच्चों को समझाने का प्रयास उन्होंने कभी नहीं किया था। कभी-कभी 'रिलीविंग' के अपने दौरों से अथवा किसी दूरस्थ स्टेशन से आना और मार-पीट, झिड़क-कोस जाना — बस, इस पर ही अपने लड़कों को 'महान' बनाने के सिलसिले में उनका वह जोश समाप्त हो जाता था।

चेतन के बड़े भाई की रुचि बचपन ही से ऐसे कामों की ओर थी, जिनमें दिमाग़ की अपेक्षा हाथों का ज़्यादा दखल हो। बचपन में वे खिलौने बनाया करते थे। स्कूल में शेष सब विषयों में चाहे फ़ेल हो जायँ, पर ड्रॉइंग में बड़े अच्छे नम्बर पाते थे। कई चित्र भी स्वयं ही उन्होंने बनाये थे। फिर जब कॉलेज के दिनों में चेतन के सिर पर बिस्तर उठवा कर वे घर से भागे थे तो दिल्ली जा कर एक आर्टिस्ट के शागिर्द हो गये थे।

वहाँ से सौभाग्यवश पण्डित शादीराम के एक मित्र उन्हें ले आये। तब पण्डित जी ने वापसी पर अपने इस सुपुत्र को अभूतपूर्व 'सम्मान' दिया था। जो भी मित्र आता उसके सामने वे उन्हें कान पकड़ कर ले आते और — 'यही मेरा क़ाबिल बेटा है, जो दिल्ली भाग गया था' — इन शब्दों में उनका परिचय कराते और दो-चार 'मधुर वचनों' के चाँटे लगा कर वापस भेज देते।

इस पर तुर्रा यह कि उन्हें फिर कॉलेज में दाखिल करा दिया गया। वे माँ के सामने कितना ही रोये, लेकिन न माँ को अपने पति और न पुत्र को अपने पिता के सामने इनकार करने का साहस हुआ। पर जब परीक्षा के लिए फ़ॉर्म भेजे जाने लगे तो प्रिन्सिपल ने उनका फ़ॉर्म रोक लिया, क्योंकि उनकी हाज़रियाँ बहुत कम थीं। तब मन-ही-मन चेतन के भाई ने भगवान को बहुत धन्यवाद दिया और सन्तोष की साँस ली।

पिता तो चाहते थे कि उनका पुत्र फिर से कॉलेज में दाखिल हो, पर पुत्र ने इस बीच में कुछ साहस बटोर लिया था। इसलिए जब बात चली तो उन्होंने आगे पढ़ने से साफ़ इनकार कर दिया।

पिता ने समझा, लड़का जवान हो गया है, कहीं बिगड़ न जाय, इसलिए उसकी शादी कर दी। लड़का तो क्या सुधरता, हाँ, एक लड़ाकी बहू और दो बच्चों का बोझ उनके सिर पर और लद गया। बात चलने पर अपनी इसी स्थिति की आलोचना करते हुए एक दिन चेतन के भाई ने उससे कहा था :

'अब तुम ही बताओ, मैं नालायक़ रहा तो इसमें मेरा क्या दोष है ? गूदड़ की तरह

पीटने से लड़का गूदड़ ही तो बन सकता है। जितना उन्होंने मुझे पीटा है, उतना कभी किसी पिता ने अपने पुत्र को न पीटा होगा ?' और उनका गला भर आया था।

संयत हो कर उन्होंने फिर कहा था —

'और फिर ज़ाती पसन्द-नापसन्द का भी तो कुछ सवाल है। मुझे पुस्तकें कभी अपनी ओर नहीं खींच सकीं। मैं अगर किसी कला-कौशल की तरफ़ ध्यान देता तो अब तक कुछ-का-कुछ बन जाता। फिर पिता जी कहते हैं कि मैं कॉलेज से इसलिए भागा था कि मैं शादी करना चाहता था,' यहाँ वे तनिक हँसे थे, 'पर वास्तव में बात यह थी कि संस्कृत के प्रोफ़ेसर ने पाँच रुपये जुर्माना कर दिया था और मैं किसी तरह भी फ़ीस से अधिक रुपये न पा सका था।'

और फिर चेतन के भाई ने कुछ ज़ोर दे कर कहा था, 'मुझे अगर मेरे हाल पर छोड़ दिया जाता तो मैं बेकार न फिरता, दिल्ली में अब तक मैं बहुत बड़ा आर्टिस्ट बन चुका होता।'

चेतन के बड़े भाई आर्टिस्ट अथवा पेण्टर तो न बन सके थे, हाँ, डेण्टिस्ट ज़रूर बन गये थे।

o

चेतन उन दिनों मोहनलाल रोड के एक ढाबे में रोटी खाता था। पर भविष्य में डॉक्टर कहलाने वाले उसके ये बड़े भाई वहाँ कैसे खाना खाते और चेतन ही उन्हें किसी ढाबे पर कैसे ले जाता ? इसलिए जब वह उन्हें गनपत रोड के उसी होटल-नुमा तन्दूर से खाना खिला लाया और चारपाइयों को बाहर नाली के ऊपर बिछा कर दोनों भाई बैठ गये तो डॉक्टर रामानन्द ने अपने आने का मन्तव्य प्रकट किया।

'निरी इस डिग्री को ले कर मैं क्या करूँ,' उन्होंने कहा, 'डिग्री पा लेना ही तो कामयाब हो जाना नहीं। कामयाबी की दौड़ तो डिग्री लेने के बाद शुरू होती है। अच्छी जगह दुकान चाहिए, दुकान में अप-टू-डेट सामान चाहिए और फिर नये ढंग से इश्तिहार हो तब कहीं डेण्टिस्ट को अपना कौशल दिखाने का अवसर मिलता है। इस सब के बाद उसके हाथों में सिद्धि है तो वह चल निकलेगा, नहीं तो....'

यहाँ डॉक्टर साहब ने अंग्रेज़ी की एक लोकोक्ति का ज़िक्र किया, जिसका तात्पर्य यह था कि डॉक्टर की ग़लती धरती में गाड़ दी जाती है, जबकि डेण्टिस्ट की ग़लती मुँह बाये उसके सामने आ खड़ी होती है।

उस आर्थिक समस्या की गम्भीरता के बावजूद, जिसे ले कर उसके बड़े भाई उसके पास आये थे, चेतन यह सुन कर हँस पड़ा था।

'जहाँ तक ग़लती करने का सम्बन्ध है,' डॉक्टर रामानन्द ने कहा था, 'इस ओर से मुझे कोई डर नहीं। जालन्धर में डॉक्टर सत्यप्रकाश का सब काम मैं ही कर रहा हूँ। लेकिन सवाल तो यह है कि यह सब लियाक़त दिखाने का मौका मुझे कैसे मिलेगा ?'

और उन्होंने बताया था कि माँ ने किसी तरह की भी मदद देने से साफ़ इनकार कर दिया है। 'जब मैंने कहीं दुकान खोलने की तजवीज़ रखी और दबी ज़बान से उसके लिए कुछ रुपये की माँग की तो माँ ने लॉण्ड्री के ज़माने के वे गड़े मुर्दे उखाड़े कि मुझे वहाँ से

भागते ही बना।'

तब, आश्चर्य कि उनकी उस लड़ाकी कर्कशा पत्नी ने, जिसने एक बार घर में आटा खत्म होने पर दो रुपये देने से इनकार कर दिया था, अपने दो गहने ला कर उन्हें बेचने को दिये थे और न जाने किस तरह पैसा-पैसा जोड़ कर इकट्ठे किये हुए नब्बे रुपये भी उनके सामने ला रखे थे।

चेतन के भाई ने बताया कि इनसे वे किसी-न-किसी तरह सस्ता सामान खरीद कर फ़िरोज़पुर में दुकान खोल लेंगे। वहाँ कम्पीटीशन कम है। इसलिए चेतन से वे इतना कहने आये थे कि कम-से-कम एक वर्ष के लिए वह कुछ रुपये हर महीने भेज कर सहायता करे, क्योंकि खोलते ही तो दुकान चल न निकलेगी।

इस पर चेतन ने वहीं लेटे-लेटे प्रकाशो के सम्बन्ध में कुछ ही घण्टे पहले घटित होने वाली सब घटना अपने भाई से कह सुनायी और अपने मनोभावों को भी बिना छिपाये उनके सामने रख दिया।

'इस तरह भटकने की बजाय मैंने सोचा है,' उसने कहा, 'मुझे शादी कर लेनी चाहिए। सगाई अब तोड़ी नहीं जा सकती और लड़की जैसी भी है, काफ़ी बड़ी है और आजकल बड़ी लड़कियों पर भरोसा नहीं किया जा सकता। बस्ती के लड़के भी (उसने हँसते हुए कहा) आखिर हमीं जैसे हैं। मैं सब को जानता हूँ और मैंने फ़ैसला कर लिया है कि शादी वहीं करनी है तो दो साल तक रुकने की ज़रूरत नहीं।'

और फिर उसने उन्हीं से पूछा था कि पत्नी के साथ लाहौर में रहता हुआ वह किस तरह चालीस रुपये में से उनको कुछ भेज सकेगा ?

चेतन के भाई क्षण भर के लिए निराश हो गये। वे कहना चाहते थे कि विवाह के सम्बन्ध में उसे कम-से-कम एक वर्ष के लिए रुक जाना चाहिए। जो व्यक्ति अपनी भावनाओं को संयत नहीं रख सकता, वह संसार में कर ही क्या सकता है ? उसका वेतन कुछ बढ़ जाय, तब शादी करे। विवाह काफ़ी ज़िम्मेदारी का काम है और इस ज़िम्मेदारी को निभाने के लिए सबसे ज़रूरी चीज़ रुपया है, जो अभी उसके पास नहीं....

लेकिन उन्होंने यह सब नहीं कहा। वे स्वयं कुछ रुपयों की माँग कर चुके थे और इस सब लेक्चर में उनकी स्वार्थपरता साफ़ दिखायी देती, यह बात वे अच्छी तरह जानते थे।

तब चेतन ने धीरे से, स्वयं ही जैसे उन्हें तसल्ली देते हुए कहा था कि वे लाहौर में प्रैक्टिस करें तो जो भी उससे हो सकेगा, ज़रूर करेगा।

'आपने खुद कहा है कि आजकल प्रोपेगैण्डा के बिना प्रैक्टिस नहीं चलती,' वह बोला, 'फ़िरोज़पुर में आप प्रोपेगैण्डा करेंगे या प्रैक्टिस ? आप लाहौर रहेंगे तो पास रहने के कारण मैं ज़रूर ही आपकी कुछ-न-कुछ मदद कर सकूँगा। और कुछ नहीं तो रोटी की फ़िक्र आपको न रहेगी। फिर जब भी बन पड़ा, रुपये से भी मदद करने की कोशिश करूँगा। इसके अलावा मैं कई तरह से यहाँ आपका प्रचार कर सकता हूँ और प्रचार की मदद रुपये की मदद से कम नहीं।'

वहीं लेटे-लेटे उसने प्रचार के कई तरीक़े गिना दिये।

—उनके प्रैक्टिस आरम्भ करने की सूचना वह समाचार-पत्रों में छपवा देगा।

—कॉलेजों, होस्टलों, दफ़्तरों और सिनेमाघरों में जा कर स्वयं उनके कार्ड विज्ञापन के रूप में बाँट आयेगा।

—अपने मित्रों में प्रचार करेगा और यद्यपि उसके मित्र इतने धनी-मानी नहीं, लेकिन उनका सम्पर्क और मेल-जोल धनी-मानी लोगों से है।

चेतन ने ये सब बातें कुछ इस ढंग से सुनायीं कि मन-ही-मन भाई साहब ने फ़िरोज़पुर में प्रैक्टिस करने का विचार तत्काल छोड़ दिया, लेकिन प्रकट उन्होंने इतना ही कहा, 'तुम्हें मदद करना हो तो वहाँ भी कर सकते हो। वहाँ दाँतों के डॉक्टर कम हैं, प्रैक्टिस का क्षेत्र बहुत है। यहाँ ईंट उठाओ तो डेण्टिस्ट निकल आता है और मुक़ाबिला निहायत सख़्त है।'

चेतन ने कद्रे जोश से कहा, 'मुक़ाबिले से डरना, भाई साहब, कायरों का काम है। मुक़ाबिला ही आदमी के जौहर की कसौटी है। अव्वल तो फ़िरोज़पुर में आप चार दिन में ऊब जायेंगे, (मन-ही-मन उसने कहा —मैं आपके स्वभाव को जानता हूँ, माफ़ कीजिएगा, लॉण्ड्री की बात अभी पुरानी नहीं हुई —लेकिन प्रकट बोला:) फिर वहाँ आपकी प्रैक्टिस चल भी निकली तो आप ज़्यादा-से-ज़्यादा सौ-डेढ़ सौ रुपया महीना कमा सकेंगे। लाहौर में प्रैक्टिस चल जाय तो हज़ार रुपया महीना आ जाना भी बड़ी बात नहीं।'

'हज़ार!' और उस तंग सीली, बदबूदार, गर्म जगह में भैंसों और बैलों के क़रीब ही लेटे हुए डॉक्टर रामानन्द के सामने माल रोड की विशालता और उस विशालता का दिग्दर्शन कराती हुई एक सर्जरी घूम गयी और जैसे चेतन पर एहसान का बोझ लादते हुए वे मान गये।

लाहौर जैसे महानगर में थोड़ी-सी पूँजी के साथ कैसे काम चलेगा, चेतन के भाई साहब ने इस बात की चिन्ता नहीं की। ये सब बातें उन्होंने अपने छोटे भाई की कार्यपटुता पर छोड़ दीं। हाँ, उसका विवाह जल्द-से-जल्द करा देने का बोझ उन्होंने अपने कन्धों पर ले लिया और यद्यपि विवाह की बात चलने पर चेतन की दिलचस्पी बढ़ रही थी और वह बड़े ज़ोरों से अपने सिद्धान्तों की व्याख्या कर रहा था, पर उसके इस उत्साह की ज़रा भी परवाह न करके चेतन के भाई वहीं चारपाई पर पड़े-पड़े, मज़े से खुर्राटे लेने लगे।

उन्नीस

दूसरे दिन से चेतन ने भाई साहब को लाहौर में जमाने का सत्प्रयत्न शुरू कर दिया।

'इससे पहले कि आपके लिए कहीं दुकान ढूँढी जाय,' चेतन ने दूसरे दिन ही उनसे कहा, 'आपको दुनियादारी सीखनी चाहिए।'

भाई साहब कुछ कहना चाहते थे, पर अपनी धुन में उन्हें कुछ कहने का अवसर दिये बिना चेतन ने अपनी बात जारी रखी। 'आपकी दुकान चेम्बरलेन रोड, निस्बत रोड,

बीडन रोड, मेक्लोड, माल या अनारकली में होनी चाहिए। माल या अनारकली में दुकान जमाना हमारे बूते से बाहर है। इतना किराया हम नहीं दे सकते। और फिर वहाँ दुकान जमायें तो उतनी तड़क-भड़क और उतने ही बड़े खर्च का भी प्रबन्ध करें। यह सब इस वक़्त मुश्किल ही नहीं, नामुमकिन है। रहीं बाक़ी जगहें, तो वहाँ मुनासिब जगह ढूँढने में कुछ वक़्त लग जायेगा। इस बीच में आप मरीज़ों से पेश आने का, उनसे बातचीत करने का कुछ अमली तजुरबा हासिल कर लें।'

भाई साहब नहीं समझे। 'क्या मतलब है तुम्हारा ?' उन्होंने कहा, 'क्या मैं मरीज़ों से बातचीत करना भी नहीं जानता। जालन्धर में....'

'जालन्धर और लाहौर के पेशेण्ट्स में फ़र्क़ है।' चेतन ने उनकी बात काट कर कहा, 'और फिर जालन्धर में आपको इण्डीपेण्डेण्टली[1] प्रैक्टिस करने का अवसर ही कब मिला ? मैं जानता हूँ कि जहाँ तक काम का ताल्लुक़ है, आपका हाथ खुल गया है। लेकिन शुरू-शुरू में हाथ का खुलना उतना फ़ायदेमन्द साबित नहीं होता, जितना ज़बान का खुलना। पेशेण्ट आपके पास फँसेगा तभी तो आपको अपनी लियाक़त दिखाने का मौक़ा मिलेगा; लेकिन अगर मरीज़ पर आपका असर ही न पड़ा तो....'

चेतन के भाई समझ गये और उसी दिन चेतन ने कोशिश करके उन्हें रेलवे रोड के एक सफल और पुराने डेण्टिस्ट डॉक्टर एस०एम० लखनपाल के यहाँ कुछ दिन अवैतनिक सहायक के रूप में काम करने का अवसर जुटा दिया।

o

लेकिन भाई साहब वहाँ ज़्यादा दिन नहीं रह सके। जल्द ही उन्हें खुद को व्यवहार-कुशल बनाने की ट्रेनिंग समाप्त कर देनी पड़ी, क्योंकि चेतन एक और तूफ़ान में घिर गया।

o

आँगन की पिछली दो कोठरियों में जो पहाड़ी युवक रहते थे, उन्हीं दिनों उनके यहाँ एक लड़की कहीं से आ गयी। कहने को तो उन नौजवानों में से एक उसका चचा कहलाता था और दूसरा भाई, लेकिन पूछने पर चेतन को मालूम हुआ कि वास्तव में वह उनके गाँव ही की है। उसकी माँ सौतेली है, पिता ग़रीब है और वे दोनों स्वयं आ कर इस इच्छा से लड़की को उसके चचा और भाई के पास छोड़ गये हैं कि कहीं किसी ग़रज़मन्द के हाथ, पाँच-सात सौ ले कर, उसे बेच दिया जाय। चेतन जब रात को दफ़्तर से आता तो उस अँधेरी कोठरी में रोशनी होती और वह आँगन के दरवाज़े में खड़ा उनकी बातचीत सुना करता। खड़े-खड़े जब वह थक जाता और इतनी देर खड़े रहने के बावजूद कुछ समझ न पाता तो जा कर लेट जाता।

वह लेट तो जाता, पर सो न पाता।

जब से वह लड़की आयी थी, वह उन पहाड़ी युवकों के जीवन में कुछ अधिक दिलचस्पी लेने लगा था। उनकी खाने की चीज़ें अब ज़्यादा गर्म और पौष्टिक होतीं। कई बार उसने उन्हें कोने के चूल्हे में तेल में छोटी-छोटी मछलियाँ तलते देखा था। न जाने वे उन्हें रावी से पकड़ लाते अथवा मछली मण्डी से सस्ते दामों खरीद लाते —उनकी तीखी

१. स्वतन्त्र रूप से.

बास उसके मस्तिष्क पर छा जाया करती। लेकिन मछलियाँ खाने के बावजूद उसने उन्हें पहले से ज़्यादा कमज़ोर और पीले होते देखा था।

और वह केसर (यही उस लड़की का नाम था) दिन-दिन निखरती जा रही थी। वह जब भी पानी वग़ैरा भरने आँगन में जाता तो उस लड़की की निगाहें जैसे उसके शरीर में गड़ जातीं —बेधड़क, बेबाक निगाहें —वह जैसे उसे आँखों-ही-आँखों से पी लेना चाहती थी। चेतन उसकी ओर एक बार देखता, फिर आँखें झुका लेता।

केसर सुन्दर न थी, पर तरुणाई ने उसके अंगों में लावण्य भर दिया था। फिर किसी ने कहा है न कि जवानी में तो कुतिया भी सुन्दर दिखायी देती है। और यों कुँवारों और छड़ों याने अकेलों के लिए तो प्रायः सभी लड़कियाँ सुन्दर होती हैं। जब भी वह उसकी ओर आँख उठाता, उसके भरे गाल और उभरी, अल्हड़ जवानी उसकी आँखों के सामने आ जाती। केसर के शरीर में शायद कोई खास आकर्षण था भी नहीं। रंग साँवला (जो अब कुछ निखर रहा था) उभरे गालों में धँसी हुई छोटी-छोटी आँखें और बेढंगी-सी चाल। चेतन जब रात को सोने जाता तो उसके सामने प्रायः केसर का, शरीर के अवगुणों पर छा जाने वाला, अल्हड़ यौवन आ जाता। भाई साहब रेलवे रोड के उस डॉक्टर की दुकान पर दिन भर काम करने के बाद थके-हारे आते और खाना खा कर पड़ते ही सो जाते, पर चेतन को दफ़्तर की माथा-पच्ची और रतजगे के बावजूद नींद न आती। कभी आँख लगती भी तो उसे अजीब-अजीब सपने दिखायी देते। उसका शरीर तन जाता —इतना कि वह जागने को विवश हो जाता। कड़वी, निंदासी आँखें लिये जब वह उठता तो खिन्नता और ग्लानि से उसका जी जल उठता। वह कई बार सोचता, 'मुझे क्या हो गया है ? अभी प्रकाशो का क़िस्सा पुराना नहीं हुआ कि मैं दूसरा राग छेड़ रहा हूँ। कुछ ही महीनों में मेरी शादी होने वाली है। मेरे लिए तो किसी दूसरी औरत के बारे में सोचना भी गुनाह है।' लेकिन जब भी केसर उसके सामने से गुज़र जाती, उसके सब नेक इरादे धरे-के-धरे रह जाते और वह अनजाने ही में उसके शरीर के आकर्षण की विवेचना करने लगता।

सोमवार के दिन दफ़्तर में उसकी छुट्टी होने के कारण प्रायः वह अपने दोनों कमरे साफ़ करता, फ़र्श धोता और शरीर पर तेल की मालिश करके नहाता। उस समय केसर भी आँगन में बनी रहती। चेतन लाख चाहता कि उसका खयाल न करे, पर वह जहाँ भी जाता, वह किसी-न-किसी तरह उसके सामने चली आती। वह आँगन में होता तो वह अपनी कोठरी की चौखट पर आ बैठती, कमरे में होता तो बाहर उसके चिकों वाले दरवाज़े के सामने किसी-न-किसी चंगड़ानी से बातें करने लगती, दोपहर को जब वह खाना खाने के बाद कुछ देर आराम करके ऊपर छत पर जाता कि वहाँ जा कर कुछ पढ़े-लिखे तो वह ऊपर बरसाती में रहने वाली डाकिये की पत्नी से मिलने के बहाने वहाँ चली जाती।

एक सोमवार को तीन बजे के क़रीब उसके दरवाज़े के सामने चूरन बेचने वाले ने खोंचा रख दिया और वह अपनी तीखी-रसीली आवाज़ में अपने चूरन के गुण गाने लगा :

चूरन मेरा है मज़े दर्र
इसको खाते नारी नर्र
इसमें पड़ा है नीलो फ़र्र

उस चूरन वाले की आवाज़ चेतन को बहुत भली लगी। वह कमरों की सफ़ाई वग़ैरा से निबट, नहा-धो, खाना खा कर आराम-कुर्सी पर बैठा ही था कि वह आवाज़ और उसके साथ मुहल्ले भर के लड़कों का मिला-जुला शोर सुन कर उठा और अपने कमरे के दरवाज़े में चिक के पीछे इस तरह खड़ा हो गया कि उसका शरीर चिक के अन्दर था और हाथ चिलमन से बाहर दीवार पर। उसके देखते-देखते वहाँ केसर आ गयी। बच्चे चूरन ले रहे थे। चूरन वाला उन्हें चूरन बना कर देता, चूरन में आग की लपट उठा कर तमाशा दिखाता और निरन्तर अपने चूरन का कसीदा पढ़ता जा रहा था :

चूरन मेरा बना अजीब
इसको खायें अमीर-ग़रीब
जिनके अच्छे भाग-नसीब

सहसा चेतन के सारे शरीर में सनसनी-सी दौड़ गयी। केसर दीवार का सहारा ले कर खड़ी हो गयी थी और चेतन के उल्टे हाथ पर उसने अपना गाल रख दिया था। चेतन ने चाहा, हाथ खींच ले, पर उसके गाल को चोट न लग जाय, इस विचार से उसने अपना हाथ वहीं रहने दिया। दूसरे क्षण उसने बाहर दृष्टि डाली। बच्चे चूरन की पुड़ियाँ लिये हुए लौट रहे थे और चूरन वाला खोंचा उठाये जाने की तैयारी कर रहा था। चूरन को देख कर चेतन के मुँह में पानी भर आया था और वह उससे पैसे-दो-पैसे का चूरन माँगने ही वाला था, लेकिन चुप हो रहा। उसका दिल धक-धक कर रहा था, शरीर गर्म हो रहा था। चूरन वाला चला गया तो केसर ने चिक में से देखा।

'तुमने नहीं लिया चूरन बाबू जी ?' उसने पूछा और वह हँसी।

चेतन ने उसका हाथ पकड़ कर उसे अन्दर खींच लिया। वह अनजान-सी ताक़ में रखे हुए चेतन के उस चित्र को देखने लगी, जो उसने तन पर साड़ी और कानों में आवेज़े पहन कर अनारकली के प्रसिद्ध फ़ोटोग्राफ़र देसराज से, लाहौर की एक फ़िल्मी पत्रिका के विशेषांक में छपवाने के लिए, खिंचवाया था।

चेतन ने जल्दी से किवाड़ लगा लिये और केसर के पीछे जा खड़ा हुआ।

'यह आप की बीवी का फ़ोटू है ?' केसर ने बड़ी भोली-सी निगाहों से मुड़ कर उसकी ओर देखते हुए कहा।

पर चेतन की नसों में रक्त उबल रहा था, उसका कण्ठ सूखा जा रहा था और एक मीठा-सा कम्पन रह-रह कर उसके शरीर में दौड़ रहा था। केसर के शरीर का अल्हड़पन उसके दिल-दिमाग़ पर हावी हो रहा था और उसके प्रश्न का उत्तर उससे न बन रहा था। निमिष मात्र के लिए उनकी आँखें मिलीं....चेतन ने एक बार एक बिल्ली पाली थी। जब वह उसकी गोद में आना चाहती तो ऐसी ही आँखों से उसकी ओर देखती थी और वह उसे उठा कर अपनी गोद में धर लेता। केसर की उन आँखों को देख कर न जाने क्यों चेतन को उस बिल्ली की याद हो आयी और उसी की तरह उसने केसर को बाँहों में भर लिया। बिल्ली की ही भाँति दुबक कर वह उसके सीने से आ लगी। उसने केसर के उभरे हुए गालों को चूम लिया। एक लिजलिजी-सी ठण्डक उसके शरीर में दौड़ गयी, जैसे उसने मेंढक के शरीर को चूम लिया हो। पर उसके शरीर का तनाव कम न हुआ और वह तनाव प्रतिक्षण

बढ़ता गया। वह उसे अन्दर कोठरी में ले गया। उसे चारपाई पर डाल कर उसने कोठरी का दरवाज़ा बन्द कर दिया, बत्ती जलायी और उसके पास जा बैठा। केसर चौंकी, पर उठी नहीं।

किन्तु उसे तो नारी के अंगों का भी ज्ञान न था। और उसके शरीर की आग जैसे धधक उठने को आतुर थी....

कुछ क्षण बाद केसर चली गयी। वह खिन्न-मलीन वहीं खड़ा रहा।

उसने चारपाई की ओर देखा। साफ़ बिछी हुई चादर पर कुछ सिलवटें पड़ गयी थीं और केसर के मिट्टी-सने पैरों के दो निशान बने हुए थे....

चेतन को लगा जैसे वे दो हथौड़े हों, जो उसके सिर को निरन्तर चोटें लगा रहे थे — काश, अनन्त वहाँ होता!

अनन्त का ध्यान आते ही उसका अट्टहास उसके कानों में गूँज गया — 'तुम तो नामर्द हो!' तो कहीं सचमुच वह नपुंसक ही तो नहीं! और उसकी आँखों के सामने पत्र-पत्रिकाओं में नित्य छपने वाले विज्ञापन घूम गये। ज़रूर ही उसे कोई गुप्त रोग है। और उसने विवशता से कमरे में चारों ओर देखा। वह ज़रूर किसी औषधि का सेवन करेगा। औषधि का ध्यान आते ही उसे मुंशी गिरिजाशंकर (जो पंजाबी दोस्तों में 'गिरजाशंकर' के नाम से पुकारे जाते थे) का स्मरण हो आया। कुछ देर ठहर, उसने फिर एक बार नहा-धो कर कपड़े बदले और मुंशी गिरिजाशंकर के दफ़्तर या औषधालय (जो भी उसे कहा जाय) की ओर चल पड़ा।

ये मुंशी गिरिजाशंकर भी अजीब आदमी थे। पीपल वेहड़ा ही में रहते थे, लेकिन उनकी दुकान (दफ़्तर, मतिब या फ़ार्मेसी — क्योंकि वह सब कुछ थी) पीपल वेहड़ा के बाहर बाज़ार में डाकखाने के बराबर थी। पोपला मुँह, बड़ी-बड़ी मूँछें, मूँछों में से झाँकते हुए पान और तम्बाकू की कालिमा से स्याह पड़ जाने वाले, काफ़ी बाहर को निकले हुए दाँत और थुलथुल-पिलपिल शरीर! धोती और मलमल का कुर्ता पहना करते, माप-माप कर चलते, जाँच-तोल कर बात करते। उनके चलने और बातें करने से ऐसा लगता कि जीवन में यह व्यक्ति बड़ा सतर्क है। कई बार तो ऐसा भी आभास मिलता कि उनकी यह सतर्कता क्षुद्रता की ओर झुकी हुई है।

अपनी फ़ार्मेसी से मुंशी जी अपने ही नाम की एक मासिक पत्रिका भी निकालते थे। देखने में उनकी मासिक पत्रिका यद्यपि साहित्यिक थी, लेकिन उसमें किसी बड़े लेखक के लेख अथवा किसी बड़े कवि की रचनाएँ न होतीं। 'गिरिजा' — जिसका नाम मुंशी जी पत्रिका पर उर्दू लिपि में बाकायदा 'ग' तथा 'र' के नीचे ज़ेर दे कर लिखवाते और छपवाते, पर उर्दू-दाँ लोग उनके नाम ही की तरह उसे भी 'गिरजा' ही पुकारते — के ग्राहक ही प्रायः उसके लेखक थे। इन लेखों के सुधार में मुंशी जी को जो परिश्रम करना पड़ता, उसकी दाद वे प्रायः अपने मित्रों से चाहा करते थे। इसके अलावा (साहित्य के नाम पर) 'गिरिजा' के वार्षिक चन्दे के लिए वे अपने ग्राहकों को बेहद गिड़गिड़ा कर चिट्ठियाँ लिखा करते थे। ऐसी कुछ चिट्ठियों का अनुभव स्वयं चेतन को भी प्राप्त था।

एक बार हुनर साहब के अनुरोध पर उसने तीन रुपये 'गिरिजा' के वार्षिक चन्दे के

रूप में भेज दिये थे और इसके बदले में हुनर साहब ने उसकी एक कहानी 'गिरिजा' में छपवा दी थी। जब वर्ष समाप्त होने पर चेतन ने दोबारा चन्दा न भेजा तो उसके दो-तीन महीने बाद तक मुंशी गिरिजाशंकर की चिट्ठियाँ उसे मिलती रही थीं। चेतन को महसूस होने लगा था कि अगर सचमुच उसने चन्दा न भेजा तो साहित्य में नये लेखकों के रूप में नवजीवन का संचार करने वाली (इसीलिए साहित्य को नया मार्ग दिखाने वाली) पत्रिका सदा-सर्वदा के लिए बन्द हो जायेगी और इस पथ-प्रदर्शन के बिना साहित्य बेचारा ऊबड़-खाबड़ मार्गों में भटकता, गहन अँधेरी गुफाओं में जा गिरेगा। वह पत्रिका का चन्दा भेज देता, पर वह किसी तरह उतने पैसे न जुटा सका था।

साहित्यिक वेश-भूषा के पीछे 'गिरिजा' एक विज्ञापन से अधिक कुछ महत्व न रखती थी। यह विज्ञापन था 'गिरिजा फ़ार्मेसी' की दवाइयों का। मुंशी गिरिजाशंकर साहित्यकार होने के साथ-साथ वैद्य भी थे और 'गिरिजा' को उन्होंने अपनी औषधियों के प्रचार का साधन बना रखा था। इन औषधियों से वे देश के पीत-वर्ण युवकों को गिरिजा-पति-सा सशक्त और तेजवान बना देंगे — इस बात का प्रचार वे निरन्तर किया करते थे। उनके इन्हीं विज्ञापनों के कारण इस विपत्ति में चेतन उनके यहाँ पहुँचा था।

०

जब वह मुंशी जी के दफ़्तर, फ़ार्मेसी या दुकान — जो कुछ भी उसे कहिए, वही एक कमरा था — पहुँचा, तो पहले-पहल शर्म के मारे उसके मुँह से बात न निकली। फिर कुछ देर बैठ कर इधर-उधर की बातें करके, साहस बटोर, उसने कहा, 'मेरा दिमाग़ कुछ कमज़ोर है, मुझे कोई ताक़त की दवा दीजिए।'

मुंशी गिरिजाशंकर अपनी घनी मूँछों में इस तरह मुस्कराये जैसे सब कुछ समझते हों। उन्होंने उसे लाल रंग की रत्ती भर दवा दी — 'उबला अण्डा या मक्खन की टिकिया ले कर उसमें तिनका भर यह दवा डाल देना,' उन्होंने मूँछों में मुस्कराते हुए कहा, 'सात दिन के सेवन से तुम्हारे अन्दर ऐसी क़ुव्वत भर जायेगी कि बस....।'

और दो ही दिन उस दवा को खाने से चेतन की नींद हराम हो गयी। उसे ऐसे स ने आते, उसका शरीर ऐसा तन जाता कि उसे रात को एक-न-एक बार उठना पड़ता। सात दिन लगातार ऐसा ही होता रहा। आखिर उसने भाई साहब को बता दिया। 'मुझे कोई कमज़ोरी महसूस होती हो,' उसने कहा, 'यह बात नहीं, पर मेरे मन-मस्तिष्क पर बोझ-सा पड़ता जाता है।' और उसने भाई साहब को यह भी बता दिया था कि उसने एक दवा की दो-तीन खूराकें खायी हैं।

तब भाई साहब ने दवा की पुड़िया और एक-दो उबले अण्डे (जो चेतन अपने होटल-नुमा तन्दूर से ले आया था) उठा कर बाहर फेंक दिये और फिर उसे डाँटा कि तुम स्वस्थ हो, अविवाहित हो, तुम्हें दवाएँ खाने की क्या ज़रूरत है ?

चेतन ने संशय प्रकट करते हुए कहा था, 'शायद मैं कमज़ोर हूँ।'

हँस कर भाई साहब ने कहा था, 'तुम में कहाँ से कमज़ोरी आ गयी ?' और फिर उन्होंने उसे समझाया था, 'आजकल जो वासनाओं से लपलपाती इतनी रद्दी, कोकशास्त्र-रूपी पुस्तकें छपती हैं, उन्हें पढ़ कर पंचानबे फ़ीसदी नौजवानों को इस बात का शक हो जाता

है कि वे किसी गुप्त रोग के शिकार हैं। फिर आये दिन क्या दैनिक, क्या साप्ताहिक और क्या मासिक, तमाम पत्र-पत्रिकाओं में 'इसके पढ़ने से बहुतों का भला होगा,' 'संन्यासी जी की करामात,' 'नामर्द मर्द, मर्द जवाँमर्द हो गया' —की क़िस्म के जो इश्तिहार छपते हैं, ये उस शक को पक्का कर देते हैं। और बेचारे नौजवान उन हकीमों, वैद्यों और संन्यासियों के चक्कर में पड़ कर सचमुच ये बीमारियाँ मोल ले लेते हैं। दोष तुम्हारा नहीं,' उन्होंने कुछ रुक कर कहा, 'हमीं लोगों में यह खराबी है कि जिन बातों के बारे में नौजवान लड़के-लड़कियों को उम्र आते ही पूरा ज्ञान देना चाहिए, उनकी ओर संकेत करना भी पाप समझा जाता है।'

अपनी धुन में भाई साहब ने यौन-सम्बन्ध के बारे में चेतन को कुछ आवश्यक बातें (जितनी कुछ उन्हें मालूम थीं और विवाहित होने के बावजूद उन्हें कुछ ज़्यादा मालूम न था) चेतन को बतायीं। उसे समझाया कि वह बिना उनसे पूछे किसी वैद्य, हकीम या डॉक्टर से कोई दवा मत खाये। फिर वे उसे एक डॉक्टर के यहाँ ले गये, जिसकी दवा से चेतन की बेचैनी कुछ कम हुई।

यह तूफ़ान तो गुज़र गया, पर इसका सुफल यह हुआ कि भाई साहब को व्यवहार-कुशलता की अपनी ट्रेनिंग बीच ही में छोड़ देनी पड़ी और दूसरे ही दिन चेतन की शादी के सिलसिले में अपना प्रण शीघ्रातिशीघ्र पूरा करने के लिए जालन्धर जाना पड़ा। चेतन ने उनको विश्वास दिला दिया कि इस बीच वह उनके काम की तरफ़ से ज़रा भी ग़ाफ़िल न होगा।

•

बीस

चेतन के भाई ने अपनी प्रतिज्ञा पूरी कर दी, विवाह की तारीख वे काफ़ी नज़दीक ले आये।

इस सिलसिले में माँ को मनाने में तो वैसी कोई मुश्किल नहीं थी। वह तो इस शुभ घड़ी की प्रतीक्षा कर ही रही थी और कई बार अपनी कर्कशा बड़ी बहू से भावी छोटी बहू के शील-स्वभाव की तुलना करके कल्पना-ही-कल्पना में सुख का अनुभव कर चुकी थी।....आशाओं के सहारे आदमी जीता चला जाता है। एक टूटती है, दूसरी का सहारा लेता है; दूसरी टूटती है, तीसरी को पकड़ता है, फिर चौथी और पाँचवीं....लेकिन पिता अपने इस पुत्र को विवाहित देखने के लिए कुछ इतने उत्सुक न थे। वे तो उसे पूरा ब्रह्मचारी बना देखना चाहते थे।

'पुराने आदर्शों और पुराने सिद्धान्तों को छोड़ने ही से देश और जाति की यह दुर्गति हो रही है,' वे मूँछों पर ताव देते हुए कहते, 'चारों तरफ़ पस्त-हिम्मत, कमज़ोर, पीले-ज़र्द चेहरों वाले नौजवान लड़के-लड़कियाँ दिखायी देते हैं, जो न ठीक तरह हँस सकते हैं, न खेल सकते हैं और न जीवन के दूसरे आनन्द ही लूट सकते हैं।' और फिर वे ठहाका मार कर हंसते और कुश्ती लड़ने और कबड्डी तथा गतका खेलने और राष्ट्र के निर्माण में इन

खेलों के महत्व पर ऊँचे स्वर में उपदेश देने लगते।

लेकिन इस सब आदर्शवाद की तह में जो बात थी, उसे चेतन के बड़े भाई भली-भाँति समझते थे। जी भर पीने और जी भर उड़ाने और उस पीने और उड़ाने के लिए जी भर क़र्ज़ लेने के कारण पण्डित शादीराम ने कभी इतना धन-संचय न किया था कि वे विवाह ऐसी 'व्यर्थ की रस्मों' पर खर्च कर सकते —खास तौर पर उस वक़्त, जब लड़का ब्रह्मचर्य-आश्रम को भी न पार कर पाया हो। इसलिए आदर्शों की बात छोड़ कर चेतन के भाई ने इसी आर्थिक कठिनाई का हल उन्हें सुझाया था :

'शादी तो बाऊ जी बस्ती ही में होने वाली है,' उन्होंने कहा था, 'खर्च ज़्यादा न होगा। फिर इतनी रस्मों की भी क्या ज़रूरत है ? बस आर्य समाजी रीति से विवाह हो जाय। गहने-कपड़े कुछ माँ ने बनवा ही रखे हैं, अपने लिए कपड़ों की कोई ऐसी ज़रूरत नहीं, यही पहन कर चले जायेंगे। फिर छुट्टी भी आपको ज़्यादा न लेनी पड़ेगी।' और उन्होंने क्षण भर रुक कर कहा था —'आखिर जब शादी करनी ही है तो समय पर क्यों न कर दी जाय ?'

यह कह कर चेतन के भाई ने उसके ब्रह्मचर्य के सम्बन्ध में भी सांकेतिक रूप से एक-दो बातें कह दी थीं।

'चेतन अब लाहौर में है,' उन्होंने कहा था, 'दिल और दिमाग़ को भटकाने वाली चीज़ों की वहाँ कमी नहीं। कौन जाने कब ब्रह्मचर्य को सँभालता-सँभालता नौजवान उसे लुटा बैठे। फिर गुनाह में भी एक तरह की लज़्ज़त होती है और नौजवान यह जानता हुआ भी कि वह गुनाह कर रहा है, उसे बार-बार करता है....'

चेतन के पिता मान गये थे। तय यह हुआ कि प्रॉविडेण्ट फ़ण्ड से साढ़े पाँच सौ रुपये निकाल लिये जायें (पिछला क़र्ज उसी महीने पूरा जो हो रहा था), गहने कुछ-न-कुछ बने हुए हैं और सुधार की शादियों में दिखावे की कोई वैसी आवश्यकता भी नहीं।

पण्डित शादीराम ने अपनी ओर से स्वीकृति देते हुए इतना और कहा था कि देसराज के होते हुए किस बात की चिन्ता है ? वह सब प्रबन्ध बड़ी आसानी से कर देगा।

o

देसराज जिस तरह का प्रबन्ध कर सकता था, इसका पता बरात जाने के दो दिन पहले बखूबी चल गया।

o

थका-हारा चेतन लाहौर से आया था। आँगन में कड़ाही रख दी गयी थी और शीरीनी और शकरपारे तैयार हो रहे थे। माँ ऊपर व्यस्त थी। बड़े भाई दर्ज़ी से अपना सूट सिलवाने बाज़ार गये हुए थे। छोटे भाई परसराम को नया-नया अखाड़े जाने का शौक लगा था। आखिर पण्डित शादीराम के उपदेश व्यर्थ न गये थे और वह देश के 'पुनर्निर्माण' में पूरी तरह संलग्न था। शादी हो या मौत —उसके लिए अखाड़े जाने के नियम को तोड़ना कठिन था। छुट्टियों के दिन थे। चौदह-पन्द्रह वर्ष की उम्र, विवाह का अर्थ वह ज़्यादा न समझता था, और प्रातः का गया हुआ दस बजे से पहले अखाड़े से कभी न लौटता था। उससे छोटे दोनों भाई हलवाई के पास उकड़ूँ बैठे थे कि शकरपारों पर चाशनी चढ़ जाय तो उन्हें चखने

को मिलें। चेतन ने नीचे ही से माँ को प्रणाम किया और पूछा, पिता जी किधर हैं ?

मालूम हुआ कि देसराज के यहाँ गये हुए हैं।

पूछा, 'वहाँ क्यों गये हैं ?'

पता लगा, साड़ी पर कुछ सलमे का क्राम कराना था, इसलिए वहाँ गये हैं।

देसराज का घर क़िले मुहल्ले में था....क़िले मुहल्ले से ज़रा दूर पुरियाँ मुहल्ला है....वहीं कुन्ती का घर था....और अपने इस विवाह से पहले, वयसन्धि के अपने शर्मीले प्यार की उस मूर्ति को देखने की आकांक्षा चेतन के मन में सहसा प्रबल हो उठी।

यह ठीक है कि इस बीच में कुन्ती का विवाह हो गया था, वह एक बच्चे की माँ भी बन चुकी थी (और शायद दूसरे की माँ बनने की तैयारी कर रही थी) लेकिन चेतन जब भी लाहौर से आता, एक-न-एक बार पुरियाँ मुहल्ले की परिक्रमा ज़रूर करता।

शायद वर्तमान की कुन्ती का नहीं, अतीत की कुन्ती का आकर्षण उसे हमेशा उधर ले जाया करता था। वह न होती तो उसके घर की ओर एक नज़र देख कर ही उसे तसल्ली हो जाती।

नीचे आँगन ही से उसने आवाज़ दी, 'मैं देसराज के यहाँ पिता जी को देखने जा रहा हूँ।'

माँ ने बहुतेरा कहा कि अभी तू आया है, ऊपर आ, कुछ पानी-वानी पी, पर चेतन नहीं रुका।

o

कुन्ती! अपने विवाह के बाद वह उससे मीलों दूर चली गयी थी, लेकिन चेतन की अपनी शादी के बाद तो शायद वह स्मृति से भी परे चली जायेगी। जब उसके बारे में सोचना भी दूसरे से विश्वासघात करने के बराबर होगा, तो क्यों न सदा के लिए बिछुड़ने से पहले उसे एक नज़र देख लिया जाय....यही सोच कर माँ के अनुरोध की उपेक्षा करके चेतन अपने पिता को देखने के बहाने, क़िले मुहल्ले को चल पड़ा था। क़िले मुहल्ले से पुरियाँ मुहल्ले होता आयेगा, इस खयाल से।

सुन्दर तीखा चेहरा, बड़ी-बड़ी आँखें, अरुणिमा का जैसे उपहास-सा करते हुए मुस्कराते होंट, लाल साड़ी, यौवन-भार को सँभाल सकने में जैसे असमर्थ शरीर, लाल चूड़ा जिसकी चूड़ियों की सुनायी न देने वाली झंकार ने उसके मन-प्राण को झंकृत कर दिया था —विवाह के बाद यह था कुन्ती का चित्र! उसके मस्तक के घाव का निशान, जो दूज के चाँद की तरह माथे पर सुशोभित था, और भी साफ़ हो आया था और यह सब चेतन के मानस-पट पर अमिट रूप से अंकित था।

उन दिनों चेतन लाहौर से एक दिन के लिए जालन्धर आया था और किसी अज्ञात प्रेरणा से अनन्त को साथ लिये उधर जा निकला था। अनन्त ही ने उसे बताया कि 'उसकी' कुन्ती का विवाह हो गया है —'भोगपुर सीरवाल' के एक मोटे-से पण्डित के साथ, जिसने वहीं पुरियाँ मुहल्ले के पास ही, होशियारपुर के अड्डे पर एक प्रेस खोल लिया है।

लेकिन कुन्ती उस दिन अपनी इस होशियारपुर के अड्डे वाली ससुराल में न थी। अपने मायके ही में कुएँ पर वह अपनी एक सहेली के साथ चर्खी पर पानी भर रही थी। दूर ही

से अनन्त और चेतन ने उसे देखा और फिर, जैसा वे पहले कई बार किया करते थे, अनन्त आगे-आगे भागा और चेतन पीछे-पीछे —जैसे अनन्त ने उसकी कोई चीज़ छीन ली हो और चेतन उसे पकड़ना चाहता हो। ऐन कुएँ के पास जा कर चेतन जैसे थक कर रुक गया और उसने अनन्त को पुकार कर कहा, 'तुम में नयी शादी का जोश है भाई, अब मैं तुम्हें काहे को पकड़ सकूँगा ?'

तब जिसकी नयी शादी हुई थी, उससे उसकी आँखें चार हुईं। कुन्ती के होंटों की मुस्कान और फैल गयी। चर्खी उसके हाथ से छूट गयी और घर्र-घर्र करती हुई बाल्टी धम से नीचे पानी में जा गिरी। वह स्वयं कुएँ की जगत से एक ओर कूद गयी और हँसते-हँसते उसके पेट में बल पड़ गये। तब कुएँ की जगत पर खड़ी सहेली ने दूसरी भरी बाल्टी से चन्द छींटे उस पर उड़ा दिये और चेतन की ओर देखती हुई कुन्ती भागी। कुएँ की जगत से कूद कर उसके पीछे भागती हुई सहेली और वह दोनों चेतन के पास से गुज़र गयीं। पर सहेली न पा सकी उसे। हार कर उसने कहा, 'मैं कहाँ पकड़ सकूँगी, तुम्हें वही पकड़ेंगे, तुम्हारे....'

एक बार फिर कुन्ती से चेतन की आँखें चार हुई थीं। वहाँ पहले से अधिक उल्लास, पहले से अधिक चमक और शायद पहले से अधिक निमन्त्रण था।

चेतन अनन्त से जा मिला। वह जानता था कि पानी भरते-भरते एकदम जो कुन्ती में इतनी स्फूर्ति आ गयी, यह सब उसी के कारण थी। लेकिन वह हठात गम्भीर हो गया था। सहेली की बात ने जैसे दहकता हुआ हथौड़ा उसके हृदय पर दे मारा था। वह अब उसे कहाँ पकड़ पायेगा! वह ज्यों-ज्यों उसके पीछे भागेगा, मरीचिका-सी वह दूर होती जायेगी। उसे पकड़ पाने वाला कहीं प्रेस के कम्पोज़िटरों के साथ माथा-पच्ची कर रहा होगा और रह-रह कर अपनी लम्बी चोटी और घुटे हुए सिर पर हाथ फेर रहा होगा।

०

उस सुख-भरे दिन की मधुर स्मृति में खोया चेतन क़िले मुहल्ले के पास पहुँच गया और उसने देसराज के घर में अपने पिता के विषय में पूछा। मालूम हुआ कि आये तो थे, पर करतार सिंह थानेदार के साथ चले गये हैं और जाते-जाते देसराज को भी ले गये हैं।

ये करतार सिंह पण्डित शादीराम के लँगोटिया यारों में से थे और उनके जालन्धर आने का एक ही उद्देश्य हुआ करता था। —बाज़ार शेखाँ की किसी साक़ी के साहचर्य में उमर खैयाम की किसी रुबाई को मूर्त रूप देना! इस नेक काम में उन्हें हमेशा लाला देसराज और पण्डित शादीराम की आवश्यकता पड़ती। लाला देसराज की इसलिए कि उन्हें लिये बग़ैर पण्डित शादीराम को ले जाना मुश्किल था। पण्डित शादीराम की इसलिए कि उन्हें साथ लिये बग़ैर उमर खैयाम की रुबाई खयाल में तो लायी जा सकती थी, लेकिन उसे मूर्त रूप दे सकना मुश्किल था —उसके लिए पण्डित जी और उनकी जेब की ज़रूरत होती थी।

यह सुन कर कि उसके पिता करतार सिंह थानेदार के साथ गये हैं, चेतन का खून खौल उठा। उसने एक के बाद एक —तीन-तीन पत्रों में लिखा था कि कम-से-कम विवाह के चार दिन वे मेहरबानी करके शराब से परहेज़ रखें, फिर चाहे क़यामत तक बाज़ार शेखाँ में पड़े रहें और उसके पिता ने क्रोध से लिखा था कि क्या वह उन्हें बेवकूफ़ समझता है;

और उन्होंने उसे विश्वास दिलाया था कि उन्हें स्वयं इस बात का खयाल है, बस्ती में शादी है और उन्हें अपनी इ़ज़्ज़त कम प्यारी नहीं है। वे शराब को हाथ तक न लगायेंगे।

चेतन ऐसा पत्र अपने क्रोधी पिता को लिख सका तो इसका कारण था। वह पिता के चंगुल से आज़ाद हो गया था और सरकार-विरोधी एक राष्ट्रीय दैनिक में काम करता था। फिर यह सगाई पिता के अनुरोध पर उसने स्वीकार की थी और उसके पिता की कोर ज़रा दबती थी और चेतन ने चाहा था कि इसका लाभ उठा कर वह कम-से-कम अपनी एक छोटी-सी बात तो मनवा ले।

यह जान कर कि उसके पिता ने अपने वचन का खयाल नहीं किया, उसे बुरा लगा। और उसने फ़ैसला किया कि जब शाम को उसके पिता आयेंगे तो वह उस सिलसिले में उनसे बात करेगा। लेकिन यह फ़ैसला करके वह घर की ओर नहीं पलटा, बल्कि पुरियाँ मुहल्ले की ओर बढ़ता चला गया। वह दुखद प्रसंग उसके दिमाग़ से हट गया और उसकी जगह दूसरा ही चित्र उभर आया।

o

वह एक बार फिर जालन्धर आया था। कुन्ती इस बीच में एक बच्चे की माँ बन चुकी थी। उसे आशा तो न थी कि वह उससे मिल सकेगा, लेकिन संयोग से उस दिन वह अपने पुरियाँ मुहल्ले वाले मकान की खिड़की ही में बैठी थी। सुबह का समय था। शायद स्नान करके सफ़ेद धोती उसने पहन रखी थी, जिसमें से उसके काले, खुले, लम्बे, सुकोमल केश सिर की दोनों तरफ़ नन्हे चंचल बच्चों की तरह झाँक रहे थे। उसकी गोद में उसका बच्चा था। चेतन को देख कर वह मुस्करा दी थी। उसने बच्चे को दोनों हाथों में ले कर ज़रा-सा उछाल दिया था। इस कोशिश में धोती का छोर उसके सिर से खिसक गया था और उन घने काले बालों में उसका चेहरा काले, कजरारे बादलों में अचानक दिखायी देने वाले चाँद की तरह चमक उठा था। चेतन का हृदय धक् से रह गया था। माँ बनने पर भी उसके सौन्दर्य में कोई कमी न आयी थी। उसके अंगों में वही शोखी थी। उसकी आँखों में वही चमक थी और उसकी मुस्कान में वही आमन्त्रण!

और बच्चे से कुन्ती ने धीरे से कहा था — ऐसे कि गली से गुज़रता हुआ चेतन सुन ले — 'गुड्डू, जाओ अपने मामा के पास।' और वह हँस दी थी....

o

चेतन पुरियाँ मुहल्ले के पास पहुँच गया था। गली के मोड़ से उसने खिड़कियों की ओर देखा। बन्द थीं। वह आगे बढ़ा। कुछ उदासी-सी उसे हर तरफ़ छायी हुई दिखायी दी।

दो औरतें जल्दी-जल्दी बातें करती हुई उसके पास से गुज़र गयीं।

'रामो बेचारी....खुद तो विधवा थी....अब बहन का दुख....हाय-हाय!'

'यह धन ही ऐसा है। यह जायदाद किसी को न फलेगी।'

और आह भर कर पहली ने कहा, 'लेकिन जवानी का रंडापा! इससे तो मौत अच्छी है।' और वही लम्बी साँस।

चेतन होशियारपुर के अड्डे की ओर जाने वाली ढालुवीं गली में उतर रहा था कि उसे दो और वृद्धाएँ मिलीं।

'अभी उमर ही क्या है!' एक कह रही थी, 'न कुछ खाया, न पहना!' और दूसरी ने दीर्घ-निः श्वास छोड़ा।

चेतन अपने विचारों में मग्न जा रहा था कि गली की नुक्कड़ के पास उसे उसका पुराना दोस्त गुरबचन, जिसे वे गच्चो बुलाते थे, लकड़ी के टाल पर बैठा हुआ मिल गया।

'बड़ा बुरा हुआ,' जैसे उसने चेतन से शोक प्रकट करते हुए कहा।

चेतन ने प्रश्न-सूचक दृष्टि से उसकी ओर देखा।

'कुन्ती का पति मर गया।'

'कुन्ती का पति!' चेतन अवाक खड़ा रह गया, 'पर वह बीमार तो न था।'

'नहीं कोई ज़्यादा बीमार नहीं हुआ,' गुरबचन ने कहा, 'टायफ़ाइड था। बस आठ दिन में खत्म हो गया।'

चेतन वहीं उसके साथ तख्त पर बैठ गया।

'साथ तो चलोगे।'

'हाँ चलूँगा!'

और पहली बार चेतन को ऐसा लगा जैसे उसके किसी आत्मीय का देहान्त हो गया है। उस मोटे, थुलथुल-पिलपिल पण्डित के प्रति उसके दिल में कुछ ऐसा स्नेह उमड़ आया जैसे वह उसका ही कोई भाई था। मन-ही-मन उसने अपने आपको समझा लिया। कुन्ती पण्डित पोल्होराम की नातिन थी और पोल्होराम उसके पिता के अभिन्न मित्र थे। तो फिर अर्थी के साथ उसे जाना ही चाहिए। लेकिन अपने पिता की ओर से मित्रता निभाने के विचार की तह में कहीं अज्ञात रूप से अपने पिता के मित्र की इस नातिन को एक नज़र देखने की इच्छा भी उसके मन में दबी पड़ी थी।

चेतन एक-डेढ़ घण्टा वहीं तख्त पर बैठा रहा। दोपहर होने को आ गयी थी। धूप तेज़ हो चली थी, लेकिन अर्थी का कहीं नाम-निशान तक न था। चेतन ने एक-दो बार सोचा भी कि वापस चला जाय, पर इतना समय गँवा कर निराश लौट जाना उसे स्वीकार न हुआ। आखिर जब दो बजे के लगभग कहीं अर्थी निकली तो वह भी उसके साथ हो लिया।

श्मशान भूमि में उसने पहली बार कुन्ती को देखा। पुरुष वहाँ किसी दानी द्वारा बनवाये गये पक्के बरामदे में खड़े थे और स्त्रियाँ सामने श्मशान के ऊँचे दरवाज़े की छाया में खड़ी रो-पीट रही थीं कि आग देने से पहले शव को लकड़ियाँ पर रख कर एक बुज़ुर्ग ने कहा, 'बेटी को ले आओ, मुँह देख जाय।'

तब उसने देखा कि तपती धूप में नंगे पाँव, सफ़ेद धोती पहने, मूक मर्माहत-सी कुन्ती धीरे-धीरे आगे बढ़ी। इन सात-आठ दिनों ही में वह निहायत दुबली हो गयी थी। बर्फ़-से सफ़ेद चेहरे पर सिर्फ़ लम्बी नाक ही दिखायी देती थी और आँखें जैसे शून्य में खोयी-खोयी भटक रही थीं। वह न रो रही थी, न अपनी बड़ी बहन रामो की तरह छाती पीट रही थी। वह चुप थी। जैसे उसकी चेतना को भी मौत छू गयी हो।

धीरे-धीरे वह चिता के पास आयी। बुज़ुर्ग ने शव के मुँह से कपड़ा हटाया और उसके एक नज़र देख लेने के बाद फिर ढँक दिया। कुन्ती ने पीछे हट कर शव के चरणों

को छुआ और जैसे आयी थी, वैसे ही निस्पन्द और निष्प्राण-सी चली गयी।

चेतन ने चाहा वह उन सुकोमल तलवों के नीचे उस जलती-तपती धरती पर लेट जाय।....वह सशरीर चाहे न लेट सका हो, पर उसकी निगाहें उस समय तक धरती पर लोटती रहीं, जब तक कि जा कर वह श्मशान के दरवाज़े पर खड़ी औरतों में शामिल न हो गयी।

०

वापसी पर चेतन का मन भारी रहा। कुन्ती की वही म्लान, विवर्ण मूर्ति उसके सामने रही। ब्रह्मकुण्ड के रहट पर उसने जल्दी-जल्दी स्नान किया और फिर वह उसके गेट पर आ कर इस प्रतीक्षा में खड़ा हो गया कि औरतें गुफा से स्नान करके आयें तो वह उनमें उस म्लान मुख को एक नज़र और देख ले। कौन जाने फिर वह मुख उसे कभी देखना नसीब होगा या नहीं। कुन्ती की इस ग़मगीन सूरत में कुछ ऐसी बात थी, कुछ ऐसी दबी-घुटी, सहमी-डरी वेदना, कुछ ऐसी करुणा और अवसाद कि वह कोशिश करने पर भी उसे भूल न पा रहा था।

कुछ देर बाद गुफा की बावली से नहा कर आने वाली स्त्रियाँ ब्रह्मकुण्ड के सामने से गुज़रने लगीं। कुछ अपने जीवन में कई शादियाँ और मौतें देख कर अब स्वयं धीरे-धीरे मृत्यु की ओर सरकने वाली वृद्धाएँ थीं --झुकी कमरें, हिलता-डोलता लहँगा पहने, गीली धोतियाँ हाथों में लिये, गीला दुपट्टा नंगे बदन पर लपेटे, अपनी ढीली, रक्त-मांस-विहीन लटकती छातियाँ लिये, अपने बे-दाँत के पोपले मसूढ़ों को चबाती, सगे-सम्बन्धियों की मौतों के बारे में अपनी अनुभूतियों का विनिमय करती चली आ रही थीं। कुछ अधेड़ स्त्रियाँ भी घाघरे अथवा धोतियाँ पहने, गले में गीली क़मीज़ें और सिर पर गीले दुपट्टे ओढ़े इन सब मौतों के मध्य भविष्य की आशाओं के सहारे सीधी चलती, बातें करती, न जाने कौन-सी बात पर नाक-भौं चढ़ाती चली आ रही थीं। बीच में दो स्त्रियों के सहारे जैसे हर कदम पर बेहोश होने को होती हुई, पीटने के कारण लाल नंगी छाती को धोती के छोर से ढके रामो थी। उसके पीछे चेतन ने देखा कुन्ती चुपचाप, नंगे पाँव, वैसे ही खोयी-खोयी चली आ रही है। गीली धोती उसके शरीर से चिपटी हुई थी और उसके मुख पर वही व्यथा थी, आँखों में वही अवसाद....!

एक बार दरवाज़े पर खड़े चेतन की ओर उसने देखा। उसके मुख पर वही शून्यता थी, वही ठण्डक, वही मौत की-सी सफ़ेदी! फिर निमिष मात्र में उसने वह अनुरागहीन, भावनाहीन, चेतनाहीन दृष्टि भी फेर ली थी।

लेकिन चेतन के हृदय में वह निगाह दूर तक धँसती चली गयी और उसने जैसे सुना, वह निगाह कह रही हो —बस, अब विदा! अब तुम्हारी ओर देख भी न सकूँगी। पति की छत्र-छाया में रहने वाली नारी हँस-बोल सकती है, चाहे तो प्रेम कर सकती है, और यदि चाहे (पति दुर्बल हो, नारी चलती हुई हो) तो सन्तान तक पैदा कर सकती है। समाज उसे कुछ न कहेगा, लेकिन विधवा....! और उसने सोचा कहीं वह स्वतन्त्र होता और कहीं वह भी स्वतन्त्र होती —और जैसे स्वतन्त्र देशों के पुरुष-स्त्रियाँ....लेकिन फिर उसे खयाल आया कि वह तो शादी करने आया है और उसने चाहा कि सब कुछ छोड़ कर कहीं भाग

जाय —कहीं ऐसी दुनिया में जहाँ कोई न हो —न इन्सान, न समाज और वह पक्षी बन जाय —स्वतन्त्र, स्वच्छन्द और आकाश की गहराइयों में उड़ानें भरता फिरे....

०

लेकिन न वह भागा, न पक्षी बना। शाम होते-होते घर वापस आ गया। थका-हारा, ऊबा और चिढ़ा हुआ। उसकी रूह पर जैसे अगणित शताब्दियों से होने वाली मौतों का भार था, अगणित युवतियों के मूक क्रन्दन जैसे उसके कानों में गूँज रहे थे और बेड़ियों में जकड़े हुए युवा हृदय जैसे उसकी आँखों के सामने सिसक-सिसक कर, घुट-घुट कर दम तोड़ रहे थे।

इक्कीस

माँ ने कहा, 'बेटा, बड़ी देर लगा दी, मिले नहीं ?'

'मिलते कहाँ ?' चेतन ने चिढ़ कर कहा, 'देसराज और थानेदार करतार सिंह के साथ कहीं बाज़ार शेखाँ में बैठे होंगे।' और वह चुपचाप नीचे बैठक के पास वाले कमरे में जा बैठा।

अपने इस चिर-परिचित कमरे में बैठे-बैठे कई घटनाएँ मूर्तिमान हो कर उसके सामने आ गयीं —कुन्ती से वह पहली भेंट, वय-सन्धि का वह लजाया-शर्माया प्यार, मुहल्ले वालों से डरी-सहमी दृष्टियों का वह विनिमय, प्रेम....चेतन मन-ही-मन दर्द से हँसा....रीति-रिवाजों की बेड़ियों, जात-पाँत के झमेलों, चरित्र-निर्माण के कठोर नियमों, बिरादरी और समाज के बन्धनों में जकड़ा और मानव के रूप में एक-दूसरे को निगल जाने के लिए तत्पर दानवों में घिरा हुआ कोई व्यक्ति किस तरह प्रेम का नाम ले सकता है ? अपने निरीह, भोले अरमान को भी कोई इससे अधिक क्या पूरा कर सकता है कि घुट-घुट कर मर जाय।

और उसके सामने कुन्ती से सम्बन्धित एक घटना घूम गयी।

०

कन्या महाविद्यालय का वार्षिकोत्सव था। धूप तेज़ थी और वह घूम-फिर कर एक दुकान पर सोडा-वाटर की बोतल पीने जा खड़ा हुआ था। जब गिलास उसने मुँह से लगाया तो पास ही किसी कल-कण्ठ से निकला मादक स्वर उसने सुना था। मुड़ कर देखा तो उसका दिल धक् से रह गया था। होंटों पर एक चंचल, चतुर मुस्कान और गोद में किसी सहेली के बच्चे को लिये, कुन्ती खड़ी थी।

उसने न पानी पिया था, न शर्बत, न सोडा। वह खड़ी थी और आकांक्षा-भरी निगाहों से चेतन को देख रही थी। ज्योंही चेतन ने उसे देखा, वह चल पड़ी। बच्चे को उछालते-उछालते और मुड़-मुड़ कर उसकी ओर देखते-देखते, वह सामने फाटक के पास अपनी सहेलियों में जा मिली थी।

तब सोडे का तीखा पानी एक ही घूँट में गले से उतार कर (हालाँकि उसकी आँखों में पानी आ गया) वह साइकिल उठा, उनके पीछे चल पड़ा था। वे शायद जा रही थीं। शायद उनमें से किसी ने ताँगे वाले को आवाज़ भी दे दी थी, क्योंकि ज्योंही चेतन फाटक के पास पहुँचा, वे ताँगे में बैठ गयीं। कुन्ती पिछली सीट पर जा बैठी और बैठते-बैठते उसने फिर एक बार चेतन की ओर देखा।

जब ताँगा कुछ दूर चला गया तो उसने पैडल पर पाँव रखा और स्वयं भी तेज़ी से उनके पीछे चला। लेकिन जब दोआबा हाई स्कूल के समीप उसकी साइकिल ताँगे के पास पहुँचने लगी और कुन्ती ने और उसकी एक सहेली ने उचक कर उसकी ओर देखा तो उसने साइकिल स्कूल की ओर मोड़ ली। उसकी सहेलियों पर यह प्रकट होने देना कि वह उसी के पीछे आया है, उसे स्वीकार न हुआ। अपने से अधिक उसे कुन्ती का ध्यान हो आया। उसने सोचा कि देवी तालाब के ऊपर से हो कर वह सड़क पर उन्हें फिर जा मिलेगा और किसी को सन्देह भी न होगा कि वह उनके पीछे आ रहा है। इसे दुर्भाग्य कहिए कि सड़क से स्कूल के मैदान को जाने वाला मार्ग इतना ढालुवाँ था कि एक धक्के से उसकी साइकिल की काठी टूट गयी। ऊपर सड़क पर जाते हुए ताँगे की ओर उसने एक निराश और उदास निगाह डाली और खिन्न मन से पैदल ही चल पड़ा। होशियारपुर के अड्डे पर पहुँचा तो वहाँ न ताँगे का निशान था, न कुन्ती का और न उसकी किसी सहेली का। वह एक घण्टे तक पुरियाँ मुहल्ले की गलियों में चक्कर काटता रहा, अपने आप पर क्रुद्ध होता रहा और फलस्वरूप और भी खिन्न होता रहा, लेकिन कुन्ती की शक्ल उसे फिर नहीं दिखायी दी। उसी शाम वह अपनी ससुराल चली गयी थी।

o

वहीं बैठे-बैठे चेतन को उस घटना पर हँसी आ गयी।

धीरे-धीरे बाहर साँझ बढ़ आयी और अन्दर कमरे में अँधेरा छाने लगा। मुहल्ले में चिल्ल-पों शुरू हो गयी। कुएँ के गहरे पानी में गागरों, घड़ों और बाल्टियों के डूबने की आवाज़ें आने लगीं। चेतन मन-ही-मन पहचानता रहा — यह घड़ा डूबा है — गहर-गम्भीर स्वर से, यह गागर, यह बाल्टी। फिर उन आवाज़ों के साथ-साथ लोहे की चर्खियों की चीं-चीं, पानी भरने वालों की तू-तू, मैं-मैं और फिर साँझ के साथ ही मुहल्ले में जागने वाले उलाहनों, कोसनों और गाली-गलौज का स्वर गूँजने लगा :

'हाय-हाय मेरा घुटना टूट गया। कहाँ गाड़ा है खूँटा रास्ते में! ईश्वर करे सब कुछ ग़र्क़ हो जाय उनका, जो हमें यों तंग करते हैं।'

'क्यों, तेरे ग़र्क़ होने वाला कोई नहीं — बहू, पोते, पोतियाँ।'

'यह क्यों बाँधी भैंस मेरे दरवाज़े के आगे ? खोल दो लाली इसे!'

'अच्छा बड़ी आयी खोलने वाली, खोल तो....।'

'प्यारे की माँ! देख, तेरे प्यारे ने मेरे गुल्लू का कैसा बुरा हाल किया है ?'

'प्यारा बेचारा तो आप सिर दर्द से पड़ा है, वह तो घर से निकला ही नहीं।'

'हाय रे लोगो। दौड़ियो, मार डाला मुझे इस बहू डायन ने। नीचे कोठरी में रहती हूँ। वहाँ भी यह साँस नहीं लेने देती। मार डाला, मार डाला रे।'

०

लेकिन इस समस्त कोलाहल में चेतन मौन, स्थिर, निस्पन्द दीवार के साथ पीठ लगाये बैठा रहा और फिर मुहल्ले वालों के चित्रों के ऊपर उसके सामने एक दूसरी तस्वीर उभर आयी — जलती-तपती रेत पर एक थकी-हारी युवती की तस्वीर — वह उसके पाँवों में बिछ-बिछ जाने को तड़पता रहा और एक मोटी-मुटल्ली फूहड़-सी लड़की उसका दामन खींचती रही।

छोटा भाई कमरे में लैम्प रख गया। बड़ा भाई भी आ गया। छोटा भाई ताश ले आया। दो-चार बाज़ियाँ भी खेली गयीं और चेतन बे-मन-सा खेल में योग भी देता रहा, उनसे बातें भी करता रहा और हँसता भी रहा।

तभी उसने सुना — हरलाल पंसारी की दुकान पर नशे में चूर उसके पिता ऊँचे स्वर में किसी की 'श्रेष्ठता' पर मुग्ध हो कर उसे अपने कोष की श्रेष्ठतम गालियाँ प्रदान कर रहे थे।

ताश का खेल बन्द हो गया।

छोटे भाई ने अपने से छोटे भाई से और फिर उसने जा कर माँ से कहा कि पिता जी आ गये हैं। चेतन जैसे रूठ कर दीवार के साथ पीठ लगा कर बैठ गया और बड़े भाई लेट गये।

कोने में मकड़ी के एक नये-नये जाले में एक मक्खी कहीं से आ फँसी और उस भिनभिनाती मक्खी पर मकड़ी तेज़ी से अपना फन्दा कसने लगी।

दूसरे क्षण पण्डित शादीराम मुहल्ले में खड़े हो कर अपने अभिन्न-हृदय मित्र लाला मुकन्दी लाल की माँ-बहन का नाम ले कर उन पर 'मधुर वचनों' की वर्षा कर रहे थे। उधर से हट कर उन्होंने चेतन के भाई को आवाज़ दी — 'रामानन्द!' और साथ ही पूछा कि चेतन आया है या नहीं।

जब चेतन के बड़े भाई ने बढ़ कर बैठक का दरवाज़ा खोला और कहा कि चेतन सुबह का आया हुआ है तो पगड़ी बग़ल में दबाये, लड़खड़ाते हुए पण्डित शादीराम अन्दर आये।

पुत्र ने पिता को प्रणाम जैसा कुछ किया और फिर ज़रा तीखे स्वर में कहा कि वह सुबह से उनकी तलाश कर रहा है और उसने लिखा था कि शादी के चार दिन शराब....

पिता ने कड़क कर कहा, 'तुम सुनो तो सही! करतार सिंह थानेदार आ गया था, उसके साथ ज़रूरी काम से....'

पुत्र ने कहा, 'मैं सब जानता हूँ, मैं नहीं सुनता।' और उसने मुँह फेर लिया।

पिता की आँखों में अंगारे जल उठे। शराब के नशे में उन्हें लगा कि उस ज़रा-से चिबिल्ले ने उनका अपमान कर दिया है — उनका, जिन्होंने अपने अंग्रेज़ इन्स्पेक्टर तक के मुँह पर थप्पड़ जमा दिया था। और भी कड़क कर उन्होंने कहा, 'नहीं सुनता, न सुन, जा अपनी माँ की उसमें! साला, हरामी, बड़ा एडीटर बना फिरता है।'

'गालियाँ न दीजिए!' पुत्र चारपाई पर खड़ा हो गया।

पिता पगड़ी फेंक कर और भी मन-मन भर की गालियाँ देते हुए उसकी ओर लपके

कि छोटे भाई ने उन्हें रोक दिया।

चेतन उछला — उसने सिर्फ़ इतना देखा कि — 'आ, पहले तेरी ही पहलवानी देखूँ' — कहते हुए एक बार चेतन के पिता ने उसके छोटे भाई को चारपाई पर गिरा दिया और दूसरी बार छोटे भाई ने पिता को।

०

सिर का पसीना गले से बहता हुआ पाँवों की ओर चला जा रहा था। हवा बिलकुल बन्द थी। स्टेशन पर खड़ी किसी गाड़ी के इंजन का धुआँ वातावरण को और भी गर्म, और भी गल-घोंटू बना रहा था। उनींदी आँखें लिये, पसीने से तर, सफ़ेद जीन के सूट पहने कुछ बाबू थकी हुई चाल से इधर-उधर आते-जाते दिखाई देते थे। बाहर अन्धकार किसी भयानक प्रेतात्मा की तरह नन्हीं-नन्हीं रोशनियों का गला दबा रहा था और दरमियाने दर्जे के मुसाफ़िर-खाने में अगणित परवाने, न जाने कब से, गैस के हण्डे से टक्करें मार रहे थे और नीचे फ़र्श पर बेगिनती पंख टूटे पड़े थे।

चेतन लकड़ी के खम्भे से पीठ लगाये, सूटकेस को पास रखे, छोटे-से बिस्तर पर बैठा था।

किसी डरावने सपने की तरह अभी कुछ देर पहले की घटनाएँ उसके सामने घूम रही थीं।

उसके भाइयों और उसके पिता में मल्ल-युद्ध हुआ था। उसके छोटे भाई ने पिता पर हमला किया हो, यह बात न थी। उसने तो उन्हें सिर्फ़ चेतन को पीटने से रोका था और फिर वह किसी तरह का वार किये बिना अपने आपको बचाता ही रहा था। लेकिन इतने में ऊपर से कहीं आ गयी माँ। बड़े भाई ने उसे दरवाज़े ही में रोका था। लेकिन पति और पुत्र में मल्ल-युद्ध हो और वह खड़ी देखती रहे! डरती, काँपती वह आगे बढ़ी थी। तब — 'तेरी ही कोख से ऐसे हरामज़ादे पैदा हुए हैं' — यह कहते और गालियाँ देते हुए एक लात पण्डित जी ने अपनी पत्नी के जमा दी। दुर्बल, क्षीण काया, हड्डियों का ढाँचा-सा शरीर, वह सीधी मेज़ के कोने से टकरा कर गिरी और बेहोश हो गयी।

उस क्षण भाई साहब ने नशे में मस्त झूमते और अपनी छोटी-छोटी आँखों से इस दृश्य का रसास्वादन करते देसराज, तथा इकट्ठे होते मुहल्ले वालों को आग्नेय नेत्रों से देखा। अचेत होती माँ को सँभाल, उसे ऊपर लिटा कर वे लाठी उठा लाये और सब से पहले देसराज की तरफ़ लपके और फिर अन्य तमाशाइयों की ओर, और पलक झपकते उन्होंने सबको भगा दिया। उधर से पलट कर उन्होंने छोटे भाई को पिता के निर्दयी पंजों से बचाया।

'तेरी यह हिम्मत!' पण्डित शादीराम ने लाठी उठा ली।

तब चेतन फ़र्श पर अपने पिता के सामने बैठ गया कि जो कुछ कहना है, उसे कह लिया जाय। लेकिन पाँव की ठोकर से उसे ठेल कर पण्डित जी अपने उस बड़े पुत्र की ओर बढ़े। उनका वार बचा कर बड़े भाई ने उन्हें एक ही दाँव में नीचे धर लिया और छोटे-बड़े दोनों भाइयों ने उन्हें उन्हीं की पगड़ी के साथ कस कर चारपाई से बाँध दिया।

कुछ क्षण के लिए स्तब्ध-सा बैठा चेतन यह सब दृश्य देखता रहा। फिर उसने अपना छोटा-सा बिस्तर — जो अभी तक बैठक के कोने में पड़ा था — उठाया, सूटकेस हाथ में

लिया और स्टेशन की ओर चल दिया। किधर जायेगा, कौन-सी गाड़ी पकड़ेगा, उसने कुछ भी नहीं सोचा। वह चाहता था कि बर्बरता के इस ताण्डव को और न देखे, उन कँपा देने वाली गालियों को और न सुने और मुहल्ले में घर-घर होने वाली कुचर्चा से दूर भाग जाय।

०

पास ही फ़र्श पर सोये हुए किसी व्यक्ति ने शायद किसी मच्छर के काट खाने से अपनी जाँघ पर ज़ोर का एक थप्पड़ जमाया और करवट बदल ली।

फिर किसी गाड़ी के आने की घण्टी बजी और अपनी उनींदी, अलसायी आँखों के साथ एक बाबू गेट पर आ खड़ा हुआ। प्लेटफ़ार्म के अन्दर से एक मुसाफ़िर हाथ में गिलास लिये हुए घबराया हुआ-सा बाहर निकला और कुएँ की ओर चला गया।

चेतन ने बटन खोल कर अपनी छाती का पसीना पोंछा। परसों उसका विवाह है, वह मन-ही-मन हँसा। लेकिन इस हँसी के बावजूद उसकी आँखें नम हो आयीं।

तभी उसकी कल्पना के सम्मुख दो और गीली आँखें घूम गयीं, जिन्हें उसने आज ही सुबह देखा था। क्या दोनों की गीली आँखें मिल कर सुख का एक संसार न बना सकती थीं!

और उस सुख के संसार का एक दृश्य उसकी आँखों में बस गया — दो हारी-थकी आत्माओं का मिलन, अभावों की पूर्ति, समाज से दूर, जाति-उपजाति के भेदों से दूर.... लेकिन गड़गड़ करती हुई गाड़ी प्लेटफ़ार्म पर आ गयी और खोंचे वालों की तन्द्रिल, भारी आवाज़ों, यात्रियों की निद्रालस चिल्ल-पों और ताँगे वालों के कर्कश स्वरों ने उसके उस संसार को छिन्न-भिन्न कर दिया। वह उठा, चुपचाप जँगले के पास जा खड़ा हुआ और टकटकी बाँध सामने के डिब्बे में बैठे यात्रियों को देखने लगा। निमिष मात्र के लिए उसने सोचा — क्यों न वह इसी गाड़ी में चढ़ बैठे। लाहौर को जाने वाली गाड़ी — वह तो साढ़े पाँच बजे आयेगी और अभी सिर्फ़ एक बजा है।

'हलो, चेतन!'

हड़बड़ा कर वह मुड़ा और उसने हाथ भी बढ़ा दिया।

'अरे, यह तुम किस तकल्लुफ़ में पड़ गये, गाड़ी पर मुझे लेने आ गये और फिर इस वक़्त! इस तकलीफ़ की क्या ज़रूरत थी ?'

आँखों से नम और मन से खिन्न होने पर भी अनन्त को देख कर चेतन ने एक ज़ोर का ठहाका उसकी इस बात पर लगाया।

'कौन कम्बख्त तुम्हें लेने आया है ? मैं तो खुद लाहौर जाने वाली गाड़ी का इन्तज़ार कर रहा हूँ।'

'लाहौर जाने वाली गाड़ी ? पागल हो गये हो, उसमें तो अभी साढ़े पाँच घण्टे हैं और फिर कल तो तुम्हारी शादी.... ?'

अनन्त को उस दम घोंटने वाले वातावरण से निकाल कर चेतन सीढ़ियों पर ले आया और वहीं खड़े-खड़े शाम की सारी घटना उसने अपने इस मित्र को सुना दी। अन्त में उसने कहा, 'मैंने पक्का फ़ैसला कर लिया है कि अब मैं शादी नहीं करूँगा, चाहे पिता जी आ कर मेरे पाँव भी क्यों न पड़ें।'

'जैसे वे तुम्हारे पाँव पड़ने ही के लिए तो छटपटा रहे हैं!'

अब ठहाका लगाने की उसकी बारी थी।

कुछ खिन्न हो कर चेतन ने कहा, 'मैंने फ़ैसला कर लिया है कि....'

बात काट कर अनन्त ने कहा, 'तुम तो पागल हो!' और उसने ताँगे वाले को आवाज़ दी। ताँगा आ जाने पर चेतन के मना करने पर भी उसने उसका सूटकेस उठा कर उसमें रख दिया।

'बाबू जी, किधर जाना है तुसाँ ने ?' ताँगेवाले ने पूछा।

'चौरस्ती अटारी।' चेतन को बरबस बैठाते हुए अनन्त ने कहा और ताँगा चल पड़ा।

'लेकिन मैं घर नहीं जाऊँगा।' चेतन ने बैठे-बैठे रुँधे गले से कहा।

'कौन साला तुम्हें वहाँ जाने के लिए कह रहा है ?' अनन्त हँसते हुए बोला।

'लेकिन....'

'एक शराबी की बात पर ग़ुस्सा हो कर तुम इतना बड़ा ज़ुल्म करने जा रहे हो! तुम्हें शर्म आनी चाहिए!'

'मैं यह शादी बिलकुल नहीं चाहता, कभी नहीं चाहता।' चेतन ने बच्चों की तरह कहा।

'तुम्हारे भाई से भी मैंने बात की थी,' अनन्त ने कहा, 'और खुद तुमने मुझे क्या लिखा था ? कायर!'

परास्त हो कर भी चेतन ने कहा, 'वह तो पल भर का जोश था — प्रकाशो और केसर की वजह से....चन्दा को पसन्द तो मैंने कभी नहीं किया।'

'लेकिन अब इस बकवास से फ़ायदा ?' अनन्त कुछ क्रोध से बोला, 'लड़की के जज़्बात का भी खयाल किया है तुमने ? वह आत्महत्या कर सकती है। उसके माता-पिता हैं, नाते-रिश्तेदार हैं। तुम उन सब की इतनी बेइज़्ज़ती कैसे कर सकते हो ?'

o

एक हाथ में बिस्तर और दूसरे में सूटकेस लिये जब दोनों हरलाल पंसारी की दुकान के सामने से हो कर अनन्त के घर की ओर को मुड़े तो पण्डित शादीराम अपने घर में तब भी ज़ोरों से गालियाँ दे रहे थे। उनका गला बैठ गया था, आवाज़ भारी हो गयी थी, लेकिन गालियों में वही तीखापन था और शायद वे तब भी चारपाई से बँधे थे।

बाईस

हालाँकि चेतन के पिता ने पहाड़ जैसी क़समें खा कर इस बात की घोषणा की थी कि वे उस कपूत की बरात में शामिल न होंगे और सारी रात अनन्त के समझाते रहने पर भी चेतन यही कहता रहा था कि वह शादी नहीं करेगा; लेकिन इस बात का श्रेय अनन्त की कार्यपटुता और पण्डित वेणीप्रसाद की विनयशीलता को है कि नियत समय पर चेतन की

बरात कल्लोवानी से चल पड़ी, चेतन दूल्हा बना और पण्डित शादीराम ने पिता के सारे कर्तव्य पूरे किये।

०

रात भर पण्डित जी चारपाई से बँधे पड़े रहे थे। गालियों की अविरल धारा उनकी वाणी से प्रवाहित होती रही थी, यहाँ तक कि बोलते-बोलते उनका गला सूख गया। और बँधे-बँधे उनके बाज़ू ऐंठ गये और नशा भी उनका लगभग सारे-का-सारा उतर गया था।

तब उन्होंने थक-हार कर, लेकिन और भी भद्दी गालियाँ देते हुए कहा कि उन्हें खोल दिया जाय, वे कुछ न कहेंगे।

उन्हें खोल दिया गया था। वे सीधे देसराज के यहाँ गये। वहाँ से कुछ और पी आये। देसराज को भी उन्होंने साथ लाना चाहा, लेकिन उसने न आने ही में अपनी कुशल समझी। घर आ कर पण्डित जी ने थर्राती हुई आवाज़ में पूछा, 'कहाँ है वह हरामज़ादा ?'

मतलब चेतन से था। बड़े भाई ने दरवाज़े पर बैठे-बैठे कहा, 'वह चला गया है।'

पण्डित जी तनिक चौंके, लेकिन पूर्ववत गालियाँ देते हुए उन्होंने कहा कि उन्हें इसकी ज़रा भी परवाह नहीं, उनकी तरफ़ से चाहे शादी हो या न हो और चाहे सब मर जायँ — खत्म हो जायँ।

और फिर उलाहने के स्वर में, लेकिन उसी कड़कड़ाती आवाज़ से उन्होंने कहा कि जिस बेटे को अपने बाप का इतना भी खयाल नहीं और जो नशे में कही गयी उनकी बात पर इतना ग़ुस्सा हो सकता है, वे उसकी ज़रा भी परवाह नहीं करते। और अपने उस नालायक लड़के को गालियाँ देते हुए उन्होंने ऐलान किया कि वे खुद सुबह चले जायेंगे।

लेकिन जितनी ज़्यादा वे गालियाँ देते थे, जितना ज़्यादा वे कड़कते थे, उतना ही ज़्यादा उनके हृदय की दुर्बलता का पता चलता था।

अनुपस्थित चेतन पर गालियों के द्वारा अपना क्रोध उतार कर वे अपने दूसरे पुत्रों की ओर पलटे।

लेकिन उनके दिल की इस कमज़ोरी को भाई साहब शायद भाँप गये थे। घर वालों की परवाह पण्डित जी ने कभी न की थी। दुनिया की भी उन्हें कुछ वैसी चिन्ता नहीं थी। लेकिन अपनी बात के पास का उन्हें हमेशा खयाल रहता था। और चेतन के चले जाने पर पण्डित वेणीप्रसाद के सामने उन्हें शर्मिन्दा होना पड़ेगा, यही डर उनके मन में किसी अज्ञात स्तर के नीचे दबा बैठा था, यद्यपि गालियों के आधिक्य और आवाज़ की कड़क में वे उसे दबा देना चाहते थे। इसलिए ज्योंही उन्होंने कहा, 'आओ, अब जिस-जिस में ज़ोर हो, मुझसे कुश्ती लड़ देखे।' तो अवसर उपयुक्त जान कर भाई साहब उनके पाँव पड़ गये, माफ़ी माँग ली और कहा कि उन्होंने तो सिर्फ़ उन्हें चेतन को मारने से रोका था। और भावावेश में वे रोने लगे।

अपने बड़े भाई का अनुसरण करते हुए छोटे भाई ने भी पहले पाँव पड़ कर माफ़ी माँग ली और फिर वह भी रोने लगा।

पण्डित शादीराम स्वभाव से क्रूर थे, कठोर थे और अत्याचारी भी उन्हें कहा ज: सकता है, पर इसके साथ ही उनके हृदय में कहीं-न-कहीं उदारता और मानवीयता-जन्य

कोमलता भी काफ़ी मात्रा में थी। इसी कोमलता के कारण वे अपने शत्रु तक को माफ़ कर देते थे और इसी कोमलता के कारण जब किसी मित्र अथवा निकट सम्बन्धी का विश्वासघात उनके मर्म-स्थल पर चोट पहुँचाता था तो वे बच्चों की तरह फूट-फूट कर रो पड़ते थे।

पुत्रों के इस व्यवहार ने शायद उनके मर्म-स्थल पर चोट की थी। उनका गला भर आया और वे भी रोने लगे। माँ तो पहले ही से रो रही थी।

मिट्टी के तेल का लैम्प, जिसने साँझ के बाद बहुत कुछ देखा था, अब भी धीमे प्रकाश से जल रहा था। चिमनी कुछ काली हो गयी थी और उसके धीमे प्रकाश में ये चारों व्यक्ति चार पीड़ित आत्माओं की तरह दिखायी देते थे।

पिता ने पुत्रों को गले से लगाया। रोते-रोते चेतन को गालियाँ दीं और फिर भारी गले से पत्नी से कहा कि चारपाइ बिछा दे।

एक घण्टे के बाद सभी थके-हारे सो रहे थे। पण्डित जी के खर्राटों की आवाज़ भी आने लगी थी। केवल माँ जाग रही थी और भगवान गजानन से प्रार्थना कर रही थी कि चेतन आ जाय और विवाह का काम कुशलतापूर्वक सम्पन्न हो जाय।

०

सुबह जब अनन्त चेतन के घर गया तो उसने माँ को चुपचाप आँगन में सिर झुकाये माला फेरते पाया।

माँ पूजा कर चुकी तो अनन्त से यह बात जान कर कि उसके समझाने पर लाहौर को जाता-जाता चेतन स्टेशन से लौट आया है, उसने एक बार फिर मन-ही-मन भगवान के सामने सर झुका लिया। फिर उसने अनन्त से कहा कि वह तुरन्त बस्ती जाय और पण्डित वेणीप्रसाद को बुला लाये।

दोपहर के लगभग पण्डित शादीराम जागे और भारी थके गले से उन्होंने पानी माँगा। माँ ने पानी का गिलास उन्हें देते हुए बताया कि बस्ती से पण्डित वेणीप्रसाद आये हैं। तब करवट ले कर भरे गले से पण्डित जी ने कह दिया कि रामानन्द उनसे बात कर ले, मैं किसी काम में दखल न दूँगा और मुझे कोई न बुलाये।

चेतन की माँ से उनका यह फ़ैसला सुन कर अनन्त ऊपर आया। हैट उतार, उसने पण्डित जी को साष्टांग प्रणाम किया और फिर पास बैठ कर उसने चेतन की मूर्खता पर खेद प्रकट किया :

'वह एकदम बेवकूफ़ है। दुनिया का उसने अभी कुछ नहीं देखा, दुनियादारी उसे आती नहीं....'

'वह हरामज़ादा समझता है कि वह अब आज़ाद है, कमाता है और उसे किसी की परवाह नहीं,' पण्डित जी ने रात के थके हुए भारी गले से कहा, 'लेकिन मैं ही उसकी क्या परवाह करता हूँ! मेरे नाम कौन-सी वह जायदाद लिख देगा ?'

'नहीं, नहीं, नहीं,' अनन्त ने कहा, 'वैसा कोई भरम उसे नहीं। वह महज़ सेण्टीमेण्टल, खुद्दार और शायर-मिज़ाज नौजवान है, बस! और शायर,' उसने कदरे हँस कर कहा — 'आप जानते हैं, आधे पागल होते हैं। आप भला किस तरह बच्चे के साथ

बच्चा बन सकते हैं ? उसका क्या है, वह तो मूर्ख है, लेकिन आप....लोग तो आपको ही....'

'मैं किसी साले की परवाह नहीं करता।' उसी स्वर में पण्डित जी ने कहा।

'वह तो ठीक है, हिं-हिं, हिं-हिं....' और खिसियानी-सी हँसी हँसते हुए अनन्त ने जेब से कसूर की खालिस देसी की बोतल निकाली और जेब ही से एक नन्हा-सा शीशे का गिलास निकालते हुए उसने कहा :

'आता हुआ मैं कसूर उतरा था और वहाँ से मैं सिर्फ़ आपके लिए देसी शराब लेता आया हूँ। मुझे क्या मालूम था' — यहाँ अनन्त कुछ हँसा — 'कि यहाँ —'

'मेरा जी नहीं चाहता,' और पण्डित जी ने करवट बदल ली। लेकिन करवट उन्होंने इसलिए बदली थी कि बोतल को देख कर उनके मन में सहसा प्रबल लालसा जाग उठी थी।

'वाह!' अनन्त ने उस खालिस देसी शराब से (जो अपने कथनानुसार वह खास तौर पर पण्डित जी के लिए लाया था, लेकिन जो वास्तव में गत वर्ष उसके क़ानूनगो पिता को किसी देहाती ने भेंट की थी और उनकी अकाल-मृत्यु के कारण वहीं ताक़ में रखी पड़ी थी) थोड़ी-सी गिलास में उँडेलते हुए कहा, 'आप थके हुए हैं, एक पेग ले लीजिए, तबीयत ताज़ा हो जायेगी।'

'लेकिन मैंनें तो अभी कुल्ला भी नहीं किया,' पण्डित जी ने वैसे ही लेटे-लेटे कहा, पर उनके मुँह में राल टपक चली थी।

अनन्त दौड़ कर पानी ले आया और कुल्ला कराते हुए उसने कहा, 'यों अकेले पीने में क्या मज़ा आयेगा ? खालिस देहाती भट्ठी की बेहद पुरानी शराब है, मैं लाला देसराज को बुला लाऊँगा और पण्डित बनारसीदास भी आ जायेंगे, इकट्ठे बैठेंगे और पियें-पिलायेंगे।'

इसके बाद अनन्त ने चेतन और उसके दोनों भाइयों की वज्र-मूर्खता का ज़िक्र करते हुए कहा, 'मैंने सुना है, चेतन ने आपको लिखा था कि तीन दिनों के लिए....' और उसने एक ठहाका मारा — 'भला आदमी अगर शादी-ब्याह नहीं तो क्या मौत और ग़मी के मौके पर पिये-पिलायेगा।'

उसने एक पेग और पण्डित जी को दिया और कहा कि शाम को महफ़िल जमेगी।

शराब देसी थी, पुरानी थी और तेज़ थी। पण्डित जी एक पेग ही से सुरूर में आ गये। अनन्त उठने लगा था कि आस्तीन पकड़ कर उन्होंने उसे बैठा लिया। रात की दुखद घटना का वर्णन करते हुए उन्होंने चेतन की उद्दण्डता का ज़िक्र किया। उसे गालियाँ दीं। फिर वे रोने लगे। भरे हुए गले से उन्होंने कहा, 'देखो बेटा, जिसने आज तक कभी अपने अफ़सर की भी बात न सुनी, उसके बेटों ने उसे चारपाई से बाँध दिया!' फिर अचानक आँखें लाल करके उन्होंने कहा कि वे अब भी अपने इन तीनों बेटों का मुकाबिला कर सकते हैं और उन तीनों हरामज़ादों को सबक सिखा सकते हैं। फिर अचानक आँसू बहाते हुए वे उस प्रेम का ज़िक्र करने लगे जो उन्हें अपने पुत्रों से था :

'पूत कपूत होते हैं, पर पिता कुपिता नहीं होते!' उन्होंने भरे गले से कहा और आँखें पोंछने लगे। अन्त में जब अनन्त ने बताया कि चेतन स्वयं लज्जित है तो उन्होंने उसे दिल से माफ़ कर दिया और चादर ओढ़ कर लेट गये।

दो मिनट बाद वे खर्राटे ले रहे थे।

०

उधर पण्डित वेणीप्रसाद ने चेतन को समझाया और वही चेतन, जो सारी रात अनन्त के समझाते रहने पर भी इस हठ पर तुला हुआ था कि विवाह न करेगा, उस बीमार और लगभग अपाहिज बुज़ुर्ग के सम्मुख एक शब्द भी न कह सका।

पण्डित वेणीप्रसाद ने अपने हिलते हुए अंगों को कठिनाई से सँभालते हुए कहा था, 'बेटा, लड़कपन न करो! इस बूढ़ी देह का खयाल करो, इस बूढ़े की इज़्ज़त का खयाल करो और उस निरीह बालिका का खयाल करो। पिता की बातों का कैसा ग़ुस्सा ? उनकी तो वैसी आदत ही है। तुम्हारे ग़ुस्से से उनकी आदत तो हटेगी नहीं, दो-चार आदमियों की जान भले ही चली जाय।'

और चेतन ने कहा था कि वह खुद यही सब सोच रहा था और जैसा वे उससे कहेंगे, वह करेगा। उसकी सिर्फ़ एक प्रार्थना है कि शादी की रस्म जितनी जल्दी हो, पूरी कर दी जाय और बाक़ी सब बेकार के रस्म-रिवाज जहाँ तक हो सके, हटा दिये जायें और दावतें भी दो-तीन ही दी जायें।

पण्डित वेणीप्रसाद ने कहा था, 'बेटा, जैसा तू कहता है, वैसा ही होगा। मैं तो खुद आर्य समाजी प्रणाली का समर्थक हूँ। इन व्यर्थ की रस्मों में क्या रखा है ?'

०

इस तरह अपनी क़समों के बावजूद पुत्र और पिता दोनों बरात में शामिल हुए। हँसे भी, बधाइयाँ भी उन्होंने स्वीकार कीं और रस्में भी सब अदा कीं। फिर बाजे भी बजे, गाने भी गाये गये और शोर भी खूब हुआ। यह और बात है कि इस समस्त हर्षोल्लास, गाने-बजाने और शोर-शराबे के भीतर-भीतर व्यथा की एक हल्की-सी लहर भी कहीं निरन्तर बहती रही।

माफ़ कर देने के बावजूद पिता ने पुत्र को नहीं बुलाया और पुत्र ने एक रस्मी, ठण्डे प्रणाम के अतिरिक्त और कोई बात नहीं की। पण्डित जी ने पिता के अपने अधिकारों का प्रदर्शन करने के लिए और भी पी —देसराज और पण्डित बनारसीदास को बैठा कर पी — और चलते समय अपनी पत्नी को एक-दो थप्पड़ भी रसीद किये। माँ की आँखें अन्त तक आँसुओं से भरी रहीं। चेतन का खून खौल-खौल उठा और उसके जी में कई बार आया कि अनन्त के दबाव से छूट कर एकदम भाग जाय और जहाँ उसके पिता उसे चिढ़ा कर उन्हीं कमीनों के साथ शराब पी कर अपने अधिकारों का डंका पीट रहे हैं, वहाँ दो बिरादरियों के ऐन बीच उनकी नाक काट कर वह पुत्र के अधिकारों को भली-भाँति जता दे।

लेकिन जब बरात बस्ती पहुँची और धर्मशाला में उतरने, सेहरा बाँधने और दूसरी रस्मों के दौरान चेतन बराबर इन बातों पर विचार करता हुआ लगभग साढ़े आठ बजे विवाह मण्डप में आसन पर जा बैठा तो सहसा उसके मन से समस्त बातें, सारी चिन्ताएँ, सब क्लेश अनायास दूर हो गये। उसका मन हल्का हो गया। मण्डप के ज़रा परे, सामने बरामदे में बैठी हुई लड़कियों में उसकी निगाहें एक किशोरी से चार हुईं, जिसे वह पहचानता था।

यह किशोरी वही थी, जिसे बस्ती के अड्डे पर देख कर वह चौंका था और फिर एक बार अपनी पत्नी के पास जिसे बैठी हुई देख कर वह कुछ बौखला-सा गया था।

गैस की रोशनी में चेतन ने देखा — इस एक-डेढ़ वर्ष में ही उसका यौवन जैसे चौकड़ियाँ भरता हुआ बढ़ आया है। उसे लगा, जैसे वह किसी विशाल सागर में हल्की-सी तरंग बन कर बहा जा रहा है। अभी कुछ देर पहले जब आँगन के दरवाज़े में प्रवेश करते वक्त उसकी पत्नी ने उसके गले में हार डाला था तो उसके मोटे-से शरीर और सीधी-सादी-सी शक्ल को देख कर वह बेहद निराश हुआ था। फिर आँगन में आने पर जब उसे पता चला कि कन्या महाविद्यालय से जो लड़कियाँ इस 'समाजी रीति' से होने वाले विवाह की शोभा को अपने कल-कण्ठों से बढ़ाने के लिए आने वाली थीं, वे नहीं आयीं तो उसकी निराशा पर विषाद की एक गहरी परत चढ़ गयी थी। लेकिन उस सुन्दर, मनोमुग्धकारी छवि को देख कर उसकी वह निराशा, वह अवसाद क्षण भर में उड़न-छू हो गया। तभी पुरोहित ने मन्त्र पढ़ने शुरू किये और स्त्रियाँ गा उठीं :

घर साजन आयो रे
सलोयाँ दे नैन भरे

चेतन को लगा जैसे उस लड़की का स्वर सब स्वरों के ऊपर से होता हुआ उसके कानों में अनवरत अमृत ढाल रहा है। वह पुरोहित के मन्त्र न सुन रहा था। वह सुन रहा था नव-वय की उस युवती का मीठा मादक स्वर और जैसे उसके शरीर का अणु-अणु पिघल कर उस तरल संगीत में घुला जा रहा था।

'हाय! इन लग्नों से पहले कितनी रस्में होती थीं,' उसने वहीं बैठे-बैठे सोचा, 'उनमें उससे बातें करने के लिए कितने अवसर मिलते ?' और वह अपनी मूर्खता पर पछताने लगा कि उसने क्यों पण्डित वेणीप्रसाद से खामखाह सब रस्में हटा देने के लिए कह दिया।....लेकिन उस समय हवन-कुण्ड का धुआँ उसकी आँखों में कड़वाहट भर रहा था और लड़कियाँ गा रही थीं :

घर साजन आयो रे
सलोयाँ दे नैन भरे

तेईस

दूसरे दिन जब बरात खाना खाने में व्यस्त थी, चेतन की चंचल, बेचैन निगाहें रह-रह कर छत पर जाती थीं और कल्पना-ही-कल्पना में वह विवाह के गाने सुनता था — मीठे, मद-भरे गाने — जिनकी तानों में किसी परिचित कल-कण्ठ से निकलती हुई, तन और मन को गर्मा देने वाली, मादक ध्वनि भी थी। पर छत की सूनी मुँडेरों पर गाने वालियाँ तो दूर एक कौवा तक न था। हाँ, किसी पास के वृक्ष पर बैठी हुई एक चील अपने कर्कश

स्वर से बार-बार चीख उठती थी। वहाँ से हट कर चेतन की दृष्टि सामने बरामदे में जाती, जहाँ रात को भाँवरों के समय महिलाओं के गाने गूँजे थे। पर वहाँ भी उनकी रसीली तानों के स्थान पर बस्ती के एकमात्र सुधारक मास्टर नन्दलाल का ग्रामोफ़ोन अपनी भौंडी आवाज़ में चिल्ला रहा था :

हे प्रभो अब हम सबों को शुद्धताई दीजिए
दूर करके हर बुराई को भलाई दीजिए

दूसरी कुप्रथाओं के साथ-साथ विवाह-शादी के अवसर पर छतों पर चढ़ कर औरतों का सिट्ठिनियाँ देना और गन्दे गीत गाना भी सुधारक मास्टर नन्दलाल को नापसन्द था। उनके विचार में ऐसे अवसर ही सुधार कार्य के लिए उपयुक्त थे।

'रबिश, वाहियात!' चेतन ने रिकार्ड के समाप्त होने पर कहा। पर इसमें दोष किसका था ? उसी ने तो पण्डित वेणीप्रसाद से कहा था कि कोई रस्म अदा न की जाय। सुधार-सम्बन्धी अपनी योजनाओं को इस घर में पूर्ण-रूप से फलीभूत होते देख, बड़े चाव और व्यस्तता से इधर-उधर फिरते हुए मास्टर नन्दलाल की ओर देख कर चेतन मन-ही-मन हँसा। फिर एक ठण्डी साँस उसके हृदय की गहराइयों को चीर कर निकल गयी। भूखे, विपन्न और साधनहीन हिन्दुस्तान के लिए शादी-विवाह तथा तीज-त्योहार की चन्द घड़ियाँ ही तो थीं, जिनमें लोग कुछ हँस-हँसा लेते थे। दूल्हे-दुल्हन की अपेक्षा विवाह के उल्लास का अधिकांश तो दूल्हे के मित्रों तथा दुल्हन की सखियों के हिस्से में आता था। महीना-महीना पहले नये वस्त्र सिलवाये जाते, नये जूते बनवाये जाते और विवाह वाले घरों में ढोलक रख दी जाती। बरातियों का स्वागत मीठे गानों से होता, वर-वधू को कंगना मीठे गानों में खेलाया जाता, मादक मीठे गानों में भाँवरों की रस्म सम्पन्न होती और मीठे गानों का मधुर रस पीती हुई बरात खाना खाती। वधू की सहेलियाँ और बहनें सिट्ठिनियों में बड़ी भेद-भरी बातें कह जातीं। चेतन का मन उन मीठी सिट्ठिनियों को सुनने के लिए आतुर हो उठा, लेकिन उधर बरामदे में ग्रामोफ़ोन पूर्ववत गा रहा था :

हे प्रभो अब हम सबों को शुद्धताई दीजिए

सुधार सम्बन्धी कोई दूसरा रिकार्ड न होने से मास्टर नन्दलाल ने फिर से उसी को लगा दिया था।

चेतन के सामने विवाह की देवी का वह चित्र घूम गया, जिसे आततायी सुधारक ने अलंकार-विहीन कर दिया था। चेतन ने देखा — उसकी निरीह चमक-दमक इस कट्टर अत्याचारी ने छीन ली है, उसके कल-कण्ठ से निकलने वाली मादक तानों का इसने गला घोंट दिया है और उसके तमाम अलंकारों से उसे वंचित कर दिया है। चेतन की आँखें फिर उसी पुराने ज़माने की भरी-पूरी रमणी को देखने के लिए बेचैन हो उठीं।

कम्पनी बाग़ में एक निहायत पुराना कुंज था, जिस पर इश्क़पेचा की बेलें चढ़ी हुई थीं। कुंज के बाहर एक बड़ी सीधी-सादी आरामगाह बनी हुई थी। वास्तव में यह जगह एक अत्यन्त पुरानी, हमेशा हरी रहने वाली बेल के कारण बन गयी थी। यह बेल धीरे-धीरे बढ़ कर इर्द-गिर्द के कई पेड़ों पर छा गयी थी। कहीं-कहीं यह इतनी मोटी थी कि बचपन में चेतन अपने संगियों के साथ उस पर बैठ कर झूला झूला करता था। इस जगह के पास

से गुज़रने पर ही मन की सारी थकन दूर हो जाती थी। लेकिन सुधार....! उस बेल के नीचे इकट्ठी होने वाली गन्दगी को, सूखे-सड़े पत्तों के ढेरों को, कूड़े-करकट को साफ़ करके उस स्थान को और भी सुरम्य, शीतल और मन का ताप हरने वाला बनाने की बजाय उस बेल ही को काट दिया गया। अब वहाँ घास के एक-दो प्लॉट हैं, जिनमें छोटे-छोटे पौधे लगे रहते हैं, जो तीन-चार महीनों से ज़्यादा ज़िन्दा नहीं रहते और ऐसे फूल लाते हैं, जिनमें न रंग होता है, न रस, न गन्ध!

वह सारे-का-सारा दृश्य चेतन के सामने घूम गया।

'जीजा जी, खाना खाइए।' एक पतले-दुबले, लम्बी नाक वाले लड़के ने उससे कहा।

चेतन ने सहसा चौंक कर थाली की ओर हाथ बढ़ाया।

तभी कोई बोला, 'यह आपका साला है रणवीर, आप ही की तरह शायर है।'

चेतन ने हाथ रोक कर थाली से आँखें उठा कर उस लड़के की तरफ़ देखा — साँवला रंग, लम्बोतरा मुँह, लम्बी नाक, पिचके कल्ले, पान की लाली से दाँत-होंट रँगे, चौड़े माथे पर रूखे बालों की दो लटें लिये वह लड़का चकित और मुग्ध भाव से उसकी ओर देख रहा था। उसके चेहरे पर अपरम्पार मूर्खता का जो भाव झलक रहा था, उससे चेतन को लगा कि यह नौजवान और चाहे जो बन जाय, शायर नहीं बन सकता।

बरात तब तक खाना खा चुकी थी। पुराने ढंग की शादी होती तो कोई चंचल चपल लड़का या लड़की उसका कोट दरी से सी देती अथवा उसका जूता छिपा देती और इस सरल-से मज़ाक और दूल्हे की कृत्रिम परेशानी पर खूब ठहाके लगते, खूब फब्तियाँ उड़तीं। चेतन की बड़ी इच्छा थी कि कोई लड़का या लड़की उसका भी कोट सी दे, उसका भी जूता छिपा दे। उसका खयाल था, शायद रणवीर ही यह सुकृत्य सरंजाम दे। लेकिन वह तो एकटक अपने जीजा को मुग्ध भाव से देख रहा था और उससे किसी तरह का मज़ाक करना उसके बस में नहीं था।

चेतन ने खा लिया, हाथ पोंछ लिये। बरात के आधे लोग आँगन के बाहर चले गये, लेकिन उसके साथ किसी ने मज़ाक नहीं किया। वह अन्यमनस्कता से उठा और जीवन में पहली बार खरीदा हुआ पेटेंट लेदर का जूता पहनने लगा। तभी अपनी लठिया लिये हुए काँपते-झूलते पण्डित वेणीप्रसाद आये और हाथ जोड़ कर उन्होंने कहा, 'आप महाराज, अभी कुछ देर बैठिए।'

चेतन चुपचाप दरी पर बैठ गया। तभी बरामदे की एक चिक उठा कर वह लड़की जैसे हर्ष और उल्लास से नाचती-सी निकली। उसके पीछे उसकी सहेलियाँ थीं — 'जीजा जी, छन्द[१] सुनाओ! जीजा जी, छन्द सुनाओ!' कहती हुई वह धम से उसके पास बैठ गयी। शेष सहेलियों ने झुरमुट बना लिया।

चेतन का मुख कानों तक लाल हो गया। इस दौरान दो-चार बड़ी-बूढ़ियाँ भी आ

१. छन्द एक प्रकार का पंजाबी दोहा होता है, जिसकी पहली पंक्ति का कोई अर्थ नहीं होता, वह केवल तुक मिलाने के लिए होती है। दूसरी पंक्ति में सास-ससुर और ससुराल के अन्य रिश्तेदारों की प्रशंसा होती है। यह छन्द विवाह में लड़कियाँ वर के मुँह से सुनती हैं, ऐसा रिवाज है। पुराने समय में शायद इसका उद्देश्य यह मालूम करना रहा होगा कि वर गूँगा तो नहीं है।

गयीं और एक ने एक दूसरी स्त्री की ओर संकेत करते हुए चेतन से कहा, 'यह तुम्हारी सास है।'

अपना उमड़ता हुआ उल्लास चेतन को हठात सिकुड़ता-सा लगा। —काला, झुर्रियों वाला चेहरा, अन्दर को धँसे हुए कल्ले, बेढंगे दाँत और एक ओर को दबी हुई आँख — 'इस माँ की लड़की कैसे 'रूपवती' न होती ?' वह व्यंग्य से मुस्कराया। 'और फिर आप घूँघट निकाले हुए हैं,' उसने मन-ही-मन हँस कर कहा, लेकिन तभी उसे खयाल आया कि वह तो उसकी सास है और माँ के बराबर है और उसने उसे एक खिसियाया हुआ-सा प्रणाम किया। इसके बाद परिवार की अन्य महिलाओं और वधू की सहेलियों से उसका परिचय कराया गया और उसे पता चला कि वह सुन्दर लड़की उसकी साली है —नाम है नीला —पण्डित वेणीप्रसाद की तीन लड़कियों में से मँझली, और चेतन ने एक बार दबी आँखों से उसकी ओर देख कर मन-ही-मन एक लम्बी साँस भर ली। उसे यह बात पहले क्यों न मालूम हुई ?

'छन्द सुनाइए जीजा जी, छन्द!' और लड़कियों ने उसका कोट खींचा। और उसके उस हवन्नक़ साले रणवीर ने भी लड़कियों के अनुरोध में अपना अनुरोध मिला दिया।

निमिष भर के लिए चेतन की आँखें नीला से चार हुईं। उसकी आँखों में एक चतुर, स्निग्ध मुस्कान थी, जिसका प्रतिबिम्ब उसके होंटों पर फैलने को आतुर था।

चेतन बैठ गया।

लेकिन तभी पण्डित वेणीप्रसाद अपने हिलते हुए शरीर के साथ आये और हाथ जोड़ कर उन्होंने कहा, 'अब महाराज, आप उठिए।'

चेतन अनिच्छापूर्वक उठने लगा था कि नीला ने उसके कोट का दामन पकड़ लिया। वह फिर बैठ गया।

पण्डित जी ने फिर हाथ जोड़े। वह फिर उठने लगा। नीला ने फिर दामन खींचा, वह फिर बैठ गया।

तब हँसते हुए उसने कहा, 'आप कहें तो योंही दस-पन्द्रह बैठकें लगा डालूँ।'

तब नीला ने तनिक रोष-भरे स्वर में कहा, 'पिता जी, आप बैठने भी दीजिए जीजा जी को, अभी एक भी छन्द नहीं सुना हमने।'

'अच्छा, अच्छा बेटी.... आप बैठिए अभी महाराज!' और बुज़ुर्ग सरल-सी हँसी होंटों पर लिये हुए, जैसे आये थे वैसे ही चले गये।

चेतन का हृदय धक-धक करने लगा। तभी उसकी दृष्टि सामने बरामदे के एक कोने में गयी। चिक उठा दी गयी थी। शादी का लाल जोड़ा पहने उसकी दुल्हन ज़रा-सा घूँघट निकाले बैठी थी और विवाह के उल्लास में उसका गेहुआँ रंग दमक रहा था। चेतन के सामने उसकी सास की सूरत आ गयी और उसने निगाहें हटा लीं।

नीला ने हँस कर कहा, 'छन्द सुनाइए जीजा जी! आप ही के घर तो जायेगी, जी भर वहाँ देख लेना।'

और अप्रतिभ-सा हो कर चेतन ने एक छन्द सुनाया :

छन्द परागे आइए-जाइए, छन्द परागे तीला
छन्द गया मैं भुल्ल सभे, जद साहमणे आयी नीला[१]

नीला का मुख कानों तक सुर्ख हो गया। फिर वह एकबारगी सखियों के साथ ठहाका मार कर हँस दी।

चेतन इस ठहाके में बह गया और इसके साथ ही बह गया वह थोड़ा-बहुत गाम्भीर्य, जो गत दो-तीन दिनों से उसके अन्दर इकट्ठा हो गया था और जिसका प्रतिबिम्ब उसके चेहरे पर विषाद के हल्के-से बादल ले आया था।

तभी एक युवती जैसे उल्लास के ताल पर नाचती-सी आयी। उसकी कलाइयों का लाल चूड़ा साक्षी था कि उसका विवाह हाल ही में हुआ है। टेसू के रंग की लाल साड़ी उसने पहन रखी थी और वह रंग उसके सुन्दर कपोलों को भी लाल बना रहा था। चेतन की चंचलता को निशाना बना कर उसने चौखट में दाखिल होते ही तीर छोड़ा :

पुत आया नी नटनी दा[२]

चेतन खिसियाना-सा हो गया, लेकिन उसी क्षण इस सिट्ठिनी की दूसरी पंक्ति कहने का अवसर उस युवती को दिये बिना ऐन-मैन उसकी नकल उतारते हुए उसने कुछ इस तरह मटक कर यही शब्द दुहराये कि वह युवती शरमा कर उल्टे पाँव वहीं से वापस भाग गयी।

'वाह जीजा जी,' रणवीर ने दाद दी, 'आपने खूब भगाया मोहिनी को।'

चेतन ने देखा रणवीर की आँखों में कुछ ऐसी प्रशंसा है, जैसे मोहिनी को उसने किसी मन्त्र के बल से भगा दिया हो!

उसी समय पण्डित वेणीप्रसाद एक बार फिर हाथ जोड़े हुए चेतन को उठने के लिए कहने के अभिप्राय से आये, पर अपने इस असहाय पिता पर नीला को कुछ ऐसा अधिकार प्राप्त था कि उसने चेतन को वहीं बैठाये रखा।

वास्तव में मास्टर नन्दलाल और उनके आर्य समाजी मित्र विवाह-शादी की इस हँसी-खुशी के भी खिलाफ़ थे। वे नहीं चाहते थे कि दुल्हन की सब-की-सब सहेलियाँ एकदम दूल्हे से सालियों का नाता स्थापित करके हर तरह के हँसी-मज़ाक की छुट्टी पा लें। इसीलिए वे पण्डित वेणीप्रसाद को बार-बार अन्दर भेजते थे, लेकिन अपनी लड़की नीला से उन बुज़ुर्ग को कुछ ऐसा प्रेम था कि वे उसका कहा टाल न पाते।

इस दौरान चेतन को अपनी पत्नी की सब सुन्दर और असुन्दर सहेलियों के नाम याद हो गये। सोहनी, जो सचमुच सोहनी थी, जिसके बारे में उसे मालूम हुआ कि वही उसकी मँगेतर होने वाली थी, लेकिन पण्डित वेणीप्रसाद पहले पहुँच गये थे। केसरी, जिसकी आँखों में एक अज्ञात-सी आकांक्षा दबी हुई थी, जो चेतन को कुछ ऐसी भूखी निगाहों से देखती

१. पहली पंक्ति का कोई अर्थ नहीं। दूसरी का अर्थ यह है कि मैं उस समय सभी छन्द भूल गया जब मेरे सामने नीला आ गयी।

२. बेटा आया नटनी का। (इसकी दूसरी पंक्ति है —'नटनी कोठे टप्पणी दा' —अर्थात् छतें कूदने वाली नटनी (चंचल नारी) का यानी उस चंचल नारी का जो छतें कूद कर अपने प्रेमी से मिलने जाती है।)

थी, जैसे उसे आँखों-ही-आँखों में निगल लेगी और जिसने चेतन की दिलचस्प बातों, उसकी खुली हँसी और चंचलता को देख कर एक लम्बी साँस को बरबस दबा कर सिर्फ़ इतना कहा था —'जीजा जी, तुसीं ताँ तिन्नाँ लोकाँ तो न्यारे ओ।'[१] और लक्ष्मी, जो अपने छोटे भाई को गोद में लिये हुए थी, जिसे लक्ष्मी की उम्र को देखते हुए उसने उसका बच्चा समझा था और जो अपनी इस बड़ी उम्र के बावजूद अविवाहित थी। उसके माता-पिता जब बच्चे पैदा कर रहे हैं तो उनको यह अशिक्षित, युवा बेटी क्या सोचती होगी ? दिन कैसे काटती होगी ? पर पैसे....खर्च....दहेज और बस्ती के 'जेरथों' में लड़की को बेचना गुनाह नहीं खयाल किया जाता। फिर पारो, सरला, रानी, शीला, कर्तारो....

चेतन का समय खूब बीता और जब वहाँ से छुट्टी पा कर वह डेरे वापस जा रहा था तो उसकी कल्पना के सम्मुख इन सब के चेहरों के ऊपर से नीला की सुन्दर मूर्ति जैसे उभर-उभर कर झाँकती रही। उसकी वह सुनहरी स्मित, वह मादक दृष्टि और वह मधुर स्वर-लहरी।....नीला....नीला!....

चौबीस

गौने से भी पहले अपने विवाह के पहले दिन ही चेतन को मालूम हो गया कि चन्दा — वह उसकी मोटी-मुटल्ली पत्नी —अपनी उस साधारण दिखायी देने वाली सूरत-शक्ल के अन्दर एक निहायत नाज़ुक और भावुक हृदय रखती है।

०

दूसरे दिन अपनी नव-परिणीता के साथ जब वह ताँगे में बैठ कर बाजे के पीछे-पीछे बस्ती ग़ज़ाँ से चला था तो उसके मन-मस्तिष्क पर नीला का चित्र अंकित हो चुका था और उसके दिल में आग-सी धधक रही थी। वह सोच रहा था, नीला से उसकी शादी क्यों न हुई ? उसे पहले ही क्यों न पता चल गया कि वह लड़की, जिसे बस्ती के अड्डे पर जाते देख कर उसके हृदय में अँधेरी रात के दूरस्थ प्रदीप की भाँति एक ज्योति-किरण जगमगा उठी थी, उसकी भावी पत्नी के ताऊ की मँझली लड़की है। अगर वह मुल्कराज से उसके बारे में पूछ लेता ? अगर उसे बाद में भी किसी तरह मालूम हो जाता ? अगर....तो जीवन के दुख-भरे सागर में सुख की उद्दाम तरंगें उठ आतीं। उनके सहारे वह कहाँ-कहाँ न पहुँच जाता।

नारी ही गति है और नारी ही अगति। ज़िन्दगी भी यही है और मौत भी यही — महज़ संगिनी के उपयुक्त अथवा अनुपयुक्त होने का सवाल है। इन्हीं दो सीमाओं में पुरुष के जीवन का क्रम चलता रहता है। उपयुक्त संगिनी मिल गयी तो उसके जीवन का सागर आनन्द से हिलोरें ले उठता है और यदि अनुपयुक्त तो....चेतन की कल्पना के सामने क्षण भर के लिए हिलोरें लेता हुआ सागर आया और फिर उसके स्थान पर प्रतिक्षण सूखता-सा

१. जीजा जी, आप तो तीनों लोकों से न्यारे हैं।

एक पोखर — गँदला, गतिहीन, तरंग-रहित — और उसने अपने साथ ताँगे में बैठी हुई अपनी नव-परिणीता की ओर देखा और अपनी ज़िन्दगी का सागर उसे जैसे उत्साहहीन-सा हो कर उतरता हुआ दिखायी दिया।

सहसा उसे इला ह्वीलर विलकॉक्स की एक कविता याद हो आयी, जिसका भावानुवाद उसने कभी किया था —

मैं अगर सागर सुमुखि , तू चाँद है मेरे लिए!
देखते जब नयन तेरे मुदित मेरी ओर,
तब उमड़ता ज्वार आशा का , न दिखते छोर,
और ये काली चट्टानें —
पंक्तियाँ मेरी निराशाओं, बलाओं की भयावह —
ज्वार में चुपचाप जातीं डूब!
        और आशा की लहरियाँ मन्द उठतीं खेल
        लहलहा उठती मरी-सी कामना की बेल
किन्तु जब फिर रूठ कर , हो कर विमुख — तू
छीन लेती ज्योत्स्ना-सा तरल मेरा सुख!
अँधेरा —
घोंट देता है गला
        उन वीचियों के लहलहाते खेल का ,
        उस महमहाती कामना की बेल का ,
औ' उभर आतीं चट्टानें —
पंक्तियाँ मेरी निराशाओं , बलाओं की भयावह —
और लगता है , अँधेरा
चीर उर मेरा , निकल बाहर
बना घेरा
मुझे ही लीलने को
सरकता है प्राण , मेरी ओर!
मैं अगर सागर , सुमुखि , तू चाँद है मेरे लिए!

कहीं यदि नीला से उसका विवाह हो जाता तो उसके चाँद-से मुख को — उन घने, काले बालों में छिपे, चाँद-से मुख को ज़रा-सा ऊपर उठा कर वह कहता :

'मैं अगर सागर सुमुखि , तू चाँद है मेरे लिए!'

लेकिन अब....और निराशातिरेक से उसका गला भर-सा आया और सचमुच अपने घर की देहरी पार करके, चन्द रस्मों को जल्द-जल्द पूरा करने के बाद, वह अन्दर कोठरी में जा कर रोने लगा।

उसकी माँ — दुखों और ग़मों की मारी उसकी माँ — इस नयी मुसीबत को देख कर पहले तो घबरा गयी, लेकिन मुसीबतों का पहला हमला जहाँ इन्सान के पाँव ज्वार के

पहले रेले की तरह डगमगा देता है, वहाँ उनका आधिक्य उसे स्थिर भी कर देता है और माँ भी विपत्तियों के निरन्तर प्रहारों के कारण, तूफ़ान के मध्य भी स्थिर खड़े हो कर सोचने की शक्ति पा गयी थी।

सोच-सोच कर वह पहले बहू के पास स्वयं गयी और बहू का घूँघट हटा कर उसने क्षण भर के लिए निर्निमेष उसकी आँखों में देखा। अनुभव किया कि उनमें अपार कोमलता और अथाह सहृदयता है। तब क्षणिक आवेश के वश उसने उसे अपने आलिंगन में भींच लिया और आर्द्र कण्ठ से बोली :

'वह कुछ बेचैन-सा है मेरी बेटी। फूल-फूल पर बैठने वाला, खुले आसमान में आज़ाद उड़ने वाला पक्षी! उसे बाँधना है। वह भाग जाना चाहता है। सब बन्धन तोड़ कर! लेकिन बेटी, तू ज़रा होशियार रहेगी तो वह भाग न पायेगा। मैं उसे अभी भेजूँगी। बहुत संकोच से काम न लेना, समझी....तू छोटी नहीं, सयानी है, बेकार की लज्जा न करना।'

और वह चली आयी थी। फिर बहाने से महरी को बस्ती भेज कर उसने चेतन को अन्दर भेजा था।

०

चेतन का मन खिन्न था। वह अपनी इस दुल्हन से बिलकुल साक्षात न करना चाहता था, किन्तु एक तरह का कुतूहल ज़रूर उसके मन में था। जिन युवकों को लड़कियों का साहचर्य प्राप्त नहीं होता अथवा जो लड़कियों की उपस्थिति में संकोच से अभिभूत हो जाते हैं, नारी के शरीर को सर्वथा अपने अधिकार में पा कर जैसा कुछ कुतूहल उनके मन में पैदा हो जाता है, वही चेतन के मन में भी था।

कमरे में जा कर उसने निहायत हास्यास्पद हरकतें की थीं। पहले तो उसने माँ से लगभग आदेशपूर्ण स्वर में कहा था कि उसके लिए खाना वहीं भेज दिया जाय और फिर जब बहू भी उठ कर माँ के साथ बाहर जाने लगी थी तो उसने किंचित कड़े स्वर में कहा था, 'बैठो!' और उसके बैठने पर उसने उठ कर कुण्डी लगा ली थी (और भूल गया था कि उसने खाना वहाँ लाने का आदेश दिया है) । फिर उसने पत्नी को हुक्म दिया था कि घूँघट उठा दे।

चन्दा ने धीरे-से घूँघट उठा दिया था और एक बार लज्जा-भार से दबी बड़ी-बड़ी अलसायी-सी पलकों को उठा कर उसकी ओर देखा था।

इस एक दृष्टि से ही चेतन के स्वर की कर्कशता कोमलता में बदल गयी थी। वह गम्भीर, गहरी, सहृदय, तरल-दृष्टि!....चेतन जैसे शान्ति के सागर में डूबा जा रहा था। उसने कुछ नर्मी से पूछा, 'तुम हिन्दी पढ़ सकती हो या नहीं ?' चन्दा ने धीरे से, 'जी हाँ!' कहा और इस शब्द की मिठास चेतन की श्रवण-शक्ति पर छा कर रह गयी!

तभी अचानक उसे लगा कि बस्ती के अड्डे पर पहले-पहल उसने जिस चन्दा को देखा था, उसमें और आज की नव-विवाहिता चन्दा में महान अन्तर है। उसका रंग निखर आया है, अंग अधिक सुगठित हो गये हैं और आँखें पहले से कहीं अधिक फैल गयी हैं। माँ ने उबटन मल कर शायद उसका रंग चमका दिया था या जवानी ने अपनी भट्ठी में तपा कर उस गेहुएँ रंग को कुन्दन बना दिया था! और फिर यौवन की गरिमा उस रंग में

अकथनीय मादकता ले आयी थी।

'तुम तो पहले से सुन्दर हो गयी हो चन्दी।'

वह मुस्कुरायी और फिर तनिक हँसी —मीठी मुस्कान और मादक हँसी! और चेतन ने देखा उन लाल-लाल होंटों के नीचे दूध-से सफ़ेद, साथ-साथ जुड़े हुए मोतियों की बत्तीसी है, जो उस हँसी को एक अनोखी चमक प्रदान कर रही है।

और वह मुग्ध-सा, साधारण होते हुए भी असाधारण-सी अपनी इस पत्नी की ओर देखने लगा। फिर वह उठ कर एक पुस्तक ले आया।

चन्दा ने उसे फ़र-फ़र पढ़ डाला।

तब किताब को परे फेंक कर चेतन ने उसे अपने आलिंगन में ले लिया।

चन्दा ने एक बार अपनी अर्द्ध-निमीलित, अलस, लजीली आँखों से उसकी ओर देखा और बाँहें उसके गले में डाल दीं।

उस आलिंगन में चेतन को ऐसा लगा जैसे मीलों चल कर वह किसी भरे-पूरे सरोवर के किनारे घने वृक्षों की छाया में आ बैठा है।

और तब धीरे-धीरे उसके माँसल गदराये शरीर से प्यार करते-करते उसने मीठे स्वर में कई तरह की बातें उससे पूछीं —बस्ती के लड़कों की, बस्ती की लड़कियों की, चन्दा की बहनों की, उसकी सहेलियों की। फिर स्नेहातिरेक में उसने कहा, 'तुम आज एक वचन मुझसे ले सकती हो, जो भी चाहो!' और अत्यन्त सरल और भोले-भाले अन्दाज़ में चन्दा ने कहा था, 'अगर आप गोश्त खाते हों तो छोड़ दें।'

लेकिन चेतन ने उन्हीं दिनों गोश्त खाना शुरू किया था। एक निहायत ऊँचे ठहाके में उसकी बात उड़ाते हुए वह बोला, 'तुम भी कितनी भोली हो चन्दी!' और यह कह कर उसे अपने आलिंगन में भींच कर वह उसके गोल-गोल गुलगोथने गालों पर अपने प्यार की मोहर लगाना ही चाहता था कि बाहर से अनन्त ने ज़ोर से किवाड़ खटखटाये।

चन्दा उसके बाहुपाश से मुक्त होने लगी थी कि उसे बरबस भुजाओं में भींच कर अनन्त के निरन्तर किवाड़ खटखटाने के बावजूद उसने वह मोहर लगा दी। साथ ही उसने अनन्त से हँस कर कहा, 'क्या गधे हो; कोई वैसी बात नहीं, सिर्फ़ 'बिज़नेस टॉक' हो रही है।'

और बाहर अनन्त और अन्दर वह इस बेतुकी बात पर ठहाका मार कर हँस पड़े।

पच्चीस

किन्तु नीला आग थी। स्नेह जल का परस पा कर जम जाता है, पर आग का सान्निध्य उसे पिघला देता है। फिर वासना....जिसे 'लव ऐट फ़र्स्ट साइट' कहा जाता है, वह वासना-जनित नहीं होती क्या ? हम नहीं जानते कि जिसे हमने देखा है, वह स्वभाव की

कैसी या कैसा है ? उसकी आदतें कैसी हैं ? उसके गुण-अवगुण क्या हैं ? हम उसे पाने के लिए आतुर हो उठते हैं ? वह नहीं मिलता या मिलती तो उदास हो जाते हैं। ज़िन्दगी जीना छोड़ देते हैं और उस अतृप्ति को हम प्रेम समझते हैं — उस अतृप्ति को, जो तृप्त होने पर प्रायः उस प्रेम का गला घोंट देती है। और यह वासना आग का सामीप्य पा कर स्नेह की तरह केवल पिघलती नहीं — भड़क उठती है!

०

दूसरे दिन वह गौने के लिए बस्ती ग़ज़ाँ गया। अगस्त की शुरुआत थी। आकाश पर गहरी काली घटा छायी हुई थी। ठण्डी हवा हिलोरें ले रही थी। बाहर पड़ोस के एक घर में चौखट से झूला डाल कर पेंग बढ़ाती हुई लड़कियाँ उस चौखट ही को मानो नीम समझ कर गा रही थीं :

इक झूला डाला मैंने नीम की डाल में,
नीम की डाल में,
नन्हीं-नन्हीं बूँदियाँ रे , सावन का मोरा झूलना।
सावन का मोरा झूलना।

अपनी ससुराल में अथवा यों कहिए कि अपने ससुर के बड़े भाई के यहाँ (क्योंकि उसके ससुर का तो अपना कोई घर नहीं था) चेतन ऊपर चौबारे में निवाड़ के पलँग पर लेटा हुआ था। वह दरवाज़े से चुपचाप आकाश में उमड़ती हुई घटाओं को देख रहा था और गली की लड़कियों का गाना अनवरत उसके कानों में मधु-रस उँडेल रहा था।

इक झूला डाला मैंने अम्बुआ की डाल पर
अम्बुआ की डाल पर

और वह सोच रहा था, यह आत्म-वंचना किस तरह आदमी को उसकी घुट्टी के साथ ही मिल जाती है और वह अपने माहौल को भूल कर उसकी वास्तविकता से आँखें चुरा कर सपनों के संसार बसाया करता है।

पास ही उसकी पत्नी की सहेली केसरी अपनी आकांक्षा-भरी आँखें लिये हुए बैठी कुछ बातें कर रही थी। चेतन अन्यमनस्क-सा उसकी बातों का उत्तर देता जा रहा था और उसके उत्तर को सुन कर हँसती हुई वह हर दस मिनट बाद कहती थी, 'जीजा जी, तुसीं ताँ तिन्नाँ लोकाँ तों न्यारे ओ।'

चेतन के कानों को, लड़कियों के गाने की तरह, केसरी की बातों का स्वर भी किसी स्वप्न-संसार के स्वर ही-सा लग रहा था। उसकी आँखों में कुछ हल्का-सा खुमार छाया जा रहा था। विवाह के दिनों की तमाम थकन, सब रतजगे जैसे अपने सारे भार से उसकी आँखों को बन्द किये देते थे। वहीं लेटा वह अपनी अर्ध-निमीलित, तन्द्रालस आँखों से छत पर नीला का चित्र बना रहा था और वह चाहता था कि केसरी चली जाय, लेकिन वह अपने इन जीजा जी को देखने में और उनकी बातें सुनने में कुछ ऐसा रस पा रही थी कि उठने का नाम ही न लेती थी।

हार कर चेतन ने अपनी पत्नी का नाम ले कर आवाज़ दी।

नीचे आँगन में एक अट्टहास गूँज उठा, जिसमें से नीला का गूँजता, झनझनाता स्वर

उसने दूसरों से अलग कर लिया। उसकी पत्नी ने उत्तर नहीं दिया, लेकिन छत से परे सीढ़ियों पर उसे नीला चढ़ती दिखायी दी। चेतन को लगा जैसे वह चढ़ नहीं रही, अदृश्य, हल्के परों के सहारे हवा में फुदक रही है। लेकिन वह जल्दी से उठ कर उसे छत पर ही मिला।

'आपको लाज नहीं आती ?' नीला की मुस्कराती हुई आँखें नाच रही थीं और वह निर्निमेष उनकी ओर देख रहा था — 'बहन का नाम ले कर आप पुकार रहे हैं। वह तो लाज से मरी जा रही है।'

चेतन ने ज़ोर से ठहाका लगाया।

दो औरतें दूर एक मकान की छत पर धूप में सूखने के लिए डाले हुए कपड़े वर्षा के भय से समेट रही थीं। वे पलट कर उधर देखने लगीं।

चेतन फिर हँसा और उसने बहुत धीरे से कहा, 'तुम किसी बहाने अपनी बहन की इस तीन लोक से न्यारी सहेली को ले जाओ।'

'तीन लोक....'

'यह केसरी मुझे कहती है कि मैं तीन लोक से न्यारा हूँ। असल में वह खुद तीन लोक से न्यारी है। उसकी बातें अजीब हैं, मुझे नींद-सी लाये देती हैं और तुम तो इतनी व्यस्त हो कि....'

और अपनी खुमार-भरी मस्त आँखों को उसकी चंचल, चतुर मुस्कराती हुई आँखों में डालता हुआ वह हँस दिया।

नीला एक बल खाती उसके पास से गुज़र गयी। वह जाने क्या कह कर केसरी को ले गयी और चेतन वहीं खड़ा उन सीढ़ियों को देखता रहा जहाँ वह अभी-अभी ग़ायब हुई थी और फिर वह चुपचाप चारपाई पर जा लेटा।

o

वहीं लेटे-लेटे उसके सामने पिछले दिन की तमाम घटनाएँ घूम गयीं और उसके मन की आग, जो नीला को देखते ही भड़क उठी थी, चन्दा का ध्यान आने से सर्द पड़ती हुई महसूस हुई।

o

उसने अपने आपको कोसा। वह अब विवाहित है। किसी के प्रति वफ़ा का बोझ उसके कन्धों पर आ टिका है, यही सब सोचते-सोचते उसे ऊँघ आ गयी। उसने देखा कि वह एक सीमाहीन मरुस्थल में खड़ा है। दूर-दूर तक झाड़ियाँ हैं और कीकर और ओकाँह के रूखे-सूखे, टेढ़े-मेढ़े पेड़! थोड़े और ध्यान से अपने इर्द-गिर्द देखने पर उसे समझ आ जाती है कि वह तो बहावलनगर के उसी रेगिस्तान में खड़ा है, जो उसने गाड़ी से देखा था। तब उसे एहसास होता है कि वह किसी की खोज में, किसी के पीछे भागता हुआ यहाँ आया है। एक झाड़ी से खरगोश निकलता है। वह उसके पीछे भागता है। तभी वह देखता है कि एक लोमड़ी उसके पीछे-पीछे चली आ रही है....

चेतन ने करवट बदली।

स्वप्न फिर चलने लगा। इस बार उसने देखा कि वह एक बड़ा-सा पतंगा बन गया

है और एक बड़े-से हण्डे के इर्द-गिर्द घूम रहा है। घूम रहा है, पर शीशा उसे लौ तक नहीं पहुँचने देता। वह उससे टक्करें मारता है और लौ उसकी इस मूर्खता पर ठहाके-पर-ठहाके लगा रही है।

वह उठ बैठा। उसने आँखें मलीं। देखा कि नीला उसके सिरहाने खड़ी हँस रही है।

'वाह! आप क्या देख रहे थे ?'....और अपना वाक्य समाप्त किये बिना वह उसके सामने बैठ गयी और उसकी गोद में उसने एक पत्रिका रख दी।

'यह पढ़िए, यह।'

उसने एक पंक्ति पर उँगली रख दी।

चेतन ने अपनी अधखुली उनींदी आँखों से देखा —किसी कहानी के सम्वाद का एक वाक्य था।

'मैं कैसे कहूँ कि मैं तुम से प्रेम नहीं करती।'

मन-ही-मन उसने यह वाक्य पढ़ा। नीला ने उसकी ओर कुछ अजीब-सी दिल की गहराइयों में डूब जाने वाली, मुस्कराती हुई निगाहों से देखा और इससे पहले कि चेतन कुछ समझ पाता, वह पत्रिका बन्द करके उठ खड़ी हुई।

वह कहता ही रह गया, 'लाओ, दिखाओ तो सही, देखें कौन-सी पत्रिका है ? लाओ!....'

लेकिन वह पत्रिका को सीने से लगाये, एक बार मुड़ कर उसकी तरफ़ देखती हुई, भाग गयी।

०

चेतन को लगा जैसे उसने स्वप्न देखा हो। लेकिन नहीं, वह बिस्तर पर बैठा था और नीला की खुली केश-राशि की मादक सुगन्ध कमरे में बसी हुई थी। नीला....नीला....

छब्बीस

शादी के फ़ौरन बाद चेतन अपनी पत्नी को लाहौर नहीं ले गया। क़ारण कई थे :

—उसकी माँ चाहती थी कि अपनी इस नयी बहू को कुछ दिन अपने पास रखे और घर के तमाम कामों में उसे पूरी तरह निपुण बना दे।

—भाई साहब चाहते थे कि अब जब उन्होंने अपनी प्रतिज्ञा पूरी कर दी है तो चेतन भी अपना वचन पूरा करे और लाहौर में दुकान खोलने में उन्हें मदद दे।

—भाई साहब की श्रीमती जी इस बात पर तुली हुई थीं कि वे जालन्धर रहते-रहते ऊब गयी हैं, इसलिए लाहौर जायेंगी।

—गर्मियों का मौसम था; आकाश पर बादल होते तो कुछ ठण्ड हो जाती, नहीं ग़ज़ब की गर्मी पड़ती और चंगड़ मुहल्ले के उन दो कमरों में चार-छै व्यक्तियों के एक साथ रहने की बात स्वयं एक समस्या थी।

—फिर चेतन (मन की किन्हीं अज्ञात गहराइयों में) नहीं चाहता था कि वह नीला से एकदम इतनी दूर चला जाय। उसके अर्द्ध-चेतन में कहीं यह बात भी छिपी थी कि चन्दा जालन्धर अथवा बस्ती रहेगी तो वह नीला से मिलने के ज़्यादा अवसर पा सकेगा।

इन सब कारणों से अपनी दुल्हन को माँ की देख-रेख में जालन्धर छोड़, कुछ थोड़ा-बहुत प्रबन्ध करके भाई साहब को अपने पीछे आने के लिए कह और अपनी भावज को तसल्ली दे कर कि उसे जल्द ही बुला लिया जायेगा, चेतन अतीव दुख और अतीव सुख के इन कुछ दिनों के बाद अपने उसी समाचार-पत्र की चक्की में जुटने के लिए लाहौर वापस चला गया।

सुख की अपेक्षा ज़िन्दगी में दुख की मात्रा कहीं ज़्यादा है। पर इन दोनों को एक-दूसरे से अलग करके नहीं रखा जा सकता। सुख के क्षण दुख को लिये हुए आते हैं और दुख के, सुख को, और आदमी इन्हीं मधु-विष-मिश्रित प्यालों को पीता चला जाता है!

०

माँ के दिल में बहू को घर के काम-काज में दक्ष करने का जो शौक था, उसे पूरा होने में ज़्यादा दिन नहीं लगे — दो महीने बाद माँ ने फ़तवा दे दिया कि यह नयी बहू बड़ी बहू से भी गयी-गुज़री है। वह ज़बान की कड़वी हो, लड़ती-झगड़ती हो, पर काम तो करती थी। यह तो बस, गुम-सुम पत्थर है! अजगर की तरह खाना और सोना जानती है। काम के नाम पर सिफ़र है। यह कहते-कहते माँ पंजाबी भाषा की एक लोकोक्ति भी सुनाती :

बहू कम्म करन नू कही
बहू सुज्ज भड़ोला जही
बहू खान नूँ कही
दो सज्जरियाँ दो बही[१]

और माँ उन दिनों की बातें सुनाती, जब वह स्वयं ब्याही आयी थी और परदादी गंगादेई के कठिन शासन के नीचे उसे अथक काम करना पड़ता था।

इस बीच चेतन दो बार जालन्धर आया था। वर्ष भर में एक महीना और महीने भर में ढाई दिनों की छुट्टी उसे मिलती थी। इन ढाई दिनों को इतवार से मिला कर दोनों बार वह साढ़े तीन-तीन दिन निकाल पाया था। तब माँ के कठिन संयम से हारी-थकी उसकी पत्नी ने बस्ती चलने की इच्छा प्रकट की थी। यों भी कहा जा सकता है कि चेतन ने स्वयं उसके मन में बस्ती चलने की आकांक्षा जगा दी थी। बड़े प्यार से उसे अपने अंक में ले कर उसने उससे कहा था :

'मैं तुम्हें आज ले चलूँ लाहौर, पर अभी भाभी गयी है। वह दो-चार महीने रह ले, तब तुम चलना। इतनी जगह तो है नहीं कि तुम दोनों रह सको। अब माँ से मैं क्या कहूँ ? उन्हें न नींद आती है, न भूख लगती है। दूसरों को भी वे ऐसा ही समझती हैं। जब तक यहाँ रहना है, यह सब कुछ सहना है। सुबह जल्दी उठने की और दोपहर को ज़रा देर से

१. बहू से काम करने को कहा, बहू का मुँह भड़ोला (डहरी)बन गया। बहू से खाने को कहा, बहू ने दो ताज़ा और दो बासी रोटियाँ सामने रख लीं। हिन्दी में भी एक लोकोक्ति है, जिसका यही अर्थ है — काम की न काज की, अढ़ाई सेर नाज की।

खाने की आदत डालनी होगी। मर्दों से पहले औरतों का खाने पर बैठ जाना माँ के धर्म में पाप है। मैं कह जाऊँगा। तुम न हो कुछ बासी-ऊसी खा लिया करना।' और फिर अपनी वाणी में स्निग्धता भर कर उसने कहा था, 'कहो तो दो-एक दिन के लिए तुम्हें बस्ती छोड़ आऊँ, ज़रा तबीयत बहल जायेगी तुम्हारी।'

चन्दा मन-ही-मन अपने इस सहृदय पति के चरणों में झुक गयी थी और इसी बहाने चेतन दोनों बार बस्ती हो आया था।

o

चाँदनी रात थी और दिन भर बरसने के बाद तीतर के पंखों-सी बदली आकाश पर छायी हुई थी, जिसके बारे में पुराने लोगों का खयाल है कि वह वर्षा के पुनरागमन की सूचना देती है। चेतन ने मन-ही मन दोहराया :

तित्तर खम्भी बद्दली
रण्ण मलाई खा
ओह बरसे ओह उद्दले
बिरथा किहा न जा[1]

उमस नहीं थी और ठण्डी-ठण्डी हवा चल रही थी। चाँद के गिर्द एक नन्ही-सी बदली साँप की तरह कुण्डली मार कर बैठी थी और आकाश पर फैली हुई बदलियों में कहीं-कहीं कोई तारा झाँक उठता था। चेतन अपनी ससुराल में छत पर लेटा हुआ था। पास ही नीला बैठी थी और वह मन्त्रमुग्ध-सा उसकी ओर देख रहा था।

दोनों चुप थे। नीचे बर्तनों के मले जाने की आवाज़ आ रही थी। कभी-कभी हैण्ड पम्प का कर्कश स्वर भी आ जाता था फिर चन्दा कभी-कभी (ऊपर अपने पति की उपस्थिति के कारण) सरगोशियों में बातें करती सुनाई देती —'भाभी, आटा देख लो काफ़ी है या नहीं ?....अम्बो, थाली कहाँ रख दी तैंने ?....चावल तो गल गये भाभी....'

o

उस दिन के बाद आज चेतन को नीला से दो बातें करने का अवसर मिला था। लेकिन उसे बातें सूझ ही नहीं रही थीं और वह एकटक उसके सुन्दर मुख को देख रहा था। नीला का कद लम्बा न था, पर ऐसा भी नहीं, जिसे मझोला कहा जा सके। वह पतली न थी, लेकिन मोटी भी न थी —सुडौल, सुगठित अंग; तीखा, लम्बा चेहरा; भरे गाल, जिनमें हँसते समय गढ़े पड़ जाते थे; बड़ी-बड़ी मुस्कराती आँखें और वय-सन्धि को पार करता और रेखाओं को उभारता शरीर। और चेतन उसे बस मुग्ध भाव से देखे जा रहा था।

सोचने पर भी उसे कोई बात न सूझ पड़ी। नीला के सामीप्य और उस चाँदनी रात की तरल मादकता से मस्त वह लेटा रहा। कोने में कोई टिड्डी अनवरत चीं-चीं करती रही और चेतन जैसे स्वप्न-संसार में खोया-सा उसकी आवाज़ सुनता रहा।

नीला चेतन के बालों पर धीरे-धीरे हाथ फेरने लगी। अपनी कोमल उँगलियों से उन्हें प्यार के साथ सुलझाते हुए उसने अनायास कहा, 'जीजा जी, तुम्हारे बाल कितने कोमल हैं,

१. आकाश में तीतर के पंखों ऐसी बदली छायी हो और नयी ब्याही युवती मलाई की शौकीन हो तो बदली बरसेगी और औरत घर छोड़ कभी-न-कभी भागेगी, यह तय है।

कितने लम्बे। और कितने कुण्डल बन जाते हैं इनमें!'

चेतन को फिर भी कोई उत्तर न सूझा। उसने केवल नीला का एक हाथ अपने हाथ में ले लिया और कुछ क्षण आँखें बन्द करके चुपचाप पड़ा रहा। उसके समस्त शरीर में जैसे एक हल्की-सी मीठी सनसनी दौड़ रही थी और वह चुप लेटा उसका आनन्द ले रहा था। फिर उसने उस कोमल हाथ को अपने दूसरे हाथ में ले कर दबाया और फिर अपने धड़कते हुए दिल पर रख दिया।

नीला चुप रही। उसके बालों पर धीरे-धीरे हाथ फेरती रही, उसके कुण्डलों को सुलझाती रही।

कुछ क्षण बाद चेतन ने कहा, 'मैं सोचा करता हूँ, नीला, मैं दो बार चन्दा को देखने आया और दोनों ही बार मैंने तुम्हें देखा।'

'मैंने भी आपको दोनों बार देखा और मैं यह भी बता सकती हूँ कि पहले दिन जब आप बस्ती के अड्डे पर खड़े थे तब आप ने कौन-सा सूट पहन रखा था।'

उल्लास की एक हल्की, बेनाम-सी लहर चेतन के शरीर में दौड़ गयी। उसका हीन भाव यकसर मिट गया। इस तथ्य से जहाँ उसके अहं को सन्तोष मिला, वहाँ उसका मन और भी उदास हो गया। नीला के हाथ को प्यार से सहलाते हुए लम्बी साँस भर कर उसने कहा, 'अगर उस दिन पता चल जाता कि तुम चन्दा की ही बहन हो —पण्डित वेणीप्रसाद की लड़की तो....' और वह चुप हो गया।

'तो जीजा जी....' नीला ने उत्सुकता से पूछा।

लेकिन चेतन चुप रहा। उसने सिर्फ़ एक गहरा निः श्वास छोड़ा और जैसे अपने प्यार के समस्त मीठे भार से उसके हाथ को दबाया।

नीला ने कहा, 'आपका दिल बुरी तरह धड़क रहा है जीजा जी!'

चेतन का दिल वास्तव में ज़ोर-ज़ोर से धड़क रहा था, उसका गला सूखा जा रहा था और शरीर गर्म हो रहा था और एक हल्का-सा, मीठा-सा कम्पन उसकी नस-नस में दौड़ रहा था।

नीला के हाथ को इधर-उधर फिराता वह अपने कण्ठ और फिर वहाँ से अपने गालों पर ले गया। अपने ठण्डे दायें गाल पर वह गर्म हाथ रख कर उसने उसे दबाया। उसके मन को कुछ अपूर्व-सी शान्ति मिली। उसकी नस-नस ने कुछ अजीब सुख का अनुभव किया। लेकिन साथ ही एक अज्ञात आकांक्षा से उसके हृदय की गति तेज़तर हो गयी, उसका गला और भी सूखने लगा, उसका शरीर गर्म होने लगा। वह हल्का-हल्का मीठा-मीठा कम्पन और भी बढ़ने लगा। वह कबूतरी के पंखों-से उस मुलायम और दूध से सफ़ेद हाथ को अपने होंटों पर ले जाने लगा था कि नीला ने हाथ खींच लिया।

'बहन ने शायद मुझे आवाज़ दी है।'

और वह भाग गयी।

o

दूसरी सुबह जब चेतन जाने लगा तो नीला अपनी नाचती मुस्कराती आँखें लिये आयी और उसने लाहौर से फिर आते समय उससे रिबन और क्लिप लेते आने की फ़रमाइश की।

०

दूसरी बार जब चेतन आया था तो वह न केवल क्लिप और रिबन, बल्कि लिपस्टिक, क्रीम और पाउडर का डिब्बा भी लाया था। और बड़ी सफ़ाई से अपने इस कृत्य की दाद उसने पत्नी से ले ली थी।

आते ही उसने चन्दा से कहा था कि रिबन और क्लिप वह नीला के लिए लाया है और लिपस्टिक, क्रीम और पाउडर उसके लिए। फिर कुछ क्षण ठहर कर दो-चार इधर-उधर की बातें करके उसने कहा था, 'मुझे तो ज़रा-ज़रा-सी ये दो चीज़ें तुम्हारी बहन को देते शर्म आती है। वह तुम्हारी बहन ठहरी, ये ज़रा-ज़रा-सी चीज़ें उसे क्या दूँगा ?' और फिर जैसे उसी समय उसे खयाल आया हो, उसने कहा, 'तुम यह लिपस्टिक, क्रीम और पाउडर भी उसे दे देना। उसे कुछ तसल्ली तो हो। तुम्हारे लिए मैं अगली बार लेता आऊँगा। वह तुम्हारी बहन है और पहली बार उसने कुछ फ़रमाइश की है....'

और भोली चन्दा मान गयी थी। लेकिन जब बस्ती जाने पर उसने नीला को वह सब दिया, जो उसके जीजा उसके लिए लाहौर से लाये थे तो वह हँस दी थी। क्लिप और रिबन उसने रख लिये थे, लेकिन शेष चीज़ें उसने चन्दा को वापस दे दीं। इस पर चन्दा ने उससे कहा था, 'इन्हें तुम स्वयं ही अपने जीजा को वापस देना।'

तब पाउडर का डिब्बा और क्रीम तथा लिपस्टिक की शीशियाँ उठा कर नीला ऊपर गयी थी और तीनों चीज़ें उसने चेतन के सामने रख दी थीं।

'इन्हें आप बहन को दे दें।' उसने कहा था।

'लेकिन मैं तो सिर्फ़ तुम्हारे लिए लाया हूँ।'

'मैं इन्हें कैसे रख सकती हूँ ?'

'क्यों ?'

'आप भी भोले हैं जीजा जी! किसी कुँवारी लड़की को बस्ती में आपने सुर्ख़ी या पाउडर लगाये देखा है ?'

इतने ही से उसके गाल सुर्ख हो गये और इससे पहले कि चेतन कुछ कहता वह भाग गयी।

चेतन को लगा, जैसे चिरकाल से बनाया हुआ उसका स्वप्न-संसार छिन्न-भिन्न हो गया हो।

०

लेकिन उसी शाम दोनों चीज़ें अपनी पत्नी को वापस देते हुए उसने कहा, 'अच्छा हुआ नीला ने इन्हें नहीं लिया।'

चन्दा ने चुपचाप चीज़ें ले लीं।

'मुझे सिर्फ़ तुम्हारा खयाल था,' चेतन ने एक खिसियानी-सी हँसी के साथ कहा, 'तुम्हारी बहन कहीं यह न सोचे-कहे कि उसका जीजा महाकंजूस है, नहीं मैं सोच रहा था कि ये चीज़ें नीला को देने के लिए कह तो दिया, पर तुम्हारे लिए कहाँ से लाऊँगा ? इस महीने तो कुछ बचा नहीं पाया।'

चन्दा चुपचाप सुनती रही।

और ब्योरा देते हुए चेतन ने कहा, 'तुम्हें मैंने लिखा था न कि इस महीने की लगभग सारी तन्खाह मैंने भाई साहब को दे दी है। उन्होंने नीला गुम्बद के पास अनारकली में बाइबल सोसाइटी के सामने दुकान खोल ली है। चल निकलने की पूरी उम्मीद है। पहले ही महीने तीस रुपये आये हैं। लेकिन रुपये तो आते हैं दो-दो, चार-चार करके और किराया देना पड़ता है इकट्ठा, सो तीस तो उन्हें दे दिये। शेष दस से ये चीज़ें लाया और यहाँ भी आया। मकान का किराया अभी देना बाक़ी है। खाने का बन्दोबस्त तो खैर, भाई साहब करेंगे, लेकिन मकान का किराया....फिर तुम्हारे लिए ये चीज़ें कैसे लाता....लेकिन यह अच्छा ही हुआ, तुम यह रखो! अगले महीने टिकुली और तेल वग़ैरा भी तुम्हें ला दूँगा।'

o

किन्तु उसी रात वह नीला से कह रहा था :

'नीला, तुमने वह सब वापस कर दिया, यह न देखा कि लाने वाले के दिल को कितनी ठेस पहुँचेगी ?'

रात के अँधेरे में नीला ने अपने इन जीजा की आँखों में देखने का प्रयास किया।

वह मुँडेर पर बैठी थी। ज़रा फ़ासले से चेतन चारपाई पर लेटा हुआ था। ऊपर आकाश में तारे टिमटिमा रहे थे। चौथ का टेढ़ा चाँद किसी कुबड़े की तरह लेटा हुआ था। एक नन्हा-सा चमगादड़ इधर-से-उधर और उधर-से-इधर अतीव विह्वलता से उड़ रहा था। नीला को लगा, जैसे निमिष मात्र के लिए चेतन का गला भर आया हो।

उसने हँस कर कहा, 'जीजा जी, मैं ले कर क्या करती, जब मैं उन्हें काम में न ला सकती थी। आप कोई चीज़ लायें जो मैं काम में ला सकूँ, फिर मैं उसे न लूँ तो....'

चेतन को सान्त्वना मिली और फिर उसने नीला का हाथ खींच कर अपने हाथ में ले लिया।

नीला चुप बैठी रही।

उसके हाथ पर अपना हाथ फेरते हुए उसने बताया कि वह चन्दा को कुछ दिनों के लिए बस्ती ही छोड़ जाना चाहता है।

उसने कहा, 'मेरी माँ देवी है। उसने हमारी खातिर बहुत कष्ट सहे हैं। दुखों के कारण उसमें जान तक भी नहीं रही। उसने हमें कभी गाली नहीं दी, झिड़का नहीं, बुरा-भला नहीं कहा। मेरी सदा यह अभिलाषा रही कि मैं उसे प्रसन्न कर सकूँ। उसके आँसू मैं सह नहीं सकता। इसलिए मैं चाहता हूँ कि उससे कुछ न कह कर चन्दा ही को कुछ दिन के लिए बस्ती छोड़ दूँ।'

नीला ने सिर्फ़ इतना ही कहा था, 'वह तुम्हारी माँ है, पर चन्दा की तो सास है। बस, यही फ़र्क़ है।'

'मैं हैरान हूँ नीला, कि चन्दा से भी माँ की नहीं निभ सकी। भाभी के बारे में तो माँ कहती थी कि वह लड़ाकी है, झगड़ालू है, कड़वा बोलती है, लेकिन तुम्हारी बहन तो ऐसी नहीं। वह तो सीधी-सादी, भोली-भाली, मीठा बोलने वाली, हँसमुख और बड़े दिल वाली है। मैं सोचता था कि मैं न सही, माँ तो खुश होगी, लेकिन....'

और चेतन ने नीला का गर्म हाथ अपने गालों पर रख लिया। एक निमिष के लिए

वह हाथ काँपा, फिर स्थिर हो गया।

'चन्दा पढ़ी-लिखी नहीं। चार-पाँच दर्जे तक....लेकिन इतने से क्या होता है ?' चेतन जैसे नीला से नहीं, अपने आप से बातें कर रहा था। 'फिर वह एकदम देहातिन है। अपनी तमाम सादालौही और हँसमुखता के बावजूद उसे न कपड़े पहनने की तमीज़ है, न नहाने-धोने और बाल सँवारने की और न अपने आपको या घर को साफ़ रखने की। मेरा खयाल था कि माँ उसे ज़रूर पसन्द कर लेगी। पर वह उसकी शिकायतें करती नहीं थकती। मैं उसे अभी नहीं ले जा सकता। भाभी वहाँ है और मेरे पास ज़्यादा जगह नहीं और मैं परेशान हूँ। तुम मेरी चिन्ता का अन्दाज़ा नहीं लगा सकतीं....'

और वह उसके हाथ को अपने होंटों तक ले गया। उसके होंट लकड़ी हो गये थे, गला सूखने-सा लगा था। लेकिन उसने उसे चूमा नहीं। अपने सूखे होंटों पर फिराता हुआ वह उसे फिर गाल पर ले आया।

और फिर धीरे-धीरे जैसे अपने किसी अभिन्न-मित्र को सुना कर वह दिल का भार हल्का करना चाहता हो, उसने नीला को अपने विवाह की सारी ट्रैजिडी सुना डाली — यहाँ तक कि कुन्ती और प्रकाशो की बात भी उसने नहीं छिपायी।

नीला के दिल की धड़कन तेज़ हो गयी। चेतन को लगा जैसे उसके अपने हाथ और गाल के बीच नीला का वह सुकोमल हाथ तनिक काँप उठा। धीरे-धीरे वह उस हाथ को फिर अपने सूखे होंटों की ओर ले जाने लगा था कि नीला ने जल्दी से हाथ खींच लिया।

'जीजा जी उठिए, जल्दी कीजिए। आँधी आ रही है!'

अपने ध्यान में मग्न चेतन घबरा कर जल्दी से उठा। तब दूर उसने साँय-साँय की आवाज़ सुनी और बिजली की चमक में पश्चिमी क्षितिज का उग्र रूप देखा।

जल्दी से चारपाई को अन्दर चौबारे में करके नीला जाने लगी थी कि चेतन ने उसका हाथ थाम लिया।

'पागल हो गये हो जीजा जी!' और वह हाथ छुड़ा कर भाग गयी।

और चौबारे के दरवाज़े में खड़े चेतन ने नीला की छाया को सीढ़ियों के और भी गहरे अन्धकार में उतरते देखा।

तभी आँधी का पहला झोंका आया और एक बार आँखें मल कर चेतन ने जल्दी से किवाड़ बन्द कर लिये और चारपाई पर जा गिरा।

बाहर बस्ती के मकानों के दरवाज़ों, खिड़कियों और रोशनदानों की खड़खड़ाहट का शोर प्रतिक्षण बढ़ने लगा।

सत्ताइस

लाहौर आते ही चेतन ने एक पत्र लिखा —प्रकट अपनी पत्नी को, लेकिन उसका एक-एक शब्द नीला के लिए था। दूसरी कई बातों के अलावा उसने लिखा :

'....एक अनजाने, भूले-भटके, निराश राही की तरह मैं तुम्हारे रास्ते में आ पड़ा हूँ! तुमने मुझे हौसला बँधाया है। मेरे कानों में नयी आशा का सन्देश फूँका है। अब तुम मुझे साथ लिये चलोगी या डाली से गिरे हुए, लड़खड़ाते पत्ते की तरह भटकने के लिए छोड़ दोगी....'

एक पत्र में उसने लिखा :

'....मेरा दिल सदियों से सूखे सागर-सा उदास और वीरान था — तरंगें और हिलोरें इसके लिए अनजानी थीं, अपने अभाव का मारा वह आसमान की ओर ताका करता था। फिर ज़िन्दगी से धड़कती हुई नयी बदली-सी तुम आकाश के कोने से मुस्करायीं और यह तटों को तोड़ कर बह निकला। तूफ़ान और हलचल इसके लिए अनजानी न रही और चाँद-सितारों के अक्स इसके पानियों में झिलमिला उठे....'

फिर एक पत्र में उसने लिखा :

'....अपनी तमाम खामोशी को तोड़ कर मैं गा उठा। ऐसी खुशी मेरी नस-नस में समा गयी, जो अचानक कोई छिपा खज़ाना पा जाने पर किसी भिखारी के मन-प्राण पर छा जाती है। क्या मैंने खज़ाना नहीं पाया — खूबसूरती और प्यार का बेशकीमती खज़ाना! लेकिन मैं भय से काँप उठता हूँ — कहीं यह खज़ाना मुझसे छिन न जाय....!

लेकिन इन मुलाक़ातों और पत्रों का सिलसिला उसे जल्द ही खत्म कर देना पड़ा और यद्यपि उसका खयाल था कि चन्दा को अभी और दो-चार महीने मायके ही में रहने देगा, लेकिन उसे शीघ्र ही उसको ले आना पड़ा।

पहली बात तो यह हुई कि इन प्रेम-भरे पत्रों के जो उत्तर उसे मिलते, उनसे उसकी तृप्ति न होती। उसकी पत्नी तो उन्हें शायद समझती भी न थी और नीला समझ कर भी उत्तर न देती। इतनी आँखों के सामने उत्तर लिखना और फिर उसे डाक में डालना कुछ ऐसा सुगम भी न था। अपने टेढ़े-मेढ़े अक्षरों और प्राय: अधूरे शब्दों में चेतन के लम्बे पत्रों का जो उत्तर चन्दा देती, उसमें ही नीला अपने इन 'प्रिय जीजा जी' को नमस्कार लिखवा देती और चेतन की बेचैनी घटने के बदले बढ़ जाती।

दूसरे यह कि आशा के विपरीत उसकी भाभी ने उससे निहायत रूखा व्यवहार किया। वह उसके पति की सहायता कर रहा है, न केवल वेतन का आधे से ज़्यादा हिस्सा उसे देता है, बल्कि दिन-रात दुकान चलाने के बारे में सोचता है, समाचार-पत्रों में विज्ञापन देता है, मित्रों में प्रचार करता है, अपने पद की परवाह न करके अनारकली में विज्ञापन-कार्ड बाँटता है (क्योंकि किसी किराये के छोकरे द्वारा बाँटे गये कार्ड या तो हवा में उड़ते दिखायी देते हैं, या लोगों के जूतों, सैंडलों और चप्पलों के नीचे रौंदे जाने का सौभाग्य पाते हैं) इन्हीं सब बातों के कारण चेतन का खयाल था कि उसकी भावज उसके साथ अच्छा व्यवहार करेगी। लेकिन श्रीमती चम्पावती देवी उस कुटुम्ब में पली थीं, जहाँ भाई, भाई की सूरत तक से बेज़ार था। द्वेष उनके स्वभाव में कूट-कूट कर भरा था। इन दो महीनों में ही चेतन ने महसूस किया कि इस भावज के हाथों न उसे खाना अच्छा मिलेगा, न व्यवहार।

ताने उसे घाते में सुनने पड़ेंगे जो उसका तन-मन जलाते रहेंगे।

तीसरी बात यह हुई कि प्रकाशो उसके सिर पर सवार हो गयी। वह उसे ज़्यादा अवसर देता हो यह बात नहीं, बल्कि अनन्त के कारण हैण्ड-पम्प पर जो घटना घटी थी, उसके बाद वह कुछ और संकोचशील, सतर्क और संयत हो गया था। लेकिन वही प्रकाशो, जो पहले उससे दूर-दूर रहती थी, भावज के आने पर उसके निकट होने के प्रयास करने लगी। जब वह घर आता, प्रकाशो भी कोई-न-कोई बहाना करके मुस्कराती-मटकती आ जाती — प्रकट उसकी भाभी से बातें करने, कभी उससे कोई चीज़ लेने, कभी देने, कभी बच्चों का हाल-चाल पूछने, कभी अपने घर का हाल-चाल देने। लेकिन चेतन को केन्द्र बना कर मुस्कराती-मटकती हुई उसकी आँखें चेतन पर उसके आने के सभी भेद खोल देतीं। यह और बात है कि चेतन की भाभी को कुछ भी पता न चलता।

भाभी ने वास्तव में अजीब स्वभाव पाया था। उसमें ज़िद थी, रूखापन था, सनक थी, क्रोध था और वह कुछ एकमुखी-सी थी। अजीब उसकी आदतें थीं। चेतन उसका देवर था, पर वह उससे घूँघट निकालती थी। एक बार किसी बात पर (चेतन को याद भी नहीं) अपनी इस भाभी से उसका झगड़ा हो गया। तब से वह घूँघट निकालने लगी थी। फिर न कभी चेतन ने ज़ोर दिया और न कभी उसने घूँघट उठाया। प्रकाशो जब भी आती तो चेतन की उपस्थिति के कारण भाभी घूँघट निकाले होती और प्रकाशो बातें चाहे भावज से करती, लेकिन उसकी निगाहें चेतन पर जमी रहतीं और जब भाभी ज़रा दूर होती तो वह ऐसी बातें करती कि चेतन का दिल धड़कने लगता और उसकी आँखें उसके ब्लाउज़ पर जा टिकतीं।

ऐसे समय प्रकाशो कोई ऐसी ही बात कहती : 'अब तो बीवी आ गयी है, अब इन नदीदी आँखों से क्या देखते हो ?'

दुपट्टा उसके सिर से खिसक जाता, गोल-गोल गाल फूल जाते, मोटे होंट मुस्कराते और छोटी आँखें कुछ अजीब-सी आकांक्षा से फैल जातीं।

और तब चेतन का जी चाहता उसे अपने आलिंगन में ले कर इतना दबाये कि उसका दम निकल जाय।

जब कभी चारपाई पर वह भाभी के पास बैठा होता (सिरहाने अथवा पैताने) और भाभी स्वभावानुसार घूँघट निकाले होती तो प्रकाशो आ कर दूसरी ओर बैठ जाती और अपना एक हाथ भाभी की पीठ के पीछे (जैसे अनजाने में) चेतन के समीप ले जाती कि विवश-सा हो कर वह उस पर अपना हाथ रख देता अथवा झुँझला कर चुटकी काट लेता। प्रकाशो इसके बदले में चुटकी काटना कभी न भूलती।

एक दिन किसी बात पर हँसते-हँसते लोट-पोट होती हुई प्रकाशो पीछे की ओर इस तरह लेट गयी कि उसके पतले ब्लाउज़ से उसके कुचाग्र जैसे चेतन के दिमाग़ पर छा गये — उसकी निगाहें ओवरकोट के ऐसे उन काले-काले बटनों पर जम गयीं। तब सहसा उसके मन में क्या आयी कि उसने हाथ बढ़ा कर दायें बटन को ज़रा-सा मरोड़ दिया।

अचकचा कर प्रकाशो उठ बैठी। चेतन के मुख पर कालिख पुत गयी। लेकिन प्रकाशो बिना लजाये, हँसती हुई चली गयी।

उस दिन चेतन की भाभी को घूँघट के बावजूद शायद कुछ आभास मिल गया,

क्योंकि जब रात को डॉक्टर साहब घर आये और चेतन दफ़्तर चला गया तो उसने इस बात की शिकायत की।

'आप जब घर आते हैं,' चेतन की भावज ने कहा, 'प्रकाशो पल भर भी नहीं ठहरती, फ़ौरन चली जाती है। लेकिन जब चेतन आता है तो वह भी आ टपकती है और फिर जाने का नाम नहीं लेती। न जाने दोनों कैसी बातें करते रहते हैं। मैं देख रही हूँ कि चेतन के लच्छन भी कुछ ठीक नहीं हैं।'

भाई साहब ने सोचा था कि सुबह कुछ ढब से चेतन के साथ इस बात की चर्चा करेंगे। लेकिन दूसरी सुबह, इससे पहले कि वे कोई बात चलाते, चेतन ने उन्हें सूचना दी कि उसने घर एक ज़रूरी पत्र लिख दिया है कि छोटे भाई के साथ उसकी पत्नी को तत्काल भेज दिया जाय। उसने यह भी कहा कि परसराम भाभी को जाता हुआ साथ ले जायेगा। दो-एक महीने चन्दा यहाँ रह ले, फिर उसे भेज कर भाभी को बुला लिया जायेगा। और अपने इस अचानक निर्णय की वजह देते हुए, उसने स्वभावानुसार अपने भाई को प्रकाशो के सिलसिले में सब कुछ, बिना घटाये-बढ़ाये, बता दिया।

अट्ठाइस

साँझ का सूरज कब और कहाँ छिपता है, छिपते-छिपते पश्चिम का क्षितिज कैसा सुन्दर रूप धर लेता है, आकाश में कैसे रंगीन लहरिये बन जाते हैं और सघन वृक्षों के पत्तों में उनकी आभा कैसे हीरे-मोती जगमगा देती है, इस बात से लाहौर — विशेषतया अनारकली — के अगणित वासी नितान्त अनभिज्ञ रह जाते हैं। वहाँ तो बाज़ार में बिजली के हण्डों के अचानक जग उठने, भीड़ के अधिकाधिक होते जाने, धुएँ और धूल के क्षण-प्रतिक्षण बढ़ते जाने से पता चल जाता है कि साँझ बीत गयी है।

साढ़े छै बजे शाम तक लगातार छै-सात घण्टे काम करके चेतन जब दफ़्तर से निकलता तो सीधा घर न आता। अपने आपको एकदम उन्मुक्त अनुभव करता हुआ, पैसे-दो पैसे की गज़क ले कर चूसता हुआ या धेले-पैसे की मूँगफली ले कर कुटकता हुआ वह गनपत रोड से हो कर अनारकली का छोटा-सा टुकड़ा पार कर लोहारी के चौक तक चला जाता और वहाँ 'फ़ज़ल बुक डिपो' पर दो-एक साहित्यिक पत्र-पत्रिकाओं को देखा करता। उसकी कविता अथवा कहानी जिस पत्र अथवा पत्रिका में छपी होती या जिसमें छपने की उसे आशा होती, उसे ही वह सबसे पहले उठा कर देखता। कभी जब उसके हाथ में कोई ऐसी पत्रिका आ जाती, जिसमें उसकी रचना छपी होती और वहीं स्टाल पर पत्र-पत्रिकाएँ देखने वालों में उसका कोई परिचित होता तो उसका मन अपने उस परिचित को इस बात की सूचना देने के लिए मचल उठा करता। कई बार ऐसा भी होता कि उसके पास ही कोई व्यक्ति खड़े-खड़े उसकी ही कविता अथवा कहानी देख रहा होता, तब उसके चेहरे पर एक रंग आता और एक जाता। वह बुरी तरह चाहा करता, किसी तरह उस व्यक्ति को इस बात का पता चल जाय कि यह नवयुवक, जो उसके पास ही खड़ा है, उस कहानी

अथवा कविता का रचयिता है। लेकिन इस तरह की बात अपने किसी परिचित अथवा अपरिचित को समझाने में वह हमेशा असफल रहता। हाँ, अपनी रचनाओं को छपे अथवा पढ़े जाते देख कर उसे अपार खुशी होती। इसीलिए वह प्रायः धुएँ और धूल की परवाह न करके बुक स्टाल पर कितनी ही देर खड़ा रहता। दुकान का मालिक उसे मुफ़्तखोर न समझ ले, इसलिए जैसे-तैसे कुछ पैसे बचा कर एक-दो साहित्यिक पत्रिकाएँ भी वह कभी-कभार खरीद लिया करता। दुकानदार से मेल-जोल बढ़ाने के लिए उसने एक पत्रिका की एजेन्सी भी उसे ले दी थी।

०

उस शाम चेतन का मन खिन्न था। इसका एक कारण तो यह था कि सारा दिन दफ़्तर में प्रकट अंग्रेज़ी तारों का अनुवाद करते हुए वास्तव में वह जालन्धर से आने वाली प्रत्येक गाड़ी की प्रतीक्षा करता रहा था, किसी-न-किसी बहाने घर जा-जा कर देखता और निराश होता रहा था और इसी कारण वह ग़लतियाँ करता और झिड़कियाँ खाता रहा था। दूसरा कारण यह था कि ड्योढ़ी के ऊपर रहने वाली विधवा ने उसे खूब चिढ़ाया था।

'क्यों झूठ बोलते हो,' उसने कहा था, 'शादी तो तुम्हारी हुई ही नहीं, पत्नी कहाँ से आयेगी ? पता नहीं, किसके ब्याह की शीरनी ला कर तुमने मुहल्ले में बाँट दी!'

चेतन ने कहा था कि उसकी पत्नी आज अवश्य आ जायेगी, लेकिन जब वह दो-तीन बार घर गया और पूछने पर उसे पता चला कि वह नहीं आयी तो उसके सामने उसे बहुत शर्मिन्दा होना पड़ा था। फिर शाम को दफ़्तर का काम खत्म करके, इस खयाल से कि उसकी पत्नी घर न आयी बैठी हो, 'फ़ज़ल बुक डिपो' जाने के बदले जब वह सीधा घर पहुँचा था तो उसे निराश होना पड़ा था। तब झुँझलाहट में खाना खाते-खाते वह अनायास भाभी से उलझ पड़ा था और खाने की थाली पटक कर उठ खड़ा हुआ था।

वास्तव में भाभी लाहौर आ कर फिर जालन्धर न जाना चाहती थी। वह अपढ़ और गँवार थी। उसका खयाल था कि उसके देवर और देवरानी उसके पति की कमाई खाना चाहते हैं, इसलिए उसे जालन्धर ठेल रहे हैं। अपने मन का यह भाव उसने चेतन पर प्रकट भी कर दिया था। चेतन का खून खौल उठा था और वह लड़-झगड़ और खाना छोड़ कर चला आया था।

०

वहीं 'फ़ज़ल बुक डिपो' के अपने अड्डे पर पहुँच कर चेतन पत्रिकाएँ देखने लगा। उसका मन लग न रहा था। हल्की-हल्की सर्दी उतर आयी थी। वह खादी की एक कमीज़ पहने और तहमद बाँधे खड़ा था। सोच रहा था कि उसके पास कोई गर्म कपड़ा नहीं। उसने जल्दी की, अगर वह सर्दियों में शादी करता तो और कुछ न सही उसे एक गर्म सूट तो मिल ही जाता। अब सूती सूट तो उसने भाई को दे दिये थे। (वे उससे सिर्फ़ दो वर्ष बड़े थे और उसके सूट उन्हें फ़िट आते थे। फिर वे डॉक्टर थे और सूट पहनना उनके लिए अनिवार्य था।) लेकिन लाहौर में तो खूब सर्दी पड़ती है। माना कि राष्ट्रीय पत्र के जूनियर एडीटर को सूट-बूट अच्छा नहीं लगता, लेकिन वह एक गर्म अचकन तो सिलवा ही सकता था।

उसे कुछ-कुछ भूख-सी लग रही थी और वह सोच रहा था कि जेब में कुछ पैसे

होते तो सामने कोने के सिक्ख हलवाई की दुकान से डेढ़ पाव-आध सेर गर्म-गर्म दूध पीता, कड़ाहे में रखे-रखे जिस पर मलाई की मोटी परत चढ़ गयी थी और जिस पर बादामों की गिरियाँ तथा छुहारे दूर ही से जमे दिखायी देते थे। कल्पना-ही-कल्पना में चेतन के मन-मस्तिष्क में उस दूध की सुगन्ध बस गयी। कुछ विचलित-सा हो कर उसने हाथ की पत्रिका पर से दृष्टि उठायी।

तभी एक ताँगा उसके पास से गुज़रा। पिछली सीट पर एक नवविवाहिता घूँघट निकाले बैठी थी। उसके साथ सफ़ेद धोती पहने, उस पर रेशमी चादर ओढ़े एक अधेड़ महिला थी। ज्योंही युवती पर से होती हुई उसकी दृष्टि उस महिला पर पड़ी कि उसके मुँह से अनायास निकल गया — 'माँ!'

पत्रिका को वहीं फेंक, वह तहमद सँभालता हुआ ताँगे के पीछे-पीछे भागा और उसने दो-एक आवाज़ें दीं — 'माँ! माँ!' और फिर 'परसराम! परसराम!'

और माँ ने ताँगा रुकवा लिया।

उन्तीस

अपनी इस नयी बहू को घर के काम-काज में दक्ष करने का जो उत्साह माँ को था, यद्यपि वह जालन्धर ही में ठण्डा पड़ चुका था, तो भी जब चेतन ने अपना वैवाहिक जीवन शुरू करने के लिए पत्नी को लाहौर बुलाया और लिखा कि उसे परसराम या शिवशंकर के साथ भेज दिया जाय तो वह भी साथ आ गयी थी। शायद वह अपनी बहू को जीवन के कठिन मार्ग पर चलने से पहले हर तरह समझा-बुझा देने का एक और प्रयास कर देखना चाहती थी। इसीलिए जब अपनी देवरानी के आने पर चेतन की भावज अनिच्छापूर्वक अपने देवर के साथ जालन्धर चली गयी तो माँ उसके साथ नहीं गयी।

भाई साहब की दुकान के अन्दर (सामान वग़ैरा रखने के लिए) एक काफ़ी चौड़ी परछत्ती बनी थी। उसकी छत दुकान के एक तिहाई भाग को छाये हुए थी। उस पर जाने के लिए लकड़ी की एक तंग सीढ़ी लगी थी। अपनी छोटी भावज के आने और अपनी पत्नी के जाने के बाद भाई साहब ने अपना बोरिया-बिस्तर वहीं लगवा लिया था। बिस्तर तो खैर जैसा-तैसा था ही, लेकिन बोरिये के नाम पर उनके पास सिर्फ़ एक सूटकेस था, जिसके कब्ज़े इतने पुराने हो चुके थे कि ऊपर का ढकना हमेशा खुला रहता था। अपना सारा समय भाई साहब दुकान पर ही गुज़ारते। बस, दो जून खाना खाने के लिए वे घर आते थे।

अपनी माँ की उपस्थिति, खास तौर पर विवाह के उन पहले दिनों में, चेतन को उतनी अच्छी नहीं लगी। कमरे दो ही थे। अन्दर धीरे से भी बात की जाय तो बाहर सुनायी दे जाती थी। माँ की मौजूदगी में अपनी पत्नी से बातचीत करने का उसे अवसर न मिलता। माँ कुछ रोड़ा अटकाती हो, यह बात न थी। वह तो बाहर के कमरे में ज़्यादा-से-ज़्यादा फ़ासले पर बैठी, मौन रूप से विष्णु सहस्रनाम, प्रेम सागर अथवा रामायण का पाठ किया

करती या केवल माला फेरती, लेकिन अपनी माँ की मौजूदगी में अपनी पत्नी से कोई प्यार की बात करने में अथवा उसे अन्दर कमरे में ले जा कर बैठाने में चेतन को बहुत संकोच होता। फिर उसकी पत्नी भी सदा उससे कतराती। हर रोज़ चेतन उससे खुल कर बातें करने को बेताब होता, पर जब भी वह घर आता, उसे घूँघट निकाले मौन पाता। बहाने से यदि वह उसे अन्दर बुलाता, तब अव्वल तो वह बहुत देर तक न ठहरती और यदि उसके शरीर से किसी तरह की आज़ादी लेना चाहता तो महज़ इस खयाल से ही कि माँ बाहर बैठी पूजा कर रही है, उसे लज्जा आने लगती और यों अपनी पत्नी से खुल कर दो बातें करने की साध चेतन के मन में हर दिन प्रबल से प्रबलतर होती जाती।

तभी इतवार आ गया।

इतवार को अधिकांश समाचार-पत्रों के दफ़्तरों में छुट्टी होती है। चेतन के दफ़्तर में उस दिन भी काम होता था। बात यह थी कि उसके पत्र का 'सण्डे एडीशन' सोमवार को निकलता था। उस दिन दूसरे पत्रों से मुक़ाबिला न होता था। शनि के दिन अंग्रेज़ सरकार ने भारत सम्बन्धी ह्वाइट पेपर प्रकाशित किया था। इसलिए चेतन के ज़िम्मे इतवार को स्थानीय नेताओं से इण्टरव्यू करने की ड्यूटी लगी थी। छुट्टी के कारण दूसरे समाचार-पत्रों को यह सुविधा प्राप्त न थी, इसलिए सम्पादक महोदय चाहते थे कि वे उनसे पहले ही ह्वाइट पेपर के बारे में स्थानीय नेताओं की सम्मतियाँ छाप कर डायरेक्टरों की प्रशंसा और पाठकों का यश अर्जित कर लें।

चेतन दिन भर साइकिल लिये घूमता रहा। वह तीन तरह के नेताओं से मिला। एक जो राजनीतिक थे, राजनीति के सन्दर्भ में गम्भीर थे, अपने दृष्टिकोण के बारे में दयानतदार थे और जिनकी राय को महत्व भी दिया जाता था। ये नेता सारे-के-सारे ह्वाइट पेपर का पहले अध्ययन करना चाहते थे, फिर अपने दल के नेताओं के वक्तव्यों की प्रतीक्षा करना चाहते थे। किसी प्रकार का ओछा वक्तव्य देना उन्हें स्वीकार न था —उनके बयान कुछ अस्पष्ट-से थे, कुछ अपूर्ण-से, जिनमें निश्चयात्मक रूप से कुछ भी न कहा गया था और सरसरी नज़र से देखने पर ह्वाइट पेपर के असन्तोषजनक होने का उल्लेख था।

दूसरे नेता सामाजिक थे और राजनीति में उन्हें इसलिए घसीटा जाता था कि उनके पास पैसा था या फिर उनका नाम बड़ा था। वे किसी-न-किसी साम्प्रदायिक सभा के प्रधान अथवा उप-प्रधान थे। उनके वक्तव्य बड़े नपे-तुले, दुअर्थी शब्दों में वेष्टित थे।

तीसरे ऐसे थे, जो न राजनीतिक थे, न सामाजिक! जो बस नेता थे। कांग्रेस की सभाओं में शुद्ध खादी पहन कर भाषण झाड़ आते थे और किसी सामाजिक पार्टी में अप-टू-डेट फ़ैशन की पोशाक में सज-बज कर पहुँच जाते थे। वे न इसके सम्बन्ध में गम्भीर थे, न उसके —जीवन उनके लिए फूलों के उपवन-ऐसा था, जिसमें वे भौंरे बने घूमना चाहते थे। इनमें से कोई डॉक्टर था, कोई वकील, कोई वैद्य, कोई बैरिस्टर, कोई धनी रिटायर्ड अफ़सर —जिसे मालूम न था कि अपने धन का क्या करे, अथवा कोई सम्पन्न बेकार —जिसे मालूम न था कि अपने समय का क्या करे।

उन्हीं में से एक लेडी डॉक्टर से इण्टरव्यू करने के बाद चेतन सारा दिन हँसता रहा।

ये देवी जी प्रैक्टिस तो न जाने कहाँ करती थीं, पर माल रोड पर उनके पति की

कोठी थी। देवी जी एम०बी०बी०एस० थीं और अपने नाम के साथ उन्होंने इस तरह डिग्री लगा रखी थी, जैसे वह डिग्री सिर्फ़ उन्हीं के लिए बनी हो। एक बार नगर पालिका की सदस्या बन चुकी थीं, दो बार काउन्सिल के लिए भी खड़ी हुई थीं और फिर नेताओं के ज़ोर देने पर (जिसका मतलब यह कि अन्य उम्मीदवारों से कुछ रुपये ऐंठ कर) दोनों बार बैठ गयी थीं।

चेतन ने जा कर घण्टी का बटन दबाया। उन्होंने दरवाज़ा स्वयं खोला। वह उनके पीछे-पीछे ड्राइंग-रूम में चला गया — साफ़ चमकती हुई दरी, झमझमाते हुए ग़ालीचे, झिलमिलाते हुए कुशन, साफ़-सुथरी मेज़-कुर्सियाँ, बहुमूल्य कैबिनेट, क़ीमती चित्र और मैण्टल-पीस पर रखी हुई कई ऐसी सुन्दर वस्तुएँ, जिनका वह नाम भी न जानता था। श्रीमती राधारानी (यही उनका नाम था) एक क़ीमती सफ़ेद साड़ी में सुसज्जित, एक कुर्सी सरका कर उस पर बैठ गयीं — तीस-बत्तीस वर्ष की उम्र, गेहुँआ रंग, लेकिन बेहतरीन प्रसाधन से चमकता हुआ। चिबुक के नीचे माँस उभरा हुआ था। कुछ ऐसी सुन्दर तो न थीं, लेकिन चेतन को मालूम था कि एक सिक्ख रईस सरदार जगदीश सिंह ने केवल उनका सामीप्य प्राप्त करने के लिए इतनी पार्टियाँ दीं, इतनी सोसाइटियों को चन्दे दिये कि उसकी सोलह-सत्रह हज़ार की जायदाद दूसरों के घर जा पड़ी थी।

उस एक निमिष में चेतन ने अपने शरीर पर निगाह डाली। क्या हुआ यदि उसके नक़्श अच्छे थे, उसके बाल लम्बे, मुलायम और घुँघराले थे, लेकिन उसके कपड़े....उस पर कोई कुन्ती ही रीझ सकती थी या कोई प्रकाशो ही....और मन-ही-मन एक लम्बी साँस खींच कर उसने प्रकट कहा :

'आप ने ह्वाइट पेपर पढ़ा ?'

'कल रात जस्टिस नवलकिशोर की पार्टी थी, मैं अखबार तक नहीं पढ़ पायी।'

देश में हलचल मची है, देश की क़िस्मत का फ़ैसला सुना दिया गया है, पर श्रीमती जी को, जो लीडर कहलाती हैं, उससे कुछ मतलब नहीं! लेकिन उन्हें ही क्या — चेतन ने सोचा — स्वयं उसे ह्वाइट पेपर से कितनी दिलचस्पी है ? कल जब उसके दफ़्तर में टेलीफ़ोन-पर-टेलीफ़ोन आ रहे थे, लोग ह्वाइट पेपर की शर्तें सुनने के लिए बेचैन थे, वह बड़े इत्मीनान से इनफ़र्मेशन ब्यूरो से ह्वाइट पेपर की कापी ले कर चला आया था। उसके मन में उसे देखने की ज़रा भी उत्सुकता पैदा न हुई थी और उस बहाने जब उसे छुट्टी मिली थी तो वह गोल बाग़ की ओर से आते हुए अपने घर से हो कर अपनी नवपरिणीता से दो बातें करते जाना भी न भूला था। इसके अलावा अखबार में काम करने पर भी उसे उन शर्तों के अलावा, जिनका उसने स्वयं अनुवाद किया था, किसी दूसरी के सम्बन्ध में कुछ भी तो मालूम न था।

वास्तव में दो तरह के लोगों को राजनीति में किसी तरह की दिलचस्पी लेने का अवकाश नहीं मिलता। एक तो उन धनवानों को, जो जस्टिस नवलकिशोर की पार्टियों में शामिल होते हैं — कहीं अकाल पड़े, कहीं भूकम्प आये, ये उन अवसरों से भी (खैराती कन्सर्टों के द्वारा) कुछ-न-कुछ मनोरंजन का सामान जुटा लेते हैं। दूसरे उनको, जिनका मस्तिष्क तेरह-चौदह घण्टे काम करने के बाद इतना थक चुका होता है कि उसमें राजनीति

अथवा किसी दूसरी नीति के लिए कोई जगह नहीं रह जाती। जब कभी ये दूसरे लोग अपने अधिकारों को पहचानेंगे तभी पहलों को राजनीति में भाग लेने को विवश होना पड़ेगा।

चेतन ने कहा, 'हमें आपका बयान तो ज़रूर चाहिए, कल के स्पेशल वीकली एडीशन में सब नेताओं के बयान जा रहे हैं। आपका भी तो रहना चाहिए।'

'लेकिन मैंने तो अभी तक अखबार ही नहीं पढ़ा।'

'आप देख लीजिए। श्रीमती सुशीला देवी, श्रीमती अमृत कौर, मिसेज़ निहाल चन्द — सब के बयान जा रहे हैं। ह्वाइट पेपर का असर जहाँ तक हिन्दुस्तानी औरतों के अधिकारों पर पड़ता है, वहीं तक बस आप पढ़ लें।'

और वे 'ट्रिब्यून' ले कर दूसरे कमरे में चली गयीं। चेतन आध घण्टे तक वहीं बैठा रहा। समय काटने के लिए जल्दी-जल्दी लिये गये वक्तव्यों को कातिबों[1] के हवाले करने के लिए उनकी प्रेस-कापी तैयार करता रहा। उसके बाद वह मन-ही-मन साँझ का प्रोग्राम बनाता रहा।

वह लाला गणेश दास, ऐडवोकेट, मन्त्री, प्रान्तीय कांग्रेस कमेटी के यहाँ गया था। वे मिले नहीं थे और दयाल सिंह मैन्शन्ज़ से, जहाँ वे रहते थे, उसे पता चला था कि रात के नौ बजे से पहले नहीं आयेंगे, और चेतन ने सोचा था कि शाम को ज़रा जल्दी खाना खा कर वह अपनी पत्नी को माल पर सैर के लिए ले जायेगा और रास्ते में दयाल सिंह मैन्शन्ज़ से दस-पन्द्रह मिनट में इण्टरव्यू लेता आयेगा।

तभी पौन घण्टे के बाद श्रीमती राधारानी बाहर आयीं और उन्होंने कुछ अनमनेपन से कहा, 'मैं तो कुछ लिख नहीं पायी। दरअसल मेरा ध्यान बहुत-सी बातों की ओर लगा है। मैं लिखने का 'मूड' नहीं बना पायी।'

चेतन ने कहा, 'आप ज़बानी मुझे अपने विचार बता दें, मैं स्वयं लिख लूँगा।'

'मैं कुछ भी नहीं सोच सकी।'

लेकिन चेतन की सहज पत्रकार-बुद्धि को इतना समय नष्ट करके यों ही उठ आना स्वीकार न हुआ। धैर्य के साथ उसने कहा, 'मैं समझ गया हूँ, आपके कैसे भाव हैं। आप ने हिन्दुस्तान की औरतों के बारे में शर्तें तो पढ़ ही ली हैं, मैं आपकी ओर से एक छोटा-सा बयान लिखता हूँ। अगर उसकी कोई बात आपको अपने विचारों से मेल खाती दिखायी न दे अथवा असंगत लगे तो काट दीजियेगा।'

उन्होंने कुछ 'न, न' की, लेकिन चेतन ने कहा, 'आपको कोई बात पसन्द न हुई तो मैं बदल दूँगा या काट दूँगा।'

और बिना उत्तर की प्रतीक्षा किये उसने लिखना शुरू कर दिया।

हालाँकि उसने स्वयं वे शर्तें न पढ़ी थीं, लेकिन पहली दो महिलाओं के वक्तव्यों से, जो उसने अभी सँवारे थे, कुछ मसाला ले कर उसने एक गोल-मोल-सा वक्तव्य लिख डाला, जिसमें मिस्टर मैकडॉनल्ड के प्रयास की सराहना भी थी, लेकिन उसके फलस्वरूप भारत की नारी को जो अधिकार मिले, उनसे असन्तोष भी दिखाया गया था और यह भी

१. उर्दू में लीथो छपाई होने से पहले सब मैटर कातिब (छापे-सी सुन्दर लेखनी वाले) लिखते हैं, फिर प्लेट या पत्थर पर अंकित किया जाता है तब छपता है।

आशा प्रकट की गयी थी कि ह्वाइट पेपर की नींव पर जो इण्डिया ऐक्ट बनाया जायेगा, उसमें भारतीय नारी को ज़्यादा अधिकार दिये जायेंगे।

वक्तव्य लिख कर चेतन ने श्रीमती जी को सुनाया। वे खुश हो गयीं और उल्लसित स्वर में उन्होंने कहा कि कोई वाक्य काटने की ज़रूरत नहीं।

चेतन ने उनके हस्ताक्षर कराये और चला आया।

०

इस इण्टरव्यू के बाद चेतन ने मन-ही-मन निश्चय कर लिया कि आज के लिए यह काफ़ी है। तीन वक्तव्य वह इससे पहले ले चुका था। लाला गणेश दास का वक्तव्य वह शाम को ले लेगा और समय मिला तो दफ़्तर में जा कर दे आयेगा, नहीं तो दूसरे अंक में छप जायेगा।

घर आ कर उसने कहा कि रात को उसकी ड्यूटी नहीं, इसलिए उसकी इच्छा है कि पत्नी को लॉरेंस की सैर करा लाये।

यह कह कर वह दफ़्तर गया। दो घण्टे जम कर उसने वह सब मसाला देख-दिखा कर कातिब को दिया, लिखे जाने पर पढ़ा और सम्पादक महोदय को 'नमस्कार' करके चला आया।

रोज़ की तरह वह उस शाम लोहारी के चौक की ओर नहीं गया, सीधा घर पहुँचा। खाना खाया और फिर पत्नी से झट तैयार होने के लिए कहा। यह अजीब बात थी कि दहेज में कितनी ही चीज़ें आने के बावजूद उसकी पत्नी के पास कोई ऐसी धोती अथवा ब्लाउज़ न था जिसे पहन कर वह उसके साथ सैर को जा सके। कीमती साड़ियाँ और रेशमी तथा दरियाई और सलमे-सितारे के दो-तीन सूट थे, लेकिन वे बहुत भड़कीले थे और अनायास ध्यान खींचते थे। चेतन के पास आम कपड़े भी ज़्यादा नहीं थे और रेशमी सूट अथवा बनारसी साड़ी में सुसज्जित अपनी पत्नी के साथ वही साधारण कपड़े पहने हुए सैर को जाने में उसे संकोच था। तब मन-ही-मन उसने चाहा —काश! उसके ससुराल वालों ने कीमती साड़ियों और सूटों के बदले दस-बीस अच्छी सूती साड़ियाँ ही दे दी होतीं!

इस महीने उसके पास एक पैसा भी न बचा था और इसलिए वह अपनी पत्नी को घर में हर वक्त पहनने के लिए एक धोती तक न ला कर दे सका था और वह घर में भी बनारसी साड़ी ही पहने रहती थी। साड़ी पहन कर उसे न लेटने की तमीज़ थी, न बैठने की। वह उसे पहने ही नंगे फ़र्श पर बैठ जाती थी और उसे पहने हुए ही लेट जाती थी।

बहरहाल, इस खयाल से कि अँधेरा हो गया है और कोई व्यक्ति उनकी वेश-भूषा के अन्तर को न देखेगा, चेतन ने पैड की तख्ती पर क्लिप में दो-चार फ़ुलस्केप काग़ज़ लगाये, पेंसिल ली और चल पड़ा।

उसकी पत्नी ने अभी घूँघट निकाल रखा था। गली के बाहर निकल कर चेतन ने कहा, 'अब घूँघट उठा लो, नहीं तो लोग दुकानों पर बैठे नीचे झुक-झुक कर देखेंगे।'

सरलता से चन्दा ने कहा, 'अँधेरे में वे क्या देखेंगे ?'

चेतन निरुत्तर-सा हो गया। फिर कुछ ठहर कर उसने कहा, 'लेकिन गिर पड़ोगी, फ़ायदा क्या है ?'

और चन्दा ने साड़ी का छोर तनिक उठा लिया और चेतन के पीछे-पीछे चलने लगी।

'तुम मेरे बराबर क्यों नहीं चलतीं ?'

'मैं आपके पीछे ही अच्छी हूँ!'

'पागल हो, मेरे साथ-साथ चलो!'

वह ज़रा आगे आ गयी। लेकिन अब भी वह उसके बिलकुल बराबर न थी। बात करने के लिए चेतन को अपना सिर क़द्रे मोड़ना पड़ता।

ठण्डी हवा चलने लगी थी। लॉ कॉलेज रोड की धूल-भरी सड़क से बचने के लिए (जो तब म्यूनिसिपैलिटी के अधीन न आयी थी और जहाँ टखनों तक पाँव धूल में धँस जाते थे) वे लॉ कॉलेज के होस्टल की दीवार के साथ-साथ जा रहे थे। होस्टल के अन्दर बरामदे में घूमता हुआ कोई बेफ़िक्रा छात्र अलाप रहा था :

तेरे सोह्णयाँ बालाँ दी छाँ हेठाँ
मेरे दिल ने आहलना पा लिया नी।[१]

चेतन को कोई बात न सूझ रही थी। अपने कोट को सीने पर और भी कसते हुए उसने कहा, 'सर्दी खूब उतर आयी है।'

'मुझे तो इन कपड़ों में भी गर्मी लगती है।'

'तुम्हारे शरीर में अभी गर्मी है। मेरी गर्मी तो अखबार के दफ़्तर में निकल गयी।' और चेतन हँसा।

फिर दोनों चुपचाप चलने लगे।

कचहरी रोड के मोड़ पर अँधेरे में दो-तीन सिपाही छिपे खड़े थे। ज्योंही एक व्यक्ति (इस खयाल से कि चौरस्ते के समीप जा कर वह उतर जायेगा) बत्ती और ब्रेकों के बिना साइकिल पर गुनगुनाता हुआ गुज़रा कि उन्होंने सीटी दी। उसकी गुनगुनाहट सहसा वायुमण्डल में विलीन हो गयी, रंग फ़क़ हो गया और पाँव भी सड़क से घिसटने लगे।

'अपना नाम बताओ!' सिपाही ने अपनी नोटबुक और पेंसिल निकाल कर बिजली की रोशनी में हो कर कहा।

'ग़लती हो गयी सरदार जी, गुनाह माफ़....'

चेतन हँसा। ग़लती और गुनाह —कितने सापेक्ष शब्द हैं! वह रोज़ इसी तरह बिना बत्ती और ब्रेकों के साइकिल चलाता होगा और अपने दोस्तों में अपनी इस चालाकी और चाबुकदस्ती की डींग मारता होगा। लेकिन अब वह पकड़ा गया है तो उसकी वही चतुराई उसकी ग़लती बन गयी है, गुनाह बन गया है। समाज की दृष्टि में गुनाह प्रकट ग़लती का नाम है। बड़े-से-बड़ा गुनहगार यदि अपने गुनाहों को समाज की दृष्टि से बचा सकता है तो वह पुण्यात्मा है। और फिर दण्ड, क्षमा, कर्तव्य, क्या सापेक्ष नहीं ? इस गुनहगार को माफ़ करके सिपाही अपने आपको दया का अवतार समझ कर सीना फुला सकता है। लेकिन कोई बड़ा अफ़सर पास हो तो ऐसे व्यक्ति को, जिसकी साइकिल की बत्ती तेल समाप्त होने के कारण बुझ गयी हो और सचमुच माफ़ी का अधिकारी हो, पकड़ कर चालान करके अपनी कर्तव्य-परायणता की दाद भी ले सकता है।

१. तेरी सुन्दर केशराशि की छाया में मेरे दिल ने नीड़ बना लिया है।

और चेतन के होंटों पर एक मुस्कान खेल गयी।

'नीला गुम्बद' पार करके दोनों माल रोड पर हो लिये। चेतन बहुतेरा चाह रहा था कि अपनी इस नयी पत्नी को अपने हँसमुख स्वभाव का कुछ परिचय दे —और कुछ नहीं तो दो-एक ठहाके ही लगाये, लेकिन मन में कुछ अजीब-सी खिन्नता थी। शायद उसके अर्द्ध-चेतन में कहीं से हीन-भाव आ बैठा था, जो शायद श्रीमती राधारानी के ड्राइंग-रूम को देख कर पैदा हो गया था या फिर उसके कपड़ों की कमी ही अज्ञात रूप से उसके मन-प्राण पर छा गयी थी।

तंग आ कर उसने अपनी पत्नी को उन लीडरानी महोदया की बात सुनानी शुरू कर दी। लेकिन ह्वाइट पेपर क्या बला है, बहुत समझाने पर भी, चन्दा ठीक से समझ नहीं पायी। 'हूँ....हूँ' वह ज़रूर करती रही, लेकिन वक्तव्य लिखने-लिखवाने में श्रीमती राधारानी की परेशानी और उनके स्थान पर स्वयं ही वक्तव्य लिखने की बात कह कर चेतन अपनी पत्नी के होंटों से जिस हँसी की आशा रखता था, उसका वहाँ कोई आभास उसे न मिला! तब और भी खिन्न हो कर उसने अपनी पत्नी से कहा कि जितनी जल्दी हो सके, बिना समय गँवाये उसे शिक्षा प्राप्त करनी चाहिए। औरतों के लिए, खास तौर पर लेखकों के साथ विवाह की गाड़ी में जुतने वालियों के लिए, और उनमें भी स्वयं अपनी पत्नी के लिए, ज्ञानार्जन की महत्ता उसका प्रिय विषय था। इसलिए इस सिलसिले में उसने एक छोटा-मोटा भाषण देना शुरू कर दिया। लेकिन तभी दयालसिंह मैन्शन्ज़ पर उसकी दृष्टि पड़ी और उसे याद आया कि उसे तो लाला गणेश दास से इण्टरव्यू लेना है।

०

दयाल सिंह मैन्शन्ज़ की शक्ल आधे कटे हुए अण्डे की-सी है। जहाँ से दुकानों की पाँत गोल होने लगती है, वहीं प्रसिद्ध कांग्रेसी नेता लाला गणेश दास, ऐडवोकेट का बोर्ड लगा था। काफ़ी चौड़ी सीढ़ियाँ उनके फ़्लैट को जाती थीं। अपनी पत्नी को साथ ले जाने में उसे कुछ संकोच हुआ। उसे सीढ़ियों ही में खड़ी करके वह ऊपर गया। घण्टी का बटन दबाया। नौकर ने उसे ऑफ़िस में बैठाया और बताया कि वकील साहब अभी आते हैं।

चेतन पाँच मिनट तक बैठा रहा, लेकिन वे नहीं आये। तब भाग कर और दो-एक सीढ़ियाँ उतर कर उसने अपनी पत्नी से कहा, 'घबराना नहीं, मैं अभी आया।' और वह भाग कर फिर कमरे में अपनी जगह पर जा बैठा।

वहीं बैठे-बैठे उसे पाँच मिनट और बीत गये। तब उसने नौकर से फिर पूछा और उसे मालूम हुआ कि वे बस खाना खत्म ही कर रहे हैं, अभी पाँच मिनट में आ जायेंगे।

तब फिर चेतन भाग कर सीढ़ियों पर गया। अपनी पत्नी के कन्धे को थपथपाते हुए उसने कहा, 'देखो, घबराना नहीं, सकुचाना नहीं। अव्वल तो यह माल रोड है, यहाँ भले आदमी बसते हैं, लेकिन कौन कह सकता है, कोई भला आदमी कब भलाई छोड़ दे और बुराई शुरू कर दे, इसलिए सीढ़ियों से गुज़रने वाला कोई व्यक्ति अगर किसी तरह की बदतमीज़ी करना चाहे तो बेधड़क हो कर उसे डाँट देना या मुझे बुला लेना। सीढ़ियाँ चढ़ते ही सब से पहले कमरे में हूँ।'

उसे यों आश्वासन दे कर और स्वयं आश्वस्त हो कर वह फिर कमरे में जा बैठा।

तभी नेता महोदय धोती बाँधते-बाँधते आ गये। निमिष भर के लिए चेतन ने उन्हें सीधी आँखों देखा — काला रंग, मोटा, थुलथुल-पिलपिल शरीर, मँझला क़द, कन्धों में फँसी छोटी गर्दन, उस पर बड़ा चौड़े मस्तक वाला सिर और उस पर बिना क्रीज़ की गोल-सी बनी गाँधी टोपी! और चेतन सोचने लगा कि किस तरह ऐसे भद्दे शरीर को ऐसा प्रखर मस्तिष्क प्राप्त हो गया!

आ कर लाला जी ने एक लम्बा वक्तव्य लिखवाया — ह्वाइट पेपर तो बस ह्वाइट पेपर (कोरा काग़ज़) ही है। जो अधिकार एक हाथ से दिये गये हैं, उन्हें दूसरे हाथ से छीन लिया गया है। न केवल यह, बल्कि जो अधिकार पहले प्राप्त थे, उनमें भी हस्तक्षेप किया गया है। आदि-आदि....

जब चेतन वह महत्वपूर्ण इण्टरव्यू ले कर वापस आया तो उसकी पत्नी खड़े-खड़े थक कर और लगभग रुआँसी हो कर वहीं सीढ़ियों पर बैठ गयी थी।

लेकिन इस इण्टरव्यू के कारण चेतन की खिन्नता कुछ दूर हो गयी थी, इसलिए उसने अपनी पत्नी को तनिक गुदगुदा कर हँसा दिया और वे आँसू, जो उसकी आँखों में झलक रहे थे, पहले मुस्कान और फिर हँसी से चमक उठे।

o

सीढ़ियाँ उतर कर चेतन ने सोचा कि अब क्या किया जाय ? अभी सवा दस बजे थे। चेतन के मन में आया कि वापस जाये और अपनी कारगुज़ारी दिखा कर प्रशंसा पाये, लेकिन उसे मालूम था कि प्रशंसा तो सम्पादक महोदय को मिलेगी और उसे कई घण्टे और काम करना पड़ेगा। किसी शानदार इमारत के निर्माण का श्रेय तो इंजीनियरों ही को मिलता है, राज-मज़दूर तो बस दिन-रात काम करते हैं। उसने फ़ैसला किया कि आज जब इतने दिनों के बाद कुछ अवसर मिला है तो कहीं घण्टे-डेढ़ घण्टे की सैर कर ली जाय।

पत्नी ने कहा, 'देर हो गयी है, माँ प्रतीक्षा करती होगी, इसलिए घर चलना चाहिए।' लेकिन चेतन का मन कुछ उमंग पर था। उसने कहा, 'अब तक तो इण्टरव्यू सिर पर सवार था, सैर का आनन्द तो अब आयेगा।'

और वे दोनों लॉरेंस की ओर चल पड़े। चेतन ने प्रकाशो से अपने रोमांस का किस्सा छेड़ दिया।

विक्टोरिया गेट के पास पहुँच कर चेतन ने कहा, 'आओ, तुम्हें लॉरेंस दिखा लायें।'

'वह क्या है ?'

'यहाँ का प्रसिद्ध बाग़ है!'

'लेकिन रात बहुत बीत गयी है।'

'तो क्या हुआ ?'

और वे विक्टोरिया गेट में से हो कर चले। चिड़ियाघर की ओर इशारा करके उसने बताया कि यह चिड़ियाघर है और वे जलचरों के तालाब के पास से हो कर गुज़र रहे हैं। दूसरी ओर बारासिंघे और हिरन हैं, जिनको बाहर जाने से रोकने के लिए बड़े-बड़े, ऊँचे, लोहे के जँगले लगे हुए हैं।

चन्दा ने उत्सुकता से इधर-उधर देखा, लेकिन सड़क की बिजली के मद्धिम उजाले

में जँगले के एक हिस्से के अलावा उसे कुछ भी दिखायी न दिया। हाँ, सड़े पानी की गन्ध उसके दिमाग़ में बस गयी और उसका जी घुटने-सा लगा।

लॉरेंस बाग़ बोटैनिकल गार्डन्स के नाम से भी प्रसिद्ध है! तरह-तरह के देशी-विदेशी पेड़-पौधे वहाँ लगे रहते हैं। चिड़ियाघर के तालाब से ज़रा आगे, न जाने किस नाम के देशी या विदेशी दो बड़े-बड़े घने विशालकाय पेड़ हैं, जिन पर चमगादड़ अजीब-से डरावने स्वर में चीखते रहते हैं। वहाँ पहुँच कर चेतन की पत्नी डर गयी — अँधेरी रात, सर्दी, ग्यारह का समय और सन्नाटा। चेतन का दिल भी धक-धक करने लगा।....कोई गुण्डा इधर निकल आये और उन्हें तंग करे तो वह क्या कर सकता है ? उसकी तो आवाज़ भी सुनायी न देगी....दो-चार गुण्डे तो बड़ी आसानी से उसकी पत्नी तक को छीन कर ले जा सकते हैं....

तभी उसकी पत्नी ने उसका दामन पकड़ कर खींचा, 'मैं कहती हूँ चलिए, वापस चलें।' उसकी आवाज़ रोने की हद को पहुँच रही थी, 'मुझे डर लग रहा है।'

लेकिन ऐन उस वक्त चेतन के अन्दर का पुरुष जाग उठा। डर! वह तो पुरुष है। डर उसके सामने क्या चीज़ है ? और उसने साहस के साथ कहा, 'नहीं-नहीं, अब इतनी दूर आ कर वापस क्या जायेंगे ? यहाँ बड़ी रौनक़ हुआ करती है।' और मन में उसने सोचा — म्यूनिसिपैलिटी ने ऐसी अँधेरी जगह बिजली का बल्ब क्यों नहीं लगवाया ?

लगभग सौ गज़ चलने के बाद पेड़ों में से छनती हुई मौण्टगुमरी हॉल के बल्ब की रोशनी सामने दिखायी दी।

चेतन का खयाल था कि लॉन में कुछ रौनक़ होगी। अभी महीना-डेढ़ महीना पहले, जब एक दिन उसे इधर आने का अवसर मिला था, उसने बारह बजे रात तक लॉरेंस में रौनक़ देखी थी। लेकिन वह भूल गया कि सर्दी उतर आयी थी और लॉरेंस में जाने वालों के पास सर्दियों में अपने आपको व्यस्त रखने के लिए सैर के अलावा भी दूसरे कई साधन हैं।

यद्यपि उस रोशनी से उसे कुछ तसल्ली हुई थी और वह रात के उस सन्नाटे में अपनी पत्नी को लॉरेंस का परिचय देता रहा था, लेकिन उसका रोमांस ठण्डा पड़ चुका था और उस समय तक नहीं जागा जब तक माल रोड के आगे महारानी विक्टोरिया की मूर्ति नहीं आ गयी।

o

घर पहुँचा तो माँ ने रो कर कहा कि उसे दूसरे दिन गाड़ी पर चढ़ा दिया जाय।

उस वक़्त तो चेतन बे-सिर-पैर के बहाने बना कर और एक-दो बार खिसियानी-सी हँसी-हँस कर सोने चला गया, लेकिन दूसरे दिन उसने माँ से माफ़ी माँगी और कहा कि उसे एक जगह दफ़्तर का काम पड़ गया, जिससे देर हो गयी। उसने अपनी पत्नी से भी कहा कि वह माँ के चरणों पर गिर कर माफ़ी माँगे। किसी तरह के अपराध के बिना वह अपनी सास के क़दमों पर झुकी भी, लेकिन माँ नहीं मानी। वह सुबह ही जाने को तैयार हो गयी। वह कुछ बोली नहीं, गुस्सा नहीं हुई, जाते समय हँसी भी, उसने आशीर्वाद भी दिया, लेकिन नये ज़माने के यह लच्छन देख सकने की शक्ति न रखने के कारण उसने

वहाँ रहना उचित नहीं समझा।

तीस

माँ के चले जाने पर एक और समस्या चेतन के सामने आ गयी। उसे इसका पता ही न चलता, अगर भाई साहब बातों-बातों में खुद ही उसकी ओर इशारा न कर देते।

बात यह थी कि चन्दा भाई साहब से आध बालिश्त का घूँघट निकालती थी। चेतन तो दिन के बारह बजे दफ़्तर चला जाता और भाई साहब काम से फ़ारिग़ हो कर एक-डेढ़ बजे दोपहर खाना खाने आते। तब चन्दा भाग कर पिछले कमरे में जा छिपती। भाई साहब किसी पड़ोसिन को बुलाते। उससे कहते कि ज़रा चन्दा से खाना देने के लिए कह दे। वह खाना ला कर दे देती और तब तक बैठी रहती जब तक भाई साहब खाना खत्म न कर चुकते। इस तरह भाई साहब को अपनी इस छोटी भावज से यदि कोई बात कहनी होती तो पहले वे उस पड़ोसिन से कहते, फिर वह चन्दा से कहती। और यों चन्दा का उत्तर भी उसी के द्वारा भाई साहब तक पहुँचता।

'अब घर की अपनी कुछ ऐसी बातें भी होती हैं, जो किसी पड़ोसिन के सामने नहीं भी कही जा सकतीं ?' भाई साहब ने कहा था, 'तुमने अच्छे आर्य समाजी घर में शादी की है। मैंने कभी नहीं देखा कि छोटी भावज जेठ की छाया तक से दूर भाग जाय।'

उसी दिन चेतन ने अपनी पत्नी से कहा, 'यह तुम्हारी कैसी बेवकूफ़ी है। शादी के अवसर पर तो तुमने घूँघट निकाला नहीं, ससुर छोड़, ससुर के पिता तक मौजूद थे। और अब जेठ ही से डेढ़ गज़ लम्बा घूँघट निकाले फिरती हो।'

उसकी पत्नी हँसी — अपनी मोतियों-सी उज्जवल हँसी। 'मैं तो माँ जी के डर से निकालती हूँ,' उसने कहा, 'कहिए, अभी हटा दूँ।'

'लेकिन माँ यहाँ कहाँ बैठी है ?'

'अगर उन्हें पता चल जाय ?'

'तो फिर कौन-सी कयामत आ जायेगी। उनका और परदादी गंगादेई का ज़माना अब लद गया!'

चन्दा ने उस दिन अपने पति को वचन दिया कि वह निश्चय ही घूँघट हटा देगी, इस पर भी अपने जेठ के सामने घूँघट उठाने में उसे झिझक ही रही। जब भी वे बाज़ार में सामान खरीदने के लिए जाते तो यों होता कि एक ओर भाई साहब होते और दूसरी ओर चेतन और दोनों के बीच घूँघट निकाले चन्दा चलती। पर्दे के कारण उसे जो कष्ट होता उसके विचार से भाई साहब आगे बढ़ जाते अथवा पीछे रह जाते और अगर कोई ऐसी चीज़ मोल लेनी होती, जिसमें उनके परामर्श की ज़रूरत न होती तो वे कोई-न-कोई बहाना करके चले जाते।

दीवाली का दिन था। चेतन बड़े भाई और पत्नी के साथ साँझ के समय अनारकली की सैर को निकला। यद्यपि दीवाली के दिन अनारकली की सैर का आनन्द रात ही को आता है, लेकिन चेतन और उसे बड़े भाई का यही खयाल था कि दिये जलने से पहले-पहले अनारकली की सैर कर ली जाय और जो मिठाई लेनी है, ले ली जाय। कारण यह था कि दिये जलते ही अनारकली में बेपनाह भीड़ हो जाती थी और उस भीड़ में गुण्डों की इतनी कसरत होती थी कि किसी शरीफ़ आदमी के लिए अपनी बीवी या बहन को साथ ले कर निकलना और बेइज़्ज़ती से बचना लगभग असम्भव था। उससे पिछले वर्ष दीवाली के अवसर पर अनारकली में जो हुआ था, उसके क़िस्से चेतन ने अखबारों में पढ़े थे, अपने एक मित्र की पत्नी के मुँह से सुने थे और उसका खून खौल-खौल उठा था — उसका मित्र अपनी पत्नी और लड़कों के साथ दीवाली की रात अनारकली की बहार देखने घर से निकला था। अभी वे 'पैसा अखबार स्ट्रीट' ही में थे कि उन्होंने देखा कि स्वयं-सेवकों और सिपाहियों द्वारा सुरक्षित रस्सियों को तोड़ कर गुण्डों का बेपनाह हुजूम बाढ़ पर आयी हुई नदी की तरह बह रहा है —उनके देखते-देखते एक लड़का उछल कर एक ताँगे में पिछली सीट पर बैठी हुई युवती के बराबर जा बैठा। इसके पहले कि अगली सीट पर बैठा हुआ पुरुष उससे कुछ कहता, उसके गाल की चुटकी भर, फिर उछल कर भीड़ में जा मिला। एक चलती मोटर के साथ लटकते हुए दो-तीन युवकों को उन्होंने देखा, जो अन्दर बैठी लड़कियों से मज़ाक कर रहे थे —चलते-चलते महिलाओं को चुटकी काटना, उन्हें धक्का देना और फ़िकरे और फब्तियाँ कसना आम बात थी —और चेतन के दोस्त पैसा अखबार स्ट्रीट से वापस चले आये थे।

अभी सूरज डूबा न था जब चेतन, उसकी पत्नी और भाई साहब 'नीला गुम्बद' की ओर से अनारकली में दाखिल हुए। पिछले वर्ष दीवाली के दिन जो गुण्डागर्दी हुई थी, उसके खिलाफ़ समाचार-पत्रों में बड़ा हो-हल्ला मचा था। यही कारण था कि इस वर्ष महावीर दल, सेवा समिति, आर्य समाज, स्काउट्स — सभी मिल कर अनारकली के प्रबन्ध में व्यस्त थे।

'ये सब इन्तज़ाम धरे-के-धरे रह जायेंगे,' भाई साहब ने दार्शनिकों के-से अन्दाज़ में कहा, 'मुझे तो उन औरतों पर हँसी आती है जो यह सब जानते हुए भी तमाशा बनने चली आती हैं।'

'और मुझे कॉलेज के लड़कों पर ग़ुस्सा आता है,' चेतन बोला, 'जो ऐसी बेहूदा और भौंडी हरकतें करते हैं। उनके घर माँ-बहनें नहीं हैं क्या ?'

'माँ-बहनें!' भाई साहब हँसे, 'मुझे बाबूराम की याद आ जाती है।'

'बाबूराम ?'

'हमारे साथ पढ़ता था,' भाई साहब ने कहना शुरू किया, 'लफ़ंगा नम्बर वन था। कोई लड़की जाती (सूरत-शक्ल कैसी भी क्यों न हो) वह छेड़खानी करने से बाज़ न आता था। एक दिन कॉलेज से छुट्टी हुई। हम लोग साइकिलों पर चले जा रहे थे कि दूर कोई औरत एक जवान लड़की के साथ जाती दिखायी दी।....सन्दूक़! — बाबूराम ज़ोर से चिल्लाया। सन्दूक़ का मतलब था माशूक़!' भाई साहब ने समझाया, 'आशिक़ जालन्धरी'

ने उन्हीं दिनों एक मुशायरे में एक शेर पढ़ा :

'हो जो सन्दूक़ तो ईंधन ही बना लें उसका
काम आता नहीं माशूक़ पुराना हो कर।

'और उसी दिन से हमारे कॉलेज के लड़के माशूक़ के बदले सन्दूक़ पुकारने लगे थे....'

'सन्दूक़!' विषय के गाम्भीर्य को भूल कर अचानक चेतन ने वहीं बाज़ार में रुक कर ज़ोर का ठहाका लगाया और चन्दा ने घूँघट तनिक और खींच लिया।

'उस लड़की को देखते ही,' भाई साहब ने अपनी बात जारी रखते हुए कहा, 'बाबूराम सन्दूक़-सन्दूक़ चिल्लाता हुआ उसके पीछे भागा। उसके साथियों ने उससे बाज़ी मारने की कोशिश की। पैडलों पर ज़ोर बढ़ गया। साइकिलें हवा से होड़ ले चलीं। लेकिन ज्यों ही बाबूराम ने उस लड़की के पास पहुँच कर फब्ती कसी और लड़की ने मुँह घुमाया कि बाबूराम के होंटों से एक हल्की-सी चीख निकल गयी।

'क्या माल है! — लड़की की सुन्दरता देख कर एक ने आह भरी।

'बाबूराम को तो ग़श आने लगा है —दूसरा हँसा —साले की आँखों में उक़ाब बैठे हैं जो इतनी दूर से माल पहचान लेते हैं।

'किसी ऐसे आदमी की तरह जिसे शिकंजे में कसा जा रहा हो, बाबूराम फुसफुसाया —मेरी बहन है, ज़रा साइकिल तेज़ चलाओ।'

चेतन ने फिर बीच बाज़ार रुक कर ठहाका लगाया।

भाई साहब ने अपने विचारों की रौ में क़द्रे जोश से कहा, 'ये कॉलेज के लड़के, जो आती-जाती लड़कियों को छेड़ते हैं, उन्हें देख कर निहायत गन्दे और फ़ोहश मज़ाक करते हैं, कभी नहीं सोचते कि उन्हीं के दोस्त लोग उनकी बहनों को देख कर भी ऐसे ही गन्दे मज़ाक़ करते होंगे।'

'हमारे पाठ्य-क्रम में कैरेक्टर और शहरियत की शिक्षा को कोई महत्व प्राप्त नहीं,' चेतन को जैसे भाई साहब की उत्तेजना छू गयी, 'आर्य समाजी स्कूलों-कॉलेजों में 'सन्ध्या' के श्लोक याद कर लेना, या बहुत हुआ तो सुबह-शाम सन्ध्या कर लेना, सनातन धर्मी संस्थाओं में 'ओम् जय जगदीश हरे, भगत जनन के संकट छिन में दूर करे' का जाप या सिर हिला-हिला कर और खड़तालें बजा-बजा कर 'राधेकृष्ण' या 'रघुपति राघव राजाराम' का संकीर्तन, इस्लामी स्कूलों में पाँच वक़्त की नमाज़ या क़ुरान की तलावत और मिशन स्कूलों में बाइबल का पाठ ही धर्म-शिक्षा का सबसे बड़ा उद्देश्य समझ लिया जाता है। अव्वल तो इन कम्यूनल स्कूल-कॉलेजों के लड़के, धर्म के नाम पर एक-दूसरे का खून करने के लिए तैयार रहने के बावजूद, उस धार्मिक पाठ-पूजा की ओर ध्यान नहीं देते और जो देते हैं, वे बिना उसके महत्व को समझे, अध्यापकों की प्रसन्नता प्राप्त करने के लिए अन्धाधुन्ध सन्ध्या-वन्दन किये जाते हैं। रहे सरकारी स्कूल और कॉलेज — वहाँ अपने धर्म के प्रति आस्था ही मिट जाती है और लड़के माँ-बाप का रुपया उड़ाने और औबाशी सीखने के अलावा कुछ नहीं करते। मेरा बस चले तो सारी-की-सारी यूनिवर्सिटी को मिसमार कर [१]....'

चेतन भाषण देने के अन्दाज़ में बड़े ज़ोर से हाथ को हवा में घुमा रहा था कि अचानक उसे अपनी पत्नी धरती में धँसती हुई दिखायी दी —पलक झपकते एक बाँह से चेतन और दूसरी बाँह से भाई साहब ने उसे थामा, नहीं वह धरती में समा गयी होती अथवा औंधे मुँह गिर पड़ती।

बात यह थी कि जब दोनों भाई कॉलेज के लड़कों की इस उच्छृंखलता का आधारभूत कारण जाने बिना उनकी बदचलनी को कोसने में एक-दूसरे से बाज़ी ले जाने में निमग्न थे, चन्दा पूर्ववत घूँघट निकाले दोनों के दरम्यान चली जा रही थी। बेली राम ड्रगिस्ट की दुकान के पास से हो कर लोहारी के चौक तक धरती के अन्दर-ही-अन्दर जो नाली जाती है, उसमें कभी-कभी कुछ जगह खुली पड़ी रहती है और नगरपालिका उसे कई-कई दिन तक ढकने का नाम नहीं लेती। वही नाली एक-दो जगह से उस दिन खुली पड़ी थी। चन्दा ने घूँघट तो निकाल ही रखा था। वह गड्ढा न देख पायी। उसका पाँव उसमें फँस गया। यदि दोनों भाई अचानक दोनों ओर से उसे थाम न लेते तो वह औंधे मुँह गिर पड़ती, रेशमी साड़ी जो खराब होती सो होती, टाँग अलग टूट जाती।

जब क़द्रे स्वस्थ हो कर चन्दा फिर चलने लगी तो उसने पूर्ववत घूँघट निकाल लिया, बल्कि लज्जा के कारण लाल हो जाने वाले मुख को छिपाने के लिए और भी लम्बा कर लिया। लेकिन साड़ी को ठीक कर जब वह चलने लगी तो चेतन ने क्रोध के साथ पीछे से घूँघट खींच लिया।

चन्दा ने फिर घूँघट नहीं निकाला, लेकिन सारा रास्ता उसने जेठ की तरफ़ आँख उठा कर भी नहीं देखा।

निगाहें नीचे किये वह चलती गयी।

०

लेकिन दो महीने के बाद जब भाभी फिर लाहौर आयी और उसने अपनी देवरानी को निर्लज्जों की तरह अपने जेठ के सामने हँसते और ठहाके लगाते देखा तो उसके आग-सी लग गयी।

चेतन की ससुराल में किसी लड़की की शादी थी और इस बात की सम्भावना थी कि शायद दोनों को वहाँ जाना पड़े। इसलिए भाई साहब ने अपनी पत्नी को बुला लिया था। उसके पत्र-पर-पत्र आते थे और फिर चेतन भी इसे ज़्यादती समझता था कि वह तो अपनी पत्नी के साथ लाहौर के मज़े लूटे और उसके भाई साहब दुकान की उस परछत्ती पर पड़े सड़ते रहें।

लाहौर पहुँच कर श्रीमती चम्पावती देवी ने देखा कि जब उसके पति दुकान से आये तो उसकी देवरानी ने न तो घूँघट निकाला —घूँघट निकालना तो दूर रहा, सिर पर कपड़ा तक नहीं लिया —न अपनी आवाज़ ही धीमी की और न आँखें ही झुकायीं। उसी तरह 'ठी-ठी' करती रही। और-तो-और अपने आदर-योग्य जेठ से एक-दो मज़ाक़ करने से भी नहीं हिचकिचायी।

उसका देवर उस समय घर पर न था, नहीं वह ज़रूर ही उससे इस निर्लज्जता का

४. ढा कर.

कारण पूछती।

इसके बाद एक दिन जब फिर चन्दा अपने जेठ की उपस्थिति में ज़ोर से हँसी तो चेतन की भाभी ने उसे बरज दिया, 'ससुर-जेठ की कुछ तो शर्म होनी चाहिए बहन, आँखों का पानी क्या बिलकुल ही मर गया।'

चन्दा जब हँसती थी सुन्दर लगती थी। उसका मौन चेतन को खलता था, इसलिए वह उसे सदा हँसाता रहता था और चन्दा को हँसने की आदत भी पड़ गयी थी। जेठानी की इस डाँट से उसकी हँसी सहसा रुक गयी और ग्लानि से उसके मुख का रंग पीला पड़ गया।

o

उसी शाम आँगन के ऊपर रहने वाली विधवा चेतन की भावज को यह सदुपदेश दे रही थी :

'तुम हँसने और घूँघट उठाने की बात कह रही हो, मैं कहती हूँ, वह सिनेमा और सैर-तमाशे अपने जेठ के साथ जाती है। देखो बहन, ज़माने की आँख में शर्म नहीं। अपने पति को सँभाल कर अपने बस में रखो।'

चम्पावती ने रुद्ध कण्ठ से कहा, 'और मैं अपने देवर तक से घूँघट निकालती हूँ, ऊँचे स्वर से बात नहीं करती।'

'मुझे तो उस पर हँसी आती है जिसने अपनी बीवी को इतनी छूट दे रखी है।'

o

लेकिन चम्पावती को न अपनी देवरानी पर ग़ुस्सा था, न अपने देवर पर, वह तो अपने पति से नाराज़ थी।

जब रात को उसके पति खाना खाने आये तो उसने कहा।

'भला वह तो बच्ची है, आपको तो शर्म आनी चाहिए जो इस तरह उसके हँसी-मज़ाक़ में साथ देते हो।'

भाई साहब पूरे स्टोइक[१] थे —मीठी, कड़वी, तीखी, चुभती किसी बात का भी उन पर कुछ प्रभाव न पड़ता था। वे चुपचाप खाना खाते रहे।

'जब वह आपके सामने बैठी 'हिं, हिं,' करती है तो आप से रोका नहीं जाता उसे ?' भाभी ने मुँह बिचका कर कहा था।

'मैं उससे कह दूँगा,' यह कह कर हाथ-मुँह धो, छड़ी उठा, वे सैर को चले गये थे।

लेकिन अपने पति के इस वाक्य से चम्पावती की तुष्टि न हुई थी और जब उसकी देवरानी उसके संग खाना खाने बैठी तो उसने अपने आप पर बड़ा संयम रख कर उसे समझाया कि बड़ों के प्रति छोटों का क्या कर्तव्य होना चाहिए; छोटों को बड़ों से कितना विनम्र व्यवहार करना चाहिए; किस प्रकार ससुर और जेठ से पर्दा करना चाहिए और किस तरह उनके सामने बोलना तक न चाहिए।

'मर्द तो ऐसे ही होते हैं,' चेतन की भाभी ने कहा था, 'उन्हें तो लोकाचार का ज्ञान नहीं होता। इन सब बातों का ध्यान तो हम स्त्रियों ही को रखना पड़ता है। तुम्हारे जेठ ने

१. दुख-सुख, दोनों की उपेक्षा करने वाला।

बहुतेरा कहा, पर जब देवर सियाने हुए तो मैंने उनसे पर्दा करना शुरू कर दिया!'

चन्दा ने उस समय अपनी जेठानी को तो कोई उत्तर नहीं दिया, पर जब रात को दो बजे के लगभग चेतन दफ़्तर से आया तो उसने कहा, 'अब मैं भाई साहब से पर्दा किया करूँगी!'

उसके चिबुक को तनिक ऊपर उठा कर उसकी बड़ी-बड़ी, भोली-भाली आँखों में आँखें डाल कर उसने पूछा, 'क्यों ?'

उत्तर में सरल चन्दा ने दिन की सारी बातें बता दीं।

गहरी रात होने के बावजूद चेतन ने एक ऊँचा ठहाका लगाया — इतना ऊँचा कि अन्दर कोठरी में सोयी हुई चेतन की भाभी और उसकी बच्ची जाग पड़ी और उसे चिचियाने से रोकने के लिए भाभी को उसके मुँह में स्तन देना पड़ा। नींद भाभी की आँखों से उड़ गयी और वह दत्त-चित्त हो कर उस कमरे के अन्धकार में लेटी अपने देवर और देवरानी की बातें सुनने लगी।

लेकिन दो-तीन रातों से निरन्तर ज़्यादा काम करने के कारण थका-हारा चेतन, 'वह तो पागल है,' इतना कहने के अलावा कुछ और कहे बिना, सिरहाने रखा दूध पी कर सो गया।

बात यह है कि एक दिन अचानक चेतन पर यह भेद खुला कि उसकी पत्नी ने बेहद सुरीला गला पाया है। पड़ोस में एक शादी थी। एक रात जब चेतन दफ़्तर से वापस आया तो उसने चन्दा को वहाँ गाते सुना। सब की आवाज़ के ऊपर गूँजती हुई उसकी मीठी-रसीली आवाज़ चेतन को बहुत ही भली लगी। दूसरे ही दिन उसने फ़ैसला कर लिया कि वह अपनी पत्नी को बाकायदा संगीत की शिक्षा दिलायेगा। चन्दा के पास पन्द्रह रुपये (कदाचित विवाह के दिनों के) जमा थे, दस रुपये का और जुगाड़ करके एक संगीत टीचर की मदद से चेतन एक हार्मोनियम ले आया। दस रुपये उसने इस वायदे पर दुकानदार से उधार कर लिये कि पाँच-पाँच की क़िस्तों में दो महीने में उतार देगा। इन्हीं संगीत टीचर से पाँच रुपये पर वह स्वयं बाजा सीखने लगा। जो कुछ वह सीख कर आता, चन्दा को सिखा देता।

इस घटना के दूसरे दिन इतवार था। इसलिए चन्दा अपने पति की उपस्थिति में बाजा सीखने का अभ्यास कर रही थी। उसी समय भाई साहब आ गये।

'देखिए भाई साहब, मैंने कितनी अच्छी धुन सीखी है,' चन्दा ने सहसा प्रशंसा पाने के विचार से कहा।

भाई साहब चुप खड़े रहे। एक शब्द भी उनके मुँह से न निकला। पहले वह इस तरह पूछती तो वे कहते, 'कौन-सी धुन ? ज़रा सुनें तो!' पर वे चुप खड़े रहे और फिर गहर-गम्भीर वाणी में उन्होंने कहा, 'चन्दा, तुम मेरे सामने न गाया करो!'

चेतन चकित-सा उनके मुँह की ओर देखने लगा और फिर जब भाई साहब ने उसी स्वर में उससे कहा, 'तुम मेरे सामने ज़ोर से हँसा भी न करो!' तो चेतन झल्ला कर बोला — 'यह नहीं हो सकता भाई साहब, चन्दा हँसेगी, गायेगी। आप यह कैसी बात कर रहे हैं ? वह मुँह फुलाये अच्छी नहीं लगती। हँसती रहे तो अच्छी लगती है।'

भाई साहब ने इसका उत्तर नहीं दिया। सिर्फ़ इतना कहा, 'तुम्हारी भाभी एतराज़ करती

है!' और फिर चन्दा से कहा, 'तुम्हें सास की तरह अपनी जेठानी का आदर करना चाहिए।'

यह अन्तिम बात चेतन के मन लगी और उसने चन्दा को समझाया, भाभी पुराने और संकुचित वातावरण में पली है। उसके वहमों और विचारों का कुछ-न-कुछ खयाल रखना ही चाहिए। भाई साहब के सामने तुम नंगे सिर न रहा करो और कम हँसने की भी कोशिश किया करो।' फिर बायीं आँख दबा कर शरारत से मुस्कराते हुए कहा, 'खास तौर पर जब भाभी सामने हो।'

इकतीस

अपने इस वैवाहिक जीवन से चेतन कुछ ज़्यादा सन्तुष्ट हो और चन्दा के लाहौर आ जाने पर वह नीला को बिलकुल भूल गया हो, यह बात न थी। उसे चन्दा अच्छी लगती थी, वह उसके साथ हँसता-हँसाता और सैर-तमाशे भी करता था, लेकिन इस पर भी जब उसने चन्दा से सुना था कि कान्ता की शादी है और शायद उन्हें इलावलपुर जाना पड़े तो अजाने ही वह उस निमन्त्रण की प्रतीक्षा किया करता था। भाभी को लाहौर ले आने के लिए भी उसने इसी खयाल से अनुमति दे दी थी। चन्दा सरल, सहिष्णु, भोली-भाली, उदार, सहृदय, विनम्र और संकोचशील थी, पर न वह पढ़ी-लिखी थी और न सुन्दर, और मन-ही-मन चेतन को इस बात का बहुत अफ़सोस था। इतने दिन के वैवाहिक जीवन के बाद भी उस अफ़सोस में कोई कमी न आयी थी, बल्कि वह कुछ बढ़ा ही था।

बात यह थी कि उन्हीं दिनों उसके प्रधान सम्पादक की भी शादी हुई थी — उन सम्पादक महोदय की, जिनको वह वज्र मूर्ख और निरा गावदी समझा करता था। एक दिन जब दफ़्तर में आ कर, अपने उल्लास को छिपा सकने में असफल होने पर, बात के औचित्य-अनौचित्य की चिन्ता किये बिना उन्होंने कातिब को सम्बोधित कर कहा, 'वह तो बस परी है अमरनाथ!' तो अपनी पत्नी का ध्यान आ जाने से चेतन का दिल धँस-सा गया था। मन-ही-मन उसने सोचा था कि दैव दयालु भी होता है तो किन मूर्खों पर!

सम्पादक महोदय उदार विचारों के व्यक्ति थे और कभी एक समाजवादी संस्था के मन्त्री तक रह चुके थे। उन्होंने अपने सब मित्रों का परिचय अपनी इस नव-परिणीता से कराया था। इसी परी से एक बार रास्ते में चेतन की भेंट हो गयी। चन्दा उसके साथ थी और वह चाहता था कि किसी तरह कन्नी काट कर निकल जाय। लेकिन जिस फ़ुटपाथ पर वह अपनी पत्नी के साथ जा रहा था, उसी पर वे दोनों आ रहे थे और इससे पहले कि वह फ़ुटपाथ से उतर कर दूसरी ओर जाता, अपनी स्वर्ण स्मित से चेतन को एक बार सिर से पाँव तक डुबोते हुए परी ने पूछ तो लिया था, 'यह आपके साथ क्या आपकी श्रीमती....' और उसके होंट फैल गये और दाँतों की अवलि चमक उठी।

'जी हाँ, यही मेरी श्रीमती जी हैं।' खिसियानी-सी हँसी के साथ उसकी बात काटते हुए उसने कहा था। और वह जल्दी-जल्दी चन्दा को ले कर चला गया था।

और सम्पादक महोदय की यह पत्नी सुन्दर ही न थी, सुशिक्षित और सुसंस्कृत भी थी।

०

उन दिनों चेतन को प्रबल आकांक्षा होती थी कि उसकी पत्नी सुन्दर नहीं हो सकती तो सुशिक्षित ज़रूर हो जाय। शाम को दफ़्तर से आ कर, खाना वग़ैरा खा कर वे सैर को जाते थे। गोल बाग़ की रविशों पर टहलते हुए, जब बड़ी दिलचस्प बातें हो रही होतीं, चेतन को सहसा ध्यान हो आता कि वे इस समय को बेकार ही गँवा रहे हैं। क्यों न सैर-ही-सैर में वह अपनी पत्नी को पढ़ा दे ? और वह सहसा उससे पूछता :

'वह दाल के साथ रोटी खाता है, इसकी अंग्रेज़ी बनाओ!'

बातचीत के अचानक बन्द हो जाने से चन्दा कुछ उदास हो जाती और धीरे से कहती :

'दाल की अंग्रेज़ी मुझे नहीं आती।'

'दाल को दाल ही रहने दो, बाकी वाक्य की अंग्रेज़ी बनाओ।'

चन्दा सोचने का उपक्रम करती और फिर झिझकते हुए कहना शुरू करती : 'ही ईट....'

क्रोध को बरबस रोक कर चेतन कहता, 'ग़लत! कल क्या उसूल बताया था तुम्हें ?'

चन्दा चुप रहती।

'जिस वाक्य में 'ता है' या 'ती है' आये, उसमें वर्ब (verb) अर्थात क्रिया के साथ एस (s) या ई-एस (es) लगता है।' क्रोध को किसी-न-किसी तरह दबा कर चेतन कहता और फिर एक दूसरे वाक्य की अंग्रेज़ी पूछता।

'नौकर बाज़ार से मिठाई लाता है। अंग्रेज़ी बनाओ।'

'नौकर की अंग्रेज़ी मुझे नहीं आती,' चन्दा की आवाज़ चिड़चिड़ी होती।

'नौकर को नौकर ही रहने दो!' चेतन के स्वर में क़हर होता।

'लेकिन बाज़ार....'

'तुम अंग्रेज़ी तो बनाओ। बाज़ार को बाज़ार ही कहते हैं।'

लेकिन अंग्रेज़ी उससे फिर भी न बनती। कार्तिक की दूधिया चाँदनी गोल बाग़ की सुनसान वीथियों, पेड़-पौधों, फूल-पत्तों, घास-भरे लॉनों और तारकोल से काली सड़कों को स्वप्न की-सी सुन्दरता प्रदान कर रही होती, दिन भर चंगड़ानियों की गालियाँ और कर्कश स्वर सुन-सुन कर ऊबे हुए उसके कान पत्तों की मीठी मर्मर सुनने के लिए आकुल होते, उपलों से लदी हुई दीवारों को देख-देख थकी हुई उसकी आँखें इस स्वप्न-संसार का रस लेना चाहतीं, सड़क के किनारे जहाँ एक चबूतरे पर पुराने समय की एक नन्ही-सी तोप पड़ी थी, वह कुछ क्षण बैठना चाहती, पर उसका यह अरसिक पति, जो कवि और कथाकार होने का दम भरता था....ये कैसे कवि हैं, वह सोचती....और वाक्य की अंग्रेज़ी उससे न बनती....

चेतन पहले तो झल्लाता, फिर शिक्षा पर एक छोटा-सा भाषण झाड़ता और फिर चुपचाप, ज़रा जल्दी-जल्दी चलने लगता। चलते-चलते वह आगे हो जाता और वह

पीछे-पीछे घिसटती चली जाती।

०

आधी रात के बाद सर्दी में ठिठुरता हुआ वह आता। गहरी नींद में सोयी चन्दा उसके कई बार दरवाज़ा खटखटाने पर किवाड़ खोलती और सिरहाने रखा ठण्डा दूध, जिस पर मलाई की मोटी तह जम गयी होती, उसे पिला कर लेट रहती। वह पीठ मोड़ लेती। कुछ देर तक चेतन भी पीठ मोड़े लेटा रहता, लेकिन उसके अंगों की सर्दी न जाती। तब वह एक हाथ से उसे अपनी ओर करके उसके गर्म-गर्म गदराये शरीर में गुम हो जाता।

हर दूसरे-तीसरे ऐसा होता। मानसिक तौर पर वह रूठता, शारीरिक तौर पर मनता और नीला कभी-कभी उसे बेतरह याद आने लगती।

अपने वैवाहिक जीवन के तीन-चार महीने बाद ही उसने एक दिन अनन्त को पत्र लिखना शुरू किया :

'....मैं कहता हूँ अनन्त, मैंने यह क्या शादी कर ली! तुम ठीक कहते हो, मैं डरपोक हूँ। मेरी हालत उस आदमी जैसी है, जो एक खूँखार जानवर से डर कर दूसरी ओर भागता है तो उसके सामने दूसरा जंगली जानवर आ जाता है, दूसरे से भयभीत हो कर तीसरी ओर मुड़ता है तो तीसरे का सामना करना पड़ता है।

'मैं डर रहा था कि मैं गिर रहा हूँ। अपने चरित्र से गिर रहा हूँ। और मैंने सोचा कि दूसरों की क्यारियों में मुँह मारने की इजाज़त देने के बदले मन के इस मुँहज़ोर घोड़े के लिए उसकी अपनी क्यारी बना दूँ। पर शायद मन के इस जानवर को दूसरे की खेतियों में मुँह मारना ज़्यादा पसन्द है।

'यह वासना है, गुनाह की लज़्ज़त है, देखे जाने का भय है, यह क्या है, जो अभिसार में मिलन से अधिक सुख भर देता है ?

'दूसरे की अलमारी में लगी हुई किताबें, अनन्त, बड़ी अच्छी लगती हैं, उन्हें पढ़ने को बड़ा जी चाहता है, उन्हें पढ़ने में बड़ा लुत्फ़ आता है, पर जब हम उन्हें खरीद लेते हैं तो वे अकसर अनपढ़ी और उपेक्षित हमारी अलमारियों में पड़ी रहती हैं।

'मेरे मन में हमेशा एक कशमकश जारी रहती है। चन्दा सीधी-सादी, भोली-भाली लड़की है — दयावान, भावुक और उदार! लेकिन मुझे उसके ये गुण नहीं भाते। जब वह मेरे सामने आती है तो मैं अचानक नीला से उसकी तुलना करने लगता हूँ....'

चेतन अभी इतना ही लिख पाया था कि चन्दा उसके पास आ गयी। चेतन ने जल्दी से पत्र मेज़ के दराज़ में रख दिया।

'क्या लिख रहे थे ?' पत्नी ने हँसते हुए पूछा।

'यों ही एक नज़्म शुरू की थी।'

'सुनाइए।'

'खत्म होने पर सुनाऊँगा।' उसने कहा और फिर लम्बी साँस भर कर बोला —

'लेकिन तुम नज़्म-वज़्म क्या समझोगी ? काश, कहीं तुम भी कुछ मेहनत करके थोड़ा-बहुत पढ़ लेतीं!' फिर अचानक बात का रुख बदल कर उसने पूछा, 'वह किताब पढ़ डाली तुमने ?'

'मैंने पढ़नी शुरू की थी पर....।'

चेतन ने उसके मुख की ओर देखा। एकटक वह देखता रहा और वहीं उसके मुख पर उसे किसी दूसरे मुख की रेखाएँ बनती दिखायी दीं। और उसने अपनी पत्नी को बाँहों में भींच लिया और उसकी आँखों में देखते-देखते उसे चूम लिया।

उसकी पत्नी चकित खड़ी उसकी ओर देखती रही। तब चेतन ने अपने प्रिय विषय 'शिक्षा' पर एक छोटा-सा भाषण दे डाला।

'जवानी के चार साल तो चन्दा, यों ही बीत जायेंगे। यों, फुर्र से!' और उसने चुटकी बजायी, 'पता भी न चलेगा। जवानी में शरीर ही पति-पत्नी को एक-दूसरे के क़रीब रखते हैं। लेकिन जवानी बीतते देर नहीं लगती और वक़्त आ जाता है कि पति के लिए घर में कोई खिंचाव नहीं रहता। पति पत्नी को नहीं समझ पाता और पत्नी पति को।'

वह क्षण भर के लिए रुका, देखा कि चन्दा ध्यान से सुन रही है कि नहीं, फिर बोला :

'अगर तुम मुझ जैसी मेहनती और पढ़ने-लिखने में रुचि लेने वाली बन जाओ चन्दा, साहित्य में अच्छा क्या है और बुरा क्या है, इसकी तमीज़ तुम्हें आ जाय तो हम पति-पत्नी के बदले संग-संग रहने वाले दो साथियों-ऐसे हो जायेंगे, एक-दूसरे के मन को, पसन्द-नापसन्द को बेहतर समझने लगेंगे और सचमुच हमारे बीच मुहब्बत की ज़ंजीर हर दिन मज़बूत से मज़बूततर होती जायेगी।'

चन्दा चुपचाप अपने पति की ओर देखती रही। फिर उसने धीरे से कहा, 'मैं पढ़ने लगती हूँ तो मुझे नींद आ जाती है।'

'यह नींद तो तरक़्क़ी के रास्ते की सबसे बड़ी दीवार है। नींद काहिली का, मौत का दूसरा नाम है,' और चेतन को मालूम न था कि वह क्या बक रहा है। वह कहता चला गया —'अज्ञान भी एक नींद है चन्दा —महानिद्रा-सी भयानक! इस महानिद्रा पर फ़तह पाने के लिए तुम्हें अपनी इस नींद की कुछ घड़ियों की क़ुर्बानी देनी होगी, नहीं तो अज्ञान की यह महानिद्रा अपने अँधेरों में तुम्हें निगल जायेगी।'

चन्दा ने तनिक हँस कर कहा, 'ब्याह होने पर मैं समझा करती थी कि पढ़ाई खत्म हो गयी लेकिन आप जो कहते हैं, मैं वैसा करने की पूरी कोशिश करूँगी।'

'तुम्हारी पढ़ाई तो दरअसल अभी शुरू हुई है।' चेतन ने कहा, 'ज्ञान नींद से जागने का दूसरा नाम है और बेदार आदमी सोये हुए से हर हाल में बेहतर है!'

'मैं और ज़्यादा लगन से पढ़ने की कोशिश करूँगी।'

और वह बाहर जा कर चारपाई पर लेटे-लेटे पढ़ने लगी।

चेतन ने पत्र निकाला और उसे फिर लिखने लगा, लेकिन अपनी पत्नी की सरलता और सहृदयता उस पर कुछ ऐसी छा गयी कि वह उस पत्र को और आगे न बढ़ा सका। पढ़ कर उसने उसे फाड़ दिया। मन-ही-मन अनन्त को सम्बोधित करके उसने केवल इतना

कहा —'तुम नहीं जानते अनन्त, मेरे मन में हर घड़ी कैसी जंग छिड़ी रहती है, हर रोज़ मुझे कैसी अज़ीयत[१] सहनी पड़ती है।'

बत्तीस

आखिर वह निमन्त्रण आ गया, जिसकी प्रतीक्षा चेतन इतने दिनों से मन-ही-मन कर रहा था। इलावलपुर में उसके ससुर की ननिहाल थी। वहीं उनके मामा की पोती का विवाह था।

ससुर के ननिहाल से आम तौर पर दामाद को दूर का भी वास्ता नहीं होता, लेकिन पण्डित दीनबन्धु और वेणीप्रसाद को वास्तव में उनके मामा ने ही पाला था। दोनों बच्चे ही थे, जब उनके सिर से उनके पिता का साया उठ गया था। नाना भी जीवित न थे, लेकिन मामा ने इन भांजों को अपने बच्चों से भी ज़्यादा समझा। पण्डित वेणीप्रसाद ओवरसियर हो गये, पण्डित दीनबन्धु ने भी खूब व्यापार किया। इस तरह उन्होंने जो कमाया, वह अपने इस पिता-तुल्य मामा को भेजते रहे। यही कारण था कि सिर्फ़ प्राइमरी स्कूल के अध्यापक होने के बावजूद मामा ने दूर-दूर तक ईंटों के भट्ठों का व्यवसाय फैला रखा था और इलावलपुर छोड़, वहाँ से बाईस मील दूर जालन्धर में आ कर अपना एक पक्का मकान बनवा लिया था। उनके लड़के हरमोहन और कुलदीप राजकुमारों की तरह रहते और हरमोहन के बारे में तो एक बार इतना भी सुना गया था कि मामा उसे विलायत तक भेजने की सोच रहे हैं।

मामा के बड़े लड़के चूनीलाल की मृत्यु हो चुकी थी। गर्मियों के दिनों में अपनी कुमैत घोड़ी पर सवार हो कर अपने एक दूर के भट्ठे पर गया था। रास्ते में उसे प्यास लगी। एक खेत में पक्के, हरे तरबूज़ बिखरे थे। उतर कर उसने दो बड़े-बड़े तरबूज़ तोड़े। हथेलियों का ज़ोर दे कर उनकी फाँकें कीं और खा गया। प्यास तो मिट गयी, लेकिन भट्ठे पर पहुँचते-पहुँचते पेट में तेज़ दर्द उठने लगा। जाते ही धरती पर लोट गया। ऊसर, उजाड़ जगह, पास के गाँव में कोई हकीम, न वैद्य; हैज़े का सख्त दौरा; शाम होते-होते तड़प कर ठण्डा हो गया।

इसी चूनीलाल की बड़ी लड़की कान्ता का विवाह था। माँ-बाप के मर जाने के बाद दादा ने उसे अपनी दूसरी पोतियों से कहीं ज़्यादा लाड़ से पाला था। और वे चाहते थे कि उसकी शादी भी धूम-धाम से करें कि बच्ची को पिता का अभाव न खटके। चन्दा कान्ता के साथ खेली-कूदी और बड़ी हुई थी। उसे कान्ता ने स्वयं अपने हाथ से चिट्ठी लिखी थी और अनुरोध किया था कि वह अपने साथ जीजा जी को भी लाये। पर जीजा जी तो दूर रहे, चन्दा स्वयं भी जाने के लिए कुछ वैसी तैयार न थी।

दरअसल चेतन के रोज़-रोज़ के भाषणों से तंग आ कर अन्त में चन्दा नियमित रूप से स्कूल जाने लगी थी।

---

१. यन्त्रणा.

'आप मुझे सचमुच पढ़ी-लिखी देखना चाहते हैं,' उसने कहा था, 'तो मुझे किसी स्कूल में भर्ती करा दें। आप स्वयं मुझे न पढ़ा सकेंगे। एक शब्द पढ़ायेंगे तो चार बार झिड़केंगे और चार घण्टे लेक्चर देंगे।' उसने यह बात इतने भोलेपन से कही थी कि चेतन हँस दिया था और उसने उसके प्रस्ताव को स्वीकार कर लिया था और वह बड़े शौक़ से पढ़ने लगी थी।

चन्दा की अध्यापिका का कहना था कि उसने अत्यन्त प्रखर बुद्धि पायी है। चन्दा को स्वयं भी पढ़ने का बहुत शौक़ हो गया था और जो भी समय उसे मिलता, उसमें वह पढ़ने में लगी रहती। वह जब दाखिल हुई थी तो लड़कियों ने एक बार सारी पुस्तकें समाप्त कर ली थीं, पर उसकी अध्यापिका ने विश्वास दिलाया था कि चन्दा जी लगा कर पढ़ेगी तो वह तीन महीने ही में हिन्दी-रत्न की परीक्षा दे लेगी। यद्यपि अध्यापिका ने यह भी आश्वासन दिया था कि अगर वह फ़ेल हो गयी तो भी उसे दूसरे वर्ष 'भूषण' में दाखिल कर लिया जायेगा, पर चन्दा असफल न होना चाहती थी। 'रत्न' में पढ़ने वाली छोटी-छोटी लड़कियों में बैठते हुए उसे पहले ही बड़ी लज्जा आती थी, असफल हो कर वह उनमें कहाँ बैठ पायेगी ? और उसने जी-जान से पढ़ना शुरू कर दिया था।

यही कारण है कि जब उसे निमन्त्रण मिला तो वह स्वयं इलावलपुर जाने के लिए कुछ उतनी उतावली न थी। लेकिन जब चेतन दफ़्तर से आया तो उसने अपने पति से इस बात का ज़िक्र किया।

'कान्ता की शादी है,' उसने कहा, 'ताऊ जी का पत्र आया है। कान्ता और नीला ने आप से आने का अनुरोध किया है।' चेतन को संक्षेप में उसने पत्र का सारांश बता दिया, पर अपनी ओर से किसी प्रकार की इच्छा प्रकट नहीं की।

चेतन का हृदय धक-धक करने लगा, पर अपने आन्तरिक उल्लास को छिपा कर उसने निहायत संयत स्वर में बेपरवाही से कहा, 'अच्छा, लाओ तो देखें क्या लिखा है ?'

चन्दा ने खत अपने पति को दे दिया। वास्तव में यह बुलावा हरमोहन की तरफ़ से था। पर एक अलग काग़ज़ पर कान्ता ने उसे आने के लिए लिखा था। इस पर चन्दा के ताऊ और पिता की ओर से ताकीद थी और नीला के हाथ की लिखी हुई दो पंक्तियों में ताकीद-मज़ीद[1] थी, जिसमें उसने अपने इस प्यारे जीजा जी को सानुरोध बुलाया था।

'आजकल दफ़्तर में बड़ा काम है,' चेतन ने पत्र पढ़ कर लौटाते हुए कहा, 'दो सम्पादक तो बीमारी के कारण छुट्टी पर गये हुए हैं, तीसरा बीमार होने की फ़िक्र में है। फिर भाई, मैं तो ब्याह-शादी के झमेलों से बड़ा घबराता हूँ। फिर शादी शहर में हो तो बात भी है, यहाँ जाना होगा उनके गाँव में....'

'हाँ, शादी तो वे अपने यहाँ ही करेंगे,' चन्दा ने कहा, 'लेकिन इलावलपुर गाँव नहीं, क़स्बा है!'

'अरे, यहाँ गाँव और क़स्बों में कौन-सा बड़ा फ़र्क़ होता है और मैं तो अपने रिश्तेदारों तक के ब्याह-शादियों में शामिल नहीं होता। फिर....'

बात काट कर उसकी पत्नी ने कहा, 'फिर निकट सम्बन्धी हों तो भी कुछ बात है,

१. ताकीद-मज़ीद — और भी अनुरोध।

आपको दफ़्तर में काम है और मैं स्कूल से छुट्टी लेना पसन्द नहीं करती। कान्ता की बात ज़रूर है। उससे मिलने को जी चाहता है, लेकिन उसे एक बार यहाँ बुला लेंगे। वहाँ जाने की ऐसी कोई ज़रूरत नहीं।'

अन्तिम बात सुन कर चेतन ज़रा बौखलाया। वह सोचता था —उसकी पत्नी अनुरोध करेगी, वह 'न न' करेगा और आखिर बड़ी मुश्किल से उस पर अहसान का बोझ लादते हुए जाने को तैयार हो जायेगा। पर चन्दा की यह बात सुन कर क्षण भर के लिए वह अप्रतिभ-सा उसके मुँह की ओर ताकता खड़ा रहा। फिर उसने फ़ौरन पैंतरा बदला।

'दूर-निकट की बात नहीं,' वह बोला, 'कई बार तो भाई-भाई भी इतने दूर चले जाते हैं कि दुश्मन उनसे नज़दीक जान पड़ते हैं। इसके बरअक्स पराये कई बार इतने पास आ जाते हैं कि अपने हो जाते हैं। सवाल वक़्त का है। मेरे पास वक़्त कम है।' फिर कुछ रुक कर वह बोला, 'लेकिन मैं सोचता हूँ कि तुम्हारे पिता और ताऊ तो उन्हें अपना-सा ही समझते हैं। इसलिए, यह तो एक तरह से उन्हीं के यहाँ जाना है। बुलावा भी तो उन्हीं की ओर से आया है, कहीं वे हमारी ग़ैर-मौजूदगी का बुरा न मानें ?'

और वह कुछ क्षण चुप रहा ताकि चन्दा पर इस तर्क की प्रतिक्रिया जाने। पर उसका मुख भाव-शून्य था। उसने फिर कहा :

'तुम इतने महीनों से इस ब्याह की बात कर रही थीं, मुझे साथ चलने को तैयार कर रही थीं, अब....'

'पहले मुझे कोई परीक्षा तो पास करनी नहीं थी, शादी-ब्याह में शामिल होती रही तो दे चुकी परीक्षा, और फिर कहीं फ़ेल हो गयी तो आप ही जान खायेंगे।'

चेतन हँसा, 'वहाँ कौन-से इतने दिन लगेंगे, चार-पाँच दिन के लिए ही तो जाना होगा।'

चन्दा चुप रही। वह सोच में पड़ गयी। फिर लम्बी साँस ले कर चेतन ने कहा :

'और मैं सोचता हूँ, इस बहाने तुम्हें भी कुछ आराम मिल जायेगा और मैं भी अखबार की इस चक्की से कुछ दिनों के लिए छुट्टी पाऊँगा।'

अपने आराम की बात तो शायद चन्दा पर उतना असर न डालती, पर अपने पति के लिए हँसी-खुशी के दो दिन उपस्थित करने को वह झट से तैयार हो गयी।

तैंतीस

पाँच के बदले चेतन को वहाँ पन्द्रह दिन लग गये।

०

कई बार ज़िन्दगी में कोई ऐसी छोटी-सी घटना घटती है जो हमारे जीवन की धारा ही को बदल देती है। न केवल यह, बल्कि कई बार वह छोटी-सी, रोज़ाना घटने वाली ढेरों साधारण घटनाओं में से एक घटना हमारे सम्पर्क में आने वालों की जीवन-धाराओं को भी

पलट देती है और हमारी ज़िन्दगी की ऐसी महत्वपूर्ण घटना बन जाती है कि उसका असर ज़िन्दगी भर हमारे मन पर रहता है।

चेतन के ससुर के मामा की इस पोती का विवाह भी चेतन, चन्दा और नीला के जीवन में एक ऐसी ही महत्वपूर्ण घटना बन गया।

०

चेतन अपनी पत्नी को ले कर सीधा इलावलपुर नहीं गया था। चन्दा कई महीनों से अपने माता-पिता से न मिली थी और वह पहले बस्ती ग़ज़ाँ जाना चाहती थी। चेतन भी जाते-जाते चुपराना में होने वाले वसन्तोत्सव को देख लेना चाहता था।

चुपराना गांधी-मण्डप से आध मील परे होशियारपुर रोड पर पड़ता है। किसी समय वहाँ सिर्फ़ एक कुआँ था और सुबह-सवेरे सैर को जाने वाले नगर के उत्तरी भाग के निवासी सैर और दिशा-फ़राग़त के बाद उस कुएँ पर नहाया करते थे। इधर जालन्धर के प्रसिद्ध सोंधी खानदान के किसी बुज़ुर्ग के मरने पर उनकी समाधि चुपराना के क़रीब बना दी गयी थी और अपने इस बुज़ुर्ग की याद को ताज़ा रखने के लिए उन बुज़ुर्ग के वंशजों ने वसन्त के दिन एक मेले का आयोजन कर दिया था। इस मेले को सफल बनाने के उद्देश्य से एक कवि-सम्मेलन का भी प्रबन्ध किया जाता था। चेतन की इच्छा थी कि अगर उससे कहा गया — अगर उससे अनुरोध किया गया — तो वह अपनी एक कविता पढ़ देगा। यह कविता उसने तीन साल पहले कॉलेज के दिनों में वसन्तोत्सव पर लिखी थी। मन-ही-मन वह उस कविता को याद करने का प्रयास भी करता रहा।

रात को चेतन अपनी ससुराल में ही सोया। इससे पहले जब एक-दो बार वह आया था तो पण्डित वेणीप्रसाद के यहाँ ठहरा था और वह उस घर को ही अपने ससुर का घर समझता था। लेकिन अब उसे मालूम हुआ कि उसके ससुर का अपना कोई मकान नहीं। अपनी जेठानी से उसकी सास की कभी पटी न थी और अपने पति को ले कर वह अलग हो गयी थी। इस मकान के भी दो कमरे ही उसके ससुर ने किराये पर ले रखे थे। हालाँकि किसी ने उस पर ज़ाहिर नहीं होने दिया, लेकिन उसे कुछ ऐसा लगा कि उसके ससुर का हाल कुछ पतला है।

रात को बड़े प्यार से चेतन की सास ने उसे आलू और अण्डों की तरकारी बना कर खिलायी।

'चन्दा के पिता बड़े शौक़ से खाया करते थे,' उसने खाना परोसते हुए कहा, 'रणवीर और हरमोहन भी बड़े शौक़ से पकवाते थे। लेकिन चन्दा के पिता ने मांस खाना छोड़ दिया और रणवीर या हरमोहन अब इधर क्यों आने लगे।' और उसने एक ठण्डी उसाँस छोड़ी।

यों चेतन बड़ी सात्विक वृत्ति का नौजवान था। शराब और सिगरेट तो दूर, वह पान तक न खाता था। लेकिन बी० ए० पास करने के बाद अपने मित्र अनन्त के निरन्तर अनुरोध के कारण, सेहत के खयाल से, उसने गोश्त खाना शुरू कर दिया था। वह शुरू करने ही का गुनहगार था। बाक़ायदा गोश्त खाने के लिए वह कभी पैसे न बचा पाया था। अण्डे खूब स्वादिष्ट बने थे। वह जी भर कर खा गया।

दूसरे दिन वह अचकन और चूड़ीदार पायजामा पहन कर चुपराना जाने के लिए तैयार

हुआ। बाक़ी घर वालों से उसने कह दिया कि —'आप लोग इलावलपुर जायें, मैं रणवीर के साथ शाम की गाड़ी से पहुँच जाऊँगा।'

यह रणवीर नीला का बड़ा भाई था। दूसरों से कविता लिखवा कर पढ़ने का शौक़ीन! उसी को साथ ले कर चेतन चुपराना की ओर चल पड़ा।

बारह बजने वाले थे। धूप तेज़ हो गयी थी। बस्ती से अपनी उमंग में वह अपनी कहानियों और कविताओं की प्रशंसा करता और इस प्रकार अपने इस साले पर रोब जमाता हुआ पैदल ही चल पड़ा था। लेकिन जब लगभग चार-पाँच मील चल कर वे चुपराना पहुँचे तो उसने देखा कि वसन्तोत्सव का तो वहाँ निशान तक नहीं। वास्तव में जिन धनी-मानी सज्जनों के उत्साह ने वहाँ मेला आरम्भ करवाया था, कुछ महीने पहले उनमें से कोई दिवंगत हो गया था और शोक के कारण उन्होंने इस बार मेले का आयोजन न किया था। लोग आ-आ कर लौटे जा रहे थे।

चुपराना से इधर ही सड़क पर चेतन रुक गया। इन चार-पाँच घण्टों में पहली बार उसे लगा कि वह बेहद थक गया है और सूरज की किरणें भी उसके शरीर में कुछ चुभ-सी रही हैं।

बड़ी मुश्किल से उसने अपनी तीन वर्ष पहले लिखी हुई कविता याद की थी और उसे मन-ही-मन कई बार दोहराया था। उस कविता के सारे शब्द अगनित हथौड़ों की तरह उसके सिर में चोट पहुँचाने लगे।

चुपराना के वसन्तोत्सव में शामिल होने के बाद उनका प्रोग्राम स्टेशन जाने का था। घड़ी देखी तो गाड़ी में अभी तीन घण्टे बाक़ी थे। उसे इतनी थकान लग रही थी कि बस्ती या शहर में अपने घर वापस जाना उसे दूभर मालूम होता था।

'यहाँ कोई ताँगा न मिल जायेगा ?' चेतन ने विवशता से रणवीर की ओर देखते हुए पूछा।

'नज़र तो नहीं आता।'

'चलो, शहर को जाने की बजाय यहीं से स्टेशन की ओर चलें। वहीं जा कर कुछ सुस्ता लेंगे।'

तभी रणवीर को पहली बार किसी चीज़ का अभाव महसूस हुआ। उसे अपना कण्ठ सूखता हुआ लगा और उसके कलेजे में कुछ कुसमुसी-सी होने लगी। तब उसे ध्यान आया कि उसने तो सुबह से एक पान तक नहीं चबाया और न एक सिगरेट ही पिया है। उस समय तक तो वह आठ-दस पान चबा जाया करता है और सिगरेट की एक-डेढ़ डिबिया फूँक दिया करता है। उसने इस प्रस्ताव का सहर्ष स्वागत किया। 'रॉयल सिनेमा के पास चौधरी की दुकान पर बैठेंगे,' उसने कहा, 'मैं पान और सिगरेट ले लूँगा और आप एक-दो कप चाय पी लीजिएगा। थकान दूर हो जायेगी।'

और दोनों चल पड़े!

०

चेतन का यह साला विचित्र प्रकृति का युवक था। जिन लोगों की माताएँ उन्हें निहायत लाड़ से पाल कर उनके बचपन में ही मर जाती हैं, उन्हीं में रणवीर भी एक था। यों कोई वैसा

बुरा व्यसन उसमें नहीं था, लेकिन निठल्लापन भी क्या कोई छोटा ऐब है ? वह दिन भर बेकार घूमता रहता, खूब पान चबाता, खूब सिगरेट पीता, खूब स्कीमें बनाता और उन्हें खूब ही तोड़ता। लम्बा, पतला, नोकदार मुँह, ठोढ़ी रास अन्तरीप की-सी! गाल जैसे खाड़ियाँ, दाँतों पर पान की लाली और टार्टर की कालिमा, बाल रूखे-सूखे, और चौड़े माथे पर बिखरे हुए! चौधरी की दुकान पर चाय पिलाने के बाद उसने अपने जीजा जी को इलावलपुर की गाड़ी में बैठा दिया और इस सारी सेवा के बदले में उसने अपने इन कवि जीजा से गाड़ी के डिब्बे में बैठे-बैठे अपने लिए एक नज़्म बनवा ली।

इस कविता के बारे में कुछ दिन बाद उसने आँखों में बरबस मद भर कर और स्वर को यथासम्भव रोमैंटिक बना कर जालन्धर के एक फ़सली अखबार के फ़सली एडीटर से कहा, 'दिन भर सरसों को सुन्दर वासन्ती फूल, गेहूँ को बालियाँ, आम और नीम को बौर और अनार और कचनार को नयी कोंपलें बख्शता हुआ वसन्त का सूरज शाम को जब पच्छिम की सुनहरी झील में छिप रहा था, तब मुझे यह कविता सूझी।' फिर उसने तनिक और गर्वस्फीत स्वर में कहा था, 'जिस तरह वसन्त की मीठी मद-भरी हवा में साँस भरने ही से नस-नस में नयी फुर्ती महसूस होती है, उसी तरह इस कविता को पढ़ कर आपको अपनी नस-नस में नयी ज़िन्दगी का नया खून दौड़ता हुआ महसूस होगा। ज़रा ध्यान से सुनिए....'

चौंतीस

कविता को पढ़ कर किसी की नसों में नयी ज़िन्दगी के नये रक्त अथवा नवस्फूर्ति का संचार हुआ या नहीं, इसे तो रणवीर या उस कविता के श्रोता जानें, पर कविता समाप्त कर, उसे रणवीर को सौंपते हुए इलावलपुर स्टेशन पर उतर कर क़स्बे को जाते-जाते चेतन को ज़ोर की सर्दी लगने लगी। उसका सारा शरीर काँपने लगा। नवजीवन का संचार तो दूर रहा, उसे अपना पुराना जीवन भी साथ छोड़ता हुआ लगा।

वसन्त के आरम्भ की सुन्दर शाम थी। सूरज सचमुच पश्चिम की सुनहरी झील में धीरे-धीरे उतर रहा था और उसकी सुनहरी किरणें नाचते हुए मोर के पंखों-सी आकाश में गोलाकार फैल रही थीं। बाक़ी, जिस देहाती सुन्दरता का वर्णन चेतन ने उस कविता में किया था, उसका चिन्ह मात्र भी उसे वहाँ दिखायी न दिया था। दूर तक बंजर धरती पसरी हुई थी, कहीं-कहीं जण्ड या बबूल का कोई टेढ़ा-मेढ़ा पेड़ वसन्त में भी उस जगह की वीरानी का मातम कर रहा था। ठण्डी-ठण्डी हवा चलने लगी थी, चेतन का शरीर बुरी तरह काँप रहा था और उसके माथे में बेहद दर्द हो रहा था।

अपना हाथ रणवीर की ओर बढ़ाते हुए उसने कहा, 'रणवीर, ज़रा मेरा हाथ तो देखो, मुझे बुरी तरह जाड़ा लग रहा है!'

'जीजा जी, आपका शरीर तो तवे की तरह गर्म है।' रणवीर ने उसकी कलाई छूते ही

दुश्चिन्ता से कहा।

'ज़रा तेज़ चलो, मेरा जी घबरा-सा रहा है।'

दोनों और तेज़ चलने लगे।

रास्ते की धूल से चेतन का सफ़ेद पायजामा मैला हो रहा था और मन-ही-मन वह सोच रहा था कि उसके पास तो कोई दूसरा पायजामा भी नहीं।

क़स्बे के बाहर एक जौहड़ में निहायत दुर्गन्ध-भरा पानी इकट्ठा हो रहा था। उसमें एक-दो बेडौल-से सूखे पेड़ों के तने पड़े थे। किनारे पर कुछ टूटी हुई बैलगाड़ियों के पहिए, जुए, ऊँठने, उलारू[1], आदि इधर-उधर बिखरे पड़े थे। एक बेपहिए की पूरी-की-पूरी बैलगाड़ी भी एक ओर पड़ी थी। इर्द-गिर्द कूड़े के ढेर थे। एक सूखा, टेढ़े-मेढ़े तने वाला पीपल का पेड़, जिसके सिरे पर ही चन्द हरी टहनियाँ लहरा रही थीं, इस सारे दृश्य को एक दार्शनिक की उदासीनता से निरख-परख रहा था।

तेज़-तेज़ चलते और ज्वर के वेग से काँपते हुए चेतन को यह सब अत्यन्त नीरस और उदास प्रतीत हुआ। उसका जी मतलाने लगा और जब वह तीन-चार सँकरी, दुर्गन्ध-भरी, गन्दी, मैली गलियों से गुज़र कर मामा चिरंजीत लाल के पक्के तिमंज़िले मकान के बालाखाने पर पहुँचा तो उसे ज़ोर की क़ै हुई।

रणवीर ने नीचे जा कर बताया कि जीजा जी को बुखार हो आया है और वह पानी ले कर फिर ऊपर को भागा।

सख़्त दर्द से फटे जाते सिर को थामे, नाली पर बैठे-बैठे, ज्वर के ताप से जलती-तपती आँखों से चेतन ने देखा कि एक लड़की भागती-भागती आयी और देखते-देखते उसने अन्दर चौबारे में बिस्तर बिछा दिया और रणवीर से कहा कि जीजा जी को वहाँ लिटाये।

कुल्ला करके, वैसे ही सिर थामे, रणवीर के सहारे जब वह बिस्तर पर जा लेटा और जब उस पर लिहाफ़ डाल दिया गया तो उसने अपने मस्तक पर ठण्डा, प्यार-भरा हाथ फिरता हुआ महसूस किया और उसके कानों में आवाज़ आयी —मीठी और मद-भरी, 'जीजा जी!'

चेतन को बड़े ज़ोरों की कँपकँपी छिड़ी थी। बुखार की तेज़ी के कारण उसकी आँखें भट्ठी की तरह तप रही थीं। उससे बोला न जाता था, लेकिन नीला का स्वर पहचान कर उसे बड़ी सान्त्वना मिली। लिहाफ़ के अन्दर उसकी आँखें भर-सी आयीं। जब नीला ने फिर प्यार से उसके मस्तक पर हाथ फेरते हुए उसे आवाज़ दी तो उसने लगभग गीले, थरथराते हुए स्वर में कहा :

'नीला, सिर फटा जा रहा है।'

○

इस बीमारी में चन्दा अपने पति के पास ज़्यादा नहीं आयी। जब सिर दर्द से बेचैन हो कर चेतन ने उसका नाम ले कर पुकारा था तो वह एक बार आयी और सहमे हुए स्वर में उसने कहा था :

---

१. बैलगाड़ी के विभिन्न अवयव।

'आप मेरी माँ को यहाँ मुँह दिखाने लायक़ नहीं रहने देंगे। यह जालन्धर या बस्ती नहीं, यह गाँव है। बड़े पुराने विचारों के लोग रहते हैं यहाँ। आपको जिस चीज़ की ज़रूरत होगी, उसका मैं पूरा-पूरा खयाल रखूँगी। मैं नीला से कहे देती हूँ। आपकी ज़रूरतों की ओर वह पूरा-पूरा ध्यान देगी। मेरे माता-पिता की इज़्ज़त का खयाल रखें —मुझे नाम ले कर न पुकारें।'

और अत्यन्त अनुनय के स्वर में यह सब कह कर वह भाग गयी थी। नीला से कुछ कहने की उसे ज़रूरत ही न पड़ी थी, क्योंकि अपने जीजा जी की आवाज़ सुन कर वह चन्दा के पीछे ही भाग आयी थी। चेतन के कमरे में उस समय बच्चे शोर मचा रहे थे और उसका सिर फटा जा रहा था।

'भगवान के लिए इनको यहाँ से भगाओ!' चेतन ने सिर थामते हुए किसी-न-किसी तरह कहा।

नीला ने बच्चों को झिड़क-डाँट कर भगा दिया, किवाड़ भेड़, कुण्डी चढ़ा दी और चेतन के सिरहाने आ बैठी। चेतन उस वक़्त दर्द से कराह रहा था। नीला धीरे-धीरे उसका सिर दबाने लगी।

०

इसके बाद चेतन पर कुछ नीम-बेहोशी-सी छा गयी। नीला का स्वर जैसे कहीं बहुत दूर से आते हुए, मीठे मद-भरे संगीत की शान्ति-प्रद तान की तरह उसके कानों में आता रहा। नीला क्या-क्या बातें करती रही, उसे वह सब याद नहीं रहा। लेकिन उस नीम-बेहोशी में भी उसकी कुछ बातें चेतन के मन में अमिट रूप से अंकित हो गयीं।

उसके लम्बे-लम्बे घुँघराले बालों में अपनी कोमल उँगलियाँ फेरते हुए नीला ने कहा था, 'जीजा जी, तुम्हारे बाल कितने सुन्दर हैं! लम्बे, काले, घुँघराले....'

....और फिर पूछा था, 'क्यों जीजा जी। ये घूँघर आपने कैसे बनाये हैं ? आपने बनाये हैं, या अपने आप बन गये हैं ? मेरे तो बाल ऐसे नहीं बन पाते। लम्बे तो हैं, पर घुँघराले नहीं।'

और उसने अपनी वेणी ले कर जीजा जी को अपने बाल दिखाये थे कि वे कैसे कोमल और लम्बे हैं, पर घुँघराले नहीं।

चेतन ने ज्वर के कारण तपते-जलते अपने हाथों में वे कोमल, ठण्डे केश ले लिये थे और अनजाने ही उसने वेणी को धीरे-धीरे खोल डाला था और बेकिनार शान्ति देने वाले नीला के लम्बे, काले, सुकोमल, सुवासित केश चेतन के मुख पर बिखर गये थे।

'....जीजा जी, आपने तो मेरी वेणी खोल दी!'

....उसने बाल खींचे थे। पर चेतन ने उन्हें न छोड़ा था, न नीला ही ने उन्हें छुड़ाने की कुछ ज़्यादा कोशिश की थी। उन लम्बे, काले, सुकोमल कुन्तलों को चेतन ने अपने दोनों हाथों में ले लिया था, अपने मुख पर बिखरा लिया था और नीला उस पर झुक गयी थी....इतना....इतना....कि एक बार उसे प्रबल आकांक्षा हुई कि उसके गले में बाँहें डाल कर उसे चूम ले। पर उसने बालों को ही चूमा। वह भी इस तरह कि नीला को आभास तक न हुआ और वह पूर्ववत बातें करती गयी।

'....जीजा जी, मैं तो ब्याह न करूँगी। कोई मेरी शादी ज़बरदस्ती थोड़े ही कर देगा।'

'....क्यों जीजा जी, जब लोग ब्याह के बाद ब्याह को कोसते हैं तो वे क्यों करते हैं शादी ? न करें! सुख से रहें। मैं तो कभी न करूँगी। मैं तो साफ़-साफ़ कह दूँगी पिता जी से।'

और उसने अपनी बड़ी बहन की कहानी सुनायी थी।

'....मीला बहन क्या सुखी है ? शादी से पहले जाने क्या-क्या सोचती होगी ? हवा में कितने किले बनाती होगी ? लेकिन अब तो उसकी आँखों का पानी ही नहीं सूखता। बड़े जीजा जी इंजीनियर हैं, सात-आठ सौ वेतन पाते हैं। ससुर धनी-मानी हैं, फिर भी सुख नहीं है। जब शादी हुई थी तब बड़े जीजा जी पढ़ते थे। सास ने तीन साल तक उसे पति के पास नहीं फटकने दिया। फिर सास के साथ बहन की पटी नहीं, इसलिए सास ने शोर मचाया कि वह तो बाँझ है, मैं अपने लाल का दूसरा ब्याह कर दूँगी।'

और नीला कुछ क्षण चुप शून्य में तकती रही थी! फिर उसने कहा था :

'....खैर, तब जीजा जी दूसरा ब्याह करने को तैयार न हुए। बाद में बहन के एक छोड़ तीन बच्चे हुए, पर उसका वैवाहिक जीवन सफल न हुआ। अब जीजा जी की शिकायत है कि जीजी कुरूप है, फूहड़ है, पढ़ी-लिखी नहीं, सभ्य-समाज के तौर-तरीक़े नहीं जानती!'

'....ज़बरदस्ती कौन करेगा जीजा जी ? मैं विवाह करूँगी ही नहीं।'

'....बच्ची नहीं हूँ, चौदह बरस की होने को आयी हूँ।'

और चेतन का माथा दबाते-दबाते नीला ने उसके गालों पर हाथ फेरा।

'....जीजा जी, दाढ़ी आपके बड़ी बढ़ आयी है। आप हजामत क्यों नहीं बनवा लेते ?' और वह हँसी थी, 'मैं बना दूँ उस्तरा ले कर ?'

'जीजा जी, आपके होंटों पर पपड़ियाँ जम गयी हैं, इन पर ज़रा-सा मक्खन लगा दूँ ?'

और अपना एक हाथ उसने चेतन के सूखे होंटों पर फेरा। चेतन ने उसके हाथ पर अपना हाथ रख दिया था और उस हाथ को अपने होंटों से ज़रा-सा दबा दिया था!

और उसका पूरा शरीर झनझना उठा था। उससे कुछ बोला न गया था। उसका गला सूज गया था। उसे बहुत तकलीफ़ थी, पर उस सारे दर्द और तकलीफ़ के बावजूद उसे बहुत सुख और राहत मिली।

रात को नीला ने दूध में बनफ़शा उबाल कर उसके गले पर बाँध दिया।

०

दूसरे दिन गाँव के हस्पताल का कम्पाउण्डर आया, जो अपने आपको डॉ० विधान चन्द्र राय से कम न समझता था। कुनीन मिक्सचर और फ़ीवर मिक्सचर की खुराकें वह उसे पिलाता रहा, लेकिन चेतन को आराम न आया। हार कर चेतन ने एक देहाती हकीम से, जो अत्तार भी था, अत्तरीफल ज़मानी[१] मँगाया। दूध के साथ उसे पिया और गरिष्ठ अण्डों से (जो ठीक तरह न पचने के कारण उसके आमाशय ही में सड़ कर विकार पैदा कर रहे

१. एक यूनानी दवाई.

थे) जब पेट साफ़ हुआ तो वह कुछ ठीक ढंग से सोचने योग्य बना। उसने हजामत बनवायी, मुँह-हाथ धोया और चारपाई पर आराम से लेट गया।

एक-एक करके सब बातें उसके दिमाग़ में आने लगीं....

गले में सूजन होने के कारण वह ज़्यादा न बोल पाया था और बातें प्रायः नीला ही करती रही थी। लेकिन जितनी देर वह पास बैठी बातें करती थी, चेतन को कुछ अजीब-से, बेकिनार सुख-सन्तोष का एहसास होता रहा —ऐसे सुख-सन्तोष का, जिसे आदमी अपनी नस-नस में महसूस तो करता है, लेकिन व्यक्त नहीं कर पाता। ....उसके लम्बे, काले, सुकोमल, सुगन्धित बाल....पतली, पर मांसल उँगलियाँ....हृदय को भेद कर, सोयी हुई भावनाओं को जगाने वाली उसकी निगाह....लेकिन चन्दा....

और अचानक अपनी पत्नी का ध्यान आ जाने से उसने उसे आवाज़ दी।

भाग कर नीला ऊपर आ गयी।

बिना उसकी ओर देखे, बिना उससे नज़र मिलाये चेतन ने कहा, 'तुम ज़रा अपनी बहन को भेज दो।'

'क्या काम है जीजा जी ?' जैसे उसकी नाचती हुई आँखों ने पूछा।

'तुम ज़रा उसे भेज दो।'

और कुछ चकित-सी नीला चुपचाप चली गयी। कुछ पल बाद चन्दा उसके पास खड़ी थी।

'कहिए!'

चेतन चुप रहा। वह सोच रहा था कि अभी जो बात उसके मन में अचानक उठी थी, उसे कहे या न कहे।

चन्दा उसके पास बैठ गयी और उसके लम्बे-लम्बे बालों पर हाथ फेरते हुए उसने कहा :

'आपने मुझे बुलाया था ? क्या हाल है अब तबियत का ?' और एक स्निग्ध मुस्कान उसके होंटों पर फैल गयी।

'तुम्हारी बला से।' चेतन ने रुखाई से कहा, 'तुम्हारी तरफ़ से कोई मरे या जिये, तुम अपनी सखी-सहेलियों और गाने-बजाने में मस्त रहो।'

'क्यों, क्या बात है ?' चन्दा का गला भर आया। उसकी मुस्कान उदासी में बदल गयी और उसकी हैरान आँखें पति के पतले-दुबले और क़द्रे पीले चेहरे पर जम गयीं।

'मैं आज चार-पाँच दिन से बीमार हूँ। इतना बुखार चढ़ आया, तुमने पूछा भी आ कर ?'

'क्यों, मैं तो बराबर आपकी खबर रखती हूँ। आपको किस बात की तकलीफ़ हुई है ? नीला जो थी....!'

'नीला जो थी....नीला जो थी....नीला....,' झल्ला कर चेतन ने लगभग चीखते हुए कहा, 'तुम मेरे पास बैठो!'

अत्यन्त विनीत और आर्द्र स्वर में चन्दा ने कहा, 'आप नहीं जानते, मैं आपके पास आ बैठी तो बीस तरह की बातें होंगी। परिवार की औरतें जो मुँह में आया बकेंगी। नीला....'

'मैं कहता हूँ चन्दा, तुम पागल हो,' चेतन ने खीज कर कहा, 'नीला अब बच्ची नहीं रही, चौदह वर्ष की हो गयी है, और मैं — देखती नहीं हो — इन्सान हूँ, कमज़ोर इन्सान....'

चन्दा ज़ोर से हँस पड़ी, 'आपने मुझे डरा ही दिया था। मुझे इस बात का डर नहीं। वह मेरी छोटी बहन है। ताऊ की लड़की हुई तो क्या, मैंने उसे हमेशा बहन ही की तरह समझा है। उसकी इ़ज़्ज़त आपके हाथ में है। वह चंचल है, बालिका है, छोटी-मोटी ग़लती कर सकती है, पर आप तो नहीं कर सकते।'

और एक असीम, अपार, उदार विश्वास से अपने पति को देखते हुए उसने उसके मस्तक पर हाथ फेरा।

चेतन ने अपनी दृष्टि अपनी पत्नी की आँखों में जमा दी। इस सरला से कभी वह विश्वासघात कर सकता है ? एक असीम दया और अव्यक्त प्यार से उसके मन-प्राण प्लावित हो उठे। कितना बड़ा दिल पाया है इस नारी ने! फिर कितनी भोली! नहीं जानती कि मानसिक सम्बन्ध के अलावा शारीरिक सम्बन्ध भी कोई चीज़ है। मन से आदमी अपने संगी का बना रहना चाहता है, तन नहीं रहने देता। मन शरीर को अपने अधिकार में, अपने संयम में रखना चाहता है, लेकिन वह प्रायः बिदके हुए घोड़े की तरह भाग खड़ा होता है। उसने धीरे से कहा :

'तुम मेरे पास नहीं बैठना चाहतीं, तो फिर मुझे यहाँ से ले चलो।'

उस निगाह से, जो स्निग्ध-प्यार से भर कर एक बच्चे के चंचल भोलेपन को देखती है, चन्दा ने अपने पति की ओर देखा और उसके कन्धे को हल्के से थपथपा कर उसने कहा, 'मैं कहीं जा तो नहीं रही, हमेशा आपके पास ही तो मुझे रहना है। आप ही के कहने पर मैं यहाँ आयी थी। अब जिस काम से आयी हूँ, उसके खत्म होने से पहले कैसे चली चलूँ ? इस तरह जाना तो बचपना होगा। बस, दो-चार दिन और किसी तरह काट लीजिए। मैं तो दिन-रात आपके पास बैठी रहूँ, लेकिन रिश्तेदारों की हँसी का डर है। यों कहने को मैं चाहे नीचे आँगन में बैठी रहती हूँ, पर मेरा सारा ध्यान आप की ओर ही लगा रहता है।'

और वह उठी।

चेतन ने लम्बी साँस ली। कुहनियों के बल वह ज़रा-सा उठा हुआ था। उन्हें उसने ढीला छोड़ दिया और हताश-सा लेट गया।

'मुझे कुछ भूख-सी लगी है। ज़रा-सा गर्म दूध ला दो।' मीठे स्वर में उसने कहा।

'मैं अभी भिजवाती हूँ।' तत्परता से चन्दा नीचे की ओर चली गयी।

पैंतीस

चेतन ने सिर उठा कर देखा — दूध से भरा गिलास लिये हुए नीला आ रही थी।

गिलास को दोनों हाथों से थामे होने के कारण उसके सिर का दुपट्टा खिसक गया

था और उसके धुले-खुले, लम्बे, काले बाल कन्धों से कमर तक छाये थे।

चेतन का दिल धक् से हो गया। यह नीला इतनी सुन्दर उसे कभी न लगी थी। वर्षा के बाद की निखरी सुबह-सी, अरुण कपोल और गीले होंट लिये, सद्यस्नाता वह उसके सामने खड़ी थी।

'जीजा जी, दूध पी लो!'

दूध के गिलास पर झुकी उसकी निगाहें ज़रा-सी ऊपर उठ कर चेतन की आँखों से चार हुईं और वसन्त के सूरज की प्रथम किरण-सी एक हल्की-सी मुस्कान उसके होंटों पर फैल गयी।

चेतन नहीं हँसा। वह उठ कर बैठ गया और क़द्रे काँपते हुए हाथों से उसने गिलास थाम लिया। नीला उसके बिस्तर पर बैठ गयी और दोनों हाथों से उसके दोनों कन्धे थाम कर उसने उसे सहारा दिया, उसके वक्ष की गर्मी को चेतन ने अपनी पीठ पर अनुभव किया।

उसने दो घूँट पिये —गर्म, स्वच्छ, ताज़ा दूध। लेकिन चेतन का गला जैसे सूख रहा था, उसके हाथ और भी काँपने लगे।

'मैं पिला दूँ आपको,' नीला ने प्यार से कहा।

'नहीं, पी रहा हूँ!' चेतन बोला।

और उसने दो घूँट और पिये।

तभी बाहर कोठे पर खेलते, शोर मचाते, एक-दूसरे को छूते, धमा-चौकड़ी मचाते हुए बच्चे अन्दर चौबारे में आ दाखिल हुए। चिढ़ कर नीला बिस्तर से कूद उनके पीछे भागी।

'तुमसे कितनी बार कहा है, इधर न आओ!' उसने उन्हें डाँटते और बाहर निकालते हुए कहा और बाहर आँगन की मुँडेर पर से नीचे किसी चाची को सम्बोधित करके चिल्लायी : 'चाची, हटा लो इनको, जीजा जी की तबीयत ठीक नहीं और ये शोर मचाते हैं! किवाड़ लगाती हूँ तो धड़ाधड़ तोड़ते हैं, शैतानों से क्या कम हैं ये सब ?' और क्रोध में भ्रू-भंग किये हुए आ कर उसने खट् से किवाड़ बन्द कर दिये, चिटखनी लगा दी और अपने जीजा के पीछे उसी तरह सट कर बैठ गयी।

चेतन के शरीर में फिर बिजलियाँ-सी कौंध गयीं। अपनी पीठ के साथ नीला के स्वस्थ और कठोर वक्ष का परस और उष्णता अनुभव करते ही चेतन के हाथ फिर काँपने लगे। एक विचित्र आनन्द से भरी झुरझुरी-सी रह-रह कर उसके शरीर में उठने लगी। अपनी पत्नी को बीसियों बार उसने आलिंगन में लिया था, लेकिन कभी उसके शरीर में ऐसी झुरझुरी, ऐसा कम्पन पैदा नहीं हुआ था।

नीला ने गिलास उसके हाथ से ले लिया। 'आप तो काँप रहे हैं।' यह कहते हुए चेतन के समस्त शरीर को अपनी दायीं बाँह पर ले कर उसने बायें हाथ से गिलास उसके होंटों से लगा दिया। चेतन जैसे किसी दूसरी ही दुनिया में पहुँच गया। बेलि-सी उस किशोरी के हाथ से, उसकी बाँह का सहारा लिये, उसके वक्ष से लगे दूध पीने में चेतन ने जो क्षण बिताये और उनमें उसे जिस असीम आनन्द का आभास मिला, वह उसे अब तक कभी न मिला था। कुन्ती के साथ बात करते हुए भी नहीं और प्रकाशो के वक्ष पर चुटकी काटते

हुए भी नहीं। वसन्त के नीले आकाश पर जैसे छोटे-छोटे मेघ-बाल अपनी गर्म-गर्म ऊन के गदेले लिये उड़े जा रहे थे और उनकी सेज पर लेटा वह उनके साथ उड़ा जा रहा था।

जब चेतन ने दूध पी लिया, नीला ने वहीं बैठे-बैठे हाथ बढ़ा कर गिलास ताक़ में रख दिया और हटने लगी तो अचानक दायें हाथ से उसे अपने आलिंगन में भर कर चेतन ने उसे चूम लिया।

नीला चारपाई से उतर गयी।

चेतन श्रान्त-सा बिस्तर में धँस गया।

नीला ने जा कर झट से दरवाज़ा खोल दिया और फिर चुपचाप आ कर उसके सिरहाने खड़ी हो गयी।

चेतन ने देखा — उसके गाल निमिष-मात्र के लिए और भी लाल हो गये, फिर कपास के फूल की सफ़ेदी उन पर दौड़ गयी।

करवट बदल कर लेटे-लेटे चेतन ने कहा, 'नाराज़ हो गयी हो नीला, माफ़ कर दो!'

नीला ने उत्तर न दिया। तेज़-तेज़ चलती वह कमरे से निकल गयी।

०

अपने उस कृत्य पर चेतन ने नीला से माफ़ी माँग ली थी और नीला ने उसे माफ़ भी कर दिया था, पर स्वयं वह अपने आपको क्षमा न कर पाया था। साँझ को जब पण्डित वेणीप्रसाद अपने हिलते-डोलते शरीर को लिये हुए उसका हाल-चाल पूछने उसके पास आ कर बैठे थे तो लैम्प के उस धीमे प्रकाश में, उसने धीरे-धीरे, एक-दो बातों को छोड़ कर इशारों में सब कुछ उन्हें बता दिया और सलाह दी कि नीला अब युवती हो गयी है, अब उसका विवाह कर देना चाहिए। माँ सिर पर नहीं और आप भी उतना ध्यान नहीं दे सकते....और ज़माना अच्छा नहीं....बस्ती में अपढ़ लड़कियों की संगति....और व्यस्त रहने के लिए उसके पास कुछ है नहीं....आदि.... आदि....

इसके बाद नीला उसके पास न आयी थी। यदि चेतन को कुछ ज़रूरत भी हुई तो उसकी बहन शीला ही आयी। चेतन का दम घुटने लगा। वह चाहने लगा कि उसी क्षण उठ कर भाग जाय, सीधा लाहौर चला जाय, फिर कभी जालन्धर अथवा इलावलपुर न आये।

लेकिन इसके बाद भी उसे चार दिन वहाँ रहना पड़ा। वे चार दिन जैसे चार वर्षों-से बीते। चारपाई पर वह अकेला लेटा छत की कड़ियाँ गिनता रहा। उसे पहली बार अनुभव हुआ जैसे उस कमरे में से रूह उड़ गयी है और वह एक शव-सा मुँह बाये वहाँ पड़ा है। एक ही दिन में उसके स्वभाव में चिड़चिड़ापन आ गया। वह यों ही चन्दा को आवाज़ें देता और जब हर आवाज़ पर नन्ही शीला फुदकती हुई आती तो मन-ही-मन झल्ला कर रह जाता।

अन्त में तीसरे दिन शीला को अपने पास बैठा कर, उसके सिर पर प्यार से हाथ फेरते हुए, उसने पूछा था, 'क्यों शीला, नीला को इधर नहीं देखा, क्या करती रहती है ?'

'रोती रहती है वह!'

'रोती रहती है। पर क्यों ?'

लेकिन इस 'क्यों' का उत्तर वह निरीह बालिका क्या देती ? चेतन को लगता जैसे

कोई उसका हृदय कचोट रहा है।

चौथे दिन भी नीला न आयी। चेतन के लिए अब पल भर भी उस कमरे में बिताना कठिन हो गया। कान्ता अपनी ससुराल से एक दिन के लिए आ कर जा चुकी थी। विवाह पर आये हुए सगे-सम्बन्धी जाने लगे थे। उसने चन्दा को बुलाया और आग्रह किया कि उसे उसी क्षण वहाँ से ले चले। कान्ता की माँ और उसकी सास ने बहुतेरा कहा कि अभी तुम्हारा जी ठीक नहीं, अभी दो-चार दिन और यहाँ रहो, पर वह न माना। ग्लानि से उसके मन-प्राण जल रहे थे! विवश हो, चन्दा उसे ले कर चल पड़ी।

मामा चिरंजीत लाल के उस तिमंज़िले मकान से उतरते हुए उसके मन में प्रबल आकांक्षा हुई कि यदि नीला कहीं मिल जाय तो वह उससे फिर एक बार माफ़ी माँग ले। पर उसे उतरते देख, वह भाग कर कमरे में जा छिपी।

चेतन को ऐसा लगा जैसे किसी ने ज़ोर से खींच कर उसके मुँह पर चाँटा दे मारा हो।

छत्तीस

कल्लोवानी के अपने उसी कमरे में चुपचाप बिस्तर पर लेटा हुआ चेतन अन्यमनस्क-सा खिड़की के बाहर देख रहा था।

जिस दिन वह इलावलपुर से जालन्धर लौटा था, उसी दिन घर पहुँचते ही उसे मालूम हुआ था कि उसके दादा का देहान्त हो गया है और ग्यारह दिन तक उसके लिए वहीं रहना अनिवार्य है। हालाँकि इलावलपुर में उसका बुखार उतर गया था, लेकिन रास्ते की थकन, गर्मी और दादा के देहान्त के बाद घर में खाने की असुविधा हो जाने के कारण वह फिर बीमार पड़ गया था।

०

आज ग्यारहवें दिन दादा का क्रिया-कर्म हुआ था और दिन भर का थका चेतन लेटा था। सामने के मकान की छत पर गोपीनाथ सुनार की लड़की गौरा अनमनी-सी बैठी थी और निचली मंज़िल की खिड़की में उसकी माँ —अमरकौर —एक ही धोती से अपने तन को ढँके, न जाने किसे कोस रही थी।

गौरा की माँ दिन भर किसी-न-किसी को कोसती रहती थी —कभी बूढ़ी, अन्धी सास के लोभ को, कभी बुड्ढे, बेबस, अपाहिज ससुर की लोलुपता को; कभी बच्चों की नालायक़ी को; कभी पति के खसारे को और कभी समधी की नीचता को —गली-मुहल्ला, सगे-सम्बन्धी —सब उसे अपने विरुद्ध षड्यन्त्र रचते दिखायी देते थे।

खिड़की से आधी बाहर को झुकी हुई, अपनी नंगी बाँह बढ़ा-बढ़ा कर, पीले, पिचके पपीतों-सी अपनी नंगी छातियों को बार-बार धोती से ढकती हुई, वह न जाने किसे गालियाँ दे रही थी। लड़ने के लिए उसे केवल बहाना दरकार होता था। मुहल्ले में कोई भी लड़े,

वह किसी-न-किसी बहाने उसमें आ कूदती थी और फिर दिन भर उसके शत्रुओं के लिए उससे मुक्ति पाना कठिन हो जाता था!

चेतन के सामने चन्द दिन पहले की घटना घूम गयी और उसके होंटों पर एक हल्की-सी मुस्कान आ गयी। अजीब लड़ाकी थी यह गौरा की माँ....

शाम का वक्त था, जब परली गली की पण्डितानी ने (जिसे चेतन 'मौसी' कह कर पुकारता था) अपनी भैंस ला कर उनकी खिड़की के सीखचों से बाँध दी। दादा के रहते तो किसी को साहस न होता था कि सीखचों से कोई पशु बाँधना तो दूर, मकान के पास से भी कोई भैंस या गाय ले जाय। लेकिन उनके देहावसान के बाद शायद उसने चेतन की माँ के मुहल्ले की और इस कारण उसकी बहन होने के नाते इसका अधिकार पा लिया था। पर चेतन की माँ को यह बात अच्छी न लगी कि जिस बात को दादा नापसन्द करते थे, उनके आँखें मूँदते ही उसकी इजाज़त दे दी जाय। उसने चेतन से कहा कि भैंस जिसकी भी हो, खोल दी जाय।

चेतन ने भैंस को खोलते हुए, मुहल्ले के चौक में सूत के अड्डे पर बैठी पड़ोसिन दम्मो से हँस कर कहा, 'वाह चाची, तुम भी खूब हो, तुम्हारे यहाँ बैठे-बैठे हमारी खिड़की से कोई भैंस बाँध दे और तुम हटाओ भी न।'

'मैं कैसे हटाती, तुम्हारी मौसी ही ने बाँधी है।' दम्मो ने सूत अटेरते हुए कहा।

मौसी भी कहीं निकट खड़ी थी, नाक-भौं सिकोड़ते हुए भैंस की रस्सी हाथ में ले कर वह बोली, 'मैंने तो पल भर के लिए बाँधी थी। ज़रा सानी में खली मिला रही थी।' फिर कुछ रुक कर और तनिक मुँह बिचका कर उसने कहा, 'और गौरा की माँ ने जब रात भर बाँध रखी, उसे किसी ने नहीं रोका।'

उसने यह बात साधारण ढंग से केवल सूचनार्थ कही थी, लेकिन गौरा की माँ ने सुन ली। वह घर में कोई भी काम क्यों न करती हो, उसके कान हर क्षण मुहल्ले ही में लगे रहते थे। मौसी के मुँह की बात अभी उसके मुँह ही में थी कि उसी एक धोती से अपना तन ढँके वह खिड़की में आ बैठी और बाँह बढ़ा कर अपनी नंगी होती हुई छाती पर कपड़ा ठीक करते हुए उसने कहा :

'और उन खसमाखानियों[१] को क्या कहूँ जो मेरे दरवाज़े पर आ कर मरती हैं। अभी कल एक रण्डी का कटड़ा सारा दिन दरवाज़े के सामने बँधा रहा। आना-जाना मुश्किल हो गया।'

'खसम को अपने तू खा, रण्डी तू हो।' ऐन कोने में लाला जंगबहादुर की माँ, गौरा की माँ ही की तरह, अकेली धोती में अपना शरीर छिपाती आ खड़ी हुई।

चेतन भैंस की रस्सी खोल कर अन्दर बैठक में आ बैठा। मौसी भैंस को ले कर उसे खूँटे में बाँध कर चली गयी। दम्मो ने अपना साज़-सामान उठाया और अपने घर जा कर मिर्चें कूटने लगी —आध मन मिर्चें उसे रात भर में कूट कर पंसारी को देनी थीं —लेकिन मुहल्ले के एक कोने में अपने मकान की खिड़की में बैठी गौरा की माँ और दूसरे कोने में बैठी लाला जंगबहादुर की माँ पूर्ववत एक-दूसरों के पति, पुत्रों, बेटियों, दामादों और दूर

१ खसमाखानी —पति को खाने वाली।

निकट के सम्बन्धियों का नाम ले-ले कर निरन्तर 'मधुर वचनों' की वर्षा करती रहीं।

०

लड़ते-लड़ते गौरा की माँ के मुँह से झाग निकलने लगी थी और क्रोध के आवेश में उन पीले-पीले पपीतों को ढकने का भी उसे उतना ध्यान न रहा था, लेकिन वह किससे लड़ रही है, यह देखने के लिए चेतन उठ कर खिड़की में नहीं गया। वहीं लेटा-लेटा वह उसके मुख पर क्रोध और आवेश के क्षण-क्षण बदलते भावों को देखता रहा। वहाँ से उसकी दृष्टि ऊपर छत की शहनशीन पर बैठी उसकी लड़की पर चली गयी। इस तमाम लड़ाई-झगड़े से जैसे उसे कोई दिलचस्पी न थी। अनमनी-सी बैठी वह कहीं दूर शून्य में मुटर-मुटर तक रही थी।

उस समय ऐसा लगता था, जैसे यह लड़की अपनी ज़िन्दगी में हँसना तो दूर, मुस्करायी तक नहीं। पर चेतन जानता था कि कुछ ही वर्ष पहले सारा मुहल्ला उसकी सुनहरी मुस्कान और जगमगाते मोतियों-सी स्वच्छ हँसी का घायल था। जब अपने लम्बे, घुँघराले बालों को धो कर, उन्हें सुखाने के लिए पीठ पर बिखराये, वह खिड़की में आ बैठती थी तो मुहल्ले भर के लड़के किसी-न-किसी बहाने चेतन की बैठक में आ इकट्ठे होते —अमरनाथ, जगदीश, प्राण, महेश, गूजर —यहाँ तक कि अमीचन्द भी उस समय आ जाया करता था।

यह अमीचन्द चेतन का सहपाठी था। योग्य और बुद्धिमान तो उतना नहीं था, पर मेहनती और रट्टू अव्वल दर्जे का था और अपने इसी परिश्रम के बल पर हमेशा क्लास में सर्वप्रथम आता था। पढ़ाई में जुटता तो उसे दीन-दुनिया की खबर न रहती, लेकिन चेतन ने देखा था कि जब गौरा खिड़की में आ बैठती तो वह भी चेतन से कोई-न-कोई पुस्तक लेने या होम वर्क पूछने अथवा ऐसे ही किसी बहाने आ जाया करता। हालाँकि आम तौर पर वह मौन और गम्भीर बना रहता, पर गौरा की मुस्कान के सामने चेतन ने उसके मौन को भी पिघल कर मुखर होते देखा था।

अमीचन्द के बहाने उतने सूक्ष्म और चातुरी-भरे न होते और चेतन और अनन्त तत्काल उसका मन्तव्य भाँप जाया करते।

'तुमने विदर्ज़ की 'मनी' खत्म कर ली हो तो मुझे दे दो!' अमीचन्द कहता और कनखियों से गौरा की तरफ़ देखता।

अनन्त ठहाका लगाता, 'यहाँ बैठ कर इकोनॉमिक्स के पोथे कहाँ पढ़े जा सकते हैं दोस्त!' वह हँसते हुए कहता, 'हम तो बुत को सामने बैठा कर, यादे-खुदा करते हैं।' और एक नज़र गौरा की ओर देख कर आँख दबाता और कहता :

'जहाँ उलझा हुआ है दिल तुम्हारा
वहीं अटका हुआ है दम हमारा ?'

अमीचन्द शरमा जाता और घबरा कर चला जाता। बाद में अनन्त और चेतन उसकी इस घबराहट पर खूब ठहाके लगाते।

'किताबों का कीड़ा!' अनन्त उपेक्षा से कहता, 'पढ़-पढ़ कर मर जायेगा साला और आखिर किसी सरकारी दफ़्तर में दो-एक चपरासियों और क्लर्कों पर रौब जमाता हुआ बाल

सफ़ेद कर लेगा। गौरा की मुस्कान का जादू यह क्या जाने ?

'फूल मुस्कराते हैं, दिल पे चोट पड़ती है,
हाय वो रुखे-खदाँ,[१] हाय वो शबाब[२] उनका।'

और शेर कह कर अभिनेताओं की तरह लम्बी साँस भर कर, अनन्त गौरा पर अपनी निगाहें जमा देता।

०

लेकिन वही गौरा, जिसकी मुस्कान से उनके दिलों की धड़कनें तेज़ हो जाती थीं, उस समय अनमनी और उदास बैठी थी। वह उस वक़्त मुस्कराती भी तो मन पर खुशी के बदले उदासी छा जाती।

ज़िन्दगी! चेतन ने लम्बी साँस भरते हुए सोचा —बचपन की सरलता और जवानी की सरसता कब प्रौढ़ता के गम्भीर अवसाद में बदल जाती है, इसका माप नहीं। प्राय: तन युवा रहता है, पर मन प्रौढ़ हो जाता है।

और वहीं लेटे-लेटे चेतन के सामने नीला का विषण्ण मुख घूम गया। उसने देखा, उसका विवाह हो गया है। किसी अनजाने नगर में, किसी अनजाने मकान की छत पर वह गौरा ही की तरह अनमनी और उदास बैठी है। उसकी वह मुस्कान, उसकी वह चंचलता सब लुप्त हो गयी है और उसके होंटों ने गौरा की तरह ज़हर बिखेरना सीख लिया है।

यह उसने क्षण भर की भावुकता में क्या कर डाला ? कायर! अतीव आत्म-ग्लानि और आत्म-भर्त्सना के साथ उसने दिल-ही-दिल में खुद को कोसा। इलावलपुर की तमाम घटना उसके सामने घूम गयी और उसने बेचैनी से करवट बदली। तभी एक उदास-सी निगाह से गौरा ने उसकी ओर देखा और फिर मुख फेर लिया —मानो कह रही हो, 'अब तुम इन होंटों पर मुस्कान मत ढूँढो। इनकी मुस्कान का स्रोत तो सूख गया है। विवाह के विषैले साँप ने उसमें विष का संचार कर दिया है। अब अगर मैं मुस्करायी भी तो उस ज़हरीली मुस्कान को ले कर तुम क्या करोगे ?'

क्षण भर के लिए चेतन की आँखों के सामने फिर वही दृश्य घूम गया —किसी दूरस्थ प्रदेश में ऐसे ही मकान पर अनमनी-सी नीला बैठी है। वह कुमारी नहीं, विवाहिता है और चेतन को देख कर उसके होंटों पर ऐसी ही कटु-विषैली मुस्कान फैल गयी है।

०

चेतन के दिल से एक लम्बी साँस निकल गयी। उसने करवट बदल ली। तभी उसे ऊपर से अपने पिता की, नशे में चूर, थरथराती कड़क सुनायी दी :

'इस हरामज़ादे ने कहा कि इसे यक़ीन नहीं आता! क्या मैंने लगाया शराब को हाथ इन ग्यारह दिनों में ?'

---

१. हँसता चेहरा.
२. जवानी.

सैंतीस

चेतन के दादा को मरे आज पूरे ग्यारह दिन हो गये थे और ग्यारह दिन तक उसके घर में एक प्रकार की चहल-पहल रही थी। रोना और पीटना भी हुआ था। पर चेतन के दादा सत्तर वर्ष के हो कर, अपनी आयु पूरी भोग कर, एकादशी के शुभ दिवस परलोकगामी हुए थे। ऐसी अच्छी मौत तो सब को आये। क्योंकि पुराने विचारों के हिन्दुओं में ऐसे दिन परलोकवासी होने वाला सीधा स्वर्ग जाता है, इसलिए रोने-पीटने के साथ हास-परिहास भी होता रहा था। सियापे में दादा को (यद्यपि जीवन में वे पटवारी से गिरदावर तक न बन पाये थे) पंजाब का राजा बना दिया गया था। जब अपने आधे सीनों को धोतियों से कसे सियापे की परेड के लिए घेरा बाँध कर खड़ी हुई मुहल्ले की औरतों के बीच बैठी हुई रानी (नाइन) ने अपने बारीक, सानुनासिक स्वर में बैन गाया था :

हाय हाय वे पंजाब देया राजेआ

और स्त्रियों ने छातियाँ पीटते हुए उसका अनुकरण किया था तो बड़ी-बूढ़ियों ने सियापे के सुर-ताल में किसी तरह की रुकावट डाले बिना, उसी समान-गति से छातियों पर हाथ जमाते हुए कहा था — 'राजा, सच राजा!'

बूढ़े लोगों के मरने पर दुख के बदले सुख ज़्यादा मनाया जाता है। चेतन के दादा की अर्थी भी बाजे-गाजे के साथ निकली थी; गुलाल से सिर-मुँह रँग गये थे; छुहारों, तालमखानों और भुने हुए चावलों की वर्षा अर्थी पर की गयी थी। पर उनकी मृत्यु पर घर में दुख भी कम न था। एक तो वे इतने बूढ़े न दिखायी देते थे, फिर वे इतने बीमार न पड़े थे और यह भी था कि उनकी उपस्थिति पण्डित शादीराम के हाथों दुखी उस घर की आत्मा पर एक शान्त, सुखद मरहम का काम देती थी। इन ग्यारह दिनों में स्वयं चेतन की आँखों के सामने कई बार दुनिया के तीन-पाँच से बेखबर, भोले, उदार, धर्मपरायण अपने दादा का चित्र घूम गया था। रह-रह कर चेतन को उन दिनों की याद आ जाती जब उनके दादा ने अपनी कमज़ोर आँखों से महीनों चूल्हा झोंका था।

'कलायत' के स्टेशन पर रामानन्द को और 'सैला खुर्द' के स्टेशन पर चेतन को पण्डित शादीराम ने जिस निर्दयता से पीटा था, उसकी पुनरावृत्ति को रोकने के लिए (ज्योंही पण्डित जी की बदली रिलीविंग में हुई) माँ अपने सब लड़कों को जालन्धर ले आयी थी। (बहाना सीधा था कि रिलीविंग में जब पण्डित जी स्टेशन-स्टेशन घूमेंगे, बच्चों की पढ़ाई खराब होगी)। चेतन के बड़े भाई को भी उसने अपने मायके से, जहाँ पिता की मार के डर से उसने उसे भेज रखा था, जालन्धर बुला लिया था और वे सब स्थानीय डी०ए०वी० स्कूल में शिक्षा पाने लगे थे। इसके बाद यद्यपि दो-तीन साल रिलीविंग में रह कर चेतन के पिता मकेरियाँ पर पक्के नियुक्त हो गये थे और मकेरियाँ में एक छोड़, दो हाई स्कूल थे, लेकिन माँ बच्चों को वहाँ न ले गयी थी। जब चेतन और उसके भाइयों को जालन्धर ही में छोड़, महीने के वेतन को शराब अथवा जुए की भेंट होने से बचाने के लिए माँ अपने पति के पास मकेरियाँ चली जाती तो चेतन के दादा ही सब को खाना पका कर खिलाते।

अपने बूढ़े दादा के स्नेह, सौहार्द, सरलता, सहृदयता का खयाल आ जाने से चेतन

की आँखों में आँसू छलक आते। यद्यपि स्वभाव उनका भी कर्कश था, लेकिन दिल इतना नर्म था कि उनकी सब कर्कशता भूल जाती थी। वे दुर्गा के उपासक थे। बच्चों को खाना खिला कर, स्कूल भेज कर वे स्वयं कुएँ पर जा कर स्नान करते और फिर दो-ढाई घण्टे तक चण्डी का पाठ करते। पाठ-पूजा से निवृत्त हो कर वे अपने लिए खाना तैयार करते और कई बार दो बजे, कई बार ढाई-तीन बजे जा कर स्वयं खाना खाते। वे पीटते थे, लेकिन प्यार भी करते। पीटने पर पश्चाताप भी करते। वे चण्डी के उपासक हैं, इसलिए उनके स्वभाव में कठोरता, कर्कशता और क्रोध आ गया है —ऐसा उनका विचार था। लेकिन यह कठोरता उनके हृदय को कठोर न बना सकी थी। वे बच्चों पर नाराज़ होते, पर जब वे रोने लगते तो उन्हें मिठाई के लिए पैसे भी देते। जब चेतन के पिता सब कुछ गँवा देते, वेतन तक न भेजते तो वे उन्हें गालियाँ देते, लेकिन यदि कहीं ऐसे समय पण्डित शादीराम स्वयं वहाँ आ पहुँचते और अपने पिता के पाँव पर सिर रख देते तो चेतन के दादा उनके सब गुनाह माफ़ कर देते और पेन्शन से जोड़-जोड़ कर रखे हुए रुपये उन्हें ला कर दे देते। चेतन के पिता प्रायः उनसे इस तरह रुपये हथिया ले जाते, लेकिन जानते हुए भी उसके दादा हर बार ठगाई खा जाते।

वहीं चारपाई पर लेटे-लेटे दादा की तमाम ज़िन्दगी चेतन के सामने घूम गयी। अपने इस पुत्र के लिए उन्होंने कितनी तकलीफ़ें न सही थीं ? —चेतन के पिता तीन वर्ष के थे जब उनकी माँ मर गयी थी। तब उसके दादा ने जिन मुश्किलों से उन्हें पाला, महामारी के उन दिनों में जिस प्रकार वे शिशु को पीठ से लगाये हुए घूमते थे, इसका ज़िक्र कई बार आँखों में आँसू भर कर दादा ने किया था। और इस सब तपस्या का फल उन्हें क्या मिला ? हमेशा का दुख, तकलीफ़, जलन और कुढ़न! पेन्शन ले कर वे इसलिए घर आये थे कि उनकी आँखों की ज्योति मन्द पड़ गयी थी और उनका खयाल था कि उनका बेटा, जो अब स्टेशन मास्टर हो गया था, उन्हें ज़िन्दगी के बाक़ी दिन आराम से गुज़ारने में मदद देगा। उनके इस बेटे ने उन्हें यह विश्वास भी दिलाया था। पर क्या उन्हें कभी एक घड़ी को सुख मिला ? एक घड़ी को भी शान्ति नसीब हुई ? वे अपने इस पुत्र की करतूतों पर हमेशा जलते-भुनते रहे। बुढ़ापे में प्रायः अपनी अन्धी आँखों से अपने पोतों के लिए खाना पकाते रहे और बड़ी किफ़ायत से जोड़ा हुआ (आठ रुपये प्रति मास) पेन्शन का रुपया हमेशा अपने इस स्टेशन मास्टर पुत्र और उसके बेटों पर खर्च करते रहे।

चेतन को लगा जैसे उसके दादा सदैव एकाकी रहे। अपने इस पुत्र के हाथों (अपने पौत्र ही की तरह) उन्होंने भी कम यातनाएँ नहीं सहीं। अपने इकलौते पुत्र को वे सदा धर्मपरायण, सत्यवादी, साधु-सन्तों और गौ-ब्राह्मणों की सेवा करने वाला, धन का यथेष्ट भाग दान-पुण्य तथा सत्कार्यों में लगाने वाला देखना चाहते थे। उसे शराबी, जुआरी, वेश्यागामी, धन को पाप के कामों में गँवाते देख कर उन्हें कितना दुख, कितना क्लेश, कितनी आन्तरिक व्यथा होती होगी ? लेकिन इतने पर भी जब यही दुराचारी पुत्र उनके सामने आ कर अपनी मुसीबतों का रोना रोता था तो उस बुज़ुर्ग का सरल हृदय पिघल उठता था और वे अपना तन-मन तक उसके अथवा उसके बच्चों के लिए अर्पण करने को तैयार हो जाते थे।

माँ ने चेतन को बताया था कि मरने से चार दिन पहले तक वे स्वयं कुएँ पर जा

कर स्नान और पाठ-पूजा करते रहे थे। अचानक उनके मूत्राशय में कुछ तकलीफ़ हो गयी, पेशाब रुक गया। वे अपने आप जा कर हकीम नबीजान को दिखा आये थे और एक दिन उन्होंने उनका जोशान्दा भी पिया। फिर जब कष्ट बढ़ा तो डॉक्टर बस्तीराम को बुलाया और उसने कैथीटर से पेशाब खारिज किया। फिर ऐसा दिखायी दिया कि आराम आ जायेगा। पर रात को उनकी तबीयत कुछ ज़्यादा खराब हो गयी। वे बेहोश हो गये। पण्डित शादीराम को तार दिया गया। वे उन दिनों बहराम स्टेशन पर नियुक्त थे। उस समय शायद वे पी-पिला कर बेहोश पड़े थे। सुबह उनको फिर तार दिया गया और उधर भैरो बाज़ार से कैप्टन डॉक्टर लहना सिंह को बुलाया गया। पर दोनों उस समय पहुँचे जब दादा की सरल, निरीह आत्मा पिंजर छोड़ चुकी थी।

पण्डित शादीराम ने उसी समय क़सम खायी कि वे अब कभी शराब को मुँह न लगायेंगे और आज क्रिया-कर्म के दिन तक उन्होंने उसे मुँह न लगाया था।

o

'यह हरामज़ादा कहता है कि इसे यक़ीन नहीं आता।' उसके पिता की गरज फिर सुनायी दी, 'मुझे अभी बनारसीदास ने बताया है। सब मेरी हँसी उड़ा रहे हैं, और मैंने ग्यारह दिन तक शराब को हाथ तक नहीं लगाया।'

'इतने दिन नहीं लगाया तो अब जो लगा लिया। अभी आज ही तो क्रिया समाप्त हुई है!' माँ ने कहा।

'तूने ही तो लड़कों को भड़काया है जो बाहर जा कर मेरी निन्दा करते हैं।' चेतन के पिता ने गरज कर कहा। और चेतन को ऐसा लगा जैसे यह कहते-कहते उन्होंने एक लात माँ को जमा दी और वह गिर पड़ी।

चेतन भाग कर ऊपर गया।

उसके पिता और उसका छोटा भाई परसराम गुत्थम-गुत्था हो रहे थे, उसकी माँ गिर पड़ी थी, उसकी भाभी (जो भाई साहब के साथ उसी सुबह क्रिया-कर्म में भाग लेने आयी थी) एक ओर सहमी खड़ी थी और क्रोध से लाल आँखें किये भाई साहब माँ को उठा रहे थे।

'मैं तुम सब का क़त्ल कर दूँगा।' और अपने लड़के से अपने आपको छुड़ा कर उसके पिता लकड़ी चीरने की कुल्हाड़ी उठाने बढ़े।

जल्दी से भाई साहब ने एक हाथ से माँ को और दूसरे से छोटे भाई को पकड़ा और बाहर हो कर सीढ़ियों का दरवाज़ा लगा दिया।

दूसरे क्षण चेतन के पिता खाली हाथ लौटे। कुल्हाड़ी उन्हें नहीं मिली। उन्होंने दरवाज़ा खोलना चाहा। वह बाहर से बन्द था।

'अच्छा!' उन्होंने अपने आप से कहा, 'मैं जैसे यह दरवाज़ा नहीं खोल सकता। मैं इसे तोड़ दूँगा।' और उन्होंने रसोईघर से पीतल की गागर उठा ली। उसे सिर से ऊपर ले जा कर दरवाज़े पर दे मारा। किवाड़ नये थे। एक ही चोट से क्या टूटते। तब दे गागर-पर-गागर —किसी उन्मत्त की तरह वे किवाड़ों को तोड़ने लगे।

रात का अन्तिम पहर था। उसके पिता ऊधम मचा कर सो गये थे। उन्होंने किवाड़

तोड़ दिये थे, लेकिन भाई साहब ने नीचे डेवढ़ी के किवाड़ लगा दिये थे और वे सूखे शीशम के मोटे तख्तों के किवाड़! उनके सामने गागर बेचारी की क्या बिसात थी। आखिर मुहल्ले वालों ने आ कर बीच-बचाव किया। भाई साहब और छोटे भाई ने माफ़ी माँग ली थी, पण्डित जी का नशा भी टूट गया था और सब रो-रुला कर सो गये थे। लेकिन चेतन को ज़रा भी नींद न आयी थी।

०

पास के किसी घर में घड़ी ने चार बजाये। चेतन उठा। उसने भाई साहब और अपनी पत्नी को जगाया और आध घण्टे के बाद तीनों सामान उठाये स्टेशन की ओर चल दिये।

रास्ते में भाई साहब ने कहा, 'तुम्हारी भाभी साथ चलने के लिए बहुत ज़ोर दे रही थी। मैंने कहा —चार-छै महीने और सब्र करो, ज़रा आमदनी बढ़ जाय तो ले चलूँ। कहने लगी —आप तो अपनी सब कमाई छोटे भाई और भावज को खिला रहे हैं। भला उनमें कौन-से लाल लगे हैं! —कमाई!'

भाई साहब व्यंग्य और अवसाद से हँसे, 'यहाँ दुकान का किराया ही निकल जाय तो बड़ी बात है।'

रात यद्यपि बीत चली थी, पर कर्तव्यपरायण प्रहरियों की तरह तारे अभी तक जमे खड़े थे। ऊपर की दुनिया धीरे-धीरे मन्द पड़ रही थी, नीचे का संसार अन्धकार के सागर में जैसे डूब कर उतरा रहा था। सड़कों पर भंगी झाड़ू दे रहे थे और भोर की अमल पवित्रता उड़ती हुई धूल से जैसे मैली हो रही थी, भीगी ठण्डी-ठण्डी हवा चल रही थी, जिसे खुलती हुई दुकानों की जमी गर्म साँसें कहीं-कहीं दम घोटने वाली बना रही थीं। भाई साहब की व्यंग्यमयी हँसी सहसा एक अभेद्य मौन में बदल गयी और वे शून्य में देखने लगे।

चेतन ने दायें कन्धे से हटा कर ट्रंक को बायें कन्धे पर कर लिया और चन्दा ने कहा, 'थक गये हों तो मुझे दे दीजिए।'

अड़तीस

उस रात तो भाई साहब किसी-न-किसी तरह भाभी से पिण्ड छुड़ा आये थे, लेकिन अभी उन्हें लाहौर आये महीना भी न बीता था कि भाभी के खत-पर-खत आने लगे कि फ़ौरन उसे जालन्धर के नरक से निकाल कर लाहौर के स्वर्ग में (जिस पर उनकी पत्नी होने के नाते उसका सहज अधिकार था) ला बैठाया जाय। न केवल यह, बल्कि माँ चिट्ठी-पर-चिट्ठी लिखने लगी कि अब जब तुम कमाने लगे हो तो अपनी इस लड़ाकी बहू को बुला लो ताकि रोज़ की किल-किल से मेरा पिण्ड छूटे।

यह बात किसी अजूबे से कम न थी कि चेतन की भाभी ने पढ़ना शुरू कर दिया था। माँ ने लिखा था कि काम-धन्धा छोड़ कर वह सारा दिन कापियाँ काली करती रहती है और पूछा था कि आखिर यह बूढ़ा तोता पढ़ कर क्या करेगा ? —ऐसे सब पत्रों के

उत्तर में भाई साहब 'एक चुप सौ सुख' के सुनहले सिद्धान्त से काम लेते थे। उस महान स्टोइक को तो माँ अथवा बीवी के पत्र क्या विचलित करते, लेकिन चेतन को ही कुछ आत्म-ग्लानि-सी होने लगी थी। वह सोचता था —मेरे भाई अकेले रहते हैं और मैं अपनी पत्नी के साथ मौज उड़ाता हूँ, यह तो निरी खुद-ग़रज़ी है। क्या मुझे ही पेट भर खाने का अधिकार है, उन्हें क्या भूख नहीं लगती ? आखिर एक दिन जब रणवीर लाहौर आया तो उसने अचानक अपनी पत्नी को उसके साथ भेजने का निश्चय कर लिया और भाई साहब से कह दिया कि आप भाभी को आने के लिए खत लिख दें।

०

चन्दा ने स्वयं तो चेतन से कुछ नहीं कहा। उसने परीक्षा पास कर ली थी और उसे छुट्टियाँ ही थीं। पर जब शाम को चेतन घर लौटा तो बाहर गली ही में मेहतरानी ने (जिसे वह सहृदयतावश अथवा मानवता के नाते आदर से 'चौधरानी' कह कर पुकारता था) उसे रोक लिया।

यह चौधरानी उसके पारिवारिक जीवन में कुछ अर्से से महत्व पा गयी थी। वास्तव में चेतन अपने उदार विचारों के कारण मानवता के नाते भंगी और ब्राह्मण में कोई अन्तर न मानता था। उसकी शह पा कर चौधरानी भी अपने आपको उनके बराबर समझने लगी थी और एक बार तो उनके चौके की चौखट तक आ बैठी थी।

वह साफ़-सुथरे कपड़े पहनती थी, एक आँख क़द्रे भैंगी होने पर भी साफ़-सुथरी और बनी-ठनी रहती थी और जब चाहती थी, अपने स्वर को, जिससे वह अपने शत्रुओं को भयंकर गालियाँ देती थी, शहद-सा मीठा बना लेती थी। चेतन उससे छू जाने पर बिदकता न था और न उससे बात करना बुरा समझता था, पर उसे अपने रसोईघर की चौखट में बैठे देख कर वह संस्कारवश कुछ चौंका था। क्षण भर वह चुप खड़ा रहा था। फिर एक खिसियानी हँसी के साथ उसने सिर्फ़ इतना कहा — 'चौधरानी, कहीं अगर मेरी माँ तुम्हें यहाँ बैठे देख ले!....'

इस पर अपनी भैंगी आँखों में हँसते हुए चौधरानी ने कहा था, 'अजी बाबू जी, भल मैं क्या जानती नहीं....'

और यह कहते-कहते वह ज़रा पीछे भी हट गयी थी। चेतन उसके साफ़-सुथरेपन के कारण उसकी कुछ आर्थिक सहायता भी कर दिया करता था और वह चन्दा के बेकार क्षणों में पास-पड़ोस की बातें सुना कर उसका दिल बहला जाया करती थी।

उस समय चेतन को रोक कर तनिक भेद-भरे स्वर में चौधरानी ने कहा था, 'बीबी जी आज रो रही थीं। उनसे क्या कसूर हो गया जो आप उन्हें भेज रहे हैं। कहती थीं — चौधरानी, तू उनसे कहना, मेरा यहाँ से जाने को जी नहीं चाहता।'

चेतन कुछ उत्तर दिये बिना ज़रा-सा हँस कर घर चला गया था। मन-ही-मन उसे अपनी पत्नी पर बड़ी दया हो आयी। वह उसे बराबर की संगिनी कहने का दम भरता है, पर उसकी इस बराबर की संगिनी में इतना साहस भी नहीं कि अपनी इस ज़रा-सी स्वाभाविक इच्छा को उसके सामने रख सके। एक बार उसके जी में आयी कि अगर किसी तरह बन पड़े तो अपनी पत्नी का जालन्धर जाना रोक दे। पर वह रणवीर और भाई साहब

से कह चुका था और भाई साहब ने जोश में (सेक्स की अपनी स्वाभाविक भूख के जोश में नहीं, वरन पत्नी और माँ को अपनी महत्ता और कर्तव्य-परायणता का प्रमाण दे सकने के जोश में) उन दोनों को पत्र भी लिख दिये थे। माँ को उन्होंने लिखा था —'मैंने इन्तज़ाम कर लिया है, चम्पा को फ़ौरन लाहौर भेज दीजिए,' और पत्नी को आदेश दिया था —'पत्र देखते ही लाहौर चली आओ!'

चेतन ने चुपचाप आ कर अपनी पत्नी को तैयार कर दिया, पर जाने क्यों उसे तैयार कर देने के बाद वह अपने आपको इतना खिन्न और क्लान्त पा रहा था कि उसने उन्हें वहीं से विदा कर दिया। अपनी पत्नी की मूक अभिलाषा के बावजूद वह उसे स्टेशन तक छोड़ने नहीं गया।

०

उनके चले जाने के बाद चेतन चुपचाप नाली पर बिछी हुई खाली चारपाई में धँस गया और फिर लेट गया और उस तिमंज़िले मकान के ऊपर छाये हुए खुले, निखरे, नीले, आकाश के शून्य में उसने अपनी निगाहें जमा दीं। सहसा उसका मन एक विशाल शून्य से भर गया। एक अज्ञात, अकथ, अनाम उदासी उसके मन-प्राण पर छा कर उसकी आत्मा को चुपचाप कचोटने लगी। चेतन को लगा जैसे उस उदासी के सामने वह नितान्त बेबस है। निर्जीव-से शरीर को उसने और भी ढीला छोड़ दिया और निः स्पन्द लेटा रहा।

दो दिन निरन्तर वर्षा होते रहने के बाद आकाश कुछ खुला था। कच्ची, गीली दीवारों, उनसे बेतरह चिमटे हुए भीगे-भीगे उपलों, कीचड़ से भर कर बह निकलने वाली नालियों, चंगड़ों के आँगनों में पशुओं के खुरों से बन जाने वाले गोबर और कच्ची मिट्टी के तगारों और न जाने किन-किन रासायनिक द्रव्यों की मिली-जुली दुर्गन्ध सारे वातावरण पर छा रही थी; नाक में घुस कर जैसे नस-नस में समा रही थी; अनुभूति को, चेतना को, मानो शिथिल कर रही थी और चेतन एक तरह से जैसे अचेतावस्था में, दीवार के उस पार चंगड़ानियों का शोर सुन रहा था।

साँझ के सूरज की कुन्दन-धूप गली के सिरे पर बने सरदई खिड़कियों वाले तिमंज़िले मकान के शिखर पर सोना लुटा रही थी और ऊपर आकाश में बिखरे हल्के सफ़ेद बादलों के टुकड़ों में आग लग गयी थी। उस ऊँचे मकान और उसके सुनहरे शिखर को देखते-देखते, चेतन को उस मकान के पैरों में किलबिलाने वाली सृष्टि का ध्यान हो आया —उस साधनहीन सृष्टि का, जिसमें वह भी शामिल था —उसने लम्बी साँस ली। ज़िन्दगी.....! इसके पैरों में कितनी गन्दगी, कूड़ा-कर्कट, बीमारी, ग़रीबी, दुर्गन्ध, कुरूपता बिखरी रहती है, लेकिन अपने सिर पर यह हमेशा उस मकान के शिखर की तरह बहुमूल्य रत्नों से जड़ा स्वर्ण-मुकुट पहने रहती है और चेतन की आँखों के सामने अपना भूत, वर्तमान और भविष्य घूम गया और उसने सोचा —क्या वह हमेशा ज़िन्दगी के पैरों ही में पड़ा रहेगा ? उसके ताज का मोती बनना क्या उसे कभी नसीब न होगा ?

इन उदास विचारों से वह घबरा-सा उठा। उसने चाहा कि उठे और सैर करता गोल बाग़ तक हो आये। लेकिन वातावरण की उदासी और सील-भरी बू कुछ इस प्रकार उसकी चेतना पर छा गयी थी कि वह अपने इन असम्बद्ध, असंगत, अस्त-व्यस्त विचारों की

उलझन में फँसा, वहीं लेटा, आसमान की ओर ताकता रहा और मकान के शिखर पर दमकती हुई धूप किसी मरणासन्न रोगी के नेत्रों की दीप्ति-सी धीरे-धीरे अन्धकार में बदल गयी।

उन्तालिस

एक हफ़्ते बाद भाभी आ गयी। और उसके आने के एक सप्ताह बाद ही चेतन को दूसरे मकान की खोज में लग जाना पड़ा।

भाभी एक बार पहले भी आयी थी। और तब चेतन विवाहित न था। सारे कष्ट सहता हुआ वह दुकान पर रहने लगा था, पर अब उसे ऐसा करना कठिन दिखायी देता था।

०

अपनी पत्नी को जालन्धर भेज कर, चेतन ने अपने अवकाश के समय कुछ लिखने-पढ़ने का फ़ैसला कर लिया था। चन्दा को वह एकदम भूल गया हो या वह उदासी, जो चन्दा को जालन्धर भेजने के बाद, मजबूरी के उन क्षणों में उसके मन-प्राण पर छा गयी थी, एकदम मिट गयी हो, ऐसी बात न थी, पर स्थिति कैसी भी क्यों न हो, उसे अपने अनुसार बना कर, उसका ज़्यादा-से-ज़्यादा लाभ उठाना, उसने बहुत पहले सीख लिया था। अपने अवकाश और अवसाद को उसने रचनात्मक कार्य में लगाने का फ़ैसला कर लिया। खयाल था कि कम-से-कम पाँच-छै महीने अपनी पत्नी को नहीं बुलायेगा और इसलिए मन-ही-मन उसने एक बड़ा उपन्यास लिखने का प्रोग्राम बना लिया। किसी महान लेखक के बारे में उसने पढ़ा था कि जब वह सैर को जाता तो अपनी कहानियों के अध-कच्चे, अस्पष्ट खाकों में रंग भरता और उनकी रेखाओं को उभारता-सँवारता था। चेतन ने भी यह नियम बना लिया कि शाम को आ कर खाना खाने के बाद अकेला सैर को चला जाता और अपने उपन्यास का ढाँचा तैयार करता।

उपन्यास और उसकी कला के बारे में उसका ज्ञान नहीं के बराबर था। पुस्तकें खरीदने के लिए पैसे का और लायब्रेरियों में जा कर उनकी अलमारियों में भरी हुई दौलत से लाभ उठाने के लिए समय का उसके पास नितान्त अभाव था। अपने कॉलेज के पाठ्य-क्रम में उसने जो दो-एक उपन्यास पढ़े थे, उनकी भी कुछ धुँधली ही-सी याद उसे थी। रही भाई साहब के लाये हुए उपन्यासों को पढ़ने की बात, सो अव्वल तो वे एक उपन्यास पढ़ने के बाद जल्द ही दूसरा लाने के विचार से उसे तत्काल लौटा दिया करते थे, फिर चेतन को पढ़ाई का शौक था और परीक्षाओं के दिनों में वह उपन्यासों को हाथ न लगाता था। इसके अतिरिक्त भाई साहब की रुचि कुछ वैसी स्पष्ट अथवा संस्कृत न थी। वे किसी तमीज़ के बिना उपन्यास पढ़ते। कई बार ऐसा हुआ कि वे कोई अच्छा उपन्यास पढ़ रहे होते, पर चेतन के पास समय न होता। फिर जब उसके पास समय होता तो वे ऐसा उपन्यास पढ़ रहे होते, जिसे पढ़ना उसके खयाल में वक़्त बरबाद करने के बराबर होता।

किन्तु उपन्यास-कला के सम्बन्ध में अपनी इस अज्ञता के होते भी उसने एक बड़ा उपन्यास लिखने का प्रोग्राम बना लिय और मन-ही-मन उसका ढाँचा बना कर उसके कुछ पहले परिच्छेदों की रूप-रेखा भी तैयार कर ली जो कुछ इस प्रकार थी :

१. नायक अभिजात-कुल का दीपक है। भोला-भाला और माँ-बाप के लाड़-प्यार में पला। अभी-अभी उसने कॉलेज से डिग्री ली है। उसकी माँ चाहती है कि वह एक बड़े, सम्पन्न घराने में शादी करे, पर वह मना कर देता है। वह कुछ और आगे पढ़ना चाहता है और इतनी जल्दी विवाह के बन्धन में बँधना उसे पसन्द नहीं।

२. उसके पिता को रुई के सट्टे में हानि उठानी पड़ती है। यद्यपि उसका पिता उसे कुछ नहीं कहता, पर वह सुबह-शाम उसके मुरझाये हुए चेहरे को देखता है। अपनी माँ से उसे पता चलता है कि स्थिति न सुधरी तो उन्हें दीवालिया होना पड़ेगा और उसका पिता इतना चुप है कि आशंका में उसका दिल दहल जाता है। उसे डर है कि कहीं उसका पिता अपनी जान पर न खेल जाय और एक दिन जब फिर उसकी माँ उससे उसी सम्पन्न घराने में विवाह करने का अनुरोध करती है तो वह मान जाता है। इस खयाल से कि पिता के दीवालिया होने और फलस्वरूप शादी की मण्डी में अपना मूल्य घट जाने से पहले वह शादी कर ले और दहेज के गहनों से अपने पिता की सहायता करे।

३. वह अपने मन में भविष्य के आचरण की एक रूप-रेखा बना लेता है। उसका विवाह हो जाता है। उदास-उदास-सा वह उसमें भाग लेता है। उसे लगता है, जैसे वह शादी उसकी नहीं, किसी दूसरे की है और वह दूल्हा नहीं, केवल बराती है।

४. सुहाग रात में वह अपनी दुल्हन को देखता है। उसकी सुन्दरता तलवार की नोक-सरीखी उसके अन्तर में खुब जाती है। वह उससे प्यार भी करता है और उससे दूर भी हटता है। वह अपनी सोची हुई स्कीम को कार्यरूप में परिणत भी करना चाहता है, पर जब वह अपनी दुल्हन को देखता है तो उसे साहस नहीं होता। इसी द्वन्द्व में दिन बीतते जाते हैं और उसके संकल्प के पाँव डगमगाते-से दीखते हैं। तभी एक दिन अपने पिता से उसका साक्षात्कार होता है और वह उनका दिन-प्रतिदिन पीला होता चेहरा देखता है और उसका मन एकदम कठोर हो जाता है। द्वन्द्व मिट जाता है। वह फ़ैसला करता है कि जो कुछ उसे करना है, जल्दी करेगा।

५. उस रात वह अपनी पत्नी से कहता है कि वह अपने गहने उतार कर अलग रख दे, क्योंकि चाँद को गहनों की ज़रूरत नहीं होती और वह उस चाँद को उसकी स्वाभाविक सुन्दरता में देखना चाहता है। उसकी पत्नी वैसा ही करती है।....फिर कुछ क्षण इधर-उधर की बातें करके, अपने संकल्प को प्रतिक्षण मन-ही-मन बड़ी कठोरता से दृढ़ करते हुए, वह जेब से एक पत्र निकालता है, जो किसी अध्यापक की ओर से उसके नाम लिखा हुआ है। उस पत्र में उसकी पत्नी के विश्वासघात का उल्लेख है कि वह अपने ट्यूटर से प्रेम करती थी कि उससे विवाह करने का वचन उसने अपनी उँगली के रक्त से लिख कर दिया था और उसने धन के लोभ में उस वचन को तोड़ दिया था, आदि....आदि....यह पत्र वह अपनी पत्नी के आगे कर देता है।

६. उसकी पत्नी यह अभियोग सुन कर भौंचक्की रह जाती है। वह इनकार करती

है, पर वह नहीं सुनता और कृत्रिम क्रोध का अभिनय करते हुए, उसी वक़्त उसे साथ ले कर अपनी ससुराल जाता है और अपनी पत्नी को उसके घर के दरवाज़े पर छोड़ आता है। वह अपने पिता के नाम एक चिट्ठी लिख देता है और हरद्वार को चल देता है।

इसके बाद चेतन ने सोचा था कि नायक (शरत बाबू के देवदास की तरह) मारा-मारा फिरेगा। हरद्वार में एक लड़की उससे प्रेम करने लगेगी, पर वह उसके प्यार का प्रतिदान न दे सकेगा। अपनी भोली-भाली पत्नी और उसके प्रति किये गये अपराध की याद चट्टान बन कर उस प्रेम के मार्ग में आ खड़ी होगी। पर वह उस तन्वी से जितना खिंचेगा, उतना ही वह उस पर मिटेगी। आखिर वह उसे छोड़ कर चल देगा। इस बीच उसके पिता की स्थिति अचानक अच्छी हो जायेगी। वह अपने समधी के घर जा कर अपनी बहू को तसल्ली देगा और नायक को खासी दयनीय दशा में खोज निकालेगा। नायक का पिता, उसकी माँ, उसका ससुर, यहाँ तक कि उसकी पत्नी भी उसे क्षमा कर देगी, पर फिर हँसी उसके होंटों पर न आयेगी। अपनी पत्नी और प्रेमिका के मध्य उसका हृदय पेण्डुलम-सरीखा डोलेगा। उसकी प्रेमिका उसके विरह में चारपाई पकड़ लेगी। वह उससे मिलेगा, पर कब ? —जब उसकी अन्तिम हिचकी अपने प्रेमी की प्रतीक्षा में उसके कण्ठ में अटकी होगी।

०

प्रेयसी के विरह-जनित-दुख और नायक की दुविधा का वर्णन चेतन कुछ ऐसे करुणापूर्ण ढंग से करना चाहता था कि उसकी कल्पना ही से उसकी आँखें कई बार भर आयी थीं।

उसने उपन्यास का नाम भी सोच लिया था —'चंचल' —और दो-एक बार उसे दिल-ही-दिल में पुकार कर देख भी लिया था कि यह कानों को कितना अच्छा लगता है और इतना सुन्दर नाम सोचने पर मन-ही-मन उसने अपनी पीठ भी ठोंक ली थी।

और फिर वह मोहनलाल रोड से एक मोटी कापी ले आया था। वह मैली न हो जाये, इस खयाल से उसने उस पर काग़ज़ भी चढ़ा दिया था और उसके पहले पृष्ठ पर बहुत ही सुन्दर मोटे अक्षरों में लिखा —डायरी —फिर उसके नीचे पृष्ठ के बीचों-बीच खूबसूरत बेल बनायी और नीचे अपना नाम लिखा।

इस डायरी पर पहले उसने उपन्यास की रूप-रेखा उतारी। फिर उसने तय किया कि रोज़ घर में, दफ़्तर में, बाज़ार में या सुबह-शाम सैर करते हुए उसे जो घटना या दृश्य या व्यक्ति आकर्षित करेगा, उसे वह डायरी में नोट करेगा, ताकि उस सबका उपयोग अपने उपन्यास में कर सके।

बाज़ार से काग़ज़ों का दस्ता ला कर उसने उन्हें लम्बाई में काट कर स्लिपें बना लीं। अवकाश रहने पर वह उपन्यास लिखने की कोशिश करता। डायरी को वह अपने साथ दफ़्तर भी ले जाता और रोज़ उसमें एक-दो पृष्ठ लिखता। जब रात को एक बजे के बाद काम अपेक्षाकृत कम होता तब भी वह कुछ लिखने का प्रयास करता।

०

भाभी के आने पर उसका यह उपन्यास धरा-का-धरा रह गया और घर में रहना अथवा वहाँ बैठ कर काम करना उसके लिए कठिन-से-कठिनतर होता गया।

बात यह थी कि जब उसकी पत्नी लाहौर में थी तो भाई साहब दुकान पर सो जाते थे। अब उनकी पत्नी आ गयी तो वे घर में उठ आये थे और दुकान में सोने की बारी चेतन की थी। लेकिन उसे अब वहाँ सोना निहायत मुश्किल लगता था। जब रात के एक-दो बजे वह दफ़्तर से चलता तो उसे इतनी दूर दुकान पर जाना दूभर मालूम देता। फिर सोने से पहले उसे ठण्डा मलाई वाला दूध पीने की आदत हो गयी थी। इसके अलावा दुकान पर लघु अथवा दीर्घ किसी प्रकार की शंका से निवृत्त होने का प्रबन्ध न था, और चेतन दो-ढाई बजे दफ़्तर से आ कर शौचादि से निवृत्त हो लिया करता था, ताकि सुबह नौ बजे तक आराम से सो सके।

रहा घर, सो वहाँ इतनी जगह न थी कि भाई, भाभी तथा उनके दो बच्चों के साथ वह भी सो सके या सो सके तो उन चंचल बच्चों की उपस्थिति में सुबह नौ बजे तक सोया रह सके। फिर उसकी मौजूदगी में भाई साहब के लिए प्राइवेसी की कोई गुंजाइश न थी। सबसे बढ़ कर यह बात थी (और इसी ने वास्तव में उसके लिए उस मकान का निवास असह्य बना दिया) कि भाई साहब जितने सुस्त और शान्त स्वभाव के थे, उनके बच्चे उतने ही चंचल और उद्दण्ड थे। इतना लड़ते-झगड़ते और शोर मचाते कि फ़ुर्सत के समय किसी तरह का आराम करना अथवा रचनात्मक काम करना नितान्त असम्भव था।

एक दिन शाम को जब वह वापस आया तो उसने देखा कि उसका शीशे का कलमदान (जो उसने कबाड़ी की दुकान से नकद एक रुपये में खरीदा था और जो उसकी उस थर्ड-हैण्ड मेज़ को सुशोभित करता था) और उसे बहुत प्रिय था, देहरी में रखा हुआ है और भाई साहब के सपूत सुरेश महाशय उसकी लाल-नीली स्याही से अपनी छोटी बहन में मुँह पर बेल-बूटे बना रहे हैं, ताकि वह पूर्णरूप से सीता बन जाय और वे रामलीला का खेल खेल सकें।

चेतन ने कलमदान छीन कर मेज़ पर रखा, बका-झका, अपने भतीजे को पीटा और इसके फलस्वरूप भाभी से लड़ा, लेकिन इसका परिणाम कुछ भी न निकला। दूसरे दिन जब वह शाम को दफ़्तर से आया तो उसने देखा कि सुरेश महाशय उसकी मेज़ पर चढ़े दीवार से चिपटी एक मकड़ी को पकड़ने के प्रयास में तल्लीन हैं और उसके लेखों, कहानियों और कविताओं की मोटी फ़ाइल उनके पाँवों के नीचे बेतरह कुचली जा रही है। उसे देख कर जो वे चौंके तो मेज़-समेत सब कुछ धड़ाम से नीचे आ रहा। कलमदान टूट गया, काग़ज़ बिखर गये और जब रोते-झींखते उसने सब कुछ फिर से सजाया तो उसे मालूम हुआ कि मेज़ की वह टाँग, जिसे कबाड़ी ने चतुराई से जोड़ रखा था, टूट गयी है।

और वह अपना समस्त रचनात्मक कार्य छोड़ मकान ढूँढने की मुहिम पर निकल पड़ा।

चालीस

गर्मियों की एक सुबह चेतन अनन्त को पत्र लिख रहा था :

'हमने मकान बदल लिया है। यह नया मकान भी चंगड़ मुहल्ले ही में है। यही ग़नीमत है कि पीपल वेहड़ा में नहीं। मकान बहुत अच्छा है। जिस तरह चीकू के खुरदरे, बदसूरत छिलके के अन्दर सुन्दर और स्वादिष्ट गूदा होता है, उसी तरह इस मैले, गन्दे इलाके में सलीक़े से बना हुआ यह खूबसूरत मकान है। जगह बहुत नहीं —एक कमरा है, जिसे एक लकड़ी के पार्टीशन से दो कमरों में बाँट दिया गया है। ग़ुसलखाना नहीं है, पर रसोईघर इतना खुला है कि उसके एक कोने में बने हुए नाली के खुरे से ग़ुसलखाने का काम लिया जा सकता है। कमरों की पिछली दीवार में खिड़कियाँ हैं, दीवारों पर सफ़ेदी और किवाड़ों पर बेहद अच्छा, सरदई रंग का वार्निश है। इसके अलावा बड़े कमरे की छत में बिजली का पंखा भी लगा हुआ है। अनन्त! जब कभी मैं खिड़कियाँ खोल, पंखा चला कर, चारपाई पर लेटता हूँ तो मन एक बेपनाह खुशी से भर जाता है। एक निहायत गन्दी, सील-भरी, अँधेरी कोठरी में रहने के बाद एक खुले, रोशन, हवादार कमरे में साँस लेने का लुत्फ़ शायद तुम नहीं जान सकते।

'तुम सोचोगे कि चंगड़ मुहल्ले में ऐसा खूबसूरत मकान मुझे मिल कैसे गया ? दरअस्ल, यह मकान सरदार जगदीश सिंह (लैण्ड लॉर्ड ऐण्ड हाउस प्रोप्राइटर) का निजी मकान है। ये सरदार जगदीश सिंह वही हज़रत हैं, जिन्होंने श्रीमती राधारानी का प्यार पाने के लिए अपनी जायदाद का बड़ा हिस्सा पार्टियों, कन्सर्टों और यार-दोस्तों की भेंट कर दिया था। तुमने शायद अखबार में यह खबर पढ़ी होगी कि अब इन सरदार साहब ने अदालत में श्रीमती राधारानी के पति और अपने तीन दोस्तों के खिलाफ़ सोलह हज़ार रुपया ठग लेने के इलज़ाम में मुक़दमा चलाया है....'

०

वास्तव में सरदार जगदीश सिंह को मित्र बड़े 'विश्वस्त' और वफ़ादार मिले थे। उनमें से अधिकांश की पत्नियाँ सुन्दर थीं और वे उन्हें अपने इस रसिक मित्र की पार्टियों में ले आना बुरा भी नहीं समझते थे। उनमें से दो मित्रों (हरचरण सिंह और बलबीर सिंह) ने जब यह देखा कि सरदार जी श्रीमती राधारानी के लिए अत्यधिक आतुर हैं तो उन्होंने अपने इस मित्र का कष्ट निवारण करने की ठानी। सरदार जगदीश सिंह को समझाया कि निरी पार्टियाँ देने से कुछ न बनेगा। दर्शन हो जायेंगे, पर केवल दर्शन! और यदि इतना ही अभीष्ट है तो इसके लिए इतना खर्च क्यों ? बस शाम को लॉरेंस की सैर को गये —दर्शन भी हो गये और पैसे भी न लगे। हींग लगे न फिटकरी और रंग भी चोखा आये!

हरचरण सिंह ने कहा, 'अरे भाई कोरी दीदारबाज़ी[१] से क्या बनता है। मज़ा तो जब है, जब महबूब पहलू में हो और....' और उसने मूँछों में मुस्कराते हुए बायीं आँख मारी।

१. दीदारबाज़ी = दर्शन.

सरदार जगदीश सिंह का शरीर यह सुनते-सुनते गर्म हो गया और दाढ़ी और मूँछों के घने काले जंगल में उनकी आँखें जुगनुओं-सी चमक उठीं।

तब उनके इन दोनों परम मित्रों ने उन्हें परामर्श दिया कि पार्टियाँ देने के अलावा दिन-त्योहार, आदि में उन्हें श्रीमती राधारानी को उपहार भेजने चाहिएँ, ताकि वह उनके और नज़दीक आ जाय। अपने मित्र की खातिर इस बात का भार उन्होंने अपने 'दुर्बल' कन्धों पर लेना स्वीकार कर लिया कि वे स्वयं उन उपहारों को श्रीमती राधारानी तक पहुँचा देंगे।

सरदार जगदीश सिंह ने अपने इन 'एकनिष्ठ' मित्रों का परामर्श मानने में विलम्ब से काम न लिया। यह और बात है कि उपहार श्रीमती राधारानी तक पहुँचते-पहुँचते उन मित्रों के घर ही रह गये। और इस बहाने सरदार जगदीश सिंह की पार्टियों का आनन्द लूटने के साथ-साथ उन्होंने अपनी पत्नियों के पुराने तगादे मिटा दिये और उन्हें गहनों-कपड़ों से लाद दिया।

फिर एक दिन सरदार जगदीश सिंह के इन मित्रों ने उनसे कहा कि श्रीमती राधारानी को छै-सात हज़ार रुपये की ज़रूरत है, अगर वे गुप्त रूप में इसका प्रबन्ध कर देंगे तो बस वह उनकी क्रीत दासी हो जायेगी।

'उसको अपनी सर्जरी के लिए रुपया चाहिए,' हरचरण सिंह ने कहा, 'और मैं तुमसे कहता हूँ कि उसे हासिल करने का इससे अच्छा मौक़ा तुम्हारे हाथ न आयेगा।'

'राय साहब भवानी दयाल अपनी सारी जायदाद उसके क़दमों पर न्योछावर करने को तैयार थे,' बलबीर सिंह ने रद्दा जमाया, 'पर वह उनके पास तक न फटकी।' और फिर उसने भेद-भरे स्वर में कहा, 'लेकिन तुम्हारी पार्टियों, तुम्हारे तोहफ़ों, तुम्हारी खामोश मुहब्बत और सबसे बढ़ कर तुम्हारी 'मर्दानगी' ने उसे जीत लिया है। तुम उसका यह काम कर दो, फिर उसे तुम्हारे पहलू में ला बैठाना हमारा काम है।'

'और फिर जब एक बार तुम्हारे पास आ गयी,' हरचरण बोला, 'तो उसे अपनी बनाये रखना तुम्हारी हिम्मत पर निर्भर है।'

'औरत,' बलबीर ने आँख मार कर कहा, 'बस एक ही चीज़ चाहती है —मर्द! और क़सम वाहे गुरू की इस मैदान में साला वह भवानी दयाल क्या खा कर तुम्हारा मुक़ाबला करेगा।'

सरदार जगदीश सिंह (लैण्ड लॉर्ड ऐण्ड हाउस प्रोप्राइटर) अपनी मूँछों को ताव दे कर बोले, 'इस बात की तुम फ़िक्र न करो।' और उनकी आँखों में एक अमानुषिक चमक आ गयी। फिर सहसा सँभल कर कुछ सन्देह-भरे स्वर में उन्होंने कहा, 'मुझे कैसे यक़ीन हो कि तुम ठीक ही कहते हो ?'

इस पर दोनों मित्र सरदार जगदीश सिंह को अमृतसर ले गये और दरबार साहब जा कर उन्होंने सौगन्ध खायी कि वे उनका काम बना देंगे और सरदार जी ने वहीं (अमृतसर के एक साहूकार के पास) अपनी अन्तिम कोठी गिरवी रख कर श्रीमती राधारानी के गदराये शरीर का परस प्राप्त करने के लिए सात हज़ार रुपया उनकी भेंट कर दिया। और बाक़ी दो-चार हज़ार उस सुअवसर पर खर्च करने के लिए रख लिया, जब वह उनकी हो जायेगी।

उनके तीसरे ऐडवोकेट मित्र ने जब यह देखा कि नहाने वाले तो बहते जल में जी

भर डुबकियाँ लगा रहे हैं और वे किनारे पर ही खड़े मुँह ताक रहे हैं तो उन्होंने भी लगे हाथों एक डुबकी लगा लेने की सोची। लेकिन वे ज़रा देर में चेते। उस समय तक तो नदी का पानी ही प्राय: सूख चुका था। इस पर भी उन्होंने हिम्मत न हारी और नदी में कुछ और जल लाने की तरकीब सोच निकाली।

अपनी सुन्दर और सुशिक्षित पत्नी द्वारा उधर तो उन्होंने सरदारनी जी को भड़काया कि वे अपने 'सरदार जी' से पूछें कि आखिर इतना रुपया किस कुएँ अथवा खाई में जा पड़ा और इधर जब जगदीश सिंह ने अपने मित्रों की 'हरामज़दगी' की कथा उन एडवोकेट मित्र से कही तो अपने मित्र के दुख से दुखी हो उन्होंने कहा :

'मैं तुम्हें एक-एक पैसा इन हरामज़ादों से ले कर दूँगा।' रोष से उनका गला भर-सा आया, 'कमीने! तुम इन पर नालिश क्यों नहीं कर देते ?'

लेकिन जब सरदार जगदीश सिंह ने (जो अब लैण्ड लॉर्ड ऐण्ड हाउस प्रोप्राइटर — कुछ भी न रहे थे) प्रश्न-सूचक दृष्टि से उनकी ओर देखा और पूछा आखिर नालिश भारतीय दण्ड विधान की किस धारा के अधीन की जाय तो उन ऐडवोकेट साहब ने उन्हें विश्वास दिलाया कि दण्ड विधान की धाराएँ तो उनके हाथ की कठपुतली हैं, मुक़दमा वे अवश्य खड़ा कर देंगे।

'आखिर निगला हुआ धन ये हरामज़ादे यों ही तो नहीं उगलेंगे,' उन्होंने अपनी सुन्दर ऐनक को ठीक करते और अपनी सुन्दर पत्नी से समर्थन चाहते हुए कहा, 'इनको तो अदालत में ख्वार करना पड़ेगा।' फिर धीरे से उन्होंने कहा, 'बस, नालिश करने के लिए रुपये का इन्तज़ाम तुम कर दो। ऐसा केस खड़ा करूँगा कि पहली पेशी ही में हरामज़ादों के वारण्ट जारी हो जायें।'

लेकिन भूतपूर्व लैण्ड लॉर्ड एण्ड हाउस प्रोप्राइटर ने उन्हें बताया कि जायदाद के नाम पर उनके पास सिर्फ़ उनका निवास स्थान ही रह गया है और पहली पेशी ही सही, पर उसके लिए भी तो रुपया चाहिए। वह कहाँ से आयेगा ?

तब उन ऐडवोकेट मित्र ने सरदार जगदीश सिंह को मामला चलाने के लिए इसी मकान से रुपया प्राप्त करने की तरकीब बता दी।

'तुम्हारे एक बीवी और दो बच्चे हैं। तुम चार जीव हो। इतना बड़ा मकान तुम्हारे किस काम का है ? इसके हिस्से करके तुम किरायेदार क्यों नहीं बसाते ? इससे जहाँ तुम्हारे घर में रौनक़ हो जायेगी, तुम्हारी पत्नी को सहेलियाँ मिल जायेंगी और तुम्हारे बच्चों को साथी, वहाँ मज़े से तुम्हारे केस के लिए रुपया मिल जायेगा। कुछ भी तो यत्न नहीं करना पड़ेगा।'

०

अपने पत्र में इस घटना का संक्षिप्त विवरण देते हुए चेतन ने लिखा :

'इस मामले के लिए पैसा जुटाने के लिए सरदार जगदीश सिंह ने अपना रिहाइशी मकान किरायेदारों के लिए कई हिस्सों में बाँट दिया है और इस तरह वे लैण्ड लॉर्ड न सही, हाउस प्रोप्राइटर फिर से बन गये हैं। इन्हीं किरायेदारों में सरदार जी के साथ के हिस्से में रहने के लिए हम आये हैं। उनकी लड़की जवान

हो रही है और वे नहीं चाहते कि इस हिस्से में किसी शक-शुब्हे वाले शख़्स को रखें। और इस तरह हम सरदार जगदीश सिंह (भूतपूर्व लैण्ड लॉर्ड और वर्तमान हाउस प्रोप्राइटर) के साथ बड़ी शान से डटे हुए हैं। बरामदे में प्लाइवुड का एक पार्टीशन उनके भाग को हमारे भाग से अलग करता है और हम उनके ऐडवोकेट मित्र की जान को दुआएँ दे रहे हैं....'

o

उन ऐडवोकेट साहब ने क्या केस बनाया, यद्यपि इस सम्बन्ध में चेतन ने अपने पत्र में अनन्त को कुछ नहीं लिखा, पर जिन लोगों ने अदालत में सरदार जगदीश सिंह की पेटीशन को सुना, वे उन ऐडवोकेट साहब की धूर्तता और सरदार जगदीश सिंह की 'बुद्धिमत्ता' की भूरि-भूरि प्रशंसा किये बिना न रह सके।

संक्षेप में पेटीशन (जो अंग्रेज़ी में लिखी गयी थी) कुछ इस प्रकार थी : 'एक दिन मैंने अपने मित्र बलबीर सिंह को मोरी गेट के बाहर सोशलिस्टों की एक सभा में देखा। मैं कुछ क्षण उनके पास जा खड़ा हुआ। दूसरे दिन मेरी अनुपस्थिति में मेरे घर पुलिस का एक सिपाही दो बार आया और उसने पूछा कि सरदार जी कहाँ हैं, उनकी गिरफ़्तारी के वारण्ट हैं। उस शाम मेरे दूसरे मित्र हरचरण सिंह ने बताया कि सोशलिस्टों की उस सभा को खिलाफ़-कानून क़रार दे दिया गया था, तुमने नाहक़ उसमें भाग लिया। उसने कहा, बलबीर सिंह की गिरफ़्तारी के भी वारण्ट आये हैं। अब तुम यों करो कि अमृतसर भाग जाओ, नहीं यहाँ गिरफ़्तार हो जाओगे और सात साल सख़्त क़ैद से कम में छुटकारा नहीं होगा। मैं अमृतसर भाग गया। वहीं मुझे बलबीर सिंह भी मिला। उसने कहा, श्रीमती राधारानी के पति मैजिस्ट्रेट के परिचित हैं और हरचरण से भी उनकी मैत्री है। तुम हरचरण को लिखो कि कुछ दे-दिला कर इस मामले को खत्म करा दे। मैंने हरचरण को लिखा। उसने आ कर बताया कि दस हज़ार से कम में काम न बनेगा, बड़ा संगीन मामला है और मैजिस्ट्रेट आठ हज़ार से कम में बात नहीं करता। दो हज़ार रुपया श्रीमती राधारानी के पति की भेंट करना होगा। तब बलबीर सिंह ने लगभग रोते हुए कहा —मेरे पास तो अपना मकान ही है, मैं उसे गिरवी रख दूँगा, पर उससे तो एक हज़ार भी हाथ न आयेगा। मैं भी घबरा गया और इस घबराहट में मैंने अपनी मॉडल टाउन वाली कोठी गिरवी रखने का फ़ैसला कर लिया। हरचरण सिंह ने कहा कि वह ऐसा प्रबन्ध कर देगा जिससे किसी को कानों-कान खबर न होगी। बस, चार दिन के बाद हरचरण सिंह, साहूकार, वकील और श्रीमती राधारानी के पति को ले कर आया। मैंने कोठी गिरवी रख दी। दरबार साहब के सामने उन सभी ने शपथ ली कि वे मुझे और बलबीर सिंह को जेल की ज़िल्लत से बचा लेंगे। दरबार साहब के ग्रन्थी मेरी गवाही देंगे कि इन्होंने वहाँ शपथ ली थी। दूसरे गवाह भी उपस्थित हैं।'

इस पेटीशन के अन्त में जगदीश सिंह ने यह भी कहा कि उनका वंश बड़ा ऊँचा है और सरकार का पुराना खैरख्वाह है (यहाँ उन्होंने अपने भाइयों के नाम गिनवाये, जिनमें से कई सरदार साहब, कई सरदार बहादुर और दो सर भी थे)। वे अपने वंश को कलंकित करने से डरते थे। उन्होंने आज तक किसी राजनीतिक सभा में भाग नहीं लिया। राजनीतिक सभाओं में भाग लेना तो दूर, उन्होंने कभी समाचार-पत्र तक नहीं पढ़ा। उनकी इसी सरलता, अनभिज्ञता और सरकार की वफ़ादारी का अनुचित लाभ उनके इन मित्रों ने उठाया है।

०

चेतन ने अपने पत्र के अन्त में लिखा :

> *'बस मामला चलते ही सरदारनी के ज़ोर देने पर सरदार जी ने बरामदे में एक और पार्टीशन करके उसमें 'ग्रन्थ साहब' का 'प्रकाश' कर दिया है। गुरू महाराज मामला जीतने में उनकी मदद करें, इस मतलब से सुबह-शाम वे खुद उनकी लड़की और लड़का दरवाज़े की चौखट पर मुट्ठियाँ भरते रहते हैं। एक अखण्ड पाठ हो चुका है, दूसरे की तैयारियाँ हो रही हैं। और श्रीमती राधारानी का यह प्रेमी इस तरह बिज़ी है जैसे किसी मुसीबत से निबटने के लिए नहीं, उसकी शादी के सिलसिले में यह सब कुछ हो रहा हो।'*

इक्तालीस

रात बेहद अँधेरी थी। वर्षा अपना ज़ोर दिखा कर अब नन्ही-नन्ही बूँदों में बरस रही थी। चेतन ने घड़ी की ओर देखा, ढाई बज गये थे। सामने सम्पादक महोदय प्रेस-कापी तैयार करके वहीं कुर्सी पर टाँगें सिकोड़े सो गये थे। चेतन उपन्यास लिख रहा था, लेकिन कोशिश करने पर भी उससे अब आगे न लिखा जाता था। उसका थका हुआ मस्तिष्क थके हुए घोड़े की तरह अड़ गया था और बार-बार पानी के छींटों के रूप में एड़ लगाने पर भी आगे न बढ़ रहा था। उसने उपन्यास की स्लिपें दोहरी करके डायरी में रखीं और उसे बन्द करके मोटे धागे से बाँध दिया। सम्पादक को जगा, उससे छुट्टी ली, छाता उठाया और चल दिया।

बाहर ड्योढ़ी की चौखट पर खड़े हो कर उसने गली में निगाह दौड़ायी। शुक्ल पक्ष होने के कारण बिजली की बत्तियाँ बन्द थीं। हालाँकि काजल-सी काली घटाओं ने शुक्ल पक्ष को कृष्ण पक्ष से भी ज़्यादा काला बना दिया था, पर क़ानून तो क़ानून ठहरा, बादलों के छा जाने से उसमें कैसे परिवर्तन हो! गहन अन्धकार के बावजूद बत्तियाँ बन्द थीं। गली के तिमंज़िले मकान इस अन्धकार को और निबिड़ बना रहे थे। नीचे पानी की नदी ठाठें मार रही थी और ऊपर से परनालों का पानी शोर मचाता हुआ उसमें समा रहा था।

चेतन ने सोचा, कुछ क्षण और प्रतीक्षा कर ले। लेकिन यह खयाल कि ढाई बज गये हैं, जैसे बरबस उसे आगे धकेलने लगा। एक हाथ में छाता और उपन्यास की कापी थाम कर दूसरे से तहमद को ऊपर उठाता हुआ वह सीढ़ियाँ उतर आया।

गली में घुटने तक पानी था। रोशनी से सहसा अँधेरे में आने के कारण उसे कुछ दीख न रहा था। माप-माप कर पग धरता हुआ वह आगे बढ़ा।

वह लाख चाहता था कि परनालों की निरन्तर बहती धाराओं से बच जाये, पर वे सब 'हरर-हरर' करते ऐन गली के मध्य गिर रहे थे। दीवार के साथ चलने में पाँव के नाली में फँस जाने का भय था। उसका छाता दो-तीन वर्ष उसकी सेवा करने के बाद एकाध बार अपनी असमर्थता जताते हुए उसे सादर नमस्कार भी कर चुका था, पर चेतन ने उसे छोड़ा

नहीं था। इसलिए भगवान शिव की तरह चेतन भी उन अगणित धाराओं को अपने सिर पर धारण करने को विवश था।

अभी मुश्किल से उसने आधी गली पार की होगी कि उसे अचानक ऐसा लगा जैसे किसी ने निचुड़ता हुआ कोड़ा पूरे ज़ोर से उसकी गर्दन पर दे मारा हो। उसे एक 'शूँ' की आवाज़ सुनायी दी और अँधेरे में कोई भयानक-सी चीज़ उसकी ओर बढ़ी। वह उछला। उसका दिल धक-धक करने लगा और पानी की गर्म-गर्म धारा उसने गर्दन से अपने वक्ष की ओर बहती महसूस की।

जब वह गली के सिरे पर पहुँच गया तो उसने पीछे मुड़ कर देखा। उसकी आँखें अन्धकार से अभ्यस्त हो चुकी थीं। तब उसे पता चला कि वह तो पड़ोस में रहने वाले प्रोफ़ेसर साहब की मरकही गाय है, जिसकी गीली दुम उसके गले से किसी भूखी प्रियतमा की तरह लिपट गयी थी।

वहीं गली के सिरे पर खड़े-खड़े उसने पहले प्रोफ़ेसर साहब, फिर उनकी गाय और फिर नगरपालिका को आधी दर्जन गालियाँ दीं। फिर वह धीरे-धीरे चल पड़ा।

बाज़ार में गली की अपेक्षा अन्धकार कुछ कम था और हालाँकि बारिश फिर होने लगी थी, पर बादलों की तह शायद हल्की हो गयी थी। डूबा हुआ चाँद उभर आया था और उसकी मद्धिम-सी चाँदनी बादलों में से छन कर उस सूची-भेद्य अन्धकार को कम कर रही थी।

और वह चलता-चलता महान लेखक के कथनानुसार समय का लाभदायक उपयोग करने के विचार से मन-ही-मन उपन्यास के कथानक पर सोचने लगा था।

एस०पी०एस०के० हॉल के पास पहुँच कर उसने देखा कि मोहन लाल रोड और चंगड़ मुहल्ले का संगम प्रयाग का संगम बना हुआ है। उसके सामने पानी में डूबी हुई चंगड़ मुहल्ले की सड़क घूम गयी। यदि वह उधर से जायेगा तो दीवानचन्द हलवाई की दुकान तक उसे पानी में चलना पड़ेगा और चंगड़ मुहल्ले के बाज़ार का पानी — ध्यान मात्र ही से उसका जी मितलाने लगा। तब उसने सोचा कि वह 'बन्दे मातरम प्रेस' के पास से हो कर जाने वाली गली से घर जायेगा। और वह उधर को चल पड़ा।

गली के शुरू में नाली का छोटा-सा लोहे का पुल टूटा हुआ था और पानी बड़े वेग से बह रहा था। दस-बारह कदम चलने के बाद गली ऊँची थी। पैरों से टटोलता-टटोलता चेतन बढ़ा जा रहा था और अनजाने ही उस महान लेखक के कथन का भी पालन कर रहा था। उसके मस्तिष्क में उपन्यास का कथानक बन-सँवर कर अपना पूरा आकार पा रहा था। तभी उसे लगा जैसे उसके हाथ से कोई चीज़ फिसली जा रही है। कथानक के निर्माण में तल्लीन उसने उसे थामा भी, पर तभी नाली में उसका पाँव फँस गया और वह चीज़ फिसल कर छप से पानी में गिर गयी।

वह चौंका। नाली बहुत गहरी न थी, इसलिए उसका पाँव टूटने से बच गया। पर यदि उसका पाँव टूट जाता तो शायद उसे इतना दुख न होता जितना उसे यह जान कर हुआ कि वह चीज़ उसकी बहुमूल्य डायरी थी, जिसमें न केवल उपन्यास की रूप-रेखा लिखी हुई थी, बल्कि कितनी ही घटनाओं, व्यक्तियों और प्राकृतिक दृश्यों के नोट तथा उपन्यास

के आरम्भिक परिच्छेदों की स्लिपें थीं।

उसने बेतहाशा पानी में. इधर-उधर हाथ मारा। फिर वह अपनी इस मूर्खता पर मन-ही-मन हँसा —कापी यहाँ कहाँ! वह तो पानी के प्रवाह में मोहनलाल रोड के संगम तक चली गयी होगी —उसने सोचा और कुछ क्षण तक वहीं मूक, मर्माहत-सा भीगता खड़ा रहा। चारों ओर निबिड़ अन्धकार छाया था। वर्षा की रिमझिम, परनालों और बहते हुए पानी का शोर रात की निस्तब्धता भंग कर रहा था। एक ताँगा 'छप-छप' करता हुआ उसके पीछे से निकल गया। चेतन ने सोचा कि वह सुबह आ कर अपनी कापी ढूँढेगा, लेकिन चलते समय उसने फिर अनायास पैर से इधर-उधर टटोल कर देख लिया।

०

नाली को पार करके वह चुपचाप चलने लगा। यद्यपि उस महान लेखक ने कहा था कि चलते समय का उचित प्रयोग लाभदायक तौर पर सोचना है, लेकिन लगातार कोशिश करने पर भी वह इस अमूल्य कथन का पालन न कर सका। वह सोचता तो रहा, पर वह सब लाभदायक था, इसमें सन्देह है। जब वह घर पहुँचा तो उसका मन खिन्न, शरीर क्लान्त और पलकें भारी थीं। रह-रह कर उसके सामने वह मोटी डायरी, उसके सुन्दर पृष्ठ, नीली-नीली लकीरें और उन पर बड़े यत्न से सुन्दर लेखनी में लिखी हुई उपन्यास की रूप-रेखा, आरम्भिक परिच्छेदों की स्लिपें तथा विभिन्न नोट घूम-घूम जाते। उसे लग रहा था जैसे यह उपन्यास वह फिर न लिख सकेगा —इतना धैर्य वह कहाँ से लायेगा ? यह सोचते-सोचते वह सीढ़ियाँ चढ़ गया और दरवाज़े पर पहुँच कर उसने दस्तक दी।

सरदार जगदीश सिंह के नौकर ने (जो पार्टीशन के इस ओर बरामदे में सोता था) आ कर दरवाज़ा खोला और कहा : 'बीबी जी आयी हैं।'

'बीबी जी! कौन बीबी जी ?'

'आपकी बीबी!'

'माँ।'

'नहीं जी, आपकी बीबी,' नौकर ने तनिक हँसते हुए कहा।

तभी चन्दा ने आ कर रसोईघर का दरवाज़ा खोला। वह शायद अब तक जाग रही थी और उसकी प्रतीक्षा कर रही थी। चेतन के मन में खुशी की लहर दौड़ गयी और कापी के खो जाने का क्षोभ पलक झपकते हवा हो गया।

नौकर चला गया था। वहीं सीढ़ियों पर खड़े-खड़े वे कितनी देर तक बातें करते रहे। चन्दा ने उसे बताया कि उसका जी वहाँ बिलकुल न लगता था। वह बहुतेरा हँसने, खुश रहने का प्रयास करती थी, पर उदासी अनायास ही उनके मन-प्राण पर छा जाती थी। माँ ने उसे बस्ती भेज दिया, पर वहाँ भी उसका मन न लगता था —रोने-रोने को हुआ करता था। आखिर जब रणवीर लाहौर आने लगा तो माँ ने नाराज़ हो कर उसे उसके साथ चले जाने को कहा और वह चली आयी।

'मुझे आपका डर था....,' उसने कहना शुरू किया, लेकिन चेतन ने अपना सिर (वर्षा के कारण जिसके बाल घुँघराले हो गये थे) चन्दा के वक्ष से लगा दिया। उन भीगे, घुँघराले बालों में उँगलियाँ फेरते हुए चन्दा ने उस सिर को अपनी छाती से भींच लिया।

अपने उस डर की बात को पूरा करने की ज़रूरत उसे फिर नहीं रही।

कुछ क्षण दोनों आनन्दातिरेक से चुप खड़े रहे। फिर चन्दा ने कहा, 'चल कर कपड़े बदल डालिए। सर्दी न लग जाय!' और वे दोनों रसोईघर में आ गये। कमीज़ उतार कर चेतन ने खूँटी पर फेंक दी और बदन पोंछ कर तहमद बदल वहीं रसोईघर में एक बाल्टी को उलट कर उस पर बैठ गया। चन्दा उसके पास धरती पर बैठ गयी और उसका सिर चेतन ने अपनी गोद में ले लिया।

वहीं बैठे-बैठे चन्दा ने बताया कि माँ ने एक चिट्ठी भी दी है। और उसने अपने ब्लाउज़ से एक चिट्ठी निकाल कर चेतन को दी। चेतन उस समय ज़रा भी चिट्ठी पढ़ने के मूड में न था। चन्दा का कोमल, गदराया शरीर अज्ञात रूप से उसके मन-मस्तिष्क पर छाया जा रहा था। उसने अन्यमनस्कता से पत्र को पढ़ना शुरू किया — माँ ने चन्दा के व्यवहार की शिकायत की थी और ताने दिये थे — मगर चेतन ने दो-चार पंक्तियाँ पढ़ कर ही पत्र को अलग रख दिया और दायें हाथ से चन्दा को अपने सीने से लगा लिया।

चन्दा आयी थी तो डरती थी कि कहीं इस प्रकार बिना पूछे चले आने पर चेतन ग़ुस्सा न हो, पर उसके व्यवहार से उत्साह पा कर उसके वक्ष से लगी-लगी वह अनवरत बातें सुनाती चली गयी — सोहनी, केसरी, लक्ष्मी, पारो, शीला, कर्तारो — अपनी सभी सहेलियों की बातें....।

कई बार चेतन के मन में इच्छा हुई कि वह चन्दा से नीला की बात भी पूछे, पर हर बार उसने अपनी इस इच्छा को बरबस मन ही में दबा दिया।

सामने रसोईघर की खिड़की से प्रातः का झुटपुटा दिखाई देने लगा था जब भाई साहब ने जग कर पार्टीशन के दूसरी ओर से लगभग पितृ-स्नेह से भरी आवाज़ में कहा : 'अब सो जाओ चेतन, दोपहर को तुम्हें फिर दफ़्तर जाना है।'

बयालीस

सर्दी उतर आयी थी। चेतन ने छोटा कमरा सँभाल लिया था। चारपाई उसमें एक ही आ सकती थी और पार्टीशन की दूसरी तरफ़ भाई और भावज के होने से उसे कुछ शर्म भी आती थी। लेकिन चन्दा को दोबारा बस्ती या जालन्धर भेजने की अपेक्षा उसने इस शर्म को ही उठाये रखना श्रेयस्कर समझा।

'कोई हद है बेशर्मी की,' इस बात की ओर संकेत करते हुए उसकी भाभी ने एक बार अपने पति से कहा था, 'दिन-रात एक ही चारपाई पर लेटे रहते हैं। फिर वह (भाभी का अभिप्राय चेतन से था) तो खुली तबीयत का आदमी है, इसको तो शर्म आनी चाहिए। पति-तो-पति, जेठ के साथ भी उसी चारपाई पर बैठी 'खिहि-खिहि' करती रहती है।'

इसी बात को ले कर सरदारनी ने भी चेतन से दो-चार बार मज़ाक़ किया था। तंग आ कर उसने उस छोटे-से कमरे में बिछायी जा सकने वाली दो चारपाइयाँ बनवायीं। लेकिन

एक ही रात उन पर सो कर उसने उन्हें भावज को दे दिया था कि लो, इन पर अपने बच्चों को सुलाओ। इसके बाद वह रसोईघर में भी दूसरी चारपाई बिछवाता रहा था, पर कुछ ही दिन बाद इस प्रवंचना से भी उसने मुक्ति पा ली।

०

पर इतने ही से उसे निष्कृति नहीं मिल गयी। देवरानी और जेठानी के इकट्ठे रहने से उसे नित नये दिन किसी-न-किसी नयी समस्या से दो-चार होना पड़ता। सबसे पहली समस्या खाना पकाने की थी। चन्दा पढ़ती थी, इसलिए खाना पकाने का काम प्रायः भावज ही को करना पड़ता था। चन्दा को शिकायत रहती थी कि उसकी जेठानी चेतन की तरकारी में तड़का कम लगाती है और उसके दूध में मलाई नहीं डालती, पर चेतन सन्तुष्ट था कि चन्दा को पढ़ने-पढ़ाने के लिए समय तो मिल जाता है। और वह उसे समझा देता था कि ऐसी ज़रा-ज़रा-सी बातों की तरफ़ ध्यान नहीं देना चाहिए।

वास्तव में जब चन्दा ने कुछ ही महीनों के परिश्रम से अच्छे नम्बरों से हिन्दी-रत्न की परीक्षा पास कर ली तो चेतन की दृष्टि में उसकी वक़अत बढ़ गयी थी। वह नहीं चाहता था कि उसे खाना पकाना पड़े, लेकिन उसकी भाभी को अपनी देवरानी का यों रानी बने बैठना एक आँख न भाता था और वह भाई साहब से रोज़ तगादा करती थी कि उसे भी स्कूल में दाखिल करा दिया जाय। भाई साहब बेपरवाही से हँस देते।

'अब तुम पढ़ कर क्या करोगी ?' वे कहते, 'बच्चे पालो और राम का नाम जपो।' और वे छड़ी उठा कर सैर को निकल जाते।

दिन-प्रतिदिन भाभी के तगादे और भाई साहब की बेपरवाही बढ़ने लगी। आखिर जब भाभी का अनुरोध बढ़ कर क्रोध और भाई साहब की बेपरवाही चुप की सीमा को पहुँच गयी तो एक दिन भाभी स्वयं मोहन लाल रोड गयी और सुलेख की दो-चार कापियाँ खरीद लायी। सारा दिन बैठी, एकनिष्ठ भाव से, वह उनको भरती रही। जब शाम को भाई साहब ने आ कर खाना माँगा तो उसने इनकार कर दिया।

'वह अगर पढ़ती है तो क्या मैं नहीं पढ़ती,' उसने अँगूठा मटका कर कहा, 'वह तो पढ़ने के बहाने खाट पर टाँगें फैलाये लेटी रहे और मैं बाँदी बनी घर का सब काम करूँ!'

जब भाई साहब का समझाना-बुझाना, अनुनय-विनय, सब बेकार गया तो आखिर चेतन ने फ़ैसला किया कि भाभी सुबह और चन्दा शाम को खाना पकाये। यह भी हो गया कि छुट्टी के दिन चन्दा सुबह पकायेगी ताकि वे शाम को सैर के लिए जा सकें।

इस समस्या से छुटकारा मिला तो बाजे की समस्या भयावह रूप धारण कर सामने आ गयी।

चेतन और चन्दा ने बड़ी कठिनाई से दूसरी ज़रूरतें काट कर बाजा खरीदा था। बात यह थी कि जिस दिन से चेतन पर अचानक यह भेद खुला था कि उसकी पत्नी ने बड़ा सुरीला गला पाया है और उसने इस बात का फ़ैसला कर लिया था कि वह एक हारमोनियम खरीदेगा और नियमित रूप से अपनी पत्नी को संगीत की शिक्षा देगा, वह बाजा जुटाने का तिकड़म भिड़ाने लगा था। चन्दा ने इस बीच पन्द्रह रुपये जमा कर रखे थे। दस का और प्रबन्ध करके चेतन एक संगीत-टीचर की सहायता से पैंतिस रुपये का एक हारमोनियम ले

आया था। उसने दस रुपये इस वादे पर दुकानदार से उधार कर लिये थे कि पाँच-पाँच रुपये की क़िस्तों में दो महीने में उतार देगा। उन्हीं संगीत-टीचर से पाँच रुपये महीने पर वह स्वयं बाजा सीखने लगा था। जो कुछ वह सीख कर आता, घर आ कर चन्दा को सिखा देता।

पहले तो भाभी को इस बात की जलन थी कि चन्दा अपने जेठ के सामने क्यों गाती है। जब चेतन ने उसे रोक दिया तो भाभी ने स्वयं बाजा सीखने की रट लगा दी। जब भी भाई साहब शाम को घर आते तो खाना परोसते समय भाभी बाजा सीखने की इच्छा प्रकट करती।

इन तगादों के उत्तर में भाई साहब दुख और व्यंग्य से हँसते। दुकान में अभी कितने ही औज़ार कम थे, कुर्सी भी सस्ती और पुरानी क़िस्म की थी, बाहर का साइन-बोर्ड भी छोटा था, दुकान में लकड़ी और शीशे के पर्दों की ज़रूरत थी, बिजली का पंखा तक भी नहीं था —वे पत्नी को समझाने की कोशिश करते, पर भर्तृहरि ने कहा है न कि सागर को बूँद भर शहद से मीठा किया जा सकता है, पर मूर्ख को....और भाभी चीख उठती, 'आप तो डॉक्टर हैं और वह चालीस रुपये का क्लर्क! उसकी बीवी तो स्कूल में पढ़े, बाजे बजाये और मैं बैठी मुटर-मुटर ताका करूँ। उनको सब कुछ ले कर देने के लिए तो आपके पास पैसे आ जाते हैं और मेरे लिए....'

ऐसे तमाम अवसरों पर भाई साहब के लिए भोजन विष बन जाया करता। किसी-न-किसी तरह दो-चार कौर निगल कर वे उठ खड़े होते, छड़ी उठाते और चुपचाप बाहर निकल जाते।

अपनी भाभी की इस ईर्ष्या से तंग आ कर चेतन ने अपनी पत्नी से कह दिया कि वह अपनी जेठानी को भी बाजा सिखा दिया करे।

चन्दा ने उसी दिन से श्रीमती चम्पावती को गाना सिखाना शुरू कर दिया। भाभी के गले में रस का नितान्त अभाव था। स्वर उसका कौवे का-सा था, लेकिन इससे वह ज़रा भी हतोत्साह न होती और गला फाड़े निहायत कनसुरेपन से गाये जाती।

०

उन्हीं दिनों एक और घटना घटी जिसने भाभी के दिल में धधकती हुई ईर्ष्या की आग पर तेल का काम किया।

०

बात यह हुई कि चेतन के पास उसके वेतन के अतिरिक्त कुछ और रुपये आ गये। किसानों के खैर-ख्वाह एक पूँजीपति ने, जो उर्दू साप्ताहिक के मालिक थे, चेतन से प्रति सप्ताह कृषि-सम्बन्धी एक कहानी लेने का वादा किया और पहली कहानी के रुपये भी उन्होंने दे दिये। सर्दी ज़ोरों से पड़ने लगी थी और चन्दा के पास एक भी गर्म कपड़ा न था। इसलिए चेतन ने उसे एक कार्डिगन ले दिया। जब चेतन घर से चला था तो उसका यही खयाल था कि एक सस्ता-सा कार्डिगन वह चन्दा को ले देगा। लेकिन जब वह चन्दा को लिये हुए 'तिलक होज़री' के अन्दर जा बैठा और उसने सामने के क़दआदम शीशे पर नज़र डाली और अपनी सूरत शीशे में देखते-देखते (मन-ही-मन उसकी प्रशंसा करते हुए) अपने

मुलायम बालों पर उसने हाथ फेरा और देखा कि उसकी पत्नी की आँखों से एक सलज्ज मुस्कान निकल कर उसके होंटों पर फैलती हुई चेहरे को रोशन कर रही है तो न जाने उसे क्या हुआ कि वह सस्ता स्वेटर खरीदने की बात एकदम भूल गया। उसने ऐसे गर्व के स्वर में सेल्ज़मैन से स्वेटर दिखाने को कहा कि घटिया स्वेटर लाने की उसमें हिम्मत ही न हो।

पर उसके स्वर में जो गर्व था, उसकी ओर ध्यान न दे कर सेल्ज़मैन ने दो-ढाई रुपये तक के स्वेटर उसके सामने ला कर रख दिये।

चेतन ने कहा, 'कुछ और अच्छे दिखाओ।'

सेल्ज़मैन चार-पाँच तक के उठा लाया।

शायद चेतन को इसमें अपना अपमान लगा। कुछ बेसब्र हो कर उसने कहा, 'और दिखाओ भाई। जो सब से अच्छा हो, वह दिखाओ!'

तब सेल्ज़मैन गुलाबाँसी रंग का एक कॉर्डिगन लाया, जिसके कॉलर पर सफ़ेद धारियाँ थीं।

'यह कितने का है ?' चेतन ने पूछा।

'आठ रुपये का।'

चेतन की जेब में आठ ही रुपये थे। चार रुपये उसे मालिक मकान को किराये के हिसाब में देने थे और चार रुपये उसने कार्डिगन के लिए रख छोड़े थे। चन्दा को यह बात मालूम थी, इसलिए जब उसने चन्दा से उसकी पसन्द पूछी तो उसने साढ़े तीन रुपये के एक कार्डिगन पर उँगली रख दी।

तब हँसते हुए और शीशे में अपनी शक्ल देख कर बालों पर हाथ फेरते हुए चेतन ने गुलाबाँसी कार्डिगन की ओर संकेत करके पूछा, 'यह तुम्हें अच्छा नहीं लगता क्या ?'

अरमान-भरी आँखों से चन्दा ने कॉर्डिगन की ओर देखा और फिर आँखें झुका लीं।

चेतन भूल गया कि चार रुपये उसे मालिक मकान को देने हैं। कुछ अजीब-से प्रेम और दया-भरे भाव से उसने अपनी पत्नी की ओर देखा और आठ रुपये जेब से निकाल कर सेल्ज़मैन के सामने रख दिये, 'यह गुलाबाँसी स्वेटर बँधवा दो।'

भाभी ने इस स्वेटर को देखा तो ईर्ष्या की एक टीस उसके हृदय की गहराई में उठी।

'चन्दा को तो आठ रुपये के स्वेटर ले कर दिये जायँ और मैं सर्दी में ठिठरूँ ?' भाई साहब के आने पर भाभी ने कहा।

'मुझे तो यह भी मालूम नहीं कि उसने क्या खरीदा है।' भाई साहब व्यंग्य और विवशता से हँसे। चन्दा को बुला कर उन्होंने कार्डिगन देखा और दबी हुई साँस दिल में दबा ली। चेतन दफ़्तर जा चुका था। इस डर से कि उन्हें बहुत उल्टी-सीधी सुननी पड़ेंगी, खाना खा, छड़ी उठा, भाई साहब सैर को चले गये।

दूसरे दिन उन्होंने अलग ले जा कर चेतन को समझाया कि तुम्हारी भाभी भी स्वेटर के लिए शोर मचा रही है। मेरे पास तो पैसा है नहीं। जब उसे बाहर जाना हो तो कॉर्डिगन तुम उसे दे दिया करना।

यद्यपि पहले वह कार्डिगन भाभी ही ने पहना और कुल मिला कर भाभी ही स्वेटर को ज़्यादा पहनती रही तो भी अपने निजी स्वेटर के लिए उसने भाई साहब का पीछा न

छोड़ा।

वे लाख समझाते कि उनकी आय ज़्यादा नहीं, उनका खर्च ज़्यादा है, उन्हें बहुत सामान खरीदना है, वे स्वयं चेतन के सूट पहनते हैं, पर भाभी को विश्वास न होता और वह यही कहती कि आप उनको खिला रहे हैं और हमें कुछ नहीं देना चाहते।

इस रोज़-रोज़ की चख-चख से भाई साहब इतना तंग आ गये कि उन्होंने पत्र लिख कर जालन्धर से परसराम को बुलाया और भाभी के तमाम विरोध के बावजूद उसे जालन्धर भेज दिया। माँ को लिख दिया कि वह घबराये नहीं, कुछ महीनों बाद वे निश्चय ही उसे बुला लेंगे।

तैंतालिस

अखबार के दफ़्तर में काम करते हुए चेतन को साल भर होने को आया था, पर उसके स्वभाव में अभी तक लड़कपन कम न हुआ था। भाई साहब कई बार उससे कहा करते, 'चेतन तुम तो बिलकुल बच्चे हो।' वह उनसे लड़ने लगता। लेकिन जब कभी उसे अपनी ग़लती का पता चल जाता, वह हँस देता और कहता, 'मैं बच्चा ही तो हूँ, शादी हो गयी तो क्या ? मेरी उम्र ही अभी क्या है ?' और कई बार वह हँस कर यह भी कहता, 'भाई साहब, मैं बच्चा ही बना रहना चाहता हूँ। बूढ़ा बनना मुझे पसन्द नहीं।' लेकिन बचपन में कितने लाभ क्यों न हों, हानि भी कम नहीं और एक बार अपने इसी बचपने के फलस्वरूप वह और उसकी पत्नी बीमार पड़ गये।

बात कुछ भी न थी। चेतन शाम को दफ़्तर से आया था। उसे ज़ोर की भूख लगी हुई थी। भूख उसे जब लगती, वह कुछ न कर पाता। कई बार ऐसा भी होता कि चन्दा उसके लिए अलग तरकारी रख देती और कहती, 'बस, कुछ देर नहीं, आइए बैठिए, फुल्का अभी सेंके देती हूँ।' वह आ कर रसोईघर में बैठ जाता और रोटी के सिंकते-सिंकते सब्ज़ी खत्म कर देता और चन्दा जब फिर उसके लिए सब्ज़ी छौंकती तो इस बीच में वह रूखा फुल्का ही खा जाता।

कई बार ऐसा भी होता कि वह भूख के कारण कोई पुस्तक ले कर पढ़ने बैठता, पर पढ़ने में उसका मन न लगता और वह पुस्तक छोड़ कर नीचे चला जाता। वहाँ मासिक 'गिरिजा' के दफ़्तर में मुंशी गिरिजाशंकर के पास जा बैठता और फिर बातों में ऐसा तल्लीन हो जाता कि उसे भूख की याद भी न रहती और चन्दा ऊपर रसोईघर में बैठी अपने भाग्य को कोसा करती।

मुंशी गिरिजाशंकर को चेतन कुछ ज़्यादा पसन्द न करता था। केसर की घटना के बाद तो वह उनसे और भी बिदकने लगा था, पर उनकी बातों में उसे रस मिलता था और इसलिए ऐसे समय जब उसे भूख लगी होती और खाना तैयार न होता, वह उनके यहाँ जा बैठता था और उनकी लच्छेदार बातों में अपनी तमाम भूख-प्यास भूल जाया करता था।

उस दिन भूख से बेचैन हो कर चेतन अपने मकान की सीढ़ियाँ उतरा तो उसका खयाल था कि मुंशी जी के पास बैठेगा। पर उनकी दुकान बन्द थी। वह चुपचाप आगे चल पड़ा। मोहन लाल रोड से निकल कर वह लोअर माल पर हो लिया और ज़िला कचहरी के पास से होता हुआ गोल बाग़ में एक पेड़ के साथ बनी हुई गोल बेंच पर जा बैठा।

उसे इतनी भूख लग रही थी कि वहाँ बैठना और किसी दूसरी बात के बारे में सोचना उसे असम्भव लगा। एक उदास-सी निगाह उसने चारों तरफ़ डाली — साँझ का समय था और लोग बाग़ की सैर को निकल आये थे। दायीं ओर के लॉन में दो-एक काली मामाएँ लाल-लाल गोरे-गोरे बच्चों को खेला रही थीं। गोरे, गुलगोथने, गुबले-गुबले बच्चे अपनी नीली-नीली आँखों, सफ़ेदी मायल हल्के-भूरे बालों और अपनी स्वस्थ शोखी के कारण चेतन को बड़े भले मालूम हुआ करते थे और कई बार वह गोल बाग़ से गुज़रता हुआ उनका खेल देखने को रुक जाया करता था। पर उस अनमनेपन में वे उसे अत्यन्त घिनौने दिखायी दिये। उसे लगा जैसे उनके शरीर का हर लोथड़ा और उनके रक्त का हर कण अगणित काले बच्चों के रक्त-मांस से बना है और उसे आभास हुआ जैसे तमाम काली दुनिया मामा बनी दिन-रात गोरे संसार की सेवकाई कर रही है। और उसके मन में आयी कि वह उल्का बन कर इस गोरे संसार पर फट पड़े और उसे नष्ट-भ्रष्ट कर, उस भूखी काली दुनिया को मुक्त कर दे।

वह बेंच से उठा। सामने टेनिस कोर्ट में खेल शुरू हो गया था। अपने गोरे-गोरे शरीर पर सफ़ेद टेनिस शर्ट और नेकर पहने एक सुन्दर, स्वस्थ युवती अपना कौशल दिखा रही थी। हालाँकि चेतन को टेनिस और क्रिकेट के खेल बड़े प्रिय थे और स्वयं कभी न खेल सकने पर भी उन दोनों खेलों को देखने और उनके टूर्नामेण्टों के विवरण पढ़ने में वह बड़ा आनन्द पाता था, लेकिन उस समय टेनिस कोर्ट में उस युवती की मौजूदगी भी उसे अपनी ओर आकर्षित न कर सकी। पेट की भूख जहाँ तृप्त हो कर सो जाती है, वहीं तन की जगती है। युवती की गोरी जाँघें भीं, जो नेकर के कारण आधी नंगी थीं, चेतन की निगाहों को अपनी ओर न खींच सकीं। एक बार उनकी ओर अनमनी-सी दृष्टि डाल कर वह घर की ओर चल पड़ा। उसे लग रहा था जैसे गोल बाग़ में आये उसे बहुत देर हो गयी है, उसे जल्दी चलना चाहिए। चन्दा खाना बना कर बैठी उसकी प्रतीक्षा कर रही होगी। इस एहसास के साथ ही उसकी कल्पना में तरकारी से भरी कटोरियाँ और गर्म-गर्म, फूली-फूली रोटियों से भरी थाली घूम गयी। पर जब कचहरी और लॉ कॉलेज रोड की धूल फाँक कर वह अपने घर पहुँचा और निहायत बेसब्री से उसने रसोईघर में झाँका तो उसके बदन में आग़ लग गयी — चूल्हे के पास घुटनों में सिर दबाये चन्दा मज़े से आलू छील रही थी।

'तुम अभी आलू ही छील रही हो और मैं मील भर का चक्कर लगा आया हूँ।' उसने चीख कर कहा, 'खाना पकाना भी नहीं सिखाया किसी कम्बख़्त ने तुम्हें!'

न जाने चन्दा की तबीयत खराब थी अथवा उसने चेतन के चेहरे पर प्रतिक्षण गहरे होते क्रोध को नहीं देखा, इसलिए वहीं घुटनों पर सिर रखे आलू छीलते-छीलते उसने कहा, 'खाना पकाना कोई खेल तो है नहीं। पक्ा तो रही हूँ।'

चेतन क्रोध से काँपने लगा। उसने पत्नी की बाँह दबोच, उसे उठाया और लगभग घसीटता हुआ उसे बड़े कमरे में ले गया। वहाँ चारपाई पर उसे बैठा दिया और बोला, 'यहाँ

बैठो, देखो, कितनी जल्दी पकाता हूँ खाना।'

चन्दा रोने लगी। पर उसकी ओर ध्यान दिये बिना, वह जैसे अंगारों पर चलता हुआ रसोईघर में आया। आलू लगभग छीले जा चुके थे। उसने उन्हें काट कर धोया और चढ़ा दिया। फिर आटा साना और उसमें मुट्ठियाँ भर कर और पानी छिड़क कर उस पर कपड़ा रख दिया। फिर उसने तरकारी को देखा। अभी पकी न थी। तब कुछ क्षण वह घुटनों पर सिर रखे चुपचाप बैठा विष घोलता रहा।

जब चेतन के पिता रिलीविंग में न होते और किसी स्टेशन पर उनकी नियुक्ति हो जाती तो माँ उनके पास चली जाती, ताकि कम-से-कम उनका वेतन तो शराब के चंगुल से घर के लिए बच जाय। तब उसकी अनुपस्थिति में चेतन के दादा खाना पका दिया करते थे। उन्हें आँखों से कुछ कम दिखायी देता था। इसलिए खाना पकाने के अलावा और कोई काम वे न कर पाते। तब शेष काम तीनों भाई आपस में बाँट लिया करते थे। भाई साहब सब्ज़ी-तरकारी लाते और इस प्रकार दो-एक पैसे उसमें से बचा लेते। पानी भरने का उत्तरदायित्व छोटा भाई अपने ऊपर ले लेता। अखाड़े से वापस आ कर पसीना सुखाने के बहाने परसराम बड़ी आसानी से आठ-दस घड़े ला कर घर में पानी-ही-पानी कर देता। घर की सफ़ाई और बर्तन मलने का काम चेतन के हिस्से आता। इस काम में उसकी सहायता उसके अन्य छोटे भाई करते।

कभी-कभी परसराम रूठ कर पानी भरने से इनकार कर देता। तब चेतन चुपचाप घड़ा उठा कर पानी भर लाता। पर रोज़-रोज़ पानी भरना उसके बस का रोग न था, हालाँकि सफ़ाई उसे बहुत प्रिय थी। हफ़्ते में एक बार वह इतवार के दिन घर की सफ़ाई करता और तब वह घर के तमाम कोने-अँतरे झाड़ कर रख देता। सफ़ाई का जैसे पागलपन उस पर सवार हो जाता।

जब बारह-एक बजे वह घर की सफ़ाई खत्म करता तो उसकी कमर दुख रही होती, शरीर धूल से अटा पड़ा होता और फिर सिर में चक्कर आया करते। फिर सात दिन तक वह आँगन तथा दो-तीन कमरों की सफ़ाई के अलावा किसी दूसरी ओर ध्यान न देता। लेकिन रविवार को जैसे उसका उत्साह फिर से जाग उठता और वह एक-एक कमरा, एक-एक ताक़, एक-एक कोना झाड़ने लग जाता।

रहा बर्तन मलना —तो जाने क्यों इसमें उसे रस मिलता। जब वह मैले, गन्दे बर्तनों को मल-धो और चमका कर टोकरे में रखता तो उसे कुछ अजीब-सा, अव्यक्त सुख मिलता। स्कूल ही की बात नहीं, जब वह कॉलेज में भी पहुँच गया तब भी उसने अपने हिस्से का वह काम करने में किसी तरह का संकोच नहीं किया। उन दिनों काम करते-करते वह सोचा करता कि उसकी भावी पत्नी उसके घर को ऐसी ही सफ़ाई और सलीक़े से रखेगी। उसका रसोईघर इसी प्रकार धुला-धुलाया रहेगा और टोकरे में चुन कर रखे हुए चमकते-दमकते बर्तन आँखों को ठण्डक पहुँचायेंगे। —उसे कभी घर की सफ़ाई नहीं करनी पड़ेगी। वह चंचल, चपल, सुघड़ और सलीक़े वाली होगी। बिजली की गति से वह काम किया करेगी। जब वह सुबह-सुबह दफ़्तर जाया करेगा तो अपने कपड़े धुले-धुलाये तैयार पाया करेगा। न उसे पायजामे या शलवार में इज़ारबन्द डालना पड़ेगा, न कमीज़ के बटन टाँकने पड़ेंगे और न ऐन चलते वक्त उधड़े-फटे कपड़े सीने पड़ेंगे। वह घर के सारे

झंझट पत्नी को सौंप कर निश्चिन्त हो जायेगा और ऐसी शान्ति और सुकून पायेगा, जिसमें महान रचनाओं का सृजन होता है। लेकिन उसे मिली यह मोटी-मुटल्ली, सुस्त, काहिल और अकर्मण्य पत्नी, जिसकी हर बात का उसे स्वयं ध्यान रखना था; जो घर को तो क्या साफ़-सुथरा रखती, खुद भी साफ़-सुथरी न रह सकती थी। एक लम्बी साँस उसके दिल की गहराई से निकल गयी। तभी हठात उसकी दृष्टि बर्तनों पर गयी। ज़रा भी तो चमक न थी उनमें।

और जैसे क्रोध के दुगने वेग से वह उठा। सब बर्तन उठा-उठा कर उसने उन्हें नाली के खुरे पर रखा, मला, धोया और फिर टोकरे में चुना। खुरे पर सेरों कीचड़ जमा हुआ था। मन-ही-मन जलते-भुनते उसने उसे मल-मल कर साफ़ किया और क्रोध के उस वेग में सारे-के-सारे रसोईघर को धो डाला। इस तरफ़ से निबट कर उसने आटे को एक बार फिर से गूँध कर उसकी लोई बना कर रख दी। तरकारी वह पहले ही उतार चुका था, तवा ऊपर रख कर उसने रोटियाँ सेंकीं। फिर उसने थाली परोसी और एक बार निखरे, धुले, साफ़-सुथरे रसोईघर और चमकते-दमकते बर्तनों को देख कर गर्व से सीना फुला, वह बड़े कमरे में गया और किसी-न-किसी तरह हँसने की कोशिश करते हुए उसने कहा — 'चलिए जनाब, खाना तैयार है! अब चल कर नोश फ़रमाइए और देखिए कि इस बीच में किस तरह मैंने रसोईघर की काया पलट दी है।'

लेकिन चन्दा वहीं-की-वहीं बैठी रही। न हिली, न डुली। उसने सिर्फ़ इतना कहा, 'मुझे भूख नहीं!'

अपनी पत्नी की अपेक्षा अच्छे और सुचारु ढंग से सब काम कर लेने के गर्व ने चेतन के जिस क्रोध को दबा दिया था, यह बात सुन कर वह पूरे ज़ोर से भड़क उठा। भारी-भारी कदम रखता हुआ वह रसोईघर में गया, परोसा हुआ खाना उसने ढँक दिया और भूखा ही बाहर निकल गया।

तीन दिन तक दोनों तने रहे। न चन्दा ने खाना खाया और न चेतन ने। भाई साहब समझा-समझा कर हार गये। तीसरे दिन चेतन बीमार पड़ गया और चन्दा की तबीयत भी खराब हो गयी। भाई साहब ने माँ को तार दिया। वह बड़ी बहू को ले कर आयी और चेतन तथा चन्दा को जालन्धर ले गयी

चवालीस

अपनी इस मूर्खता के बाद चेतन बीमार रहने लगा था। उसे हरारत-सी रहती। सिर में चक्कर आया करते और कमर में दर्द रहता। जब वह अपनी समझ से स्वस्थ हो कर लाहौर आया था तो भी सर्दियाँ उसे छुट्टियाँ लेते ही बीती थीं। चार दिन अच्छा रहता तो छै दिन बीमार पड़ जाता। उसे अपने ऊपर जो अटल विश्वास था, उसके पाँव डगमगा गये थे।

मूर्खतावश तीन दिन निराहार रहने के अतिरिक्त उसकी इस बीमारी का एक और भी बड़ा कारण था। तीन दिन भूखे रहने से जो वह बीमार पड़ गया, उसका भी शायद यही

कारण था। अपने वैवाहिक जीवन के उस पहले वर्ष वह उस भूखे की तरह व्यवहार करता रहा था, जिसके सामने पहली बार मीठे, स्वादिष्ट भोजन से भरी थाली आयी हो। उचित-अनुचित का उसे ज्ञान न रहा था।

हमारी इस निम्न-मध्यवर्गीय संस्कृति में जब यौन सम्बन्धी किसी बात का ज्ञान युवा लड़की-लड़के के कानों के पास तक ले जाना पाप समझा जाता है तो अपने सहज-ज्ञान द्वारा केलिरत पशु-पक्षियों को देख, अपने ही तरह के अपने से ज्ञानी मित्रों या झूठे बाज़ारी वैद्य-हकीमों से सुन-सुना कर या फिर छिपे-छिपे कोकशास्त्र की तरह के ग्रन्थ पढ़-पढ़ा कर उन युवकों की वासना समय से पहले चाहे जग जाती हो, पर सेक्स का उचित ज्ञान उन्हें प्राप्त नहीं होता। यही कारण था कि इस एक वर्ष के अन्त ही में चेतन की शक्ति काफ़ी क्षीण हो गयी थी। वह बीमार-सा रहने लगा था और यद्यपि मुंशी गिरिजाशंकर पर उसे भरोसा न रहा था और भाई साहब ने उसे उनकी दवाई करने से रोका भी था, लेकिन चेतन उनकी दवाई का चमत्कार देख चुका था — कितनी ताकत आ गयी थी उसमें उन दिनों — वह सोचता और उन्हें पसन्द न करता हुआ भी उनके पास जा बैठता था। कई बार उसका जी होता था कि वह उनसे वही दवा माँगे, जिसे दो दिन सेवन करने से उसके स्नायु सात दिन तक तने रहे थे।

लेकिन कुछ भाई साहब के डर और कुछ परिणाम के भय से उसे दवा माँगने का साहस न हुआ था।

o

उन्हीं दिनों उसकी भेंट लाहौर के प्रसिद्ध वैद्य कविराज रामदास से हो गयी।

o

कविराज रामदास यौन रोगों का इलाज करने वाले मशहूर वैद्य थे। कम-से-कम उनका नाम बहुत बड़ा था। सेक्स सम्बन्धी विषयों में युवकों का पथ-प्रदर्शन करने के लिए उन्होंने कई पुस्तकें लिखी थीं और ऐसे ढंग से लिखी थीं कि अच्छा-भला युवक भी उन्हें पढ़ लेता तो अपने आपको बीमार समझने लगता और दूसरे ही दिन उनके दवाखाने जा पहुँचता।

चेतन ने भी उनमें से एक पुस्तक पढ़ी थी और भाई साहब की डाँट के बावजूद वह कविराज से भेंट करने को उत्सुक था। वह फ़ौरन चला जाता, लेकिन उसने सुन रखा था कि पाँच रुपये तो केवल कविराज जी के परामर्श की फ़ीस है, दवाई के दाम अलग रहे। और पाँच रुपये तो दूर, वह पाँच आने खर्च करने में भी असमर्थ था।

उन्हीं दिनों उसने अपने एक मित्र से सुना कि कविराज साहित्यकारों का बड़ा आदर करते हैं। यह सुन कर उसकी खुशी का ठिकाना न रहा। उसने अपनी कहानियों का मसौदा लिया, तनिक-सा साहस बटोरा और उनके औषधालय में जा पहुँचा।

बात यह थी कि वह अपनी कहानियों का संग्रह छपवाना चाहता था और प्रकाशक उसे मिल न रहा था। 'नाम बिकता है,' उसने अपने एक पत्र में अनन्त को लिखा था, 'नये लेखक को इस बात की आशा न करनी चाहिए कि साहित्य अथवा कला के नाम पर प्रकाशक उसकी पुस्तक छाप कर उसका उत्साह बढ़ायेंगे। उनका साहित्य पैसा है और कला उसे पैदा करने की रीति! अधिकांश उनमें अनपढ़ और कला से कोरे हैं। जिसका नाम

बिकता है, उसी के पीछे भागते हैं।' और उसने सोचा था कि वह एक-दो पुस्तकें स्वयं छपवायेगा। प्रेस का उसने प्रबन्ध कर लिया था, पर काग़ज़ के लिए उसके पास पैसे न थे। जब उसने सुना कि कविराज साहित्यकारों — ख़ास तौर पर नये साहित्यकारों — की सहायता करते हैं तो वह (अपने अर्ध-चेतन मन में उनसे बीमारी के सम्बन्ध में परामर्श लेने की इच्छा को छिपाये) अपनी कहानियों का पुलन्दा बग़ल में दबाये, उनके औषधालय की सीढ़ियाँ चढ़ गया।

जब सब रोगी परामर्श ले चुके और वह अन्दर गया तो उसे बैठने का भी साहस न हुआ। उसने तहमद और खादी की कमीज़ पहन रखी थी। छाती का बटन टूटा होने के कारण बार-बार काज को काल्पनिक बटन से मिलाते हुए, खड़े-खड़े ही उसने अपना परिचय दिया। बताया कि वह एक नया कथाकार है; उसकी कहानियों का पहला संग्रह तैयार है; हिन्दी-उर्दू के प्रसिद्ध कथाकार मुंशी चन्द्रशेखर ने उसका दीबाचः[१] लिखा है; उसने प्रेस का प्रबन्ध कर लिया है, काग़ज़ के लिए उसके पास पैसे नहीं। और झिझकते-झिझकते उसने अपना मन्तव्य प्रकट किया अगर वे किसी तरह काग़ज़ का प्रबन्ध कर दें तो वह साहित्य-क्षेत्र में आगे बढ़ने का अवसर पा सके।

कविराज ने उसे बड़े प्यार से बैठाया, उसे प्रोत्साहन दिया और कहा, 'मैं काग़ज़ का प्रबन्ध कर दूँगा अज़ीज़, तुम चिन्ता न करो!' फिर बातों-बातों में उन्होंने उसे यह भी समझा दिया कि ज़िन्दगी में हमेशा अपनी मदद आप करनी चाहिए। स्वावलम्बी के लिए किसी का एहसान सिर पर लेना मुनासिब नहीं।

'मन पर बोझ रह जाता है,' उन्होंने कहा, 'आदमी ऊँचा उठ जाता है, पर उसकी आँखें झुकी रहती हैं।' और चेतन को इस घोर संकट से बचाने के लिए उन्होंने यह प्रस्ताव किया कि वे उससे रुपये वापस लेने के बदले उसी क़ीमत की पुस्तकें ले लेंगे। 'मैं अपने माहनामे 'फ़िक्रो-अमल' के ग्राहकों के लिए तुम्हारी पुस्तक इनाम के तौर पर रख दूँगा,' उन्होंने कहा, 'जो भी नया ग्राहक बनेगा, उसे तुम्हारी पुस्तक मुफ़्त दी जायेगी। तुम्हारी किताब भी छप जायेगी, उसे ज़्यादा लोग पढ़ भी लेंगे और तुम्हारी दूसरी किताब के लिए मैदान भी बन जायेगा।'

और वे मूँछों में मुस्कराये।

'जी, जी!' चेतन ने प्रसन्न हो कर कहा, 'मैं छपते ही आपकी सेवा में ले आऊँगा। इस समय आप काग़ज़ का इन्तज़ाम कर दें।'

'वह सब हो जायेगा, तुम इसकी फ़िक्र न करो। खूब जी लगा कर लिखो।' फिर हँसते हुए उन्होंने कहा था, 'पर अपनी सेहत का भी खयाल रखो, मालूम होता है कि तुम इस तरफ़ ध्यान नहीं देते।'

'जी....जी....।' और एक शर्मीली-सी हँसी के अलावा चेतन कुछ न कह सका था और दोनों हाथ जोड़ कर 'नमस्कार' करता हुआ वहाँ से उठ आया था।

वह कविराज जी के औषधालय से उतरा तो इतना खुश था जैसे अचानक कोई ख़ज़ाना उसके हाथ लग गया हो। आते ही उसने कहानी-संग्रह का मसौदा मेज़ पर फैलाया

१. आमुख.

और उसमें एक और पृष्ठ बढ़ा कर उर्दू में समर्पण लिखा, जो हिन्दी में कुछ यों होगा :

कविराज रामदास जी के लिए
पहली ही भेंट पर जिनके प्रति मन श्रद्धा
से प्लावित हो उठता है।

पैंतालीस

कविराज जी ने न केवल काग़ज़ से उसकी सहायता करने का वचन दे कर चेतन का साहस बढ़ाया था, बल्कि अपनी नयी पत्रिका के लिए उससे स्वास्थ्य सम्बन्धी विषयों पर लेख भी लिखवाये थे और साहित्यकारों की जो सरपरस्ती वे किया करते थे, उसका ज़िक्र करते हुए, उसे उन लेखों के पैसे भी दिये थे।

उन्होंने 'फ़िक्रो-अमल' नाम से यह रिसाला[१] उन्हीं दिनों जारी किया था। मुंशी गिरिजाशंकर की पत्रिका से यह उतनी ही भिन्न थी, जितना कि दोनों का व्यक्तित्व! नहीं तो फ़िक्र[२] के प्रति कविराज जी का प्रेम साहित्य के प्रति मुंशी जी के प्रेम से भिन्न न था।

'अभी रिसाला नया है अज़ीज़, इसलिए मैं तुम्हें चार आने फ़ी सफ़ा ही दूँगा,' उन्होंने कहा था, 'लेकिन मुझे पूरा यक़ीन है कि मेरी किताब की तरह यह रिसाला भी लाखों की तादाद में बिकेगा। तब तुम्हारा मेहनताना भी चार आने से चार रुपये तक हो सकेगा।'

चेतन की खुशी का वारापार न रहा था। एक पृष्ठ के चार आने तो दूर, उसे तो कभी पूरी-की-पूरी कहानी के चार आने न मिले थे। तब तक उसकी जितनी कहानियाँ छपी थीं, मुफ़्त छपी थीं।

वह स्वयं नये विषय चुनता और बारह-तेरह घण्टे दफ़्तर में काम करने के बाद घर पर लेख लिखता। इस तरह जो पैसे बनते, वे अपने बड़े भाई को दे देता। भाई साहब की दुकान पर अब एक बड़ा भारी बोर्ड लग गया था। बाहर शीशे का और अन्दर प्लाईवुड का पार्टीशन शोभा देता था। वेटिंग रूम का रूप निखर आया था। और परछत्ती के ऊपर भी एक गहरे नीले रंग का पर्दा दिखायी देता था। उसे पीछे भाई साहब ने दोपहर को आराम करने की जगह बना ली थी।

लेकिन जिस इच्छा को ले कर वास्तव में वह कविराज से मिलने गया था, उसे वह अभी तक उन पर प्रकट न कर सका था। उसके सिर में दर्द कुछ ज़्यादा रहने लगा था, कमर भी अधिक दुखती थी और चक्कर भी कुछ ज़्यादा आने लगे थे। आखिर एक दिन झिझकते-झिझकते उसने अपने स्वास्थ्य की चर्चा छेड़ कर अपनी वह इच्छा भी प्रकट कर ही दी। अपने शारीरिक कष्ट की बात कहते हुए उसने कहा, 'मैं कई बार आप से अर्ज़ करना चाहता था कि आप अच्छी तरह मुझे देख कर मेरे लिए कोई दवा तजवीज़ दें तो आपका

१. पत्रिका.
२. चिन्तन.

बड़ा एहसान होगा।'

कविराज ने एक बार उसके चेहरे की ओर देखा, निमिष भर सोचा और फिर हँसे। 'तुम्हें औषधि की नहीं अज़ीज़, आराम की ज़रूरत है,' उन्होंने कहा, 'दो-तीन महीने के लिए अपने थके हुए अंगों को आराम दो, सैर करो, व्यायाम करो और परहेज़ रखो, तुम ठीक हो जाओगे।' फिर उन्होंने जैसे अपने आप से कहा था, 'दैनिक पत्र का जीवन भी कोई जीवन है। इसमें पिसते हुए आदमी स्वस्थ रह भी कैसे सकता है ? कुछ दिनों के लिए इससे छुटकारा पाओ, और उन्होंने स्वास्थ्य और उसे अच्छा बनाये रखने के प्राकृतिक साधनों पर एक छोटा-सा मीठा भाषण दे डाला था। 'जान है तो जहान है,' उन्होंने कहा, 'यदि जान में जान है तो एक छोड़, बीस काम हो सकते हैं और यदि जान को रोग लगा है तो आदमी क्या तीर मारेगा ?'

'मैं पहले ही बहुत छुट्टियाँ ले चुका हूँ।' चेतन ने विवशता से कहा, 'मुझे दफ़्तर से जितनी छुट्टियाँ मिल सकती हैं, उनसे कहीं ज़्यादा!'

'तुम कल आना,' उन्होंने कुछ सोच कर कहा, 'मैं कोई-न-कोई रास्ता निकालूँगा।'

०

दूसरे दिन जब चेतन उनके पास गया तो उन्होंने अपनी पत्नी का ज़िक्र किया :

'मैंने बीबी जी से (उनका अभिप्राय अपनी सहधर्मिणी से था) तुम्हारे बारे में बात की थी। उनका हृदय बड़ा कोमल है। अपने पाँवों पर आप खड़े होने का प्रयास करने वाले तुम जैसे नवयुवकों से उन्हें बड़ी सहानुभूति है। जब मैंने उन्हें बताया कि तुम दैनिक-पत्र में किस प्रकार दिन-रात काम करके अपना जीवन-निर्वाह करते हो और किस प्रकार तुम्हारा स्वास्थ्य दिन-प्रतिदिन गिर रहा है तो वे द्रवित हो गयीं और उन्होंने मुझसे कहा —आप उसे अपने साथ शिमले क्यों नहीं ले चलते ?'

और कविराज जी ने चेतन को बताया कि वे हर वर्ष गर्मियों में किसी-न-किसी पहाड़ पर जाया करते हैं।

'स्वास्थ्य भी ठीक रहता है और काम भी ज़्यादा होता है।' वे बोले, 'मैं समय को व्यर्थ नष्ट करने के पक्ष में नहीं हूँ। धन अपने में कुछ महत्व नहीं रखता —समय ही सब से बड़ा धन है। मैं हमेशा पहाड़ पर जा कर काम करता हूँ और मेरी तमाम पुस्तकें किसी-न-किसी पहाड़ पर ही लिखी गयी हैं।'

और उन्होंने बताया कि वे इस बार शिमले जा रहे हैं और चेतन चाहे तो उनके साथ चल सकता है।

'पर नौकरी....' चेतन ने कहना चाहा।

'ज़िन्दगी होगी तो बीस नौकरियाँ मिल जायेंगी।' वे उसकी बात काट कर बोले, 'तुम्हें यहाँ कितने रुपये मिलते हैं ?'

'चालीस!' चेतन ने कहा।

'मैं तुम्हें पचास दे दूँगा, खाना वहाँ किसी होटल से खा लिया करना और मेरे यहाँ पड़े रहना। और तुम क्या चाहते हो भाई ?' फिर कुछ देर बाद उन्होंने कहा, 'सेहत से बढ़ कर दुनिया में और कोई चीज़ नहीं। दफ़्तर से तीन महीने की छुट्टी ले लेना। बाद में सेहत

अच्छी हुई तो काम करना, नहीं तो सात-आठ महीने मेरे लड़के को पढ़ा देना। इस बीच तुम्हें कोई-न-कोई नौकरी मिल जायेगी।'

'लेकिन छुट्टी.... ?' चेतन ने कहना चाहा।

'इसकी चिन्ता तुम न करो, मैं तुम्हारे डायरेक्टर को चिट्ठी लिख दूँगा।'

'और काम....'

इस पर कविराज जी ने एक मीठा-सा ठहाका लगया, 'सेहत बनाओ भाई! इससे बड़ा काम कौन-सा है ? वहाँ तुम सेहत बनाने के लिए जा रहे हो। यही तुम्हारे लिए सब से बड़ा काम है, इतना तुम समझ लो।'

'पर मैं....'

हँसते हुए कविराज जी ने कहा, 'भाई, काम तुम कोई भी कर लेना। यह तो बाद की बात है। तुम्हारा पहला काम तो अपनी सेहत बनाना है।' और फिर हँसते हुए उन्होंने कहा, 'मैं जल्द ही शिमले के लिए चल दूँगा। मकान और दुकान का वहाँ इन्तज़ाम हो चुका है। तुम तैयारी कर लो। काम तो होता ही रहेगा।'

चेतन इतना प्रसन्न हुआ कि आते ही उसने अनन्त को एक पत्र लिखा, जिसमें उसने अपने सम्पादक और उन जैसे अगनित लोगों की क्षुद्रता का उल्लेख करते हुए कविराज जी की सहृदयता, उदारता और सदयता पर छोटा-मोटा निबन्ध लिख डाला।

'मेरी भेंट सचमुच ही एक अज़ीम हस्ती[१] से हुई है,' उसने लिखा, 'कविराज रामदास का नाम तो तुमने सुना ही होगा। अरे वही, जिन्होंने सेक्स-सम्बन्धी पुस्तकें लिखी हैं। आज तक हम उन्हें एक विज्ञापनबाज़ वैद्य ही समझते आये हैं। उनके बारे में तरह-तरह की अफ़वाहें भी सुनते आये हैं। पर मैं तो पहली ही भेंट में उनका भक्त हो गया। ऐसी सहृदय, महान, उदार आत्मा पायी है उन्होंने!'

न केवल यह, उसने कविराज की पत्नी से अपने अज्ञात परिचय का ज़िक्र करते हुए, उनकी प्रशंसा में एक 'क़सीदा' लिख डाला और कविराज के भाग्य को सराहा, जिन्हें उन जैसी हमदर्द और उदार पत्नी मिली।

रात को जब भाई साहब घर आये तो उसने बड़े उल्लास से उन्हें बताया कि वह शिमले जा रहा है। अपने दफ़्तर से छुट्टी ले लेगा, मज़े से शिमले की सैर करेगा, कहानियाँ लिखेगा, पहाड़ियों पर घूमेगा और खूब मोटा हो कर आयेगा।

'पर तुम काम क्या करोगे ?' भाई साहब ने ससन्देह पूछा।

'काम अभी तो उन्होंने कुछ बताया नहीं, बस इतना कहा है, सैर करो, खाओ-पियो और सेहत बनाओ ?'

भाई साहब के मन में कई शंकाएँ उठीं, पर चेतन के पास उनके समाधान का समय न था। वह जा कर अपने सारे मित्रों को यह खुशखबरी देना चाहता था कि वह गर्मियों में शिमले जा रहा है। इसलिए उनकी शंकाओं का समाधान किये बिना वह घर से निकल गया। समय पर दफ़्तर पहुँचने की भी उसने चिन्ता नहीं की।

⊠⊠⊠

---

१. महान व्यक्तित्व.

तीसरा खण्ड

छियालिस

मई का दूसरा सप्ताह अभी शुरू हुआ था, जब कविराज ने शिमले के लिए चल देने का फ़ैसला किया और चेतन से कहा कि वह भी तैयार हो कर उनके दरवाज़े पहुँच जाय।

चेतन को तैयारी ही कौन करनी थी। विवाह में आयी नर्म-गर्म रज़ाई-दुलाई उसके पास थी ही। किसी तरह जोड़-तोड़ करके खादी के दो पायजामे तथा दो कमीज़ें उसने और सिलवा लीं। उसके पास कोट का सर्वथा अभाव था, इसलिए उसने अपने पिता का वही पुराना सरकारी ओवर-कोट (जिसे भाई साहब काफ़ी अर्से तक पहन चुके थे) साथ ले लिया। उन दिनों यह नियम था कि तीन वर्ष बाद स्टेशन मास्टर को नया कोट मिल जाता था और पुराना उसी का हो जाता था। यह कोट पिता के पास अपनी अवधि पूरी करके भाई साहब के पास आ गया था और जब वे तीन-चार वर्ष तक उसे पहन चुके तो उन्होंने बड़ी कृपा कर चेतन को दे दिया था। चेतन ने उसे फ़िट करवा लिया था। नयी काट के बावजूद वह किसी कबाड़ी की दुकान से खरीदा हुआ दिखायी देता था। इतने पर भी जब चेतन नये-धुले कपड़ों पर उसे पहनता और उसके कालर उठा देता तो लम्बे घुँघराले बालों और खुले गले के साथ वह कुछ बुरा न लगता।

चेतन के लिए शिमला जाना विलायत जाने से कम उत्तेजना और उल्लास-भरा न था। उसकी खुशी उसके अन्तर में समा न पा रही थी। आग उगलते मौसम में तेरह-तेरह घण्टे काम करने वाले उप-सम्पादक के लिए गर्मियों में शिमले के आनन्द की कल्पना किसी सुखद सपने से कम न थी।

०

गाड़ी शिमले की ओर जा रही थी। कविराज, उनकी दयामयी पत्नी और उनके बच्चे इण्टर में बैठे थे और कविराज के क्लर्क जयदेव तथा नौकर यादराम और उसकी पत्नी के साथ चेतन थर्ड में।

वह इतना प्रसन्न था कि डिब्बे में सोने के लिए काफ़ी जगह होने पर भी उसे नींद न आ रही थी। अमृतसर के स्टेशन पर उनके साथ जालन्धर का एक युवक आ बैठा। चेतन को पहचान कर उसने 'नमस्ते' की। चेतन उसे पहचान तो न पाया, पर जब उसे मालूम हुआ कि वह उनके मुहल्ले के निकट ही का रहने वाला है तो उसने बड़े गर्वस्फीत स्वर में बताया कि वह 'सेहत बनाने' के लिए शिमला जा रहा है। और उससे यह प्रार्थना भी की कि यदि कष्ट न हो तो उनके घर जा कर वह चेतन की माँ और छोटे भाइयों को उसकी कुशल-क्षेम का समाचार अवश्य दे दे।

'कहना,' चेतन ने उससे कहा, 'कि चेतन शिमला जाते हुए गाड़ी में मिला था। वह तीन-चार महीने वहाँ रहेगा और सेहत ठीक हो जाने पर लौटेगा।'

यह कह कर वह अपने उस जालन्धरी साथी के चेहरे पर ईर्ष्या-मिश्रित आदर का भाव टटोलने लगा।

गाड़ी लगभग रात के एक बजे जालन्धर पहुँची। यादराम अपनी छै फ़ुट लम्बी, सुगठित, युवा देह लिये, नंगी सीट पर ही सो गया था। उसकी पत्नी ज़रा-सा घूँघट खींच कर बैठी-बैठी ऊँघ रही थी, पर चेतन की आँखों में नींद न थी। उसने खिड़की से सिर निकाल कर अपने चिर-परिचित स्टेशन को देखा। इधर-उधर निगाह दौड़ायी कि यदि कोई परिचित टिकट-चेकर दिखायी पड़ जाय तो उसे अपने शिमला जाने का समाचार दे, लेकिन दूर तक निगाह दौड़ाने पर भी उसे कोई परिचित टिकट-चेकर नहीं दिखायी दिया।

बाहर प्लेटफ़ार्म ही पर मेज़-कुर्सियाँ सजाये, उनींदी आँखें लिये, कुछ बाबू अपने काम में तल्लीन थे। उनके लिए जैसे गाड़ियों का आना-जाना, मुसाफ़िरों का चढ़ना-उतरना, इंजनों की चीखें, गार्डों की सीटियाँ —कुछ भी महत्व न रखती थीं। संसार के कोलाहल में रहते हुए भी उससे दूर रहने वाले योगियों की तरह जैसे निर्लिप्त वे अपनी साधना में रत थे। चेतन ने बड़ी ऊँचाई से एक दया-भरी दृष्टि उन पर डाली। उन्हें क्या मालूम कि जब वे इस उमस में, निचुड़ते हुए कपड़ों के साथ, मेज़ों पर झुके हुए हैं, उनके पास ही खड़ी गाड़ी में बैठा वह युवक शिमले की ठण्डी हवाओं के मज़े लूटने जा रहा है।

चेतन के मन में आया कि एक बार उतर कर स्टेशन पर टहले, ज़रा प्लेटफ़ार्म के बाहर जाय, हो सके तो स्टेशन के चिर-परिचित कुएँ का ठण्डा पानी ही पिये। पर उसे याद आया कि रात आधी से ज़्यादा बीत चुकी है, कुआँ खाली होगा और सबील पर पानी पिलाने वाला कहीं मीठी या कड़वी नींद के मज़े ले रहा होगा!

गाड़ी चल पड़ी। चेतन ने बाहर से दृष्टि हटा ली। यादराम की पत्नी यद्यपि अब भी ऊँघ रही थी, पर उसके चेहरे का घूँघट खुला था। चेतन ने पहले दबी और फिर खुली आँखों से उसके मुख की ओर देखा। लेकिन ऐसा करने से पहले उसने अपने सामने एक पुस्तक खोल कर रख ली।

०

शिमला चलने से पहले चेतन ने कविराज को एक तरह से विवश कर दिया था कि उसे साथ ले चलने से पहले वे उसे कोई-न-कोई काम ज़रूर बता दें, उसके स्वाभिमान को यह स्वीकार न था कि वह उनके सिर पर बोझ बन कर जाय।

उसके मन में स्वयं ही यह बात आयी अथवा कविराज के जीवन की घटनाएँ सुन कर उसे अपने स्वाभिमान का ध्यान हो आया, यह तो ठीक-ठीक कहना मुश्किल है, पर शिमला ले चलने के प्रस्ताव को सुन कर और यह जान कर कि उसे वहाँ काम ज़्यादा नहीं करना होगा, चेतन ने कृतज्ञता का भाव प्रकट किया था तो कविराज जी ने बातों-बातों में अपनी ज़िन्दगी के आरम्भिक संघर्ष की एक घटना उसे सुनायी थी :

'मेरे एक मित्र ने मेरी आर्थिक सहायता की थी,' उन्होंने कहा, 'पर उस समय मैं उनके रुपये वापस न दे सकता था, इसलिए मैंने साल भर तक किसी प्रकार की फ़ीस लिये बिना उनके बच्चों को पढ़ाया।' वे अपनी रौ में इसी तरह की कई घटनाएँ सुना गये, जब अपने सहायकों से जो कुछ उन्होंने पाया, उससे कहीं ज़्यादा उन्हें दिया था। चेतन यद्यपि

पहले भी इस बात पर ज़ोर देता था कि उसे काम बता दिया जाय, पर यह सब सुन कर उसने बिना काम जाने, उनके साथ जाने से इनकार कर दिया था।

तब कविराज जी ने, जैसे विवश हो कर, उसे बताया था कि उनका खयाल बच्चों के जन्म-मरण और लालन-पालन सम्बन्धी एक पुस्तक लिखने का है। उन्होंने उसे एक अमरीकी पत्रिका भी दिखायी थी और कहा था कि वह 'पंजाब पब्लिक लायब्रेरी' में जा कर देख ले। यदि इस विषय पर कुछ पुस्तकें मिल जायँ तो वे तत्काल लायब्रेरी के सदस्य बन जायेंगे। चेतन उनकी बात समझ गया था और उनकी सहृदयता के बदले में उसने मन-ही-मन इस विषय पर उन्हें एक बहुत अच्छी पुस्तक लिख देने का फ़ैसला भी कर लिया।

बातों-बातों में कविराज जी ने उसे समझा दिया था कि पुस्तक उनके नाम से छपेगी। उसमें बच्चों की तमाम बीमारियों के बारे में प्रारम्भिक ज्ञान संकलित होगा और पाठकों को परामर्श दिया जायेगा कि पेचीदगी हो तो फ़ौरन किसी प्रसिद्ध वैद्य या डॉक्टर से परामर्श करें।

चेतन लायब्रेरी से पाँच पुस्तकें ले आया था। उसने अपने मन में पुस्तक का एक ढाँचा-सा भी बना लिया था।....उन्हीं पुस्तकों में से एक उसने उस समय अपने सामने खोल ली थी।

०

यादराम की पत्नी ने भी एक-दो बार कनखियों से उसकी ओर देखा। चेतन को लगा जैसे उसके होंटों पर हल्की-सी मुस्कान भी खेल रही है —ऐसी मुस्कान, जिसका पता न लगता था कि होंटों पर है अथवा आँखों में! गेहुआँ रंग, चेहरे पर शीतला के हल्के-हल्के दाग़, पतला-दुबला शरीर, दाँतों के मोतियों में मिस्सी की लकीरें! वह सुन्दर न थी, पर उसकी आँखों और उसकी मुस्कान में कुछ ऐसा आकर्षण था कि चेतन पुस्तक पढ़ना छोड़ कर उसे देखने लगा और फिर उससे बातें करने लगा।

डिब्बे में यात्री बहुत न थे। जो थे, वे भी मुँह बाये, सिर लटकाये, अजीबो-ग़रीब मुद्राएँ बनाये, नींद की गोद में बेसुध पड़े थे। सामने की बर्थ के ऊपर सामान रखने के स्थान पर, सोये हुए एक व्यक्ति की टाँग बेतरह लटक रही थी और चेतन को डर था कि ज़रा पहलू बदला और वह नीचे आ रहेगा। उस लटकते हुए पाँव के नीचे यादराम विसुध सोया हुआ था। उसके हल्के-हल्के खर्राटे डिब्बे की निस्तब्धता भंग कर रहे थे। बात पहले मन्नी ही ने शुरू की।

'नींद नहीं आती बाबू जी ?' अपनी मुस्कान को तनिक और ज्ञेय बनाते हुए उसने पूछा।

चेतन को उसकी मुस्कान बहुत अच्छी लगी। उसमें सहानुभूति थी, सौहार्द था और उत्सुकता थी।

पुस्तक पर ही दृष्टि जमाये उसने फिर कनखियों से मन्नी की ओर देखा। 'गाड़ी में मुझे नींद नहीं आया करती।' उसने क़द्रे हँस कर कहा।

मन्नी अधलेटी-अधबैठी थी। वह उठ कर बैठ गयी और उसने चेतन के घर,

माता-पिता, भाई-बहनों के सम्बन्ध में प्रश्न किये।

उसके प्रश्नों में, उसकी वाणी में, उसके नयनों की सालस-लालस मुस्कान में कुछ ऐसी स्निग्धता थी कि चेतन का शरीर गर्माने लगा। रात की उस खामोशी में, उस सोये-खोये-से डिब्बे में उसे मन्नी बहुत प्यारी लगी। बैठे-बैठे चेतन का शरीर अकड़ रहा था, उसने अपने पैर मन्नी की बर्थ पर थोड़े पसार लिये।

'खुल कर पसार लीजिए बाबू जी,' मन्नी ने बड़े प्यार से उसके पाँव को लगभग खींचते हुए कहा। साथ ही उसने अपने पाँव चेतन की बर्थ पर फैला दिये। 'बैठे-बैठे घुटने अकड़ जाते हैं,' वह हँसी।

कुछ क्षण तक चेतन चुपचाप पुस्तक पढ़ता रहा। फिर उसने कनखियों से मन्नी के पैरों की ओर देखा — छोटे-छोटे, प्यारे-प्यारे पैर — उँगलियों में चाँदी की चुटकियाँ और छल्ले पड़े थे और टखनों मे कड़े तथा झाँझनें। उसके तलवों में महावर रचा था, जिसका रंग मिट्टी और कीचड़ से मिल कर काला हो गया था।

'तुम अपने पाँव धोती नहीं, देखो काले-से हो रहे हैं!' उसने पहले उन्हें छूते और फिर उन पर हाथ फेरते हुए कहा।

'लाख धोती हूँ बाबू जी, पर सारा दिन घर का काम करना पड़ता है — चौका-बर्तन, झाड़ू-बुहारी — कहाँ तक साफ़ रह सकते हैं ?' और उसने अपने हाथ दिखाये, जिनमें काली धारियाँ मेंहदी के लाल रंग पर उभर आयी थीं।

चेतन के जी में आया कि इन लाल-काले हाथों को चूम ले, पर तभी यादराम ने करवट बदली। चेतन का हाथ फिर पुस्तक पर आ गया और दोनों के पाँव एक-दूसरे से ज़रा फ़ासले पर हो गये।

लेकिन इस बार यादराम की पीठ उनकी ओर हो गयी। तब मन्नी ने झिझकते-झिझकते चेतन के पाँवों को छुआ और बोली, 'आपके पैर भी तो काले हैं बाबू जी!'

'मेरे,' चेतन हँसा, 'मुझे धोने की फ़ुरसत ही कब मिलती है। घूमता मैं क्या कम हूँ। फिर जूतों के नाम पर मेरे पास सिर्फ़ ये चप्पल हैं। ज़रा-सा पानी या कीचड़ हो तो लिचलिचाने लगते हैं।'

मन्नी का लहँगा जो उसके टखनों से ज़रा ऊँचा उठ गया था, दोनों बर्थों के मध्य लटक रहा था और टखनों के ऊपर का गोरा-गोरा हिस्सा नज़र आ रहा था — गोरा-गोरा, बादाम के रंग का-सा। चेतन का जी चाहता था कि पाँवों पर हाथ फेरता-फेरता ऊपर उन गोरी-गोरी, बादामी पिण्डलियों तक ले जाय, पर तभी गाड़ी किसी स्टेशन पर रुकी। बहती हुई चीज़ें जैसे पानी के रेले से किनारे पर आ चढ़ती हैं, इसी प्रकार स्टेशन की भीड़ में से कुछ यात्री डिब्बे में चढ़ आये।

उनके आने, सामान रखने, बैठने या लेटने की व्यवस्था करने और अपनी अनगढ़, अनमँझी पहाड़ी बोली में निरन्तर बोलते रहने से डिब्बे की निस्तब्धता भंग हो गयी। यादराम पूर्ववत गहरी नींद में सोता रहा। सामने ऊपर की बर्थ पर सोने वाले ने टाँग ऊपर खींच ली और चादर से गर्दन तथा मुँह का पसीना पोंछते हुए दूसरी ओर करवट बदल ली। कुछ

ऊँघते-ऊँघते, गर्दनों के झटके से उठ बैठे, कुछ सोये-सोये उठे और एक अलस दृष्टि चारों ओर डाल कर फिर सो गये। एक ने डेढ़ पाव गर्म-गर्म दूध पिया, दूसरा लोटा लिये पानी को भागा।

तभी कोने में सोया हुआ एक व्यक्ति हड़बड़ा कर उठा।

'कौन-सा स्टेशन है ?' उसने भारी स्वर में एक नये यात्री से पूछा।

'अम्बाला।'

'अम्बाला!' उसने मुँह बा दिया। फिर साथ के व्यक्ति को झकझोर कर बोला, 'अरे, जल्दी उठो, अम्बाला आ गया, गाड़ी चलने वाली है।'

साथी इस तरह उठा जैसे उसे बिजली का नंगा तार छू गया हो और जल्दी-जल्दी सामान समेट कर दोनों डिब्बे से उतर गये।

o

चेतन की दृष्टि आगन्तुकों पर जम गयी। अपना सामान वग़ैरा सँभाल कर वे लोग सामने की सीट पर जम गये थे। उनमें तीन औरतें थीं। शेष मर्द। औरतों के मुक़ाबले में मर्दों के कपड़े उतने अच्छे न थे — टखनों से ऊँचे, तंग, मैले पायजामे, गबरून की कमीज़ें और उन पर पहाड़ी जाकिटें! दोनों के माथों पर उस्तरे से बड़े चौड़े खत बने हुए थे, जिनकी नोकें उनकी गोल-गोल टोपियों में छिपी हुई थीं। चूहों की दुमों-ऐसी उनकी चोटियाँ टोपियों के नीचे गर्दन की पिछली ओर लटक रही थीं। औरतों के कपड़े कुछ साफ़ और भड़कीले थे। दो युवा थीं और एक अधेड़। लेकिन तीनों अपनी उम्र से कुछ ज़्यादा की लगती थीं और असंयम ने उनके चेहरों पर ऐसी रेखाएँ बना दी थीं, जो सस्ते पाउडर और सुर्खी के बावजूद स्पष्ट दिखायी देती थीं।

जब गाड़ी चल पड़ी और सब लोग जम कर बैठ गये तो एक पहाड़ी युवक ने जाकिट की जेब से सिगरेट की डिबिया निकाली और एक-एक सिगरेट सब को बाँट दिया। क्षण भर बाद सब बड़े मज़े से सिगरेट पीने लगे। चेतन चकित-सा उन औरतों की ओर देखता रह गया। वे इतने सहज-सरल भाव से सिगरेट पी रही थीं कि इस कला में पूर्णतः सिद्धहस्त दिखायी देती थीं। बड़े इत्मीनान से सिगरेट पीती हुईं, वे बड़े मज़े से धुएँ के नन्हे-नन्हे मरगोले छोड़ रही थीं।

चेतन सिगरेट न पीता था। सिगरेट का धुआँ उसके लिए असह्य था। कमरे में या खुले में उसके पास बैठा कोई सिगरेट पीता हो तो उसके सिर को चक्कर आने लगते थे। इस पर भी उसके मित्रों में ऐसे युवकों की कमी न थी, जिन्हें सिगरेट पीने की लत थी। लेकिन औरतें भी सिगरेट पीती हैं, यह उसके लिए नितान्त नयी बात थी।

डिब्बे में ज़्यादा लोगों के आ जाने से कुछ घुटन-सी हो गयी थी। गाड़ी पूरी रफ़्तार से जा रही थी। खुली खिड़कियों से गर्म हवा के झोंके आते थे, उनके साथ ही रास्ते की धूल और इंजन का धुआँ। यह धूल और धुआँ यात्रियों के पसीने की गन्ध से मिल कर पहले ही कम गला न घोंट रहा था, इस पर ये पाँच व्यक्ति सिगरेट पीने लगे। चेतन का जी घबराने लगा। उसके सर को हल्का-हल्का चक्कर आने लगा। पर वे पहाड़ी औरतें अधलेटी-अधबैठी, टाँगें फैलाये-सिकोड़े, जैसे डिब्बे के सारे वातावरण पर छायी हुईं, इस

शान्ति और सन्तोष से सिगरेट पी रही थीं कि चेतन के मन में आया — वह भी टाँगें पसार ले, शरीर को पीछे की ओर ढीला छोड़ दे और कहीं से सिगरेट ले कर उन्हीं की तरह नाक और मुँह से धुएँ के नन्हे-नन्हे मरगोले छोड़े। पर इस बीच में उसका दम ज़्यादा घुटने और सिर ज़्यादा चकराने लगा। उसने मुँह खिड़की से बाहर निकाल कर दो-चार बड़े-बड़े साँस लिये और फेफड़ों को बाहर की हवा से भर लिया।

बाहर चाँद चमक रहा था और बादलों का भी कोई निशान न था, पर धूल का एक पर्दा-सा धरती और आकाश के मध्य छाया हुआ था। ऐसा लगता था जैसे चाँदनी को धरती तक पहुँचने में तकलीफ़ हो रही है। सकुची-सकुची वह छायी हुई थी। उसकी बाँहें जैसे कुछ ही दूर तक फैल कर रह जाती थीं। अन्धकार को भेदने में जैसे वे नितान्त अशक्त थीं। इस धूल-भरी चाँदनी के नीचे दूर तक मटमैली धरती लेटी थी। वर्षा अभी शुरू न हुई थी। मुरझायी, झुलसी हरियाली भी जैसे रात की इस मटमैली ज्योत्स्ना का अंग बन गयी थी। पेड़-पौधे भागती छायाओं की तरह सामने से निकल जाते थे। सहसा गाड़ी के परले सिरे पर इंजन फिर धुआँ छोड़ने लगा। हल्की चाँदनी में धुएँ का काला बादल गाड़ी के ऐन ऊपर पीछे की ओर लपकते हुए अजगर की तरह बढ़ने लगा। उसकी जलती आँखों की तरह चिनगारियाँ चमक उठीं। चेतन ने जल्दी से अपना मुँह अन्दर कर लिया।

डिब्बे के अन्दर सब कुछ उसी तरह था। केवल मन्नी अपने पति की जाँघ पर सिर रख कर सो गयी थी। मुँह पर उसने घूँघट कर लिया था और लहँगे को टाँगों के गिर्द अच्छी तरह लपेट लिया था। उसके पैरों और उँगलियों में पड़े हुए छल्ले और चुटकियाँ पूर्ववत चमक रही थीं।

उन चमकती हुई चुटकियों और छल्लों से ऊपर दृष्टि उठा कर चेतन ने फिर उन पहाड़ी स्त्रियों की ओर देखा। वे पूर्ववत सिगरेट पी रही थीं। उनकी आँखों में चेतन को कुछ ऐसी बेबाकी और संकोचहीनता दिखायी दी, जो उसने कभी जालन्धर के कोतवाली बाज़ार की वारांगनाओं की आँखों में देखी थी। स्कूल से आते समय वह मुहल्ला महेन्द्रुआँ से आने के बदले कई बार पुलिस लाइन को पार कर, सब्ज़ी मण्डी के सामने से होता हुआ, कोतवाली बाज़ार की ओर से आया करता था और कितनी देर तक खड़ा निर्निमेष उन काली, कुरूप स्त्रियों को देखता रहता था, जो बड़ी बेबाकी से अपनी कोठरियों के आगे पाउडर थोपे बैठी रहतीं और गाँवों से नगर को आने वाले जाट जिनसे अत्यन्त अश्लील और भद्दे मज़ाक़ किया करते थे। इन पहाड़ी औरतों की आँखों में उन्हीं टकिहाइयों जैसी निर्लज्जता थी।

तभी उसकी दृष्टि एक दूसरे व्यक्ति पर गयी, जो उन पहाड़ी औरतों की ओर निहायत भूखी निगाहों से देख रहा था। उसकी लोलुप दृष्टि का अनुसरण करते हुए चेतन ने देखा कि उसके आकर्षण का केन्द्र वह स्त्री है, जो उन तीनों में युवा और अपेक्षाकृत सुन्दर है। गुलाबी रंग का चूड़ीदार रेशमी पायजामा, चमचमाती कमीज़, उस पर सुन्दर, सरदई रंग की जाकिट पहने, सिर पर रेशमी दुपट्टा ओढ़े, बिस्तर पर कुहनी रखे, वह उस ज़माने में दीवाली के अवसर पर बिकने वाले 'मंगल-द्वीप की साम्राज्ञी' के चित्र की रानी के ढंग से हथेली पर सिर टिकाये लेटी हुई थी। उसके कानों में चाँदी की बालियाँ और नाक की लौंग उसकी तीखी, नुकीली आकृति पर बहुत भली लग रही थी। उसके गालों पर पाउडर भी दूसरों की

अपेक्षा कम था — शायद इसलिए कि उसके चेहरे पर लकीरें भी दूसरों की अपेक्षा कम थीं। और वह शख्स — अधेड़ उम्र, नुकीली खिचड़ी दाढ़ी, नाक के नीचे से कटी हुई शरई मूँछें, नंगा सिर, खरखरे खिचड़ी बाल, आँखों में बेपनाह भूख और वासना की दयनीयता!

जब औरतों ने सिगरेट खत्म कर लिये और उनके शेष टुकड़े खिड़कियों के बाहर फेंक दिये तो वह उठ कर उनके पास आया। जेब से सिगरेट की डिबिया निकाली, एक सिगरेट स्वयं लिया और डिबिया उन दो पहाड़ी युवकों की ओर बढ़ा दी। उन्होंने एक-एक सिगरेट ले लिया। तब उसने डिबिया दूसरी दोनों औरतों की ओर बढ़ायी। उन्होंने भी एक-एक सिगरेट ले लिया। अन्त में उसने होंटों के कोनों को फैलाते हुए अपने पीले दाँत निकालते, सकुचाते, लजाते, डिबिया उस 'मंगल द्वीप की साम्राज्ञी' की ओर बढ़ायी। वह ठहरी मंगल-द्वीप की साम्राज्ञी! उसी शाहाना अन्दाज़ से उसने सिर हिला दिया : 'हम यह नहीं पीते!'

खिसियानी-सी हँसी के साथ हाथ पीछे हटाते, दाँतों को कुछ और निपोरते हुए, निराशा-मिश्रित स्वर में उस व्यक्ति ने पूछा : 'तो.... ?'

'हम कैवेण्डर पीते हैं।'

'मेरे पास तो लाल बादशाह ही है!' और वह खिन्नता से हँसा।

तब उस नखरेली ने उसी राजसी ठाठ से अपने साथी को आदेश दिया कि वह कैवेण्डर की डिबिया निकाले।

पहाड़ी युवक ने कैवेण्डर की डिबिया निकाल कर उसे एक सिगरेट दिया। उसी तरह लेटे-लेटे, बिना हाथ हिलाये, उसने वह होंटों में थाम लिया। जब उसने दियासलाई जलायी तो उसी तरह लेटे-लेटे, मुँह ज़रा-सा आगे बढ़ा कर उसे सुलगा भी लिया और उसी प्रकार मंगल-द्वीप की साम्राज्ञी बनी, वह धुएँ के हल्के-हल्के मरगोले छोड़ने लगी।

चेतन ने पुस्तक पढ़ने का प्रयास किया, पर उसे लग रहा था जैसे उसके सिर पर मनों बोझ लाद दिया गया हो। आँखों में नींद का नाम तक न था, पर उनमें कड़वाहट आ गयी थी। भवों के ऊपर दर्द की एक रेखा दौड़ रही थी और शरीर में बेइन्तिहा थकन भर गयी थी। सामने की बर्थ पर टाँगें फैला कर वह पीछे को लेट गया और उसकी आँखें महज़ थकान से बन्द हो गयीं।

लेकिन उसे नींद नहीं आयी। पहाड़ी स्त्रियों की बातचीत, उस वासनासक्त व्यक्ति की खिसियानी हँसी और पृष्ठभूमि में गाड़ी की खड़खड़ाहट — सब कुछ उसे सुनायी दे रहा था।

वह शख्स मंगल-द्वीप की उस साम्राज्ञी से अत्यन्त भौंडे मज़ाक़ कर रहा था और उसी मुस्कान-मिश्रित उपेक्षा से वह उसे टाले जा रही थी। तभी उसने एक दूसरी आवाज़ सुनी, 'अरे, पास जा बैठो, वहीं पड़े क्या 'हि हि, हि हि' कर रहे हो।'

भारी, थकी आँखें खोल कर चेतन ने देखा कि एक और व्यक्ति जाग कर उठ बैठा है और पहले को बढ़ावा दे रहा है। लेकिन उसका साहस नहीं हो रहा कि उस मानिनी के पास जा बैठे।

तभी गाड़ी एक स्टेशन पर रुकी। वह शख्स उठ कर मिठाई ले आया और दोना लिये

हुए उसके पास जा बैठा। अपने मैले दाँत निकालते हुए उसने एक हाथ से मिठाई का दोना उसकी ओर बढ़ाया और दूसरे से उसके दोनों घुटनों को ले अपनी बग़ल में भींचा। और उसकी आँखों में वासना की नंगी ज्वाला लपलपाने लगी।

चेतन की अधमुंदी आँखें पूरी तरह खुल गयीं।

मंगल-द्वीप की साम्राज्ञी ने ज़रा-सी भवें सिकोड़ कर उस दोने की ओर देखा, फिर घृणा-मिश्रित उदासीनता से उस व्यक्ति की ओर, फिर सहसा बिस्तर पर कुहनी के बल उठते हुए, अपने घुटनों को उसके बन्धन से मुक्त करके, उसने खींच कर ज़ोर से एक लात उस दोने पर दे मारी —ऐसे कि मिठाई उस व्यक्ति के मुँह पर उसकी मूर्खता के चिन्ह अंकित करती हुई खिड़की के बाहर जा पड़ी।

'वेश्याएँ हैं ?' उस दूसरे व्यक्ति ने कहा, 'खा-कमा कर फ़र्लो[१] पर जा रही हैं।' और वह हँसा।

खिन्न-सा हो कर पहला व्यक्ति चेहरा पोंछता हुआ अपनी जगह पर जा बैठा। उसके नयनों की लपलपाती हुई वासना बुझते हुए अंगारों-सी मन्द पड़ गयी।

चेतन ने आँखें बन्द कर लीं।

'फ़र्लो!' —कितना सुखद, स्निग्ध, प्यारा शब्द है! जिस दिन उसे दफ़्तर से छुट्टी होती थी, बंगाली गली तो दूर, वह गनपत रोड तक की ओर न जाता था। उसे अनारकली भी जाना होता तो चाहे उसे कितना घूम कर जाना पड़े, वह दफ़्तर को जाने वाली सड़क की ओर मुँह न करता। उन टकिहाइयों के प्रति कुछ अजीब-सी सहानुभूति से उसका मन प्लावित हो उठा। साल भर के थके, टूटे शिथिल अंग ले कर अपने शरीर को बेच कर, उन्हें भूखे हिंस्र पशुओं की दया पर छोड़ने के बाद, ये बेचारी क्लान्ति की मारी कुछ आराम करने जा रही हैं। और वह भूखा शख़्स....पाजी....! और एक नपुंसक-सा क्रोध चेतन के दिमाग़ में अलाव की तरह जलने लगा....लेकिन उसके पलक भारी होते गये, उसके अंग शिथिल पड़ते गये और वह अलाव क्षण-प्रतिक्षण मन्द पड़ता गया। उसका सिर खिड़की के साथ जा लगा, बाज़ू लटक गये और वह गहरी नींद सो गया।

सैंतालीस

धूप खूब चमक रही थी और दो-एक छींटे चाहे पड़े हों, पर बरसात अभी शुरू न हुई थी, जब वे शिमला पहुँचे।

कविराज उनके साथ न थे। मोटर द्वारा शिमला पहुँचने के खयाल से कालका में ही उतर गये थे।

'तुम पहली बार शिमले जा रहे हो,' उन्होंने कालका स्टेशन पर चेतन से कहा था, 'शायद तुम्हें बहुत चक्कर आयें, इसलिए तुम गाड़ी ही से जाओ।' और उन्होंने जयदेव को

१. Furlough — छुट्टी.

आदेश दिया था कि वह चेतन के आराम का पूरा-पूरा ध्यान रखे।

उन्हें सपत्नीक मोटर में सवार कराके जयदेव, यादराम और मन्नी के साथ चेतन शिमला को जाने वाली डिबिया-सी गाड़ी में तीली की तरह ठस कर जा बैठा था।

उस नन्ही-सी गाड़ी में बैठ कर शिमले की सैर का आनन्द लेने की आकांक्षा चेतन के मन में बचपन से दबी पड़ी थी। चौथी कक्षा की पाठ्य-पुस्तक में 'शिमला की सैर' शीर्षक से एक बहुत मनोरंजक लेख था। जिस दिन उसने वह लेख पढ़ा था, वह घर आ कर घण्टों बैठा कल्पना-ही-कल्पना में शिमले की सैर का आनन्द लेता रहा था।

'शिमले को जाओ तो बड़ा मज़ा आता है' — पुस्तक में लिखा था — 'रेल छक-छक करती धीरे-धीरे चलती है, कभी इधर मुड़ती है, कभी उधर मुड़ती है, साँप की तरह बल खाती हुई सुरंग में दाखिल हो जाती है। डिब्बे में अँधेरा छा जाता है, बत्तियाँ जल उठती हैं, लगता है जैसे रात हो गयी....' उस परिच्छेद में शिमले को जाने वाली छोटी-सी पटरी और उस पर चलने वाली नन्ही-सी गाड़ी का एक चित्र भी दिया गया था, जिसमें उस सत्तर मील लम्बी रेल की पटरी का एक छोटा-सा टुकड़ा बल खाता हुआ दिखाया गया था। उस पर एक छोटी-सी गाड़ी भी थी, जो एक सुरंग से निकल रही थी। उस रात जब चेतन अपने बिस्तर पर लेटा था तो बार-बार उसके दिमाग़ में वह चित्र घूमता रहा और बार-बार वह अपने आपको उस छोटी-सी गाड़ी की खिड़की में बैठे शिमले की सैर का लुत्फ़ उठाते देखता रहा।

कालका से शिमले को जाने वाली इस गाड़ी के डिब्बे में बैठते हुए चेतन के मस्तिष्क में वह चित्र और उससे सम्बन्धित शिमले की सैर का वर्णन घूम गया। मन-ही-मन उसने इस सैर का अवसर देने के लिए कविराज जी को धन्यवाद भी दिया।

लेकिन उसका यह उल्लास जल्द ही उड़न-छू हो गया और उसकी कृतज्ञता के एहसास में भी वह जोश न रहा। डिब्बा यात्रियों से इतना भर गया कि उसके लिए सिर तक हिलाना मुश्किल हो गया। एक-दो बार उसने जयदेव की ओर करुणा-भरी दृष्टि से देखा, पर वह स्वयं इस तरह बैठा था कि उसके लिए गर्दन तक मोड़ना कठिन था।

कालका ही में चेतन लघुशंका के लिए जाना चाहता था, पर कविराज जी को मोटर तक पहुँचाने के कारण उसे देर हो गयी और जब यादराम ने उससे कहा कि वे देर कर देंगे तो गाड़ी में जगह न मिलेगी तो वह निवृत्त हुए बिना गाड़ी में जा बैठा था। लेकिन कई घण्टे वह हाजत को दबाये बैठा रहा, जिससे उसकी नाभि के नीचे दर्द होने लगा। प्राकृतिक दृश्यों में उसका मन ज़रा भी न लगा। जब किसी सुन्दर दृश्य की ओर उसकी आँखें जातीं, नाभि के नीचे दर्द की लहर उसका ध्यान हटा देती। भीड़ ज़रा भी कम न हो रही थी, बल्कि पहाड़ी लोग गाड़ी के पायदानों पर लटके हुए थे। आखिर बड़ोग के स्टेशन पर बड़ी मुश्किल से खिड़की द्वारा निकल कर वह लघुशंका से निवृत्त हो पाया।

दुर्भाग्य से बड़ोग स्टेशन पर उसे कुछ भूख-सी लगी और उसने स्टेशन पर दो-चार कचौरियाँ खा लीं। और इसके बाद आ कर जब वह बैठा और गाड़ी साँप की तरह बल खाने लगी और दायें-बायें गिरिमालाएँ बनने-मिटने लगीं तो उसका सिर चकराने लगा। तभी उसके साथ बैठी एक स्त्री ने बाहर को मुँह करके आ....आ....किया। चेतन का अपना जी

मतला उठा....। इसके बाद उसे इतना ही याद है कि जब शिमले के स्टेशन पर जयदेव ने उसे कन्धे से हिलाया तो वह घुटनों में सिर रखे अचेत-सा पड़ा था।

'शिमले को जाओ तो बड़ा मज़ा आता है....।' सड़क पर चलते-चलते उस लेख की याद आने पर उसने निहायत बेज़ारी से सिर हिलाते हुए, एक बड़ी-सी गाली उस लेख के रचयिता को दे डाली। उसके माथे में हल्का-हल्का दर्द हो रहा था और शरीर, ऐसा लगता था, जैसे पत्थरों में पिस गया हो। यादराम के झकझोरने पर जब वह उठा और गिरता-पड़ता स्टेशन के बाहर आया तो उसने जैसे पहली बार उस धूप को देखा था, जो बाहर पेड़-पौधों, सड़कों और मकानों पर खिली हुई थी — निखरी-धुली, चमकती, तेज़ — पर जलाने वाली नहीं — शरीर को हल्की-हल्की गर्मी पहुँचाने वाली। लेकिन चेतन का जी अभी तक मतला रहा था।

जयदेव ने सामान गिनवा कर कुलियों की पीठ पर लदवाया और पैदल चल पड़ा। चेतन भी उसके पीछे घिसटता हुआ चलने लगा।

o

जयदेव खुश था। यादराम भी खुश था और छोटे-से घूँघट से मन्नी की मुस्कान भी दिखायी दे रही थी — लेकिन चेतन को कोई भी चीज़ अच्छी न लग रही थी। यद्यपि वे शिमला पहुँच गये थे, लेकिन सर्दी उतनी न थी, बल्कि चेतन का गला सूख रहा था। उसे ऐसा लग रहा था जैसे वह 'अलिफ़ लैला' के किसी उजड़े, वीरान नगर में आ गया है, जिसे हमलावरों ने जीत लिया है। और ये कुली उस नगर के वासी हैं, जो उन विजेताओं के ग़ुलाम बन गये हैं।

कुलियों के शरीर पर मैले-कुचैले चीथड़े लिपटे हुए थे, जो मैल और पसीने से कपड़े की बजाय कीचड़ ही के बने दिखायी देते थे। इतना-इतना भारी बोझ उठा रखा था उन्होंने कि चेतन हैरान-सा उन्हें देख रहा था। देर तक उसकी निगाहें अपने साथ-साथ जाने वाले कुली पर टिकी रहीं। उसके पाँव में धूल से भरे भारी चप्पल थे, टाँगें घुटनों तक मैल से सनी हुई थीं, बाँहों पर मछलियाँ उभर आयी थीं, पीठ पर सात ट्रंक एक साथ उठाये, लठिया के सहारे वह चला जा रहा था।

तभी एक रिक्शा छनछनाती हुई उसके पास से गुज़र गयी। चार वर्दीपोश कुली उसे भगाये लिये जा रहे थे और एक मोटा, गंजा अंग्रेज़ मज़े से उसमें बैठा समाचार-पत्र पढ़ रहा था। घोड़ों और बैलों के स्थान पर पुरुषों को जुते हुए चेतन ने पहली बार ही देखा था। बाद में उसे मालूम हुआ कि शिमले की माल पर मोटर, इक्का, ताँगा कुछ भी नहीं चल सकता। शिमले के प्रभुओं को आदमी की सवारी अधिक पसन्द है। चेतन ने पीछे मुड़ कर देखा। धूप से उस अंग्रेज़ का गंजा सिर चमक रहा था और कुलियों के पाँव नंगे थे। चेतन को लगा जैसे संसार का समस्त सुख-वैभव चन्द गोरे, गंजे आदमियों के हिस्से में आया है। शेष सब तो उनकी सवारी खींचने वाले महज़ पशु हैं।

लोअर बाज़ार के इस सिरे पर कविराज जी ने अपने लिए औषधालय किराये पर ले रखा था। इस पर उनका बोर्ड उनके आने से पहले लग चुका था। कुछ सामान वहीं उतरवा दिया गया और यादराम को वहाँ ठहरने का आदेश दे कर वे आगे बढ़े। पूछने पर चेतन

को पता चला कि उनको रुल्दू के भट्टे जाना है, क्योंकि निवास के लिए कविराज जी ने मकान वहीं लिया है।

कुछ दूर चल कर वे बायीं ओर मुड़े, सामने एक सुरंग थी, जो माल के नीचे-नीचे ईदगाह को जाती थी। उसमें दाखिल होते ही पहली बार चेतन ने महसूस किया कि वह पहाड़ पर पहुँच गया है। ठण्डी-भीगी हवा का एक झोंका आया और उसे लगा जैसे मन का सब ताप मिट गया हो। हालाँकि बरसात अभी शुरू न हुई थी तो भी पहाड़ में से रिस-रिस कर पानी सुरंग की गोलाकार दीवार को भिगो रहा था और अणु-परमाणुओं-सी नन्ही-नन्ही बूँदें हवा में उड़ रही थीं। बिजली के नन्हे-नन्हे बल्ब सुरंग में धूमिल प्रकाश की सृष्टि कर रहे थे और सुरंग के दूसरे दरवाज़े के अध-गोलाकार प्रकाश में से आते हुए लोग बहुत भले लग रहे थे।

रुल्दू भट्टा ईदगाह के नीचे बीस-तीस घरों की एक छोटी-सी बस्ती है, जिसके निर्माण में ईंट-पत्थरों की जगह लकड़ी ही से ज़्यादा काम लिया गया है —लकड़ी की सीढ़ियाँ, लकड़ी के फ़र्श और लकड़ी की छतें!

कविराज ने मकान की दूसरी मंज़िल किराये पर ली थी। सीढ़ियाँ चढ़ कर कुली ने सामान रख दिया। चेतन इस बीच में बिलकुल थक गया था। दीवार से पीठ लगा कर वह अपने बँधे बिस्तर पर बैठ गया। लकड़ी के फ़र्श पर उसने टाँगें पसार लीं और चुपचाप दूसरों को काम करते देखने लगा।

अड़तालिस

शिमले के अपने इस प्रवास में, जहाँ दूसरी कई बातों के बारे में चेतन की धारणाएँ बदलीं, वहाँ कविराज की महानता और कविराज-पत्नी की सहृदयता के सम्बन्ध में भी उसकी कल्पना का तिलिस्म टूट गया।

इन तीन महीनों में उसने 'बीबी जी' की कुछ झलकियाँ ही देखीं और उसे मालूम हो गया कि वे और चाहे जो हों, पर सहृदय और उदार कदापि नहीं हैं।

बीबी जी को उसने पहली बार लाहौर और फिर कालका के प्लेटफ़ार्म पर देखा था। गाड़ी रात के समय लाहौर से चली और सुबह-सवेरे कालका पहुँची थी, इसलिए दोनों ही बार वह उन्हें अच्छी तरह नहीं देख पाया था। फिर उसे कुछ संकोच-सा भी था। लेकिन उस डिबिया-सी गाड़ी में छै घण्टे बन्द रहने के बाद, शिमले में कविराज जी के निवास-स्थान पर पहुँच कर, जब वह हताश-सा अपने बँधे हुए बिस्तर पर बैठ गया तो उसने जैसे पहली बार आँख भर कर उन्हें देखा।

वे कुलियों से सामान उतरवा कर उसे ठीक जगह रखने की व्यवस्था कर रही थीं — पतला-छरहरा शरीर, बत्तीस-पैंतीस की उम्र, तीखे नक़्श, तिकोने-से चेहरे पर सजती हुई लम्बी नाक, भरे-भरे गाल और गोरा रंग! चश्मा उनके मुख पर सजता था। लेकिन ढूँढने

पर भी चेतन को वह स्निग्धता और सौहार्द वहाँ दिखायी न दिया, जो कविराज जी की बातें सुन कर उसकी कल्पना ने उनकी पत्नी के चेहरे पर बना लिया था। उनका मस्तक चौड़ा था, लेकिन उस पर तेवर चढ़े हुए थे, भ्रू भंग थे और होंट जैसे भिंचे-से थे। पहले उसने समझा कि रास्ते की थकन और परेशानी ने उनके मस्तक पर वे लकीरें बना दी हैं, पर बाद के तीन महीनों में उसने सदैव उन्हें वहाँ पाया और उन होंटों को हमेशा भिंचे देखा। चेतन की बड़ी इच्छा रही कि वह उन होंटों पर मुस्कान देखे, पर शिमले के अपने उस प्रवास में उसे वह सौभाग्य प्राप्त नहीं हुआ। तब उसने जान लिया कि वह सब मुस्कान तो कविराज जी के कथन में थी, उनकी पत्नी के होंटों से उसका कोई ताल्लुक नहीं था। रही सहृदयता तो ज्यों-ज्यों दिन बीतते गये, चेतन को मालूम होता गया कि वह सहृदयता भी कविराज के शब्दों ही में थे, उनकी पत्नी के हृदय में नहीं, और न उनके अपने ही दिल में। उसे यह भी पता चल गया कि अपने से छोटों के प्रति उनकी पत्नी के हृदय में दया की बजाय हमेशा सख़्त नफ़रत का भाव रहता है, जिसे कविराज अपनी वाणी की मिठास में छिपाये रखते हैं।

शिमला पहुँचने के पहले दिन तो उसने उन्हीं के साथ खाना खाया और वहीं सोया भी, पर सुबह ही कविराज जी ने उसका बिस्तर दवाखाने पहुँचा दिया।

'तुम्हारा मन यहाँ ऊब जायेगा,' उन्होंने कहा, 'यह जगह बाज़ार से दूर है, फिर कुछ दिनों में ही बरसात शुरू हो जायेगी, रोज़ बाज़ार जाने में तुम्हें कष्ट होगा।' और उन्होंने उसे यह भी सुझाव दिया कि शिमले में हर तरह के होटल हैं, जहाँ सात रुपये से पचास रुपये मासिक तक खाना मिल सकता है।

दवाखाने में सारी जगह का निरीक्षण करके उन्होंने उसके लिए एक कोना भी नियत कर दिया, जहाँ उसका बिस्तर रात को बिछाया और दिन को उठाया जा सके। इस ओर से निश्चिन्त हो कर मूँछों में हँसते हुए उन्होंने कहा, 'शिमले में तो आधे निवासी फ़र्श ही पर सोते हैं, चारपाइयाँ यहाँ बहुत मुश्किल से मिलती हैं। फिर उन्होंने अपनी मिसाल दी थी कि वे जब पहाड़ जाते हैं, कभी चारपाई पर नहीं सोते। फ़र्श पर सोने में उन्हें बड़ा आनन्द मिलता है। सेहत के लिए भी सख़्त फ़र्श पर सोना बहुत फ़ायदेमन्द है। कमर में दर्द नहीं रहता, आदमी की शक्ति बढ़ती है और स्वावलम्बन की भावना पैदा होती है। फिर चेतन के ज्ञान में वृद्धि करते हुए उन्होंने यह भी बताया कि संसार में पचहत्तर प्रतिशत महान व्यक्ति उन्हीं लोगों में से उठे, जो ज़मीन पर सोने को बुरा नहीं समझते।

लेकिन एक-डेढ़ सप्ताह बाद ही यह सब भूल कर वे उसे फिर घर ले गये और उन्होंने उसे एक चारपाई भी दे दी।

वास्तव में दुकान पर जाने के चौथे-पाँचवें दिन एक ऐसी छोटी-सी घटना हो गयी, जिसकी वजह से चेतन एकदम उखड़ गया और इतने दिनों में उसने एक पंक्ति भी नहीं लिखी।

चूँकि वह अपने वेतन का अधिकांश अपने बड़े भाई की दुकान के किराये में देता था, इसलिए भाई साहब ने तीस रुपये माँगे थे। बजाय इसके कि कविराज उसे माँगने पर चालिस रुपये पेशगी दे देते, उन्होंने उसे यह समझाया था कि अपने भाई की लगातार मदद

करके वह उन्हें अपने पैरों पर नहीं खड़ा होने दे रहा और उसे उन्हें रुपये भेजने से इनकार कर देना चाहिए। उसका संकोच देख कर उन्होंने स्वयं उस पत्र का उत्तर दे दिया था।

भाई साहब इतने नाराज़ हो गये थे कि उन्होंने चेतन को बुरी तरह लताड़ दिया था और फिर उसके किसी पत्र की सनद नहीं दी थी।

चेतन के पास किराये के रुपये भी होते तो वह वापस लाहौर चला जाता, पर उसके पास एक पैसा न था और तनखाह मिलने में अभी बहुत दिन थे। ....वह इतना परेशान हो गया था कि चाहने पर भी उससे एक पंक्ति न लिखी गयी थी।

तब एक दिन अपने दफ़्तर से ज़रा देर से निकलने पर उसे अपने कोने में बिस्तर बिछाने की व्यवस्था करते हुए देख कर कविराज जी ने सहसा कुछ ऐसे प्यार और चिन्ता-भरे स्वर से कहा जैसे दिन-रात वे उसी की चिन्ता में परेशान रहते हों :

'मैं सोच रहा हूँ, यहाँ तुम्हें फ़र्श पर सोना पड़ता है। रात को बिस्तर बिछाना और सुबह उठाना तो एक मुसीबत है। तुम ठहरे लेखक! तुम्हें तो चाहिए कि बिस्तर बिछा रहे, किताबें तुम्हारे आस-पास बिखरी रहें, सोते-जागते, उठते-बैठते, पढ़ने-लिखने की पूरी आज़ादी तुम्हें मुयस्सर हो। घर में एक कमरा तुम्हारे लिए रिज़र्व कर दिया जायेगा। चारपाई का मैं इन्तज़ाम कर दूँगा। एकान्त होगा। तुम्हें अपनी किताबें, अपने काग़ज़, अपनी चीज़ें रखने की पूरी सुविधा होगी। तुम अपनी इच्छा के अनुसार उठ-बैठ, सो सकोगे और फिर यहाँ नहाने के लिए भी कोई जगह नहीं। वहाँ सब सहूलत होगी।'

और रुल्दू भट्टे के मकान में कविराज जी ने उसे सीढ़ियों के पास वाला कमरा दे दिया। इस कमरे का एक दरवाज़ा अन्दर की ओर और दूसरा बाहर की ओर सीढ़ियों में खुलता था। उसी ओर एक खिड़की भी थी। एक छोटी-सी लकड़ी की अँगीठी भी कोने में बनी हुई थी। चेतन ने इस पर साबुन, तेल और शेविंग का सामान क़रीने से रख दिया। जो चारपाई उन्होंने उसे दी, उसे चेतन ने खिड़की के पास बिछा लिया। कमरा कुछ अँधेरा था, इसलिए उसने खिड़की के प्रकाश में बैठ कर काम करना उचित समझा। पुस्तकें रखने की समस्या कठिन थी। (क्योंकि कमरे में कोई अलमारी न थी) सोच-सोच कर चेतन बाज़ार से एक चटाई ले आया और उसे सामने की दीवार के साथ बिछा कर उसने अपनी सब पुस्तकें उस पर चुन दीं।

एक तरह से यह कमरा उसे दवाखाने के वेटिंग-रूम से अच्छा ही लगा।

o

दूसरे दिन कविराज जी दवाखाने को जाने से पहले उसके कमरे में आये। मूँछों में मुस्कराते हुए उन्होंने कमरे की सजावट पर एक आलोचनात्मक दृष्टि डाली, उसकी प्रशंसा की और बोले, 'यह कमरा सिर्फ़ तुम्हारा है। तुम इसमें पढ़ो-लिखो, सोओ-जागो, चाहे मालिश या कसरत करो, तुम्हें किसी तरह की रोक नहीं। और कोई तकलीफ़ हो तो मुझसे कह देना।' फिर रुक कर उन्होंने पूछा, 'रात को दूध वग़ैरा तो नहीं पीते तुम ?'

'मैं रात को डेढ़ पाव दूध पीता हूँ।'

'तुम्हें कम-से-कम आध सेर पीना चाहिए।'

'डेढ़ पाव पीने की आदत भी मैंने बड़ी मुश्किल से डाली है।'

इस पर कविराज हँसे, फिर उन्होंने दूध के गुणों पर एक छोटा-सा भाषण दिया और कहा, 'यादराम की पत्नी तुम्हारे लिए दूध अँगीठी पर रख दिया करेगी। तुम सोते समय पी लिया करना।' यह चेतावनी उन्होंने उसे दे दी कि वह दस बजे तक घर पहुँच जाया करे, क्योंकि दस बजे सब सो जाते हैं और इसके बाद अगर कोई आये तो बीबी जी बुरा मानती हैं।

कविराज यह कह कर मूँछों में मुस्कराते हुए चले गये, पर चेतन को जल्द ही मालूम हो गया कि बीबी जी केवल दस बजे के बाद आने का ही बुरा नहीं मानतीं और भी बीसियों बातों का बुरा मानती हैं।

चेतन के वहाँ फिर लौट आने ही को उन्होंने ऐसी टेढ़ी नज़र से देखा कि दूसरी सुबह शौचादि के लिए उसे अन्दर के शौचालय में जाने का साहस नहीं हुआ। मन्नी ने उसे बता दिया कि नीचे घाटी में शौचालय बने हुए हैं और वह निश्चिन्त हो कर वहाँ निवृत्त हो आ सकता है।

ये शौचालय रुल्दू भट्टे से काफ़ी नीचे खड्ड में बने हुए थे। बनवाने वाले ने उन्हें नौकरों के लिए बनवाया था। टीन की एक चारदीवारी थी, बस। ऊपर छत के नाम पर टीन की चादर तक न थी। वर्षा के दिनों में वहाँ बैठना बड़ा कष्ट-साध्य था। पर चेतन मन्नी से पानी का लोटा ले कर वहीं निवृत्त हो आया, नहाने के लिए उसने अन्दर स्नानगृह में जाने का प्रस्ताव नहीं किया। चुपचाप लोटा और बाल्टी ले कर वह रुल्दू भट्टे के नल पर चला गया, जो ऊपर माल को जाने वाले मार्ग के एक किनारे बना हुआ था।

उसके आराम का इतना ध्यान रखने वाले कविराज जी को शायद इसमें कोई विषमता नहीं दिखाई दी। वह नहा रहा था जब वे दवाखाने जाते हुए वहाँ से गुज़रे। उसे सड़क के किनारे नहाते देख कर उन्होंने पूछा, 'अच्छा ? यहाँ नहा रहे हो ?'

'मुझे खुले में नहाना अच्छा लगता है,' चेतन ने अपने हीनता को गर्व का विषय बना कर कहा।

'तुम बड़े हिम्मती हो!' कविराज हँस कर बोले और फिर अपने रास्ते चले गये।

और जब बरसात की हवाएँ अपने पार्श्व में काले-कजरारे मेघों को लिये हुए आयीं और दिन-रात पानी बरसने लगा, तब भी चेतन हिम्मती और साहसी बना रहा। उसी बे-छत की, नौकरों वाली टट्टी में शौचादि के लिए जाता रहा और वहीं सड़क के किनारे नल पर नहाता रहा।

कविराज प्रतिदिन गर्म पानी से स्नान करते, सर्दी होने के कारण ओवरकोट पहने, हाथों पर दस्ताने चढ़ाये, छड़ी हाथ में लिये रोज़ उसके पास से निकलते, कई बार अपने मित्रों में उसके साहस का बखान भी किया करते, लेकिन अपने निजी ग़ुसलखाने के नज़दीक उन्होंने, या यों कह लीजिए कि उनकी सहृदय पत्नी ने, उसे एक दिन फटकने न दिया। यह और बात है कि एक दिन उनके पड़ोसी ने दया-भाव से चेतन को अपने स्नानगृह में नहाने की इजाज़त दे दी और चेतन ने खुले में नल पर, शीत से ठिठुरते हुए नहाने की मुसीबत से नजात पायी।

ज्यों-ज्यों दिन बीतते गये, उसे मालूम होता गया कि वह तो उसी तरह कविराज का

नौकर है जिस तरह जयदेव अथवा यादराम। कविराज दूसरे बीसियों शोषकों की तरह एक शोषक हैं। वे उसे शिमला केवल वह पुस्तक लिखवाने के विचार से लाये हैं। उसे इस बात का भी पता चल गया कि पहले भी एक-दो कलाकारों का स्वास्थ्य वे इसी प्रकार 'सुधार' चुके हैं और इस पुण्य का फल वे पुस्तकें हैं, जो हज़ारों की संख्या में उसके नाम से बिक रही हैं।

हर रोज़ दुकान को जाने से पहले हँस कर वे उसके काम का ब्योरा ले लेते —पूछ लेते कि उसने कौन-सा नया अध्याय लिखा है, वह कौन-सा नया अध्याय लिख रहा है, या फिर आगामी अध्याय में वह क्या लिखना चाहता है ? चेतन ने कुछ लिखा होता तो पास बैठ कर उसे सुनते। न लिखा होता तो पूछते कि उसकी तबीयत तो ठीक है, वह सैर तो कर रहा है और हँस कर कहते, 'कोई बात नहीं, आज का दिन आराम कर लो, कल दुगना लिख लोगे।' और उसी प्रकार मूँछों में हँसते हुए चले जाते।

एक बार उन्हें कुछ ऐसा लगा कि चेतन उनके अनुमान के अनुसार पूरा काम नहीं कर रहा। तब हँसी-हँसी में उन्होंने उसे जता भी दिया।

वह दोपहर को खाना खाने मिडल बाज़ार जाया करता था और साधारणतः घण्टे भर में वापस आ जाता था। उस दिन उसे देर हो गयी। वह खाना खा कर ऊपर से आ रहा था जब कविराज भोजन और आराम के बाद औषधालय को जाते हुए उसे रास्ते में मिल गये और उन्होंने हँसते हुए पंजाबी में कहा : 'घोड़िया, तू कम्म कुछ ज़्यादा नहीं कर रिहा।'

यद्यपि 'घोड़ा' उनके प्यार का शब्द था, पर रात को जब चेतन लेटा तो उसे नींद न आयी। तमाम घटनाएँ अपने यथार्थ रूप में उसके सामने आने लगीं। उसने महसूस किया कि वह, जयदेव, यादराम —सब घोड़े ही तो हैं। कविराज की ख्याति की गाड़ी में जुते हुए हैं। यह अनुभूति जैसे एक तीर की तरह उसके हृदय को भेदती हुई चली गयी। ये इतने क्लर्क, मज़दूर, किसान —ये सब घोड़े हैं, विभिन्न गाड़ियों में जुते हुए घोड़े! अपने आराम और सुख की परवाह किये बिना, पसीने से तर, थकन से चूर, दिन-रात काम किये जाते हैं। इसलिए कि उनके प्रभु सफलता की गाड़ियों में बैठे अपने ध्येय तक पहुँच जायँ। बदले में उनको मिलता क्या है ? रूखा-सूखा दाना-पानी, बस! उसे पचास रुपये मिल रहे हैं। शिमले जैसे महँगे शहर में पचास रुपये! 'घोड़ा' — एक तीखे व्यंग्य और दर्द से तिलमिलाता हुआ वह मन-ही-मन हँसा —तो वह कविराज की सफलता और ख्याति की गाड़ी में जुता हुआ महज़ एक घोड़ा है, उसने सोचा, उसे बड़ी चतुराई से उसमें जोता गया है। वह जो पुस्तक लिखेगा, उस पर कविराज का नाम होगा। उनके बाद उनके पुत्र, पौत्र और चाहें तो परपौत्र तक उससे लाभ उठायेंगे और वह स्वयं क्या पायेगा ? पचास रुपये प्रतिमास के हिसाब से तीन महीनों के केवल डेढ़ सौ रुपये, जिनका अधिकांश वह शिमले ही में खर्च कर जायेगा। फिर जिस प्रकार एक घोड़े के अयोग्य होने पर अथवा उसकी आवश्यकता न रहने पर उसे हटा दिया जाता है, उसे भी हटा दिया जायेगा।....और वह इस भ्रम में था कि उसकी स्थिति से दयार्द्र हो कर उनकी पत्नी, अथवा उसकी कला से प्रभावित हो कर स्वयं कविराज, उस दैनिक-पत्र की चक्की से उसकी रक्षा करने के लिए उसे शिमला ले आये हैं —अपने घर का-सा एक व्यक्ति समझ कर!....घर का-सा....वह फिर उसी व्यंग और पीड़ा से मुस्कराया।....एक बार भी उसके मन में यह खयाल नहीं

आया कि शिमला में उसकी स्थिति जयदेव अथवा यादराम से तनिक भी भिन्न नहीं होगी।

तभी एक अदम्य विद्रोह उसके रोम-रोम में भड़क उठा। न जाने उससे पहले कौन उनकी सफलता की गाड़ी का घोड़ा बना होगा ? उसे यह स्थिति स्वीकार नहीं। वह रस्सी तुड़ा कर भाग जायेगा। अगर वह घोड़ा ही है तो किसी की गाड़ी में जुतने की बजाय स्वच्छन्द विचरण करेगा।

दूसरी सुबह, जब रोज़ की तरह वही व्यावहारिक, मशीनी-सी मुस्कान मूँछों पर लिये हुए कविराज उसके कमरे में आये और उन्होंने हँसते-हँसते पूछा कि उसने पुस्तक का कोई नया परिच्छेद लिखा ? तो उसने सब काग़ज़-पत्र उठा कर उनके सामने रख दिये और कहा, 'मुझे छुट्टी दीजिए!' आवेश में वह सिर्फ़ इतना और कह सका था, 'मैं समझता था कि मैं यहाँ सेहत बनाने के लिए आया हूँ, पर अब मुझे अपनी असली पोज़ीशन का पता चल गया है।'

निमिष-मात्र के लिए मुस्कान कविराज के होंटों से विलुप्त हो गयी। फिर तत्काल उसी मुस्कान को ज़रा और फैला कर उन्होंने कहा, 'तो भई, ठीक तो है, तुम सेहत बनाने के लिए तो आये हो। खूब मालिश करो, वर्ज़िश करो, सैर को जाओ। तुम्हें रोकता कौन है ? रहा काम, सो भाई, वह तो तुम्हारी इच्छा पर निर्भर है। वह अनिवार्य नहीं। करो, चाहे न करो। अगर तुम यहाँ से अपनी सेहत कुछ ठीक करके लौटे तो मेरा तुम्हें यहाँ लाना सफल हो जायेगा।'

वे छड़ी घुमाते हुए चले गये और चेतन उस घायल साँप की तरह फुफकारता और अन्दर-ही-अन्दर विष घोलता हुआ-सा बैठा रहा, जो चोट खा कर झपटा तो हो, लेकिन जिसका वार बिलकुल खाली गया हो।

उनचास

सारा दिन चेतन खिन्न मन-सा बिस्तर पर लेटा-पड़ा, करवटें बदलता रहा। उसकी आँखों पर से सहसा एक पर्दा हट गया था और जो कुछ उसे दिखायी दिया था, वह हमेशा आदर्श की दुनिया में बसने वाले उसके भोले-भाले मन के लिए निहायत वीभत्स था। उसे अपनी स्थिति की यथार्थता का एहसास हो गया था और यह तल्ख एहसास उसके मन-प्राण को एक विचित्र-सी क्लान्ति, एक अजीब-से विषाद से भर रहा था। उसकी दशा उस रोगी की-सी थी, जिसने कड़वी दवा का एक घूँट ही पिया हो, लेकिन वह एक घूँट ही उसकी जीभ, उसके कण्ठ, उसकी नस-नस को जलाता हुआ चला गया हो। यह कटु अनुभूति उसके मन-प्राण को एक गहरे अवसाद से भर रही थी। आज तक उसके शिशु-हृदय ने दुनिया का, पाउडर और रूज से पुता हुआ, सुन्दर मुख ही देखा था। उसकी वास्तविक कुरूपता देख कर उसका मन खिन्न हो उठा था। ऐसी कुरूपता भी कहीं है, इस बात में वह यक़ीन न करना चाहता था, किन्तु वह बदसूरती जैसे कई गुना हो कर उसके सरल

हृदय को घायल किये जा रही थी।

शाम को कविराज रोज़ की अपेक्षा कुछ जल्दी आ गये। वह उसी तरह अपने कमरे में लेटा हुआ था। खाना खाने तक न गया था। उन्होंने खिड़की में से झाँक कर उसे अन्यमनस्क लेटे हुए देखा और चुपचाप अन्दर चले गये। कुछ क्षण बाद, शायद छड़ी आदि रख कर, उन्होंने अन्दर से चेतन के कमरे का दूसरा दरवाज़ा खोला। चेतन उसी तरह लेटा रहा। उसने सिर तक न हिलाया। 'अरे भाई, इस अँधेरे में क्या पड़े हो ?' उन्होंने अपने स्वर में चिन्ता भर कर कहा। 'बना चुके इस तरह तुम अपनी सेहत!' और वे हँसे। फिर उसके सामने आ कर बोले, 'चलो, तुम्हें जाकू की सैर करा लायें।'

चेतन वहाँ से हिलना तक न चाहता था। वह चाहता था, ज़ोर से रो पड़े, चीख उठे या उठ कर ज़न्नाटे का एक थप्पड़ उस कपटी के मुँह पर जमा दे। पर वह चुपचाप लेटा रहा और जब उसके इतना कहने पर कि उसकी तबीयत ठीक नहीं और वह लेटना चाहता है, कविराज जी ने उसका हाथ थाम कर उसे उठाया तो वह चुपचाप उठ खड़ा हुआ और जब वे अन्दर से छड़ी-वड़ी ले कर दोबारा आये तो वह उनके पीछे सीढ़ियाँ उतर गया।

०

जाकू के रास्ते में अपने आरम्भिक जीवन की कथाएँ सुना कर वे उसका मन बहलाते रहे। जब जाकू की चढ़ाई शुरू हुई तो उन्होंने कहा, 'कामयाबी की चोटी भी इसी प्रकार दुर्गम है भाई। धीरे-धीरे, लगातार कोशिश से, अपने काम के प्रति आस्था और निष्ठा से उसे सर करना होता है।'

ऊँचाई पर जा कर वे एक स्थान पर रुके। दायीं ओर के पेड़ों में से उन्होंने नीचे की ओर संकेत किया। केलू के दो ऊँचे-ऊँचे पेड़ों के मध्य, सामने बहुत नीचे, शिमले की माल रोड बल खाती-सी दिखायी दे रही थी। उसके साथ नन्हे-नन्हे-से दीखने वाले मकान ऊपर से नीचे तक फैले हुए थे, उनके बहुत नीचे घाटी निहायत खूबसूरत और दिलकश लग रही थी। धुएँ के बादल उसमें तैर रहे थे। सूरज कहीं पहाड़ी के पीछे जा छिपा था। केवल एक किरण, न जाने किस कोण से, घाटी में दाखिल हो कर बादलों के नीचे-नीचे एक सिरे से दूसरे सिरे तक, नितान्त मनोहारी झूला बना रही थी। साँझ के उस झिलमिले प्रकाश में, उन सालस-लालस मेघों के नीचे, घाटी की गहरी हरियाली को अजीब रंगों से रँगता वह झूला इतना सुन्दर, मनोरम और अलौकिक लग रहा था कि चेतन मन्त्र-मुग्ध-सा खड़ा उसे देखता रह गया।

किसी कलाकार गुरु की कल्पना अपने शिखर पर पहुँच कर भी क्या ऐसे सुन्दर चित्र की सृष्टि कर सकती है ? चेतन ने मन-ही-मन सोचा, जबकि प्रकृति का वह अमर चितेरा प्रतिदिन न जाने ऐसे और इससे भी कहीं सुन्दर कितने ही चित्र बनाता-मिटाता रहता है। उसका जी चाहा, वह उस सारे-के-सारे दृश्य को अपने मन के कैनवस पर अंकित कर ले।

'धीरे-धीरे, क़दम-दर-क़दम हम कामयाबी की चोटी की ओर बढ़ते हैं,' कविराज जी अपने बात को जारी रखते हुए बोले। (उनकी दृष्टि शायद उस अलौकिक दृश्य तक नहीं गयी। वे माल और उस पर की लौकिकता ही में उलझे रहे)। 'हमें मालूम भी नहीं होता कि हम इतनी ऊँचाई चढ़ आये हैं। एक बार पलट कर जब हम नीचे की ओर देखते

हैं तो हमें पता चलता है कि हमारे साथ चलने वाले अभी वहीं हैं और नन्हे-नन्हे क्षुद्र कीड़ों की तरह मन्थर गति से चले आ रहे हैं। ज़रा माल रोड पर चलने वालों को एक नज़र देखो और फिर इस ऊँचाई का खयाल करो।' वे हँसे और भेद-भरे स्वर में उन्होंने कहा, 'सफलता की चोटी पर पहुँचने वालों का यही इनाम है।'

उस प्राकृतिक दृश्य के अलौकिक सौन्दर्य में चेतन इतना तल्लीन था कि कविराज जी ने क्या कहा, किस सत्य का निदर्शन किया — उसने कुछ नहीं सुना। जब कविराज चल पड़े तो जैसे कोई सुखद सपना देखते-देखते चौंक कर वह भी चुपचाप उनके साथ चल पड़ा।

'उन्नति के शिखर पर पहुँचने के लिए,' कविराज ने अपने भाषण को जारी रखते हुए कहा, 'लगातार कोशिश, मेहनत, निष्ठा और लगन के अलावा इस बात की भी ज़रूरत है कि हम अपने हाथ के काम को सब्र के साथ पूरा करें। उसी में रस पायें। काम को काम की खुशी के लिए करें। जब हम अपने हाथ के काम को खत्म कर लें तो हमारा मन खिन्न न हो, बल्कि प्रसन्न हो। यह खूबी उन्हीं लोगों में होती है, जिन्होंने सफलता-प्राप्ति को अपनी ज़िन्दगी का लक्ष्य बना लिया हो।'

और उन्होंने फिर अपने शुरू के जीवन की एक मिसाल दी।

'मैं फ़िरोज़पुर के अनाथालय में क्लर्क था। अगरचे मुझे वह काम ज़रा भी पसन्द न था, पर जब तक मैं वहाँ रहा, जी-जान से निभाता रहा। एक बार मैनेजर के छुट्टी जाने पर, मुझे उनके स्थान पर काम करना पड़ा। तुम्हें आश्चर्य होगा कि मैं उनके सारे काम के साथ अपना सब काम भी करता रहा और मैनेजर होते हुए भी चपरासियों की तरह साइकिल लिये घर-घर घूमता रहा। आज उन दिनों की याद करता हूँ तो वे स्वप्न-से दिखायी देते हैं। याद रखो अज़ीज़,' कविराज ने उसके कन्धे को प्यार से थपथपाते हुए कहा, 'हर सफल व्यक्ति को इन परिस्थितियों से गुज़रना पड़ता है और इनसे जूझ कर ही वह सफलता की चोटी पर पहुँचता है।'

'हरामज़ादा!' चेतन ने मन-ही-मन दाँत पीस कर कहा, 'तू मुझे बिलकुल उल्लू समझता है, पर अब मैं तेरी बातों में आने से रहा।'

प्रकट वह 'जी हाँ, जी हाँ' करता रहा। कविराज जी ने उसे बताया कि सेहत काम करने से खराब नहीं होती, वह तो बेकायदगी से बिगड़ती है।

अपनी धुन में वे चेतन को सफल जीवन के सफल नुस्खे बताते रहे और चेतन सोचता रहा — काश, इस सैर में उसके साथ नीला होती, चन्दा होती या और कोई न सही तो अनन्त ही होता! यह व्यापारी....यह सैर का लुत्फ़ क्या जाने ? इसका दिमाग़ तो दिन-रात लोगों की जेबें काटने के नये ढंग सोचने में लगा रहता है।

०

जाक़ू के शिखर पर पहुँचते ही उनके इर्द-गिर्द बन्दरों की टोलियाँ आ इकट्ठी हुईं। कविराज जी ने उसे बताया कि जाकू शिमले की सब से ऊँची चोटी है और उसी पर हनुमान का मन्दिर है, जहाँ पर हर मंगलवार को लोग दर्शनार्थ आते हैं।

चेतन चकित-सा खड़ा उस मन्दिर और उन बन्दरों को देखता रहा। उसने स्वप्न में

भी न सोचा था कि इतनी ऊँचाई पर मन्दिर होगा। उसके आश्चर्य की सीमा न रही जब कविराज ने अपनी पतलून की जेब से चनों की मुट्ठी निकाली और बन्दरों के आगे फेंकते हुए मन्दिर की ओर बढ़े।

हालाँकि बन्दरों की संख्या बहुत बड़ी थी, लेकिन जब भी कविराज दाने फेंकते, दो-चार हृष्ट-पुष्ट बन्दर बरबस उन पर अधिकार कर लेते, कुछ कमज़ोर बन्दर ज़रा परे खड़े तकते और शेष कविराज जी के पीछे हो लेते। क्षण भर के लिए रुक कर चेतन उन मोटे-मोटे बन्दरों को देखने लगा। वे कभी एक और कभी दोनों हाथों से दाने चुग रहे थे। उनके कण्ठ की थैलियाँ फूल रही थीं और कुछ दूर पर उनके दुर्बल भाई उन दोनों को अरमान-भरी निगाहों से तक रहे थे।

चेतन चुपचाप खड़ा उन बन्दरों को देखता रहा और देखते-देखते उसके सामने वे बन्दर मोटे-मोटे सेठ, ज़मींदार, नवाब, राजे, अफ़सर और नेता बन गये और चनों के दाने चाँदी-सोने के सिक्के! और चेतन ने अपने आपको उनमें पाया, जो विवशता से दुम हिलाते हुए कविराज के पीछे-पीछे चले जा रहे थे।

'जाओ, भागो!' कविराज के पीछे चलते हुए मन-ही-मन चेतन ने उन बन्दरों से कहा, 'तुम्हें क्या मालूम कि इस शख्स की प्रकट दया-माया के अन्दर एक खून का प्यासा शोषक भी छिपा है। अच्छा है कि यहाँ तुम महावीर की छत्र-छाया में रहते हो। यहाँ तुम्हें भोजन भी मिल जायेगा और श्रद्धा भी, पर अगर कभी तुम रुल्दू भट्टे तक इनके पीछे-पीछे चले जाओ तो इनकी दया-माया का सारा भरम तुम पर खुल जायेगा।'

कविराज मन्दिर के पास जा पहुँचे। महावीर के मन्दिर का पुजारी गेरुआ लँगोट लगाये और उसी रंग की बण्डी पहने उनकी अभ्यर्थना को मन्दिर के दरवाज़े पर आ गया। चेतन को इस वेश-भूषा में वह महावीर के उन अनुचरों ही-सा लगा। अन्तर केवल इतना ही था कि उसके दुम नहीं थी।

मन्दिर का दरवाज़ा लोहे के सीखचों से बना था। चेतन ने पास जा कर देखा — अन्दर एक तरफ़ अनाज की बोरियाँ पड़ी थीं। वह चकित रह गया। उसने सोचा था कि पुजारी शिमले जा कर कुछ माँग-जाँच कर ले आता होगा, लेकिन उस ऊँची चोटी पर अनाज की उतनी बोरियों का तो उसे खयाल भी न आ सकता था। उसकी कल्पना में पीठ पर बोरियाँ लादे, झुकी हुई कमरों को लाठी के सहारे सँभाले, पसीने और मैल से लथपथ कुली जाकू की दुष्कर चढ़ाई चढ़ते हुए घूम गये।

'यह धर्म क्या पूँजी ही का दूसरा रूप नहीं ?' चेतन ने सोचा, 'पूँजी ही की तरह यह हज़ारों ग़रीबों के खून-पसीने की कमाई पर फल-फूल कर मोटा नहीं हो रहा क्या ?'

फिर उसे खयाल आया कि आज से पहले उसे यह सब क्यों नहीं सूझा। वह स्वयं जालन्धर की धर्मशाला के शिवाले में जा कर श्रद्धा-भक्ति से फूल चढ़ाता रहा है, घण्टे-घड़ियाल बजाता और मन्दिर की देहरी पर मस्तक नवाता रहा है। लेकिन मन्दिरों द्वारा निरीह जनता का जो शोषण हो रहा है और जिस प्रकार मन्दिर पूँजीवाद के स्तम्भ बने हुए हैं, इस बात की ओर पहले कभी उसका ध्यान क्यों नहीं गया ? यह सब जो आज सहसा उसके सामने स्फटिक-सा साफ़ हो कर आ गया, वह शायद इसलिए कि आज वह स्वयं

अपने आपको शोषित समझता है।....और संसार में सभी प्रकार के शोषण के विरुद्ध उसका मन एक प्रबल विक्षोभ से भरा जा रहा था।

इस बीच कविराज जी मन्दिर के आगे नमस्कार करके एक रुपया चढ़ा चुके थे। वे आर्य समाजी थे। चेतन जानता था कि साधु-सन्तों, मन्दिरों-मठों में उनकी ज़रा भी आस्था नहीं थी। फिर इस महावीर के मन्दिर को देख कर उनके मन में अचानक इतनी श्रद्धा कैसे उमड़ पड़ी ? लेकिन दूसरे ही क्षण यह भेद भी उसकी समझ में आ गया।

जब रुपया पाने पर पुजारी जी प्रसन्न हो कर आशीर्वादों की वर्षा करने लगे तो कविराज ने उनको अपना परिचय देना शुरू किया —कि वे वैद्य हैं और वैद्य के नाते जहाँ तक होता है, जनता की सेवा करते हैं। उनके दवाखाने पर जब कोई ग़रीब आ जाता है तो उसको किसी प्रकार की फ़ीस लिये बिना सलाह देते हैं। ('झूठ!' चेतन दिल-ही-दिल में चिल्लाया)।

'बचपन ही से मेरी यह इच्छा थी,' कविराज जी ने कहा, 'कि मैं बड़ा हो कर ऐसा पेशा अपनाऊँ जिसमें जनता की ज़्यादा-से-ज़्यादा सेवा हो सके। जब मैंने बी०ए० पास कर लिया और ज़िन्दगी में कुछ काम करने का सवाल पैदा हुआ तो मैं इस नतीजे पर पहुँचा कि मुझे रोगियों की सेवा करनी चाहिए और मैंने वैद्य बनने का फ़ैसला कर लिया।'

चेतन खूब जानता था कि कविराज जी का वैद्य बनना महज़ हालात की मजबूरी थी, नहीं तो वे ठेकेदार बनने जा रहे थे और जनता की सेवा का उन्हें कभी रंच-मात्र भी ध्यान न आया था।

लेकिन पुजारी जी ने दाँत निपोरते हुए कविराज जी का समर्थन किया, 'आरोग्य-दान से बढ़ कर कौन-सा दान है महाराज!'

'मैं जब से शिमले आया हूँ,' कविराज जी ने खुश हो कर कहा, 'रोज़ महावीर जी के दर्शनों को आने की सोचता रहा हूँ। पर इधर सामान आदि की व्यवस्था में इतना लगा रहा कि मुझे सिर उठाने की भी फ़ुर्सत नहीं मिली।'

पुजारी जी ने फिर खीसें निपोरीं।

'यह तो बड़ी सुरम्य जगह है महाराज। आप तो सचमुच स्वर्ग में रहते हैं।' कविराज जी ने कहा।

पुजारी जी केवल हँसे और सिर झुका कर हाथ धोने के अन्दाज़ में हाथ मलते रहे।

'मैं कोशिश करूँगा कि कम-से-कम हफ़्ते में एक बार ज़रूर आपके दर्शनों को आया करूँ,' कविराज जी बोले। फिर उन्होंने ज़रा उदास हो कर कहा, 'पर रोगियों की सेवा में इतना बिज़ी रहता हूँ कि नित्य-कर्म तक भूल जाता हूँ।' क्षण भर रुक कर और बात का रुख बदल कर वे बोले, 'लेकिन महावीर जी की भेंट-स्वरूप हर महीने एक रुपया आपको नियमित रूप से पहुँचता रहेगा। हमारी ओर से उसे आप बजरंग बली के चरणों में चढ़ा दिया कीजिएगा।'

पुजारी जी ने फिर आशीर्वाद की झड़ी लगा दी।

फिर चलते-चलते जैसे सहसा कुछ याद आ जाने पर, मन्दिर की दीवार को देखते हुए कविराज जी ने कहा, 'मैं आजकल बच्चों के पालन-पोषण पर एक पुस्तक लिख रहा

हूँ,' फिर सहसा चेतन की उपस्थिति का ध्यान आ जाने पर उन्होंने इतना और बढ़ा दिया, 'यह बच्चा मुझे उसके लिखने में सहायता दे रहा है। मैं चाहता हूँ कि उस पुस्तक का इश्तिहार इस दीवार पर लिखवा दूँ, ताकि यहाँ आने-जाने वाले महानुभाव उससे लाभ उठा सकें। पुण्य का काम है अगर आप....'

'मन्दिर आप ही का तो है महाराज!' पुजारी जी ने हाथ जोड़ कर कहा।

कविराज जी ने उनको प्रणाम किया और चेतन की ओर मुड़े, 'सूरज डूब रहा है,' वे कुछ घबरा कर बोले, 'जल्दी चलना चाहिए, नहीं तो उतरने में बड़ी दिक्कत होगी।'

और फिर कुछ आश्वस्त हो कर, मूँछों में हँसते हुए, पुजारी जी को फिर एक बार प्रणाम करके वे चल पड़े।

o

चेतन चुपचाप उनके पीछे-पीछे चल दिया। नफ़रत का एक ज़बरदस्त तूफ़ान उसके दिल-दिमाग़ में उठा। उसने चाहा कि उस तूफ़ान को पूरे ज़ोर से बाहर निकल जाने दे — इतने ज़ोर से कि वह इस ढोंगी, कपटी, शोषक को बहा ले जाय। उसकी उस मुस्कान को, जो चेतन को विषैले बिच्छू के डंक-सी लगती थी, मिटा दे। उसे बता दे कि वह उसे क्या समझता है और एक ही बार इस प्रवंचना का खात्मा कर दे। पर कुछ न कह सका। उसके अन्तर की समस्त घृणा एक गोला-सा बन कर उसके गले में अटक गयी। कविराज जी की बातों के उत्तर में 'हूँ, हूँ' करता हुआ वह उनके पीछे-पीछे चला आया।

जब वे उस जगह पहुँचे, जहाँ रिज माल रोड में मिलती है तो कविराज जी की निगाह अचानक मोटे होंट, चपटी नाक और चपटे चेहरे वाले एक निहायत काले-कलूटे व्यक्ति की ओर गयी जिसने एक कीमती सूट पहन रखा था और जिसके पीछे-पीछे बावर्दी रिक्शा वाले धीरे-धीरे उसकी रिक्शा ला रहे थे।

'सर टीकम लाल!' कविराज ने अचानक सोल्लास कहा और चेतन को कम-से-कम उतनी सैर रोज़ करने की नसीहत देते और छड़ी को दुम की तरह हिलाते हुए वे उन सर महोदय की ओर चले गये!

तब चेतन की समस्त घृणा एक दबी हुई अत्यन्त अश्लील गाली के रूप में निकल पड़ी। जब कविराज दूर चले गये तो उसने पूरे ज़ोर से शून्य में वही गाली उनकी ओर फेंक दी। फिर वह चौंका कि उसे कोई पागल न समझ ले। लेकिन आस-पास कोइ न था।

और वह चल पड़ा।

o

सामने रिज के किनारे, बायीं ओर स्कैण्डल-पॉयण्ट पर हमेशा की तरह दर्शकों का जमघट था, माल पर रोशनियाँ जाग रही थीं और उनके साथ ही दर्शकों की आँखों में लालसाएँ अँगड़ाइयाँ ले उठी थीं। अपने तमाम क्रोध और घृणा को गाली के रूप में निकाल कर चेतन क़द्रे हल्का हो गया। पहले उसे खयाल आया कि वह स्कैण्डल-पॉयण्ट से कैम्बरमियर पोस्ट ऑफ़िस तक माल के दो-एक चक्कर लगा कर, मन के इस अवसाद को दूर करे। लेकिन वह कुछ थक-सा गया था। इसलिए स्कैण्डल-पॉयण्ट के जँगले पर खड़े हो कर माल का तमाशा देखना ही उसे बेहतर लगा और वह स्कैण्डल-पॉयण्ट की तरफ़ बढ़ा।

पचास

रिज की सड़क जिस स्थान पर जा कर माल से मिलती है, वहीं माल की तरफ़ को यह जँगला-सा बना है। न जाने किस मसखरे ने इसे 'स्कैण्डल-पॉयण्ट' का नाम दे दिया, पर अब यह स्थान इसी नाम से प्रसिद्ध है। इस जँगले पर कुहनी टिका कर बड़े आराम से माल की चहल-पहल देखी जा सकती है। शिमले की सैर को आये हुए लोग प्रायः इस जगह एक-दूसरे से आ मिलते हैं। शिमले भर में कोई ऐसा एकान्त स्थान नहीं, जहाँ खड़े हो कर नीचे माल पर घूमने वालों (या वालियों) के बालों की बनावट से ले कर जूतों के फ़ैशनों तक का निरीक्षण किया जा सके और किसी की शक्ल, किसी की चाल, किसी के स्वर अथवा किसी के ठहाके की कृत्रिमता, किसी हूर के पहलू में लंगूर और किसी यूसुफ़ की बग़ल में बन्दरिया को लक्ष्य कर (किसी प्रकार के संकट के बिना) महज़ अपना जी खुश करने के लिए फब्तियाँ कसी जा सकें। अपने ध्यान में मग्न चेतन उसी स्थान की ओर चला जा रहा था कि सहसा अपने एक पड़ोसी और सहपाठी को स्कैण्डल-पॉयण्ट की रेलिंग पर कुहनी टिकाये खड़े देख कर चौंका और 'अरे अमीचन्द, तुम कहाँ ?' कहता हुआ सोल्लास उसकी तरफ़ लपका!

एक सुदूर-सी मुस्कान के साथ अमीचन्द ने चेतन की ओर देखा और जैसे उतनी ही दूर से बोला, 'कहो, तुम कहाँ ?' और फिर यह देख कर कि चेतन ने हाथ बढ़ा रखा है, उसने भी हाथ — बल्कि हाथ की दो अनमनी-सी उँगलियाँ — आगे बढ़ा दीं।

चेतन हैरान-सा उसे देखता रह गया। यक़ीनन यह उसका सहपाठी, उसका पड़ोसी, रट्टू, किताबों का कीड़ा, लजीला-शर्मीला, भीरु अमीचन्द नहीं, यह तो आकाश से भी ऊँचे अहं के सिंहासन पर बैठा कोई दूसरा ही व्यक्ति है। सिर्फ़ उसका रूप-रंग अमीचन्द जैसा है।

उत्तर देने के बदले उसने पूछा, 'तुम यहाँ कैसे ? किताबों की सैर ने तुम्हें किस तरह शिमले की सैर का वक़्त दे दिया ?' और वह खिसियानेपन से हँसा।

उतनी ही दूर से अमीचन्द ने कहा, 'मैं ज़रा पी०सी०एस० का कम्पीटीशन देने आया था।'

'साला पी०सी०एस० का!' — चेतन मन-ही-मन आश्वस्त हो कर हँसा — 'और कोई रह जो नहीं गया पी०सी०एस० बनने के लिए!' प्रकट उसने ज़रा खुल कर हँसते हुए कहा, 'तो भई, पी०सी०एस० हो कर हम ग़रीबों को न भूल जाना।'

तभी अमीचन्द का एक मित्र नीचे से गुज़रा।

'हैल्-लो अमीचन्द!'

और अमीचन्द चेतन से हाथ मिला कर अपने मित्र से मिलने माल पर चला गया। उसने न चेतन की बात का उत्तर दिया और न अचानक यों चले जाने के लिए क्षमा माँगी। उसकी सुदूर मुस्कान कुछ और फैली और बस, उन दो उँगलियों से चेतन के हाथ को ज़रा-सा हिला कर वह चला गया।

चेतन वहीं खड़ा-का-खड़ा रह गया। सामने प्रतिक्षण फैलने वाले बादलों पर जैसे

अमीचन्द की वही सुदूर मुस्कान अंकित हो गयी। उसने रेलिंग पर अपनी कुहनी टिका ली और शून्य में देखने लगा।

सूरज पच्छिम की पहाड़ियों के पीछे अस्त हो चुका था। आकाश से सुरमई साये उतर आये थे। धरती के उजियाले में उनका उन्मुक्त नर्तन प्रकाश और छाया के विचित्र संसार सृज रहा था। बादल नीचे घाटियों से उठ कर उस संसार को और भी स्वप्निल बनाते हुए माल पर छा रहे थे। दुकानों की रोशनियाँ और माल के तमाशाइयों की चहल-पहल उस संसार में रस, राग और रंग का विचित्र समावेश कर रही थी।

देखते-देखते बादल माल से ज़रा और उठ कर जाकू की ओर बढ़ गये। रिज के ऊपर, अपनी तमाम हरियाली को लिये हुए किसी ध्यानमग्न योगी की तरह जाकू का पहाड़ खड़ा था और मेघ-मालाएँ तरुणियों की भाँति उसके वक्ष से लिपट कर उसे अपनी साधना से डिगाने का विफल प्रयास कर रही थीं।

माल की रौनक क्षण-क्षण बढ़ रही थी। अप-टू-डेट सूट; रँगीली, भड़कीली, चमचम करती साड़ियाँ; नये-नये फ़ैशनों से गुँथे हुए बाल; पाउडर, लिपस्टिक और रूज की कृपा से दमकते चेहरे; अहंकार और दर्प से भरी चालें; गप-शप और हँसी-ठहाके — माल का शून्य क्षण-क्षण भर रहा था, मुखर हो रहा था।

लेकिन चेतन को वहाँ यह सब दिखायी न देता था। उसे तो सामने की दुकानों के कंगूरों पर घुलते हुए बादलों में अमीचन्द की वही सुदूर मुस्कान अंकित दिखायी दे रही थी। और उसका मन हीन-भाव से भरा जा रहा था।

'यह साला ज़रूर डिप्टी कलक्टर हो जायेगा,' उसने मन-ही-मन कहा। 'मैं तो ज़रा भी सरक नहीं पाया। मेरी इमारतों की तो नींवें भी नहीं जम पायीं!' उसने एक दीर्घ-निःश्वास छोड़ा और वहीं रेलिंग पर खड़े-खड़े पल-पल गहन होते अन्धकार के पट पर उसके सामने उसके सारे प्रासाद एक-एक करके बनने लगे —अपने दफ़्तर में अंग्रेज़ी समाचारों का अनुवाद करते-करते जब वह थक जाता था, लगातार घण्टों तक क़लम चलाने के कारण जब उसके अँगूठे का अगला हिस्सा दुखने लगता था और जब उसकी आँखें जल-सी उठती थीं तो ज़रा सुस्ताने के लिए कुर्सी पर पीछे को लेट कर वह शरीर को ढीला छोड़ देता था और कल्पना में भविष्य के महल बनाया करता था —ज्योंही भाई साहब की दुकान जमी और कुछ पूँजी हुई, वह उन्हें माल रोड पर दुकान खुलवा देगा। इस बीच परसराम भी आ जायेगा। तब भाई साहब की सहायता से वे एक प्रकाशन-गृह खोलेंगे, प्रेस लगायेंगे, अच्छी-से-अच्छी पुस्तकें छापेंगे। परसराम दुकान का हिसाब-किताब देखेगा। स्वयं चेतन बाहर दौरे करके पुस्तकों की बिक्री का प्रबन्ध करेगा। बाकी छोटे भाई भी उसी दुकान में लग जायेंगे। हिन्दुस्तान के बड़े-बड़े शहरों में प्रकाशन-गृह की ब्रांचें खोली जायेंगी और दूसरे भाई बड़े हो कर उनके काम की देख-भाल करेंगे। रही चन्दा, सो वह इस बीच में प्रभाकर करके बी०ए० कर लेगी और उनका हाथ बटायेगी। रुपया पानी की तरह बरसेगा। किसी तरह की कमी न रहेगी। सब भाई मिल कर मॉडल टाउन में कोठी बनवा लेंगे, मोटर रख लेंगे और....

०

तभी एक परिचित ठहाके ने उसका ध्यान अपनी ओर आकर्षित किया। चेतन ने देखा, उससे ज़रा फ़ासले पर महाशय धर्मचन्द खड़े हैं। चेचक-भरा गोल मुँह, कानी आँख, सिर पर पगड़ी, गले में ओवरकोट और टाँगों में उटंग पायजामा। ये महाशय लाहौर के एक उर्दू साप्ताहिक 'बहार' के स्वामी और सम्पादक थे। किसी ज़माने में वे साप्ताहिक-पत्र के बदले एक तन्दूरनुमा होटल के प्रोप्राइटर थे। उनके होटल पर खाना खाने के लिए आने वालों में लाहौर के दो-चार उदीयमान कवि तथा साहित्यकार भी थे। उनकी संगति और अनुरोध के कारण वे होटल छोड़ कर एक साप्ताहिक जारी कर बैठे। पंजाब में उन दिनों साप्ताहिकों का अभाव था और महाशय धर्मचन्द के होटल पर आने वाले लेखक तथा कवि अपने साहित्यिक जीवन के उस काल से गुज़र रहे थे, जब आदमी को संसार में अपनी जगह बनानी होती है। इसलिए इनके पत्र को उन्होंने अपना मुख-पत्र बना लिया। और अपने उन मित्रों की सहायता से महाशय धर्मचन्द न केवल होटल वाले के स्थान पर एक प्रसिद्ध पत्र के सम्पादक हो गये, बल्कि उनका पत्र भी खूब चल निकला। लेकिन जल्द ही उनके दोस्तों ने ज़िन्दगी में अपना स्थान बना लिया। वे व्यस्त हो गये और अपने प्रचार और प्रगति के दूसरे साधन उन्होंने ढूँढ लिये। साहित्यिक षड्यन्त्रों के स्थान पर वे दफ़्तरी षड्यन्त्रों में उलझ गये। इसके अलावा महाशय धर्मचन्द के पत्र की सफलता को देख कर दो-चार और साप्ताहिक निकल आये। न केवल यह, बल्कि दैनिक पत्रों ने भी अपने साप्ताहिक संस्करण निकालने शुरू कर दिये और इस मुक़ाबिले में महाशय धर्मचन्द के पत्र का हाल पतला हो गया। खुद वे लगभग अपढ़ थे, इतनी क्षमता कहाँ से लाते कि पत्र के ऊँचे स्तर को बनाये रखते। इतनी ख्याति पाने के बाद पुनर्मूषक बनना उन्हें स्वीकार न था, इसलिए अब वे प्रसिद्ध 'ब्लैक-मेलर' हो गये थे। रियासतों के पक्ष या विपक्ष में लिख कर, बड़े-बड़े सेठों को उनके भेद खोल देने की धमकी दे कर और फ़िल्मों के हक़ में अथवा खिलाफ़ प्रचार करके, वे अपने पत्र की गाड़ी को किसी-न-किसी तरह ठेले जा रहे थे। उनका साप्ताहिक तीन-चार सौ ही छपता था, पर उसके मुख-पृष्ठ पर वे अब भी, 'शुमाली हिन्द का बेहतरीन कसीरुल इशाअत हफ़्तावार'[१] छापे जा रहे थे।

उनके बराबर ही अपने पतले-दुबले शरीर पर पतलून के साथ शेरवानी पहने, अपने दिन-प्रतिदिन गंजे होते सिर पर रूमी टोपी टिकाये एक साहब खड़े थे। ये महाशय कभी जालन्धर में टोपियाँ बनाया करते थे, पर अपने सुरीले गले तथा प्रखर बुद्धि की बदौलत अब एक मशहूर शायर थे। कई रियासतों से उन्हें मासिक वज़ीफ़ा मिलता था और बड़ी सुन्दरता से उन्होंने कला और जीवन में समझौता कर लिया था। खाँ साहब हो गये थे। यह और बात है कि अब वे कला की उलझनों में जान खपाने के बदले रोज़-ब-रोज़ ज़िन्दगी की पेचीदगियों में उलझते जा रहे थे। उन दिनों वे इस्लाम के इतिहास को कला की अमर बेड़ियाँ पहना रहे थे और मुसलमान श्रद्धालुओं ने उनके नाम के साथ मौलाना का शब्द भी लगा दिया था। वे शिमले में बड़े-बड़े राजा-नवाबों को अपनी नयी कृति गा-गा कर सुनाते, प्रशंसा के साथ धन पाते और शिमले की सैर का लुत्फ़ उठाते हुए घूम रहे थे।

उनके निकट एक लँगड़ा युवक सूट में सुसज्जित खड़ा था। वह हर वर्ष शिमले जाता था, एक बड़े मुशायरे का आयोजन करता था और साहित्य-सेवा का पुण्य लूटने के

१. उत्तरी भारत का सबसे ज़्यादा छपने वाला सर्वोत्कृष्ट साप्ताहिक।

साथ-साथ शेष आठ-दस महीनों के पैसे कमा कर घर चला जाता था।

o

ये तीनों महानुभाव न जाने वहाँ महज़ तमाशा देखने के लिए आ खड़े हुए थे, अपने मित्रों की प्रतीक्षा कर रहे थे अथवा नीचे की भीड़ को देख कर इस बात का अन्दाज़ा लगा रहे थे कि उनके शिकारों में से कौन-कौन इस बार शिमले आया है।

बादल कुछ और ऊपर उठ गये थे। जाकू की सौम्यता बढ़ गयी। दुकानों के कंगूरे सुरमई उजेले की धुँधली पृष्ठ-भूमि में चित्रित-से दिखायी देते थे और उनकी रोशनियाँ माल पर लम्बी-लम्बी छायाएँ बना रही थीं। नन्ही-नन्ही बूँदें गिरने लगी थीं और माल की काली-गीली सड़क पर ये छायाएँ थिरकती, नाचती बड़ी सुन्दर दिखायी दे रही थीं। हिन्दुस्तान के हर सूबे की वेष-भूषा जैसे एक अन्तहीन प्रदर्शनी के रूप में नीचे से गुज़र रही थी। लोग खुश थे, प्रसन्न थे, तमाशा देखने अथवा दिखाने का आनन्द लूट रहे थे।

जँगले पर कुहनी टिकाये चेतन किसी खोये-खोये-से व्यक्ति-सा, यह सब वैभव, उल्लास, मुखरता, सजीवता, स्फूर्ति, आकर्षण देख रहा था। वह स्वयं इन सब से परे था। वह न तमाशा था, न तमाशाई। वह हीन-भाव जो कविराज की सफलता और अमीचन्द की अवहेलना ने उसके मन में अंकुरित कर दिया था, जैसे उसकी नस-नस में फैल कर उसके सारे अस्तित्व पर छाया जा रहा था।

....उसके पास एक गर्म सूट —गर्म सूट दूर रहा —एक स्वेटर तक नहीं। कमीज़ और पायजामे के ऊपर उसने वर्षों पुराना, मैला, खुरदरा, ओवरकोट पहन रखा है और वह इन सफल व्यक्तियों में खड़ा है! कौन जाने अमीचन्द ही की तरह सुन्दर सूट पहने उसके सहपाठियों में से कोई दूसरा उसके पास आ खड़ा हो और उसे अपने अभाव पर लज्जित होना पड़े। यह सोच कर और एक भीत-सी दृष्टि अपनी दोनों ओर खड़े महानुभावों पर डाल कर, ओवरकोट के कॉलरों को अपनी छाती पर कसता हुआ, वह स्कैण्डल पॉयण्ट से हट गया।

उसका जी चाहता था कि चुपचाप घर चला जाय और जा कर सो रहे। लेकिन उसने अभी तक खाना नहीं खाया था। दुख और अवसाद की गहराइयों से ऊपर उठती हुई भूख धीरे-धीरे उसके मन से सफलता, ख्याति आदि की सभी भावनाओं को भगा कर वहाँ अपना आधिपत्य जमा रही थी। वह दुखी था, ग़मगीन था, थका हुआ था और पग भर आगे चलने को उसका मन न था। चाहता था कि जितनी जल्दी हो, अपने कमरे में चला जाये; जा कर बिस्तर में सिर छिपा कर विफलता के भार को आँखों के रास्ते निकाल दे। पर वह भूखा था और वह जानता था कि अगर बिना कुछ खाये-पिये वापस चला जायेगा तो भूख के मारे उसे सारी रात नींद न आयेगी।

भूख....अगर कहीं यह भूख न होती! पेट भरने की यह मजबूरी न होती! तब उसे अखबारों और कविराज-ऐसे शोषकों की ग़ुलामी न करनी पड़ती! वह संसार के विशाल प्रांगण में स्वच्छन्द, स्वतन्त्र घूमता। बला से उसके तन पर कपड़े न होते, बला से उसके पाँवों में जूते न होते। वह लगातार घुमक्कड़ी करता। पहाड़ों में जा कर हिम-मण्डित शिखरों की रजत-छटा निहारता। कल-कल, छल-छल बहते झरनों के पास बैठ कर घण्टों उनका

मधुर संगीत सुनता। उषा और सन्ध्या के बदलते हुए रंगों को देखता। अनवरत बहती हुई नदियों के साथ बह कर उनकी अमर खोज का पता लगाता। निरन्तर करवटें लेते, उनींदे, उद्विग्न सागर की बेचैनी का भेद पाता। सूरज और चाँद की अथक आकुलता, उमड़-घुमड़ कर छाते, बरसते, उड़ते मेघों का उन्माद, आकाश की गहराइयों में विचरने वाले पक्षियों की जिज्ञासा — सबकी थाह पा लेता और उस महान सौन्दर्य, उस महा-गान, महा-परिवर्तन, उस अलौकिक आकुलता में डूब कर, तन्मय हो कर, अमर गीतों की सृष्टि करता....लेकिन यह भूख....इन्सान के पाँव में सबसे पहली, सबसे बड़ी, सबसे कड़ी बेड़ी यह न होती तो शायद इन्सान खिलौना न हो कर खिलाड़ी बन जाता। सरजनहार के आसन पर जा बैठता।

और चेतन उन नन्ही-नन्ही बूँदों में भीगता और सड़क के किनारे-किनारे चलता हुआ, मिडल और लोअर बाज़ार पार कर, चोर बाज़ार के अपने उस घटिया-से ढाबे पर जा पहुँचा, जहाँ वह पेट के तन्दूर को ईंधन दिया करता था।

इक्यावन

कविराज उसे अपने साथ सैर को ले गये थे और यद्यपि चेतन की मनः स्थिति को समझ कर, उसका क्लेश दूर करने के लिए, जीवन-दर्शन का ज्ञान देते हुए उन्होंने उसे यह भी समझाया था कि सफलता के शिखर पर पहुँचने के लिए इन परिस्थितियों से गुज़रना अनिवार्य है, पर चेतन के ग़ुस्से और उसकी तकलीफ़ का अन्त न हुआ था। क्रोध, विक्षोभ और ग्लानि से उसका मन विक्षिप्त-सा हो उठा था। वह कुछ भी कर न पा रहा था। निरन्तर कई दिन तक वह बेपतवार की नौका-सा डोलता रहा था। लेटा रहता तो अन्यमनस्क-सा दिन-दिन भर लेटा रहता और घूमता तो दिन भर शुतुर-बेमुहार की तरह उद्देश्यहीन, उत्साहहीन घूमा करता....

'मुझे क्या हो गया है ?' बार-बार यह सवाल उसके सामने आता, पर तकलीफ़ इतनी अज्ञात थी कि उसका केन्द्र ढूँढ पाना उसके लिए कठिन था।

जब वह सोचता तो पाता कि जीवन की कटुता से यह उसका पहला ही साक्षात्कार नहीं। वह तो ज़िन्दगी की तल्खियों ही में पैदा हो कर पला और जवान हुआ। अगरचे अपने जन्म के बारे में उसे कुछ ज़्यादा मालूम न था, पर उसने माँ से सुना था कि उनके पुराने खँडहर-से मकान में बरसात की एक रात उसका जन्म हुआ था। लगातार कई दिन से पानी बरस रहा था, उनका मकान कई जगह से टप-टप चू रहा था और कच्चे फ़र्श पर गढ़े बन गये थे। परदादी गंगादेई कई बार वर्षा के कोप को शान्त करने के लिए जले हुए कोयले आँगन में फेंक चुकी थी, और वे (माँ और परदादी) मकान के गिर जाने के भय से रात-रात भर जागती रहती थीं। दाई को देने के लिए घर में पैसे न थे। परदादी कहीं से (धर्मशान्ति अथवा शुद्धि में) आये हुए बर्तन बेच कर कुछ रुपये जुटा लायी थी और प्रसव के बाद माँ को सोंठ और गुड़ मिले सँठोले के अलावा पंजीरी अथवा अछवानी आदि

शक्तिवर्द्धक कोई भी चीज़ न मिली थी। वह तो पूरे चालीस दिन आराम भी न कर पायी थी। परदादी अपनी अन्धी आँखों से चूल्हा झोंकती थी और दो बार जलते-जलते बची थी, इसलिए ग्यारहवें दिन का स्नान करके ही माँ घर के काम-काज में जुट गयी थी।

चिन्ता, भय, अच्छी ग़िज़ा के अभाव और काम के आधिक्य के कारण माँ की छातियाँ शीघ्र ही सूख गयी थीं और वह चेतन को छै महीने भी अपना दूध न पिला सकी थी। उसके लिए बकरी का दूध लेती, पर न जाने क्यों चेतन को बकरी के दूध से नफ़रत थी। बकरी ही का नहीं, गाय का हो अथवा भैंस का, उसे सब प्रकार के ऊपर के दूध से घृणा थी। माँ की छातियों से दूध पीने के लिए वह लालायित रहा करता। न पाने पर रोता, पिटता, पिटने पर और ज़्यादा रोता, (यहाँ तक उसकी परदादी ने उसका नाम चेतन के बदले चिनकदास रख दिया था) लेकिन माँ दूध कहाँ से लाती ? उसकी छातियाँ तो एकदम सूख गयी थीं।

वह बहुत छोटा था जब उसके पिता हिसार के स्टेशन पर तार बाबू हो कर गये। तब एक बार परदादी को जमुना स्नान कराने वे दिल्ली ले गये थे। माँ भी साथ थी और चेतन भी। वहाँ से माँ ने नन्ही-नन्ही कटोरियाँ खरीदी थीं। उसका खयाल था कि उनके लोभ से चेतन दूध पी लिया करेगा। एक-दो बार उसने पी भी लिया, लेकिन फिर जब कटोरियाँ बाहरी दूध का स्वाद न बदल सकीं तो वह कटोरी देखते ही रोने लगता। माँ उसे कान से पकड़ लेती और बरबस लिटा कर दूध पिलाती। वह रोता, चीखता, हाथ-पैर पटकता और इस प्रकार अपने शैशव ही में मरियल, चिड़चिड़ा और रोना हो गया था।

चेतन को बचपन ही में अपने वातावरण की कटुता का आभास मिल गया था। एक दिन जब वह दूध न पी रहा था और माँ भरी कटोरी हाथ में लिये उसे मना रही थी कि उसके पिता आ गये। एक बार प्यार से, दूसरी बार क़द्रे तुर्शी से और तीसरी बार गरज कर उन्होंने उसे दूध पीने को कहा। जब इस पर भी उसने कटोरी को मुँह न लगाया तो तड़ से दो थप्पड़ चेतन के पिता ने उसके गालों पर जड़ दिये और क्रोध के आवेश में उसे टाँग से पकड़ कर उल्टा लटका दिया। उसी तरह पकड़े, वे उसे दो-एक चक्कर देते, यदि माँ लगभग रोते हुए इतना न कहती, 'लाइए, अब पी लेगा।'

पिता ने उसे फिर सीधा खड़ा कर दिया। उनकी आँखों से चिनगारियाँ निकल रही थीं। चेतन रोया न था। वह सहम गया था। जब माँ ने कटोरी उसके मुँह से लगायी तो उसने बरबस ज़हर के घूँट की तरह दूध पी लिया, पर दूसरे ही क्षण उसे क़ै हो गयी। तब उसका मुँह धुलाते हुए, निहायत दुख से उसकी पीठ पर हल्का-सा थपेड़ा जमाते हुए माँ ने आर्द्र कण्ठ से कहा था, 'जा कम्बख्त! तेरी किस्मत विच्च दुद्ध है ई नईं।'

यह हल्का-सा थपेड़ा जैसे अपने में एक प्रबल प्रचालन-शक्ति रखता था। उसे आगे ही धकेले जाता था। पीठ पर माँ का थपेड़ा खा कर वह चला तो उसने पीछे फिर कर न देखा था। वह धीरे-धीरे आगे ही बढ़ता गया। अपने क्रूर पिता के नैकट्य से दूर होता गया।

सारा दिन वह निरर्थक, निरुद्देश्य इधर-उधर भटकता रहा। गालों से ले कर कनपटियों तक उसे सारी जगह सुलगती हुई लग रही थी। लेकिन बाहरी दर्द के अलावा उसके नन्हे,, अपरिपक्व मन के किसी अज्ञात कोने में भी कुछ सुलग रहा था —बिलकुल

इसी तरह, जैसे अब अपने उस कमरे के बैठे, उसके अन्तर में कहीं कुछ सुलग रहा था और वह उस स्थान पर उँगली न रख पा रहा था।

वह पिटते समय रोया न था, पर ज्योंही आँगन से बाहर हुआ था, उसकी आँखों से अनायास, अविरल आँसू बहने लगे थे। दिन भर ऐसा होता रहा था। जब-जब वह अपना हाथ अपने सुलगते गालों पर ले जाता, उसकी आँखों में आँसू आ जाते।

पिटे हुए पिल्ले-सा वह सारा दिन इधर-से-उधर दुबका फिरता रहा था। दोपहर भर भुस की कोठरी में पड़ा रोता रहा था और साँझ समय जब माँ को उसकी याद आयी थी तो वह पानी वाले के सूने क्वार्टर में पीढ़े पर भूखा सोया पड़ा था।

०

बाहर वर्षा हो रही थी और चेतन अपने कमरे में चुपचाप बिस्तर पर लेटा हुआ था। अपने बचपन की इस घटना का स्मरण हो आने पर उसकी आँखें भर आयीं। अनायास उसका हाथ अपने गाल पर चला गया। धीरे-धीरे वह उसे सहलाता रहा! वहीं लेटे-लेटे, गाल को सहलाते-सहलाते उसके सामने अपने पिता की क्रूर आकृति घूम गयी और बचपन की वे तमाम घटनाएँ, जब वह अपने उस ज़ालिम पिता के हाथों बुरी तरह पिटा था।

०

वह पाँच वर्ष का रहा होगा जब उसके पिता 'सैला खुर्द' स्टेशन पर नये-नये नियुक्त हुए थे। तब उन्होंने उसे अंग्रेज़ी सिखाना शुरू किया था। वे अपने जीवन के आरम्भिक दिनों में एक स्कूल में अंग्रेज़ी के अध्यापक रहे थे और अध्यापकों के बारे में यक़ीन के साथ यह कहा जा सकता है कि ज़िन्दगी के शुरू में, सौभाग्य या दुर्भाग्य से, जो व्यक्ति एक बार अध्यापक बन कर छात्रों पर शासन जमाता है, वह जीवन भर अध्यापक बना रहता है और उसके अधीन रहने वालों को इस या उस विषय पर निरन्तर उसके भाषण सुनने पड़ते हैं। चेतन के पिता का खयाल था कि उन दिनों स्कूलों में जिस पद्धति से शिक्षा दी जा रही थी, वह सर्वथा ग़लत थी। शिक्षा देने का ढंग तो उनके अपने ज़माने ही का बेहतर था। स्कूल ही में छात्र को इस ढंग से पढ़ाया जाता था कि घर जा कर पढ़ने अथवा रटने की उसे ज़रूरत ही न रहती थी। तभी उन्होंने उसी अनूठे ढंग से चेतन को शिक्षा देने का फ़ैसला किया। उनका दावा था कि छै महीने ही में अपने उस खास ढंग से शिक्षा दे कर वे चेतन को मैट्रिक में पढ़ने वालों के बराबर ले जायेंगे।

चेतन की माँ को जब उनके इस फ़ैसले का पता चला तो वह डर से सहम गयी। अपना यह ढंग पण्डित शादीराम ने अपने बड़े लड़के पर भी आज़माया था और फल यह हुआ था कि माँ को विवश हो कर उसे अपने मायके भेजना पड़ा था। उसने एक-दो बार डरते-डरते कहा भी कि चेतन अभी बच्चा है, उसमें जान तो है नहीं, वह पढ़ेगा क्या ? पर उसके पिता 'सैला खुर्द' के स्टेशन पर नये-नये गये थे और उन्हें पीने-पिलाने वाले मित्रों का पता न था। इसलिए उनके पास फ़ुर्सत काफ़ी थी। इस अवकाश को उन्होंने सार्थक बनाना ही श्रेयस्कर समझा। गाड़ी के स्टेशन से चले जाने के बाद वे घर आ जाते और चेतन को अपने उस विशेष ढंग से पढ़ाने का प्रयास करते।

सब से पहले उन्होंने चेतन को गीता के कुछ श्लोक रटाये — 'नैनं छिन्दन्ति

शस्त्राणि'....'कर्मण्येवाधिकारस्ते'....आदि-आदि। और जब चेतन ने श्लोकों को कण्ठस्थ करने में असाधारण मेधा का परिचय दिया तो चेतन के पिता ने सिर, नाक, आँख, कान, मुँह, टाँग, पैर, आदि, शरीर के भिन्न-भिन्न अंगों की अंग्रेज़ी बतायी। इसके बाद उन्होंने उसे कुछ अंग्रेज़ी शब्दों के हिज्जे सिखाने शुरू किये। धीरे-धीरे वे उसे ऐसे शब्दों के हिज्जों पर ले आये, जिनमें कुछ अक्षर लिखे तो जाते हैं, पर बोले नहीं जाते; जैसे ह्वाइट, राइट, नाइट, माइट, आदि। चेतन को यह सब समझ में न आता। जब अक्षर लिखे जाते हैं तो बोले क्यों नहीं जाते ? लेकिन पिता से पूछने का साहस उसे न होता। वह चुपचाप उन्हें रट लेता। पिता ने उसे जितने शब्द और जितने हिज्जे बताये, चेतन ने उन्हें तत्काल रट लिया। पण्डित शादीराम ने फ़तवा दिया कि बड़ा हो कर वह अवश्य डिप्टी कमिश्नर बनेगा। और अपने इस मेधावी पुत्र को डिप्टी कमिश्नरी के योग्य बनाने में उन्होंने अपना कर्तव्य भी शीघ्रातिशीघ्र पूरा कर देना उचित समझा।

पढ़ने में बच्चे के उल्लास और पढ़ाने में पिता की तत्परता देख कर माँ का दिल काँपा करता। लेकिन चेतन अपनी बाल-सुलभ जिज्ञासा के कारण हर शब्द की अंग्रेज़ी पूछता और पिता सोल्लास बताते।

शब्दों और उनके हिज्जों के बाद उन्होंने चेतन को अंग्रेज़ी के छोटे-छोटे वाक्य बताने शुरू किये :

वह जाता है —he goes.

वह स्कूल जाता है —he goes to school.

वह राम और श्याम के साथ स्कूल जाता है —he goes to school with Ram and Shyam.

वह राम और श्याम के साथ ताँगे में स्कूल जाता है —he goes to school with Ram and Shyam in a tonga.

जब उसने ये वाक्य याद कर लिये और यह भी सीख लिया कि क्रिया के साथ s अथवा es कहाँ लगता है; I, we, you, they के साथ निरा go और he तथा she के साथ goes क्यों आता है, तो चेतन के पिता ने उसे भूत और भविष्यकालिक वाक्य बताये। जब गाड़ी स्टेशन पर आती तो वे अपने इस मेधावी पुत्र को बुला लेते और बड़े गर्व-स्फीत स्वर में गार्डों के सामने उससे अंग्रेज़ी के वाक्य पूछते। जब वह ठीक-ठीक बता देता और गार्ड आश्चर्य-चकित-से उस नन्हे-से बालक की ओर ताकते रह जाते तो चेतन के पिता उसे उठा कर चूम लेते। उनकी बड़ी-बड़ी मूँछें, पतली पैनी दूब की तरह चेतन के कोमल गालों में चुभ जातीं, उसका साँवला रंग और भी सँवला जाता और जब पिता उसे नीचे उतारते तो वह भाग जाता और माँ को जा कर अपनी सारी कारगुज़ारी सुनाता। सुनते-सुनते माँ के होंटों पर गर्वीली मुस्कान आ जाती, फिर सहसा वह मुस्कान विषाद की गहरी रेखाओं में परिणत हो जाती। माँ चुपचाप शून्य में देखने लगती और विषाद की रेखाएँ उसके होंटों से फैल कर उसके सारे मुख-मण्डल पर छा जातीं।

तभी एक दिन पण्डित शादीराम ने चेतन को उस समय बुलाया जब गाड़ी जा चुकी थी। बात यह थी कि उनका एक मित्र दसवीं श्रेणी में पढ़ने वाले अपने लड़के के साथ

'राहों' जा रहा था। चेतन के पिता ने उसे गाड़ी से उतार लिया था और खाने की दावत भी दे दी थी और पानी वाले को ठेके से देसी शराब का एक अद्धा भी लाने के लिए भेज दिया था। चेतन जब पहुँचा तो उसके पिता ने पहले बड़े अतिशयोक्तिपूर्ण शब्दों में उसकी स्मरण-शक्ति और बुद्धि के चमत्कार का उल्लेख किया और फिर उन्होंने अचानक अपने उस मित्र के लड़के से दो-चार शब्दों के हिज्जे पूछे। कुछ उनकी सूरत, कुछ उनकी बड़ी-बड़ी मूँछें, कुछ उनकी लाल-लाल आँखें, कुछ उनके स्वर की कर्कशता —उस बच्चे ने कई बार उनकी ओर देखा, पर कुछ उत्तर देने के बदले सहमा-सा चुप बना रहा। तब जैसे विजेता के उल्लास से उन्होंने चेतन की ओर देखा और मूँछों को बल देते हुए कहा, 'इधर आओ।' चेतन का विचार था शायद वे उसके सिर पर प्यार से हाथ फेरेंगे या उसे उठा कर अपनी जाँघ पर बैठा लेंगे। पर जब उससे केवल इतना ही कहा गया, 'इधर आओ!' और वह भी कुछ कर्कश स्वर में तो वह मन-ही-मन कुछ डर गया, लेकिन प्रकट साहस बनाये हुए पिता के पास चला आया।

तभी पानी वाला शराब की बोतल ले आया। बोतल को देखते ही चेतन के पिता की आँखों में लाली के डोरे कुछ और गहरे हो गये और उनमें एक पाशविक-सी चमक झलक उठी। कार्क को खोलते हुए उन्होंने चेतन से पूछा :

'सफ़ेद की अंग्रेज़ी क्या है ?'

'ह्वाइट।'

'यह तुम खड़े कैसे हो, सीधे खड़े रहो!'

चेतन सीधा खड़ा हो गया।

पानी वाले ने मेज़ पर दो कटोरियाँ रख दीं। कार्क खोल कर थोड़ी-थोड़ी शराब दोनों कटोरियों में उँड़ेलते हुए चेतन के पिता ने चेतन को हुक्म दिया :

'हिज्जे करो।'

'डब्लयू....डब्लयू....आई....टी, ई।'

'क्या ?' चेतन के पिता बोतल को रखते हुए कड़के और सड़ से एक तमाचा चेतन के गाल पर पड़ा और कनपटी तक उसकी खाल सुलग उठी। उसने हकलाते और काँपते स्वर में गाल पर हाथ रखते हुए कहा, 'नहीं जी, नहीं जी, डब्लयू, एच, आई, टी, ई।'

'पहले क्यों नहीं बताया ? मादर....!' और एक थप्पड़ उसके दूसरे गाल पर पड़ा, और एक मुक्का उसकी पीठ पर।

चेतन डर से काँपने लगा। मुक्का इस ज़ोर से उसकी पीठ पर पड़ा था कि उसकी पीठ दोहरी हो गयी थी। चेतन के पिता ने कटोरी में पड़ी हुई शराब को एक ही घूँट में खाली करके मुँह बना कर कुल्ला किया और पानी वाले को गाली दी कि वह अचार क्यों नहीं लाया। पानी वाला अचार लाने के लिए भागा और चेतन के पिता चेतन की ओर मुड़े। पर चेतन को इसके बाद कुछ भी याद नहीं। उसे कुछ ऐसा आभास है कि उसकी आँखों के आगे पर्दा-सा छा गया था —उसकी उस चेतना के आगे भी, जो उसके मस्तिष्क में बैठी उसे हिज्जे, शब्द और वाक्य सुझाया करती थी। उससे दूसरे शब्दों के हिज्जे पूछे गये थे। (वाक्य पूछने की नौबत ही न आयी थी) और न जाने कैसे, उसने काँपते-काँपते जो

हिज्जे किये थे, वे सब-के-सब ग़लत थे। उसके पिता उसे जुनूनियों की तरह पीटने लगे थे और उस गार्ड ने बड़ी मुश्किल से उसे उनके चंगुल से छुड़ा कर दरवाज़े के बाहर किया था।

चेतन स्टेशन के कमरे से निकला तो लज्जा, क्रोध और ग्लानि से उसका नन्हा-सा हृदय भरा आ रहा था। आँसू अनायास उसकी आँखों से बहे जा रहे थे। वह किधर जा रहा है, कहाँ जा रहा है, उसे कुछ बोध न था। वह रोता जा रहा था, हाथ की उल्टी तरफ़ से आँसू पोंछता जा रहा था और भर आने के कारण बार-बार नाक को ऊपर सुड़कता जा रहा था।

वह घर की ओर न गया था। न जाने क्यों माँ के सामने यों रोते जाने में उसे लज्जा आ रही थी, शायद उसके नन्हे-से दिल में कहीं नन्हा-सा अहं आ बैठा था और उसके अहं को माँ के सामने यों रोते जाना स्वीकार न था।

वह सीधा माल गोदाम में गया और गेहूँ की बोरियों में मुँह छिपा कर रोता रहा। पके हुए अनाज की सोंधी-सोंधी गन्ध उसके नथुनों में दाखिल हो कर उसकी आँखों में कुछ अजीब गनूदगी-सी भर रही थी। वह सो गया, लेकिन नींद ने उसके मन से उस लज्जा और ग्लानि के बोझ को हल्का न किया। वहीं सोते-सोते उसके सामने कुछ वैसा ही भयानक दृश्य आ गया और उसने स्वप्न में अपने पिता को डाँटते सुना। वह डर कर उठ बैठा। उसने सुना, उसके पिता माल गोदाम की ओर आ रहे हैं। वह चुपचाप बोरियों से उतर कर खिसक गया।

माल गोदाम से निकल कर वह खेतों, खलिहानों में घूमता रहा। उसे खाने-पीने की फ़िक्र न थी। खो जाने का भय न था। वह घूमता रहा —निरर्थक, निरुद्देश्य, निरुत्साह!

....वह रहँट पर गया और कुएँ की जगत पर बैठ कर चुपचाप रहँट की रूँ-रूँ....रीं-रीं....सुनता रहा, किसान बच्चे को बड़े मज़े से गाधी[१] पर बैठे कभी-कभी टिटकारी भरते, बैलों को लगातार उसी चक्कर में घूमते, रहँट की टिण्डों[२] को भर-भर कर खाली होते देखता रहा।

....वह खेतों में गया और कितनी ही देर तक वहाँ गेहूँ की बालियों को बैलों के खुरों के नीचे पिस कर दानों को छोड़ते, बड़े-से सूप की सहायता से भुस और दानों को अलग-अलग होते, साँधे और तँगली की मदद से दानों के ढेर बनते और बोरियों में अनाज को भरे जाते निरखता रहा।

....वह चरसे पर भी गया। कितनी ही देर तक वह मन्त्र-मुग्ध-सा वहाँ खड़ा चरसे की 'लाओ'[३] को बैलों द्वारा खींचे जाते देखता रहा। जब बैल लाओ को ले कर नीचे को जाते तो हाँकने वाला तनी हुई लाओ पर बैठ जाता। उधर बैल ढलवान में पहुँचते इधर चरसा ऊपर आ जाता और किसान उसे थामते हुए ज़ोर से संगीत-भरे स्वर में हाँक लगाता —'बेली रब्ब ओ!'[४] और चरसे से पानी की नहर बहने लगती। चरसे को खाली

१. रहट को बैल से जोड़ने वाली लकड़ी।
२. रहट में लगे पात्र जिनमें भर कर पानी ऊपर आता है।
३. रस्सी।
४. ईश्वर मालिक है।

कर वह कुएँ में फेंकता। बैल फिर ऊपर को चल पड़ते, चर्खी पर से लाओ घिसटती जाती। अर्से तक वहाँ खड़ा चेतन निरन्तर यही क्रम देखता रहा।

लेकिन प्रकट ये दृश्य देखते हुए भी वह उन्हें न देख रहा था। उद्भ्रान्त-सा वह घूमता रहा था। उसकी आँखें तो इन सुखद दृश्यों के स्थान पर कोई दूसरा ही दृश्य देखती रही थीं, अनायास भर-भर आती रही थीं और वह उस हाथ से, जो उड़ती हुई मिट्टी के कारण मैला हो चुका था, अपने आँसू पोंछता रहा था। उसके नन्हे-से हृदय में बवण्डर-सा उठता-मिटता रहा था। उसे बहुत तकलीफ़ थी। पर इसका विश्लेषण उसका नन्हा-सा मस्तिष्क न कर पा रहा था कि वह तकलीफ़ निर्दोष पीटे जाने की थी, सोचने का अवसर दिये बिना पीटे जाने की थी अथवा दूसरे लड़के के सामने पीटे जाने की। उसके गालों की टीस मिट गयी थी, पर उसके नन्हे-से हृदय में जो घाव बन गया था, उसमें असह्य पीड़ा हो रही थी।

o

वहीं लेटे-लेटे चेतन को लगा कि वह घाव तो अब भी वहाँ है और उसमें दर्द भी उतना ही तेज़ है। वह आज तक इस दर्द को कैसे भूला रहा ? उसके सामने उसका अपना नन्हा, उद्भ्रान्त रूप अपनी समस्त व्यथा के साथ आ गया। अपने क्रूर पिता की सूरत भी उसके सामने आयी और उसके शैशव का वह दुखद अध्याय जैसे नये सिरे से उसके सामने खुल गया....

o

साँझ को जब वह थक कर और तनिक आश्वस्त हो कर घर आया था तो उसके घुटनों तक मिट्टी चढ़ी हुई थी, बाल बिखरे हुए थे, आँखें रोने के कारण उबल आयी थीं और मैले हाथों से बार-बार पोंछने से उसके चेहरे पर धब्बे बन गये थे। माँ उस समय गाय का दूध दुह कर उसे चूल्हे पर गर्म करने जा रही थी। चेतन चाहता था, उसके आँसू न निकलें, पर सहसा उसे रोना आ गया। लेकिन जब उसने देखा कि उसकी माँ भी रो रही है (शायद पानी वाले से उसे सब बात का पता चल गया था) तो वह आप-से-आप चुप हो गया। तब उसे चुप होते देख कर अथवा अपनी व्यावहारिक बुद्धि के कारण माँ ने भी जैसे अपने आँसुओं को बरबस रोक लिया। उसे अपनी छाती से अलग किया और भड़ोली[१] में उपलों[२] की आग पर सुबह से चढ़े हुए गाढ़े दूध की मलाई उतार कर उसके साथ चेतन को रोटी दी। जब वह खाने लगा तो माँ ने धीरे-धीरे, रसोई का काम करते-करते चेतन से हिन्दी शब्दों के अंग्रेज़ी अनुवाद, उसके हिज्जे और उन तमाम वाक्यों की अंग्रेज़ी सुनी, जो चेतन के पिता ने उसे बताये थे। खाना खाते-खाते चेतन ने अपनी माँ को वे सब शब्द, हिज्जे और वाक्य ठीक-ठीक सुना दिये। वह न कहीं अटका, न भूला। लेकिन जब रात को पिता ने उसे सोते हुए झकझोर कर उठाया और शराब के नशे में उसे निहायत गन्दी गालियाँ देते हुए डाँटा कि वह इतनी जल्दी क्यों सो गया है और कुछ कठिन शब्दों के हिज्जे पूछे तो चेतन बिना अटके न बता सका। वह अटका कि उसके थप्पड़ पड़ा, थप्पड़ पड़ा कि उसे सब कुछ भूल गया। इसके बाद उसे बस इतना याद है कि वह भूलता गया और पिटता

१. भड़ोली = गुरस = मिट्टी की बनी गहरी सिगड़ी, जिसमें कण्डों की आग पर दूध पकता है।
२. उपला=कंडी।

गया। हुक्के की नै से पिता ने उसे पीटा और एक बार जब पिटता-पिटता वह दीवार तक आ गया और नै बरामदे के खम्भे में लगने से टूट गयी तो पिता ने अपने नशे और क्रोध के आवेश में चूल्हे में से अधजली लकड़ी उठा ली। तब रोते-रोते माँ बीच में आ गयी। तीन-चार लकड़ियाँ उसके लगीं, एक वार चेतन के घुटने पर पड़ा। घुटने का मांस उड़ गया। पिटते-पिटते उसका पेशाब निकल गया। वह न जाने कितना पिटता यदि परदादी गंगादेई अपनी अन्धी आँखों और कमान-सी कमर को लठिया के सहारे सँभाले चेतन के पिता को गालियाँ देती हुई, उनके बीच न आ जाती और चेतन को खींच कर मारी हुई लकड़ी उसकी पीठ पर न जा लगती और अपनी दादी को पीटने के पाप का खयाल करके चेतन के पिता का नशा न टूट जाता।

०

शैशव की धुँधली गुफाओं से निकल कर ऐसी कई घटनाएँ चेतन के सामने आ गयीं, जिनके फलस्वरूप वह आज ही की तरह खिन्न, म्लान, ग़मगीन और दुखी हुआ था। वह तो सदा ही पिटे हुए पिल्ले की तरह छिपता, डरता और दुबकता रहा है, चेतन सोचने लगा, कभी अपने समवयस्क लड़कों से वह रल-मिल नहीं पाया, उनके खेलों में शामिल नहीं हो सका। बड़े भाई की तरह ताश, शतरंज, चौपड़, कनकौएबाज़ी और छोटे भाइयों की तरह गिल्ली-डण्डा, कबड्डी, जंग-पलंगा, लम्बी-लम्बी टीलो और दूसरे ऐसे खेलों में भाग नहीं ले सका। वह सदा अकेला बना रहा। पिता ने दोनों टाँगों से पकड़ कर शून्य में उसे इस तरह झकझोरा था कि उसकी आँतें सदा के लिए कमज़ोर हो गयी थीं। उसका पेट दर्द किया करता था और कई बार ऐसी असह्य पीड़ा उसके सिर या पेट में होती कि वह रात-रात भर रोया करता था। लेकिन इन सब बातों के बावजूद क्यों उसके मन में किसी प्रकार की प्रतिक्रिया नहीं हुई ? क्यों आज की तरह उसका मन प्रतिहिंसा से नहीं भर उठा ? क्यों वह कभी खिन्न, मलिन हो कर नहीं बैठा ? वह तो सदैव चलता रहा। क्यों.... ?

उठ कर चेतन बेचैनी से कमरे में घूमने लगा।

०

बचपन ही से अपने पिता के प्रति उसके मन में (अज्ञात रूप से) हमेशा के लिए एक आतंक, एक डर, एक तीव्र घृणा का भाव आ बैठा था। जिन दिनों उसके पिता मकेरियाँ के स्टेशन पर थे, उन्हें आय खूब होती थी। गार्ड और टिकट चेकर उनसे सदैव कुछ-न-कुछ पाते रहने अथवा उनकी महफ़िलों में दो-चार पेग (मुफ़्त में) चढ़ाते रहने के कारण उनके अधीन थे। इसलिए चेतन के सब भाई शनिवार के दिन, बिला-टिकट, मकेरियाँ जा पहुँचते और इतवार को जब वापस आते तो उनकी जेबें पैसों से भरी होतीं। वे उसे दिखा-दिखा कर, चिढ़ा-चिढ़ा कर खाते, खेल और खिलौने लाते, पर चेतन अन्यमनस्क-सा बना रहता। उसे अपने भाइयों के भाग्य से ज़रा भी स्पर्धा, तनिक भी ईर्ष्या न होती। उस योगी-ऐसा सन्तोष उसे प्राप्त रहता, जिसने गहरे सोच-विचार के बाद इस असार-संसार के नश्वर सुखों से मुँह मोड़ लिया हो और मानवों की सुख-सम्पदा से जिसे किसी प्रकार की ईर्ष्या अथवा डाह न होता हो। किसी भी लालच पर उसे मकेरियाँ जाना स्वीकार न होता और फिर बिला-टिकट! इसे वह अपने पिता का (अज्ञात रूप से अपना) अपमान समझता था।

एक बार उसे विवश हो अपने पिता के पास जाना पड़ा था। घर में तेल खत्म हो गया था और वहाँ से तेल का कनस्तर लाना था। इस काम में किसी तरह के पैसे मिलने की आशा तो थी नहीं और इतना भारी कनस्तर सिर पर उठा कर स्टेशन से घर तक, मील-डेढ़ मील लाने की बात थी। इसलिए उसका कोई भाई वहाँ जाने को तैयार न था। और लकड़ियाँ गीली होने के कारण आग जलाने में उसके दादा को (जो उन दिनों रसोई का काम देखते थे) बड़ी दिक़्क़त होती थी। जब पढ़ने-पढ़ाने के लिए ही तेल न था तो आग जलाने के लिए कहाँ से आता ? इसलिए चेतन जाने को तैयार हो गया था।

चेतन का इरादा था कि वह टिकट ले कर ही सवार होगा, लेकिन पिता के डर से उसने न लिया था। पर गार्ड से भी वह कुछ न कह पाया था। पिता का आदेश था कि गाड़ी पर सवार होने से पहले गार्ड को यह बता दिया जाय कि मैं (या हम) पण्डित शादीराम, स्टेशन मास्टर, मकेरियाँ का पुत्र हूँ (या हैं) और उनसे मिलने जा रहा हूँ (या जा रहे हैं) और यदि गार्ड परिचित न हो तो यह भी कहा जाय कि जल्दी में टिकट नहीं मिल सका। गार्ड से कुछ कहने का समय न हो, यह बात न थी। उसे यह सब कहने में बड़ा संकोच हुआ था। वह कुछ कह ही न पाया था और चुपचाप जा कर डिब्बे में बैठ गया था और गाड़ी चल दी थी। जब गरना साहब के स्टेशन पर टिकट-चेकर डिब्बे में सवार हुआ तो उसे यह सब बताना चेतन को अपना अपमान लगा। उसने बिना कुछ कहे जुर्माने-सहित किराया टिकट चेकर को दे दिया और रसीद ले ली। लेकिन जब चार स्टेशन बाद वह मकेरियाँ पहुँचा और पण्डित शादीराम ने उसी टिकट-चेकर को उसका परिचय दिया (पण्डित जी हर टिकट-चेकर और गार्ड को अपने पुत्रों से परिचित करा देते थे ताकि उन्हें सफ़र करने में दिक्कत न हो) तो टिकट-चेकर ने खेद के स्वर में उन्हें बताया कि वह तो उसे बिना-टिकट यात्रा करने के अपराध में पहले ही चार्ज कर चुका है। तब दो थप्पड़ पण्डित जी ने चेतन के गाल पर जमाये कि उसके मुँह से क्यों नहीं कुछ फूटा और क्यों उसने यह नहीं बताया कि वह पण्डित शादीराम, स्टेशन मास्टर, मकेरियाँ का लड़का है और उनसे मिलने जा रहा था।

चेतन कहना चाहता था, 'मैं बे-टिकट यात्रा करने को गुनाह समझता हूँ।' पर वह केवल अपने पिता की ओर टेढ़ी नज़र से देख कर चुप हो रहा।

घर पहुँच कर पण्डित जी ने पत्नी से इसी बात का उल्लेख करते हुए कहा कि चेतन निहायत कायर और डरपोक है। 'मैं इन साले गार्डों और चेकरों को इतना खिलाता-पिलाता हूँ,' उन्होंने सरोष कहा, 'और इस साले से इतना भी नहीं कहा गया कि यह मेरा बेटा है और मुझसे मिलने आ रहा है। अब तो वे सब मुझे जानते हैं, न भी जानते हों तो किसी साले की मजाल है कि मेरे बेटे को चार्ज कर ले।' और मूँछों पर ताव देते हुए उन्होंने कहा, 'मलावा राम — टिकट-चेकर — अफ़सोस कर रहा था कि वह मेरे सब दूसरे बेटों को जानता है, इसी को उसने नहीं देखा। देखता वह क्या खाक ?' पण्डित जी ने अपनी ओर से कहा, 'इस साले को तो यहाँ आते मौत आती है। यह दो लफ़्ज़ भी कह देता तो वह इसे चार्ज न करता।'

और चेतन को गर्दन से पकड़ कर झकझोरते और दो चार 'मधुर वचन' सुनाते हुए पण्डित जी ने उसे आदेश दिया था कि वह अपने जिस्म में कुछ जान और दिल में कुछ

हौसला पैदा करे —मरियल-सा न बना रहे। उसे कभी टिकट-चेकर मिल जाय तो निडर हो उससे कह दिया करे कि वह फ़लाँ स्टेशन मास्टर का लड़का है और उनसे मिलने जा रहा है। टिकट-चेकर उसे खा न जायेगा। और उन्होंने उसे फिर से समझाया था कि अगर कोई ऐसा टिकट-चेकर भी मिल जाय जो उन्हें न जानता हो तो बेधड़क कह दिया करे कि गाड़ी चलने वाली थी, टिकट लेने का समय न था, इसलिए वह बैठ गया। मकेरियाँ जा कर वह उतरेगा और वहीं जुर्माना या किराया अदा करेगा, इससे पहले नहीं।

शाम को जब चेतन तेल का कनस्तर ले कर लौटा था तो अपने पिता के प्रति उसके मन में नफ़रत की एक और परत चढ़ गयी थी। वह समझ न पाता था कि माता और पिता में से किसकी बात माने। माँ उसे हमेशा सच बोलने, धर्म और पुण्य के काम करने की प्रेरणा देती थी और पिता सदैव उसे उलटी बात सुझाते थे। क्यों उन्होंने उसे सच बोलने पर पीटा, क्यों गालियाँ दीं ?

साँझ का झुटपुटा रात की तारीकी में बदल चुका था। रेलवे रोड की सड़क उजड़ी और सुनसान पड़ी थी। (उन दिनों उस पर इतनी दुकानें और सिनेमा हाउस न बने थे और वहाँ इतनी रौनक न होती थी।) वह सिर पर तेल का भरा कनस्तर उठाये सड़क की निस्तब्धता से भयभीत, कनस्तर के बोझ से दबा, धीरे-धीरे चला जा रहा था। उसकी गर्दन ऐंठ गयी थी, कमर दुखने लगी थी और निर्दोष पीटे जाने का ध्यान आ जाने से रोष के कारण आँखों से आँसू बह रहे थे। उसी तरह चलते-चलते उसने एक जगह रुक कर कुर्ते की बाँह से अपनी आँखों को पोंछा और प्रतिज्ञा की कि चाहे कुछ भी क्यों न हो, वह कभी उस क्रूर, अन्यायी पिता के पास न जायेगा —कभी न जायेगा।

०

लेकिन उसे फिर वहाँ जाना पड़ा और वह भी एक लम्बे अर्से के लिए। वह आठवीं में पढ़ता था कि उसे मलेरिया ने आ दबाया और जब लगातार कई महीनों तक ज्वर से पीड़ित रहने पर उसे कुछ आराम आया तो डॉक्टर ने परामर्श दिया कि उसे तत्काल कल्लोवानी मुहल्ले के उस गन्दे वातावरण से निकाल कर खुली हवा में ले जाया जाय। तब पिता ने उसे आदेश दिया कि वह अविलम्ब मकेरियाँ चला आये, हवा-पानी बदल जायेगा और फिर मकेरियाँ के हस्पताल का डॉक्टर उनका यार है, किसी प्रकार की तकलीफ़ होगी तो इलाज आसानी से किया जा सकेगा। और उसे विवश हो, अपने पिता के पास जाना पड़ा था।

वह महीना भर वहाँ रहा, किन्तु इस अर्से में कभी अपने पिता के सामने न हुआ। वे घर आते तो वह स्टेशन पर चला जाता, स्टेशन पर जाते तो माल गोदाम की ओर खिसक जाता। माल गोदाम जाते तो घर आ जाता अथवा खेतों-खलिहानों की ओर निकल जाता या फिर किसी रहँट की जगत पर बैठा चुपचाप रहँट का मधुर-मदिर स्वर सुनता। यहाँ तक कि एक दिन उसके पिता ने उसकी माँ से पूछ ही लिया, 'यह चेतन इतने दिनों से आया हुआ है पर मैंने उसकी शक्ल तक नहीं देखी। वह मेरे सामने आता क्यों नहीं ?'

जब चेतन घर आया तो माँ ने हँसते-हँसते यही बात उससे पूछी।

'मुझे उनसे डर लगता है,' चेतन ने कहा।

जब उसके पिता ने यह बात सुनी तो वे गरजे —'वह हरामज़ादा मेरा बेटा नहीं,

कायर और नपुंसक है।'

चेतन ने उनका यह गर्जन सुन लिया। एक बगूला-सा उसके अन्तर में उठा। दूसरे ही दिन वह चुपचाप गाड़ी पर सवार हो कर जालन्धर आ गया और यद्यपि उसने माँ से कहा था कि वह शीघ्र ही लौट आयेगा, लेकिन फिर वह मकेरियाँ नहीं गया।

०

सारी-की-सारी घटना चेतन की आँखों में घूम गयी और तभी उसे अपनी शंका का समाधान भी मिल गया। वह सोचता था कि उसके मन में इस अन्याय, क्रूरता अथवा अत्याचार के प्रति कभी प्रतिक्रिया क्यों नहीं हुई ? अब उसे अचानक महसूस हुआ कि प्रतिक्रिया तो उसके मन में अज्ञात-रूप से होती थी, लेकिन उसका पता उसे न चलता था। वह उसके अर्द्ध-चेतन में होती थी, अपने उन उदास और ग़मगीन क्षणों में उस प्रतिक्रिया का रूप ज्ञेय हो कर उसके सम्मुख आ गया। पिट कर खेतों-खलिहानों में उसका भटकना, प्रकृति के दृश्यों में तल्लीन हो कर अपने मन की पीड़ा को भुलाना, बीमार रह कर अपने पिता की चिन्ता का कारण बनना, मकेरियाँ से भाग कर फिर वहाँ कभी न जाना —यह सब उस अज्ञात प्रतिक्रिया ही का तो रूप था।

बात वास्तव में यह थी कि उस प्रतिक्रिया को उसकी आँखों से छिपा लेने वाली, उस कटु वातावरण में रहते हुए भी, उसे उससे ऊपर उठाने वाली एक प्रबल शक्ति उसके अपने अन्तर में अंकुरित हो कर अनजाने ही में बढ़ती रही थी। वह जब भी कटुताओं की चट्टानों से टकराया तो खण्ड-खण्ड हो कर डूबने के बदले, उसी शक्ति के बल पर सही-सालम और किंचित और ठोस बन कर उभरता रहा। उसी के बल पर खिन्न हो कर भी उसने खिन्नता अनुभव नहीं की। दुखी हो कर भी दुख को भूलता रहा। निराशा की गहन-निविड़ता में आशान्वित बना रहा। उसका वह सन्तोष प्रतिक्रिया के अभाव के कारण न था, वरन इस आन्तरिक शक्ति के कारण था।

०

लेकिन अब वह शक्ति उसकी सहायक क्यों नहीं होती ? —वह झुँझलाता। कविराज की धूर्तता को देख कर और यह जान कर कि वह शोषित है, वह इतना खिन्न, इतना उदास, इतना अन्यमनस्क क्यों हो बैठा ? क्यों पहले ही की तरह इस खिन्नता को झटक कर, स्वस्थ हो कर नहीं उठ बैठा ?

०

साँझ का अन्धकार प्रतिक्षण गहरा होता जा रहा था। बाहर अनवरत वर्षा हो रही थी। मकानों की छतें मुखर हो उठी थीं। रिमझिम-रिमझिम पानी बरस रहा था। परनालों का पानी शोर मचाता हुआ नालों में मिल रहा था और नालों का पानी उन्मत्त हो उछलता-कूदता नीचे खड्ड में चला जा रहा था। इस तमाम कोलाहल में, बिजली जलाये बिना, अँधेरे ही में चेतन अपने बिस्तर पर एकदम उदासीन पड़ा था। उस सारे कोलाहल में उसे ऐसी खामोशी का एहसास हो रहा था जो उसे निगले जा रही थी। पुरानी स्मृतियाँ नयी बन-बन कर उसके सामने आ रही थीं और वह हर बार रो-सा उठता था। उसे लगता था जैसे सारी दुनिया में वह अकेला है और सारी दुनिया उसका शोषण करने पर तुली हुई है।

यद्यपि वह आज भी दोपहर को बाज़ार न गया था और भूखा ही पड़ रहा था तो भी महज़ खाना खाने के लिए मिडल बाज़ार जाने की इच्छा उसे बिलकुल नहीं थी। दूध पी कर ही वह सो जायेगा, उसने सोच रखा था और वहीं लेटा वह करवटें बदलता, उठता-बैठता, कमरे में चक्कर लगाता, अपने मन की गुत्थियों को सुलझाने-उलझाने में निमग्न रहा था।

बाह्य कटुता के निरन्तर प्रहारों से उसके अन्तर में जिस शक्ति का उदय हुआ था, वह थी उसकी कल्पना-शक्ति। जब भी वह गालियाँ खाता या पिटता, जब भी वह दुखी या ग़मगीन या उदास होता, तो इस दुख और कष्ट के संसार से निकल कर वह कल्पना के सुखद सुरम्य लोक में जा पहुँचता।

वह बहुत छोटा था, तब भी जब दिन के दुख से खिन्न-म्लान हो कर वह रात को लेटता तो सोने से पहले उसकी कल्पना उसके सम्मुख राम और सीता की मूर्तियों को ला खड़ा करती। राम उसके सिर पर प्यार से हाथ फेरते, सीता जी उसे अपनी गोद में ले कर प्यार करतीं और वह पिता की मार-पीट, झिड़कियाँ, गालियाँ — सब भूल जाता। उसके शरीर की तमाम पीड़ा एक मदिर, मीठी सिहरन में बदल जाती।

उसने माँ से उस गिलहरी की कहानी सुनी थी, जो रावण के विरुद्ध राम की सहायता को तैयार हो गयी थी। राम ने प्रसन्न हो कर प्यार से उसकी पीठ पर हाथ फेरा था, जिससे गिलहरी की पीठ पर पाँच धारियाँ बन गयी थीं। अपने सपनों में उस प्यार-से भरे हाथ के नीचे वह उस गिलहरी ही की तरह दोहरा-सा हो जाता।

कभी वह वृन्दावन के काल्पनिक कुंजों में कान्ह के ग्वाल-बालों में जा मिलता और सुन्दर सुकोमल गोपियों के संग रास रचाता। उसकी माँ अथवा परदादी दिन में उसे जो कहानियाँ सुनातीं, रात को वह उन्हीं का नायक बन जाता। अपने इन सुख-सपनों में उसे इस बात का पता भी न चलता कि उसके अन्तर के किसी छुपे हुए कोने में अपने पिता के दुर्व्यवहार के प्रति घोर प्रतिक्रिया हो रही है। चलता भी कैसे!

ज्यों-ज्यों वह बड़ा होता गया, उसकी कल्पना-शक्ति उसके सामने नित नये संसार बसाती रही। बाहरी दुनिया में प्रेम से वंचित रह कर भी वह कल्पना-संसार में जी भर कर प्रेम पाता रहा, बाह्य-संसार में उतना सफल-मनोरथ न होते हुए भी स्वप्न-संसार में मन के सारे मन्सूबे पूरे करता रहा। बचपन से ले कर युवावस्था तक यही कल्पना-शक्ति उसकी सहायक रही, उसकी तमाम कटुताओं को भुलाये रही। चंगड़ मुहल्ले का कलुषित वातावरण, समाचार-पत्र की घुटी-घुटी, संकुचित, दम-घोंटू फ़िज़ा उसकी कल्पना के पारस को छू कर प्रशस्त, विशाल, सुखद, सुरम्य और स्वर्णिम हो जाती। वह सोचता — इस वातावरण से वह एक दिन यक़ीनन ऊपर उठ जायेगा। वह एक दिन निश्चय ही सम्पन्न, सुखी और सफल होगा। अपने अदम्य आशावाद के सामने वह घोर-से-घोर निराशा को भी परास्त कर देता।

उसकी कल्पना के सम्मुख जीवन का महासागर अपनी विशालता के साथ हिलोरें लेता था। अपने आपको वह सदा उसके तट पर खड़े-खड़े चंचल-चपल ऊर्म्मियों को सोल्लास तकते पाता और सोचता — वह नौका ले कर इन उत्ताल तरंगों के वक्ष पर खेलता

हुआ दूसरे किनारे जायेगा — दूसरे किनारे, जहाँ सफलता है, सम्पन्नता है, सुख है। उसे अभी मुनासिब किश्ती नहीं मिली और वह किनारे पर ही भाग-दौड़ कर रहा है। पर वह यक़ीनन उपयुक्त नौका पा लेगा, इस बात का उसे विश्वास था। कल्पना उसके इस विश्वास की नींव को प्रतिदिन पक्का करती रहती थी।

०

लेकिन रुल्दू भट्टे के उस अँधेरे, तारीक कमरे में लेटे-लेटे अपने उन उदास क्षणों में, उसे अपना यह आशावाद मूर्खता से ज़्यादा कुछ न लगा। पीछे मुड़ कर जो वह देखता तो उसे लगता कि वह तो हमेशा ठगा जाता रहा है, उसकी कल्पना उसे लगातार धोखा देती रही है। उसके काल्पनिक प्रासादों की दीवारें सदैव ढहती रही हैं। तट के जिस-जिस भाग पर वह जा कर खड़ा हुआ, वह धसक जाता रहा है। उसके पाँवों के नीचे से मिट्टी निरन्तर खिसकती रही है और वह उछल कर दूसरी जगह जा खड़ा होता रहा है। कुन्ती के साथ सुखी जीवन बिताने के हौसले, नीला के संग सुख के संसार की कल्पना, कविराज की सहृदयता का सहारा पा कर असफलता के सागर को लाँघ कर कामयाब होने के सपने — सब मिथ्या! सब झूठ!! मरीचिका की तरह निकट रह कर भी दूर!!! कविराज ने उसे जो अवसर दिया था, उसे वह किश्ती ही तो समझा था। लेकिन जिसे वह नौका समझा था, वह तो मगरमच्छ निकला। और तभी उस शक्ति का झूठ, जो आज तक उसे दुख, दैन्य, निराशा और विफलता से ऊपर उठाती आयी थी, उसके उन उदास क्षणों में कई गुना बड़ा हो कर उसके सामने आ गया। उसका वह सम्बल ही छिन गया। यही कारण था कि जो शक्ति उसे बचपन से ले कर अब तक दुखी न होना सिखाती आयी थी, आज ऐसा करने में नितान्त असमर्थ थी। आज वह अपनी खिन्नता, दुख, अवसाद और निराशा पर विजय पाने में नितान्त असफल था।

उन निराश क्षणों में, जब उसकी आँखों से कल्पना का पर्दा हट गया, उसने सारे संसार को उसके यथार्थ रूप में देखा। उसने पाया कि उसके इर्द-गिर्द जो संसार है, उसमें दो वर्ग हैं — एक में अत्याचारी हैं, शोषक हैं, दूसरे में पीड़ित हैं, शोषित हैं! यह एहसास कि वह पीड़ित और शोषित है, उसे खिन्न किये दे रहा था।

उसे लगता था जैसे बाग़ की रविशों में घूमते-घूमते उसने एक सुन्दर, पर विषैले पौधे का पत्ता तोड़ कर मुँह में रख लिया है और उसकी जीभ और होंट ही नहीं, उसका सीना तक जल उठा है। यदि सफलता के लिए केवल श्रम दरकार होता तो वह जान लड़ा देता, लेकिन छल-छिद्र, धोखा-कपट — क्या वह धोखे का धोखे से, कपट का कपट से मुक़ाबिला कर सकेगा ? अन्तर से उसे उत्तर मिलता — 'नहीं!'....और यही उसके दुख का दूसरा कारण था।

उसकी सरलता को पहली बार ज़माने की धूर्तता का सामना करना पड़ा था। माँ ने पाप-पुण्य, भलाई-बुराई के जो विचार उसे घुट्टी के साथ पिलाये थे, वे उसे हवा होते दिखाई देते थे। जिस बुराई के साथ वह अन्तर में लड़ता था, वह तो उसे सर्वव्यापी दिखायी देती थी। सत्य, शिव में यकीन करने वाले उसके विश्वासी, आदर्शप्रिय, भावुक हृदय पर पहली बार जग की व्यावहारिकता का प्रहार हुआ था और उसका दिमाग़ इतना कच्चा था, चोट इतनी अज्ञात थी कि वह उसके स्थल को न जान पा रहा था। उसे लगता था, जैसे

वह अपने विश्वासों की चोटी से गिरता जा रहा है और सहारा पाने के लिए शून्य में हाथ-पाँव मार रहा है।

कविराज तथा उनकी पत्नी की 'सहृदयता,' सहृदयता तो दूर, उनकी दयानतदारी के सम्बन्ध में भी वह अपना पहला विश्वास खो बैठा था। अनन्त को शिमला आने से पहले लिखे हुए पत्र की एक-एक पंक्ति उसके सामने घूम रही थी। अपने इस विश्वास को खो देने का भी उसे दुख था। कविराज के वास्तविक रूप को जानने के साथ ही पहली बार उसे अपनी सरलता अथवा मूर्खता का बोध हुआ था और अपने आपको मूर्ख मानना उसके अहं को स्वीकार न था।

०

अँधेरा और भी गहरा हो गया था। वर्षा उसी प्रकार हो रही थी, वह उसी तरह खिन्न-मलिन लेटा हुआ था कि उसे कविराज के जूतों की परिचित चाप सुनायी दी। वह हिला तक नहीं। पूर्ववत लेटा रहा। तब उसके कमरे की बिजली जली और वॉटरप्रूफ़ कोट उतारते हुए कविराज जी ने चिन्तित स्वर में पूछा कि बात क्या है, वह इस तरह अँधेरे में क्यों लेटा हुआ है ?

चेतन ने कोई जवाब नहीं दिया। वह चुपचाप लेटा रहा।

कविराज उसकी चारपाई पर आ बैठे। कुछ क्षण तक उसकी कलाई थामे नाड़ी देखते रहे। फिर उन्होंने कहा, 'तुमने कसरत आज कुछ ज़्यादा कर ली है, शायद तुम्हें सिर्फ़ आराम की ज़रूरत है। गर्म-गर्म जिस्म से तुमने नहा लिया होगा, और क्या ?' और जैसे उन्होंने उसकी नित्य स्नान करने की सनक को लक्ष्य करके बेज़ारी से सिर हिलाया। उसे हर काम में मध्य-मार्ग अपनाने पर एक छोटा-सा लेक्चर दिया और अन्त में सलाह दी कि उसे उबलते हुए दूध में अण्डे फेंट कर सेवन करने चाहिएँ।

'मैं अभी स्वयं बना कर तुम्हारे लिए ले आता हूँ।' वे व्यस्त होते हुए बोले, 'गर्म-गर्म पी कर रज़ाई ओढ़ कर सो जाओ। भगवान ने चाहा तो सुबह तक तुम स्वस्थ हो जाओगे।'

यह कह कर वे बरसाती लिये हुए अन्दर चले गये।

'पाजी!' चेतन न मन-ही-मन कहा। वह होंटों में उपेक्षा से हँसा। फिर उसने करवट बदल ली और पेट के बल, बाँहों में सिर दे कर, अन्यमनस्क लेटा रहा।

बावन

तीन दिन तक कविराज चेतन को दूध और अण्डे मिला कर पिलाते रहे और चौथे दिन (इतवार होने के कारण) उन्होंने उसे 'चैडविक प्रपात' दिखा लाने का प्रस्ताव किया।

०

बर्फ़ानी पहाड़ों की सफ़ेद, दूधिया चोटियाँ जैसे प्रातः कालीन धुन्ध से ढँक कर मलिन दिखाई देती हैं, किन्तु सूरज के उगते ही, धुन्ध के छँट जाने पर, वे चमक उठती हैं, उसी

तरह चेतन के हृदय की उज्ज्वल चोटियाँ क्षणिक दुर्बलता की धुन्ध से ढक गयी थीं। उसकी कल्पना के चिर-प्रकाश और उसके हृदय के आशावाद-रूपी धवल शिखरों के बीच दुर्बलता-जनित निराशा की धुँधियाली-सी छा गयी थी, लेकिन धीरे-धीरे सूरज की किरणें धुँधियाली को बेध रही थीं; क्षत-विक्षत हो, धुन्ध छट रही थी और चेतन के हृदय-शिखर पुनः अपनी धवलता, उज्ज्वलता, निर्मलता और अपनी समस्त चमक-दमक पा रहे थे।

वह सोचता —अगर आज वह कमज़ोर है तो क्या कभी शहज़ोर न होगा ? हताश हो कर वह क्यों बैठ गया है ? सृष्टि में चारों ओर वह नज़र दौड़ाता तो उसके अपरिपक्व मन को सब जगह जंगल का कानून, कमज़ोरों पर शहज़ोरों का दबदबा, क्रियाशील दिखायी देता। अगर इस दुनिया में ताकतवर ही जीतता है तो वह ताकतवर क्यों न बने ? क्या हुआ अगर उसके शारीरिक बल को उसकी विषम परिस्थितियों ने बचपन ही में पंगु बना दिया है, क्या हुआ अगर उसे धन का बल भी प्राप्त नहीं, उसे बुद्धि का बल तो प्राप्त हो सकता है! चाणक्य ने इसी बल के द्वारा नन्द से अपने अपमान का बदला लिया था। उसका राज्य उलट कर चन्द्रगुप्त को न केवल सिंहासन पर बैठाया, बल्कि उसको अपने इशारों पर चलाया; धनवान तो दूर रहे, बड़े-बड़े राजों-महाराजों का मान-मर्दन किया और महान कहलाया। तो फिर वह भी बुद्धि के बल से क्यों न काम ले ?....और उसी अँधेरे, तारीक कमरे में खिन्न-मन बैठे-बैठे उसे लगा जैसे वह स्वयं उस महर्षि का वंशज है। कल्पना-ही-कल्पना में उसने अपने आपको चाणक्य के रूप में देखा और पाया कि धन और बल की सत्ता उसके सामने अकिंचन हो कर रह गयी है। अपने में उसने अपार शक्ति का अनुभव किया। उसका क्रोध धीरे-धीरे शान्त हो गया। और जब कविराज चैडविक प्रपात दिखा लाने का प्रस्ताव ले कर आये तो आँधी का वेग समाप्त हो चुका था और वातावरण पर हल्की-हल्की, ठण्डी-ठण्डी हवा रमक रही थी।

अपने उस नये आत्मबल के प्रभाव में चेतन ने कविराज की ओर इस तरह देखा जैसे कोई शक्तिशाली पुरुष किसी अकिंचन बौने की ओर देखता है। उसने चैडविक की बड़ी प्रशंसा सुनी थी, लेकिन उसे देखने का अवसर उसे न मिला था। कई दिन से अन्यमनस्क लेटा-लेटा वह उकता भी गया था, इसलिए कविराज जी का प्रस्ताव उसने स्वीकार कर लिया।

कविराज ने अपनी 'सहृदय' पत्नी से ज़रूर ही कोई-न-कोई बहाना किया होगा, क्योंकि अगर वे उसको बता कर चलते तो उनके पास थर्मस में चाय अथवा दूध और रूमाल में मठरियाँ अथवा बेसन आदि की कोई-न-कोई, घर ही में तैयार की हुई, मिठाई अवश्य होती, लेकिन जब वे चले तो बिलकुल खाली हाथ थे। लोअर बाज़ार पहुँच कर उन्होंने एक रुपये की मिठाई खरीदी और चेतन के बार-बार अनुरोध करने पर भी वे उसे स्वयं उठाये रहे।

o

रास्ते में कविराज ने अपनी पुस्तक के बारे में चेतन से दो-तीन विज्ञापन बनवा लिये। वे अपनी आवाज़ में इतनी मिठास भर लेते और फिर इतनी सावधानी से बातें करते कि आदमी अनायास ही उनके जाल में फँस जाता था। अपने तमाम नये आत्मबल के बावजूद चेतन अभी उनके सामने बच्चा था। न जाने उन्होंने किस प्रकार बातों का सिलसिला शुरू किया।

लेकिन धीरे-धीरे वे उसे विज्ञापनबाज़ी पर ले आये। आधुनिक युग में विज्ञापनबाज़ी के महत्व पर उन्होंने छोटा-सा भाषण दे डाला :

'आज का युग विज्ञापनबाज़ी का युग है,' उन्होंने कहा, 'आज विनम्रता से, पारखियों की गुणग्राहकता पर विश्वास करके, काम नहीं चलता, बल्कि छत पर खड़े हो कर डंके की चोट अपनी चीज़ का, अपनी ईजाद का, अपनी कला का, अपनी कृति का, अपने चरित्र और उसके गुणों का ढिंढोरा पीटना पड़ता है। तभी जनता में सुनवाई होती है। सफल व्यक्ति के लिए बुद्धिमान होना मेधावी होना, किसी उपयोगी चीज़ का आविष्कारक अथवा किसी कला-कृति का सर्जक होना ही काफ़ी नहीं, सफल इश्तिहारबाज़ होना भी ज़रूरी है। विनम्र व्यक्ति आज की दुनिया में वीराने का फूल हो कर रह जायेगा, जनता के गले का हार बनना उसके भाग्य में नहीं।'

और कविराज जी अपने प्रिय विषय 'मैं' तक पहुँच गये और बोले, 'मेरी सफलता का राज़ दूसरी बातों के अलावा इसमें भी छिपा है कि मैंने अपनी औषधियों का, अपनी पुस्तकों का, बड़ी चतुराई से विज्ञापन किया है। जनता को पता भी नहीं चला और पुस्तकें और दवाइयाँ उसके दिल में घर कर गयीं। फ़ुर्सत का वक़्त मैंने हमेशा नयी स्कीमें बनाने अथवा नये इश्तिहार सोचने में लगाया है।' और सहसा अपने मन्तव्य पर आते हुए उन्होंने कहा, 'मैंने अभी कल दो इश्तिहार बनाये हैं। मैं शिमले में पहली बार आया हूँ। मरीज़ अभी उतने आते नहीं। आयें भी कैसे ? उन्हें पता भी हो कि मैं यहाँ आ गया हूँ। लेकिन मैं कोशिश कर रहा हूँ कि शिमला और दूसरे निकटवर्ती स्थानों के लोग मेरे नाम से अच्छी तरह परिचित हो जायँ। दवाखाना अपने में खुद एक बड़ा इश्तिहार है। मैं जब भी किसी पहाड़ पर जाता हूँ, वहाँ अपने निजी मकान के अलावा दवाखाने के लिए ज़रूर जगह लेता हूँ। बेकार बैठे सेहत बनाना मुझे पसन्द नहीं और घर में काम हो नहीं सकता। दवाखाना एक तरह से न केवल मेरे ऑफ़िस का काम देता है, बल्कि विज्ञापन का भी। देश के अलग-अलग सूबों से सैर को आने वाले लोग बाज़ार से गुज़रते वक़्त मेरे नाम से परिचित हो जाते हैं। शिमले में भी जब से आया हूँ, कुछ-न-कुछ कर ही रहा हूँ। मिडल बाज़ार की तमाम दुकानों, लोअर बाज़ार के तमाम होटलों और तन्दूरों के अन्दर मैंने अपनी पुस्तक 'विवाह के भेद' के विज्ञापन लगवाये हैं। म्यूनिसिपल कमेटी अपनी सीमा के अन्दर इश्तिहार लगाने या बाँटने की इजाज़त नहीं देती! इसलिए मैं जयदेव को ले कर भराड़ी, संजोली, छोटे शिमले, आदि, निकटवर्ती बस्तियों में, जो पहाड़ी रियासतों के अधीन हैं, बड़ी-बड़ी चट्टानों और दीवारों पर अपने पुस्तकों के नाम लिखवा आया हूँ। और-तो-और, सोलन को जाने वाली सड़क पर, कमेटी की सीमा के बाहर, दूर तक मैंने चट्टानों और पत्थरों पर अपनी पुस्तकों के नाम लिखवा दिये हैं। लाभ यह होगा कि मोटरों से आने-जाने वाले उन किताबों से परिचित हो जायेंगे। एक ही नाम जब बार-बार आँखों के आगे आता है तो वह मन पर नक़्श हो जाता है। जहाँ तक अपना ताल्लुक़ है, इस बहाने सैर भी हो जाती है और काम भी।'

अपनी इस कारगुज़ारी पर वे हँसे और फिर उन्होंने अपनी बात जारी रखते हुए कहा :

'मैं जिस पहाड़ पर जाता हूँ, वहाँ के प्रवास में अपनी पुस्तकों का पूरा-पूरा प्रचार करता हूँ, ताकि फिर कभी मुझे वहाँ जाना पड़े तो किसी तरह की दिक़्क़त न हो। पुस्तकें

मैंने इस ढंग से लिखी हैं कि उन्हें जो पढ़ लेता है, वह इलाज-उपचार के लिए सीधा मेरे पास आता है।' अनायास उनका हाथ अपनी मूँछों पर चला गया और आत्म-तुष्टि की अनुभूति से उनके होंटों की मुस्कान उनके सारे मुख पर फैल गयी। कुछ क्षण चुप चलते रहने के बाद वे बोले :

'मैं इश्तिहारबाज़ी के नित नये ढंग सोचता हूँ ताकि एक विज्ञापन दूसरे से न मिले। हर विज्ञापन में नवीनता हो, उपज हो, मौलिकता हो।'....और सहसा उन्होंने दो-एक विज्ञापन चेतन को दिखाये।

चेतन चुपचाप उनकी बातें सुनता चला आया था। एक-दो बार मन-ही-मन उन्हें गालियाँ भी दे चुका था और जब कविराज जी ने विज्ञापन दिखाये तो उसने बड़ी उदासीनता से उन्हें देखना शुरू किया, लेकिन उन्हें पढ़ते-पढ़ते उसके अन्तर का कलाकार सजग हो उठा।

'इनमें बारीकी नहीं,' उसने कहा, 'इश्तिहार सीधे और अनगढ़ दिखायी देते हैं। फ़ौरन पता चल जाता है कि इश्तिहार है। इश्तिहार होना चाहिए जैसे अफ़सांचा। उसकी पहली लाइन ही पाठक के ध्यान को ऐसा बाँध ले कि वह आखिर तक बँधा चला जाय और अन्त पर पहुँच कर ही उसे मालूम हो कि वह तो एक इश्तिहार पढ़ रहा था।'

और चलते-चलते उसने कविराज की पुस्तक 'विवाह के भेद' का इश्तिहार बनाया :

ट्रंक गुम हो गया

मैं इंग्लिस्तान से एस०एस० जहाँगीर पर आ रहा था। रास्ते में मेरा एक क़ीमती ट्रंक खो गया। शादी-शुदा ज़िन्दगी के मसले पर लिखी और यूरोप से खरीदी हुई बीसियों आला और क़ीमती किताबें उस ट्रंक में बन्द थीं। बम्बई पहुँच कर मैंने इस बात का ऐलान अखबारों और रिसालों में किया था कि जो शख्स उस ट्रंक को मुझ तक पहुँचा देगा, उसे मैं ५०० रुपया इनाम दूँगा। अब इस खबर के ज़रिए मैं अपना वह ऐलान वापस लेता हूँ। जो भाई ट्रंक की खोज में लगे हों, वे तकलीफ़ न करें, क्योंकि उन सब पुस्तकों का निचोड़ मुझे एक ही पुस्तक में मिल गया है, जिसे लाहौर के मशहूर वैद्य कविराज रामदास जी ने लिखा है और जिसका नाम ठीक ही उन्होंने 'विवाह के भेद' रखा है।

—डी०आर० टैक्नाइट, गोरखपुर

०

पत्थर की गगनचुम्बी दीवार-जैसे पहाड़ में बहुत ऊपर, एक छेद में से पिघली हुई चाँदी की तरह , बीसियों पेड़-पौधों को नहलाता, फुहारें उड़ाता, चैडविक प्रपात एक विशाल, चँदीले दुपट्टे की तरह लहराता हुआ नीचे गिर रहा था। वह फुहार जैसे बिना स्पर्श किये भी मन की सारी खिन्नता, थकन, और क्लान्ति को धो रही थी।

झरने के नीचे पहुँच कर कविराज उसके पास ही एक चट्टान पर बैठ गये। चेतन उनसे कुछ फ़ासले पर बैठा। झरना उनसे थोड़ी दूर गिरता था तो भी उसकी फुहार का कोई-कोई कण उड़ कर उन तक आ जाता था। कुछ देर तक दोनों चुपचाप प्रकृति के इस अनुपम सौन्दर्य को निहारते रहे। फिर उन्होंने लोअर बाज़ार से ली हुई मिठाई खा कर ठण्डा

पानी पिया। और तब न जाने कुछ उमंग में आ कर अथवा चेतन को कुछ उदास देख कर कविराज ने एक गाना सुनाया :

लंघ आ जा पत्तन झनाँ दा,
यार,
लंघ आ जा पत्तन झनाँ दा[१]

उनके स्वर में कुछ ऐसा सोज़, लोच और मिठास थी कि चेतन मन्त्र-मुग्ध-सा उनका गाना सुनता रहा।

ठण्डी हवा से हिलते हुए पेड़ों की मर्मर और प्रपात की मादक छर्र-छहर कविराज के गाने के लिए वाद्य-यन्त्रों का काम दे रही थी और ऊँची-ऊँची पहाड़ियों से घिरे उस नीरव स्थान में उनका स्वर झरने के कल-कल नाद से मिल कर सारे वातावरण को कुछ अजीब-सी आर्द्रता से भर रहा था।

कविराज गा रहे थे और चेतन सोचता था — यह शख़्स, जिसे वह केवल एक चालाक व्यापारी, एक हृदयहीन शोषक समझता था, अपने सीने में दिल भी रखता है! इसने यक़ीनन ही कभी-न-कभी प्रेम भी किया है। चाहे अब उस प्रेम की चिनगारी दुनियादारी की राख के नीचे दब गयी हो, लेकिन वह एकदम बुझ नहीं गयी, कहीं उस वणिज-व्यापार, दुनियादारी, चालाकी, चाबुकदस्ती, छल-कपट के नीचे दबी पड़ी है। और चेतन ने सोचा, आदमी क्यों अपने आप पर एक खोल चढ़ाने को मजबूर है? क्या कोई ऐसा निज़ाम नहीं, जिसमें वह जैसा है वैसा रह सके? उसे छल-कपट, धोखे-धड़ी, दूसरों का नाजायज़ फ़ायदा उठाने, दूसरों पर ज़ुल्म तोड़ने की ज़रूरत न पड़े? वह अपने गुणों को चमकाये, उन पर सान दे, उन्हें मन्द न पड़ने दे, इस तरह क़ैद न करे, दबा कर न रखे! — कितना दर्द है इस कण्ठ में, कितना सुन्दर है यह गीत, कितना गीला! कैसी मनुहार है इसमें!

तेरी डाची दे गल विच टल्लियाँ,
वे मैं पीर मनावन चल्लियाँ,
चाहे बुरी आँ, ते चाहे भली आँ
यार,
लंघ आ जा पत्तन झनाँ दा![२]

चेतन ने सोचा कि आयुर्वेदाचार्य के स्थान पर वे गायनाचार्य क्यों नहीं बने? उसके पास ऐसा गला होता तो वह यक़ीनन एक मशहूर गायक बनता। इतना अमृत, इतनी मिठास! यह कहीं बन्द करके रखने की चीज़ है! वह तो पागल-सा गाता फिरता, अपनी तानों से इर्द-गिर्द की फ़िज़ा को गुँजाता फिरता, रस की धारें बहाता फिरता। और कविराज गा रहे थे :

साडे यार दी एहो निशानी आँ,
लक्क पतला ते गल विच गानी आँ,

---

१. ऐ मेरे प्रिय! चनाब (नदी) को पार करके आ जा — ओ मेरे प्रिय, आ जा।
२. तेरी ऊँटनी के गले में टल्लियाँ (घण्टियाँ) हैं — तेरी खातिर मैं पीर की मन्नत मानने चली हूँ। चाहे बुरी हूँ चाहे भली हूँ, ऐ मेरे प्यारे, चनाब को पार करके आ जा।

तेरा नाँ दिन-रात ध्यानी आँ,
यार,
लंघ आ जा पत्तन झनाँ दा![1]

सुनते-सुनते नयी श्रद्धा से उसका मन प्लावित हो उठा। वह भूल गया कि कविराज शोषक हैं, व्यापारी हैं, दुनियादार हैं। उसके सामने रह गया केवल उनका कलाकार, जो अनायास अपने सारे आवरण उतार कर गा उठा था; रह गया केवल मानव, जो इस स्वच्छन्द स्थान में अपने अस्वाभाविक बन्धनों से मुक्त होने के लिए तड़फड़ा उठा था; एक गायक, जो अनायास रस के सागर उँडेल रहा था! और कविराज ने गीत समाप्त कर दिया।

'बहुत कम लोग हैं,' कविराज जी ने गीत खत्म कर किंचित हँसते हुए कहा, 'जिनको इस बात का पता है कि मैं गा भी लेता हूँ।' और अपनी रौ में उन्होंने बीस वर्ष पहले गाया जाने वाला एक गीत चेतन को सुनाया :

दिन चढ़िया ते पै गयी जुदाई, वे नहीं कोई गल्ल पुच्छ लई
सस्सी चोरी-चोरी प्रीत लगायी, वे नहीं कोई गल्ल पुच्छ लई
रात अँधेरी, वेले-कुवेले
माएँ नी ढूँढाँ जंगल, बेले
दिस्सदा नहीं मेरा माही, वे नहीं कोई गल्ल पुच्छ लई
डूंघी नदी आ, तल्ला वे पुराना
मैं अनतारू तरन न जाना
कण्ढे ते खड़ा मेरा माही, वे नहीं कोई गल्ल पुच्छ लई
दिन चढ़िया ते पै गयी जुदाई, वे नहीं कोई गल्ल पुच्छ लई[2]

शाम होने को आ गी थी और ऐडविक प्रपात को आने वाला मार्ग बहुत ऊबड़-खाबड़ था। इसलिए जब कविराज ने दूसरा गीत समाप्त किया तो वे उठ खड़े हुए। एक लम्बी साँस ले कर उन्होंने कहा, 'चलो भाई! इन गीतों का अन्त कहाँ, लेकिन दिन का अन्त तो आ पहुँचा है।'

o

वापसी पर कविराज ने अपने जीवन की कहानी छेड़ दी और जाने अथवा अनजाने, वे उसे कितनी ही ऐसी बातें बता गये, जो वे शायद किसी और को न बताते।

---

१. मेरे प्यारे की यही निशानी है। कमर पतली और गले में कण्ठा है। ओ प्रिय, मैं तेरे नाम का ध्यान करती हूँ। चनाब का घाट पार करके आ जा।

२. दिन चढ़ते ही जुदाई हो गयी। कोई बात भी न कर सकी। सस्सी ने चोरी-चोरी प्रीत लगायी, उसे बात करने का अवसर न मिला।
अँधेरी रात में समय-कुसमय ओ माँ, मैं वीराने में ढूँढती हूँ, लेकिन मेरा प्रिय कहीं दिखायी नहीं देता।
नदी गहरी है, नाव का तला पुराना है और मैं तैरना जानती नहीं और किनारे पर माही खड़ा है। (भगवान ही नौका को बचाये और उससे मिलाये।) दिन चढ़ते ही जुदाई हो गयी, कोई बात भी न कर सकी मैं।

चेतन जान गया कि चार वर्ष के बदले उन्होंने केवल एक ही वर्ष आयुर्वेदिक कॉलेज में शिक्षा पायी है और जब उन्होंने प्रैक्टिस शुरू की थी तो उन्हें आयुर्वेद का उतना ज्ञान न था। पर अपने परिश्रम, अध्यवसाय, निष्ठा और व्यवहार-कुशलता के बल पर उन्होंने इतनी सफलता, धन, वैभव और ख्याति पायी है।

चेतन यह भी जान गया कि उन्होंने प्रैक्टिस का आरम्भ न केवल हर तरह की पूँजी के अभाव में किया, बल्कि जब उन्होंने प्रैक्टिस शुरू की तो उनके सिर पर नौ हज़ार रुपया क़र्ज़ था। कुछ रिश्तेदारों के साथ मिल कर उन्होंने ठेकेदारी शुरू की थी और उसमें घाटा आ गया था। पास तो कुछ था नहीं जो दे देते, पर मन-ही-मन उन्होंने उस रक़म को अपने ऊपर एक ऋण मान लिया।

'तब मेरे एक मित्र ने, जिसे मैं बचपन में प्यार करता था, मेरी सहायता की।' उन्होंने बताया, 'आयुर्वेदिक कॉलेज में तब एक ही वर्ष में डिग्री मिल जाती थी। घर वालों से मेरी बनती न थी, इसलिए पत्नी को भी लाहौर ले आया और मेरा वह मित्र हम दोनों का खर्च भेजता रहा। फिर वह समय भी आया कि मुझे जिन लोगों का क़र्ज़ देना था, उनको मैंने पाई-पाई चुका दी। यही नहीं, बल्कि वे मेरे क़र्ज़दार हो गये ?'

चेतन की उत्सुकता उनकी जीवन-गाथा सुनने के बदले उनके मित्र के सम्बन्ध में कुछ जानना चाहती थी। उसने उनकी बात काट कर पूछा, 'फिर वह मित्र आप से नहीं मिला।'

कविराज जी की वाणी गद्‌गद्‌ हो गयी। उन्होंने कहा, 'एक बार वह दवाखाने आया था। तब मैंने उससे कहा, मैं तुम्हारी क्या खातिर करूँ ? किसी चीज़ के लिए पूछते हुए भी मुझे शर्म आती है, क्योंकि सब कुछ तो तुम्हारा ही है।'

और उन्होंने उसे बताया कि किस प्रकार वे चंगड़ मुहल्ले में रहते रहे और उन्होंने स्वयं अत्यन्त विपन्नता के दिन देखे।....और अपनी रौ में वे एक अभिन्न मित्र की तरह संगत-असंगत, कथनीय-अकथनीय —सब बातें उसे बता गये। और साँझ-ढले जब चेतन अपने कमरे में पहुँचा तो उसे लगा जैसे कविराज के प्रति उसके मन में जितना क्रोध था, वह सब पिघल चुका है। तब यद्यपि उन्होंने उससे दो-तीन विज्ञापन बनवा कर सप्ताह भर के पैसे वसूल कर लिये थे और चेतन यह समझता भी था, तो भी उसने वहीं शिमले में ठहर कर उनकी पुस्तक समाप्त कर देने का फ़ैसला कर लिया।

o

ज़माने की धूर्तता से उसकी भावुकता का यह पहला समझौता था।

⊠⊠⊠

चौथा खण्ड

तिरपन

दोपहर को जब बाबू लोग दफ़्तरों में होते और गृहणियाँ घर के काम-काज से निबट कर सैर करने या सामान खरीदने को निकल जातीं या सो जातीं तो रुल्दू भट्टे में एक तरह सन्नाटा छा जाता। ऐसे में मन्नी अक्सर चेतन के कमरे की चौखट पर आ बैठती।

मन्नी का आना कुछ निश्चित न था। वह रोज़ आती हो, यह बात भी न थी। जब बीबी जी सो जातीं अथवा बाहर जाते समय उसे साथ न ले जातीं और छोटे काका रिरियाना भूल कर निद्रा-मग्न हो जाते, वह अन्दर के दरवाज़े की चौखट पर आ बैठती। लेकिन इतने ही से शिमले में चेतन का प्रवास सह्य हो जाता। अपनी शोषित और हीन अवस्था पर विचार करता हुआ जब वह खिन्न-मन होता तो मन्नी के सामने सब बातें कह कर वह हल्का हो जाता और पुस्तक को आगे बढ़ाने के लिए नयी स्फूर्ति पा जाता।

मन्नी के प्रति चेतन का आकर्षण शुरू में कुछ शारीरिक ही था। शिमले को जाते हुए, उस उमस और गर्मी की रात में जागते हुए, अपने उस आन्तरिक उल्लास के प्रकाश में, मन्नी उसे सुन्दर लगी थी। लम्बे-तगड़े, बर्बर और बलिष्ठ यादराम के मुकाबिले में वह उसे एक चिड़िया-सी नज़र आयी थी। जब शिमले में आ कर दोपहर को कभी-कभी वह उसकी चौखट पर बैठने लगी तो चेतन को वह हिंस्र पशु की बर्बरता से भयभीत मृगी के समान लगी थी। उसे लगा, जैसे वह उसके अपेक्षाकृत संस्कृत रूप की ओर ही आकर्षित हुई है। शुरू-शुरू में जब वह आती तो चेतन का हाथ अनायास अपने बालों पर चला जाता और उसकी उँगलियाँ धीरे-धीरे बिखरी, उलझी लटों को सुलझाने लगतीं। वह उठ कर कमरे में चक्कर लगाता-लगाता, मन्नी से बातें करता-करता, मैण्टलपीस पर पड़े हुए शीशे के टुकड़े में अपना चेहरा देख कर आश्वस्त हो जाता कि वह मन्नी के बर्बर पति से चाहे सुन्दर और बलिष्ठ न हो, पर उससे कहीं अधिक सुसंस्कृत दिखायी देता है। लेकिन इस बीच मन्नी ने तनिक भी आगे क़दम नहीं बढ़ाया, कोई ऐसी बात नहीं की, जिससे चेतन को आगे बढ़ने का साहस होता। वह आती, चौखट पर बैठ जाती, उसके सुख-दुख की बातें सुनती, अपने सुख-दुख की बातें कहती और जब नीचे सीढ़ियों में अथवा दूसरे कमरे में बीबी जी की पद-चाप सुनायी देती या छोटे काका जाग कर रिरियाने का कार्यक्रम शुरू कर देते तो वह धीरे-से किवाड़ लगा कर खिसक जाती।

मन्नी का पति यादराम छै फ़ुट लम्बा, हृष्ट-पुष्ट और सुन्दर व्यक्ति था। कविराज जी के दवाखाने में औषधियाँ कूटने का काम करता था। इस काम के लिए तब उन्होंने मशीन न लगायी थी और यादराम ही मशीन का काम देता था। वह सचमुच मशीन था। उसमें अपार, अथक बल था। लेकिन इन सारी बातों के बावजूद यद्यपि उनके विवाह को तीन वर्ष हो चुके थे, मन्नी की कोख सूनी थी और कविराज जी अपनी प्रसिद्ध औषधि 'पुत्र-दाता' से अपनी इस नौकरानी को कुछ भी लाभ न पहुँचा सके थे। मन्नी के शरीर में, उसकी

आकृति में, उसकी आँखों में, उसके लटके-लटके, मीठे-मीठे, भीगे-भीगे स्वर में एक तरह की भूख छिपी रहती थी। उसी ने चेतन को बहुत देर तक भ्रम में डाले रखा, लेकिन धीरे-धीरे उसकी वास्तविकता चेतन पर खुल गयी थी।

मन्नी कविराज जी के छोटे बच्चे की देख-रेख करने पर नियुक्त थी। तेरह-चौदह वर्ष के बाद कविराज जी के यह दूसरा पुत्र हुआ था। पहले और दूसरे पुत्र के जन्म में इतने वर्षों का अन्तर आत्म-निग्रह का फल था अथवा पहले बच्चे के जन्म के बाद उनकी पत्नी के रोग-ग्रसित होने का, यह तो नहीं कहा जा सकता, लेकिन कविराज उसे अपने आयुर्वेदिक-परिज्ञान का ही फल बताया करते थे। जब उनके मित्र, इस फ़र्क़ का ज़िक्र करते हुए, इतने वर्षों बाद पुत्र का सुख देखने पर उन्हें बधाई देते तो कविराज उनका धन्यवाद देने के साथ बातों-बातों में बड़े गर्व से इस बात का उल्लेख कर देते कि बच्चा और वह भी नर बच्चा, पैदा करना तो उनके आयुर्वेदिक ज्ञान का एक साधारण-सा चमत्कार है। उनकी प्रसिद्ध औषधि 'पुत्र-दाता' यदि सावधानी से निर्देशों के अनुसार, सेवन करायी जाय तो निश्चय ही बालक उत्पन्न होता है। रही इतने वर्षों के अन्तर की बात, सो यह उनकी दूसरी प्रसिद्ध औषधि 'निरोध' का कमाल है। उसके सेवन से जितने अर्से के लिए कोई चाहे, सन्तान-उत्पत्ति को रोक सकता है। प्रति वर्ष बच्चे पैदा करते जाने में उनका विश्वास नहीं। यद्यपि सभी डॉक्टर और बाल-मनोविज्ञान-वेत्ता कहते कि एक परिवार के दो बच्चों में डेढ़-दो वर्ष से ज़्यादा का अन्तर नहीं होना चाहिए ताकि बच्चे अकेले न पड़ जायें और आपस में खेल सकें, लेकिन कविराज जी घोषणा करते कि उनके विचार में तो पहले और दूसरे बच्चे में तेरह-चौदह वर्ष का अन्तर अवश्य रहना चाहिए....और अपनी इस धारणा के लिए वे अजीबो-ग़रीब युक्तियाँ देते।

चेतन यह सब सुनता तो कभी तो उस महान प्रवंचक के प्रति अत्यन्त क्रोध से उसका तन-मन जल उठता और कभी इतना झूठ इतनी सफ़ाई से निस्संकोच बोल सकने की क्षमता के सामने उसका मस्तक नत हो जाता; कभी-कभी एक विषादमयी मुस्कान उसके होंटों पर फैल जाती और कभी वह झुँझला उठता।

वह अच्छी तरह जानता था कि कविराज के घनिष्ठ मित्र डॉ० मेलाराम मलहोत्रा पुत्र-सुत की आकांक्षा मन में लिये हुए परलोक सिधार गये, लेकिन एक बार छोड़, तीन-तीन बार अपनी पत्नी को 'पुत्र-दाता' का विधिवत सेवन कराने के बावजूद, उन्हें वह सुख प्राप्त न हुआ था। उनके घर पाँच लड़कियाँ उत्पन्न हो चुकी थीं जब उन्होंने कविराज जी से परामर्श लिया। जब दो बार 'पुत्र-दाता' के सेवन कराने का फल भी विपरीत ही हुआ और उन्होंने कविराज जी से शिकायत की तो उन्होंने कहा, 'आप शायद विधिवत सेवन नहीं कराते, ज़रूर असावधानी से काम लेते हैं, पूरा परहेज़ नहीं कराते। नहीं तो यह कैसे सम्भव है कि 'पुत्र-दाता' का फल न हो। लिखित आदेश में जो दिन अथवा समय दवाई देने के लिए निश्चित है, उसी दिन और समय दवाई खिलाइए, अनुपात और परहेज़ का ध्यान रखिए। मेरे पास हज़ारों सर्टिफ़िकेट हैं कि 'पुत्र-दाता' अचूक औषधि है।' तब आठवीं बार डॉक्टर महोदय ने फिर दाँव लगाया। दाँव को सफल बनाने के लिए पूरे ध्यान से दिन और समय का खयाल रखते हुए 'पुत्र-दाता' का सेवन कराया। स्वयं भी पूरा-पूरा परहेज़ रखा। इस बार उनके यहाँ जुड़वाँ लड़कियाँ पैदा हुईं और सम्भावित पुत्र सन्तति के साथ-साथ

डॉक्टर महोदय की पत्नी भी चली गयीं। इस ग़म में दो वर्ष बाद उन्होंने स्वयं प्राण त्याग दिये।

०

कविराज जी का यह दूसरा पुत्र अपनी माँ को निहायत तकलीफ़ देने के बाद पैदा हुआ था। यद्यपि कविराज शैशव ही से उसे प्रतिभा-सम्पन्न और कुशाग्र-बुद्धि समझते थे, लेकिन उसकी माँ उसके हाथों बहुत दुखी थी। जन्म के अवसर पर होने वाले कष्ट के अलावा उसके जन्म के बाद बीबी जी की आँतों में लगातार दर्द रहने लगा था। फिर यह कुशाग्र-बुद्धि शिशु अपनी माँ के दुख को न समझ कर निरन्तर रिरियाया करता, जिससे बीबी जी की चिड़चिड़ाहट बढ़ कर हिस्टीरिया बन जाती थी और उनके मस्तक की लकीरों में वृद्धि हो जाती थी और उन लकीरों और उस चिड़चिड़ाहट के कारण कविराज जी की शान्ति भंग हो जाती थी। उन्हीं दिनों यादराम ने बच्चे के जन्म की खुशी में अपनी पगार बढ़ाने की माँग की।

'मेरी मेहरिया गाँव से आ गयी है सरकार, इत्ते पैसे से हम दो का गुज़ारा नहीं हो सकता,' उसने एक दिन कविराज जी का रुख पा कर कहा, 'भगवान ने आपके घर लाल दिया है। कुछ हम ग़रीबों पर भी दया करें।'

कोई हाजतमन्द अपनी हाजत प्रकट करे और कविराज पूरा न करें, यह भला कैसे सम्भव था ? उन्होंने उसकी सहायता करने की सूरत सोच निकाली। बड़ी चतुराई से उस पर कृतज्ञता का बोझ लादते हुए उन्होंने उसे इस बात के लिए राज़ी कर लिया कि वह मन्नी को उनका बच्चा खिलाने और घर का छोटा-मोटा काम करने के लिए तैयार कर दे। उन्होंने उसे समझाया कि इस प्रकार खाने-कपड़े की बचत हो जायेगी और तीन रुपये वे जेब-खर्च के लिए दे दिया करेंगे।

'अरे भाई, तुम दवाखाने में काम करते हो तो वह घर में बैठी उदास हो जाती होगी।' उन्होंने उससे कहा, 'घर के काम-काज और बच्चे के खिलाने-पिलाने में उसका दिल भी लगा रहेगा, तुम्हें पैसे भी ज़्यादा मिल जायेंगे।....और तुम्हें क्या चाहिए ?....मैं तुम्हारे हित के लिए कह रहा हूँ, नहीं मेरा क्या है, मैं कोई आया रख लूँगा।'

यादराम ने उनका यह परामर्श कृतज्ञता के साथ मान लिया था और उनके एहसान के बोझ-तले दब कर वह सोलहों आने मशीन बन गया था।

लेकिन मन्नी उतनी खुश न थी। उसके हृदय में एक इच्छा धीरे-धीरे बढ़ कर आकांक्षा का रूप धारण करने लगी। कविराज जी के इस बच्चे को खिलाते-पिलाते, हँसाते-खेलाते, उसका दिल अपने बच्चे —अपने रक्त-मांस के बच्चे —को अपनी बाँहों में भरने, हँसाने-खेलाने, हवा में उछालने को आतुर हो उठता था। ज्यों-ज्यों समय बीतता गया, उसकी यह आकांक्षा दबी रह कर भी ऊपर उठती गयी। लेकिन वह शायद बाँझ थी और जैसा कि चेतन को बाद में मालूम हुआ ऑपरेशन के बिना उसके बच्चा न हो सकता था।

वह तो शायद ऑपरेशन के लिए तैयार हो जाती और शायद यादराम भी तैयार हो जाता, लेकिन कविराज तैयार न थे। वे इस बात की प्रतीक्षा कर रहे थे कि उनका बच्चा

इतना बड़ा हो जाय कि उसे मन्नी की ज़रूरत न रहे। वह मन्नी से हिल गया था और इतने सस्ते में दिन भर के लिए नौकरानी कहाँ मिल सकती थी ? इसलिए वे मन्नी को आशा बँधाये रखते थे कि ऑपरेशन के बिना ही वे उसका इलाज कर देंगे। मन्नी इसी आशा पर न केवल और भी ध्यान से उनके बच्चे की देख-रेख करती, बल्कि ज़रूरत पड़ने पर रसोई के कई छोटे-मोटे काम भी निबटा देती।

और शायद चेतन के प्रति मन्नी के आकर्षण में उसके इसी मातृत्व की भावना भी मिली हुई थी। हो सकता है कि जिस तरह चेतन उसे अपने मन की बातें सुना कर हल्का हो जाना चाहता था, उसी तरह मन्नी भी उसमें एक हमदर्द को पा कर उसकी चौखट पर आ बैठती हो, लेकिन चेतन की मन्नी से जो सहानुभूति थी, उसकी अपेक्षा उसके प्रति मन्नी की सम्वेदना कहीं अधिक तरल, कहीं अधिक स्निग्ध थी। उस रात गाड़ी के डिब्बे में बैठे-बैठे जो मन्नी सहसा उसके निकट आ गयी थी तो उसे भ्रम हुआ था कि शायद उसके प्रति मन्नी का आकर्षण भी शारीरिक ही है और उसने इसी भ्रम में एक-दो हरकतें भी की थीं, लेकिन शिमले में आ कर मन्नी के व्यवहार से चेतन को अच्छी तरह पता चल गया कि तब भी उसमें किसी तरह का कलुष न था। उसमें वासना की अपेक्षा कहीं ज़्यादा सम्वेदना और सहानुभूति थी। चेतन के उस अस्वस्थ शरीर, उसके पीले, ज़र्द चेहरे, उसके लम्बे, रूखे बाल और मैल से सने पाँव देख कर क्षण के लिए अनायास शायद उसके हृदय की माता सजग हो उठी थी और उसके मुँह से निकल गया था — 'नींद नहीं आती बाबू जी!' उसके इस आदर और संकोच का कारण शायद वर्ग-विषमता, अजनबीपन और वय की बराबरी थी। यदि कहीं वह उम्र में बड़ी होती तो शायद कहती, 'तुम्हें नींद नहीं आती बेटा!'

और उसके होंटों की वह मुस्कान! चेतन ने उसका जो अर्थ लगाया था, वह शायद उसके अपने हृदय की मुस्कान का प्रतिरूप था। नहीं तो मन्नी के होंटों पर शायद वह संकोच ही की परिचायक थी। शिमले में आ कर जब वह संकोच दूर हो गया तो भी उसकी उस मुस्कान में कभी वासना का रंग नहीं आया। हाँ, चेतन के प्रति उसकी सहानुभूति उत्तरोत्तर ज़्यादा स्निग्ध, करुण और तरल होती गयी। वह जब बाहर गया होता, मन्नी बिना कहे उसका कमरा झाड़ देती, उसकी पुस्तकें क़रीने से लगा देती और चेतन — जिसे कभी न पूरे तौर पर माँ का प्यार मिला था और न बहन का — धीरे-धीरे इस प्यार की महत्ता समझने लगा था। उसे अपने भ्रम का पता चल गया था और क्योंकि मन्नी आयु में उसके बड़े भाई की आयु के बराबर थी, इसलिए वह उसे बड़ी बहन की तरह मानने लगा था।

मन्नी उसकी बातों को कुछ ज़्यादा समझ न पाती थी। उसे मुनासिब शब्दों में तसल्ली भी न दे पाती थी। बस, सुन भर लेती थी। लेकिन इतने ही से चेतन के दिल का बोझ हल्का हो जाता, उसकी खिन्नता मिट जाती और वह स्वस्थ हो कर काम में जुट जाता।

०

लेकिन मन्नी का आना कुछ निश्चित न था। वह उस समय आती जब उसे आने की सुविधा होती, न कि उस समय जब चेतन अपने अकेलेपन से उकता जाता और चाहता मन्नी आ जाये, उससे दो बातें करके वह हल्का हो जाय। जब वह न आती तो उसका यह एकाकीपन उसके लिए असह्य हो उठता।

चेतन वास्तव में एक घरेलू व्यक्ति था। अपने पास माँ, भाई, बीवी अथवा किसी घनिष्ठ मित्र की उपस्थिति उसे अनिवार्य-सी लगती थी। अपने बड़े भाई से वह इस तरह प्यार करता आया था जैसे वे उसके छोटे भाई हों। उसके साथ निरन्तर रहने के कारण वे उसके जीवन का अंग बन गये थे। बचपन के कुछ वर्षों को छोड़ कर वह सदा उनके संग रहा था। उनके दोष छिपाता रहा था। उन्हें हर प्रकार की सहायता देता रहा था। लेकिन उसने यह कभी न सोचा था कि उसके इस निकम्मे बड़े भाई का अस्तित्व उसके अपने लिए कितना ज़रूरी है। वह कभी परेशान होता तो अपने उन्हीं बड़े भाई के पास जाता, अपनी तमाम परेशानियाँ उनके सामने रख देता। कई बार वे उसे सलाह देते, कई बार न भी दे पाते, लेकिन उनको सुना कर ही वह अपने दुख के भार से हल्का हो जाया करता था। फिर जब वह प्रसन्न होता, महत्वाकांक्षाओं के पंखों पर उड़ रहा होता और अपनी सब स्कीमें, अपने सब इरादे, तमाम मन्सूबे किसी के सामने रखने को बेताब होता, तो वह अपने उन्हीं भाई साहब के पास जाता और अपने सपने उनके सामने रख कर आत्म-विश्वास, साहस और जीवन-संघर्ष में जूझने की शक्ति पा लेता। वे सदा उसका साहस बढ़ाते, सदा उसे प्रोत्साहन देते, उसकी महत्वाकांक्षा का समर्थन करते। शिमले के अपने प्रवास से पहले चेतन ने कभी यह न जाना था कि उसके बड़े भाई की सहानुभूति सम्वेदना, प्रोत्साहन और परामर्श उसके लिए कितने मूल्यवान हैं। लेकिन चूँकि वे उससे नाराज़ थे, रुपये न भेज सकने के सम्बन्ध में उसने अपनी सफ़ाई में जो पत्र लिखा था, भाई साहब ने उसका कोई उत्तर नहीं दिया था, इसलिए चेतन ने भी उन्हें फिर कोई पत्र न लिखा था।

अपने इस एकाकीपन से कई बार वह इतना ऊब उठता कि अनन्त को पत्र लिखने की सोचता। पहले भी जब भाई साहब पास न होते या किसी कारणवश वह उनसे बात न कर पाता था तो वह अनन्त ही के पास जाता था। वह निकट न होता तो उसे पत्र लिखता। लेकिन शिमला आ कर चेतन ने अनन्त को कोई पत्र न लिखा था। उसे कई बार इच्छा भी हुई, कई बार उसने संकल्प भी किया, लेकिन हमेशा एक भारी संकोच उसके मार्ग की दीवार बन गया। एक बार अपने पत्र में कविराज जी की अत्यधिक प्रशंसा करने के बाद अब सच्ची बात वह किस तरह लिखे ? वह अपने आपको मूर्ख न सिद्ध करना चाहता था। ऐसा करने में शायद उसके अहं को ठेस पहुँचती थी।

वह चन्दा को पत्र लिख सकता था, लिखता भी था। पर चन्दा उत्तर देने में बड़ी सुस्त थी। स्वभाव के इस लक्षण में वह भाई साहब से मिलती थी। चेतन जब कभी भाई साहब को पत्र लिखता तो उत्तर की प्रतीक्षा करते-करते थक जाता। उत्तर न पाने पर चिढ़ कर वह दूसरा पत्र लिखता और क्रोध में दो-एक कटु बातें भी लिख देता और आशा करता कि अब तो बस लौटती डाक से उनका पत्र आ जायेगा, लेकिन कई-कई दिन और कई-कई सप्ताह बीत जाते तब जा कर उनकी ओर से उत्तर मिलता। वह भी एकदम नीरस, दो-सतरी और व्यावहारिक!सिर्फ़ काम की दो-एक बातों के सम्बन्ध में चन्द वाक्य होते — जल्दी-जल्दी घसीटे हुए! उनके पत्र को देख कर ऐसा लगता जैसे लिखने वाले को बहुत जल्दी है, उसकी गाड़ी छूटी जा रही है और उसे खत लिख कर फ़ौरन गाड़ी पकड़नी है। कई बार चेतन इतना खीझ उठता कि पत्र पढ़ते ही उसे फाड़ कर, उसके टुकड़े-टुकड़े करके खिड़की के बाहर फेंक देता।

चन्दा उत्तर में इतनी देर तो न करती, लेकिन उसके पत्रों को पढ़ कर भी उसे कम खीझ न होती। भाई साहब के पत्रों की तरह उनमें भी चन्द गिनी-चुनी सतरें होतीं, बस! भाई साहब के पत्र में लिखावट तो सुन्दर होती, चन्दा के पत्र में वह भी नहीं। शुरू-शुरू में यद्यपि उसे निराशा होती, पर वह इस हद तक खीझता न था। कई बार जब बड़ी प्रतीक्षा के बाद उसका पत्र आता तो उसे रख छोड़ता। पढ़ चुकने के बाद भी कई बार पढ़ता। चन्दा के किसी ऐसे ही पत्र के बारे में किसी भावुक क्षण में उसने एक छोटी-सी कविता भी लिखी थी :

इस उल्टे-सीधे खत में
ये चार पंक्तियाँ प्यारी
हैं भाव न जिनमें विकसित
जिन पर लज्जा-सी तारी
जिनका हर शब्द अधूरा
टेढ़े - मेढ़े - से अक्षर
सिमटे फीकी स्याही में
जो रूखे-से काग़ज़ पर
उल्लास भर गया मुझमें
जाने क्यों इनको पा कर
पढ़ता हूँ, फिर पढ़ता हूँ
पढ़ चुकता हूँ जब जी भर

लेकिन अब वह ऐसे पत्र पा कर एकदम जल उठता था। सोचता — चन्दा अब पढ़-लिख गयी है, उसे पत्र लिखने की, अपने भावों को व्यक्त करने की तमीज़ होनी चाहिए। और जब वह उसका रूखा-फीका पत्र पाता, तोड़-मरोड़ कर फेंक देता और खिन्न-सा हो कर बैठ रहता।

और नीला! उसका ध्यान आ जाने पर एक लम्बी साँस अनायास उसके अन्तर की गहराई से निकल जाती। उसे पत्र लिखने की प्रबल इच्छा कई बार उसके मन में होती, उसका हाल-चाल जानने को उसका मन आतुर हो उठता। कई बार जब वह चन्दा को पत्र लिख रहा होता तो चाहता कि नीला के बारे में कुछ पूछे। लेकिन वह क्या पूछे ? किस मुँह से पूछे ? उधर का रास्ता तो वह खुद ही बन्द कर आया है। उस मार्ग पर उसने अपने आप जो पत्थर रख दिया, उसे कैसे उठाये। उसके लिए साहस की ज़रूरत है, कुछ ढीठ बनने की ज़रूरत है। वह ढीठपना चेतन कहाँ से लाये ? वह उस पत्थर को न हटा सका तो उसे कितनी शर्म आयेगी ? और वह नीला को पत्र लिखने की अथवा चन्दा के पत्र में उसका हाल-चाल पूछने की इच्छा को दबा जाता। वह बैठा रहता, अपने उसी अँधेरे कमरे में और उसके सामने अनगिनत चित्र बन-बन कर मिटते रहते। उसे लगता जैसे अकेलापन अपने इस्पाती घेरे को उसके गिर्द क्षण-प्रतिक्षण कसता जा रहा है और किसी दिन यह उत्तरोत्तर परिमित होता हुआ घेरा उसका दम घोंट देगा। और वह चाहता कि पुस्तक को ले जा कर कविराज के सामने पटक दे और उसी क्षण लाहौर भाग जाय। लाहौर! जो अपने

कूड़े-करकट, गर्द-ग़ुबार, धुएँ और धुन्ध के बावजूद ज़िन्दा है, ज़िन्दगी के स्पन्दन से क्षण-क्षण धड़कता है। जहाँ इतनी सफ़ाई चाहे न हो, पर इतना शून्य भी नहीं। इतनी खामोशी और सन्नाटा भी नहीं। जहाँ कमरे के मौन में बैठे हुए भी इस अनुभूति से मन सन्तुष्ट रहता है कि पास ही कहीं मित्र हैं, चाहे फिर उनसे महीनों न मिला जाय; पास ही कहीं भाई हैं, शोर-गुल है, गाली-गलौज है, कारों की पों-पों और ताँगों की खटर-खट है; पास ही कहीं जुलूस निकल रहे हैं, जलसे हो रहे हैं, धर्म-चर्चा हो रही है, दंगा-फ़साद हो रहा है। कहीं कुरूपता पास है तो निकट ही कहीं सौन्दर्य और सुघड़ता भी है, मन और आँखों को व्यस्त करने की लिए काफ़ी साधन हैं। शिमले जैसी निस्तब्धता और मौन तो नहीं। माना शिमले में माल है और माल पर शामें रंगीन और मादक होती हैं, सुन्दर स्वरों का कलहास सुनने को, सुन्दर सूरतों की बनावट निरखने को मिलती है, लेकिन माल पर एक-दो बार जा कर ही चेतन को उसके परायेपन का एहसास हो गया था। उसमें अनारकली का-सा अपनत्व कहाँ ? वह इस अजनबीपन से एकदम भाग जाना चाहता था। न भाग सकता था तो उदास और ग़मगीन अपने कमरे में बैठा रहता था। और कुछ बस न चलता तो चुपके-चुपके रो दिया करता था।

०

लेकिन एक ही महीने बाद राजकुमार आ गया — कविराज जी का बड़ा लड़का। और यद्यपि चेतन ने उसे ज़रा भी पसन्द नहीं किया, लेकिन उसके आने की घड़ी अपनी तमाम कटुता के बावजूद चेतन के लिए एक नया जीवन ले आयी। उसे परिचित मिल गये, मित्र मिल गये, कई व्यक्ति आप-से-आप उसके जीवन में चले आये। शिमले में वह परायापन न रहा, माल में वह बेगानगी न रही और उसके ठहाके माल और लोअर बाज़ार में गूँजने लगे।

चौवन

कई दिनों से चेतन राजकुमार के आगमन की चर्चा सुन रहा था। कविराज जी जिस समय अपने इस पुत्र का उल्लेख करते, उनकी आँखों में चमक आ जाती। जब भी उनका कोई मित्र उनके सामने अपने लड़के की बात चलाता तो कविराज जी उसकी बात पूरी तरह सुने बिना — 'हमारे राजकुमार का तो यह विचार है कि'....'हमारे राजकुमार के सम्बन्ध में अध्यापक कहते हैं कि'....'हमारा राजकुमार तो ऐसा नहीं करता कि'....'हमारा राजकुमार तो यही पसन्द करता है कि'....किसी ऐसे ही वाक्य से शुरू करके अपने राजकुमार का ज़िक्र छेड़ देते और फिर उसकी बुद्धि, उसके ज्ञान, उसके साहस, बल-पराक्रम, अध्यवसाय, निष्ठा और परिश्रम की इतनी बातें सुनाते कि मित्र बेचारा मुँह तकता रह जाता। उनके भाग्य से उसे ईर्ष्या होने लगती, जिनकी सन्तान ऐसी नेक, समझदार, साहसी और बुद्धिमान थी।

राजकुमार के आने से बहुत दिन पहले कविराज जी ने उसके रहने-सहने, खाने-पीने, पढ़ने-लिखने के बारे में प्रोग्राम बनाने शुरू कर दिये थे। आते ही उसे अपने उपयुक्त मित्र

मिल जायँ, इस खयाल से उन्होंने अपने पड़ोस के लोगों और उनके बच्चों से मेल-जोल पैदा कर लिया था। उनके घर के सामने पूरब की ओर चावला साहब रहते थे। उनका लड़का एफ़०ए० में और लड़की 'भूषण' में पढ़ती थी। स्वयं वे सेक्रेटेरियेट में हेड-क्लर्क थे। कविराज जी ने उनको उनके बीवी-बच्चों सहित खाने पर बुला कर उन पर अपने लड़के की योग्यता का सिक्का बैठा दिया था। बायीं ओर दक्षिण की तरफ़ लाला मुकुन्दलाल असिस्टेण्ट सुपरिण्टेण्डेण्ट अपने लड़के और दो लड़कियों के साथ रहते थे। लड़का उनका मैट्रिक में पढ़ता था। पत्नी मर चुकी थी। उनके घर खाने पर निमन्त्रित हो कर वे अपने लड़के के लिए वहाँ उपयुक्त वातावरण पैदा कर आये। इसी प्रकार रुल्दू भट्टे के नीचे की गली में रहने वालों के साथ भी, जहाँ-जहाँ राजकुमार के समवयस्क लड़के थे, कविराज जी ने मेल-जोल बढ़ा लिया। चेतन पर भी उनका कृपा-भाव उन दिनों कुछ बढ़ गया। रात को सोते समय मन्नी के हाथ भेजने के बदले वे स्वयं चेतन के लिए दूध ले आते, उसके स्वास्थ्य के सम्बन्ध में पूछते, उसके भाई की प्रैक्टिस का हाल-चाल जानने की कोशिश करते, उसके उपन्यास की गति-विधि के बारे में एक-आध प्रश्न करते कि कितना लिखा गया है और वह उसमें क्या-क्या लिखना चाहता है। कभी-कभी उससे कोई परिच्छेद सुनाने की फ़रमाइश भी करते। इन तमाम कृपाओं के बदले में उन्होंने चेतन से वादा ले लिया था कि वह एक-दो घण्टे राजकुमार को अंग्रेज़ी पढ़ा दिया करेगा। जयदेव को उन्होंने उसे गणित पढ़ाने के लिए पहले ही राज़ी कर लिया था।

'हमारा राजकुमार बेहद सीधी-सादी तबीयत का लड़का है,' उसके आने से कुछ ही दिन पहले उन्होंने चेतन को अच्छे मूड में पा कर कहा, 'मैं वास्तव में उसे ब्रह्मचारी बनाना चाहता हूँ। शुरू ही से मैं उसे सवेरे उठने, ठण्डे पानी से नहाने और फ़र्श पर सोने की आदत डालना चाहता हूँ।' और फिर चेतन का रुख पा कर मूँछों में हँसते हुए उन्होंने प्रस्ताव रखा, 'मैं सोचता हूँ कि वह यहाँ तुम्हारे पास ही फ़र्श पर सोये। अपने कॉलेज की मैगज़ीन में वह बाकायदा लेख और कहानियाँ लिखता है। गत वर्ष उसे सबसे अच्छी कहानी लिखने पर प्रथम पुरस्कार मिला था।' और फिर उन्होंने बड़े प्यार के स्वर में चेतन से पूछा, 'तुम्हें तो कोई एतराज़ नहीं ?'

चेतन को भला और क्या चाहिए था! वह अपने आपको बुरी तरह अकेला महसूस कर रहा था। राजकुमार के आने से न सिर्फ़ उसकी वह तन्हाई दूर हो जायेगी, बल्कि वह अपने इरादे, अपनी स्कीमें, अपनी कहानियों के प्लॉट, अपने उपन्यास के परिच्छेद, भविष्य के अपने सपने — सब उसे सुना सकेगा। यह सोच कर उसने बड़े हुलास के साथ कहा, 'नहीं जी, नहीं जी, मुझे क्या एतराज़ हो सकता है ? मैं खुद फ़र्श पर सोने का आदी हूँ। कॉलेज के चार बरस मैंने ज़मीन पर सो कर ही गुज़ारे हैं। मैं भी फ़र्श पर सो रहा करूँगा।'

कविराज जी इस समस्या का हल करके सन्तुष्ट हो कर चले गये और चेतन राजकुमार के आगमन की प्रतीक्षा करने लगा।

कॉलेज से निकलते ही चेतन छै महीने के लिए अपने ही स्कूल में अध्यापक रहा था और यद्यपि स्कूल के घटिया वातावरण से उकता कर वह लाहौर भाग गया था तो भी पढ़ाने का उसका शौक चुका नहीं था। यह जान कर कि वह राजकुमार को पढ़ायेगा, उसे एक तरह का सुख मिला। फिर इतनी-सी आयु में उसका अपना एक शिष्य होगा, जिसे वह

लेख अथवा कहानी लिखना सिखायेगा, इस बात की कल्पना कर, अपने गुरुत्व के महत्व का खयाल करके उसके अहं को अनायास तुष्टि का एहसास हुआ और उसका हीन भाव कुछ अर्से के लिए मिट गया। और उन दिनों शायद वह कविराज जी से भी ज़्यादा राजकुमार की प्रतीक्षा कर रहा था।

एक सुबह जब चेतन कविराज की पुस्तक के लिए एक परिच्छेद का खाका तैयार कर रहा था, यादराम ने आ कर खुशी से झूमते हुए सूचना दी, 'बड़े काका आ रहे हैं।'

चेतन उठ कर खिड़की में खड़ा हो गया। तब जिस लड़के को उसने सीढ़ियों पर चढ़ते हुए देखा, उसके चेहरे से किसी तरह भी उन गुणों का आभास न मिलता था, जिनका बखान बड़े गर्व से कविराज इतने दिनों से कर रहे थे।

आने वाला लड़का मँझोले क़द का था। उसका शरीर यद्यपि स्थूल न था, पर स्थूलता की ओर उसका निश्चित झुकाव था। छोटी ठोड़ी, भरे-भरे गाल और चौड़ा मस्तक! नाक ज़रूरत से ज़्यादा लम्बी और मोटी। न आँखों में कोई गहराई थी, न चमक। न होंटों पर मन की सरलता का प्रतिबिम्ब था और न भवों पर अध्यवसायी, परिश्रमी और निष्ठावान होने का चिन्ह! उसे देख कर चेतन को एक मोटे-ताज़े, पले हुए दुम्बे की याद हो आयी।

'मूर्ख, भरा-पूरा दुम्बा!' चेतन ने मन-ही-मन हँस कर व्यंग्य से सिर हिलाया। राजकुमार अन्दर कमरे में जा चुका था। वह फिर बैठ गया और पुस्तकों को पढ़ कर अपने परिच्छेद के लिए नोट लेने लगा।

o

वह पंजाब पब्लिक लायब्रेरी से पाँच पुस्तकें चुन लाया था। उन सब को पढ़ कर उसने पुस्तक के पहले परिच्छेदों का खाका तैयार किया था। पहला अध्याय वह लिख चुका था। उसमें उसने प्राक्कथन के रूप में अन्य देशों की अपेक्षा भारत में बच्चों के स्वास्थ्य, उनकी असामयिक मृत्यु, उनका मरे हुए पैदा होना, जन्म लेने के बाद मर जाना या जीना तो सदा रोगी रहना और ऐसी ही दूसरी बातों का उल्लेख किया था। यौन-सम्बन्ध में माता-पिता की अज्ञता पर भी उसने प्रकाश डाला था। लिखने की शैली हालाँकि वह 'विवाह के भेद' जैसे सस्ती, घटिया और भावुकतापूर्ण न रख सका था तो भी उद्देश्य उसका वही था जो 'विवाह के भेद' का —पुस्तक पढ़ते ही बच्चों के माता-पिता ज़रा-सी बीमारी पर कविराज जी के दवाखाने भागे आयें, अथवा 'रोग परीक्षा-पत्र' भर कर डाक से उनकी औषधियाँ मँगायें। चेतन स्वयं उस प्रवंचना के विरुद्ध था, पर कविराज ऐसा चाहते थे। इसी उद्देश्य से उन्होंने उसे 'विवाह क़े भेद' पढ़ने को दी थी और जिस शैली का नमूना उसे दिखाया, वह कुछ यों थी :

'....प्यारो! जवानी में एक तरह का नशा है, इसमें एक अजीब उमंग है। लेकिन जिन्होंने जवानी का एहसास होने से पहले ही उसे नष्ट कर दिया हो, वे उस नशे और उमंग को क्या जानें ?

मैं क्या जानूँ चमन कहते हैं किसको आशियाँ कैसा
खुली आँखें तो मेरी खाना-ए-सय्याद में आ कर

मेरे पास जब ऐसे नौजवान आते हैं जो जवानी का स्पर्श पाते ही उसे गँवा

कर अपने पाँवों पर कुल्हाड़ा मार चुके होते हैं तो मेरा मन बहुत दुखी होता है। रोगी बड़ी आजिज़ी से हाथ जोड़ता है, पाँव पकड़ता है, आहें भरता है और कहता है — वैद्य जी, अब ज़्यादा तकलीफ़ नहीं सही जाती। मेरी जवानी मुझे दिला दो। उसकी जुदाई में मैं दीवाना हो रहा हूँ — जवानी....जवानी....जवानी! अपनी चमक-दमक और मीठी-नशीली आभा के साथ तुम कहाँ हो ? मुझसे क्यों रूठ गयी हो ? एक भूल तो परमात्मा भी क्षमा कर देता है। आओ, आओ, आओ! मैं क़सम खा कर कहता हूँ कि फिर तुम्हारा अपमान न करूँगा, तुम्हें हरगिज़ नहीं ठुकराऊँगा। मुझ पर दया करो।

प्यारो! इन युवकों की दशा को देख कर खबरदार हो जाओ। अपनी जवानी को बरबाद न करो! अगर भूल भी कर बैठे हो तो बीती बात पर मत आँसू बहाओ। मैं आपकी जवानी को आपसे मिला देने की पूरी कोशिश करूँगा। लेकिन वादा करो कि फिर अपने साथ वह ज़ुल्म न तोड़ोगे।'

o

'विवाह के भेद' की (जिसे कविराज वैज्ञानिक पुस्तक बताते थे और जिसके सम्बन्ध में चेतन ने 'ट्रंक गुम हो गया' का विज्ञापन लिखा था) इस लेखन-शैली को पढ़ कर चेतन को एक साथ हँसी और ग़ुस्सा आता था, पर वह जानता था कि इन्हीं पंक्तियों को पढ़ने वाले युवक दूसरे ही दिन उनके पास पहुँच जाते थे। और कविराज पहले रक्त साफ़ करने और फिर गयी जवानी को वापस ला देने के बहाने उनसे चालीस-पचास रुपये झटक लेते थे।

कविराज ने चेतन से इस पुस्तक में भी इसी सीधी-सादी शैली का अनुकरण करने के लिए कहा था और उस पर ज़ोर दिया था कि जहाँ-तहाँ उर्दू शेरों के नगीने भी जड़ दे, लेकिन चेतन को इस शैली से सख्त नफ़रत थी। उसने अपनी तमहीद[१] में कोई शेर आदि न लिखा था। शैली को गम्भीर कर दिया था, अगरचे उसकी इबारत का मतलब भी वही था।

अध्याय के अन्त में उसने लिखा था :

'मेरे पास हज़ारों माता-पिता कमज़ोर और महज़ हड्डियों के ढाँचों जैसे बच्चे ले कर आते हैं। (चेतन दिल-ही-दिल में हँसा था। वह अच्छी तरह जानता था कि आज तक कविराज गुप्त रोगों के चिकित्सक रहे हैं — बच्चों की बीमारियों का उन्होंने कभी इलाज नहीं किया)। गिड़गिड़ाते हैं कि उनके लाल को किसी तरह निरोग कर दिया जाय। धनी माता-पिता अपने खज़ानों के मुँह खोल देना चाहते हैं और निर्धन मेरे बच्चों की जान को दुआएँ देते हैं। मैं इमकान भर उनके बच्चों का इलाज करता हूँ। लेकिन मुझे दुख से कहना पड़ता है कि ज़्यादातर बीमारियाँ माँ-बाप की अपनी बेएहतियाती, बेकार के लाड और लाइल्मी का नतीजा होती हैं और कई उनकी अपनी बदचलनी का। बदचलनी का बुरा असर उसी पर नहीं पड़ता, जो उसका गुनहगार होता है, बल्कि बदचलन

१. भूमिका, प्रस्तावना.

माता-पिता के पापों की सज़ा अक्सर उनके बच्चों को भोगनी पड़ती है। माता-पिता के ऐबों के सबब कई बार बच्चा माँ की कोख में ही भयानक बीमारियों का शिकार हो जाता है।....'

चेतन ने इस अध्याय को फिर से पढ़ा और कविराज जी की लेखनी से उसकी तुलना करके स्वयं अपनी पीठ ठोंकी और दूसरे परिच्छेद का खाका बनाने लगा।

इस परिच्छेद में वह माता-पिता के असंयम, चरित्रहीनता और गर्भ में बच्चे पर उसके प्रभाव, आदि विषयों पर प्रकाश डालना चाहता था। परिच्छेद का शीर्षक तो बना-बनाया ही था — 'माता-पिता का असंयम और उसका परिणाम!' उप-शीर्षकों में उसने नशाखोरी — अफ़ीम, भाँग, चरस, सिगरेट अथवा पान-तम्बाकू का प्रयोग — सम्भोग में असंयम, तमाशबीनी, आदि मुख्य-मुख्य विषय रखे। यह खाका बना कर वह परिच्छेद लिखने में व्यस्त हो गया। उसे राजकुमार के आगमन का जो चाव था, वह उसे एक नज़र देख कर ही उतर चुका था, इसलिए दूसरे कमरे में कितना शोर मच रहा है, राजकुमार की क्या आव-भगत हो रही है, उस ओर से अन्यमनस्क हो कर वह अपने काम में डूबा रहा।

०

लेकिन वह कुछ ज़्यादा नहीं लिख पाया। उस परिच्छेद के लिए उसने जो पुस्तकें चुनी थीं, उन्हें पढ़ने ही में व्यस्त रहा। सब को पढ़ते-पढ़ते पहली बार उसे कई ऐसी बातें मालूम हुईं, जिनके बारे में बचपन से अब तक उसकी जिज्ञासा बनी हुई थी....सड़क के किनारे बैठे हुए, अत्यन्त दयनीय दशा में अपने कोढ़ से गलित अंगों को हिला-हिला कर भीख माँगने वाले भिखारियों को देख कर उसका मन एक दुर्निवार दुख और दया से भर आया करता था। माँ से पूछता तो वह उनके कोढ़-जनित दुख को उनके पिछले जन्म के कर्मों का फल बताती, उसे समझाती कि भगवान अच्छे कर्मों का फल अच्छा और बुरे कर्मों का फल बुरा देता है। ये जो राजे-महाराजे, धनी-मानी लोग हैं, ये पिछले जन्म में अच्छे कर्म करके आये हैं और अब स्वर्ग-सुख भोग रहे हैं और ये कोढ़ी अपने पिछले जन्म के पापों का फल — ये नरक के दुख पा रहे हैं। माँ उसे समझाती कि इस जन्म में अच्छे कर्म करो ताकि दूसरे जन्म में अच्छा फल मिले....

लेकिन चेतन की समझ में यह बात न आती थी कि कौन-सा दुख पिछले जन्म का फल है और कौन-सा इस जन्म का ? फिर यह भी कैसे पता चले कि इस हद पर पिछले जन्म के कर्म खत्म हुए और अब इस जन्म के कर्म शुरू होंगे — एक आदमी दूसरे को क़त्ल कर देता है और फाँसी पाता है। हो सकता है कि मक़तूल ने पिछले जन्म में वर्तमान क़ातिल की हत्या की हो, जिसका बदला उसे इस जन्म में मिला हो — फिर फाँसी कैसी ?....और उसके विचार उलझ जाते। माँ उसे कोई सन्तोषजनक उत्तर न दे पाती। वह जब उन कोढ़ियों को देखता, धर्म-कर्म की समस्या अपने तमाम उलझाव के साथ उसके सामने आ जाती।....

प्रायः जब मुहल्ले में बच्चा मरा हुआ जन्मता अथवा जन्मते समय उसके शरीर पर फोड़े आदि होते तो अपनी इसी जिज्ञासा के कारण वह माँ से उसका कारण पूछता। माँ ऐसे

बच्चों को 'घोर पातकी' बताती और समझाती कि हमारे शास्त्रों में लोहू और पीब की जिन नदियों का उल्लेख है, वे यही तो हैं। इनमें घोर पातकी अपने गत जन्म के पापों का फल भोगते हैं — नौ महीने लोहू-पीब में रह कर जन्म पाते ही मर जाते हैं और फिर किसी अन्य कोख में जा पड़ते हैं और यह क्रम उस समय तक चलता रहता है जब तक कि उनके दण्ड की अवधि समाप्त नहीं हो जाती....लेकिन चेतन सन्तुष्ट न होता। माँ की कोख में अचेतावस्था में बच्चा आराम से पड़ा रहता होगा, वह सोचता, इसके विपरीत रोज़-रोज़ भूख, बेकारी और भीख का अपमान सहने वाले कोढ़ी उसकी अपेक्षा उसे कहीं ज़्यादा कष्ट पाते दिखायी देते।

'माँ को मालूम नहीं,' वह सोचा करता, 'ये कोढ़ी उन बच्चों की निस्बत कहीं बड़े गुनहगार हैं।'

इन पुस्तकों को पढ़ कर चेतन ने जाना कि जहाँ उन कोढ़ियों में से कुछ स्वयं अपने कर्मों का फल भोगते हैं, अधिकांश अपने माता-पिता के कर्मों का फल भुगतने को मजबूर हैं। प्रकृति अपने विरुद्ध किये गये अनाचारों का बुरी तरह प्रतिशोध लेती है। उसने पढ़ा कि उपदंश और प्रमेह आदि रोग कई पीढ़ियों तक असर करते हैं और जो बच्चे मरे हुए अथवा लूले, लँगड़े, कोढ़ी पैदा होते हैं, उनमें से अधिकांश अपने माता-पिता के किसी-न-किसी व्यसन के फलस्वरूप वैसे पैदा होते हैं। उपदंश और प्रमेह ऐसे रोग हैं जो देश की आगामी नस्लों को घुन की तरह खोखला किये जा रहे हैं।

और चेतन के सामने सहसा अपने मुहल्ले का चित्र घूम गया। उन पुस्तकों को पढ़ते-पढ़ते उसका सारे-का-सारा मुहल्ला अपनी तमाम ग़रीबी, गन्दगी, रोग, शोक, दुश्चरित्रता, अपढ़ता, मूर्खता, संकीर्णता के साथ उसकी आँखों के सामने आ गया। उसके मुहल्ले में कोई ही ऐसा भाग्य वाला घर होगा, जिसमें कोई-न-कोई व्यक्ति किसी-न-किसी मैथुन-सम्बन्धी या संक्रामक या किसी और गुप्त रोग से पीड़ित न हो। हालाँकि बीसवीं सदी अपने आधुनिक विचारों के साथ उन्नति के पथ पर तेज़ी से बढ़ी जा रही थी, पर कल्लोवानी मुहल्ले के वासी अपनी पुरानी लीक पर उसी चिर-मन्थर गति से चले जा रहे थे। कुछेक व्यक्तियों को छोड़ कर शेष सब अपढ़ थे। मिडल से आगे शायद ही कोई जाता। जो मैट्रिक पास कर लेता, वह बाहर नौकरी पर चला जाता। शिक्षित होने के साथ जो लोग सम्पन्न और सुसंस्कृत भी हो जाते, वे बाहर कोठियों में जा बसते। शेष मुहल्ला अपनी उसी अशिक्षा, ग़रीबी और गन्दगी में पड़ा किलबिलाया करता।

चेतन के घर के सामने, मुहल्ले के चौक की दूसरी ओर जो घर था, उसमें माई जीवाँ रहती थी। बड़ी धर्मात्मा और नेक-बख़्त! प्रातः चार बजे उठ कर कुएँ को धोती; सर्दी हो या गर्मी, वहीं नहाती और फिर वहीं बैठ कर बड़ी देर तक पूजा-पाठ में निरत रहती। सत्संग उसके यहाँ सदा लगता। 'गुरु बिना (क्योंकि) गति नहीं, इसलिए युवावस्था ही से एक महात्मा को उसने गुरु बना रखा था। (मुहल्ले में जितनी विधवाएँ अथवा सधवाएँ थीं, उनमें अधिकांश के कोई-न-कोई गुरु था)। इसके अलावा हमेशा उसके यहाँ कोई-न-कोई साधु-सन्त आया रहता। उसका इकलौता लड़का था और जायदाद काफ़ी थी। जब युवा हुआ तो माँ के इस आचरण पर उसने आपत्ति की। जीवाँ ने परमार्थ के मार्ग में रोड़ा अटकाने वाले इस पुत्र का विवाह कर दिया और उसे पुत्र-वधू के साथ अलग कर,

एकनिष्ठ हो कर अपना परलोक सुधारने में लग गयी। पड़ोसियों में बड़ी निन्दा होती और जब कोई जवान हट्टा-कट्टा साधू बड़ी मस्ती से जटाएँ चेहरे पर बिखेरे, अपने ब्रह्मचर्य का तेज चारों ओर फैलाता हुआ माई जीवाँ के घर को पवित्र करता तो ये काना-फूसियाँ बढ़ जातीं। लोगों में क्योंकि बड़ी निन्दा होती थी, इसलिए पुत्र ने एक-दो बार फिर झगड़ा किया। पर वह भला लोक के डर से अपना परलोक बिगाड़ लेती! जब यह धर्मपरायण माई जीवाँ मरी थी तो सात दिन तक मुहल्ले में कोई पूरी नींद सो न सका था। इतना कराहती और चीखती-चिल्लाती थी वह। चेतन तब स्कूल में पढ़ता था। वह स्वयं भी एक रात जागता रहा था। अपनी माँ से उसने पूछा था, 'माँ इसे क्या तकलीफ़ है!'

'गर्मी का रोग था बेटा, वही बिगड़ गया है शायद ?'

तब उसने समझा था कि गर्मी का रोग भी लू लगने की तरह का कोई रोग होगा — आदमी को लू लग जाती होगी और वह मर जाता होगा। लेकिन अब उसे मालूम हुआ कि यह क्या बीमारी है। माँ ने उसे बताया था कि जीवाँ के पति की मृत्यु भी इसी रोग से हुई थी। बीमारी दूर करने के लिए उसने किसी महात्मा की दवाई खायी थी। बीमारी तो क्या दूर होती, उल्टा अधरंग हो गया और जीवन ही से मुक्ति मिल गयी।

और चेतन समझ गया कि क्यों माई जीवाँ के पोते, पिता के किसी प्रकार के दुराचार के बिना, मरे हुए पैदा होते थे या हो कर मर जाते थे और बड़े इलाज-उपचार के बाद बचने शुरू हुए थे।

माई जीवाँ के घर के बराबर उधर को एक सुनार रहता था। अच्छे दिनों में उसके यहाँ शादी-विवाह पर वेश्याएँ आती थीं और मुहल्ले के चौक में बड़े सुन्दर मँडुए के नीचे उनका संगीत अथवा नृत्य हुआ करता था। उसके यहाँ बड़ी कठिनाई से एक लड़का बचा था। लड़के होते थे, पर बीमार पैदा होते थे, अथवा रोग का प्रतिरोध करने की शक्ति पर्याप्त मात्रा में अपने अन्दर न रखने के कारण जल्द ही मौत का ग्रास बन जाते थे। और उस समय, जब उसके पति को कुछ इंजेक्शनों की ज़रूरत थी, गृहिणी दुनिया भर के देवी-देवता, पीरों-फ़कीरों को पूजती फिरती, मज़ारों पर न्याज़ें चढ़ाती और टोने-टोटके करती।

चौक की दूसरी ओर, चेतन के मकान के ऐन सामने, एक खत्री घराना रहता था। इसमें कुछ बुज़ुर्ग सम्पन्न तथा सुसंस्कृत हो गये थे और इस गन्दगी से बाहर निकल कर कोठियों में जा बसे थे। उनके खण्डहर-जैसे मकान में घराने के अवशेष मात्र वंशजों में जो चार भाई रह गये थे, उनमें भी दो दिवंगत हो गये थे। सब से बड़े की विधवा दम्मो थी और दूसरे की शन्नो, जिसने अपने सबसे छोटे खूबसूरत देवर, चेतन के पिता के मित्र, लाला मुकन्दीलाल से रिश्ता जोड़ लिया था और फलस्वरूप एक पुत्र-रत्न की प्राप्ति की थी; अन्त में देवर को अपना पति भी बना लिया था और उसी अपने देवर-पति की बदौलत अपने समस्त शरीर को उपदंश के घातक विष से भर लिया था। उन दिनों भी उसकी दायीं जाँघ पर एक बड़ा-सा घाव था, जो भरने ही में न आता था। पिछली बार जब चेतन गया था तो उसे मालूम हुआ था कि माई जीवाँ का स्थान अब शन्नो देवी ने सँभाल लिया है। बड़े तड़के उठ कर वह कुएँ की सफ़ाई करती है और उसके यहाँ अब नियमित रूप से सत्संग होने लगा है।

चौक के बायें कोने में जो गली अन्दर को गयी थी, उसमें खत्रियों का एक और ब्राह्मणों के दो घर थे। खत्री महोदय — लाला सोहन लाल — बिसाती की दुकान करते थे, बीवी मर चुकी थी, पुत्र भी थोड़ा-बहुत पढ़-पढ़ा कर नौकर हो गया था और वे अक्सर दुकान ही पर रहते थे। सदा एक-न-एक सुन्दर छोकरा अपने साथ रखते थे। कभी वे उसे अपना शिष्य और कभी अपना नौकर बताते। मुहल्ले भर के माता-पिता अपने लड़कों को उनके यहाँ कोई चीज़ लाने के लिए भेजने में संकोच करते थे। ब्राह्मणों के दोनों घरों में केवल दो व्यक्ति मैट्रिक तक पढ़ पाये थे। एक दिल्ली के ऑडिट ऑफ़िस में नौकर हो गया था और दूसरा प्रेम और बेकारी के चक्कर से नजात न पा सकने के कारण क्षीण-से-क्षीणतर होता हुआ तपेदिक का शिकार हो गया था। दोनों घरों में कुल मिला कर छै कुटुम्ब रहते थे, जिनमें से दो में उपदंश और प्रमेह ने अपना घर कर लिया था, तीन में यक्ष्मा का आधिपत्य था और जो छठा था, उसमें इन रोगों के ग्रास बड़े पैमाने पर तैयार हो रहे थे। इस कुटुम्ब के ज्येष्ठ पुत्र पण्डित रामधन जी अपनी पैंतीस वर्ष की आयु में आठ सन्तानें पैदा कर चुके थे और आय के नाम पर बीस-पच्चीस रुपये महीने से अधिक न कमाते थे।

इनके अतिरिक्त जो दूसरे लोग मुहल्ले में रहते थे, उनकी स्थिति भी इनसे अच्छी न थी।

और ये तमाम लोग शिक्षा के विरोधी; मज़ारों, क़ब्रों और समाधियों को पूजने वाले; कुँओं की जगतों और मन्दिरों के चबूतरों को सुबह-शाम नियमित रूप से धोने वाले; गीता, रामायण, महाभारत तथा भागवत का पाठ (बिना उनके अर्थों को समझे) प्रतिदिन करने वाले और इस जन्म के तमाम कष्टों को पिछले जन्म के कुकर्मों का फल मान कर अगला जन्म सुधारने के लिए इस जन्म में कष्ट पाने वाले थे। इन्हीं लोगों और उनकी अशिक्षित सन्तान ही के कारण यह सम्भव था कि मुंशी गिरिजाशंकर और कविराज जी जैसे सैकड़ों वैद्य, हकीम और डॉक्टर अपने आपको पुरुष और स्त्रियों के गुप्त रोगों का विशेषज्ञ बता कर उन्हें और उनके साथ ही आगामी नस्लों को तबाह किये जा रहे थे।

सोचते-सोचते क्रोध का एक बवण्डर-सा चेतन के मन में उठा। उसका जी चाहा कि उसे कहीं अधिकार हो तो वह सारे-के-सारे मुहल्ले को धराशायी कर दे। उसकी नींवें तक खुदवा डाले, जिनमें सदियों से बीमारियों के कीड़े पल रहे थे। नये सिरे से स्वस्थ लोगों का मुहल्ला बसाये। लेकिन दूसरे क्षण उसे खयाल आया कि एक मुहल्ला खोदने से क्या होगा। अशिक्षा, ग़रीबी, बेकारी ने तो ग़रीबों का प्रत्येक मुहल्ला ऐसा बना रखा है। सारे देश की जीर्ण-पुरातन दीवारों को गिरा कर नये देश, नये समाज, नयी नस्ल का आविर्भाव करना होगा।

०

पुस्तक उसके सामने खुली पड़ी थी और वह अपने विचारों में कहीं-का-कहीं भटक गया था। तभी कविराज जी ने अन्दर का दरवाज़ा खोला। उनके पीछे-पीछे राजकुमार ने प्रवेश किया। उसे अपनी बाँह में भर कर अपनी मुस्कराहट को कुछ और फैलाते हुए उन्होंने दोनों को एक-दूसरे का परिचय दिया। फिर राजकुमार के सामने चेतन की बड़ी प्रशंसा की और उससे कहा, 'आज से तुम यहीं सोना। समय निकाल, घण्टा-दो-घण्टा इनसे अंग्रेज़ी पढ़

लिया करना।' और यादराम को बुला कर उन्होंने कहा, 'बड़े काका का बिस्तर इधर इनके कमरे में फ़र्श पर लगा दो।'

तब चेतन उछल कर उठा। उसने यादराम से कहा कि उसकी चारपाई उठा कर बाहर सीढ़ियों में रख दे और उसका बिस्तर भी वहीं फ़र्श पर बिछा दे।

कविराज जी ने उसको शाबाशी दी। फ़र्श पर सोने के लाभ पर एक छोटा-सा भाषण दिया और चले गये।

०

जब बिस्तर नीचे बिछ गया, चेतन ने अपनी पुस्तकों को फ़र्श ही पर एक ओर क़रीने से चुन लिया और बैठ कर फिर काम करने लगा तो उसे लकड़ी के उस फ़र्श पर बैठने में दिक़्क़त हुई। खिड़की से बहुत नीचे होने के कारण रोशनी और भी कम हो गयी थी। किन्तु जब यादराम निकट ही फ़र्श पर राजकुमार का बिस्तर बिछा रहा था तो वह शिकायत कैसे करता।

उस रात चेतन ने राजकुमार को ज़्यादा नहीं पढ़ाया। बातें भी बहुत नहीं हो सकीं। ट्रेन में आने के कारण राजकुमार थका हुआ था, इसलिए वह सो गया।

चेतन दिन भर पूरा काम न कर सका था, वह लिखने की अपेक्षा सोचता अधिक रहा था। फिर कमरे की व्यवस्था बदलनी पड़ी थी, इसलिए खाना खा कर आने के बाद वह काम पर बैठ गया और राजकुमार के सो जाने और कविराज जी के अपने प्रिय पुत्र को आराम से सोया हुआ देख कर अन्दर चले जाने के बाद देर रात तक काम करता रहा।

सुबह वह ज़रा देर से जागा और बिना लिहाफ़ से मुँह निकाले दोनों हाथ अपने चेहरे पर फेरते हुए उसने राजकुमार को 'नमस्ते' कही। जब उसे कोई उत्तर न मिला तो उसने लिहाफ़ से मुँह निकाला कि देखें राजकुमार अभी सोया पड़ा है या जाग रहा है। लेकिन वह चकित रह गया। न वहाँ राजकुमार था, न उसका बिस्तर। यह भी नहीं मालूम होता था कि वहाँ कभी किसी का बिस्तर बिछा भी था।

क्षण भर वह उसी खाली जगह की ओर देखता रहा। फिर उसने सोचा —कविराज दुकान को जायेंगे तो उनसे पूछेगा कि राजकुमार चला क्यों गया। किन्तु कविराज जाते समय उससे नहीं मिले। वे तेज़ी से निकले और जल्दी-जल्दी सीढ़ियाँ उतर गये। शायद उन्हें बहुत जल्दी थी।

तब चेतन ने सोचा कि शायद राजकुमार वहाँ न सोयेगा। शायद ब्रह्मचर्य-व्रत उसके लिए उतना आकर्षण नहीं रखता। उसे भी अपनी चारपाई वापस ले आनी चाहिए। उस अँधेरे में काम करके आँखें फोड़ने की क्या ज़रूरत है। वह सीढ़ियों की ओर बढ़ा, लेकिन चारपाई वहाँ से ग़ायब थी।

वह दिन भर असमंजस में पड़ा रहा। उससे काम न हो रहा था। उसे ऐसा लगता था, जैसे वह फिर ठगा गया है। तभी मन्नी उधर से गुज़री। चेतन ने उससे पूछा —

'मेरी चारपाई कल यादराम ने वहाँ रखी थी, कहाँ गयी ?'

'रात को बड़े काका के लिए वैद्य जी ले गये।'

'पर उन ब्रह्मचारी जी को तो धरती पर सोना था,' क्रोध से जलते हुए चेतन ने कहा।

मन्नी हँस दी, 'एक ही रात में बिलबिला उठे पिस्सुओं के मारे। उठ कर भाग आये आधी रात को। चारपाई तो और घर में थी नहीं, वही ला कर वैद्य जी ने उनके नीचे बिछा दी।'

चेतन ने चाहा ऐसी फुफकार मारे कि सामने का कमरा जल कर राख हो जाय। किन्तु वह केवल विष घोल कर रह गया।

०

सारा दिन वह कोई काम न कर सका। बेचैनी के मारे लेटता, उठता, बैठता कमरे में चक्कर लगाता रहा।

पचपन

ब्रह्मचारी जी का धरती पर सोना तो चेतन से चारपाई लेने का बहाना-मात्र था। सोचने पर चेतन अच्छी तरह समझ गया। चारपाइयाँ शिमले में महँगी थीं। फिर सीज़न के खत्म हो जाने पर उन्हें बेच कर, नीलाम करके अथवा किसी मित्र को दे कर जाना पड़ता था। इसलिए शायद कविराज जी ने सोचा कि जब घर में एक नयी चारपाई है तो दूसरी बाज़ार से क्यों लायी जाय। और क्योंकि वे दवाखाने से चेतन को इसी चारपाई का लालच दे कर लाये थे, इसलिए अब उसे लेने के लिए उन्होंने यह आडम्बर रचा था।

कविराज जी का यह क़ायदा था कि वे कटु-से-कटु बात को भी मीठे-से-मीठे ढंग से करने का प्रयास करते थे। चेतन को शिमला लाने से पहले अगर वे उससे कहते, 'मैं बच्चों के सम्बन्ध में एक पुस्तक चाहता हूँ, तुम उसे मेरे नाम से लिख दो,' तो चेतन शायद कभी तैयार न होता। लेकिन उन्होंने बड़े मीठे, प्यारे ढंग से अपना वांछित काम भी करा लिया और खर्च भी कम-से-कम किया था। और वह भी काम करने वाले पर एहसान का बोझ लादते हुए, क्योंकि प्रकट चेतन को उनके विरुद्ध किसी प्रकार की उचित शिकायत न हो सकती थी।

कविराज जी इस कला में सिद्धहस्त थे। दूसरे पर एहसान करते हुए (अथवा उसे इस बात का एहसास दिलाते हुए कि उस पर एहसान किया जा रहा है) अपना काम करा लेना अथवा अपनी इच्छा के अनुसार किसी समस्या को सुलझा लेना उनके बायें हाथ का काम था।

छै वर्ष से उनके यहाँ औषधियाँ कूटने पर एक व्यक्ति नौकर था। यादराम को पाने पर कविराज ने उसे निकालने का फ़ैसला कर लिया। बात यह थी कि एक तो वह बूढ़ा था, उतना काम न कर पाता था, दूसरे पुराना नौकर होने के कारण उसे पगार ज़्यादा देनी पड़ती थी। मगर यह निश्चय करने के बाद उन्होंने उसे तत्काल छुट्टी नहीं दी। कई दिन पहले वे उससे कहते रहे कि उसका स्वास्थ्य खराब दिखायी देता है, वह दिन-प्रतिदिन दुबला होता जा रहा है, उसे कुछ दिन के लिए आराम करना चाहिए। जब उसे अपने

स्वास्थ्य की खराबी के बारे में विश्वास हो गया तो उसे उन्होंने वेतन-सहित पन्द्रह दिनों की छुट्टी दे दी। वह चला गया तो उन्होंने यादराम को अस्थाई रूप से उसकी जगह लगा लिया। जब पन्द्रह दिन बाद वह लौटा तो कविराज जी ने उससे कहा कि बाबा, तुममें अब इतना कठिन काम करने की हिम्मत नहीं। तुम्हें तो अब कोई ऐसा काम करना चाहिए, जिसमें कम जान खपानी पड़े। मैंने एक मित्र से तुम्हारी सिफ़ारिश कर रखी है, तुम वहाँ जाओ। रुपये तो शायद दो-एक कम मिलें, पर काम आराम का होगा। मैं तुम्हें सिफ़ारिशी चिट्ठी लिख देता हूँ। और उन्होंने अपने मित्र को लिखा :

'तुम कोई बात कहो और हम न मानें, यह कैसे हो सकता है। नौकर भेज रहा हूँ। मेरे यहाँ छै वर्ष से काम कर रहा है। दयानतदार और मेहनती है। मुझे थोड़ी तकलीफ़ तो होगी, पर मैं जानता हूँ, तुम्हारी तकलीफ़ मुझसे ज़्यादा है। एक बार काम सिखा दो, फिर तुम इसे निहायत मुनासिब पाओगे।'

और यह सिफ़ारिशी चिट्ठी दे कर उन्होंने उसके हाथ पर दो रुपये इनाम रखा और उसे विदा किया।

कविराज जी नौकरों ही से छल करते हों, यह बात न थी। छल-कपट (जिसे वे जीवन को सुख से बिताने का एक निहायत ज़रूरी साधन मानते थे) उनकी प्रकृति का एक अंग बन चुका था। अपने नौकरों से, ग्राहकों से, मित्रों से, बीवी से, यहाँ तक कि वे अपने आप से छल करते थे। दिन-रात झूठ बोलते हुए, जनता को ठगते हुए, वे साथ-साथ अपने परलोक सुधारने की भी चिन्ता में निरत रहते थे। आर्य समाज के प्रसिद्ध उपदेशक स्वामी शुद्ध देव उनके घर नियमित रूप से वर्ष में एक बार गीता की कथा करते थे। हर महीने हवन-यज्ञ होता था। इसके साथ ही वे कई सभा-सोसाइटियों को दान देते थे और कई धर्मार्थ संस्थाओं के संचालन का बोझ अपने 'कमज़ोर' कन्धों पर उठाये हुए थे और समझते थे कि इहलोक के साथ वे अपना परलोक भी सुधार रहे हैं। लेकिन चेतन ने अच्छी तरह देखा था कि चाहे प्रकट रूप से ये सब कार्य वे परमार्थ के हेतु ही करते हों, लेकिन अर्द्ध-चेतन में उनका कारोबारी रूप अपने समस्त परोपकार का हिसाब-किताब रखता था। कथा कराते समय अथवा चन्दा देते समय वे सदा इस बात का ध्यान रखते थे कि बदले में उन्हें क्या मिलता है — कितनी सभा-सोसाइटियों के वे प्रधान अथवा उप-प्रधान चुने जाते हैं, उनके कितने मित्रों अथवा रिश्तेदारों का काम बनता है, उन्हें कितनी ख्याति मिलती है। कई सभाओं की ओर से उनको (आयुर्वेद सम्बन्धी सेवाओं के सिलसिले में) स्वर्ण-पदक मिले थे (जिनका विज्ञापन वे अपनी पुस्तक 'विवाह के भेद' के सिलसिले में लगातार करते)। कितनी ही सोसाइटियों के कोष पर उनका अधिकार था। उन्हें देख कर चेतन को कभी-कभी पंजाबी भाषा की एक लोकोक्ति याद आ जाती थी :

अहरन दी कीत्ती चोरी सुई दा कीत्ता दान
कोठे ते चढ़ देखन लग्गा ओह आये विमान

लेकिन चेतन को कविराज जी के इस ढंग, उनकी इस व्यवहार-कुशलता से सख्त नफ़रत थी। वह स्पष्टवादी था। साफ़ बात पसन्द करता था। इस घुमाव-फिराव में उसे छल की गन्ध आती थी। यदि कविराज उससे साफ़ कह देते — 'राजकुमार आ रहा है भाई,

चारपाई अब उसके लिए चाहिए,' तो वह तत्काल दे देता। उसे ज़रा भी दुख न होता, क्योंकि कविराज जी ने शिमला आने से पहले उससे कह दिया था कि सोने के लिए उसे दुकान या मकान का कोई कोना दे देंगे। यह भी उससे कह दिया था कि शायद उसे फ़र्श पर सोना पड़े और चेतन इस बात के लिए तैयार भी हो कर आया था। लेकिन उसे इस झूठ और फ़रेब से चिढ़ थी। हर बार नया झूठ। उस झूठ को छिपाने के लिए फिर झूठ और इस प्रकार झूठ का यह सारे-का-सारा व्यापार उसके लिए असह्य था। स्पष्ट बात सुनने पर पहले धक्का ज़रूर लगता है, किन्तु आदमी उसे शीघ्र ही भूल जाता है, अथवा उसे यथार्थ जान कर उससे समझौता कर लेता है। लेकिन यह कपट! यह ऊपर से उतना कटु मालूम नहीं होता, पर जो व्यक्ति इस कपट का शिकार बनता है, जब उस पर इसकी यथार्थता खुलती है तो उससे जो झटका लगता है, छले जाने का जो खेद उसे होता है, वह हृदय में घाव बना देता है और वह घाव समय पा कर नासूर बन जाता है और कपटी के क्षमा माँग लेने पर भी, उससे बदला ले लेने पर भी, नहीं मिटता।

और चाहे उसने उनके लिए पुस्तक लिखने का निर्णय कर लिया था और वह पूरी मेहनत से पुस्तक लिख रहा था, लेकिन उस समस्त छल-कपट के लिए उसने उन्हें क्षमा न किया था और वह उस घाव को धीरे-धीरे पाल रहा था।

चेतन के जीवन की ट्रैजेडी उसकी यह बढ़ी हुई भाव-प्रवणता और उससे जनित क्षोभ था। यदि अनजाने में उससे स्वयं छल बन आता तो दूसरे ही क्षण अपने छल को जान कर आत्म-ग्लानि से उसका हृदय आन्दोलित हो उठता। प्रतिक्रिया उसे दूसरे किनारे पर ले जा फेंकती। निम्न-मध्यवर्ग में जो 'मोटी खाल' पैदा होती है — जो मान-अपमान को सह जाती है और बिना महसूस किये झूठ बोलती है, खुशामद करती है, रिश्वत लेती-देती है और धोखा-फ़रेब करती है, वह चेतन के पास न थी। उसकी खाल बहुत पतली थी। दिमाग़ की नसें उसकी बेहद नाज़ुक थीं। छोटी-सी बात भी उन्हें बेतरह झनझना देती थी।

उसे चारपाई के इस तरह छीने जाने का बहुत दुख हुआ था। क्षण भर के लिए क्रोध का लावा उसके अन्तस्तल में पूरे वेग से खौल उठा था और लगता था कि वह एकदम फट पड़ेगा। उसने चाहा था कि उसी क्षण कविराज जी के पास जाय। उनसे कहे : 'मुझे अभी चारपाई ले दीजिए! इसी क्षण! रुपये आप मेरे वेतन से काट लीजिए। क्या मेरे सहयोग का मूल्य एक चारपाई भी नहीं ? क्या आप ने मुझे यादराम या जयदेव समझ लिया है ?'

हालाँकि वह अच्छी तरह जान गया था कि कविराज की दृष्टि में उसका महत्व यादराम या जयदेव से ज़्यादा नहीं, उसने अपनी इस स्थिति से समझौता भी कर लिया था, मगर बार-बार इसकी याद दिलाये जाने पर उसे, उसकी वर्ग-चेतना को, उसके अहं को दुख पहुँचता था। उस क्रोध के क्षण में उसने यह भी सोचा था कि उसी समय कहीं से तीन-चार रुपयों का प्रबन्ध करके एक चारपाई ले आये। लेकिन ज्यों-ज्यों सोचता गया, उसके क्रोध का वेग शान्त होता गया। कविराज जी से और कुछ चाहे उसने न सीखा हो, लेकिन क्रोध में सोचना अवश्य सीख लिया था। 'कोई भी बात क्रोध में न करो' — यह उनका मॉटो था। जब भाई साहब ने उससे तीस रुपये माँगे थे और उसकी ओर से कविराज ने उत्तर दिया था तो भाई साहब की ओर से एक कटु पत्र आया था और वह उसी समय

उसका उत्तर देना चाहता था, लेकिन कविराज जी ने उसे सलाह दी थी कि ग़ुस्से में कभी पत्र न लिखो। यदि लिखे बिना कुछ और काम न हो सके तो लिख कर रख लो और दो दिन बाद डालो। निश्चय ही तुम उसे फाड़ दोगे। यदि न फाड़ सको तो दोबारा पढ़ने पर तुम उसे ज़रूर बदल दोगे।....चेतन बहुतेरा चाहता था कि अपनी पुरानी आदत के अनुसार वह दनदनाता हुआ कविराज जी के पास जाय, लेकिन अज्ञात रूप से उस पर उनका प्रभाव हो गया था। उनकी बहुत-सी बातों से घृणा करने, मन में उनका मज़ाक़ उड़ाने के बावजूद, उसने उनके स्वभाव का यह गुण अपना लिया था। बेतरह ग़ुस्सा होते हुए भी एक ओर अपने वांछित भावी कृत्य और दूसरी ओर उसके औचित्य-अनौचित्य पर वह अपने मन में विचार करता जा रहा था। उसे लगता था कि अभी कविराज जी के पास जाना तो उसकी मूर्खता होगी। वह जायेगा, शोर मचायेगा, कविराज उल्टा उसे लज्जित करेंगे और एहसान का बोझ लादते हुए चारपाई ले देंगे। नहीं, वह इस प्रकार चारपाई नहीं लेगा। उसे और किस बात का आराम है, जो वह चारपाई ले कर कृतज्ञ हो ? वह अभी तक नौकरों की बे-छत की टट्टी में शौचादि से निवृत्त होने के लिए जाता है; उस सर्दी में कमेटी के नल से नहाता है; ब्राह्मण होता हुआ भी, उनके घर में रहता हुआ भी, अछूत-सा बना हुआ है तो फिर यदि फ़र्श पर सो लेगा तो उसका कौन-सा अपमान हो जायेगा ? जब झूठ उनके जीवन का स्वभाव बन गया है, जब उनके झूठ को अच्छी तरह पहचान कर, समझ कर वह उनके लिए पुस्तक लिखने को तैयार हो गया है, तब उसी झूठ का एक दूसरा रूप सामने आने पर इतनी परेशानी क्यों ? क्यों न सदा के लिए उसी रूप को उनका असली रूप मान ले ? जिस काल्पनिक व्यक्ति के नाम उसने भावुकतावश पुस्तक समर्पित की थी, उसे क्यों न भूल जाय ? उन कविराज को उसकी भावुकता-जनित कल्पना ने देखा था, इनको उसके अनुभव ने। तो फिर अपने अनुभव को ही पथ-प्रदर्शक क्यों न माने ? क्यों कल्पना का भुलावा खाये और बार-बार उसके मिथ्या होने पर दुख पाये ?

और यह सब सोच कर चेतन स्वस्थ हो गया था। उसका क्रोध तूफ़ान नहीं बना, बवण्डर नहीं बना, एक घुमड़न-सी बन कर अन्दर-ही-अन्दर मिट गया। लेकिन वह घाव, जो चेतन के मन में इस कपट के कारण हो गया था, नहीं मिटा। इस घटना से वह कुछ और गहरा ही हुआ।

कविराज जी सुबह उससे आँखें मिलाये बिना गुज़र गये थे, लेकिन शाम को जब वे आये तो सीढ़ियों की खिड़की में से झाँक कर उन्होंने पूछा कि वह मज़े में तो है और उसे पिस्सुओं ने तो नहीं काटा।

'राजकुमार तो भाग आया उठ कर,' उन्होंने कहा, 'बच्चा है न आखिर!' और वे हँसे।

तब चेतन ने कहा कि वह बड़े मज़े में है, उसके रक्त में इतना ज़हर भरा है कि पिस्सू उसे काटें तो मर जायँ।

इस पर कविराज जी ने खीसें निपोर दीं और अन्दर चले गये।

छप्पन

राजकुमार उसके कमरे में सोया न था, लेकिन दूसरे दिन समय पर उसके पास पढ़ने के लिए आ गया। चेतन चाहता था, उससे कह दे कि वह पुस्तक लिख रहा है, उसके पास समय नहीं, पर वह कुछ भी न कह सका और चुपचाप उसे पढ़ाने लगा।

०

बात वास्तव में यह थी कि उस नीम-अँधेरे कमरे में, सारा दिन पढ़ते, नोट लेते, और लिखते-लिखते वह इतना थक जाता था कि किसी की सूरत देखने को, किसी से दो बातें करने को उसका जी तरस उठता था।

कविराज जी के यहाँ उसकी स्थिति नौकरों की-सी थी, इसलिए पड़ोसियों से वह कभी खुल न पाया था। वह सदा उनसे खिंचा-खिंचा-सा रहा। यद्यपि वह कविराज जी के लिए पुस्तक लिख रहा था, लेकिन उसने किसी पड़ोसी को यह बात न बतायी थी। यदि किसी ने पूछा भी तो उसने यही बताया कि पुस्तक लिखने में वह कविराज की सहायता कर रहा है। कविराज भी उसका ज़िक्र चलने पर यही कहते कि, 'बच्चा बीमार रहता था। मैं इसे ले आया हूँ कि इसका स्वास्थ्य सुधर जाय।' और यह कहते हुए वे कुछ ऐसे सरपरस्ताना ढंग से बात करते थे कि चेतन को वे ही नहीं, उनके सभी मित्र अपने सरपरस्त दिखायी देते!

उन्हीं दिनों सामने के मकान में रहने वाले बाबू चरणदास से उसकी झपट हो गयी, जिस कारण वह और भी अपनी कोठरी में बन्द रहने लगा था।

०

ये बाबू चरणदास मिलिट्री अकाउण्ट्स में हेड-क्लर्क थे। उनकी दो लड़कियाँ थीं। और यद्यपि बाबू जी का अपना रंग कुछ ऐसा काला न था, पर उनकी इन सुपुत्रियों का रंग तो तवे की स्याही को मात करता था। बड़ी लड़की के दायें गाल के ऐन मध्य बड़ा-सा, गोल, कदाचित लाहौरी फोड़े का चमकता-सा दाग़ भी था। उसके इस रंग और उस पर घुँघराले बालों को देख कर चेतन ने पहले उन्हें मद्रासी समझा था, लेकिन बाद में जब उसे मालूम हुआ कि वे मद्रासी नहीं, पंजाबी ही हैं तो उसे खयाल आया था कि उनके माता-पिता अवश्य ईसाई होंगे —ईसाई, जो निचली जातियों में से ईसाई हो जाते हैं और पढ़-लिख कर बड़े पदों पर नियुक्त हो जाते हैं। उसके आश्चर्य की सीमा न रही थी, जब उसे पता चला था कि बाबू साहब न केवल पंजाबी हैं, बल्कि उसी के ज़िले के रहने वाले हैं। चेतन के मन में उनकी उन दोनों लड़कियों को देख कर घृणा-सी पैदा हो उठती थी। जब उनकी बड़ी लड़की अपने काले रंग, मोटे घुँघराले बालों और गाल के उस बदनुमा दाग़ को पर्याप्त न समझ कर नीले-पीले रंगीन कपड़े पहन लेती थी तो चेतन के लिए उसकी उपस्थिति असह्य हो उठती। इस पर बाबू चरणदास साँप बन कर उस 'सौन्दर्य-धन' की रखवाली करते थे। बरामदे में उन्होंने मोटी चिकें लगवा रखी थीं, चिकों के पीछे पर्दे थे और वे स्वयं आठों पहर चौकस रहते थे।

उनकी इस सन्देहशीलता को देखते हुए चेतन जब व्यायाम करता था तो अपने कमरे

के किवाड़ लगा लेता था। लेकिन कमरे में कोई वातायन नहीं था। (और खिड़की भी क्योंकि उनके बरामदे के सामने खुलती थी, इसलिए वह उसे भी बन्द कर लेता था)। इस कारण कई बार उसका दम घुटने लगता था और वह कभी-कभी किवाड़ खोल लेता था। एक दिन वह लँगोट बाँधे मालिश करके व्यायाम कर रहा था कि उसका दम घुटने लगा। उसने किवाड़ खोल दिये। बाबू चरणदास चिक के बाहर मुँह किये दातुन कर रहे थे। क्रुद्ध हो कर बोले : 'ह्वाई आर यू मेकिंग ऐन ऑस्टेण्टेशन ऑफ़ योर थाईज़ ?'[१]

चेतन ने कुछ उत्तर दिया, लेकिन शब्द उसके होंटों ही में रह गये थे। स्तम्भित-सा वह पीछे हट गया। उसने जल्दी से किवाड़ फिर लगा लिये। लेकिन किवाड़ लगाते ही उसका सारा क्रोध उसके हृदय में खौल उठा। पड़ोसी का वह अयाचित व्यंग्य तीर की तरह उसके हृदय में लगा था। तब बदन पोंछ कर, स्नान किये बिना, उसने कपड़े पहन लिये और ऑक्सफ़ोर्ड का शब्द-कोश ले कर 'ऑस्टेण्टेशन' शब्द के अर्थ देखे। जब उसे तसल्ली हो गयी कि अर्थ वही है, जो उसने समझा है तो उसने बड़े परिश्रम से, बार-बार शब्द-कोश की सहायता ले कर, अंग्रेज़ी ही में पत्र लिखा :

Dear Sir,

You have just accused me of making an ostentation of my thighs. The accusation is wrong, unjust, sinister and unwarranted. It has injured my feelings to a great extent, as it is totally wrong and baseless.

The word ostentation (as given in the Oxford Dictionary) means a display, a showing off, This presupposes an intention of doing so, which, in my case, was conspicuous by its absence. I always take my exercise in a closed room (which I close because of your convenience only.) Today also, the room was closed, but it became so stuffy that I was forced to open it to have a breath of fresh air and when I was just opening the door you made that sinister remark of yours.

I am perfectly sure that you never meant what you uttered. You probably meant that I should not come in the open, with only a loincloth on my body. I will try to do so in future. In the meanwhile I would expect you to take your remarks unreservedly back.

Yours truly

CHETAN ANAND

यह पत्र उसने अत्यन्त साफ़ अक्षरों में लिख कर पड़ोस के एक लड़के के हाथ बाबू चरणदास को भिजवा दिया और अपनी इस नुक्ता-रसी पर खूब खुश हुआ।

१. Why are you making an ostentation of your thighs ?

बाबू साहब ने उससे माफ़ी माँग ली थी, लेकिन उन्होंने कविराज जी से शिकायत कर दी थी और कविराज जी ने कहीं से एक पर्दा ला कर दरवाज़े पर लटका दिया था।

यह घटना प्रकट में बड़ी साधारण थी, पर चेतन के अति-भावप्रवण और हस्सास मन पर इसका गहरा प्रभाव हुआ था। इसके बाद उसका अकेलापन और भी बढ़ गया था। इसलिए यह जान लेने पर भी कि राजकुमार के जिन गुणों की प्रशंसा कविराज नित्य-प्रति किया करते थे, वे उनकी वाणी में हैं, राजकुमार के अस्तित्व में नहीं, चेतन ने उसका स्वागत किया था। वे पुरस्कार और पदक, जो राजकुमार को अपने स्कूल की पत्रिका में सुन्दर लेख लिखने पर मिले थे, शायद उन स्वर्ण-पदकों की ही तरह थे जो स्वयं कविराज जी को उनके आयुर्वेद-सम्बन्धी ज्ञान के सिलसिले में प्रदान किये गये थे। राजकुमार एकदम असाहित्यिक था और बुद्धि की कुशाग्रता उसे छू तक न गयी थी। कुछ ही दिनों में चेतन को इस बात का पता चल गया। तो भी वह उसे बाक़ायदा पढ़ाने लगा था। कहानी लिखना सीखने वाला न सही, इतिहास और अंग्रेज़ी सीखने वाला ही सही, शागिर्द तो उसे मिल गया था। वह उसी को पा कर सन्तुष्ट था। उसके आगमन से, उससे बातें करके उसका थोड़ा बहुत विनोद हो जाता था और उस स्थिति में चेतन के लिए वही यथेष्ट था।

०

अपने आने के बाद तीसरे ही दिन जब राजकुमार पढ़ने आया तो अपने साथ आबनूस की एक सुन्दर बाँसुरी भी लाया। जब वह पढ़ चुका तो उसने चेतन को बाँसुरी बजा कर सुनायी। चेतन बहुत प्रसन्न हुआ। पढ़ाई खत्म कर वह राजकुमार के साथ ईदगाह गया और दोनों बड़ी देर तक वहाँ बाँसुरी की धुनों में मस्त रहे।

०

चेतन को स्वयं बाँसुरी बजाने का बेहद शौक था। जब वह छोटा था तो हरलाल पंसारी की दुकान पर एक रंगरेज़ आया करता था। वह इतनी सुन्दर बाँसुरी बजाता था कि चेतन जहाँ कहीं भी होता, उसकी बाँसुरी का स्वर सुनते ही भाग आता था। पहले-पहल शायद उसी की बाँसुरी सुन कर चेतन के मन में बाँसुरी बजाने का शौक़ पैदा हुआ था। वह मेले से एक ढाई आने की बाँसुरी लाया था, किन्तु उससे फूँक ही न देते बनी थी। हार कर बाँसुरी छोड़ वह अपने दूसरे मशग़लों में व्यस्त हो गया था। फिर भी, जब कभी कोई मदारी मुहल्ले में आता और एक हाथ से डुगडुगी और दूसरे से बाँसुरी बजाता हुआ तमाशा देखने वालों के घेरे में घूमता तो चेतन का शौक़ फिर दुगने वेग से उमड़ उठता। वह फिर पैसा-पैसा जोड़ कर बाँसुरी खरीद लाता और तब तक उसमें फूँकता रहता जब तक उसका सिर न दुखने लगता। धीरे-धीरे उसे बाँसुरी में फूँक देना आ गया। तब वह महावीर दल में भरती हो गया ताकि दल के बैण्ड वालों से बाँसुरी की ट्यूनें सीख सके। बैण्ड वालों की बाँसुरियों को देख कर उसे स्वयं आबनूस की एक बाँसुरी खरीदने की इच्छा हुई थी। लेकिन जालन्धर में तब ऐसी कोई दुकान न थी जहाँ से सब तरह के वाद्य-यन्त्र खरीदे जा सकें। इसलिए यह इच्छा कई वर्ष तक उसके अन्तर में दबी रही थी। लेकिन पहला अवसर पाते ही उसने बाँसुरी खरीद ली थी।

०

१९२९ की बात है। मैट्रिक करने के बाद कॉलेज में प्रवेश किये उसे कुछ ही महीने हुए थे कि लाहौर कांग्रेस का अधिवेशन आ गया। अनन्त के साथ चेतन भी उसे देखने गया। वे शायद कभी न जा पाते। लाहौर जाने, वहाँ रहने, खाने-पीने और कांग्रेस का अधिवेशन देखने का प्रबन्ध वे कैसे करते ? इतना धन कहाँ से पाते ? पर उनके साथ ही, उन्हीं की कक्षा में, जालन्धर की कांग्रेस कमेटी के प्रधान का पुत्र पढ़ता था। उसने उनको राह सुझा दी। स्थानीय कांग्रेस कमेटी ने अधिवेशन के अवसर पर स्वयं-सेवक भेजने का निश्चय किया था और कुछ स्वयं-सेवकों की वर्दियों तथा एक ओर के किराये का प्रबन्ध अपने ज़िम्मे ले लिया था। प्रधान का लड़का खास तौर पर लाहौर के ट्रेनिंग कैम्प से ट्रेनिंग ले कर आया था और उसने जालन्धर में ट्रेनिंग कैम्प खोला था। उसी की सहायता और सिफ़ारिश पर वे दोनों यह सुविधा पा गये थे। चन्द दिन उन्होंने ट्रेनिंग ली थी और बड़े धड़ल्ले से लाहौर कांग्रेस का अधिवेशन देखने चले गये थे।

अनन्त के पिता तो क़ानूनगो थे। फिर अनन्त अपने पिता का इकलौता लड़का था, इसलिए उसके पास तो पर्याप्त कपड़े और ज़ेब-खर्च के लिए काफ़ी रक़म थी। लेकिन चेतन के पास केवल पाँच रुपये थे (जो उसने बड़े अनुनय-विनय के बाद माँ से लिये थे, या यों कहिए कि उसके अनुनय-विनय पर माँ ने किसी से ला कर दिये थे) और वर्दी के कपड़ों के अलावा केवल वही ओव्‍रकोट था। वास्तव में उस समय वह भाई साहब के पास था और चेतन ने उनसे माँग लिया था।

दिसम्बर का महीना था। कड़ा जाड़ा पड़ रहा था। प्रधान के जुलूस से तीन-चार दिन पहले वे वहाँ पहुँचे। उन्हें खेमे में उतारा गया, जिसमें नीचे पुआल बिछी हुई थी। चेतन को पहली रात सर्दी लगती रही, लेकिन कांग्रेस नगर पहुँच कर महज़ खुशी से ही वे पहली रात न सोये थे। दूसरी सुबह जब प्रातः ही उन्हें परेड के लिए जाना पड़ा और सर्दी के मारे उनके हाथ-पाँव सुन्न हो गये, तब उन्हें पता चला कि कांग्रेस अधिवेशन में 'देखना' और 'मौज उड़ाना' ही नहीं, कुछ करना भी है। सर्दी के मारे एक लड़का परेड ग्राउण्ड ही में बेहोश हो गया था। अनन्त तो पहले दिन ही खिसक गया था। चेतन दो दिन परेड करने जाता रहा, लेकिन यह सब उसके बस का रोग न था। उसमें इतनी शक्ति ही न थी कि सूती वर्दी में वह उस कड़ाके की सर्दी में निकल सके। इसलिए तीसरे दिन वह भी कन्नी काट गया था। प्रधान के जुलूस में वे दोनों शामिल हुए थे। जुलूस कांग्रेस नगर (अथवा लाजपत राय नगर) से, जो रावी के तट पर बनाया गया था, पैदल स्टेशन तक गया और वहाँ से पण्डित जवाहरलाल नेहरू को ले कर उनके आगे-पीछे बाज़ारों में से होता हुआ वापस कांग्रेस नगर आया था।

जुलूस से एक दिन पहले वर्षा भी हुई थी। बाज़ारों में बेहद कीचड़ था। चेतन कभी इतना पैदल न चला था। फिर तीन दिन से (अपने नये-नये जोश में) वह लगातार ड्यूटी दे रहा था। उसके जूते पुराने और खुले थे। इन सब कारणों से खड़े-खड़े उसकी पिण्डलियाँ दुखने लगी थीं, चलते-चलते तलवे दर्द करने लगे थे और नारे लगाते-लगाते उसका गला बैठ गया था। निरन्तर अपने आगे के वॉलेण्टियर की गर्दन के भोंडे, खरखरे बालों को देखते रहना, कभी चल पड़ना, कभी खड़े हो जाना और कभी नारा लगा देना! कई घण्टों से लगातार यही करते-करते यह बुरी तरह ऊब गया था। वह उस बहिया की एक लहर की

तरह बहाव में बढ़े जाना न चाहता था। किनारे हो कर उस वेग की बहार भी देखना चाहता था। जब वे अपेक्षाकृत एक तंग बाज़ार में पहुँचे, जहाँ हज़ारों लोगों के चलने से कीचड़ ऐसी चिकनी मिट्टी-सा हो गया था कि जूते चिपकने लगे थे तो वहाँ एक बार चेतन का जूता ऐसा चिपका कि उतर गया। तब इस अवसर को उपयुक्त जान वह धारा से अलग हो गया। मार्च करते हुए स्वयं-सेवकों के पैरों के नीचे से उसने बड़ी कठिनाई से जूते को निकाला। उसके एक पाँव का मोज़ा कीचड़ से लथपथ हो गया था। इसलिए पहले उसने जूते को हाथ ही में थामे बराबर की एक दुकान के तख्ते पर खड़े हो कर सारा जुलूस देखा। फिर उसने दोनों मोज़े उतारे और पट्टियों को वैसे ही नंगी टाँगों पर कस कर बिना मोज़ों के जूते पहन, वह धीरे-धीरे सजे हुए बाज़ारों की बहार देखता हुआ चल पड़ा।

अनारकली में एक दुकान पर उसे हारमोनियम और दूसरे साज़ रखे हुए दिखायी दिये। एक शीशे की अलमारी में आबनूस की बाँसुरियाँ भी थीं। चेतन वहाँ रुक गया। सब कुछ भूल कर वह दुकान में दाखिल हो गया। उसने भिन्न-भिन्न बाँसुरियों की क़ीमतें पूछीं। उसे जो सबसे अच्छी लगी, उसकी क़ीमत पाँच रुपये थी। वह दो हिस्सों में विभक्त हो जाती थी और उसमें एक कुंजी भी थी। वह यही खरीदेगा, इस बात का निश्चय करके वह दुकान से उतर गया।

इसके बाद पाँच दिन तक वह और वहाँ रहा। अगणित चीज़ें वहाँ देखने को थीं — प्रदर्शनियाँ, तमाशे, विषय-निर्धारिणी समिति की बैठकें, अखिल भारतीय कांग्रेस का अधिवेशन और कांग्रेस से सम्बन्ध रखने वाली दूसरी कई संस्थाओं के जलसे। हज़ारों चीज़ें खरीदने की थीं, बेगिनती खाने की। कई ऐसी भी थीं, जो उसने कभी पहले न चखी थीं, न देखी थीं! कई बार उसका हाथ अपनी जेब की ओर जाता, पर उसकी आँखों के सामने आबनूस की वही सुन्दर बाँसुरी घूम जाती और वह अपने मन तथा जीभ पर अंकुश लगा देता।

टिकट के दाम खर्च किये बिना वह कांग्रेस की बैठकों तथा दूसरी नुमाइशों को देख सके, इस विचार से उसने बड़ी कड़ी ड्यूटियाँ दीं। रात-रात भर वह ड्यूटी देता रहा। और उसने बिना पैसा खर्च किये, सब देखने वाली चीज़ें देखीं। खाना वह (स्वयं-सेवक होने कारण) कांग्रेस के लंगर से खाता रहा और 'अप-अप विद माश की दाल, डाउन डाउन विद मूँग की दाल' और ऐसे ही दूसरे नारों का आनन्द (जो मन-पसन्द चीज़ों के मिलने अथवा न मिलने पर लगाये जाते थे) मुफ़्त में लेता रहा। नहाने-धोने के लिए साबुन-तेल कांग्रेस के स्नान-गृहों में मिल जाता था। इस तरह उसने अपने पाँच के पाँच रुपये बचा लिये थे। वापस जाने का किराया उसने अनन्त से उधार ले लिया और जब वे वहाँ से चले तो उसने जाते-जाते ताँगे से पाँच मिनट के लिए उतर कर वही बाँसुरी खरीद ली।

बाँसुरी पा कर उसे इतनी खुशी हुई कि उसका जी चाहा कि वह स्टेशन तक उसे बजाता ही चले। लेकिन सामान के ज़्यादा होने के कारण ताँगे में इस बात की सुविधा न थी। इसलिए उसने रास्ते में बाँसुरी बजाने का लोभ संवरण किया और उसे अपने ओवरकोट के अन्दर की जेब में रख लिया।

स्टेशन पर भी भीड़ इतनी थी कि टिकट लेना चेतन के बस की बात न थी, इसलिए यह भार अनन्त ने अपने कन्धों पर लिया और चेतन सामान की रखवाली करने लगा। जब

अनन्त उस बेपनाह भीड़ में घुस गया और सामान उतार कर चेतन ने गिन लिया तो वह बिस्तर पर मज़े से बैठ कर बाँसुरी के दोनों हिस्सों को जोड़ कर मस्त हो उसे बजाने लगा। वह भूल गया कि वह स्टेशन के मुसाफ़िरखाने में बैठा है, भूल गया कि स्टेशन पर बेपनाह भीड़ है, टिकट मिलेगा या नहीं, उन्हें रात उसी मुसाफ़िरखाने में तो न बितानी पड़ेगी — वह सब भूल गया और अपने चिर-परिचित गीत एक-एक करके बजाने लगा। कितनी सुरीली थी वह आबनूस की बाँसुरी!

वह उसकी स्वर-लहरी में गुम था कि अनन्त टिकट ले कर घबराया हुआ आया। साँस उसकी फूली हुई थी, कपड़े अस्त-व्यस्त थे। 'तुम यहाँ बैठे हो और वहाँ गाड़ी चलने ही वाली है!' उसने चीख कर कहा और गेट की ओर लपका।

चेतन ने घबराहट में बाँसुरी दो हिस्सों में किये बिना, उसी तरह कोट के अन्दर की जेब में रखी और कुली के सिर पर सामान उठवा कर वह भी उसके पीछे भागा। जब बड़ी मुश्किल के बाद वे गाड़ी में सवार हुए और उन्हें अपने बिस्तरों को रखने और उन्हीं पर बैठने की जगह मिल गयी और चेतन ने अपने बिस्तर पर बैठ कर, डिब्बे की दीवार के साथ पीठ लगा, इस बात का खयाल किये बिना कि वह शौचालय के दरवाज़े से पीठ लगाये बैठा है, बाँसुरी निकालने के लिए ओवरकोट के अन्दर की जेब में हाथ डाला तो उसका दिल धक् से रह गया। बाँसुरी ग़ायब थी। शायद सामान उठाते समय झुकने के कारण जल्दी में गिर गयी थी। या भीड़ में किसी ने खींच ली थी। गाड़ी चलने ही वाली थी। अनन्त ने कहा भी कि बैठे रहो, और खरीद लेना, पर चेतन अन्धाधुन्ध लाइनें फलाँगता हुआ वापस वहाँ गया जहाँ वे बैठे थे। लेकिन बाँसुरी वहाँ होती तो भी उस जल्दी में उसे न मिलती और फिर इतनी भीड़ में वह धरती पर पड़ी ही कैसे रह पाती। चेतन की आँखों के सामने अँधेरा छा गया। उद्भ्रान्त-सा वह वापस पलटा।

वह ऐसे पागलों की तरह इधर-उधर भटक रहा था कि अनन्त यदि बाहर खिड़की में न खड़ा होता तो चेतन अपना डिब्बा कभी न ढूँढ पाता। रात के एक बजे जब गाड़ी जालन्धर पहुँची और किसी-न-किसी तरह रेलवे रोड, पंजपीर और चौरस्ती अटारी पार कर वह घर के दरवाज़े पर पहुँचा तो अन्दर प्रवेश करते ही माँ के पैर छूते-छूते आँसू अनायास उसकी आँखों से बहने लगे।

'क्या बात है बेटा ?' माँ ने दुश्चिन्ता से पूछा।

'माँ मेरी बाँसुरी खो गयी।' वह इतना ही कह सका। उसके आँसू मुखर हो उठे और माँ के सीने से लगा, वह फफक-फफक कर रो पड़ा।

o

राजकुमार की बाँसुरी को देख कर चेतन के दिल में एक टीस-सी उठी थी। कांग्रेस अधिवेशन के उन सात दिनों का कठिन संयम और उस संयम के बाद का वह क्षणिक उल्लास और लम्बी निराशा उसके सामने घूम गयी। लेकिन समय ने उस घाव को काफ़ी हद तक भर दिया था। आबनूस की बाँसुरी तो वह फिर खरीद न सका था, पर बाँस की पोरी उसके ट्रंक में अब भी पड़ी थी, जिसे वह कुछ बीबी जी के भ्रू-भंग, कुछ पड़ोसियों के ग़ुस्से और कुछ बाबू चरणदास की सन्देहशीलता के कारण बाहर न निकाल पाया था।

राजकुमार के साथ बाँसुरी बजाने का अधिकार पा कर उसने सोल्लास वह बाँस की पोरी फिर निकाल ली थी।

०

कुछ दिनों के लिए चेतन अपने एकान्त को बिलकुल भूल गया। फ़ुरसत के वक़्त वह राजकुमार के साथ नीचे घाटियों में उतर जाता और वे दोनों इकट्ठे मिल कर बाँसुरी बजाते।

सत्तावन

चेतन का यह नया स्वर्ग चन्द दिन ही रहा। उन चन्द दिनों में उसके अवकाश का सारा समय राजकुमार के साथ बाँसुरी बजाने और घूमने-फिरने में बीता।

बाँसुरी बजाने में राजकुमार कोई विशेषज्ञ न था। स्कूल में वह अपने स्काउट बैण्ड का साधारण सदस्य था, इसलिए उसे मार्च की दो-एक धुनें ही आती थीं। उनके अतिरिक्त वह एक पंजाबी गीत बाँसुरी पर बजा लिया करता था :

ओह ताँ जान करन कुरबान , जिन्हाँ ने दर्शन पा लये ने

ये सब तर्ज़ें उसने चेतन को सिखा दीं। स्वयं चेतन को भी बहुत-से गीत न आते थे और जो आते थे, वे भी वर्षों पुराने थे। एक गीत था :

मेरे मौला बुला लो मदीने मुझे

इसकी तर्ज़ पर महावीर दल ने दो गीत बनाये थे :

१. काहन मुरली की टेर सुना दे मुझे
२. मुरली वाले बुला ले मथुरा मुझे

'मथुरा' में एक मात्रा कम हो जाती थी पर वे अपने जोश में लम्बी तान खींच कर और कभी 'मथुरा' के साथ 'जी' लगा कर इसे पूरा कर लिया करते थे। इसे बजाते-बजाते चेतन तन्मय हो जाया करता था।

दूसरा गीत था :

तूम्बा वजदा ना
तार बिना
रेंहदी ना
यार बिना
बाबा ओए
कला मरोड़
पोतरिए
है नईं ज़ोर
नाले बाबा रात रह गया
नाले दे गया दवान्नी खोटी

तूम्बा वजदा ना....

न जाने इस गीत का रचयिता कौन था ? न जाने पहले-पहल इसे किसी मीरासिन, किसी क़िस्सा-गो अथवा कर्तारपुर की बैसाखी में आये हुए किसी नव-वय के जाट ने गाया था। लेकिन जब यह गीत शुरू हुआ तो अपनी यथार्थता, मौलिकता और सेक्स-अपील के कारण कुछ दिनों ही में प्रान्त भर में फैल गया था। नगरों से ले कर गाँवों और दूरस्थ पहाड़ी प्रदेशों तक (कुछ संशोधन अथवा परिवर्धन के साथ) गाया जाने लगा था। अपनी-अपनी रुचि के अनुसार लोगों ने इसकी तर्ज़ पर सैकड़ों बोलियाँ रच डालीं। इनमें अश्लील बोलियों की संख्या ही ज़्यादा थी। तब इस अश्लीलता और अनैतिकता के प्रचार को देख कर प्रान्त के आचार-विचार के ठेकेदार जैसे गहरी नींद से चौंके और उन्होंने सभ्य घरों में इसके गाये जाने का एकदम निषेध कर दिया। नैतिक कवियों ने इसके विरुद्ध कविताएँ लिखीं। अमृतसर के एक कवि ने इस गीत को गाने वाली औरतों पर इन पंक्तियों के रूप में व्यंग्य किया :

हत्थ विच लैके कैसरील बाजा
आखे धी, 'झाई गाउंदी चज्जदा नहीं,
मैं ते पयी गन्धर्वां नूँ मात करदी
गावाँ कोल वाँगूँ तूम्बा वजदा नहीं![१]

और तब महावीर दलों, सेवा समितियों, आर्य समाजों और खिलाफ़त कमेटियों ने इस तर्ज़ पर अपने-अपने मतों के अनुसार गीत ईजाद किये। कुछ काल के लिए लोगों ने उन्हें गाया, लेकिन उन गीतों में वह मौलिकता, वह यथार्थता, वह बेबाकी, इन्सान के जज़्बात का वह नैसर्गिक प्रस्फुटन न था — थोथी नकल थी — इसलिए वे जल्द भुला दिये गये और उनके साथ ही यह गीत भी विस्मृति के महागर्त में जा पड़ा।

चेतन इन दोनों गीतों को बाँसुरी पर अच्छी तरह बजा लेता था। इनके अलावा जो गीत वह बजाता था (जैसे 'बाज़ार विकेन्दी तर वे' अथवा 'बल्लिए, नी रोवेंगी चपेड़ खावेंगी') उन्हें वह बाँसुरी के छिद्रों के बदले मुँह की फूँकों ही से निकालता था। उसने सहर्ष राजकुमार को सभी ट्यूनें सिखा दीं और चूँकि इन गीतों को गाने की मनाही थी, विशेषकर कविराज जी के सुपुत्र के लिए, जो ब्रह्मचारी होने जा रहा था, इसलिए चेतन ने उनकी तर्ज़ पर उसे समाजी गीत भी लिख दिये ताकि अगर कभी कविराज पूछें, 'यह क्या बजा रहे हो ?' तो वह तत्काल बता सके — जी, मैं 'मौला बुला लो मदीने मुझे' नहीं बजा रहा, मैं तो ऋषि दयानन्द से यह प्रार्थना कर रहा हूँ कि :

दयानन्द बना ब्रह्मचारी मुझे
पालन करना है कर्तव्य भारी मुझे
वासनाओं ने ठगा है आज हिन्दुस्तान को
कर दिया है खोखला बल-वीर्य की इस खान को
यह चोट लगी ऋषि कारी मुझे
दयानन्द बना....

---

१. हाथ में जर्मन पर्दे वाला कैसरील हारमोनियम बाजा ले कर लड़की कहती है कि माँ अच्छा नहीं गाती, मैं तो गन्धर्वों को मात करती हुई कोयल की तरह 'तूम्बा वजदा ना' गाती हूँ।

'तूम्बा वजदा ना' की तर्ज़ पर चेतन ने जो गीत लिखा, वह यों था :

सिद्धी मिलदी नाँ
ज्ञान बिना!
धार कदों
सान बिना!
बन्देआ ओए
वक्त न रोहड़
ज्ञान दियाँ
कलाँ मरोड़!
असी आँ शिष्य दयानन्द दे
तुसी सुन लओ ज़माने वालो
सिद्धी मिलदी नाँ....

न केवल उसने ये गीत राजकुमार को लिखवा दिये, बल्कि उसे याद भी करवा दिये। राजकुमार ने शीघ्र ही सब ट्यूनें और उनके गाने सीख लिये और कुछ दिन तक दोनों बड़े प्रसन्न रहे। नीचे खड्ड के किसी पत्थर पर, ईदगाह के जँगले पर या रिज के हवा-घर में बैठ कर दोनों मस्त हो, एक-दूसरे से सीखी हुई ट्यूनें बजाते रहे। इस हद तक कि उनमें कोई नयापन न रहा और बाँसुरी बजाते-बजाते उनके सिर दर्द करने लगे। तब दोनों का उन्माद कुछ कम हुआ और किसी दूसरी ओर मन लगाने को जी चाहने लगा। राजकुमार इस बीच में अपने नये मित्रों से भली प्रकार खुल गया और चेतन ने फिर अपने साहित्य की शरण ली।

कुछ दिन तक उसने अवकाश के समय में उपन्यास लिखने का प्रयास किया, लेकिन जाने क्यों हज़ार कोशिश करने पर भी उपन्यास आगे न चला। उसने ज़्यादा उपन्यास न पढ़े थे, उपन्यासों के सम्बन्ध में उसका ज्ञान प्रेमचन्द के कुछ उपन्यासों, बंगाली से अनूदित कुछ उपन्यासों अथवा उन दो-एक अंग्रेज़ी उपन्यासों तक ही सीमित था जो उसने पाठ्य-पुस्तकों में पढ़े थे और इतनी पूँजी के साथ अच्छा उपन्यास लिख ले जाना उसके बस की बात न थी। पर इस यथार्थता को समझे बिना वह लिखे जा रहा था। अपनी भावनाओं को व्यक्त करने की प्रबल इच्छा उसके अन्तर में निरन्तर कुलबुलाया करती थी और वह लिखे जाता था, पर उपन्यास-कला पर क्योंकि उसका कोई अधिकार न था, इसलिए उसका उपन्यास बार-बार अटक जाता था। अड़ियल टट्टू की तरह आगे बढ़ने से इनकार कर देता था। जब बीसियों स्लिपें काली करने पर भी उपन्यास ने सन्तोषजनक प्रगति न की तो एक दिन हार कर उसने सब-की-सब स्लिपें उठा कर एक ओर रखीं और फ़ैसला किया कि वह पहाड़ी लोगों के जीवन पर कहानियाँ लिखेगा।

लेकिन पहाड़ी लोगों के जीवन का उसे कुछ भी ज्ञान न था। कल्पना की सहायता से उसने जो कहानी लिखी, वह उसे एकदम बोगस और असम्भव लगी।

तब कहानी लिखना छोड़, उसने कविताएँ लिखने का प्रयास किया, लेकिन न जाने उसकी कविता के सोते को क्या हो गया था ? लाख कोशिश करने पर भी कोई कविता

उससे न बन पड़ी। कॉलेज के दिनों में जब वह कुन्ती के घर के नीचे से हो कर गुज़रता था या उससे भी पहले, जब उसका एक नया सहपाठी ब्रज उसे बहुत सुन्दर लगा करता था, न जाने कहाँ से ग़ज़लें उड़ती-सी, बहती-सी उसके दिमाग़ में आ जाती थीं। चलता-चलता जब वह गुनगुनाता तो किसी-न-किसी ग़ज़ल का कोई-न-कोई मिसरा बन जाता, लेकिन अब वह कुन्ती का ध्यान करता (ब्रज के ध्यान से अपनी उस आसक्ति पर उसे हँसी आ जाती थी) तो ग़ज़ल के किसी मिसरे अथवा नज़्म की किसी पंक्ति के स्थान पर स्मृति के भूले-बिसरे क्षणों से कई सुखद-दुखद दृश्य उसके सामने एक-एक करके आने लगते....जब वह परीक्षा के दिनों में पढ़ता-पढ़ता न जाने क्यों, पुस्तक को मेज़ पर खुली छोड़ कर पुरियाँ मुहल्ले का चक्कर लगा आता और आ कर नये उत्साह और स्फूर्ति से पढ़ाई में निमग्न हो जाता....जब उसे नीचे गुज़रते देख कर कुन्ती छत से उतर आती और उसके पीछे-पीछे अथवा उससे आगे-आगे सहेलियों से चुहलें करती हुई, उसे सुना कर फब्तियाँ कसती हुई उसे गली के मोड़ पर छोड़ आती....जब वह कुएँ पर पानी भर रही होती और चर्खी से घड़ा या गागर खींचते हुए उसके वक्ष का उभार अपने समस्त आकर्षण के साथ आँखों को मोह लेता अथवा उसके गालों को गुलाब बनाती हुई उसकी लजीली मुस्कान दिल में समा जाती....जब वह अपने विवाह के दिन उस ओर गया था और उसे मालूम हुआ था कि कुन्ती तो विधवा हो गयी है और वह उसके पति की अर्थी के साथ गया था और श्मशान में उसने उसकी मूक-मर्माहत सूरत को देखा था और जब उसकी वे चंचल आँखें अपनी तमाम चौकड़ियाँ भूल कर बेबसी से बैठ गयी थीं —उसके मूक प्रेम की दुखी ग़मगीन घड़ियों के ऐसे कई दृश्य उसके सामने घूमने लगते और कविता की पंक्तियाँ पंख लगा कर न जाने किन दुर्गम घाटियों की ओर उड़ जातीं।

सिर को झटक, उन दृश्यों को फिर विस्मृति के महागर्त में धकेल कर वह नीला का ध्यान करता और चाहता कि कोई सुन्दर-सी नज़्म लिखे। लेकिन इस बार पहले के दृश्यों से भी ज़्यादा कटु-मधुर दृश्य उसकी आँखों के सामने घूमने लगते —भूत के दृश्यों की अपेक्षा कल्पना-जनित भविष्य के दृश्य —जिनमें वह देखता कि नीला तनी बैठी है और वह उसे मना रहा है....देखता कि उसके पिता ने तत्काल उसका विवाह कर दिया है और वह कहीं दूर जा रही है....उसके हृदय को प्रबल आघात-सा लगता। वह सिहर उठता, चौंक उठता और कविता की पंक्तियाँ उसकी पहुँच से कहीं दूर —कहीं बहुत दूर —उड़ जातीं।

और वह सोचने लगता कि आखिर नीला के विवाह की बात सुन कर उसे दुख क्यों होता है ? वह स्वयं विवाहित है, अपनी पत्नी से घृणा भी नहीं करता, स्वयं ही उसने पण्डित वेणीप्रसाद से नीला का विवाह कर देने को कहा —फिर यह तकलीफ़ कैसी ? और वह अपने मन में लड़ता-झगड़ता, कविता लिखने का विचार छोड़ देता। कभी कविराज जी की पुस्तक लिखने में मग्न हो जाता और कभी माल रोड की सैर को चल देता।

⊠⊠⊠

पाँचवाँ खण्ड

अट्ठावन

जब चेतन बार-बार उपन्यास या कहानी या कविता लिखने के विफल प्रयास कर के थक गया और माल, मिडल या लोअर बाज़ार अथवा जाकू के चक्कर उसकी उदासी और एकाकीपन को कम करने के बदले बढ़ाने लगे तो एक दिन सहसा उसे पता चला कि वह साहित्य के पीछे योंही लट्ठ ले कर पड़ा हुआ है, वह तो संगीतज्ञ बनने के लिए पैदा हुआ है।

रुल्दू भट्टे से ऊपर की ओर को जो रास्ता जाता था, वह ईदगाह के आगे दो हिस्सों में बँट जाता था। बायीं ओर का रास्ता सिनेमाघर के आगे से हो कर सीधा लोअर बाज़ार में वहाँ जा निकलता था, जहाँ से नीचे की ओर चोर बाज़ार का रास्ता फूटता था। चेतन को काम करते हुए देर हो जाती और उसे ज़ोर की भूख लग आती तो वह सुरंग से हो कर सीधा चोर बाज़ार के अपने ढाबे पर जा पहुँचता। लेकिन यदि उसके पास समय होता अथवा उसे भूख न होती तो वह रिज को जाता, वहाँ की सैर करता हुआ माल पर उतरता और फिर माल से लोअर बाज़ार को उतरने वाली सीढ़ियों में से किसी से उतर कर लोअर बाज़ार की सैर करता हुआ चोर बाज़ार के अपने ढाबे को जाता। एक दिन वह पाँच नम्बर की सीढ़ियों से उतर रहा था कि मिडल बाज़ार के कोने के एक रेस्तराँ से उसे गाने की मधुर ध्वनि सुनायी दी :

कौन देस गया पिया मोरा बालम रे
मैं तो वाहु देस की बलिहारी

वहीं सीढ़ियों पर मन्त्र-मुग्ध-सा वह खड़ा रह गया। इतना तरल, मधुर, करुण संगीत था कि उसके पाँव वहीं जमे रह गये। जब वह स्वर मौन हुआ तो वह जल्दी-जल्दी सीढ़ियाँ उतरने लगा, पर उसे लगा जैसे वह करुण-मधुर ध्वनि बराबर उसका पीछा कर रही है।

गाना पक्का था और जैसा कि उसे बाद में मालूम हुआ 'खयाल मुल्तानी' में गाया जा रहा था। न जाने रागिनी ही सुन्दर थी अथवा गाने वाले के स्वर में जादू था, उस वक़्त जब वह फिर अपने आपको अकेला महसूस कर रहा था, इस गाने ने उसे दुकेला कर दिया, उसकी कल्पना को फिर पंख लग गये और वह फिर नयी बस्तियों में घूमने लगा और घर जा कर जब वह लेटा तो उसके कानों में वही मीठी स्वर-लहरी गूँजती रही।

दूसरे दिन दोपहर को वह फिर उसी गली से हो कर खाना खाने गया। उसके आश्चर्य की सीमा न रही जब उसने रेस्तराँ के बाहर एक ओर पूरी-की-पूरी दीवार को अपनी लम्बाई में लिये एक बड़ा भारी बोर्ड लगा हुआ देखा, जिस पर बड़े सुन्दर अक्षरों में लिखा था :

PROFESSOR G. SINGH'S MUSIC COLLEGE

इस कॉलेज का दरवाज़ा शायद अन्दर की तरफ़ था। बाहर की ओर सिर्फ़ खिड़की दिखायी देती थी, जिस पर बड़ा सुन्दर पर्दा पड़ा हुआ था। चेतन का जी चाहा कि अन्दर

जा कर देखे, पर उसे साहस न हुआ। उस समय भी अन्दर कोई गा रहा था, लेकिन स्वर वह नहीं था, जो उसने पहले दिन सुना था। चेतन कुछ पल खड़ा रहा। फिर जैसे अपनी ग़रीबी की विवशता से बेचैन हो कर वह जल्दी-जल्दी सीढ़ियाँ उतर गया।

उस दिन के बाद चेतन का नियम हो गया कि वह खाने के लिए दोनों समय माल के ऊपर से हो कर उसी गली से नीचे उतर कर जाता। नीचे सुरंग को पार करके जाना उसने छोड़ दिया। दोपहर और शाम दोनों समय उसे उस रहस्यमय कमरे के अन्दर से कभी हारमोनियम के मन्द और कभी मध्यम सप्तक के साथ उठता हुआ मीठा, मादक स्वर सुनायी देता। कभी तबला भी बजता। यों तो अन्दर से कई आवाज़ें आतीं, लेकिन एक स्वर चेतन को अत्यन्त मनमोहक लगता। उसके दिल को कुछ होने-सा लगता। जी चाहता कि उसे लगातार सुनता जाय। जब तक वह स्वर आता, वह मुग्ध भाव से वहीं सीढ़ियों पर खड़ा उसे सुनता रहता। उसे विश्वास हो गया कि यह गाने वाला प्रोफ़ेसर जी० सिंह के सिवा कोई दूसरा नहीं, लेकिन स्वर किसी बड़े युवा कण्ठ का लगता था — मीठा और मद-भरा! ज्यों-ज्यों दिन गुज़रते जाते थे, उसकी उत्सुकता बढ़ती जाती थी।

एक दिन जब वर्षा हो रही थी और वह अपना वही पुराना ओवरकोट छाती से कसे खाना खाने के लिए जा रहा था, उसे फिर रेस्तराँ के उस कमरे से वही मादक स्वर सुनायी दिया। चेतन चलना भूल गया। नन्ही-नन्ही बूँदों में निरन्तर भीगता सीढ़ियों के एक ओर खड़ा गाना सुनता रहा। जब गाना समाप्त हो गया तो एक लम्बी साँस भर कर वह चल पड़ा। ध्यान उसका उधर ही था और कल्पना में वह म्यूज़िक कॉलेज के उस रहस्यमय कमरे का भेद जानने का प्रयास कर रहा था कि उसका पाँव फिसला और वह कई सीढ़ियाँ फिसलता हुआ नीचे लोअर बाज़ार में आ रहा।

तभी सामने के हलवाई की दुकान में गर्म-गर्म इमरतियाँ खाते हुए चन्द महानुभावों ने ठहाका लगाया। किसी ने कहा :

'कोई बात नहीं बाबू जी, किसी ने देखा नहीं,' और वे फिर हँसे।

चेतन खिन्नता से दाँत निकोसता हुआ उठा और कपड़े झाड़ कर जल्दी-जल्दी उस दुकान के सामने से निकल गया। यदि उसने ओवरकोट न पहना होता तो निश्चय ही उसकी कमर छिल जाती। ओवरकोट के कारण उसकी कमर तो नहीं छिली, पर उसके चोट काफ़ी आयी। लेकिन उस वक़्त अपनी चोट को भूल कर, उन इमरतियाँ खाने वालों की उपहास-भरी दृष्टि से फ़ौरन ओझल हो जाना ही उसने श्रेयस्कर समझा।

चेतन ढाबे की ओर चला। उसके मस्तिष्क से क्षण भर के लिए प्रोफ़ेसर जी० सिंह का मादक संगीत और उसकी स्वर-लहरी सब हवा हो गयी। उन हँसने वालों पर उसे बड़ा क्रोध आया। लेकिन जब दूसरे क्षण ज़रा ठण्डे दिल से उसने सारी घटना पर फिर से विचार किया तो उसके सामने कई घटनाएँ घूम गयीं जब अपने मित्रों के साथ मिल कर वह स्वयं गिरने वालों पर हँसा था — साइकिल से गिरने वालों पर, साइकिल से बचने की कोशिश में गिरने वालों पर, बाज़ार के कीचड़ में फिसल कर गिरने वालों पर! इन्सान का यह कैसा स्वभाव है, उसने सोचा, दूसरों को दुख में देख कर उसे खुशी क्यों होती है ? गिरतों पर हँसने की अपेक्षा वह उन्हें उठा क्यों नहीं लेता ?

खाना खाने के बाद चेतन जब लौटा तो उसने कनखियों से हलवाई की दुकान की तरफ़ देखा। न जाने क्यों उन लोगों के सामने जाने में उसे झिझक-सी हो रही थी। खाना खाने में भी रोज़ की अपेक्षा उसने ज़्यादा वक़्त लगाया था।

वे लोग जा चुके थे। वर्षा बन्द हो चुकी थी और बादल कहीं जाकू की ओर उड़ गये थे। चेतन तनिक स्वस्थ हो कर फिर चल पड़ा।

म्यूज़िक कॉलेज में फिर कोई गा रहा था —कौन देस गया पिया मोरा बालम रे ? गीत वही था, पर स्वर में वह मादकता कहाँ ? चेतन कुछ क्षण तक खड़ा सुनता रहा। फिर साहस बटोर कर अन्दर चला गया। शायद सीढ़ियों से गिरने में जहाँ एक ओर उसके मन में संकोच पैदा हो गया था, वहीं दूसरी ओर साहस का भी उद्रेक हुआ था।

प्रोफ़ेसर जी० सिंह का म्यूज़िक कॉलेज लखनऊ के म्यूज़िक कॉलेज जैसा शानदार न था, यद्यपि बोर्ड उस पर बहुत लम्बा और अत्यन्त कलापूर्ण ढंग से लिखा हुआ लगा था। लाहौर में किसी बाज़ार के चौबारे अथवा किसी मकान के एक ही कमरे में सीमित 'संगीत महाविद्यालयों' की तरह यह कॉलेज भी रेस्तराँ के एक ही कमरे की परिधि में सीमित था और वह कमरा भी, जैसा कि चेतन को अन्दर जाने पर मालूम हुआ, लम्बाई में बाहर लगे हुए बोर्ड से कम ही था।

सारे-के-सारे मकान में तीन कमरे थे। इनमें से पहला किचन का काम देता था। इसमें रेस्तराँ के ग्राहकों के लिए चाय और स्नैक्स वग़ैरा बनते थे और चूँकि खाना खाने की इच्छा रखने वालों के लिए खाना भी पकता था, इसलिए ऊँची बनी हुई अँगीठियों पर सदैव क़ोरमा, कोफ़्ता, रोग़नजोश, मछली, आदि पकती रहती थी। इसके साथ (अर्थात बीच के कमरे में) प्रोफ़ेसर सिंह कॉलेज के विद्यार्थियों को संगीत की शिक्षा देते थे। तीसरे कमरे में रेस्तराँ के ग्राहक चाय आदि पीते या खाना वग़ैरा खाते। यहाँ तीन-चार तिपाइयाँ लगी थीं, एक बड़ी-सी मेज़ भी थी, जिसके इर्द-गिर्द कुर्सियाँ लगी थीं। तिपाइयाँ और मेज़ कैसी थी, इसका अनुमान मेज़पोशों पर पड़े हुए सालन आदि के बड़े-बड़े धब्बों को देख कर ही लगाया जा सकता था। लेकिन यह सब बाहर से दिखायी न देता। बाहर से तो इन तीनों कमरों की खिड़कियों पर लगे हुए पर्दे ही दिखायी देते थे, जो इनको विचित्र रहस्यमयता प्रदान करते। इन तीनों के दरवाज़े एक छोटी और अपेक्षाकृत अँधेरी गैलरी में खुलते थे, जो रेस्तराँ के किचन के बराबर से शुरू हो कर डाइनिंग रूम में समाप्त हो जाती थी। सिर्फ़ इसी गैलरी का दरवाज़ा बाहर से दिखायी देता था।

चेतन इसी दरवाज़े से अन्दर दाखिल हुआ। किचन से उठने वाली घटिया घी और प्याज़ की दुर्गन्ध से उसका दिमाग़ भन्ना उठा। नाक पर रूमाल रखे, किचन के सामने से घूम कर, वह म्यूज़िक कॉलेज के दरवाज़े के सामने आ खड़ा हुआ।

चिक को थामे-थामे उसने देखा —एक छोटा, लेकिन साफ़-सुथरा कमरा है, फ़र्श पर दरी बिछी हुई है जिस पर एक हारमोनियम और तबले की जोड़ी पड़ी है। मैण्टलपीस पर कमरे की दीवारों के रंग से मेल खाता हुआ एक कपड़ा बिछा है जिस पर एक कैलेंडर, चीनी मिट्टी के फूलदान और दो चीनी मिट्टी ही के चूहे क़रीने से रखे हैं। तबले और हारमोनियम के अतिरिक्त कमरे में और कोई साज़ नहीं।

उस कमरे के मध्य एक बारह–चौदह वर्ष का लड़का वही हारमोनियम लिये बैठा था। शायद वही मुल्तानी का खयाल गा रहा था, और यद्यपि वह खादी का एक धुला साफ़ पायजामा, छपी हुई खादी ही की अचकन और सिर पर रागियों जैसा साफ़ा पहने था, पर सूरत–शक्ल से वह झीवर[१] मालूम होता था। (और चेतन का अनुमान ग़लत नहीं था क्योंकि बाद में उसे मालूम हुआ कि वह झीवर ही था)। उसे बैठे देख कर चेतन आश्वस्त–सा हो अन्दर दाखिल हुआ।

'आइए!' किवाड़ के पीछे से आवाज़ आयी। मतलब था कि कहिए, कैसे कृपा की ?

चेतन ने चौंक कर देखा। दरवाज़े की ओट में दीवार के साथ तीन लोहे की कुर्सियाँ रखी थीं। उनमें से एक पर क़ीमती और नफ़ीस सूट पहने एक सुन्दर सिख युवक शर्माये हुए मेहमान–सा बैठा था।

'बैठिए!'

चेतन को यह आवाज़ बहुत ही मीठी लगी —दोपहर की निस्तब्धता में सहसा बज उठने वाली किसी बैल के गले में बँधी घण्टी के स्वर–सी! चेतन कुर्सी पर बैठ गया।

'फ़रमाइए!' उस युवक ने फिर कहा।

'प्रोफ़ेसर साहब कब आयेंगे ?' कुछ और कह सकने में अपने आपको अशक्त–सा पा कर चेतन ने पूछा।

'फ़रमाइए!'

उस स्वर में मिठास के साथ कुछ ऐसा आत्म–विश्वास था कि चेतन ने पूछा, 'आप ही प्रोफ़ेसर सिंह हैं ?'

उस युवक ने सिर हिला कर उत्तर दिया कि 'हाँ'। तब चेतन निमिष भर के लिए चकित–सा उसे देखता रहा। उसका खयाल था कि प्रोफ़ेसर सिंह कोई ईसाई होंगे अथवा कोई मोने[२] सिख। उम्र भी प्रोफ़ेसर साहब की उसने चालीस–पचास के ऊपर ही लगायी थी और रागियों जैसी बड़ी–सी पगड़ी की भी उसने कल्पना की थी। लेकिन उस काल्पनिक व्यक्ति के स्थान पर चौबीस–पच्चीस वर्ष के इस कोमल–कान्त सिख युवक को देख कर वह चकित रह गया। इन प्रोफ़ेसर महोदय का क़द न बहुत लम्बा था, न छोटा (पाँच फ़ुट पाँच–छै इंच होगा); शरीर छरहरा और रंग गेहुआँ था। मसें अभी भीग रही थीं। होंट पतले और गुलाबी थे। जबड़ों की हड्डियाँ हल्की–सी उभरी हुई थीं, जिनसे कल्लों में हल्के–हल्के सुन्दर गढ़े बन गये थे। आँखें बड़ी–बड़ी, हैरान और रौशन थीं। मस्तक चौड़ा और प्रशस्त! सिर पर उन्होंने बड़े श्रम और सफ़ाई से दस्तार सजा रखी थी। सुन्दर गले में सूट से मेल खाती टाई थी और कुल मिला कर उनके मुख पर हल्की–सी स्त्रैणता की झलक थी। जब वे मुस्कराते तो उनकी मुस्कान संकोच के पर्दे में लिपटी हुई बड़ी भली लगती। चेतन को विश्वास हो गया कि जो मादक स्वर–लहरी वह सीढ़ियों पर खड़ा नित्य सुनता रहा है, वह इसी सुन्दर कण्ठ से निकली होगी। उसका जी चाहा कि किसी तरह सामने बैठ कर उनका गाना सुने, लेकिन उसके होंटों से तो शब्द भी न निकल रहा था। आखिर प्रोफ़ेसर साहब ने

१. कहार.
२. केश रहित.

उसकी मुश्किल आसान कर दी, 'कहिए, कैसे आये ?'

'इधर खाना खाने आया करता हूँ,' चेतन ने साहस बटोर कहा, 'आपका बोर्ड पढ़ा। आपसे मिलने का शौक़ पैदा हुआ। गाना सुनने और सीखने का मुझे शौक़ है, इसलिए चला आया।'

प्रोफ़ेसर साहब खुश हुए, क्योंकि वे मुस्कराये। चेतन भी खुश हुआ, क्योंकि उसे उनकी मुस्कान बड़ी प्यारी लगी। कुछ और साहस बटोर कर उसने पूछा, 'आप यहीं गाना सिखाते हैं ?'

प्रश्न कुछ निरर्थक-सा था, इसलिए प्रोफ़ेसर साहब सिर्फ़ मुस्कराये।

वे इतना अच्छा मुस्कराते थे कि चेतन शायद फिर कोई ऐसा ही निरर्थक प्रश्न करता, लेकिन उसी समय प्रोफ़ेसर साहब ने अपनी टाई की गिरह को ठीक किया और चेतन को उनके और अपने कपड़ों के अन्तर का ध्यान आ गया। वह ज़रा घबरा भी गया। हकलाते हुए उसने पूछा।

'यहाँ सिखाने की फ़ीस आप क्या लेते हैं ?'

'पाँच रुपये।'

चेतन पूछने वाला था कि घर पर सिखाने की फ़ीस आप क्या लेते हैं, लेकिन उसे यह प्रश्न निहायत बेमानी लगा। वह घर पर कहाँ सीख सकता है ? कुछ सोच कर उसने पूछा, 'आप किस समय सिखाते हैं ?'

'सुबह दस से एक बजे तक, फिर शाम को चार बजे से छै बजे तक।'

चेतन जानना चाहता था कि जो गाना वह सुना करता था, वह किसका है ? निश्चय ही वह उस झीवर लड़के का तो नहीं हो सकता। वह चाहता था कि वह किसी तरह प्रोफ़ेसर साहब का गाना सुने। लेकिन प्रोफ़ेसर साहब चुप थे। बस, प्रोफ़ेसर बने बैठे थे। तब चेतन कुछ और न कह सका। वह उठा। चलते-चलते उसने सिर्फ़ इतना और पूछा कि फ़ीस तो वे पहले ही लेते होंगे। जब उत्तर में प्रोफ़ेसर साहब फिर मुस्कराये तो चेतन ने इतना और कहा कि वह शिमले में कविराज रामदास के साथ आया हुआ है, उन्हीं के साथ काम कर रहा है। पहली को वेतन मिलेगा तो वह उनकी सेवा में उपस्थित होगा।

अब की बार प्रोफ़ेसर साहब की मुस्कान ज़रा देर तक फैली रही। चेतन ने स्वभावानुसार 'नमस्ते' की, फिर ज़रा घबरा कर 'सत श्री अकाल' कहा और चला आया।

उनसठ

चेतन म्यूज़िक कॉलेज से चला तो अकेला न था, बल्कि अगनित राग-रागिनियाँ उसके साथ थीं। उसे बचपन से संगीत का शौक़ था। उन दिनों जब वह 'हरबल्लभ' के प्रसिद्ध मेले में भारत के बड़े-बड़े संगीताचार्यों के गाने सुनता था तो यद्यपि वह उनके तान-पलटे और आलाप वग़ैरा न समझ पाता, लेकिन उसके मन में सहस्रों पुलक जाग उठते और वह चाहा

करता कि स्वर और लय की इस दुनिया पर उसका भी अधिकार हो जाय। किन्तु संगीत-शिक्षा पर आज के सभ्य संसार में फ़ीस लग गयी है। या तो बेतहाशा रुपया खर्च किया जाय या घर-घाट छोड़ कर चौबीसों घण्टे उस्तादों की शागिर्दी की जाय और रात-दिन उनकी चिरौरी करके कला के समुद्र से दो चुल्लू पानी पिया जाय —दो चुल्लू ही। पूरी प्यास वे बुझा सकेंगे, इसकी आशा आज के कला-गुरुओं से नहीं की जा सकती।

चेतन के पास न पहली बात के लिए पैसे थे, न दूसरी के लिए समय। घर के कामों और पढ़ाई-लिखाई के बाद उसके पास बहुत समय न बचता था। फिर उसे एक ही साथ कई बातों का शौक़ था। वह एक साथ **ही** अच्छा कवि, लेखक, चित्रकार, संगीतज्ञ, अभिनेता, वक्ता, सम्पादक और न जाने क्या-क्या बनना चाहता था।

वास्तव में घर के घुटे-घुटे वातावरण और अत्यधिक दबाव के कारण बचपन ही से उसके अन्तर में जो कुछ जमाव-सा था, वह ज़रा-सी आज़ादी पाते ही सहसा पिघल कर सहस्त्र धाराओं में बह निकलना चाहता था।

०

जब माँ उन्हें जालन्धर ले आयी थी और पिता का उतना डर न रहा था तो चेतन के सहमे-डरे बचपन ने नवजात मृग-शावक की तरह जैसे पहली बार आँखें खोल कर अपने इर्द-गिर्द देखा था। पर उसकी दशा उस मृग-शावक की-सी थी, जिसकी टाँगें जन्म ही से निर्बल हों और जो अपने मन की तमाम चंचलता के बावजूद दुनिया की रंगीनी को मुटर-मुटर तकता हुआ कुलाँचें भरने की इच्छा को मन-ही-मन दबा कर रह जाय!

मुहल्ले के बेशुमार लड़के नंगे सिर, नंगे शरीर, चंचल-चपल बन्दरों की तरह दिन भर हुड़दंग मचाते थे; गिल्ली-डण्डा, तंग-गोली, ठैया-टापू, गेंद-बल्ला, कबड्डी, आदि खेलते रहते थे; लेकिन चेतन अपने इन समवयस्कों के खेलों में कभी भाग न ले सका। वह हृष्ट-पुष्ट न था। यदि उसे कोई पीट देता अथवा साथ न खेलाता तो वह उसका प्रतिकार न कर पाता। 'खिलाओ, नहीं तो खेलने न देंगे!' या 'न खेलेंगे, न खेलने देंगे' —इन स्वर्ण-सिद्धान्तों पर दूसरे लड़कों की तरह वह अमल न कर सकता। वह तो बस, अलग हो जाता। आहत हो कर **उसका** अहं उनसे परे खिंच जाता। जब कभी लड़के उसे न खेलाते तो वह अपने पुराने मकान की कच्ची छत पर जा बैठता और सामने डिप्टी साहब के मकान की खिड़कियों पर बने हुए मोर और तोते देख कर उन्हें उँगली से कच्ची छत पर बनाया करता। कभी-कभी आटे में भिन्न रंग मिला कर वह उनसे उन खाकों में रंग भी भर देता। वह इस चित्रकारी में इतना मग्न हो जाता कि उसे लड़कों का खेल, अपना अपमान, मुहल्ले का शोर सब कुछ भूल जाता।

उन्हीं दिनों उसकी मित्रता बराबर की गली के एक अपने जैसे कलाकार बालक से हो गयी।

यह कलाकार उनके मुहल्ले में पानी भरने वाले कहार का लड़का महँगा राम था। ऊँची जात के हिन्दू, राम के पवित्र नाम को उन नीचों के नाम के साथ लगाना पाप समझ कर, बाप को केवल 'रला' और उसके लड़के को केवल 'महँगा' कह कर पुकारते थे। यह महँगा यद्यपि चेतन से **डेढ़-एक** वर्ष छोटा था, लेकिन बहुत ऊँचे दर्जे का कलाकार था।

मिट्टी से ऐसे सुन्दर खिलौने बनाता कि चेतन उसकी कारीगरी को देख कर मन्त्र-मुग्ध रह जाता। जल्द ही उसने उससे दोस्ती कर ली। खाना-खेलना छोड़ कर चेतन उसके साथ घूमता रहता। उसके छोटे-मोटे काम कर देता ताकि प्रसन्न हो कर वह कला के कुछ अमूल्य भेद उसे बता दे। धीरे-धीरे उसने चिड़ियाँ, तोते, कुत्ता, बिल्ली, आदि बनाना सीख लिया और छोटे-छोटे सुन्दर खिलौने बना कर ऊपर चौबारे को उनसे पाट दिया।

जब वह कुछ और बड़ा हुआ तो इन्हीं कुत्ते-बिल्लियों को रेखाओं में अंकित करने लगा। उसकी तख्ती-स्लेट और बाद में उसकी कापियाँ इन्हीं चित्रों से भरी रहतीं। आजकल निचले-मध्यवर्ग की स्त्रियाँ बालों में जहाँ सुइयाँ या क्लिप लगाती हैं, वहाँ उस ज़माने में सोने की चिड़ियाँ या तोते लगाये जाते थे और बाज्जेयाँ वाले बाज़ार के काने सुनार धर्मनाथ को चिड़िया और तोते बनाने में अपूर्व दक्षता प्राप्त थी। चेतन चाचा धर्मनाथ की मिन्नत-समाजत करके उससे नयी-नयी तरह के तोतों और चिड़ियों के खाके काग़ज़ पर बनवा लाता। फिर बुरजी काग़ज़ ले कर कापी पर उनकी नकल कर लेता और फिर उनमें रंग भरा करता। उसे भूगोल ज़रा भी न रुचता। विभिन्न ज़िलों, प्रान्तों, प्रदेशों की सीमाओं, प्राकृतिक विभागों, बनावटों और दूसरी ऐसी बातों को याद करना उसे एकदम नीरस लगता। लेकिन नदियों, रेलों, समुद्रों, बन्दरगाहों, जन-संख्या आदि के मानचित्र बनाना, उनमें भिन्न-भिन्न रंग भरना, उसे बहुत रुचता था। विज्ञान में ज़रा भी दिलचस्पी न थी, लेकिन विभिन्न प्रयोगों के चित्र वह बड़े चाव से बनाता।

बचपन ही से उसे कविता का भी शौक़ था। उसकी पाठ्य-पुस्तकों में जो कविताएँ होतीं, उन्हें वह कण्ठस्थ कर लेता था। 'आता है याद मुझको गुज़रा हुआ ज़माना,' 'अरे प्यारे लड़को बहादुर बनो तुम,' 'तारीफ़ उस खुदा की जिसने जहाँ बनाया' और दूसरी कई ऐसी कविताएँ उसे ज़बानी याद थीं। वह घर में अपने दादा, माँ, भाभी अथवा भाई के सामने अभिनय के साथ उन्हें सुनाया करता था।

वह पाँचवीं जमात में पढ़ता था जब पहली बार 'आर्य भजन पुष्पांजलि' प्रकाशित हुई। स्कूल के वार्षिकोत्सव पर चेतन ने उसे भजन-मण्डली के मुखिया के हाथ में देखा और फिर किसी-न-किसी तरह पैसे जोड़ कर वह एक प्रति खरीद लाया। वह भजन पुष्पांजलि उसे इतनी अच्छी लगी कि उसके प्रसिद्ध भजन उसने एक दूसरी कापी में बड़े सुन्दर अक्षरों में लिखे। इसके बाद हर वर्ष भजन पुष्पांजलि का परिवर्धित संस्करण निकलता रहा और वह उसे खरीद कर अपनी उस कापी में सुन्दर-सुन्दर भजनों की वृद्धि करता रहा। वह उन्हें कण्ठस्थ करता और बिना इस बात की चिन्ता किये कि उसका स्वर अच्छा है या नहीं, उन्हें गाता भी रहा।

धीरे-धीरे वह उन भजनों की तर्ज़ पर अपने भजन लिखने लगा। उसे मात्राओं अथवा छन्दों का ज्ञान न था। बस, गा कर ही वह देख लेता था और तुक के साथ तुक मिला लेता था।

वह कभी भजन रचने का प्रयास न करता, केवल उन्हें नक़ल करने पर ही सन्तुष्ट रहता, अगर उनके मुहल्ले में एक महत्वपूर्ण घटना न घटती....

बाज़ार में सुर्खे (लाल मुनिये) और बिजड़े (बये) बिकने आये थे। उनके सामने जो

सुनार रहता था, उसने आठ-दस सुर्खे खरीद कर एक छोटे-से पिंजरे में बन्द कर दिये थे। यह पिंजरा वह रोज़ शाम को दुकान से ला कर खिड़की में लटका देता था। अपनी बैठक में बिस्तर पर लेटा-लेटा चेतन अनवरत उन्हें तकता रहता और उन नन्ही-नन्ही, बन्दी चिड़ियों को देख कर उसका मन दुख से भर आता। वह कई दिन तक ऊँचे स्वर से — 'आता है याद मुझको गुज़रा हुआ ज़माना, वो झाड़ियाँ चमन की वह मेरा आशियाना!' गाता रहा। लेकिन जब इससे भी उसके मन को शान्ति न मिली तो उसने पुष्पांजलि के एक भजन — 'हे दयामय हम सबों को शुद्धताई दीजिए!' की तर्ज़ पर एक भजन लिखा और अपनी ओर से उसने इस भजन में अपने पड़ोसी सुनार को सम्बोधित किया :

हे महाशय बन्द चिड़ियों को रिहाई दीजिए
मन पे उनके बीतती जो ध्यान उसका कीजिए

भजन लम्बा था और इसी रंग में उसने उस क्रूर सुनार से कहा था कि अगर तुम्हें कोई दूसरा क़ैद कर ले तो तुम्हारे दिल पर क्या बीतेगी। उस हालत में अपनी दशा का खयाल करके इन बन्दी चिड़ियों को छोड़ दो। यदि तुम इन्हें न छोड़ोगे तो अगले जन्म में चिड़िया बनोगे और ये चिड़ियाँ व्याध बन कर तुम्हें बन्दी बनायेंगी।

इस भजन को वह बड़े ऊँचे स्वर से गाता —नीचे बैठक की खिड़की में (उनके पुराने मकान की जगह अब नया मकान बन गया था), ऊपर छत की शहनशीन पर, मुहल्ले के कुएँ की जगत पर बैठ कर, वह यही भजन गाता। तभी सहसा एक दिन जब सुनार आया तो उसका पिंजरा खाली था। सुर्खों को उसने एक दूसरे व्यक्ति के हाथ कुछ लाभ पर बेच दिया था। चेतन ने यही समझा कि उसके गीत से प्रभावित हो कर उस सुनार ने सुर्खों को मुक्त कर दिया है और इस विचार से जहाँ उस सहृदय सुनार के प्रति उसकी सब घृणा एक तरह की श्रद्धा में परिणत हो गयी, वहाँ अपनी सृजन-शक्ति के प्रति उसके मन में ज़बरदस्त आत्म-विश्वास भी पैदा हो गया और इस घटना से प्रोत्साहित हो कर उसने कई और भजन लिख डाले।

जब वह ज़रा बड़ा हुआ तो कविता के साथ-साथ उसके मन में संगीत का भी शौक़ पैदा हो गया। वास्तव में जालन्धर में हर वर्ष होने वाले हरबल्लभ के संगीत मेले के कारण वहाँ के हर लड़के को किसी-न-किसी हद तक संगीत का शौक़ अवश्य होता है। चेतन संगीतज्ञ तो क्या बनता (दोआबा के दूसरे तरुणों की तरह) बैतबाज़ बन गया और पंजाबी बैत[१] लिखने लगा। बात यह हुई कि हरबल्लभ के संगीत-सम्मेलन में गाये जाने वाले पक्के गाने, चेतन के अन्तर को झंकृत करने पर भी, उसकी समझ से बाहर की चीज़ थे। इसलिए वह दूसरे बेगिनती युवकों की तरह संगीतज्ञों के मण्डप को छोड़, 'पोने' के बैतबाज़ों में जा शामिल होता। बैत सुनते-सुनते वह स्वयं बैत कहने लगा।

हरबल्लभ का मेला बड़े दिनों की छुट्टियों में लगातार तीन दिन तक जालन्धर के देवी तालाब पर लगता है। भारत भर में यह अपनी तरह का अकेला आयोजन है। देश के दूरस्थ प्रदेशों से संगीतज्ञ आते हैं और वर्ष भर से सोयी देवी तालाब की लहरें, जैसे उनके स्वर्गिक संगीत से जाग कर, मनोमुग्धकारी तानों को स्मृतियों में भर, फिर वर्ष भर के लिए

१. चार पंक्तियों की पंजाबी कविता, जो हिन्दी के चौपदों जैसी होती है।

सो जाती हैं। उन दिनों मेले के संयोजक हरबल्लभ के शागिर्द पण्डित तोलाराम थे। वे स्वयं गुणी आदमी थे। जिस लगन और निष्ठा से मेले का प्रबन्ध वे करते, वैसा कोई दूसरा न कर पाता। उनके समय में संगीत-सम्मेलन पर टिकट भी न लगता। मेले से कई दिन पहले वे खाने की सुध-बुध भुला कर गवैयों को ठहराने, उनके लिए तम्बू-कनातें लगवाने, उनके खाने-पीने और दूसरी सुविधाओं का प्रबन्ध करने में तल्लीन हो जाते। हरबल्लभ की एक कमेटी भी थी, लेकिन उसकी जान वही थे। दूर-दूर से लोग इस संगीत-समारोह को देखने के लिए आते। सुबह से ले कर रात के एक बजे तक देवी तालाब पर रौनक रहती। रात के समय बड़े-बड़े संगीताचार्यों का गाना होता, जो दिन की भीड़ में गाना पसन्द न करते। लोग गाना सुनते; किनारों पर लगी हुई दुकानों से खाते-पीते; सफ़री थियेटरों, जादूगरों, मदारियों के करतब देखते; और नहीं तो पोने में जा कर बैतबाज़ों के बैत सुनते।

चेतन के पास खाने-पीने अथवा थियेटर आदि देखने के लिए तो पैसे न होते — हाँ, वह पोने की बैतबाज़ी का आनन्द हर वर्ष मुफ़्त लूटता।

पोना वास्तव में एक पर्दे का स्थान है और देवी तालाब में महिलाओं के स्नानार्थ बनाया गया है। तालाब के दक्षिण की ओर काफ़ी जगह ऊँची-ऊँची दीवारों ने घेर रखी हैं। दो दरवाज़े हैं। एक छोटा-सा बरामदा है, ताकि वर्षा हो तो उसके नीचे आसरा लिया जा सके। उसके सामने खुली जगह है, फिर सीढ़ियाँ हैं और फिर पानी। तीन ओर दीवारें हैं और इन दीवारों के साथ ऊपर की पहली सीढ़ी की सतह पर एक मेड़-सी बनी हुई है। वास्तव में पोने की दीवार पानी के नीचे चौहरी और ऊपर केवल दोहरी ईंटों से बनी है। इसी से यह मेड़-सी बन गयी है। इससे लाभ भी है। इस पर बैठ कर पानी के झरनों को साफ़ किया जाता है और तालाब का कीचड़ निकाला जाता है। यह मेड़ इतनी चौड़ी है कि इस पर आदमी बड़ी आसानी से खड़ा हो सकता है अथवा टाँगें नीचे लटका कर बैठ सकता है।

हरबल्लभ के दिनों में वहाँ महिलाओं के जाने की मनाही होती है। सर्दियों में तालाब का पानी काफ़ी उतर चुका होता है। सीढ़ियों पर बैठने के लिए काफ़ी स्थान होता है और दिना भर पंजाबी बैतबाज़ों की कई मजलिसें वहाँ लग जाया करती हैं।

दोआबा के पंजाबी बैतबाज़ उन दिनों (और बहुत हद तक पाकिस्तान बनने तक) अधिकतर नेचेबन्द, रंगरेज़, मोटर-ड्राइवर, खोंचे वाले और इसी वर्ग के आदमी थे।

....ये 'अब्र' साहब हैं — 'अब्र' का काम पानी बरसाना है और ये भी कम्पनी बाग़ के फूलों पर पानी बरसाते हैं — यानी भिश्ती हैं। इसी नाते इन्होंने अपना उपनाम 'अब्र' रख लिया है। कई सी-हर्फ़ियाँ[१] लिख चुके हैं। यद्यपि इनमें से किसी के छपने की नौबत नहीं आयी, लेकिन उस्ताद माने जाते हैं और इनके शागिर्दों की संख्या सब से ज़्यादा है।

....ये रहमत साहब हैं — पतले-दुबले शरीर पर उटुंग पायजामा, गबरून की कमीज़ और खाकी जीन का कोट पहने और सिर पर बिजली-रँगा साफ़ा बाँधे। पेट और कल्ले अन्दर को धँसे हुए हैं, जबड़ों की हड्डियाँ उभरी हुई हैं, दाढ़ी बढ़ी हुई है, हाथ-पाँव इतने

१. सी-हर्फ़ी — बैतों की ऐसी श्रृंखला, जिसका हर बैत एक-एक करके उर्दू वर्णमाला के प्रत्येक अक्षर से आरम्भ होता है।

रंगों में डूब चुके हैं कि उनका असली रंग बताना कठिन है। रंगरेज़ हैं, पहुँचे हुए कवि हैं और जालन्धर के पंजाबी कवियों की नयी पौध के उस्ताद माने जाते हैं।

....ये वज़ीर साहब हैं — तहमद लगाये, कुर्ता पहने और सिर पर उल्टी-सीधी पगड़ी बाँधे। कपड़े मैले और काले। हाथ-मुँह उनसे भी मैले और काले। कोयले बेचते हैं और बैत कहते हैं। आशु कवि हैं और अखाड़ों में बड़े-बड़ों को सामने नहीं बैठने देते।

....ये फेरू साहब हैं — जालन्धर से अमृतसर जाने वाली एक लारी के क्लीनर। मुँह ज़रा टेढ़ा और लकवा-मारा है। लेकिन अश्लील बैत कहने और उनके फलस्वरूप सिर फोड़ने-फोड़वाने में कोई इनका सानी नहीं।

....ये शौकत साहब हैं — इश्क़िया बैत कहते हैं, जिसका आलम्बन (मुखातिब) स्कूलों के हसीन छोकरे होते हैं। बेकार हैं। स्कूल के आने-जाने वाले लड़कों को परेशान करते हैं और उसके फलस्वरूप कई बार जूते खा चुके हैं।

....ये शाम साहब हैं — क़िस्से बनाते, छपवाते और बेचते हैं। जब पैसे चुक जाते हैं तो एक क़िस्सा बना लेते हैं। उधार छपवा लेते हैं और इमाम नासरुद्दीन के चौक अथवा लाल बाज़ार या बाज़ार शेखाँ के मोड़ पर खड़े हो कर गाना शुरू कर देते हैं। फिर वहाँ से गाते, क़िस्से बेचते भीड़ के आगे-आगे सब बाज़ारों में घूमते हैं। शाम तक क़िस्सा बेच देते हैं। प्रेस की छपाई देते हैं और जब तक पैसे रहते हैं, लौंडों को लिये हुए कम्पनी बाग़ में घूमते रहते हैं। बड़े फक्कड़ शायर हैं। कई बार अपने क़िस्सों में ऐसे निश्तर लगाते हैं कि लोग तिलमिला कर रह जाते हैं। बुरक़े वालियों के विरुद्ध उनका एक प्रसिद्ध क़िस्सा है, जो इन पंक्तियों से शुरू होता है :

एह बुरक़ा ऐवें चट्टी ए।
इस बुरक़े दुनिया पट्टी ए।

और फिर बुरक़े की बुराइयों को दिखाते हुए उस क़िस्से में वे ऐसी भेद-भरी बातें कह गये कि पुराने खयाल के मुसलमान बिगड़ उठे। लेकिन लट्ठ-मार शायर हैं। मुसलमान हैं। किसी की हिम्मत न हुई कुछ कहने की।

....ये हरदयाल हैं — थियेटरों, सरकसों और सफ़री सिनेमा कम्पनियों के विज्ञापन बाँटते हैं। जब जोश में आते हैं तो आशु कविता करते हैं और हर बैत की अन्तिम पंक्ति में 'हरदयाल ने बैत तैयार कीत्ती' कहना नहीं भूलते हैं, इसलिए भी कि कवि हरदयाल की प्रतिभा का पता चल जाय और इसलिए भी कि इससे कविता को पूरा करना सुगम हो जाता है, जैसे :

समझन अक़ल दी गल्ल ओह कदों यारो
साले यार होवन जेहड़े छित्तराँ दे
गल्लाँ नाल न मन्नदे कदीं वी ओह
भूत होन जेहड़े यारो लित्तराँ दे
मारो दो मुक्के, ओहना पाओ पुट्ठे
जुत्ते सौ मारो नाले चित्तड़ाँ दे
हरदयाल ने बैत तैयार कीत्ती

विच्च बैठ के याराँ ते मित्तराँ दे[1]

यह सारा कवि-समुदाय हरबल्लभ के इस मेले के लिए साल भर बैत तैयार करता रहता। सुबह ही ये लोग अपने चेले-चाँटों को ले कर पोने में इकट्ठे होना शुरू हो जाते। कविगण दीवार की मेड़ पर बैठ जाते और श्रोता सीढ़ियों पर जमा होने लगते। मुक़ाबिला सदैव दो व्यक्तियों में ही होता। कवियों को ज़रा सुस्ताने का अवसर देने के लिए कभी-कभी उनका उस्ताद या उनका कोई उस्ताद-भाई भी एक-आध बैत कह देता।

शुरू में मुसलमान कवि हमेशा रसूले-पाक और हिन्दू कवि दुर्गा माता की स्तुति में बैत कहते, लेकिन जल्द ही वे इश्क़िया बैतों पर आ जाते। इस मैदान में खूब डट कर मुक़ाबिला होता। दोनों अपनी-अपनी कला के चमत्कार दिखाते। जब यह मैदान भी तंग होना शुरू हो जाता तो वे गालियों पर उतर आते। दूसरे शब्दों में जब किसी के बैतों का खज़ाना खत्म होने लगता तो वह बैत ही में दूसरे पक्ष को कोई गाली दे देता और विवश हो, दूसरे को गाली ही में उत्तर देना अथवा चुप हो जाना पड़ता। चेतन को ऐसी एक बैत सदा याद रही थी —गाली इतनी पूर्ण और अलंकार इतना सुन्दर था कि वह सुनते ही उसे कण्ठस्थ हो गयी थी :

खोता अक़ल दा, अलिफ़, बे, ते पढ़ के
करन लगा बराबरी क़ारियाँ दी
गंजी चूही चंबेली दा तेल ला के
महफ़िल पुच्छदी फिरे कुँआरियाँ दी
बैठ गया बन के बैतल बाज़ भारा
धूड़ फक्कदा फक्कदा लारियाँ दी
इक सुण्ढ दी गण्डी लब्भी एस बान्दर
हटट् पा बैठा एह पंसारियाँ दी[2]

और क्रमशः ये गालियाँ इतनी तीव्र, इतनी कटु, इतनी स्पष्ट और अश्लील हो जातीं कि दोनों में से कोई अथवा दोनों में से किसी का सहायक, गाली देने वाले पर जूता उतार फेंकता। तब फिर कविगण अपनी कला के चमत्कार दिखाने के बदले अपने भुज-बल के चमत्कार दिखाने लगते, हो-हल्ला मच जाता। किसी की पगड़ी उतर जाती, किसी की टोपी उछल जाती, श्रोता बीच-बचाव करते और महफ़िल बरखास्त हो जाती। दो-तीन घण्टे तक कवि भी और तमाशाई भी —दोनों, मेला देखने अथवा पक्के गाने सुनने की कोशिश करते,

---

१. यारो, जूतों के यार अक्ल की बात नहीं समझते। लातों के भूत बातों से कभी नहीं मानते। उनके तो दो घूँसे जमाओ, उन्हें उल्टे लिटाओ और उसके चूतड़ों पर सौ जूते लगाओ। हरदयाल ने यह बैत तैयार की है (अभी-अभी) दोस्तों और मित्रों में बैठ कर।

२. यह गधा (सम्बोधन सामने मुक़ाबिले में बैठे कवि की ओर है) अलिफ़-बे-ते पढ़ कर हम जैसे क़ारियों (क़ारी क़ुरान पढ़ने वाले आलिमों को कहते हैं। यहाँ अभिप्राय सिर्फ़ आलिमों —बुद्धिमानों —से है) की बराबरी करने का दम भरता है। बिलकुल वैसे ही, जैसे गंजी चूही चमेली का तेल लगा कर कुमारियों की सभा का पता पूछती फिरे। लारियों की धूल फाँकता-फाँकता (प्रतिपक्षी, कदाचित मोटर क्लीनर था) यह बड़ा बैतबाज़ बन गया है। इस बन्दर को एक सोंठ की गाँठ मिली तो यह पंसारी की दुकान ही सजा बैठा!

लेकिन जिस प्रकार छत्ते के हिल जाने अथवा टूट जाने पर मधु-मक्खियाँ इधर-उधर उड़ कर फिर उसी जगह आ बैठती हैं, श्रोता और बैतबाज़ वहीं इकट्ठा होना शुरू हो जाते और किन्हीं अन्य दो टोलियों में मुक़ाबिला शुरू हो जाता।

चेतन पक्के गाने न समझ सकता था, न गा सकता था, किन्तु बैत उसके लिए ज्ञेय भी थे और एक भजन को देख कर दूसरा भजन लिखते-लिखते वह एक बैत की तर्ज़ पर दूसरा बैत लिखने लगा था। वह आठवीं में पढ़ता था जब उसने पहली बार पंजाबी में एक लम्बी कविता लिख कर कवि-सभा में सुनायी।

जन्माष्टमी का अवसर था। महावीर दल की ओर से एक सम्मेलन का आयोजन किया गया था और समस्या भी दी गयी थी। चेतन एक लम्बी कविता लिख कर ले गया और यद्यपि काव्य-कला की दृष्टि से उसमें कई त्रुटियाँ थीं, लेकिन उसकी कम वय के खयाल से उसे एक विशेष पुरस्कार मिला था। उस सम्मेलन में प्रथम पुरस्कार 'अब्र' साहब ने पाया था। उन भिश्ती महोदय को कृष्ण से कोई श्रद्धा हो, यह बात न थी। बैत कहना और कवि-सम्मेलनों में पढ़ कर इनाम पाना, पानी छिड़कने के स्थान पर धीरे-धीरे उनका पेशा बनता जा रहा था। उन्होंने चेतन की बड़ी प्रशंसा की और उसे कविता लिखते रहने का परामर्श दिया।

जब प्रथम पुरस्कार पाने वाले, दोआबा पंजाबी कवि सम्मेलन के प्रधान, उस्ताद 'अब्र' ने उसकी प्रशंसा की तो चेतन के उल्लास और उत्साह का वार-पार न रहा। वह कई महीने लगातार बैत लिखता रहा था, यहाँ तक कि माया और मोक्ष पर उसने एक 'सी-हरफ़ी' लिख डाली और महावीर दल के कवि-सम्मेलनों में पढ़ता रहा।

वह ज़रा बड़ा हुआ तो उसका झुकाव उर्दू कविता की ओर हो गया। (हिन्दी कविता उन दिनों दोआबा में कोई न जानता था। शिक्षा का माध्यम उर्दू थी, पहली कक्षा से पढ़ायी जाती थी, सम्भ्रान्त तबक़े में लिखी-बोली जाती थी और उर्दू काव्य का रिवाज था)। वास्तव में कविता का शौक़ मन में उत्पन्न होते ही चेतन कवि-सम्मेलनों में जाने लगा था और जालन्धर में पंजाबी के कवि-सम्मेलनों के साथ उर्दू मुशायरे भी होते थे। वह उधर भी कभी-कभी चक्कर लगाने लगा। वहाँ का अपेक्षाकृत सभ्य तथा सुसंस्कृत वातावरण उसे अच्छा लगा और उसके मन में उर्दू में शेर कहने का शौक़ पैदा हुआ और वह धड़ाधड़ ग़ज़लें लिखने लगा। इस प्रकार उसका संगीत-प्रेम, जो हरबल्लभ के मेले में शुरू हुआ था, उसी के कारण काव्य-प्रेम में परिणत हो गया।

o

लेकिन उसका यह शौक़ मरा न था। इसी शौक़ के अधीन वह तंगदस्ती में भी पैंतिस रुपये का बाजा खरीद लाया था और न केवल उसने चन्दा को गाने सिखाये थे, वरन स्वयं भी उसने दो-एक महीने अपने एक कथाकार-मित्र पण्डित रत्न के माध्यम से एक ट्यूटर से संगीत की शिक्षा प्राप्त की थी और संगीत-विद्या पर दो-चार पुस्तकें खरीद कर पढ़ डाली थीं। अब प्रोफ़ेसर सिंह से मिलने पर उसे लगा कि बस, अब वह अपनी चिर-अभिलाषा पूरी कर सकेगा। उसके पास हारमोनियम था। उसे थोड़ा-बहुत स्वर-ज्ञान भी था। राग और रागिनियों के नाम भी उसे आते थे। कौन सम्पूर्ण है, कौन अपूर्ण, किसमें क़ौन-कौन-से

स्वर शुद्ध और कौन-से कोमल और कौन-से तीव्र लगते हैं, किस राग का क्या प्रभाव मन पर पड़ता है, कौन-सा राग सुबह, कौन-सा दोपहर, कौन-सा शाम और कौन-सा रात को गाया जाता है, राग-रागिनियों के रूप क्या हैं और किस ऋतु में गाये जाते हैं —यह सब किताबी ज्ञान तो उसे था, लेकिन अभ्यास का अवसर उसे नहीं मिला था। और वास्तव में वह पुस्तकें खरीदने से पहले जहाँ था, वहीं अब भी था।

प्रोफ़ेसर सिंह से मिलने पर उसने सोचा कि यहाँ से वह संगीत में काफ़ी महारत हासिल करके जायेगा। लाहौर जा कर गन्धर्व-महाविद्यालय में दाखिल हो जायेगा। पहले स्वयं निपुणता प्राप्त करेगा, फिर चन्दा को निपुण बनायेगा....बस, और क्या चाहिए! वह गीत लिखेगा, वह गायेगी। ज़िन्दगी का तमाम कलुष, सारी मलिनता, समस्त कटुता, संगीत की निर्मल निर्झरिणी में शराबोर हो कर धुल जायेगी। कला से उन्हें धन प्राप्त न हो, संगीत की अमूल्य निधि तो उन्हें प्राप्त होगी। वे नदी पर जाया करेंगे, रावी के तट पर घूमा करेंगे। लहरों की कल-कल, छल-छल वाद्य-यन्त्रों का काम देगी और वे देश, काल और सुधि के बन्धनों से आज़ाद, विसुध और तन्मय हो कर, स्वरों के पंखों पर बैठे, संगीत की दुनिया के विशाल, विस्तीर्ण, अनन्त प्रसार में उड़ते फिरेंगे।

साठ

वेतन मिलने में अभी देर थी। चेतन कविराज जी से दस रुपये के लगभग पेशगी ले चुका था। पाँच उसने ढाबे वाले की भेंट कर दिये थे और पाँच इधर-उधर खर्च हो गये थे —अब और रुपये माँगने में उसे संकोच हो रहा था। किसी-न-किसी तरह साहस बटोर कर वह माँग भी लेता, लेकिन उसके मन के किसी अज्ञात कोने में यह डर भी बैठा हुआ था कि कविराज जी कहीं मितव्ययिता पर छोटा-मोटा भाषण झाड़ कर संगीत-सम्बन्धी उसके उत्साह को ठण्डा न कर दें। भाई साहब के लिए तीस रुपये पेशगी माँगने पर उन्होंने जो भाषण पिलाये थे, वे उसे भूले न थे और उसके बड़े भाई को स्वयं पत्र लिख कर उन्होंने जो विकट स्थिति पैदा कर दी थी, वह भी उसे पूर्णतः याद थी।

दूसरे दिन जब वह फिर म्यूज़िक कॉलेज के पास से गुज़रा और संगीत की मीठी-मादक ध्वनि उसके कानों में पड़ी तो गाना सीखने और प्रोफ़ेसर सिंह से गाना सुन सकने की प्रबल आकांक्षा उसके मन में पुनः उद्वेलित हो उठी। खाना खाने के लिए जाते, खाते और वहाँ से आते समय वह इस समस्या का हल सोचता रहा और इसमें सफल भी हो गया।

उसने दो-तीन दिन निरन्तर राजकुमार के सामने प्रोफ़ेसर सिंह के कॉलेज का उल्लेख किया; उनके सिखाने के ढंग की, उनके कण्ठ के माधुर्य, उनके स्वर के शहद की प्रशंसा की और राजकुमार से कहा कि उसे तो अवश्य बाजा सीखना चाहिए।

'बाँसुरी तो गले को खराब कर देती है,' चेतन ने कहा, 'तुम्हारा स्वर इतना सुन्दर है

कि तुम्हें फ़ौरन बाँसुरी छोड़ देनी चाहिए। मैंने स्वयं फ़ैसला कर लिया है कि अब बाँसुरी को हाथ न लगाऊँगा।' इस तरह उसने राजकुमार को तैयार कर लिया कि प्रो.फ़ेसर जी० सिंह से बाजा सीखने की आज्ञा वह जितनी जल्दी हो, अपने पिता से माँग ले।

गाना सीखने के लिए अपने प्रिय पुत्र के अनुरोध पर जब कविराज जी ने चेतन से पूछा तो उनके सामने भी उसने प्रोफ़ेसर सिंह की प्रशंसा की और अवसर को उपयुक्त जान कर उसने यह भी कह दिया कि वह स्वयं उनसे गाना सीखना चाहता है और दोपहर को खाना खाने के लिए जाते समय एक-डेढ़ घण्टा वह संगीत की शिक्षा लिया करेगा। कविराज जी ने उसे आज्ञा दे दी और राजकुमार से कहा कि वह भी चेतन ही के साथ दोपहर को जा कर गाना सीख आया करे और उसकी फ़ीस के पाँच रुपये भी उन्होंने चेतन के हाथ में दे दिये।

प्रोफ़ेसर सिंह के पास राजकुमार को ले जाने से पहले, वह स्वयं उनके पास गया और उसने उनसे कहा कि वह उनका बड़ा प्रचार कर रहा है। कविराज जी से उसने उनकी बड़ी प्रशंसा की है और उनके लड़के को लाने का वह प्रयास कर रहा है।

प्रोफ़ेसर सिंह ने मुस्करा कर उसे धन्यवाद दिया और कुर्सी से उतर कर नीचे आ बैठे और उन्होंने जैसे उमंग में आ कर बाजा सामने खींच लिया और इक़बाल की एक ग़ज़ल धीरे-धीरे गुनगुनाने लगे :

कुशादा दस्ते करम जब वह बेनियाज़ करे
नियाज़मन्द न क्यों आजिज़ी पे नाज़ करे

धीरे-धीरे उनकी आवाज़ ऊँची होती गयी और वे तन्मय हो कर गाने लगे। उनके स्वर की मिठास और उनके उच्चारण की शुद्धता ने चेतन को मुग्ध कर दिया। मुशायरों में उर्दू की कविताएँ सुनने और स्वयं रचने के कारण उसे उच्चारण आदि का बड़ा ध्यान रहता था। यदि उच्चारण शुद्ध न हो, तो गाने वाले ने कितना ही सुन्दर गला क्यों न पाया हो, चेतन उकता जाता था....

०

....वह कॉलेज ही में पढ़ता था और उसके अवकाश का अधिकांश समय शेर कहने और मुशायरों में ग़ज़लें पढ़ने में गुज़रता था, जब हरबल्लभ के आकाश में एक नये सितारे — चिरंजीलाल — का उदय हुआ और इस बात की चर्चा शहर भर में होने लगी। 'इतना खूबसूरत गला पाया है उसने '....'इतना अच्छा गाता है वह....' 'इस उम्र में तान और लय का इतना ज्ञान है उसे....' आदि-आदि बातें चेतन ने सुनी थीं और यद्यपि उसे अब भी पोने के पंजाबी कवियों के बैत सुनने में ज़्यादा लुत्फ़ आता था, लेकिन जब उसने सुना कि यह नया संगीतज्ञ ग़ज़ल बहुत अच्छी गाता है — यहाँ तक सुना कि ग़ज़ल गाने में उसका कोई सानी नहीं तो वह भी उसे सुनने का लोभ सम्वरण न कर सका।

तेरह-चौदह वर्ष का सलोना-सा लड़का, चुस्त काली अचकन और चूड़ीदार पायजामा पहने स्टेज पर बैठा था। इर्द-गिर्द उसके प्रशंसकों का जमघट था। भीड़ इतनी थी कि चेतन बड़ी कठिनाई से मंच के पास पहुँच पाया। उस भीड़ में बैठने से उसका दम घुटा जा रहा था, पर उस लड़के का गाना सुनने के लिए वह घुटा-दबा बैठा रहा। गाने से पहले

गुनगुनाते हुए तरुण गायक ने जो तान खींची तो चेतन के हृदय के तार झंकृत हो उठे। कितना सुन्दर गला पाया है इस लड़के ने — उसने मन-ही-मन प्रशंसा की, लेकिन जब उसने पहला ही शेर पढ़ा तो चेतन का दिल बैठ गया। दूसरे मिसरे में एक शब्द ही वह खा गया था। 'दाग़' की ग़ज़ल थी :

शमशीर खिंच के पंजा-ए-क़ातिल में रह गयी
बिस्मिल की आरज़ू दिले-बिस्मिल में रह गयी

और वह उसके दूसरे मिसरे को यों गाता था :

बिस्मिल की आरज़ू-ए-बिस्मिल में रह गयी

चेतन ने पहले समझा था कि शायद 'दिल' शब्द वह जल्दी में भूल गया है, लेकिन जब वह बार-बार — 'बिस्मिल की आर्ज़ू-ए-बिस्मिल में रह गयी — बिस्मिल की आर्ज़ू-ए-बिस्मिल में रह गयी' — गाता हुआ सिर मारने लगा और लोग भी 'वाह-वा!' करते हुए झूमने लगे तो उन अरसिकों में बैठना उसे अपना अपमान लगा। वह पहला शेर ही सुन कर उठ आया था।

०

लेकिन प्रोफ़ेसर सिंह के सुन्दर कण्ठ के साथ उनका शुद्ध उच्चारण तो सोने में सुगन्ध भर रहा था। उनकी ग़ज़ल सुनने पर यद्यपि चेतन को इस बात का पता चल गया था कि पहले दिन उसने जो आवाज़ सुनी थी वह किसी और की आवाज़ थी, लेकिन प्रोफ़ेसर साहब का स्वर उससे कम मीठा न था। चेतन उनका गाना सुन कर इतना प्रसन्न हुआ कि वह उसी समय जा कर राजकुमार को साथ ले आया और फ़ीस के पाँच रुपये पेशगी दिला कर उसने एक महाकर्तव्य से छुट्टी पा ली।

इसके बाद राजकुमार तो दो ही चार दिन में 'स रे ग, रे ग म, ग म प' से ऊब कर अपने मित्रों में जा मिला, लेकिन चेतन बराबर दोपहर और शाम, दोनों समय आता रहा।

शाम को प्रोफ़ेसर साहब के कॉलेज में प्रायः रोज़ ही छोटी-सी महफ़िल जमती और उसमें वे स्वयं दो-एक चीज़ें सुनाते थे। एक दिन ऐसे ही वक़्त चेतन ने प्रोफ़ेसर साहब को जो दाद दी, उससे वे बड़े प्रसन्न हुए और श्रोताओं पर उनका दुगना प्रभाव पड़ा। प्रोफ़ेसर साहब प्रायः ग़ालिब और इक़बाल की ग़ज़लें गाते। एक तो उन महाकवियों की ग़ज़लें, दूसरे इतना सुन्दर कण्ठ और शुद्ध उच्चारण! चेतन झूम उठता और शेर का क़ाफ़िया प्रोफ़ेसर साहब से ज़रा पहले ही इस अन्दाज़ में बोलता कि श्रोताओं पर उसका बड़ा प्रभाव पड़ता। प्रोफ़ेसर साहब गाते :

भरी बज़्म में राज़ की बात कह दी
बड़ा बे अदब हूँ....

और चेतन झूमता हुआ प्रोफ़ेसर साहब के होंटों पर मुस्कान के फैलने के साथ ही कहता — 'सज़ा चाहता हूँ' — और श्रोता 'वाह-वा!' कर उठते। इस प्रकार चेतन बिना फ़ीस दिये प्रोफ़ेसर सिंह के शागिर्दों में शामिल हो गया और प्रोफ़ेसर सिंह उसे मन से सिखाने भी लगे।

चेतन जो कुछ वहाँ से सीखता, उसका अभ्यास करने में उसे बड़ी कठिनाई होती

और इसलिए वह कोशिश करता कि कॉलेज ही में प्रोफ़ेसर साहब के बाजे पर उसका अभ्यास भी कर लिया करे। लेकिन यद्यपि वे चेतन पर प्रसन्न थे और वह चाहे जितनी देर वहाँ बैठे, जितनी बार वहाँ जाय, बुरा न मानते थे, पर चेतन को जल्दी ही इस बात का आभास मिल गया कि जब-जब वह उनके बाजे पर अभ्यास करना चाहता, उनके माथे पर हल्की-सी लकीर बन जाती। चेतन परेशान था कि वह क्या करे। तभी एक दिन अचानक उसे इस समस्या का भी हल सूझ गया।

०

दोपहर के समय वह कॉलेज पहुँचा तो प्रोफ़ेसर साहब कमरे में नहीं थे। पूछने पर मालूम हुआ कि साथ के कमरे में हैं। उसने समझा कि शायद चाय आदि पी रहे हैं, लेकिन जब पर्दा हटा कर वह अन्दर पहुँचा तो उसने देखा कि वे एक तिपाई पर बैठे, कुर्सी पर पाँव रखे, एक दिलरुबा बजा रहे हैं। चेतन को उनके बजाने के ढंग से ऐसा लगा जैसे वे दिलरुबा बजाना सीख रहे हैं अथवा उसका अभ्यास कर रहे हैं। पर जब उसने पूछा कि दिलरुबा वे किससे सीख रहे हैं तो उन्होंने उसे बताया कि वे लखनऊ के म्यूज़िक कॉलेज में शिक्षा पाये हुए हैं और सभी वाद्य-यन्त्र एक-सी निपुणता से बजा सकते हैं। दिलरुबा बिकाऊ है और वे चाहते हैं कि कॉलेज के लिए उसे खरीद लें।

'कैसा है ?' चेतन ने पूछा।

बड़े विशेषज्ञों के अन्दाज़ में माथे को तनिक सिकोड़ते हुए प्रोफ़ेसर साहब ने कहा, 'उतना सुरीला नहीं, मैं उससे दूसरा बनाने को कहूँगा।'

'यहाँ कोई साज़ बनाने वाला भी है ?' चेतन ने चकित हो कर पूछा।

'हाँ, मिडल बाज़ार में एक आदमी है। बना कर लाया था कि मैं खरीद लूँ, पर उतना सुरीला नहीं।'

चेतन को ऐसा आभास मिला कि वे खरीदना तो चाहते हैं, पर किसी कारणवश खरीद नहीं सकते। उसका जी चाहा कि उसी समय दिलरुबा खरीद कर उनके चरणों में रख दे कि लीजिए, इसे मेरी ओर से कॉलेज के लिए रख लीजिए। कुछ क्षण चुप रह कर उसने पूछा, 'लेकिन आपके पास तो साज़ होंगे।'

'यहाँ नहीं, घर पर हैं,' उन्होंने बड़ी बेपरवाही से कहा, 'बात यह है कि मैं यहाँ पहली बार आया हूँ। मैं तो सदा कश्मीर जाया करता था, पर मेरे कुछ शागिर्द इस बार शिमले आये हैं और मुझे भी साथ घसीट लाये हैं।'

'यदि आप कहें तो मैं यह दिलरुबा खरीद लूँ।' चेतन ने झिझकते हुए कहा। 'आखिर मुझे ये सब साज़ खरीदने तो हैं ही, दो-ढाई महीने मैं अभी और यहाँ रहूँगा, उतने दिन आप इसे काम में लाइए।'

प्रोफ़ेसर साहब के मस्तक की भृकुटी ढीली हो कर फैली और मुस्कान बनती हुई होंटों पर आ गयी।

'अभी तो तुम्हें हारमोनियम ही सीखना चाहिए,' वे बोले, 'जब स्वर पर तुम्हें पूरा अधिकार प्राप्त हो जायेगा और राग-रागिनियों की समझ आ जायेगी तो फिर बेला क्या, दिलरुबा क्या और सितार क्या, जो साज़ चाहे सीख लेना।'

हतोत्साह हुए बिना चेतन ने कहा, 'तो क्या हर्ज है, पड़ा रहेगा, मेरी पत्नी सीख लेगी।'

प्रोफ़ेसर साहब जैसे अपने कर्तव्य से छुट्टी पा गये। ज़रा और मुस्करा कर उन्होंने कहा, 'खरीद लो! लेकिन उसकी दुकान पर एक दूसरा है। मेरे खयाल में वह ले लो तुम। यह उतना अच्छा नहीं।'

उस दिन चेतन ने जब उन्हीं के बाजे पर अभ्यास किया तो प्रोफ़ेसर सिंह की भृकुटी नहीं तनी, बल्कि पास बैठ कर उन्होंने एक-दो बार उसका सुधार भी किया।

इकसठ

साँझ का समय था और पश्चिम में अस्त होता हुआ सूरज तेज़ आग में चमकते हुए पिघले सोने के-से रंग का हो रहा था। लगता था, जैसे किसी अदृश्य आँच ने साँझ के उस सोने को पिघला दिया है और उसका पीला रंग लाल होता-होता आँच की तेज़ी में उन्नाबी लग रहा है। जाकू के ऊपर बादल गुलानारी हो रहे थे और माल की दुकानों के कंगूरों पर उस जलते हुए सोने का अन्तिम प्रतिबिम्ब झलक रहा था। बग़ल में अपना नया खरीदा सितार दबाये चेतन रिज पर से होता हुआ माल की ओर जा रहा था। सितार पर गहरे नीले रंग की खादी का ग़िलाफ़ चढ़ा हुआ था, जिसके सिरे पर लाल रंग का फूल बना था। ग़िलाफ़ का नेफ़ा और डोरी भी फूल ही के रंग की थी। अपने तीसरे महीने के वेतन से चेतन ने सितार खरीदा था और जो पैसे बचे थे, उनसे ग़िलाफ़ बनवा लिया था। सारा महीना कैसे बसर होगा, इस बात की उसे चिन्ता न थी। कलाकार के गर्व से सिर उठाये वह चला जा रहा था। उसे लग रहा था जैसे उसके पाँव धरती पर नहीं पड़ रहे, हवा में पड़ रहे हैं। उस काली कठोर सड़क से वह ऊपर उठ गया है और उस राग-भीनी साँझ के रंगीले सौन्दर्य में उड़ा जा रहा है।

उस वक़्त ही क्यों, प्रायः महीने भर से, प्रायः उसी क्षण से जब उसने पाँच नम्बर की सीढ़ियों पर खड़े हो कर सुना था — 'कौन देस गया पिया मोरा बालम रे' — वह धरती से ऊपर उठ गया था। उसके क्षण उदास और एकाकी न रहे थे। उसके सपने उसे पुनः मिल गये थे।

उसे सपनों ही की ज़रूरत थी — सदा सपनों ही की ज़रूरत रही थी — फिर वे स्वप्न चाहे नीला का प्रेम पाने के हों; चन्दा के साथ सफल-सुखद जीवन बिताने के हों; महान चित्रकार, वक्ता अथवा लेखक बनने के हों; या फिर एक बार कॉलेज में पुनः दाखिल हो कर लाहौर के विद्यार्थी जीवन के मज़े लूटने के हों। वे सपने ही उसकी ज़िन्दगी थे, ज़िन्दगी की स्फूर्ति थे। उसी के क्यों, शायद मानव-मात्र के जीवन की स्फूर्ति यही सपने होते हैं। शास्त्र कहते हैं — जीवन सपना है, लेकिन जीवन शायद सपना नहीं। जीवन तो सड़क है — काली और कठोर! और सपना वह भुलावा है जो उसे स्फूर्ति देता है, जो

मानव को इस सड़क की कठोरता, इसकी कालिमा, इसकी तपिश अथवा ठण्डक भुला कर इससे ऊपर उठा देता है और मानव खुद को हवा में तैरता हुआ-सा अनुभव करता है। ये सपने जितने रंगीन होते हैं, उतनी ही लगन से वह इस कठोर काली सड़क पर भागा चला जाता है।

चेतन के सपने भी उन दिनों आषाढ़ के बादलों की तरह उमड़े आते थे और चेतन की गति भी उनके साथ तेज़ हो रही थी। काम करने में अब उसका जी लगता था। इस एक-डेढ़ महीने से वह प्रायः रोज़ पुस्तक का एक परिच्छेद लिखता और उसका संशोधन करता आ रहा था। वह इतनी तेज़ी से काम कर रहा था कि पुस्तक तीन-चौथाई लिखी जा चुकी थी। इसी तेज़ी से वह संगीत की शिक्षा ग्रहण कर रहा था, स्वर-अध्याय को पार करके और विभिन्न सरगमों को पकाने के बाद अब उसने एक-दो रागिनियों के बोल भी सीख लिये थे। किन्तु उसके स्वप्न सदा की तरह उससे कहीं आगे भाग रहे थे। कारण यह था कि यद्यपि उसका संगीत सम्बन्धी ज्ञान अभी न होने के बराबर था और यद्यपि उसका हाथ अभी ठीक ढंग से हारमोनियम के पर्दों पर चला भी न था, पर उसने दिलरुबा और सितार खरीद लिये थे और तबला लेने की चिन्ता में था। उसके पास धन का अभाव था; नहीं, उसका बस चलता तो वह सारे-के-सारे बाजे एक ही बार में खरीद लेता।

दोनों बाजे खरीद लेने पर चेतन ने बस नहीं की। दिलरुबा के लिए प्लाईवुड का खोल और सितार के लिए यह ग़िलाफ़ उसने बनवाया। दिलरुबा तो खैर कॉलेज ही में पड़ा रहता था, लेकिन यद्यपि उसे सितार ले कर बैठना भी न आता था, वह प्रतिदिन सन्ध्या के समय सितार ले कर कॉलेज जाता और जाते अथवा आते समय सितार को बग़ल में दबाये माल अथवा लोअर बाज़ार का एक चक्कर लगाना न भूलता। इसके अलावा वह सारा दिन मिज़राब पहने रहता और जब किसी से बात करता तो अनजाने ही में मिज़राब वाली उँगली एक-दो बार ज़रूर दिखाता।

यह मिज़राब छोटी थी या फिर हो सकता है कि चूँकि उसने पहले कभी न पहनी थी, इसलिए इससे चेतन की उँगली पर निशान बन गया था, पीड़ा होने लगी थी और अब वह मिडल बाज़ार से साज़ वाले की दुकान पर जा रहा था कि अपेक्षाकृत कुछ बड़ी मिज़राब ले आये।

०

माल और लोअर बाज़ार की तरह मिडल बाज़ार एक-सा लम्बा नहीं। माल से लोअर बाज़ार को निरन्तर उतरने वाली सीढ़ियों के कारण कटा-छँटा —दो बहुत मोटे व्यक्तियों में दबे हुए पतले-दुबले आदमी-सा है। न उतना विशाल, न आबाद। न उतनी दुकानें, न वह रौनक। बस, एक कटी-फटी, कहीं-कहीं गन्दी और कहीं-कहीं साफ़, संकीर्ण गली-सी है। नम्बर पाँच की सीढ़ियों से आरम्भ हो कर नम्बर नौ की सीढ़ियों पर खत्म हो जाती है। माल में और इसमें उन मकानों की एक पंक्ति का अन्तर है, जिनकी दुकानें माल पर हैं और तहखाने अथवा गोदाम इस गली में। यदि जड़ पदार्थों का भी कोई व्यक्तित्व होता है तो शिमले के ये मकान सच ही भवनों में राजर्षि जनक सरीखे हैं। उनका मस्तिष्क माल की ऊँचाइयों पर पड़ता है और पाँव इस गली की गन्दगी में पड़े सड़ते हैं और उस राजर्षि ही की भाँति वे अडिग, अडोल, अविचल, वीतराग-से खड़े हैं।

माल पर खुलने वाले इन मकानों की पाँच-पाँच मंज़िलें कहीं-कहीं मिडल बाज़ार की संकीर्णता को उसी प्रकार प्रकट करती हैं, जिस प्रकार बायीं ओर छोटे-छोटे मकानों की एक ही मंज़िल इस बाज़ार की अकिंचनता को। माल की ओर के मकानों की निचली मंज़िलें प्राय: बन्द ही रहती हैं, दरवाज़ों और खिड़कियों के शीशों पर धूल की बड़ी मोटी परत जमी रहती है और यदि किसी खिड़की का कोई शीशा टूट जाता है तो वह उसी हालत में अपनी कानी आँख से तारा देवी के टीले की ओर ताकता रहता है। गोदामों और तहखानों के अलावा इस पंक्ति में जो कमरे हैं, वे भी या तो बन्द ही रहते हैं और अगर कहीं-कहीं खुले भी हैं तो उन्हें किसी कलईगर, ढाबे वाले अथवा किसी चाय-फ़रोश ने दूसरों से भी बदतर बना दिया है। बायीं ओर जो एक-मंज़िले छोटे-छोटे मकान हैं, वे नीचे लोअर बाज़ार तक चले जाने वाले मकानों के ऊपर के भाग हैं। खस्ताहाली और बदसूरती में वे अपने सामने के पड़ोसियों से किसी दर्जे कम नहीं, शायद कुछ बढ़े हुए ही हैं। इनमें सफ़ेदी कराने का कष्ट वर्षों से किसी ने नहीं किया। दरवाज़ों और खिड़कियों का रोग़न भी, जो कभी मकानों के निर्माण के समय हुआ होगा, निरन्तर वर्षातप सहने के कारण फीका पड़ चुका है। छतों पर टीन के परनाले हैं, जिनका टीन इतना गल गया है कि पानी कई धाराओं में हो कर बहता है। इन दुकानों के जँगले बूढ़े आदमी के दाँत बने हुए हैं।

मिडल बाज़ार के रहने वालों का इन मकानों और दुकानों के साथ गहरा साम्य है। दुकानों में अधिकांश रंगरेज़ों, नानबाइयों, कलईगरों, धोबियों और दर्ज़ियों की हैं। इन दुकानों के ग्राहकों में मज़दूरों, कश्मीरी कुलियों, होटल के बैरों और इसी तरह के लोगों का बाहुल्य है। अधिकांश दुकानदार मुसलमान हैं। यों एक-दो हिन्दू होटल भी हैं और एक शिवाला भी है। शिवाले की कुल परिधि एक ही तंग, अँधेरे कमरे तक सीमित है। इसी में शिवलिंग, नन्दी, घण्टे-घण्टियाँ, चन्दन की सिल और चनाठी धरी है। एक वातायन भी है, जिससे आने वाले प्रकाश में वृद्ध पुजारी पुस्तक खोले अनवरत कुछ-न-कुछ गुनगुनाता रहता है।

o

शिवाले के पास से हो कर चेतन मिडल बाज़ार में दाखिल हुआ। नानबाइयों की दुकानों से धुआँ उठ रहा था। साँझ के धूमिल प्रकाश को और भी धूमिल बनाने वाले उस धुएँ में कुछ हातो अपने मैले, गन्दे शरीरों पर कीचड़-से चीथड़े लपेटे खाना खा रहे थे। चेतन अपने ध्यान में मग्न पथरीली गली में चलता-चलता साज़ों की दुकान पर पहुँचा और उसने एक मिज़राब माँगी।

उस समय वहाँ एक और व्यक्ति चेतन ही की तरह पुराना ओवरकोट पहने खड़ा था। चेतन के सामने उसने भी मिज़राब खरीदी। चेतन ने उस व्यक्ति को एक नज़र देखा। उसके सिर पर एक तुर्की टोपी थी, किन्तु गंजेपन की हद को पहुँचे हुए उसके मस्तक को छिपाने में वह नितान्त विफल थी। उसके गले में मोटी मलमल की चुन्नटदार कमीज़ और टाँगों में मैला-सा पायजामा था।

'कोई पहुँचा हुआ कलाकार है,' चेतन ने मन-ही-मन सोचा। प्रोफ़ेसर सिंह सितार के उतने विशेषज्ञ न थे, यह उसने सितार खरीदते ही जान लिया था और यद्यपि चेतन का दिलरुबा भी उन्होंने बड़ी शान से अपने कॉलेज में रख छोड़ा था, पर उसे बजाने का अवसर अब तक नहीं आया था। धीरे-धीरे चेतन को यह भी मालूम हो गया था कि प्रोफ़ेसर साहब

की ग़ज़लों और गीतों का कोश भी अपरिमित नहीं है और लखनऊ कॉलेज में उनके पाँच साल लगाने का किस्सा भी शायद कपोल-कल्पित ही है। उनके गले में रस था और हारमोनियम वे बड़ी निपुणता से बजा लेते थे; बस, इससे ज़्यादा वे कुछ नहीं जानते थे। इसलिए चेतन बहुत दिनों से किसी ऐसे व्यक्ति की खोज में था जो उसे सितार सिखा सके। इस कलाकार को देखते ही उसने तत्काल फ़ैसला कर लिया कि वह ज़रूर उससे सितार बजाना सीखेगा। जब वह शख़्स मिज़राब ले कर चलने लगा तो चेतन ने उसके साथ चलते हुए पूछा, 'आप भी सितार का शौक रखते हैं ?'

कलाकार के होंटों पर एक थकी-सी मुस्कान फैल गयी, 'जी, योंही कुछ बजा लेता हूँ!'

चेतन ने समझा अजनबी कलाकार-सुलभ विनम्रता से काम ले रहा है। उसने अपना परिचय दिया, प्रोफ़ेसर सिंह से अपने सम्बन्ध का उल्लेख किया और फिर प्रार्थना की यदि वे उसे अपना निवास-स्थान दिखा दें तो वह कभी-कभार आ जाया करेगा। और जब उस अपरिचित कलाकार ने किसी प्रकार की आपत्ति न की तो चेतन उसी तरह बग़ल में सितार दबाये उसके साथ हो लिया।

मिडल बाज़ार को पार करके वे माल पर चढ़े और वहाँ से स्टेशन को जाने वाली सड़क की ओर मुड़ गये। सूरज कब का छिप गया था। अन्धकार में बिजली के लैम्प किसी ग़रीब की आशाओं-से चमक रहे थे। कलाकार चुप था। चेतन भी चुप था। वातावरण भी चुप था। उस बढ़ते हुए अन्धकार में चेतन को दिशा अथवा मार्ग का कोई ज्ञान न रहा था! उसे लगा जैसे वे कई मील चले आये हों, जैसे उन्हें चलते घण्टों बीत गये हों। उसका जी वापस जाने को बेचैन हो उठा। यदि उसे मालूम होता कि अपरिचित कलाकार इतनी दूर रहता है तो वह कभी न आता। उसे तो दस बजे तक घर पहुँच जाना चाहिए। पर अब इतनी दूर आ कर लौटने को उसका मन न हुआ। वह चुपचाप चलता गया।

सीधी सड़क से हट कर कई दूसरी सड़कों और टेढ़ी-मेढ़ी पगडण्डियों को पार करके वह अपरिचित उसे जिस कमरे में ले गया, वह किसी कोठी का किचन था — अत्यन्त गन्दा और दुर्गन्ध-भरा। पत्थर के कोयले की दुर्गन्ध, अँगीठी के जल चुकने के बाद भी, अभी तक कमरे में बसी हुई थी। चेतन का दम घुटने-सा लगा। कुछ क्षण बाद उसे लगा कि रसोईघर में केवल पत्थर के कोयले की दुर्गन्ध ही नहीं, बल्कि न जाने कितने प्रकार के मांस-मछली की दुर्गन्ध भी मिली है — इस तरह कि उसका विश्लेषण करना कठिन है। चेतन को म्यूज़िक कॉलेज के बराबर वाले रेस्तराँ की याद हो आयी। उसके पास से गुज़रने पर भी उसके किचन से ऐसी ही बू नाक में प्रवेश कर दम घोंटने लगती थी। किचन की हालत देखने पर चेतन ने सोचा — साहब को कभी सपने में भी खयाल न आता होगा कि जो खाने धुली-धुलायी प्लेटों में लग कर, अत्यन्त स्वादिष्ट हो कर उसके सामने पहुँचते हैं, वे अपने पीछे कितनी दुर्गन्ध छोड़ आते हैं। चेतन का अपना बचपन अत्यन्त स्वच्छ वातावरण में बीता था। उनका रसोईघर निहायत साफ़-सुथरा था। फ़र्श धुला, चूल्हा-चौका पुता और बर्तन टोकरे में पड़े चमचमाते रहते थे। स्वच्छता की जैसे सुगन्ध-सी वहाँ से आया करती थी....वह क्षण भर भी उस किचन में ठहरना न चाहता था, लेकिन जब उस कलाकार ने एक कोने में पड़े हुए मैले-से सन्दूक की ओर संकेत किया तो वह बिना कुछ

कहे विमूढ़-सा उस पर बैठ गया।

तब वह कलाकार वहीं एक खूँटी पर टँगा हुआ एक छोटा-सा धुआँसा कछुआ उठा लाया जिसकी चिनगारियाँ टूटी हुई थीं और जिसके तूम्बे पर धुएँ की इतनी मैल जमी हुई थी कि असली रंग ही लुप्त हो गया था। तब वहीं एक मैले-से स्टूल पर बैठ कर उस कलाकार ने चेतन को सितार का पहला पाठ पढ़ाया :

दिर दा रा, दा रा, दा दा रा

चेतन की समझ में कुछ न आया। उसने पूछा, 'आप क्या बजा रहे हैं ?'

'मेरी भैंस के डण्डा क्यों मारा ?' —कलाकार ने सितार बजाते हुए कहा।

चेतन स्तम्भित-सा उसके मुँह की ओर देखने लगा।

'हमारे उस्ताद ने हमें पहले यही सिखाया था,' पहुँचे हुए कलाकार ने कहा, 'ज़रा अपना सितार निकालो।'

चेतन का जी वहाँ से भाग जाने को हो रहा था। पर उसने अपना सितार निकाला। तब कलाकार ने चेतन को बताया कि तार पर मिज़राब की चोट से 'दा' कब बजता है 'रा' कब और 'दिर' कब और उसने बजाया :

दिर दा रा, दा रा, दा दा रा

और गाया :

मेरी भैंस के डण्डा क्यों मारा

चेतन ने यह पाठ काग़ज़ पर लिख लिया, एक-दो बार सितार पर बजा भी लिया, किन्तु उसे लगा कि यदि वह कुछ और देर उस बावर्चीखाने में बैठा तो उसके सिर में बेपनाह दर्द होने लगेगा। उसकी कनपटियों में दर्द होने भी लगा था और जी बेहद घबरा रहा था इसलिए उसने जाने की इजाज़त चाही।

लेकिन उस समय वह कलाकार, जो जाने साहब का बैरा था, जमादार था या धोबी, तन्मय हो कर सितार बजाने में तल्लीन था। खानसामा, फ्राइंग पैन में न जाने किस चीज़ को छौंक रहा था कि धुएँ से चेतन की आँखों से पानी बहने लगा और वह खाँसने लगा। बेबसी की नज़रों से उसने उस कलाकार की ओर देखा —आँखें बन्द थीं और मिज़राब तारों पर चल रही थी।

आखिर जब उस कलाकार ने गाना खत्म करके आँखें खोलीं तो चेतन ने भरे हुए गले से फिर जाने की आज्ञा चाही। कलाकार अपने उस कछुए को साथ ही लिये हुए उस किचन से बाहर निकल आया और चेतन को अपने निवास-स्थान पर ले गया, जो अत्यन्त अँधेरी, सील-भरी, दिये की लौ से प्रकाशित, उस कोठी के सर्वेण्ट क्वार्टर्ज़ की एक कोठरी थी —नौकरों के ये क्वार्टर एक दो-मंज़िले छप्पर की सूरत में थे। इस छप्पर में तीन-चार कोठरियाँ नीचे और तीन-चार ऊपर थीं। लकड़ी की एक हिलती-सी सीढ़ी से चढ़ कर उस कलाकार के पीछे-पीछे चेतन ऊपर उसकी कोठरी में पहुँचा। और चूँकि उसे वापस जाने का मार्ग मालूम न था और उस कलाकार को उस जैसे प्रशंसक के आगे अपनी कला के प्रदर्शन का शायद पहला ही मौका मिला था, इसलिए उस सील-भरे कमरे के मद्धिम प्रकाश में एक पुरानी-सी चटाई पर बैठ कर चेतन को दो-चार गतें और सुननी पड़ीं। उसके हृदय

में उस समस्त वातावरण के प्रति कुछ ऐसी खीझ और घृणा उत्पन्न हो रही थी कि उस कलाकार ने क्या गाया, उसने कुछ भी नहीं सुना। उसका जी तो उस समय उस कलाकार को एक-दो बार झकझोर, उसके कछुए को उसके सिर पर पटक, उस कोठरी, उस किचन, उस घुटन, उस अँधेरे से एकदम भाग कर बाहर की आज़ाद और रोशन फ़िज़ा में साँस लेने को बेताब हो रहा था।

०

लेकिन जब उसे वह आज़ाद फ़िज़ा साँस लेने को मिली तो न जाने क्या बजा था। सड़क पर दूर-निकट एक भी व्यक्ति दिखायी न देता था। आकाश से चाँद की एक फाँक धूमिल प्रकाश फेंक रही थी। चेतन को लगा जैसे वह उसकी विवशता पर वक्र हँसी हँस रही है और तमाम तारे उस हँसी में योग दे रहे हैं। उसकी आँखों में आँसू छलक आये और उसके जी में आया कि सितार को पूरे ज़ोर से किनारे के पत्थर पर पटक कर टुकड़े-टुकडे कर दे, घुमा कर खड्ड में फेंक दे, ज़ोर-ज़ोर से उस पहुँचे हुए कलाकार को गालियाँ दे और सरपट घर की ओर भाग चले। लेकिन उस समय उसके सामने छै महीने पहले की एक घटना घूम गयी जब उसने स्वयं उस कलाकार का-सा व्यवहार किया था....

०

....वह चंगड़ मुहल्ले में रहता था और उसकी कुछ कहानियाँ उसके दैनिक पत्र में छपी थीं। तभी एक दिन सुबह-सबेरे एक युवक उससे मिलने आया। चेतन उस समय कमरे की सफ़ाई करके दातुन मुँह में दबाये मेज़ के काग़ज़ ठीक कर रहा था। जब उसे पता चला कि आगन्तुक का नाम कैलाशनाथ 'कैफ़' कपूर्थलवी है, वह उसके समाचार-पत्र का प्रतिनिधि है, उसे कविता और कहानी लिखने का शौक़ है और चेतन की नयी कहानी उसने पढ़ी है, जो उसे बहुत अच्छी लगी है तो चेतन ने अपनी पुरानी कहानियों का उल्लेख किया। वह अपनी फ़ाइल उठा लाया, दातुन उसने एक ओर रख दी और कैफ़ कपूर्थलवी को एक कहानी सुनाने लगा। इसके बाद सामने बैठे श्रोता के भावों को जाने बिना वह एक के बाद दूसरी और दूसरी के बाद तीसरी कहानी सुनाता गया था। जब उसकी सब लिखी हुई कहानियाँ खत्म हो गयीं तो दो बजे थे और जनाबे 'कैफ़' बेचारों का सारा कैफ़ याने नशा हिरन को चुका था। उनके होंटों पर भूख-प्यास के कारण पपड़ियाँ जम गयी थीं।

उस प्रतिनिधि की सूरत चेतन की आँखों में घूम गयी और उसके आँसू एक हल्की-सी मुस्कान में बदल गये। फिर वह ज़रा हँसा और फिर उस सड़क पर खड़े-खड़े उसने अपनी और उस कलाकार दोनों की मूर्खता पर और भी ज़ोर से ठहाका लगाया और सितार को उसी प्रकार बग़ल में लिये हुए चल पड़ा।

०

जब वह घर पहुँचा तो रात बहुत बीत चुकी थी। वह इतना थक गया था कि वहीं सीढ़ियों पर बैठ गया। चारों ओर शान्ति थी। चेतन ने चाहा किवाड़ खटखटाये, लेकिन उसे साहस न हुआ। कल्पना-ही-कल्पना में बीबी जी के मस्तक के तेवर उसकी आँखों के सामने घूम गये। वह कई बार उठा और कई बार बैठा, पर दरवाज़ा खटखटाने का हौसला वह जुटा नहीं पाया। फिर न जाने कब नींद उस पर ग़ालिब हो गयी और सीढ़ियों के कोने में, दरवाज़े

और दीवार का सहारा लिये, टाँगों को सिकोड़ कर ओवरकोट में छिपाये वह सो गया।

बासठ

यद्यपि वह सारी रात बाहर शीत में ठिठुरता रहा था, किन्तु इससे उसके संगीत-प्रेम में किसी तरह की कमी न आयी थी। कलाकारों को प्रायः ऐसी परिस्थितियों का सामना करना पड़ता है, उसने मन में सोच लिया था और संगीत में निपुण होने का निश्चय उसके हृदय में दृढ़-से-दृढ़तर हो गया था।

स्वर का यह जादू भी कैसा जादू है। लय और तान में बँधा हुआ, सुन्दर कण्ठ से निकला स्वर न जाने कैसा मन्त्र फूँक देता है कि आदमी तन-मन की सुध बिसरा कर, तन्मय हो जाता है। चेतन चाहता था, उसके स्वर में भी ऐसी ही मोहिनी आ जाय और वह भी अपने स्वर की सरसता से श्रोताओं को मन्त्र-मुग्ध कर सके। कैसा होगा वह दिन, जब वह तन्मय हो कर गायेगा और श्रोता उसके स्वर से सम्मोहित, विमुग्ध उसे सुनेंगे। उस दिन को निकट लाने के लिए वह कटिबद्ध हो गया।

उसकी इस सनक में सहयोग देने और उसके उत्साह को दुगना करने के लिए एक साथी भी उसे मिल गया —दुर्गादास।

०

एक दिन चेतन इतना उदास और विक्षुब्ध था कि कमरे में बैठना उसके लिए दुष्कर हो रहा था। बात कुछ भी न थी। सुबह दुकान को जाते समय कविराज ने चेतन से कहा था कि वह बाहर सीढ़ियों पर बैठ कर काम न किया करे। बीबी जी को बाहर आने-जाने में असुविधा होती है और फिर सामने कोने की फ़्लैट में रहने वाले हिन्दुस्तानी बाबू साहब को भी कुछ आपत्ति है।

चेतन के कमरे की सीढ़ियों पर इतना स्थान था कि एक चारपाई बड़ी सुगमता से वहाँ बिछायी जा सकती थी। कमरे में अपेक्षाकृत अँधेरा होने के कारण वह बाहर आ बैठा करता था। उसके वहाँ बैठने से बीबी जी को असुविधा हो या न हो, पर उन बाबू साहब को अवश्य थी। उनकी एक बहन थी। चेतन से तीन-चार वर्ष बड़ी ही होगी। विवाहित भी थी। शायद मेरठ अथवा मथुरा में उसका पति क्लर्क था। गर्मियों में अपने भाई के पास शिमले चली आयी थी। मुख पर हल्के-हल्के शीतला के दाग़ थे, पर इससे उसके सौन्दर्य में कुछ ज़्यादा फ़र्क़ न पड़ा था। उसकी आँखों में चंचलता और होंटों पर मुस्कान की एक अस्पष्ट-सी लकीर सदैव बनी रहती थी। यद्यपि उसने स्वयं कभी कुछ न कहा था, चेतन ने उसे कभी कुछ बोलते भी न सुना था, लेकिन आँखों की चंचलता और होंटों पर मुस्कान की उन क्षीण-सी रेखाओं से उसे पता चल गया था कि बाह्य सौम्यता के बावजूद उसके अन्तर में कहीं कुछ अतृप्त-सा ज़रूर है। अपने इस प्रवास-काल में चेतन उसका नाम भी जान न पाया था, लेकिन जब भी बाहर आ कर बैठता, वह अपने बारजे की रेलिंग के साथ

आ खड़ी होती। चेतन जब अन्दर कमरे में खिड़की के आगे बैठा होता तो भी वह कभी-कभी उसे अपनी ओर देखते हुए पाता। वह क्षणिक दृष्टि-विनिमय चेतन को अपने वातावरण की समस्त विरसता भुला देता। किसी सुन्दर युवती की स्निग्ध दृष्टि उस फूल की सुवासित मुस्कान-सी है, जो अनायास ही मन मोह लेती है और जिसकी सुगन्धि आप-से-आप दर्शक की धमनियों में रक्त के प्रवाह को कुछ तेज़ कर देती है। लेकिन फूल तो अब बाग़ों, वाटिकाओं में, ऊँची-ऊँची प्राचीरों के अन्दर खिलते हैं, उन्हें तोड़ने की मनाही है; तोड़ना तो दूर रहा, कई जगह तो उन्हें देखने तक की मनाही है। चेतन जब कभी उसे देखता, उसके हृदय से सम्वेदना की एक उसाँस-सी निकल जाती — बेचारे फूल, इस बन्धन में वे क्या खिल पाते होंगे ? कविराज ज़ी का संकेत शायद उन बाबू साहब की इसी बहन की ओर था, क्योंकि उन्होंने कहा था कि उन महाशय के घर मेहमान आये हुए हैं और उसके वहाँ बैठने के कारण उन्हें अन्दर-बाहर आने-जाने में असुविधा होती है।

चेतन मन-ही-मन हँस दिया था, क्योंकि असुविधा मेहमान को न थी, बल्कि मेज़बान को थी। कविराज जी की निचली मंज़िल में एक ड्रगिस्ट परिवार रहता था। उनकी एक लड़की थी — मँझले क़द और गदराये शरीर वाली। उसकी जवानी जैसे बहिया पर आयी हुई नदी की तरह उमड़ पड़ी थी। वे बाबू महाशय उससे ताक-झाँक किया करते थे। उनके अपनी पत्नी थी, जो सुन्दर भी थी। लेकिन ऊँची चारदीवारी में बन्द, स्वच्छ जलवायु के अभाव में, फूल मुरझा गया था। चेतन ने उसके होंटों पर कभी मुस्कान न देखी थी। उसके मस्तक पर हमेशा तेवर चढ़े रहते थे और उसके होंटों की सिकुड़न से कुछ अजीब-सा असन्तोष झलकता था। जब उनकी पत्नी अन्दर काम में लगी होती थी, वे महाशय उस यौवन माती से ताक-झाँक किया करते थे। वे सुन्दर थे, हृष्ट-पुष्ट थे, उनकी उम्र भी ज़्यादा न थी, और उनकी आँखों में उस कुटिल चातुर्य की झलक थी जो दफ़्तरों के षड्यन्त्रों में निरन्तर भाग लेने वाले क्लर्कों की आँखों में अनायास आ जाता है। चेतन ने कई बार उन्हें उस लड़की से इशारेबाज़ी करते देखा था और इस बात का उन्हें पता भी चल गया था।

अपनी बहन का बरामदे में आना उन्हें शायद उतना न अखरता था, जितना चेतन का वहाँ बैठ कर उनकी भाव-भंगिमाओं को देखने का अवसर पाना। इसीलिए बहन का बहाना ले कर उन्होंने कविराज जी से शिकायत कर दी थी।

०

चेतन को अपनी हीनता का एक बार फिर एहसास हुआ था। लेकिन इस बार उसके पाँव नहीं उखड़े। कविराज जी ने जब मीठे शब्दों में उससे अन्दर बैठने के लिए कहा और उसे दिन भर बत्ती जलाने की आज्ञा दे दी तो वह मन-ही-मन हँस दिया।

परिस्थितियों को उनके यथार्थ रूप में लेना उसने सीख लिया था। वह अन्दर उठ आया था और इस घटना को उस परिस्थिति में घटने वाली एक अति साधारण घटना समझ कर उसने पूर्ववत काम भी करना शुरू कर दिया था।

शुरू तो कर दिया था, लेकिन क़ोशिश करने पर भी वह उसे आगे न बढ़ा पाया था। जब वह अपना बोरिया-बिस्तर — याने दरी और गद्दा, जो चारपाई के अभाव में वह

सीढ़ियों की उस खाली जगह में बिछा लेता था, उठा कर अन्दर ला रहा था तो क्षण भर को वे पड़ोसी महाशय बरामदे में आये थे और चेतन की निगाहें उनसे चार हुई थीं। उस कुटिल चातुर्य के साथ विजय के उल्लास की एक हल्की-सी रेखा उनकी आँखों से निकल कर चेतन को उनके होंटों पर फैलती हुई दिखायी दी थी। यही रेखा काम करते-करते अनजाने ही उसके सामने आ जाती। एक बेबस क्रोध से पीड़ित हो कर वह मन-ही-मन घायल साँप की तरह बल खाने लगता। सिर को झटक कर, उस सूरत को दिमाग़ के पर्दे से हटा कर, वह काम को आगे बढ़ाने का प्रयास करता, पर घूम-फिर कर, विजय के उल्लास से खिली पड़ती उनकी सूरत उसके सामने उभरने लगती —वही कुंचित, कुटिल, हास-व्यंग्य-भरी सूरत! और बेपनाह गुस्से से भर कर वह चाहता कि उस प्रसन्न मुख पर तेज़ छुरे से ऐसी गहरी लकीर खींच दे कि वह प्रसन्नता एक झुलसे हुए फूल की तरह मुरझा कर स्याह पड़ जाय। कल्पना-ही-कल्पना में चेतन के आक्रोश ने कई बार वह गहरा घाव वहाँ बनाया, पर वह सूरत खून बहने के कारण सफ़ेद और फिर काली पड़ने के बदले और भी प्रसन्न, और भी उत्फुल्ल बन-बन उसके सामने आती रही।

तब सिर को एक ज़ोर का झटका दे और काग़ज़-क़लम-दवात पटक कर चेतन उठा, उसने किवाड़ लगाये और चल पड़ा। किधर जाय ? वह तय न कर पाया। माल पर निरर्थक और निरुद्देश्य घूमने को उसका मन न हुआ। वह चुपचाप कमेटी के नल के निकट, नीचे को जाने वाले मार्ग के जँगले पर जा खड़ा हुआ। कितनी ही देर तक कुहनी टिकाये वह अनमना-सा वहीं खड़ा रहा। नीचे घाटी में चीड़ के वृक्षों को अनिमेष तकता रहा। —ऊपर से आने वाला नाला सूखा पड़ा था। उसे देख कर सहसा उसे खयाल आया कि नीचे, कहीं बहुत नीचे, उपत्यका में, जहाँ पहाड़ों से रिस-रिस आने वाली पानी की धाराएँ मिल कर कल-कल बहती सरि का रूप धर लेती होंगी, वह ज़रूर बह रहा होगा। तो क्यों न आज वह नीचे खड्ड में जाय, उसने सोचा, कुछ क्षण के लिए नीचे द्रोणी की गोद में लेटे किसी एकाकी झरने के किनारे, किसी पत्थर या चट्टान पर जा बैठे; प्रकृति के विशाल सुख-भरे अंक में क्षण भर के लिए अपने आपको विसर्जित कर दे; पत्तों की 'मर-मर' और पानी की 'कल-कल' अपने संगीत से उसके मन का तमाम कलुष, सारा क्रोध, सब आक्रोश हर ले; उसके दुख को, हीन-भाव को मिटा दे; एक स्वप्निल तन्द्रा, एक तन्द्रिल व्यामोह, शीतल ठण्डे लेप-सरीखा उसके शरीर को शराबोर कर, उसके समस्त अभावों को भर दे!....और वह नीचे की ओर चल पड़ा।

इतने दिन उसे यहाँ आये हो गये थे, लेकिन वह कभी नीचे की ओर न उतरा था। उसे उधर जाने का कभी खयाल ही न आया था। उत्साह से भरे उसके कदम जब भी उठे थे, ऊपर ही की ओर उठे थे। नीचे की ओर भी कुछ है, उसने कभी न जाना था। चलते-चलते चेतन को मालूम हुआ कि रुल्दू भट्टा उतना ही नहीं, जितना वह समझता था। आठ-दस मकान और उनसे घिरा हुआ एक चौक —उस स्थान की कुल परिधि को वह इतने तक ही सीमित समझता था। लेकिन मार्ग पर चलते हुए उसने देखा —मकानों की दो पंक्तियाँ उस मार्ग के दोनों ओर भी बनी हुई हैं। दायीं ओर की पंक्ति कुछ ऊपर को है और बायीं ओर की कुछ नीचे को। चेतन अपने ध्यान में मग्न चला जा रहा था कि उसे एक बड़ा-सा मँडुवा दिखायी दिया। बिलकुल वैसा ही, जैसा पुराने ज़माने में सफ़री थियेटरों

के लिए बनाया जाता था। अन्तर केवल यही था कि यह पक्का था। उस मँडुवे के परे मकानों की पंक्तियाँ खत्म हो गयी थीं और मार्ग नीचे खड्ड को उतर जाता था। मँडुवे को देख कर चेतन को बड़ा कुतूहल हुआ और नीचे की ओर जाने के बदले वह उसके अन्दर चला गया। उसने देखा कि नीचे एक बहुत बड़ा हॉल है और वह उसकी बालकनी में खड़ा है।

उस हॉल का नाम (जैसा कि चेतन को बाद में मालूम हुआ) 'विश्वकर्मा हॉल' था। उसके बनाने वाले अपने आपको देवराज इन्द्र के उस प्रवीण शिल्पी के वंशज बताते थे, जिसने भक्त सुदामा के घर पहुँचने से पहले भगवान कृष्ण की इच्छानुसार उसके झोंपड़े की जगह एक भव्य प्रासाद निर्मित कर दिया था। यह और बात है कि विश्वकर्मा के ये वंशज इस कलि-काल में निरे बढ़ई हो कर रह गये थे। लेकिन फ़ारसी भाषा में किसी ने कहा है 'हर कमाले रा ज़वाले'। शायद इस लोकोक्ति का उल्टा भी सत्य है। अवनति के बाद उन्नति भी निश्चित है। १९१४ के महायुद्ध में जब उन बढ़इयों में से कुछेक को सरकारी ठेके मिल गये और उन्होंने राशि-राशि धन संचित कर लिया और धन के साथ-साथ उनकी जाति-चेतना भी बढ़ी तो वे विश्वकर्मा के वंशज बन गये। अपनी जाति को संगठित करके उन्होंने एक समाज की नींव रख दी! फिर उस समाज के मिल बैठने के लिए एक भवन का भी निर्माण हो गया।

हॉल में जाने का मार्ग नीचे से था। ऊपर का मार्ग तो एक छोटी-सी बालकनी में खुलता था, जो चारों ओर बनी हुई थी। इसी ऊपर के मार्ग से हो कर चेतन बालकनी में पहुँचा था। यह मार्ग साधारणतः महिलाओं के लिए था, जो वार्षिक अधिवेशन पर बालकनी में बैठ कर तमाशा देखती थीं। लेकिन वह तमाशा तो साल में एक बार होता था, इसलिए बालकनी खाली पड़ी थी, उसमें एक ओर को दो टूटी चारपाइयाँ खड़ी थीं और कुछ लकड़ी का टूटा-फूटा फ़र्नीचर पड़ा था। इस बालकनी के साथ दक्खिन की ओर दो कमरे बने हुए थे। उत्सुकता चेतन को वहाँ ले गयी। एक कमरे में कमर के गिर्द सिर्फ़ एक साफ़ा लपेटे, नंगे शरीर, एक महाशय चूल्हे में फूँकें मार रहे थे। चेतन के पाँवों की चाप सुन कर उन्होंने सिर उठाया —मँझला क़द, छरहरा शरीर, गोरा रंग, पीठ और वक्ष पर हल्के-हल्के बाल, उम्र शायद कम, लेकिन देखने पर बत्तीस-पैंतीस की, कल्ले धँसे, चुँधी आँखों के गिर्द गढ़े और उन पर चश्मा —चेतन को देख कर 'नमस्कार' के रूप में ज़रा हँसते हुए वे उसके पास आये तो चेतन ने देखा कि उनके मुख पर अभी से झुर्रियाँ पड़ने लगी हैं और उस हँसी में कुछ अजीब तरह की आजिज़ी है।

'बैठिए, बैठिए!' उन महाशय ने चारपाई की ओर संकेत करते हुए कहा।

चेतन वहाँ बैठ गया और फिर दो घण्टे तक बैठा रहा। जब वह उन महाशय के खाना पकाने, नहाने, खाने, गाना सुनने-सुनाने, कपड़े पहनने, किवाड़ बन्द करके दफ़्तर चलने तक साथ-साथ बातें करने के बाद कमेटी के नल पर उनका साथ छोड़ कर घर आया तो वह अपना प्रातः का अपमान और उसके फलस्वरूप प्रकृति के अंक में जा सोने की बात एकदम भूल चुका था। एक नये उत्साह, एक नयी स्फूर्ति से उसके पाँव जैसे धरती पर न पड़ रहे थे।

इन्हीं महाशय का नाम दुर्गादास था।

तिरसठ

दुर्गादास जन्म से बढ़ई थे, लेकिन अपने जन्मजात कर्म को छोड़ कर, मैट्रिक पास करके, वे शिमले के बड़े डाकखाने में क्लर्क हो गये थे। चूँकि वे अपने साथियों से ज़्यादा पढ़े-लिखे थे, इसलिए उस सभा के अवैतनिक उप-मन्त्री भी बन गये थे और सभा ने उनके रहने के लिए बालकनी के साथ बने हुए कमरे दे रखे थे।

वे अपना खाना स्वयं पकाते थे और विचारों से आर्य समाजी होने के कारण प्रातः-सायं सन्ध्या-वन्दन भी करते थे। चेतन को उनसे यह भी मालूम हुआ कि उनकी पत्नी का देहान्त हो चुका है, उन्हें उससे बहुत प्यार था और उसकी खातिर उन्होंने अपना आध सेर रक्त दिया था।

अपनी उम्र से जो वे कुछ ज़्यादा लगते थे, तो उसका कारण दूसरी बातों के अलावा उनकी वेष-भूषा भी थी। सिर पर पगड़ी, गले में गबरून की कमीज़ और कोट और टाँगों में उटुंग पायजामा। यह लिबास उनकी आँखों और कल्लों के गढ़ों और उनके गालों पर पड़ने वाली झुर्रियों के साथ मिल कर उनकी उम्र को बढ़ा देता था। जब भी उनके स्वास्थ्य की चर्चा चलती, वे अपनी पत्नी के मर्मान्तक रोग और उसकी खातिर किये गये अपने रक्तदान का सविस्तार बखान करते। उस ज़माने में हस्पतालों में ब्लड-बैंक नहीं थे। जब डॉक्टर ने कहा कि उनकी पत्नी के शरीर में रक्त बेहद कम हो गया है, यदि कोई रक्त देने को तैयार हो जाय तो उसकी जान बच सकती है तो उन्होंने झट अपने आपको पेश कर दिया। हर बार जब वे अपने उस त्याग का उल्लेख करते तो रक्त की मात्रा को कुछ-न-कुछ बढ़ा देते। उनके स्वर में अपने आपको सन्तोष देने का कुछ ऐसा प्रयास था कि चेतन को कभी-कभी लगता, मानो उन्हें अपने इस त्याग पर पश्चाताप है और मानो बार-बार उसका बखान वे अपने आपको उस त्याग की महिमा जताने के लिए ही करते हैं। चेतन को ऐसा लगता जैसे उनके अन्तर में हमेशा कोई कहता रहता है — 'तुम मूर्ख हो, निरे गधे! भला एक मरने वाली नारी के लिए कोई यों प्राण देता है ?' और जैसे उस आवाज़ को झुठलाने के लिए वे सदा दुगने उत्साह से इस घटना का बखान करते हुए अपने त्याग की महिमा को सिद्ध करते थे।

जब भी चेतन उनके त्याग का यह बखान सुनता, उसे एक बुड्ढे मियाँ की याद आ जाती....

....एक बार वह बड़े डाकखाने में टिकट लेने गया। भीड़ ज़्यादा थी। टिकट देने वाला युवक कुछ खोया-खोया-सा काम कर रहा था। न जाने उसके घर में कोई मृत्यु हो गयी थी अथवा किसी युवती ने उसके सीधे-सादे छल-रहित प्रेम को ठुकरा दिया था या फिर कोई दूसरी बात थी — कुछ भी हो, उसका ध्यान अपने काम में न था। खोया-खोया-सा वह दाम ले लेता और टिकट आदि खिड़की से बढ़ा देता। उन मियाँ जी को उसने बारह आने के टिकट ज़्यादा दे दिये थे। मियाँ जी ने जब उन्हें गिना तो निमिष भर के लिए उनके मन में द्वन्द्व हुआ। बारह आने! वे ग़रीब थे और बारह आने उनके लिए कम महत्व न रखते थे। हो सकता है, यदि वे कुछ ज़्यादा सोचते तो बारह आने रख ही

लेते, लेकिन उन्होंने सोचा नहीं और उस बाबू से पूछा कि उसने हिसाब ठीक कर लिया है कि नहीं। जब उसने अन्यमनस्कता से 'हाँ' कहा तो वे हँसे और उन्होंने फिर एक बार (सब को सुना कर) उससे हिसाब जोड़ने को कहा। उनका स्वर जैसे कह रहा था — 'मियाँ साहबज़ादे, इस बेपरवाही से काम करोगे तो कै दिन चलेगा ? कुछ मन लगा कर काम किया करो, नहीं नौकरी से हाथ धो बैठोगे या सारा वेतन घाटे में भर दोगे!' पर जब इस पर भी उस युवक ने उनकी ओर ध्यान न दिया तो कुछ खिन्नता और कुछ क्रोध से हँसते हुए उन्होंने उसे बताया कि बारह आने के टिकट, बाबू साहब, तुमने ज़्यादा दे दिये हैं। इस पर जब उस युवक ने अनमनी-सी मुस्कान के साथ होंटों ही में उन्हें धन्यवाद दे कर टिकट वापस ले लिये तो उन मियाँ जी को लगा कि उन्होंने बेकार ही उस एहसान-फ़रामोश को बारह आने के टिकट लौटाये। बारह आने से उनकी एक दिन की रोटी चल जाती। लेकिन फिर शायद उन्होंने अपने आपको समझाया कि उनका मज़हब तो दयानतदारी है, कोई शुक्रगुज़ार हो या न हो। और वे बाक़ी लोगों को सुना कर अपनी ईमानदारी का बखान करने लगे कि बेईमानी की सारी से ईमानदारी की आधी भली। इस तरह बददयानती से क्या बरकत होती है ? बरकत तो उसी में है, जो मौला देता है। आदि-आदि....

नेकी कर और दरिया में डाल — जिसने भी इन्सानों को यह परामर्श दिया, उसे मानव-मन का ज्ञान शायद लेश-मात्र भी नहीं था। इन्सान अपने किये का प्रतिकार चाहता है, पुरस्कार चाहता है। यह प्रतिकार वैसे ही किसी काम के रूप में हो अथवा कृतज्ञता के दो मधुर शब्दों के रूप में! यह प्रतिकार ही उसके कृतित्व को स्फूर्ति प्रदान करता है। जहाँ नेकी करके दरिया में डाली जाती है — या जहाँ बदला नहीं मिलता, वहाँ धीरे-धीरे वह लुप्त हो जाती है। या फिर नेकी करने वाले जीवन भर अपने मन को, अपने मित्रों को, उसकी महत्ता बताते रहते हैं और इस प्रकार स्वयं ही उस अभाव की पूर्ति कर लेते हैं। अपनी पत्नी की लिए दुर्गादास ने जो रक्त दिया था, उसके लिए कृतज्ञ होने वाली इस संसार में नहीं थी और शायद इसीलिए उस कृतज्ञता की भूख भी उनमें प्रबल थी।

०

पत्नी के देहावसान के बाद दुर्गादास ने अभी तक दूसरा विवाह न किया था। जिस दिन चेतन पहले-पहल उनसे मिला, उसे मालूम हुआ था कि विवाह की ओर से वे वीतराग-से हो गये हैं। उन्हें इच्छा ही नहीं होती। लेकिन धीरे-धीरे ज्यों-ज्यों चेतन की घनिष्ठता उनसे बढ़ती गयी, उसे लगा कि प्रकट विवाह के प्रति वे जितनी उदासीनता दिखाते हैं, परोक्ष में वे उसके लिए उतने ही लालायित हैं। जब भी उनकी बिरादरी के लोग आते तो किसी-न-किसी तरह अपनी स्वर्गीया पत्नी की बात चला कर उस समस्त सेवा तथा त्याग का वर्णन वे बड़े उत्साह से करते ताकि लड़की वालों को आभास मिल जाय कि उनकी लड़कियों के लिए उनसे अच्छा वर मिलना असम्भव नहीं तो कठिन ज़रूर है। अपनी पत्नी की इतनी सेवा, उसके लिए इतना त्याग, कोई विरला ही कर सकता है। लेकिन न जाने उनकी सूरत में, उनके पहनावे में, उनके समस्त व्यवहार में क्या बात थी कि लड़कियों वाले मतलब की बात पर मौन साध जाते। वे सहर्ष उनका आतिथ्य ग्रहण कर लेते; उनसे उनकी जमा-पूँजी लेने में भी संकोच न करते; उनके घर ठहर कर उनके हाथ की पकायी हुई खीर, दलिया, खिचड़ी या पराँठे स्वाद ले-ले कर खाते, लेकिन जब मतलब की बात

आती तो ऐसे उड़ा जाते मानो जिस लड़की की ओर दुर्गादास संकेत करते, वह उनकी नहीं, किसी दूसरे की रिश्तेदार हो।

और दुर्गादास अभी विधुर बने हुए थे। उनकी स्वर्गीय पत्नी के गुणों में दिनों-दिन इज़ाफ़ा हो रहा था और उसके लिए उन्होंने जो रक्त दिया था उसकी मात्रा भी उत्तरोत्तर बढ़ रही थी।

o

अपने एकान्त का समय दुर्गादास रोटी पकाने अथवा बाजा बजाने में बिताते थे। आठ वर्ष पहले उनके विवाह पर एक साधारण-सा हारमोनियम बाजा भी दहेज में आया था। एक-दो आर्य समाजी गीत उनकी पत्नी जानती थी, वही उससे उन्होंने सीख लिये थे। जब उनका मन उदास होता तो वे चारपाई के नीचे से हारमोनियम निकाल कर गाया करते :

तुम हो प्रभु चाँद मैं हूू चकोरा

या

प्रभु प्रीतम जिसने बिसारा

गाते-गाते वे तन्मय हो जाते। भूल जाते कि उनका स्वर बाजे के स्वर से मिलता है या नहीं। वे आँखें बन्द किये, तन्मय हो कर झूमते हुए, भक्ति भाव से गाते। उन्होंने भजन पुष्पांजलि से स्वयं भी कुछ गीत सीखे थे, हालाँकि पत्नी से सीखे हुए ये दो गीत ही उनको अत्यन्त प्रिय थे। जब चेतन से उन्होंने सुना कि वह प्रोफ़ेसर सिंह के कॉलेज में गाना सीखता है तो उन्होंने उसे अपने सारे गीत सुनाये :

दयानन्द के आवाहन का गीत :

वेदाँ वालेआ ऋषिया ओ तेरे आवन दी लोड़!

महाराणा प्रताप के त्याग का गीत :

आया जब अकबर का क़ासिद वक़्त था वह शाम का!

मांसाहार के निषेध का गीत :

है भला तेरा इसी में मांस खाना छोड़ दे

ये सब और ऐसे ही एक-दो गाने और सुना कर उन्होंने चेतन से भी कुछ सुनाने को कहा।

'मैं तो पक्के गाने ही पसन्द करता हूँ,' उन आर्य समाजी भजनों पर नाक-भौं चढ़ाते हुए चेतन ने कहा, बड़ी शान से बाजा अपने सामने खींचा और यह कह कर कि अभी दस बजे हैं, इसलिए वह भैरवी के बोल ही सुनायेगा, उसने —

स ध , प ध , मप , गम , गा रे गम , गरे स स

—बजाया और जब दुर्गादास ने पूछा कि भाई, गीत के बोल भी सुनाओ तो एक वेत्ता की-सी मुस्कान के साथ 'प्रसिद्ध गाना है' की भूमिका देते हुए चेतन ने गाया :

जागियो गोपाल लाल , जागियो गोपाल लाल!

चेतन को तान और पलटों का अभ्यास न था, लय और ताल का भी उतना ज्ञान न था, इसलिए उसने एक-दो बार अस्थायी और अन्तरा और बीच में केवल सरगम गा कर बाजा रख दिया, लेकिन इतने ही से दुर्गादास पर उसका रोब जम गया और वहीं यह तय

हो गया कि चेतन प्रोफ़ेसर सिंह से जो सीखेगा, उसका अभ्यास दुर्गादास के यहाँ आ कर करेगा। दुर्गादास ने यह प्रस्ताव भी किया कि वह चाहे तो काम भी वहीं किया करे — एकान्त जगह है, शोर-गुल किसी तरह का है नहीं और दूनी एकाग्रता से काम हो सकता है। और चेतन ने यह प्रस्ताव भी स्वीकार कर लिया।

०

धीरे-धीरे दुर्गादास ने भी वे सब रागिनियाँ सीख लीं, जो चेतन को आती थीं और सुबह-शाम दोनों तन्मय हो कर उन्हें गाने लगे। पहले वे अकेले-अकेले गाया करते। एक दिन भैरवी की एक रागिनी उन्होंने मिल कर जो गायी तो दोनों चौंक पड़े। अपना सम्मिलित स्वर उन्हें बड़ा मधुर लगा। इसके बाद वे प्रायः इकट्ठे ही गाने लगे —

मोरी बैंयाँ पकर झकझोरी
श्याम! तू तो निपट अनारी
मानत नहीं मोरी

भैरवी की रागिनी उन्हें बहुत प्रिय थी और वे प्रायः इसे इकट्ठे गाया करते थे। गेय काव्य के रचयिताओं ने गोकुल के उस अमर ग्वाले के नाम पर न जाने कितनी तृष्णा, अतृप्ति, वासना, प्रेम इन अगणित छोटे-छोटे गीतों में समो दिया है कि गाने वाला या तो कृष्ण बन जाता है या राधा और अपने यथार्थ, कटु वातावरण को भूल कर उस काल्पनिक आनन्द-भरे वातावरण में साँस लेने लगता है। चेतन और दुर्गादास भी इस गीत को गाते हुए अपने वातावरण की तमाम विषमताओं और कटुताओं को भूल जाते। सुबह के उस शान्त, स्निग्ध वातावरण में इस सुकोमल रागिनी को गाते हुए तन्मय हो कर वे व्यामोहावस्था को पहुँच जाते।

श्याम! तू तो निपट अनारी

इस पंक्ति को बार-बार गाते हुए चेतन को लगता जैसे वृन्दावन की किसी सँकरी वीथी में उसने किसी गोरी की दोनों बाँहें बरबस पकड़ कर झकझोर दी हैं और वह उसके इस अनाड़ीपन पर उसे निहोरा दे रही है :

श्याम! तू तो निपट अनारी

शाम को वह कभी-कभी दुर्गादास को म्यूज़िक कॉलेज ले जाता। दोनों वहाँ प्रोफ़ेसर सिंह का गाना सुनते, कोई छोटी-मोटी रागिनी सीखते, पर अभ्यास दोनों घर ही पर करते।

उन्हीं दिनों आर्य समाज का वार्षिक अधिवेशन आ गया और उसके उपलक्ष में संगीत-सम्मेलन के आयोजन की भी घोषणा की गयी। म्यूज़िक कॉलेज में चेतन को पता चल गया कि प्रोफ़ेसर सिंह अपने छात्रों को ले कर इस अवसर पर अवश्य जायेंगे और उसने मन-ही-मन निश्चय भी कर लिया कि वह इस अवसर पर गाने का सुयोग अवश्य प्राप्त करेगा।

अकेले गाने का साहस अभी चेतन में नहीं था, इसलिए उसने सोचा कि वह और दुर्गादास इकट्ठे गायेंगे। अधिवेशन पर कवि-सम्मेलन भी हो रहा था और यद्यपि चेतन ने उसके लिए भी कविता लिखी थी — शिमला आने से पहले वह कई कवि-सम्मेलनों में भाग ले चुका था, पर किसी संगीत-सम्मेलन में उसने आज तक भाग न लिया था। इसलिए

इस अवसर पर संगीतज्ञ के रूप में मंच पर उतरने की प्रबल लालसा उसके मन में थी। घर पहुँचते ही उसने यह सुसमाचार दुर्गादास को सुनाया, अपने निश्चय की बात भी बतायी और यह भी कहा कि हम दोनों इकट्ठे गायेंगे। सुन कर दुर्गादास की गढ़ों में धँसी हुई आँखें एक अपूर्व ज्योति से जगमगा उठीं। उसी दिन से दोनों मित्र इकट्ठे मिल कर एकनिष्ठ भाव से अपने प्रिय गीतों का अभ्यास करने लगे।

०

कवि-सम्मेलन हो या संगीत-सम्मेलन, इनका महत्व आज के समाज में वही रह गया है, जो रूखी-फीकी दाल के साथ अचार अथवा चटनी का। कोई वार्षिकोत्सव हो —धार्मिक अथवा सामाजिक —उसके साथ संगीत अथवा कवि-सम्मेलन का आयोजन अवश्य किया जायेगा। आर्य समाज को तो (उसके मतानुयाइयों के कथनानुसार) इसका विशेष अधिकार प्राप्त है। कविता और संगीत वैदिक काल की विभूतियाँ हैं, आर्य समाजी इस बीसवीं शताब्दी में उस वैदिक युग को दोबारा लाने के स्वप्न देख रहे हैं। तब यदि वे वैदिक काल की इन दो कलाओं पर अपना जन्म-सिद्ध अधिकार समझते हैं तो कुछ बुरा नहीं करते। यह और बात है कि अगनित शताब्दियों के अन्तर ने इन कलाओं के स्वरूप में महान परिवर्तन कर दिया है। वैदिक काल की भाषा आज की भाषा नहीं रही और इन कलाओं पर आर्य समाजियों की पकड़ नहीं के बराबर है, इससे भी ग़रज़ नहीं कि उनकी जटिल सामाजिक पद्धति में इन ललित-कलाओं का कुछ वैसा स्थान भी नहीं, लेकिन जिस तरह वे मोटरों, गाड़ियों, सिनेमा और थियेटरों की इस दुनिया में गुरुकुल स्थापित करके प्राचीन ब्रह्मचारी तैयार करने के प्रयत्न में संलग्न हैं, उसी तरह अपनी सामाजिक पद्धति में इन दोनों कलाओं के लिए स्थान न रह जाने पर भी, इनके पुनरुद्धार का बीड़ा उठाये हुए हैं।

०

संगीत-सम्मेलन से पहले वाली रात कवि-सम्मेलन के लिए नियत थी। प्रधान थे कविराज रामदास। चेतन ने उन्हें बीस वर्ष पुराने गीत गाते तो सुना था, पर कविता से उन्हें कुछ दिलचस्पी है, यह बात उसके लिए नयी थी। लेकिन वे कविराज थे —कवियों के राजा — और इसीलिए शायद उन्होंने अपने आपको अथवा संयोजकों ने उन्हें इस पद के लिए योग्य समझा था। चेतन समझ न पाता था कि वैद्यों को कविराज की उपाधि क्यों प्रदान की जाती है ? पुराने ज़माने में ब्राह्मण विद्वान एक साथ कई विद्याओं के पण्डित होते थे —एक ही व्यक्ति एक साथ ज्योतिषाचार्य, आयुर्वेदाचार्य और कवि होता था और सारे शास्त्र छन्द में लिखे जाते थे, इसलिए वैद्य कविराज भी होते होंगे। लेकिन शायद कविराज के प्रधान बनने में उनकी इस कविराज की डिग्री के बदले उस चन्दे का ज़्यादा हाथ था, जो वे आर्य समाज को दान में देते थे।

नियत समय पर अधिवेशन आरम्भ हुआ। चेतन ने एक बार कोट के अन्दर की जेब में टटोल कर देख लिया कि उसकी कविता वहाँ सुरक्षित पड़ी है —न घर भूली है, न कहीं गिरी है —और यों आश्वस्त हो कर मन-ही-मन उसने एक-दो बार उसकी आवृत्ति भी कर ली। तभी मन्त्री के प्रस्ताव पर कविराज सभापति की कुर्सी पर जा बैठे और उन्होंने पहले कवि का नाम पुकारा, 'बंसीलाल मतवाला!'

एक फक्कड़-सा युवक स्टेज पर आ खड़ा हुआ। एक अत्यन्त असंगत-सा भाषण उसने भारत की दुर्दशा पर दिया, जिसमें लड़कियों की आज़ादी से ले कर लड़कों के लड़कियाँ बनने तक पर घोर शोक प्रकट किया और इस दुर्दशा से भारत को उबारने के लिए भगवान कृष्ण को अपना प्रण — यदा-यदा हि धर्मस्य....याद दिलाते हुए बड़ी सुरीली, ऊँची आवाज़ में कविता पढ़नी आरम्भ की :

आज लो भगवान फिर अवतार!

अभी उसने पहली पंक्ति ही पढ़ी थी कि खादी का पायजामा-कुर्ता और लम्बा कोट पहने, लम्बे शमले वाली महाशयी पगड़ी बाँधे और रौद्र-रूप धारण किये एक युवक स्टेज पर चढ़ आया। (चेतन को बाद में पता चला कि वे महाशय लाहौर आर्य समाज के युवा उप-मन्त्री, दयानन्द और वैदिक कॉलेज के ग्रैजुएट और किसी आर्य गज़ेट के यशस्वी सम्पादक थे)। आवेश में, बिना प्रधान की आज्ञा लिये, वे गरजे कि आर्य समाज के सिद्धान्तों के विरुद्ध वे किसी कविता को सहन न करेंगे। कृष्ण को भगवान कहना और उन्हें अवतार मानना आर्य समाज के सिद्धान्तों की घोर अवमानना है।

कवि भी थे 'मतवाला'। शायद कुछ पिये हुए भी थे। उन्होंने आर्य समाजियों की असहिष्णुता पर आक्रोश प्रकट किया और कहा कि सच्चे कलाकारों का कोई धर्म नहीं होता। वे तो मानव-धर्म में विश्वास रखते हैं और अन्त में ललकारा कि जो सच्चा कलाकार होगा, हरगिज़ उस मंच से कविता नहीं पढ़ेगा।

इस पर वह कोलाहल मचा कि कविराज जी की 'बैठिए, बैठिए' नक्कारखाने में तूती की आवाज़ बन कर रह गयी। एक और आर्य समाजी उठ खड़े हुए, गरजे कि चाहे कवि-सम्मेलन हो या न हो, वे इस तरह की कविता अपने मंच से कदापि न होने देंगे, दूसरी ओर कविगण अड़ गये कि अगर 'मतवाला जी' को न पढ़ने दिया गया तो वे भी नहीं पढ़ेंगे।

मंच पर बैठे कवि कुछ पुरस्कार पा कर तो आये नहीं थे। सम्पन्न लोग धर्म-यज्ञों में चन्दा देते हैं। कवियों का धन था उनकी कविताएँ, उन्हीं को आहुति-स्वरूप इस धर्म-यज्ञ में डालने वे चले आये थे। जब यज्ञ के पुरोहितों को वह आहुति स्वीकार न हुई तो वे क्या करते ? फिर उस कवि की ललकार के बाद उस मंच पर कविता पढ़ कर झूठा कलाकार कहलाना किसे पसन्द होता ? हॉल में दो दल बन गये। दोनों अपने-अपने पक्ष का समर्थन करने के लिए उतावले हो उठे। एक तीसरा दल भी था, जिसे कविताओं की अपेक्षा यह कौतुक कहीं ज़्यादा पसन्द था और उसका यह प्रयास था कि किसी तरह समझौता न होने पाये।

अन्त को इसी तीसरे दल की जीत हुई और रात के साढ़े बारह बजे कविराज जी को सभा विसर्जित करनी पड़ी।

सभा के इस प्रकार विसर्जित होने का जितना दुख कविराज जी को था, चेतन को उससे कम न था। वह अपनी एक कविता बड़े यत्न से सुन्दर अक्षरों में मोटे-से काग़ज़ पर लिख कर और कमरे के एकान्त में भाव-भंगियों सहित रिहर्सल करके ले गया था। उसकी वह कविता उसकी जेब ही में पड़ी थी और श्रोताओं पर अपनी कवित्व-शक्ति का प्रभाव

डालने की लालसा भी उसके मन-ही-मन में दबी रह गयी थी।

आधी रात के सन्नाटे में जब कविराज और वह घर को लौटे तो मार्ग में कोई भी एक-दूसरे से न बोला। मौन-रूप से अपनी-अपनी विफलता पर विचार करते हुए दोनों चलते गये। चेतन को सिर्फ़ एक सन्तोष था कि यद्यपि वह उस शाम जनता पर अपना सिक्का नहीं जमा सका, पर उसे पूरा विश्वास था कि दूसरे दिन, संगीत-सम्मेलन के अवसर पर अवश्य जमायेगा। इसी आश्वासन से भर कर उसने एक दया-भरी दृष्टि कविराज जी पर डाली जो सर झुकाये अपने ध्यान में मग्न चले जा रहे थे।

०

दूसरी रात संगीत-समारोह हुआ।

०

यद्यपि इस समारोह में कोई बहुत बड़े संगीतज्ञ न आये थे, पर भीड़ काफ़ी थी, क्योंकि विज्ञापन में कई लड़कियों के नाम भी थे। निम्न-मध्यवर्गीय घरानों की लड़कियों को, जिन्हें वर-प्राप्ति के लिए गाने की शिक्षा लेनी पड़ती है, अपनी कला के प्रदर्शन का सुअवसर इन धार्मिक सम्मेलनों के अतिरिक्त कहीं और नहीं मिलता। इस वर्ग के बेकार युवकों के लिए, बिना टिकट अपनी आँखों की प्यास बुझाने का सुअवसर भी ये संगीत-सम्मेलन ही उपस्थित करते हैं। आम के आम, गुठलियों के दाम —धर्म का काम भी हो गया और आँखों और कानों की भूख भी मिट गयी! बेकार समय का इससे बेहतर उपयोग और क्या हो सकता है। इसीलिए समाज के साधारण अधिवेशनों से कहीं ज़्यादा भीड़ संगीत-सम्मेलन में थी।

रात चेतन देर से सोया था, लेकिन प्रातः काल ही उठ कर वह दुर्गादास के यहाँ पहुँचा और निरन्तर कई घण्टे तक दोनों ने इकट्ठे मिल कर गाने का अभ्यास किया। दुर्गादास को चलते समय संकोच हो रहा था, लेकिन चेतन उन्हें अपने संग घसीट लाया था।

सबसे पहले कुछ लड़कियों ने 'वन्दना' गायी। इसके बाद प्रोग्राम आरम्भ हुआ। किन्तु किसने क्या गाया, चेतन ने कुछ नहीं सुना। चुपचाप अपने गानों की रिहर्सल करने के साथ-साथ वह इस बात की प्रतीक्षा करता रहा कि कब प्रोफ़ेसर सिंह और उनके छात्रों की बारी आती है और कब वह उनसे कुछ क्षण अपने और दुर्गादास के लिए ले पाता है।

जब आर्य समाजी भजनीक (जो अपने गाने के साथ भाषण का पुट भी देते रहे) और लड़कियाँ (जिनकी प्रशंसा उनके सौन्दर्य और कण्ठ की मधुरता के परिमाण से कम या ज़्यादा हुई) और दूसरे गवैये गा चुके तो प्रोफ़ेसर सिंह और उनके साथियों की बारी आयी। पहले उनके शिष्यों ने अपनी-अपनी कला के जौहर दिखाये। फिर प्रोफ़ेसर साहब ने स्वयं बाजा खींचा। तभी चेतन ने प्रार्थना की कि उसे और दुर्गादास को गाने का अवसर दिया जाय। 'तुम अभी सभा में गाने के योग्य नहीं हुए!' इतना कह कर प्रोफ़ेसर सिंह स्वयं गाने लगे। उन्होंने बहुत अच्छा गाया। उन्हें कई चीज़ें गानी पड़ीं। वही उनके गले का जादू, जिसने चेतन को गली की सीढ़ियों पर जाते-जाते बाँध लिया था, सारे-के-सारे श्रोताओं को बाँधे हुए था। सीधे-सादे गाने, कम तान-पलटे, सुन्दर गला और शुद्ध उच्चारण! एक गाने के खत्म होते ही लोग दूसरे की फ़रमाइश करते। कई गीत गाने के बाद प्रोफ़ेसर साहब थक गये, लेकिन समय अभी बहुत न हुआ था। संयोजक चाहते थे कि वे कुछ और देर

तक गायें। तभी चेतन ने एक बार फिर साहस करके अपनी प्रार्थना दुहरायी और उस जल्दी और घबराहट में, जब श्रोता तालियाँ पीट रहे थे, 'एक और, एक और' के नारे लगा रहे थे और संयोजक उनसे कम-से-कम एक गाना और गाने का अनुरोध कर रहे थे, प्रोफ़ेसर सिंह ने चेतन की ओर संकेत करते हुए कहा — 'अब कुछ क्षण के लिए ये गायेंगे, मेरे ही शागिर्द हैं, मैं ज़रा साँस ले लूँ।' तब संयोजक महाशय ने सोल्लास इस बात की घोषणा कर दी कि अब प्रोफ़ेसर साहब के दो नये शागिर्द गायेंगे, जिसके बाद वे स्वयं अपने संगीत से हमें मुग्ध करेंगे। और अपने उस उल्लास में उन्होंने चेतन और दुर्गादास को संगीत-विद्या के विशारद बना डाला।

घोषणा को सुन कर दोनों धड़कते हुए दिलों के साथ आगे आये। दुर्गादास ने बाजा आगे खींचा। दोनों की आँखें मिलीं — कौन-सा गाना गाया जाय और जैसे आँखों-ही-आँखों में दोनों ने निश्चय कर लिया :

मोरी बैंयाँ पकर झकझोरी

बाजा बजने लगा और वे गाने लगे।

दोनों तन्मय भाव से गा रहे थे कि चेतन की दृष्टि सामने बैठे दो गवैयों की ओर गयी। वे हँस रहे थे। उसने प्रोफ़ेसर सिंह की ओर देखा। उनका माथा सिकुड़ गया था और वे तिलमिला रहे थे। चेतन को लगा कि उनका स्वर नहीं मिल रहा। वह आनन्द नहीं आ रहा, जो उन्हें सदा इस गीत को गाने में आया करता था। उसने दुर्गादास की ओर देखा। वे आँखें बन्द किये तन्मयता से झूमते हुए आधी रात को भैरवी गा रहे थे। अचानक सामने बैठे हुए गवैये ज़ोर से हँस पड़े। इसके बाद जैसे हँसी छूत की तरह फैल गयी। तभी चेतन को ध्यान आया कि उन्हें तो खम्माच गाना था। उसने चाहा दुर्गादास से कहे कि दूसरा राग लगाओ :

बैंयाँ न पकर मोरी....

लेकिन उसी क्षण प्रोफ़ेसर सिंह ने आगे हो कर बाजा थाम लिया और उनका प्रिय शिष्य वही झीवर कुमार अपनी सुरीली तान से गाने लगा :

कौन देस गया पिया मोरा बालम रे

दर्शकों की हँसी एकदम थम गयी। चेतन को इतनी शर्म आयी कि वहाँ एक क्षण भी ठहरना उसके लिए असम्भव हो गया। दुर्गादास को कुछ भी समझ में न आ रहा था। अपनी गढ़ों में धँसी हुई आँखों की पलकें, मरती हुई तितली के पंखों-सी फटफटाते हुए, वे आश्चर्य-चकित-से चारों ओर देख रहे थे। लेकिन चेतन बिना किसी से आँख मिलाये दरवाज़े से निकला और रात के अँधेरे में चोरों की तरह घर की ओर भाग गया।

चौंसठ

तीन दिन तक चेतन बाहर न निकला था। उसे लगता था, जैसे सारा शहर उसकी असफलता

को जान गया है। वह बाहर निकलेगा तो लोग उँगलियाँ उठायेंगे कि यही वे संगीत विशारद हैं, जो रात के ग्यारह बजे भैरवी गा रहे थे। सवाल बेवक्त की रागिनी का ही नहीं था, पर चेतन खूब जानता था कि उनके स्वर भी नहीं मिल रहे थे और विश्वकर्मा हॉल के मँडुवे में, जहाँ टीन की ढालुवीं छत थी, उनका समवेत गान जितना मधुर लगता था, आर्य समाज हॉल में वह उतना ही कनसुरा लग रहा था....

कमरे के अकेलेपन से उकता कर वह एक दिन दोपहर को सीढ़ियों के छज्जे पर आ खड़ा हुआ था, पर जाने क्यों सामने के बरामदे में खड़ी बाबू चरणदास की वही साँवली लड़की उसे देख कर मुस्करा दी और वह हड़बड़ा कर मुड़ा। उस ग़रीब ने चाहे उसका गाना सुना भी न हो, लेकिन चेतन को लगा, जैसे वह मुस्कान उस घटना की ओर ही संकेत कर रही है। घोंघे की तरह वह अपने खोल में आ बैठा और माल अथवा लोअर बाज़ार तक जाना तो दूर रहा, वह रुल्दू भट्टे के चौक तक जाने का भी साहस न कर पाया था। रात के पिछले पहर मुँह-अँधेरे ही वह उठता, शौचादि से निवृत्त हो कर व्यायाम करके नल पर हाथ-मुँह धो कर या स्नान करके अपने कमरे में जा बैठता, कविराज जी की पुस्तक लिखता या अपने उपन्यास का कोई परिच्छेद लिखने की कोशिश करता या फिर अन्यमनस्क लेटा रहता।

न जाने वह कब तक इस तरह उस अँधेरे कमरे में पड़ा रहता, अगर चौथे दिन उसे आर्य समाज मन्दिर में मिलने वाला उसका मित्र नारायण न जा पकड़ता।

'अरे भई, क्या हो गया तुम्हें, जो छुट्टी के दिन भी इस अँधेरी कोठरी में बन्द पड़े हो ?' नारायण ने कहा।

चेतन ने कुछ उत्तर देने का प्रयास किया, लेकिन उस अस्फुट 'मिन-मिन' में उसने जो कहा, वह ज़रा भी नारायण के पल्ले नहीं पड़ा।

तब चश्मे के पीछे से अपनी आँखों की चमकती रेखा को कटाक्ष के रूप में चेतन पर डाल कर नारायण ने कहा : 'बाहर तो आओ। देखो तो कैसे बादल घिर आये हैं। ऐसे में कोई भला-मानुस कमरे में बैठा रह सकता है ? ऐसे में तो जी चाहता है, दिन भर शिमले की सड़कों पर आवारा घूमते रहें।'

और दफ़्तर के वातावरण में सूख जाने वाला रस जैसे इन बादलों को देख कर नारायण की आँखों में उमड़ा आ रहा था।

'मेरी तबीयत कुछ ठीक नहीं!' चेतन ने कहना चाहा, लेकिन नारायण उसे बरबस घसीटता हुआ-सा बाहर ले आया। कमरे के किवाड़ लगा कर दोनों नीचे उतरे और सच ही दिन भर शिमले की सड़कों और बाज़ारों में घूमते रहे।

बादल सामने घाटियों से उठते, धीरे-धीरे बढ़ते हुए, धुनकी हुई रुई की तरह ऊपर चढ़ते, पास की घाटियों में रेंगते, चोटियों पर लटकते, दुकानों-मकानों पर छाते, बरसते और हल्के हो कर और भी ऊपर उठ जाते। दिन भर दोनों ने उस सैर का आनन्द लूटा। वर्षा होने लगती तो वे किसी हवा घर में बैठ जाते या किसी दुकान के बरामदे में हो जाते और थमने पर फिर चल पड़ते। उन्हें भूख भी खूब लगी थी और न सिर्फ़ उन्होंने नारायण के घर जा कर स्वादिष्ट खस्ता मठरियाँ, अत्यधिक पुराने और मन्दाग्नि को प्रज्ज्वलित करने

वाले नींबू के अचार के साथ, खूब चटखारे ले कर खायी थीं, बल्कि लोअर बाज़ार के हलवाई की दुकान से गर्म-गर्म इमरतियाँ भी चट की थीं और मशोबरे के सेब भी खाये थे। इसी दौरान उन्होंने जी भर कर बहस की थी और आत्मा-परमात्मा ऐसे सूक्ष्म, आध्यात्मिक विषयों से ले कर समाजवाद, साम्यवाद आदि स्थूल, सांसारिक विषयों पर तर्क-वितर्क भी किया था। दोनों इन विषयों में पारंगत हों, यह बात न थी। बहस करने के लिए वे उलझते रहे थे और शाम को जब चेतन नारायण को उसके होटल —कश्मीर हिन्दू होटल —के सामने छोड़ कर अपने ढाबे की ओर जाने लगा तो नारायण ने उसे भी अपने साथ ऊपर खींच लिया था।

चेतन उस होटल के सामने से क़रीब-क़रीब रोज़ गुज़रता था। कई दिनों से वह नारायण को वहाँ तक छोड़ने भी जाता था, लेकिन उसे खुद कभी ऊपर जाने का साहस न हुआ था। बात असल में यह थी कि शुरू ही में कविराज जी के व्यवहार, शिमले की माल और उस माल के वासियों की तड़क-भड़क, दर्प और अभिमान ने उसके हृदय में कुछ ऐसा हीन-भाव भर दिया था कि वह अपने आपको एकदम हेय समझने लगा था। और जब कविराज के साथ खाना खाने का उसका स्वप्न टूटा और किसी दूसरी जगह भोजन पाने की समस्या उसके सामने आयी तो सीधे लोअर बाज़ार के किसी होटल वाले से जा कर पूछने की हिम्मत उसे नहीं हुई। (माल के किसी होटल को तो वह बाहर से देख ही सकता था, अन्दर जाने तक की कल्पना न कर सकता था)। उसके इस संकोच का एक और भी कारण था। कविराज जी से वह कुछ रुपये पेशगी ले चुका था, अब और ज़्यादा रुपये वह माँगना न चाहता था और होटल वाले, उसने सुन रखा था, महीने के रुपये पेशगी माँगते हैं। न जाने वे कितने रुपये माँग लें। यदि उसके पास उतने रुपये न निकले तो उसे खिसियाना-सा मुँह बना कर लौटते हुए शर्म आयेगी। यही सोच कर किसी होटल में जाने की अपेक्षा उसने यादराम से पूछा था कि कहीं कोई ढाबा वग़ैरा नहीं क्या ?

यादराम उसे सहर्ष नीचे चोर बाज़ार के एक अत्यन्त घटिया-से ढाबे पर ले गया था। 'सात रुपये महीने पर जितनी चाहो रोटी खाओ,' उसने सोल्लास चेतन से कहा था, 'ये होटल वाले तो साले चोर हैं, मुझसे बारह रुपये माँगते थे, हरामी कहीं के!'

चेतन और भी सहम गया था। लाहौर में शुरू-शुरू में वह जिस तन्दूर पर खाना खाया करता था, उस पर बड़ी मुश्किल से उसका बिल चार रुपये महीने तक पहुँचता था। जब यादराम से (जो साधारण घरेलू नौकर था) वे बारह रुपये माँगते थे तो उससे तो पन्द्रह-बीस ही माँगेंगे —उसने सोचा था —यदि उसे मालूम होता कि शिमला इतनी महँगी जगह है तो वह कभी पचास रुपये महीने पर वहाँ न जाता और उसने उसी ढाबे पर खाना खाना शुरू कर दिया था।

ढाबा चाहे घटिया था, पर वहाँ सफ़ाई काफ़ी थी और जब वह टाट पर बैठ कर थाली में से खाना खाता तो उसे कुछ परायापन न लगता। चंगड़ मुहल्ले में रहने वाले चेतन के लिए वह ढाबा जैसे कुछ अपनत्व का भाव लिये हुए था। फिर ढाबे का स्वामी उसे कुछ सभ्य समझ कर शाम-सबेरे उसकी तरकारी और दाल में दो पैसे का घी छौंक दिया करता। खाते समय चेतन को तेल और घी का मिला-जुला-सा स्वाद आया करता था, लेकिन होटलों के परायेपन की अपेक्षा उसे वह घी-तेल-मिला अपनापा अपेक्षाकृत सह्य था। वह

सन्तुष्ट था और उसने कहीं दूसरी जगह जाने की इच्छा तक भी न की थी।

'कश्मीर हिन्दू होटल' के नीचे सोडावाटर का एक कारखाना था। वहाँ लकड़ी की छत क़द्रे नीची थी। ऊपर होटल था। होटल क्या, रेस्तराँ था, पर बाहर बोर्ड पर 'होटल' ही लिखा था।

बोतलों की पेटियों में से होता हुआ चेतन नारायण के पीछे-पीछे एक बेहद तंग लकड़ी के ज़ीने से ऊपर पहुँचा। उसने देखा कि सीढ़ियाँ जिस कमरे में खुलती हैं, उसमें चार मेज़ें लगी हुई हैं, जिस पर सफ़ेद मेज़पोश बिछे हैं। मेज़पोश वास्तव में इतने साफ़ न थे, लेकिन उस गन्दे, सील-भरे ढाबे के मैले, फटे, टाट की अपेक्षा ये गन्दे मेज़पोश भी चेतन को साफ़ लगे।

वे दोनों जा कर सामने की मेज़ पर बैठ गये। चेतन दीवार से पीठ लगा कर सीढ़ियों की ओर मुँह करके बैठा और नारायण मेज़ की दूसरी ओर —उसके सामने। बायीं तरफ़ एक छोटे-से कमरे के बाद तनिक ऊपर को रसोईघर था। खाने के कमरे और रसोईघर के बीच यह छोटा-सा कमरा था और रसोई के धुएँ के कारण काला भी पड़ गया था। दीवार के साथ ही, मैल की मोटी परत के कारण काली स्याह पड़ जाने वाली, एक मेज़ पड़ी थी। उसके साथ एक कुर्सी भी लगी थी। बराबर की अलमारी का आधा भाग ही वहाँ से दिखायी देता था। अलमारी के शीशे टूटे थे और उसमें घी के डिब्बे पड़े थे, जो शायद होटल के स्थायी ग्राहकों के थे। चिकनाई के कारण अलमारी के किवाड़, उसके तख्ते, शीशे —सब मैल की मोटी, काली परत से ढँके हुए थे और दूर से काले वार्निश से रँगे दिखायी देते थे।

ऊपर से निगाह हटा कर, चेतन ने ज़रा मुड़ कर दायीं तरफ़ को देखा। दोनों ओर लटकते हुए पर्दे और बीच में एक छोटा-सा मार्ग दिखायी दिया। जब हाथ धोने के लिए उस मार्ग से गुज़र कर वह बारजे पर गया और उसने मुड़ कर कमरे पर एक निगाह डाली तो उसने देखा कि कमरा तो वास्तव में एक ही है। उसी में प्लाईवुड के स्थान पर लम्बी-लम्बी सलाखों से पर्दे लटका कर कैबिन-से बना दिये गये हैं। उसने यह भी देखा कि उनकी मेज़ पर भी, जहाँ नारायण बैठा था, एक लम्बी लोहे की सलाख दूर सामने की दीवार तक चली गयी है और उसे काटती हुई एक और सलाख दूसरी ओर गयी है। छत के साथ सलाखों का जाल-सा बिछा था और उनमें पर्दे लटक रहे थे। चेतन ने देखा कि उनकी और उनके सामने की दीवार के साथ लगी मेज़ के इर्द-गिर्द भी पर्दे लटक रहे हैं। उस समय वे पर्दे खुले हुए न थे, बल्कि सिमटे-से कैबिनों के पर्दों के अंग हो रहे थे। उस मध्यवर्ती रास्ते के दोनों ओर तीन-तीन कैबिन थे, जिनके दरवाज़ों पर पर्दे पड़े थे। जब वे कैबिन भर जाते थे और पीने-पिलाने वालों को बाहर मेज़ों पर बैठाना पड़ता तो उन पर्दों को खोल कर उन मेज़ों के इर्द-गिर्द भी कैबिन-से बना दिये जाते थे।

अन्दर के कैबिनों में उस समय शायद बोतलें खुल चुकी थीं, क्योंकि बहकी-बहकी बातों की भनक आ रही थी और कई लड़खड़ाती रुद्ध आवाज़ें यदा-कदा 'ब्वॉय, ब्वॉय' पुकार उठती थीं। उधर से दृष्टि हटा कर उसने बारजे को देखा। बाज़ार की ओर को बढ़ी हुई उस छोटी-सी बालकनी में एक ओर हाथ-मुँह धोने के लिए नल लगा था, दूसरी ओर निहायत छोटा-सा शौचगृह था। खिड़कियों के पट बाज़ार की ओर को खुलते थे। चेतन क्षण भर के लिए खिड़की में जा खड़ा हुआ।

बाहर बाज़ार में बादल घुस आये थे। बत्तियों के सिमटे, धुँधले प्रकाश में नीचे बहती हुई भीड़ चेतन को कुछ अजीब-सी लगी। उस बहिया में सभी भारतीय थे। निचले अथवा बिचले मध्य-वित्त के लोग! अंग्रेज़ या उच्च-वर्ग के भारतीय लोअर बाज़ार में दिखायी नहीं देते। उनके लिए माल और माल की वैभवशाली दुकानें और ऐसे शानदार होटल हैं, जहाँ दिन में खाने के छै-छै कोर्स आते हैं और जहाँ ऊँचे दर्जे के मध्यवर्गीय का मासिक वेतन एक ही दिन की भेंट हो सकता है। माल वालों में से लोअर बाज़ार की सैर को तभी कोई आता है, जब उसकी जेबों में माल की दुकानों के नाज़ उठाने की शक्ति नहीं रहती। गोरी चमड़ी का ऐसा ही कोई जोड़ा कभी-कभी लोअर बाज़ार में दिखायी दे जाता है — जैसे नदी की धारा में कमल का पत्ता — उस धारा का हो कर भी उससे अलग। चेतन भी रोज़ उस बहती भीड़ का अंग बनता था। वह 'कश्मीर हिन्दू होटल' की उन खिड़कियों पर मध्यवर्ग के उन सैकड़ों लोगों की तरह अरमान-भरी निगाहें डालता था, जो माल से गुज़रते हुए वहाँ के बड़े होटलों को देख कर सोचा करते हैं कि जल्द ही वे उनमें जाने के योग्य हो सकेंगे। उस बालकनी की खिड़कियों पर पड़े हुए पर्दे हमेशा उसके सामने कल्पना-लोक बसा देते थे और वह भीड़ में ठिलता हुआ दिवा-स्वप्नों में खो जाता था। वह जब भी नारायण को छोड़ने जाता, कई बार उसे इच्छा होती कि वह उसके साथ ऊपर होटल में चला जाय, पर संकोच सदैव उसके पैरों की बेड़ी बन जाता और वह उसे छोड़ कर अपना स्वप्न बनाता-मिटाता नीचे बाज़ार के उसी घटिया-से ढाबे की ओर चल पड़ता। आज बालकनी में खड़ा वह अपनी नस-नस में कुछ अजीब-सी सुखानुभूति महसूस कर रहा था। कुछ हल्का, कुछ उत्फुल्ल, छलकने के डर से मदिरा को अपने किनारों में सयत्न समेटे, गर्व-भरे प्याले की तरह वह उस उल्लास को अन्तर में सँजोये था। विमोहित-सा वह नीचे के उस धुँधले, ठण्डे प्रकाश में अनवरत बहती उस जन-सरिता की ओर देख रहा था....तभी नारायण ने उसे आवाज़ दी।

नल पर जल्दी-जल्दी हाथ धो और खूँटी से लटके हुए, बार-बार हाथों के पोंछे जाने के कारण निचुड़ते-से तौलिये से हाथ पोंछ कर, जब वह वापस मेज़ पर पहुँचा तो खाना आ चुका था। नारायण ने उसे बताया कि होटल वाले स्थायी ग्राहकों से आठ रुपया मासिक लेते हैं और आठ रुपये में एक दाल, तरकारी और रोटियाँ देते हैं।

'कितनी रोटियाँ ?' चेतन को जैसे विश्वास न आया।

'जितनी भी कोई खा ले,' नारायण ने थाली उसकी ओर बढ़ाते हुए कहा, 'हाँ, यदि कोई दाल-तरकारी में तड़का लगवाना चाहे तो घी उसका अपना।' फिर कुछ क्षण रुक कर उसने कहा, 'मैं तो नहीं खाता, लेकिन यहाँ गोश्त हर किस्म का पकता है और दो पैसे में सलाद की प्लेट मिलती है।'

और चेतन के 'न, न' करने पर भी नारायण ने सलाद की प्लेट मँगा ली। दाल और तरकारी बड़ी स्वादिष्ट थी। दोनों को घी का छौंका दिया गया था। सलाद का स्वाद चेतन ने ज़िन्दगी में पहली बार चखा। प्लेट में टमाटर भी थे, प्याज़ भी और सलाद के कतले भी। शिमले के अपने इस निवास-काल में चेतन ने पहली बार पेट भर कर खाना खाया। उसी दिन नारायण की सिफ़ारिश पर बिना कुछ पेशगी दिये वह 'कश्मीर हिन्दू होटल' का स्थायी ग्राहक बन गया।

खाना खाने के फ़ौरन बाद नारायण से छुट्टी ले कर चेतन भागा-भागा औषधालय गया कि यादराम को अपनी इस खोज की सूचना दे दे। यादराम औषधालय बन्द करके जा चुका था। तब चेतन ढाबे की ओर भागा। यादराम खाना खा कर कुल्ला कर रहा था कि चेतन ने उसे जा पकड़ा।

'तुम तो महामूर्ख हो,' वह दूर ही से चिल्लाया, 'इस घटिया-से ढाबे पर खाना खा रहे हो। वहाँ 'कश्मीर हिन्दू होटल' में सिर्फ़ आठ रुपये महीने लेते हैं और इतना बढ़िया खाना मिलता है कि वाह! पतले-पतले लुच्चियों-से फुल्के, लज़ीज़ तरकारियाँ और सिर्फ़ दो पैसे में मज़ेदार सलाद की प्लेट! मैं कहता हूँ, दो पैसे में सलाद की प्लेट! कभी खाया भी है तुमने सलाद!' और सलाद और उसमें छिपे विटामिनों पर (नारायण द्वारा सुना हुआ) एक छोटा-सा भाषण देते हुए उसने यादराम से अनुरोध किया कि अगले दिन से वह भी उसी होटल में खाना खाया करे।

लेकिन यादराम ने निराश-भाव से सिर्फ़ इतना कहा, 'अरे बाबू जी, हम कहाँ होटलों में जायेंगे!'

चेतन बेसब्र हो कर बोला, 'अरे भाई, कल तुम मेरे संग चलना, आखिर तुम क्यों होटल में न खाओ। अपने पैसों का खाओगे, कोई मुफ़्त तो खाओगे नहीं।' और फिर यादराम के असमंजस को देख कर उसने कहा, 'वे एक थाली के तीन आने लेते हैं। न होगा, मेरे हिसाब में खा लेना।'

और यादराम को यह सँदेसा दे कर चेतन इस प्रकार माल की ओर चल पड़ा जैसे अचानक अलादीन का चिराग़ उसके हाथ आ गया हो।

पैंसठ

दूसरे दिन शाम को यादराम ने घर की धुली कमीज़ और कुछ साफ़ नेकर पहनी और चेतन के साथ चल पड़ा।

यादराम को ऊपर बैठा कर अपनी इस कारगुज़ारी की दाद मैनेजर से पाने के लिए चेतन नीचे आया और उसने सहर्ष मैनेजर से कहा, 'लीजिए साहब, आपके लिए एक और ग्राहक ले आया हूँ।'

मैनेजर ने खीसें निपोर दीं — 'आपकी किरपा है महाराज!'

'यह भी स्थायी ग्राहक बन जायेगा,' अपने जोश में चेतन ने कहा और वह ऊपर पहुँचा। तब तक यादराम डट कर एक मेज़ पर बैठ गया था। लेकिन उस लम्बे-तड़ंगे, हृष्ट-पुष्ट व्यक्ति के लिए वह मेज़-कुर्सी बहुत छोटी मालूम होती थी। लगता था, जैसे कोई बड़ा आदमी बच्चों की मेज़-कुर्सी पर जा बैठा हो। उसकी लम्बी अधनंगी टाँगें मेज़ के नीचे आ न रही थीं और वह उन्हें कुर्सी के दोनों ओर फैलाये अकड़ा बैठा था।

चेतन ने अन्दर रसोईघर में रसोइये को आवाज़ दे कर कहा कि यादराम भी खाना

खायेगा।

रसोइये ने किचन के दरवाज़े से गर्दन बढ़ा कर यादराम की ओर देखा और फिर सिर हिलाते हुए कुछ अजीब-सा मुँह बना कर चेतन से कहा, 'पहले आप खा लीजिए!'

चेतन को उसका यों मुँह बनाना बहुत बुरा लगा। लेकिन तभी नारायण बारजे से हाथ पोंछता हुआ वहाँ पहुँच गया और बोला, 'आओ, पहले हमीं निबट लें। एक साथ वे किस तरह इतने आदमियों के लिए रोटियाँ पका सकते हैं ? यह बाद में खाता रहेगा।'

थालियाँ परोस कर आ गयीं और यद्यपि चेतन के लिए यादराम को खिलाये बिना खाना दुष्कर हो रहा था, लेकिन वह नारायण के साथ खाने लगा। जब वे खाना खा चुके तो नारायण ने घूमने का प्रस्ताव पास किया। तब रसोइये को ताकीद करके कि वह यादराम को खाना खिलाये और अपने आदेश के महत्व को जताते हुए इतना और कह कर कि वह स्थायी ग्राहक बनेगा, चेतन नारायण के साथ नीचे उतरा।

जब वे बाहर जाने लगे तो मैनेजर ने उन्हें रोक लिया और उलाहने-भरे स्वर में उसने कहा, 'यह होटल है बाबू साहब, यहाँ शरीफ़ आदमी खाना खाने आते हैं, यहाँ दफ़्तरों के बाबू आते हैं, मज़दूरों के खाना खाने का ढाबा नहीं है यह!'

जब वे खाना खा रहे थे तो शायद बैरा नीचे आ कर मैनेजर से शिकायत कर गया था। उसकी बात सुन कर चेतन किंकर्तव्य-विमूढ़-सा खड़ा रह गया। अब वह यादराम से जा कर कैसे कहे कि उसे खाना नहीं मिलेगा। क्षण भर सोच कर उसने कहा, 'अच्छा, उसे आज तो खाना दीजिए, फिर वह नहीं खाया करेगा। अब तो मैं ले आया हूँ उसे। उसका आज का खाना मेरे हिसाब में लिख लीजिएगा।'

यह कह कर वह नारायण के साथ चला। लोअर बाज़ार में ज़िन्दगी की नदी अपने यौवन पर थी। चेतन इस इठलाती, बल खाती, बहती और बहाती नदी में अपने आपको पेड़ से टूट कर गिरी हुई किसी निर्जीव डाली-सा अनुभव कर रहा था। लहरों के थपेड़ों से इधर-से-उधर होता, वह बहा जा रहा था। लेकिन नारायण रौ में था। लोअर बाज़ार में आर्य समाज के प्रसिद्ध उपदेशक स्वामी शुद्धदेव की कथा कई दिनों से हो रही थी और उसका इरादा था कि माल का एक चक्कर लगाते और कुछ विचार-विनिमय करते वहाँ पहुँचा जाय। उसने 'त्रिगुणातीत' की बात चलायी। लेकिन चेतन को 'त्रिगुणातीत' के आध्यात्मिक आदर्श से किसी तरह की दिलचस्पी न थी। उसका मन तो 'कश्मीर हिन्दू होटल' के उस खाने के कमरे की ओर लगा हुआ था। वह सोच रहा था कि यादराम को खाना मिला भी होगा या नहीं। नारायण की गम्भीर, पाण्डित्यपूर्ण व्याख्या को प्रकट सुनता और 'हूँ,' 'हाँ' करता हुआ वह वास्तव में उन होटल वालों की असभ्यता पर आग-बबूला हो रहा था, मन-ही-मन प्रतिज्ञा कर रहा था कि वह भी उनके यहाँ खाना न खायेगा। कितने बदतमीज़ हैं ये लोग! वह उनके लिए एक ग्राहक लाया और इसके बदले कि वे उसको धन्यवाद देते, उलटे ऐसे पेश आये जैसे उससे कोई अपराध बन पड़ा हो। 'साले, होटल लिये फिरते हैं!' मन-ही-मन उपेक्षा से उसने कहा, 'चार पर्दों या चार साफ़ चादरों से ढँकी मैली-कुचैली मेज़ों से कोई ढाबा होटल तो नहीं बन जाता। वह होटल ही क्या, जिसके खाने के कमरे में बैठें तो किचन अपनी समस्त कुरूपता से साथ दिखायी दे और हवा के हल्के-से झोंके

के साथ लहसुन-प्याज़ की तीखी गन्ध नथुनों में भर जाय। हरामज़ादे! इतने गन्दे और मैले बैरे हैं कि हलवाई के नौकर भी वैसे ग़लीज़ न होंगे और तुर्रा यह है कि शरीफ़ों का होटल है!....'

वह मन-ही-मन उबल रहा था। लेकिन नारायण अपने साथी की मानसिक स्थिति से अनभिज्ञ उसके कानों में अनवरत गीता का विशद ज्ञान उँडेल रहा था।

'.... ज्ञान उसका स्वभाव है, स्वरूप है। उसी का प्रकाश सारी इन्द्रियों को प्रकाशित करता है। स्वामी शुद्धदेव ने कितना सुन्दर, मौलिक और निहायत मॉडर्न दृष्टान्त दिया है। जैसे बिजली का एक ही करेंट अनेक बत्तियों के एक गुच्छे को एक ही बार प्रकाशित कर देता है, ठीक उसी तरह, एक ही आत्म-ज्योति सारी इन्द्रियों को ज्योति प्रदान करती है। मनन और बोधन का प्रकाश भी उसी का है, वह स्वतः प्रकाश है....'

वे लोअर बाज़ार पार करके ऊपर माल को मुड़ने लगे थे कि चेतन ने अचानक नारायण की वक्तृता का क्रम तोड़ते हुए कहा, 'मैं तो वापस जाऊँगा नारायण।'

'तो क्या स्वामी शुद्धदेव की कथा सुनने न जाओगे। अभी शुरू होगी नौ बजे। कथा क्या कहते हैं, अमृत बरसाते हैं!'

'नहीं, इस समय अमृत भी पीने को जी नहीं चाहता!' और उसने विदा लेने को हाथ आगे बढ़ाया।

लेकिन नारायण ने उसके हाथ को अपने हाथ में ले कर वापस मुड़ते हुए कहा, 'चलो, मैं इधर ही से समाज-मन्दिर चला जाऊँगा।'

होटल के पास पहुँच कर चेतन ने कहा, 'मैं ज़रा देख आऊँ, उन्होंने यादराम को रोटी दी है या नहीं।' और वह चला। मैनेजर नीचे नहीं था। वह ज़ीने की ओर बढ़ा। नारायण भी उसके पीछे-पीछे तंग ज़ीना चढ़ने लगा। जब ऊपर पहुँचे तो उन्होंने देखा कि यादराम पूर्ववत सीना ताने कुर्सी पर डटा बैठा है और मैनेज़र से झगड़ रहा है।

'क्या बात है ?' चेतन ने क्रोध बरबस दबाते हुए कहा, 'जब मैंने कहा था कि पैसे मेरे हिसाब में लिख लेना....'

'बाबू जी, अट्ठाइस रोटियाँ खा चुका है, आटे की सारी लोई खतम कर दी।'

'जब पैसे मैं दूँगा....' —'मैं' शब्द पर ज़ोर देते हुए चेतन ने कहना चाहा।

'लेकिन रोटी ही का सवाल नहीं। दाल सारी खत्म हो गयी। हम आदमियों के लिए खाना पकाते हैं, दैत्यों के लिए नहीं। अट्ठाइस रोटियाँ!....'

फुफकारता हुआ यादराम उठा, 'इन दो तोले के फुल्कों को रोटियाँ कहते होंगे,' बड़बड़ाते और धमधमाते हुए बारजे में पहुँचा। हाथ धो कर, भीगे हाथों से मुँह पोंछ, उन्हें सिर के बालों पर फेरता हुआ वह उनके पास से धमधमाता हुआ सीढ़ियाँ उतर गया — 'वाह बाबू जी! किन मूज़ियों के यहाँ ले आये मुझे' —सीढ़ियों से चेतन को उसके यही शब्द सुनायी दिये।

तब मैनेजर साहब भी बड़बड़ाते नीचे चले गये और धम से जा कर अपनी गद्दी पर बैठ गये।

पतला-छरहरा शरीर, घुटन्ना पायजामा, चौड़े कॉलरों वाली गबरून की कमीज़,

लम्बा कोट, सिर पर मारवाड़ियों जैसी पगड़ी, पिचका-सा चेहरा, छोटी मूँछों की नोकें — चीनियों की तरह दोनों ओर नीचे को मुड़ी हुईं — हालाँकि वह पंजाबी था, लेकिन चेतन को वह ज़रा भी पंजाबी नहीं लगा। 'साले, मारवाड़ी कहीं के!' चेतन ने मन-ही-मन सव्यंग्य कहा। 'कश्मीर हिन्दू होटल,' उसने मुँह बिचकाया — 'साले, कश्मीर हिन्दू होटल के!'

नारायण ने चेतन के कन्धे को छुआ। 'चलो, अब छोड़ो इस क़िस्से को,' उसने कहा।

चेतन का मन अत्यन्त खिन्न था। वह उस होटल से किसी तरह का सम्बन्ध न रखना चाहता था। उसने जा कर मैनेजर के सामने अपने दोनों जून खाने के पैसे रख दिये और कहा, 'यह लो तीन आने यादराम के।'

मैनेजर ने व्यंग्य से दाँत निपोरते हुए पैसे वापस कर दिये — 'अट्ठाइस फुल्के तो वह खा गया। सात आने तो सिर्फ़ रोटियों के हो जाते हैं।'

'पर एक थाली में जब तीन आने लेते हो तुम!' चेतन चिल्लाया।

'तीन आने लेते हैं!' गद्दी पर उकड़ूँ बैठ कर मैनेजर चेतन से भी ऊँची आवाज़ में चिल्लाया, 'तीन आने आदमियों की खुराक के लेते हैं, जनम से भूखे जानवरों के नहीं।'

झगड़े को सुन कर बाज़ार में भीड़ इकट्ठी होने लगी थी। बड़ी मुश्किल से नारायण ने और आठ आने चेतन से दिलवा कर मैनेजर को शान्त किया और दोनों समाज-मन्दिर की ओर चल पड़े।

बायीं ओर घाटी पर तैरती हुई, जल-बिन्दुओं से भरी बोझिल हवा अजाने हल्के-हल्के बह रही थी। अदृश्य फुहार जैसे बेआवाज़ पंखों के सहारे उड़ रही थी। उसके स्पर्श से गाल, नाक, मुँह, आँख सब ठण्डे हुए जा रहे थे। सहसा बादल बाज़ार में बह आये। बाज़ार की रोशनियाँ सिमट कर बत्तियों के गिर्द छोटे-छोटे वृत्तों में समा गयीं और चलते-चलते लोग छायाएँ बन कर रह गये। अचानक चेतन की ऐनक के दोनों शीशे धुँधले हो गये। ऐनक उतार कर उसने कमीज़ के छोर से उन्हें पोंछा, लेकिन शीशे अच्छी तरह साफ़ न हुए और जब ऐनक को फिर नाक पर रखा तो सब चीज़ों पर अजीब-सा झीना, झिलमिला पर्दा छा गया। बिजलियाँ और बत्तियाँ सब झिलमिलाती-सी दिखायी देने लगीं। उसने फिर ऐनक को साफ़ किया, पर वह साफ़ न हुई। उसकी कमीज़ शायद गीली हो चुकी थी और उसकी ऐनक के नमदार शीशों से छू कर उड़ता हुआ वाष्प पानी बन जाता था। हार कर उसने ऐनक उतार ली और अन्धों की तरह चलने लगा। उसकी आँखों पर दोहरा अँधेरा छा गया था — क्रोध का और मायोपिया का।

नारायण के कोट की जेब में रूमाल अभी सूखा था। उसने अपनी ऐनक को साफ़ करते हुए फिर नाक पर रख कर उसने कहा, 'यह ऐनक भी एक मुसीबत है कम्बख़्त!'

चेतन ने उत्तर नहीं दिया। उसके सामने स्पष्ट चीज़ें भी धुँधली हुई जा रही थीं। पानी में डुबकी लगाने के बाद जैसे आँखों पर पानी का पर्दा छा जाता है, वैसा ही पर्दा-सा उसकी आँखों पर छा गया। उसे अपनी इस ऐनक पर बड़ा क्रोध आया, उसके जी में आयी कि ज़ोर से घुमा कर उसे घाटी में फेंक दे। उसने उसे धीरे से घुमाया भी, पर घाटी में फेंकने के बदले उसने उसे कोट की अन्दर की जेब में रख लिया। उसके होंटों से एक लम्बी साँस निकल गयी और उसे अपनी उस मूर्खता पर अफ़सोस हुआ जब हँसी-हँसी में उसने महज

फ़ैशन के तौर पर अपने बड़े भाई की पढ़ने की ऐनक आँखों पर लगा ली थी!

भाई साहब की आँखें बचपन से खराब थीं। जब वे कॉलेज में दाखिल हुए थे तो पिता को उनकी आँखों पर ऐनक लगवानी पड़ी थी। डॉक्टर ने एक दूर की और एक नज़दीक की ऐनक दी थी। दूर की हर समय लगाने के लिए और समीप की केवल पढ़ते समय लगाने के लिए। यह पढ़ते समय लगाने वाली ऐनक सुनहरे फ्रेम और छोटे-छोटे शीशों वाली थी। दूर की ऐनक का नम्बर चार था और इस छोटी ऐनक का माइनस एक था। भाई साहब को उन दिनों पढ़ने वाली ऐनक की उतनी ज़रूरत न पड़ती थी, उनका अधिकांश समय तो ताश-शतरंज खेलने में गुज़रता और जो थोड़ी-बहुत पढ़ाई उन्हें करनी होती, वह सब वे इस ऐनक की सहायता के बिना भी कर लेते। इसलिए यह सुन्दर ऐनक अपने सुनहरे फ्रेम और सुन्दर डिब्बे के साथ इधर-उधर विस्मृत-सी पड़ी रहती। जब भाई साहब अथवा कोई दूसरा व्यक्ति क़रीब न होता तो चेतन इस ऐनक को डिब्बे से निकाल कर अपनी नाक पर रख लेता और शीशे में अपनी सूरत देखा करता। अपनी नाक पर यह सुन्दर ऐनक उसे बहुत अच्छी लगती। एक-दो बार अपने मित्रों में भी उसने उसे पहना और जब उन्होंने भी उसकी तारीफ़ की और फ़तवा दिया कि ऐनक के साथ चेतन सुन्दर लगता है तब, यद्यपि उसकी नज़र में कोई दोष न था, उसने चोरी-छिपे उसे लगाना शुरू कर दिया। इस ऐनक के लगाने से उसे कोई खास तकलीफ़ भी न होती थी। शब्द कुछ छोटे अवश्य हो जाते, पर उनकी चमक बढ़ जाती। धीरे-धीरे उसे इस ऐनक की आदत पड़ गयी और एक दिन जब उसने मित्रों में बैठ कर दूर से कैलेण्डर पढ़ने का मुक़ाबिला किया तो उसे पता चला कि ऐनक की सहायता से वह पाँच कदम पीछे से कैलेण्डर की बारीक-से-बारीक पंक्ति पढ़ सकता है। बस, फिर क्या था, माँ से उसने कह दिया कि उसकी नज़र भी कमज़ोर हो गयी है, अनन्त ने उसकी गवाही दी और चेतन ने अपने भाई की ऐनक पर अधिकार जमा लिया। भाई साहब ने भी इस पर आपत्ति नहीं की। बस, उन्होंने इतना किया कि चेतन ने दो-चार महीनों से जो पैसे जोड़ रखे थे, वे सब उससे ले लिये और उसे सुनहरे फ्रेम की वह ऐनक लगाये, छैला बने घूमने का अधिकार प्रदान कर दिया।

अब उस सुनहले फ्रेम की ऐनक के स्थान पर सेलोलाइड के मोटे बेडौल फ्रेम की ऐनक चेतन की नाक पर रखी थी, जो गर्मी में फिसल कर नाक की कोठी पर आ जाती थी और सर्दी में सिकुड़ कर कानों के पीछे चुभने लगती थी। चेतन की यह चौथी ऐनक थी और इसका नम्बर भी माइनस चार था। उसने कई बार उसे छोड़ देने का प्रयास किया था, पर वह असफल रहा था और इस प्रयास में हर बार उसका नम्बर बढ़ गया था।

बाज़ार में अन्धों की तरह चलते-चलते चेतन को अपनी उन दिनों की मूर्खता पर बड़ा क्रोध आया, लेकिन ऐसा क्रोध उसे कई बार आया था। बादल ऊपर को निकल गये थे, इसलिए उसने जेब से ऐनक निकाल कर फिर आँखों पर लगा ली। सिमटा हुआ प्रकाश फैल चुका था, दुकानों और बिजली के खम्भों की बत्तियाँ ठीक आकार में दिखाई देने लगीं और आने-जाने वालों के खाके भी स्पष्ट हो गये थे।

चेतन ने लम्बी साँस ली। वे दोनों सुरंग के पास से गुज़र कर चोर बाज़ार को जाने वाले मार्ग के समीप पहुँच गये थे। तभी नारायण ने कहा — 'छोड़ो भी अब इस क़िस्से को। अन्दर-ही-अन्दर क्यों विष घोलते हो ? तुमने उसे वहाँ ले जा कर ग़लती की। इन

लोगों का काम तो ढाबे-तन्दूरों पर ही चलता है।'

'पर यदि कोई पेटू अमीर वहाँ आ जाता तो क्या उसके साथ भी यह लोग ऐसा ही व्यवहार करते ?' चेतन ने कहा।

लेकिन उसके स्वर की कटुता दूर हो चुकी थी। देने को तो उसने यह दलील दे दी थी, पर अन्तर में उसे कहीं अपनी मूर्खता का एहसास हो गया था और मैनेजर के दुर्व्यवहार की अपेक्षा उसे अपनी इस मूर्खता पर ज़्यादा गुस्सा था। वह इतना बड़ा हो गया है। बी०ए० पास करके एक समाचार-पत्र के सम्पादन विभाग में काम कर चुका है। अभी तक उसे इतनी भी समझ नहीं कि उसे यादराम को उस होटल में न ले जाना चाहिए था। इस पुण्य भूमि में जब जाति-जाति, वर्ण-वर्ण, और वर्ग-वर्ग ही में भेद नहीं, बल्कि हर जाति, हर वर्ण के अन्दर अगनित भेद-प्रभेद हैं, तब होटलों और ढाबों में क्यों न अन्तर हो। ज़रा साफ़-सुथरे ढाबे का स्वामी, जिसके ग्राहकों में चालीस रुपये मासिक से सौ रुपया तक पाने वाले हैं, उस ढाबे को उपेक्षा की दृष्टि से क्यों न देखे, जहाँ चालीस रुपया मासिक से कम पाने वाले लोग जाते हैं। और यह 'डेविको,' 'वेंगर,' 'इम्पीरियल' और 'क्लार्क' —ये अपने अहं में महान, माल के होटल —ये लोअर बाज़ार के इस 'कश्मीर हिन्दू होटल' को क्यों न हेय समझें ? यदि चेतन या नारायण अपने इन कपड़ों से उनमें चले जायँ तो खाना खिलाना तो दूर रहा, शायद उन्हें कोई अन्दर भी न घुसने दे।

वे समाज-मन्दिर के पास पहुँच गये थे। बाहर अहाते ही से स्वामी शुद्धदेव का गहर गम्भीर स्वर हॉल में गूँजता हुआ आ रहा था। उनका प्रवचन शायद आरम्भ हो चुका था। चेतन अपनी उन मानसिक उलझनों में इस हद तक ग्रस्त था कि नारायण कब उसका हाथ थामे उसे हॉल में ले गया, उसे मालूम नहीं हुआ। वह तब चेता जब वह नारायण के साथ पीछे ही दीवार से लगी बेंच पर बैठ गया।

स्वामी जी तब बड़े मनोयोग से भक्ति की महिमा का बखान कर रहे थे।

'जो मनुष्य भगवान के योग से दूर है, भक्ति-धर्म में रत नहीं है, उसकी बुद्धि स्थिरता का लाभ नहीं कर सकती। निश्चयात्मिका बुद्धि को ही स्थिर बुद्धि कहा गया है और वह निश्चय तब तक होना कठिन है जब तक आत्म-परमात्म-स्वरूप की उपलब्धि न हो जाय!'

चेतन ने पहले के शब्द नहीं सुने। आत्म-परमात्म शब्द से वह तनिक चौंका। स्वामी जी कह रहे थे :

'आत्म-परमात्म-स्वरूप की प्राप्ति केवल धर्म-मय भक्ति-योग से होती है। भक्ति-रहित जन को भावना भी नहीं मिलती। शुद्ध भावों का उसके भीतर भारी अभाव बना रहता है। ध्यान में, विचार में, मनन में, श्रद्धा और विश्वास में वह डाँवाँडोल बना रहता है। एक बात में उसकी चित्त-वृत्ति नहीं ठहरती। ऐसे भावनाहीन मनुष्य को शान्ति नहीं मिलती। वह सदा अशान्त, चंचल-चित्त रहता है। उसे सुख कहाँ मिलेगा ? शान्ति कैसे मिलेगी ?'

शान्ति.... शान्ति.... शान्ति —चेतन ने बेज़ारी से सिर हिलाया और उठ खड़ा हुआ। इतनी कटुताओं, विषमताओं, भूख, बेकारी, ग़रीबी, अवहेलना, उपेक्षा, निरादर, शोषण, उत्पीड़न में घिरा कोई स्वतन्त्र प्रकृति का स्वाभिमानी व्यक्ति शान्ति-लाभ कैसे कर सकता

है ? और फिर यादराम जैसे करोड़ों अपढ़, अशिक्षित लोग इस गहन दर्शन को समझ कर उस पर कैसे चल सकते हैं ? उनके पास इस मनन-बोधन और चिन्तन के लिए बुद्धि, विवेक और समय ही कहाँ है ?

और समाज-मन्दिर से निकल कर वह बड़ी रात तक जलता, सुलगता, शिमले की सड़कों पर घूमता रहा। वह क्यों इस दुनिया में आ गया, क्यों इन विषमताओं में फँस गया ? उसके सरल, अबोध, शिशु कवि को तो कहीं सुदूर बन-कुंजों में सीधा सरल-सा जीवन चाहिए था, और वह फँस गया इन उलझनों में। उसे लगता, जैसे ज़िन्दगी एक डोर है, जिसकी गुंजलकों का अन्त ही नहीं। चेतन को याद आया — बचपन में जब कोई पतंग कट जाती थी और उसकी डोर उनकी छत पर आ गिरती थी तो वे उसे दोनों हाथों से बेतहाशा खींचने लगते थे। छत पर घूमते जाते थे और डोर खींचते जाते थे। सारी छत पर डोर फैल जाती थी। फिर जब पतंग हाथ में आ जाती और वे बिखरी हुई डोर को दायें हाथ से समेटते हुए बायें हाथ के अँगूठे और छँगुली पर उसकी गुच्छी बनाने लगते थे तो उसमें गुंजलक पड़ जाती थी। एक निकालते कि दूसरी पड़ जाती। यह ज़िन्दगी भी तो उसी डोर-सरीखी है। पतंग चेतन को नहीं मिलती। बस, डोर है। उसकी गुंजलकें, गाँठें और उलझनें हैं।

छाछठ

चेतन भागना चाहता और वह भागा, लेकिन भाग कर वह कहीं बन-कानन में नहीं गया। उसने किया बस इतना कि शिमले की एक ए०डी०सी० का सदस्य बन गया। इस ए० डी०सी० का पूरा नाम 'यंगमेन्स एमेचर ड्रामेटिक क्लब' था। उसके सदस्यों में सभी जवान हों अथवा उनके दिल जवान हों, ऐसी बात न थी। क्लब के सदस्यों की अधिकांश संख्या चालीस की उम्र को पार कर जाने वालों की थी। जीवन से उकताये हुए भी वे कम न थे, लेकिन यौवन के लिए जो एक तरह की लालसा-लोलुपता अधेड़ आयु वालों में होती है, वही उनमें भी थी। और फिर नाटक खेलना ही क्लब का एकमात्र काम न था। उसके अधिकांश सदस्य तो अपने घरेलू जीवन की कटुताओं को, दस-दस, ग्यारह-ग्यारह बजे रात तक क्लब की मेज़-कुर्सियों पर बैठ कर, ब्रिज और शराब के साहचर्य में भुलाया करते थे।

यह क्लब चार नम्बर की सीढ़ियों के एक मकान में था। प्रवेश करते ही बायीं ओर को मेज़-कुर्सियाँ पड़ी दिखायी देती थीं, जिन पर हमेशा कुछ लोग दीन-दुनिया में बेखबर ब्रिज खेलने में तल्लीन दिखायी देते थे और 'वन नो ट्रम्प,' 'टू क्लब्ज़,' 'टू स्पेड्ज़' 'थ्री हार्ट्स,' आदि के अलावा उनके मुँह से कुछ न निकलता। इस कमरे के बराबर में एक बड़ा कमरा था जिस पर एक दरी बिछी हुई थी और दीवार के साथ काउच का एक सेट लगा था। यहाँ नाटकों की रिहर्सल होती थी। पहले कमरे के लोग इस तरफ़ से बेपरवाह 'गेम' और 'रबर' के चक्कर में फँसे रहते थे। शराब यहाँ बहुत कम आती थी। इसलिए नहीं कि

क्लब के अधिकांश सदस्यों को इस विभूति से नफ़रत थी, बल्कि इसलिए कि उनकी जेबें सदैव इसके रसास्वादन में बाधक बन जाती थीं। वे मध्यवर्ग से सम्बन्ध रखते थे और क्लब के संरक्षकों को छोड़ कर किसी का भी वेतन डेढ़-दो सौ से ज़्यादा न था। कोई विरला ही ऐसा होगा, जिसके घर में चार-चार, छै-छै बच्चे न हों। फिर यह ब्रिज भी तो शराब ही का रूप थी। 'छुटती नहीं है मुँह से यह काफ़िर लगी हुई' की मसल ब्रिज पर भी तो लागू होती है। इसका चस्का वही, इसके रसास्वादन का आनन्द वही और इसकी विस्मृति वही! होता यों कि जब कोई ब्रिज में गहरी रकम जीत जाता तो सब उसे पिलाने पर विवश करते और उस रात ब्रिज-ग्रुप में 'संतरे' या 'भट्टी' की दो-चार बोतलें खुल जातीं। साल में कभी एक-दो बार 'जिन' या 'स्कॉच' भी आ जाती। इतने सदस्यों में एक-एक, डेढ़-डेढ़ पेग से नशा तो क्या होता (विशेषकर जब कि सोडा ज़्यादा और ह्विस्की कम होती) लेकिन उन्होंने 'अंग्रेज़ी' पी है, इस बात का नशा उन्हें महीनों रहता।

चेतन को शायद इस क्लब के अस्तित्व का भी पता न चलता अगर नारायण को एक शाम वहाँ किसी से मिलना न होता और वह चेतन को भी साथ न ले जाता।

दोनों वहाँ पहुँचे तो नाटक की रिहर्सल हो रही थी। पूछने पर चेतन को मालूम हुआ कि क्लब 'ताज' साहब (इम्तयाज़ अली 'ताज') का नाटक 'अनारकली' खेलने जा रहा है और उसके एक सीन का रिहर्सल हो रहा है। चेतन ने वह नाटक पढ़ा न था, पर उसकी बहुत प्रशंसा सुनी थी। एक बुक-स्टॉल पर उसे देखा भी था। मुख-पृष्ठ पर बनी हुई चग़ताई की कलाकृति भी देखी थी। मिस हिजाब इस्माईल के नाम (जो बाद में श्रीमती 'ताज' बनीं) उसका सुन्दर, सांकेतिक, समर्पण भी देखा था। सुन्दर लिखाई-छपाई को देख कर उसका जी उसे खरीदने को चाहा था, पर वह उसे खरीदने के लिए कभी पैसा न जुटा पाया था। वह नाटक यहाँ खेला जा रहा है, यह जान कर उसके मन में प्रबल आकांक्षा हुई कि उसे देखे, उसकी रिहर्सलों में भाग ले, उसमें अभिनय करे। उस पुस्तक की कई प्रतियाँ वहाँ पड़ी थीं। उसकी इच्छा हुई किसी-न-किसी प्रकार उनमें से एक प्राप्त करके उसे पढ़ डाले।

चेतन जब भी ज़िन्दगी से भागता था, उसे प्रकृति अथवा कला की गोद ही में शान्ति मिलती थी। बचपन में वह कला से परिचित न था। तब प्रकृति ही का विशाल आँचल अपने में छिपा कर उसे सान्त्वना देता था। पिता के साथ उसका बचपन प्रायः ऐसे स्टेशनों पर बीता था, जिनके इर्द-गिर्द मीलों तक विशाल खेत, बाग़, वीराने पसरे होते थे। दृष्टि की सीमा तक फैला प्रकृति का खूबसूरत आँचल सदैव लहराया करता था और जब भी वह जीवन की कटुताओं से भागता, उस आँचल की ओट में जा छिपता। लेकिन होश सँभालते ही वह शहर में आ गया था और नगरों में —जहाँ आकाश आकाश, और धरती धरती नहीं रहती, जहाँ मीलों तक ऊँचे मकानों, तंग गलियों और कोलाहलपूर्ण बाज़ारों के अलावा कुछ दिखायी नहीं देता, जहाँ आकाश धुएँ और धूल से धूमिल हो जाता है और चाँद-सूरज भी बड़े-बड़े मकानों की ओट से निकलते हैं —प्रकृति की वह छटा कहाँ। और जालन्धर के अपने उस पुराने खँडहर मकान में (जहाँ पिता की क्रूरता के डर से माँ उसे ले आयी थी) उसने प्रकृति की इस प्रतिमूर्ति —कला —से परिचय प्राप्त कर लिया था।

कला प्रकृति ही की तो पुत्री है। प्रकृति के विशाल लहलहाते खेतों; लम्बे-चौड़े, निर्जन वीरानों; ऊँचे, हिम-मण्डित शिखरों; गहरी, अँधेरी घाटियों; वनों-उपवनों;

चाँद-सितारों; उमड़-घुमड़ कर छाने वाले मेघों; नित नये रंग बदलती दिशाओं को देख कर मानव का मन अनेक सुन्दर, सुखद, करुण, मृदुल भावनाओं से भर जाता है। तभी कवि की वाणी, कलाकार की कूची, लेखक की लेखनी, गायक का स्वर और मूर्तिकार की छेनी उन भावनाओं को सजीव करने के लिए विकल हो उठती है। कला जन्म पाती है और जिस प्रकार प्रकृति मानव के सुख-दुख में उसे सान्त्वना देती है, कला भी उसका मन बहलाती है।

जालन्धर आ कर चेतन ने कला ही से वह सब कुछ चाहा था जो उसे उन दूरस्थ, वीरान स्टेशनों में प्रकृति से मिलता था। उसका खिलौना बनाना, उसका चित्र खींचना, उसका भजन लिखना, कहानी कहना, अभिनय करना सब अपने कटु-वातावरण से उसके पलायन ही का द्योतक था। फिर कला के संसर्ग में उसे वह चीज़ मिली थी, जो प्रकृति की संगति में अलभ्य थी। वह चीज़ थी आत्माभिव्यक्ति। बचपन में जब वह दुखी होता, प्रकृति की रंगीनियों में अपने आपको खो देता। लेकिन ज्यों-ज्यों वह बड़ा होता जाता, वह अपने आपको खो देना भर ही न चाहता था, वरन उस प्रतिक्रिया को व्यक्त भी करना चाहता था, जो उस दुख और कटुता से उसके मन में उत्पन्न होती। अभिव्यक्ति की यह अदम्य इच्छा कभी किसी रूप में प्रकट होती, कभी किसी में। उस अभिव्यक्ति का ठीक माध्यम क्या है, उसे तब तक मालूम नहीं था। लेकिन अभिव्यक्ति वह चाहता था। अपने वातावरण की कटुता के विरुद्ध प्रतिक्रिया और प्रतिशोध —यहाँ तक कि घोर प्रतिहिंसा भी उसकी कला ही में प्रस्फुटित होना चाहती और प्रकट एक निरीह, अनाथ-सा दिखलायी देने वाला वह बालक अन्तस्तल में प्रबल झंझाओं के झकोरे सहता था। धीरे-धीरे वह प्रकृति से दूर और कला के समीप होता गया। वह प्रतिदिन अपनी इस नयी संगिनी के किसी-न-किसी रूप पर मुग्ध होता था। उसकी संगति में बिताने के लिए उसके पास काफ़ी समय था। जब भी वह उसका कोई नया रूप देखता, उसे पाने के लिए विह्वल हो उठता।

०

हिजाब इस्माईल के नाम

इतना मुख़्तसर खत न इससे पेशतर लिखा, न आईन्दा लिखूँगा। लेकिन जिन मुखलिसाना जज़्बात का इज़हार मक़सूद है वो एक लफ़्ज़ में भी अदा हो सकते हैं। इस मुख़्तसर अरीज़े को शर्फ़े-कुबूलियत बख़्शिए। किताब का पढ़ना चन्दाँ ज़रूरी नहीं। इसे एक ज़मीमा समझिए। तवील मगर बेमानी।

इमत्याज़[१]

कोई बुद्धिजीवी अथवा यथार्थवादी इस समर्पण को पढ़ कर व्यंग्य से हँस देता और इसी से पुस्तक के विषय और शैली को जान जाता। (न जाने स्वयं लेखक भी अपने वैवाहिक-जीवन की हक़ीक़तों के चलते इस अरमान-भरे समर्पण को पढ़ कर कितनी बार न हँसा होगा और इस समर्पण को उसने नयी दृष्टि से देखते हुए कितना बेमानी न समझा होगा)। लेकिन चेतन इस पर मुग्ध था। और परिशिष्ट —वह लेखक की दृष्टि में निरर्थक

१. इतना संक्षिप्त पत्र न इससे पहले कभी लिखा, न आगे लिखूँगा। पर जिन भावों की अभिव्यक्ति अभीष्ट है, वे एक शब्द में भी अदा हो सकते हैं। इस संक्षिप्त पत्र को स्वीकार कीजिए। पुस्तक का पढ़ना कोई ज़रूरी नहीं। इसे एक परिशिष्ट समझिए —लम्बा मगर बेमानी। —इमत्याज़.

हो, चेतन की निगाह में अमूल्य था। जब नारायण अपने मित्र से मिल चुका तो चेतन ने अनुरोध किया कि किसी-न-किसी तरह वह उसे पुस्तक की एक प्रति रात भर के लिए ले दे।

नारायण ने उसे पुस्तक ले दी थी और चेतन ने उसे रात ही भर में पढ़ डाला था।

०

जब रात को ढाई-तीन बजे उसने नाटक समाप्त किया तो उसकी आँखों से नींद उड़ चुकी थी। न जाने यह ट्रैजिडी वास्तव में कभी घटी भी थी या नहीं। पर दन्त-कथा को ले कर, लेखक ने जो नाटक रचा था, उसने उस दन्त-कथा को मूर्तिमान सत्य बना दिया था। चेतन अपने सामने प्रेम और निराशा का वह दुखद खेल देख रहा था। वह उसका नायक बन गया था। वह सलीम बन गया था और सारी रात बन्दीघर से आने वाली दुखिनी अनारकली की आवाज़ें —'सलीम....सलीम, शहज़ादे....शहज़ादे!' —उसके कानों में गूँजती, हृदय को भेदती रही थीं।

उसकी आँखों में अनारकली आ गयी —पन्द्रह-सोलह वर्ष की तन्वी, जिसके चम्पई रंग में ललाई की हल्की-सी आभा न होती तो बीमार समझी जाती। सजल आँखें, जिनमें आकांक्षाएँ बैठी झाँक रही थीं। और चेतन....कोई उसका हृदय कचोट रहा था। अनारकली उसके सामने दीवार में जीवित चिनी जा रही थी और वह कुछ न कर पा रहा था। और उसने अपने आपको रानी की गोद में पड़े और महाबली को 'शेखू, शेखू'[१] पुकारते सुना।

उसने आँखों को मला और सोने का प्रयास किया। लेकिन वह तो नाटक का नायक बना हुआ था, उसका एक प्रतिरूप सलीम बना उसके सामने अभिनय कर रहा था। सारे-के-सारे सम्वाद उसके कानों में गूँज रहे थे और उसे उनकी आवाज़ तक सुनायी दे रही थी।

> *'....तुम नहीं जानतीं तुमने क्या कर दिया। मैं खुद नहीं जानता। सच, नहीं जानता अनारकली। (क्षण भर चुप रहने के बाद) तुमने मेरी तमाम आसाइशों[२] तमाम राहतों[३] को अपनी हस्ती में समेट लिया। तुमने मेरी तमाम कायनात[४] का रस चूस लिया। तुम एक मो'जज़े[५] की तरह मेरे सामने आयीं और मेरी आर्ज़ूओं[६] की नींद टूट गयी। तुमने अपनी हैरान नज़रों से मुझे देखा और मेरी रूह[७] में लामुतनाही[८] मुहब्बत के शोले भड़क उठे। तुम चली गयीं और मेरी तमाम दुनिया, तमाम आर्ज़ूएँ धड़कती रह गयीं।'*
>
> *(अनारकली चुप रहती है।)*

---

१. अकबर सलीम को प्यार से 'शेखू' कह कर बुलाया करते थे।

२. आसाइश=आराम, चैन,.

३. राहत=खुशी.

४. कायनात=सृष्टि (हस्ती).

५. मोज़जा=चमत्कार.

६. आर्ज़ू=आकांक्षा.

७. रूह=आत्मा.

८. लामुतनाही=निरन्तर, अन्तहीन.

'.... तुम अब भी चुप हो अनारकली!'

'.... फिर मैं क्या समझती ? हिन्दुस्तान का नया चाँद चकोर को चाहता है! कैसी हँसी की बात है ? आह, तुम शहज़ादे हो। बड़े। बहुत बड़े और मैं कनीज़[१] हूँ, नाचीज़, बेहद नाचीज़।'

'.... अब भी तेरे दिल में शुबहा[२] मौजूद है, तो ऐ अनारकली! ले, हिन्दुस्तान को अपने क़दमों में झुका देख!'

'.... आह । आह!'

०

चेतन चारपाई पर उठ कर बैठ गया, लेकिन उसकी आँखों में घूमने वाले दृश्य और उसके कानों में गूँजने वाले सम्वाद लगातार चलते रहे। उसके सामने महारानी आ गयी और सलीम बना वह चिल्ला उठा :

'.... अगर माँ-बाप अपनी औलाद के लिए अपनी क़ुर्बानियों को भूलना नहीं जानते तो उनका अपनी औलाद की आर्ज़ूओं पर अपनी आर्ज़ूओं को मुक़द्दम[३] समझना बेमानी है।

'....आज तू क्या कह रहा है बच्चे ? इस नन्हे-से दिल में माँ-बाप के खिलाफ़ इतना ज़हर भर गया है। सिर्फ़ इसलिए कि वह नहीं चाहते कि हरम की एक कनीज़ से शादी कर ले और दुनिया की नज़रों में अपने आपको सुबक[४] बना ले।'

'....मैं जानता हूँ — यह दुनिया किस तरह देखने की आदी है (क्रोध से मुड़ कर) जाइए, दुनिया की अज़ीमतरीं सल्तनत[५] को मेरे पहलू की ज़ीनत[६] बना दीजिए और मैं फिर भी दुनिया की यह सरगोशियाँ[७] आपके कानों तक पहुँचा दूँगा — इस अहमक़[८] को देखो। इसने सियासत[९] के पीछे अपने आपको बेच डाला।'

'.... लेकिन सलीम, हम इस दुनिया के खादिम[१०] हैं। यह दुनिया हमारे एक-एक फ़े'ल[११] को ताड़ रही है। हम इस दुनिया से कैसे बेपरवा हो सकते हैं ?'

---

१. कनीज़ = दासी.
२. शुबहा = सन्देह.
३. मुक़द्दम = क्रम में पहले, प्राथमिक.
४. सुबक = हलका.
५. अज़ीमतरीं सल्तनत = महानतम साम्राज्य.
६. पहलू की ज़ीनत = पहलू की शोभा.
७. सरगोशियाँ = कानाफूसियाँ, फुसफुसाहटें.
८. अहमक़ = मूर्ख.
९. सियासत = राजनीति.
१०. खादिम = नौकर.
११. फ़े'ल = कार्य.

'.... अकबरे आज़म [१] और दुनिया के तअल्लुक़ात [२] पर कोई दूसरा फ़रज़न्द [३] कुर्बान कर दीजिए।'

'.... सलीम, तू जो कह रहा है, समझ नहीं रहा।'

'.... मैं समझ रहा हूँ। खूब समझ रहा हूँ। ले लीजिए, मुझसे सब कुछ ले लीजिए। इन महलों की इशरत [४], हिन्दुस्तान की सल्तनत, दुनिया की हुकूमत — सब कुछ ले लीजिए और मुझको और अनारकली को एक वीराने में अकेले छोड़ दीजिए।'

'.... और अगर तेरे बाप यूँ न मानें ?'

'.... तो उनसे कह दीजिए कि अगर वो बादशाह हैं तो मैं बादशाह का बेटा हूँ। अगर उनकी रगों में मुग़लिया खून दौड़ रहा है तो मेरी रगों में राजपूतों का लहू बेताब है और मैं जानता हूँ तलवार से क्या काम लिया जा सकता है।'

०

चेतन उठ कर कमरे में घूमने लगा। लेकिन उसे शान्ति नहीं मिली, उसके सम्मुख फिर नाटक होने लगा। वह फिर सलीम बन गया। इस बार वह बन्दीघर के दारोग़ा को रिश्वत दे कर अनारकली को देखने गया। उसने देखा वह तन्वंगी, वह कान्त-कामिनी, कैदखाने के नंगे फ़र्श पर अचेत पड़ी है। लम्बे सुन्दर बाल किसी आकाशगामी पक्षी के कटे हुए पंखों की तरह बिखरे हुए हैं, मुख और भी पीला पड़ गया है और आँखें बन्द हैं। उसका हृदय कण्ठ में आ गया। वह उसे होश में लाने का प्रयास करने लगा। उसने देखा, वह उसे जगाना चाहता है, वह नहीं जागती और उसके कानों में अपने ही मूक शब्द जैसे गूँजने लगे :

'.... अनारकली! अब तक बेहोश हो। जागो, मेरी रूह, जागो!'

'.... जाग गयी। तुमसे बोल नहीं रही ? तुम्हारी आवाज़ सुन नहीं रही ? मेरे होशोहवास तो तुम हो। तुम्हारे होते मैं क्या बेहोश होने लगी ?'

'....अनारकली! तुम दीवानी हो गयी हो!'

'तुमसे किसने कहा। ज़ुल्म के उन पुर्ज़ों ने, जो मेरे रोने पर हँसते थे, खिलखिलाते थे, क़हक़हे मारते थे ? दरिन्दे [५]! वीरान नींद में इनके क़हक़हों की गूँज आ रही है — मेरे पास से न जाना साहिबे आलम [६]। वे मुझे जीता न छोड़ेंगे। मार डालेंगे। छुरी भोंक कर, गला घोंट कर, सिर्फ़ खिलखिला कर!

०

चेतन का कमरा उसका दम घोंटने लगा, उसी बन्दीगृह का-सा लगने लगा। वह बाहर निकल आया और सीढ़ियों की रेलिंग का सहारा ले कर खड़ा हो गया। बाहर मकान, चौक,

१. अकबरे आज़म = महान अकबर.
२. तअल्लुक़ = सम्बन्ध.
३. फ़रज़न्द = बेटा.
४. इशरत = सुख.
५. दरिन्दे =हिंस्र पशु.
६. साहबे आलम = बड़े साहब.

पेड़-पौधे —सब निशीथ नीरवता की गोद में लिपटे पड़े थे। ठण्डी हवा चल रही थी और चाँद किसी बादल के पीछे से अपनी उदास, सजल ज्योत्सना से धरती को भिगो रहा था।

चेतन रेलिंग पर झुक गया। जैसे वही रानी की गोद हो —ठण्डी, सुखद, स्निग्ध और वह सलीम बना अनारकली के जीवित दीवार में चिन दिये जाने के बाद विवश, लाचार, निराश और हताश उसमें आ लेटा हो। तभी महाबली अकबर के दुख और पश्चाताप से भरे शब्द उसके कानों में गूँजने लगे।

> *'.... खुदाविन्दा,[१] क्या मालूम था यों होगा ? शेखू! मेरे मज़लूम[२] बच्चे, मेरे मजनून[३] बच्चे, अपने बाप के सीने से चिमट जा। अगर ज़ालिम बाप से दुनिया में एक राहत[४] भी पहुँची है, तेरे सिर पर उसका एक एहसान भी बाकी है तो मेरे बच्चे, इस वक़्त मेरे सीने से चिमट जा।'*
>
> *'....मान जाओ शेखू! मान जाओ!!'*
>
> *'.... मुझे छू मत, एक दफ़ा बाप कह दे। सिर्फ़ अब्बा कह कर पुकार ले। (रुद्ध कण्ठ से) मैं तुझे खंजर तक ला दूँगा। मगर बेटा, यह बदनसीब बाप, जिसे सब शहंशाह कहते हैं, अपना सीना नंगा कर देगा। खंजर उसके सीने में भोंक देना। फिर तू देखेगा और दुनिया भी देखेगी, अकबर बाहर से क्या है और अन्दर से क्या है ? अकबर का क़हर[५], अकबर का सितम[६], और अकबर का ज़ुल्म क्यों है ? उसके खून में बादशाह का एक क़तरा नहीं। एक बूँद नहीं। वह सब-का-सब शेखू का बाप है। वह बादशाह है तो तेरे लिए, वह मज़दूर है तो तेरे लिए। वह क़ाहिर और जाबिर[७] भी है तो तेरे लिए। वह तेरा ग़ुलाम है और मेरे जिगरगोशे[८], ग़ुलामों से ग़लतियाँ भी हो जाती हैं।'*

चेतन की आँखें सजल हो गयीं। कितनी बड़ी ट्रैजेडी थी —कितनी महान ट्रैजेडी! वहीं खड़े-खड़े चेतन इस ट्रैजेडी के विभिन्न पहलुओं पर ग़ौर करने लगा और सहसा उसकी सजल आँखें और भी सजल हो गयीं। लेकिन उसकी यह नयी सम्वेदना अकबर या सलीम के प्रति न थी, बल्कि स्वयं अपने प्रति थी। उसे लगा जैसे यह ट्रैजिडी न अकबर की थी, न सलीम की, यह तो उसकी अपनी ट्रैजेडी थी। अपने आपको सलीम अथवा अकबर के स्तर पर ले जाते हुए, कल्पना ही में उनके पार्ट करते हुए उसे सहसा अपनी स्थिति का ध्यान हो आया और उसके अपने अभाव दुगने हो कर उसके सामने आ गये और आँसू अनायास उसके गालों पर ढुलक चले।

अकबर! उसे क्या हासिल न था! सलीम की उस दुर्बल उपेक्षा के बावजूद वह

---

१. खुदाविन्दा = ऐ भगवान!.
२. मज़लूम = जिस पर ज़ुल्म किया गया हो.
३. मजनून = पागल.
४. राहत = आराम, सुख.
५. क़हर = कोप.
६. सितम = अत्याचार.
७. क़ाहिर और जाबिर = ज़ुल्म और ज़बरदस्ती करने वाला।
८. जिगरगोशे = जिगर के टुकड़े.

महाबली था, भारत का सम्राट था और शायद उस समय भी, जब वह भग्न-हृदय सीढ़ियों पर चढ़ा चला जा रहा था, अर्द्ध-चेतन में उसे इस बात का विश्वास था कि सलीम की यह दुर्बलता दूर हो जायेगी। चेतन के सामने इतिहास के कई दृश्य घूम गये। इस काल्पनिक घटना पर उसने इतिहास का आवरण चढ़ा दिया और दोनों के समावेश में जब उसने अकबर की इस ट्रैजेडी को देखा तो वह अत्यन्त हल्की, अत्यन्त साधारण दिखायी दी।

और सलीम! उसका क्या गया! अनारकली के स्थान पर उसने नूरजहाँ पा ली। फिर उसके पास माँ थी, जो उसे दुखी देख कर गोद में ले सकती थी, उसके पास बाप था, जो कह सकता था —'और मेरे जिगरगोशे, ग़ुलामों से ग़लतियाँ भी हो जाती हैं।'

लेकिन चेतन के पास क्या था ? उसके माता-पिता कैसे थे ? और उसके आँसू उमड़ चले। उसके कन्धे, उसका सारा शरीर झनझना उठा। रेलिंग पर टप-टप आँसू गिरने लगे। कितनी देर तक वह उस हालत में खड़ा रहा। फिर जब भादों के बादलों-सा उसका हृदय बरस चुका तो अपने कुर्ते के छोर से आँसू पोंछ, नाक साफ़ कर वह धीरे-धीरे सीढ़ियाँ उतरा।

रुल्दू भट्टे के मकान, घाटी के पेड़, ईदगाह का अखाड़ा — सब खामोश ज्योत्सना की चादर ओढ़े सो रहे थे। ठण्डी हवा मौन बह रही थी, बादल बे-आवाज़ उड़े जा रहे थे! किसी झींगुर अथवा टिटिहरी का स्वर भी सुनायी न देता था। केवल चेतन के पैरों की चाप उस अपरम्पार निस्तब्धता को भंग कर रही थी।

आँसुओं से चेतन के दिल का बोझ हल्का हो गया था, पर उसके दिमाग़ की नसों का तनाव कम न हुआ था। रात की उस धवल-शीतल नीरवता में अपना दुख भूल कर उसका मन फिर मुग़ल रनवास में पहुँच गया। वह फिर कभी सलीम, कभी बखत्यार, कभी सुरैया, कभी अनारकली, कभी दिलाराम और कभी महाबली का अभिनय करने लगा। उसे लगा जैसे वह सब का अभिनय करना चाहता है। कर सकता है।

सड़सठ

लेकिन जब नारायण की सिफ़ारिश से (नारायण के अनुरोध पर उसके मित्र की सिफ़ारिश से) वह किसी प्रकार का शुल्क दिये बिना क्लब का मेम्बर बन गया तो उसे न सलीम का पार्ट मिला, न अकबर का, वह न अनारकली बना, न दिलाराम — वह महज़ ज़ा'फ़रान बना।

o

चेतन को अपने अभिनय-कौशल पर बड़ा गर्व था। जब वह थर्ड ईयर में पढ़ता था तो आर्य समाज के वार्षिकोत्सव पर 'श्रीमती मंजरी' खेला गया था। चेतन ने उसमें राय बहादुर जानकीनाथ का पार्ट किया था। उसमें उसे जो सफलता मिली थी, वह अभी तक उसके दिमाग़ में बनी हुई थी।

आर्य समाज के किसी कॉलेज और विशेषकर जालन्धर के उस कॉलेज में किसी नाटक और फिर ऐसे नाटक का अभिनय होना, जिसका आर्य-धर्म, अछूतोद्धार अथवा किसी ऐसे ही धार्मिक विषय से दूर का भी नाता न हो, उस समय लगभग असम्भव था। उस अवसर पर जो यह नाटक खेला जा सका तो उसके दो कारण थे।

पहला तो यह कि उस साल आर्य समाज (कॉलेज सेक्शन) के वार्षिकोत्सव पर डी०ए०वी० स्कूल तथा डी०ए०वी० कॉलेज के प्रिंसिपल की (जिनके नाम के साथ 'त्यागमूर्ति' की नयी-नयी उपाधि लगी थी) सिल्वर जुबली मनायी जा रही थी। ये त्यागमूर्ति पहले डी०ए०वी० स्कूल के हेड मास्टर बने, फिर अपनी दान लेने, स्कूल पर तानाशाही नियन्त्रण रखने और उसे राजनीतिक आन्दोलनों की सर्दी-गर्मी से बचाने और अवसर पड़ने पर राजनीति में भाग लेने वाले छात्रों को, उनकी योग्यता और उनके भविष्य का विचार किये बिना, स्कूल से निकाल देने की अपूर्व क्षमता के कारण न केवल स्कूल को इण्टरमीडिएट स्टैण्डर्ड तक ले गये थे, बल्कि उसके प्रिंसिपल भी बन गये थे। चेतन ने जिस वर्ष एफ़० ए० पास किया, उसी वर्ष कॉलेज में डिग्री कक्षाएँ खोली गयी थीं और चूँकि कॉलेज की यह अभिवृद्धि उन्हीं के त्याग, परिश्रम, संयम, निष्ठा, आत्म-विश्वास और दृढ़-प्रतिज्ञा के कारण हुई थी, इसलिए स्वयं बी०ए० होने पर भी वे उस डिग्री कॉलेज के (ऑनरेरी) प्रिंसिपल बने रहे। वे आर्य समाज के आजीवन सदस्य थे, इसलिए अपने रहने-खाने के अतिरिक्त उन्होंने अधिक की वांछा नहीं की। यह और बात है कि उनके साधारण बुद्धि के पुत्रों ने अपने इस त्यागमूर्ति पिता की बदौलत बड़ी-बड़ी कोठियाँ खड़ी कर लीं और स्वयं वे त्यागमूर्ति होने पर भी कॉलेज होस्टल के 'गवर्नर' कहलाना पसन्द करते रहे और अपनी कोठी पर 'गवर्नर्ज़-कॉटेज' का बोर्ड लगाये रहे।

सो उस वर्ष इन त्यागमूर्ति की सिल्वर जुबली मनायी जा रही थी, क्योंकि आर्य समाज की निष्काम, निस्वार्थ, निः स्वन सेवा करते-करते उन्हें पच्चीस वर्ष हो गये थे। दूसरे शब्दों में हर बरस बीसियों की संख्या में किताबों के कीड़े, रट्टू, स्वार्थी, बे-रीढ़ के, ढुलमुल, निर्जीव, सरकार के दफ़्तरों में क्लर्की की कुर्सियाँ तोड़ने वाले या अध्यापक बन कर ऐसे ही साम्प्रदायिक स्कूलों में शिक्षार्थियों पर अत्याचार करने वाले, अनुदार, शंकालु, संकुचित विचारों के अथवा जुनूनी छात्र पैदा करते-करते उन्हें पच्चीस वर्ष हो गये थे। उनके छात्रों में कुछ रट्टू स्वभाव अथवा अत्यधिक परिश्रमी होने की योग्यता के बल पर ऊँचे दर्जे के क्लर्क भी हो गये थे, अर्थात भिन्न-भिन्न प्रतियोगिताओं में सफल हो कर सरकार के दफ़्तरों में सुपरिण्टेण्डेण्ट, रजिस्ट्रार, हेड-क्लर्क, और जज तक बन गये थे। अपने इन छात्रों का (अथवा इने-गिने उन छात्रों का, जो अपने कलुषित वातावरण के बावजूद अपनी जन्मजात प्रतिभा के कारण महान हुए) नाम ले-ले कर ये त्यागमूर्ति चन्दा इकट्ठा करते थे। इन्हीं द्वितीय श्रेणी के छात्रों में से कुछ उनकी इस सिल्वर जुबली पर उन्हें एक थैली पेश कर रहे थे। इसलिए ये 'त्यागमूर्ति' बेहद खुश थे।

दूसरा कारण यह था कि यद्यपि डिग्री क्लासें खुलने पर अधिकांशतः वही पुराने अध्यापक बी०ए० की कक्षाओं को भी पढ़ाने लगे थे, जो किसी ज़माने में मैट्रिक और फिर एफ़०ए० को पढ़ाते थे, लेकिन युनिवर्सिटी के सामने सुर्खरू होने के लिए एक-दो नये प्राध्यापक भी रखे गये थे। इन्हीं में से एक गवर्नमेंट कॉलेज, लाहौर से नये-नये एम०ए०

पास करके आने वाले नौजवान लेक्चरर भी थे। इन प्राध्यापक महोदय के आने से कॉलेज में कुछ नयी ज़िन्दगी आ गयी थी। कॉलेज की एक यूनियन बन गयी थी, एक ड्रामेटिक क्लब और डिबेटिंग सोसायटी भी खुल गयी थी। और यद्यपि मन से प्रिंसिपल इस सबके विरुद्ध थे, लेकिन वे कुछ कह न पाते थे। ये प्राध्यापक बड़े चतुर थे और कॉलेज की व्यवस्था के विरुद्ध छात्रों के विरोध को इन नयी दिलचस्पियों से दबाये रखते थे। दूसरी ओर इन त्यागमूर्ति को समझाते रहते थे कि अब जब आपका कॉलेज डिग्री स्टैण्डर्ड तक उठ गया है तो आपको लाहौर के डिग्री कॉलेजों की कुछ परम्पराओं को ज़रूर ही अपनाना चाहिए।

इन्हीं लेक्चरर महोदय ने 'श्रीमती मंजरी' का खेल चुना था। प्रिंसिपल की सिल्वर जुबली के अवसर पर स्कूल के छात्र 'त्यागमूर्ति' के नाम से एक नाटक खेल रहे थे, इसलिए प्रिंसिपल महोदय ने कॉलेज के छात्रों को भी नाटक खेलने की आज्ञा दी थी। उनका यह अनुरोध था कि नाटक स्वामी दयानन्द या स्व० लेखराम की जीवनी या अछूतोद्धार अथवा विधवा विवाह के सम्बन्ध में खेला जाय। लेकिन एक तो उनके कॉलेज में कोई भी ऐसा न था, जो नाटक लिख सके और दूसरे स्वामी दयानन्द की जीवनी पर कोई नाटक तैयार न था, फिर उन प्राध्यापक महोदय ने बड़ी चतुराई और नीति से काम ले कर प्रिंसिपल को यह बात समझा दी कि अगर कोई धार्मिक नाटक खेला जायेगा तो वह आर्य समाज के सिद्धान्तों के विरुद्ध होगा, क्योंकि अधिकांश नाटक राम, कृष्ण, शिव, गौरी आदि को अवतार मान कर लिखे गये हैं। एक 'श्रीमती मंजरी' ही ऐसा नाटक है, जो सामाजिक है और जिसका स्कूल अथवा कॉलेज के छात्रों के चरित्र पर बुरा प्रभाव नहीं पड़ता। फिर उन्होंने प्रिंसिपल को यह भी समझाया था कि आपके कॉलेज में मुसलमान छात्र भी पढ़ते हैं और 'श्रीमती मंजरी' ही एक ऐसा खेल है, जिसमें हिन्दू-मुस्लिम मिलाप पर ज़ोर दिया गया है और वे मान गये थे।

चेतन ने नाटक में रायबहादुर जानकीनाथ का पार्ट किया था। वह तो उसमें नायक का पार्ट करना चाहता था, पर उस भूमिका के लिए प्राध्यापक महोदय ने हमीद को चुना था। हमीद गोरा, लम्बा, सुन्दर युवक था और जब शलवार-कमीज़ पर तुर्की टोपी पहनता तो नाटक का स्वाभाविक हीरो दिखायी देता। इसके अलावा प्राध्यापक महोदय का वह प्रिय छात्र था, डिबेटिंग सोसाइटी का मन्त्री था और नाटक-क्लब का भी संचालक था। इसलिए चेतन ने रायबहादुर जानकीनाथ का पार्ट लेने पर ही सन्तोष किया था। शराबियों की तरह डगमगाने और लड़खड़ाने की नकल वह अपने पिता को देख कर बड़ी अच्छी तरह कर लिया करता था और फिर उसका यह भी खयाल था कि वह 'आशिक़ाना पार्ट' करने ही के लिए उपयुक्त है और यही सोच कर उसने अपने मन को तसल्ली दे ली थी। अभी उसकी मसें भी न भीगी थीं। इसलिए जब पाउडर लगा कर उसने पिसे हुए कोयलों की कालिख से आधी-आधी मूँछें बनायीं, सिर पर लटकेदार पगड़ी और कमर में धरती को छूती हुई धोती बाँधी तो शीशे में अपना रूप देख कर स्वयं झूम गया था।

यद्यपि नाटक की पूरी रिहर्सल न हुई थी और पर्दे भी भंगियों की उस नाटक-समिति से माँगे गये थे, जिसका मन्त्री कॉलेज का जमादार था, तो भी नाटक बुरा न हुआ था। अथवा यों कहना चाहिए कि कम पसन्द न किया गया था। चेतन को अर्से तक उसके मित्र

‘जानकीनाथ’ के नाम से पुकारते रहे थे और उस सफलता से प्रोत्साहन पा कर उसने साल भर में कई स्थानीय नाटक-समितियों की नाट्य-प्रस्तुतियों में भाग लिया था। महावीर दल की तरफ़ से खेले जाने वाले नाटक ‘अभिमन्यु वध’ में वह जयद्रथ बना, सेवा समिति की ओर से अभिनीत होने वाले नाटक ‘बिल्व मंगल उर्फ़ सूरदास’ में वह ‘राम भरोसे’ बना। सिर घुटा कर, गेरुए वस्त्र धारण करके जब उसने साधुओं का कनटोप पहना तो उसके मित्र भी उसे न पहचान पाये।

लेकिन जब ‘अनारकली’ में अभिनय करने की इच्छा से नारायण को ले कर चेतन क्लब पहुँचा तो उसे मालूम हुआ था कि सब बड़ी-बड़ी भूमिकाएँ बँट चुकी हैं, और सिर्फ़ कनीज़ों के चन्द पार्ट शेष रह गये हैं। डायरेक्टर तो उसकी ग़रीब, मिसकीन, अनाथों की-सी सूरत देख कर उनमें से भी कोई पार्ट उसे देने को तैयार न थे, पर जब नारायण ने बताया कि वह बड़ा उदीयमान लेखक और कवि है और पहले कई नाटकों में पार्ट कर चुका है तो उन्होंने चेतन को ज़ा'फ़रान का पार्ट देना स्वीकार कर लिया। उनकी स्वीकृति का एक कारण यह भी था कि क्लब के पास लड़कियों का पार्ट करने वाले पात्रों का अभाव था।

चेतन पल भर के लिए असमंजस में पड़ गया था। क्या पुरुष हो कर उसे नारी का पार्ट करना चाहिए ? क्या उसे इतना साधारण-सा पार्ट करना चाहिए ? लेकिन उसके मन में नाटक को देखने की इच्छा इतनी प्रबल थी और प्रोफ़ेसर सिंह के कॉलेज को छोड़ देने के बाद एकाकी सन्ध्याओं के अवसाद का भय उसके मन में अज्ञात रूप से इतना समा गया था कि वह मान गया। अपने मन को उसने तसल्ली दे ली कि कलाकार को किसी तरह के पार्ट में भेद न करना चाहिए और दूसरी शाम पैरों में घुँघरू बाँध वह उस नृत्य का अभ्यास करने लगा था, जो उसे पहले सलीम और फिर ज़िल्लेइलाही[1] के सामने करना था।

०

महीना भर तक वह रोज़ शाम को क्लब जाता रहा। उसे अपना पार्ट न याद हुआ हो या उसके वहाँ उपस्थित होने की ज़रूरत हो, ऐसी कोई बात न थी। उसे रिहर्सलों में बड़ा आनन्द मिलता था।

उसका अपना पार्ट इतना बड़ा न था। उस चंचल दासी की भूमिका में उसे काम करना था, जो शायद दिल के किसी अज्ञात कोने में शहज़ादे का प्रेम छिपाये हुए है, लेकिन दिलाराम और फिर अनारकली के कारण उसका प्रेम वहीं-का-वहीं दबा रहता है और जो अपनी उस दबी हुई आकांक्षा को अपनी चपलता के आवरण में छिपाये रखती है।

जाने ज़ा'फ़रान के सृजन में लेखक का कहीं यह उद्देश्य था भी या नहीं। क्योंकि प्रकट तो वह शहज़ादे की उदास घड़ियों को घुँघरुओं की मादक स्वर लहरी से बहलाने वाली एक चंचल चपल दासी भर थी। वह भी ऐसी नहीं, जैसी अनारकली। पर शायद अपनी भूमिका के महत्व को बढ़ाने के लिए चेतन ने ज़ा'फ़रान को भी सलीम की प्रेमिका के रूप में देखा था और उसे विश्वास था कि लेखक ने कहीं इस बात का आभास भले ही न दिया हो, पर ज़ा'फ़रान को सलीम से दबी-छिपी मुहब्बत थी ज़रूर! शायद चेतन के

१. अकबर.

ऐसा सोचने का यह कारण भी था कि यदि कहीं सचमुच वह ज़ा'फ़रान होता तो वह ज़रूर सलीम से प्यार करता। इसके अतिरिक्त सलीम की भूमिका में डायरेक्टर स्वयं कार्य करता था और वह इतना अच्छा पार्ट करता था कि सलीम के प्रति चेतन की दया कई गुना बढ़ जाती और वह ज़ा'फ़रान बना उससे प्यार करता।

चेतन की स्मरण-शक्ति बहुत अच्छी थी। अपना तो क्या, उसे दूसरों के पार्ट भी कण्ठस्थ हो गये थे। उसकी बहुत इच्छा थी कि वह कुछ गाये भी। डायरेक्टर भी चाहते थे कि यदि वह कुछ गा सके तो बुरा नहीं, पर जब उन्होंने चेतन से गाने के लिए कहा तो स्वर उसके कण्ठ से न निकला और जब निकला भी तो न जाने वह कैसा था कि उसे सुन कर सब-के-सब हँस दिये। इसलिए चेतन ने गाने का खयाल छोड़, नृत्य की वह गत सीखने पर ही सन्तोष किया, जो उसे 'सितारा' के साथ मिल कर पहले अंक के दूसरे दृश्य में सलीम के सम्मुख पेश करना था। लेकिन एक तो उस दृश्य में सलीम अनारकली के खयाल में मग्न है और उसके नाच की ओर उसका ध्यान नहीं, इसलिए उस नाच में जान डालना लेखक का उद्देश्य भी नहीं, दूसरे ज़ा'फ़रान और सितारा से भी इस बात की आशा रखी जाती है कि वे उकताहट प्रकट करें और नाचती-नाचती थक जायँ या केवल धीमे स्वरों में बातें करती-करती महज़ पाँव हिलाती जायँ ताकि घुँघरू बजते रहें और नदी की लहरों के पट पर तस्वीरें बनाता-मिटाता शहज़ादा जान ले कि नृत्य हो रहा है। लेकिन चेतन की इच्छा कुछ महत्व का अभिनय करने की थी और वह चाहता था कि वह और सितारा (सितारा का पार्ट करने वाला युवक) मिल कर 'रक़्से माकियान' तैयार कर लें।

'रक़्से माकियान' (अथवा मुर्ग़ियों का नृत्य) वह नाच है, जो नाटक में नौरोज़ के समारोह पर अनारकली के नृत्य से पहले ज़ा'फ़रान और सितारा महाबली के सामने पेश करती हैं। इस नृत्य में लड़ाकी बहनों का चरित्र दिखाना अभीष्ट है, जिनकी कभी बनती है, कभी बिगड़ती है; बनती कम है, बिगड़ती ज़्यादा है। ज़रा कमर में हाथ डाला, गले मिलीं, गाल से गाल मिलाया और बिगाड़ का कारण उत्पन्न हो गया। एक ने दूसरी का ज़ेवर देख कर होंट बिदोरे। दूसरी ने उत्तर में मुँह चिढ़ा दिया। बस मुर्ग़ियों की तरह एक-दूसरे से गुँथ गयीं। इसने उसके चुटकी भरी, उसने इसकी चुटिया खींची। खूब द्वन्द्व हुआ। एक हार कर उन्मन उदास बैठ गयी, दूसरी विजय के उल्लास में थिरकने लगी। क्षण भर बाद जीतने वाली को हारने वाली पर दया आयी। रोती बहन को जा मनाया। आँसू पोंछे, गले लगाया। सन्धि हो गयी। अब रोने वाली ने आरसी देखी। भवें चढ़ायी और फिर उसे बहन के आगे कर दिया कि लो, अपनी सूरत तो देखो। इस पर दूसरी जल गयी। फिर द्वन्द्व होने लगा। इसने उसके चपत जड़ी, उसने इसे काट खाया और दोनों इतना लड़ीं कि बेदम हो कर गिर पड़ीं।

चेतन को ज़ा'फ़रान के पार्ट में यह नृत्य सब से ज़्यादा पसन्द था। जबसे उसे पता चला था कि वह ज़ा'फ़रान बनेगा, कई बार कल्पना में वह अपने आपको यह नृत्य करते देख चुका था। चेतन का बाह्य जितना निष्क्रिय दिखायी देता था, अन्तर में वह उतना ही सक्रिय था। इसलिए वह अपने अन्तर में इस नृत्य को इसकी समस्त गति, स्फूर्ति, चांचल्य के साथ कई बार महाबली के समक्ष दिखा चुका था और उसकी बहुत आकांक्षा थी कि वह इसे सचमुच स्टेज पर करके दिखाये। लेकिन एक तो क्लब में ऐसा सुन्दर और कलापूर्ण

नाच सिखाने वाला कोई उस्ताद न था और दूसरे निर्देशक महोदय को चेतन की नृत्य-सम्बन्धी प्रतिभा पर कुछ सन्देह था, इसलिए 'रक़्से माकियान' काट दिया गया और चेतन को पहले अंक के दूसरे दृश्य में केवल घुँघरू बजाते रहने का आदेश मिला।

पार्ट उसका कुछ ज़्यादा रह न गया था, इसलिए अपनी भूमिका के पूर्वाभ्यास के बाद चेतन दूसरों के पार्ट देखता और बैठा-बैठा मन-ही-मन में वे पार्ट किया करता था। फिर इस नाटक की तुलना उन नाटकों से किया करता जो उसने पहले पढ़े या देखे थे।

अनारकली भले ही एक काल्पनिक नाटक हो, ज़िन्दगी की हक़ीक़त से भले ही उसका बहुत नाता न हो तो भी वह अपने पहले के नाटकों से नितान्त भिन्न था। काल्पनिक होने पर भी वह वास्तविक लगता था। पुराने नाटकों की तरह न उसमें बात-बात पर शे'र और गाने थे, न अनुप्रासमय-सम्वाद! चेतन को हश्र के नाटक 'तस्वीरे-वफ़ा'[१] (यहूदी की लड़की उर्फ रोमन दिलरुबा) का एक दृश्य याद था। उसने और हमीद ने एक बार मिल कर उसे खेलने की बात सोची थी, पर भूमिकाओं के वितरण पर झगड़ा होने के कारण सब स्कीम चौपट हो गयी थी। अनारकली के सम्वादों को सुनते समय 'तस्वीरे-वफ़ा' का एक दृश्य कई बार उसके दिमाग़ में घूम गया था :

(शहज़ादा मार्कस यहूदी के भेस में उज़रा के कारखाने में काम करता है और एक दिन उज़रा की लड़की राहील को अपना भेद बता देता है और उसे साथ भाग चलने को कहता है। जब वह नहीं भागती तो सीने में खंजर भोंक लेना चाहता है। राहील मान जाती है। लेकिन जिस समय वे भागना चाहते हैं, उसी समय उज़रा आ जाता है।)

उज़रा — खबरदार! ठहरो, कहाँ जाते हो ? कहाँ भाग कर छुपना चाहते हो ?

निकल चलने की यह हसरत बड़ी मुश्किल से निकलेगी।
कलेजा तोड़ देगी बद-दुआ जो दिल से निकलेगी।।
तुम्हारी आरज़ू दुनिया से खाली हाथ जायेगी।
जहाँ जाओगी मेरी बद-दुआ भी साथ जायेगी।।

राहील — रहम, रहम, अच्छे अब्बा, हम गुनहगारों पर रहम।

उज़रा — रहम, तुझ जैसी नाफ़रमान [२] नहंजार [३] पर! रहम, इस जैसे बदमाश, बदकिरदार पर — क्यों ? इसी दिन के लिए मैंने तुझे आँखों में रख कर पाला था। इसी बुरे नतीजे के लिए अपनी जान की तरह सम्हाला था। (मार्कस से) क्यों ओ रोमन क़ौम के ज़लील [४] कुत्ते! जिसने मुहब्बत से तेरी पीठ को थपथपाया, जिसने तुझे शरीफ़ और वफ़ादार समझ कर अपनी गोद में बैठाया उसी मुहसिन [५] पर हमला करने को आमादा हुआ, जिससे राहत और

---

१. तस्वीरे वफ़ा = विश्वास (मुहब्बत) की तस्वीर।
२. नाफ़रमान — पिता का आदेश न मानने वाली.
३. नाहंजार — नीच कमीनी, बदचलन.
४. ज़लील — निकृष्ट.
५. मुहसिन — एहसान करने वाला.

इज़्ज़त हासिल की, उसी के आरामो-राहत [१] मिटाने का इरादा हुआ।

मार्कस — बुज़ुर्ग उज़रा! बेशक मैंने क़ुसूर किया। और ज़रूर किया। मगर यह मेरी दानिस्ता [२] खता न थी, बल्कि इस सूरत और इस दिल ने मुझे मजबूर किया।

बढ़ो आगे, छुरी लो और सीना चाक कर डालो।
खता इस दिल की है, इसको जला दो, खाक कर डालो।

राहील — नहीं, प्यारे अब्बा, नहीं!

इस सुबहे-ज़िन्दगी की किसी तरह शाम हो।
फेरो छुरी गले पे कि क़िस्सा तमाम हो।
इसकी न कुछ खता है न दिल का क़ुसूर है,
मैं इसको चाहती हूँ यह मेरा क़ुसूर है।।

उज़रा — बदबख्त लड़की, ग़ैर क़ौम और ग़ैर मज़हब की चाह बुरी होती है।

राहील — सच है, लेकिन दिल की लगी बुरी होती है।

वो जो शेरों को भी ठोकर से गिरा देते हैं,
वो भी बेदर्द मुहब्बत को दुआ देते हैं।
ज़ोर चलता ही नहीं इश्क़ के दरबार में कुछ
ये वो चौखट है कि सब सिर को झुका देते हैं।।

लेकिन अनारकली में न ये शे'र थे, न ऐसी मुक़फ़्फ़ा [३] इबारत, न वह 'स्वगत' जो पुराने ड्रामों में कई-कई मिनट तक चलता था और जिसे थियेटर हॉल के अन्त में बैठे हुए चवन्नी वालों को सुनाने के लिए, अभिनेता गला फाड़-फाड़ कर (अपने आप से) कहते थे। हास्य के स्थल भी उसमें बड़े सुरुचिपूर्ण थे जो ठहाके के बदले होंटों पर मुस्कान लाते थे। वास्तव में 'अनारकली' वह सीमा थी, जहाँ उर्दू का पुराना नाटक आँखें बन्द करता था और नया आँखें खोलता था। उसमें पुराने नाटकों का प्रभाव भी था और नये नाटकों के लिए निर्देश भी।

पुराने नाटकों का प्रभाव अनारकली में इसकी लम्बाई, इसके सम्वादों की अस्वाभाविकता और इसके कुछ दृश्यों की बनावट में था। पर चेतन ने तब कोई नया नाटक न पढ़ा था, न देखा था। उसके लिए अनारकली एकदम आधुनिक रचना थी। पुराने नाटकों के शे'रों और सम्वादों से जो प्रभाव जनता पर पड़ता था, उसका स्थान अनारकली में संकेतों और अलंकारों से भरे अस्वाभाविक सम्वादों से निकाला गया था। पर चेतन में तब इस छानबीन और आलोचना की क्षमता न थी। वास्तविक को अवास्तविक से अथवा यथार्थ को काल्पनिक से अलग करना उसने तब तक नहीं सीखा था। उसका भावुक हृदय तो उन सम्वादों को सुन कर झूमने लगता। चौथे दृश्य में जब अनारकली और सलीम चोरी से

१. आरामो-राहत — आराम और सुख.
२. दानिस्ता — जो जान-बूझ कर किया जाय.
३. अनुप्रासमयी.

मिलते तो चेतन का हृदय धक-धक करने लगता....

(अनारकली हौज़ की सीढ़ियों पर बैठी शहज़ादे के ध्यान में मग्न अपने आप से बातें कर रही होती है। सलीम आ जाता है। वह उसे बुलाता है, पर जब वह उत्तर नहीं देती तो वह उसके क़दमों पर झुक जाता है। अनारकली सहसा घबरा कर उठ खड़ी होती है। सलीम उसके हाथ को थाम कर उसे सीढ़ियों से उतार लेता है और आलिंगन-बद्ध कर लेता है। अनारकली चिल्ला उठती है।)

अनारकली — साहिबे आलम, साहिबे आलम!

(भावों के आवेश में वह हाँफने लगती है। अपने आपको सलीम के आलिंगन में छोड़ देती है। सलीम उसे चूम लेता है। अनारकली आलिंगन से मुक्त हो कर अलग हट जाती है।)

अनारकली — यह नहीं हो सकता। यह कभी नहीं हो सकता। यह हो भी गया तो ज़मीन अपना मुँह फाड़ देगी, आसमान अपने चंगुल बढ़ा देगा। यह खुशी दुनिया की बर्दाश्त से बाहर है। इसका अंजाम तबाही है। शहज़ादे भूल जाओ, शहज़ादे भूल जाओ।

सलीम — (उसके समीप जा कर प्यार से उसकी कमर में हाथ डाल देता है) हम दोनों एक-दूसरे के सीने से चिमटे हुए हों तो फिर खौफ़ नहीं। आसमाँ हमें खींच ले और हम नयी रोशनियों में उठते चले जायँ। ज़मीन हमारे पैरों के नीचे से सरक जाय और हम नामालूम अँधेरों में गिरते चले जायँ, तुम्हारे बाज़ू ढीले न पड़ें तो यह सब कुछ शीरीं होगा अनारकली, बेइन्तिहा शीरीं!

o

पूर्वाभ्यास जब इस स्थल पर पहुँचता तो चेतन सदैव सलीम बन जाता, नयी रोशनियों में उठता चला जाता, नामालूम अँधेरों में गिरता चला जाता। यह सब अयथार्थ उसे अक्षरशः यथार्थ लगता।

इसी दृश्य में नाटककार ने नाटक की ट्रैजेडी का पता दे दिया है। जो होने जा रहा है, उसका आभास सलीम के आलिंगन में बद्ध अनारकली की इस शंका से हो जाता है : 'अल्लाह, क्या यह मुमकिन है ? फिर इसका अंजाम क्या होगा ? अल्लाह, इसका अंजाम क्या होगा ?'

और अंजाम था नौरोज़ के समारोह पर नृत्य के मध्य (दिलाराम के षड्यन्त्र द्वारा) शराब को शरबत समझ कर अनारकली का पीना, नशे की अवस्था में सलीम को सम्बोधित करके अपनी सच्ची भावनाओं को गाने में प्रकट करना और यह बेबाकी देख, अकबर का क्रोध से पागल हो कर सिंहासन पर उठ खड़े होना और हाथ बढ़ा कर चिल्लाना : 'हो!'

(महाबली के खड़े होते ही सारी महफ़िल खड़ी हो जाती है।)

अकबर — काफ़ूर!

काफ़ूर — ज़िल्लेइलाही!

अकबर — इस बेबाक औरत को ले जाओ और ज़िन्दाँ [१] में डाल दो!

अनारकली — महाबली! महाबली!

(तख्त की सीढ़ियों की ओर दौड़ती है, पर बेहोश जाती है।)

अनारकली की माँ — (सीना थामे हुए आगे आती है) — ज़िल्लेइलाही! खुदा का वास्ता!

अकबर — खामोश बुढ़िया!

सलीम — (उठ कर बेताबाना [२] अकबर की ओर जाता है) ज़िल्लेइलाही, अब्बा जान!

अकबर — (सलीम को हाथ से धकेल देता है) नंगे खानदान! [३]

रानी — (सलीम की ओर बढ़ना चाहती है) महाराज!

अक़बर — (हाथ उठा कर) खबरदार!

(और यहाँ पर्दा गिर जाता है!)

यही दृश्य था, जो चेतन को पुराने नाटकों की याद दिला देता। उसके सामने एक थियेटर-हॉल घूम जाता, जहाँ वह दर्शकों में बैठा है। सामने लाहौर दुर्ग के शीश महल का ऐवाने-खास [४], अपनी समस्त शान-शौकत और सज-धज के साथ खुला है। नौरोज़ के जश्न ने इसकी भव्यता को और भी बढ़ा दिया है और इसमें यह दृश्य खेला जा रहा है सीन पर पर्दा गिरते ही लोग तालियाँ बजाते हैं। पर्दा धीरे-धीरे फिर उठता है। अकबर हाथ उठाये, रानी सहमी, सलीम निराश, अनारकली बेहोश, उसकी माँ बेचैन, महफ़िल निस्तब्ध और दिलाराम जैसे क्षितिज को देखती-सी खड़ी है। पर्दा गिर जाता है।

नाटक का यह दृश्य चेतन को उन्हीं पुराने नाटकों के वातावरण में ले जाता जहाँ टैबलों [५] की व्यवस्था होती थी और टैबलो पर पर्दा गिरता था। लेकिन फिर भी 'अनारकली' में बहुत कुछ ऐसा था जो नवीन था, आधुनिक था। गत और आगत के मध्य यह नाटक जैसे एक पुल था, जिस पर दोनों युगों के पदचिन्ह दिखायी देते थे और चेतन उस दिन की बाट देख रहा था जब पूर्वाभ्यास खत्म हो और वह इस नाटक को न केवल रंगमंच पर देखे, बल्कि उसमें अभिनय भी करे।

०

लेकिन अनारकली से पहले शिमले ही में चेतन को एक और नाटक देखने का अवसर मिला।

---

१. ज़िन्दाँ — बन्दीघर.
२. बेताबाना — आतुर हो कर.
३. नंगे खानदान — वंश के नाम पर कलंक.
४. ऐवाने खास — विशेष सभागार.
५. टैबलो — tableau — झाँकी.

अड़सठ

अनारकली के स्टेज होने में अभी दस-बारह दिन शेष थे कि लाहौर का एक क्लब बड़े तमतराक़ से शिमले में नाटक खेलने आया। कुछ तो लाहौर से किसी क्लब का शिमले की ऊँचाइयों तक अपने सारे अमले को ले कर आना, फिर इस शान से कि उसके पात्रों में सभी सम्भ्रान्त घरानों से सम्बन्धित थे और फिर विशेषता यह कि स्त्रियों का पार्ट स्त्रियाँ ही करने वाली थीं। शिमले की छोटी-सी दुनिया में इस क्लब के आगमन से अच्छा-खासा शोर मच गया। 'पारसी विक्टोरिया थियेट्रिकल कम्पनी' से 'जुबली कम्पनी' तक — सभी व्यावसायिक कम्पनियों में लड़कियों की भूमिकाएँ प्रायः लड़कों द्वारा निभायी जाती थीं, ऐमेचर कम्पनियों की तो बात ही दूसरी थी। फिर व्यावसायिक कम्पनियाँ तो बाज़ारे-हुस्न से अपने मुख्य स्त्री-पात्र चुन भी लेती थीं। (कम-से-कम नाच-गाने का मुख्य काम उनके द्वारा सम्पन्न हो जाता था) लेकिन ऐमेचर संस्थाओं के लिए स्त्री-पात्र जुटाना उतना आसान न था। उनके सदस्य चाहे रात के अँधेरे में छिप कर रूप की हाट का चक्कर लगा आयें, पर दिन के उजाले में रूप की पूजा उनके बस की बात न थी। इसके अलावा जब नाचने-गाने और अभिनय को भाँड़ों और मीरासियों की चीज़ समझा जाता था, किसी मध्यवर्गीय के लिए अपनी लड़की, बहन अथवा पत्नी को रंगमंच पर लाना तब कठिन था। रहे दर्शक, सो वे लड़कों को लड़कियों की भूमिकाओं में देख कर प्रसन्न थे और कई तो अपनी रुचि के नवयुवकों को ही स्त्रियों की भूमिकाओं में देखने के इच्छुक थे। उनके स्थान पर यदि लड़कियाँ आ जातीं तो उन्हें बुरा ही लगता।

लेकिन यह तो आम दर्शकों की बात है। शिमले में निम्न-मध्यवर्गियों के साथ उच्च-मध्यवर्गीय तथा उच्चवर्गीय दर्शक भी थे, बल्कि थियेटर देखने वालों में अन्तिम दोनों वर्गों ही का बाहुल्य था। इसलिए इस मिश्रित पात्रों वाले क्लब की काफ़ी चर्चा थी और लोग नाटक के खेले जाने की प्रतीक्षा कर रहे थे।

क्लब वाले पात्र-पात्रियों और प्रबन्धकों समेत तो आये थे, मगर पर्दे तथा दूसरा साज़-सामान नहीं लाये थे। वह सब उन्होंने 'यंगमेन्स ऐमेचर ड्रामेटिक क्लब' से उधार ले लिया था। इसी कारण चेतन को उस क्लब के नाटक की रिहर्सलें देखने और उस नाटक के सम्बन्ध में बहुत कुछ जानने और अन्त में उनका नाटक 'भीष्म-प्रतिज्ञा' देखने का अवसर मिला।

o

शिमले में अपनी मिश्रित मण्डली ले कर आने वाला यह क्लब शायद उच्च-मध्यवर्ग के लोगों द्वारा स्थापित किया गया था। जात-पाँत का उन्हें उतना विचार न था और न नाचने-गाने और अभिनय को ही वे इतना हेय समझते थे। कुछ पढ़ी-लिखी युवतियाँ (जिनमें से अधिकांश क्लब के सदस्यों की पत्नियाँ थीं) लाहौर के गर्ल्स कॉलेजों की दो-एक अध्यापिकाओं और कुछ ऊँचे पदाधिकारियों की पत्नियों के साथ क्लब की सदस्याएँ बन गयी थीं और क्लब के खर्च पर शिमला चली आयी थीं। रुपया क्लब के पास काफ़ी था और शायद उन लोगों की जेबों से आया था, जो नहीं जानते कि अपने धन

अथवा समय का क्या किया जाय या जिन्हें अपने जीवन में कुछ चटपटापन, कुछ सनसनी, कुछ ख्याति चाहिए।

यह क्लब इसलिए ही मिश्रित न था कि इसके अभिनेताओं में पुरुषों के साथ स्त्रियाँ भी शामिल थीं, बल्कि इसलिए भी कि इसके संयोजकों में मुस्लिम और हिन्दू, दोनों धर्मों के लोग शामिल थे। 'भीष्म-प्रतिज्ञा' नाम से जिस नाटक को कम्पनी खेलने जा रही थी, वह एक मुसलमान का लिखा हुआ था, जो उर्दू के बड़े भारी नाटककार तथा कहानीकार समझे जाते थे। हिन्दुओं का धार्मिक नाटक, एक मुस्लिम द्वारा लिखा जाय, जिसमें प्रतिज्ञा, 'परतिज्ञा' और 'भीष्म' 'भीषम' बन जाय, क्लब के मिश्रित होने का इससे बेहतर प्रमाण और क्या हो सकता है ? इस मिलाप में केवल एक बात खटकती थी और वह यह कि क्लब के सदस्यों में चाहे मुसलमान पुरुष यथेष्ट संख्या में थे, पर मुसलमान महिला एक भी न थी। क्लब के मुसलमान सदस्य दूसरों की औरतों से मिलना-जुलना, हँसना-खेलना ही शायद काफ़ी क़ुर्बानी खयाल करते थे और अपनी औरतों के प्रति दूसरों को ऐसी स्वतन्त्रता देने का त्याग अपनी बिसात से बाहर समझते थे। इस मामले में वे अपने तमाम उदार विचारों के बावजूद कट्टर बने हुए थे। रहे हिन्दू सदस्य तो वे मुसलमानों को सभ्यता में पिछड़ा हुआ समझ कर मन-ही-मन उन पर दया करके सन्तोष कर लेते थे।

खेल देख कर चेतन को घोर निराशा हुई। उन नाटककार महोदय ने, जो स्वयं एक सरकारी पद पर आसीन थे, नाटक के दो-एक दृश्य अपने दस-पाँच मुसाहिबों और मातहतों की उपस्थिति में क्लब के मेम्बरों को सुनाये थे और बड़े ज़ोरों से इस बात का दावा किया था कि यदि क्लब उनका लिखा हुआ वह नाटक खेलेगा तो दर्शकों का इतना जमघट होगा कि क्लब को यकीनन नाटक की सिल्वर जुबली मनानी पड़ेगी।

नाटक सुनाने के बाद उन्होंने अपने एक पूर्वलिखित नाटक 'क्रिशन सुधामा' (कृष्ण-सुदामा) का उल्लेख किया था, जिसे उन्होंने जुबली कम्पनी के भारी अनुरोध और पंजाब असेम्बली के स्पीकर की सिफ़ारिश पर पाँच हज़ार रुपये में खेलने को दिया था। इस पर उनके मुसाहिबों ने इस प्रकार सिर हिलाया था, जैसे स्पीकर महोदय ने उन्हीं के सामने उस कम्पनी की सिफ़ारिश की हो और उन्होंने स्वयं अपनी आँखों से कम्पनी के स्वामी को उन्हें पाँच हज़ार का चेक लिख कर देते हुए देखा हो। इतने बड़े आदमी के मुँह से इतनी बड़ी गप सुनने पर और इतने लोगों द्वारा उसका समर्थन होने पर, उनकी ओर से क्लब की सहायता हेतु वह नाटक मुफ़्त ही पा कर क्लब के सदस्यों ने अपने आपको धन्य माना था। इतने बड़े नाटककार का नाटक और मिश्रित पात्र! क्लब के सदस्य बड़े प्रसन्न थे और शिमले पर उनकी चढ़ाई सिकन्दर महान की चढ़ाई से कम न थी। लेकिन इन तमाम तैयारियों और 'मिक्स्ड-कास्ट' के समस्त विज्ञापन के बावजूद उनका वह नाटक तीन दिन तक न चल सका था। चेतन को वह नाटक देखने का सौभाग्य तीसरे दिन प्राप्त हुआ था। दर्शक थोड़े थे और जो थे, वे भी उकताये हुए दिखायी देते थे।

वास्तव में उस समय पंजाब में लेखकों के जिस गुट का बोल-बाला था, उसके अधिकांश सदस्य उच्च-मध्यवर्ग से सम्बन्ध रखते थे। उनमें से कोई किसी गवर्नमेण्ट कॉलेज में प्रोफ़ेसर था, कोई सरकार से आर्थिक सहायता पाने वाले पत्र का सम्पादक, कोई नवाबों और रईसों के मन-बहलाव का सामान जुटा कर ऊँचा उठने वाला शायर और कोई

दफ़्तरों की विभिन्न मंज़िलें पार करने वाला लेखक। 'भीषम-परतिज्ञा' का लेखक भी उन्हीं में से एक था। 'भीषम-परतिज्ञा' में हिन्दी शब्दों के साथ बंगला के अमर नाटककार द्विजेन्द्र लाल राय के नाटक की जो रेंड़ उसने मारी थी, उसे देख कर चेतन को बड़ा दुख हुआ था। चेतन ने द्विजेन्द्र लाल राय के नाटकों का अनुवाद हिन्दी में पढ़ा था। उनके सामने यह नाटक उसे निहायत बोरिंग लगा। सम्वादों में बड़े-बड़े शब्दों, अलंकारों, उपमाओं की भरमार थी, लेकिन भावना और अनुभूति के अभाव में वह सब कोरा शब्दाडम्बर निहायत तकलीफ़देह लगता था और अभिनेता उन्हें बोलते समय नक़ल करते हुए दिखायी देते थे। महाराज शान्तनु की भूमिका में क्लब का निर्देशक स्वयं काम कर रहा था। चेतन को उसके अभिनय में किसी तरह की विशेषता न दिखायी दी थी। फिर उसके मुख की आकृति बन्दर की-सी थी और महाराज शान्तनु का मुँह निश्चय ही बन्दर का-सा न रहा होगा (कम-से-कम चेतन ने जिन महाराज शान्तनु की कल्पना कर रखी थी, उनका मुख वैसा न था)। नृत्य, सम्वाद, अभिनय, सीन-सीनरी — चेतन को सब कुछ स्वाँग का-सा लगा। रही अभिनेत्रियाँ तो वही वास्तव में दर्शकों में से लगभग सभी के आकर्षण का केन्द्र थीं। अभिनय करना तो भला वे क्या जानतीं, प्रायः सभी स्टेज पर पहली बार आने के कारण घबरा रही थीं। पुरानी, मँजी हुई अभिनेत्रियों की वह अनायासता उनमें नहीं थी और यद्यपि चेतन के साथ बैठे दो-एक दर्शकों ने उनमें से दो-एक को देख कर दिल पर हाथ रख कर दीर्घ-निः श्वास भी छोड़े थे, पर चेतन को उनमें से एक भी पसन्द न आयी थी।

जब वह थियेटर हॉल से (जो कि वास्तव में नेशनल ए०डी०सी० का शामियाना था) निकला तो उसकी दृष्टि नोटिस बोर्ड पर लगे हुए मिश्रित पात्रों के विज्ञापन पर गयी। पढ़ते ही उसे हँसी आ गयी। कितनी आशाएँ ले कर वह गया था और कितना निराश हो कर लौटा! जब वह स्टेज पर से हो कर घर को चलने लगा तो उसके सामने 'अनारकली' के दृश्य घूमने लगे। अच्छा हुआ — चेतन ने मन-ही-मन सोचा — जो यह नाटक 'अनारकली' से पहले खेला गया। इस नाटक की असफलता 'अनारकली' की सफलता को और भी बढ़ा देगी। फीके फल को चखने के बाद ही मीठे के स्वाद का पता चलता है। और चेतन का मन चाहने लगा कि दिन हवा हो जायँ और 'अनारकली' के खेलने की तारीख नज़दीक आ जाय।

उनहत्तर

रात को गेटी थियेटर में 'अनारकली' खेला जाने वाला था।

चेतन प्रसन्न था और नौ बजे ही माल पर घूमने को निकल आया था। उसने कविराज जी की पुस्तक भी खत्म कर दी थी और आज सबेरे उसका अन्तिम परिच्छेद भी उन्हें सौंप दिया था। जब से उसने क्लब में जाना शुरू किया था, उसका शैथिल्य, थकान, उकताहट, उदासी, एकाकीपन — सब-के-सब जैसे पंख लगा कर उड़ गये थे। क्लब में जाने पर कविराज जी को कोई आपत्ति न हो, इस खयाल से वह सारा-सारा दिन काम में जुटा रहता

था। महीना भर से वह मशीन की तरह काम करता आ रहा था। शाम को जब सारे काग़ज़-पत्र सँभाल कर वह माल की ओर जाता तो उसके पाँवों को जैसे पंख लग जाते। नाटक के दृश्यों में घूमते, पात्रों की भाव-भंगिमाओं को निरखते और कल्पना-ही-कल्पना में स्वयं उनकी भूमिकाओं में अभिनय करते हुए वह अपनी तमाम मानसिक और शारीरिक थकान भूल जाता। आज सुबह कविराज जी को उनकी पुस्तक का अन्तिम परिच्छेद सौंप देने के बाद उसे लग रहा था, जैसे उसके कन्धों से कोई बहुत भारी बोझ उतर गया हो, जैसे उसके पाँवों में पड़ी हुई लोहे की बेड़ी कट गयी हो, जैसे अब वह निश्चिन्त हो कर नाटक में पार्ट कर सकेगा।

दोपहर को थियेटर के हॉल में नाटक की 'फ़ुल-ड्रेस-रिहर्सल' होने वाली थी, पर चेतन में उस समय तक रुकने की ताब कहाँ ?

'गेटी थियेटर' माल के सब से भरे-पूरे भाग में बना हुआ है। हर वर्ष वहाँ शिमले की (अपेक्षाकृत सम्पन्न) नाट्य-संस्थाएँ, विशेषकर अंग्रेज़ी नाट्य क्लब, अपने नाटक खेला करते थे। 'अनारकली' से पहले भी हर सप्ताह उसमें कोई-न-कोई नाटक होता ही रहता था, पर सितार और दिलरुबा खरीद लेने की अपनी मूर्खता के कारण, इच्छा रहने पर भी, चेतन उनमें से कोई भी न देख पाया था। जब भी कभी कोई नाटक होता, वह थियेटर के बाहर लगे हुए नाटक के 'स्टिल' या 'ऐक्शन' चित्रों को ही देख कर सन्तोष कर लेता। 'भीष्म-प्रतिज्ञा' नेशनल ए०डी०सी० के शामियाने में हुआ था, पर उस शामियाने का 'गेटी थियेटर' से क्या मुक़ाबिला! आज सारे-का-सारा थियेटर उनके पास था। आज न केवल वह उसे जी भर कर देख सकेगा, बल्कि उसके रंगमंच पर पार्ट भी करेगा। यह सब सोच कर वह सुबह ही थियेटर का एक चक्कर लगाने के लिए निकल पड़ा था।

माल पर न शाम जैसी भीड़ थी, न रौनक़। एक तरह की बेरौनक़ी ही वहाँ छायी थी। दफ़्तरों को जाने वाले बाबू हाथ के छातों से छड़ियों का काम लेते हुए कभी अकेले, कभी दुकेले और कभी टोलियों में इधर-उधर चले जा रहे थे। इधर-से-उधर या उधर-से-इधर, इसलिए कि शिमला की माल के दोनों ओर सरकारी दफ़्तर हैं। एक ओर छोटे शिमले में पंजाब सरकार के और दूसरी ओर राम बाज़ार के आगे, मिलिट्री के। वे क्लर्क, जो सरकारी क्वार्टरों में स्थान नहीं ले पाते या जिनमें अपने-अपने दफ़्तरों के पास बनी हुई कोठियों या दूसरी इमारतों में रहने की हिम्मत नहीं होती, शिमले के अंचल में सितारों-सी टँकी, अगनित बस्तियों में जहाँ-तहाँ दो-तीन कमरे लेते हैं। कई बार ऐसा होता है कि छोटे शिमले में काम करने वाले बाबुओं को नाभा स्टेट या बालूगंज, और कैनेडी कॉटेज या आर्मी-हेडक्वार्टर्ज़ में काम करने वालों को छोटा शिमला, संजोली या भराड़ी में मकान मिल पाता है और सुबह-शाम ये बाबू थके-हारे शिमले की सड़कों पर इधर-से-उधर या उधर-से-इधर जाते दिखायी देते हैं।

हो सकता है कि कुछ नये रंगरूट, नव-विवाहित, अविवाहित अथवा दुख को निर्विकार रूप से लेने वाले या फिर बाबूगिरी के जीवन की कटुताओं को फ़्लाश, ब्रिज, शराब, आदि में भुला देने वाले उतने थके न दिखायी देते हों, लेकिन अधिकांश के तन-मन इस मानसिक और शारीरिक दासता से बहुत पहले थक जाते हैं। सुबह-सबेरे दफ़्तरों की मेज़ों पर उनके आगमन की बाट जोहती फ़ाइलों, ड्राफ़्टों, रजिस्टरों, शॉर्टहैण्ड की कापियों,

टाइप की मशीनों और फिर अफ़सरों की घुड़कियों का ध्यान उनके चेहरे पर उकताहट की लकीरें पैदा कर देता है और वे प्राय: हृदय के किन्हीं अज्ञात स्तरों के नीचे मनाया करते हैं कि दफ़्तर दूर हो जाय, बन्द हो जाय या 'लैंड स्लाइड' की चपेट में आ जाय और ऐसी ही दुराशाएँ पालते दफ़्तरों की ओर घिसटते चले जाते हैं।

कुछ ऐसे भी होते हैं, जो चाहे दफ़्तर जाना नहीं चाहते, लेकिन दफ़्तर के बिना कोई ठौर-ठिकाना भी उन्हें दिखायी नहीं देता। दफ़्तर उनके लिए पनाह का काम देता है। बेसमझ या वृद्ध या बीमार या तुनक-मिज़ाज या कर्कशा या चिड़चिड़ी पत्नी और किकियाते, रिरियाते, किलबिलाते बच्चों की पलटन से उन्हें दफ़्तर के अतिरिक्त कहीं दूसरी जगह त्राण नहीं मिलता। जेब की तंगी दूसरे सब मार्ग अवरुद्ध किये रहती है। वे जल्दी-से-जल्दी दफ़्तर पहुँच जाते हैं और जब तक बैठे रह सकें, बैठे रहते हैं। पारिवारिक झगड़ों को फ़ाइलों की विरसता में भुला देने के सिवा उन्हें और कोई मार्ग नहीं सूझता।

इन सब के अलावा ऐसे भी होते हैं, जिन्हें दफ़्तर में उन्नति की विभिन्न सीढ़ियों को शीघ्रातिशीघ्र पार करने की उतावली होती है। वे सब से पहले दफ़्तर पहुँच कर अफ़सरों की दृष्टि में उठ जाना चाहते हैं। घर-घाट, सैर-तमाशे से उन्हें कोई सरोकार नहीं होता। इन्हीं के बारे में शायर ने लिखा है :

फ़क़त यह जानने में उम्र गुज़री
वो कैसे और कब बरहम न[1] होंगे

साहब कैसे नाराज़ न हों, साहब कैसे प्रसन्न हों, किस प्रकार अपने शक्तिहीन, ढुल-मुल सीनियरों को पाँवों के नीचे रौंदते हुए आगे बढ़ा जाय और कैसे शत्रुओं को पछाड़ा जाय — इन्हीं विचारों में मग्न, चाक-चौबन्द वे शिमले की सड़कों को नापते दिखायी देते हैं।

o

लेकिन चेतन को उन समय उन क्लर्कों के भाग्य-विधान से कुछ लेना-देना नहीं था। उसे तो माल पर एक नया आकाश और नयी धरती दिखायी दे रही थी। अपने आन्तरिक उल्लास के दर्पण में उसे सब कुछ प्रसन्न, प्रफुल्ल दिखायी दे रहा था। उदास और चिन्तित क्लर्कों के चेहरे भी उसे खुश और प्रसन्न दिखायी देते थे। नीले-निखरे आकाश में काले-सफ़ेद बादल उड़े जा रहे थे। चेतन विमुग्ध-सा उन्हें देख रहा था। बीच में काले और कोरों पर सफ़ेद वे बादलों के टुकड़े छोटी-छोटी चंचल चपल किश्तियों की तरह जैसे आकाश के उस विशाल नीले सागर में बहे जा रहे थे। चेतन उनमें से हरेक का अनुसरण करता। उसकी दृष्टि उनके पीछे-पीछे रिज के उन पेड़ों तक जाती जिनकी हरियाली के पीछे वे ग़ायब हो जाते। कभी-कभी उसके पास से छनछनाता हुआ कोई रिक्शा गुज़र जाता। वहीं देर तक खड़ा वह घण्टी की छनाछन पर ताल देते हुए रिक्शा कुलियों के पैर, उनके पैरों के उठने-गिरने के साथ उनकी गर्दन पर उठते-गिरते हुए उनकी पगड़ियों के छोटे-छोटे झब्बे, नीली वर्दियाँ पहने और एक फ़ौजी गति से हिलते हुए उनके शरीर देखता रहता। उसके लिए वह सब कुछ जैसे नया था, जैसे वह यह सब पहली बार देख रहा था। दायीं ओर

१. विमुख, अप्रसन्न.

नीलाम्बर की पार्श्व-भूमि में दूर तक दुकानों के कंगूरे सूरज की रश्मियों को चूम रहे थे। इनमें से एक कंगूरे पर चिलचिलाता हुआ चील का एक जोड़ा केलिरत था। नर की चोंच मादा के सिर में खुबी हुई थी। दोनों के पंख फड़फड़ा रहे थे और उनकी वासना-मय आनन्दजनित चिलचिलाहट सुबह की उस खामोशी में दूर-दूर तक गूँज रही थी। मोहाविष्ट-सा चेतन, पंख फड़फड़ाते, चिलचिलाते उस जोड़े को, आकाशोन्मुख दुकानों के उन कंगूरों को और उनकी पृष्ठ-भूमि में दूर तक फैले हुए नीले आकाश को देखता रहा। यह चील भी अजीब पक्षी है। वह मन-ही-मन हँसा। केलि के लिए किसी दुकान के कंगूरे अथवा किसी तार के खम्भे के चोटी के अतिरिक्त इसे कोई उपयुक्त स्थान ही नहीं मिलता। स्कैण्डल-पॉयण्ट के पास से हो कर वह गेटी थियेटर की ओर चला, तभी सामने से लाला जीवनलाल कपूर, सम्पादक 'गुरु घण्टाल,' के कन्धे पर हाथ रखे हुए महाशय धर्मचन्द आते दिखायी दिये।

चेतन ने जब लिखना शुरू किया था तो उसकी प्रथम रचनाएँ 'गुरु घण्टाल' ही में प्रकाशित हुई थीं। लाला जीवनलाल स्वयं हँसमुख, बातूनी, एक के बाद दूसरी गप सुनाने और ठहाके-पर-ठहाका लगाने वाले मनमौजी जीव थे। किसी तरह के दुख को उन्होंने दिल में जगह नहीं दी थी और इसीलिए चौड़े मस्तक, चंचल शरारती आँखों और मुस्कराते चेहरे के साथ उनका शरीर भी स्थूलता की ओर मायल था। सफल पत्रकार थे। अशिक्षित, अर्द्ध-शिक्षित या फिर जात-पाँत, धर्म-अधर्म के चक्कर में फँसे कट्टर हिन्दुओं के सिर मूँड़ने का ढंग उन्हें खूब आता था। उनके मन भाने वाला कोई-कोई वाद-विवाद वे अपने पत्र में चलाये रखते। उनकी दबी हुई वासना की भूख मिटाने के लिए प्रसिद्ध अभिनेत्रियों की दुख-भरी आप-बीतियाँ, यूरोप के 'पापियों' की जीवन-गाथाएँ, 'पतन के ज्वालामुखी पर खड़े यूरोप' में सुन्दरियों के मुक़ाबिले, 'यौवन की साम्राज्ञी' कहाने वाली तन्वंगियों के जीवन की कहानियाँ अपनी ओर से नमक-मिर्च लगा कर अपने पत्र में निरन्तर छापते रहते। पढ़ने वालों का धर्म भी बना रहता, यौन-क्षुधा भी मिट जाती और वाद-विवाद में आज़ादी और आजाद-खयाली को गालियाँ देने के लिए उपयुक्त उदाहरण और दलीलें भी मिल जातीं। निम्न-मध्यवर्गीय लोगों के मनोविज्ञान की जो पकड़ महाशय जीवनलाल को थी, किसी दूसरे पत्र-सम्पादक को न थी। यही कारण था कि उनका पत्र कई पुराने पत्रों को पीछे छोड़ गया था। महाशय धर्मचन्द भी उनके शिकार थे। लेकिन अपने घाव को दिल ही में लिये हुए, वे उनसे मैत्री बनाये हुए थे और उन दिनों अपने इस प्रतिद्वन्द्वी को साथ ले कर वे ब्लैकमेलिंग के लिए राजा-नवाबों के यहाँ चक्कर लगाया करते थे।

यद्यपि चेतन ने आज भी वही कपड़े पहन रखे थे — वही कमीज़-पायजामा और वही पुराना ओवरकोट, लेकिन उसने पहले की तरह इन महाशयों से आँख नहीं चुरायी। जब वे उनके बराबर आ गये तो उसने आगे बढ़ कर उनसे हाथ मिलाया। उसका सारा हीन-भाव जैसे उस दिन दूर हो गया था। इसी माल के सब से प्रसिद्ध थियेटर में वह आज रात को अभिनय करने जा रहा है। वह कलाकार है। उसका पद सम्राट से भी ऊँचा है। और अपने कलाकार-सम्राट के आगे उसे ये दोनों महाशय अपनी तमाम सफलताओं के बावजूद अत्यन्त अकिंचन और हेय दिखायी दे रहे थे।

'कहिए, मिज़ाज कैसे हैं ?' हाथ मिलाते हुए उसने बड़े तपाक से पूछा। क्षण भर के

लिए दोनों चकित-से खड़े रहे। शिष्टाचार के नाते उन्होंने उत्तर दिया, 'आपकी दुआ है।'

लेकिन चेतन ने उनके उत्तर और अपने सम्बन्ध में किसी प्रकार के प्रश्न की प्रतीक्षा किये बिना अपने हाल-चाल का परिचय देना शुरू कर दिया। फिर बातों-बातों में उसने रात को गेटी थियेटर में होने वाले नाटक का उल्लेख किया और उनसे पूछा कि वे नाटक देखने आ रहे हैं या नहीं। और फिर उनका उत्तर सुने बिना नाटक की महत्ता पर एक छोटा-सा भाषण दिया कि 'अनारकली' को संसार में श्रेष्ठतम नाटकों के बराबर रखा जा सकता है। इसके बाद उसने डायरेक्टर की प्रशंसा की और कहा कि उनके निर्देशन ने नाटक को चार चाँद लगा दिये हैं। ऐसा डायरेक्टर यूरोप के किसी स्वतन्त्र देश में होता तो आर्मी-हेडक्वार्टर में क्लर्की की कुर्सी तोड़ने की अपेक्षा किसी बड़े थियेटर का स्वामी होता।

'सलीम की भूमिका में शौकत साहब (डायरेक्टर) पार्ट कर रहे हैं,' उसने सोत्साह बताया, 'लगता है, जैसे सलीम का पार्ट उन्हीं के लिए बना है। शहज़ादा सलीम की इतनी खूबसूरत, इतनी फ़ितरी ऐक्टिंग करते हैं कि मुग़ल शहंशाह के महलों में शबाब की पहली हिलोर में बहते हुए उस आज़ाद तबियत शहज़ादे की तस्वीर आँखों में खिंच आती है।' और अपनी रौ में नाटक में अभिनय करने वाले अन्य पात्रों के कौशल का बखान करते हुए उसने यह भी बताया कि वह स्वयं भी नाटक में भाग ले रहा है। उसने उन दोनों महाशयों को परामर्श दिया कि इतने सुन्दर नाट्य-प्रदर्शन को वे अवश्य देखें और हाथ का ज़रा-सा झटका दे कर छोड़ते हुए, वह जैसे नशे में झूमता हुआ-सा गेटी थियेटर की ओर बढ़ा।

सिर पर नीला-नीला, निस्सीम आकाश फैला था। सामने, वर्षा के पानी से धुली, जाकू की हरियाली थी और सड़क पर भरी-पूरी सूरज की धूप अपना वैभव बिखेर रही थी। चेतन को माल पर उस समय किसी तरह का भी तो अभाव नहीं लगा। उसके अन्तर की भाँति उसका बाह्य और उस बाह्य को छूता हुआ सारा वातावरण, प्रसन्न, मुदित, पुलकित और पूर्ण था।

सत्तर

गेटी थियेटर के ग्रीन-रूम में चेतन ज़ा'फ़रान के मेकअप की प्रतीक्षा में खड़ा था।

यह अनुभव उसके लिए एकदम नया था। पहले भी, दो-चार बार उसे मेकअप करना पड़ा था, लेकिन तब पर्दे के पीछे अथवा नेपथ्य के एक ओर योंही मुँह पर पाउडर मल कर उसने पिसे हुए कोयले की स्याही से मूँछें और भवें बना ली थीं। किसी थियेटर के ग्रीन-रूम में रूप-छल के तमाम प्रसाधनों की सहायता से, विशेषकर स्त्री-भूमिका में मेकअप करने का उसका पहला अनुभव था और वह सब उसे अजीब-सा लग रहा था।

उसने जब ग्रीन-रूम का नाम सुना था तो उसने सोचा था कि वह कोई बड़ा-सा, गहरे हरे रंग का कमरा होगा, जिसका फ़र्नीचर और पर्दे सब हरे होंगे। लेकिन जब शाम को वह थियेटर पहुँचा और डायरेक्टर ने उससे कहा कि ग्रीन-रूम में जा कर जल्दी

मेकअप कर लो और चेतन ग्रीन-रूम कहे जाने वाले कमरे की ओर बढ़ा तो वह उसकी चौखट पर क्षण भर के लिए विमूढ़-सा खड़ा रह गया था।

तंग, छोटा-सा कमरा, दीवारों पर दाढ़ियाँ, जटाएँ, बाल, गलमुच्छे और रूप-छल का अन्य सामान, एक कोने में एक सन्दूक़, दूसरे में ड्रेसिंग-टेबल और उसके सामने एक छोटा-सा स्टूल — बस यही था वह ग्रीन-रूम! उसमें इतना भी स्थान न था कि चार कुर्सियाँ रखी जा सकें। लगता था, जैसे किसी बाथरूम या स्टोर को ग्रीन-रूम में बदल दिया गया है। वहीं चौखट पर खड़ा चेतन सोच रहा था कि आखिर इस कमरे को, जिसकी दीवार पर हरे रंग का एक छींटा भी नहीं, ग्रीन-रूम क्यों कहा जाता है ?

लेकिन उसके पास उस समय ग्रीन-रूम के नामकरण, उसकी परिभाषा अथवा लम्बाई-चौड़ाई के बारे में विचार करने का समय नहीं था। सितारा और अम्बर का पार्ट करने वाले लड़के हरमसरा[१] की कनीज़ों के कपड़े पहन रहे थे और दिलाराम का अन्तिम मेकअप हो रहा था। जेल का दारोग़ा (नाटक में जेल के दारोग़ा का पार्ट करने वाला) सन्दूक़ से कपड़े निकाल-निकाल कर उन्हें दे रहा । चेतन को खड़ा देख कर उसने उसे भी संकेत किया और चेतन अपनी पोशाक लेने को आगे बढ़ा।

जब 'अम्बर' और 'मरवारीद' कपड़े पहन कर शीशे के सामने जा खड़े हुए तो उनके स्थान पर खड़े हो कर चेतन चुपचाप उन लड़कों को लड़कियाँ बनते हुए देखने लगा। नवयुवतियों के कपड़े पहने, वक्ष पर कृत्रिम छातियाँ लगाये वे लड़के अजब ज़नखे-से लग रहे थे। क्षण भर बाद उसे स्वयं यही स्वाँग भरना था। तभी वहाँ खड़े-खड़े उसे पहली बार अनुभव हुआ कि अपनी समस्त असफलता के बावजूद लाहौर से शिमले आने वाला वह क्लब कितना सफल रहा था और अपनी सारी सफलता के साथ भी 'अनारकली' में क्या कमी रह जायेगी। माना कि नाटक छल है, असत्य है, पर उसकी सफलता की पराकाष्ठा यही है कि वह असत्य न रह कर सत्य को छू ले। सारी कला की शायद यही कसौटी है।

कपड़े बाँट कर दारोग़ा (जो क्लब का मेकअप-विशेषज्ञ भी था) दिलाराम के मुख पर ग्रीज़ मल कर पाउडर लगाने लगा। उसने उसकी भवें और पलकें सँवारीं और मुख पर पाउडर की एक और तह जमा कर होंटों को रँगा। ज्यों-ज्यों चेतन दिलाराम को लड़के से लड़की बनते देखता रहा, लाहौर के उस क्लब का प्रयास उसे और भी स्तुत्य लगने लगा। उस दिन की अपनी तमाम उपेक्षा पर उसे हँसी आ गयी। उसे खयाल आया कि यह दिलाराम (और अनारकली उससे भिन्न न होगी) जब स्वर्ग की अप्सरा कहलायेगी तो क्या हँसी न आ जायेगी ?

तभी दारोग़ा ने दिलाराम का मेकअप समाप्त किया और उसके बालों पर हाथ फेरते हुए उसे चूम लिया।

चेतन का मुख लाल हो गया। कानों के पास उसे कुछ सरसराता-सा प्रतीत हुआ। दिलाराम का पार्ट करने वाला लड़का कुछ सुन्दर था। वह सकुचाया हुआ-सा एक ओर खड़ा हो गया और दारोग़ा ने 'अम्बर' को स्टूल पर बैठने के लिए और चेतन को फ़ौरन कपड़े बदलने के लिए कहा।

---

१. रनिवास.

यह दारोग़ा आर्मी-हेडक्वार्टर का तीस-पैंतीस वर्षीय बिगड़ा हुआ क्लर्क था। उसका विवाह न जाने इतनी आयु तक भी क्यों न हुआ था। मँझले क़द का दोहरा शरीर; छोटी ठोड़ी; गोल मुँह पर चेचक के दाग़; छोटी-छोटी, दोनों ओर से कटी मूँछें; तंग माथा और घुँघराले बाल। उसकी आँखों में कुछ ऐसी अतृप्ति, कुछ ऐसी भूख और हिंसा थी कि एक तीव्र घृणा, गोला-सा बन कर चेतन के गले में अटक गयी। जब अम्बर और मरवारीद का मेकअप करने के बाद (पुरस्कार स्वरूप) दारोग़ा ने उनका भी एक-एक चुम्बन ले डाला तो चेतन ने निश्चय कर लिया कि वह कभी इस अपमान को सहन न करेगा, वह इस ज़ोर से उसके मुँह पर मुक्का दे मारेगा कि उसके सामने के दाँत टूट जायँ।

तभी उनका निर्देशक अन्दर आ गया और दारोग़ा को किसी आवश्यक काम से भेज स्वयं जल्दी-जल्दी चेतन का मेकअप करने लगा।

चेतन को इस सारे क्लब में यह निर्देशक सब से पसन्द था। 'भीष्म-प्रतिज्ञा' के डायरेक्टर के मुक़ाबिले में वह कहीं सुन्दर था। निर्देशन में उसे अद्वितीय निपुणता प्राप्त थी। शायद उसका कारण यह था कि वह स्वयं एक बहुत कुशल अभिनेता था। उसका अभिनय देख कर चेतन मुग्ध हो जाया करता था। सलीम का पार्ट ही नहीं, अकबर से ले कर ख्वाजासरा काफ़ूर तक, सब का पार्ट वह बड़ी कुशलता से कर लेता था। जब वह ताली बजा कर उस क्रोधित हिजड़े का पार्ट करता था तो हँसी के मारे पेट में बल पड़ जाते। महाबली का पार्ट करते समय उसकी आकृति पर वही रुद्र-गम्भीरता, वही लौह-दृढ़ता आ जाती। लगता था, जैसे कोई उक़ाब पंख खोले उड़ा जा रहा है। चेतन ने अपने इस निर्देशक को रिहर्सलों में लगभग हर पात्र का पार्ट करके अभिनेताओं को बताते देखा था और वह उसकी इस योग्यता पर मुग्ध था। जब डायरेक्टर उसके मुख पर ग्रीज़ पेंट कर रहा था तो चेतन ने आँखें उठा कर उसकी ओर देखा। उसकी दृष्टि डायरेक्टर के माथे पर बनी हुई लकीरों की ओर गयी। इस नाटक को सफल बनाने के प्रयास में उसे इतनी जान खपानी पड़ी थी कि उसके होंटों की स्वाभाविक मुस्कान लुप्त हो गयी थी।

प्राइवेट क्लबों में किसी नाटक को रिहर्सलों की मंज़िल से निकाल कर रंगमंच तक ले जाना कोई सरल काम नहीं। क्लब के सभी सदस्य अपने आपको हीरो के योग्य समझते हैं और हीरो का नहीं तो कोई दूसरा महत्वपूर्ण पार्ट करना चाहते हैं। तब कई बार भूमिकाओं के वितरण पर ही नाटक की इतिश्री हो जाती है। यह समस्या यदि किसी तरह सुलझ जाय तो नाटक समिति के पदाधिकारियों के सम्बन्ध में झगड़े खड़े हो जाते हैं। इसके बाद चन्दे, काम, सामान, थियेटर, उसकी सेटिंग और दूसरी बीसियों बातों की व्यवस्था करते-करते संयोजक हैरान हो जाता है। साधारणतया ऐसी संस्थाओं में एक ही व्यक्ति जी-जान से काम करने वाला होता है और उसी की हिम्मत और कार्यपटुता पर क्लब की सफलता निर्भर करती है। 'यंगमेन्स एमेचर ड्रामेटिक क्लब' की जान भी यही निर्देशक था और इन सब पचड़ों से माथा-पच्ची करने के साथ रिहर्सलों में पात्रों को ट्रेनिंग देते-देते, उसके मुख पर उस मुस्कान के स्थान पर, जो नाटक के आरम्भ में शहज़ादा सलीम के चेहरे पर होनी चाहिए, ऐसी निराशा और उद्विग्नता दिखायी देती थी, जो नाटक के अन्त में शहज़ादे की आकृति पर आ जाती है।

इन्हीं सब बातों के बारे में सोचता हुआ अपने उस डायरेक्टर के भाग्य पर चेतन

मन-ही-मन द्रवित हो रहा था कि डायरेक्टर की दृष्टि चेतन के वक्ष की ओर गयी और खीझ कर उसने पूछा कि छातियाँ क्यों नहीं लगायीं ?

'मुझसे लगीं नहीं।'

तब डायरेक्टर ने अम्बर और मरवारीद को आदेश दिया कि वे चेतन के कुर्ते के नीचे छातियाँ फ़िट कर दें।

अम्बर और मरवारीद की भूमिका में काम करने वाले दोनों लड़के आगे बढ़े और उन्होंने चेतन के वक्ष पर कृत्रिम उरोज फ़िट कर दिये। चेतन ने शीशे में दृष्टि डाली तो अपने इस स्वरूप पर उसे मन-ही-मन हँसी आ गयी। उसका रूप यद्यपि पूरे तौर पर ज़नाना न हुआ था, पर उसके बाल अम्बर और मरवारीद से लम्बे थे। इसलिए उनकी अपेक्षा वह अधिक ज़नाना दिखायी दे रहा था। अचानक न जाने उसे क्या सूझा कि उसने अपने बालों में आड़ी माँग निकाल ली और दूसरों की भाँति नकली बाल लगाने के बदले मुग़ल नर्तकियों की भाँति सिर पर चुनरी बाँध ली। चेतन की आयु उस समय बाईस वर्ष की थी। यद्यपि उसका मेकअप पूरा न हुआ था, पर मुख पर पाउडर लग चुका था। केवल होंट, भवें और पलकें बनने से रह गयी थीं। गोल मुख, भरे हुए कल्ले, पतले गुलाबी होंट, बड़ी-बड़ी आँखें, कानों में कृत्रिम बुन्दे और मुग़ल नर्तकियों की वेश-भूषा! पेण्ट की सफ़ेदी ने उसके सलोने रंग को गोरा बना दिया था चेतन को अपना यह रूप बुरा नहीं लगा। कुछ अजीब तरह की गुदगुदी उसके शरीर में उठी।

डायरेक्टर ने उसे दोनों कन्धों से पकड़ कर एक कुशल परीक्षक की भाँति उसके कपड़ों और उन्नत उरोजों का निरीक्षण किया और तब उसके होंटों पर सुर्ख़ी पेंट करने लगा। होंटों का मेकअप समाप्त करके वह उसकी पलकें सँवारने लगा था कि एक व्यक्ति ने ग्रीन-रूम में आ कर बताया कि बाहर दो व्यक्ति चेतन से मिलना चाहते हैं।

डायरेक्टर ने कहा, 'कह दीजिए उनसे कि इस समय वह मेकअप-रूम में है, नहीं मिल सकता।'

'जी, हमने बहुतेरा कहा था, पर वे माने नहीं। कहने लगे उनसे कहो, महाशय धर्मचन्द आये हैं और उनके साथ गुरु घण्टाल के सम्पादक लाला जीवनलाल कपूर हैं।'

'जीवनलाल कपूर!' चेतन का दिल बेतरह धड़क उठा। इस व्यक्ति से न मिलना उसे सदा के अपने विरुद्ध कर लेना था। अनिच्छापूर्णक —'प्रसिद्ध अखबार के एडीटर हैं' — सफ़ाई देते हुए चुनरी का छोर उठाये अपनी उस नयी वेश-भूषा में वह कुछ ज़नखों की-सी चाल से चलता हुआ वहाँ पहुँचा, जहाँ पर्दे के पीछे ग्रीन-रूम को जाने वाली गैलरी के अन्दर वे महाशय खड़े थे।

चेतन को उस वेश-भूषा में देख कर निमिष मात्र के लिए दोनों महाशय स्तम्भित रह फिर अचानक लाला जीवनलाल कपूर ठहाका मार कर हँसे और उनका गगन-भेदी

बाहर से आने वाले क्षीण प्रकाश में चेतन ने देखा महाशय धर्मचन्द की कानी आँख

तब अपनी खिन्नता को छिपाते हुए, उनके अट्टहास की ओर ध्यान न दे कर चेतन

ने कहा, 'मैं इस नाटक में ज़ा'फ़रान का पार्ट कर रहा हूँ। कहिए, क्या आज्ञा है ?'

'तुमने कहा था, सो हम चले आये। किसी से कहो, हमें बैठा दे।'

चेतन का दिल बैठ गया —ये अजीब आदमी हैं —उसने सोचा —मैंने इनसे यह कब कहा था कि आपको बैठा दूँगा। मैंने तो यों ही सिफ़ारिश की थी कि खेल अवश्य देखिए। धर्म-संकट में पड़ा वह किंकर्तव्यविमूढ़-सा खड़ा रहा।

'मुझे महाराज कोटी की पार्टी में जाना था,' महाशय धर्मचन्द बोले, 'पर तुमने कहा था, सो मैं चला आया, बल्कि महाशय जीवनलाल को भी साथ ही घसीट लाया।'

'मालूम नहीं, फ्री पासों का प्रबन्ध है या नहीं,' चेतन ने विवश हो कर कहा। इसके बाद उसने होंटों में जो 'मिन-मिन' की, वह यद्यपि उन दोनों महाशयों की तो समझ में नहीं आयी, पर उसने कहना यह चाहा कि वह क्लब का बाक़ायदा सदस्य नहीं, सिर्फ़ ऐक्टिंग के शौक़ से अस्थायी सदस्य बन गया है, आदि, आदि....

इस पर महाशय धर्मचन्द के कन्धे पर हाथ मारते हुए लाला जीवनलाल ने फिर ठहाका लगाया।

इस बार चेतन के साथ महाशय धर्मचन्द भी कुछ खिन्न हुए और उन्होंने सफ़ाई दी कि इसी क्लब के एक बड़े सदस्य गत वर्ष उन्हें न्योता दे कर हार गये, पर वे खेल देखने न आये। इस बार तो वे चेतन के अनुरोध पर उसका पार्ट देखने चले आये।

चेतन ने यह सब नहीं सुना। उसने कहा — 'आप ठहरिए, मैं डायरेक्टर से पूछ देखता हूँ।' और वह धड़कते हुए दिल के साथ वापस आया।

अचानक अपने डायरेक्टर से कुछ पूछने का उसे साहस नहीं हुआ। जब वह मेकअप को समाप्त करने के लिए फिर स्टूल पर बैठ गया और डायरेक्टर उसकी भवें और पलकें बनाने लगे तो उसने धीरे-से कहा, 'मुझे दो पास चाहिएँ। गुरु घण्टाल के एडीटर बाहर आये हुए हैं, उनके साथ उनके मित्र हैं....'

'हमने फ्री पास बिलकुल बन्द कर रखे हैं।' डायरेक्टर ने उसकी भवें बनाते हुए कहा।

'लेकिन ऐक्टरों के रिश्तेदारों को....' चेतन के कण्ठ में गोला-सा अटक गया।

'वे तुम्हारे रिश्तेदार तो नहीं।' डायरेक्टर ने उसके स्वर-परिवर्तन की ओर ध्यान दिये बिना कहा।

चेतन चुप हो गया। बाहर आ कर उन सम्पादक महाशयों के सामने कुछ कहने का उसे साहस न हुआ। अपनी विवशता पर उसे बेहद ग़ुस्सा आया। उसे लगा, जैसे उसका भारी अपमान हुआ है। उसका जी चाहा वहाँ से भाग जाय। क्या वह उनका नौकर है ? उनसे वेतन पाता है ? अगर वे उसका इतना भी मान नहीं रख सकते तो वह ही क्यों उनकी सुविधा-असुविधा का ध्यान रखे। लेकिन चाहने पर भी वह उठ न सका। उसे ध्यान आया, उसका पार्ट है ही कितना। डायरेक्टर किसी दूसरे को दे देगा और प्रॉम्पटर की सहायता से नाटक चल जायेगा। उसे दुख हुआ कि उसके पास कोई बड़ा पार्ट क्यों नहीं। हो न अनारक़ली (अनारकली का पार्ट करने वाले लड़के) के साथ ऐसी बात ? डायरेक्टर उसके पाँव तक पड़ जाय। उसे मालूम था, डायरेक्टर किस प्रकार अनारकली की खुशामदें करता था, किस प्रकार उसकी छोटी-से-छोटी इच्छा का मान रखता था....

यही सब सोचते-सोचते, न जाने क्यों, न जाने कैसे संयम की पूरी कोशिश करने पर भी उसकी आँखें भर आयीं। उसका सिर झुक गया। उसने लाख चाहा कि वह आँसुओं को रोक ले, वहाँ से उठ कर बाहर भाग जाय, लेकिन जैसे किसी अज्ञात गोंद से उसका शरीर स्टूल से चिपक गया और उसकी आँखें अनायास बह चलीं। जब डायरेक्टर ने मेकअप को एक नज़र देखने के लिए उसकी ठोड़ी को उँगली से उठा कर उसका मुँह ऊपर किया तो उसने चेतन की आँखों पर बहते हुए आँसू देखे।

वह चौका। 'क्यों, क्यों ?....'

चेतन ने उत्तर नहीं दिया। केवल रूमाल से नाक साफ़ की। इतने बड़े युवक को, जिसके बारे में कहा गया था कि वह कवि है, लेखक है, पत्रकार है, इस प्रकार रोते देख कर डायरेक्टर धर्म-संकट में पड़ गया। वह खिन्न-सा हो कर हँसा। चेतन के कन्धे को थपथपाते हुए उसने उसे सान्त्वना देने की कोशिश की, पर चेतन और भी रो पड़ा। तभी अम्बर, मरवारीद, सुरैया, अनारकली — सभी लड़के उस छोटे-से कमरे में घुस आये। डायरेक्टर ने कड़क कर सब को बाहर भेज दिया और पुचकारते हुए उसने चेतन से कहा — 'क्या बात है ?'

तब बड़ी कठिनाई से अपने आपको सँभाल कर चेतन उठ खड़ा हुआ। अपने कपड़ों को उतारने का प्रयास करते हुए उसने कहा, 'मैं जाना चाहता हूँ।'

डायरेक्टर फिर हँसा। उसकी यह हँसी स्नेह और दया से ओत-प्रोत थी। डायरेक्टर कठोरता के लिए प्रसिद्ध था। यदि चेतन की आँखों में आँसू न होते और वह पास न दिये जाने के कारण क्रोध से चले जाने की धमकी देता तो डायरेक्टर उसे कान पकड़ कर बाहर निकाल देता। लेकिन चेतन तो रो रहा था। वह जाने के लिए कह रहा था, पर उसके पाँव वहीं जमे थे, कपड़े उतारने के लिए उसने हाथ उठाया था, पर वह हाथ कपड़ों को थामे उसी प्रकार निश्चल पड़ा था। और उसकी आँखों के आँसू थमने के बदले और भी बह निकले थे।

डायरेक्टर ने एक ऐक्टर को आवाज़ दी और कहा कि देखो, बाहर गैलरी में दो महाशय खड़े हैं। उनको ले जा कर अव्वल दर्जे में बैठा दो। और फिर जाते-जाते उसे रोक कर कहा — 'अगर वे चले गये हों तो उन्हें इधर-उधर ढूँढ लेना, यहीं माल या स्कैण्डल-पॉयण्ट पर होंगे।'

चेतन के आँसू आप-से-आप थम गये और वह फिर बैठ गया। वह चाहता था कि उसके आँसू बन्द न हों और वह रुके नहीं, भाग जाय। पर वह बैठ गया। और इतनी-सी बात पर बच्चों की तरह इस प्रकार रो उठने पर उसे अफ़सोस होने लगा।

डायरेक्टर ने उसके आँसू पोंछे, पेण्ट खत्म किया, भवों और पलकों को सँवार कर आँखों के नीचे हल्की-सी स्याही मल दी और एक बार परीक्षक की दृष्टि से उसे देख कर प्यार से चूम लिया। चेतन चौंका, पर उसे क्रोध नहीं आया। उसकी आँखें शीशे की ओर उठ गयीं। यह अजीब बात थी कि अम्बर और मरवारीद की अपेक्षा वह कहीं ज़्यादा लड़की दिखायी देता था। डायरेक्टर के इस चुम्बन से उसे कुछ अजीब-से सुकून, शान्ति, सम्वेदना और सहानुभूति का एहसास हुआ। उसने डायरेक्टर की ओर देखा। दारोग़ा की आँखों में जो

वासना थी, उसका वहाँ लेश भी न था। कुछ उस प्रकार का स्नेह उनमें झलक रहा था, जो रूठे हुए बच्चे को मनाने के बाद उसे प्यार से चूम लेने वाले पिता की आँखों में होता है। उसके कन्धे को थपथपा कर डायरेक्टर ने उससे कहा कि वह ऐनक उतार ले और तैयार रहे, क्योंकि उसे पहले ही दृश्य में जाना है।

चेतन ने एक दृष्टि दर्पण में डाली और ग्रीन-रूम से बाहर निकल आया। तभी उसे मालूम हुआ कि उसके रोने की खबर एक विंग से दूसरे विंग तक चली गयी है। सभी अभिनेता उसकी तरफ़ अजीब नजरों और व्यंग्य-भरी मुस्कानों से देख रहे थे। उनकी मुस्कानों का सामना करना चेतन के लिए दुष्कर हो गया। इस सारे व्यापार से उसे वितृष्णा होने लगी। तभी उस व्यक्ति ने, जो उन दोनों महाशयों को देखने गया था, ग्रीन-रूम में आ कर कहा, 'जी, वे तो मिले नहीं।'

'चिल्लाते क्यों हो!' डायरेक्टर ने दाँत पीसते हुए धीरे-से कहा।

यद्यपि डायरेक्टर ने बड़े धीमे स्वर से (लगभग दाँत पीसते हुए) उस व्यक्ति को डाँट पिलायी थी, चेतन ने यह वाक्य सुन लिया। डायरेक्टर के सद्व्यवहार से उसके मन में क्रोध का जो बवण्डर शान्त हो गया था, वह एक बार फिर पूरे ज़ोर से उठ खड़ा हुआ। उसके लिए वहाँ एक क्षण भी ठहरना कठिन हो गया। कपड़े उतारने के लिए वह ग्रीन-रूम की ओर बढ़ा कि नाटक की तीसरी घण्टी बजी और पर्दा उठ गया। प्रार्थना आरम्भ हो गयी। इससे पहले कि वह अपने निश्चय को पूरा कर पाता, उसके हाथ में किसी ने सितार दे दिया और वह अम्बर, मरवारीद, सितारा, दिलाराम और दूसरी सखियों के साथ नाटक के पहले दृश्य के लिए पर्दे के पीछे जा कर बैठ गया। बड़ी कठिनाई से वे दृश्य के अनुसार बैठ पाये थे कि पर्दा उठा और नाटक आरम्भ हो गया।

०

मुग़ल सम्राट अकबर महान के रनिवास की एक बारादरी का दृश्य था। यह बारादरी रनिवास के आँगन से दूर होने के कारण यौवनमाती कनीज़ों (दासियों) की आरामगाह थी। वहाँ वे उस समय बड़ी-बूढ़ियों की दृष्टि से परे, उनके तानों-तिशनों से दूर अपने अवकाश का समय बड़े आराम से गुज़ार रही थीं।

एक बैठी चौसर खेल रही थी। कुछ शतरंज की चालों में संसार को भुलाये हुए थीं। एक तलबवाली ने पानदान खोल रखा था। लेकिन इस एकान्त का पूरा लाभ ज़ा'फ़रान और सितारा उठा रही थीं। चंचल और मुँहफट लड़कियाँ थीं —गाने-बजाने की शौक़ीन! लेकिन संगीत से ज़्यादा संगीतज्ञों की भाव-भंगिमाओं की नक़ल करने ही से दिलचस्पी रखती थीं। पर्दा उठने पर ज़ा'फ़रान सितार के कान उमेठ रही थी और संगीतज्ञों की भाँति किसी तार को छेड़ कर देख लेती थी कि ठीक भी कसा गया है या नहीं।

(नाटककार की तो यह इच्छा थी कि इस स्थल पर ज़ा'फ़रान और सितारा गायें, लेकिन न चेतन को वैसा अच्छा गाना आता था और न सितारा की भूमिका में काम करने वाले लड़के को, इसलिए डायरेक्टर ने उन्हें केवल सितार के कान उमेठने और तारों को छेड़ते रहने का आदेश दिया था।)

दूसरी ओर अम्बर और मरवारीद के साथ बैठी दिलाराम भेद-भरी बातों में मग्न थी।

पीढ़ी पर बैठी हुई दिलाराम अपने बढ़ते हुए सौन्दर्य के कारण सब से बढ़ी-चढ़ी दिखायी देती थी।

(उधर जब प्रार्थना हो रही थी, यह दृश्य जल्दी-जल्दी तैयार किया गया था। चेतन सितार ले कर बैठा ही था कि पर्दा उठ गया। प्रार्थना —जो उन्होंने सोचा था कि पाँच-सात मिनट लेगी —केवल तीन ही मिनट में खत्म हो गयी थी और चेतन (ज़ा'फ़रान) अभी सितार को एक बार भी न छेड़ पाया था कि दिलाराम ने सम्वाद शुरू कर दिया।

दिलाराम —ऐ है तौबा, क्या टन-टन लगा रखी है (नाटक में था — क्या गला फाड़ रही है) कान पड़ी आवाज़ सुनायी नहीं देती।

मरवारीद —दोपहर में दो घड़ी का आराम भी तो कम्बख्तों ने हराम कर दिया!

ज़ा'फ़रान —(चेतन —जिसे सितार छेड़ना बिलकुल भूल गया था, यद्यपि डायरेक्टर की खास हिदायत थी) हम तुम्हें क्या कह रहे हैं ?

(जब उसने गर्दन आगे बढ़ा कर यह वाक्य कहा तो कुछ लोग हँसे। चेतन ने यह भी देखा कि नेपथ्य में खड़ा हुआ डायरेक्टर हाथ की दोनों उँगलियाँ आँखों पर रख कर घबराया हुआ-सा उसे कुछ संकेत कर रहा है, लेकिन उधर मरवारीद अपना वाक्य खत्म करने को थी।)

मरवारीद —घर-का-घर सिर पर उठा रखा है। बात करनी दुश्वार कर दी है, अभी बेचारी कुछ कह ही नहीं रही!

ज़ा'फ़रान —(चेतन —गर्दन बढ़ा कर और हाथ मटका कर) फिर जिसे बातें करनी हों, कहीं और जा बैठे।

(लोग फिर हँसे, डायरेक्टर ने और भी घबरा कर अपनी दोनों उँगलियाँ आँखों में गड़ायीं, पर चेतन कुछ भी न समझा।)

अम्बर —पर यह तानसेन की बच्ची सितार ज़रूर बजायेंगी!

ज़ा'फ़रान —(डायरेक्टर का आदेश था कि इस स्थल पर चेतन सितार फिर छेड़ने का प्रयास करे और अम्बर की बात सुन कर उसे छेड़ दे। पर चेतन यह निर्देश भूल गया और बोला) मुँह सम्हाल कर बात कर अम्बर। वाह, बड़ी आयी कहीं की गालियाँ देने वाली। तू ही लगती होगी तानसेन की होती-सोती।

दिलाराम —नहीं मानेगी ज़ा'फ़रान ? पटर-पटर बके जा रही है। मैं जा कर छोटी बेगम से कह दूँगी।

ज़ा'फ़रान —(सिर को झटका दे कर) ऐ तो मना किसने किया है। एक नहीं, हज़ार बार।

चेतन ने सिर को झटका दिया तो उसकी ऐनक खिसक कर नाक पर आ गयी। उसका दिल धक्-सा रह गया। उसे समझ आ गयी कि उससे क्या ग़लती हुई है। अपने उस क्रोध के आवेश और घबराहट में वह ऐनक समेत स्टेज पर आ बैठा था।

उस समय जब वह ऐनक उतारने को था, क्रुद्ध-गम्भीर डायरेक्टर लम्बे-लम्बे डग भरता स्टेज पर आया और चेतन से ऐनक ले कर चला गया।

दर्शकों में एक ठहाका गूँजा। सम्वाद फिर चलने लगा, लेकिन चेतन के सामने उसकी भूल जैसे साकार हो कर आ गयी। अपने ऐनक पहने हुए रूप, डायरेक्टर की घबराहट और दर्शकों के उपहास का खयाल बार-बार आ उसे परेशान करने लगा। और उसके साथ काम करने वाले अभिनेताओं का उपहास बढ़ता रहा, और जब चेतन का पार्ट खत्म हुआ तो डायरेक्टर ने कुछ ऐसी दृष्टि से उसे देखा कि शेष नाटक देखने का मोह छोड़ कर, वह कपड़े बदल, बाहर को भागा।

थियेटर से निकल कर वह अभी दो पग ही चला होगा कि सहसा बिजली चमकी, माल की दुकानों के कंगूरे घिरी हुई घटा की पृष्ठ-भूमि में चमक उठे और वर्षा का पहला तरेड़ा उसके मुँह पर पड़ा।

⊠⊠⊠

छठा खण्ड

इकहत्तर

कड़वी आँखें मलता हुआ चेतन हड़बड़ा कर उठा। अन्दर के दरवाज़े में कविराज खड़े मुस्करा रहे थे।

०

रात चेतन को नींद नहीं आयी थी। नाटक को बीच ही में छोड़ कर वर्षा में भीगता हुआ वह घर चला आया था। थियेटर में रुक कर अपने सहकारियों के उपहास का निशाना बनने की अपेक्षा उसने इन्द्र देवता का कोप सहना बेहतर समझा था। अपनी असफलता पर वह इतना निराश और खिन्न था कि यदि उस समय वर्षा न हो रही होती तो वह रात भर शिमले की सड़कों पर आवारा घूमता रहता। उसके सपनों की पतंग, जिसे वह एक महीने से निरन्तर ढील दिये जा रहा था, अचानक झपकी खा कर कट गयी थी। उसे आकाश का तारा बना देखने की हसरत उसके मन ही में रह गयी थी। कटी हुई डोर के अतिरिक्त उसके हाथ में कुछ भी न रहा था। इसी डोर को खींचता, उलझाता-सुलझाता, जलता-भुनता, खीजता-भीगता वह चला आया था।

धार्मिक वातावरण में पलने पर भी चेतन के अर्द्ध-चेतन में कहीं भी भाग्य में आस्था न थी, इसलिए सहसा महाशय जीवनलाल के आगमन और उसके बाद होने वाली घटनाओं को केवल भाग्य का विधान समझ कर उसे सन्तोष न हो रहा था। जब वह कपड़े उतार कर बिस्तर में लेटा तो घटना के विश्लेषण में तल्लीन हो गया और उसकी नींद उड़ गयी। वह कभी महाशय जीवनलाल के घटियापन को कोसता, कभी निर्देशक की तानाशाही को और कभी अपनी भावुकता को। बार-बार एक ही घटना को सब ओर से देख कर और खीझ कर जब वह सोने का प्रयास करता तो घूम-फिर कर वही घटना फिर उसके सम्मुख आ जाती। उसने उठ कर पढ़ने की और फिर लिखने की कोशिश की, कमरे में चक्कर भी लगाये, कनपटियों को सहलाया भी, पर जब भी उसने लेटने अथवा सोने का प्रयास किया, उसके कानों में महाशय धर्मचन्द और जीवनलाल के ठहाके, अभिनेताओं की कानाफूसियाँ, निर्देशक की डाँट और दर्शकों के अट्टहास गूँजने लगते। सुबह के चार बजे होंगे जब उसने मन-ही-मन निश्चय किया कि वह अब दुबारा थियेटर नहीं जायेगा, शेष दो दिन के प्रोग्राम में भाग नहीं लेगा और सबेरे ही कविराज जी से कह देगा कि वह वापस जाना चाहता है।

न जाने इस फ़ैसले से उसे सन्तोष हो गया अथवा उसका मस्तिष्क और शरीर दोनों थक कर चूर हो चुके थे, इसलिए यह निश्चय करके जब वह लेटा तो उसे तत्काल नींद आ गयी।

०

'कहो, अभी तक सो रहे हो ?' कविराज जी उसकी चारपाई पर आ बैठे और उसकी पीठ

को थपथपाते हुए बोले, 'रात नाटक अच्छा हो गया ?'

'अच्छा ही हो गया होगा।' चेतन ने अन्यमनस्कता से कहा, 'मेरे तो सिर में दर्द होने लगा था, मैं चला आया था।'

'ओह!' कविराज ने खेद प्रकट करते हुए कहा, 'अब तो ठीक है तुम्हारी तबियत ?'

'जी!' चेतन ने कहा, यद्यपि उस समय सचमुच उसके सिर में सख्त दर्द हो रहा था।

'कुण्डी खुलवाने में तो कष्ट नहीं हुआ ?' कविराज जी ने सहानुभूति प्रदर्शित करते हुए कहा, 'मैंने मन्नी से कह दिया था।'

'जी नहीं!'

और चेतन उनसे कहना चाहता था कि अब उसने उनकी पुस्तक तो समाप्त कर दी है, इसलिए वह जाना चाहता है, पर उसे बात करने का अवसर दिये बिना कविराज जी स्वयं शुरू हो गये।

उन्होंने पहले उस पुस्तक की प्रशंसा की, जो उसने एक दिन पूर्व समाप्त करके उन्हें दी थी। उन्होंने चेतन को बताया कि उन्हें इस बात का सन्तोष है कि काम के साथ-साथ चेतन ने अपना स्वास्थ्य भी ठीक कर लिया है। फिर शिमले के मौसम का ज़िक्र किया कि जून, जुलाई और अगस्त में वर्षा का ज़ोर रहता है, सेहत बढ़ाने वाला मौसम तो सितम्बर के महीने ही का होता है। और फिर उन्होंने बताया कि अभी उनका सितम्बर तक वहाँ रहने का इरादा है और वे चाहते हैं कि चेतन भी तब तक वहीं रहे और सितम्बर के स्वास्थ्यवर्धक महीने में पूरी तरह अपनी सेहत बना ले। अन्त में जैसे उन्हें अचानक खयाल आ गया हो, वे बोले, 'बेकार समय में यदि तुम चाहो तो मेरे लिए एक उपन्यास लिख कर दे सकते हो।'

'उपन्यास!' चेतन की आँखों में आश्चर्य था।

'तुम अपने लिए जो उपन्यास लिख रहे हो,' कविराज जी ने कहा, 'उसके कुछ हिस्से मैंने तुमसे सुने हैं। मुझे वे बहुत सुन्दर लगे हैं। तुममें प्रतिभा है। एक छोटा-सा उपन्यास तुम मेरे लिए भी लिख दो। अभी तो हम डेढ़ महीना यहाँ रहेंगे।'

'पर आप क्या करेंगे उपन्यास का ?' चेतन ने अपने जाने की बात भूल कर विस्मय से पूछा।

'अरे भई,' अपनी मुस्कान को तनिक और फैलाते और अपने मनोरथ को तनिक और स्पष्ट करते हुए उन्होंने कहा, 'तुम किसी ऐसे युवक की कहानी लिख सकते हो, जो अपने हाथों अपने यौवन का सत्यानाश कर लेता है। यौन-सम्बन्धी विषयों में बालक की जिज्ञासा, अज्ञानी माता-पिता का बच्चे के प्रश्नों को टालना, बचपन की इस जिज्ञासा का बढ़ना, कुसंगति, स्कूल-कॉलेज का दूषित वातावरण, नवयुवक का साथियों से अपनी जिज्ञासा को प्रकट करना, उसका कुमार्गों में जा पड़ना। इन सब बातों के कारण यौवन की बहिया में युवक के पाँवों का डगमगा जाना और आचरण-भ्रष्ट हो कर जवानी के अमूल्य रत्न को अपने हाथों गँवा देना, रोना-पछताना और अन्त में कविराज जी की शरण में पहुँच कर गयी हुई जवानी को वापस पाना। बस, ये उस छोटे-से उपन्यास के परिच्छेद हो सकते हैं।'

और वे मूँछों में मुस्कराये!

चेतन पहली पुस्तक लिख देने पर ही पछता रहा था। बोला, 'मेरे लिए शायद ऐसा उपन्यास लिखना कठिन हो।'

कविराज हँसे। उसकी पीठ को थपथपाते हुए बोले, 'तुम्हें अपनी प्रतिभा और शक्ति का पूरा ज्ञान नहीं।'

'मैं अपना ही उपन्यास नहीं लिख पाया।'

'तुम प्रयास तो करो। एक परिच्छेद लिखो। देखें, कैसा बनता है।'

और हमेशा परम निडर और निः संकोच भाव से कठिन कामों को हाथ में ले कर, उन्हें पूरा करने का सदुपदेश देते हुए, अपने जीवन के उदाहरणों की पृष्ठ-भूमि में उन्होंने उसे 'आत्म-विश्वास' पर एक छोटा-मोटा भाषण दे डाला।

चेतन चुपचाप सुनता रहा। इससे पहले कि वह कुछ और कहता, वे उसकी पीठ को थपथपा कर उसे एक परिच्छेद लिखने का प्रयास करने का आदेश दे कर चले गये।

बहत्तर

'यह आपकी चिट्ठी आयी है बाबू जी!'

चेतन अनमना-सा लेटा हुआ था। सुबह कविराज जी के दुकान जाने के बाद ही से वह इस तरह लेटा था। नहाने-धोने और खाना खाने भी न गया था। लेटा रहा था और पिछले चन्द महीनों की घटनाओं में खोया रहा था। बाहर जाते उसे शर्म आती थी और कविराज जी से क्या बहाना बनाये, यह उसकी समझ में न आता था। दोपहर को वे घर आये थे तो खिड़की में से उन्होंने पूछा था, 'कहो, कुछ लिखा ?' और जब उत्तर में वह चुप लेटा रहा था तो उन्होंने स्वयं ही कहा था, 'कोई बात नहीं, आज आराम करो, कल लिखना — ट्राई ट्राई अगेन ब्वॉयज़ —' और वे हँसते हुए अन्दर चले गये थे। चेतन को शायद झपकी आ गयी थी। वह सपना देख रहा था कि वह सामान बाँधे कालका के स्टेशन पर खड़ा है, पर गाड़ी नहीं आती। फिर उसने देखा कि स्टेशन तो गेटी थियेटर का पोर्च है और 'अनारकली' के निर्देशक शौकत साहब उसे अन्दर की ओर खींच रहे हैं कि उसके कान में मन्नी के शब्द पड़े। उसने आँखें खोलीं। जहाँ कविराज सुबह खड़े थे, वहीं चौखट में चिट्ठी हाथ में लिये मन्नी मुस्करा रही थी।

चेतन लपक कर उठा। लिफ़ाफ़ा मन्नी के हाथ से ले कर उसने खोला, पढ़ा और उछल पड़ा — 'मन्नी, मैं जा रहा हूँ।'

मन्नी चौखट से इधर उसके कमरे में आ गयी, 'कहाँ बाबू जी ?'

'बस, मैं यहाँ से जा रहा हूँ,' चेतन ने सोल्लास कहा, 'यहाँ से जालन्धर जाऊँगा, मेरी साली की शादी है, फिर वहाँ से लाहौर!'

'आपकी बीबी भी तो वहीं होंगी ?' अपने पीछे किवाड़ भेड़ते हुए उसने कहा और उसके होंटों पर एक अरमान-भरी मुस्कान फैल गयी।

दोपहर का समय था। कविराज खाना खा कर अपनी पत्नी को साथ लिये चले गये थे और नन्हा शायद सो रहा था। चेतन ने मन्नी की उन मुस्कुराती हुई आँखों में वही चमक देखी, जो उसने कभी अपने झरोखे में बैठी प्रकाशो की आँखों में देखी थी। वह दरवाज़े के साथ पीठ लगाये खड़ी मुस्करा रही थी। चेतन ने देखा, मिस्सी की कालिमा उसके दाँतों की अवलि को और भी चमका रही है। उसके शरीर में झुरझुरी-सी उठी। उसने उँगलियाँ चटकायीं और अंगों को झँझोड़ती-सी अँगड़ाई ली।

'फिर कब आयेंगे बाबू जी ?' मन्नी फिर चहकी।

'अब मैं नहीं आऊँगा, मन्नी। मैं इतने ही से ऊब गया हूँ।'

'बीबी जी होतीं तो देखती कैसे ऊबते ?' और वह हँसी।

उस हँसी में न जाने कैसी बात थी कि चेतन का शरीर तन गया। इस तनाव को दूर करने के लिए वह उठ कर कमरे में चक्कर लगाने लगा। लेकिन घूमते-घूमते उसने दरवाज़े का पर्दा खींच दिया और खिड़की के पट लगा दिये। मन्नी वहीं खड़ी मुस्कराती रही। उसकी आँखों में तृष्णा की चिनगारी, जो चेतन को शिमला आते हुए दिखायी दी थी, जैसे अपनी राख को हटा कर सहसा चमक उठी। घूमता-घूमता चेतन उसके पास जा खड़ा हुआ।

'हमको कहाँ याद रखोगे बाबू जी!' कनखियों से उसने चेतन की ओर देखा।

'तुम्हें कैसे भूल सकता हूँ, मन्नी!' चेतन का स्वर आर्द्र हो चला, 'तुम अगर यहाँ न होतीं तो मेरे लिए ये ढाई-तीन महीने बिताने मुश्किल हो जाते। उसने मन्नी का हाथ अपने हाथ में ले लिया, 'मुझे तुम्हारे कारण कितना सुख, कितनी तसल्ली, कितना आराम मिला है,' उसने मन्नी के हाथ पर धीरे-धीरे अपना हाथ फेरा, 'तुम्हारे सामने अपना दुख-दर्द खोल कर मैं कई बार हल्का हुआ हूँ।'

वहीं दरवाज़े से पीठ लगाये मन्नी मन्त्र-मुग्ध-सी सुनती रही। चेतन उसके हाथ को अपने हाथ में लिये प्यार से उस पर अपना हाथ फेरता रहा। मन्नी ने विरोध नहीं किया। उसके शरीर में कई बार सिहरन उत्पन्न हुई, पर वह बोली नहीं। और जब कोने से पीठ लगा कर चेतन ने उसको अपनी ओर खींचा तो वह अनायास उसके वक्ष से आ लगी। क्षणिक आवेश में चेतन ने उसे अपने सीने से भींच लिया। कुनमुनाती-सी वह उसके शरीर से चिमटी रही। अपना मुँह भी उसने उसके वक्ष में छिपा लिया और चेतन केवल उसका गाल ही चूम सका।

तभी, जब वह उसकी ठोढ़ी को ऊपर उठा रहा था, दूसरे कमरे में नन्हा रो उठा।

नन्हे के रोने की आवाज़ जैसे बिजली के अदृश्य तार-सी उन्हें छू गयी। किवाड़ खोल कर मन्नी अन्दर चली गयी और चेतन अपनी चारपाई पर आ गिरा। हवा के एक तेज़ झकोरे से खिड़की के पट खुल गये। क्षण भर के लिए चेतन के मस्तिष्क पर जो अँधेरा छा गया था, वह छँट गया।....यह उसे क्या हो गया था ? यह मन्नी को क्या हो गया था ? वह सोचने लगा। उस क्षण में क्या विशेषता थी ? पहले भी तो इतनी बार मन्नी आयी थी, एकान्त में आयी थी। मिनटों नहीं, घण्टों बैठी रही थी। कभी उसके मन में यों विकार पैदा न हुआ, कभी उसकी आँखों में तृष्णा प्रकट न हुई। उसे जब शिमला आते समय की घटना याद आती थी, वह अपने आपको कोसने लगता था और वह समझता था कि मन्नी की

दृष्टि में कलुष नहीं, उसी के अपने मन में पाप है, उसी की अपनी अतृप्ति सदा उसके मन में भ्रम पैदा कर देती है। लेकिन उस क्षण यह सुन कर कि वह जा रहा है और फिर शायद कभी न मिले, यह मन्नी को क्या हो गया ?

चेतन ने खिड़की के पट पूरी तरह खोल दिये, दरवाज़े का पर्दा हटा दिया, और फिर चारपाई पर जा लेटा। उसकी पत्नी का वह पत्र उपेक्षित-सा वहाँ पड़ा था। चेतन को लगा जैसे उस पत्र की आँखों से उसकी पत्नी ने उसके इस कृत्य को देख लिया है। अपने आप पर वह झुँझला उठा, मन्नी पर झुँझला उठा, उस पत्र पर झुँझला उठा। लेकिन यह झुँझलाहट नीले आकाश में घुमड़ कर उठने और फिर उसी के विस्तार में विलीन हो जाने वाले बादलों-सी उसके मन में उठ कर मिट गयी और वह चारपाई पर लेटे-लेटे फिर पत्र पढ़ने लगा।

वही चार-छै पंक्तियों का पत्र। यद्यपि लिखावट कुछ सुधर गयी थी, अक्षर टूटे-फूटे और शब्द अधूरे नहीं थे, पर उन भावनाओं का उसमें नितान्त अभाव था, जिनकी अभिव्यक्ति की आशा चेतन अपनी संगिनी से रखता था —ये विरह के दिन उसने किस आकुलता से काटे हैं, उसका मन कितना उद्विग्न रहा है, चेतन की स्मृति उसे किस प्रकार सताती रही है, इनमें से किसी बात का उसमें आभास तक न था।

चन्दा उससे प्रेम न करती हो, यह बात नहीं, लेकिन उसका प्यार धरती से फूट उठने वाले झरने की तरह न था, जो अपने वेग को दबा नहीं सकता, मुखर हो कर निकल पड़ता है, बल्कि किसी शान्त सरोवर की तरह था, जो घने पेड़ों की शीतल छाया में मौन, मूक अपने किनारों में संयत रह कर निकट आने वाले की अशान्ति और श्रान्ति हर लेता है। लेकिन चेतन की चंचल प्रकृति कल-कल नाद करते हुए बन्धन तोड़ कर बह निकलने वाले चंचल, चपल झरने को पसन्द करती थी और पत्र पढ़ते-पढ़ते उसे पत्नी के बदले अपनी साली का ध्यान हो आया।

उन चार-छै पंक्तियों के पत्र से चेतन को पता चल गया था कि चार दिन बाद नीला का विवाह हो रहा है, उसका भावी पति बर्मा में नौकर है और चेतन को तत्काल बस्ती पहुँचना चाहिए। चेतन के सामने वे मधुर क्षण घूम गये, जो उसने नीला की संगति में बिताये थे।

नीला का विवाह हो रहा है। उसे प्रसन्न होना चाहिए था, लेकिन उसके मन में प्रसन्नता का लेश तक नहीं था। विवाह में शामिल होने के बहाने नाटक, क्लब और फिर कविराज के चंगुल से छुट्टी पाने और इतने दिनों के बाद घर जाने के विचार से उसे जो प्रसन्नता हुई थी, वह इस बात का ध्यान आते ही सहसा लुप्त हो गयी कि नीला सदा के लिए उससे बिछुड़ रही है।

बर्मा....बर्मा में क्यों हो रही है नीला की शादी ? क्या जालन्धर, होशियारपुर, अमृतसर, लाहौर, गुजराँवाला, गुरदासपुर या फिर इनके निकटवर्ती नगरों और कस्बों में उसके लिए वर नहीं मिला ? पण्डित वेणीप्रसाद की मूर्खता पर चेतन का मन खीझ उठा।

लेकिन तभी किवाड़ खुला और मन्नी नन्हे को गोद में लिये हुए चौखट में आ खड़ी हुई। उसके होंट उसी तरह मुस्करा रहे थे, लेकिन उसकी आँखों में आमन्त्रण-सा देती हुई

रेखा मिट गयी थी। काली-कजरारी आँधी ने जैसे क्षण भर के लिए निर्मल आकाश को ढँक लिया था, पर उसके गुज़र जाने पर फिर वह स्वच्छ और निर्मल हो उठा था। स्वयं चेतन भी शायद अब मन्नी को मुस्कराती हुई आँखें न देख रहा था। उसकी आँखों में उसे नीला की मुस्कान दिखाई दे रही थी —नीला की, जो उससे योजनों दूर जा रही थी....शायद सदा-सदा के लिए।

पत्र को लिये हुए वह उठा।

'मन्नी, मैं ज़रा दुकान पर जा रहा हूँ,' यह कहता हुआ वह सीढ़ियाँ उतरने लगा।

मन्नी ने उसके पीछे किवाड़ लगा लिये और एक लम्बी साँस भरते हुए नन्हे को अपनी गोद से चिमटा लिया।

तिहत्तर

टैक्सी कालका की ओर उड़ी जा रही थी। किसी बड़े सम्पन्न सेठ की तरह चेतन टाँग-पर-टाँग रखे, सीट से पीठ लगाये, ड्राइवर के बराबर बैठा था और उसके दिमाग़ में निरन्तर कविराज जी के शब्द गूँज रहे थे।

०

मन्नी से विदा ले कर जब वह उनके पास गया था और उसने उन्हें अपनी पत्नी की चिट्ठी दिखायी थी और कहा था कि वह तत्काल जाना चाहता है तो पहले उन्होंने उसे रोकने का प्रयास किया था।

'साली का विवाह तुम्हारे स्वास्थ्य से ज़्यादा महत्व नहीं रखता भाई,' उन्होंने कहा, 'तुम्हें चाहिए कि तुम अपने शिमले आने का पूरा-पूरा लाभ उठाओ, सितम्बर तक यहाँ रहो और फिर पूर्णरूप से स्वस्थ हो कर जीवन संग्राम में जुटो।' लेकिन जब चेतन किसी तरह भी न माना तो उन्होंने उसकी पीठ थपथपाते हुए उसे तसल्ली दी कि उनकी सहायता का हाथ सदैव उसके सिर पर रहेगा और यदि वापस जा कर समाचार-पत्र की नौकरी के सम्बन्ध में उसे कुछ कठिनाई हो तो वह सीधा उनके पास चला आये। जो भी होगा, वे उसके लिए करेंगे। अन्त में जब वह चलने लगा था, उसे रोक कर उन्होंने कहा था :

'मेरे अज़ीज़, तुम मेरे पास तीन महीने तक रहे हो। चलते समय मैं तुम्हें दो-एक नसीहतें करना चाहता हूँ। मेरा लड़का विवाहित होता तो उसको भी मैं ऐसी नसीहत करता।'

चेतन दत्त-चित हो कर सुनने लगा था।

'वैद्य के रूप में अपने इस लम्बे अनुभव में,' कविराज जी ने सहसा गम्भीर हो कर बुज़ुर्गाना लहजे में कहा, 'मैंने जाना है कि हमारे देश में सौ में से अस्सी स्त्री-पुरुष पाँच-पाँच बच्चे पैदा करने पर भी नहीं जान पाते कि वैवाहिक जीवन का यथार्थ आनन्द क्या है और स्त्री-पुरुष का सफल संसर्ग किस सुख और पुलक की सृष्टि कर सकता है। सफल वैवाहिक जीवन सफल यौन-सम्बन्ध पर निर्भर है और सफल यौन-सम्बन्ध, स्वस्थ

शरीर और पति-पत्नी के संगी भाव पर!'

और अपनी रौ में कविराज वैवाहिक जीवन में यौन-सम्बन्ध पर उसे एक छोटा-मोटा लेक्चर देने लगे :

'हमारे देश के अधिकांश वासी उस आनन्द को नहीं जानते,' उन्होंने कहा, 'भावनाहीन, मशीन के पुर्ज़ों की तरह, वासना के करेंट से प्रचालित वे उस सम्बन्ध को निभाये जाते हैं। समय आता है कि उन्हें अपने आप से अथवा एक-दूसरे से घृणा हो जाती है। पत्नी बच्चों में जी बहलाती है और पति घर के बाहर सुख ढूँढने का विफल प्रयास करता है।'

०

कविराज के भाषण का एक-एक शब्द चेतन के मस्तिष्क में ठोकरें मार रहा था। तभी हवा का एक शीतल झोंका आया। चेतन का ध्यान बँट गया। बायीं ओर पहाड़ का एक भाग सड़क के ऊपर तक छाया हुआ था और यद्यपि दो दिन से वर्षा नहीं हुई थी तो भी उसमें से निरन्तर पानी झर रहा था, हवा के साथ उड़ रहा था और उस स्थल को शीतल और श्रान्तिहर बना रहा था। चेतन ने सिर बाहर निकाला। उसकी ऐनक धुँधली हो गयी और मुँह ठण्डी फुहार से भीग गया। सीट से फिर पीठ लगा कर उसने ऐनक के शीशे रूमाल से साफ़ किये। बायीं ओर पहाड़ों पर अनगिनत जंगली फूल खिले हुए थे और दायीं ओर घाटी में केलू सरसरा रहे थे। चेतन मन्त्र-मुग्ध-सा बैठा इस अनुपम सौन्दर्य को देखने लगा। लेकिन धीरे-धीरे फिर उसके दिमाग़ में कविराज जी के यही शब्द गूँजने लगे। साथ ही उसके सामने चंगड़ मुहल्ले की वह कोठरी घूम गयी, जिसमें वह सख़्त गर्मी में निचुड़ते हुए शरीर के साथ कई बार पशु की भाँति वासना का दास बना था। उसे याद आया कि उसे कभी तृप्ति नहीं मिली। उसे लगा जैसे वह अब भी अतृप्त है। उस पुलक का (जिसका उल्लेख कविराज जी ने अपने उपदेश में किया था) उसे कभी एहसास नहीं हुआ।....

और उसके कानों में अँधेरी रात में, चंगड़ मुहल्ले जैसी ही सील-भरी कोठरी में सुने हुए कुछ शब्द गूँज गये।

वह बहुत छोटा था, बहुत ही छोटा था। अपने भाई के साथ एक ही चारपाई पर सोया हुआ था कि सहसा उसकी माँ के सहमे-सहमे, डरे-डरे स्वर ने उसे जगा दिया था। वह विनीत, सभीत, करुण स्वर में कह रही थी — 'जाने दीजिए, मेरी तबियत ठीक नहीं' —और नशे में चूर उसके पिता ने अत्यन्त अश्लील गालियाँ देते हुए उसे अपनी ओर खींचा था।

किसी भयानक दुःस्वप्न की तरह वह रात उसके मस्तिष्क में अंकित हो कर रह गयी थी और विस्तृत मरु में गूँज उठने वाली किसी असहाय राही की विवश चीख की तरह उसकी माँ के वे कातर शब्द उसके कानों में गूँज उठते थे। उस रात की घटना को कल्पना में देखना, उन शब्दों को सुनना पाप समझ कर, वह अपने मन को दूसरी ओर लगाने का प्रयास किया करता था। वह उसे भूल भी जाता था, लेकिन कभी-कभी अँधेरी गुफाओं में से जाग उठने वाले प्रेतों की तरह वे शब्द उसके सामने मूर्तिमान हो उठा करते थे।

जब से उसने कविराज की बातें सुनी थीं, कई बार उसके सामने यह घटना घूम गयी

थी, उसके कानों में वे कातर शब्द गूँजे थे और कल्पना-ही-कल्पना में उसने मिमियाती हुई भेड़-बकरियों की तरह अगणित असहाय, अवश नारियों को वासना की छुरी का शिकार बनते देखा था।

'हमारे यहाँ विवाह भी धर्म का अंग है,' कविराज जी ने अपनी रौ में कहा था, 'और जिस प्रकार धर्म रूढ़िगत हो कर अपने प्राण खो बैठा है, उसी प्रकार विवाह-धर्म से उसके प्राण निकल गये हैं। जिस तरह हमारे देश के पंचानबे फ़ीसदी लोग बिना सोचे-समझे, भावना-रहित हो कर पूजा-पाठ, धर्म-कर्म किये जाते हैं, उसी तरह वैवाहिक धर्म को निभाये जाते हैं। यही कारण है कि सफल यौन-सम्बन्ध जिस पुलक और उल्लास की सृष्टि करता हैं, उससे बेशुमार स्त्री-पुरुष महज़ अनजान रह जाते हैं। दो परिचितों, मित्रों, प्रेमियों या पुलक की वांछा रखने वाले दो शरीरों के स्थान पर यहाँ एक ओर पुरुष में बेबाक, संकोच-रहित वासना होती है और दूसरी ओर स्त्री में संकोचशील लज्जा; एक ओर हिंस्र पशु होता है और दूसरी ओर डरी हुई हिरनी। पत्नी जब तक संगिनी नहीं बनती, स्वयं भी उसी पुलक की वांछा नहीं रखती, जब तक पति-पत्नी में भावनाओं का एकीकरण नहीं होता, वह पुलक, वह उल्लास, वह एक्स्टेसी[१] प्राप्त नहीं हो सकती।'

टैक्सी चली जा रही थी। चेतन के मस्तिष्क में कविराज का उपदेश चल रहा था :

'....विवाह की पहली रात ही सौ में पचहत्तर वैवाहिक जीवन खत्म हो जाते हैं।'

'....विवाह की पहली रात ही अगणित पुरुष अपनी पत्नियों से घृणा करने लगते हैं।'

'....विवाह की पहली रात ही अगणित नव-विवाहित पत्नियाँ अपने पतियों के प्रति अपने अर्द्धचेतन में एक अवश क्रोध, एक असहाय भय, एक अज्ञात घृणा को स्थान दे देती हैं।'

'....विवाह की पहली रात ही अगणित पति हैरान हो कर सोचते हैं — क्या यही कुछ था विवाह में ? अतृप्ति की आग में जल कर बार-बार वे पशु बनते हैं, बच्चे-पर-बच्चे पैदा करते चले जाते हैं, जिन्हें वे ढंग से पाल नहीं सकते, प्यार नहीं कर सकते, पर तृप्ति उन्हें नहीं मिलती। धीरे-धीरे यह अतृप्ति, यह असन्तोष, अपने संगी से यह घृणा, एक अभेद्य चट्टान बन जाती है और वैवाहिक जीवन की नदी उससे टक्करें मार-मार कर रह जाती है। उसे भेद कर अपने नैसर्गिक प्रवाह में नहीं बह पाती।'

टैक्सी चली जा रही थी। दोनों ओर पहाड़ छोटे होते-होते समाप्त हो चले थे! सड़क घूमती-फिरती नीचे मैदान से मिलती दिखायी देती थी। सामने की घाटी में कालका नगर मैदान में बसा हुआ बड़ा सुन्दर लग रहा था। यद्यपि दिन अभी शेष था, लेकिन सूरज समय से पहले अपनी कान्ति खो कर बादलों में छिप गया था।

चेतन ने लम्बी साँस ली। क्षण भर के लिए उसके सामने अपना पिछला वैवाहिक जीवन घूम गया। क्या चन्दा उसकी संगिनी रही है ? क्या उन्होंने कभी वह उल्लास, वह एक्स्टेसी अनुभव की है ? उसने अपने मन को टटोला, उसे तो कभी वह आनन्द प्राप्त नहीं हुआ। चन्दा को प्राप्त हुआ होगा, इसकी सम्भावना नहीं। उसने कभी यह जानने की कोशिश ही नहीं की।

---

१. ecstasy = आनन्द.

क्षण भर के लिए वह मन्नी को भूल गया, नीला को भूल गया। उसके सामने चन्दा अपने समस्त भोलेपन, संकोचशीलता, लज्जा के साथ आ गयी और मन-ही-मन उसने निश्चय किया कि ज्यों ही उसे अवसर मिला, वह चन्दा को अपनी सच्ची संगिनी बनाने का प्रयास करेगा। उसे समझायेगा कि जब तक पति-पत्नी में नौकर-मालिक का-सा नाता है, जब तक वह केवल कर्तव्यवश अपने शरीर का समर्पण करती है, उन्हें सच्चा पुलक प्राप्त नहीं हो सकता।

☒☒☒

सातवाँ खण्ड

चौहत्तर

'एक सवारी बस्ती ग़ज़ाँ को। चलो भई, एक सवारी बस्ती ग़ज़ाँ को!'

एक पाँव ताँगे के बम पर और दूसरा अगले पायदान पर रखे, खुले गले का कुर्ता और एड़ियों के नीचे लटकता हुआ तहमद पहने, ताँगे पर खड़ा बायें हाथ से लगाम को हिलाता और दायें से मूँछों को ताव देता हुआ, ताँगे वाला आवाज़ लगा रहा था, 'चलो भई, कोई एक सवारी बस्ती ग़ज़ाँ को, चलो कोई एक सवारी....'

चेतन को बड़ी सड़क पार करके बस्ती के अड्डे की ओर बढ़ते हुए देख कर उसने आवाज़ लगायी।

'बैठिए बाबू साहब, बस एक ही सवारी दरकार है।'

अगली सीट पर एक जगह खाली थी। चेतन चुपचाप वहाँ जा कर बैठ गया। लेकिन ताँगे वाला चला नहीं। तहमद को ऊपर खोंसते हुए, घोड़े को हण्टर जमा कर उसने ताँगे को वहीं अड्डे पर एक चक्कर दिया और यद्यपि चार सवारियाँ पूरी हो चुकी थीं तो भी उसने ज़ोर से हाँक लगायी :

'चलो भई, कोई एक सवारी बस्ती ग़ज़ाँ को!'

०

चेतन चुप बैठा रहा। पहले की तरह वह ज़रा भी नहीं झल्लाया। एक और सवारी के पैसे भी उसने नहीं दिये। अपने विचारों में मग्न बैठा, वह चुपचाप सामने के मकान की ओर देखता रहा, जिसके परनाले से गन्दा पानी निरन्तर अड्डे के नाले में गिर रहा था।

वह अलस्सुबह जालन्धर पहुँचा था। घर पहुँच कर माँ के पाँव छूने और आशीर्वाद पाने के बाद जब उसने चन्दा के बारे में पूछा तो उसे पता चला कि चन्दा तो सात दिन से बस्ती गयी हुई है। नीला की बारात आज ही आने वाली है और उसका साला रणवीर दो बार चेतन के बारे में पूछ गया है।

तब सितार और दिलरुबा, जिनसे उसका प्रेम कब का खत्म हो गया था और जिनके साथ चिटें लगा कर, उसने सुन्दर अक्षरों में 'चन्दा के लिए' लिख रखा था, एक ओर रख कर, नहा-धो, कपड़े बदल कर वह बस्ती की ओर चल दिया।

चल तो वह दिया था, लेकिन उसका मन जाने को ज़रा भी न हो रहा था। कुछ अजीब-सा संकोच उसके मन में कहीं से आ बैठा था। कविराज का उपदेश, चन्दा से मिलने का सुख, वैवाहिक जीवन की पुलक — सब कुछ उस समय उसे भूल गया था। उसके सामने आ गयी थी नीला, उसके साथ बीती हुई घड़ियाँ, इलावलपुर के वे दिन, उसकी अपनी मूर्खता, नीला की होने वाली शादी और बीसियों दूसरी बातें। और उसे झिझक थी कि इलावलपुर की अपनी उस मूर्खता के बाद, वह कौन-सा मुँह ले कर नीला के सामने

जायेगा।

कभी वह सोचता था कि नीला उस घटना को भूल गयी होगी, अपनी शादी में खुश होगी और यह सोच कर वह तेज़-तेज़ कदम रखने लगता। लेकिन फिर उसे खयाल आता, यदि वह न भूली, यदि वह खुश न हुई....और उसकी गति मन्द पड़ जाती। और यों सुस्त-तेज़ चलता हुआ वह बस्ती के अड्डे पर पहुँच कर ताँगे में आ बैठा था। लेकिन उसकी विचारधारा टूटी नहीं थी। उसे कुछ याद नहीं कब ताँगा चला, कब बस्ती के अड्डे पर पहुँचा, वह कब उतरा और बस्ती का टेढ़ा-मेढ़ा बाज़ार तय करके पण्डित वेणीप्रसाद के मकान के सामने जा पहुँचा।

डेवढ़ी पार करते ही सब से पहले जिससे उसका साक्षात्कार हुआ, वह थी नीला। आँगन के कोने में नाली पर अपनी पतली बाँह बढ़ाये हुए वह बैठी थी। उसकी कलाई पर जोंकें लगी हुई थीं और उसका लोहू पी कर धीरे-धीरे फूल रही थीं।

पल भर के लिए चेतन उस गोरी-गोरी कलाई और उससे चिपटी हुई उन भूरी-भूरी जोंकों को देखता रहा। फिर वहाँ से हट कर चेतन की दृष्टि उसके मुख पर गयी। उसे लगा, जैसे वह कुछ पीला हो गया है। उसे लगा, जैसे नीला कुछ दुबली भी हो गयी है। लेकिन उसने यह भी महसूस किया कि पीली-दुबली हो कर वह पहले से भी सुन्दर दिखाई देने लगी है। वह शायद माईयाँ[१] बैठी थी, क्योंकि उसके कपड़े मैले थे और उन पर जगह-जगह उबटन के धब्बे पड़े हुए थे। उन मटमैले कपड़ों में भी उसकी देह का सोना जैसे कुन्दन बन कर दमक उठा था। यौवन अभी पूरे वेग से न उतरा था और वह उस अर्द्ध-विकसित कली-सी लगती थी, जिसे किसी के स्नेह-स्पर्श ने अभी फूल न बनाया हो।

एक रूखी-सी 'नमस्ते' चेतन की ओर फेंक कर नीला फिर अपनी कलाई से चिमटी हुई जोंकों को देखने लगी।

चेतन की तमाम झिझक जैसे पूरे वेग से लौट आयी। उसके पास से हो कर वह चुपचाप दालान की ओर बढ़ गया और लोहे की खाली कुर्सी पर जा बैठा।

क्या शिमले से इतना फ़ासला उसने केवल यह रूखी-फीकी 'नमस्ते' पाने के लिए तय किया था ? उसे अफ़सोस हुआ कि वह क्यों चला आया इस विवाह में! इलावलपुर की घटना के बाद उसे कभी नीला के सम्मुख न होना चाहिए था।

उसने कनखियों से नीला की ओर देखा। चेतन की तरफ़ पीठ किये वह लगातार उन जोंकों की ओर देख रही थी। एक बार भी पलट कर उसने चेतन की तरफ़ न देखा था। शायद नीला उस घटना को न भूली थी, उसने उसे क्षमा न किया था। वह क्यों चला आया वहाँ और उसका जी चाहा कि वापस भाग जाये। लेकिन उसकी बड़ी साली गोद में अपने डेढ़-दो वर्ष के रिरियाते बच्चे को उठाये, हँसती-मुस्कराती वहाँ आ गयी।

'नमस्ते जी!' बच्चे के मुँह में निस्संकोच अपना बड़ा बेडौल स्तन देते हुए उसने चेतन का अभिवादन किया। निमिष भर के लिए चेतन के कानों में नीला के वे शब्द गूँज गये, जो उसने इलावलपुर में अपने इस बड़ी बहन के घरेलू जीवन के बारे में कहे थे। इस

१. मायन : विवाह से पहले दुल्हन जब उपवास करती है, बिना नहाये रहती है और उसे हल्दी-केसर का उबटन लगाया जाता है.।

फूहड़ को कौन इंजीनियर पसन्द करेगा — चेतन ने सोचा, लेकिन प्रकट उसने हँस कर कहा, 'नमस्ते मीला जी। कहिए, प्रसन्न तो हैं।

'कहिए, कब आये,' मीला जी बोलीं, 'आपकी राह देखते-देखते तो आँखें थक गयीं।'

'आज ही सुबह आया हूँ,' चेतन बोला और फिर उसने नीला की ओर देख कर कहा, 'नीला की बाँह में क्या तकलीफ़ है ?'

'फोड़ा उठ आया था कलाई पर, हकीम ने जोंकें लगाने की सलाह दी है।'

'ब्याह मुल्तवी [१] क्यों नहीं कर दिया आपने ?'

'लड़के को फिर छुट्टी नहीं मिल सकती। बड़ी मुश्किल से एक महीने की छुट्टी ले कर आया है। फ़ौज की नौकरी ठहरी। फिर नज़दीक हो तो भी कुछ हो सकता है। लेकिन बर्मा से तो बार-बार नहीं आया जा सकता।'

'बर्मा!' चेतन को दिल को फिर धक्का-सा लगा, 'क्या करता है वह ?'

'मिलिट्री अकाउण्टेण्ट है रंगून में।'

तब चेतन के सामने नीला का पीला, दुबला मुख घूम गया। उसके गले में गोला-सा आ कर अटक गया। आर्द्र हो कर उसने कहा, 'लेकिन आपने बड़ी दूर तय की नीला की शादी।'

उत्तर में उसकी साली ने बताया कि लड़का ढाई सौ रुपया मासिक पाता है और नाते में उसका देवर होता है — उसके ससुर के बड़े भाई का लड़का। बड़ा नेक, उदार-दिल और मेहनती है। पाँच वर्ष हुए, उसकी पत्नी मर गयी थी। इसके बाद उसने शादी नहीं की। एक से दूसरे स्थान पर बदली होती रहती थी, एक जगह टिक न पाता था। अब उसे विश्वास है कि जल्द ही उसकी बदली पंजाब में हो जायेगी। इसलिए उसने लिखा था कि उसके लिए लड़की देख दी जाय।

'मुझे पता चला तो मैंने झट नीला की सगाई वहाँ कर दी।' मीला जी ने सोल्लास कहा। और अपनी इस कारगुज़ारी पर खुद ही हँसते हुए उसने स्तन को बरबस जोंक की तरह चिमटे हुए अपने लड़के के मुँह से खींचा और हल्का-सा थपेड़ा उसकी पीठ पर जमाते हुए कहा, 'कमबख्त, इतना बड़ा हो गया है फिर भी मेरी जान खाये जाता है।' तभी शायद काम में व्यस्त चन्दा उधर से गुज़री। तब चिल्ला कर उसे चेतन के लिए कुछ लाने का आदेश दे कर चेतन की बड़ी साली पड़ोसिन से बात करने को बढ़ गयी और वह मर्माहत-सा वहाँ बैठा रह गया।

रंगून, विधुर (पाँच वर्ष का), मिलिट्री अकाउण्टेण्ट — ये तीनों शब्द उसके कानों में बार-बार गूँजने लगे। चेतन ने एक बार फिर नीला की ओर देखा। उसके हाथों से जोंकें उतार ली गयी थीं। फोड़े का उभार कम हो गया था। रक्त-स्राव के कारण उबटन के केसर से मिला उसका पीलापन कुछ और ज़्यादा बढ़ आया था। उसकी उमर पन्द्रह-सोलह वर्ष की होगी, पर उस समय वह तेरह की दिखायी देती थी। यह कली खिलने से पहले ही बिंध जायेगी और फिर धीरे-धीरे मुरझा जायेगी। चेतन के दिल में टीस-सी उठी। अगर वह इलावलपुर में पण्डित वेणीप्रसाद से वह सब न कहता तो क्या नीला इतनी जल्दी काले

१. स्थगित.

कोसों दूर, एक विधुर मिलिट्री अकाउण्टेण्ट की दूसरी पत्नी बनने जाती। अपनी मूर्खता की गुरुता और भी बढ़ कर चेतन के सामने आने लगी। उसके लिए वहाँ बैठना मुश्किल हो गया। वह उठा, लेकिन तभी अपने गोल, गुलगोथने मुख पर मृदु-हास बिखेरती हुई, तश्तरी थामे चन्दा वहाँ आ गयी।

o

सारा दिन चोरों की तरह, वह नीला से बातें करने का अवसर ढूँढता रहा। वह ज़रूर उससे नाराज़ थी। वह इतने महीनों के बाद आया था, अगर नाराज़ न होती तो अपनी मुखर चंचलता से घर भर को गुँजा देती। विवाह में उसकी चंचलता रुक जाय —चाहे वह उसका अपना ही क्यों न हो —ऐसा सम्भव न था। पर वह तो ऐसे यन्त्र-चालित-सी घूमती थी, जैसे विवाह उसका अपना नहीं, किसी दूसरी, सर्वथा अपरिचित लड़की का था। चेतन से वह कन्नी काटती रही ; सहेलियों, बहनों, भावजों या पड़ोसिनों में घिरी रही। दो-एक संक्षिप्त शब्दों या एक-आध औपचारिक वाक्य के अलावा उन दोनों में कोई भी मन की बात न ही सकी थी।

o

'नीला, कैसी हो ?'

'अच्छी हूँ।'

और वह किसी सहेली से कोई बड़ी महत्वपूर्ण बात करने चल दी।

'नीला, तुम तो दुबली हो गयी हो।'

'नहीं तो जीजा जी।'

और सहसा भावज से कोई आवश्यक मन्त्रणा करना उसे याद आ गया।

'नीला, अब तो तुम बड़ी दूर चली जाओगी।'

'हाँ, जीजा जी!'

'नीला, तुम मुझसे नाराज़ हो ?'

'नहीं, जीजा जी।'

o

और इससे अधिक उत्तर चेतन उससे न पा सका था। उस छोटे-से आँगन में एक साथ इतना कुछ हो रहा था। इतनी चहल-पहल थी, इतने लोग आ-जा रहे थे और फिर इस सब कोलाहल में उसकी बड़ी साली अपने देवर के स्वभाव, वेतन, रहन-सहन आदि का बखान लगातार कुछ इस तरह करती रही कि नीला से जुदा होने से पहले उससे खुल कर बातें कर लेने, उससे क्षमा माँग कर हल्का हो लेने का अवसर चेतन न पा सका था।

अन्ततः खाना खाने के बाद वह झल्ला कर ऊपर चौबारे में, निवाड़ के पलँग पर जा लेटा था।

०

रंगून के उस विधुर मिलिट्री अकाउण्टेण्ट की प्रशंसा न जाने चेतन को क्यों अच्छी न लगी थी। लेटे-लेटे उसे खयाल आया कि नीला के इस मौन का कारण कहीं इतना अच्छा दूल्हा पाने का गर्व तो नहीं। उसकी साली नीचे आँगन में फिर किसी पड़ोसिन के सामने अपने देवर की प्रशंसा कर रही थी, अपनी बहन के भाग्य को सराह रही थी और लड़का रोक लेने में उसने जिस त्वरा से काम लिया था, उसकी दाद पा रही थी। चेतन के लिए वहाँ लेटे रहना कठिन हो गया। अपने भावी पति के इन गुणों को सुन कर नीला के चेहरे पर कैसे भाव आते हैं, यह जानने के लिए वह बेचैन हो उठा। झपाके के साथ वह नीचे पहुँचा। दालान के अँधेरे कोने में घुटनों पर ठोढ़ी टिकाये, अपने दोनों हाथ पैरों पर रखे, नीला चुप बैठी थी। न जाने वह अपनी बहन की कोई बात सुन भी रही या नहीं। चेतनाहीन, भावनाहीन-सी वह बैठी थी। बहाने से जब चेतन उसके पास जा बैठा तो नीला ने ठोढ़ी के बदले गाल अपने घुटनों पर टिका कर मुँह दूसरी ओर कर लिया। क्या नीला रो रही है ? चेतन का दिल धक-धक करने लगा। क्या नीला को इस शादी का दुख है, क्या उसके दिल के किसी कोने में अब भी अपने इस 'जीजा जी' के लिए प्रेम है ? और चेतन मन-ही-मन सान्त्वना-भरे, क्षमा-भरे, कुछ शब्द सोचने लगा। लेकिन तभी उसकी सास ने नीला को आवाज़ दी। (बरात आने वाली थी और उससे पहले किसी रस्म का पूरी होना निहायत ज़रूरी था)। नीला उठ कर आँगन में गयी तो रोशनी में चेतन ने देखा कि नीला के मुख पर रोने जैसा कोई चिन्ह नहीं। वहाँ दर्प की भी कोई भावना नहीं। राग-द्वेष, उल्लास-विषाद, सुख-दुख का कोई भाव वहाँ नहीं। कुछ अजीब-सी कठोर उदासीनता वहाँ आयी हुई है। चेतन विमूढ़-सा खड़ा रह गया।

तभी बाहर बरात के आने को शोर मचा और उसकी सास ने उसे बरात के स्वागत को जाने के लिए कहा।

०

बस्ती के एक ऐडवोकेट से माँगी हुई ब्यूक गाड़ी में दूल्हे के रूप में जो व्यक्ति मुँह पर सेहरा लगाये बैठा था, उसे देख कर न केवल चेतन को किसी प्रकार की ईर्ष्या नहीं हुई, बल्कि नीला के भाग्य और भविष्य पर उसका हृदय करुणा से भर आया।

क्या यही वे देवर महोदय हैं, जिनके गुण सुबह से गाये जा रहे थे ? बस्ती के एक दरवाज़े से बस्ती के दूसरे दरवाज़े के बाहर धर्मशाला तक (जहाँ बरात के ठहराने का प्रबन्ध था)। बरात के साथ जाते-जाते, उसके उतरने और नाश्ते आदि का प्रबन्ध करते-कराते चेतन ने इस मिलिट्री अकाउण्टेण्ट दूल्हे को हर कोण से देख लिया। गंजी होती हुई चाँद पर जवानी की यादगार के रूप में चन्द बाल, आँखों के नीचे बढ़ते हुए गड्ढे, उभरे हुए जबड़े, पिचके हुए कल्ले, (जहाँ हँसने से तो दूर, मुस्कराने ही से झुर्रियाँ पड़ जाती थीं) कृत्रिम दाँत और पैंतीस से चालीस को पहुँचती हुई उम्र — यह था वह 'लड़का,' जिसे श्रीमती प्रमिला देवी ने अनदेखे ही अपनी छोटी बहन के लिए सुरक्षित कर लिया था — इस डर से कि उस नायाब विभूति को कोई दूसरा न झटक ले जाय।

बरात को धर्मशाला में उतार कर जब चेतन घर पहुँचा तो उसने रसोईघर की चौखट

में खड़ी अपनी सास को अपनी बड़ी साली से कहते पाया :

'तुमने देखा न था लड़के को मीला ?'

चेतन की बड़ी साली ने आँखों में आँसू भर लिये। 'मुझे क्या पता था चाची कि इतनी उम्र है। वह तो बर्मा ही में था जब मैं ससुराल गयी, मुझे तो तस्वीर दिखायी गयी थी। पिता जी नीला की सगाई जल्दी करने पर ज़ोर दे रहे थे। ढाई सौ रुपया लड़के की तनखाह थी। मैंने रोक लिया।'

'बेचारी नीला!' चेतन की सास ने दीर्घ-निश्वास छोड़ा, 'वह तो बच्ची है अभी।'

अपनी सास के ये शब्द तीर की तरह चेतन के अन्तर में पैठ गये। उसके लिए वहाँ बैठना, नीला से आँखें मिलाना कठिन हो गया। वह फिर ऊपर चौबारे में चला गया और जा कर अनबिछे पलँग पर लेट गया। नीला के पिता ने जल्दी की और उसकी बहन ने अनदेखे, अनजाने (रिश्ते में अपने दूर के) देवर का महज़ चित्र देख कर उससे अपनी छोटी बहन की सगाई कर दी। लेकिन उनकी इस जल्दी की तह में था क्या! इलावलपुर की वह छोटी-सी घटना, जब नीला ने अपने इस डरपोक जीजा जी के बालों पर हाथ फेरते हुए, प्रेम प्रकट किया था! क्या वह इतना बड़ा दोष था ? इतना बड़ा पाप था कि उसको जीवन भर के लिए उस बूदम मिलिट्री अकाउण्टेण्ट से बाँध दिया जाय ? उसने क्यों नीला के पिता से वह सब कहा ? क्यों वह चुप न रहा ? उसे लगा, जैसे इस तरह नीला का गला घोंटने में सारा दोष उसी का है। आत्म-भर्त्सना से उसका गला भर आया। उसके सामने नीला और उसके दूल्हे का चित्र साथ-साथ आया और उसके जी में आयी कि जा कर नीला के सामने फ़र्श पर माथा पटक दे और उस समय तक न उठाये, जब तक वह उसे क्षमा न कर दे।

तभी उसने सुना कि चौबारे के बाहर दो स्त्रियाँ धीरे-धीरे मिसकोट कर रही हैं :

'लड़की का गला घोंट दिया बहन ने, ललतो की माँ। कुछ सुना तुमने, चालीस-पैंतालीस बरस का होगा दूल्हा।'

'और नीला तो अभी बच्ची है,' ललिता की माँ बोली।

'मैंने तो यह भी सुना, ललतो की माँ, कि यह तो उसकी तीसरी शादी है।'

'तीसरी!' ललिता की माँ आश्चर्य प्रकट कर रही थी कि किसी ने नीचे से आवाज़ दी — 'ललतो की माँ, छन्ने भरने जा रही हैं हम, आओ जल्दी।' और ललिता की माँ अपनी साथिन को साथ लिये नीचे चली गयी।

'तीसरी शादी!'....'तीसरी शादी'....ये दो शब्द बार-बार हथौड़े की निरन्तर चोटों की तरह चेतन के दिमाग़ को कूटने लगे और लेटा रहना उसके लिए कठिन हो गया। वह फिर उठा।

नीचे आँगन में मुहल्ले भर की स्त्रियाँ इकट्ठी हो रही थीं। रणवीर और चेतन की पत्नी रस्सी, डोर, मिट्टी के छन्ने (कूजे-कुल्हड़) लिये हुए छन्ने भरने के लिए चलने को तैयार थी। चेतन के नीचे उतरते-उतरते पास-पड़ोस की महिलाएँ रणवीर को आगे-आगे किये, नीला को झुरमुट में लिये, छन्ने भरने की रस्म पूरी करने कि लिए चल दीं। चेतन चुपचाप उनके पीछे हो लिया।

जब डोल भर का ऊपर आता तो उसे फिर कुएँ में उलटतीं, रणवीर को सतातीं, गातीं, हँसी-ठिठोली करतीं, बस्ती के विभिन्न कुँओं से छन्ने भरती हुई औरतें, बस्ती के दूसरे दरवाज़े के बाहर उस धर्मशाला की ओर मुड़ीं, जिसमें बरात उतरी थी तो चेतन उनके साथ नहीं गया, वह सीधा चलता गया। धर्मशाला के आगे की दो-एक दुकानें और लकड़ी के टाल पीछे रह गये। चेतन चलता गया, यहाँ तक कि वह खेतों में पहुँच गया। तब वह एक खेत की मेंड़ पर हो लिया।

तृतीया का चाँद रात के इस पहले पहर ही में क्षितिज की गोद में सो गया था। तारे अपनी टिमटिमाती हुई रोशनी से रात से बढ़ते हुए अँधेरे को भरसक दूर रखने का प्रयास कर रहे थे। खेतों की मेड़ों पर जहाँ-तहाँ उगे हुए शीशम के घने पेड़ अपनी सत्ता की सारी भव्यता और भयावहता का साथ प्रहरियों-से खड़े थे। चारों ओर निस्तब्धता छायी हुई थी। सिर्फ़ दायीं ओर पेड़ों के झुरमुट में रहँट निरन्तर रिरिया रहा था और दूर धर्मशाला में छन्ने भरती हुई औरतें गीत गा रही थीं। चेतन को लगा जैसे रहँट के रिरियाते संगीत में और उन औरतों के गानों में कोई अन्तर नहीं, वे भी जैसे उस रहँट ही की तरह रिरिया रही थीं। उनकी रूह का कोई तार जैसे उनके संगीत में ग़ायब था, सिर्फ़ रिवाज पूरा करने के लिए उनके होंट हिल रहे थे।

चेतन रहँट के पास ही पड़े हुए पुराने शीशम के तने पर बैठ गया। एक कुत्ता ज़ोर-ज़ोर से भौंक उठा, कोई चमगादड़ पंख फटफटाता हुआ ऊपर से गुज़र गया और फिर सन्नाटा छा गया। दूर धर्मशाला में औरतें छन्ने भर और इस बहाने नीला को दूल्हे के दर्शन कराके चली गयीं। लेकिन चेतन वहीं बैठा रहा और रहँट उसी तरह 'रीं, रीं' करता रहा।

पचहत्तर

'जीजा जी, जीजा जी!'

करवट बदल कर चेतन ने आँखें खोलीं। सामने के दरवाजे से नवोदित सूर्य की धूप सीधी उसकी आँखों में पड़ रही थी। वह जान न सका कि गहरी नींद से उसे यों झकझोरने वाला कौन है ? लेकिन दूसरे क्षण सूर्य की किरणों को सीधे चेतन के मुख पर पड़ने से रोकता हुआ उसका बड़ा साला रणवीर उसके सामने आ गया।

'जीजा जी, हुनर साहब आये हैं।'

'हुनर साहब!' चेतन ने व्यंग्य-भरी दृष्टि रणवीर के उल्लसित मुख पर डाली और करवट बदलते हुए कहा, 'तुम चलो रणवीर, मैं कुछ देर बाद आता हूँ।'

रणवीर आशा करता था कि हुनर साहब जैसे प्रसिद्ध कवि का नाम सुनते ही उसके जीजा जी उछल कर उठेंगे और उसके साथ नीचे को भाग चलेंगे, लेकिन चेतन की उदासीनता और उसकी दृष्टि के व्यंग्य को देख कर उसे कुछ ज़्यादा अनुरोध करने का साहस न हुआ।

'वे सुबह से आये हुए हैं। मैं पहले भी दो बार आपको बुलाने आया था, पर आप

तो जैसे घोड़े बेच कर सोये हुए थे। हमारे सामने के मकान की बैठक में हैं। आप वहीं जा जाइएगा!' एक ही साँस में यह सब जैसे चेतन की गर्दन के पिछले हिस्से को सुना कर रणवीर चलने को हुआ। लेकिन फिर कुछ रुक कर उसने इतना और कहा, 'हुनर साहब एक बहुत ही सुन्दर सेहरा लिख रहे हैं।'

'सेहरा' — चेतन मन-ही-मन हँसा। न जाने उस सेहरे की रचना में किस-किस कवि की रचना पर डाका पड़ेगा, न जाने वह (अभी लिखा जाने वाला) सेहरा पहले कितने दूल्हों और उनके सगे-सम्बन्धियों को प्रसन्न कर चुका होगा और उसके बल पर हुनर साहब ने कितनी जेबों को हल्का किया होगा ? रणवीर की आँखों में जो उल्लास और उसकी वाणी में जो उत्साह था, उसे देख कर चेतन को अपना उस समय का उल्लास और उत्साह याद हो आया, जब पहली बार हुनर साहब से उसकी भेंट हुई थी। मन-ही-मन रणवीर की मूर्खता पर दया-भाव से हँस कर उसने आँखें मूँद लीं।

o

चेतन सारी रात जागता रहा था। बरात के आने से ले कर विवाह-संस्कार के अन्तिम मन्त्र तक खोया-खोया-सा प्रत्येक रस्म को देखता रहा था। नीला के इस अनमिल विवाह पर उसे बेहद तकलीफ़ थी और यद्यपि वह अपने मन को कई तरह से समझा चुका था, लेकिन फिर भी दिल के किसी कोने में वह अपने आपको उसका दोषी समझता था। नीला जीते जी, उसके देखते-देखते क़ब्र में डाली जा रही थी और वह कुछ भी कर पाने में असमर्थ था — असमर्थ और नितान्त अवश! फिर ये बाजे, ये रस्में, ये गीत! जिस चीज़ ने उसकी मानसिक पीड़ा को और भी अधिक बढ़ा दिया था, वह यही गीत थे। उसने ज्यों ही दूल्हे को देखा था, उसके कानों में 'सोहाग' के वे बोल गूँज उठे थे, जो उसने घर में प्रवेश करते ही सुने थे :

चन्दन दे ओहले ओहले क्यों खड़ी , नी बेटी!
चन्दन दे ओहले
मैं ते खड़ी आँ बाबल जी दे कोल , बाबल वर लोड़िए।
नी बेटी ,
केहो जेहा वर लोड़िए ?
बाबल, ज्यों तारियाँ विच्चों चन्न, चन्ना विच्चों कान्ह, कन्हैया वर लोड़िए।[१]

साँझ को देर तक रहँट के पास बैठे रहने के बाद जब वह लौटा था तो घोड़ी की रस्म कभी की समाप्त हो चुकी थी और लग्न की तैयारियाँ हो रही थीं। दूल्हा वेदी के नीचे आ बैठा था, पण्डित जी हवन की आग सुलगा रहे थे और आँगन में वर और वधू पक्ष के लोग इकट्ठे हो चुके थे। चेतन चुपचाप जा कर आँगन की दीवार से पीठ लगा कर बैठ गया।

नीला का विवाह आर्य समाजी रीति के बदले सनातनी ढंग से हो रहा था। पण्डित

१. ए बेटी, तू चन्दन के पेड़ की ओट में क्यों खड़ी है ? मैं तो बाबल (पिता) के हुज़ूर में खड़ी हूँ क्योंकि मुझे वर चाहिए। ऐ बेटी, तुझे कैसा वर चाहिए ? ऐ पिता, जैसे तारों में चाँद और चाँदों में कान्हा, वैसे ही मुझे भी कन्हैया-सा वर चाहिए!

वेणीप्रसाद स्वयं आर्य समाजी विचारों के थे, किन्तु मध्यवर्गीय घरानों में प्रायः लड़की के पिता की मान्यताएँ वर अथवा उसके पिता के विचारों के अनुसार बदलती रहती हैं। वे तमाम रस्में, जिनका अभाव चेतन को अपने विवाह पर खटकता था, अपने तमाम गुण-दोषों के साथ यहाँ मौजूद थीं। भाँवरें भी सनातनी ढंग से हो रही थीं। जब गठरी-सी बनी नीला को दो बालिश्त घूँघट काढ़े वेदी के नीचे खारे पर बैठा दिया गया तो सामने बरामदे में बैठी हुई स्त्रियों ने गीत छेड़ दिया।

ओह दिन याद कर कान्हा....

कान्हा! और चेतन के ध्यान में फिर सोहाग के वे बोल गूँज उठे। 'कैसा कान्हा वर ढूँढा है नीला के लिए!' उसने मन-ही-मन कहा और एक व्यंग्यमयी मुस्कान उसके होंटों पर फैल गयी।....कौन लड़की है, जो चाँद-सा वर नहीं चाहती! लेकिन चाँद-सा वर क्या सभी को सुलभ है! उनकी बात तो दूर रही, जो स्वयं कुरूपा होने पर भी चाँद-सा वर चाहती हैं, पर उन युवतियों में से भी कितनों को ऐसा वर मिलता है, जो हर प्रकार से ऐसे वर के योग्य हैं। आये दिन कान्त-कामिनी युवतियाँ, मोटे, भद्दे, बदसूरत और फूहड़, लेकिन अमीर युवकों, अधेड़ों अथवा विधुरों से संग बाँध दी जाती हैं और ये अपढ़ स्त्रियाँ अपने गीतों में निरन्तर उन्हें 'कान्ह' और 'कन्हैया' बनाया करती हैं। क्या इनके आँखें नहीं ? क्या ये चुप नहीं रह सकतीं ? यदि लड़की का गला घोंटना ही अभीष्ट है तो क्या यह 'सत्कार्य' मौन रूप से नहीं हो सकता ? क्या इन बाजों-गाजों और बेचारी लड़की के जले हुए दिल को भी जलाने वाले इन गीतों के बिना काम नहीं चल सकता ? चेतन ने देखा, उन गाने वालियों में उसकी सास भी थी, जिसने साँझ ही को भरे हुए गले से कहा था — 'और नीला तो अभी बच्ची है ?' और वह पड़ोसिन भी थी, जो बोली थी, 'लड़की का गला घोंट दिया बहन ने, ललतो की माँ।' यन्त्र-चालित-सी वे इन घिसे-पिटे गीतों को भावना-रहित, निर्लिप्त भाव से गा रही थीं। उनके लिए जैसे इन गीतों का गाना विवाह के इस अनुष्ठान का एक अंग मात्र था।

और चेतन को यह सब सोचते-सोचते उन तमाम रस्मों से घृणा हो उठी — उन अन्धी-बहरी रस्मों से, जो भावनाहीन चक्की की तरह लोगों के दिल और जीवन कुचले जा रही थीं। क्या कभी ऐसा समाज न बनेगा, जो इन रस्मों से आज़ाद हो या जहाँ ये रस्में समय के अनुसार (क़ुर्बानियाँ चाहे बिना) अपना चोला बदलती रहें।

अपने मनोभावों का, उस तकलीफ़ का, जो उसके अन्तर में हर क्षण तीव्रतर हो रही थी, विश्लेषण करते-करते चेतन नीला की मानसिक स्थिति के बारे में सोचने लगा। वह क्या सोचती होगी ? ये गाने और रस्में उसके दिल पर कैसा असर डाल रही होंगी ? उसने आँख उठा कर नीला की ओर देखा। गठरी-सी बनी वह चुपचाप बैठी विवाह-संस्कार में योग दे रही थी। चेतन को लगा, जैसे वह मिट्टी का एक बड़ा-सा लौंदा बन गयी है और उसके अन्तर की बिजली सदा के लिए बुझ कर रह गयी है।

आँगन की दीवार से पीठ लगाये वह मन-ही-मन इसी प्रकार खौलता रहा था और विवाह की ज़ंजीर नीला के गिर्द क्षण-क्षण कसती गयी थी। वह बैठा रहा था और पण्डित ने अन्तिम मन्त्र पढ़ कर घर के बड़े भाई को बधाई दी थी और स्त्रियों ने अलसाये हुए कण्ठों से नया गाना छेड़ दिया था।

o

रणवीर के चले जाने के बाद चेतन ने फिर सोने का प्रयास किया। लेकिन उसकी मुँदी हुई आँखों के सामने रात की घटना अपने छोटे-से-छोटे ब्योरे के साथ घूमने लगी और उसके विशृंखल विचार और भी बिखर उठे।

अब, जब नीला सदा के लिए उससे बिछुड़ रही थी, चेतन को महसूस होता था कि वह उसे कितना चाहता है। बाह्य संयम, समाज के प्रतिबन्धों और नैतिकता के आवरण के नीचे दबा हुआ उसका हृदय घायल पक्षी की तरह छटपटा रहा था। वह गर्व, जो वह नीला के प्रेम को दबा कर, ठुकरा कर, सारी बात उसके पिता को बता कर, अनुभव किया करता था, उसे कोरी प्रवंचना लगता था। अपना वही कृत्य जिस पर, अपनी पत्नी के प्रति अपनी वफादारी के विचार से, उसे गर्व था, उसे घोर अपराध लगता था।

o

चेतन की नींद बिलकुल उड़ गयी। उसकी आँखें भी मुँदी न रह सकीं। उसने करवट बदल ली। दिन बहुत चढ़ आया था। रोशनी से कमरा जगमगा रहा था। नीचे खूब चहल-पहल थी। लेकिन वह उठा नहीं। वहीं लेटा चुपचाप शून्य में देखता रहा।

o

अगर वह नीला के पिता को सब बात न बताता —उसकी विचार-धारा ने एक दूसरा रुख पकड़ा तो करता भी क्या ? क्या वह चन्दा को छोड़ सकता था ? क्या नीला से विवाह कर सकता था ? और वह मन-ही-मन हँसा। उस आर्थिक, सामाजिक और नैतिक स्थिति में यह कब सम्भव था ? फिर यदि नीला का विवाह किसी सुन्दर, स्वस्थ, तरुण से होता तो क्या वह इतना दुख मनाता। तब उसका यही कृत्य जो पाप बन कर रह गया था, पुण्य हो जाता। बरात में उसका परिचय एक निहायत खूबसूरत और हृष्ट-पुष्ट लड़के के साथ हुआ था। उसका नाम था त्रिलोक और वह नीला के जेठ का लड़का था। चेतन ने सोचा, यदि नीला की शादी चचा से न हो कर भतीजे से हुई होती तो कितना अच्छा होता ? लेकिन त्रिलोक शायद किसी सम्पन्न किन्तु मूर्ख और कुरूप लड़की से ब्याहा जायेगा और चचा उस लड़की का पति बनेगा, जो कदाचित भतीजे के लिए उपयुक्त थी। और चेतन को लगा कि उसके, नीला के, त्रिलोक के, इस जर्जर मध्यवर्ग के तमाम स्त्री-पुरुषों के गिर्द रूढ़ि-ग्रस्त समाज की लौह-दीवारें खड़ी हैं। क्या इनकी चारदीवारी में घुट कर मरने वाले कभी स्वतन्त्र हो कर सुख की साँस न ले सकेंगे ?

बाहर गली में बाजे बजने लगे। बरात शायद खाना खाने के लिए आ रही थी। चेतन उठा। उँगलियों में उँगलियाँ डाल कर उन्हें चटकाते हुए उसने एक लम्बी अँगड़ाई ली। अपने उदास विचारों को सिर के एक झटके से दूर करने का प्रयास करते हुए वह बाहर निकल गया।

o

नहा-धो कर जब वह गली के चौक में गया तो बरात खाना खा चुकी थी और खादी का कुर्ता-धोती पहने, बड़ी अदा से हाथ में काग़ज़ लिये हुनर साहब खड़े थे। रणवीर ने बड़े गर्व-स्फीत शब्दों में उनकी कवित्व-शक्ति का परिचय दिया था और वे सेहरा पढ़ने वाले

थे। चेतन ने सोचा था कि सेहरा तब तक पढ़ दिया गया होगा। उसके जी में आया कि मुड़ जाये, लेकिन इस तरह आ कर चला जाना किसी को बुरा न लगे, इसलिए वह एक तरफ़ जा कर चुपचाप खड़ा हो गया।

सेहरा पढ़ने से पहले उन्होंने एक छोटा-सा भाषण देना आवश्यक समझा। बताया कि उनका ताल्लुक़ वर तथा वधू दोनों पक्षों से है। जन्म उन्होंने जालन्धर में लिया है, लेकिन जवानी के दिन उनके अमृतसर में बीते हैं। इसलिए यद्यपि वे वधू-पक्ष की ओर से आये हैं तो भी उन्हें अधिकार होता है कि वर का सेहरा पढ़ें। और इस तरह वर के साथ अपना नाता जोड़ कर उन्होंने सेहरा पढ़ना शुरू किया।

वही पुरानी तर्ज़ और वही पुराने विचार —सेहरे और दूल्हे की प्रशंसा में चाँद-तारों की उपमाएँ। हर शेर के बाद चेतन सोचता —क्या इस कवि को दिखायी नहीं देता कि दूल्हे के मुख से एक भी उपमा मेल नहीं खाती। रात महिलाओं के गीतों को सुन कर उसके दिल में क्रोध का जो बवण्डर उठा था, वह इस सेहरे को सुन कर फिर हरहरा उठा। तभी हुनर साहब ने उपस्थित जनों का ध्यान विशेष रूप से आकर्षित करते हुए शे'र पढ़ा :

ये तार हैं सेहरे के गर सीमी शुआएँ तो
अपने में है आरिज़ भी दूल्हे का महे-कामिल [१]

चेतन और न सुन सका। अधेड़ उम्र के इस गंजे विधुर को पूर्णिमा का चाँद कहना! चेतन को लगा कि न केवल सेहरा पढ़ने वाला अन्धा है, बल्कि सुनने वाले भी आँखों से कोरे हैं। उसका ध्यान सहसा रणवीर की ओर गया : विस्फारित नेत्र, सिर से पैर तक मानो कान बना वह खड़ा था। ऐसा लगता था जैसे हुनर साहब के मुखारविन्द से निकला हुआ प्रत्येक शब्द वह अमृत समान पी रहा है। चेतन ने चाहा जा कर दो थप्पड़ उस बूदम के मुँह पर जमा दे। सेहरा पढ़ने के लिए हुनर साहब को बुला लाया है! यदि कहीं उसकी अपनी बहन इस जैसे दूल्हे से ब्याही जाती, चेतन ने सोचा, तो वह सेहरे के बदले मरसिया पढ़ता फिर चाहे उसके पिता मार-मार कर उसकी चमड़ी ही क्यों न उधेड़ देते।

लेकिन उसने रणवीर से कुछ भी नहीं कहा। केवल मन-ही-मन उसे 'गधे' का खिताब दे कर और दाँतों में उसे 'गदहा' कह कर वह चुपचाप वहाँ से खिसक आया। नीला गठरी-सी बनी दालान के कोने में बैठी थी। सहानुभूति का एक अथाह सागर उसके लिए चेतन के हृदय में ठाठें मार उठा। वह उसके पास पड़ी हुई लोहे की कुर्सी पर जा बैठा, लेकिन नीला ने उसकी ओर आँख उठा कर भी नहीं देखा। वह बैठी रही और पाँव के अँगूठे से धरती पर बे-नाम की शक्लें बनाती रहीं।

चेतन नीला से कुछ कहना चाहता था। पर क्या कहे, उसे सूझ न पा रहा था। वह चुपचाप बैठा रहा और नीला ही की तरह पाँव के अँगूठे से धरती पर बे-नाम सी शक्लें बनाने लगा।

सहसा बाहर ज़ोर-ज़ोर से बाजे बज उठे। शायद हुनर साहब ने सेहरा खत्म कर दिया था और बरात वापस जाने को तैयार थी। तभी बाहर आँगन में चेतन को अपनी बड़ी साली के दो शब्द सुनायी दिये, 'चले आओ इधर त्रिलोक, यह रही इधर तुम्हारी चाची।'

१. सेहरे के तार यदि चाँद की किरणें हैं तो वर का मुख पूर्णमासी का चाँद है।

दूसरे क्षण हँसता-लजाता त्रिलोक दालान की चौखट में आ खड़ा हुआ। चेतन उसके लिए कुर्सी छोड़ कर अलग हो गया।

'नीला, यह है त्रिलोक, तेरे जेठ का लड़का।'

चेतन की दृष्टि उस नवयुवक पर गयी। गोरा-चिट्टा, स्वास्थ्य से दग-दग करता चेहरा। हँसता तो दोनों गालों में गढ़े पड़ जाते। पंच-शर-हस्त मदन-सा सुन्दर! फिर उसने नीला की ओर देखा —रति क्या इससे ज़्यादा रूपवती होगी ?

तभी त्रिलोक ने कहा, 'चाची जी नमस्ते!'

नीला ने आँख उठा कर देखा। चेतन को लगा जैसे क्षण भर के लिए नीला की दृष्टि त्रिलोक के मुख पर रुकी, उसका पीला-सा मुख लाल हो उठा और उस अँधेरे में उसकी उदास आँखों में एक अज्ञात-सी चमक कौंध गयी।

छिहत्तर

साडा चिड़ियाँ दा चम्बा वे
बाबल असाँ उड़ जाना।
साडी लम्बी उडारी वे
खबरे किस देस जाना ?

आधी रात के सन्नाटे में यह करुण गीत, जैसे किसी दूरस्थ प्रदेश से आ कर निरन्तर चेतन के कानों में दर्द उँडेल रहा था। उसका गला भरा आ रहा था और आँखें आर्द्र हो चली थीं।

०

नीला की शादी हो गयी थी। चेतन अपनी पत्नी को वापस जालन्धर ले आया था। यद्यपि चन्दा इतने दिनों के बाद उससे मिली थी और यद्यपि आकाश पर बादल रिमझिमा रहे थे और ऋतु अत्यन्त सलोनी और सुहानी हो आयी थी, लेकिन जब वह उसके साथ बरसाती के एकान्त में, एक ही चारपाई पर सोया तो उसके मन में ज़रा भी प्यार न जगा। उसकी बाँह पर अपना सिर रखे, उसके गदराये, गर्म वक्ष से लगा वह चुपचाप छत की ओर देखता रहा था। चन्दा ने एक-दो बार बात चलाने का प्रयास भी किया, पर चेतन के संक्षिप्त उत्तरों ने उसे हतोत्साह कर दिया था। इस एक-डेढ़ वर्ष के साहचर्य के बावजूद चन्दा कभी प्यार में पहल न कर पायी थी। वह कई दिनों की थकी हुई थी, इसलिए चेतन की उदासीनता ने उसके शरीर में सोयी हुई नींद उसकी पलकों में भर दी थी। और वह शिमले के बारे में चेतन से बातें पूछते-पूछते सो गयी थी।

०

उसका इस तरह सो जाना चेतन को बुरा लगा था, लेकिन उसका ध्यान उस समय अपने अथवा अपनी पत्नी के मानापमान की ओर न था। उसके सामने तो नीला की विदाई का दृश्य बार-बार आ रहा था और उसके कान निरन्तर सुन रहे थे —वही मधुर करुण गीत :

साडी लम्बी उडारी वे, खबरे किस देस जाना।

लम्बी उड़ान! कितनी लम्बी!! कहाँ जालन्धर और कहाँ रंगून ? न जाने सदियों पहले अपने मायके और सहेलियों से दूर, अपनी ससुराल में बैठी किस दुखिनी की भावनाएँ इस करुण गीत में फूट पड़ी थीं। सदियाँ बीत गयीं, पर उस दुखिनी की परवशता उसी प्रकार बनी हुई है।

चेतन सोचता था, इस गीत को सुन कर नीला के दिल पर क्या बीत रही होगी ? कितना पूरा उतरता था उसकी स्थिति पर गति :

साडी लम्बी उडारी वे....

०

बाहर वर्षा थम गयी थी। चेतन उठ कर छत पर चला आया। बादल छँट कर आसमान पर बहे जा रहे थे। हल्की-हल्की हवा चल रही थी। दूर, सामने के मकान की ओट में छिपा हुआ पंचमी का चाँद अपनी मन्द ज्योत्सना से काली छत को बादलों की बराबरी करने से रोक रहा था। चेतन के देखते-देखते रजत वक्र-सींग की नोक-सी, छत के ऊपर बादल से बाहर निकलने लगी। आकाश में कई जगह फटे हुए मेघों में नीलिमा चमक उठी, नीचे के अन्धकार में सोये-खोये-से मकानों की रेखाएँ उभर आयीं। धीरे-धीरे वह वक्र-सींग बाहर निकल आया, कुछ क्षण तक बहते हुए बादलों पर तैरता रहा, फिर शायद कोई भयानक काला बादल चढ़ दौड़ा और वह रजत सींग जैसे एक ओर से निकला था, वैसे ही दूसरी ओर से बढ़ती हुई उस कालिमा में डूब गया। मकान की छत फिर बादलों की बराबरी करने लगी। मकानों की रेखाएँ फिर तिमिर के उस बढ़ते सागर में डूब गयीं।

चेतन कुछ क्षण छत पर चक्कर लगाता रहा, फिर सीमेण्ट की ठण्डी गीली शहनशीन पर बैठ गया। बायीं ओर मकानों की छतों के ऊपर दिखायी देता हुआ 'बरने पीर' का नीम एक बड़ा-सा स्याह धब्बा बन कर रह गया था। चेतन निर्निमेष उस धब्बे की ओर देखता रहा, फिर उसी धब्बे पर नीला के विवाह की तमाम घटनाएँ अपने छोटे-से छोटे ब्योरे के साथ चित्रित हो उठीं।

०

त्रिलोक के प्रति नीला की आँखों में जो चमक पैदा हुई थी, उसने चेतन के मन में अज्ञात रूप से कहीं एक छोटा-सा ईर्ष्या का अंकुर उपजा दिया था और रात होते-न-होते उस अंकुर ने एक पेड़ का आकार धारण कर लिया था।

दिन भर चेतन उखड़ा-उखड़ा-सा घूमता रहा था। अपने सहपाठी मित्रों को उसने उनके घरों से जा खोद निकाला था और उनकी संगति में किसी-न-किसी तरह वक़्त का गला घोंट कर वह शाम को अपने चौबारे में जा लेटा था।

जब बरात खाना खाने आयी थी तो वह अस्वस्थता का बहाना करके वहीं लेटा रहा था।

लेकिन जब बरात जाने लगी थी और बाजे बजने लगे तो उसके लिए वहाँ लेटे रहना कठिन हो गया था। उठ कर वह आँगन की मुँडेर पर जा बैठा और जब नीचे आँगन में उसने त्रिलोक की आवाज़ सुनी तो उसका दिल धक-धक करने लगा।

नीचे चची और जठीए (जेठ के लड़के) में क्या बातें हुई, यह चेतन नहीं जान सका, लेकिन जब त्रिलोक चला गया तो चेतन वह सब जानने के लिए आतुर हो उठा। अपनी छोटी साली शीला को अपने 'जीजा जी' के लिए पानी का गिलास लाने का आदेश दे कर वह फिर अन्दर चारपाई पर जा लेटा था। जब शीला गिलास ले आयी तो उसने एक घूँट भर कर गिलास को सिरहाने के ताक में रख दिया और अपनी उस नन्ही-मुन्नी साली को गोद में ले कर पूछा : 'नीचे कौन आया था शीलो!'

और भोली-भाली शीला ने अपने जीजा जी की प्यार भरी गोद में बैठे-बैठे सब कुछ बता दिया था कि, 'और कौन आता, त्रिलोक आया था। नीला बहन से मज़ाक़ करता रहा। बेचारी नीला लजा-लजा कर रह गयी, लेकिन उसे शर्म न आयी।'

और अपने जीजा जी के गले में बाँहें डाल कर उसने कहा, 'आप तो बड़े बीबे[१], हैं जीजा जी, पर त्रिलोक बड़ा गोला[२] है।'

'क्या मज़ाक़ किये त्रिलोक ने तुम्हारी बहन से, शीलो ?'

पर शीलो बेचारी इस बारे में अपने जीजा जी को कुछ न बता सकी। चेतन ने अन्दर-ही-अन्दर त्रिलोक की इस आदत पर जल कर अपनी साली को गोद से उतार दिया और अनमना-सा लेट गया।

त्रिलोक के प्रति यह जलन कैसी ? निमिष भर के लिए चेतन के मन में खयाल आया था कि उसे नीला के पति के प्रति क्यों ईर्ष्या न हुई, जिसने नीला का सब कुछ हथिया लिया था, उसके इस भोले-भाले तरुण भतीजे के प्रति क्यों हुई ?

लेकिन इस प्रश्न पर विचार करके उसका ठीक उत्तर ढूँढ सके, ऐसी स्थिति चेतन के मन की न थी! नीला का पति कुरूप था और चेतन के हृदय में यह सत्य अज्ञात रूप से छिपा हुआ था कि नीला अपने तन को भले ही अपने पति के चरणों पर रख दे, उसका मन उसे कभी न मिलेगा। वह मन उसके जीजा जी का ही रहेगा, चेतन को इस बात का विश्वास था। और उन मिलिट्री अकाउण्टेण्ट के प्रति ईर्ष्या के बदले एक दया का भाव उसके मन में विद्यमान था।

और यह त्रिलोक, इसने उस विश्वास को डिगा दिया था, और नीला के तन और मन दोनों से वंचित हो जाना शायद चेतन के अहम् को प्रिय न था। वह बेचैनी से निरन्तर करवटें बदलता रहा था।

रात को चन्दा उसे स्वयं खाना खिलाने आयी थी और उसने चेतन को बताया कि सुबह ही नीला विदा हो जायेगी। वर को शीघ्र ही अपनी नौकरी पर जाना है, इसलिए तीन से अधिक 'रोटियाँ'[३] वे लोग नहीं चाहते, सुबह नाश्ते के बाद ही वे नीला को विदा कराके ले जायेंगे। चन्दा ने उससे यह भी प्रार्थना की थी कि उसकी तबियत ज़्यादा खराब न हो तो नीला की विदाई के समय उसको अवश्य नीचे जाना चाहिए। गौना साथ ही दिया जा रहा था, इसलिए चन्दा ने उसे बताया था कि पहले नीला सुबह ही विदा हो कर बरात के

१ बीबा —अच्छा.
२. गोला —बुरा.
३. दावतें.

अड्डे (धर्मशाला) में जायेगी। फिर जब बरात नाश्ते को आयेगी तो साथ ही उसे भी लेती आयेगी और दस बजते-बजते दूसरी और अन्तिम विदाई हो जायेगी। चन्दा ने पाँच रुपये भी उसके सिरहाने रख दिये थे कि विदाई के समय वह नीला के हाथ में रख दे।

चेतन ने कुछ उत्तर न दिया था। रुपये उसने अपने तकिये के नीचे रख लिये थे और चुपचाप लेटा रहा था। तब चन्दा ने पूछा था : 'क्या आपकी तबियत कुछ ज़्यादा खराब है ?'

'नहीं-नहीं, कोई ऐसी बात नहीं, मैं दे दूँगा शगुन के रुपये!' और चन्दा आश्वस्त हो कर नीचे चली गयी थी।

o

लेकिन चेतन की तबियत दरअसल खराब थी। तन से न सही, मन से वह अस्वस्थ था। वहीं लेटे-लेटे एक बार फिर उसके सामने इलावलपुर की वह घटना घूम गयी। किस तरह उसकी बीमारी की खबर सुनते ही नीला उसकी सेवा-सुश्रूषा में आ जुटी थी, उन चार-छै दिनों में वह कितना उसके समीप आ गयी थी। लेकिन अब.... ? वह कितना भी बीमार क्यों न हो जाय, वह न आयेगी। चेतन का जी चाहा, वह सचमुच बीमार पड़ जाय, मरणासन्न हो जाय। वह मर रहा है, यह सुन कर तो वह एक बार ज़रूर आयेगी। मर कर वह अपने उस पाप का प्रायश्चित कर देगा जो उसने अनजाने ही नीला की ज़िन्दगी तबाह करने में किया था। तब उसकी विकृत और अस्वस्थ कल्पना के सामने उसकी मृत्यु का दृश्य भी घूम गया — वह मर रहा है, चन्दा उसके सिर को गोद में लिये बैठी है। उसकी सास, उसकी माँ, उसके भाई — सब आँखों में आँसू भरे उसके आस-पास बैठे हैं। बाहर बाजे बज रहे हैं। नीला को जाना है। वह रुक नहीं सकती। उसके मिलिट्री अकाउण्टेण्ट पति मिलिट्री के नियन्त्रण से बँधे हैं। उन्हें रंगून पहुँचना है। उनकी नव-परिणीता पत्नी के 'जीजा जी' की बीमारी या मौत, कुछ भी उन्हें नहीं रोक सकता। जाने से पहले नीला क्षण भर के लिए आती है। अपने जीजा जी को मरणासन्न देख कर दो आँसू आप-से-आप उसके गालों पर ढुलक आते हैं। फिर वह चुपचाप उसके चरणों को छू कर, मुँह फेर कर, भाग जाती है।

नीचे आँगन में किसी ने उसकी पत्नी का नाम ले कर पुकारा था। चेतन की कल्पना का तार झन से टूट गया था। अपनी इस मूर्खता पर वह ज़ोर से हँस पड़ा था।

लेकिन उसकी हँसी ज़्यादा देर उसके होंटों पर नहीं रही। उसकी आँखों के सामने से अचानक एक पर्दा उठ गया था। अपना वास्तविक नग्न रूप उसके सामने आ गया था। वह नीला को चाहता है। इस डेढ़ वर्ष के वैवाहिक जीवन के बावजूद चाहता है। उसकी उदास मुस्कान, उसकी उन्मन दृष्टि, उसके पीले मुख, उसके शरीर के एक-एक अंग को उसी शिद्दत से चाहता है, जिस शिद्दत से उसने उसे उस दिन चाहा था जब वह अपनी भावी पत्नी को देखने बस्ती ग़ज़ाँ आया था और उसने नीला की चंचल सूरत देखी थी। उसकी चाहना और उसकी शिद्दत में ज़रा भी तो कमी नहीं आयी थी। बुद्धि, धर्म, नैतिकता, समाज, विवाह — ये सारी दीवारें, जो यथार्थ में उसकी चाहना को घेरे थीं, कल्पना में गिर गयी थीं और उसके प्रेम की लौ, जिसे फ़ानूस की बिल्लौरी दीवार ने धुँधला कर रखा था, उसके टूट जाने पर

अपनी पूरी आब-ताब से चमक उठी थी।

....चेतन ने बेचैनी से करवट बदली।

और उसकी रात करवटें बदलते गुज़र गयी थी दूर किसी मुर्ग़ ने सुबह की अजान दी जब उसका मस्तिष्क थक कर सो गया था।

o

सुबह जब वह जगा था तो बरात नाश्ता कर के जा चुकी थी। नीला की पहली विदाई हो चुकी थी और वह दूसरी और अन्तिम बार जाने को तैयार थी।

'जीजी जी उठिए, जीजा जी उठिए!' शीला के निरन्तर झकझोरने से वह उठा था और यद्यपि उसने, 'चलो, मैं आता हूँ शीलो' कह कर फिर लेटने का प्रयास किया था, लेकिन शीला ने उसे सोने न दिया था, 'चन्दा बहन ने आपको बुलाया है,' उसने उसे फिर झकझोरा था, 'नीला जा रही है!'

वह उठ कर बैठ गया था और शीला नीचे भाग गयी थी। लेकिन चेतन नीचे न गया था। मन में उसने निश्चय कर लिया था कि जब नीला लम्बा-सा घूँघट निकाले अपने बड़े भाई या चाचा की गोदी में बैठ, अपने वर के पीछे-पीछे जा कर ताँगे में बैठ जायेगी तो वह बिना उससे आँखें मिलाये उसके हाथ में पाँच रुपये का नोट शगुन-स्वरूप दे आयेगा।

न जाने क्यों, न जाने कहाँ से, एक अज्ञात क्रोध उसके मन में आ कर बैठ गया था। वह सोचता भी था, वह किससे रूठा हुआ है ? नीला से ? उससे रूठने का उसे क्या अधिकार है ? इसका उत्तर उसे न मिला था। लेकिन उत्तर न पा कर उसके मन का क्रोध कम न हुआ था और न वह वहाँ से हिला ही था।

अभी शीला को गये चन्द ही मिनट हुए होंगे कि चन्दा भागी-भागी ऊपर आयी, 'चलिए भी! आप अभी तक यहीं बैठे हैं।'

'तुम घबराओ नहीं,' चेतन ने अपनी पत्नी को आश्वासन देते हुए कहा था, 'मैं जा कर नीला को शगुन दे आऊँगा। अभी मेरे सिर में चक्कर आ रहे हैं।'

'आपकी तबियत खराब है तो आराम कीजिए,' चन्दा घबरा गयी थी, 'क्या करूँ, इतना काम है नीचे कि आपके पास बैठ नहीं पायी। नीला की विदाई हो जाय तो आपके सिर में तेल मल दूँगी। लाइए, रुपये दे दीजिए, आपकी ओर से मैं ही शगुन दे दूँगी।'

लेकिन चेतन को यह स्वीकार न था। नीला से चाहे उसका साक्षात्कार न हो, लेकिन वह उसकी अन्तिम झलक अवश्य पा लेना चाहता था, चन्दा को तसल्ली देते हुए बोला, 'नहीं नहीं, कोई ऐसी बात नहीं। तुम चलो, मैं आता हूँ।'

और चन्दा के जाने के बाद वह इस बात की प्रतीक्षा करने लगा कि कब बाजे बजने लगें, कब नीचे औरतें नीला को ले कर गाती हुई चलें तो वह भी नीचे उतर कर उनके पीछे-पीछे हो ले।

तभी बाजे बजने लगे और स्त्रियों ने गीले, भारी स्वर में गाना शुरू किया :

साडा चिड़ियाँ दा चम्बा वे
बाबल असाँ उड़ जाना

साडी लम्बी उडारी वे
खबरे किस देस जाना ?

चेतन के जी को कुछ होने-सा लगा था। उसे अपने आप पर क्रोध हो आया था। क्यों उसने चन्दा को रुपये न दे दिये ? उसका जी कहीं भी जाने को न चाहता था। वह तो चाहता था, वहीं लेटा रहे और इतने दिन से मन में होने वाली तकलीफ़ को आँखों के रास्ते बहा दे।

क्षण भर को वह फिर लेट गया। जब बाजे दूर चले जायेंगे तब वह उठेगा, उसने मन-ही-मन सोचा और करवट बदली। लेकिन तभी सीढ़ियों में उसे गहनों में लदी नीला छम-छम करती हुई आती दिखायी दी।

चेतन उठ कर बैठ गया। उसका दिल धक्-धक् करने लगा।

नीला चौखट में आ कर खड़ी हो गयी। दोनों हाथ बाँध कर मस्तक तक ले जाते हुए उसने लगभग आर्द्र स्वर में कहा, 'जीजा जी नमस्ते, मेरी भूल-चूक क्षमा कर दीजिएगा।'

वह तेज़ी से मुड़ने की थी कि चेतन ने उठ कर उसका हाथ थाम लिया। उसके क्रोध, ईर्ष्या, दर्द की चट्टानें जैसे नीला के एक ही वाक्य से पानी-पानी हो कर बह चलीं।

'नीला, मुझे माफ़ कर दो, मैंने सचमुच तुम्हारा बड़ा अपराध किया है।' और वह उसके चरणों में झुक गया!

'जीजा जी, आप क्या करते हैं!' नीला ने उसे कन्धों में थामा, और फिर पीठ मोड़ कर वह सिसकी को दबाती हुई नीचे को भाग गयी।

o

बादलों की नयी तहें आकाश पर छा गयी थीं। पंचमी के चाँद की ज्योत्स्ना गहरे अन्धकार में जा छिपी थी। मकान, उनकी छतें, बरसातियाँ और बरने पीर का नीम —सब अँधेरे का अंग बन गये थे। एक-दो बूँदें चेतन की नाक पर गिरीं। उसके विचारों का क्रम टूट गया। गीली शहनशीन पर बैठे-बैठे उसकी कमर दुखने लगी। वह उठा और अन्दर बरसाती में चला गया।

चन्दा गहरी नींद सो रही थी। चेतन चुपचाप उसके साथ जा लेटा। यौन-सम्बन्ध पर कविराज का उपदेश उसके कानों में गूँज उठा। उसे अपना प्रण भी याद आया और वह मन-ही-मन हँस दिया। कहाँ है उसका वह प्रण, उसकी वह वासना, उसकी नसों में तरल आग का वह सैलाब ? उसकी पत्नी उसके पास लेटी है, उसका गर्म गदराया शरीर उसके शरीर के साथ सटा हुआ है, लेकिन पास-पास लेटे हुए भी उसे लगता है, जैसे वे एक-दूसरे से कोसों दूर हैं, जैसे एक अभेद्य, अदृश्य दीवार उन दोनों के बीच खड़ी है।

वहीं लेटे-लेटे अन्धकारमय-शून्य में उनींदी आँखों से तकते-तकते चेतन को लगा कि यह दीवार उसके और उसकी पत्नी के बीच ही नहीं, नीला और त्रिलोक के मध्य ही नहीं, बल्कि इस परतन्त्र देश के सभी स्त्री-पुरुषों तरुण-तरुणियों, वर्गों और जातियों के मध्य ऐसी ही अगनित दीवारें खड़ी हैं —कविराज में और उसमें, उसमें और जयदेव में, जयदेव में और यादराम में —इन दीवारों का कोई अन्त नहीं। उस तिमिराच्छन्न सन्नाटे में चेतन

ने अगणित प्राणियों की मूक सिसकियाँ सुनीं, जो इन दीवारों में बन्द थे और निकलने की राह न पा रहे थे। इन दीवारों की नींव कहाँ है ? ये कब गिरेंगी ? बार-बार सोचने पर भी चेतन किसी नतीजे पर न पहुँच सका। परेशान हो कर वह उठा और चुपचाप घूमने लगा।

०

बाहर ज़ोर-ज़ोर से वर्षा होने लगी और आँगन के जँगले पर पड़ी हुई टीन की चादरें वर्षा के निरन्तर थपेड़ों से क्रन्दन कर उठीं।

☒☒☒

जीवन परिचय

हिन्दी के सर्वाधिक विवाद-ग्रस्त, समर्पित और जीवन्त रचनाकार उपेन्द्रनाथ 'अश्क' एक क्रियाशील रचनाकार के रूप में ही नहीं, वरन एक सजग और निष्ठावान व्यक्ति के रूप में भी प्रसिद्ध थे। अपनी प्रखर चेतना और निर्भीक वाणी के माध्यम से अश्क ने, साहित्यिक और साहित्येतर, अनेक मोर्चों पर लड़ाइयाँ लड़ीं और बाद में आने वाले लेखकों से अश्क का गहरा सम्पर्क रहा। अश्क ने न केवल एक पूरी-की-पूरी पीढ़ी को प्रभावित किया, बल्कि अपने समकालीन और नये लेखकों को बेहतर लिखने के लिए प्रेरित भी किया। यदि कहा जाय कि आधुनिक हिन्दी साहित्य में अश्क एक सक्रिय, समर्पित, सजग और जीवन्त रचनाकार के रूप में विद्यमान रहे तो अतिशयोक्ति न होगी। अपनी प्रतिभा और श्रम के प्रति ही नहीं, सहयोगी रचनाकारों की प्रतिभा और श्रम के प्रति भी अश्क की-सी सजगता, निष्ठा और आदर विरले ही मिलता है।

अश्क का जन्म १४ दिसम्बर, १६१० ई. को जालन्धर (पंजाब) के एक निम्न-मध्यवर्गीय ब्राह्मण कुल में हुआ। उनका बचपन और युवावस्था अभावों और विपन्नता में बीती और उनका सामाजिक परिवेश तथा उनके माता-पिता के परस्पर विरोधी स्वभाव, उनके संवेदनशील मन-मस्तिष्क पर अमिट छाप छोड़ गये और इसी परिवेश तथा परिवार ने बाद को चल कर भारतीय मध्यवर्ग के सच्चे और व्यापक चित्रण के लिए अश्क को अत्यन्त महत्त्वपूर्ण सामग्री तथा इस सामग्री की अभिव्यक्ति के लिए उपयुक्त मिज़ाज भी दिया। जहाँ अश्क ने पिता से महत्त्वाकांक्षा और उसे पूरा करने के लिए अनथक श्रम करना सीखा, वहीं माँ से तकलीफ़ को साहस और गरिमा से सहन करना और ज़िन्दगी को नैतिक मानदण्डों के अनुसार चलाना।

अश्क की प्रारम्भिक शिक्षा घर पर और साईंदास ऐंग्लो संस्कृत हाईस्कूल में हुई। डी.ए.वी. कॉलेज, जालन्धर से बी.ए. करने के बाद अश्क, जिनका प्रथम विवाह १६३२ में शीला देवी के साथ हुआ, छह महीने तक अध्यापन-कार्य करने के बाद लाहौर चले गये, जहाँ वे तीन वर्षों तक लाला लाजपतराय के दैनिक 'वन्दे मातरम्' तथा उर्दू के अन्य दैनिक-साप्ताहिक समाचार-पत्रों में संवाददाता, अनुवादक तथा सह-सम्पादक के रूप में कार्य करते रहे। इसी बीच प्रशासनिक प्रतियोगिताओं में भाग लेने के उद्देश्य से अश्क

ने १९३४ में क़ानून में प्रवेश लिया और प्रथम क्षेणी में विशेष योग्यता ले कर उत्तीर्ण हुए।

क़ानून के दूसरे वर्ष में ही शीला देवी को यक्ष्मा हो गया और इधर १९३६ में अश्क ने परीक्षा पास की, उधर शीला देवी का देहान्त हो गया। अपने पीछे वे एक पुत्र छोड़ गयीं। अश्क के जीवन पर इस घटना का गहरा प्रभाव पड़ा और उन्होंने प्रशासनिक प्रतियोगिताओं अथवा वकालत का ख़याल छोड़ दिया, क़ानूनी किताबों को त्याग दिया और एक लेखक के रूप में अपनी नियाते को पहचान लिया।

अश्क ने बहुत छोटी उम्र से ही लिखना शुरू कर दिया था—उनकी पहली रचना १९२६ में प्रकाशित हुई थी। यद्यपि उनकी प्रारम्भिक रचनाएँ उनकी मातृभाषा पंजाबी में लिखी गयीं, लेकिन शीघ्र ही अश्क उर्दू में लिखने लगे और १९३६ में वे उर्दू कथाकारों की अग्रणी पंक्ति में थे। उनका पहला कहानी-संग्रह छात्रावस्था के दौरान ही १९३१ में प्रकाशित हुआ था और इस उभरते हुए कथाकार की ओर आकृष्ट हो कर प्रेमचन्द ने १९३३ में उनके दूसरे कहानी-संग्रह की भूमिका लिखी, लेकिन १९३६ से १९३९ के बीच अश्क के जीवन में शीला देवी के देहान्त से दुर्घटनाओं का जो सिलसिला आरम्भ हुआ, उसने जीवन और साहित्य के प्रति अश्क के दृष्टिकोण में क्रान्तिकारी परिवर्तन ला दिया और अश्क ज़िन्दगी को उसकी कठोर यथार्थता में देखने के बाद एक पूर्णतः परिवर्तित व्यक्तित्व के रूप में उभरे, जिसने अपने काल्पनिक और वायवी स्वर्ग को तिलांजलि दे दी थी। कल्पना-प्रधान रूमानी कहानियाँ लिखना छोड़ कर अश्क ने चारों ओर फैले विराट जन-समुदाय के जीवन और दुख-दर्द को चिन्तित करने का संकल्प किया।

इसी दौर में अश्क का सम्पर्क कृशन चन्दर और राजेन्द्र सिंह बेदी जैसे कथाकारों से हुआ, जिनसे उनके अत्यन्त घनिष्ठ आत्मीय सम्बन्ध बन गये। इसके साथ ही वे उदयशंकर भट्ट, हरिकृष्ण प्रेमी, चन्द्रगुप्त विद्यालंकार और माखनलाल चतुर्वेदी जैसे हिन्दी साहित्यकारों के सम्पर्क में भी आये और उन्होंने हिन्दी में लिखने का निश्चय किया। दो-ढाई वर्ष के स्वतन्त्र लेखन के उपरान्त अश्क १९३९ में 'प्रीत लड़ी' के हिन्दी-उर्दू संस्करणों का सम्पादन करने प्रीतनगर (अमृतसर) चले गये। १९४१ में कृशन चन्दर के आमन्त्रण पर अश्क ऑल इण्डिया रेडियो में हिन्दी सलाहकार और नाटककार के रूप में दिल्ली चले आये, जहाँ मण्टो, ख़्वाजा अहमद अब्बास, फ़ैज़ अहमद फ़ैज़, मीराजी और राशिद तथा जैनेन्द्र, अज्ञेय, डॉ. नगेन्द्र, विष्णु प्रभाकर, शिवदान सिंह चौहान, भगवती प्रसाद बाजपेयी, बनारसीदास चतुर्वेदी और गिरिजा कुमार माथुर जैसे हिन्दी-उर्दू के अग्रगण्य लेखकों से उनका सम्पर्क और अधिक गहरा हुआ। इतने सारे जीवन्त और मूर्धन्य लेखकों के एकत्र होने का प्रभाव अश्क पर भी पड़ा और उन्होंने अपने साहित्यिक जीवन के दूसरे उर्वर काल में प्रवेश किया और एक के बाद एक उत्कृष्ट कहानियाँ और नाटक लिखे, साथ ही अपना सुप्रसिद्ध बृहद् उपन्यास—'गिरती दीवारें'—भी ख़त्म किया।

१६४१ में अश्क ने अपनी दूसरी पत्नी से अन्ततः सम्बन्ध-विच्छेद करके तीसरा विवाह कौशल्या जी के साथ किया।

१६४४ में रेडियो की नौकरी छोड़ कर अश्क जी ने छह महीने 'सैनिक समाचार'' के हिन्दी संस्करण का सम्पादन किया। फिर वे जनवरी १६४५ में पटकथा और संवाद-लेखक के रूप में फ़िल्मिस्तान (बम्बई) में चले गये। फ़िल्मिस्तान में अश्क ने शशधर मुखर्जी और निर्देशक नितिन बोस के साथ काम किया–संवाद, पटकथा और गीत लिखने के अलावा उन्होंने दो फ़िल्मों में अभिनय भी किया : 'मज़दूर'–जिसके निर्देशक नितिन बोस थे और 'आठ दिन'–जिसका निर्देशन अशोक कुमार ने किया। 'मज़दूर' के लिए लिखे गये अश्क के संवाद १६४५ के सर्वश्रेष्ठ संवाद माने गये। दो वर्षों के बम्बई प्रवास में अश्क 'इप्टा' (भारतीय जन नाट्य मंच) के सम्पर्क में भी आये और उन्होंने अपना सुप्रसिद्ध नाटक 'तूफ़ान से पहले' लिखा। इस नाटक को प्रसिद्ध अभिनेता बलराज साहनी ने 'इप्टा' के मंच पर प्रस्तुत किया। हिन्दू-मुस्लिम एकता पर लिखे गये इस नाटक पर उसी समय ब्रिटिश सरकार ने प्रतिबन्ध लगा दिया। यद्यपि साहित्य-सृजन करने के साथ-साथ अश्क पटकथा, संवाद और गीत लिखते रहे, फ़िल्मों में अभिनय भी करते रहे, लेकिन उन्हें जल्द ही यह महसूस हुआ कि फ़िल्मी दुनिया उनका क्षेत्र नहीं है। तभी, जब अश्क फ़िल्मों से सम्बन्ध तोड़ने की सोच रहे थे, वे अस्वस्थ हो गये और चिकित्सकों ने यक्ष्मा का निदान किया। शुरू १६४७ में अश्क जी पंचगनी के बेल एयर सैनेटोरियम में भर्ती हुए, जहाँ लगभग दो वर्षों तक ये यक्ष्मा से संघर्ष करते रहे।

अपेक्षाकृत रोग-मुक्त होने के बाद अश्क जी इलाहाबाद आये और १६६६ में अपने निधन तक वहीं रहे। १६४८ के बाद अश्क जी ने अपना सारा समय लेखन को ही दिया और एक अत्यन्त विवाद-ग्रस्त, बहुचर्चित और बहुविध प्रतिभा के साहित्यकार के रूप में प्रतिष्ठित हुए।

६० वर्ष के समर्पित साहित्यिक जीवन में अश्क ने पंजाबी, उर्दू और हिन्दी में १०० से अधिक पुस्तकें लिखीं जिनमें उपन्यास, कहानी, नाटक, कविता, संस्मरण, आलोचना और साहित्य की अन्य विधाएँ शामिल हैं।

भारतीय मध्यवर्ग के सच्चे, यथार्थवादी चित्रण और भारतीय जन-समुदाय में बोली जाने वाली भाषा के दक्षतापूर्ण प्रयोग से अश्क हिन्दी साहित्य में एक ऐसी नवीन और ताजा दृष्टि लाये, जो उनके पहले नहीं दिखायी देती। उनकी कृतियाँ अपने यथार्थवादी चित्रण और स्वाभाविक ऊर्जा के कारण ख्यात हैं। अश्क ने अपने चारों ओर फैले संसार से–विशेषकर अध्यापक, पत्रकार, सम्पादक, वकील और रेडियो तथा फ़िल्म कलाकार और स्वतन्त्र साहित्यकार के रूप में पाये गये अनुभवों के आधार पर–अपनी वस्तु ग्रहण की और उसे सच्चाई से चित्रित किया है।

अश्क की विभिन्न कृतियाँ और रचनाएँ विभिन्न विदेशी तथा भारतीय भाषाओं में अनूदित हुईं और हिन्दी-उर्दू में बीस से अधिक कृतियों पर उन्हें केन्द्रीय तथा प्रान्तीय पुरस्कार प्राप्त हुए हैं।

अपने ८६ वर्षीय जीवन में अश्क जी ने अपने देश के अलावा इंग्लैण्ड, रूस, जर्मनी और मॉरिशस जैसे अनेक विदेशी राष्ट्रों की यात्राएँ भी कीं।

१९६५ में अश्क जी को केन्द्रीय संगीत नाटक अकादमी ने नाट्य-लेखन के प्रमुख रचनाकार के रूप में पुरस्कृत किया। अश्क इस पुरस्कार को पाने वाले हिन्दी के सर्वप्रथम लेखक हैं। १९७२ में उन्हें अपने सम्पूर्ण कृतित्व के लिए सोवियत लैण्ड नेहरू पुरस्कार से सम्मानित किया गया। १९७४ में उ.प्र. हिन्दी साहित्य सम्मेलन ने उन्हें 'साहित्य वारिधि' की उपाधि से विभूषित किया। १९८९ में 'अंजुमन तरक्की-ए-उर्दू' कराची ने अश्क जी को अपना सर्वोच्च सम्मान दिया और १९९६ में मध्य प्रदेश सरकार ने अश्क जी को 'इकबाल सम्मान' से विभूषित किया।